सच्चिदानन्द सिन्हा रचनावली

खंड-1

कला, संस्कृति और समाजवाद

सच्चिदानन्द सिन्हा रचनावली

खंड-1

कला, संस्कृति और समाजवाद

सम्पादक

अरविन्द मोहन

राजकमल प्रकाशन

ISBN : 978-93-90971-52-7

मूल्य : ₹4000
(8 खंडों का सम्पूर्ण सेट)

पहला संस्करण : 2021

प्रकाशक : राजकमल प्रकाशन प्रा. लि.
1-बी, नेताजी सुभाष मार्ग, दरियागंज
नई दिल्ली-110 002
शाखाएँ : अशोक राजपथ, साइंस कॉलेज के सामने, पटना-800 006
पहली मंजिल, दरबारी बिल्डिंग, महात्मा गांधी मार्ग, प्रयागराज-211 001
36 ए, शेक्सपियर सरणी, कोलकाता-700 017
वेबसाइट : www.rajkamalprakashan.com
ई-मेल : info@rajkamalprakashan.com

मुद्रक : बी.के. ऑफसेट
नवीन शाहदरा, दिल्ली-110 032

SACHCHIDANAND SINHA RACHANAWALI : Vol. 1
Edited by Arvind Mohan

लेखक की ओर से

रचनावली का प्रकाशन खुश करनेवाली खबर है। तीन साल से इसकी चर्चा और काम के बारे में सुनता रहा था जब अरविन्द मोहन जी ने सम्पादन की सूचना दी थी और अतुल कुमार सामग्री जमा करने के लिए आए थे। अच्युतानन्द नवीन, सुरेन्द्र कुमार और अन्य लोगों ने भी अपने-अपने पास उपलब्ध सामग्री सुलभ कराई। और फिर मुझे भी अपनी कई ऐसी चीजें दोबारा देखने में आईं जो विस्मृत-सी हो गई थीं। उनके साथ ही उनसे जुड़े प्रसंग और जीवन का वह दौर भी याद आया। रचनावली में एक साथ काफी कुछ सामग्री देखना मेरे लिए ही नहीं मेरे लेखन को पसन्द करनेवालों के लिए भी सुखद होगा और नए पाठकों के लिए भी। इस काम में लगे सभी साथियों के साथ राजकमल प्रकाशन के प्रमुख अशोक महेश्वरी जी का धन्यवाद और आभार। सारी सामग्री साथ देखने पर मेरे दिमाग में भी मेरे बौद्धिक विकास की तस्वीर साफ हुई।

मेरी सक्रिय राजनीति की शुरुआत 1942 के आन्दोलन से हुई और एक छात्र के रूप में हम स्कूल से ही आन्दोलन में जुड़ गए थे। हालाँकि राजनीति से मेरा परिचय तब ही हो गया था जब मैं चार साल का था। ननिहाल में था तब 1932 में मेरे नाना श्री रामचरित्तर सिंह (बाद में 1946 से 1957 तक बिहार की पहली सरकार में सिंचाई एवं बिजली मंत्री) को गिरफ्तार करने टमटम लेकर पुलिस वाले आए थे। मैं और मेरे ही हमउम्र मामा चन्द्रप्रकाश सिंह एक दीवार के पीछे से इस घटना को देख रहे थे। इसके बाद नाना के घर से सारा सामान पुलिस ले गई। यह शायद कुर्की की कार्रवाई थी।

1942 आन्दोलन के दौरान जिस भूमिगत आन्दोलन की शुरुआत हुई, उसमें जयप्रकाश नारायण, लोहिया, अरुणा आसफ अली, अच्युत पटवर्द्धन आदि थे। इन लोगों ने कांग्रेस अधिवेशन के समय खुद को गिरफ्तारी से बचा लिया था। जेपी तो हजारीबाग जेल से छह साथियों के साथ निकल भागे थे। इसी समूह के साथ नौवीं के छात्र के रूप में मैं जुड़ा। उस समय विश्वनाथ जी हमारे उस्ताद थे, जो आगरा के सेंट जोंस कॉलेज के छात्र थे। वे गुप्त रूप से हमारे हॉस्टल में आते थे और परचा-पंफलेट आदि दे जाते थे। हम लोग चुपचाप उसे वितरित कर दिया करते थे। इसी तरह मैं भूमिगत आन्दोलन से जुड़ा।

जहाँ तक मुझे याद है, उसी समय एक पुस्तिका, जो जेपी की दूसरी चिट्ठी 'ए लेटर टू ऑल फाइटर्स फॉर फ्रीडम' थी, विश्वनाथ जी के माध्यम से हम लोगों के पास पहुँची। इसी समय लोहिया की लघु पुस्तिका 'रिबेल्स मस्ट एडवांस' पढ़ने को मिली। इसमें विस्तार से क्या था, इस पर ध्यान नहीं गया, लेकिन इससे हमें दिशा दर्शन होता था कि क्या करना है। हमारे एक साथी विश्वेश्वर प्रसाद शाही मुजफ्फरपुर के एक गाँव चढ़ुंआ के थे और हमारे साथ बी.बी. कॉलेजिएट के हॉस्टल में रहते थे। वे इतने साहसी थे कि 26 जनवरी को रात में बिना सीढ़ी के स्कूल के भवन पर चढ़ गए और तिरंगा फहरा दिया। दूसरे दिन शहर में काफी हंगामा हो गया। शहर में फौज का एक प्लाटून रहता था, जो दन से स्कूल में पहुँच गया। हमारे हेडमास्टर पी.के. सेन काफी घबरा गए क्योंकि शहर में कहीं कुछ नहीं हुआ और उनके स्कूल में झंडा लग गया था। वह काफी डर भी गए। रात को हम पर्चा शहर में बाँट आते थे। समाजवादी आन्दोलन से जुड़ने का यही सूत्र रहा क्योंकि यही नेता लोग समाजवाद के प्रणेता थे। इसी के साथ स्वतंत्रता संग्राम की भावना जुड़ी थी। हम उसी के बाद समाजवाद की ओर मुड़ गए। इस आन्दोलन में मेरे नाना जी श्री रामचरित्तर सिंह, मेरे पिताजी श्री ब्रजनंदन सिन्हा जेल में थे। पिताजी पहले इसी स्कूल में शिक्षक रह चुके थे और इस्तीफा दे चुके थे। इसलिए स्कूल के तब के शिक्षक लोग भी हमारे खिलाफ पुलिस को कुछ नहीं बताते थे। इसी से हम बचे रह जाते।

मैं 1945 में मैट्रिक पास कर पटना साइंस कॉलेज से आई.एस.सी. करने चला गया। वहाँ छात्र कांग्रेस का गठन हुआ। पहले एक ही स्टूडेंट फेडरेशन था। लेकिन युद्ध के सवाल में इसमें विभाजन हो गया। जो कम्युनिस्ट पार्टी समर्थक थे, उनका फेडरेशन पर वर्चस्व रह गया था। जो लोग आन्दोलन के समर्थक थे, उन लोगों ने अलग होकर छात्र कांग्रेस का गठन किया था। मैं जब गया तब इसी कांग्रेस का अधिवेशन पटना में हुआ और इसका उद्घाटन जवाहरलाल नेहरू ने किया और अध्यक्षता पूर्णिमा बनर्जी ने की थी। हमारे जैसे छात्र इसी छात्र कांग्रेस से जुड़ गए। वैसे मैं साइंस कॉलेज का छात्र था, जहाँ की पढ़ाई काफी अच्छी और गम्भीर थी। मेरी सक्रियता आन्दोलन में होने से पढ़ाई ठीक से नहीं होती थी। इंटर किसी तरह सेकेंड डिवीजन से पास किया। इसके पहले कॉलेज की आन्तरिक परीक्षा के दौरान आजाद हिन्द फौज के तीन जनरलों को हुई फाँसी की सजा के खिलाफ हम लोग कॉपी फाड़कर परीक्षा हॉल से बाहर आ गए थे। बाद में प्रिंसिपल ने फिर से यह परीक्षा करवाई। बी.एस-सी. के फर्स्ट ईयर की समाप्ति के पहले मैंने तय कर लिया कि अब पढ़ाई नहीं करनी है। बसावन सिंह सोशलिस्ट पार्टी के मजदूर संगठनों के प्रभारी थे। उनसे मैंने यह बताया। उन्होंने मुझे एक चिट्ठी देकर हजारीबाग के यरगडा भेज दिया। वहाँ चार बड़े खदान

थे—यरगडा, सिरका, भुलकुंडा और रेलिगढ़ा। यहाँ मजदूर संगठन थे। उनमें काम करने चला गया।

इसके साल भर के बाद ही सोशलिस्ट पार्टी ने ही मुझे पटना बुला लिया। उस समय उसका 'ब्लिट्ज' नाम का अखबार निकलता था। उसमें अशोक मेहता लिखा करते थे। उस समय दिमाग में आया कि आन्दोलन को आगे बढ़ाने का माध्यम पत्रकारिता भी हो सकती है। उस समय बम्बई में प्रो. पी.जी. राव हॉर्निमैन कॉलेज ऑफ जर्नलिज्म चलाते थे। उसमें एडमिशन लिया। एक साल का कोर्स करने के बाद मैं वहीं पर मिल मजदूर सभा में पूरावक्ती कार्यकर्ता (होलटाइमर) के तौर पर काम करने लगा। उसी समय सोशलिस्ट पार्टी में वैचारिक मतभेद उभर गया। अशोक मेहता वहाँ के नेता थे। उन्हें लगता था कि नीचे के स्तर पर कांग्रेसी कार्यकर्ताओं के साथ सहयोग करना चाहिए। इस विचार के खिलाफ एक समूह उभरा जिसे अखबार वालों ने मिलिटेंट सोशलिस्ट कहना शुरू किया। मैं इस समूह के साथ जुड़ गया था। यह समूह अशोक मेहता के कांग्रेसी रुझान के खिलाफ था। इसमें मजदूर नेता साथ आ गए। मिल मजदूर सभा के बापूराव जगताप, गुलाब राव गणाचार्य आदि थे। कुछ लोग जो बोल्शेविक लेनिनवादी पार्टी से सोशलिस्ट पार्टी में आए थे, वे भी इस समूह में आ गए। इसके अलावा ट्रास्टकीवादी पार्टी से कुछ लोग आ गए थे। इसमें तुलसी वोरा जैसे मजदूर नेता थे। मिल मजदूर सभा की अगुवाई में 1951 में दो महीने की मजदूर हड़ताल चली।

1952 के चुनाव में मैंने बाबा साहब अम्बेडकर के चुनाव में सहयोग किया था। पर चुनाव के बाद सोशलिस्ट पार्टी में लेफ्ट-राइट का झगड़ा तेज हो गया। इसमें मैं चूँकि लेफ्ट के साथ था, इसलिए अशोक मेहता ने मुझे फुलटाइमर से हटा दिया और मुझे पार्टी से मिलनेवाला खर्च बन्द हो गया। इसके बाद मैं रेलवे में खलासी के रूप में काम शुरू किया, जो करीब दो साल चला। यहाँ सोशलिस्ट मजदूर संगठन काफी मजबूत था जो लेफ्ट प्रभाव में था। ऑल इंडिया रेलवेमेंस एसोसिएशन के अध्यक्ष तब जेपी हुआ करते थे। इसके बाद मैंने करीब डेढ़ साल तक एक डॉक में टैली क्लर्क का काम किया। वहाँ बॉम्बे पोर्ट ट्रस्ट जनरल वर्कर्स यूनियन में सक्रिय रहा। चुनाव के बाद बम्बई छोड़कर पटना आ गया। उस कृपलानी जी की पार्टी के साथ मिलकर प्रजा सोशलिस्ट पार्टी के गठन के खिलाफ हमारे जैसे कुछ लोगों ने सोशलिस्ट पार्टी को बनाए रखने का विचार किया और एक पाक्षिक पत्रिका शुरू की जो कुछ दिनों के बाद बन्द हो गई। 1956 में डॉ. लोहिया ने मुझे 'मैनकाइंड' में काम करने के लिए हैदराबाद बुला लिया। वहाँ कुछ महीने काम करने के बाद ही एपेंडिसाइटिस बीमारी हो गई तो यह काम छोड़कर पटना आ गया। वहाँ सोशलिस्ट पार्टी के दफ्तर में पता चला कि पार्टी ने रामकरण सहनी को मुजफ्फरपुर के बोचहां से विधानसभा का टिकट दिया है। मैं वहाँ से उनके चुनाव में काम करने मणिका,

मुजफ्फरपुर आ गया। उसी समय से मणिका से परिचय हुआ और यहाँ रहना शुरू किया। आज यही मेरा गाँव और निवास है जबकि मूलत: हम लोग पूर्वी चम्पारण से हैं। मेरे पिता भी साहेबगंज से विधायक होते थे।

बम्बई में रहने के दौरान ही अशोक मेहता ने अपने विचार को प्रचारित करने के लिए लम्बी व्याख्यान शृंखला चलाई। इसके खिलाफ हम लोगों ने छोटा-छोटा स्टडी सर्किल शुरू किया। इसके लिए मैंने बहुत-सारे नोट्स तैयार किए थे। मणिका आने के बाद इन्हीं नोट्स के आधार पर मैंने पहली पुस्तक 'समाजवाद के बढ़ते चरण' तैयार की, जो मुजफ्फरपुर के आचार्य नरेन्द्रदेव अध्ययन केन्द्र से प्रकाशित हुई। इसके बाद मेरी गतिविधि लगभग अपने इलाके में ही रही। इस बीच तीन बहनों का विवाह हुआ। पिताजी की तबीयत खराब होने के कारण मुख्य रूप से जिम्मेदारी मेरे पास ही थी। इस बीच मैंने लंगट सिंह कॉलेज में अर्थशास्त्र के प्रोफेसर महन्त श्याम सुन्दर दास को मैंने दस-बारह पुस्तकें पुस्तकालय से लाने को कहा। लेकिन इनमें से कोई पुस्तक नहीं मिली। महन्त जी ने कहा, यहाँ ये सब किताबें नहीं मिलती हैं। जिनको जरूरत है वे दिल्ली जाते हैं। तब मेरी सबसे छोटी बहन की शादी हो चुकी थी और पिताजी का 1967 में देहान्त हो चुका था।

1969 में मैं दिल्ली चला गया। यहाँ 18 वर्षों तक मुख्य रूप से अध्ययन और लेखन में ही सक्रिय रहा। इस दौरान एक के बाद एक कई पुस्तकें लिखने का मौका मिलता गया। यहाँ से सोशलिज्म एंड पॉवर, इंटरनल कॉलोनी, इमरजेंसी इन पर्सपेक्टिव, परमानेंट क्राइसिस ऑफ इंडिया, बिटर हॉवेंस्ट, केयॉस एंड क्रिएशन, कास्ट सिस्टम, अनआर्म्ड प्रॉफेट, कोएलिशन इन पॉलिटिक्स, एडवेंचर्स ऑफ लिबर्टी, जिन्दगी सभ्यता के हाशिये पर, उपभोक्तावादी संस्कृति, मार्क्सवाद को कैसे समझें—पुस्तकें प्रकाशित हुईं। तभी अखबारों और पत्रिकाओं के लिए भी नियमित लेखन शुरू हुआ।

1987 में मैं वापस मणिका आ गया। यहाँ संस्कृति और समाजवाद, मानव सभ्यता और राष्ट्र राज्य, भारतीय राष्ट्रीयता और साम्प्रदायिकता, संस्कृति विमर्श, नक्सली आन्दोलन का वैचारिक संकट, सोशलिज्म : ए मैनिफेस्टो फॉर सर्वाइवल, पूँजी का अन्तिम अध्याय, वर्तमान विकास की सीमाएँ, पूँजीवाद का पतझड़ आदि पुस्तकें प्रकाशित हुईं। इस दौरान अखबारों में लेख लिखता रहा, जिनको लेकर भी दो-तीन पुस्तकें बनी हैं।

आठ खंडों वाली इस रचनावली में पहला खंड कला, संस्कृति और समाजवाद पर केन्द्रित है। कला और संस्कृति के बारे में मेरी अवधारणा है कि संसार को मनुष्य एक विखंडित रूप में सामने पाता है। इससे एक तरह का मानसिक तनाव मनुष्य में बना रहता है। उससे उबरने के लिए एक निश्चित स्वरूप, जिसमें एक तारतम्य हो, देने की कोशिश वह करता है। इसी प्रक्रिया की दो अभिव्यक्तियाँ होती हैं।

एक विज्ञान की और दूसरी कला की। दोनों ही एक विखंडित संसार को निश्चित आकृति प्रदान करने की प्रक्रिया हैं। एक में वस्तुपरक रुझान की अभिव्यक्ति होती है और दूसरे में व्यक्ति अपनी भावनाओं के अनुरूप संसार का निर्माण करता है। पहला विज्ञान का आधार है और दूसरा कला का।

समाजवाद भी विश्रृंखलित दुनिया को बौद्धिक रूप से व्यवस्थित आधार प्रदान करने का प्रयास है ताकि मनुष्य को उसके आन्तरिक तनाव से मुक्ति मिल सके। असल में, औद्योगिक क्रान्ति के साथ समाज में एक विश्रृंखलन की प्रक्रिया शुरू हुई। उसमें समाज को एक निश्चित व्यवस्था देने के प्रयास में समाजवाद की उत्पत्ति हुई, जिसमें योजनाबद्ध अर्थव्यवस्था स्थापित करने के प्रयास हुए। लेकिन समाज को व्यवस्थित रूप कैसे दिया जाए, इस पर कोई सहमति नहीं थी। अलग-अलग लोगों की अलग-अलग राय थी। इंग्लैंड में फेबियन लोग धीमी प्रगति से थोड़े-थोड़े सुधार के साथ व्यवस्था परिवर्तन करना चाहते थे। दूसरे छोर पर मार्क्सवादी और अराजकवादी समाज के सभी क्षेत्रों में आमूलचूल परिवर्तन की बात करते थे। लेकिन उसमें भी अराजकवादियों और मार्क्सवादियों में एक बुनियादी मतभेद था। जहाँ अराजकवादी सभी राज्य व्यवस्थाओं को खत्म करना चाहते थे, वहीं मार्क्सवादी राज्य व्यवस्था का सहारा लेकर के समाज में आमूलचूल बदलाव के साथ नई व्यवस्था बनाना चाहते थे।

भारत में भी बुनियादी तौर पर पश्चिम से आई अवधारणाओं को भी मोटा-मोटी तौर पर कबूल किया गया। लेकिन महात्मा गांधी के प्रयोगों ने समाज परिवर्तन की दिशा के बारे में एक नई चुनौती उपस्थित कर दी, जिसमें हिंसक बदलाव की जगह शान्तिमय ढंग से लोगों के विचार परिवर्तन और समाज के ढाँचे में शान्तिपूर्ण ढंग से परिवर्तन की बात को कबूल किया गया। यह भारतीय समाजवाद का एक स्वरूप था जो पश्चिमी विचारधारा से अलग दिशा देता था। इससे भारत में कम्युनिस्टों और सोशलिस्टों में मतभेद हुए और सोशलिस्टों ने गांधीवादी तरीके को तरजीह देने की कोशिश की।

दूसरा खंड स्वतंत्रता, राष्ट्रीयता, किसान समस्या और शहरी गरीबी पर केन्द्रित है। बुनियादी तौर पर पश्चिम में स्वतंत्रता को मान्यता दी गई। लेकिन समाजवाद का जो सबसे बड़ा प्रयोग सोवियत संघ में हुआ, उसमें स्वतंत्रता के विचार को लगभग तिलांजलि दे दी गई। लेकिन यह भी अनुभव किया गया कि यह जो परिवर्तन था, बिलकुल आकस्मिक नहीं था। बल्कि जो आधुनिक औद्योगिक समाज की संरचनाएँ हैं, उसके भीतर ही हिंसक तत्त्व मौजूद है, जो कि व्यवस्था परिवर्तन करनेवालों के काबू से बाहर होकर के इच्छित परिणाम के विपरीत नतीजा उपस्थित करता है। गांधी के प्रयोग एक दिशा देते हैं और समाजवादी आन्दोलन में बड़े नेताओं ने गांधी से प्रेरणा लेकर आन्दोलन को नई दिशा देने की कोशिश की।

राष्ट्रीयता की संरचना औद्योगिक क्रान्ति के बाद औद्योगिक विकास पर केन्द्रित थी। लेकिन जो पूरी व्यवस्था बनती थी, उसके भीतर ही लघु इकाइयों और स्वायत्तता को नष्ट करने के तत्त्व मौजूद थे। आन्तरिक उपनिवेश उसका एक आयाम था। इसीलिए जो छोटे मशीनों की तकनीक की बात लोहिया करते थे, उसमें उन्हें यह सम्भावना दिखाई देता है कि विशाल औद्योगिक ढाँचे में जो मनुष्य की स्वायत्तता को नष्ट करनेवाले तत्त्व हैं, उसको नियंत्रित किया जा सकता है। इसी तरह आधुनिक औद्योगिक व्यवस्था में जब किसान अनाज उपजाता है तो कृषि उत्पादों की कीमत गिरा दी जाती है। और जब ये उत्पाद बिचौलियों के हाथ में चले जाते हैं तो कीमतें बढ़ा करके मुनाफा कमाया जाता है। इसमें पूरे पारम्परिक ग्रामीण समाज की स्वायत्तता और समृद्धि नष्ट हो जाती है। समाजवाद में लघु उद्योग और लघु कृषि व्यवस्था में काम करनेवाले के हाथ में ही पूरी व्यवस्था नियंत्रित करने की बात है। वर्तमान विकास के ढाँचे में सारी समृद्धि शहरों में सिमटती है और ग्रामीण क्षेत्रों के लोग मजबूरी में शहरों में आते हैं और वहाँ गरीबी में स्वास्थ्य गँवाकर बदहाली की जिन्दगी जीते हैं। वहाँ से बीमारी लेकर गाँव में आते हैं या वहीं हाशिये पर डाल दिए जाते हैं। यह लगातार चलनेवाली चक्रीय प्रक्रिया है। इसका समाधान भी समाजवाद के छोटी और स्वायत्त अर्थव्यवस्था में है।

तीसरे खंड में गांधी, लोहिया, जेपी और नक्सलवाद सम्बन्धी लेखन को समाहित किया गया है। जेपी, लोहिया समाजवादी आन्दोलन से आए थे, जहाँ पूरी तरह से पश्चिमी औद्योगिक व्यवस्था को कबूल किया गया था। लेकिन सोवियत संघ के नतीजों के आलोक में इन नेताओं को एक अलग दिशा की खोज थी। गांधी में इन्हें यह अलग दिशा दिखाई दी, जिसमें छोटी मशीन की वैकल्पिक बात सामने आई। जेपी और लोहिया दोनों ने ही गांधी से प्रेरणा ली। जेपी ने 'इंसेटिव टू गुडनेस' की बात की, जिसमें गांधीवादी विचारों को लाने की बात है। 'अनाम्र्ड प्रोफेट' में गांधी को नए तरह से देखने की कोशिश हुई है। मैकियावेली ने 'प्रिंस' पुस्तक में स्थापित किया है कि हमेशा हथियारबन्द मसीहा सफल हुए हैं और हथियार रहित मसीहा हमेशा असफल हुए हैं। महात्मा गांधी की विकास यात्रा इस सिद्धान्त को नकारती है। इस विषय को 'अनाम्र्ड प्रोफेट' में उठाया गया है और बताया गया है कि हथियार रहित होने पर भी दुनिया के वैचारिक आकाश में हिंसक शक्तियों के समक्ष गांधी सफल होते हैं।

'नक्सली आन्दोलन का वैचारिक संकट' पुस्तक देश में, खासकर बिहार में बढ़ते नक्सली आन्दोलन के सन्दर्भ में लिखा गया। इसमें तमाम गतिविधियों के बीच नक्सली आन्दोलन की सीमाओं को रेखांकित किया गया है। नक्सलवाद पारम्परिक समाजवादी आन्दोलन की असफलताओं से हताश युवाओं का एक विद्रोह था, जिसमें अतार्किक ढंग से चीन से प्रेरणा लेने की कोशिश की गई। हालाँकि वहाँ

समस्याओं का कोई समाधान नहीं था। वहाँ भी पश्चिमी देशों के विशाल औद्योगिक ढाँचे को ही कबूल करके विकास करने की बात थी। चूँकि यहाँ भी कोई वास्तविक विकल्प नहीं था, इसलिए भारत में भी नक्सली आन्दोलन लगभग असफल हो गया। नक्सलवाद से सम्बन्धित लेखन में इन्हीं मुद्दों को उठाया गया है और इसका विकल्प भी गांधीवादी ढाँचे में देने की कोशिश की गई है। यह अचरज की बात लगेगी, लेकिन गांधीवादी विकास के ढाँचे की छोटी मशीन, छोटी खेती के विचार का प्रयोग कहीं कुछ हुआ है तो वह क्यूबा में हुआ है, जहाँ हजारों एकड़ के बड़े कृषि फार्मों को तोड़कर छोटे निजी या सहकारी फॉर्म बनाए गए। बड़ी मशीनों की जगह बैलों से खेती करने की कोशिश की गई।

चौथे खंड में आपातकाल, जनता पार्टी का प्रयोग, पंजाब संकट, राजनीतिक गठबन्धनों के प्रयोगों को लेकर किए गए लेखन को रखा गया है। वैसे तो आपातकाल 1975 में लगाया गया लेकिन इसकी आशंका संविधान निर्माण के समय ही व्यक्त की जा चुकी थी। संविधान में आपातकाल के प्रावधान के पीछे भी शासक वर्ग की असुरक्षा की भावना मानी जा सकती है। साथ ही आजादी के समय देश भर में हुए दंगों ने भी सत्ता को ज्यादा-से-ज्यादा अधिकार देने का दबाव बनाया था। तात्कालिक कारण के तौर पर बांग्लादेश युद्ध के बाद पैदा अव्यवस्था के कारण उभरे छात्र आन्दोलन को दबाने को लिया जा सकता है।

पंजाब संकट मुख्य रूप से केन्द्रीकरण की प्रक्रिया की परिणति थी। पंजाब में सिखों की स्वायत्तता की माँग थी, जिसका मुख्य केन्द्र स्वर्ण मन्दिर था। स्वायत्तता की भावना की परिणति खालिस्तानी हिंसक आन्दोलन में हुई। इसको दबाने के लिए स्वर्ण मन्दिर पर सैनिक कार्रवाई हुई जो अप्रत्याशित थी। ऑपरेशन ब्लू स्टार के खिलाफ भड़के भावनात्मक उभार में तत्कालीन प्रधानमंत्री इन्दिरा गांधी की हत्या हो गई और इसकी प्रतिक्रिया में देश भर में सिखों के खिलाफ हिंसक आक्रमण हुए। इस समय सिखों पर अनेक आरोप लगाए गए, जिनका जवाब पंजाब संकट से सम्बन्धित लेखन में दिया गया है। राजनीतिक गठबन्धन से सम्बन्धित लेखन में बताया गया है कि इतने बड़े और विविधतापूर्ण देश में सारे विचारों को एक या दो बड़े संगठनों में समाहित नहीं किया जा सकता है इसलिए विभिन्न जमातों के सहयोग के आधार पर ही कोई व्यवस्था कायम की जा सकती है।

पाँचवें खंड में जाति व्यवस्था, जातीयता और साम्प्रदायिकता से सम्बन्धित लेखन हैं। देश और दुनिया में जातियों का उद्‌भव और उसकी संरचना अपनी तरह से विकसित हुई है। भारत में विशाल हिन्दू समाज में अलग-अलग समूहों से जातियों के गठन का इतिहास रहा है। सामान्य अवधारणा है कि जाति का विभाजन और परम्परागत रूप से वंशानुगत विकास हुआ है। इसी तरह वर्णों का अलग लहू समूह होने का सिद्धान्त रहा है। हालाँकि वैज्ञानिक तौर पर ये बातें तो निर्मूल साबित

हुई ही हैं। विभिन्न अध्ययनों से यह भी पता चलता है कि विभिन्न समूहों के लोगों का जातियों में समावेशन हुआ है। जाति व्यवस्था पर पुस्तक की पृष्ठभूमि यह रही कि एक समय बिहार में भयंकर जातीय संघर्ष हुए। इसमें लगा कि लोगों को यह बताना चाहिए कि जाति असल में एक कृत्रिम विभाजन है और असल में लोगों का उद्भव एक ही है। अगर इस विभाजन को नकारकर सह-अस्तित्व में रहने की संस्कृति नहीं विकसित हुई तो निरुद्देश्य लड़ाई अनंत काल की हो जाएगी। इस पुस्तक में जाति शुद्धता की बात को नकारा गया है। मनुष्य जाति आपस में मिश्रित समूह ही है। इसी तरह मूल आधारित सिद्धान्त की बात भी गलत साबित होती है। आज भी किसी जाति या वंश की उत्पत्ति को खोजा जाए तो वह कहीं जाकर दूसरी जाति या समूह में मिलती है। साम्प्रदायिकता भावनात्मक उभार का मामला है और काल्पनिक रूप से समाज में धर्म, विश्वास आदि में इसे ढूँढ़ा जाता है। इसका कोई तार्किक आधार नहीं है। समाज में विभिन्न धर्मों को माननेवाले लोगों का मूल लगभग एक ही होता है। इसका समाधान यही है कि तथ्यों के आधार पर समाज में इस बात को स्थापित किया जाए। साथ ही भावनात्मक तौर पर हो रहे उभार को अतार्किक साबित किया जाना चाहिए।

छठा खंड नये समाजवाद, पुराने समाजवाद की विशेषताओं पर केन्द्रित है। समाजवाद लाने के लिए माना गया कि सत्ता पाना जरूरी है। लेकिन इसको पाने का जो रास्ता अख्तियार किया गया उसमें ही खोट रहे हैं। सत्ता के अन्दर ही कुछ ऐसे तत्त्व हैं जो समाजवाद के मूल सिद्धान्तों को नष्ट करनेवाले हैं। सत्ता पाने में अपनाई गई हिंसा, केन्द्रीकरण आदि से बुनियादी समता का सिद्धान्त नष्ट होता है। सत्ता की इन्हीं खामियों के चलते विकेन्द्रित इकाइयों, छोटी इकाइयों की बात सामने आती है। यही समतामूलक समाज की दिशा में आगे बढ़ने का रास्ता हो सकता है। समाजवाद पर पुस्तकों में मुख्य रूप से इन्हीं सिद्धान्तों पर जोर दिया गया है। अगर समतामूलक समाज की दिशा में नहीं बढ़ा गया तो आज के समाज में जो संघर्ष है उससे पूरा समाज नष्ट हो जाएगा। इस तरह समाजवाद वर्तमान मानवीय संकट से उबरने का भी रास्ता है।

सातवें खंड में उदारीकरण और वैश्वीकरण पर लिखे लेखों और व्याख्यानों को लिया गया है। दरअसल, पूँजीवादी व्यवस्था का उद्देश्य ज्यादा-से-ज्यादा संसाधनों का इस्तेमाल कर कुछ लोगों की सम्पत्ति बढ़ाना है। इससे दुनिया के संसाधनों पर कब्जा करके उपभोक्तावादी वस्तुओं में परिवर्तित करने की प्रवृत्ति बढ़ती है। उपभोग में दिखावे की प्रवृत्ति भी होती है। सारा कुछ बहुत केन्द्रित ढंग से संचालित होता है जिसके सूत्र और मुनाफे का मुख्य हिस्सा इन संचालकों के पास जाता है। यही वैश्वीकरण है। इसी की परिणति साम्राज्यवादी विस्तार में भी होती है। यह आज की तारीख में लगभग स्थापित हो चुका है। दूसरी ओर संसाधनों के अति दोहन

से पर्यावरण का संकट उत्पन्न होता है। इसका निराकरण यही है कि लोग अपनी जरूरतों को नियंत्रित करें। यह समतामूलक समाज में ही सम्भव हो सकता है।

अन्तिम खंड आन्तरिक उपनिवेशीकरण और बिहार केन्द्रित शोषण पर आधारित है। एक समय इस विषय पर चर्चा शुरू हुई कि बिहार का विकास क्यों नहीं हो रहा, इसका विकास किस तरह से हो सकता है। इसी सन्दर्भ में इस विषय पर केन्द्रित 'इंटरनल कॉलोनी' पुस्तक लिखने की प्रेरणा हुई। पश्चिमी औद्योगिक देशों का विकास तीसरी दुनिया के संसाधनों के शोषण की कीमत पर हुआ। लेकिन तीसरी दुनिया के देशों के आजाद हो जाने के बाद उसी विकास नीति को जारी रखा गया। ऐसे में जरूरत हुई कि शोषण के लिए अपने ही देश के कुछ इलाकों को चिह्नित किया जाए। भारत जैसे मुल्कों में विकास के लिए बिहार, झारखंड जैसे प्राकृतिक संसाधन से सम्पन्न इलाकों को शोषण के लिए चुना गया। ऐसे इलाकों के साथ उपनिवेश जैसा बर्ताव हुआ और इनकी कीमत पर कुछ विकास के टापू और गेगा सिटी विकसित और सम्पन्न हुए। इस समस्या का समाधान भी विकेन्द्रित अर्थव्यवस्था, गैर बराबरी दूर करने और उपभोक्तावाद नकारने में है। बच्चों को उपदेशात्मक अन्दाज में लिखी कविता की पुस्तक 'बच्चों इनसे सीखो हरदम' करीब 30 पक्षियों के माध्यम से बच्चों के लिए कुछ सीख देती है।

इन पुस्तकों की रचना की प्रेरणा समाजवादी आन्दोलन के दौर में उसमें उभरी विभिन्न समस्याओं और इसके समाधान को लेकर हुए प्रयासों से मिली। सभी पुस्तकों के पीछे कोई और विशेष प्रयोजन नहीं रहा। रचनावली में सबको साथ देखना और लगभग सारे प्रतिनिधि लेखन को पाना सुखद है। इसके लिए प्रकाशक और सम्पादक विशेष धन्यवाद के पात्र हैं।

—सच्चिदानन्द सिन्हा

20 जुलाई, 2021
मणिका मुशहरी, मुजफ्फरपुर

सम्पादक की ओर से

सच्चिदानन्द सिन्हा रचनावली का प्रकाशन हिन्दी जगत के लिए एक स्वागत योग्य खबर होनी चाहिए। और इस उपक्रम में एक बड़ी भूमिका निभाना मेरे जैसे एक सामान्य पाठक और पत्रकार-लेखक के लिए बहुत गर्व होने के साथ बहुत बड़ी जिम्मेवारी का भी विषय है। सच्चिदा जी से बड़ा विद्वान आज शायद ही कोई है कम-से-कम समाज विज्ञान के विषयों में। और राजनीतिशास्त्र, अर्थशास्त्र, इतिहास, समाजशास्त्र, नृशास्त्र जैसे समाज विज्ञान के विभिन्न क्षेत्र ही क्यों दर्शन, कला, संस्कृति, मानव मनोविज्ञान, सौन्दर्यशास्त्र, धर्म के क्षेत्रों में भी उनका अध्ययन किसी को हैरान करनेवाला है। पर वे महज पाठक या चीजों को पढ़कर पुनर्प्रस्तुत भर करनेवाले विद्वान नहीं हैं। वे एक विचारक हैं जो इस पूरे अध्ययन और अपनी सामाजिक-राजनैतिक सक्रियता के अनुभवों के आधार पर जीवन को प्रभावित करनेवाले विविध पक्षों पर विचार भी करते चलते हैं और सिद्धान्त तथा अनुभव के बीच उभरते द्वन्द्वों का अपनी सोच से समाधान तलाशते हैं। और इनके आधार पर उन्होंने खूब सारा गम्भीर लेखन किया है। और बिना किसी अकादमिक संस्था से जुड़े या किसी तरह की अध्ययन वृत्ति लिए उन्होंने जितना काम और लेखन किया है वह हैरान करनेवाला है। सच्चिदा जी ने लम्बा जीवन अध्ययन और सामाजिक-राजनैतिक कामों में लगाया है और उनका उच्च स्तरीय लेखन ही पचास साल से ज्यादा अवधि का है।

पर सच्चिदानन्द सिन्हा निरे लेखक या आरामतलब जीवन के साथ चिन्तन करनेवाले व्यक्ति नहीं हैं। बहुत छोटी उम्र में समाजवादी आन्दोलन, खासकर जयप्रकाश नारायण के प्रभाव में आकर उन्होंने न सिर्फ पूर्णकालिक राजनैतिक कार्यकर्ता बनने का फैसला किया और घर छोड़ दिया बल्कि शारीरिक श्रम का अनुभव लेने और अपना खर्च खुद उठाने के लिए कोयला-पत्थर तोड़ने और बोझ उठाने जैसे काम भी किए। इसी दौर में समाजवादी मजदूर संगठनों के जुड़ाव और तब चलनेवाले स्टडी कैम्पों की मदद से उन्होंने खूब पढ़ाई की। इसमें प्रतिद्वन्द्वी मजदूर संगठनों के पुस्तकालयों से किताब लेने और उनके साथ होनेवाली वैचारिक बहसों का भी योगदान वे स्वीकार करते हैं। और ऐसी ही एक

बहस में की गई अखबारी टिप्पणी पर जब समाजवादी नेता राममनोहर लोहिया की नजर पड़ी तब उन्होंने सच्चिदा जी की खोज-पूछ की और सीधे अपनी पत्रिका 'मैनकाइंड' के सम्पादकीय मंडल में ले लिया। इसके साथ ही सच्चिदा जी मुम्बई से हैदराबाद चले आए। इस टोली के साथ रहना उनके बौद्धिक विकास में सहायक हुआ। वे खास तौर से श्रीलंकाई समाजवादी साथी हेक्टर अभयवर्द्धने से ज्यादा करीबी थे।

फिर सच्चिदा जी दिल्ली आए और समाजवादी पार्टी तथा बाद में बने समता संगठन और समाजवादी जन परिषद के साथ राजनैतिक काम करने के साथ मुख्य रूप से लेखन किया। उनका ज्यादातर गम्भीर लेखन इसी दौर का है। हाँ, मुम्बई रहते हुए उन्होंने डॉ. अम्बेडकर का चुनाव प्रभारी होने का जिम्मा निभाया था तो आपातकाल में बड़ौदा डायनामाइट केस में बन्द जार्ज फर्नांडीस के 1977 के मुजफ्फरपुर चुनाव के प्रभारी भी वही थे। उनको छोटे से छोटा राजनैतिक काम करने में कोई हिचक नहीं होती और आपातकाल के दौरान दिल्ली में भूमिगत रहते हुए जितना राजनैतिक काम सम्भव था, उन्होंने किया।

करीब डेढ़ दशक तक दिल्ली रहने के बाद जब उन्हें महसूस हुआ कि दिन ब दिन बढ़ते खर्च को उठाने के लिए कोई ऐसा काम करना पड़ेगा जब कई तरह के 'कम्प्रोमाइज' करने होंगे तब वे सीधे अपने गाँव, मणिका (मुजफ्फरपुर) चले गए। गाँव उनको सिर्फ विचारों में आकर्षित नहीं करता, व्यवहार में भी करता है और इस लेखक की जानकारी में बहुत कम ही लोग दिल्ली-मुम्बई छोड़कर गाँव में वापस जाते हैं। सच्चिदा जी बहुत समृद्ध पारिवारिक पृष्ठभूमि वाले हैं लेकिन रहने भर के एक छोटे आवास के अलावा उनको ज्यादा किसी चीज से मतलब नहीं है। वे व्यवहारत: एक ऋषि-मुनि का जीवन जीते हैं, गांधी की तरह कम-से-कम साधनों से काम चलाते हैं। इसमें दुनिया के संसाधनों का सन्यत प्रयोग के साथ अपनी जरूरतों और मन को काबू में रखने की साधना का भी हाथ है। उन्होंने शादी की उम्र में राजनैतिक कामों की व्यस्तता और दूसरी वजहों से शादी नहीं की लेकिन उनको परिवार बहुत प्रिय है। अपनी इच्छा और जीवन शैली से वे एक आदर्श जरूर उपस्थित करते हैं लेकिन किसी पर इसे मानने का दबाव नहीं बनाते। असल में वे जो लिखते हैं, करते हैं उसे जीने की कोशिश भी करते हैं। और इसी चीज से यह बात समझ में आएगी कि वे अपने बाद के लेखन में पर्यावरण और प्रदूषण के सवाल को ज्यादा महत्त्व क्यों देते हैं। उनके नायक गांधी और लोहिया तो इस बात को मानते थे लेकिन समाजवादी धारा के ज्यादातर लोगों के लिए, जिनमें मार्क्सवादी प्रमुख हैं, उपभोग और पर्यावरण कोई मुद्दा नहीं रहा है। उल्लेखनीय यह भी है कि सच्चिदा जी जेपी की शुरुआती प्रेरणा और रोजा लक्जमबर्ग के चिन्तन को काफी महत्त्व देने के चलते शुरू से मार्क्सवादी रहे हैं।

पर रचनावली के जरिए हम जिस सच्चिदानन्द सिन्हा को जानेंगे और पढ़ेंगे वह तो मुख्य रूप से लेखक ही हैं। और हैरानी की बात यह है कि इतने विविध विषयों पर लिखने के बावजूद उनके लेखन और तर्क का स्तर कहीं हल्का नहीं लगता। बल्कि आप जैसे-जैसे नई चीजें पढ़ते जाते हैं, आपको उनकी कुल सोच और समझ का दायरा जानकर हैरानी होती है। शुरू का उनका ज्यादातर लेखन अंग्रेजी में था जिसके अनुवाद यहाँ लिए गए हैं। ज्यादातर पहले से अनूदित और प्रकाशित थे लेकिन कुछ जरूरी सामग्री का अनुवाद रचनावली के लिए भी किया गया। शुरुआती किताबों में सिर्फ 'समाजवाद के बढ़ते चरण' समाजवादी पार्टी के कार्यकर्ताओं के लिए लिखी गई थी। अपने प्रिय गिरिधर राठी जी के आग्रह पर उन्होंने शहरीकरण और शहरी जीवन के हाशिये पर बसर करनेवालों सम्बन्धी अपनी किताब 'जिन्दगी सभ्यता के हाशिये पर' हिन्दी में लिखी जिसे प्रकाशन के लिए लम्बा इन्तजार करना पड़ा लेकिन 'संस्कृति विमर्श' के प्रकाशन के बाद से हिन्दी जगत ने उनके लेखन को हाथों-हाथ लिया। फिर उन्होंने मार्क्स की किताब 'कैपिटल' का अपना चौथा खंड लिखा तो वह भी हिन्दी में ही लिखा है। सिर्फ एक पुस्तिका अंग्रेजी में लिखी है। वैसे वे फ्रेंच और जर्मन जैसी कई विदेशी भाषाएँ भी जानते हैं—कामचलाऊ बोलने से लेकर पढ़ने तक। संस्कृत न कोर्स में पढ़ा था न बाद में अलग से, पर शब्दकोश के सहारे संस्कृत ही नहीं पाली-प्राकृत भरी आचार्य नरेन्द्र देव की मुश्किल भाषा वाली किताब भी समझने में उनको कोई दिक्कत नहीं हुई।

लेकिन मामला सिर्फ हिन्दी और अंग्रेजी भर का नहीं है। इस रचनावली में वे तीन-चार रूपों में आए हैं। लेखक और विचारक वाली गम्भीर अकादमिक और दार्शनिक किताबों का सबसे ज्यादा महत्त्व है। लेकिन एक राजनैतिक कार्यकर्ता और टिप्पणीकार के रूप में भी उन्होंने काफी कुछ लिखा है—बड़े मुद्दों पर वैचारिक दखल देने या अपना तर्क आगे करने के लिए। इसी क्रम में वे पहली बार नाम लेकर अपने मित्र लेखक निर्मल वर्मा को याद दिलाते हैं कि 'आदमी विचारधारा में ही जीता है।' लेकिन उन्होंने सोशलिष्ट कार्यकर्ताओं तथा बाद में समता संगठन और समाजवादी जन परिषद ही नहीं अनेक सहमना संगठनों के कार्यकर्ताओं और उनके प्रशिक्षण शिविरों (यह परम्परा अब हमारी राजनीति से विदा हो रही है) के लिए भी काफी सामग्री तैयार की है। उन्होंने अकादमिक बुलावों पर कई जगह शोधपत्र प्रस्तुत किया है या व्याख्यान दिये हैं। उनके एक और लेखन का रूप अखबारी है जिसका काफी बड़ा 'भंडार' हमारे साथी अच्युतानन्द नवीन जी ने उपलब्ध कराया और जिसमें से काफी सामग्री लेने के बाद भी काफी और छोड़नी पड़ी। पर सच्चिदा जी का अखबारी लेखन भी निरा फ्रीलांसिंग या कमाई वाला नहीं है। हर लेख और टिप्पणी सामान्य न्यूज और विश्लेषण वाले कर्मकांड से ऊपर उठी है और कई बार लगता है कि वे कोई बड़ी बात कहने के लिए उस घटना का इन्तजार कर रहे हों।

और ऐसी टिप्पणियों और लेखन से उन्होंने जो सबसे बड़ा काम किया है वह भूमंडलीकरण, उसका विश्लेषण और उसका विकल्प बताने का है। और इस सम्पादक जैसे अनेक लोगों को जीवन भर यह अफसोस रहेगा कि अलग-अलग दर्जन भर गम्भीर विषयों को अपनी किताबों का विषय बनानेवाले सच्चिदानन्द सिन्हा ने इस विषय पर कोई एक बड़ा काम क्यों नहीं किया। इसका सबसे बड़ा कारण तो उनका अपने गाँव में बैठ जाना है क्योंकि बौद्धिक रूप से थकान या निराशा का कोई भाव उनमें अभी तक नहीं दिखता है। और जितना कुछ और जैसा उन्होंने भूमंडलीकरण को लेकर लिखा वह उनकी बौद्धिक प्रतिभा ही नहीं समस्त राजनैतिक और सामाजिक चिन्तन का सार ही नहीं भूमंडलीकरण की नीति का सर्वश्रेष्ठ 'क्रिटिक' है। यह दावा इसलिए भी किया जा रहा है कि भारत में ही नहीं दुनिया में कहीं भी भूमंडलीकरण के विकल्प की चर्चा बहुत देर से सुनाई दी और अपने यहाँ तो माकपा समेत कम्युनिस्ट जमात और संघ परिवार ने विरोध शुरू करके ठीक उसी जगह से पलटी मार दी जहाँ व्यावहारिक समाधान और विकल्प की बात आई। वाममोर्चा सरकार की दुविधा सिंगूर में उजागर हुई तो एक दिन संसद में प्रधानमंत्री अटल बिहारी वाजपेयी की आलोचना के बाद उनके मंत्री अनंत कुमार ने अपने घर से स्वदेशी जागरण मंच का सारा सामान निकलवाकर सड़क पर फेंक दिया।

और विश्व व्यापार संगठन के बनाने के क्रम में सिएटल और दोहा की बैठकों में जब दुनिया भर के विरोधी भी जुट गए तो वही तीन शब्द—डायवर्सिटी, सस्टेनेबिलिटी और डिसेंट्रलाइजेशन विकल्प के सुझाव का आधार बने जो गांधी, लोहिया और जयप्रकाश की विचारधारा पर काफी मनन-चिन्तन करनेवाले सच्चिदा जी जैसे लोगों के लिए सिर्फ लिखने सुझानेवाले पद ही न थे, उनके लिए राजनीति करने और जीवन जीने का आधार थे। और सच्चिदा जी के लेखन में तो गांधी-लोहिया-जेपी से भी आगे बढ़कर साफ-सुथरे विकल्प सुझाए जा रहे थे कि बड़े की जगह छोटे बाँध चाहिए, छोटी मशीनें उपयोगी हैं और अगर बड़ी बनीं भी तो कैसे उनका संचालन मजदूर और कई ग्राम सभाओं या बस्ती के लोगों के सहयोग से होगा, किस तरह दुनिया की सारी विविधता का आदर करना है और क्यों केन्द्रीकरण का विरोध होना चाहिए जिसकी अन्तिम परिणति भूमंडलीकरण है। सच्चिदा जी ने एक किताब नहीं लिखी पर उनके लगातार लेखन से सिर्फ इस प्रक्रिया का विरोध और आलोचना ही नहीं चलती रही, एक विकल्प भी सुझाया गया जो जोजेफ स्टेग्लिट्ज से लेकर किसी भी भूमंडलीकरण विरोधी लेखक के लिखने का विषय नहीं रहा। अपने सम्पादन कौशल के लिए एक चुनौती मानकर मैंने उनके ऐसे काफी सारे लेखों और एकाध भाषणों को एक खंड (सातवाँ) में समेटकर इस रचनात्मक आलोचना और विकल्प सुझानेवाले लेखन को जमा करने

की कोशिश की है। यह कैसा प्रभाव छोड़ता है और यह योजना कितनी सफल हुई है यह कहना अभी मुश्किल है। लेकिन नब्बे पार के लेखक से अब यह काम कराने की माँग करने से बेहतर विकल्प यही था।

सच्चिदानन्द सिन्हा के लिए विविधता का आदर, केन्द्रीकरण का विरोध और टिकाऊ विकास ही बुनियादी मूल्य नहीं हैं। उनके लिए समता, स्वतंत्रता, लोकतंत्र, मानवाधिकार और जीवन के हर रूप का आदर, अहिंसा (बहुत खास स्थितियों में खास तरीके की हिंसा को वे गलत नहीं मानते हैं), सत्य और निरस्त्रीकरण जैसे मूल्य समातन हैं, बुनियादी हैं। और बाद के लेखन में पर्यावरण की चिन्ता भी बहुत मजबूती से उभरी है। इसलिए उनके लिए वैश्वीकरण के विरोध के साथ इन मूल्यों पर आधारित विकल्प सुझाना कोई मुश्किल नहीं है। जब वे कला पर किताब लिखते हैं तब भी उसमें इन मूल्यों के साथ खास भारतीय नजरिए की तारीफ दिखती है। वे शहरीकरण को, जिसके दुष्परिणाम वे अपनी एक किताब में बताते हैं, भी केन्द्रीकरण की प्रक्रिया का हिस्सा बताकर नुकसानदेह ठहराते हैं। सोवियत और चीनी कम्युनिस्ट शासन की कमियों को गिनाते समय उनकी चिन्ता इन्हीं मूल्यों के हनन से जुड़ी है। वे जब इतिहास में स्वतंत्रता की आम लोगों की लड़ाई पर किताब लिखते हैं तो अनिवार्यत: कमजोर जमातों की लड़ाई के पक्षधर दिखते हैं। जब राजीव गांधी के समय कांग्रेस 413 सांसदों के साथ राज कर रही थी तब भी वे सीना ठोंककर कोएलिशन अर्थात् विभिन्न इलाकों, जातीय समूहों, भाषायी समूहों के सहमिलन को और गठबन्धन की राजनीति को भारत के अनुकूल बताते हैं। भारतीय राजनीति के विविध पक्षों पर लिखते हुए भी वे इन औजारों और मानकों का इस्तेमाल करते हैं। हाँ, गांधी पर उन्होंने एकदम अलग तरह की किताब लिखी है और उसके लिए अलग ढंग की पढ़ाई भी की थी।

लेख लिखने या बोलने के मौकों पर तो कम लेकिन प्राय: हर किताब लिखने में उन्होंने लगभग उसी तरह की मेहनत की है जैसे कोई किसान अपने खेत में करता है या कोई कारीगर अपने बनाए सामान के साथ करता है। सौभाग्य से मुझे भी उनके साथ रहते हुए ऐसी मजदूरीनुमा पढ़ाई देखने का अवसर मिला। तब वे गांधी वाली किताब के लिए काम कर रहे थे। शायद इससे भी ज्यादा पढ़ाई समाजवाद और सत्ता सम्बन्धी और कला सम्बन्धी किताबों में करनी पड़ी हो। शारीरिक मेहनत तो सभी किताबों में हुई है लेकिन बौद्धिक श्रम सबमें समान ही लगा होगा और कई बार लगता है कि कुछ बहुत साफ कहने और समझाने की बेचैनी के साथ किताबें लिखी गई हैं क्योंकि प्राय: कोई व्यावसायिक या कमाई वाला पक्ष उनके लेखन से जुड़ा नहीं रहा है। इसलिए जिस किसी ने उनको युवा राजनैतिक कार्यकर्ताओं को कुछ समझाते देखा होगा उसे उनकी गम्भीर किताब में भी उसी तरह की मुद्रा दिखाई देगी—हर चीज को स्पष्ट करने के उदाहरणों के साथ तर्क आगे बढ़ाना।

और कई बार लगेगा कि वे मूल विषय को कुछ समय भुलाकर भी पहले उस मुद्दे को आपके दिमाग में बैठा देना चाहते हैं।

पर शास्त्र के साथ ही लोक के ज्ञान का, लोगों के सम्पर्क से और अपने अनुभव से निकली बातों का सुन्दर मिश्रण भी मिलेगा। जाति प्रथा वाली किताब के लिए उन्होंने खूब यात्राएँ कीं और ऐसे जानकार लोगों से लम्बी बातें भी की थीं। इस चलते उन्होंने जाति प्रथा को लेकर कुछ बहुत ही विलक्षण बातें कही हैं। जाति पर समाजशास्त्रियों ने बहुत लिखा-पढ़ा है लेकिन यह किताब एकदम अलग नजरिया सामने लाती है। और बताना न होगा कि यह सब किसी अकादमिक परियोजना का हिस्सा न था और न ही उनको कहीं से अध्ययन वाला अनुदान मिला था। इतना काम कोई सिर्फ बौद्धिक प्रेरणा और बेचैनी से करे यह हैरान करनेवाली चीज है।

सच्चिदा जी का अपने समकालीन राजनेताओं से ही नहीं साहित्यकारों, कलाकारों, बौद्धिकों और चिन्तकों से भी सीधा संवाद रहा है। डिग्री वाली पढ़ाई में खास आगे न गए इस बौद्धिक ने सिर्फ किताबी ज्ञान ही नहीं हासिल किया और सिर्फ मजदूरी करने या ट्रेड यूनियन के कामों तक खुद को सीमित रखा। हालाँकि इस क्रम में हिन्दी और अंग्रेजी के साथ फ्रेंच और जर्मन भाषाएँ पढ़ने-बोलने तक का कौशल विकसित करना हैरान करता है। शूमाखर और लोठार लुत्से जैसे लोगों के साथ उनका संवाद भी था। पढ़ाई-लिखाई के क्रम में उनका काफी सारे लेखक पत्रकारों से लम्बा रिश्ता रहा। रघुवीर सहाय जब उन्हें किताब समर्पित करते हैं तो उनको खुद झेंप होती है लेकिन किताब समर्पित करनेवाले और लम्बी चर्चाएँ करनेवाले निर्मल वर्मा जब अपने पुराने रास्ते से अलग होकर मन्दिर आन्दोलन को समर्थन ही नहीं देते विचारों के अन्त वाली घोषणा में शामिल हो जाते हैं तो सच्चिदा जी उन्हें लेख लिखकर टोकते हैं। प्रयाग शुक्ल, गिरिधर राठी, अशोक सेकसरिया, महेन्द्र भल्ला, पत्रकार अनिल साहरी, राजकिशोर, बनवारी, सुरेन्द्र प्रताप सिंह और ओम थानवी वगैरह से उनका गहरा रिश्ता रहा। कला जगत के रामकुमार, कृष्ण खन्ना, जगदीश स्वामीनाथन, हिम्मत शाह वगैरह से भी उनका गहरा सम्बन्ध रहा। बल्कि कृष्ण खन्ना के आग्रह पर ही उन्होंने ललित कला अकादमी के लिए आर्ट एप्रेशिएशन वाली किताब 'अरूप और आकार' लिखी जो आज भी काफी लोगों को हैरान करती है और जीवन भर सक्रिय समाजवादी और ट्रेड यूनियन की राजनीति में लगे किसी व्यक्ति के लिए ऐसी किताब लिखने का अजूबा तो है ही।

सच्चिदा जी सिर्फ कला और संस्कृति जैसे 'गैर समाजवादी' या गैर राजनैतिक विषय पर किताब नहीं लिखी। उन्होंने शहरी गरीबी पर, बिहार के आर्थिक पिछड़ेपन पर, विकास के इस मॉडल में आन्तरिक उपनिवेश की अनिवार्यता पर, जाति व्यवस्था पर (इस सम्पादक को यह उनकी सबसे महत्त्वपूर्ण किताब लगती है), विकास के इस मॉडल में खेती-किसानी की दुर्गति पर, मार्क्सवाद पर, कोएलिशन

पर, इतिहास में आजादी के लिए हुए वैश्विक संघर्ष पर और हिन्दुस्तानी राजनीति पर काफी कुछ लिखा है। और इस मायने में उन्होंने पूरी समाजवादी धारा ही नहीं गांधी को छोड़कर हमारी राजनीति के किसी भी भागीदार से ज्यादा लेखन किया है। और गांधी-लोहिया की धारा के हिसाब से जाति, धर्म, कला, संस्कृति, विकास के विविध पक्ष और पर्यावरण वगैरह के बारे क्या लाइन होनी चाहिए यह चीज सच्चिदा जी के लेखन में मिलती है। कई जगह अगर वे लोहिया और गांधी से कुछ अलग गए हैं तो भी उनकी बात ज्यादा सही लगती है क्योंकि उन्होंने उन विषयों पर काफी अध्ययन और चिन्तन करके लेखन किया है। गांधी और लोहिया कई चीजों में एक सामान्य सोच या धारणा के आधार पर भी बातें करते हैं। जाति, संस्कृति और कला सम्बन्धी सच्चिदा जी का लेखन हर मायने में गांधी-लोहिया की लाइन को आगे ले जाता है। इस हिसाब से भी उनकी रचनावली का आना एक महत्त्वपूर्ण घटना है।

कभी कम तो कभी ज्यादा सक्रियता वाले अपने लगभग पचहत्तर साल के राजनैतिक-सामाजिक जीवन में सच्चिदा जी ने कोई पद नहीं लिया है, कोई पुरस्कार नहीं लिया है। और ऐसा कई बार हुआ है कि उनसे बात किए बगैर पुरस्कार या पद घोषित करनेवाले लोग, संस्थाएँ या सरकारें झेंप जाती हैं। अब यह बात प्रचारित है तो इस तरह की पेशकश भी नहीं होती और शरीर की अवस्था ऐसी है कि संगठन वाली सक्रियता भी सम्भव नहीं है। इस चीज का जिक्र इसलिए जरूरी था कि सच्चिदा जी की किताबों का प्रकाशन और समीक्षा/चर्चा भी बेतरतीब ढंग से चली है। वे गांधी और क्रोपाटकिन वगैरह के प्रशंसक हैं और कई मायनों में अराजकतावादी दर्शन को ठीक मानते हैं। लगता है कि किताबों के प्रकाशन में उन्होंने इस चीज को व्यवहार में उतारा है। कोई किताब बहुत बड़े प्रकाशक के यहाँ से आई है तो कोई परिचित या छोटा प्रकाशक भी ढंग से 'कंविंस' कर ले तो उसे वे अपनी किताब दे देने में नहीं हिचकते। उनकी कई नई किताबें और कई के रीप्रिंट उनके सम्बन्धी सुरेन्द्र कुमार जी ने मुजफ्फरपुर से छापा जो न ढंग से वितरित हो पाईं न जिनकी वह चर्चा हुई जिसका हकदार वे किताबें थीं। उनकी एक किताब की अधिकांश प्रतियाँ एक मित्र (और किताब के प्रकाशक भी) के घर आपातकाल के छापे के समय जब्त हो गईं। पर बड़े प्रकाशक भी आए और दूर-दूर तक के जर्नलों और अखबारों में समीक्षा छपी और चर्चा हुई। पर सच्चिदा जी ने किसी प्रकाशक के पास प्रस्ताव भेजा हो या किसी किताब की समीक्षा के लिए किसी को कहा हो इसकी जानकारी मुझे तो क्या किसी को भी नहीं होगी।

सम्पादन में सच्चिदा जी ने मुझे पूरी आजादी देकर मेरा काम आसान किया और मुश्किल भी। किस खंड में क्या सामग्री जाए से लेकर उनके शीर्षक देने तक सब काम करना मुश्किल था और कुछ हाथ आई सामग्री को अनेक कारणों

से छोड़ देना और भी मुश्किल। इसमें मुख्य वजह तो तर्क, तथ्य और विषयों का दोहराव-तिहराव था। करीब सात साल के सक्रिय दौर में कोई आदमी जब किताब लिखने के साथ अखबारी टिप्पणियाँ, अकादमिक आलेख, व्याख्यान, राजनैतिक प्रशिक्षण शिविरों में रिसोर्स-पर्सन की भूमिका निभाने से लेकर आन्दोलन गीत और बालगीत लिखनेवाले एक ही व्यक्ति के लिए यह होना बहुत स्वाभाविक भी है। और यह बात खास तौर से तब ज्यादा महत्त्व की लगती है जब हम पाते हैं कि सच्चिदा जी मुख्यत: एक ही धारा और विचार की राजनीतिक-सामाजिक और बौद्धिक गतिविधियों में लगे रहे हैं और भले उस धारा ने सीधे केन्द्रीय सत्ता न हासिल की हो लेकिन आजाद भारत के पूरे दौर में उसने एक बड़ी भूमिका निभाई है, काफी सारे बदलावों के पीछे उसकी प्रेरणा रही है। खैर, इस दोहराव-तिहराव को पूरी तरह खत्म करना सम्भव नहीं था क्योंकि अलग-अलग सन्दर्भों और विषयों के क्रम में उदाहरण, तर्क और तथ्यों में यह दिखता है और उनको काटने-निकालने से पूरा लेख, किताब या भाषण निष्प्रभावी बन जाता। सो जहाँ तक सम्भव हुआ है दोहराव रोका गया है लेकिन इस चक्कर में किसी किताब, आलेख या व्याख्यान को चौपट नहीं किया गया है। पर यह बताना भी जरूरी है कि सिर्फ हाथ आई सामग्री में से एक हिस्सा ही नहीं छोड़ा गया है। काफी सामग्री का अन्दाजा इस सम्पादक और सच्चिदा जी के दूसरे प्रशंसकों को था और कुछ के बारे में जानकारी भी थी। लेकिन समय सीमा और साधनों के हिसाब के चलते ऐसी कुछ सामग्री को छोड़ दिया गया। एक दौर में सच्चिदा जी कला की नियमित समीक्षा करते थे जो एक एजेंसी सिंडिकेट करती थी। उसका काफी सम्मान था। ज्यादा की तो नहीं, लेकिन हुसैन साहब द्वारा इन्दिरा गांधी को दुर्गा के रूप में चित्रित करने की जो आलोचना सच्चिदा जी ने की थी उसे पाने का बहुत प्रयास हुआ, पर अभी तक नहीं मिली है।

सच्चिदा जी के पत्र और इस तरह की चीजों को लेने का सुझाव भी आया और रचनावली में इन्हें शामिल किया भी जाता है। यह मुश्किल काम तो था ही, खुद सच्चिदा जी पत्रों को सूचना के आदान-प्रदान और दो लोगों की चर्चा से ज्यादा महत्त्व नहीं देते हैं और प्राय: हर साल दीपावली की सफाई में पत्र भी छाँटते हैं। पत्र उन्होंने कम नहीं लिखे होंगे और अपने मित्र अशोक सेकसरिया से तो इतना पत्राचार हुआ है कि उसका एक तरफ के पत्र भी मिल जाएँ तो पूरा खंड बन जाएगा। उनके इंटरव्यू का सुझाव आंशिक रूप से ही माना गया क्योंकि कई ज्ञात अच्छे इंटरव्यू समय से नहीं मिले और कोरोना के दो दौर ने बाद में इसकी कोशिश करने की आजादी नहीं दी। हाँ, बालगीत और आन्दोलन गीत जरूर शामिल हुए, पर इसमें भी खुद सच्चिदा जी ने पक्षियों के जो स्केच बनाए थे वे नहीं मिले। वे इनके प्रकाशन की पहली कोशिश के समय ही प्रकाशक के यहाँ ही गुम हो गए थे।

इस बड़े लेखक की यह रचनावली कई महत्त्वपूर्ण काम करने के साथ एक भूल सुधार का काम भी करेगी क्योंकि जिस किसी ने सच्चिदा जी का कोई भी महत्त्वपूर्ण काम देखा और पढ़ा है वह उनकी लिखी दूसरी चीजों की तलाश करता है। और जब छपाई और वितरण का यह हाल हो तो किताबों की उपलब्धता की स्थिति को आसानी से समझा जा सकता है। और रचनाओं के साथ यह उस महान लेखक के साथ किए हमारे व्यवहार का भूल सुधार भी है कि हम हिन्दी के सर्वाधिक प्रतिष्ठित प्रकाशन गृह से उनकी सारी महत्त्वपूर्ण रचनाओं को एक साथ ला रहे हैं। इसमें कई ऐसी रचनाएँ भी हैं जिनका अनुवाद सिर्फ इस रचनावली के लिए किया गया अर्थात् वे हिन्दी पाठकों को पहली बार उपलब्ध होंगी। राजकमल प्रकाशन ने सच्चिदा जी की कई किताबें पहले भी प्रकाशित की हैं लेकिन यह उपक्रम बड़ा और खास है। इसके लिए अशोक महेश्वरी जी को धन्यवाद जो खुद भी सच्चिदा जी के लेखन के कायल हैं। रचनावली के प्रकाशन में कई लोगों की कई तरह से मदद मिली। उन सबका आभार। सबसे बड़ा आभार तो सच्चिदा जी का ही है जिन्होंने रचनावली तैयार करने में अपनी तरफ से पूरी छूट दी—क्या रखना है, क्या छोड़ना है, किस खंड में क्या लिया जाए यह सब कुछ उन्होंने मेरे विवेक पर छोड़ दिया था। और इससे काम आसान हुआ हो यह कहना मुश्किल है क्योंकि इससे परेशानी भी बढ़ी। पर जिस रूप में रचनावली है उसका जिम्मा मेरा है। इस काम में साथी हरिमोहन मिश्र ने मदद की, एक मुश्किल मैन्युस्क्रिप्ट के सम्पादन में भी मदद की। सामग्री जुटाने में सबसे महत्त्वपूर्ण मदद मुजफ्फरपुर के साथी अच्युतानन्द नवीन से मिली जिन्होंने खुद से करीब दो सौ पुराने लेखों की फोटोप्रतियाँ उपलब्ध कराईं। छोटे भाई समान अतुल कुमार ने भी पुस्तकों की फोटोकॉपी और अन्य जरूरी चीजों में मदद की। वे सच्चिदा बाबू से सम्पर्क का माध्यम भी रहे और उनकी भूमिका जुटाने में माध्यम भी बने। पत्रकार अनुरंजन ने भी सामग्री जुटाने में मदद की। 2015 16 में जब सारे लेखन को पढ़ने और चुनाव करने का वक्त था तब बड़े भाई समान रमाशंकर सिन्ह जी के आईटीएम यूनिवर्सिटी ग्वालियर ने अपने यहाँ पत्रकारिता का अध्यापक बनाकर और रहने की जगह देकर काम करने की सुविधा उपलब्ध कराई। अनुवाद में सबसे बड़ा सहयोग भाई रामजय से मिला। मराल प्रकाशन, मुजफ्फरपुर के सुरेन्द्र कुमार जी ने एक ऐसी किताब का अनुवाद उपलब्ध कराया जो उनके यहाँ से प्रकाशन योजना में पड़ी थी। यह अनुवाद बिहार विश्वविद्यालय के नामी अध्यापक नवल बाबू ने किया था जो अब नहीं हैं। अपने बुजुर्ग और सच्चिदा जी के मित्र अशोक सेकसरिया जी के अनुवाद से, जो सामयिक वार्ता में छपे थे, काफी मदद मिली। ये सारे सम्बन्ध मुझसे और सच्चिदा जी के साथ ऐसे हैं कि इनका औपचारिक धन्यवाद करना भी अटपटा लग रहा है, पर नाम लेना जरूरी है। घर में इतना लम्बा और बृहद काम करने की शान्ति और हर तरह की सहूलियत

उपलब्ध करानेवाली ललिता जी का धन्यवाद करना भी ऐसा ही है। प्रिंटआउट लाने और कम्प्यूटर-नेट की समस्याएँ सुलझाने में बेटा अभिषेक, बहू श्रुति और बेटी अभिलाषा ने भी मदद की। और इधर घर में आई पोती तारा ने अपनी बाल हरकतों से काम में ब्रेक दिलाया।

रचनावली का पहला खंड कला, संस्कृति, भारतीयता और जीवन बोध तथा कला बोध से सम्बन्धित लेखन का है जिसमें तीन किताबें, करीब आधा दर्जन लेख और दो महत्त्वपूर्ण भाषण शामिल हैं। 'केअस एंड क्रिएशन' नाम से ललित कला अकादमी से आई उनकी किताब आज भी भारत में कला की बुनियादी समझ बनानेवाली सबसे महत्त्वपूर्ण किताब मानी जाती है। इसका अनुवाद 'अरूप और आकार' नाम से है और यह दिक् और काल में भ्रमण करती-कराती आपको जीवन में कला के महत्त्व और स्थान को बड़ी खूबसूरती से स्थापित करती है और बताती है कि जिस तरह विज्ञान और तकनीक जीवन में जरूरी हैं उसी तरह कला भी। हर हाल में मनुष्य (और कुछ हद तक अन्य प्राणी भी) कला के बगैर रह ही नहीं सकते, जीवन आगे बढ़ नहीं सकता और कला किस तरह हमारे जीवन को सँभालने का काम करती है। और इसमें लेखक विज्ञान के नवीनतम आविष्कारों से लेकर कला जगत की सारी महत्त्वपूर्ण सूचनाओं के साथ बहुत ही दिलचस्प तर्कों के साथ अपनी बात बढ़ाते हैं। साथ ही वे आदिम मानव द्वारा की गई भित्ति चित्रकारी से लेकर आधुनिक चित्रकला तक की यात्रा के ब्योरे भी देते हैं। और जैसे ही आपको लगता है कि लेखक पश्चिमी कला आन्दोलनों के घटाटोप में उलझ रहा है, सच्चिदा बाबू तुरन्त भारतीय कला की कई विशिष्टताओं की चर्चा के साथ हाजिर होते हैं जिसमे सबसे बड़ा फर्क कलाकृतियों को बनाने में दास श्रम के उपयोग करने न करने का है। पश्चिम की कला में यह है जबकि भारतीय कला के कलाकार आनन्द और समर्पण से काम करते रहे हैं।

संस्कृति विमर्श उनकी हिन्दी में लिखी पहली चर्चित और प्रशंसित किताब है जिसमें हमारे जीवन में संस्कृति की भूमिका और उपयोगिता को स्थापित करते हैं। यह किताब बताती है कि संस्कृति सिर्फ जीवन जीने का तरीका और सलीका तथा बाहरी पहचान ही नहीं है, यह हमारे आनुवंशिक गुण-सूत्रों में प्रकृति द्वारा छोड़ी गई कमी का एक जैविक-व्यावहारिक उपचार भी है। वैज्ञानिक तथा मनोवैज्ञानिक अध्ययनों का निष्कर्ष देने के साथ वे यह बताते हैं कि अन्य प्राणियों से भिन्न मनुष्य के अन्दर हिंसा रोकने का कोई स्वाभाविक 'यंत्र' नहीं विकसित हुआ है। लड़ाई सभी करते हैं और उसके पीछे मुख्य वजहें वही होती हैं। लेकिन अन्य प्राणी जब लड़ते हैं तो पराजय का संकेत देखकर जीतने की स्थिति में आया प्राणी खुद-ब-

खुद रुक जाता है। वह पराजित हो रहे साथी की जान लेने तक नहीं जाता। इससे उलट मनुष्य अपने क्रोध, लोभ, मद में न सिर्फ पराजित और कमजोर दिखनेवाले की जान लेते हैं, बल्कि ऐसे लोगों के संहार तक भी चला जाता है जिससे उसका कोई लेना-देना भी न हो। सो संस्कृति इसी बेलगाम हिंसक मन पर अंकुश लगाने का काम करती है। एक आनुवंशिक कमी को पूरा करती है।

तीसरी किताब 'संस्कृति और समाजवाद' उनके आलेखों को समेटकर बनाई गई है जो कला और संस्कृति से समाज के रिश्तों की पड़ताल करती है। और यह पड़ताल दोतरफा है। सम्भवत: एक प्रभावी राजनैतिक विचारधारा के साथ इन विषयों के जुड़ाव की चर्चा हम नहीं देखते और राजनैतिक-सामाजिक कामों को कुछ अलग चीज ही मानते हैं। यह किताब एक सन्तुलन को बताने और उसके महत्त्व को रेखांकित करने का काम करती है। इसमें दिल्ली विश्वविद्यालय में आयोजित व्याख्यान-शृंखला वाले आलेख बहुत ही अच्छे हैं। फिर कई लेख ललित कला अकादमी की पत्रिकाएँ—समकालीन कला और कंटेम्पररी आर्ट से लिए गए हैं। फिर इसमें वह लेख भी शामिल है जिसमें सच्चिदा जी कला, संस्कृति और सभ्यता के खास गुणों से लैस भारतीयता की चर्चा करते हैं। यह विशिष्टता वाली बात या व्यक्ति की आजादी और विकेन्द्रीकरण वाली चर्चा वे लगभग हर समय याद रखते हैं जो उनके ज्ञान के साथ विवेक में बसी है। और यही चीज एक मुख्यत: राजनैतिक-सामाजिक मुद्दों के कार्यकर्ता और लेखक-विचारक की रचनावली में कला संस्कृति सम्बन्धी लेखन से पहला खंड बनाने का फैसला लेने का आधार बनी।

—अरविन्द मोहन

2 जुलाई, 2021
दिल्ली

क्रम

अरूप और आकार : कला में सृजन

उल्लेख्य है कि यह पुस्तक कहीं से भी कला की विभिन्न शैलियों का आलोचनात्मक मूल्यांकन नहीं है। मैं न तो इसके योग्य हूँ तथा न ही इस तरीके से आलोचनात्मक मूल्यांकन सम्भव है। आलोचनात्मक मूल्यांकन का, बहरहाल, ज्यादा सम्बन्ध तत्कालीन ज्ञानात्मक परिवेश से होता है। यही दर्शाता है कि कैसे किसी निश्चित काल का सद्‌भाव दूसरे काल में द्वेष में परिणत हो जाता है। एक निश्चित कालखंड का मानसिक स्तर कैसे किसी की दृष्टि को, यहाँ तक कि कला-इतिहास के सबसे अधिक सर्जनात्मक कालखंड के श्रेष्ठ कला समीक्षक की दृष्टि को भी सीमित कर देता है, इसे वासरी के विचार से समझा जा सकता है। "रचना का अर्थ प्रकृति के सुन्दरतम अंशों का अनुकरण है। इसके लिए कलाकार के हाथ और दिमाग इच्छित बिम्ब को हू-ब-हू अपने कैनवस पर रच सकने के काबिल होने चाहिए। एक उत्कृष्ट मूर्ति की धड़ से जुड़े खूबसूरत पैर की भाँति अन्य भागों के भी चयन और संयोजन में अत्यन्त बारीक नजर रखनी पड़ती है ताकि चित्र को उत्कृष्ट और सुन्दर बनाया जा सके।"

अधिकांश कलाकार और समीक्षक आज इस परामर्श पर आश्चर्य व्यक्त करेंगे। अतएव, मेरा प्रयास आलोचना का जोखिम भरा कठिन कार्य करने की बजाय कलाकृतियों को समझने तक ही सीमित है। गहन विचार से चिह्नित इस विषय को जरा स्पष्टता और वस्तुनिष्ठता प्रदान करना ही मेरा उद्‌देश्य है। सम्भव है, अज्ञानतावश मैंने पूर्व के स्थापित विचारों में अपना विचार भी नत्थी करने का प्रयास किया हो, लेकिन अध्ययन का यह क्षेत्र किन अस्पष्ट सिद्धान्तों और बहुविचारों का वन है, इस पर विचार करते हुए मैं आश्वस्त हूँ कि यदि स्पष्टता प्रदान कर पाने में विफल होता हूँ तो भी इस विषय के वर्तमान परिदृश्य को मैंने किसी तरह की क्षति नहीं पहुँचाई है।

मैं निर्मल वर्मा के प्रति अपना आभार व्यक्त करता हूँ जिन्होंने टंकित पांडुलिपि को देखने में अपना बहुमूल्य समय दिया। फिर भी, इस पुस्तक में व्यक्त विचारों के प्रति मैं अकेला उत्तरदायी हूँ। पारसनाथ चौधरी और ब्रज खंडेलवाल को मेरा धन्यवाद जिनकी मित्रता और सहयोग के बल पर मैंने यह अध्ययन पूरा किया। सुश्री पद्मिनी ने काफी कष्ट झेलकर पांडुलिपि का टंकण किया, उन्हें भी मेरा धन्यवाद! के.आर. सुब्बन्ना के प्रति भी मैं आभार व्यक्त करता हूँ जिन्होंने सारे दृष्टान्त चित्र तैयार करने में अपना अमूल्य समय दिया।

—सच्चिदानन्द सिन्हा

ग्राम-पोस्ट मनिका
जिला-मुजफ्फरपुर-843119 (बिहार)

* अंग्रेजी में प्रकाशित 'केअस एंड क्रिएशन' (1980) पुस्तक की भूमिका

1

> हमारे लिए सम्पूर्ण ब्रह्मांड ठीक उसी तरह से है जैसे एक श्रेष्ठ भवन निर्माता के लिए विशाल पत्थर का खदान होता हैं जो अपने मस्तिष्क में प्रकृति के इन आकस्मिक पुंजों से मितव्ययिता, उद्‌देश्यपूर्णता और दृढ़ता के साथ उभर आनेवाले आदर्शरूप को आकार देता है।
>
> **—जोहान्न वुल्फगांग वॉन गोएथे**

"आरम्भ में ईश्वर ने धरती और स्वर्ग की रचना की। उस समय धरती निराकार व शून्य थी, समुद्र अँधेरे से ढका था...।" बाइबिल में सृष्टि की कहानी इसी से शुरू होती है। सृष्टि सम्बन्धी अधिकांश अन्य कहानियों में भी इसी व्यवस्था और प्रकाश का वर्णन मिलता है, जिसका मूलाधार आदिम विशृंखलन, अँधेरापन और शून्यता है। यह महज संयोग नहीं है। यह विश्वास मनुष्य के सार्वभौमिक अनुभव से बना है जिसे वह सम्पूर्ण जगत की विशालता और लघु जगत की अनन्त छोटी-छोटी बातों के बीच एक छोटी-सी जगह में अनिश्चित जीवन जीते हुए अर्जित करता है। वह देखता है कि आसपास में नियमित रूप से घटनेवाली घटनाएँ उसके अस्तित्व को नजरअन्दाज कर जाती हैं, फिर भी वह उन्हें नजरअन्दाज नहीं कर पाता है। ये सारी घटनाएँ बगैर किसी साफ इरादे या वजह के घटित हुई थीं। आदिकाल में बाह्य जगत निश्चित रूप से अत्यन्त भ्रमकारक रहा होगा, लेकिन मनुष्य के अन्दर भी विशृंखलन का भाव व्याप्त था : मसलन हठात् भय, चिन्ता, क्रोध, आनन्द, हिंसा और कायरता। मनुष्य, हालाँकि, अपने इन आन्तरिक भावावेशों को कम-से-कम अपने दूसरे अनुभवों के साथ जोड़ सकता था, लेकिन प्रकृति अपनी हिंसा और उदारता में विध्वंसक वज्रपात और बर्फ-बारिश को नानाविध खेलों और फसली गौरागों के उपहार में बदलते हुए कभी-कभी ऐसा आभास देती रही कि वह अपनी परिवर्तनशील अवस्थाओं को अनुरूपता प्रदान कर रही है, लेकिन अन्ततः वह एक अबूझ पहेली ही बनी रही। इसने किसी तरह के संवाद की स्वीकृति नहीं दी और न ही अपने विपुल रहस्यों को मनुष्य की जिज्ञासु आँखों तक पहुँचने दिया।

मनुष्य यदि पत्थर-सरीखा या कोई वैसा लघु जीव होता जिसे अपनी आँखों से ओझल बिम्बों के बारे में कोई विचार नहीं रहता है, तो मजे में वह जिन्दगी भर पैर

पटक-पटककर ही चलते रहता, लेकिन मनुष्य की चेतना उसे अतीत के अनुभवों और भविष्य की सम्भावित घटनाओं के समीप रखती है। मानवीय स्थिति में यह अन्तर बिलकुल नैसर्गिक है।

प्रत्येक प्राणी कुछेक मामले में अपने परिवेश से वाकिफ होना चाहता है। क्रमिक विकासवाद के पैमाने पर उसका यह प्रयास जितना ही अधिक होता है, समय उतना ही अधिक लगता है और परिवेश का दायरा बढ़ता जाता है। मिलीमीटर के एक छोटे अंश में ही अमीबा अपने कूटपाद के सहारे अपनी सही दिशा ढूँढ़ लेता है। मनुष्य अपनी कल्पना-शक्ति से लगभग समूचे ब्रह्मांड और ज्ञात इतिहास को खंगालता है ताकि उसमें वह अपनी जगह निर्धारित कर सके। इस सन्दर्भ में मनुष्य अपने नजदीकी सम्बन्धी वनमानुष पर भी विकास की लम्बी छलाँग लगाता जान पड़ता है। संकेतन और विचार करने की क्षमता ही मनुष्य को अन्य सभी प्राणियों से अलग करती है।

संसार में सभी प्राणी अपने व्यवहार सामंजस्य के लिए संकेतों का प्रयोग करते हैं। मनुष्य भी ऐसा करता है। इन संकेतों का घटनाओं अथवा बिम्बों के साथ अपरिहार्य और अनन्तरित रिश्ता होता है। इस तरह, बिजली का चमकना गर्जन का संकेत बन जाता है और लाल ट्रैफिक सिग्नल को अर्थ होता है, रुक जाना। एक निश्चित ध्वनि का मतलब किसी प्राणी के लिए खतरा अथवा भोजन से हो सकता है, लेकिन मनुष्य का व्यवहार केवल इन संकेतों पर ही आधारित नहीं होता है। उसका व्यवहार एक हद तक उन संकेतों और चिह्नों पर निर्भर करता है जो किन्हीं निश्चित विचारों को निरूपित करते हैं। यह जरूरी नहीं है कि वे आस-पड़ोस की घटना या वस्तु को ही संकेतित करें। उदाहरण के तौर पर इस तरह के संकेत वे शब्द हैं जिनका प्रयोग मनुष्य अपने वक्तव्य में करता है। बातचीत के सिलसिले में जब कोई 'आकाश में बिजली' कड़कने की बात कहता है तो ऐसा नहीं होता कि सुननेवाला कान में अँगुली डाल लेता हो अथवा आकाश की तरफ निहारने लगता हो। उक्त शब्द का चर्चा के प्रसंग पर निर्भर करता है। यह प्रसंग किसी सैद्धान्तिक विमर्श अथवा अतीत में घटित घटनाओं का हो सकता है। इन संकेतों के फायदे ये हैं कि किसी वस्तु या घटना की भौतिक उपस्थिति के बगैर ये मनुष्य के दिमाग में उसके प्रति विचार ला देते हैं। यह आवश्यक नहीं है कि ये संकेत हमेशा वास्तविक बिम्बों या घटनाओं को ही निरूपित करें। ये एक विचार को दूसरे विचार से जोड़कर किसी अस्तित्वहीन आकृति और कल्पना को भी निरूपित कर सकते हैं।

ये संकेत मनुष्य की कल्पना एवं सर्जना के प्राथमिक स्रोत बन जाते हैं। मानवी कल्पना इन संकेतों के माध्यम से आस्था, आशंका और आतंक का भाव ग्रहण कर लेती है। इसलिए सुरक्षा से मनुष्य का अभिप्राय वर्तमान की सुरक्षा से नहीं है, बल्कि भविष्य में एक निश्चित अवधि के लिए सुरक्षा की मुनासिब निश्चितता से है।

सुरक्षा-ज्ञान के लिए मानवी आशंका के तमाम भेदों तक प्रसारित इन संकेतों का एक व्यवस्थित ढाँचे में होना बहुत जरूरी है। मनुष्य दुनिया व इसके उद्गम की तस्वीर नियमित रूप से बनाता और सुधारता रहा है। समूचे मानव इतिहास में मनुष्य का अधिकांश प्रयास प्रकृति को अपनी आवश्यकताओं के प्रति जवाबदेह बनाने के लिए होता आया है। उसे प्रकृति से अपने प्रारब्ध के बारे में जवाब पाना था, उसने प्रकृति से बात की, प्रकृति को सजाया। इसे क्रम, अर्थ, अनुभूति और सौन्दर्य से परिपूरित किया। इस उदासीन दुनिया में जहाँ मनुष्य स्वयं को अकेला पाता था, उसने इस दुनिया को एक आत्मीय घर की शक्ल दी। सम्भव है, क्रम या व्यवस्था की बात उसकी चेतना में इसलिए भी आई हो। उसके अस्तित्व की बनावट में ही इसकी आवश्यकता अन्तरगूंथित है। भौतिकशास्त्री हमें बताते हैं, हम एक ऐसी दुनिया में जी रहे हैं जहाँ एण्ट्रॉपी बढ़ रही है अर्थात् ऊर्जा का व्यवस्थित प्रवाह घट रहा है और दुनिया पूर्ण विश्रृंखलन की तरफ बढ़ रही है। विश्रृंखलन की यह आशीर्ष डुबकी, हालाँकि, दुनिया के एक अत्यन्त छोटे हिस्से में जहाँ जैव विकास और जीवन सम्भव हुआ है, पकड़ में आ जाती है और उलट दी जाती है, मानो भौतिकशास्त्री मैक्सवेल का समाधानकारी पिशाच* ऊर्जा के प्रवाह को व्यवस्थित करने में हाथ बँटा रहा हो। बहुत कम ही अणु और कोशिकाएँ इन हिस्सों में आसन्न विश्रृंखलन से थोड़ा निर्जीव पदार्थ नियमित रूप से जमाकर प्राणधारियों में उसे जटिल व अत्यन्त चुस्त व्यवस्था से जोड़ने का काम करते हैं, लेकिन मनुष्य इसी व्यवस्था की उपज है। विश्रृंखलन में दुबारा गिरना मौत है, इसलिए जीवन, शान्ति और खुशी के रूप में आकृति और व्यवस्था प्रकट हुई।

मनुष्य जिस अनुरूपता की तलाश करता है, वह केवल निर्जीव प्रकृति से सम्बन्ध जोड़ने भर से ही सम्बन्धित नहीं है। उसे तो तीखी ध्वनियों, विस्मयकारी दृश्यों और विभिन्न स्पृश्य प्रभावों, जो अविराम उसकी चेतना में दस्तक देते रहते हैं, से भी एक छवि की तलब रहती है अर्थात् वैसी स्थिति जो क्षण में अदृश्य हो जानेवाले प्रभावों की दुनिया में बनती है। मनुष्य को इन्द्रियजनित ज्ञान के विश्रृंखलन से ही मधुर राग, अनुरूपता और रूपाकार गढ़ना पड़ता है।

---

* भौतिक विज्ञानियों के अनुसार, हमारा ब्रह्मांड अधिकतम एण्ट्रॉपी की अवस्था में लुढ़का जा रहा है अर्थात् वैसी अवस्था में जहाँ ब्रह्मांड के समूचे क्षेत्र का तापमान पूरे अन्तरिक्ष में समान रूप से विसरित दीप्त ऊर्जा के साथ एक समान रहता है। ऐसी अवस्था में ऊर्जा का कोई व्यवस्थित प्रवाह नहीं हो सकता है, कोई जीवन नहीं हो सकता है, कोई आकृति सम्भव नहीं हो सकती है। यह अवस्था विश्रृंखलन के काफी निकट होती है। भौतिक विज्ञानी मैक्सवेल ने अनुमान लगाया कि यदि दो साँचों को ऊर्जा के विभिन्न स्तरों पर एक शटरयुक्त महीन छेद से जोड़ दिया जाए तो शटर से छलकर एक छोटा पिशाच अपने में ऊर्जा के प्रवाह को इस तरीके से व्यवस्थित कर सकता है कि समानीकरण की प्रक्रिया उलट जा सकती है और इस तरह दोनों सांचों के तापमान का अन्तर घटने की बजाय बढ़ने लगेगा। यह बाद वाला प्रभाव केवल वहीं घटित होता है जहाँ भौतिक जीवन सम्भव है।

यह दुनिया एक तेज प्रवाह की मानिन्द है। इसमें बिम्ब और घटनाएँ आपस में जुड़ते हैं, अस्तित्व ग्रहण करते हैं और सम्पूर्ण सम्भ्रम में ही विदा हो जाते हैं। इन्हें समझने के लिए मनुष्य को निश्चित रूप से सीमाओं का निर्धारण और श्रेणियों का निर्माण करना पड़ता है। सामान्यतः विज्ञान यही काम करता है, लेकिन कला में है कि इसके पास सर्वोत्कृष्ट सीमा-निर्धारण के साथ-साथ दुनिया के एक हिस्से की आत्मपर्याप्त तस्वीर होती है। इसमें भी सचित्र कलाकारिता और छायाकारिता में अन्तर है। सचित्र कला में तस्वीर पूर्ण व पर्याप्त होती है जो अपने अंगों के औपचारिक संयोजन के माध्यम से हमें किसी भी अवस्था का पूरा-पूरा बोध कराती है। दूसरी तरफ, छायाचित्र में चित्र बीच में ही लिया गया जान पड़ता है और अधूरा लगता है।

क्रम और नियमितता केवल सन्तोषप्रदायी ही नहीं होते हैं, बल्कि ये मनुष्य को अत्यन्त व्यावहारिक तरीके से जिन्दगी जीने में मदद भी करते हैं। साथ ही, अनिवार्य सूचनाओं का अत्यन्त कुशलता से निष्पादन करने में भी मदद करते हैं। नियमितता की वजह से सूचना में वृद्धि होने लगती है। हालाँकि, सूचना सिद्धान्त इसे 'निरर्थक सूचना' कहता है, लेकिन इससे कार्यदक्षता बढ़ जाती है। रेखाएँ सीधी हों या एक निश्चित तरीके से बदलती हों, इन्हें समझना कठिन नहीं होता है। इनके निश्चित बिन्दु अनुमान्य स्थानों पर ही पड़ते हैं, इसलिए ये कोई नई सूचना नहीं देते हैं। इसमें सबसे महत्त्वपूर्ण होता है, रेखाओं की विलक्षण आकृति को समझना। इससे अखुलेपन (बन्दी) की मनोवैज्ञानिक घटना भी जन्म लेती है। इसी तरह, मानसिक रूप से सभी चाहते हैं, किसी रेखा को पूरा करना या किसी निश्चित छवि को आकार देना, भले ही वह अधूरी क्यों न रह जाए। इससे अटकल लगाने की हमारी आदिम योग्यता का पता चलता है।

सभी प्रकार की सूचनाओं का हम एक ही बार में निष्पादन नहीं कर सकते हैं। हमारी दिमागी क्षमता सीमित है, लेकिन किन्हीं क्रम या नियमित आकार या श्रेणी में हों तो बगैर किसी परेशानी के इन बहुत सारी सूचनाओं का निष्पादन कर लेते हैं। यह समझना कठिन नहीं होता है कि क्यों नियमित और समरूप आकृतियाँ न केवल समझ में आ जाती हैं, बल्कि आनन्द भी देती हैं। ज्यादा घुमावों और कोणों वाली आकृतियों को समझने के लिए दिमाग पर जोर देना पड़ता है क्योंकि प्रत्येक घुमाव एक नई सूचना देता है। आदिमानव जब नियमित मार्ग से चलनेवाले जानवरों को बमुश्किल फांस में पड़ते देखा होगा तो निश्चित तौर पर इस नियमितता के लाभ को वह जानता रहा होगा।

आदिमानव प्रकृति से एक सरल व सकारात्मक जवाब चाहता था (काफी हद तक आधुनिक मनुष्य भी यही चाहता है)। वह प्रकृति के प्रयोजन, क्रम और मानी को तभी जान सका जब प्रकृति ने उसके लिए अपना हृदय-पट खोला।

मनुष्य को अपने पूर्वाग्रहों, चिन्ताओं और अनुभूतियों को प्रकट करना था ताकि उसके साथ ठीक उसी तरह संवाद स्थापित कर सके जिस तरह मनुष्य-मनुष्य के बीच होता है।

यद्यपि प्रकृति मनुष्य की इच्छा से कोई अदला-बदली नहीं करती है। वह तो सदैव मूक बनी रहती है, लेकिन उसके विविध रूप मनुष्य की कल्पना को एक सांकेतिक भाषा प्रदान करते हैं। इससे मनुष्य प्रकृति के निहितार्थों व सन्देशों को समझा जाता है। प्रकृति के मूक भाव की भरपाई मनुष्य के अनुसंधान की क्षमता से होती है। यह मनुष्य को प्रेरित करती है कि वह अपने आस-पड़ोस की प्रभाव डालनेवाली तमाम चीजों तक अपनी पहुँच बनाए और उनसे अपना परिचय स्थापित करे। मनुष्य सदा अपनी आकांक्षाओं और अनुभूतियों को बाह्य जगत पर लागू करता रहता है जिसकी भिड़न्त एक नए जीवन से होती है जो सीधे तौर पर मनुष्य की भावनाओं से सम्बद्ध होती है। मसलन, मनुष्य जब भी किसी पेड़ की टहनी में नई कली खिलते देखता है तो उसे अपनी ही नसों में पेड़ का गर्म रस प्रवाहित हो रहा महसूस होता है। उसे नई जवानी का आभास होता है। दूसरी तरफ, वह जब भी किसी सूखे पेड़ को नंगा खड़ा देखता है तो उसका मन शोकाकुल हो जाता है। उसके प्रति उसे शोक प्रकट करने की इच्छा होती है। इसी निकट व पड़ोस की वस्तुओं से परिचय होने के कारण मनुष्य प्रकृति की उस स्थायी चुप्पी को तोड़ता है जो उसे दुनिया से अलग-थलग करती है।

बाह्य जगत से एक बार संवाद कायम हो जाने पर मनुष्य की आन्तरिक बेचैनी शान्त होने लगती है। आन्तरिक बेसुरेपन के कारण वह बाहरी अनुरूपता से या बाह्य जगत में अपना आन्तरिक विशृंखलन निकालकर सांत्वना पाने का प्रयास करने लगता है। वह अपने हृदय को आन्तरिक विशृंखलन से मुक्त कर शान्ति पाने की चेष्टा करता है।

दुनिया की अपनी समझ-प्रकृति के अनुसार मनुष्य अपने जीवन और दुनिया का अर्थ और रूप जानने हेतु भिन्न-भिन्न युगों में भिन्न-भिन्न तरीकों से प्रयास करते रहा है। उसकी सर्जनात्मकता बुनियादी रूप से इसी प्रयास में निहित है। इसी प्रयास के बल पर मनुष्य उन मूल्यों को परिभाषित कर पाया जिन मूल्यों के सहारे वह एक ऐसी दुनिया में रहता है जो कि पूरी तरह से चुप है। इस तरीके से भी मनुष्य अपने अस्तित्व को ही एक अर्थ प्रदान करता है। यह मानवी अस्तित्व स्वयं उन बादलों की भाँति अनिश्चित होता है जो बनते और बिखरते रहते हैं।

मनुष्य और प्रकृति का रिश्ता बहुआयामी एवं प्राय: विरोधाभासी होता है। यह रिश्ता कभी सहयोग का होता है तो कभी लड़ाई का होता है। मानवीय जरूरतों की पूर्ति हेतु प्रकृति के अनेक प्रयोजनों और शक्तियों को नियत ढंग से बहलाने, फुसलाने, डाँटने और बाध्य करने की जरूरत पड़ती है। ब्रह्मवाद की आदि-

अवस्था में मनुष्य अपने प्रत्येक कर्म के लिए आत्मा या मानस को कारण बताने का प्रयास करता था। उन कर्मों से इसका एक सरल रिश्ता बनता गया। मनुष्य की जो इच्छाएँ और भावनाएँ थीं, उन्हीं कर्मों की वजह से थीं, लेकिन मनुष्य में सामाजिक जीवन की जटिलताओं का ज्ञान बढ़ने के साथ ही दुनिया और अधिक जटिल होती चली गई।

सामाजिक क्रम के अनुरूप मनुष्य ने लौकिक क्रम का अनुसंधान किया। इस लौकिक क्रम में मनुष्यों, पशुओं, पेड़-पौधों के साथ-साथ धरती, आकाश, सूर्य, चाँद, तारे तथा परम मानवी शक्तियों व मानवी कमजोरियों के साथ-साथ नए निवासियों, देवी-देवताओं—सभी ने अपने-अपने न्यायसंगत निर्धारित स्थानों को ग्रहण किया। मनुष्य और दुनिया के अन्य सभी वासी परिभाषित सम्बन्धों के दायरे में रहने लगे। मनुष्य के लिए अन्य वस्तुओं तथा व्यक्तियों से व्यवहार करने की एक संहिता तैयार हुई। प्राच्य विश्वविद्याओं पौराणिक कथाओं, इन्द्रजाल, कर्मकाण्डों एवं धर्मों, सभी की उत्पत्ति इसी प्रक्रिया के अन्तर्गत हुई।

हमने इन्हें संक्षेप में बतलाया है क्योंकि कला और विज्ञान का उत्तरवर्ती विकास उनसे गहरे रूप से जुड़ा है। वस्तुतः यह उसी प्रक्रिया का विस्तार व विकास है। हम अक्सर जहाँ भी कला और विज्ञान पर विमर्श करते हैं, उनके भारी-भरकम जुमलों और डरावने सिद्धान्तों के साथ ही पूर्ण विकसित पद्धतियों के रूप में मानकर चलते हैं, लेकिन इनमें से कोई भी पन्द्रहवीं सदी तक अपना प्रचलित मौजूदा अर्थ प्राप्त नहीं कर पाया था, यहाँ तक कि पश्चिम के देशों में भी नहीं। विज्ञान ने अपना ज्यादातर विकास खगोलीय पिंडों, विश्व निर्माणक तत्त्वों और उनके परिणामों के बारे में ब्रह्मांड विद्या सम्बन्धी विचारों से किया था। प्राचीन गुफाओं की पेंटिंग्स के ताजा अध्ययन से पता चलता है कि कला की उत्पत्ति ऐंद्रजालिक आखेट-संस्कारों से हुई है। इसका उल्लेख करना काफी रोचक है कि अपनी शैशवावस्था में कला और विज्ञान की जो भूमिकाएँ थीं वे मौजूदा भूमिकाओं के विपरीत थीं। दोनों प्रकृति की शक्तियों से समझौता कर चलने के मुरीद थे। आरम्भ में विज्ञान को जहाँ आखेट में सहायता करने की सैद्धान्तिक भूमिका अदा करने का दायित्व मिला था, वहीं कला इसमें व्यावहारिक भूमिका अदा करती थी, परन्तु मनुष्य की जिज्ञासा और जिज्ञासावश बढ़ते ज्ञान ने विकास के उन बिन्दुओं को उद्घाटित किया जो उसकी सुरीली दुनिया के चिकने तल को भेदकर निकलते हैं। इस प्रकार, दुनिया की नई तस्वीरें प्रायः नए ज्ञान के अनुरूप बनती हैं।

लेकिन ज्ञान का फैलाव जैसे-जैसे बढ़ता जाता है, सबको गले लगानेवाली दुनिया की तस्वीर बनाने हेतु नया आविष्कार करने की जरूरत उतनी ही अधिक और विविध हो जाती है। ऐसे में अनेक प्रकार की विधाओं का विकास होता है। इनमें से हरेक का अनुभवों के एक खास हिस्से से ही मतलब रहता है।

ज्ञान की सारी चीजें एक ही तस्वीर में या कल्पना में समेटने की जगह मनुष्य ने एक वैसी दुनिया पाई जहाँ ज्ञान के अनेक अध्याय एक-एक कर अस्तित्व में आए। इस तरह, धर्म, दर्शनशास्त्र, विज्ञान और कला की दुनियाएँ वजूद में आई।

पौराणिक कथाओं का यह महान गुण था कि मनुष्य ने स्वयं को सीधे लौकिक शक्तियों के समुदाय में पाया। वहाँ आतंक के क्षण हो सकते थे, लेकिन निर्जनता के नहीं। नियमों का जरा-सा उल्लंघन वहाँ के देवी-देवताओं को नाराज कर सकता था और उनकी रंजिश मनुष्य से मौत और विध्वंस के रूप में बदला ले सकती थी, लेकिन चेतनशील देवता चढ़ावे और भूल सुधार कर लेने से ही मान जाते थे।

दुनिया केवल निरीक्षणों पर ही निर्भर नहीं थी। जीवन के निरीक्षित तथ्य जहाँ भी किसी ढर्रे या परिपाटी के अनुरूप नहीं हुए, निस्तार के लिए वहाँ कल्पना का सहारा लिया गया। निरीक्षण से कुछ बिखरी सूचनाएँ मिलीं तो कल्पना से शेष सब कुछ मिल गया, जिससे तस्वीर को पूरा किया जा सके। मानवी कल्पना से सृजित बिम्बों में मुख्य रूप से पौराणिक कथाएँ काफी भावनात्मक और सन्तोषप्रद थीं। पौराणिक कथाओं में वह सब कुछ था जिनकी मनुष्य को आवश्यकता थी। उनमें रंग, जोश, क्रम, कार्य करने का निर्देश, नाटक और कामनापूरक स्वप्न, सभी विद्यमान थे।

परन्तु यह प्रसन्नता सीमित ज्ञान, उर्वर कल्पना और असीम विश्वास पर टिकी हुई थी। हालाँकि मनुष्य की ज्ञान पिपासा ने उसकी विश्वासजनित क्षमता को बहुत जल्द पीछे छोड़ दिया। मनुष्य, चूँकि, प्रकृति के बारे में विधिवत् अधिक जानने का प्रयास करने लगा, इसलिए काल्पनिक दर्शनशास्त्र और विज्ञान की उत्पत्ति हुई। पुरानी आस्थाओं को धर्म से जोड़ दिया गया, फिर भी वे मनुष्य के जीवन को संचालित करती थीं, लेकिन बाह्य जगतं की जानकारी हेतु मनुष्य ने इसकी तरफ बिलकुल न के बराबर देखा। दूसरी तरफ, नए ज्ञान ने धार्मिक आस्था के क्षेत्र में भी घुसपैठ कर ली।

देवी-देवताओं की पौराणिक कथाओं ने नई शास्त्र-विधाओं के लिए अपने आधार का त्याग किया, लेकिन आधार त्यागने से पौराणिक कथाओं का अन्त हो गया, ऐसा नहीं है। विज्ञान भी इस अन्धविश्वास के साथ आगे बढ़ा था कि वह रहस्यमयी प्रकृति के गुप्त नियमों का पता लगा लेगा, लेकिन यह भी वस्तुत: एक दूसरी तरह का मिथक गढ़ने में ही उलझा रहा है। यह खासकर उन्हीं विषयों में सही रहा जहाँ उसने बगैर अभिलेखन और सम्बन्धन के निरीक्षण किया और ब्रह्मांड की कार्यविधि का नियंत्रण करनेवाले नियमों को प्रतिपादित करने का प्रयास किया अथवा संसार के आवश्यक मौलिक अंशों की खोज करने का प्रयास किया। वास्तव में, विज्ञान भी काफी हद तक एक रूपक-तंत्र ही था जहाँ अत्यधिक परिचित संसार के विचारों

को अल्पपरिचित संसारों की कार्यविधि और उसके मौलिक अंशों का स्वभाव जानने के लिए प्रयुक्त किया जाता है। विज्ञान की मुख्य विशेषता सम्भावित घटनाओं की उद्घोषणा करने में निहित होती है जो वह अनेक तरह की घटित घटनाओं के आधार पर करता है। इसमें सिद्धान्तों एवं गणितीय समीकरणों का सहारा लिया जाता है, परन्तु इस क्रम में समय-समय पर कुछ नए विचार सामने आए जिनका सामंजन पुरानै सैद्धान्तिक ढाँचे में सम्भव नहीं था। फलस्वरूप, नए सैद्धान्तिक ढाँचे के आविष्कार की आवश्यकता शिद्दत से महसूस की गई।

खगोल विद्या के अन्दर कल्पित विश्वविद्याओं से लेकर न्यूटन के गुरुत्वाकर्षण नियम तक और फिर न्यूटन के गुरुत्वाकर्षण नियम से लेकर आइंस्टीन के पदार्थ-ऊर्जा-दिक-काल के चतुर्आयामी सिद्धान्त तक सभी का विकास इसी पुनर्संरचना से हुआ है। यूनानी गणितज्ञ यूक्लिड का दिशा (स्पेस) सम्बन्धी सिद्धान्त हमारे दैनिक अनुभव की नींव है, लेकिन नए विचारों को जब यूक्लिड के इस दिशा सम्बन्धी सिद्धान्त पर आधारित पुराने सैद्धान्तिक ढाँचे में समंजित करना दुरूह हो गया तो आइंस्टीन का दिक्-काल सिद्धान्त अस्तित्व में आया। ब्रह्मांड के नए चित्र की यह बहुत बड़ी विशेषता है कि यह हमेशा विश्व के विचारों के नजदीक रहता है, लेकिन ऐसा कोई गम्भीर दावा नहीं किया जा सकता है कि यह ब्रह्मांड की वास्तविक संरचना या बुनावट का चित्रण है। फिर भी, परमाणु सिद्धान्त की खोज इस तरह के विकास का सटीक प्रतिरूप है। काफी समय तक परमाणु को इस भौतिक दुनिया का एक आवश्यक मौलिक अंश माना गया। डेमोक्रिटस से डाल्टन तक, परमाणु के आचरण की व्याख्या इसे किसी तत्त्व का सूक्ष्मतम अविभाज्य कण मानकर की गई।

लेकिन रेडियोधर्मिता और वैद्युत पदार्थ की खोज ने उक्त विचार के पुनरीक्षण का दबाव बनाया। परमाणु अब सौरमंडल सादृश समझा जाने लगा जहाँ ऋणावेशित कण इलेक्ट्रॉन अपने कक्ष में धनावेशित नाभिक के चारों ओर चक्कर लगाता है, लेकिन यह सिद्धान्त भी ज्यादा दिनों तक नहीं रहा। शीघ्र ही भौतिक विज्ञानियों ने यह उद्घाटित किया कि ये कण तरंग-सरीखी विशेषता प्रकट करते हैं। दूसरी तरफ, प्रकाश की किरणें जो तरंगयुक्त मानी जाती थीं (न्यूटन के इस पुराने विचार को छोड़कर कि परमाणु में सूक्ष्म कणों का प्रवाह होता है) निश्चित प्रायोगिक अवस्था में कण-सरीखा आचरण करने लगीं। इससे भौतिक विज्ञान की दुनिया ही बिलकुल उल्टी-पुल्टी नजर आने लगी। इलेक्ट्रॉन, प्रोटॉन और प्रकाश का विभिन्न अवस्थाओं में तरंगों और कणों-सरीखा बर्ताव करना इन्हें सैद्धान्तिक रूप दे पाने के सारे प्रयासों को विफल कर दिया।

मनुष्य कणों से परिचित था और किसी चीज को कण के रूप में समझ सकता था। वह तरंगों से परिचित था और चीजों को तरंगों के रूप में समझ सकता था,

लेकिन ज्ञात संसार की ऐसी किसी चीज को वह नहीं जानता था जो पहले क्षण में तरंग हो जाए और दूसरे क्षण में कण।

यहाँ भौतिकशास्त्रियों की गणितीय प्रतिभा ने विज्ञान को इस उलझन से उबारा। उन्होंने गणितीय समीकरण विकसित किया तथा इसके माध्यम से इलेक्ट्रॉन, प्रोटॉन और प्रकाश को भी तरंग रूप में चित्रित किया, लेकिन इसके बावजूद वे एक निश्चित अवस्था में कणों-सरीखा बर्ताव करते थे। हालाँकि, इस अद्भुत कारनामे की कीमत भी चुकानी पड़ी। परमाणु अथवा प्रकाश के अंशों को कल्पना-शक्ति के सहारे चित्रित करने के सारे प्रयासों की तिलांजलि देनी पड़ी।

विज्ञान तत्काल उलझन से तो उबर गया, लेकिन कोई नहीं कह सकता था कि नया विश्वचित्र घटनाओं की दुनिया की पार्श्व वास्तविकता के कितना नजदीक है। यह ठीक है कि गणितीय रूप से प्रकाश और परमाणु को एक तरंग प्रणाली के रूप में दर्शाया गया, लेकिन यह तरंग किसमें? हम केवल पदार्थ माध्यम में उपस्थित तरंगों यथा हवा, पानी या धातु से परिचित हैं। प्रारम्भ में प्रकाश को तरंग जानकर खगोलविदों ने कल्पना की थी कि ब्रह्मांड दीप्त तत्त्व ईथर से भरा हुआ है, जिससे प्रकाश तरंगें पैदा होती रहती हैं। सापेक्षवाद ने इस सुखद कल्पना का पहले ही निस्तार कर दिया था। अतएव, विज्ञानियों का एक नई पहेली से साबका पड़ा। यदि प्रकाश और परमाणु तरंगयुक्त हैं तो ये तरंग उत्पन्न किसमें होती हैं? सचमुच, एक विचित्र विचार उभरा! यह साफ था कि भौतिक विज्ञानियों के निरीक्षणों का वर्णन करनेवाले सारे नए सिद्धान्त केवल गणितीय-गल्प थे।

फिर भी, भौतिक विज्ञानी यह जोर देकर कहते हैं कि परिणाम हासिल करने अर्थात् भविष्योक्त विचारों के अनुरूप होने के उनके मॉडल की योग्यता स्वयं प्रकृति के गुप्त नियमों से उनकी अनुरूपता को दर्शाती है। इस दावे के विरुद्ध दो तथ्य गौरतलब हैं। पहला यह कि उनका गणितीय मॉडल वस्तुतः निरीक्षणों के अनुरूप होने के लिए जाना जाता है; इसलिए व्यापक रूप से निरीक्षणों के अनुरूप नहीं होने की स्थिति में इस पर आश्चर्य ही जताया गया होगा। दूसरा यह कि भौतिक विज्ञानियों ने जब भी अपने निरीक्षण के दायरे को बढ़ाने का प्रयास किया है, पुनर्निर्माण के लिए नए तथ्यों का हमेशा उन पर एक जबर्दस्त दबाव रहा है। विश्व की वास्तविकता के प्रति भौतिक विज्ञानियों के मॉडल की निष्ठा के बारे में ज्यादा-से-ज्यादा हम यही कह सकते हैं कि एक निश्चित क्षेत्र एवं निश्चित मानवी निरीक्षण विधि के अन्तर्गत ही प्रकृति व्यवहार में एकरूपता की स्थिति को प्रकट कर पाती है।

हालाँकि, विश्व के वैज्ञानिक मॉडल का मुख्य आकर्षण प्रकृति के नियमों को देख-सुनकर उसके आधार पर उसकी भविष्यवाणी करने की काबिलियत में निहित है। आदिकाल से ही अन्य जानवरों की तरह मनुष्य को भी अपने अतिजीवन के लिए

उस पर्यावरण को मापने की जरूरत महसूस हुई जिसमें वह रहता था। शिकार, लड़ाई अथवा उड़ान हेतु आवश्यक सामंजस्य बिठाने के लिए उसे अपने पड़ोस की चीजों की दूरी और गहराई मापनी पड़ी। कृषि और सिंचाई का जैसे-जैसे उसने विकास किया, उसे और अधिक सही मापों की जरूरत महसूस होने लगी। उसे अब वर्षा और बाढ़ का सूर्य, चाँद और तारों की स्थिति से सम्बन्ध जोड़ना पड़ा। इस तरह, यह आवश्यकता आन पड़ी कि वह प्रकृति के क्रम के परिणाम को भी मापे। इससे निश्चितता और सुरक्षा का बोध जगा। माप के इसी गुण की कमी के कारण प्लेटो ने सभी कलाओं की भर्त्सना करते हुए उन्हें देश से निकाल बाहर करने की बात कही थी। अपनी एक वार्ता में प्लेटो कहते हैं—

> "मैं स्पष्ट करूँगा : एक ही वस्तु नजदीक से देखने पर और दूर से देखने पर एक समान दिखाई नहीं देती है?
>
> "सही।"
>
> "और एक ही वस्तु पानी के बाहर सीधी और पानी के अन्दर टेढ़ी दिखाई देती है; और रंग-भ्रम के कारण जिसके लिए दृष्टि उत्तरदायी है, नतोदर, उन्नतोदर बन जाता है। इस प्रकार, हरेक तरह की व्याकुलता हमारे भीतर प्रकट होती है और यह मानवीय मस्तिष्क की वह कमजोरी है जिस पर छाया और प्रकाश वाली चित्रकला, मंत्र वशीकरण की कला और अनेक अन्य तरह के प्रवीण उपाय आजमाए जाते हैं जो हम पर जादू की तरह प्रभाव डालते हैं।
>
> "सही।"
>
> "और मानवीय समझ बनाने में वजन, गिनती और माप सम्बन्धी कलाएँ सहायक होती हैं—यही उनका सौन्दर्य है...
>
> "अत्यन्त सही।"
>
> "और यह निश्चित रूप से आत्मा के भीतर विवेकी सिद्धान्त व पूर्वविचार का कार्य होता है।"[1]

और परिमाण का यह पूर्वाग्रह हमारे अपने समय में और अधिक सख्त हो गया है।

निरीक्षण का दायरा और जटिलता जैसे-जैसे बढ़ते गए, विज्ञान द्वारा चित्रित भौतिक दुनिया की सारी संरचना गणितीय होती गई, जैसा कि ऊपर में उल्लेख किया जा चुका है। यह संरचना पूरी तरह कंकाल से सम्बन्धित थी जिसमें इन्द्रियजनित गुण नदारद थे। रंग, ध्वनि, उष्णता—सब कुछ भौतिकशास्त्र की दुनिया से विदा हो गए। भौतिकशास्त्र का लक्ष्य हो गया, हमारी चेतना पर आधारित प्रकृति के सभी गुणों को परिमाणों में बदलना, जो पूरी तरह पदार्थ विषयक माना गया। अब जो बच गया, वह माप था; दृश्य और अदृश्य प्रकाश के तरंगदैर्ध्यों की माप, ध्वनि व उष्मा की तरंगों की माप। स्पष्टतः प्रत्येक इन्द्रियज्ञान फोटॉनों के प्रभाव तक

सिमट गया जो कि ज्यादा शुद्ध रूप में मापे जा सकते हैं। इसीलिए ये गणितीय विधि से ठीक ढंग से मापे गए।

अभी भौतिकशास्त्रियों की प्रतिभा प्रकृति के रहस्यों की तह तक जाने में उतनी ज्यादा निहित नहीं है, जितनी उत्कृष्ट कौशल से गणितीय समीकरणों को बनाने में निहित है जिनके सहारे सभी निरीक्षणों को वेधशाला व प्रयोगशाला में स्पष्ट किया जा सकता है (वस्तुत: प्लांक का नियतांक 'h' और प्रकाश का वेग उनकी तह तक जाने की क्षमता को सीमित करता प्रतीत हुआ), लेकिन इस प्रक्रिया में गणित स्वयं जटिल होते जा रहा था। वह प्राय: अपना मनमौजी आचरण दिखला रहा था। सचमुच, इस प्रक्रिया में स्वयं विज्ञान के आचरण का रूपान्तरण हुआ। अब विज्ञान अग्राह्य को ग्राह्य रूप में विचारने की अपनी पहले वाली धारणा को छोड़कर अग्राह्य को अग्राह्य रूप में ही विचारने का प्रयास करने लगा। कल्पित कथा की यह दूसरी प्रणाली थी जिसका सांकेतिक अर्थ था कि विज्ञानियों ने अपना लक्ष्य पा लिया है।

हालाँकि, भौतिकशास्त्र के अन्दर माप की प्रक्रिया स्वयं एक सीमा को छू रही थी। माप की सभी प्रारम्भिक पद्धतियाँ लौकिक पदों में थीं। उन पद्धतियों में स्थायित्व था तथा ताप आदि के लिए इन्हें केवल हल्के सामंजस्य की जरूरत थी। दैनिक आवश्यकताओं के निमित्त इन्होंने ज्यादा बढ़िया काम किया, परन्तु इनका सामना जब परमाणु के भीतर के अतिसूक्ष्म अंशों या ब्रह्मांड के विशाल आयामों को मापने की समस्या से हुआ तो ये भी ठीक वही चंचलता दिखाने लगे जिसके लिए हमारी सामान्य समझ की निन्दा की गई थी। अब हम सम्पूर्ण जगत को सिकुड़ते मापक छड़ों (सापेक्षता) और लघु जगत को हाइजेनबर्ग के अनिश्चितता के सिद्धान्त से मापने के प्रयास में इन मापक पद्धतियों के विरुद्ध आ गए। भौतिक विज्ञानी ज्योंही परमाणु के भीतरी भाग में अपना मापक छड़ लिए पहुँचा, यह भी निश्चित नहीं था कि विस्तार (एक्सटेंशन) पदार्थ का एक गुण है। अतएव, भौतिक विज्ञान द्वारा अत्यन्त सफाई से खींचे गए विश्वचित्र के किनारों पर पुन: अथाह विशृंखलन आ गया। इस तरह, यद्यपि भौतिकशास्त्र अपने मापक छड़ों से सृजन का एक भिन्न मार्ग अपनाया था, निश्चितता के अपने पूर्वज्ञान से उपजे श्रेष्ठता के अधिकांश दावों को उसने गँवा दिया। इसके दावे पूरी तरह बनावटी नहीं थे, लेकिन एक संकीर्ण दायरे तक सीमित थे। साथ ही, गोचर पदार्थों की दुनिया में निहित वास्तविक दुनिया की तस्वीर बनाने का अपना दावा भौतिक विज्ञान लगभग छोड़ चुका है।

प्रसिद्ध भौतिकशास्त्री सर जेम्स जीनों ने निम्नलिखित शब्दों में इस स्थिति का बड़ा बढ़िया वर्णन किया है :

> "...लेकिन ठीक वही विचार खुद नैरन्तर्य पर लागू होते हैं, एक अलग वस्तु, जिसमें विज्ञान अन्य सभी को ग्रहण करता है और अकेले जिसे वस्तुनिष्ठ वास्तविकता सम्भव मालूम पड़ती है। हम देखते हैं कि हमें भी

> सीमित रूप में चित्रित करना पड़ता है। जब तक हम इसे महज मानसिक विचार के रूप में नहीं लेते, यह सवाल बना रहता है कि सीमाओं के परे क्या है? फिर भी, इसे मानसिक विचार के रूप में लेने के वक्त इसे देखते हैं कि हमने सारी प्रकृति को एक मानसिक विचार तक सीमित कर दिया है, क्योंकि प्रकृति की संरचना और कुछ नहीं, केवल दिक्काल नैरन्तर्य (स्पेस-टाइम कंटीन्यूअम) की संरचना है।"[2]

इस तरह, हम देखते हैं कि बहुत सारे प्रयोगों और निरीक्षणों से गुजरने के बाद सचमुच विज्ञान वहीं लौट आता है जहाँ एक सामान्य तरीके से दुनिया की बाबत विचार किया जाता है। विज्ञान यहाँ कला से साझा करता है। यह दुनिया को तत्त्वों में खंड-खंड करता है जो अब अपने संकेतों से निरूपित होते हैं एवं ऐसा कर यह उन तत्त्वों से दुनिया को फिर से सिरजता है। विज्ञान की इस दुनिया का उस सैद्धान्तिक सामान्य समझ वाली दुनिया से कोई मेल नहीं है जहाँ से वैज्ञानिकों ने शुरुआत की थी। वस्तुतः यह एक नया सृजन है। क्या यह सृजन कलाकारों के सृजन जैसा नहीं है? कार्बेट के यथार्थवाद पर टिप्पणी करते हुए ग्लिजेस और मेजिंगर ने लिखा था :

> "हालाँकि, वह बदतर लौकिक रूढ़ियों का गुलाम बने रहे। वह इस तथ्य से अनभिज्ञ रहे कि एक सही सम्बन्ध की खोज करने में एक हजार दृष्टिगोचर पदार्थों का त्याग करना पड़ता है। उन्होंने बगैर किसी बौद्धिक नियंत्रण के हर उस चीज को ग्रहण किया जिसे उनकी रेटिना ने उन्हें सम्प्रेषित किया। इस पर उन्हें सन्देह नहीं हुआ कि मात्र विचारों के प्रयोग से दृश्य-दुनिया वास्तविक दुनिया बन जाती है और यह कि जो बिम्ब हमारा ध्यान अत्यधिक शक्ति से आकृष्ट करते हैं वे हमेशा वही नहीं होते जिनके अस्तित्व रूपंकर सच्चाइयों में बेहद चमकीले होते हैं।"[3]

हालाँकि, एक मायने में विज्ञान की उपलब्धियाँ पूरी तरह से चमत्कारिक थीं, विशेषकर मनुष्य को वैसा ज्ञान प्रदान करने में जिससे मानवी जीवन में सभी प्रकार की सुरक्षा और सुविधा सुलभ हो पाई। फिर भी, यह उस आवश्यकता की पूर्ति नहीं कर पाया जो इसकी जननी रही है। इसका विकास मूलतः दुनिया के बारे में मनुष्य की समझ बनाने और जीवन के प्रति मनुष्य में राग उत्पन्न करने के लिए हुआ था, लेकिन भौतिक विज्ञान का नए विश्वचित्र ने मनुष्य को पहले से कहीं ज्यादा उद्विग्न कर दिया। वास्तव में विज्ञान ने बाद के वर्षों में पूरी दुनिया को समझने के अपने सारे प्रयासों को छोड़कर खुद एक छोटे दायरे को अपना लिया जिसे इसने अत्यन्त सूक्ष्म विवेचना के साथ अन्वेषित किया था। साथ ही, इसने उस विचार का भी खुलेआम खंडन किया कि अध्ययनोद्देश्य या संगी-साथियों और दुनिया के साथ सम्बन्धों

की समस्या के अलावा भी विज्ञान का मनुष्य की अनुभूतियों से लेना-देना था। यह विश्वचित्र अत्यन्त लचर किस्म का था। इसने दुनिया के बारे में मनुष्य की समझ को खोखला कर दिया।

विज्ञान के इस नए विचार ने दुनिया से सामीप्य कायम करने की मानवी चेतना के लिए कोई आधार नहीं छोड़ा, जबकि सामीप्य की लालसा ने ही मनुष्य को अपनी अनुभूति के तौर-तरीकों को बाह्य बिम्बों पर प्रलम्बित करने के योग्य बनाया था। अपनी कल्पना के पहलू में दुनिया को देखने की यह आवश्यकता इतनी महत्त्वपूर्ण है कि दूसरे मनुष्यों के सम्पर्क में भी मनुष्य वस्तुनिष्ठ मूल्यांकन की अपेक्षा कल्पना और प्रलम्बन से ज्यादा प्रभावित होता है। चहेते साथियों से संवाद के क्रम में भी वह नहीं जानता है और न ही जानने का खयाल रखता है और न ही शायद कभी पूरी तरह जानने के योग्य हो सकता है कि जो संवाद उसे दिया जाता है उसका पूर्ण अभिप्राय क्या है? परन्तु आवाज के ढंग, रूप-रंग, शारीरिक हाव-भाव और मुखमुद्रा से वह अपनी कल्पना-शक्ति के सहारे एक ऐसा विश्वसनीय माहौल रचता है जहाँ अपार्थिव अर्थ वाले सन्देश ही पहुँचते हैं। मनुष्य के अस्तित्व को केवल ऐसा ही संवाद अर्थवत्ता प्रदान करता है।

वैज्ञानिक ज्ञान से मनुष्य स्वयं एक सुचालित यंत्र बन गया जबकि विज्ञान में दूरस्थ तारों के भीतर के परमाणुओं की भी गति बतला देने की सामर्थ्य थी। वास्तव में, विज्ञान अपने निर्धारित संकीर्ण दायरे के बाहर ही ज्यादा सफल रहा है। दुनिया के बारे में दिए गए अनेक विचारों की तरह विज्ञान भी एक विचार है जो इस बहुआयामी दुनिया के केवल एक ही आयाम को दर्शाता है जिसे हम देखते होते हैं।

महान कलाकार नॉम गाबो ने विज्ञान की इस एकपक्षीय विश्वदृष्टि को बहुत साफ ढंग से समझा है। उनके विचारों के कुछ अंश यहाँ उल्लेखनीय हैं। वह कहते हैं:

> "मेरे विद्वान शिक्षकों ने भरपूर प्रयास किया कि मेरी न मिटनेवाली जिज्ञासा शान्त हो। इस क्रम में इन्होंने मुझे दुनिया से ज्यादा दूर कर दिया। पहले मैं इतनी दूर नहीं था। उन्होंने मेरे हाथ में सूत्र लिखा कागज का एक टुकड़ा थमाकर ऐसे विशाल, निर्जन, असीम नैरन्तर्य में छोड़ दिया जिसका अर्थ उनकी ही बेबाक स्वीकारोक्ति के अनुसार, एक ऐसा विषय था जिसमें वे स्वयं नहीं जानते थे कि वे किसके बारे में बतला रहे हैं? या जो बता रहे हैं क्या वह सही है।"[4]

और आगे—

> "और उस अत्यन्त निराश्रयी स्थिति में मैंने तत्क्षण अनुभव किया कि मेरे शिक्षकों, वैज्ञानिकों ने प्रकृति का अध्ययन करते हुए उसकी जो छवि मेरे

सामने प्रस्तुत की थी, वस्तुतः वह उन्हीं सब प्रतिभा और कल्पना-शक्ति के सहारे एक दूसरी स्थिति का निर्माण है जिन्हें एक प्रतिभासम्पन्न कलाकार अपनी कलाकृति में दिखाता है।"[5]

वैज्ञानिक सर्जना के बारे में यह एक ज्ञानवर्द्धक वक्तव्य है। हम गलती वहाँ कर जाते हैं जब विज्ञान और कला को तुला के अलग-अलग पलड़ों पर रखकर देखते हैं या विज्ञान को भी एक दूसरी कला की तरह देखने लगते हैं, लेकिन इन दोनों सर्जनात्मक प्रविधियों में एक मौलिक अन्तर है। विज्ञान जहाँ विश्वचित्र से सभी इन्द्रियजनित तत्त्वों को निकाल बाहर करने से अपनी शुरुआत करता है, वहीं कला की शुरुआत उसमें इन्द्रियजनित तत्त्वों को भरने से होती है। इन्द्रियजनित तत्त्वों के होने से ही विश्वचित्र का अभिप्राय सम्प्रेषित हो पाता है। बौद्धिक और ऐन्द्रिक तत्त्वों के संयोग से कला अपना प्रभाव बनाती है।

इसके अतिरिक्त, मनुष्य को न केवल अपनी लौकिक चेतना की औपचारिक अभिव्यक्ति की आवश्यकता होती है, बल्कि अपनी गहरी निजी अनुभूतियों की भी होती है। इस माध्यम से आनन्द का क्षणमात्र भी एक स्थायी मूल की कलाकृति में बदला जा सकता है। औपचारिक संगठन के माध्यम से भी हम अपने दुःखों को बर्दाश्त करने या उसे लौकिक कर्मकांड से जोड़कर एक आनन्दमूलक घटना में बदल देने या कविता और दुःखांत नाटक के स्रोत के रूप में बदल देने की योग्यता हासिल कर लेते हैं। कला अपनी इसी प्रकृति की वजह से विज्ञानिक विश्वचित्र के उस खालीपन को भरने के लिए विशेष रूप से उपयुक्त साबित हुई। इस खालीपन को भरने में धर्म दूसरी अधिक लौकिक चीज था। इसने दुनिया के प्रति मानवी समझ को विकसित करने में उन्हीं पौराणिक विचारों को अपनाया जिन्हें काफी पहले त्यागा जा चुका था। यह न केवल दुनिया के बारे में समझा पाने में विफल रहा, बल्कि इसने लोगों में उन धार्मिक विचारों को भी सन्देह भरी नजरों से देखने की आदत डाल दी जिनके बारे में विज्ञान के पास कोई विचार नहीं था।

विज्ञान और कला, दोनों ही ज्ञान के साथ उच्च कोटि के विचार की ओर बढ़ते हैं। यह अपरिहार्य है। अपने दृश्य, श्रव्य, घ्राण और स्पर्श इन्द्रियों से हासिल किए जानेवाले ज्ञान आकार व प्रकार में अनगिनत होते हैं। हमारे सन्दर्भ और नजरिए के अनुसार ये बदलते रहते हैं। यह वैचारिकी ही है कि हम उन्हें एक सूत्र में बाँध पाते हैं। विचारों के दूसरे लाभ भी हैं। ज्ञान के अंश बाह्य रूप से हासिल होते हैं, जबकि उससे अलग विचार पूरी तरह मानसिक होता है और हमारे भीतर विराजता है। इस तरह, उन ऐन्द्रिक प्रभावों का, जिनसे विचार बनते हैं, खयाल किए बिना भी विचारों का अनुरूप हो जाना में हमेशा सम्भव है। यह विचारीकरण की प्रक्रिया में ही निहित है कि कला और विज्ञान के रूपक व संकेत इस बीच उत्पन्न होकर परस्पर अपना सम्बन्ध बना लेते हैं।

इस सम्बन्ध में अधिकांश वैज्ञानिकों के मनोभावों को आइंस्टीन ने अपने एक व्याख्यान में व्यक्त किया था :

> "इससे सम्बद्ध हमारा अनुभव यह मानने में हमें न्यायसंगत ठहराता है कि प्रकृति सबसे सरल विचारणीय गणितीय धारणा की अनुभूति है। मेरा मानना है कि विशुद्ध गणितीय संरचना के माध्यम से हम उन विचारों व उनके नियमबद्ध सम्बन्धों, जो प्राकृतिक घटनाओं को समझने की चाभी प्रदान करते हैं, को खोज सकते हैं। अनुभव उपयुक्त गणितीय विचार सुझा सकता है, लेकिन इससे वह निश्चित रूप से निकाला नहीं जा सकता है। निस्सन्देह, गणितीय संरचना की भौतिक उपयोगिता की एकमात्र कसौटी अनुभव है, किन्तु सृजनात्मक सिद्धान्त गणित में ही वास करता है। इसलिए एक निश्चित अर्थ में मुझे यही सही जान पड़ता है कि विशुद्ध विचार यथार्थ को पकड़ सकता है जैसा कि हमारे पूर्वजों ने कल्पना की थी।"[6]

सम्भव है, विज्ञानिक सत्य के इस विचार को सभी नहीं मानें, लेकिन बाह्य यथार्थ को एक तर्कसंगत साँचे में केवल वैचारिक और सांकेतिकता के माध्यम से ही ग्रहण किया जा सकता है। ये बाह्य यथार्थ को काल्पनिक छल के दायरे में ला देती है। कहा जा सकता है कि समझ वस्तुत: केवल सृजन से ही सम्भव है। भौतिकवादी हो या आदर्शवादी, इससे वह इनकार नहीं कर सकता है कि हमारी बोधात्मक दुनिया एक मानसिक रचना है क्योंकि केवल प्रत्यक्ष ज्ञान जिसके हम योग्य हैं, ऐन्द्रिक प्रभावों से सम्बन्धित होता है। हम जब भी उन्हें औपचारिक अर्थ प्रदान करते हैं, हमारी अनुभूतियाँ मुखर और तीव्र हो जाती हैं। सृजन की प्रक्रिया से कलाकार एक ऊँचे स्तर पर उसी तरह की समझ बनाते हैं।

कालांतर में प्रकृति सम्बन्धी वर्णन से अमूर्त कृति की ओर बढ़ते जाने के कलाकारों के रुझान को भी यह स्पष्ट कर सकता है। यह विभिन्न संस्कृतियों एवं कला के शैलीकरण का भी स्पष्टीकरण दे सकता है। मस्तिष्क निरन्तर इस प्रयास में रहता है कि विशेष से सामान्य और व्यक्तिगत से विशिष्ट की ओर अग्रसर हुआ जाए। हमने पहले ही चर्चा की है कि वर्षों के विकास के क्रम में हर युग में और हर मनुष्य के जीवन में वैचारिकी के ऊँचे स्तर पर पहुँचने का प्रयास देखा जा सकता है। ऐसा बगैर दिशा का खयाल किए होता है।

परन्तु विज्ञान और कला के बीच एक बुनियादी समझ-भेद उत्पन्न होता है। अपने सामान्यीकरण में भी कलाकार संवेदन वैशिष्ट्यों से भरी यथार्थ की एक निजी छवि तैयार करता है, जिसे विज्ञान निजी त्रुटि कह कर खारिज कर देता है अर्थात् बिम्बों और घटनाओं के अनगिनत ब्यौरों से एक कलाकार की जो समझ बनती है, उससे वह एक अर्थपूर्ण निष्कर्ष निकालता है। इस तरह, उसके द्वारा तैयार की गई छवि विषयनिष्ठ हो जाती है। ऐसा उस हाल में भी होता है

जब वह औपचारिक तत्त्वों को एक खास आकृति तैयार करने के लिए संगठित करता है जो सामान्य और वस्तुनिष्ठ होते हैं। मसलन, एक कलाकार प्राकृतिक दृश्यों को चित्रित करता है। अन्ततः एक तस्वीर कलाकार की कल्पना-शक्ति के अनुरूप रेखाओं, रंगों, स्थानों और पिंडों का एक संगठन है। ऊपरी तौर पर इस तरह की छवि को पूरी तरह नियमेत्तर और असम्प्रेषणीय होनी चाहिए, परन्तु एक गहरे स्तर पर सभी मनुष्यों की सहभागिता व्यक्तिनिष्ठता में होती है अर्थात् कुछ स्तर पर विषयजनित तत्त्वों के प्रति उनकी प्रतिक्रियाएँ एक साथ मिलती हैं। इस प्रकार, विषयजनित तत्त्वों के औपचारिक संगठन के माध्यम से प्रेक्षक दृश्यभूमि से बगैर किसी प्रत्यक्ष परिचय के कलाकार का सन्देश ग्रहण कर लेता है। कुल मिलाकर सम्प्रेषण का यह विज्ञान से एक भिन्न तरीका है। कलाकार अपने द्वारा सृजित विश्वचित्र के बारे में एक तत्क्षण और प्रत्यक्ष इन्द्रियजनित जागरूकता लाने के योग्य होता है।

परन्तु यह तथ्य कला की दुनिया को कोई यथार्थरहित दुनिया नहीं बनाता है। यद्यपि इसकी समझ के लिए प्रेक्षकों का काल्पनिक सहयोग आवश्यक है। वास्तव में कलाकार की आँखों से दुनिया को देखते हुए इस दुनिया के उन विभिन्न पहलुओं की खोज करने के योग्य होते हैं जिनसे एक सम्पूर्ण चित्र बनता है। यह चित्र कभी पूरा नहीं हो सकता है क्योंकि यह हमेशा कलाकार के नए दृश्य अनुसंधानों के जरिये विकास की प्रक्रिया में ही रहता है।

इस प्रकार, कला दुनिया की एक भावनात्मक रूप से सन्तुष्ट करनेवाली छवि बनाने में एक पूरक भूमिका अदा करती है। यह ऐसे समय पर होता है जब प्रभावी लोकनीति जो वैज्ञानिक होती है, वैसी हर चीज से भरी दुनिया आरास्त करने की मंशा रखती है जो इन्द्रियजनित और विषयनिष्ठ होती है। व्यक्ति यह भूलकर अक्सर अपनी समझदारी को खतरे में डाल लेता है कि मनुष्य के ईश्वरीय जीवन का आधा भाग प्रज्ञाबुद्धि और आधा भाग उसकी अनुभूति होती है। अनुभूति शायद ज्यादा प्रभावी होती है। ऐसी परिस्थिति में कला को एक अन्यथा विकृति विश्वदृश्य का गुणगान करना पड़ता है। उसे उन क्षेत्रों में मानवीय समझ के शून्य को भरना पड़ता है जहाँ विज्ञान ने ऐंन्द्रिकता को विदीर्ण कर दिया है। इसे प्रतिमाओं और संकेतों के साथ धर्म की व्यवस्था करनी पड़ती है, जिसके माध्यम से अकेले यह धार्मिक आवेश को झेल सकती है। सबसे बढ़कर, इसे मनुष्य की निजी जिन्दगी की अनेक दरारों पर कागज मढ़ना पड़ता है जिनसे भय, हताशा और हिंसा उत्पन्न होते हैं। यह काम इसके मिथकीय यथार्थ को मनुष्य के दैनिक अनुभव की वास्तविकताओं के सान्निध्य में करने से होता है। निस्सन्देह, कला हमेशा दुनिया की पुनर्संरचना ही नहीं होती है जैसा कि कलाकारों का मानना है। अक्सर जब कलाकार अनुभव की दुनिया को अत्यन्त विक्षुब्धकारी रूप में देखता है तो वह पूरी तरह एक काल्पनिक

दुनिया में पलायन कर जाना चाहता है। ऐसे क्षण में कलाकृति विश्व की छवि प्रस्तुत नहीं कर पाती है, बल्कि एक प्रतिस्थापित दुनिया की छवि प्रस्तुत करती है जिसमें कलाकार प्रेक्षकों को काल्पनिक ढंग से रहने के लिए आमंत्रित करता है। ऐसा प्रतीत होता है कि सजावट सम्बन्धी उद्देश्य का कलाकृति में केवल हल्का योगदान है, यद्यपि कभी-कभार वह अत्यन्त महत्त्वपूर्ण लगता है।

कला के कार्यात्मक वैविध्य पर विचार करने से इस कला के विस्मयकारी भेदों का अर्थ अच्छी तरह समझ सकते हैं। अनीश्वरवादी तत्त्व ही कला का जीवनरक्त होता है, परन्तु कला के भिन्न-भिन्न रूप तभी समझे जा सकते हैं जब हम विभिन्न अवस्थाओं में इसके द्वारा निर्धारित भूमिकाओं पर विचार करें।

विलेनडोर्फ, ऑस्ट्रिया की प्रेम और सौन्दर्य की देवी

2

कलात्मक सृजन प्रत्यक्षत: आकृति को समझने की अपनी क्षमता तथा दूसरों के मुकाबले निश्चित आकृतियों को पसन्द करने के अपने रुझान पर निर्भर करता है। आकृति को समझने की यह क्षमता मनुष्य में नैसर्गिक होती है। मनुष्य निष्पक्ष इन्द्रिय प्रभावों की नियमित वर्षा के समक्ष नंगा होता है, लेकिन उसकी इन्द्रियाँ चलती होती हैं तथा वे केवल इन प्रभावों की एक निश्चित श्रेणी का ही चयन करती हैं। साथ ही, इनके कई दरवाजे भी होते हैं जिनके ऊपर या नीचे ये प्रभाव इन्द्रियों की पहुँच से बाहर हैं। वैसे प्रभाव जो दहलीज पारकर अपनी पहुँच बनाते हैं, समुच्चयों या खाँचों में फिर से वर्गीकृत और संगठित किए जाते हैं। ये वर्ग या समुच्चय एक तरह से विशिष्ट संहिताओं में परिवर्तित हो जाते हैं जिनका अभिप्राय हमारी समझ होती है। ये प्रकाश, रंग, ध्वनि इत्यादि के प्रतिमानों के रूप में प्रकट होते हैं। ज्ञानात्मक रूप से अर्थपूर्ण होने के लिए इन्द्रिय प्रभावों को औपचारिक तौर पर निश्चित रूप से संगठित होना पड़ता है। संगठन के अभाव में इन इन्द्रिय प्रभावों का एक-दूसरे में गिरने, एक-दूसरे को धुन्धला करने तथा धीरे-धीरे मद्धिम पड़ जाने की सम्भावना रहती है। औपचारिक संगठन के माध्यम से, चाहे वह रंग का हो, ध्वनि का हो, प्रकाश व छाया का हो, हम जो बाहर या भीतर से प्रभाव हासिल करते हैं उन्हें यथार्थ की आर्थपूर्ण छवियों में साफ-साफ चित्रित कर पाने के योग्य बन जाते हैं। एक-दूसरे के बीच का अन्तर पहचानते हुए जब तक हम इन प्रभावों की प्रत्येक श्रेणी के किनारों को तेज नहीं करते हैं और प्रत्येक श्रेणी के भीतर के तत्त्वों को एकबद्ध नहीं करते हैं, हम विशिष्टं बिम्बों या अनुभूतियों से निर्मित परिवेश से अवगत नहीं हो पाते हैं। ऐसा किसी स्पष्ट परिभाषा के अभाव के कारण होता है। वस्तुत: आन्तरिक अनुभूति, आवेश, दर्द या आनन्द केवल अस्पष्ट रूप से ही अभिव्यक्त किए जा सकते हैं; और इनकी तीव्रता को सम्प्रेषित करने के लिए हमें रूपकों पर विश्वास करना पड़ता है। परिसीमन की इस प्रक्रिया में जहाँ कुछ तत्त्वों को एक साथ जोड़ा जाता है, वहीं कुछेक को एक साथ हटा दिया भी जाता है।

इस तरह, उच्चतर कोटि के यथार्थपरक गैर-इन्द्रियजनित रहस्यवाद ज्ञान का विचार तब बेतुका लगने लगता है। विभिन्न प्रकार की इन्द्रियों की छठी, सातवीं

या किसी भी संख्या वाली वस्तु और उनसे ग्राह्य प्रभावों के औपचारिक संगठन पर आधारित यथार्थ के ज्ञान को समझना सम्भव है, लेकिन बगैर आकृति के यथार्थ की चेतना असम्भव होती है क्योंकि इससे केवल निष्पक्ष विशृंखलन का ज्ञान प्राप्त होता है।

हम प्राकृतिक दृश्यों के बीच जिनमें घर, वृक्ष और घाटियाँ वगैरह शामिल होते हैं, साझीदार बन सकते हैं। आरम्भ में हम केवल रंग, प्रकाश और छाया के पैबन्द-प्रभावों के बाहुल्य से अस्पष्ट रूप से अवगत होते हैं, बाद में स्पष्ट रूप से अवगत हो जाते हैं।

यह केवल इन प्रभावों के संगठन के माध्यम से होता है अर्थात् परिरेखाओं और परिमाणों की रूपरेखाओं एवं वृक्षों, घरों और घाटियों की आकृतियों को एक सन्दर्भ में ऐसे सामंजित किया जाता है कि हम जो देखते हैं, उससे बिलकुल स्पष्टत: अवगत हो जाते हैं। यह परिसीमन इस कारण सम्भव है कि हम पहले ही अतीत के अनुभवों से संकेतों के तहत इन्द्रिय प्रभावों (निश्चित औपचारिक संगठन के साथ विशेष आकर्षण) के निश्चित वर्ग को शामिल कर चुके होते हैं जिसे हम वृक्षों, घरों और घाटियों इत्यादि के रूप में पढ़ते हैं। हमारे लिए इन बिम्बों के दृश्य और स्पृश्य, दोनों अर्थ हैं। यद्यपि दृष्टि हमें केवल दृश्य संकेत ही मुहैया कर सकती है, लेकिन अतीत के सम्पर्क के कारण इसमें स्पृश्य अर्थ भी पढ़ लेते हैं। उदाहरणस्वरूप, जब हम अपने सामने के चौरस पृष्ठों के दो पैबन्दों को देखते हैं तो उन्हें पहचान लेते हैं। यूँ कहें, किसी पत्थर पिंड के फलक और तने हुए कपड़े के बीच हम अतिशीघ्र विभेद कर लेते हैं। हम दो बुनावटों या संरचनाओं के बीच अन्तर कर लेते हैं। ऐसा इसलिए कर लेते हैं कि दो बिम्बों की विभिन्न प्रकार की बनावटों से बने प्रकाश व छाया के दो विशिष्ट प्रतिमान हमारी दृष्टि में दो संरचनाओं का प्रतिनिधित्व करते हैं। इस तरह, दो बिम्बों का स्पृश्य अभिप्राय दृश्य छवि में संकेतित होकर हम तक सम्प्रेषित होता है।

इस ज्ञानात्मक प्रक्रिया में हमारे दृष्टिक्षेत्र की अनेक चीजों पर हमारा ध्यान नहीं भी जा सकता है। सही कहा जाए तो हम केवल उन्हीं प्रभावों से अवगत हो पाते हैं जिन्हें हमने अपने ज्ञानात्मक क्षेत्र में चयनित, परिसीमित और संगठित किया है।

अपने दृश्य अनुभव को भाषिक विवरण के साथ अभिव्यक्त करने और प्रभावों को शब्दरूप देने के समय हम फिर से संहिता तैयार करते हैं। दूसरे लोग इस वर्णन को पढ़कर या सुनकर इस संकेतों व संहिताओं को दृश्य छवियों में रूपान्तरित करते हैं। ऐसा वर्णन की माँग के मद्देनजर होता है। हमारे बोध की सारी प्रक्रिया संहिता निर्माण और औपचारिक ज्ञान आधारित चयन पर निर्भर करती है।

उदाहरणस्वरूप, चित्र 1 में A पर कांटा एवं B पर तीर का निशान लगाकर इस टेबुल पर रखी हुई पुस्तक के आकार से अवगत हो जाते हैं। कांटे और तीर का यह खास सम्बन्ध हमारी समझ में परिणामों का एक संकेत होता है जो एक खास सन्दर्भ में खुद को घनाभों के रूप में व्यक्त करते हैं। इस तरह के अनगिनत संकेतों द्वारा ही हम अपने आसपास के विभिन्न अभिविन्यासों में पाई जानेवाली अनेक वस्तुओं की पहचान करते हैं। समान बोध के आवर्ती रूपों से सार निकालकर हम वस्तुओं की एक श्रेणी के विचार पर पहुँचते हैं। अब हम खास से सामान्य की ओर बढ़ते हैं। विचार चीजों से कम होते हैं। वे बहुरूपधारी होते हैं और हम मुक्त रूप से जिन पहलुओं का चयन करते हैं वे उनमें परिवर्तित हो जाने के काबिल होते हैं।

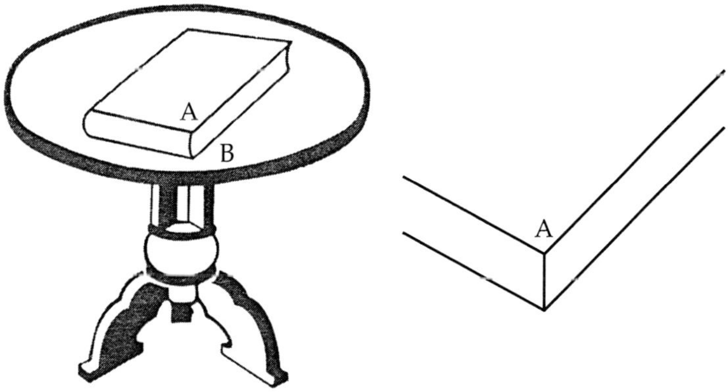

चित्र-1

हमारी समझ जितनी ज्यादा साफ होती है, इन्द्रिय प्रभावों का औपचारिक संगठन उतना ही ज्यादा श्रेष्ठ होता है। कला ज्ञानात्मक एवं विचारात्मक तत्त्वों के श्रेष्ठ संगठन के माध्यम से दुनिया के बारे में हमारी बोध को ऊँचाई प्रदान करती है। कलात्मक सृजन पूरी तरह मानवीय मस्तिष्क का कोई भिन्न संकाय नहीं है, बल्कि यह अनेक माध्यमों में संकेतन के जरिये चेतना हासिल करने का अपेक्षाकृत अधिक भावप्रवण रूप है।

किसी कलाकृति में हमारे सामान्य बोध की अपेक्षा चयनात्मकता एक कदम आगे होती है। इसमें केवल वे बोधात्मक तत्त्व प्रतिधारित होते हैं जो अभिप्राय के केन्द्रीय मूल के पास एक औपचारिक प्रतिमान में पूरी तरह एकबद्ध किए जा सकते हैं। इस तरह, हम जो यहाँ हासिल करते हैं, वह वर्णन नहीं है बल्कि कलाकार की दृष्टि से आसवित सार है।

हालाँकि कलात्मक समझ परिवेश के अन्तर्ज्ञान के साथ ही समाप्त नहीं हो जाती बल्कि वह इसे एक अर्थपूर्ण आकार देने का प्रयास करती है, जिससे कि यह दूसरे को सम्प्रेषित किया जा सके। कला में हम जो कुछ खुद से जोड़ते हैं, कुछ अंश तक दूसरों से भी जुड़ने की काबिलियत होनी चाहिए!

कला और अभिव्यक्ति के सभी बृहत् रूप एक खुशनुमा माहौल में तैयार हुए थे। मनुष्य द्वारा पैदा ध्वनि, रेखा, रंग व वक्तव्य उसकी अनुभूतियों को प्रतिध्वनित कर सकते हैं तथा विभिन्न बिम्बों व स्थितियों की छवियों का निर्माण कर सकते हैं। इस प्रकार, कलात्मक अभिव्यक्ति में केवल संकेतों और संहिताओं की ही भूमिकाएँ होती हैं।

हालाँकि यह स्पष्ट होना चाहिए कि न तो कला और न ही अवधारणा किसी वस्तु का प्रत्यक्ष अनुभव करा सकती है, वे सिर्फ काल्पनिक चित्र बनाते हैं। ऐसे में स्वाभाविक है कि व्यक्ति-व्यक्ति के बीच इसकी समझ और महत्त्व को जानने में फर्क हो।

छवि का माध्यम में अन्तरण कोई प्रत्यक्ष प्रक्रिया नहीं है। यह मस्तिष्क की मध्यस्थता से सम्भव होता है। इससे कलात्मक छवि के चार रूप बन सकते हैं। पहले रूप में छवि छोटी या बड़ी हो सकती है क्योंकि इसमें कलाकार किसी चीज के बोध से उसकी छवि को न्यूनतम संशोधन के साथ अन्तरित करता है। यह अन्तरण पूरी तरह कलाकार के मस्तिष्क से नियंत्रित होता है। दूसरे रूप में, किसी वस्तु या स्थिति का बोध अपेक्षाकृत ज्यादा स्थायी व औपचारिक उपसंरचना में एकीभूत हो जाता है जो कलाकार की वैचारिक समझ-शक्ति के अनुरूप रहता है। यहाँ छवि आमूल रूप से संशोधित या सुशोभित बन जाती है। तीसरे रूप में, कलाकार की भावनात्मक प्रतिक्रिया ही निर्णायक होती है तथा वैचारिक स्थिति यहाँ कलाकार के लिए एक अवसर होती है ताकि वह अपनी भावना को अभिव्यक्त कर सके। ऐसे प्रकरण में छवि सीधे किसी बिम्ब के अनुरूप नहीं होती है, लेकिन वह आकृति को अभिव्यक्त करने की प्रक्रिया के माध्यम से कलाकार की भावनाओं को सम्प्रेषित करती है। चौथी स्थिति वह है जिसमें कलाकार केवल औपचारिक तत्त्वों के सहारे काम करता है। बाह्य बिम्बों का यहाँ कोई मतलब नहीं होता है तथा यही स्थिति शुद्ध रूप से आदर्श अनालंकारिक कला कहलाती है।

हालाँकि, सौन्दर्यमूल्य अन्तर्निहित हो तो इन माध्यमों से किसी विचार, छवि या बिम्ब का प्राकट्य ही कलाकृति है। वस्तुत: केवल इससे ही अभिव्यक्ति को बल मिलता है तथा उसका प्रभाव बन पाता है। कहने का तात्पर्य है कि प्रदर्शन को भी अनिवार्यत: एक वैसे औपचारिक संगठन के तहत होना चाहिए जिसमें लय, समरसता और एकता विद्यमान हो।

अभिव्यक्ति के उक्त चारों रूपों में कलात्मक आरोहण की एक प्रक्रिया होती है। शुरू में यह भाव रहता है कि स्वयं को उत्कृष्ट इन्द्रियजनित आकृतियों

की दुनिया में छोड़ दिया जाए, लेकिन धीरे-धीरे कलाकार आकृतियों की एक दृश् बहुलता से अनिवार्य छवि ग्रहण करने का प्रयास करता है। आकृतियों को यथासाध्य न्यूनतम आकार में रूपायित किया जाता है।

किसी कलाकृति की सर्जना मुख्यतः दो बातों पर निर्भर करती है। पहली तो एकता, लयात्मकता, समरूपता, अनुरूपता आदि जैसे औपंचारिक तत्त्व होते हैं। दूसरी चीज होती है वे कायदे जिनके जरिये किसी स्थिति की हमारी समझ व जानकारी को उस माध्यम में लाया जाता है जिसमें कलाकार काम करता है तथा जिसके जरिये वह अपने काम के अभिप्राय या कथ्य को सम्प्रेषित कर पाने के योग्य होता है। पहली वाली चीज बिलकुल शाश्वत व नैसर्गिक होती है। दूसरी वाली चीज कलाकार को ढूँढ़नी पड़ती है क्योंकि यह कला सम्बन्धी लौकिक रीति का अंश होती है। इस दूसरी वाली चीज में संस्कृति व कलाकार विशेष पर अन्तर आ सकता है। यह धीरे-धीरे कलात्मक तकनीक का हिस्सा बनती है तथा कोई इस क्षेत्र के विकास व संवृद्धि के बारे में बोल पाता है।

हालाँकि, यह अन्तर सुविधा के खयाल से किया जा सकता है, लेकिन कला को इस तरह दो फांक करना सही नहीं है। कांट और अनेक कलामर्मज्ञों के विचारों के विपरीत सामान्य वैचारिकी कला के सौन्दर्यशास्त्र से कभी अलग नहीं होती है। पिछले अध्याय में हमने चर्चा की है कि प्राथमिकताओं से ही हमारी स्वाभाविक स्थिति तय होती है जो हमारी समझ को आसान बनाती है। दूसरी तरफ, हमारी समझ या वैचारिकी काफी हद तक किसी स्थिति या वस्तु के औपचारिक संगठन पर निर्भर करती है। हम जब यह कहते हैं कि कोई चीज समझ में नहीं आ रही है तो इसका अर्थ है कि उस चीज के निर्माणक तत्त्व आपस में ठीक से जुड़े हुए नहीं हैं तथा अविकसित हैं। हम उसे समझ जाते हैं जहाँ तत्त्वों का ठीक-ठीक मेल होता है। यह स्पष्ट है कि किसी बिम्ब का प्रतिरूप तभी हमारा ध्यान आकृष्ट करता है जबकि वह पूरी तरह से अच्छा बना हो। वैज्ञानिक भी सैद्धान्तिक मॉडल की शुचिता की बात करते हैं। साथ ही, हम यह भी जानते हैं कि यदि लय या तारतम्य बना हो तो स्मृति ताजा हो जाती है। अतीत में अनेक कलाकारों ने यदि बिम्बों का प्रतिरूप गढ़ने का प्रयास किया है, तो वह केवल इसलिए कि बाह्य बिम्बों को कला के वैचारिक खाँचे में लाना ही स्वयं सुन्दर व आनन्ददायक होता है।

कला और आकृति की भाषा

अधिकांश कलाकृतियों में सन्देश रहता है, लेकिन ये सन्देश सम्प्रेषित करने के अन्य तरीकों से भिन्न होते हैं, क्योंकि इनके द्वारा सम्प्रेषित सन्देश चित्ताकर्षक आवरण

के अन्दर होते हैं। कहने की आवश्यकता नहीं है कि जिस तरह किसी दवा के ऊपर चीनी का लेप चढ़ा होता है, उसी तरह आकृतियों से सन्देश चिपके होते हैं जिन्हें अलग नहीं किया जा सकता है। कलाकृति बिना किसी जानकारी के भी हमें प्रभावित करती है क्योंकि जैसा कि पूर्व में कहा गया है, छवियों से लगाव मनुष्य का नैसर्गिक गुण है।

यह तथ्य पूरी तरह आकलन पर आधारित नहीं है। शिशुओं और पूर्व के अन्ध व्यक्तियों, जिन्हें अब दृष्टि मिल गई है, की आकृति विषयक समझ पर मनोवैज्ञानिक द्वारा किए गए शोध से पता चला है कि मनुष्य में आकृति विषयक समझ की नैसर्गिक क्षमता है। मनुष्य की इसी क्षमता से पता चलता है कि अमुक चीज सुन्दर है और अमुक आकृति आनन्ददायक है। वास्तव में आकृति के प्रति यह प्रेरणा मनुष्य में इतनी बलवती होती है कि पूरे मानव इतिहास में मनुष्य अपने उपयोग की वस्तुओं को अपनी कलाकृति में बदलते रहा है। वह जो वस्त्र पहनता है, वह जिस घर में रहता है तथा वह जिस बर्तन और औजार का उपयोग करता है, ये सभी आकृति में ढालने की उसकी प्रेरणा का ही प्रभाव लिये हुए रहते हैं।

औपचारिक सजावट के बगैर भी महान कलाकृतियों में सन्देश भरे हो सकते हैं, लेकिन शायद ही ऐसा कोई क्षेत्र होगा जिसमें औपचारिक या श्रृंगारिक भावों की प्रधानता नहीं रहती हो, परन्तु सौन्दर्य केवल कलाकृति या मनुष्य द्वारा गढ़े गए कला-सिद्धान्तों तक ही सीमित नहीं है। वस्तुतः प्रकृति में वैसी अनगिनत चीजें हैं जो स्वतः हमारे सौन्दर्यबोध को जगाती हैं।

फूल हमें किस तरह प्रभावित करता है? यह हमें अपने औपचारिक संगठन यथा पंखुड़ियों की व्यवस्था में सन्तुलन और तारतम्यता आदि से प्रभावित करता है। औपचारिक संगठन की भिन्नता के कारण कुछ फूल दूसरे फूलों से अधिक सुन्दर दिखते हैं। उदाहरणस्वरूप, अधिकांश लोगों को सूर्यमुखी से ज्यादा गुलाब पसन्द आता है (यहाँ हम भावनात्मक प्रभाव को नजरअन्दाज कर रहे हैं जो पूरी तरह व्यक्तिगत भाव पर निर्भर करता है)। इसका कारण है कि सूर्यमुखी में पंखुड़ियाँ दुहराव वाली लय में होने के कारण नीरस होती हैं, जबकि ये पूरी तरह सुडौल होते हैं। यद्यपि हम लय और सन्तुलन को प्राथमिकता देते हैं, लेकिन वे अत्यधिक साफ ढंग से व्यवस्थित हों तो हमारा ध्यान केवल क्षणमात्र के लिए आकृष्ट करते हैं तथा हमें उबाऊ लगने लगते हैं। सन्तुलित होने के बावजूद गुलाब जरा बेडौल होता है। इसकी पंखुड़ियाँ चक्कराकार ढंग से एक-दूसरे के ऊपर सजी होती हैं। इस प्रकार, इसकी पंखुड़ियों के अंश एक-दूसरे से सटी होती हैं। प्रकाश और छाया के कारण इसमें उस तरह की एक लय बनती है जिस तरह कि पानी में लहरों को विच्छेदित कर लहरी पैदा की जाती है।

ऐसा औपचारिक संगठन एक फूल और एक कलाकृति में साझा हो सकता है। यह बात माइकल एंजेलो की कलाकृति 'द होली फैमिली' और एक गुलाब की तस्वीर की तुलना में स्पष्ट होती है। इस कलाकृति के निचले दो तिहाई हिस्से में और गुलाब में प्रकाश और प्रतिच्छाया के क्रम उन्मुक्त लय का आभास देते हैं। कलाकृति में एकदम समान तंत्र की सजावट उसे प्राकृतिक फूल से कम आकर्षक बनाती है। फूल में इतनी समरूपता नहीं है। फिर बनावट का अपना आकर्षण है। चूँकि कलाकृति की बनावट का लय का स्वरूप पँखुडियों की लय में लय में अलग है। इससे अन्तर का भी आकर्षण है।

किन्हीं निश्चित औपचारिक गुणों के प्रति हमारी पसन्द नैसर्गिक होती है। इस तथ्यात्मक ज्ञान के लिए हम गेस्टाल्ट मनोवैज्ञानिकों के ऋणी हैं कि हम इसी अनियमित की अपेक्षा नियमित नमूने, घुमाव या चित्र को ज्यादा आसानी से समझ लेते हैं। उसी प्रकार सुडौल चित्र हमारी पहली पसन्द होती है। हम निकटता या निश्चित औपचारिक सम्बन्धों के माध्यम से तत्त्वों को एकबद्ध कर उसकी व्यवस्था को सरल बनाने का भी प्रयास करते हैं और अन्तत: यदि कोई अधूरी तस्वीर उक्त शर्तों को पूरा करने की ख्वाहिश रखती है तो हमारी प्रवृत्ति बन जाती है कि उस अधूरी तस्वीर को पूरी किया जाए। इस उपकरण के माध्यम से हमारी ज्ञानात्मक प्रक्रिया में काफी कम उर्जा खर्च होती है। गेस्टाल्ट मनोवैज्ञानिक कहते हैं कि समाकृति के कारण यह ज्ञानात्मक मितव्ययिता सम्भव हो पाती है, यथा हमारी आदर्श पसन्द इस भौतिक संसार में किसी तरह से प्राकृतिक आदर्श के अनुरूप होती है। इस गेस्टाल्टिस्ट विचार से यदि कोई पूरी तरह सहमत नहीं है, तब भी इसमें कोई सन्देह नहीं है कि मानव जाति ही ज्ञानात्मक पसन्द की किस्म को प्रदर्शित करती है जिसकी तरफ गेस्टाल्टियों ने ध्यान आकृष्ट किया है। कलाकार इस ज्ञान को अपने कला-स्रोत के रूप में ज्यादा इस्तेमाल करते हैं। अपने प्रकरण में वे अधिकांश अन्तर्ज्ञान से संचालित होते हैं।

उपर्युक्त ज्ञानात्मक तरीकों के अनुरूप हमारे पास सौन्दर्य विषयक कुछ पद होते हैं-लय, सन्तुलन, एकता और मेल।

लय एक ही तरह के तत्त्वों का नियमित अन्तरालों पर आवर्तन है। माला का मनका या वास्तु में निश्चित अन्तरालों पर बनाया गया कॉलम इसका सबसे सरल उदाहरण है। यह लय दुहराव वाली, वैकल्पिक, प्रगतिशील और प्रवहमान हो सकती है।

चित्र 2 में A दुहराव वाली लय का उदाहरण है। माला वैकल्पिक लय की उदाहरण है जहाँ प्रत्येक दाना अपने बाद वाले दाने से आकार अथवा रंग में अलग है जैसा कि चित्र 2 के B में दिखाया गया है। चित्र-2 का C प्रगतिशील लय का उदाहरण है जिसमें दो तत्त्वों के बीच अन्तराल है, जो किसी क्रम में बढ़ते हुए अन्तर

रख रहा है। प्रवहमान लय किसी तत्त्व, रेखा, समतल इत्यादि से बनती है जिसमें तरंग जैसी नियमित गति रहती है। यह अपना कोर्स एक निरन्तर घुमाव में पूरा कर सकती है या यह अनियमित अथवा एक अन्तराल के बाद पुनः प्रकट हो सकती है। चित्र 2 में इसका उदाहरण क्रमशः D और E है।

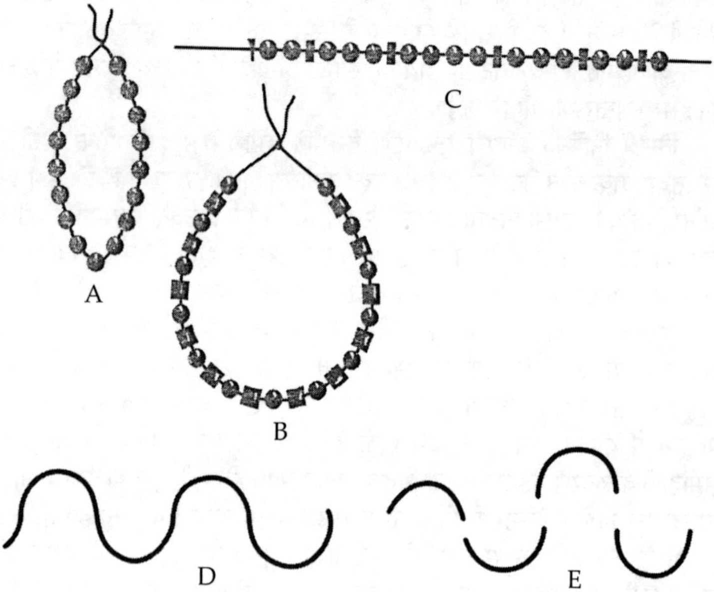

चित्र-2

संगीत के चिह्नों से लेकर कड़े पत्थर के दानों तक लयात्मक क्रम के तत्त्व कुछ भी हो सकते हैं, बल्कि चित्रकारी में लयात्मक क्रम मुख्यतः रेखाओं, समतलों, रंग के पैबन्दों, प्रकाश व छाया तथा आकारों से बनता है। कोरिया की चित्रकारी में अट्ठारहवीं सदी के सू-यनबोक के 'कोरियन डांसर्स' में हमें दोनों उदाहरण मिलते हैं, मसलन प्रवहमान और दुहराव वाली लय। विश्राम की पोशाक में प्रवाहमान लय तथा दरी के किनारों की रेखाओं तथा टोपों में दुहराव वाली लय देखने को मिलती है।

सन्तुलन अथवा साम्यावस्था एक भौतिक सिद्धान्त है जो किसी अक्ष के गिर्द टिके उत्तोलक पर एक-दूसरे को तौलनेवाले दो वजनों या भौतिक विज्ञान में बलों के समानान्तर चतुर्भुज के दैनिक अनुभवों से उद्घाटित होता है। कला में यद्यपि यह एक दृश्य सिद्धान्त है जो लगभग उसी तरह से काम करता है। कल्पना के

आधार पर हम तस्वीर के ढाँचे के केन्द्र में तराजू के अक्ष को रखते हैं तथा तस्वीर में इसकी दोनों तरफ से पिंडों को चिह्नित करते हैं। किसी उत्तोलक के मामले में जहाँ अक्ष से दूरस्थ छोटा वर्जन अपने नजदीक के भारी वजन को तौलता है, ठीक उसी प्रकार कल्पना के आधार पर हम तस्वीर के दूरस्थ लघु पिंड से केन्द्र के नजदीक स्थित बृहत् पिंड को तौलते हैं। चूँकि यह सन्तुलन यद्यपि एक दृष्टि सम्बन्धी घटना है, हम वास्तविक वजनों से नहीं बल्कि उसके काल्पनिक समतुल्यों का इस्तेमाल करते हैं। अतएव, वजन सम्बन्धी हमारा निर्णय दृष्टि के अनेक तत्त्वों यथा—आकार, रंग, तीव्रता और रचना आदि पर निर्भर करता है।

निस्सन्देह, ऐसा अनुमान रहता है कि किसी बृहत् पिंड अथवा रंग के पैबन्द का वजन लघु पिंड या रंग के पैबन्द से अधिक होगा, लेकिन यह सम्बन्ध इस तथ्य से और जटिल बन जाता है कि किसी तत्त्व के आभासी वजन में रंग, मूल्य, तीव्रता और रचना से अन्तर आ जाता है। ऐसा पाया जाता है कि गर्म रंगों (पीला, नारंगी, लाल) का वजन ठंडे रंगों (नीला, हरा, बैंगनी) से ज्यादा होता है। उच्चतम मूल्य के रंगों यथा प्रकाश व छाया पैमाने पर हल्का पैबन्द से वजन बढ़ता है। उसी प्रकार, एक रचित समतल वजन हासिल करता प्रतीत होता है। रंग के पैबन्द को जगह देने से भी वजन प्रभावित होता है। यदि यह नेत्र के स्तर से ऊपर रखा जाता है तो इसका वजन घट जाता है। यह केन्द्र की बाईं तरफ है, इस बात से भी इसके वजन में अन्तर आ जाता है, लेकिन यह इस पर निर्भर करता है कि प्रेक्षक बाएँ से दाएँ या दाएँ से बाएँ देखता है।

किसी भी कलाकृति में सन्तुलन एक जटिल चीज होती है तथा इसे उपर्युक्त सभी बातों पर विचार करना पड़ता है। फिर भी, सन्तुलन से ही किसी कलाकृति में अनिवार्य भाव आ पाता है। सन्तुलन के बगैर कोई भी कलाकृति अधूरी रह जाती है, मानो रचना प्रक्रिया में ही कलाकृति किसी बिन्दु पर जम गई हो।

साम्य की एक दूसरी किस्म, जिसे कलाकार अपनी चित्रकारी में लाने का प्रयास करता है, वह चित्रतल के विभाजन से बनती है। पिएट मॉन्ड्रियां जैसा कलाकार इसी उपकरण से अपनी समूची कृति को रचने का प्रयास करता है। अपनी कृति में वह प्राथमिक रंगों की पट्टियों के सन्तुलन से बना प्रगतिशील साम्य लाना चाहता है। वह विशुद्ध सैद्धान्तिक कला में विश्वास करता है तथा इसीलिए किसी बिम्ब के परामर्श को नजरअन्दाज करता है, किन्तु तल विभाजन युगों से एक महत्त्वपूर्ण उपकरण रहा है जिसका उपयोग कलाकार करते आ रहे हैं। इस सम्बन्ध में पिएट मॉन्ड्रियां की कृति और पारसी लघु चित्र 'नाज्मी का खाम्सा' के बीच की तुलना काफी स्पष्ट है। भारतीय लघु चित्रों में तल विभाजन साधारण होता है। हालाँकि, अन्तर यह होता है कि बाद वाले में आकृति की कष्टसाध्यता अंशतः चित्रों द्वारा मुक्त होती है।

तल विभाजन में साम्य की सरलतम किस्म, निस्सन्देह चित्र 3 की तरह तल को समान दो भागों में विभाजित करना है, लेकिन ऐसा विभाजन जीवनहीन स्थैतिक साम्य में प्रतिफलित होता है जिसमें कल्पना के लिए उत्प्रेरणा का अभाव रहता है। चित्र 4 की तरह विभाजन रेखा को एक तरफ कर देने से असन्तुलन का अनुभव होता है तथा इस काल्पनिक रूप से रेखा को मध्य में लाने का प्रयास करते हैं। इस तरह, नए विभाजन से तनाव की स्थिति उत्पन्न होती है। चित्रकला में साम्य आगे के उचित विभाजनों द्वारा तनाव को खत्म किए बगैर पुनर्स्थापित होता है।

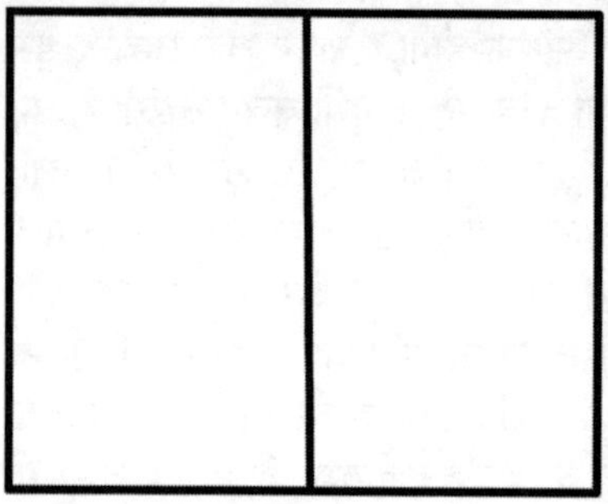

चित्र-3

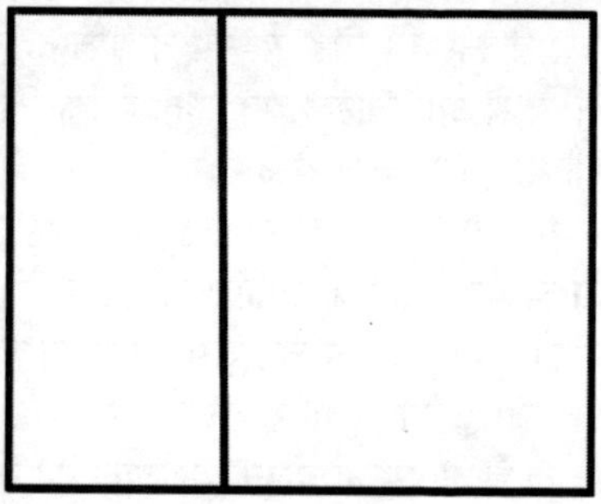

चित्र-4

वह अनुपात प्राचीन काल से ज्ञात था, जिसकी हमारी संवेदना को प्रभावित करने में महत्त्वपूर्ण भूमिका होती है। आदर्श अनुपात प्राप्त करने के प्रयास में यूनानियों ने स्वर्ण खंड का विचार दिया था। यह खंड एक बिन्दु पर किसी रेखा को विभाजित करने से पैदा हुआ था। यह विभाजन इस तरह हुआ कि छोटे एवं बड़े खंड के बीच का अनुपात ठीक उतना ही था जितना कि बड़े खंड व सम्पूर्ण भाग के बीच का था। यद्यपि इसने बहुत दिनों तक कला तथा वास्तु की दुनिया में महत्त्वपूर्ण भूमिका निभाई, लेकिन बाद में यह अनुभव किया गया कि इस अनुपात में कोई विशेष गुण नहीं है तथा कलाकार का अन्तर्ज्ञान ही अपने कलात्मक उद्देश्य के लिए किसी दूसरे सम्बन्ध को रच सकता है।

जैसा लय के मामले में होता है, वैसा ही साम्य के मामले में भी होता है। एक अच्छी कलाकृति नीरसता से दूर होती है तथा इसका वास्ता थोड़ा मानव मनोविज्ञान से रहता है। मानव मस्तिष्क को यद्यपि सुडौल या सन्तुलित सम्बन्धों से प्राप्त आनन्ददायक अनुभवों की तलाश रहती है। इन अनुभवों में उसकी रुचि बनाए रखने के लिए पर्याप्त जिज्ञासा या तनाव उत्पन्न करनेवाला गुण होना चाहिए। डी.ई. बर्लिन

सौन्दर्य सम्बन्धी रुचि को जाँचनेवाले अनेक प्रयोगों के परिणामों पर विचार करने के बाद निम्नलिखित निष्कर्ष पर पहुँचते हैं।

> "इस तरह, हमारे पास केवल अनुमानित निष्कर्ष रह जाता है कि अन्वेषक व्यवहार जिसमें सौन्दर्यशास्त्रीय व्यवहार भी शामिल है, के प्रति कम-से-कम दो विशेष तरह के महत्त्व की प्रेरक स्थिति होती है। उनमें से एक, मनोरंजन खोज के अनुरूप वैसे नमूनों को ढूँढ़ने के लिए विषय को आनत कर देता है जो देखने में सुन्दर और मनोहर लगे। इसका मतलब कि व्याकुल करनेवाले गुणों में उनकी अपेक्षाकृत कमी होती है। ये गुण जागृति में सीधा खड़ा या प्रबल पूर्वाभिमुखी प्रतिक्रिया के सूचक होते हैं। दूसरी तरफ, बोधात्मक या ज्ञानमीमांसीय जिज्ञासा की शर्तें विशिष्ट अन्वेषक व्यवहार या ज्ञानमीमांसीय (ज्ञान हासिल करनेवाली) व्यवहार को सामने लाती हैं...यदि चुनौतियों को आत्मसात् करने की कठिनाई और इस कठिनाई से पार पाने की सन्तुष्टि को उचित ढंग से सन्तुलित किया जाए तो वह चुनौतियों की खातिर जिनसे वे उसे प्रस्तुत करते हैं, अच्छी तरह विचारपूर्वक कष्टसाध्य नमूनों पर भी हाथ आज़माता है।"[1]

इस मनोवैज्ञानिक गुण की जड़ें नस सम्बन्धी बातों में जमी होती हैं। मनुष्य किसी चीज के बारे में तभी कुछ जान पाने की योग्यता हासिल करता है जबकि वह चीज दुहराव वाले पैटर्न और परिवर्तन की प्रक्रिया में हो। जैव-भौतिकशास्त्री जॉन आर. प्लाट इस तरह अपने प्रायोगिक निष्कर्षों के आधार पर निम्नलिखित निर्णय देते हैं:

> "विमर्श को संक्षेप में रेखांकित करने के लिए मैं यह दर्शाना चाहता हूँ कि मस्तिष्क की समझ तथा बाहरी दुनिया का लुत्फ दो पूरक तंत्रिका-मनोवैज्ञानिक सिद्धान्तों पर निर्भर करते हैं; उत्प्रेरणा में परिवर्तन या नएपन के प्रति अनुक्रिया का सिद्धान्त तथा पैटर्न या दुहराव के प्रति अनुक्रिया का सिद्धान्त।"[2]

और आगे इस क्षेत्र में प्रयोगों का वर्णन करते हुए वह लिखते हैं—

> "केवल सूचनात्मक संकेतों की ही माँग नहीं होती है, बल्कि संकेतों में परिवर्तन की भी माँग होती है जैसा कि दृश्यबोध के मामले में प्रायोगिक तौर पर बिलकुल निष्कर्षत: दिखाया गया है। पूर्वोक्त सदृश हाल ही में पता चला है कि दृष्टि की अनुभूति के लिए दृश्य क्षेत्र पर नेत्रगोलक की अवलोकन गति बिलकुल आवश्यक है। रिग्स, डिचबर्न तथा उनके सहकर्मियों ने प्रकाश-वैद्युत संसूचक से नेत्रगोलक की गतियों की माप की तथा पाया कि कोई व्यक्ति जब प्रकाश का कोई बिन्दु निश्चित करने का प्रयास करता है तो उसका नेत्रगोलक हर समय चाप के लगभग आधा मिनट क्षेत्र में तथा

सौ चक्र प्रति सेकेंड के क्रम की आवृत्ति से दोलन करता है। इस तरह, नेत्रगोलक में न केवल कम्पन होता है, बल्कि समय-समय पर अचानक इसकी दिशा भी बदलती है और धीरे-धीरे किसी तरह प्रवाहित होता है ताकि गर्तिका पर आकृति नियमित रूप से घूमती रहे।"[3]

"प्रयोगों के बल पर जैसे-जैसे आकृति रेटिना पर स्थिर होती है, दृष्टि सेकेंड भर के अन्दर थम जाती है...नमूने का छोर धुन्धला जान पड़ता है तथा बोधात्मक क्षेत्र एक समान भूरे रंग का हो जाता है।"[4]

और नमूनों या प्रतिरूपों के बारे में वह लिखते हैं—

"अतः यह एक मौलिक स्वयंसिद्ध तथ्य है कि कोई तत्त्वग्राही प्रणाली या एक से अधिक संवेदी निवेश बिन्दु वाला कोई अवयव (पैरामेशियम भी) अनिवार्य रूप से प्रतिरूप का चयन करनेवाली प्रणाली या प्रतिरूपबोधक प्रणाली होता है। प्रतिरूपबोध लगभग उतना ही आदिम हो सकता है जितना स्वयं पर विश्वास करता है तथा इसकी महती भूमिका होती है जो 109 निवेशों के साथ मस्तिष्क में अत्यधिक महत्त्व रखती है।"[5]

और वह निष्कर्ष निकालते हैं—

"...अपना काम अच्छी तरह करनेवाले इस विशाल अंग से उत्पन्न कार्यात्मक सन्तोष हमारी आनन्दानुभूति एवं सौन्दर्यशास्त्रीय सन्तुष्टि का एक बड़ा तत्त्व हो सकता है।

यदि ऐसा ही है तो आनन्द की जड़ में वही कारक होने चाहिए जिन पर स्वयं समझ निर्भर करती है। यदि समझ का मूल एकान्तरिक परिवर्तन है तो हम सन्देह कर सकते हैं कि आनन्द में इसकी बड़ी भूमिका होगी। स्वयं सर्वसम प्रतिरूप यदि समझ का मूल है तो हमें सन्देह हो सकता है कि आनन्द में इसकी बड़ी भूमिका होगी। और शायद दोनों का संयोजन जो एक प्रवाह सदृश होता है जिसमें इस प्रतिरूप या अप्रत्याशित एकान्तरिक परिवर्तनों वाले किसी प्रतिरूप को हासिल कर सकते हैं, महासन्तोष प्रदान करेगा।"[6]

यह निष्कर्ष भी महत्त्वपूर्ण है। यह इस बात का प्रबल परामर्श देता है कि सौन्दर्यशास्त्र केवल आनन्द प्रदान करनेवाली संवेदनाओं से ही सम्बन्धित नहीं है बल्कि मनुष्य की स्थिति की वास्तविकता को अन्वेषित करनेवाली इच्छा से भी सम्बन्धित है।

औपचारिक संगठन का तीसरा सिद्धान्त एकता है। इसका निहितार्थ है कि किसी कलाकृति में विभिन्न तत्त्वों को एक सार्थक प्रतिरूप में संयोजित किया जाता है। यह प्रभुत्व और अधीनता के सम्बन्ध से उत्पन्न हो सकता है। प्रत्येक कलाकृति में एक

केन्द्रीय चित्र या प्रतिरूप का होना आवश्यक है, जिसके अधीन अन्य तत्त्व होते हैं अथवा कलाकृति के दूसरे सभी तत्त्व कुछ व्यापक अर्थ या सामंजस्य के अधीन होते हैं। केन्द्रीय विषयवस्तु की मार्फत कलाकृति के दूसरे तत्त्व अपना महत्त्व हासिल करते हैं। औपचारिक रूप से यह प्रभुत्व अनेक तरीकों से बनाया जा सकता है। यह केन्द्र के समीप मुख्य विषय को रखकर हासिल किया जा सकता है या दिशात्मक उपकरणों के द्वारा अर्थात् आँख को हर तरफ से इस पर केन्द्रित कर हासिल किया जा सकता है। लयात्मक क्रम में यह रेखाओं को व्यवस्थित कर या प्रकाश और छाया या रंग के पैबन्दों को एकान्तरित कर जिससे कि मुख्य विषय पर अनिवार्य रूप से नजर पड़े, हासिल किया जा सकता है। प्राय: मनुष्य की आकृति जहाँ किसी चित्र का अंश हो, अँगुली बताकर या किसी खास बिन्दु की तरफ मुड़ी आकृतियों की आँखों से हमारी नजर उस दिशा में स्वमेव मुड़ जाती है। ठीक ऐसा ही प्रभाव प्रमुख तत्त्व के आकार को सबसे.बड़ा कर या सबसे तेज रंग का प्रयोग कर उत्पन्न किया जा सकता है।

ऐसा करने से यह ध्यान जल्दी खींचता है। प्रमुख विषय हेतु एक अन्यथा एक समान प्रतिरूप के तौर पर आकार, रचना या रंग में अन्तर लाकर भी इस पर ध्यान केन्द्रित किया जाता है। इसके लिए स्पष्ट रूप से इसे भिन्न बनाया गया होता है। प्रभाविता आकृति से उत्पन्न आकृति से भी पैदा हो सकती है। महत्तम अभिरुचि की आकृति संयोजन के किसी महत्त्वपूर्ण हिस्से में रख देने के बाद भी अपनी तरफ ध्यान आकृष्ट करने में सक्षम होती है।

स्थान संगठन चित्र में एकता लाने में भारी भूमिका अदा करता है। किसी चित्र में हम घर, सड़क, वृक्ष व आदमी सरीखे बिम्बों को उतार सकते हैं ये सभी उपाख्यान से सम्बन्धित हो सकते हैं, परन्तु जब तक इन्हें उचित स्थानिक सम्बन्ध में दर्शाया नहीं जाए, ये चित्रतल पर बिलकुल विलग बिम्बों जैसे बने रहेंगे। अपने संगठन की मार्फत सन्दर्श स्थान में जहाँ इन बिम्बों में से प्रत्येक बिम्ब उचित आकार और स्वर सम्बन्धी मूल्यों को प्राप्त करता है, हम अपना अपरिहार्य सम्बन्ध व इस निर्मिति से काल्पनिक कथा देखना आरम्भ करते हैं। सन्दिग्धता से बड़े पैमाने पर निपटने की क्षमता रखते हुए स्थान संगठन किसी तस्वीर में जादुई प्रभाव उत्पन्न करने के लिए महत्तम शक्ति प्रदान करता है।

किसी चित्र में एकता की समस्या से संगति की समस्या भी सम्बद्ध होती है। यह किसी चित्र का गुण होता है कि वह किसी को यह अनुभव करने के योग्य बना देता है कि एक भाग में हल्के बदलाव से भी इसका सामंजस्य बनाए रखने के लिए पूरे चित्र में बदलाव करने की जरूरत पड़ जाती है। यह प्रभाव इस तथ्य के उपयोग से बनता है कि समदृश्य तत्त्वों में एक हो जाने की प्रवृत्ति होती है। इस तरह, तस्वीर के विभिन्न भागों में समान रंगों के संयोजन या समान तीव्रता वाले समान रंग के

पैबन्दों का वितरण संगति का बोध उत्पन्न करता है। उसी तरह, चित्र के विभिन्न भागों में रचित समान आकृतियों में एक-दूसरे से जुट जाने की प्रवृत्ति विद्यमान होती है। पुनः यदि संस्थिति पूरी तरह ठीक है तो इससे एक पूर्ण स्थिर सम्बन्ध बनता है, परन्तु संयोजन में अपनी भूमिका पर विचार किए बिना समान तत्त्वों का बिखराव एक यांत्रिक एकता का प्रभाव बनाता है। ये तत्त्व जहाँ रखे गए होते हैं उस बिन्दु पर अपरिहार्यता हासिल करते हैं। यह कलाकार के संयोजनबोध से उत्पन्न होता है। उच्च कोटि के चित्रों में प्रत्येक भाग की अपनी अभिरुचि होती है, लेकिन समूचे में यह एक-दूसरे से अभिन्न रूप से जुड़ा होता है।

ऊपर में वर्णित औपचारिक संगठनों से उत्पन्न नमूनों पर विभिन्न तरह के तत्त्वों का प्रभाव हो सकता है। पश्चगामी स्थान में एक-दूसरे से विभिन्न कोणों पर स्थित कुछेक पर वक्ररेखाओं, कुछेक पर समतलों का प्रभाव हो सकता है। फिर भी, कुछेक पर प्रकाश और छाया से सजाए गए आयतनों का प्रभाव हो सकता है। हालाँकि अधिकांश चित्र स्वयं में नमूने के एक तत्त्व से अधिक को संयोजित करते हैं।

उपर्युक्त विवरण का अभिप्राय उन औपचारिक सिद्धान्तों की सूची प्रदान करना नहीं है जिनके प्रयोग से कलाकृति तैयार होती है, बल्कि यह सुझाव देना है कि कैसे हमारे नैसर्गिक आकृतिबोध की तत्त्वों में एक प्रकार के अनुनाद, जिससे कलाकृति तैयार होती है, के द्वारा नकल बन जाती है? इनके द्वारा चित्र में मनुष्य कम-से-कम उस सुव्यवस्थित प्रतिरूप की रचना कर सकता है जिसकी वह बाहरी दुनिया के लिए कल्पना करता है। इस तरह, कलाकृति दोनों हो सकती है-नवीन रचना बनकर जीवन की आकृतिविहीनता से पलायन एवं जीवन में जो कुछ सुन्दर है उसका लिप्यन्तरण भी।

मौलिक सिद्धान्त स्वयं वास्तविक कलाकृति से उपजते हैं तथा महान कलाकार सदा कुछ जोड़ते रहते हैं व मौलिक संगठन की रचना के नए तरीकों का अन्वेषण करते रहते हैं। आकृति और यथार्थ को समझने का हमारा तरीका दोनों के बीच के सहज सम्बन्ध के कारण इन सिद्धान्तों की अनदेखी कर किसी भी कलाकृति की रचना नहीं कर सकता है।

हम जिसे कलाकृति की स्पष्टता कहते हैं, वह मुख्यतः इस बात से पैदा होती है कि तत्त्वों का संगठन किस तरह हुआ है? कला के पारम्परिक तरीके में इन औपचारिक तत्त्वों को प्रतिरूपक चित्र में शिष्ट ढंग से संयोजित किया जाता था। आधुनिक कला में, बहुत-से कलाकार अपना स्पष्ट लक्ष्य प्राप्त करने के लिए इन औपचारिक तत्त्वों की अन्तर्ज्ञान-आधृत व्यवस्था से ही मतलब रखते हैं।

प्रत्येक कलाकृति अपने उक्त स्वभाव के कारण अर्थपूर्ण होती है। मौलिक तत्त्वों का प्रत्येक संगठन कलाकार की आन्तरिक पसन्द को प्रतिबिम्बित करता है। मनुष्य में आकृति का बोध नैसर्गिक है, फिर भी मौलिक तत्त्वों का भौतिक अस्तित्व बन जाता है। प्रकृति का प्रतिरूप रचने के समय भी—वह जिन्हें छोड़ देता है, जिन्हें

ग्रहण करता है, जिन्हें बड़ा करता है, जिन्हें छोटा करता है, इन सबके चयन में तथा सबसे बढ़कर पूरी आकृति के संगठन में वह हमेशा कुछ ऐसा अभिव्यक्त करता रहता है जिसका उसके लिए अनिवार्य मानना होता है।

अनेक कलाकारों ने कहा है, "अब कलाकार जिन तत्त्वों का प्रयोग करता है, उनमें अभिव्यक्ति की पूरी शक्ति रहती है तथा कलाकार स्वयं को अभिव्यक्त करने के लिए किसी उपाख्यान की मदद नहीं लेता है।" गेस्टॉल्ट मनोवैज्ञानिक भी अर्थपूर्ण आकृतियों की ज्यामिति के बारे में बात करते हैं। यह विचार इस विश्वास पर आधारित है कि निश्चित आकृतियों, रेखाओं, वक्ररेखाओं आदि में सहज सूचक गुण होते हैं और जब हम उन्हें देखते हैं तो हमारे अन्दर एक निश्चित भावनात्मक स्थिति बन जाती है, लेकिन वे भी जो इस तरह का अतिविचार नहीं रखते हैं, इस बात से सहमत होते हैं कि शायद जब हमारी नजर निश्चित आकृतियों पर पड़ती है तो संयोजन के माध्यम से निश्चित भावनात्मक अनुभवों को दर्शाने की इसमें रुचि पैदा हो जाती है। कला में स्वयं को अभिव्यक्त करने का लिप्स का विचार एक सीमा तक इसी सम्भावना पर आधारित है। उनका मत है कि जब हम किसी स्तम्भ या कुछ दूसरे चित्रों को देखते हैं तो कल्पना से स्वयं को उसकी जगह बैठा देने तथा ठीक उसी प्रकार का तनाव जैसा कि इसकी आकृति सुझाती है, अनुभव करने की हमारी इच्छा होती है। उन्होंने यहाँ तक कहा कि केवल कलाकृति में स्वयं को प्रस्तुत करने की शक्ति को जाग्रत करने की क्षमता ही कला का आधार होती है।

कलाकृति के जन्म से ही निश्चित आकृतियों का जुड़ाव निश्चित रूप से निश्चित विशिष्ट अनुभूतियों से रहा है। फिर भी, यह ज्यादा महत्त्वपूर्ण है कि ये आकृतियाँ कैसे संगठित होती हैं? ये निश्चित रूप से कला तकनीक की नींव में जगह बना लेती हैं। रंगों और रेखाओं, दोनों का भिन्न-भिन्न अनुभूतियों से नाता होता है। लम्बवत् रेखाएँ स्थायित्व को, क्षैतिज रेखाएँ विराम को तथा चक्राकार वक्ररेखाएँ सहज सौन्दर्य को दर्शाती हैं। शिथिल रेखा दुर्बलता या दुर्बल प्रकृति को इंगित करती है। उसी प्रकार, विभिन्न तरह के रंगों और उनके मूल्यों और तीव्रताओं की विभिन्न प्रकार की अनुभूतियों से सम्बद्धता रहती है। इस तरह, तेज रंगों को उत्तेजक तथा मद्धिम रंगों को प्रशान्तक माना जाता है और जब दोनों एक साथ प्रयुक्त होते हैं तो एक-दूसरे को वे सन्तुलित करते हैं। ठीक इसी तरह, उच्च मूल्यों व तीव्रताओं से आनन्द और उकसाव तथा निम्न मूल्यों से निराशा व दुःख का बोध होता है। यद्यपि ये संयोजन प्रायः न्यायसंगत जान पड़ते हैं।

किसी कलाकृति की प्रत्येक चीज के बारे में, अन्ततः वे किस तरह इस्तेमाल किए जा रहे हैं, इसी से उसके प्रभाव का निर्णय होता है। हालाँकि रंगों के भावनात्मक प्रभाव के बारे में अन्तिम सत्य जैसा कुछ भी नहीं कहा जा सकता है क्योंकि अक्सर बड़े कलाकारों के बीच इनका मूल्यांकन करने में अन्तर आ जाता है।

रंग के चमकीलेपन का प्रभाव भी पड़ोस के रंगों के साथ अपने सम्बन्ध से मुक्त नहीं होता है। भिन्न-भिन्न रंगों का एक-दूसरे पर प्रभाव पड़ता है जो या तो उनके प्रभाव को वश में कर लेते हैं या बढ़ा देते हैं। रंगमंडल में पूरक रंग एक-दूसरे के विपरीत होते हैं। जैसा कि चित्र-5 में दर्शाया गया है अर्थात् पीला-बैंगनी, नारंगी-नीला, लाल-हरा जब एक-दूसरे के करीब हों तो एक-दूसरे के प्रभाव को बढ़ा देते हैं, लेकिन रंगमंडल में जब ये एक-दूसरे के न तो पूरक हों, न ही आगे हों, तब एक-दूसरे के प्रभाव को ये बिगाड़ते हैं। पूरक रंगों के मिश्रण से भूरा रंग बनता है। रंग का प्रभाव एक-दूसरे पर इतना महत्त्वपूर्ण होता है कि डिलेक्रोइक्स का यह प्रसिद्ध विचार आ गया—"मैं कीचड़ से रँगकर तुम्हें प्रेम की देवी बना सकता हूँ, बशर्ते तुम ऐसा मुझे स्वेच्छा से करने दो।"

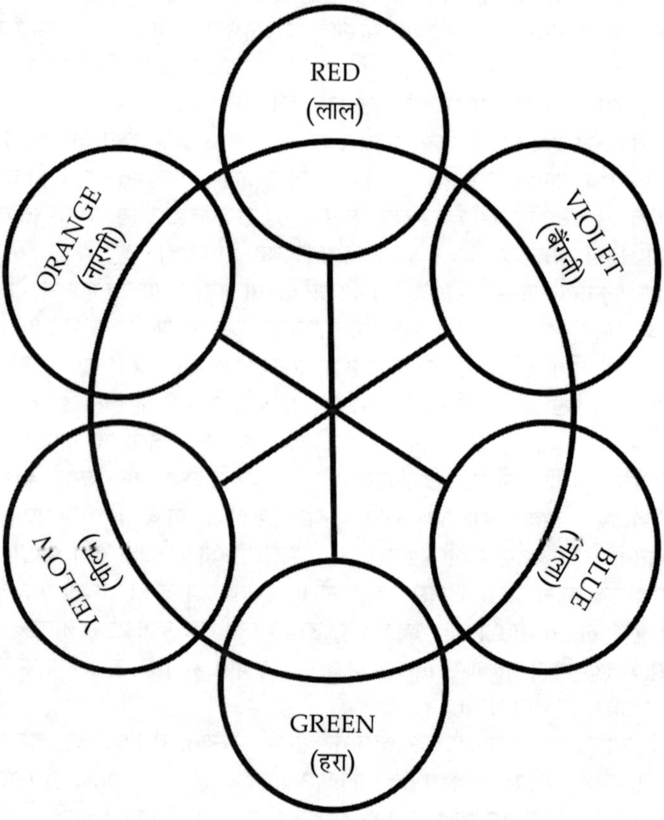

चित्र-5

परन्तु रंग का प्रभाव चाहे जिन कारकों से सुधरता हो, इसका भावनात्मक प्रभाव हमारे जीवन पर बिलकुल साफ पड़ता है। खून का गहरा लाल रंग, क्रोध या शर्म की अवस्था में चेहरे का लाल रंग, आकाश का नीला रंग, इन सबका हम पर इतना सीधा असर होता है कि चित्रांकन में रंग की सबसे निश्चित भावनात्मक प्रभाव डालने की बाध्यता हो जाती है।

चित्र में रंगों और मूल्यों के निश्चित गुणों का उपयोग बिम्बों की गहराई और आयतन प्रदान करने के लिए होता है। सामान्यतः गर्म रंगों में हमारी तरफ बढ़ने का झुकाव रहता है जबकि ठंडे रंगों में पीछे मुड़ने का। इसी तरह, तेज स्वरों में आगे बढ़ने का तथा धुँधले स्वरों में पीछे मुड़ने की प्रवृत्ति होती है। हालाँकि खूब काला रंग आगे की तरफ बढ़ेगा जबकि मुरझाया गर्म रंग पीछे की ओर भागेगा। सामान्य तौर पर तेज पीला रंग आगे बढ़ेगा जबकि मद्धिम पीला रंग पीछे मुड़ेगा। रंग की इन विशिष्टताओं का वास्तविक जीवन में हमारे दृश्यानुभव से नाता रहता है। हम सभी ऐसा अनुभव करते हैं कि जैसे ही कोई बिम्ब कुछ दूर पीछे खिसकता है, अपने रंगों और रूपरेखा की शुद्धता की तीक्ष्णता को गँवा बैठता है। रंगों में भूरापन बनाने का झुकाव होता है। इस प्रकार, रंगों को उचित तरीके से व्यवस्थित कर तस्वीर में दूरी का सदृश इन्द्रजाल पैदा किया जा सकता है। कलाकारों के लिए इन्द्रजालजनित स्थान बनाने में हमेशा रंग की इन विशिष्टताओं का बड़ा महत्त्व होता है। आधुनिक समय में पिकासो और ब्राक के बृहत्ताकार शैली के चित्रांकनों के बाद कलाकारों ने रंग और मूल्य के इन गुणों का उपयोग कर अत्यन्त जटिल तरल स्थान की रचना की है।

कलाकार अपने चित्रों में रंग संयोजन की हमारी सहज परम्पराओं से बँधे नहीं होते हैं। प्रायः हम जब किसी बिम्ब के रंग के बारे में सोचते हैं अर्थात् सामान्य चमकीले रंग वाले प्रकाश में अलग-थलग पड़े बिम्ब के रंग के बारे में। इस तरह, जब हम किसी पत्ते के बारे में सोचते हैं तो हमेशा उसके हरा होने का विचार भी साथ-साथ आता है। उसी प्रकार, आकाश का विचार उसके नीले रंग के होने के साथ आता है, परन्तु वास्तविक जीवन में इस तरह के रंग नहीं होते हैं जिन पर कि मौसम के परिवर्तन या प्रकाश व छाया का प्रभाव नहीं पड़ता हो। तीक्ष्ण बुद्धि के प्रेक्षक जो कि कलाकार खुद होते हैं, वे देखते हैं कि दिन के बदलते प्रकाश में बिम्बों के रंग बदल जाते हैं और वे उन्हें उस रंग में चित्रित करने को प्रवृत्त होते हैं जो चित्र से सम्बद्ध अवस्था को ज्यादा अच्छा लगे। वस्तुतः आसपास के बिम्बों की छाया से भी रंगों में बदलाव आता है। ये छायाएँ भूरी या रंगहीन नहीं होतीं हैं जैसा कि पहले सोचा जाता था। कलाकारों ने यह खोज निकाला कि बिम्बों की छायाएँ रंगीन होती हैं तथा इन छायाओं से उन बिम्बों के रंग जिन पर कि ये छायाएँ पड़ती हैं, बदल जाते हैं। इन सबका प्रयोजन रंगों को बिम्बों के साथ की

उनकी दृढ़ सम्बद्धता से मुक्त करने का होता है। एक बार रंगों का बिम्बों से यह दृढ़ जुड़ाव टूट गया, कलाकारों ने सभी दृश्य यथार्थ को नजरअन्दाज कर किसी भी रंग में कुछ भी चित्रित कर दिया। उन्होंने यदि ऐसा चाहा तो उनका वास्ता अब केवल चित्र की रचनात्मक जरूरत या अपने सार्थक सोच से ही रह गया। इस तरह, चित्रकला की प्रत्येक प्रगति चित्रकला में मौलिक तत्त्वों के स्वतंत्र प्रयोग की दिशा की भी प्रगति थी।

किसी कलाकृति की सुन्दरता के बारे में जब कोई व्यक्ति सोचता हैं, तो वह चित्रित व्यक्ति या बिम्ब की सुन्दरता को नहीं समझता है, बल्कि कलाकार के उद्देश्य को बढ़िया लगनेवाले मौखिक तत्त्वों के उचिन्त सामंजस्य को समझता है। सुन्दरता की जगह कलाकार का उद्देश्य विलक्षणता या चित्रित बिम्ब की कुरूपता का बोध जगाने का भी हो सकता है, परन्तु इसके तत्त्वों में लगाव व साम्य हो तो कलाकृति स्वयं एक अतिसुन्दर बिम्ब हो सकती है। उदाहरणस्वरूप, जब जॉर्जेज रूऑल्ट ने वेश्याओं की तस्वीरें बनाईं तो उनमें कोई प्रचलित ढंग की आकर्षक औरतों की छवियाँ नहीं गढ़ीं, बल्कि उनमें भौतिक और आध्यात्मिक नाश की गहरी अनुभूति को उभारा। फिर भी, नीले रंगों का उनका चयन और अपने उद्देश्य के साथ समरसता लाने के लिए उन रंगों का शानदार मेल तथा पूरे साँचे में अच्छा दिखनेवाला उनका प्रयोग हमें अतिअर्थपूर्ण शक्ति और सौन्दर्य की कलाकृतियाँ प्रदान करते हैं।

हमने इस अध्याय के कथ्य को अति 'आकृति की भाषा' कहा है तथा इसका अभिप्राय है, औपचारिक तत्त्वों के उस विशेष गुण की तरफ संकेत करना जिसका लगाव भाषा से होता है। भाषा में वाक्य-रचना के नियमों का अनुसरण कर कल्पना को अति अद्भुत सिद्धान्तों तक पहुँचा देने की सामर्थ्य होती है। उदाहरण के तौर पर इस वाक्य को देखें—"कलाकार इन्द्रधनुष के साथ चित्रण करता है।" व्याकरण के नियमों के अनुसार यह बिलकुल सही वाक्य है तथा इस वाक्य से सूचित होनेवाली छवियों को भी हम बना सकते हैं, लेकिन पदार्थ विषयक तरीके से कहा जाए तो यह असम्भाव्य है। हालाँकि चित्रात्मकता की दृष्टि से यह कलाकार द्वारा रंगों के कोमल प्रयोग की प्रशंसा करने का प्रभावशाली तरीका हो सकता है। इस तरह, भाषा वह साधन मुहैया करती है, जिससे हम उन छवियों के माध्यम से भी जिनका कि कहीं कोई भौतिक अस्तित्व नहीं होता है, वास्तविकता के शीर्ष ज्ञान की दुनिया में चले जाते हैं।

इस तरह की समान घटना चित्रकारी में भी सम्भव है। औपचारिक तत्त्वों से सम्बद्ध गुणों, जिनकी हमने संक्षेप में चर्चा की है, का उपयोग कर किसी चित्र में मनमाफिक व अपरिचित छवियों को रच पाना सम्भव होता है। उदाहरण के तौर पर, मद्धिम रंगों वाला जहाज पीछे मुड़ने को प्रवृत्त होता है, लेकिन यह अंशतः उस

जहाज से सटाकर भी रखा जा सकता है जिसका रंग तेज हो और इस तरह यह आगे बढ़ने को प्रवृत्त हो जाता है। इस प्रकार की व्यवस्था उन असम्भाव्य छवियों की रचना कर सकती है तथा सीधे यथार्थ की कल्पनाओं को जन्म दे सकती है जो पुन: स्वप्नसदृश या असम्भाव्य प्रतीत होती हैं। इस तरह से पैदा होनेवाले दृश्य अनुभवों के भेद असीमित होते हैं।

हम जानते हैं कि भाषा का संचार ध्वनियों के समूह में निर्दिष्ट सहज अर्थों पर निर्भर करता है अर्थात् वाक्य रचना के सरल नियमों और शब्दावलियों पर निर्भर करता है। यह प्रश्न पूछा जा सकता है : जहाँ रंगों या रेखाओं के संगठन का कोई परिभाषित अर्थ नहीं दिया गया होता है, हम कैसे दृश्यकलाओं का सन्देश जान लेते हैं? इसका उत्तर होगा, रूपक का प्रयोग कर जान लेते हैं। दृश्य कलाओं का संचार प्रतिध्वनि पर निर्भर करता है तथा प्रत्येक मनुष्य प्रतिध्वनि उत्पन्न करनेवाला एक यंत्र बन जाता है, विशेषकर उस वक्त जब वह किसी कलाकृति से पूरे संवेद के साथ दो-चार होता है। दृश्य कला के औपचारिक या मौलिक तत्त्वों के कुछ खास संगठन में मनुष्य को भावनात्मक रूप में कुछ खास दिशाओं में घुमा देने की शक्ति होती है। कलाकार का काम उन अनुभूतियों के अनुरूप औपचारिक तत्त्वों को संगठित कर देने का होता है जिन्हें वह सम्प्रेषित करना चाहता है। यदि वह अपनी अनुभूति के अनुरूप आकृति रचने में सफल हो जाता है, तो इस प्रतिध्वनि की प्रक्रिया के माध्यम से वह प्रेक्षकों के तार में कम्पन ला देने के योग्य हो जाता है, लेकिन चूँकि अनुभूति को अभिलेखित करने का कोई विश्वसनीय तरीका नहीं है, इसलिए अनुभूति में भी काफी अन्तर आ जाता है। व्यक्तिगत भिन्नताओं की भी, निस्सन्देह, इस तरह के अन्तर निर्माण में बड़ी भूमिका होती है, परन्तु जब तक कोई इस विचार से सहमत नहीं हो, अनाकृतिमूलक कला के प्रभाव को या आकृतिमूलक कला में भी औपचारिक संगठन के भावनात्मक मूल्य को व्याख्यायित कर पाना काफी कठिन है।

कला : कथ्य और परम्परा

कला के रूप में कला की खोज बहुत हाल की घटना है। सम्पूर्ण मानव इतिहास में कला गैर-कलात्मक उद्देश्यों से परिचालित गतिविधियों का एक उप-उत्पाद रही है। अपने आदिपूर्वजों द्वारा गुफाओं की दीवारों और छतों पर किए गए चित्रांकनों और रेखाकनों की हम प्रशंसा करते हैं, लेकिन उन आदिपूर्वजों के पास तब ऐसा कोई विचार भी नहीं था कि वे कलाकृतियों की रचना कर रहे हैं। वे समस्त उपलब्ध साक्ष्यों के आधार पर जादुई धार्मिक कृत्यों के अंश के रूप में जानवरों की आकृतियों की रचना उनके शिकार में मदद के खयाल से कर रहे थे। भले ही, रचना के

वक्त उनके पास कोई विचार नहीं रहा हो, लेकिन उनके द्वारा रचित कलाकृतियाँ बड़े महत्त्व की थीं। ऐसा उन सभी कलाकृतियों के बारे में कहा जा सकता है जो बड़े पैमाने पर विभिन्न कालखंड़ों में रची गई हैं। इनमें आधुनिक कलाकृतियाँ भी शामिल हैं। यूनानी और चीनी मिट्टी के पात्रों, फारसी की रचना किसी कलाकृति के खयाल से नहीं की गई थी बल्कि किसी धर्म-निरपेक्ष या धर्म सापेक्ष प्रयोजन से बनाई गई वस्तुएँ थीं।

एक प्रश्न स्वाभाविक तौर पर बनता है : पुरा-पाषाण युग में कैसे जादुई उद्‌देश्य से रची गई गुफा पेंटिंग्स व उस तरह की तस्वीरें कलाकृति बन गईं? इस प्रश्न का उत्तर इस तथ्य में निहित है कि मनुष्य इस संसार में अपने चतुर्दिक घटनेवाली घटनाओं का जवाब स्वतःस्फूर्त देता है। अपने द्वारा शिकार किए गए जानवरों की आकृतियाँ बनाने के मानवी प्रयास के पीछे आदि मानवों की कामना यह थी कि दुर्ग्राह्य व क्षणभंगुर चीजों को स्थायी रूप से कैद कर लिया जाए। मनुष्य जानवरों को जब विश्राम, संघर्ष और उड़ान की अवस्थाओं में विभिन्न दिशाओं से देखता होगा तो पशुओं की दुनिया का मायाजाल उसे किस तरह दिखाई देता रहा होगा, इसकी सहज कल्पना की जा सकती है। उसे इस यथार्थ की एक साफ समझ विकसित करनी पड़ती थी अर्थात् विचार बनाना पड़ता था। इस समझने और विचार करने का मतलब था, उस जादुई नियंत्रण और चालबाजी को ठीक से समझ जाना जो उसकी पूर्वस्थिति के रूप में प्रकट हुए होंगे और इस विचार की प्रक्रिया को गुफा की दीवार पर दृश्य छवि के रूप में पशुओं को सुरक्षित रूप से बाँधने की अपेक्षा ज्यादा मदद किया होगा। इस स्पृश्य आकृति में छवि स्वयं जानवर के लिए स्थानापन्न के रूप में काम करती होगी।

परन्तु विचार करने का मतलब था, किसी बिम्ब के उन आवर्ती स्वरूपों का सार निकालना जो किसी तरह इसके लिए आवश्यक था। चूँकि मनुष्य आकृतिबोध से सम्पन्न होता है, इसलिए वे स्वरूप असन्दिग्ध रूप से परमावश्यक लगते थे तथा झट से उसके साथ निबद्ध हो गए जो उसकी लय और समरसता के अन्तरबोध के अनुरूप बन गए। आन्तरिक लय में बाहर से कोई चीज जोड़ने का मतलब था, उस चीज को स्वयं में आत्मसात् कर लेना, लेकिन आन्तरिक लयबोध में बाहरी आकृति के इस संयोजन से तस्वीर की प्रकृति में रूपान्तरण हो जाता है। यह न केवल बिम्ब के दृश्यरूप को जोड़ता है, बल्कि चित्रकार की आन्तरिक अनुभूति को भी जोड़ता है।

लयात्मक क्रम में मनुष्य को निश्चित रूप से कुछ जवाब देना चाहिए। यह चीज आदिम नृत्य और संगीत में मनुष्य की भावनाओं की स्वतःस्फूर्त अभिव्यक्ति में साफ-साफ दिखती है। फसली त्योहारों में उसकी खुशी की अभिव्यक्ति या विपत्ति में दुःख की अभिव्यक्ति हमेशा कतिपय धार्मिक लयात्मक गति के रूप

में संकेतित होती है। इस तरह, आदिम मनुष्य या अपढ़ ग्रामीण शिल्पी की सबसे निम्न शिल्पकृति भी सौन्दर्यविधान के अनुसार अभिजात होती है।

चूँकि हममें से अधिकांश लोग साधारण किस्म के हैं, इसलिए हमारे आदिपूर्वज कभी कलाकार नहीं बन सकते थे। स्वाभाविक तौर पर उन्हें भव्य पुरा-पाषाणी चित्रों को चित्रांकित करने का प्रशिक्षण व विशेष उपहार मिला होगा। वे गुफाएँ जिनमें तस्वीरें पाई गई हैं, यहाँ तक की कठिन पहुँच स्पष्ट रूप से इन तस्वीरों के कार्यान्वयन से सम्बद्ध विपुल रहस्य और शुद्धता को दर्शाती है। लिस ट्रोईस फ्रेरिस की गुफा की नकाब वाली आकृति यह बतलाती है कि चित्रकारी विशेष रूप से उपहृत जादूगरों का काम रही है। निस्सन्देह, उनके कलाकार होने के बारे में थोड़ी शंका हो सकती थी। अन्य समय में अपने सम्बन्धियों को ये लोग कलाकार के रूप में राक्षस जैसे मायावी लगे होंगे, इसलिए शिकार के धार्मिक कृत्यों में जादूगर या पुजारी पद के लिए ये लोग ज्यादा उपयुक्त समझे गए होंगे, परन्तु चित्रांकनों का गुण यह दर्शाता है कि इस महत्त्वपूर्ण पद के लिए भी, यदि किसी प्रकार यह विस्मयप्रेरक है, पर्याप्त प्रशिक्षण दिया गया होगा।

प्रशिक्षण पर जब हम विचार करते हैं तो एक विशेष प्रकार के कौशल की बात हमारे दिमाग में आती है, जिसका हर युग के कलाकारों के सृजनात्मक प्रयास में होना अनिवार्य है। कलात्मक कौशल के प्रश्न पर विचारने से पहले यह प्रासंगिक होगा कि चित्रकार मॉरिस डेनिस के विगत सदी की समाप्ति के समय कलाकारों के घोषणा-पत्र में उद्धृत इस प्रसिद्ध वाक्य पर विचार करें—

> "हमें यह अवश्य याद रखना चाहिए कि कोई चित्र युद्धक्षेत्र में घोड़ा बनने, एक नग्न स्त्री या कोई अन्य प्रतिनिधि विषय बनने के पहले निश्चित रूप से रंगों से आवृत्त एक चौरस सतह होता है जिसे कलाकारों ने एक निश्चित क्रम में सजाया।"

उक्त वाक्य ऐसे समय में लिखा गया था जब आधुनिकतावादी आन्दोलन आसन्न था। इसलिए यह नए मिजाज के अनुकूल था जिसका जोर चित्रतल को अक्षुण्ण बनाए रखने पर था जिसे कि प्राकृतिक बिम्बों या दृश्यों की मायावी आकृति बनाने के प्रयासों से निर्मूल कर दिया गया था, लेकिन एक व्यापक महत्त्व का अभिप्राय इस वाक्य में पढ़ा जा सकता था क्योंकि यह सभी प्रकार की चित्रकारी, बल्कि यूँ कहें कि सभी तरह की कलाकृतियों से सम्बन्धित मौलिक सत्य की तरफ संकेत करता है। यह कलाकार को इस तथ्य से अवगत कराता है कि वह हमेशा प्रकृति की नकल करने की आशा नहीं कर सकता है क्योंकि उसके पास ऐसा करने के लिए साधन सुलभ नहीं है। पिगमेलियन की तरह वे प्रकृति का पूर्ण प्रतिरूप रचने के बारे में नहीं सोच सकते थे और न ही ऐसी प्रार्थना करने की आशा कर

सकते थे कि इसे जीवन की चिंगारी से स्पर्श कराया जाए। यह उनका लक्ष्य नहीं हो सकता था। कलाकार केवल भिन्न छोर से ही परिचालित नहीं होते हैं बल्कि सर्जना में माध्यम के द्वारा उसकी सीमा निर्धारित रहती है। यह स्मरण करना कि चित्रकार की सीमा एक चौरस सतह तक ही सीमित होती है, किसी को भी उस सम्बन्ध को समझ पाने के योग्य बना देता है जिसमें चित्रकृति किन्हीं चित्रित बिम्बों को निरूपित करती है।

यहाँ हम पिछले अध्याय के वर्णन का स्मरण कर सकते हैं जहाँ हमने देखा कि किस तरह अपने आसपास की दुनिया का हमारा बोध संकेतों से परिचालित होता है। ठीक उसी तरह की संकेतन प्रक्रिया के माध्यम से त्रि-आयामी बिम्ब, जिनका कि प्रत्येक आयाम प्रेक्षण-बिन्दु की दूरी और कोण पर निर्भर करते हुए अनगिनत पहलुओं को प्रकट करता है, सपाट तल पर पूरी आकृति ग्रहण कर लेते हैं, लेकिन बोधात्मक प्रक्रिया में प्रयुक्त होनेवाले संकेतों तथा चित्रकारी में प्रयुक्त होनेवाले संकेतों के बीच बहुत बड़ा अन्तर रहता है। यद्यपि स्मृति और विषयगत व्यवस्था की भूमिका बोध से पूरी तरह गायब नहीं रहती है, इनकी वजह से आई विरूपताएँ बहुत मामूली होती हैं तथा समान नजरिए से विभिन्न विषयों से निर्मित बिम्ब की बोधात्मक छवि मामूली अन्तर के साथ मेल खा जाती है। कुल मिलाकर चित्रकारी में प्रयुक्त होनेवाले संकेत विभिन्न श्रेणी के होते हैं। यहाँ व्यक्तिगत स्वभाव, इतिहास और सांस्कृतिक पृष्ठभूमि सबसे ज्यादा निर्णायक होती है। इन्हीं कारकों पर यह बात भी निर्भर करती है कि क्या कलाकार ठीक उसी तरह से बिम्बों की आकृति बनाने का प्रयास करता है जैसा वह उन्हें समझता है? इस उत्तरवर्ती मामले में आकृति को सारगर्भित और शिष्ट बनाया जा सकता है या इसे पूरी तरह स्पष्ट ढंग से रूपान्तरित किया जा सकता है। कलाकार जितने प्रकार से संकेतों का प्रयोग करते हैं, उद्देश्य पूर्ति की दृष्टि से ये संकेत असीमित हैं। कला के इतिहास का अधिकांश भाग इन्हीं संकेतों के विकास से जुड़ा रहा है जो अनगिनत ध्येयों को जिनके लिए ये प्रयुक्त होते हैं, को पूरा करते हैं। संकेतों के आविष्कार की प्रक्रिया इसी तरह की रही है जिसमें दोनों, अभिव्यक्ति और परिमितता छुपी होती है।

कलाकार का लक्ष्य एक तरह से असीम होता है। वह हमेशा किसी असीम छोर को पकड़ने का प्रयास करता है, लेकिन इसके लिए वह जिन साधनों का प्रयोग करता है, वे सीमित होते हैं अर्थात् कलाकर्म सीमित साधनों से असीम लक्ष्य को प्राप्त करने की विधि है। चित्रकला में देखें तो चित्रकार के पास एक चौरस तल ही होता है जिस पर उसे काम करना पड़ता है। रेखा, रंग और ध्वनि वे तत्त्व हैं, जिनका प्रयोग वह अपने कौशल से करता है। मूर्तिकला में मूर्तिकार आयतन, पृष्ठ और रचना तन्तु के सहारे काम करता है। मूर्तिकला में भी रैखिक

प्रभावों का चित्रकला जितना ही महत्त्व होता है, लेकिन इसमें रेखाएँ नक्काशी किए गए किसी ठोस की परिधि में अभिव्यक्त होती हैं। तत्त्वों की जहाँ तक बात है, मूर्तिकला वाले तत्त्वों का ही प्रयोग होता है। इसीलिए दोनों एक-दूसरे को संकेतित करती हैं।

दृश्य कलाओं में संकेतन किसी संकेतित दिशा में नजर घुमाने की क्रिया पर निर्भर करता है। यह रैखिक दिशा द्वारा सृजित आघातों या रंग अथवा ध्वनि के क्रम या लय से संचालित होता है। किसी भी प्रेक्षक के पास अतीत के अनुभव होते हैं, जिस आधार पर वह किसी बिम्ब की आंशिक छवि के संकेत से भी कल्पना के सहारे उक्त बिम्ब की पूर्ण छवि को समझ लेता है। छवि को पूरा करने के लिए अधूरी छवि के अनुपस्थित अवयवों को प्रेक्षक स्वयं भर लेता है।

चित्र 6 के उदाहरण से इस तथ्य को आसानी से समझा जा सकता है कि कैसे कुछ रेखाओं या उसके कोणों के बदल जाने मात्रा से बिलकुल भिन्न अर्थों की कल्पना होने लगती है। रेखीय सन्दर्भ के अनुसार सजाई गई आकृतियों के दो चित्ररूपों (चित्र 6 A और 6 B) को समझें।

चित्र-6 A

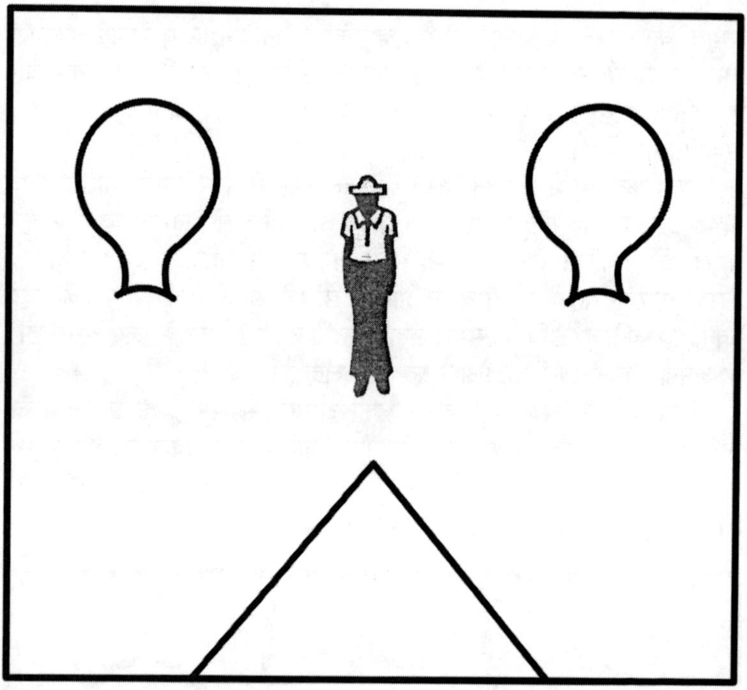

चित्र-6 B

चित्र 6 A में तीन आकृतियाँ यह प्रतिबिम्बित करती हैं कि एक व्यक्ति सड़क पर खड़ा है जो दो वृक्षों के बीच से गुजर रहा है। चित्र 6 B में वही तीन आकृतियाँ यह दर्शा रही हैं कि व्यक्ति दो गुब्बारों के बीच हवा में तैर रहा है। यह अन्तर केवल दो केन्द्राभिमुखी रेखाओं, जो आयत के आधार से शुरू होती हैं, के कोण और लम्बाई बदल जाने से आ जाता है। पिछले सम्पर्क के कारण यह हल्का परिवर्तन भी दिमाग में पूरी तरह भिन्न संरचनाओं को ला देता है। अधिकांश आकृतिमूलक उद्‍देश्य वाले चित्रों में विभिन्न संकेतों से तत्त्वों को एक अनुरूप प्रणाली में जोड़ दिया जाता है ताकि कोई भी व्यक्ति दिमागी तौर पर किसी परिचित छवि को जान सके। प्राय: कलाकार जिन संकेतों का चयन करता है वे किसी परिचित छवि को कल्पना से संयोजित नहीं करते हैं, लेकिन किसी विस्मय या सन्ताप के जरिये प्रेक्षक तक प्रकटीकरण के नए बोध को प्रकट करते हैं। अपनी इस प्रकृति के कारण दृश्यकला में दिशा सम्बन्धी आघात न तो पूर्ण चित्रण की प्रक्रिया हो सकता है और न ही किसी परिधि रेखा के तौर पर आगे बढ़ सकता है। वस्तुत: आँखें द्रुत क्रम से, प्राय: एकान्तरित लय में अनेक कोणों से एक ही समय दिशा-निर्देशित होती हैं जो काल्पनिक प्रक्रिया को

और ज्यादा व्यापक और विचारणीय बना देती हैं। दिशा सम्बन्धी आघात के द्वारा चित्रकला में पूर्ण चित्रण सम्भव नहीं है क्योंकि न केवल त्रि-आयामी दृष्टि की प्रस्तुति पर चौरस पृष्ठ दृष्टि की प्रस्तुति पर चौरस पृष्ठ द्वारा सीमाएँ लादी गई होती हैं, बल्कि गति से जुड़ी काल्पनिक प्रक्रिया भी मनोवैज्ञानिक अवस्थाओं को कैद किए रहती हैं, जिनका प्रत्यक्ष चित्रण किसी भी माध्यम से सम्भव नहीं होता है। ऐसी सभी तस्वीरों में चित्रण की जगह आह्वान ले लेता है जो ठीक वही होता है, जिसका कि कलाकार सफलतापूर्वक प्रयास कर सकता है।

"श्रुत मधुर गीतों में मिठास होती है, लेकिन अश्रुत मधुर गीतों में और ज्यादा मिठास होती है...।" कीट्स की उक्त पंक्ति की सच्चाई पूरी तरह कला की इस प्रकृति में निहित है। प्रत्येक सुन्दर रचना में उस आदर्श का अभाव रहता है जो कलाकार या प्रेक्षक के दिमाग में बना होता है। सौन्दर्य विधान के अनुसार कलाकृति अत्यन्त सन्तोषप्रद दिखनी चाहिए। अतएव, कल्पना का पर्याप्त रूप से दिशा निर्देशन करने के बाद कलाकार यह काम प्रेक्षक पर छोड़ देता है कि कल्पना के सहारे वह इस अधूरे काम को पूरा करे। इस प्रकार का काम प्रेक्षक के अपने आदर्श-सौन्दर्य के अत्यन्त समीप होना चाहिए। निस्सन्देह, इसके लिए उच्च कोटि के कौशल की आवश्यकता होती है, क्योंकि इस प्रकार के कामों में कलाकार जिस आकृति की रचना करता है उसका बाध्यकारी होना अनिवार्य है ताकि प्रेक्षकों की काल्पनिक छलाँग अपरिहार्य बन जाए। वस्तुतः सम्प्रेक्षण की प्रत्येक प्रक्रिया आह्वान की प्रक्रिया होती है। प्रतिदिन के सम्प्रेषण में जो चीजें हमारी श्रव्य, दृश्य या स्पृश्य इन्द्रियों से टकराती रहती हैं, वे किसी तरह के रंग, ध्वनि और ध्वन्यात्मक मूल्य तथा दबाव या जोश होती हैं। व्यक्ति जो सम्प्रेषित करता है, वह इन चिह्नों या संकेत से बनता है और यह पूरी तरह कलाकार की उस योग्यता पर निर्भर करता है कि वह किसी व्यक्ति में अभिप्राय के विभिन्न स्तरों को कितना जगा पाता है। इस तरह का अभिप्राय समझने के लिए किसी व्यक्ति की योग्यता न केवल भाषा के ज्ञान अथवा निश्चित चित्रों से उसके परिचित होने पर निर्भर करती है, बल्कि ऐन्द्रिक उभारों से प्राप्त खंड-खंड सूचना की योग्यता पर भी निर्भर करती है जो व्यक्ति में संगतियों के क्रम को जगाती हैं, जिससे वह किसी सन्देश का पूर्ण अभिप्राय समझ पाने के योग्य हो पाता है। यही कारण है कि सम्प्रेषण में प्रसंग की महत्त्वपूर्ण भूमिका होती है। इसी कारणवश जिस सन्देश के लिए लम्बी वार्ता की जरूरत पड़ती है, निश्चित क्षणों में हाथ का हल्का दबाव भी उक्त वार्ता से ज्यादा सन्देश सम्प्रेषित कर देता है।

जीवन के अत्यन्त ठोस भौतिक अनुभव भी आह्वान के जरिये सम्प्रेषणीय हो जाते हैं। जब कोई यह कहता है कि चाय बहुत गर्म है तो आप उसका अभिप्राय कैसे समझ लेते हैं? ऐसा केवल हमारे संशयरहित विश्वास के कारण होता है कि जब कोई व्यक्ति 'गर्म' कहता है कि उसका अभिप्राय ठीक उसी 'झुलसा देनेवाली अनुभूति

से होता है जो हमारे पास भी होती है। 'गर्म' शब्द मात्र हमारे अन्दर उस संवेद की स्मृति को ताजा कर देता है जिसका कि हमारे पास अतीत का अनुभव होता है।

परन्तु साधारण फोकस में कला उन नानाविध अनुभवों को, जोकि वास्तविक जीवन की स्थितियों में साथ-साथ घटित नहीं होते हैं, काल्पनिक ढंग से एक साथ कर नए अनुभवों की रचना करती है। कला का सम्प्रेषण अत्यधिक एकाग्र होने की वजह से सम्प्रेषण के दूसरे रूपों से भिन्न होता है। इसका प्रयास होता है कि सभी अनावश्यक विवरणों को हटा दिया जाए ताकि यह ज्यादा अर्थपूर्ण हो सके। इस तरह से चमक का केन्द्र रचने के क्रम में होता है, जिससे इसका प्रभाव बनता है। महान कलाकृति में सजावट या चमक का बोध जल्द ही प्रेक्षक को पराभूत कर देता है। यह आदर्श सूर्य विस्फोट प्रभाव की रचना करता है। इस एकाग्रता की पूर्वकल्पना होती है कि किसी खास संस्कृति को ज्यादा-से-ज्यादा प्रकाशित किया जाए जिससे कला में प्रयुक्त संकेत समागम के जरिये अभिप्राय के अनेक स्तरों को ग्रहण कर लेते हैं। इन संयुक्त अभिप्राय के स्तरों का एक प्रभाव होता है जो चित्रकारी के प्रभाव की तरह ही होता है जहाँ रंगों के अनेक स्तर मिलकर चित्र को अद्‌भुत और विशेष चमक प्रदान करते हैं।

विभिन्न संकेत जो कला में सम्प्रेषण के प्रमुख माध्यम हैं, सामान्यतः संस्कृति विशेष होते हैं। संस्कृति से लम्बे जुड़ाव के कारण ही इनके अनेक स्तरों के अभिप्राय बनते हैं। सी.जी. जुंग की मान्यता रही है कि यह सत्य है कि क्रॉस या मंडला सरीखे कुछ शाश्वत संकेत होते हैं, किन्तु इसमें सन्देह है कि वे मनुष्य से सम्बन्धित पौराणिक कथा या धार्मिक व्यवस्था से जुड़े नहीं होते तो भी उनमें इसी तरह की प्रभावशाली कथ्य-शक्ति होती। सांस्कृतिक अन्तर के कारण संकेतों के अभिप्राय में अन्तर आ जाने का एक उदाहरण है, बत्तख का सांकेतिक अभिप्राय। यूरोपीय परम्परा में यूनानियों की बत्तख और लेडा कथा में बत्तख इन्द्रियसुख का अर्थबोध कराता है। दूसरी तरफ, भारतीय परम्परा में यह पक्षपात की शक्ति और शुद्धता को दर्शाता है जो कि पहले वाले के ठीक विपरीत है। इस प्रकार के संकेत जब किसी आख्यान के रूप में व्यवहृत होते हैं तो इनसे केवल एक भिन्न संस्कृति वाला व्यक्ति ही निरूपित होता है जो स्थिति का एक स्पष्ट विवरण प्रस्तुत करता है, लेकिन तब यह कोई सांकेतिक कार्य नहीं कर रहा होता है।

आह्वान की यह प्रक्रिया इस पुराने मनोवैज्ञानिक प्रश्न का भी जवाब दे सकती है कि क्या कलाकृति का अभिप्राय और सौन्दर्य कलाकृति में ही होता है तथा वस्तुनिष्ठ होता है या विषयनिष्ठ होता है तथा प्रेक्षक के निर्णय में निहित रहता है। उपर्युक्त के आलोक में ऐसा प्रतीत होगा कि किसी कलाकृति का अर्थ कलाकार, कलाकृति और प्रेक्षक—तीनों के परस्पर सम्बन्ध में निहित होता है। कलाकार की एक अनुभव आधारित पृष्ठभूमि होती है, जिससे वह अपनी रचना के लिए उत्तेजना ग्रहण करता है। वह अपने अन्तर्ज्ञान से उक्त उत्तेजित अनुभूति को किसी माध्यम में एक निश्चित

औपचारिक आकार देता है जो कलाकृति बन जाती है। यह कलाकृति अब उत्तेजना या उत्प्रेरणा* का सम्भावित क्षेत्र बन जाती है जो प्रेक्षक की नजर पड़ते ही सक्रिय हो जाता है। इस क्षेत्र की एक बाह्य सीमा है जो कलाकार की विशेष संवेदनशीलता और नीयत से निर्धारित होती है। यह उत्प्रेरणा की प्रकृति व सीमा को निर्धारित करती है।

सम्पूर्ण क्षेत्र का केवल एक सीमित और निश्चित भाग ही किसी खास कलाकार के लिए काल्पनिक प्रक्रिया को पूरा करने में सक्रिय रहता है। इसके माध्यम से काम अपना अर्थ ग्रहण करता है। उत्तेजना की प्रकृति व सीमा प्रेक्षक की अनुभव आधारित पृष्ठभूमि पर निर्भर करती है। इस उत्तेजना के क्षेत्र की सक्रियता के लिए प्रेक्षक और कलाकार की अनुभव आधारित पृष्ठभूमियों के बीच एक सम्पर्क बिन्दु का होना अनिवार्य है। सम्पर्क का क्षेत्र जितना ही बड़ा होगा, उत्प्रेरण और सम्प्रेषण उतना ही अधिक होगा। अनुभव आधारित पृष्ठभूमियों में सम्पर्क बिन्दु नहीं हो तो प्रेक्षक के लिए कलाकृति मृत-समान है। इस तरफ से देखने पर निर्णय विषयनिष्ठ हो जाता है। यही कारण है कि कलाकृति के मामले में निर्णय का कोई स्थायी मानक निर्धारित नहीं किया जा सकता है, परन्तु कलाकृति के सौन्दर्यशास्त्रीय गुण इस अर्थ में वस्तुनिष्ठ होते हैं कि इसके उत्तेजना क्षेत्र का यह विशिष्ट स्वभाव है जो यह निर्धारित करता है कि किसी काम का कौन-सा अभिप्राय समझा जाए? कलाकृति में जब तक यह वस्तुनिष्ठता नहीं होगी, प्रत्येक काम का मूल्य व अभिप्राय एक जैसा ही होगा।

मार्सेल डूकाम्प के विचार पर ऑक्टोवियो पाज की टिप्पणी का यहाँ उल्लेख करना जरूरी है कि प्रेक्षक ही चित्र का निर्माण करता है। उसने भी इस त्रिदिक के सम्बन्ध का उल्लेख किया है। उसने लिखा है :

> "मेरे विचार से डूकाम्प के स्पष्टीकरण में सृजनात्मक कार्य या प्रक्रिया पर समग्रता से विचार नहीं किया गया है। यह सत्य है कि प्रेक्षक काम की रचना करता है जो कलाकार के कल्पित काम से भिन्न होता है, लेकिन दो कामों के बीच कलाकार के करने की चाह तथा प्रेक्षक के देखने के सोच के बीच काम ही यथार्थ है। प्रेक्षक की सर्जना उसके बिना असम्भव है। काम के कारण ही आँखें इसे देख पाती हैं या कम-से-कम यह एक प्रस्थान बिन्दु होता है। इससे एवं इसके माध्यम से प्रेक्षक दूसरे काम का आविष्कार करता है।"[7]

---

* सम्भावित उत्तेजना के क्षेत्र का सहज सुलभ उदाहरण चुम्बकीय क्षेत्र है। जब इस क्षेत्र में लोहा या विद्युत भार हो तो चुम्बक के चारों ओर का क्षेत्र कार्य करने लगता है। इस तरह, लोहे के टुकड़े अपने को एक निश्चित परिपाटी में व्यवस्थित करने लगते हैं, लेकिन धूल इससे अप्रभावित रहती है। कलाकृति इन दोनों अर्थों में सम्भावित क्षेत्र होती है। यह केवल तभी सक्रिय हो पाता है जब एक प्रेक्षक हो और प्रेक्षक व कलाकार के अनुभव की दुनिया के बीच कुछ अंश तक एक के किनारे पर दूसरा चढ़ता रहे। कलाकृति इस अर्थ में भी एक क्षेत्र सदृश होती है कि इसके सभी तत्त्व एक निश्चित क्रम में व्यवस्थित होते हैं ताकि इनका पड़ोसी तत्त्वों से एक दृढ़ सम्बन्ध कायम रहे जो कलाकार के स्पष्ट उद्देश्य व पड़ोसी तत्त्व के स्वभाव से निर्धारित होता है।

प्रकृति में प्रकाश की वास्तविक तीव्रता और रंग के भेद व श्रेणी इतने महान हैं कि विशुद्ध आकृतिमूलक चित्रकारी में भी कलाकार यदि चमकीलेपन के प्राकृतिक पैमाने की समूची श्रेणी को आरोहित करने का प्रयास करें तो उसके समस्त संसाधन चित्रांकन शुरू करते ही समाप्त हो जाएँगे। इस तरह, केवल ध्वनि और तीव्रता की सीमित श्रेणी के रंग और ध्वनि के परिणाम के जरिये चमकीले रंग या प्रकाश को भी दर्शाना होता है।

अतिमहत्त्वपूर्ण चित्रों में से कुछ को चुनिन्दा सांकेतिक आकृतियों के संग चित्रित किया गया है। चीनी और जापानी चित्रकारों ने कूची चलाने के अपने उत्कृष्ट कौशल से गम्भीर विचार वाले चित्रों की रचना की है जिसमें कूची का हल्का इस्तेमाल किया हुआ दिखता है। उदाहरणस्वरूप, शुंगकाल के मा-यूआन की 'सेज व्यूइंग दी मून' (चाँद देखता संन्यासी) तथा जैन बौद्ध से प्रेरित सेश्शू की मुरोमाचीकालीन 'मिस्टी लैंडस्केप' (धुँधला प्राकृतिक दृश्य) नामक चित्रों को देखें। पहले वाले में मानवीय आकृति को चित्रित करने में रेखा का मितव्यय तथा बाद वाले में सभी प्रमुख विचार इतने पूर्ण हैं कि किसी संकेतित आकृति को इसमें जोड़ने का कोई भी फायदा न्यायसंगत नहीं होगा, बल्कि समूचे संयोजन व चित्रों पर पैबन्द जड़ने जैसा होगा। ये रेखाएँ यथास्थिति परम रहस्यबोध से हमें प्रकृति की भव्यता तक पहुँचा देती हैं। इस विचार को कोई संकट में भी डाल सकता है कि उच्च कोटि के चित्रकार प्रेक्षक को एक निश्चित हाथ से काल्पनिक रास्ते पर लाने तथा उसे अपनी कल्पना के अनुसार चित्र पूरा करने की स्वतंत्रता दे देने की अपनी दिग्दर्शक वाली भूमिका से अधिक कुछ भी नहीं करते हैं। कुछेक कलाकारों ने इसके लिए जटिल सचित्र संगठन का व्यवहार किया है। दूसरे चित्रकारों ने तत्त्वों के अत्यन्त मितव्यय से वही काम किया है। जैन-बौद्ध चित्रकारों ने सादगी वाली महान कलाकृति की रचना की है जो चुनिन्दा रेखाओं से ऐसा प्रभाव उत्पन्न करती है कि वह अद्भुत होता है।

संकेतन की प्रक्रिया में कला की दुनिया के अन्दर रेखाएँ अधिक चपल और शाश्वत, दोनों होती हैं। इसका कारण जानना मुश्किल नहीं है। रेखा का स्वयं प्रकृति में कोई अस्तित्व नहीं होता है, फिर भी एक वैसा तत्त्व होता है जो हम अपनी नजर जिधर घुमाते हैं, संकेतित हो जाता है। दो जहाजों का जहाँ भी मिलना होता है, हम वहाँ एक रेखा का अनुभव करते हैं। किसी चिकनी दीवार का छोर जिसका पलस्तर झड़ गया हो, एक रेखा को संकेतित करता है। विभिन्न रंगपृष्ठों का जहाँ मिलन होता हो अथवा छाया से प्रकाश अलग होता हो, हमें वहाँ भी रेखाओं का बोध होता है। मनुष्य, पशु या घाटी सरीखा प्रत्येक बिम्ब जैसे-जैसे दूरी में पीछे की तरफ बढ़ते जाता है, हमें एक आकृति के साथ छोड़ते जाता है जो पुनः एक रेखा में कैद हो जाती है। यह आश्चर्यजनक नहीं है कि पशु या मनुष्य की आकृति रचने का पहला प्रयास रेखा खींचने से ही शुरू हुआ होगा।

परन्तु एक आधुनिक मनुष्य, जिसे कला का कोई ज्ञान नहीं हो, वह भी यदि किसी फूहड़ ढंग की चित्रकारी करता है तो उसका फूहड़पन इस बात की सूचना देता है कि रेखीय संहिता का आविष्कार कोई आसान काम नहीं रहा होगा। शायद यह अत्यन्त कठिन कार्य रहा होगा और इसमें काफी समय लगा होगा। चूँकि मनुष्य रेखांकन के रास्ते पर एक बार बार चल दिया था, इसलिए त्रुटि और सुधार की प्रक्रिया के जरिये नए संकेतों की खोज आसान हो गई।

कला इतिहासकार ई एच. गॉमब्रिच का चित्रकारी की उत्पत्ति के बारे में दिया गया विचार अत्यन्त सटीक लगता है। उन्होंने चित्रकारी की खोज को हमारी उस प्रवृत्ति से जोड़ा है, जिसके तहत हम तारामंडल या बादलों इत्यादि से निर्मित आकृतियों या चट्टानों एवं दीवालों पर प्रयोग के तौर पर चिह्न बनाने की योजना बनाते हैं। यह सामान्य ज्ञान ज्ञान की बात है कि मनोरोगशास्त्र में रोर्सचच की स्याह दाग व्यक्तित्व जाँच प्रालम्ब की इस मनोवैज्ञानिक घटना पर निर्भर होती है। इस जाँच में रोगियों को विभिन्न आकस्मिक आकृतियों के स्याह दागों वाले कार्ड दिए जाते हैं और उनसे कहा जाता है कि आप जो तस्वीर देख रहे हैं उसका वर्णन करें। इस जाँच में अत्यन्त सामान्य व्यक्तियों के जवाब में एकरूपता होती है। गॉमब्रिच का संकेत है कि उत्तेजना की अवस्था में आदिमानव जब शिकार की खोज में गुफाओं के अन्दर पहुँचा तो उसकी दीवालों पर वह पशुओं की आकृतियों को पढ़ लेता था। वह जैसे-जैसे पशु की आकृतियों को संकेतित करनेवाले रेखीय चिह्नों से परिचित होते गया, उसने अपने आखेटक कृत्यों के निमित्त आवश्यकतानुसार इस पर अपना हाथ आजमाना शुरू कर दिया। उसने लिखा है :

> "कम-से-कम मुझे उसके पीछे कोई कारण दिखाई नहीं देता है कि क्यों हमें अपनी इस इतनी सटीक कहानी में विचित्र चट्टान निर्माण व गुफा की दीवालों की दरारों एवं शिराओं को शामिल कर इसे विस्तारित नहीं करना चाहिए। क्या ऐसा सम्भव नहीं था कि सांढ़ों और घोड़ों को निर्धारित करने व दृष्टिगोचर बनाने के पहले इस रहस्यमय अड्डों पर मनुष्य ने ही उनकी सर्वप्रथम खोज की।"[8]

यह एक तथ्य है कि कुछ पुरापाषाणकालीन गुफाएँ उदाहरणार्थ अल्टामिरा की छत में की गई उभार वाली नक्काशियों का उपयोग जो अस्पष्ट रूप से पशु-आकृति को संकेतित करती थीं, पशु-चित्र बनाने के उद्‌देश्य से किया गया है। कलात्मक उद्‌देश्यों के लिए चट्टानों में सांकेतिक नैसर्गिक निर्माण के उपयोग का अत्यन्त ज्यादा साफ उदाहरण है, महाबलीपुरम का मूर्तिकला विषयक अनुतोष। गंगा के वंश से सम्बन्धित तथा 'अर्जुन तपस्या' नामक मूर्तियों वाल सातवीं सदी के पैनल में चट्टानों के भीतर बड़ी-बड़ी दरारों का उपयोग है, जिससे पर्वतीय भाग से किसी

बहती नदी का संकेत होता है जिसमें नाग तैर रहे होते हैं और इसकी दोनों तरफ आकृतियाँ व्यवस्थित है जो कहानी का निर्माण करती हैं।

परन्तु किसी पृष्ठ पर आकस्मिक चिह्नों से बनी चित्रात्मक संरचना के संकेत को चित्रित करने या उससे मूर्ति बनाने के बारे में कुछ भी पुरातन नहीं है। यह एक स्वत:स्फूर्त अनुक्रिया है जो आज भी विद्यमान है। अधिकांश आधुनिक कलाकार ठीक इसी तरीके से शुरुआत करते हैं। वे कैनवस पर रंग को गिरने देते हैं और यह आकस्मिक चिह्न की प्रकृति है जो उन्हें रंग डालने व तस्वीर को पूरा करने के लिए प्रेरित करती है। संवेदना के धनी कलाकारों के लिए यह दुनिया सूचनात्मक चिह्नों से भरी हुई है और सचमुच यही रास्ता रहा होगा जिसमें सचित्र कला की शुरुआत हुई होगी।

गॉमब्रिच ने अपने अध्ययन में उस प्राकृतिक चयन के समान ही एक प्रक्रिया के जरिये संकेतों के विचार को प्रस्तावित किया है। उसने जिस विचार को प्रस्तावित किया है, वह विचारात्मक से बोधात्मक तक के केन्द्र में रहा है। उनके अनुसार, सबसे पहले मनुष्य किसी चीज के बारे में जो जानता है, उसके आधार पर उसकी छवि तैयार करता है। तब वह उस छवि का अपने बोध से मिलान करता है एवं आवश्यक सुधार करता है। इस प्रकार, उत्तरोत्तर संशोधनों के जरिये वह दृष्टिगोचर चीजों को प्रतिबिम्बित करने में पूर्णता हासिल कर लेता है।

हालाँकि उक्त विचार 19वीं सदी तक के पश्चिम की कलात्मक परम्परा के विकास, खासकर शास्त्रीय यूनान, पुनर्जागरण और उत्तर-पुनर्जागरण से गहरे प्रभावित जान पड़ता है। इससे प्राय: यह गलत धारणा बनती है कि अन्य संस्कृतियों की कलाओं में हमें जो कुछ मिलता है, वे सभी गलत दिशा और तकनीक की अपूर्णता के प्रतिफल हैं। बच्चों की चित्रकला को आधार मानकर मनोवैज्ञानिक रूडोल्फ अर्नेहाइम भी उसी तरह के विकास को प्रस्तावित करते हुए जान पड़ते हैं। उन्होंने लिखा है :

> "विकास के आरम्भिक चरणों की कला के रूप के लिए युवा बच्चों के उत्पादों व अकुशल वयस्कों के प्रयासों में एक हद तक समानता होती है। मनोवैज्ञानिक तौर पर किसी भी संस्कृति में यह सम्भव है कि कला उन साधारण आकृतियों से अधिक जटिल आकृतियों की ओर अग्रसर होती है।"[9]

हालाँकि यूरोप की भी अधिकांश संस्कृतियों और विशाल कालखंड़ों में कला के विकास के अध्ययन से यह पता चला कि यथार्थवादी या ट्रॉम्प वोएल की छवि की सर्जना से कलाकारों के ताल्लुकात नहीं थे। वस्तुत: संकेतन की पूर्णता कलाकार के स्पष्ट इरादों का अनुसरण करती है तथा प्राय: यह किसी बिम्ब की आकृतिमूलक छवि के सचेत विरूपण में प्रतिफलित हुई है।

पुरा-पाषाण काल की कला की तुलना नव पाषाणकालीन कला से करने पर यह उद्घाटित होता है कि विकास की दिशा अनिवार्यत: वह नहीं थी जिसे अर्नेहाइम

प्रस्तावित करते हैं। कुछेक पुरा-पाषाणकालीन गुफा चित्रों की पशु-आकृतियाँ पशु-रूप के चित्रण में उत्कृष्ट कौशल को दर्शाती हैं जो विलक्षण नैसर्गिक सजीवता से भरा होता है। उनसे तुलना करने पर नव-पाषाणकालीन गुफा चित्रों की पशु-आकृतियाँ बिलकुल रेखाचित्र सरीखी दिखती हैं, बिलकुल बच्चों की चित्रकारी की मानिन्द। क्या इसका मतलब यह है कि मनुष्य कलात्मक या बोधात्मक अधोगति के दौर से गुजर रहा था? साथ ही, इस विचार से यह जटिल मालूम पड़ता है कि पुरा-पाषाणकाल की पेंटिंग्स में भी जहाँ पशुओं की आकृतियाँ अत्यन्त निष्ठा के साथ उनके नैसर्गिक रूपों में चित्रित की गईं, वहीं मानवीय आकृतियाँ कुछेक सांकेतिक रेखाओं में अभिव्यक्त की गईं। यह निश्चित रूप से नहीं कहा जा सकता है कि नव-पाषाणकालीन मनुष्य पशु-आकृति से कम परिचित था अथवा पुरा-पाषाणकालीन मनुष्य पशु-आकृति की तुलना में मानवीय आकृति से कम परिचित था।

हालाँकि इसका स्पष्टीकरण चित्रकारों की रुचि या मंशा में दिखाई देता था। यह अनुमान लगाया जा सकता है कि पुरापाषाणकालीन चित्रकारों को भिन्न-भिन्न पशुओं की विश्वसनीय छवियों की अपने जादुई काम के लिए जरूरत थी क्योंकि पशु-आकृतियाँ स्पष्ट रूप से एक-दूसरे से चिह्नित की जानी थीं। दूसरी तरफ, मनुष्य आकृति के विस्तृत परिष्कार की जरूरत हेतु अत्यधिक अन्तरंग होने की बात जानता था। जब भी आवश्यकता पड़ी, उसे कुछ सांकेतिक रेखाओं के जरिये संकेत रूप में प्रस्तुत किया गया। नव पाषाण युग में जानवर भी अत्यधिक पारिवारिक होते गए। इसके अलावा अब लक्ष्य पशुओं को अलग-थलग रचने की जगह उन्हें मनुष्यों एवं अन्य पशुओं के साथ नाटकीय सम्बन्धों में विचित्र करना हो गया। मनुष्य को भी वृक्ष पर चढ़ते हुए या शिकार खेलते हुए एवं चलते हुए चित्रित किया जाना था। इस तरह पशुओं और आदमियों की भौतिक आकृतियाँ अब कुछ सांकेतिक रेखाओं के द्वारा केवल संकेत के तौर पर चित्रित की गईं, जबकि दिक्-उपकरण तथा रेखाओं की लय का उपयोग आकृतियों से एक-दूसरे के सम्बन्ध को दर्शाने तथा गति का बोध कराने के लिए किया गया। इस तरह, यह अधोगति की अवस्था नहीं थी, बल्कि दृश्यों के किस्सा और नाट्यीकरण की दिशा का विकास था।

नव पाषाण युग की पूर्वदेशीय (लेवेंटाइन) कला के बारे में हर्बर्ट क्यूएन की निम्नलिखित मान्यता को उपर्युक्त विचार का समर्थन करना चाहिए :

> "मानवीय आकृतियाँ जीवन और गति का बोध कराती हैं जो उत्तरी स्पेन तथा फ्रांस की आइस ऐज आर्ट से बिलकुल अलग हैं। साथ ही, लेवेंटाइन आर्ट में भीड़ के दृश्यों की प्रस्तुति में एक निर्णायक तत्त्व होता है। हिमकालीन कला (आइस ऐज आर्ट) में पशुओं की अलग-थलग आकृतियाँ होती हैं, कभी-कभार झुंडों या समूहों को चित्रित किया जाता है...हालाँकि, पुरापाषाण युग की कला में दृश्य इतने दुर्लभ हैं कि वे नजरअन्दाज किए जाने लायक हैं।

हालाँकि, लेवेंटाइन स्पेनिश कला में दृश्य का विकास एक नियतांक की तरह होता है, वास्तव में कलाकार के मुख्य लक्ष्य की तरह। इसमें पीछा करने के अनेक दृश्य हैं। योद्धाओं को जुलूस में तथा मनुष्यों को लड़ते हुए दिखलाया गया है।"[10]

सार्थक उद्द्देश्य और रुचि, 'वेनस ऑफ विलेनडोर्फ' सरीखी लघु मूर्तियों के रूपों का पुनः वर्णन कर सकते हैं जो मूर्ति निर्माण के प्रारम्भिक प्रयासों में शामिल थीं। इन लघु मूर्तियों में जो प्रजनन की देवी मानी जाती हैं, स्थायी तौर पर बड़े बेमेल ढंग से शरीर के जनन क्षेत्रों पर जोर दिया गया है जबकि शरीर के दूसरे भाग और अंग केवल संकेतित हैं। स्पष्टतः इन लघु मूर्तियों के बनाने के पीछे का उद्द्देश्य कोई मानवीय आकृति के सदृश प्रतिरूप गढ़ने का नहीं था, बल्कि सौंपी गई विशिष्ट भूमिका पर बल देने का था।

दृश्य कलाओं का वर्णन करते हुए हमने पहले ही आकृति की भाषा के बारे में विमर्श किया है। यह दूसरे अर्थ में भी उचित है। भाषा की तरह दृश्य कला भी तात्कालिक सांस्कृतिक पर्यावरण के साथ-साथ इससे बनी विशेष माँगों को पूरा करने के लिए विकसित होती है। भाषा की तरह दृश्य कला भी दोहरा काम करती है अर्थात् एकतरफ वर्णन और संकल्पना का, तो दूसरी तरफ औपचारिक संगठन के जरिये इन्द्रियजनित नैतिक विकास का। दोनों में संकल्पना सम्बन्धी तत्त्व औपचारिक तत्त्वों के लयात्मक संगठन के अनुपात में अपना बल प्राप्त करते हैं। उदाहरणस्वरूप, अत्यन्त बुरी भाषा में भी लिखकर संवाद सम्प्रेषित कर देना सम्भव है। उसी तरह एक अनगढ़ तस्वीर भी किसी कहानी या बिम्ब के कुछ विचार को सम्प्रेषित कर सकती है, किन्तु केवल जहाँ भाषा की बुनावट औपचारिक परिपाटी में हो जिससे वाक्य का अभिप्राय गुंजित होता हो या जहाँ कोई तस्वीर औपचारिक तत्त्वों की संगति और समानता प्राप्त करती हो, हमें उसका अर्थ पूरी शक्ति और स्पष्टता से मालूम पड़ता है। ऐसा इसलिए होता है क्योंकि किसी भी तरह के संवाद का सम्प्रेषण अनुनाद की प्रक्रिया पर निर्भर करता है। इस प्रक्रिया में जो चीज किसी के द्वारा अनुभूति की जाती है और किसी खास औपचारिक परिपाटियों में अभिव्यक्त होती है, इन परिपाटियों के जरिये उसी तरह की अनुभूतियाँ या बोध उस व्यक्ति के अन्दर भी जिसे कि सम्प्रेषित किया जाता है, उत्पन्न कर देने में सक्षम होती है। स्पष्ट है कि औपचारिक तत्त्वों का जितना ही बढ़िया ढंग से संगठन होगा, सम्प्रेषण का उद्द्देश्य उतना ही अच्छे ढंग से पूरा होगा। यह स्वाभाविक है कि जहाँ लोग जीवनानुभवों और बौद्धिक संस्कृति* का साझा करते हों, वहाँ सम्प्रेषण को अधिक प्रभावशाली होना चाहिए।

भाषा जिस तरह अपने विशेष सांस्कृतिक परिवेश द्वारा की गई माँगों को पूरा करने के लिए पर्याप्त होती है, उसी तरह दृश्य कला भी अपने विशेष सांस्कृतिक

परिवेश की ऐसी माँगों के लिए पर्याप्त होती है। यह स्वाभाविक है कि किसी विशिष्ट संस्कृति में दृश्य कला द्वारा विकसित संकेतों की तरफ से विभिन्न परिवेशों में विकसित संवेदना की मांगों को पूरा करने के लिए शाश्वतता या चपलता का कोई दावा नहीं होता है। विभिन्न संस्कृतियों की कलात्मक परम्पराओं में व्यापक विनिमय के साथ स्थिति में परिवर्तन होना हाल में शुरू हुआ है, लेकिन यह पर-निषेचन में खूब प्रतिफलित हुआ है। फिर भी, यह दावा नहीं किया जा सकता कि कलाओं के लिए एक शाश्वत संकेत बन गया है। भिन्न-भिन्न संकेतों का अस्तित्व जहाँ एक-एक कर एक-दूसरे को प्रभावित करते हुए बनता है, वहीं यह अत्यधिक विश्वजनित हुआ है। इसके विकास का यह आवश्यक तत्त्व उचित सन्दर्भ हेतु विचार में रखना पड़ता है।

परन्तु सांस्कृतिक पृष्ठभूमि में अन्तर होने के बावजूद अनेक संकेतों को उन बोधात्मक तत्त्वों का सम्मान करना पड़ता था जो सीमाओं के अन्दर शाश्वत होते हैं। उदाहरण के लिए, यह तथ्य है कि सन्दर्भ में भारी अन्तर तथा विभिन्न संस्कृतियों का बल एक संस्कृति को ऐसे सन्दर्भित करता है कि दूसरे को वह व्यंग्य चित्र सरीखा दिखता है, लेकिन इसके बावजूद मानवीय आकृतियों या वृक्षों व पशुओं सरीखे अन्य विषय प्राय: सभी संस्कृतियों के चित्रांकनों और रेखांकनों में अभिज्ञेय रह गए हैं (हालाँकि आधुनिक चित्रकारी के अत्यधिक परिमाण के बारे में यह सदा सच नहीं है), किन्तु कुल मिलाकर यही है जो उन्हें सामान्य लगेगा।

आकृति और अभिव्यक्ति की पारलौकिकता

अतीत की कला का अधिकांश भाग धर्म की सेवा में समर्पित था।, यह तथ्य बोधगम्य है। धर्म की उत्पत्ति विस्मय और चमत्कार के मानवी बोध से प्रकृति की मजबूत शक्तियों के रूप में हुई थी तथा यह मनुष्यों से संवादी सम्बन्ध स्थापित करने का एक मार्ग दिखाई दिया था। यह फसल, जन्म-मरण और प्राकृतिक आपदाओं जैसे भावनात्मक संकट काल और बेहद उत्तेजना के क्षणों में अपना कार्य करता था और कला ही एकमात्र माध्यम थी जो साथ देनेवाली भावनाओं को सार्थक दृश्यरूप प्रदान कर सकती थी। यह प्रत्याशित था कि धर्म की प्रकृति जिसने कला के प्रारब्ध का पथ-प्रदर्शन किया, उसने इसके मूल-भाव और मूल चरित्र को भी आकार दिया।

---

* हालाँकि, भाषा और मूर्तिकला के बीच तुलना करते वक्त एक अन्तर देखा जा सकता है। एक निश्चित अर्थ में चित्रकला भाषा और संगीत के बीच दिखाई देती है। भाषा की तरह यह भी स्पष्ट रूप से चित्रित छवियों के जरिये संवाद सम्प्रेषित कर सकती है, परन्तु भाषा जहाँ अर्थपूर्ण शब्दों के जरिये अपना अर्थ सम्प्रेषित करती है या अपनी इन्द्रियजनित आकर्षण बनाती है, चित्रकला वहीं औपचारिक तत्त्वों यथा रंगों, ध्वनियों, रेखाओं की लयात्मक परिपाटियों आदि के नियमन के जरिये संगीत की तरह सीधे हमारी संवेदनाओं को आकर्षित कर सकती है।

धार्मिक कला की दो भिन्न दिशाएँ हो गई हैं। यह जहाँ पूरी तरह पादरी के नियमों से संचालित होता था, इसने वहाँ दृढ़ याजकीय शक्ल धारण कर ली, लेकिन जहाँ इस तरह का नियंत्रण नहीं था व कला सामान्य भक्तों की मांगों के अनुरूप थी, वहाँ दृढ़ रूपों का विखंडन हो गया तथा तत्क्षण इससे महान सांगीतिक सौन्दर्य की कृतियों का जन्म हुआ।

पहली तरह की कला जो प्रतिमाजनित थी, इसमें रंगों व रेखाओं से इन्द्रियजनित आकृतियों में केवल धर्म की शाश्वत सच्चाई को उभारने का प्रयास नहीं था, बल्कि दैवी शक्ति के चमत्कार पर आधारित सम्मान को प्रेरित करना भी था। ऐसी कला में छवि एक भंगिमा में जड़ीभूत हो जाने की तरफ प्रवृत्त हुई थी जो स्वयं किसी तरह कलाकार को मूल रूप में संकेतित की थी। यदि परिवर्तन हुआ भी तो वह बहुत थोड़ा था और पादरी के मार्गदर्शन के अनुसार सख्ती से इसकी स्वीकृति दी गई थी। मिस्र के मकबरों की दीवालों पर काफी संख्या में आकृतियाँ इसी वर्ग से सम्बन्धित थीं।

मानवीय आकृतियों में गम्भीर किस्म के सौन्दर्य की कमी नहीं होने तथा इनकी रचना के तरीके में प्राय: बदलाव होते रहने के बाद भी इसकी एक निर्धारित शैली बन गई। सामने के भाग के रूप में सिर हमेशा एकरुखी होता है जबकि आँखें पूरी लम्बाई में रची जाती हैं। प्रेक्षक को आकृति कन्धे से कमर तक दिखाई देती है। निचले भाग में शरीर फिर से एकतरफा हो जाता है, बायाँ पैर हमेशा आगे की तरफ बढ़ा दिखता है। औरतें हमेशा सटे हुए पैरों के साथ खड़ी भंगिमा में दिखाई देती हैं। चौरस तल पर आकृतियाँ किसी प्रतिरूपण का प्रभाव पैदा नहीं करती हैं और नीरस लगती हैं, परन्तु इसी कारण वे निरीक्षण के एक बिन्दु से मानव शरीर के बारे में अधिकतम सूचना देने का प्रयास करती हैं। मिस्र के सन्दर्भ में आकृति का नियतन विलक्षण है जहाँ मूर्तिकला की परम्परा हजारों साल पुरानी है। नीरस नियत आकृतियों से शाश्वतता और अपरिवर्तनशीलता का बोध पैदा होता है जो किसी कब्र या मजार के साथ सबसे उपयुक्त भावना के रूप में मेल खाता दिखाई दिया होगा। इस तरह, निर्धारित सीमाओं के भीतर प्रकृति के प्रति निष्ठा व गहरी संवेदना के साथ आकृतियों को रचा गया। इस प्रसंग में प्रकृतिजन्य को सृजित नहीं कर पाने की अक्षमता कहीं से कलाकार की योग्यता की विफलता नहीं है, बल्कि यह पूरी तरह एक भिन्न कलात्मक उद्‌देश्य का प्रतिफल है।

इस तरह का दृश्य कुछेक चित्रों में रहता है जिसमें कलाकार अपनी कवि-कल्पना को सब कुछ करने की आजादी दे डालता है। इन चित्रकृतियों में हमें दुर्लभ संवेदना और प्राकृतिकता के साथ चित्रित जीवन का नाटक दिखाई देता है। राजवंश से सम्बन्धित 'टी के मस्तब' में जिसे मिस्री कला के स्वर्णयुग के रूप में भी जाना जाता है, एक चित्रकृति है 'नहर पार करता मवेशियों का झुंड'। इस चित्र में एक छोटे बछड़े को चरवाहा गोद में उठाए जा रहा है तथा बछड़ा डकार रहा है। उसकी

माँ भी डकार रही है तथा चिन्तित हाल में पीछे-पीछे चल रही है। इस दृश्य को इतनी ईमानदारी से चित्रित किया गया है कि गाय और बछड़े के बीच का संवाद लगभग पूरी तरह सुनाई देता है। इन व्यक्तिगत विचलनों के अलावा सामान्य शैली में भी बदलाव हो रहा था जो इतनी लम्बी और नियमित अस्तित्व वाली कला के लिए बिलकुल अपरिहार्य था। हालाँकि जो विलक्षण है वह यह है कि इतने लम्बे समय तक कैसे एक पादरी व्यवस्था कलाकारों की प्रतिभा को पकड़े रख सकती थी।

ऐसा ही प्रयास मन्दिरों और दूसरी जगहों के मुख्य भाग पर ईश्वरीय सम्राटों की विशालता का बोध कराने के लिए बनाई गई बड़ी-बड़ी मूर्तियों में देखा जा सकता है। ये आकृतियाँ शरीर रचना सम्बन्धी विवरण देने की जगह साधारण वर्तुलाकार रूपों में निर्मित हैं। इससे भव्यता और गौरव का बोध बनता है जो शरीर की रचना सम्बन्धी विवरण से चिपके रहने पर नहीं बन पाता। बेलन सरीखी यह सरल ज्यामितिक आकृति चिन्तन-योग्यता व स्थायित्व का बोध पैदा करती है जो ईश्वर-राजा के सिद्धान्त के अनुरूप बैठती है। इस सिद्धान्त के तहत मिस्री राजाओं (फराओं) अपने को ही पिरामिड, भव्य मन्दिर और विशाल चित्र आदि समझता था। यह भव्यता या विशालता के विचार के अनुरूप थी और गौरवान्वित होने के लिए ईश्वरीय राजत्व को इसकी जरूरत थी।

दूसरी प्राचीन संस्कृति सुमेर ने अपने सम्प्रदाय के देवी-देवताओं के सृजन में शंक्वाकार आकृतियों पर विश्वास किया ताकि उसी तरह का प्रभाव बन सके। टेल आसमान के अबु मन्दिर में वनस्पति-वृद्धि के अबु देवता अपने परिवेश के साथ इसी आकृति में बनाए गए हैं। धर्मदेवता को परमदैवी शक्ति के रूप में दिखलाने के लिए जिन अन्य उपायों को आजमाया गया है, वे हैं दृढ़ ललाट, बेहिसाब बड़ी आँखें, पुजारी एवं छोटे-छोटे देवी-देवता, जो धर्मदेवता को चारों तरफ से घेरे हुए हैं, के ऊपर बेहिसाब ऊँचाई।

रूसी मूर्तियों के अध्ययन के आधार पर कोनराड ओनास्क मूर्तिकला की निम्नलिखित विशिष्टताओं को दर्शाते हैं :

> "विचार यह था कि चित्र का प्रेक्षक भय आधारित सम्मान का अनुभव करे। इससे उन्नत और अलभ्य परम मानवी गुणों को अभिव्यक्त किया गया तथा इसे प्रचलित परिमाण के उलटे स्वरूप; दृढ़ ललाट भाग, आन्तरिक चमक, बहुरंगों के प्रयोग जैसी सौन्दर्यशास्त्रीय विधियों से प्राप्त करते हैं। यह उलटा स्वरूप अग्रभूमि की मानवी आकृतियों को पृष्ठभूमि की आकृतियों से छोटी दिखने लायक बनाता है जहाँ यह बाद वाली, पहले वाली से अधिक महत्त्वपूर्ण होती है। अग्रीय भाग में स्थित इन चित्रों के दृढ़ भाव से औपचारिक वैभव का प्रभाव बनता है। आन्तरिक चमक और बहुरंगी प्रणाली प्रकृति के प्रति निष्ठा के सभी दावे को त्याग देती है। उदाहरणस्वरूप, चित्रित बिम्ब के रंगों की स्वाभाविकता में अथवा उसकी छाया की भूमिका में।"[11]

प्रतिमाएँ देवी-देवताओं की हू-ब-हू नकल नहीं होती हैं, बल्कि सांकेतिक आकृतियाँ होती हैं। इसलिए उन दृश्य बिम्बों या प्राणियों, जिसके सादृश वे सृजित होते हैं, के स्वाभाविक रंग या आकार से मुक्ति एक आवश्यक सांकेतिक विधि बन जाती है। इसके माध्यम से कल्पना (मूर्ति से बिम्ब की) नहीं की जाती जिसकी छवि में मूर्ति बनी होती है, बल्कि उन सार गुणों की भावना रखी जाती है जिसकी ठोस अभिव्यक्ति के रूप में मूर्ति होती है। बाह्य जगत के बिम्बों से रंगों, अंशों, अंगों, आकारों इत्यादि के विच्छेदन में बड़ी सांकेतिक सम्भावनाएँ निहित होती हैं। इसका उपयोग प्राचीन और मध्यकालीन मूर्तिकारों द्वारा हमेशा किया गया है। हमारे अपने समय में भी वे एक बार फिर महत्त्वपूर्ण बन गए हैं। इस विधि का एक खास प्रभाव है। यह इस तथ्य से उभरा है कि हम बिम्बों को एक निश्चित रंग और आकार में देखने के अभ्यस्त होते हैं। जब सदृश बिम्बों को बिलकुल भिन्न आकृति में दिखलाया जाता है तो हमारा दिमाग नए विचार, विस्मय और बिम्ब के काल्पनिक पुनर्निर्माण पर जो बिलकुल अस्तित्व के भिन्न क्रम से वास्ता रखता है, जाकर टिक जाता है।

कलात्मक सृजन का केन्द्रबिन्दु जैसे ही तत्क्षण दृश्य से हटकर बिम्बों और घटनाओं के पार्श्व यथार्थ के आकार और अभिप्राय की तरफ प्रस्थान करता है, हमारे आसपास के ज्ञात बिम्ब और आकृति मनोचित्रण के लिए अपर्याप्त हो जाते हैं। समस्या से ग्रसित धार्मिक कला ने अपना विकास लौकिक जगत के औपचारिक तत्त्वों या रूपों के अतिशय चित्रण शमन, क्रम परिवर्तन, आकार परिवर्तन के माध्यम से किया है ताकि सृजित ध्वनियाँ उनके सार या दैवी शक्ति के सिद्धान्त से मेल खाती दिखें।

ऐलिफेंटा में कलाकार ने जब महेश मूर्ति की रचना की थी तो वह कोई अपनी पसन्द के भगवान का छवि नहीं गढ़ रहा था, बल्कि अपने तीन मुख्य विशिष्टों अर्थात् सृष्टि के सर्जक, पालक और विनाशक का मानवीकरण कर रहा था। कलाकार की महानता इस तथ्य में निहित होती है कि आस्तिकों को छवि की मार्फत हमेशा विचारित बिम्बों को ही दर्शाया गया।

निस्सन्देह, महेश मूर्ति की तस्वीर अपना प्रभाव बनाने के लिए मनुष्यों और पशुओं के अति प्रकट रूपों का संयोजित करती है, किन्तु कला अल्प प्रकट साधनों से समान अभिप्राय सम्प्रेषित कर देती है अर्थात् रेखाओं, रंगों, पिंडों इत्यादि सरीखे औपचारिक तत्त्वों के प्रबन्धन के जरिये। उदाहरण के तौर पर अजन्ता फ्रेस्को (दीवाल चित्र) के अवलोकितेश्वर के चित्र को लें। यहाँ कलाकार अपनी दृष्टि पूरी तरह मानवीय आकृति में प्राप्त करता है। इस तस्वीर को देखते हुए भला कौन सन्देह करेगा कि वह अनन्त दया की छवि के सम्मुख है! निस्सन्देह, यह छवि पूरी तरह से कलाकार के आकृति विषयक स्वतः अन्तर्ज्ञान की उपज नहीं

है। वस्तुतः कलाकार यहाँ मानवीय आकृति में आदर्श सौन्दर्य प्रदर्शित करने के लिए एक सुरचित संहिता का अनुसरण करते हैं। उक्त संहिता चित्रकला की उस परम्परा की वसीयत है जिसका शिखर पाँचवीं सदी की अजन्ता की चित्रकृतियों में दिखाई देता है।

अवलोकितेश्वर के चित्र में शरीर छिछली टेढ़ी लकीर में चित्रित है जो सामान्यतः भारतीय परम्परा में शामिल ईश्वर के वरदान से सम्बद्ध है। भारत की कलात्मक परम्परा में शरीर की वह विशिष्ट आकृति 'त्रिभंग' के नाम से जानी जाती थी। यह वक्र लकीर पारम्परिक भारतीय नृत्य में शरीर की लचीली गतिविधि के भी अनुरूप है। यह न केवल 'साँची का द्वार' के यक्षी की मूर्तिकला का विशिष्ट ढंग है जो इस आकृति को शताब्दियों पुरानी बना देता है, बल्कि यह शिव, नटराज और देवताओं के बाद की अनगिनत छवियों से सम्बद्ध है। दूसरे अंगों को भी अतीत की सचित्र परम्परा के अनुसार चित्रित किया गया है अर्थात् कमल की पँखुड़ी के समान आँखें, भारतीय धनुष के समान भौंहें, हाथी के सिर के उभार समान कन्धे और हाथी के शंक्वाकार सूँड़ समान बाँहें। हालाँकि इन सभी रूढ़ संकेतों को कलाकार ने अन्तर्ज्ञानात्मक तरीके से एक ऐसी छवि सृजित करने के लिए मिश्रित किया है जो दिखने में पारलौकिक लगे। यहाँ कलाकार की धार्मिक भावना मूर्तिरूप में सजीव हो उठती है। सारा दार्शनिक भाव प्रत्यक्ष विधि से विचारित व सम्प्रेषित होता है।

अजन्ता की गुफा की दीवारों पर चित्रित मानव तथा पशु की समस्त आकृतियाँ प्राकृतिक रूप को कुछ आदर्श मुक्त रूप की तरफ बढ़ाकर चित्रित करने के विचार को दर्शाती हैं। चिकनी गोल आकृतियाँ, नृत्य भंगिमा में शरीरों का जगमगाता टेढ़ापन, केन्द्रीय चित्र की तरफ नजर कराती विचारमुक्त दिखावटें—सभी उस सुन्दरता को संकेतित करते हैं जो क्षणभंगुर व अयथार्थ है तथा ये बोधिसत्वों की उपस्थिति से निर्दिष्ट स्थायी शान्ति के अन्तिम लक्ष्य की तरफ इशारा करते हैं।

अजन्ता की कला में गहरी धार्मिक भावना को महान ऐन्द्रिक सौन्दर्य के साथ जोड़ देने का दुर्लभ गुण है। ऐसा इस तथ्य से सम्भव हो पाया कि अजन्ता के कलाकार किसी पादरीत्व के गुलाम नहीं थे जिनके नियमों का सख्ती से अनुसरण किया जाता था। अतएव, यह शताब्दी-दर-शताब्दी का एक निरन्तर विकास था जो सृजन की नैसर्गिकता और स्वच्छन्दता के रूप में प्रतिफलित हुआ। कृतियाँ समृद्ध शिल्पकार और व्यवसायी वर्ग की मांगों से प्रभावित थीं जो सामान्य भक्तों की मानिन्द बुद्ध के प्रति समर्पित थे। इसके अलावा अजन्ता की सबसे बड़ी उपलब्धि वकटक राजाओं के काल में प्राप्त हुई, जिनका इसे भरपूर संरक्षण मिला। वकटक राजाओं का दरबार अपने वैभव और विलासिता के लिए प्रसिद्ध था। संरक्षकों का प्रभाव कमोबेश कलाकारों पर भी था।

अजन्ता के संरक्षकों ने इस दुनिया में जीवन का आनन्द उठाया तथा अगले जन्म के लिए मुक्ति की कामना की। उनकी पसन्द का मुक्ति-मार्ग उनके अपने जीवन के सिद्धान्त के अत्यन्त करीब था। इस सिद्धान्त के अन्तर्गत जीवन का गुण-दोष वैभव से निर्धारित होता था। यह वैभव काम में सभी जगह दिखाई देता है, खासकर पाँचवीं सदी के बाद के काम में, लेकिन अजन्ता कला की महानता इस तथ्य में निहित है कि यह भौतिक और विषयासक्त वैभव कभी प्रभावकारी नहीं होता है और न ही स्थूलता की तरफ ले जाता है, बल्कि यह हमेशा आध्यात्मिकता की सर्व-आच्छादनकारी व्यापकता के अधीन होता है। वस्तुतः धन और विषयसुखपरायणता का उचित रीति से चित्रण उनकी क्षणभंगुरता को दर्शाने के लिए किया गया है।

अधिकांश भारतीय कला का रूप वही हो गया जो इसने गढ़ा था क्योंकि बांझ आकृति का प्रतिरूपण करना इसके कलाकारों का पहले से मुख्य ध्येय नहीं था। वे अपने काम में शाश्वतता, स्थिरता, सन्तुलन, शान्ति व बेशक एक श्रेष्ठ आदर्शीभूत आकृति का सौन्दर्यबोध भरना चाहते थे। यही कारण है कि भारतीय-यूनानी शैली वाली गांधार कला का भारतीय कला पर कोई विशेष प्रभाव नहीं पड़ा। शरीर सम्बन्धी विवरण प्रस्तुत करने में यूनानी शैली का दबाव भारतीय कला के अंग अभिव्यंजनावादी आदर्श के विरोध स्वरूप बना होगा और इस तरह यह धीरे-धीरे खत्म हो गया होगा। इसकी जगह न केवल बुद्ध या दूसरे देवताओं की छवियों में बल्कि अन्य मानवी छवियों में भी हमें परम्परा के अनुरूप ढलनेवाले अंग दिखाई पड़ते हैं जिसका जोर पेशी विन्यास.की अपेक्षा चिकनी सतहों पर ज्यादा रहा। उदाहरणस्वरूप, इन कलाकृतियों में आँखें कभी नजर नहीं आईं क्योंकि वे प्रकृति में होती हैं, लेकिन वे सौन्दर्य की कल्पना के अनुरूप बन गईं जहाँ उन्हें कमलदलों के समान माना गया। साथ ही, वे सदा सामने के बिम्बों से बाहर की चीजों को देख रही प्रतीत होती हैं अर्थात् वे बिम्बों के अन्दर या बाहर तथा इससे इतर की कुछ वास्तविकता को देख रही मालूम पड़ती हैं।

वोरिंगर का विचार यद्यपि अतिसरलीकृत है, लेकिन वह कलात्मक प्रभाव के दूसरे ध्रुव के तौर पर कलाकर्म में अमूर्तन को प्रतिरूपित करते हुए प्राचीन लोगों की कला के बारे में जो कहता है, वह इन कलाकृतियों के आदर्शों का सम्यक् वर्णन है। उसने लिखा है :

> "उलझाव वाले अन्तर्सम्बन्ध तथा बाहरी दुनिया के घटनात्मक प्रभाव के प्रवाह से पीड़ित व्यक्तियों को हर समय शान्ति की आवश्यकता महसूस होती थी। वे कला में जिस सुख की तलाश कर रहे थे, वह बाहरी दुनिया की चीजों में स्वयं को व्यक्त करने तथा उसमें जीवन का आनन्द उठाने की सम्भावना में नहीं था, बल्कि बाहरी दुनिया की चीजों को उनकी स्वच्छन्दता से निकाल लेने की और मनमानेपन की प्रतीति की सम्भावना में

> था, इस तरह अमूर्त रूपों के करीब लाकर उसे स्थायी बनाने की सम्भावना में था, दृष्टिगोचर पदार्थों से बचाव का शरणस्थल तथा शान्ति का स्थल प्राप्त कर लेने की सम्भावना में था। यूँ कहें, उनका प्रबल आग्रह था कि बाह्य दुनिया के बिम्ब को इसके प्राकृतिक सन्दर्भ तथा वजूद में बने रहने के अनन्त प्रवाह से खींच लिया जाए, जीवन की सारी निर्भरता से अर्थात् इससे सम्बन्धित उस हर चीज से जो स्वच्छन्द थी, इसे परिशुद्ध कर दिया जाए, इसे अनिवार्य और निर्विवाद बना दिया जाए, इसके निरपेक्ष मूल्य को निर्दिष्ट कर दिया जाए।"[12]

हम जब तक भारतीय कला के विकास की इस व्याख्या को नहीं स्वीकारते हैं, तब तक हम इसके अन्दर की मानव शरीर रचना के प्रति पूर्ण उदासीनता को नहीं समझ सकते हैं। उन आरम्भिक दिनों में जिस प्रकार मौसमी कारणों से लोग कमर में केवल लुंगी लपेटे रहते थे, कलाकारों के पास ऐसे में मानव शरीर रचना को नजदीक से देखने और समझने का प्रचुर अवसर था। जीवों और पौधों की उनकी चित्र कृतियों और प्रतिभाओं से यही प्रतीत होता है कि वे श्रेष्ठ कोटि के शिल्पकार थे। इस तरह, उनका ध्येय केवल दृष्टिगोचर पदार्थों का चित्र बनाना भर होता तो उन्हें भी उच्च कोटि वाले रोम के कलाकारों की तरह शरीर रचना सम्बन्धी विवरणों का चित्रण करने में प्रवीण हो जाना चाहिए था, किन्तु वे वैसा नहीं बन सके क्योंकि वैसा करना उनका कभी ध्येय था ही नहीं।

अफ्रीकी कला से सम्बन्धित हमारा ज्ञान अधूरा और हालिया है, लेकिन हमारे इस ज्ञान से इतना स्पष्ट है कि वहाँ भी कला सादृश्य बिम्बों का प्रदर्शन नहीं करती थी बल्कि आदिवासियो के भय और चिन्ता या दूसरे प्रकार की प्रबल भावनाओं को अभिव्यक्त करती थी। मुखौटे और सम्प्रदाय सम्बन्धी छवियाँ इन्हीं भावनाओं के प्रक्षेपण हैं जिनका ध्येय मुख्य रूप से उन धार्मिक रीति-रिवाजों में काम आना होता है जो उस सम्प्रदाय के कल्याण के लिए परमावश्यक समझे जाते हैं।

कला में यह हमें संकेतों के करीब लाता है। कला में हमेशा अभिव्यंजना और कथ्य या रूपक केवल मौलिक तत्त्वों के संगठन से अभिव्यक्त नहीं होता है, लेकिन कला का अधिकांश भाग संकेतों से सम्बन्धित होता है, वस्तुत: मौलिक या औपचारिक तत्त्व स्वयं प्राय: संकेतों के तौर पर काम करते है। विशेषकर धार्मिक कला में संकेत महत्त्वपूर्ण भूमिका अदा करते हैं जहाँ वे पारम्परिक तौर पर धार्मिक-आध्यात्मिक पहचान से सम्बद्ध होते हैं।

हालाँकि इस सोच से व्यवहृत संकेतों को विज्ञान, गणित या दैनिक भाषा के संकेतों से अलग पहचानना पड़ता है। विज्ञान और गणित में संकेतों की अपनी कोई पहचान नहीं होती है, उनका चयन मनमाने ढंग से होता है तथा उन्हें इच्छानुसार कभी भी हटाया जा सकता है। भाषा में भी निरूपित करनेवाले शब्द संकेत ही

होते हैं जिनमें पारदर्शिता होती है तथा वे एक बार बिम्बों को निरूपित कर देने के बाद पीछे कुछ भी नहीं छोड़ते हैं। धर्म या परम्परा के संकेतों की प्रकृति भिन्न होती है। वे केवल किसी धर्म या संस्कृति के मुख्य पहचान वाले अमूर्त गुण या व्यक्ति को निरूपित करते हैं, बल्कि ऐसी सम्बद्धता के कारण अपने प्रति ध्यान और सम्मान की माँग करते हैं, क्योंकि उनके अर्थ उनकी छवियों द्वारा निरूपित सन्दर्भ से परे होते हैं।

उदाहरणस्वरूप, आरम्भिक बौद्धकला में बुद्ध की छवि कहीं दिखाई नहीं पड़ती है, लेकिन विभिन्न संकेतों के द्वारा उनके बुद्धत्व के विकास की भिन्न-भिन्न अवस्थाओं को निरूपित किया गया है। इस प्रकार, उनकी देशजता को हाथी, कमल और सांड के संकेतों से, उनके आगे बढ़ने को घोड़े और द्वार के संकेतों से, उनके ज्ञान को बोधिवृक्ष के संकेत से तथा उनके उपदेश को चक्र के सकेत से दर्शाया गया है। उनकी उपस्थिति का चित्रण पदचिह्नों से किया गया है। बुद्ध की छवि की अनुपस्थिति में इन संकेतों ने वही सम्मान अर्जित किया जो स्वयं बुद्ध के कारण था।

यह हर धर्म के सन्दर्भ में सच है। वस्तुतः साधारण भक्त को ऐसे असन्दिग्ध संकेतन से, जिनके अभिप्राय परम्परा द्वारा निर्धारित किए गए हैं, धार्मिक मत की पहचान विशुद्ध मौलिक उपकरणों की बजाय ज्यादा आसानी से हो जाती है। इन मौलिक उपकरणों की पहचान को समझने के लिए इस महत्त्वपूर्ण नफासत की जरूरत पड़ती है। चूँकि धार्मिक कला का एक बड़ा हिस्सा ऐसे संकेतों से भी जुड़ा होता है, इसलिए इसे पूरी तरह बतलाने के लिए इसके विशेष संकेतों से परिचित होना पड़ता है। हालाँकि, यह कुछ उस तरह का होता है जिसका कला के सौन्दर्य से प्रत्यक्षतः कोई सरोकार नहीं रहता है।

नवजागरण के नव आदर्श

उच्च आध्यात्मिक अभिप्राय के निमित्त कला की व्यापक खोज के प्रसंग में विचारित धार्मिक विषयवस्तुओं को दर्शानेवाली यूरोप की नव-जागरणकालीन एवं उत्तर-नवजागरणकालीन कला ज्यादातर सतही मालूम पड़ी। अपने प्रबल मानववाद के चलते मानवी आकृति का आध्यात्मीकरण करने की अपेक्षा उनका ध्येय आध्यात्मिकता का मानवीकरण करना था। निस्सन्देह, उसका अभिप्राय कोई निम्नस्तरीय कला नहीं है, जो यह निश्चित तौर पर नहीं था, बल्कि उस प्रकार की अभिव्यंजनामूलक अन्तर्वस्तु का अभाव है. जिसकी अपेक्षा धार्मिक कला से की जाती है। उनका कला संसार अभी भी पूर्व व नए विधान, देवदूत, ईसा और मैरी सरीखे अस्तित्वपूर्ण व्यक्तियों या पैगन देवताओं से भरा हुआ है, लेकिन उनमें

केवल मानवी आकृति ही नहीं है बल्कि वे सभी सन्ताप व चिन्ताएँ भी शामिल प्रतीत होती हैं जिनका कि मनुष्य उत्तराधिकारी है। चूँकि इस काल के अधिकांश निर्माता बड़े कलाकार थे, इसलिए उनमें यह योग्यता थी कि अपनी कलाकृतियों में अद्वितीय औपचारिक सौन्दर्य को समाविष्ट कर ले, किन्तु कुछेक अपवादों को छोड़कर उनके काम का मकसद मनुष्य की आध्यात्मिक उत्कंठाओं को सन्तुष्ट करने की बजाय चेतना का निर्माण करना था। इन कलाकारों को मानवीय आकृति और इस संसार से प्यार था, उन्होंने इसे यथासम्भव विश्वसनीय बनाने में आनन्द उठाया। यह अपरिहार्य रूप से प्रकृतिवादी सजीवता में प्रतिफलित हुआ।

यह संसार जैसा नजर आ रहा था, ठीक उसका वैसा ही चित्रण करने के लक्ष्य पर कायम रहते हुए उन्होंने स्वयं को सन्दर्श, प्रकाश विज्ञान, शरीर रचना शास्त्र के क्षेत्र में किए गए वैज्ञानिक अनुसंधान में लगा दिया। लियोनार्दो-द-विंची का कला और विज्ञान में योगदान समान रूप से महत्त्वपूर्ण है। यद्यपि उन्होंने जिस दिशा में काम किया, उनकी उपलब्धि महत्त्वपूर्ण थी। वे कलात्मक रूप से अन्तिम छोर तक पहुँच गए। सत्रहवीं शताब्दी तक वस्तुतः नवजागरण द्वारा निर्धारित दिशा में जो खोजा जाना था, उसमें से अधिकांशतः हासिल हो चुका था। उर्ध्व और क्षैतिज का मचान या रेखाएँ परिभाषित तो की गईं, लेकिन ये व्यक्त आकृतियों को सीमित करते जान पड़े। चित्र में स्थानयुक्तता के भाव को स्वीकार करने तथा नाटकीय गतिशीलता के भाव को भरने हेतु विकर्ण ज्यादा महत्त्वपूर्ण बन गए। ऐंद्रजालिक स्थान में मुक्त रूप से विचरण करनेवाली आकृतियों की सतहों के नीचे रेखाएँ विलुप्त हो गईं। बरोक के विकास के साथ-साथ ऐन्द्रजालिक आन्दोलन ने स्वयं को रेचित कर लिया व तब से कला को अपने विकास के लिए नई प्रेरणा ग्रहण करनी पड़ी।

माइकेल एंजेलो ने मानव शरीर रचना शास्त्र के सभी प्रभाव क्षेत्रों को रचित कर लिया था तथा नवजागरण ने जिन शैलियों को विकसित किया था, उनमें माइकेल एंजेलो को दक्षता हासिल थी। वह पहला व्यक्ति भी था जो उस गतिरोध को भांप गया जिसमें प्रदर्शन में निष्ठायुक्त सरोकार ही सब कुछ था। इस प्रकार, वर्ष 1538 में उसने मलेंडर्स की चित्रकृतियों पर टिप्पणी करते हुए विटोरियो कोलोना को पत्र लिखा था: "वे प्रेक्षकों से छल करने की नीयत से केवल फ्लेंडर की रचना करते हैं यानी साधु और पैगम्बर सरीखे वैसे बिम्बों की, जिसकी आप निन्दा नहीं कर सकते हैं तथा जो आपकी आँखों को सुख पहुँचाते हैं। उनकी चित्रकृतियाँ रद्दी सामग्रियों, गारे और ईंटों, मैदानी घास-फूस, वृक्षों की छायाओं और नदियों तथा पुल-पुलियों से सन्दर्भित हैं, जिन्हें वे भू-दृश्य कहते हैं। इनमें जहाँ-तहाँ छोटी-छोटी आकृतियों की रचना है और ये सब हालाँकि आँखों को सुख पहुँचा सकती हैं, लेकिन सच मानिए तो बिना किसी कला या तर्कसंगति के बनाई गई हैं, बिना किसी नाप-जोख

या अनुपात के, चयन अथवा अचयन का ध्यान किए बगैर और बिना किसी तथ्य या उमंग के बनाई गई हैं..अन्ततः एक सुन्दर चित्रकृति राग और संगीत सरीखी होती है, जिसकी केवल बौद्धिकंजन सराहना करते हैं और इस तरह की चित्रकृति काफी मुश्किल से बनती है..."

यद्यपि उस पत्र में वह यह भी कहते हैं, "एक अच्छी चित्रकृति और कुछ नहीं, केवल ईश्वर की परिपूर्णता का प्रतिरूपण एवं उसकी चित्रकृतियों का अनुस्मारक है। इन दोनों स्थितियों में विरोधाभास स्पष्ट है। चूँकि ईश्वर के कार्यों का प्रतिरूपण करने में भी कलाकार आकृति को उस ऊँचाई तक ले जाने का प्रयास कर सकता है जहाँ वह उसकी रचना की उदात्त प्रकृति के काफी अनुरूप हो जाएं।

अपनी कृतियों में, विशेषकर अन्त में, उनका प्रबल भाव यह था कि किसी उच्च आध्यात्मिक अभिप्राय की प्राप्ति हेतु मानवी ढाँचे की सीमाओं को पार कर मनुष्य की इच्छा को अभिव्यक्त करने के लिए आकृतियों को तोड़-मरोड़कर मानव शरीर रचना सम्बन्धी संलग्नता से विमुख हो जाया जाए। पेल्सट्रीना पिएटा तथा रोंडानिनी पिएटा (बाद वाले पर उसने अपने जीवन के अन्तिम दम तक काम किया) कला के प्रति उसके भाव के इस विकास को पूरी तरह प्रमाणित करते हैं। इन मूर्तिकलाओं में तनाव या विश्रांति वाली मानवी रूपाकृति सबसे छोटी वक्र रेखा जोड़ दी गई तो इसलिए कि कलाकारों का उद्देश्य ही था, मानव शरीर रचना सम्बन्धी ब्योरे को नजरअन्दाज करना। वस्तुतः इन कृतियों में मानवी आकृतियाँ एक-दूसरे से घुल-मिल जाने की मंशा रखती हैं और अभिव्यंजनात्मक वक्र रेखाएँ और परिरेखाएँ ही रहती हैं।

समस्त कलाओं की तरह जो कुछ हद तक अपने समय के सापेक्ष होती हैं, नवजागरण कला के पास भी अपने अंखौड़े (घोड़े की आँखों पर बाँधा जानेवाला पट्टा) थे। यद्यपि उन्होंने मानवी रूप में अतिमानव को चित्रित करने का प्रयास किया तथा कल्पित कथानकों से मानवी नाटक की सर्जना की, लेकिन समकालीन मनुष्यों के दैनिक कारोबार में उनकी (कलाकारों की) रुचि अत्यल्प थी। उनके मानवी चरित्रों को भी बहुत आदर्शीकृत किया गया। मानवीय रूप के आदर्श इतने ज्यादा स्थापित थे कि जब कारावेजियो ने कृषक पुरुषों और महिलाओं (एक वास्तविक प्रस्तुति) के रूप में देवदूत और कुमारकन्या को चित्रित करने का प्रयास किया तो उसे रोष का सामना करना पड़ा।

इस प्रकार, उनकी कला भिन्न मानवी सहानुभूति तथा इसके नए आयाम जो स्वर्ग की किसी आकांक्षा जितनी आकर्षक हो सकती थी, उसकी ऊँचाई तक पहुँचने में नाकामयाब रही। यह आरोहण उसकी मानवी या सामाजिक दशा की अयोग्यताओं पर फतह पाने सम्बन्धित मानवी प्रयास के क्षेत्र में हो सकता था।

इस दुनिया में जीवन की पूर्णता को प्राप्त करने हेतु उनके स्वप्नों, सन्तापों और पीड़ाओं की चिन्ता।

अपनी शैली के चित्रों में फ्लेमिश कला ने दैनिक पूर्वाग्रहों के साथ पुरुषों और महिलाओं को चित्रित तो किया, लेकिन सदा आत्मसन्तुष्ट और समृद्ध नागरिकों के जीवन को ही चित्रित किया गया। मानवीय भावनाओं की तह तक पहुँचने का कभी प्रयास नहीं किया गया। बिम्बों व रचनाओं को प्रस्तुत करने की अपनी तकनीकी सदाचारिता के बावजूद वे उत्साहहीन बने रहे, जो अद्वितीय है।

यथार्थ का अर्थ हमेशा समय के साथ बदलते रहता है। निष्ठापूर्वक किसी यथार्थ की नकल करने में महारत हासिल करने का कोई भी प्रयास अन्ततः कला के दायरे को ही संकुचित करेगा। नवजागरण, हालाँकि शोध और नवीन प्रवर्तन के तेज के लिए जाना गया, लेकिन एक ही क्षेत्र में पूर्णता प्राप्त करने की कोशिश का अपरिहार्य रूप से आगे की पीढ़ी पर संकुचित प्रभाव पड़ा। यूरोपीय कला को केवल 19वीं सदी में ही नई शक्ति मिली, वह भी जब अपने नए तकनीकी नवप्रवर्तनों और जनसाधारण (निम्नतम जन सहित) में बढ़ती रुचि के साथ प्रभाववाद के अवतार ने विकास और अन्वेषण के नए-नए द्वार खोले।

दिक् का संगठन

कला सम्बन्धी काम में आकृतियों का जुड़ना एक बार शुरू हो जाता है तो दिक् के संगठन की समस्या सर्वोच्च महत्ता धारण कर लेती है। यह समस्या विशेषतः चित्रकला के लिए महत्त्वपूर्ण है। मूर्तिकला मूलतः स्थापत्य से जुड़ी हुई थी। जब स्वतंत्र स्थिति थी, उस वक्त भी वास्तविक दुनिया के उद्देश्यात्मक स्थान पर आधार से इसे टिकाया जा सकता था। जहाँ एक से अधिक आकृतियों की बात थी तो केवल आवश्यक सम्बन्ध के अनुरूप एक साथ समूह में रखकर जोड़े गए थे। केवल उभार में ही स्थानिक सम्बन्ध की समस्या बनती है, लेकिन यह उभार चित्रकला में पैठे स्थानिक क्रम का ही ज्यादा अनुसरण करता है। चूँकि तस्वीरें एक फलक पर बनाई जाती हैं, इसलिए चित्रकला में किसी वास्तविक स्पेस पर निर्भर नहीं रहा जा सकता है। अतएव समूचे स्थान का निर्माण चित्र-सतह पर आकृतियों को डालकर करना पड़ता है। इसके लिए कलाकार भिन्न-भिन्न दीक्षाओं और परम्पराओं का अनुसरण करते हैं। उनसे जिस चीज की आवश्यकता है, वह यह है कि वे आँखों का एक बाध्यकारी दिशा में मार्गदर्शन करते हैं कि तस्वीर को वे उस क्रम में देख सकें जिस क्रम में कलाकार उन्हें देखना चाहते हैं, लेकिन कलाकार जिस परम्परा की रचना या अनुसरण करता है, वह पूरी तरह स्वच्छन्द नहीं हो सकती है। इसे या तो कम-से-कम दृष्टि के बुनियादी मनोवैज्ञानिक नियमों के या उस तरीके के

अनुरूप होना पड़ता है, जिसके द्वारा व्यक्ति एक विशेष संस्कृति के अन्तर्गत तस्वीर को देखता है।

सांस्कृतिक घटक ज्यादा महत्त्वपूर्ण है। आधुनिक मनुष्य को जिस तरह मिस्री गुबन्द चित्रकला की सपाट रूपरेखा चक्कर में डाल देती है, उसी तरह यूरोपीय चित्रकला के धूप-छांह का प्रयोग नहीं करनेवाले व्यक्ति को चित्र खिंचाने के लिए बैठे व्यक्ति के चेहरा विरूपण के लिए उस पर दया नहीं करने में कठिनाई हो सकती है। उसके चेहरा का अंश अक्सर छाया से विरूपित होता है और निस्सन्देह, आधुनिक तस्वीर अर्थात् मातिस को देखकर एक आधुनिक बच्चा भी इसका सख्त विरोध करेगा कि कलाकार ने भिन्न-भिन्न रंगों से चेहरे के भिन्न-भिन्न पक्षों की पुताई कर भारी गड़बड़ी की है। उसे पक्का विश्वास है कि समूचा मानवी चेहरा एक ही रंग का दिखता है।

तस्वीरें जब तक सपाट सतह पर सपाट ढंग से चित्रित की गईं, स्थान के संगठन की समस्या जटिल नहीं थी। आँखों के घुमाव या अँगुलियों के इशारे, रैखिक चाप या रंगों की लय या प्रकाश और छाया जैसे सरल दिशात्मक उपकरणों से आँखों को दिग्दर्शित होना पड़ता था। आकृतियों को आयताकार या अर्द्धवृत्ताकार पट्टियों में व्यवस्थित किया जा सकता था अर्थात् एक ऐसे क्रम में, जो घटनाओं के अनुक्रमण का संकेत देता था। केन्द्रीय भूमिका से सम्बन्धित वृत्तान्त इसके इर्द-गिर्द के चित्रफलकों में भी व्यवस्थित की जा सकती थी जैसा कि तिब्बती या नेपाली मंडल की कुंडलियों में होता है। इन अधिकांश चित्रों में प्रेक्षक को काल्पनिक कहानी या सन्देश का निर्माण करना पड़ता था। एक बार सम्पर्क स्थापित हो गया तो प्रेक्षक के लिए कलाकार के इरादे का अनुसरण करना आसान था। पुरा-पाषाणकाल से ही प्राचीन विश्व की ज्यादातर कला धर्मनिरपेक्ष या धार्मिक आयात की कहानी को चित्रित करने के लिए उपर्युक्त विधियों में से किसी एक का अनुसरण करती थी।

सपाट स्थानिक संगठन और कला का संवादी रूप अक्सर काम के उद्देश्य से निर्धारित होता है। पन्द्रहवीं सदी की जैन पुस्तक में दर्ज-पश्चिमी भारत के दृष्टान्तों के द्वारा इस तथ्य पर अच्छी तरह प्रकाश डाला गया है।

स्थान की सीमा के आधार पर जहाँ समझाए जाने योग्य प्रसंगों को सतह के कुछ वर्ग-इंचों में ही व्यवस्थित करना पड़ा, प्रतिरूपण का कोई भी प्रयास सचित्र संरचना को रूंआ-रूंआ कर देता। साथ ही, काम को मूल-पाठ के सुलेखन के अनुरूप होना पड़ा जिसने सचित्र संविरचना पर पीछे से आक्रमण किया। सपाट सतह पर एकरेखीय संविरचना इस आवश्यकता के ज्यादा अनुरूप बन गया। इस प्रकार, ऐसे संविरचनाओं में से एक 'बालमित्र और उसकी पत्नी' में हमें एक सपाट लाल पृष्ठभूमि पर रेखीय रेखांकन मिलता है। मूल पाठ के मोटे काले अक्षरों को मिलाने

के लिए मोटी काली रेखाओं को चित्र में महत्त्वपूर्ण स्थान दिया गया। गहराई की सांकेतिकता का अभाव केवल प्रतिरूप में सम्भव होता है शरीर को यथासम्भव जितना ज्यादा हो सके, प्रेक्षक के सामने लाया जाता है। चेहरे के तीन-चौथाई दृश्य में.सुदूर आँखें पूरी तरह सामने लाई गई हैं। चित्र में दो व्यक्तियों के शरीर एवं चेहरों को जरा आड़े कर दिया जाता है ताकि शरीर का अधिकांश हिस्सा दिखाई पड़े। पहली नजर में आकृतियाँ ठीक से दिखाई नहीं देंगी, लेकिन जब एक बार हम इस तथ्य को समझ लेते हैं कि कलाकार बोधात्मक प्रतिरूप की बजाय विचारात्मक प्रतिरूप को बताने का प्रयास कर रहा है, तो हम शीघ्र ही संरचना की बारीकी की प्रशंसा करना शुरू कर देते हैं। अपनी सोच में इस वर्ग की चित्रकृतियाँ पिकासो के उत्तर-घनचित्रों की कुछ रेखीय संरचना से बहुत भिन्न नहीं हैं। उसकी 'गर्ल बिफोर मिरर' (आईने के सामने लड़की) जैसी चित्रकृतियों से तुलना करने पर ये बुनियादी सोच में मिलती-जुलती नजर आई। निस्सन्देह, ये लघुचित्र मूल रूप से बोधात्मक प्रतिरूप से विचलित नहीं करते हैं जैसा कि अधिकांश उत्तर-घन चित्रकारों की कृतियाँ करती हैं, लेकिन इस तस्वीर में संविरचना को ऐसी प्रभाविता से संचालित किया जाता है कि हम तस्वीर की सपाटता को भूल जाते हैं और रेखाओं की लयात्मक गति पर मोहित हो जाते हैं।

यद्यपि इसका अभिप्राय अन्य स्थानिक संगठनों पर कलात्मक सर्वोच्चता का नहीं है, गहराई वाला संगठन सचित्र परम्परा के अन्तर्गत संगठन के अन्य सभी तरीकों से ज्यादा महत्ता हासिल करने आया है। कुछ मामले में तीसरे आयाम की प्रगति को अपरिहार्य बनाया गया था। आकृतियाँ एक बार जब आयतन और गहराई हासिल करने लगीं तो यह अपरिहार्य बन गया।

स्पष्ट संविरचना सम्बन्धी तर्कों के कारण इनको सपाट स्थान में व्यवस्थित नहीं किया जा सका, लेकिन अन्य संगठनों का जो औपचारिक लाभ उसे प्राप्त था, उसने उसे स्थिर बना दिया। सादगी सभी महान कलाओं के मूल सद्गुणों में से एक है। तीसरे आयाम के विस्तार से संविरचना को सरल करने में मदद मिली। जिस तरह एक समतल पर अनन्त रेखाएँ खींची जा सकती हैं, उसी तरह असंख्य समतलों को त्रि-आयामी स्थान में व्यवस्थित किया जा सका। इस तरह, तत्त्वों की एक अर्थव्यवस्था सम्भव हो पाई। सपाट तल की किसी संविरचना का अभिप्राय यदि आकृतियों के वर्गीकरण को चित्रित करना है तो यह समान विषय के त्रि-आयामी चित्रण की तुलना में हमेशा भीड़युक्त दिखती है। पूर्व के प्रसंग में सभी आकृतियाँ समतल पर ठसाठस भरी हुई लगती थीं जबकि बाद के प्रसंग में इन्हें तीसरे आयाम में परिप्रेक्ष्य सम्बन्धी ह्रास वाले आकारों के साथ दिखलाया गया। शीघ्र ही यह बरोक चित्रकृति को देखने से स्पष्ट हो गया। जहाँ संविचना के अन्दर अधिक संख्या में आकृतियाँ डाली गई थीं, वहाँ भी विस्तार का बोध रहता है क्योंकि आकृतियाँ चित्र की पृष्ठभूमि पर भ्रांतिजनक गहराई में फैली हुई रहती हैं। सम्भव है, यही कारण

रहा हो कि मैटिस जैसे चित्रकार, जिन्हें अपेक्षाकृत सपाट संविरचना पसन्द है, उसने अत्यल्प तत्त्वों का चुनाव किया तथा आकृतियों के आकार इतने छोटे होते हैं कि वे चित्रतल पर भीड़ नहीं लगाते थे।

कलाकारों ने एक बार तीसरे आयाम को संकेतित करना आरम्भ कर दिया तो नियुक्त की जानेवाली सबसे स्पष्ट दृश्य संहिता चित्रतल पर आँखों के स्तर तक दूर की वस्तुओं को उसके स्वाभाविक स्वरूप में उठाने लगी। इस परिप्रेक्ष्य के दूसरे पहलू उतने स्पष्ट नहीं थे। वैज्ञानिक परिप्रेक्ष्य का विलुप्त हो जानेवाला बिन्दु विलम्ब से किए गए सुविचारित और ध्यानमुक्त प्रेक्षण का उत्पाद था। स्थिरता* की मनोवैज्ञानिक घटना के कारण तुरन्त आकार में घटित होनेवाले अवक्षेपात्मक संकुचन को देखना कठिन है क्योंकि वस्तु दूरी में कम पड़ जाती है। उसी प्रकार, जब हम किसी सीधी सड़क रेल पथ को आगे की तरफ देखते हैं तो दृश्य का पार्श्व संकुचन स्पष्ट दिखता है। कलाकारों के चित्रात्मक उद्देश्यों अर्थात् गहराई को संकेतित करने के उद्देश्यों के लिए वैज्ञानिक सन्दर्भ का सारा विवरण कम महत्त्वपूर्ण था, इसलिए उन्होंने उदग्र रेखा के संग-संग वस्तुओं को छोटा किया और वह भी, जब आवश्यक प्रतीत हुआ।

चीन, जापान, कोरिया इत्यादि की चित्रकृतियों में जब वस्तुओं को एक दूरी पर उदग्र उठाया जाता है और दूर की वस्तुएँ चित्रित की गई हों तो आकार में किसी प्रकार की कमी दुर्लभ होती है। इसका परिणाम यह होता है कि प्रेक्षक को लगता है कि वह हवा से एक झुकाव पर बिम्बों को देख रहा हो...(देखें, कोरियन डांसिंग सीन इन आर्ट ऑफ दी फॉर ईस्ट, ड्यूगो मंस्टरबर्ग, हैरी एन.अब्राम्स इंक. न्यूयॉर्क 1968)। अक्सर दूरी के विचार को अतिछादित तलों पर बिम्बों को रखकर प्राप्त किया जाता है।

कलात्मक रूप से तीसरे आयाम में आकृतियों को रखने के रोचक तरीकों में से एक तरीका अजन्ता के भित्तिचित्रों में दिखाई देता है। यहाँ हमें एकल बिन्दु सन्दर्भ नहीं, बल्कि बहुबिन्दु सन्दर्भ मिलता है। स्वाभाविक रूप से यहाँ जो चित्र बनता है, वह विचारात्मक होता है। इस प्रकार, एक समूह के प्रत्येक चित्र को उस कोण से देखा जाता है जो उसे अत्यधिक लाभदायक स्थिति में बतलाए। संविरचना के सौन्दर्य

---

* स्थिरता वह मनोवैज्ञानिक घटना है, जिससे हमारा मस्तिष्क हमारे विश्वविचार की ऐसी विद्रूपताओं को प्रभावित करता है जो हमारे भीतर उपयुक्त पूर्वाभिमुख और स्थायित्व को बोध आ जाए। यह सामान्य ज्ञान है कि हमारी आँखें विश्व के विपर्यस्त प्रतिबिम्ब को ही दिखाती हैं, लेकिन इस आन्तरिक क्रियाविधि के द्वारा हम विश्व को ठीक ऊपर की तरफ देखते हैं। उसी तरह, हमसे अपगामी चीजें इतनी तेजी से संकुचित होती हैं कि कुछ ही फीट की दूरी पर खड़ा आदमी अंगूठी से भी छोटा दिखाई पड़ता है, लेकिन पुन: हमारा मस्तिष्क मजे में हमें इस तथ्य से अनभिज्ञ रखता है जब तक कि दूरी बहुत ज्यादा नहीं हो जाती है। चूँकि अपगमन में सारी वस्तुएँ आनुपातिक ढंग से आकार में सिकुड़ जाती हैं, इसलिए इससे व्यावहारिक जीवन में किसी तरह का दुर्भाग्यशाली परिणाम नहीं आता है।

को बढ़ाने के लिए प्रकाश और छाया का प्रयोग मनमौजी ढंग से होता है। अक्सर प्रकाश पृष्ठभूमि से बाहर निकलता हुआ जान पड़ सकता है (देखें, जातक कथा, अजन्ता) जबकि अग्रभूमि छाया में रहती है। इन चित्रकृतियों में प्रबन्ध की सुन्दरता यह है कि यद्यपि अग्रभूमि और पृष्ठभूमि की आकृतियों के वैज्ञानिक सन्दर्भ के नियम को चुनौती देते हुए एक समान रहते हैं, पृष्ठभूमि की आकृतियाँ अग्रभूमि की आकृतियों को बौना बनानेवाले वृहत्ताकार ही नहीं होती हैं, उन्हें चित्र-7 में दर्शाए गए आकृतियों की तरह होनी चाहिए। यह प्रभाव पृष्ठभूमि आकृति को केन्द्रीय आकृति के ऊपर उठाने से बनता है ताकि किसी को समूह के ठीक मध्य में होने की अनुभूति हो, किन्तु समूह में आकृतियाँ इतने सघन रूप से जुड़ी होती हैं कि किसी को आभास तक नहीं होता है कि कोई ऊपर से इन आकृतियों का अवलोकन कर रहा है। आकृतियों के निष्पादन के इस तरीके का एक बड़ा लाभ यह था कि सम्पूर्ण चित्रतल नीचे से ऊपर तक समूह की आकृतियों से आच्छादित था तथा पृष्ठभूमि को गहराई में ज्यादा दूर तक बढ़ाने की आवश्यकता कभी उत्पन्न नहीं हुई। पृष्ठभूमि का अपनी आकृतियों के साथ लगभग मेल हो गया जो अग्रभूमि की तरफ बढ़ रही प्रतीत होती थी।

चित्र-7

विचारात्मक प्रतिबिम्ब गढ़ने के निमित्त मनमाने तरीके से सन्दर्भ का उपयोग करनेवाले उपकरण चित्रकृतियों में स्थापत्यिक भावों के प्रतिपादन में ज्यादा स्पष्ट निर्मित होते हैं। 'वनवास में राजकुमार विश्वान्तर' नामक चित्रकृति में जहाँ

राजा को मूर्च्छित पत्नी को सहारा देते हुए दिखाया गया है, दृश्य को स्तम्भयुक्त मंडप में स्थान दिया गया है। हालाँकि चित्र को देखते हुए इसे बाहर से देखने की अनुभूति नहीं होती है, बल्कि मंडप से देखने की अनुभूति होती है। यह प्रभाव स्तम्भों के आकारों को चित्रित करने में केवल उदग्र अक्ष के साथ-साथ वैज्ञानिक सन्दर्भ के नियम का व्यापक अनुसरण करने से प्राप्त होता है। इस प्रकार, दूर के स्तम्भ ऊँचाई में खो जाते हैं जबकि पृष्ठभूमि के दो स्तम्भों के बीच की दूरी ठीक वैसी ही रहती है जैसी अग्रभूमि के दो स्तम्भों के बीच की दूरी होती है। इस तरह, चित्र 8 के वैज्ञानिक परिप्रेक्ष्य के बदले हमारे पास यहाँ चित्र 9 का परिप्रेक्ष्य है।

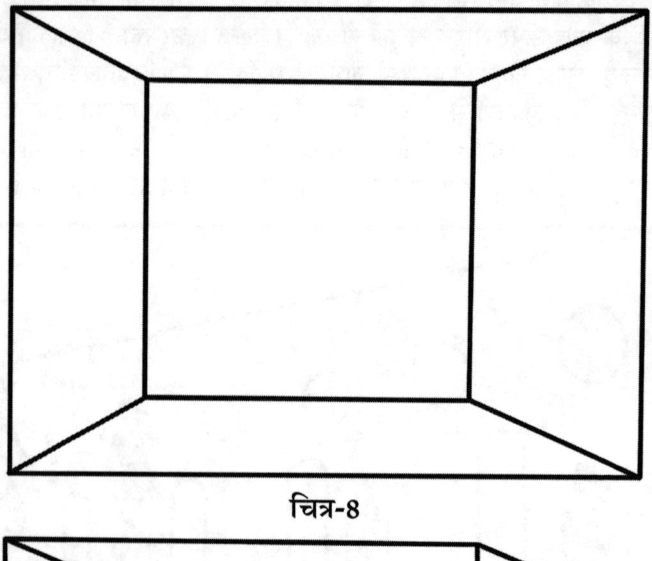

चित्र-8

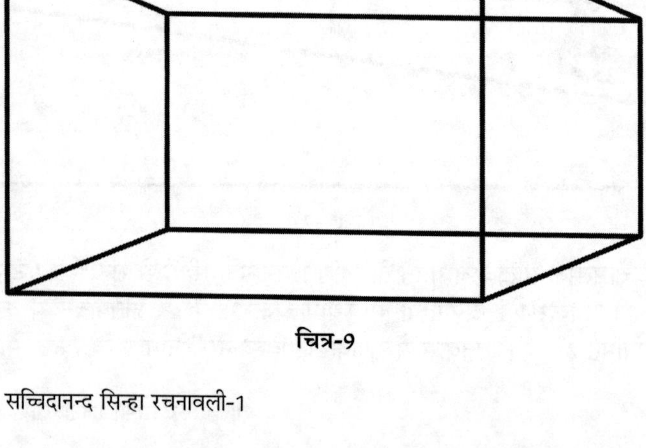

चित्र-9

इसके अतिरिक्त, पृष्ठभूमि में सुराही के साथ उपस्थित व्यक्ति का आकार नहीं घटता है। इसलिए किसी को केवल मंडप में होने की ही अनुभूति नहीं होती है, बल्कि मंडप के अन्दर के अन्य चित्रों की तरह दूरस्थ चित्र के बिलकुल सामीप्य में होने की भी अनुभूति होती है।

चूँकि एक सपाट तल पर तीसरे आयाम के भ्रम की रचना पूरी तरह अन्य बिम्बों को चित्रित करने के लिए निश्चित दृश्य संहिताओं की कल्पना करने का विषय है, कलाकार अपनी पसन्द का सन्दर्भ रचने के लिए स्वतंत्र है जब तक कि उसका कलात्मक सन्दर्भ पूरा नहीं हो जाता है। यह केवल नवजागरण ही है जब से पश्चिम में कलाकार अपनी चित्रकृतियों में वैज्ञानिक सन्दर्भ के प्रभावों को पूरी तरह साकार करने से अपना ज्यादा वास्ता रखने लगे। उसी वक्त से ब्रूनेलेस्ची और मेसासियो, यूरोप के कलाकारों का एक बड़ा पूर्वाग्रह बन गया। वस्तुतः यह दिशा पूरी तरह समय की बुद्धिवादी और वैज्ञानिक प्रकृति के अनुकूल थी। जैसा कि पहले कहा जा चुका है कि लियोनार्दो सरीखा कलाकार केवल कला से ही नहीं जुड़ा था, बल्कि विभिन्न प्रकार के वैज्ञानिक अनुसंधानों में भी समग्र रूप से डूबा हुआ था। इस प्रकार की ट्रॉम्प-1 'ओएल चित्रकृतियाँ पूर्वाग्रह का उत्पाद थीं।

नवजागरण के समय से ही अतिसावधानी के साथ विकसित किया गया वैज्ञानिक सन्दर्भ तीन कारकों पर आधारित रहा अर्थात् एकल बिन्दु रैखिक सन्दर्भ, हवाई सन्दर्भ और अग्र अवकुंचन। इनमें से प्रत्येक कारक सामान्य दृश्य अनुभव पर आधारित था तथा चित्रकृति में इन्हें संकेतित करने के लिए उपयुक्त सचिव संहिताओं का विकास हुआ। पहला कारक हमारे इस अनुभव पर आधारित था कि दूर क्षितिज पर धरती और आकाश परस्पर मिलते हुए दिखाई देते हैं। इसलिए पार्श्व से भी हमारे सीधे आगे के एक दूर के बिन्दु पर दृष्टि की रेखा के समानान्तर बिम्बों को जोड़नेवाली रेखाएँ एक बिन्दु पर एक-दूसरे के अभिमुख प्रतीत होती हैं। इसलिए चित्रात्मक रूप से परिप्रेक्ष्य सम्बन्धी दृष्टि का साँचा चित्र 10 सरीखा होगा। इस प्रकार वस्तुएँ,

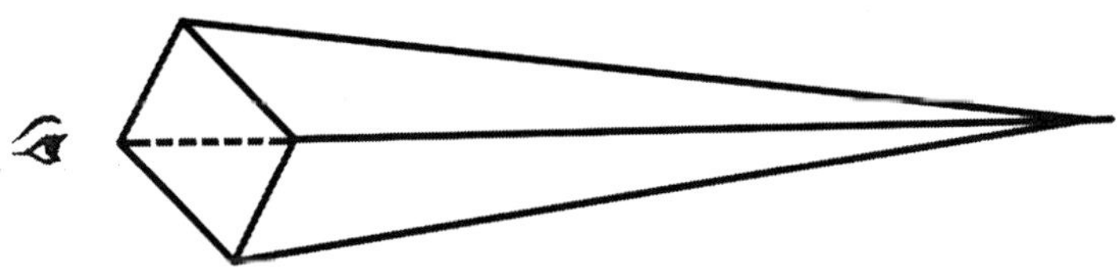

चित्र-10

जो वस्तुतः दूर स्थित होती हैं, एक दूर बिन्दु पर साथ-साथ लटकी जान पड़ती हैं। इसलिए कोई किसी खास गणितीय नियम का अनुसरण करते हुए अपनी दूरी के अनुरूप आकार में छोटी की जा सकती है, इसे वैसा बनाया जा सकता है कि एक खास दूरी पर रखी प्रतीत हो। इस तरीके से दृष्टि की रेखा के साथ रखी गई वस्तुओं के आपेक्षिक आकार सपाट तल पर दूरी और गहराई के भ्रम की रचना करने में एक संहिता बन गए।

यह संहिता भ्रम को पूरा करने के लिए एक दूसरी संहिता से पूरित हुई अर्थात् हवाई परिप्रेक्ष्य की संहिता से। पुनः यह हमारे दैनिक अनुभव पर आधारित था। यह सामान्य ज्ञान है कि जैसे-जैसे वस्तुएँ दूरी में पीछे हटती हैं, उनकी रूपरेखाएँ धुन्धली होती जाती हैं, लेकिन यह एक खास चाक्षुषीय नियम का अनुसरण करती है। हम सभी ने अनुभव किया है कि कैसे कोई भूरा पर्वत हमारे दूर हटते जाने के साथ-साथ नीला-धूसर दिखना शुरू हो जाता है। यह प्रत्येक बिम्ब के सन्दर्भ में सही है। सभी दूर के बिम्बों का ध्येय नीला-धूसर रंग ग्रहण करने का होता है तथा जैसे ही दूरी बहुत ज्यादा हो जाती है, वे अन्तिम रूप से नीले-धूसर धुन्ध में मिल जाते हैं।

इन दो कारकों के संयुक्त प्रभाव के कारण दूर की वस्तु न केवल आकार में एक बिन्दु पर सिकुड़ने का प्रयास करती है, बल्कि पूरी तरह दृष्टि से विलुप्त हो जाना भी चाहती है। द्वितीय कारक एक दूसरी संहिता प्रस्तुत करता है। हमने पहले ही इसका उल्लेख किया है कि उष्ण रंग में आगे बढ़ने तथा शीत रंग में पीछे रहने का भाव उत्पन्न होता है। अतएव कलाकार किसी बिम्ब के चित्रण के लिए केवल उपयुक्त रंगों का चयन कर आगे बढ़ने और पीछे हटने के भ्रम की रचना कर सकता है। रंग सम्बन्धी मूल्यों के परिवर्तन का विषय ठीक वैसा ही है। इस प्रकार, एक साथ संयुक्त तौर पर संहिताओं को पढ़ सकते हैं: अपचयित आकार तथा अपचयित ज्योतिर्मयता और किसी बिम्ब के मूल्य का अर्थ है, बिम्ब दूरी पर है। इसका विपर्यय बिम्ब को नजदीक लाता है।

रैखिक, वर्णिक और स्वर सम्बन्धी संहिताओं के संयोजन के माध्यम से नवजागरण और नवजागरणोत्तर यूरोप के कलाकारों के लिए सपाट तलों पर बड़ी दूरी और गहराई के भ्रम की रचना करने हेतु सम्भव हो गया। अग्र-अवकुंचन ने इस भ्रम में एक अतिरिक्त विश्वसनीय सांकेतिक चिह्न जोड़ दिया। यह उस अनुभव पर आधारित था कि सीधे दृष्टि की रेखा पर कोई बिम्ब या अवयव एक सपाट तल पर जहाँ उदग्र से कोई विचलन नहीं होता है, उस रेखा के साथ-साथ लम्बाई में संकुचित होता दिखाई पड़ेगा। जब रैखिक और हवाई परिप्रेक्ष्य से अग्र अवकुंचन को संयोजित किया गया तो यथार्थ का भ्रम ज्यादा विश्वसनीय बन गया। स्वर और रंग के उचित नियमन के द्वारा फ्लेमिश चित्रकार धात्विक पेट्रा,

मखमल, रेशम और जड़ीदार कपड़े के तन्तुओं का यथार्थपरक भ्रम की रचना करने में भी सफल हो गए।

ऐंद्रजालिक चित्र इतने सफल हुए कि एक समय के लिए यूरोप के कलाकार स्वयं इस विश्वास के धोखे में आ गए कि कलाकार की मुख्य चिन्ता दृश्यों और बिम्बों की ऐंद्रजालिक प्रतिकृतियों की रचना करना है। चित्रकला जैसे-जैसे इस रेखा के साथ आगे बढ़ती गई, चित्र का प्रकृति से मिलान कराने का पूर्वाग्रह बढ़ता गया। फलस्वरूप, कुछ पारम्परिक सांचित्र संहिताओं तथा कुद सौन्दर्यशास्त्रीय आकर्षक औपचारिक तत्त्वों को भी छांट दिया गया।

पिछले अध्याय में हमने कहा है कि रेखा सबसे आसान संकेतित तत्त्व है। आरम्भिक काल से ही इसका प्रयोग वस्तुओं और शरीरों की आकृतियों, रूपरेखाओं और किनारों के चित्रण में होता था। हालाँकि, यह अपने से प्रयोग में आना शुरू हो गया क्योंकि रैखिक लय का बड़ा कलात्मक प्रभाव था।

अधिकांश सुदूर पूरब की कला तथा भारतीय कला ने रेखाओं के विशुद्ध सौन्दर्य का पूरा आनन्द उठाया। नवजागरण वाले यूरोप में भी बोटिसेली जैसे सिद्धहस्त कलाकारों की चित्रकृतियाँ रैखिक लय का महान आकर्षण प्रस्तुत करती हैं। हालाँकि, रेखाएँ यद्यपि प्रकृति में संकेतित होती हैं, लेकिन वास्तव में इनका अस्तित्व प्रकृति में नहीं होता है। इसलिए यूरोप की अगली पीढ़ी के चित्रकारों ने अर्थात् सोलहवीं सदी के बाद के चित्रकारों ने प्रकृति की नकल करने के अपने सरोकार के तहत रेखा को अपनी संविरचना में उसी तरह डुबो देने का प्रयास किया जिस तरह प्रकृति में डूबी रहती है। रूबेन्स सरीखे सत्रहवीं सदी के चित्रकारों में आकृति रेखा से चित्रित नहीं है, बल्कि मुख्यत: रंग और स्वर से बनी है। रूबेन्स के मानव चित्रों में हम शरीर की वक्रताओं और रूपरेखाओं से समग्र रूप में अवगत होते हैं। ऐसा प्रकाश और छाया की तरंगित गति के माध्यम से हो पाता है जो शरीर के तल पर पड़ता प्रतीत होता है। इस उपकरण के माध्यम से चमड़े की रंगत सजीव शरीर के चमड़े जैसी जीवन्त हो जाती है। दूसरे बिम्बों के साथ भी यही कहानी है वे भी अपनी उपस्थिति का एहसास अपनी रूपरेखाओं के स्पष्ट हुए बिना करा देते हैं। इसी विकास को कला इतिहासकार वोल्फलिन ने रैखिक से चित्रकारी तक की प्रगति की संज्ञा दी जिसने यूरोपीय चित्रकला में सोलहवीं से सत्रहवीं सदी तक के संक्रमण को चिह्नित किया।

बरोक नामक शैलियों के वर्गीकरण ने, जिसका अनुसरण नवजागरण ने किया था, यह प्रभाव प्रस्तुत किया कि कलाकार अवलोकन से चित्रण तक की यात्रा के दौरान तय किए गए रास्ते से पदचिह्नों को विरूपित करने का प्रयास कर रहे थे ताकि यह भ्रम कि चित्रण यथार्थ था, पूर्ण हो सके एवं इस प्रक्रिया में उन्होंने अपनी सदाचारिता का खूब समर्थन किया।

रेखाओं की तरह तलों को भी एक बिन्दु पर प्रच्छन्न बनाया जाने लगा जहाँ किसी को उनकी उपस्थिति का बोध नहीं हो सकता था। मूल रूप में चूँकि दृष्टि की रेखा पर नजदीक के बिम्ब एक दूरी पर रखे गए बिम्बों को अंशतः या पूर्णतः अतिच्छादित करते प्रतीत होते हैं, तलों पर बिम्बों या चित्रों की तह पर तह बिठाने की एक प्रवृत्ति होती थी, लेकिन जल्द ही यह अनुभव हुआ कि तल भी एक सम्बन्धात्मक सचित्र परम्परा था, इसलिए प्रकृति में उसका कभी अस्तित्व नहीं रहा। दूसरी तरफ, तलों का पूर्वग्रह जिसके बारे में पहले तस्वीरें बनाई गई थीं, अकेले भीड़-भाड़ की शक्ल प्रदान करता था। अति महत्त्वपूर्ण बिम्बों और चित्रों को अग्रभूमि तल पर रखा गया तथा दूसरे को तलों पर पीछे रखा गया जहाँ वे ठसाठस भरे हुए थे। इस तरीके से वास्तविक जीवन जैसा स्वाभाविक अन्तरण प्राप्त नहीं हुआ। अतएव, सत्रहवीं सदी के कलाकारों ने सचित्र खाँचों के रूप में तलों को छांटने का प्रयास किया जो अपने उद्देश्यों को पूरा कर चुके प्रतीत हुए तथा और जोर देने की आवश्यकता नहीं हुई। अब चित्रों को शिथिल तरीके से समूचे ऐंद्रजालिक स्थान पर खुद प्रकृति के अन्तरण की हू-ब-हू स्वाभाविकता के साथ वितरित किया गया। निस्सन्देह, इसे प्राप्त करने के लिए निश्चित नई परम्पराओं का सृजन करना पड़ा।

अभी तक अदृश्य कवच की तरह काम करनेवाले क्षैतिज और उदग्र रेखाओं के सदृढ़ खाँचे को प्रथम स्थान पर छोड़ दिया गया। अब संविरचना में विकर्णों का प्रहार स्वयं में स्थान के प्रति अपगमन का बड़ा बोध कराता था। अब अपगमन दो दिशाओं में काम करता था, विकर्णों के साथ तथा उदग्र दिशा में आँखों के स्तर की तरफ। सचित्र स्थान पर प्रचुरता का बोध कराने में यह एक जबर्दस्त हस्तक्षेप था। इससे नए संविरचनात्मक उपकरणों को जोड़ा गया। अब विकर्ण के रूप में निर्धारित चित्र अग्रभूमि से पृष्ठभूमि की तरफ पीछे चले गए। अब सबसे रोचक बिम्ब अग्रभूमि पर नहीं रखे गए, बल्कि मध्य दूरी की तरफ रखे गए, जबकि दूसरे महत्त्व के बिम्बों ने पूर्व को संवारने के लिए अग्रभूमि को ग्रहण कर लिया। संविरचना की प्रयासहीनता पर जोर देने के लिए दृष्टि की रेखा की तरफ झुकाव के किसी कोण पर लेटे हुए एवं पालथी मारे हुए चित्रों को रखा गया।

सत्रहवीं सदी की कला के अत्यन्त प्रतिष्ठित चेहरों में शुमार पानेवाले रेम्ब्रा और रूबेन्स ने बहुत से पृष्ठभूमि विवरणों को हटाकर संविरचना को सरलीकृत किया। रेम्ब्रां ने अनन्त अपगमन को प्रदर्शित करने का कष्ट नहीं उठाया। उसने धुन्धली छाया या प्रदीप्त प्रकाश से सभी अनावश्यक ब्योरे को विरूपित कर दिया। उसने कारवेजियो की परम्परा का अनुसरण किया जो दीप्तिवाद अर्थात् प्रकाश और छाया से विषय को चित्रित करने की तकनीक को आजमानेवाला प्रथम व्यक्ति था,

किन्तु अजन्ता की चित्रकृतियों की तरह उसके प्रकाश का उपयोग बहुत मनमाना था। उसने प्रकाश के किसी एकल स्रोत से अपनी तस्वीरों में प्रकाश और छाया का निर्धारण नहीं किया। उसके प्रकाश और छाया अप्रत्याशित स्थानों से, अक्सर पृष्ठभूमि से, फूटते तथा उसे अभिव्यंजक ध्येय द्वारा अपेक्षित तस्वीरों और चेहरों को आच्छादित करते प्रतीत हुए। परिणामस्वरूप, उसकी चित्रकृतियों ने एक रहस्य का परिवेश धारण कर लिया तथा उसके चित्र कभी-कभी धुन्ध से झांकते प्रेतों का प्रभाव उत्पन्न करते थे। वह चरित्र प्रधान चित्रकला का भी प्रवर्तक था। वह कुछ अभिव्यंजक वक्ररेखाओं के सहारे चित्र के भीतर के व्यक्ति के व्यक्तित्व की गहराइयों को उभारने में अद्वितीय था। वस्तुतः रेम्ब्रां अपने समय की चित्रकला के सारे रुझान के विरुद्ध चला गया, यह दिखाते हुए कि प्रकृति की नकल करना कलाकारों के गहरे विचारों और अनुभूतियों को अभिव्यक्त करने का हमेशा सबसे बढ़िया तरीका नहीं है। हालाँकि अभिव्यक्त करने की योग्यता ही कला की सही कसौटी है तथा हर बड़ा कलाकार यह विचार किए बगैर इस लक्ष्य का पीछा करता है कि वे या तो इसे प्रदर्शनात्मक उपकरणों के सहारे कर सकते हैं या प्रकृतिवाद के सभी सिद्धान्तों को चुनौती देकर कर सकते हैं।

पूर्व के विमर्श से चित्रकला के कुछ तरीकों पर संक्षेप में विचार करते हुए यह पता चला कि कला अपने विकास में दोमुंहा मार्ग अपनाती है। पहले स्थान पर यह समझ के तरीके या लोगों की दुनिया की बाबत सबसे प्रखर अनुभूति को जोड़ने का प्रयास करती है। यह इस अनुभूति या समझ को अभिव्यक्ति देने के लिए उपयुक्त संहिताओं की खोज करने का प्रयास करती है। ये संहिताएँ धीरे-धीरे कलात्मक परम्परा का अंश बन जाती हैं। दुनिया के बारे में जैसे-जैसे जनजागृति बढ़ती या परिवर्तित होती जाती है, वैसे-वैसे नई संहिताओं को विकसित करने की आवश्यकता बनती जाती है। दूसरे स्थान पर अभिव्यक्ति के एक विशिष्ट तरीके की आवश्यकता के अनुरूप होने में महती पूर्णता को प्राप्त करने का प्रयास होता है। यह दूसरा, एक विशिष्ट परम्परा के खाँचे के भीतर विकास की प्रक्रिया का नेतृत्व करता है। यह अन्ततः कुछ तरह के अकादमिकवाद में बदला या बदल जा सकता है और निष्फलता का नेतृत्व कर सकता है। सोलहवीं सदी में मायावाद की चिन्ता यूरोप में उसी तरह का अकादमिकवाद बन चुका था।

सत्रहवीं सदी के अन्त तक यूरोपीय कलाकारों ने लगभग उन सभी चीजों की खोज कर ली थी जो सपाट द्विआयामी चित्रतल पर गहराई और त्रि-आयामी बिम्बों के भ्रम की रचना करने के लिए आवश्यक थीं, परन्तु यह विकास जो सफलता के प्रथम सम्प्रवाह में कभी देखा नहीं गया, इसने इसके साथ-साथ निश्चित संविरचनात्मक समस्याओं को भी ला खड़ा कर दिया। तथ्य यह है कि

सोलहवीं और सत्रहवीं शताब्दियों में यूरोप में कुछ बड़े चित्रकार पनपे जिनकी, शानदार संविरचनात्मक मेधा ने विलुप्त हो रहे बिन्दु परिप्रेक्ष्य के खतरों को ढक दिया जिसका अनुसरण लगभग खुशामद के बोध से किया गया। यह तो उन्नीसवीं सदी के अन्त का समय था जब से चित्रतल की अखंडता की चिन्ता का ज्यादा-से-ज्यादा अनुभव होने लगा कि लोगों ने इस तरीके की चित्रकला की विकृतियों को देखना शुरू कर दिया है। यह स्पष्ट हो गया था कि चित्रों के अनन्त पश्चगमन को किसी चीज से सन्तुलित नहीं किया जा सकता है।

एक तरफ फोटोग्राफी ने ट्रॉम्प-1' तैल चित्रों को कुछ बेमानी बना दिया। दूसरी तरफ ऐंद्रजालिक चित्रतल पर दिखते छिद्र और उभार संविचना के सामंजस्य को नष्ट करते प्रतीत हुए।

आरेखीय रूप से ऐंद्रजालिक सन्दर्भ के कुछ उपकरणों को प्रस्तुत करनेवाले चित्र 11, 12 और 13 के अवलोकन से यह बात स्पष्ट हो जाती है। चित्र 11 में हम देखते हैं कि अग्रभूमि से रेखाएँ पृष्ठभूमि पर क्षैतिज रेखा की तरफ अभिमुख होती हैं। इससे यह प्रभाव बनता है कि दूरी पर चित्रतल में एक छिद्र बनाया गया है। दूरी के साथ जिस तरह रंग भी मद्धिम पड़ते गए, तल के समीप चित्रित बिम्बों का सामंजस्य उसी तरह खत्म होते गया।

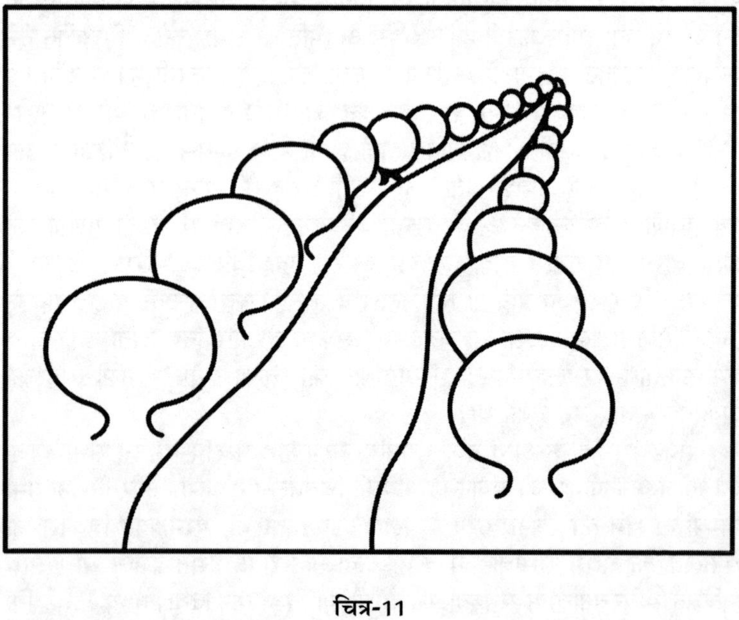

चित्र-11

चित्र 12 की तरह जब कोई सड़क या नदी घुमावदार हो तो ठीक उसी तरह का चित्र बनता है। इससे चित्रतल पर चल रहे किसी बर्मा का प्रभाव बनता है। अत्यधिक प्रतिरूपण से उसी तरह की उच्चावच प्रभाववाली विसंगति पैदा होती है। यह चित्रतल पर एक उभार के प्रभाव की रचना करती है जिसे चित्र 13 की तरह संविरचना के दूसरे तत्त्वों के साथ सामंजित करना कठिन है।

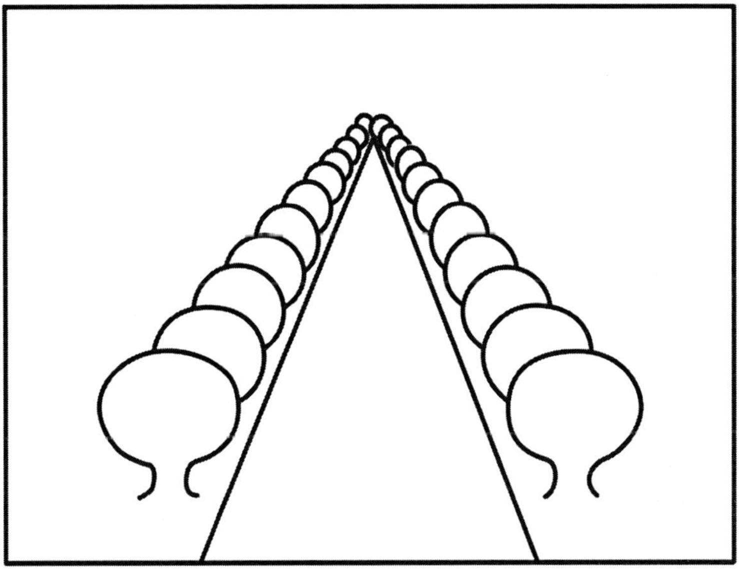

चित्र-12

प्राच्यकला ने इस कठिनाई का निवारण प्रतिरूपण और सन्दर्भ के प्रभाव को शान्त करके किया। अजन्ता परिप्रेक्ष्य में हम देख चुके हैं कि आँखें बहुत दूर तक नहीं पहुँच पाती हैं। प्रकाश और छाया का भी बहुत सूक्ष्म संकेत है। अक्सर केवल समोच्च रेखाओं की मोटाई छाया की उपस्थिति या अनुपस्थिति को संकेतित करती है। परिणाम को संकेतित करते वक्त संविरचनात्मक समस्या की रचना नहीं करने हेतु चित्रों में बहुत ज्यादा सपाटपन आ जाता है। पश्चिमी चित्रकला से प्रभावित कुछेक बादवाली तस्वीरों को छोड़कर अधिकांश भारतीय लघुचित्रों ने पृष्ठभूमि पर बेल-बूटे या सपाट स्थापत्य सम्बन्धी तत्त्वों का पर्दा डालकर, जो अग्रभूमि में चित्र की तरफ बढ़ जाती थी, स्वयं को सपाट तल तक ही सीमित कर लिया। देखिए, उदाहरणस्वरूप, 'उत्क नायिका, अपने प्रेमी की

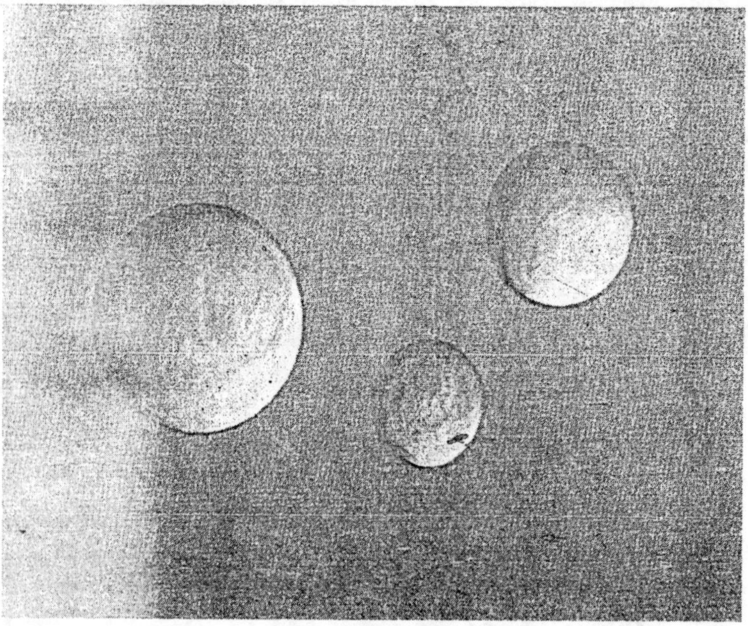

चित्र-13

प्रतीक्षा करती लड़की', 'कांगड़ा स्कूल या भागती औरत', 'राजपूत कला'। एक दूसरा उपकरण जो जापानी और चीनी प्रिंटों में तथा मुगल लघुचित्रों में भी सामान्य था, वह चित्रों को तलों पर एक के पीछे एक-दूसरे को सजाने का था, लेकिन फिर भी पृष्ठ में चित्र को उनसे जरा ऊपर उठाना था जो उनके समक्ष थे। इस तरह, चित्रतल की एकता को नष्ट करने की आवश्यकता के बिना गहराई-बोध की रचना की जा सकती थी (देखिए, 'शिकार के क्रम में अकबर अपने नौकर को मिल गया' तथा चिंगकाल के वांग डू द्वारा निर्मित 'डुवांग किंग वांग' के पीछे की भू–दृश्यावली)।

सेजां के बाद ही यूरोपीय कला संविरचनात्मक रूप से एक समान नौतल पर वापस लौटी, लेकिन उसके पहले और बाद के काल तक कला के सारे सिद्धान्तों में आमूल-चूल परिवर्तन हो रहा था।

नई संवेदनशीलताएँ, नए लक्ष्य, नए नियम

साधारण बोलचाल की भाषा में यह कहना बेमानी होगा कि अमुक परम्परा की चित्रकृतियाँ अमुक परम्परा की चित्रकृतियों के मुकाबले निम्न स्तर की हैं। तुलना

करने में न्याय तभी हो सकता है जब आप इस चीज की जाँच करें कि औपचारिक कलात्मक तत्त्वों के उपयुक्त संगठन से किस कोटि के अभिव्यंजक उद्देश्य की पूर्ति की गई है, लेकिन जब तक कलाकार के अभीष्ट लक्ष्य पर ध्यान नहीं दिया जाता है, यह अन्तिम वाला केवल कर्त्तव्यपरायणता की जाँच भर रह जाएगा। काल में सन्तोष का प्रश्न पूरी तरह अप्रासंगिक नहीं है।

विज्ञान और दर्शनशास्त्र की तरह कला मनुष्य के उस विश्व के प्रति गहन आश्चर्यबोध में शुरू होती है जिसमें वह पैदा हुआ है। यह भी प्रश्न करने से उद्भूत हआ है। प्रत्येक महान कलाकृति मनुष्य के सृष्ट्यात्मक बलों या साथी प्राणियों, जिनके साथ वह जन्म लेता है तथा अवियोज्य रूप से बँधा होता है, के साथ सम्बन्ध को परिभाषित करने का एक प्रयास है। चूँकि मनुष्य के पास इस प्रश्न का कोई निश्चित जवाब नहीं है कि वह क्यों जन्म लेता है, उसका भाग्य क्या है अथवा अन्य मनुष्यों एवं प्राणियों के प्रति उसके कर्तव्य क्या हैं, वह तो नए अनुभवों के दबाव में अपने स्थान को पुनर्परिभाषित तथा दुनिया के अन्दर अपनी भूमिका को पुनर्मूल्यांकित करता है। मनुष्य के भाग्य में या काल की प्रकृति में होनेवाले अकस्मात् बदलाव को एक कलाकार से ज्यादा दूसरा कौन जान सकता है? उससे अधिक दूसरा कौन इस अनुभूति को इतना प्रत्यक्ष तरीके से संकेतित और सम्प्रेषित कर सकता है? विज्ञान अत्यधिक विशिष्ट बन जाता है। दर्शनशास्त्र काफी अप्रत्यक्ष और अमूर्त होता है। कला अकेले प्रत्यक्षतः मनुष्य की संवेदनशीलता को आकृष्ट करती है तथा कल्पना से जागृति की तरफ ले जाती है यह विमर्शात्मक ढंग से प्राप्त नहीं किया जा सकता है। इस तरह, अपने प्रधान दायित्व को त्यागे बिना कलाकार खुद को एवं अपनी कला का इस शाश्वत प्रश्न से ओझल नहीं कर सकता है जिसका कि मनुष्य उत्तराधिकारी होता है।

यह सम्भव है कि तुलनात्मक स्थायित्व या प्रचुरता का लुत्फ उठानेवाला समाज आत्मसन्तुष्ट हो जाता है तथा कला में अपने उल्लास का आयोजन देखना चाहता है। यह भी सम्भव है कि कला के संरक्षक सीमित संवेदनशीलता वाले व्यक्ति होते हैं एवं वे अपने शौर्य या धन का गुणगान चाहते हैं और निस्सन्देह, कला ने अक्सर इस कर्तव्य का निर्वहन किया है, परन्तु महान कलाकार के लिए ऐसे संरक्षकों द्वारा आयात की गई सीमाओं तक स्वयं को सीमित रख पाना हमेशा कठिन होता है। जहाँ कलाकार ऐसी माँगों के अनुरूप हो जाते हैं, उनकी कृतियाँ भले चमकती हों, लेकिन कालजयी नहीं बन पाती। सजावटों के साथ ही इसका पतन होने लगता है।

अपनी सोच में सभी बड़े कलाकार संरक्षक और जनता के इस विवाद से घिर गए हैं जिनकी संवेदनशीलताएँ सीमित होती हैं। एल ग्रेसो जब अपनी

बेहतरीन तस्वीरों की रचना कर रहा था तो उसे पागल कहा जाने लगा। रेम्ब्रां को भी उस समय काफी गलत समझा गया जब उसका प्रतिभा अपना कमाल दिखा रही थी। उसी तरह पोप की माँग पर माइकेल एंजेलो का गुस्सा उसके द्वारा विटोरिया कोलोना को लिखे गए पत्रों में से एक में स्पष्ट दिखाई देता है। उसने लिखा था :

> "...चित्रकार दर्प से कभी असामाजिक नहीं होते हैं, लेकिन या तो इसलिए कि वे चित्रकारी के समान दूसरा लक्ष्य हासिल कर लेते हैं या इसलिए कि वे क्रम में निरर्थक लोगों की निरर्थक बातचीत से स्वयं को भ्रष्ट होने से बचाने के लिए तथा उन अहंकारी कल्पनाओं से जिनमें वे तल्लीन रहते हैं, अपनी विचारशक्ति को दूषित नहीं होने देने के लिए असामाजिक बन जाते हैं। और मैं मानता हूँ...कि पोप भी मुझे चिढ़ा और थका देते हैं जब किसी समय वे मुझसे बात करते हैं तथा मोटे तौर पर यह पूछते हैं कि मैं उन्हें देखने क्यों नहीं जाता हूँ। मेरा विश्वास है कि जब वे पूछते हैं तो उनके पास नहीं जाकर मैं उनकी ज्यादा सेवा करता हूँ तथा जब मैं उनके या किसी दूसरे के लिए काम करना चाहता हूँ उन्हें मेरी जरूरत नहीं रहती... (माइकेल एंजेलो टू विटोरिया कोलोना, 1538)"[13]

यह महत्त्वपूर्ण है कि अतीत से जो कलाकृतियाँ हमें सबसे ज्यादा प्रभावित करती हैं, वे या तो धार्मिक हैं या मृत्यु और शवाधान इत्यादि जैसे लोकाचार के अवसरों से सम्बन्धित हैं। ऐसा इसलिए नहीं है कि जीवन या मौत के बारे में धार्मिक विचार जन्मजात तौर पर उच्चकोटि के होते हैं। वस्तुतः सामान्यतः एक आधुनिक मस्तिष्क पर प्रतिकूल प्रभाव डाल सकता है, लेकिन इस तथ्य के बावजूद यदि उनमें अभी तक अपना प्रभाव है तो इसलिए कि केवल इन कामों में ही हमारी कल्पना जीवन के गहन अर्थ से मुकाबले के लिए सामान्य विषय से मुक्त है। इन कामों की शक्ति इस तथ्य से उत्पन्न होती है कि यह केवल इन धार्मिक कार्यों में ही था कि प्राचीन काल के कलाकारों को अपनी प्रेरणा का गहन स्रोत मिल गया।

वर्तमान समय में जब हम जीवन के धार्मिक विचारों को सन्देह की नजर से देखते हैं तो हम अभी भी वैसी कलाकृतियों से सबसे ज्यादा प्रभावित होते हैं जो उसी तरह की आध्यात्मिक कामना से प्रेरित जैसी होती हैं। वस्तुतः धार्मिक आस्था के क्षय से सुरक्षा-बोध विनष्ट हुआ है और मनुष्यों में भय-बोध बढ़ गया है। परिणामस्वरूप, कुछ आध्यात्मिक लंगरगाह की तलाश पहले से अब अधिक होती है। आस्था को थामे रहने तथा जोड़ने के लिए कुछ लोग उच्च

व्यक्तिगत संकेतों के साथ इसे सम्प्रदायबोध में ढूँढ़ते थे, तो दूसरे व्यक्तिगत किस्म के धर्म में तलाशते थे। कला में आधुनिक युग की शुरुआत न केवल नई संवेदनशीलताओं और उन्हें अभिव्यक्त करने की नई तकनीकों के विकास से होती है बल्कि नई आध्यात्मिक खोज तथा उन्हें निर्दिष्ट करने के नए नियमों से भी होती है। चूँकि अत्यधिक परिश्रम की गुलामी से मुक्त होने के बाद जीविकोपार्जन के लिए आधुनिक दुनिया में मनुष्य का दिमाग बृहत् काल्पनिक क्षेत्रों में घूमता रहता है, इसलिए कला ने भी व्यापक दृष्टि और विविधता अर्जित कर ली है, जो अभूतपूर्व है।

मा यूआन, चाँद
निहारता साधु
सुंगकाल, 18वीं सदी

3

मनुष्य का जन्म प्रतिकृतियों की दुनिया में हुआ है। हम अपने सचेतन जीवन में किसी भी क्षण उन सरल संवेदनाओं से अवगत नहीं रहते हैं जो अर्थ के साथ कुछ समनुगत विन्यास के अर्थात् किसी प्रतिकृति के अंग नहीं हों। सम्भवतः पहली भिन्नता जो किसी बच्चे को दिखती है, वह किसी वस्तु और उसके इर्द-गिर्द की रिक्तता के बीच होती है। यह आशंका प्रेक्षण और स्पर्श इन्द्रियों से उपजी संवेदनाओं के दो समूहों के संयोजन से उत्पन्न होती है। वह देखता है कि आँखों को दिखनेवाली चीजों को ग्रहण एवं उसका स्पर्श किया जा सकता है। अतएव वह दुनिया को दो हिस्सों में बाँटता है, एक रिक्त स्थान का तथा दूसरा स्पृश्य बिम्बों का। मनुष्य जीवन भर दुनिया के बारे में इस बचपन वाली दृष्टि को लेकर चलता है।

सुकरात के पहले के यूनानी दार्शनिकों ने जब दुनिया को परमाणु और रिक्त स्थान में विभक्त किया तो उसी तरह की चेतनता को आदर्शीकृत किया था। पुनः इसी स्थान को काट ने अपने ज्ञान की श्रेणियों में से एक श्रेणी बतलाया। सचित्र कला में इसी विचार को आकृति और तल के बीच स्पष्ट विभाजन के रूप में प्रदर्शित किया गया। आकृति किसी वस्तु का प्रतीक मानी गई तथा तल आकृति की निष्क्रिय पृष्ठभूमि के रूप में काम करनेवाला केवल एक विन्यास था। स्पृश्य बिम्ब प्रतिकृतियों के अनुक्रम में, जिसे मनुष्य अपने वैयक्तिक और सामाजिक विकास के क्रम में विकसित करता है, अर्थ की प्रचुरता अर्जित करते हैं।

ज्योंही कोई बच्चा रेखांकन करने के योग्य हो जाता है, वह किसी मनुष्य या जानवर का ही चित्र बनाता है। वह सोचता है कि वह इसे जानता है। हालाँकि, वह बिम्ब के सम्पूर्ण सिद्धान्त से अलग दृश्य-अंगों का एक संग्रह चित्रित करता है। इसका अभिप्राय यह है कि वह जो चित्रित करता है, वह एक सार्थक संकेत है। मनुष्यों और जानवरों के चित्र बनाने में प्राचीन मनुष्यों को भी प्रतीक का सहारा लेना पड़ा होगा। यह भी अटकल लगाई जा सकती है कि बिम्बों से भली-भाँति अवगत होने के पूर्व मनुष्य ने केवल उन्हीं बिम्बों को संकेत के माध्यम से प्रस्तुत किया होगा जो हाव-भाव, आवाज और नकल से उनके लिए बहुत मतलब के

रहे होंगे। वे प्रकृति के अर्द्धअँधेरे से बननेवाली आकृतियों की तरह थीं जिनके बारे में उसे इन' प्रतीकात्मक कार्यों को स्पष्टीकरण देना था। कालान्तर में प्रतीक के बहुत-से अभिप्राय हो जाते हैं। प्रतीक या संकेत के अभिप्राय का संक्षेपण मानवीय संस्कृति की निरन्तरता से होता है। यह प्रतीक समय के साथ बना रहता है, लेकिन अनुभव बढ़ने के साथ नए अर्थ लगातार प्रतीक के पुराने अर्थ में जुटते जाते हैं और इसे समृद्ध करते हैं। चूँकि मनुष्य को आरम्भ में किसी संस्कृति का अंग बने रहना पड़ता है, ऐसे में प्रतीक* या प्रतिबिम्ब ही होते हैं जिनसे वह परिचित रहता है। बाद में, यदि उसमें प्रेक्षण और संवेदनशीलता की तीक्ष्णता है तो वह अपनी प्रतिकृतियों में जोड़ने या घटाने के लिए अनुभवों को प्राप्त कर सकता है। प्रकृति को इसके छविविहीन कच्चे वैभव में देखने के सारे विचार हमारी उद्दाम कल्पना के उत्पादन हैं। वस्तुतः हम उस दुनिया में रहते हैं जो हमारे द्वारा अपनी इसकी छवियों से सृजित की जाती है।

विज्ञान, दर्शनशास्त्र तथा कला सभी प्रतिकृतियों के निर्माण में अपनी भूमिका अदा करते हैं, जिसका संचरण हमारी संस्कृति से होता है, लेकिन इसे संचारित करने एवं बनाए रखने में कला की सबसे अधिक निर्णायक भूमिका होती है। हमने पहले ही इस बात का वर्णन किया है कि क्यों विज्ञान के क्षेत्र में सम्प्रेषण का दायरा संकुचित हो जाता है। हमने देखा भी है कि विज्ञान की प्रतिकृतियाँ हमारी संवेदनशील दुनिया से सम्पर्क खो देती हैं तथा अमूर्तनों की धुन्ध में खो जाती हैं। दर्शनशास्त्र हमेशा विश्लेषणात्मक और अमूर्त रहा है। मानवीय कल्पना को पकड़ने तथा अभिभावी होनेवाली प्रतिकृतियाँ सामान्यतः कला के माध्यम से प्रकट होती हैं, चाहे वह लोककला के रूप में हो या साहित्य, चित्रकला, स्थापत्यकला, संगीत के रूप में हो। अक्सर, कला मानवीय कल्पना के दूसरे क्षेत्रों के विकास से अपनी प्रतिकृति को संश्लेषित करने तथा उनकी अर्थवत्ता को स्पष्ट करने से ज्यादा कुछ नहीं करती है।

---

* यहाँ 'प्रतिकृति' और 'प्रतीक' शब्दों का प्रयोग समानार्थक रूप में किया गया है, लेकिन उनका अर्थ हमेशा एक-सा नहीं होता है। हालाँकि, चूँकि कोई भी प्रतिकृति, उस क्षण को छोड़कर जब कोई सीधे किसी बिम्ब को निहारता है, मूर्तकल्पी नहीं होती है जिस क्षण फोकस को बिम्ब से स्थानान्तरित किया जाता है, प्रतिकृति एक प्रतीक बन जाती है क्योंकि हमें स्मरण होता है कि प्रत्येक प्रतिकृति हमारे द्वारा देखी गई वस्तुओं का ही पुनर्निर्माण और अमूर्तन है। प्रतीक एक अत्यधिक स्थायी संरचना अर्जित करता है और बिम्ब के शून्यमनस्क स्वरूपों से कसकर बुना गया होता है। इसके अतिरिक्त वह निश्चित परिस्थितियों में निरूपित बिम्ब से परे विशेष लक्ष्यार्थ अर्जित करता है। किन्तु निश्चित स्थितियों के सम्पर्क में बारम्बारता के साथ पुनः घटित होते वक्त प्रतिकृतियाँ स्वयं विशेष परिस्थितियों को निरूपित करने की बजाय सामान्य आचरण अर्जित करनेवाली प्रतीक बन जाती हैं।

कला यह भूमिका तीन स्तरों पर निभाती है। एक स्तर पर यह उन चीजों को भी हमारे लिए दृश्यमान बना देती है जिनके बारे में हम यह समझते हैं कि हमको उनकी स्पष्ट समझ है, लेकिन वस्तुत: वह समझ होती नहीं है। दूसरे स्तर पर, हम कल्पनात्मक रूप से जिस भौतिक दुनिया में सुलभ ढंग से निवास करते हैं, उसकी विषयजनित प्रतिकृतियों का निर्माण करती है। तीसरे स्तर पर, यह उन वस्तुओं और घटनाओं के बारे में, जो हमारे जीवन को महत्त्वपूर्ण तरीके से प्रभावित करती हैं, सामान्य विचार का निर्माण करती है।

कला के माध्यम से दृश्यमानता

अपने सामान्य जीवन में हम अपने आसपास जो देखते हैं, उसके बारे में बिना किसी साफ अवबोधन के दुनिया से जुटे रहते हैं। कला विश्व के उन अनेक स्वरूपों की खोज करने में हमारी मदद करती है जो किसी तरह खोजे गए नहीं होते हैं। सामान्यत: हम एक कुर्सी, टेबुल या कार के बारे में उस रूप में सोचने लगते हैं जिस रूप में वे एक सन्दर्भ विशेष से दिखती हैं, जिसके हम आदी हो चुके हैं। प्राय: हम चीजों को उस तल के समानान्तर, जिस पर हम खड़े होते हैं, अपनी आँखों के स्तर पर तल के अनुदिश देखते हैं।

अपने समीप के अधिकांश बिम्बों के बारे में हमारा सन्दर्भ इसी दशा से निर्मित होता है। वस्तुत: फोटोग्राफी की खोज के पहले चित्रकार ही था जिसके सूक्ष्म अवलोकन ने हमें घोड़ों तथा दूसरे जानवरों तथा आकस्मिक कोणों से उड़ती चिड़ियों के आकारों से परिचित कराया। चित्रण कला के बारे में यह भी सत्य है कि इसमें अभिव्यंजनावादी विकृतियाँ नहीं होती हैं।

वैसी ही कहानी आकारों के साथ है। यह ज्यादातर प्रकृतिवादी किस्म की कलाकृतियों के जरिये होता है कि हम अपगमन में बिम्बों के ह्रास की सीमा से अवगत हो जाते हैं। इन कलाकृतियों को जीवन की सुसंगताओं की तरह चित्र में सुसंगतताओं का निर्वहन करना पड़ता है। यह ध्यान देना रोमांचक है कि कुछ कलाकारों ने सुविचारित ढंग से बिम्बों को रेटिना पर बने उसके वास्तविक आकार में चित्रित कर सुसंगतता को भंग करने का चुनाव किया है, जैसे हमारी तरफ ताना हुआ हाथ, चित्र 14 में दिखाए जैसा। वे एक छोटे चित्र पर उभारवाले बड़े हाथ से हमें स्तब्ध कर देते हैं। यदि हमारा दिमाग हमें परम सुखमयी अज्ञानता में रखकर धोखा नहीं दे तो यह फकत इतनी-सी बात है कि हमारी तरफ फैला हाथ किस प्रकार से दिखा था।

हम सभी अपने आसपास के स्थान से परिचित हैं, लेकिन चित्रांकन हमें उस तरह से अवगत होने में मदद करता है जिसमें स्थान विविध बिम्बों को एकबद्ध

करने का कार्य करता है। अपने सामान्य जीवन में हम अपने आसपास के बिम्बों को स्थानिक सन्दर्भ में एकबद्ध नहीं करते हैं तथा इस तरह वे अव्यवस्थित ढंग से बिखर जाते हैं। इसका परिणाम यह होता है कि बहुत-से दृष्टिगोचर बिम्ब नजर से ओझल हो जाते हैं। यही दृश्य जब किसी चित्रकृति में चित्रित होता है तो हम अनुभव करते हैं कि हमने एक खोज की है और उसके बाद चीजें एक निश्चित क्रम में अपना स्थान ग्रहण करना शुरू कर देती हैं। इसके बाद हम जहाँ भी इस दृश्य को पुनः देखते हैं, क्रम बाध्यकारी बन जाता है। हमारा दिमाग इस क्रम को दूसरे दृश्यों पर डालने का प्रयास कर सकता है जिनके बीच थोड़ी-बहुत समानता हो।

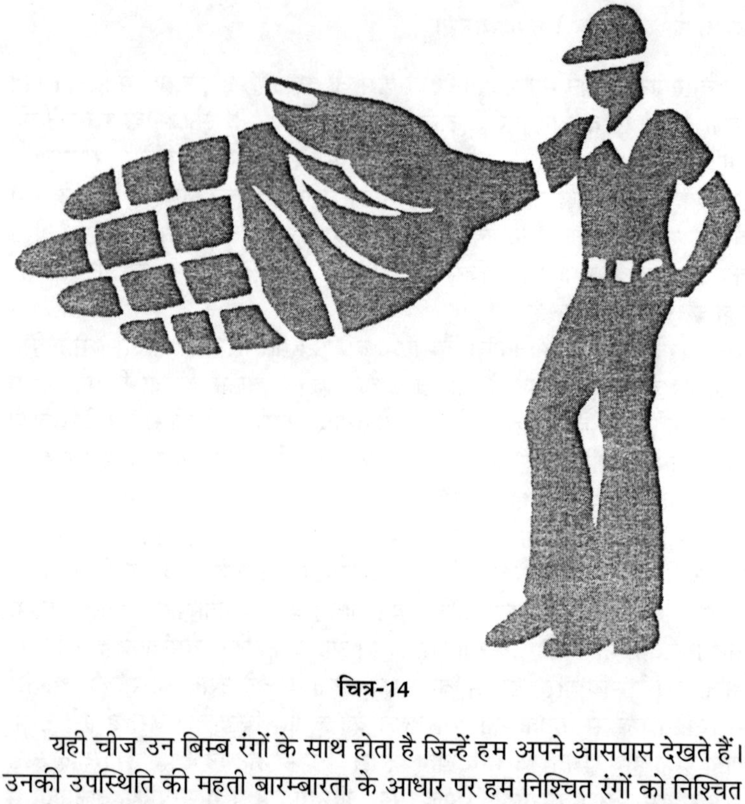

चित्र-14

यही चीज उन बिम्ब रंगों के साथ होता है जिन्हें हम अपने आसपास देखते हैं। उनकी उपस्थिति की महती बारम्बारता के आधार पर हम निश्चित रंगों को निश्चित बिम्बों से संयोजित करते हैं। इस तरह, घास और पत्तियाँ हमेशा हरी रहती हैं। आकाश नीला, बादल स्याह तथा डामरयुक्त मार्ग काला रहता है, लेकिन ध्यानपूर्वक अवलोकन करने से यह तथ्य प्रकाश में आया कि वही बिम्ब दृष्टिकोण तथा दिन के समय अर्थात् प्रकाश की प्रकृति पर निर्भर रहते हुए पूरी तरह विभिन्न रंगों के

हो जाते हैं। डामरयुक्त सड़क को यदि एक निश्चित कोण से तेज प्रकाश में देखा जाए तो यह चाँदी जैसी उजली भी दिख सकती है। आकाश का रंग भी नीले से भूरे या उजले में बदल जा सकता है और दूसरे समय में यह गुलाबी, नारंगी या किसी दूसरे रंग का हो जाता है। घास और पत्रगुच्छ के साथ भी यही बात है। ये भी सभी रंगों के हो सकते हैं, उजले और लाल रंग के भी।

यद्यपि यह एक अनुभव है, वास्तव में हम इस तथ्य से कभी अवगत नहीं होते हैं और सामान्यबोध दृष्टि की समय-सम्मानित परम्परा में रंग प्रदर्शित करने लगते हैं। पुनः केवल कलाकृति के माध्यम से ही रंग के परिवर्तनों को प्राप्त करने के लिए हम प्रकृति को देखते हैं। वास्तव में इन सामान्य बुद्धि विचारों की इतनी गहरी घेराबन्दी हुई होती है कि अनेक अवसरों पर जब कलाकारों ने इस विचार को दुरुस्त करने का प्रयास किया तो कलाकर्म ही था जिसकी भर्त्सना गलत ढंग से प्रकृति को चित्रित करने के लिए की गई थी।

उसी प्रकार, बिम्बों के सामान्य प्रेक्षक को छायाएँ बिलकुल भ्रामक लगीं। निस्सन्देह, जब किसी को चमकीले प्रकाश में किसी वृक्ष या इसके आसपास के घर की गहरी छाया की खोज करनी होती है तो इसमें कठिनाई नहीं होती है, लेकिन जब छाया के उस पतले परदे को जिसमें ज्यादातर बिम्ब नहाए रहते हैं, समझने की बात आती है तो अप्रशिक्षित प्रेक्षक को किसी की भी खोज करने में जबर्दस्त बाधा पहुँचती है। वस्तुतः आयतन के साथ किसी बिम्ब का अत्यन्त छोटा भाग ही है जो किसी स्रोत से पूरा प्रकाश ग्रहण करता है। शेष भाग विभिन्न तरह की अँधेरेवाली छायाओं से ढँका रहता है। इन छायाओं को नजरअन्दाज कर हमारा दिमाग प्रकाश ही इन श्रेणियों से सीधे बिम्ब के आयतन, रूपरेखा और बुनावट पर पहुँच जाता है। चित्रकला पुनः हममें से अधिकांश लोगों के लिए यह खोज करती है जिन्हें प्रकृति से अवलोकन की सीमित शक्ति उपहार में मिली है।

प्रभाववादियों ने जब रंगीन छायाओं का चित्रण किया तो कला पारखियों के समूह में बहुत बड़ा विवाद शुरू हो गया। यह ऐसी शानदार खोज थी कि प्रेक्षण की सीमित शक्ति से सम्पन्न व्यक्तियों ने पहले उन्हें अविश्वास के भाव से देखा था। पुनः उनके प्रसंग में यह पूर्ववर्ती कला द्वारा बनाई गई दृष्टि थी जिससे वे रुक गए। इस प्रकार, इन कामों की तुलना वे प्रकृति में पाई गई चीजों से करने के बदले इन कामों में रंग-प्रणालियों को ढूँढने का प्रयास करने लगे, जिन्हें वे चित्रों में तलाशने के लिए प्रशिक्षित हो चुके थे, परन्तु प्रभाववादियों की दृष्टि अन्तिम रूप से छा गई क्योंकि ऐसा अनुभव किया गया कि रंगीन छायाएँ त्रुटियुक्त प्रेक्षण द्वारा नजरअन्दाज किए गए यथार्थ का हिस्सा थीं।

जहाँ यह इन बोधात्मक प्रतिकृतियों पर आधारित हमारे ज्ञान या संकल्पना को गहन बनाने से सम्बन्धित होता है, कला वहाँ अनिवार्यतः कोई नया ज्ञान नहीं देती

है। प्राय: यह स्वयं को लोककला, दर्शनशास्त्र और विज्ञान से निकाले गए विचारों पर आधारित कर लेती है, लेकिन कला अकेले इन अनुशासनों के अमूर्त विचार तथा उनसे निकली अस्पष्ट तैरती अनुभूतियों को दृश्य आकृति प्रदान करने में सक्षम है।

यहाँ कलाकार के काम तथा प्रेक्षकों के बीच एक द्विमार्गी सम्बन्ध होता है। एक तरफ कलाकार के काम से प्रेक्षकों के समक्ष विश्व के बारे में एक नई दृष्टि बनती है तो दूसरी तरफ जब तक लोगों के दृष्टिकोण में सामान्य बदलाव के जरिये हर समय उपेक्षित रहनेवाली कला चलन में नहीं आ जाती है, कला के स्वरूप और संकल्पना उपेक्षित ही रहते हैं एवं बहुत कम लोग इसे सम्मान दे पाते हैं। अक्सर दुनिया को समझने के नए तरीकों के विकास के कारण यह औपचारिक विकास तभी घटित होता है जब इसकी आवश्यकता अनिवार्य हो जाती है।

कला और स्थान के प्रतिरूप

सदियों से कला में स्थान के संगठन का सम्भवत: सबसे ज्यादा मौलिक रूपान्तरण होता रहा है। आरम्भिक काल की कला में हमको अन्तहीन रूप से फैले रिक्त स्थान का विचार नहीं मिलता है। अधिकांश प्राचीन कला में यह तीसरा आयाम चित्रित आकृतियों के आयतन और आसन्न पृष्ठभूमि जिसमें वे स्थित होते हैं, को संकेतित करने के लिए जो आवश्यक होता है, उसके परे ज्यादा नहीं जाता है। इसे, उस समय के प्रचलित सामान्य विचार के अनुरूप होना था जिसने सीमित दूरी के भीतर प्रत्येक चीज को अवस्थित कर दिया। चूँकि स्वर्ग या नरक सरीखे काल्पनिक रिहायशी स्थानों के लिए कोई मापक अस्तित्व में नहीं था, इसलिए वे एक-दूसरे के ऊपर या नीचे मनमाने ढंग से अत्यन्त सान्निध्य में रखे गए। निस्सन्देह, खगोलशास्त्र एक शास्त्र के तौर पर सम्मानित पुरातनता में चला जाता है। हालाँकि उस पुराने जमाने में खगोलीय पिंडों ने ईश्वर के विशाल साम्राज्य की सीमा का निर्धारण नहीं किया था। ईश्वर ने खगोलीय पिंडों को आकाशमंडल में नीचे की धरती के प्राणियों की सेवा करने के लिए अव्यवस्थित कर दिया। देवताओं के वास स्थान स्वर्ग को स्पष्टत: उनके ऊपर स्थापित किया गया। इस ब्रह्मांड में विष्णु को क्षीर सागर में, जो असीम रूप से फैलता गया, सर्पराज शेषनाग पर स्थायी रूप से लेटा हुआ चित्रित किया गया या इन्द्र अपने पीछे बादलों को घसीटते हुए अपने दरबार के साथ तैर सकते थे या सर्वशक्तिमान पिता अपने आकाशीय सिंहासन से सस्नेह उसे देख सकते थे, जिस समय कुछ ही कदम नीचे गड़ेरिया मेमने को प्यार दे रहा था। यह पूछने की किसी ने जहमत नहीं उठाई कि कैसे या किस पर यह सागर टिका हुआ है या किस चीज पर ईश्वर का आकाशीय सिंहासन टिका हुआ है? ये धर्मशास्त्रज्ञों के बताए विचार थे जिनसे एक सामान्य खांचा निर्मित हुआ जिसमें

सामान्यजनों और कलाकारों ने दुनिया के बारे में संकल्पना की। इस विचार को कलाकारों ने एक स्पष्ट दृश्यमान रूप प्रदान किया तथा अन्तरिक्ष के इस विचार को शाश्वत एवं सुदृढ़ बनाने में मदद की।

यह कॉपरनिकस, गैलीलियो और न्यूटन के बाद ही सम्भव हो पाया कि जब खगोलीय पिंड और उनकी दूरियाँ दुनिया के मापक बन रहे थे तो असीम अन्तरिक्ष के सिद्धान्त दृश्य कलाओं में स्थान बनाना आरम्भ कर दिया। सत्रहवीं सदी के बाद बरोक और रोको को चित्रशैलियों ने, खासकर भवनों और गुबन्दों के अन्दर आँखों को अथाह दूरी की तरफ ले जाने का प्रयास किया। इस प्रकार के सचित्र चित्रण ने अनन्त दिक् से सिद्धान्त की रचना करने में एक लम्बी दूरी तय की जिसे अधिकांश लोगों ने अन्तर्ज्ञान से अपने दैनिक अनुभव में महसूस किया अर्थात् उस बिन्दु को समझने की असम्भावना, जिससे परे कोई दूसरा बिन्दु नहीं हो सकता था। इसने कल्पना में एक प्रकार का असीम अपगमन उत्पन्न कर दिया, उस समय भी जब यथार्थ में चित्र केवल सपाट तल पर कुछ इंचों में सीमित था। कलाकारों के काम में किसी दूसरे प्रकार के स्थान को समझने में परवर्ती कठिनाई कुछ हद तक इस सचित्र संकेतन की वजह से होती है।

दिक् सम्बन्धी धारणा के निर्माण में दूसरा बड़ा निर्णायक मोड़ बीसवीं सदी के आरम्भिक भाग में आया। चित्रकला के क्षेत्र में इस नए सिद्धान्त की घोषणा करनेवाला व्यक्ति पॉल सेज़ां था। वह उस प्रवृत्ति का अग्रदूत बन गया जो धनचित्रण शैली के साथ समाप्त हुई थी। आनुषंगिक रूप से दिक् का यह नया सचित्र संगठन भौतिकी में दिक् के सिद्धान्त में आए उस क्रान्तिकारी रूपान्तरण से, जो सापेक्षता के सिद्धान्त से शुरू हुआ था, मेल खा गया। चूँकि यह एक महत्त्वपूर्ण नई प्रवृत्ति थी, इसलिए कुछ उस तरह कारकों पर विचार करना प्रसांगिक हो गया जिसकी वजह से यह विकास हो पाया था एवं वैसे सूत्रों को खोजना आवश्यक था जो मानवी रचनात्मकता के दो अत्यन्त पृथक् क्षेत्रों में धारणा सम्बन्धी प्रक्रिया को एकबद्ध कर सकता हो।

संविरचना अर्थात् कम्पोजिशन के विचार से सबसे महत्त्वपूर्ण कारक चित्रतल की एकता सम्बन्धी समस्या थी जो अपगमन और यथार्थवादी प्रतिरूपण से अत्यधिक सरोकार रखने की वजह से उत्पन्न हुई थी। यहाँ इस विषय पर विस्तार में जाने की आवश्यकता नहीं है, क्योंकि पहले ही हम इस पर प्रकाश डाल चुके हैं। इस तरह सेजां ने स्वयं के लिए जो लक्ष्य निर्धारित किया था वह आयतन और गहराई को छोड़े बिना चित्रतल की एकता को बनाए रखना था। सेजां के विषय की इस चिन्ता ने एक भाव को भी प्रकट किया जो संविरचना के प्रत्येक छोटे बिम्ब को एक सर्वसमावेशी प्रतिमान के अंश के रूप में देखता था, जहाँ प्रत्येक बिम्ब अपरिहार्य रूप में सबसे जुड़ा हुआ था।

उसकी चित्रकला पर प्रभाववादी आन्दोलन का सबसे ज्यादा प्रभाव पड़ा था जिससे वह भी कुछ समय के लिए सम्बद्ध था। यह प्रभाव दो दिशाओं में रहता है। प्रथम स्थान पर चित्र की नींव के रूप में रेखा की बजाय रंग का प्रयोग करते हुए एवं पैबन्दों में रंग का प्रयोग करते हुए (प्रत्येक पैबन्द चिकने रंगतलों को आकार देने के लिए रंगीन पैबन्दों के किनारों पर सावधानी से कूची चलाकर कूची चिह्न को विलोपित करने की अपेक्षा कैनवस तल किसी बिम्ब के अंश को आकार देने के वक्त भी स्वतंत्र होता है) यह असर प्रभाववादियों द्वारा रंग के प्रयोग में होता है अर्थात् छाया को चित्रित करने में काले व भूरे से उनका विलोपन। द्वितीय स्थान पर यह प्रभाव ज्यादा महत्त्वपूर्ण था जो उसमें चित्रकला के प्रति उनकी बुनियादी पहुँच के विरुद्ध एक कड़ी प्रतिक्रिया को भरकर बनता है।

प्रभाववादी चित्रकला, विशेषकर इसके मुख्य पक्षपोषक मोनेट की चित्रकला का सबसे महत्त्वपूर्ण पहलू था, यथासम्भव विश्वासी रूप से बिम्बों पर प्रकाश की क्रीड़ा को चित्रित करने का इसका प्रयास। इसके लिए उन्होंने सपाट रंगीन सतहों का प्रयोग करना छोड़ दिया तथा विभिन्न रंग के छोटे पैबन्दों को एक-दूसरे के सन्निकट रख दिया जो प्रेक्षकों की आँखों में एक साथ होकर उनके चित्रों को ज्योति प्रदान करते थे। आरम्भिक काल की चित्रकृतियों में यही चीज नदारद थी। मोनेट बिम्बों के तल पर प्रकाश के इस खेल से इतनी सम्पूर्णता के साथ जुड़ा हुआ था कि उसने प्रकाश की विभिन्न अवस्थाओं में रूएन गिरजाघर, घास के ढेर तथा अन्य बिम्बों का चित्रण करते हुए एक पूरी श्रृंखला ही चित्रित कर दी। अन्त में उसने अपनी प्रसिद्ध चित्रकृति 'जल कुमुदनी' को चित्रित किया, जहाँ चमचमाते रंगों की संवेदना में बिम्ब गुम हो जाते हैं। चूँकि प्रभाववादियों ने रेखा पर कम ध्यान दिया, इसलिए निर्मित प्रभाव स्पष्ट रूप से परिभाषित आकृति की बजाय चमकदार तलों में से एक था। वस्तुतः प्रभाववादियों ने जिस चीज को चित्रित करना चाहा, वह स्वयं बिम्ब से प्रतिबिम्बित होने की बजाय बिम्ब के तलों से प्रतिबिम्बित होकर प्रकाश द्वारा निर्मित एक क्षणभंगुर संवेदना थी।

अब चित्रकला के प्रति इस प्रवृत्ति ने स्वयं को दर्शनशास्त्र से जोड़ा, जिसका विचार था कि यथार्थ हमारी संवेदनाओं का समस्त योग है। साथ ही, इसने प्राचीन हिराकल्स के इस विचार से भी जोड़ा कि दुनिया नियत रूप से एक प्रवाह के तहत है अथवा खुद एक प्रवाह है। उसके विरुद्ध हमारे पास पारमेनिडस का प्राचीन दर्शनशास्त्र था जिसने सभी गति के यथार्थ को अस्वीकार कर दिया तथा दुनिया को एक व्यवस्थित परिवर्तनहीन यथार्थ के रूप में समझा था। इन दो विचारों की प्रतिमूर्तियाँ दर्शनशास्त्र और कला, दोनों में होती हैं। अन्तिम सदी के मोड़ पर दिक् के क्रम का सिद्धान्त आकार ले रहा था जिसने इस द्वितीय विचार का समर्थन किया। कला के क्षेत्र में सेजां संवेदना की दुनिया के पीछे उसी प्रकार के स्थायी क्रम के लिए संघर्ष कर रहा था।

प्रभाववादी चित्रकला की प्रवृत्ति के विरुद्ध प्रतिक्रिया व्यक्त करते हुए सेज़ां ने अपने काम में सभी को एक सूत्र में पिरोनेवाली संरचना को पुनर्स्थापित करने का प्रयास किया। प्रभाववादियों के प्रति सेज़ां के भाव के बारे में रोजर फ्राई ने लिखा है :

> "उसने तत्परता से यह स्वीकार लिया कि रंग संवेदनाओं के बाने को धैर्य से एवं पूरी तरह विश्लेषित करने के लिए यह इस तरह उपयुक्त था जिसे प्रकृति अभ्यस्त आँखों के लिए फैलाती है, लेकिन उसकी कल्पना उसके परे और पीछे दुर्बोध एवं अल्पस्पष्ट वास्तविकताओं की तरफ चली गई। वह हमेशा इस पर्दे के पीछे धुन्धला ही सही, एक स्थापत्य और तर्क को देखता था जो उसकी घनिष्ठतम अनुभूतियों को प्रभावित करती थी। निस्सन्देह, यथार्थ हमेशा इस रंग के पर्दे के पीछे रहते हैं, लेकिन उत्साह की जरूरतों के घनिष्ठ सम्बन्धों में यह भिन्न था, ज्यादा ठोस और ज्यादा संघन।"[1]

भौतिकी के क्षेत्र में जो हो रहा था, वह एक क्रम या व्यवस्था की रचना करने का प्रयास था जो नए प्रेक्षणात्मक आँकड़ों के अम्बार की वजह से संकट में था। पहले दुनिया में जिस क्रम की खोज हुई, वे सभी धर्म या दार्शनिक शास्त्र से उत्पन्न हुए थे, लेकिन गैलीलियो और न्यूटन के समय से भौतिकवेत्ताओं पर ही विश्वास किया जाने लगा कि वे खगोलीय और पार्थिव घटनाओं को मिलाकर दुनिया की एकबद्ध और समनुगत तस्वीर बनाने में अपना सबसे महत्त्वपूर्ण योगदान दें। न्यूटन का नियम सम्पूर्ण ब्रह्मांड को नियंत्रित करने के लिए ही प्रकाश में आया।

परन्तु वैद्युत चुम्बकीय घटना और खुद खगोलशास्त्र से सम्बन्धित अन्य निश्चित प्रेक्षणों के ज्ञान से उलझनें और बढ़ गईं। चूँकि वैद्युत चुम्बकीय तरंगों को माना गया कि ये प्रकाशवाही ईथर के माध्यम से विचरण करती हैं और इस ईथर के बारे में कहा गया कि यह सम्पूर्ण ब्रह्मांड में फैला है, इसलिए वैज्ञानिकों ने इस माध्यम के भीतर बिन्दुओं के सापेक्ष पृथ्वी की गति का पता लगाने का प्रयास किया, लेकिन उनको यह पाकर घोर विस्मय हुआ कि इसको प्राप्त करने का कोई रास्ता नहीं था। उसने ब्रह्मांड के भीतर सन्दर्भ के एक निश्चित खाँचे को जिसके सापेक्ष दिक् के अन्दर भिन्न-भिन्न बिम्बों की स्थिति और गति प्राप्त की जाती, प्राप्त करने की आशा को हमेशा के लिए समाप्त कर दिया। इसका मतलब हुआ कि सुव्यवस्थित मशीन के अंग जो न्यूटोनियन ब्रह्मांड था, अकस्मात् अलग छिटक गए थे। अब और कोई कील नहीं थी; प्रत्येक चीज एक ही समय में केन्द्र और परिधि, दोनों पर थी।

यदि क्रम को पुनर्स्थापित करना था तो ब्रह्मांड की पुनर्संरचना आवश्यक थी। क्रम की इस खोज के परिणाम के रूप में ही था कि सापेक्षता के सिद्धान्त का जन्म

हुआ। अब आगे चलकर पसन्द का कोई और बिन्दु नहीं हो सकता था, जिसके सापेक्ष समूचे ब्रह्मांड में बिम्बों की स्थिति और गति का सैद्धान्तिक रूप से भी उल्लेख किया जाता। सभी गतियाँ चयनित खास बिम्बों के सापेक्ष हो गईं और गति को सभी अन्य बिम्बों से जोड़ने की आशा छोड़ चुकी थीं।

वह स्थायित्व जो निश्चित बिन्दुओं के लोप के साथ लुप्त होता प्रतीत हुआ, उसे केवल अन्तरिक्ष की घटनाओं के बीच नया सम्बन्ध स्थापित कर पुनर्सृजित किया जा सकता था। यह दिक्-काल सिद्धान्त से सम्भव हो पाया। इस दुनिया में दूसरे बिन्दुओं के सन्दर्भ को छोड़कर प्रत्येक बिन्दु समान रूप से महत्त्वपूर्ण था, फिर भी बिना किसी अभिप्राय के था। भौतिकी का विश्वचित्र संगीत या चित्रकला की संविरचना सरीखा हो गया जिसमें निश्चित नियमों का अनुसरण किया गया तथा इनसे इसकी समनुगतता निर्धारित की गई थी, लेकिन संगीत में स्वर या चित्र में रेखा और पिंड की स्थिति में जैसा होता है, उसी तरह अब किसी घटना की स्वयं के द्वारा कोई सार्थकता नहीं हो सकती थी।

ब्रह्मांड की नई तस्वीर का एक दूसरा पहलू यह था कि दिक् और भौतिक द्रव्य एक साथ सटाकर बुने गए थे। नए चित्र में दिक् की वक्रता का पता इसमें विशेष बिन्दु ग्रहण करनेवाले पिंड के द्वारा अपने आसपास के दिक् में एक सबल वक्ररेखा की रचना कर दी गई क्योंकि तने हुए रबर और कपास की चादर पर वजन आ गया था। उसी तरह किसी शरीर के आकार और गति की दिशा जिसकी व्याख्या पहले गुरुत्वाकर्षण से की जाती थी, नए चित्र में उसका निर्धारण इसके चारों तरफ के स्थान की वक्रता से किया गया। अब दिक् या स्थान काफी सबल हो गया, लेकिन यह अपने में अन्तर्विष्ट बिम्बों से मुक्त कोई विहार भी नहीं रहा, लेकिन वह सिद्धान्त जिसने सबसे बड़ी अबोधगम्या को प्रकट किया, कल्पनात्मक चित्र था जिससे हम स्वयमेव अन्तरिक्ष के बारे में सोच सके। हमसे कहा गया कि सभी पिंडों के साथ (आकाशीय पिंड भी) हमारे दैनिक अनुभव का दिक् केवल सापेक्षता भौतिकी की वक्रता का तल था। हमारी समझ से दैनिक अनुभव हमारे द्वारा चयनित किसी भी दिशा में अनिश्चित रूप से फैलता जाता है।

सेज़ां के चित्रों से दिक् के नए सिद्धान्त की बोधगम्यता का मार्ग प्रशस्त हुआ। एक प्रकार से इसके संकल्पनात्मक खाँचे और इसके बीच कुछ निश्चित समानताएँ थीं। दिक् के पुराने सिद्धान्त के सन्दर्भ में पहले चर्चा की जा चुकी है कि यह भी हमारे दैनिक अनुभव के आधार की रचना करता है तथा यह बिम्ब और एक पात्र के रूप में काम कर रहे दिक् के बीच वियोजन पर आधारित था। यह विचार चित्रकृतियों में आकृति और आधार के बीच के स्पष्ट विभाजन के रूप में प्रतिबिम्बित हुआ। यह आधार बाद में अपरिमित दूरी के अन्दर एक बिन्दु में लुप्त हो जाने के लिए प्रवृत्त हो गया।

सेज़ां ने जैसे-जैसे चित्रतल की अखंडता को प्राप्त करने का प्रयास किया, उसके काम में प्रौढ़ता आने के साथ-साथ आधार और आकृति के बीच का वियोजन, यहाँ तक कि चित्र के समग्र खाँचे में प्रत्येक की महत्ता सम्बन्धित थी, लुप्त होना शुरू हो गया। ऐसा उसकी तकनीक और चित्रकला में उसके बड़े पूर्वग्रह के कारण हुआ। सबसे पहले तो उसने प्रकाश और छाया से प्रतिरूप गढ़ने की जगह रंगों से प्रतिरूपण शुरू कर दिया। उसके समय तक प्रकाश और छाया से प्रतिरूपण करने का चलन ही व्यवहार में था। इस काम में उसने रंगों की विशेषताओं का भरपूर प्रयोग किया जो यह प्रदर्शित करता है कि रंगों को एक-एक कर सजाया जाए तो उष्ण रंगों से हल्के स्वरों एवं शीत रंगों से घने स्वरों की रचना होती है। इसी तरह, सम्यक् सान्निध्य में सजाया गया पीला-लाल-नारंगी से लेकर हरा-नीला-बैंगनी रंग भी हल्के, अर्द्धस्वरों व घने स्वरों की रचना कर सकते थे। उसने अनुभव किया कि ये रंग बगैर अपनी पहचान खोए एक वैसे क्रम में डाले जा सकते थे जो एक अटूट श्रेणी प्राप्त करता है। उसने विभिन्न मूल्यों के रंगों को एक-दूसरे की बगल में सजाकर आयतन की सर्जना की। इस उपकरण से वह अपनी चित्रकृतियों में रंग नियमन के सांगीतिक प्रभाव को प्राप्त करने में सक्षम था। इस सम्बन्ध में कुर्तब ने लिखा है :

> "सेजां ने स्वयं यह समझ लिया कि उसकी कला में सांगीतिक संरचना है तथा वह चाहता भी था कि यह वैसी ही हो। उसने लुईस ले बेल से कहा था—'ले मोडेले, इट नाय एक्वे सेला, ऑन ने डेवराइस पास डायर मोडेलर माइस मोडुलर' (प्रतिरूपित वस्तु, केवल यही चीज मायने रखती है; लेकिन किसी को 'नियमित करना' 'कहना चाहिए न कि प्रतिरूपण करना।'
>
> इसलिए, जब उसने अपने चित्रों का नियमन किया तो उसने हल्केपन के अंश व रंग में एक-दूसरे के समान तथा सघन रूप से जुड़ी स्वर शृंखलाओं के माध्यम से समग्र संरचना को प्रस्तुत किया, फिर भी वर्णिक स्वरग्राम के स्वरों के सदृश तरीके से वे स्पष्टत: एक-दूसरे से पृथक् थे।"[2]

इस प्रकार की चित्रकला में स्वाभाविक रूप से नियमन की चिन्ता आधार के चित्र से ज्यादा महत्त्वपूर्ण हो जाती है; वास्तव में समग्र रंग प्रणाली के अन्तर्गत उन्हें समेकित करते हैं।

उसके काम करने की विधि से सम्पूर्ण चित्रतल की एकता की रचना करने में भी मदद मिली। उसने चित्रतल के किसी खास बिम्ब से शुरुआत नहीं की और इसे समाप्त कर ही दूसरे को चित्रित किया। हालाँकि सम्पूर्ण चित्र पर उसने एक ही साथ काम किया। उसने छायाओं से शुरुआत की और ऐसा लगता था

कि छाया उसके पूरे चित्र से गुजर रही हो। इसके बाद उसने उसी समय विविध प्रकार के बिम्बों को विकसित किया, जिन्हें वह चित्रों में डालना चाहता था। विशेषत: उसकी कुछ तस्वीरों में पृष्ठभूमि छायाओं से लगभग अवशोषित है। ये छायाएँ अग्रभूमि की तरफ भी बढ़ती हैं तथा बिम्ब के बीच की सभी हल्की दरारों को भरती मालूम पड़ती हैं—आकृतियाँ अक्सर बिम्ब के भाग को आच्छादित किए रहती हैं। चूँकि इन चित्रों में पारम्परिक सन्दर्भ स्थान की रचना करने का प्रयास नहीं होता है, इसलिए छायाएँ स्वयं स्थान की जगह ले लेती हैं जिसमें बिम्ब अन्त:स्थापित प्रतीत होते हैं। इस प्रकार से चित्रित किया गया स्थान आरम्भिक चित्रकृतियों के परिप्रेक्ष्यगत स्थान की तरह रिक्त नहीं रहता है, लेकिन यह चित्रित बिम्बों जैसा ही स्पृश्य होता है। इन चित्रों में प्रत्येक बिम्ब अपने स्थान से आच्छादित लगता है जो इसके गिर्द वक्र बनाता जान पड़ता है, लेकिन यह स्थान उस सर्वव्यापक स्थान का भी अंग होता है जो सचित्र संविरचना को रेखांकित करता है।

सेज़ां ने अपनी भू-दृश्यावलियों में भी विविध उपकरणों के जरिये अग्रभूमि और पृष्ठभूमि के बीच के तीक्ष्ण अन्तर को मिटा देने का प्रयास किया। उसने पृष्ठभूमि स्थान को स्पृश्य और महत्त्वपूर्ण भी बना दिया। उसने यह अंशत: हवाई परिप्रेक्ष्य के सिद्धान्त से सम्बन्ध को नजरअन्दाज कर किया। इस प्रकार, उसने दूरस्थ बिम्बों और आकाश को भी अग्रभूमि के बिम्ब जितनी स्पृश्यता के साथ चित्रित किया। पृष्ठभूमि और अग्रभूमि के बीच अधिसंख्य तलों को रखकर, जिसके क्षैतिज और उदग्र किनारों ने अपगमन के बोध की रचना के लिए आकाशीय प्रघात दिया, उसने दूरी सम्बन्धी भ्रम रचने का प्रयास किया। साथ ही, उसने अक्सर अग्रभूमि में एक वृक्ष की शाखा से पहाड़ की तरह दूरस्थ बिम्बों की रूपरेखा को प्रतिध्वनित किया। इन उपकरणों के जरिये सम्पूर्ण चित्रतल को रेखाओं, रंगों और तलों के समनुगत खाँचे में कसकर जोड़ देने में सक्षम था।

इसके अतिरिक्त ज्यामितीय रूप के दृष्टिगोचर बिम्बों को, जिन्हें वह मौलिक समझता था, उसकी पहचान नष्ट किए बिना आत्मसात् करना उसकी बुनियादी चिन्ताओं में से एक था। इस उपकरण के माध्यम से वह प्रकृति के मूल तक पहुँच जाने की आशा करता था एवं इसे वह उसकी पृष्ठ अभिव्यक्तियों की अपेक्षा कैद करना चाहता था। इस तरह 15 अप्रैल, 1904 को उसने एमिल बर्नार्ड को लिखा :

> "क्या मैंने जो आपसे कहा था उसे यहाँ दुहरा सकता हूँ : प्रकृति को बेलन गोला, शंकु, उचित परिप्रेक्ष्य में हर चीज मान लीजिए ताकि किसी बिम्ब या तल का प्रत्येक पक्ष केन्द्रीय बिन्दु की तरफ हो जाए। क्षितिज के समानान्तर रेखाएँ चौड़ाई प्रदान करती हैं अर्थात् प्रकृति का एक खंड

या यदि चाहें तो दृश्य का एक खंड जिसे 'पेटर ओम्नीपोटेन ऐटर्ने ड्यूस' हमारी आँखों के सामने फैला देता है। क्षितिज की लम्बवत् रेखाएँ गहराई प्रदान करती हैं, किन्तु जबसे अपने प्रकाश कम्पनों को प्रस्तुत करने की आवश्यकता हुई, हम आदमियों के लिए प्रकृति लाल और पीले रंगों से चित्रित पृष्ठ से ज्यादा गहराई है, नीले रंग का भरपूर प्रयोग हवा का प्रभाव बनाने के लिए किया गया।"[3]

यह हमें तस्वीरों में नीली छायाओं की प्रधानता की समझ के सुराग की भी पूर्ति करता है। चूँकि वस्तुत: वे उस दिक् की रचना करते हैं जिससे कि बिम्ब उद्गमित होते प्रतीत होता है। इसलिए वे यथार्थ की अज्ञेय आधारभूत भूमि का संकेत देते हैं जिससे घटनात्मक दुनिया का सृजन होता है।

अन्त में वह चित्रकला को एक कदम और आगे बढ़ाते हुए ज्यामितीकरण की दिशा में लग गया। 'मट सेंटे विक्टोयारे' नामक अपनी चित्रकृति के अन्त में उसने समस्त वृक्षों, घरों तथा विभिन्न अभिविन्यासों के साथ अंशाच्छादित तलों के आकाश और पहाड़ को भी एक गहरे सम्बन्धित जाली के निर्माण हेतु कम कर दिया। अपनी इस चित्रकृति के विषय से वह जीवन भर ग्रसित रहा। एक-दूसरे से भिन्न कोणों पर स्थित तथा उदग्र और क्षैतिज रेखाओं से अन्त:प्रकीर्णीत तल, जो किसी चित्र का अंश नहीं होने बल्कि पूरी तरह सचित्र लक्ष्यों की पूर्ति के लिए रखे गए होते हैं, आँख को पहाड़ तथा आकाश तक पहुँचा देते हैं। यद्यपि हम पहाड़ की दूरी से अवगत होते हैं, यहाँ कोई बड़ा अपगमन नहीं होता है तथा वे तल जिनमें आकाश और पहाड़ का सृजन करनेवाले तल भी शामिल हैं, हर जगह चित्रतल के नजदीक रहते हैं। इस प्रकार, चित्र का ऐंद्रजालिक दिक् चित्रतल से कसकर बँधा रहता है।

अन्तिम चित्र का घनचित्र के विकास पर ज्यादा प्रभाव पड़ा। घनचित्रकारों को भी बिम्ब की सम्पूर्णता का प्रतिरूप तैयार करने का पूर्वग्रह था। उनका लक्ष्य था, किसी बिम्ब की विचारात्मक छवि को चित्रित करना अर्थात् जिस तरह बिम्ब के विविध पहलू एक निश्चित बिन्दु से दिखते हैं, उसकी बजाय उन्हें एक साथ प्रस्तुत करने का लक्ष्य था। इसके लिए उन्होंने सेज़ां की अन्तिम चित्रशैली का अनुसरण किया तथा बिम्ब पृष्ठों को वैसे तलों में खंडित किया जो चित्रों के तल के नजदीक विविध कोणीय खाँचों में फैले हुए थे। बिम्बों के साथ उन्हें परिबद्ध करनेवाले स्थान को भी उसी तरह से आड़े कर दिया गया तथा पृष्ठ के समीप ला दिया गया। बिम्बों तथा इनके आच्छादक स्थान को इस तरह तलों में खंडित किया गया तथा पुन: उनका ज्यामितीय खाँचों में निर्माण हुआ। इन चित्रकृतियों में सेज़ां का एक निश्चित वर्ग की ज्यामितीय आकृतियों की तरह बिम्बों को चित्रित करने का विचार ज्यादा अच्छी तरह साकार हुआ।

किसी घन चित्रकार का प्रथम ज्ञात चित्र 'लेस डेमबाइसेल्स डिअविग्नॉन' था, जिसकी रचना पिकासो ने वर्ष 1907 के आसपास की थी। इस चित्रकृति में आकृतियों की रचना सम्पूर्ण रूप से रंगीन तलों के प्रयोग से होती है और आकृतियाँ कोणीय होती हैं। चित्रतल के साथ पृष्ठभूमि की पूर्ण अखंडता भी इसके विचारणीय स्वरूपों में शामिल होती हैं। इस प्रकार आकृति और आधार के बीच का अन्तर पूरी तरह हटा दिया जाता है। स्थान आकृतियों जितना स्पृश्य होता है। फिर भी, आकृतियाँ अपनी स्फुट छाप प्रतिधारित कर लेती हैं। घनचित्रकला का रेखा के साथ अर्थात् विश्लेषणात्मक घनचित्रकला के अगले विकास ने पूरी तरह बिम्ब को छोटे तलों में चित्रित किए जाने के लिए तोड़ दिया जिसने विभिन्न परिप्रेक्ष्य से इसका दृश्य चित्रित किया तथा इन्हें चित्रतल के साथ एक निश्चित क्रम में अवस्थित किया। इस व्यवस्था में, अक्सर, इन तलों को परिबद्ध करनेवाली रेखाओं को बिन्दुओं के बीच तोड़ा गया, स्वर और सघनता में अपवर्तित या रूपान्तरित कर दिया गया। पारदर्शिता का बोध उत्पन्न करने के लिए इन तलों में रंग की एकरूपता का भी निर्वाह नहीं किया गया। ये तल अक्सर अन्तर्वेधन करते प्रतीत होते हैं। जैसा कि पूर्व में उल्लेख किया गया है, चूँकि रंग और रेखा की तीव्रता उस गहराई का उच्च रूप से निर्धारण करती हैं जिस पर कि कोई बिम्ब काल्पनिक सचित्र स्थान में दिखाई दिया था, इसलिए कलाकार द्वारा किए गए तलों का प्रबन्ध तलों की स्थानिक गहराई में बड़ी सन्दिग्धता उत्पन्न करता है। यह चित्र में दिक् की छवि सृजित करता है जो अपरिचित और रहस्यमय लगता था।

इस संक्षिप्त विमर्श के बाद दिक् के नए चित्र में सापेक्षता के द्वारा तथा घनचित्रकारों की चित्रकृतियों के द्वारा प्रदत्त कौन-से सामान्य तत्त्व विद्यमान हैं, उनका हम विशेष रूप से उल्लेख कर सकते हैं। ये हैं :

1. इनमें से दोनों दिक् या स्थान की एक समग्र ज्यामिति के तहत विश्व के बिम्बों को मिलाने का प्रयास करते हैं।
2. दिक् या स्थान के किसी समर्थित बिन्दु तथा चित्रकारी के किसी निश्चित परिप्रेक्ष्य के विचार को छोड़ दिया जाता है।
3. बिम्ब और स्थान परस्पर निर्भर बन जाते हैं तथा प्रत्येक की प्रकृति को दूसरे से सन्तुलित किया जाता है।
4. दृश्य या ऐंद्रजालिक स्थानों को सामान्यीकृत स्थान के नजदीक रखा जाता है। चित्रकृति में स्थान चित्रतल से बँधे रहते हैं।

भविष्यवादियों ने घनचित्रकला में आगे एक नया आयाम जोड़ दिया। भविष्यवादी मशीन युग तथा इसकी सनकी गति के सनकी भक्त थे, किन्तु उनमें से कुछ घनचित्रकारों की संविरचनात्मक तकनीक से गहरे प्रभावित थे। इसके

फलस्वरूप उस तरह की चित्रकृतियाँ अस्तित्व में आईं, जिनमें उत्तरोत्तर स्थितियों में घनचित्रण के अन्तर्गत किसी बिम्ब की गति का चित्रण इसको या इसके अवशेष को डालकर किया जाता है। इस तरह समय के विभिन्न बिन्दुओं पर बिम्ब को प्रदर्शित किया जाता है। भविष्यवादी काफी सोच-समझकर अपने चित्र में समय का तत्त्व जोड़ने का प्रयास कर रहे थे क्योंकि इस तरह इससे केवल गति को विश्वसनीय ढंग से चित्रित किया जा सकता था। मार्सेल डूकाम्प की चित्रकृति 'न्यूड डिसेंडिंग स्टेयरकेस' चित्रकला की उस शैली का अनोखा उदाहरण है। वह अपने लक्ष्य का बयान इन शब्दों में करता है :

> "यह गतिज तत्त्वों का एक संगठन है, गति के अमूर्त प्रदर्शन के जरिये समय और दिक् की एक अभिव्यक्ति, लेकिन स्मरण करें, किसी दिए हुए समय में हम जब दिक् के माध्यम से आकृति की गति पर विचार करते हैं तो हम गणित और रेखागणित के क्षेत्र में प्रवेश कर जाते हैं। यह ठीक इस तरह से है कि जब हम उस उद्देश्य के लिए कोई मशीन बनाते हैं तो काम करते हैं। अब यदि मैं किसी हवाई जहाज के आरोहण को दिखाना चाहता हूँ तो मेरा प्रयास वह जो करता है, उसे दिखाने को होता है। मैं इसका कोई स्थिर जीवन चित्र नहीं बनाता हूँ। मुझ पर जब नंगे की दृष्टि पड़ी तो मैं जान गया कि यह गुलाम बनानेवाले प्रकृतिवाद के चक्र को सदा के लिए तोड़ देगा।"[4]

सचित्र कला में उसने आनुषंगिक रूप से सापेक्षता के दूसरे सिद्धान्त को स्थापित किया। सापेक्षवाद के चतुर्आयामी दिक्काल में वस्तुतः गति को चतुआयामी नैरन्तर्य पर केवल बिन्दुओं के अनुक्रमण से ही चित्रित किया जा सकता था। यह विचार घनचित्रकला से प्रभावित भविष्यवादियों के कतिपय कामों में कल्पनाशीलता को दमकाता है। यह रुचिकर है कि अपनी चित्रकृति में सनकी गति के भक्तों को एक स्थिर ब्रह्मांड के पारमेनेडियन विचार को समर्थन देना चाहिए था, जहाँ सभी गतियाँ एक निश्चित प्रकार की ज्यामिति का अंश बन जाती हैं।

कला में घटनाओं के अनुक्रमण को उस समय से ही चित्रित किया गया जब से चित्रकारी और मूर्तिकारी की शुरुआत हुई, किन्तु आरम्भिक काल में किसी वृत्तान्त के पूरे दृश्य को एक-एक कर एक फलक पर प्रदर्शित किया गया। प्रत्येक गति को प्रतिकृतियों के अनुक्रमण के रूप में चित्रित करना कला के लिए पूरी तरह नया है तथा यह निश्चित रूप से अपने अस्तित्व के लिए आधुनिक विश्व में गति को देखने के नए तरीके का ऋणी है।

उपर्युक्त विमर्श से यह प्रकट हुआ कि किसी दृश्यमान चित्र के माध्यम से नई चित्रकला अप्रत्यक्ष रूप से सापेक्षवादी दिक् के नए सिद्धान्त की कुछ धारणा को सृजित करने में हमारी मदद करती है। हालाँकि हम इसे दृश्यमान नहीं कर सकते

हैं। कम-से-कम कुछ हद तक यह दिक् के एक दृश्यमान चित्र का सन्निधान कर भौतिकी के दिक् सम्बन्धी नए सिद्धान्त के अनोखेपन को शान्त करता है जो समान रूप से रहस्यमय है।

इस बिन्दु पर पाठक को यह सन्देह हो सकता है कि सेजां और घन चित्रकारों की चित्रकृतियों में ज्यादा भौतिक अभिप्राय पढ़ने के लिए उसे दिमागी तौर पर तैयार किया जा रहा है। बेशक, पाठकों का यह अनुमान सही है। चित्रकार निश्चित रूप से ज्यामिति या भौतिकी के सिद्धान्तों को चित्रित करने की किसी इच्छा से प्रेरित नहीं थे। वस्तुत: पिकासो ने स्पष्ट रूप से इस विचार का खंडन कर दिया कि वह अपने घनचित्रकृतियों में प्रकृति की वैज्ञानिक या ज्यामितीय दृष्टि से प्रभावित था। उसने लिखा :

> "गणित, त्रिकोणमिति, रसायनशास्त्र, मनोविश्लेषण, संगीत और क्या नहीं, घनचित्र से इसे एक सरल व्याख्या प्रदान करने के लिए जुड़े हुए हैं। यह कोई अनर्गल चीज नहीं, बल्कि यह सब शुद्ध साहित्य रहा है जिसने लोगों को सिद्धान्तों से अन्धा बनाकर बुरे परिणामों को प्रकट किया। घनचित्र ने स्वयं को चित्रकला की सीमाओं के अन्दर रखा तथा इससे परे जाने की कभी कोई बहानेबाजी नहीं की।"[5]

सचमुच कलाकार की दृष्टि सम्पूर्ण रूप से भिन्न स्वभाव की होती है। वह केवल विषयासक्त रूप से अनुभव और रचना कर सकता है, लेकिन अनजाने में एक से अधिक क्षेत्र में आकृति की उसकी अपनी तलाश उसके समय के कल्पनात्मक प्रयासों से प्रभावित हो सकती है। यह सच है कि समरूपता केवल सांकेतिक रूप से ही कला में विद्यमान रहती है और हमने उसी समरूपता को प्राप्त करने का प्रयास किया है। यह कला के स्वभाव में ही निहित है कि वह प्रकृति में विद्यमान उन चीजों की नकल नहीं कर सकती है जो उससे नहीं होनेवाली है। इसके बरक्स वह अपनी खोजों को कारित करने या काल्पनिक आकृति की रचना करने के क्रम में कल्पना को प्रवृत्त करती है। यह स्वाभाविक रूप से तभी सम्भव हुआ जब सापेक्षवाद के सिद्धान्त ने मानव मस्तिष्क का निर्धारण दिक् की उस नई दृष्टि की तरफ किया। इन चित्रकृतियों में निश्चित अभिप्रायों को पढ़ा जा सकता है जो भौतिकी के नए चित्र के अनुरूप होते हैं। दो चित्रों के बीच कौन-सी अनुरूपता है, यह निश्चित तरह की सम्बद्धता से उत्पन्न होती है जिसे दोनों एक-दूसरे से अजनबी तत्त्वों के बीच प्राप्त करते हैं।

यह स्वीकार कर लिया गया कि देवी-देवताओं, राक्षसों या बुद्ध की तस्वीरों में भी इन हस्तियों से समानताएँ नहीं थीं, बल्कि वे केवल सांकेतिक चित्रण थे। उसी तरह, घनचित्रकारों और सेजां की चित्रकृतियों या नॉम गाबो की कुछ आकाशीय रचनाएँ

नए विचारों को समझने के लिए केवल हमारी कल्पना के दिशा निर्देशन में सहयोग करती हैं। यह हमें भौतिकी द्वारा प्रस्तुत विश्वचित्र के प्रति ज्यादा संग्राहक बना देता है अन्यथा वह बिलकुल चिटका हुआ मालूम पड़ता, लेकिन इस पर अधिकार जताने भौतिकशास्त्री आ गए। कलाकार की छवि न तो भौतिकी की दुनिया का प्रतिरूप हो सकता था न ही चित्रण, बल्कि एक समानान्तर रचना जो निश्चित बिन्दुओं पर किसी को सापेक्षवाद की दुनिया के सादृश दृष्टिगत करने के योग्य बनाता है।

औपचारिक रूप से ऐसा इसलिए होता है कि हम किसी चित्र को केवल अपनी कल्पना के माध्यम से देखते हैं तथा हमें किसी कलाकृति का पूरी तरह मूल्यांकन करने के योग्य बनने के लिए एक उपयुक्त मानसिक खाँचे में रहना पड़ता है। किसी कलाकृति का केन्द्रीय अभिप्राय शिथिल पड़ा रहता है जब तक कि इसके मूल्यांकन की उपयुक्त बौद्धिक और भावात्मक स्थिति उत्पन्न नहीं हो जाती है। यही कारण है कि कलाकारों ने उस तरीके को, जैसा कि उन्होंने किया था, विभिन्न संस्कृतियों में चित्रित किया या मूर्ति बनाई, क्योंकि उस वक्त वहां मूल्यांकन सम्भव था। हालाँकि वे हमें विचित्र लग सकते हैं। उचित स्थिति उत्पन्न होते ही काम पूरी तरह मुखर हो जाता है। इस तरह, यह वैज्ञानिक या दार्शनिक कल्पना को भी उनके विचारों की विषयासक्त छवियाँ प्रदान कर तथा उनकी अपील को प्रभावशाली बनाकर प्रभावित करता है।

कला और मनुष्य के प्रतिरूप

हालाँकि यह बात दिमाग में अवश्य रहनी चाहिए कि आकाशीय व्यवस्था हमारी अनुभवजन्य दुनिया की तरह किसी चित्रकृति के अनेक घटकों में से केवल एक है। दिक् का नया विचार एक बार पूरी तरह विकसित हुआ तो कलाकारों के लिए इसमें चिरस्थायी रुचि रखना बन्द हो गया। यह स्पष्ट भी हो रहा था कि घनचित्र पुनर्रचना में स्वीकार्य मानवीय आकृति या अन्य बिम्बों की आकृतियों का विखंडन उन आकृतियों में अन्तर्निहित अभिव्यंजक सम्भावना के बहुत बड़े हिस्से को हटा दे रहा है। वस्तुत: हम मानवीय आकृति की घुमावों या विन्यास में अकेले औपचारिक तत्त्वों की किसी मात्रा तक की फेर-बदल की अपेक्षा ज्यादा अभिप्राय ढूँढ़ सकते हैं। मानवी और अन्य प्राकृतिक आकृतियाँ स्वयं सचित्र आकृति की शब्दावली के बड़े भाग का निर्माण करती हैं। अभिव्यंजनावाद की बड़ी हस्तियों में शुमार मैक्स बेकमन की निम्नलिखित टिप्पणी विचारणीय है :

> "यदि हमें कभी किसी चीज को जानना है तो हमें सच में बोलने के तरीके पर सहमत हो जाना चाहिए; कोई चीनी भाषा में सबसे सुन्दर और उत्कृष्ट चीज कह दे तो निश्चित रूप से मैं उस पर कान नहीं दूंगा। इसलिए यदि

मुझे किसी की भावनाओं का साझा करना है तो यह उस भाषा में होनी चाहिए जिसमें मैं गुप्ततम और गहनतम अनुभवों को साझा करने के योग्य हूँ। मेरी मातृभाषा सबसे उपयुक्त है तथा मेरी कलात्मक मातृभाषा मानवीय आकृति या पर्यावरण है जिसमें या जिसके माध्यम से मनुष्य प्राणी बने रहता है, कष्ट सहता है, आनन्द लेता है, अनुभव करता है, सोचता है। मैं उसके परे नहीं जा सकता हूँ।"[6]

पिकासो ब्रेक के साथ घनचित्र आन्दोलन के संस्थापकों में से एक था, लेकिन वह भी तुरन्त नए विचारों की तरफ चला गया। हालाँकि जो रह गया, वह चित्रतल के पीछे स्थित पुराने घनाभ या समानान्तर षट्फलक की जगह दिक् का एक नया विचार या एक अस्थिर दिक् का सिद्धान्त था। सबसे उत्तरवर्ती कला आन्दोलन एक या दूसरे रूप में इस अस्थिर दिक् से सट गए हैं या उन्होंने अपने सचित्र चित्रण के लिए एक सपाट पृष्ठभूमि को अपना लिया है। लयोनेल फिनिंगर और फ्रेंज मार्क सरीखे अभिव्यंजनावादियों ने घनचित्रकारों के काफी नजदीक एक आकाशीय संगठन को अपना लिया, लेकिन ब्रह्मांड में मनुष्य के स्थान के रहस्य या जानवरों की दुनिया के पीछे छुपे शक्तिशाली बलों (देखें, फेंज मार्क की 'दी फेट ऑफ एनिमल्स') को उत्पन्न करने के लिए उन्होंने इस दिक् में स्वीकार्य आकृतियों में मनुष्यों और जानवरों को रखा।

अतियथार्थवाद एकमात्र कला आन्दोलन था जिसने पुरानी तरह के सचित्र चित्रणं को पुनर्स्थापित करने का प्रयास किया। वस्तुतः यह लगभग प्रत्यक्ष रूप से बिम्बों को घनचित्रकारों द्वारा देखने का प्रतिपक्षी था, लेकिन तब इस आन्दोलन की विशुद्ध रूप से संविरचनात्मक समस्याओं में कोई रुचि नहीं थी। इसका लक्ष्य था, प्राथमिक रूप से एक स्वप्न छवि या जादुई दुनिया की रचना करना जिसे पुरानी तरह की चित्रात्मक छवियों की जोड़-तोड़ या विरूपण के माध्यम से अधिक आसानी से प्राप्त किया जा सकता था। किसी व्यक्ति को अपरिचित स्थिति में किसी अपरिचित बिम्ब को प्राप्त करने से ज्यादा पूरी तरह से असम्भाव्य आकार या स्थिति में किसी परिचित बिम्ब को प्राप्त करने में आश्चर्य के आघात का अनुभव होता है। अतियथार्थवादी आन्दोलन की प्रमुख हस्तियों में शुमार मेसन अपने नए लक्ष्य की खातिर घनचित्र विधि को आजमा चुका था और इसे छोड़ दिया था क्योंकि यह उसके उद्‌देश्य से मेल नहीं खाता था।

परन्तु अतियथार्थवादी आन्दोलन में भी अधिकांश चित्रकारों ने गहरे अपगमन पर प्रयास को छोड़ दिया। जॉन मिरो ने सामान्यतः अपनी जीवसज्जा सम्बन्धी रचनाओं को एक चिकने सपाट रंगतल के सामने रखा जिसने अपगमन को संकेतित नहीं किया। उसी प्रकार, क्ली की कपटपूर्ण ढंग की निष्कपट दुनिया में पृष्ठभूमि दिक् घन चित्रकारों के तरीके से सपाट या खोखला रहता है।

हालाँकि अपने दिमाग को भौतिक दुनिया के नए सिद्धान्तों से समझौता करने में सहयोग देना कला की केन्द्रीय चिन्ता नहीं है। यह अपेक्षाकृत ज्यादा प्रत्यक्ष ढंग से मानव जीवन के उन क्षेत्रों में उलझी रहती है जो मनुष्य को भावनात्मक रूप से प्रभावित करते हैं। अन्दर में मनुष्य क्या है तथा समाज और अपने द्वारा सृजित संस्थाओं के साथ उसका किस तरह का सम्बन्ध है, इस तरह के प्रश्न तथा उसके पागलपन, भय या आनन्दातिरेक के क्षण, प्यार और घृणा, सभी चीजें कलाकारों को उनकी रचना में प्रत्यक्षत: ज्यादा प्रभावित करती हैं। उनके बारे में हम कैसा अनुभव करते हैं, इस पर प्रत्यक्षत: ज्यादा प्रभाव कलाकारों द्वारा उनके बारे में रची जानेवाली प्रतिकृतियों का पड़ता है।

मनुष्य की प्रतिकृति जो किसी संस्कृति के द्वारा प्रदान की जाती है, अपने आचरण का सबसे महत्त्वपूर्ण परावर्तन बन जाती है। इसके प्रकाश में इस समाज के अन्दर किसी व्यक्ति की आकांक्षाओं और कमजोरियों की एक अन्तर्दृष्टि प्राप्त करते हैं। यह विरासत भी प्रदान करती है जिस पर हम नए मूल्यों की स्थापना करते हैं। आन्द्रे मालरॉक्स लिखता है :

> "कोई संस्कृति इसलिए जीवित या पुनर्जीवित नहीं होती है कि वस्तुत: वह क्या थी, यह मनुष्य के विचार की नैतिक उच्चता में हमारी अभिरुचि को बढ़ाती है जिसे यह उद्घाटित करती है या मूल्यों को सम्प्रेषित करती है। निस्सन्देह, सम्प्रेषण की प्रक्रिया में इन मूल्यों का रूपान्तरण होता है, सभी अति चिह्नित क्योंकि यद्यपि अतीत की सभ्यता में मनुष्य के विचार को सम्पूर्णता के रूप में अनुभूत किया गया (तेरहवीं सदी के मनुष्यों, पेरिकल्स के जमाने के यूनानियों, तुंग वंश के चीनियों ने स्वयं का सम्मान एक विशेषकाल के व्यक्तियों के रूप में नहीं किया बल्कि महज 'व्यक्तियों' के रूप में किया), लेकिन प्रत्येक युग के समापन हमसे यह रहस्योद्घाटन करता है कि मनुष्य के पक्ष को इसने सबसे ज्यादा महत्त्व दिया।"[7]

कला और साहित्य सबसे प्रभावशाली चैनल है, जिसके माध्यम से सस्कृति मनुष्य के विचार को सम्प्रेषित करती है। हम केवल उन्हीं स्थितियों में जहाँ उनकी संस्कृतियाँ हमारे लिए चित्रों, मूर्तियों या स्थापत्य के रूप में उनके जीवन के निशान पत्थर, चीनी मिट्टी या किसी अन्य माध्यम में छोड़ गई हैं या लिखित या मौखिक रूप से सम्प्रेषित कुछ साहित्यिक परम्पराएँ छोड़ गई हैं, मनुष्यों की सामाजिक और मानसिक स्थिति के बारे में विस्तृत अनुमान लगाने के योग्य हैं, किन्तु इन कामों से कूटवाचन करने के लिए मनुष्य की छवि का निर्धारण सन्तति के लिए नहीं होता है, बल्कि मुख्यत: उनके समकालीनों के लिए होता है। मनुष्य

के रूप में मनुष्य बहुत अनिश्चायक चीज है। उसके आचरण, आदर्श और मूल्य जिसके लिए वह जिन्दा रहता है या मरता है, प्रत्येक युग में उसकी परम्परा और संस्कृति से निधारित होते हैं और इसमें कलाकार एक मुख्य भूमिका अदा करता है। उसकी छवि और बिम्बों की छवियों, मूर्तियों और देवताओं जिनसे कि मनुष्य घिरा होता है, के माध्यम से ही मनुष्य निश्चायक तथा मूल्यों व आचरण से सम्पन्न बन जाता है।

प्राक्-ऐतिहासिक मनुष्य के बारे में हम जो कुछ जानते हैं, वह उसकी कला और शिल्पकृति के माध्यम से जानते हैं। वह अपने सम्प्रदाय के अन्य सदस्यों के साथ शिकार करते हुए या स्वयं की रक्षा करते हुए एक साम्प्रदायिक मनुष्य है। वह जादुई शक्तियों के विस्मय में रहता था तथा सम्प्रदाय का जादूगर सम्प्रदाय की बड़ी सम्पत्ति होता था क्योंकि उसके जीवन में इसके सेवा कार्य एक अपरिहार्य भूमिका अदा करते थे, इसलिए आदि मनुष्य उसका बड़ा सम्मान करता था। आदि मनुष्य अपना निजता से ज्यादा अवगत नहीं था। उसने अपनी कला में अपने व्यक्तित्व को प्रक्षेपित करने का कभी प्रयास नहीं किया, लेकिन उसकी कला हमें इस चीज की झलक देती है कि उसका जीवन किस तरह का था तथा वह किस तरह का मनुष्य था। हमें अपनी स्थिति का उन छवियों से तुलना कर या विषमता दिखाकर जिनका कि हमारी कल्पना पर दबाव बना है, निर्धारण करने के लिए यह प्रचुर सामग्री प्रदान करती है।

प्राचीन सभ्यताओं की कला स्पष्टत: उस तीक्ष्ण विभाजन को प्रतिबिम्बित करती है जो समाज के भीतर घटित हुआ। सामाजिक प्रणाली द्वारा व्यवस्थित तथा कला के प्रतिरूपों द्वारा चित्रण साधारण मनुष्य की अवस्था अतिमानव के अनिष्ट से चिह्नांकित एक निर्बाध कठिन परिश्रम है। मिस्री गुम्बदों में पारलौकिक जीवन के लिए कलाकार अपने मृत मालिकों के शाश्वत आनन्द के प्रति अपने जीवन पड़ाव निर्धारित करता है। इन चित्रकृतियों में मनुष्य न केवल सम्राटों और स्वामियों की जी-हुजूरी करता है बल्कि आकाशीय सिंहासनों को हासिल करनेवाले देवताओं के समक्ष भी गिड़गिड़ाता है। कतिपय मनुष्य, नृप और सम्राट्, जिनके कद को कला अभिवर्द्धित करती है, अक्सर देवताओं के शौर्य और शक्ति से प्रतिस्पर्धा करते हुए महान बन जाते हैं। शेष हेतु हमारे पास मनुष्यों या देवताओं के गुलामों का एक अन्तहीन जुलूस है; श्रद्धा अर्पित करनेवालों और मद्यार्पण करनेवालों तथा भट्ठियों और खेतों में कठिन परिश्रम करनेवालों का अन्तहीन जुलूस है। कलाकारों ने जिस प्रकार महान व्यक्तियों के शाश्वत गौरव के लिए बड़े-बड़े स्मारकों, मन्दिरों, मूर्तियों और प्रतिमाओं का निर्माण किया, उसी तरह छोटा व्यक्ति विस्मय और प्रशंसा में आगे सिकुड़ता चला गया। अक्सर कलाकार स्वयं गुलाम था और वह उन शक्तियों के समुचित विस्मय में था जिनका कि

उसने गौरवमंडन किया था। कलाकारों की प्रतिभा ने शायद ही कभी पुरोहितीय या राजसी रहस्यों से इन छवियों को समुचित मानवता या आध्यात्मिक तपिश में डालने हेतु पर्दा उठाया, लेकिन साधारण मनुष्य व्यक्तिगत रूप से कला में कभी दिखाई नहीं दिया। कलाकार भी व्यक्तिगत रूप से दुर्लभ था। फिर भी, वह शिल्पकारों के सम्प्रदाय से आते थे जब कि सबसे शुरू के गुफा चित्रकारों से यह कम स्वतंत्र था।

भारत में सचित्र कला और मूर्तिकला बुद्धवाद के आगमन के बाद ही किसी सार्थक पैमाने पर प्रकट होती है। यहाँ कोई विस्मयप्रेरक देवता नहीं था और इसलिए आध्यात्मिक चिन्ता किसी दूसरी जगह से ज्यादा थी। साथ ही, राजाओं और सम्राटों का गौरवगान करनेवाली चित्रकृतियाँ बहुत कम थीं, कम-से-कम युद्ध या शान्ति में क्रूरता या नरसंहार का गौरवगान करनेवाली तो बिलकुल नहीं थीं, लेकिन यहाँ मनुष्य का प्रतिरूप जिसे हम भारत की आरम्भिक दृश्यकला से प्राप्त करते हैं, उस फुर्सत वाले वर्ग तथा उनके आसपास के परिवेश तक ही सीमित है; जीवन की दिन-प्रतिदिन की माँग उसके लिए उतनी निरंकुश नहीं थी। इसने निश्चित रूप से भारतीय लोगों की आध्यात्मिकता के विस्तृत विचार की रचना की जिससे भारतीयों ने स्वयं को उतना ही भुलावा दिया है जितना कि शेष दुनिया को, लेकिन वह फिर यह दिखाता है कि कलारचित प्रतिरूपों की मनुष्य के दिमाग पर कैसी पकड़ होती थी, किन्तु जैसा कि हम पहले कह चुके हैं, मनुष्य न केवल स्व प्रतिरूप से बल्कि उन प्रतिरूपों से भी जो वह अपने नायकों, देवताओं और संस्कृति के बारे में रचता है, निश्चायक बन जाता है। और फिर यहाँ कलाकार का आकार देनेवाला हाथ दृष्टिगोचर होता है।

अक्सर कला की कीमियागीरी में किसी जाति की वीरगाथा के नायकों का वैसा रूप दिखाया जाता है जो कुल मिलाकर वीरगाथा में चित्रित उनके रूपों से भिन्न होता है। 'महाभारत' के नायक कृष्ण एक महान राजनेता और बुद्धिमान व्यक्ति थें। 'गीता' का प्रज्ञान भी उन्हीं का दिया है। हालाँकि हमारे पास कृष्ण की जो लोकप्रिय छवि है, वह किसी गम्भीर कुलपिता की नहीं है जो अपनी धूसर ख्याति में अकेले खड़ा हो। यह एक नटखट बालक की छवि है जो अपने या दूसरे के घरों से मक्खन चुराता है, जो युवा चरवाहों का एक जिंदादिल साथी है, जो उत्तम गुणों का प्रेमी है तथा जो वृन्दावन के चरागाह में गोपियों के संग प्रेमक्रीड़ा करने में अपना ज्यादा समय व्यतीत करता है।

कृष्ण की यही छवि हमें कवियों से मिलती है तथा दृश्य आकृति में यह छवि गुलर, बसोली, कंगड़ा तथा बहुत-से सामान्य राजपूत कला से सम्बन्धित लघुचित्र कृतियों से मिलती है। राधा और कृष्ण के प्रेम पर केन्द्रित जयदेव की काव्यकृति 'गीत गोविन्द' के श्रृंगारिक विषयों को इन अधिकांश विद्यालयों की

चित्रकृतियों में चित्रित किया गया तथा कांगड़ा की चित्रकृतियों में तो वे दुर्लभ गीतिमयता प्राप्त करते हैं। इन चित्रकृतियों में आकृति और अन्तर्वस्तु इतनी मिली हुई है कि लौकिकता और प्रेम की कोई संगति किसी के दिमाग को कभी पार नहीं कर सकती है। इन चित्रकृतियों के अवलोकन से राधा-कृष्ण की आदर्शीकृत प्रेम की पराकाष्ठा बन जाती है। राधा-कृष्ण नाम अविच्छेद्य बन गया तथा इस तथ्य के बावजूद कि राधा किसी दूसरे की पत्नी थी तथा कृष्ण स्वयं विवाहित थे, राधा और कृष्ण एक साथ पूजनीय देवता बन गए, किन्तु कलाकारों ने स्वीकृति नीति संहिताओं के इन सभी उल्लंघनों पर एक नैतिक काई डाल दी है तथा इस सम्बन्ध को न केवल स्वीकार्य बनाया है बल्कि पवित्र भी बना दिया है। निस्सन्देह, शर्मीला और धार्मिक व्यक्ति इस सम्बन्ध में पुरुष और प्रकृति या ईश्वर और आत्मा के दार्शनिक मिलन को पढ़ने का प्रयास करते हैं, परन्तु इस सम्बन्ध में स्वस्थ बुद्धि के साधारण जन एक उन्मुक्त प्रेम के उत्सव का अवलोकन करते हैं जो निस्सन्देह वाग्मिता के साथ कलाकारों द्वारा उतारा गया एक निश्चित सन्देश है।

कृष्ण की छवि की यह लोकप्रियता उस समय के लोगों के बारे में ज्यादा बोलती है। श्रृंगारिक प्रेम का अतिस्वर जल्द ही उत्पन्न नहीं हुआ। भारत की मध्ययुगीन कला में कायिक प्रेम को दर्शाने की शुरुआत पहले ही हो चुकी थी जो उस काल के मन्दिरों (खजुराहो, कोणार्क, भुवनेश्वर आदि) से सम्बन्धित मूर्तियों से पूरी तरह प्रमाणित है। सचमुच, उनकी वंश परम्परा को मिथुन युगल से खोज निकाला जा सकता है जिसने बहुत आरम्भिक काल से ही अनेक चैत्यों और मन्दिरों के प्रवेश द्वारा तथा बाहरी दीवारों को सजाया-सँवारा था। धर्म के भीतर वे लघु चित्रकृतियाँ काम में उस अत्यधिक अभिरुचि की परिष्कृत और उदात्त आकृति थीं। मनुष्यों की रूपरेखा या कम-से-कम उन मनुष्यों की रूपरेखा, जिन्होंने सामाजिक जीवन के स्वर को निर्धारित किया, को समझने के लिए यह विकास हमारे लिए प्रचुर सामग्री छोड़ जाता है।

कल्पित रूप से गहरे आध्यात्मिक सरोकार की कोई जाति कैसे इस लौकिक आनन्दातिरेक में फिसल गई, इस सन्दर्भ में एक अनुमान लगाने का जोखिम उठाया जा सकता है। जीवन के भारतीय दृष्टिकोण पर आधिपत्य जमानेवाले बाद के सभी थोक सरोकारों ने सामाजिक उत्तरदायित्व के बोध वाले मनुष्यों के साथ मूर्खता की थी। उसकी अपनी आत्मा की मुक्ति का प्रत्येक विचार अर्थात् त्याग और ज्ञान के कठिन मार्गों के द्वारा ईश्वर से मिलन, किन्तु अधिकांश मनुष्यों के लिए ब्रह्मा की यह खोज उसकी माँग में निषेधक थी। उन्होंने जब अपनी अपूर्णता का पता लगाया तो वे वापस लौट आए। किसी सम्प्रदाय में मनुष्य की पहचान उसके मजबूत सामाजिक सरोकार से बनती है, इसके अभाव में उनके साथ केवल

उनका शरीर ही था और जोश के इस अप्राप्त आनन्दातिरेक के लिए उन्होंने स्वयं को शरीर के आवेगों से सांत्वना देने का प्रयास किया, जिसे कामुकतावाद ने प्रदान करने का वचन दिया। इस तरह हिन्दू धर्म में कामुकतावाद वैराग्य के परिपूरक के रूप में विकसित हुआ। कलाकारों ने अपने कामों में अनेक नायकों और देवताओं के बारे में जो कहा, आत्मवाचक रूप से वह अपने जीवन और समाज के प्रति लोगों के भावों के बारे में ज्यादा बोलता था, लेकिन कलाकार एक मधुर स्वप्न की दुनिया की रचना कर रहे थे जिसमें मनुष्यों ने खुशी-खुशी अपने सामाजिक अस्तित्व के ज्ञान को खो दिया, उन्हें सामाजिक उदासीनता के कीचड़ में गहरे डाल दिया गया।

यद्यपि भारत में कलाकारों ने व्यक्तिगत मुक्ति को संकेतित करनेवाले जीवन के प्रतिरूप की रचना की, लेकिन उन्होंने मनुष्य के उस प्रतिरूप की रचना नहीं की, जहाँ मनुष्य को अपने धर्मनिरपेक्ष सरोकारों की वजह से प्रतिष्ठा मिली थी। वस्तुत: धर्मनिरपेक्ष विधाओं से सम्बन्धित अधिकांश कलाकतियाँ स्वयं को दरबार की महिलाओं और सामन्तों के जीवन और प्रेम तक ही सीमित कर रखी थीं। चूँकि साधारण मनुष्य का वजूद आज भी कायम है, इसलिए वैषम्य प्रदर्शन के जरिये इसने वस्तुनिष्ठता की स्वप्रतिकृति की रचना की।

सहायक और दासोचित साधारण मनुष्य की यह छवि जो हजारों वर्षों से जम चुकी थी, पहले-पहल तेरहवीं सदी से यूरोप में पिघलनी शुरू हुई। जब गॉथिक कला ने धीरे-धीरे ईसा और सन्तों की पृथक् और पुरोहिती छवि को नरम बनाना शुरू कर दिया और उन्हें मानवीकरण के मार्ग पर स्थापित किया तो यह निम्नतम मनुष्यों के भी स्तर को ऊँचा उठाने की एक प्रस्तावना बन गया। रोमैनेस्क से गॉथिक छवि के इस संक्रमण तथा मनुष्य की स्थिति पर इसके प्रभाव के बारे में गालरॉक्स लिखता है :

> "...सम्राट् के देवता बनने की तरफ से कला भगवान से मनुष्य और ईसा से राजा बनने की ओर मुड़ रही है, किन्तु ईसाइयत ने यदि इस तरह व्यक्तिगत मनुष्य और औरत को अभिव्यक्त करने की अनन्त सम्भावनाओं को पोषित किया तो इसलिए नहीं कि उसने व्यक्तित्व के किसी विशेष गुण को निर्धारित किया, बल्कि इसलिए कि इसने हर किसी को महत्त्व दिया; ईश्वर के सिवाय दूसरा कोई नहीं आत्मा की गुण विवेचना कर सकता था। रोमन कला के प्लूटार्खियन चेहरे, वैयक्तिकों के चेहरे भी, हमेशा रोमन खाँचे के अनुरूप होता था; जबकि आस्था हर ईसाई चेहरे की आकृति को धारण कर सकती है। ईसाई के लिए अनिवार्य मनुष्य का मूल्यांकन उसकी ख्याति, उसके कार्यकलाप या उसके भाग्य से नहीं होनेवाला था, बल्कि उसकी आत्मा से होनेवाला था।"[8]

पश्चिमी कला में मानवीकरण की प्रक्रिया बिम्बों और मनुष्यों को विश्वासी ढंग से चित्रित करने के सरोकारों से उपजी थी। इस तरह गियोटो, मैसेक्सियों से लेकर नवजागरण तक, समृद्ध मानवीय अभिव्यंजना में यह मानवीय आकृति के अनुसंधान की एक निरन्तर प्रक्रिया थी, लेकिन फिर भी इसका अर्थ यह नहीं हुआ कि व्यक्ति के रूप में पूर्ण प्रतिष्ठा के साथ साधारण मनुष्य की उपस्थिति। अब केवल उसकी स्थिति ही सह्य मालूम पड़ती थी क्योंकि वह ईश्वर की अटकलबाजी में समानता के मार्ग पर खड़ा हो गया था।

हालाँकि, भारत में मानवीकरण को प्रकृति की नकल करने के पूर्वग्रह के बिना ही प्राप्त किया जा चुका था, लेकिन कलाकारों या उनके संरक्षकों के अभिभूत करनेवाले आध्यात्मिक सरोकार के कारण आरम्भिक भारतीय चित्रकला में अभिव्यंजकता कैद रह गई थी। जैसा कि हमने पूर्व में उल्लेख किया है कि समानता के ईसाई उपदेश के बावजूद पश्चिमी दुनिया में सामान्य तौर पर मनुष्य की जो छवि गढ़ी गई थी, वह भद्र व्यक्तियों, धर्माध्यक्षों तथा निश्चित स्थानों के समृद्ध नागरिकों की छवि थी। यह उन्नीसवीं सदी के आरम्भ से सम्भव हो सका कि मनुष्य की छवि में बदलाव आना शुरू हुआ तथा 'निम्न' स्थितियों के लोग भी ध्यान और सम्मान की माँग करने लगे। भद्र लोग व बुर्जुआ अपनी पूर्व की आनन्दातिरेक की स्थिति को तुलना करने में खो दिए। गोया और डॉमियर सरीखे कलाकारों ने अक्सर इन आनन्दातिरेक वाले चरित्रों को अपने व्यंग्य चित्रों में बदला या उनका उपहास किया। साधारण मनुष्य का समय आ चुका था और डॉमिएर, कार्बेट और मिल्लेट सरीखे चित्राकारों द्वारा नए मनुष्य का स्वागत हो रहा था। कलाकारों द्वारा चित्रित उसके जीवन की कठिनाइयाँ, उसकी पीड़ा, उसकी प्रतिष्ठा जिसका वह जीवन निर्वाह करता है, वास्तविक जीवन में सम्मान की माँग करने के लिए साधारण मनुष्य को भी प्रेरित करती हैं। मिल्लेट विशेष रूप से अथक परिश्रम करनेवाले मनुष्यों के चित्रण से कटु सामाजिक विभाजन को प्रदर्शित करता है। मार्क्स ने सोचा था कि यदि एक वर्ग के लिए इस तरह निर्दिष्ट किए जाने हेतु आत्म-चेतना आवश्यक है तो कलाकार द्वारा अपनी चित्रकृतियों, अपने कार्टूनों और पोस्टरों में चित्रित किए गए उस मेहनतकश की छवि निश्चित रूप से इसकी अनुभूति में मदद करती है।

इस तरह, जिस समय उन्नीसवीं सदी के मनुष्य की छवि निम्नतम व्यक्ति की भी प्रतिष्ठा को स्वीकार कर रही थी तथा परिणाम के रूप में वर्ग जागृति तथा तंगहाल व्यक्तियों द्वारा समाज में उनके अधिकारपूर्ण स्थान का स्वीकार पैदा कर रही थी, आधुनिक कला ने व्यक्ति को अस्तित्व में ला दिया। कला में आधुनिकतावादी आन्दोलन से बननेवाली मानवीय छवि उस मनुष्य की छवि है जो अपने स्वार्थ के अनुसंधान में अभ्यन्तर की तरफ मुड़ जाता है। यह एक वैसा मनुष्य है जो अस्तित्व के संघर्ष में कैद है। वान गॉग और मुंच से लेकर बेकमेन किर्चर और जॉवलेन्स्की

सरीखे परवर्ती अभिव्यंजनावादियों तक में हमें सभी मानवीय उपस्थिति में व्याप्त एक विचारित निराशावाद और चिन्ता दिखाई देते हैं। यह आरम्भिक समय के अधिकांश सामाजिक आदर्शों से निराश उस मनुष्य की छवि है जो अपने अनुभवों और भावनाओं के बिखरे प्रभाव में गहरे तल्लीन है। इस प्रकार की सामाजिक आपदा भी युद्ध की तरह व्यक्तिगत पीड़ा बन जाती है तथा उसके चरित्र पर छाप छोड़ जाती है। उसका किसी आदर्शीकृत भविष्य में विश्वास नहीं रह जाता है तथा वह स्थायी रूप से असुरक्षाबोध के साथ जीता है।

इस निगूढ़ार्थ का एक दूसरा पहलू था, अपने अनात्मबोधी और स्वप्नलोक कल्पना से मनष्य के सरोकार का। यह अतियथार्थवादी आन्दालन का मुख्य पूर्वग्रह बन गया। इस कला से प्रकट होनेवाला मनुष्य अपनी वह तर्कशक्ति खो चुका है जिस पर कि नवजागरणोत्तर मनुष्य को गर्व था। यह मनुष्य अपनी अविवेकी अनात्मबोधी प्रेरणाओं की एक क्रीडावस्तु है। वह एक स्वच्छन्द आकृतियों की दुनिया का निवासी बन जाता है।

अतियथार्थ का वर्णन जरा हमें ज्यादा विस्तार से करने की जरूरत है। चूँकि इसके समक्ष अतियथार्थ और दादा समस्त कला के विरुद्ध एक विरोध के रूप में शुरू हो चुका था, इसलिए सर्जनात्मक प्रक्रिया में इसके स्थान को स्पष्ट ढंग से समझने की जरूरत है। इस सदी के आरम्भ में दादा कला के दो बड़े रुझानों के विरुद्ध एक विद्रोह था। एक आकृति के क्षेत्र में था तो दूसरा अन्तर्वस्तु के क्षेत्र में। कला में आकृति के क्षेत्रवाले रुझान की विशेष गुण विवेचना अत्यधिक तर्कशक्ति से किया गया। इस विस्थापन से अमूर्तन की तरफ, सार रूप में, कला भी बड़ी तर्कशक्ति की तरफ चली जाती है। दूसरा प्रयास, कला की स्वायत्तता के नाम पर सभी मानवीय सरोकारों से इसे मुक्त करने का था। इस विचार से कला को सौन्दर्यशास्त्रीय मूल्यों का विशेष अनुधावन बनना पड़ा। सारे रूपक, कथाओं और विचारों को कला से बाहर करना पड़ा।

दादा की की शुरुआत प्रत्येक मूल्य, चाहे वह विश्व से सम्बन्धित हो या कला से, के अस्वीकार से हुई थी। हालाँकि, प्रस्थान बिन्दु कला नहीं था, बल्कि प्रथम विश्व युद्ध के दृष्टान्त से स्पष्ट है कि प्रस्थान बिन्दु मानवीय सभ्यता का अविवेक था। लोगों के एक बड़े नरसंहार के लिए संगठित होते ही सभ्य मूल्यों की सारी बातें स्वाभाविक रूप से शर्म-सी लगने लगीं। इस तरह 1916 और 1919 के बीच के वर्षों में दादा आन्दोलन के जरिये सम्पूर्ण प्रतिवाद के भावों की घोषणा की गई। जॉर्ज रिबेमाण्ट डेसाइन ने लिखा था :

> "क्या सुन्दर है? क्या कुरूप है? क्या बड़ा, मजबूत और कमजोर है? क्या कारपेंटियर, रेनन व फोच है? मत जानो, मैं क्या हूँ? मत जानो, मत जानो, मत जानो।"[9]

आन्दोलन के बड़े समर्थकों में शुमार जारा ने लिखा :

> "एक बार सम्मान, देश, नैतिकता, परिवार, कला, धर्म, आजादी, भाईचारा के द्वारा मानवी आवश्यकताओं को जवाब दिया जा चुका था : अब उनमें से कुछ नहीं बचा है, केवल परम्पराओं का कंकाल बचा है—पूरा किए जाने हेतु विध्वंस का एक महती ऋणात्मक कार्य है। हमें इसे निश्चित रूप से बुहार देना और साफ कर देना चाहिए।"[10]

और आर्प ने लिखा :

> "दादा कारण की झाँसा-पट्टी को नष्ट तथा एक बेवजह क्रम की खोज करना चाहता था।"[11]

इस तरह के मूल प्रतिवाद का आन्दोलन किसी प्रतिस्पर्धी कला का सृजन नहीं कर सकता था। सबके बावजूद कला एक सर्जना है; यह विशुद्ध विध्वंस नहीं हो सकती थी, लेकिन इस प्रतिवाद ने नई सर्जना के लिए प्रेरित भी किया। केवल जब किसी ने पूर्व सर्जना की बुनावट में अन्तरों की खोज कर ली तो वह नई बुनावट का आधार कार्य तैयार करने के लिए तैयार हो जाता है। यह आधार कार्य नए प्रमुख तत्त्वों से इन अन्तरों को भर सकता था। अन्वेषण के द्वार पर यथार्थ के किसी नए और प्रकट होनेवाले पहलू को पूर्व के समय से प्राप्त चिकनी और साकल्यवाद सम्बन्धी छवि की तोड़ना था। दादा ने जीवन और गतिविधि के पक्ष में कला को त्याग दिया। कला में इसकी सबसे नजदीक की अभिव्यंजना मासैल डूशां का खुले छोर वाले कामों (उसका बड़ा वर्ग) की रचना करने का प्रयास था जिसकी सार्थकता प्रेक्षक पर निर्भर थी कि वे इसे कितना सार्थक मानते हैं। जीन आर्प ने जीवसज्जा सम्बन्धी आकृतियों की रचना कर एक बड़ा औपचारिक योगदान दिया। यह वास्तविक जीवन में परिचित किसी सजीव प्राणी की आकृति नहीं थी। इसमें बर्गसन का जैवशक्तिवाद (एक दूसरा बुद्धिवादी-विरोधी दर्शनशास्त्र) स्पष्ट रूप से दृष्टिगोचर था, विशेष रूप से उसकी मूर्तिकलाओं में जो भ्रूणों जैसा प्रतीत होते थे तथा जो प्रक्रिया को पूरी किए बगैर एक आन्तरिक जीवनशक्ति के तहत पूर्ण रूप धारण कर लेने का प्रयास कर रहे थे।

दादा का अनुसरण करनेवाले तथा अपेक्षाकृत ज्यादा स्थायी अतियथार्थ ने ज्यादा प्रेरणा फ्रायड के मनोविश्लेषणात्मक निष्कर्षों तथा मानवीय आचरण में अविवेकी और अनात्मबोधी कारकों की शक्ति पर इसके जोर से ग्रहण किया था। फलस्वरूप, अतियथार्थवादी कला में कल्पनाओं और स्वप्न छवियों के अविवेकी संयोजनों को जगह मिल गई। कला में मानवीय प्रसंगों से सरोकार को पुनः प्रविष्ट कराया गया, लेकिन यह ऐसे रूप में था जिसका ध्येय लोगों को उनके आत्मतोष

एवं सामान्य रूप से धारित आस्थाओं और मूल्यों से स्तब्ध करने का था। मनुष्य की वह प्रकट छवि तर्कसंगत ढंग से व्यवस्थित दुनिया के उस विवेकी प्राणी की छवि नहीं थी, बल्कि अपरिचित, स्वच्छन्द प्राणियों तथा उसके खुद से भरी दुनिया जो उसकी समझ या नियंत्रण से परे अविवेकी शक्तियों के अधीन थी, के रहनेवाले भूताविष्टों की छवि थी। पूर्वकाल की अत्यधिक बुद्धिमत्ता का यह एक अनिवार्य संशोधन था तथा यह निश्चित रूप से सैन्यवाद और अन्धविश्वास में पागल दुनिया के मानवी जीवन के यथार्थ के काफी नजदीक था।

यह छवि प्रारम्भिक अक्सर असृजित, उपयुक्त संकेतों की एक लकीर है। जो अन्तिम छवि बनती है, वह सभी प्रकार के आदर्शों से वंचित मनुष्य की छवि है। आधुनिक मनुष्य अपने जीवन में विविध प्रकार की चुनौतियों का सामना कर रहा है। यह छवि निश्चित रूप से उन चुनौतियों के प्रति उसके भावों का निर्धारण करने में महती भूमिका अदा करती है।

कला और युद्ध के प्रतिरूप

घटनाओं के प्रतिरूपों को कला कितना प्रभावित करती है, इसे सबसे अच्छी तरह युद्ध जनविचारों की विकृतियों से समझा जा सकता है जो सहस्त्र वर्षों से कायम है। युद्ध को खालिस क्रूरता के कार्य के रूप में देखने हेतु केवल एक हल्के विच्छेद की आवश्यकता होती है। यह खालिस क्रूरता असंख्य लोगों की हत्या और अपंगता में प्रतिफलित होती है। जनसंहार ही युद्ध का निर्दयी रूप से मुख्य विषय होता है। इसमें इस बात पर विचार नहीं किया जाता कि युद्ध देशभक्ति के नाम पर लड़ा जा रहा है या किसी दूसरे बड़े भौतिक या आध्यात्मिक आदर्श के नाम पर। फिर भी, पुराने जमाने से लेकर आज तक हमें चारण कविता से तथा मूर्तिकला और चित्रकला के जरिये युद्ध की गौरवान्वित छवि से प्रभावित किया गया है। निर्दयी के नायकोचित बन जाने से उन प्रतिरूपों में जिनकी सर्जना कलाकार इन रक्तरंजित घटनाओं के सन्दर्भ में करते हैं, किसी चीज की स्वाभाविक कमी पड़ गई? उन दुर्लभ स्थितियों में भी जहाँ युद्ध की क्रूरता का चित्रण किया गया, जोर उन विशेष युद्धों पर है जहाँ विरोधी लाभ की स्थिति में थे और कलाकारों के अपने स्वदेश प्रेमी बदनाम बलों के शिकार थे। कलाकारों के दल के शहीद सिपाहियों द्वारा स्थापित नायकोचित सुरक्षा पर निस्सन्देह निश्चित रूप से जोर दिया गया। सभी कलाकारों का ध्येय था, जनसाधारण के जुनून को तथ्यों चयनात्मक प्रदर्शन का खुराक मुहैया करना जो उनकी दुर्लभ विशिष्टता है।

सम्भवत: युद्ध को उसकी समस्त भयानकताओं के साथ चित्रित करनेवाला प्रथम चित्रकार गोया था। यद्यपि उसके चित्रों में फ्रांसीसियों की अपने स्पेनी

देशवासियों के विरुद्ध की गई क्रूरता का चित्रण है, लेकिन इनमें हम युद्ध की सहचरी क्रूरता, सादगी और साधारणता के चित्रण को देखते हैं। गोया को वस्तुतः फ्रांसीसियों से सहानुभूति थी और उसकी समझ थी कि फ्रांसीसी स्पेन को अपने कुछ क्रान्तिकारी आदर्शों से अवगत कराएँगे, इसलिए यह वस्तुनिष्ठता सम्भव हो पाई। जहाँ तक युद्ध का क्रियान्वयन सम्बन्धित था, फ्रांसीसियों के क्रान्तिकारी अतीत से कोई अन्तर नहीं पड़ा, इसलिए स्पेनी देशभक्तों के विरुद्ध की गई इस क्रूरता का विशेष रूप से मोहभंग करनेवाला प्रभाव होना चाहिए था।

हालाँकि, इसके बावजूद गोया के चित्रों में एक नाटकीय तत्त्व रहता है। प्रेक्षक संत्रास का अनुभव करता है, लेकिन इसमें प्रत्यक्ष और व्यक्तिगत रूप से अन्तर्भावित नहीं होता है। किसी तरह एक अपराध की सामूहिक प्रकृति हमारी कल्पना में इसके कमीनेपन को समाप्त कर देती है। इस तरह, अपने दरवाजे पर हुई किसी की मौत का महत्त्व युद्ध के दौरान काफी दूरी पर या नजदीक में हुई सौ हजार मौतों से काफी अधिक होता है, लेकिन आधुनिक कला में सामान्य रुझान के सामंजस्य में सभी अनुभवों के विशिष्टीकरण हेतु युद्ध के संत्रास को भी एक व्यक्तिगत अनुभव बनाया गया है। युद्ध में बिखर रही दुनिया कलाकार की आँखों से देखने पर हम सभी के लिए एक व्यक्तिगत दुनिया बन जाती है। कुछ आधुनिकतावादी कलाकृतियों के माध्यम से हम एक रोमांचक अनुभूति से अवगत होते हैं जो हम सभी के साथ रहती है। इस प्रकार पिकासो की 'गुएर्निका' में विदीर्ण की जा रही या जलाई जा रही दुनिया, प्रत्येक व्यक्ति की दुनिया है। युगों से परिरक्षित ये हमारे अपने मूल्य, विश्वास और मानवता ही हैं जो टुकड़े-टुकड़े हो रहे जान पड़ते हैं। यह कुछ भाग्यशाली प्राणियों की मौत नहीं है, बल्कि दुनिया के औपचारिक रूप से संवेदनशील प्रतिरूपों का अवसान है। चित्र में अपूर्ण, असंसक्त और खंडित प्रतिरूप आधुनिक युद्ध की अत्यन्त संवेदनशून्यता, हत्या और विकृति के संकेत बन जाते हैं। इस प्रकार, जब हम 'गुएर्निका' का अवलोकन करते हैं तो हम प्रेक्षकों की तरह एक सुदूर दुःखांत का अवलोकन करने के लिए अब नहीं हैं। हम उस दुःखांत कहानी का हिस्सा बन चुके हैं। यह हमारी अपनी पीड़ा है जिसका अनुभव हम उस वक्त करते हैं जब हम अपनी बोधगम्यता की इस क्षति के समक्ष मूर्ख समझे जाते हैं। सल्वाडोर डाली ने अपनी 'प्रिमोनिशन ऑफ सिविल वार' में पुनः एक रोमांचक अनुभूति को दर्शाया जो अपने प्रतीकवाद के माध्यम से हमें व्यक्तिगत रूप से प्रभावित करती है। बेकमन सरीखे अभिव्यंजनावादी उसी तरह हमें सांकेतिक चित्रण से प्रभावित करते हैं। इन कलाकारों के काम में चयनित आकृतियाँ इस तरह की हैं कि हम व्यक्तिगत तौर पर ज्यों ही चित्रकृतियों की प्रशंसा करना शुरू करते हैं कि उलझ जाते हैं।

कला द्वारा सृजित प्रतिरूपों से अनुकूलित हमारी अपनी निजता तथा दुनिया से सम्बन्धित हमारे ज्ञान की सीमा को प्रदर्शित करने हेतु कला द्वारा सृजित और

पुनर्सृजित किए जा रहे अनगिनत अन्य प्रतिरूपों में से दिक्, मनुष्य और युद्ध के प्रतिरूपों का चयन किया गया है। चूँकि हम प्रत्यक्षतः जिस एकमात्र दुनिया को जानते हैं वह प्रतिरूपों की दुनिया है, इसलिए कला एक अर्थ में उस दुनिया के एक बड़े भाग की सर्जना करती है जिसमें हम संकल्पनात्मक रूप से वास करते हैं। हालाँकि ऐसे किसी विचार को दूर किया जाना चाहिए कि कला पतली हवा से ही अपने प्रतिरूपों को गढ़ती है। कला दुनिया के अनुभवों से ही पैदा होती है तथा यह जिस प्रतिरूप को गढ़ती है, वह किसी तरह दुनिया से ही सम्बन्धित होता है, किन्तु कला के माध्यम से समय की भौतिक या आध्यात्मिक स्थिति का अस्पष्ट ज्ञान अपने औपचारिक संगठन में मूर्त होकर सम्प्रेषणीय बन जाता है और सम्प्रेषण के माध्यम से प्रतिरूप शाश्वत हो जाते हैं।

सिन यून बोक, कोरियन नृत्य, यि काल, 18वीं सदी

4

हम जब अतीत की कला पर विचार करते हैं तो इस बात से इनकार नहीं किया जा सकता है कि विश्वबिम्बों, विचारों और कल्पनाओं को उकेरने में कला ने अपनी सर्जनात्मक भूमिका अदा की है, किन्तु वहीं जब हम आधुनिक कला पर विचार करते हैं तो मानवीय सरोकारों से कला के सभी जुड़ाव विरल दिखने लगते हैं, विशेषकर यदि दुनिया अस्तित्वहीन नहीं हुई हो तो उसकी एक व्यापक समझ बनाने में। वस्तुतः कला स्वयं इतने अधिक रूप धारण करती जा रही है कि कला की परिभाषा ही संदिग्ध हो गई है। यदि आज यह प्रश्न किया जाए कि कला क्या है, तो आधुनिक कला के अनेक दार्शनिक और कलाकार इसका सीधा-सा जवाब देंगे—कला, कला है।

मालरॉक्स ने कलाकारों के वर्तमान धर्मसार का बड़ा अच्छा विश्लेषण किया है। उसने लिखा है :

> "जिस तरह एक संगीतकार केवल संगीत से प्रेम करता है न कि बुलबुलों से और एक कवि कविता से प्रेम करता है न कि सूर्यास्तों से; ठीक उसी तरह एक चित्रकार केवल चित्रों से ही प्रेम करता है। ऐसा नहीं है कि पहले वह आकृतियों और भू-दृश्यों को देखकर आनन्दित हो उठता है।
>
> हालाँकि, भावनाएँ यदि विमर्श के लायक हों तो कलाकार और गैर-कलाकार प्रायः सामान्य बिन्दुओं पर एकमत होते हैं। गैर-कलाकार कलाओं के लिए उतने तुच्छ नहीं होते, वह इतना जानते हैं कि कला भावनाओं को अभिव्यक्त करने का माध्यम होती है। वह व्यक्ति जिसकी संगीत में कोई रुचि नहीं होती, भावनात्मक गीतों या सैन्य धुनों—पर झूम उठता है। वह व्यक्ति जिसकी कविता में कोई रुचि नहीं होती, पत्रिकाओं में छपी कहानियों को बड़े चाव से पढ़ता है। वह व्यक्ति जिसकी चित्रकला में कोई रुचि नहीं है, फिल्मी स्टारों के छायाचित्रों को बड़े ध्यान से देखता है।...प्रभाव छोड़नेवाली प्रत्येक कला किसी भावना, भावनात्मक उत्कंठा, उदासी या देशभक्ति की अभिव्यक्ति होती है तथा सबसे बढ़कर वह प्रेम की अभिव्यक्ति होती है।"[1]

अति सामान्य बोध में यह कथन सत्य हो सकता था अर्थात् यह कहना सत्य है कि कला किसी अस्पष्ट भावनात्मक मनोविलास में उलझाए रखने की अपेक्षा एक

तरह की औपचारिक सुस्पष्टता होती है। यह भी सत्य है कि हम अपनी भावनात्मक स्थितियों से केवल उनकी सुस्पष्टता की मार्फत ही अवगत हो पाते हैं। यह उनके किसी तरह के औपचारिक संगठन से प्राप्त होता है, चाहे वह अभिव्यक्ति से हो या ध्वनि और रंगों के सांकेतिक उपयोग से हो। ऐसा मुक्ति के आरोही क्रम में कला और ज्ञान, दोनों के स्तर पर किया जाता है, लेकिन इससे यह निष्कर्ष निकालना गलत होगा कि कला केवल कला से ही अपना आवेश प्राप्त कर सकती थी। इस तरह का निष्कर्ष निकालने का मतलब होगा, कला को इसके संवर्द्धन के अन्तिम स्रोत से काटना।

कला के प्रति लोगों की रुचि की कमी के बारे में यहाँ जो कहा गया है, शायद वह सही है, लेकिन इससे इसके लक्षित व्यतिक्रम का निष्कर्ष निकालने से बिम्बों को उद्धृत करनेवाले या किसी भावना को अभिव्यक्त करनेवाले लगभग हर काम में कला के स्तर का अस्वीकार होगा। कुछेक को छोड़कर भला कौन-सी कलाकृति निर्णय की इस कसौटी पर विशुद्ध अमूर्तन के संग कला की पात्रता हासिल कर सकती थी? इसने कला की दुनिया को सम्पूर्ण निर्वात में धकेल दिया जहाँ कुछ अव्याख्येय कारणों से कलाकारों ने तुरन्त पुरानी शैलियों में से एक नई शैली विकसित की। यह कलाकार को इस दुनिया से बाहर कला के द्वीपविश्व में रख देता है। इस विश्व में संगीतकार अपनी नई रचना तैयार करने में केवल अपने पूर्ववर्तियों के संगीत से ही प्रेरित होते हैं। चित्रकार अपने पूर्ववर्तियों की चित्रकारी से तथा कवि अपने पूर्ववर्तियों की कविताओं से प्रेरित होते हैं। अन्य तथ्यों के अलावा इस विचार की भर्त्सना इस तथ्य से की गई है कि यह बिम्बों के ऐसे वर्ग को परिभाषित करने का प्रयास करता है जिसमें उक्त वर्ग से सम्बन्धित पहले के अधिकांश बिम्बों को छोड़ दिया गया है।

विधिसम्मत ढंग से यही कहा जा सकता था कि अपने विकास के लिए कला को अपनी पुरानी शैलियों से ही विचार ग्रहण करना पड़ता है। कहने का तात्पर्य कि इसके लिए बिम्बों को संकेतित या किसी स्थिति अथवा भावना को व्याख्यायित करनेवाले कला के पुराने संकेतों को जानना और सीखना पड़ता है, किन्तु पुराने संकेतों की अपूर्णता विधिवत् महसूस होने लगती है क्योंकि अभिव्यक्ति हेतु नए संकेतों का आविष्कार करते हुए कलाकार का सामना बिलकुल एक नई दृष्टि या भावना से होता है जो कलाकार की वास्तविक दुनिया से हुई मुठभेड़ से पैदा होती है। इस तरह, एक नई शैली तभी पैदा होती है जब कलाकार अचानक एक भू-दृश्य को ऐसे देखता है, गोया पहले वह कभी देखा ही नहीं गया हो या कलाकार की उस भावना के तहत होता है कि इस तरह से पहले वह कभी अभिव्यक्त नहीं किया गया है। कलाकार के सम्पूर्ण अनुभव से ही कार्यशैली विकसित होती है। उसके नए अनुभव में कहीं भी पुरानी शैली ठीक से नहीं बैठ पाती है, इसलिए वह एक नई शैली को सृजित करता है।

वस्तुत: लोककला के विकास से इस बात का खंडन होता है कि कला पूर्ववर्ती कला से विकसित होती है। लोककला कुल मिलाकर कलाकारों की अपेक्षा शिल्पकारों की कृति है जिसकी अपनी शैली में जम जाने की प्रवृत्ति होती है। यह शैली पीढ़ी-दर-पीढ़ी सदियों से बनी चली आती है। कलाकृति और पूर्ववर्ती शैली ही यदि नई-शैली की उत्पत्ति का अकेला कारक थी तो लोककला में भी ललित कलाओं जैसा ही विकास होना चाहिए था, लेकिन लोक-कलाकार एक बौद्धिक संस्कृति में जीता है जहाँ नए विचारों या स्थितियों की माँग कम होती है, इसलिए वह अपने पूर्ववर्तियों द्वारा वसीयत में दी गई पुरानी आकृतियों को दुहराते रहता है। लोककला में हम केवल एक ही तरह का विकास देखते हैं, वह भी शैलीकरण की दिशा में। यह आकृतियों का बड़ी परिपाटियों में सरलीकरण है। अपने से बाहर की दुनिया के आवेग के बगैर ललित कलाओं का झुकाव सम्भव: शैली, परिष्कार और सजावट की तरफ हुआ। सचमुच कला की नई शैली की उत्पत्ति का प्राय: इस तरह के विकास काल द्वारा दूसरी नई शैली के उत्पन्न होने तक अनुसरण किया जाता है। नई शैलियों के विकास को कम-से-कम कला के औपचारिक क्षेत्र के बाहर की घटनाओं या विचारों से जोड़ना मुश्किल नहीं है।

कला वस्तुत: आज जितने रूपों में प्रकट हो रही है, इसका लेखा-जोखा करने के लिए किसी को नित्यनुभव की दुनिया की प्रासंगिकता को अस्वीकार करना नहीं पड़ता है। हालाँकि, यहाँ पर चेतावनी हेतु शब्द की जरूरत पड़ती है। हम जब कला के अनुभव जगत की प्रासंगिकता पर बात करते हैं तो यह छायाचित्र के बिम्ब की प्रवृत्ति का नहीं होता है। यह सम्बन्ध धरती पर आदिम कीचड़ से पैदा होनेवाले जैव रूपों की तरह होता है। आरम्भ में जैव रूपों के विकास को उक्त कीचड़ के बगैर नहीं समझा जा सकता है। आरम्भ में जैव रूपों का विकास पूरी तरह उस कीचड़ से परस्पर आकर्षण के जरिये होता है, लेकिन समय बीतने के साथ ही वे एक-दूसरे की तरफ आकर्षित होने लगते हैं तथा बाद में विकास काफी हद तक इस आकर्षण पर भी निर्भर करता है।

मौजूदा समय के महान और सिद्धहस्त कलाकारों में शुमार पॉल क्ली ने कलाकार और दुनिया के इस सम्बन्ध को निम्नलिखित शब्दों में व्यक्त किया है :

> "क्या मैं किसी उपमा का...वृक्ष की उपमा का प्रयोग कर सकता हूँ? कलाकारों ने इस वैविध्यपूर्ण धरती का अध्ययन किया है। हम कह सकते हैं कि उन्होंने इसमें अत्यन्त शिष्ट ढंग से अपना मार्ग ढूँढ़ लिया है। उनके दिशाबोध से अनुभव और छवि प्रवहमान धारा में एक क्रम स्थापित हुआ है। प्रकृति और जीवन के इस दिशाबोध की अर्थात् शाखाओं वाले और फैलनेवाले इस क्रम की तुलना में वृक्ष की जड़ से करूँगा।
>
> जड़ से रस का प्रवाह कलाकार तक होता है। यह रस प्रवाह उससे होकर उसकी आँखों तक पहुँचता है।

> इसी प्रकार वह वृक्ष के तने के समान खड़ा रहता है। प्रवाह की शक्ति से आलोड़ित और मिश्रित होकर वह अपनी दृष्टि को अपने काम में समाविष्ट कर लेता है।
>
> कोई भी नहीं कहेगा कि वृक्ष का शीर्ष इसकी जड़ की एक छवि के रूप में विकसित होता है। शीर्ष और जड़ के बीच किसी तरह का दर्पण-प्रतिबिम्ब नहीं बन सकता है। यह बिलकुल स्पष्ट है कि विभिन्न तत्त्वों के अन्दर विस्तार पा रहे भिन्न-भिन्न कार्यों को आवश्यक रूप से महत्त्वपूर्ण अन्तर पैदा करना चाहिए।"[2]

परन्तु परिवेश मात्र के परिवर्तित हो जाने से कलाकारों की विश्व के प्रति अनुक्रियाओं में परिवर्तन आ जाता है। हमारा आधुनिक जगत किसी भी पूर्ववर्ती से ज्यादा भिन्न है कि कलाकार अनुक्रियात्मक रूप में भी आमूल रूप से भिन्न हो जाने के लिए बाध्य रहता है। वर्तमान समय में विकसित हो रही अनेक प्रकार की शैलियों की विशेषता है, लेकिन ऐन्द्रिक तत्त्वों एवं इनके माध्यम से कलाकार के व्यक्तित्व की जोरदार स्वीकारोक्ति। निस्सन्देह, इसका मुख्य कारण है अपने बौद्धिक जीवन के ज्यादातर हिस्सों से इन्द्रियजनित तत्त्वों का विलोपन, जिसे अमूर्तीकरण से चिन्हित करते हैं। कलाकार की यह इन्द्रियजनित तत्त्वों सम्बन्धी स्थापना अंशतः मनुष्य के आत्मिक विश्वज्ञान के शून्य को भरने की एक कोशिश है जो बेशक इन्द्रियजनित ही रहती है।

कलाकार द्वारा व्यक्तित्व की यह अतिस्थापना उस नई स्थिति से भी पैदा होती है जिसमें कि वह स्वयं को खड़ा देखता है। विज्ञान की दुनिया में (न केवल प्राकृतिक विज्ञान में बल्कि समाज विज्ञान में भी) व्यक्ति का स्थान पूरी तरह काट दिया गया है। सामान्यतः वह त्रुटियों का लेखक समझा जाता है, कथाकथित व्यक्तिगत त्रुटियों का। उसके व्यक्तित्व को धो डालने का प्रयास होता है। इस विशाल ब्रह्मांड में ही नहीं बल्कि समाज में भी ऐसा माना जाता है कि उसके विचार, क्रिया-कलाप और भावनाएँ, सभी उसकी बाह्य शक्तियों द्वारा निर्धारित होती हैं। वह दुनिया का शीर्ष गौरव नहीं होता है जैसा कि वह स्वयं को मानते रहा है, बल्कि वह उस घटनात्मक दुनिया के तल का केवल एक घुमाव होता हैं जिसकी अपनी कोई अर्थवत्ता नहीं होती है तथा जो घटनाओं के प्रवाह में बहते रहता है। बड़े-बड़े राष्ट्र-राज्यों तथा राजनीतिक संगठनों की उत्पत्ति मनुष्य को उसकी अर्थहीनता का सही-सही आभास कराती है। इस तरह के संगठनों तथा राजाओं के कार्यों की बोधगम्यता कम होती जा रही है क्योंकि इसमें मनुष्य असहाय महसूस करता है तथा इधर या उधर से धक्का खाते रहता है। इन सबको ढकने की नीयत से मनुष्यों को दो विश्वयुद्धों में धकेला गया जिसने पूरी दुनिया को लगभग एक कसाईघर में तब्दील कर दिया था। मनुष्य उस समय काफी भयाक्रांत और हताश था, क्योंकि उसने देखा कि उसका उपयोग उन मर्दों, औरतों और बच्चों को जान से मारने के लिए भी हो सकता है जिनसे उसकी

व्यक्तिगत तौर पर कोई दुश्मनी नहीं थी। ऐसी दुनिया में कलाकारों को महसूस हुआ कि केवल कला ही उसके साथ है जिसमें अभी भी वह अपने व्यक्तिगत अस्तित्व को प्रकट कर सकता है। कला में बढ़ा-चढ़ाकर की गई आत्मस्थापना जो किसी भी चीज को विरूपित करना जानती है, कलाकार की कलात्मक अभिव्यक्ति के किसी श्रेष्ठ तरीके की बजाय अपने व्यक्तित्व को बचाए रखने की गहरी चिन्ता का लक्षण है।

सामान्य अभिव्यंजनावाद तथा कलाकार द्वारा अपने व्यक्तित्व की स्थापना जो पुन: केवल किसी प्रकार का अभिव्यंजनावाद ही हो सकता है, दोनों मुख्यत: इन्द्रियजनित तत्त्वों के स्वाग्रही उपयोग पर ही निर्भर करते हैं। मसलन, तेज रंगों, बढ़ा-चढ़ाकर रची गईं श्वेत और श्याम आकृतियों (ग्राफिक्स में सबसे बढ़िया, अभिव्यंजनावादियों के साथ अत्यन्त लोकप्रिय) की तेज ध्वन्यात्मक विषमताओं, कोणीय छायांकनों, ब्रश के जुनूनी उपयोगों का प्रयोग। उक्त तत्त्व पूरे कैनवस पर पसरती चौड़ी परिपाटियों या रंगों की लेपों को आरादांत की धार प्रदान करते हैं। सावधानीपूर्वक किए गए रेखांकन एवं सुविचारित निष्पादन को इससे दूर रखा जाता है क्योंकि वे सामान्यीकरण और बौद्धिकी की बुराई से दूषित होते हैं। ऐसा भय बना रहता है कि इस विचार के माध्यम से बौद्धिक तत्त्वों का आयात कलाकार के स्व की अभिव्यक्ति को ढक दे सकता है। इसे वह समझता है कि ये केवल अनियंत्रित ऊर्जा के स्वत: स्फूर्त नैसर्गिक प्रवाह में आ सकते हैं।

पूर्वोक्त विवेचना से स्पष्ट है कि संयोजन किसी कलाकृति के सृजन की एक आवश्यक शर्त है। कलाकार का व्यक्तित्व, निस्सन्देह, उसके काम से कभी भी पूरी तरह गायब नहीं था, लेकिन व्यक्तित्व का प्रकटीकरण भी मुख्य रूप से उस विशिष्ट तरीके से होता है जिसमें कलाकार काम के तत्त्वों को संयोजित करता है। इसके लिए कलाकृति में अपने व्यक्तित्व को प्रकट करने के पूर्ण कौशल की जरूरत पड़ती है। कौशल का अर्थ है, आत्मनियंत्रण अर्थात् कूची, पेन्सिल और छेनी का नियंत्रित उपयोग। कैनवस पर रंग के अनियमित छिड़काव या पत्थर के किसी भाग के यथेष्ट छीलन से बननेवाली निर्मितियों पर स्वत: कलाकार के व्यक्तित्व की छाप नहीं बनती है। इस तरह के काम न तो कलाकार के व्यक्तित्व का संकेत दे सकते हैं, न ही किसी कलाकृति की श्रेणी में आ सकते हैं। वस्तुत: यह अपने आन्तरिक विश्रृंखलन को बाह्य दुनिया पर प्रक्षेपित करने का एक आमंत्रण है जो कला को जन्म देनेवाले लक्ष्य का ठीक विपर्यय होता है अर्थात् विश्रृंखलन में क्रम स्थापित करने का लक्ष्य।

परन्तु इस विचार ने लोकप्रियता अर्जित की है क्योंकि ऐसा माना जाता है कि जैक्सन पोलॉक सरीखे कुछ सचमुच के बड़े कलाकारों ने इस विधि को अपनाकर बड़ी-बड़ी कलाकृतियों की रचना की है, लेकिन यह चीज भुला दी जाती है कि जैक्सन पोलॉक में आन्तरिक लयात्मक नियंत्रण इतना गहरा था कि जिस समय वह अनियंत्रित आवेश के रूप में प्रकट हुआ, उस वक्त भी वह विस्मयबोधक एकरूपता वाली लयात्मक

शैलियों की ही रचना कर रहा था। उसके काम में जिस पक्ष पर लोग आश्चर्य व्यक्त करते हैं, वह है भित्तिचित्र या वर्तिलेख के रूप में अरबी शैली का दुहराव, जो प्राय: एक ही लय में बढ़ता प्रतीत होता है। यह कोई आकस्मिक उत्पाद नहीं था बल्कि इसे महान कौशल और कूची-नियंत्रण से ही हासिल किया जा सकता था। इस तरह का काम केवल स्वेच्छा और अति विकसित लयबोध के संयोग से ही सम्भव हो सकता था।

'कार्य चित्रकला' का प्रयास करनेवाला कोई भी व्यक्ति जिसे उस तरह का प्रशिक्षण नहीं मिला है या उस तरह की निपुणता हासिल नहीं है, केवल हास्यास्पद रंग के धब्बों का ही निर्माण कर सकता है, जिससे कि कुछ भी संकेतित नहीं होता है, कलाकार का व्यक्तिगत चिह्न भी नहीं-जब तक व्यक्तिगत चिह्न का अभिप्राय कला के बारे में सम्पूर्ण जड़बुद्धिता नहीं हो जाती है। यह केवल वहीं सम्भव है जहाँ कलाकार अपने काम में औपचारिक संघटन के निमित्त पूरा अभ्यास करता है ताकि जिस रूप में वह चीजों का उपयोग करता है उसकी अनुभूतियाँ स्वत:स्फूर्त ढंग से अभिव्यक्त हो सकें। यह केवल वहीं सम्भव है जहाँ कलाकार जो प्रकट करना चाहता है, उसमें वह एक प्रकार का स्पृश्यता का अनुभव करता हो ताकि वह अपनी दृष्टि को साधने के योग्य बन सके। ऐसी स्थिति में वह कूची का उपयोग कर सकता है, किसी चिथड़े या अपनी अँगुलियों का उपयोग कर सकता है या रंग को कैनवस पर सामान्य तरीके से टपकने दे सकता है। इस तरह, एक सार्थक आकृति की रचना हो सकती है, लेकिन जिसने अपनी दृष्टियों व अनुभूतियों का अपने कार्य सम्पादन से सामंजस्य स्थापित करना नहीं सीखा है, वह ऐसी सिद्धि प्राप्त करने की आकांक्षा नहीं रख सकता है। इस सन्दर्भ में निश्चित रूप से गलत धारणाओं के कारण भी बहुत-सी कलाकृतियाँ बेकार नजर आती हैं।

ऐसी ही कृतियों से आधुनिक कला के बारे में गलत धारणा बनी है। यदि इन विपथनों को अनदेखा कर दिया जाए तो आधुनिक कला भी. केवल इस परिवर्तित स्थिति में पुरानी कला की मानिन्द सौन्दर्यशास्त्रीय कार्य करती हुई नजर आ सकती है।

औद्योगिक शहरी जीवन के शोरगुल व आडम्बर के कारण आधुनिक कलाकारों को जिन चुनौतियों का सामना करना पड़ा, वे चुनौतियाँ थीं—परायेपन का बोध, स्व-व्यक्तित्व का अस्वीकार एवं चेतनता की सामान्य कमी। कलाकारों ने इनका जवाब अभिव्यंजना, कल्पना व अमूर्तन के माध्यम से दिया।

कला में अभिव्यंजनावाद के प्रमुख लक्ष्णों पर हमने पहले ही विमर्श किया है। संक्षेप में, अब हम नई कल्पना के बारे में विचार करेंगे।

हवाई कल्पना अर्थात् फैंटेसी स्वयं में कला के लिए कोई नई चीज नहीं है। अतीत की अधिकांश धार्मिक कलाओं में वस्तुत: कुछ सीमा तक कल्पना के तत्त्व शामिल हैं। भारतीय मन्दिर का मकर और सिंहांकन, सीरिया का पंखयुक्त सांड, मिस्र का वह कल्पि दैत्य जिसका कपाल औरत का व शरीर सिंह

का, यूनान को वह पौराणिक प्राणी जिसके शरीर का ऊपरी हिस्सा मनुष्य का और नीचे का भाग घोड़े का, अनगिनत देवी-देवताओं की वैसी मूर्तियों जिनका आधा भाग मनुष्य का और आधा भाग जानवर का, हम इन सबसे परिचित हैं, लेकिन इन सभी आकृतियों का मूल या तो जनजातीय है या साम्प्रदायिक। ये पहले मनुष्य के पौराणिक गल्प का हिस्सा बनीं और बाद में पुरोहितों, राजाओं या कबीला सरदारों के निर्देश पर कलाकारों ने इन्हें मूर्तिकला या चित्रकला के अन्तर्गत प्रकट किया। इस प्रकार, अपने काम के माध्यम से कलाकार का वैयक्तिक-प्राकट्य बहुत सीमित था। उसने समुदाय की चेतना में पूर्व से बैठी चीजों की ही स्पृश्य और दृष्टिगोचर छवियों की रचना की। इसकी भूमिका सुदृढ़ीकरण की प्रक्रिया के माध्यम से सामुदायिक मूल्यों में सामान्यजनों की आस्था को सम्पुष्ट करने की थी।

आधुनिक कला में फैंटेसी की भूमिका ठीक इसके विपरीत है। इसका लक्ष्य मूल रूप से स्थापित आस्थाओं और चिन्तन के तरीकों को उलट देना होता है। यह एक वैसी दुनिया को प्रकट करने का प्रयास करता है, जिसके बारे में कभी सोचा ही नहीं गया हो। यह वैचारिक गाड़ी को गति प्रदान कर प्रेक्षकों को भौचक्का बना देती है। फलस्वरूप, दूसरे विध्वंसक विचार पैदा होते हैं। वास्तव में, दादा और अतियथार्थवादी आन्दोलनों ने खुलेआम घोषणा की थी कि उनका लक्ष्य बुर्जुआ को बदनाम करना तथा उन मान्यताओं पर प्रश्न खड़ा करना है जिन पर बुर्जुआ की दुनिया टिकी होती है।

नई कल्पना के बारे में ऐसी अपेक्षा की गई कि इसे अपना मनोभाव अधिकांश: जीवन की सूक्ष्मदर्शीय आकृतियों व मशीनी दुनिया से उधार ले लेना चाहिए। इसने वैसा ही किया भी। इसने अचेतन के कार्य-विश्लेषण से भी बहुत-सा विचार ग्रहण किया तथा ऐसी तस्वीरें बनाई जो अचेतन और सचेतन के बीच के अल्पज्ञात क्षेत्र की छवियों को प्रकट करती थीं।

मट्टा का कल्पनालोक अन्धा-सदृश राक्षसों से तैयार किया गया था जिसने स्वचालित यंत्र की आकृति ग्रहण कर ली। यह न तो पूरी तरह से मशीन था, न ही जानवर बल्कि यह एक संकर आकृति थी जिसे वास्तविक रूप में देखकर कोई भी भयभीत हो सकता था। यह एक नवक्रम की पूर्व सूचना थी जहाँ ये स्वचालित मनुष्य की रक्षास्थली माने जानेवाले क्षेत्रों पर आक्रमण करने या उसे मुनष्य से पूरी तरह छीन लेने के लिए तैयार हैं।

दूसरी तरफ, मिरो ने अपनी कल्पना का विकास लघु जैव आकृतियों से किया। शारीरिक कोशिकाओं, शुक्राणुओं, लघ्वाकार कीटों और अमीबा को पूरी तरह उनके वास्तविक रूपों में प्रकट किए बिना संकेतित किया जाता है। ये वास्तविक आकृतियाँ रंगों के एक समान चौरस तल वाली पृष्ठभूमि के विरुद्ध एक दिशा में तैरती मालूम पड़ती हैं। यहाँ इनकी गहनता सन्दिग्ध बनी रहती है। ये अक्सर एक ऐसे परी-लोक की रचना करती हैं जिसके बाशिन्दे अपनी

पहचान की बाबत अटकल लगाते रहते हैं। उनकी तस्वीरों में हमारी रुचि को ग्रहण करने की क्षमता इस तथ्य से पैदा होती है कि इन आकृतियों पर विचार करते वक्त हमारे पास हमेशा मेल-जोल का एक अस्पष्ट बोध रहता है। हमें हमेशा अनुभव होता है कि हम अनुसंधान हेतु सन्तुलन बना रहे हैं, वह भी वास्तव में ऐसा करने के योग्य बने बगैर। हम अन्तिम रूप से आकृतियों पर कभी लेबल नहीं लगा सकते हैं और उसके बाद दूसरी चीजों की तरफ मुड़ जाते हैं, लेकिन आकृतियों के इस मसखरेपन के माध्यम से हम कुछ सांकेतिक अभिप्राय को समझ जाते हैं।

आर्शिल गोर्की और विलेम डि कूनिंग प्रेक्षकों की प्रलम्बता की सामर्थ्य को प्रकट करते हैं ताकि कैनवस पर क्रॉस बनाती मर्मभेदी रेखाओं व रंग के छींटों की सांकेतिक प्रकृति से कुछ अर्थ निकल सके। डि कूनिंग में यह औपचारिक तत्त्व जितना सुदृढ़ है उतना गोर्की में नहीं है। फिर भी, वह अतीत के घनचित्रकारों की संगति से औपचारिक संघटन के कुछ चिह्नों को बचाए रखता है। संकेतित छवियों का शायद ही कोई स्पष्ट अभिप्राय होता है क्योंकि ये पूरी तरह कलाकार के अतीत की संगतियों से उत्पन्न होती हैं। प्रेक्षक के लिए कलाकार इन्हें उस तरह गढ़ता है जैसे चेतनशून्यता के प्रभाव से निकल किसी मनुष्य की अर्द्धमूर्च्छा वाली स्थित होती है। चूँकि प्रत्येक प्रेक्षक को अनिवार्य रूप से अपने पूर्व के अनुभवों तथा मानसिक स्थिति पर निर्भर करते हुए ऐसी ही छवियों को प्रलम्बित करना पड़ता है, इसलिए प्रत्येक का अभिप्राय व्यक्तिगत होता है। हालाँकि, डि कूनिंग सामान्य प्रभाव ही पैदा करते हैं, लेकिन वह अपनी सृजित छवि की करालता से हमें हिलाकर रख देते हैं। उदाहरणस्वरूप, उनकी 'औरत' नामक अनेक चित्रकृतियों को देख सकते हैं।

प्राय: किसी कलाकृति में महज औपचारिक तत्त्वों के संघटन से स्पष्ट अभिप्रायमूलक कल्पना को उभारा जा सकता है। इस तरह, फ्रेंज मार्क की 'संग्राम करती छवियाँ' (मॉडर्न आर्ट मूवमेंट-28) शीर्षक कलाकृति में उभारी गई कल्पना लाल और काले रंग की चक्करदार आकृतियों के सान्निध्य पर निर्भर करती है जो घातक संग्राम में फँसे कुछ जंगली राक्षसों के नख-चंगुल का प्रतीक बन जाती हैं। इस प्रकार की आकृतियाँ या तो कलाकार की व्यक्तिगत कल्पना से पैदा होती हैं या फिर प्रेक्षक के अन्दर व्यक्तिगत तौर पर बनती हैं।

साम्प्रदायिक व पारम्परिक संकेतवाद से व्यक्तिगत संकेतवाद के रूप में एक परिवर्तन भी हुआ है। साम्प्रदायिक व पारम्परिक संकेतों के अभिप्राय अपने सम्प्रदाय में व्यक्ति की पैठ तथा उसके मूल्यों की बृहत् प्रणाली के साथ परम्परा के नैरन्तर्य से बनते हैं जो संकेतों के माध्यम से स्पष्ट होते हैं। कलाकार को यदि महसूस होता है कि उसका परम्परा से सम्बन्ध टूट गया है या पारम्परिक संकेतवाद उसके सन्देश को सम्प्रेषित कर पाने के लिए अपर्याप्त है तो ऐसी दशा में अपने संवाद को सम्प्रेषित करने के लिए उसे व्यक्तिगत संकेतों का आविष्कार करना पड़ता है। हालाँकि पारम्परिक

संकेतों के अभिप्राय की स्पष्टता उनके बदलते प्रसंगों एवं कलाकृतियों में बार-बार प्रयुक्त होते रहने से आती है। किसी परम्परा की अवधि की तुलना में एक कलाकार का जीवन बहुत छोटा होता है तथा किसी कलाकार के संकेतों का अभिप्राय जानने के लिए प्रेक्षकों के पास अवसरों का अभाव रहता है। फिर भी, संकेतन की प्रक्रिया कमोबेश एक समान रहती है। निश्चित छवियाँ, औपचारिक तत्त्व यथा कोई खास रंग व रेखाओं का निश्चित सम्बन्ध, सभी कलाकार के निश्चित विचारों या भावनाओं से घुल-मिल जाते हैं। इन रूपों का प्रयोग व स्वयं को अभिव्यक्त करने के लिए करता है। इस अवस्था में केवल कलाकार को ही इनके अभिप्राय मालूम हो सकते हैं, किन्तु कलाकार यदि इन रूपों के सांकेतिक अभिप्राय से अभिभूत है और ये बार-बार उसकी कलाकृति में नजर आते हैं तो इनका अभिप्राय धीरे-धीरे प्रेक्षकों को भी मालूम पड़ने लगता है। इसी स्वभाव के कारण व्यक्तिगत संकेतों का अभिप्राय समझ पाना कठिन होता है। कलाकारों के काम को अलोचक बड़े गौर से विभिन्न अवस्थाओं में विकसित होते देखता है, इसलिए केवल वह ही इन संकेतों का निश्चित अभिप्राय जान सकता है। उदाहरणस्वरूप, पिकासो के मामले में उनके काम का बारीक विश्लेषण कर सांढ़, घोड़ा (वस्तुतः घोड़ी) और सांढहंतृ (मेटाडोर) स्त्री का स्पष्ट अभिप्राय निकाला गया है। ये संकेत उनकी अनगिनत चित्राकृतियों व रेखांकनों में दृष्टिगोचर होते हैं।

अधिकांश आधुनिक कलाकार इतना गूढ़ नजर क्यों आते हैं? इसका एक कारण इसी व्यक्तिगत संकेतवाद का आश्रय लेना है जो कुछ मायने में व्यक्तिगत भाषा के प्रयोग-सरीखा है। यह स्वाभाविक है कि ऐसे संकेतों का अभिप्राय जानने के लिए असीम धैर्य व दीर्घ प्रयत्न की आवश्यकता होती है।

निस्सन्देह, आधुनिक कलाकार के पास अपनी आन्तरिक अनुभूति के अलावा संकेत गढ़ने के लिए दूसरा विपुल सम्पदा भी उपलब्ध है। यात्रा की सुविधा, पुरातत्व, नृशास्त्रियों के काम व कलाकृतियों के प्रजनन की पुस्तकें, ये सभी विविध कला को भूत और वर्तमान की दुनिया से लाकर कलाकार तक पहुँचा देते हैं। वह अब अनेक व्यक्तियों के अतीत की आदिम कला तथा अनेक शैलियों की समकालीन कला से भली-भाँति अवगत है। वह अक्सर इन कलाकृतियों में उन छवियों को अभिव्यक्त करने का अनुसंधान करता है जिन्हें वह स्पष्ट रूप से समझ नहीं रहा होता है। ऐसी छवियों का वह अपने काम में किसी सार्थक संकेत के रूप में प्रयोग कर सकता है। इससे आधुनिक कला में संकेत के दायरे का तो विस्तार हुआ है, लेकिन इससे प्रेक्षकों का काम आसान नहीं हुआ है। हालाँकि आधुनिक कलाकार इसके लिए कोई बहाना नहीं करते कि सबसे पहले उनका काम सम्प्रेषण को आसान बनाना है, बल्कि प्रेक्षक से वे उच्च कोटि की बौद्धिकता व जागरूकता की माँग करते हैं।

संयोगवश परम्परागत चित्रकला से दूर हो रही अमूर्त कला मनुष्य की उस आदि-आकांक्षा के अनुरूप बन जाती है जिसका कि विगत कला में भरपूर प्रयोग

हुआ होता है। वह आकांक्षा थी मनुष्य के इर्द-गिर्द की चित्ताकर्षक क्षणभंगुर छवियों को खींचकर उन्हें संरक्षित करने व शाश्वत बनाए रखने की। किसी कला के तमाम प्रयासों में यह भी प्रयास महत्त्वपूर्ण रहा है कि प्रकृति में विराजमान क्षणभंगुर बिम्बों की स्थायी छवियाँ बनाई जाएँ। यह ठीक उसी तरह का विचार है जैसा कि कीट्स ने अपनी 'ओड ऑन ए ग्रेसेसियस उन' (यूनानी अस्थिभस्म का गीत) कविता में अभिव्यक्त किया है। उन्होंने लिखा है :

"हे साहसी प्रेमी; तुम कभी चूम नहीं सकते-कभी नहीं,
तुम्हें दुख नहीं होता, यद्यपि लक्ष्य के हो करीब-फिर भी;
भले ही, तुम्हें आनन्द नहीं-फिर भी, वह मुरझा नहीं सकती,
तुम प्यार करते रहोगे सदा, वह सुन्दर बनी रहेगी सदा!"

घटनाओं के प्रवाह से यादगार क्षण निर्धारित करने की यही क्षमता है जो उन लोगों के इस विश्वास का समर्थन करती है कि केवल कला ही स्थायी है, प्रकृति की शेष सभी चीजें नश्वर हैं।

कला में अमूर्तन के पहलू पर विचार करने से पहले यह पता लगाना आवश्यक है कि कला में अमूर्तन हमेशा एक रूप या दूसरे रूप में होता रहा है। अमूर्तन कलाकार की एक आदर्श कल्पना है।

अंग्रेजी में इसे 'अब्सट्रेक्शन' कहते हैं। 'टू अब्सट्रेक्ट' का अर्थ होता है, किसी चीज को बाहर निकालना या पृथक् करना। इस अर्थ में सभी प्रकार की कलाएँ पृथक्करण या अमूर्तन ही हैं। हमने पहले ही चर्चा की है, किस तरह कला का अधिकांश प्रदर्शन भी किसी वस्तु या दृश्य की दृष्टिगोचर महत्त्वपूर्ण आकृतियों की छँटनी पर निर्भर करता है, लेकिन अत्यधिक व्यक्त रूप में जब किसी वास्तविक बिम्बों से ज्यादा सुन्दर भू-दृश्य या आकृति की रचना करने का प्रयास हुआ तो कला में अमूर्तन का ही व्यवहार किया गया। इस पर शास्त्रीय यूनानी कला या पुनर्जागरण काल की कला या पुनर्जागरण काल के बाद की यूरोपीय अकादमिक कला में आदर्श आकृतियों की तलाश बहुत ज्यादा निर्भर रही। भारत में इस परम्परा की सदियों पहले नींव पड़ चुकी थी। अजन्ता की चित्रकृतियाँ भी इसी तरह के अमूर्तन पर निर्भर रहीं। निस्सन्देह, एक निश्चित काल में लोगों के विशेष पूर्वस्नेह के अनुसार आदर्श आकृति ने अपना रूप ग्रहण कर लिया था। चित्रकला की भारतीय परम्परा में आदर्श सौन्दर्य रचने के कुछ प्रचलित नियमों की पूर्व में चर्चा की गई है अर्थात् मानव शरीर के विभिन्न अंगों की आकृतियों को पुष्प-पौधों या पंखुड़ियों के आकारों या जानवरों के पैरों से सम्बद्ध औपचारिक गुणों के अनुरूप होना पड़ा था, लेकिन मानव अंगों की तुलना में पेड़-पौधों और जानवरों को स्थायी रूप से अत्यधिक नियमित आकृतियों और लयात्मक रूपों में चित्रित किया गया था। मानव अंगों को तो इसके वास्तविक रूप के सदृश बनाया ही गया था।

परन्तु कुछ अन्य संस्कृतियों में आरम्भ से ही कलाकारों ने अमूर्तन के अत्यधिक मौलिक रूप को प्राप्त करने का प्रयास किया था। मिस्र की कला में सदा से ही मानवी आकृतियों को कुछ नियमित ज्यामितीय आकारों के सदृश बनाने का रुझान था ताकि इससे ज्यादा नियमितता व स्थायित्व आ सके। इस तरह, मूर्तिकला में मानवी आकृतियों को बेलनाकार बनाया गया जो प्रतिरूपक ध्येय के अनुरूप था; निस्सन्देह, फिर भी यह कला की दुनिया महत्त्वपूर्ण स्थान प्राप्त कर लिया। यह बिलकुल स्वाभाविक था कि फराओ के चित्र में भी औपचारिक गुणों का होना अनिवार्य था क्योंकि चित्रों में उनसे स्थायित्व आ गया। फराओ के चित्रों का गौरव अमिट है। चित्रकला में भी लम्बवत् और क्षैतिज आकारों की प्रधानता होती है। इनसे स्थिरिता का बोध होता है जिसे चित्र संकेतित कर रहे होते हैं और ये इस तरह से सजाए गए होते हैं मानो किसी महान शाखा के अमर आवास में हों।

अन्य संस्कृतियों में जहाँ आडम्बरहीन परिवेश की वजह से लोगों को प्राकृतिक रूपों में अधिक आनन्द नहीं मिला या फिर अनुकरण व मूर्तिपूजा पर धार्मिक प्रतिबन्धों की वजह से कलाकार प्राकृतिक बिम्बों को चित्रित नहीं कर सकते थे, कला ने शुरू से ही वहाँ अमूर्त आकृतियों को विकसित किया। अरब की कला इसका उदाहरण है जहाँ इन दोनों पहलुओं ने ज्यामितीय और सुलेखन की कला को विकसित करने का काम किया। अफ्रीकी कला में भी शरीर की सतहों को अनेक तलों में विभाजित किया गया या वास्तविक आकृतियों की वक्रता को नजरअन्दाज करते हुए शरीर के अंगों के उभार एवं खोखलेपन को प्रमुखता सें दर्शाया गया। यह अमूर्तन इतना मारक था कि घनचित्रों ने, खासकर पिकासो ने इससे अत्यधिक प्रेरणा ग्रहण की। अफ्रीकी कला का यह रूप सम्भवत: द्रव्यों के आन्तरिक गुणों व इस तरीके की अति अभिव्यंजकता के प्रति उनकी श्रद्धा से ही उत्पन्न हुआ।

हम जब अमूर्तन के आरम्भिक प्रयासों पर विचार करते हैं तो अमूर्तन का नया विकास कला की पुरानी परम्पराओं से कोई पूर्ण प्रस्थान नहीं जान पड़ता है। यह पुन: विखंडन की अवस्था में दिख रही दुनिया में आदर्श सौन्दर्य, स्थायित्व और शाश्वतता की ही खोज है।

अमूर्त का नया आन्दोलन घनचित्रकारों से शुरू हुआ था, यद्यपि जैसा कि हमने पूर्व में वर्णन किया है, सेजां ने पहले ही यह सुझाव दिया था कि किसी चित्र के अन्तर की आकृतियाँ ज्यामितीय आकृतियों-सरीखी होनी चाहिए। इस आन्दोलन के विकास के आरम्भिक चरण के घनचित्रों में अमूर्तन के तत्त्व इरादतन नहीं थे, किन्तु घनचित्रकारी ने समतल रूप में जैसे ही विभिन्न दिशाओं से यथादृश्य बिम्बों के टुकड़ों को दृष्टि में लाने का प्रयास किया कि चित्र समतलों के नजदीक तैर रहे अन्तरगूंथित समतलों ने अपरिहार्य रूप से ज्यामितीय रूपों को ग्रहण कर लिया। ऐसी स्थिति में उनका अमूर्तन आरम्भिक काल के अमूर्तन के समान है क्योंकि वे

भी वास्तविक बिम्ब से ही शुरू किए थे जबकि प्रकटन की औपचारिक विधि भिन्न थी। संश्लिष्ट घनचित्रकरी की प्रेरणा काफी समय बाद जुआन ग्रिस से मिली और घनचित्रकारी सुनियोजित ढंग से अमूर्तन की तरफ अग्रसर हुई। घनचित्रकारिता की नई शैली के अन्तर्गत कलाकारों ने चित्रकारी किसी बिम्ब से शुरू नहीं की, बल्कि पूर्वावस्था की तरह विश्लेषणात्मक रूप से परस्पर अर्द्धआच्छादित समतलों का लालच जगाने के लिए बिम्बों को खंडित कर दिया। अब कलाकारों ने कुछ खास ज्यामितीय आकारों से शुरुआत की जिससे एक प्रकार के सन्दर्भ का ढाँचा तैयार हुआ तथा इससे जो बिम्ब संकेतित होता था, वह धीरे-धीरे बन सका।

इस बिन्दु तक अमूर्तन की पूर्वावृति से कोई बुनियादी प्रस्थान नहीं था क्योंकि यह श्रेष्ठ औपचारिक मार्ग भी बिम्बों को दर्शाने के मार्ग-सरीखा ही समझा गया। इस तरह, उनके लिए एक अत्यधिक टिकाऊ आकृति की रचना हो गई, किन्तु घनचित्रकारी ने सचित्र कला और निरा अमूर्तन के बीच एक प्रकार के मध्यमार्गी आवास का चित्रण किया। यहाँ से कोई भी किसी एक तरफ जा सकता था अर्थात् वह या तो सचित्र कला की तरफ लौट सकता था या बिम्बों के सारे सन्दर्भों की सम्पूर्ण समाप्ति की तरफ आगे जा सकता था। पिकासो, ब्रेक और अनेक घनचित्रकारों ने घनचित्रकारी द्वारा दी गई औपचारिक अन्तर्दृष्टि का बिना परित्याग किए प्रथम मार्ग का चयन किया, लेकिन केसमिर मेल्विच और पिएट मॉन्ड्रिया जैसे कुछ अन्य लोग थे जो अमूर्तन को अपने तार्किक निर्णय तक पहुँचाना चाहते थे अर्थात् सभी वस्तुनिष्ठ सन्दर्भों की समाप्ति की तरफ। निरा अमूर्तन के इस आन्दोलन को कैंडिंस्की से भी काफी बल मिला जो कहीं से भी घनचित्रकार नहीं थे। वस्तुतः वह अमूर्त अभिव्यंजनावाद के प्रथम व्याख्याकार थे जो बाद में काफी महत्त्वपूर्ण आन्दोलन बन गया, लेकिन कलाकारों के बीच इस आन्दोलन का जो शाश्वत प्रभाव बना था वह ज्यादातर बीसवीं सदी की दुनिया की आध्यात्मिक दशा से उत्पन्न हुई थी।

मेल्विच अपने शुद्ध अमूर्तन के विचार पर पहुँचे जिसे वस्तुनिष्ठ दुनिया के प्रत्येक चिह्न को हटाने की मनोग्रस्तता के माध्यम से अतिवाद की संज्ञा दी गई। मेल्विच ने अपने इस विकास को स्वयं निम्नलिखित शब्दों में व्यक्त किया है :

> "...वर्ष 1913 में कला को बिम्ब के बोझ से मुक्त करने के अपने हताश प्रयास में मैंने वर्गाकार आकृति की शरण ली तथा एक ऐसी तस्वीर को प्रदर्शित किया जिसमें सफेद क्षेत्र पर काला वर्ग के अलावा कुछ भी नहीं था।"[3]

वह आगे अपने नए विचार को इन शब्दों में व्यक्त करते हैं :

> "वस्तुनिष्ठ दुनिया की दृश्य घटनाएँ अतिवादियों के लिए स्वयं में अर्थहीन हैं, इस प्रकार परिवेश से बिलकुल अलग की अनुभूति महत्त्वपूर्ण चीज है जिसमें इसे आगे संज्ञा दी जाती है।"[4]

परन्तु दृश्य घटनाओं की दुनिया से पूरी तरह स्वतंत्र दुनिया का यह अचानक प्रकटन मुख्य रूप से एक गहरी रहस्यमयी आस्था का उत्पाद था। वह केवल इसी वजह से कला की दुनिया को समझ सका जिसमें केवल आध्यात्मिक सन्तोष मिलता था। बीसवीं सदी के प्रथम दशक से ही दुनिया के स्थायित्व एवं वैज्ञानिक और तकनीकी मूल्यों में विश्वास की कमी का तेजी से विस्तार होते आ रहा था। इस तरह, भिन्न किस्म के मूल्यों पर आधारित वैकल्पिक दुनिया को पाने या स्थापित करने की कामना बहुत बड़ी थी। नॉम गाबो ने अपनी रचनावादी कला के जरिये कैंडिंस्की पर गहरा प्रभाव डाला था। उसने भी विभिन्न कारणों से कला की वैकल्पिक दुनिया की विशिष्ट पदावली में विचार किया। इर्बर्ट रीड के नाम लिखे अपने पत्र में उसने अपनी तरफ की दुनिया की रचना करने के कलाकार के अधिकारों को स्वीकार किया है। उक्त पत्र में रचनावाद की व्याख्या है। उसने दावा किया है कि यह सृजित दुनिया ही एकमात्र यथार्थ है। उसने लिखा है :

> "...मैं मानता हूँ कि ज्ञान कुछ नहीं है, बल्कि हमारी एक रचना है तथा यह कि, हम जो ज्ञान से खोज करते हैं, विश्व के निश्चित अर्थ में, वह इससे बाहर की चीज अथवा किसी नियत और उच्च यथार्थ का अंश नहीं है;, लेकिन हम ठीक-ठीक खोज लेते हैं कि उस स्थान पर हमने क्या रखा है जहाँ हम खोज करते हैं...हम केवल इतना जानते हैं कि हम क्या बनाते और क्या रचते हैं; और हम जो भी बनाते व रचते हैं, सभी यथार्थ हैं। मैं उन्हें छवि कहता हूँ, प्लूटो के शब्दों में नहीं (अर्थात् वे सभी यथार्थ के केवल प्रतिबिम्ब हैं), लेकिन मेरा पक्का मानना है कि ये छवियाँ स्वयं यथार्थ हैं तथा यह कि जब हम रचनात्मक प्रक्रिया में छवि का बदलाव करते हैं, इसे छोड़कर इस यथार्थ के सिवाय कोई दूसरा यथार्थ नहीं है; इसके बाद हमने नए यथार्थों की रचना की है।"[5]

विश्व की प्रत्येक छवि को उसी श्रेणी में डालने की यह भावना ब्रह्मांड के स्थायी और अपरिवर्तनीय क्रम की छवि की टूटन से बनती है। विज्ञान की नई खोजों के फलस्वरूप यह एक ऐसी स्थिति है जिसकी चर्चा पुस्तक के पहले अध्याय में की जा चुकी है। यह विश्वास एक बार समाप्त हुआ तो कलाकारों ने वैकल्पिक सर्जना के साथ ऐसे क्रम की आवश्यकता को पूरा करने का प्रयास किया जो बड़े स्थायित्व और आन्तरिक सम्बद्धता की व्यवस्था कर सकता था। कैंडिंस्की ने विज्ञान की दुनिया की लड़खड़ाती छवि से उत्पन्न संत्रास की इस अनुभूति को वाणी दी। उसने लिखा है :

> "एक वैज्ञानिक घटना ने मेरे रास्ते की एक बड़ी अड़चन को साफ कर दिया। परमाणु का यह एक और विभाजन था। परमाणु का टूटना मेरी आत्मा में पूरी दुनिया के टूटने जैसा था...प्रत्येक चीज अनिश्चित, लड़खड़ाती और

कमजोर हो गई...विज्ञान मुझे समाप्त प्रतीत हुआ, इसका सबसे महत्त्वपूर्ण आधार केवल एक सम्भ्रम था, विद्वानों की एक त्रुटि थी जिसने रूपान्तरिक प्रकाश में सधे हाथ से पत्थर-दर-पत्थर ढाँचों का निर्माण नहीं किया, बल्कि सहसा सत्य के अँधेरे में टटोलने लगा और आँख मूँदकर एक वस्तु को किसी दूसरे के लिए ग्रहण करने की गलती करने लगा।"[6]

उसके इस विश्वास को इस उद्घाटन से बल मिला कि कला का क्षेत्र प्रकृति के क्षेत्र से स्वतंत्र है। उसने आगे लिखा :

"इस तरह, कला का क्षेत्र मेरे लिए आगे और आगे प्रकृति के क्षेत्र से अलग बढ़ता गया, जब तक कि स्वतंत्र क्षेत्रों के रूप में मैंने पूरी तरह से दो अनुभव नहीं कर लिया।"[7]

जैसा कि हमने देखा है कि बीसवीं सदी के दूसरे दशक से ही यथार्थ की दुनिया से उड़ान भरने के का एक सामान्य रुझान चला आ रहा था। इसे चिन्ता, मोहभंग और मूल्यह्रास से चिह्नित किया गया; अभिव्यंजनावादी व अतियथार्थवादी कला में इस रुझान को जबर्दस्त ढंग से प्रतिबिम्बित किया गया। अमूर्त कला के कुछ अग्रणी कलाकारों की गहरी आध्यात्मिक उत्कंठाएँ अमूर्त कला को हमारे समय की उत्कृष्ट शैली बनाकर अध:पतन का बिन्दु बन गईं।

यद्यपि कैंडिंस्की ने कला में अध्यात्म पर चर्चा की, लेकिन उसकी जो चीजें अस्तित्व में आईं, भी एक तरह की कला ही थी जिसे सांगीतिक अवस्था चाहिए थी। यहाँ बिम्बों के सारे सम्बन्धों का लोप हो गया और चित्र प्रदर्शनात्मक तत्त्वों का एक संघटन बन गया। इस तरह, कला में मुख्य रूप से ऐन्द्रिक और औपचारिक तत्त्वों पर ही बल दिया गया।

मॉन्द्रिया एक दार्शनिक होने के साथ-साथ मूर्तिकला का एक नामचीन साधक भी था। उसने कला के माध्यम से मूल समस्याओं को प्रकट किया। वस्तुत: उसकी सोच थी कि अमूर्त कक्षा की उत्पत्ति कला को किसी खास आकृति से शाश्वत आकृति तक ले जाने की एक अपरिहार्य अवस्था है। उसके अनुसार, पह अनगिनत आकृतियों में विशुद्ध आकृति का प्रकटन है। पहले की कलाकृतियाँ विशुद्ध आकृति नहीं थीं क्योंकि उनमें बिम्बों से सम्बन्ध के कारण अनेक त्रुटियाँ थीं। उसकी स्थापना थी कि विशेष आकृतियाँ जन्हें प्रतिबिम्बित करती हैं, उनसे कला में सौन्दर्य नहीं आता है बल्कि कला में सौन्दर्य इन आकृतियों के बीच के गतिशील सम्बन्धों से आता है। उसने लिखा है :

"संस्कृति के सम्पूर्ण इतिहास में कला ने यही दिखाया है कि शाश्वत सौन्दर्य आकृति के किसी विशेष आचरण से नहीं बनता है, बल्कि इसके नैसर्गिक सम्बन्धों की गतिशील लय से बनता है अर्थात् किसी संघटन में आकृतियों के परस्पर सम्बन्धों से बनता है। कला ने दिखाया है कि यह सम्बन्धों का

पता लगाने का प्रश्न है। इसने प्रकट किया है कि आकृतियों का अस्तित्व केवल सम्बन्ध-सृजन के लिए है और यह कि, आकृतियों से सम्बन्ध बनता है एवं सम्बन्धों से आकृति अस्तित्व में आती है। आकृतियों में कोई भी अग्रगमन का सहारा नहीं लेता है।"[8]

दूसरी जगह उसने कहा कि कोमल माध्यम की विशुद्ध वस्तु निष्ठता से कोई भी व्यक्ति चीजों की परिवर्तनीयता से निपट सकता है तथा इस निश्चित यथार्थ पर पहुँच सकता है। उसने लिखा है :

"मैंने यह अनुभव किया कि इस यथार्थ की स्थापना विशुद्ध कोमलता से होनी चाहिए अर्थात् इस माध्यम से जो विषयनिष्ठ विचार व अनुभूतियाँ बनती हैं, यथासम्भव इनका आवरण चढ़ाए बगैर, लेकिन यह अनुभव करने में काफी समय लग गया कि निश्चित आकृति और प्राकृतिक रंग ही हमारी विषयनिष्ठता को जगाते हैं। चीजें नियत यथार्थ की स्थिति में परिवर्तनीय होती हैं। प्राकृतिक आकृति की कमी एवं प्राथमिक रंग तथा आकृति के तत्त्वों को रंग देना अनिवार्य है। ऐसा किन्हीं नए रंगों और आकृतियों को स्थापित करने के लिए नहीं, बल्कि इस तरह ज्यादा एकता सृजित करते हुए उन्हें समाप्त करने व योग्य बनने के लिए अनिवार्य है। क्या मूर्तिकला में रंग व आकृति की गतिशीलता है? यह मूर्तिकला में रंग व आकृति की गतिशीलता के सन्तुलन से यथार्थ को अभिव्यक्त किया जा सकता है? कलाकारों का मुख्य धन्धा तब सम्बन्ध हो जाता है। सही कोण ही एकमात्र नियत सम्बन्ध होता है। आयामी अनुपातों से नियत को गतिमान एवं सजीव बनाना चाहिए।"[9]

मॉन्द्रिया अमूर्त कला के जिस विचार तक पहुँचा, वह दुनिया पर एक व्यवस्था थोपने की बुनियादी सर्जनात्मक अपील का तार्किक निष्कर्ष था। इसी दुनियावी व्यवस्था से मनुष्य का सामना होता है। बहुत दिनों तक अपने आसपास की स्थितियों और वस्तुओं को दृश्य आकृति प्रदान करने की मनुष्य की शुरुआत के बाद व्यक्तिगत आकृतियों में उसका ध्यान आकृष्ट करने की पर्याप्त अपील थी। प्रकृति में मनुष्य के लिए निश्चित आकृतियों की विशेष अपील थी क्योंकि ये उसकी नैसर्गिक औपचारिक पसन्दों के अत्यन्त अनुरूप थीं। मनुष्य ने जब सचित्र कलाकृति का सृजन किया, यहाँ तक कि जब उसने उसमें अमूर्तन का भी सहारा लिया तो यह वैसी आकृतियों से अटी-पटी थी जो औपचारिक रूप से या सौन्दर्य के खयाल से प्रासंगिक नहीं थी। यही था जिसने शुद्धतावादियों की संवेदनशीलता को झकझोरा तथा इसी से संगीत की तरह दृश्य कलाओं के शुद्ध औपचारिकं संघटन की प्रामाणिकता तक पहुँचने की माँग धड़ल्ले से होने लगी। चूँकि मनुष्य सौन्दर्यशास्त्रीय ढंग से केवल ऐंद्रीय दुनिया के औपचारिक गुणों का ही जवाब दे सकता है एवं इसके अभिप्राय को केवल इन आकृतियों के माध्यम से आत्मसात् कर सकता है, इसलिए यह

तर्कसंगत था कि कलाकार न्यून औपचारिक संवेदनशीलता के साथ कला को उन सभी चीजों से मुक्त कराने का प्रयास करते जो औपचारिक आवश्यकताओं से बाहर की होती हैं। इस प्रकार, कला के विकास के क्रम में उत्पन्न विविध आकृतियों से उन्होंने अतिशाश्वत व स्थायी आकृतियों को आसवित करने का प्रयास किया।

सचित्र कला से विशुद्ध औपचारिक गुण सम्पन्न पूर्वग्रह व अमूर्तन के इस क्रमिक प्रस्थान को कलाकारों के व्यक्तिगत विकास में भी देखा जा सकता था। आधुनिक समय के अधिकांश बड़े कलाकारों ने शुरुआत तो सचित्र कला से की, लेकिन वे धीरे-धीरे अमूर्तन की ओर प्रस्थान कर गए। मॉन्ड्रिया, कैंडिंस्की, क्ली, मेल्विच और पिकासो सरीखे कुछ नाम उन महान कलाकारों में शुमार हैं जिन्होंने अमूर्तन का विकास किया। मेटिस और क्ली ने उस सीमा तक अमूर्तन को नहीं अपनाया जिस सीमा तक अन्य कलाकारों ने अपनाया था, परन्तु अन्त तक मेटिस अपने बहिर्कार्यों में अत्यन्त सरलीकृत आकृतियों से पूर्वग्रहित थे अर्थात् रंगीन पत्रों से निकाली गई आकृतियों से, जिनसे उन्होंने अपने बाद के दिनों में तस्वीरों की रचना की। क्ली ने आरम्भ से ही औपचारिक तत्त्वों के प्रयोग में उल्लेखनीय मितव्ययिता को प्रदर्शित किया था, किन्तु वह अन्त में अत्यन्त सरलीकृत संकेत-आकृतियों से पूर्वग्रहित हो गए जो प्राय: जैन बौद्ध चित्रकृतियों की तरह चौड़ी कूची के प्रयोग से बनी हुई थीं। 1940 का केट्ल ड्रमर इसका एक ज्वलंत उदाहरण है जो उसके जीवन के काफी नजदीक था। पिकासो ने कभी सीधी रेखा में विकास नहीं किया। उसकी प्रतिभा अत्यन्त चंचल थी। वह क्षण भर किसी दिशा में विकास कर लेने के बाद कटकर नई दिशा में चला गया या छलाँग लगाते हुए पुन: वापस आ गया, लेकिन विकास के एकलरेखीय क्षेत्र के अन्तर्गत सरलीकरण व अमूर्तन की यह प्रक्रिया अभी भी विचारणीय है। उदाहरण के तौर पर विश्लेषणात्मक से संश्लेषणात्मक घनचित्र सांढ़ की आकृति के भिन्न-भिन्न अध्ययन हैं जिन्हें उसने 1945-46 में बनाया था। बाद की आकृति में पेशी विन्यास के विस्तृत रेखांकन से शुरू कर अन्तत: हम साइंस के साथ खींची गई कुछेक रेखाओं से रचित सांढ़ के प्रतिबिम्ब तक पहुँच जाते हैं। ये रेखाएँ इसकी अत्यन्त आकर्षक आकृतियों को संयोजित करने हेतु पर्याप्त होती हैं।

प्रकृति से औपचारिक तत्त्वों की ओर जैसे-जैसे फोकस हुआ, कलाकार का ध्यान रंगों, रेखाओं व सुरों के गुणों व उनके सम्बन्धों पर केन्द्रित होता गया। वे उनमें से केवल उन्हीं गुणों व सम्बन्धों का चयन करने का प्रयास किए जो सबसे ज्यादा स्थायी और नियत होते हैं अर्थात् बिम्बों से उनकी सम्बद्धता के द्वारा अत्यल्प दूषित होते हैं। उदाहरणस्वरूप, मॉन्ड्रिया ने यह निष्कर्ष निकाला कि केवल सीधी रेखाओं, सम्यक् कोणों, आयतों और प्राथमिक रंगों जैसे तत्त्वों से ही किसी चित्रकार का रंगपटल तैयार होता है तथा यह केवल उनके सम्बन्धों की मार्फत ही सम्भव हो पाया कि एक नई और उत्कृष्ट कला का सृजन हुआ।

बाह्यबिम्बों को सर्जनात्मक ढंग से आत्मसात् करने तथा जो परिवर्तनशील है उसे स्थायित्व प्रदान करने की मनुष्य की अदम्य इच्छा के मद्देनजर यह नया लक्ष्य बिलकुल बोधगम्य था। हमने पूर्व में चर्चा की है कि विज्ञान के क्षेत्र में भी स्वयं को बोधात्मक ढंग से उद्धत साबित कर रही दुनिया की संरचना की अपेक्षा स्वच्छन्द रूप से सृजित गणितीय संकेतों और उनके जोड़-तोड़ के साथ ज्यादा जोड़ लिए। हालाँकि इन दोनों सृजनात्मक क्षेत्रों की प्रकृति में बुनियादी अन्तर है। विज्ञान के संकेतों को यद्यपि कार्यान्वित किया जा सकता है जो इस सारवान तथ्यों की दुनिया में ठोस परिणाम देने के साथ-साथ उनकी प्रभावोत्पादकता को सिद्ध कर सकते हैं, लेकिन किसी कलाकृति में ऐसा कोई अपीलीय न्यायालय नहीं होता हैं। इसकी एकमात्र न्यायसंगति उन ऐंद्रीय गुणों वाली क्षमता में निहित होती है, जिससे कोई प्रभावित होता है, किन्तु अनुक्रिया के उत्प्रेरक हेतु औपचारिक तत्त्वों के निश्चित संघटन की क्षमता केवल आंशिक रूप से सौन्दर्यात्मक होती है। अन्त: यह संगति मुख्य रूप से हमारे अन्दर बनानेवाली भावनात्मकता से पैदा होती है। प्रबोधक ऐंद्रीय तत्त्वों का इसे शुद्धता प्रदान करने हेतु ज्यादा-से-ज्यादा परित्याग करने से इसके पदार्थ के क्षीण होने का खतरा पैदा हो जाता है। यह सही है कि परम कामना तक के अमूर्तन के अभ्यास से इसमें ज्यादा आन्तरिक सम्बद्धता और स्थायित्वं आ जाता है, परन्तु यह पदार्थ से उतना रिक्त हो जाता है कि यह तुच्छ और सजावटी बन जाता है। कला में अमूर्तन प्याज छीलने के समान है। यदि कोई बहुत दूर चला जाता है तो सम्भव है कि अन्ततः उसे कुछ नहीं मिले।

ऐसा शुद्ध अमूर्तन रंगीन ज्यामितीय आकारों व रेखाओं के यांत्रिक स्थानान्तरणात्मक सम्बन्ध में मानवीय अनुक्रिया का आह्वान करने की केवल सीमित क्षमता के साथ प्रतिफलित हो सकता है। यह एक खतरा है जो काफी वास्तविक है। सचमुच, इस तरह की किसी तस्वीर में मानवीय स्पर्श को इस हद तक खत्म किया जा सकता है कि किसी प्रयोग में प्रेक्षकों के लिए मॉडरियन की चित्रकृति और कम्प्यूटर से बनाई गई चित्रकृति में चित्र की विधि का सूक्ष्म अनुसरण करते हुए अन्तर कर पाना मुश्किल हो जाता है। रेखाओं के साथ मॉडरियन की रचना (1917) तथा उसी विधि से कम्प्यूटर द्वारा बनाई गई चित्रकृति के बीच तुलना की गई। ए.एम. नोल इसके परिणाम को निम्नलिखित शब्दों में व्यक्त करते हैं :

> "कम्प्यूटर प्रोग्राम का लेखन उपयुक्त गणितीय सूत्रों को आत्मसात् कर वस्तुनिष्ठ तरीके से किया गया। इसका मतलब कि प्रोग्रामर की तरफ से किसी भावना को अन्तिम कम्प्यूटर प्रणाली तक सम्प्रेषित करने का कोई प्रयास नहीं किया गया। इसलिए कम्प्यूटर से बौद्धिक, गैर-भावनात्मक प्रयास एवं एक चित्रकार की दी हुई प्रणाली, जिसका काम इसके रचयिता के रहस्यवाद और भावनाओं को अभिव्यक्त करने से विश्लेषित हुआ है,

प्रयोग ने इसके परिणामों की तुलना की। इस प्रयोग के परिणामों से ऐसा लगा कि कलाबिम्ब के माध्यम से सम्प्रेष्य कलाकार के परिवेश व भावनात्मक व्यवहार की महत्ता के बारे में कुछ सन्देह उत्पन्न कर रहा हो...।"[10]

सबसे रोचक चीज यह थी कि अनेक प्रेक्षकों के पास सौन्दर्यात्मक ढंग से कम्प्यूटर चित्रकृति की वरीयता थी। यह स्पष्ट रूप से उस खतरे का सूचक था कि कला में अमूर्तन होता है।

वस्तुतः चरम अमूर्तन तक आते-आते यह बेनामी मशीन कला का अनुगामी हो जाता है, ठीक उसी तरह जिसके विरुद्ध आधुनिक कला संघर्ष करती आ रही है। सीधी रेखाओं, त्रिभुजों, आयतों, वृत्तों और लयात्मक प्रणालियों जैसे औपचारिक तत्त्वों जिनसे अमूर्त कलाकार काम करते हैं, पूरी तरह गणितीय समीकरणों के लिए सुलभ होते हैं। अतएव, यह अमूर्त कला रूपों की रचना हेतु कम्प्यूटरों से आसानी से संचालित हो सकते हैं। इसलिए, व्यक्तित्व तक का नेतृत्व करने के बदले ऐसी कला बृहत्तर जनोत्पादन व व्यवसायीकरण के प्रति प्रणत होती है। एडगर वाईंड सचमुच इस खतरे को निम्नलिखित शब्दों में व्यक्त करते हैं :

"और ज्यादा ग्रह है कि यंत्रीकरण की माँगों और शुद्ध कला के बीच एक विलक्षण सामीप्य स्पष्ट हो गया है क्योंकि शुद्ध प्रणालियों का यंत्रीकरण सबसे सरल है। कोई कला स्वयं को मैनेजियर चित्रकृति की तरह काफी आसानी से प्रजनन नहीं करती है। संगीत श्रेणी में संरचना कम्प्यूटर को सबसे अच्छा अवसर देती है..."[11]

मॉन्ड्रिया और कैंडिंस्की, दोनों इस तथ्य से अवगत थे तथा दोनों ने अपनी कला को जरा आध्यात्मिक मूल्यों से जोड़ने का प्रयास किया। वस्तुनिष्ठ दुनिया के बदले उनकी कला को एक आध्यात्मिक दुनिया प्रतिबिम्बित करनी थी। यह केवल संयोग नहीं था कि मॉन्ड्रिया और कैंडिंस्की, दोनों ही आध्यात्म विद्या से प्रभावित थे तथा मेल्विच एक ईसाई रहस्यवादी थे। आध्यात्मिक दुनिया में उनकी आस्था तथा इसे विचित्र करने की उनकी आशा ही थी कि वे कला में शुद्ध अमूर्तन का प्रयोग कर सके, लेकिन जैसा कि सभी रहस्यवादी अभिव्यक्ति के मामले में होता है, उनके काम का पूरा अभिप्राय उन सबके लिए बन्द था जिनकी आस्था भिन्न थी तथा जो उनके संकेतों का मानी नहीं समझते थे।

निस्सन्देह, ऐसे बहुत से कलाकार और कलाप्रेमी हैं जिन्हें अमूर्त कला हो या सचित्र कला, शुद्ध सजावट में कुछ भी गलत नजर नहीं आता है। सजावट में अधिकांशतः कला और लोककला का प्रयोग होता है। यूरोप की नूवेयू कला ठीक उसी क्षण जब कोई आधुनिकता को अपने विस्तृत आध्यात्मिक और औपचारिक सरोकारों के साथ हिलोरें मारते देखता है, स्वयं को मुख्य रूप से सजावट के लिए

समर्पित कर देती है। पाल गॉजिन और हेनरी मेटिस जैसे बड़े कलाकार प्रायः शुद्ध सजावट के काफी करीब आ जाते थे। बहुत कम ही लोग हैं जिनकी कला उनके जीवन जैसी हैं। आध्यात्मिकता या बौद्धिक सरोकारों के श्रेष्ठ बिन्दुओं तक पहुँचने का प्रयास बहुत कम लोग करते हैं। अगर करते भी हैं तो केवल क्षण विशेष के लिए। अधिकांश व्यक्तियों की दृष्टि तो सीमित ही रहती है जो केवल उन बिम्बों और स्थितियों की तस्वीर ही देख पाते हैं जो उनके दैनिक जीवन में उन्हें दिखाई पड़ते रहते हैं, लेकिन आकृति के बढ़ते सरोकार के साथ कला की दुनिया में एक बदलाव आया है। नए दृश्यानुभवों की खोज ने महत्त्व हासिल किया है। कलाकार अमूर्तन से सम्बन्ध रखे या बिम्बों के चित्रण से, वह हमेशा नए दृश्यानुभवों की व्यवस्था करने का प्रयास करता है। पॉप कला इसी अन्त का अनुसरण करती है जहाँ लगभग सभी चीजों को हटा दिया जाता है। वस्तुतः विशुद्ध दृश्यानन्द प्रस्तुत करने के अपने प्रयास में वें अक्सर इस तरह की कृतियों की रचना करते हैं जो आँखों को अच्छी नहीं लगती हैं।

बीसवीं सदी के छठे-सातवें दशक से वर्तमान दिनों की संस्कृति के प्रति कलाकारों के एक तबके के नजरिए में बदलाव आया है। वे खुलेआम नए मशीन युग तथा मनोरंजन की इसकी नई विधियों को स्वीकार करते हैं। इसी का परिणाम है वह चीज, जिसे हम पॉप कला कहते हैं। ब्रिटिश पॉप के मर्मज्ञ व कला समीक्षक लॉरेंस एलोवे लिखते हैं :

> "हमने बुद्धिजीवियों के बीच व्यावसायिक संस्कृति सम्बन्धी प्रामाणिकता के प्रति किसी तरह की नापसन्दगी का अनुभव नहीं किया, लेकिन इससे एक तथ्य के रूप में स्वीकार कर लिया, विस्तार से इस पर चर्चा की और पूरे उत्साह के साथ इसका उपभोग किया। हमारी चर्चा का एक परिणाम विश्राम, निरा मनोरंजन और पलायनवाद के क्षेत्र से पॉप संस्कृति को मुक्त करना है तथा इसे कला की गम्भीरता से देखना है...।"[12]

इस दुनिया को मानने के साथ कला पुनः प्रतिबिम्बन की तरफ मुड़ गई, लेकिन यह एक भिन्न तरह के यथार्थ का प्रतिबिम्ब था। यह परिवर्तन उस पीढ़ी की भिन्न पृष्ठभूमि से स्पष्ट किया जाना चाहिए जो इस कला को प्रस्तुत कर रही थी। यह पीढ़ी वह थी जो लगभग पूरी तरह छोटे यंत्रों की शहरी दुनिया में जन्मी व पली-बढ़ी थी। यह मानव निर्मित वातावरण की दुनिया थी जहाँ प्राकृतिक भू-दृश्य लगभग गायब था। दूधिया रौशनी चाँद और तारों के प्रकाश का स्थान ग्रहण कर ली थी। घर छोटे-छोटे यंत्रों से भर गए थे। मर्द और औरत ने चेहरे पर सौन्दर्य प्रसाधन का पूरा उपयोग करना शुरू कर दिया था। यह एक ऐसी दुनिया थी जो पॉलिश किए गए धातु और प्लास्टिक की चमक से चकचक कर रही थी। साथ ही, यह बैखाखी पर टँगे विज्ञापनपट्टों से चिंघाड़ मार रही अनेक प्रकार की बनाई गई और

खींची गई छवियों से युक्त छायाचित्रों की दुनिया थी। पुराने ढर्रे की सचित्र कला की तरफ लौटना असम्भव था। विज्ञापनों और पोस्टरों में मनुष्य के नए वातावरण के निर्माणक बिम्बों के प्रतिबिम्ब थे। ये आसानी से मनुष्य की अनुक्रिया अर्जित कर लिए। यंत्रों की दुनिया से प्रेरणा हासिल करनेवाली पॉप कला तथा पोस्टल अत्युन्नत शहरी दुनिया के नए यथार्थ का एक पूर्ण प्रतिबिम्ब बन गए।

नई कला के आगमन का आंशिक पूर्व संकेत घनचित्रकारों, विशेषकर पिकासो के कोलॉजों में दिया गया था जिसने कनस्तरों, रस्सी के टुकड़ों, अखबारी कतरनों, तम्बाकू, सिगरेट और सिगरेट पैकेटों की तरह आधुनिक संस्कृति के अवशिष्टों को अपनी रचनाओं में जगह दी। हालाँकि अभी तक कलाकार का सबसे बड़ा पूर्वग्रह कहीं और होता है, लेकिन नए वातावरण के प्रति कलाकार के जवाब की यह शुरुआत थी।

पॉप कला में मुख्य रूप से हम एक नई किस्म की प्रतिरूपक कला पाते हैं जो नए वातावरण के प्रति बढ़ रही संवेदनशीलता से उपजती है। घनचित्रकारों के साथ लगभग एक ही समय टी.एस. इलियट इन पंक्तियों से अपनी कविता में इस नए वातावरण का संज्ञान ले रहे थे :

"नदी खाली बोतलों, सैंडविच पत्रों, रेशमी
रूमालों, कार्डबोर्ड पेटियों, सिगरेट टुकड़ों या
ग्रीष्मकालीन रातों के अन्य प्रमाणों से रिक्त है।
अप्सराएँ चल बसी हैं।" (वेस्टलैंड)

यहाँ रुझान में निश्चित रूप से अन्तर है। इसलिए यद्यपि नए वातावरण के प्रति संवेदनशील थे, लेकिन पारम्परिक मूल्यों के प्रति बेहद सनकी थे क्योंकि उन्हें इस नए वातावरण में पतन का संकेत दिखाई दे रहा था। पॉप कलाकार तुलना सम्बन्धी कोई नियम नहीं अपनाते हैं तथा उन्हें वे सरल ढंग से जीवन-तथ्यों की तरह स्वीकार कर लेते हैं। नए बिम्बों की विविधता उनकी प्रतिरूपक योग्यता के प्रति एक चुनौती के रूप में प्रकट होती है। वे इस चुनौती का सामना न केवल चित्रकारीय कौशल से करते हैं बल्कि उन सभी तकनीकी सुविधाओं से करते हैं जिन्हें नए मशीनी युग ने उनकी सेवा में लगाया है। आजकल बहुफलित हो रही विभिन्न शैलियों में प्रस्तुत ज्यादातर कलाएँ यदि विशृंखलनात्मक मालूम पड़ती हैं तो यह इसलिए कि मनुष्य जिस दुनिया को स्वयं अस्तित्व में लाया है, उसे अभी भी उस दुनिया को पूरी तरह समझना है। सोलहवीं सदी के फ्लेमिश कलाकारों ने मखमल, जरी और चमकीले धातु-पात्रों को रँगकर अपने समर्थकों को अर्जित करने का जश्न मनाया। उन्हीं की तरह इन आधुनिक विद्यालयों के कलाकार नए बिम्बों के चित्रण में आनन्द उठाते हैं तथा कलाकारों की कल्पना के अनुरूप खंडित छवियों के झुंडों के रूप में स्वयं

को निबन्धित करते हैं। आधुनिक युग में ये बिम्ब उच्च गति के साथ विश्लेषित होते हैं। अपनी तेज रफ्तार गाड़ियों में जल्दबाजी दिखानेवाले मनुष्य के लिए अपने आसपास के बिम्बों पर विचार करने तथा उनकी पूर्ण छवि रचने के लिए काफी कम समय रहता है। बिम्बों के चमकते ही वह उनके खंडित रूपों को समझ जाता है जो एक-दूसरे के ऊपर अध्यारोपित या दृश्य नाभि के पास बिखरे हुए होते हैं।

परन्तु इस तरह की आशु, संपीडित और गड्डमड्ड तस्वीर और कुछ नहीं तो एक परिवर्तनीय कला तो हो ही सकती है। यहाँ विचार और ध्यान के लिए एक क्षण तथा नए यथार्थ को समझने के लिए एक समय बनने की बाध्यता रहती है। रास्ते की सभी चीजों को कैद करने की वर्तमान चिन्ता के बदले यथार्थ के केंद्र पर लागू करने के लिए फिर कार अंश तक यहाँ अमूर्तन उत्पन्न होगा।

वस्तुतः मनुष्य की रचनात्मक प्रेरणा स्पन्दन से विश्लेषित होती है जिस प्रतिरूपक कला और अमूर्त कला परस्पर एकन्तिरित होती रहती है। मनुष्य का वातावरण जैसे-जैसे समृद्ध होता जाता है, उसे संस्कृतियों को नए सम्पर्कों व अपने रचनात्मक प्रयासों से उन आकस्मिक छवियों को कैद करने हेतु अपना जाल फैलाना पड़ता है जो इसकी नई अन्तर्वस्तु से उत्पन्न होती है, लेकिन एक निश्चित अवस्था में पहुँच जाने के बाद उसे कुछ अमूर्त बोधशील शैली के अन्तर्गत छवियों की विविधता को एकबद्ध करने हेतु जाल को भीतर ही खींचना भी पड़ता है, लेकिन जैसे-जैसे जीवन बढ़ता जाता है मनुष्य का अनुभव भी निर्बाध ढंग से उसी तरह बढ़ता जाता है। उस प्रकार, हर समय मनुष्य के इन्द्रियजनित अनुभवों को समझने की कोई अन्तिम सर्वबोधशील अमूर्त शैली नहीं हो सकती है। हालाँकि, यह स्वयं कला में क्रम की आवश्यकता का परित्याग नहीं कर पाती है यद्यपि कला की तरह के एक वृद्धिशील साहस में कुछ अंश तक प्रयास का प्रेरक बिखराव अपरिहार्य है, लेकिन अच्छे के लिए किसी कलाकृति में औपचारिक क्रम बिठाने के लक्ष्य को छोड़ देने का प्रत्येक रुझान कला का परित्याग है। अन्तिम विश्लेषण में, कला मनुष्य के विश्रृंखलन या अव्यवस्था की शक्तियों पर उचित ढंग से विजय प्राप्त करने के प्रयासों से उत्पन्न होती है।

सन्दर्भ और टिप्पणियाँ

1. सृजनात्मकता की जरूरत

1. प्लेटो-ह्वाट इज आर्ट : एस्थेटिक थ्योरी फ्रॉम प्लेटो टू टॉल्सटाय : एडीटेड बाई अलेक्जेंदर सेसोस्की, ऑक्सफोर्ड यूनिवर्सिटी प्रेस न्यूयॉर्क, 1965, पृ. 34
2. सर जेम्स जिन्स : दी न्यू बैकग्राउंड ऑफ साइन्स : कैम्ब्रिज यूनिवर्सिटी प्रेस, 1944, पृ. 305
3. अल्बर्ट ग्लिजेस एंड जिन मेजिंगर : मॉडर्न आर्टिस्ट्स ऑन आर्ट्स ऑन आर्ट: एडीटेड बाई रॉबर्ट एल. हलबर्ट, प्रेंटिस हॉल इंक. एन.टी., 1964, पृ. 3
4. नॉम गाबो, ऑफ डाइवर्स आर्ट्स, फेबर एंड फेबर, लन्दन, 1972, पृ. 19/20
5. वही, पृ. 24
6. हर्बर्ट स्पेंसर्स लेक्चर एट ऑक्सफोर्ड, दी मेथड ऑफ थ्योरिटिकल फिजिक्स, इन जून 1933, कोटेड बाई जेरेमी बर्नस्टीन इन आइंस्टीन फोनटाना, सफोल्क, 1973, पृ. 105-06

2. विचार, बिम्ब और छवियाँ

1. डी.ई. बाइन, मेजर्स ऑफ एस्थेटिक प्रिफरेंस, सम्पा. इन सायकोलॉजी एंड विजुअल आर्ट्स, एडीटेड,जेम्स हॉग, पेंग्विन बुक्स, 1969, पृ. 142-3
2. जॉन आर. प्लाट, ब्यूटी पैटर्न एंड चेंज, इन परसेप्सन एंड चेंज, प्रोजेक्शन फॉर सरवाइवल, यूनिवर्सिटी ऑफ मिशिगन, 1970, पृ. 83
3. वही, पृ. 87
4. वही
5. वही, पृ. 90
6. वही, पृ. 95
7. ऑक्टेवियो पाज, मार्सेल डूशां ऑर दी केस्ल ऑफ प्यूरिटी, केप गोलियाई प्रेस, लन्दन, 1970
8. इ. एच. गॉम्ब्रिच, आर्ट एंड इल्यूजन, फेदॉन प्रेस, लन्दन 1962, पृ. 91
9. रूडोल्फ आर्नेहाम, आर्ट एंड विजुअल परसेप्शन, फेबर एंड फेबर लि., लन्दन, पृ. 102
10. हर्बर्ट क्यूडेन, दी रॉक पिक्चर्स ऑफ यूरोप, ट्रांसलेटेड बाई एलेन हॉगटॉन, बॉडरिक : डिजविक एंड जैक्सन, लन्दन, 1956, पृ. 51
11. कोनराड ओनास्च, आईकॉन्स, फेबर एंड फेबर लि., लन्दन, 1963, पृ. 10
12. विल्हेम वोरिंगर, ऑब्सट्रेक्शन एंड इम्पाथी, ट्रांसलेटेड बाई माइकेल बुलॉक, राउटलेज एंड केगन पॉल लि., लन्दन, 1953, पृ. 16
13. निकोलस वाडले द्वारा उद्धृत माइकेल एंजेलो, दी कलर लाइब्रेरी ऑफ आर्ट, हेमलिंग पब्लिशिंग ग्रुप लि., लन्दन, न्यूयॉर्क 1970, पृ. 27

3. कला और प्रतिरूप

1. रोजर फ्राई, सेजां : ए स्टोरी ऑफ डेवलपमेंट, होगार्थ प्रेस लि. लन्दन, 1962, पृ. 37
2. कुर्तबट, दी आर्ट ऑफ सेजां, टीआर शेला अन्न ओजिलवाई, यूनिवर्सिटी ऑफ कैलिफोर्निया प्रेस, बर्कले एंड लॉस एंजेल्स, 1965, पृ. 42/43
3. बासिल टेलर, सेजां, दी कलर लाइब्रेरी ऑफ आर्ट, हेमलीन, लन्दन, न्यूयॉर्क, 1961, पृ. 16
4. कोटेड बाई तरेविन कॉपलेस्टोन इन मॉडर्न आर्ट मूवमेंट्स, दी कलर लाइब्रेरी ऑफ आर्ट, हेमलीन, लन्दन, न्यूयॉर्क, 1962, पृ. 25
5. पिकासो हेरियस डि जायाड इन दी आर्ट्स, 1923, मास्टर इन मॉडर्न आर्ट में उद्धृत, म्यूजियम ऑफ मॉडर्न आर्ट, न्यूयॉर्क, 1955, पृ. 71
6. फिगरेटिव आर्ट्स सिन्स 1934 में उद्धृत थिम्स एंड हडसन, लन्दन, 1971, पृ. 148
7. आन्द्रे मालरॉक्स, दी वोआएसेज ऑफ सायलेंस, टी आर. स्टुअर्ट गिलबर्ट, सेकन एंड बारबर्ग, लन्दन, 1943, पृ. 31
8. वही, पृ. 243
9. कोटेड इन दादा एंड सुर्रियलिस्ट आर्ट, विलियम एस रूबिन, थेम्स एंड हडसन, लन्दन, 1969, पृ. 91.
10. वही, पृ. 10
11. वही, पृ. 10

4. आकृति से आकृति

1. आन्द्र मालरॉक्स, दी वोआएसेज ऑफ सायलेंस, टी.आर. स्टुअर्ट गिलबर्ट, सेकर एंड बारबर्ग, लन्दन, 1954, पृ. 278
2. पोल क्ली, मॉडर्न आर्टिस्ट्स ऑन आर्ट एडीटेड बाई आर.एल. हर्बर्ट, प्रेंटिस हॉल, न्यूयॉर्क, 1964, पृ. 75
3. कोटेड बाई एच.एच. आर्नेसन, हिस्ट्री ऑफ मॉडर्न आर्ट, हैरी एन, अब्राम्स, न्यूयॉर्क, पृ. 219
4. वही, पृ. 220
5. कोटेड बाई हर्बर्ट रीड, फिलॉसफी ऑफ मॉडर्न आर्ट, फेबर एंड फेबर, लन्दन, 1951, पृ. 94
6. डिस्की, रेमिनिसेन्सेज इन मॉडर्न आर्टिस्ट्स ऑन आर्ट, एडीटेड बाई आर.एल. हर्बर्ट, पृ. 27
7. वही, पृ. 35
8. पिएट मॉन्द्रिया, प्लास्टिक आर्ट एंड प्योर प्लास्टिक आर्ट, मॉडर्न आर्टिस्ट्स ऑन आर्ट, पृ. 115
9. माइकल सिडफार, पिएट मॉन्द्रिया : लाइफ ऐड वर्क, थेमन एंड हडसन, लन्दन, पृ. 26
10. ए.एम. नोल, ए सब्जेक्टिव कम्पेरिजन ऑफ पिएट मॉन्द्रियानस कम्पोजिशन एडीटेड बाई जेम्स पृ. 213
11. एडगर वाइंड, थाइ ऑन एनार्की, फेवर एंड फेबर, लन्दन 1963, पृ. 98
12. लॉरेंस एलोवे, द पॉप आर्ट, एल.आर. लिप्पार्ड, थेम्स एंड हडसन, लन्दन, 1966, पृ. 32

सन्दर्भ ग्रन्थ सूची

1. आल्दरिच, वर्जिल सी, फिलॉसफी ऑफ आर्ट, प्रेंटिस हॉल इंक, न्यू जर्सी, 1963-1(ए) दी अजन्ता केव्स, अलौरा बुद्धिस्ट पेंटिंग्स फॉम इंडिया, फोनटाना यूनेस्को आर्ट बुक्स
2. एंड्रयूस, माइकेल एफ. रकल्पचर एंड आयडियाज, प्रेंटिस हॉल इंक, न्यू जर्सी, 1966
3. आर्मस्ट्रांग रोबर्ट प्लांट ऑन माइथ्स एंड कल्चर, यूनिवर्सिटी ऑफ कैलिफोर्निया प्रेस, 1975
4. आर्नेसन रूडोल्फ, आर्ट ऑफ मॉडर्न आर्ट, हैरी एन अब्राम्स, इंक, न्यूयॉर्क
5. आर्नेइस रूडोल्फ, आर्ट एंड विजुअल पर्सेप्शन, फेबर एंड फेबर लि. लन्दन,
6. अर्नेइम रूडोल्फ, एन्ट्रोपी एंड आर्ट : ऐन एसे ऑन डिजॉर्डर एंड ऑर्डर, यूनिवर्सिटी ऑफ कैलिफोर्निया प्रेस, बर्कले एंड लॉस एंजेल्स, 1971
7. अवाकावा यासूइची, जेन पेंटिंग, ट्रांसलेटेड बाई जॉन बेस्टे, कोडन्सा इन्टरनेशलन लि. 1970
8. बड्ट, कुर्त, दी आर्ट ऑफ सिजेनी, ट्रांसलेटेड बाई शेइला अन्न ओगिलवाई, यूनिवर्सिटी ऑफ कैलिफोर्निया प्रेस, बर्कले एंड लॉस एंजेल्स, 1905
9. बरेट, डॉगलस एंड ग्रे बासिल, पेंटिंग्स ऑफ इंडिया, एडिशन डि. अल्बर्ट स्कीर, 1963
10. बारजुन, जैक्स, दी यूस एंड अब्यूस ऑफ आर्ट, प्रिंसटन यूनिवर्सिटी प्रेस, प्रिंसटन एंड लन्दन, 1974
11. बर्ट, अल्फ्रेड एच. एडी., मास्टर्स ऑफ आर्ट, म्यूजियम ऑफ मॉडर्न आर्ट, न्यूयॉर्क, 1955
12. बासिल टेलर, सिजेनी, दी कलर लाइब्रेरी ऑफ आर्ट, हेमलिन पब्लिशिंग ग्रुप लि., लन्दन 1971
13. बर्जर, रेने, दी लैंग्वेज ऑफ आर्ट, थेम्स एंड हडसन, लन्दन 1958
14. बेल, क्लाइव, आर्ट, एटो बुक्स लि., लन्दन, 1961
15. बर्नस्टेन, जेरेमी, आईंस्टीन, फोनटाना, एफोक, 1973
16. बोएक, विल्हेम एंड सहारेट्स, जैमे, पब्लो पिकासो, हैरी एन. अब्राम्स, इंक, न्यूयॉर्क, अम्सटर्डम, 1955
17. बोएस, फ्रेंज, प्रिमिटिव आर्ट, डोवर पब्लिकेशन्स, न्यूयॉर्क, 1955
18. बोएस, फ्रेंज, दी डेकोरेटिव आर्ट ऑफ दी नॉर्थ पैसिफिक कोस्ट, इन दी गोल्डेन एज ऑफ अमेरिकन एंथ्रोपोलॉजी, एडी., माग्रेट मीड एंड रथ एल. बन्जेल, जॉर्ज ब्राजिलर, न्यूयॉर्क, 1968
19. बोडकिन, थॉमस दी अप्रोच टू पेंडिंग, फोनटाना बुक्स, लन्दन एंड ग्लासगोव, 1954
20. ब्रेनडॉन, एस.जी.एफ मैन एंड गॉड इन आर्ट एंड रिचुअल, चार्ल्स स्क्राइबनर्स एंड संस, न्यूयॉक, 1975

21. बुसाग्ली, मारियो, इंडियन मिनिएचर्स, पॉल हेमलिन, लन्दन, 1969
22. बर्नहेम, जैक, बियोंड मॉडर्न स्कल्पचर, जॉर्ज ब्राजिलर, न्यूयॉर्क, 1969
23. कॉर्पेन्टर, पैट्रिक एंड ग्राहम, विलियम, आर्ट्स 1971
24. चेस्टेल, आन्द्रे दी एज ऑफ ह्यूमेनिज्म : यूरोप 1408-1530, थेम्स एंड हडसन, लन्दन, 1963
25. चेस्टेल, अल्बर्ट एंड ब्रदर जैक्स, फ्रेंच पेंटिंग्स, स्कीरा, 1963
26. क्रिस्टेनसन, मेन्टर बुक, न्यू अमेरिकन लाइब्रेरी, न्यूयॉर्क 1960
27. कुमारस्वामी, आनन्द के, इंट्रोडक्शन टू इंडियन आर्ट, मुंशीराम मनोहरलाल, दिल्ली, 1969
28. कुर्थियन, पियेरे, जॉर्ज रूआल्ट, थेम्स एंड हडसन, लन्दन, 1962
29. कूपर, डॉगलस, तोलाउज लॉटरेक, थेम्स एंड हडसन, लन्दन, 1955
30. क्रोस, बेनेडिटो, एस्थेटिक ऐज साइन्स ऑफ एक्सप्रेशन एंड जेनेरल लिंग्विस्टिक्स, ट्रांसलेटेड बाई डॉगलस ऐंसलाई, विजन प्रेस, पिटर ओवेन, लन्दन, 1953
31. डेविडसन, मोस्सि, पेंटिंग विद पर्पस, पेंटिस हॉल, इंक, न्यू जर्सी, 1964
32. डेसपरजेल, पियेरे एंड फोस्का, फेंकोइस, ए कन्साइज इलस्ट्रेटेड हिस्ट्री ऑफ यूरोपियन पेंटिंग, वाशिंगटन स्कवायर प्रेस, इंक, न्यूयॉर्क
33. डुएरडेन, डेनिस, अफ्रिकन आर्ट, दी कलर लाइब्रेरी ऑफ आर्ट, हेमलिन पब्लिशिंग ग्रुप लि., लन्दन, 1970
34. एडमैन, इरविन, एडी. दी फिलॉसफी ऑफ स्कोपेनॉएर, मॉडर्न लाइब्रेरी, न्यूयॉर्क, 1928
35. एल्सेन, अल्बर्ट इ, पर्पसेस ऑफ आर्ट, होल्ट, राइनहार्ट एंड विन्सटन इंक., न्यूयॉर्क, शिकागो, टोरंटो, लन्दन, 1967
36. एल्सेन, अल्बर्ट इ, ओरिजिन ऑफ मॉडर्न स्कल्पचर, जॉर्ज ब्राजिलर, न्यूयॉर्क, 1969
37. अर्नस्ट फिशर, दी नेसेसिटी ऑफ आर्ट, ट्रांसलेटेड बाई अन्न बसटॉक, ए पेलिकन ओरिजिनल, पेंग्विन बुक्स, 1969
38. फिगरेटिव आर्ट सिन्स 1945, कन्ट्रीब्यूशन्स बाई ट्वेल्भ क्रिटिक्स एंड आर्टिस्ट्स, थेम्स एंड हडसन, लन्दन, 1971
39. फॉल्कनर, राय, एंड जिगफेल्ड, एडविन, आर्ट टुडे, होल्ट, राइनेहार्ट एंड विंस्टन, इंक., 1969
40. फेल्डमैन, एडमंड बुर्के वेरायटिज ऑफ बिजुअल एक्सपेरियन्स, पेंटिस हॉल, इंक., न्यू जर्सी
41. फर्थ, रेमंड, सिम्बल्स, पब्लिक एंड प्राइवेट, जॉर्ज एलेन एंड अनविन लि, ऑक्सफोर्ड, 1973
42. फिशर, पिटर; मोजाइक, हिस्ट्री एंड टेकनीक, थेम्स एंड हडसन, लन्दन
43. फाउचेट, मैक्स-पोल, दी एरोटिक स्कल्पचर ऑफ इंडिया, ट्रांसलेटेड बाई प्रिएम. राइस, जॉर्ज एलेन एंड अनविन लि. लन्दन, 1959
44. फ्रेडमैन, लियोनार्द; एडी., लुकिंग ऐट मॉडर्न पेंटिंग, डब्ल्यू.डब्ल्यू. नॉर्टन एंड कम्पनी, इंक. न्यूयॉर्क, 1961
45. फ्राई, रोजर, सेजां: ए स्टडी ऑफ हिज डेवलपमेंट, होग्राथ प्रेस लि., लन्दन, 1952
46. गाबो, नॉम, ऑफ डाइवर्स आर्ट्स, फेबर एंड फेबर, लन्दन, 1962
47. गेल्डजेल्ली, हेनरी, अमेरिकन पेंटिंग इन दी ट्वेंटिन्थ सेंचुरी, मेट्रोपोलिटन मस्कम ऑफ आर्ट्स, 1965

48. घोस ए, एडी. अजन्ता मुराल्स, आर्कोलॉजिकल सर्वे ऑफ इंडिया, नई दिल्ली, 1967
49. गोल्डवॉटर, रोबर्ट गॉग्विन, थेम्स एंड हडसन, लन्दन
50. गोल्डिंग, जॉन, क्यूबिज्म, ए हिस्ट्री एंड एनालिसिस, 1907-14, फेबर एंड फेबर लि, लन्दन, 1959
51. गोमब्रिच, इ. एच., आर्ट इल्यूजन, रेडॉन प्रेस, लन्दन, 1962
52. ग्रीनबर्ग, क्लेमेंद, आर्ट एंड कल्चर, क्रिटिकल एसेज, बिकॉन प्रेस बोस्टन, 1961
53. ग्रोमैन, विल, पॉल क्ली
54. ग्रून वेडेल, अल्बर्ट, बुद्धिस्ट आर्ट इन इंडिया, ट्रांसलेटेड बाई एगनेस सी. गिबिअन, एस, चाँद एंड क. (प्रा.) लि., नई दिल्ली
55. हॉल, जेम्स बी एंड उलानोव, बैरी, एडी, मॉडर्न कल्चर एंड दी आर्ट्स, मैक्ग्रॉ-हिल बुक कम्पनी, न्यूयॉर्क, 1973
56. हॉजर, अर्नोल्ड, दी सोशल हिस्ट्री ऑफ आर्ट, वॉल्यूम I, II प्रॉटलेज एंड केगन पॉल, लन्दन, 1951
57. हॉजर, अर्नोल्ड, दी फिलॉसफी ऑफ आर्ट हिस्ट्री, रॉटलेज एंड केगन पॉल, लन्दन, 1959
58. हाइजेनबर्ग, वर्नर, फिलॉसिफिक प्रोबल्म्स ऑफ न्यूक्लियर साइंस, ट्रांसलेटेड बाई एफ. सी. हेज, फॉसेट प्रिमियर, 1966
59. हर्बर्ट, रॉबर्ट एल., मॉडर्न आर्टिस्ट्स ऑन आर्ट, पेंटिस हॉल, इंक, न्यू जर्सी, 1964
60. हेनरी, फ्रैंकफर्ट, दी आर्ट एंड आर्किटेक्चर ऑफ दी एन्सियंट ओरियण्ट, पेंग्विन बुक, 1954
61. हेरॉन, पैट्रिक, दी चेंजिंग फॉर्म ऑफ आर्ट, राउटलेज एंड केगन पॉल, लन्दन, 1955
62. हॉग जेम्स, एडी., सायकोलॉजी एंड दी विजुअल आर्ट्स, पेंग्विन बुक्स, 1969
63. हुएघे, रेने, डिलैक्रोइक्स, थेम्स एंड हडसन, लन्दन, 1963
64. हुएघे, रेने, डिस्कवरी ऑफ आर्ट, ट्रांसलेटेड बाई नॉर्बर्ट गुटरमैन फ्रॉम डायलॉग अवी लेविसिबल, थेम्स एंड हडसन, लन्दन
65. इट्टेन, जॉनेस, डिजायन एंड फॉर्म, ट्रांसलेटेड बाई जॉन मास, रेनहोल्ड पब्लिशिंग कॉरपोरेशन, न्यूयॉर्क
66. जय, मैट्रिक, दी डायलेक्टिकल इमैजिनेशन, लिट्ल, ब्राउन एंड कम्पनी, बोस्टन, टोरंटो, 1973
67. जीनों, सर जेम्स, दी न्यू बैकग्राउंड ऑफ साइन्स, कैम्ब्रिज यूनिवर्सिटी प्रेस, 1944
68. जुंग, सी.जी., ऑन दी सायकोलॉजी ऑफ. इस्टर्न मेडिटेशन, इन आर्ट एंड थॉट, एडिटेट बाई के. भारती अय्यर, लुजाक एंड कम्पनी लि., लन्दन, 1947
69. कांड, इमैनुएल, क्रिटिक ऑफ जजमेन्ट इन फिलॉसफी ऑफ काण्ट, एडिटेड बाई कार्ल जे. फ्रेडरिच, दी मॉडर्न लाइब्रेरी, न्यूयॉर्क
70. कौल, मनोहर, ट्रेंड्स इन इंडियन पेंटिंग, धूमीमल रामचन्द्र, नई दिल्ली, 1961
71. क्ली, पॉल, पोडागॉजिकल स्केचबुक, फेबर पेपर कॉवर्ड एडीशन, फेबर एंड फेबर, लन्दन
72. कोस्तेलानेत्ज, रिचर्ड, एडी, मोहोली नैगी, प्रेइजर पब्लिशर्स, इंक., न्यूयॉर्क, 1970
73. क्रेमर हिल्टन, दी एज ऑफ अवंते-गार्डे, फर्रार, स्ट्रॉस एंड गिराउज, न्यूयॉर्क, 1973
74. कुइ, कैथरीन, ब्रेक अप: दी कोर ऑफ गॉडर्न आर्ट, न्यूयॉर्क ग्राफिक सोसायटी, ग्रीनविच, 1965

75. कुहेन, हरबर्ट, दी रॉक पिक्चर्स ऑफ यूरोप, ट्रांसलेटेस फ्रॉम जर्मन बाई एलेन हगटॉग ब्रॉडरिक, डिगविक एंड जैक्सन, लन्दन, 1956
76. लैंगर, सुसेन के, फिलिंग एंड फॉर्म, राउटलेज एंड केगन पॉल, लन्दन, 1953
77. लीपा, एलेन, दी चैलेंज ऑफ मॉडर्न आर्ट, ए पर्पचुअल बुक, न्यूयॉर्क, 1961
78. लिप्पार्ड, लकी आर, पॉप आर्ट, विद कन्ट्रीब्यूशंस ऑफ लॉरेंस एलावे, नैन्सी मार्मर, निकोलस केलास, थेम्स एंड हडसन, लन्दन, 1960
79. मालरॉक्स, आन्द्रे, दी वोयासेज. ऑफ सायलेंस, ट्रांसलेटेड बाई स्टुअर्ट गिलबर्ट, सेकर एंड बारबर्ग, लन्दन, 1954
80. मेखिंटेरियन, अगि, इजिप्टियन पेंटर, ग्रेट सेंचुरिज ऑफ पेंटिंग, ट्रांसलेटेड बाई स्टुअर्ट गिलबर्ट, स्किरा, लन्दन, 1954
81. मेरलिउ पोण्टी, मॉरिस, दी प्राइमेसी ऑफ परसेप्शन एंड अदर एसेज, एडिटर, जेम्स एम. एडाई, नार्थ वेस्टर्न यूनिवर्सिटी प्रेस, 1964
82. मॉरिस, जेरॉल्ड, ऑन दी एम्प्लायेमेंट ऑफ मॉडर्न आर्ट, न्यूयॉर्क ग्राफिक सोसायटी, 1968
83. मंसटरबर्ग, यूगो, आर्ट ऑफ दी फार ईस्ट, हैरी एन. अब्राम्स, इंक., न्यूयॉर्क
84. मायेर्स, बर्नार्ड एस., दी जर्मन एक्सप्रेशनिस्ट्स, मैक्ग्रा हिल बुक कम्पनी, इंक., न्यूयॉर्क, टोरंटो, लन्दन।
85. मायरॉन, रोबर्ट एंड सन्देल अबनेर, मॉडर्न आर्ट इन अमेरिका, मैकमिलम कम्पनी, 1971
86. नेस, जुरे एल., एडी., लायनेस फिनिंगर (1871-1956) एलेन लेन, लन्दन, 1975
87. ओ हारा, फ्रैंक, जैक्सन पोलॉक, जॉर्ज ब्राजिलर, इंक, न्यूयॉर्क, 1959
88. ओनास्च, कोनराड, आइकन्स, फेबर एंड फेबर लि. लन्दन, 1963
89. पैनोफ्स्की , इरविन, मीनिंग इन दी विजुअल आर्ट्स, पेरेनिन बुक, इंग्लैंड, 1970
90. प्लाट, जॉन आर, ब्यूटी पैटर्न एंड चेंज, इन पर्सेप्शन एंड चेंज: प्रोजेक्शन फॉर सरवाइवल, यूनिवर्सिटी ऑफ मिशिगन, 1970
91. पैनोरमा ऑफ इंडियन पेंटिंग, पब्लिकेशन डिविजन, नई दिल्ली, 1971
92. पेंटिंग्स फ्रांम अजन्ता केव्स, दी न्यूयॉर्क ग्राफिक सोसायटी
93. राफेल, मैक्स, दी डिमांड्स ऑफ आर्ट, राउटलेज एंड केगन पॉल, लन्दन, 1968
94. राय, निहार रंजन, आयडिया एंड इमेज इन इंडियन आर्ट, मुंशीराम मनोहरलाल पब्लिशर्स प्रा. लि., 1963
95. रीड, हरबर्ट, फिलॉसफी ऑफ मॉडर्न आर्ट, फेबर एंड फेबर, लन्दन, 1951
96. रिची, एंड्रयूस कार्नडफ, अब्सट्रेक्ट पेंटिंग एंड स्कल्पचर इन अमेरिका, दी म्यूजियम ऑफ मॉडन आर्ट, न्यूयॉर्क
97. रूबिन, विलियम एस., दादा एंड सुरेलिस्ट आर्ट, थेम्स एंड हडसन, लन्दन, 1969
98. सेंडलर इर्विंग, दी ट्राइम्फ्स ऑफ अमेरिकन पेंटिंग, प्रैगर, न्यूयॉर्क, 1970
99. स्कैपिरो, मेयर, पॉल सिजेनी, दी लाइब्रेरी ऑफ ग्रेट पेण्टर्स, हैरी एन. अब्राम्स, इंक., न्यूयॉर्क, 1952
100. स्कमुजटर, रॉबर्ट, आर्ट नोवा, अब्राम, न्यूयॉर्क
101. सित्ज, विलियम सी., मार्क टोबे, दी म्यूजियम ऑफ मॉडर्न आर्ट, न्यूयॉर्क 1962
102. सित्ज, विलियम सी., दी आर्ट ऑफ एसेम्बलेज (कॉलेज), दी म्यूजियम ऑफ मॉडर्न आर्ट, न्यूयॉर्क, 1961

103. सेसोन्सके, अलेक्जेंदर, एडी., एस्थेटिक थ्योरी फ्रॉम प्लेटो टू टॉल्सटाय, ऑक्सफोर्ड यूनिवर्सिटी प्रेस, न्यूयॉर्क, 1965
104. सिज, पिटर, जर्मन एक्सप्रेशनिस्ट पेंटिंग, यूनिवर्सिटी ऑफ कैलिफोर्निया प्रेस, 1957
105. सिंह, मदनजीत, अजन्ता: पेंटिंग ऑफ दी सेकरेड एंड दी सेक्यूलर, लॉसेन, 1965
106. स्यूफर, मायकेल, पिएट मॉडरियन, लाइफ एंड वर्क, थेम्स एंड हडसन, लन्दन
107. स्नेउम, ग्वनार, टीचिंग डिजायन एंड फार्म, रिनहोल्ड, पब्लिशिंग कॉरपोरेशन, न्यूयॉर्क
108. साउचल, फ्रैंकोइस, आर्ट ऑफ दी अर्ली मिड्ल एजेज, हैरी एन. अब्राम्स, इंक., न्यूयॉर्क, 1968
109. स्टोक्स, एडरियन, पेंटिंग एंड दी इनर वर्ल्ड, टेविस्टॉक पब्लिकेशन, लन्दन, 1963
110. ट्रेविन, कॉपलेस्टोन, मॉडर्न आर्ट मूवमेंट, दी कलर लाइब्रेरी ऑफ आर्ट पेपरबैक्स, हेमलिन पब्लिशिंग ग्रुप लि., लन्दन, 1971
111. वासारी, लाइव्स ऑफ दी आर्टिस्ट्स, एडीटेड बाई बेटी ब्राउज, जॉर्ज एलेन एंड अनविन लि., लन्दन, 1960.
112. वाडले, निकोलस, माइकेल एंजेलो, दी कलर लाइब्रेरी ऑफ आर्ट, हेमलिन पब्लिशिंग ग्रुप लि., लन्दन, 1970
113. विंड, एडगर, आर्ट एंड एनार्की, फेबर एंड फेबर, लन्दन, 1963
114. वोल्फ, रोबर्ट एरिक एंड मिलर, रोनाल्ड, रेन्सां एंड मैनरिस्ट आर्ट, हैरी एन. अब्राम्स, इंक, न्यूयॉर्क, 1968
115. वोल्फिन, एच., क्लासिक आर्ट; एन इंट्रोडक्शन टू दी इटालियन रेनेसां
116. वोल्फिन, एच., प्रिंसिपल्स ऑफ आर्ट हिस्ट्री, ट्रांसलेटेड बाई एम.डी. हॉफिंगर, डोवर पब्लिकेशन्स, इंक, 1929
117. वोरिंगर, विल्हेम, अब्सट्रेक्शन एंड एम्पैथी : ए कन्ट्रीब्यूशन टू दी सायकोलॉजी ऑफ स्टाइल, ट्रांसलेटेड बाई मायकेल बुलॉक, रुटलेज एंड केगन पॉल लि., लन्दन, 1953
118. दी वर्ल्ड ऑफ अब्सट्रेक्ट आर्ट, एडिटेड बाई अमेरिकन आर्टिस्ट्स, जॉर्ज विलेनबर्न, इंक, न्यूयॉर्क

संस्कृति-विमर्श

भूमिका

'संस्कृति' का अर्थ विभिन्न समूहों द्वारा अलग-अलग लगाया जाता रहा है। कला कर्मियों के लिए संस्कृति कर्म मूलत: कला कर्म है। वे इसे साहित्य, नृत्य, नाट्य, संगीत तथा चित्रकला आदि कला विधाओं से जोड़ते हैं। हालाँकि विख्यात अंग्रेजी साहित्यकार टी.एस. इलियट ने अपने निबन्ध 'नोट्स टुवर्ड्स द डेफिनिशन ऑफ कल्चर' में इसकी अधिक व्यापक व्याख्या की है। वह शुरू करता है सलीके (रिफाइनमेंट ऑफ मैनर्स) से जो संस्कृति के सम्बन्ध में आम धारणा के काफी करीब है, और बाद में इसकी सीमाओं को चिह्नित करता है। फिर कलाओं एवं दर्शन आदि के ज्ञान के साथ इसके सम्बन्धों की परीक्षा करते हुए अन्ततोगत्वा इस नतीजे पर पहुँचता है कि चूँकि कोई भी व्यक्ति संस्कृति से जुड़े सभी गुणों को हासिल नहीं कर सकता, संस्कृति किसी समूह या समाज का ही गुण हो सकती है। हिन्दी के जाने-माने कवि दिनकर अपनी पुस्तक 'संस्कृति के चार अध्याय' में इसे धर्म-दर्शन के विकास के साथ जोड़ते हैं और इसकी कसौटी कट्टरता का निषेध और सहिष्णुता की व्यापकता मानते हैं और दोनों दृष्टियों की तुलना विष और अमृत से करते हैं। इसके ठीक विपरीत जर्मनी के तानाशाह हिटलर ने संस्कृति (कल्चर) को किसी नस्ल की दूसरे नस्लों पर प्रभुत्व कायम करने की इच्छा-शक्ति से जोड़ा था और नौर्डिक नस्ल (जिसका जर्मनी की आबादी में बाहुल्य माना जाता था) को इसका मुख्य वाहक माना था। इसके बाद से लगभग सभी अधिनायकवादी समूह अपने विशेष समूह की श्रेष्ठता उसकी संस्कृति की श्रेष्ठता से जोड़ते रहे हैं—चाहे वह मूल की श्रेष्ठता का दावा हो, चाहे धर्म की श्रेष्ठता का दावा।

नृशास्त्री, जिनके लिए संस्कृति वैज्ञानिक अध्ययन का क्षेत्र है, इसे मनुष्य के उन तमाम व्यवहारों एवं उपलब्धियों से जोड़ते हैं जो उसे मानव समूह का सदस्य होने के नाते उपलब्ध होते हैं। विख्यात नृशास्त्री क्लाड लेवी स्ट्रास एक कदम आगे बढ़ इसे भाषा की ही तरह मनुष्य के चरित्र में निहित संरचनात्मक प्रवृत्ति की अभिव्यक्ति मानता है। नृशास्त्रियों के लिए संस्कृति मनुष्यों का वह विशिष्ट गुण है जो उन्हें दूसरे प्राणियों से अलग करता है और इसलिए इसे उनके जीव

वैज्ञानिक अध्ययन से अलग अध्ययन का क्षेत्र बनाता है। इसके लिए वे मनुष्यों में सभी जगह पाए जानेवाले समान व्यवहारों और संस्थाओं का अध्ययन करते हैं—जैसे कौटुम्बिक सम्बन्ध (किनशिप), प्रौद्योगिकी, वस्तुओं का आदान-प्रदान, कला, सामाजिक सम्बन्ध, धर्म, भाषा आदि। इसके विपरीत जैव वैज्ञानिकों का एक समूह, जिसे सोशियो-बायोलॉजिस्ट कहा जाता है, संस्कृति को पूरी तरह जैविक गुण का विस्तार मानता है और यह मान कर चलता है कि मनुष्य के सारे व्यवहार उसकी आनुवंशिकी से निर्धारित होते हैं।

इस पुस्तक में जो विचार संस्कृति के सम्बन्ध में अपनाया गया है उसमें ऊपर की विविध दृष्टियों को एक हद तक समाहित किया जा सकता है, उनकी त्रुटियों को रेखांकित किया जा सकता है और उनकी व्याख्या हो सकती है। संस्कृति सम्बन्धी यह दृष्टि नृशास्त्रियों और सोशियो-बायोलॉजिस्टों के बीच का मार्ग लेकर चलती है। इसमें जीवों के व्यवहार पर आनुवंशिकी का निर्णायक प्रभाव तो माना गया है, लेकिन यह विचार अपनाया गया है कि जीवों के विकास के क्रम में विकसित स्तनपायी जीवों के लिए तेजी से बदलते परिवेश में आनुवंशिकी पर निर्भरता उनके अस्तित्व की रक्षा करने में अपर्याप्त होती है। इसी स्थिति के दबाव में आदमी में संस्कृति का विकास हुआ, जिसने उसके दैनन्दिन के सामाजिक जीवन में आनुवंशिकी की भूमिका को लगभग नगण्य बना दिया है।

लोगों के व्यवहारों को नियंत्रित करने में सूचनाओं की निर्णायक भूमिका होती है। आनुवंशिकी वैसी ही सूचनाओं का स्रोत होती है जो पीढ़ी-दर-पीढ़ी यह तय करती रहती है कि जीव की संरचना कैसी होगी और वह कैसा व्यवहार करेगा। मनुष्य के सामाजिक और व्यक्तिगत जीवन में संस्कृति भी ऐसी ही सूचनाओं का स्रोत होती है, जिससे समाज में व्यक्तियों का व्यवहार निर्धारित होता है। आनुवंशिकी से निर्धारित जीवों के व्यवहारों और संस्कृतिजन्य व्यवहारों में एक हद की निरन्तरता होती है। मानव समाज में मनुष्य के व्यवहारों का जीव-जगत में आनुवंशिकीजन्य व्यवहारों से निरन्तरता का कुछ विवरण इसकी सच्चाई सिद्ध करने के लिए दिया गया है।

जीवों के विकास के क्रम में आवश्यकता के अनुसार विविध अंग विकसित होते रहे हैं, लेकिन अंगों की इस विकास प्रक्रिया में विकास सदा वहीं नहीं रुक जाता जहाँ तक यह आवश्यक होता है। अक्सर यह विकास बेजरूरत और बेडौल हो जाता है और जीवन के लिए खतरा पैदा कर सकता है जिसे अंग्रेजी में 'हाइपरट्रॉफी' कहा जाता है। मनुष्य भी सांस्कृतिक विकास में अपने लिए आवश्यक निर्माण की सीमा से परे जा ऐसे 'हाइपरट्रॉफी' की ओर बढ़ता है और जीवन के लिए खतरा पैदा करता है। पुस्तक में समाज के मौजूदा दौर में सांस्कृतिक विकास के इस पहलू से पैदा खतरे का कुछ संकेत भी दिया गया है।

संस्कृति और समाज का जो रिश्ता इस अध्ययन से उभर कर आता है, उससे ऐसा लगता है कि संस्कृति आदमी को आवृत्त करनेवाला वह परिवेश है जो जीवन को पूरी तरह नियंत्रित करता है। इस तरह संस्कृति के अध्ययन के क्रम में ही कुछ मूलभूत दार्शनिक प्रश्न भी एक अलग रूप में सामने आते हैं और एक हद तक उत्तरित भी होते हैं। चूँकि आज अपनी और पराई संस्कृति तथा अप-संस्कृति जैसी अवधारणाओं पर काफी चर्चा चल रही है, इन चर्चाओं को भी सही परिप्रेक्ष्य में रखने का प्रयास किया गया है। इस तरह यहाँ गैर-अकादमिक नजरिए से संस्कृति से सम्बद्ध अनेक मुद्दों और अवधारणाओं को एक साँचे में ढाला गया है, जिससे संस्कृति की ओर देखने का संतुलित दृष्टिकोण उपलब्ध हो सके। आशा है, संस्कृति सम्बन्धी वर्तमान विमर्श में यह पुस्तक समुचित योगदान कर सकेगी।

1

मनुष्य का यह विलक्षण गुण है कि वह जिन चीजों को सब से कम समझता है उन पर सब से तेज प्रतिक्रियाएँ व्यक्त करता है। भौतिक धुन्ध में पिटे व्यक्ति की तरह वैचारिक धुन्ध में भी साफ दृष्टिगोचर पथ के अभाव में बढ़ने के बदले आदमी बेचैनी से आगे-पीछे, इधर-उधर हाथ-पाँव मारने की कोशिश भर करता और उद्वेलित होता है। फिलहाल संस्कृति भी इसी तरह गहन भावनात्मक विवाद का मुद्दा बन गई है। लोग इस विषय पर उद्वेलित हैं और यह महसूस करते हैं कि कुछ गड़बड़ हो रहा है, उनके सुपरिचित संसार का रूप बदल-सा रहा है और कुछ करना जरूरी है, लेकिन वे संस्कृति, अप-संस्कृति, विसंस्कृति, सांस्कृतिक अतिक्रमण जैसे शब्दों के घटाटोप में यह तय नहीं कर पाते कि यह गड़बड़ आखिर है क्या? संस्कृति पर कौन सा खतरा पैदा हो गया है और फिर यह संस्कृति है क्या, जिस पर खतरा उपस्थित हो गया है, चूँकि वे ज्ञानी व्यक्ति भी, जो संस्कृति पर उपस्थित खतरों के प्रति आगाह करते दिखाई देते हैं, यह कभी परिभाषित नहीं करते कि यह संस्कृति जो खतरे में है आखिर है क्या? यह सन्देह होता है कि कहीं ऐसा तो नहीं कि आगाह करनेवाली विद्वत् मंडली का भावनात्मक आवेश उनकी अपनी ही वैचारिक धुन्ध का परिणाम है!

यह सोचना तो पूरा सही नहीं होगा कि विविध विषयों के जानकार, कलाकार, साहित्यकार, रंगकर्मी एवं पत्रकार जब सांस्कृतिक आक्रमण या ह्रास की बात करते हैं तो संस्कृति के बारे में बिना किसी समझदारी के करते हैं, लेकिन ऐसा जरूर लगता है कि विभिन्न विधाओं से जुड़े लोग इसे अपनी विशेष विधा और अपनी ही समस्या के नजरिए से देखते हैं और संस्कृति के सम्बन्ध में कोई समग्र दृष्टि नहीं प्रस्तुत करते। यहाँ पाँच अन्धों और हाथी वाली प्रचलित कथा की स्थिति चरितार्थ होती है। पाँचों अन्धे अपने-अपने अनुभव के अनुसार सच्ची बात ही कहते हैं, लेकिन सभी अनुभवों को जोड़ हाथी की कोई स्पष्ट तस्वीर नहीं बना पाते और इस तरह सभी अपने-अपने सत्य का दावा पेश करते हुए झगड़ते रहते हैं।

ऊपर की भूमिका से ऐसा लगेगा कि यहाँ कोई बिलकुल नया और चौंकानेवाला विचार संस्कृति के सम्बन्ध में प्रस्तुत किया जानेवाला है, लेकिन ऐसा

सोचनेवाले निराश होंगे। जो कुछ किया जानेवाला है वह है सिर्फ उन जानकारियों का जोड़ प्रस्तुत करना, जिन्हें संस्कृति का अध्ययन करनेवाले, विशेषकर नृशास्त्री एक पद्धति के रूप में प्रस्तुत करते हैं। नया सिर्फ यह है कि इसे अब मनुष्य के मनुष्य के रूप में विकास को एक अनिवार्य प्रक्रिया के रूप में प्रस्तुत किया गया है। इस बुनियादी जानकारी से खरे और खोटे का भेद स्वतः उजागर हो जाएगा। पाठक निराश हो कहेंगे, 'खोदा पहाड़ निकली चुहिया'। बिलकुल सच, लेकिन आदमी रहस्यखोजी जीव है। तभी तो जासूसी उपन्यासों की भरमार रहती है। और यही तो आधार है हमारे सारे ज्ञान-विज्ञान का। अरबों-खरबों रुपये अन्तरिक्ष यानों पर यह जानने के लिए खर्च किए जा रहे हैं कि मंगल ग्रह पर आज से अरबों बरस पहले जीव थे या नहीं-ऐसे सूक्ष्म जीव, जो चूहों से भी लाखों गुने छोटे हों। तो चुहियों की खोज में पहाड़ों की खुदाई जारी रहेगी। हम भी बस यही कर रहे हैं।

इस सफाई के बाद हम विषय पर लौटें।

भौतिक शास्त्रियों के पास धर्मों में वर्णित ईश्वर द्वारा मनचाहे समय में संसार को उत्पन्न करने के सिद्धान्त के मुकाबले महाविस्फोट (बिग बैंग) का एक सिद्धान्त उपलब्ध है, जिसके बाद से क्षणों के लक्षांशों और सहस्रांशों से शुरू हो करोड़ों और अरबों वर्ष से ब्रह्मांड के विकास का क्रम जारी है, लेकिन जो मनुष्य और मानव समाज की उत्पत्ति को समझने की कोशिश करते हैं उनके लिए उत्पत्ति के किसी ऐसे महान क्षण की अवधारणा उपलब्ध नहीं। उन्हें या तो सब कुछ ईश्वर प्रदत्त मान लेना होता है (जो सुविधाजनक है) या फिर करोड़ों वर्षों में होनेवाली विकास की अवधारणा को कबूल करके चलना होता है। हमारी संस्कृति के विकास की कहानी भी कुछ ऐसी ही है। इसे जीवन और मानव जीवन के विकास की प्रक्रिया से जोड़ कर ही समझा जा सकता है। इस प्रक्रिया में कोई स्पष्ट विभाजन रेखा या उत्पत्ति का क्षण नहीं। जीवन और मानव जीवन का विकास एक सातत्य है जिसमें एक कालखंड के बाद संस्कृति की उत्पत्ति दिखाई देने लगती है, जो जीव की विकास प्रक्रिया के ही एक आयाम के रूप में विकसित होती है।

नृशास्त्री संस्कृति में उन सारे कौशलों और जीवनयापन के ढंग को शामिल करते हैं जो मनुष्य को आनुवंशिकी के बजाय मानव समाज में परम्परा एवं मनुष्यों के पारस्परिक सम्बन्धों से प्राप्त होते हैं। इसमें वे उसकी भाषा, धर्म, ज्ञान-विज्ञान, आचार-विचार, तकनीकी, नियम-कानून, विश्वास, कला, साहित्य, नृत्य, संगीत आदि सभी को शामिल करते हैं। यानी उसके व्यवहार के वे पहलू जो आनुवंशिकी से प्राप्त उसके जैविक गुण नहीं हैं बल्कि समाज से प्राप्त गुण हैं जो जैविक गुण (इंस्टिंक्ट) जैसे ही अनायास प्रकट होते हैं। एक उदाहरण से फर्क स्पष्ट होगा—चलते

हुए पाँव में काँटा चुभ जाने पर हम पीड़ा के अनुभव से पाँव उठा लेते हैं और चलना बन्द कर देते हैं। यह मनुष्य का जैविक गुण है जो उसकी आनुवंशिकी से प्राप्त होता है। ऐसा व्यवहार हम ध्रुव प्रदेश में रहनेवाले एस्कीमो एवं गर्म प्रदेश में रहनेवाले भारतीयों, सभी में पा सकते हैं। दूसरी ओर, सामने किसी परिचित या मित्र के दिख जाने पर हठात् हम अभिवादन में हाथ जोड़ देते हैं, या दूसरी तरह से अभिवादन करते हैं। यह शिष्टाचार है जो हमें अपनी संस्कृति से प्राप्त होता है। यह जैविक नहीं है, लेकिन जैविक गुण जैसा ही यांत्रिक होता है। अलग-अलग संस्कृतियों में इसके रूप भिन्न होते हैं पर अभिवादन का कोई-न-कोई रूप सभी समाजों में होता है। इस अर्थ में हिन्दी शब्द संस्कार, संस्कृति के चरित्र को ठीक-ठीक अभिव्यक्त करता है। हमारा संस्कार अपने समाज के व्यक्तियों के सम्पर्क से प्राप्त वह गुण है जिसे हमने इस तरह आत्मसात् कर लिया है कि विभिन्न स्थितियों में उनके अनुरूप हम बिना प्रयास के स्वत: यथोचित व्यवहार करते हैं। अगर कोई ऐसा अपेक्षित व्यवहार करने में चूक जाता है तो हम उसे संस्कारहीन कह देते हैं, लेकिन असल में कोई भी व्यक्ति संस्कृतिविहीन नहीं हो सकता। विक्षिप्तता की अभिव्यक्ति भी सांस्कृतिक सन्दर्भ के अनुरूप ही होती है। विक्षिप्त व्यक्ति के व्यवहारों में कोई तारतम्य या परिस्थिति से संगति नहीं दिखाई देती, लेकिन उसके अट्टहास और रुदन, गाली-गलौज और छटपटाहट—सभी उसकी अपनी भाषा और अपनी परम्परा के अनुरूप ही होंगे। इस दृष्टि से पागलपन में निश्चित ही संगति होती है (मेथड इन मैडनेस)। सांस्कृतिक व्यवहार में कुछ मानक जरूर उभर आते हैं, लेकिन असली व्यवहार में मनुष्य इन मानको सें थोड़ा इधर-उधर हटकर ही रहता है। ये मानक तो महज औसत व्यवहार अभिव्यक्त करते हैं। मनुष्य संस्कृतिविहीन इसलिए नहीं हो सकता क्योंकि जीवित रहने के लिए उसे भोजन, कपड़ा, आवास आदि चाहिए जो तकनीकी यानी संस्कृति की देन हैं। इसी तरह उसे भाषा या किसी अन्य संकेत माध्यम से दूसरों से सम्प्रेषण की आवश्यकता होगी ही। अगर वह झगड़ालू है तो अपने झगड़ालुपन को भी अपनी संस्कृति में उपलब्ध तौर-तरीकों से ही व्यक्त कर सकता है। संस्कृति जीवन में इतनी व्याप्त है कि जैसे हम जल बिना मछली के जीवन की कल्पना नहीं कर सकते वैसे ही संस्कृति बिना मनुष्य के जीवन की कल्पना भी नहीं कर सकते।

मानव जीवन के हर क्षेत्र में इसकी व्यापकता के बावजूद आम तौर से संस्कृति की चर्चा जब भी होती है तब नृत्य, संगीत, भाषा एवं साहित्य के सन्दर्भ में होती है। कारण यह है कि संस्कृति प्रतीकधर्मी है और प्रतीकों के माध्यम से सूचनाओं का सम्प्रेषण संस्कृति और इसके माध्यम से समाज के निर्माण और विकास का अनिवार्य अंग है। चूँकि नृत्य, संगीत, भाषा एवं साहित्य—सभी की अभिव्यक्ति प्रतीकात्मक है और संस्कृति के सम्प्रेषण में इनकी विशेष भूमिका

होती है, इसलिए यह भ्रम पैदा होता है कि ये विधाएँ ही संस्कृति हैं, लेकिन संस्कृति के निर्माण में सूचनाओं की भूमिका इससे कहीं अधिक व्यापक है। संस्कृति सूचनाओं से निर्मित और नियंत्रित भी है और सूचनाओं का स्रोत और सम्प्रेषक भी है। असल में सभी संरचनात्मक गठन[1] चाहे वह जीवाणुओं, जीवों, वनस्पतियों की कोशिकाओं या वृक्षों का हो, चाहे पशुओं और मनुष्यों के समूहों का, सूचनाओं के सम्प्रेषण पर आधारित होता है। जहाँ कहीं भी गठन है या संरचनात्मक विकास की प्रक्रिया है, किसी-न-किसी सूचना स्रोत की नियामक भूमिका उसके पीछे होती है। इसलिए संरचना अपने विशेष परिवेश से स्वतंत्र हो अस्तित्व में नहीं रह सकती यानी वह इसे आबद्ध करनेवाली सीमान्त की स्थितियों से स्वतंत्र नहीं रह सकती। उदाहरणस्वरूप, एक वृक्ष मिट्टी, जल, हवा और प्रकाश की स्थितियों से स्वतंत्र रूप से जीवित या विकसित नहीं हो सकता। इसी तरह एक मानव परिवार भोजन, जल आदि के स्रोतों तथा पड़ोस के दूसरे परिवारों या हिंस्र पशुओं आदि की उपस्थिति से असम्पृक्त अपना अस्तित्व कायम नहीं रख सकता। दोनों ही अलग-अलग धरातल पर संरचनात्मक अस्तित्व की मिसाल हैं, लेकिन जीवों या समुदायों या किसी दूसरी तरह के संरचनात्मक गठन का, उसके परिवेश के साथ सम्बन्धों के पीछे होता है सूचनाओं का संसार, जिसके बिना इनकी पारस्परिकता असम्पृक्तता में बदल जाती है। गठन की विपरीतार्थक स्थिति पूर्ण बिखराव (अंग्रेजी शब्द 'केओस' से यही बोध होता है) की होती है, जिसमें विभिन्न तत्त्व बिना किसी तारतम्य या पारस्परिक सम्बन्ध के अलग-अलग पड़े होते हैं यानी इनके बीच सूचना का संचार नहीं होता। यहाँ सूचना के सम्बन्ध में थोड़ी चर्चा जरूरी है।

किसी मशीन में सूचनाएँ उसकी बनावट में होती हैं। इन्हीं सूचनाओं से उसके विभिन्न पुर्जों के पारस्परिक सम्बन्ध और संचालन प्रक्रियाएँ निर्णीत होती हैं; जैसे एक घड़ी के पुर्जे और उनका चलना। इसके चलने के लिए ऊर्जा चाबी से, बिजली से या किन्हीं और बाहरी स्रोतों से मिलती है, लेकिन यह कैसे चलेगी यह इसकी बनावट में निहित सूचनाओं पर निर्भर करेगा। फिर भी चूँकि इसमें सूचनाएँ एकबारगी डाल दी गई हैं, इसलिए इसकी चाल में बाहरी परिस्थितियों के अनुरूप कोई परिवर्तन करने की क्षमता अपने भीतर नहीं होती, लेकिन अद्यतन मशीनों में, जिन्हें साइबरनेटिक मशीनें कहते हैं, नयी परिस्थितियों से नई सूचनाएँ प्राप्त करने की क्षमता होती है। इन सूचनाओं के माध्यम को 'फीड बैक लूप' कहते हैं। इन सूचनाओं के आलोक में ये मशीनें स्वयं अपनी गति और स्थिति को बदलकर अपने कार्य को बदली परिस्थिति के अनुरूप बनाती हैं। एक सरल उदाहरण थर्मोस्टेट का है—यानी उस यंत्र का, जो जल या हवा के ताप को एक निश्चित ऊँचाई पर रखता है। यही व्यवस्था पानी गर्म करनेवाले गीज़र या ठंडा

रखनेवाले फ्रिज में होती है। इनमें जब ताप इच्छित डिग्री से ऊपर या नीचे जाता है तो सूचना-वाहक नली, तार या कोई दूसरे माध्यम (फीड बैक लूप) से ताप बढ़ाने या घटानेवाले यंत्र को सूचना प्राप्त हो जाती है कि वह अब अपना काम स्थगित कर दे। इस तरह ताप एक खास ऊँचाई पर बना रहता है। इसी का एक अत्यन्त जटिल नमूना हमारे शरीर की ताप नियंत्रक प्रणाली है। जब अत्यधिक ताप से हमारे शरीर की कार्य प्रणाली प्रतिकूल रूप से प्रभावित होने लगती है हमारा शरीर मोटा-मोटी 37° से. पर ही सक्षमता से काम कर सकता है तब हमारे शरीर का सूचना-तंत्र यह सूचना देकर शरीर के ताप नियंत्रक यंत्र को सक्रिय कर देता है। फिर पसीना निकलना शुरू हो जाता है, जिसके वाष्पीकरण से शरीर को शीतलता मिलती है, लेकिन जीवों का अस्तित्व ताप के अलावा अनेक तरह के दूसरे भौतिक और रासायनिक सन्तुलनों पर निर्भर करता है। इन सब तरह के सन्तुलनों के लिए मस्तिष्क के नियंत्रण कक्ष को विभिन्न तरह के फीड बैक लूप से सूचनाएँ प्राप्त होती रहती हैं। उदाहरण के लिए, शरीर में जल की कमी होने से हम प्यास का अनुभव करते हैं और इससे पैदा हुई बेचैनी से बचने के लिए हम पानी पीते हैं जिससे शरीर में जल का सन्तुलन कायम हो जाता है। इसी तरह शरीर के लिए आवश्यक विभिन्न तरह के रासायनिक तत्त्वों की कमी या अति को नियंत्रित करने की व्यवस्था जटिल फीड बैक के द्वारा शरीर में होती है। इस पूरी व्यवस्था को अंग्रेजी शब्द 'होमियोस्टेसिस' से व्यक्त किया जाता है। यह गुण अत्यन्त छोटे कीटाणुओं एवं निम्न स्तर के पौधों से लेकर जटिल से जटिल बनावट वाले सभी जीवों एवं मनुष्य की बनावट में होता हैं, लेकिन इसके लिए परिवेश से आदान-प्रदान जरूरी होता है, बाहर से पूरी तरह कटी-छँटी व्यवस्था (आइसोलेटेड सिस्टम) में यह नहीं हो सकता क्योंकि सन्तुलन के लिए तत्त्वों का ग्रहण एवं निस्सरण सीमा के बाहरी क्षेत्र से आदान-प्रदान पर ही निर्भर हैं।

विज्ञान का यह लगभग मान्य सिद्धान्त बन गया है कि किसी भी संरचनात्मक गठन का कार्यरत रहना उसके अपने वातावरण से आदान-प्रदान पर निर्भर करता है। वैज्ञानिक लोग अपनी भाषा में इस प्रक्रिया को यह कह कर परिभाषित करते हैं कि परिवेश से अलग-थलग स्थित किसी भी व्यवस्था (आइसोलेटेड सिस्टम) में 'एंट्रोपी' का बढ़ना अनिवार्य है। एंट्रोपी बढ़ने का अर्थ यह लगाया जाता है कि व्यवस्था विशृंखलन की ओर बढ़ेगी और उसमें ऊर्जा के सर्जनात्मक, संचरण का अन्त हो जाएगा। एक स्थूल उदाहरण के रूप में हम एक मृत शरीर को पेश कर सकते हैं जिसका परिवेश से हवा, भोजन, जल या किसी तरह की सूचना का लेन-देन खत्म हो जाता है और वह धीरे-धीरे विघटित हो तत्त्वों में विलीन हो जाता है। इसे एक स्थूल उदाहरण इसलिए कहा गया क्योंकि असल में यह पूरी तरह परिवेश से कटा हुआ नहीं होता। इसका पास की हवा, पानी या अन्य

वस्तुओं से एक-दूसरे स्तर (गैर-संरचनात्मक स्तर) का आदान-प्रदान होता है, अनेक कीटाणु इस पर सक्रिय होते हैं और इसके विघटन की प्रक्रिया को तेज करते हैं। ये कीटाणु स्वयं परिवेश के तत्त्वों के साथ व्यवस्थित आदान-प्रदान करते होते हैं, यानी उनमें 'होमियोस्टेसिस' की प्रक्रिया निर्बाध चलती होती है। मृत शरीर उनके परिवेश का अंग बन जाता है। असल में धरती के जीव मंडल (बायोस्फीअर) में पूर्ण रूप से कोई भी अलग-थलग व्यवस्था (आइसोलेटेड सिस्टम) नहीं है। ऐसी अलग-थलग व्यवस्था वास्तव में एक सैद्धान्तिक कल्पना ही है जिसका इस्तेमाल प्रकृति एवं जीव जगत के एक अन्तर्निहित रुझान को अभिव्यक्त करने के लिए होता है। एंट्रोपी की एक दूसरी भी अवधारणा है जो हमें संचार वैज्ञानिकों से प्राप्त हुई है। वे सूचनाओं को 'एंट्रोपी' से जोड़ते हैं। इसके मुताबिक, सूचना का एंट्रोपी से विरोधात्मक सम्बन्ध है यानी बढ़ती हुई एंट्रोपी घटती सूचनाओं का संकेत है।[2] ऊपर संस्कृति की सम्प्रेषणधर्मिता की बात की गई है। एंट्रोपी की इस व्याख्या से सहज ही हम संस्कृति से सूचना और सम्प्रेषण के सम्बन्ध को देख पाएँगे। असल में यह सिद्धान्त किसी भी व्यवस्था या संरचना को सूचनाओं पर निर्भर बताता है। अगर कहीं भी संरचनात्मक गठन है तो यह निश्चित रूप से अनुमान किया जा सकता है कि इसका सम्बन्ध किसी सूचना स्रोत से है, जहाँ से इसे गठन के लिए आवश्यक सूचनाएँ प्राप्त हो रही हैं। मनुष्य की चैतन्य उपस्थिति का सबसे महत्त्वपूर्ण पहलू यह है कि उसके चारों ओर से सचेतन और अचेतन, सारी प्रकृति उस पर संकेतों और सूचनाओं की बौछार कर रही होती है।

मानव समाज जैसे स्थूल अस्तित्व और उसे अनुप्राणित करनेवाली संस्कृति को भाषा जैसी सूक्ष्म चीज या सूक्ष्म संकेतों वाली ललित कलाएँ कैसे नियंत्रित कर सकती हैं, इसे समझने के लिए सूचनाओं की एक दूसरी विशिष्टता की ओर ध्यान दिलाना जरूरी है; इसकी यह विशिष्टता है, नगण्य ऊर्जा को खर्च कर विशाल परिमाण में ऊर्जा को गतिशील करने या इसकी धारा को बदल देने की क्षमता। यह क्षमता सूक्ष्म जीवाणुओं और कोशिकाओं से लेकर विराट भौतिक और सामाजिक घटनाओं में समान रूप से देखी जा सकती है। दार्शनिक रुझान वाले विख्यात वैज्ञानिक जैक्स मोनो—जो जीवाणुओं में प्रोटीन की कार्यप्रणाली पर प्रकाश डालने के लिए नोबेल पुरस्कार प्राप्त कर चुके हैं—ने अपनी दार्शनिक पुस्तक 'चांस एंड नेसेसिटी' में इस विषय पर महत्त्वपूर्ण प्रकाश डाला है। उन्होंने बतलाया है कि जीवों का निर्माण करनेवाले अति सूक्ष्म अणुओं में भी संकेत को समझने की क्षमता होती है। वह बतलाते हैं कि इन अणुओं की आन्तरिक प्रक्रियाओं में इन संकेतों की निर्णायक भूमिका होती है। इनका व्यवहार ऐसा है मानो ये अणुओं को पहचान कर विशेष अणुओं से ही रासायनिक सम्बन्ध जोड़ती हैं। इन संकेतों पर

काम करनेवाले प्रोटीनों को जैक्स मोनो 'स्टीरियो स्पेसिफिक' की संज्ञा देता है। इस प्रक्रिया में एंजाइम (कण्वक), जो कैटालिसिस का काम करनेवाला प्रोटीन ही होता है, की खास भूमिका होती है। इसमें जो दिलचस्प बात बतलाई गई है वह यह है कि ये एंजाइम जिन अणुओं की प्रक्रिया को तेज करते हैं, उनसे संकेत ग्रहण करने में नगण्य ऊर्जा का, जिसे वह केमिकल पोटेंशियल' कहता है, इस्तेमाल करते हैं, हालाँकि इससे आणविक स्तर पर विशाल ऊर्जा वाली रचनात्मक गतिशीलता आ जाती है।

एंजाइमों की अणुओं को पहचानने की इस क्षमता की तुलना जैक्स मोनो उन्नीसवीं सदी के विख्यात भौतिक शास्त्री जेम्स क्लर्क मैक्सवेल के डेमन (दैत्य) से करते हैं। अपने काल्पनिक प्रयोग में मैक्सवेल ने एक स्थिति की कल्पना की, जिसमें समान ताप पर दो गैस के बर्तन एक पतली नली द्वारा जोड़ दिए गए हों। इन बर्तनों के मिलन बिन्दु पर उन्होंने एक ऐसे सूक्ष्म डेमन (दैत्य) की उपस्थिति की कल्पना की, जो दोनों बर्तनों के बीच आने-जानेवाली गैस के अणुओं में से एक बर्तन में सिर्फ अधिक ऊर्जा वाले अणुओं को आने देता है और दूसरे में सिर्फ कम ऊर्जा वाले अणुओं को। इस तरह धीरे-धीरे एक ऐसी स्थिति आ जाएगी जिसमें एक बर्तन में, जिसमें अधिक ऊर्जा वाले अणु होंगे, गैस का ताप बढ़ जाएगा और दूसरे में ताप घट जाएगा, यह काल्पनिक प्रयोग वैज्ञानिकों के लिए सदा मानसिक उलझन पैदा करता रहा। दो कारणों से। एक तो यह कि थर्मोडायनेमिक्स के दूसरे नियम के अनुसार दोनों बर्तनों के बीच ताप का अन्तर घटना अनिवार्य है (जिसे 'बढ़ती एंट्रोपी' कहते हैं), और दूसरा यह कि डेमन को यह तय करने के लिए कि आनेवाले अणु की ऊर्जा कम है या अधिक, कितनी ही कम क्यों न हो, अणुओं से कुछ ऊर्जा ग्रहण करनी होगी। इससे कुल उपलब्ध ऊर्जा की मात्रा में फर्क आएगा। बाद के कुछ वैज्ञानिकों ने यह स्थापना की कि यह डेमन बिना ऊर्जा ग्रहण किए अधिक और कम ऊर्जा वाले अणुओं के बीच फर्क नहीं कर सकता और साथ ही एक नया समीकरण कायम किया, जिसके अनुसार डेमन द्वारा प्राप्त सूचना (ऊर्जा) का सीधा सम्बन्ध बर्तनों के अणुओं की घटती एंट्रोपी से है। पीछे इसकी चर्चा की गई है।

ऊपर इस प्रकरण की चर्चा इसलिए कर दी गई क्योंकि बिखराव की स्थिति, यानी एंट्रोपी संरचना के ठीक प्रतिकूल है। इस तरह जैविक, सामाजिक अथवा सांस्कृतिक संरचना का सीधा सम्बन्ध सूचनाओं से देखा जा सकता है। संकेत को पहचानने एवं नगण्य ऊर्जा के आधार पर बृहत् संरचनात्मक प्रक्रियाओं के संचालन की जिस क्षमता का उल्लेख जैक्स मोनो ने अणुओं के स्तर पर किया वह अणुओं की सूक्ष्म दुनिया तक सीमित नहीं है। ऐसी घटना स्थूल स्तर पर समाज में रोज घटित होती रहती है। अब कल्पना कीजिए किसी महानगर

की व्यस्त सड़क पर ट्रैफिक सिग्नल की। ट्रैफिक सिग्नल के हरे से लाल होने में अत्यन्त ही अल्प ऊर्जा की खपत होती है, लेकिन इस बदले संकेत से हजारों मोटर गाड़ियाँ या दूसरे वाहन, जो लाखों टन बोझ को ला रहे होते हैं, एकाएक रुक जाते हैं। दूसरी ओर हजारों वाहन इनकी राह को काटते हुए चलने लगते हैं। यह नगण्य ऊर्जा से विशाल ऊर्जा को गतिशील करना हुआ। यह सब इसलिए सम्भव होता है क्योंकि गाड़ियों के स्टीयरिंग के पीछे संकेतों को पहचाननेवाली चेतना की उपस्थिति होती है। यह चेतना पहले से संचित सूचनाओं की याददाश्त से आती है। इसी तरह एक नेता के उत्तेजक भाषण के प्रभाव से लाखों या करोड़ों लोग मरने-मारने के लिए तैयार हो जाते हैं। किसी भक्ति संगीत के प्रभाव से करोड़ों लोगों के जीवन का प्रवाह बदल जाता है। मीरा, सूरदास, कबीर आदि अनेक सन्त कवियों की वाणी हमारे यहाँ इसके उदाहरण हैं। रॉक एंड रोल संगीत का तो ऐसा उत्तेजक प्रभाव यूरोप के देशों में होता था कि हिंसक दंगे का दृश्य उपस्थित हो जाता था और सरकारों को उन्हें नियंत्रित करने की आवश्यकता महसूस होती थी। बाद के उदाहरणों का सीधा सम्बन्ध हमारे सांस्कृतिक जीवन से है।

प्रारम्भ में कहा गया है कि संस्कृति मनुष्य के लिए अधिकांश वैसे काम करती है जो आनुवंशिकी से प्राप्त सहज प्रवृत्ति (इंस्टिंक्ट) निम्न स्तर के जीवों के लिए करती है। विभिन्न परिस्थितियों का सामना होने पर सहज प्रवृत्ति (इंस्टिंक्ट) द्वारा आवश्यकता के अनुसार जीवों के व्यवहारों को निर्देशित करने की अद्‌भुत क्षमता कहाँ से आती है ? मकड़ी द्वारा गणित और विज्ञान के जटिल सिद्धान्तों के अनुरूप जाल बुनने, मधुमक्खियों द्वारा दूर-दराज के स्थानों से फूलों का रस ले, ठीक अपने छत्ते तक पहुँचना, पक्षियों द्वारा जटिल बुनावट वाले घोंसले बनाना, कुछ पक्षियों द्वारा हजारों किलोमीटर की दूरी तय कर उपयुक्त स्थान और जलवायु में अंडे देना आदि अद्‌भुत और जटिल कार्यों की क्षमता का उत्स क्या है ? इनका उत्स करोड़ों वर्ष के विकास के क्रम में जीवों के अनुभवों की संचित निधि में है जो पुश्त-दर-पुश्त आनुवंशिकी के द्वारा इन जीवों को प्राप्त होती है। आनुवंशिकी से जीवों में गुणों का हस्तान्तरण 'जीन' के जरिये होता है। जीव वैज्ञानिकों के मुताबिक बनावट और व्यवहार के प्रत्येक गुण के लिए जीन का एक जोड़ा होता है जिसमें संचित सूचनाएँ जीव-जगत के प्रत्येक व्यक्ति को विकास की आवश्यक दिशा देती हैं। उपयुक्त वातावरण में जीन के ये अलग-अलग जोड़े अलग-अलग बिन्दुओं पर बनावट और व्यवहार क्षमताओं का विकास कर समग्र व्यक्ति को उसकी प्रजाति के अनुरूप रूप और गुण प्रदान करते हैं। जीन वैज्ञानिकों (जेनेटिसिस्ट) के अनुसार, ये गुण जीन के DNA (डी-ऑक्सीराइबो न्यूक्लिक एसिड) नामक विशाल रासायनिक अणुओं में संचित होते हैं (चित्र-1)।

ये अणु 'न्युक्लियोटाइड' नाम के लाखों अणुओं की शृंखलाबद्ध लड़ियों से, जिन्हें 'डबल हेलिक्स' कहा जाता है, बनते हैं। ये जीन बहुत बड़े और स्थायी होते हैं। इस कारण इनमें सूचनाओं को संरक्षित रखने की क्षमता होती है। इसका मतलब यह नहीं कि इन में बदलाव नहीं होता, लेकिन यह बदलाव अचानक ही जीन के किन्हीं बिन्दुओं पर होता है जिसका प्रभाव धीरे-धीरे मालूम पड़ता है, और डार्विन के प्राकृतिक चयन (नैचुरल सलेक्शन) के नियम के तहत वैसे बदलाव जिनसे प्रजाति के अस्तित्व पर खतरा हो, प्रायः प्रजाति की आनुवंशिकी से विलुप्त हो जाते हैं।

ऊपर सूचना स्रोत को किसी भी संरचनात्मक गठन के निर्माण और अस्तित्व के लिए अनिवार्य कहा गया है। भौतिक तत्त्वों के प्रवाह तथा असंख्य परमाणुओं एवं अणुओं के संयोग वियोग एकीकरण और विघटन की दिशाहीन प्रक्रियाओं के बीच संरचनात्मक विकास से जीवन की उत्पत्ति और अनगिनत वनस्पतियों और जीवों की प्रजातियों के विकास का रहस्य सूचनाओं के अद्भुत स्रोत जीन के उद्‌भव और विकास से जुड़ा है। यह विकास कैसे हुआ, जीवन की उत्पत्ति कैसे हुई, यह रहस्य से जुड़ा है और अभी तक वैज्ञानिक इस रहस्य का उद्‌घाटन नहीं कर पाए हैं—हालाँकि जीन वैज्ञानिक इसकी झाँकी पाने का दावा करते हैं। जीन के प्रभाव में विकास की यह प्रक्रिया परिवेश के साथ जटिल पारस्परिकता से निर्धारित होती है। किसी प्रजाति के किसी व्यक्ति का वास्तविक विकास (फेनोटाइप) कैसा होगा, यह उसकी आनुवंशिकी से नियमित आन्तरिक गुण पर परिस्थिति का प्रभाव कैसे काम करता है, इस पर निर्भर करेगा। इससे शरीर और स्वभाव, दोनों में एक ही प्रजाति के विभिन्न व्यक्तियों में काफी फर्क हो सकता है। जीन में बदलाव में अगर बदलाव वाले व्यक्ति को अपनी परिस्थिति में कोई विशेष लाभ होता है तो यह सम्भावना बढेगी कि इस गुण वाले व्यक्ति के वंशजों की वृद्धि होगी। इसका अर्थ यह है कि जीन में हुआ यह बदलाव व्यक्ति को अधिक अनुकूलन (एडप्टेशन) की क्षमता प्रदान करता है। विकास में आनुवंशिकी और परिवेश, दोनों की इस पारस्परिकता का नतीजा यह होता है कि जीवों के जीन में अद्यतन परिवेश का प्रतिनिधित्व होता है और वह नई परिस्थितियों की चुनौतियों का मुकाबला करने में सक्षम होता है।

जीवों के विकास में अनुकूलन की यही चुनौती थी जिससे अधिक विकसित जीवों में प्रशिक्षण की प्रक्रिया शुरू हुई और इसी की परिणति मनुष्य के जटिल और समृद्ध सांस्कृतिक विकास में हुई। विकसित जीवों में अनुकूलन का अर्थ सिर्फ अपने को प्रकृति के अनुकूल बनाना ही नहीं बल्कि प्रकृति को भी अपने जीवन के अनुकूल बनाना शामिल है—जैसे घोंसले बनाना या मनुष्य द्वारा घर, नहर, बाँध आदि का निर्माण।

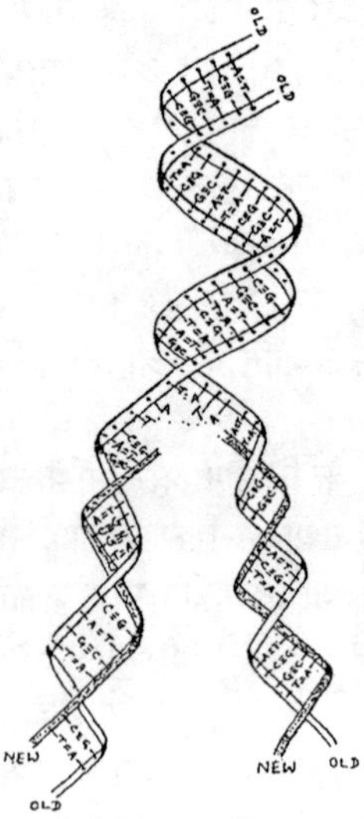

चित्र-1 : DNA के विभाजन की प्रक्रिया

DNA के अणु की कुंडलीय बनावट में A (ऐडेनीन), C (साइटोसिन), G (ग्वानीन) और T (थायमिन) नामक 'बेस' लाखों की संख्या में शृंखलाबद्ध रूप से लड़ी में पिरोए गए होते हैं। A सदैव T के विपरीत और G सदैव C के विपरीत जुड़े होते हैं। शृंखला में इन्हीं के क्रम से वे गुण निर्धारित होते हैं जो जीन द्वारा हस्तान्तरित होते हैं। DNA के अणु का स्थायित्व इतना जबर्दस्त होता है कि लाखों वर्ष तक हस्तान्तरित होने से भी इनकी मूल बनावट नहीं बदलती। इस अणु के विविध बिन्दु आनुवंशिकी से सम्बद्ध सूचनाओं के स्रोत होते हैं। संस्कृतियों में भी इसके समानान्तर स्थायित्व का कुछ गुण होना चाहिए, अगर पीढ़ी-दर-पीढ़ी सांस्कृतिक गुणों का हस्तान्तरण होना है।

आनुवंशिकी और सांस्कृतिक परम्परा

आनुवंशिकी का निर्धारण जीन के द्वारा होता है जो DNA (डी-ऑक्सीराइबो न्यूक्लिक एसिड) से बनते हैं। वंशगत सूचना के वाहक DNA के अत्यन्त ही विशाल कुंडलाकार अणु होते हैं जिनमें दसों लाख परमाणु जुड़े होते हैं। इनकी बनावट में विलक्षण स्थायित्व होता है, जिसके कारण ये उन सूचनाओं को, जिनसे आनुवंशिकी का निर्धारण होता है, लाखों वर्ष तक हस्तान्तरित होते रहने के बावजूद संजोये रखते हैं। इसी से यह सम्भव होता है कि किसी भी प्रजाति के व्यक्तियों के गुण उनके वंशजों में पीढ़ी-दर-पीढ़ी हस्तान्तरित होते रहें। अगर यह सूचना स्रोत नहीं रहें तो जीवों का विघटन हो जाए और उनको बनानेवाले परमाणु परिवेश में बिखर जाएँ। मानव समाज में लोगों के व्यवहारों का एक स्तर पर निर्धारण कर समाज को आकार देने में संस्कृति द्वारा सूचनाओं के सम्प्रेषण की वही भूमिका है जो दूसरी प्रजातियों के व्यवहारों के निर्धारण में जीन की। अत: जीन की तरह संस्कृति में भी सूचनाओं को संजोये रखने की क्षमता होनी चाहिए। यह क्षमता संस्कृतियों में उनकी परम्परा से अर्जित है, लेकिन परम्परा में ऐसा स्थायित्व आना तभी सम्भव है जब मनुष्य की आनुवंशिकी में परम्पराओं से अचल रूप से बँधे रहने का रुझान मिले। मनुष्य के व्यवहारों के अध्ययन से यह स्पष्ट दिखाई देता है कि उसमें अपने समूह से दी गई नसीहत को आँखें बन्द कर पालन करने का रुझान होता है। अपने समूह के प्रति अन्ध वफादारी होती है तथा जिन बातों में वह प्रारम्भिक वर्षों में प्रशिक्षित हो जाता है, उन्हें वाद-विवाद से परे मान जीवन भर ढोता है। सामाजिक नियंत्रण को कबूल करने का यह अन्तर्भूत दबाव इतना जबर्दस्त होता है कि इसको नकारने से आन्तरिक तनाव और मनोरोग की उत्पत्ति होती है। इसी जन्मजात मानसिकता के कारण मानव समाज के एक ढाँचे का निर्माण होता है जिसमें हर बिन्दु पर स्थित लोगों की निश्चित भूमिका होती है, जिसे वे निभाते हैं। वैसे असामान्य समय में जब किसी उत्तेजना के कारण यह आन्तरिक नियंत्रण कमजोर पड़ जाता है या ध्वस्त हो जाता है तब भीड़ की मानसिकता पैदा होती है और सामाजिक ढाँचा और उसके नियंत्रण टूट जाते हैं—भगदड़ में या दंगों के काल में यह स्थिति दिखाई देती है। उसमें सामाजिक ढाँचा टूट कर भीड़ के रूप में बिखर जाता है।

सहज प्रवृत्ति से बढ़कर संस्कृति तक आने के पीछे जीवों के जीवनवृत्त की अवधि की महत्त्वपूर्ण भूमिका है। अनेक कीटाणुओं का जीवनवृत्त महज कुछ घंटों का होता है। लेकिन इनके प्रजनन की गति अति तेज होती है। इसलिए चन्द दिनों के भीतर इनकी संख्या विशाल हो जाती है और इनकी अनेक पीढ़ियाँ अस्तित्व में आ चुकी होती हैं। इस कारण जीन में उत्परिवर्तन (म्युटेशन) और अनुकूलन के जरिये अल्प अवधि में ही इनकी बनावट और व्यवहार में परिस्थिति के अनुकूल परिवर्तन हो जाते हैं। जो ऐसा नहीं कर पाते हैं उनका लोप हो जाता है। इसके विपरीत स्तनपायी या अन्य विकसित जीवों का जीवनवृत्त दीर्घकालिक होता है, सन्तान कम होती है और बनावट भी जटिल होती है। इसलिए इनकी आनुवंशिकी में बहुत बड़े परिवर्तन होने में समय का पैमाना भू-शास्त्रीय काल का होता है—यानी धरती की बनावट और जलवायु में होनेवाले परिवर्तनों से काल की दृष्टि से तुलनीय होता है। धरती के युगों की तरह ही मनुष्य की बनावट और व्यवहार में आमूलचूल परिवर्तन भी लाखों वर्ष ले लेते हैं। मानवों के पूर्वज माने जानेवाले आदिमानव (ऑस्ट्रालोपिथेकस) से आधुनिक मनुष्य तक के विकास में ही तीस से चालीस लाख वर्ष लग गए। इसलिए आनुवंशिकी पर निर्भर रहकर विकसित जीवों और विशेषकर मनुष्य की प्रजाति परिवेश में हो रहे तेज बदलाव में अधिक दिनों तक जीवित नहीं रह सकती थी। इसी कारण नई स्थितियों का सामना करने के लिए अपनी बुद्धि के प्रयोग का गुण इन जीवों में विकसित हुआ। साथ ही इनमें अपने अनुभवों से सीखी गई बातों को अपने वंशजों को सिखला सकने की क्षमता विकसित हुई। यह आम अनुभव है कि जहाँ बन्दूक से शिकार होता है वहाँ कौवे जल्दी इसके खतरे को समझ लेते हैं और धीरे-धीरे सभी कौवे बन्दूक देखते ही भागने लगते हैं या इस खतरे की सूचना अपनी आवाज और व्यवहार से देने लगते हैं। यह ज्ञान निश्चय ही उनकी आनुवंशिकी से नहीं मिला होगा क्योंकि बन्दूक से कौवों का साक्षात्कार हाल का ही है। जीन वैज्ञानिक थियोडोसियस दौबझांस्की का तो यहाँ तक मानना है कि मानवीय जीन ने मनुष्य के विकास में अपनी भूमिका का समर्पण कर दिया है।

इसका अर्थ यह नहीं कि आनुवंशिकी की भूमिका एकदम खत्म हो गई है। प्रथम तो यह कि स्वयं संस्कृति और इससे नियंत्रित होने का गुण मानव आनुवंशिकी से ही आता है। सबसे महत्त्वपूर्ण गुण तो बड़ों और समूह से सीखी गई राह पर आँख बन्द कर चलना होता है। इससे जीन के समानान्तर सांस्कृतिक परम्पराओं में भी स्थायित्व आता है जिससे पीढ़ी-दर-पीढ़ी सीखी गई बातों का पूरे भावावेश से अनुसरण किया जाता है। संस्कृति से नियंत्रित होने का मनोभाव मनुष्य का विशिष्ट गुण है। अगर ऐसा नहीं होता तो सभी जीवों में मनुष्य जैसी सक्षम संस्कृति विकसित होती। सूचनाओं के सम्प्रेषण की विविध विधियाँ भी

स्वयं मनुष्य की ज्ञानेन्द्रियों की विशेष बनावट पर निर्भर करती हैं। इसके अलावा मनुष्य के शरीर के अनेक कार्यकलाप हैं जो स्वतःस्फूर्त ढंग से होते रहते हैं और उन पर सोच-समझ कर नियंत्रण नहीं होता—उदाहरण के लिए पाचन क्रियाएँ। इसी तरह आकार की अनुभूति या ऊँचाई से गिरने का भय आदि मनुष्य में जन्मजात है ऐसा मनोवैज्ञानिकों के प्रयोगों से ज्ञात होता है। दरअसल मनुष्य की विशिष्ट आनुवंशिकी ही वह आधार प्रदान करती है जिस पर मानव संस्कृति की इमारत खड़ी होती है। लेकिन आनुवंशिकी की भूमिका इस अर्थ में जरूर गौण हो गई है कि प्रकृति और समाज द्वारा रोज-रोज उपस्थित की जानेवाली चुनौतियों का सामना मनुष्य संस्कृति से प्राप्त गुणों द्वारा ही करता है। उससे उसके व्यवहार पर सदा दो तरह के दबाव बने रहते हैं। एक दबाव है उसकी आनुवंशिकी से प्राप्त आदिम मन का और उसके नये मन का, जिसका विकास उसकी संस्कृति की देन है। बहुत व्यवहार ऐसे होते हैं जो असल में सहज प्रवृत्ति से पैदा होते हैं लेकिन उन पर संस्कृति का मुलम्मा या मुखौटा चढ़ा होता है। इन विपरीत दबावों के कारण आधुनिक मनुष्य में अनेक तरह के मनोरोग पैदा होते हैं। अगर हम साइको-एनालिटिक धारा के मनोवैज्ञानिकों की बातों को मानें तो आदिम प्रवृत्तियों का संस्कृतिजन्य संस्कारों से दमन का ही नतीजा हमारे मनोरोग हैं। इस तरह रोगों का शिकार हो हम सुसंस्कृत होने की कीमत चुकाते हैं। अगर हम इस हद तक संस्कृति के लिए स्वाभाविक मनोवृत्तियों का दमन करना जरूरी समझते हैं कि मनोरोग तक का शिकार बन जाएँ तो निश्चित रूप से संस्कृति का अत्यन्त ही महत्त्वपूर्ण योगदान हमारी प्रजाति के अस्तित्व के लिए रहा होगा।

इस पृष्ठभूमि में हम फिर सूचनाओं के सम्प्रेषण की एक विशिष्टता की चर्चा जरूरी समझते हैं। हम ऊपर चर्चा कर चुके हैं कि जीवों के संरचनात्मक संगठन और व्यवहारों का नियामक उनके जीन में उपलब्ध सूचना स्रोत हैं जो विभिन्न स्थितियों में संसाधनों के अनुसार उन्हें क्रियाशील कर आवश्यक आकार और व्यवहार के लिए प्रेरित करते हैं। ये जीन अपेक्षाकृत स्थायी होते हैं और इसीलिए अनेकानेक पीढ़ियों तक पूर्वजों द्वारा हस्तान्तरित हो विशेष तरह का रूप और स्वभाव किसी प्रजाति को प्रदान करते हैं। जीन की एक विशेषता यह है कि यह सूचना का स्रोत होने के कारण जीव का निर्माण करता है लेकिन यह स्वयं जीव नहीं है। जीवों के कोष्ठ में अवस्थित DNA कोष्ठ में उपलब्ध रसायनों का उपयोग कर एक अन्य अणु RNA का निर्माण करता है जो इसकी सूचनाओं को ढोकर इसके अनुसार प्रोटीनों का निर्माण करते हैं। ये ही विभिन्न बिन्दुओं पर सक्रिय हो जीव को उनकी प्रजाति के अनुसार आकार देते हैं। एक तरह से बिना स्वयं जीव हुए यह जीव-निर्माता की भूमिका निभाता है। यह सब

सूचनाओं का खेल है और असल में जीन विशाल मात्रा में रचनाओं का धारक भर होता है। आगे हम देखेंगे कि संस्कृति भी समाज निर्माण में इसी तरह की भूमिका निभाती है।

अगर जीव सिर्फ अपने अनुभवों और बुद्धि के आधार पर कार्य करने लगे तो रूप से वह दिशाहीन और अनियंत्रित होगा। क्योंकि उसके पास दिशा देने के लिए पूर्वकालिक अनुभवों या आसपास के समकालीन परिवेश की कोई जानकारी नहीं होगी। यह स्थिति एक ऐसे भटकाव की होगी जिसमें जीवन असम्भव हो जाएगा। लेकिन यह एक काल्पनिक स्थिति ही है। वास्तव में कोई विकसित जीव कभी इस तरह की एकल स्थिति में नहीं रह सकता। व्यक्ति का जन्म सदा किसी समूह में होता है। मनुष्य का जन्म उसके परिवार और समुदाय के भीतर होता है। इसमें एक संस्कृति होती है जो परिवार, समुदाय और मनुष्य सबों को परिचालित करती है। जैसा सूचना स्रोत जीवों के शरीर में उसके जीन होते हैं वैसा ही सूचना स्रोत मानव समुदाय में इसकी संस्कृति होती है। यह पीढ़ी-दर-पीढ़ी उन सूचनाओं को, जो आवश्यक हैं, संचित कर अपनी परम्परा के भीतर ढोती चलती है।

पिछली बातों का संक्षिप्त सार निम्नलिखित रूप से प्रस्तुत किया जा सकता है :

1. परिवेश से पूरी तरह कटी अलग-थलग व्यवस्थाएँ अनिवार्य रूप से ह्रासोन्मुख होती हैं एवं पूर्ण विश्रृंखलन या भौतिक शास्त्र की भाषा में, अत्यधिक एंट्रोपी की ओर बढ़ती हैं।
2. व्यवस्था बरकरार रहे या विकसित हो, इसके लिए उन्हें किसी स्रोत से आवश्यक सूचनाओं का सम्प्रेषण अपरिहार्य है। यह बात ऊर्जा से संचालित मशीनों, जीवों और सामाजिक संगठनों, सब पर लागू होती है।
3. मशीनों को आवश्यक सूचना उसके निर्माताओं से, उसकी बनावट से प्राप्त होती है, जीवों में उनके जीन से और मानव संगठनों और मनुष्य के व्यवहारों में संस्कृति से।[3]
4. जीन और संस्कृति दोनों अपने-अपने ढंग से परिवेश को प्रतिबिम्बित करते हैं। इसी से जीन या सामाजिक संगठन परिवेश में पैदा किसी भी स्थिति का मुकाबला करने में सक्षम हो पाते हैं। अनुकूलन की प्रक्रिया से जीन या संस्कृति में परिवेश में हुए बदलाव के अनुसार परिवर्तन होते रहते हैं।
5. ऊपर की बातों से यह निष्कर्ष निकालना गलत होगा कि समाज का अस्तित्व भी जीवों जैसा ही है यानी यह भी एक जीव ही है, जैसा कि

कुछ लोग भ्रमवश सोचते हैं। दोनों के कार्यकलाप में अगर समानता दिखाई देती है तो इसलिए कि दोनों सूचना संसार की समान प्रक्रिया से निर्मित और परिचालित होते हैं।

6. एक दूसरी समानता जीन और संस्कृति में यह है कि वे क्रमशः जीव एवं सामाजिक संगठन का निर्माण तो करते हैं पर स्वयं इस तरह निर्मित जीव या संगठन नहीं होते, बल्कि संकेन्द्रित संकेत स्रोत भर होते हैं। उदाहरण के लिए, एक मोटरगाड़ी संस्कृतिजन्य है, लेकिन यह संस्कृति नहीं है या एक काव्य संस्कृतिजन्य है, पर स्वयं संस्कृति नहीं है।

2

अगर संस्कृति मनुष्य के लिए वही भूमिका निभाती है जो आनुवंशिकी से प्राप्त सहज प्रवृत्ति अन्य जीवों के लिए, तो फिर इसका भी मूल उद्देश्य वही होना चाहिए जो अन्य जीवों में जीन से प्राप्त सहज प्रवृत्ति का होता है। जैसा कि हम देख चुके हैं, जीन प्राकृतिक चयन की प्रक्रिया में जीवों को अनुकूलन की क्षमता प्रदान करता है और इस तरह प्रजातियों को विनष्ट होने से बचाता है। प्रजातियों के जीवित रहने का अर्थ होता है, उनके जीनों का भी पुश्त-दर-पुश्त लाखों वर्षों तक अस्तित्व में बना रहना। अक्सर इस प्रक्रिया में जो परवर्ती जीव विकसित होते हैं वे अपने जीनों में अनेक पूर्ववर्ती प्रजातियों के जीनों को परिवर्तित या परिवर्धित रूप में सहेज कर रखते हैं। एक तरह से विकास की ऊपरी सीढ़ियों पर अवस्थित जीवों द्वारा जीन का संरक्षण अमरत्व की तलाश है। इसलिए संस्कृति की मूल भूमिका अमरत्व प्रदान करना ही हो सकती है।

एककोष्ठीय जीवों में अनुकूल पोषक तत्त्व और परिस्थिति मिलने पर मृत्यु नहीं होती। प्रौढ़ होने पर विभाजन द्वारा एक से दो, दो से चार करके वे लगातार अपनी संख्या बढ़ाते चले जाते हैं। जन्म, जरा, मृत्यु का वृत्त उन्हें आक्रान्त नहीं करता। यह विकसित जीवों के कोष्ठों और अंगों के कार्य विभाजन एवं संरचनात्मक संगठन का परिणाम है कि बुढ़ापा और मृत्यु उनकी अनिवार्य नियति बन जाती है। विकास की प्रक्रिया में प्राकृतिक चयन के साथ कौटुम्बिक चयन (किन सेलेक्शन) की भी प्रक्रिया चलती है जिस प्रक्रिया से एक ही प्रजाति के जीव अपनी प्रजाति के भीतर अपने जीन का बाहुल्य स्थापित करते हैं। इसमें वे अपने कुटुम्बियों की इस तरह सहायता करते हैं कि वे प्रजाति के इतर वंश के व्यक्तियों से जीवन-संघर्ष में ज्यादा सफल हों। कुटुम्बियों में भी आंशिक रूप से किसी व्यक्ति के जीनों की मौजूदगी होती है, क्योंकि उनके पूर्वज एक ही होते हैं। अत: अगर वे कुटुम्बियों के लिए अपने जीवन का बलिदान भी कर दें तो इसकी सम्भावना रहती है कि उनके जीनों में कुछ बचे रह जाएँगे। इसी का विस्तार फिर अपनी प्रजाति के गैर कौटुम्बिक सदस्यों की रक्षा के लिए आत्मबलिदान की भावना में होता है। विडम्बना यह है कि यह परोपकार अब समूह में शिकार

करनेवाले जीवों-जैसे भेड़ियों में और शिकार का जीवन अपनाने वाले आदिमानवों में अधिक विकसित होता है।[1]

इस तरह अपने जीन को अमरत्व देने की अन्तर्निहित अभिलाषा जीवों में परमार्थ भाव—यानी दूसरों के लिए आत्मबलिदान करने के भाव को जन्म देती है। कोई अचरज नहीं कि मानव संस्कृति में परमार्थ भाव को सब से उदात्त मूल्य के रूप में प्रस्थापित किया गया है। भारत में तो कुछ मनीषियों ने परमार्थ को ही पुण्य और परपीड़ा को सब से जघन्य पाप कहा है। इस तरह अपने कुटुम्ब और समुदाय से बढ़ कर सम्पूर्ण मानव प्रजाति के लिए आत्मबलिदान की भावना अन्ततोगत्वा मनुष्य के अपने अमरत्व की अभिलाषा की अभिव्यक्ति ही दिखाई देती है जो संस्कृतिजन्य प्रतीकों और परम्पराओं से लोगों की भावना का अंग बन जाती है। अपने जीनों अथवा स्थूल स्तर पर बीज या शुक्र की रक्षा के यत्न निम्न स्तर से लेकर अत्यधिक विकसित जीवों तक में अमरत्व की तलाश है। मानव संस्कृति में इस उद्देश्य की पूर्ति के लिए विकसित क्रियाकलाप या तो इस उद्देश्य को गरिमामंडित करते हैं अथवा इसे इस सीमित उद्देश्य से परे ले जाकर एक स्वप्निल संसार का निर्माण करते हैं। इसमें रूमानी प्रेम प्रसंगों से लेकर भारतीय दर्शन, विशेषकर बौद्ध दर्शन के समदर्शी भाव का उदय होता है जिसमें कीट से लेकर मनुष्य तक सभी के प्रति समान करुणा की अभिव्यक्ति है।

अपने जीनों को सुरक्षित कर अगली पीढ़ियों में स्थानान्तरित करने के दबाव में जीव अनेक तरह के सम्बन्ध अपनी प्रजाति के भीतर या दूसरी प्रजातियों से स्थापित करते हैं। किसी प्रजाति के भीतर के ऐसे सम्बन्ध को जीव वैज्ञानिक 'यौन चयन की प्रक्रिया' कहते हैं। अनेक पशुओं के नर की बनावट में विभिन्न तरह की सजावट या उनकी आवाज के विविध गुण अपनी प्रजाति की मादा को आकर्षित करने के लिए ही होते हैं। कुछ खास प्रजाति के बारहसिंगों में सींग की शाखादार विशालता के पीछे मादा को अपनी शक्ति का एहसास कराने का उद्देश्य ही प्राणी शास्त्रियों द्वारा बतलाया जाता है, हालाँकि इससे उनके लिए जीवन संघर्ष में कठिनाई ही पैदा होती है। इस दिखावे से प्रजाति के दूसरे नर पशुओं से वास्तविक शक्ति परीक्षण की नौबत टल जाती है। आवाज की भारी-भरकम गुर्राहट भी यही भूमिका अदा करती है। इससे मादा को यह अन्दाजा होता है कि आवाज करनेवाला नर अधिक कद्दावर या बलिष्ठ है और वह उसकी सहगामिनी बन जाती है। नर पक्षियों के परों के आकर्षक विविध रंग और कलगी की भी यही भूमिका होती है। पक्षियों की आवाज में सुरीले स्वरों का उत्स भी यही बतलाया जाता है। एक ही प्रजाति के पक्षियों में, जहाँ बहुत सारे पक्षी एक जगह रहते हों, स्वरों की विशिष्टता पहचान के लिए आवश्यक बन जाती है। इस स्थिति में एक जोड़ी के नर मादा एक-दूसरे को पहचानने के लिए अपनी आवाज को अपनी प्रजाति के अन्य सदस्यों की आवाज से थोड़ा भिन्न बनाते

हैं। पक्षियों का अध्ययन करनेवाले प्राणी शास्त्री डब्ल्यू.एच. थॉर्पे और एम.ई.डब्ल्यू. नॉर्थ ने पक्षियों की जोड़ियों के संगीत संवादों का रेकॉर्ड भी किया है। इसमें किया गया ध्वनि अंकन मानव संगीत के ध्वनि अंकन स्केल में फिट करता दिखाई देता है। सम्भवत: इसी प्रक्रिया से कुछ पक्षियों में मनुष्य के स्वर और संगीत समेत विभिन्न तरह की आवाजों की नकल करने की क्षमता विकसित हुई है। इसका रोचक वर्णन एस.ए. बार्नेट ने किया है।[2] सम्भव है, हमारे अपने संगीत का उत्स भी कुछ इसी तरह हुआ हो।' हमारे पुराणों में कृष्ण की बाँसुरी की धुन से गोपियों के मुग्ध हो नाचने की कथा उल्लिखित है और सैकड़ों वर्षों तक कवियों और गायकों की रचना के लिए प्रेरणा का स्रोत रही है। पशुओं में मादा के लिए प्रतिस्पर्धा का धनात्मक पहलू प्राणी शास्त्री यह बतलाते हैं कि इससे प्रजाति का सब से समर्थ व्यक्ति ही अपनी सन्तान वृद्धि करता है और इस तरह पैदा सक्षम सन्तान से जीवन-संघर्ष में पूरी प्रजाति की सफलता की सम्भावना बढ़ती है।

मनुष्यों में भी निजी वंशवृद्धि की ऐसी कामना रहती है, लेकिन मानव जीवन में शरीर के डील-डौल और शक्ति की भूमिका उसके विकास के साथ-साथ नगण्य होती चली जाती है। इसके साथ ही मानव समाज इतना वैविध्यपूर्ण बनता जाता है कि व्यक्तित्व का कोई एक आयाम जीवन की सफलता के लिए सर्वोपरि महत्त्व का नहीं रह जाता। इसलिए विविध संस्कृतियों ने नर-नारी के चुनाव के लिए अनेक तरह की प्रथाएँ जारी की हैं। फिर भी विभिन्न संस्कृतिजन्य प्रतीकों, साज-सज्जा, वाक्पटुता, सम्पत्ति या सामाजिक प्रतिष्ठा और सत्ता का प्रदर्शन कर आधुनिक नर भी अपनी प्रजाति की मादा को आकर्षित करने का प्रयास करता है। हमारी अपनी प्राचीन कथाओं में वर्णित वर के चुनाव की कुछ विधियाँ जरूर ऐसी थीं जिनमें अप्रत्यक्ष रूप से शारीरिक शक्ति और क्षमता की तुलना ही निर्णायक होती थी, जैसे सीता के स्वयंवर की कथा, जिसमें शिव के धनुष को उठानेवाले व्यक्ति के साथ ही सीता का विवाह होना था। ऐसा ही द्रौपदी का स्वयंवर था, जिसमें धनुर्विद्या में महारत वह कसौटी थी जिससे तय होना था कि द्रौपदी का पति कौन बनेगा। इस तरह प्राचीन काल में, सहज प्रवृत्ति पर आधारित अन्य जीवों और संस्कृति पर आधारित मनुष्य की वंशवृद्धि के लिए नर-नारी के चयन में अपनाई गई विधियों में समानता दिखाई देती है, लेकिन आज कोई यह नहीं कह सकता कि शरीर से बिलकुल लाचार, व्हील-चेयर से बँधा महान वैज्ञानिक हॉकिंस मानव विकास के लिए किसी ओलिम्पिक विजेता से कम महत्त्व का है। सच तो यह है कि मानव समाज के विकास के लिए ओलिम्पिक विजेताओं का योगदान शून्य है। ओलिम्पिक तो प्राचीन काल के यूनान के एक आदिम धार्मिक अनुष्ठान की नकल भर है, जिसका आधुनिक समाज में कोई अर्थ नहीं। यह इतना ही करता है कि आधुनिक सभ्यता के कारण अपनी आदिम जड़ों से कटे मनुष्यों की जड़ों को पाने की भूख को मिटाता है।

जीनों को सुरक्षित कर वंशवृद्धि की यह प्रक्रिया अति वैविध्यपूर्ण है। कहीं यह अत्यन्त ही सहयोगमूलक होती है तो कहीं प्राणघातक। पहले का एक उदाहरण धनेश पक्षी का है जिसमें मादा अंडे देने के समय किसी पेड़ के तने के सूराख में मुँह बाहर कर बैठ जाती है। नर उसके गले तक मिट्टी आदि का लेप लगाकर सूराख बन्द कर देता है। अंडे देने के पूरे काल में नर मादा के लिए भोजन जुटाता है। बाद में जब बच्चे निकल आते हैं, लेप हटाकर नर और मादा बच्चों का भरण-पोषण करते हैं। इसके विपरीत प्रेयिंग मैंटिस नामक पतिंगों में सम्भोग की समाप्ति पर मादा नर को खा जाती है। इसमें नर तो मर जाता है, लेकिन उसके जीन सुरक्षित रहते हैं। इसी तरह जुगनुओं की कुछ प्रजातियों के नर मादा की तलाश में एक मिलती-जुलती दूसरी प्रजाति (फोटुरिश प्रजाति) की मादा जुगनुओं का भोजन बन जाती हैं। फोटुरिश नामक जुगनुओं की शिकारी मादाएँ, अन्य प्रजाति के नर जुगनुओं द्वारा अपनी प्रजाति की मादाओं की तलाश के लिए दिए जानेवाले प्रकाश के संकेत का ऐसा जवाब देती हैं कि नर जुगनुओं को यह भ्रम हो जाता है कि उन्हीं की प्रजाति की कोई मादा है, लेकिन जब वे मादा के पास आते हैं तो वह उनका शिकार कर उन्हें खा जाती है। इन सब में जो एक बात शामिल है वह है, अपने जीनों का भविष्य सुरक्षित रखने के लिए हर तरह का सहयोग देने या जोखिम उठाने की तत्परता। सारा जीव-संसार जोखिम भरे या अचरज भरे ऐसे उदाहरणों से भरा पड़ा है।

मनुष्यों में भी जीनों को सुरक्षित रखने का यह दबाव विभिन्न रूपों में दिखाई देता है, लेकिन संस्कृति के हस्तक्षेप से इनके अनेक रूप स्थान और काल के अनुरूप दिखाई देते हैं। भारत में ब्रह्मचर्य पर जोर शुक्र रक्षा की इसी चिन्ता की अभिव्यक्ति थी जो यहाँ के सभी प्राचीन धर्मों में दिखाई देती है और आत्मसंयम का सबसे महत्त्वपूर्ण अंग मानी जाती रही है। अन्य देशों में भी सन्ततिवाद एवं इसकी रक्षा महत्त्वपूर्ण माने जाते हैं। आज के युग में भी कैथोलिक गर्भनिरोध को अधार्मिक मानते हैं।

दुनिया के अधिकांश मानव समूहों में परिवार प्रेम किसी-न-किसी रूप में 'किन सेलेक्शन' की जैविक प्रक्रिया की ही अभिव्यक्ति है, लेकिन इससे आगे बढ़कर यह भावना बृहत् परिवार, जैसे कबीला, सम्प्रदाय एवं राष्ट्र की भावनाओं में व्यक्त होती है जिसका सीधा सम्बन्ध निजी जीन की सुरक्षा से नहीं बल्कि एक विस्तृत मानव समुदाय की सुरक्षा से होता है। इसी की एक ऊँची अभिव्यक्ति सम्पूर्ण मानव वंश या मानव प्रजाति की सुरक्षा की चिन्ता में होती है। यह सब मनुष्य का भाषा के माध्यम से काल्पनिक लोकों का निर्माण करने की क्षमता का परिणाम होता है।

लेकिन निजी अमरत्व प्राप्त करने की इच्छा का एक स्थूल रूप भी रहा है जो संस्कृति का एक महत्त्वपूर्ण अंग बन गया है। इसकी अभिव्यक्ति कब्रों में मनुष्य के शव को सुरक्षित रखने या मृतक के शरीर के अवशेषों या राख को सुरक्षित

कर उस पर स्मारकों के निर्माण करने की परम्परा है। मृतकों के शव को कब्र में रखने की प्रथा तो हमारे पूर्वजों से मिलते-जुलते एक-दूसरे आदि-मानव परिवार, नियंडरथलों में भी प्रचलित थी, ऐसे प्रमाण नृशास्त्रियों को मिले हैं, लेकिन उस आदि-मानव परिवार का लोप आज से चालीस-पचास हजार वर्ष पहले हो गया, लेकिन हमारे आदि-मानव पूर्वजों से लेकर हमारे समकालीन मनुष्यों तक में शरीर या अस्थि को सुरक्षित कर अमरत्व पाने की लालसा उत्कट रूप से दिखाई देती है। जो प्रभुतासम्पन्न लोग थे उनकी कब्रों पर आलीशान भवनों, स्तूपों या पिरामिडों का निर्माण किया गया, उनके समय में उपलब्ध सभी तरह के अलंकारों एवं उपकरणों से उन्हें सज्जित किया गया। मिस्र के पिरामिड, बौद्धों के स्तूप और शहंशाहों के मकबरे सैकड़ों और हजारों वर्षों से अमरत्व की तलाश की अभिव्यक्ति बने खड़े हैं। इनसे वे महानुभाव, जिनके निमित्त ये स्मारक निर्मित हुए, अमर हुए हों या न हुए हों, लेकिन ये अपने-अपने काल के स्थापत्य और अन्य कला-कौशलों एवं दूसरी जीवनोपयोगी वस्तुओं का रिकॉर्ड छोड़ गए हैं, जिनसे हम उनके समकालीन जीवन और संस्कृति की झाँकी पाते हैं। दिलचस्प बात यह है कि बौद्ध ऐसे स्तूपों के निर्माण में अग्रणी रहे, जबकि उनके धर्म में निर्वाण की कल्पना इच्छाओं के साथ आत्मा के विलीन हो जाने की है। यह हमें बतलाता है कि अमरत्व की इच्छा इतनी प्रबल होती है कि आत्मा का क्षय तो कबूल होता है, लेकिन संसार में निजी या प्रिय पुरुषों की स्मृति का लोप नहीं। हिन्दुओं में ऐसे स्मारकों की परम्परा नहीं रही क्योंकि उनमें आत्मा के अमरत्व का विश्वास था जो कहीं-न-कहीं, किसी-न-किसी रूप में सदैव जीवित है, चाहे स्वर्ग में हो, नरक में हो, चाहे पुनर्जन्म से किसी और जीव के रूप में, लेकिन अमरत्व पाने की इन प्रतीकात्मक सम्भावनाओं के बावजूद सभी धर्मों के माननेवाले जन-साधारण में वंशवृद्धि के जरिये निजी अमरत्व की इच्छा ही सबसे अधिक व्यापक रही है।

लेकिन निजी जीनों की सुरक्षा की चिन्ता भी सभी मानव समुदायों में अलग-अलग रूपों में कभी-कभी अत्यन्त ही विकृत रूप में होती है। मनुष्य की आनुवंशिकता में मादा के जीनों का भी उतना ही अंश है जितना नर के जीनों का, यह ज्ञान बहुत हाल का है।[3] इसलिए जीन की सुरक्षा का अर्थ पुरुष के जीनों की सुरक्षा या पुरुष के वंशं की विशिष्टता मानी जाती थी। इसलिए वंश की शुद्धता यानी परिवार में दूसरे पुरुषों के जीनों के प्रवेश के निषेध के लिए औरतों के यौन सम्बन्धों को नियमित करने के भाँति-भाँति के उपाय दुनिया के अलग-अलग भागों में किए जाते रहे हैं। औरतों पर लगी बन्दिशों के पीछे निश्चित रूप से पुरुषों का अपने जीनों की सुरक्षा का भाव रहा है। विडम्बना है कि जैव विज्ञान की क्रोमोजोम सम्बन्धी नई और निश्चित जानकारियों के बावजूद अभी भी इस दृष्टि में कोई खास परिवर्तन नहीं आया है। दूसरे पशुओं में सहज प्रवृत्ति से प्रजाति के सशक्त

व्यक्ति मादा पर एकाधिकार स्थापित कर प्रजाति के दूसरे व्यक्तियों के जीनों को बहिष्कृत कर अपने जीनों के प्रसार को सुनिश्चित करते हैं। इस तरह जीन द्वारा अमरत्व हासिल करने के अन्य प्रजातियों के सहज प्रवृत्तिजन्य व्यवहार और मानव के संस्कृतिजन्य व्यवहार में व्यापक निरन्तरता दिखाई देती है।

एक बात गौरतलब है। भोजन प्राप्त करने और सुरक्षा सुनिश्चित करने के बाद जीवों का सबसे अधिक समय प्रजनन प्रक्रिया और सन्तति की रक्षा के इर्द-गिर्द लगता है। मानव संस्कृति में तो प्रजनन प्रक्रिया एक ऐसी धुरी का काम करती है, जिसके इर्द-गिर्द अनेक सामाजिक सम्बन्धों का ताना-बाना बुना होता है। इससे भी आगे बढ़कर नर-मादा के सम्बन्ध और जननेन्द्रियाँ कला, साहित्य एवं धर्म सभी में केन्द्रीय स्थान ग्रहण कर लेते हैं। शायद सब से प्राचीन मानव मूर्ति चूने के पत्थर में गढ़ी गई औरत की है जो विलेंडॉर्फ (ऑस्ट्रिया) में पाई गई है (चित्र 2 ख), 18,000 वर्ष पुरानी इस मूर्ति में सबसे प्रमुख स्थान जननेन्द्रिय एवं स्तनों का है। मुँह की कोई आकृति नहीं है। हाथों की उपस्थिति भर अंकित है। सबसे प्रमुख भाग जो अत्यन्त फैला हुआ है, वक्ष से घुटनों तक का है जिसमें नारी आकृति को अत्यन्त ही सशक्त और वास्तविकतापूर्ण ढंग से गढ़ा गया है। सम्भवतः इस मूर्ति का सम्बन्ध प्रजनन से जुड़े किसी धार्मिक अनुष्ठान से रहा हो। अफ्रीका की कला में तो आज भी जननेन्द्रियों की प्रमुखता बरकरार है। यहूदी परम्परा के यहूदी, ईसाई एवं इस्लाम धर्म में शायद अदन के बाग में दिए गए शाप के कारण यौन सम्बन्धों पर जरूर वर्जना का और वास्तविक, दोनों तरह का परदा डाल दिया गया है। कुछ इस्लामी देशों में औरतों को परदे में रखने का आग्रह एक स्वाभाविक प्रवृत्ति को दबाकर रखने का अतिवादी प्रयास ही है। इसके विपरीत भारत में शिवलिंग की पूजा का अत्यन्त ही महत्त्वपूर्ण स्थान रहा है। इससे भी बढ़कर शाक्तों के तांत्रिक सम्प्रदाय में यौन सम्बन्ध को धार्मिक अनुष्ठान का केन्द्रीय तत्त्व मान लिया गया है। कला के क्षेत्र में तो भारत में मिथुन जोड़ियों की भरमार है, जो प्रायः बौद्धों के विहारों और चैत्यों और हिन्दुओं के मन्दिरों के द्वारों और बाहरी भागों को सुशोभित करती हैं। कोणार्क, खजुराहो, भुवनेश्वर आदि में यौन सम्बन्धों की उत्कीर्ण मूर्तियों का बाहुल्य और खुलापन भारतीय परम्परा से अपरिचित लोगों को अचम्भे में डाल देता है।

पशुओं में भी नर-मादा सम्बन्ध विविध कर्मकांडों से जुड़े होते हैं। मनुष्य के निकट रहनेवाले पक्षी कबूतर के जोड़ों में या बरसात के पहले जोड़ी कायम करने और घोंसले बनाने के काल में अन्य पक्षियों में हर तरफ ऐसे कर्मकांड दिखाई देते हैं, लेकिन मानव संस्कृति में ऐसे नर-नारी सम्बन्धों के कर्मकांड प्रारम्भ से लेकर अन्त तक जीवन के विविध चरणों में उपस्थित रहते हैं—जैसे प्रणय सम्बन्ध, मँगनी, विवाह, जन्म से जुड़े कर्मकांड और अन्त में मृत्यु के उपरांत के कर्मकांड।

(क) (ख) (ग)

चित्र-2

ऊपरी प्राचीन प्रस्तर युग की लघु आकार की मूर्तियाँ।
(क) लेस्पर्ज, फ्रांस की हाथी दांत की $5^{3}/_{4}$ इंच की मूर्ति।
(ख) विलेंडॉर्फ, ऑस्ट्रिया की चूने पत्थर की $4^{1}/_{2}$ इंच की मूर्ति।
(ग) वेस्टोनिस, चेकोस्लोवाकिया की $4^{1}/_{2}$ इंच की हड्डी की मूर्ति।

प्राचीनतम मानव मूर्तियों में जननेन्द्रियों और शिशुओं को पोषण करनेवाले स्तनों की आकृति का केन्द्रीय स्थान होता था। ऊपर के चित्र में (ख) वीनस ऑफ विलेंडॉर्फ की मूर्ति में ऐसी अभिव्यक्ति विशेष तौर से दिखाई देती है।

मनुष्य के यौन सम्बन्धों में अचेतन रूप से तो अपने जीनों को सुरक्षित रखने का दबाव रहता ही है, लेकिन सामूहिक शिकारी के रूप में विकसित होने के कारण आदमी का शारीरिक विकास और उसकी पृष्ठभूमि में मर्द-औरत के सम्बन्धों की सांस्कृतिक अभिव्यक्ति अत्यन्त ही जटिल रूप ग्रहण कर लेती है। आधुनिक समाज में यह जटिलता मानव सम्बन्धों को अति संवेदनशील तथा अन्तर्विरोधपूर्ण बना देती है। जीव वैज्ञानिक डेस्मौंड मॉरिस ने अपनी बहुचर्चित पुस्तक 'द नेकेड एप' में इन सम्बन्धों के विविध आयामों का विस्तार से वर्णन किया है। मॉरिस की मूल स्थापना यह है कि मादा को लेकर जिस तरह की स्पर्धा अन्य स्तनपायी जीवों में होती है सामूहिक शिकारी मनुष्य वैसी स्पर्धा के बीच अपने अस्तित्व को नहीं बचा सकता था। अत: जोड़ी बनाकर स्थायी परिवार बनाना उसके सामूहिक शिकारी जीवन की अनिवार्यता थी। अपनी मादा की वफादारी से आश्वस्त वह समूह के अन्य मर्दों के

साथ पूरे सहयोग भाव से दूर-दराज के जोखिम भरे स्थानों में जाकर शिकार कर सकता था। इसी के अनुरूप मर्द और औरत में वैसे शारीरिक गुण पैदा हुए, जिनसे उनका यौन सम्बन्ध पारस्परिक आकर्षण बढ़ाए और उनकी घनिष्ठता को दृढ़ करता चले। इसके लिए यौन आकर्षण को बढ़ानेवाले सभी शारीरिक अंग मनुष्य के अग्रभाग में विकसित हुए-जैसे जननेन्द्रिय, स्तन, यौन आकर्षण को उद्दीप्त करनेवाले होंठ, दाढ़ी, मूँछ आदि, लेकिन अपने समुदायों में आदिम समुदायों में भी नर और नारी का सामना सदा अपनी जोड़ी में ही नहीं होता। समुदाय के उन सदस्यों से भी होता है जो नर-नारी की जोड़ी से बाहर के होते हैं। यौन आकर्षण को बढ़ानेवाले सभी कारकों के सामने होने के कारण खड़े हो दो पाँव पर चलनेवाले मानव जीवों में आमने-सामने होने पर जननेन्द्रियों या यौन आकर्षण बढ़ानेवाले अंगों का साक्षात्कार अनिवार्य रूप से होता ही है। इससे जोड़ी के बाहर के सदस्यों की तरफ आकर्षण और जोड़ी के भंग होने का खतरा पैदा होता है। चूँकि संस्कृति का मूल उद्देश्य जीव को अपनी सुरक्षा के अनुकूल व्यवहार के लिए प्रेरित करना होता है, ऐसी स्थितियों के दबाव से बचने के लिए आदिम से आदिम मानव समुदायों में जननेन्द्रियों या यौन आकर्षण को उत्तेजित करनेवाले अंगों को ढकने की परिपाटी है। इसी का विस्तृत रूप वस्त्रों के व्यवहार में देखा जा सकता है, विशेषकर वहाँ जहाँ ठंड या गर्मी से बचने के लिए वस्त्र धारण करना आवश्यक नहीं होता। मर्दों के वर्चस्व में चलनेवाले जिन समाजों की स्थितियाँ ऐसी हैं कि जोड़ी की औरत की वफादारी पर भरोसे का अभाव है वहाँ औरतों को परदे में रखने की कोशिश होती है ताकि उनकी दूसरे मर्दों से सामना होने की नौबत कम-से-कम आए। किसी-किसी समाज के मर्दों में असुरक्षा का भाव इतना अधिक है कि औरतों की जननेन्द्रियों पर धातुओं की पट्टी या ताले तक लगाने की परिपाटी है। इसमें जोड़ी को कायम रखने से अधिक अपनी जोड़ी की नारी पर एकाधिकार कर अपने जीनों के लिए सुरक्षित जगह रखने का संकल्प दिखाई देता है। इस एक नर और एक मादा की जोड़ी की व्यवस्था को मजबूत करने के पीछे दो उद्देश्य रहे हैं—

(1) अपने जीन को सुरक्षित रख अमरत्व प्राप्त करना और
(2) आखेट पर आधारित समाजों में शिकार करनेवाले नरों में एक-दूसरे के प्रति सहयोग के भाव को कायम रखना।

लेकिन मानव समाज के विकास के साथ लोगों की आजीविका का आधार बदलने लगा और लोग शिकार की जगह कृषि, उद्योग एवं व्यापार आदि से आजीविका अर्जित करने लगे। इस तरह पुरुष-स्त्री की जोड़ी का आदिम आधार खत्म हो गया, लेकिन लाखों वर्षों में विकसित हुए शारीरिक गुण एवं मानसिक रुझान जिनसे नर-नारी का आपसी आकर्षण पनपता है और स्थायी बनता है, खत्म नहीं हुआ। इसी तरह 'सांस्कृतिक परम्पराओं से जीवित रखे गए स्त्री-पुरुष के सम्बन्ध भी बने रहे। उन समाजों में जहाँ यौन आधार पर घर और बाहर के कामों का बँटवारा खत्म हो रहा है

वैसी शारीरिक बनावट और वैसे व्यवहार से, जिनका मूल उद्देश्य जोड़ी के सदस्य को आकर्षित कर अपने साथ बाँधकर रखने का था, समस्याएँ खड़ी होने लगी हैं।

सांस्कृतिक विकास की दिशा एक-दूसरे को आकर्षित करनेवाले आनुवंशिक शारीरिक गुणों को साज-सज्जा और हाव-भाव से उत्तरोत्तर अधिक उत्तेजक बनानेवाली होती गई है, जैसे होंठों को और अधिक आकर्षक बनाने के लिए लिपस्टिक का प्रयोग, वक्षस्थल और कन्धों को और अधिक भव्य बनाने के लिए ब्रेजियर और कन्धों के पैडों का इस्तेमाल, शरीर की बनावट की वक्रता को अधिक स्पष्ट अभिव्यक्ति देने के लिए विशेष तरह के चुस्त कपड़ों का इस्तेमाल, बरौनियों और भौंहों को रंग की पेन्सिल से अपेक्षित रंग और वक्रता प्रदान करना, तरह-तरह की मोहक सुगन्धों का प्रयोग तथा आकर्षक भाव-भंगिमाओं को अपनाना आदि। जैसे-जैसे काम के स्थानों पर मर्द और औरत साथ-साथ काम करने लगे हैं, आनुवंशिकी और संस्कृति, दोनों से प्राप्त गुणों का मिला-जुला प्रभाव अपनी जोड़ी के मर्द या औरत से इतर मर्द और औरतों को आकर्षित करने की दिशा में हो रहा है। इससे जोड़ी को बाँधे रखनेवाले गुणों का उलटा असर हो रहा है, यानी इस बन्धन को ढीला करने की दिशा में। इससे मर्द और औरत के सम्बन्ध काफी अनिश्चित और अन्तर्विरोधपूर्ण हो रहे हैं और जैसा डेस्मौंड मॉरिस ने अपनी पुस्तक में अमेरिकी समाज के अध्ययनों के आधार पर बतलाया है, काफी बड़े अनुपात में स्त्रियों और पुरुषों का यौन सम्बन्ध वैवाहिक बन्धन के दायरे के बाहर होता है। कमोबेश, अधिकांश समाजों में जहाँ औरतों को परदे एवं अन्य कठोर बन्धनों में नहीं रखा जाता, विवाहेतर यौन सम्बन्ध काफी आम बात हो गई है। इससे कुछ आधुनिक औद्योगिक समाजों में तो लोगों का जोड़ी के रूप में सहवास अत्यन्त ही अल्पकालिक होता जा रहा है। लोग अपने पेशों को जितनी तेजी से बदलते हैं, उससे भी अधिक तेजी से पति या पत्नी को बदलने लगे हैं। ऐसे अस्थिर सम्बन्ध से शिकारी जीवन जैसा संकट तो नहीं पैदा होता, लेकिन ऐसे जोड़ों की सन्तानों के प्रशिक्षण और विकास पर नकारात्मक मनोवैज्ञानिक प्रभाव जरूर पड़ता है। इसके अलावा व्यक्ति के यौन सम्बन्धी व्यवहार और धर्म एवं परम्परा द्वारा इन सम्बन्धों को नियमित करनेवाली नैतिक मान्यताओं के बीच टकराहट पैदा हो रही है, क्योंकि ये मान्यताएँ एवं नैतिक मूल्य उन प्राक् औद्योगिक समाजों में विकसित हुए थे जहाँ औरतों और मर्दों की दुनिया के दायरे अलग-अलग सुनिश्चित किए गए थे, लेकिन मानव संस्कृति ने बदलते सन्दर्भ के अनुरूप कोई समाधान कारक नैतिक मूल्यबोध नहीं पैदा किया है। पुरानी नैतिकता को कबूल करनेवाले लोगों में इससे स्वेच्छाचारिता और नैतिक अराजकता का एहसास होता है। ये विरोधाभास और भी बढ़ रहे हैं क्योंकि औद्योगिक और नगरीय समाज के कार्यक्षेत्र में तनाव की स्थितियाँ लगातार पैदा हो रही हैं। नर-नारी के नए सम्बन्धों (यानी साथ-साथ समान तरह के काम में लगने से पैदा सम्बन्ध) में सबल व्यक्तियों की आक्रामकता से बचने के लिए

संस्कृति प्रदत्त वैसी भाव-भंगिमाओं का प्रदर्शन किया जाता है जैसी अनेक स्तनपायी प्रजातियों की मादाएँ करती हैं—यानी अपने यौन आकर्षण का प्रयोग। जैसा कि डेस्मौंड मॉरिस का कहना है-आनुवंशिकी से प्राप्त मनुष्येतर स्तनपायी जीवों के व्यवहारों के समानान्तर मनुष्यों ने भी ऐसे सांस्कृतिक व्यवहार विकसित कर लिए हैं जो सशक्त मर्दों की आक्रामकता को कम करते हैं। इस तरह अपने काम और पेशे में सुरक्षा के लिए किए गए स्त्रैण व्यवहार का गलत अर्थ लगा लिया जाता है—यानी यौन सम्बन्ध के लिए आमंत्रण। इससे काम के स्थानों में नर-नारी के सम्बन्ध गलतफहमी पैदा करनेवाले एवं अत्यन्त ही तनावपूर्ण होते हैं। अक्सर काम के स्थान पर मर्दों के व्यवहार को नियंत्रित करने के लिए कानून का सहारा लेना पड़ता है।

इसके अलावा एक और भी कारण है, जिससे यह सम्बन्ध तनावपूर्ण होता है। यह कारण है, अनेक दूसरी प्रजातियों की तरह मनुष्यों में भी नर और नारी का यौन सम्बन्ध में अलग-अलग रुझान। सन्तान को गर्भ में धारण करने एवं पालन-पोषण के लिए मुख्य रूप से जवाबदेह होने के कारण मानव मादा यौन सम्बन्धों के बारे में अधिक गम्भीर और सावधान होती है और स्वाभाविक रूप से पुरुष के साथ चिरस्थायी सम्बन्ध खोजती है। ऐसा रुझान इसलिए भी अपरिहार्य हो जाता है क्योंकि मानव प्रजाति में शैशवकाल बहुत लम्बा होता है, जिस काल में शिशुओं की देखरेख मुख्य रूप से माताएँ ही करती हैं। पुरुषों के व्यवहार में यौन सम्बन्ध के प्रति ऐसी गम्भीरता या चिरकालिक बन्धन का रुझान नहीं होता। आनुवंशिकी से दोनों के रुझानों और व्यवहारों में भी अलग तरह के गुण विकसित हुए हैं जिससे एक-दूसरे की समझ कठिन होती है। इससे भी नर-नारी के सम्बन्ध सदा अनिश्चितता के दायरे में रहते हैं। प्राय: मर्द विविध स्थितियों में तय नहीं कर पाते कि स्त्री के प्रति उपयुक्त व्यवहार क्या हो सकता है। संस्कृतिजन्य नैतिक बन्धन इस संवादहीनता को खत्म नहीं कर पाते, सिर्फ बनावटी बन्धन डालते हैं, लेकिन आदमी अपनी खोजी वृत्ति के कारण परम्पराओं और नैतिकता के बन्धन को ईश्वर प्रदत्त और शाश्वत मानने के बजाय इसके लिए ठोस आधार ढूँढ़ने लगा है जो उपलब्ध नहीं है। अभी तक आधुनिक समाजों की संस्कृतियाँ इस स्थिति से लोगों को उबार नहीं पाई हैं। इसका नतीजा है, नर-नारी के सम्बन्ध का सदा संकट के घेरे में रहना : पारिवारिक तनाव, इसको लेकर चलनेवाले अनगिनत मुकदमे, औरतों के ऊपर होनेवाले आक्रमणों और यौन-अपराधों के रोज प्रकाश में आनेवाले समाचार। आधुनिक औद्योगिक समाज ने व्यापारिक लाभ के लिए विज्ञापनों में यौन आकर्षण के कारकों को अधिक से अधिक उत्तेजक रूप में पेश करना शुरू किया है और इस तरह समस्या को और भी असाध्य बना दिया है। चूँकि इस में औरतों को मूलत: वस्तु (ऑब्जेक्ट) के रूप में पेश किया जाता है। इसका खमियाजा उन्हें ही भुगतना पड़ता है, यह उनमें पुरुष समाज के प्रति एक वितृष्णा का भाव भी पैदा करता है। तत्काल स्थिति यह बन रही है कि विचार के धरातल पर नर और नारी बिलकुल

एक-दूसरे से अलगाव की दिशा में जा रहे हैं, खासकर नारीवादी आन्दोलन के प्रभाव में औरतों में यह एहसास लगातार बढ़ रहा है कि पुरुष का अस्तित्व मानव प्रजाति के लिए अप्रासंगिक हो गया है। क्लोनिंग की सम्भावना इस अलगाव को आदमी की पहुँच के दायरे में ला रहा है, जहाँ आदमी यौन सम्बन्धों के बिना ही अपनी जीवित अनुकृति पैदा कर सकता है। यह एक ऐसी दिशा है, जिसमें नर एवं नारी अलग प्रजातियाँ बन जाएँगे। यह एक ऐसी दिशा है, जिसमें नर-नारी सम्बन्धों के इर्द-गिर्द विकसित की गई सारी कलाएँ, संगीत और साहित्य कौतूहल की वस्तुएँ बन कर रह जाएँगी। इस नई स्थिति से पैदा संस्कृति क्या होगी इसकी आज हम कल्पना भी नहीं कर सकते क्योंकि यह हमारे वर्तमान सांस्कृतिक सोच की परिधि से बिलकुल बाहर की चीज होगी, लेकिन फिलहाल हम इस आत्यन्तिक स्थिति की कल्पना करने के बजाय अमरत्व की चाहत से जुड़े दूसरे आयामों की चर्चा ही करेंगे।

यौन और प्रजनन सम्बन्धी उद्‌देश्यों की पूर्ति में पशुओं की सहज प्रवृत्ति और मानव समाज में संस्कृति द्वारा उपलब्ध नतीजे एक जैसे दिखाई देते हैं, लेकिन उद्‌देश्य हासिल करने के माध्यमों के फर्क से सहज प्रवृत्ति और संस्कृति में एक बुनियादी फर्क दिखाई देता है। पहला, अपनी भूमिका एक अज्ञात आन्तरिक दबाव के तहत निभाता है। इसमें प्राणी एक अचेतन धागे से बँधा हुआ होता है जो उसके सभी क्रियाकलापों को नियंत्रित करता है। दूसरे में माध्यमों का प्रयोग सचेत ढंग से होता है और ये माध्यम मानव द्वारा निर्मित होने के कारण एक हद तक मनुष्यों के नियंत्रण में होते हैं। इन माध्यमों का एक बड़ा हिस्सा अमूर्तन प्रक्रिया से अस्तित्व में आता है और धीरे-धीरे स्वयं एक स्वतंत्र जीवन धारण कर लेता है। ये माध्यम प्रतीकों पर आधारित होते हैं इसीलिए जैसा कि पहले कहा गया है संस्कृति प्रतीकधर्मी बन जाती है। इनमें कुछ महत्त्वपूर्ण माध्यम हैं—भाषा, संगीत, कला, विज्ञान, दर्शन, धर्म एवं विचारधाराएँ। विकास की एक सीढ़ी के बाद एक बड़े मानव समूह के लिए इनमें प्रत्येक का विकास अपने आप में साध्य बन जाता है। इनमें लगे साधकों के लिए इनसे जुड़ा सृजन कार्य अपने व्यक्तित्व की ज्यादा सीधी अभिव्यक्ति मालूम होती है बनिस्बत अपने जीनों से पैदा सन्तानों के। इस तरह सांस्कृतिक विकास के एक ऊँचे स्तर पर मनुष्य अमरत्व की तलाश अपनी सर्जनात्मक उपलब्धियों में देखने लगता है। यहाँ हमें संस्कृति और संस्कृतिजन्य वस्तुओं के उस फर्क को स्पष्ट रूप से ध्यान में रखना चाहिए, जिसका जिक्र पहले किया जा चुका है।

संस्कृतिजन्य वस्तुएँ ठोस और मूर्त हो सकती हैं, लेकिन इनके निर्माण के पीछे की अमूर्त चेतन प्रक्रिया ही इनकी आत्मा है—ठोस निर्मित वस्तु नहीं। पहले संस्कृतिजन्य वस्तु में मोटर गाड़ी का उदाहरण दिया गया था और कहा गया था कि यह ठोस वस्तु संस्कृति नहीं है। मतलब यह कि वास्तविक सांस्कृतिक उपलब्धि वह पूरी विचार पद्धति, परम्परा और सामाजिक संरचना है, जिससे मोटर गाड़ी का

निर्माण होता है और उसका मूल्यांकन होता है। एक आदिम समाज में यह महज कौतूहल की वस्तु होगी। यही बात किसी दूसरी कला वस्तु, संगीत स्वर एवं स्थापत्य आदि के सम्बन्ध में भी कही जा सकती है। जो वस्तुएँ निर्मित हो जाती हैं वे नश्वर भी हैं और निर्वैयक्तिक भी, क्योंकि उनकी नकल की जा सकती है। अक्षय वह चिन्तन प्रणाली और अन्वेषक बुद्धि है जो अगली पीढ़ियों की परम्परा में जीवित रह नई चिन्तन प्रणालियों और अन्वेषणों को जन्म देती है। जहाँ मनुष्य की बुद्धि अमूर्त चिन्तन प्रक्रिया से कटकर संस्कृतिजन्य वस्तुओं की उपलब्धि में लीन हो जाती है वहाँ अमरत्व की तलाश खत्म हो जाती है और संस्कृति एक अन्धी गली में प्रवेश करती है। जीवन को कायम रखने के लिए आवश्यक वस्तुओं के निर्माण से आगे बढ़ जब मनुष्य की सर्जनात्मक बुद्धि उपभोग की वस्तुओं के विस्तार या इनकी विशालता को ही साध्य मान इन्हीं की तलाश में लग जाती है तब वह ऐसी अन्धी गली में फँस जाती है जिसमें सांस्कृतिक विकास की प्रक्रिया अवरुद्ध हो जाती है और मानव जीवन का विकास भी रुक जाता है। आल्डुअस हक्सले के बहुचर्चित उपन्यास 'द ब्रेव न्यू वर्ल्ड' में एक ऐसी ही स्थिति की कल्पना है जिसमें विज्ञान और तकनीकी के अद्यतन उपकरणों के आधार पर मनुष्यों को हर तरह की सुविधा से युक्त किया जाता है और मानव स्वभाव में परिवर्तन कर सभी तरह की पीड़ा से मुक्त, लेकिन इस समाज का आधार सर्जनात्मक चेतना पर प्रतिबंध है। अन्ततः यह समाज जड़ हो जाता है और व्यक्ति अपनी मुक्ति की तलाश आखिर में प्राणांतक पीड़ा में ढूँढ़ता है। चीन की दीवार, पिरामिड या ताजमहल की-सी उपलब्धियाँ जीवन नहीं, सांस्कृतिक जीवन के प्रवाह में स्मृति-चिह्न भर हैं, जो पुरातत्वविदों और इतिहासकारों के अध्ययन की और आगे आनेवाली पीढ़ियों के लिए कौतूहल की वस्तु बन जाती हैं—वैसे ही जैसे अजायबघर में रखी गई अन्य वस्तुएँ।

दुनिया में जीवों की अनेक प्रजातियाँ हैं जो अपने परिवेश के लिए अद्‍भुत क्षमताओं और प्राकृतिक औजारों से लैस हैं। पक्षियों की उड़ान भरने की विलक्षण क्षमताएँ, चमगादड़ का अन्धकार में ध्वनि के सहारे उड़ान भरना और शिकार करना, जुगनुओं की प्रकाश पैदा करने की क्षमता, कुछ मछलियों को अपने शरीर में विद्युत पैदा करने की क्षमता, हजारों मील की दूरी तय कर कई मछलियों और पक्षियों के निर्दिष्ट गन्तव्य तक पहुँचने की क्षमता विलक्षण हैं, लेकिन सभी प्रकृतिजन्य हैं और इन क्षमताओं का प्रयोग सहज प्रवृत्ति द्वारा होता है, लेकिन इसी कारण अलग-अलग दिशा में विशेष परिवेश के लिए अत्यधिक क्षमता विकसित कर ये अन्धी गली में पहुँच गए हैं। इन रास्तों से आगे इनके विकास की कोई गुंजाइश नहीं। परिवेश बदलते ही इन पर विनाश का खतरा भी आ जाता है। मनुष्य की संस्कृति ही इसे विकास का एक खुला मार्ग उपलब्ध कराती है जहाँ वह किसी भौतिक उपलब्धि से बँधा नहीं है। उसके सामने नित्य नई कल्पनाएँ हैं और नई सर्जनात्मक सम्भावनाएँ।

3

पिछले अध्यायों से मोटा-मोटी यह समझा जा सकता है कि मानव जीवन में संस्कृति की भूमिका क्या है, लेकिन यह क्यों, कब और कैसे अस्तित्व में आई, यह आज भी शोध और विवाद का विषय बना हुआ है। इस अनिर्णय का एक कारण तो स्पष्ट है। संस्कृति का विकास मानव जीवन के उस शैशवकाल से जुड़ा हुआ है जिसका कोई निश्चित इतिहास उपलब्ध नहीं। नृशास्त्रियों ने जिन आधे-अधूरे साक्ष्यों के आधार पर मानव जीवन के विकास के सम्बन्ध में धारणाएँ बनाई हैं, वे ही एकमात्र आधार हैं जिनके सहारे हम संस्कृति के विकास की सम्भावित पगडंडियों का निरूपण कर सकते हैं। यह अचानक एक समय में किसी बने-बनाए रूप में पैदा नहीं हुई, बल्कि मानव विकास के प्रारम्भिक काल में विविध चुनौतियों से मुकाबले के क्रम में मनुष्य की शारीरिक बनावट में कुछ परिवर्तन हुए और कुछ स्नायविक एवं मानसिक क्षमताएँ विकसित हुईं जो आगे चलकर मनुष्य को सांस्कृतिक जीव बनाने में सहायक हुईं।

मोटा-मोटी तौर से (लेकिन विवाद से परे नहीं) नृशास्त्रियों का ऐसा मानना है कि आज से लगभग साढ़े तीन करोड़ से ढाई करोड़ वर्ष पहले, जिसे ओलिगोसिन काल कहा गया है-मानवों के पूर्वज बन्दरों की शाखा से विभक्त हुए, लेकिन इस काल में ये मूलत: बन्दरों की तरह ही वृक्षों में रहनेवाले जीव थे। यह वह काल था जब दुनिया के अनेक भाग घने जंगलों से ढके थे। वृक्ष पर रहनेवाले जीवों के लिए यह आदर्श स्थिति थी—अदन के बाग से भी अच्छी स्थिति। वृक्षों से ही उन्हें भरपूर फल-फूल भोजन के लिए मिल जात थे और उनकी ऊँची डालियाँ हिंस्र पशुओं से सुरक्षा और स्वच्छन्द विचरण का आनन्द देती थीं, लेकिन आज से लगभग दो करोड़ वर्ष पहले से मायोसिन काल की शुरुआत हुई और जलवायु शुष्क और अपेक्षाकृत शीतल हो गया। नतीजा हुआ कि अधिकांश घने जंगल नष्ट हो गए और जंगलों वाला भूभाग घास के विशाल मैदानों में बदल गया। यह काल वृक्षों पर रहनेवाले जीवों के लिए अनुकूल नहीं था। इनमें अनेक नष्ट हो गए। बाकी में कुछ ने सिमट रहे जंगलों में पनाह ली और शेष मैदानी इलाकों की चुनौतियों में जीवन की नई सम्भावनाओं की तलाश में लगे। यह काल चरनेवाले पशुओं के लिए विशेष उपयुक्त था और चारों ओर उनकी भरमार हो गई। इसी के साथ इनका शिकार कर जीनेवाले मांसभक्षी जीव

बाघ, सिंह आदि के पूर्वजों का भी तेजी से फैलाव हुआ। इस नई स्थिति में मानवों के आदि पूर्वजों को वृक्ष की सुरक्षा छोड़ घास के मैदानों के कठिन संघर्ष के जीवन में उतरना पड़ा और उसी में भोजन एवं सुरक्षा, दोनों की व्यवस्था करनी पड़ी।

पेड़ पर फल-फूल खाकर रहने और पेड़ की शाखाओं और तनों पर निवास करने के कारण इनके नाखून छोटे और कमजोर हो गए थे, वैसे दाँत भी विकसित नहीं हुए थे जिनसे चीर-फाड़ की जा सके जैसे कि कुत्ते, बाघ आदि मांसभक्षी जीवों में होते हैं। इनके कद भी मैदानों के बड़े पशुओं की अपेक्षा छोटे पड़ते थे—इनके कंकाल के जीवाश्म से अन्दाजा लगाया जाता है कि आज के मनुष्य के कद से दो तिहाई ही इनकी ऊँचाई रही होगी। नतीजतन भोजन के लिए शिकार करने की मजबूरी और शक्तिशाली मांसभक्षी पशुओं से अपनी सुरक्षा की जरूरत, दोनों ने इन्हें आपसी सहयोग के लिए विवश किया। इस तरह मायोसीन से प्लायोसीन काल की अवधि में वृक्ष छोड़ मैदानों में निवास के लिए बाध्य मनुष्य सामूहिक शिकारी जीव बन गया। दूसरे सामूहिक शिकारी भेड़ियों से इनकी भिन्नता इस बात में थी कि इनके पास नुकीले चीरने-फाड़नेवाले बड़े दाँत नहीं थे और न तेज दौड़ने लायक पैर की बनावट थी, लेकिन इन्हें इसके एवज में एक वरदान प्राप्त हो चुका था। इनके अगले पाँव हाथ में बदल गए थे जो डालों को पकड़ने और उन पर झूलने के लिए विकसित हुए थे, दौड़ने के लिए नहीं। ये पिछले पैरों पर खड़े हो सकते थे और लम्बी दूरी तक चल सकते थे, लेकिन तेज दौड़ नहीं लगा सकते थे। मनुष्य के पाँवों को आधुनिक रूप में आने में लाखों वर्ष लगे, लेकिन चलने से स्वतंत्र और अपनी बनावट के कारण किसी वस्तु को जोर से पकड़े रखने की क्षमता ने इन्हें हथियारधारी या औजारधारी जीव बनने में सहायता की, लेकिन इनकी असली शक्ति थी इनकी बुद्धि का क्रमिक विकास, जिसके बल से ये शिकार के लिए अपने समूह को सक्षम ढंग से समन्वित कर सकते थे। इसी बुद्धि ने इन्हें हथियार एवं अन्य औजार बनाने में सहायता की। दौड़ने से स्वतंत्र हुए हाथ पहले आसपास में उपलब्ध पेड़ की डालियों और पत्थरों का हथियार के रूप में इस्तेमाल कर सकते थे, बाद में जटिल हथियारों के निर्माण और इस्तेमाल में इनकी भूमिका बढ़ती गई।

इस तरह पेड़ से मैदान में आनेवाले आदिमानवों में उन गुणों का संगम हुआ जिनसे सामाजिक जीवन और संस्कृति के विकास की सम्भावना पैदा हुई। घने जंगलों में पेड़ पर रहनेवाले जीवों में सम्प्रेषण के लिए प्राण शक्ति पर निर्भरता बहुत ही कम हो जाती है। इसलिए मैदान में आने के पहले मानवों के आदि पूर्वजों में सम्प्रेषण की जो कुछ नई क्षमताएँ विकसित हुई थीं उनका भी फायदा उन्हें बाद में हुआ। ये क्षमताएँ कैसे विकसित हुईं ? पेड़ पर रहनेवाले जीवों में सम्प्रेषण के लिए दृष्टि का महत्त्व बहुत बढ़ गया क्योंकि दृष्टि का महत्त्व उनके अस्तित्व के लिए सर्वोपरि था। आँख से देख फलों का रंग-रूप, आकार, दूरी एवं ऊँचाई का आकलन और वैसे ही नजर डालते ही डालियों की मोटाई, दूरी आदि का अनुमान ऐसे जीवों के लिए जरूरी था जो

भोजन के लिए एक डाली से दूसरी डाली और एक वृक्ष से दूसरे वृक्ष को फाँदकर या लटककर विचरण करता हो। इसी काल में मनुष्य की स्टीरिओस्कॉटिक दृष्टि—यानी दोनों आँखों पर किसी वस्तु की बनी तस्वीर के संयोग से उसकी गहराई या मोटाई अथवा दूरी का अन्दाजा लगाने की क्षमता का भी विकास हुआ। देखते ही गहराई, दूरी या मोटाई का अन्दाजा लगाने की क्षमता के बिना वृक्ष का जीवन जोखिम भरा होता। वृक्ष की डालियों पर कूदने-फाँदने में इनके आकलन में थोड़ी भूल का मतलब वृक्ष की ऊँची डालियों से जमीन पर गिरना और अंग-भंग या मृत्यु हो सकता था। आपसी सम्प्रेषण के लिए भी चेहरे के भावों को पहचानना जरूरी था। इसी हिसाब से चेहरे की जटिल मांसपेशियों का विकास हुआ। अन्य जीवों की अपेक्षा बन्दरों और मनुष्यों में चेहरे की मांसपेशियाँ कहीं अधिक अभिव्यक्ति देनेवाली होती हैं। इस तरह सम्प्रेषण के लिए दृश्य संकेत की बुनियादी क्षमताओं का विकास इसी काल में हो चुका था, लेकिन इससे भी महत्त्वपूर्ण एक दूसरा विकास हुआ जो भविष्य के मानव संवाद की आधारशिला बना। घने जंगलों में रहनेवाले जीवों में सम्प्रेषण का एक दूसरा माध्यम ध्वनि होता है। घने पत्तों और डालियों के बीच छोटी दूरी के बाद दृष्टि द्वारा संकेत की एक सीमा बन जाती है। दूर की वस्तुएँ या जीव पत्तों के पीछे ओझल हो जाते हैं। अँधेरे में सब कुछ अदृश्य हो जाता है। आवाज पर ऐसी कोई सीमा नहीं लगती। घने से घने जंगल में भी, अँधेरे में भी आवाज दूर तक जा सकती है। आवाज के द्वारा संकेत की दूसरी सुविधा यह होती है कि इसमें विविधता की लगभग सीमाहीन सम्भावना होती है। इसीलिए घने पत्तों से ढके पेड़ों के शिखर के पास रहनेवाली चिड़ियों में भी संकेत का मुख्य माध्यम आवाज ही है। प्रकाश का दूसरा स्थान होता है, हालाँकि नर-मादा के चयन में पंखों के रंगों का महत्त्व होता है और उनका प्रदर्शन कर पक्षी एक-दूसरे को आकर्षित करते हैं। यह महज संयोग ही नहीं है कि दृष्टि और ध्वनि पेड़ों में निवास करनेवाले बन्दरों और पक्षियों, दोनों ही के लिए संकेत के खास माध्यम बन गए।[1]

वृक्षों की जिन्दगी की एक और आवश्यकता थी, स्नायुओं और विविध इन्द्रियों एवं अंगों के कार्यों का समन्वय। इस समन्वय-प्रक्रिया से मस्तिष्क के विकास में गति आई। बाहरी संकेतों को ग्रहण कर त्वरित निर्णय के आधार पर अंगों का उपयुक्त संचालन करने की क्षमता मस्तिष्क में विकसित हुई। इस निर्णय-प्रक्रिया में और सहज प्रवृत्ति द्वारा निर्धारित क्रिया में एक बुनियादी फर्क यह होता है कि सहज प्रवृत्ति द्वारा निर्धारित क्रिया में बाहरी संकेतों के अप्रत्याशित बदलाव का शुमार कर उपयुक्त परिवर्तन नहीं हो सकता। क्रियाएँ आनुवंशिकी द्वारा पूर्व निर्धारित क्रम और गति (रिफ्लेक्स) में घटती हैं। विकसित मस्तिष्क इसके विपरीत तेजी से बदलते परिवेश के अनुरूप आवश्यक परिवर्तन कर क्रिया को जीवन के अधिक अनुकूल बनाता है। इसलिए सभी विकसित जीवों, विशेषकर स्तनपायी जीवों में परिस्थिति के अनुसार स्वत:स्फूर्त क्रियाओं को एक हद तक नियंत्रित करने की क्षमता होती

है। इनमें परिस्थिति से प्रशिक्षित होने का सिलसिला चलता रहता है। बिल्ली की सहज प्रवृत्ति दूध या मछली देखकर झपटने की होती है, लेकिन अगर वहाँ मनुष्य की उपस्थिति से इसमें खतरा दिखाई दे तो वह अपनी सहज प्रवृत्ति पर नियंत्रण कर दूसरी तरह से उन्हें पाने की कोशिश करती है क्योंकि उसका मस्तिष्क उसे उसके जीवन के लिए सम्भावित खतरे से आगाह कर देता है।

मस्तिष्क का इस तरह विकास मनुष्यों में सबसे ज्यादा हुआ। यों तो यह विकास प्रक्रिया करोड़ों वर्षों से चलती रही है, लेकिन वृक्ष से उतर मैदानी इलाकों में आने पर शिकारी जीवन में यह विशेषतौर से उपयोगी हुआ। जैसे-जैसे इसका उपयोग हुआ, यह विकसित भी होता गया। सामूहिक जीवन के लिए नजदीक से चेहरों के भावों के संकेत को समझना बहुत ही महत्त्वपूर्ण था। पक्षियों में भी आवाज के संकेत को समझने की क्षमता होती है, लेकिन इन संकेतों की विविधता सीमित होती है—इनके द्वारा खतरे से आगाह किया जा सकता है, अपने घोंसले के पास से अपनी प्रजाति के दूसरे पक्षियों को धमका कर दूर भगाया जा सकता है, नर या मादा को आकर्षित किया जा सकता है, बच्चों द्वारा भोजन की अपेक्षा का संकेत या वयस्क पक्षियों द्वारा अपने बच्चे को, 'भोजन लाया', ऐसा संकेत दिया जा सकता है। अधिकांश पक्षियों में उँगली पर गिने जाने लायक कुछ ही संकेत जीवन की सभी आवश्यकताओं की पूर्ति के लिए यथेष्ट होते हैं। पेड़ छोड़कर मैदानी इलाकों में रहनेवाले आदि-मानवों को अति जटिल एवं विविधतापूर्ण स्थितियों का सामना करना पड़ा। मैदानी इलाकों की भौगोलिक स्थितियों की विविधता, हिंस्र पशुओं की विविधता और उनके व्यवहारों की विविधता, उन पशुओं के स्वभाव और आकारों की विविधता, जिनका शिकार कर आदि-मानव आंशिक रूप से अपना भोजन पाता था। जोड़े या युग्म के रूप में और सामाजिक रूप में दोनों तरह का जीवन[2] एक साथ जीने से पैदा जटिल स्थितियों के अनुरूप सम्प्रेषण की आवश्यकता संकेतों के क्षेत्र के अत्यधिक विस्तार का दबाव बनाए रखती होंगी। आवाज से संकेत के विकास का सम्बन्ध बहुत कुछ गले की आवाज को नियंत्रित कर विविध स्वरों को पैदा करने की क्षमता से जुड़ा है। आदमी में यह क्षमता इतनी विकसित है कि बोलचाल में वह मनचाहे ढंग से अपनी आवाज को ऊँचा-नीचा, तेज-मद्धिम, हल्का-भारी आदि रूप दे सकता है और किसी भाषा में उपलब्ध सभी शब्दों एवं वाक्यों का उच्चारण ठीक उतार-चढ़ाव के साथ कर सकता है। दिलचस्प बात यह है कि अनेक पक्षियों में भी आवाज को नियंत्रित रूप देने की यह क्षमता है। तोता, मैना आदि पक्षी आदमी की बोली की हू-ब-हू नकल करने की क्षमता रखते हैं, लेकिन आदमी जिस तरह इस क्षमता का प्रयोग जटिल संवाद के लिए कर सकता है, पक्षी नहीं कर सकते। उनमें यह नकल की एक यांत्रिक प्रक्रिया भर है। यह जरूर है कि उनकी इस क्षमता से प्रभावित हो आदमी ने तोता-मैना द्वारा आदमी जैसे संवाद की अनेक काल्पनिक कथाएँ गढ़ ली हैं।

प्रत्यक्ष अनुभव में कहीं भी सोच-समझ कर स्थिति के अनुसार भाषा का प्रयोग करने का उदाहरण पक्षियों में नहीं पाया गया है। अन्य सरल संकेतों की तरह यह भी संकेत भर है, जिसका वे विशेष स्थितियों की उत्तेजना में दूसरे सरल संकेतों की तरह प्रयोग करते हैं। ये सिर्फ सीखे गए शब्दों और वाक्यों को दुहरा सकते हैं। नई स्थितियों को अभिव्यक्ति देने के लिए नए वाक्य नहीं बना सकते। कारण यह है कि इनके मस्तिष्क का वैसा विकास नहीं हो पाया है, जिसमें आवाज की अवधारणात्मक अभिव्यक्ति सम्भव हो। इसके विपरीत चिम्पांजी में, जो विकास के हिसाब से मनुष्य का चचेरा भाई है, बुद्धि एवं अवधारणात्मक क्षमता का एक हद तक विकास हुआ है, लेकिन उसमें आवाज को सम्प्रेषण के लिए विविधता प्रदान करने की क्षमता नहीं होती। इसलिए बहुत प्रयास करने पर भी उसे उँगली पर गिनने लायक शब्दों का प्रयोग करना ही सिखलाया जा सका है, लेकिन आवाज में प्रशिक्षित करने के बजाय गूँगे-बहरों को प्रशिक्षित करने के संकेतों के सहारे कुछ चिम्पांजियों को एक सौ तीस से अधिक शब्दों का सार्थक प्रयोग करना सिखलाया जा सका है, लेकिन ऐसा लगता है कि यही उनकी भाषायी क्षमता की सीमा है। मनुष्य की भाषायी क्षमता के हिसाब से यह नगण्य है। भाषा की क्षमता शायद मनुष्य का सबसे विलक्षण गुण है। इसके पीछे होती है, उसकी अवधारणात्मक क्षमता।

आदमी की भाषा का विकास उसकी अवधारणा की शक्ति का ही परिणाम है, लेकिन अवधारणा की शक्ति का विकास भी भाषा के साथ गहरे रूप से जुड़ा हुआ है। जब तक भाषा का विकास नहीं होता, अवधारणा की शक्ति अति सीमित होती है। अवधारणा न सिर्फ आदमी की भाषा के विकास के लिए जरूरी है बल्कि मनुष्य की संस्कृति के विकास का आधार स्तम्भ है। मनुष्य की संस्कृति, जैसा कि पहले बतलाया गया है, उन सूचनाओं का स्रोत है जो आनुवंशिकी के प्रभाव से अलग मानव समूहों एवं व्यक्तियों के क्रियाकलाप को दिशा एवं विविध आयाम प्रदान करती है। इन सांस्कृतिक सूचनाओं का सबसे महत्त्वपूर्ण वाहक मनुष्य की भाषा होती है। इसके अलावा दूसरी विधाएँ भी वाहक होती हैं—जैसे संगीत, नृत्य, कला आदि, जिनसे भावों एवं स्थितियों की प्रतीकात्मक अभिव्यक्ति होती है। इन सबके पीछे मनुष्य की अवधारणात्मक क्षमता है।

यह निश्चित लगता है कि न्यूनतम अवधारणा की शक्ति मनुष्य में भाषा के पहले विकसित हुई होगी। इस बात का अनुमान कुछ इस बात से होता है कि मनुष्य ने आज से लाखों वर्ष पहले अपने शिकारी जीवन में हथियारों का इस्तेमाल करना शुरू किया था। चूँकि पत्थर के हथियार अश्मिभूत रूप में लाखों वर्ष तक अस्तित्व में रहते हैं, उनकी उपस्थिति से इस बात का पता लगता है। भाषा का उस प्राचीन काल में अस्तित्व में होना अनिश्चित लगता है क्योंकि लिपिबद्ध होने के पहले यह अपने अस्तित्व की कहानी किसी ठोस वस्तु में नहीं छोड़ सकती थी। इन हथियारों में एच्युलियन हैंड

एक्स (हस्त परस) के नाम से जाना जानेवाला एक ऐसा हथियार अनेक जगह हजारों वर्ष के अन्तराल बताते हुए पाया गया है जो शिल्प और तकनीक दोनों का विलक्षण नमूना है। (चित्र 3) यह निश्चित रूप से बतलाता है कि आदमी मांसाहारी बन गया था और हथियारों का इस्तेमाल शिकार के लिए या मृत जानवरों की चीर-फाड़ के लिए करता था। हथियार बनाना और उसका इस्तेमाल करना निश्चित रूप से अवधारणात्मक क्षमता के विकास की ओर इशारा करता है। वैसे तो पशुओं के व्यवहार का अध्ययन करनेवाले वैज्ञानिकों के अनुसार चिम्पांजी तथा वनमानुषों (एप) की कुछ दूसरी प्रजातियाँ भी यदा-कदा वृक्ष की डालियों को तोड़ उनका इस्तेमाल हथियार की तरह कर लेती हैं। इसके अलावा ये टहनियों को तोड़ और उनके सिरे को छील दीमकों की बांबी में घुसा दीमकों को बांबी से बाहर आने को मजबूर करते हैं और फिर उन्हें खा जाते हैं, लेकिन यह सब सामने की टहनियों और बांबी के एक स्थान और समय में उपस्थित होने पर किया जाता है। इसके पीछे कोई पूर्व नियोजित कार्यविधि नहीं होती, लेकिन आदिम मनुष्यों द्वारा प्राचीन प्रस्तर युग एवं उसके बाद के काल में बनाए गए हथियारों के पीछे निश्चित रूप से ऐसी अवधारणा दिखाई देती है जो वस्तुओं की अनुपस्थिति में भी परम्परा के द्वारा लोगों के मस्तिष्क में उपस्थित थी। हजारों वर्षों तक दूर-दराज क्षेत्रों में एक ही बनावट के ऐसे चकमक पत्थर के हथियारों की उपस्थिति बतलाती है कि उनको बनाने की एक परम्परा रही होगी, जो पीढ़ी-दर-पीढ़ी कायम रही और इस परम्परा से प्राप्त अवधारणा एवं कार्यविधि के अनुसार कठोर पत्थरों को पत्थर की ही हथौड़ी और छेनी के सहारे काट-छाँट कर निश्चित रूप दिए गए। अवधारणा की विशेषता यह होती है कि यह अवधारित वस्तु की उपस्थिति से अलग उसकी एक छवि दिमाग के सामने बरकरार रखती है। इससे हम किसी वस्तु का वास्तविक प्रयोग करने के पहले दिमाग में विभिन्न परिस्थितियों में उसके प्रयोग के सम्भावित परिणामों की कल्पना कर लेते हैं।

चित्र-3 : यहाँ दिए गए चित्र-(क) में सम्भवतः चार लाख वर्ष पूर्व का एच्युलियन (हस्त परस) है और चित्र-(ख) में ढाई लाख वर्ष पूर्व के इन्हीं के परिवर्धित रूप हैं।

मनुष्य के दिमाग के अवधारणात्मक एवं भाषायी विकास के साथ चार स्थितियाँ जुड़ी होती हैं—1. निशान (Index), 2. संकेत (Signal), 3. प्रतीक (Symbol) और 4. चिह्न (Sign)। इनमें पहली में निशान के साथ उस वस्तु या स्थिति का, जिसकी ओर यह इशारा करता है, सीधा भौतिक सम्बन्ध होता है। जैसे पैर के चिह्न से यह अन्दाजा कि कोई विशेष पशु चला होगा। यह निश्चित रूप से अनुमान किया जा सकता है कि प्रारम्भिक शिकारी जीवन में ऐसे निशानों का अत्यधिक सम्बन्ध मनुष्य के अस्तित्व से रहा होगा। बाघ जैसे हिंसक पशुओं के पद-चिह्नों को देख वह सावधान हो अपनी रक्षा के उपाय में लग जाता होगा। इसी तरह हिरण या खरगोश जैसे जीवों के पद-चिह्नों के सहारे वह उनकी तलाश उन्हें मारकर पेट भरने के लिए करता होगा। आदमी की प्रथम अवधारणात्मक क्षमता का विकास इसी तरह हुआ होगा। सामने के कुछ निशानों को देख किसी अनुपस्थित पशु की उपस्थिति का अनुमान करना आदमी की कल्पना शक्ति पर ऐसा दबाव डालता होगा, जिससे आदमी का मस्तिष्क उत्तरोत्तर अधिक कल्पनाशील बनता रहा है और उसकी अवधारणात्मक शक्ति का विकास होता रहा है। अन्य शिकारी जीव भी घ्राण शक्ति के सहारे खास तरह की गन्ध से खास तरह के पशुओं की उपस्थिति का अनुमान करते हैं। इस तरह निशान से गन्तव्य तक पहुँचने की अवधारणात्मक शक्ति आदमी को अन्य जीवों से भिन्न नहीं बनाती, लेकिन इससे आगे बढ़ आदमी संकेतों के सहारे वस्तुओं और स्थितियों का अनुमान करने लगा। संकेत निशान से इस अर्थ में थोड़ा भिन्न है कि इसका निर्दिष्ट वस्तु से वैसा सीधा भौतिक सम्बन्ध नहीं होता जैसा पद-चिह्न से पशु का। रेल के छूटने के समय हरी झंडी दिखलाना ऐसा ही संकेत है। हरी झंडी का गाड़ी छूटने से कोई अनिवार्य या भौतिक सम्बन्ध नहीं है। परम्परा से हरी झंडी और गाड़ी का छूटना जुड़ गए हैं और इस तरह हम हरी झंडी से गाड़ी छूटने का अनुमान कर लेते हैं। प्रसिद्ध मनोवैज्ञानिक पावलोव के मशहूर प्रयोग में घंटी की आवाज से कुत्ते में भोजन की आशा से लार टपकना ऐसे ही संकेत का उदाहरण हैं। संकेत मानवजनित होते हैं और शायद अपने आदिम काल में सम्प्रेषण के क्षेत्र में यहीं सर्जनात्मक पहल रही होगी। पक्षियों में खतरा उपस्थित होने पर खास तरह की आवाज देना—ऐसा ही संकेत है, जिससे कैसा खतरा है इसकी अनुभूति दूसरे पक्षियों को हो जाती है, लेकिन खतरे से आवाज का कोई भौतिक सम्बन्ध नहीं होता। यह एक दर्जा ऊपर की सूचना प्रणाली है जो मनुष्यों में बहुत ही अधिक विकसित हुई है। विवाह, मृत्यु, युद्ध आदि के अवसरों पर अलग तरह के संगीत, लिबास, झंडे सभी ऐसे संकेत हैं जो हमारी संस्कृति की विरासत के अभिन्न अंग बन गए हैं। यह इतना व्यापक है कि मनोवैज्ञानिकों का एक समूह, जिसे 'बिहेविरिस्ट' कहा जाता है, यह मान कर चलता है कि मनुष्य के सारे क्रियाकलाप विविध संकेतों के जीवन के प्रारम्भ से निरन्तर होनेवाले ऐसे

ही प्रक्षेपों के परिणाम हैं और मानव मन (Mind) जैसी कोई वस्तु है ही नहीं। सामूहिक शिकारी मनुष्यों के लिए शिकार के समय एक-दूसरे को पशुओं की स्थिति के सम्बन्ध में सूचना दे, आपसी क्रियाकलाप को समन्वित करने के लिए ऐसे संकेतों का बहुत ही महत्त्व रहा होगा। इसके लिए स्थिति के अनुसार तरह-तरह के शब्दहीन इशारे या आवाज किसी भी सूचना के माध्यम होते होंगे, लेकिन ऐसे संकेतों की सीमा यह होती है कि ये तात्कालिक स्थितियों से बँधे होते हैं। इनसे स्थायी रूप से अवधारणा का आधार नहीं बनता।

इससे एक कदम आगे बढ़ आदमी की सूचना प्रक्रिया में प्रतीकों का प्रवेश होता है। मनुष्य की सूचना-प्रक्रिया में प्रतीकों के प्रवेश से आदमी की अवधारणात्मक शक्ति, समय और विस्तार, दोनों की सीमाओं से मुक्त हो जाती है। सच कहा जाए तो प्रतीकों के आगमन से ही सही अर्थ में अवधारणा का उन्मेष होता है, लेकिन अवधारणा पर पहुँचने के पहले प्रतीक भी ठोस भाव-भंगिमा या किसी ठोस वस्तु से किसी वस्तु या स्थिति का बोध कराते हैं, लेकिन धीरे-धीरे बोध की प्रक्रिया अमूर्त हो जाती है और असली अवधारणा का जन्म होता है। अवधारणा की उत्पत्ति कुछ इस तरह समझी जा सकती है। शिकार करते हुए आदमी एक बाघ को देखता है। उसकी हमला करने की, छलाँग लगाने की, भागने की, दौड़ने की स्थितियों से वह परिचित होता है। ये तात्कालिक स्थितियाँ उसके मन पर अंकित होती हैं, लेकिन आँखों से ओझल होते ही फिर विलीन हो जाती हैं। फिर किसी दूसरी स्थिति में कोई दूसरा बाघ जो बहुत कुछ पहले बाघ से मिलता-जुलता, लेकिन आकार या अन्य किसी दूसरे गुण में थोड़ा भिन्न दिखाई देता है। आँख से ओझल होने पर फिर उसकी छवि विलीन हो जाती है। ऐसे अनेक अनुभवों से मन पर एक ऐसे वर्ग की चेतना अंकित होती है जो इनमें किसी एक की स्थिति से एकाकार नहीं है, लेकिन जिसकी झलक इन सब में दिखाई देती है—यानी 'बाघपन' की झलक। प्रारम्भ में मनुष्य के कुछ अपने हाव-भाव या बाहरी वस्तु से इसका प्रतिनिधित्व हो सकता है। यहीं से बाघ की अवधारणा की उत्पत्ति होती है। अगर गणित का उदाहरण लें तो यह अवधारणा बाघ से सम्बन्धित सभी अनुभवों के 'लोकस' के रूप में प्रकट होती है। चूँकि यह वैसे सभी बाघों से अलग है जिनसे आदमी का साक्षात्कार हुआ। यह साक्षात्कार की ठोस स्थितियों से मुक्त है। यह अमूर्तन की प्रक्रिया है जो ठोस वस्तुओं से अलग एक मानसिक अस्तित्व को जन्म देती है। यह पूरी तरह मानव मन में निवास करती है जिसे वह अपनी कल्पना में विभिन्न तरह की स्थितियों में रख सकता है। उसे छोटा, बड़ा, मझोला, बैठा हुआ, दौड़ता हुआ या किसी अन्य स्थिति में होने की कल्पना कर सकता है। फिर भी ऐसी अवधारणा में कोई स्थायित्व नहीं आता जब तक आदमी में भाषा का विकास नहीं होता और आदमी इसे कोई नाम नहीं देता। भाषा के विकास के पहले भी निश्चित रूप से मनुष्य भाव-भंगिमाओं

और इशारों से बाघ की अवधारणा को अभिव्यक्ति देता होगा, क्योंकि ऐसा सम्प्रेषण आदिमानवों के अस्तित्व के लिए अत्यधिक महत्त्व का था। ऐसी अभिव्यक्ति शुद्ध रूप से प्रतीकात्मक होती है। नृत्यों के माध्यम से एक पूरी स्थिति का विवरण सम्प्रेषित किया जा सकता है। आज भी नृत्य प्रतीकात्मक अभिव्यक्ति का सबसे सक्षम माध्यम है। प्रतीकात्मक अभिव्यक्ति का दूसरा माध्यम चित्रकला है। प्राचीन प्रस्तरयुग के स्पेन की अल्तामीरा गुफा में पशुओं के चित्र निश्चित रूप से शिकार से सम्बन्धित अवधारणा की सशक्त प्रतीकात्मक अभिव्यक्ति हैं। एक बार नाम पा लेने के बाद अवधारणा पूर्ण और स्थायी रूप से सामूहिक सम्पत्ति बन जाती है। अब आदमी अपनी अवधारणा को शब्दों के द्वारा दूसरे मनुष्यों को सम्प्रेषित कर सकता है। यहाँ पहुँचकर अवधारणा सम्पूर्णता हासिल करती है। अवधारणा का स्वतंत्र अस्तित्व भाषा के साथ गहरे रूप से जुड़ा हुआ है।

भाषा के शब्द मनमाने ढंग से गढ़े गए होते हैं। इनमें प्रतीकों से आगे बढ़ चिह्नों (Signs) के माध्यम से अभिव्यक्ति होती है जिनका किन्हीं बाह्य वस्तुओं से कोई साम्य नहीं होता। जिन वस्तुओं या स्थितियों को ये अभिव्यक्त करते हैं उनसे इनका कोई भौतिक सम्बन्ध नहीं होता। कुछ शब्दों का उद्‌भव लोग वस्तुओं के गुण को अभिव्यक्त करनेवाला (ओनामोटापोयिक) बतलाते हैं, लेकिन ऐसे शब्द मनुष्य के सम्पूर्ण शब्द संसार में प्राय: नगण्य होते हैं। ज्यादातर शब्द संयोग से ही मानव विकास के काल में अस्तित्व में आए। ये चिह्न मात्र हैं जिनका अभिव्यक्ति देने के अलावा अपना कोई अस्तित्व नहीं होता। इसीलिए एक ही वस्तु के अलग-अलग भाषाओं में अलग-अलग नाम पाए जाते हैं, लेकिन किसी वस्तु या स्थिति को नाम दे देने पर अर्थ निश्चित हो जाता है और आगे से लोग प्राय: इंगित वस्तु या स्थिति को पहले दिए गए अर्थ के सन्दर्भ में ही देखते हैं। यह भी पाया गया है कि विशेष भाषा समूह के लोगों में अगर किसी रंग या स्थिति के लिए शब्द नहीं हैं तो प्रत्यक्ष अनुभव होने पर उस रंग या स्थिति की पहचान या ज्ञान भी उनमें नहीं हो पाता। भाषा और शब्द से सम्प्रेषण में अर्थ की अनिश्चितता घटती है, लेकिन कभी-कभी सम्प्रेषण की कठिनाइयाँ भी पैदा होती हैं जब स्थिति या वस्तु में कोई गुणात्मक परिवर्तन हो जाता है। इस तरह की समस्या संस्कृति के विकास के साथ गहरे रूप से जुड़ी हुई है। लोग शब्दों के रूढ़ अर्थों से बँध कर नई स्थितियों को समझने में अक्षम हो जाते हैं और इससे गलत परम्पराओं की अन्धभक्ति और असहिष्णुता पैदा होती है। जैसा भाषाशास्त्री कोरीजिब्सन्की ने आगाह किया था—लोग वास्तविक स्थितियों की बजाय 'लेबुल' से प्रभावित हो प्रतिक्रियाएँ करते हैं जो राष्ट्रीय या अन्य सामाजिक संघर्षों का कारण बन जाती हैं। शब्द का अर्थ तो निश्चित हो जाता है, लेकिन इसके अभिप्राय का एक बड़ा प्रभामंडल होता है, जिसके भीतर शब्द के अर्थ के बदलने की सम्भावना होती है। इसी कारण समय और अनुभव के अनुसार

शब्दों के अर्थ में भी बदलाव आता है। भाषा के इसी गुण में काव्य की सर्जनात्मक शक्ति का भी उत्स होता है जिसमें तात्कालिक अर्थ से परे जा एक नए भाव या अनुभव के संसार की रचना होती है। शब्दों के अर्थ को नया आयाम देने या बदलने में पंडितों से अधिक आम लोगों की भागीदारी होती है। पंडित लोग शुद्धतावादी होते हैं और यथासम्भव शब्दों के पुराने अर्थों को दूषित होने से बचाने की कोशिश करते हैं। आम लोग जीवन के प्रवाह में बिना संकोच, सुविधा के अनुसार शब्दों का नए अर्थ में व्यवहार करने लगते हैं। इस बिन्दु पर कवि आम लोगों से ज्यादा करीब होता है और अपनी भाषा में आम लोगों द्वारा व्यवहार में लाये गए अर्थों में शब्द का प्रयोग करता है।

भाषा का विकास कैसे होता है इसके सम्बन्ध में भाषाशास्त्री अभी मोटा-मोटी दो खेमों में बँटे हुए हैं। चूँकि संस्कृति के आयामों के साथ भाषा के चरित्र का गहरा सम्बन्ध है, इस विवाद की कुछ चर्चा जरूरी लगती है। एक खेमा उनका है जो मनोविज्ञान और दर्शन के क्षेत्र में 'बिहेवियरिस्ट' कहे जाते हैं। ये व्यवहारों में व्यक्त क्रियाओं जिसमें सम्प्रेषण भी शामिल है—से अलग किसी मानव मन के अस्तित्व को नकारते हैं। यह एक पुरानी पाश्चात्य विचार परम्परा, जिसे 'पॉजिटिविज्म' कहा जाता है, का नया रूप है। यह किसी ऐसे तत्त्व जैसे आत्मा, मन या पदार्थ के अस्तित्व को नकारता है जो कभी प्रत्यक्ष अनुभव के क्षेत्र में नहीं आता। इनके लिए भाषा का ज्ञान ठीक वैसा ही है जैसा बार-बार दुहराए गए अनुभवों से कोई दूसरी क्षमता प्राप्त होती है—पावलोव के सुप्रसिद्ध प्रयोग में घंटी के साथ भोजन की उपलब्धि की आशा जैसा। ये मानते हैं कि भाषा भी इसी तरह बचपन से ही किसी भाषायी समूह में रहने से, दिन-रात कुछ शब्द समूहों का अनुभवों से जुड़ने (एसोसिएशन) से सीखी जाती है। इस सिद्धान्त के अनुसार, आदमी की भाषा क्षमता उतनी ही हो सकती है जितनी उसने जीवन के अनुभवों से सीखी है। यह बहुत कुछ तोते द्वारा आदमी की बोली सीखने जैसा है, हालाँकि इसका दायरा विशाल है। यह सिद्धान्त कबूल कर लेने से भाषा की सर्जनात्मक क्षमता पर बहुत बड़ी सीमा लग जाती है, लेकिन यह सिद्धान्त लोगों के भाषा सम्बन्धी अनुभव से इतना विपरीत है कि इस सिद्धान्त पर प्रश्नचिह्न लगना अवश्यम्भावी था। बीसवीं सदी के उत्तरार्द्ध में भाषा शास्त्रियों के एक समूह ने जिसके सबसे प्रमुख प्रवक्ता नोम चोम्सकी हैं, भाषा की सर्जनात्मकता का उदाहरण पेश कर इस सिद्धान्त को पूरी तरह नकार दिया। उन्होंने यह तर्क दिया कि इस सिद्धान्त को मान लेने पर इस तथ्य को समझना असम्भव है कि आदमी लगातार ऐसे वाक्य बनाता रहता है जिनसे उसका कभी साक्षात्कार नहीं हुआ। सबसे बढ़कर चोम्सकी ने लोगों का ध्यान इस तथ्य की ओर खींचा कि बच्चे जब भाषा सीखने की उम्र हासिल करते हैं तब बहुत थोड़े वाक्यों से अपने साक्षात्कार के आधार पर वे भाषा के व्याकरण

को आत्मसात् कर लेते हैं और इसके आधार पर व्याकरण की दृष्टि से मान्य नए वाक्य बनाना शुरू कर देते हैं, ऐसे वाक्य जिनका उनको कोई पूर्व अनुभव नहीं होता। भाषा के तीन तत्त्व फोनेटिक्स (ध्वनितंत्र), सेमांटिक्स (अर्थ ज्ञान) और सिंटैक्स (व्याकरण) में सर्जनशीलता का आधार मूलत: व्याकरण है, जिसके आधार पर बिना सीमा के नए तरह के वाक्य बनाए जा सकते हैं। इसलिए विवाद का मुख्य केन्द्रबिन्दु सिंटैक्स या व्याकरण ही बना। चोम्सकी और भी आगे बढ़कर यह दावा करता है कि आदमी व्याकरण का ज्ञान से हासिल करता है क्योंकि उसके मन में एक सार्वजनीन व्याकरण (यूनिवर्सल ग्रामर) अंकित है और अपने भाषा समूह के अनुभव से वह सिर्फ यही तय करता है कि इस मूल व्याकरण का कौन-सा रूप वह अपनी भाषा के सन्दर्भ में ग्रहण करे। अब मन और भाषा के विकास के सम्बन्ध को लेकर अध्ययन का एक नया क्षेत्र खुल गया जिसे साइकोलिंगयुस्टिक्स (भाषा मनोविज्ञान) कहा जाने लगा। इस बिन्दु पर फिर एक नया विवाद शुरू हो गया। अनेक भाषाशास्त्री, जो बिहेवियरिस्टों के सिद्धान्त को नकारते हैं और भाषा की सर्जनशीलता को कबूल करते हैं, मन में जन्म से ही अंकित किसी ऐसे सार्वजनीन व्याकरण के अस्तित्व को कबूल करने से कतराते हैं।

चोम्सकी के सिद्धान्त में प्लेटो एवं देकार्त की अवधारणाओं की मान्यता दिखाई देती है, जिसके अनुसार निर्विकार प्रत्यय की उपस्थिति को प्राथमिकता दी जाती है, और जो कुछ भी अनुभव के क्षेत्र में आता है वह उसकी विकारपूर्ण अभिव्यक्ति मानी जाती है। इस हिसाब से एक दोषहीन व्याकरण मन में पहले से उपस्थित है और उसी के आधार पर भाषा की वैसी संरचना होती है जो हमारे दैनन्दिन के अनुभव के क्षेत्र में दिखाई देती है। यह विचार गैर-बिहेवियरिस्ट भाषाशास्त्रियों के भी एक बड़े हिस्से को मान्य नहीं है। इस विचार से ऐसा लगता है मानो भाषा अचानक अधर से लोगों के मन में आ गई। यह मनुष्य की क्षमताओं की विकास प्रक्रिया का परिणाम नहीं जान पड़ती। इसकी एक व्याख्या यह हो सकती है कि जैसे पक्षियों में जटिल प्रक्रिया से घोंसला बनाने का कौशल या मधुमक्खियों का अपना छत्ता बनाने का कौशल सहज प्रवृत्ति से आता है वैसे ही व्याकरण ज्ञान भी एक सहज प्रवृत्ति का परिणाम है, लेकिन यह मान लेने पर फिर भाषा की सर्जनशीलता पर प्रश्नचिह्न लग जाता है जिस गुण के चलते बिहेवियरिस्ट सिद्धान्त को भाषा के क्षेत्र में अस्वीकार किया जाता है क्योंकि सहज प्रवृत्ति से परिचालित व्यवहार सदा एक अपरिवर्तनीय लीक पर चलता है। विभिन्न परिस्थितियों के अनुरूप वाक्यों का निर्माण, जिससे बदलते परिवेश की सभी जटिलताएँ पूरी तरह से अभिव्यक्त हो जाती हैं, सहज प्रवृत्ति से नियंत्रित भाषा से सम्भव नहीं लगती।

इन बातों को ध्यान में रखते हुए भाषा-मनोविज्ञान के क्षेत्र में सक्रिय कुछ भाषा शास्त्रियों ने भाषा के विकास को मनुष्य की दूसरी क्षमताओं—जैसे चलने, बोलने,

स्नायुओं और अंगों की गति को समन्वित करने और विशेषकर अवधारणात्मक क्षमताओं के विकास के साथ जोड़ा। इस दिशा में उन्होंने शिशुओं के विकास के विविध आयामों का अध्ययन करनेवाले विख्यात मनोवैज्ञानिक जाँ पियाजे के अध्ययनों के परिणामों को आधार बनाकर अनेक प्रयोग किए। उनके अनुसार, इन प्रयोगों से ऐसा ज्ञात होता है कि अवधारणा की क्षमता का विकास धीरे-धीरे होता है—इसके एक स्तर पर अमूर्तन की प्रक्रिया से प्रतीकों का जन्म होता है। शुरू में यह बीती घटना की ठोस नकल–जो घटना के बाद होती है जैसे व्यवहारों से व्यक्त होता है। पियाजे के एक अध्ययन में शिशु के पास पड़ोस का कोई शिशु आता है और जोर-जोर से रोने लगता है। उसके जाने के बाद उसे देखनेवाला पहला शिशु नकल में अकारण रोने लगता है। पियाजे के अनुसार यह दूसरे शिशु के रोने की एक प्रतीकात्मक अभिव्यक्ति का नमूना है। एल.एस. वाईगोट्स्की तथा उनके रूसी सहयोगियों ने छोटे शिशुओं से लेकर किशोरावस्था में प्रवेश की आयु तक के शिशुओं पर विभिन्न आकार और रंग के बने काठ के टुकड़ों को अर्थहीन बनावटी नाम देकर उनसे किए गए प्रयोगों में यह पाया कि बार-बार उलटने और उन पर लिखे गए नामों को देखने के अनुभवों से धीरे-धीरे बच्चे अमूर्तन प्रक्रिया एवं निश्चित अवधारणा की ओर बढ़ते हैं। यह भी पाया गया कि अवधारणात्मक क्षमता और सही अर्थ में भाषा की क्षमता एक खास आयु 12 वर्ष के आसपास विकसित होती है। इसके पहले एक छद्म अवधारणा (स्युडो-कंसेप्ट) का स्तर आता है, लेकिन इस विकास में विभिन्न स्तरों पर होनेवाले अनुभवों का विशेष हाथ होता है। भाषा का विकास इन मनोवैज्ञानिकों की दृष्टि में शिशु की सभी क्षमताओं के विकास की अगली और अनिवार्य कड़ी होता है।

भाषा के विकास सम्बन्धी इस सिद्धान्त का महत्त्व इस बात से भी है कि हम भाषा के विकास को मानव विकास की पूरी परम्परा के साथ जोड़कर देख सकते हैं, और समझ सकते हैं कि किन स्थितियों में यह विकास हुआ होगा। जिस तरह मानव भ्रूण का विकास जीवन के विकास के अनेक स्तरों को भी थोड़ा प्रतिबिम्बित करता है उसी तरह बचपन में आदमी की अवधारणात्मक और भाषायी क्षमता के विकास के अध्ययन से हम एक झलक उन स्थितियों की भी पा सकते हैं, जिनमें हमारे पूर्वजों ने भाषा विकसित की होगी।

फिर भी एक समस्या रह जाती है। चोम्सकी ने भाषाओं की बनावट में एक सीढ़ीनुमा शृंखला (हाइरार्किकल स्ट्रक्चर) की बात की है जो अब तक अध्ययन की गई सभी भाषाओं में पाई जाती है। चोम्सकी के अनुसार, यह मानव मन में अंकित उस वैयाकरणिक शृंखला की अभिव्यक्ति है जो जन्म से सभी मनुष्यों में होती है। उसके अनुसार यह सिंटैक्टिकल यूनिवर्सल (व्याकरण की सार्वजनीनता) की अभिव्यक्ति है, लेकिन एक भाषाशास्त्री ज्योफ्री जोन्स ने अपनी पुस्तक 'मेकिंग सेंस' में नोबेल

पुरस्कार विजेता हर्बर्ट सिमोन्स के शोध का हवाला देते हुए कहा है कि सांख्यिकी के आधार पर यह कहा जा सकता है कि अधिक सक्षमता की माँग के कारण सभी तरह की संरचना, चाहे वह जैविकी के क्षेत्र में हो, चाहे मानव समूहों के क्षेत्र में हो, चाहे भाषा की व्याकरणीय बनावट के क्षेत्र में, ऐसा सीढ़ीनुमा रूप ही लेंगी। या यों कहें कि रूप तो कुछ भी ले सकती है, लेकिन सक्षमता के लिए सीढ़ीनुमा (हाइरार्किकल) आकार ही ग्रहण कर दूसरी तरह की संरचनाओं से प्रतिस्पर्धा में टिक सकती है। भाषाशास्त्रियों में चोम्सकी का विचार विवाद का विषय बना हुआ है और अभी वे किसी अन्तिम सहमति पर नहीं आ पाए हैं। फिर भी व्याकरण का उत्स चाहे जो भी हो इसकी सर्जनशीलता पर कोई आँच नहीं आती।

इस विवाद का एक समाधान यह हो सकता है कि हम यह मानकर चलें कि सूचनात्मक मितव्ययिता किसी भी वैज्ञानिक या गणित के सिद्धान्त का आधार है : क्योंकि किसी फार्मूले या सिद्धान्त के जरिये ये अध्ययन के एक विस्तृत क्षेत्र को प्रतीकों की बहुत ही संक्षिप्त प्रस्तुति से हमारी समझ के दायरे में ला देते हैं। कोई अचरज नहीं कि मानव विकास के साथ भाषा के माध्यम से विविध स्थितियों को मस्तिष्क में संचित रखने और उन्हें सम्प्रेषित करने के लिए गणित या विज्ञान के फार्मूले की तरह ही भाषा के व्यवहार को भी नियमबद्ध करने की प्रक्रिया विकसित हो। सरलता और मितव्ययिता के हिसाब से अगर सभी भाषाओं की बनावट में कुछ साम्य हो तो कोई अचरज नहीं। इसके लिए अगर किसी जन्मजात गुण को अनिवार्य माना जा सकता है तो सामान्यीकरण (जेनरलाइजेशन) की प्रक्रिया को जो सम्प्रेषित हो सकनेवाले ज्ञान के सभी क्षेत्रों में देखी जा सकती है। भाषा की तरह ही गणित में भी कुछ बुनियादी नियम जैसे जोड़ या घटाव को सीख जाने पर असंख्य जोड़ या घटाव करना एक बच्चे के लिए सम्भव हो जाता है। दोनों ही नियमबद्ध करने की बुनियादी क्षमता की अभिव्यक्ति हैं। चोम्सकी के विचार को मान लेने पर तो गणित के सारे सिद्धान्तों को भी जन्मजात मान लेना होगा।

भाषा से लेकर विज्ञान और गणित तक के पीछे एक ही तरह क्षमता की सम्भावना स्वयं चोम्सकी के आलेख, 'Linguistic Contribution to the Study of Mind' में अमेरिकी दार्शनिक पीयर्स के विचारों की चर्चा से भी प्रकट होती है, हालाँकि चोम्सकी ने उसका अलग निष्कर्ष निकाला है। पीयर्स ने इस बात पर अचरज जताया था कि ऐसा क्यों है कि अपने हजारों साल के विशाल अनुभव में मनुष्य ने इने-गिने सही सिद्धान्तों को ही खोज निकाला? इसी बात को आगे बढ़ा कर चोम्सकी पूछते हैं, 'चार साल के बच्चे के दिमाग में भाषा का सही सिद्धान्त कैसे पैदा हो गया?' यही तो इसी सम्भावना की ओर इशारा करता है कि मनुष्य में सूचना सम्बन्धी मितव्ययिता की एक ही तरह की क्षमता है, जो विज्ञान और गणित से लेकर भाषा तक के विकास में दिखाई देती है।

हमने ऊपर कहा है कि भाषा की सर्जनशीलता में सबसे प्रमुख हाथ किसी भाषा के व्याकरण का होता है। व्याकरण पर अधिकार होने पर आदमी व्याकरण के नियम का पालन करते हुए वैसे किसी भी वाक्य का निर्माण कर सकता है जिसमें व्यक्त स्थिति का भौतिक जगत की हकीकत से किसी तरह का मेल नहीं बैठता। उदाहरण के लिए यह वाक्य लें—'सूर्य एक आकर्षक फल है।' व्याकरण की दृष्टि से यह एक निर्दोष वाक्य है, लेकिन तथ्यात्मक दृष्टि से अनर्गल, क्योंकि हम जानते हैं कि सूर्य अत्यन्त ही गर्म गैसों एवं प्लाज्मा का अति विशाल पुंज है, लेकिन भारतीय मिथक में हनुमान की यह कथा प्रचलित है कि हनुमान ने मधुर फल समझकर सूर्य को निगल लिया था। भारत के करोड़ों लोगों के लिए यह कथा हनुमान के पराक्रम का वर्णन है और उनके अनेक व्यवहार इस कथन से प्राप्त 'ज्ञान' पर आधारित हैं। व्याकरणीय क्षमता के कारण मनुष्य भाषा के द्वारा किसी भी तरह की काल्पनिक दुनिया का निर्माण कर सकता है जिसमें कोई आगे बढ़ने की प्रेरणा दे सकती है, कोई कुछ लोगों को शैतान बना सकती है और कुछ शुद्ध रूप से मनोरंजन दे सकती हैं। अंग्रेजी साहित्यकार ऑस्कर वाइल्ड ने तो एक महत्त्वपूर्ण निबन्ध ही झूठ के बचाव में लिख डाला था। उसने यह बतलाने की कोशिश की थी कि सारा साहित्य जगत झूठ पर आधारित है। असल में इसका अर्थ इतना ही है कि सारा साहित्य जगत भाषा के सर्जनात्मक गुण के कारण ऐसे वाक्यों एवं कथाओं से भरा है जिसका तथ्यों से कोई नाता नहीं बैठता। फिर भी भाषा की क्षमता के कारण यह सम्भव हो जाता है। इस तरह जहाँ भाषा उदात्त आदर्शों को अभिव्यक्ति देती है और लोगों को इनके लिए प्रेरित करती है, वहीं भाषा से ही झूठ का भी जन्म होता है। छद्म तो अपने तात्कालिक रूप में पशु जगत के व्यवहारों में भी होता है, लेकिन जटिल और व्यवस्थित झूठ के ताने-बाने की सम्भावना भाषा के माध्यम से ही सम्भव है जो मानव जीवन की विशेषता है और अभिशाप भी।

सच तो यह है कि मन (माइंड) और प्रत्यय (आइडिया) का अस्तित्व भाषा के विकास से ही जुड़ा हुआ है। जो हमारी निजी अनुभूतियाँ होती हैं उनका कोई स्थायी या वास्तविक अस्तित्व तब तक नहीं होता जब तक भाषा का विकास नहीं होता। पानी की तरंगों की तरह वे क्षण-क्षण हमारे निजी अनुभव में प्रवेश करती हैं और विलीन हो जाती हैं। भाषा के विकास के साथ हम अपने निजी अनुभवों का सम्प्रेषण कर सकते हैं और इनमें वे जो दूसरों के अनुभव क्षेत्र में भी उपस्थित होते हैं (सपने या अन्य क्षणिक आवेग नहीं, जो पूर्णत: निजी हैं); सम्प्रेषण की प्रक्रिया से एक स्वतंत्र अस्तित्व ग्रहण करते हैं। इसमें संसार की वे सभी वस्तुएँ और मानसिक स्थितियाँ शामिल होती हैं जो अनेक लोगों के अनुभवों में होती हैं और भाषा के जरिये, पारस्परिक संवाद के जरिये हम जिनको नाम दें उनके स्वतंत्र अस्तित्व का निर्माण करते हैं। यही प्रत्ययों का संसार बनाता है जो हमारे भौतिक

अस्तित्व से अलग एक स्वतंत्र अस्तित्व ग्रहण करता है। चूँकि यह अनिवार्य रूप से अमूर्तन की प्रक्रिया से अस्तित्व में आता है, यह विकारहीन होता है। यही प्लेटो का प्रत्यमों का संसार है जिसकी विकारयुक्त अभिव्यक्ति वह बाहरी वस्तु जगत में देखता है। जिसे हम 'मन' या 'माइंड' कहते हैं वह और कुछ नहीं, व्यक्तिगत अनुभव प्रक्रिया पर सामूहिक रूप से प्रत्यारोपित सामूहिक अनुभवों का वाहक अनुभूति तंत्र है।

मन (माइंड) तथा पदार्थ (मैटर) का विवाद सदियों से अनसुलझा है। इस सन्दर्भ में महज पाँच पंक्तियों में मन क्या है, बतलाना शायद समाधानकारी नहीं होगा। इसलिए इसे थोड़ा विस्तार से बतलाना जरूरी लगता है। दरअसल, मन क्या है, यह समझना इसलिए एक पहेली बनी रही क्योंकि इसे भौतिकवादी तथा प्रत्ययवादी, दो विपरीत विचारों से प्रस्तुत करने की कोशिश होती रही। भौतिकवादी दृष्टि से मस्तिष्क के कार्य-कलापों का कितना ही सूक्ष्म अध्ययन मन की उपस्थिति को समझने के लिए होता हो, एक बिन्दु के बाद एक ऐसी खाई पैदा हो जाती है कि इसे लाँघ कर मन तक पहुँचना असम्भव हो जाता है। इसी तरह प्रत्ययवादियों के पास कोई भी तर्क नहीं रहा है, जिससे वे यह बतला सकें कि अभौतिक अस्तित्व 'मन' भौतिक मस्तिष्क और इसके माध्यम से मानव शरीर को कैसे प्रभावित कर सकता है। मस्तिष्क को प्रभावित करनेवाले जो भी माध्यम हैं—जैसे भाषा, इशारे, रंग या गन्ध आदि सभी भौतिक तत्त्वों से बने हैं, जिनसे मन को जोड़नेवाला कोई सेतु नहीं है। इस विवाद को सत्रहवीं शताब्दी के दार्शनिक रेने देकार्त ने जिस रूप में प्रस्तुत किया था, उससे आगे बात बढ़ नहीं पाई। उसने यह पूरी तरह स्वीकार किया कि मस्तिष्क समेत मानव शरीर एक मशीन है, लेकिन वह चैतन्य मन की सर्वोपरि सत्ता को भी स्वीकार करता था जो उसकी प्रसिद्ध उक्ति, 'मैं सोचता हूँ इसलिए मैं हूँ', में उद्घोषित होती थी। इस तरह उसने मन और पदार्थ दोनों के स्वतंत्र अस्तित्व को स्वीकार किया, पर साथ ही यह विश्वास भी व्यक्त किया कि किसी तरह मन ही शरीर रूपी मशीन को परिचालित करता है, लेकिन यह कैसे हो पाता है, यह एक पहेली बनी रही। उसे इन्हें जोड़नेवाला सूत्र ईश्वर दिखा, लेकिन यह समस्या को टालना भर था।

लेकिन इस पहेली को सहज ही सुलझाया जा सकता है अगर हम मन को भाषायी समुदाय के विकास के साथ जोड़कर देखें, जैसा ऊपर किया गया है। मनुष्य का मस्तिष्क स्नायुओं के एक अत्यन्त ही जटिल ताने-बाने का केन्द्र है। वह संवेदनात्मक (सेसोरी) एवं गत्यात्मक (मोटर) स्नायुओं से शरीर के सभी अंगों से जुड़ा होता है। स्नायु-संस्थान इलेक्ट्रॉनिक सर्किट की तरह 'इनपुट-आउटपुट' प्रक्रिया से जुड़ा होता है। इसी से हमारे शरीर पर कहीं चोट लगती है तो हम चिल्ला पड़ते हैं। यहाँ इनपुट के छोर पर पदार्थ का संघात होता है, लेकिन एक भाषायी समूह में जहाँ,

जैसा हमने देखा है, भाषा अवधारणाओं को अभिव्यक्त करती है—अवधारणाएँ ही 'इनपुट' बन जाती हैं। अगर कोई किसी को सूचना देता है कि उसका मित्र मर गया तो बिना किसी भौतिक आघात के वह विह्वल होने लगता है। दरअसल, 'मन' का नाम हम ऐसी ही प्रक्रियाओं के अभौतिक कारकों को देते हैं। यह भाषा के व्याकरण का कमाल है कि अनेक प्रक्रियाओं को संज्ञा बना एक अस्तित्व प्रदान कर देता है। इस तरह के दूसरे उदाहरण, जिन्हें हम सहज भाव से स्वीकार करते हैं, 'मित्रता', 'दया' आदि भाववाचक संज्ञा हैं। दरअसल, ये हमारे व्यवहार की प्रक्रियाओं के नाम हैं। कुछ खास तरह के व्यवहारों के समुच्चय को 'मित्रतापूर्ण' माना जाता है, दूसरी तरह के व्यवहारों के समुच्चय को दयापूर्ण। वास्तविक जीवन में ये प्रक्रियाएँ मात्र ही हैं जिन्हें वर्गीकृत किया गया है, लेकिन ऐसे वाक्यों में, 'मित्रता एक अत्यन्त ही उदात्त चीज है' या 'दया ही धर्म है' इन प्रक्रियाओं को एक स्वतंत्र अस्तित्व प्रदान कर दिया जाता है। ठीक इसी तरह मस्तिष्क की स्नायु संस्थान को अवधारणाओं के सम्प्रेषण से (जो भाषा के द्वारा होता है) गतिशील कर सकने की क्षमता के कारण 'मन' के स्वतंत्र अस्तित्व की धारणा पैदा होती है। इसीलिए कम्प्यूटर और मन की तुलना करना; जो आजकल फैशन में है, अर्थहीन है, जब तक अवधारणा की क्षमता वाले कम्प्यूटरों का भी एक भाषायी समूह अस्तित्व में नहीं आ जाता, लेकिन अवधारणा का जन्म एक जटिल मानसिक प्रक्रिया है, जिसमें इन्द्रियजन्य बहुआयामी छवि और भावानुभूति, दोनों का योगदान होता है। यह तर्क और संवेदन, दोनों से युक्त जीव में ही सम्भव है।

हम ऊपर बतला आए हैं कि संस्कृति विकास के एक ऊँचे स्तर पर मनुष्य के निजी और सामूहिक जीवन को नियमित करने की वही भूमिका अदा करती है जो अन्य जीवों में और विकास की प्रारभिक अवस्था में मनुष्यों में भी आनुवंशिकी अदा करती है। मूलतः इसी के प्रभाव में मनुष्य के निजी एवं सामाजिक कार्यकलाप निर्धारित होते हैं। आनुवंशिकी में जीवन को स्वरूप देने में सूचना संचय और सम्प्रेषण का स्रोत जीन होता है। संस्कृति में सूचनाओं का ऐसा स्रोत होता है, मनुष्य की परम्परा। मानव संस्कृति के आदिकाल में छोटे समूहों में रहनेवाले मानवों की निकटता पीढ़ी-दर-पीढ़ी अग्रजों की नकल और साहचर्य से इस ज्ञान का सम्प्रेषण सम्भव बनाती थी जो जीवन के लिए आवश्यक था। यह दूसरे विकसित जीवों, विशेषकर स्तन्यायियों की प्रशिक्षण प्रक्रिया से बहुत भिन्न नहीं रही होगी। इस काल में जीवन के तौर-तरीके और रहन-सहन में एक स्थायित्व रहा होगा। नए आविष्कार दुर्लभ रहे होंगे और ऐसे हर आविष्कार को बड़े यत्न से संजोया जाता होगा। ऐसे संचित आविष्कारों को एक परम्परा में पिरोया जाता होगा जिसे नई पीढ़ी ग्रहण करती होगी।[3] परम्परा के प्रति गहरा भावनात्मक लगाव जीवन के लिए अत्यधिक महत्त्वपूर्ण रहा होगा, और आज भी परम्परा के प्रति लगाव की वह विरासत हम

ढो रहे हैं। चूँकि हमारे विकास के लिए इसका केन्द्रीय स्थान है इसीलिए शायद इस लगाव का गुण हमारी आनुवंशिकी का अंग बन गया है और हम अनायास ही इससे प्रभावित होते रहते हैं।

प्रतीकों का सहारा लेने से परम्परा को सम्प्रेषित करने का दायरा एकाएक काफी विस्तृत हो गया होगा। इस काल में नृत्य, संगीत, चित्रकला एवं मूर्तिकला अभिव्यक्ति के महत्वपूर्ण साधन बन गए होंगे। इसका नमूना हम वीनस ऑफ डुसेलडॉर्फ की मूर्ति तथा त्रोवा फेर (चित्र 4) और अल्तामीरा गुफा के भित्तिचित्रों में पाते हैं। संगीत और नृत्य की तो हम कल्पना भर कर सकते हैं। इनका काल आज से बीस से तीस हजार वर्ष पहले का अनुमानित है। निश्चित रूप से उस समय तक जादू-टोना, जादूगर आदि वैसे कर्मकांडों से जुड़ गए थे जो समूह को बाँधे रखने और नेतृत्व प्रदान करने का काम करते थे। इस काल तक अपने प्राथमिक रूप में भाषा का भी विकास अवश्य हुआ होगा। कुछ शब्दों का प्रयोग वैसा ही होता होगा जैसा आज भी अत्यन्त छोटे बच्चे करते हैं, जिसमें प्राय: वे एक शब्द से एक सम्पूर्ण इच्छा या अवस्था को सम्प्रेषित करते हैं। इन शब्दों को अक्षुण्ण रखने का भी आग्रह रहा होगा क्योंकि ये सम्प्रेषण की बहुमूल्य निधि रहे होंगे। मंत्रों को अपरिवर्तित रूप में बार-बार दुहराने की परम्परा अतीत की ऐसी ही विरासत लगती है। शब्द छीज न जाए या खो न जाए, यह सबों के लिए समान चिन्ता का विषय रहा होगा। शब्द ब्रह्म की कल्पना या फिर सन्त जॉन का गौस्पेल में यह कहना, 'प्रारम्भ में शब्द था और शब्द ईश्वर के साथ था और शब्द ही ईश्वर था' शब्दों के साथ किसी ऐसे आदिम लगाव की अनुगूँज ही मालूम होती है। आज भी मिथकों में या मंत्र-जाप में शब्दों को बिना उनके क्रम को बदले बार-बार दुहराने की प्रवृत्ति प्राय: सभी समूहों में है। सूचना के सही सम्प्रेषण के लिए उसका ह्रास (जिसे आज नॉइज़ का हस्तक्षेप कहा जाएगा) अत्यन्त ही मारक है और यह अनुभूति हमारे पूर्वजों को विशेष रूप से रही होगी, जिनका शब्द भंडार सीमित, लेकिन जीवन के लिए निर्णायक था।

इस स्थिति में एक सर्वाधिक मौलिक परिवर्तन तब हुआ जब आज से लगभग पाँच-छह हजार वर्ष पहले नदी-घाटियों में सभ्यता का जन्म हुआ और शब्दों को लिपिबद्ध करने के ज्ञान का उदय हुआ। अब शब्द और इसके साथ सूचनाएँ शरीर से बाहर संचित की जा सकती थीं। इस क्षमता से न सिर्फ सम्प्रेषण की सम्भावना बढ़ी बल्कि अब ऐसे लोगों से सूचना ग्रहण की जा सकती थी या ऐसे लोगों को सूचना भेजी जा सकती थी जो स्थान और समय, दोनों के हिसाब से हमारी तात्कालिक पहुँच के बाहर थे। दूर-दराज के सगे-सम्बन्धियों से सन्देश पाया जा सकता था और उन्हें सन्देश भेजा जा सकता था, लेकिन इससे भी बढ़कर चालू घटनाओं के रेकार्ड रखे जा सकते थे जो आनेवाली पीढ़ियों के काम आते। अब परम्पराओं को अगली पीढ़ी तक पहुँचाने के लिए शब्दों का जुबानी सम्प्रेषण जरूरी नहीं था, न

कर्मकांडों के जरिये उन्हें जिन्दा रखना जरूरी। अब परम्परा की सभी सम्प्रेषणीय बातें लिखित रूप से दस्तावेजों और पुस्तकों के माध्यम से लोगों के पास पहुँचाई जा सकती थीं। अब पुस्तकें सामूहिक याददाश्त का माध्यम बन गईं जो पहले लोककथाएँ या किंवदन्तियाँ थीं।

चित्र-4 : त्रोआ फ़ेर, फ्रांस में ऊपरी प्राचीन प्रस्तर युग की मुखौटे में नृत्य करते, सम्भवतः एक जादूगर की आकृति।

किसी नए आविष्कार का जन्म होने पर उसका प्रयोग सिर्फ उन्हीं, कम-से-कम आवश्यक कामों के लिए नहीं होता, जिनके लिए आविष्कार होता है। इसके अस्तित्व में आने से अनेक नए तरह के कामों के लिए इसका प्रयोग होने लगता है। इस तरह समाज के विकास के साथ लिखावट के माध्यम से कई विधाएँ स्वयमेव अस्तित्व में आ गईं। अब पुस्तकों एवं अखबारों का प्रकाशन सामाजिक जीवन का अभिन्न अंग बन गया। इनके माध्यम से समाज का तमाम ढाँचा भी बदलने लगा क्योंकि आवश्यकता की बजाय ये विविध मनोरंजन के साधन बन गए और आदमी की आकांक्षाओं को पंख लग गए।

4

हमने आनुवंशिकी के समानान्तर रख संस्कृति को समझने के लिए जैविकी की अनेक क्रियाओं की जानकारी का सहारा लिया है। अब आनुवंशिकी की एक और विशेषता का ध्यान दिलाएँगे, जिससे यह समझने में आसानी होगी कि संस्कृति का साध्य क्या है? यह तो हम देख चुके हैं कि संस्कृति की भूमिका आदमी के जीवन को वैसे ही नियमित करने की है, जैसे आनुवंशिकी इतर जीवों के जीवन को और एक निम्न स्तर पर मनुष्य के जीवन को भी नियंत्रित करती है, लेकिन हमें देखना यह है कि यह नियमन मनुष्य को ही लक्ष्य मानकर होता है या इसका लक्ष्य इससे आगे बढ़ किसी बड़ी इकाई का हित साधन है? यह सवाल इसलिए पैदा होता है क्योंकि मनुष्य की संस्कृति उस समूह की या उन समूहों की देन होती है जिसमें वह पलता या प्रशिक्षित होता है। पिछले कुछ हजार वर्षों से मनुष्य विभिन्न स्तरों पर उसे आवृत्त करनेवाले कई समूहों और परिवेशों में रहता आया है। उसकी अपनी रक्षा और संस्कृति के विकास के लिए इन समूहों और परिवेशों से लगाव एवं उनके प्रति वफादारी आवश्यक रही है। ऐसे समूह हैं—परिवार, कबीला, कार्यशाला, राज्य एवं राष्ट्र। इनमें प्रत्येक के अपने भौगोलिक परिसर रहे हैं जिनसे आदमी का भावनात्मक लगाव रहा है। अक्सर ऐसा देखा जाता है कि मनुष्य और उसको घेरे कई स्तर की इकाइयों में घनिष्ठ पारस्परिकता का रिश्ता रहा है और इनमें कामों का व्यवस्थित बँटवारा होता रहा है। कहीं इन इकाइयों की कार्यविधि एक केन्द्र से उसी तरह नियंत्रित होती है, जैसे शरीर का कार्य मस्तिष्क से। इस तरह की बाहरी समानता को देख कुछ बौद्धिकों ने मनुष्य को आवृत्त करनेवाली बड़ी इकाइयों जैसे राज्य या राष्ट्र को भी जीव की तरह प्राणवान और अपने आप में सम्पूर्ण एवं साध्य मानना शुरू कर दिया है। विशेषकर कबीलों और राष्ट्र-राज्य को तो इतना गरिमामंडित किया गया है कि इनके भीतर के मनुष्यों की जान पर भी इनका अनियंत्रित अधिकार मान लिया गया है। यह अपेक्षा भी रहती है कि इनका सदस्य आवश्यकता होने पर इन इकाइयों की रक्षा के लिए जान की भी बाजी लगा दे। ऐसे विचारों ने आदमी की हैसियत को तुच्छ बना दिया है। दूसरी तरफ उसके अहम् को एक और झटका लगा है। 'अमरत्व की तलाश' के सन्दर्भ में यह बात कही गई थी कि आदमी अपने अमरत्व के लिए अपने जीन के

अस्तित्व को निरन्तरता प्रदान करने की कोशिश करता है, लेकिन अब यह माना जाने लगा है कि ऐसा सोचना मनुष्य के अहंकार की ही अभिव्यक्ति है। जैविक हकीकत यह है कि जीन ही मानव जीवन या पशु जीवन का नियन्ता है और वह अपनी सुरक्षा के लिए ही मनुष्य या अन्य पशुओं को वैसे गुण प्रदान करता है जिनसे वे जीवित रह अपने जीन को अपने वंशजों को हस्तान्तरित कर सकें और जीन के लिए अक्षय जीवन सुनिश्चित कर सकें। अत: साध्य जीन है, जीव या मनुष्य साधन है।

लेकिन संस्कृति के स्तर पर एक बार फिर व्यक्ति के रूप में मनुष्य की केन्द्रीयता स्थापित हो जाती है। चूँकि संस्कृति जिन व्यवहारों का निर्माण करती है उनका केन्द्रबिन्दु मनुष्य ही है, इसलिए जैसे जीव जगत का केन्द्रबिन्दु जीन है वैसे ही मानव समूहों का केन्द्रबिन्दु मनुष्य बन जाता है। प्राचीन यूनान के दार्शनिक प्रोटागोरस ने जब कहा कि 'मनुष्य ही सभी वस्तुओं का मापदंड है' तो उसने मनुष्य की इसी अनुभूत केन्द्रीयता को उजागर किया था। ध्यान देने की बात है कि उसी प्राचीन यूनान में अपने विचारों के लिए सुकरात को मृत्युदंड दिया गया था, लेकिन इस मृत्युदंड से ज्यादा महत्त्वपूर्ण वह विचार है जिसे सुकरात, ने मृत्यु को अंगीकार करते हुए व्यक्त किया था। सुकरात के सामने दो विकल्प रखे गए थे—या तो नगर से निर्वासित होना कबूल करना या जहर पीकर मृत्यु को गले लगाना। सुकरात ने नागरिक के जीवन को जीवन से अधिक महत्त्व दिया और जहर खाकर प्राण दे दिए। यह उन प्राचीनतम घटनाओं की श्रृंखला में एक है जो व्यक्ति के जीवन से अधिक महत्त्व समुदाय को देती हैं। ऐसा विचार जितना ही उदात्त है उसकी तार्किक परिणति उतनी ही खतरनाक हो सकती है। सुकरात के शिष्य प्लेटो ने अपनी विख्यात पुस्तक 'रिपब्लिक' में जिस आदर्श समाज की कल्पना की उसमें व्यक्ति की स्वायत्तता की कोई जगह नहीं थी।

यहाँ जीन और जीव के सम्बन्ध का एक दृष्टान्त प्रासंगिक है क्योंकि नियामक सूचनातंत्र के रूप में समाज के लिए मानव व्यक्ति की भी वही भूमिका हो जाती है जो जीन की जीव के अस्तित्व और विकास के लिए। अब यह सिद्ध बात है कि प्रजाति के सदस्यों में जो सामूहिक स्तर पर महत्त्वपूर्ण बदलाव होते हैं उसकी शुरुआत जीन के 'म्यूटेशन' से होती है। यह म्यूटेशन अचानक होता है और परिस्थिति से अनुकूलन की प्रक्रिया से धीरे-धीरे यह गुण पूरी प्रजाति में फैल जाता है। समाज में सांस्कृतिक परम्परा का दबाव लोगों को लीक पर रखने के लिए ही होता है। इस लीक से हटने की प्रक्रिया व्यक्ति के स्तर पर ही शुरू होती है। कोई मसीहा, कोई वैज्ञानिक, कोई कलाकार या कोई कारीगर परम्परा से हटकर कुछ नया कहता है या करता है। परम्परा से उसकी टकराहट होती है, लेकिन अगर बदलाव बदली परिस्थिति में जीवन के लिए अनुकूल सिद्ध हुआ तो लोग उसे कबूल करते हैं और एक नई सांस्कृतिक परम्परा की शुरुआत होती है। इस तरह समाज में मंगलकारी मौलिकता का उत्स भी व्यक्ति ही है। अन्त:संस्कृति के दीर्घकालीन जीवन के लिए व्यक्ति का जीवन और

उसकी अभिव्यक्ति का स्वातंत्र्य अनिवार्य है, लेकिन आदमी हर क्षण अनिश्चितता की स्थिति में नहीं रह सकता। उसे हर समय छोटी-मोटी बातों पर निर्णय लेना होता है। परम्परा उसे अधिकांश बातों में बना-बनाया निर्णय प्रदान करती है। विकास के विशेष बिन्दुओं पर ही मौलिक निर्णयों की जरूरत होती है और विशिष्ट व्यक्तियों की भूमिका होती है। छोटे समूहों में, जिनमें समूह से बाहर जीवन सम्भव नहीं और जीवन संघर्ष दुरूह है, समूह के सामने हर मुद्दे पर आत्मसमर्पण करने का जीवन की रक्षा के संस्कृति के मूल उद्देश्य से मेल बैठ सकता है, लेकिन बड़े और विशाल समुदायों के विकास के साथ व्यक्ति के आत्मसमर्पण से संस्कृति के केन्द्रीय तत्त्व मनुष्य जाति के विनाश की सम्भावना भी पैदा हो जाती है। दरअसल, गहराई से विचार करने पर लगेगा कि संस्कृति के लिए व्यक्ति और समष्टि का विरोध असल नहीं। जैसे जीनों की रक्षा, जो जीवन की नियंत्रक सूचनाओं के वाहक हैं, जीव की रक्षा के लिए भी आवश्यक है वैसे ही मनुष्य और समाज, दोनों एक-दूसरे के जीवन के लिए आवश्यक हैं। जीन की केन्द्रीयता माने या व्यक्ति की, मनुष्य के ऊपर कोई दूसरी ऐसी सत्ता नहीं जिसके लिए जीते-जागते व्यक्ति की बलि देने का तर्क बने जैसा समाज की विभिन्न इकाइयों के पक्ष में इतिहास में देखा गया है।

व्यक्ति का महत्त्व संस्कृति के लिए कितना है, इसे समझने के लिए सांस्कृतिक बदलाव की प्रक्रिया पर विचार करना जरूरी है। अध्ययन के प्रारम्भ में ही संस्कृति के संस्कार से अनिवार्य सम्बन्ध की बात कही गई थी। इसके मुताबिक संस्कार व्यक्ति में संस्कृति का प्रतिबिम्ब होता है, लेकिन संस्कृति एक अखंड इकाई नहीं होती। इसके अलग-अलग अवयव होते हैं जिनका समन्वित रूप पूरी संस्कृति होती है। मनुष्य के संस्कार में भी उसकी स्थिति और रुझान के अनुसार ये विभिन्न अवयव कुछ विशिष्टता के साथ प्रतिबिम्बित होते हैं। व्यक्तियों को संस्कारित करने के लिए संस्कृति एक साँचे का काम करती है। इसमें संस्कृति के विभिन्न अवयवों के अलग-अलग साँचे होते हैं। संस्कृतियों का परिवर्तन भी हठात् एक समग्रता में नहीं होता बल्कि इनके अलग-अलग अवयवों पर ही होता है। ये परिवर्तित अवयव धीरे-धीरे पूरी संस्कृति पर भी बदलाव का दबाव बनाते रहते हैं और परिस्थिति के अनुसार उन्हें पूरी तरह बदल भी सकते हैं, लेकिन इन साँचों में परिवर्तन के पीछे एक गहरा अन्तर्द्वन्द्व होता है। संस्कारों में अपने को संरक्षित रखने का एक अन्तर्निहित दबाव होता है। इनका विरोध पारिस्थितिकीय दबाव से होनेवाले परिवर्तनों से होता है। अनुकूलन प्रक्रिया के दबाव में ही परिवर्तनों को संस्कृतियाँ अंगीकार करती हैं।

समुदाय में संस्कृति द्वारा संस्कारित व्यक्तियों के पारस्परिक सम्बन्धों का ताना-बाना परम्परा का निर्माण करता है। ये परम्पराएँ एक पीढ़ी से दूसरी पीढ़ी में हस्तान्तरित होती चलती हैं जिनके माध्यम से संस्कृति के तत्त्व पीढ़ी-दर-पीढ़ी समुदाय में जीवित रहते हैं। एक ठेठ अर्थ में इसे परिपाटी भी कह सकते हैं। ये तत्त्व एक-दूसरे से सम्बद्ध

होते हैं और एक-दूसरे को प्रभावित करते हैं, लेकिन सब की अपनी स्वायत्तता भी होती है और बाहरी प्रभावों एवं दूसरे तत्त्वों से स्वतंत्र रूप से इनमें परिवर्तन भी होते हैं। ऐसे परिवर्तन अगर संस्कृति के समन्वित संस्कार के विपरीत नहीं हों तो परम्परा के भीतर अंगीकार हो जाते हैं, लेकिन अगर ये बाकी तत्त्वों के संस्कार से बिलकुल विपरीत हों तो या तो दूसरे तत्त्व भी प्रभावित हो अपने को बदलेंगे या इन्हें परम्परा से बाहर कर दिया जाएगा। अगर बदलाव के पीछे कोई शक्तिशाली और विजातीय प्रभाव हो तो पूरी संस्कृति नष्ट भी हो सकती है क्योंकि इसका अपने परिवेश से मेल नहीं बैठ पाएगा। संस्कारित करनेवाले साँचे आनुवंशिकी के जीन के कोड की तरह ही काम करते हैं और पीढ़ी-दर-पीढ़ी संस्कृति के स्वभाव को निर्धारित करते हैं।

संस्कार के इन तत्त्वों में (1) यौन सम्बन्ध और कौटुम्बिक ताना-बाना (किनशिप), (2) शिष्टाचार, (3) धार्मिक विश्वास और कर्मकांड, (4) आवासीय व्यवस्था और सामुदायिक संरचना, (5) भाषा एवं सम्प्रेषण, (6) आजीविका के साधन एवं प्रौद्योगिकी, (7) प्रशिक्षण की व्यवस्था, (8) नृत्य, संगीत एवं कला, (9) क्रीड़ा एवं खेल तथा (10) राजकीय व्यवस्था शामिल हैं।

ये तत्त्व अलग-अलग और सम्मिलित रूप से भीतरी दबावों और बाहरी प्रभाव से बदलते रहते हैं, लेकिन आमतौर से इनका बदलाव इतना धीमा होता है कि इनका असली प्रभाव आनेवाली पीढ़ियों को एक विशिष्ट सांस्कृतिक ढाँचे में बाँधे रखने का होता है। तकनीकी के आमूलचूल परिवर्तन का सबसे व्यापक प्रभाव बाकी तत्त्वों और इनसे पूरी संस्कृति को बदलने में होता है। दूसरा महत्त्वपूर्ण तत्त्व जिससे संस्कृतियाँ बदलती हैं, विश्वासों-जैसे धर्म के परिवर्तन का हो सकता है जो संस्कृति के बाकी तत्त्वों को बदलने के प्रेरणास्रोत हो सकते हैं जैसा इस्लाम या प्रोटेस्टेंट धर्म के प्रभाव से हुआ।

संस्कृति द्वारा व्यक्ति को संस्कारित करनेवाले साँचे को हम 'संस्कारिकी' का नाम दे सकते हैं और फिर विविध अवयवों पर काम करनेवाले साँचे को इसी तर्ज पर (1) कौटुम्बिकी, (2) शिष्टाचारिकी, (3) धार्मिकी, (4) आवासिकी, (5) सम्प्रेषिकी, (6) शैक्षिकी, (7) प्रौद्योगिकी, (8) सांगीतिकी, (9) क्रीड़की और (10) राजकी जैसे नाम दे अलग-अलग हिस्सों में बाँट सकते हैं। इस तरह के विभाजन से यह देखना और समझना आसान होगा कि संस्कृति के किन अवयवों पर किस तरह का प्रभाव पड़ रहा है और कैसे परिवर्तन हो रहे हैं। व्यक्तियों के संस्कार के स्तर पर यह एक अध्ययन का विषय बन सकता है।

5

जैसा कि पहले बतलाया गया है संस्कृति आदमी को आनुवंशिकी से प्राप्त सहज प्रवृत्ति की सीमाओं से परे जा उसकी आवश्यकताओं के अनुसार उसके आचरण को नियमित करती है, लेकिन यह नियमन बिलकुल स्वायत्त नहीं होता। सहज प्रवृत्ति सप्त रूप से सदा विद्यमान रहती है और विशेष परिस्थितियों में मनुष्य के व्यवहारों पर हावी हो जाती है। इसके अलावा आनुवंशिकी से प्राप्त व्यवहारों में भी सदा मेल नहीं बैठता। इससे आदमी को वैसी अनेक परस्पर विरोधी प्रवृत्तियाँ मिली होती हैं जो अतीत की विविध चुनौतियों के अनुरूप विकसित हुई थीं, पर जिनके बीच संगति नहीं बैठ पाई। नतीजा यह है कि जहाँ एक तरफ आदमी में आक्रामकता की प्रवृत्ति है वहीं दूसरी तरफ दूसरों के लिए आत्मोत्सर्ग करने की प्रवृत्ति भी है; जहाँ सहयोग की प्रवृत्ति है वहीं प्रतिस्पर्धा की भी है। जीवन के विकास के क्रम में अलग-अलग आवश्यकताओं के अनुरूप ये सब परस्पर विरोधी प्रवृत्तियाँ आदमी के चरित्र का हिस्सा बन गईं। अन्य बातों के अलावा संस्कृति की एक भूमिका रही है, मानव जीवन की आवश्यकताओं के अनुसार अलग-अलग परिस्थितियों में इन प्रवृत्तियों को वैसी दिशा देने की कोशिश, जो मानव प्रजाति के लिए कल्याणकारी हो। अगर संस्कृति का विकास किसी एक कल्याणकारी सर्वोच्च सता के आदेशों के अनुसार होता तो यह सम्भावना होती कि आदमी की विरोधी प्रवृत्तियों के बीच आवश्यकता के अनुसार कोई संगति बैठा दी जाती, लेकिन हकीकत यह है कि संस्कृतियों का विकास एक-दूसरे से अलग-थलग अनगिनत केन्द्रों में होता रहा है और परिस्थितियों की भिन्नता के कारण यह विकास अलग-अलग तरह की चुनौतियों का सामना करने की मजबूरी में भिन्न-भिन्न और कभी-कभी परस्पर विरोधी मूल्यों को लेकर हुआ। जीव विकास की प्रक्रिया की तर्ज पर ही यह सब परिस्थिति से अनुकूलन की आवश्यकता से हुआ। इसी हिसाब से संस्कृतियों की उप-संस्कृतियाँ पैदा हुई हैं। जिस तरह एक-दूसरे से अलग हो जाने और उनके आपसी सम्पर्क टूट जाने से प्रजातियों की विविध शाखाओं की न पाटी जा सकनेवाली भिन्नताएँ नई प्रजातियों को अस्तित्व में लाती रही हैं वैसे ही मानव संस्कृतियाँ भी जब फैलती हैं और इनकी शाखाएँ एक-दूसरे से अलग हो अलग परिवेश में विकसित होती हैं तो उनकी समानता भी लुप्तप्राय हो जाती है।

संस्कृति का एक महत्त्वपूर्ण अंग भाषा भी है। इस क्षेत्र में तो काफी अध्ययन हुआ है और कुछ भाषाओं के बारे में, जो अब एक-दूसरे से बिलकुल अलग हैं, अब यह लगभग मान्य सिद्धान्त बन गया है कि वे कभी की एक ही आदि भाषा से विकसित होकर अपने वर्तमान रूप में आई हैं—जैसे भारत, ईरान और यूरोप की कई भाषाएँ, जिन्हें एक आदि भारोपीय भाषा से जनमा माना जाता है। अगर यह विचार अमान्य हो तो भी भारत की विभिन्न क्षेत्रीय भाषाओं का एक या दो आदि भाषा से प्रादुर्भाव तो विवाद से परे है। संस्कृति के दूसरे महत्त्वपूर्ण तत्त्व धर्म के क्षेत्र में भी यहूदी, ईसाई एवं इस्लाम धर्म की अनेक शाखाओं-उपशाखाओं का उत्स भी एक ही यहूदी धर्म में देखा जाता है, लेकिन अपने भौगोलिक फैलाव और ऐतिहासिक एवं पारिस्थितिकीय भिन्नता के कारण इनके रूप न सिर्फ बिलकुल भिन्न बन गए हैं बल्कि इनमें ऐसी परस्पर। विरोधी मान्यताएँ पैदा हुई हैं कि अनेक क्षेत्रों में ये धार्मिक सम्प्रदाय एक-दूसरे के कट्टर दुश्मन बन गए हैं। यहाँ तक कि इतिहास में कई बार इनकी विभिन्न शाखाओं और उपशाखाओं के बीच 'धर्मयुद्ध' भी हुए हैं। कभी यहूदियों का ईसाइयों के खिलाफ तो कभी ईसाइयों का मुसलमानों के खिलाफ क्रूसेड नाम का 'धर्मयुद्ध' (जो ईसाइयों द्वारा मुसलमानों के खिलाफ छेड़ा गया था) तो सदियों तक चलता रहा। ईसाइयों में तो विभिन्न (हेरेटिक) सम्प्रदायों के खिलाफ प्रारम्भ से ही अनेक संघर्ष चलते रहे हैं जिनमें सबसे बड़ा संघर्ष सोलहवीं शताब्दी से रोमन कैथोलिकों और प्रोटेस्टेंटों के बीच चला। इसमें कितने युद्ध हुए और कितनी हत्याएँ हुईं, इसका अन्दाजा लगाना मुश्किल है। मुसलमानों में भी शिया एवं सुन्नी सम्प्रदायों के बीच खूनी संघर्षों का होना एक आम बात बन गई है। हालाँकि आज सूचना तंत्र के विकास से दुनिया का कोई भी भाग पूरी तरह एक-दूसरे से वैसा कटा नहीं है जैसा प्राचीनकाल में, फिर भी इन सभी धर्मों में नए सम्प्रदाय (सेक्ट) रोज पैदा हो रहे हैं और अपने विशेष सन्देश को बाकी दुनिया में फैलाने में लगे हैं।

भारत में बौद्ध धर्म भी दो प्रमुख शाखाओं—हीनयान और महायान में विभक्त हो गया, लेकिन भारत के भीतर इनका वैसा विविधीकरण नहीं हुआ जैसा ऊपर बतलाए गए धर्मों का। शायद इसलिए कि भारतीय परिवेश में इनके प्रादुर्भाव के काल तक काफी सामान्यीकरण हो चुका था, लेकिन भारत से बाहर जाकर तिब्बत, चीन, जापान, थाईलैंड आदि में इसका रूप काफी भिन्न हो गया।

भाषा और धर्म संस्कृति के मूलाधार हैं। धर्म उन मूल्यों का निर्धारण करता है जिनके इर्द-गिर्द कोई मानव समूह संचालित होता है और भाषा परम्पराओं की वाहक मूल संचार माध्यम है। इससे इनके विकास से पैदा भिन्नताओं के उदाहरण पूरी संस्कृतियों की अचरजभरी भिन्नताओं की समझ को सहज बनाते हैं। यह समझ कि ये संस्कृतियाँ अपने उत्स में एक ही उद्देश्य की पूर्ति के लिए पैदा हुईं, हमें दुनिया की विभिन्न संस्कृतियों की अचरजभरी भिन्नताओं के बीच समान

मानवीय मूल्यों और चिन्ताओं का एहसास कराती हैं। इन सबमें जो सबसे त्रासद बात दिखाई देती रही है कि स्वयं धर्म, जिसकी मूल भूमिका आदमी की उच्छृंखल एवं आक्रामक भावनाओं को नियंत्रित कर उसके विघटनकारी आयामों को खत्म करना है, अपने विभाजन से उपजे इन विवादों के चलते मानव समूहों को ऐसी दिशा में ढकेलते रहे हैं जहाँ जीवित हाड़-मांस के असली आदमी की केन्द्रीयता, जिसकी चर्चा पहले की गई है, भुला दी जाती है और उसकी स्वतंत्रता और उसके जीवन, दोनों को जोखिम में डाल दिया जाता है। यह त्रासदी संस्कृति के अन्य आयामों के साथ भी जुड़ सकती है।

पिछले अध्यायों में हमने उन सूचना तंत्रों, विशेषकर भाषा की चर्चा की है जो सम्प्रेषण के द्वारा संस्कृति को ग्राह्य बनाते हैं और क्षेत्र एवं काल में विस्तार दे हम उन मूलभूत आवश्यकताओं पर नजर डालें जो संस्कृति द्वारा पूरी की जाती हैं। इनमें महत्त्वपूर्ण होती है भोजन की उपलब्धि, हिंस्र पशुओं तथा अन्य आक्रामक मानव समूहों से रक्षा, नर-नारी का चयन और सन्तान वृद्धि, लेकिन मानव समाज में इससे आगे बढ़ दूसरी आवश्यकताएँ भी होती है जिनकी पूर्ति संस्कृति करती है—जैसे जन्म और मृत्यु से जुड़े कर्मकांडों का निर्माण और नियमन, धर्म, कला, संगीत, नृत्य, नाटक एवं साहित्य का विकास, लेकिन इन सब से अलग और महत्त्वपूर्ण होता है स्थानबोध को सुनिश्चित करना, जिसके सदर्भ में ही बाकी आवश्यकताओं की पूर्ति होती है।

सभी जीवों—प्रोटोजोआ एवं रेंगनेवाले जीवों से लेकर पशु-पक्षियों तक में अपने परिवेश की गहन जानकारी की तलाश होती है। इसमें वे सुरक्षा का अनुभव करते हैं और इसी केन्द्र से जीवन की अन्य सम्भावनाओं का आकलन करते हैं। इसके प्रति वे इतने संवेदनशील होते हैं कि परिचित परिवेश में थोड़ी भी भिन्नता होने पर उनमें स्थिति के आकलन की बेचैनी पैदा हो जाती है। परिवेश में परिवर्तन से ही उन्हें खतरे की आशंका होती है या आहार की आशा दिखाई पड़ती है। सबसे परिचित उदाहरण मकड़ी का है जो अपने जाल से स्वयं एक विशिष्ट परिवेश का निर्माण करती है। इसमें होनेवाले अतिक्रमण के आकार और रूप से उसे पता चल जाता है कि अतिक्रमणकर्ता कोई खतरनाक जीव है, आहार लायक जीव है या परिणय का अभिलाषी अपनी ही प्रजाति का कोई दूसरा सदस्य? जीवों में भौगोलिक परिवेश के प्रति लगाव (टेरिटोरियल सेंस) का सबसे स्पष्ट उदाहरण पक्षियों में देखने को मिलता है, विशेषकर उन पक्षियों में जो जोड़ी में रहते हैं एवं घोंसला बना उसमें बच्चों का भरण-पोषण करते हैं। दरअसल, इस गुण के अध्ययन की शुरुआत भी पक्षियों से ही हुई और बाद के अध्ययनों से यह लगाव कमोबेश सभी जीवों में पाया गया। मनुष्यों में भी यह गुण है और परिवेश को समझने की यह आकांक्षा आगे चलकर विज्ञान को जन्म देती है, लेकिन विज्ञान का जन्म मनुष्यों में अचानक शून्य से नहीं

आता। यह जीव जगत के विकासक्रम की निरन्तर प्रक्रिया का अंग है जो सबसे निम्न स्तर के जीवों की अपने परिवेश को समझने की क्षमता का एक परिष्कृत रूप है।

दरअसल, संस्कृति के सबसे गौरवपूर्ण और समादृत आयाम भी जीवन की आदिम आवश्यकताओं और क्षमताओं के ही विकसित और परिष्कृत रूप होते हैं। विज्ञान भी आदिम जीवों को टटोलकर अपने गन्तव्य तक पहुँचने के प्रयासों का ही मानव स्तर पर रूपान्तरण है। जीव अपनी प्रारम्भिक अवस्था में, जब वह प्रोटोजोआ (आदिम एक-कोष्ठीय जीव) या कीटाणु के रूप में रहता है, उस समय भी जीवित रहने के लिए उसे अपने परिवेश को जानने की जरूरत होती है, भले ही उसका यह परिवेश अत्यन्त ही छोटा हो। जिस रासायनिक द्रव्य में वह तैरता है उसे अपने शरीर के फैलते-सिकुड़ते अनिश्चित आकार वाले लसीले सूढ़ों (स्युडोपोडिया) के स्पर्श से आँकता है। इसी से उसे यह ज्ञान होता है कि वह द्रव्य या उसका वह विशेष भाग जिसका वह स्पर्श कर रहा है ग्राह्य पोषक तत्त्व है या नुकसान करनेवाला जहरीला तत्त्व। इसी आदिम अनुभव के आधार पर वह उस तत्त्व को ग्रहण करने के लिए अपने शरीर से उसे आवृत्त करता है या उससे दूर होने का प्रयास करता है। उसके संसार का दायरा उसके शरीर को आवृत्त करनेवाला वह स्पर्श संसार ही है, लेकिन स्पर्श के संकीर्ण संसार में रहनेवाले इन जीवों के प्रति जल्दबाजी में हिकारत का भाव मन में मत लाइए। आपके अहम् को यह जानकर भारी धक्का लगेगा कि हम मानवों के संसार का वास्तविक दायरा भी यह स्पर्शों का संसार ही है। जरा-सा गौर करते ही यह बात स्पष्ट हो जाएगी कि हम, 'सृष्टि के सिरमौर' मानव भी अपने ज्ञान के लिए अपने एक-कोष्ठीय अतीत से बँधे हैं और सारे जीव संसार की बिरादरी के ही एक सदस्य हैं।

अब जरा विचार कीजिए : हमें मुग्ध करनेवाला विविध रंगों के फूल-पत्तियों का संसार, इन पर थिरकती रंग-बिरंगी तितलियाँ, उषा की मोहक लाली, सूरज का चकाचौंध करनेवाला प्रकाश, रात्रि की स्निग्ध चाँदनी और विविध रूप-रंगों के परिचित-अपरिचित चेहरों का संसार—क्या इन सबों से भी हम स्पर्श द्वारा ही परिचित नहीं होते? आप कहेंगे कि निसर्ग ने हमें इन्हें देखने-परखने के लिए दृष्टि दी है। रुकिए और सोचिए! हमारा दृष्टिबोध कहाँ से आता है ? आधुनिक समय का एक स्कूली बच्चा भी जानता है कि हम किसी भी वस्तु को इसलिए देखते हैं क्योंकि उस वस्तु से प्रकाश, चाहे वह उसका अपना हो चाहे किसी दूसरे स्रोत से प्रतिबिम्बित होकर आया हो, हमारी आँखों की पुतलियों को स्पर्श करता है और इसी से प्राप्त संवेदन से हम उसके दृष्टिगत होने का अनुभव करते हैं। इस तरह दृष्टिबोध भी स्पर्शबोध ही है। आप कहेंगे माना, पर हमारा बोध देखने भर से तो नहीं आता। हम संसार को कथा-कहानियों, काव्यों और संगीत से भी तो जानते हैं—सूरदास का सारा काव्यलोक नेत्रहीनता की स्थिति में अस्तित्व में आया, लेकिन यहाँ भी स्पर्श हमें अपने पाश से

मुक्त नहीं करता। आखिर हम आवाज की दुनिया में प्रवेश कैसे पाते हैं ? यहाँ भी जब हमारे कान के पर्दों पर हवा में उत्पन्न आवाज की तरंगें आकर टकराती हैं तब हमें आवाज का ज्ञान होता है। इस तरह हमारे शब्द-ज्ञान का स्रोत भी स्पर्श ही है। यही बात हमें मोहनेवाली विविध सुगन्धों और जुगुप्सा पैदा करनेवाली दुर्गन्धों के साथ भी है क्योंकि हम गन्धों से परिचित इसलिए होते हैं क्योंकि फूलों के पराग या अन्य रसायनों के अणु हमारी नासिका में प्रवेश कर उसकी विशेष कोशिकाओं को स्पर्श कर स्पंदित करते हैं। स्वाद का जिह्वा के स्पर्श का परिणाम होना तो सर्वविदित है और वैसा ही सर्वविदित है ठंडे-गरम, कोमल और कठोर की अनुभूति का शरीर से स्पर्श का परिणाम होना। दरअसल, स्पर्शों की विविधता के आधार पर हमारा मस्तिष्क रूप, रंग, शब्द और गन्ध—सबों का संसार निर्मित करता है, लेकिन मानव संस्कृति निजी अनुभूतियों से परे जा सम्प्रेषण के माध्यम से एक सार्वजनीन अनुभूति का निर्माण करती है, जिससे असामान्य अनुभूतियों का निष्कासन भी होता है और विशिष्ट सामूहिक अनुभव के आधार पर उनका मूल्यांकन भी होता है। उदाहरण के लिए, सभी समाजों में कोई गन्ध या स्वाद समान रूप से ग्राह्य या त्याज्य नहीं माने जाते।

तात्कालिक बोध का माध्यम तो स्पर्श ही है, लेकिन जीवन जीव के शरीर से सटे परिवेश से होनेवाले आदान-प्रदान पर ही निर्भर नहीं करता। यह परिवेश तो अत्यन्त ही छोटा हिस्सा है उस बृहत् परिवेश का जो अपनी निरंतरता में असंख्य परतों में एक के बाद एक इस परिवेश को घेरे हुए है और जिसके साथ यह एक अन्तहीन आदान-प्रदान में लगा हुआ है। शरीर का स्पर्श करता ठोस पदार्थ या जल है और इसके बाहर वायुमंडल और इसके चारों ओर फैला अन्तहीन आकाश जिसमें नक्षत्र और तारे हैं, जिन सबके साथ इसका ऊर्जा एवं पदार्थों का आदान-प्रदान होता रहता है। इन सभी से आए संघात शरीर पर संवेदन के रूप में होते हैं जो अपने साथ विविध भाँति की सूचनाएं लाते हैं। इन सूचनाओं के आधार पर आदमी शरीर से तात्कालिक स्पर्श वाले संसार के दायरे से परे जा दूर-दराज के उन सूचना स्रोतों का ज्ञान अर्जित करता है जो उसके जीवन के लिए प्रासंगिक होते हैं। विशिष्टता और जटिलता के हिसाब से ही वह अनगिनत संवेदनों में उन संवेदनों का चयन करता है और उन्हें समन्वित करता है जो उसके जीवन के लिए प्रासंगिक होते हैं। इसमें जीव नि:स्पन्द रह बाहर से निस्सरित संवेदनों को ही ग्रहण नहीं करता बल्कि स्वयं भी शरीर से ऐसी ऊर्जा का प्रक्षेप करता है जो बाहर की वस्तुओं से परावर्तित हो वापस आती है और उसकी विशेष तरह की इन्द्रियों का स्पर्श कर उसे उन वस्तुओं की स्थिति एवं उपस्थिति का ज्ञान देती है।

प्रकृति ऐसे विलक्षण गुणों से भरी है। जुगनुओं द्वारा प्रकाश किया जाना ऐसी ही प्रक्रिया है। ऐसी ही प्रक्रिया है, चमगादड़ों द्वारा तेज कंपन वाली ध्वनितरंगों को पैदा करना, जिनका ज्ञान हमें तो नहीं हो पाता, पर जो प्रतिबिम्बित हो वापस आ

चमगादड़ को घुप्प अँधेरे में उसके आसपास की वस्तुओं, शिकार के लायक पतिंगों तथा स्वयं अपने रहने के स्थान की ठीक सूचना देते हैं। इन्हीं सूचनाओं के आधार पर वह दूर-दराज तक शिकार करता है और फिर वापस आ अपने स्थान की कन्दरा या वृक्ष की डाली में लटक जाता है। सबसे विस्मयकारी तो मधुमक्खियों का दूर-दराज (कई किलोमीटर) तक स्थित फूलों की बिलकुल ठीक-ठीक सूचना पाना और एक विशेष तरह के नृत्य के द्वारा अपने छत्ते की दूसरी मधुमक्खियों को उसे देना है जो सूरज की स्थिति के ज्ञान से उसी तरह सम्भव है, जैसा महासागर में नाविकों के लिए होता है (चित्र 5)। इससे भी अचरज में डालनेवाली बात यह है कि मधुमक्खियाँ आसमान के बादल से घिरे होने पर भी ठीक-ठीक उस स्थान का पता अपने साथियों को दे सकती हैं अगर आसमान का कोई टुकड़ा दिखाई देता हो। यह उनकी ध्रुवीकृत प्रकाश (पोलराइज्ड लाइट) प्रकाश के आधार पर सूरज के स्थान का ठीक-ठीक पता लगा सकने की क्षमता पर निर्भर करता है। इतना ही नहीं, वे कुछ फूलों के पराबैंगनी रंगों को भी देख सकती हैं जो हम अपनी मानवीय आँखों से नहीं देख सकते। इसी तरह साँप अँधेरे में इन्फ्रा रेड (लाल-से बड़ी तरंगों वाला प्रकाश) के सहारे अपने शिकार चूहे जैसे जीवों के शरीर से निकलनेवाले ताप के आधार पर उन्हें पकड़ते हैं। आदमी न तो पराबैंगनी रंग और न लाल-से बड़ी तरंगों के प्रकाश से कुछ देख सकता है। ऐसे अनगिनत उदाहरण बतलाते हैं कि जीवों को उनकी परिस्थिति एवं आवश्यकता के अनुसार अपने परिवेश को समझने और उनसे आवश्यक पोषण और सुरक्षा पाने के लिए विभिन्न तरह के अंग और स्नायविक बनावट मिली है। स्पर्शों की सूचनाओं के आधार पर ये अंग और इनसे सम्बद्ध उनका विशेष तरह का मस्तिष्क उन्हें सूचनाओं के अर्थ के रूप में उनके परिवेश और उसमें उपस्थित वस्तुओं की निश्चित जानकारी एवं उनके बीच उनकी अपनी स्थिति का ज्ञान देते हैं।

पर अधिकांश जीवों में ऐसे गुणों की विलक्षणता ही उन पर कुछ सीमाएँ भी लगा जाती है। परिवेश बदल जाने पर उनकी क्षमताएँ बिलकुल निष्प्रयोजन हो जाती हैं। दिन के प्रकाश में चमगादड़ शिकार या सुरक्षा के लिए अक्षम हो जाता है। मधुमक्खियाँ बादल वाले दिन या रात में निष्क्रिय हो जाती हैं। इस तरह की अक्षमताएँ अधिकांश वैसे जीवों में होती हैं जिन्होंने अपने विकास के क्रम में अपनी आवश्यकता के हिसाब से अत्यधिक क्षमता हासिल कर ली। जो भी हो, इन सबमें जो खास बात है वह यह कि स्पर्श से ये जीव अपने शरीर से सटे हुए भाग का ही नहीं बल्कि एक विस्तृत भू-भाग का ज्ञान हासिल करते हैं जो उनके जीवन के लिए जरूरी है। जो जीव अपनी बनावट में जितना ही जटिल होगा उसकी निर्भरता भी उतनी ही वैविध्यपूर्ण और दूर-दराज तक फैले परिवेश पर होगी। मधुमक्खियों तथा अधिकांश दूसरे जीवों में विकास के क्रम में लाखों वर्ष में अनुकूलन की प्रक्रिया से इस तरह के चमत्कारी लगनेवाले गुणों का विकास हुआ, लेकिन मनुष्य के आदिम

पूर्वजों का परिवेश इतना तेजी से बदलता रहा और पहले चर्चित कारणों से उनमें आवश्यक शारीरिक परिवर्तन की सम्भावना विकास के इस छोटे कालखंड में इतनी कम थी कि इन्हें प्रशिक्षित हो वैसे चारित्रिक गुण, कार्य-कुशलता एवं तकनीक को विकसित करना पड़ा जो सहज प्रवृत्ति के बजाय आवश्यक प्रशिक्षण को परम्पराओं में जीवित रखने और इसे अपनी प्रजाति के सदस्यों में फैलाने की क्षमता प्रदान कर सके। इस तरह मनुष्य ने अपने सांस्कृतिक विकास के क्रम में संसार को समझने के लिए वैसे यंत्र तैयार किए जो उसके शरीर में प्राकृतिक रूप से विकसित नहीं हुए थे। वह टॉर्च से जुगनुओं की तरह प्रकाश फैला सकता है, पराबैंगनी प्रकाश से बहुत-सी वैसी वस्तुओं की छायाएँ प्राप्त कर सकता है जो साधारण प्रकाश से सम्भव नहीं, अल्ट्रासाउंड (तेज ध्वनितरंगों) से बिना प्रकाश वस्तुओं का चित्र प्राप्त कर सकता है। इन्फ्रा रेड प्रकाश से अन्धकार में वस्तुओं का उनके ताप के आधार पर चित्र प्राप्त कर सकता है।

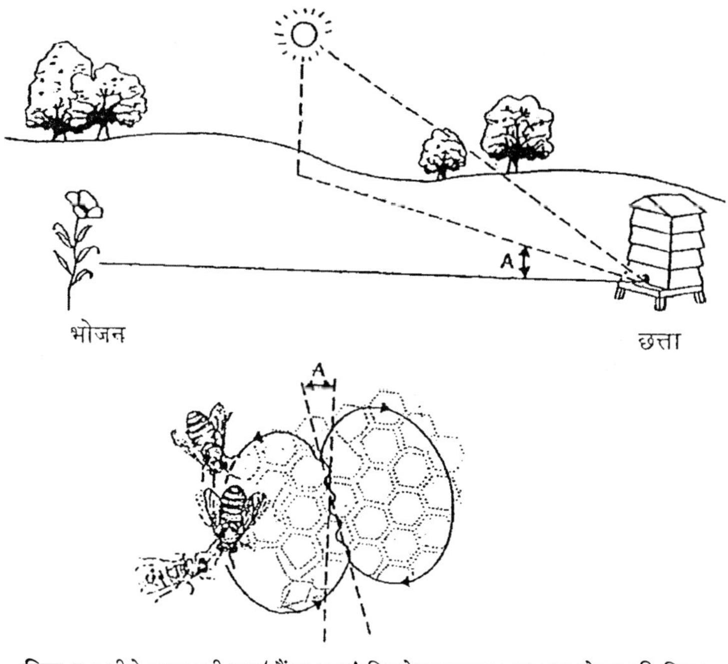

चित्र-5 : नीचे मधुमक्खी का 'बैंग्ल नृत्य' जिसके द्वारा वह उपलब्ध भोजन की दिशा और दूरी का सम्प्रेषण छत्ते की दूसरी मधुमक्खियों को करती है। निचले चित्र में दर्शाई गई सूचना के आधार पर मधुमक्खियों को ऊपर दिए गए चित्र जैसा परिवेश का ज्ञान होता है। मधुमक्खियों के सम्प्रेषण की ये विलक्षण क्षमताएँ वौन क्रिश्च एवं गूल्ड के क्रमशः 1967 एवं 1976 के ऐतिहासिक प्रयोगों से ज्ञात हुईं।

आदमी का सारा ज्ञान भी परोक्ष ही हो गया है और धीरे-धीरे ऐन्द्रिक स्पर्श, जिसकी चर्चा हो चुकी है, से आगे बढ़ यांत्रिक स्पर्श पर आधारित है। आधुनिक विज्ञान के परिप्रेक्ष्य में यह बात बिलकुल स्पष्ट हो जाती है। विज्ञान जितना ही विकसित और जटिल होता गया है उतना ही वह अपनी प्रयोगशाला के यंत्रों से बँधता गया है। अब आकाश में फैले निखिल ब्रह्मांड और पदार्थों की सूक्ष्मातिसूक्ष्म हकीकत का ज्ञान हम अपनी इन्द्रियों से अनुभूत तथ्यों के आधार पर नहीं करते नहीं कर सकते। इसके लिए हमें प्रयोगशाला में बन्द हो विभिन्न तरह की सूचिकाओं के संकेतों को रेकॉर्ड करना होता है और जटिल गणित के जरिये उनका निहितार्थ निकाल फिर अपनी कल्पना के आधार पर उनके सम्बन्ध में कोई अवधारणा बनानी पड़ती है। अब स्पर्श भी नहीं, सूचिकाओं के सन्देश ही मनुष्य के नए वैज्ञानिक संसार पर द्वार खोल दीदार की खुशफहमी पैदा करते हैं, लेकिन इस तरह का विकास संस्कृति पर मनुष्य की निर्भरता को सम्पूर्ण बना देता है। उसकी ज्ञानेन्द्रियाँ निजी होती हैं, भले ही इनसे प्राप्त ज्ञान का स्वरूप उत्तरोत्तर सामाजिक होता गया हो। इससे पिछली शताब्दी तक जब अवलोकन मूलतः ज्ञानेन्द्रियों पर आधारित था, एक स्वायत्त विश्वदृष्टि की सम्भावना व्यक्ति के लिए बनी हुई थी, लेकिन प्रयोगशालाएँ और वेधशालाएँ एक वैज्ञानिक परम्परा के तहत अनगिनत पीढ़ियों में विकसित हुई हैं और सदा विकासशील हैं। ये पूरी तरह संस्कृतिजन्य हैं और आदमी की संसार को देखने की क्षमता को वैज्ञानिक परम्परा के निश्चित साँचे में ढाल देती हैं। विकास के साथ आदमी की विश्वदृष्टि पूरी तरह संस्कृति द्वारा निर्धारित होती गई है।

वर्तमान विकास के दौर में इससे आदमी की दृष्टि का एकांगी या एकआयामी होने का खतरा भी पैदा हो गया है। क्योंकि ज्ञान के विस्तार के साथ सूक्ष्मातिसूक्ष्म की तलाश में आदमी छोटी-से-छोटी वस्तुओं का अधिक से अधिक विस्तृत ब्योरा जानने के क्रम में इसके बाहर की दुनिया से बिलकुल अनभिज्ञ बन जाता है जबकि समग्र ज्ञान के लिए विविध बिन्दुओं से विविध दिशा में दृष्टिपात आवश्यक है। संस्कृति के विकास में विज्ञान और तकनीकी की अति विशेषज्ञता मनुष्य को एक अन्धी गली में भी ले जा सकती है और आज वैसी स्थिति पैदा होती दिखाई देती है जिसमें उसकी बढ़ती रफ्तार मनुष्य को विकास की जगह विनाश के करीब ला दे क्योंकि पूरी दुनिया और इतिहास की कोई समग्र दृष्टि नहीं होने से वह गन्तव्य का ज्ञान खो बैठा है। ऐसा लगता है कि अपने ज्ञान के घमंड में अत्यधिक क्षमता की तलाश में मनुष्य वैसी स्थिति में अपने को डाल रहा है जैसी स्थिति में आनुवंशिकी पर आधारित क्षमताओं के कारण बदली स्थितियों का मुकाबला करने में अनेक प्रजातियाँ बेसहारा हो जाती हैं। इस तरह की स्थिति उस लाभ से ही मनुष्य को वंचित कर सकती है, जिसके लिए संस्कृति का विकास हुआ था।

आदमी में विज्ञान की शुरुआत सूर्य, चन्द्रमा, नक्षत्रों आदि के अध्ययन से हुई जिनके परिप्रेक्ष्य में मनुष्य अपने रहने के स्थान और समय को सुनिश्चित करता

था। धीरे-धीरे वह इनके अध्ययन को ऋतुओं, नदियों के उतार-चढ़ाव और अपने आसपास की जमीन की बनावट से जोड़ने लगा। इसीलिए दुनिया की सबसे प्राचीन संस्कृतियों मिस्र, मेसोपोटामिया एवं भारत आदि में ज्योतिष और इससे जुड़े गणित का जन्म अन्य विज्ञानों से पहले हुआ। स्वाभाविक था कि ऐसे ज्ञान को आजीविका के लिए सबसे आवश्यक क्रियाकलाप से जोड़ा जाए जो इन स्थानों पर कृषि थी। इससे, विशेषकर मिस्र में क्षेत्रमितीय ज्ञान का आविर्भाव हुआ। नक्षत्रों में होनेवाले विलक्षण परिवर्तनों पर विशेष तरह से ध्यान दिया गया। इसमें सबसे ध्यानाकर्षक बदलाव सूर्यग्रहण और चन्द्रग्रहण के समय होते थे। यह अप्रत्याशित बदलाव डरावना भी होता था और इसीलिए इसके इर्द-गिर्द अनेक मिथकों का निर्माण हुआ। इस प्रकार ऐसी विलक्षण प्राकृतिक घटनाओं के साथ भी आदमी एक विशेष तरह का रिश्ता बैठाता रहा। बाद में प्राकृतिक घटनाओं के वैज्ञानिक कारणों की तलाश भी प्राकृतिक घटनाओं के साथ संगति बैठाने के प्रयास का ही एक रूप है। पहले आदमी हर नई एवं असामान्य प्राकृतिक घटना को समझने के लिए और अपनी स्थिति के बारे में आश्वस्त होने के लिए पारलौकिक मिथकों का सहारा लेता है। फिर आगे बढ़कर वह उनकी समझ के लिए वैज्ञानिक मिथकों का सहारा लेता है।

'वैज्ञानिक मिथकों' की बात से चौंकना नहीं चाहिए। विज्ञान का पूरा इतिहास बतलाता है कि किसी भी तरह की प्राकृतिक घटना को समझने के लिए जो सिद्धान्त पहली बार गढ़े गए वे बाद में गलत या आंशिक रूप से ही सही साबित हुए और फिर उनकी जगह नए सिद्धान्तों ने ले ली, जो कालक्रम में फिर अपर्याप्त साबित हुए। वैज्ञानिक सिद्धान्त परिवर्तित होकर इस अर्थ में ज्यादा समृद्ध एवं प्रासंगिक होते रहे हैं कि नए सिद्धान्त के आलोक में पुराने सिद्धान्त की अपेक्षा बृहत्तर अनुभवों के क्षेत्र को समझा जा सकता है, लेकिन अगर ये सिद्धान्त इतने परिवर्तनशील हैं तो स्थिति को समझने के मिथक के रूप में इनको स्वीकार करना बिलकुल गलत नहीं होगा। दोनों ही अपने अनुभव के क्षेत्र में आनेवाली प्राकृतिक स्थितियों और घटनाओं को अनिश्चितता के दायरे से निश्चितता के दायरे में लाने के प्रयास हैं ताकि आदमी अपने दैनन्दिन कामों में अपने परिवेश और अपनी स्थिति के बारे में आश्वस्त हो लग सके। एक पुरोहित या धर्माचार्य जब किसी प्राकृतिक आपदा से निजात दिलाने के लिए पूजा या अन्य अनुष्ठान करता है तब वह इसके प्रति उतना ही आश्वस्त होता है जितना एक वैज्ञानिक, जो किसी घटना को अपने अध्ययन के जरिये समझकर इस समझ के अनुकूल कार्यक्रम बनाता है। इतना फर्क जरूर है कि पहले में सिर्फ मनोवैज्ञानिक आश्वस्ति प्राप्त होती है और दूसरे में एक हद की हकीकी तब्दीली की आशा होती है, लेकिन पूर्ण निश्चितता दूसरे में भी नहीं होती, सम्भावना पहले की अपेक्षा जरूर बहुत अधिक होती है, लेकिन दोनों ही परिवेश के साथ सुनिश्चित संगति बैठाने के प्रयास ही हैं। निश्चित और परिचित परिवेश की तलाश जीवों में

इतनी गहरी है कि अनेक पक्षियों, मछलियों एवं कछुओं की प्रजातियाँ सैकड़ों और हजारों मील की दूरी पार कर कुछ खास, निश्चित स्थानों पर ही अंडे देने और बच्चों के पालन के लिए पहुँचती हैं। स्थान की पहचान के लिए मनुष्य ने विज्ञान विकसित किया और इस क्रम में सूरज, चाँद, तारों, चुम्बकीय कम्पास और जटिल गणित का सहारा लिया। ये सब उसकी संस्कृति की विरासत हैं। पक्षियों, मधुमक्खियों और मछलियों ने स्थान को ढूँढ़ने और वहाँ तक पहुँचने के लिए ऐसी क्षमताओं का विकास अपने शरीर में अपनी आनुवंशिकी के जरिये किया। सांस्कृतिक और जैविक, इन दोनों तरह के सूचना तंत्रों का उद्देश्य इन विविध प्रजातियों के जीवन को सम्भव और सुविधापूर्ण बनाना ही रहा है।

आदमी, मछलियों या दूसरे जीवों की तरह उतना गहरे रूप से किसी परिवेश से बँधा नहीं है, लेकिन एक हद तक वह भी अपने परिवेश प्रेम के अधीन होता है। यह जरूर है कि उसका परिवेश अधिक वैविध्यपूर्ण होता है जिसमें कुछ तत्त्व प्राकृतिक होते हैं और कुछ उसके अपने बनाए हुए ठीक वैसे ही जैसे मकड़ी का जाल या चींटियों की बांबी। वह अगर अपना परिवेश बदलता है तो अन्य जीवों जैसा ही आबादी के दबाव, भोजन की कमी या प्राकृतिक आपदाओं से मजबूर होकर ही, लेकिन अनेक पीढ़ियों तक लोक कथाओं एवं कर्मकांडों के माध्यम से पुराने परिवेश की स्मृतियाँ जीवित रहती हैं। हमारे अपने समय में यहूदियों में इसकी सबसे अच्छी मिसाल मिलती है जो हजारों साल तक जीवित रखे गए मिथकों के कारण इतिहास के एक त्रासद मोड़ पर अपने आदि पूर्वजों के मिथकीय स्थान इजराइल में पुन: अपना राज्य कायम कर सके। जैसा कि इस उदाहरण से भी सिद्ध होता है, किसी समूह का किसी परिवेश से इस तरह बँधे होने का घोर नकारात्मक पक्ष भी हो सकता है। किसी भूखंड, पर्वत, नदी आदि पर ऐसे अधिकार का भावनात्मक धरातल पर रूढ़ हो जाना अनेक संघर्षों और युद्धों का जनक भी हो सकता है। यहूदियों और फिलिस्तीनी अरबों का संघर्ष इसका सब से त्रासद नमूना है।

संस्कृति के अपने पारिस्थितिकीय परिवेश से अनुकूलन के हितकर और हानिकर, दोनों ही पक्ष हैं। जैसा कि बतलाया गया है, एक स्थान को छोड़कर, दूसरे प्राकृतिक या पारिस्थितिकीय परिवेश में चले जाने से अगर कोई सांस्कृतिक समूह काफी दिनों तक अपने समूह से कटा-छँटा रहा (जैसे भाषायी समूह) तो नए परिवेश में अनुकूलन से उसकी संस्कृति में बिलकुल नए तरह के गुण विकसित होंगे जो पुराने समूह से उसको बिलकुल भिन्न कर देंगे। उनके रुझान और उनकी आवश्यकताएँ, दोनों ही भिन्न बन सकती हैं। उनकी परम्पराएँ भी अलग बनेंगी। सकारात्मक पक्ष यह होगा कि किसी आपदा के कारण एक संस्कृति के नष्ट होने से दूसरी बची रह सकती है क्योंकि आपदा की चुनौतियों का मुकाबला करने में कुछ समूह कुछ नई क्षमताएँ विकसित कर लेते हैं। इसके आगे चलकर इन समूहों का आपसी सम्प्रेषण

कायम होने पर कुल मिलाकर सम्पूर्ण मानव समाज की क्षमताएँ विविधतापूर्ण एवं बहुआयामी बन जाती हैं।

एक उदाहरण क्रीट की मिनोयन संस्कृति के नष्ट होने से लेकर यूनानी संस्कृति तक का अभ्युदय है। इस काल में संस्कृति के तीन केन्द्र अस्तित्व में आए, जिनमें परवर्ती संस्कृतियों में पूर्ववर्ती मिनोयन संस्कृति के अनेक तत्त्व मौजूद थे। हालाँकि ये संस्कृतियाँ एक मानव समूह के दूरवर्ती स्थानों में फैलने से नहीं विकसित हुई थीं। ईसा पूर्व की दूसरी सहस्राब्दी के मध्य तक अपनी आभा फैलाती हुई मिनोयन संस्कृति विनष्ट हो गई। इसके बाद इस संस्कृति के कुछ तत्त्वों को ढोती यूनान के भौगोलिक क्षेत्र में ही माइसिनियन संस्कृति विकसित हुई। कालान्तर में यह संस्कृति भी नष्ट हुई, लेकिन इन दोनों संस्कृतियों की विरासत ले ईसा पूर्व आठवीं शताब्दी में यूनान में एक नई संस्कृति का विकास हुआ जिसने मानव सभ्यता पर चिरस्थायी प्रभाव छोड़ा, लेकिन ईसा पूर्व तीसरी शताब्दी में यह संस्कृति भी नष्ट हुई और इस संस्कृति के तत्त्वों और दक्षिण एशिया की संस्कृति के तत्त्वों को सहेजते हुए इस्लाम के जन्म के बाद छठी शताब्दी में अरब में संस्कृति का एक सर्जनशील केन्द्र विकसित हुआ जिसने तेरहवीं-चौदहवीं शताब्दी में यूनान की गौरवशाली सांस्कृतिक परम्परा से अनभिज्ञ यूरोप को यूनान की लुप्तप्राय संस्कृति का ज्ञान दिया। इससे फिर पुनर्जागरण की शुरुआत हुई।

इसका नकारात्मक पक्ष यह है कि इससे एक ही समूह के अलग-अलग हिस्से अलग-अलग आत्मकेन्द्रित समूह में बँट जाएँगे। इससे सभी में अपने समूह की श्रेष्ठता का बोध और दूसरे समूहों की मान्यताओं और जीवन पद्धति के प्रति तिरस्कार का भाव पैदा हो सकता है। चीनियों में केन्द्रीय राज्य होने का अहम्, प्राचीन यूनानियों में हेलेनिक सभ्यता की श्रेष्ठता का भाव, रोमनों का बाकी यूरोपीय समुदायों को बर्बर मानना, भारतीयों का सभी विदेशियों को म्लेच्छ की श्रेणी में रखना कुछ ऐसी ही अवधारणाएँ रही हैं। यहाँ आदमी की आनुवंशिकी से प्राप्त आक्रामकता इस तरह बँटे विभिन्न समूहों को एक-दूसरे से आत्मघाती संघर्षों में झोंक दे सकती है। विख्यात एथोलॉजिस्ट (जीवों के व्यवहार का अध्ययन करनेवाले वैज्ञानिक) कोनराड लॉरेंट्ज अपने अध्ययनों से इस नतीजे पर पहुँचा था कि मनुष्य समेत जीवों की सभी प्रजातियों में अपनी ही प्रजाति के अन्य सदस्यों के विरुद्ध एक प्रछन्न आक्रामकता होती है जो अचानक ही सक्रिय हो जाती है और अपनी प्रजाति के दूसरे सदस्यों पर हमला करने के लिए प्रोत्साहन देती है।

लॉरेंट्ज का यह भी कहना है कि उन प्रजातियों में जिनके पास प्रकृति-प्रदत्त घातक हथियार, जैसे चीर-फाड़ करने लायक दाँत, पंजे या चोंच होते हैं, एक स्वतःस्फूर्त नियंत्रक प्रवृत्ति होती है जो ऐसी आक्रामकता को वैसी सीमा नहीं पार करने देती जहाँ वह जानलेवा सिद्ध हो सके, प्राकृतिक परिवेश में जीवों में ऐसा ही

कारगर आन्तरिक नियंत्रण होता है। चूँकि मनुष्य में इस तरह के नाखून या दाँत नहीं हैं जिनसे वह अपनी प्रजाति के किसी व्यक्ति की हत्या कर सके, शायद इसीलिए उसमें कारगर आन्तरिक अवरोध भी आक्रामकता के खिलाफ नहीं होता, लेकिन मनुष्य की संस्कृति ने उसे ऐसे हथियारों से लैस कर दिया है कि वह बात की बात में भारी संख्या में लोगों की हत्या कर सकता है। इसी से यह स्थिति पैदा हो गई है कि सारे जीव-जगत में मनुष्य ही ऐसा है जो छोटी-छोटी उत्तेजना पर अपनी प्रजाति के असंख्य सदस्यों की हत्या कर सकता है, करता रहा है। मानव समाज की त्रासदी यही है कि इसकी संस्कृति ने इसे हथियार और उत्तेजना पैदा करने की शक्ति तो दी है, विविध प्रचार माध्यमों एवं भाषायी तथा कला विधाओं के जरिये, लेकिन अभी तक आत्म-नियंत्रण का कोई कारगर माध्यम नहीं दिया है। धर्म एक माध्यम जरूर है जो आदमी को आत्म-नियंत्रण और अन्य मनुष्यों और कुछ में तो सभी जीवों तक से प्रेम करने की सीख देता है। इसके उदात्त मूल्यों का उत्स भी आदमी की आनुवंशिकी से प्राप्त परोपकार की भावना (आल्ट्रइज्म) है, जिसने प्रारम्भ के दिनों में इसे सामूहिक रूप से शिकार करने और अपनी रक्षा करने के लिए भी भावनात्मक आधार दिया। इसी भावना के कारण सामूहिक शिकार में वह आत्मोत्सर्ग की शक्ति भी आई जिससे शक्तिशाली हिंस्र पशुओं के आघात से जान गँवाकर वह वैसी स्थिति पैदा करता था कि उसके दूसरे साथी हिंस्र पशुओं को मार सकें या स्वयं अपनी जान बचा सकें। इसी भावना के कारण शिकार से प्राप्त भोजन को समूह में समभाव से बाँटकर समूह के कमजोर जीवों को भी जीने और बढ़ने का मौका दिया जाता था। इस तरह प्रजाति की रक्षा होती थी, लेकिन अपने उदात्त लक्ष्य के बावजूद, जैसा कि पहले लिखा गया है, धर्म विभाजित हो अपने अलग-अलग खंडों में ऐसे कुतर्कों को जन्म देते रहे हैं, जिनसे उनकी मूल दृष्टि ही नष्ट हो जाती है। मानव समूहों को अपने-पराए—यानी धर्मी और विधर्मी—में बाँट ऐसे ही तर्क से दूसरे समूह के लोगों को अमानव सिद्ध कर दिया जाता है। इस तरह वे अपने धर्म द्वारा लगाए गए नियंत्रणों से मुक्त हो जाते हैं और फिर अपनी आक्रामकता को संस्कृति द्वारा प्रदत्त आयुधों से लैस हो खुलकर खेलने का मौका देते हैं। मानव इतिहास इस प्रक्रिया से पैदा अनगिनत धर्मयुद्धों का साक्षी रहा है।

इस दृष्टि से सामूहिक आक्रामकता का वह आयाम खासतौर से खतरनाक सिद्ध होता है जिसे कोनरॉड लॉरेंट्ज ने एमिटी-एनमिटी कम्प्लेक्स (मित्रभाव-शत्रुभाव ग्रंथि) का नाम दिया है। इस ग्रंथि का यह चरित्र है कि बाहरी समूह के खिलाफ आक्रामकता के क्षणों में अपने समूह के सदस्यों के प्रति अतिशय प्रेमभाव उमड़ पड़ता है। जहाँ समाज कई स्तर के समूहों में बँटा है यह ग्रंथि भी सोपानवत व्यक्त होती है। जैसे अगर राष्ट्र प्रान्तों, जनपदों एवं गाँवों आदि कई स्तरों की इकाइयों में बँटा है तो बाहरी राष्ट्रों से टकराहट के क्षण में प्रान्तों और जनपदों का आपसी टकराव गौण हो जाता है।

प्रान्तों की टकराहट गाँवों की टकराहट को गौण कर देती है। छोटे और स्वाभाविक रूप से अन्तरंग सम्बन्ध वाले समूहों के प्रति वफादारी ज्यादा गहरी होती है।

दरअसल, बड़े समूहों के प्रति वफादारी प्रत्यक्ष नहीं होती। इसे अनेक प्रतीकों एवं प्रचार के द्वारा सुदृढ़ किया जाता है। विशेष तरह के इतिहास का प्रशिक्षण, झंडे, त्योहार, राष्ट्रीय आयोजन, संगीत आदि के द्वारा लोगों के मन में इसे बैठाया जाता है। इसीलिए छोटे समूहों की अलगाववादी प्रवृत्तियों को दबाना आसान नहीं होता। इसका निराकरण तभी होता है जब छोटे समूहों को बड़ी इकाई में बाँधनेवाला कोई ऐसा तत्त्व हो, जिसका लाभ लोगों को साफ दिखे। इसी तरह अगर बड़े धार्मिक समूहों के बीच टकराहट होती है तो धर्म के भीतर के सम्प्रदायों के झगड़े गौण हो जाते हैं। कोई राष्ट्र अगर वर्गों में बँटा है तो राष्ट्रों के बीच लड़ाई में वर्गों की टकराहट गौण हो जाती है। प्रथम विश्वयुद्ध के समय यह हुआ था जब मजदूर आन्दोलन, जिसने अन्तरराष्ट्रीय चरित्र विकसित कर लिया था, युद्ध शुरू होने पर युद्ध उन्माद में मजदूरों के भाईचारे की बात को भूलकर कट्टर राष्ट्रवादी खेमों में बँट गया। इसका एक खतरनाक पहलू यह है कि अनेक निहित स्वार्थ अपनी हित रक्षा के लिए ऐसे बड़े स्तर की आक्रामकता को हवा देते हैं। इससे आक्रामकता का रंगमंच बृहत् हो जाता है और आज अगर विध्वंसक हथियारों से लैस दुनिया अन्तरराष्ट्रीय युद्ध से एक से अधिक बार विनाश की ओर बढ़ी है तो इसका एक कारण यह भी है। इन संघर्षों को विशेष दिशा में मोड़ने और अधिक भीषण बनाने में भाषा का बड़ा हाथ है। यहाँ प्रतीक यथार्थ का स्थान ले लेते हैं और इससे आदमी अर्थ का अनर्थ करने लगता है। जॉर्ज ऑरवेल के बहुचर्चित उपन्यास 'उन्नीस सौ चौरासी' में भाषा की दिग्भ्रमित करने की इस क्षमता का अत्यन्त ही प्रभावी वर्णन है। इसी प्रक्रिया की अभिव्यक्ति आधुनिक काल में अधिकांश देशों की सरकारों की नीतियों में दिखाई देती है। अक्सर जब किसी देश की सरकार किसी कारण अपने देश के भीतर की समस्याओं से निपटने में अक्षम सिद्ध होती है और लोगों का असन्तोष भीतरी संघर्षों को जन्म देता है तो सरकारें दूसरे देशों से वास्तविक या मौखिक-संघर्ष में देश को उलझा देती हैं। इसके बाद तुरन्त लोग भीतरी झगड़ों को नजरअन्दाज कर बाहरी 'दुश्मनों' के विरोध में अपना आक्रोश जाहिर करने लगते हैं। कभी-कभी इससे छोटे-मोटे या बृहत् संघर्ष दूसरे देशों के साथ शुरू हो जाते हैं जिनका परिणाम पूरे देशवासियों के लिए घातक सिद्ध होता है।

हम लोग इस विश्वास को लेकर चलते हैं कि मनुष्य बुद्धियुक्त जीव है जो तर्कों, और तथ्यों के आधार पर आचरण करता है, लेकिन असल में हम ऊपर बतलाए गए आन्तरिक भावनात्मक दबाव में तथ्यों को नजरअन्दाज कर शुद्ध रूप से भावना के आधार पर व्यवहार करने लगते हैं। भाषा वैज्ञानिक अल्फ्रेड कौरजिब्सकी ने प्रथम विश्वयुद्ध के बाद ही इस तथ्य की ओर लोगों का ध्यान खींचा था कि लोग मनुष्यों और उनकी वास्तविक स्थितियों पर प्रतिक्रियाएँ नहीं व्यक्त करते बल्कि उन लेबुलों

पर करते हैं जो उन्हें अपने समूह की परम्परा से प्राप्त हुआ है। स्वयं ब्रिटेन में ऊपरी वर्ग के लोगों में 'वर्किंग क्लास स्मेल' (मजदूरों की बदबू) की धारणा हाल-हाल तक व्याप्त रही है, जिसका हकीकत से कोई रिश्ता नहीं हो सकता। दिलचस्प बात यह है कि भारत में भी इसी तरह मुसलमानों के बारे में हिन्दुओं में यह निराधार धारणा व्याप्त है कि वे अपने रहन-सहन में पानी का व्यवहार कम करते हैं और गन्दे होते हैं। जबकि हकीकत यह है कि वजू करना यानी हर मौके पर हाथ-पाँव धोना और पानी से प्रेम मुसलमानों में कुछ अधिक ही है। यहाँ इसका उल्लेख करना दिलचस्प होगा कि इतिहासकार एच.ए.एल. फिशर ने अपने यूरोप के इतिहास में स्पेन में अरबों की राजधानी कौरडोबा के वर्णन में इस बात की विशेष रूप से चर्चा की है कि वहाँ नौ सौ मस्जिद और नौ सौ सामूहिक स्नानागार बनाए गए थे, पहला आत्मा की पवित्रता और दूसरा, शरीर की पवित्रता के लिए, लेकिन इस तरह की भावना इतनी जड़ होती है कि किसी परम्परावादी हिन्दू को किसी भी तरह आप इस हकीकत को कबूल करने के लिए तैयार नहीं कर सकते। इसी तरह की भावना मुसलमानों की पश्चिम दिशा में मुँह कर नमाज अदा करने के विषय में है। मुसलमान ऐसा इसलिए करते हैं क्योंकि उनके सर्वोच्च धर्म-स्थान मक्का और मदीना पश्चिम में हैं, लेकिन हिन्दुओं में यह आम धारणा फैलाई गई है कि वे ऐसा इसलिए करते हैं क्योंकि हिन्दू पूरब की ओर मुँह कर पूजा करते हैं; हालाँकि हिन्दुओं में पूरब की ओर मुँह करके पूजा करना किसी निश्चित नियम का हिस्सा नहीं है। महान साहित्यकार शेक्सपीयर ने अपने नाटक 'जूलियस सीजर' में नाम पर लोगों की कैसी प्रतिक्रिया होती है, इसका एक रोचक वर्णन किया है। घटना सीजर की हत्या के बाद भीड़ का उत्तेजित होकर हत्यारे की तलाश करने की है।

भीड़ : सच, सच तुम्हारा नाम?

सिन्ना : मेरा नाम सिन्ना है।

भीड़ : उसके टुकड़े-टुकड़े कर दो वह षड्यंत्रकारी सिन्ना है।

सिन्ना : नहीं, नहीं, मैं कवि सिन्ना हूँ, मैं कवि सिन्ना हूँ।

भीड़ : उसे उसकी बुरी कविताओं के लिए टुकड़े-टुकड़े कर डालो।

सिन्ना : मैं षड्यंत्रकारी सिन्ना नहीं हूँ।

भीड़ : कोई बात नहीं, उसका नाम सिन्ना है।

यह वास्तविक घटना का वर्णन नहीं है, लेकिन एक महान साहित्यकार ने अपनी पैनी दृष्टि से एक आम मनोभाव को कल्पना के द्वारा अभिव्यक्ति दे दी है। भारत में तो हिन्दू-मुसलमान दंगों और दिल्ली में सिखों के खिलाफ 1984 के दंगों में इस तरह की असली स्थितियों की अनगिनत मिसालें चर्चा में रही हैं।

अपने छोटे समूहों के प्रति अन्धी और गहरी वफादारी के दुष्परिणाम तो मनुष्य की पूरी मनोवैज्ञानिक बनावट के सन्दर्भ में स्पष्ट दिखाई देते हैं, लेकिन अपने नजदीकी

परिवेश से अलग उसकी सर्जनात्मक और रचनात्मक प्रतिभाओं का विकास भी नहीं हो सकता। शैशवकाल से मनुष्य की सारी प्रवृत्तियों का विकास उसके निकटतम कुटुम्बियों और समुदाय के सान्निध्य में ही होता है। पास-पड़ोस के वृक्ष, पर्वत, झरने, जलाशय आदि वह भावभूमि बनाते हैं जो उसकी अभिव्यक्ति को रंग-रूप देते हैं। कला एवं साहित्य सृजन के क्षेत्रों में सभी अन्तरंग भावनाओं का उत्स यही परिवेश होता है। सच तो यह है कि यही सब प्रतीक बन उसके काव्यों को जीवन्त अभिव्यक्ति प्रदान करते हैं। यही कारण है कि आधुनिक नगरों में पले-बढ़े साहित्यकारों के साहित्य में प्रकृति अनुपस्थित होती है या हाशिये पर चली गई होती है क्योंकि नगरों की जिन्दगी लोहे, कंक्रीट से बने मकानों के जंगल में ही कटती है, जहाँ झरनों का स्थान कृत्रिम फव्वारे और जलाशयों का स्थान स्वीमिंग पूल ले लेते हैं। यह भी सच है कि सभी विविधताओं के बावजूद मानव प्रजाति की कुछ अन्तर्निहित समान प्रवृत्तियाँ हैं जो अलग परिवेशों के बावजूद विभिन्न परिवेशों में पले मनुष्यों के बीच भी सम्प्रेषण का मार्ग खुला रखती हैं, लेकिन अपनी पूरी गरिमा और सम्पन्नता में सम्प्रेषित होने के लिए भावभूमि की समानता अनिवार्य है। यही कारण है कि मीडिया द्वारा अत्यधिक प्रचारित होने के बावजूद कोई साहित्यिक कृति इस अर्थ में वैश्विक नहीं बन पाती कि विश्व के सभी अंचलों में लोग समान रूप से उससे मुग्ध हो सकें।

सांस्कृतिक जीव बनना मनुष्य की नियति थी क्योंकि उसमें वैसी सहज प्रवृत्तियों का विकास सम्भव नहीं था जो अधिकांश दूसरे जीवों को उनके जटिल वातावरण की समस्याओं से निपटने में सक्षम बनाती हैं, लेकिन सांस्कृतिक जीव बनने के साथ-साथ एक जोखिम भी सदा जुड़ा रहा है। सहज प्रवृत्ति की तरह कोई निर्णायक आदेश उसे दुविधापूर्ण स्थितियों में नहीं होता जिससे वह निश्चिन्त हो कोई कदम उठाए। उसे हर दोराहे पर उचित-अनुचित, सुरक्षित-खतरनाक, शत्रुतापूर्ण-मित्रतापूर्ण ऐसे विकल्पों पर स्वयं निर्णय करना होता है। संस्कृति द्वारा बतलाया गया विकल्प उतना निश्चयात्मक नहीं होता जितना सहज प्रवृत्ति द्वारा बतलाया गया। ऐसे बिन्दुओं पर उसे अन्तर्निहित भावनात्मक झुकावों और तर्कसंगत कदमों के बीच चुनाव करना होता है, जो आसान नहीं होता। भावना का दबाव जबर्दस्त होता है, लेकिन गलत दिशा में बहाकर ले जानेवाला भी। तर्कसंगत निर्णय अक्सर आदिम प्रवृत्तियों के विपरीत पड़ता है और इसे आन्तरिक अवरोधों का सामना करना पड़ता है। मानव समाज में प्राय: भावनात्मक निर्णयों का पलड़ा भारी पड़ता रहा है और परिणाम है, इतिहास में बार-बार मानव अस्तित्व का संकट पैदा होना और इतिहास के पथ का युद्ध, नरसंहारों और विध्वंसों से पटा होना। मनुष्य विज्ञान और तर्क बुद्धि से प्राकृतिक परिवेश के सही आकलन की दिशा में सतत बढ़ता रहा है, लेकिन सामाजिक जीवन के गन्तव्य के सम्बन्ध में सदा एक ऊहापोह की स्थिति बनी रही है और इससे उबरने का रास्ता कोई विज्ञान या दर्शन अभी तक विकसित नहीं कर पाया है।

6

शमा से परवाने के प्रेम या दीपक पर पतिंगे के आत्मबलिदान का उल्लेख साहित्य में प्रेम के आदर्श या अपना विनाश बुलानेवाले पागलपन भरे आकर्षण के रूप में बार-बार आता है। इसे हम अक्सर कवि की कल्पना के रूप में खारिज कर देते हैं। जीव वैज्ञानिक इसे 'ट्रौपिज्म' का नाम देते हैं और एक अदृश्य धनात्मक खिंचाव (पॉजिटिव ट्रौपिज्म) या ऋणात्मक खिंचाव (निगेटिव ट्रौपिज्म) के रूप में पेश करते हैं। इसमें पहले का उदाहरण पतिंगों का प्रकाश की ओर दौड़ना और दूसरे का खटमल का प्रकाश से भागना आदि दिए जाते हैं। इसकी तर्ज पर कुछ उत्साही रोबोट वैज्ञानिकों ने ऐसे रोबोट (तर्कयुक्त यांत्रिक जीव) भी बनाए हैं जो प्रकाश की तरफ या इससे दूर इन्हीं कीड़ों की तरह दौड़ते हैं। इससे यह भ्रम पैदा हो जाता है कि जीवों में भी ऐसा व्यवहार नितान्त यांत्रिक है, लेकिन पतिंगे और खटमल से भी जीवन की सीढ़ी पर निम्नतर स्तर वाले प्रारम्भिक अवस्था के जीव प्रोटोजोआ में भी जीवन के लिए 'दुःखदायी' या घातक स्थितियों से दूर भागने और जीवनदायी 'सुखद' स्थितियों की तरफ बढ़ने का गुण दिखाई पड़ता है। जीवाणुओं में यह अनुभूति कैसी होती है, हम नहीं जान सकते। दूसरे मनुष्यों के सुख-दुःख की भी हम कल्पना ही कर सकते हैं—उनसे प्राप्त संकेतों से। उनके भीतर पहुँच सीधा अनुभव का रास्ता वैसा ही बन्द है जैसी जर्मन दार्शनिक लाइबनित्स ने 'विंडोलेस मोनेडों' खिड़कीहीन मोनेड के साथ संवाद की असम्भवता की कल्पना की थी।[1] यह बात दीगर है कि दूसरे जीवों से प्राप्त संकेतों के आधार पर हम उनके मनोभावों से तादात्म्य (इंपैथी) स्थापित कर उनके दुःख का एहसास कर लेते हैं। प्राणियों के व्यवहारों के अध्येता एथोलॉजिस्ट प्राणियों के संकेत—जैसे पक्षियों की आवाज से, जो एक भौतिक उपस्थिति है—आवाज करनेवाले की स्थिति का अन्दाजा लगाते हैं और फिर सुननेवाले पक्षी की प्रतिक्रिया का आकलन करते हैं। यह प्रतिक्रिया सुननेवाले पक्षी के लिए संकेत का अर्थ बतलाती है। यहाँ भी दूसरे पक्षी का पहले के बारे में ज्ञान अनुमान ही है। दूसरों की स्थिति की समझ की प्रक्रिया का यह एक सार्वजनीन सत्य है। इसकी ओर ध्यान इसलिए खींचा गया ताकि हम कुछ भरोसे के साथ दूसरे जीवों के व्यवहारों से उनके मनोभावों को जोड़ अपनी बात रख सकें।

ऐसे संकेत भ्रम भी पैदा कर सकते हैं, लेकिन वह एक विशेष स्थिति होती है। इसी प्रक्रिया के तहत हम विशेष परिस्थितियों में इन जीवाणुओं की सिकुड़न को अपने शरीर में आपदा में पैदा सिहरन जैसा मान उससे उनमें किसी दु:खदायी अनुभूति की कल्पना कर सकते हैं। इसके पीछे यह मान्यता है कि कीटाणुओं से लेकर मनुष्यों तक जीव-जगत के अंग हैं जिनमें संवेदना का मौलिक गुण है। हमारे सारे ज्ञान इस अर्थ में अप्रत्यक्ष ही हैं, इसलिए हम जीवों के दृश्य व्यवहारों से उनके सुख दु:ख की अनुभूति को कबूल करने को विवश हैं।

सच कहें तो निम्नातिनिम्न जीवों में भी उपस्थित यह सुख-दु:ख की अनुभूति, यह भावनात्मक संवेदना ही जीवन का आधार है। गणितीय क्षमता या तार्किकता वह गुण नहीं है जो जीव-जगत को या मनुष्य को निर्जीव जगत से अलग करता है। उसका मूल गुण जो उसे चेतनाशून्य जगत से अलग करता है, वह है उसकी संवेदनशीलता, जिससे वह सुख अथवा दु:ख का अनुभव करता है। वैसे तो सारा ब्रह्मांड—परमाणुओं और सूक्ष्म क्वार्कों से लेकर विशाल पदार्थ पुंजों, तारों, ब्लैक होल और नीहारिकाओं तक—गणितीय नियमों से बँधा लगता है, जिससे इसमें व्याप्त तत्त्वों में वैसी संगति दिखाई देती है, जिसके अन्वेषण में भौतिक शास्त्री लगे हैं, लेकिन जो चीज इस सारे भौतिक संसार में नदारद है, वह है वैसी अनुभूति जिसके प्रभाव में वह कुछ स्थितियों से बचना चाहता है और कुछ अन्य स्थितियों की तरफ आकृष्ट होता है। ज्यादा-से-ज्यादा सक्षम रोबोट में भी, जिसकी कल्पना की जा सकती है यह अनुभूति का गुण नहीं है जबकि किसी अकिंचन जीव में भी यह गुण है। यह दोनों के बुनियादी फर्क को रेखांकित करता है। दोनों के बीच यह एक ऐसी अलंघ्य सीमारेखा है जिसे मिटाया नहीं जा सकता। यही जीवन की विशिष्टता है।

एक स्थूल अर्थ में वैसी हर वस्तु जो जीवन को विस्तार देती है, आनन्ददायक भी होती है—जैसे सुस्वाद भोजन, निर्विघ्न निद्रा, रति आदि। एक वाक्य में कहें तो आनन्द ही जीवन का आधार है—आनन्द का यहाँ व्यापक अर्थ है जिसमें सुख और दु:ख, दोनों का आस्वादन शामिल है।

ऊपर की यह दार्शनिक भूमिका संस्कृति में कलाओं के स्थान को निरूपित करने में सहायक होगी। इस आनन्द का ही एक रूप कलाओं से रस के आस्वादन से जुड़ा है। भारतीय परम्परा के अनुरूप भरत ने अपने नाट्यशास्त्र में कलाओं के रस की तुलना व्यंजनों के आस्वाद से करके एक बुनियादी तथ्य को उद्घाटित किया है। आदमी के कलाओं के प्रति आकर्षण का आधार यही हो सकता है : व्यक्ति या मानव प्रजाति के लिए कलाओं के दूसरे व्यक्त प्रयोजन चाहे जो भी हों। यह आनन्द आकार (फार्म) और विषय वस्तु (कंटेंट) दोनों स्तर पर प्राप्त होता है। आकार के स्तर पर इसका सम्बन्ध मनुष्य की सूचनाओं को ग्रहण करने की

प्रक्रिया और उसकी मस्तिष्क की क्षमता से है। मनुष्य की सूचनाओं को ग्रहण करने और उनका चयन कर अर्थ देने की क्षमता सीमित होती है। बाह्य जगत से आनेवाले अनगिनत संवेदनों में जो आवश्यक हों, उन्हें अपनी क्षमता के भीतर अँटने के लायक बनाकर ही मानव मस्तिष्क इनका कोई अर्थ निकाल सकता है। यह छँटनी का काम उस अन्तर्भूत अचेतन प्रक्रिया के द्वारा होता है, जिससे सूचनाओं के एक विशाल हिस्से को अनावश्यक बना दिया जाता है, यानी नजरअन्दाज किया जा सकता है। इसे 'इन्फार्मेशन रिडेंडेंसी' का नाम दिया जाता है। उदाहरण के लिए, एक नियमबद्ध रेखा—चाहे वह सीधी हो, वृत्ताकार हो या अन्य आकार की हो—के मूल चरित्र को जान लेने पर उसको बनानेवाले असंख्य बिन्दुओं पर ध्यान देने की जरूरत नहीं होती। इसी कारण उसके चरित्र को सरल ज्यामितीय समीकरण द्वारा भी अभिव्यक्त किया जा सकता है। इसके विपरीत अगर रेखा टेढ़ी-मेढ़ी, अनेक कोणों वाली हो तो इसका जायजा लेने के लिए इसे बनानेवाले घुमाव के सभी बिन्दुओं की विशिष्टताओं पर ध्यान देना होता है—यानी ऐसे सभी बिन्दु सूचना स्रोत होंगे जिन्हें नजरअन्दाज नहीं किया जा सकता। इससे अनेक अतिरिक्त सूचनाओं का शुमार करना होगा और मस्तिष्क पर बोझ बढ़ जाएगा। इसके परिणामस्वरूप पहली स्थिति सुखद मालूम होगी और दूसरी थकानेवाली और कष्टदायी। यह फर्क समतल धरातल और ऊबड़-खाबड़ धरातल का जायजा लेने या लयबद्ध स्वर और लयहीन स्वर आदि के आकलन में भी किया जाएगा। इसी तरह का अनुभव सरलरेखा से बने आकारों के साथ भी होता है यानी वृत्त, आयत, वर्ग या समकोण त्रिभुज जैसे रेखकीय आकारों का जायजा लेना सुखकर होगा और अनियमित बने आकार खीझ पैदा करेंगे।

आदमी आवाज के प्रति इतना संवेदनशील है कि लयबद्ध संगीत और बेसुरे राग के बीच अन्तर करने में उसे क्षण भर की भी देर नहीं लगती, भले ही उसे संगीत की कोई शिक्षा नहीं मिली हो। सममिति, सन्तुलन, लयबद्धता—ये सब सुखद अनुभव पैदा करनेवाले होते हैं, चाहे वे दृश्य वस्तुओं में हों चाहे श्रव्य वस्तुओं में। यही कारण है कि हमारे आसपास के पेड़-पौधों के पत्तों और फूलों एवं पशु-पक्षियों को देखना सुखद होता है—क्योंकि अधिकांश फूल-पत्ते, वृक्ष या पशु जो हमारे आसपास दिखाई देते हैं सममितीय होते हैं और फूलों में तो दलों का भी लयबद्ध संयोजन होता है। इसी कारण शान्त जल में उठती तरंगें देखना सुखद लगता है, इनमें सममिति और लय—यानी समय के साथ नियमित चढ़ाव-उतार, दोनों होते हैं। लहरों के आकार की उतार-चढ़ाव वाली रेखाएँ या सतह भी इसी कारण आकर्षक लगते हैं। भारतीय चित्रकला और मूर्तिकला में त्रिभंग मुद्रा (नटराज की या पद्मपाणि बुद्ध की मुद्रा जैसी) की बहुलता इसके उदाहरण हैं। इस्लाम की अमूर्तन कला में कैलीग्राफी (अक्षरों की सजावट) में रेखाओं की ऐसी

ही लयबद्धता से सौन्दर्य-बोध आता है, लेकिन इससे यह सोचना गलत होगा कि कला मूलत: ऐसी चिकनी, स्निग्ध चढ़ाव-उतार वाली रेखाओं, सतहों और स्वरों से ही बनी होती है। ये कलात्मक अभिव्यक्ति और आस्वाद की तह में जरूर होते हैं, लेकिन कला में ऊबाऊ एकरसता आ जाएगी अगर कला सिर्फ स्निग्ध और नियमित आकारों को स्थान दे। आदमी नियमबद्धता के साथ-साथ नयापन भी ढूँढ़ता है। यहाँ व्यंजनों वाली उपमा ध्यान में रखने लायक है। स्वादिष्ट व्यंजन सिर्फ मिठास नहीं देता। इसके स्वाद का आनन्द इसके साथ तीता, खट्टा, नमकीन, कसैला जैसे अनेक स्वादों के मिश्रण से ही आता है। कला में भी चिकने, खुरदरे, समतल, ऊबड़-खाबड़ जैसी अनेक तरह की सतहों का संयोजन होता है। चूँकि ये सब आकार से सम्बद्ध कला सौन्दर्य के पहलू हैं, इनका प्रधान गुण अमूर्तनात्मक है। ये आकार के अपने गुणों को व्यक्त करते हैं।

लेकिन प्राचीनकाल से लेकर आधुनिक काल तक की कलाओं में, विशेषकर दृश्य कला में मनुष्य, जीव-जन्तु या संसार की अन्य किसी वस्तु की अनुकृतियों की प्रधानता रही है। द्रष्टा को भी किसी परिचित वस्तु या व्यक्ति की तस्वीर देखकर सहज आनन्द का अनुभव होता है। जाने-माने कला इतिहासकार ई.एच. गोंब्रिच ने अपने लेख 'विजुअल डिस्कवरी यू आर्ट' में इसकी जड़ में हमारे मस्तिष्क को किसी वस्तु को याद करने की और उसकी पहचान करने की क्षमताओं की भिन्नता बतलाई है।[2] किसी वस्तु को याद कर दिमाग में लाना (रिकॉल) बहुत ही कठिन, बल्कि इसकी पूर्णता में तो असम्भव काम है। परिचित-से-परिचित वस्तु के सभी अवयवों, उनके संयोजन तथा उनकी विशिष्टताओं को हम याददाश्त के भीतर नहीं ला सकते। कुछ-न-कुछ सदा पकड़ के बाहर रह जाता है। इसके विपरीत, किसी तस्वीर को देखते ही उसमें दिखलाई गई वस्तु, अगर वह पहले से देखी गई है तो हम पलभर में पहचान लेते हैं। किसी वस्तु को उसकी समग्रता में पकड़ पाने का बोध जो चित्र देखने से आता है, याददाश्त की पकड़ से सदा बाहर खिसकता मालूम पड़ता है, अनिश्चितता से निश्चितता की स्थिति में लाने की प्रक्रिया है। इसी प्रक्रिया से हमें आनन्द की अनुभूति होती है। किसी सुखद सपने का टूट जाना और फिर उसे वापस लाने की असमर्थता अत्यन्त ही दु:खदायी होती है। मैथिली के प्राचीन कवि विद्यापति की तो एक विख्यात कविता ऐसे ही स्वप्न के टूट जाने का विलाप है। आदिकाल से ही मनुष्य अपने आसपास की दुनिया के क्षण-क्षण बदलने और विलीन होने की प्रक्रिया से विस्मित और परेशान रहता होगा। अनुभव के इन क्षणों को तस्वीर या किसी और कला विधा में पकड़ पाना सदा अद्‌भुत आनन्द का स्रोत रहा होगा। किसी वस्तु को रूपाकार देनेवाली कला की अपील का यही स्रोत है।

अपनी परिचित और प्रिय वस्तु को चित्रित करने का आन्तरिक दबाव कितना प्रबल है, इसका उदाहरण छोटे बच्चों द्वारा चित्र बनाने के प्रथम प्रयास में मिलता

है। शिशुओं में चित्र बनाने के पहले तो पेन्सिल या खड़िया से तरह-तरह के प्रयोग और खोज करने के क्रम में रेखाएँ बनाने की प्रवृत्ति होती है। इस प्रवृत्ति में मानव शिशु अकेला नहीं होता, खोजी वृत्ति वाले अन्य जीवों में मनुष्य से सबसे नजदीकी चिम्पांजी में भी लकीर खींचने की प्रवृत्ति होती है, लेकिन इस प्रक्रिया में वह किसी वस्तु का चित्र नहीं बना पाता, ज्यादा-से-ज्यादा लकीरों के एक-दूसरे के काटने के क्रम में पंखे जैसी आकृति का निर्माण कर पाता है। शायद यह उसकी अवधारणात्मक क्षमता की सीमा के कारण होता है, लेकिन मानव शिशु धीरे-धीरे लकीरों से गोलाकार वृत्त का निर्माण करता है, फिर उसमें दो छोटे-छोटे वृत्त बना आँख और फिर एक तीसरा वृत्त डाल मुँह बनाता है। इससे और आगे बढ़ इसमें अन्य लकीर जोड़ केश एवं हाथ-पांव वगैरह का निर्माण करता है (चित्र 6)। यह विकास निश्चय ही सदा देखी गई प्रिय वस्तु अपनी माँ के मुख की आकृति बनाने में सृजन के सुख की अनुभूति से आता है। इसके बाद स्वतःस्फूर्त रूप से चित्र बनाने की प्रक्रिया बन्द हो जाती है। बाद के काल में प्रशिक्षण के द्वारा ही मनुष्य देखी गई वस्तु जैसा कोई चित्र निर्मित करता है। यह बार-बार देखी गई वस्तु और P बनाई गई अनुकृति की तुलना करने की प्रक्रिया से ही सम्भव होता है, लेकिन इसमें किसी हद की सफलता अकेले अपने प्रयासों से नहीं आती, बल्कि समाज में चित्र बनाने की उपलब्ध परम्परा से प्राप्त 'कोडों' (कूट संकेतों) को सीखने से ही आती है। एक उदाहरण परिप्रेक्ष्य (पर्सपेक्टिव) का है जो वस्तुओं को उनकी दूरी के हिसाब से छोटा या बड़ा आकार देकर दृश्य में विश्वसनीयता पैदा करता है। यह किसी अकेले व्यक्ति की सूझ का परिणाम नहीं होता। कुछ संस्कृतियों में अनेक पीढ़ियों के कलाकारों ने टटोल-टटोल कर प्रयोगों से इसे विकसित किया। इसी तरह दूसरे अनेक कोड विकसित हुए।

देखी गई वस्तु से चित्रों में सामंजस्य स्थापित करने का प्रयास प्राचीन प्रस्तर युग में हजारों वर्ष चला होगा और उसमें चित्र बनाने के ऐसे कोड विकसित हुए होंगे। यह स्पेन की अल्तामीरा गुफा में बनाए गए बाइसन के चित्र से स्पष्ट है, क्योंकि उसमें काफी जटिल कोडों का इस्तेमाल चित्र की स्वाभाविकता प्रदान करने के लिए किया गया है। इस तरह मनुष्य का चित्र बना। इसमें देखी गई वस्तु से सामंजस्य पैदा करने का अन्तर्भूत दबाव संस्कृति का अंग आज से कम-से-कम तीस हजार वर्ष पहले बन चुका था।

यहाँ इस बात का उल्लेख कर देना जरूरी है कि 'कला के लिए कला' का विचार काफी हाल का है और प्राचीनकाल में कला के रूप में कला का विकास नहीं हुआ था, इसकी शुरुआत मनुष्य के प्रारम्भिक काल के जीवन-संघर्ष के क्रम में शिकार एवं अपनी रक्षा के लिए हथियार बनाने या सामूहिक प्रयासों को बल देनेवाली सांकेतिक प्रक्रियाओं से अनपेक्षित अवदान के रूप में ही हुई होगी। सम्भवतः

शिकारी जीवन में सबसे पहले संकेतों की आंगिक भाषा का विकास इशारे से शिकार पकड़ने में एक-दूसरे के प्रयासों को समन्वित और प्रोत्साहित करने में हुआ होगा और फिर बाद में ऐसे ही संकेतों का संयोजन नृत्य के द्वारा जीवन की विभिन्न स्थितियों, शिकार में मारे जानेवाले जीवों और ऋतुओं के वर्णन के लिए हुआ होगा, लेकिन इन प्रक्रियाओं को नृत्य में मनुष्य के स्वभाव में अन्तर्निहित लय और ताल में बाँधने से एक अतिरिक्त आनन्द का स्रोत उपलब्ध हुआ होगा, जिसे परम्पराओं में जीवित और विकसित किया गया होगा। यह भी सम्भव है कि नृत्य की शुरुआत उन दैवी शक्तियों की तुष्टि के लिए हुई हो जिन्हें आदि मानव प्राकृतिक आपदाओं एवं वरदानों की जननी मानता रहा होगा। प्राचीन प्रस्तर युग की त्रोआफेर की गुफा में नृत्य की मुद्रा में एक मुखौटायुक्त व्यक्ति की आकृति है। अन्दाजा लगाया जाता है कि यह किसी ओझा, गुणी या जादूगर की आकृति होगी (देखें चित्र 4)।

इस अतीत काल में मुखौटों का प्रयोग जीव-जगत की प्रक्रियाओं से संस्कृति की एक-दूसरी निरन्तरता की ओर इशारा करता है। जीव-जगत में चारों ओर दुश्मनों को डराने के लिए या अपनी प्रजाति के नर या मादा को आकृष्ट करने के लिए शरीर पर ऐसे रंग, पंख, सींग आदि विकसित हुए हैं जिनकी जीवन-संघर्ष में प्रत्यक्ष रूप से कोई आवश्यकता नहीं दिखाई देती। ऐसे उदाहरणों में हैं, मादा को आकर्षित करने के लिए बारहसिंगों में विशाल सींग, कुछ तितलियों की पीठ पर आँखों जैसे गोल-गोल बड़े आकार जिन्हें देखकर इन्हें खानेवाले पक्षी डरकर हमला नहीं करें, पशु एवं पक्षियों में ऐसे रंगों का विकास जिनसे वे अपने पड़ोस के पेड़-पौधों अथवा मिट्टी-पत्थर से एकाकार हो अपने शिकार के लिए या अपना शिकार करनेवाले जीवों के लिए अदृश्य बने रहें। छद्मावरण (कैमोफ्लेज) चारों ओर दिखाई देता है। मनुष्य ने अपनी संस्कृति से ऐसे ही अवसरों के लिए ऐसे ही मुखौटों और छद्मावरणों का आविष्कार किया है। कला के विकास में भी इन छद्मावरणों और मुखौटों की भूमिका रही होगी। यह अनुमान किया जा सकता है कि सबसे आदिम कला, जो आज भी 'फोक आर्ट' (लोककला) के रूप में जीवित है, विभिन्न अवसरों के लिए शरीर और आवास को सजाने के लिए विकसित हुई होगी। पक्षियों की कलगी की तर्ज पर तरह-तरह की कलगी और मुकुट, वस्त्र और आभूषण कौड़ी और सीपों से लेकर रंग-बिरंगे पत्थरों और कालान्तर में धातुओं के बनने लगे। प्राचीन पाषाण युग के अवशेषों और आदिम कब्रों में ऐसे गहनों की उपस्थिति से अति प्राचीनकाल से इनके प्रयोग का पता चलता है। इन सबका प्रयोजन वही है जो पशु-पक्षियों में विविध तरह के प्रकृति प्रदत्त रोएँ और परों की सजावट का। इससे भी आगे बढ़ मनुष्य ने स्वयं अपने चमड़े को रँगने और गोदने से सजावट की कला विकसित की। विख्यात नृशास्त्री क्लौद लेवी स्ट्रॉस ने न्यूजीलैंड के मैओरी गोदनों और ब्राजील के काडुवियो कबीले एवं कई अन्य समूहों के गोदनों एवं रंग से चेहरे पर आकृतियाँ

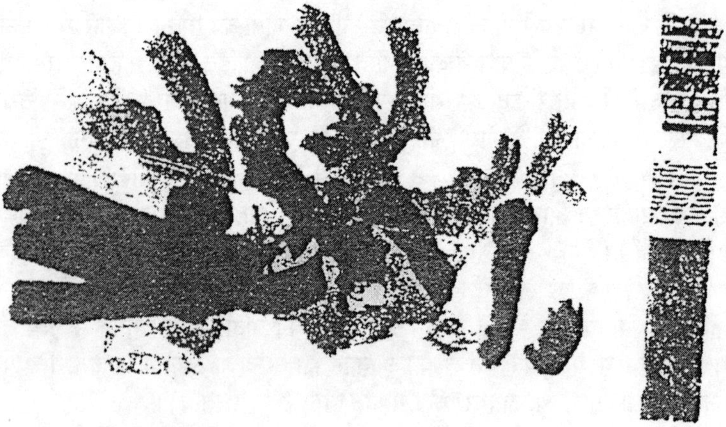

चित्र-7 : चिम्पांजी द्वारा निर्मित चित्र। कूँची से बने निशानों से पंखे जैसी आकृति।

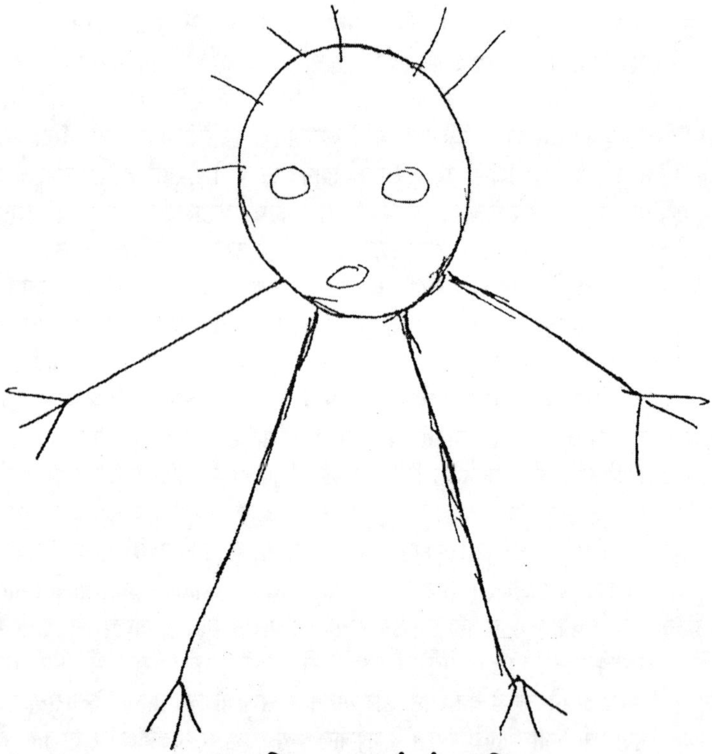

मानव शिशु द्वारा बनाई गई आकृति

बनाने की परिपाटी और मुखौटों के तुलनात्मक अध्ययन से इन्हें उनके समाजों की पूरी संरचनात्मक व्यवस्था से जोड़ने की कोशिश की है।[3] आदिम युद्ध-नृत्यों में तरह-तरह के मुखौटे वैसी ही भूमिका निभाते हैं जैसी पशुओं के डील-डौल और शक्ति को बढ़ा कर बतलानेवाले अंग और पैंतरेबाजी निभाती है। दरअसल, इस तरह के प्रदर्शनकारी विकास के चलते कई प्रजातियों के दाँत एवं सींग इतने बेतरतीब बढ़ गए थे कि युद्ध के लिए अपने डील-डौल के कारण ही अनुपयोगी बन गए। सामन्ती युग में सामन्तों के भारी-भरकम बख्तर ऐसे ही शक्ति-प्रदर्शन के माध्यम थे, जो युद्ध के लिए उतने ही अनुपयोगी साबित होते थे।

पशुओं में अपनी प्रजाति के अन्य प्रतिद्वन्द्वियों के खिलाफ शक्ति-प्रदर्शन के लिए बिल्ली, नेवला आदि द्वारा आकार बढ़ाने के लिए रोएँ खड़े करने या अन्य पैंतरेबाजी के समानान्तर मनुष्यों में भी कुछ प्रतियोगिताओं, जैसे कुश्ती और मुक्केबाजी में जिनमें आदमी अपनी आदिम अवस्था से सबसे करीबी तेवर में होता है, जटिल पैंतरेबाजियाँ उसके अतीत के अवशेष ही हैं, जब आदमी अपने डील-डौल के प्रदर्शन से ही अन्य प्रजातियों की तरह प्रतिद्वन्द्वी को हार मानने को मजबूर कर सकता था। चित्र 7 में भेड़ियों में प्रभुता और दीनता का प्रदर्शन दिखलाया गया है। वर्तमान काल में सोवियत संघ में कम्युनिस्ट शासन के तहत 'मई दिवस' के अवसर पर और भारत में 'गणतंत्र दिवस' पर सैन्य शक्ति की परेड शक्ति-प्रदर्शन की ऐसी ही आदिम अभिव्यक्ति है। कबाइली संघर्षों में अनेक डरावने मुखौटों और साज-सज्जा से युक्त युद्ध-नृत्य प्रतिद्वन्द्वियों को भयभीत करने के लिए ही होते होंगे। आगे चल कर इसी की प्रतीकात्मक और कलात्मक अभिव्यक्ति रंगमंच पर व्यक्तिगत या सामूहिक नृत्यों में होने लगी।

चित्र-7 : भाव-भंगिमा से प्रभुता और हीनता का प्रदर्शन। शक्तिशाली भेड़िया (बाएँ) और अधीनता कबूल करनेवाला भेड़िया (दाएँ)।

आधुनिक युद्धों से मानव अस्तित्व के संकट का एक आयाम यह भी है कि अब युद्ध में शक्ति-प्रदर्शन की किसी दिखावटी (कलात्मक) अभिव्यक्ति की गुंजाइश नहीं रह गई है। अब लुके-छिपे स्टील्थ बमवर्षकों और मिसाइलों का युग आ गया है जब वायुयान अदृश्य रहकर, या पनडुब्बियाँ पानी के भीतर से खतरे से अनजान नागरिकों पर आसमान से परमाणु बम गिराकर पूरे नगरों को नर-नारी, बूढ़ों-बच्चों समेत एक साथ नष्ट कर सकते हैं। असली अर्थ में यही अप-संस्कृति हैं जिसमें जीवन के लिए प्रकृतिजन्य सहज प्रवृत्ति का विस्तार नहीं है बल्कि इसके विपरीत सीमाहीन अहम् और उन्माद आदमी को निर्वैयक्तिक नर-संहार और सर्वनाश के लिए प्रेरित करता है। दरअसल, ये प्रवृत्तियाँ संस्कृति का आत्यन्तिक निषेध है जिसको एक शब्द में 'निहिलिज्म' ही कह सकते हैं।"[4]

ऊपर के संक्षिप्त विषयान्तर के बाद हम यहाँ पुनः शिशुओं की प्रथम चित्र निर्माण की प्रक्रिया पर विचार करेंगे। चिम्पांजी मानव सरीखी दिखनेवाली अपनी सारी क्षमताओं के बावजूद अगर चित्र बनाने की दिशा में कोई प्रगति नहीं कर पाता तो इसका खास कारण यह जान पड़ता है कि मनुष्य की तुलना में चिम्पांजी की अवधारणात्मक (कन्सेप्चुअल) क्षमता अत्यन्त ही क्षीण है। यह क्षमता किसी गैरहाजिर वस्तु या व्यक्ति की छवि (इमेज या मेमोरी ट्रेसेज) को कुछ काल तक धारण करने की क्षमता है। जैसा कि ऊपर बतलाया गया है, यह छवि इतनी स्पष्ट तो नहीं होती कि उसे आदमी उसकी सर्वांगीणता में प्रस्तुत कर सके, लेकिन उपयुक्त संकेत (क्यू)—जैसे प्रतीक या चिह्न के आधार पर उसकी पहचान कर सकता है या उसे अर्थ दे सकता है। संकेत से अर्थ तक पहुँचने की यह क्षमता ही कला तथा अन्य सर्जनात्मक अभिव्यक्ति का आधार होती है। मनोविज्ञान में इसी प्रक्रिया का एक रूप 'क्लोजर' यानी अधूरे आकार को पूर्णता प्रदान करने का गुण है। प्रयोगों से पाया गया है कि अगर एक सीधी रेखा या परिचित चित्र का कुछ अंश मिटा दिया जाए या ढक दिया जाए तो भी वह आदमी जो उस रेखा या चित्र से परिचित है उस रेखा या चित्र को उसकी पूर्णता में देखेगा। ऐसा इसलिए होता है क्योंकि उसके दिमाग में उस पूरी रेखा या चित्र की छवि मौजूद है, लेकिन वह इस रेखा या चित्र को पूरा तभी करेगा जब उनका कुछ संकेत मौजूद हो। इस गुण का भरपूर प्रयोग रेखाकारों ने या उन कलाकारों ने किया है जो वस्तुओं के हू-ब-हू जैसे लगनेवाले चित्र (त्रौं-द-एल) बनाते हैं। इसी मनोवैज्ञानिक कारण से हम एक सपाट चित्र फलक पर तीन आयामी और पीछे दूर क्षितिज तक फैले दृश्य का अनुभव करते हैं। होता यह है कि कलात्मक क्यू (कूट संकेत, जो एक माध्यम की वस्तु या आकार का दूसरे माध्यम में प्रतिनिधित्व करते हैं) या कोड के कारण हमारी अपनी याददाश्त में अस्फुट पड़ा दृश्य चित्र में मूर्तिमान हो उठता है। यूरोप के रेनेसां काल की पूरी कला परम्परा

ऐसे कोड़ों के विकास में लगी रही जिससे चित्र देख कर लोगों में यह भ्रम पैदा हो कि वे असलियत को देख रहे हैं। ऐसे क्यू या कोड कला निर्माण के लिए भी अति आवश्यक हैं। अनेक कलाकारों ने यह अनुभव व्यक्त किया है कि चित्र बनाने के पहले जब उनके सामने सादा कागज या कैनवस होता है तो वे एक अनिश्चय की स्थिति में होते हैं। जब वे कूची या पेन्सिल से पहला निशान बना देते हैं तो उसके बाद ही आगे क्या करना है, उन्हें दिखाई देता है और जैसे-जैसे चित्र की प्रगति होती जाती है वैसे-वैसे वह कैसे समाप्त होगा, यह अधिक स्पष्ट होता जाता है। इसमें कैनवस पर बनाए गए चिह्न मन में अंकित छवि को, जो अवचेतन में छिपी होती है, उघाड़कर चेतन के सामने स्पष्टता के साथ लाने का काम करते हैं। यह आवश्यक नहीं कि यह छवि किसी वस्तु का प्रतिनिधि-चित्र हो। यह शुद्ध रूप से भावनात्मक अभिव्यक्ति भी हो सकती है।

अब ऊपर की बातों के आलोक में हम यह अनुमान लगा सकते हैं कि हमारी प्रजाति के शैशवकाल में कला का विकास कैसे हुआ होगा। जैसा कि पहले ही कहा गया है। कला के लिए कला की बात तो बिलकुल हाल की धारणा है। आदि पाषाण युग में जब आदमी चकमक पत्थर के या हड्डियों के हथियारों से शिकार कर जीता था, कला का उन्मेष इन हथियारों के निर्माण के साथ ही हुआ होगा। प्राचीन पत्थरों और हाथी दांत के हथियारों को देखने से कलात्मकता के दो रूप दिखाई देते हैं—बनावट में आकार के स्तर पर कलात्मकता और फिर औजारों पर मानव एवं पशुओं की अनुकृति अंकित करने की कलात्मकता। पत्थर को काटने लायक तेज धार देने की प्रक्रिया में पैदा विलक्षण सममिति और बनावट की सुन्दरता इन हथियारों की काटने की उपयोगिता की दृष्टि से बेजरूरत लगेगी। यहाँ मनुष्य में अन्तर्निहित सौन्दर्य-बोध एक नीरस उपयोगिता की वस्तु में-जिसका काम या तो शिकार में पशुओं को मारने का था या उनके चमड़े या मांस को काटने का रूपाकार ला देता है। यह बात दीगर है कि हस्त परस और भाले की सममिति सौन्दर्य के साथ-साथ इन हथियारों की उपयोगिता भी बढ़ा देती है। यह कलात्मकता को विशेष प्रोत्साहन देनेवाला साबित होता है। इन औजारों के सन्तुलन और सममिति में लगातार विकास होता गया। आज से लगभग चार लाख वर्ष पहले के एच्युलियन/हस्त परस से लेकर औरिग्रेशियन और सौलुट्रियन होते हुए पन्द्रह हजार वर्ष पहले के मैग्डेलेनियन काल तक औजारों में इस तरह के सुधार लगातार होते रहे। इससे यह नहीं समझना चाहिए कि ये सब सुधार एक परम्परा के तहत हुए। इस तरह के पत्थर के औजार एक-दूसरे से अति दूर और विशाल कालखंड़ों के अन्तराल पर पाए गए हैं। अतः इनके आपसी सम्पर्क की सम्भावना नहीं लगती, लेकिन इससे यह जरूर लगता है कि आदमी की आकारों में आनन्द (सौन्दर्य) ढूँढ़ने की प्रवृत्ति हमेशा जो दिखाई देती है, उसे कल्पना में उपस्थित छवि के आलोक में

पूर्णता प्रदान करने की रही है। जहाँ किसी संस्कृति में निरन्तरता रही है, यह सुधार एक परम्परा के तहत तेजी से हुआ है। जहाँ संस्कृति की ऐसी निरन्तरता नहीं रही लोगों ने बार-बार नए सिरे से अपने औजारों को अधिक सुरुचिपूर्ण बनाया। चूँकि लाखों वर्ष की अपनी यायावरी में मानव समूह एक-दूसरे से कटते गए, कुछ आगे बढ़े, कुछ जहाँ के तहाँ स्थित रहे और कुछ विनष्ट हो गए इनकी संस्कृति में समरसता दिखाई पड़ना सम्भव नहीं था, उन बिन्दुओं को छोड़कर जहाँ कुछ अन्तर्भूत कलात्मक प्रवृत्तियाँ स्वत:स्फूर्त रूप से वस्तुओं और कलाओं में समान तत्त्वों का समावेश कर देती थीं।

इसी क्रम में अनुकृतियों के निर्माण की दिशा में एक छलाँग आज से तीस हजार वर्ष पूर्व से पाए गए चित्रों और मूर्तियों में दिखाई पड़ती है। इस काल के बाद से गुफाओं की दीवारों पर और अन्यत्र ऐसे उत्कीर्ण रिलीफ, रँगे गए चित्र और प्रतीकात्मक आकार पाए जाते हैं जो अपनी कलात्मक अभिव्यक्ति में आधुनिक काल की कलाओं से हीन नहीं कहे जा सकते (चित्र 8)। इसका कारण समझना आसान है। हथियारों में सुधार से जीवन का संघर्ष कुछ कम हो गया। लोगों को वस्तुओं को ध्यान से देखने और प्रयोग के लिए उनसे छेड़-छाड़ करने का अवकाश अधिक मिलने लगा। इस प्रयास में बनती-उभरती रेखाएँ और ऊबड़-खाबड़ सतहों में उन्हें अवचेतन में पड़ी छवियों की झाँकियाँ दिखाई देने लगी होंगी जैसी हमें दीवारों पर उभरी रेखाओं और धब्बों में अक्सर दिखाई देती हैं। गुफाओं की दीवारों पर उत्कीर्ण कुछ आकृतियाँ स्वाभाविक रूप से उभरे चिह्नों से प्राप्त संकेतों से इन धब्बों द्वारा सुझाए गए रूपों को पूरा करके बनाई गई होंगी, ऐसा अनुमान होता है। और एक बार ऐसे चित्र के बन जाने पर इनमें प्रयुक्त कोडों की परम्परा बनी होगी। फिर तो रिलीफ उत्कीर्ण करने या चित्र बनाने की कला में उत्तरोत्तर सुधार हुआ होगा। चित्र बनाने में दक्षता हासिल करने के बाद इसका प्रचलित धार्मिक अनुष्ठानों एवं शिकार के अवसरों से जुड़ाव हुआ होगा और इस पारस्परिकता से चित्रकला में वैसी प्रतीकात्मकता का समावेश हुआ होगा जो उनकी संस्कृति में धार्मिक विश्वासों के साथ जुड़ी होगी। चित्रकारी शिकार के अनुष्ठानों एवं आदमी के जन्म-मरण के कर्मकांडों से जुड़ी होगी और इससे इसकी विषय-वस्तु और स्वरूप, दोनों में बदलाव आया होगा। जब अनुकृतियाँ बनाने में दक्षता हासिल हुई होगी तब इनका निर्माण शुद्ध रूप से सृजन के सुख के लिए होने लगा होगा। प्राचीनकाल के विशाल हाथियों (मैमथ) के दाँतों पर और बारहसिंगों के सींग पर तरह-तरह के पशुओं की उत्कीर्ण तस्वीरें कला के विकास के इसी दौर के परिणाम मालूम होती हैं। उसके बाद से हजारों वर्ष से आज तक आदमी अपने औजारों, हथियारों, रहने के स्थानों आदि सभी को विभिन्न वस्तुओं और जीवों की अनुकृतियों से सजाता रहा है, लेकिन एक आधारभूत स्तर पर इनका मनुष्य के जीवन के लिए

आनन्द के अलावा भी एक अवदान रहा है। ये कलाकृतियाँ अपनी सम्प्रेषणीयता से समूह को प्रशिक्षित करने के अलावा इसे भावनात्मक स्तर पर जोड़ने का काम करती रही हैं। चूँकि इनका विकास छोटे या बड़े समाज के सामूहिक प्रयासों और उपलब्धियों से जुड़ा होता है, कलाकार और कला-द्रष्टा, दोनों ही कलाकृति के माध्यम से पूरे समाज की भावना से जुड़ जाते हैं—कहीं यह सामाजिक बन्धन धार्मिक विश्वासों का होता है, कहीं प्रचलित रीति-रिवाजों का तो कहीं कबीले की महत्ता की भावना और कबीले के प्रति वफादारी का।

चित्र-8 : फौं द गोम फ्रांस में मैग्डालिनियन काल का रेनडीयर का एक बहुरंगी चित्र।

आधुनिक काल में कला के शुद्ध रूप से विपणन की वस्तु बन जाने से इसमें निहित सामाजिक लगाव का ह्रास होता जा रहा है। चूँकि यह सामाजिक चेलना या भावना से कटती जा रही है, बाजार में इसका मूल्य चाहे जितना भी बढ़ा हो, आम-आदमी ऐसी कला से विरत होता जा रहा है। आदमी की अन्तरंग भावनाएँ उसे अपने छोटे परिवेश से ही जोड़ती हैं, जिसमें वह हर पल जीता है। इसीलिए कला का जागतिक बाजार तो हो सकता है, लेकिन जागतिक भावनात्मक आधार नहीं। क्योंकि मिट्टी, धरती, आसमान और पेड़-पत्तों के रंग और गन्ध, अपनी भाषा का विशिष्ट बोध तथा लय, प्रचलित रीति-रिवाज जिनके माध्यम से वह अपनी भावना

की अभिव्यक्ति खोजता है, सब मिलकर अपने आप में एक सम्पूर्ण भावलोक का निर्माण करते हैं जिससे कलाकार अपने को ठीक वैसे ही बाहर नहीं कर सकता, जैसे अपने शरीर को चमड़ी से। यही बात कलाभोक्ता के साथ भी लागू है। उसका भावलोक भी परिवेश से आकार ग्रहण करता है। वह भी अपने परिवेश से बँधा है और इसी परिवेश की भाषा में उसकी अभिव्यक्ति को ग्रहण कर सकता है। बाहर से आनेवाला कोई प्रभाव कलाकार के लिए सार्थक अभिव्यक्ति का माध्यम तभी बन सकता है जब लम्बी अवधि में वह उसके परिवेश की मिट्टी-पानी में सनकर खाद की तरह कला पोषण के लिए जज्बा बन जाए। यह असम्भव नहीं है क्योंकि दुनिया के सभी मनुष्य एक प्रजाति के हैं और इसलिए उनके आपसी सम्प्रेषण पर कोई अलंघ्य बाधा नहीं है। प्राचीन काल से कला-बोध का ऐसा विस्तार भी होता रहा है, लेकिन यह सब धीरे-धीरे एक लम्बी प्रक्रिया से ही सम्भव है, अचानक बाहर से थोपा नहीं जा सकता।

संगीत अमूर्त कला का सब से शुद्ध रूप हैं। इसीलिए अनेक चित्रकार और मूर्तिकार भी संगीत जैसी शुद्ध अभिव्यक्ति को अपना आदर्श मानते हैं। भाषा की तरह संगीत भी ध्वनि पर निर्भर है, इसलिए शायद यह सम्प्रेषण का सबसे प्रारम्भिक माध्यम रहा होगा। पक्षियों के संगीत की तर्ज पर मनुष्य की आवाज भी प्रारम्भ में विविध स्थितियों के लिए अपने उतार-चढ़ाव से भय, प्रेम, आकर्षण, विकर्षण आदि भावनाओं का सम्प्रेषण करती होगी, भाषा के विकास के पहले। चूँकि ऐसे ध्वनि-संकेतों में भावना की बहुलता रही होगी, इन्हीं में संगीत के विकास के बीज रहे होंगे। ध्वनि से भाषा के विकास ने सम्प्रेषणीयता की एक-दूसरी राह पकड़ी जिसका विस्तार से वर्णन तीसरे अध्याय में हो चुका है। भाषा के माध्यम से ठोस वस्तुपरक और तर्कसंगत सूचनाओं का सम्प्रेषण अत्यधिक क्षमता से होता है, लेकिन आदमी की आवाज में बहुत कुछ है जो ठोस सूचनाओं से परे जा सीधा भावनाओं के स्तर पर सम्प्रेषण करता है। इसीलिए बातचीत में आवाज के उतार-चढ़ाव के साथ शब्दों के अर्थ भी बदल जाते हैं।

टेलीफोन इंजीनियरों ने प्रयोग करके दिखलाया है कि बोली के नॉरमल बैंडों (यानी 10 और 10,000 साइकिल प्रति सेकेंड) को अगर दस संकीर्ण दरवाजों (गेटों) से 'वौकोडर' नामक यंत्र से गुजारा जाए जिनमें प्रत्येक दरवाजा 32 साइकिल चौड़ा हो न तो बातों का सार तो मिल जाएगा, लेकिन फोन करनेवाले का व्यक्तित्व और भाव लुप्त हो जाएँगे। इसके उलट, संगीत आवाज के उन बैंडों की क्षमताओं का प्रयोग करता है जिन्हें निश्चयात्मक सूचना की दृष्टि से अनावश्यक माना जा सकता है। इस शताब्दी के पूर्वार्द्ध में प्रत्यक्ष अनुभव और तर्क को ज्ञान का एकमात्र स्रोत माननेवाले लॉजिकल पॉजेटिविस्ट कहे जानेवाले दार्शनिकों ने विज्ञान के लिए भाषा को एक खास रूप में बाँधा, इसी तरह उनकी दृष्टि में गुमराह करनेवाली भावनाओं

और अवधारणाओं से मुक्त करने की कोशिश की थी, लेकिन लोगों की भावनात्मक आवश्यकता इतनी जबर्दस्त है कि इससे न तो लोंगों की बातचीत की भाषा बदली न संगीत का आकर्षण कम हुआ। हाँ, उनकी तार्किक भाषा का उपयोग कम्प्यूटर की भाषा के निर्माण में जरूर हुआ।

मनुष्य की आन्तरिक भावनाओं को स्वत:स्फूर्त अभिव्यक्ति देनेवाले संगीत और नृत्य मानव समाज में आदिकाल से ही एक-दूसरे से जुड़े रहे होंगे, यह कुछ विश्वास से कहा जा सकता है। मोर, कबूतर एवं फाख्ता जैसे पक्षियों में ध्वनि के साथ या अकेले भाव-भंगिमाओं या नृत्य से सम्प्रेषण के प्रयास आमतौर से देखने में आते हैं। फाख्ता की आवाज तो दूर-दूर तक संगीत की टेर की तरह सुनी जा सकती है और जिस तरह यह देर-देर तक जारी रहती है, इसका उद्‌देश्य अभिव्यक्ति का आनन्द ही मालूम पड़ता है। इन पक्षियों की तरह मनुष्य में भी भाव-भंगिमा और आवाज सम्प्रेषण के ये दोनों ही माध्यम उपलब्ध हैं और इनका मिला-जुला व्यवहार संगीत और नृत्य की मिली-जुली अभिव्यक्ति में हर तरफ दिखाई देता है। दोनों ही में लयबद्धता है, जिसका आकर्षण मनुष्य के लिए स्वाभाविक है क्योंकि मनुष्य के जीवन का आधार ही लयबद्ध स्पन्दन है—आदमी की हृदय की गति, श्वास का चलना और दिन-रात का जीवनवृत्त सभी लयबद्ध हैं। चूँकि संगीत और नृत्य भाव प्रधान हैं, मनुष्य इनके माध्यम से जीवन की उदात्त भावनाओं, हर्ष और विषाद एवं मन पर ऋतुओं और दिन की विविध घड़ियों के प्रभाव सभी को अभिव्यवित देता रहा है। भारत में तो संगीत के रागों एवं रागिनियों को विविध ऋतुओं और दिन की घड़ियों के साथ जोड़ने की लम्बी परम्परा रही है। भारत की सभी नृत्य परम्पराओं में संगीत को जोड़ा गया है—चाहे वह अत्यन्त ही उन्नत और जटिल शास्त्रीय संगीत पर आधारित कथक नृत्य हो, चाहे लोकसंगीत की परम्परा पर रासलीला या आदिवासी समूहों के लोकनृत्य हों। पश्चिमी देशों के भी नृत्य किसी-न-किसी संगीत की तर्ज पर ही होते हैं। यही बात अफ्रीका के पारम्परिक नृत्यों के साथ भी लागू है। नृत्य और संगीत का यह सार्विक सहयोग आदमी की सहज प्रवृत्ति की ही सांस्कृतिक अभिव्यक्ति लगती है। पारम्परिक कथाओं की भावोत्प्रेरक घटनाएँ, मनुष्य के ऊपर की कल्पित दैवी शक्तियों की वन्दना, अपने समूह की गुणगाथा आदि सभी का इसमें प्रतीकात्मक रूप से समावेश हो सकता है। भारत में तो अति प्राचीनकाल से शरीर के सभी अंग-प्रत्यंगों की सांकेतिक भाषा को एक सम्पूर्ण शास्त्र के रूप में विकसित किया गया था जो आज भी यहाँ की विविध नृत्य परम्पराओं में जीवित है। यह आंगिक भाषा संसार के सभी मनुष्यों में अलग-अलग रूप में उपस्थित है क्योंकि आवाज की भाषा के बहुत पहले सम्प्रेषण का यही माध्यम मनुष्यों और पशुओं, सभी को उपलब्ध था और आज भी उपलब्ध है। यह सहज प्रकृति से आता है, प्रशिक्षण से विकसित हो निश्चित आकार ग्रहण करता है और

सांस्कृतिक परम्परा द्वारा पीढ़ी-दर-पीढ़ी परिवर्धित हो हस्तान्तरित होता रहता है। अपनी आवश्यकता के अनुसार नई पीढ़ियाँ इसमें परिवर्तन और परिवर्धन करती रहती हैं। नृत्य की आंगिक अभिव्यक्ति के समानान्तर कविता का विकास भाषा के माध्यम से भावनाओं की अभिव्यक्ति के लिए होने लगा। इसमें उत्तरोत्तर भाषा के अर्थ से परे जा सीधा भावना को अपील करने का रुझान था। इसलिए कविता सदा भाषा का सीमान्त प्रदेश रही है जिसमें आकांक्षा संगीत की तर्ज पर सीधे भावना को अपील करने की रही है। सम्प्रेषण भाव और अर्थ के बीच झूलता रहा है।

एक सम्प्रेषण माध्यम, जिससे उचित और निषिद्ध का बोध एवं परिवेश का अनुभव से अर्जित ज्ञान मनुष्य अपने वंशजों को अत्यधिक क्षमता से दे सकता है, और जो अधिक से अधिक विकसित चिम्पांजी जैसे दूसरे स्तनपायी जीव में भी नहीं है, वह है कथा और मिथकों के सहारे सम्प्रेषण। सांस्कृतिक विकास का यह एक ऐसा आयाम है जो मानव व्यवहारों को अन्य पशुओं के व्यवहारों से बिलकुल अलग करता है। इसका विकास मनुष्य की अवधारणात्मक क्षमता और भाषा के विकास के साथ जुड़ा हुआ है। भाषा का विकास कब हुआ, यह अज्ञात है और शायद निश्चित रूप से कभी भी नहीं जाना जा सकता, क्योंकि औजारों अथवा चित्रों और मूर्तियों की तरह किसी ठोस वस्तु में इसका स्मृति-चिह्न सुरक्षित नहीं रहता, लिपि और लिखावट के पहले। इसका आविर्भाव जब भी हुआ हो यह सहज प्रवृत्ति के बन्धन से संस्कृति के दायरे में प्रवेश की दिशा में मनुष्य की सबसे बड़ी छलाँग थी। यह काफी हद तक आदमी को अपने आनुवंशिकी के बन्धन से मुक्त करती है। भाषा और अवधारणात्मक शक्ति से कल्पना के स्तर पर मनुष्य मनचाहे संसार का सृजन कर सकता है, और इस संसार की झाँकी को सम्प्रेषित भी कर सकता है। भाषा के माध्यम से वह सब, जो दृश्य जगत में अनहोना लगता है, अवधारणात्मक धरातल पर सम्भव दिखाई देने लगता है। उदाहरण के लिए, हम इन पंक्तियों पर विचार करें :

> "चंदा मामा नाव चलाते आसमान के नीलम पोखर में
> लल्लन उसमें तैर पहुँचता मामा के चाँदी के घर में"

इन पंक्तियों से हम एक स्पष्ट स्थिति की कल्पना कर सकते हैं और उसका आस्वादन भी कर सकते हैं, हालाँकि इन पंक्तियों में व्यवहार किए गए पदों का वास्तविक संसार से कोई रिश्ता नहीं है। न तो चंदा मामा है और न आसमान कोई नीलम पोखर जिसमें कोई लल्लन तैर सके, लेकिन भाषा की अवधारणात्मक शक्ति और इसकी व्याकरणीय बनावट के कारण असम्भव से असम्भव स्थिति का विश्वसनीय विवरण भाषा के माध्यम से दिया जा सकता है। इससे भी महत्त्वपूर्ण बात यह है कि यह एक विश्वसनीय कल्पनालोक का निर्माण करता है। व्याकरणीय

दृष्टि से 'किरण के तारों को लपेट कर बाँध दो' बिलकुल सही वाक्य होगा और इससे किसी तरह की क्रिया के होने का आभास भी मिलता है, लेकिन हकीकत से इसका कोई रिश्ता नहीं हो सकता, क्योंकि किरण का तार लोहे या तांबे के तार जैसी कोई लचीली वस्तु नहीं हो सकता। भाषा की इस शक्ति को पाने के बाद से आदमी ने प्रकृति की अदृश्य शक्तियों को समझने के लिए और उनके साथ अपना रिश्ता कायम करने के लिए मिथकों का निर्माण करना शुरू किया। अब अनेक रूप के देव-दानव मानव निर्मित मिथकीय संसार के वासी बन गए। कहीं हाथी के मस्तक वाले गणेश तो कहीं बाज के मुख वाले होरस और कहीं वृषभ-मुख मनुष्य-मांसभक्षी मिनोटार जैसी उपस्थितियाँ विभिन्न मानव समूहों के कल्पनालोक को आबाद करने लगीं। अवधारणायुक्त मानव के लिए उससें इतर जीव, वृक्ष, नदी, पर्वत और धरती आदि केवल सामने पड़ने के क्षण में ही प्रकट नहीं रहे। सोते-जागते आँख-कान बन्द करने पर भी अब ये अपने आप में अस्तित्व में रहने लगे। इसलिए इनके साथ स्थायी सम्बन्ध कायम करना जरूरी था। ऐसे सम्बन्ध के लिए उनकी हैसियत आँकना और मनुष्य के जीवन पर उनका स्थायी प्रभाव कैसा होता है, यह जानना जरूरी था। पिछले अध्याय (परिवेश का बन्धन) में इस पर कुछ विचार किया गया था। विज्ञान के विकास के पहले इन सब को मनुष्य जैसा ही सुख, दुःख, मित्रता, शत्रुता आदि भावों से युक्त माना जाता था, अत: इनके साथ भावनात्मक सम्बन्ध कायम किया जा सकता था। मिथकों की दुनिया यही काम करती थी। इसमें आदमी, देवता, नदी, पर्वत—सभी एक कथानक के भीतर अपनी भूमिका निभाते थे। मिथकों में सभी पात्रों की भूमिका एवं घटनाक्रम सुनिश्चित होते थे। इनमें किसी तरह का उलट-फेर अटल दैवी विधान में व्यवधान जैसा लगता था। इसीलिए सभी मिथकों की घटनाओं के क्रम और इनसे जुड़े धार्मिक कर्मकांडों के क्रम अपरिवर्तनीय माने जाते थे। पुरोहितों की मंडलियाँ बनने लगीं जो अपने शिष्यों के माध्यम से पीढ़ी-दर-पीढ़ी इनकी अपरिवर्तनीयता को बनाए रखने का काम करती रहीं। दिलचस्प बात यह है कि परिवेश और काम-धाम में अनिश्चितता के भय से निश्चितता की तलाश का आन्तरिक दबाव इतना जबर्दस्त होता है कि यह पक्षियों के कार्यकलापों जैसे घोंसला बनाने के क्रम[5], मिथकों ने घटनाक्रम और वैज्ञानिक सिद्धान्तों के तहत भौतिक घटनाओं के कारण कार्य सम्बन्ध सभी में निश्चयात्मक एकरूपता की तरफ ले जाता है। यहाँ एक बार फिर सहज प्रवृत्ति और संस्कृति के बीच निरन्तरता दिखाई देती है।

मिथकों में परिवेश के गुण, मानव सम्बन्ध और उचित-अनुचित का मूल्यबोध—सभी एक कथानक में पिरोये गए होते हैं। इससे मिथकों को याद रखने से उनके विविध पहलुओं को ध्यान में रखना आसान हो जाता है। इस तरह मिथकों के द्वारा न सिर्फ लोगों की अपने परिवेश के साथ संगति बैठती है बल्कि लोगों को अपने

कार्यों में भी मर्यादित किया जा सकता है। इसका कारण यह है कि मिथकों के आदर्श व्यक्तियों के आचरण के उदाहरणों में विशेष तरह के व्यवहार का निर्देश भी निहित होता है। जैसे-जैसे आदमी का नियंत्रण प्राकृतिक शक्तियों पर बढ़ता गया वैसे-वैसे लोगों की रुचि दैवी शक्तियों के बजाय मानव समूहों और विशेषकर अपने समूह की गणगाथा की ओर बढ़ी। यह वास्तव में मनुष्य में स्वयं अपने बारे में जानने और अपने को गौरवान्वित करने की इच्छा की अभिव्यक्ति थी। अपने इस गुण में शायद मनुष्य सभी प्रजातियों में अकेला है। बिना सोचे-समझे अपनी इच्छा की पूर्ति या शक्ति-प्रदर्शन की इच्छा तो अनेक जीवों में है, लेकिन अवधारणात्मक क्षमता से युक्त मनुष्य ही अपने आप के मूल्यांकन के लिए सक्षम होता है, लेकिन इस मूल्यांकन में अपनी महत्ता को बढ़ा-चढ़ा कर देखने की स्वाभाविक पाशविक प्रवृत्ति भी जुड़ी रहती है।

आदिम समाजों में मनुष्य अपना व्यक्तिगत अस्तित्व अपने कबीले या कुटुंबियों से अलग करके नहीं देखता था। अतः खुद को गौरवान्वित करके देखने का साधन कबीले को गरिमामंडित करना ही हो सकता था। आज भी बड़ी संख्या में आदमी अपनी जाति, अपने धर्म, अपने देश आदि को गरिमामंडित कर स्वयं गौरवान्वित महसूस करता है। इससे मिथकों के बाद मनुष्य की सामूहिक अभिव्यक्ति का माध्यम महाकाव्य बने। महाभारत, रामायण, इलियड, एनियाड आदि महाकाव्यों के रचनाकाल मनुष्य के सांस्कृतिक विकास के ऐसे ही बिन्दु थे। अब मानव समूहों की गाथा कला का रूप धारण करने लगी। इसमें मनुष्य महाकाव्यों के पात्रों से अपने को एकाकार कर उनके सुख-दुःख के साथ तादात्म्य स्थापित करता था। इसी के साथ कला विधाओं में, जिसे ह्यूमन इंटेरेस्ट कहते हैं, पैदा हुआ। इसमें चिह्नित व्यक्तियों के साथ तादात्म्य स्थापित कर सुख-दुःख अनुभव करने की प्रवृत्ति थी जो आज साहित्य से लेकर पत्रकारिता तक में अपना विशेष स्थान रखती है।

ऐसे कथा-साहित्य के जन्म के बाद इस प्रक्रिया की तार्किक परिणति के रूप में नाटकों की शुरुआत हुई होगी जिनमें चर्चित घटनाएँ नाटक के पात्रों द्वारा रंगमंच पर मंचित की जाने लगीं। इनमें काव्यों में वर्णित घटनाओं के प्रत्यक्ष प्रदर्शन के कारण लोगों को रंजित करने की सबसे अधिक क्षमता थी। यूनान और भारत में इस कला विधा के प्रारम्भ के सम्बन्ध में निश्चित जानकारी है। सम्भवतः अन्यत्र भी किसी रूप में रंगकर्म रहे। होंगे। यूनान में इसकी शुरुआत ईसा पूर्व प्रथम सहस्राब्दी के पूर्वार्द्ध में हुई थी। प्रारम्भ में यह वहाँ मदिरा और उल्लास के देवता डायनिसस के त्योहार के रूप में शुरू हुआ। इसमें बकरे के रूप में डायनिसस की बलि, उसका भक्षण और फिर उस पर विलाप होता था। इस विलाप में सवाल-जवाब करनेवाले पात्र जुड़ते गए और फिर इसने एक रंगमंच का रूप ग्रहण कर लिया। ईसा पूर्व पाँचवीं शताब्दी से ऐस्चुलस के आगमन के बाद इसने पूरी तरह एक नाटक का रूप ग्रहण

कर लिया। प्रारम्भ में नाटकों के कथानक के रूप में होमर के महाकाव्य उपलब्ध थे, जिनकी घटनाओं से यूनान के नागरिक पहले ही पूरी तरह परिचित हो चुके थे। शुरू के दिनों में दर्शक पहाड़ियों की ढलान का इस्तेमाल गैलरी की तरह करते थे और सामने नीचे समतल जमीन पर खुले मैदान में नाटक का मंचन होता था। चूँकि दर्शकों की दूरी काफी होती थी, लोग भावों को समझ सकें इसके लिए भावों की अभिव्यक्ति के लिए मुखौटों का इस्तेमाल होता था।

भारत में रंगमंच के ऐसे क्रमिक विकास की कोई जानकारी नहीं मिलती और ईसा पूर्व पहली शताब्दी में अचानक एक अत्यन्त ही विकसित रूप में भरत के नाट्यशास्त्र में नाट्यकला का विवेचन मिलता है। इससे कम-से-कम दो शताब्दी पहले भारत का यूनान के साथ घनिष्ठ सम्पर्क हो चुका था और नाट्य मंच के पर्दे के लिए 'यवनिका' शब्द का प्रयोग नाट्यशास्त्र में आता है। चूँकि 'यवन' शब्द यूनान के लोगों के लिए होता था, इससे यह सम्भव लगता है कि भारत में रंगमंच की शुरुआत यूनान के सम्पर्क से ही हुई हो। यह जरूर है कि भारत के रंगमंच का विकास बिलकुल मौलिक रूप से हुआ और भरत ने भारतीय बौद्धिक परम्परा के अनुसार ही अत्यन्त ही विश्लेषणात्मक ढंग से विस्तार के साथ रंगमंच के सभी पहलुओं और सम्बद्ध कलाओं पर प्रकाश डाला है। भरत ने नाट्य मंडप एवं प्रेक्षागृह आदि का जो वर्णन दिया है, वह प्राचीनकाल में भारतीय रंगमंच की विशेषता लगती है। इसके अलावा मुखौटों के प्रयोग के बजाय इसमें भाव-भंगिमाओं का अत्यन्त सूक्ष्म एवं विस्तृत वर्णन है जो निश्चित रूप से यहाँ की अत्यधिक विकसित नृत्यकला की मुद्राओं पर आधारित लगता है। भारत में रंगमंच पर पूरी सज-धज के साथ मुखौटों का प्रयोग सिर्फ केरल के कथकली नृत्य में होता है जिसमें मुखौटों के साथ आंगिक भाव-भंगिमाओं को भी जोड़ा जाता है। भरत द्वारा नाट्यशास्त्र का विशद शास्त्रीय विवेचन भारतीय गणितज्ञों, न्याय-शास्त्रकारों एवं वैयाकरणों की उस समय की समृद्ध परम्परा के समानान्तर सौन्दर्यशास्त्र को भारतीय योगदान लगता है, लेकिन इसमें सभी भावों और पात्रों का उनके वर्ण, लिंग एवं पद आदि के हिसाब से इतना विस्तृत वर्णन है और प्रस्तुति सम्बन्धी इतने ब्योरेवार आदेश हैं कि बाद के नटों के लिए यह बहुत बड़ा बन्धन साबित हुआ होगा और समय के साथ नए तत्त्वों को शामिल करना कठिन हो गया होगा। शायद इसीलिए संस्कृत भाषा की तरह ही यह लोक-जीवन से कटता गया और आम लोगों ने लोकनाटक की अलग विधाएँ देश के विभिन्न भागों में विकसित कीं।

भारतीय नाट्यशास्त्र के प्रभाव में बौद्ध धर्म के प्रचार के साथ-साथ एशिया के कई दूसरे भागों में भी नाट्यकला का विकास हुआ।

भरत ने नाट्य में वाचिक को सर्वाधिक महत्त्व दिया है। इससे स्पष्ट है कि नाटक का मुख्य उद्देश्य जैसा कि ऊपर कहा गया है मिथकों, महाकाव्यों तथा अन्य

कथाओं को दृश्य रूप देना ही रहा होगा जिसमें नट-नटी अपनी भाव-भंगिमाओं एवं वक्तव्यों से असली घटनाओं के घटित होने का भ्रम प्रेक्षकों में पैदा कर सकें। आज का सिनेमा भी इसी उद्‌देश्य को पूरा करने की कोशिश करता है।

अब प्रश्न उठता है कि मानव प्रजाति में जो अनेक कला विधाओं का विकास हुआ, उसे हम जीव जगत के आनुवंशिकी प्रदत्त सहज प्रवृत्ति के किन रुझानों का विस्तार मानेंगे? यहाँ आकर मानव प्रजाति में एक 'ट्रांसेंडेंस' (पारगमन) की प्रक्रिया दिखाई देती है—यानी मनुष्य के व्यवहार सीधे या शुद्ध रूप से जीवन की ठेठ आवश्यकताओं से परे जा एक आनन्ददायक भावलोक का निर्माण करते हैं जो जीवन से समानान्तर दिखाई देता है, लेकिन इस सृजन को आनुवंशिकी की विरासत से बिलकुल काटकर भी नहीं देखा जा सकता। इसका सम्बन्ध जीवों और विशेषकर स्तनपायी जीवों में जीवन के कार्यकलाप की न्यूनतम आवश्यकताओं से आगे बढ़ सतत कार्यशील रहने की प्रवृत्ति से है। यह उन्हें लगातार अपने परिवेश को परीक्षित करने और उसके साथ प्रयोगात्मक छेड़छाड़ करने को प्रेरित करती रहती है। परिवेश से परिचित होना, जैसा कि हम पहले देख चुके हैं, उनके जीवन की आवश्यकता है, लेकिन जहाँ यह आवश्यकता नहीं भी है यह तलाशने की प्रक्रिया जारी रहती है। अगर जीवन के लिए कुछ खोजने या जानने की जरूरत न भी हो तब भी उसकी सक्रियता कायम रहती है। स्लौथ (दक्षिण अमेरिका का लम्बे बालों, मुड़े हुए लम्बे पंजों वाला स्तनपायी जानवर, जिसकी गति बहुत धीमी होती है) या अजगर जैसे बहुत कम जीव हैं जो अपना अधिकांश समय निश्चेष्ट एक जगह पड़े बिताने में कोई बेचैनी नहीं महसूस करते।

अधिकांश पशु-पक्षियों के लिए सतत सक्रिय रहना सुखकर होता है। चिड़ियाघरों के पशु-पक्षी जिन्हें उनके परिवेश से अलग कर बन्धन में रखा गया होता है इस स्थिति से बेचैन रहते हैं और उनमें अनेक के व्यवहार में विविध तरह की विकृतियाँ पाई गई हैं। सर्वाधिक प्रयोगधर्मी जीव मनुष्यों के लिए तो क्रियाशीलता से कटा बन्धन भरा जीवन और भी दुःखदायी होता है। कैद की जिन्दगी और कैद की जिन्दगी में बन्द कोठरी (सेल) की सजा इसीलिए आदमी में आतंक पैदा करती है। कैदियों को बिना काम किए बैठे-बैठे भोजन, कपड़ा और आवास की सुविधा होती है जिनके लिए दूसरे लोगों को नियमित काम करना होता है। इसके बावजूद कैद का डर बतलाता है कि आदमी सदा अपनी ऊर्जा और क्षमताओं को किसी उद्यम में खर्च करना चाहता है। आदिमकाल के अपने शिकारी जीवन में आदमी का सारा समय शिकार करने या आसपास के भू-भाग में शिकार की टोह में चला जाता था। शिकार के औजारों और शिकार में दक्षता के विकास के साथ धीरे-धीरे जीवन में अवकाश बढ़ने लगा। इसके बाद जीवन का बाकी समय और आदमी की अतिरिक्त ऊर्जा नृत्य, संगीत और उस चित्रकारी और मूर्ति बनाने में लगी होगी, जिनके अवशेष

आज पाए जाते हैं। नव पाषाण युग के आगमन और कृषि के विकास के साथ आदमी का अवकाश बढ़ा होगा। इसके बाद आदमी अपने अवकाश को युद्धों के अलावा (जो नगरीय सभ्यता के साथ बार-बार होने लगे) विविध तरह के गृह-निर्माण, नगर-निर्माण और अपने घरों और पास-पड़ोस को कलाकृतियों से सजाने में लग गया। इनसे आगे बढ़ अपने भीतर के विविध आवेगों को समझने और उन्हें अलग विधाओं में अभिव्यक्ति देने की कोशिश करने लगा। अवधारणात्मक क्षमता के विकास से ऐसी अभिव्यक्ति की सम्भावना सीमाहीन हो गई। सभी तरह की सम्भव और असम्भव स्थितियाँ मनुष्य द्वारा कल्पित और अभिव्यक्त होने लगीं। इसके बाद विज्ञान की तरह कलाओं की भी अपनी परम्पराएं विकसित होने लगीं जो स्वयं अपने विकास की दिशा तय करती थीं—वैसी दिशा, जिनका जीवन-संघर्ष से सीधा रिश्ता नहीं था। जीवन-संघर्ष के 'फॉलआउट' (अप्रत्याशित परिणाम) के रूप में इनमें चाहे जो परिवर्तन होते हों। आधुनिक औद्योगिक सभ्यता ने अवकाश और कला के लिए उपलब्ध वस्तुओं, दोनों का इजाफा किया है, लेकिन इसने उस समुदाय को नष्ट कर दिया है, जिससे कला की सम्प्रेषणीयता का आधार बनता था। इसके अलावा शहरीकरण ने आदमी को उस प्राकृतिक परिवेश से काट दिया है, जिससे हजारों वर्ष से मनुष्य रचनात्मक ऊर्जा ग्रहण करता था। संस्कृति के केन्द्र अब नगर बन रहे हैं। इससे कलाकृति के चरित्र में एक मौलिक बदलाव आया है। अब कला समुदाय से संवाद के माध्यम के बजाय या तो शुद्ध रूप से आत्मचेता बन गई है या बाजार के लिए तैयार माल। इससे यह हुआ है कि जैसे प्राचीनकाल के शिकारी कलाकृतियों को उनके जादुई प्रभाव में विश्वास के कारण शिकार में सहायक मानते रहे होंगे, वैसे ही आज के व्यापारी कलाकृतियों को अलग-अलग तरह से अपनी कमाई का साधन बनाने में लगे हुए हैं। इस प्रक्रिया में कलाओं के इन नए संरक्षकों (पेट्रनों) द्वारा इसे बाँध इसकी आध्यात्मिक उड़ान को बाधित करने की कोशिश भी होती रहती है। हमारे अपने समय में कलाकार और व्यापारी समाज का यह संघर्ष चारों ओर दिखाई देता है।

7

पिछले अध्यायों में हम देख चुके हैं कि आनुवंशिकी से प्राप्त सहज प्रवृत्ति से परे जा मनुष्य जीवन की चुनौतियों का मुकाबला करने के लिए कौन से संस्कृतिजन्य कौशल विकसित करता है। परिवेश को समझने और उसके साथ संगति बैठाने के क्रम में विज्ञान का विकास होता है। वैसे ही कला का विकास प्रकृतिजन्य साज-सज्जा के समानान्तर मानव निर्मित साज-सज्जा के विकास एवं अवकाश के क्षणों में आनन्द के विस्तार के लिए होता है। इसी क्रम में विज्ञान और कला, दोनों की उपलब्धियों के उपयोग से मनुष्य जीवन की आवश्यक वस्तुओं, जैसे खाद्य पदार्थों, शरीर की रक्षा के लिए वस्त्र और आवास के लिए घर तथा सजावट एवं दिखावट की अनेक अनावश्यक वस्तुओं के निर्माण में प्रचुरता हासिल करता है। इसकी अलग से चर्चा नहीं की गई क्योंकि इसकी चर्चा चारों ओर मनुष्य की तकनीकी उपलब्धियों को गिनाने में होती रहती है। ये सब संस्कृति की सफलता के गरिमामय आयाम हैं, लेकिन मनुष्य की संस्कृति उसकी अपनी प्रजाति के दूसरों सदस्यों के साथ कोई सन्तोषप्रद सम्बन्ध प्रदान करने में अब तक असफल रही है।

हमने पुस्तक के दूसरे अध्याय में देखा है कि मानव प्रजाति के नर और मादा के सम्बन्ध को भी कोई सन्तोषप्रद रूप देने में संस्कृति असफल रही है। परिवार से लेकर समाज तक में सभी स्तर पर मानव सम्बन्ध तनाव, संघर्ष एवं हिंसात्मक कामों से भरे हुए हैं। सबसे विलक्षण बात यह है कि पूरे प्राणी जगत में मनुष्य ही अकेला है जो अपनी प्रजाति के दूसरे सदस्यों की हत्या करता है। इससे भी बढ़कर विस्मयकारी बात यह है कि ऐसी हत्याएँ किसी तरह के विरोध के क्षणिक आवेश में अपवाद स्वरूप नहीं होतीं बल्कि संगठित रूप से, सोच-समझ कर ठंडे दिमाग से सुनियोजित ढंग से हजारों तथा लाखों की संख्या में होती हैं; और इन हत्याओं के समर्थन में ऊँची नैतिकता के सशक्त तर्क उपस्थित किए जाते हैं। ऐसी हिंसा के औजार–बन्दूक और तोप से लेकर परमाणु बम और इनके पक्ष में गढ़े गए तर्क, दोनों ही मानव संस्कृति की देन हैं। संस्कृति के इस पक्ष पर विचार करने से यह जीवनदायिनी के बजाय जीवननाशिनी की भूमिका में दिखाई देने लगती है।

अपनी प्रजाति के दूसरे सदस्यों के प्रति एक हद की आक्रामकता जीवों की सभी प्रजातियों में पाई जाती है। जीव वैज्ञानिक इसे जीवों के विकास के लिए एक आवश्यक कारक मानते हैं। वे मानते हैं कि इस तरह की आक्रामकता से एक खास घनत्व से ज्यादा जीवों का एक स्थान पर जमाव नहीं हो पाता, और इस तरह जीवन के लिए आवश्यक पोषक तत्त्वों के अभाव में प्रजाति के नष्ट होने का खतरा टलता है। दूसरा, ऐसी आक्रामकता मादा को लेकर नरों में होती है, जिससे प्रजाति का सबसे सशक्त सदस्य ही अपनी सन्तान पैदा करता है और इससे प्रजाति के सदस्यों की क्षमता का ह्रास होने से बचता है। एक तीसरे तरह की आक्रामकता समूह में रहनेवाली प्रजातियों में वरीयता स्थापित करने के लिए होती है। इसमें समूह का सबसे शक्तिशाली सदस्य ('शक्तिशाली' यहाँ व्यापक अर्थ में प्रयोग किया गया है जिसमें बल के अलावा तेज आवाज, पंखों की बनावट या उनका रंग चटख होना या और भी कोई दूसरा गुण हो सकता है) समूह का अगुआ होता है। सभी सदस्य उसकी वरीयता को कबूल करते हैं। अगर समूह के अन्य सदस्यों में कोई टकराव होता है तो यह सदस्य हस्तक्षेप कर टकराव को खत्म करता है। कहीं किसी खतरे के आ जाने पर उसका सामना करने में यह समूह की अगुआई करता है। एक बार यह वरीयता कबूल कर लेने पर जब तक किसी तरह की कमी इस वरीय व्यक्ति में उम्र या दूसरे कारण से नहीं आती उसकी वरीयता पर कोई प्रश्न-चिह्न नहीं लगता। अक्सर समूह के सदस्यों में वरीयता का एक सोपानवत विभाजन होता है जिसे पक्षियों में प्रचलित विभाजन के पद 'पेकिंग ऑर्डर' का नाम जीव वैज्ञानिक देते हैं। इसमें सभी सदस्य अपने से ऊपर के सदस्य की वरीयता का सम्मान करते हैं। इस तरह कलह से मुक्त हो ये प्रजातियाँ एक स्थायी व्यवस्था के भीतर निवास करती हैं।

मानव प्रजाति में भी आक्रामकता और सोपानवत व्यवस्था (हाइरार्की), दोनों की प्रवृत्तियाँ प्रच्छन्न रूप से विद्यमान रहती हैं, लेकिन उसकी संस्कृति ने जिस तरह उसकी अन्य प्रवृत्तियों को सांस्कृतिक आविष्कारों से ढक दिया है या बदला हुआ रूप दे दिया है वैसे ही इन प्रवृत्तियों पर भी एक सांस्कृतिक अवलेप चढ़ा दिया है। इतना ही नहीं, संस्कृतिजन्य नैतिक मूल्य अक्सर उसकी अन्तर्भूत प्रवृत्तियों के विपरीत पड़ते हैं और उन्हें त्यागने का दबाव डालते हैं। इस तरह मानव सम्बन्धों में सदा सहज प्रवृत्ति और संस्कृति के बीच एक द्वन्द्वात्मक सम्बन्ध बना रहता है। इसकी कोई वैसी निष्पत्ति भी नहीं होती जैसी द्वन्द्वात्मक दर्शन में थीसिस-एंटिथीसिस से एक अन्तिम सिंथीसिस निकलने का दावा किया जा सके। उलटे, बार-बार ऐसा हुआ है कि संस्कृति में ऐसी अवधारणाओं का विकास हुआ है जो सहज प्रवृत्ति के सभी दबावों से मुक्त हो एवं उन्मुक्त चेतना की प्रक्रिया का सहारा पा मानव व्यवहारों को वैसे अतिमानवीय कुकृत्यों की ओर अग्रसर करता है जो 'पाशविक' जीवन की सीमा के भीतर कभी सम्भव नहीं हो पाता।

मानव सम्बन्धों का मूल्यों के बन्धन से बार-बार मुक्त होने का एक कारण भाषा का विकास भी है। भाषा के बाहर हम प्रत्ययों के संसार की कल्पना भी नहीं कर सकते। यहाँ भाषा का सिर्फ बोलचाल और लेखन के अर्थ में व्यवहार नहीं किया गया है। इसमें कविता, कहानी, उपन्यास आदि से बढ़कर दृश्य कला, संगीत, नृत्य, नाटक, सिनेमा आदि सम्प्रेषण के सभी माध्यमों को शामिल किया गया है। ये सदा उस संसार और समाज के समानान्तर जो अस्तित्व में हैं, अलग-अलग मूल्यों पर आधारित विविध बनावटों की दुनिया की तस्वीर पेश करते रहते हैं। यहाँ कला में जो व्यंजनों की बात की गई है, ध्यान में रखने लायक है। व्यंजनों का मूल उद्देश्य स्वाद देना और कलाओं की पृष्ठभूमि में मनोरंजन करना है और इसके लिए विविधता जरूरी है, लेकिन कलाकृतियाँ मनोरंजन से आगे जा आदर्श भी उपस्थित करती हैं। इन आदर्शों की भिन्नता और उनके परस्पर विरोधी होने से मूल्यों का विलक्षण तालमेल पैदा होता है। इसमें द'साद की तर्ज पर विविध प्रकार की क्रूरता पर आधारित भोगों की छोटी दुनिया, हिटलर का हजार साला राज्य, स्तालिन का सोवियत समाजवाद तथा दूसरी तरह के मानवतावादी और समतावादी यूटोपिया, कुछ भी हो सकता है। एक बार आदमी की सहज प्रवृत्ति की प्रभुसत्ता नकार देने के बाद कोई ऐसी कसौटी नहीं बचती, जिससे निश्चयात्मक ढंग से कहा जा सके कि इन विविध सामाजिक संरचनाओं में कोई एक ग्राह्य है और बाकी त्याज्य हैं।

बीसवीं शताब्दी के प्रथम दो चरणों में इसी किंकर्तव्यविमूढ़ता की अभिव्यक्ति अस्तित्त्ववादी दर्शन में होती रही जिसने अन्ततोगत्वा सब कुछ व्यक्ति के अपने विवेक पर छोड़ दिया, लेकिन इससे समस्या जहाँ की तहाँ रह गई क्योंकि व्यक्ति न शून्य में पैदा होता है और न अकेला शून्य में कुछ कर सकता है। उसका हर नैतिक निर्णय दूसरे व्यक्तियों की पृष्ठभूमि में होता है और अगर सभी अपनी अलग-अलग चाल चलें तो कोई समाज बन नहीं पाता। फिर यह दृष्टि द'साद, हिटलर और स्तालिन की दृष्टि की ही पोषक होगी जिसमें हर व्यक्ति दूसरे व्यक्तियों के प्रति दायित्व से मुक्त होकर किसी भी सम्भव तरीके से दूसरों पर अपनी इच्छा को लादता है। दरअसल, आज की पूँजीवादी व्यवस्था भी, 'उदारीकरण' जैसे शब्दों से इसे चाहे जितना गरिमामंडित किया जाए, बुनियादी तौर पर इसी तर्क से आदमी को दूसरे आदमियों के प्रति किसी भी नैतिक दायित्व से मुक्त कर देती है। इसका तर्क है : हमें मुनाफा और बाजार पर वर्चस्व चाहिए। इस क्रम में अगर लोग बेरोजगारी और भुखमरी के शिकार होते हैं या हमारे कारखानों के प्रदूषण और बनाए गए हथियारों से दुनिया नष्ट हो जाए तो यह देखना हमारा काम नहीं। कोई अचरज नहीं कि अस्तित्ववादियों में कई द'साद को एक नैतिक स्रष्टा के रूप में देखते हैं। सात्र का नाटक 'इन द मेश' परोक्ष रूप से स्टालिन की तानाशाही की वकालत है, क्योंकि इसका मूल नायक इस बात से गौरवान्वित होता दिखाई देता है कि वह अपने द्वारा किए गए सभी जुल्मों की जवाबदेही

लेने के लिए तैयार है। किसी दूसरे सन्दर्भ में सात्र ने यह विचार व्यक्त किया है कि कोई भी क्रान्तिकारी, जो आज सक्रिय है, वह भरोसे के साथ नहीं कह सकता कि वे जो उसके सहयोगी हैं, आगे भी क्रान्ति के उद्देश्यों को लेकर चलते रहेंगे। सचमुच में यह एक तरह का निष्काम कर्मयोग है, लेकिन इस कर्म में चूँकि साधनों पर कोई बन्धन नहीं, इसलिए यह निष्काम के साथ निष्ठुरता का कर्मयोग भी बन जाता है।

अन्तर्भूत जैविक प्रवृत्तियों के निषेध के इस घटाटोप के बीच संस्कृति में सहज प्रवृत्ति की निरन्तरता के कुछ चिह्न देखे जा सकते हैं क्या? मनुष्य के सामाजिक जीवन में सहज प्रवृत्ति के प्रभाव की कोई उपयोगिता बच गई है क्या? हमारे वर्तमान सामाजिक संकट और ऊहापोह में क्या हम राह की तलाश में कोई रौशनी अपनी जैविक विरासत में पा सकते हैं ? ये सब स्वाभाविक सवाल हैं क्योंकि दुनिया आज जैसी है, उसमें मानव संस्कृति से कोई स्पष्ट निर्देश हमें अपने सामाजिक सम्बन्धों को नियमित करने के लिए नहीं मिलता, लेकिन उन समाजों के अध्ययन से हम कुछ रौशनी पा सकते हैं जो आधुनिक अर्थ में अशिक्षित होने के कारण भाषा के उस मायावी प्रभाव से, जिससे आदमी का स्थिति का ज्ञान लुप्त हो जाता है, कुछ हद तक मुक्त हैं और इस तरह मानवीय सम्बन्धों को एक लीक पर बनाए रखने के लिए कुछ निश्चित नियमों का पालन करते हैं। इनमें यह देखा जाता है कि समूह में रहनेवाले दूसरे पशुओं की तरह, जिनमें कुछ सदस्यों को वरीयता के आधार पर नेतृत्व प्रदान करने का हक होता है, इनमें भी कुछ व्यक्ति नेतृत्व के स्थान पर होते हैं जिनके आदेशों के पालन का दबाव दूसरे सदस्यों पर होता है। एक बुनियादी फर्क यह होता है कि जहाँ पशुओं में अगुआ अपने आदेशों का उल्लंघन करनेवालों को प्रत्यक्ष शक्ति प्रदर्शन (शक्ति प्रयोग नहीं) के बल राह पर लाता है, इन आदिम समाजों में शक्ति के बजाय कुछ विशेष तरह के वैचारिक दबावों और दंड प्रणाली से इस उद्देश्य की पूर्ति होती है। चूँकि ऐसे आदिम कबीले कुलों पर आधारित होते हैं या एक प्रमुख कुल के वर्चस्व के भीतर, इन कुलों की परम्पराओं का दबाव राह से भटकनेवाले को राह पर लाता है।

नृशास्त्री आई.एम. लेविस ने अफ्रीका के अपने अध्ययनों और इवांस प्रिचार्ड तथा कई अन्य नृशास्त्रियों के अध्ययनों के आधार पर अनेक वैसे कबीलों की अपराध नियंत्रण प्रणाली का विवरण अपनी पुस्तक[1] में दिया है जिसे वह 'अराजक प्रणाली' कहता है क्योंकि इसमें राज्यसत्ता जैसी कोई चीज या कबाइली सरदार नहीं होते। अध्ययन किए गए कबीलों में दक्षिण सूडान के नुएर तथा सोमाली के सोमाली कबीले थे। इनमें नियंत्रण दो स्तरों पर होता है। एक स्तर पर तो कुल या कबीले के जो वयोवृद्ध व्यक्ति होते हैं उनके निर्देश या निर्णयों द्वारा होता है, दूसरे स्तर पर यह विश्वास काम करता है कि इन वयोवृद्ध लोगों की आज्ञा का उल्लंघन पितरों को नाराज करता है जो बदले में बीमारी या दूसरी प्राकृतिक आपदा ला सकते हैं। किसी आपदा को सरलता से किसी अवज्ञा से जोड़ा जा सकता है और इस तरह वयोवृद्ध

लोगों के वर्चस्व को सुनिश्चित किया जाता है। वयोवृद्ध लोगों की अति से बचने का उपाय भी इन कबीलों में से कुछ ने निकाल लिया है। अगर वयोवृद्ध लोग ज्यादती पर उतर आएँ तो उन पर डायन बन जाने का आरोप लगाया जा सकता है और इस तरह उनकी आज्ञा के पालन की विवशता खत्म हो जाती है। अगर पितरों को प्रसन्न करनेवाले अनुष्ठानों का भी कोई अनुकूल प्रभाव नहीं पड़ा तब फिर यह मान लिया जाता है कि किसी प्रतिकूल डायन का प्रभाव सक्रिय है। इस तरह बौद्धिक स्तर पर दंड व्यवस्था की अनुकूलता एवं उपादेयता पर कोई प्रश्नचिह्न नहीं लगता। स्पष्ट है कि पशुओं में सामूहिक नियंत्रण का जो काम सहज प्रवृत्ति से होता है, वह काम इन कबाइली समूहों में जो शिकार या पशुपालन करते हैं, कुल या कबीलों के बड़ों के द्वारा, पितरों या किसी दूसरी मनुष्येतर हस्ती की निगरानी में सामूहिक दंड विधान से होता है। इस तरह यह दंड विधान एक तरह के धार्मिक विश्वास के ऊपर आधारित हो जाता है। समाज के कामों को सुचारु रूप से करने के लिए धार्मिक मान्यताएँ अनिवार्य रूप से महत्त्वपूर्ण बन जाती हैं।

इस प्रसंग में समाजशास्त्री डुरखाइम का यह विचार सही लगने लगता है कि किसी समाज का धार्मिक विश्वास उसकी संरचना को प्रतिबिम्बित करता है। इन नियंत्रण प्रणालियों में सबसे ज्यादा गौर करनेवाली बात यह है कि जैसे पशुओं में अपनी प्रजाति के अन्य सदस्यों के खिलाफ आक्रामकता जान लेने तक की नौबत नहीं लाती वैसे ही इन कबीलों में भी दंड का रूप ऐसा होता है कि मौत के दंड से बचा जाए और इस तरह के दंड का उद्देश्य समाज में किसी अपराध से पैदा दरार को पाटना होता है। इसलिए हत्या के मामले में मृत्युदंड नहीं दिया जाता। मृत और हत्यारे के कुलों की स्थिति के हिसाब से ऊँट या किसी अन्य उपयोगी पशुओं को मुआवजे के रूप में दिया जाता है। यह आश्चर्य की बात है कि आधुनिक समाजों में मृत्युदंड को समाप्त करने का निर्णय बहुत कम देशों की सरकारें ले पाई हैं। यह बतलाता है कि आदिम समाजों में दंड विधान बहुत कुछ सहज प्रवृत्ति के अनुसार बना होगा, जिसमें अपनी प्रजाति के दूसरे सदस्यों की हत्या लोगों की भावना को आघात पहुँचानेवाली होती होगी। जो भी हो, मृत्यु के बदले मृत्यु से तो मृत या उसके सगे-सम्बन्धियों को कोई भरपाई नहीं मिलती होगी। इस अर्थ में कबीलाई न्याय विधान ज्यादा तर्कसंगत है। जहाँ तक मृत्युदंड से अपराधों को नियंत्रित करने की बात है, अब तक तो यह कारगर नहीं हो पाया है। आधुनिक सभ्य समाजों में वैसे अपराधों की संख्या लगातार बढ़ती रही है जिनके लिए मृत्युदंड दिया जाता है।

अपराधों के लिए दंड देने की प्रक्रिया भी इन समाजों में परम्परागत व्यवहारों पर ही आधारित होती है। शायद आधुनिक समाजों के दंडविधान समाज के उस स्तर पर बने हैं जिस पर समाज के ऊपर राज्यसत्ता, चाहे वह राजा की हो, चाहे चुने गए प्रतिनिधियों की, स्थापित हो चुकी थी और न्याय विधान इस सत्ता की मान्यताओं पर

आधारित था। अब अपराध उस व्यक्ति के खिलाफ नहीं माना जाता जिसके जान-माल की क्षति होती है बल्कि राज्यसत्ता के खिलाफ माना जाता है, जिसके न्याय विधान की अवहेलना हुई है। शायद प्रारम्भ में सभी जगह न्याय-व्यवस्था लोगों में प्रचलित न्याय की परम्परा पर ही आधारित रही होगी। ब्रिटेन में तो काफी बाद तक कानून का प्रमुख आधार 'कॉमन लॉ' की परम्परा ही मानी जाती थीं जो लोगों का रिवाजी कानून होता था। हर अपराध का छोटा या बड़ा राजद्रोह बन जाना राज्य व्यवस्था का आम आदमी के जीवन से कटकर ऊपर टँग जाने के बाद की बात लगती है। यह कुछ अटपटा लगेगा कि आधुनिक लोकतांत्रिक राज्यों को लोगों से कटकर ऊपर टँगा कहा जाए, लेकिन आज यह हकीकत है। जैसे-जैसे राज्य व्यवस्था का स्वरूप बृहद् होता गया है, यह आम लोगों है की भावना के नियंत्रण से बाहर होती गई है। अमेरिका जैसे आधुनिकतम और सबसे पुराने लोकतंत्र में भी आम आदमी की भागीदारी लोकतांत्रिक निर्णय प्रणाली में नगण्य होती गई है। अब आम आदमी सिर्फ मीडिया या बृहद् हित समूहों द्वारा निर्धारित विकल्पों और प्रचारित व्यक्तियों में से किसी एक को कुछ वर्षों तक अपने समर्थन की मुहर लगा देता है। इसमें अच्छे या बुरे विकल्प के सम्बन्ध में निर्णय का आधार मतदाता की स्वत:स्फूर्त भावना नहीं होती बल्कि एक दूर-दराज सत्ता के मानकों द्वारा निर्धारित मूल्य होते हैं जिनका असली सम्बन्ध आज की जटिल अर्थ-व्यवस्था के अदृश्य हितों से होता है। मनुष्य की राजनीतिक संस्कृति ने भाषा की चतुराई से आरवेल के उपन्यास 'उन्नीस सौ चौरासी' में उल्लिखित व्यवस्थाओं की तर्ज पर झूठ को सच और सच को झूठ साबित करने का एक ऐसा कौशल हासिल कर लिया है कि व्यक्तियों के विवेक को लकवा मार जाता है।

अमेरिकी राष्ट्रपति बिल क्लिंटन ने 1999 के प्रारम्भ में संयुक्त राष्ट्र को संबोधित करते हुए यह घोषणा की थी कि दुनिया में फिलहाल सबसे बड़ी चुनौती आतंकवाद की है क्योंकि आतंकवादियों के हमले में अनेक निर्दोष व्यक्तियों की हत्या होती है, लेकिन इसी साल स्वयं बिल क्लिंटन के राष्ट्रपतित्व में अमेरिका की पहल पर नाटो (नॉर्थ अटलांटिक ट्रीटी ऑर्गनाइजेशन) द्वारा युगोस्लाविया पर हफ्तों बम बरसाए जाते रहे जिसमें भारी संख्या में आम नागरिक मारे गए और उनके जीवन का आधार यातायात, बिजली, पानी आदि की व्यवस्था नष्ट कर दी गई। इस बमबारी का उद्देश्य युगोस्लाविया के तत्कालीन अध्यक्ष मिलोसोविच से घुटने टेकवाना बताया जाता था, जिन पर युगोस्लाविया के कोसोवो प्रान्त के अल्बानियाई मूल के नागरिकों पर ज्यादतियों का इलजाम था। जहाँ आतंकवादियों के हमलों में सैकड़ों निर्दोष लोगों की मृत्यु होती है, इन हमलों में हजारों बेगुनाह लोग मरे और तबाह हो गए। मानवता के खिलाफ इससे भी बड़ा जघन्य अपराध राष्ट्रपति ट्रूमैन ने 1945 में किया था जब जापान के नगर हिरोशिमा और नागासाकी पर परमाणु बम गिरवाकर लाखों व्यक्तियों की हत्या क्षण भर में कर दी थी और अनेक पीढ़ियों के जन्मे-अजन्मे लोगों को विकलांगता

और कैंसर जैसी बीमारियों से ग्रस्त होने के लिए अभिशप्त कर दिया था, लेकिन जहाँ हिटलर के अफसरों पर मानवता के खिलाफ अपराध के लिए न्यूरेम्बर्ग में मुकदमा चला वहाँ ट्रूमैन और अमेरिकी सैनिक व्यवस्था पेंटागन के उच्च अफसरों के खिलाफ हिटलर के अपराध से कहीं बड़े इस अपराध के लिए मुकदमा चलाकर दंड देने की कभी कोई चर्चा तक नहीं चली। यह थ्रासीमेकस के उस तर्क की याद दिलाती है, जिसके साथ प्लेटो की विख्यात पुस्तक 'रिपब्लिक' का प्रारम्भ होता है : 'अच्छाई (वर्चू) वही है, जिससे शक्तिशाली लोगों का हित सधे।' यह तर्क जो आज के सर्वाधिक विकसित औद्योगिक समाजों की नैतिकता का आधार बन गया है, आदिम अवस्था में रहनेवाले जनजातीय समाजों के लोगों की समझ के बिलकुल परे है।

पहले हमने कबीलाई समूहों में लोगों के कार्यकलाप को निर्धारित करने में देवों और पितरों की भूमिका की चर्चा की है। यह चर्चा हमारा ध्यान तुरन्त समाज-व्यवस्था चलाने में धर्म की भूमिका की तरफ ले जाती है। उक्त चर्चा से यह बात स्पष्ट हो जाती है कि लोगों के आपसी सम्बन्धों को नियंत्रित करने में कुलों के प्रति वफादारी और लोकाचार के ऊपर किसी आध्यात्मिक नियंत्रण की भी जरूरत होती है। अपने विविध रूपों में धर्म यही काम करता है। और चूँकि लोगों के आपसी संघर्ष को नियंत्रित कर उनके अस्तित्व की रक्षा के लिए यह जरूरी होता है, धर्मों की मर्यादा सभी पारम्परिक समाजों में सर्वोपरि रही है। भारत में तो धर्म की भूमिका को इतना महत्त्व दिया गया कि राजाओं को सदा पुरोहितों से नीचे का दर्जा कबूल करना पड़ता था और सभी राजकीय निर्णय के पहले राजपुरोहित की मंत्रणा जरूरी होती थी। प्रारम्भ में समूह का सर्वाधिक शक्तिशाली और सम्मानित व्यक्ति पुरोहित ही होता होगा। बाद में यही प्रतिमान बना होगा उस दैवी शक्ति का जो अदृश्य रह लोगों के सभी कार्यकलापों को नियंत्रित करती है : पारितोषिक या दंड देती है।

पिछले अध्याय में मनुष्य में अन्तर्निहित दो प्रवृत्तियों, आक्रामकता एवं परोपकार की चर्चा की गई है। इसमें पहली संघर्ष और मृत्यु की ओर ले जानेवाली होती है और दूसरी सद्भावना, सहयोग और जीवन की सुरक्षा की ओर। जैसे-जैसे मनुष्य की अवधारणात्मक और प्रतीकात्मक अभिव्यक्ति की क्षमता बढ़ी, इन प्रवृत्तियों ने काल्पनिक व्यक्तित्व ग्रहण कर लिया। आदिम समाजों में कल्याणकारी देवों और 'विघ्नकारी डायनों या देवों की कल्पना चारों ओर देखने को मिलती है जो उनके समाजों की खुशहाली एवं विपत्ति की स्थितियों के लिए जवाबदेह माने जाते हैं। शायद यही भाव आगे चलकर ईश्वर और शैतान की कल्पना में मनुष्य की अपनी प्रवृत्तियों की अभिव्यक्ति के रूप में प्रकट हुए। अनेक धर्मात्मा लोग शायद यह कहेंगे कि ईश्वर सिर्फ मानव कल्पना की उपज नहीं है बल्कि सचमुच अस्तित्व में है। ऐसे लोगों से कोई विवाद नहीं हो सकता क्योंकि ऐसे लोग प्रत्यक्ष साक्षात्कार के आधार पर ही अपनी बात कहते होंगे और प्रत्यक्ष का जवाब तर्क या अनुमान से नहीं

दिया जा सकता। यह बात दीगर है कि कुछ शंकालु लोग ऐसे प्रत्यक्ष दर्शन को भी 'हैल्युशिनेशन' यानी दृष्टि-भ्रम कह कर नकार देंगे।

मनुष्य के जीवन के लिए धर्म की भूमिका जो भी हो, मनुष्य के सांस्कृतिक विकास के साथ यह अभिन्न रूप से जुड़ी रही है जो सामने है, उससे परे की अदृश्य सम्भावनाओं की कल्पना से। आज से लगभग चालीस हजार वर्ष पूर्व नीएंडरथल मानवों की दो कब्रों में मृत शिशुओं की अस्थियाँ पाई गई हैं। कब्र में लाश के साथ जिन वस्तुओं को रखा गया, उनसे निश्चित रूप से मृत्यु से आगे की सम्भावना की कल्पना जुड़ी लगती है। इसके बाद से सभी युगों में अस्थियों या मृतकों की भस्म को सुरक्षित रखने की कोई-न-कोई परिपाटी रही है जिसका पता पुरातात्त्विक खुदाइयों से लगता है। आधुनिक युग में भी जब रोज के अनुभवों की दुनिया से अलग किसी दूसरे अस्तित्व की बात में लोगों का विश्वास काफी कम हो गया है रोज नए धर्म और धार्मिक सम्प्रदाय पैदा हो रहे हैं। यह अचरज में डालनेवाली बात लगती है कि ऐसे नए सम्प्रदाय अमेरिका जैसी अत्याधुनिक संस्कृतियों में सबसे ज्यादा पैदा होते हैं और अपने मोहक अथवा जानलेवा व्यवहारों से लोगों को स्तब्ध कर देते हैं। इससे ऐसा लगता है कि आदमी केवल रोटी या मोटरगाड़ी के लिए ही नहीं जी सकता। उसे सदा एक बड़े उद्देश्य या प्रत्यय की तलाश रहती है, जिसके साथ वह अपने को जोड़ सके। यह फिर संस्कृति के भीतर 'ट्रांसेंडेंस' की प्रवृत्ति की अभिव्यक्ति लगती है जैसा कि हमने कला के प्रसंग में पाया था। यही है, जिससे मानव संस्कृति आदमी के जीवन को सहज प्रवृत्ति से आगे जा एक नया आयाम देती है।

अमेरिका में अनेक छोटे धार्मिक समुदायों के जहाँ-तहाँ उदय होने की बात को हम धार्मिकता की इसी भावना की पृष्ठभूमि में समझ सकते हैं। जहाँ एक तरफ यह धार्मिकता आदमी को किसी आध्यात्मिक विचार या कल्पना के साथ या अपने समुदाय की ही किसी प्रतीकात्मक अभिव्यक्ति से जोड़ना चाहती है वहीं अमेरिका का अत्याधुनिक औद्योगिक समाज आदमी को उपभोगवाद से बाँधने की कोशिश करता है। टी.वी. और इंटरनेट उसकी कल्पना को सीमांकित करते हैं। अपने जीवन की बढ़ती जरूरतों को पूरा करने के क्रम में उसे इतनी तरह की सूचनाओं को समाहित करना पड़ता है कि उसके मस्तिष्क पर अत्यधिक बोझ—जिसे अब 'इन्फॉर्मेशन ओवरलोड' की संज्ञा दी जाने लगी हैं—पड़ता है। इसके आगे कहीं कोई दिव्य झाँकी या आदर्श दिखाई नहीं पड़ता। सभी सूचनाओं का संयोजन उसे अपने ओहदे को थोड़ा और ऊँचा, आय को कुछ और बड़ी और भोग की वस्तुओं की सूची को थोड़ा और लम्बा करने की सुविधा भर देता है। इसके आगे कुछ दिखाई नहीं देता। ऊबकर वह इस संस्कृति से बाहर किसी हिप्पी या अन्य 'कल्ट' में पनाह ढूँढ़ता है।

प्रचुरता के बीच निरर्थकता के बोध के इस बिन्दु पर संस्कृति का आध्यात्मिक पक्ष इस भौतिक संसार के समानान्तर चेतना के संसार का निर्माण करता है। इस

संसार का कोई ठोस पकड़ पानेवाला रूप नहीं होता। जहाँ चैतन्य मनुष्य है वहाँ यह संसार विविध कोडों में, लोककथाओं में, मिथकों में, काव्यों में, चित्रों, मूर्तियों और स्थापत्य में तथा लिखित, छपी, छायांकित, ताल-पत्रों, कागजों और डिस्कों में संचित है जो दूसरे मनुष्यों की चेतना के स्पर्श से अपनी पूरी गरिमा में जीवन्त हो उठता है। चैतन्य मनुष्य को छोड़ जड़ या चेतन दूसरे किसी भौतिक अस्तित्व के लिए यह सब अर्थहीन कोलाहल या कोरे कागज, पत्थर अथवा मिट्टी से अधिक कुछ भी नहीं है। इसी अर्थ में यह संसार भौतिक जगत से बाहर है। इस संसार के निहितार्थ को, प्रत्यय लोक को, जो अभौतिक है, किसी भौतिक पदार्थ से तोड़ा या प्रभावित नहीं किया जा सकता। इस अर्थ में इसके बारे में वही कहा जा सकता है जो भारतीय दर्शन में आत्मा के बारे में कहा जाता है—'न इसे शस्त्र से काटा जा सकता है और न आग से जलाया जा सकता है। हाँ, इसे चेतना के स्पर्श से बाहर किया जा सकता है। इसीलिए चैतन्य संसार से आतंकित तानाशाह कलाकृतियों आदि को जलाते या प्रतिबन्धित करते रहते हैं।

मानव प्रजाति के अस्तित्व को अक्षुण्ण रखने का अगर कोई औचित्य है तो यही कि यह संस्कृतिजन्य संसार तभी तक अस्तित्व में है जब तक मनुष्य अस्तित्व में है। अपने इस सृजन से अलग मानव अस्तित्व उतना ही अर्थहीन है जितने वे बादल के टुकड़े, जो आसमान में जुटते हैं और फिर विलीन हो जाते हैं—अनेक रासायनिक तत्त्वों का आकस्मिक संयोग और वियोग। मानव प्रजाति का लोप इस समानान्तर संसार का लोप है जो इस भौतिक संसार से कहीं अधिक मूल्यवान है। क्योंकि एकमात्र इसी संसार में मूल्यों का अस्तित्व है—साहित्य के मूल्य, नैतिकता के मूल्य, प्रेम, विरह, हँसी, रुदन—इन सबों के मूल्य। इस चेतना के संसार के बाहर चारों तरफ आकारहीनता एवं रेगिस्तान का सन्नाटा है।

ऊपर जिस आध्यात्मिकता की चर्चा की गई है, उसका अर्थ यह नहीं कि धर्म जीवन के दूसरे व्यवहारों से अलग कुछ है। आदमी के व्यक्तित्व में धर्म, विज्ञान, कला आदि के स्रोत अलग-अलग नहीं होते। इसमें इन सभी तरह की भावनाओं में एक निरन्तरता रहती है। ये सब सम्मिलित रूप से आदमी के कार्यकलाप को प्रभावित करते हैं। आदमी अपनी सुविधा और समझ के लिए इन्हें अलग-अलग खंडों में बाँटकर देखता है। इसीलिए महान दार्शनिकों और साहित्यकारों में विश्वदृष्टि (विज्ञान), नैतिक मूल्यबोध (धर्म) और भावनात्मक अभिव्यक्ति (कला) सभी एक समग्रता में व्यक्त होते हैं। प्लेटो, गेटे, नीत्शे और इलियट जैसे बड़े दार्शनिक साहित्यकारों में यह निरन्तरता स्पष्ट दिखाई देती है। भारत में तो सारा महान साहित्य धार्मिक साहित्य है जिसमें विश्व दृष्टि और मूल्यबोध एकाकार हो गए हैं।

8

इस अध्ययन की शुरुआत संस्कृति और अप-संस्कृति के जिक्र के साथ हुई थी। पिछले एक अध्याय में प्रसंगवश यह भी कहा गया है कि दरअसल, अप-संस्कृति वही है जो संस्कृति के मूल उद्देश्य मानव प्रजाति की रक्षा और विकास के विपरीत उसे नष्ट करनेवाली होती है—जैसे विध्वन्सकारी युद्धों को प्रोत्साहित करनेवाली संस्कृति। ऐसी संस्कृति की बुनियाद होती है मनुष्यों को 'हम' और 'वे' में बाँटने की प्रवृत्ति, जिससे हम के प्रति अन्धनिष्ठा और वे के प्रति उस हद तक की नफरत और विद्वेष होता है कि उन्हें मनुष्य की श्रेणी से बाहर कर देखा जाता है और उनके अस्तित्व को मिटा देना लगभग कर्तव्य मान लिया जाता है। इस तरह के विद्वेष के भी कुछ उदाहरण दिए जा चुके हैं। इन रुझानों पर विचार करने से लगता है कि कुछ हद तक 'अप-संस्कृति' का निषेध उन सांस्कृतिक प्रभावों का निषेध भी है जिनका उत्स हमारी अपनी संस्कृति से बाहर से होता है। इसके पीछे एक कारण सभी अनजान एवं नई वस्तुओं से भय और असुरक्षा महसूस करना है, जो मानव स्वभाव का एक गुण है, लेकिन अत्यधिक खोजी रुझान वाला (एक्सप्लोरेटरी) जीव होने के कारण मनुष्य का रुझान नई वस्तुओं को देखने एवं परखने का भी होता है और इस क्रम में जानने की उत्सुकता आकर्षण भी पैदा करती है।

आदमी की मानसिकता इस तरह नीयोफोबिया (नई वस्तुओं का भय) और नीयोफिलिया (नई वस्तुओं का आकर्षण) इन दो रुझानों के बीच झूलती रहती है। नई चीजों को देखना, परखना और उनके साथ प्रयोग करना जीवन की नई सम्भावना की राह खोलता है—अगर आदमी नए की अन्धभक्ति में उसके सही मूल्यांकन का विवेक न खो दे, लेकिन हर समाज में सशक्त सांस्कृतिक परम्पराएँ होती हैं जिनके भीतर जीवन व्यवस्थित होकर चलता है। इन परम्पराओं के साथ इन्हें कायम रखने के लिए कुछ व्यक्तियों के समूह जुड़ जाते हैं। इन व्यक्तियों का इनके साथ एक निहित स्वार्थ जुड़ जाता है। नए के प्रति स्वाभाविक संशय के अलावा इस समूह को नए में अपने स्वार्थों पर खतरा भी दिखाई देता है। इसलिए नए सांस्कृतिक प्रभावों के विरुद्ध भावनाओं को उभारने का भरसक प्रयत्न इन समूहों द्वारा होता है। इन परस्पर दबावों के बीच सही निर्णय करना आसान नहीं होता। नई चीजों या बाहरी प्रभावों

का सम्पूर्ण निषेध संस्कृति में जड़ता पैदा करता है। नई चीजों को आँख बन्द कर अपनाना सामाजिक जीवन के आधार को हिला सांस्कृतिक बिखराव और ह्रास पैदा करता है। इसलिए संस्कृति में—दरअसल, कितना अपना है और कितना बाह्य, कितना बाहरी प्रभाव अपरिहार्य है और कितना त्याज्य, इसकी कसौटी विकसित करना जरूरी होता है। हर स्थिति के लिए कोई एक कसौटी हो नहीं सकती और एक कसौटी को कायम करनेवाला कोई बाहरी कर्ता तो होगा नहीं। जो किसी सांस्कृतिक समुदाय में हैं वे ही यह कसौटी बनाएँगे और वे स्वयं उपर्युक्त दोनों तरह के प्रभावों में काम करेंगे। इसका एकमात्र उपाय जो पूरा नहीं हो, एक हद तक सही निर्णय में सहायक हो सकता है, वह है उस ऐतिहासिक परिप्रेक्ष्य को समझना जिसमें मानव संस्कृतियों के बीच होनेवाले आदान-प्रदान के पैमाने का अन्दाजा होता है।

हम पहले देख चुके हैं कि मानव समूहों के कुछ हिस्सों के अपने समूह से अलग होने पर नए परिवेश के अनुसार उनकी संस्कृतियों में बदलाव आता है। यह बहुत कुछ वैसा ही होता है जैसा परिवेश बदल जाने से प्रजातियों की विविधता पैदा होती है, लेकिन चूँकि इन संस्कृतियों को बनानेवाले मनुष्यों की मूल प्रवृत्तियाँ नहीं बदलतीं—इसका कारण है कि आनुवंशिकी में होनेवाले बदलाव के लिए जरूरी समय के हिसाब से पार्थक्य का समय नगण्य होता है—संस्कृतियाँ एक-दूसरे के लिए अजूबा भले ही बन जाएँ, इनकी आपसी सम्प्रेषणशीलता का द्वार बिलकुल बन्द नहीं होता। इसीलिए आज से बीस या तीस हजार वर्ष पहले के मानवों की चित्रकला एवं मूर्तिकला और दो लाख वर्ष पहले के पत्थर के हथियारों के शिल्प को समझने में हमें कोई कठिनाई नहीं होती। हालाँकि उनकी जीवन पद्धति और परिवेश से आज हमारा दूर का भी रिश्ता नहीं बैठता। यह सम्प्रेषणीयता इस हद तक जाती है कि हम नीएंडरथल मानवों की संस्कृति में भी अपने से कुछ सामंजस्य देख पाते हैं। हालाँकि नृशास्त्रियों के अनुसार, वे हमारे वर्तमान मानव वंश से एक अलग शाखा में विभक्त हो चुके थे। यह जरूर है कि उनकी कलाओं या उनके शिल्प का हमारे लिए ठीक वही अर्थ नहीं है जो उनके लिए था। जो बात संस्कृतियों के काल की इस भिन्नता के साथ लागू है, वही बात एक ही समय में अस्तित्व में रहनेवाली संस्कृतियों के स्थान की भिन्नता के साथ भी लागू होती है।

हम समकालीन संस्कृतियों की भिन्नता और उनके सामंजस्य वाले पहलुओं को अलग-अलग करके देख सकते हैं। संस्कृतियों में कुछ चीजें ऐसी होती हैं जो उन्हें उनके पारिस्थितिकीय परिवेश से बिलकुल बाँधकर रखती हैं। लोगों का भोजन और भूषा, आवासीय व्यवस्था और काफी हद तक कलात्मक अभिव्यक्तियाँ, जो उनके अन्तरंग भावों को प्रतिबिम्बित करती हैं, उनके बिलकुल नजदीकी परिवेश पर निर्भर करती हैं। भोजन न सिर्फ उपलब्धि के हिसाब से स्थानीय होता है बल्कि लम्बी अवधि की चयन प्रक्रिया में उन तत्त्वों का समावेश भी करता है जो जलवायु

के हिसाब से स्वास्थ्यकर होते हैं। हालाँकि ऐसे भोजन में कुछ तत्त्वों का अभाव भी हो सकता है जो स्थानीय खाद्य पदार्थों में उपलब्ध नहीं हों। यही बात भूषा और आवासीय व्यवस्था के साथ भी लागू होती है। वैसे वातावरण में जहाँ ठंड अधिक पड़ती है, आवास और भूषा, दोनों ही ऐसे होंगे जो ठंड से बचाएँ। गर्म स्थानों में स्थिति ठीक विपरीत होगी—यानी आवास और भूषा गर्मी से बचाने की दृष्टि से विकसित किए जाएँगे। इसके अलावा प्राय: भूषा और आवास के लिए प्रयोग में आनेवाली वस्तुएँ भी वैसी होंगी जो स्थानीय रूप से उपलब्ध होती रहें। इससे जीवन के लिए आवश्यक आवासीय वस्तुओं या वस्त्रों का अभाव नहीं पैदा होगा।

आदमी की भावनात्मक अभिव्यक्ति भी, जो अत्यन्त ही अन्तरंग है, अपने परिवेश के सन्दर्भ में ही हो सकती है, लेकिन ऐसी अभिव्यक्तियों में भी कुछ तत्त्व ऐसे जरूर होते हैं जो सार्वजनीन हों क्योंकि वे सभी आदमियों के अनुभव में आते हैं, चाहे वे दुनिया के किसी भी हिस्से में हों। इनमें मृत्यु का भय, प्रेम, विरह, खुशी एवं स्थितियों के दबाव में आदमी की विवशता आदि की स्थितियाँ आती हैं। इन मानसिक स्थितियों को पैदा करनेवाले ठोस कारण और मिथकीय रंगमंच अलग-अलग परिवेश में अलग-अलग हो सकते हैं, लेकिन ये अपने विशेष सांस्कृतिक परिवेश से परे जा दूसरी संस्कृतियों में रहनेवाले लोगों को भी सम्प्रेषित हो सकती हैं। संसार के सर्वश्रेष्ठ साहित्यों और कलाओं की भाषा भी स्थानीय ही होती है, लेकिन उनकी विशेषता यह होती है कि इनके कुछ तत्त्व परिवेश के दायरे को लाँघकर वैसे दूसरे समूहों तक भी पहुँचते हैं जिनके सम्प्रेषण की भाषा अलग है। दुनिया का महान साहित्य और महान कलाकृतियाँ इसी कोटि में आती हैं। इनके सार्वजनीन तत्त्व एक संस्कृति से दूसरी संस्कृति में स्थानान्तरित हो दूसरी संस्कृतियों द्वारा आत्मसात् किए जा सकते हैं। ऐसे उधार लिए गए तत्त्वों से भी संस्कृतियाँ समृद्ध हो सकती हैं अगर ये तत्त्व इस संस्कृति की मूल प्रवृत्ति के विपरीत नहीं हों। इसके अलावा, इनसे अभिव्यक्ति के ऐसे कोड एवं के माध्यम प्राप्त किए जा सकते हैं जिनसे अभिव्यक्ति अधिक प्रांजल और सशक्त हो सके। आधुनिक दुनिया में ऐसे उधार तत्त्व कला और साहित्य में चारों ओर देखे जा सकते हैं। फिर भी, उधार तत्त्वों को पचाने की एक सीमा होती है, जिससे आगे बढ़ने पर ये कला और साहित्य के मूल तत्त्व को नष्ट कर सकते हैं।

लेकिन संस्कृति का एक दूसरा आयाम जो मूलत: तथ्यत्मिक, तार्किक और अवधारणात्मक है, कलाओं की तरह किसी परिवेश से बँधा नहीं होता। अपने परिवेश को समझने की प्रक्रिया से आगे बढ़ इसका रुझान सदा व्यापक और संसार के सभी परिवेशों को समझने का सार्विक आधार प्रदान करने का होता है। विज्ञान और दर्शन इसी कोटि में आते हैं। इनमें संस्कृतियों के पारस्परिक सम्पर्क से लगातार विकास होता रहता है। एक जाल के तन्तुओं की तरह सभी तन्तु सम्पूर्ण जाल में व्याप्त होते हैं। कहीं एक बिन्दु से शुरू होकर कोई भी तन्तु अनेक फंदों से घूमता हुआ जाल के

सभी हिस्सों में व्याप्त हो जाता है। इस दृष्टि से विज्ञान और दर्शन का चरित्र सार्विक होता है। इसके विषय में यह नहीं कहा जा सकता कि इसका कोई हिस्सा सिर्फ इसलिए ग्राह्य या त्याज्य है क्योंकि इसका उत्स स्थानीय या बाहरी है। अपने-पराए के भाव के पूर्वग्रह से देखने से विज्ञान और दर्शन के प्रति सही दृष्टिकोण नहीं बन पाता है। यही नहीं, विभिन्न मानव समूहों को भी बाहरी मान उनके प्रति हिकारत का भाव पैदा होता है। अतीत के ऐसे सांस्कृतिक तत्त्वों के आदान-प्रदान की जानकारी नहीं होने से हमारे यहाँ एक हीन भावना भी पैदा हुई है। लोग यह महसूस करते हैं कि आधुनिक ज्ञान-विज्ञान, सब-का-सब पश्चिमी देशों का योगदान है। आज के विज्ञान की उपलब्धियों से चमत्कृत हो लोग मान लेते हैं कि पश्चिमी देशों के लोगों में बौद्धिक श्रेष्ठता है। ज्ञान-विज्ञान के क्षेत्र से आगे बढ़ हीनभावग्रस्त लोग सभी क्षेत्रों में पश्चिमी देशों के अन्धानुकरण की तरफ झुकते हैं। हालाँकि विज्ञान और दर्शन के विकास पर नजर डालने से ऐसा सोचना बिलकुल आधारहीन लगता है। आगे कुछ ऐसे ही ऐतिहासिक तथ्यों पर प्रकाश डाला गया है।

आधुनिक युग को विज्ञान का युग कहा जाता है और विज्ञान की सभी शाखाओं में गणित की भूमिका सर्वाधिक महत्त्व की हो गई है। भौतिक शास्त्र में तो, जिसे विज्ञान का हरावल दस्ता माना जाता है, गणित अवधारणात्मक आधार ही बन गया है। चूँकि पिछली चार शताब्दी में गणित एवं विज्ञान के शोध और विकास का केन्द्र पश्चिमी दुनिया बनी रही है, ऐसा समझा जाने लगा है कि वैज्ञानिक परम्परा उसी की संस्कृति की उपज है, लेकिन ऐसी सोच का ऐतिहासिक तथ्यों में कोई आधार नहीं। पश्चिमी दुनिया अपनी संस्कृति की निरन्तरता को प्राचीन यूनान की संस्कृति से जोड़ देती है, लेकिन यह भी सच नहीं है। यूनान तो वर्तमान पश्चिमी संस्कृति के हाशिये पर है। मूल के हिसाब से भी यूरोप और अमेरिका की आबादी में यूनानियों का नगण्य स्थान है। ब्रिटेन, जर्मनी, फ्रांस, इटली एवं अमेरिका में, जो विज्ञान और तकनीकी के क्षेत्र में आज आगे बढ़े हुए हैं, उस मूल के लोगों की बहुलता है जो यूनानी सभ्यता के उत्कर्ष के काल में बर्बर माने जाते थे—यानी उत्तरी यूरोप के जर्मन कहे जानेवाले कबाइली समूह जिनमें एंगेल्स, सैक्शन, फ्रैंक, गोथ, वंडल, लोम्बार्ड, अलेमानी, बैवेरियन, डेन, नॉर्मन आदि आते थे। प्राचीन दुनिया में इनकी एकमात्र उपलब्धि थी, चौथी से सातवीं शताब्दी के बीच अपने हमलों के सिलसिले से रोमन साम्राज्य को नष्ट करना और सारे यूरोप से अपने से पहले के बाशिन्दों को खदेड़ कर उनके भूभागों पर कब्जा जमाना। ईसाई धर्म के प्रचार ने पूरब से प्राप्त मानवीय मूल्यों से अवगत करा कम-से-कम सतही रूप से इन कबाइली समूहों को सुसंस्कृत किया, लेकिन प्रारम्भ की छठी शताब्दी तक दर्शन के नाम पर इनमें ईसाइयत के अन्धविश्वासी पहलू ही प्रचारित होते रहे। इस वातावरण में प्राचीन यूनान की उन्मुक्त विचार प्रणाली के प्रसार पर, जिसमें विज्ञान और दर्शन का आश्चर्यजनक विकास

हुआ था, विराम-सा लग गया था। ईसाई धर्मगुरुओं में तरह-तरह के विवाद ईसाई धर्म की विविध व्याख्याओं को लेकर होते रहे और इनके बर्बर चरित्र के कारण अक्सर विवादों का अन्तिम फैसला तलवार के बल पर होता था। यूनान के वैज्ञानिक सोच का इनके लिए कोई महत्त्व नहीं था। सिर्फ प्लेटो के प्रत्ययवादी विचार और अरस्तू के कुछ वैसे विचार जो सृष्टि के नियमों को दोषहीन और अपरिवर्तनीय होने के विश्वास का समर्थन करते थे इनके लिए ग्राह्य थे। इन तथ्यों से इनकी क्षमता पर प्रश्नचिह्न नहीं लगता है और आगे चल कर इन्होंने संस्कृति के क्षेत्र में निश्चित रूप से बड़ा योगदान किया। इन बातों की ओर ध्यान सिर्फ इसलिए दिलाया गया कि यह भ्रम दूर हो कि आज की पश्चिमी सभ्यता प्राचीन यूनान की सभ्यता की निरन्तरता है।

प्राचीन यूनान में जरूर गणित, विशेषकर रेखागणित, ज्योतिष दर्शन और विज्ञान की एक अद्‌भुत परम्परा थी, लेकिन इसमें उत्तरी अफ्रीका और पश्चिमी एशिया की सभ्यताओं से निरन्तरता थी। आगे चलकर अरबों के माध्यम से यूरोप में पहुँचकर उनके ज्ञान ने वैचारिक क्रान्ति ला दी थी। जैसा कि बताया गया है यूनान वैचारिक सोच का द्वीप नहीं था। यूनान का सबसे प्रथम और महत्त्वपूर्ण दार्शनिक और गणितज्ञ थल्स था। उसका समय 63 6 से 546 ई.पू. अनुमानित है। वह माइलेटस का रहनेवाला था और 585 ई.पू. में उसने सूर्यग्रहण की सही भविष्यवाणी की थी, लेकिन गणित और खगोलशास्त्र का यह ज्ञान उसने टाइग्रिस और युफ्रेट्स नदियों की घाटी के प्राचीन नगर बेबिलोन में प्राप्त किया था। इसके अलावा यूनान के रेखागणित पर मिस्र की प्राचीन सभ्यता का भी असर पड़ा था। मिस्र में रेखागणित के सिद्धान्तों का विकास तो नहीं हुआ था, लेकिन क्षेत्रमिति का काफी विकास हुआ था क्योंकि नीलघाटी में कृषि के लगान के लिए सरकारी पैमाइश की एक बृहत् प्रणाली थी। क्षेत्रमिति से ज्यामिति की ओर संक्रमण एक स्वाभाविक प्रक्रिया थी। इस तरह यूनान के गणित के विकास में मिस्र और बेबिलोन का काफी हाथ था। फिर आगे चलकर सिकन्दर की मिस्र पर विजय के बाद सिकन्दरिया विद्या का बड़ा केन्द्र बन गया जहाँ यूनानी ज्योतिष और गणित का काफी प्रभाव था। यहीं कालान्तर में टोलेमी ने ज्योतिषशास्त्र के विकास में महत्त्वपूर्ण योगदान किया।

हालाँकि भारत के साथ यूनान का सम्पर्क काफी प्राचीन था और दोनों में स्वतंत्र रूप से गणित और खगोल का विकास एक-दूसरे से थोड़ी भिन्न दिशा में हुआ था, उनका प्रभाव इस क्षेत्र में एक-दूसरे पर नहीं पड़ा। अपस्तम्ब के सूत्र में समकोण त्रिभुज के भुजाओं के इस सम्बन्ध, $a^2 + b^2 = c^2$ का उल्लेख है जो लगभग उसी समय के पाइथागोरस के साध्य में सिद्धान्त रूप में सिद्ध किया गया था, लेकिन दोनों ही जगह यह ज्ञान स्वतंत्र रूप से विकसित हुआ था। इस बात का उल्लेख टी.एल. हीथ ने अपने 'मैनुअल ऑफ ग्रीक मैथेमैटिक्स' में किया है। यूनान में सामोस के गणितज्ञ आरिस्टारकस (310-239 ई.पू.) ने पहले-पहल यह सिद्धान्त प्रतिपादित

किया था कि धरती सूरज के चारों तरफ घूमती है और साथ ही यह अपनी धुरी पर भी घूमती है, जिससे रात और दिन होते हैं, लेकिन स्वयं यूनान और सिकन्दरिया में यह सिद्धान्त नजरअन्दाज किया जाता रहा। भारत में तो इसकी कोई जानकारी नहीं हो पाई, लेकिन आर्यभट्ट ने (476-550 ई.) में स्वतंत्र रूप से सूर्य सिद्धान्त प्रतिपादित किया जिसमें सूर्य को केन्द्र में रखकर नक्षत्रों के समय और गति का अध्ययन किया गया था। यह सिद्धान्त कोपरनिकस से लगभग आठ सौ वर्ष पहले प्रतिपादित किया गया। यूरोप में उस समय धार्मिक अन्धविश्वास और आतंक का ऐसा माहौल था कि कोपरनिकस ने इस सिद्धान्त को महज एक कौतूहल के रूप में पेश किया था। प्रयोगों से इस सिद्धान्त को सिद्ध करने का घोर परिणाम गैलीलियो को भुगतना पड़ा। उसे चर्च के अधिकारियों द्वारा गिरफ्तार किया गया, घोर यातनाएँ दी गईं और अन्ततः यह वक्तव्य देने को विवश किया गया कि उसका सिद्धान्त गलत है।

भारत और यूनान के गणित एवं खगोल का ज्ञान अरबों के माध्यम से काफी देर से एक जगह आए और इनके प्रभाव से वहाँ इनका तेज विकास हुआ। दरअसल, यूरोप में सत्रहवीं शताब्दी से गणित और विज्ञान के विकास में एक उफान दिखाई देने के पीछे भारत, चीन, मिस्र, अरब और यूनान इन पाँच देशों के पूर्व अर्जित ज्ञान का इकट्ठा होना और समन्वित होना है। छठी शताब्दी तक भारत का गणित इतना विकसित हो चुका था कि ए.सी. क्रोम्बी[1] के अनुसार, 'यूनानियों के रेखागणित के बदले हिन्दू गणितज्ञों ने जिनमें आर्यभट्ट (जन्म 476 ई.), ब्रह्मगुप्त (जन्म 598 ई.) और भाष्कर (जन्म 1114) सबसे महत्त्वपूर्ण थे, अंकों की एक ऐसी पद्धति विकसित की थी जिसमें किसी अंक का मान उसके स्थान से निर्धारित होता था। उन्हें शून्य का ज्ञान था, वे वर्गमूल और घनमूल निकाल सकते थे, वे भिन्न से अवगत थे, सूद की समस्या से अवगत थे, अंकों की शृंखला (सीरीज) का अंकगणितीय और बीजगणितीय योग निकाल सकते थे, प्रथम और दूसरे डिग्री के निश्चित और अनिश्चित समीकरणों का हल निकाल सकते थे, परम्युटेशन और कम्बीनेशन तथा अंकगणित और बीजगणित की दूसरी क्रियाओं से अवगत थे। उन लोगों ने नक्षत्रों की चाल को मापने के लिए त्रिकोणमितीय विधि विकसित कर ली थी और साइन का त्रिकोणमितीय टेबुल भी तैयार कर लिया था। शून्य और संख्या की दशमलव पद्धति भारत की ऐसी खोज थी जो गणित के विकास के लिए युगान्तरकारी कही जा सकती है।

यूनान ने रेखागणित के सिद्धान्तों के अलावा समकोण 'शंक' को अलग-अलग कोणों से काटकर इन कटे हिस्सों से बने आकारों (कोनिक सेक्शन) के ज्यामितीय सम्बन्धों का विस्तृत अध्ययन किया था। ऐसी कटी हुई सतह को घेरनेवाली रेखा वृत्त, एलिप्स, पाराबोला और हाइपबोला बनाती थी। इन में वृत्त के विविध हिस्सों के सम्बन्धों से तो लोग परिचित थे और इनके गणितीय सम्बन्धों एवं क्षेत्रफल (वर्गीकरण) से सम्बद्ध काफी अध्ययन हो चुके थे, लेकिन इस तरह निर्मित बाकी तरह के आकारों

के सम्बन्धों को नियमबद्ध. करना ज्यादा कठिन था, हालाँकि आगे चलकर खगोल और प्रकाश (ऑप्टिक्स) तथा भौतिक शास्त्र के दूसरे सिद्धान्तों के लिए इनका बहुत ही महत्त्व था, लेकिन यूनान के गणितज्ञों के लिए इन सभी आकारों को गणितीय सिद्धान्त में बाँधना उस समय सम्भव नहीं था क्योंकि वे बीजगणित से अवगत नहीं थे। भारत और यूनान की उपलब्धियों तथा स्वयं अपनी उपलब्धियों को एक स्थान पर लाने का ऐतिहासिक काम आगे चलकर अरब गणितज्ञों ने किया, जिससे गणित और विज्ञान का एक नया युग शुरू हुआ।

अरबों की भूमिका इसलिए खासतौर से महत्त्वपूर्ण थी क्योंकि यूनान और भारत दोनों ही अपनी प्रतिभा के चरमबिन्दु पर पहुँचकर गतिरोध और गिरावट की तरफ जा रहे थे। यूनान का बौद्धिक विकास सिकन्दर के साम्राज्य के फैलने के बाद शिथिल पड़ गया। इतिहास में अक्सर ऐसा हुआ है कि जब कोई समाज साम्राज्य बना अपना भौतिक विस्तार करने लगता है तो उसकी बौद्धिक और आध्यात्मिक ऊर्जा सिकुड़ने लगती है। आर्किमिडीज (287-212 ई.पू.) यूनान का अन्तिम महान गणितज्ञ और वैज्ञानिक हुआ। उसके बाद अध्ययन का क्षेत्र खिसककर मिस्र के नगर सिकन्दरिया चला गया, जहाँ कई सदियों तक यूनानी गणित और ज्योतिष की परम्परा जीवित रही। स्वयं यूनान रोमनों के कब्जे में चला गया और रोमनों की दिलचस्पी अपना साम्राज्य फैलाने एवं कानून व्यवस्था तथा निर्माण में अधिक थी, विज्ञान में कम। भारत में भी गुप्तकाल के बाद से गणित और दूसरे शास्त्रों का विकास धीमा होने लगा। इसके बाद का समय धार्मिक विवादों और धर्म-दर्शन के संकलन के साथ अनेक धार्मिक सम्प्रदायों के विकास का काल था जिनके प्रभाव में तरह-तरह के अन्धविश्वास फैलने लगे। जब ग्यारहवीं शताब्दी में अलबरूनी भारत आया था उस समय तक बौद्धिक गिरावट काफी हो चुकी थी। अलबरूनी ने अपने वृत्तान्त में जहाँ भारतीय ज्योतिषशास्त्र की उपलब्धियों की काफी तारीफ की है और लिखा है कि वह यूनान की अपेक्षा ज्यादा उन्नत था, वहीं इस बात का भी जिक्र किया है कि अब इसकी प्रगति रुक गई है और लोग अन्धविश्वासी हो रहे हैं।

अरब दुनिया में नई चेतना का उभार इस्लाम के उत्स के बाद से सातवीं सदी के प्रारम्भ से शुरू हुआ। इस्लाम की मुख्य भूमिका अरब में फैले अनेक कबीलाई समूहों को एक धर्म के सूत्र में बाँधने की थी, लेकिन उनकी संस्कृति की पृष्ठभूमि उनकी विशेष भौगोलिक स्थिति से तैयार हुई थी। अरब दुनिया उस समय पूरब और पश्चिम के व्यापार के मध्य मार्ग पर स्थित थी। सिकन्दर और उसके पहले फारस के साम्राज्य विस्तार के क्रम में यूरोप और एशिया के जो विशाल क्षेत्र एक-दूसरे के सम्पर्क में आए थे उनके बीच व्यापारिक सम्बन्ध अरब, इराक, सीरिया एवं सिकन्दरिया में बसनेवाले अरबों के द्वारा ही कायम रखा गया था। व्यापारिक सम्बन्ध के साथ-साथ एक-दूसरे के रहन-सहन, विचार और ज्ञान इन सबकी पारस्परिक जानकारी भी बढ़ी।

स्वयं हजरत मुहम्मद एक व्यापारी थे और अपने व्यापारिक कार्यों के सिलसिले में ही ईसाई और यहूदी समूहों के सम्पर्क में आए, जिनके धर्मों का काफी प्रभाव उनके अपने धार्मिक विचारों पर पड़ा था। इससे इस्लाम द्वारा सूत्रबद्ध किए गए अरबों के नए राज्यों में दूसरों के ज्ञान-विज्ञान के प्रति अद्‌भुत सहिष्णुता और उन्हें ग्रहण करने की विलक्षण उत्कंठा थी। इस तरह सातवीं से लेकर तेरहवीं शताब्दी के बीच उन्होंने पूरब में चीन और भारत से लेकर पश्चिम में यूनान तक के सभी दर्शन और विज्ञान को आत्मसात् करने की कोशिश की। सिकन्दरिया, बगदाद, दमिश्क तथा स्पेन का कारडोवा साहित्य, दर्शन और विज्ञान के अध्ययन और प्रसार के प्रमुख केन्द्र बन गए। बगदाद के खलीफा हारून-अल-रशीद (785-809 ई.) ने तो बाजाब्ता अनुवादकों के स्कूलों की स्थापना की और कुस्तुनियाँ और अन्य स्थानों से पांडुलिपियाँ प्राप्त कर उनका अनुवाद करवाया। ज्ञानार्जन की इस व्याकुलता का अन्दाजा हम इस बात से कर सकते हैं कि आधुनिक भारत के वर्तमान शासकों ने, जिनके संसाधन उस काल के अरबों की तुलना में विशाल हैं, दुनिया के ज्ञान को अनुवाद के द्वारा अपने देशवासियों को उपलब्ध कराने का कोई ऐसा प्रयास नहीं किया है जबकि हम ऐसे युग में रह रहे हैं जिसे 'एज ऑफ इनफॉर्मेशन' (सूचनाओं का युग) कहा जाता है।

बगदाद के दूसरे खलीफा मामुन महान (813-833 ई.) के विषय में यह उल्लिखित है कि वाइजेंटाइन (यूनानी दुनिया का एक अंग) का एक गणित का विद्यार्थी मुसलमानों द्वारा बन्दी बना गुलाम के रूप में बगदाद लाया गया। एक दिन बातचीत में उसके स्वामी ने खलीफा मामुन की रेखागणित में दिलचस्पी की बात कही। उस पर इस विद्यार्थी ने इच्छा जाहिर की कि वह मामुन के साथ वहाँ के शिक्षकों की गणित सम्बन्धी वार्ता सुनना चाहता है। मामुन ने काफी दिलचस्पी से उसे अपने महल में बुलाया। हालाँकि मामुन के गणितज्ञ त्रिभुज एवं वर्ग आदि की बनावट और युक्लिड की शब्दावली के सम्बन्ध में अच्छी जानकारी रखते थे, वे साध्यों को साबित करने के सिद्धान्त से अनभिज्ञ थे। जब इस विद्यार्थी ने सिद्धान्त से किसी साध्य को सिद्ध करके दिखला दिया तो मामुन बहुत ही प्रभावित हुआ और उस विद्यार्थी से उसके शिक्षक के सम्बन्ध में पूछा। इस विद्यार्थी ने बतलाया कि उसके शिक्षक लीयों काफी गरीबी की स्थिति में रहते हैं। मामुन ने उसे अपने शिक्षक को बुलाने को भेजा और वायदा किया कि उसे ऊँचा पद और अच्छी तनख्वाह दी जाएगी, लेकिन वाइजेंटाइन के शासक इसके लिए तैयार नहीं हुए, इसके बावजूद कि मामुन हजार डॉलर मूल्य का सोना बदले में वाइजेंटाइन के शासक को देने को तैयार था। इस कहानी से कुछ पता चलता है कि अरब शासकों में विद्या का कितना आदर था।

इन प्रयासों का फल यह हुआ कि यूनानी और भारतीय गणित, विज्ञान और दर्शन के सभी प्रमुख विचारों का अरबी में अनुवाद हुआ जिससे बाद में यूरोप में ये पुनः लैटिन अनुवादों के जरिये उपलब्ध हुए। अल-ख्वारिज्मी से अंकगणित, त्रिकोणमिति

एवं बीजगणित का ज्ञान, जो भारत से प्राप्त हुए थे, यूरोपवासियों को प्राप्त हुए। अल ख्वारिज्मी की देन यूरोपीय गणित के लिए इतनी महत्त्वपूर्ण थी कि उसी के नाम के अपभ्रंश से 'आल्गोरिज्म' शब्द यूरोप की भाषाओं में आया, जिसे आज भी सभी गणितीय प्रक्रियाओं के लिए व्यवहार में लाया जाता है। अविसेना और ऐवरोज ने अरस्तू के अलावा सुकरात के पूर्व काल के अनेक यूनानी दार्शनिकों एवं वैज्ञानिकों की रचनाओं का अरबी में अनुवाद किया जिससे बाद में यूरोप में इनकी जानकारी हुई। गणित और दर्शन के अलावा अरबों ने चिकित्सा सम्बन्धी ज्ञान, रसायन और भौतिकशास्त्र का अनुवाद किया एवं मौलिक रचनाएँ अरबी में कीं। ये ही ज्ञान यूरोपीय पुनर्जागरण काल में यूरोप के बौद्धिक विकास के आधार बने। अरबों ने चिकित्सा के क्षेत्र में, रसायन के क्षेत्र में और प्रकाश से सम्बन्धित 'ऑप्टिक्स' के क्षेत्र में स्वयं अनेक मौलिक शोधकार्य किए थे, जो सब अरबी से लैटिन में अनुवाद से यूरोप के लोगों को प्राप्त हुए।

यूरोप में अरबों के माध्यम से यूनान, भारत एवं अन्य भागों से संकलित ज्ञान के प्रसार और विकास के पीछे दो कारण काम कर रहे थे। एक तो स्पेन और वाइजेंटाइन साम्राज्य के बड़े हिस्से पर अरबों के आधिपत्य से यूरोपीय लोगों का एक उत्कृष्ट संस्कृति और वैज्ञानिक सोच से साक्षात्कार हुआ। इस काल में यूरोप का अरब दुनिया से व्यापारिक सम्बन्ध भी बढ़ा। जब मुस्लिम आधिपत्य से येरुसलम तथा यूरोप के अन्य भागों को मुक्त कराने के लिए क्रुसेड (धर्मयुद्ध) का सिलसिला शुरू हुआ जो ग्यारहवीं से शुरू होकर चौदहवीं शताब्दी तक चलता रहा, यूरोप के उन राजाओं और सिपाहियों को, जो इस युद्ध में हिस्सा ले रहे थे, इस्लाम के भीतर की वैचारिक स्वतंत्रता और सभी तरह के ज्ञान को ग्रहण करनेवाली एक जीवन्त सभ्यता का दर्शन हुआ। इसने उनके सामने से उस परदे को हटा दिया जिससे यूरोप धर्मान्धता के अन्धकार में जी रहा था। इससे स्वयं यूरोप के ईसाई धर्मगुरुओं में, जिनके माध्यम से ही यूरोप में शिक्षा का प्रचार हो रहा था, वैज्ञानिक सोच का रुझान बढ़ा। स्पेन में टोलेडो अरबी से लैटिन अनुवाद का बड़ा केन्द्र बन गया। इसके अलावा इस नए प्रभाव के कारण यूनानी भाषा से भी सीधे लैटिन में अनुवाद शुरू हुए। 1204 ई. में वाइजेंटाइन के पुनः यूरोपियनों के कब्जे में आ जाने पर वहाँ पर पुराने ज्ञान का संचित भंडार ही यूरोपियनों के हाथ लग गया और बड़े पैमाने पर अरबी और यूनानी भाषाओं से यूरोपीय भाषाओं में अनुवाद का काम शुरू हुआ। इसके अलावा अरबों के प्रभाव में 'अलकेमी' के प्रति रुझान बढ़ा। यह रासायनिक प्रयोग का एक ऐसा क्षेत्र था जिसके पीछे यह विश्वास था कि दूसरी धातुओं को सोने में बदला जा सकता है। हालाँकि बाद में यह साबित हुआ कि ऐसा होना सम्भव नहीं है। इन प्रयोगों ने जिनकी प्रक्रियाएँ आधुनिक शोध प्रक्रियाओं जैसी ही थीं, रसायन शास्त्र के विकास में बहुत योगदान दिया। 'ऑप्टिक्स' के प्रयोगों से चश्मा बनाने की शुरुआत हुई और इन्हीं प्रयोगों के परिणामस्वरूप बाद में दूरबीन और खुर्दबीन का विकास हुआ। दसवीं

शताब्दी के फारस के डाक्टर हे अब्बास के इनसाइक्लोपीडिया से प्राचीन यूनान के चिकित्साशास्त्र के विज्ञान एवं गैलेन और हिपोक्रेट्स के ज्ञान यूरोपीय विद्वानों को प्राप्त हुए। इसके बाद से वनस्पति शास्त्र और शल्य चिकित्सा दोनों में खोज शुरू हुई। इस तरह यूरोप में नए ज्ञान-विज्ञान की आधारशिला रखी गई।

सत्रहवीं सदी के प्रारम्भ में रेने देकार्त (1596-1646) एवं पीयरे द फरमा (1601-1665) ने बीजगणित और रेखागणित को जोड़कर कोऑरडिनेट ज्योमेट्री या ऐनालिटिकल ज्योमेट्री (विश्लेषणात्मक रेखागणित) को जन्म दिया। यह गणित और विज्ञान के लिए एक महान उपलब्धि थी। इससे आगे बढ़कर फरमा ने 'फंक्शन' और 'कैल्कुलस' के सिद्धान्तों को जन्म देकर भौतिक क्षेत्र या समाज की सभी प्रक्रियाओं को गणित की परिधि में ला दिया। इसके बाद से हम विज्ञान के आधुनिक युग में प्रवेश करते हैं। न्यूटन से लेकर गौस और आइंस्टाइन तक सभी ने गणित के इसी आधार को विस्तृत कर धरती से आकाश तक की सभी भौतिक प्रक्रियाओं को शास्त्रीय नियमों में बाँधने का प्रयास किया। इस तरह यह क्षेत्र, जिसे हम आधुनिक पश्चिमी विज्ञान और गणित कहते हैं, मूलतः चीन, मिस्र, बेबिलोन, भारत, यूनान और अरब की प्राचीन उपलब्धियों पर खड़ा है और उसमें कहीं कुछ यूरोपीय नहीं है। यह इन सभी देशों के मनीषियों के प्रयासों की निरन्तरता दर्शाता है। यूरोप का जो सबसे महत्त्वपूर्ण अनुदान इस क्षेत्र में है वह है, नियंत्रित प्रयोगों की परम्परा। मध्ययुगीन यूरोप के अलकेमिस्टो ने प्रयोगों का जो सिलसिला शुरू किया था वह गैलीलियो में अपनी सम्पूर्णता हासिल करता है और अन्धविश्वासों से मुक्ति पाता है। यह एक विडम्बना ही है कि स्वयं गैलीलियो को चर्च के अन्धविश्वासी पुरोहितों का कोपभाजन बन यातनाएँ झेलनी पड़ीं।

तकनीकी के क्षेत्र में भी यूरोप के अनेक उपकरणों का उत्स उसका अरबों से संपर्क ही था। आधुनिक सभ्यता के प्रसार में पुस्तकों का महत्त्वपूर्ण योगदान है। बड़े पैमाने पर पुस्तकों की छपाई हुई ताकि वे आम लोगों को उपलब्ध हो सकें, यह इस सभ्यता की विशिष्टता रही है, लेकिन कागज और छपाई की कला दोनों ही पूरब की देन है। कागज का नाम 'पेपर' तो मिस्र के पेपिरस पौधे से लिया गया है, जिसके तनों का उपयोग पहले कागज की जगह लिखने के लिए होता था, लेकिन बाद में वैसा टिकाऊ कागज जिस पर छपाई हो सके चीन में बनना शुरू हुआ, जहाँ यह तीसी के रेशे से बनता था। चीन में ही ब्लॉक बनाकर छपाई करने की कला विकसित हुई। वहीं से यह कला यूरोप आई। पहले लकड़ी के ब्लॉक से, बाद में धातुओं के ब्लॉक से और अन्त में शीशे के अक्षरों को ढाल छपाई का काम शुरू हुआ। बाद में अन्य मशीनों के परिष्कार के साथ छपाई की मशीनों की क्षमता भी बढ़ती गई। इसी तरह चुम्बक के उत्तर दिशा की तरफ इंगित करने के गुण की जानकारी चीनियों को थी। इनके सम्पर्क से अरब दुनिया ने जहाजरानी के लिए कम्पास की ईजाद और उसका इस्तेमाल करना शुरू किया। यूरोप में सही जानकारी बारहवीं शताब्दी के अन्त में हुई।

बारूद, जिसके बल पर यूरोप के देशों ने दुनिया के बाकी देशों, विशेषकर अमेरिका पर कब्जा किया, चीन द्वारा ही ईजाद की गई थी। बारूद का हथियार भी चीन में यूरोप से लगभग सौ साल पहले तेरहवीं शताब्दी में बनने लगे थे। बारूद की जानकारी यूरोपीय देशों को सम्भवत: मंगोलों के माध्यम से हुई। पनचक्की (वॉटरमिल) का इस्तेमाल तो सुमेरिया में यूरोप से हजारों साल पहले होता था जिसे यूरोप में उन्नीसवीं शताब्दी तक कपड़ा उद्योग तथा अन्य उद्योगों में इस्तेमाल किया जाता था। इसी तरह पवनचक्की (विंडमिल) का जिक्र अरब लेखकों ने दसवीं शताब्दी में किया है, जिनके अनुसार इनका प्रयोग फारस में किया जाता था। इन मिलों का प्रयोग बतलाता है कि प्राचीनकाल में एशिया के लोगों को मशीन के सिद्धान्तों की समुचित जानकारी थी। कुल मिलाकर हम देख सकते हैं कि विज्ञान या तकनीकी के क्षेत्र में जिसे हम आधुनिक कहते हैं एशियाई लोगों या भारतवासियों के लिए कुछ भी पराया या विजातीय नहीं है। आज जो कुछ भी पश्चिम से आ रहा है उसकी बुनियाद में वे जानकारियाँ ही हैं जो कभी चीन, भारत, मिस्र, ईरान, इराक और यूनान से पश्चिमी यूरोप के लोगों ने प्राप्त की थीं।

भारत के लिए जहाँ वस्तुपरक इतिहास-लेखन की अपनी परम्परा नहीं रही है, यह जानना दिलचस्प होगा कि इतिहास लेखन पश्चिमी दुनिया की ही देन नहीं है। वैसे, यूनान में हेरोडोटस से इतिहास-लेखन की परम्परा शुरू होती है, लेकिन उस समय के इतिहास-लेखन में सुनी, सुनाई बातों और अतिरंजनाओं का पुट भी रहा है। यूरोप में वस्तुपरक इतिहास-लेखन बहुत हाल की चीज है। अरबों ने वस्तुपरक इतिहास-लेखन की परम्परा बहुत पहले शुरू की। इब्बन खाल्दुन (1332-1406) ने तो जो सिद्धान्त इतिहास-लेखन के स्थापित किए, उनसे आज तक इतिहासकार आगे नहीं जा सके हैं। इब्बन खाल्दुन ने इतिहास-लेखन में भूल के निम्नलिखित सात कारण बतलाए :

> "वैसे तो सभी रेकार्ड स्वभाव से ही भूल को स्थान देते हैं, लेकिन पहला कारण किसी विचारधारा के प्रति पक्षपात होता है, जिससे इसके पक्ष की सभी बातों को बिना परीक्षा कबूल कर लिया जाता है। दूसरा कारण अपनी जानकारी के स्रोत पर अत्यधिक भरोसा करना होता है। तीसरा कारण स्थिति को सही तरह से समझने में अक्षमता का होना है। चौथा कारण सच्चाई के सम्बन्ध में गलत विश्वास का होना है। पाँचवाँ कारण घटना को उसकी सही पृष्ठभूमि में रखने की असमर्थता है। छठा कारण जो ऊँचे ओहदे पर हैं उनका कृपाभाजन बनने की इच्छा है, और सातवाँ और सबसे महत्त्वपूर्ण भूल का कारण समाज में होनेवाले परिवर्तनों के कारण को समझने की असमर्थता है।"

इब्बन खाल्दुन के विचारों का जिक्र करना इसलिए जरूरी लगा कि इस्लाम के प्रसंग में इसकी उदारता और वस्तुपरकता की चर्चा हमारे यहाँ शायद ही होती है। हमारे देश में आम तौर से यह विचार पाया जाता है कि मुसलमान बहुत ही धर्मान्ध और कट्टर होते हैं। हकीकत तो यह है कि तथ्यों के सम्बन्ध में हिन्दुओं की दृष्टि

ज्यादा त्रुटिपूर्ण रही है। अक्सर हम परम्परा से आए मिथकों को ऐतिहासिक सत्य मानकर चलते हैं। अपने अतीत के सम्बन्ध में हमारे ज्ञान का अपना स्रोत पुराण रहे हैं जिनमें तथ्यों और मिथकों का भयंकर घालमेल है। हमारे अतीत के सम्बन्ध में जो भी वस्तुपरक इतिहास हमें उपलब्ध है, उसके स्रोत विदेशी यात्रियों के यात्रा वृत्तान्त या विदेशी इतिहासकार रहे हैं। पुराणों में आदर्श स्थितियों का मनोनुकूल वर्णन रहने से वह मन को तुष्ट करनेवाला होता है, लेकिन इससे सबक ले कोई नीति तय करने में भटकाव का भी भय बना रहता है।

मुसलमानों की कट्टरता की जो धारणा बनी है, उसका एक कारण यूरोपीय लेखकों और शासकों का प्रचार भी है। एक दूसरा कारण यह है कि भारत में जो मुसलमान बाहर से आए उनमें पिछड़े इलाकों के तुर्क एवं अफगान कबीलों के लोग ही ज्यादा थे और सम्भव है कि सभी पिछड़े समूहों की तरह धर्म के प्रति इनमें भी अन्धभक्ति और नासमझी, दोनों का समावेश रहा हो और इससे इनके कुछ शासक कट्टर भी रहे हों। कुछ तथ्य जरूर इस कट्टरता की बात का पोषण करते हैं, लेकिन कुल मिलाकर ज्यादातर मुस्लिम शासक उदार और न्यायप्रिय थे। मुगल शासक, जिन पर ईरान की सभ्यता का प्रभाव था, तो समय के हिसाब से बहुत ही सहिष्णु और प्रबुद्ध थे। अपने पूर्वग्रहों और यूरोपीय प्रचार दोनों के कारण हम इस तथ्य की ओर ध्यान नहीं देते। जब हम बाहरी संस्कृतियों के प्रभाव पर विचार करते हैं तो ऐसे पूर्वग्रहों से मुक्त होकर ही कोई वस्तुपरक दृष्टि अपना सकते हैं।

विज्ञान और तकनीकी की अन्त:प्रेरणा, भावनाओं से मुक्त हो तथ्यों और तर्क के आधार पर विकसित होने की होती है। इससे स्थानान्तरण से नए तथ्यों को समाहित कर ये सदा ऊपर की तरफ बढ़ते हैं और सार्वजनीन सिद्धान्तों को जन्म देते हैं। इसीलिए इनकी ग्राह्यता में स्थानीय भावनाएँ आड़े आती हैं, लेकिन जैसा कि पहले कहा गया है, कलाओं, भोजन और भूषा के साथ यह बात लागू नहीं होती। इनकी स्थानीय विशिष्टताएँ होती हैं। इसके बावजूद अरब दुनिया ने पश्चिम की दुनिया को इन क्षेत्रों में भी काफी प्रभावित किया।

कथा साहित्य एवं काव्य और संगीत के क्षेत्र में प्रत्यक्ष या परोक्ष रूप से अरब दुनिया ने पूरब की कला विधाओं और उनकी विद्याओं की संचित निधियों का दर्शन यूरोप को कराया। 'अरेबियन नाइट्स' के माध्यम से यूरोप को फारस, भारत और अरब में प्रचलित कथा साहित्य का ज्ञान हुआ। अरबों की प्रेम कविताओं का प्रभाव स्पेन के माध्यम से 'त्रुबादोर' नाम से ख्यात काव्य परम्परा पर पड़ा, जो यूरोप में रोमांटिक प्रेम की काव्य परम्परा की जड़ में रही है। कहा जाता है कि यूरोप का 'मौरिस नृत्य' वास्तव में मूरिस नृत्य ही है। 'मूर' नाम स्पेन के मुस्लिम शासकों के लिए प्रयोग किया जाता था। इसी तरह ल्युत, ताम्बोरीन, गीतार तथा फैनफेयर आदि वाद्ययंत्रों के नाम अरबों से लिए गए हैं और इन्हें अरबों द्वारा ही विकसित किया गया

था। भारतीय साहित्य, स्थापत्य कला और भूषा पर तो यूनान से लेकर अरब और ईरान तक का बहुत ही गहरा प्रभाव पड़ा है। गुप्तकाल में विकास के शीर्ष बिन्दु पर पहुँची गान्धार कला तो निश्चित रूप से भारतीय और यूनानी कलाओं के पारस्परिक प्रभाव का परिणाम थी। नाट्य विधा के सम्बन्ध में यूनान की देन का जिक्र पहले ही हो चुका है। चित्रकला के क्षेत्र में 'मिनियेचरों' (लघु चित्र) के विकास में ईरान का प्रभाव स्पष्ट दिखाई देता है। पोशाक में सिले वस्त्रों की परम्परा में कुर्ता, पायजामा, टोपी एवं शेरवानी के विविध रूपों के विकास पर भी भारत के उत्तर-पश्चिम के देशों का काफी प्रभाव है। यह समझा जाता है कि वाद्ययंत्रों में प्राचीन वीणा और मृदंग के परिष्कृत रूप सितार और तबला, दोनों का आविष्कार अमीर खुसरो ने किया था। नि:सन्देह इसके पीछे अमीर खुसरो का पश्चिम एशियाई सम्पर्क रहा होगा। भारत की भाषाओं और साहित्य के विकास पर तो अरबी और फारसी का प्रभाव विवाद के परे है। ऐसा ही प्रभाव यहाँ के स्थापत्य पर भी पड़ा। गुम्बज, मीनार, विशेष तरह के झरोखे आदि इसी के परिणाम हैं। दरअसल, भारत की कला विधाओं और जीवन में पश्चिम एशियाई प्रभाव एक बहुत लम्बे आदान-प्रदान के कारण इतना घुल-मिल गया है कि इसके तत्त्वों को अब अलग-अलग करके देखना असम्भव है। अब ये सब भारतीयों की अन्तरंग भावनाओं के अंग बन चुके हैं और इन्हें अलग कर विशुद्ध भारतीय क्या है, शरबत के स्वाद से उसको बनानेवाले विभिन्न तत्त्वों को अलग करके देखने जैसा है।

जो बातें ऊपर कही गई हैं, उनसे तो लगेगा कि संस्कृतियों में कहीं कुछ ऐसा नहीं है जो एक-दूसरे से नहीं लिया जा सके और अपना न बनाया जा सके। ऐसा इसलिए लगता है क्योंकि संस्कृति के जिन आयामों की चर्चा की गई है वे मूलत: संस्कृति के सार्विक आयाम हैं—जैसे विज्ञान। तकनीकी के भी कुछ पहलू ऐसे हैं जिन्हें थोड़ा फेरबदल से भिन्न परिवेश में उपयोगी बनाया जा सकता है। यही बात मनोरंजन के कुछ माध्यमों के साथ भी है, लेकिन संस्कृति के वे पहलू जो किसी समाज के लोगों के दैनन्दिन के कार्यों से सम्बद्ध हैं और लोगों को विशेष तरह के नैतिक बन्धन में रखते हैं अपनी विशेष पृष्ठभूमि से बाहर अपनी प्रासंगिकता खो देते हैं। अरबों ने, जैसा हमने पहले देखा है, यूरोप की सोच और जीवन, दोनों को गहराई से प्रभावित किया, लेकिन अपने पाँच सौ साल के प्रभाव और प्रभुत्व के बावजूद वे यूरोप में लोगों का धर्मपरिवर्तन करने में असफल रहे। यह तब जब इस्लाम के मूल तत्त्व वे ही थे जो ईसाई धर्म या यहूदी धर्म के थे—यानी एकेश्वरवाद और ईश्वर के सर्वशक्तिमान होने में अटल विश्वास।

ऐसा क्यों हुआ? ऐसा इसलिए हुआ क्योंकि इस्लाम का धर्मग्रंथ कुरान अपने को सिर्फ आध्यात्मिक बातों तक ही सीमित नहीं रखता। वह मुसलमानों के आपसी सम्बन्धों, शादी-ब्याह के नियम, तलाक, लेन-देन, सूदखोरी, फौजदारी कानून आदि जीवन के सभी पहलुओं पर निश्चित निर्देश देता है। चूँकि कुरान शरीफ हजरत

मुहम्मद के मुख से निकली बातों का संकलन है, इसमें किसी तरह का अदल-बदल निषिद्ध है। अरब के कबाइली समूहों के बीच जन्मे इस धर्म में जो इहलौकिक निर्देश थे, वे उस समाज की विशेष समस्याओं को ध्यान में रखकर बनाए गए थे और कहीं-न-कहीं इनका उनकी परम्पराओं से मेल था। इनको वैसे समाजों पर जस-का-तस लागू करना सम्भव नहीं था जहाँ सामाजिक ढाँचा, परम्परा और नियम-कानून अलग तरह के थे। यही कारण है कि अरब, इराक, सीरिया, मिस्र और उत्तर पश्चिम अफ्रीका के देशों में इस्लाम का प्रसार निर्बाध हुआ, लेकिन इस सांस्कृतिक परिवेश के बाहर सीमित संख्या में ही लोगों ने इसे कबूल किया और अगर कबूल किया तो बिना अपने सामाजिक ढाँचे को इसके निर्देश के अनुसार बदले। यह समस्या इस्लाम के साथ दुनिया के दूसरे भागों में भी पैदा होती रही है। 'इस्लामिक फंडामेंटलिज्म' यानी इस्लामी चरमपंथ की समस्या सभी इस्लामी समाजों में भी आज इसीलिए है। कायदे-कानून, शादी-ब्याह के नियम आदि किसी समाज की पूरी परिस्थिति और पारिस्थितिकीय हकीकत पर निर्भर करते हैं। इसलिए आवश्यकता के अनुसार इन्हें बदलने का दबाव सभी समाजों में बना रहता है। सारे संसार में राजकीय और सांविधानिक विकास परिस्थितियों से सामंजस्य स्थापित करने के क्रम में हुए हैं। उन देशों में भी, जहाँ के बहुसंख्य लोगों ने इस्लाम को कबूल कर लिया है, परिवेश के दबाव में ऐसे परिवर्तन होते रहे हैं, लेकिन अगर समाज पर आर्थिक या दूसरे प्रतिकूल प्रभाव से लोगों में असन्तोष पैदा होता है तो यह भाव पैदा होने लगता है कि शायद इस्लाम के प्रारम्भिक कायदे-कानून या रीति-रिवाजों की तरफ लौट जाने से फिर 'स्वर्णयुग' लौट आएगा। यह भाव खासकर समाज के वंचित तत्त्वों में फैलता है। सम्भवत: यहाँ वही भाव काम करता है जिसकी बात कार्ल मार्क्स ने धर्म के सम्बन्ध में कही थी यानी स्वर्ग की कल्पना समाज की एक उल्टी तस्वीर पेश करती है, जहाँ जो वंचित हैं सुख के भागी बनेंगे।

इस बिन्दु पर पहुँचकर हम अप-संस्कृति की एक समझ बना सकते हैं। अप-संस्कृति वही है जो जीवन में वैसे तत्त्वों को घोलती है जो लोगों के जीवन के लिए परिवेश के हिसाब से प्रतिकूल स्थितियाँ पैदा करती है। ऐसे प्रभाव प्रत्यक्ष भी हो सकते हैं और परोक्ष भी। प्रत्यक्ष रूप से हथियारों के विकास का रुझान और युद्ध की मानसिकता, चाहे वह राष्ट्र के नाम पर हो, मूल के नाम पर हो या धर्म के नाम पर, निर्विवाद रूप से जीवन को नष्ट करनेवाली है और अप-संस्कृति है। परोक्ष रूप से ऐसी जीवन पद्धति, जो संसाधनों के अतिदोहन पर निर्भर करती है या मनुष्यों के स्वास्थ्य या सम्बन्धों पर प्रतिकूल प्रभाव डालती है, अप-संस्कृति की श्रेणी में रखी जाएगी। इस दृष्टि से वर्तमान समाज की पूरी उपभोक्तावादी संस्कृति अप-संस्कृति की कोटि में आएगी क्योंकि इससे संसाधनों का तेजी से क्षय होता है, जिससे अन्तत: जीवन का आधार नष्ट हो जाएगा।

उपभोक्तावादी संस्कृति मानव जीवन की मूलभूत सीमाओं को नजरअन्दाज कर लोगों में उत्तरोत्तर अधिक से अधिक वस्तुओं को, उनकी विविधता में उपभोग के लिए उत्तेजित करती है। एक उदाहरण 'स्पेस टूरिज्म' का है, जिसके सम्बन्ध में विकसित औद्योगिक देशों में यह कहा जाने लगा है कि भविष्य में यह वैसी ही आम चीज हो जाएगी जैसा आज पर्यटन है। जो इस तरह की बात करते हैं वे इस बात से अनभिज्ञ नहीं हैं कि आज हो या भविष्य में, अगर बड़ी संख्या में लोग अन्तरिक्ष यात्रा करने लगे तो इसका बोझ उठाना धरती के उपलब्ध संसाधनों से सम्भव नहीं है, लेकिन आदमी की आकांक्षाएँ ऐसी होती हैं कि एक बार जग जाने पर वह कोई सीमा कबूल करने को तैयार नहीं होतीं। पर आज का सारा प्रचारतंत्र और विज्ञापन का विज्ञान ऐसी ही आकांक्षाओं के उद्दीपन में लगा हुआ है। बेबेल के टॉवर या रावण के स्वर्ग में सीढ़ी लगाने की आकांक्षा को तो हम मानव अहंकार की असम्भव उड़ान के रूप में हास्यास्पद मान लेते हैं, लेकिन अपने ही समय में आकांक्षाओं की ऐसी उड़ान के घातक परिणामों पर विचार नहीं करते। हम यह भूल जाते हैं कि हमारी धरती हमारे शरीर के पैमाने पर यद्यपि अति विशाल है पर वह एक सीमित नक्षत्र ही है। सीमित नक्षत्र से असीमित संसाधनों की अपेक्षा करना भौतिक शास्त्र के सबसे बुनियादी सिद्धान्त को नजरअन्दाज कर देना है कि पदार्थों और ऊर्जा की मात्रा में हम किसी भी विज्ञान से रंचमात्र भी बढ़ोतरी नहीं कर सकते, लेकिन इसी बात को भुला दिया जाता है। नतीजा है कि हम पिछले सौ वर्षों के भीतर ही संसाधनों के अतिदोहन और प्रदूषण से सारे प्राणी और वनस्पति जगत को क्षय की तरफ अग्रसर कर रहे हैं।

ऐसा लगता है कि कार्बोनीफेरस युग (30 करोड़ वर्ष पूर्व) से वनस्पति एवं जीवों के विकास का जो एक चक्र चला, वह मनुष्य की मूर्खता से विनाश-चक्र के रूप में पूरा होनेवाला है। यह मूर्खता ऊपर के अर्थ में उसकी अप-संस्कृति में व्यक्त होती है। अनुमान किया जाता है कि कार्बोनीफेरस युग में धरती का ताप आज से लगभग 8 डिग्री सेल्सियस अधिक था। हवा में कार्बन-डाइऑक्साइड एवं भाप का अंश बहुत अधिक था और दुनिया के विशाल क्षेत्र में जमीन दलदली थी। यह काल ऐसा था जिसमें फर्मों के विशाल जंगलों से संसार ढका हुआ था। इस हरियाली, ऊष्मा और आर्द्रता में विशाल छिपकलियों (रेप्टाइल) का विकास हुआ जिनका जल, थल और नभ, तीनों पर साम्राज्य था, लेकिन विशाल जंगलों की हरियाली का यह असर हुआ कि प्रकाश द्वारा संश्लेषण की प्रक्रिया (फोटोसिंथेसिस) से कार्बन-डाइऑक्साइड का अनुपात हवा में कम होने लगा क्योंकि विशाल मात्रा में ऑक्सीजन उत्सर्जित होने लगी। इससे हवा में ऑक्सीजन का अनुपात लगभग वही हो गया जो वर्तमान काल में है। इस वातावरण में फूल और फल वाले पौधों और वृक्षों का विकास हुआ। क्रेटेसस काल (10 करोड़ वर्ष पहले) आते-आते विशाल

फर्मों के जंगल नष्ट हो गए जिनके जमीन के नीचे दब जाने से हमारा आज का कोयला और तेल का भंडार जमीन के अन्दर बना। इसी काल में विशाल डायनासोर भी विलुप्त हो गए। इनके विलुप्त होने के अनेक कारण बताए जाते हैं, लेकिन सबसे सीधा और विश्वसनीय कारण यह लगता है कि उनके विशाल आकार के हिसाब से पुराने तरह के विपुल जंगलों के नष्ट होने से जीवन के लिए आवश्यक पोषक तत्त्वों का अभाव हो गया। यहाँ से स्तनपायी जीवों के विकास का वह सिलसिला चला जिसकी परिणति वर्तमान काल के अनेक स्तनपायी जीवों और स्वयं मनुष्य के विकास में हुई, लेकिन उपभोक्तावादी उन्माद में ऊर्जा, विशेषकर जीवाश्मित ऊर्जा स्रोतों, जैसे कोयला और पेट्रोलियम के अतिव्यय का सिलसिला चला। अब मनुष्य ने कोयला, पेट्रोलियम और प्राकृतिक गैस को विशाल मात्रा में जलाकर फिर वायु में कार्बन-डाइऑक्साइड का अनुपात बढ़ाना शुरू कर दिया है। कार्बन-डाइऑक्साइड की मात्रा हवा में बढ़ने से जो धरती के ऊपर एक कम्बल की तरह काम करता है (ग्रीन हाउस इफेक्ट), संसार का ताप फिर बढ़ने लगा है। इससे दक्षिणी ध्रुव पर जमा विशाल हिम पर्वत, जो क्षेत्रफल में ऑस्ट्रेलिया जैसे महाद्वीप जैसा विशाल है, पिघल सकता है। ऐसा होने पर समुद्र का जलस्तर काफी ऊँचा हो जाएगा और संसार के बहुत सारे तटीय देश जलमग्न हो जाएँगे और दुनिया का जलवायु बदलकर ऐसा हो जाएगा कि मनुष्य जैसे जीवों का अस्तित्व खतरे में पड़ जाएगा। पिछले वर्षों में तूफानों के बढ़ते वेग और प्रलयकारी नतीजों को कुछ मौसम वैज्ञानिक बढ़ते ताप का नतीजा ही मानते हैं, लेकिन यह तो प्रकृति के प्रलयकारी तेवर का शुरुआती दौर ही है।

जैविक विकास के इतिहास पर ध्यान देने से ऐसा लगता है कि विशालता अन्ततः जीवों के नाश का कारण बनती है। डायनासोर का उदाहरण ऊपर दिया गया है। अस्सी. फुट तक की लम्बाई और बीस से पच्चीस फुट तक की ऊँचाई हासिल कर रेप्टाइल परिवार के ये जीव दुनिया से लुप्त हो गए। इस परिवार में बचे रहे छोटे आकार के गिरगिट, मध्यम आकार के कछुए एवं घड़ियाल। स्तनपायी जीवों में मैमथ एवं मैस्टोडन (विशाल आकार के हाथी), सैबरटुथ्ड टाइगर (तलवार की तरह विशाल दाँतवाले बाघ) एवं विशाल सींगों वाले हिरण खत्म हो गए जबकि छोटे आकार के चूहे और मध्यम आकार के हाथी, बाघ, भैंस एवं गैंडे आदि अब भी अस्तित्व में हैं। अगर हम चारों ओर नजर डालें तो पाएँगे कि जीवों में छोटे आकार के जीवों की ही बहुलता चारों ओर है। बड़े आकार के जीव इनी-गिनी संख्या में ही हैं और इनमें अनेकों लुप्त होने के कगार पर हैं। इसका सीधा कारण यह दिखाई देता है कि बड़े जीवों को अस्तित्व में बनाए रखने के लिए बड़ी मात्रा में पदार्थ और ऊर्जा, दोनों की आपूर्ति आवश्यक होती है। साथ ही, वे परिवेश के हिसाब से जल्दी अपने को बदल नहीं सकते। अलफ्रेड रसेल वैलेस जिसका नाम

डार्विन के साथ विकासवाद के सिद्धान्त के जनक के रूप में लिया जाता है, ने बड़े जीवों के अस्तित्व के नाश के सम्बन्ध में लिखा है :

> "सबसे पहली बात तो यह है कि बृहद् आकार के जीवों को आकार के अनुपात में ही भोजन की आवश्यकता होती है, और परिस्थिति में किसी प्रतिकूल बदलाव से छोटे जीवों की अपेक्षा उन पर अधिक प्रभाव पड़ता है। दूसरा, इनका अति विशिष्टीकरण (स्पेशलाइजेशन) इनके लिए किसी नई दिशा में परिवर्तन को काफी मुश्किल बना देता है। उपयोगी परिवर्तन की सम्भावना प्रजाति की संख्या के अनुपात में होती हैं, और छोटे जीव न सिर्फ आबादी के हिसाब से बड़े जीवों से कई सौ गुना अधिक संख्या में होते हैं, बल्कि इतनी ही तेजी से संख्या बढ़ाते हैं। अत: इनमें परिस्थिति के अनुसार तेज बदलाव होता है।"[2]

हमने प्रारम्भ में यह विचार व्यक्त किया था कि आकार के कारण परिस्थिति के अनुकूल जल्दी परिवर्तन की अक्षमता के ही कारण मनुष्य को संस्कृति विकसित करनी पड़ी, जिससे बदलती परिस्थितियों की चुनौतियों का मुकाबला कर सके, लेकिन उपभोग के विस्तार से आदमी जिस तरह की सामाजिक जटिलता और विशालता पैदा कर रहा है उससे उस सोच का ही नाश हो रहा था जिसे प्राप्त करने के लिए संस्कृति बनी थी। जो संस्कृतियाँ अपनी आवश्यकताओं को अपनी पारिस्थितिकीय परिवेश में उपलब्ध साधनों की सीमा के भीतर रखेंगी, वे चिरायु होंगी और जो मितव्ययिता के इस नियम का उल्लंघन करेंगी, नष्ट हो जाएँगी। विशाल आकार की संस्कृतियाँ अपने अस्तित्व के लिए इतनी जटिल व्यवस्थाओं का निर्माण कर लेती हैं कि पारिस्थितिकीय बदलाव होने से उनके अपने ढाँचे को बदलने में बड़ी कठिनाई होती है। एक उदाहरण हमारे महानगरों की जलापूर्ति का है। प्राय: सभी जगह यह दूर-दराज स्थित जल-स्रोतों से जटिल इंजीनियरी व्यवस्था के जरिये होती है। अगर किसी प्राकृतिक या मानवजन्य कारण से यह आपूर्ति बाधित हो जाए तो महानगर की पूरी जिन्दगी नष्ट हो जाएगी। इसके विपरीत, छोटे समूहों की संस्कृतियाँ ऐसी बदली स्थिति में तुरन्त वैकल्पिक व्यवस्था ढूँढ़ लेती हैं। सबसे आसान तरीका स्थानान्तरण का होता है। चरागाहों पर निर्भर घुमक्कड़ कबीले तो हर वर्ष जल या चरागाह की उपलब्धि के हिसाब से अपना स्थान बदलते रहते हैं। आदिम अवस्था में रहनेवाले दुनिया के अनेक छोटे कबीलों पर अस्तित्व का संकट परिवेश के प्राकृतिक बदलाव से नहीं आया है बल्कि मनुष्यों की सर्वग्राही औद्योगिक संस्कृति के आक्रामक अतिक्रमण से आया है। ऑस्ट्रेलिया के मूल निवासियों या अमेरिका के इंडियन कहे जानेवाले मूल निवासियों के अस्तित्व का संकट ऐसा ही है। भारत में भी अनेक जनजातियाँ, जैसे तमिलनाडु के टोडा या बिहार के बीरहोर एवं पहाड़िया ऐसे ही दबाव में लुप्त होने के कगार पर हैं। यहाँ इस बात का उल्लेख प्रासंगिक लगता है कि वैलेस की पूर्व चर्चित पुस्तक में अनेक प्रजातियों के नष्ट होने का एक कारण मनुष्यों की उपस्थिति भी माना गया है।

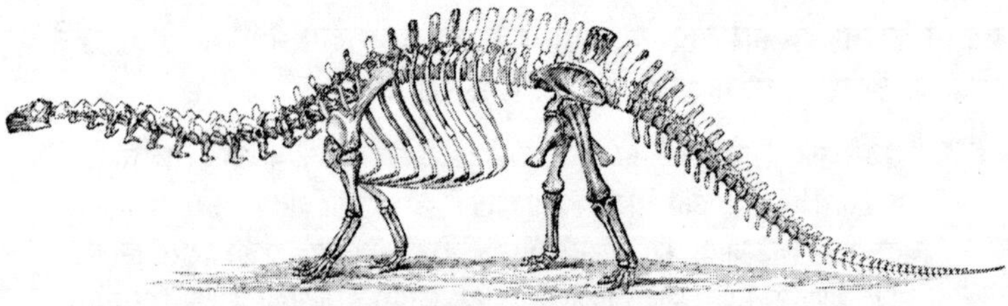

चित्र-9 : ऊपरी जुरासिक काल के सौरोपोडस डायनासोर का कंकाल।
लम्बाई 55 फुट, ऊँचाई 17 फुट।

चित्र-9 : हाथी के पूर्व विशाल मैस्टोडन का कंकाल।
लम्बाई 20 फुट, ऊँचाई 91/2 फुट।

आज की प्रभावशाली संस्कृति, विशाल संसाधनों पर निर्भरता से पैदा होनेवाली राष्ट्रों की आपसी टकराहट से भी मानव प्रजाति को नष्ट होने की दिशा में बढ़ा रही है। दो विश्वयुद्ध बुनियादी तौर से दुनिया के संसाधनों के लिए संसार के बँटवारे को लेकर उपजे संघर्ष के ही परिणाम थे। ऐसे संघर्ष अब दुनिया के हर भाग में महाशक्तियों के प्रभाव, विस्तार और आर्थिक फैलाव के कारण पैदा हो रहे हैं। दुनिया के सामने सबसे बड़ा खतरा यह है कि बड़ी संस्कृतियों के फैलाव से छोटे

समुदायों में पल रही लघु संस्कृतियाँ और इसके साथ ही सांस्कृतिक विविधता नष्ट हो रही है। इसलिए जब संसाधनों की लड़ाई में बड़ी संस्कृतियों के वाहक राष्ट्र एक-दूसरे को नष्ट कर देंगे तो दुनिया का कोई ऐसा कोना नहीं बचेगा या इसमें कोई ऐसी संस्कृति नहीं बची रहेगी जिसमें मानव प्रजाति पनाह पा सके। रूसो का 'नोबल सैवेज' (उदात्त जंगली), फ्रांसीसी कलाकार गोगां के ताहिती निवासी और जेम्स हिल्टन का शैंग्रिला ये सब उभरती हुई तत्कालीन पश्चिमी संस्कृति से उबरने की इच्छा से पैदा कल्पनालोक थे। आज नोबुल सैवेज का लगभग लोप हो चुका है, ताहिती अब टूरिस्ट व्यवसाय का अंग बन चुका है और शैंग्रिला में चीनी पूरी सामरिक शक्ति के साथ नई संस्कृति को फैलाने) में लगे हैं। इस तरह वर्तमान औद्योगिक संस्कृति के दायरे के बाहर पनाह का दरवाजा बन्द है।

लेकिन आत्मालोचन की क्षमता भी मानव संस्कृति की देन है। इससे काफी देर से ही सही, मनुष्य अपने सम्पूर्ण इतिहास और आज की अपनी स्थिति को समझ संस्कृति का नया प्रतिमान तैयार कर सकता है। आज यह तो सम्भव नहीं कि एक-दूसरे से पूरी तरह असम्पृक्त छोटे सांस्कृतिक समुदाय अस्तित्व में आएँ, लेकिन सम्पूर्ण मानव वंश की एकता की समझ के साथ स्थानीय समुदाय और परिवेश को जीवन देने और बाँधनेवाले तत्त्वों को केन्द्र में रख उपयुक्त तकनीकी, कला, साहित्य, संगीत और स्थापत्य का विकास हो सकता है। इसके लिए छोटी आर्थिक और राजकीय इकाइयों की स्वायत्तता को सांस्कृतिक पुनर्जागरण का एक आयाम बनाया जा सकता है। विशाल राज्य और विशाल आर्थिक ढाँचे का होना भी छोटी अन्तरंग सांस्कृतिक विधाओं को नष्ट करनेवाला होता है क्योंकि इसमें विस्तार का एक अन्तर्भूत दबाव होता है जो अपने परिवेश के सरोकारों की उपेक्षा कर व्यापारिक कारणों से संसार भर में फैलना चाहता है। आज दुनिया भर के संस्कृतिकर्मी इस दबाव के प्रभाव में हैं। इसमें आर्थिक लाभ और मीडिया की मेहरबानी से ख्यात होने का लोभ भी बना रहता है, लेकिन इसमें 'कन्फर्मिस्ट' होना नियति बन जाती है और उन्मुक्त सृजनशीलता की सम्भावना कुंठित। इसमें कला और साहित्य का वह स्रोत सूख जाता है जो युग-युग से उनका जनक और पोषक रहा है—व्यक्ति और समुदाय की पारस्परिकता और उनकी आपसी सम्प्रेषणीयता। आज की स्थिति से पैदा सम्प्रेषण का संकट चारों ओर दिखाई देता है। कला और साहित्य की सम्प्रेषणीयता खत्म होती जा रही है क्योंकि कलाकार और साहित्यकार के सृजन का उत्स उसकी भावना उसके समुदाय की भावना से बिलकुल भिन्न बन गई है—हालाँकि विज्ञापित हो सतही तौर से इनकी अपील का दायरा बहुत बड़ा हो जाता है। इसमें कला का अवमूल्यन भले ही हो इससे व्यापारिक लाभ काफी होता है, लेकिन विज्ञापन निर्मित महान कलाओं में अधिकांश की मूल्य-स्फीति का रहस्य यह है कि वैसे भोले इंसानों की बात विज्ञापनों के कोलाहल में कोई सुन नहीं पाता जो यह कहे कि 'राजा निर्वसन है।'

सन्दर्भ और टिप्पणियाँ

1. संस्कृति : सूचनाओं का संसार

1. संरचनात्मक गठन का अर्थ है, विभिन्न अवयवों के बीच एक निश्चित सम्बन्ध ऐसा सम्बन्ध जिसके, किसी बिन्दु पर बदलाव से सारे गठन में नियमबद्ध बदलाव होता है। घड़ी या कोई अन्य मशीन इसका उदाहरण है, लेकिन इसी का उदाहरण कोई जीवित प्राणी भी है, हालाँकि इसकी बनावट कहीं अधिक जटिल होती है।
2. Information Theory and Evolution, by M.V. Volkunstein, in Cybernetics of Living Matter, Nature, Man, Information, Mir Publishers, Moscow, 1987 p. 83-84
3. यहाँ विख्यात नृशास्त्री क्लोद लेवी स्ट्रॉस का एक उद्धरण सूचना सम्प्रेषण और संस्कृति के सम्बन्धों पर प्रकाश डालने के लिए उपयोगी होगा। वे लिखते हैं : "समाज या संस्कृति को भाषा में तब्दील किए बगैर हम इस कोपरनिकस जैसी वैचारिक क्रान्ति की शुरुआत नहीं कर सकते हैं जो पूरे समाज को सम्प्रेषण के सिद्धान्त की अभिव्यक्ति के रूप में देखता है। यह प्रयास तीन स्तरों पर सम्भव है : विवाह और कौटुम्बिक सम्बन्ध समूहों के बीच औरतों के आदान-प्रदान पर आधारित है, ठीक वैसा ही जैसा आर्थिक नियम इनके बीच वस्तुओं और सेवाओं का आदान-प्रदान, और भाषायी नियम संवादों का आदान-प्रदान सुनिश्चित करता है।"

2. अमरत्व की तलाश

1. नृशास्त्री रोबर्ट ऑर्डर ने अपनी पुस्तक 'द हंटिंग हाइपोथिसिस' में शिकार पर मनुष्य की निर्भरता से सहयोग की भावना के आविर्भाव और इससे अनेक मानवीय गुणों के विकास की प्रक्रिया या विस्तृत विवरण दिया है।
2. S.A. Barnett, Instinct and Intelligence : The Behaviour of Animals and Man, Pelican Books, 1967, p. 130-31.
3. अब यह बात सिद्ध हो चुकी है कि जीव की बनावट में नर और मादा, दोनों के जीनों की समान भागीदारी होती है। यौन-मिलन के समय एक क्रोमोजोम नर का और एक मादा का मिलकर सन्तति के क्रोमोजोम का निर्माण करते हैं। इस तरह सन्तान में मातृवंश और पितृवंश दोनों ओर से प्राप्त जीन समान रूप से उसके विकास को निर्धारित करते हैं।

3. संस्कृति का उद्‌भव एवं सूचना स्रोतों का विकास

1. 1997 के एक समाचार के अनुसार, जर्मनी के जीव वैज्ञानिक थॉमस गाइसमान एवं माथिया ऑल्गेडिंगेर ने अध्ययन के क्रम में पाया कि दक्षिण पूर्व एशिया के घने जंगलों में सियमांग नामक गिब्बन बन्दरों की जोड़ियाँ पारस्परिक संगीत (डुएट) के जरिये एक-दूसरे से अपनी घनिष्ठता को प्रगाढ़ बनाती हैं। संगीत के स्वर एक बार में चालीस सेकेंड तक जारी रहते हैं। इन गिब्बनों में एक नर और एक मादा की जोड़ी रहती है। आदमी की जोड़ी में भी बातचीत और संगीत की सान्निध्य को स्थायी बनाने में अहम भूमिका होती है।
2. मोटा-मोटी यह माना जाने लगा है कि हालाँकि आदिकाल से ही मनुष्य समूहों में रहता था, पर प्राय: इन समूहों के भीतर नर और मादा जोड़ी में रहते थे। इससे समूह में शिकार करनेवाले या सामूहिक रूप से अपनी रक्षा करनेवाले जीवों में मादा या नर को लेकर होनेवाली स्पर्धा एवं कलह से समूह को बचाया जा सकता था।
3. एच्यूलियन हस्त परस (हैंड एक्स) का हजारों वर्ष तक अपने विशेष रूप में दूर-दूराज स्थानों पर पाया जाना बतलाता है कि आविष्कार की गति कितनी धीमी रही होगी और इसको बचाए रखना कितना महत्त्वपूर्ण?

6. आनन्द की इच्छा और कला

1. लाइबनित्स : जर्मन दार्शनिक (1646-1716)। उसने संसार की बनावट की कल्पना ऐसे खिड़कीविहीन मोनेडों यानी ऐसे तत्त्वों से की थी जिनका एक-दूसरे के साथ कोई प्रक्रियात्मक या सम्प्रेषणात्मक सम्बन्ध नहीं है। चूँकि इनके बीच एक अदृश्य प्रारम्भिक संगति (प्रि-इस्टैबलिश्ड हार्मोनी) है, इसलिए इनके क्रियाकलापों में कार्य-कारण सम्बन्ध दिखाई देता है। अगर हम चेतनायुक्त इकाइयों को ऐसा ही मोनेड मान लें तो इनके भीतर झाँकना तो असम्भव लगेगा, लेकिन अपने भीतर दूसरे जीवों की चेतना को आँकना (इंपैथी) सम्भव लग सकता है। दूसरों की चेतना की हमारी समझ का यही आधार सम्भव है।
2. E.H. Gombrich, Visual Discovery Through Art, Penguin Readings, Edited by James Hogg, Penguin Book, England, 1969.
3. Claude Levi Strauss, Split Representation in the Art of Asia and America, in Structural Anthropology, Peregrine Book, 1977.
4. उन्नीसवीं शताब्दी के आखिरी दौर और बीसवीं शताब्दी के प्रारम्भिक काल में एक दर्शन जो यूरोप में विकसित हुआ और रूस में अपने को क्रान्तिकारी कहनेवाले कुछ हिंसक समूहों ने अपनाया। इसमें आदमी के कामों और व्यवहारों पर किसी तरह के धार्मिक अथवा अन्य नैतिक बन्धनों को नकारा गया। नीत्शे एवं दॉस्तोवस्की जैसे साहित्यकारों और दार्शनिकों के लेखन से भी इस सोच को बल मिला।
5. पक्षी घोंसला बनाने में तिनका जुटाने से लेकर उन्हें एक से एक जोड़ने का सारा काम एक निश्चित और अपरिवर्तनीय क्रम में करते हैं।

7. समाज का ताना-बाना : व्यवस्था और धर्म

1. I.M. Lewis, Social Anthropology in Perspective, Peregrine Book Ltd. Middlesex, England, 1977

8. संस्कृति का आत्मबोध और विशालता का संकट

1. A.C. Crombie, Science in the Middle Ages, Augustine to Galileo, 5th to 13th Centuries, Peregrine Book, 1969, p. 65
2. Alfred Russell Wallace, The world of life, Chapman and Halt Etd., London, 1911

संस्कृति और समाजवाद

भाग-1

प्राक्कथन

प्रस्तुत पुस्तक में दो लेखमालाओं का संयोजन है। एक लेखमाला महात्मा गांधी अन्तरराष्ट्रीय हिन्दी विश्वविद्यालय की पत्रिका 'बहुवचन' में प्रकाशित हुई थी और दूसरी लेखमाला दिल्ली की साहित्यवार्ता द्वारा आयोजन गोष्ठी में 'संस्कृति और समाजवाद' के शीर्षक से प्रस्तुत की गई थी। इन लेखों में संस्कृति की सृजनात्मक भूमिका को रेखांकित किया गया है। मनुष्य इस बात में दूसरे जीवों से अलग है कि वह पूरी तरह अपने 'जीन' यानी आनुवंशिकी द्वारा निर्धारित क्रियाकलापों पर निर्भर नहीं रहता बल्कि एक हद तक, और कभी-कभी निर्णायक रूप से, संस्कृति द्वारा, निर्धारित व्यवहारों पर निर्भर करता है। वह अपने जीवन के लिए प्रकृति द्वारा दिए गए परिवेश को ज्यों-का-त्यों स्वीकार कर अपने जीवन को उसी के अनुसार नहीं ढालता बल्कि परिवेश में भी अपनी आवश्यकताओं के हिसाब से परिवर्तन करता चलता है। इस तरह वह प्रकृति प्रदत्त सृष्टि के समानान्तर नई सृष्टि का जनक भी है। उसके आवास, परिधान एवं समुदाय—सभी पर उसकी संस्कृति की छाप रहती है, लेकिन इनके बाहर वह अपनी कल्पना शक्ति से एक वायवीय संसार का भी सृजन करता चलता है। विज्ञान, कला, साहित्य, नृत्य एवं संगीत और स्वयं मानवीय सम्बन्धों का ताना-बाना ऐसी ही सृष्टियाँ हैं जिनके रूपाकारों का मानव चेतना के बाहर कोई अस्तित्व नहीं होता, लेकिन जो मनुष्य के सबसे मूल्यवान धरोहर और उसके मानवीय अस्तित्व के आधार बन जाते हैं।

मनुष्य स्वयं को और अपने समाज को कैसे ढालेगा, यह पूरी तरह न तो उसके आनुवंशिकी द्वारा निर्धारित होता है न इतिहास के पीछे काम करनेवाली किसी अदृश्य शक्ति द्वारा। इसमें उसकी इच्छा और कल्पना शक्ति की महत्त्वपूर्ण भूमिका होती है। दूसरे जीवों के व्यवहार उनके 'जीनों' द्वारा पूर्व निर्धारित होते हैं और परिवेश से उनका अनुकूलन इसके दबाव में ही होता है। एक तरह से वे पीछे से एक निर्दिष्ट दिशा में ढकेले जाते हैं। मनुष्य अपनी कल्पना शक्ति से स्वयं अपना गन्तव्य निर्धारित करता है और फिर इसके खिंचाव से आगे बढ़ता है। यहाँ एक तरह का स्वनिर्मित 'टेलिओलॉजी' का तनाव है जो उसको आगे खींचता है। वे सभी आदर्श जिनके पीछे आदमी भागता रहा है, सांस्कृतिक जीव मनुष्य की निर्मितियाँ ही हैं। इसलिए,

मनुष्य आपसी सम्बन्धों को तथाकथित बाजार की शक्तियों के भरोसे छोड़ निश्चित नहीं हो सकता। इस अर्थ में समाजवाद इतिहास या उत्पादन की किन्हीं शक्तियों को अभिव्यक्ति नहीं बल्कि चैतन्य मनुष्य को अपने जीवन की आवश्यकताओं की पृष्ठभूमि में अपनी कल्पना के अनुरूप सँवारने के प्रयासों की अभिव्यक्ति ही है। दरअसल, समाजवाद आधुनिक मनुष्य की मनुष्यता की अभिव्यक्ति है। इससे बाहर मनुष्य की स्थिति उन जीवाणुओं की है जो पास-पड़ोस के अणुओं के थपेड़ों से अस्थिर होते रहते हैं। औद्योगिक क्रान्ति के बाद के काल में समाजवाद में मनुष्य की सृजनशीलता की निरन्तरता रेखांकित होती है।

1

पाँचवीं शताब्दी ईसा पूर्व के यूनानी दार्शनिक प्रोटागोरस की यह उक्ति प्रसिद्ध है कि 'आदमी अपना पैमाना स्वयं है।' यानी हर व्यक्ति अपने आप में लक्ष्य है जिसके आलोक में वह अपने कामों के औचित्य को आँक सकता है। इसका एक निहितार्थ मूल्यबोध का सर्वथा वैयक्तिक होना भी था। सदियों तक यह कथन उन लोगों के लिए प्रेरक रहा है जो व्यक्ति की स्वायत्तता और स्वतंत्रता के पक्षधर रहे हैं, लेकिन 'आदमी' क्या है ? इसके जवाब में सभी लोग 'आदमी' सम्बन्धी प्रचलित अवधारणाओं को बिना किसी आलोचनात्मक दृष्टि के कबूल करते रहे हैं जबकि सबसे पहले यह पूछना जरूरी था कि यह आदमी जिसे सभी कामों की कसौटी माना जा रहा है स्वयं है क्या? यानी यह कसौटी स्वयं निर्णीत या निर्धारित है क्या? दुनिया में प्रचलित सभी पैमाने तो राजाज्ञा से निर्धारित होते रहे हैं। नाप-तौल के मंत्रालय प्राचीनकाल में अस्तित्व में रहे हैं। दुनिया में प्रचलित मैट्रिक प्रणाली का आधार पैर्मस के पास सेव्र में रखा गया एक छड़ है जिसमें लगे दो खरोंचों के बीच की दूरी को मीटर मान लिया गया। मानव व्यवहार में भी सत्ताधारियों ने ही अच्छाई-बुराई के मानक तय कर दिए जिनका पालन अनिवार्य बन गया। अगर प्रोटागोरस के अर्थ में सभी व्यक्ति स्वयमेव हर बात की कसौटी बन जाए और व्यक्ति क्या है वह कैसा व्यवहार करेगा, एक अनजान अदद रहे तो समाज में चारों ओर अनिश्चितता और अराजकता का माहौल पैदा हो जाएगा।

कोई भी यह जान नहीं पाएगा कि उसका पड़ोसी अगले क्षण उससे कैसा व्यवहार करेगा। स्वयं उसके अपने निकटतम सगे-सम्बन्धी नितान्त अपरिचित और अनजान बन जाएँगे। चेतना के एक स्तर पर यह स्थिति प्राय: पैदा होती है कि आदमी को अपना मानव परिवेश बिलकुल अपरिचित लगने लगे, लेकिन दैनन्दिन के अपने कामों में हम काफी विश्वसनीय ढंग से यह जानते हैं कि पड़ोस के आदमी का व्यवहार कैसा होगा—सुबह की चाय वक्त पर मिल जाएगी, रेल के ड्राइवर और गार्ड समय पर रेलगाड़ी चलाएँगे (भारतीय रेल सेवा से हमें झुँझलाहट इसलिए होती है क्योंकि इसमें काम करनेवाले लोग प्राय: निर्धारित मानकों को नजरअन्दाज करते हैं और अपनी प्रोटोगोरियन स्वायत्तता का इजहार करते हैं)।

हम आदमी के व्यवहारों के प्रति इतना आश्वस्त होते हैं कि किसी विनाशकारी विश्रृंखल से आशंकित नहीं रहते, लेकिन गहराई से विचार करने से ऐसी आशकाएँ पैदा हो सकती हैं। विख्यात साहित्यकार-दार्शनिक नीत्शे ने संसार की इस स्थिति को उजागर कर लोगों को स्तब्ध कर दिया था और उसके बाद से मानव सोच की पृष्ठभूमि में 'निहिलिज्म' (एक ऐसी स्थिति, जिसमें लोगों के आचरण पर किसी तरह का कोई नैतिक बन्धन न हो और हर व्यक्ति स्वेच्छाचारी बन दूसरों पर अपनी मर्जी आरोपित करने का आग्रही बने) की डरावनी छाया बना रहा है। उसने अपने निबन्ध 'मुदित विज्ञान' (फ्रोह निसे विस्सेनशाफ्त) में पागल आदमी के मुख से ईश्वर की मृत्यु की घोषणा और फिर इससे पैदा स्थिति को इन शब्दों में व्यक्त किया "...हमने इस धरती को इसके सूर्य के बन्धन से मुक्त कर क्या किया? अब यह कहाँ जा रही है? सभी सूर्यों से दूर? क्या हम लगातार गिरते जा रहे हैं? आगे, पीछे, ऊपर, नीचे,अगल, बगल चारों ओर क्या कुछ ऊपर या नीचे रह गया है? क्या हम एक अनन्त शून्य में नहीं भटक रहे हैं? क्या हम श्वास में सूने आकाश की गन्ध नहीं खींच रहे हैं? क्या यह बर्फीला नहीं हो गया है? क्या रात उत्तरोत्तर गहराती नहीं जा रही है? क्या प्रभात में लालटेन जलाना जरूरी नहीं हो गया है? ईश्वर मर चुका है। और उसे हमने मारा है। क्या यह महानतम कार्य हम लोगों के लिए अत्यधिक बड़ा नहीं है? क्या हमें इस महान कार्य के योग्य होने के लिए स्वयं ईश्वर नहीं बनना पड़ेगा?"

और आगे "यह खगोलीय व्यवस्था जिसमें हम रह रहे हैं, एक अपवाद है। यह व्यवस्था और इसमें दिखाई देनेवाला स्थायित्व इन अपवादों के अपवाद पर आधारित है कि संसार में जैविक संश्लेषण उपलब्ध है। संसार का मूल चरित्र अनन्त और सार्विक विश्रृंखलन (केओस) है। इस अर्थ में नहीं कि कहीं कुछ अनिवार्य नहीं है बल्कि इस अर्थ में कि व्यवस्था, संरचना, आकार, सौन्दर्य, वृद्धि या जो भी अन्य सौन्दर्यबोध से सम्बद्ध अवधारणाएँ हैं उनका यहाँ अभाव है, लेकिन हम, ब्रह्मांड की शिकायत या प्रशंसा करने का साहसिक काम कैसे कर सकते हैं। हमें इसे हृदयहीन एवं अतार्किक या उनका विपरीत कहने से सावधान रहना चाहिए। यह न तो दोषहीन है या न सुन्दर, यह न उदात्त है और न इसे यह सब बनने की कामना है, यह मनुष्यता की नकल करने का प्रयास नहीं कर रहा है। यह हमारे तमाम नैतिक और सौन्दर्यशास्त्रीय कसौटियों की नकल करने का प्रयास नहीं कर रहा है। यह हमारे तमाम नैतिक और सौन्दर्यशास्त्रीय कसौटियों से निरपेक्ष है। हमें यह कहने से परहेज करना चाहिए कि प्रकृति में नियम है। यहाँ सिर्फ अनिवार्यताएँ हैं। यहाँ कोई आदेशदाता आदेश का पालन करनेवाला नहीं है...हमें यह कहने से सावधान रहना चाहिए कि मृत्यु जीवन का विपरीत है। जीवित दरअसल, मृतक की ही एक प्रजाति है।"

अगर हम अपनी मानव केन्द्रित सोच की परिधि से बाहर निकलें तो नीत्शे ने जो विचार व्यक्त किए हैं उसकी आतंकित करनेवाली सच्चाई स्पष्ट रूप से दिखाई देगी। यह निःसन्देह सच है कि अगर हम 'सर्वशक्तिमान' और 'सर्वज्ञ' ईश्वर द्वारा निर्धारित प्राकृतिक और नैतिक नियमों के अस्तित्व पर शंका व्यक्त करते हैं तो संसार के वैसे बिखराव की सम्भावना से इनकार नहीं कर सकते जिसकी ओर नीत्शे इशारा करता है, लेकिन नीत्शे इस सीमा को कबूल करने के लिए तैयार नहीं था और अपनी पुस्तक 'जराथुस्ट्र ने कहा है' में यह महामानव (सुपरमैन) की कल्पना करता है जो ईश्वर का स्थान ग्रहण कर संसार को नए सिरे से नियमबद्ध करेगा, लेकिन नीत्शे की सोच शुद्ध तार्किक धरातल पर है जबकि आदमी के अस्तित्व की असलियत तर्क से निर्धारित नहीं होती। चूँकि हम मनुष्य एक प्रजाति के रूप में अस्तित्व में हैं तथा लाखों वर्ष से अपना विकास करते रहे हैं (दरअसल, बदलते रहे हैं, विकास करना, कहना मानव केन्द्रित अहम ही है)। एक खास तरह की जिन्दगी जीना हमारी आन्तरिक और अदमनीय इच्छा बन गई है। हम अपना जैविक और मानव केन्द्रित दृष्टिकोण छोड़ नहीं सकते, ठीक वैसे ही जैसे हम अपने चमड़े से बाहर नहीं निकल सकते। इस सम्बन्ध में हम कोई व्यक्तिगत निर्णय भी नहीं ले सकते। लाखों वर्ष से विकसित हमारी संस्कृति ने उस सारे रंगमंच को पहले से ही सजा दिया है जिस पर हम अपनी भूमिका पेश करते हैं। उस भूमिका का वाचिक पाठ भी पहले से ही तैयार कर दिया गया है। इसमें हम सिर्फ कुछ वैयक्तिक विशिष्टताएँ भर जोड़ कर निर्दिष्ट भूमिका से थोड़ा बहुत हट भर सकते हैं। व्यक्ति और उसके समाज के बीच का तनाव इसी बात को लेकर कायम रहता है कि वह अपनी संस्कृति द्वारा निर्दिष्ट भूमिका से कितना हट सकता है। यह तनाव कभी-कभी टूट के बिन्दु तक पहुँच जाता है तब व्यक्ति की स्वायत्तता की इच्छा समाज की संस्कृति द्वारा निर्धारित सीमाओं के अन्तिम बिन्दुओं पर दबाव बनाने लगता है। कुछ दुर्लभ क्षणों में यह सीमा टूटती है और परिधि का विस्तार हो जाता है। फिर बाद में आनेवाले पात्रों को थोड़ा विस्तृत रंगमंच उपलब्ध होता है, लेकिन कभी कोई पात्र हकीकत की दुनिया में जराथुस्ट्र के महामानव की तरह पिछली सारी स्थितियों को मिटा नए सिरे से मनचाहा रंगमंच और मनचाही भूमिका नहीं तैयार कर सकता है। हाँ, अपनी कल्पना में अपने संसार का निर्माण जरूर कर सकता है, ठीक वैसा ही जैसा नीत्शे जराथुस्ट्र के माध्यम से करता है। यह मनुष्य की नियति है और मनुष्य होने मात्र से प्राप्त वरदान भी कि वह दलदली जमीन पर खड़ा हो दिव्य चोटियों और लोकों का सपना देख सके, नैतिक अथवा सौन्दर्य के मूल्यों से निर्धारित, लेकिन कल्पना की दुनिया एक अलग चीज है और हकीकत की दुनिया एक अलग चीज। जीवन स्वयं कविता नहीं बन सकता, भले ही उसका प्रस्थान बिन्दु बन जाए। अंग्रेज कवि शेली ने रूमानी क्षणों में यह स्थापना दी थी कि 'कवि दुनिया का विधायक है।'

अब कवि अधिक वस्तुपरक है और दुनिया को बनाने की बजाय इसमें अपने लिए अलग थोड़ी सी वैसी जमीन तलाशने की कोशिश करते हैं जहाँ बाकी दुनिया की ओर से कोई अतिक्रमण नहीं हो पाए।

आदमी की दुनिया दो छोरों से पूर्व निर्धारित है। एक छोर पर वह पशुओं के जीवन से जुड़ा है क्योंकि वह स्वयं जीव-जगत की एक प्रजाति है। दूसरे छोर पर वह एक चैतन्य अस्तित्व है जहाँ पशु जीवन की विवशताओं से ऊपर उठ वह क्या बनेगा, यह आदर्श स्वयं निर्धारित करता है और उसकी ओर लगातार बढ़ने का प्रयास करता रहता है। पशुओं की तरह उसके स्वभाव पर सहज प्रवृत्ति का दबाव भी रहता है जिसमें वह बहुत सारे वैसे काम करता है जो उसके जीवित रहने और अपनी प्रजाति का विस्तार कर वह अपने कार्यकलापों में अपनी संस्कृति के बन्धन में रहता है जो उसे जीवन का उपक्रम भी प्रदान करती है और सदा अपने पशुजीवन की स्थितियों से ऊपर बढ़ने का प्रेरणा भी। मनुष्य के रूप में मनुष्य के विकास की यह कहानी वस्तुतः उसका सांस्कृतिक जीव होने की ही कहानी है। और यह कहानी लगातार संसार को रूपाकार देने के प्रयासों की कहानी है। नीत्शे पर शॉपवनेहावर का प्रभाव स्पष्ट था। वह इस अनुभूति से अत्यधिक त्रस्त था कि आदमी अपने कामों में इच्छाओं और सहज प्रवृत्ति का दास है जो उसके पशुजीवन की विरासत है। वह उससे उठने में सारी पूर्ववर्ती मान्यताओं और मूल्यों को नकारना चाहता है और इसी से उसमें निषेध की ध्वनि आत्यन्तिक अनुगूँज पैदा करती हैं। इसी से उसके काव्य की ऊर्जा आती है, लेकिन जीवन काव्य नहीं है और आदमी जीवन की वास्तविकताओं को नकार नहीं सकता। इसका सम्पूर्ण नकार विक्षिप्तता पैदा करता है—जो स्वयं नीत्शे के जीवन में देखा जा सकता है, लेकिन मनुष्य सांस्कृतिक जीव के रूप में जीवन को अपने ढंग से गढ़ने का सामूहिक प्रयास सदा ही करता रहा है। यही मानव अस्तित्व की कहानी है।

मानव द्वारा संसार को दिया जानेवाला रूपाकार तीन आयामों का होता है :

(1) उसका भौतिक संसार कैसा बना है, इसका विस्तार क्या है और इसके साथ वह कैसे जुड़ा है, इसी से दर्शन और विज्ञान का जन्म होता है,

(2) उसका सौन्दर्यबोध इसे किस रूप में देखता है और ग्रहण करता है, इसी से कलाओं और साहित्य का जन्म होता है,

(3) इस संसार से और फिर अपनी प्रजाति के अन्य व्यक्तियों से उसका क्या नैतिक सम्बन्ध है, इससे नैतिक आदर्शों और धर्म का जन्म होता है। इन तीनों आयामों उसकी सर्जनात्मक शक्ति एक सर्वांग संसार का निर्माण करती है जो समय के साथ विस्तार पाता जाता है।

मनुष्य की चेतना से दर्शन, विज्ञान, सौन्दर्यबोध और नैतिक विवेक एक-दूसरे से बिलकुल अलग नहीं होते। अलग हो नहीं सकते क्योंकि ये सभी संसार को

समग्रता में ग्रहण करने की उसकी आकांक्षा की तो अभिव्यक्ति है। इसी से विज्ञान और दर्शन के बड़े मनीषियों के चिन्तन में प्राय: सौन्दर्यबोध की गहरी अनुभूति होती है। दरअसल, किसी भी क्षेत्र में अपने अनुभवों को रूपाकार देना आदमी में अन्तरनिहित सौन्दर्यबोध की ही अभिव्यक्ति हो सकती है। इसी से महान मसीहों की भाषा प्राय: काव्यात्मक बन जाती है। दूसरी ओर सभी महान काव्यों में संसार के स्वरूप की कोई झाँकी और नैतिक मूल्यों की अन्तरध्वनि सुनी जा सकती है। सभी महान कलाओं के पीछे मिट्टी, पत्थर, काठ, कागज या कैनवस पर संसार को रूपाकार देने की चाहत दिखाई देती है। यह संसार उसका घर-आँगन और पड़ोस भी हो सकता है और स्वर्ग, नर्क और निखिल ब्रह्मांड भी। अक्सर उनके उत्स के पीछे कोई नैतिक दबाव भी होता है। दुनिया के प्राचीनतम काव्यों में ऋग्वेद भी एक है, जिसका समय आज से लगभग पाँच हजार वर्ष पूर्व अनुमानित है। उसमें दृष्टि के सम्बन्ध में यह श्लोक है : 'प्रलय न असत् था और न सत् था, न लोक थे न अन्तरिक्ष था, न कोई भोग ही थे, जल भी नहीं था। परमेश्वर के मन में सबसे पहले सृष्टि रचना की इच्छा हुई। उसी इच्छा से सृष्टि की रचना हुई।' यहाँ काव्य के रूप में ही दर्शन का भी जन्म होता है। इसी तरह अग्नि के सम्बन्ध में यह श्लोक है : 'मेघों में वर्तमान वायु, सब पदार्थों में वर्तमान अग्नि के जन्म स्थान है। सूर्य रूप अग्नि ने ऋतुओं का विभाजन किया और दिशाओं को बनाया। अग्नि अनेक प्रकार के जलों को उत्पन्न करके समुद्र से सूर्य रूप में जल लेता है। मेघों में जलों की गोद में रहकर भी ऊपर की ओर जलता हुआ अग्नि चमकता और बढ़ता है...!' यहाँ प्रकृति की बनावट और तत्त्वों के बारे में दार्शनिक अटकलबाजियाँ स्पष्ट हैं जहाँ से विज्ञान का जन्म होता है।

संगीत में तो यह आध्यात्मिक रुझान साफ-साफ देखा जा सकता है। भारत का तीन-चौथाई संगीत भक्ति संगीत है जहाँ काव्य, संगीत और जीवन दृष्टि एकाकार हो गए हैं। यूरोप में भी शास्त्रीय संगीत का प्रादुर्भाव चर्च की सामूहिक प्रार्थना से ही हुआ। प्राचीन दुनिया की महानतम चित्रकला और मूर्तिकला का तो नियन्ता ही धर्म भाव रहा है। अजन्ता, एलोरा और एलिफेंटा की महान कृतियाँ—भित्तिचित्र एवं मूर्तिकला के पीछे धर्म भाव की ही प्रेरणा थी। यूनान की मूर्तिकला और स्थापत्य से लेकर यूरोप के रेनेसाँ तक की कलाओं में धर्म भाव की प्रधानता रही है। कम-से-कम बाहरी रूप से तो अधिकांश कला धर्मस्थलों से सम्बद्ध रहे हैं। रेनेसाँ में भी जहाँ समाज में व्यक्तिवाद का विकास होता है और कला के प्रायोजकों में अपनी गरिमा को प्रदर्शित करने की इच्छा प्रबल है, धार्मिक गाथाओं को माध्यम बनाना जारी रहा है। बाइबिल की किसी घटना को अभिव्यक्त करनेवाले चित्रों से वह स्वयं किसी कोने में भक्तिभाव से खड़ा है। कलाओं में धर्म भाव की अभिव्यक्ति अनिवार्य तो नहीं रही है, लेकिन इसका निषेध भी नहीं रहा है। आज भी यह नहीं

कहा जा सकता कि यह धर्म भाव लुप्त हो गया है। एक फर्क जरूर हुआ है, जहाँ पहले ईश्वर था वहाँ अब राष्ट्र देवता या कोई 'महान शासक' केन्द्रीय स्थान ग्रहण करने लगा है। कम्युनिस्ट आन्दोलन से प्रेरित प्रारम्भिक कलाकारों का धर्म भाव इस्लाम या ईसाइयत से प्रभावित कलाकारों से किसी भी अर्थ में कम नहीं कहा जा सकता। प्रेरणा एक ही तरह की रही है, उनके रूप भिन्न हो गए हैं। जब कलाकार ऐसे धर्म भाव से मुक्त होता है तो प्रायः उसकी कलाएँ उसके अन्तर्गत आवेगों के संघर्ष जैसी दिखाई देने लगती है या अमूर्तन की दुनिया में जीवन की उलझनों से मुक्ति ढूँढ़ती दिखाई देती हैं।

जो बौद्धिक समस्याएँ ऊपर वर्णित हैं वे आम आदमी की समस्याएँ नहीं होतीं। आम आदमी तो सिर्फ जीवित रहने के दबाव में इतना आक्रान्त रहता है कि उसकी सारी ऊर्जा सामने आनेवाले दैनन्दिन की समस्याओं से जूझने में लग जाती है। जीवन के लिए यह सर्वाधिक महत्त्वपूर्ण पक्ष होता है क्योंकि यह उसके अस्तित्व से जुड़ा होता है और इसी तरह के प्रयास से कुछ लोगों के लिए वह अवकाश सम्भव होता है जिसमें वे आध्यात्मिक गुत्थियों से रू-ब-रू हों उन्हें सुलझाने में अपना जीवन लगा देते हैं या कविता एवं कला को जीवन का लक्ष्य बना लेते हैं। कविता, साहित्य आदि संस्कृति के महत्त्वपूर्ण आयाम हैं, लेकिन दरअसल, ये सांस्कृतिक विकास के 'बाई-प्रोडक्ट्स' कहे जा सकते हैं—मूल्यवान बाई-प्रोडक्ट्स, जैसे कोयला खोदने के क्रम में हीरे की प्राप्ति।

विडम्बना यह है कि संस्कृति के ये ही आयाम संस्कृति दिखाई देते हैं—आइसबर्ग के ऊपरी सिरे की तरह—क्योंकि जीवन के वे सारे प्रयास जिससे आदमी खाता-पीता है, सन्तान वृद्धि करता है और निसर्ग की शक्तियों से जूझकर जीवन को सम्भव बनाता है, सतह के नीचे छिपे रहते हैं। इसका अर्थ यह नहीं कि आम आदमी अन्धकार में बिना कुछ देखे हाथ-पाँव मारता रहता है। ऐसा करके वह जिन्दा नहीं रह सकता। उसकी भी अपनी जीवन दृष्टि होती है जो उसे अपने आसपास के परिवेश को समझने और उसके साथ संगति बैठाने की क्षमता प्रदान करती है। उसकी जीवन दृष्टि और समाज के उस प्रबुद्ध वर्ग की दृष्टियों में जिसकी चिन्ताओं का जिक्र ऊपर है, एक सातत्य बनता रहता है। बौद्धिक वर्ग की चेतना के सम्पर्क से एक तनाव या दबाव आदमी की सोच पर बना रहता है, जिससे वह अपनी जीवन दृष्टि में बदलाव लाता रहता है। दरअसल, विलक्षण व्यक्ति (जीनियस) आम आदमी से ही निकलता है। उसकी विलक्षणता की भी एक प्रसव पीड़ा होती है। मनुष्य के सांस्कृतिक विकास की कहानी ऐसी पीड़ा की कहानियों की लम्बी श्रृंखला है। इसमें नए सृजन के क्रम में 'विलक्षण' व्यक्ति प्रायः अनादर, भूख एवं दमन से जूझता हुआ अकाल मृत्यु या विक्षिप्तता का शिकार भी बनता रहता है, लेकिन ऐसी पीड़ा से ही अब तक कोई नई रौशनी निकलती रही है, जिससे मानव जीवन आलोकित हो आगे बढ़ता है

'मनुषत्व' की ओर। यह 'मनुषत्व' भी मनुष्य का स्वनिर्मित आदर्श ही है जिसकी ओर वह अपने को ढकेलता रहता है। मनुषत्व की यह कल्पना कुछ भी हो सकती है, 'देवत्व' की भी (देवता स्वयं आदमी का आविष्कार है) और शैतानियत की भी (शैतान भी मनुष्य का ही दूसरा आविष्कार है)।

यहाँ यह बतलाना जरूरी लगता है कि संस्कृति की यह चर्चा हमने उल्टे क्रम में शुरू की है। इसका एक फायदा यह है कि संस्कृति का परिचित और प्रतिष्ठित पक्ष पहले सामने आया है। दरअसल, लोग संस्कृति को इन्हीं उदात्त आयामों से जानते और जोड़ते हैं, लेकिन संस्कृति का जन्म मनुष्य के अस्तित्व के कठोर संघर्ष की जरूरत से हुआ है। दुनिया के लगभग सभी जीव अपनी अस्तित्व रक्षा प्रकृति और आनुवंशिकी से प्राप्त स्वत:स्फूर्त प्रतिक्रियाओं और गुणों से करते हैं। उनके व्यवहार सहज प्रवृत्ति से निर्धारित होते हैं। उनके आनुवंशिक औजार बक्स में सभी सम्भव परिस्थितियों से मुकाबले के औजार और व्यवहार संचित होते हैं। व्यवहारों पर सहज प्रवृत्ति का नियंत्रण होता है, लेकिन मनुष्य एक ऐसी प्रजाति है जिसे यह सुविधा प्राप्त नहीं। अपनी अस्तित्व रक्षा की इसी मजबूरी में मनुष्य की संस्कृति विकसित हुई जो उसे विविध स्थितियों का मुकाबला करने की कुंजी उपलब्ध कराती है। यह उसे सिखलाती है कि वह अपने मित्रों और परिजनों से कैसा व्यवहार करेगा? यह उसे यह भी बतलाती है कि वह शत्रुओं से कैसे निपटेगा? वह क्या उपजाएगा और क्या खाएगा? गर्मी और सर्दी से अपनी रक्षा कैसे करेगा? कैसा वस्त्र पहनेगा, कैसा घर बनाएगा? संस्कृति उसे भाषा देती है, जिससे वह दूसरे मनुष्यों से जटिल संवाद स्थापित कर सके। कुछ सीख सके, कुछ सिखला सके। इस सबके पीछे होती है उसकी अवधारणात्मक क्षमता। इससे वह कैसे वस्तुओं की कल्पना कर सकता है, जो उसके सामने नहीं है—या किसी के भी सामने नहीं है। उनके गुणों के बारे में सीख सकता है और इस जानकारी से उन्हें उपयोग की वस्तु बना सकता है। भाषा या सम्प्रेषण के दूसरे माध्यमों से उनके उपयोग की विधि को अपनी पीढ़ी या आनेवाली पीढ़ियों को हस्तान्तरित कर सकता है। अपने समय में सीखे गए गुणों और पूर्ववर्ती गुणों की एक परम्परा बनती है जो भाषा के माध्यम से अनेक पीढ़ियों तक सम्प्रेषित होती रहती है।

अवधारणा की क्षमता की एक विशेषता यह है कि यह किसी वस्तु या स्थिति की कल्पना के समय, स्थान या विशेष स्थिति से बँधी नहीं होती। अवधारणा मानव कल्पना में स्थान, काल, स्वरूप आदि में सदा गतिशील रहती है और अपने आकार में परिवर्तन करती रहती है। उदाहरण के लिए 'मनुष्य' की अवधारणा ले लें। इसमें राजा, रंक, फकीर, बच्चे, बूढ़े, उदार, दम्भी—सभी आ सकते हैं। यह अभिव्यक्ति की परिस्थिति पर निर्भर करेगा कि इसे कौन सा रूप प्रदान किया जाता है या इसका कौन सा रूप मन में आता है? यह सोच व्यक्ति के लिए बिलकुल निजी होती है।

यही गुण है, जिससे इसकी सर्जनशीलता आती है और वे सारे आयाम संस्कृति से जुड़ते हैं, जिन्हें ऊपर संस्कृति का बाई-प्रोडक्ट कहा जाता है। ये मनुष्य के जीवित रहने की न्यूनतम आवश्यकता की उपज नहीं बल्कि मानव कल्पना में निहित क्रीड़ा की प्रवृत्ति और आनन्द की चाहत का परिणाम होते हैं। कविता, कला, संगीत आदि से हम स्थूल रूप में जीवन के लिए उपयोगी कोई वस्तु उपलब्ध नहीं कर पाते, लेकिन इनके माध्यम से एक भावलोक में पहुँचते हैं जो अनुपयोगी होते हुए भी दुर्लभ आनन्द का स्रोत बन जाता है। इसके अलावा यह आदमी को समुदाय से जोड़ सामुदायिक बन्धन मजबूत बनाता है क्योंकि सम्प्रेषण सदा समुदाय में होता है। ये कैसे आते हैं और हम पर अपना प्रभाव कैसे और क्यों छोड़ते, हैं अपने आप में एक अलग विषय है।

2

बाइबिल में यह कथा है कि जब नोआ के वंशजों ने ऐसी मीनार का निर्माण शुरू किया जो स्वर्ग को छू सके तो भगवान ने उनकी भाषाओं को एक-दूसरे से अपरिचित बना दिया। इस तरह कार्यों को संयोजित करनेवाले भाषायी सम्प्रेषण के अभाव में उनका प्रयास बिखर गया और मीनार नहीं बन पाई। संस्कृतियों की संरचना का ताना-बाना भी मनुष्यों के पारम्परिक सम्प्रेषण पर पूरी तरह निर्भर है और अगर सम्प्रेषण बाधित हो जाए तो इनका अस्तित्व भी खतरे में पड़ जाएगा। जीवों की आनुवंशिकी उनके कोष्ठों में उपस्थित द्वारा निर्धारित होती है जो करोड़ों वर्षों से संचित वैसी सूचनाओं के पुंज होते हैं जिससे उनके शरीर की संरचना तथा व्यवहार सब कुछ निर्धारित होते हैं। मानव संस्कृतियाँ भी मनुष्यों को अनुप्राणित करनेवाली सूचनाओं के ऐसे ही पुंज होती हैं जो मानव व्यवहारों को आनुवंशिकी से प्राप्त सूचनाओं के अतिरिक्त और कभी-कभी इसके विपरीत भी, ऐसे दबाव बनाए रखती हैं जिससे मनुष्य सामाजिक जीव की हैसियत से विविध भाँति के कार्य और व्यवहार करते हैं। सांस्कृतिक विरासत के बिना मानव व्यवहारों में कोई संगति नहीं दिखेगी और मनुष्य के सभी व्यवहार आकस्मिक और मनमाने दिखाई देने लगेंगे। इतिहास की घटनाओं में या हमारे आसपास होनेवाली समकालीन घटनाओं के बीच किसी तारतम्य की तलाश निरर्थक प्रयास दिखाई देंगे। पड़ोस के व्यक्ति के व्यवहारों में भी और निश्चित रुझान देखना भ्रम लगेगा। यह देखकर अचरज होगा कि माताएँ अपने शिशुओं के पालन-पोषण में तरह-तरह का कष्ट उठाने की बजाय उन्हें मरने के लिए फेंक क्यों नहीं देतीं? दोस्त एक-दूसरे की सहायता करने की बजाय मौका मिलते ही उनका माल ले चंपत क्यों नहीं हो जाते? मर्द नीत्शे की नसीहत के अनुरूप अपनी पत्नियों के पास जाने के पहले डंडे से लैस क्यों नहीं हो लेते?[1] नीत्शे का उल्लेख इस सन्दर्भ में प्रासंगिक इसलिए हो जाता है क्योंकि जैसा हमने पहले देखा है, नीत्शे संसार और मानव व्यवहारों में किसी भी संगति की सम्भावना पर सन्देह व्यक्त करने लगा था। वह सोच की उस धारा का जनक था जिसके अनुसार संसार सभी अर्थों में, पूरी तरह अतार्किक है। तर्क की प्रधानता, जिसे उसके विचारों से प्रभावित चिन्तक लोगोसेंट्रिज्म कहते हैं, इस दृष्टि

से मनुष्य की मानसिक गुलामी का कारण है। 'लोगो' यूनान में शब्द के लिए प्रयोग में आता था, लेकिन इससे आगे बढ़ किसी आधार या नियामक शक्ति की ओर भी इंगित करता था। स्वाभाविक था कि नीत्शे और उसकी धारा के लोग सुकरात और उसकी द्वन्द्वात्मक तर्क प्रणाली में मानसिक गुलामी का उद्‌गम देखें। नीत्शे ने बल देकर यूनान के सुकरात के पूर्व की उस परम्परा में लौटने का आह्वान किया जिसमें मदिरा और विविध व्यसनों के देवता डानिसस की उपासना होती थी।

अगर सूचनाओं की निश्चितता या इसका सम्प्रेषण समाप्त हो जाए तो फिर ऊपर वर्णित अर्थ में संस्कृति की सम्भावना भी समाप्त हो जाएगी क्योंकि संस्कृति ही को वैसी सूचनाओं का धारक बतलाया गया है जो लोगों के सामाजिक व्यवहारों को दिशा देती है या नियंत्रित करती है। फिलहाल एक ऐसी ही सोच व्यापक रूप से फैशन में है जो सम्प्रेषण की विश्वसनीयता पर प्रश्नचिन्ह लगाती है। उसके पीछे वह विचारधारा है जिसे उत्तर-संरचनावाद या उत्तर-आधुनिकतावाद का नाम दिया जाता है। इसका क्रियात्मक बुलडोजर डीकंस्ट्रक्शन यानी विखंडन है। इस विचार की शुरुआत साहित्यिक आलोचना से हुई और फिर इसकी परिणति दार्शनिक विचारों के खंडन में हुई। पहले कहा गया था कि जीवन कविता नहीं है, भले ही यह इसका प्रस्थान बिन्दु हो। अब विखंडनवादी एक तरह से इस तर्क को उलटकर ठीक इसकी उलटी बात कह रहे हैं, यानी उनके अनुसार जीवन के सम्बन्ध में स्थापित मान्यताएँ काव्य में व्यक्त काल्पनिक धारणाओं से अधिक वस्तुपरक नहीं होतीं। इस मान्यता के आधार में जाक देरिदा की यह विख्यात स्थापना है कि 'टेक्स्ट (पाठ) से बाहर कुछ भी नहीं है' यानी संसार के सम्बन्ध में हमारी जो भी समझ है किसी-न-किसी पाठ में निहित है और पाठ ही के विषय में है। इसके बाहर के किसी अस्तित्व के बारे में नहीं। भाषा के सम्बन्ध में उसका दृढ़ विश्वास है कि प्राथमिकता लिखित भाषा की ही है। बोली या बातचीत की भाषा का स्थान दोयम है। इसकी चर्चा हम आगे करेंगे पहले देरिदा के 'डीकंस्ट्रक्शन' की भाषा का एक नमूना नीचे दिया जाता है, जिससे यह पता चलेगा कि देरिदा शब्दों से कैसा खिलवाड़ करता है?

"What is a narrative-this thing we call a narrative? Does it take place? Where and when? What might the taking place or event of a narrative be?

I hasten to say that it is not my intention here nor do I claim, nor do I have the means to answer these questions. At most in repeating them, I would like to begin a minute displacement, the most discreet of transformations. I suggest, for example, that we replace what might be called the question of narrative ('what is a narrative?') with the demand for narrative. When I say demande, I mean something closer to the english demand than to a mere request: inquisital insistence, an order, a petition.

To know (before we know) what narrative is the narrative of narrative, we should perhaps first recount, return to the scene of one origin of narrative to the narrative of one origin of narrative (will that still be a narrative?), to that scene that mobilizes various forces, or if you prefer various agencies or 'subject' some of which demand the narrative of the other, seek to .extort it from him, like a secret or secret, something they call the truth about what has taken place. "Tell us exactly what happened." The narrative must have begun with this demand but will we still call mise en scene (representation, staging] of this demand a narrative?"

आम तौर से किसी आलोचना से हम आशा करते हैं कि आलोच्य कृति में प्रस्तुत विचारों, भावों आदि से हमारा परिचय होगा। हम इसके सम्बन्ध में कोई दृष्टि विकसित करेंगे, लेकिन देरिदा के लिए आलोचना बिलकुल अलग चीज है। वह हमें यह बतलाने की कोशिश करता है कि दरअसल, किसी रचना के सम्बन्ध में कोई निश्चित राय बनाई ही नहीं जा सकती। इसमें कोई केन्द्रीय विषयवस्तु या विचार ढूँढ़ना भ्रम है। हम एक सन्दर्भ से दूसरे सन्दर्भ में और फिर इससे आगे अन्य सन्दर्भों में प्रवेश करते चले जाते हैं। और चूँकि सारी हकीकत टेक्स्ट में ही है, इस भ्रमण पर कोई विराम नहीं लग सकता। डीकंस्ट्रक्शन का उद्‌देश्य किसी केन्द्रीय तथ्य या विचार को उद्‌घाटित करना है भी नहीं। आलोचना के लिए टेक्स्ट एक बहाना है स्वतंत्र सृजन का यानी मनमानी अभिव्यक्ति का। इससे आलोच्य साहित्यकार के समांतर स्वयमेव एक सर्जक की भूमिका निभाने की आकांक्षा भी अभिव्यक्त होती है।

यह गलतफहमी भी नहीं होनी चाहिए कि डीकंस्ट्रक्शन या विखंडन अपनी आलोचना से दार्शनिकों के विचारों में व्याप्त धुँधलके को जो एक हद तक व्यापक रही है, साफ करने की कोशिश करता है। ऐसा भी नहीं है। ऐसा प्रयत्न पश्चिम में लॉजिकल पॉजिटिविज्म नाम की एक दार्शनिक धारा ने बीसवीं शताब्दी के प्रथम चरण में जरूर किया था। इसने दार्शनिकों द्वारा प्रस्तुत की गई बहुत सारी आधिभौतिक (metaphysical) स्थापनाओं (propositions) को अर्थहीन करार दिया था। इनके विचार से सच या गलत होने जैसी उक्ति सिर्फ वैसी वस्तुओं या धारणाओं के सम्बन्ध में प्रासंगिक है जिसकी सत्यता की परीक्षा प्रत्यक्ष अनुभव या प्रयोग से हो सके। इसी तर्क से सच या झूठ होना वैसी स्थापनाओं पर लागू हो सकता है जिनको इस कसौटी पर कसा जा सके। भ्रम इसलिए पैदा होता है क्योंकि हम बोलचाल में जैसी भाषा का प्रयोग करते हैं उसके भीतर ही अस्तित्वहीन काल्पनिक वस्तुओं की उपस्थिति निहित होती है। उदाहरण के लिए, इन वाक्यों में 'ईश्वर सर्वव्यापी है' या 'संसार पदार्थों से बना है', 'ईश्वर' या 'पदार्थ' जैसे अस्तित्व को वाक्य की बनावट के कारण पहले ही कबूल कर लिया जाता है जबकि न तो किसी प्रत्यक्ष अनुभव

से हम इनके विषय में कुछ जानते हैं या न तो किसी प्रयोग से उनकी उपस्थिति को सिद्ध कर सकते हैं या नकार सकते हैं।

दर्शन एवं विज्ञान के क्षेत्र में ऐसे भ्रमों से मुक्ति के लिए इन दार्शनिकों ने तर्क की एक ऐसी भाषा को ईजाद किया जिसमें प्रस्तुत करने पर बहुत सारे प्रश्न या तो अर्थहीन सिद्ध हो जाएँ या गलत। इस उद्देश्य से इन लोगों ने प्रतीकों के तर्कशास्त्र (symbolic logic) का विशाल ढाँचा खड़ा किया। इससे वैज्ञानिक प्रयोगों के क्षेत्र में भी बहुत सारी अस्पष्ट अवधारणाओं से मुक्ति की गुंजाइश हो गई। इसका एक लाभ यह भी हुआ कि मूल्यों को, चाहे ये मूल्य नैतिक हों चाहे सौन्दर्यशास्त्रीय—सच्चाई, झुठाई जैसी कसौटियों से परे रखा गया और इन क्षेत्रों में निर्णय व्यक्तियों और समूहों की अनुभूति पर छोड़ दिया गया। इससे ऐसे मूल्य समूह-सापेक्ष बन गए और मूल्यों की विविधता की बात को स्वीकार किया जाने लगा, लेकिन डीकंस्ट्रक्शन का उद्देश्य दर्शन की भाषा में ऐसी स्पष्टता लाना नहीं है। दरअसल, यह शब्दों (लिखित शब्दों या टेक्स्ट) से बाहर किसी हकीकत की सम्भावना पर ही प्रश्नचिन्ह लगाता है। भाषा को ऐसा परिभाषित करता है कि सम्प्रेषणीयता पर ही प्रश्नचिन्ह लग जाए। यह सार्थक और निरर्थक पदों के बीच चयन की कोई विधि प्रस्तुत नहीं करता बल्कि यह बतलाता है कि दरअसल, इनमें कोई भेद है ही नहीं। इसके अनुसार दार्शनिक किसी स्थापना को सिर्फ वाक्पटुता (Rhetoric) के बल पर सत्य या सार्थक साबित करते हैं, विशेष जोर देकर यह बतलाया है कि जिसे दार्शनिक विवादों में शब्दश: सत्य (literal truth) माना जाता है, वास्तव में रूपकों (metaphors) के सहारे खड़ा है। यह रूपकों की उपस्थिति को बार-बार इंगित कर यह जानने की कोशिश करता है कि दार्शनिक ऐसा अपनी स्थापनओं के खोखलापन को छिपाने के लिए करते हैं।

लेकिन आदमी की मान्यताओं को तरल अस्थिर और सन्दिग्ध बतलाने का सबसे आसान तरीका है वस्तुओं और अवधारणाओं की बजाय टेक्स्ट (पाठ) को एवं इसके अध्ययन तथा विश्लेषण को ही प्राथमिक या सब कुछ मान लेना, जैसा कि इस कथन से जाहिर है कि 'टेक्स्ट से बाहर कुछ भी नहीं है।' इसमें सुविधा यह होती है कि पाठ को मनमाने ढंग से व्याख्यायित किया जा सकता है और इसके शब्दों को अनेक अर्थ दिए जा सकते हैं, चूँकि इसके बाहर यथार्थ की कोई कसौटी नहीं होती जिससे इसकी परख हो। इसी सोच की एक कड़ी के रूप में देरिदा सास्यूर के भाषाशास्त्र के संरचनात्मक सिद्धान्त का विखंडन करता है : सास्यूर के अनुसार शब्दों के अर्थ भाषायी संरचना से निर्धारित होते हैं जो इन्हें निश्चयात्मक बनाती है। अनिश्चय के सिद्धान्तकार के लिए यह बड़ी बाधा थी। देरिदा का जोर विशेषकर इस बात को साबित करने पर है कि भाषा का प्रस्थान बिन्दु अवधारणा नहीं है। शब्द किसी अवधारणा की ओर संकेत नहीं करते बल्कि शब्दकोश की तरह एक

शब्द दूसरे शब्द की ओर संकेत करता है और दूसरा शब्द फिर तीसरे शब्द की तरफ, और इस तरह यह सिलसिला अन्तहीन रूप से चलता रहता है। इसके विपरीत सास्यूर के सिद्धान्त के अनुसार ध्वनि-छवि और अवधारणा के बीच जैसा नीचे के चित्र में दर्शाया गया है, अनिवार्य सम्बन्ध होता है।

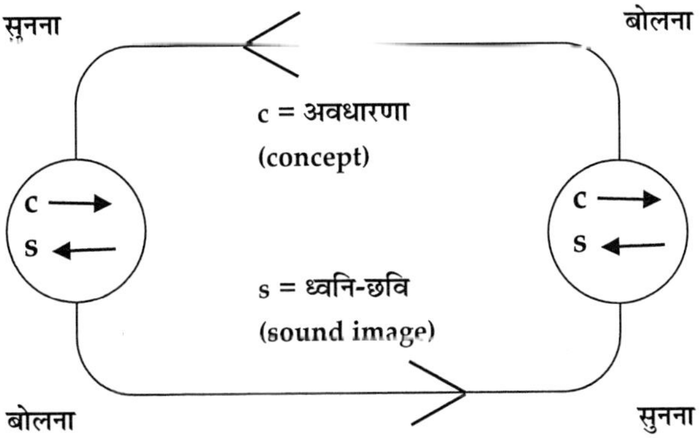

सास्यूर के अनुसार, भाषायी आदान-प्रदान के लिए कम-से-कम दो बोलनेवालों का होना जरूरी होता है, लेकिन इसमें बोली (speech) की शुरुआत मस्तिष्क में स्थित अवधारणाओं से होती है। इसी के अनुरूप सम्बद्ध ध्वनि उत्पन्न करने के लिए ध्वनि पैदा करनेवाले तंत्र संचालित होते हैं जिससे ध्वनि पैदा हो। ध्वनि तरंग से सुननेवाले के कानों तक पहुँचती है। फिर यहाँ से आवश्यक संवेदन सुननेवाले के मस्तिष्क में पहुँचता है, जिससे उसके मस्तिष्क में संचित सम्बद्ध अवधारणा उत्प्रेरित होती है। इसके उत्तर (response) में दूसरी सम्बद्ध और संचित अवधारणाएँ दूसरे तरह के ध्वनि-छवियों के लिए आवश्यक स्नायविक क्रियाओं को जन्म देती है। इस तरह मनुष्य में भाषायी आदान-प्रदान के लिए अवधारणाओं का केन्द्रीय स्थान है। इसके बिना शब्द अर्थहीन हो जाएँगे। यहाँ प्रश्न उठता है कि ध्वनि-छवि से अवधारणा तक पहुँचना आदमी के लिए सम्भव कैसे होता है? शब्द का बोध देनेवाली ध्वनि-छवि से अवधारणा तक पहुँचना आदमी के लिए सम्भव कैसे होता है?

शब्द का बोध देनेवाली ध्वनि-छवि तो एक कटी हुई छोटी सी कड़ी होती है एक पूरी शृंखला की, जो किसी भी भाषा के किसी वाक्य या वाक्यों में देखी जा सकती है। उदाहरण के लिए, हम यह ध्वनि शृंखला लें—'अ ब त क ह म स ब प र ब त पर च ल र हे थे' इससे 'अब तक हम सब परबत पर चल रहे थे।' इन शब्दों को ध्वनि शृंखला अर्थहीन नाद होगा। सास्यूर के विचार से ऐसा इसलिए सम्भव है क्योंकि किसी भाषायी समूह में अपने सम्पूर्ण व्याकरण के साथ भाषा की एक संरचना पहले से विकसित है जिसे उस भाषायी समूह का सदस्य आत्मसात् कर लेता है। इसी से

यह सम्भव होता है कि ध्वनि शृंखला को जिसमें एक रिबन की तरह सातत्य होता है, आदमी अर्थ के हिसाब से काटकर छोटे-छोटे शब्द अलग कर समुचित विरामों के साथ वाक्य बना लेता है। यह अचेतन प्रक्रिया इतनी सूक्ष्म होती है कि मानव मस्तिष्क विभिन्न वक्ताओं के उच्चारणों की भिन्नता (जो काफी होती है) को नजरअन्दाज कर किसी शब्द को उसके विशिष्ट शाब्दिक साँचे में ढालकर ही ग्रहण करता है। यह बात हम लिखावट में ज्यादा स्पष्ट रूप से देख सकते हैं जहाँ अपनी आकार की भिन्नताओं के बावजूद अलग-अलग लोगों द्वारा लिखा गया शब्द अगर यह एक ही भाषा और लिपि का है तो सही-सही पहचान लिया जाता है। इस तरह चिह्न (sign) और चिह्नित किए गए अर्थ (meaning) में हालाँकि कोई सदृश्य या सम्बन्ध नहीं होता, भाषा की संरचना के कारण बोलने या सुननेवाला आदमी उपयुक्त शब्दों का प्रयोग इनके अर्थ बताने में करता है। सास्यूर एक कदम आगे बढ़ यह विचार देता है कि भाषा चिह्न (sign) के संकेत से अवधारणा या अर्थ तक पहुँचने का एकमात्र माध्यम नहीं है बल्कि संकेत से अर्थ तक कई अन्य क्षेत्रों में भी पहुँचा जा सकता है। इसके उदाहरण गूँगे-बहरे की सांकेतिक भाषा, कई प्रतीकात्मक कर्मकांड, फौजी सिग्नल आदि हो सकते हैं। इस सोच के आधार पर उसने एक पूर्ण संकेतशास्त्र (semiology) को विकसित करने की सम्भावना भी जताई।

संस्कृति के लिए इस विचार का खास महत्त्व है क्योंकि संस्कृति सिर्फ भाषा के माध्यम से ही नहीं बल्कि अनेक दूसरे सामाजिक अनुष्ठानों, कलाओं आदि की सूचनाओं के सम्प्रेषण के आधार पर लोगों की भावनाओं और व्यवहारों को दिशा देती है। मनुष्य की भाषा ही नहीं, मनुष्य का पूरा परिवेश, पेड़-पौधे, जीव-जन्तु और मानव भंगिमाएँ अपनी अलग-अलग सांकेतिक भाषाओं से मनुष्य को प्रभावित करती रहती हैं। भाषा और शब्द का संसार कितना व्यापक हो सकता है, यह पाब्लो नेरुदा की एक कविता 'Word' में चमत्कारिक रूप से व्यक्त किया गया है। उसकी नीचे दी गई पंक्तियाँ सार रूप में भाषा के विविध आयामों को उद्घाटित करती हैं :

> ...for human beings, not to speak is to die—
> language extends even to the hair,
> the mouth speaks without the lips moving
> all of a sudden the eyes are words.
> चुप्पी (मनुष्य के लिए मौत है—
> भाषा का विस्तार केश तक में है
> मुख बिना होंठ हिले बोलता है
> हठात्, आँखें शब्द बन जाती हैं)

(दरअसल, मनुष्य की वही कल्पना जो भाषा की उत्तेजना से अवधारणाओं को जन्म देती है, जड़ और चेतन बाहरी संसार से अनवरत मिलनेवाले संवेदनों को अर्थ और इन्हें मिलाकर उसके सांस्कृतिक जीवन को आकार देती है।

कोई अचरज नहीं कि सास्यूर के संरचनावादी (structuralist) विचार से समाजशास्त्री और नृशास्त्री प्रभावित हों। नृशास्त्री क्लाद लेवी स्ट्रास ने आदिम समाज के रीति-रिवाजों और रहन-सहन के ढंग के पीछे भी भाषा की तर्ज पर उपस्थित संरचनात्मक दबाव को तलाशने की कोशिश की, लेकिन अर्थ और इससे जुड़ी जीवन पद्धतियों के पीछे किसी निश्चयात्मक संरचना की उपस्थिति विखंडनवाद के सिद्धान्त के लिए बड़ी चुनौती थी। इसलिए देरिदा ने बारी-बारी से सास्यूर और लेवी स्ट्रॉस, दोनों के विखंडन की कोशिश की है। सास्यूर के विचार में देरिदा को एक अन्तर्विरोध उसकी इस स्थापना में दिखाई दिया कि व्यक्तिगत रूप से व्यक्त बोली (parole) का अर्थ भाषा (language) की संरचना से निकलता है। देरिदा कहता है (हालाँकि उसका तर्क समझना मुश्किल है) कि भाषा की उपस्थिति अगर बोली के अर्थ को समझने के लिए जरूरी है तो यह मान लेना होगा कि लिखित भाषा बोलचाल की भाषा से पहले अस्तित्व में होगी। यह बात सास्यूर भी मानता है कि बोली (parole) व्यक्तियों के ही स्तर पर सम्भव है जबकि भाषा (language) भाषायी समूह की होती है। सास्यूर के अनुसार, लेखन (writing) में इसी भाषा को लिपिबद्ध किया जाता है। देरिदा का तर्क है कि अगर बोली व्यक्ति तक ही सीमित है तो फिर 'बोलता हुआ समूह' यानी भाषायी समूह उसी तरह का रूपक है जिस तरह के रूपकों के सहारे ज्यादातर दार्शनिक सिद्धान्त टिके रहते हैं।

लेकिन थोड़ा विचार करने पर लगेगा कि यह एक कुतर्क है। सास्यूर ने चूँकि समकालीनता (synchronism) को भाषा के अपने अध्ययन का आधार बनाया था, उसने इसके विकास पर विचार करना जरूरी नहीं समझा। वह भाषा की उपस्थिति, को सहज भाव से कबूल करके चलता है, लेकिन यह पहेली कि पहले बोली आई कि पहले भाषा वैसी ही है जैसा यह कि पहले अंडा आया कि पहले मुर्गी? समकालीन परिप्रेक्ष्य में इस पहेली का कोई हल नहीं हो सकता। इसका हल ढूँढ़ने के लिए हमें जैविक विकास के पूरे इतिहास में जाना होगा। इसी तरह पहले बोलनेवाला व्यक्ति हुआ कि पहले भाषा का विकास इस प्रश्न का जवाब भी भाषा के विकास के पूरे इतिहास में जाकर ही ढूँढ़ा जा सकता है। दुर्भाग्य से भाषाएँ वैसा जीवाश्म नहीं छोड़तीं जिनके अध्ययन से इसके क्रमिक विकास की कोई निश्चित धारणा बनाई जा सके। हम कुछ अटकलें जरूर लगा सकते हैं। सम्भावना यह है कि आदिकाल में मनुष्य ने कुछ आंगिक संकेतों और कुछ अस्पष्ट आवाजों से अपने समूह के जीवन के कार्यों को संयोजित किया होगा और इस दिशा में नए अन्वेषण व्यक्ति से शुरू होकर समूह की धरोहर बन गए होंगे। कुछ ऐसी ही प्रक्रिया से लाखों वर्ष में भाषा का विकास हुआ होगा। इसकी जगह देरिदा का यह विचार मान लेना कि लिखित भाषा प्राथमिक है, इतना बेतुका लगता है कि इसको कबूल करना की मुश्किल है। देरिदा का तर्क कुछ अजूबा है। देरिदा को भाषा

सम्बन्धी उस सोच से ही चिढ़ है जो इसे मानव उपस्थिति से जोड़ती है। इस सोच के अनुरूप बोली या बातचीत में ध्वनि (sound) तथा अर्थ (sense) बोलनेवाले मनुष्य की उपस्थिति में सीधा जुड़ जाते हैं। यानी दोनों का अन्योन्याश्रय सम्बन्ध बनता है जो इसकी विश्वसनीयता सुनिश्चित करता है। यह देरिदा को पश्चिमी काल से निहित 'आधारवादी' आधिभौतिक परम्परा की उपज लगती है जिसमें बोली सच्चाई और विश्वसनीयता का रूपक बन जाती है। देरिदा के इस तर्क को समझना थोड़ा मुश्किल है। इसके विपरीत देरिदा के लिए 'लेखन' (writing) सम्प्रेषण के सभी क्षेत्र में अनिर्णय की निर्बाध क्रीड़ा है। इसका कार्यकलाप वही है जो बोली की आत्मचेतना और भाषा के ऊपर अवधारणा की प्रधानता के भ्रम से मुक्त होता है। लेख अर्थों का सीमाहीन विस्थापन है जो भाषा को नियंत्रित भी करता है और इसे सदा स्थायी एवं स्वयं को स्थापित करनेवाले ज्ञान के दायरे से बाहर रखता है। इस अर्थ में बोली की भाषा पहले से ही एक सामान्यीकृत लेखन का हिस्सा है, जिसका प्रभाव सभी जगह उपस्थिति की भरमानेवाली आधिभौतिकी से मुक्त रहता है।"[2] नौरिस की पुस्तक में जहाँ से ऊपर का उद्धरण लिया गया है, अन्यत्र देरिदा यों उद्धृत है :

"The system of language associated with phonetic alphabetic writing is that within which logocentric metaphysic, determining the sense of being as presence has been produced. This logocentrism, the epoch of the full speech has always placed in paranthesis suspended and suppressed for essential reasons, all free reflections on the origin and status of writing." (from of gramatology, 1977)

अन्यत्र देरिदा ने यह भी कहा है कि शब्द अपने से बाहर किसी चीज की ओर इंगित नहीं करते, लेखन कलम का नृत्य है।

देरिदा भाषायी अनिर्णय को बल देने के लिए इस बात की ओर बार-बार ध्यान खींचता है कि शब्दों के अर्थ बदलते रहते हैं। इसलिए इनके सहारे किसी निश्चित निष्कर्ष पर नहीं पहुँचा जा सकता। शब्दों के अर्थ सन्दर्भों के अनुसार बदलते हैं, यह तो एक सच्चाई है, लेकिन इससे अनिवार्य रूप से अर्थों की अनिश्चितता पैदा हो, यह जरूरी नहीं। चूँकि भाषा का प्रयोग मनुष्य मूलतः निश्चित सूचना देने के लिए करते हैं, किसी शब्द का अर्थ बदलने के बावजूद प्रत्येक नए सन्दर्भ में व्यवहार से इसका अर्थ निश्चित बन जाता है। उदाहरण के लिए, हम एक शब्द 'नजर' लें।

नीचे दिए गए वाक्यों में इसके अर्थ भिन्न-भिन्न हैं :

1. वह नजर चुराने लगा है,
2. उसे नजर लग जाती है,
3. वह स्वास्थ्य पर नजर रख रहा है।

लेकिन इनमें प्रत्येक में सन्दर्भ के हिसाब से अर्थ बिलकुल निश्चित है, विशेष प्रयोजन के लिए जैसे काव्य में, जहाँ कल्पना को रोजमर्रा के अनुभवों से परे ले जाने का प्रयास होता है या उलटबाँसियों में, शब्द सामान्य अर्थ के दायरे से बाहर हो जाते हैं, लेकिन लोगों में इससे कोई भ्रम पैदा नहीं होता। इसका आनन्द लेने के लिए समझ-बूझ कर वे सोच की उड़ान के लिए रोजमर्रा के अर्थ से शब्दों को मुक्त कर देते हैं।

उत्तर-आधुनिकता में उस सोच का आभास मिलता है जो किसी भी सार्थक सम्प्रेषण को असन्तोष मानती है इसी कारण यह समाज को व्यवस्थित कर सके, ऐसे बौद्धिक माध्यम की सम्भावना से भी इनकार करती है। इससे एक निष्कर्ष यह निकलता है कि समाज को किसी बाहरी सर्वशक्तिमान सत्ता द्वारा नियंत्रित किया जाए। दूसरा विकल्प यह लगता है कि इसमें मूल्यहीन बिखराव की स्थिति बनी रहे। संयोग से वे दो प्रेरणा पुरुष, नीत्शे और हाइडेगर जिनसे उत्तर-आधुनिकतावादी प्रभावित हैं, अधिनायकवादी रुझान के पोषक हैं। नीत्शे का will to power का आह्वान हिटलर के जर्मनी की अधिनायकवादी सोच के अनुकूल पड़ता था। हाइडेगर ने 1933 में हिटलर के सत्ता में आने का खुलकर स्वागत किया। इसलिए लोगों के जीवन को सम्प्रेषण और संवाद से प्रभावित कर सकने की असमर्थता को विचार स्वातंत्र्य का पक्षधर मानने का भ्रम नहीं होना चाहिए। यह सार्विक उच्छृंखल का पैगाम देती हैं। अधिनायकवाद भी एक व्यक्ति के उच्छृंखल व्यवहार को पूरे समाज पर थोपने की आकांक्षा की ही अभिव्यक्ति है।

सम्प्रेषण की दृष्टि से अवधारणाओं और रूपकों की भूमिका पर थोड़ा विचार करना जरूरी है। ऊपर पहले को चिह्न (शब्द) का गन्तव्य माना गया है। प्रश्न उठता है कि अवधारणाएँ अस्तित्व में कैसे आती हैं? चूँकि ये चेतना में होती हैं, इसलिए अनिवार्य रूप से अमूर्तन की प्रक्रिया से बनती हैं और उन वस्तुओं या स्थितियों को जिनको अभिव्यक्त करती हैं, उसके विविध रूपों में एक साथ ही ग्रहण करती हैं। ये सभी रूप एक सम्भावना (potentiality) की तरह इसमें विद्यमान रहते हैं। इससे एक अपरिवर्तनीय निश्चित रूप हो नहीं सकता। इसी से अनेक सन्दर्भों में हम इसका वैविध्यपूर्ण सार्थक प्रयोग कर पाते हैं। इससे आदमी विचार और कर्म की जड़ता से मुक्त होता है। किसी सन्दर्भ में 'रोटी' शब्द सुनने मात्र से रूसी मनोवैज्ञानिक पावलोव के प्रयोग के कुत्ते की तरह, उसके मुँह से लार नहीं टपकने लगती। उदाहरण के लिए, हम 'पुस्तक' की अवधारणा लें। पुस्तक को हम कागज पर छपे पन्नों से बनी कटी-छँटी सजिल्द वस्तु के रूप में भी देख सकते हैं और हम इसे इसमें दी गई विषयवस्तु से जोड़कर भी देख सकते हैं। अब यह वाक्य 'पुस्तक भारी है' दो अर्थों में सन्दर्भ के अनुसार प्रयोग में आ सकता है। पुस्तक का लम्बा-चौड़ा और मोटा होने के अर्थ में भी और इसमें रखी गई विषयवस्तु के हिसाब से भी। इस तरह

अवधारणाएँ हमें वस्तुओं का ज्ञान देती हैं, लेकिन इस ज्ञान की पृष्ठभूमि में एक अनिश्चितता का क्षितिज भी विद्यमान रहता है जो इसमें नए अर्थ देने की क्षमता दे सृजनशीलता की सम्भावना प्रदान करता है।

प्रसिद्ध ऑस्ट्रियाई दार्शनिक विट्गेंस्टाइन ने 'भाषायी खेल' की चर्चा में अवधारणाओं की इस विशिष्टता को स्पष्ट किया है। वह 'खेल' शब्द से शुरू करता है और इसमें कई खेल जैसे बोर्ड का खेल, ताश का खेल, ओलिम्पिक खेल, पेशेंस, रिंगा-रिंगा-रोजेज आदि का जिक्र करता है और पूछता है कि इन खेलों में समान तत्त्व क्या है? यह बतलाना थोड़ा मश्किल है, लेकिन वह समझाता है कि प्रत्यक्ष अनुभव और सन्दर्भों से हम इनमें एक पारिवारिक सादृश्य का अनुमान कर लेते हैं। इसी तरह वह संख्या की चर्चा करता है जिसमें ऐसे उदाहरण जैसे 3, 4, 6 आदि में भी एक पारिवारिक सादृश्य है। अब वह एक धागे की चर्चा करता है इसे पिरोकर एक करनेवाला सूत्र क्या है। दरअसल, यह अनेक रेशों के एक के ऊपर एक कसे (overlap) अपने सूत्रबद्धता पाता है। इस तरह हम देखते हैं कि अवधारणा के लिए विविध अनुभवों में (overlap) कुछ तत्त्वों का एक से अधिक वस्तुओं और क्रियाओं से जुड़ते जाना जरूरी है। इस तरह हमारी अवधारणाओं में सदा एक खुला छोर रहता है जिसमें नए अनुभव जुड़ते रहते हैं।

प्रत्यक्ष साक्षात्कार अवधारणाओं के लिए जरूरी है। भाषा के माध्यम से नाम दे देने से अवधारणा बनने की प्रक्रिया तेज हो जाती है और नाम के इर्द-गिर्द इसके पारिवारिक अनुभव जुड़ते जाते हैं। बिना साक्षात्कार के अवधारणा कैसे सम्भव है, इसे एक उदाहरण से आसानी से समझा जा सकता है। जिस व्यक्ति ने कभी गाय नहीं देखी हो उसमें किसी भी विवरण से गाय की अवधारणा नहीं बनेगी। एक जर्मन मित्र ने कहा था कि भारत आने पर उसने जब पहले-पहल भैंस देखी तो सोचा, "ऐसी गाय तो मैंने पहले कभी देखी नहीं।" दरअसल, वह एक अपरिचित पशु को परिचित पशु के किसी रूप में रखकर समझने की कोशिश कर रहा था। यहीं पर रूपकों (metaphors) की भूमिका आती है जिसे विखंडकारी भ्रम पैदा करनेवाला तत्त्व मान ज्ञानवर्धन के हिसाब से खारिज करते हैं। इस पर हम आगे विचार करेंगे। यहाँ एक व्यक्ति से दूसरे तक सम्प्रेषण कैसे और कितना होता है, इस पर विचार करेंगे, जो संस्कृति के लिए सबसे महत्त्वपूर्ण है।

एक व्यक्ति से दूसरे व्यक्ति तक किसी अवधारणा का सम्प्रेषण सीधा नहीं हो सकता। दरअसल, यह एक अनुगूँज (resonance) की प्रक्रिया से होता है। इसमें शारीरिक संवेदन (ध्वनि तरंग से कान के परदे पर आघात) दूसरी चेतना में एक अलंघ्य खाई के पार नव सृजन की उत्तेजना पैदा करता है जिससे सम्प्रेषित अवधारणा से सदृश्य अवधारणा का उदय होता है। एक स्थूल अर्थ में हम इसकी तुलना रेडियो तरंगों की ट्यूनिंग से कर सकते हैं जिसमें सम्प्रेषित कार्यक्रम के अनुरूप रेडियो

या टी.वी. पर ध्वनियाँ व चित्र अस्तित्व में आते हैं। यह अवधारणा हू-ब-हू पहल अवधारणा जैसी नहीं हो सकती क्योंकि जिस व्यक्ति में यह सम्प्रेषित होती है, उसके जीवन के अनुभव ठीक वैसे नहीं हो सकते जैसे सम्प्रेषण करनेवाले व्यक्ति के होते हैं। चूँकि यह एक नव-सृजन की प्रक्रिया है, इसके निर्माण में दूसरे व्यक्ति के अपने जीवन के अनुभवों और शरीर की विशेष बनावट तथा स्थितियों का प्रभाव होता है। कुछ इसी तरह कला कर्म को इसके देखनेवाला प्रत्येक व्यक्ति एक नए और विशिष्ट सृजन के रूप में ही ग्रहण करता है। कला के इतिहास में यह बात बार-बार देखने को मिलती है, जिसमें एक समय की उपेक्षित कला अचानक दूसरे काल में सम्मानित होने लगती है। जो बदली होती है, वह कला परखने की दर्शकों की अपनी दृष्टि। इस तरह हर व्यक्ति की अवधारणा निजी और दूसरों से भिन्न होती है। फिर भी चूँकि अवधारणा को जिन शब्दों से व्यक्त किया जाता है वे सामुदायिक होते हैं इस कारण अपनी भिन्नता के बावजूद ये समानअर्थी लगते हैं। यहाँ भाषा के माध्यम से अवधारणाओं का सामान्यीकरण होता है। चूँकि एक ही अवधारणा अलग-अलग व्यक्तियों में अनुभवों के उनके भिन्न इतिहास से पैदा है, अत्यन्त सरल अवधारणाओं को छोड़ बाकी में शब्दों के 'अर्थ' यानी अवधारणाओं के सम्बन्ध में बात करते हुए अलग-अलग लोग एक ही शब्द का अलग-अलग अर्थ लगा रहे होते हैं। इसका कोई उपाय नहीं कि हम दूसरे के मन में प्रवेश कर यह ठीक-ठीक जान सकें कि जिन अवधारणाओं को वह शब्द में व्यक्त कर रहा है स्वयमेव क्या है? इस दृष्टि से सभी संवाद में अटकल का कुछ तत्त्व प्रच्छन्न रूप से मौजूद रहता है। संस्कृति की जटिलता के साथ संवाद की यह अनिश्चितता बढ़ती गई है, जिससे डबल टॉक की सम्भावना हमारे समाज में व्यापक है। इसलिए बहुत ही महत्त्व की हो गई है। शब्दों के साथ खिलवाड़ का रुझान (काव्यों के बाहर) वर्तमान समाज में सार्थक संवाद को असम्भव बना सकता है।

जीवन के बहुत से क्षेत्र हैं जहाँ अज्ञात स्थितियों और वस्तुओं के सम्बन्ध में जानकारी जरूरी होती है, लेकिन कोई प्रत्यक्ष ज्ञान सम्भव नहीं होता। ऐसी स्थिति में रूपकों के सहारे हम अधिक निश्चित ज्ञान की तलाश की ओर कदम बढ़ा सकते हैं। स्वयं विज्ञान ने अपने विकास में रूपकों का सहारा लिया है—विशेषकर भौतिकी के क्षेत्र में, जहाँ प्रत्यक्ष साक्षात्कार का दरवाजा हमारे इन्द्रियों की सीमा के कारण सदा के लिए बन्द है।

इस दृष्टि के सबसे रोचक उदाहरण परमाणु की अवधारणा का है। आज से लगभग ढाई हजार वर्ष पहले यूनान में डेमोक्रिटस ने संसार के निर्माण के आदि तत्त्व के रूप में परमाणु के होने का विचार दिया। लगभग उतने ही प्राचीन काल में भारत में परमाणुओं की चर्चा हुई। डेढ़ सौ साल पहले तक इसी विचार से बँधे पश्चिमी वैज्ञानिकों ने जब भी इसकी चर्चा की तो बिलियर्ड बॉल की तरह ठोस अविभाज्य

इकाई की तरह ही। यह एक रूपक ही था क्योंकि हमारी आँखें या देखने के यंत्र उसके भीतर तक नहीं झाँक सकते थे। जब उन्नीसवीं शताब्दी के अन्त में रेडियोधर्मिता के गुण तत्त्वों में दिखाई देने लगा तब परमाणु बिलियर्ड बॉल की जगह सौरमंडल के मॉडल में बदल गया, जिसमें एक नाभिक प्रोटोन के चारों ओर इलेक्ट्रॉन चक्कर लगाते कल्पित हुए। यह भी एक रूपक का ही सहारा लेना था। बाद के प्रयोगों से जब यह ज्ञात हुआ कि इलेक्ट्रॉन और प्रोटॉन के व्यवहार विशेष स्थितियों में तरंगों की तरह होते हैं तो इन्हें तरंगों के रूप में प्रस्तुत किया जाने लगा। अभी तक मोटा-मोटी यही स्थिति बनी हुई है। हालाँकि, अब कण और तरंग एक-दूसरे में जटिल प्रक्रिया से परिवर्तनीय बन गए हैं। यह भी एक रूपक है जिसे इसके व्यवहारों को समझने के लिए इसलिए अपनाया जाता है क्योंकि इसके व्यवहार वैसे गणितीय समीकरणों से समझे जा सकते हैं जो तरंग के लिए प्रयोग में आते हैं। सभी वैज्ञानिक इस रूपक के सहारे अपना अनुसंधान आगे बढ़ाते हैं जबकि शायद ही कोई इस बात को कबूल करता है कि दरअसल, इलेक्ट्रॉन एवं प्रोटॉन किसी माध्यम से उसी तरह के तरंग हैं जैसा कि हम जल अथवा वायु में पाते हैं। अपने अन्तहीन विस्तार में संसार मनुष्य के लिए सदा अनजान और अजूबा उपस्थितियों का क्षेत्र रहा है। इसके विविध पहलुओं को अपने ज्ञान के दायरे में लाने के लिए आदमी सतत जो परिचित है, उसके पहलुओं के आलोक में अपरिचित को समझने की कोशिश करता है। यही रूपकों का उत्स है। इसके महत्त्व को खारिज नहीं किया जा सकता।

किसी भिन्न सांस्कृतिक समूह की भाषा से अनुवाद की सारी कोशिशें रूपकों पर ही निर्भर करती हैं, क्योंकि दूसरे भाषा-भाषी समूह के प्रतीक और उसके परिवेश में विकसित पद जिन अनुभवों की ओर संकेत करते हैं, वे अनुवाद की भाषा के पाठकों के प्रत्यक्ष साक्षात्कार से बाहर होते हैं। जहाँ के लोगों ने लीची न देखी हो न खाई हो उन्हें लीची के बारे में बतलाते वक्त शायद इसका रूप जताने के लिए स्ट्रॉबेरी से सामंजस्य बतलाना होगा (उन्हें जिन्होंने स्ट्रॉबेरी देखी हो), स्वाद में किसी 'खट्टे-मीठे फल से मिलता जुलता बतलाना होगा, लेकिन किसी भी तरह ऐसा विवरण लीची की अपनी बनावट या स्वाद का ज्ञान नहीं करा सकता। सामाजिक स्तर पर इसी तरह भारत के सम्मिलित परिवार के भावनात्मक लगावों के ताने-बाने को छोटे परिवार वाले पश्चिमी लोगों को उनकी भाषा में नहीं बतलाया जा सकता। ऐसी ही स्थितियों से उबरने के लिए रूपकों और अलंकारों का सहारा अपरिचित स्थिति का कुछ आभास देने के लिए प्राचीनकाल से ही लिया जाता रहा है।'

मूलत: संस्कृति ही मनुष्य को परिवेश से अनुकूलन की क्षमता प्रदान करती है। इसमें धर्म-दर्शन, विज्ञान तथा तकनीक की विशेष भूमिका होती है। इन सबके विकास के लिए जरूरी है आदमी की भाषा में विश्वसनीय सम्प्रेषण की क्षमता हो, लेकिन भाषा का चरित्र ऐसा है कि यह निश्चित ज्ञान भी दे सकती है और कल्पना

लोक में भटका भी सकती है। मनुष्य ने भाषा के दोनों तरह के व्यवहार के क्षेत्रों को अलग रखने की कोशिश की है और इस दृष्टि से विशेषकर बीसवीं शताब्दी में—भाषाशास्त्री और दार्शनिक इसके विश्लेषण में लगे रहे हैं। हाल के दिनों में उत्तर-आधुनिकतावादी विमर्श ने भाषा में एक ऐसे वैचारिक घालमेल को प्रोत्साहित किया है, जिससे काल्पनिक और वास्तविक का विवेक नष्ट हो जाए और आदमी में अपनी समस्याओं से जूझने को संकल्प हताशा और यथास्थितिवाद में बदल जाए। हमारे अपने समय में राजनीति और व्यावसायिक विज्ञापन, दोनों ही भाषा के प्रदूषण से त्रासद ढंग से प्रभावित हुए हैं। इसलिए संस्कृति के सामने भाषा की सम्प्रेषणशीलता को विश्वसनीय बनाए रखने की बड़ी चुनौती उपस्थित हो गई है। अत: भाषा को संयत बनाने की बजाय मनमाने प्रयोग का लाइसेंस सांस्कृतिक बिखराव का भी नुस्खा हो सकता है।

3

अपनी बहुचर्चित पुस्तक 'द हंटिंग हाइपोथिसिस' में विख्यात नृशास्त्री रॉबर्ट ऑर्डर ने लिखा है, "...मैं जीव के किसी भी वैसे कार्य को संस्कृति प्रगति मानता हूँ जो जीव द्वारा जैविक अनुकूलन (adaptation) के लिए परिवेश के अनुसार स्वयं को बदलने के बदले अपने परिवेश को ही अपनी आवश्यकता के अनुसार बदलता है।" यह अति सरलीकृत होते हुए भी संस्कृति की एक तरह की परिभाषा हो सकती है। उसने इसके उदाहरण में एक पक्षी किट्टीवेक का उल्लेख किया है जो गल श्रेणी का पक्षी है, लेकिन इस श्रेणी के दूसरे पक्षियों के विपरीत, जो समूह में समतल भूमिका पर घोंसले बनाते हैं, किट्टीवेक समुद्रतट के पर्वतों की ऊँची खड़ी चट्टानों के छोटे उभरे फलकों को खास तरह के स्वनिर्मित गारा से फैलाकर ताखानुमा छोटा-सा घोंसला बनाता है जो इसे अनेक तरह के संघर्षों और खतरों से बचाता है। इसी सन्दर्भ में ऑर्डर बया पक्षी की जटिल बनावट वाले घोंसलों का भी उदाहरण पेश करता है। बया के घोंसले में आराम के लिए कोठरियाँ बनी होती हैं और इसमें वर्षा और तूफान में भी पूरी सुरक्षा देने की क्षमता होती है। इन उदाहरणों में संस्कृति का एक खास पहलू देखा जा सकता है, लेकिन मनुष्य की संस्कृति के कई दूसरे आयाम हैं जो पक्षियों की इन निर्मितियों से इसे अलग करते हैं। मानव संस्कृति से इसका एक बुनियादी फर्क तो यह है कि इन पक्षियों के सारे कार्यकलाप आनुवंशिकी से प्राप्त सहज प्रवृत्ति द्वारा निर्धारित होते हैं और इससे उनके व्यवहारों और बनावट पर जो प्रभाव पड़ता है, वे भी उनकी आनुवंशिकी में ही अंकित होते चले गए हैं। इसके विपरीत मनुष्य जो भी करता है, उसके पीछे उसकी अपनी सोच होती है जो बहुत कुछ उसकी परम्परा से प्राप्त जानकारी से निर्धारित होती है।

ऊपर से दिखाई देनेवाले सामंजस्य के बावजूद निर्माण की दिशा में मनुष्य के सांस्कृतिक अभिक्रम कहीं अधिक दूरगामी होते हैं। वह अपने बाहरी परिवेश में कुछ छोटे-मोटे बदलाव से सन्तुष्ट नहीं होता। वह अपनी प्रारम्भिक आवश्यकताओं की पूर्ति से परे जा जिस संसार में वह जन्मा है, उसके समानान्तर अपनी स्वयं की सृष्टि निर्माण में लगा रहता है। इस निर्माण में घास-पात, गिट्टी-गारे की भी एक भूमिका होती है, क्योंकि इन्हीं से उसके जीवन का ठोस धरातल बनता है—उसके घर, कारखाने,

बाँध आदि, लेकिन जैसा कि हमने पहले देखा है, मनुष्य की सबसे बड़ी विशेषता उसकी अवधारणात्मक क्षमता, भाषा और भाषायी सम्प्रेषण है। इसलिए इन्हें आधार बना वह सदा एक वायवीय घोंसला निर्माण में लगा रहता है जिसको वह बया की तरह घास-फूस से नहीं बुनता बल्कि अपनी अवधारणाओं को अभिव्यक्त करनेवाले प्रतीकों के सहारे बुनता है। ऐसे प्रतीकों के भंडार जटिल व्याकरणीय संरचनाओं से बँधी उसकी भाषा है; उसकी मुद्राएँ हैं, यानी आंगिक भाषा, जो नृत्य एवं नाट्य में अभिव्यक्त होती है, उसके स्वर संधान हैं जो अपने उतार-चढ़ाव से संगीत के भावलोक का निर्माण करते हैं, और फिर रेखाओं और रंगों का संसार है जो उसके बाहर फैले दृश्य संसार को रूपाकर देते हैं। व्याकरणीय संरचना (syntactical structure) का आधार पा मनुष्य की अवधारणाएँ उसे अप्रत्याशित कल्पना लोक में ले जाती हैं; तरह-तरह के ऐसे संसारों का निर्माण करती हैं जो उसके भौतिक अनुभव के बाहर होते हैं। अवधारणाओं की यह विशिष्टता है कि वस्तुओं को विविध कोणों से दृष्टिगोचर पहलुओं एवं बदलती परिस्थितियों के विविध अनुभवों के सन्दर्भ में बहआयामी और बहुआकारीय रूप दे सकती हैं यानी इन्हें अपनी मर्जी से कल्पना में अति लघु, अति विशाल, सीधा, टेढ़ा, कोई भी रूप दे सकती हैं। इन्हें दूसरी वस्तु का कोई सरोकार नहीं बैठता।

इसमें किसी ठोस वस्तु को वायवीय और जो बिलकुल वायवीय और निर्विकार है, उसे ठोस आकार दिया जा सकता है। पहले का उदाहरण एक पद 'जनशक्ति' है। दूसरे के उदाहरण 'तिरंगा ध्वज धारिणी भारत माता' एवं 'स्टैचू ऑफ लिबर्टी' हैं। भाषा के माध्यम से इन कल्पनाओं को सम्प्रेषित भी किया जा सकता है। इस तरह लोक परम्पराओं और मिथकों के सहारे बहुत सारी अवधारणाएँ स्थायी अस्तित्व ग्रहण कर लोगों के जीवन को पीढ़ी-दर-पीढ़ी प्रभावित करती रहती हैं।

अवधारणाएँ कैसे जुड़ती हैं, उनके कुछ उदाहरण देखें। भारतीय परम्परा में निरंकार ब्रह्म की कल्पना काफी व्यापक रही है, लेकिन इसी परम्परा में चतुर्भुज विष्णु भगवान की भी कल्पना है जिसमें मनुष्य के रूप (एक अवधारणा) के साथ दो अतिरिक्त हाथ (दूसरी अवधारणा) को जोड़कर चतुर्भुज बना दिया गया है। फिर इसी भगवान को नृसिंह अवतार में मानव आकार के साथ सिंह के मुख और पंजे जोड़ दिए गए हैं और वाराह अवतार में मानव शरीर पर वाराह का सिर और हाथी के मस्तक वाले गजानन गणेश से तो सभी परिचित हैं जो अपनी सूँड़ से सचमुच दूध तक पीते बतलाए जाते हैं। दुनिया के अनेक धर्मों में विविध जीवों के गुणों वाले देवताओं की ऐसी कल्पनाएँ अवधारणा की इस विशिष्टता के परिणाम हैं—यथा मिस्र के देवता होरस, जिनका सिर बाज का और शरीर मनुष्य का है। भाषायी विवरण से हम कल्पना की किसी भी उड़ान को दर्ज कर सकते हैं और उस भाषा से परिचित लोगों को अपनी कल्पना को फैला विवरण से विष्णु का रूप अत्यन्त जटिल और

भावपूर्ण बन जाता है जिसमें भौतिक और नैतिक, दोनों ही तरह के गुण जुड़ जाते हैं। जैसे तुलसीदास में :

"लोचन अभिरामा तन घनस्यामा निज आयुध भुजधारी
भूषण बनमाला नयन बिसाला सोभा सिंधु खरारी
कह दुइ कर जोरी अस्तुति तोरी केहि विधि करौं अनन्ता।
माया गुन ग्याना तीत अमाना वेद पुराण अनन्ता
करुणा सुख सागर सब गुन आगर जेहि गावहि श्रुति सन्ता।"

लेकिन धार्मिक विश्वासों के बाहर भी लोककथाओं में धरती और स्वर्ग के बीच विचरण करनेवाली पंखयुक्त परियाँ, दुर्दान्त दानव और मनुष्य और देवताओं से साहचर्य करनेवाले पक्षी भरे पड़े हैं।

भाषाओं की व्याकरणीय बनावट से अपनी कल्पना में मूर्त से अमूर्त और अमूर्त से मूर्त में हम कैसे संक्रमण करते हैं, उसके कुछ उदाहरण लें। 'घड़ा में पानी भर गया है' जैसी भाषायी बनावट से हम 'उनके पाप का घड़ा भर गया है' जैसा वाक्य गढ़ते हैं जो बिलकुल अलग तरह के अमूर्त तरह के अमूर्त भाव को अभिव्यक्त करता है। और फिर यह वाक्य लें 'ज्योति कलश छलके'। इसमें कलश का भौतिक या अभौतिक कौन-सा अस्तित्व है, इसको छोड़ कि यह हममें एक खास तरह के भाव का संचार करता है। दरअसल, अपनी भाषा के शब्दों और व्याकरण के सहारे आदमी विविध रंगी संसार का ठीक वैसे ही निर्माण करता है जैसे कोई कलाकार अपनी तूलिका के रंगों से चित्रों का। जिस तरह मनुष्य अपनी भाषायी अभिव्यक्ति में अपनी भाषा के व्याकरण से बँधा होता है और इसी से अभिव्यक्ति को विस्तार देता है, उसी तरह चित्रकार भी रंग और रेखाओं के व्याकरण से। कोई कलाकार भी मनमाने ढंग से जहाँ-तहाँ रंग बिखेरकर किसी सार्थक कला का निर्माण नहीं कर सकता। महादेवी वर्मा, जो कवि के साथ-साथ कलाकार भी थीं, दोनों माध्यमों में अभिव्यक्ति के इस सामंजस्य को भलीभाँति समझती थीं। उनकी ये पंक्तियाँ लें :

"कल्पना निज देख कर साकार होते,
और उसमें प्राण का संचार होते,
सो गया रख तूलिका दीपक चितेरा"

कल्पना को साकार रूप देना, जिसमें प्राण का संचार तक हो तूलिका की सामर्थ्य के भीतर है और भाषा की अभिव्यक्ति किस तरह से संसार का निर्माण करती है उनका तो ये पंक्तियाँ स्वयं उदाहरण हैं, लेकिन यह क्षमता सुखमय या घनात्मक तो नहीं है। अभिव्यक्ति की यह क्षमता ही झूठ के उस ताने-बाने का भी आधार बन सकता है जो हमारे जीवन का एक फैलता हुआ आयाम बन गया है। हम कितनी आसानी से विज्ञापनों के झूठ को हकीकत मान लेते हैं, यह तो आधुनिक जीवन में रोज का अनुभव है।

कल्पना मनुष्य में अवधारणा और अभिव्यक्ति के बीच एक अनिवार्य कड़ी का काम करती है। अवधारणा के छोर खुले होते हैं और इसमें रोज नए अनुभव जुड़ते रहते हैं। इसके स्वरूप और माप भी परिप्रेक्ष्य के हिसाब से बदलते रहते हैं जिससे इसमें लघुता और विशालता, सरलता और वक्रता तथा बहुआयामिता सभी सम्भावना के रूप में मौजूद रहते हैं। एक अति सरल उदाहरण के लिए, हम कुर्सी को लें। इसे जमीन पर भी रखा जा सकता है, रस्सी के सहारे छत से भी लटकाया जा सकता है और इस तरह झुलाया जा सकता है, जिससे इसके पाँव ऊपर-नीचे तथा विविध दिशाओं से देखे जा सकें। प्रत्येक दिशा से यह अलग रूप दिखेगा, कुछ अकल्पित नए रूपों में भी। इसे नजदीक या दूर से देखा जा सकता है, जिससे यह बड़ा या छोटा दिखाई देगा। हमारी कुर्सी की अवधारणा में इसकी वे सारी छवियाँ मौजूद रहती हैं जिनकी झलक हम पा चुके होते हैं। यह बात दीगर है कि चूँकि व्यवहार में हम कुर्सियों का उपयोग इन्हें जमीन पर रख बैठने के लिए ही करते हैं। स्थायी रूप से इसकी एक ही छवि मन पर अंकित होती है, लेकिन हमारे आसपास की अधिकांश वस्तुएँ परिवर्तनशील और गतिशील हैं अत: उनकी एक स्थिर छवि नहीं बनती। हमारे लिए सर्वाधिक महत्त्वपूर्ण हमारे आसपास के मनुष्य सबसे अधिक गतिशील और परिवर्तनशील होते हैं। बचपन से बुढ़ापे तक में उनका रूप बिलकुल बदल जाता है। उनका आकार भी हमारे पास आते और हमसे दूर जाते बदलता रहता है हालाँकि हम एक मनोवैज्ञानिक प्रक्रिया जिसे स्थायीकरण (constancy) कहा जाता है, के कारण इससे अनजान रहते हैं। यह आम जानकारी है कि किसी वस्तु या व्यक्ति का आकार इसी अनुपात में छोटा या बड़ा दिखाई देता है जिस अनुपात में वह हमारी आँखों की पुतलियों पर कोण बनाता है। इस हिसाब से हमारी आँखों से एक फुट की दूरी पर रखी गई कलम दस फुट की दूरी पर खड़े किसी आदमी से कहीं अधिक बड़ी दिखनी चाहिए। इस तरह कोई आदमी जो हमारे समीप से दूर जा रहा हो तेजी से छोटा होते-होते सौ गज दूर जाते-जाते साल भर के शिशु से छोटा दिखना चाहिए, लेकिन स्थायीकरण (constancy) के मनोवैज्ञानिक प्रक्रिया के कारण हम: उस आदमी को उसके 'स्वाभाविक' आकार में ही देखते रहते हैं। यह 'स्वाभाविक' आकार भी हमारे मस्तिष्क की ही निर्मिति है। बरसों के बाद मिलने पर हम अपने मित्र को कैसे पहचान लेते हैं जो निश्चित ही इस बीच काफी बदल चुका होता है। हम बोल भी देते हैं, "यार, तुम कितना बदल गए हो?" यहीं पर अवधारणा से कल्पना में संक्रमण जरूरी होता है। याददाश्त में मित्र की एक निश्चित छवि उपस्थित होती है, जिसे कुछ कूट संकेतों के जरिये, जो उसकी विशिष्टता को जाहिर करते हैं, हम मित्र के वर्तमान रूप में देखने लगते हैं। स्थायीकरण भी कल्पनाजनित ही है जहाँ वस्तुनिष्ठ दृश्य से कल्पनाजनित छवि ज्यादा विश्वसनीय लगती है। बाहरी दृश्य के बदलाव के साथ भीतरी मानसिक बदलाव का भी एक क्रम चलता रहता है। यहाँ

भी हम अपनी कल्पना में प्रिय जनों, या प्रतिरोधियों की किसी प्रारम्भिक छवि से बँधे होते हैं जबकि वे जन अपने कार्यकलाप में काफी बदल चुके होते हैं, लेकिन हम अपनी कल्पना, यहाँ पूर्वग्रह से इस कदर बँधे होते हैं कि जब तक कोई गहरा सदमा या झटका नहीं लगे, हम उनके व्यवहारों को उचित या निषिद्ध साबित करने के लिए बहाने ढूँढ़ते रहते हैं जिसे मनोवैज्ञानिक 'रैशनलाइजेशन' कहेंगे। अपना धर्म और अपना देश तो सभी अनर्थों के बावजूद उदात्त ही बना रहता है, और प्रतिद्वन्द्वियों के इरादे सदा सन्दिग्ध होते हैं।

कल्पना में कोई अवधारणा अन्य अवधारणाओं और दिक्-काल के परिप्रेक्ष्य से जुड़कर उसके अनन्त सम्भव स्वरूपों में से परिप्रेक्ष्य के अनुरूप एक निश्चित स्वरूप ग्रहण करती है। इसमें आवश्यकता और मंशा, दोनों की भूमिका होती है। ऐसी ही मंशाओं के प्रक्षेपण (projection) से कभी-कभी जो सामने होता है उससे भिन्न कुछ देखने का भी पैदा होता है। हम समीप से दूर जाते व्यक्ति और वर्षों बाद मिलनेवाले अपने मित्र की कल्पना में सुनिश्चित स्वरूप में ही देखते हैं और जो कुछ बदला होता है उसे नजरअन्दाज कर देते हैं। इसी से सतत परिवर्तनशील अनुभव क्षेत्र में हमें निरन्तरता का बोध होता है।

अब एक और उदाहरण लें। हमारे सामने कोई आदमी खड़ा है। हम उसके शरीर के सिर्फ उस भाग को देखते हैं जो हमारे सामने होता है और जो दो-आयामी होता है किसी सपाट तस्वीर की तरह, लेकिन हम उसे एक गोल-गाल, मोटा-ताजा मनुष्य मान लेते हैं जबकि हमने उसके मोटापा या पिछले भाग को देखा नहीं है। दरअसल, यहाँ हम अपने पिछले अनुभवों के आधार पर अपनी कल्पना से ही उस आदमी को तीन-आयामी मान लेते हैं। इस तरह देखने के हम इतने आदी हैं कि जब पिकासो ने अपने घनवादी चित्रों में वस्तुओं के उन ओझल भागों को भी चित्रित करने की कोशिश की जो सिर्फ हमारी कल्पना में ही होती है तो यह आश्चर्यचकित करनेवाला अविश्वसनीय और वस्तुओं का विद्रूप लगा। इसी तरह का अचरज लोगों को तब हुआ जब इम्प्रेशनिस्ट चित्रकारों ने अपने चित्रों में रंगीन छायाओं को दिखलाना शुरू किया। यह एक प्राकृतिक हकीकत थी यानी दरअसल, छायाएँ रंगीन ही होती हैं, लेकिन लोग छाया और आलोक को स्याह-सफेद रंगों में देखने के इतने अभ्यस्त थे कि जो सचमुच दिखाई देता है, उसे स्वीकार करने को तैयार नहीं थे।

जर्मन दार्शनिक हुसर्रेल और उससे प्रभावित दार्शनिकों ने जिन्हें 'फेनॉमेनोलॉजिस्ट' कहा जाता है, मनुष्य के समक्ष उपस्थित प्रत्यक्ष अनुभूतों (फेनॉमेनो) की विविधता को मनुष्य की देखने की मन:स्थिति से जोड़ने की एक पूरा शास्त्र विकसित करने की कोशिश की। इस तरह दुनिया को द्रष्टा (नोयसिस) और दृश्य (नोयमा), ऐसे दो भागों में बाँटकर उसने यह स्थापित करने की कोशिश की कि जो कुछ सामने दिखता

है, उसका स्वरूप देखनेवाले की मन:स्थिति (नोयसिस) द्वारा निर्धारित होता है और स्वयं नोयसिस भी देखने की प्रक्रिया के आत्मोन्भव से निर्धारित होता है। इस दर्शन के माननेवाले लोगों ने मनोवैज्ञानिकों द्वारा प्रस्तुत कुछ 'ऑप्टिकल इल्यूजन'— जैसे नेकर क्यूब यानी रेखाओं से बना घन, जिसका रुख बदलता रहता है—को द्रष्टा के रुझान से जोड़ अपनी बात को स्पष्ट करने की कोशिश की। उनके अनुसार दृश्य संसार और उसके बाहर भी हम जैसा देखते हैं वह इस 'नोयसिस' से निर्धारित होता है और यह नोयसिस उस सांस्कृतिक परिप्रेक्ष्य से निर्धारित होता है जिसमें हम रहते हैं—इसे वे 'सेडिमेंटेशन' कहते हैं। यह एक तरह से जड़ीभूत दृष्टि होती है जो आदमी पर हावी होता है।

फेनॉमेनोलॉजिस्टों द्वारा दिया गया विवरण काफी जटिल है, पर बुनियादी रूप में वे इस बात की ओर इशारा जरूर करते हैं कि जो दुनिया आदमी देखता है वह उसकी अपनी स्थिति या उपस्थिति से स्वतंत्र नहीं होती। यहीं से इस दर्शन का सम्बन्ध अस्तित्ववादियों से बनता है। वर्तमान सन्दर्भ में यहाँ कही गई बातें इस विचार की पुष्टि करती हैं कि मनुष्य के लिए वह संसार जिसमें वह अवस्थित है, उसकी अपनी कल्पना से स्वतंत्र नहीं है बल्कि उसका स्वरूप मनुष्य की ही निर्मिति है। स्वयं में उसका अस्तित्व है, लेकिन आदमी की कल्पना के बाहर वह निराकार है। मनुष्य के जीवन के लिए, जो ठेठ रूप से सीधा दिखनेवाला है, उससे परे जा कल्पना से बहुत सारी वस्तुओं को देखना और जानना इतना अपरिहार्य है कि वह उसके बगैर एक दिन भी जिन्दा नहीं रह सकता।

अन्य जीवों के लिए, जिनके कार्यकलाप सहज प्रवृत्ति से निर्धारित होते हैं, अलग-अलग परिस्थितियों में वह क्या करेगा, पूर्व निर्धारित होता है। उसे विकल्पों के बीच चुनाव करने की चुनौती का सामना करना नहीं होता, लेकिन आदमी किसी स्थिति में कैसा व्यवहार करेगा, यह सदा विकल्पों के बीच उसके अपने चयन पर निर्भर करता है क्योंकि उसकी संस्कृति ने अधिकांश वस्तुओं और स्थितियों को सुन्दर और असुन्दर, उचित और अनुचित जैसे खाँचों में बाँट दिया होता है, लेकिन इस चुनाव में वह बिलकुल स्वतंत्र भी नहीं होता। सहज प्रवृत्ति की तरह सामाजिक अपेक्षाओं का एक दबाव भी उस पर बना रहता है। इसमें सभी कार्यों के साथ सकारात्मकता और नकारात्मकता के लेबुल लगे होते हैं। प्राय: वैसे अनेक काम, जिसे उसकी संस्कृति नकारात्मक मानती है, मनुष्य की सहज प्रवृत्ति से आकर्षक लगते हैं। इससे सामाजिक रूप से उचित लगनेवाली स्थितियों से भटकाव की काफी गुंजाइश होती है। चूँकि आदमी उसकी संस्कृति द्वारा निर्धारित मूल्यों को आत्मसात् कर लिया होता है, ऐसे भटकाव से वह न सिर्फ समाज की निगाह से गिरता है बल्कि स्वयं अपनी निगाह से भी गिरता है। अत: वह अपनी इच्छाओं का दमन करता है, लेकिन दमित इच्छाएँ उसका पल्ला नहीं छोड़तीं। यहाँ से उसका इस दुनिया से पलायन

की प्रक्रिया शुरू होती है। मनोविज्ञान के साइकोएनालिसिस वाली धारा के अनुसार इस दबाव से मुक्त होने के लिए आदमी या तो स्वप्न में अपनी दमित इच्छाओं को प्रतीकों के माध्यम से पूरा करने की कोशिश करता है या विक्षिप्त बन मानसिक रूप से अपनी अलग दुनिया में निवास करने लगता है। एक तीसरा विकल्प भी होता है जिसे वे 'सैब्लिमेशन' कहते हैं। यह सर्जनशीलता का है जिसमें इन इच्छाओं को एक स्वीकार्य रूप मिलता है। इससे वह जिस दुनिया में होता है उसमें रहते हुए ही कविता, कहानी, उपन्यास, चित्रकला, मूर्तिकला आदि में अपने निजी भावों और आदर्शों को अभिव्यक्ति करने की कोशिश करता है या फिर संगीत का ऐसी दुनिया का निर्माण करता है जिसमें कुछ क्षण के लिए वह इस दुनिया से बिलकुल बाहर हो जाए। संस्कृति की सर्जनशीलता की यह चरम परिणति होती है जिसमें आदमी अलग दुनिया में निवास करने लगता है।

आदमी की कल्पनाशीलता, जिससे वह मिथकीय संसार की रचना करता है, काव्य और कथालोक तक ही सीमित नहीं रहती। भौतिक विज्ञान द्वारा रचित संसार भी, जिसे हम सबसे विश्वसनीय और ठोस मानते हैं, उसकी सृजनशीलता का ही दूसरा आयाम है। प्राचीनकाल से ही भारत और यूनान आदि के दार्शनिक हमारे आसपास की धरती, अनन्त दिखनेवाले आकाश और इसमें फैले तारों और नक्षत्रों को समझने की कोशिश करते रहे हैं। आसपास की धरती को मापने, प्रयुक्त गणितीय अवधारणाओं को फैलाने वे नक्षत्रों की दूरियों को मापने और उनकी गतियों को निश्चित नियमों में बाँधने की कोशिश करते रहे हैं। इसके अलावा इसकी भी अटकलें लगती रहीं कि हमारी अपनी काया समेत सारा संसार कैसे तत्त्वों से बना है। पहले इन्हें विविध तत्त्वों से बना माना जाने लगा—यथा हमारी परम्परा में क्षिति, जल, पावक, गगन एवं समीर से संसार की रचना की कल्पना की गई। ये सब हमारे इन्द्रियजन्य के अनुभव के भीतर आते थे, लेकिन इनके पीछे जा किसी अविभाज्य परम तत्त्व की तलाश जारी रही जिनके संयोजन से सारा संसार बना है।

दर्शन के दोनों महान क्षेत्रों, भारत और यूनान में सारे संसार की उत्पत्ति के पीछे परमाणुओं की क्रियाशीलता और संयोजन को अनेक रूप में प्रतिपादित किया गया। लोगों की मान्यताओं में ये अविभाज्य ठोस पदार्थ थे और यह सहज ही मान लिया जाता था कि जैसे हम ईंटों को जोड़ घर का निर्माण कर लेते हैं, किसी तरह ये परमाणु भी मिलकर विविध रूपी वस्तुओं का निर्माण करते हैं। यह पहेली जरूर बनी रही कि वे परमाणु गतिशील कैसे होते हैं? सैकड़ों वर्ष तक इस दार्शनिक ठोस धरातल के प्रति आश्वस्त हो वैज्ञानिक अपना प्रयोग करते रहे, लेकिन इन प्रयोगों के परिणामस्वरूप ही मान्यताओं की वह ठोस धरातल जिस पर दार्शनिक और वैज्ञानिक बैठे थे, तरल और वायवीय बन धीरे-धीरे विलीन होने लगी। इनका प्रभाव पश्चिमी दुनिया पर ज्यादा पड़ा, जहाँ विज्ञान में अवलोकन (ऑब्जर्वेशन) से अधिक महत्त्व

प्रयोगों को दिया जाने लगा। कोपरनिकस और गैलीलियो ने धरती को ब्रह्मांड के केन्द्र से विस्थापित कर मनुष्य को इसके लिए विवश कर दिया कि वह जिस संसार में रहता है उसकी सैद्धान्तिक रूप से पुनर्रचना करे। इससे एक बात और भी सामने आई कि आदमी संसार को जैसा देखता-समझता था, वह दरअसल, उसकी ही कल्पना की रचना थी कोई स्वयमेव प्रकट अस्तित्व नहीं। न्यूटन के वैज्ञानिक शोधों की रौशनी में संसार को एक नवीन रूपाकार देने की कोशिश कांट-लायलारा सिद्धान्त के रूप में हुई। इससे विकासशील ब्रह्मांड की एक छवि उभरी जिसके अनेक निहारिकाओं में हमारी आकाशगंगा भी एक थी और हमारी धरती एक मझोले कद के तारा (सूरज) की परिक्रमा करती लघु धूलकण भर थी।

जैसे-जैसे आदमी की बाहर अवलोकन की क्षमता नए तरह से दूरबीनों और आगे चलकर रेडियो दूरबीनों से बढ़ती गई, वे तारे जो हजारों वर्ष से मद्धिम या तेज टिमटिमाते दिखते थे, तरह-तरह के आकार ग्रहण करने लगे। अब उनकी जगह करोड़ों सूर्य, निहारिकाएँ, ब्लैक होल आदि दृष्टिगोचर होने लगे और इन सबके बीच कई संगति बैठा मानव कल्पना में ब्रह्मांड की पुनर्रचना फिर जरूरी हो गई। इस सन्दर्भ में आइंस्टीन के दिक्-काल सातत्य रचित ब्रह्मांड अस्तित्व में आया। इसके बाद के अन्य शोधों के आधार पर ब्रह्मांड की पुनर्रचना के प्रयास जारी हैं। इसमें स्थिर (स्टेडी स्टेट), फैलते (एक्सपैंडिंग) और धड़कते (पल्सेटिंग), ऐसे तीन तरह के ब्रह्मांड की अवधारणाएँ मान्यता के लिए स्पर्धा गें लगी हैं। कुल मिलाकर इन तथ्यों से यह निष्कर्ष तो निकलता है कि आदमी का खगोलीय भौतिक संसार भी उसकी कल्पना से ही रूपाकार ग्रहण करता है। जो निर्विवाद बचते हैं वे हैं सिर्फ वे अनुभव, जो प्रत्यक्ष रूप से वह अपनी इन्द्रियों द्वारा सीधा या अनेक यंत्रों के माध्यम से ग्रहण करता है।

आम अनुभव से बने संसार को देखने की हमारी दृष्टि को एक और बड़ा झटका संसार की उस संरचना से लगता है जो भौतिक वैज्ञानिक हमारी ठोस धरती और इस पर फैले दूसरे असंख्य वस्तुओं के अध्ययन से प्रस्तुत करते हैं। पहले इसकी चर्चा हो चुकी है कि कैसे परमाणुओं का स्वरूप प्रयोगों से प्राप्त अनुभवों के कारण बदलता गया और संसार का निर्माण करनेवाले ठोस ईंट की जगह वे तरंगों में विलीन हो गए। और ये तरंगें भी किसी ऐसे माध्यम के नहीं हैं जिनका हम अपनी निगाह या स्पर्श से जल या वायु की तरह प्रत्यक्ष अनुभव कर सकें। ये माध्यम हमारे अनुभवों से परे हैं—एक माध्यम ईथर की कल्पना प्रकाश तरंगों को समझने के लिए की गई थी जिसे प्रयोगों ने निष्कासित कर दिया था। कुछ वैज्ञानिकों ने इस अनुपमेय माध्यम की चर्चा से पैदा उलझनों से निकलने के लिए इसे सीधा 'प्रोबेबिलिटी वेव' (सम्भावनाओं का तरंग) का नाम दे दिया, लेकिन दरअसल, इससे कुछ भी स्पष्ट नहीं हो सकता। यह तो महज भाषा की उस क्षमता का सहारा लेना भर हुआ जिससे भाषा के माध्यम से

किसी भी होनी न हो। भाषा का यह गुण विलक्षण रूप से समाधानकारी हो सकता है। यह स्थितियों को आलोकित कर इन्हें समझने में ही सहायक नहीं होती बल्कि एक ड्रग की तरह जानने-समझने की हमारी उत्सुकता को सुप्त बना एक तरह की आश्वस्ति और शान्ति का बोध भी प्रदान कर सकती है।

इस तरह हम भौतिक विज्ञान के माध्यम से अपनी तलाश में वहाँ पहुँचते दिखाई देते हैं जहाँ वेदान्ती दूसरी राह से पहुँचते हैं—यानी सब कुछ माया है, लेकिन ऐसा सोचना जल्दबाजी होगी। वेदान्ती संसार को मिथ्या मानने के बाद इससे मुक्ति का मार्ग ढूँढ़ते हैं क्योंकि यह सारा जगत और इसका अनुभव भ्रम है। विज्ञान इसके उलटा उस बिन्दु से प्रस्थान कर जहाँ सब कुछ अव्यक्त अनुभवातीत है, संश्लेषण और विकास से उस संसार का निर्माण करता है जिसमें ठोस धरती भी है, आसमान भी है, सारा जड़-जगत भी है और चेतनायुक्त हम मनुष्य भी हैं। एक में मानव चेतना और तर्क से संसार का लोप होता है, दूसरे में संसार का बहुआयामी विकास और निर्माण। इसमें महास्फोट (बिग बैंग) से शुरू होकर शुद्ध ऊर्जा के किसी रूप से 'द्रवीकरण' और संश्लेषण से निहारिकाएँ, सूर्य एवं नक्षत्र सभी बनते हैं और जीवन का विकास होता है जो करोड़ों वर्षों के अपने विकास के क्रम में हम मनुष्यों को अस्तित्व में लाता है। संसार के विकास का यह पूरा चित्र और इतिहास मूलत: मानव कल्पना के ही परिणाम हैं। भौतिक शास्त्र की स्थापनाओं पर खड़ा हो मानव मस्तिष्क एक अलग संसार का निर्माण करता है, लेकिन जैसा कि हम पहले देख चुके हैं, यह एकमात्र संसार नहीं है। इसके अलावा और भी सृष्टियाँ हैं और मानव कल्पना ऐसे अनगिनत सृष्टियों के निर्माण की क्षमता रखती है। इनमें प्रत्येक सृष्टि अपने आप में हमारे ध्यान की अपेक्षा रखती है और समान महत्त्व रखती है। किट्टीवेक के चार इंच के ताखे या बया के लटकते घोंसले बनाने की संस्कृति हमारी कल्पना की सर्जन की संस्कृति से कहीं अधिक ठोस हैं, लेकिन इसी से उन्हें एक तंग नियति से बँधना होता है। हमारी सृष्टियाँ काल्पनिक और वायवीय हैं, लेकिन हमें अनन्त सम्भावनाओं की दहलीज पर खड़ा कर देती हैं। यहाँ से आदमी पीढ़ी-दर-पीढ़ी नए अभियान करता रहा है। इसमें एक मूलभूत आजादी का एहसास है, किसी भी नियति की अस्वीकृति का। यही मूलाधार बन जाता है, मनुष्य की स्वतंत्रता की कामना का।

4

हाथी और पाँच अन्धों की प्राचीन कहानी ज्ञान के लिए आँखों के महत्त्व को अत्यन्त ही सटीक ढंग से रेखांकित करती है। आँख बिना हमारा ज्ञान सदा आंशिक रहता है। समग्रता में संसार की छवि आँख से ही प्राप्त होती है। घ्राण शक्ति, स्पर्शबोध, श्रवण और स्वाद का हमारे जीवन के लिए अत्यधिक महत्त्व है, लेकिन ये सब संवेदनशीलता और भावना को उत्प्रेरित करते हैं। संगीत तो संवेदना के सूक्ष्म से सूक्ष्म तारों को झंकृत कर मनुष्य की भावनाओं को औदात्य की महानतम ऊँचाइयों तक ले जा सकता है, लेकिन तात्कालिक अनुभूति के बाहर इससे हम उस संसार की किसी रूपरेखा का अन्दाजा नहीं लगा सकते जिससे हम घिरे हैं। दृष्टि ही है, जिससे हम अपने स्पर्शबोध से परे जा विविध आयामी बन दृश्य संसार के प्रति हमारे राग को तभी गहराता है जब हमारी चेतना में संसार की कोई तस्वीर जन्म ले चुकी होती है—इसी से ऋतुओं और काल में निबद्ध हो यह विविध राग-रागिनियों को जन्म देता है। हमारे शरीर के साथ-साथ हमारे आसपास जो भी वस्तुएँ हैं, उनके अस्तित्व के लिए दिक् और काल, दोनों में उनकी उपस्थिति अनिवार्य है।

हमारे आसपास की दृष्टिगत वस्तुएँ दिक् के तीन आयामों में फैली होती हैं, लेकिन वे अस्तित्व में तभी रहती हैं जब वे काल में भी उपस्थित हों, चाहे इस उपस्थिति का कालखंड कितना ही लघु क्यों न हो। संगीत का तो अस्तित्व और इसकी लयबद्धता काल से ही निर्धारित होती है। फिर भी संगीत का सम्प्रेषण तो होता है, लेकिन इससे अनुभूत भाव सम्प्रेषित नहीं हो सकता। संगीत से श्रोता में पैदा भाव उसी में बन्द रहता है। किसी तरह के विवरण से हम इसे दूसरों तक नहीं पहुँचा सकते, लेकिन चाक्षुष अनुभव को चित्रण और भाषायी विवरण, दोनों में काफी हद तक सम्प्रेषित किया जा सकता है।

हमने ऊपर कहा है कि समग्रता में संसार की छवि आँख से ही प्राप्त होती है, लेकिन थोड़ा विचार करने से यह बात आंशिक रूप से ही सत्य लगती है। दरअसल, हम आँख से संसार की छवि नहीं प्राप्त करते बल्कि प्रक्षेपित प्रकार के माध्यम से कुछ संवेदन प्राप्त करते हैं जो आँख की 'रेटिना' से विशेष स्नायुओं द्वारा मनुष्य

के मस्तिष्क में पहुँचता है और इसके विभिन्न हिस्सों में विश्लेषित और संयोजित हो हमें सामने उपस्थित किसी वस्तु या दृश्य की छवि का एहसास कराता है। यह मनुष्य के मस्तिष्क द्वारा संसार की वैसी ही निर्मिति है जैसी निर्मिति किसी कलाकार द्वारा रंग और रेखाओं के संयोजन से हम चित्रकला में पाते हैं। इस बात को थोड़ा स्पष्ट करना जरूरी है।

चूँकि प्रकाश, हवा, जल या शीशा किसी भी पारदर्शी माध्यम से होकर सीधी रेखा में चलता है, वस्तुओं से प्रतिबिम्बित प्रकाश हमारी आँख के परदे (रेटिना) पर उन वस्तुओं का वैसा ही अपरिवर्तित आकार अंकित करता है जैसा आकार वस्तुओं से प्रतिबिम्बित होता है—ठीक वैसा ही जैसा कैमरे के फिल्म पर छायाचित्र। यह दो-आयामी होता है, लेकिन हम इसके विविध रंगों, गहराई तथा दिक् के परिप्रेक्ष्य में समग्रता में देखें, इसके लिए एक जटिल प्रक्रिया होती है। आँखों की रेटिना में प्रकाश के तेज-मद्धिम होने के भेद बताने और रंगों को विश्लेषित करने के लिए 'रॉड' एवं 'कोन' कहे जानेवाले स्नायुओं के सूक्ष्म अंग होते हैं जिनमें अलग-अलग लम्बाई के प्रकाश तरंगों से प्रभावित होनेवाले रासायनिक तत्त्व होते हैं। प्रकाश से प्रभावित हो ये रासायनिक तत्त्व स्नायुओं द्वारा सम्बद्ध सूचनाओं को मस्तिष्क तक पहुँचाते होते हैं। मस्तिष्क इन सूचनाओं को विश्लेषित कर हमें दृष्टिगत वस्तुओं के रंग, आकार एवं दूरी तथा आसपास की वस्तुओं के परिप्रेक्ष्य का बोध कराता है। यह समय दृश्य कैसा दिखेगा, यह सिर्फ दृश्य से प्राप्त बाहरी सूचनाओं पर ही निर्भर नहीं करेगा बल्कि देखने के क्रम में स्नायविक स्थिति और आँखों से सम्बद्ध मांसपेशियों पर पड़नेवाले दबावों से भी प्रभावित होगा। इतना ही नहीं, हमें कोई वस्तु कैसी दिखेगी, यह जिस वस्तु पर दृष्टि केन्द्रित किया गया है, उसके आसपास की वस्तुओं की बनावट और रंग पर भी निर्भर करेगा। स्नायुओं और मांसपेशियों की भीतरी और दृष्टिक्षेत्र की बाहरी स्थितियों से हम जो देखते हैं, वह कैसे प्रभावित होता है इसके पीछे उदाहरण आगे दिए गए हैं।

जीवन के लिए परिवेश की विश्वसनीय जानकारी जरूरी है। सभी जीव अपने विशेष तरह के अलग-अलग संवेदनग्राही अंगों के सहारे यह जानकारी प्राप्त करते हैं। मनुष्य अपने परिवेश को इसके विस्तार में जानने के लिए मुख्य रूप से अपनी आँखों पर निर्भर करता है। स्थान यानी दिक् से उस विस्तार को समझने के लिए जो उसे और उसके समुदाय को हर जगह घेरे रहता है। यह घेरा अति विविधतापूर्ण होता है जिसमें कुछ प्राकृतिक होता है, कुछ संस्कृतिजन्य। इनके विविध अंगों का इनकी सूक्ष्मता और विशालता में पहचान करना आँखों के माध्यम से ही सम्भव होता है। रेटिना पर पड़नेवाले सपाट बिम्ब से दिक् के तीसरे आयाम को सही-सही आँकना—उस आयाम को जो मनुष्य का कार्यक्षेत्र या स्टेज है—जीवन के लिए सर्वाधिक महत्त्व का है। इसमें मुख्य भूमिका हमारी दो आँखों की बनावट, इनके

बीच की दूरी और पारम्परिक सम्बन्ध का है। इसी से मनुष्य की दृष्टि में वह गुण आता है जिसे अंग्रेजी में 'बाइनोकुलर' एवं 'स्टेरियोस्कॉपिक' दृष्टि कहा जाता है यानी दोनों आँखें एक साथ किसी वस्तु पर केन्द्रित की जा सकती हैं और इससे उपलब्ध होनेवाले बिम्ब एक हो हमें गहराई या वस्तुओं की मोटाई का बोध कराते हैं। यह मनुष्य का विलक्षण चाक्षुण गुण है।

वैसे, मनुष्य के लिए वस्तुओं की दूरी या सामने के दिक् (स्पेस) की गहराई को आँकने का यह एकमात्र साधन नहीं है। बहुत नजदीक की उन वस्तुओं की दूरी, जिन्हें हम हाथ से पकड़ सकें, हम दृष्टि को आगे-पीछे करने के क्रम में आँख की मांसपेशियों पर पड़नेवाले दबाव से जान लेते हैं, लेकिन अधिक दूर की वस्तुओं की दूरी का आकलन या इस बात का आकलन कि दूर की वस्तुओं में कौन वस्तु हमसे करीब है और कौन दूर, सिर्फ आँख की मांसपेशियों पर पड़नेवाले दबाव से नहीं किया जा सकता। इसमें बाइनोकुलर दृष्टि (दो आँखों द्वारा आकलन) हमारी सहायता नहीं कर सकता। इसमें एक आँख से देखना ही सहायता करना है। यह जानना दिलचस्प होगा कि चित्रकार दूर की वस्तु की दूरी आदि के आकलन में एक आँख का ही सहारा लेता है, लेकिन इसमें विशेष तरह के 'क्यू' (कूट संकेतों) का सहारा लेना पड़ता है। ऐसे संकेतों के स्रोत हैं—आकार, तुलनात्मक स्थिति, पैरालैक्स (यानी दृष्टि को आगे-पीछे या अगल-बगल खिसकाने से दृष्टिगोचर होनेवाली वस्तुओं के स्थान में दिखाई देनेवाला परिवर्तन—मसलन, जब हम सामने की किसी वस्तु को अपनी आँखों को दाएँ-बाएँ खिसकाकर देखते हैं तो वह भी अपनी जगह से हटता नजर आता है। यह स्थान परिवर्तन नजदीक की वस्तुओं में अधिक होता है। दूरी बढ़ने से यह परिवर्तन घटता जाता है और दूरी बहुत बढ़ जाने पर नगण्य हो जाता है। दूसरा 'क्यू' है दृष्टिपथ में वस्तुओं का एक-दूसरे को छाप लेना—यानी जो वस्तु दूर होगी, उसे देखने में नजदीक की वस्तु अवरोध बन जाएगी। दूरी के साथ वस्तुओं का छोटा होते जाना एक ज्यामितीय नियम से बाँधा जा सकता है जिसे 'लिनीयर पर्सपेक्टिव' (रेखीय परिप्रेक्ष्य) कहा जाता है। इसके परिचित उदाहरण हैं, रेलवे की समानान्तर लाइनें, जो अगर सीधी हैं तो दूर पर एक बिन्दु पर मिलती दिखती हैं, बिजली के तार, सीधी सड़कों और इनके किनारे खड़ी इमारतें जो जैसे-जैसे दूर होती हैं, छोटी होती दिखाई देती हैं। यह सब आँख की पुतलियों पर इन वस्तुओं द्वारा बनाए जानेवाले कोणों पर निर्भर करता है। इस तरह मानव मस्तिष्क कोण की स्थिति से वस्तुओं की दूरी का अनुमान कर लेता है।

दरअसल, यहाँ भी मस्तिष्क कुछ ज्यामितीय संकेतों से सामने को ले-आउट बनाता है। वस्तुओं के आधार का आकलन आँखों की मांसपेशियों पर पड़नेवाले दबाव पर भी निर्भर करता है। हमें आँखों को ऊपर-नीचे करने में अधिक मशक्कत करनी होती है और दाएँ-बाएँ करने में कम इसलिए सामने की खड़ी रेखा अधिक

लम्बी और पड़ी रेखा छोटी नजर आती है, जैसा इस चित्र में जिसमें खड़ी और पड़ी रेखाओं की लम्बाई एक है, लेकिन खड़ी रेखा अधिक लम्बी लगती है।

प्राचीन काल से ही स्थापत्य में इस ज्ञान से विशाल स्तम्भों की ऊँचाई और मोटाई का अनुपात ऐसा रखने के प्रयास होते रहे हैं ताकि उनकी मोटाई सही लगे। इसके अलावा दूरी का संकेत टेक्सचर की भी बढ़ती सघनता से मिलता है। परिप्रेक्ष्य का ही एक प्रभाव है कि दूर की वस्तुएँ क्षितिज के पास ऊँची होती दिखती हैं। इससे भी किसी वस्तु के दूर होने का अनुमान होता है।

टेक्सचर में सामने की फैली चट्टानें हो सकती हैं, फूल की दूर तक फैली क्यारियाँ हो सकती हैं, भीड़ में दूर तक फैले लोगों के सिर हो सकते हैं। नजदीक में चट्टान, फूल या सिर एक-दूसरे से अलग और साफ दिखेंगे, पर दूर होने पर वे सब एक-दूसरे से मिलकर एक मिले-जुले सघनता का दृश्य उपस्थित करेंगे। इसके अलावा दूरी के साथ वस्तुओं की बनावट की स्पष्टता घटती जाती है। नजदीक की वस्तुओं के रंग चटख दीखते हैं और दूर जाते-जाते वे धूमिल होते जाते हैं तथा धूमिल नीलापन का रंग ग्रहण कर लेते हैं। मानव मस्तिष्क रोज होनेवाले अनुभवों के आधार पर इन कूट संकेतों के आधार पर ही दूरी का अनुमान करता है। यही वह प्रक्रिया है, जिससे मानव मस्तिष्क अपने पास-पड़ोस का ले-आउट तैयार करता है। इसमें सभी वस्तुएँ समुचित दूरी पर स्थापित दिखाई देती हैं। इसी तरह हमारे आकलन में रंगों का चटख या धूमिल दिखाई पड़ना भी उनके आसपास के दूसरे रंगों की उपस्थिति से प्रभावित होता है। कोई भी पड़ोस के रंगों के साथ वैसा ही नहीं दिखाई देता जैसा अपने एकाकीपन में। विशेषकर पूरक रंग तो एक-दूसरे के साथ होने पर दोनों की चमक को काफी बढ़ा देते हैं। ये पूरक रंग होते हैं लाल का हरा, पीले का बैंगनी और नारंगी का नीला। रंगों का संयोजन किसी रंग को प्रभावित करने में इतना महत्त्वपूर्ण होता है कि प्रसिद्ध चित्रकार देलाक्रोआने यह दावा किया था कि "मैं वीनस के चमड़े को कीचड़ से रँग सकता हूँ बशर्ते मुझे इसकी छूट हो कि मैं उसे किन रंगों से घेरूँ।" पूरक रंग मन पर कैसे छाते हैं, यह अनेक प्रयोगों से देखा जा चुका है।

मानव मस्तिष्क दृष्टि से सूचनाओं के आधार पर दृश्य संसार का निर्माण कैसे करता है, इसके साहित्य विवरण से हमें यह समझने में आसानी होगी कि कलाकार अपना काम कैसे करता है। चित्र फलक पर कलाकार भी बहुत कुछ रंग और रेखाओं के सहारे अनेक कूट संकेतों को अंकित करता है जिनसे हमें चित्र में विविध छवियों की उपस्थिति का एहसास होता है। यहाँ यह बात ध्यान में रखना जरूरी है कि आदमी में दृष्टिगत वस्तुओं के रूप को समझने की क्षमता उसकी आनुवंशिकी से प्राप्त होती है, लेकिन कलाकारों द्वारा प्रयुक्त कूट संकेत उसकी विशेष सांस्कृतिक परम्परा से प्राप्त होते हैं और उनके आकलन की क्षमता भी कला पारखियों को परम्परा से ही प्राप्त होती है। इसीलिए प्राय: एक संस्कृति में विकसित कलाएँ दूसरी

संस्कृति के लिए अनबूझ बन जाती हैं। यहाँ यह बतलाना जरूरी लगता है कि मुख्य रूप से ऊपर बतलाई गई बातें वैसी ही चित्रकला पर लागू होती हैं जिसे यथार्थवादी या अनुकृतिमूलक कहा जाता है, लेकिन दृश्य कला के और भी रूप हो सकते हैं। इसकी चर्चा बाद में।

आधुनिक अर्थ में दृश्य कला की उत्पत्ति क्यों और कैसे हुई, यह अनिश्चित है, लेकिन जीवन में लयबद्धता, सन्तुलन और सममिति की तलाश और जो आसपास दिखाई देता है, उसमें से उसे आकर्षित या प्रभावित करनेवाली वस्तुओं की अनुकृति बनाने की प्रवृत्ति मनुष्यों में है, ऐसा चारों ओर दिखाई देता है। लयबद्धता की तलाश क्यों है, यह समझना आसान है। आदमी का सारा परिवेश और स्वयं उसका अपना शरीर लयों से आवृत्त है। जन्म से ही उसकी हृदय गति और श्वसन निरन्तर चलनेवाली लयबद्ध प्रक्रियाएँ हैं जो मृत्यु से ही बन्द होती हैं। दिन के बाद रात का आना-जाना, ऋतुओं का चक्रीय आवागमन सभी एक लय में बँधे होते हैं। झील, नदी और सागर के जल तरंग और हवा में थरथराते पत्तों का थिरकना सभी उसके मन पर अंकित होते रहते हैं। शायद नृत्य और संगीत की लय और ताल में आदमी स्वयं अपने जीवन एवं पास-पड़ोस की लय की प्रतिध्वनि की तलाश करता है, जिससे यह एहसास होता है कि उसका परिवेश उसके जीवन का पूरक है—वह इससे बेगाना नहीं है। नृत्य-संगीत में परिवेश में भी प्रतीकात्मक सृष्टि निहित होती है। कोई अचरज नहीं कि आदिम समाजों के धर्मों में वृक्ष, पर्वत, नदी, झील आदि की पूजा की प्रधानता है। देववादी या एकेश्वरवादी धर्मों में भी ये सब प्रतीक के रूप में अपना अस्तित्व बनाए रखते हैं। आधुनिक हिंसक राष्ट्रधर्म भी 'सुजलां सुफलां मलयज शीतलां' परिवेश का दामन नहीं छोड़ता। सममिति और सन्तुलन भी जीवन का अभिन्न अंग हैं। हमारे दो हाथ, दो आँखें, दो कान, पत्तों की बनावट में सममिति, फूलों और अधिकांश पेड़ों की बनावट की सममिति तो हम जिधर नजर डालते हैं, पाते हैं। जब नन्हा-मुन्ना अपने पैरों पर खड़ा होने के प्रयास में डगमगाकर गिरने लगता है तभी से सन्तुलन की जरूरत महसूस करने लगता है और तब से जीवन की हर स्थिति में खड़ा रह सकने में इसकी आवश्यकता महसूस करता है। चित्रकला भी मूलतः इसी लय एवं सन्तुलन को रेखाओं और रंगों के माध्यम से प्रस्तुत करने का प्रयास होता है। अनुकृतियाँ प्रायः इस उद्देश्य की प्राप्ति के लिए बहाना मात्र होती हैं। शायद अनुकृति का रुझान भी जीवन में ही निहित है। दुनिया के अनेक जीवों में परिवेश के अनुरूप रूप ग्रहण करने (mimicry) का गुण देखा जा सकता है। तितलियाँ फलों का रंग ग्रहण करती हैं।[1] बाघों के शरीर पर धूप-छाँह के रंग अंकित होते हैं और गिरगिट तो हर परिवेश में रंग बदलते हैं—वर्तमान समाज के मानव गिरगिट भी।

ऊपर की बातों पर विचार करने से ऐसा लगता है कि आसपास की वस्तुओं की अनुकृति बनाने की इच्छा मनुष्य के स्वभाव में ही रही होगी। इसका एक और

भी बड़ा कारण है। आदमी के सामने उपस्थित संसार की छवियाँ सदा क्षणभंगुर होती हैं। वे पल-पल रूप बदलती हैं और फिर अलोपित भी हो जाती हैं। प्रातः में जो फूल अपनी अप्रतिम आभा फैला रहा होता है, शाम तक या कुछ दिनों में मुरझा जाता है या झड़ जाता है। पेड़-पौधे कालक्रम में निर्जीव हो सूख जाते हैं। पशु और मनुष्य दृष्टि के सामने आते हैं और फिर कहीं बाहर निकल जाते हैं। ये सारी छवियाँ अस्थिर और पकड़ से बाहर रहती हैं। हम किसी उपस्थिति के प्रति आश्वस्त नहीं हो सकते।

लेकिन जब हम इन्हें चित्रित करते हैं या मूर्ति का आकार देते हैं तो मन में अंकित इनकी अवधारणा को, चाहे वह कितना ही अधूरा या विकृत लगे, एक स्थायी रूप दे पाते हैं। अब वह हमारे वश में होता है जिसका हम जैसा चाहे इस्तेमाल कर सकते हैं या दूसरों के सामने प्रस्तुत कर सकते हैं। इस प्रक्रिया के दो पहलू हैं—एक अभिव्यक्तात्मक और दूसरा ललित। हम किसी वस्तु के आकार के सौन्दर्यात्मक पहलुओं से भी प्रभावित हो सकते हैं और उसमें निहित किसी गम्भीर आशय से भी। मनुष्य की प्राचीनतम निर्मितियों के जो अवशेष प्राप्त होते हैं, वे उसके औजार हैं जिनकी बनावट से भी कुछ सौन्दर्यबोध होता है—यथा सममिति एवं रैखिक लय। कुछ उदाहरण हैं एच्चुलियन (हस्त परस), भाले, तीर के फल आदि, लेकिन जो मानवों की प्राचीनतम आकृतियाँ प्राप्त हुई हैं, उनका उद्देश्य अभिव्यक्तात्मक है, यह कुछ विश्वास के साथ कहा जा सकता है और उनका आशय शक्तिपूर्वक मन पर अंकित होता है। ऐसी ही है वीनस ऑफ विलेनडॉर्फ की स्त्री प्रतिमा या फिर लास्काओ की गुफा में बनाई गई मनुष्य पर प्रहार करते बाइसन की आकृति और उसकी प्रस्तुति का विशेष ढंग। पहले में प्रजनन से सम्बद्ध अंगों की अभिव्यक्ति पर बल है; दूसरा शिकार के किसी अनुष्ठान से सम्बद्ध लगता है। अपनी भावनाओं को, जो खासतौर से प्रजनन और जीवन से सम्बद्ध होती थीं, अभिव्यक्त करने की आकांक्षा तो स्वाभाविक रही होगी। जो अचरज में डालनेवाली बात है, वह है अनेक प्राचीन मूर्तियों और गुफाओं में बनी चित्रों की कलात्मकता, जो अभिव्यक्ति की इच्छा मात्र से नहीं आ सकती थी। इन मूर्तियों और चित्रों को देखने से लगता है कि इनके निर्माण के पीछे कला के विकास की लम्बी परम्परा रही होगी। इन मूर्तियों और चित्रों को बनानेवाले लोगों की संस्कृतियों ने सदियों में वे कूट संकेत (कोड) विकसित किए होंगे, जिनके बिना न तो उनकी कलात्मकता सम्भव थी और न अपने प्रयोजन को अभिव्यक्त करने की दक्षता।

प्राचीन प्रस्तर युग की कलाकृतियों की पृष्ठभूमि से हम अपरिचित हैं और उनके विषय में हम सिर्फ अनुमान भर कर सकते हैं। निश्चय ही वह 'कला के लिए कला' नहीं थी। लास्काओ का मनुष्य पर हमला करते बाइसन का चित्र सम्भवतः शिकार से सम्बद्ध अनुष्ठान या जादू-टोने के लिए बनाया गया होगा, लेकिन स्पेन

के अल्तामीरा की गुफा में छलाँग लगाते बाइमन की रंगीन तस्वीर बनाने का उद्देश्य जो भी रहा हो, यह बिलकुल आधुनिक अर्थ में एक महान कलाकृति थी। इसमें गति के साथ-साथ सामर्थ्य का जो भाव अभिव्यक्त होता है वह अत्यन्त ही सचेत और सिद्धहस्त कलाकार के लिए ही सम्भव था जो परिप्रेक्ष्य के नियमों से भलीभाँति परिचित रहा हो और इस जानकारी से इस नियम का इतना भर अतिक्रमण किया हो कि इसकी (बाइसन की) गुरुता का बोध हो सके। बाइसन के पाँव छलाँग लगाने का दृश्य उपस्थित करते हैं—पर भारी-भरकम शरीर की तुलना में पतले दिखते हैं। इससे शरीर का डील-डौल बड़ा लगता है, लेकिन इस डील-डौल को जो चीज नाटकीय ढंग से प्रस्तुत करती है वह है परिप्रेक्ष्य के इस नियम का उल्लंघन (जिसका थोड़ा जिक्र ऊपर हो चुका है) कि दूर यानी पार्श्व भाग सामने के समीप वाले भाग की तुलना में नीचा यानी छोटा दिखता है। इस नियम के नपे-तुले उल्लंघन से एक ऐसे बलशाली जीव का चित्रण हुआ है जो कलाकृति के क्षेत्र में अद्भुत है। इसके अलावा इसमें रंगों का विन्यास भी विलक्षण की ऐसी प्रस्तुति नहीं की जा सकती। दरअसल, ऐसी ही कलाकृति इस बात को झुठलाती है कि कैमरे के आ जाने से अनुकृतिमूलक कला अप्रासंगिक बन गई है। दरअसल, यह जीवन यानी छलाँग लगाते बाइसन की अनुकृति भर नहीं बल्कि एक ऐसा स्वतंत्र सृजन है जिसमें कलाकार के मन में अंकित शक्तिशाली बाइसन की पूरी अवधारणा अभिव्यक्त हो जाती है।

प्राचीन प्रस्तर युग की संस्कृति से हम अपरिचित हैं, लेकिन बाद की कुछ महान संस्कृतियों की कला के जो नमूने उपलब्ध हैं, उनसे पता चलता है कि आँख और मस्तिष्क द्वारा दृश्यों को देखने के समान नियमों के भीतर अलग-अलग संस्कृतियों ने दृश्य संसार की बिलकुल अलग-अलग तरह की तस्वीरें प्रस्तुत की हैं। वैसे तो इन सभी संस्कृतियों के भीतर की प्रस्तुतियों में भी अनेक तरह की भिन्नताएँ रही हैं और संसार के सभी अंचलों की अपनी भिन्न कलाएँ रही हैं। आमतौर से महान मानी जानेवाली कुछ संस्कृतियों—जैसे मिस्त्र, चीन, भारत और यूरोप की कलाओं में ये भिन्नताएँ स्पष्ट रूप से दिखाई पड़ती हैं।

इनकी भिन्नताओं पर विचार करने के लिए हम पहले यूरोप की उस कला परम्परा से शुरू करेंगे जो यूनान से शुरू होकर यूरोप के पुनर्जागरण काल तक विकसित हुई थी। इस पर पहले विचार करने का कारण यह है कि इसमें सचेत रूप से चित्रण के कोट विकसित किए गए थे और चिन्तन भी किया गया था जो उपलब्ध है। इस परम्परा में चित्रकला के ऐसे कोड विकसित करने की दिशा में प्रयास हुए थे जो दुनिया को ठीक वैसा ही दिखलाए जैसा वह दिखाई देता है—यानी चित्र से आँखों को असली वस्तु देखने का भ्रम हो। यहाँ से प्रस्थान करने से हमें यह समझने में सुविधा होगी कि दूसरी संस्कृतियों ने कैसे दुनिया की भिन्न फिर भी विश्वसनीय तस्वीर प्रस्तुत की है। यूनान की चित्रकला के नमूने प्राय: चीनी मिट्टी के बर्तनों में

ही उपलब्ध हैं, लेकिन प्राचीनकाल में किए गए वर्णनों से वहाँ के चित्रण के आदर्शों की जानकारी बाद के कलाकारों की होती रही है। उन्हें रेनेसां (पुनर्जागरण) काल के अनेक चित्रकारों ने अपनाया। यूनान की कला में कोशिश वस्तुओं और मनुष्यों को एक आदर्श रूप का रुझान लिये, वैसा दिखलाना था जैसा वे दिखाई देते हैं। इसके एक कदम आगे बढ़ पुनर्जागरण काल की मूल प्रवृत्ति अवलोकन (ऑब्जर्वेशन) को एक वैज्ञानिक रूप देने की थी, जिससे चित्रकला के मूल तत्त्वों को लगातार विश्लेषित कर यथार्थवादी चित्र बनाने की दिशा में उपयोगी बनाया जा सके। इसका एक विलक्षण नमूना लियोनार्डो-दा विंची था जो उतना ही बड़ा कलाकार था जितना बड़ा वैज्ञानिक और तकनीकी विशेषज्ञ। इस तरह पुनर्जागरण काल की कला का विकास कलात्मक प्रस्तुतियों के अनेक मार्ग खोलता है।

चित्रकला के क्षेत्र में यह मान्यता है कि सबसे पहले रेखा आती है। बड़े से बड़े चित्रकार रेखाओं से स्केच बनाते पाए जाते हैं जो आधार बनता है बाद के चित्रांकन का। कहीं-कहीं तो ऐसे रेखांकन ही सार्वभौम कला का रूप ले लेते हैं, लेकिन रेनेसां के चित्रकार अपने अवलोकन के इस यथार्थ की तरह बढ़ रहे थे कि दरअसल, प्रकृति में कहीं रेखा का अस्तित्व नहीं है और एक सीमा के बाद चित्रांकन में यह बाधा बन सकती है, लेकिन यह सच्चाई पूरी तरह कलाकारों के जेहन में सदियों बाद रोकोको कही जानेवाली कला परम्परा के प्रारम्भ से आई। थोड़ा विचार करने से इस बात की सत्यता तुरन्त जाहिर हो जाती है। रेखा दरअसल, मात्र एक कन्वेंशन (अंकन की प्रचलित परिपाटी है) जिसे सभी संस्कृतियों के कलाकारों ने कबूल कर लिया है। इसका कारण है कि इसकी अनुपस्थिति उपस्थिति का चाक्षुष एहसास जो हमारे दृष्टिगत अनुभव में चारों तरफ है। जहाँ कहीं भी दो सतहों का संधिस्थल होता है, हम रेखा की पुस्तक या टेबुल के किनारे सभी रेखा की उपस्थिति का भान कराते हैं। जहाँ कहीं दो रंगीन सतहें मिलती हैं, एक रेखा की उपस्थिति का अनुभव छोड़ जाती है। क्षितिज एक रेखा-सा दिखता है जहाँ धरती आसमान से मिलती दिखाई देती है और दूर के वृक्ष और पर्वत शिखर रेखा से घिरे दिखाई देते हैं। और सबसे सूक्ष्म और स्पष्ट रेखा का बोध तो वहाँ होता है जहाँ धूप-छाँह का विभाजन होता है। कोई अचरज नहीं कि गाँव का किसान भी अगर किसी को भौगोलिक स्थिति का ज्ञान कराना चाहता है तो झट एक लकड़ी का टुकड़ा ले जमीन पर लकीर खींचने लगता है और शिशुओं द्वारा निर्मित प्रथम आकृतियाँ भी रेखाओं से ही बनी होती हैं। यह एक विडम्बना है कि एक ऐसी चीज सर्वव्यापी है जो कहीं अस्तित्व में नहीं है। दरअसल, जो रेखाएँ चित्रकार बनाते हैं वे भी रेखाएँ नहीं अति पतली रंगीन सतह ही होती हैं। गणित में तो रेखा की परिभाषा ही है कि इसमें लम्बाई है, लेकिन चौड़ाई या मोटाई नहीं। ऐसी रेखा तो सिर्फ कल्पना ही हो सकती है, चित्रकार की कलम से नहीं बन सकती।

लेकिन रेखा से पिंड छुड़ाने की बात काफी बाद में आई जब पुनर्जागरण की सर्जनात्मक ऊर्जा अपनी उपलब्धियों की सीमा पर पहुँच आ रही थी। परिप्रेक्ष्य के नियमों के विकास के क्रम में पुनर्जागरण चित्रकारों ने रेखाओं का इस्तेमाल सबसे अधिक किया। चित्र फलक भी एक सतह है और इसमें गहराई का एहसास तब होता है जब हम इसमें अंकित छवियों को एक से पीछे दूसरी सतहों में अंकित पाते हैं। परिप्रेक्ष्य के नियमों के अज्ञान से किसी घटना को चित्रित करते समय इन छवियों की उपस्थिति एक भीड़ का एहसास करती है जिसमें सभी छवियाँ एक-दूसरे से धक्का-मुक्की करती पूरे चित्रफलक को ढक लेती हैं। इसके अलावा छवियाँ आगे की तरफ एक ढलान पर उपस्थित दिखती हैं—ऐसा जैसे थोड़ी-सी लापरवाही से लुढ़क कर सामने गिर जाए। पुनर्जागरण काल के प्रारम्भिक दिनों के चित्रों में यह देखा जा सकता है। परिप्रेक्ष्य के नियम के पालन से पीछे की सतहों के आकार सिमटते जाते हैं और इस अनुपात में अंकित छवियाँ भी छोटी और पीछे की ओर क्षितिज पर ऊँची होती जाती हैं। इस तरह सभी छवियों को दृष्टि आकाश में विस्तार मिल जाता है।

बाद के चित्रों में सामने की बजाय तिरछी (डायगनल) दिशा में दृश्यों को फैलाने की परिपाटी चित्रकला में आई। इससे चित्र में दिखलाई गई छवियों के आकार और दृश्य-आकाश के अधिक विस्तार का एहसास होने लगा। इससे एक सहज खुलेपन का भाव पैदा होता था। चित्र की केन्द्रीय वस्तु को अगली सतह पर सामने रखने की बजाय कहीं भी बीच में बिना उसके महत्त्व को घटाए रखा जा सकता था। इस तरह चित्रांकन में लगातार कूट संकेतों का विकास निहित रहता है। किसी भी संस्कृति का विकास परम्पराओं के भीतर ही होता है, लेकिन परम्पराओं के रूढ़ होने से विकास पर बन्धन भी लगने लगता है जिसे तोड़े बगैर किसी क्षेत्र में किसी बड़ी छलाँग की सम्भावना नहीं होती। पुनर्जागरण के बाद के वर्षों में, दृश्यों को विश्वसनीय बनाने के लिए ज्यामितीय नियमों के अनुसार अनेक सीधी रेखाओं का अंकन अलग-अलग परिप्रेक्ष्य जताने के लिए करना जरूरी होता था, लेकिन इन रेखाओं का इस्तेमाल वैसा ही होता था जैसा भवन निर्माण में लकड़ी के भारा (स्कोफोल्डिंग) का होता है। चित्र निर्माण के बाद इन रेखाओं को मिटा दिया जाता था।

गहराई और वस्तुओं के घनत्व एवं घुमाव को जताने के लिए कलाकारी के दूसरे माध्यम भी अपनाए गए, जैसे रंगों का संयोजन, टेक्सचर का अंकन तथा द्युति का तेज या मद्धिम दिखाना जिसे प्रकाश और रंग, दोनों के संयोजन से दर्शाया जा सकता था। पीछे इस बात का जिक्र किया जा चुका है कि दूरी के साथ रंग धूमिल होते जाते हैं और प्रकाश मद्धिम। रंग, द्युति और परिप्रेक्ष्य के सही संयोजन से पुनर्जागरण काल के चित्रों में, विशेषकर फ्लैंडर्स के कलाकारों के चित्रों का ऐसा जादुई प्रभाव पड़ता था कि चित्र से वास्तविक मखमल, सोने-चाँदी और असली फर्नीचर को देखने का भ्रम पैदा होता था। ऐसा ही नियमों के पालन से सत्रहवीं और अठारहवीं शताब्दी में

बैरोक और रोकोको नाम से प्रसिद्ध कलाकृतियों में गुम्बदों की भीतरी सतहों पर बने चित्रों से दूर के अनन्त आकाश को देखने का भ्रम पैदा होता था। यह चित्रकला की उस धारा की पराकाष्ठा थी जहाँ चित्र दुनिया को ठीक वैसा चित्रित करने का प्रयास करता था जैसी वह आँखों से दिखाई पड़ती है, लेकिन कला की इस दिशा में यह उपलब्धि कला पर विराम भी लगाती थी। इसमें चमत्कृत करनेवाली कलाकारी का कमाल तो अवश्य था, लेकिन कला की भावप्रवणता का अभाव था। इसमें रंग, रेखा, प्रकाश एवं छाया आदि की लय और सन्तुलन को अनदेखा किया जाने लगा जिससे चित्रकला संगीत जैसा भाव जगाती है। इसके एक सदी बाद कैमरा और छायाचित्रों के आ जाने से इस तरह की कला अप्रासंगिक भी बनती गई। दृश्यों को जस का तस दिखलाने में कलाकार कभी भी छायाचित्रों का मुकाबला नहीं कर सकता। यूरोपीय कला के सामने अब अनुकृतिमूलकता की रूढ़ि को तोड़ने की चुनौती उपस्थित हो गई।

अनुकृतिमूलक चित्रण की सीमाओं एवं अप्रासंगिकता ने कलाकारों ने उनकी विधा की असली सम्भावनाओं की तलाश में दिशा में पहल करने को प्रेरित किया। कलाकारों ने महसूस किया कि उनकी महत्त्वाकांक्षा चाहे जो भी हो, चित्रकार होने की यह मजबूरी है कि उन्हें चित्र सतह तक ही सीमित रहना है और अपनी कलाकृति के सन्तुलन के लिए अन्ततः उन्हें चित्र सतह की एकता को बचाए रखना है, लेकिन इसी पर प्रश्नचिन्ह लगने लगा था। नवविकसित वैज्ञानिक परिप्रेक्ष्य के हिसाब से चित्र बनाने में, विशेषकर प्राकृतिक-दृश्यों को चित्रित करने में, प्रायः दृष्टि को विलीन होते क्षितिज या तिरोहित होते दूर आकाश की ओर ले जाना होता था। इसके लिए जैसा पहले बतलाया गया है, दूर के दृश्य का धूमिल हो लोप होते दिखना लाजिमी था। इसी तरह दूर स्थित वस्तुओं का रंग भी फीका और धूसर नील रंग ग्रहण करता था। इसके विपरीत, पास की वस्तुओं का रंग प्रायः चटख होता था। इससे चित्र फलक की एकता भंग होती थी क्योंकि इस दिखनेवाली चटख रंग की पास की भरी वस्तुओं का दर लगनेवाली हल्के फीके रंगों के आकार के साथ सन्तुलन ही नहीं बैठाया जा सकता था। इस तरह बने यथार्थवादी चित्रों को देखने से ऐसा बोध होता था कि चित्र की सतह में सूराख कर दिया गया हो जिससे आँखें दूर शून्य में झाँकती हों। एक चित्रकार पुनः चित्र सतह की एकता को बरकरार रखने को चित्रांकन का केन्द्रीय मुद्दा मानने लगा। रंग का भी अपना वजन होता है और वह भी तराजू की डंडी पर दूर या पास की वस्तुओं के वजन की तरह ही सन्तुलन को बनाते-बिगाड़ते हैं। इसीलिए कलाकार को भी सन्तुलन के लिए रंगों के धब्बों को आकार और स्थान के हिसाब से सुविचारित रूप से सजाना पड़ता है।

इस नए रुझान से कई तरह के प्रयोग शुरू हुए। पहली क्रान्ति क्लोद मोने ने की। इस नई विधि को 'इम्प्रेशनिज्म' का नाम दिया गया। उसने पाया कि दरअसल, किसी वस्तु की सतह हम नहीं देखते, उस पर प्रकाश और छाया का खेल ही देखते

हैं। इसी से कोई भी वस्तु अलग-अलग समय में अलग-अलग रूप-रंग ग्रहण करती है। इसलिए उसने जल, चर्च, पुआल के ढेर आदि पर दिन के अलग-अलग काल में पड़नेवाले प्रकाश के प्रभाव को ही चित्रित किया, लेकिन धूप-छाँह दिखलाने के पूर्ववर्ती विधियों की बजाय उसने रंगों के खेल को धूप-छाँह बतलाने का माध्यम बनाया। लाल, पीले और नारंगी (गर्म कहे जानेवाले रंग) और हरा, नीला और बैंगनी (ठंडा कहे जानेवाले रंग) भी अगल-बगल डाले जाने पर धूप-छाँह जैसा ही प्रभाव आँखों पर डालते हैं। किसी सतह पर अगल-बगल गर्म और ठंडे रंगों की पुताई से उस पर मोडेलिंग (गोलाई या मोटाई) दिखलाने जैसा ही प्रभाव पड़ता है, जैसा प्रकाश पड़ने से आलोक और छाया से। अब पहली बार वस्तुओं को स्पष्ट आकार देनेवाली रेखाएँ चित्रों से गायब होने लगीं।

एक प्रयोग रंग के बिन्दुओं से चित्र बनाने का हुआ जिसे 'पोआंटिलिज्म' कहा गया। इसमें इस वैज्ञानिक तथ्य का सहारा लिया जाने लगा कि सफेद दिखनेवाला प्रकाश विविध रंग के प्रकाशों के योग से ही बनता है और चित्रकार का काम रंग के धब्बे चित्र फलक पर डालना था जो दर्शक की आँखों में अपने योग से इच्छित रंग का एहसास कराएँगे। धीरे-धीरे नए तरह के चित्रों में चित्रित वस्तु सिर्फ बहाना थे, चित्र फलक को विविध रंगों से सजाने के। इससे वैसे चित्रकारों में सन्तोष पैदा हुआ जो चित्रकला का प्रधान उद्देश्य संसार के किसी पहलू को आकार प्रदान करना मानते थे। इससे रंगों के नवोदित महत्त्व को नकारे बगैर वस्तुओं की ठोस बनावट को व्यक्त करने की अभिलाषा जगी। इस दिशा में सबसे महत्त्वपूर्ण पहल की सेजां ने। उसने रंग के चौकोर, वर्तुल तथा दूसरे आकारों के सतहों तथा रेखाओं के लम्बे, तिरछे एवं क्षैतिज विन्यास के दूरी के बोध का माध्यम बनाया। दिक् (स्पेस) जो पहले पार्श्व में तिरोहित दिखते थे, अब चित्र सतह पर नीले मोटी रेखाओं से व्यक्त होने लगे जो चित्रित वस्तुओं की पीठिका में भी थे और उन्हें घेरे भी रहते थे, ठीक वैसा ही जैसा दृश्य संसार में वे आकाश से आवृत्त रहती हैं। दूर की वस्तुओं, पर्वत शिखरों, आकाश आदि को चटख रंग और ज्यामितीय आकार देने से वे चित्र सतह पर पास आते गए। इस तरह रंग और रेखाओं का एक सन्तुलन स्थापित हुआ। सेजां के चित्रों में रंग के धब्बे प्राय: ठोस ज्यामितीय आकार ग्रहण करते थे जिसके पीछे एक निश्चित आकांक्षा थी। उसकी आकांक्षा थी कि प्रकृति की छवियों को चित्र में निश्चित ज्यामितीय रूपों जैसे घन गोला या सिलिंडर के रूप में व्यक्त करें। यह आकांक्षा इस अर्थ में दिलचस्प थी क्योंकि दूसरी संस्कृतियों के कलाकारों ने भी चित्रित छवियों को किन्हीं आदर्श रूपों में व्यक्त करने का आदर्श सामने रखा था। इसकी चर्चा आगे होगी।

सेजां ने रंगीन सतहों को विविध कोणों पर उपस्थित कर घनत्व दूरी एवं गहराई सभी को व्यक्त करने का नया प्रयोग, खासकर गौत सेंट विक्टवार के

अपने चित्रों में किया। यही प्रेरणा बना घनवाद का जिस शैली का पिकासो का पहला चित्र 'ल देमोआसल द अमियो' था। इस चित्र में प्रदर्शित महिलाओं के चेहरे रंग, वस्त्र और पार्श्व का आकाश—सभी रंगों के सपाट संयोजन से बने थे। इसके बाद से तो घनवाद कई दशक तक चित्रकला की एक विधि के रूप में पश्चिमी कला जगत पर छाया रहा। इसका दर्शकों पर ऐसा प्रभाव होता था मानो चित्रित वस्तु या मनुष्य को उसके पार्श्व भाग और पीछे के आकाश समेत टुकड़ों में काटकर चित्र सतह पर रंगों के फाँक की तरह पसार कर नजर के सामने रख दिया जाता हो। इन चित्रों में चित्रित वस्तु की पहचान प्राय: लुप्त हो जाती थी और सामने रंगों की लयबद्ध उपस्थिति ही दर्शकों पर अपनी गहरी छाप छोड़ती थी।

ऊपर चित्रकला की जो चर्चाएँ हुई हैं वे मूलत: उन तत्त्वों—रंग, रेखा, प्रकाश, टेक्सचर के सन्दर्भ में, जो चित्रों का आकार देते हैं, इन तत्त्वों की अहम भूमिका होती है क्योंकि कलाकार जिस दृश्य संसार का निर्माण करता है, उसके मूल कारक यही होते हैं, लेकिन कलाकृतियों का प्राण उनके पीछे के प्रेरक भावनाओं और विचारों से आता है, क्योंकि जीवों की तरह ही कला सिर्फ शरीर नहीं है, इसकी आत्मा भी होती है जो प्रेक्षकों के मन को छूती है। अत: यूरोपीय कला के इतिहास में कला के आकार में जो परिवर्तन हुए हैं, वे एक स्तर पर वहाँ के सांस्कृतिक विकास को भी व्यक्त करते रहे हैं। प्रारम्भ की धार्मिक परम्पराओं से प्रभावित रोमानेस्क तथा गोथिक कलाएँ प्रतीकात्मक अधिक थीं और किसी स्थिति का वस्तुपरक ज्ञान देने से अधिक इनका ध्यान इसके निहितार्थ की ओर था। ये स्वतंत्र चित्रांकन के रूप में भी नहीं थे। रोमानेस्क कला गिरजाघरों की दीवारों पर भित्तिचित्र के रूप में या फिर इनकी इमारतों से लगी मूर्तियों के रूप में विकसित हुईं। गोथिक कला विशाल खिड़कियों के शीशे की कलाकारी या धार्मिक पुस्तकों के पृष्ठों को सज्जित करती तस्वीरों की थी। स्वभाव से ही ये सब धर्म भाव से प्रेरित थीं। पुनर्जागरण से स्थिति बदली और मनुष्य कला के केन्द्र में आने लगा। यही काल था जब यूरोप में वैज्ञानिक खोजों की ओर रुझान बढ़ा और कला पर भी यही रुझान हावी हुआ और नए-नए शोधों के आधार पर चित्रित वस्तुओं से असली वस्तु को देखने का भ्रम पैदा करने के गुण विकसित होने लगे। इस क्रम में वे सारे परिवर्तन हुए जिनकी चर्चा ऊपर हुई है, लेकिन यूरोप में ही घनवाद के समानान्तर और उसके बाद भी दादा, सुर्रियलिज्म, एक्सप्रेसनिज्म, कंट्रक्टिविज्म आदि अनेक धाराएँ विकसित हो रही थीं जो कलाकारों के उन मनोभावों को व्यक्त कर रही थीं जो उस समय के समाज में व्याप्त थे। हालाँकि अलग-अलग काल की कलाओं का वर्गीकरण मोटी समझ बनाने के लिए किया जाता रहा है। दरअसल, प्रत्येक कलाकार की कृति उसकी अपनी और वैयक्तिक होती है।

जैसा ऊपर कहा गया है कि चित्र अन्तत: रंग के पैबन्दों और धरातलों से ही बने होते हैं, लेकिन सांस्कृतिक परिवेश के भिन्नता से इन्हीं माध्यमों से की गई चित्रांकन की विधियों में आश्चर्यजनक फर्क हो जाता है। जिस यथार्थवादी प्रणाली का थोड़ा विस्तार से परिचय दिया गया है, उसे अगर कसौटी मान लिया जाए तो अन्य संस्कृतियों की स्वयं में चमत्कारी लगनेवाली कलाएँ विद्रूप या कला में अशिक्षित नौसिखियों द्वारा बनाई गई लगेंगी। शुरू में कुछ मूढ़ यूरोपीय पारखियों के लिए गैर यूरोपीय कलाएँ चित्रांकन के अज्ञान और अन्धविश्वास की अभिव्यक्ति ही लगती थी लेकिन इस प्रादेशिक संकीर्णता से मुक्त होते ही यह दिखाई देने लगा कि विभिन्न संस्कृतियों ने कला में अभिव्यक्ति की अलग-अलग और ऐसी अद्‌भुत प्रणालियाँ विकसित की थीं जो यूरोप के कलाकारों के लिए अप्राप्य थीं। पूर्वी एशिया, यथा चीन और जापान की चित्रकला ने रेखाओं से अभिव्यक्ति की जो क्षमता हासिल की थी, वह दुनिया में कहीं दूसरी जगह हासिल नहीं हो सकी। इसके ऐतिहासिक कारण थे। चीन में, जहाँ का प्रभाव पूरे पूर्व एशिया में फैला, लिखावट चित्रात्मक थी जिसमें तूलिका और स्याही का प्रयोग होता था। इस कारण चीन के लोग तूलिका का प्रयोग उतनी ही सहजता से करते थे जैसा दूसरी जगहों के लोग कलम का। यह भी ज्ञातव्य है कि चीन ने दुनिया में सबसे पहले कागज बनाना शुरू किया था और रेशमी कपड़ा भी यहाँ अति प्राचीनकाल से बनना शुरू हो गया था। इस तरह कागज और रेशमी कपड़े पर कूँची से चित्रकारी का विलक्षण विकास हुआ। रेखाओं को अभिव्यक्ति का मुख्य माध्यम बनानेवाली इस कला में रंगों का प्रयोग कम हल्का और सपाट हुआ। रंग कहीं भी चटख या गाढ़ा नहीं दिखाई देता है। केश के लिए गाढ़े काले रंग का प्रयोग जरूर होता था, लेकिन यह कूँची द्वारा लिखावट की प्रचलित स्याही का ही रंग होता था ताकि काल, आठवीं-दसवीं शताब्दी में, चित्रित प्राकृतिक दृश्यों में चित्र आकाश को इस तरह प्रस्तुत किया जाता था कि दूर की वस्तुएँ बिना अपनी आभा या आकार खोये चित्र सतह पर उपस्थित रहती थीं। इन चित्रों को धरती से ऊपर उठ कुछ ऊँचाई से देखने का एहसास जरूर होता था।

इस तरह के चित्रांकन से वैसी समस्या कभी पैदा ही नहीं हुई जैसी समस्या से परिप्रेक्ष्य को लेकर सदियों तक पुनर्जागरण काल के यूरोपीय कलाकारों को जूझना पड़ा है और जिससे निजात तब मिली जब वैज्ञानिक परिप्रेक्ष्य की पूरी परम्परा को तिलांजलि दे दी गई। तांग काल के ही दसवीं शताब्दी के रेशमी कपड़े पर बने एक चित्र में दरबार की महिलाओं को संगीत के साज के साथ सहगान करते दिखलाया गया है। इसमें चित्र-आकाश को इतनी कुशलता से उपस्थित किया गया है कि दर्शक उस समूह के बीच मौजूदगी का एहसास करता है जहाँ से सभी गायिकाओं की साज-सज्जा की बारीकियों का पास से अवलोकन का अनुभव होता है। सभी व्यक्ति फैले हुए अपनी अलग-अलग और सहज मुद्राओं में दिखाई देते हैं। इसमें

पुनर्जागरण काल के सामूहिक दृश्यों की तरह धक्कम-धुक्की करती भीड़ का एहसास नहीं होता। अनेक रेखाओं, गायिकाओं के सिर और चेहरों की एक ऐसी लयबद्धता है कि चित्र स्वयं एक संगीत बन जाता है। बारहवीं एवं तेरहवीं शताब्दी, सुंग काल, के प्राकृतिक दृश्यों के चित्रों में प्रकृति की अनन्तता के बीच मनुष्यों के बौनेपन का एहसास करते चित्र भी अपने ढंग के अनूठे हैं। इनमें भी चित्र सतह की एकता को नष्ट करनेवाली यूरोपीय चित्रों की समस्या नहीं दिखाई देती। इस काल में लोककथाओं की घटनाओं का भी चित्रण किया गया है, लेकिन इनमें प्रस्तुत किए गए मनुष्य, जीव या दानव जीवों या मानवों की आकृति की नकल से नहीं बल्कि शुद्ध रूप से भ्रमणशील बिन्दुओं से उभरती रेखाओं से निर्मित है जो मूलत: स्थितियों के भावों को अभिव्यक्त करती है। वृक्ष एवं पक्षी सभी को उपस्थिति इनमें है, लेकिन कहीं वे बाहर के वृक्षों या पक्षियों की अनुकृति नहीं लगते थे। वे शुद्ध रूप से कलाकार की निर्मित हैं। इनसे स्थितियों के भावों को अभिव्यक्त करते हैं। यह चित्रांकन की एक अलग दुनिया है जो एक भिन्न पर समृद्ध संस्कृति की उपज है। इसी परम्परा में कोरिया और जापान में चित्रकला का विकास हुआ। जापान ने इससे आगे बढ़ अपनी कला परम्परा विकसित की। वहाँ का अठारहवीं शताब्दी, एडो काल की कलाकतियाँ विलक्षण मानी जाती हैं। उन्नीसवीं और बीसवीं सदी के यूरोपीय कलाकार इन कलाओं से बहुत ही प्रभावित हुए हैं।

दुनिया में चित्रकला की सबसे प्राचीन परम्परा सम्भवत: मिस्र की थी (प्राचीन प्रस्तर यग के बाद)। इसमें दीवारों और बर्तनों पर एक बिलकुल अलग तरह का चित्रांकन किया गया था। मिस्र की संस्कृति अपरिवर्तनीय लगनेवाली नक्षत्रों की गति और इससे लय बाँधे नील नदी के जल के उतार-चढ़ाव पर आधारित थी। इसी परिवेश में राजा-पुरोहित फारोआ का वर्चस्व था जो उतना ही अविचल दिखता था जितनी आकाश के नक्षत्रों की गति। इस अपरिवर्तनीय लगनेवाली पृष्ठभूमि में यहाँ की कला भी विशालता और अपरिवर्तनीयता की ओर झुकी। कालातीत स्थायित्व का प्रतीक पिरामिड तो अचरज की चीज बन दुनिया के सामने खड़े ही हैं, वहाँ दीवारों पर बनाए गए चित्र भी ऐसी ही अपरिवर्तनीयता की छाप दर्शकों पर छोड़ते रहते हैं। इन चित्रों में आश्चर्यजनक एकरूपता है। सभी चित्र लगभग एक ही तरह की शैली में बने हैं। इस बात को देखते हुए कि यह कला परम्परा सदियों और सहस्राब्दियों तक जीवित रही कलापद्धति की अपरिवर्तनीय एकरूपता आश्चर्यजनक लगती है। ज्यादातर मानव चित्र खड़े हैं। उनके सिर बगल से (प्रोफाइलों में) अंकित हैं। कन्धे से कमर तक का भाग इसके विपरीत दर्शकों के सामने पड़ते हैं। फिर कमर से नीचे जाँघ और पैर के बगल से (प्रोफाइल) में प्रस्तुत होते हैं। जहाँ रंग का इस्तेमाल किया गया है वहाँ ये सपाट हैं। रेखाओं की मोटाई भी समान है, जिससे कहीं भी रंग या रेखा से प्रकाश एवं छाया का आभास नहीं मिलता जिससे मोडेलिंग (यानी चित्रों की गोलाई

का) भान हो। सबसे महत्त्वपूर्ण बात यह है कि चित्रों से जीवन की अपरिवर्तनीयता का बोध होता है। छवियाँ बिलकुल ज्यामितीय दिखती हैं। इसके बावजूद छवियों की शृंखलाबद्ध प्रस्तुति से जीवन की स्थितियों की आवश्यक अभिव्यक्ति भी होती है। मिस्र की कला में शाश्वत सार तत्त्व की अभिव्यक्ति (ज्यामितीय आकारों के माध्यम से) थोड़ा-बहुत वर्तमान पश्चिमी कला में हाल में आई अमूर्तन की शैलियों में पाया जा सकता है। हजारों वर्ष तक अस्तित्व में रहनेवाली संस्कृति के साथ अपरिवर्तनीय कला बोध की अभिव्यक्ति शायद स्वाभाविक थी।

भारतीय कला ने अन्य संस्कृतियों से अलग ही सृजन की अपनी परिपाटी विकसित की। यहाँ चित्रकला का सर्वोच्च नमूना अजन्ता के भित्तिचित्रों में पाया जाता है। कुछ तो भित्तिचित्र की सीमाओं के कारण और कुछ बुद्ध के जीवन और जातक कथाओं की घटनाओं को शृंखलाबद्ध करने की आवश्यकता से घटनाक्रम के हिसाब से किसी एक परिप्रेक्ष्य की जगह अलग-अलग परिप्रेक्ष्यों में घटनाओं को चित्रित किया गया है। इसमें चित्रित कथाओं का अपने आप में स्वतंत्र अस्तित्व भी है और एक तरल परिप्रेक्ष्य में घटनाओं के एक प्रवाह का बोध भी होता है। जहाँ किसी महल के परिवार को चित्रित करने के लिए परिप्रेक्ष्य को ज्यामितीय रूप देने का प्रयास हुआ है वहाँ यूरोपीय पुनर्जागरण काल की तर्ज पर पृष्ठभूमि को दूर अनन्त की ओर ले जाने की बजाय ऐसा दिखाया गया है मानो दर्शक स्वयं घटनाओं के बीच में उपस्थित हो पास से सब कुछ देख रहा हो। आकारों को कोई आदर्श रूप देने की जो आकांक्षा सेजां ने व्यक्त की थी वह आकांक्षा तो भारतीय कला में सदा रही है, लेकिन जहाँ सेजां चित्रित वस्तुओं के घन, सिलिंडर, आयत आदि के रूप में प्रदर्शित करने का आदर्श सामने रखता था वहाँ भारत में परम्पराओं से प्राप्त सौन्दर्य और लय को व्यक्त करनेवाले आदर्श आकारों के रूप में व्यक्तियों उनके अंगों तथा वस्तुओं को चित्रित करने का प्रयास हुआ। त्रिभंग की मुद्रा भारतीय कला में नृत्य से लेकर चित्र तक सभी में अपनाया जाता रहा है—यथा नटराज के नृत्य की मुद्रा में, लेकिन यह त्रिभंग मुद्रा बुद्ध के पद्मपाणी बुद्ध या चित्रित अन्य पात्रों में भी देखा जा सकता है। आँख को कमल के दल (कमल नयन) या मछली (मीनाक्षी) के रूप में चित्रित किया गया। प्राय: मानव चित्रों को नृत्य या नाट्य की मुद्रा में बनाया जाता था जिससे अतिरिक्त भावबोध होता था। भवों को धनुष की तरह और कन्धों को हाथी के मस्तक की तरह चित्रित किया जाता था। ऐसी अभिव्यक्तियों से कलाकार और आम जन के बीच सम्प्रेषण निर्बाध सम्भव था क्योंकि दोनों ही परम्परा से परिचित थे। भारत की लोक परम्पराओं में निर्मित चित्रों और मूर्तियों में इनमें अनेक रूपाकार रूढ़ बन आज तक अस्तित्व में हैं।

बाद के प्रसिद्ध लघु चित्रों में भी आदर्श आकारों का सहारा लिया गया, लेकिन चूँकि राजपूत, मुगल या पहाड़ी शैलियों में आम लोगों के जीवन को दर्शाया जाता

था—भले ही कहीं-कहीं राधा, कृष्ण और गोपियों के बहाने—आदर्श रूप वास्तविक आकार की सीमा का अतिक्रमण नहीं कर सकते थे। परिप्रेक्ष्य की समस्या भी पैदा नहीं होती थी क्योंकि इन लघु चित्रों में प्राय: पार्श्वभूमि में या तो घर या महल होते थे या वृक्ष, फूल आदि। मुगल कला में कहीं-कहीं दूर की वस्तुओं को दृष्टि क्षितिज से ऊपर कुछ वैसा ही दिखलाया जाता था जैसा चीन के कलाकार दिखलाते थे जिससे दृश्य को ऊँचाई से देखने का बोध होता था।

ऊपर संक्षेप में चार संस्कृतियों में कलात्मक सृजन की कुछ मूल भिन्नताओं को दिखलाया गया है। इससे यह बात दिखाई देती है कि आँख से देर ने की कुछ विशिष्टताओं के आधार पर कैसे अलग-अलग संस्कृतियों में अकेले चित्रकला के माध्यम से—कितने अलग-अलग तरह के सृजन सम्भव हुए हैं। दरअसल, ये भिन्नताएँ अनगिनत हो सकती हैं क्योंकि प्रत्येक संस्कृति में उसके प्रत्येक कलाकर्मी की अपनी कुछ विशिष्टताएँ होती हैं और दो कलाकार बिलकुल एक जैसा चित्र नहीं बना सकते। यहाँ यह स्पष्ट कर देना जरूरी है कि कलाओं के जो वर्णन ऊपर दिए गए हैं, अत्यन्त ही अपर्याप्त हैं। इससे जिन कलाओं की चर्चा भर कर दी गई है जो संस्कृतियों की भिन्नता से कलाओं में दिखाई देती हैं। एक और बात स्पष्ट कर देना जरूरी है कि दृश्य कला में मूर्ति कला तथा स्थापत्य से जुड़ी कुछ कलाएँ भी आती हैं। सिर्फ चित्रकला की चर्चा इसलिए हुई क्योंकि सपाट सतह पर तीन-आयामी दुनिया निर्माण करने की चुनौती बड़ी लगती है।

5

"जल में कुंभ, कुंभ में जल है" इस रूपक का प्रयोग कबीर ने आत्मा और परमात्मा के रिश्ते को जाहिर करने के लिए किया था। कुछ ऐसी ही बात मनुष्य और उसके समुदाय के पारस्परिक रिश्ते के बारे में भी कही जा सकती है। मनुष्य का जीवन उसके समुदाय के बाहर असम्भव है। उसका भोजन, उसका आवास, उसके वस्त्र और उसकी शिक्षा—सब कुछ समुदाय द्वारा निर्धारित और सुनिश्चित होते हैं, लेकिन मनुष्य का समुदाय भी मनुष्य द्वारा ही निर्मित होता है। सिर्फ इस अर्थ में नहीं कि मनुष्य साथ रहते हैं और इससे समुदाय बनता है बल्कि इस अर्थ में भी कि मनुष्य का समुदाय कैसा होगा और इसमें रहनेवाले मनुष्यों का सम्बन्ध एक-दूसरे से कैसा होगा, यह भी मनुष्य के निहित सर्जन प्रक्रिया का ही परिणाम होता है। इसमें वह जीव-जगत के उन दूसरे प्राणियों से भिन्न होता है जो भी समुदाय में रहते दिखाई देते हैं। इन जीवों का समुदाय कैसा होगा, यह जीव की आनुवंशिकी द्वारा निर्धारित होता है। जब तक उनकी आनुवंशिकी में परिवर्तन नहीं होता तब तक बिना स्थान और काल का विचार किए वे एक ही तरह के पारस्परिक सम्बन्ध स्थापित कर अपना समूह बनाते हैं, चाहे उनका आवास ध्रुव प्रदेश की ठंड में हो चाहे सहारा की तपिश में। यह अलग बात है कि उनका समुदाय जिन्दा वहीं रहेगा जहाँ का वातावरण उनकी शारीरिक बनावट और सह-जीवन की आनुवंशिकी में निर्धारित अपरिवर्तनीय विधि के अनुकूल हो, लेकिन मनुष्य अपने सर्जनात्मक प्रयासों से अपने समुदाय की बनावट और अपने रहन-सहन का ढंग परिवेश के अनुसार बदलता रहता है और इसीलिए हमारी धरती का कोई भी कोना ऐसा नहीं है जहाँ आदमी निवास नहीं करता हो या जहाँ उसकी पहुँच नहीं हो। वह ग्रीनलैंड में भी अपना सामुदायिक जीवन विकरित कर सदियों से रहता आया है, अफ्रीका के साहेल में भी और अमेजन घाटी के घने जंगलों में भी। इनमें प्रत्येक में उसकी जीवन पद्धति बनाता है। वह अपनी आनुवंशिकों से बँधा नहीं होता बल्कि सांस्कृतिक जीव होने के नाते परिवेश की जरूरतों के अनुसार ही अपने समुदाय को आकार देता है।

इसी अर्थ में मनुष्य का समुदाय भी उसके भीतर ही स्थित है। यह भी उसकी सर्जनात्मकता का ही एक आयाम है। इसी से अलग-अलग परिवेशों में विकसित

संस्कृतियों में भिन्नता भी होती है और जीवन के लिए अपने को माफिक बनाने की प्रक्रिया मनुष्य में आनुवंशिकी पर आधारित होने की बजाय सांस्कृतिक अधिक होती है। इससे मनुष्य की सुरक्षा उसका अपना दायित्व भी बन जाता है। वह जीवन के लिए संस्कृति को वैसा स्वरूप देने के दायित्व से नहीं बच सकता जो उसे न सिर्फ उसके निकट परिवेश के अनुकूल बनाए बल्कि धरती के समग्र जैविक संसार के अनुकूल भी। यह एक गम्भीर जवाबदेही है। वह इस कथन के अनुसार कि "प्रत्येक अपनी सोचे और जो पिछड़ जाए, वह शैतान का निवाला बने" अपना जीवन नहीं ढाल सकता। उसका जीवन और मरण, दोनों ही उसका सामूहिक दायित्व है। वह समग्र की रक्षा से ही स्वयं की भी रक्षा कर सकता है। यह बात दीगर है कि तात्कालिक स्वार्थ से परिचालित अपने कामों के घटाटोप में घिर जाने से समग्र की चिन्ता यदा-कदा ही कौंध कर उसके पथ को आलोकित करता है। इसी से मानव इतिहास हादसों का जुलूस दिखाई देता है। इसके बावजूद अब तक मनुष्य जिन्दा है क्योंकि ज्ञान-विज्ञान के पिछले दो शताब्दियों को छोड़ दें तो समग्र या समुदाय की चिन्ता के ऊपर उन्मुक्त स्वार्थ (यानी बाजार) का दावा इतना प्रबल कभी नहीं था कि मनुष्य उस वृक्ष को ही सुखा डाले जिसमें उसका नीड़ है।

किसी ने किसी तरह के समूह में तो मनुष्य के अर्द्धमानव आदिम पूर्वज भी रहते होंगे, लेकिन जैसा कि नृशास्त्रियों का मानना है, अनुमानित पचास लाख वर्ष पूर्व मानवों के पूर्वज विरल हो रहे वृक्षों की सुरक्षा छोड़ उन प्रदेशों में रहने लगे जहाँ वृक्ष जहाँ-तहाँ थे और दूर-दूर तक घास के मैदान फैले थे। तब भोजन के लिए शिकार और जीवभक्षी बड़े जानवरों से अपनी सुरक्षा दोनों दृष्टि से उन्हें सहयोग पर आधारित अधिक व्यवस्थित समुदायों में रहने की आवश्यकता महसूस हुई होगी। उनके जीवन का सबसे बड़ा आधार आपसी सहयोग ही रहा होगा। इसी हिसाब से उन्होंने अपना समुदाय विकसित किया।

उस समय की असुरक्षा और स्थितियों की अनिश्चितता में अपनी संख्या को उपयुक्त स्तर पर बनाए रखना जरूरी था। उतना ही महत्त्वपूर्ण रहा होगा, पास-पड़ोस के कबीलों से शिकार और आवास को लेकर सम्भावित संघर्षों को नियंत्रित करना इस दृष्टि से आदि मानवों ने अपने पड़ोसी कबीलों से औरतों को लेने की परिपाटी विकसित की। नृशास्त्री एड्वर्ड टाइलर इस स्थिति को इस टिप्पणी से व्यक्त करता है : "कबीलों के सामने एक दुर्निवार चुनाव था, उन्हें अपने समूह के बाहर शादी करना था या विनष्ट हो जाना था।" इस बिन्दु पर मनुष्य की संस्कृति ने एक बड़ी छलाँग लगाई और समूह में रहनेवाले दूसरे जीवों के यौन सम्बन्धी भेदभाव रहित सह-जीवन की जगह कौटुम्बिक सम्बन्धों का बृहत् ताना-बाना बनाया। दूसरे समूहों से पत्नी लेने की बाध्यता से लोगों के सम्बन्ध काफी जटिल हो गए। माँ, बाप और माँ के भाई के साथ आदमी का सम्बन्ध इस पर निर्भर करने लगा कि आदमी अपनी

वसीयत पिता से जोड़ता है (पितृकुलीन) या माँ और मामा से (मातृकुलीन) तथा आवास पिता के परिवार के साथ रखता है (पितृ स्थानिक) या माता के परिवार के साथ (मातृ स्थानिक)। सुप्रसिद्ध नृशास्त्री रैडक्लिफ ब्राउन ने तो अनेक कबीलों के अध्ययन से लोगों के व्यवहारों को उनकी वसीयत और उनके आवास की स्थितियों से जोड़ा। उसके अनुसार, इन्हीं स्थितियों से मनुष्य के आपसी सम्बन्धों के ढाँचा और व्यवहार निर्धारित होते हैं। इस तरह उसने समाजशास्त्र में उस सोच को विकसित किया जिसे स्ट्रक्चरल-फंक्शनल कहा जाता है और जिसका दबदबा समाज के अध्येताओं पर बना हुआ है।

हमारे समय के सबसे चर्चित नृशास्त्री लेवी स्त्रास ने इन सम्बन्धों का आधार माँ-बाप तथा सगे भाई-बहन आदि के बीच यौन सम्बन्धों की वर्जना को माना जो दुनिया के सभी मानव समूहों में किसी-न-किसी रूप में मौजूद हैं। यह मनुष्य की एक महत्त्वपूर्ण उपलब्धि थी। इससे न सिर्फ दूसरे समूहों के साथ मैत्रीपूर्ण सम्बन्ध स्थापित करना सम्भव होता था बल्कि आपसी कलह से भी बचता था, जिससे मनुष्य के प्रारम्भिक कठिन जीवन में आपसी सहयोग सुनिश्चित होता था। कुटुम्ब के भीतर यौन सम्बन्धों पर कोई पाबन्दी नहीं होने की स्थिति में औरत या मर्द को लेकर होनेवाली आपसी स्पर्धा में समूह के टूटने का भय सदा बना रहता। समूह में रहनेवाले पशुओं के नर सदस्यों में प्रारम्भिक स्पर्धा के बाद एक ऐसा अनुक्रम बन जाता था जिसमें सबसे सक्षम ही (सक्षमता की कसौटी अलग-अलग प्रजातियों में अलग-अलग होती थी) मादा पर अधिकार करते और बाकी इसे चुपचाप कबूल कर लेते थे। इस तरह मनुष्य ने कुछ प्राथमिक वर्जनाओं के आधार पर अपने समुदायों को विशेष तरह की मानवीय संरचना प्रदान की। लेवी स्त्रास भाषा की संरचना की तर्ज पर कौटुम्बिक सम्बन्धों के ताना-बाना या संरचना का भी एक निश्चित विज्ञान विकसित करने के आग्रही रहे हैं और इसकी सम्भावना को इस विचार से जोड़ते हैं कि कौटुम्बिक सम्बन्धों का भी एक मूल ढाँचा मानव मन में अंकित होता है जिसका ठोस स्वरूप स्थिति के अनुसार विविध समाजों में अभिव्यक्त होता है जिसे वह 'रूपान्तरण' (Transformation) का नाम देते हैं। इस विवाद में जो भी सच्चाई हो, यह तो मानना ही होगा कि आदमी की सर्जनशीलता यहाँ भी अपने समाज पर अपनी छाप उसी तरह छोड़ती है जैसी भाषा या कलाओं के क्षेत्र में। मनुष्यों के पारिवारिक सम्बन्धों में भी अपनी असंख्य भिन्नताओं के बावजूद संगति होती है और अपनी स्थिति के अनुसार उपयोगिता भी।

लेकिन इस सांस्कृतिक उपलब्धि की कीमत भी मनुष्य को चुकानी होती है। आदमी में आनुवंशिकी से प्राप्त यौन सम्बन्धी आवेग सांस्कृतिक वर्जनाओं से नष्ट नहीं हो जाता। इन वर्जनाओं के बावजूद यह आदमी पर अपना दबाव बनाए रखता है और टेढ़े-मेढ़े रास्तों से निषेध की दीवारों से बाहर निकलने का

प्रयास करता रहता है। फ्रायड ने मनोरोगों तथा अनेक दूसरे सर्जनात्मक रुझानों को ऐसे मनोवेगों (जिसे उसने 'ईड' का नाम दिया) को स्थापित मान्यताओं (सुपर ईगो) द्वारा दबाने के प्रयास का नतीजा माना। फ्रायड से मिलते-जुलते तत्सम्बन्धी विचारों का एक पूरा शास्त्र (साइको एनालिसिस) मनोविज्ञान के क्षेत्र में विकसित हो गया है। कुछ लोगों के अनुसार तो मनुष्य की सृजनशीलता, विशेषकर कला और साहित्य के क्षेत्र में मनोवेगों के नियंत्रण से पैदा मनोरोगों की ही स्वस्तिकर अभिव्यक्ति है। गौर करने की बात यह है कि इन दबावों के इर्द-गिर्द भी मिथकों का सृजन करता रहता है। यौन सम्बन्धों में सबसे मूल निषेध माता और पुत्र के बीच का है। फ्रायड ने इस स्थिति का नामकरण प्राचीन यूनान के एक मिथक के आधार पर किया जिसका मुख्य नायक इडिपस अपने पिता की हत्या कर माँ से यौन सम्बन्ध स्थापित करता है। इससे त्रासद घटनाओं का एक सिलसिला शुरू होता है। फ्रायड के लिए यह मिथक दरअसल, मनुष्य में अन्तर्निहित यौन सम्बन्धी परस्पर विरोधी भावनाओं के संघर्ष की अभिव्यक्ति का ही माध्यम था। चूँकि यह अन्तर्भूत विरोधाभास सार्विक है उसने इसे बाजाब्ता एक ग्रंथि, 'इडिपस कंप्लेक्स' के रूप में चिन्हित किया।

लेकिन परिवार में मनुष्यों के पारस्परिक विरोध और लगाव सिर्फ सेक्स से ही सम्बद्ध नहीं रहे हैं। पारिवारिक अधिकार और वस्तुओं के हस्तान्तरण को लेकर भी अन्तर्विरोध बनते रहते हैं और उनसे निजात पाने के भी अत्यन्त ही रोचक उपाय समाजों ने विकसित किए हैं। उत्तर भारत में परिवार का ढाँचा प्रायः पितृकुलीन और पितृस्थानिक है। विवाह के बाद लड़कियाँ पति के पिता के परिवार के साथ रहने चली जाती हैं। इससे लड़कियों में पारिवारिक अधिकार से वंचित होने और बहिष्कृत होने का भाव पैदा होता है। इसमें निहित भाई-बहन के बीच के तनाव को भाई दूज के त्योहार से जुड़े एक अत्यन्त ही रोचक कर्मकांड के माध्यम से मिटाया जाता है। बिहार में भाई दूज के दिन तड़के सभी उम्र की औरतें एक स्थान पर जुटकर अपने-अपने भाइयों को पहले मरने का शाप देती हैं। जब भाइयों को शाप दे मारने का रस्म पूरी हो जाती है तब वे अपनी जीभ को रेंगनी (एक कँटीला पौधा) के काँटे से बेधने का रस्म पूरा करती हैं क्योंकि इसने भाई को इतने बुरे शाप दिए। इसके बाद सिलसिला भाइयों को लाख वर्ष तक जीने का आशीष देने का चलता है। इसके बाद बहनें भाइयों को बजरी (केराव, छोटे मटर का दाना) निगलने को यह कहते हुए देती हैं कि वे वज्र की तरह मजबूत हो जाएँ। पता नहीं किसी समाजशास्त्री या मनौवैज्ञानिक ने इस त्योहार का अध्ययन भाई-बहन के बीच तनाव खत्म करने में इसकी भूमिका के सन्दर्भ में किया है कि नहीं, लेकिन यह अन्तर्द्वन्द्व से उबरने का एक कर्मकांड है यह तो स्पष्ट दिखाई देता है। इस तरह के आन्तरिक संघर्ष सगे-सम्बन्धियों के पारस्परिक सम्बन्धों में सभी जगह

किसी-न-किसी रूप में निहित होते हैं और सम्भवत: आर्थिक-सामाजिक परिप्रेक्ष्य के हिसाब से समाज ने रिश्तेदारियों के नियमों, त्योहारों और विविध कर्मकांडों से इनसे निजात पाने की कोशिश की है।

लेकिन कौटुम्बिक सम्बन्धों के बाहर भी मनुष्य आर्थिक या दूसरे सम्बन्धों के विशाल ताने-बाने से बँधा होता है। मार्क्स से प्रभावित लोग तो आर्थिक सम्बन्धों को ही सारे सम्बन्धों का आधार तक मानते हैं। इन सम्बन्धों की विविभता से घिरा आदमी अकेला अपनी भूमिका निर्धारित करने के ऊहापोह की स्थिति में रहता है। अपनी और अपने समाज की एक मोटा-मोटी पहचान और उसमें अपने स्थान का ज्ञान उसके निर्णयों में बहुत ही सहायक हो सकता है। यह भूमिका पारम्परिक समाजों में मिथक और धर्म और आधुनिक समाजों में विविध समाजशास्त्रीय अवधारणाएँ (और सबसे प्रभावशाली और व्यापक रूप से विचारधाराएँ) निभाती हैं। आमतौर से आदमी विविध रूप वाली वस्तुओं एवं विविध घटनाओं को अपनी समझ के दायरे में लाने में काफी कठिनाई का सामना करता है। इनमें कोई तारतम्य दिखाई नहीं देता जब तक वह एक वस्तु या घटना अनजान नेपथ्य से सामने आ जाती हैं। ऐसे घटना प्रवाह में आदमी खो-सा जाता है और सदा ऊहापोह की स्थिति में रहता है। आदिकाल से आदमी ऐसी स्थितियों और घटनाओं को स्वस्तिकर-खतरनाक, अपना-पराया, मित्र-शत्रु या हमारे अपने अतीत में आर्य, म्लेच्छ आदि कोटियों में विभाजित कर उनके प्रति अपने रुख को निश्चित करने की कोशिश करता रहा है। आधुनिक समय में समाजशास्त्रियों ने अनेक सामाजिक सम्बन्धों और घटनाओं को सादृश्यता या कार्य-कारण सम्बन्धों के आधार पर वर्गीकृत करना शुरू किया जिससे बुदबुद-सा उगते और बिलाते परिदृश्य में निश्चित क्रम और आकार का आभास होने लगा। कुछ समाजशास्त्रियों ने इस तरह के वर्गीकरण को अंग्रेजी का शब्द 'टॉपोलॉजी' का नाम दिया। उदाहरण के लिए, सोलहवीं-सत्रहवीं सदी में यूरोप के जहाजियों ने बड़े पैमाने पर संसार भर से व्यापारिक सम्बन्ध स्थापित किए और इससे प्राप्त वैभव की विपुलता से अट्ठारहवीं-उन्नीसवीं सदी में नए उद्योग और इनके लिए नए तरह के तकनीक विकसित होने लगे। ये सभी घटनाएँ यत्र-तत्र हो रही थीं, पर अपने कार्यकलाप में एक-दूसरे पर निर्भर भी थीं और इनमें एक नए तरह का त्वरण भी था। अब इन सारे सम्बन्धों और प्रक्रियाओं को 'औद्योगिक क्रान्ति' का नाम दे दिया गया। इस तरह अत्यन्त ही बिखरी और जटिल प्रक्रियाओं को समेटनेवाली अवधारणाओं के भीतर डालकर आसानी से समझा जाने लगा। यह अलग बात है कि ऐसी सरलीकृत अवधारणाओं के अपने विभ्रम होते हैं।

इसी तरह औद्योगीकरण की प्रक्रिया के साथ एक नया मध्यवर्ग, जिसे यूरोप में 'बुर्जुआ' कहा जाता था, उभर रहा था। उद्योग-धन्धों में भी नए तरह के उत्पादन

सम्बन्ध उभर रहे थे जिसमें श्रमिक मजदूरी के लिए काम करते थे और उद्योगों के मालिक उत्पादन से मुनाफा कमाते थे और इससे पूँजी का विस्तार कर रहे थे। कार्ल मार्क्स ने इस तरह के आर्थिक सम्बन्ध की अपनी विश्वविख्यात पुस्तक 'पूँजी' में विस्तार से वर्णन और विश्लेषण किया था। बहुत कुछ मार्क्स एवं कुछ दूसरे अर्थशास्त्रियों के विश्लेषणों और अध्ययनों के प्रभाव से ही अब बुर्जुआ वर्ग पूँजीपति वर्ग कहलाने लगा और यह सारी अर्थव्यवस्था पूँजीवादी व्यवस्था कहलाने लगी। कार्ल मार्क्स ने जिस समय पूँजीवाद का अध्ययन किया था, उस समय से लेकर आज तक औद्योगिक उत्पादन और विनिमय की प्रक्रियाओं में मूलभूत परिवर्तन होते रहे हैं और, लेकिन वर्तमान समाज में हर आदमी पूँजीवाद की अवधारणा के भीतर इसकी अपनी खास समझ बनाए हुए है। इन लोगों की समझ भी प्राय: एक-दूसरे से भिन्न होती है और इनमें प्रत्येक अपने खास तरह के पूँजीवाद के भीतर अपनी समस्याओं से अलग-अलग तरह से जूझता रहता है, लेकिन किसी के लिए यह कोई अनबूझ घटाटोप नहीं रह गया है, भले ही जिसे वह समझ मान रहा है, उसमें अनेक अन्धकारपूर्ण अज्ञात खाने हों जिससे वह अनजान है।

इस तरह के दूसरे अस्तित्व भी हैं—जैसे वर्ग, कबीला, राष्ट्र—जिनकी एक धारणा मन में होती, लेकिन इन धारणाओं के बाहर इनका सुव्यवस्थित ठोस रूप नहीं होता। दरअसल, आदमी विशेष जरूरतों के हिसाब से इन पर एक कामचलाऊ रूप आरोपित कर इनका निर्माण करता है। उदाहरण के लिए, हम 'मजदूर' शब्द लें। यह मजदूर कौन है? इसके गुण क्या हैं? क्या यह अधुनातन यांत्रिकी और कंप्यूटरीकृत उद्योगों में काम करनेवाला श्रमिक है या पारम्परिक औजारों से खेत में काम करनेवाला ग्रामीण मजदूर या कलम का पेशेवर मजदूर? कार्ल मार्क्स के 'सर्वहारा' का क्या उसकी कल्पना के बाहर कोई अस्तित्व कभी रहा है? उसने जब कम्युनिस्ट घोषणा-पत्र में दुनिया भर के मजदूरों को एक होने का आह्वान किया तो उस समय समान गुणों और हितों वाला कोई मजदूर वर्ग दुनिया भर में था क्या? मार्क्स की समकालीन दुनिया पर विचार करने से यही निष्कर्ष निकलेगा कि उसकी कल्पना के बाहर न तो कोई 'सर्वहारा' वर्ग था न कोई विश्वव्यापी मजदूर वर्ग, लेकिन इस कल्पना के सहारे कुछ समान स्थितियों वाले श्रमिक समूहों को आधार बना समाज परिवर्तन के आन्दोलन का सूत्रपात हो सका और एक बृहत् मानव समूह अपनी भिन्नताओं के बावजूद भावनात्मक रूप से एक-दूसरे से जुड़ गया। विविध हितों वाले समूहों को एक महान उद्देश्य से अपनी भूमिका नजर आने लगी। दरअसल, इस मामले में अवधारणा ने ही एक वर्ग को अस्तित्व में ला दिया।

यह बात दीगर है कि इस कामचलाऊ कल्पना को वास्तविक अस्तित्व मान जब आन्दोलन आगे बढ़ा तो कई निराशाजनक परिणाम सामने आए। कल्पना या

इच्छा को ठोस अस्तित्व मान लेने से जो सरलीकृत तस्वीर मन में अंकित थी, वास्तविकता से साक्षात्कार होने पर उसमें कमियाँ और दोष दिखाई देने लगे। इससे बाद में मतभेद और बिखराव भी पैदा हुआ, लेकिन संसार में प्रगति के सारे अभियानों को ऐसी स्थितियों से गुजरना पड़ता है क्योंकि सभी की बुनियाद में विविधताओं को नजरअन्दाज कर एकीकृत करनेवाली अवधारणाएँ होती हैं। यह हकीकत यह सीख भी देती है कि विविध दृष्टियों के प्रति सहिष्णुता आगे बढ़ने की आवश्यक शर्त है क्योंकि समाज इसी तरह टटोल-टटोल कर आगे बढ़ता है।

अब हम 'कबीला' पर विचार करें जिनका अध्ययन हाल-फिलहाल एक बृहत् अकादेमिक व्यवसाय बन गया है। क्या इन्हें दूसरे पारम्परिक गैर-कबीलाई समूहों से अलग करनेवाली कोई स्पष्ट विभाजन रेखा है? भारत की अनेक जातियाँ जिसमें कभी पूरे के पूरे 'कबीले' का समावेश हो गया है, वैसे गुण जाहिर करती हैं जैसे कोई कबीला। उन्हें हम कैसे देखेंगे? इसके अलावा, संसार के सैकड़ों कबीले जिनका अध्ययन हुआ है, लगभग अपने व्यवहारों में और आजीविका के आधार में एक-दूसरे से बिलकुल भिन्न हैं। अगर कुछ कबीले अपना उद्गम किसी आदिव्यक्ति से बतलाते हैं तो अनेक गैर-कबीलाई समूह को अपने दायरे में समेटता जा रहा है। प्रारम्भिक कौटुम्बिक सम्बन्धों के निर्माण में मनुष्य के आनुवंशिक दबावों को भी ध्यान में रखना होता था। उनकी जगह ये नई निर्मितियाँ मानव स्वभाव में निहित सारे भावनात्मक रुझानों को नजरअन्दाज कर सिर्फ आर्थिक या उत्पादकता को ध्यान में रख निर्धारित होती हैं। इससे वर्तमान काल के विशाल आर्थिक-राजनीतिक ढाँचे के भीतर विशृंखलन के तत्त्व जहाँ-तहाँ उभरते रहते हैं क्योंकि मनुष्य स्वभाव से आर्थिक जीव कतई नहीं है जिस मान्यता के आधार पर आज का अर्थशास्त्र और आर्थिक-सामाजिक ढाँचा खड़ा किया जा रहा है।

समाज निर्माण में नजरअन्दाज की गई आदमी की वृत्तियाँ निरस्त नहीं हो जातीं। सतह के नीचे से वे सदा आदमी के सम्बन्धों और व्यवहारों पर अपना दबाव बनाए रखती हैं। इसमें काफी कुछ मनुष्य द्वारा निर्धारित नए मानकों के हिसाब से अमान्य होता है। समाज के पारम्परिक नियंत्रणों की जब अनदेखी की जाती है तो व्यवस्था के पास इनसे निपटने का एक ही उपाय रह जाता है—इनसे कानून के जरिये निपटना, लेकिन कानूनों को भी कुछ काल्पनिक मानव मूल्यों का आधार ढूँढ़ना होता है, लेकिन कुछ दायरे अब भी हैं जहाँ न कानून न सामाजिक मूल्यबोध पूरी तरह सफल हो पाया है। एक क्षेत्र यौन सम्बन्धी निषेधों के उल्लंघन का है जो पूरे समाज में लैंडमाइन की तरह बिखरा पड़ा रहता है और समाज का चिकना आवरण सदा छोटे-छोटे धमाकों से बिंधता रहता है। यौन सम्बन्धी सांस्कृतिक वर्जनाओं का असर यह होता रहा है कि बड़े पैमाने पर चोरी-छिपे इन वर्जनाओं का उल्लंघन होता है या मनोरोग पैदा होते हैं। आधुनिक समाजों में जहाँ वर्जनाओं को बृहत् कानूनी रूप दिया गया है,

यौन से जुड़े अपराधों की संख्या बढ़ती जाती है। हाल में बड़ी संख्या में कैथोलिक पुजारियों के यौन दुराचारों के सम्बन्ध में प्रकाश में आई बातों से यह साफ जाहिर होता है कि यौन के आनुवंशिक दबावों के सांस्कृतिक वर्जनाओं से नियंत्रित कर पाना काफी मुश्किल काम है। जब वैसे कैथोलिक पुजारी जिन्हें लम्बी अवधि तक आत्मनियंत्रण की आशा नहीं की जा सकती। हमारे अपने प्राचीन साहित्य में तो महान ऋषियों के फिसलन की गाथाएँ भरी पड़ी हैं। मनुष्य से इतर पशुओं में ऐसी वर्जनाएँ उनकी आनुवंशिकी में ही निहित होती हैं—मसलन मादा पशु कुछ सीमित समय तक ही यौन सम्बन्ध के लिए तैयार होती हैं। उनका सम्बन्ध किस नर से होगा, यह भी आनुवंशिक अनुबन्ध से निर्धारित होता है। समूह के बाकी नर अपने निष्कासन को स्वाभाविक रूप से स्वीकार कर लेते हैं। विभिन्न प्रजातियों में इस निष्कासन की प्रक्रिया अलग-अलग होती है, लेकिन लगभग सभी में इसका एक लौह नियम होता है। मनुष्य में स्वनिर्णय का यह अधिकार काफी महँगा पड़ता है।

सामाजिक ढाँचा बनाए रखने में संस्कृति के सामने दूसरी सबसे बड़ी चुनौती मनुष्य में दूसरे मनुष्यों के प्रति उभरनेवाली आक्रामकता को नियंत्रित करने की होती है। एथोलॉजिस्ट (पशुओं के व्यवहारों के अध्येता) कौनराड लौरेंत्ज के शोधों के बाद यह बात पशुओं और मनुष्यों के व्यवहारों का अध्ययन करनेवाले अधिकांश वैज्ञानिकों द्वारा स्वीकार किया जाने लगा है कि यह आक्रामकता मनुष्य में अन्तर्निहित है जो खास तरह की उत्तेजनाओं से सक्रिय हो जाती है। पशुओं में भी आक्रामकता होती है, लेकिन उन पशुओं में जो घातक अंगों से लैस है, एक सीमा के बाद इस आक्रामकता पर एक आन्तरिक प्रक्रिया से स्वतः रोक लग जाती है। मनुष्यों में कोई ऐसी अन्तर्निहित रोक नहीं होती, सम्भवतः इस कारण कि मनुष्य के अंग नरसंहार के हथियार से युक्त नहीं होते। त्रासदी यह है कि मनुष्य की संस्कृति ने ऐसे घातक हथियारों का निर्माण कर दिया है कि अनियंत्रित आक्रामकता पलकों में पूरी की पूरी आबादी को नष्ट कर दे। मनुष्य में परोपकार भाव भी अन्तर्निहित है, लेकिन आदमी की संस्कृति ने इसे वैसे उपकरण नहीं दिए हैं जिससे यह त्वरित रूप से बड़े पैमाने पर जनहित में मनुष्यों को कार्यरत कर दे। मनुष्य की संस्कृति ने परोक्ष रूप से जनहित में लगनेवाले विचारों, व्यवहारों, और संस्थाओं को जरूर विकसित किया है, लेकिन अब तक का रेकार्ड यही रहा है कि संहारक हथियार और इन्हें व्यवहार में लानेवाली व्यवस्थाएँ कहीं अधिक शक्तिशाली रही हैं बनिस्बत जनकल्याणकारी उपकरणों और व्यवस्थाओं के।

धर्म लोगों के ऊपर वर्णित नकारात्मक रुझानों को नियंत्रित करने में भूमिका निभा सकता था क्योंकि इसका प्रभाव व्यापक होता है और इसके प्रति धर्मावलम्बियों की अन्धभक्ति होती है। विडम्बना यह है कि धर्मों की भूमिका आक्रामकता और परोपकार दोनों ही तरह की भावनाओं को प्रोत्साहित करने में होती है। धर्म का मूल

चरित्र, विख्यात समाजशास्त्री एमिल दुरखाइम के अनुसार, वस्तुओं का पवित्र (Sacred) और इहलौकिक (Profane) में स्पष्ट रूप से विभाजित करने का रहा है। धर्मों के आदेश के अनुसार जिसे पवित्र माना जाता है उसकी मर्यादा का पालन करना अनिवार्य है। इसी से किसी भी वैसी वस्तु को जिसे धर्म द्वारा पवित्र की श्रेणी में रखा गया है सम्मान देना लाजिमी है। इसका इहलौकिक से तालमेल वर्जित है। इसमें दिलचस्प बात यह है कि दुरखाइम के अनुसार वह संसार जो धर्म के अनुसार पवित्र है, दूसरा कुछ नहीं मनुष्य का अपना ही समाज है। समाज की अपनी ही भावना और अपने ही आदर्श धर्म के उदात्त मूल्यों के रूप में प्रस्थापित होते हैं। यह मार्क्स के उस विचार से सर्वथा भिन्न है, जिसके अनुसार धर्म मनुष्य को ऐसे लोक की कल्पना देता है जिसमें उस विचार से सर्वथा भिन्न है, जिसके अनुसार धर्म मनुष्य को ऐसे लोक की कल्पना देता है जिसमें उसे जीवन के अभाव की भावनात्मक पूर्ति दिखाई देती है। दुरखाइम के धर्म का आधार अधिक ठोस और सशक्त है। दुरखाइम के अनुसार, टोटेम पर आधारित ऑस्ट्रेलिया के मूल निवासियों के आदिम धर्मों से लेकर महान जानेवाले विश्व के आज के धर्म सभी किसी-न-किसी रूप में समाजों को ही प्रतिबिम्बित करते हैं और इसी से उनमें वह शक्ति होती है कि वे लोगों की निजी इच्छाओं के ऊपर हावी हो पाते हैं, लेकिन जो प्रक्रियाएँ धर्म से सम्बद्ध वस्तुओं और विचारों को इहलौकिक से उठाकर पवित्र की श्रेणी में डालती हैं उसी का एक खतरनाक पहलू यह भी है कि मनुष्य की आक्रामकता जैसी दुष्ट प्रवृतियों को भी उदात्त की श्रेणी में डाल सकती हैं।

दुरखाइम के अनुसार, धर्म भाव का जन्म न सामूहिक अनुष्ठानों और त्योहारों के क्रम में होता है जिसमें साज-सज्जा, नृत्य-संगीत और दूसरी उत्तेजित करनेवाली अभिव्यक्तियों की बहुलता होती है। ये ऐसे अवसर होते हैं जब आदमी में अपनी निजता के दायरे से ऊपर उठ समाज के साथ एकाकार होने का भाव भर जाता है। इन्हीं क्षणों में अपने से ऊपर किसी शक्ति की उपस्थिति का बोध पैदा होता है। कहीं उसने ऐसी सामूहिक अभिव्यक्तियों में फ्रांस की क्रान्ति के समय की भीड़ के व्यवहारों को भी जोड़ा जा सकता है। अगर यह सत्य है तो नात्सीवाद जैसी प्रवृत्तियों को भी ऐसे धर्मों से जोड़ा जा सकता है, जिसके सामूहिक कर्मकांड उन्माद और उत्तेजना से भरे होते थे। इस स्थिति में ऐसे धर्मों से जुड़ी पवित्रता या उदात्तता की भावना लोकहित में होगी, यह नहीं कहा जा सकता। यह उलटा आक्रामकता को बढ़ावा देनेवाला भी हो सकता है। बीसवीं शताब्दी में तो राष्ट्र की पूजा धर्म भाव से ही होती थी और इससे बर्बर युद्धों का सिलसिला चलता रहा। यह भाव आज भी खत्म नहीं हुआ है और इसके अवशेष देखे जा सकते हैं।

कला साहित्य या लोक निर्माण के कामों में संस्कृति ने लोगों के जीवन को साधन-सम्पन्न और आनन्ददायी बनाने की भूमिका निभाई है। समाज संरचना के

क्षेत्र में इसकी भूमिका दो दिशाओं में दिखाई देती है। एक तरफ इसने सामूहिक जीवन को जोड़कर अनेक तरह की प्राकृतिक एवं आन्तरिक आपदाओं से बचाया है। दूसरी तरफ टकराहट पैदा की और विनाश के ऐसे उपक्रम भी प्रदान किए जिससे संसार संहार के कगार पर पहुँच गया है। गम्भीरता से विचार करने पर सामाजिक सम्बन्धों में बहुत कुछ है जो खतरनाक और त्याज्य लगता है, लेकिन सामूहिक जीव के रूप में लोगों का भावनात्मक लगाव इन सम्बन्धों से इतना गहरा है कि विवेक का वश इसके ऊपर नहीं चलता। यह एक त्रासद स्थिति है। मनुष्य प्राकृतिक चयन (Natural Selection) की दौड़ में सफल इसलिए होता रहा क्योंकि आनुवंशिकी पर निर्भरता की बजाय इसने सांस्कृतिक उपकरणों का सहारा लिया। अगर अब वे उपकरण इसके भावनात्मक आवेगों से निरस्त हो जाते हैं तो मनुष्य जीवन के कठिन संघर्ष में, कवचविहीन हो अपना अस्तित्व मिटा देगा।

भाग-2

प्रस्तावना

इस निबन्ध की केन्द्रीय अवधारणा यह है कि मनुष्य एक सांस्कृतिक जीव है जिसकी मूल जैविक विरासत सृजनशीलता है। अत: वह सदा वैसी निर्मितियाँ करता रहता है जैसी प्रकृति में नहीं हैं। जीवन के लिए नितान्त आवश्यक निर्मितियों से उफनकर यह सृजनशीलता अनेक वैसी संरचनाओं में व्यक्त होती हैं जो सिर्फ जीवित रहने के लिए आवश्यक नहीं, लेकिन जीवन में आनन्द का स्रोत बन जाती है। इसी कोटि में संगीत, साहित्य, दूसरी कलाएँ एवं वैज्ञानिक सिद्धान्त आते हैं। इन्हीं से मनुष्य का जीवन मानवीय बनता है। यह तो हो नहीं सकता कि आदमी की सर्जनात्मक ऊर्जा की अभिव्यक्ति कला एवं विज्ञान में हो, लेकिन अपने जीवन को सँवारने-बनाने में न हो। जीवित रहने के दबाव में मनुष्य तरह-तरह के आपसी सम्बन्ध और उत्पादन पद्धतियाँ विकसित करता रहा है, जो प्राय: असम्बद्ध होती हैं, कभी-कभी आपसी कलह पैदा करनेवाली भी। मनुष्य पर यह दबाव सदा बना रहता है कि वह इनकी आन्तरिक विसंगतियों को दूर कर मानव सम्बन्धों को कोई सन्तोषप्रद आकार प्रदान करें। अगर हकीकत में यह सम्भव नहीं हो तो कल्पना लोक में धार्मिक या दूसरी मिथकीय निर्मितियों में।

औद्योगिक क्रान्ति के बाद से जो व्यवस्थाएँ विकसित हुईं वे न सिर्फ विशाल हैं बल्कि घोर विश्रृंखलन और विषमताओं से पूर्ण भी। इसी पृष्ठभूमि में समाज को सन्तुलित आकार देने के लिए उद्‌देश्य से समाजवादी आन्दोलन का जन्म हुआ। इसके रूप चाहे जो हों, इसके प्रयासों में चाहे जो अन्तर्विराधी तत्त्व रहे हों, यह सांस्कृतिक जीव मनुष्य की अनिवार्य नियति थी। सिसिफस का मिथक मनुष्य के ऐसे ही प्रयासों की कुछ झलक देता है। जो लोग आधुनिक उद्योग और उपभोग में विचारधारा, इतिहास आदि का अन्त देख रहे हैं दरअसल, मनुष्य की अन्तर्निहित मनुष्यता को नकारने की कोशिश कर रहे हैं—वे मनुष्य में कल्पना का अन्त देखना चाहते हैं। अगर उनका प्रयास सफल रहा तो मनुष्य उन रोबोटों से अधिक कुछ नहीं रहेगा जो यांत्रिक ढंग से कुछ निर्दिष्ट कार्यक्रमों और पद्धतियों का बहुत खूबी से निर्वाह कर लेते हैं। यहाँ संक्षेप में समाजवाद के प्रयासों—यानी औद्योगिक समाज के प्रारम्भ से मनुष्य का अपने परिवेश को सँवारने के प्रयासों

और उनकी सफलताओं और असफलताओं पर नजर डालने की कोशिश हुई है। अगर समाजवादी आन्दोलन और इसका एजेंडा पूर्णता प्राप्त कर ले तो फिर यह दूसरी तरह से इतिहास का अन्त होगा। प्रकृति परिवर्तनशील है और स्वयं मनुष्य अपने परिवेश को सदा बदलता रहता है। इसलिए इस तरह की पूर्णता असम्भव है। और कुछ नहीं तो एकरसता से ऊबकर मनुष्य स्वयं ऐसी व्यवस्था को उलट-पुलट देगा। सोवियत संघ के प्रयोगों में भी पूर्णता सम्बन्धी ऐसा ही वैचारिक वहम था। ऐसे समाजवाद को तो सर्वसत्तावादी होना ही था। समाजवाद तो कविता और कलाओं की तरह जीवन के साथ नित्य नए रूपाकार विकसित करके ही समाज को संगति प्रदान कर सकता है। इसकी सफलता से हम इतनी ही आशा कर सकते हैं कि मनुष्य और मनुष्य तथा मनुष्य एवं प्रकृति के बीच ऐसा सन्तुलन कायम रहे कि उनकी अन्तः प्रक्रियाएँ सतत जारी रहें।

1

जीव-जगत में मनुष्य एक विलक्षण प्राणी है। उसकी विलक्षणता है, सांस्कृतिक जीव होना। सांस्कृतिक जीव होने का मतलब है कि उसके आनुवंशिक जीवन का ढंग और क्रियाकलाप उसके जीनों के अपरिवर्तनीय सूचनाओं द्वारा निर्धारित नहीं होते क्योंकि तेजी से बदलते प्राकृतिक और मानवीय परिवेश में जीनों के सख्त अनुशासन से उसका अस्तित्व खतरे में पड़ सकता है। जिस बिन्दु पर जीनों का अनुशासन मनुष्य के जीवन की रक्षा में अक्षम बन जाता है उसी बिन्दु पर संस्कृति जीवन की कमान सँभाल लेती है और मनुष्य के व्यवहारों में ऐसी आवश्यक लोच और अन्वेषक ऊर्जा पैदा करती है, जिससे वह विविध परिस्थितियों के अनुकूल जीवन को ढाल सके। इस सोच का एक पहल यह है कि आदमी अपनी समस्याओं का हल कई दिशाओं में ढूँढ़ सकता है। इसमें सहायक होती है उसकी कल्पनाशीलता जिसके माध्यम से वह अनेक वैकल्पिक स्थितियों की कल्पना कर किसी एक में अपनी समस्या का हल पा लेता है। मनुष्य अपनी परिस्थितियों से अनुकूलन दो तरह से करता है : एक अपने को परिवेश के हिसाब से ढालकर, दूसरा परिवेश में ही अपनी आवश्यकता के अनुसार परिवर्तन करके। प्रकृति के अनुरूप अपने को ढालने का काम सभी जीव करते हैं, जो इसमें असफल हुए विनष्ट हो गए। संस्कृति प्रदत्त सूचनाओं के संचय एवं सम्प्रेषण का आधार होती है, मनुष्य की आनुवंशिकी से प्राप्त उसकी अवधारणात्मक क्षमता एवं सृजनशीलता की अभिव्यक्ति होती है औजारों एवं भाषा के विकास में, मूर्तिकला तथा दूसरी दृश्य कलाओं के विकास में एवं नृत्य और संगीत के द्वारा अपने परिवेश के अनुभवों की प्रतीकात्मक अभिव्यक्ति में। इन्हीं से उनके आपसी सम्बन्ध भी आकार ग्रहण करते हैं। इन सब माध्यमों से अतीत के अनुभवों का संचित भंडार नई पीढ़ियों के लिए मार्गदर्शक बन जाता है।

मनुष्य की सर्जनात्मकता का सबसे महत्त्वपूर्ण पहलू यह है कि संसार के चतुर्दिक बिखराव और अर्थहीनता के बीच जिसमें वह अपने को पाता है, विविध तरह की संगति स्थापित करता चलता है। यह काम वह भाषा एवं कलाओं में रूपाकारों का निर्माण करके एवं विज्ञान के माध्यम से करता है। इससे भी आगे

बढ़ वह अपनी कल्पना में उस संसार के समानान्तर जिसमें वह अपने को पाता है नए संसारों का निर्माण करता चलता है—सभी कलाएँ, नाट्य और काव्य संसार के बाहर ऐसे ही संसारों की निर्मितियाँ कलाओं में आनन्द का स्रोत होता है कुछ समय के लिए चतुर्दिक बिखराव से मुक्ति का एहसास या किसी अप्रत्याशित अजनबी संसार से साक्षात्कार।

अनिश्चितता के साथ जुड़ा होता है असुरक्षा का भाव, जिससे उबरना मनुष्य की प्रबल कामना होती है। यह तो हो नहीं सकता कि आदमी अपने से दूर-दराज बाहरी संसार के विशृंखलन, असुरक्षा एवं अनिश्चितता से तो मुक्ति की तलाश करे और उस अन्तरंग दुनिया में जिससे वह घिरा है, जिसमें दूसरे आदमी हैं और उसका अपना घर-परिवार है अनियमितता, अनिश्चय और असुरक्षा को नजरअन्दाज करता चले। इसलिए मनुष्य संघर्षों, मानवीय त्रासदियों और आपदाओं के बावजूद जीवन को बार-बार व्यवस्थित करने का प्रयास करता रहा है। समाजवाद जीवन के ऐसे ही प्रतिमान की कल्पना है जिसमें सामाजिक कलह से मुक्ति और सन्तोषप्रद जीवन की आश्वस्ति हो। वैसे, समाजवाद नाम नया है और इससे जुड़ी अवधारणाओं का विकास पश्चिम में औद्योगिक क्रान्ति से पैदा स्थितियों से हुआ, लेकिन यह अपने भीतर उन तमाम आकांक्षाओं को समेटता है जिनसे लोग अपने समय की दुःखदायी स्थितियों से उबरने की उम्मीद करते रहे हैं। इसमें कहीं-न-कहीं उस काल्पनिक अतीत की अनुगूँज भी है जो उनमें व्याप्त विश्वास के अनुसार कभी था और लोग जिसे कालक्रम में गँवा चुके हैं। यहूदी, ईसाई और इस्लामी समाजों में तो अदन के बाग से निष्कासन का मिथक प्रभावी रहा ही है, दूसरे समाजों में भी किसी स्वर्ण युग के लोप होने की परम्परा रही है। भारत में भी सतयुग के अन्त की बात और प्राचीन यूनान में स्वर्णयुग के अतीत की चर्चाएँ थीं। सम्भव है, मानव जीवन के किसी युगान्तकारी संक्रमण के स्मृति-शेष हों।

अधिकांश नृशास्त्री मोटा-मोटी यह मानते हैं कि आज से तीस से चालीस लाख वर्ष पहले मनुष्य के पूर्वज घने जंगलों में वृक्षों पर अन्य वनमानुषों या बन्दरों की तरह रहते थे। उस समय उन्हें वृक्षों से भोजन के लिए पर्याप्त फल उपलब्ध हो जाते थे और वृक्षों की ऊपरी डालियों पर खतरनाक जीवों से सुरक्षा भी मिल जाती थी। शायद यही स्थिति मनुष्य की चेतना में 'अदन के बाग' के मिथक के रूप में कायम है। यह भी कहा जाता है कि कोलम्बस समेत यूरोप के कई जहाजियों की समुद्री यात्राओं के पीछे कायम है। यह भी कहा जाता है कि कोलम्बस समेत यूरोप के कई जहाजियों की समुद्री यात्राओं के पीछे प्रारम्भिक चाहत 'अदन के बाग' जैसी स्थिति में रहनेवाले मानव समुदायों की तलाश थी। नृशास्त्रियों के अनुसार ही जलवायु के परिवर्तन से जंगलों का लोप होने लगा तथा तब लोग वृक्षों की सुरक्षा छोड़ घने घास के मैदानों में सामूहिक रूप से शिकार कर जीवित

रहने की कोशिश करने लगे। रॉबर्ट ऑर्डर जैसे कुछ नृशास्त्रियों के अनुसार, यही काल था जब मनुष्य में पारस्परिकता और गहरे सामुदायिक भाव का विकास हुआ। धीरे-धीरे यह पारस्परिकता का भाव एवं एक-दूसरे के लिए अपने जीवन को जोखिम में डालने की तत्परता मनुष्य की सहज प्रवृत्ति का हिस्सा बन गई। साथ ही, जीवन की ये ही स्थितियाँ थीं जिसने मनुष्य को सांस्कृतिक जीवन बनने को मजबूर किया। वह सिर्फ आनुवंशिकी से प्राप्त अपरिवर्तनीय व्यवहारों के बूते अपनी रक्षा नहीं कर सकता था। इन नई स्थितियों में सहयोग के लिए सम्प्रेक्षण के विविध माध्यम, जिसमें भाषा सबसे महत्त्वपूर्ण थी, विकसित करना पड़ा। साथ ही, सामूहिक जीवन को सघनता प्रदान करने के लिए नृत्य, चित्रकला और संगीत विकसित करना पड़ा। इसी काल में शिकार और आत्मरक्षा के लिए औजार और हथियार विकसित किए जाने लगे। ऐसे समाज में जहाँ हर पल आपसी सहयोग जीवन की शर्त थी, विषमता के लिए कोई स्थान सम्भव ही नहीं था। मनुष्य के पारम्परिक नैतिकता बोध में समता, सहयोग और परोपकार का जो भाव जड़ित है, उसका आधार सम्भवतः यही आदिम जीवन था।

लाखों वर्षों तक बिताए गए ऐसे जीवन की छाप मनुष्य की आनुवंशिकी का हिस्सा बन गई। सम्भवतः इसीलिए सांस्कृतिक विकास के क्रम में बनाए गए समाज के जटिल और विशाल ताने-बाने के बावजूद मनुष्य छोटे समुदायों में सहज जीवन और पारस्परिक सहयोग की कामना से मुक्त नहीं हो पाया। एथोलॉजिस्ट डेस्मौंड मौरिस ने अपनी पुस्तक 'द ह्यूमन जू' में इस दिलचस्प तथ्य की ओर ध्यान दिलाया है कि आज के विशाल महानगरों में भी आदमी के आत्मीय सम्बन्धों का ताना-बाना थोड़े लोगों तक ही सीमित रहता है जो संख्या प्रारम्भिक कबाइली समूहों की रही होगी। इसे वह 'स्यूडो ट्राइब' कहता है जो महानगर, जिसे वह 'सुपर ट्राइब' कहता है, का छोटा हिस्सा होता है। सभ्यता के विशाल आकार, तामझाम और लूट-खसोट के बीच खो गए आदिम जीवन की तलाश कभी मरी नहीं बल्कि जब भी सभ्यता का रुझान जीवन के ऊपर वर्णित प्रतिमानों से दूर जाता दिखाई दिया, उस आदिम जीवन की ओर लौटने की चाहत और तेज होती गई—विशेषकर उन समूहों में, जिन्हें इस तामझाम की कीमत चुकानी होती है। मनुष्य अपने मूल स्वभाव के विपरीत पड़नेवाली स्थितियों में व्यक्तिगत या सामूहिक मनोरोगों का शिकार हुए बगैर बहुत दिनों तक नहीं रह सकता। शायद इसलिए अमेरिका जैसा अति सम्पन्न समाज अपनी मूल प्रवृत्ति से विच्छिन्नता की कीमत व्यापक मनोरोगों से चुकाता है। समाजवादी आन्दोलन के विकास को इसी सन्दर्भ में ठीक-ठीक समझा जा सकता है। इसी आलोक में वर्तमान समाज की उस चूहे दौड़ की मानसिकता की निरर्थकता का भी समझा जा सकता है जो व्यापारिक लाभ को ही शाश्वत शुभ मानकर समाजवाद की खिल्ली उड़ा रही है।

शायद प्राचीन प्रस्तर युग का वह समाज भी जब आदमी छोटे कबीलों में शिकार और कन्दमूल पर जीवन-यापन करता था, मानवीय संघर्षों से पूरी तरह मुक्त नहीं रहा हो—जैसी छवि बाद में अनेक मनीषियों की कल्पना में बनी, लेकिन यह हॉब्स की कल्पना का वह खौफनाक जीवन भी नहीं था जिसमें सभी एक-दूसरे से युद्धरत थे और जीवन 'संकीर्ण, पाशविक और अल्पकालिक था।' चूँकि मनुष्यों की संख्या धरती के विस्तार के हिसाब से बहुत छोटी थी, टकराव की सम्भावना से कबीले फैलकर अलग हो एक-दूसरे से दूरी बनाए रखते थे और जीवन के लिए आवश्यक वस्तुएँ थोड़ी मेहनत से ही उपलब्ध हो जाती थीं। एक नृशास्त्री मेरविन हैरिस प्राचीन प्रस्तर युग के मानव अस्थियों के अध्ययन के आधार पर इस नतीजे पर पहुँचा कि उस समय के मनुष्यों को थोड़े समय के श्रम से ही एक आधुनिक अमेरिकी के बराबर भोजन में मांस उपलब्ध हो जाता था जो ताजा होता था और कीटाणुनाशकों से भरा नहीं। जो भी हो, किसी चाहत के अन्तर्निहित दबाव में मनुष्य के मन में जो प्रतिमान बनता है वह अमूर्तन प्रक्रिया से हमेशा एक आदर्श रूप ग्रहण करता है। जीवन को यही आदर्श रूप अनुप्राणित करता है। आदर्शों के ऊँचा रहने से ही वास्तविक और वांछित के बीच यह तनाव बना रहता है, जिससे समाज बेहतरी की ओर बढ़ता है।

नव प्रस्तर युग की शुरुआत एवं कृषि पर आधारित जीवन से आबादी की सघनता बढ़ी। नगरीय जीवन का विकास हुआ और यहीं से उस शोषण का सिलसिला शुरू होता जिससे आज तक मानव समाज अभिशप्त रहा है। नगरों की समृद्धि के लिए पास-पड़ोस और दूर-दराज के लोगों के शोषण की शुरुआत हुई। कहीं लोगों से प्रत्यक्ष या परोक्ष कर वसूली होती थी, मानव श्रम या कृषि उत्पादों के रूप में तो कहीं लोगों को गुलाम बना विभिन्न तरह के कामों में लगाया जाने लगा। इस तरह सहयोग पर आधारित आदिम समाज का ढाँचा चारों तरफ टूटने लगा। इस व्यवस्था को विरोध करनेवाले लोगों को दबाए रखने के लिए अलग से सशस्त्र बल रखने की शुरुआत हुई। समाज की बढ़ती जटिलता के मद्देनजर व्यवस्था को चलाने के लिए कहीं-कहीं नौकरशाही अस्तित्व में आई। प्राचीन चीन में तो नौकरशाहों (मैंडारिनों) को बहुत ही कठोर चयन प्रक्रिया में बहाल किया जाता था और एक बार बहाल होने पर वे एक अत्यन्त ही सुविधासम्पन्न समूह का हिस्सा बन जाते थे। मिस्र में भूमि का स्वामी सम्राट होता था और वही सर्वोच्च पुरोहित भी। उसके नीचे नौकरशाही की एक उच्चावच व्यवस्था कायम थी जो भूमि की ठीक-ठीक पैमाइश कर किसानों से पैदावार का बड़ा हिस्सा राज्य के लिए वसूल कर लेती थी। ऊपर से सम्राटों की महानता का उद्घोष करने के लिए पिरामिडों तथा अन्य विशाल इमारतों को खड़ा करने में किसानों की अनेक पीढ़ियाँ तबाह होती रहीं। दुनिया के अनेक देशों में विशेषकर यूरोप

में शुरू में गुलामी प्रथा और बाद में सामन्ती व्यवस्था के नीचे आम लोगों का शोषण होता रहा। भारत में बड़े पैमाने पर गुलामी व्यवस्था रही हो, इसका सबूत नहीं मिलता। हड़प्पा एवं मोहनजोदड़ो को छोड़ यहाँ प्राचीनकाल में बड़े नगरों का कोई अवशेष नहीं मिलता। इससे यह अन्दाजा लगाया जा सकता है कि यहाँ का समाज मूलतः ग्रामीण था। यह भी एक कारण हो सकता है कि यहाँ गुलामी व्यवस्था बड़े पैमाने पर नहीं अपनाई गई हो—हालाँकि छोटे पैमाने पर घरेलू दासों की उपस्थिति का विवरण मिलता है। यहाँ विषमता की जड़ वर्ण आधारित जाति व्यवस्था में थी। कामों का बँटवारा जातियों के आधार पर था और जीवन के लिए सबसे महत्त्वपूर्ण पर कठिन और गन्दे काम उन जातियों के ऊपर लाद दिया गया था जिन्हें वर्णव्यवस्था में निचली श्रेणियों यानी शूद्रों एवं अन्त्यजों में रखा गया था। यहाँ गुलामी व्यवस्था या चीन एवं मिस्र की व्यवस्था जैसा क्रूर और कठोर श्रम तो शोषित लोगों को नहीं करना पड़ता था, लेकिन अपमानजनक भेदभाव और बहिष्कार का शिकार—शूद्रों और अन्त्यजों को सदियों तक बनाया जाता रहा। इसका असर आज तक बना हुआ है।

जब समाज में ऐसे क्रूर विभाजन हों तो उनका प्रतिकार या उनके खिलाफ विद्रोहों का होना अपरिहार्य है। ऐसे विद्रोह होते रहे। इतिहास इसका साक्षी है। कम्युनिस्ट घोषणापत्र में कुछ अति सरलीकृत करके कार्ल मार्क्स ने जब पूरे इतिहास को वर्ग संघर्षों का इतिहास कहा तो उसके सामने सभ्यता के प्रारम्भ से होनेवाले ऐसे ही शोषण और इनके प्रतिरोधों की तस्वीर रही होगी। दमन और अपमान का प्रतिकार सदा दो तरह से होता रहा है। एक बौद्धिक स्तर पर प्रचलित व्यवस्था के बरक्स आदर्श व्यवस्थाओं के प्रतिमान उपस्थित किए गए। इसमें प्रचलित व्यवस्था का निषेध निहित था। कहीं तो मनुष्य की उन आदिम स्थितियों की कल्पना उपस्थित की गई जहाँ समाज में कोई भेदभाव नहीं था तो कहीं यह बतलाया गया कि सभी मनुष्य ईश्वर के बन्दे हैं और इसीलिए समान हैं। भारत में भक्ति आन्दोलन ने और इंग्लैंड में सत्रहवीं शताब्दी में इंडिपेंडेंट्स कहे जानेवाले धार्मिक समूहों ने वैचारिक स्तर पर इस दूसरे तरह की दृष्टि का आधार बना सभी मनुष्यों की समता को रेखांकित किया। जब बाइबिल में यह कहा गया कि सूई के छेद से ऊँट का निकलना सम्भव है, पर स्वर्ग में धनी व्यक्ति का प्रवेश नहीं तब विषमता के निषेध की यही ध्वनि सुनाई पड़ती है। रोमनों के गुलाम, जीसस के अनुयायियों को अपनी दयनीय स्थिति में ऐसी ही सांत्वना और आश्वस्ति सहारा दे सकती थी। बौद्धिक स्तर पर वैकल्पिक समाज की जो तस्वीर उपस्थित की गई, उसकी प्रेरणा से जहाँ-तहाँ समाज परिवर्तन के प्रयास भी हुए। सांस्कृतिक जीव मनुष्य की यह सुविधा है कि जहाँ हकीकत में जीवन को सुखदायी बनाने में अक्षम होता है वहाँ अपनी कल्पना में इसका निर्माण कर लेता है और पीढ़ी-दर-पीढ़ी उस कल्पना लोक में निवास करता रहता है। प्राचीन यूनान में

स्वर्ण युग की कल्पना या भारत में सतयुग की कल्पना आदि जीवन को सह्य बनाने के लिए मनुष्य के ऐसे ही सांस्कृतिक उपक्रम थे। मनुष्य की सबसे त्रासद स्थिति वह होती है जब वह ऐसी कल्पना से भी कट जाता है। समाज का वर्तमान दौर कुछ ऐसी ही कल्पनाशून्यता उपस्थित कर रहा है।

लोगों के जीवन को सुखी बनाने के लिए राजा के क्या कर्तव्य होने चाहिए और प्रशासन का स्वरूप कैसा होना चाहिए, इसके इर्द-गिर्द तो भारत में कौटिल्य अर्थशास्त्र और दूसरे अनेक नीतिशास्त्र रहे हैं, लेकिन कोई समष्टिवादी दृष्टि रही हो ऐसा मुझे पता नहीं। फिर भी रामराज की कल्पना जिसमें दैहिक, दैविक और भौतिक, किसी भी ताप से आदमी ग्रस्त न हो, यह इहलौकिक आदर्श तो तुलसीदास में भी मिलता है। यह धर्मों की उस आम चिन्ता से सर्वथा अलग है जिसमें मृत्यु के बाद स्वर्ग या मोक्ष की कामना होती थी। इसके विपरीत प्राचीन यूनान, यहूदियों के कुछ प्राचीन समूहों से लेकर ईसाई यूरोप तक में समष्टिवादी सोच की भरमार रही है। प्राचीनकाल के यहूदियों के एस्सेनी नाम के एक ऐसे समुदाय का उल्लेख मिलता है जिसमें न तो व्यक्तिगत सम्पत्ति होती थी, न विवाह एवं अलग परिवार होते थे। प्लेटो की कल्पना के 'रिपब्लिक' में भी निजी सम्पत्ति और परिवार का निषेध है, जिसे लोगों के पारस्परिक लगाव को नष्ट करनेवाला माना गया है। कोई भी कल्पना अपने परिवेश के प्रभाव से पूरी तरह मुक्त नहीं हो सकती और गुलामी प्रथा पर आधारित एथेंस की पृष्ठभूमि के प्रभाव से प्लेटो भी मुक्त नहीं थे और यह सामूहिक व्यवस्था भी उच्चावचक थी, जिसमें गुलामी के लिए भी स्थान था। दूसरे आदमियों का शोषण मानव स्वभाव के इतना विपरीत है कि जब भी दूसरे आदमी का शोषण या दमन होता है तो सिद्धान्त रूप से शोषित की मनुष्यता को नकारने की कोशिश होती है।

यूनानियों के लिए गुलाम पूरी तरह मनुष्य नहीं थे। प्लेटो के प्रसिद्ध शिष्य अरस्तू के अनुसार, गुलाम बोलनेवाले औजार थे। यह विचार आधुनिक यूरोप वासियों के विचार से बहुत भिन्न नहीं था जो डार्विन के बावजूद उन्नीसवीं शताब्दी तक मानकर चलते थे कि अफ्रीकी मूल के लोग भिन्न प्रजाति के जीव हैं। दो सौ साल पहले तो एक अफ्रीकी महिला को निर्वसन कर यूरोप के विभिन्न नगरों में एक विचित्र प्राणी, एक कौतूहल की वस्तु के रूप में प्रदर्शित किया गया था। संस्कृति लोगों की सोच को इतनी गहराई से प्रभावित करती है कि आज भी गोरे अपने व्यवहार में अफ्रीकी या एशियाई मूल के लोगों को बराबर का मनुष्य नहीं मानते। ऐसी सांस्कृतिक संकीर्णता आदमी में अन्तर्निहित समता की भावना के आधार पर भेदभावहीन समाज बनाने में बार-बार बाधा उपस्थित करती है। इसका उदाहरण हम अपने ही देश की जाति व्यवस्था में देख सकते हैं। जाति के बाहर शादी को लेकर, कुओं से पानी भरने के विवाद को लेकर आज भी हत्याएँ होती

रहती हैं। इंटरनेट से संसार को जुड़ने का दावा करनेवाले अपने पड़ोसी से भी नहीं जुड़ पाते। दरअसल, संस्कृति पर दो परस्पर विरोधी दबाव सदा बने रहते हैं। एक दबाव रहता है मनुष्य में अन्तर्निहित समता और परोपकार की भावना के आधार पर समाज को आकार देने का। दूसरी ओर स्थानीय कारणों से इसके विपरीत दबाव होता है लोगों को वर्ग, मूल, भाषा, जाति आदि में बाँटकर रखने का। दूसरे तरह का दबाव दीर्घकालीन परम्पराओं से पोषित हो रूढ़ हो जाता है जबकि नव निर्माण की आकांक्षाएँ मनुष्य की भावना एवं कल्पना की उपज होने से अपनी सम्भावना के प्रति पूरी तरह आश्वस्त नहीं कर पातीं। फिर भी लोगों की कल्पना में एक समग्र समतावादी समष्टि की चाहत सदा रही है और यूरोप में तो इसने अनेक मनीषियों के चिन्तन को प्रेरित किया है।

ईसाइयों में मैग्नॉस्टिक जो हेरेटिक (धर्मच्युत) माने जाते थे और सन्त फ्रैंसिस के परम्परावादी अनुयायियों में भी इस तरह का विचार प्रचलित था कि निजी सम्पत्ति रखना अधर्म है क्योंकि ईश्वर ने संसार को वैभव सभी लोगों के समान उपभोग के लिए पैदा किया है। यूरोप में चौदहवीं से सोलहवीं शताब्दी तक चले किसान आन्दोलनों में मैनोरियल व्यवस्था में लॉर्ड के अधिकार के विपरीत सभी भूमि एवं उत्पादन के साधनों पर सामूहिक स्वामित्व की नीति का सशक्त प्रतिपादन किया गया। इंग्लैंड में सत्रहवीं शताब्दी में लेवेलर्स और डिगर्स नाम के समूहों ने जमीन पर कब्जा करना और उस पर सामूहिक खेती करना शुरू किया था। इन आन्दोलनों के पीछे भी तर्क यही था कि सभी मनुष्य आदम और हौआ की सन्तान हैं और इसलिए बराबर हैं। अत: उन सबका भूमि पर समान अधिकार है। बिल डुरांट ने अपनी पुस्तक 'स्टोरी ऑफ सिविलाइजेशन' के खंड 'द एज ऑफ फेश' (ई.-325-1300) में इस्लामी मुल्कों में ईश्वर के राज्य के नाम पर साम्यवादी ढंग की व्यवस्थाओं को स्थापित करने के अनेक प्रयासों का जिक्र किया है। इनमें कुछ के आदर्श मजदक नामक प्राचीन फारस के किसी साम्यवादी विद्रोही के थे। इनमें प्रमुख थे, खुरा मियाँ और मुहायियदा। यह दिलचस्प संयोग है कि इसमें एक समूह अपने को 'सुर्ख आलम' यानी लाल झंडा कहता था। डुरांट के अनुसार 772 ई. के आसपास खुरासान में हाशिम अल मुकान्ना ने घोषणा की कि वह ईश्वर का अवतार है और मजदक के साम्यवाद की स्थापना के लिए आया है। इसने अपने इर्द-गिर्द अनेक समुदायों को इकट्ठा किया और चौदह वर्ष तक उत्तरी फारस में शासन करने के बाद अन्तत: पराजित हुआ और मार डाला गया। इसके बाद 838 ई. में किसी बाबिक अल खरानी ने अपने आसपास एक समूह मुहम्मिरा (लाल) के नाम से जमा किया और खलीफा की अनेक फौजों को पराजित किया। बाद में उसे पकड़कर बेरहमी से मार डाला गया, और डुरांट के अनुसार, "उसके सिर को प्रदर्शन के लिए खुरासान के शहरों में

घुमाया गया, यह याद दिलाने के लिए कि आदमी जन्म से ही गैर-बराबर और गुलाम होता है।" भूमंडलीकरण के झंडे तले आज अमेरिकी फौज संसार भर में पूँजीवाद की गरिमा में जो कुछ कर रही है, वह बिलकुल मौलिक नहीं है। इस पुस्तक में ऐसे कई विद्रोहों का जिक्र है जिसमें अली के नेतृत्व में अफ्रीकी मूल के (नीग्रो) गुलामों के एक विद्रोह का भी जिक्र है जिसने अरब की पूरी व्यवस्था को हिला दिया था और जिसे 883 में दबाया जा सका। इस सबसे समता की आकांक्षा की व्यापकता सिद्ध होती है।

समतामूलक समाज की कल्पना मानव चेतना से कभी मिटी नहीं। थॉमस मूर (1478-1535) की पुस्तक 'यूटोपिया', जो नाम बाद में सभी आदर्श समाजों की कल्पना के लिए प्रयोग में आने लगी, एक ऐसे ही समुदायवादी समाज की तस्वीर पेश करती है। इसमें बढ़ते व्यक्तिवादी रुझान की जगह सभी सम्पत्ति के सामूहिक स्वामित्व की वकालत की गई है। टोमासो कांपानेला (1568-1639) ने अपनी पुस्तक 'सिवितास सौली' (सूरज का नगर) में ऐसे समाज की कल्पना की थी जिसमें सम्पत्ति सामूहिक हो और लोगों का जीवन भी सामूहिक हो। ऐसे आदर्श समाजों की कल्पना करना और जहाँ सम्भव हो, उस कल्पना के अनुरूप जीवन को ढालने का प्रयास उन्नीसवीं शताब्दी तक जारी रहा और इसने उन्नीसवीं और बीसवीं शताब्दी के समाजवादी आन्दोलन को काफी प्रभावित किया। इनमें तीन चिन्तक, सेंट सिमां, फूरिये एवं रॉबर्ट ओवेन औरों से अधिक चर्चित रहे और एक तरह से इनके प्रयासों की निरन्तरता बाद के समाजवादी आन्दोलन में रही।

सेंट सिमां (1760-1825) ने नवोदित औद्योगिक व्यवस्था और इसमें विज्ञान की भूमिका को देखते हुए समाज के नवगठन में उद्योगपतियों और वैज्ञानिकों को महत्त्वपूर्ण भूमिका निभाने का आह्वान किया। इसमें श्रम के वैज्ञानिक विभाजन की बात की गई। सेंट सिमां के अनुयायियों ने बपौती सम्पत्ति खत्म करने और उत्पादन के साधनों पर सामुदायिक नियंत्रण की भी बात की। इसने समाज में सहमति के लिए भाईचारे के महत्त्व को रेखांकित किया। उसके विचार में 'वैज्ञानिक समाजवाद' पर नए उद्योगों के सम्बन्ध में सेंट सिमां की प्रशंसा भरी दृष्टि का प्रभाव देखा जा सकता है।

चार्ल्स फूरिये (1772-1837) मूलतः एक योजना के तहत ग्रामीण समाज की इकाइयाँ, जिन्हें 'फैलेंस्तेर' का नाम दिया गया—गठित करना चाहता था। वह पूँजीवादी व्यवस्था को पूरी तरह खत्म करने की बात तो नहीं करता था, लेकिन उसमें पूँजी, श्रम और योग्यता के हिस्सों को क्रमशः 4/12, 5/12 और 3/12 के अनुपात में निर्धारित करना चाहता था। वह विवाह प्रथा का भी विरोधी था और इसे समाज के विरुद्ध दो व्यक्तियों का गठबन्धन मानता था।

प्रयोग के स्तर पर सबसे सक्रिय और सफल विचारक रॉबर्ट ओवेन (1771-1858) था। और वह नई औद्योगिक व्यवस्था में मजदूरों की दयनीय स्थिति से चिन्तित था। वह मानता था कि परिस्थिति मनुष्य को बनाती है और इसलिए उसने ऐसी औद्योगिक कॉलोनियाँ बनाने की कोशिश की जिसमें मनुष्य के जीवन की स्थितियाँ अच्छी बनाई जा सकें। वह प्रारम्भ में एक सफल कपड़ा उद्योगपति था। बाद में उसने अपनी पूँजी लगाकर औरों के सहयोग से स्कॉटलैंट के न्यू लेनार्क में एक औद्योगिक बस्ती बनाई। यहाँ काम करनेवाले श्रमिकों के लिए अच्छी आवासीय एवं शैक्षिक व्यवस्था की गई। लोगों के काम करने की स्थिति बहुत ही अच्छी थी और इनके बावजूद कारखाने का मुनाफा भी बढ़ा था। उसने बाद में आत्मनिर्भर सहयोगी कृषि-औद्योगिक समुदायों के निर्माण का विचार अपनाया। इस विचार को कार्यान्वित करने के लिए उसने 1825 में अमेरिका के इंडियाना में एक समुदाय विकसित किया। ओवेन समाज में आमूलचूल नव निर्माण चाहता था। वह धर्म में विश्वास नहीं रखता था। इन सब विचारों के कारण उसके सम्पन्न सहयोगी उसके विरोधी बन गए, लेकिन उसके प्रयासों से श्रम की स्थिति सुधारने के कई कानून बने। वह सहयोगी आन्दोलन को जन्म देनेवालों में भी था और बाद में मजदूरों ट्रेड यूनियन संगठन खड़ा करने में भी उसकी महत्त्वपूर्ण भूमिका थी। यह कहा जा सकता है कि यूटोपिया को अमली रूप देने के जो प्रयास ओवेन ने किए, उनसे उन सांस्कृतिक मूल्यों का निर्माण हुआ जो आज तक मजदूर संगठनों और सहयोगी संस्थाओं को प्रभावित करते रहे हैं।

रॉबर्ट ओवेन के साथ हम कल्पना की धुन्ध से निकलकर हकीकत की दुनिया को संरचनात्मक स्वरूप देने के प्रयोगों के युग में प्रवेश करते हैं। यह दिलचस्प है कि उसके अनेक ठोस एवं दीर्घकालिक प्रभाव वाले कामों के बावजूद कार्ल मार्क्स उस स्वप्नवादी समाजवादियों की ही श्रेणी में रखता है। मार्क्स के बारे में कहा जाता है कि उसके विचारों पर जर्मन दर्शन, ब्रितानी अर्थशास्त्र और फ्रांसीसी इतिहास का प्रभाव था। यूटोपियाई समाजवाद को नकारने में सबसे महत्त्वपूर्ण प्रभाव फ्रांस की क्रान्ति के बाद से राजनीतिक आन्दोलन से समाजवादी प्रयासों का जुड़ जाना है। इसमें सबसे अहम भूमिका फ्रांस्वा नोयल बाबफ की थी जो फ्रांस की क्रान्ति का जबर्दस्त समर्थक था, लेकिन इसे तब तक अधूरा मानता था जब तक इसका उद्देश्य राजनीतिक समता तक सीमित था। वह इससे बढ़ आर्थिक समता लाने की बात करता था। उसने इसके लिए वर्ग संघर्ष की आवश्यकता पर जोर दिया। उसके उद्देश्यों में भूमि पर सार्वजनिक स्वामित्व, सभी लोगों को काम का अधिकार और उत्पादन में सबों की हिस्सेदारी की बात की गई थी। इसके लिए उसने एक गुप्त संगठन कायम किया जिसे 'समान लोगों का षड्यंत्र' का नाम दिया और इसके माध्यम से क्रान्ति का प्रयास किया। फ्रांस में जैकोबिनो की

पराजय के बाद अनुदारवादी डायरेक्टरी का शासन कायम हो चुका था। 1797 में बाबफ के आन्दोलन को दबा दिया गया और उसे मृत्युदंड दे दिया गया, लेकिन समाजवाद के लिए राजनीतिक प्रयासों की अनिवार्यता का विचार अब परिवर्तनवादी सोच का आधार बन गया।

एतियां कैबे (1788-1856) में राजनीतिक और यूटोपियाई, दोनों तरह की सोच दिखाई देती है। वह 1831 में निर्वाचित हो फ्रांस के चैंबर ऑफ डेपुटीज का सदस्य बना, लेकिन सरकार की कटु आलोचना के चलते उसे कैद की सजा हुई। वह भागकर ब्रिटेन पहुँचा और वहाँ 1840 में उसने 'वोआयज आँ इकारी' (इकाई की यात्रा) नामक पुस्तक में एक आदर्श समाज की तस्वीर भी पेश की। बाद में 1848 में टेक्सास में 'ईकारियन कम्यूनिटी' के नाम से एक समुदाय की स्थापना भी की गई जो 1898 तक अस्तित्व में रहा। उन्नीसवीं शताब्दी से फ्रांस में समाजवादी कार्यशाला की स्थापना का सुझाव दिया था जिसकी व्यवस्था श्रमिकों के हाथ में हो और जिसमें सरकार की भूमिका सहायक की हो। 1848 में जब वह फ्रांस की तात्कालिक सरकार का सदस्य बना, उसने अपने विचारों में से कुछ को लागू करने की कोशिश की जो विरोधियों के अड़ंगे से विफल हो गया, लेकिन एक नई सोच का विकास हो रहा था जिसमें समाज के जद्दोजहद से बाहर आदर्श समाज के निर्माण की जगह इसके भीतर की गतिशील शक्तियों को ही समन्वित कर, ऐसी समाज व्यवस्था बनाना था जो समाजवादी मूल्यों पर आधारित हो।

मार्क्स-एंगेल्स का कम्युनिस्ट घोषणापत्र 1848 में जारी किया गया था जब फ्रांस और जर्मनी समेत पूरा यूरोप क्रान्तिकारी आन्दोलन के दौर से गुजर रहा था। राजनीतिक बदलाव से नई सामाजिक सम्भावनाओं का दरवाजा खुलता दिखाई दे रहा था। कम्युनिस्ट घोषणापत्र के लेखकों को अगर इस उथल-पुथल के पीछे यूरोप पर साम्यवाद की मँडराती छाया दिखाई दी तो कुछ अचरज नहीं क्योंकि अपनी उत्कट अभिलाषा को हकीकत मान लेने का जबर्दस्त रुझान आदमी में होता है। समाजवादी चिन्तन में एक मौलिक बदलाव भी आया। पहले के समाजवादी चिन्तक जिन्हें मार्क्स-एंगेल्स यूटोपियाई कहते थे, अपनी कल्पना के अनुरूप समाज गढ़ने का प्रयास करते थे। अब इसकी जगह यह दावा किया जाने लगा कि पूरा मानव इतिहास ही एक द्वन्द्वात्मक प्रक्रिया से समाज को समाजवादी व्यवस्था की ओर ढकेल रहा है। इसके बाद समाजवादी आन्दोलन या इसका सबसे प्रभावी ऐतिहासिक नियतिवाद की प्रेरणा से परिचालित होने लगा—इसका वह हिस्सा जो मार्क्सवाद से प्रेरणा लेता था। इतिहास में अपने उद्देश्यों की पूर्ति की आश्वस्ति अकेले समाजवादी आन्दोलन की तलाश नहीं थी। स्वयं मार्क्स की अपनी प्रेरणा हीगेल से आई थी, जिसके अनुसार विश्व आत्मा एक द्वन्द्वात्मक तर्क विधि से

अपने को उद्घाटित करती है, जिसकी चरम अभिव्यक्ति उसके समय के प्रूसिया की राज्य व्यवस्था में हुई थी। यह जरूर हुआ कि मार्क्स के अपने ही शब्दों में हीगेल की दुनिया सिर के बल खड़ी थी, जिसे मार्क्स ने उलटकर पैरों पर खड़ा कर दिया यानी ऐतिहासिक घटनाएँ विचारों के स्तर पर होनेवाले परिवर्तनों के प्रतिबिम्ब नहीं थी बल्कि विचार ही संसार में भौतिक स्तर पर होनेवाली घटनाओं के प्रतिबिम्ब थे।

मार्क्स के सामने फ्रांस की क्रान्ति के दौर में बाबफ के क्रान्तिकारी प्रयासों का उदाहरण था जो स्पष्ट रूप से वर्ग संघर्ष के सिद्धान्त पर आधारित था। हीगेल के प्रत्ययों के स्तर पर होनेवाले द्वन्द्व की जगह मार्क्स को वर्गों का द्वन्द्व समाज को समझने में अधिक समाधानकारी लगा और उसने यह निष्कर्ष निकाला कि जब से समाज में वर्ग विभाजन हुआ है तब से मानव इतिहास वर्ग संघर्षों का इतिहास रहा है और यह वर्ग संघर्ष मार्क्स के अनुसार उसके समय में अपने अन्तिम चरण में पहुँच गया है यानी उस चरण में जब मुख्य संघर्ष पूँजीपति वर्ग और सर्वहारा वर्ग के बीच में है और सर्वहारा द्वारा पूँजीपति वर्ग को मिटाने के साथ ही अनिवार्य रूप से समाजवाद की ओर संक्रमण होगा। यहाँ एक महत्त्वपूर्ण फर्क उसके पूर्वकालिक समाजवादियों की सोच से दिखाई देता है। पूर्वकालिक सोशलिस्ट अपनी कल्पना के अनुरूप नई व्यवस्था को आकार देना चाहते थे। मार्क्स ने पूरी ऐतिहासिक प्रक्रिया को ही ऐसा स्वरूप दिया जो वह साँचा तैयार करेगी जिसमें नया समाज ढलेगा।

इतिहास को अपनी आकांक्षाओं के अनुसार आकार देने के प्रयासों में मार्क्स अकेला या अन्तिम नहीं था। उसके पहले भी जैसा हीगेल ने किया था और उसके बाद के इतिहासकार भी ऐसा ही करते रहे हैं। विख्यात इतिहासकार ई.एच.कार ने अपनी पुस्तक 'व्हाट इज हिस्ट्री' में लिखा है :

> "...इतिहासकार की अतीत की व्याख्या एवं उसके द्वारा प्रासंगिक और महत्त्वपूर्ण तथ्यों के चयन, उत्तरोत्तर विकसित होते नए लक्ष्यों के हिसाब से होते हैं। इसका प्रत्यक्ष उदाहरण यह है कि जब तक मुख्य लक्ष्य संवैधानिक स्वतंत्रता और राजनीतिक अधिकार स्थापित करना था, इतिहासकारों ने अतीत की व्याख्या संवैधानिक और राजनीतिक शब्दावली में की जब आर्थिक और सामाजिक लक्ष्यों ने संवैधानिक और राजनीतिक लक्ष्यों का स्थान लेना शुरू किया तब इतिहासकार अतीत की आर्थिक एवं सामाजिक व्याख्या की ओर मुड़े।"

दरअसल, विचारधारा जो समाजवादियों के लिए एक अत्यन्त ही प्रिय शब्द है और यथास्थितिवादी जिसे विस्थापित करने के भगीरथ प्रयत्न में लगे हैं, समाज

और संसार को इसकी समग्रता में समझ इसे ऐसा रूप देने का ही प्रयास है जिसमें यह आश्वस्त हो कि हम एक बेहतर मानवीय समाज की ओर बढ़ सकते हैं। चूँकि मानव मन के बाहर संसार का अपना कोई लक्ष्य नहीं होता और आदमी स्वयं अपनी कल्पना में अपना लक्ष्य निर्धारित करता है और फिर स्वयं को उस लक्ष्य की ओर परिचालित करने का प्रयास करता है, हम किसी मंगलकारी समाज की ओर बढ़े; इसके लिए ऐसे सपनों का सर्वाधिक महत्त्व है। प्राय: ऐसे सपनों को सार्वकालिक या स्वयंसिद्ध सिद्धान्त मान लिया जाता है। मसलन हम अमेरिका के संविधान की प्रारम्भिक घोषणा लें :

> "...हम लोग इस सत्य को स्व्यंसिद्ध मानते हैं कि सभी मनुष्य समान निर्मित किए गए हैं; कि उनके निर्माता ने उन्हें कुछ न छीन जानेवाले अधिकार दिए हैं जो हैं : जीवन, स्वतंत्रता और खुशहाली की तलाश का अधिकार—कि इन अधिकारों का सुनिश्चित करने के उद्देश्य से सरकारें बनाई गई हैं, जो शासित लोगों की सहमति से अपना अधिकार हासिल करती है : ...
>
> संविधान निर्माताओं की चाहत के बाहर इस घोषणा का आधार क्या हो सकता था? जीवन के सभी आदर्शों का उत्स कुछ ऐसा ही कामना और कल्पना में होता है, लेकिन अन्तत: चूँकि ये आदर्श मानव सोच से ही निर्मित हैं, इसमें कोई विभ्रम नहीं होगा, यह दावे के साथ नहीं कहा जा सकता। इसलिए नए अनुभवों के आधार पर इन लक्ष्यों का पुनर्परीक्षण और परिष्कार भी एक अन्तहीन प्रक्रिया होनी चाहिए।"

समाजवादी आन्दोलन में राजनीतिक प्राथमिकता के साथ-साथ यह सवाल भी उठा है कि राजसत्ता के सम्बन्ध में समाजवादियों की दृष्टि क्या होगी? मार्क्स ने यह स्थापना दी कि राज्य शासक वर्ग के हितों की रक्षा का हथियार मात्र है और वर्ग संघर्ष के अन्त के साथ ही इसका विघटन हो जाएगा, लेकिन संक्रमण काल में? मार्क्स ने यह विचार दिया कि संक्रमण काल में सर्वहारा, जिसे मार्क्स ने नई क्रान्ति का अगुआ माना, स्वयं को एक राज्य के रूप में संगठित करेगा। बाकुनिन—जो कम्युनिस्ट घोषणापत्र की बहुत सी बातों से सहमत था और जिसने रूसी भाषा में इसका अनुवाद किया था, इस विचार से सहमत नहीं था। उसे आशंका थी कि एक बार राज्य का गठन हो जाने पर यह राज्य स्वयं शोषण का औजार बन जाएगा। जब मजदूरों का प्रथम अन्तरराष्ट्रीय 1864 में गठित हुआ तब मार्क्स के अनुयायी और बाकुनिन के अनुयायी जो अराजकवादी कहलाते थे, दोनों ही इसमें शामिल हुए, लेकिन राज्य के सम्बन्ध में अपने मतभेदों के कारण ये एक-दूसरे से अलग हो गए? और 1889 में जब द्वितीय सोशलिस्ट

अन्तरराष्ट्रीय का गठन हुआ तो अराजकतावादी इससे अलग रहे। राज्य के प्रति निषेध के भाव का प्रतिनिधित्व करता अराजकतावादी तत्त्व तो इसके बाद भी जन आन्दोलनों से जुड़ा रहा, लेकिन शायद केन्द्रीय संगठन के बारे में अपने विचार के कारण ही यह स्थायी रूप से कोई बड़ी धारा नहीं बन सका। रूस की क्रान्ति के प्रारम्भिक दौर में यह सक्रिय था। अमेरिका में बीसवीं सदी के दूसरे दशक में 'इंडस्ट्रियल वर्कर्स ऑफ दी वर्ल्ड' के उग्र आन्दोलनों में और फिर स्पेन के गृहयुद्ध के काल 1936-39 में यह प्रभावी रहा और वैचारिक रूप से राजसत्ता से सर्वव्यापी एकाधिकार के निषेध के स्वर के रूप में यह आज भी मौजूद है। इसका उल्लेख इसलिए जरूरी है क्योंकि समाजवादी आन्दोलन के राज्यवादी अतिरेक से जो विकृतियाँ आईं, उन्हें समझने में यह एक पृष्ठभूमि की तरह सदा सहायक रहा है।

ऊपर की चर्चा में जो बात उभरकर आती है वह यह कि आदमी दूसरे लोगों, पास-पड़ोस और उनकी हालत से निरपेक्ष अपने छोटे दायरे में तात्कालिक जरूरतों के इन्तजाम भर से कभी सन्तुष्ट नहीं होता। वह सदा एक बड़े वैचारिक परिप्रेक्ष्य में पास-पड़ोस के लोगों को समेटनेवाली किसी संरचना के भीतर ही अपनी आजीविका या जीवन की सम्भावनाओं की तलाश करता है। परिवेश की किसी समग्र कल्पना के बिना जीवन का हर कदम अन्धकार में छलाँग है। चाहे मिथक हो, इतिहास हो, चाहे ब्रह्मांड की कोई परिकल्पना, इनके भीतर ही आदमी अपने जीवन की विशेष स्थिति को निरूपित करता है एवं इसी ज्ञान के आलोक से आश्वस्त हो जीवन को नियोजित करता है। आदिम समाजों की भी एक विश्वदृष्टि होती है, भले ही उनके पितरों, जादूगरों और पेड़-पौधों में 'माना' आदि की अवधारणाएँ हमारे विज्ञानवादी युग में कुछ अजूबा लगें, लेकिन मिथकों में भी जीवन को समग्रता में आकार देने का प्रयास रहा है। कुछ लोग यह भी कहेंगे कि स्वयं विज्ञान का संसार भी एक गहरे अर्थ में मिथकीय ही है। समग्रता की कल्पना से शून्य व्यक्ति क्षणिक आवेगों से परिचालित हो हर क्षण भटकाव की स्थिति में रहता है। हमारे समय में इसका सबसे आम नमूना आज का उपभोक्तावादी आदमी है जो विज्ञापनों के दबाव में न सिर्फ अपने उपभोग की वस्तुओं का चयन करता है, बल्कि अपनी आजीविका की तलाश में भी उन विज्ञापित अवसरों की ओर भागता है जिनके बारे में वह कभी आश्वस्त नहीं हो सकता कि वे उसे कहाँ ले जाएँगे यानी मानसिक रूप से वह सदा ऊहापोह की स्थिति में रहता है।

मूल रूप से समाजवाद जीवन के, विशेषकर आधुनिक औद्योगिक जीवन के थपेड़ों के बीच कुछ स्थिरता ला सके, ऐसे लंगर की तलाश है। वर्तमान पूँजीवादी समाज का सबसे प्रतिनिधि प्रतीक शेयर बाजार है। यह विशाल जुआघर ही तो है जहाँ लाखों और करोड़ों लोगों का भाग्य रोज दाँव पर लगा रहता है। इससे बाहर

इससे पोषित व्यवस्था के इर्द-गिर्द आम लोगों का जीवन भी इसी तरह दाँव पर लगा रहता है। यह कहा जा सकता है कि जुआरीपन के नशे का अपना ही आनन्द है। इससे इनकार नहीं किया जा सकता। अगर ऐसा नहीं होता तो अनेक विद्वान और प्रतिभावान लोग क्यों इस व्यवस्था के लिए जीवन खपाते, लेकिन हर मादकता का अन्त अभिशाप में होता है और जैसा कि हम बाद में देखेंगे, दाँव पर जीवन का अस्तित्व ही लगा है।

2

यहाँ माध्यम में समाज परिवर्तन के लिए अपनाए गए तरीकों और उन संगठनों व्यवस्थाओं, दोनों को शामिल किया गया जो संक्रमण काल में अस्तित्व में आए। कला माध्यम से निरपेक्ष कलाकार की कल्पना की शुद्ध अभिव्यक्ति नहीं हो पाती। माध्यम बिलकुल निस्पन्द नहीं होता। उसकी विशिष्टता कला में अभिव्यक्त होती ही है। मसलन कागज, कैनवस और काठ पर बने चित्रों को इनकी विशिष्टताओं के अनुरूप स्वरूप ग्रहण करना पड़ता है। वैसे ही पत्थर, काठ या सीमेंट से गढ़ी मूर्तियाँ कलाकार के मन्तव्य को बिलकुल एक ही तरह से अभिव्यक्त नहीं करतीं। आम जीवन से जुड़े लोग कलाकार तो सदा कला को माध्यम की विशिष्टता के अनुरूप गढ़ते रहे हैं। इसी कारण बहुत सी आधुनिक कलाकृतियों की तुलना में अफ्रीकी मूल निवासियों का मूर्ति शिल्प अधिक जीवन्त लगता है। अगर समाजवाद मानव कल्पना के अनुरूप समाज का विशेष तरह के गठन और निर्माण का ही नाम है तो इस प्रयास पर भी माध्यमों का प्रभाव अपरिहार्य रूप से पड़ेगा। दरअसल, बिना किसी पूर्व निर्धारित योजना के अचेतन रूप से मनुष्य सदा समाज को ऐसे ही दबाव में कोई-न-कोई रूप देता रहा है। इसमें सबसे महत्त्वपूर्ण दबाव होता है मानव स्वभाव और सम्बन्धों की मूल प्रवृत्तियों का, जिन्हें मनमाने ढंग से तोड़ा-मरोड़ा नहीं जा सकता और ये सदा समाज के आकार को प्रभावित करती रही हैं।

जब तक मनुष्य छोटे समूहों यथा कबीलों में रहता है आनुवंशिकी से प्राप्त, आदिम प्रवृत्तियों का प्रभाव उनकी सामाजिक संरचनाओं पर बना रहता है, लेकिन जैसे-जैसे समाज का आकार बड़ा होता जाता है एक-दूसरे के सम्मुख और समीप रहनेवाले मनुष्यों की पारस्परिकता पर आधारित सम्बन्ध छीजने लगते हैं और कृत्रिम ढंग की संरचनाओं के जरिये लोगों के सम्बन्धों को नियमित करने की जरूरत होती है। राजतंत्र, सामन्ती व्यवस्था, स्थायी सेना और नौकरशाही इसी कारण समाज के विस्तार के साथ अस्तित्व में आए। इनमें प्रत्येक के अस्तित्व में आने के साथ व्यवस्था को बनाए रखनेवाले इन समूहों के रख-रखाव के लिए किसी तरह की कर उगाही (ट्रिब्यूट) अपरिहार्य हो जाता है। इन सबके साथ किसी-न-किसी तरह की राज्य व्यवस्थाओं के ऊपर उस वर्ग या समूह का प्रभाव सर्वाधिक होता है जो समाज में

सबसे शक्तिशाली होता है, लेकिन राज्य का स्वतंत्र अस्तित्व भी अपनी प्रवृत्तियों के साथ कायम हो जाता है। इस कारण यह कभी-कभी उस वर्ग या समूह के नियंत्रण से बाहर और उसके हित के विपरीत व्यवहार करता दिखाई देता है जो मोटा-मोटी समाज में सबसे शक्तिशाली होता है। इसीलिए लोकतंत्र में ही नहीं, तानाशाही व्यवस्थाओं में भी समय-समय पर शासक वर्ग के विरुद्ध जन भावनाओं के अनुरूप राज्य की नीतियों में परिवर्तन करने की जरूरत होती है। जहाँ यह नहीं होता, राज्य व्यवस्थाएँ आन्तरिक अवरोध से अक्षम बन जाती हैं या लोगों के आक्रामक विरोध से ध्वस्त। राज्यों की व्यवस्था चलानेवाले समूहों के भी हित राज्य के साथ जुड़ जाते हैं और वर्गों के हितों के अलावा इसके रख-रखाव का बोझ भी समाज को ढोना पड़ता है। इन बातों का जिक्र इसीलिए जरूरी लगता है कि समाजवादी आन्दोलन की एक धारा सभी राजकीय प्रवृत्तियों को वर्ग से जोड़ती रही है।

पहले मार्क्स और बाकुनिन के बीच राज्य व्यवस्था को लेकर उठनेवाले विवाद का जिक्र किया गया है। दरअसल, इस विवाद में दोनों ही पक्ष नए उद्योगों और राष्ट्र-राज्यों के अभ्युदय से विकसित हो रहे सांगठनिक संरचनाओं यथा नौकरशाही, स्थायी फौज आदि के चरित्र को ठीक-ठीक नहीं समझ पा रहे थे। वे ऐसा सोचते थे कि ये तात्कालिक रूप से उभरी-विकृतियाँ हैं जिनसे पूँजीवादी व्यवस्था के मिटने के साथ-साथ निजात मिल जाएगी। 1871 में बिस्मार्क के फ्रांस पर हमले के काल में पेरिस और इसके आसपास के इलाकों में आम लोगों द्वारा सत्ता हाथ में लिए जाने की घटना ने—जो 'पेरिस कम्यून' के नाम से क्रान्तिकारियों में गौरवान्वित था—इस भ्रम को और बल दिया। इस विद्रोह के काल में फ्रांस की पराजित राज्यशक्ति का अस्तित्व खत्म हो चुका था और उसका स्थान स्वत:स्फूर्त अस्तित्व में आई सशस्त्र लोगों की सेना और आम लोगों की संघर्षरत निर्वाचित समितियों ने ले लिया था। प्रशासन का सारा काम लोगों द्वारा निर्वाचित शक्तियाँ ही करती थीं, जिन्हें प्रतिनिधियों को वापस बुलाने का अधिकार था। पेरिस के बाहर दूसरी जगहों पर भी लोगों की ऐसी ही स्वायत्त समितियाँ व्यवस्था चलाने की जिम्मेदारी निभा रही थीं। इन पर कोई केन्द्रित नियंत्रण नहीं था। व्यवस्था चलानेवाले निर्वाचित सदस्यों के वेतन साधारण मजदूरों के बराबर थे। मार्क्स ने जो विवरण प्रथम अन्तरराष्ट्रीय की जनरल काउंसिल को दिया, उससे कुछ ऐसी ही तस्वीरें उभरती हैं। एंगेल्स ने इसे ही 'सर्वहारा की तानाशाही' और 'सर्वहारा के संक्रमणकालीन राज्य का प्रतिमान' कहा। अराजकतावादी इसे राज्य के विघटन की प्रक्रिया मानते रहे। दोनों को इसमें अपने सिद्धान्त की पुष्टि दिखाई देती थी।

कम्यून का मिथक समाजवादी आन्दोलन में काफी दिनों तक कायम रहा। लेनिन ने 1917 की रूस की क्रान्ति के पहले अपनी अति विवादित पुस्तक 'राज्य और क्रान्ति' में ऐसे ही संक्रमणकालीन राज्य की कल्पना की जिसमें किसी स्थायी

सेना और नौकरशाही का स्थान नहीं होगा। एक अल्पकालीन घटना को, जो जनता के क्रान्तिकारी उत्साह का परिणाम थी, नई समाजवादी व्यवस्था की स्थायी स्थिति मान लेना क्रान्तिकारी उत्साह और अति-आशावादिता की उपज थी। रूस की क्रान्ति का ऐसी ही राज्य व्यवस्था के रूप में देखा गया, लेकिन बोल्वेशिक क्रान्ति की सफलता के कुछ ही महीने बाद से इस अवधारणा की सीमाएँ दिखाई देने लगीं जब बोल्शेविकों ने स्थायी रूप से सत्ता सँभालने की कोशिश की। क्रान्ति में सहयोगी न सिर्फ रूस के अराजकतावादी तथा वामपंथी सोशल रिवोल्यूशनरी बल्कि मार्क्सवादी मेन्शेविकों का दमन भी लेनिन और उसके बोल्शेविक साथियों के लिए अपरिहार्य लगने लगा। धीरे-धीरे जैसे-जैसे बोल्शेविकों की सत्ता संक्रमण शुरू हुआ। अन्ततः इस व्यवस्था में आम लोगों और व्यवस्था चलानेवाले चोटी के नेताओं की आय और सुविधा का फर्क पूँजीवादी देशों में तब प्रचलित पैमाने को भी पार कर गया। एक विशाल देश में केन्द्रित सत्ता के सहारे शक्ति के बल एक खास तरह की व्यवस्था लागू करने के प्रयास का यह अनिवार्य परिणाम था।

मार्क्स की प्रारम्भिक कल्पना की साम्यवादी व्यवस्था और जो व्यवस्था 'मार्क्सवादी विचारधारा' के क्रियान्वयन से बनी—यथा रूस और चीन में उनकी भिन्नता से किसी अवधारणा को लागू करने के क्रम में माध्यमों के अवरोध का परिणाम बहुत ही त्रासद रूप से दिखाई देता है। अब हम 1844 के युवा मार्क्स की कल्पना के भविष्यवादी साम्यवादी व्यवस्था पर नजर डालें। 'जर्मन विचारधारा' में वह लिखता है : "...जैसे ही काम का बँटवारा होता है, प्रत्येक व्यक्ति को एक अलग और निश्चित काम करना होता है जो उस पर लाद दिया गया होता है और जिससे वह छुटकारा नहीं पा सकता। वह एक शिकारी है, एक मछुआरा है, एक गड़रिया या आलोचक 'क्रिटिकल क्रिटिक' है, और उसे यही बनकर रहना है अगर उसे अपनी आजीविका को नहीं खोना है। इसके विपरीत, एक साम्यवादी समाज में जहाँ कोई किसी एक काम से बँधा नहीं है बल्कि कोई भी व्यक्ति किसी भी काम में महारत हासिल कर सकता है, सभी तरह के सामाजिक कार्यकलाप अपनी समग्रता में समाज द्वारा निर्धारित होते हैं जिसमें मेरे लिए यह सम्भव होता है कि आज एक काम करूँ और कल कोई दूसरा काम, सुबह में शिकार करूँ, अपराह्न में मछली मारूँ, शाम को पशुपालन करूँ और रात्रि में भोजनोपरान्त आलोचना करूँ—सभी अपनी मर्जी के अनुसार बिना पेशेवर शिकारी, मछुआरा, गड़रिया या आलोचक बने हुए।"

यह साम्यवाद की अति रूमानी और आदिम मनुष्य के सम्बन्धों की ओर लौटती जीवन की तस्वीर थी जिसमें श्रम के बँटवारे को पूरा तरह नकार दिया गया था। इस काल में कहीं-कहीं तो मार्क्स वर्ग विभाजन और श्रम विभाजन को समान रूप से शोषण के लिए जवाबदेह मानता दिखाई देता है। मार्क्स में यह भावुकता विलक्षण है क्योंकि जब वह उद्योगों के चरित्र का विश्लेषण करता है, 'टूल' और

'मशीन' के फर्क को समझाने के लिए भी गहन विश्लेषणात्मक दृष्टि दिखलाता है, लेकिन जहाँ श्रम विभाजन का मामला आता है, वह अति भोलेपन से मान लेता है कि विज्ञान और तकनीक के विकास से यह महत्त्वहीन होता जा रहा है। अपनी विख्यात पुस्तक, पूँजी के प्रथम भाग से भी जब उसकी सोच प्रौढ़ता की ऊँचाई पर थी, वह लिखता है : "...आज के तफसील से काम करनेवाले मजदूर यानी एक सीमित व्यक्ति, समाज के किसी एक भार को निभानेवाले व्यक्ति का स्थान, एक सर्वांगीण विकसित व्यक्ति ले लेगा, जिसके लिए वे विविधतापूर्ण काम जो वह करता है, इच्छित वैकल्पिक काम होंगे। स्वत:स्फूर्त रूप से इस दिशा में प्रारम्भ की गई क्रान्तिकारी पहल है, तकनीकी और कृषि शिक्षा के स्कूलों और व्यावसायिक शिक्षा के स्कूलों की स्थापना, जिनमें मजदूरों के बच्चों को श्रम के विभिन्न उपकरणों के इस्तेमाल की व्यावहारिक शिक्षा दी जाती है...इसमें कोई सन्देह नहीं कि जब मजदूर वर्ग सत्ता में आएगा तो व्यावहारिक एवं सैद्धान्तिक दोनों तरह के प्रशिक्षण मजदूरों के स्कूलों में अपना समुचित स्थान ग्रहण करेंगे।"

मार्क्स यहाँ जो कह रहा है, सही है और आज ऐसी तकनीकी शिक्षा का प्रसार उसकी कल्पना से कहीं अधिक हो रहा है और पूँजीवादी व्यवस्था के भीतर ही, लेकिन उसकी आशा के विपरीत इसमें श्रम का ही नहीं, सभी तरह की विशेषज्ञता का विभाजन इतना अधिक होता जा रहा है कि 'गीयर' के विशेषज्ञ के लिए 'चक्का और टायर' की विशेषज्ञताएँ अनबूझ दुनिया बन जाती हैं। इससे भी बढ़कर है शिखर के विशेषज्ञों की विशेषता, जिसमें विज्ञान की सैद्धान्तिकी गहराई से पिरोई गई होती है और जो श्रमिकों की तकनीकी जानकारियों से कहीं ऊँचे स्तर की और भिन्न है। इससे भविष्य के उद्योगों के ढाँचे और उसमें काम करनेवाले श्रमिकों के पारस्परिक रिश्तों के सम्बन्ध में मार्क्स के विश्वास का आज की अति विकसित औद्योगिक व्यवस्थाओं की हकीकत से कहीं मेल नहीं बैठता। स्वयं विज्ञान के क्षेत्र में विशेषज्ञता की दिशा कम-से-कम के बारे में ज्यादा-से-ज्यादा जानने की है—यानी समग्र का ज्ञान हासिल करना फैशन से बाहर है। समग्र ज्ञान प्राप्त करने का प्रयास करनेवाले बिलकुल सतही माने जाते हैं, जो कुछ अर्थ में वे वास्तव में बन जाते हैं। तकनीक और विज्ञान के बाहर भी, चाहे वह शिक्षा का मामला हो, साहित्य या कला का, चाहे व्यवस्था का, जटिलता और विशेषज्ञता का विस्तार ही होता गया है। विशेषज्ञों का प्रभाव और इनकी आय और सुविधाएँ जीवन के सभी क्षेत्रों में बढ़ती गई हैं। ऐसे लोगों के बीच काम और कभी-कभी हितों को लेकर भी इतनी भिन्नताएँ हैं कि इन्हें एक वर्ग के रूप में नहीं देखा जा सकता। इसका एक कारण यह भी है कि मार्क्स की दृष्टि में वर्गों के चरित्र का निर्धारण उत्पादन के साधन के साथ उनके सम्बन्धों से भी होता है यानी स्वामित्व के अभाव से इस अर्थ में विविध क्षेत्रों में सक्रिय ये प्रशिक्षित लोग एवं विशेषज्ञ उत्पादन के साधनों के मालिक नहीं हैं, न अपनी चेतना

में ये अपने को मजदूर वर्ग के साथ जोड़ते ही हैं। यहाँ यह ज्ञातव्य है कि मार्क्स ने किसी वर्ग में होने के लिए किसी का उस वर्ग में होने के एहसास को एक महत्त्वपूर्ण कारक माना था। इन सब कसौटियों पर ये लोग न मजदूर वर्ग में हैं और न पूँजीपति वर्ग में, लेकिन पूँजीवाद समाज के आर्थिक एवं राजनीतिक व्यवस्था को चलाने में इनकी महत्त्वपूर्ण भूमिका होती है। इससे हमारे समय में इस सभी बौद्धिक तथा दूसरे रूप से प्रभावी लोगों को 'इलीट' यानी विशिष्टजन की अवधारणा में समेटने की कोशिश हुई है। आगे चलकर 'इलीट' की भूमिका लेकर अनेक तरह के विवाद उभरे।

इसी तरह नौकरशाही के सम्बन्ध में मार्क्स और उसके समकालीन चिन्तकों की समझ भी बिलकुल साफ नहीं थी। आम तौर से नौकरशाही को उस समय राजाओं की प्रशासनिक व्यवस्था से जोड़कर देखा जाता था। वैसे मार्क्स की पैनी दृष्टि से इसकी वास्तविक कार्य प्रणाली ओझल नहीं रह सकी। मार्क्स ने प्रारम्भिक वर्षों की अपनी हीगेल की आलोचना में लिखा : "इसके (नौकरशाही) के ज्ञान का सिद्धान्त है, अधिकार (अथॉरिटी) और इसकी मानसिकता अधिकार के पूजन की है, लेकिन नौकरशाही के भीतर आध्यात्मिकता घोर स्वार्थपरता में बदल जाती है—आज्ञापालन की वस्तुपरकता में—अधिकार में आस्था, अपरिवर्तनीय औपचारिक व्यवहार में, अपरिवर्तनीय सिद्धान्त एवं दृष्टि तथा परम्पराओं में। व्यक्तिगत रूप से नौकरशाह का निजी ध्येय वही होता है, जो राज्य का होता है जिसकी अभिव्यक्ति होती है, ऊँचे ओहदे पर पहुँचने की चाहत यानी कैरियर की तलाश।"

मार्क्स और उस समय के अधिकांश विचारक देखने में असमर्थ थे कि नौकरशाही किसी भी व्यवस्था के विस्तार के साथ अनिवार्य रूप से अस्तित्व में आ जाती है, और कोई भी विशाल व्यवस्था आम लोगों के प्रत्यक्ष प्रयासों भर से नहीं चलाई जा सकती। यह इससे जुड़े लोगों की भावनाओं की बजाय व्यवस्था के लक्ष्य से परिचालित होती है। मैक्स वेबर ने नौकरशाही को आधुनिक औद्योगिक व्यवस्था के साथ अभिन्न रूप से जुड़ा होना बतलाया। दरअसल, किसी भी बड़ी व्यवस्था में, जिसमें काम करनेवाले लोग प्रत्यक्ष रूप से एक-दूसरे के आमने-सामने नहीं तो इनके कार्यों को सूचनाओं से जोड़ने के लिए एक तंत्र की वैसी ही जरूरत ही है जैसी स्नायविक तन्तुओं की जरूरत जीवों के अंगों के कार्यों के संयोजन एवं संचालन के लिए। नौकरशाही व्यवस्था यही भूमिका निभाती है और इसी कारण व्यवस्था के उद्देश्यों से अलग या ऊपर इसका कोई अस्तित्व नहीं होता। वेबर के अनुसार, कानून नियम के पालन की अनिवार्यता पर जोर इसकी विशिष्टता है। इसकी कुछ विशिष्टताएँ यों चिन्हित की गई हैं—इसका स्तरों में विभाजन (हायरार्की) अधिकारियों की सुनिश्चित ड्यूटी, नियमों के तहत भावना मुक्त हो काम करना; कार्य के लिए जरूरी योग्यता के आधार पर नियुक्तियाँ तथा व्यवस्था के काम से सम्बद्ध सार्वजनिक कार्यों के कर्मचारियों तथा अफसरों की आय से बिलकुल अलग माना जाना आदि।

अगर समाजवादी व्यवस्था को आधुनिक बृहत् सामाजिक और आर्थिक ढाँचे को यथावत रख इसके ऊपर लागू करना हो तो ऊपर बतलाई गई मजबूरियों के चलते इसको चलाने के लिए नौकरशाही का विकास भी व्यवस्था के पैमाने के हिसाब से होगा ही। मार्क्स के समय से लगभग एक शताब्दी बाद जब आधुनिक औद्योगिक व्यवस्था संसार के अधिकांश हिस्से पर छा गई थी, जे.ए. शुम्पीटर ने अपनी बहुचर्चित पुस्तक 'कैपिटलिज्म सोशलिज्म एंड डेमोक्रेसी' में लिखा : ..."जहाँ तक मेरा सवाल है, मैं वर्तमान समाज की स्थिति में समाजवादी व्यवस्था की एक विशाल एवं सर्वांगीण नौकरशाही तंत्र को छोड़ किसी दूसरे रूप में कल्पना नहीं कर सकता। सभी दूसरी सम्भावनाएँ जिनकी मैं कल्पना कर सकता हूँ, असफलता और विघटन पैदा करेंगी, लेकिन इससे वैसे किसी को भयभीत होने की जरूरत नहीं है जो इस बात को देख रहे हैं कि आर्थिक जीवन या आम जीवन पर नौकरशाही किस हद तक छाई है..." यह ध्यान में रखने की बात है कि यह पुस्तक 1942 में प्रकाशित हुई थी जबकि सोवियत संघ की विशाल नौकरशाही समाजवादी हलकों में व्यापक विवाद का विषय बन चुकी थी।

मार्क्स की राज्य सम्बन्धी मान्यताओं के सन्दर्भ में लेनिन और बोल्शेविक नेताओं ने जिन स्थितियों में सत्ता हाथ में लेने का प्रयास किया, उसकी थोड़ी चर्चा पहले की जा चुकी है। अब हम यहाँ मार्क्सवादी सोच की पृष्ठभूमि में बोल्शेविक क्रान्ति पर विचार कर इसकी विकृतियों या असफलताओं को समझने की कोशिश करेंगे।

1917 की रूस की क्रान्ति के पीछे बुनियादी मान्यताएँ थीं—

(1) ऐतिहासिक नियतिवाद (हिस्टॉरिकल डिटर्मिनिज्म)। वैसे यह पद मार्क्सवादियों द्वारा प्रयोग से नहीं आता था और वे ऐतिहासिक भौतिकवाद (हिस्टॉरिकल मैटेरिअलिज्म) का प्रयोग करते थे, लेकिन इसका निहितार्थ था कि इस क्रान्ति का समाजवाद की ओर संक्रमण अटलनीय है।

(2) बल प्रयोग से स्थापित वर्गों के हाथ से सत्ता और सम्पत्ति यानी उत्पादन के साधनों को छीन राज्य के हाथ से देना।

(3) सर्वहारा (मजदूर) वर्ग के हाथ समाज का नेतृत्व सौंपना और उसके हितों का वर्चस्व स्थापित करना। रूस की स्थिति में जहाँ आधुनिक उद्योगों का विकास कम हुआ था, मजदूर वर्ग एक छोटा अल्पमत था इसीलिए क्रान्ति के लिए सर्वहारा के नेतृत्व या तानाशाही की जगह

(4) किसानों को सहयोगी बना मजदूरों और किसानों की 'लोकतांत्रिक तानाशाही' स्थापित करने की नीति अपनाई गई।

यहाँ इस बात की याद दिलाना जरूरी है कि तानाशाही का अर्थ क्रान्ति के प्रारम्भिक काल में वही लगाया जा रहा था जिस अर्थ में पेरिस कम्यून के समय वहाँ की निर्वाचित विकेन्द्रित व्यवस्था के बारे में लगाया गया था। सर्वहारा के नेतृत्व का

अर्थ बिलकुल बदल दिया गया। लेनिन ने पार्टी संगठन के सन्दर्भ में विचार दिया था कि दरअसल, समाजवादी क्रान्ति के लिए नेतृत्व वैचारिक दृष्टि से प्रशिक्षित समाजवादी बौद्धिक वर्ग ही प्रदान कर सकता है। एक आम मजदूर की स्वत:स्फूर्त चेतना तो ट्रेड यूनियन चेतना ही होती है। अत: वह स्वयं समाजवादी क्रान्ति का अगुआ नहीं हो सकता। इस कथन में काफी सच्चाई थी। ब्रिटेन जैसे विकसित औद्यागिक देश में भी जहाँ मजदूर आन्दोलन की लम्बी परम्परा थी, मजदूरों को ट्रेड यूनियन चेतना से ऊपर उठाने के लिए फेबियनों और मार्क्सवादियों ने अथक परिश्रम किया था, लेकिन इस विचार में एक खतरा भी निहित था। एक जीवन्त लोकतांत्रिक परम्परा और परिपाटी के अभाव में मजदूर वर्ग के हितों और भावनाओं के खिलाफ भी ऐसा नेतृ वर्ग अपनी नीतियों को थोप सकता था और अपने बौद्धिक श्रेष्ठता से आश्वस्त, तथा अपनी सत्ता की सुरक्षा को मजदूर वर्ग की सुरक्षा के लिए अनिवार्य मानने के अहम में, अपनी तानाशाही भी समाज पर और स्वयं मजदूर वर्ग पर लाद सकता था।

रूस की 1917 की क्रान्ति के बाद की स्थितियों ने सोवियत संघ को वैसी ही तानाशाही व्यवस्था की ओर अग्रसर किया। हिंसा छोड़ समाज परिवर्तन की कोई दूसरी परम्परा तो उस समय तक कहीं उपलब्ध थी नहीं। वहाँ अब तक सत्ता की परम्परा निरंकुश जारशाही की थी और औद्योगिक व्यवस्था भी यूरोप के सबसे पिछड़ी में एक थी। इसलिए बोल्शेविकों ने सत्ता हथियाने का हिंसात्मक जरिया ही अपनाया। हिंसक तरीके से सत्ता हथियाने में इसको घोर हिंसक प्रतिरोध का भी सामना करना पड़ा, इसके फलस्वरूप 1917 से लेकर 1920 तक रूस में गृहयुद्ध चलता रहा, जिसमें बार-बार ऐसा महसूस होता था कि सोवियत राज्य का अस्तित्व खतरे में है। इसलिए बोल्शेविक नेताओं के सामने सबसे बड़ी चुनौती थी, किसी भी कीमत पर अपना अस्तित्व बनाए रखने की। उनकी ऐतिहासिक दृष्टि उन्हें आश्वस्त रखती थी कि बीच में चाहे जो भी अनीति सत्ता में बना रहने के लिए अपनाई जाए, अन्त में तो समाजवाद अपनी तमाम गरिमा के साथ आएगा ही। इस तरह सत्ता हाथ में रखने के लिए विकेन्द्रित एवं प्रत्यक्ष प्रतिनिधित्व वाली शासन व्यवस्था वाली बात को तात्कालिक संघर्ष से परे देख सकते थे। उन्हें यह आशा थी कि पश्चिम यूरोप की विकसित अर्थव्यवस्थाओं में समाजवादी क्रान्ति से उन्हें क्रान्ति के भटकाव से राहत मिलेगी, लेकिन पश्चिमी यूरोप में कोई मजदूर क्रान्ति हुई नहीं। जर्मनी में क्रान्ति के आसार स्पार्टकस लीग, जिसकी नेता रोजा लक्जमबर्ग थी, के प्रयासों से जरूर दिखे, पर थोड़ा उथल-पुथल के बाद वह भी दबा दिया गया।

लेकिन विकेन्द्रित और नौकरशाही से मुक्त व्यवस्था के लिए पश्चिमी यूरोप की व्यवस्थाएँ भी कितना अनूकूल थीं? द्वितीय विश्वयुद्ध के बाद ब्रिटेन में लेबर पार्टी के हाथ सत्ता आई और उसके पहले स्वीडन में वर्षों सोशल डेमोक्रेटिक पार्टी शासन में लोकतांत्रिक पद्धति के तहत थी। ब्रिटेन में तो राष्ट्रीयकरण की कुछ महत्त्वाकांक्षी

योजनाएँ भी लागू की गईं और कुछ अति चर्चित कल्याणकारी योजनाएँ भी, मसलन स्वास्थ्य सुरक्षा की योजना, लेकिन इन सबको लागू किया गया स्थापित नौकरशाही व्यवस्था के तहत ही। इससे राज्य का केन्द्रित ढाँचा कहीं कमजोर नहीं हुआ। तो क्या शुम्पिटर की कल्पना का 'सर्वांगीण नौकरशाही तंत्र' ही समाजवाद की नियति है? इस बात की चर्चा इसलिए की गई ताकि यह भ्रम न रहे कि पश्चिमी यूरोप की क्रान्ति से रूस की समाजवादी व्यवस्था को केन्द्रित नौकरशाही तंत्र से मुक्ति मिल जाती। दरअसल, जैसा कि पहले कहा गया है किसी भी स्थायी और बड़ी व्यवस्था के साथ नौकरशाही का विकास अनिवार्य हो जाता है। यह उनके लिए जो समाजवादी लोकतंत्र के तहत जीवन के सभी क्षेत्र में लोगों का प्रत्यक्ष योगदान और हस्तक्षेप चाहते हैं, भारी चुनौती है।

मैक्स वेबर के एक अध्येता डेटलेफ कैंटोस्की ने अपने एक अध्ययन में (1918-20) में कुछ नौजवानों के साथ वेबर की बातचीत का उल्लेख किया है और यह राय भी जाहिर की है कि यह बातचीत गांधी के ग्राम गणतंत्रों के महासागर के पक्ष में भी जबर्दस्त तर्क है।[2] उसने लिखा है : "...एक नौजवान ने, जो विशेष रूप से साहसी था, बुद्धिजीवियों और सर्वहारा के एक बड़े समूह को साइबेरिया के किसी स्थान में ले जाने का प्रस्ताव किया—उस स्थान को उसने युद्ध के काल में भलीभाँति जाना था—वहाँ वह एक साम्यवादी समुदाय का प्रतिमान स्थापित करना चाहता था। उसके मन में न सिर्फ सामुदायिक रूप से रहने और काम करने की बात थी बल्कि इस समुदाय को किसी भी तरह की राज्य सत्ता के नियंत्रण से भी मुक्त रखने की बात थी। वेबर ने उन्हें यह समझाने की कोशिश की कि पारिवारिक आकार के समुदाय ही बिना कानून और बल के गठित किए जा सकते हैं, बड़े आकार के नहीं। फिर भी वेबर उनके उत्साह से बहुत प्रभावित था और उन्हें निराश नहीं करना चाहता था। इसलिए यह वादा किया कि वह उन्हें व्यावहारिक आर्थिक मामलों में सलाह दिया करेगा।" दूसरे लोगों के लिए भी यह एक महत्त्वपूर्ण चेतावनी थी।

हिंसक क्रान्ति और उससे उपजे गृहयुद्ध के दौर में लोकतंत्र का जीवित रह पाना भी सम्भव नहीं था। हिंसक युद्धों की रणनीति में छल-छद्म एवं प्रतिद्वन्द्वियों को हमले के प्रति बेखबर रखना आवश्यक होता है। इसमें सत्ता की नीतियों में पारदर्शिता का अभाव अनिवार्य होता है। इसके अलावा फौजी कमान का अति केन्द्रित होना और सिपाहियों पर इसका सम्पूर्ण नियंत्रण होना भी जरूरी होता है। फौजी कमान की सफलता इस पर निर्भर करती है कि गोला, गोली और प्रक्षेपास्त्रों की तरह वह फौजी टुकड़ियों को भी किसी बड़ी रणनीति के तहत जब चाहे जहाँ चाहे झोंक सके, इसकी परवाह किए बगैर कि इसमें वे नष्ट भी हो सकते हैं। इसमें मनुष्य के रूप में सैनिकों का पूरी तरह अवमूल्यन हो जाता है। उनकी मर्जी या कल्याण केन्द्रीय कमान के लिए गौण हो जाता है। इस प्रक्रिया में व्यक्तियों की स्वायत्तता के क्षय से

व्यवस्था की क्षमता बढ़ती जाती है। इस स्थिति का प्रभाव सोवियत संघ के विकास पर पड़ना अवश्यम्भावी था।

गृहयुद्ध के दौरान सेना की सफलता के मद्देनजर नागरिक जीवन के दूसरे हिस्सों को भी फौजी अनुशासन में चलाने का रुझान बढ़ा। ट्राट्स्की जो युद्ध के संचालन के लिए जिम्मेदार था, जीवन के अन्य क्षेत्रों के सैनिकीकरण का समर्थक बन गया। ट्राट्स्की के जिम्मे यातायात के संगठन का भी काम था। उसने ट्रेड यूनियन अधिकारियों की बर्खास्तगी से शुरू कर मजदूरों के सैनिकीकरण से इसे चमत्कारिक रूप से सुधार दिया। 1920 के अप्रैल में ट्रेड यूनियनों के तृतीय कांग्रेस में मेंशेविकों ने मजदूरों के सैनिकीकरण का विरोध किया। इसके जवाब में ट्राट्स्की ने जो कुछ कहा, वह विचारों को सत्ता कैसे भ्रष्ट करती है, उसका शिक्षाप्रद नमूना है। उसने कहा : "मानव का पूरा इतिहास अधिक उत्पादन के लिए काम की शिक्षा का इतिहास है। यह कोई सहज काम नहीं है क्योंकि मनुष्य आलसी है और उसे ऐसा होने का अधिकार है...। स्वतंत्र मजदूरी भी पहले उत्पादक नहीं थी...यह एक सामाजिक शिक्षा की प्रक्रिया से उत्पादक हुई। हर तरह के उपाय इस शिक्षा के लिए व्यवहृत हुए। पूँजीपतियों ने किसानों को पहले सड़कों पर खदेड़ दिया और उसकी जमीन ले ली। जब किसानों ने कारखानों में काम करने से इनकार किया तब पूँजीपतियों ने उन्हें गर्म लोहों से दागा, उन्हें फाँसी पर लटकाया या गोली से मार दिया और इस तरह उन्हें कारखानों में उत्पादन करने के लिए तैयार किया। हम लोगों की समस्या है मजदूरों को सोशलिस्ट सिद्धान्तों के अनुसार शिक्षित करने की। इसके लिए हमारा क्या तरीका है? वे पूँजीपतियों के तरीकों से बहुत अलग नहीं हैं, लेकिन वे अधिक ईमानदारी के, अधिक सीधा और स्पष्ट है तथा छद्म तथा दंगाबाजी से भ्रष्ट नहीं है।..."[3] लेनिन के हस्तक्षेप से मजदूरों के सैनिकीकरण का निर्णय तो टल गया, लेकिन इसके बाद से उनके अधिकारों का लगातार क्षरण होता रहा। अब मजदूर जिनके नाम पर और जिनके नेतृत्व में क्रान्ति का संचालन होना था, अपनी स्वायत्तता और जीवन पर से अधिकार भी खो बैठे।

विकेन्द्रित लोकतांत्रिक व्यवस्था के लक्ष्य को इससे भी बड़ी चुनौती किसानों को समाजवादी व्यवस्था में लाने के प्रयासों से मिली। अक्टूबर की क्रान्ति के समय किसानों ने बड़े फार्मों पर कब्जा कर उनको आपस में बाँट लिया था। बोल्शेविक जमीन के व्यक्तिगत बँटवारे के पक्षधर नहीं थे, लेकिन किसानों का समर्थन उनके अस्तित्व के लिए जरूरी था। इसलिए उन्होंने इस भूमि बँटवारे पर अपनी स्वीकृति की मुहर लगा दी। फिर भी समाजवाद के लिए जमीन पर सामाजिक स्वामित्व कायम करने का अपना लक्ष्य उन्होंने कभी छोड़ा नहीं था। कुछ बोल्शेविक नेताओं को यह भी आशंका थी कि किसानों में समृद्ध बन रहा तबका (कुलक) सोवियत राज्य में पूँजीवादी प्रतिक्रान्ति का नाभिस्थल बन सकता है। इसलिए किसानों के साथ उनका

सम्बन्ध हमेशा तनाव का रहा। लेनिन के मरने के बाद 1924 से उद्योगों और कृषि के बीच फैले असन्तुलन को लेकर किसानों के प्रति क्या नजरिया अपनाया जाए, यह अन्ततः स्टालिन के नेतृत्व में, जो कम्युनिस्ट पार्टी का महामंत्री और इस तरह सोवियत व्यवस्था में सबसे शक्तिशाली व्यक्ति बन गया था, कृषि के समूहीकरण का निर्णय लिया गया और 1928 से 1935 के बीच लगभग सभी किसानों की जमीन छीनकर सामूहिक खेती के तहत ला दी गई। किसानों के विरोध को बेरहमी से दबा दिया गया और लाखों किसानों को उनकी जमीन से उजाड़कर दूर-दराज स्थानों पर सड़क, नहर आदि के निर्माण कार्यों में आग स्थितियों में काम करने के लिए जबर्दस्ती ले जाया गया। प्रतिरोध में किसानों ने बड़े पैमाने पर मवेशियों की हत्या कर दी और कृषि कार्य में सहयोग करते रहे। कृषि उत्पादन बुरी तरह प्रभावित हुआ। इस तरह पैदा अकाल, अभाव और काम की अमानवीय स्थितियों से लाखों लोग मौत के शिकार हुए। रूस में जहाँ किसान बहुसंख्य थे, किसानों के इस दमन के वातावरण में लोकतंत्र के लिए आवश्यक जनाधार जुटाना सम्भव नहीं था। नाम के लिए तो किसानों के सोवियत अब भी अस्तित्व में थे, और रूस में समाजवादी सोवियतों का गणतंत्र स्थापित हो चुका था, लेकिन न तो मजदूरों की और न किसानी या समाज के किसी दूसरे हिस्से को कम्युनिस्ट पार्टी के नियंत्रण का विरोध करने की आजादी थी। जिन माध्यमों के बल समाजवाद स्थापित करना था उनके अवरोध के विरुद्ध एक पूर्व निर्धारित सामाजिक ढाँचे को केन्द्रीय बल से लादने का अनिवार्य नतीजा हुआ एक घोर तानाशाही व्यवस्था का उदय। इसी का दूसरा पहलू था, मजदूरों और किसानों की निर्वाचित तथा स्वशासित स्थानीय समितियों की जगह सभी जगह पार्टी नौकरशाही का निमंत्रण।

क्रान्ति के प्रारम्भिक दौर में कारखानों में मजदूरों की समितियाँ गठित हो गई थीं जो कारखानों की व्यवस्था की निगरानी करती थीं, लेकिन समय के साथ यह स्पष्ट होता गया कि उत्पादन बढ़ाने की दृष्टि से वर्तमान औद्योगिक ढाँचे में मजदूरों के स्वैच्छिक योगदान की उपयोगिता सीमित है। धीरे-धीरे उन पर व्यवस्थापकों का नियंत्रण कसा जाने लगा। मजदूरों से अधिक काम कराने के लिए समय के हिसाब से मजदूरी (टाइम रेट) की जगह काम के हिसाब से मजदूरी (पीस रेट) उत्तरोत्तर लागू होने लगा। इस उत्पादन प्रक्रिया को तेज करने के लिए 'स्टाखनोविज्म' की नीति अपनाई गई। यह मजदूरों में काम की प्रतिद्वन्द्विता बढ़ाने की तरकीब थी जिसे स्टाखनोविच नामक एक श्रमिक के भारी पैदावार देने के उदाहरण से अपनाया गया था। दरअसल, यह उपाय रूस के औद्योगिक देशों में तकनीक के ऐसे सुधारों से लगातार किया जाता रहा था जिसमें मजदूरों की छँटनी होती रहे और जो काम पहले अधिक मजदूर करते थे, उसे थोड़े से मजदूरों से करा लिया जाए। यह मजदूरों की उत्पादकता और उनका शोषण बढ़ाने का अधिक वैज्ञानिक तरीका था, लेकिन

सोवियत संघ में सबों को काम देने की अपनी आरम्भिक प्रतिबद्धता के कारण ऐसी नीति अपनाने में आन्तरिक अवरोध था। बाद में पूँजीवाद व्यवस्था से प्रतिस्पर्धा में टिक पाने की आवश्यकता के कारण यही नीति अपनाई गई और इसी में पश्चिम तकनीक के बड़े पैमाने पर आयात किया गया। ऐसी नई तकनीक की विशेषता यह भी थी कि इसके भीतर पहले की अपेक्षा उच्चावच क्रम अधिक था तथा तकनीकी और व्यवस्थापकीय दक्षता के आधार पर कारखानों और प्रतिष्ठानों में श्रमिकों के स्तरों का विभाजन तेज होता गया। तकनीक के आधुनिकीकरण के साथ उनके भीतर के स्तरों का फर्क और भी बढ़ता जाता है और औद्योगिक प्रतिष्ठानों में कार्यरत श्रमिकों की संख्या घटती जाती है। इसके दोनों ही परिणाम समाजवादी व्यवस्था के मूल उद्देश्यों (क) सभी को रोजगार मुहैया कराने एवं (ख) असमानता घटाने के विपरीत पड़ता था। इन नए उद्योगों में निचले स्तरों पर काम करनेवाले अकुशल और अर्द्ध कुशल मजदूरों एवं ऊपरी स्तरों के तकनीक एवं व्यवस्था में दक्षता प्राप्त लोगों के बीच काम, योग्यता और इससे जुड़ी आय और सुविधाओं का फर्क उत्तरोत्तर बढ़ता जाता है। यह गैर बराबरी ढाँचागत होती है, जिसमें यह अप्रासंगिक बन जाता है कि प्रतिष्ठान का स्वामित्व निजी है या कि सार्वजनिक?

मार्क्स के वर्ग विभाजन और इसकी परिणति के रूप में सर्वहारा के सामाजिक वर्चस्व और समाजवाद की अनिवार्यता की अवधारणा को चुनौती देती हुई उन्नीसवीं शताब्दी के अन्तिम चरण से कुछ ऐसी अवधारणाएँ विकसित हो रही थीं जो समाज में आमजन और विशिष्टजन (इलीट) या शासक वर्ग के बीच शाश्वत विभाजन को ही सामाजिक हकीकत बतलाती थीं। इसमें रॉबर्ट मिशेल, गोतमो मोस्का, विलफ्रेडो पैरेटो और मैक्स वेबर, जिनका उल्लेख नौकरशाही के सन्दर्भ में हो चुका है, प्रमुख थे। इनके विचार एक-दूसरे से काफी भिन्न थे, लेकिन सभी यह रेखांकित करते थे कि समाज का आमजन और विशिष्टजन के बीच विभाजन एक बुनियादी हकीकत है और सभी समाज में ये विशिष्ट जन किसी-न-किसी रूप में, और कभी-कभी आम जन के नाम पर राज्य करते रहते हैं। ये सभी इस बात को नकारते थे कि समाजवादी क्रान्ति से मजदूर वर्ग सत्ता में आकर कभी भी स्वयं शासन करेगा।

सोवियत संघ का विकास बीसवीं शताब्दी के तीसरे दशक में जैसा हो रहा था। उससे ऐसे विचारों को काफी बल मिला। कम्युनिस्ट आन्दोलन के भीतर ही रूस की घटनाओं से निराश कई विचारकों ने यह सिद्धान्त प्रतिपादित किया कि सोवियत संघ में एक नया वर्ग सत्ता में आ गया है जो न मजदूर वर्ग का प्रतिनिधित्व करना है और न पूँजीपति वर्ग का। कुछ लोग बीसवीं शताब्दी के प्रारम्भ के पोलैंड के एक विचारक वाक्लो माचस्की के सिद्धान्त के अनुसार इस व्यवस्था को राज्य पूँजीवाद कहने लगे—यानी एक ऐसी व्यवस्था, जिसमें राज्य ही पूँजीपति की भूमिका निभा रहा है और शासन से जुड़े लोग इसकी सुविधाओं का लाभ उठा रहे हैं। जेम्स बर्नहम जो

पहले कम्युनिस्ट था और ट्राट्स्की का अनुयायी, रूस में जो कुछ हो रहा था, उसे व्यवस्थापकों की क्रान्ति का एक नमूना मानता था, जो उसके अनुसार पूरे समाज पर हावी हो रहे हैं। वह यह प्रतिपादित करने लगा था कि पूँजीवाद के विकास की परिणति सर्वहारा क्रान्ति और समाजवाद में नहीं होगी बल्कि व्यवस्थापक क्रान्ति में होगी। इस व्यवस्था में सबसे सशक्त समूह व्यवस्थापकों का उभर रहा है और सभी देशों में व्यवस्था पर इसी का प्रभुत्व कायम हो रहा है। फासिस्ट राज्यों का विकास भी उसे इसी की एक दूसरी अभिव्यक्ति लगता था। एक-दूसरे कम्युनिस्ट नेता मिलोबिन जिलास, जो युगोस्लाविया में टीटो के समय उप राष्ट्रपति था, ने यह विचार व्यक्त किया कि कम्युनिस्ट देशों में पार्टी और इससे जुड़े शासक समूह के लोग एक नया शासक वर्ग बन गए हैं।

कुल मिलाकर अब यह अवधारणा प्रबल हो रही थी कि वर्तमान समाज में सत्ता के वास्तविक दावेदार विशिष्टजन (इलीट) ही हैं और व्यवस्था की भिन्नताओं के बावजूद ये लोग ही सत्ता के अधिकारी हैं और इससे जुड़ी सुविधाओं को भोगते हैं। इसके बाद से विभिन्न तरह के 'इलीट' के अध्ययन का एक बड़ा शैक्षणिक रोजगार खुल गया जो अतीत से लेकर वर्तमान तक विभिन्न तरह के समाजों के विशिष्टजनों के अध्ययन और पहचान में लग गया, लेकिन एक शासक वर्ग के रूप में इसकी कोई स्पष्ट और अलग पहचान नहीं बन पाई है। जहाँ तक नौकरशाही का सवाल है, यह तो किसी भी समाज में शासक वर्ग नहीं थी, न सोवियत संघ में ही पार्टी नेतृत्व से अलग इसकी कोई अलग सत्ता बन पाई। यह हर जगह जो सत्ता में स्थापित थे उनकी नीतियों को अपने आकार और स्वभाव से जुड़ी जड़ता से लागू करने का काम करती रही है। इसकी कोई स्वतंत्र हैसियत नहीं, यह बात तो ब्रिटेन जैसे लोकतंत्र में, जहाँ इसमें बहाली निर्धारित योग्यता के आधार पर होती है, साफ दिखाई देती है। यह लगभग निरपेक्ष भाव से एटली 'लेबर पार्टी' और मार्गरेट थैचर की 'कंजरवेटिव पार्टी' की परस्पर विरोधी नीतियों का उनके बनाए नियम-कानून के तहत एक हद की ईमानदारी के साथ लागू करती रही हैं।

इलीट का वह हिस्सा जो व्यवस्था से जुड़ा है, विशेषकर उद्योगों और व्यापार से, जरूर अधिक शक्तिशाली दिखाई देता है। अक्सर व्यवस्था चलाने में इसकी स्वायत्तता भी दिखाई देती है। गालब्रेथ ने अपनी पुस्तक 'द न्यू इंडस्ट्रियल स्टेट' में उद्योगों के व्यवस्थापक समूह को 'टैक्नोस्ट्रक्चर' का नाम दिया और यह स्थापना दी कि अपने कार्य और अपने भीतर नियुक्तियों के मामले में भी यह स्वतंत्र होता है और अपने काम स्वयं द्वारा स्थापित मानकों के हिसाब से ही करता है, लेकिन थोड़ा ध्यान से देखने से यह साफ दिखाई देता है कि समग्रता में यह पूँजीवादी व्यवस्था के मुनाफा कमाने और प्रतिष्ठान के विस्तार के आदर्शों के प्रति पूरी तरह प्रतिबद्ध रहकर ही यह काम कर सकता है। छोटे या बड़े शेयरधारकों के मुनाफे की चाहत

की अवहेलना करके यह चल नहीं सकता क्योंकि प्रतिष्ठान के पूँजी के स्रोत ये ही हैं। इसके अलावा शीर्ष के स्थानों पर व्यवस्थापक भी स्वयं पूँजीपति ही होते हैं। इसके अलावा स्वयं व्यवस्थापकों का भी पूँजी में खासा हिस्सा होता है। नए क्षेत्रों में जहाँ नई तरह की तकनीक का प्रणेता स्वयं उद्योग लगाता है, वहाँ वही व्यवस्थापक और पूँजीपति सब कुछ है और दुनिया के सबसे अमीर लोगों में है। कुल मिलाकर देखा जा सकता है कि यह व्यवस्थापक समूह पूँजीवादी व्यवस्था का अभिन्न अंग है और इसी व्यवस्था को चलाता है। बर्नहम की व्यवस्थापक क्रान्ति की अवधारणा बीसवीं शताब्दी के तीसरे दशक की विशेष स्थितियों के प्रभाव में उपजी थी। यह काल था जब एक ओर सोवियत संघ अपने आदर्शों से हटकर विषमतापूर्ण तानाशाही व्यवस्था स्थापित कर रहा था। दूसरी ओर क्रान्ति की सम्भावना से आतंकित पूँजीपति वर्ग मुसोलिनी और हिटलर जैसे करिश्माई नेता की तानाशाही की शरण ढूँढ़ रहा था। इनकी तानाशाही के भीतर स्वयं पूँजीपति अनेक तरह की पाबन्दियों के भीतर काम करने को मजबूर हो रहे थे। इससे यह भ्रम पैदा होता था कि समाजवाद और पूँजीवाद से इतर व्यवस्थापकों का एक नया वर्ग सत्ता में आ रहा है। द्वितीय विश्वयुद्ध में फासीवाद की पराजय और बीसवीं शताब्दी के अन्तिम वर्षों में सोवियत संघ का विघटन एवं चीन द्वारा बाजार व्यवस्था का अपनाया जाना इस भ्रम को तोड़ना है कि पूँजीवाद का स्थान लेने विशिष्टजनों का कोई नया समूह अस्तित्व में आ गया है।

विशिष्टजन (इलीट) एक स्वतंत्र वर्ग नहीं बना सकते थे। इसका सबसे प्रमुख कारण तो यह था कि सम्पत्ति की तरह विशिष्टता और इससे प्राप्त आय का वंशजों के लिए उत्तराधिकार का प्रावधान सम्भव नहीं था। ज्ञान और कौशल बपौती नहीं हो सकते थे। इसका थोड़ा प्रबन्ध तो विशिष्ट जनों के वंशजों के लिए शिक्षा की विशेष सुविधा प्रदान करना हो सकता था। पिछली शताब्दी के उत्तरार्द्ध से तकनीकी और प्रबन्धन सम्बन्धी विशेष और खर्चीली शिक्षा मुहैया कराने का रुझान इस उद्देश्य की पूर्ति कुछ हद तक करता है।[4] फिर भी ज्ञान-विज्ञान के विविध क्षेत्र एक-दूसरे पर इतना निर्भर हो गए हैं और इतने विशाल हैं कि विशिष्टजनों के बच्चों के लिए ज्ञान का कोई आरक्षित राजमार्ग सम्भव नहीं। अन्ततः इस समस्या का अन्तिम समाधान पूँजीवादी व्यवस्था के आधारभूत मूल्यों को पूरी तरह कबूल करना ही था और सुविधाओं को सीधा सम्पत्ति से जोड़ना था। नतीजतन, बीसवीं शताब्दी के अन्तिम दिनों में संसार भर के इलीट वैश्विक पूँजीवादी व्यवस्था के हामी बन गए। भूमंडलीकरण के पक्ष में एकालाप के पीछे विशिष्टजनों का अपनी आलोचनात्मक दृष्टि का परित्याग कर पूँजीवादी व्यवस्था के सामने आत्मसमर्पण भी रहा है।

इन नए रुझानों के साथ-साथ लोकतंत्र के बारे में सोच में भी एक बुनियादी परिवर्तन आया है। पहले लोकतंत्र को लिंकन के शब्दों में 'जनता का जनता द्वारा और जनता के लिए' शासन, कहा जाता था। अब यह धारणा पुष्ट हुई है कि लोकतंत्र

विशिष्टजनों का अपना बाजार का खेल है। जिस तरह पूँजीवाद में बाजार में वस्तुओं का मोलभाव होता है वैसे ही लोकतंत्र में वोटों के जरिये विविध समूह अपने स्वार्थों की सुरक्षा का सौदा करते हैं। अन्ततः इस सौदे में एक इलीट समूह दूसरे इलीट समूह को सत्ता से बाहर करता रहता है। इस विचार के अनुसार समाज में कोई बुनियादी परिवर्तन सम्भव नहीं। मीडिया का समुचित उपयोग कर आम मतदाता के रुझान को एक इलीट समूह से दूसरे इलीट समूह की तरफ मोड़ने भर का काम स्वतंत्र चुनाव पद्धति से सम्भव है। इसी का दूसरा पहलू यह है कि आम जन से जुड़े आन्दोलनों में यह विचार पैदा हुआ है कि लोगों की समस्याओं का समाधान किसी लोक प्रतिनिधित्व की शासकीय व्यवस्था द्वारा नहीं बल्कि सड़कों पर जन सैलाब को उतारकर ही सम्भव है या फिर आतंकवादी कार्रवाइयों द्वारा। यूरोप में 1960 के दशक में और विशेषकर 1968 में फ्रांस में छात्र आन्दोलन लोकतांत्रिक व्यवस्था के प्रति ऐसी ही अनास्था का परिणाम था।

स्पष्ट वर्गीय विभाजन को जिसकी पृष्ठभूमि में उन्नीसवीं सदी से लेकर बीसवीं सदी के प्रारम्भिक वर्षों तक में वर्ग संघर्ष और समाजवादी क्रान्ति की कल्पना की गई थी—धुँधला करने और यह एहसास कराने में कि यह विभाजन मिटता जा रहा है सबसे अहम भूमिका साम्राज्यवादी शोषण की थी। दरअसल, पश्चिमी देशों की औद्योगिक क्रान्ति और उसके बाद से औद्योगिक देशों की सम्पन्नता का आधार ही एशिया, अफ्रीका, ऑस्ट्रेलिया एवं अमेरिका के मूल निवासियों और उनकी प्राकृतिक सम्पदा की लूट या उनके दोहन के लिए उनमें पूँजी निवेश था। इस कारण शोषण का असली दंश भुगतना पड़ रहा था गैर औद्योगिक पूर्व के उपनिवेशों को, जिनके अधिकांश लोगों के जीवन का पारम्परिक आधार नष्ट हो रहा था और सम्पन्न देशों पर निर्भरता बढ़ रही थी। औद्योगिक देशों के सभी नागरिकों का जीवन स्तर ऊपर आ रहा था। श्रमिकों में भी प्रारम्भिक वर्षों की गरीबी के बाद खुशहाली आ रही थी। इसका एक पहलू यह भी था कि उत्पादक क्षेत्रों जैसे कृषि और उद्योगों की आय का अनुपात समाज की तमाम आय में घटता जा रहा था और तथाकथित सेवा क्षेत्र का अनुपात बढ़ रहा था। सेवा का अर्थ बुनियादी सेवा, जैसे स्वास्थ्य, शिक्षा आदि नहीं रह गया बल्कि मुख्य रूप से बिचौलियों का धन्धा यानी विज्ञापन, बिक्री तथा बैंक, बीमा आदि के माध्यम से वित्तीय लेन-देन, होटल का धन्धा आदि हो गया। इन्हीं के विस्तार के लिए यातायात, सूचना, संचार आदि के क्षेत्रों का तेजी से विकास और फैलाव हुआ। इन क्षेत्रों और उत्पादन और निर्माण सम्बन्धी मजदूरी का धन्धा नगण्य था और सेवा क्षेत्र में लगे अधिकांश लोग मध्यम वर्ग में शामिल हो गए। निस्सन्देह इस वर्ग के भी कई स्तर थे, पर गरीबी कहीं लोगों को दिखाई नहीं दे रही थी और दिखती भी थी तो जहाँ-तहाँ समाज के हाशिये पर। जो प्रत्यक्ष दिखाई नहीं दे रहा हो, वह सैद्धान्तिक विवेचन का मुद्दा बन भी कैसे सकता था? दरअसल, अब क्रान्ति

का एजेंडा सरककर औद्योगिक दृष्टि से पिछड़ी अर्थव्यवस्थाओं में आ गया। ये व्यवस्थाएँ सिर्फ निर्धन ही नहीं हुईं, इनमें दरिद्रता के साथ-साथ विघटन का तत्त्व भी जुड़ा था। औद्योगिक व्यवस्था का रवाकरण (क्रिस्टलाइजेशन) विकसित देशों में ही हो रहा था और इनकी संरचना के लिए अनुपयोगी उच्छिष्ट तत्त्व बिखराव के साथ दरिद्र देशों में फैलते गए। पिछड़े देशों में भी औद्योगिक देशों के सम्पर्क एवं आन्तरिक औपनिवेशिक शोषण से समृद्धि के कुछ द्वीप बन गए और एक अति छोटा विशिष्टजन समुदाय इनमें भी पैदा हो गया है जो संसार को पश्चिमी बौद्धिकों की निगाह से देखने का अभ्यस्त है। मात्र इसकी दृष्टि ही उधार नहीं है बल्कि एक हद तक भाषा भी परायी है जो इसे आमजन से अलग करती है। उपभोक्तावाद के नशे से बेहाल इस वर्ग के लिए भी समाज परिवर्तन या समाजवाद कोई एजेंडा नहीं, लेकिन आँख बन्द कर लेने से हकीकत बदल नहीं जाती। यह हकीकत सभी पिछड़ी अर्थव्यवस्थाओं में बढ़ती दरिद्रता और विघटनकारी प्रवृत्तियों में दिखाई देती है। चाहे तो हमें इस विघटन को ही जीवन की अनिवार्य हकीकत मानकर इसी में जीना कबूल करना होगा या फिर समाज की किसी नई कल्पना को ले निर्माण के लिए कटिबद्ध होना होगा। यह कल्पना किसी तरह के समाजवाद की ही हो सकती है।

3

भौतिकशास्त्री अपने तमाम प्रयोगों में एक बुनियादी नियम को मानकर चलते हैं, जिसे वे संरक्षण का नियम कहते हैं यानी संसार में सम्पूर्ण पदार्थ और ऊर्जा का द्वार भंडार अपरिवर्तनीय रहता है। यह न घटता है और न बढ़ता है, इसका स्वरूप चाहे बदल जाए—जैसे पदार्थ ऊर्जा में अथवा ऊर्जा पदार्थ में। वर्तमान पूँजीवादी व्यवस्था के दास अर्थशास्त्री अपनी जटिल तर्क प्रणाली से लगातार इस सिद्धान्त को झुठलाने की कोशिश करते हैं। उनके अनुसार, संसार के सीमित संसाधनों से उपभोग की असीमित वस्तुओं का उत्पादन हो सकता है और इन वस्तुओं के लिए सदा असीमित बाजार उपलब्ध होते रहेंगे। दूसरी मान्यता के लिए वे काफी दिनों तक एक स्वयंसिद्ध नियम मानकर चलते रहे हैं जिसे वे 'से' का नियम कहते हैं—यह एक अट्ठारहवीं शताब्दी के अर्थशास्त्री जे.बी. 'से' के विचारों पर आधारित है। इस नियम के अनुसार, उत्पादित वस्तुएँ स्वयं अपना बाजार बना लेती हैं। आदमी संसार को अपनी इच्छाओं के अनुरूप ही देखना चाहता है। अत: संसार को अन्तहीन मुनाफे का क्षेत्र देखने के इच्छुक पूँजीवादी अर्थशास्त्री दर्जनों बार बाजार का संकट देखने के बावजूद, जिसे उन्होंने एक सुन्दर नाम व्यापार चक्र (ट्रेड साइकिल)[1] दिया है और जो बाजार व्यवस्था में जन्म-मरण के सिद्धान्त जैसा ही अटल बन गया है—वे यह कबूल करने को तैयार नहीं कि बाजार की कोई सीमा भी हो सकती है।

पूँजीवादी व्यवस्था के पीछे की सोच और इसके परिणाम दोनों को समझना, बहुत ही सरल है। इसकी सोच के मूल में है लोभ। अगर किसी क्षेत्र में पूँजी निवेश से किसी को अच्छा लाभ हो गया तो बड़ी संख्या में निवेशक मुनाफे के लोभ में उस दिशा में निवेश करेंगे। ठेठ भाषा में पूँजीपतियों का व्यवहार भेड़ियाधसान का होता है। ताजा उदाहरण सूचना प्रौद्योगिकी है। आज जिधर नजर डालिए उधर ही सूचना प्रौद्योगिकी की चर्चा है और इससे सम्बद्ध शाखाओं एवं उप-शाखाओं में अन्धाधुन्ध निवेश होते चले जा रहे हैं। पहले कम्प्यूटर की धूम थी, फिर कम्प्यूटर सॉफ्टवेयर और इंटरनेट की धूम हुई। स्टैटिक टेलीफोन से मोबाइल फोन की ओर संक्रमण हुआ और अब मोबाइल फोन से कम्प्यूटर और इंटरनेट की सुविधाओं को जोड़ने के तरह-तरह के उपक्रम चलाए जा रहे हैं। इस क्रम में अनेक दरमियानी उपक्रम खत्म हो गए।

इसके साथ-साथ अनेक कारखाने भी बन्द और उनके कामगार बेरोजगार हो गए, लेकिन अभी भेड़चाल बन्द नहीं हुई है। भारी संख्या में नौजवान सूचना प्रौद्योगिकी में प्रशिक्षित हो रहे हैं और इस उद्यम से बेरोजगार हो बेपनाह लोगों की भीड़ अभी से दिखाई देने लगी है। ऐसा होना अनिवार्य है क्योंकि सारा उत्पादन बाजार की अनन्त सम्भावनाओं की कल्पना पर आधारित है, जिसे आज नहीं तो कल ध्वस्त होना ही है।

पूँजीवाद व्यवस्था जिस तरह की बरबादी और जैसा संकट दुनिया में ला रही है उसका असली लेखा-जोखा हम तभी कर सकते हैं जब हम उस प्राकृतिक परिवेश में आके देखें जो वह खजाना है, जिससे उधार ले हम जीवन का आधार जुटाते हैं। दरअसल, मनुष्य का सरोकार दो अर्थशास्त्रों से होता है। एक वह है जिसमें तरह-तरह की उत्पादन प्रक्रिया से वस्तुओं का निर्माण और विपणन होता है और दूसरा वह, जिसमें विश्व के स्तर पर ऊर्जा या अन्य संसाधनों का जो ऊर्जा के तो रूपान्तरण हैं सृजन के लिए उपलब्ध से अनुपलब्ध रूप में परिवर्तन होता चलता है—जैसा जला दिया गया कोयला, तेल आदि, सतह की उपजाऊ मिट्टी का क्षरण, जंगल का कागज या भवन निर्माण के लिए लकड़ियों के लिए काटा जाना आदि। अपनी समग्रता में दोनों ही 'इंट्रोपी' (जड़ता) को बढ़ानेवाले हैं यानी ऐसी दिशा में ले जानेवाले जहाँ जीवन और सभी प्रक्रियाओं पर चिरस्थायी विराम लग जाता है। इसमें दूसरा अर्थशास्त्र बुनियादी है और मनुष्य के नियंत्रण से परे। अधिकांश मानवीय व्यवस्थाएँ और सबसे अधिक वर्तमान पूँजीवादी व्यवस्था इस भ्रम को लेकर चलती रही है कि हमारा प्राकृतिक परिवेश एक अक्षय भंडार है, जिस पर हमारी फिजूलखर्ची का कोई असर नहीं पड़ता, जबकि हकीकत में प्रकृति एक अत्यन्त ही सख्त लेखाकार है जो एक-एक तिनके की कीमत हमारे जीवन की सम्भावनाओं से वसूल करता है। इसमें डेफिसिट बजट की गुंजाइश नहीं होती।

भौतिकशास्त्री बतलाते हैं कि सारा संसार अविराम सार्विक जड़ता की ओर बढ़ रहा है जिसे वे 'इंट्रोपी' का बढ़ना कहते हैं और जिसके अनुसार संसार की सभी ऊर्जा सर्जनशीलता से जड़ता की ओर बढ़ती है। उनके अनुसार, एक ऐसा समय आएगा कि संसार भर में ऊर्जा समस्तरीय हो जाएगी और इसका वैसा संचरण जिससे प्रकृति के विविध क्रियाकलाप जुड़े हैं, समाप्त हो जाएगा। इससे सारी विविधताएँ और संरचनाएँ समाप्त हो जाएँगी। बहुत से भौतिकशास्त्री इसे भौतिकशास्त्र का सबसे बुनियादी नियम मानते हैं। जीवन, जड़ता और बिखराव की ओर बढ़त इस अविरल प्रवाह के बीच एक चमत्कार है जो इस दिशा को उलटकर ब्रह्मांड के धरती जैसे छोटे कोटरे में पदार्थ और ऊर्जा की जटिल संरचना करने में जुटा है। कीटाणुओं और वनस्पति से लेकर मनुष्य जैसे बड़े आकार के स्तनपायी जीवों तक सबों में जीवन का आधार होता है परिवेश से भौतिक तत्त्वों और ऊर्जा को लगातार ग्रहण करना और फिर जीवन के लिए आवश्यक तत्त्वों और ऊर्जा का चयन कर जज्ब

करना और बाकी को लगातार उत्सर्जित करते जाना। सतत चलते रहनेवाली इस प्रक्रिया में विशाल मात्रा में ऊर्जा और पदार्थ जीवन के लिए उपयोगी से अनुपयोगी रूप ग्रहण करते जाते हैं।

यहीं कीमत चुका जीवन सम्भव होता है। विभिन्न जीवों के संवेदक और अवशोषक अंग तथा मनुष्य की ज्ञानेन्द्रियाँ एवं कर्मेन्द्रियाँ मूलत: परिवेश के तत्त्वों का आकलन और जरूरत के हिसाब से उनके अवशोषण के लिए ही विकसित हुई हैं। स्वाभाविक जैविक प्रक्रिया में अवशोषण उतना ही होता है जितना जीवन और प्रजनन के लिए जरूरी होता है। परिवेश में सफल जीवों की प्रजनन प्रक्रिया तेज होने लगती है और उनकी संख्या इतनी तेजी से बढ़ती है कि पोषक तत्त्वों पर इनके नवीकरण की क्षमता से अधिक बोझ पड़ने लगता है, लेकिन जीवन के सोपानवत्त अनुक्रम से इस सांख्यिक बाढ़ पर नियंत्रण ऐसे जैविकों से होता है जो सोपान के निचले हिस्से के जीवों को आहार के रूप में ग्रहण करते हैं। इस तरह एक आहार चक्र का निर्माण होता है। इसकी शृंखला में हर अगली कड़ी पिछली कड़ी के जीवन का विशाल पैमाने पर शोषण करते हैं। जीवन की यह प्रक्रिया जारी रहे, इसके लिए विकास की ऊपरी सीढ़ियों पर अवस्थित जीव अपनी संख्या को सदा नियंत्रित करने का प्रयास करते हैं, अपनी सन्तति की संख्या को नियंत्रित कर या फिर किसी स्थान की आबादी के समर्थन की क्षमता की सीमा दिखाई देने पर नए स्थानों की तलाश में फैलकर। कुछ हद तक किसी प्रजाति की आन्तरिक आक्रामकता सदस्यों को फैलाने की प्रक्रिया शुरू करती है। प्रारम्भिक अवस्था में मनुष्य भी बहुत कुछ इसी तर्ज पर परिवेश से सन्तुलन कायम करता था, लेकिन धीरे-धीरे मनुष्यों ने दो गुण विकसित किए, जिससे उसकी संख्या और इससे भी बढ़कर उसकी आवश्यकताओं का फैलाव 'एक्सपोनेंशियल' यानी दिन दूना और रात चौगुना होने लगा।

इसमें सबसे महत्त्वपूर्ण विकास हुआ, संसार को अपनी जरूरतों के हिसाब से टटोलने-प्रक्रिया में। अब वह अपनी जरूरतों के लिए सूँघकर, देखकर या हाथ पाँव से टटोलकर वस्तुओं की तलाश नहीं करता था। उसने अपने शरीर से बाहर औजार और हथियारों के रूप में अंग विकसित किए। इससे विज्ञान और तकनीक को पंख लग गए। शरीर के बाहर अपने नए अंगों (एक्सा, सोमैटिक ऑर्गन) से अब वह धरती ने सभी छोर ही नहीं, निहारिकाओं तक को छू सकता था। यह जीवन के लिए बहुत बड़ा वरदान था, लेकिन आगे चलकर अनियंत्रित हो यही उसके जीवन को विनाश के कगार पर भी ले जानेवाला था। नवपाषाण युग से मनुष्य आखेट की अनिश्चितता से निकल कृषि और पशुपालन की निश्चितता के युग में प्रवेश करता है। वह ऐसे औजार बनाता है जो कृषि में उसका सहायक होते हैं। अब पशु सिर्फ खाद्य-पदार्थ ही नहीं थे, वे खेत जोतने और वाहनों को खींचने का काम भी करने लगे थे। खाद्य सुरक्षा से आबादी तेजी से बढ़ने लगी और नगरों का विकास हुआ।

इसी के साथ दुनिया के संसाधनों पर नियंत्रण के लिए संगठित युद्धों की शुरुआत हुई। युद्धों में सबसे बहुमूल्य उपलब्धि होते थे गुलाम, जिन्हें अनेक तरह के उत्पादक कामों में लगाया जा सकता था। गुलामी की आर्थिक व्यवस्था गुलामों के प्रतिरोध के कारण पुरानी दुनिया से धीरे-धीरे समाप्त हो गई। बड़े पैमाने पर इसका पुनरुद्धार फिर सत्रहवीं-अट्ठारहवीं की शताब्दी में नवीं दुनिया में हुआ जब विशाल पैमाने पर अफ्रीकी मूल के लोगों को गुलाम बना गन्ना, कपास, तम्बाकू आदि के खेती के लिए अमेरिका ले जाया गया। यह सब नए फैलते उद्योगों में चीनी, कपड़ा, सिगरेट आदि के लिए कच्चा माल मुहैया कराते थे। गुलामी प्रथा पूँजी संचय का एक महत्त्वपूर्ण स्रोत था जिसमें यूरोप और अमेरिका में औद्योगिक क्रान्ति के प्रारम्भ से उन्नीसवीं सदी के अन्त तक सम्पन्नता और इसके साथ-साथ आधुनिकता का विस्तार हुआ। सम्भवतः यूरोपीय सभ्यता की इन्हीं उपलब्धियों से प्रेरित हो हिटलर—जिसे पश्चिमी सभ्यता की चरम उपलब्धि कहा जा सकता है, इस नतीजे पर पहुँचा था कि गुलामी व्यवस्था से प्रेरित होकर ही मनुष्यों ने दूसरे पशुओं से काम करवाना सीखा होगा।

शायद गुलामी व्यवस्था आदमी द्वारा आदमी के शोषण का सबसे नंगा और बीभत्स रूप रहा है, लेकिन कृषि का जीवन का आधार बनने और नगरों के विकास के साथ ही किसी-न-किसी रूप में मनुष्यों द्वारा मनुष्यों का शोषण और इससे प्राप्त सम्पत्ति और सेवाएँ मानव सभ्यता का आधार रही हैं, और इसी के साथ उन संघर्षों की शुरुआत हुई, जिसकी झलक हम मार्क्स की इतिहास दृष्टि में पाते हैं और जिसका उल्लेख पहले हो चुका है।

यहाँ जिस बात की ओर ध्यान दिलाना जरूरी लगता है, वह यह है कि आबादी की बाढ़ एक हद तक विलासिता की वस्तुओं के उत्पादन के रुझान के बावजूद, औद्योगिक क्रान्ति के पहले तक धरती के उपलब्ध पदार्थों और ऊर्जा को जड़ता (इंट्रोपी की बाढ़) की ओर ले जानेवाले उपक्रमों का पैमाना आधुनिक दुनिया के हिसाब से नगण्य था। अपने सभी उपभोगों के बावजूद श्रम में लगे मनुष्य और पशु जैविक चक्र का हिस्सा बन जाते थे और एक हद तक इनके पदार्थों का पुनर्अवशोषण (रिसाइक्लिंग) हो जाता था। पशु, जलस्रोत, वायु आदि से प्राप्त ऊर्जा में नवीकृत होने या बार-बार प्रयुक्त होने की सम्भावना थी। औद्योगिक क्रान्ति के बाद से ऊर्जा के मुख्य स्रोत जीवाश्म ईंधन—जैसे कोयला, पेट्रोलियम एवं गैस—हो गए जिनका नवीनीकरण नहीं हो सकता था। फिर नाभिकीय ऊर्जा की जिनके कचरे हजारों वर्ष तक संसार को प्रदूषित करनेवाले हैं, की औद्योगिक क्रान्ति के बाद से स्थितियों को बदलने में मुख्य भूमिका रही है पूँजीवादी व्यवस्था के उस मूल्य बोध और कार्य प्रणाली की, जिसके विवरण से चर्चा शुरू हुई है।

औद्योगिक क्रान्ति के बाद के काल में न सिर्फ ऊर्जा के मुख्य स्रोत बदल गए बल्कि इससे सम्बद्ध इंजनों और मशीनों के निर्माण में विशाल मात्रा में धातुओं का

और अनेक कृत्रिम वस्तुओं का प्रयोग होने लगा। एक ओर इससे धरती के खनिजों के भंडार खाली होने लगे हैं और दूसरी ओर औद्योगिक उत्सर्जन और उपयोग कर फेंके गए उच्छिष्ट पदार्थों के कचरे से फैलते प्रदूषण से पर्यावरण का संकट पैदा हो गया है। पर्यावरणविदों ने इस जीवन प्रणाली से जीव-जगत पर पैदा संकटों के इतने प्रमाण पेश किए हैं कि इस सम्बन्ध में यहाँ कुछ कहना अनावश्यक है। यहाँ सिर्फ इसी बात की ओर ध्यान दिलाना जरूरी है कि यह सब पूँजीवादी व्यवस्था की अनिवार्य देन है, जिसमें अधिक मुनाफे के लिए रोज नए तरह की वस्तुओं और सेवाओं का निर्माण और उनका दिन दूना रात चौगुना फैलाव करते जाना अपरिहार्य है। इस व्यवस्था में अवस्थित हर इनसान एक उपभोग आधारित एस्केलेटर पर ऊपर बढ़ते रहने का आकांक्षी है। अधिक उपभोग के लिए अधिक आय चाहिए और इसके लिए अधिक पूँजी या ऊँचा पद। जो ऊपर हैं वे और ऊपर बढ़ने के आकांक्षी हैं और जो निचली सीढ़ियों पर हैं, ऊपर वाले की जगह पहुँचना चाहते हैं। एस्केलेटर आश्वस्त करता है कि सभी ऊपर जा रहे हैं, लेकिन सीढ़ी पर ऊपर बढ़ने में भारी मारधाड़ है। इस सारी प्रक्रिया को 'स्वच्छन्द प्रतिस्पर्धा' का प्रतिष्ठित नाम दिया गया है। भूमंडलीकरण ने इस एस्केलेटर से दूर-दराज के जंगलों और पहाड़ों में रहनेवाले कबीलों को भी जोड़ दिया है। धीरे-धीरे आकांक्षाएँ वैश्विक बुखार में बदल गई हैं। यह स्थिति प्राचीन मनीषियों द्वारा निषिद्ध तृष्णा की आत्यन्तिक अभिव्यक्ति है।

लेकिन उनको छोड़, जो संसार के संसाधनों की सीमाओं और पर्यावरण की हकीकत के प्रति अन्धे हैं, अब कोई भी देख सकता है कि यह एस्केलेटर आगे नहीं बढ़ सकता, क्योंकि इसे चलानेवाला ईंधन चुक रहा है। फिर जल्दी ही लूट-खसोट और कोलाहल में सब कुछ समाप्त हो जाएगा। पिछले विश्वयुद्धों से लेकर भारत तथा अफ्रीका के भीतरी फसादों और इराक युद्ध तक सभी लक्षण हैं उस अन्तिम संकट के, जिनकी ओर मानव सभ्यता तेजी से भाग रही है। चूँकि जैसा कि ऊपर कहा गया है, पूँजीवादी व्यवस्था उत्पादन, उपभोग और विपणन के निरन्तर प्रसार पर ही आधारित है, यह कोई आत्मनियंत्रण स्वीकार नहीं कर सकती क्योंकि यह इस व्यवस्था के लिए आत्महत्या होगा। ऐसे में मानव जीवन की रक्षा के लिए विवेकशील आत्म-संयम ही समाज के लिए एकमात्र विकल्प है। सामाजिक स्तर पर ऐसा आत्म संयम लोगों की मूलभूत आवश्यकताओं और इसका बोझ सँभालने की धरती की क्षमता का आकलन कर किसी तरह की नियोजन पद्धति से ही सम्भव है। अगर हम किसी सम्प्रदायवादी रूढ़ि से ग्रस्त नहीं हैं तो किसी ऐसी व्यवस्था को 'समाजवाद' ही तो कहेंगे। ऐसा नियोजन वैश्विक नहीं हो सकता। दरअसल, वैश्वीकरण तो पूँजीवाद के संसाधनों की सर्वग्रासी भूख की अभिव्यक्ति थी। सभी पारम्परिक समाज स्थानीय संसाधनों की सीमाओं के भीतर अपनी जीवन पद्धति विकसित करते रहे हैं। इसी से उनके जीवन और इसकी कलात्मक अभिव्यक्तियों में मोहक विविधता रही

है। जिस लोकजीवन की झाँकियों को आज नृशास्त्रियों के पोथों और अजायबघरों में सुरक्षित रखने की कोशिश हो रही है, वे अपने विविध परिवेशों में लोगों के जीवन की अनिवार्यता की अभिव्यक्तियाँ थीं। आज भी अगर दुनिया के विविध अंचलों और ऑस्ट्रेलिया और अमेरिका की गति क्रूर व्यवस्थाओं के भीतर भी कुछ जनजातियाँ पुरानी जीवन पद्धतियों के अवशेष बचा पाई हैं तो इससे यह सिद्ध होता है कि वे छुई-मुई नहीं थीं और परिवेश के सान्निध्य से उन्हें अद्‌भुत जिजीविषा प्राप्त थी। अगर आज वे मर रही हैं तो इसलिए कि हमने उनके परिवेश को विशाल पैमाने पर नष्ट कर दिया है और रोज नष्ट कर रहे हैं।

उपभोग पर नियंत्रण और समाजवाद की प्रासंगिकता स्वीकार करने पर स्वाभाविक यह लगेगा कि इसका शुभारम्भ वहाँ होना चाहिए जहाँ उपभोग का स्तर सबसे ऊँचा है—यानी अमेरिका, यूरोपीय संघ एवं जापान में। इसके बावजूद कि दुनिया की सबसे बड़ी आबादी भारत, चीन या दूसरे गरीब मुल्कों में है, संसाधनों के दोहन और प्रदूषण फैलाने में औद्योगिक देश ही आगे हैं। 1996 के आँकड़ों के अनुसार, भारत की आबादी की चौथाई आबादी वाले देश अमेरिका में बिजली की खपत 3,253 अरब कि.वा. घंटा थी जबकि भारत में 376 अरब कि.वा. घंटा—यानी भारत से प्रति व्यक्ति बिजली की खपत लगभग चालीस गुना अधिक। इसी वर्ष में औद्योगिक देशों का गैसों के रूप में कार्बन का उत्सर्जन 298 करोड़ टन था जबकि भारत, चीन और दक्षिण कोरिया आदि का उत्सर्जन 147 करोड़ टन। फिर भी अमेरिका में जहाँ पूँजीवादी व्यवस्था और उपभोक्तावादी संस्कृति लोगों के मानस पर पूरी तरह हावी है, उत्पादन और इससे जुड़े प्रदूषण को नियंत्रित करने की बात कोई सोचता भी नहीं। जार्ज डब्ल्यू. बुश ने सत्ता में आते ही प्रदूषण को सीमित करने के क्योटो प्रोटोकॉल से अमेरिका को अलग कर लिया जिस पर पहले अमेरिका ने अपनी स्वीकृति की मुहर लगाई थी।

शराब और अफीम की लत की तरह ही उपभोक्ता मानसिकता भी आदमी को अपना गुलाम बना लेती है। प्रतिस्पर्धा पर आधारित पूँजीवादी व्यवस्था में आदमी अपनी आदत से ही नहीं, पड़ोसी के बरक्स अपनी हैसियत को बनाए रखने के लिए भी उपभोग के स्तर को बढ़ाते चलने के दबाव में रहता है। इसी दबाव में पश्चिमी यूरोप में समाजवादी आन्दोलन अपने लक्ष्यों से पूरी तरह हट गया। यूरोप की सम्पन्नता का आधार था, अपने उद्योगों के लिए संसार भर के संसाधनों का दोहन। फिर उद्योगों के विस्तार के लिए विश्वव्यापी बाजार की जरूरत होती है जिस पर कब्जा जमाने के लिए सभी औद्योगिक प्रतिष्ठान घोर प्रतिस्पर्धा में लगे रहते हैं। इस प्रतिस्पर्धा में वे औद्योगिक प्रतिष्ठान आगे निकल जाते हैं जो अपने उत्पादों को प्रतिस्पर्धी प्रतिष्ठानों से कम कीमत पर बाजार में ला सकें। जहाँ तकनीक का स्तर कमोबेश समान होता है, उत्पादन के खर्च में कटौती की गुंजाइश, श्रमिकों की संख्या और उनकी सुविधाओं

पर होनेवाले खर्च पर कटौती करके ही होता है। शुरू में, विशेषकर द्वितीय विश्वयुद्ध के बाद जब सोशल डेमोक्रेटिक पार्टियाँ या ब्रिटेन की लेबर पार्टी सत्ता में आई तो उन्होंने श्रमिकों के हित में अनेक कानून बनाए। काम के घंटों में लगातार कटौती हुई। पूँजीपतियों पर टैक्स का बोझ बढ़ा अनेक कल्याणकारी योजनाएँ चलाई गईं, लेकिन जैसे-जैसे पूँजीवादी प्रतिष्ठानों की संरक्षणमुक्त प्रतिस्पर्धा में रहने की मजबूरी बढ़ी—जैसा कि वर्तमान भूमंडलीकरण के दौर में वैसे-वैसे मजदूरों को दी जानेवाली सुविधाओं में कटौती शुरू हुई। उद्योगों में छँटनी और बेरोजगारी का दबाव बढ़ा। इस दबाव में सोशलिस्ट और पूँजीवादी पार्टियों की आर्थिक नीतियों का फर्क समाप्त कर दिया। ब्रिटेन की लेबर पार्टी एवं जर्मनी की सोशल डेमोक्रेटिक पार्टी और ग्रीन की साझा सरकार की नीतियाँ पूँजीपतियों पर टैक्स का बोझ घटाने की रही हैं क्योंकि इसी से उनके औद्योगिक प्रतिष्ठान वैश्विक प्रतिस्पर्धा में टिक सकते हैं। ब्रिटेन की अमेरिकापरस्त साम्राज्यवादी नीति जो टोनी ब्लेयर की 'लेबर पार्टी' द्वारा अपनाई गई है, संसार के संसाधनों में विशेषकर तेल के क्षेत्र में अपनी हिस्सेदारी बढ़ाने की इच्छा का ही परिणाम है। पहले मजदूर आन्दोलन के दबाव में काम के घंटे घटाए गए थे। अब पूँजीवादी प्रतिस्पर्धा के दबाव में इन्हें फिर बढ़ाने की माँग हो रही है। पूँजीवादी स्पर्धा से खूँटे से बँधे प्रतिष्ठानों के अति प्रशिक्षित प्रबन्धक यह छोटी-सी बात समझ नहीं पाते कि अन्ततः इसमें सफल प्रतिष्ठानों का फैलाव बाकी असफल प्रतिष्ठानों की हानि और दिवालिया होने से ही सम्भव हो सकता है। इसीलिए रोज बृहत् आकार की बहुराष्ट्रीय कम्पनियाँ दिवालिया होती रहती हैं।

एक दुश्चक्र बन गया है। अगर कल्याणकारी कार्यों पर खर्च अधिक होता है, मजदूरों के काम के घंटे घटाए जाते हैं और ऐसी नीतियाँ अपनाई जाती हैं जो पर्यावरण की रक्षा करनेवाली हों तो उद्योग-धन्धे वैश्विक प्रतिस्पर्धा में टिक नहीं पाते। इससे बेरोजगारी बढ़ती है और फिर जीवन स्तर नीचे आता है। आदमी सुविधाओं का आदी हो जाने पर इनकी कटौती से अत्यधिक आहत होता है। इसलिए इन देशों का कोई भी दल जिसकी सरकार पर्यावरण की सुरक्षा एवं जनकल्याण की ऐसी नीतियाँ अपनाती है जिससे जीवन स्तर नीचे आता दिखे। निर्वाचन से दुबारा सरकार नहीं बन सकती। इस तरह इन देशों में उपभोक्तावाद की तानाशाही से मुक्ति आज की स्थिति में किसी राजनीतिक तानाशाही से ही सम्भव है जब तक लोगों में ऐसी सांस्कृतिक चेतना नहीं जगे जिससे जीवन के नए प्रतिमान स्वीकार्य हों, लेकिन ऐसा प्रतिमान व्यावहारिक हो सकता है, यह भरोसा तभी होगा जब इसकी झलक किसी ठोस स्थिति में दिखाई दे। इसीलिए अगर समाजवाद के नवोन्मेष की कोई आशा है तो औद्योगिक सभ्यता के बहिष्कृत क्षेत्रों में ही जो दूसरों के लिए प्रतिमान बन सकते हैं।

मार्क्स ने कल्पना की थी कि समाजवादी क्रान्ति औद्योगिक दृष्टि से सबसे विकसित देशों में होगी। उस समय उसकी निगाह में इसके लिए सबसे उपयुक्त

जर्मनी था। इसके विपरीत जब क्रान्ति रूस में हुई तो यह तर्क गढ़ा गया कि पूँजीवादी व्यवस्था अपनी शृंखला की सबसे कमजोर कड़ी पर टूटती है। हम देख चुके हैं कि किन कारणों से ऐसी क्रान्ति की सफलता की सम्भावना बाधित हुई। सभ्यता के अभ्युदय की एक दूसरी परिकल्पना विख्यात इतिहासकार आरनोल्ड टॉयनबी की थी, जिसके अनुसार यही सभ्यता का उन्मेष पुरानी सभ्यता के बाहरी सर्वहारा के बीच से होता है। एक सिद्धान्त के रूप में नहीं, पर वर्तमान स्थिति के मद्देनजर एक सम्भावना के रूप में हम यह स्वीकार कर सकते हैं कि जब पश्चिमी सभ्यता एक ऐसी अन्धी गली में पहुँच चुकी है जहाँ संसार के विनाश का कोई विकल्प इसके सामने नहीं है तो इस सभ्यता के बाहरी सर्वहारा यानी पिछड़ी अर्थव्यवस्थाओं के सबसे शोषित समूह की एक नई संस्कृति और सभ्यता के जनक होंगे।[2]

कोई भी समाज और उसकी संस्कृति कुछ बुनियादी मूल्यों के इर्द-गिर्द आकार ग्रहण करती है। जिस तरह के वैकल्पिक समाज की कल्पना समाजवाद की रही है, उसके मूल्य निश्चित रूप से पूँजीवादी समाज के मूल्यों से विपरीत होंगे। पूँजीवादी समाज का केन्द्रीय मूल्य हैं, लोभ और ईर्ष्या। इसी से वह प्रसारवादी प्रवृत्ति आती है जिसमें अपने पड़ोस से बढ़कर सारे संसार को अपने नियंत्रण में लेने की भूख कभी शान्त नहीं होती। समाजवादी आन्दोलन का एक कमजोर पक्ष यह भी था कि इसने यह मान लिया था कि किसानों और मजदूरों की सम्पत्ति की लिप्सा को जगाकर ही हम इन्हें पूँजीपतियों और दूसरे सम्पन्न वर्गों की सम्पत्ति के अधिग्रहण के लिए प्रेरित कर सकते हैं। किसानों की जमीन की भूख की तो महत्त्वपूर्ण भूमिका रूस, चीन एवं वियतनाम की क्रान्तियों में थी। इसी से बाद में जमीन पर सामाजिक स्वामित्व कायम करने की नीतियों का तीव्र विरोध किसानों द्वारा ही हुआ। इन अनुभवों के आधार पर यह कहा जा सकता है कि नए समाज का बुनियादी मूल्य होगा सहयोग और परोपकार भाव। हालाँकि इससे लोगों को परिवर्तन के लिए प्रेरित कैसे किया जा सकेगा, यह अभी अनुत्तरित ही है। शायद संक्रमण काल में कोई मध्यम मार्ग अपनाना होगा। दरअसल, प्रच्छन्न रूप से तो परोपकार और सहयोग के मूल्य समाज में सदा थे, लेकिन शोषण की व्यवस्था में इन्हें दबाकर रखा गया।[3]

मनुष्य एक अत्यन्त ही असहाय जीव है। उसे जन्म से लेकर वयस्क होने तक जीवन और विकास के लिए परिवार और समाज का सहारा चाहिए। गाय का बछड़ा जन्म के कुछ घंटों बाद ही खड़ा हो जाता है और दूसरे दिन से चलना-फिरना शुरू कर देता है। कई जीव तो अंडा से निकलते ही जमीन पर या जल में चक्कर लगाने लगते हैं, लेकिन मानव शिशु को साल भर का समय अपने पाँव पर खड़ा हो चलना सीखने में ही लग जाता है। उसे भोजन और फिर काम के प्रशिक्षण के लिए वयस्क होने तक परिवार के साथ-साथ अपने समुदाय या समाज का अवलम्बन चाहिए। एक प्रजाति के रूप में मनुष्य जिन्दा इसीलिए है क्योंकि पारस्परिक सहयोग और

परोपकार भाव मनुष्य का आनुवंशिक गुण है, और दुनिया की अधिकांश संस्कृतियों ने इसे लोकाचार में परिष्कृत किया है। ऐसे प्राणी को समाजवाद ही सन्तोषप्रद जीवन दे सकता है। समाज के अवलम्बन के अभाव में वह ईश्वर या किसी दूसरी काल्पनिक शक्ति में या फिर किसी बड़े समूह में अपने निजत्व को विलीन कर यह सहारा ढूँढ़ता है। नात्सीवाद या हिन्दुत्व कुछ ऐसे ही विकल्प हैं। मनुष्य में आक्रामकता भी है और यह इस दूसरे विकल्प में अभिव्यक्त होती हैं। सामाजिक सम्बन्धों की एक त्रासद स्थिति यह है कि समूह के भीतर का पारस्परिक सहयोग भाव बाहरी समूहों के खिलाफ आक्रामकता से मजबूत होता है। इसका निराकरण परोपकार की संस्कृति को ही विकसित कर हो सकता है।

औद्योगिक दृष्टि से पिछड़े देश कोई नई शुरुआत अपने को विकसित औद्योगिक देशों की तथाकथित वैश्विक व्यवस्था से काटकर अलग करके ही कर सकते हैं। इन देशों की पाँच प्रतिशत आबादी जरूर है, जिसे औद्योगिक देशों जैसा जीवन स्तर पाने की लालसा या सुविधा है। यह अपनी सुविधाओं के बाहर अपने देश की हकीकत को देखना नहीं चाहता और संसार और अपने समाज को भी पश्चिमी देशों के उधार नजरिए से देखता है। यह एक सशक्त समूह है और मीडिया पर इसका पूरा नियंत्रण है। फिर भी अगर लोकतंत्र जीवित रहे तो बहुसंख्य लोग, जिन्हें बाहरी सम्पर्क से बेरोजगारी और विपन्नता ही मिलती रही है, एक आत्मनिर्भर और समता-मूलक समाज बनाने के पक्ष में अपना निर्णय देंगे।

लेकिन कोई भी बड़ा परिवर्तन राज्य व्यवस्था के वर्तमान विशाल ढाँचे के भीतर सम्भव नहीं। इस ढाँचे को तोड़कर सत्ता पूरी तरह निचली इकाइयों, जैसे पंचायतों, ग्राम सभाओं और नगरीय निकायों को सौंपना होगा। इसके लिए प्रारम्भ में संसद का सहारा लेना होगा। अगर जैसा कि 73वें संशोधन से हुआ, इस संसद से ग्राम पंचायतों के कुछ अधिकार सुनिश्चित किए जा सकते हैं तो राष्ट्रीय स्तर पर पर्याप्त इच्छाशक्ति पैदा कर कई चरणों में सभी आर्थिक और राजनीतिक अधिकारों का विकेन्द्रीकरण इस दिशा में हो सकता है, जिसे गांधी जी ने 'ग्राम गणतंत्र' कहा था। ठोस रूप में क्या प्रक्रियाएँ चलेंगी, यह आज कहना सम्भव नहीं। यहाँ सिर्फ दिशा का संकेत भर दिया गया है। अन्ततः आम लोग ही अपनी आवश्यकताओं के अनुसार व्यवस्था का निर्माण करेंगे। विकेन्द्रीकरण का सीधा प्रभाव तो यह होगा कि नौकरशाही का विशाल ताना-बाना स्वतः अप्रासंगिक हो जाएगा। गाँव की व्यवस्था का ज्यादा काम लोगों के आपसी सहयोग से करना सम्भव होगा। दूसरा, 'विशिष्टजनों' या 'राजनीतिक वर्ग' का अस्तित्व में आकर लोकतंत्र में सत्ता का असली अधिकारी बनने का खतरा, जो रूस या चीन की क्रान्तियों की पृष्ठभूमि में उभर रहा था, स्वयं ही खत्म हो जाएगा। विशिष्टजनों का यह समूह अस्तित्व में ही आता है, केन्द्रीकृत औद्योगिक प्रतिष्ठानों, केन्द्रीकृत राजकीय ढाँचे एवं इनसे जुड़े शिक्षा एवं मीडिया के

विशाल प्रतिष्ठानों एवं विशाल सैन्य बलों के विस्तार से। यातायात और संचार से जुड़े कुछ राष्ट्रीय और अन्तरराष्ट्रीय स्तर के प्रतिष्ठान तो अस्तित्व में रहेंगे, लेकिन इनकी क्षेत्रीय इकाइयों का नियंत्रण स्थानीय निकायों के हाथ में होगा। जिन लोगों को ग्राम स्वराज्य की ऐसी लघु इकाइयों की अवधारणा चौंकानेवाली लगे, उन्हें याद दिलाना जरूरी लगता है कि आज भी दुनिया में नोरु और लिखेंस्टाइन जैसे राष्ट्र हैं जिनकी कुल जनसंख्या कुछ हजार है। नोरु लगभग नौ हजार और लिखेंस्टाइन करीब तीस हजार। लिखेंस्टाइन पश्चिमी यूरोप का एक सम्पन्न राष्ट्र है और नोरु भी फॉस्फेट के भारी निर्यात से दुनिया के सम्पन्न देशों में गिना जाता है। आकार छोटा होने से व्यवस्था सम्बन्धी कोई कठिनाई नहीं होती—इसको छोड़ कि ये सैनिक शक्ति बनने का सपना नहीं देख सकते जो एक वरदान ही लगेगा।

विकेन्द्रित और लघु औद्योगिक इकाइयों पर आधारित व्यवस्था का सबसे महत्त्वपूर्ण योगदान धरती के संसाधनों के संरक्षण और पर्यावरण की सुरक्षा के लिए होगा। छोटी औद्योगिक इकाइयों विशेषकर घरेलू उद्योगों में, ऊर्जा की खपत कम होगी। इस तरह जीवाश्म ऊर्जा पर निर्भरता खत्म होगी और गैर परम्परागत ऊर्जा स्रोत, जैसे पवन ऊर्जा, सौर ऊर्जा, पवनचक्की और पशुओं से प्राप्त: ऊर्जा और स्वयं मानव श्रम से उत्पादन के अधिकांश काम चलाए जा सकेंगे। उत्पादन और विनिमय मुख्यत: स्थानीय आवश्यकताओं के लिए होंगे। लोगों की जरूरत की ज्यादातर वस्तुएँ स्थानीय संसाधनों पर आधारित होंगी। लघु उद्योगों में ही ऐसी तकनीक विकसित होंगी जो श्रमिकों को उस बेगानेपन से मुक्त करेंगी जो कार्ल मार्क्स की बड़ी चिन्ता थी और जो अब विशाल उत्पादन प्रक्रिया में बढ़ते-चढ़ते शिखर के प्रबन्धकों तक को अपनी गिरफ्त में ले रहा है यानी काम में या इससे बाहर उनका भी अपना निजत्व नहीं होता। उनका सारा जीवन और उनकी कल्पना उस प्रतिष्ठान द्वारा सोख ली जाती है जिसमें वे काम करते हैं। श्रमिकों की सूझ के हिसाब से बने लघु एवं हस्त उद्योगों में ही यह सम्भव है कि उत्पाद में श्रमिकों की संवेदना और कल्पना की अभिव्यक्ति हो। इसमें उत्पादित वस्तुओं और कला कही जानेवाली वस्तुओं का भेद मिटने लगेगा—उस अर्थ में, जिस अर्थ में समाजवादी कवि-कलाकार विलियम मौरिस ने कला को श्रम में आनन्द की अभिव्यक्ति कहा था।

दुनिया के संसाधनों के दोहन के दो सबसे बड़े स्रोत आवागमन और वस्तुओं की ढुलाई नगण्य हो जाएँगे। आज चूँकि वस्तुओं का विनिमय अन्तरराष्ट्रीय हो गया है, विशाल मात्रा में तैयार माल और फिर इन्हें बनाने के लिए आवश्यक संसाधनों को संसार के एक कोने से दूसरे कोने तक पहुँचाया जाता है। पेट्रोलियम पदार्थ और प्राकृतिक गैस जहाजों और पाइप लाइनों से हजारों किलोमीटर दूर स्थानों तक पहुँचाए जाते हैं और फिर इसकी ऊर्जा से उत्पादित असंख्य वस्तुओं को दूर-दराज स्थानों तक पहुँचाया जाता है। यह भ्रम नहीं होना चाहिए कि इंटरनेट से यह काम

हल्का होता है। इंटरनेट से सिर्फ सूचना मिलती है वस्तुएँ नहीं। बल्कि सूचना की सुविधा से दूर-दराज की वस्तुओं को पाने की ललक पैदा होती है—जो पैदा करना ही दरअसल, इंटरनेट या ई-कॉमर्स का मूल उद्देश्य है।

उद्योगों के केन्द्रित ढाँचा के विकास से स्वयं औद्योगिक नगरों का विस्तार इतना हो गया है कि इनमें रहनेवाले और काम करनेवाले लोगों को हर रोज लम्बी यात्राएँ करनी होती हैं, जो कभी-कभी सैकड़ों किलोमीटर तक हो जाती है। इस दबाव में, नगरों में मेट्रो, बसें, मोटर गाड़ियाँ आदि की सेवा का विकास भारी खर्च कर करना होता है। ये सब उपलब्ध संसाधनों पर अनावश्यक बोझ हैं। इसके बावजूद इन महानगरों के निवासियों को प्राय: कई घंटे काम कर पहुँचने और वापस घर आने में लगाने होते हैं। इसके विपरीत विकेन्द्रित ग्रामीण व्यवस्था में लोगों को घरेलू या छोटे सहयोगी उद्योगों में काम के स्थान तक चन्द मिनटों में पैदल पहुँचना सम्भव होगा और परिवहन पर होनेवाला विशाल खर्च अनावश्यक हो जाएगा। काम करनेवाले लोगों को जैसी भागदौड़ और तनाव काम के स्थान की दूरियों की वजह से झेलना होता है, थोड़ा विचार करने पर वह विशाल छलावा लगेगा। बिलकुल शाब्दिक अर्थ में, इसने लोगों की चैन और नींद छीन ली है। महानगरों के सबसे सक्रिय और सघन केन्द्रीय स्थल इसको बनाने और चलानेवाले पूँजीपतियों और प्रबन्धकों को ही इतना नारकीय लगने लगता है कि वे अपने को इसकी धमक से बचाने के लिए सौ-दो सौ किलोमीटर दूर रिहाइश बनाने की कोशिश करते हैं। पर धीरे-धीरे ऐसे रिहाइशों से नगर के बाहर भीड़-भाड़ की एक नई मुद्रिका बन जाती है और फिर इससे बाहर नए उपनगरों में पलायन शुरू होता है। इस व्यवस्था के स्वामी ही इस स्वनिर्मित संसार की विभीषिका से भयभीत लगातार भागने की कोशिश करते रहते हैं। यही इस विकास का नंगा सच है।

प्राय: अति जटिल समस्याओं का समाधान सरल होता है अगर इसके लिए दृष्टि हो। विकेन्द्रीकरण ऐसा ही सरल समाधान है, लेकिन नगरों को बनानेवाले विधाताओं की यह चिन्ता कि फिर उन खर्चीले ब्लू प्रिंटों एवं परिवहन के विकास और वाहन निर्माण के विशाल पूँजी निवेश और मुनाफे का क्या होगा, इसमें आड़े आती है। उन्हें लगता है कि इससे तो सारा खेल ही खत्म हो जाएगा। इसीलिए लगभग सारे बुद्धिमान और विद्वान लोग जो आज की दुनिया को बनाते और चलाते हैं, इसे कुछ क्रैंको (खब्तुल हवास) की कल्पना कहकर खारिज कर देते हैं, लेकिन दूसरे जीवों की तरह मनुष्य के लिए भी परिवेश के साथ संगति बैठाकर ही जीवित रहना सम्भव है। अगर उसका स्वनिर्मित परिवेश उसे प्राकृतिक परिवेश से अलग कर कैद करता है तो उसे इस बनावटी ढाँचे को तोड़ना होगा। रेशम के कीड़े कोकून को काटकर ही जीवन के लिए तितली बन उड़ान भरते हैं। कोकून का मोह उन्हें दबोचकर मार डालता है। आदमी आज सहयोग पर आधारित किसी सरल व्यवस्था के जरिये ही

प्राकृतिक परिवेश को नष्ट करनेवाले तमाम निर्मितियों से मुक्त हो सकता है जो घोंघे के कठोर आवरण की तरह उसे जकड़े हैं।

संस्कृति में सर्जनशीलता दो विपरीत ध्रुवों पर विकसित होती है। एक ध्रुव पर जीवन के विविध क्षेत्रों के अनुभवों को, चाहे वे कहीं भी हों, किसी नियम से बाँधने का प्रयास होता है। यह सर्जनशीलता का वैज्ञानिक आयाम है। यह सार्विक होता है और इसके नियमों में किसी अपवाद की गुंजाइश नहीं होती। दूसरा ध्रुव है, निकट और अन्तरंग अनुभवों एवं अनुभूतियों को रूपायित करने का। यहाँ विभिन्न कलाएँ विकसित होती हैं और जीवन को सँवारने-बनाने के प्रयास होते हैं। सामाजिक जीवन को स्वरूप देना भी इसी श्रेणी में आता है। मानवीय सम्बन्धों में सन्तोषप्रद संगति प्रदान करने का प्रयास भी इसी का हिस्सा है। विशृंखलता के बीच सामाजिक सम्बन्धों को स्वस्तिकर आकार प्रदान करने का प्रयत्न ही समाजवादी आन्दोलन की विशिष्टता रही है। समाजवादी आन्दोलनों का भटकाव वहाँ हुआ जहाँ सर्वग्रासी पूँजीवादी व्यवस्था के विकल्प में सर्वग्रासी समाजवादी व्यवस्था के निर्माण के प्रयास हुए और इसे एक वैज्ञानिक सिद्धान्त के रूप में पेश किया जाने लगा जबकि आदमी की तलाश पास-पड़ोस और आत्मीय सम्बन्धों को कोई स्वीकार्य आकार देने की थी। विकेन्द्रित व्यवस्था में छोटे पैमाने पर यह उसी तरह सम्भव है जैसे छोटे उद्योगों और शिल्पों में सौन्दर्य की सहज अभिव्यक्ति होती है। अतः दोनों में एक स्वाभाविक तारतम्य है। इसलिए समाजवादी आन्दोलन का तात्कालिक उद्देश्य होगा, सभी अहिंसक और विधायक तरीके से वर्तमान विशाल औद्योगिक और राजनीतिक ढाँचे को तोड़ इन्हें पूरी तरह विकेन्द्रित करना। इन विकराल ढाँचों के टूटने से सामान्यजन की सर्जनात्मक ऊर्जा अपने लघु परिवेशों में अपने समाज को ठीक वैसा ही स्वरूप दे सकेगी जैसा लोक कलाओं में देती रही है।

नोट-1

समाजवाद की ऊपर की लगभग सारी चर्चा पश्चिमी देशों के समाजवादी आन्दोलन को केन्द्र में रखकर की गई है क्योंकि इस आन्दोलन का विकास पश्चिम की औद्योगिक क्रान्ति के साथ पैदा समस्याओं को परिप्रेक्ष्य में ही हुआ था, लेकिन जब हम नई सभ्यता के अभ्युदय की आशा पश्चिमी सभ्यता के बाहरी सर्वहारा के बीच देखते हैं तो यह भी देखना जरूरी लगता है कि क्या कुछ ऐसा स्फुरण कहीं दिखाई देता है? एशिया में चीन, वियतनाम आदि में समाजवादी क्रान्ति के महान प्रयास हुए। इन प्रयासों के साथ पश्चिमी साम्राज्यवाद से मुक्ति की आकांक्षा भी जुड़ी थी, लेकिन इन क्रान्तियों की त्रासदी यह रही कि इन्होंने भविष्य का अपना आदर्श पश्चिम के केन्द्रित औद्योगिक और राजकीय ढाँचे को ही रखा। चीन के मामले में यह दृष्टि कुछ विस्मयकारी थी क्योंकि चीन ने शुरुआत की थी लाखों गाँवों के, विकेन्द्रित ढांचे से। इसी कड़ी में कम्यून का साहसिक प्रयोग भी था। हालाँकि बल का बड़े पैमाने पर प्रयोग ने लोगों की स्वत:स्फूर्त सृजनात्मक ऊर्जा को एक हद तक बाधित किया था, लेकिन चीन के कम्युनिस्ट शासकों ने अपना लक्ष्य सदा पश्चिमी अर्थ में एक औद्योगिक और सैन्य शक्ति बनने का रखा। इन लक्ष्यों का मेल विकेन्द्रित छोटे उद्योगों पर आधारित सामाजिक व्यवस्था से नहीं बैठ सकता था। इसी का नतीजा था कि अन्तत: इस व्यवस्था ने वैश्विक पूँजीवाद के साथ अपने को जोड़कर तेज विकास का रास्ता अपनाया, और चीन आज दुनिया के बड़े पूँजीवादी प्रतिष्ठानों के निवेश का आदर्श स्थल बन गया है। इस दृष्टि से भारत परम पतन की अपनी वर्तमान स्थिति के बावजूद वैकल्पिक विकास की सम्भावना प्रस्तुत करता है। इसके कुछ कारण तो इसके प्राचीन अतीत में हैं और कुछ समाजवादी आन्दोलन से संक्षिप्त, पर विशेष तरह के साक्षात्कार से। हड़प्पा-मोहनजोदड़ो की प्राचीन नगरी सभ्यता के बावजूद भारतीय समाज आर्थिक एवं औद्योगिक, दोनों दृष्टियों से मूलत: ग्रामीण और विकेन्द्रित रहा। इसने इसके आधुनिक मनीषियों को भी गहराई से प्रभावित किया है। यहाँ भी आजादी की लड़ाई के दौर में, जिस काल में इसके कुछ केन्द्रों में नए तरह के उद्योग-धन्धे विकसित हो रहे थे, पश्चिम की समाजवादी विचारधारा की ओर रुझान बढ़ा। आजादी के

आन्दोलन को चलानेवाली राष्ट्रीय कांग्रेस में दो तरह के विचारों का प्रभाव 1920 से बढ़ने लगा था। इसमें एक प्रभाव तो महात्मा गांधी का था जो बड़े पैमाने पर 'स्वदेशी', 'असहयोग' और 'सत्याग्रह' के हथियार का अभिनव प्रयोग राष्ट्रीय स्वायत्तता और आजादी के लिए कर रहे थे, उनकी सोच के केन्द्र में आत्मनिर्भर और स्वायत्त ग्रामीण इकाइयों के भारत की तस्वीर सदा रही। उनके व्यक्तित्व का चमत्कारी प्रभाव था कि गाँव के निरक्षर और गरीब लोग सत्याग्रह जैसा कठिन हथियार जिसमें विरोधियों के प्रति हिंसा की भावना तथा कर्म, दोनों स्तर पर निषेध के आदर्श थे—अपनाने लगे थे। 'स्वदेशी' में विकेन्द्रित ग्रामीण उद्योगों को पुनर्जीवित करने का सन्देश था। दूसरा प्रभाव पश्चिम की समाजवादी विचारधारा का था जो 1925 से नवगठित कम्युनिस्ट पार्टी, पं. जवाहरलाल नेहरू तथा 1938 में गठित कांग्रेस सोशलिस्ट पार्टी द्वारा अपनाई जा रही थी। यह पहली धारा जैसा व्यापक तो नहीं था, लेकिन युवाओं को अपनी ओर आकृष्ट कर रहा था। कांग्रेस सोशलिस्ट पार्टी पर महात्मा गांधी के व्यक्तित्व का प्रभाव शुरू से रहा। हालाँकि एक विद्रोही पुत्र की तरह यह उनकी विचारधारा की तीखी आलोचना करता रहा। कम्युनिस्ट पार्टी प्रारम्भ से ही कम्युनिस्ट अन्तरराष्ट्रीय के नियंत्रण में रही जो स्वयं रूस की कम्युनिस्ट पार्टी के नियंत्रण में चलता था। शायद भारत के समाजवादी आन्दोलन की दिशा भी वही होती जो चीन, वियतनाम या तीसरी दुनिया की अन्य समाजवादी आन्दोलनों की रही या वे पूरी तरह पूँजीवाद के समर्थक बन जाते, यदि देश में गांधी जी के विचारों की व्यापकता नहीं होती।

कम्युनिस्ट आन्दोलन की ओर आलोचनात्मक दृष्टि अपनाने में समाजवादियों को दो बातों ने प्रेरित किया। एक तो सोवियत रूस की व्यवस्था का बीसवीं शताब्दी के तीस के दशक तक घोर तानाशाही में बदल जाना और दूसरा 1982 की अगस्त क्रान्ति का कम्युनिस्टों द्वारा विरोध इस दूसरी घटना ने समाजवादियों और कम्युनिस्टों के बीच एक गहरी दरार पैदा कर दी। इसका लाभ यह हुआ कि कई दशक तक समाजवादी अन्तरराष्ट्रीय स्तर पर प्रभावशाली कम्युनिस्ट आन्दोलन से स्वतंत्र अपने विचार विकसित करते रहे। इसका एक नुकसान भी हुआ कि वे मार्क्सवादी आन्दोलन के भीतर ही चलनेवाली अनेक वैचारिक धाराओं को नजरअन्दाज करते रहे। इससे 1936 के बाद से ही जब कांग्रेस से बाहर सोशलिस्ट पार्टी की स्थापना हुई, समाजवाद की ऐसी वैकल्पिक नीति की तलाश शुरू हुई जिसमें केन्द्रित तानाशाही का खतरा टाला जा सके। इसी से समाजवादियों ने केन्द्रित व्यवस्था को नकारा तथा हिंसक क्रान्ति के मार्ग का परित्याग किया। इस बिन्दु पर उन्हें महात्मा गांधी से प्रेरणा मिली। समाजवादी नेता राममनोहर लोहिया ने समाजवादियों के मार्ग को 'वोट, फावड़ा और जेल' के नारे में सूत्रबद्ध किया। विकेन्द्रीकरण की दिशा में लोहिया ने चौखम्भा राज्य की परिकल्पना प्रस्तुत की।

समाजवादी आन्दोलन ने अपने देश की जाति व्यवस्था को समझने और इसकी विकृतियों से जूझने की नीतियाँ भी बनाईं जो पश्चिम के समाजवादी सोच से गायब थीं। देश की राजनीति में दलितों के महत्त्वपूर्ण भूमिका को भी रेखांकित किया जो गांधी जी के अन्तिम आदमी की जीती-जागती तस्वीर उपस्थित करते हैं। जे.पी. जो जीवन भर समाज परिवर्तन के उपयुक्त मार्ग की तलाश करते रहे, अन्तिम दिनों में महात्मा गांधी के 'सर्वोदय' के विचारों के करीब आ गए थे। उन्होंने भूदान, ग्रामदान एवं ग्राम स्वराज्य के विचारों का प्रयोग भी किया।

दरअसल, सोवियत व्यवस्था की विकृतियों के मद्देनजर 1936 से लेकर वर्तमान समय तक भारतीय समाजवादी अनेक तरह के प्रयोगों में ही लगे रहे—ऐसे प्रयोगों में, जो उन्हें पूँजीवाद और कम्युनिस्ट व्यवस्था दोनों से अलग पहचान दे सकें। एक संगठित दल के रूप में तो वे देश की राजनीति के जोड़-तोड़ के बीच कोई बड़ा आधार देने में अब तक असफल रहे हैं, लेकिन उनकी प्रयोगधर्मिता में ही भविष्य की सम्भावनाएँ हैं। इस बीच संसार भर के अनुभवों से वे गांधी के अहिंसा, विकेन्द्रित ग्रामीण व्यवस्था और छोटे उद्योगों की प्रासंगिकता के विचारों से बिलकुल करीब आ गए हैं क्योंकि इसी में संसार के वर्तमान संकट का कोई समाधान दिखाई देता है। अगर यह विचार कोई ठोस आधार ग्रहण करे तो एक नई संस्कृति और सभ्यता की सम्भावना बन सकती है।

नोट-2

नई व्यवस्था को लघु उद्योगों पर आधारित करने की बात जिसमें ऊर्जा की जगह ऊर्जा के नवीकृत हो सकनेवाले स्रोत—जैसे पवन, जलस्रोत, सूरज तथा खरपतवार तथा पशुओं और स्वयं मनुष्य के श्रम के ऊर्जा की प्रधानता मिले, कुछ ऐसा आभास देना है मानो हम मानव विकास की प्रक्रिया को पलट रहे हैं! ऐसा सोचने का एक कारण यह है कि बीसवीं सदी में हम विशालता के इतने अभ्यस्त हो गए हैं कि छोटे मानवीय आकार के उद्यम मनुष्य की उस दैवी शक्ति का निरादर लगती है जिसकी अभिव्यक्ति उत्पादन, यातायात और युद्ध आयुधों के विशाल आकार और विस्तार में दिखाई देती है। इससे यह नतीजा भी निकाला जाता है कि नई व्यवस्था मनुष्य की वैज्ञानिक और तकनीकी सर्जनात्मकता को भी बाधित करनेवाली होगी। ऐसा सोचने का एक कारण तो यह है कि हम तकनीक के विकास को एक स्वायत्त प्रक्रिया मान लेते हैं। हम यह भूल जाते हैं कि अन्तत: तकनीक मानव जीवन को सहज बनाने का एक साधन भर है, अपने आपमें कोई साध्य नहीं। अगर किसी कारण से यह अनुपयुक्त और हानिकर लगे तो इसे बदलने में कोई भी हिचक नहीं होनी चाहिए।

एक अध्येता ग्रेगरी एच. डैविस ने अपनी पुस्तक 'टेक्नोलॉजी, ह्यूमनिज्म एंड निहिलिज्म' में पूँजीवाद तकनीक की इस विशेषता को रेखांकित किया है कि यह उन्हीं कारकों को महत्त्व देता है जिन्हें मात्रा में बाँधा जा सके—जैसे समय, श्रम, पूँजी एवं ऊर्जा की लागत, निर्मित इकाइयाँ आदि जबकि गुणवता—जैसे वैयक्तिक विकास, आनन्द, सौन्दर्यबोध, पर्यावरण से तारतम्य, खिलवाड़, चिन्तन, स्वत: स्फूर्तन, ऐकल विशिष्टता और मौलिकता आदि को नजरअन्दाज कर दिया जाता है। यह टेक्नोलॉजिकल निहिलिज्म उस मानसिकता को कहता है जिसमें किसी भी नए आविष्कार को बिना इसके प्रभावों का आकलन किए सिर्फ इसलिए कबूल किया जाता है कि यह मनुष्य की इच्छाशक्ति की अबाधित अभिव्यक्ति है।

तकनीक की इस अवधारणा का पूँजीवाद की उस महत्त्वाकांक्षा के साथ सीधा सम्बन्ध बैठता है जिसमें उत्पादन का अधिकतम विस्तार ही मूल लक्ष्य है क्योंकि इसी के साथ मुनाफे की मात्रा जुड़ी होती है। इस अवधारणा को नकारने पर एक संशय बना रह जाता है 'छोटा सुन्दर तो है', पर क्या मनुष्यों की आश्यकताओं को पूरा

करने के लिए सक्षम भी है? इसके साथ यह प्रश्न भी अनिवार्य रूप से जुड़ जाता है कि मनुष्य की आवश्यकताएँ हैं क्या? यहाँ मनुष्य की आवश्यकताओं को दो हिस्सों में बाँटा जा सकता है। एक उसकी जैविक आवश्यकताएँ हैं, जिसमें आवश्यक आहार, शरीर की रक्षा के लिए आवश्यक और एक हद तक दूसरों को आकर्षित करनेवाले वस्त्र, गर्मी, सर्दी तथा वर्षा से बचाने लायक आवास—मोटा-मोटी जिसे हम 'रोटी, कपड़ा और मकान' की जरूरत के रूप में परिभाषित करते हैं, लेकिन चूँकि मनुष्य सांस्कृतिक जीव है, इसने अपनी आवश्यकताओं को काल्पनिक जरूरतों या स्वयं द्वारा निर्मित व्यवस्थाओं की जरूरतों के आधार पर सीमाहीन विस्तार दिया है। पूँजीवादी उत्पादन का विस्तार अबाधित रहे इसके लिए वस्तुओं की लम्बी फेहरिस्त के साथ एक पूरी उपभोक्तावादी संस्कृति अस्तित्व में आ गई है। चूँकि इस तरह की आवश्यकताएँ सीमाहीन हैं, जब हम आवश्यकताओं को पूरा करने की बात करते हैं तो पहले तरह की आवश्यकताएँ ही हमारे सामने होती हैं। सम्भव है, बहुत वैसी वस्तुएँ जिन्हें हम व्यवस्थागत कारणों से आवश्यक मानने के आदी हो गए हैं आवश्यकताओं की इस सूची से बाहर रहें—जैसे निजी मोटर गाड़ियाँ।

लेकिन इस सूची में कुछ वैसी आवश्यकताएँ भी जोड़ने की जरूरत है, जैसे पूँजीवादी-उपभोक्तावादी संस्कृति बहिष्कृत करती रही है पर जो मनुष्य को एक संवेदनहीन रोबेट से अलग करती हैं—जैसे आत्मचिन्तन, सामुदायिक सम्प्रेषण, सृजन का सुख आदि। पूँजीवादी व्यवस्था में ये आवश्यकताएँ इसलिए पूरी नहीं हो सकतीं क्योंकि यह व्यवस्था स्वयं मनुष्य को एक पुण्य (कॉमोडिटी) मानकर चलती है जबकि हकीकत में प्रत्येक मनुष्य अपने समुदाय और प्राकृतिक परिवेश से अन्योन्याश्रित रूप से जुड़ा चैतन्य केन्द्र होता है। काम और अवकाश में अपने निजत्व का सम्प्रेषण उसके आनन्द का परम स्रोत हैं। इसी से तकनीक कैसा हो, यह प्रश्न भी जुड़ जाता है।

तकनीक आवश्यकता से अमानवीय रूप कैसे ग्रहण करता है, इसे समझाने के लिए हमें इसे मशीन और इंजन के दो हिस्सों में बाँटकर देखने में सुविधा होगी। मशीन की बनावट एवं उपयोगिता कुछ सीमित तथा अति सरल उपक्रमों पर आधारित होती है। उदाहरण के लिए, लीवर, पुल्ली, ढालू सतह आदि। इनके आधार पर थोड़ा बल के प्रयोग से भारी काम किए जा सकते हैं जिसे 'मेकेनिकल एडवांटेज' कहा जाता है। इसके अलावा रैखिक बल को चक्रीय बल में बदलकर एवं इनके संयोजन से गीयर तथा तरह-तरह की जटिल प्रक्रियाओं पर आधारित मशीन बनाई जा सकती हैं। चरखा और सिलाई मशीन से लेकर आधुनिकतम स्वचालित मशीनों की बनावट में मशीन के ये बुनियादी नियम काम करते हैं। इसके अलावा मशीनों की बनावट में सूचनाएँ डाली गई होती हैं जो उपयुक्त बिन्दु और समय पर सम्बद्ध पुर्जों को निर्दिष्ट दिशा में परिचालित करती हैं। उदाहरण हमारी दीवाल घड़ी है जो दिन-रात

और वर्षों निर्धारित रूप से समय देती रहती है। इसी का एक परिष्कृत रूप 'साइबर मशीन' है, जो पहले से निर्दिष्ट कार्य प्रक्रिया से बँधी नहीं होती बल्कि अपने काम के दौरान सामने आई नई स्थितियों और आवश्यकताओं के अनुरूप अपने क्रिया कलापों को बदल भी सकती है। कम्प्यूटर ऐसी ही मशीन है। इसमें ध्यान में रखने की बात है कि मशीन के लिए प्रयुक्त बल में मशीन से कोई बढ़ोतरी नहीं होती न तो घर्षण से होनेवाली छोटी-सी हानि को छोड़ कोई कमी होती है। इसमें भौतिकशास्त्र के संरक्षण के नियम का पालन होता है—इसको छोड़ कि घर्षण के कारण 'इंट्रोपी' में एक न्यून मात्रा में बढ़त होती है।

इंजन से हमारा तात्पर्य है वैसी मशीनों का, जिसको चालू करने में बड़े पैमाने पर बाहरी बल या ऊर्जा का प्रयोग होता है। इसमें मशीनों की बनावट में परिवर्तन मूल तत्त्व नहीं है बल्कि बाहरी ऊर्जा की मात्रा और उसके स्रोत का महत्त्व अधिक होता है। उदाहरण के लिए, सिलाई की मशीन एवं चरखा या कताई की छोटी मशीन (यथा अम्बर चरखा) को हाथ से भी चलाया जा सकता है और भाप के इंजन या बिजली से भी। वैसे तो मशीन को चलाने में ऊर्जा के स्रोत की भिन्नता के हिसाब से भी कुछ परिवर्तन करने की जरूरत हो सकती है, लेकिन हाथ, पशुबल, जलस्रोत एवं वायु की जगह ऊर्जा का स्रोत कोयला, तेल या बिजली का होने से असली परिवर्तन मात्रात्मक हुआ है गुणात्मक नहीं। औद्योगिक क्रान्ति जिसे पारम्परिक उत्पादन पद्धति और उद्यमों से आधुनिकता की ओर विभाजन रेखा माना जाता है, इस सच्चाई को पूरी तरह रेखांकित करती है।

आम धारणा के विपरीत औद्योगिक क्रान्ति की शुरुआत कोयला और भाप एवं तेल से चलनेवाले 'इंटरनल कम्बस्सन इंजनों' के आगमन से नहीं हुई बल्कि मशीनों के सुधार से हुई। एक मशीन के ईजाद से पैदा स्थितियों से दूसरी मशीन का ईजाद जरूरी हो गया और इस तरह मशीनों में नई ईजादों का सिलसिला शुरू हुआ। सबसे महत्त्वपूर्ण प्रारम्भिक ईजाद करघे में जॉन का 'फ्लाइंग शटल' (1733) था जो बुननेवाले शटल को तेजी से फेंक सकता था। इससे बुनाई की रफ्तार चार गुनी हो गई।

इस तरह धागे की बढ़ती माँग को पूरा करने के लिए कताई के लिए या तो एक की जगह चार लोगों को लगाना जरूरी हो गया या कताई की रफ्तार को बढ़ाना। इस स्थिति का सामना करने के लिए 1764-69 में जेम्स हार्ग्रिब्स ने 'स्पिनिंग जेन्नी' का ईजाद किया और रिचार्ड आर्कराइट ने 1769 में 'वाटर फ्रेम' का ईजाद किया जो हाथ से किए गए काम को मशीन से कर सकता था और 'वाटर फ्रेम' नाम इसलिए दिया गया क्योंकि यह जलधारा की शक्ति का प्रयोग करता था। फ्रेम से काफी मजबूत धागे तैयार हो सकते थे। इनसे धागे की उपलब्धि बढ़ गई। इस स्थिति का मुकाबला करने के लिए रेवरेंड एडमंड कार्टराइट ने 1785 में पॉवरलूम का ईजाद किया जिसमें बुनाई के लिए मशीनी शक्ति का उपयोग होता था जो जलस्रोत से प्राप्त होती थी।

इस तरह औद्योगिक क्रान्ति के सबसे प्रमुख आधार कपड़ा उद्योग में 1800 ई. तक सभी महत्त्वपूर्ण ईजाद हो गए थे। भाप इंजन का बड़े पैमाने पर उपयोग इसके बहुत बाद में शुरू हुआ। औद्योगिक क्रान्ति के प्रारम्भिक वर्षों (1760-1840) में जलस्रोतों की ऊर्जा भाप की ऊर्जा से कहीं बड़े पैमाने पर इस्तेमाल होती थी। दरअसल, मानव ऊर्जा की जगह जलस्रोतों और पवन ऊर्जा का प्रयोग यूरोप में उन्नीसवीं सदी के प्रारम्भ तक बड़े पैमाने पर होता रहा और आप 'इंटरनल कंबस्सन' इंजनों के प्रयोग के बढ़ने के बावजूद ऊर्जा के ये स्रोत प्रथम विश्वयुद्ध तक उपयोगी बने रहे।

यह ध्यान में रखने की बात है कि लोगों की अधिकांश जरूरतों की पूर्ति और बीसवीं शताब्दी के प्रथम चरण तक के विश्वव्यापी व्यापार की जरूरतों की आंशिक आपूर्ति पारम्परिक ऊर्जा स्रोतों से ही होती रही। एक महत्त्वपूर्ण संक्रमण बिजली के उपयोग की ओर हुआ, लेकिन यह तो कोयला, तेल, जलस्रोतों और पवन—सभी से प्राप्त ऊर्जा से पैदा की जा सकती थी। इस पर पैमाने का कोई नियंत्रण नहीं था। यह साइकिल के चक्के से भी और विशाल थर्मल स्टेशन और हाइडेल पॉवर प्रोजेक्ट सभी से पैदा हो सकती थी। इसलिए यह चिन्ता कि नई छोटी तकनीक में लोगों की जरूरतों की पूर्ति नहीं हो सकती, निराधार है। एक और बात ध्यान में रखने की है। जहाँ औद्योगिक क्रान्ति के बाद व्यापार के विश्वव्यापी फैलाव और विशाल औद्योगिक नगरों के अस्तित्व में आने से तकनीक का झुकाव विशालता की ओर था, सूचना क्रान्ति के दौर में सूचना उद्योगों का विकास विशालता की जगह लघुता की ओर है यह संकेत है कि आनेवाले दिनों में एक मानवीय समाज बनाने की दिशा में लघु उद्योग समय के हिसाब से विकास के अधिक ऊँचे स्तर की अभिव्यक्ति होगी। वैश्विक दृष्टि से इसका सबसे महत्त्वपूर्ण योगदान यह होगा कि यह जड़ता (इंट्रोपी) को अतिशय बढ़ाने की जगह संरक्षण (कंजर्वेशन) को प्रश्रय देगा। ऐसे ही उद्योगों से पर्यावरण की सुरक्षा सुनिश्चित हो सकेगी।

सन्दर्भ और टिप्पणियाँ

भाग-1

1. मनुष्य की नियति और संस्कृति

1. नीत्शे ने लिखा था, "औरत के पास जाने के वक्त डंडा लेना मत भूलना।" बर्टेंड रसेल ने पश्चिम के दर्शन के अपने इतिहास में, नीत्शे के कमजोर स्वास्थ्य को लक्षित कर व्यंग्य से टिप्पिणी की थी, "दस में नौ औरतें नीत्शे से उसका डंडा छीन लेंगी।"
2. ऊपर के देरिदा के विचार तथा उद्धरण Christopher Norris की पुस्तक Deconstruction : Theory and Practice Routledge, London and New York से लिए गए हैं। नौरिस के अनुसार, इस पुस्तक के लेखन में देरिदा का भी योगदान था। इसलिए यह देरिदा के विचारों की विश्वसनीय प्रस्तुति मानी जा सकती है।

4. दृष्टि और सृष्टियाँ

1. जीवन के विकास के अध्येता हमें बतलाते हैं कि तितलियाँ या दूसरे कीट फूल वाले वृक्षों से पहले अस्तित्व में आए और इसलिए फूलों ने ही कीटों के रंग और पसन्द के अनुरूप अपने को ढाला।

भाग-2

2. लक्ष्य तथा माध्यम

1. **नोट :** यहाँ इस बात को दुहराना जरूरी लगता है कि मनुष्य की संस्कृति का विकास उस काल में हुआ जब जीवन की चुनौतियों का मुकाबला करने में उसकी आनुवंशिकी अकेले असमर्थ थी। दस मुकाबले के क्रम में संस्कृति को कई बिन्दुओं पर आनुवंशिकी से प्राप्त मानव गुणों को दबाना भी पड़ता रहा है, लेकिन ये आनुवंशिक गुण दबा तो जरूर दिए जाते हैं, लेकिन विभिन्न तरह से अपनी छाप व्यक्ति और समाज पर छोड़ने का प्रयास करते रहते हैं। इस आन्तरिक द्वन्द्व से व्यक्तिगत स्तर पर तो मनोरोगों की उत्पत्ति होती ही है, समाज पर भी दूरगामी प्रभाव पड़ता है।
2. मैक्स वेबर और इंडिया इंटरप्रेटेशन ऑफ वेबर : स्कूल ऑफ ओरिएंटल एंड अफ्रीकन स्टडीज, मैलेट स्ट्रेट लन्दन, जुलाई 1881 डेटलेफ कैंटोस्की
3. आईजेक ड्योआयश्चर, सोवियत ट्रेड यूनियंस विवाद का बड़ा मुद्दा बन गया।

4. शायद विशिष्टता प्रदान करनेवाले कौशलों को बपौती बनाने के प्रयास का ही नतीजा हमारे यहाँ की उद्यम आधारित जाति व्यवस्था थी, लेकिन आधुनिक कौशल के साथ वैज्ञानिक ज्ञान की विशालता और वैविध्य इन्हें वंशगत बनाने में बड़ी बाधा बन गई है।

3. आदमी और उसका परिवेश

1. 'व्यापार चक्र' नाम से एक झूले की कल्पना मन में आती है जिसमें पेंग मार मजे से हम ऊपर-नीचे होते रहते हैं। इस नाम से इस हकीकत को नए अन्दाज दिया जाता है कि इस चक्र के हर उतार में लाखों की जिन्दगी तबाह हो जाती है और अनेकों पूँजीपति और प्रतिष्ठानों के प्रबन्धक आत्महत्या कर लेते हैं। पिछली मन्दी में अनेकों प्रबन्धकों ने आत्महत्या कर ली।
2. देखिए नोट
3. देखिए नोट

जीवनबोध और सौन्दर्यबोध

1

जीवनबोध और सौन्दर्यबोध में एक निरन्तरता है और सौन्दर्यबोध की प्रकिया ही अपने प्रथम चरण में जीवनबोध के रूप में दिखाई देती है। संयोग से मेरी पुस्तक 'अरूप और आकार' का, जो मूलत: दृश्य कला पर केन्द्रित है—प्रस्थान बिन्दु यही है। आदमी का जिस दुनिया से प्रथम साक्षात्कार होता है वह विशृंखंलन का अन्तहीन विस्तार है यह आकारहीन और स्वयं में अनबूझ है, लेकिन दूसरे जीवों की तरह मनुष्य की विविध इन्द्रियों पर विविध सूचनाओं का प्रक्षेप करता रहता है। स्वयमेव ये सूचनाएँ भी आकारहीन हैं, लेकिन मनुष्य पर इनका प्रक्षेप उनके इन्द्रियों की ग्रहण शक्ति के अनुरूप होता है—मसलन, आँखों पर प्रकाश के बिम्बों के रूप में, कान पर नाद और शब्द के रूप में, नाक पर गन्ध और त्वचा पर गर्म, सर्द, कोमलता और कठोरता के रूप में। मानव मस्तिष्क इनके संयोजन से उस संसार का निर्माण करता है जो हमारा परिवेश बनाता है। इसी से हमारा प्राकृतिक और सामाजिक परिवेश बनता है। एक तरह से बाहर से प्राप्त सूचनाओं के आधार पर हम अपने समन्वित दृष्टि को संसार के रूप में प्रक्षेपित करते हैं। यह भी एक निर्माण की ही प्रक्रिया है—एक अनगढ़ अरूप बाह्य जगत में निश्चित आकार का निर्माण—जिसमें रंग, रूप, गन्ध और सामाजिक सम्बन्धों का सारा ताना-बाना है।

सौन्दर्य दृष्टि इसी प्रक्रिया का विस्तार है जिसमें इन्द्रियजन्य विभाजन है और अलग-अलग विधाओं का निर्माण होता चलता है, लेकिन यह सब कुछ अन्तत: मानव चेतना द्वारा किए गए विविध सृजन हैं। इन सृजनों में भी अन्त:क्रियाएँ और संयोजन हैं।

मानव विकास के क्रम में अलग-अलग स्तरों में अलग-अलग कला विधाएँ विकसित होती हैं—शायद सर्वप्रथम शिकार के सामूहिक निष्पादन और आवंटन के साथ नृत्य और संगीत जुड़े थे, फिर गुफाओं के भित्तिचित्रों और हस्त परश अर्थात् पत्थरों से बने औजारों की बनावट में लालित्य बोध आता है, और भाषा के विकास के साथ काव्य की सृष्टि होती है। इन सब पर मनुष्य के सामाजिक सरोकारों की छायाएँ होती हैं। इस तरह जीवनबोध और सौन्दर्यबोध की पारस्परिकता पैदा होती है।

यों तो भारतीय मनीषा में पुरुषार्थ की अवधारणा के तहत 'जीवनबोध' अर्थ, काम, धर्म एवं मोक्ष के सन्तुलन से निर्धारित माना जाता रहा है, लेकिन हकीकत में

इसमें एक घनघोर असन्तुलन की व्याप्ति रही है। लोकायत की परम्परा को छोड़ दें तो अद्वैत, द्वैत एवं बौद्ध—सभी परम्पराओं में जीवन पर सदा इस घोर असन्तुलन की छाया बनी रही है, यानी इन सबमें सांसारिक जीवन की क्षणभंगुरता रेखांकित की गई है और जीवन का अन्तिग लक्ष्य या मुकाम संसार से मुक्ति में देखा गया है। मुक्ति के अर्थ जरूर इन अलग-अलग विश्वास पद्धतियों में भिन्न रहे हैं। वेदान्ती जहाँ आत्मा का परमात्मा में विलय में इस मुक्ति की कल्पना करते हैं वहीं बौद्ध स्वयं आत्मा के विसर्जन को ही निर्वाण मानते हैं, लेकिन जीवन में, जो वास्तविक व्यवहार का क्षेत्र है, ऐसी मान्यता से भारी उलझन पैदा होती है। शून्य या अपरिमित का परिमित या किसी निर्धारित उपस्थिति से सन्तुलन कल्पनातीत लगती है। इससे या तो जीवन से पलायन का रुझान पैदा होता है या परलोक की किसी भी कल्पना को नकारने की प्रवृत्ति—यानी नास्तिकता का रुझान। 'गीता' में जरूर एक महान प्रयास सर्वव्यापी परमात्मा की सत्ता के साथ मनुष्य के कर्तव्य की संगति बैठाने का है, लेकिन इन प्रयासों की सफलता की शर्त यह है कि मनुष्य ईश्वर की इच्छा के सामने सम्पूर्ण आत्मसमर्पण कर दे। अन्ततः यह भी सारे कर्मों और इच्छाओं का परमात्मा में विलीन करने की माँग करता है। कुल मिलाकर यह भी संसार की उलझनों और जटिलताओं से पलायन है। अगर उलझनों और जटिलताओं से छुटकारा मनुष्य और समाज का लक्ष्य बन जाता है तो इस दृष्टि की अभिव्यक्ति कला के क्षेत्र में भी अपरिहार्य बन जाती है। विल्हेम वोरिंजर ने अपनी पुस्तक 'ऐब्सट्रैक्शन एंड इंपैथी : ए कंट्रिब्युशन टू द साइकोलॉजी ऑफ स्टाइल' (अनुवाद : मिशेल बुल्लॉक) रूटलेज एंड केगन पॉल लि., लन्दन। 1953 में इस तरह की कलाकृति के सम्बन्ध में लिखा है।

बाहरी संसार के उलझनपूर्ण सम्बन्धों और घटनाओं की गत्यात्मकता से परेशान इन लोगों को शान्ति की अत्यधिक जरूरत थी। कला से जिस आनन्द की इन्हें अपेक्षा थी वह इन्हें बाह्य वस्तुओं में स्वयं को प्रक्षेपित करने से नहीं मिलनेवाला था बल्कि बाहर की दुनिया की वस्तुओं को इसके मनमानेपन और दिखाई देनेवाली विसंगतियों से निकालना तथा इन्हें अमूर्त आकारों के समदृश्य बना दृष्टिगत हलचलों से पनाह पाना था। सच कहें तो उनकी अदम्य इच्छा बाहरी दुनिया की वस्तुओं को उनके स्वाभाविक परिवेश से, भूतों की अविरल गतिशीलता से निकालना था—यानी इन्हें जीवन पर निर्भरता से मुक्त करना था। मतलब, उस सबसे जिसमें मनमानापन था, इसे अनिवार्य और अटूट बना इसके निरपेक्ष मूल्य में समाहित करना था।

वोरिंजर ने जिस रुझान का जिक्र किया है उसकी अभिव्यक्ति हम विविध रूपों में भारतीय मूर्तिकला एवं चित्रकला में देख सकते हैं। प्राचीन यूनान एवं रेनेसां काल के यूरोप की कलाओं से तुलना करने से हम तुरन्त इनसे भारतीय कला के मूल रुझान की भिन्नता परख सकते हैं। यूनान की मूर्तिकला के उपलब्ध कुछ नमूनों और पात्रों एवं प्यालों पर उत्कीर्ण चित्रों में हम जीवन के सभी हाव-भाव और शारीरिक

सौन्दर्य में कलाकार की संलिप्तता का अनुभव कर सकते हैं। कलाकार हमें उनमें दर्शाए गए सौन्दर्य और हाव-भाव में शामिल होने और आस्वाद लेने का निमंत्रण देता लगता है। रेनेसां काल के यूरोपीय मूर्तिकला और चित्रकला की एक विशेष उपलब्धि यह है कि इन कलाओं में वस्तुओं या मनुष्यों का चित्रण इतना सफल है कि हमें यह भ्रम होने लगता है कि वे वास्तविक मनुष्य हैं और चित्रित वस्तुओं का हम वैसे ही स्पर्श कर सकते हैं जैसा हकीकत में। इसके विपरीत भारतीय मूर्तियों, चित्र से साक्षात्कार प्रस्थान बिन्दु बन जाता है कल्पना की उस उड़ान का, जो गढ़ी हुई मूर्ति या सामने के चित्र से शुरू हो अमूर्त रूपाकारों की दुनिया में ले जाते हैं। इन कलाओं के केन्द्र में जो व्यक्ति या वस्तुएँ हैं, उनका महत्त्व भी कुछ ऐसा ही है कि वे देखनेवालों को संसार के उलझनों से मुक्त होने का निमंत्रण देते हैं। यह उस संस्कृति परम्परा से निर्धारित होता है जिसमें कला सर्जक और दर्शक, दोनों ही इसके अंग हैं। इसी से उनका जीवनबोध निर्धारित होता है। कलाकारों के अपने विश्वास और निष्ठा द्वारा ऐसे केन्द्रीय व्यक्ति, बुद्ध, शिव या विष्णु कोई भी हो सकते हैं, लेकिन धार्मिक कर्मकांडों द्वारा निरोपित कुछ बाहरी साज-सज्जा या आवरणों को छोड़ (ये आवरण बुद्ध को पद्मपाणि, विष्णु को शंख, चक्रधारी या शिव को डमरू और सर्प से सज्जित करनेवाले हैं) केन्द्रीय मूर्ति या चित्र के निर्माण में अमूर्तन की वे पद्धतियाँ समान हैं जो भारतीय दृश्यकला के रूपाकार को निर्धारित करती हैं।

इसमें ध्यान देने की बात यह है कि केन्द्रीय मूर्ति का निर्माण सौन्दर्य के कुछ अपूर्व प्रतिमानों के आधार पर ही होता है। चूँकि कोई वास्तविक उपस्थिति कलाकार के अनुकरण के लिए नहीं होती, उनकी निर्मिति सौन्दर्य के आदर्श प्रतिमानों से ही सम्भव है। एक केन्द्रीय रेखा जिसके इर्द-गिर्द आपादमस्तक व्यक्ति के चित्र का निर्माण होता है, अपनी बनावट त्रिभंग यानी अंग्रेजी के अक्षर 'S' से मिलती-जुलती रेखा है। एक तरह से यह अपने विस्तार में दो अनन्तों तक जानेवाली है—नीचे आधारहीन पाताल तक और ऊपर शीर्षहीन आकाश तक। अनन्त आयामों वाले आदर्श पुरुष के विस्तार का यह एक विश्वसनीय प्रतीक बन जाता है। यह न सिर्फ बुद्ध, शिव एवं विष्णु के चित्रण का आधार बन जाता है बल्कि 'नटराज' से लेकर सभी नर्तक, नर्तकियों और मृदंग जैसे वाद्य यंत्रों के साथ नृत्यों में शामिल होनेवाले वादकों के चित्रण का भी आधार बन जाता है। यह एक ऐसी भंगिमा है जो संगीत को शिव के साथ जोड़ इसकी उदात्तता का उद्घोष करती है। यहाँ भी संगीत मनुष्य के रंजन का माध्यम से आगे बढ़ आत्यन्तिक देवत्व का प्रतीक बन जाता है। यहाँ एक कला माध्यम देवत्व का आकांक्षी बना दिखता है। त्रिभंग की एक विशेषता यह भी है कि इसकी आवृत्ति से तरंग का बोध होता है जिसमें स्वयं लय का बोध है। बड़े चित्र फलक पर ऐसी रेखाओं की आवृत्तियाँ अपने सही संयोजन में पूरे चित्र

को लयबद्ध करने की क्षमता रखती हैं। अजन्ता के भित्तिचित्रों में, जिनमें एक स्थिर परिप्रेक्ष्य नहीं है, विविध चित्रों को साथ-साथ देखने पर उनमें एक लयबद्धता की अनुभूति होती है। उदाहरण के लिए, वैश्वान्तर जातक, जिसमें राजकुमार के राज्य से निष्कासन की घटना से सम्बद्ध कई चित्र हैं। एक के बाद एक प्रस्तुत घटनाक्रम चित्र फलकों की सम्बद्धता और लयबद्धता दर्शाते हैं। कुछ कलाविदों का तो यह भी खयाल है कि चित्रकला में त्रिभंग वास्तव में नृत्य की मुद्राओं से लिया गया है। ऐसा हो तो कोई अचरज की बात नहीं क्योंकि नृत्य और संगीत अभिन्न रूप से सम्बद्ध है और संगीत सबसे शुद्ध रूप में सौन्दर्य को अभिव्यक्त करता है, और यह अभिव्यक्ति के बाद कुछ भी ऐसा शेष नहीं छोड़ता जिसका ऐन्द्रिक अवशेष बचा रहे एवं जो किसी दूसरी आवश्यकता की पूर्ति करे। मूर्तिकला और चित्रकला में सौन्दर्यबोध के अलावा भी कुछ अवशेष रह जाता है जिसका सजावट के लिए इस्तेमाल हो सकता है या जिसका बाजार भाव सम्भव है। इसके विपरीत, संगीत में न सिर्फ सौन्दर्य की अभिव्यक्ति होती है जिसकी स्वर लहरी, राग और ताल श्रोता के रंजन के साथ ही स्वयं नि:शेष हो जाते हैं।

प्रसिद्ध जर्मन दार्शनिक कांट उस कला को सर्वश्रेष्ठ मानता था जो अमूर्त अभिव्यक्ति को छोड़ किसी दूसरी आवश्यकता की पूर्ति नहीं करती। वर्तमान युग के कुछ बड़े कलाकार भी चित्रकला की अभिव्यक्ति को संगीत के करीब लाने को आदर्श मानते हैं। ऐसी कला, जो अन्ततः रंग और रेखाओं से लय का निर्माण कर सके। वैसे भी आदिमानव के जीवन में चित्रण या मूर्ति निर्माण के पहले सामूहिक गायन और नृत्य में (जैसा कि आज भी आदिवासी समूहों में है) विविध भावों की अभिव्यक्ति हुई होगी। जो भी हो, इससे इस विचार को बल मिलता है कि भारत की कला-परम्परा और सौन्दर्यबोध में अमूर्तन की प्रधानता रही है, लेकिन भारत में ही नहीं दूसरे देशों में भी चित्रकला को संगीत के आदर्शों के करीब लाने का रुझान रहा है। सेजां जिसने पश्चिमी चित्रकला को नई दिशा देने में महत्त्वपूर्ण भूमिका निभाई है, स्वयं चित्रकला को संगीत के समीप लाने की वकालत करता है। जुड वाइट ने सेजां पर अपनी पुस्तक 'द आर्ट ऑफ सेजां' में लिखा है—सेजां ने स्वयं अनुभव किया था कि उसकी कला की बनावट में संगीत का रुझान है और वह उसे वही रूप देना चाहता था। "Le Modele' il nya que cela, on ne devrai pas dire modele mai module," यह बात उसने लूई ल बेल को कही थी। महत्त्व की बात मोडेल करना (आकार देना है) बल्कि मोडेल करना नहीं बल्कि मोडुलेट (लयबद्ध) करना है।

संगीत की तर्ज पर चित्र या मूर्ति को लय में बाँधने की परम्परा एक अर्थ में भारतीय कला की श्रेष्ठता बतलाती है और शुरू से ही भारतीय कला उस आदर्श को लेकर चलती रही है जहाँ पश्चिमी कला आधुनिक काल में पहुँची है। यहाँ हम

सिर्फ प्रवृत्तियों के फर्क को रेखांकित करना चाहते हैं। अकेले इस आधार पर कला की श्रेष्ठता का दावा नहीं किया जा सकता। इसके लिए विषयवस्तु और कलाकार की सृजनशीलता जैसी अन्य कारकों का भी योगदान महत्त्वपूर्ण है।

अगर कला का रुझान पूरी तरह मन को अज्ञात असीम की ओर ले जानेवाला हो तो जीवन में आनन्द की तलाश करनेवाले आमजन और अभिजन, दोनों ही कला से विमुख होने लगेंगे। लेकिन कला का उद्देश्य तो सदा किसी वस्तु एवं ध्येय की ओर या स्वयं अपनी ओर आकर्षित करने का रहा है। इस समस्या का समाधान अमूर्तन के साथ कला में जीवन के स्वाभाविक स्पन्दन को जोड़ना हो सकता है। इससे कलाकृतियाँ अपनी समग्रता में दो विपरीत प्रवृत्तियों को जोड़ने को विवश होंगी, निर्विकार एवं निःसीम, ब्रह्म की किसी कल्पना को जीवन में सुखभोग की अनेक कामनाओं के साथ। भारतीय कलाकृतियों में एक ही साथ इन रुझानों की बहुलता देखी जा सकती है। यह दिलचस्प है कि अध्येताओं के अनुसार कला का स्पष्ट विवरण और विश्लेषण, फिलहाल वात्स्यायन के 'कामसूत्र' में ही उपलब्ध है। यह भारतीय कला का काम के साथ जुड़ाव को निश्चित रूप से चिन्हित करता है। अमूर्तन की ओर इसके रुझान का विवरण तो पहले दिया जा चुका है। भारतीय कला में अनिर्वचनीय निरंकार ब्रह्म या आत्मा को अभिव्यक्त करने के प्रयास के साथ-साथ काम भाव को सदा जोड़ा जाता रहा है। फिर भी अभिव्यक्ति का माध्यम रंग एवं रेखाओं को लयबद्ध करना या उनमें संगति बैठाना संगीत की तरह अमूर्तन की साधना से ही आनन्द प्रदान करना था।

सेजां के पहले की पश्चिमी चित्रकला में वास्तविक संसार का भ्रम पैदा करने का रुझान था। इसके लिए परिप्रेक्ष्य की प्रस्तुति में दृष्टि को दूर शून्य पर ले जाना जरूरी था और दूर दिखनेवाली वस्तुओं के रंगों को धूमिल नीले रंग में चित्रित करना होता था। अपने अनुभव में हम दूर की वस्तुओं को क्षितिज पर धूमिल हो इसी तरह विलीन होते देखते हैं। सेजां ने इस पूरी परम्परा को छोड़ दिया और चित्रपटल की एकता या संगति को बनाए रखने के लिए दूर क्षितिज पर दर्शाई गई वस्तुओं को भी पास दिखनेवाली वस्तुओं की तरह ही चटख रंगों से चिन्हित कर शुरू किया। यह वास्तव में संगीत में स्वरों के संयोजन जैसा चित्र में रंग और रेखाओं के संयोजन का प्रयास था जिससे रंगों और रेखाओं में लयबद्धता सम्भव हो। भारतीय चित्रकला में यह रुझान शुरू से था। न सिर्फ प्राचीन भित्तिचित्रों में बल्कि बाद के 'मुगल', 'राजस्थानी' और 'पहाड़ी' चित्रकला में भी पश्चिम का वैनिशिंग पोआयंट पर्सपेक्टिव कभी नहीं था, जिसे नकारने का रुझान सेजां के बाद की आधुनिक पश्चिमी कला में पैदा हुआ। भारत में प्रारम्भ से ही रेखाओं और रंगों में संगीत की तलाश चित्र को संगीत की तर्ज पर ही आनन्द का स्रोत बनाने का था। चित्रित वस्तु से ज्यादा रंग-रेखा विधान ही असली आनन्द का स्रोत था, लेकिन इस अमूर्त आनन्द से आगे

इसके साथ-साथ चित्र के विषयवस्तु में सांसारिकता का समागम भी सदा भारतीय कला में रहा है जो कभी-कभी अपनी अति में विस्मयकारी लगता है।

भारतीय चित्रकला में शरीर के विभिन्न अंगों और मांसपेशियों को वैसा चित्रित करने का कोई प्रयास नहीं है जैसा वे हकीकत में दिखाई देती हैं बल्कि सौन्दर्य की दृष्टि से उनकी आदर्श और प्रतीकात्मक प्रस्तुति होती है। अजन्ता में ही अवलोकितेश्वर को न सिर्फ त्रिभंग की मुद्रा में चित्रित किया गया है बल्कि दूसरे अंग भी प्रचलित परिपाटी के अनुसार आदर्श स्वरूप में चित्रित हैं। उदाहरण के लिए, आँखें कमल के दल की तरह, भौंहें धनुष की तरह, कन्धे हाथी के मस्तक की तरह और बाँह हाथी के क्रमशः पतली होती सूँड़ की तरह। इरा परिपाटी के अनुसार ही विष्णु, शिव आदि को भी चित्रित किया गया है।

भारतीय कला के सम्बन्ध में यह सब कहने के बाद परिचर्चा के मूल विषय 'जीवनबोध और सौन्दर्यबोध' पर विचार करें। यहाँ उस बात का जिक्र कर देना जरूरी है जो प्रायः कला के सम्बन्ध में वे लोग कहते हैं जो अपने को कलावादी कहते हैं—यानी उन लोगों का विचार, जो कला को अपने आप में एक उद्‌देश्य मान 'कला कला के लिए' के सिद्धान्त का प्रतिपादन करते हैं। थोड़ा विचार करने से यह साफ हो जाएगा कि कला कला के लिए कभी होती नहीं है। इसका रुझान निरुद्‌देश्य आसमान से टपकता नहीं। कला की उत्पत्ति किसी भावनात्मक दबाव में पैदा जीवन के रुझान से होती है। यह जरूर है कि हम जीवन के विविध दबावों में इसके उद्‌देश्यों के दो विपरीत ध्रुवों पर पहुँचते हैं—एक ध्रुव इसे आनन्द प्राप्ति का माध्यम बनाता है तो दूसरा जीवन के झंझावातों से पनाह और शान्ति का माध्यम। वोरिंजर के जिस विचार की ऊपर चर्चा है, वह जीवन की परेशानियों से पनाह वाले, रुझान को समझाने में सहायक होती है, लेकिन कला सिर्फ पलायन ही नहीं हो सकती। स्वयं भारत में उसकी यह एकल भूमिका नहीं रही है। दरअसल, यहाँ जीवन में भी दोनों रुझान रहे हैं और उन्हीं के अनुरूप कला का विकास हुआ है। समय के साथ जीवन-मूल्यों में जैसे उतार-चढ़ाव होते रहे हैं, कला भी उसी के अनुरूप आकार ग्रहण करती रही है।

जीवन के दो विपरीत दबावों के प्रभाव को हम सातवीं शताब्दी के भर्तृहरि के नीति शतकों में देख सकते हैं। यह जीवन के दो विपरीत और आत्यन्तिक आकांक्षाओं को अभिव्यक्त करता है। श्रृंगार शतक की यह उक्ति कि 'दो ही वस्तुएँ सेवन योग्य हैं, वन या वनिता' एक ही वाक्य में दोनों विपरीत दबावों को रेखांकित करती है। वैराग्य शतक में यह अन्तिम निर्णय है "संसार में पग-पग पर भय समाया है, जीवन का कोई भी अंश भयरहित नहीं है। वैराग्य ही मात्र एक ऐसा क्षेत्र या स्थिति है, जिसमें किसी प्रकार का भय नहीं है। अतः सुख-शान्ति चाहनेवाले व्यक्ति को विरक्त भाव से ही इस संसार में रहना चाहिए" वैराग्य शतक (35), लेकिन छठी-सातवीं शताब्दी

में ही अजन्ता के सर्वश्रेष्ठ भित्तिचित्रों का निर्माण हो रहा था जिसमें बोधिसत्व की अलौकिकता के भाव को सौन्दर्यशास्त्र की मान्यताओं के अनुसार मूर्तिकार रूप का निर्माण हुआ। यही वह काल था जब एलोरा में पहाड़ों को काटकर कैलाश मन्दिर का निर्माण हुआ और इसमें शिव के जीवन से सम्बद्ध भव्य मूर्तियों को उत्कीर्ण किया गया और विविध रंगों से सज्जित किया गया। इसी काल में मुम्बई के पास एलिफेंटा में त्रिमूर्ति का निर्माण हुआ जिसमें शिव को जीवनदाता, पालनकर्ता और संसार के संहारक—तीनों रूपों को विलक्षण कलात्मकता से सँजोया गया है। ये सब बतलाते हैं कि कला, जीवन के सुख और संत्रास के संघर्षों को अभिव्यक्ति के सौन्दर्य में समाहित कर जीवन को भयावह की जगह भव्य और आनन्दमय बना सकती है।

इसके बाद के तीन शताब्दियों में बड़े मन्दिरों के निर्माण का सिलसिला चला और मन्दिरों में 'रिलीफ' में मूर्ति निर्माण की कला को विशेष महत्त्व दिया गया, लेकिन इन मूर्तियों में जैसे कोणार्क के सूर्य मन्दिर, भुवनेश्वर और खजुराहो में मन्दिर से जुड़ी मूर्तियों में काम से जुड़ी मूर्तियों की विशेषता है, हालाँकि पूर्व में उल्लिखित कलात्मकता की ऊँचाई इन मूर्तियों के शिल्प में नहीं दिखाई देती। सम्भवत: उसका कारण यह रहा हो कि गुप्त, सातवाहन, वाकाटक काल के बाद भारतीय समाज भी धीरे-धीरे पतनशील हो रहा था और इसकी राजनीति भी छोटे राजे-रजवाड़ों के आपसी सम्बन्धों में अपनी क्षमता खो रही थी। इसी के बाद यहाँ उत्तर-पश्चिम से हमलों का सिलसिला जारी हुआ। इस काल में कलात्मक ऊर्जा दक्षिण भारत में मन्दिर निर्माण और मूर्तिकला के निर्माण में विशेष रूप से दिखाई देती है। साथ-साथ छोटे स्तर पर लघु चित्रों की परम्परा भी विकसित हुई जिसने सम्भवत: बाद में गुजरात, राजस्थान आदि के लघु चित्रों की परम्परा को प्रभावित किया हो।

कुल मिलाकर बारहवीं-तेरहवीं शताब्दी तक भारत एक रक्षणशील समाज बनता दिखाई देता है। इसकी कलात्मक ऊर्जा तुर्क, अफगान शासन और फिर मुगल शासन के काल में ही विकसित होती दिखाई देती है जब राजपूत शैली, पहाड़ी शैली, मुगल शैली आदि में बड़े पैमाने पर लघु चित्रों को बनाया जाने लगा। इसमें कुछ तो समकालीन घटनाओं और महाकाव्यों की घटनाओं का चित्रण करते हैं—जैसे मुगल शैली में, लेकिन बाकी जयदेव के 'गीत गोविन्द' में वर्णित कृष्ण लीला या लोगों के जीवन की प्रेमलीला, हर्ष या विरह को रेखांकित करते हैं। इन कलाओं को प्रोत्साहन या तो दिल्ली के मुगल शासकों से मिलता है या राजस्थान या उत्तर-पश्चिम के अनेक पहाड़ी राज्यों से। इनकी बनावट में सूक्ष्मता और सुन्दरता का विलक्षण मेल है, लेकिन राज दरबारों से सम्बद्ध होने से ये मूलत: सजावट और साज-सज्जा और राजे-राजकुमारियों के जीवन की दैनन्दिनी की घटनाओं पर ही केन्द्रित हैं।

अंग्रेजों के आने के बाद पश्चिमी चित्रकला के प्रभाव से जीवन के वस्तुपरक चित्रण की कम्पनी शैली का विकास होता है जिसमें नए शासकों के जीवन से जुड़ी

घटनाओं और कहीं-कहीं प्राकृतिक दृश्यों का चित्रण है। इसी प्रभाव में राजा रवि वर्मा भारत के पौराणिक घटनाओं का नई चित्रण विधि से चित्रित करने का प्रयास करते हैं और एक लोकप्रिय कैलेंडर आर्ट का विकास होता है, लेकिन बंगाल में इस प्रभाव में फिर एक स्वतंत्र कला परम्परा विकसित होने लगती है और भारतीय आम लोगों के जीवन को चित्रित करने का प्रयास होता है। आजादी के आन्दोलन और महात्मा गांधी के प्रभाव में एक बार फिर भारतीय कलाकार आम लोगों के जीवन की ओर मुड़ता है और नन्दलाल बोस, यामिनी राय जैसे कलाकार भारतीय जीवन को नई भारतीय पद्धति से जोड़ने का प्रयास करते हैं, लेकिन चालीस का दशक आते-आते एक नया कला प्रभाव जो पश्चिम में मॉडर्निज्म के नाम से जाना जाता है, कलाकारों पर छाने लगता है। और इस प्रभाव में कलाकारों की एक पूरी पीढ़ी इस धारा को अलग-अलग रूपों में अपनाने लगी है, लेकिन अभी तक यह जनजीवन से नहीं जुड़ पाया है और इसके संरक्षक वही सम्पन्न मध्यम वर्ग हैं जो पश्चिम के कला बाजार से भी सम्बद्ध हैं। आम लोगों के जीवन से जुड़ी कला मूलतः पूजा के अवसरों पर पंडालों को सजानेवाला मूर्ति शिल्प है। इसमें गणपति, दुर्गा, सरस्वती आदि की मूर्तियों की प्रधानता है। फिलहाल लोगों में इन्हीं का आकर्षण है और इससे बड़ी संख्या में लोक कलाकारों को आजीविका प्राप्त होती है, लेकिन इस कला में कोई नया जीवनबोध नहीं है और पारम्परिक देवी-देवताओं के प्रति भक्ति भाव के साथ व्यावसायिक लाभ की आकांक्षा की ही इसमें प्रधानता है। ऐसा नहीं कहा जा सकता कि फिलहाल हमारे यहाँ किसी नए जीवनबोध और इससे जुड़ा सौन्दर्यबोध का उत्कर्ष हो रहा है। अगर जीवनबोध नीचे की तरफ हों तो फिर सौन्दर्यबोध के विकास की सम्भावना भी कमजोर ही होगी, ऐसा प्रायः देखा जाता है। इसके कुछ अपवाद जरूर हो सकते हैं।

2

किसी भी कला के दो उद्‌देश्य होते हैं : अभिव्यक्ति और भाव-संचार। और कोई कलाकार अपनी बात बताए, व्यक्त करे इससे पहले उसे उन चीजों को समझना और समझाने लायक बनाना होता है—उसे संकल्पित करना होता है, उसका बिम्ब विकसित करना होता है। इस प्रकार कल्पना से चलनेवाली अन्य सभी गतिविधियों की तरह कला के लिए भी बिम्ब ही सर्वाधिक महत्त्व की चीज हो जाता है। बिम्ब निर्माण कलाकार की अमूर्तन की क्षमता पर निर्भर करता है। अपने आसपास फैले अपार अमूर्त और अव्यवस्थित चीजों और भावों के बीच से अर्थपूर्ण आकार निकालना उसकी आँखों पर जो असंख्य रंग, प्रकाश और छायाएँ पड़ती हैं, उसके कानों में जो तरह-तरह की ध्वनियाँ आती हैं उनमें से वह उन कुछ का चुनाव करता है जो किसी तरह का प्रतिमान बनाते लगते हैं, कोई पैटर्न उभारते हैं। इनके आकार पर वह अपनी अवधारणाओं का निर्माण करता है। घर क्या है, कुत्ता क्या है, किसी शब्द, सुर या ध्वनि का अर्थ क्या है—यह अवधारणा हम सब बनाते हैं।

पर जब हम घर या कुत्ते की बात करते हैं तो एक बनी-बनाई अवधारणा का इस्तेमाल करते हैं। और अवधारणाएँ बनी कैसे हैं? ये हमारे दिमाग में बननेवाली कुछ खास वर्गीकरणों से तैयार होती हैं। अपने आसपास की विभिन्न चीजों से हम उन्हीं बातों को ज्यादा ग्रहण करते हैं जो ज्यादा बार सामने आती हैं या जो कुछ अलग तरह की होती हैं। जैसे, हम जितने भी कुत्ते देखते हैं, उनमें दुम हिलाना या भौंकना हमें सबसे आम दिखता हो तो कुत्ते को देखते ही यही दो चीजें सबसे पहले दिमाग में आती हैं। एकदम खास और कम-से-कम बातों में उस चीज की पूरी छवि सामने लानेवाली चीजें ही हमारे दिमाग के किसी कोने में घर कर जाती हैं और जब भी उस 'गुण' की बात आए, वह पूरी छवि सामने आ जाती है। एक प्रक्रिया इससे उलट भी चलती है। जब भी 'कुत्ता' शब्द सुनाई देता है ये गुण आँखों के सामने आ जाते हैं। और अवधारणा बनाए बगैर दुनिया की अपार विविधताओं को सँभालना मुश्किल है क्योंकि कोई भी दो कुत्ते या दो मकान एक समान नहीं होते।

फिर दुनिया भी रोज बदल रही है। आप जिस समय, स्थान, जिस दूरी और जिस कोण से चीजों को देखते हैं वे खुद बदलते जाते हैं। ऐसे में अगर अवधारणाएँ

न हों तो मौजूदा वातावरण में वस्तुओं और भावनाओं की पहचान मुश्किल हो जाएगी। कम-से-कम गुणों या विशेषताओं के आधार पर हम अपनी दुनिया और आसपास की चीजों को लेकर जो अवधारणाएँ बनाते हैं, वही हमारी समझ के लिए एक ठोस आधार तैयार करती हैं। यह चीज मनोविज्ञान की निरन्तरता की परिघटना से मिलती-जुलती है जिसमें हमारे सामने आनेवाली चीजें सही आकार और परिस्थिति में दिखती हैं।

इस तरह से हम जिन अवधारणाओं पर पहुँचते हैं वे उस कल्पनालोक से अलग होती हैं जिसमें हर चीज अद्वितीय होती है और वास्तविक जगत की चीजें तो बस उनकी घटिया कार्बनकॉपी दिखती हैं। कुछ-कुछ अमूर्त चीजों को समेटते ही इन अवधारणाओं का निर्माण होता है। अवधारणाओं के खजाने में हमारे द्वारा बनाई अमूर्त धारणाएँ जुड़ती जाती हैं, पर अवधारणाएँ न तो दुनिया में देखी-सुनी गई चीजों की कार्बनकॉपी हैं न ही स्वर्ग जैसे कल्पना की चीज ही। ये हमारे ही मन-मस्तिष्क द्वारा बनाई और जमा की गई चीज है जो चेतन-अचेतन ढंग से दर्ज होती रहती है। कई बार इस पर हमारा वश भी नहीं चलता।

हैरानी नहीं कि जब किसी बच्चे को एक आदमी या उसके पालतू कुत्ते की तस्वीर बनाने को कहा जाता है तो उसकी तस्वीर सबसे आसान चीजों/विशेषताओं तक सीमित होती है। आदमी के उसके चित्र में एक बड़ा गोल घेरा होता है, जिसके मध्य में आसपास दो छोटे-छोटे गोल निशान होते हैं उसके कुछ नीचे एक सीधी पड़ी लाइन होती है, जिसे मुँह मान लिया जाता है। नवपाषाण काल की चित्रकारी में आदमी और उसके आसपास पाए जानेवाले जानवरों की तस्वीरों में ज्यादा अन्तर नहीं दिखता क्योंकि उनमें वास्तविक चीज की कॉपी बनाने की जगह उनकी खास विशेषताओं भर को दर्शाया गया था। ट्रमो द 'इओल की जिस तस्वीर में असली चीज को उसी रूप में दिखाने की कोशिश की गई है, वह काफी बाद की संस्कृतियों में आई है।

इन सबमें रेखाओं, रंगों या ध्वनियों की कुछ खास ऐसी बनावट/विन्यास ही सबसे महत्त्वपूर्ण चीज है जो इन अवधारणाओं को जगा देती है और ये चीजें हमारे-आपके हाथ से बनने-बदलनेवाली हैं। यही चीज अभिव्यक्ति और भाव-संचार कहलाती है और जो यह कर लेता है वह कलाकार है। अमूर्तन और बिम्ब-निर्माण के सहारे कलाकार विभिन्न स्थितियों को पहले अपने अन्दर बैठाता है। फिर वह रेखाओं, रंगों और ध्वनियों के सहारे उन्हें भौतिक रूप में सबके सामने लाता है। हमने समझने-समझाने के लिए इन दो प्रक्रियाओं को अलग-अलग बताया है, पर मोटे तौर पर कलाकार के अन्दर ये दोनों चीजें एक साथ चलती हैं। अक्सर कलाकार हाथ में कूँची लेकर ही सोचता है, वहीं मन में आए विचारों को मूर्त रूप देता है। एक माध्यम के जरिये उन्हें अभिव्यक्ति देना ही कला का रूप लेता है और दर्शक

जब उस कलाकृति को देखता है तब उसे भी उन अवधारणाओं की अनुभूति होती है। इस तरह से कलात्मक भाव-संचार सम्भव होता है।

बहुत सारी जटिलताओं से घिरी महत्त्वपूर्ण चीज और पल को अमूर्त बिम्बों में बदलना सौन्दर्यशास्त्र के हिसाब से काफी महत्त्वपूर्ण चीज है। मनुष्य के अन्दर कुछ चीजों को कलात्मक अभिव्यक्ति देने का रुझान रहता है। फिर ये पल या चीजें बहुत मामूली/आम होती हैं जिनकी पहचान करनी होती है, पर उनका दोहराव-तिहराव (लय), सन्निकटता (सन्तुलन-असन्तुलन, एकरूपता-अन्तर), बनावट (एकता या बिखराव) ही उनके महत्त्व और भाव को स्पष्ट करता है, हम पर असर डालता है। यहीं आकर कला की अवधारणा दूसरों से अलग हो जाती है। अगर कलाकार के अन्दर इन तत्त्वों को तोड़ने और पुनर्निर्मित करके एक नया रूप देने की क्षमता नहीं है तो चीजें एक शोर, चीख या रंगों के घमासान से ज्यादा अलग रूप नहीं ले सकतीं। पर इन साधारण इकाइयों/तत्त्वों को जोड़कर एक जटिल रचना को रूप देना ही अधिकांश रचनाओं का स्रोत है। इसी अर्थ में धर्मशास्त्री थियोडोर द कार्डिन का कथन 'एतेर इएस्त युनीर' अर्थात् रचना का अर्थ जोड़ना है। रचना का उच्चतर स्वरूप ज्यादा-से-ज्यादा चीजों को समेटता है और साधारण रूप लेता है। एक जटिल रचना बनाने के लिए जोड़े गए तत्त्व ज्यादातर मामलों में अवधारणात्मक प्रकृति के होते हैं और बिम्बों/प्रतीकों के रूप में ही कलाकार के मन में आते हैं।

कलात्मक अवधारणाएँ अनिवार्यत: प्रतीकों/बिम्बों से जुड़ी हैं। जब एक बच्चा एक आदमी के चित्र की परिकल्पना करता है तो वह तस्वीर आदमी का प्रतीक बन जाती है। इसी प्रकार भाषा में 'आदमी' शब्द आदमी का प्रतीक ही होता है। यह आदमी कोई खास व्यक्ति न होकर हमारे मन में उन सभी गुणों/स्वरूपों को जगा देता है जो आदमी के लिए बड़े रूप में, छोटे रूप में, जटिल-सरल, किसी खास गुण-अवगुण के साथ बसा होता है। चूँकि इन गुणों/विशेषताओं को रेखाओं, बिन्दुओं, रंग या नाद के जरिये भौतिक प्रतिनिधित्व दिया जा सकता है और इसीलिए मानव रचनाशील मन अपने अन्दर के अपार भंडार से इन्हें लेकर तरह-तरह की रचनात्मक अभिव्यक्ति कर सकता है।

'एतेर इएस्त युनीर' वाले कथन को कुछ उदाहरणों से स्पष्ट किया जा सकता है। जैसे, गणेश की आकृति का ही ध्यान कीजिए। शरीर मनुष्य का है और सिर हाथी का, कई हाथ उनकी मर्यादा/सम्मान को बढ़ाते हैं और बहुत आदर वाले देव का दर्जा दिलाते हैं। वास्तविक जीवन में हमें वैसा कोई आदमी नहीं मिलता-मिल सकता, लेकिन अवधारणा के स्तर पर हम बहुत आसानी से हाथी के कुछ अंगों, कई हाथों वाले व्यक्ति अर्थात् गणेश की कल्पना कर लेते हैं। इसी प्रकार हजारों सिर वाले शेषनाग की कल्पना है। इसे साहित्य में, चित्रों में, मूर्तियों में बड़ी आसानी से लोगों की कल्पना के अनुरूप ही दर्शाया जाता है। भगवान विष्णु को भी मानवाकृति

और रूप में देखा और दिखाया जाता और फिर इतने विशाल रूप में भी माना/दिखाया जाता है, जिसके अन्दर लाखों ब्रह्मांड समाए हुए हैं और सृष्टि तथा विनाश का चक्र चलता ही रहता है। इसी तरह हम दुर्गा, नरसिंह, रावण, नन्दी, कृष्ण और महिषासुर वगैरह का उदाहरण दे सकते हैं।

पर सभी अवधारणाओं के साथ भौतिक स्वरूप नहीं जुड़ा होता, जैसे प्रेम, आजादी, जीवन, मृत्यु वगैरह। कला इन अरूप अवधारणाओं को भी प्रतीकों के माध्यम से अभिव्यक्त करने में सक्षम है। यह काम कुछ नए प्रतिनिधि स्वरूपों की रचना या उन भावनाओं को उभारने में सक्षम अभिव्यक्तियों के जरिये किया जाता है। प्रेम की देवी 'इरोज' या प्रेम के देवता 'कामदेव' ऐसे ही प्रतिनिधि स्वरूप हैं। हाथ में मशाल लिये आजादी की देवी को कलाकार स्वतंत्रता की प्रबल भावना की अभिव्यक्ति के लिए पेश करता है, पर कला के लिए भावों को अभिव्यक्त करने के लिए ऐसे प्रतीकात्मक स्वरूप बनाए ही जाएँ, यह जरूरी नहीं है। कलाकार कई बार रंगों और नई आकृतियों या स्वरों की नई बनावट से भी यह काम करते हैं, जैसे किसी कलाकृति में श्वेत रंग शुद्धता, लाल प्रबल भावनाओं और ऊर्जा का तथा नीला शान्ति को अभिव्यक्त कर सकता है। इसी प्रकार ऊर्ध्व रेखा शक्ति और ओजस्विता को बता सकती है तो क्षैतिज रेखा शान्ति और विराम को। पर ये चीजें तभी प्रभावी बनती हैं जब परम्परा से आती हैं, उससे जुड़ती हैं। किसी व्यक्ति/कलाकार, किसी समूह या समाज से जुड़कर भी इनका प्रभाव बनता है, पर तभी जब ये बार-बार दिखती/अभिव्यक्त होकर किसी खास भाव से उस प्रतीक या रंग या ध्वनि को जोड़ती हों।

पर कला यही नहीं है। वह किसी भाव या अभिव्यक्ति को ठीक-ठीक उसी रंग-रूप में व्यक्त करने की जगह कलाकार की अपनी अभिव्यक्ति का माध्यम है। किसी वास्तविक दृश्य या आकार की अनुकृति का अंश कलाकृतियों में बहुत कम होगा। और ऐसा हो भी तो वह चीज कलाकार के अपने भावों की अभिव्यक्ति ही करती है। आकार और भावनाओं का यही मेल कला है इसी मेल की क्वालिटी कला के असली मोल को बनाती है और इसकी शुरुआत बिम्ब या अवधारणाओं के बनने से ही होती है। जो चीजें नंगी आँखों से दिख रही हैं और मस्तिष्क उसे बिम्ब रूप दे पाने में सक्षम न हो, अवधारणाएँ कलाकार की भावनाओं के अनुरूप नया स्वरूप लेने में मुश्किल लगती हों तो वह कलाकृति बेजान हो जाएगी, बाह्य वास्तविकताओं और मानवीय भावों को स्पर्श नहीं कर पाएगी। पर जब अवधारणाएँ मानवीय कल्पना की ओखली में कुट-पिस कर, कल्पना के हथौड़े से ठुक-पिटकर ही सामने आती हैं तो हम उनके स्वरूप और प्रभाव में जादुई बदलाव का अनुभव करते हैं। मानवीय कल्पना की अवधारणात्मक प्रक्रिया की विविधता और बहुमुखी ऊर्जा न होती तो मैनरिष्ट विस्तार, भाववादी अतिरंजना और अरूपवाद, घनवादी विश्लेषणात्मक और बहुरूपी चित्रण (जो किसी वस्तु के सभी आयामों को सामने लाने की कोशिश करता

है), वास्तविक और काल्पनिक जगत के मेल वाला अतियथार्थवाद सामने आया ही नहीं होता। तभी पाल क्ली द्वारा कागज पर किए गए रेखांकन देखकर हम उछल पड़ते हैं? दरअसल, कलाकार गति की अवधारणा को अपने अमूर्तन के जरिये कुछेक रेखाओं से वह स्वरूप दे देता है कि हर दर्शक के अन्दर गति वाली आन्तरिक घंटी बज जाती है। प्रतीकों के माध्यम से जो बात लम्बी कालावधि से कही जा रही होती है वह परम्पराओं से भी जुड़ती है। जब कोई कलाकार किसी पारम्परिक प्रतीक का प्रयोग अपनी कला में करता है तो वह अपनी कलाकृति में उन भावनात्मक मुद्दों को भी समाहित करता है जो उन प्रतीकों से जुड़े हुए हैं। भारतीय कला में तो परम्परा के अंश और ज्यादा हैं और किसी-न-किसी रूप में बिना धार्मिक परम्पराओं में प्रयुक्त प्रतीकों वाली कलाकृतियाँ ढूँढ़ना मुश्किल है बल्कि ऐसी किसी कला की कल्पना भी मुश्किल है जो बिम्बों और प्रतीकों को पूरी तरह छोड़कर चले।

हाल के वर्षों में कुछ हलकों में यह चलन शुरू हुआ है कि अवधारणात्मक कला से बाहर निकला जाए। अवधारणात्मक कला के खिलाफ मुख्य तर्क यह दिया जाता है कि यह तार्किकता और उसके माध्यम से एक जकड़बन्दी/अनुशासन की ओर ले जाती है तथा फिर स्वाभाविक अभिव्यक्ति की आजादी बाधित होती है। एक हद तक यह बात सही हो सकती है। यह सच है कि अवधारणाएँ समकालीन बौद्धिक विमर्श से प्रभावित रहती हैं, उनके प्रभाव में आकार लेती हैं और किसी भी पूर्व निर्धारित धारणा के साथ किया गया काम उस चीज को भी दिखाएगा ही, पर यह शायद कला को किसी भी विचार के दायरे से आजाद करने की कोशिश है। पर यह मुहिम कला को विचारशून्यता की तरफ ले जा सकती है, कला को सभी तरह के विषयवस्तु से मुक्त करने और खालिस कला की तरफ ले जा सकती है। ऐसी कला गहनों, चादरों-गद्दों पर छपे चित्रों या कम्प्यूटर से बननेवाले डिजाइनों जैसी सजावटी चीज में बदल देगी। सिर्फ चाक्षुस सुख, सिर्फ सजावटी रूप देकर रह जाएगी।

हैरानी नहीं कि यह चीज पश्चिमी जगत में व्याप्त प्रभावी विचारधारा—उपभोक्तावाद से निकली हो। इसके प्रभावी होने के बाद कला भी अपने सामाजिक और बौद्धिक जुड़ाव/चिन्ताओं की जगह धनवान व्यक्तियों और संस्थाओं के लिए सार्वजनिक जगहों और निजी भवनों की सजावट तथा शान दिखाने की चीज में बदलती जा रही है। हर समाज कला के जरिये अपने को गौरवान्वित करना चाहता है और ऊपर जिस मुहिम की चर्चा की गई है, वह ऐसे उद्देश्य में इस्तेमाल हो सकती है, पर इस चीज को व्यापक मान्यता मिलनी मुश्किल है। बहुत ही लम्बी और नियमित व्यावहारिक पुष्टि के बाद ही यह कला का मुख्य उद्देश्य हो सकता है। अभी तक पूरे ज्ञात इतिहास में कला जीवन और मरण से जुड़े रहस्यों या बहुत बुनियादी और बड़ी सामाजिक चिन्ताओं, खगोलीय परिघटनाओं के प्रभाव से संचालित होती रही है। सबसे पुरानी अर्थात् पूर्व-पाषाण युग की कला जादू और रहस्यों वाली थी।

आदिमानव जिस परिवेश और स्थितियों में रहता था, उसे समझने और उसके आधार पर कुछ अवधारणाएँ बनाने की यह एक जरूरी कोशिश थी। इसके बाद के सभी धर्मों के आदर्श और प्रतिमान, जो कला की सबसे महत्त्वपूर्ण कृतियाँ हैं, दरअसल, उन आस्थावानों और पूजकों की अवधारणाओं को मूर्त रूप देने की कोशिशें ही हैं। पिछली कुछ शताब्दियों में शायद ही कुछ ऐसी सामाजिक या स्वरूपात्मक अवधारणाएँ हैं जिन्हें पहले की कला में कोई रूप देने की कोशिश नहीं हुई है।

पर हमारी उन चिन्ताओं/जुड़ावों की प्रकृति में जरूर काफी बदलाव आ गया है जिनको हम कला के जरिये अभिव्यक्त करते हैं। पहले लोग गाँवों या छोटी बस्तियों में रहते थे और उनके बीच गहरा जुड़ाव होता था। उस समय के कलाकारों की चिन्ताएँ भी सामाजिक और सामूहिक थीं। धर्म की तरह कला भी समाज को जोड़ने का काम करती थी। कला के मूल्य भी समाज के मूल्य होते थे। और कला उन मूल्यों को रूपाकार व्यक्त करने का माध्यम थी। पर हमारे समय में स्थितियाँ तेजी से बदली हैं। गरीब मुल्कों की भी काफी बड़ी आबादी शहरों में रहती है और सामुदायिक जीवन खत्म हो गया है। इसलिए कलाकार भी एक विखंडित दुनिया में ही रहता है। कलाकार अब सामुदायिक अवधारणाओं के साथ काम करने की जगह निजी और व्यक्तिगत अवधारणाओं के साथ काम करते हैं। इसलिए कला और कलाकारों को लेकर समाज की चिन्ता/दिलचस्पी भी सीमित होती गई है। इससे अवधारणात्मक कला का तर्क मजबूत हो सकता है। अवधारणात्मक स्तर पर मेल से ही समाज और कलाकार के बीच मजबूत पुल बन सकता है। असल में एक मानव समुदाय बनाने की, उसके अन्दर कलाकार और आम लोगों के बीच वास्तविक संवाद बनाने की यही चुनौती है।

3

कला की दुनिया पूरी तरह सौन्दर्य का कलाविहीन क्रिया-कलाप नहीं है। हमारी आज की दुनिया में अधिकांश चीजों की तरह कोई कलाकृति भी बाजार की एक वस्तु है। अपना काम करने और जीवित रहने के लिए कलाकार को भी अपनी रचना बेचनी पड़ती है। हमारी आज की दुनिया में कला की यह एक अप्रिय सच्चाई है। अपनी कलाकृति को कला की औसत समझ वाले ग्राहक के लायक कैसे बनाएँ? क्या कलाकार अपने काम को बाजार की जरूरतों के अनुरूप ही बना ले? या फिर वह खुद को न बदलने की कीमत चुकाए और अपने मन की करता रहे तथा तब तक इन्तजार करे जब दुनिया उसकी नजरों से उसके काम को देखने लगे? इन अलग-अलग सवालों का अलग-अलग कलाकारों ने अपने तरीके से अलग-अलग जवाब दिया है। हिम्मत शाह एक ऐसे कलाकार हैं जिन्होंने अपने मन की सुनी है और भौतिक लाभ की बात से बेपरवाह होकर पूरी ऊर्जा के साथ अपना काम किया है।

उनका काम मुख्यत: 'मैन एमिड्स्ट द मिस्ट्री ऑफ क्रिएटर' के आसपास ही रहा है। वे अपनी कला के जरिये इस रचनाकार वाले रहस्य को समझने का प्रयास करते हैं। उन्हें नहीं लगता कि कोई कलाकार सिर्फ अपनी इच्छा से किसी कलाकृति का निर्माण कर सकता है। उनके लिए कला प्रकृति की उफनती ऊर्जा को सँजोना, रूपायित करना है। प्रकृति कई जगह इस ऊर्जा से फूल पैदा करती है, कई जगह मनुष्य को खड़ा करती है तो कई जगह कलाकृति का रूप लेती है। कलाकार दुनिया को देखता है, दूसरी कलाकृतियों को देखता है, उनकी दृष्टि और तकनीक से प्रभाव ग्रहण करता है और जब वह बाहर देखना बन्द करता है, देखी हुई चीजों को गुनता है, उसकी अपनी रचना जन्म लेने लगती है। उसकी कलाकृति क्या रूप लेगी, यह बिना किसी सचेत प्रयास या योजना के ही तय होता है। कला का यह रास्ता/पंथ उसे सभी वादों से मुक्त करता है। वे खुद सवाल रखते हैं, "क्या आप और मैं एक ही तरह की कमीज पहनने भर से एक हो जाएँगे?" कला को अपने कलाकार की निजी दृष्टि को सामने लाना चाहिए। इसी के चलते वे कला में शिक्षक की भूमिका को खारिज करते हैं और मानते हैं कि यह चीज पश्चिम से आई है। उनके लिए अपनी परम्परा से आई गुरु की अवधारणा महत्त्वपूर्ण

है जो निर्देश देने की जगह प्रेरणा देने का काम करती है। उसकी उपस्थिति ही शिष्य को अपने आन्तरिक क्षमता को विकसित करने की राह बताती है, उसकी क्षमता को प्रस्फुटित और पल्लवित होने का अवसर देती है। कलाकार को नई दृष्टि से दुनिया को देखना चाहिए और इसमें उसकी आँखों पर किसी वाद या घराने का चश्मा नहीं चढ़ा होना चाहिए। एक हैरानी और खौफ के भाव से दुनिया को देखने की हमारी निर्दोष आँखों की झलक अक्सर कलाकृतियों में झलकती है।

कला सम्बन्धी उनके ये विचार बहुत स्पष्ट ढंग से उनके अपने विकास में भी दिखाई देते हैं। वे कभी भी एक माध्यम भर में सीमित नहीं रहे हैं ना ही एक शैली में बँधे रहे हैं। और इस बात के लिए उनकी आलोचना भी होती रही है। पर उनकी सारी कलाकृतियों में अपने आसपास की दुनिया की असीमता और अबोधगम्यता उनको हैरान-परेशान करती दिखती है या फिर दुनिया को हैरानी और आश्चर्य से देखते मनुष्य का भाव दिखाई देता है। दरअसल, इनमें जो आँखें बाहर आश्चर्य के साथ देखती लग रही हैं, वे किसी और की न होकर खुद हिम्मत शाह की हैं। यह चीज 1956 में बनाई उनकी तस्वीर में खुली आँखों और अवसाद भरे चेहरे वाले बच्चे में भी झलकती है। तब हिम्मत शाह खुद कला के छात्र थे। 1963-64 की उनकी एक दूसरी पेंटिंग में भी यह चेहरा उभरता है, लेकिन इस चेहरे पर काल की मार के निशान हैं—इस पर हैरानी के भाव के साथ गहरे दर्द का भाव प्रबल दिखता है। स्पेस को भरते समय घनवादी प्रभाव उन पर दिखता रहा है, वह भी गहराता गया है। रेखांकनों के जरिये विभिन्न फलकों को जोड़ने का प्रयोग इसका उदाहरण है और इसके चलते चेहरे का हैरानी वाला भाव ज्यादा साफ और तीखा दिखता है। इसके साथ ही प्रस्तुति का तरीका भी बदलता गया है—चेहरा ही मनुष्य की सारी बनावट का गुम्बद बनकर सामने आता है।

आज वही चेहरा फिर उभरा है, पर मूर्ति की आकृति में। उनके हाल के कामों में यही चेहरा अनेक रूपों और रंगों में नजर आता है, लेकिन इस सब पर हैरानी वाला वही भाव प्रभावी लगता है। ये सिर अलग-अलग आधार पर खड़े किए गए हैं जो एक बोतल से लेकर घन, फेंके गए टिन के डिब्बों से बनी तिपाई तक हैं, लेकिन ये सभी मूर्तियाँ किसी भवन के आन्तरिक हिस्से के हिसाब से बनी हैं, किसी जैन मन्दिर की शैली के हिसाब से, जिसका प्रभाव हिम्मत की कल्पना और सोच पर काफी अधिक रहा है। अधिकांश मुखाकृतियों की सतह को पॉलिश किया गया है, पर कलाकार ने उनमें मिश्रित प्रभाव भरने की कोशिश की है, जिससे इन सबमें भी वही प्रबल भाव दिखाई देता है जो उनकी पेंटिंगों में दिखता है। इस प्रकार चित्रों में वे जो भाव रेखाओं और रंगों के मार्फत लाते थे वही चीज मूर्तियों की सतहों और उनके रंगों के संयोजन से हासिल करने में सफल होते हैं। पेंटिंग से मूर्तिशिल्प पर आनेवाला बदलाव 1968-69 में सेंट जेवियर स्कूल, अहमदाबाद में भितिचित्र बनाने

के बाद आया। फ्रांसीसी सरकार के फेलोशिप से लौटने के बाद उन्होंने यह काम किया था। इसकी खूब धूम रही। इन भित्तिचित्रों ने उनकी छिपी-दबी संवेदनशीलता जगा दी। इसके बाद से वे मुख्यत: नक्काशी और मूर्तियों/स्कल्पचर में लगे हुए हैं।

एक दौर में उन्होंने काम भाव दर्शानेवाले/इरोटिक चित्र भी बनाए। जब न्यू कैसल में उनकी प्रदर्शनी लगी तब दर्शकों का एक वर्ग इन कामोत्तेजक चित्रों को लेकर काफी परेशानी महसूस कर रहा था, पर इरोटिक छवियों में बहकाने-बिगाड़नेवाला कोई तत्त्व नहीं है। बल्कि ये छवियाँ सींक पर बिंधे मनुष्य की बेचैनी, एक छटपटाहट को दिखाती हैं इनसे आतंक और विनाश की ध्वनि सुनाई देने के साथ पुराने समय में बने श्रृंगारिक चित्रों पर सवाल भी उठता है। चित्रों में उकेरी गई आकृतियों के आयाम, रेखाओं के केन्द्राभिमुख बल और उसके अन्दर के छाप तथा रंगों के पैबन्द आसपास के माहौल में तत्काल बिखराव की स्थिति में आए लगते हैं। साफ लगता है कि कलाकार की आँखें एक तरफ काम की ओर मुड़कर भी आतंक से बेखबर नहीं हैं। यह भी लगता है कि अचेतन स्तर पर वे गुजरात के, जहाँ से वे आते हैं, हिन्दू और जैन धर्म के संन्यास वाले मूल्यों से भी प्रभावित हैं। इनमें काम के सुख तथा शारीरिक सुखों के साथ नाश और गिरावट का जुड़ाव भी माना जाता है, पर यह परम्परा भारतीय कला की दूसरी धारा से भी उलट है जिसमें काम और श्रृंगार को उदात्त ढंग से दर्शाया गया है। लघुचित्रों वाली धारा में यह सबसे अच्छी तरह दिखता है।

हिम्मत शाह ने ज्यादातर काम रंगों और मूर्तियों का किया है, पर उनका सबसे महत्त्वपूर्ण और अच्छा काम रेखांकन का लगता है। अन्य कामों के बीच ही उन्होंने काफी सारा उल्लेखनीय रेखांकन किया है। इनमें काफी खुली जगह के बीच आगे बढ़ती और झूमती रेखाएँ कल्पनाओं को पंख देती लगती हैं। अन्य में रेखाएँ अपना स्वच्छन्द भटकाव करती हुई गोल-गोल घुमाव लेकर कतार बनाती हैं, मनुष्य आकृति लेती हैं। अपने पारा की खाली जगह में पहुँचकर किसी आकृति को उभारती हैं। इन रेखांकनों के बारे में उनकी खुद की राय इनकी जीवन्तता और विविधताओं की अधूरी व्याख्या ही करती है। रेखा को ऊर्जा का प्रवाह दिखानेवाला मानने के साथ ही वे सवाल पूछते हैं, "जब कोई बिच्छू किसी व्यक्ति को डंक मारता है तो क्या दर्द एक रेखा की तरह ऊपर नहीं पहुँचता?" सो, उनकी रेखाएँ एक उभरते नक्षत्र का रास्ता दिखाने के साथ अपने साथ की खुली जगह को भी बताती चलती हैं।

इधर वे ग्राफिक्स का काम भी कर रहे हैं जिसमें बहुआयामी दिक् / स्पेस में काल की गति को उभारने की सम्भावनाओं का पूरा इस्तेमाल किया गया है। अभी इसके प्रूफ ही तैयार हैं, लेकिन ये जबर्दस्त चाक्षुक प्रभाव पैदा करते हैं।

इसके साथ ही वे एक और प्रयोग कर रहे हैं। सम्भव है, उससे मिलनेवाली राहत का उपयोग वे इन विधाओं के लिए कर रहे हों। वे आजकल अपने चित्रों की सतह को मुख्यत: अल्युमिनियम के रंग से पोत रहे हैं। ऐसा लगता है कि अल्युमिनियम

के सफेद रंग के सतह कागज का स्थान लेने के साथ रंगों और रेखाओं की बुनावट की ज्यादा गुंजाइश पैदा कर रहे हैं। काली बिन्दियों और धब्बों से आकृतियों को उभारकर रेखाओं का काम किया जा रहा है। साथ देखने पर ये आकाशीय बनावट की झलक भी देते हैं। सतह वाली यह राहत आकाशीय पिंडों का ही नहीं, किसी पक्षी के आकार या गिरजाघर के गुम्बद का आभास भी कराती है। ये सब एक अमूर्त भाव से जुड़े हैं और चिकनी सतह के साथ इनका मेल बहुत सुगमता से बैठ जाता है।

अपने कामों से उनका यह दावा सही बैठता है कि माध्यम चाहे जो इस्तेमाल हो रहा हो, उनका काम, उनका लक्ष्य, उनकी दृष्टि एक ही है, उनका यह गुण भी प्रशंसनीय है कि वे अपने काम को 'परफेक्ट' बनाना चाहते हैं। पर उत्तम और निर्दोष होने का जुनून अगर ज्यादा आगे बढ़ा तो इसके खतरे भी हैं। अन्य सभी चीजों की तरह किसी कलाकृति को भी निर्दोष या परफेक्ट नहीं होना चाहिए। कलाकार की अपनी दृष्टि भी समय के साथ व्यापक होती है, बदलती है। फिर कलाकार की दृष्टि और दर्शक की दृष्टि का अन्तर जरूर होना चाहिए। कलाकार की दृष्टि असीम नहीं होती, जबकि लोगों और समय के साथ बदलते लोगों की दृष्टि की कोई सीमा नहीं हो सकती। इसलिए निर्दोष की तरफ बढ़ते हुए भी जगह-जगह ठहराव जरूरी है और यह आगे बढ़ने का आधार बनना चाहिए। इस सच को नजरअन्दाज करने पर बाल्जाक द्वारा अपनी रचना 'चेफ द ओवरे इनकोन्नु' में बताई गई स्थिति में पहुँच जाते हैं जहाँ एक कलाकार खुद से सन्तुष्ट न होने के चलते अपनी कलाकृतियों को अधूरा ही छोड़ता है। वह उनकी खूबसूरती पर गौर करने की जगह अपने काल्पनिक पैमानों को ज्यादा महत्त्व देता है, लेकिन ये व्यावहारिक दिक्कतें उस कलाकार के रास्ते में हरदम बाधक नहीं बनतीं जो अपनी दृष्टि को साफ रखता है। इस मामले में हिम्मत शाह बहुत व्यावहारिक व्यक्ति नहीं हैं। जीवन की व्यावहारिक मुश्किलों के बारे में उनके निर्दोष नजरिए को देखते हुए चार्ल्स बाल्देयर की ये पंक्तियाँ याद आती हैं :

ली पोएत्स एस्त सेमब्लाम्बे उर प्रिंस द न्युइस,
क्यू हांते ला तेम्पेट इत से रित द ला'आर्चर,
एक्साइले सुर ले सोइ अउर मिल्यू द हुएस,
सेस एइस द गेआन्त ला'इम्पेचांत द मार्चर।

(बादलों का राजा है उड़ता हुआ कवि,
तीर-तूफान से न डरा है कवि
पर सारी वाहवाही के बाद भी धरती से निष्कासित
और अपने विशाल पंखों से लाचार है कवि)

(कंटेंपररी आर्ट)

4

एक बार जब रूओल ने अपनी कला के विकास पर बातचीत करते हुए देगॉ से अपनी प्रारम्भिक कलाकृतियों में विभिन्न कलाकारों के प्रभावों का जिक्र करना शुरू किया, तब देगॉ ने टोककर पूछा : "क्या तुमने कभी किसी ऐसे व्यक्ति को देखा है जो बिना किसी बाहरी सहायता के अपने ही प्रयास से पैदा हो गया हो?" देगॉ के इस एक प्रश्न में पारम्परिक कला से नवीन सृजन का सम्बन्ध रेखांकित हो जाता है।

प्रकृति में निश्चयात्मक रूप से सृजन-प्रक्रिया सिर्फ जैविक विकास के क्षेत्र में देखी जा सकती है जिसमें समय प्रवहमान होता है और सदा भूत से भविष्य की ओर बढ़ता प्रतीत होता है। इसी क्रम में बिलकुल नए गुणों का विकास होता है। जैविक वस्तुओं की सभी वर्तमान स्थितियाँ विकास की शृंखला के जरिये अतीत से जुड़ी होती हैं। तब यह सवाल बेमानी बन जाता है कि सृजन की शक्ति अतीत की स्थितियों में है या वर्तमान की स्थितियों में? बीज के अंकुरित होने, जड़ें फैलाने, पल्लवित और पुष्पित होने और फिर काल-क्रम में फल देने के सृजनात्मक बिन्दु—जहाँ बिलकुल नए गुणों का उदय होता है—काल-प्रवाह की निरन्तरता में बीज के अवस्थित होने का ही परिणाम है। इसमें तात्कालिक स्थितियों, जैसे पोषक तत्त्व, प्रकाश और सबसे बढ़कर उपयुक्त गौरागी हवा का स्पर्श अनिवार्य है, लेकिन अतीत की प्रक्रियाओं के बाहर (जिसमें बीज का विकास शामिल है) इनका प्रभाव बाँझ है। कला की सृजनात्मकता में भी इसी तरह अतीत और वर्तमान की स्थितियों का संयोग निहित होता है।

हम कला के विशेष चरित्र को ध्यान में रखते हुए इस बात पर विचार करें कि कला का परम्परा से क्या सम्बन्ध है?

कला का उद्भव अनुभूति को ऐसा रूपाकार देने में होता है जो सम्प्रेषणीय हो। कला में सम्प्रेषणीयता का केन्द्रीय स्थान होता है अन्यथा भावातिरेक में निकला हर चीत्कार संगीत बन जाता और किसी सतह पर खरोंची गई हर लकीर चित्र। सम्प्रेषण का माध्यम चाहे भावभंगिमा हो, नाद हो, शब्द हो, रंग हो या ठोस पदार्थों में उकेरा गया आकार, सम्प्रेषणशीलता के बगैर कला का अस्तित्व असम्भव है। कोई भी व्यक्ति सर्वथा अनुभूतिशून्य नहीं होता। यह भी सम्भव है

कि वैसे अनेक व्यक्तियों में, जो अनुभूति को कलात्मक अभिव्यक्ति नहीं दे पाते, भावों की अनुभूति अधिक तीव्र हो। उन सामान्य जनों में, जो महीनों या वर्षों किसी दु:ख में रोते रहते हैं या आत्महत्या तक कर लेते हैं, पीड़ा की अनुभूति निश्चित ही अत्यन्त गहरी होती है।

कलाकार की विशिष्टता उसकी अनुभूति की तीव्रता में नहीं होती बल्कि अपनी अनुभूति को वैसे काव्यात्मक रूप में अभिव्यक्त करने की क्षमता में होती है जो इस अनुभूति को उसके तात्कालिक परिवेश से मुक्त कर एक ऐसे सामूहिक संकेत में बदल दे जो सम्प्रेषणीय हो सके। कला अनुभूति को आत्महत्या या विक्षिप्तता की दिशा में जाने के बजाय सम्प्रेषणीय सौन्दर्य में ढालने का माध्यम बन जाती है। कलात्मक अभिव्यक्ति देने की यह क्षमता कला माध्यम के सूक्ष्म से सूक्ष्म गुणों की समझदारी, जो पूर्ववर्ती प्रयोगों के ज्ञान पर आधारित होती है, और अपने तात्पर्य के अनुकूल उसे ढाल सकने की कुशलता से आती है। सम्प्रेषणशीलता का अनिवार्य गुण कला को भाषा के करीब ला देता है और इसे वैसी ही स्थितियों पर निर्भर बना देता है जैसी स्थितियों पर भाषाएँ निर्भर करती हैं।

यह आम जानकारी की बात है कि भाषा के विकास और सम्प्रेषणशीलता के लिए समुदाय और परम्परा, दोनों जरूरी हैं। जैसे भाषाओं का उद्‌भव मनुष्य के अतीत में हुआ है और इसके रूप पूर्ववर्ती भाषाओं से निर्धारित होते हैं, उसी तरह कला के रूपाकार और बिम्ब पर सम्पूर्ण अतीत और पूर्ववर्ती कला के रूपाकारों की छाया होती है। समुदाय और परम्परा का अन्योन्य सम्बन्ध होता है। समुदाय अपनी आवश्यकताओं और अपने अनुभवों के अनुसार परम्परा का निर्माण करता है और परम्परा समुदाय की विचार-शैली और ग्रहणशीलता को प्रभावित करती है और समुदाय में ही जीवित रहती है। पहली प्रक्रिया से परम्परा का नवीकरण होता है, दूसरी प्रक्रिया से समुदाय अपनी जड़ों से जुड़ा रहता है।

कला के सम्बन्ध में यह अक्सर कहा जाता है कि कला कलाकार की भावना की निगाह से देखी हुई दुनिया की तस्वीर होती है और भावना तात्कालिक वर्तमान में उपजी मनोदशा है। इस कथन से कलाकार की स्वायत्तता और बाहरी प्रभावों से उन्मुक्तता सिद्ध की जाती है, लेकिन यह कथन अर्द्ध-सत्य ही है। असल में कलाकार दुनिया को भावनाओं की अनगढ़ दृष्टि से नहीं देखता। कवि-लेखक शब्दों के माध्यम से देखता है और चित्रकार रेखाओं, रंगों और धूप-छाँह के माध्यम से। विख्यात चित्रकार पूँसा ने कभी कहा था कि कलाकार तूलिका हाथ में लेकर ही सोच सकता है यानी चित्रकार के मानस में जब दृश्य-जगत रंग और रेखाओं के किसी ढाँचे में बदल जाता है, तभी ग्राह्य बनता है। इस तरह तूलिका से सोचने का अर्थ है, तूलिका की याददाश्त (इसके पूर्ववर्ती प्रयोगों के संचित अनुभवों की उपस्थिति) का उपयोग करना। स्वाभाविक है कि अलग-अलग कला परम्पराओं में तूलिका की याददाश्त

अलग-अलग हो और कलाकार अपनी विशेष कला परम्परा की निगाह से ही दुनिया को देखे। चीनी कलाकारों की सैकड़ों वर्षों की अनेक शैलियों की कलाओं में सर्वत्र, उनकी विविधताओं के बावजूद, उनके तूलिका प्रयोग की विलक्षण प्रणाली की छाप देखी जा सकती है। इसी तरह भारतीय कला में अजन्ता के भित्ति चित्रों से यामिनी रॉय तक में और कुछ हद तक अमृता शेरगिल में भी अभिव्यक्ति की समानता देखी जा सकती है, जबकि अमृता शेरगिल का कला प्रशिक्षण पश्चिमी कला परम्परा में हुआ था।

कला में देखना हमेशा आकारों की दृष्टि से होता है और यह आकार दृष्टि पहले के कलाकारों द्वारा अन्वेषित 'सांकेतिक कोडों' की संचित परम्परा से प्राप्त होती है। परम्परा के साथ मौलिक कला का वही सम्बन्ध है, जो माता के गर्भ के साथ नवजात शिशु का। शिशु का जन्म एक नवीन सृजन है, लेकिन यह सृजन गर्भावस्था की तमाम स्थितियों से नियमित होता है। इस सन्दर्भ में बहुमुखी प्रतिभासम्पन्न साहित्यकार, कलाकार और चिन्तक गेटे द्वारा नवसृजन और परम्परा के सम्बन्ध में व्यक्त किया गया निम्नलिखित विचार ध्यान में रखने योग्य है : "हम अपने विषय में चाहे जो समझें, बुनियादी तौर से हम लोग सामूहिक प्राणी हैं... हमारे लिए अपने आसपास के लोगों से सीखना अनिवार्य है। अति प्रतिभासम्पन्न व्यक्ति (जीनियस) भी कोई बड़ा सृजन नहीं कर सकता अगर वह अपने ही भीतर से सब कुछ पैदा करना चाहे, लेकिन अनेक भले लोग यह बात नहीं समझते और अपने जीवन का खासा हिस्सा मौलिकता के स्वप्न में अन्धकार में टटोलते हुए बिता देते हैं। मुझे ऐसे भी चित्रकार मिले हैं जिन्होंने दावा किया है कि उन्होंने किसी भी महत्त्वपूर्ण कलाकार से उधार नहीं लिया है और पूरी तरह अपनी ही प्रतिभा से सृजन किया है। बिलकुल बकवास ! ऐसा हो ही नहीं सकता कि उनकी मूर्खता के बावजूद बाहरी दुनिया ने उन पर अपनी कोई छाप नहीं छोड़ी हो।"

कला इतिहासकार बुल्फलिन ने अपनी पुस्तक 'द प्रिंसिपल्स ऑफ आर्ट हिस्ट्री' में किसी काल की कला को पहचानने के लिए उस पूरे परिवेश को समझना जरूरी बतलाया है, जिसके भीतर कला का विकास होता है। उसने लिखा है : "फिर भी अभिव्यक्ति और उसके स्तर को समझ लेना काफी नहीं होता। एक तीसरी चीज भी होती है जो कला की समझ के लिए निर्णायक होती है। कलाकार के सामने वस्तुओं को देखने की कुछ सम्भावनाएँ होती हैं जिनसे वह बँधा होता है। हर काल में हर तरह से देखना सम्भव नहीं होता। देखने के ढंग का अपना इतिहास होता है और देखने की विधि की अनेक परतों को समझना कला इतिहास की खास समस्या होती है।"

इस तरह कलाकार देखने के खास ढंग की परम्परा से बँधा होता है और इसके भीतर ही वस्तुओं और स्थितियों को देखता है। नई सृजनात्मक कला इस पूरी

परम्परा को नहीं तोड़ती बल्कि कुछ बिन्दुओं पर नया आयाम जोड़कर देखने के दायरे का विस्तार करती है या नजरिया बदल देती है। उदाहरण के लिए, सेअरा की कला इंप्रेशनिज्म और इसकी एक खास विधा पोआंटलिज्म की परम्परा के भीतर ही विकसित हुई, लेकिन इसकी मौलिकता चित्रों में ठोस ढाँचे (स्ट्रक्चर) के निर्माण में है, जो इंप्रेशनिज्म के उस मूल चरित्र के विपरीत जाती है जिसमें आकार गौण होता है और वस्तुओं की सतह पर प्रकाश का अनित्य खेल ही सब कुछ है। इसी तरह सेजां की चित्रकला इंप्रेशनिष्ट रंग विधान की परम्परा में विकसित हुई हालाँकि सेजां की कला की मौलिकता दर्शकों के सामने वस्तुओं की सतही रंगों की जगह ठोस आकार को अधिक से अधिक प्रस्तुत करने में थी : इस हद तक कि उसकी कला में वस्तुओं के 'टेक्सचर' का लगभग लोप हो जाता है। आगे चलकर नई कलादृष्टि परम्परा का अंग बन जाती है और भविष्य की सृजनात्मक कला के लिए 'लांचिंग पैड' का काम करती है।

शायद हजारों साल पहले चित्रकला की पहली प्रेरणा मनुष्य को चट्टान में प्राकृतिक रूप से उभरी रेखाओं में आकृतियों का आभास होने से मिली होगी और इस तरह अल्तामीरा, त्रोआ-फेर या मध्य प्रदेश की गुफाओं के प्रागैतिहासिक चित्रों का निर्माण हुआ हो, लेकिन एक बार कला की अज्ञात दुनिया में छलाँग लगाकर आदि मानव ने जो पदचिन्ह अंकित किए, आगामी पीढ़ी ने वहीं से कदम आगे बढ़ाए। प्रागैतिहासिक काल से अब तक की कला की जानकारी यह बतलाती है कि कला कला की परम्परा में ही विकसित होती है। सृजनात्मक ऊर्जा का भंडार यही परम्परा होती है, जिससे कला को बिम्ब और प्रतीक मिलते हैं। इसलिए हर सार्थक और सृजनात्मक कला में परम्परा का नाद निहित है। हर नया सृजन अकल्पित और नवीन की सृष्टि है और इस अर्थ में यह अनिवार्य रूप से परम्परा से परे जाता है, लेकिन इसकी नवीनता की पहचान परम्परा से प्राप्त उन कला रूपाकारों की पृष्ठभूमि में ही होती है, जिसके विकास के खास बिन्दु पर यह एक नए आयाम में प्रक्षेपित होती है।

आधुनिक समय का सबसे प्रतिभावान और सृजनशील कलाकार पिकासो माना जाता है, लेकिन पिकासो ने अपने सृजन में कितनी परम्पराओं से उधार लिया। प्रथम क्यूबिस्ट चित्र 'मैदमोसल द् अभिग्नों' की मानव प्रतिमाओं में उसने अफ्रीकी और मैक्सिकी, दोनों कलाओं से उधार लिया। इसके बाद उसकी बनाई शबीहों में अफ्रीकी मुखौटों की परम्परा के उन्नतोदर और नतोदर सतहों को प्रमुखता देने का प्रभाव स्पष्ट दिखाई देता है। इसी तरह क्रीट के 'मिनोटार' के मिथक को आधार बना उसने अनेक चित्र बनाए। आधुनिक पश्चिमी कला की अफ्रीका, मैक्सिको, जापान, प्राचीन ईरान आदि की परम्परागत कला में नए सृजन के लिए प्रेरणा की तलाश बतलाती है कि पारम्परिक कला सृजन की प्रेरणा के लिए कभी बाँझ नहीं होती।

परम्परा के बाहर अगर कोई स्वयंभू कला हो तो वह स्वयंभू भगवान की तरह ही रूपाकारों से परे अनादि और अनन्त होगी और कला में कलाकृति की जगह निरंकार परमेश्वर बनने का अहंकार दिखाई देगा। आधुनिक अमूर्तन के अतिरेक में सपाट फलक की तरह रुझान ऐसी ही प्रक्रिया की तरफ इशारा करता है। सपाट फलक में 'सब कुछ' भी पढ़ा जा सकता है और 'कुछ भी नहीं' भी।

गर कला मूलतः रूपाकारों के माध्यम से सम्प्रेषण की प्रक्रिया है, इसलिए रूपाकारों की मर्यादा को भंग कर यह रेखाओं और रंगों का अर्थहीन धब्बा बनकर रह जाएगी। भाषा की मर्यादा की तरह कला की मर्यादा भी परम्परा से प्राप्त कला के व्याकरण से मिलती है। व्याकरण के कुछ पुराने नियम प्रयोग में टूटते हैं, लेकिन इनका स्थान अराजकता नहीं, नए नियम ही लेते हैं। इसलिए जब तक कला कला है इसकी सृजनात्मकता का उत्स भी परम्परागत कला में ही होगा, पर कला-प्रवाह में परम्परा का नवीकरण अनिवार्य रूप से होता रहता है। जहाँ यह प्रक्रिया रुक जाती है, वहीं परम्परागत कला मृतप्राय हो जाती है।

(समकालीन कला)

5

स्कूली लड़कों की पाठ्यपुस्तकों से लेकर विद्वान लोगों की चर्चाओं तक में यह बात अक्सर कही जाती है 'मनुष्य एक सामाजिक जीव है।' इसका अर्थ इतना भर लगा लिया जाता है कि मनुष्य मानव समुदायों में ही रह सकता है और उसका बोध सामाजिक है, लेकिन इस अर्थ में बहुत सारे जीव, यहाँ तक कि चींटी और मधुमक्खी भी, सामाजिक जीव हैं। मनुष्य की सामाजिकता की विशेषता यह है कि पूरे जीव-जगत में मनुष्य ही ऐसा है जो अपने स्वभाव, गुण और सामाजिक सम्बन्धों में अनगढ़ा पैदा होता है और स्वयं अपना और अपने सामाजिक सम्बन्धों का निर्माण करता चलता है। चींटी और मधुमक्खी एक पूर्वनिश्चित आन्तरिक दबाव में काम करती हैं, उनके आपसी सम्बन्ध पूर्वनिर्मित होते हैं तथा वे लीक से बाहर निकल कुछ नहीं कर सकतीं। मानव स्वभाव में भी कुछ अन्तर्जात गुण हैं, लेकिन ये शिल्पकार के औजार जैसे हैं जिनका प्रयोग कर मनुष्य अनेक रूप में मानव चरित्र और समाज का निर्माण करता है।

इन अन्तर्जात गुणों में आकारभाव सर्वाधिक महत्त्व का है और इसी से मनुष्य का सौन्दर्यबोध पैदा होता है तथा इसी से काफी हद तक उसकी चेतना में बाह्य जगत भी रूपायित होता है। ये अन्तर्जात गुण मनुष्य के विकास के क्रम में विकसित हुए हैं और इसी से मनुष्य को आनी तात्कालिक और स्थानीय स्थितियों से ऊपर उठ दुनिया को समझने और इस समझ के अनुसार कुछ कर सकने की क्षमता प्राप्त होती है।

अन्तर्जात आकारभाव और मानव चेतना के पारस्परिक सम्बन्ध पर थोड़ा विस्तार से विचार करना जरूरी है क्योंकि इससे उस विवाद की निरर्थकता पर प्रकाश पड़ेगा, जो कला के क्षेत्र में काफी व्यापक रहा है : उन दो दृष्टियों का विवाद, जिसमें एक कला को बाहरी दुनिया और खासकर सामाजिक समस्याओं से निरपेक्ष मानता है और दूसरा इसे समाज की प्रतिच्छाया या सामाजिक समस्याओं के निराकरण का माध्यम भर मानता है। यह विवाद आकार और विषयवस्तु, दोनों को स्वतंत्र रूप से अलग-अलग करके देखने की परम्परा से पैदा हुआ है। पश्चिमी दुनिया में अरस्तू के विकास के सिद्धान्त में आकार और पदार्थ को दो स्वतंत्र कारणों के रूप में मानने

से एक परम्परा चली जिसके अनुसार पदार्थ में आकार गढ़ने की प्रक्रिया से किसी निश्चित वस्तु का निर्माण होता है—जैसे पत्थर से मूर्ति। इससे आकार को एक तरह की प्राथमिकता और पूर्ण स्वायत्तता प्राप्त हो गई। आकार गुण हर वस्तु के गुणों के निचोड़ के रूप में एक स्वतंत्र अस्तित्व बन गया—जैसे गोलाई, लम्बाई, वक्रता या शारीरिक रचना आदि। इस तरह कला में शुद्ध आकार की परिकल्पना का जन्म हुआ। इस दृष्टि में प्लेटो के दर्शन की परम्परा का भी प्रभाव है, जिसके अनुसार वास्तविकता शुद्ध प्रत्यय की दुनिया है और हर भौतिक पदार्थ इसके सत्वों की अपूर्ण और अपरिष्कृत प्रतिलिपियाँ मात्र हैं।

रूपाकार को स्वतंत्र और जगत का सत्व मान लेने से कला में एक दृष्टि जन्मी जो इस सत्व को बाहरी स्थूल तत्त्वों से परिष्कृत कर शुद्ध रूप में स्थापित करना चाहती थी। इसके लिए कलाकार को बाहरी दुनिया को देखने के बजाय अन्तर्मुखी होना जरूरी था क्योंकि इस दृष्टि में इस सत्व की पहचान शुद्ध चेतना के धरातल पर ही सम्भव थी। कला में इस दार्शनिक दृष्टि को सुप्रसिद्ध फ्रांसीसी कवि पॉल वालेरी ने अपनी कविता 'नारसिसस' की इन पंक्तियों में पूर्ण अभिव्यक्ति दी :

लेकिन मेरा, नारसिसस का कौतूहल
मेरे अपने ही सत्व तक सीमित है
मात्र रहस्यमय हृदय हैं बाकी दूसरे,
बाकी दूसरे मात्र अनुपस्थित हैं

लेकिन इस आत्मरति के मार्ग से किसी भी सत्व तक पहुँचना सम्भव है क्या? अगर सारी दुनिया से घेरकर आदमी अपने को अलग कर ले और आत्मचिन्तन में लग जाए तो उसकी स्थिति दो समानान्तर दर्पणों के बीच के आदमी की हो जाएगी जो दर्पणों में दृष्टि की सीमा तक बिम्बों के भीतर अपने ही बिम्बों को देखता रहेगा तब तक जब तक बोरियत से आँखें बन्द न कर ले।

इस बात की सच्चाई स्पष्ट हो जाएगी अगर हम वालेरी की 'नारसिसस' कविता की ही इन दूसरी पंक्तियों पर विचार करें :

जल में देखो ! चाँद और ओस से मेरी मांसल देह
मेरी आज्ञा के दास नयनों के सामने मेरा रूपाकार
और ये मेरी चाँदी की त्रुटिहीन संकेतों वाली बाँहें

इन पंक्तियों से स्पष्ट है कि मनुष्य की चेतना ही नहीं, उसका अपना शरीर-ज्ञान भी वस्तुओं से निर्धारित होता है जो उससे बाहर है। यहाँ चाँद, ओस, चाँदी—इन सबकी कल्पना से नारसिसस के शरीर का मानस चित्र बनता है; इसी तरह और भी दूसरी बाहरी वस्तुओं की कल्पना से इसके शरीर के और चित्रों का निर्माण हो सकता था। मनुष्य की चाहे जो भी परिकल्पना हो, वह सदा इसी तरह उसके बाहर की वस्तुओं से परिवर्तित बिम्बों से निर्मित होगी। स्वयं अपने। आप में मनुष्य की

परिकल्पना शून्यता है। हम मनुष्य को चाहे जैसे भी परिभाषित करें, हमें इसके लिए बाहरी बिम्बों का सहारा लेना ही होगा।

हम उस वाक्य को ही लें जिससे हमने यह चर्चा शुरू की थी : 'मनुष्य एक सामाजिक जीव है'। इसमें 'समाज' और 'जीव' दो परिकल्पनाएँ शामिल हैं जो हमारे आत्मचिन्तन से नहीं, बाहरी अनुभव से आती हैं। इसका यह अर्थ नहीं कि चेतन मनुष्य अनुपस्थित है, लेकिन इसका अर्थ यह जरूर है कि अपने बाहर की तमाम वस्तुओं से आदान-प्रदान के बगैर वह अनिर्णीत सम्भावना भर है, जिसका कोई स्वरूप नहीं। चेतन मनुष्य इस प्रक्रिया का केन्द्र बिन्दु है। वे परावर्तित बिम्ब जिससे उसकी आत्मचेतना बनती है, उसकी अपनी कल्पना के प्रक्षेपण के ही परिणाम हैं। वह अपनी दृष्टि और फिर कल्पना अपने चारों ओर फेंकता है, जिससे उसके आसपास की वस्तुएँ आकार ग्रहण करती हैं और फिर इनसे प्राप्त बिम्बों से मनुष्य अपने आकार और गुण के प्रति चेतन होता है।

लेकिन मनुष्य केवल भौतिक अस्तित्व नहीं है, और मनुष्य के रूप में उसके स्वभाव का निर्धारण मानव समाज में होता है। यहीं उसकी भाषा का विकास होता है, जिससे उसकी कल्पना शक्ति का दायरा असीमित हो जाता है। समाज से अन्तर्द्वन्द्व में ही उसमें सामाजिक मूल्यों का निर्माण होता है और उन गुणों का भी जिनको हम मानवीय गुण कहते हैं। अगर मनुष्य भेड़ियों के झुंड में रहकर पले तो उसके बहुत सारे स्वभाव किपलिंग की 'जंगल पुस्तक' के मोगली की तरह हो जाएँगे जहाँ वह भी भेड़ियों के झुंड में दाँत और नाखून से शिकार करना सीख लेगा। भाषा के अभाव में उसकी आत्मचेतना भी अविकसित रह जाएगी।

इस तरह मनुष्य की अनुभूति का निर्माण उसके तमाम भौतिक और सामाजिक वातावरण के टकराव में होता है और मनुष्य चाहे लाख कोशिश करे, वह अपने इस परिवेश के दबाव से असम्पृक्त नहीं रह सकता।

इस आत्मरति के विरोध में दूसरे पक्ष का अतिवाद है जो कला में अनिवार्य रूप से सामाजिक प्रतिबद्धता को माँग करता है तथा मानव चेतना को परिस्थितियों की प्रतिच्छाया भर मानता है। इस विचार के अन्तर्गत आकार की परिकल्पना में सौन्दर्यबोध के लिए कोई स्थान नहीं। इस विचार का प्रतिपादन मुख्य रूप से कुछ मार्क्सवादी विचारकों द्वारा होता रहा है। उदाहरण के लिए, एक मार्क्सवादी विचारक अर्न्स्ट फिशर ने लिखा है, 'आकार घनीभूत सामाजिक अनुभव है।' उदाहरण में उन्होंने घड़े का रूप पेश किया है जो रूप हजारों साल के अनुभव से निर्धारित हुआ है। यह स्पष्ट है कि यहाँ आकार को मात्र उसकी उपयोगिता से जोड़ा गया है और इस तरह इस मूल प्रश्न से किनाराकशी कर ली गई है कि कलावस्तु या और किसी वस्तु में सौन्दर्यबोध कराने का गुण कहाँ से आता है। वास्तव में इस चिन्तन की सबसे बड़ी कमजोरी यह है कि यह मानव चेतना को एक निष्क्रिय तत्त्व मानकर चलता

है, जिसके अनुसार मानव मस्तिष्क बाहरी जगत के क्रियाकलापों को प्रतिबिम्बित भर करता है; इसकी अपनी कोई सृजनात्मक भूमिका नहीं।

लेकिन वस्तुतः मनुष्य की पूरी चेतन प्रक्रिया और सौन्दर्यबोध की क्षमता उसके मस्तिष्क के सृजनात्मक गुण और आकारबोध पर निर्भर करती है जो आकारबोध, जैसाकि ऊपर कहा गया है, मनुष्य में अन्तर्जात है। अपने आप में अनुभूत दुनिया, तेज-मन्द प्रकाशों, विविध रंगों, नादों और दबावों का अव्यवस्थित जमघट मात्र है। यह एक बोधगम्य संसार मानव मस्तिष्क की सृजन-प्रक्रिया से ही बनता है। आकारों के भीतर निरूपित करने की मानव मस्तिष्क की क्षमता से ही वस्तुओं के एक-दूसरे से पृथक् अस्तित्व का बोध होता है, क्योंकि हम किसी वस्तु की पहचान रेखा, तल, घनत्व आदि के विभेद से बनाते हैं जो विभेद स्वयं प्रकाश, रंग आदि की स्थितियों से प्रभावित होते हैं। फिर इन वस्तुओं के साथ साक्षात्कार से अनुभूत उनके गुणों के आधार पर हम उन्हें विभिन्न अर्थ प्रदान करते हैं। इस तरह आकार और अर्थ के संयोग से हम अपने इर्द-गिर्द वस्तुओं और व्यक्तियों का संसार निर्मित करते हैं। यह संसार अपने आप में स्थित संसार नहीं बल्कि मानवों द्वारा अनुभूत संसार है। अपने आप में स्थित संसार अस्तित्वहीन नहीं है, लेकिन अनुभव करनेवाली चेतना की अनुपस्थिति में यह अनुभूत संसार की सम्भावना के रूप में ही अवस्थित है और इसका कोई रूपाकार नहीं।

अन्तरबोध पर संसार के स्वरूप की निर्भरता कुछ उदाहरणों से स्पष्ट हो जाएगी। हमारे सौन्दर्यबोध के कारण गुलाब हमारे लिए फूल और शोभा की वस्तु है, पर बकरी के लिए खाने की वस्तु। उपयोगिता से सौन्दर्यबोध को जोड़ने पर बकरी का सौन्दर्यबोध ज्यादा परिष्कृत लगेगा क्योंकि गुलाब को खाद्य पदार्थ बनाकर वह उसका अधिक लाभप्रद उपयोग करती है। यह मनुष्य के आकारबोध से प्राप्त रेखाओं के लय, रंगों और रंगीन सतहों के सन्तुलन के प्रति आकर्षण है, जिससे वह चारे और फूल का विभाजन करता है और वस्तुओं का सुन्दर और उपयोगी में वर्गीकरण।

इसी तरह हम पुरापाषाण युग के औजारों का प्राकृतिक रूप से टूटे पत्थर के टुकड़ों से फर्क को नहीं देख सकते जब तक हमने पुरातत्त्व विद्या का अध्ययन नहीं किया हो। यह इस विद्या से प्राप्त मानसिकता है, जिससे हम इन पत्थरों को औजार के रूप में देखने लगते हैं।

अब हम ब्रह्मांड की परिकल्पना को ही लें। इसमें अनेक देशों की प्राचीन परिकल्पनाएँ हैं, जैसे हमारी अपनी प्राचीन परिकल्पना कि शेषनाग अपने फन पर धरती को धारण किए हुए हैं। इसके बाद यह परिकल्पना प्रचलित रही कि सूरज और तारे धरती की परिक्रमा 24 घंटे में कर लेते हैं। इसके बाद यह विचार प्रचलित हुआ कि सूरज केन्द्र में है और धरती, नक्षत्र आदि इसकी परिक्रमा करते हैं, और न्यूटन ने गुरुत्वाकर्षण के सिद्धान्त से इसका कारण भी ढूँढ़ निकाला, और अन्त में अब

आइंस्टाइन का सिद्धान्त प्रचलित है जिसमें विश्व की परिकल्पना समय-आकाश की चार-आयामी सांतत्यक की है जिसमें हर पिंड अपने पड़ोस में आकाश के वक्र के अनुसार सबसे सहल मार्ग (जियोडेसिक कर्व) ग्रहण करता है।

इन परिकल्पनाओं पर विचार करते हुए ध्यान देने की बात यह है कि आम आदमी के रोजमर्रे की जिन्दगी के अनुभव हजारों साल से एक जैसे हैं। रोज नियम से सूरज पूरब में वैसे ही उगता है और पश्चिम में डूबता है जैसा आज से हजारों साल पहले करता था। आज भी हम बिस्तर पर सोना या बिस्तर छोड़ना इसी के अनुसार करते हैं, लेकिन जो बदली है वह है दुनिया की परिकल्पना, और इस तरह अब दुनिया हमारे लिए वही नहीं है जो हमारे प्राचीन पूर्वजों के लिए थी। इस तरह हम पाते हैं कि दुनिया का जो रूप हमारी चेतना में होता है वह हमारी परिकल्पना पर आधारित होता है। यह परिकल्पना बिलकुल मनमानी नहीं होती इसके पीछे कुछ निर्णायक अनुभव होते हैं, लेकिन इन अनुभवों को विश्लेषित कर फिर इनके चुने गए खंडों के संश्लेषण से एक सम्पूर्ण तस्वीर निर्माण करने का काम, जिससे हम दुनिया या इसके किसी भाग को इसकी पूर्णता में देखते हैं, मानव चेतना से होता है। इस तरह बिना चेतना के हस्तक्षेप के कोई भी असलियत मनुष्य के लिए बोधगम्य नहीं हो सकती।

आश्चर्य की बात है कि स्वयं मार्क्स ने वर्गों को परिभाषित करने में चेतना की भूमिका का जो महत्त्व बतलाया है उस पर मार्क्सवादी चिन्तकों ने विचार नहीं किया। मार्क्स ने किसी भी मानव समूह को वर्ग की परिभाषा देने में अन्य चीजों के अलावा इस बात को अत्यधिक महत्त्व का माना था कि वह समूह अपने विशेष अस्तित्व के बारे में चेतन हो। मार्क्स ने इसी आत्मचेतना के अभाव के कारण उस समय के यूरोप के किसानों को वर्ग नहीं माना था और कहा था कि इस चेतना के अभाव में वे बोरे में एक साथ डाल दिए गए आलू की तरह हैं।[1]

किसी भी प्राकृतिक या सामाजिक स्थिति को बोधगम्य आकार प्रदान करने और इस प्रक्रिया में उसकी असलियत निर्माण करने में भी कला का बहुत बड़ा हाथ है। किसी स्थिति से अप्रासंगिक वस्तुओं को बाहर कर अर्थपूर्ण वस्तुओं को एक खास आकार में प्रस्तुत कर, कला स्थिति को अर्थवान बना देती है। इसके बिना कोई स्थिति विभिन्न तत्त्वों का अर्थहीन बिखराव भर रहती है। इसी में यह भी निहित है कि स्थितियों का कोई भी चित्र जो हमें मिलता है वह कलाकार के मूल्यों से अनुप्राणित होता है, चाहे वे मूल्य नैतिक हों या सौन्दर्यबोध के। इन मूल्यों के परिप्रेक्ष्य में ही कलाकार अपने चित्र-जगत का निर्माण करता है। किस प्रकार कलाकार की दृष्टि हमें दुनिया को एक खास रूप में देखने को बाध्य करती है, इसे कला इतिहासकार गोम्बिच ने एक अंग्रेजी शब्द 'पिक्चर्स' का उदाहरण देकर बतलाया है। इस शब्द का शाब्दिक अर्थ 'चित्र जैसा' है, लेकिन असली अर्थ 'सुन्दर' है। अत: कोई हमें सुन्दर तब लगता है जब उसका विन्यास किसी चित्र की तरह हो अथवा हम दृश्य में

चित्र जैसा विन्यास खोजते हैं। गोम्बिच ने इसी लेख[2] में इस बात की ओर भी ध्यान आकृष्ट किया है कि क्लोड लौरेन के चित्र 'नारसिसस एंड ईको' को देखने के बाद विलायत के बहुत से चित्रकार अपने आसपास के दृश्यों की सुन्दरता के प्रति सजग हुए और रिचर्ड विल्सन ने तो अपना चित्र 'डिना ब्रैन कैसल' का गठन बिलकुल क्लोड लौरेन के अभिकल्पन के अनुसार ही किया।

जब हम किसी स्थान या स्थिति पर नजर डालते हैं तो कलाकार की तरह ही उसमें से तत्त्वों या घटनाओं का चुनाव करते हैं। फिर चुने गए तत्त्वों को कल्पना में एक ढंग से सँवारने की प्रक्रिया में ही स्थिति का एक सन्दर्भ में पूरा अर्थ भी समझ पाते हैं। हम कलाकार की नजर से दुनिया को देखने के लिए इसलिए विवश होते हैं क्योंकि हमारे चारों ओर बिखरे तत्त्वों से ही कलाकार अपने सृजन के लिए चुनाव करता है, वैसे तत्त्वों का, जो अदृश्य रूप से एक-दूसरे से जुड़े हैं, लेकिन जिन्हें कलाकार की परख और उन्हें एक रूपाकार में सँजोने की क्षमता ऐसे रूप में प्रस्तुत करती है, जिससे हमें उन तत्त्वों की आन्तरिक एकता स्पष्ट रूप से दिखाई देने लगती है, लेकिन यह तभी सम्भव होता है जब विभिन्न कारणों से सामाजिक परिवेश हमें उस विशेष रूप में दुनिया को देखने के लिए मानसिक रूप से तैयार कर चुका होता है। कभी-कभी ऐसा भी हो सकता है कि कलाकार ने जो वास्तविकता का चित्र उपस्थित किया है, उसे ग्रहण करने के लिए सृजन काल का समाज मानसिक रूप से तैयार नहीं हो और तब कलाकृति को अपनी पहचान के लिए उपयुक्त समय का इन्तजार करना पड़ता है, लेकिन अगर इसमें सचमुच कुछ सार्थक हो तो धीरे-धीरे कला लोगों को अपनी दृष्टि बदलने के लिए प्रेरित करेगी।

ऊपर की चर्चा कुछ विस्तार से इसलिए की गई जिससे इन बातों के सन्दर्भ में समाज से कला संवेदना के सम्बन्ध को आसानी से समझा जा सके। ऊपर की चर्चा से यह बात साफ हो गई होगी कि कलाकार समाज के कुछ चुने गए तत्त्वों से ही कला का निर्माण करता है और एक ऐसी एकता स्थापित करता है जिसमें कलाकृति समाज की अनुकृति होने के बजाय एक स्वतंत्र सृष्टि बन जाती है। तत्त्वों के चयन और संयोजन से ही वे मूल्य भी उजागर होते हैं जिससे कलाकार की अनुभूति अभिभूत होती है।

समाज की ठीक-ठीक और पूरी तस्वीर उतारने में कला की अक्षमता को अल्बेयर कामू ने अपने एक लेख में सिनेमा[3] का उदाहरण देकर बहुत ही स्पष्ट कर दिया है। सिनेमा एक ऐसी विधा है जिसमें जीवन का सबसे प्रतिनिधि चित्र उपस्थित किया जा सकता है, लेकिन जीवन का पूरा-पूरा प्रतिबिम्ब होने के लिए जरूरी है कि सिनेमा जीवन के साथ-साथ इसको चित्रित करता चले, लेकिन इसमें एक व्यक्ति का भी जीवन पूरी तरह चित्रित नहीं किया जा सकता क्योंकि व्यक्ति के जीवन के साथ-साथ उसके मनोभाव और अन्य व्यक्तियों से सम्बन्ध भी जुड़े हैं, जिन सबके

संयोजन से उसका जीवन बना होता है। अतः एक व्यक्ति का जीवन चित्रित करने में अनेक व्यक्तियों के जीवन और उनके सम्बन्धों को जोड़ना होगा। यह एक असम्भव प्रक्रिया होगी। अतः कलाकार जब भी समाज का चित्र प्रस्तुत करेगा, वह कलाकार की अपनी सृष्टि होगी और एक ऐसे रूप में प्रस्तुत होगी, जिस रूप में समाज की विशिष्टताएँ कलाकार के मानस पर अंकित हुई हैं।

चित्रकला में चुनाव की जरूरत कलाकार को और भी संकीर्ण दायरे में बाँध देती है। इसमें कलाकार, कहानीकार, कवि या सिनेमा की तरह कथानक या कालक्रम में बँधी मनोदशाओं के वर्णन के माध्यम से समाज की स्थिति या इसके प्रति अपनी दृष्टि लोगों के सामने नहीं रख सकता। समाज की स्थितियों और उनके प्रति कलाकार के मनोभावों को कुछ चुनी गई रेखाओं और रंगों के माध्यम से दर्शकों पर व्यक्त करने की मजबूरी के भीतर कलाकार को सृजन करना पड़ता है। प्राचीन चित्रकार इस स्थिति से चित्रों को शृंखला में सजाकर, जिसमें प्रत्येक चित्र कहानी का एक अंश प्रस्तुत करता, या एक ही चित्र में कई घटनाओं को उनके महत्त्व के अनुसार विन्यासित कर इस मजबूरी से उबर जाते थे। पर अब जब प्रत्येक चित्र को अपनी पूर्णता में इसकी एकता बचाते हुए प्रस्तुत करने का आग्रह मान्यता प्राप्त कर चुका है, यह उपाय भी कलाकार के सामने नहीं है। इसके साथ ही कलाकार की क्षमता रेखा, रंग, तल आदि के गठन के माध्यम से दर्शकों का भाव उकेर कोई भी भाव या दृश्य उपस्थित करने में है। यह स्वयं एक ऐसा बन्धन है, जिसके कारण कलाकार प्रस्तुत की जानेवाली विषयवस्तु के तत्त्वों से हटकर ऐसे माध्यमों से काम करता है जो उन तत्त्वों से अलग हैं। इसके लिए कलाकार रेखा, रंग आदि के संकेत-चिह्नों का इस्तेमाल करता है जो अपने आप में एक रूपान्तरण की प्रक्रिया है। कला में वैसा यथार्थ कभी सम्भव नहीं जिसकी कल्पना यथार्थवादी कला के नाम पर की जाती है। चित्रकला एक तिलिस्म है, जिसमें कलाकार एक नई सृष्टि निर्मित करता है।

लेकिन कलाकृति स्वतंत्र सृष्टि है, इसका अर्थ यह नहीं कि यह समाज की स्थितियों से असम्पृक्त रह सकती है। स्वयं कलाकार की अनुभूति जो उसकी सृजनात्मक क्रिया की जड़ में है, समाज के साथ कलाकार की विशिष्ट अन्योन्य क्रिया से बनती है। यह कलाकार की निजी संवेदनशीलता (जब हम निजी संवेदनशीलता की बात करते हैं तो मतलब उस संवेदन शीलता से है जो नितान्त उसकी अपनी है और उसके जन्मना एवं परिस्थितिगत उपलब्धियों के संयोग से बनी है) पर सामाजिक स्थितियों के प्रक्षेप से बनती है। इससे वह तनाव पैदा होता है, जिससे कलाकार अपनी कलात्मक क्रियाशीलता से ही उबर सकता है। उसका सृजन अनेक रूप ग्रहण कर सकता है और कभी-कभी एक ही स्थिति में दो कलाकार विपरीत मान्यताओं पर आधारित सृजन भी कर सकते हैं।

प्रक्रिया में कलाकार का अपना तनाव उसकी कलाकृति में एक परिष्कृत रूपाकार ग्रहण कर, उस ऊर्जा का निर्माण करता है, जिससे मनुष्य और समाज की मान्यताओं को बदल डालने की क्षमता कला में आती है। तनाव से उबरने की प्रक्रिया में वास्तविकता का एक ऐसा रूपान्तरण कलाकृति में उपस्थित होता है, जिससे स्थापित मूल्यों पर प्रश्नचिह्न लग जाता है। एक्सप्रेशनिज्म या सुर्रियलिज्म में हम इसी तरह का रूपान्तरण पाते हैं। जब सही अर्थ में कोई बड़ा कलाकार 'कला के लिए कला' की बात करता है तो वह समाज के प्रति निरपेक्षता नहीं बरतता बल्कि समाज की मान्यताओं या अपनी अनुभूति में समाज में उपलब्ध सम्भावनाओं के प्रति एक निषेधभाव प्रदर्शित करता है। यह स्थिति इस बात की ओर इंगित करती है कि सामाजिक यथार्थ ऐसा है, जिसके भीतर कलाकार के लिए अपना निजत्व निभाना मुश्किल है। जहाँ इस स्थिति के प्रति गहरा निषेधभाव नहीं है वहाँ 'कला के लिए कला' सिर्फ सस्ती सजावट की वस्तु रह जाती है।

आम धारणा के विपरीत अमूर्त कला सामाजिक स्थितियों से निस्पृह होने की जगह इसके मूल्यों के प्रति अनुवर्ती भी हो सकती है। हमारे समय में अमूर्त कला का सबसे शुद्ध रूप पियट मॉन्ड्रियाँ में देखने को मिलता है जिसमें हम अपने आसपास की वस्तुओं का कोई भी रूप नहीं देख पाते। हम इनमें सिर्फ रंगीन वर्गों, आयतों और लकीरों का तनावपूर्ण सन्तुलन पाते हैं, लेकिन यह कला आधुनिक औद्योगिक युग की सजावट की माँग के बिलकुल अनुरूप है और आधुनिक मशीनों, रेडियो, टी.वी. आदि के कैबिनेट डिजाइन तथा मकानों की सतह की डिजाइन आदि में हम इस कला की प्रतिच्छाया देख सकते हैं। इसके अलावा यह एक ऐसी कला है जो कंप्यूटर द्वारा विविध रूप में निर्मित हो सकती है और इस तरह हमारे युग के थोक उत्पादन की जरूरत पूरा करती है। इससे यह निष्कर्ष निकालना गलत होगा कि मॉन्ड्रियाँ सोच-समझकर आधुनिक औद्योगिक संस्कृति के अनुरूप कला को ढाल रहे थे, लेकिन अप्रत्यक्ष रूप से समाज के मूल दबाव कलाकार की संवेदना। पर अंकित होते रहते हैं और अनजाने ही कलाकार की अभिव्यक्ति में उतर आते हैं।

लेकिन सोच-समझकर किसी पूर्वनिश्चित ऐसे सिद्धान्त के अनुसार, जो स्वयं कला में अन्तरभूत दबावों का परिणाम नहीं है, कलाकार कोई महत्त्वपूर्ण मौलिक कला नहीं दे सकता। रूस की क्रान्ति के बाद अनेक कलाकारों ने वहाँ एक नए युग के अनुरूप कला-निर्माण का प्रयास किया, लेकिन इन कलाकारों की कला विभिन्न दिशाओं में विकसित होने लगी। अन्त में नई कला की सरकारी मान्यता, जिसे 'सोशलिस्ट रियलिज्म' कहा जाता था, से इन नई प्रवृत्तियों का इतना गहरा मतभेद हुआ कि इस कला की प्राय: सभी प्रवृत्तियों का देशनिकाला हो गया। स्वयं 'सोशलिस्ट रियलिज्म' वास्तविक का चित्रण करने के बजाय समाज का एक ऐसा चित्र प्रस्तुत करने का प्रयास था जो सत्ताधारियों की कल्पना के समाज का था। इस

तरह वास्तविकतावादी होने के बजाय यह एक घटिया किस्म की आदर्शवादी कला बन गई। यही स्थिति जर्मनी में 'बाउहास' की हुई। इस संस्था का उद्देश्य कला और उद्योग को समीप लाने का था जिससे औद्योगिक उत्पादन और जीवन में लालित्य लाया जा सके, लेकिन हिटलर के सत्ता में आने के बाद जब कला को समाज के मान्य मूल्यों का अनुवर्ती बनाने का प्रयास हुआ तो 'बाउहास' को बन्द कर देना पड़ा। ये अनुभव बताते हैं कि कला सामाजिक स्थितियों-दबावों से अनुप्राणित जरूर होती है, लेकिन किसी भी आरोपित मूल्य के भीतर कला संवेदन जीवित नहीं रह सकता।

वे लोग जो अक्सर क्रान्तिकारिता के नाम पर कला को वास्तविकतावादी बनाना चाहते हैं, अपनी दृष्टि में बेहद दकियानूस होते हैं। वे समाज से सम्बद्ध किसी कथ्य की पुरानी संकेत पद्धति में प्रस्तुति चाहते हैं, लेकिन कलाकार की चेतना में समाज की नई असलियत अक्सर नई संकेत पद्धति के द्वारा प्रदर्शित होती है। वह किसी स्थिति को सीधा-सीधा किसी कहानी के रूप में प्रकट करने के बजाय नई तरह की संकेत पद्धति में नए प्रतीकों से प्रकट करता है। उदाहरण के लिए, पिकासो के बहुचर्चित चित्र 'गुयर्निका' को हम ले सकते हैं। इस तरह के चित्रों में स्वाभाविक रूप से द्विधार्थकता होती है। पुराने प्रतीकों और संकेत पद्धति से बँधे लोगों को इस तरह की कला में कोई सार्थकता नहीं दिखाई देती और उनमें नई कला के प्रति एक निषेध भाव पैदा होता है।

लेकिन यह प्रतिक्रिया कला में वास्तविकतावाद के हिमायती वामपंथी विचारकों तक ही सीमित नहीं है। आज बहुसंख्य लोगों के लिए नई तरह की कला का अर्थ दुरूह होता जा रहा है। यह वास्तव में सम्प्रेषण की एक आम समस्या है, जो कलाकार और दर्शकों के बीच पैदा हो गई है।

मनुष्य की संवेदनशीलता उसके परिप्रेक्ष्य पर निर्भर करती है। आज समस्या यह है कि कलाकार और आम आदमी के परिप्रेक्ष्य बिलकुल अलग हो गए हैं जबकि सम्प्रेषण की सम्भावना के लिए एक उभयनिष्ठ समुदाय का होना जरूरी है, खासकर चेतना के स्तर पर, जिसमें कलाकार और आम आदमी के बीच एक हद तक भावों की समरसता स्थापित हो। अपना अनुभव भी आदमी एक वैचारिक ढाँचे में ही ग्रहण करता है। जहाँ आम आदमी की जीवन पद्धति और चेतना कलाकार की जीवन पद्धति और चेतना से समरस होती है, वहाँ कला में अभिव्यक्त कलाकार की संवेदना आम लोगों के मन को तुरन्त छू लेती है, या आम लोगों की संवेदना कलाकार की संवेदना बन जाती है।

यह स्थिति प्राचीन प्रस्तर युग से लेकर आधुनिक कला के जन्म के पहले तक थी। इसमें कलाकार का सृजन आम लोगों की धर्मविधि या सामूहिक जीवन की समस्याओं से आम लोगों की कल्पना या अपेक्षा के अनुसार जुड़ा था। कला आम अनुभव या सपनों का निचोड़ होती थी, लेकिन पिछले सौ साल में कलाकार

आम लोगों के जीवन से अधिक से अधिक दूर होता गया है। इसमें दोष कलाकार का नहीं, उस समाज-व्यवस्था का है जिसमें मानव समुदाय लुप्त हो गया है और मनुष्य एक-दूसरे से व्यवसाय सूत्र या अर्थ सूत्र से बँधे हैं। इसमें कलाकार दो तरह से प्रभावित होता है। एक तरफ तो वह व्यावसायिकता से बचने के लिए अधिक से अधिक आत्मनिष्ठ होता जाता है और इस प्रक्रिया में आम लोगों की भावनाओं से और भी कटता जाता है। दूसरी ओर कला अब विहारों और मन्दिरों को सुशोभित करने की वस्तु नहीं रही जहाँ आम लोगों की उदात्त भावनाओं की अभिव्यक्ति होती थी। अब कलावस्तु औद्योगिक समाज में स्वयं खरीद-बिक्री की चीज बन गई है। अत: सभी खरीद-बिक्री की वस्तुओं की तरह इसे बाजार में प्रचारित करने और भाव ऊँचा रखने के लिए विज्ञापनबाजी करनेवाले बिचौलियों की जरूरत हो गई है। यह काम आज मुख्य रूप से कला समीक्षकों द्वारा होता है। इससे कलाकार और आम लोगों के बीच का सम्पर्क और भी क्षीण होता जा रहा है। आम लोगों के लिए कला वही है जो इसे समीक्षक बना देते हैं। कलाकार के लिए जीवन की समस्या ऐसी है कि वह इस व्यूह को तोड़कर सीधा लोगों के पास नहीं पहुँच सकता। अगर पहुँच भी जाए तो व्यावसायिक समाज ने आम लोगों को कलादृष्टि से इतना शून्य बना दिया है कि कलाकार जल्दी उनमें अपनी पहचान नहीं बना पाता। इस दुश्चक्र के कारण अगर कलाकार की चेतना में आम लोगों की भावनाओं का दबाव होता भी है तो उसकी अभिव्यक्ति ऐसी होती है जो आम लोगों की समझ से परे होती है। तात्कालिक रूप से सामूहिक प्रयास से कलाकार आम लोगों की भावना के करीब आ सकता है, लेकिन स्थायी रूप से कलाकार को सामाजिक संवेदन के साथ जीवन्त रूप से जोड़ने का एकमात्र उपाय फिर से ऐसा मानव समुदाय स्थापित करना ही हो सकता है जिसमें आम लोगों और कलाकार के अनुभव के सन्दर्भ एक हो सकें और उनके मूल्यों में समरसता स्थापित हो।

6

संस्कृति मनुष्य में आनुवंशिकी का विस्तार है। सभ्यता जीव-जगत से मनुष्य के विस्थापन और बेगानेपन का आगाज है। संस्कृति का विकास मानव अस्तित्व के लिए इसलिए अपरिहार्य हो गया क्योंकि प्राकृतिक परिवेश के बदलाव के अनुरूप अनुकूलन (एडप्टेशन) की जैविक प्रकिया बहुत धीमी और आकस्मिक होती है। इस कारण नई परिस्थितियों के अनुरूप तत्परता से अपने को ढाल पाने की असमर्थता से प्रजातियाँ नष्ट होती रही हैं। संस्कृति मानव व्यवहार में वैसा लोच और बदलाव लाती है, जिससे वह प्रकृति के बदलते मिजाज के अनुरूप अपने को अल्प काल में बदल सके।

इसके लिए वह अंगों की बजाय टूल (औजार) विकसित करता है क्योंकि अंगों को विकसित करना उसके बूते के बाहर है। साथ ही, वह आनुवंशिकी से प्राप्त व्यवहारों के अतिरिक्त—और कभी-कभी उसके विपरीत—व्यवहार विकसित करता है जो नई परिस्थिति में उसका जीवित रहना सम्भव बनाता है, लेकिन जन्मजात आनुवंशिक गुणों के इतर, यह क्षमता एक विशेष परिस्थिति में उसकी आकांक्षाओं में ऐसा अतिरेक भी पैदा करती है कि वह प्रकृति के विरुद्ध अपने आचरण से अपनी पूरी प्रजाति के अस्तित्व को ही खतरे में डाल देता है। सभ्यता का उद्‌भव और विस्तार जो दिशा ले रहा है, उससे ऐसा लगता है मानो मनुष्य में मृत्यु कामना का स्फोट हो रहा हो। यूनान के मिथक में उनके सर्वोच्च देवता जूअस प्रोमेथियस की अग्नि की चोरी की सजा में सुनसान पर्वत में यातना सहने के लिए अनन्त काल के लिए बाँध देते हैं। पश्चिमी सभ्यता में प्रोमेथियस भले ही एक हीरो रहा हो, लेकिन ऐसा लगता है कि जूअस को यह अन्देशा हो गया था कि मनुष्य इस अग्नि का आत्यन्तिक विकास कर परमाणु बम और 'ग्लोबल वार्मिंग' से संसार को नष्ट कर देगा। इन बातों की तो हम सिर्फ कल्पना कर सकते हैं, लेकिन सभ्यता के उदय-काल से ही मनुष्य अपनी ही प्रजाति के दूसरे सदस्यों और प्रकृति के विरुद्ध युद्ध में संलग्न होता गया है, ऐसा लगता है।

इस सबकी शुरुआत होती है—भूशास्त्रियों और मानवशास्त्रियों के अनुसार—नव प्रस्तर युग से, जबसे मनुष्य ने खेती करना और पशुपालन शुरू किया जैसा कि पुरा

वैज्ञानिक और मानवशास्त्री हमें बतलाते हैं—इसके पहले मनुष्य छोटे समूहों में रहता था और सामूहिक आखेट और कन्द मूल आदि जमा कर अपनी जरूरतें पूरी करता था, लेकिन कृषि और पशुपालन से स्थिति बदली। अब आखेट-आधारित जीवन की अनिश्चितता खत्म हुई। मनुष्य अपने आवासीय परिसर से बँध गया जो उसे जरूरत से अधिक अन्न और वस्त्र उपलब्ध करा देता था। इसके बाद से आपसी प्रतिस्पर्धा बढ़ी। सामन्तों और सरदारों का उद्भव हुआ और फिर खेती और पशुपालन से प्राप्त उत्पादन के अधिशेष को हड़प कबीलों के सरदार राजे-महाराजे बने। नील, युफ्रेट्स एवं टाइगर्स एवं सिन्धु आदि नदियों के तट पर नागरी व्यवस्था की स्थापना हुई। इन्हें सभ्यता का नया सबेरा माना जाता है। यूरोप एशिया और उत्तरी अफ्रीका से स्वतंत्र रूप से इसी तर्ज पर मैक्सिको, पेरु आदि में नगरों का विकास हुआ।

अब शासकों के राजमहल, विशाल भव्य पूजा-स्थल और उनके इर्द-गिर्द व्यवस्थित नगरों का विकास हुआ। मेंकिसे, बेबिलोन, हड़प्पा-मोहनजोदड़ो, एथेन्स, रोम, माच्चूपिच्चू जैसे वैभव के केन्द्र अस्तित्व में आए। इन सबका आधार मूल रूप से कृषि थी और जीवन के लिए आवश्यक वस्तुओं के निर्माण में खेती से बँधे किसान और मजदूरों के श्रम का शोषण और कृषि के अधिशेष से राजाओं और उनके सैनिकों के रख-रखाव पर खर्च हुआ। फिर ये सैनिक साम्राज्य फैलाकर खेती और तमाम दूसरे उद्योगों के लिए विजित लोगों को गुलाम बनाकर लाते थे। यूनान और रोम की सभ्यता तो पूरी तरह इन गुलामों पर आश्रित थी। मिस्र में सभ्यता का मूल आधार जमीन से बँधे मजदूर थे। भूमि पर स्वामित्व राज्य का था और शासक फाराओ विभिन्न स्तरों में विभाजित राज्य के कर्मचारी जमीन को पैमाइश के हिसाब से जमीन से बँधे किसानों से जमीन की उपज का बड़ा भाग वसूल कर शासन के अधीन कर देते थे। यही आधार था वहाँ के भव्य महलों, मन्दिरों, पिरामिडों और राजाओं की भव्य मूर्तियों के निर्माण का। मोसेज के नेतृत्व में यहूदियों की मुक्ति का प्रयास जो बाइबिल (ओल्ड टेस्टामेंट) में महागाथा बन गया, इसी गुलामी से मुक्ति का प्रतीक था। इसी तरह रोम में वहाँ के लाते फन्दिया (बड़े फार्म) एवं दूसरे उद्यमों में काम करनेवाले गुलामों के विद्रोह लगातार होते रहे जिनमें स्पार्टाकस के नेतृत्व में होनेवाला विद्रोह इतिहास में विशेष उल्लेखनीय बन गया।

कुल मिलाकर सभ्यताएँ मानव प्रजाति के लिए अपराधी रही हैं, जिनमें थोड़े से लोगों की समृद्धि के लिए श्रम करनेवाली विशाल जनसंख्या का शोषण और दमन होता रहा है। दुनिया भर में लोगों के पर्यटन का केन्द्र इन सभ्यताओं में निर्मित आलीशान भवन और महान कलाकृतियाँ आमजन के लहू और आँसू की लम्बी दास्तानें छिपाए हुए हैं।

कालक्रम में सभी सभ्यताओं को गुलामों, बँधुआ मजदूरों और फैले साम्राज्यों से प्राप्त संसाधनों का टोटा पड़ने लगा और फिर सीमित साधनों के लिए आन्तरिक

और बाहरी छीना-झपटी में ये समाप्त हो गईं। ये तरंगों की तरह समय-समय पर जगह-जगह उठतीं और विलीन होती रहीं। कुछ स्मारकों को छोड़, इनकी कोई स्थायी छाप समाज पर नहीं रही और न इनके अभाव का कोई मलाल। पुरा-वैज्ञानिकों के शोध से लोग जान पाते हैं कि कभी इनकी प्रभावशाली उपस्थिति थी। वर्तमान बाजार व्यवस्था ने जरूर इन स्मारकों को पर्यटन स्थल बनाकर मुनाफे का एक नया स्रोत तलाश लिया है। यह हमारी वर्तमान सभ्यता भी क्या खूब है कि विलुप्त होते बाघों और विलुप्त हुई सभ्यताएँ सभी का बाजार भाव है और बिना भेदभाव इन्हें नुमाइश बना पर्यटन उद्योग से मुनाफा कमाया जा रहा है।

अपनी तमाम चमक-दमक और विस्तार के बावजूद धरती की विशालता के हिसाब से इन प्राचीन सभ्यताओं का आकार चींटियों की बाँबियों या मधुमक्खियों के छत्तों से बड़ा नहीं था और न ये धरती की जिन्दगी और दैनन्दिनी पर कोई छाप छोड़ पाए थे। ऋतुओं की लय पूर्ववत बनी रही, नदियों की धारा अविरल रही। पुरानी सभ्यता के कुछ अत्यन्त छोटे स्थानों को छोड़ बाकी वनों की कटाई और खेती के लिए भूमि के अतिदोहन से जमीन बंजर बनी, धरती आबाद रही। उन पुरानी सभ्यताओं का विस्तार पूरी धरती के हिसाब से नगण्य था। ऊपर वर्णित अपवादों को छोड़ अगर मानव समूह की उच्छृंखलता से कहीं खेती-खलिहान, वन-उपवन पर कोई खरोंच आई, कोई जख्म हुआ तो कभी गर्म, कभी सर्द, कभी शुष्क कभी नमी लिये बदलते मौसमों के कोमल स्पर्श से घाव भर गया और क्षतिग्रस्त स्थानों पर जीवन का स्पन्दन पूर्ववत लौट आया।

वर्तमान औद्योगिक सभ्यता ने यह सब बदल दिया है। अब धरती पहली बार औद्योगिक मनुष्य के अतिचार से आहत और स्थायी रूप से क्षतिग्रस्त हो रही है। मनुष्यों ने धरती की बनावट के साथ इतनी छेड़छाड़ की है कि कुछ जियोलॉजिस्ट जो विशिष्ट बनावट और जलवायु के हिसाब से धरती के काल को युगों में विभाजित करते हैं—सारे युग को 'एंथ्रोयोसीन' का नाम देने लगे हैं—इतनी उथल-पुथल हमारी औद्योगिक सभ्यता से धरती की बनावट में हुई है। वर्तमान काल में पर्यावरण का संकट इतना गहराया है कि अनेक विचारकों को इसमें मानव वंश के विनाश की सम्भावना नजर आती है। प्राचीन सभ्यताओं के काल में बड़े पर्वत और महासागर प्रायः एक सभ्यता से दूसरे के सम्पर्क को दुर्गम बनाते थे। वर्तमान सभ्यता की शुरुआत ही हुई यातायात के लिए जलमार्ग के संगम बन जाने से। सागर अब बाधा नहीं, यातायात के हाइवे बन गए। समुद्री लुटेरे-व्यापारियों ने ही पहले भारत, एवं इंडोनेशियाई द्वीपों और बाद में अमेरिका के तटों को यूरोप के व्यापारी लुटेरे समूहों के लिए खोल दिया। यातायात की इसी सुगमता से औद्योगिक क्रान्ति की शुरुआत हुई। इसके बाद आविष्कारों का स्फोट हुआ और अब दुनिया में ऐसे वायुयान और रॉकेट हैं जिनके लिए कोई पर्वत, सागर आदि अवरोध नहीं बन सकते। इस तरह

सभ्यता का संक्रमण सार्विक बन गया। यह कैंसर की तरह जहाँ फैलती है, जीवन और प्रकृति के अन्योन्याश्रित सम्बन्धों को नष्ट कर अपने विस्तार का एक अलग परिवेश बनाती है जहाँ सब कुछ, जो स्वाभाविक और मानवीय है, नष्ट हो जाता है। अब असली संकट वर्तमान सभ्यता ही है। यह जिन्न फिर वापस बोतल में कैसे बन्द हो और प्रकृति और जीव-जगत सुरक्षित रह सकें, यही सबसे बड़ी चुनौती है। यह चुनौती राजनीतिक तो है ही, पर इससे बढ़कर वैसे सूत्र की तलाश भी है, जिससे मनुष्य और प्रकृति का तादात्म्य फिर स्थापित हो सके।

(आलोचना, अक्टूबर-दिसम्बर, 2013)

7

इकबाल के मशहूर गीत 'सारे जहां से अच्छा ...' में, जो एक समय देश भर में सभी की जबान पर था, इस बात की याद दिलाई गई है कि यूनान, मिस्र और रोम दुनिया से मिट गए, पर हमारे यहाँ कुछ ऐसा रहा है, जिससे हमारी हस्ती नहीं मिटती। वही 'कुछ' भारतीयता है, और अगर हम इस कुछ का अर्थ निकाल पाए और उसकी मौजूदा स्थिति का लेखा-जोखा कर पाए तो यह भी जान लेंगे कि भारतीयता का भविष्य क्या है।

इसमें सन्देह नहीं कि मिस्र की उपलब्धियाँ सिंचाई व्यवस्था तथा स्थापत्य में अद्वितीय थीं। ईसा के तीन हजार वर्ष पूर्व मिस्र ने स्थापत्य, शौर्य और श्रृंगार के जो प्रतिमान स्थापित किए थे, वे आज भी आश्चर्य में डालनेवाले हैं। इसी तरह यूनान ने मूर्तिकला और चित्रकला में ऐसी ऊँचाई हासिल की, जहाँ पहुँचना आज भी कलाकारों को दुर्गम लगता है; यूनान की सभ्यता और संस्कृति रेनेसां (यूरोपीय पुनर्जागरण काल) से लेकर आज तक किसी-न-किसी रूप में यूरोपीय कला के लिए प्रेरणा का स्रोत रही है। इतना ही नहीं, विज्ञान, गणित, दर्शन, राजनीतिशास्त्र, इतिहास लेखन आदि की नींव इस सभ्यता ने डाली, लेकिन जिस कारण सुदूर एशिया, और अफ्रीका तक यूनानी अथवा हेलेनिक सभ्यता का प्रभाव फैला, वह थी सिकंदर की बहादुरी तथा सैनिक दक्षता। सिकंदर ने अल्प काल में ही मिस्र और रोम के विशाल साम्राज्यों को रौंद डाला और भारत तक आ गया। रोम की उपलब्धि अलग किस्म की थी और वह अपने ढंग की अनोखी थी। अपने समय के हिसाब से नगर-निर्माण योजना, जल निकासी की योजना, सड़क-निर्माण तथा भव्य एंफी-थियेटरों का निर्माण कर रोमनों ने अपूर्व इंजीनियरी दक्षता का परिचय दिया, पर सबसे बढ़कर थी उनकी फौज 'लेजनो' की संगठित और अनुशासित शक्ति, जिसके सामने लगभग पाँच सौ वर्ष तक कोई भी शक्ति टिक नहीं सकी। एक अपवाद हानिबाल का जरूर था, लेकिन अन्ततोगत्वा अपनी रणनीति से रोमनों ने उसे भी परास्त किया। इनके अलावा जिस चीज की अमिट छाप उन्होंने यूरोपीय सभ्यता पर और यूरोपीय साम्राज्य के माध्यम से दुनिया भर पर छोड़ी, वह थी उनकी कानून व्यवस्था, जो यूरोप के सभी परवर्ती कानूनों का आधार रही है।

लेकिन मिस्र, यूनान और रोम—तीनों में ही उनकी प्राचीन सभ्यताओं की निरन्तरता कायम नहीं रह पाई। मिस्र पहले हेलेनिक (यूनानी) बना, फिर रोमन और बाद में अरब-इस्लामी और यूरोपीय सभ्यता के रंग में रँग गया। यही हाल यूनान का भी हुआ, जो अब पश्चिमी यूरोप की नई संस्कृति की जूठन पर और उसकी मदद से जी रहा है। रोम भी आधुनिक पश्चिमी सभ्यता का एक पिछड़ा हुआ हिस्सा बनकर रह गया है। उसका जो भी अपना और महान था, वह अब पुरात्त्ववेत्ताओं और इतिहासकारों की विवेचना का विषय भर बनकर रह गया है। प्राचीन सभ्यताओं वाले देशों में भारत ही अकेला है, जिसके जीवन पर आज भी उसकी पुरानी संस्कृति की छाप मौजूद है। शायद आज भी भारत के गाँवों में दो हजार वर्ष पूर्व वर्णित जीवन पद्धति के कुछ जीवित रूप दिख जाएँगे। आज भी भारतीय मनीषा के गहरे तल में उसके प्राचीन संस्कार किसी-न-किसी रूप में पैठे हैं। इस तरह भारत में एक सांस्कृतिक निरन्तरता बनी रही है, जिससे उसका प्राचीन अस्तित्व बोध आज भी कायम है।

इस निरन्तरता के दो कारण रहे हैं। एक तो भारत में अनेक मानव समुदायों के विशेष तरह के पारस्परिक सम्बन्ध और दूसरा उन आदर्शों का चुनाव, जो भारतीय जीवन को संचालित करते रहे। पहले कारण में विभिन्न कबाइली समूहों के आपसी सम्बन्ध शामिल हैं। भारत में यह सम्बन्ध यूरोप तथा दुनिया के अन्य कई भागों से भिन्न था। यूरोप में जब एक कबाइली समूह एक जगह से दूसरी जगह गया तो उसने वहाँ के प्राचीन बाशिन्दों को या तो वहाँ से भगा दिया या खत्म कर दिया। इसके विपरीत भारत में हजारों बरस से विभिन्न कबाइली समूह आते रहे और पुराने कबीलों के साथ अकसर एक खास तरह की जातीय व्यवस्था कायम कर बस गए। इस क्रम में कोल, द्रविड़, आर्य, शक, हूण, पठान, तुर्क, अरब, सिलियन आदि अनेक प्रजातियों के कबीले भारत आए और भारत की जीवनधारा में मिलकर विलीन हो गए। इससे एक-दूसरे के रीति-रिवाजों, पूजा-पाठ, देवी-देवताओं आदि को बरदाश्त करने और समझने की परम्परा बनी।

यही वह सामाजिक आधार है जिस पर भारतीय विश्वासों की पारस्परिक सहिष्णुता कायम हुई है। आगे चलकर इसी से वह परम्परा बनी, जिसमें धार्मिक मतभेदों को खत्म करने के लिए तलवार के बजाय विवादों और शास्त्रार्थों का सहारा लिया जाने लगा। भारतीयता का यह सर्वाधिक महत्त्वपूर्ण अंग है। इसे सहन करने और जज्ब करने की शक्ति से भारत, भारत बना रहा और हर नए मानव समूह के आने पर रंग बदलकर वैसा नहीं बन गया, जैसे मिस्र या रोम बन गए।

भारत की अस्मिता बनाए रखने में दूसरी महत्त्वपूर्ण चीज थी, जीवन के आदर्शों का चुनाव। भारतीय आदर्शों में बाहरी वस्तुओं के बजाय आन्तरिक उपलब्धियों पर अधिक जोर दिया गया। इससे भारत के दर्शन और धर्म में सन्तोष, आत्मनियंत्रण, नि:स्वार्थ सेवा, अपरिग्रह आदि केन्द्रीय मूल्य बन गए। परोपकार को तो सभी धर्मों

का सार ही मान लिया गया था। इस तरह के विचार उपनिषदों, पुराणों तथा बौद्ध, जैन आदि सभी धर्मों में प्रधान हैं। कालान्तर में इस्लाम के आने के बाद जब इस्लाम का भारतीयकरण हुआ और भारतीय धर्मों तथा इस्लाम के पारस्परिक प्रभाव से और उनके आपसी विभेदों को मिटाती हुई सन्त कवियों की एक परम्परा चली तो उसमें भी इन्हीं तत्त्वों को प्रधानता मिली। उहाहरण के लिए सूफी सन्त फरीद (13वीं सदी) की इन पंक्तियों में इसी भावना की अभिव्यक्ति होती है :

'रुक्खी-सुक्खी खाय के ठंढा पानी पीव।
फरीदा देखि परायी चोपड़ी न तरसावे जीव।'

या

'फरीदा काले मैड़े कापड़े, काला मैला वेसु।
गुनही भरिया मैं फिरा, लोक कहै दरवेसु।'

इसी तरह दूसरे सूफी सन्त दाता गंजबख्स (11वीं सदी) कहते हैं—"ऐ मुरीदो! त्याग और परोपकार ही फकीरी की कुंजी है। दूसरों को सुख पहुँचाने के लिए कष्ट उठाना और दूसरों के लाभ के लिए अपने नुकसान की ओर ध्यान न जाना चाहिए, स्वार्थ को त्याग देना ही धर्म है।"

किसी देश के वास्तविक चरित्र और उसकी प्रेरक शक्ति की अभिव्यक्ति उसके आदर्श पुरुषों (कल्चर हीरो) के चुनाव में होती है। मिस्त्र की महानता उसके पुरोहित सम्राटों (फरोहा) की उपलब्धियों में देखी जाती है। यूनान की ख्याति सिकन्दर महान की उपलब्धियों में देखी जाती है। रोम की गरिमा की परिणति जूलियस सीजर के विजय अभियानों में होती है। इन सबकी उपलब्धियाँ युद्ध-क्षेत्र में विजय या सम्पदा को बढ़ाने में रही हैं। इन दोनों तरह की उपलब्धियाँ बाहरी स्थितियों पर निर्भर करती हैं और इसीलिए अस्थायी हैं। देश की सैनिक शक्ति कमजोर पड़ सकती है और विजेता विजित और पराजित हो सकता है। कई पीढ़ियों से अर्जित सम्पत्ति एकाएक नष्ट हो सकती है और आज की स्थापत्य की महान उपलब्धियाँ कल की नुमाइश भर रह जा सकती हैं—जैसे मिस्त्र के पिरामिड या चीन की दीवार। इसीलिए इन सभ्यताओं की गरिमा कुछ ही काल में पुच्छल तारे की तरह आई, पर एक बार शक्ति का पराभव हुआ तो उतनी ही जल्दी बिना कोई विरासत छोड़े विलीन भी हो गई। यूनान और रोम की सभ्यताओं में जो उदात्त तत्त्व थे, उनकी रक्षा या अभिव्यक्ति बाद में ईसाई धर्म के माध्यम से ही हो पाई।

भारत की स्थिति बिलकुल अलग थी। हमारा आदर्श पुरुष कोई योद्धा नहीं रहा; शिवि, दधीचि, बुद्ध और अशोक रहे। शिवि और दधीचि ने अपना मांस-हाड़ देकर भी शरणागतों की रक्षा की और बुद्ध ने तो सम्पूर्ण जीव-जगत के प्रति दया का पाठ सिखाया। अशोक ने हथियारों का परित्याग कर प्रेम और अहिंसा के बल पर संसार का हृदय जीतने में अपना जीवन लगा दिया। अगर हम अपने धर्मशास्त्रों पर नजर

डालें तो देवताओं का राजा इन्द्र एक कामुक, कपटी और कायर व्यक्ति के रूप में उभरता है, जो सदा अपने सिंहासन के लिए शंकित रहता है और असुरों के आक्रमण के भय से बार-बार विष्णु और शिव की शरण में जाता है। पुराणों को पढ़ने से जो एक स्पष्ट छाप मन पर पड़ती है, वह यह कि युद्ध की क्षमता मूलत: आसुरी है और देवता तथा मनुष्य इसमें बार-बार पराजित होते हैं।

भारतीय मानस पर इन्द्र स्वर्गीय सुख की कामना और उन्माद के अवश्यम्भावी परिणामों के प्रतीक के रूप में चित्रित होता है। इसीलिए भारतीय धर्मों में स्वर्ग की प्राप्ति कभी सर्वोच्च लक्ष्य नहीं रहा, क्योंकि कामनाओं का दास इन्द्र और स्वर्ग, कामनाओं के अवांछित, पर अनिवार्य फलों के भोगी बन जाते हैं। मोक्ष की भारतीय कल्पना सभी इच्छाओं से परे जाने की रही है। यही भारतीय चेतना का केन्द्र बिन्दु रहा है, चाहे हम इसे ईश्वरवादी परम्परा में देखें या बौद्ध धर्म जैसी अनीश्वरवादी परम्परा में।

जड़ वस्तुओं के प्रति यह दृष्टि हम भारतीय कलाओं में भी पाते हैं। सुप्रसिद्ध पश्चिमी कला दार्शनिक बोरिंगर ने कला-अभिव्यक्ति को दो ध्रुवों में बाँटते हुए भारतीय कला को अनुकृति के विपरीत उस ध्रुव का विशिष्ट नमूना माना, जो सांसारिक कोलाहलों से दूर अमूर्तन की ओर जाता है। भारतीय कला में चाहे हम मूर्तिकला लें, भित्तिचित्र लें, या मिनियेचर (लघु चित्र),सभी में हम यही रुझान पाते हैं। प्राचीन मूर्तिकला और अजन्ता के भित्तिचित्रों में आदर्शों के चित्रण का यह रुझान तो दिखाई देता ही है, बाद की राजपूत, पहाड़ी और मुगल कला के लघु चित्रों में भी हम यही पाते हैं। कोई भी व्यक्ति जो मुगलकालीन कलाकृतियों की तुलना इसी काल के पश्चिम के पोस्ट रेनेसां (उत्तर-पुनर्जागरण काल) के चित्रों से करेगा, दोनों के बीच स्तम्भित करनेवाले फर्क से प्रभावित हुए बगैर नहीं रह सकेगा। जहाँ रेनेसां और पोस्ट रेनेसां कला अभिव्यक्ति के तरह-तरह के 'कोड' (संकेत) इसलिए विकसित करते हैं, ताकि चित्रों को देखने से वास्तविक वस्तुओं को देखने का भ्रम पैदा हो, वहाँ राजपूत और मुगल कला रेखाओं और रंगों को सरलीकरण की ओर ले जाते हैं, जहाँ रेखाएँ और रंग अपनी शुद्धता में दर्शकों पर एक स्वतंत्र स्थिति की अपनी छाप छोड़ सकें। यह भारतीय कला अभिव्यक्ति यहाँ के लोगों की सम्पूर्ण चेतना से जुड़ी हुई है।

जिस चेतना की अभिव्यक्ति दर्शन, धर्म और कला में हो, उसकी जीवन में नहीं हो, ऐसा हो नहीं सकता। हम इस चेतना की अभिव्यक्ति सामाजिक जीवन की बनावट और जीवन के प्रति आम लोगों की दृष्टि में भी देख सकते हैं। सामाजिक जीवन के गठन में इस दृष्टि का असर यह हुआ है कि भारत मूलत: गाँवों का देश रहा। जब लोगों की जरूरतें सीमित हों और उनमें नई वस्तुओं को पाने की ललक नहीं हो तो व्यापार पर भी सीमा लग जाती है। जब व्यापार न्यूनतम हो और लोग अपनी जरूरत की चीजें स्थानीय रूप से पैदा करने लगें, तो नगरों का विकास कठिन हो जाता है।

ऐसा नहीं कि भारत में नगर हुए नहीं। पराक्रमी राजाओं की राजधानी में महत्त्वपूर्ण धर्मस्थलों और विश्वविद्यालयों के इर्द-गिर्द नगरों का विकास हुआ, लेकिन इनका देश के जीवन पर वह महत्त्व कभी नहीं रहा जो रोम, पेरिस या लन्दन का अपने देशों में था। एक दिलचस्प बात यह है कि परम्परा के अनुसार भारत में भव्य नगर-निर्माण भी दानवों और राक्षसों के साथ जुड़ा। रावण की सोने की लंका या स्वर्ग तक सीढ़ी लगाने की आकांक्षा तथा मय दानव द्वारा इन्द्रप्रस्थ का निर्माण, जिसमें जल, स्थल और स्थल, जल का भ्रम पैदा करते थे, दानवों की चमत्कारी बुद्धि के परिणाम माने जाते थे।

आवश्यकताओं के सीमित होने का एक और महत्त्वपूर्ण असर हुआ। हालाँकि भारत में जाति-व्यवस्था के कारण एक खास तरह की विषमता रही, और अस्पृश्यों के साथ तो सदियों से अमानुषिक व्यवहार होता रहा, लेकिन आर्थिक दृष्टि से वैसी विषमता कभी नहीं रही, जैसी हम पश्चिमी समाज में प्राचीनकाल से पाते हैं और आधुनिक काल में उससे भी बढ़कर भारत में पाते हैं। व्यापार और आधुनिक उद्योगों के विकास से सम्पत्ति का अत्यधिक केन्द्रीकरण होता है और इससे आर्थिक विषमता भी बढ़ती है। मूलतः ग्रामीण संस्कृति होने के कारण हमारे यहाँ कोई राष्ट्रव्यापी केन्द्रित व्यवस्था नहीं बन पाई। केन्द्रीकरण में महानगरों की महत्त्वपूर्ण भूमिका होती है, जो 'ऑक्टोपस' (अष्टभुज) की तरह सारे समाज को अपने चंगुल में दबोचे रहते हैं। सिर्फ मुगलकाल में, जो अर्ध फौजी शासन था, हम राजधानी के फैलते प्रभाव को देख सकते हैं, लेकिन यह अल्पकालिक था। चूँकि राज्य विकेन्द्रित था और नगरों का प्रभाव सीमित था, ज्ञान-विज्ञान के उत्स गाँव या ऋषियों के आश्रम ही थे, इससे सत्ता, सम्पत्ति और ज्ञान के केन्द्र अलग-अलग रहे और प्राचीन भारत उस आधुनिक बीमारी से बचा रहा, जहाँ सत्ता, सम्पत्ति और सूचना ('ज्ञान' शब्द इस सन्दर्भ में अनुचित है) एक जगह केन्द्रित हो जाते हैं। आधुनिक सभ्यता में ये इस हद तक एक-दूसरे से जुड़ गए हैं कि हैरोल्ड लासवेल जैसे राजनीतिशास्त्री ने यह सिद्धान्त ही प्रतिपादित कर दिया है कि सत्ता से सुविधा, धन, ओहदा आदि सारी चीजें उपलब्ध हो जाती हैं और सत्ता (पॉवर) पाने का उद्देश्य भी उससे जुड़ी सुविधाओं को प्राप्त करना है। इसके विपरीत पुराणों और जातक कथाओं में वर्णित स्थितियों से ऐसा नहीं लगता कि सचमुच सामाजिक सम्बन्ध इन आदर्शों पर पूरी तरह आधारित रहे हों, लेकिन इस तरह सत्ता, सम्पत्ति और प्रतिष्ठा के विभाजन का तत्त्व जनमानस में होना स्वयं इनके केन्द्रीकरण के विपरीत माहौल बनाने में सहायक हो सकता है।

अगर हम ऊपर कही गई बातों पर विचार करेंगे तो इस निष्कर्ष पर पहुँचेंगे कि भारतीयता, शारीरिक-भौतिक उपलब्धियों की जगह, जो हमारे विकास-क्रम में हमारे बन्धु पशुओं के करीब लाती हैं, उन आध्यात्मिक उपलब्धियों की तरफ का रुझान है, जो हमें पशुओं से अलग करता है। अगर आप धार्मिक प्रवृत्ति के हैं तो इसका

अर्थ निवृत्ति मार्ग मान सकते हैं; अगर धर्म में रुचि नहीं है तो यह ज्ञान-विज्ञान, कला, संगीत आदि की तलाश हो सकती है। दोनों ही हालत में इससे उपभोक्तावादी और हथियारवादी संस्कृति के विपरीत हमें चेतना के जीवन की तरफ बढ़ने की ओर प्रेरणा मिलती है। जीवित रहने के लिए भौतिक उपकरणों का होना अनिवार्य है, लेकिन भौतिक उपकरणों को ही जीवन का केन्द्र मान लेना पशुवत बन जाना है। यही भारतीयता का मूल पाठ रहा है। इस दृष्टि से देश में उपभोक्ता संस्कृति की ओर बढ़ रहा रुझान और राष्ट्रीय स्वयंसेवक संघ की लाठी संस्कृति या शिव सेना की त्रिशूली संस्कृति भारतीयता के आदर्शों के एकदम विपरीत है, उनकी विरोधी है।

भारतीयता क्या है, इसकी पहचान होने से हम उन परिस्थितियों का भी अनुमान लगा सकते हैं, जिनमें भारतीयता जीवित रह सकती है या खत्म हो सकती है। अगर भारतीयता उपभोक्तावादी संस्कृति के विपरीत सरल स्वस्थ जीवन की आकांक्षा है, अगर यह हथियारी होड़ के विपरीत शान्ति और बन्धुत्व का सन्देश है तो इसका भविष्य इस बात पर निर्भर करेगा कि यह किस हद तक उपभोक्तावादी संस्कृति और हथियारों की होड़ के विश्वव्यापी प्रभावों से अपने को मुक्त रख सकती है।

आजादी के बाद से भारत जिस राह पर चल रहा है, वह उसे इन दोनों विजातीय प्रभावों के गिरफ्त में ला रही है। यह राह न सिर्फ भारतीयता के विपरीत है, बल्कि आजादी के आन्दोलनकाल में देश में जो स्वदेशी और स्वावलम्बन का संकल्प बना था, उसे भी खंडित कर रही है। भारतीयता के मूल तत्त्व तो दूर, अब तो स्वभाषा को भी, जो किसी भी स्वतंत्र राष्ट्र की प्रतिष्ठा का प्रतीक है, दूसरे दर्जे पर रख दिया गया है। अभी भी अंग्रेजी राज-काज और शिक्षा के क्षेत्र में सर्वोच्च गौरव के स्थान पर है। राष्ट्रीय भाषाएँ आज भी उपेक्षित हैं। इससे बढ़कर शर्मनाक बात क्या हो सकती है कि भारतीय तकनीकी संस्थान जैसी शिक्षण संस्थाओं में राष्ट्रभाषा में लिखे गए शोधपत्रों को मान्यता नहीं मिलती, लेकिन अगर भाषा बदल भी जाए तो इन संस्थाओं में प्रशिक्षण का ढाँचा और उद्देश्य, दोनों ऐसे हैं जिन्हें देश के परिवेश या उसकी असली समस्याओं से कुछ लेना-देना नहीं। इसी का नतीजा है कि इनमें प्रशिक्षित तकनीकी विशेषज्ञ देश में अपने को बेकार पाते हैं और बड़ी संख्या में विदेशों में या देश की गैर-तकनीकी व्यवस्था में नौकरी करते हैं।

इसी तरह विकास के क्षेत्र में पश्चिमी देशों का अन्धानुकरण बिना यह सोचे-समझे हो रहा है कि यह हमारे लिए उपयोगी है या घातक। यह दृष्टि उस उपभोक्तावादी संस्कृति में निहित है जो पश्चिम द्वारा प्रचारित हर उपभोग की वस्तु को आवश्यक मानने लगती है और अपने देश में उपलब्ध बेहतर वस्तुओं को घटिया। चूँकि ऐसी वस्तुएँ या तो पश्चिम से आयातित होती हैं या पश्चिम से आयातित तकनीकी और मशीनों से निर्मित होती हैं। हमारी निर्भरता पश्चिमी देशों पर बढ़ती जा रही है। उपभोक्तावादी संस्कृति की जकड़ इतनी जबर्दस्त होती है कि हम धीरे-धीरे उपयोगी

तथा अनुपयोगी, स्वास्थ्यप्रद तथा जहरीली वस्तुओं में फर्क करने का विवेक खोते चले जाते हैं और बाहर से आयातित जहरों के आदी हो जाते हैं।

एक उदाहरण सिगरेट है। सिगरेट जहर है, लेकिन लेटेस्ट फैशन है। इसलिए हम इसकी आदत जरूर डालेंगे। टी.वी. से आँखें खराब होती हैं और छोटे बच्चे गँवार हो जाते हैं, लेकिन हम घर में टी.वी. जरूर रखेंगे क्योंकि यह भी लेटेस्ट है। आधुनिक ढंग के औद्योगिक विकास से प्रदूषण फैलता है और देश में बेरोजगारी फैलती है, लेकिन हम ऐसे ही उद्योग खड़ा करेंगे क्योंकि हमारी आयातित लतें इनके बिना पूरी नहीं हो सकतीं। हम ऐसी बहुमंजिली इमारतें खड़ी करेंगे, जिनमें रौशनी और हवा प्रवेश नहीं पा सकें और फिर भारी खर्च कर रौशनी और हवा के लिए बिजली के बल्ब और पंखे लगाएँगे। ऐसा इसलिए क्योंकि यूरोप की जलवायु में खुले घर रौशनी और धूप के बजाय ठंड और बर्फ को न्योतते हैं और इसलिए वहाँ के लोग ऐसे घर बनाने को मजबूर हैं, जो प्रकृति को बाहर रख सकें। अगर अमेरिका में पहनावे में क्रान्ति नहीं हुई होती और हिप्पियों का प्रभाव नहीं होता तो हमारे सम्पन्न लोग अभी भी गर्मियों में थ्री पीस वूलेन सूट पहनकर रहते, लेकिन उसकी जगह अब जींस और स्टोनवाश ले रहे हैं। जो चीज कायम है, वह है हमारी उधार मानसिकता।

इसी तरह का अन्धानुकरण हथियारों को भी जमा करने में हो रहा है। हम जानते हैं कि जो हमें हथियार देते हैं, वे अपने सबसे अच्छे हथियार हमें नहीं देते और इन दिए गए हथियारों की कमजोरियाँ भी जानते हैं; इसलिए कभी भी हम युद्ध में इन दाताओं का मुकाबला नहीं कर सकते और न इनकी मरजी के बगैर अपने कमजोर पड़ोसियों से भी कोई निर्णायक लड़ाई लड़ सकते हैं। फिर भी हम उन बच्चों की तरह, जिनमें हर नए खिलौने के प्रति ललक होती है, नए हथियारों के लिए बेचैन रहते हैं। इनकी खरीदगी में हम कर्ज में इतना डूबते जाते हैं कि वह आजादी जिसकी रक्षा हथियारों से करना चाहते हैं, पहले ही गिरवी पड़ जाती है।

ये सब नतीजे हैं, अपनी अस्मिता न पहचानने के। अगर हमने अपनी अस्मिता की तलाश की होती और उस भारतीयता को समझने की कोशिश करते जिसने हमें यूनान, रोम और मिस्र के हश्र से बचाया है तो हम अपनी समस्याओं का कोई दूसरा ही समाधान ढूँढ़ते।

प्रश्न है, क्या हम अपने विनाश के इतने करीब पहुँच गए हैं कि बचने का कोई उपाय नहीं? अगर हम वर्तमान ढंग के विकास के रास्ते पर चलते रहे तो इसमें कोई सन्देह नहीं कि हमारा रोग असाध्य हो जाएगा। हम पश्चिमी दुनिया के ढंग की दसवें या बीसवें दर्जे (पहले, दूसरे या तीसरे दर्जे आदि की बात हम नहीं सोच सकते) की एक सभ्यता बन कर रह जाएँगे। समय के साथ हमारे देश में कुछ और महानगर खड़े हो जाएँगे, जिनमें झुग्गियों में रहनेवालों का अनुपात उत्तरोत्तर बढ़ता हुआ 90-95 प्रतिशत हो जाएगा और गाँव बिखरे बंजर बन जाएँगे। जिस तरह के दंगे आज

जगह-जगह भड़क रहे हैं, उस तरह के दंगे हर गली-कूचे में जीवन के नियमित और स्थायी अंग बन जाएँगे। लोग छोटी-से-छोटी सुविधाओं के लिए आवारा कुत्तों-से एक-दूसरे पर झपटते रहेंगे (दिल्ली में बसों में जगह पाने के लिए होनेवाली मारधाड़ इससे कहीं अधिक भयानक होती है); और इस लूट-खसोट के बीच कहीं दूर-दराज घरों में से टी.वी. और वीडियो देखते हुए 'हम आधुनिक और सम्पन्न हैं' इसका भ्रम पैदा करते रहेंगे। पश्चिमी ढंग के विकास की हमारी यही परिणति 21वीं सदी में पहुँचते-पहुँचते होनेवाली है। यह राह राष्ट्रीय अस्मिता के लोप की राह है।

लेकिन एक दूसरी सम्भावना भी है, जो वर्तमान निराशा के घोर अन्धकार में कौंध जाती है। चूँकि वर्तमान विकास की निर्यात अधिकतम लोगों को इसके वांछित फलों से बहिष्कृत करने की है, इसका घोर प्रतिरोध भी इसी में निहित है। वे असंख्य लोग, जो दिनोंदिन इस विकास के नाम पर पहले प्राप्त सुविधाओं से भी वंचित होते रहे हैं, कब तक बरदाश्त करेंगे? वे लोग, जो विशाल योजनाओं के लिए गाँवों से निष्कासित हो रहे हैं, वे जिनके जीवन के आधार वन नष्ट किए जा रहे हैं, वे ग्रामीण जो भूमिहीन हैं और जिनके लिए रोजगार की कोई व्यवस्था नहीं, इस विकास की व्यर्थता समझे बिना नहीं रह सकते। खुशकिस्मती से ऐसे लोगों का ही देश में विशाल बहुमत है। अगर इस विकास की असलियत उनकी समझ में आ गई तो फिर वे इसका चक्का जाम करने को कटिबद्ध हो जाएँगे। जहाँ-तहाँ छिटपुट ढंग से लोगों का प्रतिरोध जग रहा है। अगर यह प्रतिरोध व्यापक हुआ तो प्रबुद्ध लोग, जो अब तक अपनी सारी प्रतिभा अन्धी गली में ले जानेवाले वर्तमान विकास की प्रशस्ति में लगा रहे हैं, विकल्प सोचने के लिए मजबूर होंगे। बाहरी संसाधनों की सिकुड़ती सीमाओं के बीच विकल्प के लिए उन्हें फिर विकास के लक्ष्यों पर नए सिरे से विचार करना होगा। ऊर्जा संकट, विश्वयुद्ध से संहार की, सम्भावना, पर्यावरण का संकट; इन सबके परिप्रेक्ष्य में विचार करने पर उन्हें लगेगा कि हमारे पूर्वजों ने जिन मूल्यों के आधार पर लोकजीवन को गठित करने की, कोशिश की थी, वे आज सिर्फ हमारे लिए ही नहीं, सारी दुनिया के लिए प्रासंगिक बन गए हैं। अगर यह चेतना पैदा हुई तो भारतीयता ही हमारा और औरों का भी भविष्य होगी।

(27 अक्टूबर, 1986, परिवर्तन)

8

हमने आनुवंशिकी के समानान्तर रख संस्कृति को समझने के लिए जैविकी के क्षेत्र की अनेकों क्रियाओं की जानकारी का सहारा लिया है। अब आनुवंशिकी की एक और विशेषता का ध्यान दिलाएँगे, जिससे यह समझने में आसानी होगी कि संस्कृति का साध्य क्या है? यह तो हम देख चुके हैं कि संस्कृति की भूमिका आदमी के जीवन को वैसे ही नियमित करने की है जैसे आनुवंशिकी इतर जीवों के जीवन को और एक निम्न स्तर पर मनुष्य के जीवन को भी नियंत्रित करती है, लेकिन हमें देखना यह है कि यह नियमन मनुष्य को ही लक्ष्य मानकर होता है या इसका लक्ष्य इससे आगे बढ़ किसी बड़ी इकाई का हित साधन है? यह सवाल इसलिए पैदा होता है क्योंकि मनुष्य की संस्कृति उस समूह की या उन समूहों की देन होती है जिसमें वह पलता होता है या प्रशिक्षित होता है।

पिछले कुछ हजार वर्षों से मनुष्य विभिन्न स्तरों पर उसे आवृत्त करनेवाले कई समूहों और परिवेशों में रहता आया है। उसकी अपनी रक्षा और संस्कृति के विकास के लिए इन समूहों और परिवेशों से लगाव एवं उनके प्रति वफादारी आवश्यक रही है। ऐसे समूह हैं परिवार, कबीला, कार्यशाला, राज्य एवं राष्ट्र। इनमें प्रत्येक के अपने भौगोलिक परिसर रहे हैं जिनसे आदमी का भावनात्मक लगाव रहा है। अक्सर ऐसा देखा जाता है कि मनुष्य और उसको घेरे कई स्तर की इकाइयों में घनिष्ठ पारस्परिकता का रिश्ता रहा है और इनमें कामों का व्यवस्थित बँटवारा होता रहा है। कहीं इन इकाइयों की कार्यविधि एक केन्द्र से उसी तरह नियंत्रित होती है, जैसे शरीर का कार्य मस्तिष्क से। इस तरह की बाहरी समानता को देख कुछ बौद्धिकों ने मनुष्य को आवृत्त करनेवाली बड़ी इकाइयों, जैसे राज्य या राष्ट्र को भी जीव की तरह ही प्राणवान और अपने आप में सम्पूर्ण एवं साध्य मानना शुरू कर दिया है। विशेषकर कबीलों और राष्ट्र-राज्य को तो इतना गरिमामंडित किया गया है कि इसके भीतर के मनुष्यों की जान पर भी इसका अनियंत्रित अधिकार मान लिया गया है। यह अपेक्षा भी रहती है कि इनका सदस्य आवश्यकता होने पर इन इकाइयों की रक्षा के लिए जान की भी बाजी लगा दे। ऐसे विचारों ने आदमी की हैसियत को तुच्छ बना दिया है।

दूसरी तरफ उसके अहम को एक और झटका लगा है। 'अमरत्व की तलाश' के सन्दर्भ में यह बात कही गई थी कि आदमी अपने अमरत्व के लिए अपने जीन के अस्तित्व को निरन्तरता प्रदान करने की कोशिश करता है, लेकिन अब यह माना जाने लगा है कि ऐसा सोचना मनुष्य के अहंकार की ही अभिव्यक्ति है। जैविक हकीकत यह है कि जीन ही मानव जीवन या पशु जीवन का नियन्ता है और वह अपनी सुरक्षा के लिए ही मनुष्य या अन्य पशुओं को वैसे गुण प्रदान करता है, जिससे वे जीवित रह अपने जीन को अपने वंशजों को हस्तान्तरित कर सकें और जीन के लिए अक्षय जीवन सुनिश्चित कर सकें। अत: साध्य जीन है, जीव या मनुष्य साधन है।

लेकिन संस्कृति के स्तर पर एक बार फिर व्यक्ति के रूप में मनुष्य की केन्द्रीयता स्थापित हो जाती है। चूँकि संस्कृति जिन व्यवहारों का निर्माण करती है उनका केन्द्रबिन्दु मनुष्य ही है, इसलिए जैसे जीव-जगत का केन्द्रबिन्दु जीन है वैसे ही मानव समूहों का केन्द्रबिन्दु मनुष्य बन जाता है। प्राचीन यूनान के दार्शनिक प्रोटागोरस ने जब कहा कि "मनुष्य ही सभी वस्तुओं का मापदंड है" तो उसने मनुष्य की इसी अनुभूत केन्द्रीयता को उजागर किया था। ध्यान देने की बात है कि उसी प्राचीन यूनान में अपने विचारों के लिए सुकरात को मृत्युदंड दिया गया था, लेकिन इस मृत्युदंड से ज्यादा महत्त्वपूर्ण वह विचार है, जिसे सुकरात ने मृत्यु को अंगीकार करते हुए व्यक्त किया था। सुकरात के सामने दो विकल्प रखे गए थे—या तो नगर से निर्वासित होना कबूल करना या जहर पीकर मृत्यु को गले लगाना। सुकरात ने नागरिक के जीवन को जीवन से अधिक महत्त्व दिया और जहर खाकर प्राण दे दिए। यह उन प्राचीनतम घटनाओं की श्रृंखला में एक है जो व्यक्ति के जीवन से अधिक महत्त्व समुदाय को देता है। ऐसा विचार जितना ही उदात्त है उसकी तार्किक परिणति उतनी ही खतरनाक हो सकती है। सुकरात के शिष्य प्लेटो ने अपनी विख्यात पुस्तक 'रिपब्लिक' में जिस आदर्श समाज की कल्पना की, उसमें व्यक्ति की स्वायत्तता की कोई जगह नहीं थी। यहाँ जीन और जीव के सम्बन्ध का एक दृष्टान्त प्रासंगिक है क्योंकि नियामक सूचना तंत्र के रूप में समाज के लिए मानव व्यक्ति की भी वही भूमिका हो जाती है जो जीन का जीव के अस्तित्व और विकास के लिए।

अब यह सिद्ध बात है कि प्रजाति के सदस्यों में जो सामूहिक स्तर पर महत्त्वपूर्ण बदलाव होते हैं, उसकी शुरुआत जीन के 'म्युटेशन' से होती है। यह म्युटेशन अचानक होता है और परिस्थिति से अनुकूलन प्रक्रिया से धीरे-धीरे यह गुण पूरी प्रजाति में फैल जाता है। समाज में सांस्कृतिक परम्परा का दबाव लोगों को लीक पर रखने के लिए ही होता है। इस लीक से हटने की प्रक्रिया व्यक्ति के स्तर पर ही शुरू होती है। कोई मसीहा 'कोई वैज्ञानिक' कोई कलाकार या कोई कारीगर

परम्परा से हटकर कुछ नया कहता है या करता है परम्परा से उसकी टकराहट होती है, लेकिन अगर बदलाव बदली परिस्थिति में जीवन के लिए अनुकूल सिद्ध हुआ तो लोग इसे कबूल करते हैं और एक नई सांस्कृतिक परम्परा की शुरुआत होती है। इस तरह समाज में मंगलकारी मौलिकता का उत्स भी व्यक्ति ही है। अतः संस्कृति के दीर्घकालीन जीवन के लिए व्यक्ति का जीवन और उसकी अभिव्यक्ति की स्वतंत्रता अनिवार्य है, लेकिन आदमी हर क्षण अनिश्चितता की स्थिति में नहीं रह सकता। उसे हर समय छोटी-मोटी बातों पर निर्णय लेना होता है। परम्परा उसे अधिकांश बातों में बना-बनाया निर्णय प्रदान करती है।

विकास के विशेष बिन्दुओं पर ही मौलिक निर्णयों की जरूरत होती है और विशिष्ट व्यक्तियों की भूमिका होती है। छोटे समूहों में, जिनमें समूह से बाहर जीवन सम्भव नहीं और जीवन संघर्ष दुरूह है, समूह के सामने हर मुद्दे पर आत्मसमर्पण का जीवन देने और रक्षित करने के संस्कृति के मूल उद्देश्य से मेल बैठ सकता है, लेकिन बड़े और विशाल समुदायों के विकास के साथ व्यक्ति के आत्मसमर्पण से संस्कृति के केन्द्रीय तत्त्व मनुष्य जाति के विनाश की सम्भावना भी पैदा हो जाती है। दरअसल, गहराई से विचार करने पर लगेगा कि संस्कृति के लिए व्यक्ति और समष्टि का विरोध असल नहीं। जैसे जीनों की रक्षा जो जीवन के नियंत्रक सूचनाओं का वाहक है, जीव की रक्षा के लिए भी आवश्यक है, वैसे ही मनुष्य और समाज दोनों एक-दूसरे के जीवन के लिए आवश्यक हैं। जीव की केन्द्रीयता मानें या व्यक्ति की मनुष्य के ऊपर कोई दूसरी ऐसी सत्ता नहीं जिसके लिए जीते-जागते व्यक्ति की बलि देने का तर्क बने, जैसा समाज की विभिन्न इकाइयों के पक्ष में इतिहास में देखा गया है।

व्यक्ति का महत्त्व संस्कृति के लिए कितना है, इसे समझने के लिए सांस्कृतिक बदलाव की प्रक्रिया पर विचार करना जरूरी है। संस्कृति के संस्कार से अनिवार्य सम्बन्ध की बात कही गई है। इसके मुताबिक, संस्कार व्यक्ति में संस्कृति का प्रतिबिम्ब होता है, लेकिन संस्कृति एक अखंड इकाई नहीं होती। इसके अलग-अलग अवयव होते हैं जिनका समन्वित रूप पूरी संस्कृति होती है। मनुष्य के संस्कार में भी उनकी स्थिति और रुझान के अनुसार ये विभिन्न अवयव कुछ विशिष्टता के साथ प्रतिबिम्बित होते हैं। व्यक्तियों को संस्कारित करने के लिए संस्कृति एक साँचे का काम करती है। इसमें संस्कृति के विभिन्न अवयवों के अलग-अलग साँचे होते हैं। संस्कृतियों का परिवर्तन भी हठात् एक समग्रता में नहीं होता बल्कि इसके अलग-अलग अवयवों पर ही होता है। ये परिवर्तित अवयव धीरे-धीरे पूरी संस्कृति पर भी बदलाव का दबाव बनाते रहते हैं और परिस्थिति के अनुसार उन्हें पूरी तरह बदल भी सकते हैं, लेकिन इन साँचों में परिवर्तन के पीछे एक गहरा अन्तर्द्वन्द्व होता है। संस्कारों में अपने को संरक्षित रखने का एक अन्तर्निहित दबाव

होता है। इसका विरोध परिस्थिति के दबाव से होनेवाले परिवर्तनों से होता है। अनुकूलन प्रक्रिया के दबाव में ही परिवर्तनों को संस्कृतियाँ अंगीकार करती हैं।

समुदाय में संस्कृति द्वारा संस्कारित व्यक्तियों के पारस्परिक सम्बन्धों का ताना-बाना परम्परा का निर्माण करता है। ये परम्पराएँ एक पीढ़ी से दूसरी पीढ़ी में हस्तान्तरित होती चलती हैं, जिनके माध्यम से संस्कृति के तत्त्व पीढ़ी-दर-पीढ़ी समुदाय में जीवित रहते हैं। एक ठेठ अर्थ में इसे 'परिपाटी' भी कह सकते हैं। ये तत्त्व एक-दूसरे से सम्बद्ध होते हैं और एक-दूसरे को प्रभावित करते हैं, लेकिन सबकी अपनी स्वायत्तता भी होती है और बाहरी प्रभावों में दूसरे तत्त्वों से स्वतंत्र रूप से इनमें परिवर्तन भी होते हैं। ऐसे परिवर्तन अगर संस्कृति के समन्वित संस्कार के विपरीत नहीं हों तो परम्परा के भीतर अंगीकार हो जाते हैं, लेकिन अगर यह बाकी तत्त्वों के संस्कार से बिलकुल विपरीत हो तो या तो दूसरे तत्त्व भी प्रभावित हो अपने को बदलेंगे या इन्हें परम्परा से बाहर कर दिया जाएगा। अगर बदलाव के पीछे कोई शक्तिशाली और विजातीय प्रभाव हो तो पूरी संस्कृति नष्ट भी हो सकती है क्योंकि इसका अपने परिवेश से मेल नहीं बैठ पाएगा। संस्कारित करनेवाले साँचे आनुवंशिकी के जीन के कोड की तरह ही काम करते हैं और पीढ़ी-दर-पीढ़ी संस्कृति के स्वभाव को निर्धारित करते हैं।

संस्कार के इन तत्त्वों में—

(1) यौन सम्बन्ध और कौटुम्बिक ताना-बाना (किनशिप)
(2) शिष्टाचार
(3) धार्मिक विश्वास और कर्मकांड
(4) आवासीय व्यवस्था और सामुदायिक संरचना
(5) भाषा एवं सम्प्रेषण
(6) प्रशिक्षण की व्यवस्था
(7) आजीविका के साधन एवं प्रौद्योगिकी
(8) नृत्य, संगीत एवं कला
(9) क्रीड़ा एवं खेल तथा
(10) राजकीय व्यवस्था शामिल है।

ये तत्त्व अलग-अलग और सम्मिलित रूप से भीतरी दबावों और बाहरी प्रभावों से बदलते रहते हैं, लेकिन आम तौर से इनका बदलाव इतना धीमा होता है कि इनका असली प्रभाव आनेवाली पीढ़ियों को एक विशिष्ट सांस्कृतिक ढाँचे में बाँधे रखने का होता है। तकनीकी के आमूलचूल परिवर्तन का सबसे व्यापक प्रभाव बाकी तत्त्वों और इससे पूरी संस्कृति को बदलने में होता है।

दूसरा महत्त्वपूर्ण तत्त्व जिससे संस्कृतियाँ बदलती हैं, विश्वासों—जैसे धर्म का परिवर्तन हो सकता है जो संस्कृति के बाकी तत्त्वों को बदलने का प्रेरणास्रोत हो सकते हैं, जैसा इस्लाम या प्रोटेस्टेंट धर्म के प्रभाव से हुआ।

संस्कृति द्वारा व्यक्ति को संस्कारित करनेवाले साँचे को हम 'संस्कारिकी' का नाम दे सकते हैं और फिर विविध अवयवों पर काम करनेवाले साँचे को इसी तर्ज पर—

(1) कौटुम्बिकी
(2) शिष्टाचारिकी
(3) धार्मिकी
(4) आवासिकी
(5) सम्प्रेषिकी
(6) शैक्षिकी
(7) प्रौद्योगिकी
(8) संगीतिकी
(9) क्रीड़की एवं
(10) राजकी जैसे नाम दे अलग-अलग हिस्सों में बाँट सकते हैं।

इस तरह के विभाजन से यह देखना और समझना आसान होगा कि संस्कृति के किन अवयवों पर किस तरह का प्रभाव पड़ रहा है और कैसे परिवर्तन हो रहे हैं? व्यक्तियों के संस्कार के स्तर पर यह एक अध्ययन का विषय बन सकता है।

(सामयिक वार्ता, मई 2000)

9

दिल्ली में कुछ महीनों पहले केरल के स्वामी साधु मोहन ने 'दि मास्क वि वियर ह्वेन थिंग्स गो रांग' नाम से एक दिलचस्प प्रदर्शनी लगाई थी। इसमें चित्रों के माध्यम से भारत की वर्तमान दुर्दशा का प्रभावी प्रदर्शन किया गया था। साथ-साथ हमारे पतन की गम्भीरता की ओर ध्यान खींचने के लिए भौतिक विज्ञान और जीवविज्ञान के नवीनतम विचारों और विचारकों का उल्लेख भी था, लेकिन सारे वैज्ञानिक मुहावरों का प्रयोग अति अवैज्ञानिक ढंग से कुछ असिद्ध बातों को स्थापित करने के लिए किया गया था। स्वामी का मूल उद्‌देश्य यह साबित करना था कि प्राचीनकाल में ईसा से 5000 वर्ष पहले तक भारत अपनी प्रगति के चरमोत्कर्ष पर था। विज्ञान के क्षेत्र में हमारी उपलब्धियाँ आधुनिक विज्ञान से बढ़कर थीं, लेकिन भारतीयों में 'जीन' के पतन के कारण सर्जनात्मक शक्ति खत्म हो गई है और इसी से भारतीयों की अधोगति हुई है। उनका यह भी दावा था कि इस पतन की प्रक्रिया को उलटा जा सकता है और उन्होंने यह भी इशारा किया था कि प्राचीन भारतीय विज्ञान से इस काम में मदद मिल सकती है।

इस प्रदर्शनी के पीछे हम भारत के विभाजित व्यक्तित्व (स्किजोफ्रेनिया), का स्पष्ट रूप देख सकते हैं। विभाजित व्यक्तित्व की विशेषता यह होती है कि इससे आक्रान्त व्यक्ति दो विपरीत दुनियाओं में साथ-साथ रह सकता है। इस स्थिति में आदमी किसी समान कसौटी पर तथ्यों को कसकर किसी नतीजे पर नहीं पहुँचता। इसमें दोनों विपरीत दुनियाएँ अलग-अलग मानकों को लेकर चलती रहती हैं। इस मानसिक स्थिति का लाभ यह है कि यह हमें तथ्य और तर्क के कठोर बन्धन से मुक्त रखती है और इसका दोष है कि यह हमें वास्तविक दुनिया की समस्याओं से निपटने में असहाय बना देती है।

एक विकासशील समाज की विश्वदृष्टि, चाहे वह मिथक पर आधारित हो या आधुनिक अर्थ में विज्ञान पर, छोटी-से-छोटी घटना को समान कार्य-कारण शृंखला में बाँधती है। वहाँ कोई अपवाद नहीं होता। इस तरह जीवन के छोटे-से-छोटे अनुभव से व्यवस्थित ज्ञान का दायरा फैलता है और इससे नई स्थितियों का मुकाबला करने की शक्ति भी आती है, लेकिन एक विभाजित मस्तिष्कवाले समाज की कोई व्यवस्थित

विश्व-दृष्टि नहीं बन सकती। यह एक अत्यन्त बिखराव की स्थिति है, जहाँ हर घटना या काम के लिए अलग और उपयुक्त तर्क खोज लिये जाते हैं, क्योंकि इन तर्कों के बीच कोई तारतम्य या तार्किक सम्बन्ध खोजने की जरूरत नहीं महसूस होती। उदाहरणस्वरूप, हम लोकजीवन में भ्रष्टाचार की आलोचना करते कभी नहीं अघाते, लेकिन भ्रष्टाचार से किसी निजी लाभ के मौके को भी हाथ से जाने नहीं देते और न इसके लिए किसी अपराधभाव का अनुभव करते हैं। स्कूलों में ग्रहण के वैज्ञानिक कारण पढ़ते-पढ़ाते हैं, लेकिन ग्रहण के मौके पर गंगा स्नान नहीं, तो नलकूप पर ही सही, स्नान जरूर कर लेते हैं। दो विपरीत तरह की दृष्टियों को सहज रूप से अपनाने के हम आदी हो गए हैं।

कुछ हद तक विभाजित व्यक्तित्व की हमारी परम्परा काफी प्राचीन है। वेदान्त के दर्शन, जिसमें संसार के हर तिनके में एक ही सन्त की व्याप्ति का सिद्धान्त है, और समाज में अस्पृश्यता का विधान,दोनों का सह-अस्तित्व एक हद तक इसी मानसिकता का उदाहरण है, लेकिन इस मानसिकता का चरमोत्कर्ष हम अंग्रेजी हुकूमत और उनके द्वारा स्थापित शिक्षा पद्धति के प्रसार के बाद पाते हैं।

इस शिक्षा पद्धति से दो विभिन्न संस्कृतियाँ भारत में विकसित हुईं। एक, नई शिक्षा से प्राप्त संस्कृति, जिसके मूल्य, जीवनदृष्टि, भाषा, मनोरंजन, खेलकूद सभी में पश्चिमी जीवन का प्रभाव था (इसी शिक्षा पद्धति से बाद में देश का प्रभावी अभिजात वर्ग और नेतृवर्ग पैदा हुआ); दूसरी, परम्परागत संस्कृति, जो अतीत की जीवन-पद्धति से बँधी थी और नई असलियत से कटी होने के कारण पतनोन्मुख भी थी। यह आम लोगों की संस्कृति थी। इसी में सदियों के अनुभूत जीवन के प्रतीक और पुरातन ज्ञान के अवशेष तथा अन्धविश्वासों के आश्रयस्थल भी थे, लेकिन इस संस्कृति की अन्तर्धारा इतनी सशक्त थी कि भीतरी विकृतियों और विदेशी शासकों द्वारा आरोपित विजातीय संस्कृति के प्रभाव से भी यह पूरी तरह नष्ट नहीं हुई और सतह से नीचे उतरने से आज भी हम इसमें नई ऊर्जा का स्रोत पा सकते हैं। चूँकि नई संस्कृति का परिवेश विदेशी था, अतः यहाँ इसके विकास की कोई सम्भावना नहीं थी। सभी संकर जीवों की तरह यह भी बाँझ और नवीकरण में अक्षम थी। यह उधार प्रभावों पर ही पीढ़ी-दर-पीढ़ी अपने को जीवित रख सकती थी। हमारी विभाजित मानसिकता के कारण कभी यह आवश्यकता महसूस नहीं की गई कि हम इन दोनों संस्कृतियों का पूरा मूल्यांकन करें। उनके परस्पर विरोधी तत्त्वों को विश्लेषित कर काट-छाँट करें और अपनी परम्परा के अनुकूल उनके सर्वश्रेष्ठ मूल्यों को ग्रहण करें तथा अपनी परम्परागत संस्कृति के रुग्ण और निष्प्राण अंगों को काटकर इसे एक नया जीवन प्रदान करें।

राष्ट्रीय आजादी के आन्दोलन को भी इन दोनों संस्कृतियों ने अलग-अलग तरह से और अलग-अलग काल में प्रभावित किया। राष्ट्रीय आजादी के आन्दोलन के

पीछे कहीं-न-कहीं अस्मिता के संकट का भाव होता है। परम्परागत संस्कृति में पले लोगों में यह भाव ज्यादा स्पष्ट और तीव्र था। वे सारी मान्यताएँ और प्रतीक, जिनसे राष्ट्रीय अस्मिता का बोध होता था, विदेशी शासन और शासन की मान्यताओं से उपेक्षित हो रहे थे। इसीलिए आजादी का पहला संघर्ष, सिपाही-विद्रोह उन मुद्दों के आसपास हुआ, जो सिपाहियों की परम्परागत मान्यताओं पर आघात करते दिखाई देते थे। इसीलिए बहुत सारे लोगों को, जो राष्ट्रीयता को मात्र आधुनिक और पश्चिमी परिवेश में देखते हैं, इस पर भी सन्देह होता है कि यह सचमुच में एक राष्ट्रीय मुक्ति का आन्दोलन था भी या नहीं।

बाद में भी राष्ट्रीय आजादी के आन्दोलन में एक जबर्दस्त धारा रही, जो इस आन्दोलन को परम्परावादी संस्कृति के परिवेश में देखती थी। उदाहरण के लिए, हम लोकमान्य तिलक को इस धारा में रख सकते हैं। इस धारा की दृष्टि बिलकुल स्वाभाविक थी। इसका दोष यह था कि जो सांस्कृतिक परम्परा इन नेताओं को विरासत में मिली थी और जिसके प्रति ये वफादार थे, वह परम्परा सदियों पहले घोर रूप में बीमार हो गई थी। हालाँकि 14वीं शताब्दी से ही सन्त कवियों ने लगातार प्रयास किया कि इस संस्कृति को सुधारकर फिर नया जीवन दिया जा सके, लेकिन समाज के शीर्ष स्थानों पर उनका प्रभाव कभी पहुँच नहीं पाया। इसका एक नतीजा यह भी हुआ कि मुसलमान, जिनकी संख्या 12वीं शताब्दी के बाद से ही तेजी से बढ़ रही थी और हिन्दू पूरी तरह एक सांस्कृतिक परम्परा के अंग नहीं हो पाते। इस कारण राष्ट्रीयता के लिए जमीन की तलाश में इन नेताओं के पाँव क्षुद्र धार्मिकता के दलदल में फँसकर रह गए। इस तरह राष्ट्रीय आन्दोलन का विभाजन शुरू से ही धार्मिक खेमों में हो गया। एक समन्वित राष्ट्रीय संस्कृति का विकास नहीं हो पाया, जो पूरे राष्ट्रीय आन्दोलन को अनुप्राणित करती।

खिलाफत के समय धार्मिक गठजोड़ का नजारा बिलकुल साफ हो गया। इसमें अंग्रेजियत के खिलाफ अस्मिता की रक्षा के लिए एक संयुक्त मोर्चा बन गया, लेकिन हिन्दू और मुसलमान किसी समान परम्परा में अपनी अस्मिता की पहचान नहीं ढूँढ़ रहे थे। इसी स्थिति में पाकिस्तान का बीज भी मौजूद था, हालाँकि आम लोगों में व्याप्त अन्धधार्मिकता का इस्तेमाल बिलकुल अंग्रेजियत में रँगे नेताओं ने किया। अंग्रेजियत में रँगे नेताओं के लिए यह राजनीति का नया अर्थ था। उनके लिए राजनीति सत्ता का खेल थी और लोगों की धार्मिकता उनको मात्र समर्थकों का एक क्षेत्र (कांस्टिचुएंसी) प्रदान करती थी। राजनीति के नए खेल में ये लोग आम लोगों की भावनाओं का निर्मम ढंग से उपयोग कर सकते थे, क्योंकि वे खुद उस भावना से मुक्त थे। इसलिए परम्परावादी मुसलमान नेता, जो नई स्थितियों को समझने में अक्षम थे, किनारे हो गए और जिन्ना जैसे नेता मुसलमानों के मसीहा बन गए, लेकिन धार्मिकता की भावना को उभारकर जो राजनीतिक लाभ उठाया गया, उसका प्रतिफलन हम अब देख रहे

हैं, जब पश्चिम एशिया के प्रभाव में नए लोकतांत्रिक मूल्यों की जगह पाकिस्तान में फिर मध्ययुगीन मूल्यों को स्थापित करने का प्रयास हो रहा है।

जो नया फॉर्मूला अंग्रेजी शिक्षा और संस्कृति से पैदा हुआ था, उसकी अस्मिता की टकराहट खास तौर से विलायत में शिक्षा प्राप्त करने के लिए जाने पर वहाँ के लोगों से सीधे सम्पर्क से हुई। वहाँ के माहौल में एक तरफ तो बराबरी की भावना पैदा हुई, तो दूसरी तरफ इस वर्ग के लोगों को भारतीय और गुलाम होने से तिरस्कार का शिकार होना पड़ा। इस सम्पर्क से उन्हें पता चला कि अंग्रेज उन्हें तीसरे दर्जे का नागरिक समझते हैं। इनमें कुछ अपनी अस्मिता की तलाश में अपने अतीत की ओर मुड़े और उसकी हर चीज में गौरवपूर्ण महानता देखने लगे, लेकिन इनमें अधिकांश को पश्चिम में विकसित हो रहे लोकतंत्र, आजादी आदि के मूल्यों में अपनी ही न स्थिति से उबरने का मार्ग दिखाई देने लगा। पहली कोटि के लोगों की कठिनाई यह थी कि पुरानी संस्कृति की कोई अटूट परम्परा ऐसी नहीं थी, जो नई स्थितियों के अनुरूप नए मुहावरे और प्रतीक प्रस्तुत करती और उनके संघर्ष में स्थायी ढंग से सहायक सिद्ध होती। दूसरी कोटि के नेतृवर्ग की सीमा यह थी कि इसका विरोध महज राजनीतिक रह गया और इसमें वैकल्पिक संस्कृति की चेतना का अभाव था, जिससे राष्ट्र की अस्मिता की पहचान बनती। ये लोग अपने अतीत में उन स्थितियों की कल्पना करने लगे। जो पश्चिम का आदर्श बन चुकी थीं और जिन्हें ये अपना रहे थे, लेकिन लोकतंत्र की बढ़ रही नई चेतना की अपील व्यापक थी और कम-से-कम प्रत्यक्ष रूप से यह धीरे-धीरे राष्ट्रीयता की भावना का प्रमुख आधार बन गई।

गांधी के व्यक्तित्व पर दोनों संस्कृतियों का गहरा प्रभाव था। उनके व्यक्तित्व पर ईसाई धर्म और उसकी नैतिकतावादी (प्युरिटन) परम्परा का गहरा असर पड़ा था, लेकिन इसके पहले ही बचपन से उनको हिन्दू धर्म के व्रत-नियम आदि के कठोर पालन का संस्कार अपने परिवार और खासकर अपनी माता से प्राप्त हुआ था उन्हें इन दोनों में कोई बुनियादी विभेद नजर नहीं आता था, लेकिन दोनों की सांस्कृतिक परम्पराएँ विभिन्न थीं और दोनों के प्रभाव के कारण गांधी के व्यक्तित्व में एक तनाव था, जिससे वे एक सांस्कृतिक समदृष्टि विकसित कर निपटना चाहते थे। अन्य राष्ट्रीय नेताओं की तरह दोनों दृष्टियों को जैसे-तैसे साथ लेते चलना या किसी एक को पूरी तरह कबूल कर दूसरे के प्रति निषेध भाव रखना उन्हें कबूल नहीं था, लेकिन वह यह भी समझते थे कि भारतवासियों के लिए किसी समष्टि का उद्गम-स्थल भारतीय परम्परा में ही ढूँढ़ना होगा। अत: वे यहाँ तक कह गए कि उन्हें अंग्रेजों का भारत में रहना कबूल है, अगर अंग्रेजियत यहाँ से चली जाए।

गांधी ने दो बुनियादी स्थापनाओं को आधार मानकर अपनी दृष्टि बनाई। वे स्थापनाएँ यह थीं कि दुनिया के सभी धर्मों और संस्कृतियों के मूल उद्देश्य और मूल्य समान हैं और भारतीय परम्परा और हिन्दू धर्म की मूल धारा का इन उद्देश्यों

और मूल्यों से कोई टकराव नहीं है। इससे यह भी निष्कर्ष निकला कि पश्चिमी सभ्यता के प्रचलित मूल्यों का ईसाई धर्म की मूल भावनाओं से मेल नहीं है और वैसे ही हिन्दू धर्म में जो विषमताएँ हैं, वे धर्म के रूप नहीं, बल्कि उसकी विकृतियाँ हैं—जैसे अस्पृश्यता आदि। यह दो संस्कृतियों के बीच की खाई को पाटने का बड़ा प्रयास था। गांधी ने अपने व्यक्तित्व में निश्चय ही संस्कृतियों की विसंगतियों से छुट्टी पा ली थी और इसी कारण उनकी मानव-भविष्य की कल्पना और वहाँ पहुँचने के मार्ग सिर्फ भारत के लिए ही नहीं, बल्कि पूरे मानव समाज के लिए प्रासंगिक बन गए। यह इसलिए सम्भव हुआ कि शुरू से ही उनमें स्थानीय प्रभावों से ऊपर उठकर मानव-बोध में अन्तर्निहित उस सर्वव्यापी प्रेरक शक्ति की तलाश थी जो मनुष्य को पशुओं की कोटि से उठाकर मानवीयता की ओर ले जाती है।

हालाँकि नैतिक दुविधा से निकलकर एक समदृष्टि कायम करने में सांस्कृतिक विसंगतियों को नकारना सहायक हुआ, इसका ऐतिहासिक और सामाजिक यथार्थ से मेल नहीं खाता था। गांधी की समाज और इतिहास की कल्पना एक प्रभावशाली मिथक थी। हर मसीहे को अपने अनुभूत सत्य को लोगों तक पहुँचाने के लिए ऐसे मिथकों का सहारा लेना पड़ता है, हालाँकि ये मिथक उस सत्य के अभिन्न अंग नहीं होते और गांधी ने भी यही किया, लेकिन सांस्कृतिक परम्परा की असलियत इससे भिन्न थी, अत: व्यापक स्तर पर लोग संस्कृतियों की विभिन्नता से पैदा समस्याओं से इस तरह उबर नहीं सकते थे। फलस्वरूप, धर्म तथा जाति के झगड़े एवं परम्परागत एवं पश्चिमी संस्कृति के झगड़े ज्यों-के-त्यों कायम रहे।

जरूरत इस बात की थी कि अपनी पूरी परम्परा का पुनर्परीक्षण होता और इसकी जड़ और बीमार अंगों को हटाकर फिर नए परिभाषित रूप में अपनी संस्कृति के मूल्यों को अपनाया जाता। इस प्रक्रिया में स्वयं ही पश्चिमी दुनिया के ऐसे मूल्य। जो हमारे लिए ग्राह्य हैं, इस नई संस्कृति में अपनी जगह ले लेते, लेकिन समस्याओं को हल करने एवं विसंगतियों को मिटाने के झंझट में पड़ने के बजाय हर चीज को ज्यों-का-त्यों उसकी जगह छोड़ देने की आदत के अनुसार लोग अपनी मर्जी के अनुसार एक या दूसरी संस्कृति या इनके तत्त्वों को अपनाते रहे, इसकी परवाह किए बगैर कि जिस संस्कृति को वे अपना रहे हैं, उसकी तार्किक परिणति क्या होगी और दूसरी संस्कृति या पूरे जीवन पर उसका क्या प्रभाव पड़ेगा।

लेकिन चीजों को सतही ढंग से देखने की आदत के कारण अपनी तात्कालिक सफलता से प्रतिष्ठित पश्चिमी सभ्यता की ज्यों-का-त्यों ओढ़ लेने का आग्रह अन्ततोगत्वा सफल हुआ, लेकिन किसी भी संस्कृति का मूल स्रोत तो लोकजीवन और उसकी बौद्धिक और रागात्मक परम्परा में होता है। चूँकि भारतीय उस परम्परा के लिए परदेशी थे, उनके लिए यह अप्राप्य था। वे सिर्फ इसके बाहरी रूपों और वर्तमान औद्योगिक समाज के ताम-झाम को अपना सकते थे। अपनी प्रतिष्ठा को

पश्चिमी देशों के मुकाबले स्थापित करने का उपाय अब इस ऊपरी ताम-झाम में उनका मुकाबला करना बन गया। एक आरोपित संस्कृति की ट्रेजेडी यह है कि इसमें विकास की कोई अन्तर्निहित शक्ति नहीं होती। अत: संस्कृति में पीछे न छूट जाए, इसलिए भारतीय अभिजात वर्ग के लिए यह जरूरी हो जाता है कि इसकी नजर पश्चिमी दुनिया (जिसकी संस्कृति को ओढ़ा गया है) की लेटेस्ट चीजों पर लगी रहे, जिससे यह झट से उन्हें अपना ले—चाहे वह रंगीन टी.वी. हो, चाहे जीन कल्चर हो या डिस्को। इसीलिए आजादी के बाद पश्चिमी चीजों की नकल की भूख ज्यादा तेज हुई है। इसके अलावा नेतृवर्ग की जिस दिशा में अपनी अस्मिता को स्थापित करने की आकांक्षा थी, उस दिशा में बढ़ने के सारे साधन आजादी के बाद पूरी तरह उपलब्ध हो गए हैं। हमारी अपनी चीजें भी इस वर्ग को तभी ग्राह्य होती हैं, जब उन पर 'लेटेस्ट' होने की मुहर पश्चिम में लग जाए। बिस्मिल्ला खाँ के शहनाई के रेकॉर्ड हर सुसंस्कृत परिवार में तब पहुँच जाते हैं, जब पश्चिम में उन्हें प्रतिष्ठा मिलती है। 'हरे राम, हरे कृष्ण' सम्प्रदाय जब अमेरिका में फैलता है, तब दिल्ली की सड़कों पर 'हरे कृष्ण, हरे राम' की छाप भरी चुनरी और चादरें 'सुसंस्कृत' परिवारों की महिलाओं को सुशोभित करने लगती हैं, भले ही सौन्दर्यबोध की दृष्टि से वे कितनी ही भद्दी क्यों न हों।

लेकिन भारतीय अभिजात वर्ग के लोग पश्चिम की नकल से अपनी आधुनिकता पर अपनी पीठ कितनी ही ठोंक ले, पश्चिमी लोगों की निगाह में इससे वे हास्यास्पद ही बनते रहे हैं। पश्चिम के लोगों को भारत को समझने के लिए उसकी अपनी परम्परा और संस्कृति की तलाश थी। पश्चिम के लोग जब उधार पश्चिमी संस्कृति की ओर उपेक्षा का भाव दिखाते हैं, तब इस अभिजात वर्ग में भारतीयता की तलाश जगती है और फिर कुछ परम्परागत प्रतीकों को अपना लिया जाता है, लेकिन इससे अपनी दृष्टि का पुनर्परीक्षण नहीं शुरू होता, बल्कि संस्कृतियों की बेमेल खिचड़ी पकती रहती है। कारण, यह तलाश भी यथार्थ तक पहुँचने की नहीं होती—सिर्फ दिखाने की होती है। विदेशी सज-धज के द्वारा इस वर्ग के लोग भारतीय लोगों को इस बात से प्रभावित करते हैं कि वे कितने 'अपटुडेट' हैं और विदेशी लोगों को परम्परागत प्रतीकों के सहारे इस बात से कि वे 'ऑथेंटिक' (प्रामाणिक) भारतीय हैं। इसका एक असर यह भी हुआ है कि देश में सही जिज्ञासा का लोप हो गया है और आग्रह सतही ज्ञान और लोगों को प्रभावित करनेवाली चतुराई हासिल करने का है, क्योंकि सारा व्यक्तित्व छद्म बन गया है। इस तरह हमारी संस्कृति का वर्तमान संकट एक लम्बी परम्परा का अंग है और इससे निपटने के लिए बहुत बड़े साहस, धीरज और आत्मविश्वास की जरूरत है।

(रविवार, 26 दिसम्बर 1982)

10

किसी भी जीव के लिए उसके परिवेश की आवश्यक जानकारी जरूरी होती है, मनुष्य के लिए भी। आदमी की पहली चीख माँ के गर्भ की सुरक्षा के बाहर की अनजान दुनिया में प्रवेश की पीड़ा से निकलती है। इसके बाद उसका परिचय फैलते हुए परिवेशों से होता है जो गर्भ का स्थान लेते हैं—पहले माँ की गोद, फिर पालना, घर-परिवार, गाँव-नगर और इसके बाहर का फैला हुआ संसार। इस सबका साहचर्य उसे एक के बाद एक वह मानसिक सुरक्षा कवच प्रदान करता है जिसमें आश्वस्त हो वह अपना जीवन-यापन करता है। इस मानसिक सुरक्षा के लिए एक और चीज आवश्यक होती है—यह भरोसा कि वह परिचित परिवेश, जिससे वह आवृत्त है, क्षण भर में विलीन नहीं हो जाएगा। उसमें निरन्तरता रहेगी। इन दोनों के संयोग से जीव का दिक्‌काल बोध विकसित होता है। छोटे समूहों में व्यक्तियों की अवधारणाएँ ही आपसी सम्प्रेषण से उनके लोक और इसके दिक्-काल की अवधारणा का निर्माण करती हैं।

जीवनक्रम में आदमी अपने परिवेश का दायरा फैलाता ही रहता है। इसी के साथ उसका दिक् (स्पेस) भी फैलता है। फिर लोकगाथाओं, पुराणों और इतिहास से उसके काल का फलक भी फैलता जाता है। यह एक ऐतिहासिक प्रक्रिया है। इस फैलाव में एक सीमा के बाद चूँकि मनुष्य के अनुभव स्थानीय अवधारणा के भीतर अँट नहीं पाते, विविध स्थानीय अवधारणाओं को समाहित कर एक सार्विक अवधारणा की तलाश शुरू हो जाती है। इसीलिए वैसी सभी सभ्यताएँ जिनका सरोकार स्थानीय जंगल, जमीन, जलस्रोतों और पर्वतों से परे जा दूर-दराज के स्थानों से रहा है भूगोल और खगोल के ज्ञान के लिए ज्योतिष की ज्यामितीय अवधारणाओं की ओर बढ़ी जिनमें दिक्‌काल के परिसर विशाल या अनन्त बन गए।

लेकिन इस फैलाव से पुरानी अवधारणाएँ नष्ट नहीं होतीं। नई और पुरानी अवधारणाओं के कार्यक्षेत्र बँटते जाते हैं। अत्यन्त आधुनिक काल को छोड़ दें तो आदमी का दैनन्दिन का परिवेश उसका निकट पड़ोस रहा है, जिसके पेड़-पत्ते, नदी, पर्वत सबके साथ उसका रागात्मक सम्बन्ध होता है और वे ही उसके कलात्मक अभिव्यक्ति और अन्तरंग भावों के पारस्परिक सम्प्रेषण के लिए प्रतीक प्रदान करते हैं। यही वह रंगभूमि बनाती है जिस पर लोक-परम्परा से प्राप्त उसके पूर्वजों के पराक्रम

की गाथाएँ कभी मंचित हुई थीं। इसी से एक मिथकाय दिक्‌काल बोध भी सभी समाजों में व्याप्त रहता है जो मनुष्य के अनुभवों की भावभूमि बन जाती है। इससे बेगानेपन से उसमें भावनात्मक रिक्तता पैदा होती है। इसी कारण बाद में भौतिकी द्वारा विकसित दिक्-काल की अवधारणाओं को, जो गणित के अमूर्त समीकरणों पर आधारित होती है, समझ पाना या उनकी कल्पना कर पाना या दैनन्दिन के कार्यकलापों से जोड़ पाना आम आदमी के लिए लगातार मुश्किल होता जा रहा है। दरअसल, पहले तरह की दिक्‌काल की नई अवधारणा की स्पष्ट कल्पना करना मुश्किल होता है। शायद ऐसे ही दबाव में हेनरी बर्गसौं ने जिसने एक जीवनी शक्ति (एलान वीटल) के प्रवाह को समस्त जीवन का आधार माना, स्पष्ट रूप से दो समयों की कल्पना की : एक 'टाइम' यानी भौतिकशास्त्रीय समय और दूसरा 'ड्यूरेशन' यानी जीवन का सर्जक समय। लोक के दिक्‌काल बोध और गणित एवं विज्ञान के दिक्‌काल बोध के बीच की खाई न्यूटन के बाद से भौतिकशास्त्र के विकास से लगातार चौड़ी होती गई है। आदमी अपने जीवन के विकास क्रम में जिस समय का अनुभव करता है, वह एक ही दिशा में बढ़ता रहता है। किसी जीव या वृक्ष का जन्म होता है, विकास होता है और फिर उसका अन्त हो जाता है। यह विकास सदा एक स्थानीय परिवेश से बँधा होता है। ऐसे अनेक जीवनों के विकास और अन्त से भारतीय बोध में जीवनचक्र की एक अवधारणा बनी यथा : जन्म, जरा, मृत्यु की। इसी की एक लोकोक्ति है, "जो फला सो झड़ा जो जला सो बुझाना।" इसे जीवन की एक अनिवार्य प्रक्रिया मान ली गई जो...समय के प्रवाह का अनिवार्य प्रतिफल है।

वैश्विक स्तर पर इसी अवधारणा को अभिव्यक्ति युग चक्र में हुई, जो सतयुग से शुरू हो त्रेता, द्वापर और कलियुग में समाप्त होता है और फिर सतयुग से एक नई शुरुआत होती है। भारतीय समय न सिर्फ चक्रीय था बल्कि इसका फलक विशाल था। इसका एक दिलचस्प पहलू यह था कि समय अलग-अलग लोकों से बँधा था। ब्रह्मा का एक दिन हमारे मृत्युलोक (धरती) के पूरे युगचक्र के बराबर हो सकता था। यह स्थानीय समय का बोध हमें सापेक्षतावाद के समय भी उस अवधारणा की याद दिलाती है जिसमें लगभग प्रकाश की गति से यात्रा कर वापस आया व्यक्ति पाएगा कि उसकी अपनी घड़ी के हिसाब से बीते हुए एक वर्ष में धरती पर अनेक वर्ष बीत चुके हैं यानी वैसे हर आदमी का समय जो दूसरों से लगभग प्रकाश की गति से अपनी दूरी बदल रहा है, अपना और अलग है। इससे कोई यह नतीजा भी निकाल सकता है कि दरअसल, हमारे देव धरतीवासियों से परेशान हो प्रकाश की गति से पलायन करते रहे हैं। अगर हमारे देश ऐसा करते हों तो इस बात पर किसी समझदार व्यक्ति को अचरज नहीं होगा। और अगर किसी ने प्रकाश से अधिक वेग की गति पा ली तो उसकी स्थिति नर्सरी के एक तुकबन्दी के उस मिस्टर व्हाइट की हो जाएगी जो प्रकाश की गति से आज तेज चलकर पिछली रात को ही वापस आ जाते हैं।

जो भी हो, अपनी सोच में तो हम समय में आगे-पीछे चलते ही रहते हैं। ऐतिहासिक घटनाओं के विश्लेषक अक्सर बीती घटनाओं की चर्चा करते हुए उनका मूल्यांकन ऐसा करते हैं मानो वे घटनाएँ उनकी समकालीन हों और उन्हें भी उन्हीं मूल्यों से आँका जा सकता है जो इतिहासकार के हैं। यहाँ इतिहासकार कल्पना से अपने को अपने मूल्यों की पूरी गठरी के साथ दूर अतीत में ले जाता है। ब्रिटेन के प्रसिद्ध लेखक एच.जी. वेल्स ने अपनी पुस्तक 'टाइम मशीन' में ऐसे यान की कल्पना की थी जिस पर सवार हो भूत और भविष्य में यात्राएँ की जा सकें। संयोग से यह पुस्तक लगभग उसी समय लिखी गई थी जब सापेक्षतावाद के सिद्धान्त में काल को भी दिक् की तरह दिक्काल के एक चौथे आयाम की तरह देखा जाने लगा था, लेकिन हमारी लोकगाथाओं और काव्यों में तो काल में ऐसी यायावरी सदा दिखाई देती है। 'रामायण' और 'महाभारत' में ज्ञानी व्यक्ति प्राय: यह बतलाते पाए जाते हैं कि भविष्य में क्या घटित होगा और कौन-से मनुष्य या देव नया जन्म लेकर इसमें अपनी भूमिका निभाएँगे। यह सब अपने दिक्काल बोध के प्रति आश्वस्त हमारे पूर्वजों की कल्पना की उड़ानें थीं। इसमें जीवन और कल्पना की दुनिया की पार्श्वभूमि एक थी, लेकिन वर्तमान औद्योगिक सभ्यता को दिक्काल की कुछ स्थापनाओं ने मनुष्य के सहजबोध और शास्त्रीय बोध के बीच दरार पैदा कर दी है।

ऊपर सापेक्षतावाद से जुड़ी समय की जिस भौतिकशास्त्रीय अवधारणा की चर्चा की गई है, उसका सम्बन्ध पश्चिमी दुनिया में यांत्रिक इंजनों के विकास के साथ जुड़ा है। यह न्यूटन के बाद का काल था जिसमें यूरोप के कल-कारखानों को चलाने के लिए पवनचक्कियों के लिए पवन के प्रवाह और पनचक्कियों के लिए जल के प्रवाह का उपयोग होता था। इसके पीछे न्यूटन के गति सिद्धान्त का आधार था, जिसके अनुसार किसी वस्तु की गति या स्थान में परिवर्तन उस पर बाहर से किसी शक्ति के प्रवाह से होता है। इसी से गति सम्बन्धी कुछ समीकरण बनाए गए जो गति को समय के साथ जोड़ते थे। इसके समीकरण में भूत और भविष्य के हिसाब से समय में समर्पित थी—यानी बिना भेदभाव के गति भूत या भविष्य, दोनों काल में हो सकती थी।

इसी कारण सापेक्षतावाद ने जब समय को भी दिक्काल के चौथे आयाम के रूप में स्थापित किया तो समय में भ्रमण की कल्पना होने लगी। इसी से जुड़ी ऊपर की वह कल्पना है जिसमें भूतकाल में भी भ्रमण हो सकता है, लेकिन सापेक्षता सिद्धान्त के जनक आइंस्टीन के अनुसार तो प्रकाश की गति किसी पदार्थ की गति की अन्तिम सीमा है। इससे तेज गति हो ही नहीं सकती। बाद के भौतिकशास्त्री अब यह मानने लगे हैं कि कुछ खास स्थितियों में गति की इस सीमा का अतिक्रमण सम्भव है। जो भी हो, अगर आदमी के लिए सदैव भूतकाल में जाना सम्भव हो तो इससे कुछ अविश्वसनीय स्थितियाँ पैदा हो सकती हैं। अब कल्पना कीजिए कि कोई आदमी

अतीत में जाकर अपने पितामह की उसके बचपन में ही हत्या कर देता है। तब अतीत के उस सारे घटनाक्रम का क्या होगा, जिससे वह आदमी स्वयं पैदा हुआ था। इस हिसाब से तो वह अस्तित्व में आएगा ही नहीं जबकि वह अस्तित्व में आ चुका है।

इसके समानान्तर अब इस स्थिति की कल्पना कीजिए : कोई किसी व्यक्ति के सभी कार्यकलापों का उसके भ्रूण में जन्म लेने से ही 'हौलोग्राफिक' वीडियो फिल्म तैयार करता है। अब अगर समय की उलट चाल को प्रदर्शित करने के लिए इस फिल्म को 'रिवर्स' में यानी उलटकर दिखलाया जाए तो क्या नजारा देखने को मिलेगा? हम पाएँगे कि आदमी वृद्धावस्था से उलट—विकास की प्रक्रिया से जवान होगा, फिर बालक बनकर भ्रूण में विलीन हो जाएगा, लेकिन फिल्म में दिखाई देनेवाली यह प्रक्रिया कभी वास्तविक जीवन नहीं हो सकती। शायद गति और समय के सम्बन्ध में भौतिकशास्त्रियों की ऐसी कल्पनाएँ इंटरनेट की भाषा से उधार पद में 'वर्चुअल' संसार का ही निर्माण कर सकती हैं। ऊपर की कल्पित स्थितियों पर विचार करने से यह भरोसा तो होता ही है कि पारम्परिक दिक्‌काल बोध वैसा अप्रासंगिक नहीं है जैसा आधुनिकता के अन्धआग्रही सोचने लगे हैं। नई और पुरानी अवधारणाओं के अपने अलग-अलग परिसर हैं जिनमें दूसरे का अतिक्रमण अपेक्षित नहीं।

भौतिकशास्त्र में समय की जिस अवधारणा के परिप्रेक्ष्य में ऊपर की चर्चा की गमी है वह जैसा कि कहा गया है यांत्रिक इंजन (mechanical engine) की पृष्ठभूमि में विकसित हुई थी, लेकिन उन्नीसवीं सदी के प्रारम्भ से जबसे ताप इंजन (heat engine) का विकास हुआ इसकी पृष्ठभूमि में समय की एक अलग अवधारणा की जमीन तैयार होने लगी थी। अब ताप के संचरण का अध्ययन होने लगा और ताप के प्रवाह को काम के लिए इस्तेमाल की दृष्टि से ऐसे ताप इंजन के निर्माण की बात सोची जाने लगी जिसमें ऊर्जा का सम्पूर्ण संरक्षण (कंजर्वेशन) कायम रहे जैसे यांत्रिक इंजनों की प्रारम्भिक से लेकर अन्तिम स्थितियों तक में पाई जाती है। इस शोध में लगे कारनौट, थौक्सन और क्लोसियस जैसे वैज्ञानिकों द्वारा प्रतिपादित सिद्धान्तों का अन्तिम नतीजा अत्यन्त ही चौंकानेवाला निकला। यह पाया गया कि चाहे जो भी उपाय किए जाएँ ऐसी किसी भी रासायनिक-भौतिक व्यवस्था में, जो बाहरी प्रभावों से मुक्त है (isolated system), इंट्रोपी का बढ़ना अपरिहार्य है। इंट्रोपी बढ़ने का अर्थ यह दिया गया कि अखिल ब्रह्मांड में जो अपने आप में अलग-थलग (isolated system) है, उपयोगी ऊर्जा का अपरिहार्य रूप से लगातार ह्रास हो रहा है जो अन्तत: ताप में बदलकर सारे ब्रह्मांड को समताप की दिशा में ले जा रही है। इसी से समय के तीर की कल्पना जुड़ी यानी भौतिक-रासायनिक क्रियाओं से निर्धारित समय लगातार एक ही दिशा भविष्य की ओर बढ़ रहा है, जिससे अन्ततोगत्वा, वैज्ञानिकों की भाषा में, ब्रह्मांड की तापीय मृत्यु होगी और सारी भौतिक-रासायनिक प्रक्रियाएँ समाप्त हो जाएँगी।

लेकिन इसी का सबसे दिलचस्प और हमारे जीवन के लिए अनिवार्य पहलू यह है कि ब्रह्मांड के नन्हे कोटरों में (जो पड़ोस से कटा नहीं है और उनसे भौतिक-रासायनिक प्रक्रियाओं से जुड़ा है, जैसे पेड़ जो पास की हवा, मिट्टी, पानी और प्रकाश से) मसलन धरती पर समय के तीर का उलटा असर होता है तथा पेड़-पत्ते और जीव-जन्तु लगातार विकसित हो जटिल और बड़े आकार धारण करते जा रहे हैं। उन्नीसवीं सदी में ही डार्विन के विकासवाद और हर्बर्ट स्पेंसर के समाज में बढ़ती जटिलता के सिद्धान्तों का प्रतिपादन हुआ। यहाँ ऊपर बतलाए गए काल्पनिक वीडियो फिल्म का उलटा विकास सम्भव नहीं। यह भी एक अनूठी स्थिति है कि जहाँ समय का तीर एक ओर ब्रह्मांड को विनाश की ओर ले जा रहा है, वहीं हमारे पड़ोस में अद्‌भुत जीवन के विकास की ओर।

लोकजीवन में, जहाँ जीव-जगत में चारों ओर विकास की यह प्रक्रिया दिखाई देती है, समय के तीर की अवधारणा एक चिरन्तन सत्य की तरह मान ली जाती है। इससे भी आगे बढ़ भारत में तो काल को एक सर्वोपरि शक्ति के रूप में मान लिया गया जिसे 'महाकाल' की उपाधि दी गई है। यह जीवन के विकास की प्रेरक शक्ति भी है और इसमें सभी वस्तुओं और जीवों का अनिवार्य रूप से विनाश भी ले जाता है। यहाँ तक कि यही शक्ति 'गीता' में ईश्वर के विराट रूप से एकाकार हो गई जिसमें सारा संसार विनष्ट हो रहा है।

इंजनों के अध्ययन से शुरू होकर विज्ञान में विकरित काल की अवधारणाओं से लोक में व्याप्त काल की अवधारणाओं का कई बिन्दुओं पर अभिसार दिखाई देता है। इससे अक्सर यह भ्रम होता है कि भौतिकशास्त्रियों द्वारा प्रतिपादित और लोकमानस में व्याप्त काल की अवधारणाएँ एक ही अस्तित्व से सम्बन्धित हैं। यह एक भ्रम है। लोक में व्याप्त काल की अवधारणा जीवन में जुड़ा एक अन्तर निहित भाव है जिसका अपना अलग गैगाना है। हालाँकि हमारी आन्तरिक धड़ी दिल की धड़कन का वैज्ञानिकों की घड़ी की टिक-टिक से कभी-कभी सामंजस्य स्थापित होता दिखाई देता है। इसी बोध के कारण जर्मन दार्शनिक कांट ने दिक्‌काल बोध के अन्तर्निहित होने की बात अपनी विख्यात पुस्तक 'क्रिटिक ऑफ प्योर रीजन' में कही थी। उसका विचार था कि हमारा दिक्‌काल बोध बाह्य-जगत के अनुभवों पर आधारित नहीं होता बल्कि अन्तर्निहित (ए प्रायोरी) है और वह चौखटा है, जिसके भीतर ही हम अपने आस-पास होनेवाली घटनाओं को अपने मन के सामने प्रस्तुत कर सकते हैं—यानी किसी भी घटना को हम सदा दिक् (स्पेस) में अवस्थित पाते हैं और एक काल खंड में पाते हैं जिसके बिना उनके अस्तित्व का लोप हो जाएगा।

कांट ने अपनी दो महत्त्वपूर्ण पुस्तकों 'क्रिटिक ऑफ प्रॉक्टिकल रीजन' और 'क्रिटिक ऑफ जजमेंट' में क्रमश: आदमी के नैतिक मूल्यबोध और सौन्दर्यबोध को भी उनके हितों और तर्कों से परे रख दिया। यह अनिवार्य था क्योंकि कांट ने

तर्क का क्षेत्र उस 'फेनोमेनल' दुनिया तक सीमित कर दिया, जिसका ज्ञान हमें प्रत्यक्ष अनुभव से मिलता है। इस तरह ये दिक्‌काल के दायरे से भी बाहर हो गए। परिणामस्वरूप, जीवन के महत्त्वपूर्ण अनुभवों का यह विशाल क्षेत्र घड़ियों, मीटरों और गणितीय नियमों के बाहर निरापद रह सकते थे। सापेक्षतावाद के सिद्धान्त के विकास के बाद विज्ञानवादी दार्शनिकों ने यह विचार प्रस्तुत किया कि कांट की यह स्थापना दिक्‌काल बोध अन्तरभूत होता है, अब गलत सिद्ध हो गई है। सापेक्षतावाद के सिद्धान्त के अनुसार पदार्थ की उपस्थिति से ही दिक् (स्पेस) का स्वरूप निर्धारित होता है और काल स्वयं दिक्‌काल सातत्य का एक आयाम बन जाता है जो घटनाओं से निर्धारित है। इस तरह ये दोनों अब दूसरे पदार्थों की तरह मापे जा सकते हैं तथा अनुभवों के क्षेत्र से बाहर नहीं हो सकते, लेकिन यही बात यह संकेत भी देती है कि मनुष्य में अन्तरभूत समय और स्थान का बोध इस भौतिकशास्त्रीय समय और स्थान बोध से भिन्न है।

थोड़ा विचार करने से यह भिन्नता तुरन्त दिखाई देती है। किसी घोर कष्ट की स्थिति में अक्सर यह बात चर्चा में आती है कि सम्बद्ध व्यक्ति का एक-एक क्षण युग की तरह बीत रहा है। इसके विपरीत सुख के दिन को पंख लग जाते हैं और ऐसा लगता है कि वे सपने की तरह क्षण भर में विलीन हो गए। इसी तरह यात्रा करते समय जब हम काफी थक चुके होते हैं तो एक-एक पग डालना पहाड़ होने लगता है और लगने लगता है कि दूरी लगातार बढ़ती चली जा रही है। या यह वाक्य लें : "बीसवीं शताब्दी अपने दिए गए समय से अधिक समय की शताब्दी सिद्ध हुई है।" यह आकलन किस क्रोनो मीटर से सम्भव हो सकता है, अगर हम भौतिकी के समय के हिसाब से देखें तो? और फिर सपने में तो कुछ क्षणों और मिनटों में हम एक ऐसे घटनाक्रम से गुजरने का अनुभव करते हैं जिसके घटित होने में कुछ घंटों से लेकर कई दिन तक लग सकते हैं। ये सभी के सभी अनुभूत तथ्य हैं। इसलिए अनुभव करनेवाले मनुष्य के लिए भौतिकी के समय और इस दूसरे तरह के समय बोध की हैसियत में किसी को कम और किसी को ज्यादा करके नहीं आँका जा सकता। इसी तरह किसी समूह के जीवन में मिथकों एवं काव्यों की परम्परा और परिवेश से प्राप्त दिक्‌काल बोध का महत्त्व जीवन के लिए उतना ही होता है, जितना घड़ियों और नक्षत्रों से प्राप्त दिक्‌काल बोध का महत्त्व आधुनिक मनुष्यों के लिए। 'त्रिलोक', कबीर का 'अगम अपार' रामायण में 'काल के व्यापने' या नहीं 'व्यापने' की बात या 'काल का कलेवा' ये सब अर्थहीन पद नहीं हैं बल्कि लोकजीवन की सम्पूर्ण अवधारणाओं को सम्बद्ध भाषायी समूह के लिए सम्प्रेषित करते हैं।

इन सबकी पैमाइश नहीं हो सकती, लेकिन ये पद समूह के जीवन को प्रभावित करनेवाले वैसे ही सत्य हैं जैसी सुख और पीड़ा की अनुभूति। यह भी नहीं कहा जा सकता कि स्थान काल का यह बोध आदिम मानसिकता की अभिव्यक्ति है। यह

मनुष्य की सहज भावानुभूति है जो मनुष्य के साथ सर्वत्र और सभी काल में जुड़ी है। उदाहरणस्वरूप, हम अंग्रेजी कवि डब्ल्यू.एच. औडेन को लें जो मार्क्स, फ्रायड आदि के आधुनिकतम प्रभावों से गुजरा था। वह अपनी एक कविता में लिखता है—

> "O Let not time deceive You,
> You cannot conquer time

और फिर आगे

> In headaches and in worries
> Vaguely life leaks away,
> And time will have his fancy
> Tomorrow or to-day।

यहाँ हम समय के सम्बन्ध में वैसी ही अवधारणा की अभिव्यक्ति पाते हैं जैसी की भारतीय परम्परा में। शायद भारतीय और गैर-भारतीय रूप में मानव चेतना को अलग-थलग खाँचों में बाँटकर रखना उचित नहीं कहा जा सकता। दिक्‌काल की भौतिकी से प्राप्त आधुनिक अवधारणाएँ सभी समाजों की पिछली अवधारणाओं से भिन्न दिशा ले रही हैं और वहीं तक सीमित हैं जहाँ तक यांत्रिकी प्रासंगिक है। जीवन के दैनन्दिन के अनुभव और भावनाओं में जो दिक्-काल बोध होता है, वह मशीनी दुनिया के विशेष सन्दर्भों और प्रयोगशालाओं की जरूरतों पर आधारित दिक्‌काल बोध से बिलकुल अलग है।

ब्रिटेन के प्रसिद्ध खगोलशास्त्री आर्थर एडिंगटन ने, जिसे आइंस्टाइन को समझनेवाले आधे दर्जन समकालीन भौतिकशास्त्रियों में गिना जाता था, अपनी बहुचर्चित पुस्तक 'द नेचर ऑफ द फिजिकल वर्ल्ड' में लहरों की भौतिकी की समझ और इनकी काव्यात्मक समझ के भेद को स्पष्ट रूप से व्यक्त किया है। उसके अनुसार, भौतिकी से प्राप्त अभिव्यक्ति वैज्ञानिकों द्वारा कल्पित कुछ प्रतीकों के समीकरण द्वारा होती है जबकि दूसरी अभिव्यक्ति किसी कवि द्वारा अपनाई गई भाषायी प्रतीकों से। एडिंगटन के अनुसार ये दोनों अभिव्यक्तियाँ अपने सन्दर्भ में समान रूप से अर्थपूर्ण हैं, लेकिन बीसवीं शताब्दी के प्रारम्भिक वर्षों में ही बर्ट्रेंड रसेल ने तार्किकता के पक्ष में इसके विपरीत विचार व्यक्त किया। उसने बर्गसौं के इस विचार को खारिज कर दिया कि समय (बर्गसौं का ड्यूरेशन) सर्जनात्मक है और अन्तर्दृष्टि (intuition) ज्ञान का विश्वसनीय माध्यम है। रसेल तर्कशास्त्र और गणित के क्षेत्र में बीसवीं सदी के अग्रणी विचारकों में थे और तार्किकता के पक्ष में उसमें एकतरफा झुकाव था। फिर भी अन्तर्दृष्टि (intution) से प्राप्त ज्ञान को नकारना तार्किकता का अनिवार्य परिणाम नहीं था। गणितीय तर्क के विश्लेषण की सुप्रसिद्ध पुस्तक Principia Mathematica लिखने में रसेल के सहयोगी और उसके गणित के शिक्षक ए.एन. व्हाइट हेड की दृष्टि इससे बिलकुल भिन्न थी।

कुल मिलाकर रसेल की स्थापना यह थी कि सत्य की जानकारी भावना से प्रभावित मूल्यबोध से मुक्त होकर ही सम्भव है जो विज्ञान से ही प्राप्त हो सकता है, लेकिन रसेल के विचार में विनम्रता का आग्रह भी था जो मनुष्य को उसकी श्रेष्ठता का अहम् और इससे बढ़ी महत्त्वाकांक्षाओं को छोड़कर विज्ञान से प्राप्त दुनिया के ज्ञान को, जो मनुष्य के सुख-दुःख से निर्लिप्त है, तटस्थ भाव से अंगीकार करने को कहता था।

लेकिन बीसवीं शताब्दी का रुझान दूसरी अति की ओर बढ़ रहा है। यांत्रिक समझ से उपजी दिक्‌काल की नई अवधारणा अब सामाजिक अभियंत्रणा का कारक बनाई जा रही है, जिससे धरती के भविष्य को निर्धारित किया जा सके। आधुनिक औद्योगिक व्यवस्था का सर्वाधिक उत्कर्ष संयुक्त राज्य अमेरिका में हुआ और वहीं संसार का नियामक बनने के दर्शन का भी विकास हुआ। जॉन डिनी के 'इंस्ट्रमेंटलिज्म' के दर्शन में जानने का अर्थ 'करना' या 'प्रयोग करना' बन गया। ज्ञान का एकमात्र मार्ग और लक्ष्य प्रकृति से छेड़-छाड़ तथा उसके स्वरूप का निर्धारण बन गया। अब आत्मानुभूति, चिन्तन, दर्शन ये सब नए दिक्‌काल से निष्कासित हो गए। कम-से-कम उसके उस हिस्से से जो आज दुनिया का भविष्य निर्धारित करता है, लेकिन इससे दुनिया का जो विकास हो रहा है वह इसे 'रामायण' की भाषा में 'काल का कलेवा' बनाने जा रहा है। हर नई मोटरकार, हर नया कारखाना 'थर्मोडायनामिक्स' के दूसरे नियम के अनुसार इंट्रोपी के बढ़ने की गति को तीव्रतर करता जा रहा है—यानी दुनिया ग्लोबल वार्मिंग से ताप मृत्यु की ओर त्वरित गति से बढ़ रही है। हमारे अपने लोक का दिक्‌काल बोध या हमारे जैसे दूसरे लोकों के पारम्परिक दिक्‌काल बोध जो पेड़-पत्ते, हरियाली, झरनों आदि के जीवन लय से बँधे थे, नए मशीन युग में अपनी प्रासंगिकता खो निश्चेष्ट सामने से आ रहे महाकाल का इन्तजार भर कर सकते हैं—जैसा पुराकथाओं में बार-बार होता रहा है। विडम्बना है कि दुनिया के वर्तमान भाग्य विधाता स्वयं ऐसी मानसिक गुलामी में कैद हैं कि कुछ नहीं कर सकते—पृथ्वी शिखर सम्मेलनों का आयोजन करने के सिवा जहाँ से सभी खाली हाथ लौटते हैं, क्योंकि वे स्व-निर्मित विकास-चक्र से बँधे हैं जो मशीन युग का कालचक्र बन गया है।

(रंगायन)

11

चर्चा का विषय तीन असम्बद्ध लगनेवाली अवधारणाओं की पारस्परिकता के किसी संकेत के बिना एक चुनौती के रूप में प्रस्तुत किया गया लगता है। इसमें कला समय द्वारा निर्धारित नियति से उलटी दिशा चलती दिखती है। कला निर्मिति है जबकि समय (काल) नश्वरता का सूचक है, विशेषकर जब हम समय पर भौतिकी के सन्दर्भ में विचार करते हैं तो ऐसी ही धारणा बनती है। भौतिकशास्त्र में समय की अवधारणा को 'इंट्रोपी' से जोड़ा गया है—इस विचार के अनुसार समय की दिशा (या तीर) भौतिक दुनिया के विशृंखलन का संकेत देती है। इस विघटन को भौतिकशास्त्री अपनी भाषा में 'इंट्रोपी का बढ़ना' कहते हैं। यह है अनिवार्य रूप से विशृंखल (केओस) का विस्तार। हमारी पारम्परिक सोच भी इसी धारणा का समर्थन एक-दूसरे रूप में करती है; यह कहकर कि हम सभी मनुष्य, जीव-जन्तु, वन-उपवन अनिवार्य रूप से के जाल में समाए जा रहे हैं। अगर ऐसा है तो कला की, जो मानव उद्यम का ही छोटा क्षेत्र है—क्या सम्भावना है?

लेकिन भौतिक जगत का एक दूसरा पहलू भी है, जिस पर नजर डालने पर जीवन और कला सर्वाधिक प्रासंगिक दिखते हैं। ब्रह्मांड के स्तर पर चल रहे इस विशृंखलन के बीच, जिसकी चर्चा की गई है, उस छोटे घरौंदे में जिसे हम धरती कहते हैं, लगातार सृजन की प्रक्रिया चल रही है। वहाँ लगातार परमाणुओं और अणुओं का संयोजन हो रहा है, और इस संयोजन से आगे बढ़—फफूँद, काई, शैवाल, घास, वृक्ष, जलचर और थलचर—असंख्य जीव-जन्तु और स्वयं मनुष्य अस्तित्व में आ गए हैं। इसमें जो बात अचरज की है और जो हमें भाव-विभोर करती है, वह है जीवन के इस विस्तार में रंग और राग का अद्‌भुत स्पन्दन। फूलों, पत्तों और वृक्षों की बनावट में व्यापक सममिति और भौंरों का गूँजन। ये सब किसी व्यापक संगीत के साज की तरह एक-दूसरे से जुड़ जाते हैं। मनुष्य भी इस व्यापक संगीत मंडली से बाहर नहीं। जो स्पन्दन उसके चारों ओर है वह उसके भीतर भी है। उसके दिल की धड़कन, श्वसन प्रक्रिया आदि सभी उसे इस व्यापक संगीत लहरी से जोड़ते हैं।

यह अचरज की ही बात होती अगर इस बृहत् रंगमंच पर रागात्मक अनुभूति से युक्त आदमी प्रकृति के इस रंगारंग से अपने को अलग रखता। आदमी अपने औजार,

परिधान, आवास, परिवेश की सजावट और अपने सम्प्रेषण, सब में धरती पर व्याप्त लय के साथ अपने को जोड़ने की कोशिश करता है। कला का 'कला' के रूप में पहचान तो हाल की चीज है, लेकिन सभ्यता के प्रारम्भ से ही मिस्र, बेबिलोन, चीन, भारत, यूनान, दक्षिण अमेरिका आदि में अपने देवताओं और शक्तिशाली सम्राटों के महिमामंडन में महान कलाकृतियों का निर्माण होता रहा है। नाट्य, नृत्य और संगीत तो मानव समुदाय के साथ सदा रहे हैं। इन कला विधाओं के स्वभाव के कारण उन जगहों को छोड़, जहाँ लिखने की परम्परा रही, इनके अस्तित्व के बारे में हम वैसी ही जानकारी नहीं रखते जैसी भित्तिचित्रों या मूर्ति कलाओं के बारे में रखते हैं, लेकिन इसकी परम्पराएँ भी रही हैं। कहीं-कहीं अटूट परम्परा में, जिनमें इनकी निरन्तरता बरकरार रहती है।

कभी-कभी यह आवाज भी उठती है, "कला कला के लिए।" मेरे लिए परिवेश से असम्पृक्त कला की कल्पना करना असम्भव है। अगर परिवेश बदसूरत या भयावह है तो कला उसे ही प्रदर्शित करेगी। बदसूरत व्यवस्थाएँ सम्भवतः इसीलिए कला को प्रतिबन्धित करने की कोशिश करती रही हैं। यह अलग बात है कि किसी क्रूर कर्म से भी महान कला की प्रेरणा आ सकती है। मसलन, ईसा मसीह का क्रॉस पर चढ़ाया जाना अत्यन्त ही क्रूर कर्म था, लेकिन माइकेल एंजेलो समेत अनेक बड़े कलाकारों ने इसे दर्शाते हुए अप्रतिम चित्रों और मूर्तियों का निर्माण किया है। यहाँ घटनाओं से एक तरह का पारगमन (ट्रांसमेंटेंस) अस्तित्व में आता है। इसी तरह पिकासो का एक चित्र 'गुएर्निका' संसार भर में चर्चित रहा। यह सांकेतिक रूप से स्पेन में फासिस्टों द्वारा एक गाँव पर की गई बमबारी का प्रतिवाद है जिसमें सिर्फ पशुओं और मनुष्यों की आकृतियों से नृशंसता का स्वरूप दर्शाया गया है।

कलाकार मानव समाज का हिस्सा है और आमतौर से वह अधिक संवेदनशील होता है। फिर वह समाज की खुशी और पीड़ा से अपने को अलग कैसे रख सकता है? कला के लिए' वाले विचार के पीछे एक तरह का पूर्वग्रह है कि कला महाजनों एवं भद्रजनों के परिवेश, आवास, लिबास आदि को सजाने-सँवारने का माध्यम है या किसी सार्वजनिक स्थान को गौरवान्वित करने का माध्यम। इससे कला का सबसे व्यापक क्षेत्र लोक कला उपेक्षित हो जाती है। इसके लिए सबसे बड़ा दोषी वर्तमान औद्योगिक व्यवस्था और इससे जुड़ी जीवन पद्धति है। इसने दैनन्दिन के जीवन में उपयोग में आनेवाली उन वस्तुओं को जो ग्रामीण परिवेश में हस्तकला से निर्मित होती थीं, कला की श्रेणी से विस्थापित कर दिया है।

इन उद्योगों से लोगों की आजीविका ही नहीं जुड़ी थी बल्कि एक हद की कलात्मकता भी जुड़ी थी। हमारे यहाँ के बर्तनों, बाँस, लकड़ी, सिक्की, कपास, रेशम आदि से बनी रोजाना उपयोग में आनेवाली वस्तुएँ ऊँचे स्तर की कलाकृतियाँ भी थीं। मधुबनी की चित्रकला, जो फिलहाल नुमाइश के रूप में संसार भर में चर्चित

है, कभी लोगों के जीवन के साथ अनिवार्य रूप से जुड़ी थी। हर घर जन्म, विवाह आदि अवसरों पर इस कलाकृतियों से सज जाता था। यह महज संयोग है कि मधुबनी कला को प्रसिद्धि मिल गई। दरअसल, कसीदा, कढ़ाई, बुनाई आदि अपने विविध कलात्मक रूपों में आदिवासियों से लेकर तथाकथित सभ्य लोगों तक में सभी जगह लोकजीवन के अभिन्न अंग थीं। कुटीर उद्योग के नाम से आज दुनिया भर में भारतीय हस्तकला के जो नमूने सराहे जाते हैं, वे यहाँ लोकजीवन के अभिन्न अंग थे।

ब्रिटेन के कला दार्शनिक हर्बर्ट रीड ने आधुनिक औद्योगिक उत्पादन में कलात्मकता लाने के प्रयास पर लिखी अपनी पुस्तक 'आर्ट एंड इंडस्ट्री' की भूमिका में लिखा है : "विलियम मौरिस को, जो आधुनिक सभ्यता के आलोचक थे, बौद्धिक लुडाइट[1] घोषित किया गया, लेकिन यह विशेषण पानेवाले वे अन्तिम व्यक्ति नहीं थे...यह मेरे जैसे लोगों के लिए भी व्यवहार किया गया विशेषण है। लुडाइट हताश लोग थे जिन्होंने औद्योगिक डिजाइन की समस्या का हल मशीनों को ध्वस्त कर करने की कोशिश की, लेकिन यह कहना सही नहीं होगा कि मौरिस या उनके अनुयायी मशीन को ध्वस्त कर हस्तकला की ओर लौटना चाहते थे।"

इस मामले में मौरिस के आन्दोलन को गांधी के आन्दोलन से बिलकुल अलग कर देखना चाहिए। मौरिस गांधी की तरह ही क्रान्तिकारी समाजवादी थे। वह यह नहीं मानते थे कि औद्योगिक डिजाइन या किसी दूसरी चीज में आमूलचूल परिवर्तन बिना समाज परिवर्तन के सम्भव होगा। जिस चीज में मौरिस विश्वास करते थे, उसे एक शब्द में 'परम्परा' कहा जा सकता है और उनके लिए परम्परा की परिभाषा काम में जैविक निरन्तरता का बना रहना है। इस अर्थ में काम करते समय मजदूर के मन में किसी सौन्दर्य या स्टाइल की निर्मिति में लगा रहना नहीं है। उसका काम सन्तोष और आनन्द देनेवाला है और सुन्दरता इसका बाई प्रोडक्ट है।

लेकिन आगे वह महसूस करते थे कि जैविक कला की ओर कोई आम रुझान तब तक सम्भव नहीं है जब तक सभ्यता स्वयं किसी वैसी जीवन पद्धति में न बदल जाए जिसकी कल्पना आज हमें नहीं है। मौरिस में किसी ऐसी वैकल्पिक दुनिया की इच्छा जबर्दस्त थी जो उनकी कहानी या यूटोपिया 'News from no where' में लक्षित है। यह एक ऐसे समाज की कल्पना है, जहाँ वर्तमान और औद्योगिक दुनिया की प्रतिस्पर्धा का अभाव है और लोग सरल ग्रामीण परिवेश में निवास करते हैं। इस कहानी में जीवन के जिस आदर्श की बात आती है, वह गांधी के आदर्श से बिलकुल अलग तो नहीं लगता। संयोग से विलियम मौरिस और गांधी, दोनों के विचारों की गहराई से प्रभावित किया था जैसा रस्किन ने। गांधी जी ने तो रस्किन की पुस्तक 'ऑन टु दिस लास्ट' के जादुई असर का विवरण स्वयं अपनी आत्मकथा में दिया है और लिखा है कि इस पुस्तक ने उनकी जीवनधारा को ही बदल दिया। रस्किन बाजार व्यवस्था का पूरी तरह विरोध करते थे।

हर्बर्ट रीड औद्योगिक उत्पादों में जिस तरह का सौन्दर्य लाना चाहते हैं, वह उसी तकनीकी प्रक्रिया (मास प्रोडक्शन) से आना है जो आधुनिक उद्योगों के आधार में है। यह औद्योगिक उत्पाद से कुछ भोंडापन तो मिटा सकता है, लेकिन इस प्रक्रिया और उत्पाद की एकरसता खत्म नहीं कर सकता। 1919 में वॉल्टर ग्रोपियस ने जर्मनी में 'बाऊ हाउस' की स्थापना कर, और उससे कुछ ख्यात कलाकारों को जोड़कर औद्योगिक उत्पादों में सुन्दरता लाने का कुछ ऐसा ही प्रयास किया था। इससे थोक में उत्पादित औद्योगिक वस्तुओं में कुछ सुन्दरता तो आ सकी, लेकिन उत्पादन में लगे श्रमिकों के काम की एकरसता पर इसका कोई प्रभाव नहीं पड़ सका। जहाँ उद्योगों में एसेम्बली लाइन की प्रमुखता है वहाँ यह सम्भव भी नहीं है। बाऊ हाउस से पॉल क्ले, कौंडिंस्की जैसे कुछ महान कलाकार भी जुड़े थे, लेकिन इससे मास प्रोडक्शन की मूल स्थितियों को बदलने की दिशा में कुछ भी सम्भव नहीं था, लेकिन 1933 में हिटलर की अधिनायकवादी सरकार के आने के बाद ऐसे प्रयोगों की सम्भावना ही खत्म हो गई और बाऊ हाउस बन्द हो गया।

मूल बात यह है कि कलाओं की मौलिकता को किसी केन्द्रीय संस्था से निर्देशित नहीं किया जा सकता। मौलिकता सदा कलाकर्मियों के स्तर पर जन्म लेती है। उन्हें उन्मुक्त चिन्तन और प्रयोग का वातावरण चाहिए। सोवियत संघ में क्रान्ति के लक्ष्यों के अनुरूप कलाओं को निर्देशित करने के प्रयास हुए। कौंडिंस्की, प्रेवसनर, गाबो आदि कुछ बड़े कलाकार सोवियत संघ के साथ उत्साहित हो जुड़े, लेकिन व्यवस्था की नीतियों से तालमेल नहीं बैठा सके और सोवियत संघ छोड़कर बाहर चले गए। 'सोशलिस्ट रिअलिज्म' के नाम से जिस कला को प्रोत्साहित किया, गया, वह व्यवस्था को विज्ञापित करने का यंत्र भर रह गई। स्वयं मैक्सिम गोर्की, जो सोवियत क्रान्ति के आदि प्रेरकों में थे इस कला के प्रति बहुत उत्साहित नहीं थे। किसी विदेशी पत्रकार से साक्षात्कार में 'सोशलिस्ट रिअलिज्म' के सम्बन्ध में पूछे जाने पर उन्होंने जवाब दिया था, "यह गरीब लोगों के लिए गरीब कला है।"

केन्द्रीकृत औद्योगिक व्यवस्था से जुड़ी कला के विपरीत आम लोगों की जिन्दगी से जुड़ी कला दृष्टि की एक मिसाल नन्दलाल बोस थे। उनके इर्द-गिर्द बंगाल के लोकजीवन से जुड़े अनेक कलाकार हुए। मार्च 1940 को गांधी जी अन्तिम बार शान्तिनिकेतन गए थे। साथ में महादेव देसाई भी थे। शान्तिनिकेतन के अनुभवों में उन्होंने नन्दलाल बोस का भी जिक्र किया है। उन्होंने लिखा है : "उनकी प्रतिभा उनकी उद्यमशीलता के ही सदृश है। शान्तिनिकेतन में मुश्किल से कोई स्थान या कोना बचा हो जिस पर इनकी कला और मेहनत की छाप न हो। एक दीवार उनके लिए भित्तिचित्र बनाने का आधार या किसी-न-किसी के लिए फलक बन जाती है, छत कार्टून बनाने के लिए सतह होती हैं, एक मिट्टी का ढेला खूबसूरत मूर्ति बनाने के सामान में परिवर्तित हो जाता है। जैसा कि एक मित्र ने आधी गम्भीरता

और आधी दिल्लगी में टिप्पणी की थी कि यदि नन्द बाबू का वश चले तो वह इस महान भूमंडल को किसी अन्तरिक्ष कलाकृति के लिए सामग्री में परिवर्तित कर दें।"

यह कलाकार की प्रकृति से स्वत:स्फूर्त रूप से जुड़ने की प्रेरणा का नमूना है। ऐसी सभ्यता, जो अपने उन्माद में प्रकृति की स्वाभाविक बनावट को तोड़-फोड़कर अपने अहंकार के प्रतीकों को आरोपित करने की महत्त्वाकांक्षा रखती हो, कलाकार की स्वाभाविक प्रेरणा का वाहक नहीं बन सकती। ऐसी कला सदा सत्ता केन्द्रों से संचालित होगी और कलाकार की स्वायत्तता को प्रतिबिम्बित नहीं कर पाएगी।

हाल के दिनों में हमारे अपने ही देश में कई कला संस्थानों में अपने स्वायत्तता के प्रति संशय का वातावरण बना हुआ है। यह कोई अकेली घटना नहीं है। आज के समय में केन्द्रीकृत राज्य व्यवस्था और केन्द्रीकृत अर्थ व्यवस्था में कलाकारों के लिए कलाकर्म का स्वतंत्र दायरा बनाना सदा दुरूह होगा। यह कलाकारों के लिए चुनौती भी है। उसे व्यवस्था से बाहर अपने लिए ऐसे दायरों को विकसित करना होगा जो इन दबावों से युक्त हो, लेकिन यह अलग तरह की सभ्यता के निर्माण की चुनौती भी बन जाती है। सच तो यह है कि कला के सामने हर समय समाज के साथ सामंजस्य स्थापित करने की चुनौती बनी रहती है। सम्भवत: सर्वश्रेष्ठ कलाओं का निर्माण ऐसे ही तनावों के बीच होता है।

यह विचारणीय है कि अजन्ता एवं एलिफेंटा के कलाकारों ने ऐसे दुर्गम स्थानों को अपने कलाकर्म के लिए क्यों चुना? क्या स्थापित सत्ता से दूरी बनाए रखना उन्हें कला की स्वायत्तता के लिए जरूरी लगा? यह एक सम्भावना बनती है जिस पर कुछ भी निश्चित रूप से नहीं कहा जा सकता, लेकिन कला के इतिहास पर नजर डालने से कला और सत्ता के बीच एक द्वन्द्वात्मक तनाव सदा दिखाई देता है। यह सत्ता राजनीतिक और आर्थिक, दोनों हो सकती है। बन्धनयुक्त श्रेष्ठ कला निबन्ध समाज में ही सम्भव है।

(पटना में 'कैनवस' समूह द्वारा आयोजित व्याख्यान में पढ़ा गया पेपर। आयोजन 2018 में कभी हुआ था।)

12

जर्मन दार्शनिक कांट ने शुद्ध तर्क बुद्धि की सीमाओं की चर्चा करते हुए एक जगह ऐसी दृष्टि रखनेवालों की तुलना उस फाख्ते से की है जिसे अपनी ऊँची उड़ान में यह भ्रम हो जाए कि अगर हवा नहीं होती तो उसकी उड़ान अवरोध के अभाव में और भी तेज होती। इसी तरह अपनी कल्पना की उड़ान में साहित्यकार को भी यह भ्रम हो सकता है कि उसके सृजन की पूर्णतः दुनिया के झमेलों से दूर विशुद्ध कल्पना लोक के निर्माण में ही है। कविता रचना की प्रक्रिया के सम्बन्ध में कुछ ऐसा ही भाव अज्ञेय की कविता 'एक सन्नाटा बुनता हूँ' में प्रकट होता है, लेकिन सन्नाटा बुनने के लिए भी 'ताना-बाना', 'गढ़ा', 'गिर्री', 'डोरा' आदि शब्दों का प्रयोग हुए हैं जो सब करघे पर काम करते हुए जुलाहे की शब्दावली से लिए गए हैं। मतलब यह कि साहित्य सृजन के लिए शब्द चाहिए और शब्द जीवन के क्रिया-कलापों से जुड़े होते हैं।

इन शब्दों के इर्द-गिर्द भावों का एक प्रभामंडल बनता है जो उस सन्दर्भ से आता है जहाँ से शब्द लिए गए हैं। इसलिए शब्दों के अर्थ चाहे जितने भी बदल जाएँ, जब तक शब्दों की जरूरत है सन्दर्भ की अवहेलना नहीं की जा सकती, जब शब्द प्रयोग में चालू सिक्का सा बन जाते हैं और सन्दर्भ से कट जाते हैं प्रभामंडल भी समाप्त हो जाता है। जिसमें प्रभाव डालने की क्षमता होती है।

राजनीति जीवन के अधिकतर हिस्से पर प्रभाव डालती है, इसीलिए अगर साहित्य को जीवन से जुड़ा रहना है तो राजनीति के मूल विवादों से प्रभावित हुए बिना नहीं रह सकता। राजनीतिक सन्दर्भ से अलग प्रेमचन्द, रेणु के उपन्यास अथवा दिनकर या रघुवीर सहाय की अधिकांश कविताओं की हम कल्पना नहीं कर सकते। इसी तरह गिरधर राठी की 'बाहर भीतर' की कविताएँ आपातकाल के उनके जेल जीवन की यातनाओं के बिना सम्भव नहीं थीं। इसका अर्थ यह नहीं है कि साहित्यकार राजनीति के घोषणापत्र तैयार करे या दलीय विवादों में फँस जाए। प्रश्न सिर्फ उसकी संवेदनशीलता का है।

इस मौसम में राजधानी की क्यारियाँ रंग-बिरंगे फूलों से लदी हैं, लेकिन इसी मौसम में अन्धों पर लाठियाँ भी बरसती हैं। दोनों साहित्यकार के अनुभव हैं। उसके

अवचेतन में दोनों ही तरह के अनुभवों का घालमेल है, जिससे उसकी अनुभूति बनती है। इसीलिए साहित्यिक अभिव्यक्ति में फूल हँस भी सकते हैं और फूल रो भी सकते हैं। योगी जल में कमल की तरह अपने परिवेश में निर्लिप्त रह सकता है। साहित्य में कमल भी तभी खिलेंगे जब साहित्यकार की जड़ें कीचड़ में होंगी।

लेकिन शब्दों के अर्थ वर्तमान से ही नहीं अतीत से भी जुड़े होते हैं। जैसे सितार के तार का स्वर उसकी लम्बाई और तनाव पर निर्भर करता है वैसे ही किसी शब्द का अर्थ अपनी परमपरा से लगाव की अवधि और बदलते सन्दर्भों के उस तनाव पर निर्भर करता है जो इसके अर्थ को फैलाता या बदलता रहता है। इतिहास अतीत को वर्तमान से जोड़कर पुराने शब्दों को नए अर्थ देता रहता है। उदाहरण के लिए, जब इतिहास लिच्छवि गणतंत्र की बात करता है तो वह गणतंत्र का उसी अर्थ में प्रयोग नहीं करता जिस अर्थ में लिच्छवियों ने किया होगा। यह अर्थ आधुनिक है, लेकिन अनजाने ही गणतंत्र के अर्थ में एक हद तक अतीत की कल्पना भी जुड़ जाती है। इससे हमारे लिए इस शब्द एक विशिष्ट वातावरण बन जाता है जो इसे इसके पर्यायवाची अंग्रेजी शब्द 'रिपब्लिक' से भिन्न बना देता है।

लेकिन भाव और शब्द के धरातल से हटकर स्वयं सृजन प्रक्रिया में भी कुछ है जो राजनीति, इतिहास और साहित्य को किन्हीं बिन्दुओं पर जोड़ता है।

कभी-कभी अपने घरों को पहाड़ी नदियों से चुने गए सुन्दर आकृति के चिकने चमकदार पत्थरों से सजाते हैं। हम शायद इस पर विचार नहीं करते, लेकिन यह पत्थर सही अर्थों में कला का प्रतीक है। यह वह चट्टान का टुकड़ा नहीं जिसने पर्वत से टूटकर अपनी यात्रा आरम्भ की थी, न यह नदी की धारा है जिसने इसके बेतरतीब, ऊबड़-खाबड़ भागों को घिसकर चिकना और चमकदार बना दिया था। और न वह टेढ़ा-मेढ़ा रास्ता है, जिससे होकर यह मैदानी इलाकों तक पहुँचा, लेकिन इसमें सब कुछ समाहित है—चट्टान भी, धारा भी और इसके भ्रमण का इतिहास भी। इसी तरह साहित्य भी न जीवन है और न इसकी छाया। यह एक स्वतंत्र सृष्टि है, लेकिन इसमें जीवन के सारे अनुभव समाहित हैं जो उन बिन्दुओं पर जीवन्त हो उठते हैं जहाँ पाठक की कल्पना लेखक की कल्पना को छू लेती है। कल्पना-शक्ति को जाग्रत कर सकने की इसी क्षमता से साहित्य की सम्प्रेषणशीलता बनती है और इसके लिए जरूरी है कि साहित्यकार और पाठक के जीवन के अनुभव कुछ हद तक समाप्त हों।

लेकिन जीवन के अनुभवों को कोई रूपाकार नहीं होता। यह घटनाओं का एक जंगल दिखाई देता है। साहित्यकार इनके ऊपर उठकर एक नए आयाम में इनके अर्थ को समझने या इसे अर्थ देने का प्रयास करता है। इस तरह साहित्य जीवन की ठोस स्थितिगों से उबरने की प्रक्रिया से पैदा होता है, लेकिन इस उबरने के संघर्ष में ही अपना आकार भी ग्रहण करता है और वह केन्द्रित ऊर्जा भी जिससे घटनाओं का घटाटोप आलोकित हो अर्थवान बन जाता है।

साहित्यकार की तरह इतिहासकार भी घटनाओं के जंगल से उबरने का प्रयास करता है और उन्हें एक व्यवस्थित रूप देता है। जहाँ यह घटनाओं का एक अर्थहीन अम्बार था जो आदमी को ढक लेता था, अपना कैदी बना लेता था, वहाँ इसे अर्थ दे एक घटनाक्रम निर्माण करता है जो भविष्य की दिशा भी बतलाता है और राह भी बताता है। इसीलिए इतिहास पूरी तरह वर्तमान की समस्याओं से निर्लिप्त नहीं हो सकता। इसी अर्थ में इतालवी दार्शनिक बेनेदेत्तो क्रोस ने सभी इतिहास को वर्तमान इतिहास कहा था। इसमें हम अपनी वर्तमान समस्याओं के लिए निदान खोजते हैं और भविष्य के लिए पथ।

इसी के साथ मूल्यांकन की समस्या जुड़ी है क्योंकि मूल्यांकन के बिना घटनाओं के अम्बार में से हम कैसे उन घटनाओं को चुनेंगे जो इतिहासकार के लिए घटनाक्रम कड़ियाँ बन जाती हैं। जैसा कि इतिहासकार ई.एच. कार ने लिखा है : "ऐसा कहा जाता था कि तथ्य स्वयं बोलते हैं। यह स्पष्टत: सही नहीं है। तथ्य तभी बोलते हैं जब इतिहासकार उन्हें पुकारता है। यह इतिहासकार है जो तय करता है कि किस तथ्य को बोलने का मौका दिया जाए और किस क्रम या सन्दर्भ में?"

इतिहासकार जिन मूल्यों के आधार पर घटनाक्रम का निर्माण करता है वे मानवीय मूल्य होते हैं और इनका निर्धारण हमारी विशिष्ट मानवीय अनुभूति से होता है। इसलिए हम इतिहास की घटनाओं के प्रति निर्मम निरपेक्षता नहीं बरत सकते जो ध्वनि हेगेल और मार्क्स, दोनों की इतिहास की अवधारणाओं में सुनाई पड़ती है। उनके द्वन्द्वात्मक विकास के क्रम में हर स्तर अवश्यम्भावी हैं इसलिए यह नीति-अनीति के विवाद से परे हैं। अगर हम इन घटनाओं को अच्छे-बुरे की कसौटी पर कस सकते हैं, तो यह भी तय कर सकते हैं कि हमारे भविष्य का क्या लक्ष्य होगा?

अगर इतिहास का विकास-क्रम हमारे मूल्यांकन पर आधारित है तो इसमें कहीं कुछ अवश्यम्भावी नहीं, क्योंकि जो एक घटनाक्रम के चुनाव में अवश्यम्भावी लग सकता है दूसरे घटनाक्रम के चुनाव में आकस्मिक भी।

एक उदाहरण से बात स्पष्ट हो जाएगी। हम एक अध्ययन सड़क पर होनेवाली दुर्घटनाओं का करते हैं। इसमें मोटर गाड़ियों की संख्या की बाढ़ के साथ दुर्घटनाओं की बाढ़ को जोड़ते हैं। दोनों में एक निश्चित रिश्ता है और हम कहते हैं गाड़ियों की संख्या के बढ़ने से दुर्घटनाओं की बाढ़ अवश्यम्भावी हो गई, लेकिन इससे हम यह नतीजा नहीं निकाल सकते कि राम की मौत जो मोटर गाड़ी के नीचे आने से हुई इस घटनाक्रम में अवश्यम्भावी थी। राम शायद इस दिन देर से उठा और देरी होने के भय से आँख मलते तेजी से स्कूल की ओर भागा और गाड़ी के नीचे आ गया। यह एक दूसरा घटनाक्रम था जिसमें देर तक टी.वी. के सामने बैठे रहने या दोस्तों के साथ शराब पीते रहना और फिर देर से सोना और जगना दुर्घटना के कारण हो सकते थे और इसमें कहीं कुछ अनिवार्य नहीं था। अत: इतिहास में कोई घटना पूर्व

निर्णित नहीं होती। जब हम इतिहास का एक घटनाक्रम बना लेते हैं तो इस तरह का भ्रम जरूर होने लगता है। इस दृष्टि से हम भविष्य में कहाँ जाएँगे—इसकी सम्भावनाएँ अनेक हो सकती हैं और इसमें मनुष्य का। स्वतंत्र अस्तित्व ही हो सकता है जिसे निर्णय लेने और उसके अनुसार आचरण की आजादी है।

प्रचलित मूल्यों का इतिहास पर कितना प्रभाव पड़ता है, यह ई.एच. कार के ग्रोट और मोमसेन के सम्बन्ध में व्यक्त नीचे के उद्‌गार से प्रकट होता है, "सचमुच मैं इसे चौंकानेवाली अनर्गल बात नहीं मानूँगा अगर कोई कहे कि ग्रोट का यूनान का इतिहास 1840 ई. के अंग्रेज दार्शनिक के विषय में उतनी ही जानकारी देता है जितनी कि पाँचवीं शताब्दी ई.पू. एथेंस के लोकतंत्र के बारे में या अगर कोई कहे कि यह जानने के लिए कि 1848 ई. ने जर्मनी के लिबरलों का क्या किया? हमें मौमसेन के रोम के इतिहास को पाठ्य पुस्तक के रूप में पढ़ना चाहिए।" (व्हाट इज हिस्ट्री, ई.एच.आर.)

स्पष्ट है कि इतिहासकार भी साहित्य की तरह अपने समय की स्थिति की अनुभूति के आधार पर उसी तरह इतिहास का सृजन करता है जैसे साहित्य अपनी अनुभूति से साहित्य का। एक मूल फर्क यह है कि इतिहासकार ऐतिहासिक तथ्यों से छुट्टी नहीं ले सकता। इतिहास का ढाँचा इन्हीं तथ्यों से निर्मित होता है जो इतिहास की कल्पना की सीमाएँ निर्धारित करता है। इस सीमा के भीतर इतिहासकार भी साहित्य की तरह एक विशिष्ट संसार की रचना करता है। इस तरह दोनों विधाएँ एक-दूसरे के करीब आ जाती हैं। अगर किसी भाषा में मौलिक इतिहासकार नहीं हैं तो यह मौलिक सृजन के आम अभाव का द्योतक है। यह कोई आश्चर्य की बात नहीं है कि चर्चिल और रसेल अपने इतिहासों के लिए साहित्यकार के रूप में सम्मानित होते हैं।

सतही तौर से राजनीति सत्ता और मत्स्यन्याय का क्षेत्र दिखाई देती है, लेकिन यहाँ भी इन तमाम संघर्षों के बीच एक अदम्य धारा रही है, जो टेढ़े रास्तों से भटकती, घिरती, तंग कछारों के बीच सरकती, कभी लुप्त होती और कभी घहराती हुई अवरोधों को तोड़ती फूट पड़ती है। वह धारा मनुष्य की आजादी की चेतना से जुड़ी है। हेगेल ने सम्भवतः इसी प्रक्रिया की झलक पाई थी जब उसने समाज के विकास को तीन स्तरों में बाँटा था—पहला एशियाई देशों का, जहाँ एक व्यक्ति स्वतंत्र था, दूसरा यूनानी सभ्यता का, जहाँ कुछ मनुष्य स्वतंत्र थे, हेगेल का इशारा था एशिया के निरंकुश राजाओं के शासन, यूनान की गुलामी पर आधारित सभ्यता और ईसाई धर्म में मानव मात्र की समता और आजादी की मान्यता की तरफ।

हेगेल के लिए सम्भव नहीं था कि वह अपने यूरोपीय और खासकर प्रशा के पूर्वग्रहों से मुक्त हो पाता। इसलिए वह अन्त में प्रशा की सैनिकवादी राज्य व्यवस्था का समर्थक बन जाता है, लेकिन उसके कथन में एक ऐतिहासिक सच्चाई है। मनुष्य

अपने विकास के क्रम में लगातार आजादी का क्षेत्र फैलाने का प्रयास करता रहा है। निहित स्वार्थों के कारण परिस्थितियों के प्रतिकूल होने के कारण बार-बार यह प्रयास असफल हुआ है, पर आदमी ने कभी हार नहीं मानी।

इस विचार के विपरीत तर्क दिया जा सकता है कि इतिहास का विकास आर्थिक संघर्षों के इर्द-गिर्द हुआ है, लेकिन दोनों में कोई विरोधाभास नहीं। वास्तव में रोटी की समस्या आदमी की आजादी में सबसे बड़ा बाधा है और उसकी गुलामी से अभिन्न रूप में जुड़ी है। मनुष्यों में वर्ग विभाजन भी प्रारम्भिक अवस्था में शक्ति के बल कुछ लोगों को आजादी से वंचित किए जाने से हुआ। मार्क्सवादी इतिहास की व्याख्या में पहला वर्ग समाज गुलामी आधारित यूनान और रोम का है। यह वर्ग विभाजन कैसे हुआ? यह एक ऐतिहासिक तथ्य है कि ये गुलाम मूल रूप से युद्धबन्दी थे--जिनकी बिक्री बृहत् व्यवस्था उस काल में बन गई थी। युद्ध क्षेत्र के पीछे गुलामों के व्यापारियों का एक बड़ा लश्कर हुआ करता था जो युद्धबन्दियों को खरीद कर बाजारों में उनकी बिक्री करते थे।

इस तरह प्रथम वर्ग विभाजन स्पष्ट रूप से स्वाधीन और अधीन मनुष्यों के बीच हुआ। इसी तरह मार्क्सवादी इतिहास की दूसरी सीढ़ी सामन्ती व्यवस्था भी शक्ति प्रयोग द्वारा किसानों को एक अधीनस्थ स्थान कबूल करने के लिए मजबूर करके ही हुई। ब्रिटेन में तो साफ तौर से यह विभाजन विजेता डेन और बाद के नॉरमनों और विजित स्थानीय निवासियों के बीच हुआ। पहले फ्यूडल लॉर्ड बने दूसरे सर्फ। अतः आर्थिक और राजनीतिक गुलामी के बीच कोई स्पष्ट विभाजन रेखा नहीं है। पूँजीवादी व्यवस्था में भी आदमी की सबसे बड़ी मजबूरी यह नहीं है कि उसकी आय किसी से कम है। उसकी सबसे दुखदायी मजबूरी यही है कि जीवित रहने के लिए किसी अन्य की गुलामी करने के लिए वह विवश है। यह कोई आश्चर्य की बात नहीं कि उन्नीसवीं सदी में जनतंत्र और आर्थिक अधिकार, दोनों को जोड़कर देखा जाने लगा और 'सोशल डेमोक्रेसी' का जन्म हुआ।

भारत में जाति व्यवस्था भी वैसे ही विजेता और विजितों के सम्बन्ध में विकसित हुई है और जाति व्यवस्था स्थापित होने के बाद से तमाम सतही सत्ता संघर्षों के भीतर के इस बात का प्रयास जारी रहा है कि पिछड़ी निष्कासित जातियाँ उस गुलामी की परिधि से बाहर निकलें जहाँ उन पर आचार-विचार की तरह-तरह की बन्दिशें लगाई गई थीं। चाहे वह बौद्धधर्म या अन्य धार्मिक सुधारों के माध्यम से हुआ हो, चाहे संस्कृतीकरण और आधुनिक प्रजातांत्रिक व्यवस्था पर दृढ़ रहे उनके दबाव के माध्यम से हुआ हो, लेकिन यह विकास की धारा कभी सूखी नहीं है। पिछड़ों का सारा धर्म, काव्य और इतिहास इसी स्थिति से निर्धारित होता रहा है।

राजनीति का यह बृहत् क्षेत्र वैयक्तिक सत्ता संघर्ष के बजाय एक बड़े समूह की आजादी की कामना को प्रतिबिम्बित करता रहा है। सत्ता की राजनीति करनेवाले

अनजान ही बार-बार मानव भावना के इस भूगर्भ को स्पर्श करने की कोशिश करते हैं जहाँ वे उन्हें अपनी सत्ता के समर्थन के लिए लोक भावना का उपयोग कर रहे हैं। पर धीरे-धीरे एक अटल ढंग से बहुसंख्य जनसमूह की भावना अतल गहराइयों से राजनीति की सतह की ओर बढ़ती रही है जिसकी अवहेलना कोई राजनेता नहीं कर सकता। परम्परागत अवरोधों के कारण यह कभी-कभी भूचाल बनकर आती है और इसकी विनाशकारी शक्तियाँ ही दिखाई देती हैं, लेकिन यह स्थिति स्वाभाविक नहीं है बल्कि मानव विकास की सहज धारा को बनावटी अवरोधों से रोकने के प्रयास का दुष्परिणाम है। असल में मनुष्य की आजादी की यह भावना उसकी कल्पनाशक्ति से पैदा होती है और इसलिए सभी सृजनशीलता का स्रोत है।

यह वह बिन्दु है जहाँ साहित्य, इतिहास और राजनीति—तीनों एक स्थान पर आ जाते हैं। यह आजादी की भावना, अर्थहीन लगनेवाली घटनाओं की जकड़न से उबरने की छटपटाहट आदमी की सृजनशक्ति का उद्गम स्थान है। यह मात्र संयोग है कि कोई आदमी सृजन का कौन सा क्षेत्र चुनता है? क्षेत्र चाहे जो हो, वह मनुष्य व्यक्तित्व का विस्तार है जिसमें मनुष्य उन बन्दिशों और बोझों से उबरने की कोशिश करता है जो चाहे तो प्रवृत्ति ने चाहे उसकी अपनी संस्कृति से उस पर लाद दिए हैं।

राजनीतिज्ञ अक्सर भूल जाते हैं कि समाज को एक ढाँचे में ढालने के क्रम में वे दूसरे मनुष्यों के जीवन को ऐसे ढालना चाहते हैं जिसमें उनका आजादी की भावना का दमन होता है। यही राजनीति मानव विकास की मूल धारा से विपरीत चली जाती है। और मनुष्य की सृजनात्मक शक्ति को या तो नष्ट कर देती है जो सृजन की प्रक्रिया राजशक्ति के विरोध में प्रकट होती है। इसीलिए अधिनायकवाद न तो अच्छा साहित्य दे पाता है और न अच्छा इतिहास। साहित्यकार और इतिहासकार चारण बन जाते हैं कि जिनका काम सत्ताधारियों का गुणगान भर रह जाता है। इस अर्थ से राजनीति का सीधा सम्बन्ध सृजन प्रक्रिया से होता है। हमें आजादी की रक्षा करना साहित्यकार और इतिहासकार, दोनों का जीवन धर्म बन जाता है।

(दिनमान, 1 नवम्बर, 1981)

सन्दर्भ और टिप्पणियाँ

5. समाज और कला संवेदना

1. कार्ल मार्क्स, एटींथ ब्रुमेर ऑफ लुई बोनापार्ट।
2. ई.एच. गोम्बिच, 'विजुअल डिस्कवरी थ्रु आर्ट', साइकोलॉजी एंड विजुअल आर्ट में, पेंगुइन।
3. अल्बेयर कामू, लू आतिस्त ये सौ ताँ, अल्बेयर कामू, लौरेथ लैंग्वेज लाइब्रेरी, सम्पादक जर्मेन, ब्रे डेल पब्लिशिंग कं.।

11. कला समय और समाज

1. लुडाइट के विद्रोही मजदूर कहे जाते थे जिन्होंने 1811 और 1816 में ब्रिटेन में नए तरह के फैक्ट्रियों को तोड़कर नष्ट करने का प्रयास किया था।

सच्चिदानन्द सिन्हा रचनावली

खंड-2

स्वतंत्रता, राष्ट्रीयता, किसान समस्या और शहरी गरीबी

सच्चिदानन्द सिन्हा रचनावली

खंड-2

स्वतंत्रता, राष्ट्रीयता, किसान समस्या और शहरी गरीबी

सम्पादक

अरविन्द मोहन

राजकमल प्रकाशन

ISBN : 978-93-90971-52-7

मूल्य : ₹4000
(8 खंडों का सम्पूर्ण सेट)

पहला संस्करण : 2021

प्रकाशक : राजकमल प्रकाशन प्रा. लि.
1-बी, नेताजी सुभाष मार्ग, दरियागंज
नई दिल्ली-110 002
शाखाएँ : अशोक राजपथ, साइंस कॉलेज के सामने, पटना-800 006
पहली मंजिल, दरबारी बिल्डिंग, महात्मा गांधी मार्ग, प्रयागराज-211 001
36 ए, शेक्सपियर सरणी, कोलकाता-700 017
वेबसाइट : www.rajkamalprakashan.com
ई-मेल : info@rajkamalprakashan.com

मुद्रक : बी.के. ऑफसेट
नवीन शाहदरा, दिल्ली-110 032

SACHCHIDANAND SINHA RACHANAWALI : Vol. 2
Edited by Arvind Mohan

सम्पादक की ओर से

सच्चिदानन्द सिन्हा रचनावली का यह दूसरा खंड उनकी चार किताबों से बना है जो मुख्यत: सभ्यतागत सवालों और विकास के मौजूद स्वरूप के विभिन्न पक्षों को लेकर लिखी गई हैं। और चारों में एक, 'आजादी के अपूर्व अनुभव' को कायदे से जितनी चर्चा और यश मिलना चाहिए था, वह नहीं हुआ। पर आजादी की भावना को मानव इतिहास के मुख्य संचालक बल के रूप में स्थापित करनेवाली यह किताब कई मायनों में मार्क्स या पूरी समाजवादी धारा द्वारा दिए सूत्रों या फिर मुनाफे और भोग को मुख्य संचालक शक्ति माननेवाली मौजूदा धारणा को काटती है। शायद विषय का नयापन और लेखक के साथ अकादमिक या आन्दोलन की ताकत न होना भी इस चर्चा को आगे नहीं बढ़ा पाया। अन्य किताबों में जो सूत्र बहुत साफ दिखता है वह यह है कि लेखक कुछ खास मूल्यों और पैमानों के आधार पर राष्ट्रवाद, शहरीकरण, इतिहास में आजादी के लिए चले संघर्ष और विकास के अभी प्रचलित सभी मॉडलों में खेती-किसानी की स्थिति की समीक्षा करता है, इसकी कमजोरियों और कमियों को बताता है, इसके नुकसान/लाभ को रेखांकित करता है और आदर्श स्थिति की झलकी भी पेश करता है। और कहना न होगा कि यह पैमाना स्थानीयता, विकेन्द्रित और टिकाऊ विकास के साथ केन्द्रीकरण और हिंसक सत्ता के विरोध का भी है, कमजोर और परेशान पक्ष के समर्थन का है और उनके संघर्षों को समर्थन देता है।

आज असली/नकली राष्ट्रवाद के शोर के बीच आई राष्ट्रवाद सम्बन्धी उनकी एक छोटी किताब 'मानव सभ्यता और राष्ट्र-राज्य' इस पूरी परिघटना के इतिहास, भूगोल और समाजशास्त्र को इतने स्पष्ट ढंग से सामने रख देती है कि कभी धर्म से, कभी नस्ल से, कभी भाषा से तो कभी भूगोल से राष्ट्रवाद का नाम लेकर सत्ता की भूख मिटानेवाली जमात की करतूतें साफ समझ आती हैं और राष्ट्र के व्यापक अर्थ भी समझ आते हैं। पर जिस तरह वे यूरोप के कबीलों के यहाँ से वहाँ जाने, बसने, स्थानीय संसाधनों पर काबिज होने के साथ वहाँ के स्थानीय लोगों के संहार का ब्योरा देते हैं वह राष्ट्र की आज की अवधारणा की डरावनी सचाई को सामने ला देता है। और इस मामले में अमेरिका का उदाहरण यूरोप वालों से भी ज्यादा

डरावना है। पर असल में यह यूरोपीय नेशन स्टेट अर्थात् राष्ट्र-राज्य की कहानी है जो किसी भी दूसरे समूह के लोगों को बर्दाश्त न करने पर आधारित है। इसमें प्राकृतिक संसाधनों पर कब्जा मुख्य लोभ था तो कभी नस्ल, कबीलाई वफादारी या रक्त की शुद्धता के नाम पर अपने से इतर कबीले के लोगों का संहार किया गया। आज हमारी राजनीति में भी इसी घृणा वाला राष्ट्रवाद एक प्रभावी शक्ति बन गया है जो कभी एक समुदाय को तो कभी एक देश को तो कभी कुछ खास प्रतीकों को तो कभी कुछ खास सांस्कृतिक पहचान को आधार बनाकर सत्ता का खेल आगे बढ़ाता है। लेकिन पूरे यूरोप में जितने कबीले नहीं हैं उससे ज्यादा जातीय समूह भारत में हैं और पूरी दुनिया के समूहों की गिनती तो मुश्किल ही है। और भारत में बहुत लम्बे समय वाली कोई बहुत बड़ी राजनैतिक सत्ताएँ न रही हों लेकिन राष्ट्र की कल्पना और भावना तो सदा से रही है। काशी और अजमेर शरीफ जाने पर रोक कभी नहीं रही। राम कभी किसी तरह की सीमा में नहीं बँधे। सच्चिदा जी भारतीय राष्ट्रवाद के विभिन्न पक्षों को सामने लाकर आज के शोर वाले राष्ट्रवाद को आईना भी दिखाते हैं और छोटे आकार के बावजूद हर लिहाज से यह किताब महत्त्वपूर्ण बनी है।

देखने में दूसरी किताब 'एडवेंचर्स ऑफ लिबर्टी' अर्थात् 'आजादी के अपूर्व अनुभव' भी मुख्यत: पश्चिम के इतिहास और अनुभवों पर आधारित मनुष्य जाति की आजादी की लड़ाई की कहानी लगती है लेकिन जैसे ही आप इसके हर पक्ष पर गौर करते हैं आपको यह पूरी मानवता द्वारा किए संघर्षों और अब तक की उपलब्धियों तथा इस संघर्ष को आगे बढ़ानेवालों के साथ हुए छल की पूरी कहानी लगने लगती है। और लेखक का पूरा जोर यह बात स्थापित करने पर है कि मानव इतिहास में आजादी की लड़ाई उसको आगे बढ़ानेवाली एक प्रभावी और सम्भवत: सबसे प्रभावी ताकत रही है। सच्चिदा जी को इसका खयाल समाजवाद पर लिखी अपनी किताब के क्रम में आया होगा जो सोवियत रूस द्वारा स्वतंत्रता को तिलांजलि देने की आलोचना के मुख्य स्वर के साथ समाजवाद और सत्ता के सम्बन्धों की पड़ताल करता है। यह सही है कि समता, भाईचारा और आजादी का स्वर फ्रांसीसी क्रान्ति के बाद ज्यादा प्रबल हुआ और यूरोप के माध्यम से ही विकसित लोकतंत्र और समाजवाद के रूप में दुनिया में प्रभावी हुआ है। लेकिन यह भी सच है कि गुलाम स्पार्टकास के संघर्ष से लेकर अभी तक लगातार मानव समाज स्वतंत्रता की खोज में बार-बार उठ खड़ा होता आया है और अक्सर हल्की रियायतों के साथ उसको छल ही मिला है। मनुष्य बेड़ियों में ज्यादा समय नहीं रह सकता, यह सबसे बड़ी सचाई है। और जीवन की विविधता बनाम केन्द्रित सत्ता की यह लड़ाई रुकनेवाली नहीं है क्योंकि समाज अपने विभिन्न स्तर से लेकर व्यक्ति के निजी चित्त की आजादी के बगैर ठीक से काम नहीं कर सकता। इतनी बड़ी

लोकतांत्रिक व्यवस्थाएँ भी आजादी न होने से नया विकल्प नहीं अपना सकतीं। सो एक विस्तृत मनोवैज्ञानिक विवेचन के साथ भी सच्चिदा जी आजादी को हवा, पानी, भोजन जैसा जरूरी मानते हुए न सिर्फ उसके जीत की दिशा बताते हैं बल्कि साफ ढंग से उसका पक्ष लेते हैं। और यह बात भी जोर देकर बताते हैं कि अभी तक आजादी का जो सफर रहा है वह किसी ताकतवर जमात या सत्ता की दया से नहीं, आम लोगों के संघर्ष और कुर्बानी से हासिल हुआ है। इस किताब से वे यह धारणा खत्म करने का प्रयास भी करते हैं कि आजादी की लड़ाई फ्रांसीसी क्रान्ति से शुरू हुई या फिर पश्चिमी समाजों में रही। वे भारत के भक्ति आन्दोलन समेत कई सामाजिक धाराओं को इसी आजादी के लिए किए विद्रोह के रूप में रेखांकित करते हैं।

रचनावली के इस खंड में आई तीसरी किताब हजारों साल से मनुष्य समाज के जीवन का आधार रही और हर जलवायु और प्राकृतिक विभिन्नता के अनुकूल एक अपनी स्थानीय शैली से विकसित हुई खेती-किसानी की दुर्गति पर है। भारत की कृषि व्यवस्था की दिन ब दिन बदतर होती गई स्थिति और राष्ट्रीय आय में कृषि की घटती भागीदारी के साथ सबसे ज्यादा लोगों के रोजगार और जीवन का आधार होने की कहानी बताने के साथ सच्चिदा जी खेती के हर क्षेत्र—मसलन सिंचाई, उर्वरक, उपज की कीमत, कृषक समाज की कर्जदारी और लोगों का खेती छोड़कर शहरों की तरफ पलायन जैसी क्षेत्रों की स्थिति आँकड़ों के साथ प्रस्तुत करते हैं। अब ये आँकड़े कुछ पुराने लगेंगे लेकिन मूल बात अर्थात् खेतिहर समाज का संकट और गहराया ही है जो किसानों के असंतोष और शहरों के बेतहाशा और बेलगाम वृद्धि के रूप में हमारे सामने है। पर लेखक ने इससे बड़ी सचाई भी सामने की है कि आज प्रचलित विकास के सभी चार-पाँच रूपों का मौजूदा रूप खेती-किसानी को मारकर ही बना है। चाहे यूरोप और अमेरिका का मॉडल हो या जापान का, चाहे सोवियत मॉडल हो या चीन का हर कहीं खेती-पशुपालन के अतिरिक्त लाभ को जबरिया हथियाकर ही औद्योगीकरण और मौजूदा शहरीकरण हुआ है और हर जगह किसानों पर जुल्म हुआ है। लेकिन वे चेतावनी वाले अन्दाज में यह भी कहते हैं कि इनमें किसी भी मॉडल में सारी दुनिया के लोगों को खिलाने-पिलाने और आराम का जीवन दे पाने ही नहीं सबकी न्यूनतम जरूरतों को पूरा करने की क्षमता नहीं है। सो सारी दुनिया की विविधता, उसके अनुरूप खेती-पशुपालन को बचाए बगैर हमारा काम चलनेवाला नहीं है। वे इसके लिए एक वैकल्पिक मॉडल भी सुझाते हैं। लेकिन जो मुख्य बात वे रेखांकित करना चाहते हैं वह यह है कि आज के किसी सत्ता वाले को खेती-किसानी से कोई जन्मजात बैर नहीं है। असल में खेती-किसानी का चरित्र काफी हद तक विकेन्द्रित, विविधतापूर्ण और आजादी वाला है जबकि आज के बड़े उद्योग, बड़े शहर और बहुत खपत वाली व्यवस्था

ज्यादातर केन्द्रीकृत सत्ता से संचालित होती है। इसलिए खेती का नाश और इस मॉडल का विकास बुनियादी तौर पर सत्ता के केन्द्रीकरण से जुड़ा है जो खेती भर के ही नहीं पूरी मानव सभ्यता के लिए नुकसानदेह है।

और उनकी साफ और खेती से विस्थापित होनेवाली जमात (जो प्रक्रिया भूमंडलीकरण के दौर में और तेज हो गई है) के रोजगार और जीवन बचाने के लिए शहरों की तरफ भागने की जिस प्रवृत्ति का उन्होंने जिक्र किया है उसी पर उनकी अगली किताब 'जिन्दगी सभ्यता के हाशिये पर' है। और इस सम्पादक की जानकारी में अपने यहाँ शहरी गरीबों के जीवन पर इससे अच्छी कोई किताब अंगरेजी या हिन्दी में नहीं है। बल्कि अपने यहाँ के पढ़े-लिखे और अकादमिक जगत के लोगों के लिए अभी तक अर्बन पावर्टी पढ़ाई-लिखाई का विषय ही नहीं बन पाई है। यहाँ भी किसी को किताब में आए आँकड़े पुराने लग सकते हैं लेकिन जरा भी ठहरकर सोचने पर यह साफ हो जाता है कि स्थितियाँ किताब लिखनेवाले समय से भयावह हुई हैं। और अगर हमारे योजनाकारों ने अपने दौर के इस बड़े लेखक के शोर मचाने पर ध्यान दिया होता तो स्थिति शायद थोड़ी सँभलती। पर यहाँ तो स्मार्ट सिटी और बुलेट ट्रेन के शोर से चुनाव और शहरी मध्यमवर्ग का दिल जीतना लक्ष्य है, गरीबों की कौन सुनता है। पर सच्चिदा जी बहुत सारे उदाहरणों के साथ एक अद्‌भुत सूचना देते हैं कि दुनिया के वही शहर व्यवस्थित रूप से लम्बा समय चले जहाँ आबादी पचास हजार से नीचे रही क्योंकि इतनी ही आबादी के लिए आसपास के ग्रामीण समाज और अर्थव्यवस्था से सरप्लस चीजें ली जा सकती हैं और शहरीकरण प्रशासनिक और व्यावसायिक कौशल को बेहतर करने में मददगार हो सकता है। इससे ऊपर होने पर चीजें सम्भाल के बाहर हो जाती हैं। लेकिन सत्ता और साधनों के केन्द्रीकरण का भूत सवार होने पर बड़ी सत्ताएँ बड़े नगर बनाती हैं जो गरीबों का और आसपास के ग्रामीण जीवन को नरक बनाने के साथ खुद भी एक बम की तरह टिक-टिक करते रहते हैं और बड़े नगरों के भरभराकर गिरने में समय नहीं लगता। अक्सर ये खुद से पैदा महामारियों और दूसरी आपदाओं से—जिनमें पेयजल की कमी और कचरे का निपटान भी कारण बनता है, ध्वस्त हो जाते हैं।

जाहिर तौर पर इन चारों किताबों किताबों से बना यह खंड पाठकों को बहुत बड़ी और महत्त्वपूर्ण बौद्धिक खुराक देता है।

—अरविन्द मोहन

25 जुलाई, 2021
दिल्ली

क्रम

मानव सभ्यता और राष्ट्र-राज्य

भूमिका

जब दुनिया में युगान्तरकारी परिवर्तन हो रहे हों तो बदलते परिवेश में, ताजा अनुभवों के आधार पर पुरानी घटनाओं का मूल्यांकन भी जरूरी हो जाता है। इस प्रक्रिया में अनेक संस्थाएँ जो पहले गौरवपूर्ण दिखाई देती हों, सहसा अपनी चमक खोने लगती हैं और उनका घिनौना रूप सामने आने लगता है। शुरू में यह एहसास थोड़े लोगों को ही होता है क्योंकि ज्यादातर लोग इस कदर पूर्वग्रह ग्रस्त होते हैं, या इतने गुमराह होते हैं कि घटनाओं की तटस्थ परीक्षा नहीं कर पाते। उन्हें असलियत का एहसास तभी हो पाता है जब पुरानी धारणाओं से चिपके रहने के दुष्परिणाम जीवन को भयंकर रूप से आक्रान्त करने लगते हैं। इसी तरह की भावना राष्ट्र-राज्य के साथ जुड़ी हुई है। पिछले डेढ़ सौ साल में पश्चिमी देशों में और उनके प्रभाव से या उनके शोषण के खिलाफ प्रतिकार भाव से, दुनिया के अन्य देशों में भी इसने लगभग वही पूजाभाव अर्जित कर लिया है, जैसाकि धर्मों के आराध्यदेव के प्रति होता है। इसके प्रति आलोचनात्मक दृष्टि अपनाना गलत ही नहीं घोर अधर्म माना जाता है, और चूँकि राष्ट्र देवता के पास आतंकित करने का हथियार नर्क की कोरी कल्पना नहीं बल्कि ठोस राज्यशक्ति—गोली, हथकड़ियाँ तथा जेल यातना देने की शक्ति होती है, इसलिए कोई इस देवता की अक्षुण्णता पर उँगली उठाने का जल्दी साहस नहीं कर पाता।

लेकिन इस नए धर्म को पिछले दशकों में घोर अन्तर्विरोधों का सामना करना पड़ रहा है जिससे इसकी अन्धभक्ति पर आँच आने लगी है। एक तरह से राष्ट्र भाव में चक्रों के भीतर चक्र बनने लगे हैं, और हर स्तर पर भीतरी चक्र आवृत्त करनेवाले चक्र के घेरे को तोड़ने के लिए दबाव डालता दिखाई देता है। उदाहरण पूर्व सोवियत संघ का है। इसके विभिन्न गणराज्य स्वतंत्र और सार्वभौम हो गए हैं, लेकिन इनमें कई गणराज्यों के भीतर भी अलग मूल आधारित या भाषायी जमातें अपनी स्वायत्तता की माँग कर रही हैं। एक उदाहरण मोल्डाविया का है। 1989 के अगस्त महीने में मोल्डाविया की राजधानी किशिनेप में रूसी भाषा के विरुद्ध प्रदर्शन हुए और मोल्डाविया की स्वायत्तता की जबर्दस्त माँग हुई। इसके पीछे गणतंत्र का पूरा शासक समूह था, लेकिन मोल्डाविया के

ही दुनिएस्तर गणराज्य ने, जहाँ रूसी भाषी लोगों का बहुमत है, मोल्डाविया से अपनी स्वतंत्रता की घोषणा कर दी और अपनी अलग प्रतिनिधि सभा का निर्वाचन कर लिया। इसे दबाने के लिए मोल्डाविया ने 1990 के नवम्बर के प्रारम्भ में स्वयंसेवी सेना भेज दी। इसके परिणामस्वरूप काफी रक्तपात हुआ। अब तक इस समस्या का समाधान नहीं हो पाया है। इसी तरह युगोस्लाविया के गणराज्यों के स्वतंत्र अस्तित्व का सवाल गृहयुद्धों में उलझ गया और विशेषकर बोस्निया-हर्जे गोविना में सर्ब मूल के लोग यहाँ के क्रोएट एवं मुसलमान लोगों से संघर्ष कर रहे हैं। दुनिया के अनेक देशों में इस तरह के आन्दोलन चल रहे हैं। हम अपने ही देश को लें। यहाँ भी स्वायत्तता के लिए आन्दोलन कर रहे क्षेत्रों के भीतर भी दूसरे क्षेत्र इस क्षेत्र से अलग होने का आन्दोलन कर रहे हैं। एक उदाहरण असम का है। वहाँ एक तरफ उल्फा (यूनाइटेड लिबरेशन फ्रंट ऑफ असम) असम को भारत से पृथक करने का आन्दोलन चलाता रहा है, लेकिन वहीं ब्रह्मपुत्र घाटी के बोडो बहुल इलाकों के बोडो लोग असम से अलग राज्य बोडोलैंड की माँग करते रहे हैं।

विडम्बना यह है कि इनमें सभी स्तर पर राष्ट्रीय स्वायत्तता हासिल करने या मूल आधारित उप-राष्ट्रीयता की रक्षा करने का ही आग्रह है। भारत सरकार राष्ट्रीय अखंडता के लिए उल्फा का दमन करना चाहती है। बोडो अपनी स्वायत्तता की रक्षा करना चाहते हैं और उल्फा असमिया राष्ट्रीयता की सार्वभौमिकता या स्वायत्तता के लिए युद्ध चलाता रहा है। इन सबका आग्रह सार्वभौमिकता या स्वायत्तता हासिल करना है, और इनमें प्रत्येक की सार्वभौमिकता या स्वायत्तता दूसरे स्तर की इकाइयों की सार्वभौमिकता या स्वायत्तता के लिए खतरा पैदा करती है। दूसरी ओर पश्चिमी यूरोप में, जहाँ द्वितीय विश्वयुद्ध के बाद राष्ट्रीय इकाइयाँ पूरी तरह स्थापित हो चुकी हैं, पिछले कुछ वर्षों से यूरोपीय साझा बाजार, यूरोपीय संसद और अब यूरोपीय मुद्रा के जरिये अपनी सार्वभौमिकता को एक हद तक सीमित करने की कोशिश हो रही है।

इन सब घटनाओं के सन्दर्भ में राष्ट्र देवता की अक्षुण्णता की बात कुछ हैरत में डालनेवाली लगती है। आखिर किस मानदंड से हम राष्ट्रीयता के दावे को जायज मानें और किससे इसे नाजायज करार दें? अगर ऐसा कोई मानदंड कायम नहीं किया जा सकता तो यह सब महज भावना का ही मामला रह जाता है। बात ऐसी ही है तो स्थिति खतरनाक है, क्योंकि भावनाओं की टकराहट युद्ध और नरसंहार का रूप ले सकती है। इससे बचने का एक ही उपाय है, वह यह है कि राष्ट्रीयता की जिस अवधारणा को भावना के साथ जोड़कर अक्षुण्ण माना जाता रहा है उसके उद्गम की तलाश कर उसे तर्कों की परिधि में लाया जाए ताकि लोग पूर्वग्रहों और अन्ध-भावनाओं से मुक्त हों, और बुद्धिसंगत ढंग से

राष्ट्रीयता से जुड़ी समस्याओं से निपटने का प्रयास करें। इससे भावनात्मक आधार को बिलकुल खत्म तो नहीं किया जा सकता, लेकिन उसे तर्क के दायरे में लाया सकता है ताकि वह सर्वनाश की सीमा तक न पहुँचे।

प्रस्तुत अध्ययन में राष्ट्रीयता की भावना का उत्स मनुष्य की आनुवंशिकी में दिखलाया गया है और इसी आधार पर राष्ट्रीयता के उदय के पिछले पाँच सौ वर्षों के इतिहास पर दृष्टि डाली गई है। इस विचार को नकार देने से मनुष्य की स्थिति के इस विरोधाभास को समझना मुश्किल है कि जहाँ एक तरफ वह विज्ञान और तकनीकी के सहारे अपने जीवन की अनेक कठिन समस्याओं का हल आसानी से निकाल लेता है, और ऐसी उपलब्धियाँ दिखलाता है जिन्हें चमत्कारी कहा जा सकता है, वहीं समूहों के बीच ऐसे विवादों और झगड़ों को निपटाने में असफल रहता है जो विवेक द्वारा सहज ही निपटाए जा सकते हैं, लेकिन राष्ट्रभाव के क्षेत्र में भावनाओं का दबाव इतना जबर्दस्त होता है कि युक्तिसंगत सुझाव देने या बात कहने तक पर लोगों में क्षोभ पैदा हो जाता है। समय और स्थान में एक-दूसरे से बिलकुल दूर और एक-दूसरे के सम्पर्क से वंचित मानव समूहों में अगर एक तरह का व्यवहार बार-बार दुहराया जाए तो यह मानना पड़ेगा कि कोई-न-कोई बात मानव स्वभाव में ही है जो उसे ऐसे व्यवहार के लिए प्रेरित करती है। अक्सर मानव समाज के अध्ययन को नृशास्त्र और समाज शास्त्र में विभाजित कर अलग विषयों के रूप में लिया जाता है। नृशास्त्र मूलत: आदिम अवस्था के समाजों का अध्ययन करता है जबकि समाज शास्त्र आधुनिक कहे जानेवाले समाजों का। इसमें कहीं-न-कहीं यह भाव निहित है कि आधुनिक मनुष्य अपने विकास में अपने प्रारम्भिक अवस्था के व्यवहारों से ऊपर उठ गया है और विवेकवान हो गया है। इसी से समाजशास्त्रीय अध्ययनों में गेमाइनशाफ्ट-गेजेलशाफ्ट यानी सामुदायिक (भावनाशील) और सामाजिक (तर्कशील), दो कोटियाँ बनाई जाती हैं, लेकिन लोगों के वास्तविक व्यवहार को देखने पर यह विभाजन भ्रामक लगता है। आदमी अपने स्वभाव के भावनात्मक आधार से कभी कट नहीं पाता। राष्ट्रीयता के सवाल पर लोगों की आम प्रतिक्रिया इतनी भावनात्मक और तर्कहीन होती है कि यह मानना असम्भव लगता है कि मनुष्य प्रारम्भिक अवस्था की अपनी कबीलायी वफादारी से ऊपर उठ गया है। युद्ध नृत्य की जगह विशाल रैलियों, तरह-तरह के झंडे-पताके और राष्ट्र गीतों की धुन जिन्हें विविध संचार माध्यमों से प्रसारित किया जाता है—ने ले ली है, लेकिन लोगों की प्रतिक्रियाएँ एक ही तरह की होती हैं : निर्दिष्ट 'दुश्मनों' के विरुद्ध आक्रमण। तर्कहीन व्यवहार की यह प्रेरणा अत्यन्त प्रबल होती है।

सच तो यह है कि यह बात सिर्फ राष्ट्रीयता के सन्दर्भ में ही नहीं मानव व्यवहार के दूसरे क्षेत्रों में भी लागू होती है। सिर्फ सांख्यिकी के आधार पर मानव समूहों के

व्यवहार की यह एकरूपता नहीं समझी जा सकती। उसके पीछे किसी-न-किसी अदृश्य नियामक तत्त्व का होना जरूरी है। बहुत से परम्परावादी इन सब बातों को 'दैव इच्छा' कहकर सन्तोष कर लेंगे, लेकिन जो घटनाओं को नियमों में बाँधना चाहते हैं और तार्किक परिणति तक पहुँचना चाहते हैं उनके लिए यह आसान रास्ता अवरुद्ध है। मार्क्स ने इन घटनाओं के पीछे भौतिक, विशेषकर तकनीकी के विकास और उससे सम्बद्ध आर्थिक शक्तियों का निर्णायक हाथ देखा था, और ऐतिहासिक भौतिकवाद के सिद्धान्त के द्वारा सामाजिक घटनाओं को समझने की कोशिश की थी, लेकिन यह सिद्धान्त अनेक स्थितियों को समझने में असफल रहा है। स्वयं राष्ट्रीयता का मुद्दा ऐसा है जिसने इस सिद्धान्त को नकार दिया है। मार्क्स के सिद्धान्त के अनुसार, आधुनिक दुनिया के सर्वहारा में राष्ट्रीयता की भावना का लोप हो जाना चाहिए था, लेकिन हुआ उलटा। प्रथम विश्वयुद्ध से लेकर वर्तमान काल तक अन्य वर्गों की तरह औद्योगिक मजदूरों में भी राष्ट्रीयता का उन्माद प्रबल रहा है।

यहाँ मार्क्स के विचारों के विश्लेषण का मौका नहीं है, लेकिन मेरे मन में हमेशा यह बात रही है कि मानव स्वभाव में निहित कुछ रुझानों के अस्तित्व को कबूल किए बगैर मनुष्य के व्यवहारों को सिर्फ तकनीकी या आर्थिक शक्तियों या सम्बन्धों के आधार पर नहीं समझा जा सकता है। इसलिए मैंने अपनी पुस्तक 'सोशलिज्म एंड पॉवर'[1] में मनुष्य के स्वभाव में अन्तर्निहित कुछ आनुवंशिक गुणों की उपस्थिति को मानते हुए उसके व्यवहारों को समझने की कोशिश की थी और इसके लिए कुछ प्राणी वैज्ञानिकों की प्रासंगिक खोजों का हवाला दिया था। यह पुस्तक 1970 में लिखी गई थी। उस समय स्पष्ट रूप से इस विचार के समर्थन में किसी अध्ययन की जानकारी मुझे नहीं थी, लेकिन 1975 में एड्वर्ड ओ. विल्सन ने 'सोशियोबायलॉजी' का सिद्धान्त प्रतिपादित किया जिसमें मनुष्य के सामाजिक व्यवहारों को समझने में मानव आनुवंशिकी का महत्त्व सर्वोपरि बतलाया—बाद में 1978 में अपनी पुस्तक 'द ह्यूमन नेचर' में उसने मानव स्वभाव के विभिन्न पहलुओं को इसी आधार पर समझने की कोशिश की। स्वाभाविक था कि इस विचार से गहरे मतभेद व्यक्त किए गए, लेकिन हम हर नए सिद्धान्त की तरह इसमें भी किए गए अतिवादी (रिडक्सनिस्ट) दावों को हटा दें—जो सभी व्यवहारों को एकमात्र आनुवंशिकी पर ही आधारित मानता है—तो सामाजिक व्यवहारों को समझने का यह एक आवश्यक आधार सिद्ध होता है। वैसे, प्रकृति और पालक (नेचर एंड नर्चर) का विवाद पुराना है, लेकिन विभिन्न जीवों में लालन-पालन उनके स्वभाव में और मनुष्य की संस्कृति में निहित है जो स्वयं आनुवंशिकी पर आधारित है। इसलिए यह विवाद अर्थहीन है।

1. 'सोशलिज्म एंड पॉवर' ओरियंट लांगमैन, 1974

कई प्राणीशास्त्रियों, जैसे रॉबर्ट आर्डरे और डेस्मांड मॉरिस ने प्राणियों के व्यवहार का प्रक्षेप मानव व्यवहारों के क्षेत्र में करके इस विचार को काफी बढ़ाया है, खासकर डेस्मांड मॉरिस के 'द ह्यूमन जू' ने हमें अपने व्यवहारों को वस्तुपरक ढंग से देखने की दिशा में काफी प्रेरित किया है। प्रस्तुत पुस्तक की शुरुआत इन्हीं विचारों को आधार मानकर की गई है।

लेकिन मानव स्वभाव सम्बन्धी कुछ आम मान्यताओं तक सीमित रखने के बजाय इस अध्ययन में यह प्रयास किया गया है कि कबीलायी समाज के व्यवहारों को एक हद तक आनुवंशिकी से प्राप्त मानव स्वभाव की अभिव्यक्ति के रूप में समझा जाए और उससे बढ़कर राष्ट्रीयता की भावना के विकास को इसके विविध आयामों में विश्लेषित किया जाए। इस दृष्टि से राष्ट्रीयता की भावना के विकास को कबीलायी वफादारियों और परम्पराओं से जोड़ा गया है, और फिर चौदहवीं शताब्दी के बाद यूरोप के विशेष परिवेश को राष्ट्र-राज्य के आविर्भाव का कारक माना गया है। इसके बाद से राष्ट्र-राज्य का विकारा यूरोग के औद्योगिक समाज के साथ बाकी दुनिया के विशेष तरह के सम्बन्धों से हुआ माना गया है। अन्त में उन खतरों की ओर ध्यान खींचा गया है जो राष्ट्रीयता की अन्ध-भावना से पैदा हुए हैं और उनके निराकरण के लिए कुछ सुझाव दिए गए हैं। इस तरह एक सरसरी निगाह में राष्ट्र-राज्य के विकास और उसके परिणामों को दुनिया के इतिहास की कुछ घटनाओं के आधार पर वर्णित किया गया है। आशा है, यह अध्ययन लोगों को राष्ट्रीयता के प्रश्न पर भावना से हटकर वस्तुपरक ढंग से विचार करने में सहायक होगा।

1

'अपने को जानो,' इस उपदेश में उस ज्ञान की कुंजी है जिससे हम अपने समाज और अपने संसार को समझ सकते हैं, और शायद उन सामाजिक संघर्षों से उबरने की दिशा भी पा सकते हैं जो हमें विनाश की ओर ले जा रहे हैं, लेकिन अपने को जानने के लिए हम सिर्फ आत्मपरीक्षण का सहारा लेकर बहुत दूर तक नहीं जा सकते। आत्मपरीक्षण सदा वस्तुपरक नहीं होता और हमारे पूर्वग्रह इस पर छाए रहते हैं। हमें खुद को समझने के लिए अपने अचेतन और स्वभाव की उन परतों को खोलना होगा जो हमारी चेतना के दायरे के बाहर हैं। यह तलाश हमें अपनी आनुवंशिकी में बैठे गुणों की पहचान की ओर ले जाती है। इस तलाश में हम अपने को अपने मानव पूर्वजों तक ही सीमित नहीं रख सकते क्योंकि उनके वंशानुगत गुणों का कोई लिखित दस्तावेज हमारे पास नहीं है, न ही अलिखित दस्तावेज इतने पर्याप्त हैं कि हम उनके आचारों का पूरा विवरण जान सकें। इन्हें जानने के लिए परोक्ष प्रमाणों का सहारा लेना पड़ता है। हमारे स्वाभाविक व्यवहार—जो आज सभ्यता की परतों के नीचे दब जाते हैं या उसके बोझ से विकृत हो गए हैं—क्या रहे होंगे, उसकी कुछ झलक हमें उन प्राणियों के क्रिया-कलापों में मिलती है जिन्हें नृशास्त्री हमारा चचेरा मानते हैं। हमारे सबसे नजदीक चिम्पांजी माने जाते हैं। इसके अलावा, हमारे मूल स्वभाव में क्या है, इसकी कुछ झलक हमें उन मानव समुदायों के स्वभाव में भी मिलती है जिनके व्यवहार आधुनिक समाज की जटिलताओं से विकृत होने से कुछ बचे रहे हैं। दुनिया के विभिन्न भागों में बिखरे आज भी ऐसे अनेक कबीले हैं जिनका जीवनयापन आखेट, पशुपालन तथा कृषि पर ही निर्भर है। उनके व्यवहारों से यह अन्दाजा लगाया जाता है कि अपनी सांस्कृतिक विरासत की जटिलताओं की अनुपस्थिति में हम भी वैसा ही व्यवहार करते जैसा ये कबीलायी समूह करते हैं। कहने का मतलब यह नहीं कि कबीलायी समूहों के आचार-व्यवहार बिलकुल एक जैसे हैं, ऐसा नहीं है। पर्यावरण की विभिन्नता के कारण तथा आजीविका के साधनों की विविधता के कारण उनके व्यवहारों में भी काफी भेद होता है, लेकिन उनके जीवन के अध्ययन से विभिन्न समूहों के व्यवहारों में से कुछ ऐसे सारतत्त्व निकाले जा सकते हैं जो एक जैसे हैं, और इन सारतत्त्वों को तभी समझा जा सकता

है जब हम यह मानकर चलें कि वे आनुवंशिक गुणों के परिणाम हैं जो इन सभी समूहों में समान रूप से मौजूद हैं।

जीव वैज्ञानिकों और नृशास्त्रियों का एक बड़ा समूह यह मानने लगा है कि आज से लाखों वर्ष पूर्व मनुष्य और वनमानुष—जिनमें चिम्पांजी, गोरिल्ला आदि आते हैं—एक ही वंशवृक्ष से अलग-अलग शाखाओं में विभक्त हुए। अन्दाजा लगाया जाता है कि लगभग तीस लाख वर्ष पूर्व वह शाखा अलग हुई जिसे 'ऑस्ट्रोलोपियेकस' कहा जाता है। नृशास्त्रियों के एक बड़े हिस्से का यह मानना है कि मनुष्य इसी शाखा की एक परिवर्तित उपशाखा थे। रॉबर्ट आर्डरे तथा कई अन्य नृशास्त्रियों का यह भी मानना है कि प्रजातीय विभाजन का यही वह काल था जब सूखे के कारण जंगल नष्ट हुए और हमारे पूर्वज पेड़ों से उतरकर मैदानी इलाकों में रहने को विवश हुए। अब वे पैरों के बल खड़े हो सकते थे और हाथों का प्रयोग हथियारों की मदद से शिकार करने, भोजन प्राप्त करने और खूँखार पशुओं से अपनी रक्षा करने में करते थे। अपेक्षाकृत कमजोर और प्रकृति प्रदत्त हथियारी अंगों से रहित मानव इस स्थिति में शिकार या अपनी रक्षा आपसी सहयोग के बल पर ही कर सकता था। आर्डरे के अनुसार, इस काल की इन्हीं परिस्थितियों में मनुष्य के कुछ बुनियादी स्वभाव विकसित हुए जिसे वह आज तक अपनी आनुवंशिकी के माध्यम से ढो रहा है, लेकिन इसका अर्थ यह नहीं कि वृक्षों में रहनेवाले जीव के रूप में जो गुण हमारे स्वभाव में आए थे, वे बिलकुल समाप्त हो गए। यह जरूर हुआ कि खड़े होकर चलने से, अनुकूलन की प्रक्रिया से हमारे पूर्वजों के पैर धीरे-धीरे सपाट होने लगे और अब वे पेड़ों की शाखा में जाकर अपनी रक्षा करने में असमर्थ हो गए, लेकिन वनमानुषों का कौतूहल और परिवेश के परीक्षण का उनका गुण नहीं गया; न फल-मूल-कन्द को आंशिक रूप से अपने आहार का अंग बनाने का गुण। इसलिए प्रारम्भिक काल के हमारे पूर्वज सिर्फ शिकारी ही नहीं बल्कि शिकारी तथा कन्द-मूल इकट्ठा करनेवाले (हंटर, गैदरर) के रूप में जाने जाते हैं। आज भी कुछ ऐसे कबीले हैं जो लगभग इसी तरह की जिन्दगी बिताते हैं।

मानव शिशु अनेक वर्ष तक आत्मनिर्भर नहीं हो सकते और न अपनी रक्षा कर सकते हैं। इसलिए पेड़ों की शाखा छोड़ने के बाद मानव समूहों की यह मजबूरी हो गई कि वे निश्चित स्थानों से बँधे रहें। इस अवस्था में पुरुष प्राय: शिकार करने दूर निकल जाते थे और शिशु, छोटे लड़के तथा औरतें निवास स्थान के पास रहती थीं। औरतें, शिशुओं और निवास स्थान की रक्षा करने के लिए इसके आस-पास ही रहकर कन्द, मूल एवं अंडे आदि इकट्ठा करती थीं। इस तरह गृह क्षेत्र या आवासीय क्षेत्र का महत्त्व उनकी जिन्दगी में बढ़ा, लेकिन सिर्फ आवासीय क्षेत्र की रक्षा करने की मजबूरी ही इन समूहों के सामने नहीं थी। उन्हें अन्य मानव समूहों से उस बड़े दायरे की भी रक्षा करनी होती थी जिसमें वे शिकार करते थे। यह उनकी

आजीविका का क्षेत्र था। इस तरह पचास से सौ व्यक्तियों तक के छोटे समूह अलग-अलग इलाकों में रहते थे और अपने दायरे में शिकार करके या कन्द-मूल इकट्ठा करके जीवन बिताते थे। जब किसी समूह की संख्या बढ़ती तो उसका एक हिस्सा अलग होकर दूसरे क्षेत्र में चला जाता था। समूहों का ऐसा विभाजन अनिवार्य था क्योंकि आमतौर से 50-60 लोगों के एक समूह के लिए 10 से 15 वर्गमील का क्षेत्र पर्याप्त भोजन प्रदान कर सकता था, और परिवार से बँधे होने के कारण वे अपने आवासीय क्षेत्र से बहुत दूर नहीं जा सकते थे। आबादी का घनत्व बढ़ने से भोजन अपर्याप्त होता और भोजन के अभाव में समूह के नष्ट हो जाने का खतरा था। आबादी के इसी घनत्व को सीमित करने के लिए इन मनुष्यों में अपने समूह के बाहर के समूहों के प्रति एक तरह की आक्रामकता भी विकसित हुई। इस तरह का व्यवहार एक हद तक आज भी आखेट पर आश्रित कबीलों में देखा जा सकता है। अगर एक समूह दूसरे समूह के क्षेत्र में अतिक्रमण करता है तो दूसरा समूह अपनी भाव-भंगिमाओं से नाराजगी व्यक्त करता है और अतिक्रमण करनेवाला समूह उस क्षेत्र से बाहर हो जाता है। वास्तविक संघर्ष कम ही होते हैं और सिर्फ उन्हीं स्थितियों में होते हैं जब अभाव के कारण अन्यत्र आजीविका की तलाश मुश्किल होती है, लेकिन प्रमाण मिलते हैं कि ऐसे संघर्ष होते रहे हैं। आदिम अवस्था में अस्तित्व रक्षा के लिए इस आक्रामकता का सकारात्मक पहलू भी रहा है : समूहों की दूरी इस तरह नियंत्रित रखना कि किसी को अभाव का सामना न करना पड़े। रॉबर्ट आर्डरे के अनुसार, उपरोक्त अर्थ में क्षेत्र (टेरिटरी) वह भूभाग है जिसकी कोई व्यक्ति या समूह अपनी ही प्रजाति के बाहरी व्यक्ति या समूह के अतिक्रमण से रक्षा करता है। दूसरे प्राणी वैज्ञानिक अर्न्स्ट मेयर के अनुसार, अगर कोई क्षेत्र किसी जीव या जीव समूह के अस्तित्व को बचाने के लिए महत्त्वपूर्ण है तो वह जीव क्षेत्रीय (टेरिटोरियल) बन जाएगा। स्वाभाविक है कि इस आक्रामकता का सीधा सम्बन्ध किसी क्षेत्र में बसनेवाले प्राणियों की सघनता से हो और सघनता बढ़ने के साथ आक्रामकता भी बढ़े।

अपनी प्रजाति के सदस्यों के विरुद्ध आक्रामकता के इस गुण में मनुष्य अकेला नहीं है। जीव-जगत के अनेक प्राणियों में इस तरह की आक्रामकता पाई जाती है।

प्राणियों के स्वभाव के सम्बन्ध में सब बातें बतलाना इसलिए जरूरी है क्योंकि मनुष्य के वंशानुगत स्वभाव को समझे बिना हम उन विविध उन्मादों को नहीं समझ सकते जो आज राष्ट्र, क्षेत्र, धर्म, मूल आदि के इर्द-गिर्द उभर रहे हैं और जिनसे दुनिया के अधिकांश मानव समूह किसी-न-किसी रूप में आक्रान्त हैं। अपने विभिन्न व्यवहारों में हम जो कुछ आज हैं, उसे बनाने में लाखों वर्षों के विकास का इतिहास है। अपने विकास के शैशव काल में जिन्दा बचे रहने के लिए जो जीवन पद्धतियाँ हमने अपनाईं, वे धीरे-धीरे हमारी आनुवंशिकी का अंग बन गईं और उनका अदृश्य

एवं तर्कातीत दबाव आज भी हमारे व्यवहार को किसी-न-किसी रूप में नियंत्रित करता रहता है—हमारे भले के लिए भी और हमें विनाश की ओर ले जाने में भी। अत: जिस विषय की चर्चा हम आगे करनेवाले हैं उसके प्रसंग में उन आनुवंशिक गुणों की थोड़ी चर्चा हम यहाँ करेंगे जो हमारे व्यवहार को प्रभावित करने में कार्यरत हैं।

अपने अध्ययन के क्रम में ब्रिटेन निवासी इलियट हार्वर्ड ने पहले-पहल पक्षियों में क्षेत्रीय भाव को उपस्थिति पाया। इसके बाद अनेक प्राणी वैज्ञानिकों ने पाया की क्षेत्रीय भाव कई दूसरे प्राणियों में भी उपस्थित है। उनके अध्ययन से यह पता चलता है कि विभिन्न जीव अपने क्षेत्र की रक्षा अपनी प्रजाति के अन्य सदस्यों से पूरी आक्रामकता से करते हैं। इस शताब्दी के प्रारम्भ में मानव स्वभाव के अध्ययन के आधार पर प्रसिद्ध मनोवैज्ञानिक सिगमंड फ्रायड ने यह अनुमान किया था कि मनुष्य स्वभाव में एक तरह की आक्रामकता निहित है। इससे वह इस निष्कर्ष पर पहुँचा कि मनुष्य स्वभाव में मृत्यु की इच्छा भी होती है। बाद में प्रसिद्ध प्राणी वैज्ञानिक कॉनराड लॉरेंज ने प्राणियों के व्यवहारों के गहरी वैज्ञानिक छानबीन के आधार पर आक्रामकता की समझदारी को आगे बढ़ाया। कॉनराड लॉरेंज ने क्षेत्र के रक्षार्थ अपनाई गई आक्रामकता को जीवों के चरित्र में निहित आम आक्रामकता से जोड़ा और यह चौंकानेवाला रहस्योद्‌घाटन किया कि समूहों का आपसी मैत्रीभाव सीधे-सीधे दूसरे समूहों के प्रति अपनाई गई आक्रामकता से जुड़ा है—यानी आपसी मित्रता दूसरे समूहों के प्रति शत्रुता से परिवर्धित होती है। उसने यह भी बतलाया कि दूसरे जीवों में आक्रामकता शायद ही कभी ऐसे युद्ध में परिणत होती है जो गम्भीर अंग-भंग या मृत्यु की वजह बने। क्षेत्रीय अतिक्रमण होने पर भी ज्यादातर धमकी भरा तेवर ही दिखाया जाता है और यही अतिक्रमण करनेवाले जीव को हटाने के लिए काफी होता है। सिर्फ मनुष्य ही ऐसा जीव है, जिसमें आन्तरिक आक्रामकता पर कोई अन्तर्निहित अंकुश नहीं है, जिससे उसे एक सीमा के बाद एकाएक बाधित किया जा सके। इस तरह मनुष्य सम्भवत: एकमात्र जीव है, जिसकी आक्रामकता अपनी प्रजाति के अन्य व्यक्तियों या समूहों के मृत्यु का कारण बनती है। इसमें दिलचस्प बात यह है कि विकास के प्रारम्भिक काल में प्रजाति की रक्षा के लिए विकसित आक्रामकता के गुण को मनुष्य ने एक-दूसरे के संहार का आधार बना दिया।

वंशानुगत गुण की भूमिका में यह परिवर्तन मनुष्य की संस्कृति के विकास का परिणाम था। जब से प्राक् मानव हथियार के रूप में प्रयोग में लाए जा सकनेवाले निजी अंग जैसे नख और दाँत से हीन हो गया, उसकी अपनी रक्षा और दूसरे जीवों पर आक्रमण, दोनों ही उसके द्वारा ईजाद किए गए हथियारों पर निर्भर होने लगे। प्रकृति प्रदत्त हथियारों के लुप्त होने की प्रक्रिया में मनुष्य में आक्रामकता के विरुद्ध विकसित उस आन्तरिक अवरोध का भी लोप हो गया जो हिंसक पशुओं में पाया जाता है। अब उसकी आक्रामकता पर जो भी अवरोध लगना था वह उसकी उसी

संस्कृति से निकलता, जिससे उसे रोज नए हथियार मिल रहे थे। मनुष्य की त्रासदी यह रही है कि जहाँ हथियारी संस्कृति का उत्तरोत्तर विकास होता गया है वहीं हिंसा पर अंकुश लगा सकनेवाली संस्कृति पिछड़ती गई है।

रॉबर्ट आर्डरे के अनुसार[1] क्षेत्रीय भाव का एक आयाम है मित्रता-शत्रुता ग्रंथि (एमिटी-एन्मिटी-कांप्लेक्स) की उपस्थिति। इस विचार के अनुसार अनेक जीवों में दुनिया को मित्रों और शत्रुओं में विभाजित कर देखने का अन्तर्निहित दबाव होता है। इस कारण किसी समूह को जितना ही शत्रुतापूर्ण दबाव का सामना करना पड़ता है, उसके सदस्यों में एक-दूसरे के प्रति मित्रता का भाव उतना ही अधिक बढ़ता है। आर्डरे के अनुसार, अपने शिकारी जीवन में मनुष्य अपने छोटे समूह और सीमित परिवेश से इस कदर बँधा होता था कि अन्य मानवों और परिवेशों को संशय और निषेध भाव से देखता था। इसे वह एनिमल जेनोफोबिया यानी भिन्न लोगों से भय का नाम देता है। ये सब हमारी आनुवंशिकी के अंग बन गए हैं। एक अन्य प्राणी वैज्ञानिक एड्वर्ड ओ. विल्सन के अनुसार[2], क्षेत्रीय भाव की अभिव्यक्ति 'मूल-केन्द्रीकता' (एथनोसेंट्रिज्म) में होती है, जिससे अपने कुटुम्बियों और कबीले के सदस्यों के प्रति विवेकहीन वफादारी विकसित होती है। इसके कारण आदिम मनुष्य दुनिया को मोटे तौर पर दो स्पष्ट भागों में विभक्त करते रहे : पहला, पास का वातावरण जिसमें घर, स्थानीय गाँव, कुटुम्बी, मित्र, पालतू पशु और जादूगरनी आती है और दूसरा दूर स्थित संसार, जिसमें पड़ोस के गाँव, मित्र, कबीले, शत्रु, जंगली पशु और प्रेत आते हैं। इस विभाजन से शत्रुओं को, जिन पर आक्रमण किया जा सकता है और जिनका वध किया जा सकता है और मित्रों को, जो अक्षुण्ण हैं, अलग कोटरों में बाँटकर रखा जाता है। आर्डरे और आगे बढ़कर कहता है :

> "जिनमें मेरी खास दिलचस्पी है, वे हैं दो मानसिक गुण जो हम सब में व्याप्त हैं, चाहे हम निरक्षर हों चाहे अति सम्भ्रान्त। एक है ऐसी शक्तियों में विश्वास जिन्हें हम अपने से अधिक शक्तिशाली और दीर्घायु मानते हैं, और दूसरा है स्वयं के संसार के केन्द्र में होने का भ्रम। दोनों मेरी समझ में हमारे शिकारी जीवन के ऐसे अवशेष हैं जिन्हें हमारे चरित्र से निकाला नहीं जा सकता।"[3]

एक अन्य प्राणी वैज्ञानिक डेस्मांड मॉरिस आधुनिक महानगरों के परिवेश में मनुष्यों के स्वभाव में अन्तर्निहित दबावों का उनके व्यवहारों पर होने वाले परिणामों का अध्ययन करता है। वह इस गुण की व्याख्या इन शब्दों में करता है : "वह क्या चीज है जो किसी व्यक्ति को 'परायों' में शुमार कर उन्हें नुकसानदेह कीड़े की तरह नष्ट करने को प्रेरित करती है, इसके बजाय कि उसे 'अपने' में रख उसकी प्रिय बन्धु की तरह रक्षा करे? वह क्या है जो उसे 'पराए' समूह में रखता है और हमें 'अपने' समूह में? हम लोग यह विभेद कैसे करते हैं? ऐसा करना तब स्वाभाविक

बन जाता है जब वे 'पराए' कबीले (सुपर ट्राइब) के सदस्य हों—जिनके तौर-तरीके, रूप और भाषा बिलकुल अजनबी हों। उनके अजनबीपन को ही, हम सरलीकरण करके यह सोच बैठते हैं कि वे दुष्ट खलनायक हैं।"[4]

यह विडम्बना ही है कि हम अपनी अस्मिता बोध के लिए जिन विशिष्टताओं को बनाए रखना चाहते हैं, वे ही हमें औरों से भिन्न बना देते हैं और उनकी निगाह में खतरनाक बना देते हैं। अपने-पराए में बाँटने और आक्रामकता प्रदर्शित करने के गुण की कुछ अन्य विशिष्टताएँ हैं, जिस सन्दर्भ में बर्नार्ड बेरेल्सन, ए. लेविन तथा जायान ग्लेजर के सामाजिक अध्ययनों के नतीजों की तरफ एड्वर्ड ओ. विल्सन हमारा ध्यान खींचता है। ये विशिष्टताएँ उन स्थितियों से सम्बद्ध हैं जिनसे समूह के साथ वफादारी घटती या बढ़ती है। उनके अध्ययनों के नतीजों का विवरण वह इन शब्दों में देता है :

> "...एक तो समूह जितना ही विपन्न होगा, उसके सदस्य समूह के प्रति प्रदर्शित प्रेम के द्वारा, इस अभाव की उतनी ही अधिक भरपाई करेंगे। दूसरे, समूह जितना ही बड़ा होगा, उसके साथ तादात्म्य दिखलाने से आत्मप्रेम की भावना को उतनी ही कम तुष्टि मिलेगी, समूह का आपसी बन्धन उतना ही कमजोर होगा तथा इस बात की काफी सम्भावना होगी कि व्यक्ति बड़े समूह में मौजूद, अधिक करीबी, किसी छोटे समूह के साथ तादात्म्य ढूँढ़ेगा। तीसरे, अगर किसी तरह उप-समूह विद्यमान है तो एक क्षेत्र में, जिसमें पहले समरसता दिखाई देती थी, वैसी समरसता तब नहीं दिखाई देगी जब यह पूरा समूह या क्षेत्र, जिसके भीतर उप-समूह उपस्थित है, स्वतंत्र बन जाए। ऐसे क्षेत्र के निवासी क्षेत्रीय दायरे के संकोच के साथ अपनी वफादारी का दायरा भी संकुचित कर देते हैं।[5]

राष्ट्रों-उपराष्ट्रों के विकास को समझने के लिए इस प्रक्रिया की समझदारी काफी सहायक हो सकती है। वफादारी के संकुचन के साथ पृथक्करण की प्रक्रिया जुड़ती है। पृथक्करण की यह प्रक्रिया प्रजातियों से लेकर आधुनिक मानव समूहों तक में एक ही तरह की लगती है। देखा गया है कि जब अपने फैलाव के क्रम में कोई प्रजाति विभिन्न तरह के परिवेशों में फैल जाती है और किसी कारण से प्रजाति के सदस्यों के किसी समूह का अपनी ही प्रजाति के अन्य समूहों से भौगोलिक या अन्य कारणों से सम्पर्क टूट जाता है तो अपने को नए परिवेश के अनुकूल बनाने के क्रम में उसके सदस्यों की बनावट और उनके व्यवहारों में कुछ भिन्नताएँ आने लगती हैं। अगर यह सम्पर्क लम्बी अवधि तक टूटा रहा और बनावट एवं व्यवहारों का फर्क समूहों के बीच दूरी बढ़ानेवाले हों तो एक समय ऐसा आता है जब समूह के सदस्य अपनी पुरानी प्रजाति के सदस्यों से यौन सम्बन्ध से ऐसी सन्तान नहीं उत्पन्न

कर सकते जो बाँझ न हो। एक उदाहरण खच्चर है जो घोड़े और गधे से पैदा होता है, लेकिन स्वयं कोई सन्तान नहीं पैदा कर सकता। इस पृथक्करण की प्रक्रिया से नई प्रजातियों का जन्म होता है। ऐसा ही पृथक्करण सांस्कृतिक क्षेत्र में भी होता है। इसी प्रक्रिया से कुछ प्राचीन भाषाओं से अनेक क्षेत्रीय भाषाओं का विकास हुआ है जो अब एक-दूसरे से बिलकुल भिन्न हैं। एक उदाहरण तथाकथित प्राक्-भारोपीय भाषा का है। भाषाशास्त्रियों का यह मानना है कि यही वह मूल भाषा थी जिसके पृथक्करण से संस्कृत मूल की विभिन्न भारतीय भाषाएँ, फारसी तथा यूरोप की विभिन्न भाषाएँ पैदा हुई हैं। यानी जैसे-जैसे प्राथमिक भाषायी समूह फैलता गया और उसके विभिन्न हिस्से भौगोलिक सीमाओं के कारण एक-दूसरे से अलग होते गए वैसे-वैसे अलग-अलग समूहों की भाषाओं का विकास परिवेश के अनुसार अलग-अलग तरह से हुआ और वे बिलकुल भिन्न भाषाएँ बन गईं, लेकिन भाषा या अन्य सांस्कृतिक व्यवहारों के क्षेत्र में पृथक्करण के लिए भौगोलिक दूरी सदा जरूरी नहीं होती। एक क्षेत्र में भी आपसी सम्पर्क के अभाव से यह पृथक्करण हो सकता है : उदाहरण के लिए, हम पाते हैं कि भारत में सामाजिक विभाजन के कारण एक ही काल और क्षेत्र में संस्कृत अभिजात वर्ग की और प्राकृत आम लोगों की भाषा बन गई।

मानव समाज के विभिन्न समूहों की संस्कृतियों का विभाजन भी कुछ इसी तरह होता है। जब किसी समाज के कुछ हिस्से आर्थिक कारण से या विश्वासों अथवा मूल के फर्क से आपसी सम्पर्क खोने लगते हैं और उनके बीच संवादहीनता की स्थिति बनने लगती है तो एक क्षेत्र में ही भाषा, मूल, धर्म आदि के आधार पर छोटे और पृथक समाजों का विकास होता है; और बड़े समाज के साथ उनका सम्बन्ध कुछ वैसा ही होता है जिसका वर्णन ऊपर हुआ है। इस तरह यहाँ भी बृहत् समाज के प्रति वफादारियों का छीजन होता है; और कभी-कभी ऐसा भी हो सकता है कि इस वफादारी का लोप हो जाए। बड़ा समूह जैसे-जैसे स्वतंत्र और शक्तिशाली बनता है, छोटे समूहों का व्यवहार वैसे-वैसे शंकालु और शत्रुतापूर्ण होता जाता है। यहाँ पर मुख्य कारक संवादहीनता है। राष्ट्रीयता और उपराष्ट्रीयताओं के सम्बन्धों को समझने में इस प्रक्रिया की समझदारी काफी सहायक हो सकती है।

जब समाज का कोई भाग अपने को श्रेष्ठ मानने लगता है या संख्या बल से शक्तिशाली होने का दावा करने लगता है तो छोटे समूहों में अपने आप में सिमटकर ऐसी मिथकीय दुनिया निर्मित करने की प्रवृत्ति पैदा होती है जहाँ उनकी श्रेष्ठता स्वयंसिद्ध हो। इस तरह शक्तिशाली समूह की श्रेष्ठता के मिथक का सामना छोटे समूहों के मिथकों से होता है। इसके लिए सभी समूह अपनी-अपनी परम्पराओं की विशिष्टता की तलाश असली या कल्पित इतिहास में करते हैं। धीरे-धीरे किसी वस्तुपरक मापदंड या ऐसी भाषा का लोप होने लगता है जिसके माध्यम से विभिन्न समूहों के बीच सम्प्रेषण सम्भव हो। इस तरह साथ-साथ रहते हुए भी विभिन्न

समूह एक-दूसरे से अनजान एवं बेगाने होते चले जाते हैं। एक-दूसरे से अनभिज्ञता संशय को जन्म देती है और संशय से शत्रुता पैदा होती है। शत्रुता के माहौल में सम्प्रेषणीयता का पूरी तरह लोप हो जाता है। इस तरह विभिन्न समूहों से अलग-अलग वैचारिक संसार का जन्म होता है। इस प्रक्रिया की परिणति अलगाववादी राष्ट्रीयताओं के विकास में होती है। इसीलिए फिलहाल जितने तरह की राष्ट्रीयताएँ अलग एवं स्वतंत्र अस्तित्व का दावा कर रही हैं, उनके आधार को सुनिश्चित करना या स्पष्टता से विश्लेषित करना कठिन है क्योंकि इनके पीछे संवादहीनता से पैदा भावनात्मक विच्छिन्नता की महत्त्वपूर्ण भूमिका है।

इस प्रक्रिया में महत्त्वपूर्ण बात यह है कि आदमी की क्षेत्रीय या कबायली वफादारी स्थिर नहीं रहती, बल्कि बदलते परिवेश के अनुसार अपने दायरे को घटाती या बढ़ाती रहती है। जब बड़े समूह पर किसी तरह का आक्रामक दबाव पड़ता है तब छोटे समूहों के प्रति वफादारी गौण हो जाती है। इसके विपरीत, जब बड़ा समूह किसी दबाव में नहीं होता तब उसके प्रति वफादारी कमजोर होती है और उन छोटे समूहों के प्रति वफादारी बढ़ती है जिनकी सदस्यता करीबी है। इस मनोवैज्ञानिक रुझान का इस्तेमाल राजनेता अक्सर करते हैं और देश की बुरी स्थितियों से लोगों का ध्यान हटाने के लिए पड़ोसी देशों से शत्रुता ठान देते हैं।

सुप्रसिद्ध दार्शनिक बर्टेंड रसेल ने परमाणु युद्ध से संहार की बढ़ती आशंका के सन्दर्भ में 'इन्फ्रा रेडियोस्कोप' नामक एक कहानी लिखकर ऐसी स्थिति की कल्पना की थी जब किसी बाहरी खतरे के सन्दर्भ में विश्व की महाशक्तियाँ टकराहट का रास्ता छोड़ सहयोग का मार्ग अपना लेंगी और दुनिया का अस्तित्व बच सकेगा।[6] इस कहानी में कुछ वैज्ञानिकों, प्रकाशकों और उद्योगपतियों ने मिलकर एक षड्यंत्र रचा और यह प्रचार किया कि इन्फ्रा रेडियोस्कोप नामक एक यंत्र से देखा गया है कि मंगल ग्रह निवासी, जिन्हें सिर्फ इन्फ्रा रेड प्रकाश से देखा जा सकता है, धरती पर पहुँच गए हैं और इस पर कब्जा करने की योजना बना रहे हैं। इस प्रचार के पीछे ऐसे प्रतिष्ठित वैज्ञानिकों के नाम आते हैं कि लोग इस पर अविश्वास नहीं कर पाते। इस खबर के फैलते ही एक-दूसरे की विरोधी महाशक्तियाँ मित्र बनकर इस आसन्न खतरे का मुकाबला करने की तैयारी करने लगती हैं, लेकिन षड्यंत्रकारियों में विज्ञान के नाम पर ऐसे झूठ के प्रचार से पश्चात्ताप होता है और इस षड्यंत्र का भंडाफोड़ हो जाता है। इसके बाद मंत्री का वातावरण खत्म हो जाता है और महाशक्तियों के युद्ध से दुनिया नष्ट हो जाती है।

यह कहानी बड़े ही सटीक ढंग से मानव वफादारी की अस्थिरता की ओर ध्यान खींचती है। इसमें गौर करने की बात यह है कि जिस भी धरातल पर यह वफादारी होती है, अपने काल और सन्दर्भ में सम्पूर्ण होती है। उस समय कोई तर्क या विवेक काम नहीं करता तथा अन्य वफादारियाँ विस्मृत हो जाती हैं। यह मन:स्थिति समाप्त

तभी होती है जब परिवेश बदल जाने से फिर किसी नई वफादारी का ज्वार लोगों के दिलों में उफनने लगता है।

ऊपर क्षेत्रीय भाव की चर्चा की गई है जिसका विकास, अनुमान के अनुसार, मनुष्य के शिकारी जीवन की प्रारम्भिक अवस्था में हुआ। हालाँकि विकास के क्रम में मनुष्य की जीवन पद्धतियाँ और परिवेश बदलते गए हैं, क्षेत्रीय अधिकार का भाव नहीं गया है। क्षेत्रीय अधिकार की यह भावना दो बातों से जुड़ी है। पहली इस बात से कि क्षेत्र पर अधिकार का आधार गोत्र या कबीले की सदस्यता है। इस अधिकार को उन लोगों तक भी बढ़ा दिया जाता है जिन्हें गोत्र या कबीले में शामिल कर लिया गया है। इस तरह के क्षेत्रीय अधिकार के लिए गोत्र या कबीले के प्रति वफादारी अनिवार्य है। दूसरे, क्षेत्रीयता का भाव जीवन की आवश्यकता पूरा करनेवाली उन वस्तुओं के अनुपात में घटता-बढ़ता है जो क्षेत्र में उपलब्ध हैं। हालाँकि अपने वर्तमान फैले हुए आकार तथा विविधतापूर्ण परिवेश की स्थिति में अपनी प्रारम्भिक अवस्था में कबीले नहीं रहे होंगे, फिर भी क्षेत्रीय अधिकार की भावना या कबीलाई वफादारी उनमें आज भी कमोबेश जरूर पाई जाती है।

समाज नृशास्त्री आई.एम. लेविस के अनुसार, यह क्षेत्रीय भाव विभिन्न मात्रा में शिकार पर आश्रित, पशुपालन पर आधारित खानाबदोश तथा कृषि पर आधारित, तीनों तरह के कबीलों में पाया जाता है। लेविस के अनुसार, शिकार पर आश्रित तथा कन्द-मूल जमा करनेवाले कबायली समूहों में फल, कन्द-मूल आदि पर तथा पानी के स्रोतों पर—अगर वे दुर्लभ हों तो—अधिकार का भय जबर्दस्त होता है, लेकिन जिन जीवों का शिकार होता है, उनके सम्बन्ध में सीमाएँ ढीली होती हैं क्योंकि ये जंगली जानवर एक क्षेत्र से दूसरे क्षेत्र में आते-जाते रहते हैं।

दूसरे तरह की जीवन पद्धति पशुपालक खानाबदोशों की है। चूँकि ये लोग चरागाह की तलाश में लगातार स्थान परिवर्तन करते रहते हैं, इसका तादात्म्य क्षेत्र के बजाय कबीले के साथ अधिक मजबूत होता है, लेकिन इनमें भी उन स्थानों पर जहाँ जल के स्थायी साधन होते हैं, क्षेत्रीय आधिपत्य का भाव पाया जा सकता है। लेविस ने सोमाली के रेगिस्तानी इलाके में रहनेवाले ऐसे खानाबदोश कबायली समूहों में क्षेत्र भाव का तो अभाव पाया है, लेकिन यह जरूर पाया है कि जब सूखे का मौसम आता है तब चरागाहों के अभाव और सूखने से बचे हुए कुओं और उपलब्ध चरागाहों पर अधिकार को लेकर कबायली समूहों में संघर्ष बढ़ जाते हैं, और इस संघर्ष में, जो छोटे परिवारों से शुरू होता है, सभी कबीले कबायली लड़ाई में उलझ जाते हैं। यहाँ 'अपने', 'पराए' के बोध के दायरे को उत्तरोत्तर विस्तार मिलता है।

तीसरी कोटि में स्थायी खेती पर निर्भर करनेवाले कबीले आते हैं। इनकी जिन्दगी में क्षेत्रीय आधिपत्य की भावना का महत्त्व काफी बढ़ जाता है। सोमाली के ही जुबा

और शेबेल नदियों के बीच के उपजाऊ भाग में कृषि पर निर्भर सोमाली के कबीलों के सम्बन्ध में लेविस लिखता है :

> "...खानाबदोशों की जिन्दगी के ठीक विपरीत हम इनमें स्पष्ट रूप से क्षेत्रीय अधिकार की अभिव्यक्ति पाते हैं। काफी बड़ी स्थायी राजनीतिक इकाइयाँ संजीदगी से शत्रुओं के अतिक्रमण के खिलाफ अपनी सीमा की रक्षा करती हैं जबकि उत्तरी खानाबदोशों में 50,000 से 1,00,000 तक लोगों को किसी तात्कालिक संघर्ष के लिए सिर्फ अस्थायी रूप से एकत्र किया जा सकता है, वहीं कृषि पर निर्भर कबीलों में इस तरह की इकाइयाँ उसी तरह स्थायी होती हैं, जैसे जमीन की बनावट का चढ़ाव-उतार।"[7]

इस तरह समूहों की अस्मिता का बोध उनकी स्थितियों और पर्यावरण की विविधता के अनुसार अलग-अलग रूपों में अभिव्यक्त होता है। कहीं यह अस्मिता बोध अपने कबीले की विशिष्ट जीवन पद्धति और उसमें अपनी उपस्थिति के बोध से जुड़ा होता है तो कहीं बदले परिवेश और पर्यावरण में यह बोध एक क्षेत्र से जुड़ जाता है। चूँकि समूह या स्थान के साथ अपने को एकाकार करने का भाव मनुष्य के विकास के साथ जुड़ा होने से उसकी आनुवंशिकी का हिस्सा हो गया है, इसको बाहरी दबाव से खत्म नहीं किया जा सकता, सिर्फ इसकी अभिव्यक्ति को निर्दोष दिशा दी जा सकती है।

इतिहास क्रम में राष्ट्रीय बोध का विकास भी इसी बुनियादी स्वभाव की जटिल अभिव्यक्ति रहा है, लेकिन यह विकास सन्तुलित नहीं रह पाता। जैसे जीवों के विकास क्रम में कभी-कभी कोई अंग अपनी प्रारम्भिक उपयोगिता से परे जाकर विकराल रूप धारण कर लेता है—जैसे बारहसिंहा का अनेक शाखाओं वाला विशाल सींग—वैसे ही संस्कृति भी हममें अन्तर्निहित रुझानों को कभी-कभी, सभी उपयोगिताओं और पैमाने को नजरअन्दाज कर ऐसा रूप देती है जो बिलकुल बेडौल और नियंत्रण से बाहर हो जाते हैं। प्राणी वैज्ञानिक जीवों की बनावट के इस बेडौल विकास को अंग्रेजी में 'हाइपरट्रॉफी' कहते हैं। अपने दानवी रूप में राष्ट्रीयता का विकास भी सांस्कृतिक हाइपरट्रॉफी का ही एक नमूना कहा जा सकता है। सांस्कृतिक हाइपरट्राफी का एक नतीजा यह भी होता है कि क्षेत्रीय भावना निजी परिवेश से लगाव के दायरे से बिलकुल बाहर जाकर एह छद्म क्षेत्रीयता का भाव पैदा कर सकती है। जैसाकि ऊपर बतलाया गया है, क्षेत्रीय अधिकार की आकांक्षा इस बात से मजबूत होती है कि उस क्षेत्र में कोई ऐसी वस्तु उपलब्ध हो जो जीवन की आवश्यकता पूरी करती हो, इसका रूप चाहे जो हो। मानव समूहों के सम्पर्क जैसे-जैसे फैलते गए हैं, उनकी आवश्यकताओं की आपूर्ति का दायरा भी फैलता गया है। इसका एक नतीजा यह हुआ है कि दूर-दराज स्थानों पर भी आवश्यकता

की वस्तुओं के लिए मानव समूहों ने अधिकार कायम किए हैं। इससे एक तरह का छद्म क्षेत्रीयता बोध पैदा होता है और लोग वैसे दूर-दराज स्थानों के प्रति भी वैसा ही क्षेत्रीय भाव महसूस करने लगते हैं जैसा अपने निकट के निजी क्षेत्र के प्रति। यह तनाव का एक नया कारण बन सकता है।

इस पूरी विकास प्रक्रिया में दो अन्तर्निहित रुझान काम करते हैं : (1) दुनिया को अपने और पराए में बाँटने का और (2) क्षेत्रीय अधिकार का भाव। इन्हीं की अभिव्यक्ति अनेक रूपों में होती है। अपने-पराए का भाव, जैसाकि हम ऊपर देख चुके हैं, प्रारम्भ में वंश से सम्बद्ध छोटे समूहों पर आधारित था, जिसमें अपने नजदीकी छोटे समूह को अपना और बाकी समूहों को पराया माना जाता था, लेकिन मानव समाज के विकास और विस्तार के क्रम में खून के सम्बन्ध पर आधारित छोटे 'अपने' समूह का स्थान अनेक दूसरे समूह लेने लगे। इस अस्मिता बोध का संकेत चिह्न (मार्कर) भाषा, रहन-सहन के ढंग, धर्म या कुछ अन्य हो सकता था। इसी तरह 'पराए' की कोटि में रखने के लिए भी अनेक कसौटियाँ हो सकती थीं। परिस्थितियों के अनुसार 'अपने' और 'पराए' की कोटियों में शामिल किए जानेवाले समूहों के व्यक्ति न सिर्फ बदलते रहते हैं बल्कि जो एक स्थिति में अपने माने जाते हैं दूसरी में पराए माने जा सकते हैं। जैसे-जैसे विभिन्न मूल, भाषा, धर्म, संस्कृति आदि वाले लोग अपने से भिन्न मूल, भाषा या धर्म वाले लोगों के सम्पर्क में आते गए और उनके बीच बसते गए, खून, परिवार अथवा नस्ल की जगह अन्य गुणों का समावेश 'अपनों' में शामिल करने की कसौटी में शामिल होता गया, लेकिन इस प्रक्रिया की परिणति सदा उत्कर्ष की दिशा में नहीं हुई है। जब कोई मानव समूह उत्कर्ष की तरफ बढ़ता होता है तो उसकी संस्कृति और धर्म, दोनों का रुझान ज्यादा-से-ज्यादा मानव 'समूहों' को 'अपनों' में शामिल करने का होता है, लेकिन जब किसी कारण मानव समूह भयाक्रान्त होता है या उसमें सांस्कृतिक संकोच आने लगता है तब वह रक्षणशील बन जाता है और भिन्न लगनेवाली सभी वस्तुओं और व्यक्तियों से भयभीत होने लगता है और 'अपनों' के दायरे को परिस्थिति के अनुसार यथासम्भव संकुचित करने लगता है। विकासोन्मुख सभ्यताओं में भिन्न रूप और बोध के लोगों को आत्मसात कर 'अपनों' में रखने का आग्रह सभ्यता के प्रारम्भिक काल से रहा है जो सुप्रसिद्ध इतिहासकार आरनॉल्ड टॉयनबी के इस उद्धरण से जाहिर है :

> "...सम्भवत: ईसा पूर्व पाँचवीं शताब्दी के अन्तिम चतुर्थ, यानी 479 ई. में हेरोडोटस एक एथेंस निवासी के मुँह से कहलवाता है कि एथेंसवासी के लिए हेलेनिक (यूनानी) दुनिया से गद्दारी करना असम्भव है क्योंकि वह नस्ल, भाषा, धर्म, आचार तथा रहन-सहन की समानता से एकीकृत है।

> इस तरह हेरोडोटस की दृष्टि में 'हेलोनिज्म' के लिए एक नस्ल और एक भाषा का होना प्राथमिकता प्राप्त करता है, हालाँकि उसमें एक संस्कृति, (एक तरह का रहन-सहन) आगे जोड़ दी गई है। इसके विपरीत आइसोक्रैटिस ने अपनी प्रशस्ति में, जो उसने 370 ई. पूर्व में प्रकाशित की, लिखा : "एथेंसवासियों ने हेलेनिक (हेलाज) की संस्कृति के विकास के जरिये हेलेनीज (यूनानी सभ्यता) को नस्ल के बजाय एक आध्यात्मिक अर्थ दे दिया है। जो लोग एथेंस की संस्कृति के भागीदार हैं, हेलेनीज कहलाने का उनका दावा उन लोगों से ज्यादा मजबूत है जो सिर्फ शरीर की बनावट में एक-दूसरे से मिलते-जुलते हैं।"[8]

ऊपर मानव विकास और उसमें आनुवंशिकी के कुछ तत्त्वों की भूमिका का इसलिए विस्तार से वर्णन किया गया है ताकि हम अपने भीतर बैठी हुई उन तर्कातीत भावनाओं को समझ सकें जो हर मौके पर हमें अपनी प्रजाति के अन्य व्यक्तियों और समूहों से अलग करती है और निरर्थक संघर्षों और रक्तपात की ओर ले जाती है। आज दुनिया में राष्ट्रीयता और स्वायत्तता के सवाल पर लोग ज्यादा-से-ज्यादा उद्वेलित हो रहे हैं। विडम्बना यह है कि अक्सर एक ही मुद्दे पर दो समूहों की अस्मिताएँ टकराने लगती हैं। जो बात एक समूह की अस्मिता के लिए न्यूनतम आवश्यकता दिखाई देती है, वह दूसरे समूह की अस्मिता के लिए खतरा बन जाती है। भारत भी राष्ट्रीय बोध और कुछ समूहों के अस्मिता बोध की टकराहट से विघटनकारी स्थितियों से गुजर रहा है। इसमें अपने केन्द्र से हर समूह को अपनी बात स्वयंसिद्ध लगती है। शायद अपने स्वभाव की समझदारी से हम लोग ऐसे विवादों को ज्यादा वस्तुपरक ढंग से देख पाएँगे।

2

राष्ट्रीयता असल में कबायली वफादारी और क्षेत्रीय अधिकार की अन्तर्निहित भावनाओं का ही विकास है। हालाँकि कबायली वफादारी से अक्सर कौटुम्बिक या खून के सम्बन्ध का भाव पैदा होता है। दरअसल, खून का सम्बन्ध तो बिरले ही होता है। ऐसे सम्बन्धों के लिए नृशास्त्री 'कबीला' (ट्राइब) के बजाय गोत्र या 'कुल' (क्लैन या फ्रैटरनिटी) जैसे शब्दों का प्रयोग करते हैं। जहाँ कबीलों में खून का सम्बन्ध बतलाया गया है वहाँ भी प्राय: यह काल्पनिक ही होता है, और किसी कल्पित पूर्वज की सन्तान होने का बोध महज लोगों की आपसी एकता को सुदृढ़ करने का रोल अदा करता है। यह मानव मस्तिष्क की एक अचेतन प्रक्रिया का ही परिणाम है। आम धारणा के विपरीत मनुष्य की भावना बिलकुल अन्धी नहीं होती। अक्सर इसके पीछे स्वार्थों की परख होती है और सतही तौर पर जो व्यवहार पागलपन दिखाई देता है, वस्तुत: किसी स्वार्थ से उद्वेलित हो सकता है। यह आम जानकारी की बात है कि राष्ट्रीयता के नाम पर युद्ध का उन्माद पैदा करने में उन व्यापारी वर्गों की अहम भूमिका होती है जिन्हें युद्ध से बने अभाव में अपनी वस्तुओं को बड़े-बड़े मूल्य पर बेचकर अधिक मुनाफा कमाने की उम्मीद रहती है, या हथियारों के उत्पादन से मुनाफा कमाने की लालसा। इसी तरह कबीलों की सदस्यता भी परिस्थितियों के अनुसार कौटुम्बिक सम्बन्धों के दायरे के बाहर के लोगों को सम्मिलित कर बढ़ाई जाती रही है। कबायली वफादारी इस विस्तृत कबीले के प्रति बिलकुल वैसी रहती है जैसी कि छोटे कौटुम्बिक कबीलों के प्रति। बिना इस अचेतन प्रक्रिया के कौटुम्बिक समूहों का कबीलों में विस्तार सम्भव नहीं होता। इसीलिए कबीले को ठीक-ठीक परिभाषित करना मुश्किल है, क्योंकि इसकी संरचना विविधता से भरी है। मोटे तौर पर 'कबीला' उस समूह को कहा जाता है जिसमें बोलचाल की भाषा एक हो, सांस्कृतिक एकरूपता हो और एकताबद्ध करनेवाला सामाजिक संगठन हो। कहीं-कहीं कबीले का दायरा उस राजनीतिक क्षेत्र तक सीमित हो सकता है जहाँ उनका निवास स्थल है, लेकिन कहीं-कहीं यह भी हो सकता है कि कबीले के लोग कई ऐसे क्षेत्रों में बँटे हों जिनकी राजनीतिक इकाइयाँ अलग हैं। यहाँ राजनीतिक इकाई का अर्थ लोगों को

सीमित ढंग से सूत्रबद्ध करनेवाली संस्था से है जो विशेषकर दूसरे समूहों से युद्ध के काल में लोगों को युद्ध के लिए संगठित करती हो। यह जरूरी नहीं कि ऐसी राजनीतिक इकाई आधुनिक ढंग के राज्यों की तरह स्थायी रूप से सेना, पुलिस आदि विभिन्न अवयवों के साथ गठित हो।

ऊपर बतलाए गए चरित्रों के कारण कबीलों का राष्ट्र के रूप में गठित हो जाना सहज प्रक्रिया हो सकती है। राष्ट्रीय बोध के लिए समान रीति-रिवाज, एक संस्कृति, परम्परा, इतिहास और भाषा में कुछ का मौजूद होना जरूरी होता है। इसके लिए भी एक क्षेत्र और राजनीतिक इकाई की मौजूदगी अनिवार्य नहीं है। वैसी कोई भी जमात जो राष्ट्रीय मानी जाती है, एक से अधिक राज्यों में बँटी हो सकती है। इसके उलट, राष्ट्रीय मानी जानेवाली कई जमातें एक राज्य में हो सकती हैं। पहले का एक उदाहरण रूमानियाई लोगों का है जो रूमानिया और कॉमनवेल्थ और इंडिपेंडेंट राज्यों के मोल्डाविया गणराज्य में बँटे हुए हैं। दूसरा उदाहरण 1991 के प्रारम्भ तक युगोस्लाविया है जहाँ सर्ब, क्रोएट, स्लोवेन तथा मैसोदोनियाई मूल के लोग, जिनमें अलग राष्ट्रीयता का बोध कायम था, एक राष्ट्र-राज्य के निर्माता बन गए। यह जरूर है कि जहाँ विभिन्न मूलों के ऐसे लोग, जिनमें अलग राष्ट्रीयता का बोध कायम है, विशेष परिस्थितियों में ही अलग राष्ट्र-राज्य स्थापित करने का प्रयास करते पाए जाते हैं। युगोस्लाविया का सर्बिया, क्रोएशिया तथा स्लोवानिया आदि अलग राष्ट्र-राज्यों में विभाजन इसी प्रक्रिया का नतीजा है। ऐसा भी होता है कि एक मूल के लोग जिनमें एक राष्ट्र होने का बोध है, कई राज्यों में बँटे हों और उनकी कोई राजकीय इकाई नहीं बन पाई हो। उदाहरण कुर्द लोगों का हैं जो फिलहाल ईरान, इराक, सीरिया तथा तुर्की—चार राज्यों में बँटे हैं। इनमें एक राष्ट्र होने की चेतना भी है और जिस भौगोलिक क्षेत्र में बसे हैं। उसमें कई राज्यों में बँटे होने के बावजूद एक निरन्तरता भी है, लेकिन अब तक स्वतंत्र राज्य के रूप में विकसित होने के उनके सभी प्रयास क्रूर दमन से दबा दिए गए हैं।

वर्तमान समय में राष्ट्र का अर्थ मूलत: राष्ट्र-राज्य माना जाने लगा है और अपने क्षेत्र में अनियंत्रित अधिकार (सार्वभौम सत्ता) के इसके दावे के कारण अनेक राष्ट्रीय संघर्ष और भीषण रक्तपात होते रहे हैं। राष्ट्र का राष्ट्र-राज्य के रूप में विकास यूरोप की एक विशेष परिस्थिति में हुआ था, और बाद में यूरोप की बढ़ती हुई शक्ति और उसके आर्थिक-राजनीतिक प्रभाव में विभिन्न राष्ट्रीय समुदायों में भी राष्ट्र-राज्य बनने की आकांक्षा जगी। इसलिए राष्ट्र-राज्य की मूल चेतना को समझने के लिए यूरोप के कुछ प्रमुख राष्ट्र-राज्यों के विकास की स्थितियों पर थोड़ा तफसील से विचार करना जरूरी है।

यूरोप के राष्ट्रों में, जो राष्ट्र-राज्य (नेशन-स्टेट) के विकास में अग्रणी रहे, कुछ परिस्थितियाँ समान रूप से मौजूद रहीं। सबसे पहले हम यह पाते हैं कि इनके

आधार में आबादी के लिहाज से कुछ खास कबीलाई समूहों की प्रधानता रही है। इन कबीलों की समान संस्कृति और एकता बोध कुछ परिवर्तित रूप में, बदली स्थितियों में, राष्ट्र की एकता का आधार बने रहे। यह आम अनुभव है कि कबीलों या मूलों के साथ जुड़ी भावना मानव-समूहों को पिघलकर दूसरे समूहों से घुलने-मिलने नहीं देती। परिस्थितियों और परिवेश के बदलने पर भी इनकी विशिष्टता का बोध बना रहता है। सबसे अच्छा उदाहरण अमेरिका में बसे विभिन्न मूल के लोगों का व्यवहार है जो देश, परिवेश, भाषा, वेश-भूषा, रहन-सहन सबके बदल जाने के बावजूद अपनी पुरानी अस्मिताओं को खोना नहीं चाहते।

दूसरे : कुछ राजाओं ने बिखरे क्षेत्रीय व्यवस्थाओं को राज्य विस्तार की महत्त्वाकांक्षा से, एक साथ बाँधने का रोल अदा किया जिससे कालान्तर में राष्ट्र-राज्य के निर्माण में सुविधा हुई। इससे बिखरे कबीलाई समूह एक व्यवस्था के अन्दर बँध गए।

तीसरे : अन्तरराष्ट्रीय व्यापार के उस सिद्धान्त का विकास जो दुनिया भर से सोना, चाँदी एकत्र करने को देश की समृद्धि मानता था (जिसे अंग्रेजी में 'मर्केण्टाइलिज्म' नाम से जाना जाता है) और इस उद्देश्य की पूर्ति के लिए व्यापारी वर्ग का देश के राजाओं की शक्ति का सहारा ढूँढ़ना। इसने यूरोप के स्थानीय फ्यूडल शासकों की जगह राजाओं के केन्द्रीय शासनों को मजबूत किया, क्योंकि उस काल के अन्तरराष्ट्रीय व्यापार के विस्तार में—जो व्यापार कम और लूट-पाट ज्यादा थी—केन्द्रीय शासक ही सहायक बन सकते थे।

चौथे : रोमन कैथोलिक धर्म की जगह, जिसका चरित्र अन्तरराष्ट्रीय था, प्रोटेस्टेंट सुधार आन्दोलनों के फलस्वरूप राष्ट्रीय ईसाई धर्म का विकास, जो धार्मिक आधार पर राष्ट्रीय एकता का बोध मजबूत करता था।

पाँचवें : भाषायी एकता जो अनिवार्य तो नहीं थी, पर एकता को सुदृढ़ करने में एक अतिरिक्त सहायक कारक बन जाती थी।

छठे : राष्ट्रीय युद्ध, जो एकता के भाव को मजबूत करने और सीमाओं को कठोर बनाने में सबसे महत्त्वपूर्ण रोल अदा करते थे। ऐसे युद्धों में 'बाहरी' दुश्मनों के खिलाफ संघर्ष में आपसी एकता की भावना का उबाल अपनी पराकाष्ठा पर पहुँच जाता है।

संयोग से ऊपर बतलाई गई सारी स्थितियाँ पन्द्रहवीं शताब्दी से यूरोप में एक साथ उपस्थित रहीं।

यूरोप में राष्ट्रीयता का आधार खड़ा करने में कबायली समूहों की वे लहरें, जिन्हें 'फोल्केर वांडरूंग' कहा जाता है, सर्वाधिक महत्त्व की हैं, जो चौथी से सातवीं शताब्दी तक की यूरोप की आबादियों को एक जगह से विस्थापित कर दूसरी जगह स्थापित करती रहीं। मूलत: ये लहरें जर्मन कहे जानेवाले कबायली

समूहों की थीं, लेकिन इनमें कुछ दूसरे कबायली समूह भी शामिल थे—जैसे छठी एवं सातवीं शताब्दी में आवार एवं बुल्गर तथा नवीं शताब्दी में मैग्यार। सच तो यह है कि जर्मन कबीलों के रोमन साम्राज्य के इलाकों में फैलने के पीछे हूण लोगों का हमला था जिन्होंने चौथी शताब्दी के अन्तिम चरण में यूरोप के पूर्व तथा मध्य के इलाकों पर आक्रमण करना शुरू किया। हालाँकि हूण यूरोप को अपने हमलों से केवल आतंकित कर धीरे-धीरे वापस चले गए, उनके हमलों से कबीलों का जो विस्थापन और भ्रमण शुरू हुआ, उसने अपनी चिरस्थायी छाप यूरोप के राजनीतिक और सांस्कृतिक विकास पर छोड़ दी।

इन कबीलों में से रोम के साम्राज्य में सबसे पहले प्रवेश करनेवाला समूह गोथों का था। इसी काल में (चौथी और पाँचवीं शताब्दी में) एक दूसरा समूह, जिन्हें 'वंडल' कहा जाता था, यूरोप में उत्तर-पूरब से पश्चिम-दक्षिण की ओर बढ़ रहा था। दोनों तत्कालीन गॉल और आइबेरिया के अन्तरीप (मोटा-मोटी क्रमश: वर्तमान फ्रांस एवं स्पेन एवं दूसरे इर्द-गिर्द के इलाके) के भूभाग को दखल करते बढ़ते चले गए, वंडल उत्तर से और विसिगोथ दक्षिण से, लेकिन वंडल स्पेन से आगे बढ़ जिब्राल्टर जलडमरूमध्य पर सागर पार करके अफ्रीका के उत्तरी तट से होते हुए इटली पहुँचे और रोम को लूटते-पाटते आगे चले गए। उन्होंने कोई स्थायी राज्य नहीं कायम किया; सिर्फ स्पेन में अंडुलेशिया (वांडुलेशिया का अपभ्रंश) नाम से अपनी उपस्थिति की स्मृति छोड़ गए, लेकिन विसिगोथ गॉल के बड़े हिस्से और लगभग पूरे स्पेन पर जम गए : लगभग, लेकिन पूरी तरह नहीं जमे। स्पेन के उत्तर-पूर्वी सीमा के पास एक दूसरा कबीला, जो शायद सबसे प्राचीन बाशिन्दों का था और जिन्हें 'बास्क' कहा जाता है, अपनी जगह पर जमा रहा। विसिगोथ ही बाद में स्पेनी राष्ट्र के आधार बने। यहाँ के रोमनों और केल्टों को उन्होंने आत्मसात कर लिया। स्पेन की भाषा भी लैटिन के ही अपभ्रंश रोमांस से विकसित हुई, लेकिन बास्क, जिन्हें विसिगोथ न नष्ट कर सके और न पचा सके, आज भी एक राष्ट्रीय जमात के रूप में अपनी पहचान बनाए हुए हैं और स्पेन से स्वतंत्र होने की माँग करते रहे हैं।

इसी तरह कई अन्य कबीले—जैसे फ्रांक, बर्गंडियन, अलामान, लोंबार्ड, बैवेरियन, सुयेवी आदि रोमन साम्राज्य के पश्चिम-दक्षिण के भूभागों में फैलते गए। इनमें सबसे महत्त्वपूर्ण स्थान फ्रांकों का था। पाँचवीं शताब्दी के अन्तिम चरण में क्लोविस के नेतृत्व में फ्रांकों ने पश्चिमी यूरोप के बड़े भूभाग को अपने कब्जे में कर लिया। इन लोगों ने तत्कालीन गॉल (मोटे तौर से आधुनिक फ्रांस) से विसिगोथों को खदेड़ दिया, लेकिन आइबेरिया के प्रायद्वीप पर विसिगोथों का आधिपत्य बना रहा। फ्रांक ब्रिटिश द्वीपों की ओर नहीं बढ़े। इन द्वीपों के उत्तरी भाग के दूसरे जर्मन कबीलों-ऐंगेल्स, सैक्सन और जूटों ने हमला किया और अब इंग्लैड कहे जानेवाले भूभाग के बड़े हिस्से पर कब्जा कर लिया। यहाँ के मूल निवासी ब्रिटन या तो

स्कॉटलैड और वेल्स में खदेड़ दिए गए या समुद्र पार करके तत्कालीन गॉल के तट के उस भूभाग में बस गए जिसे उन्हीं के नाम पर 'ब्रिटानी' कहा जाता है। यूरोप के विकास पर फ्रांकों के कब्जे का प्रभाव बाकी कबीलों से अधिक रहा। फ्रांकों के राजा क्लोविस द्वारा स्थापित मेरोविंज राज्य लगभग तीन सौ वर्ष तक कायम रहा, लेकिन इसके अन्तिम काल में इसके राजा बिलकुल कमजोर और निकम्मे हो गए थे, और राज्य का असली कारोबार 'हाउस के मेयर' नामक अधिकारी द्वारा होता था जो कारोलिंग परिवार के होते थे। यह रिश्ता कुछ-कुछ उन्नीसवीं शताब्दी और बीसवीं शताब्दी के पूर्वार्द्ध के नेपाल के राजाओं और राणा परिवार के मंत्रियों जैसा था। इसी परिवार का पेपिन तृतीय आगे चलकर 751 में खुद फ्रांकों का राजा बन गया और कारोलिंग राज्य की स्थापना की। पेपिन के पुत्र कार्ल महान के काल (768-814) में यह साम्राज्य पश्चिमी यूरोप के अधिकांश भूभागों पर फैल गया। यह घटना इसलिए महत्त्वपूर्ण है क्योंकि फ्रांस, जर्मनी तथा कई अन्य राष्ट्रों के विकास में इसका निर्णायक महत्त्व रहा।

एक दूसरा जर्मन कबायली समूह, जिसकी भूमिका इतालवी राष्ट्र का आधार कायम करने में प्रमुख रही, लोंबार्ड था। लोंबार्डों ने 568 में वर्तमान इटली के उत्तरी भाग पर कब्जा कर एक राज्य स्थापित किया था, जिसकी राजधानी पाविया थी। जिस भूभाग में वे बसे, उसे आज भी लोंबार्डी कहा जाता है। हालाँकि लोंबार्डों ने रोमन कैथोलिक ईसाई धर्म कबूल कर लिया था, पोप को रोम के समीप स्थापित लोंबार्डों के इस राज्य से आशंका बनी रहती थी। इस कारण रोम के पोप लोंबार्डों के खिलाफ फ्रांकों की सहायता ढूँढ़ते रहे। जब आठवीं शताब्दी के उत्तरार्द्ध में लोंबार्डों ने रैवेना पर कब्जा कर लिया तब पोप स्टीफेन द्वितीय ने 753 में फ्रांकों के राजा पेपिन तृतीय से मुलाकात की। इसमें यह समझौता हुआ कि पेपिन लोंबार्डों से इटली में उनके कब्जे की जमीन को मुक्त कराएगा और बदले में उसे पोप द्वारा फ्रांकों के राजा के रूप में बाजाप्ता मान्यता दी जाएगी। पेपिन ने लोंबार्डों से इटली का सारा भूभाग छीन लिया और रोम के आसपास का एक बड़ा भूभाग पोप को अनुदान के रूप में दे दिया। यह इस अर्थ में एक महत्त्वपूर्ण घटना थी कि इससे रोम में पोप के स्वतंत्र राज्य की स्थापना की नींव पड़ी और लोंबार्डों द्वारा इटली में एक राज्य की स्थापना की प्रक्रिया खंडित हो गई। इसके बाद इटली को एक राष्ट्र-राज्य के रूप में स्थापित होने में काफी कठिनाई उठानी पड़ी।

यूरोप के पूरबी और दक्षिणी हिस्से में छठी शताब्दी के आसपास आबादियों का स्थानान्तरण एक दूसरी तरह से हो रहा था। एशिया के घास के मैदानी इलाके (स्टेपीज) के आवार कबीले के शासक अपनी विशेष परम्परा के तहत अपनी पश्चिमी सीमा और जर्मन कबीलों के भूभाग के बीच बन्दी बनाए गए स्लाव मूल के लोगों को अपनी सुरक्षा के विचार से बसा रहे थे। इसी क्रम में एल्ब नदी के पूरबी-दक्षिणी

भाग से लेकर डैन्यूब के मुहाने तक के प्रदेशों में सर्ब, क्रोएट, चेक, स्लोवाक, स्लोवेन आदि स्लाव मूल के विभिन्न कबीलों के लोग बस गए। सातवीं शताब्दी के अन्त में फिन-उग्री समूह के मैग्यार कबीले के लोग डैन्यूब नदी के मध्य भाग के पास के इलाकों में आकर बस गए। ये ही बाद में हंगारी राष्ट्र के आधार बने।

शुरू में अलग-अलग कबीलाई नियम-कानून ही विभिन्न कबीलाई समूहों पर लागू होते थे, लेकिन धीरे-धीरे जैसे-जैसे कबायली समूह स्थायी रूप से किसी खास क्षेत्र में स्थापित होते गए, और उनके अधिकार क्षेत्र में थोड़ी-बहुत कुछ दूसरे मूलों के लोग अस्तित्व में रहे, कबायली कानून का स्थान क्षेत्रीय कानून लेने लगे। यह प्रक्रिया विसिगोथों के कब्जे के स्पेन के भूभागों, फ्रांकों के अधिकार के विस्तृत भूभागों और लोंबार्डों के अधिकार के इटली के क्षेत्रों में चली। इससे कबायली शासन के क्षेत्रीय शासन में रूपान्तरण के लिए जमीन तैयार हुई।

840 में कार्ल महान के उत्तराधिकारी लूई द देबोनायर की मृत्यु के बाद, फ्रांकों की परम्परा के अनुसार उसके साम्राज्य का जो विभाजन हुआ, उसमें भविष्य के फ्रांस, जर्मनी तथा कुछ अन्य छोटे राष्ट्रों का आधार देखा जा सकता है। जो जर्मन कबीले दक्षिण-पश्चिम में गॉल और आइबेरिया के अन्तरीप के उन हिस्सों में बसे थे जहाँ रोम की संस्कृति की छाप और लैटिन भाषा का प्रभाव व्यापक था, वे अपनी पुरानी जर्मन भाषा की जगह लैटिन से प्रभावित भाषा, जो 'रोमांस' कहलाती थी, विकसित कर रहे थे। इसी से बाद में फ्रांसीसी और स्पेनी भाषा का जन्म हुआ। इसके विपरीत उत्तर-पूरब के भागों में, जो जर्मन कबीलों के अपने इलाकों के करीब के भाग थे और जिन पर रोम की संस्कृति और भाषा का प्रभाव छिछला था, जर्मन भाषाओं का विकास हुआ। लूई द देबोनायर के तीन बेटों—चार्ल्स द बाल्ड, लूई द जर्मन और लोथायर के बीच कार्ल के राज्य में बँटवारे को लेकर युद्ध हुआ। युद्ध के बाद तीनों भाइयों में 843 में वर्डुन का समझौता हुआ, जिसके मुताबिक पूरब का राज्य लूई द जर्मन को, पश्चिमी भाग चार्ल्स द बाल्ड को और बीच का भाग, जो इटली के उत्तरी भाग से लेकर उत्तर सागर के तट तक फैला था, लोथायर को मिला। हालाँकि इस काल में राष्ट्रीय राज्यों की कोई कल्पना लोगों के दिमाग में नहीं थी। आगे चलकर पश्चिमी हिस्सा बाद के फ्रांस, पूर्वी हिस्सा बाद के जर्मनी और बीच का भाग स्विट्जरलैंड, लक्जमबर्ग आदि का आधार बना।

नवीं शताब्दी से स्कैंडेनेविया के तटवर्ती भाग से समुद्री हमलावरों की एक दूसरी लहर आई, जिनमें नॉर्मन लोग उल्लेखनीय हैं। इन लोगों ने फ्रांस के उत्तर-पश्चिमी किनारे पर एक राज्य कायम किया, जिन्हें उनके नाम पर 'नॉर्मंडी' नाम से जाना जाता है। इसी के शासक ड्यूक विलियम ने 1066 में इंग्लैंड पर हमला किया और वहाँ के ऐंग्लो-सैक्सन लोगों पर अपना शासन कायम किया। इसका सामाजिक असर यह हुआ कि नॉर्मन सरदार, जो विलियम के साथ आए थे, वहाँ

की जमीन पर कब्जा जमा सामन्त बन गए और अंग्रेज लोग उनके सर्फ (भू-दास) या नीचे दर्जे की रिआया। इसके अलावा नार्मंडी में बोली जानेवाली फ्रांसीसी भाषा दरबार तथा सम्भ्रान्त लोगों की भाषा बन गई, लेकिन राष्ट्र के विकास की दृष्टि से जो महत्त्वपूर्ण असर हुआ वह यह कि विलियम ने पूरे इंग्लैंड को एक राजकीय व्यवस्था के भीतर ला दिया। आम लोगों की भाषा और परम्परा बनी रही। इसका दूसरा राजनीतिक असर यह हुआ कि फ्रांस और इंग्लैंड के एक राजा के मातहत रहने का सिलसिला जारी हुआ, क्योंकि विलियम जहाँ इंग्लैंड का राजा था वहीं नार्मंडी फ्रांस के राजा के अधीन) का ड्यूक भी। आगे चलकर उनके वंशजों को दहेज के रूप में फ्रांस का बड़ा भूभाग मिल गया। इससे फ्रांस के इन भूभागों को लेकर इग्लैंड और फ्रांस के राजाओं में कई पीढ़ियों तक युद्ध चला जिसे 'हंड्रेड ईयर्स वार' (सौ साल की लड़ाई) कहते हैं। यह युद्ध 1337 से 1453 तक रुक-रुककर चलता रहा। सौ वर्ष से अधिक के इस युद्ध के परिणामस्वरूप इंग्लैंड को कैले का तटवर्ती इलाका छोड़ फ्रांस के बाकी सभी क्षेत्रों से हटना पड़ा। जो ऐतिहासिक महत्त्व की बात है, वह यह कि इस युद्ध ने इंग्लैंड और फ्रांस, दोनों में भिन्न राष्ट्र—इंग्लैंड के अंग्रेजी भाषी ऐंग्लो-सैक्सन और फ्रांस के फ्रांसीसी भाषी मूलत: फ्रांक होने की भावना मजबूत हुई। इस युद्ध के अन्तिम चरण में फ्रांस में राष्ट्रीयता का भाव जगाने में जॉन ऑफ आर्क की भूमिका आम जानकारी की बात है। यह कहा जा सकता है कि पन्द्रहवीं शताब्दी वह काल था जबसे यूरोप में राष्ट्रवाद की भावना का उदय हुआ।

लेकिन राष्ट्र-राज्य को पूरी तरह पल्लवित होने में ऊपर की घटनाओं के समानान्तर कई घटनाक्रमों से गुजरना पड़ा, जिनमें कुछ समकालीन और बाकी परवर्ती थीं।

स्पेन में राष्ट्र बनने की प्रक्रिया कुछ भिन्न रूप से चली। यहाँ सम्बद्ध घटना-क्रमों में कार्डोबा में इस्लाम को माननेवाले अरबों की सत्ता स्थापना का खास महत्त्व था। आठवीं शताब्दी के मध्य में मुस्लिम अरबों ने स्पेन के बड़े भूभाग पर कब्जा कर कार्डोबा में अपनी राजधानी कायम की। ग्यारहवीं शताब्दी के मध्य तक इन्होंने स्पेन के अधिकांश भाग पर कब्जा कर लिया था। सिर्फ उत्तर के पर्वतीय भागों में स्थानीय ईसाई शासक सिमट गए। ये राज्य कैस्टील (किलों का राज्य), नावारे और आराजॉन थे। स्पेन की राष्ट्रीय सीमा का निर्धारण बाद में स्पेन के इन मुसलमान शासकों के साथ हुई सदियों की लड़ाई में हुआ। इन लड़ाइयों को ग्यारहवीं शताब्दी से प्रारम्भ धर्मयुद्धों (क्रूसेड) से ऊर्जा मिली, जिसमें आइबेरिया के अन्तरीप (यूरोप का वह हिस्सा, जिसमें स्पेन और पुर्तगाल आते हैं) से इस्लामी आधिपत्य को समाप्त करने के लिए स्थानीय निवासियों के अलावा यूरोप के अन्य भागों के ईसाई भी युद्ध में शामिल होते रहे। आगे चलकर तेरहवीं शताब्दी के शुरू

में कैस्टील, नावारे और आराजॉन का एक संयुक्त मोर्चा मुसलमान शासकों के खिलाफ बना और लम्बी लड़ाई के बाद 1266 में ग्रेनाडा को छोड़ बाकी भूभागों पर ईसाई शासकों का पुन: कब्जा हो गया।

यह प्रक्रिया पन्द्रहवीं शताब्दी में पूरी हुई जब आराजॉन के राजा फर्डिनैंड और कैस्टील की रानी इसाबेला के विवाह से दोनों राज्यों का एकीकरण हुआ और उन लोगों ने जनवरी 1492 में ग्रेनाडा पर कब्जा कर आइबेरिया के अन्तरीप से मुसलमान शासन का अन्त किया। आराजॉन और कैस्टील के अधिकार क्षेत्र में बड़ी संख्या में मुसलमान और यहूदी रहते थे, पर यहाँ की ईसाई सरकारों की नीति कट्टरपन्थी थी। जहाँ पहले के मुसलमान शासक सहिष्णु थे वहाँ ईसाई शासक असहिष्णु। इस तरह यहाँ भारी संख्या में लोगों को जबर्दस्ती ईसाई धर्म में दीक्षित किया गया। इसी काल में इंक्रीजिशन का सूत्रपात हुआ जिसमें धर्म के नाम पर अनेक लोगों को यातनाएँ दी गईं और जिन्दा जलाया गया। इससे भी एक तरह का एकीकरण राष्ट्र निर्माण की दिशा में हुआ।

इन लम्बे युद्धों के दौरान न सिर्फ भौगोलिक रूप से एक राज्य के निर्माण की नींव पड़ी बल्कि कुछ अन्य विशिष्टताओं का भी जन्म हुआ, जिससे बाद में एकीकृत राज्य के निर्माण को बल मिला। चूँकि युद्ध की इन सदियों में इस्लामी सैनिकों के हमले जहाँ-तहाँ लगातार होते रहते थे, स्थायी रूप से एक जगह रह कर खेती करने के बजाय भेड़ पालन का प्रसार हुआ। बाकी लोग प्राय: दीवारों से घिरे शहरों में रहने लगे। इससे कृषि या उद्योगों की जगह सोना या चाँदी को ही सम्पत्ति मानने का भाव पैदा हुआ, जिससे वह व्यवस्था पनपी जिसे 'मर्केण्टाइलिज्म' कहा जाता है। इसी ने बाद में स्पेन के समुद्री व्यापार की दिशा निर्धारित की। यह ध्यान देने की बात है कि 1492 में ही जब ग्रेनाडा पर इसाबेला और फर्डिनैंड का कब्जा हुआ, स्पेन की सरकार की सहायता से कोलम्बस ने अमेरिका का पता लगाया। सोलहवीं शताब्दी में स्पेन समुद्री व्यापार में अगुआ था और सोना-चाँदी से भरा-पूरा।

अटलांटिक महासागर के किनारे स्थित पुर्तगाल में, जो कैस्टील के शासन वाले क्षेत्रों से पर्वतों से कटा था, अलग भाषा और राज्य का विकास हुआ। अटलांटिक पर अवस्थित होने के कारण इसमें भी जहाजरानी का विकास हुआ और समुद्री व्यापार या लूट स्पेन की तरह ही इसका भी प्रधान व्यवसाय बन गया।

सोलहवीं शताब्दी इंग्लैंड और स्पेन के बीच समुद्री व्यापार पर आधिपत्य के लिए लड़ाइयों का काल था। जहाँ चौदहवीं एवं पन्द्रहवीं शताब्दी में फ्रांस और इंग्लैंड के युद्धों में इन दोनों देशों की राष्ट्रीय अस्मिताओं का बोध जगा वहाँ सोलहवीं शताब्दी में इंग्लैंड और स्पेन में समुद्री लुटेरे-व्यापारियों के युद्धों से सहयोग और उनकी लूट में हिस्सेदारी से राजाओं के मातहत केन्द्रीय शासन मजबूत हुए। सत्रहवीं शताब्दी में समुद्री व्यापार पर आधिपत्य के लिए अन्य देशों के व्यापारी और शासक

भी दावेदार हुए। हॉलैंड एक महत्त्वपूर्ण जहाजरानी शक्ति के रूप में उभरा। फ्रांस भी इस दौड़ में शामिल हो गया। इस तरह दूर-दराज के भूभागों पर कब्जे के लिए युद्ध होते रहे। इन युद्धों से सभी सम्बद्ध देशों में केन्द्रीय शासन मजबूत हुआ।

सोलहवीं शताब्दी तक चर्च का स्वरूप भी या तो राष्ट्रीय होने लगा या कैथोलिक चर्च पर राष्ट्रीय शासकों का नियंत्रण हुआ। मार्टिन लूथर ने तो कैथोलिक चर्च के आधार पर ही हमला किया था और बाजाप्ता अन्तरराष्ट्रीय स्तर पर प्रोटेस्टेंट धर्म चलाया, जिसका कोई एक केन्द्र नहीं था और हर देश में इसका स्थानीय रूप था, लेकिन अन्यत्र भी इसके प्रभाव से विभिन्न स्थानीय चर्चों का विकास हुआ। इंग्लैंड में रानी एलिजाबेथ ने अंग्रेजी चर्च को प्रधानता दी और फ्रांस और स्पेन द्वारा ब्रिटेन के कैथोलिकों को प्रोत्साहन मिलने के बावजूद ऐंग्लिकन चर्च की प्रधानता बनी रही, जिससे धर्म के स्तर पर राष्ट्रीय एकता का बोध कायम रहा। सत्रहवीं शताब्दी में राज्य के स्तर पर इसे चुनौती देने के प्रयास हुए, पर वे कामयाब नहीं रहे। 1688 के बाद से स्थायी रूप से ऐंग्लिकन चर्च का वर्चस्व कायम हो गया। फ्रांस और स्पेन में कैथोलिक धर्म ही राज्य धर्म रहा, फिर भी फ्रांस में चार्ल्स सप्तम ने 1458 से 'गैलिकनिज्म' की नीति चलाई जिसके तहत फ्रांस का रोमन कैथोलिक चर्च लगभग पूरी तरह रोम के नियंत्रण से मुक्त हो स्वायत्तता प्राप्त इकाई बन गया। इसी तरह स्पेन में चर्च को सीधे सम्राट् के नियंत्रण में चलाने की नीति अपनाई गई। इस तरह कैथोलिक धर्म का अन्तरराष्ट्रीय चरित्र इन देशों के ईसाइयों के राष्ट्रीय बोध के विकास को बाधित नहीं कर पाया। उल्टे, ईसाई धर्म ही राष्ट्रीय बोध के विकास के साथ उत्तरोत्तर अधिक राष्ट्रीय होता गया।

उल्लिखित परिवर्तनों के बावजूद राज्य स्तर पर स्पष्ट राष्ट्रीय बोध अभी भी स्थापित नहीं हो पाया था। इसका एक कारण यह था कि यूरोप के प्राय: सभी देशों में राजाओं का राज्य कायम था और अक्सर राजवंशों के विवाह सम्बन्धों या शक्ति द्वारा राज्य के सीमा विस्तार से विभिन्न मूलों और कबीलों के लोग एक साम्राज्य में रहते, जिन्हें एकीकृत करनेवाली शक्ति सिर्फ साम्राज्य ही था। इससे उनमें राज्य स्तर पर एक राष्ट्र होने का स्पष्ट बोध नहीं कायम हो पाता था, लेकिन लोकतांत्रिक क्रान्ति के क्रम में बहुसंख्यक कबीलाई समूह या मूल वाले लोगों का अस्मिता बोध राष्ट्रीय तादात्म्य के रूप में विकसित होने लगा।

फ्रांस की 1789 की लोकतांत्रिक क्रान्ति और इससे पैदा युद्धों के सिलसिले ने यूरोप के विभिन्न मूलों (कबायली) के लोगों को पहली बार स्पष्ट रूप से राष्ट्रीय अस्मिता का बोध दिया और इसे राज्य का रूप देने की प्रेरणा दी। राजा के शासन के अन्त का एक सीधा अर्थ था—जनता के हाथ में 'प्रभुसत्ता' आना, लेकिन सवाल पैदा होता था कि यह जनता कौन थी? इसका सीधा उत्तर था—फ्रांस में फ्रांसीसी जनता, जर्मनी में जर्मन जनता, स्पेन में स्पेनी जनता आदि। और इन राष्ट्रों

की जनता में प्रधानता उन कबायली मूलों की रही जिन्होंने इन क्षेत्रों में सदियों से अपना वर्चस्व कायम कर रखा था।

लेकिन आगे आनेवाली राष्ट्रीय प्रतिद्वन्द्विता का पूर्वाभास फ्रांस की क्रान्ति से पहले ही खुले महासागर के ऊपर और दूर-दराज अमेरिका और एशिया के महादेशों में पूर्व चर्चित मर्केण्टाइल स्वार्थों के युद्धों में देखा जा सकता था। यह संघर्ष विशेषकर एक तरफ इंग्लैंड के और दूसरी तरफ फ्रांस तथा स्पेन के समुद्री लुटेरे-व्यापारियों और इनके सागर पार के व्यापारी कम्पनियों के बीच में हुआ। अमेरिकी महादेशों के व्यापार में स्पेन ने अपना वर्चस्व कायम कर रखा था, और इंग्लैंड को इन महादेशों में बहुत सीमित व्यापार की छूट थी। इंग्लैंड के समुद्री लुटेरे-व्यापारी इस सीमा को कबूल करने के लिए तैयार नहीं थे और प्रतिबन्धित वस्तुओं का चोरी-छिपे व्यापार करते थे। स्पेन ने 1739 में प्रतिबन्धित वस्तुओं का व्यापार रोकने के लिए जहाजों की तलाशी लेने का निर्णय किया, लेकिन अंग्रेज जहाजी इस बात को कबूल करने के लिए तैयार नहीं थे। इस सवाल को लेकर इंग्लैंड के जहाजियों ने स्पेन से युद्ध शुरू कर दिया। उस समय स्पेन और फ्रांस यूरोपीय क्षेत्र में एक-दूसरे के सहयोगी थे। इसलिए इंग्लैंड का फ्रांस से भी युद्ध शुरू हुआ, लेकिन इसके पीछे एक प्रमुख बात यह भी थी कि इंग्लैंड और फ्रांस की व्यापारिक कम्पनियाँ उत्तरी अमेरिका के कनाडा वाले क्षेत्र तथा भारत में व्यापारी एवं औपनिवेशिक वर्चस्व के लिए एक-दूसरे की प्रतिद्वन्द्वी थीं। इन व्यापारिक और जहाजी स्वार्थों ने एक तरह से यह युद्ध इंग्लैंड के ऊपर लाद दिया। इन दूर-दराज इलाकों में स्पष्ट रूप से पुरानी कबायली अस्मिताएँ—ऐंग्लो-सैक्सन या अंग्रेजी, लातिनी—प्रतिद्वन्द्वी के रूप में सतह पर उभर आईं। अन्ततोगत्वा 1763 में युद्धों का यह सिलसिला खत्म हुआ, जिसमें क्लाइव और वुल्फ की जीतों से क्रमशः भारत और कनाडा में फ्रांस की जगह इंग्लैंड का वर्चस्व हुआ।

फ्रांस की 1789 की क्रान्ति के क्रम में जब लुई सोलहवीं को प्राणदंड दिए जाने के बाद से फ्रांस तथा यूरोप के अन्य देशों के बीच युद्धों का सिलसिला शुरू हुआ तब फ्रांस में राष्ट्रीयता की भावना सर्वोपरि महत्त्व की बन गई। नेपोलियन के सत्ता में आने के बाद लोकतंत्र की धारा तो बाधित हो गई और नेपोलियन स्वयं सम्राट् बन गया, लेकिन नेपोलियन सम्राट् होकर भी फ्रांस के किसानों के लिए फ्रांस राष्ट्र का प्रतीक बना रहा (यह भी इतिहास की एक विडम्बना ही है कि फ्रांस राष्ट्र का प्रतीक नेपोलियन स्वयं फ्रांसीसी के बजाय कोसिकाई मूल का था)। इसी से उसे वह ऊर्जा प्राप्त हुई जिससे लगभग दो दशक तक वह यूरोप के सभी प्रधान साम्राज्यों को स्तम्भित करता रहा।

नेपोलियन की फौज अपने प्रारम्भिक दौर में यूरोप के विभिन्न देशों की जनता के लिए, फ्रांस की क्रान्ति का उत्तराधिकारी होने के नाते, मुक्ति सेना ही दिखाई

पड़ती थी। इसका सबसे बड़ा कारण था, यूरोप के विभिन्न मूलों वाले देशों का वहाँ के तीन साम्राज्यों द्वारा अधीन माना जाना। कुछ देश या उनके भूभाग ऑस्ट्रिया के कब्जे में थे, कुछ प्रशा के और कुछ रूस के। पोलैंड का तो ऑस्ट्रिया, प्रशा और रूस द्वारा विभाजित किए जाने से एक देश के रूप में अस्तित्व ही खत्म हो गया था। इटली के उत्तरी भाग पर ऑस्ट्रिया का कब्जा था, बीच वाले बड़े भूभाग पर पोप का कब्जा और दक्षिण में नेपुल्स पर स्पेन के बुर्बों शासकों का कब्जा था। जर्मनी के अनेक छोटे राज्यों पर ऑस्ट्रिया या प्रशा का आधिपत्य था।

जब नेपोलियन ने ऑस्ट्रिया और प्रशा की शक्ति को चुनौती दी तो इससे इन देशों की राष्ट्रीय भावना को काफी प्रोत्साहन मिला। एक तरह से यहीं से उस एकीकृत इतालवी राष्ट्र की भावना का उदय हुआ जिसकी परिणति गैरिबाल्डी के विजयों के बाद इतालवी राष्ट्र-राज्य की स्थापना में हुई। जर्मनी में फ्रांस की विजय ने जर्मन एकीकरण की प्रक्रिया को तेज किया। राइन नदी के दक्षिण-पश्चिमी तट के जर्मन भूभागों को फ्रांस के साम्राज्य में मिलाकर नेपोलियन ने इसके पूरब के भाग के एक सौ बीस राज्यों को एकीकृत कर वैवेरिया, सैक्सनी आदि के राजाओं के मातहत किया। उसका मकसद तो दो जर्मन राज्यों, प्रशा और ऑस्ट्रिया के विरुद्ध अपने समर्थन की जर्मन सत्ता स्थापित करना था, लेकिन इससे जर्मन एकीकरण की भावना को बल मिला और उस प्रक्रिया की शुरुआत हुई जो आगे चलकर 1866 के बाद बिस्मार्क के नेतृत्व में, प्रशा की नीतियों के फलस्वरूप, एकीकृत जर्मन राष्ट्र का जनक बनी। यहाँ भी एकीकरण की भावना को युद्धों से बल मिला। पहले बिस्मार्क ने 1866 में ऑस्ट्रिया के खिलाफ युद्ध कर उसे शिकस्त दी, और फिर 1871 में फ्रांस को पराजित किया। इस तरह के बाहरी युद्धों ने जर्मनों को एक करने में सीमेंट का काम किया। यहीं से एक सशबत जर्मन राष्ट्र अस्तित्व में आया। इस राष्ट्रवाद की प्रेरणा का स्रोत जहाँ एक तरफ फ्रांस की क्रान्ति थी वहीं दूसरी ओर फ्रांस की गुलामी के विरुद्ध एक होकर संघर्ष करने की मजबूरी भी। बिस्मार्क ने जो संविधान जर्मनी को दिया, उसमें मानव अधिकारों के लिए तो स्थान नहीं था और न उसमें पूरी तरह जिम्मेदार सत्ता के लिए स्थान था, लेकिन इसमें सभी वयस्क मर्दों को मतदान का अधिकार था। इस तरह यहाँ राष्ट्रीय भावना का आधार जर्मन मूल की जनता बन गई। जर्मनी के कबीलाई अतीत से उन्हें संघीय ढाँचा भी मिला। यह ठीक है कि जर्मनों में एक होने की भावना थी, लेकिन जर्मनी के विभिन्न कबायली समूहों की अपने-अपने राजाओं के मातहत चलनेवाली स्वायत्त सत्ता की एक परम्परा भी थी। इनमें कई राजा बाद के 'पवित्र रोमन साम्राज्य' में एलेक्टर की हैसियत से शामिल थे। बिस्मार्क ने इस स्वायत्तता को नष्ट नहीं किया और जर्मनी एक हद तक स्वायत्तता प्राप्त राज्यों का संघ बना।

स्पेन में राष्ट्रवाद का उदय नेपोलियन द्वारा छल-बल से यहाँ की सत्ता पर जोसेफ बोनापार्ट को स्थापित करने के बाद की प्रतिक्रिया का परिणाम था। एक विदेशी का यहाँ की सत्ता पर स्थापित होना स्पेन के लोगों को अमान्य था। इसके विरुद्ध लगातार छापामार युद्ध चलते रहे जिन्हें फ्रांस के प्रमुख प्रतिद्वन्द्वी इंग्लैंड से हर सम्भव सहायता प्राप्त होती रही। इसी प्रक्रिया में प्राचीन कबायली प्रतिनिधि सभा, जिसे 'कोर्टेस' कहा जाता था, को नया रूप देकर राष्ट्रीय पार्लियामेंट की स्थापना की गई। हालाँकि स्पेन में वास्तविक लोकतंत्र की स्थापना अभी एक शताब्दी से अधिक दूर थी, यहाँ कोर्टेस, एकीकृत राष्ट्र की जनता के प्रतीक और आदर्श के रूप में जनमानस में बना रहा। इस तरह स्पेन के राष्ट्रवाद के पीछे भी आम जनता की भागीदारी और जनसत्ता के आदर्श का प्रमुख रोल देखा जा सकता है।

लोकतंत्र की स्थापना से राष्ट्रीय सत्ता अपने क्षेत्र में वर्चस्व वाले खास मूल या कबायली समूह के साथ एकाकार हो गई। इससे अविच्छिन्न राज्यसत्ता की अवधारणा को भारी बल मिला। अठारहवीं शताब्दी में ही प्रतिपादित फ्रांसीसी दार्शनिक ज्यां जैकस रूसो के राजनीतिक विचारों से राष्ट्र-राज्य की अविच्छिन्न-सत्ता की अवधारणा को एक सैद्धान्तिक आधार भी मिल गया। वैसे रूसो आधुनिक लोकतंत्र का मसीहा माना जाता है, लेकिन उसके विचारों में कुछ ऐसा भी है जो सर्वसत्तावाद को सहारा देता है। यह है, उसका आम जन इच्छा (जनरल विल) का सिद्धान्त। इस सिद्धान्त के अनुसार राज्य की सत्ता का आधार आम लोगों की इच्छा ही हो सकती है, लेकिन उसका यह भी मानना था कि जब एक बार राज्य में इस जन इच्छा का प्रतिनिधित्व हो जाता है, तब फिर राज्य का हर नागरिक इसके लिए बाध्य है कि राज्य की इच्छा का पालन करे। इस तरह जब लोकतंत्र के तहत जन इच्छा राष्ट्र-राज्य की इच्छा बन जाती है, तब राष्ट्र-राज्य के सभी नागरिकों की जवाबदेही होती है कि वे राष्ट्र की इच्छा का पालन सम्पूर्ण निष्ठा से करें। इसके विपरीत आचरण या विचार भी राष्ट्रद्रोह है। चूँकि मूल आधारित अविच्छिन्न सत्ता की नींव पड़ चुकी थी, इस दर्शन को फ्रांसीसी क्रान्तिकारियों ने तुरन्त आत्मसात किया और सर्वसत्तावादी जनतंत्र की अवधारणा स्थापित हुई।

रूसो का विचार तो फ्रांस की लोकतांत्रिक क्रान्ति का जनक था, लेकिन लोकतंत्र विरोधी दार्शनिक धारा भी यूरोप में राष्ट्र-राज्य की शक्ति को गरिमामंडित कर रही थी। इस धारा का प्रणेता हेगेल था। वह प्रशा के राजतंत्री व्यवस्था का हिमायती था, और उसने राष्ट्र-राज्य की सत्ता को विश्व-आत्मा यानी परमात्मा के आत्मदर्शन की प्रक्रिया की सर्वोच्च अभिव्यक्ति बतलाया। इस सिद्धान्त के अनुसार, राज्य सभी नागरिकों के हित का प्रतिनिधित्व करता है : उनके हितों का भी, जो विशेष काल में इसके द्वारा सताए गए माने जाते हैं। इस तरह अठारहवीं से उन्नीसवीं

सदी तक में मूलों की अस्मिता के आधार पर यूरोप में न सिर्फ कुछ बड़े राष्ट्र-राज्य अस्तित्व में आए बल्कि उनकी अविच्छिन्न प्रभुसत्ता का सिद्धान्त भी जनमानस पर छाने लगा। हिटलर जब बाद में 'फोल्क' या नस्ल की श्रेष्ठता और उसकी सत्ता सर्वोपरि होने की बात करने लगा था तो वास्तव में वह राष्ट्रवाद की तार्किक परिणति पर ही पहुँच रहा था।

फ्रांस की क्रान्ति के बाद से राष्ट्र-राज्य को जिस तरह गरिमामंडित किया जाने लगा, उससे यूरोप की बाकी राष्ट्रीय जमातें—जो विभिन्न मूलों को जज्ब कर बनी कबायली जमातों का परिवर्धित रूप थीं—अछूती नहीं रह सकती थीं। इस तरह राष्ट्रीय भावना की एक लहर यूरोप के विभिन्न राज्य व्यवस्थाओं में फैल गई। इसी क्रम में अनेक राष्ट्र-राज्यों के निर्माण की प्रक्रिया शुरू हुई जो यूरोप में बीसवीं शताब्दी के मध्य तक समाप्त हुई। इस क्रम में चेकोस्लोवाकिया, युगोस्लाविया, हंगरी, बुल्गारिया, रूमानिया आदि कई देश अस्तित्व में आए।

जैसाकि पहले बतलाया जा चुका है, कबायली समूहों के स्थानान्तरण के काल में जर्मन कबीलों के अलावा एशिया के मैदानी इलाकों के कबायली सरदारों की नीति के चलते विभिन्न स्लाव मूल के कबीले मध्यपूर्व एवं दक्षिणी यूरोप के बड़े भूभाग में बस गए थे। इन्हीं में स्लोवाक और चेक भी थे। चेक पाँचवीं शताब्दी में बोहेमिया में आकर बस गए (बोहेमिया का नाम वहाँ के प्राचीन केल्ट बाशिन्दे बोअई के नाम पर आधारित है)। यहाँ नवीं शताब्दी में एक बोहेमियाई राज्य की स्थापना हुई और बाद में स्लोवाकिया समेत यह मोरावियाई साम्राज्य का हिस्सा बन गया। आगे चलकर ये 'पवित्र रोमन साम्राज्य' के जर्मन शासकों के अधीन और अन्ततोगत्वा ऑस्ट्रिया-हंगरी के साम्राज्य के अधीन आ गए, जो साम्राज्य यूरोप के बड़े भूभाग पर फैलता-सिकुड़ता बीसवीं शताब्दी तक चलता रहा। 1848-50 की यूरोपीय क्रान्ति के दौर में चेक और स्लोवाक राष्ट्रीयता ने आधुनिक रूप लिया, लेकिन एक राष्ट्र के रूप में उन्हें मान्यता 1918 के बाद मिली जब ऑस्ट्रिया-हंगरी के साम्राज्य का पूरी तरह विघटन हो गया और इसके साम्राज्य के विभिन्न मूलों वाली राष्ट्रीय जमातें अपने अलग-अलग राष्ट्रीय अस्तित्व का दावा करने लगीं। चेक और स्लोवाक लोगों ने सम्मिलित घोषणा से चेकोस्लोवाकिया के राष्ट्र-राज्य की स्थापना की। पहले हिटलर द्वारा दखल किए जाने और बाद में कम्युनिस्ट तानाशाही में आने की विविध स्थितियों से गुजरने के बाद चेकोस्लोवाकिया बीसवीं शताब्दी के उत्तरार्द्ध में पूरी तरह स्वतंत्र हुआ, लेकिन थोड़े ही काल के बाद 1992 में चेक और स्लोवाक मूल के लोगों ने अलग राष्ट्रों के रूप में राज्य कायम करने का निर्णय किया।

1848-50 की क्रान्ति, प्रशा द्वारा ऑस्ट्रिया की पराजय के परिणाम और प्रथम विश्व युद्ध के बाद यूरोप के मध्यपूर्व और दक्षिणी हिस्से में विभिन्न राष्ट्र-राज्यों की स्थापना का संक्षिप्त विवरण इस तरह है।

जैसाकि ऊपर कहा गया है, 1866 में प्रशा द्वारा ऑस्ट्रिया की पराजय ने जर्मनी के एकीकरण की प्रक्रिया को बल दिया, लेकिन ऑस्ट्रिया की इस पराजय ने मध्य यूरोप, दक्षिण-पूर्वी यूरोप और बाल्कन भूभाग के विभिन्न मूलों के लोगों को, जिनके कबायली पूर्वजों की भ्रमण गाथा का संक्षिप्त विवरण पहले दिया जा चुका है—नए राष्ट्र-राज्यों की स्थापना की दिशा में अनिवार्य रूप से अग्रसर कर दिया। ऑस्ट्रिया का साम्राज्य विभिन्न मूलों के लोगों को शक्ति के बल पर समेटा गया बेमेल जखीरा था। फ्रांस की क्रान्ति ने राष्ट्रवाद की जिस भावना को जन्म दिया था, उसने इन मूलों के लोगों की स्वायत्तता की कल्पना को पंख दे दिया। 1948 में 13 मार्च को स्वयं ऑस्ट्रिया की राजधानी वियना में दंगों के बीच मेटरनिक (ऑस्ट्रियाई प्रधानमंत्री) का निरंकुश शासन खत्म हुआ। अब इन मूलों के लोगों ने विभिन्न केन्द्रों में स्वतंत्र प्रतिनिधि सभाओं का गठन करना और अपनी स्वतंत्रता की घोषणा करना शुरू किया। इस प्रक्रिया की शुरुआत हंगरी में मैग्यारों से हुई थी, लेकिन यह थोड़े ही समय में ऑस्ट्रियाई साम्राज्य के अन्य भागों में चेकोस्लोवाक, रूमन, क्रोएट, सर्व आदि मूलों के लोगों में फैल गई, लेकिन ऑस्ट्रियावासी जर्मन मूल के लोगों के प्रति नफरत तथा साम्राज्य के अधीनस्थ बाकी मूलों के आपसी अविश्वास और नफरत ने क्रान्ति की बुनियाद को खोखला कर दिया और एक के बाद एक वियना, बर्लिन, प्राग तथा हंगरी में सभी स्थानों पर क्रान्ति दबा दी गई थी। अब जब 1866 में ऑस्ट्रिया की पराजय हुई तो वह अपने साम्राज्य को समेटे रखने में अक्षम बन गया। इसी समय हंगरी के मैग्यारों की भावना की तुष्टि के लिए ऑस्ट्रिया-हंगरी के द्विकेन्द्रीक साम्राज्य की स्थापना की गई, जिसमें जर्मन तथा मैग्यारों को लगभग समान अधिकार दिए गए। इसके अनुसार साम्राज्य के जर्मन-भाषी सत्रह राज्यों को ऑस्ट्रियाई अधिकार क्षेत्र में किया गया, और बाकी भागों—यानी हंगरी, क्रोएशिया, स्लोवानिया, ट्रांसिल्वानिया तथा कुछ सीमावर्ती भूभाग को मैग्यार लोगों के मातहत किया गया। दोनों राज्यों की अलग-अलग संसद थी और सिर्फ कुछ मामलों में साथ विचार करने की व्यवस्था की गई थी। एकीकरण का प्रतीक सिर्फ हैब्सवर्ग सम्राट् बच गया था जो वियना में रहता था।

ऊपर वर्णित व्यवस्था ने हंगरी के मैग्यारों को तो तुष्ट कर दिया, लेकिन बाकी मूल के लोग, जो प्राय: स्लाव थे, पूर्ववत् मैग्यार और जर्मन अभिजात वर्ग के नीचे गुलामी की स्थिति में रहे। इनमें राष्ट्रीयता की जो भावना जग गई थी उसे खत्म नहीं किया जा सकता था। राष्ट्रीयता की इस भावना को अखिल-स्लाव (पान-स्लाव) आन्दोलन से भी बल मिला, जिसे रूस यूरोपीय राजनीति में अपनी शक्ति बढ़ाने के ख्याल से हवा दे रहा था, और जिसका मुख्य उद्देश्य सर्बिया, बोस्निया-हर्जेगोविना और बुल्गारिया से तुर्की के शासन को खत्म करना था, लेकिन इस भावना को राष्ट्र-राज्य के रूप में अभिव्यक्ति पाने में लगभग आधी शताब्दी तक इन्तजार

करना पड़ा। इसका मौका प्रथम विश्वयुद्ध के बाद आया जिसमें ऑस्ट्रिया-हंगरी के साम्राज्य का पूरी तरह विघटन हो गया और ऑटोमन तुर्क साम्राज्य का वर्चस्व भी यूरोपीय भौगोलिक क्षेत्र से खत्म हो गया।

प्रथम विश्वयुद्ध में ऑस्ट्रिया-हंगरी साम्राज्य और तुर्की, दोनों ही जर्मनी के साथ थे। संयोग से मध्य यूरोप और बाल्कन क्षेत्र के राज्यों पर युद्ध के पहले इन्हीं का आधिपत्य था, हालाँकि 1913 तक बाल्कन युद्धों में तुर्की ने कुस्तुन्तुनिया को छोड़कर इस क्षेत्र में बाकी सभी भूभागों को खो दिया था। प्रथम विश्वयुद्ध में जर्मनी और इसके दोस्तों की पराजय ने ऑस्ट्रिया और तुर्की के साम्राज्यों को सदा के लिए समाप्त कर दिया। इसी से इस क्षेत्र के स्लाव, रूमानियाई, बुल्गार, मैग्यार आदि मूलों के नए राष्ट्र-राज्यों की स्थापना हुई। इस तरह अस्तित्व में आनेवाले राज्यों में पोलैंड, चेकोस्लोवाकिया, हंगरी, रूमानिया, बुल्गारिया, युगोस्लाविया, अल्बानिया तथा यूनान थे। ऑस्ट्रिया अपना साम्राज्य खोकर जर्मन मूल के लोगों का एक छोटा-सा देश रह गया।

पोल मूल के लोगों का देश पोलैंड, जिसका अस्तित्व ही प्रशा, रूस और ऑस्ट्रिया द्वारा इसके भूभागों के हड़प जाने से खत्म हो चुका था, प्रथम विश्वयुद्ध के बाद इन भूभागों को मिला एक राष्ट्र-राज्य के रूप में अस्तित्व में आ गया। युगोस्लाविया यानी दक्षिणी स्लाव राज्य की स्थापना सर्बिया (कोसोवो समेत) क्रोएशिया, बोस्निया-हर्जेगोविना, मैसिडोनिया (मकदूनिया), स्लोवेनिया तथा मोंटे-निग्रों को मिलाकर हुई। हालाँकि प्रारम्भ में स्लाव राष्ट्रीयता की लहर से और तुर्की तथा ऑस्ट्रिया-हंगरी साम्राज्य से मुक्ति के आन्दोलन के क्रम में इन विभिन्न मूलों वाले लोगों की एकता सुदृढ़ हुई थी, इनकी विविधता और इनके बीच की दूरियाँ नहीं मिटी थीं, जो आगे चलकर इस राज्य के विघटन का कारण बनीं। बुल्गारिया बीसवीं सदी के प्रारम्भिक काल में एक सशक्त राष्ट्रीय इकाई के रूप में विकसित हो रहा था, लेकिन द्वितीय विश्वयुद्ध में जर्मनी का सहयोग होने से इसे कुछ क्षेत्र गँवाना पड़ा। हंगरी मूलत: मैग्यार लोगों के अपने क्षेत्र में सीमित कर दिया गया। चेक तथा स्लोवाक लोगों के मिलन से चेकोस्लोवाकिया के राष्ट्र-राज्य की स्थापना मित्र राष्ट्रों और विशेषकर अमेरिकी समर्थन से हुई। कुछ अन्य मूल के लोग, जैसे लिथुआनियाई, इस्टोनियाई और फिन्न, जो पहले रूसी साम्राज्य के अधीन थे, प्रथम विश्वयुद्ध के बाद रूसी साम्राज्य के टूटने से लिथुआनिया, इस्टोनिया और फिनलैंड के राष्ट्र-राज्य के रूप में अस्तित्व में आए।

हालाँकि इन नए राष्ट्रों की सीमा रेखाएँ प्राय: इनसे सम्बद्ध मूलों के आधार पर खींची गई थीं, इन सभी में कुछ दूसरे मूलों के लोग रह गए थे जो बाद में समय-समय पर विग्रह का कारण बनते रहे।

राष्ट्र-राज्य के विकास की इस सारी यूरोपीय प्रक्रिया में जो बात उभरकर सामने आती है वह यह कि तमाम राजनीतिक या आर्थिक उथल-पुथल एवं बदलाव के बावजूद राष्ट्रीय अस्मिताएँ अन्ततोगत्वा मूल आधारित होती हैं या कबायली तादात्म्य बोध पर आधारित हो जाती हैं। राष्ट्र-राज्य की स्थापना उस अभिसार का परिणाम है जहाँ विशेष मूल के लोग विशेष भौगोलिक क्षेत्र के अधिकारी बन गए। इस क्रम में कबायली वफादारी और क्षेत्रीयता की आनुवंशिक भावनाएँ इकट्ठी हो गईं। राष्ट्र-राज्य के प्रति वह वफादारी जो पागलपन की सीमा तक जाती है, मनुष्यों में अन्तर्निहित इन्हीं दो भावनाओं के जुड़ जाने का परिणाम है। आर्थिक या अन्य स्वार्थ भी इस भावना को यदा-कदा प्रभावित करते हैं, पर आधार में अपने 'मूल' तथा 'क्षेत्रीय अधिकार' का भाव ही काम करता है। वैसे किसी मनुष्य का मूल (एथनिसिटी) क्या है, यह स्वयं यथार्थ की बजाय भावना पर ही आधारित है। कहीं-कहीं जहाँ वंश की एकता या खून का रिश्ता स्थापित नहीं हो सकता, यह एकात्मबोध भाषायी या धार्मिक एकता से भी पैदा हो सकता है, लेकिन ऐसी हालत में धार्मिक या भाषायी एकता का उत्स इतना प्राचीन होना चाहिए कि समूह विशेष को एक करनेवाले बाकी कारक ओझल हो गए हों। असलियत चाहे जो हो, राष्ट्रभाव के लिए समूह में मूल की एकता के मिथक का व्यापक होना जरूरी है। कुल मिलाकर भावांधता राष्ट्र-राज्य का आधार है और इसीलिए तर्कों से इसके अतिवादी रुझानों को रोकना मुश्किल होता है।

उस विशाल राष्ट्र-राज्य का विवरण भी यूरोपीय सन्दर्भ में देना जरूरी है जो अब विघटित हो गया है, और नकारात्मक रूप से बतलाता है कि मूलों की एकता के अभाव में शक्ति के बल विभिन्न मानव समूहों को जोड़कर राष्ट्र कायम करने का प्रयास क्यों असम्भव बन जाता है? वह राष्ट्र-राज्य रूस या बाद का सोवियत संघ था। इस राज्य ने अपने फैलाव में उन बुनियादी सिद्धान्तों की पूरी तरह अवहेलना की थी जिनके आधार पर उल्लिखित राष्ट्र-राज्यों की स्थापना हुई थी। सिर्फ प्रारम्भ काल में हम इस राज्य के आधार में किसी तरह की कबीलाई एकता की झांकी पाते हैं।

पाँचवीं शताब्दी में 'पूर्वी स्लाव' नाम से जाने जानेवाले कबीले के लोग वर्तमान रूस के उत्तरी भाग के जंगली इलाकों में बसने लगे थे। बारहवीं शताब्दी के एक अभिलेख के अनुसार, इन लोगों ने स्कैंडेनेविया के बाशिन्दे वाइकिंगों के रूस नामी कबीले के मुखिया रूरिक को नवीं शताब्दी में अपने यहाँ शासन करने के लिए आमंत्रित किया। इसी कबीले से इस देश को 'रूस' नाम से जाना जाता है। प्रारम्भ में रूरिक और इसके वंशजों की राजधानी कीयेव में थी, लेकिन तेरहवीं शताब्दी के प्रारम्भ में तातारों (मंगोलों) ने इस राज्य पर कब्जा कर लिया और कीयेव को नष्ट कर दिया। तब रूस के दूसरे राज्य की स्थापना मस्कवा में हुई जो पन्द्रहवीं शताब्दी से फैलने लगा, जब 'गोल्डेन होर्ड' के नाम से जाना जानेवाला

तातारों का राज्य टूटने लगा था। इसके बाद से रूसी साम्राज्य का विस्तार उत्तर, पश्चिम, दक्षिण और पूरब—चारों ओर चार शताब्दी से अधिक तक होता रहा। इस बीच इसे समय-समय पर पराजय का मुँह भी देखना पड़ा, लेकिन इन तात्कालिक धक्कों के बावजूद यह साम्राज्य फैलकर उत्तर-पश्चिम में फिनलैंड, बाल्टिक राज्यों और पोलैंड के बड़े हिस्से तक, पूरब में पूरे साइबेरिया पर बोरिंग जलडमरूमध्य एवं सखालिन द्वीप समूह तक और दक्षिण में क्रीमिया, अजरबेजान, आर्मेनिया, तुर्कमेनिस्तान, तजाकिस्तान, किरगिजिया आदि पर फैल गया।

इस पूरे भूभागों में सौ से अधिक मूलों के लोग निवास करते हैं जिनकी अलग-अलग परम्पराएँ और पहचान हैं। इस साम्राज्य का दूसरे साम्राज्यों से फर्क यह था कि इन सभी भूभागों को एक रूसी राष्ट्र-राज्य का अंग बना दिया गया था। 1917 की अक्तूबर क्रान्ति के बाद एक अल्पकालिक प्रयास इसका जरूर हुआ कि रूस के उन मूलों के लोगों को जिनमें अलग राष्ट्र होने का भाव था, अलग राष्ट्र-राज्य के रूप में आने का मौका दिया जाए, लेकिन यह प्रक्रिया थोड़े ही समय के बाद खत्म हो गई और जो सोवियत संघ इस प्रक्रिया से पैदा हुआ, वही इन सभी राष्ट्रीय जमातों को एक अति केन्द्रित राजकीय ढाँचे में बाँधकर रखने लगा। इसमें विघटन के बीज मौजूद थे क्योंकि राष्ट्र-राज्यों को एकीकृत करनेवाली जिन शक्तियों की उपस्थिति की बात ऊपर की गई है, वे यहाँ गैर-हाजिर थीं। इसलिए यह स्थायी रूप से एकीकृत राष्ट्र-राज्य नहीं रह सकता था। जब तक स्तालिन की लौह तानाशाही कायम रही, यह सब चलता रहा, लेकिन उसकी मृत्यु के चालीस साल के भीतर जब यह तानाशाही पूरी तरह ध्वस्त हुई तो सोवियत संघ भी बिखर गया।

सत्ता की सुविधा के अनुसार विभिन्न मूलों के लोगों को जोड़कर बनाए गए राष्ट्रों में अन्यत्र भी इस तरह के विघटनकारी दबाव देखे जा सकते हैं। एक उदाहरण तो स्वयं ग्रेट ब्रिटेन का है जिसमें अब तक इंग्लैंड, स्कॉटलैंड, वेल्स और उत्तरी आयरलैंड को जोड़कर रखा गया है। कबीलों के हिसाब से जहाँ इंग्लैंड के बाशिन्दे मूलत: ऐंग्लो-सैक्सन हैं वही स्कॉटलैंड के बाशिन्दे पिक्ट और स्कॉट और वेल्स के बाशिन्दे मुख्य रूप से केल्ट हैं। आयरलैंड के लोग भी प्राय: केल्ट ही हैं, खासकर दक्षिण के। हालाँकि मूलों का विभाजन वहाँ कैथोलिक एवं प्रोटेस्टेंट विभाजन से उलझा हुआ है। इनके एकीकरण की प्रक्रिया महज तीन से चार सौ साल पुरानी है।

बारहवीं शताब्दी से ही स्कॉटलैंड को इंग्लैंड के शासकों के मातहत लाने के प्रयास होते रहे, जिसमें राजाओं के शासनों के सिकुड़न और विस्तार से स्कॉटलैंड के भाग्य का भी फैसला होता था। आखिर में रानी एलिजाबेथ के निधन पर जब स्कॉटलैंड का राजा जेम्स चतुर्थ इंग्लैंड की गद्‌दी पर जेम्स प्रथम के नाम से बैठा तब से इंग्लैंड और स्कॉटलैंड का एकीकरण हो गया, लेकिन इसे इंग्लैंड की संसद से बाजाप्ता मान्यता 1707 में मिली जिसके बाद से स्कॉटलैंड को ब्रिटेन

के पार्लियामेंट में प्रतिनिधि भेजने का अधिकार मिला। इसी तरह अंग्रेजी शासन के फैलाव के क्रम में वेल्स को धीरे-धीरे ब्रिटिश शासन में लाया गया जिसको अन्तिम रूप 1536 में मिला जब वेल्स को ब्रिटेन की संसद में अपना प्रतिनिधि भेजने का अधिकार मिला। आयरलैड के उत्तरी क्षेत्र अल्स्टर की आबादी मूलत: इंग्लैंड तथा स्कॉटलैंड से सत्रहवीं शताब्दी में बसाए गए लोगों की है। ये न सिर्फ मूल के हिसाब से दक्षिण आयरलैंड के निवासियों से भिन्न हैं बल्कि धर्म में प्रोटेस्टेंट हैं जबकि दक्षिणी आयरलैंड कैथोलिक। इस विभाजन में उस विग्रह की जड़ है जो आई.आर.ए. (आयरिश रिपब्लिकन आर्मी) की हरकतों को जन्म देता है।

जब तक अंग्रेजी साम्राज्य अपने उत्कर्ष पर था, ब्रिटेन में बने रहना स्कॉटलैंड, वेल्स आदि के लिए सुविधाजनक था। अब जैसे-जैसे यह सुविधा सन्दिग्ध होती गई है वैसे-वैसे एक बने रहने का भाव छीजता गया है। इसलिए स्कॉटलैंड और वेल्स, दोनों में स्वतंत्र राष्ट्र बनने की इच्छा मजबूत होने लगी है। अप्रैल 1992 में होने वाले ब्रिटेन के आम चुनाव में स्कॉटिश नेशनलिस्ट पार्टी ने अपने चुनाव घोषणापत्र में स्पष्ट रूप से ब्रिटेन से अलग होने का संकल्प व्यक्त किया था और यह कहा था कि वह यूरोपीय समुदाय में एक स्वतंत्र देश के रूप में शामिल होगा। हालाँकि चुनाव परिणाम उसके पक्ष में नहीं गया, फिर भी चुनाव के पहले के सर्वेक्षणों में लगभग आधे लोगों ने इस घोषणा का समर्थन किया। चुनाव परिणाम लेबर पार्टी के पक्ष में गया, जो विकेन्द्रीकरण और स्कॉटलैंड के लिए अलग-अलग विधायिका का समर्थन करती थी। यहाँ भी स्कॉट लोगों में अस्मिता और स्वायत्त शासन की भावना स्पष्ट दिखाई देती है।

राष्ट्र-राज्य की स्थापना के सम्बन्ध में ऊपर जो सिद्धान्त प्रतिपादित किया गया है, उसके अनुसार संयुक्त राज्य अमेरिका का स्थान निश्चित करना थोड़ा कठिन मालूम पड़ता है, क्योंकि यह राज्य तो संसार के अनेक मूलों के लोगों के आकर बसने से बना है, लेकिन अगर हम इस राष्ट्र के विकास के इतिहास पर विचार करेंगे तो पाएँगे कि कुछ भिन्न रूप में वह सिद्धान्त यहाँ भी लागू होता है। सच तो यह है कि कबायली विस्थापना की जैसी प्रक्रिया यूरोप में चौथी से सातवीं शताब्दी तक चली थी, वैसी ही प्रक्रिया हजार साल बाद यूरोपीय मूल के लोगों ने अमेरिका में चलाई, जिससे अमेरिकी महादेशों के विभिन्न राष्ट्रों का निर्माण हुआ। संयुक्त राज्य अमेरिका में यह प्रक्रिया अधिक स्पष्ट है। सत्रहवीं शताब्दी के प्रारम्भिक वर्षों से इंग्लैंड के लोग अमेरिका में आकर बसने लगे। पहले-पहल 1607 में वर्जीनिया के जेम्स टाउन में अंग्रेज आकर बसे। 1620 में पिलग्रिम्स कहे जानेवाले लोग प्लिमथ में और 1630 में प्यूरिटन कहे जानेवाले लोग मैसाच्युसेट्स में आकर बसे। इसके बाद से इंग्लैंड से लोगों का उत्तरी अमेरिका में आकर बसने का सिलसिला इस पूरी शताब्दी में जारी रहा। बहुत सारे अपराधी, जिन्हें देश-निकाले की सजा दी जाती थी,

यहाँ भेज दिए जाते थे जो कालान्तर में स्वतंत्र नागरिक बन गए। इसी तरह ठेके पर गिरमिटिया (इंडेंचर्ड) अंग्रेज मजदूर यहाँ काम करने के लिए आते और अपने अनुबन्ध का काल समाप्त होने पर यहाँ बस जाते।

हालाँकि ये अंग्रेज अपना देश छोड़ यहाँ बसने आए थे, फिर भी प्रारम्भ में इनका सम्बन्ध अपनी पितृभूमि से कायम रहा। सच तो यह है कि ये कॉलोनियाँ ब्रिटिश सम्राट् से प्राप्त स्वतंत्र व्यापारिक, शाही तथा निजी जमींदारी चार्टरों (सनद) के तहत स्थापित की गई थीं। शुरू में इन कॉलोनियों में अपने यहाँ उत्पादित वस्तुओं को इंग्लैंड में बेचने का एकाधिकार था। इससे भी इंग्लैंड के साथ इनका रिश्ता गहरा बना रहा। फिर भी, स्थानीय उत्पादों की भिन्नता और इनसे जुड़ी जीवन शैली की भिन्नता के कारण इन कॉलोनियों की अलग पहचान और एक हद तक इनमें स्वायत्तता का भाव भी विकसित हो रहा था। फिर भी अपने संस्कार, भाषा और भाव में ये अंग्रेज अपने लिए उन नागरिक अधिकारों का भी दावा रखते थे जो अंग्रेज होने के नाते इंग्लैंड के नागरिकों के हक होते थे। बाद में इंग्लैंड के साथ इनके विरोध का मुद्दा भी यही बना कि अंग्रेजी परम्परा के अनुसार वे कोई भी वैसा टैक्स देने को तैयार नहीं थे जिसे लागू करने में उनके प्रतिनिधियों का हाथ न हो।

इस तरह अमेरिकी जमीन पर ये बिलकुल बाहरी लोग अपनी पूरी संस्कृति और व्यवस्था को लेकर आरोपित हुए। इन्होंने यहाँ के मूल निवासी इंडियनों को उपजाऊ जमीन पर से हथियारों के बल खदेड़कर स्वयं उस पर कब्जा कर लिया। बाद में जो यूरोपीय या अन्य मूल के लोग इस भूभाग में आए, उन्हें अपने को उसी राष्ट्रीय सांचे में ढालना पड़ा जिसे अंग्रेजों ने कायम किया था। उनके वर्चस्व का अतीत अभी भी इस मान्यता में कायम है कि तथाकथित 'वास्प' (ह्वाइट-ऐंग्लो-सैक्सन प्रोटेस्टेंट) खानदान से आए अमेरिकी दूसरों से अधिक खानदानी और अमेरिकी होने के हकदार हैं। बाद में गुलाम बनाकर लाए गए अफ्रीकी मूल के अश्वेत, जिन्होंने इसकी अर्थव्यवस्था को सुदृढ़ करने में महत्त्वपूर्ण योगदान किया था, आज भी भावनात्मक स्तर पर समान नागरिकता से वंचित हैं—हालाँकि कानूनी रूप से अब उन्हें समान नागरिकता हासिल हो गई है।

मूल, भाषा आदि का प्रभाव राष्ट्रीयता के भाव को निर्धारित करने में कितना महत्त्वपूर्ण है, उसका एक उदाहरण कनाडा का विकास है। कनाडा में प्रारम्भ में ही फ्रांसीसी लोग सेंट लॉरेंस नदी के तट पर (क्युबेक और मांट्रियल में) आकर बस गए थे। बाद में अमेरिका के अंग्रेज बाशिन्दों ने अंग्रेजी सरकार के साथ मिलकर इस भाग से फ्रांसीसी आधिपत्य समाप्त कर दिया, लेकिन फ्रांसीसी मूल के लोग और फ्रांसीसी भाषा इस भूभाग में बनी रही। इस तरह क्युबेक के फ्रांसीसी भाषा-भाषी लोगों में अंग्रेजी भाषी बाकी कनाडा से भिन्न होने का भाव कायम रहा, और आज भी वहाँ कनाडा से अलग होने की पहल समय-समय पर होती रहती है।

अमेरिका में इंग्लैंड से अलग राष्ट्र होने का भाव उनके स्वतंत्रता आन्दोलन के क्रम में हुए संघर्षों और युद्ध के सिलसिले में मजबूत हुआ।

राष्ट्र-राज्य के विकास में जो भूमिका प्रारम्भ में मर्केण्टाइलिज्म ने अदा की थी वही भूमिका औद्योगिक क्रान्ति ने बाद के काल में निभाई, और राष्ट्र-राज्य के आधार को और अधिक स्थायी बनाया। मर्केण्टाइलिज्म के काल में व्यापार से और सागर पार के दूर-दराज इलाकों की लूट से प्राप्त माल ने यूरोपीय देशों के पास अपार धन जमा कर दिया था। इससे आवश्यक एवं विलासिता, दोनों ही तरह की वस्तुओं की माँग अचानक बहुत बढ़ गई। इससे इन वस्तुओं का उत्पादन बढ़ाने का दबाव बढ़ा। इसी समय—अठारहवीं शताब्दी के मध्य से उत्पादन प्रक्रिया में एक युगान्तरकारी परिवर्तन शुरू हुआ। इसकी शुरुआत कपास की कताई एवं बुनाई के क्षेत्र में शुरू हुई। बाद में ऊर्जा के लिए कोयले के उपयोग की शुरुआत से उत्पादन के विभिन्न क्षेत्रों में जटिल मशीनों का निर्माण और उनके द्वारा उत्पादन शुरू हुआ। इसी प्रक्रिया को, जो लगभग सौ साल चली, 'औद्योगिक क्रान्ति' कहा गया। उत्पादन और व्यापार के तेज फैलाव से सभी देशों में आन्तरिक तथा विभिन्न देशों के बीच बाह्य यातायात का तेजी से फैलाव हुआ। भाप से चलनेवाले जहाजों ने समुद्र पार के व्यापार को और आसान बनाया। अब उत्पादन और विनिमय का दायरा राष्ट्रीय के बजाय अन्तरराष्ट्रीय हो गया। इसका परिणाम यह हुआ कि जो देश औद्योगिक क्रान्ति में अग्रणी थे, उनकी निर्भरता कच्चे माल और बाजार के लिए दुनिया के दूर-दराज इलाकों पर बढ़ गई। कच्चे माल और बाजार पर स्थायी नियंत्रण का सहज मार्ग उन पर अपना साम्राज्य कायम करना था। इस उद्‌देश्य की पूर्ति के लिए कम या अधिक, सभी औद्योगिक देश छोटे या बड़े साम्राज्य कायम करते रहे। इंग्लैंड का साम्राज्य सबसे बड़ा था, लेकिन फ्रांस, स्पेन, हॉलैंड, जर्मनी आदि सभी औद्योगिक देशों ने एशिया, अफ्रीका आदि के छोटे या बड़े भूभागों को अपने नियंत्रण में रखा।

अपने व्यापार को दूसरे देशों पर सामरिक शक्ति के बल कैसे लादा जाता था, उसका अचरज में डालने बाला नमूना था चीन का 1839-42 का अफीम युद्ध। चीन ने अफीम के व्यसन से अपने देशवासियों को बचाने के लिए उसके व्यापार पर प्रतिबन्ध लगा दिया, लेकिन अंग्रेजों को, जो भारत में अफीम तैयार कर चीन में बेचते थे, यह मंजूर नहीं था। इसलिए उन्होंने चीन के साथ युद्ध शुरू कर दिया और उसे अफीम तथा अन्य वस्तुओं के व्यापार के लिए अपना दरवाजा खोलने को मजबूर किया। जापान को भी, जिसने अपना दरवाजा पश्चिमी व्यापार के लिए बन्द कर रखा था, अमेरिकी जहाजी अफसर मैथ्यू सी. पेरी ने 1854 में जहाजी हमला कर पश्चिमी देशों से व्यापार के लिए दरवाजा खोलने को मजबूर किया। उन्नीसवीं सदी के अन्त में अमेरिका ने स्पेन से युद्ध में फिलिपींस, क्यूबा तथा कई अन्य

स्थानों पर अपना कब्जा जमाया। इसी तरह स्वयं नवोदित औद्योगिक राष्ट्र जापान ने उन्नीसवीं सदी के अन्त और बीसवीं सदी के प्रारम्भ में फारमुसा (आधुनिक ताइवान), कोरिया और सखालिन द्वीप समूह के हिस्सों पर अपना कब्जा जमा लिया।

दूर-दराज के देशों पर कच्चे माल और बाजार के लिए कब्जा जमाने की आवश्यकता ने केन्द्रित राज्य शक्ति के समर्थन को अपरिहार्य बना दिया। चूँकि शुरू में इस औद्योगिक फैलाव से औद्योगिक देशों के हर समूह का जीवन स्तर ऊँचा उठ रहा था, इनमें आपसी एकता का भाव भी बढ़ रहा था। इस तरह साम्राज्यवादी प्रसार के काल में देश के भीतर के मूलों के या अन्य तरह के भेद गौण पड़ गए थे (औद्योगिक मजदूरों की वर्ग चेतना भी मन्द पड़ गई थी) और राष्ट्र-राज्य की अविच्छिन्न शक्ति का भाव व्यापक हो रहा था, लेकिन जहाँ इससे प्रत्येक राष्ट्र-राज्य भीतर से अधिक एकीकृत और मजबूत बन रहा था वहीं दूसरे औद्योगिक देशों से इसकी प्रतिस्पर्द्धा भी अधिक तीव्र हो रही थी क्योंकि उद्योगों के फैलाव के लिए हर देश को कच्चे माल और बाजार के क्षेत्र को फैलाने की जरूरत थी। चूँकि दुनिया का दायरा सीमित था, इस फैलाव में टकराहट अनिवार्य थी। हर बाहरी टकराहट, जैसाकि पहले कहा जा चुका है, राष्ट्र-राज्य में आन्तरिक एकता के भाव को मजबूत करती है और प्रतिद्वन्द्वी राष्ट्र के प्रति घोर नफरत पैदा करती है। इसी प्रक्रिया का नतीजा था, दुनिया पर दो विश्वयुद्धों का लादा जाना। दोनों ही में जर्मनी, जिसके साम्राज्य का दायरा उसकी औद्योगिक क्षमता और महत्त्वाकांक्षा के अनुपात में बहुत छोटा पड़ता था, दुनिया के तत्कालीन साम्राज्यवादी बँटवारे को चुनौती देने आगे आया। तात्कालिक रूप से इन युद्धों के पीछे अनेक मुद्दे और घटनाएँ देखी जा सकती हैं, लेकिन बुनियादी कारण दुनिया के नए सिरे से बँटवारे का दबाव ही था। संयुक्त राष्ट्र संघ तथा उसके बाहर के अनेक अन्तरराष्ट्रीय संगठनों की प्रमुख भूमिका युद्ध के बगैर विभिन्न औद्योगिक हितों के बीच किसी तरह का सन्तुलन स्थापित करना ही रहा है।

द्वितीय विश्वयुद्ध के घोर नरसंहार और प्रलयंकारी विध्वंस के अनुभवों और परमाणु हथियारों द्वारा संसार के विनाश के अन्देशे ने औद्योगिक राष्ट्रों की प्रतिद्वन्द्विता को एक अलग रूप दे दिया है। अब समृद्ध देश—जैसे अमेरिका, जापान, जर्मनी, ब्रिटेन आदि—आपस में दुनिया का बँटवारा युद्धों के द्वारा नहीं करना चाहते। अब उनकी आपसी प्रतिस्पर्द्धा औद्योगिक क्षमता में एक-दूसरे से आगे बढ़ने की होड़ में अभिव्यक्त होती है। औद्योगिक रूप से पिछड़े देशों पर जरूर अभी भी अलग-अलग या सामूहिक रूप से दबाव डाले जाते हैं। कभी-कभी ऐसे दबाव का रूप भीषण युद्ध भी हो सकता है जैसाकि 1991 के प्रारम्भ में इराक के खिलाफ अमेरिका और इसके सहयोगी राष्ट्रों का युद्ध था। फिलहाल औद्योगिक शक्ति के तीन केन्द्र उभरकर दुनिया के सामने आए हैं—अमेरिका, जापान और यूरोपीय समुदाय। इनमें यूरोपीय

समुदाय का अस्तित्व में आना एक नई तरह की घटना है। इसका प्रारम्भिक उद्देश्य साझा बाजार के जरिये अमेरिका और जापान की प्रतिस्पर्द्धा का मुकाबला करना था, लेकिन घटनाक्रम में यह आर्थिक गठजोड़ राजनीतिक एकीकरण की प्रक्रिया बनता गया। यूरोपीय संसद का गठन हुआ, यूरोपीय मुद्रा विकसित हुई और पूँजी निवेश जैसे आर्थिक क्षेत्र में राष्ट्रीय प्रभुसत्ता की अवधारणा को लगभग तिलांजलि दी जाती रही। इससे यह स्पष्ट है कि टकराहट के वातावरण में ही राष्ट्रीयता की भावना जोर पकड़ती है। जहाँ टकराहट की जगह सहयोग शुरू हो जाता है, राष्ट्रों का आपसी वैमनस्य और राष्ट्रीयता की भावना भी कमजोर पड़ जाती है। जहाँ इस तरह मूल और भौगोलिक राष्ट्र का समेकन दूसरे समेकित मूल और भौगोलिक राष्ट्र के विरोध में नहीं होता, मूलों की टकराहट दूसरे आयाम ग्रहण करती है। इस पर हम आगे चर्चा करेंगे।

साम्राज्यवाद के प्रसार से गुलाम बनाए गए देशों में राष्ट्रीयता की भावना का विकास अपनी पराधीनता के विरोध में हुआ। जैसाकि ऊपर वर्णन किया जा चुका है, राष्ट्र-राज्य की अवधारणा और राष्ट्रीयता का खास तरह का बोध यूरोपीय समाज के विशेष तरह के विकास का परिणाम था। दुनिया के अन्य देशों में इस रूप में राष्ट्रीयता की भावना की कोई कल्पना नहीं थी, लेकिन सभी देशों में भौगोलिक परिवेश, कबायली एकता, भाषा, परम्परा आदि की विशिष्टता को लेकर गहरा अस्मिता बोध जरूर था। साम्राज्यवाद ने इस अस्मिताबोध को गहरा आघात पहुँचाया। एशिया, अफ्रीका तथा अमेरिका के मूल निवासियों के रस्म-रिवाज, भाषा, वेश-भूषा, उत्पादन विनिमय के ढंग तथा संस्कृतियाँ यूरोपीय लोगों से बिलकुल भिन्न थीं। जब इन समाजों पर यूरोपीय लोगों ने अपना वर्चस्व जमाया तो इनके मूल निवासियों में इनकी व्यवस्थाओं से पूरी तरह बेगानेपन का भाव पैदा हुआ। चूँकि आक्रमणकारी समूह के क्रियाकलापों के समुच्चय की अभिव्यक्ति उनके राष्ट्र से होती थी, इसलिए उनके विरोध में साम्राज्यवादियों द्वारा गुलाम बनाए गए लोगों में भी एक वैसा ही पर अलग राष्ट्र होने का बोध पैदा हुआ : एक ऐसा राष्ट्र, जो पददलित किया गया हो। इससे अपने राष्ट्र को आजाद करने और उसका उत्थान करने का संकल्प पैदा हुआ।

प्रारम्भ में अनेक लोगों में यह भाव जगा कि जो भी विदेशी है और साम्राज्य-वादियों द्वारा आरोपित है, उन सबका बहिष्कार किया जाए, लेकिन धीरे-धीरे लोगों में यह विचार घर करने लगा कि विजयी विदेशियों की शक्ति का उत्स उनकी विशिष्ट मान्यताएँ, तकनीकी ज्ञान और जीवन-पद्धति है, जो स्वदेश की तरक्की के लिए अनुकरणीय है। इस तरह इन समाजों में भी अपने को साम्राज्यवादी देशों के ढाँचे पर ढालने की आकांक्षा पैदा हुई। पश्चिमी ढंग की राष्ट्रीयता में ही अपनी अस्मिता की तलाश शुरू हुई। अपने इतिहास को इसी रौशनी में पढ़ा और

ढाला जाने लगा। इस तरह साम्राज्यवाद के विरोध में साम्राज्य-विरोधी राष्ट्रीयता की भावना का जन्म हुआ, और राष्ट्रीय मुक्ति के आन्दोलन शुरू हुए। चूँकि साम्राज्यवादी मुल्कों द्वारा गुलाम बनाए गए विभिन्न देश यूरोपीय राष्ट्र-राज्यों की तरह राष्ट्र के रूप में विकसित नहीं हुए थे, इनमें यूरोपीय राष्ट्रों में व्याप्त मूल, भाषा आदि की एकरसता का अभाव था। जब स्वाधीनता की भावना जगी तो इसके वाहक इन राज्यों के सशक्त समूह बने और उन्हीं में राष्ट्रीय भाव के साथ तादात्म्यता भी जगी। साम्राज्यवादी शक्तियों के निकाले जाने पर बाद में इससे राष्ट्रीय एकात्मबोध पैदा करने में काफी कठिनाई हुई, क्योंकि परम्परा से इस तरह का बोध इन देशों में था ही नहीं। इन देशों में औद्योगीकरण के क्रम में बहुत ही उलझनपूर्ण समस्याएँ पैदा हुईं।

3

एक तरह की राष्ट्रीय चेतना तो भारत में अंग्रेजी साम्राज्यवाद के विरोध में पैदा हुई। वैसी ही राष्ट्रीय चेतना जैसी उन सभी देशों में पैदा हुई जो साम्राज्यवादी शक्तियों द्वारा गुलाम बनाए गए थे। उसी चेतना की एक अभिव्यक्ति वर्तमान समय में राष्ट्र-राज्य के रूप में भारत को एक समर्थ सामरिक शक्ति बनाने का विचार है। इसमें एक केन्द्रीय राजनैतिक सत्ता की स्थापना का आग्रह है, जिसका अविच्छिन्न नियंत्रण उस सारे भूभाग पर रहे, जो उसकी भौगोलिक सीमा रेखा के भीतर आते हैं। इस राष्ट्र-राज्य का मॉडल यूरोप के विभिन्न राष्ट्र-राज्य हैं जिनके विकास की चर्चा पहले हुई है। वैसे भारत में एक राष्ट्र होने का बोध काफी प्राचीन है और अंग्रेजी सत्ता कायम होने के डेढ़ हजार वर्ष पहले से लोगों के मानस में बैठ गया था, लेकिन यह बोध एक सांस्कृतिक-भौगोलिक बोध था, किसी अविच्छिन्न राजनैतिक सत्ता का बोध नहीं जैसाकि राष्ट्र-राज्य का है।

इस राष्ट्रीय चेतना के पीछे भारत के विकास की भिन्नता है। भारत में पाँच हजार वर्ष से भी अधिक से यूरोप के 'फोल्केर वांडरुंग' के समानान्तर विभिन्न मानव समूहों के आने और फैलने का इतिहास रहा है। इस क्रम में कोलारियन, द्रविड़, आर्य, मंगोल, नेग्रिटो आदि नाम से वर्गीकृत किए जानेवाले विभिन्न मूलों के अनेक कबीले भारत में उत्तर-पश्चिम, उत्तर-पूरब तथा दक्षिण से प्रवेश कर सारे देश में फैलते गए। दरअसल, उत्तर-पूर्वी क्षेत्र में तो विभिन्न मूलों के लोगों का आना हाल-हाल तक जारी रहा है। यह अतीत इतना प्राचीन है कि इसमें कौन कहाँ से आया, अनिश्चित है। यह फैलाव लम्बी अवधि तक चलता रहा और मुख्यत: शान्तिपूर्ण था। इसमें ऐसा कभी नहीं हुआ जैसाकि यूरोप में हुआ था कि आनेवाले कबीलों ने पहले के बाशिन्दों को पराजित कर या तो खदेड़ दिया या उन्हें जज्ब कर उनका अस्तित्व मिटा दिया। ये कबीले प्राय: एक-दूसरे से घुल-मिल गए। बाद के काल में जहाँ कुछ कबीलों ने अपना वर्चस्व दूसरे कबीलों पर कायम किया, वहाँ एक खास तरह के स्तरों में विभाजन के तहत वे सह-अस्तित्व में बने रहे।

इस सह-अस्तित्व का एक ढाँचा भारत में कायम हुआ : वह ढाँचा था वर्ण व्यवस्था का। इसमें जो शक्तिशाली कबीले या समूह होते थे, व्यवस्था के

ऊपरी वर्णों में अपने को स्थापित कर लेते थे और जो कमजोर या पराजित होते थे, शूद्र या अंत्यज के रूप में समाज की निचली सीढ़ियों पर स्थान पाते थे। व्यक्तिगत रूप से एक वर्ण से दूसरे में पहुँचना लगभग असम्भव था, लेकिन सामूहिक रूप से निचले वर्णों में अवस्थित समूहों का अपनी सामर्थ्य के बल पर ऊपर जाना और ऊपर वालों का पतन से नीचे आना पूरे ऐतिहासिक काल में होता रहा। यह गैर-बराबरी का ढाँचा था, लेकिन यूरोप की गुलामी की व्यवस्था की तरह इसमें लोगों को अपने कबायली समूह तथा घर-परिवार से अलग कर दूर-दराज देशों में बेच दिए जाने जैसी क्रूर व्यवस्था नहीं थी। जाति-व्यवस्था के तहत पूरा का पूरा कबायली समूह एक जाति के रूप में अपना अलग अस्तित्व बनाए रख सकता था। हालाँकि जाति-व्यवस्था विषमतामूलक होने के कारण उनमें अनेक जातियों को समाज के निचले स्तरों में रहने को विवश करती थी। जाति-व्यवस्था में बँधे सभी कबीलाई समूह कामों के बँटवारे से पारस्परिकता के बन्धन में बँधे थे और चूँकि शूद्र या अंत्यज कहे जानेवाले निचली सीढ़ियों पर अवस्थित लोग समाज के लिए उत्पादन का सबसे महत्त्वपूर्ण काम करते थे, उन्हें निकाला नहीं जा सकता था।

इस तरह उन कबायली समूहों को छोड़, जो वर्ण एवं जाति-व्यवस्था से बाहर रहे, भारत में बसनेवाले सभी लोगों की एक तरह की सांस्कृतिक चेतना बनी। चूँकि हजारों वर्षों में देश के विभिन्न भागों में बसे लोगों के पूर्वज भारत के अधिकांश भागों से होकर गुजरे थे, इस पूरे भौगोलिक क्षेत्र के साथ जुड़ाव का भाव पैदा हुआ। देश के विभिन्न भागों के नदी, पर्वत और देवी-देवताओं के स्थान सारे भारतीयों में आदर का भाव पैदा करते थे : गंगा, गोदावरी, सिन्धु, हिमालय, कैलास, विंध्य, कन्याकुमारी, कारु कामाख्या आदि सभी भारतीयों के लिए, चाहे वे देश के किसी कोने में बसे हों, दर्शनीय थे।

धार्मिक या अन्य तरह के विचारों के कहीं भी उदय होने पर इनका प्रचार और शास्त्रार्थ के द्वारा खंडन-मंडन का सिलसिला इस सारे भूभाग में होने लगता था। हालाँकि बौद्ध धर्म सारे संसार में फैला, अपने प्रारम्भिक रूपों में इसका प्रसार और इससे सम्बद्ध खास तरह की कला एवं स्थापत्य इसी भूखंड में विकसित हुए। जब शंकराचार्य ने अपना अद्वैत सिद्धान्त प्रतिपादित किया तो इसे सारे देश में फैलाया और लगभग इस देश की चार सीमाओं के पास शृंगेरी, जगन्नाथपुरी, द्वारिका और बदरिकाश्रम में अपना मठ स्थापित कर राष्ट्र की भौगोलिक एकता को अभिव्यक्ति दी। कालान्तर में इस्लाम का प्रसार होने पर सूफी सन्तों की एक खास परम्परा, जो इस देश के भक्ति आन्दोलन से एकाकार हो गई थी, महाराष्ट्र और गुजरात से लेकर पंजाब एवं बिहार तक को एक भावनात्मक सूत्र में बाँधती थी। इसी प्रभाव में एक काव्यधारा सारे देश में प्रवाहित हुई जिसने देश की अनेक

जन भाषाओं को नवीन साहित्यिक समृद्धि प्रदान की। मौर्य और गुप्तकाल में जिस चित्रकला एवं मूर्तिकला का विकास हुआ, वह सारे देश में एक ही तरह की अन्तर्चेतना से प्रेरित थीं। इसके बाद सातवीं शताब्दी तक मध्य प्रदेश के सांची और उदयगिरि से लेकर तमिलनाडु के महाबलिपुरम, ओडिशा के उदयगिरि, महाराष्ट्र का अजन्ता, एलोरा एवं एलिफैंटा आदि की चित्रकला एवं मूर्तिकला अपनी विविधता के बावजूद एक ही तरह के कला बोध से अनुप्राणित हैं। इसी तरह आठवीं से बारहवीं शताब्दी तक की मूर्तिकला, चाहे वह बिहार के पाल काल की हो चाहे दक्षिण भारत के चोल काल की, शिल्प के मामले में काफी समानता रखती है। बाद में नवीं शताब्दी से बारहवीं शताब्दी तक बड़े मन्दिरों के निर्माण का काल रहा, जिस काल में ओडिशा में पुरी का जगन्नाथ मन्दिर, भुवनेश्वर का लिंगराज मन्दिर, कोणार्क का सूर्य मन्दिर तथा दक्षिण के अनेक मन्दिर जैसे तंजौर, मदुरै आदि के एवं खजुराहो के कैलास मन्दिर आदि के निर्माण हुए। इनके स्थापत्य और विषय वस्तुओं में भी काफी विविधता है, फिर भी मन्दिर निर्माण एवं उनसे सम्बद्ध मूर्तिकला में एक ही तरह की कलात्मक प्रेरणा देखी जा सकती है। इसी तरह चित्रकला के क्षेत्र में सोलहवीं से अठारहवीं शताब्दी तक राजपूत, मुगल, कांगड़ा, बिहारी तथा दक्षिणी नाम से देश के विभिन्न भागों में लघु चित्रकला (मिनियेचर पेंटिंग) की विधा विकसित हुई जो अपनी विविधता में भी एक तरह के कलाशिल्प और भावना से प्रभावित थी। तुर्क, अफगान और मुगल काल में गुम्बदों और मीनारों वाले स्थापत्य का—जिनका उत्स पश्चिम एशिया था—भारतीयकरण हुआ, जिससे भवन निर्माण की एक नई परम्परा सारे देश में प्रचलित हुई। इसी स्थापत्य का आश्चर्यजनक नमूना आगरा का ताजमहल है। शास्त्रीय संगीत की जो परम्परा अति प्राचीन काल में 'सामवेद' में शुरू हुई थी उसने मुगल काल में तानसेन की गानविद्या में नया रूप पाया और सारे भारत को अपने विविध संगीत स्वर से मोहित कर लिया है। इस तरह कला, साहित्य, स्थापत्य आदि में जो भी प्रवृत्तियाँ पैदा होती थीं, चाहे उनका जन्म स्थान कोई भी हो, राष्ट्रीय बन जाती थीं। भारत को सांस्कृतिक रूप से एक करनेवाली यही आन्तरिक शक्ति थी।

सच तो यह है कि भौगोलिक रूप से भी एक राष्ट्र होने का बोध निश्चित रूप से छठी शताब्दी तक लोगों के मन में घर कर गया था। इसी बोध की अभिव्यक्ति हम 'विष्णु पुराण' के इस कथन में पाते हैं :

"उत्तर में जिसके हिमालय है और दक्षिण में समुद्र, उसे ही भारतवर्ष कहते हैं और इसमें बसनेवाले सभी भारतीय हैं।"

यहाँ ध्यान में रखने की बात यह है कि 'विष्णु पुराण' का काल छठी शताब्दी अनुमानित है। यह वह काल है जिस समय तक भारत में विभिन्न मूलों के प्राचीन

बाशिन्दों के अलावा इसके पूर्ववर्ती हजार साल में उत्तर-पश्चिम की तरफ से विभिन्न मूलों के दूसरे लोग आकर बस गए थे। इसमें ईरानी, यूनानी, शक, हूण, पठान, शिथियन तथा अन्य कई मूलों के लोग थे। इसी तरह यह काल विभिन्न धर्मों तथा मत-मतान्तरों का था। बौद्ध और जैनों के अलावा बाद में 'हिन्दू' नाम से इकट्ठे जाने जानेवाले समूह में द्वैत, अद्वैत, वैष्णव, शैव, शाक्त, योगी, औघड़ आदि अनेक सम्प्रदाय थे, जिनके मतभेद बुनियादी और तीव्र थे। दक्षिण में ईसाइयों का एक सम्प्रदाय भी, जिन्हें 'सीरियन क्रिश्चन' कहा जाता है, फैल रहा था, लेकिन इन सभी विविधताओं के बावजूद 'भारत' नाम से सम्बोधित इस विस्तृत भौगोलिक क्षेत्र के सभी वासियों को 'भारतीय', कहा गया। स्पष्ट है कि भारतीयता की अवधारणा व्यापक और विशाल थी, जिसमें इस देश के सभी वासी, धर्म, मूल भाषा आदि का भेद किए बगैर समाहित थे।

ध्यान में रखने लायक जो सबसे महत्त्वपूर्ण बात थी वह यह कि इस भौगोलिक-सांस्कृतिक राष्ट्र का राज्य सत्ता से कोई सम्बन्ध नहीं था। न तो राष्ट्र-राज्य की कोई अवधारणा थी और न विशाल केन्द्रीय राज्य सत्ता स्थापित करने की आकांक्षा जनमानस में थी। संस्कृति के विभिन्न तत्त्वों का जन्म कहीं किसी जंगल में ऋषियों की कुटिया के दार्शनिक सूत्रों में होता था तो कहीं दुर्गम पर्वतों को काटकर चैत्यों और मन्दिरों का रूपाकार देनेवाले शिल्पियों के समूहों में, कहीं हजारों गाँवों में फैले अनेक शिल्पकारों के शिल्पों में, तो कहीं फकीरी में मस्त सूफी सन्तों के चिन्तन में, और कहीं करघे का ताना-बाना बुनते कबीर और जूता बनाते रैदास के भक्ति संगीतों में। बाद के काल में भी जिस चित्रकला का विकास राजाश्रय में हुआ, उसकी प्रेरणा का स्रोत भी कहीं-न-कहीं संस्कृति की यह विकेन्द्रित परम्परा ही थी। उसका उन्मेष भी किसी बड़ी केन्द्रित सत्ता के संरक्षण के बजाय प्राय: छोटे-छोटे बिखरे राजघरानों के प्रोत्साहन से हुआ। इसी से राजपूत, पहाड़ी और मुगल कही जानेवाली चित्रकला में हम वह आकर्षक विविधता पाते हैं, जिससे कभी ऊब नहीं पैदा होती। इसीलिए हमारी राष्ट्रीयता व्यापक पर विकेन्द्रित थी। यह अपने भौगोलिक क्षेत्र में बिना किसी भौतिक नियंत्रण के सभी को समाहित और समादृत करती थी। कबायली और क्षेत्रीयता के आनुवंशिक आवेगों के एकीकरण से पैदा जिस अन्धावेश का दानवी विस्फोट हम यूरोपीय राष्ट्र-राज्य के आक्रामक फैलाव में पाते हैं, उसका भारतीय राष्ट्रीयता में कोई आभास तक नहीं मिलता। सचाई यह है कि यूरोपीय राष्ट्र-राज्य वहाँ की विचित्र परिस्थितियों से पैदा हुआ था और मानव समाज की स्वाभाविक संरचना पर एक कैंसरनुमा विकास था जिससे दुनिया के अधिकांश भागों की तरह पश्चिमी समाज का वर्चस्व स्थापित होने के पहले तक भारत भी अछूता था।

भारत की राजकीय और प्रशासकीय व्यवस्था का आधार यहाँ की ग्रामीण व्यवस्थाएँ थीं और ऐसे ही गाँवों और जहाँ-तहाँ, स्वशासी नगरों के समन्वय से अनेक

जनपद बने थे जो मूल राजकीय इकाई थे। उन्हीं में कुछ महाजनपदों के रूप में विकसित हुए थे जिनकी तुलना आधुनिक राज्यों से की जा सकती है। ईसा पूर्व छठी शताब्दी में काशी, कोशल, अंग, मगध, चेदि, वज्जि, मल्ल, वत्स, कुरु, पांचाल, मत्स्य, सूरसेन, अस्सक, अवन्ति, गांधार एवं कम्बोज इन सोलह महा-जनपदों का उल्लेख मिलता है। इनमें कुछ राजतंत्र और कुछ गणतंत्र थे और अपने-अपने ढंग से अपनी व्यवस्था चलाते थे। एकछत्र भारतीय राज्य की कोई कल्पना भी उस समय नहीं थी। इन जनपदों में कभी-कभी ऐसे महत्त्वाकांक्षी शासक पैदा होते थे जो अपने राज्य का सीमा विस्तार करना चाहते थे या अन्य राज्यों पर अपना वर्चस्व कायम करना चाहते थे। इसके लिए अश्वमेध यज्ञ की प्रक्रिया चलाई जाती थी। इस तरह अपनी मातहती अन्य राजाओं से कबूल करवानेवाले राजाओं को 'चक्रवर्ती' की उपाधि दी जाती थी। कभी-कभी उत्साही राष्ट्रभक्त, जो यह सिद्ध करना चाहते हैं कि भारत में भी यूरोपीय ढंग की राष्ट्र-राज्य की व्यवस्था प्राचीन काल से थी, इस प्रक्रिया को राष्ट्रीय एकीकरण की वैसी प्रक्रिया मान लेते हैं जैसा यूरोप में बिस्मार्क के समय में हुआ, लेकिन यह एक यूरोपीय परिघटना की तस्वीर को जबर्दस्ती भारत की भिन्न तरह की स्थितियों पर आरोपित करने से अधिक कुछ नहीं है। इस तरह अपना राज्य फैलाने की परम्परा यूरोप में राष्ट्र-राज्य के विकास के पहले दुनिया के सभी देशों में थी। प्राचीन मिस्र, यूनानी सिकन्दर, रोमन साम्रज्य और चंगेज खाँ के साम्राज्य विस्तार के प्रयास राष्ट्र-राज्य के जन्म के हजारों वर्ष पहले के हैं, और उनमें वैयक्तिक या राज्य विशेष की सीमा के विस्तार की महत्त्वाकांक्षा को छोड़ कोई दूसरी प्रेरणा काम नहीं करती थी। यह जरूर हुआ कि जब बिलकुल भिन्न मूल, वेश-भूषा, भाषा और आचरण वाले लोगों द्वारा किसी समूह पर अधिकार जमाया गया तो उस भिन्नता से देशी-विदेशी भाव का जन्म हुआ, और बाहरी लोगों को निकालने के लिए आपसी एकता विजीत या आक्रान्त लोगों में पैदा हुई। इस तरह की भावना ईसा पूर्व चौथी शताब्दी में यूनानियों के खिलाफ भारत के उत्तर-पश्चिमी इलाके में पैदा हुई थी या बाद में हूणों के खिलाफ गुप्तकाल में। इसी तरह के प्रतिरोध की भावना रोम में फोयनिसियन सेनापति हैनिबाल के विरुद्ध और बाद में हूण सेनापति ऐटिला के विरुद्ध पैदा हुई थी, लेकिन इससे हम यह निष्कर्ष नहीं निकाल सकते कि प्राचीन भारत या रोम में राष्ट्र-राज्य की वैसी ही भावना व्याप्त थी जैसी कि हम अठारहवीं शताब्दी के बाद यूरोप में और बीसवीं शताब्दी में दुनिया के विभिन्न देशों में पाते हैं।

पश्चिमी देशों की औद्योगिक और सामरिक शक्ति से चमत्कृत होकर भारतीय लोग भी पश्चिम के राष्ट्र-राज्य की अवधारणा को गौरवान्वित करने लगते हैं और यह साबित करने की कोशिश करते हैं कि सुदूर अतीत में हम भी कभी वही थे, बिना इस बात का परीक्षण किए कि क्या सचमुच में हमारी सांस्कृतिक राष्ट्रीयता

पश्चिमी ढंग की राष्ट्रीयता जैसी थी या उससे हेय थी? अगर हम गम्भीरता से आकलन करेंगे तो पाएँगे कि पश्चिमी ढंग की राष्ट्रीयता स्वभाव से आक्रामक और असहिष्णु है। उसमें प्रत्येक राष्ट्र में उस मूल की श्रेष्ठता को, जिससे राष्ट्र बना है, बिना तर्क के कबूल कर लिया जाता है। सैकड़ों वर्षों तक साथ रहने के बाद भी अन्य मूलों के लोगों को विजातीय मानने का भाव बना रहता है। इससे उनकी राष्ट्रीयता के आधार में ही फासीवाद के बीज मौजूद हैं। जब तक चारों तरफ फैलाव और सम्पन्नता का माहौल रहता है, यह फासीवादी मनोवृत्ति दिखाई नहीं पड़ती, लेकिन जब विपरीत स्थितियों के दबाव में, सिकुड़न और विपन्नता का आभास होता है, देश के भीतर अन्य मूलों के खिलाफ और बाहरी दूसरे देशों के खिलाफ फासीवादी आक्रामकता सतह पर आ जाती है। 20वीं शताब्दी के अन्तिम दशक में भी, जब चारों ओर ज्ञान-विज्ञान का विजय गान हो रहा है, साधारण-सी मन्दी के दबाव में यूरोप और अमेरिका की सहिष्णुता के सभी दावे काफूर हो गए हैं। ब्रिटेन, फ्रांस, अमेरिका एवं जर्मनी समेत यूरोप के अधिकांश देशों में गैर-यूरोपीय समुदायों के खिलाफ आवरणहीन नफरत के प्रदर्शन और अर्थहीन शारीरिक हमले होने लगे हैं। सबसे भयावह स्थिति यह है कि इस अन्ध आक्रामकता को संरक्षण देने के लिए इसके पार्श्व में राष्ट्र-राज्य की पूरी सामरिक और संवैधानिक शक्ति खड़ी है जो 'राष्ट्रीय स्वार्थ' के अनुरूप एक रणनीति के तहत इस आक्रामकता को आवश्यकतानुसार प्रोत्साहन देती है या नियंत्रित करती है।

चूँकि भारत की सांस्कृतिक राष्ट्रीयता न तो किसी मूल से बँधी है और न किसी राज्यसत्ता से, इसमें बेगानापन पैदा करने या उत्पीड़ित करनेवाले तत्त्वों का सर्वथा अभाव है। इसी से इसका यह विस्मयकारी इतिहास जुड़ा हुआ है कि हजारों वर्षों के अपने जीवन में इस राष्ट्र ने बिना भेद-भाव के बाहर से आनेवाले विभिन्न मूल, भाषा, रहन-सहन वाले लोगों को अपने यहाँ न सिर्फ स्थान दिया बल्कि समान सांस्कृतिक सांचे में ढाल दिया। उदारवादी लोकतंत्र का प्रहरी होने का दावा करनेवाला अमेरिका भी ऐसे ही बाहर से आए विभिन्न मूलों के लोगों से बना है—उन अमेरिकी इंडियनों को छोड़, जिन्हें या तो समाप्त कर दिया गया या ढकेल कर आरक्षित स्थानों में निष्कासित कर दिया गया, लेकिन तीन सौ साल की तेज रफ्तार के सह-जीवन में भी अमेरिकावासी आपस में वैसे घुल-मिल नहीं पाए जैसे भारतवासी। आज भी अमेरिकी नागरिक रंगीन अमेरिकी, हिस्पानी अमेरिकी, एशियाई अमेरिकी और ऐंग्लो-सैक्सन अमेरिकी जैसी अलग और स्पष्ट कोटियों में बँटे हुए हैं। इस तरह भारतीयों के बारे में कोई यह नहीं कह सकता कि वह यूनानी भारतीय है या ईरानी (बाद के आए पारसियों को अगर छोड़ दें तो) या तुर्क, अफगान, हूण, शक अथवा किसी अन्य मूल का भारतीय। भारतीयों के धर्म भिन्न हो सकते हैं—उनमें धर्म और भाषा की अनेक भिन्नताएँ हैं, लेकिन

इससे भारतीयता के उनके अपने बोध और दूसरे लोगों द्वारा उनके आकलन में कोई फर्क नहीं पड़ता। देश में क्षेत्रीय भिन्नताएँ हैं, लेकिन यह भिन्नता किसी क्षेत्र के सभी नागरिकों में समान रूप से दिखाई देती है।

भारतीयता की इसी समझ के अभाव में भारत का धार्मिक बँटवारा भारत और पाकिस्तान के रूप में हुआ। तात्कालिक धार्मिक उन्माद में भारी संख्या में धर्म के आधार पर आबादी का तबादला हुआ, लेकिन इससे दो साबुत राष्ट्र नहीं, दो विद्रूप पैदा हुए। पाकिस्तान, जिसने धर्म को अपना आधार बनाया, इससे पैदा विकृतियों का विशेष रूप से शिकार बना। बांग्लादेश के अस्तित्व में आने के बाद इसमें तथाकथित 'बिहारी मुसलमानों' की समस्या पैदा हुई जो वियतनाम के 'बोट पीपुल' की तरह राष्ट्रहीन और निराश्रित बने हुए हैं और धीरे-धीरे उनकी पूरी आबादी खत्म होती जा रही है। इसी तरह सिन्ध में भारत के विभिन्न भागों से आकर बसे मुहाजिरों की समस्या पैदा हुई जो सिन्ध की आम जनता से बेगानेपन की जिन्दगी जी रहे हैं और सिन्धी लोगों की घोर नफरत के शिकार हैं। ये सभी समूह भारतीय राष्ट्रीयता की एकाकार करनेवाली प्रवृत्ति के अतिक्रमण का खामियाजा भुगत रहे हैं।

आधुनिक विकास के क्रम में भारत में जहाँ एक तरफ राष्ट्र-राज्य की अवधारणा को मान्यता मिली है वहीं इसके फलस्वरूप विभिन्न समूहों में, जो इस विकास में पिछड़ रहे हैं या शोषित हो रहे हैं, बेगानापन पैदा हुआ है और उनमें अलगाववादी प्रवृत्तियाँ पैदा हुई हैं। इससे कुछ लोग यह सिद्धान्त गढ़ रहे हैं कि भारत अभी राष्ट्र बनने की प्रक्रिया से गुजर रहा है और ये प्रवृत्तियाँ राष्ट्र-राज्य का आदर्श रूप ग्रहण करने की प्रक्रिया से पैदा कठिनाइयाँ हैं जबकि असलियत यह है कि वर्तमान विकास पद्धति में विषमता पैदा करनेवाले जो तत्त्व हैं, वही परम्परागत एकता के बोध को खंडित कर रहे हैं। यह सब एकीकरण की नहीं, राष्ट्र के विखंडन की प्रक्रियाएँ हैं।

भारतीय राष्ट्रीयता की चूँकि कभी कोई राजकीय प्रशासनिक सीमा रेखा नहीं बनी, इसलिए इसे न तो राजकीय प्रशासनिक दबाव से विभाजित किया जा सकता है और न सैन्यबल एवं शासकीय प्रयास से एक किया जा सकता है। एक सीमा रेखा में घेरने के बाद भी इसकी स्थानीय विविधताएँ बनी रहेंगी, क्योंकि इसके पीछे विकेन्द्रित व्यवस्था का लम्बा और अटूट इतिहास है। इसी तरह इसे विभिन्न टुकड़ों में बाँटकर इसकी सांस्कृतिक एकता को तोड़ा नहीं जा सकता। नजरूल इस्लाम और रवीन्द्रनाथ ठाकुर भारत और बांग्लादेश की समान विरासत हैं और लता मंगेशकर, नूरजहां और मेहदी हसन आदि भारत और पाकिस्तान दोनों की सांस्कृतिक धरोहर हैं। उनके स्वरों में इस भारतीय उपमहादेश के हजारों साल की संगीत साधना समान रूप से मुखर होती है। इसे कौन विभाजित करेगा, और फिर

इस भूखंड की जो स्वाभाविक विविधता है, उसे कौन-सा परमाणु बम पिघलाकर एक सांचे में ढाल सकेगा?

संस्कृतियों के विकास के अलग-अलग पथ होते हैं जो उनके अतीत और वर्तमान के विशेष परिवेश से निर्धारित होते हैं। इसीलिए भारतीय राष्ट्र को, जो सांस्कृतिक है, पश्चिम के राष्ट्र-राज्य की तर्ज पर चलाने के सभी प्रयास विकृतियाँ ही पैदा कर सकते हैं। इसे तोड़ने से यहाँ की जनता को, चाहे वह पाकिस्तान में बसती हो या भारत में, जिस संकट से गुजरना पड़ा, वह जग जाहिर है। जबरदस्ती एकता आरोपित करने के प्रयास से हर रोज विच्छिन्नतावादी प्रवृत्तियाँ जहाँ-तहाँ उभरती जा रही हैं, और उन्हें नियंत्रित करना दिल्ली शासन के लिए स्थायी सिरदर्द बना हुआ है।

4

जैसाकि हम पहले देख चुके हैं, अपने फैलाव के काल में पूँजीवाद ने उन देशों में जहाँ इसका शुरू-शुरू में विकास हुआ था, राष्ट्र-राज्य को जोड़ने में सीमेंट का काम किया। हालाँकि आधारभूत रूप से राष्ट्र-राज्य कबायली भावना पर आधारित था, जहाँ एक से अधिक मूलों के लोग विशेष ऐतिहासिक कारणों से (जैसे राजाओं के साम्राज्य विस्तार के कारण) एक राष्ट्र-राज्य में आबद्ध थे, वहाँ पूँजीवाद के फैलाव के काल की समृद्धि ने पृथकता के बोध को धूमिल कर दिया था और राष्ट्र-राज्य की समृद्धि में सम्मिलित हिस्सेदारी से एक तरह की राष्ट्रीय एकता का भाव पैदा होने लगा था। क्षेत्रीय लगाव के आनुवंशिक गुण के कारण भी उन भौगोलिक क्षेत्रों से विशेष लगाव पैदा हुआ जिनको पूँजीवाद अनेक व्यापारिक और व्यावसायिक सूत्रों से बाँध रहा था। राजाओं के प्रति वफादारी, राष्ट्रध्वज, राष्ट्र-भाषा आदि प्रतीकों ने क्षेत्रीय भाव को एक विशाल क्षेत्र से जोड़ने का काम किया। अपना सीमाहीन विस्तार करना और इस विस्तार के रास्ते में आनेवाली सभी बाधाओं को निरस्त करना पूँजी का स्वाभाविक गुण है। इसीलिए पूँजीवाद का साम्राज्यवाद के साथ अन्योन्याश्रय का सम्बन्ध होता है। इसी कारण एक तरफ संसार भर में यह अपना उपनिवेश और साम्राज्य फैला रहा था और दूसरी तरफ अपने उद्‌गम स्थानों में उन पूर्वकालिक सामाजिक सम्बन्धों को ध्वस्त कर रहा था जो इसकी अबाध प्रगति में बाधक थे। इसी क्रम में किसी देश को छोटे अधिकार क्षेत्रों में बाँटनेवाली सामन्ती व्यवस्थाओं को भी इसने खत्म किया। कुल मिलाकर अपने फैलाव के काल में राष्ट्र-राज्य को सूत्रबद्ध करने में इसका 'महत्त्वपूर्ण' रोल था। पूँजीवाद के प्रश्रय में विकसित होने के कारण आधुनिक उद्योगों का यह गुण संरचना का अभिन्न अंग बन गया और जहाँ उद्योगों से निजी स्वामित्व खत्म भी किया गया, इसका चरित्र पहले जैसा बना रहा।

लेकिन आधुनिक उद्योगों की विशेष प्रकार की आन्तरिक संरचना के कारण और उसकी क्षमता प्रतिस्पर्द्धा पर आधारित होने के कारण उसके विकास की प्रक्रिया ऐसी होती है कि यह अपने कार्यक्षेत्र में लोगों के बीच गहरी विषमता और भावनात्मक विभाजन पैदा करता है। इसलिए उसके विकास के परवर्ती काल

में उसकी भूमिका प्रारम्भिक काल के ठीक उलटी यानी राष्ट्रीय विभाजन पैदा करनेवाली हो जाती है।

आधुनिक उद्योगों की संरचना और विकास की प्रकिया में ऐसा कौन-सा गुण है, इसको ऐसे समझा जा सकता है। उपयोग की किसी भी वस्तु का निर्माण सामान्यत: किसी कच्चे माल को श्रम द्वारा रूपान्तरण कर या विभिन्न अर्द्ध-रूपान्तरित वस्तुओं को संयोजित कर किया जाता है। जैसे कपास को कात कर धागे में परिवर्तित किया जाता है और फिर धागे को बुन कर कपड़ा तैयार किया जाता है। फिर इसे किसी अन्य प्रक्रिया से तैयार रंगों में रँगा जाता है। बाद में कपड़े को काट और जोड़कर वस्त्रों का निर्माण होता है। परम्परागत उद्योगों में यह सब काम हाथ से बनाए गए सरल औजार या यंत्रों द्वारा अलग-अलग स्थानों पर अलग-अलग व्यक्तियों द्वारा किया जाता था। इनमें प्राय: सभी काम मानव श्रम द्वारा होते थे। अपने विकास के क्रम में आधुनिक उद्योगों ने किसी भी वस्तु के निर्माण से सम्बद्ध प्राय: सभी कामों को एक बृहत् प्रक्रिया के तहत, अक्सर एक कारखाने में, संयोजित करना शुरू किया। बाद में काम में तेजी लाने के लिए प्रत्येक प्रक्रिया को खंडित कर एक के बजाय कई व्यक्तियों में बांट दिया गया। इस तरह आधुनिक कारखाने में एक व्यक्ति निर्माण कार्य के एक अति छोटे खंड पर बार-बार, घंटों एक ही तरह की अल्पकालिक क्रिया दुहराता रहता है। यह उबाऊ और अकुशल कार्य होता है। यह काम इतना यांत्रिक होता है कि आसानी से इसे किसी यंत्र द्वारा भी कराया जा सकता है, क्योंकि इसमें आदमी की बुद्धि या सृजनशीलता की कोई भूमिका नहीं होती। ऐसे खंडित कामों के संयोजन से ही आधुनिक उद्योगों की समग्र कार्य पद्धति बनती है।

इस संयोजन में निचले स्तरों पर अकुशल, उसके ऊपर अर्द्ध-कुशल, उसके ऊपर कुशल और फिर सबसे ऊपर व्यवस्था से सम्बद्ध थोड़े से अति दक्ष तकनीकी और व्यवस्था विशेषज्ञ होते हैं। इस तरह यह सारा औद्योगिक ढाँचा स्तरों में विभाजन पर टिका होता है। इसमें निचले स्तरों के लोग महज उत्पादन के यंत्र होते हैं। इसी के अनुरूप उनकी आय कम और स्थितिहीन होती है। ऊपरी स्तरों पर काम के लिए लम्बे अरसे की तकनीकी तथा व्यवस्था सम्बन्धी शिक्षण-प्रशिक्षण से प्राप्त योग्यता जरूरी होती है। चूँकि ऐसी योग्यता के लिए लम्बा शिक्षण-प्रशिक्षण चाहिए, कुछ अति प्रतिभाशाली अपवादों को छोड़ वैसे ही लोग यह योग्यता हासिल कर सकते हैं जो विशेष सांस्कृतिक परिवेश या सुविधा सम्पन्न परिवारों से आते हैं और अपनी जिन्दगी के प्रारम्भिक पच्चीस-तीस वर्षों तक आजीविका अर्जित करने को मजबूर नहीं होते। इसी से एक औद्योगिक अभिजात वर्ग की भर्ती होती है। इस तरह आधुनिक उद्योगों में शिक्षा और संस्कृति के स्तर पर भी गहरा विभाजन पैदा होता है।

लेकिन ऊँच-नीच का यह वर्गीकरण सिर्फ उद्योगों के भीतर ही नहीं होता। उद्योगों में कार्यरत लोगों और उन लोगों के बीच विभाजन और भी गहरा होता है जो उद्योगों के बाहर बेरोजगार होते हैं।

उद्योगों के बाहर बेरोजगारी का यह वृत्त फैलता ही जाता है। इसका कारण यह है कि प्रतिस्पर्द्धा के दबाव में विकसित होने के कारण उद्योगों को अधिक-से-अधिक कुशल बनाने की होड़ लगी रहती है। इस कुशलता का आधार ज्यादा-से-ज्यादा मशीनीकरण होता है यानी दिनोंदिन यह कोशिश होती है कि उद्योगों में आदमी का स्थान उत्तरोत्तर यंत्र लेते जाएँ। उद्योगों में बढ़ता हुआ 'रेशनलाइजेशन' और 'कम्प्यूटरीकरण' इसी का परिणाम है। इस तरह एक ही मात्रा में वस्तुओं का निर्माण करने के लिए उत्तरोत्तर कम व्यक्तियों को काम में लगाया जाता है। दूसरे, उद्योगों में छँटनी का सिलसिला आधुनिकीकरण के साथ अनिवार्य रूप से जुड़ा रहता है। अगर किसी कालखंड में उद्योगों के उत्पादों का बाजार तेजी से फैल रहा है तब तो कुछ समय बाद छाँटे गए मजदूरों को अन्यत्र नए उद्योगों में जगह मिल जाती है, वरना बेरोजगारों की फौज बढ़ती चली जाती है।

अक्सर यह होता है कि कोई देश, जिसका उद्योग औरों से अधिक मशीनीकृत और सक्षम है, प्रतियोगिता में आगे निकल जाता है और अपने उत्पादों का भारी मात्रा में निर्यात करता है। जो देश अधिक आयात करते हैं, उनके उद्योग संकट में फँस जाते हैं और वहाँ बेरोजगारी सामान्य से अधिक बढ़ती है यानी उत्पाद के अत्यधिक निर्यात के साथ बेरोजगारी का भी निर्यात होता है। इस तरह आधुनिक उद्योगों के विकास के साथ अन्तरराष्ट्रीय स्तर पर बेरोजगारी अनिवार्य रूप से फैलती है। इसी वजह से उपभोक्तावादी संस्कृति के जरिये उपभोग को ज्यादा-में-ज्यादा बढ़ाते जाना इस औद्योगिक व्यवस्था के लिए अपरिहार्य हो जाता है और इसी से जुड़ा होता है, उपभोग की अधिकता के पैमाने से व्यक्तियों को आँकना।

ऐसे विकास का परिणाम यह होता है कि संगठित क्षेत्रों में रोजगार में लगे लोगों और बेरोजगार या असंगठित क्षेत्रों में कार्यरत लोगों के जीवन स्तर में फर्क अत्यधिक हो जाता है। अक्सर यह होता है कि बेरोजगारी का अनुपात वैसे समूहों में ज्यादा होता है जो ऐतिहासिक कारणों से आर्थिक एवं शैक्षणिक दृष्टि से पिछड़े होते हैं : विशेषकर वैसी शिक्षा के क्षेत्र में, जिससे तकनीकी विशेषज्ञता प्राप्त होती है। उदाहरण के लिए, अमेरिका में बेरोजगार और फलस्वरूप गरीबी रेखा के नीचे लोगों में अफ्रीकी मूल के अश्वेत लोगों की संख्या अत्यधिक होती है। इससे रहन-सहन में फर्क आता है और मूलों की भिन्नता स्पष्ट रूप से उजागर होती है। इस तरह का फर्क कमोबेश सभी देशों में देखा जाता है। इसमें सम्पन्न

और विपन्न लोगों को बाँटनेवाली रेखा सभी मूलों के लोगों से होकर समान रूप से नहीं गुजरती, बल्कि आर्थिक हैसियत और मूल प्राय: एकाकार होते जाते हैं और विभिन्न मूल एक-दूसरे से साफ भिन्न दिखाई पड़ते हैं। उद्योगों के भीतर भी विभिन्न स्तरों पर अवस्थित लोगों में प्रत्येक स्तर पर अधिक संख्या एक ही समूह के लोगों की होती है। इसका प्रधान कारण प्रशिक्षण की कठोर प्रतियोगिता है, जो पहले से प्रशिक्षित समूहों के सदस्यों को आगे बढ़ने में सुविधा प्रदान करती है। स्पष्ट रूप से दिखाई देनेवाली यह विषमता मूल, भाषा, नस्ल आदि की अनुभूति को और भी तीव्र करती है। यह एक भ्रम ही है कि आधुनिक औद्योगिक समाज नस्ल, मूल, भाषा, धर्म, जाति आदि के पारम्परिक सम्बन्धों को घुलाकर एक समान नागरिकता का परिवेश पैदा करता है। असल में घोर विषमता के साथ-साथ सभी समूहों के बीच आय और उपभोग का एक ही मानक कायम कर यह व्यवस्था विभिन्न समूहों के लिए अपनी स्थितियों की तुलना औरों से करना आसान बना देती है। इससे एक ओर विशिष्ट होने का अहं पैदा होता है और दूसरी ओर हीनभावना, ईर्ष्या और जलन।

इस तरह का पृथकताबोध क्षेत्रीय स्तर पर और भी उजागर होता है। प्रतिस्पर्द्धा पर आधारित होने के कारण आधुनिक उद्योगों की स्थापना के लिए पूँजी निवेश प्राय: उन्हीं स्थानों पर होता है, जहाँ आधारभूत ढाँचे की अधिक-से-अधिक उपलब्धि हो या उत्पादन के लिए जरूरी कच्चे माल प्रचुरता से उपलब्ध हों। आधारभूत ढाँचे में यातायात, संचार, ऊर्जा के स्रोत—विशेषकर बिजली, आवासीय सुविधा एवं बाजार और सबसे बढ़कर आधुनिक उद्योगों के लिए आवश्यक दक्षता प्राप्त श्रमिक तथा तकनीकी विशेषज्ञों एवं व्यवस्थापकों की उपलब्धि जरूरी है। अंत:संरचना की यथेष्ट सुविधा होने पर कच्चे माल बाहर से भी मँगाए जा सकते हैं। जापान इसका उदाहरण है जो अधिकांश कच्चे मालों के लिए आयात पर निर्भर है। बुनियादी सुविधाओं का औद्योगिक विकास के लिए सर्वाधिक महत्त्व होने के कारण वे क्षेत्र जहाँ ऐसी सुविधाएँ शुरू में उपलब्ध होती हैं, उद्योगों के विकास के साथ-साथ इन सुविधाओं से और भी सम्पन्न होते जाते हैं और अधिक विकसित होते जाते हैं, बाकी क्षेत्र पिछड़ते जाते हैं। वैसे कच्चे माल, जिनकी उपलब्धि भारी मात्रा में चाहिए—जैसे लौह-अयस्क या दूसरे अयस्क, कोयला या कृषि उत्पाद एवं वनोपज—सम्बन्धित उद्योगों को अपनी उपलब्धि के क्षेत्रों में आकर्षित करते हैं। जहाँ इनसे निर्मित वस्तुओं को अन्तिम रूप अन्यत्र दिया जाता है वहाँ भी मध्यवर्ती उत्पाद को कच्चे माल की उपलब्धि के स्थान पर तैयार करना लाभकारी होता है। आधुनिक उद्योगों के प्रारम्भिक काल में इन्हीं क्षेत्रों में औद्योगिक विकास की शुरुआत हुई, लेकिन परवर्ती काल में खनन क्षेत्रों को यह विशेषता नहीं मिली।

ऊपर बतलाए गए कारणों से उद्योगों के लिए पूँजी निवेश सभी क्षेत्रों में एक समान नहीं होता : एक देश में भी नहीं। सबसे अधिक पूँजीनिवेश उन क्षेत्रों में होता है जहाँ सबसे अधिक मूल्य जोड़नेवाले जटिल उत्पाद पैदा होते हैं। खनन और कृषि क्षेत्र में अपेक्षातया कम पूँजी निवेश होता है। इसके अलावा आधुनिक औद्योगीकरण में, जैसाकि पहले कहा जा चुका है, यूरोप तथा यूरोपीय अमेरिका (यूरोपीय अमेरिका इसलिए क्योंकि इसके मूल निवासी तो शोषित हैं) द्वारा सारे संसार के संसाधनों का भारी दोहन हुआ है। चूँकि आधुनिक उद्योग वस्तुओं के अधिक-से-अधिक उत्पादन और खपत का लक्ष्य लेकर ही विकसित हो सकता है, वे क्षेत्र जो खनिज, वन सम्पदा तथा कृषि उत्पाद मुहैया कराते हैं, दिनोदिन अपनी प्राकृतिक सम्पदा और भूमि के दोहन से संसाधनहीन होते जाते हैं। इस विकास पद्धति से दुनिया दो ध्रुवों के इर्द-गिर्द विभाजित हो जाती है—एक तरफ वे देश होते हैं जो मुख्य रूप से औद्योगिक साजो-सामान पैदा करते हैं और दूसरी तरफ वे देश जो इनके लिए कच्चा माल और एक हद तक बाजार उपलब्ध कराते हैं। यह विभाजन कभी साम्राज्यवादी देशों और उपनिवेश या गुलाम बनाए गए देशों के बीच था। वर्तमान समय में यह विभाजन मोटे तौर पर उत्तर और दक्षिण के विभाजन के रूप में जाना जाता है, लेकिन अपनी उस विशिष्टता के कारण जिसका वर्णन ऊपर किया गया है, हर देश के भीतर जहाँ इस तरह का औद्योगिक विकास हो रहा है, इस तरह का विभाजन है और हर देश में कुछ क्षेत्र औद्योगिक दृष्टि से काफी अधिक विकसित हैं और बाकी अपेक्षतया पिछड़े। विकासशील देशों में इस क्षेत्रीय विषमता का स्वरूप आन्तरिक उपनिवेश का बन जाता है जिसमें देश के कुछ छोटे भाग औद्योगिक दृष्टि से विकसित और सम्पन्न होते जाते हैं और बाकी भाग इनकी समृद्धि के लिए संसाधन प्रदान करने के क्रम में दरिद्र बनते जाते हैं। अगर खनिज या वन प्रदेशों में कुछ उद्योग लगाए भी जाते हैं तो पिछड़े इलाके होने के कारण इनमें स्थानीय कुशल श्रमिकों तथा दक्ष तकनीकी विशेषज्ञों या व्यवस्थापकों का अभाव होता है। इस तरह इन उद्योगों में भी ऊँचे स्थानों पर बाहरी लोग ही पहुँच पाते हैं और स्थानीय लोग अकुशल या अर्द्ध-कुशल श्रमिकों का वन कटने से आजीविका का परम्परागत स्रोत खोकर विपन्न हो जाता है।

दुनिया के अधिकांश देशों में विभिन्न मूल, भाषा एवं धर्म के लोग बसते हैं और इनमें अपनी अलग अस्मिताओं का बोध होता है। आधुनिक उद्योगों के विकास से इन देशों में आर्थिक विषमता गहराती है। इससे विभिन्न मूलों के लोगों के बीच दूरी भी बढ़ती है। चूँकि ऐतिहासिक कारणों से अलग पहचान वाले ऐसे समूह आर्थिक विकास की प्रक्रिया से समान रूप से प्रभावित नहीं होते, इसलिए इनमें कुछ समूहों की आबादी में सम्पन्न लोगों का औसत दूसरों से कम या अधिक होता है। अगर ऐसे अलग-अलग पहचान वाले लोग अलग-अलग क्षेत्रों में बसते हैं तो यह भावना

पैदा होती है कि उनके क्षेत्र, स्थिति के अनुसार, कम या अधिक विकसित हैं। इससे क्षेत्रीय पृथकता का भाव पैदा होता है।

आधुनिक उद्योगों के विकास का यह प्रभाव कार्ल मार्क्स के इस विचार के ठीक विपरीत मालूम पड़ता है कि आधुनिक उद्योगों के विकास के क्रम में श्रम के अन्तरराष्ट्रीय विभाजन और संसार के आर्थिक एकीकरण से सभी छोटे-छोटे क्षेत्रीय दायरे टूटेंगे और अन्ततोगत्वा राष्ट्रीयता के भाव का भी लोप हो जाएगा एवं श्रमिकों की अन्तरराष्ट्रीयता पैदा होगी। एक तो जैसा ऊपर कहा गया है, आधुनिक उद्योगों के विकास के क्रम में संसार भर में उद्योगों का सम-वितरण नहीं होता। कुछ क्षेत्रों में विकसित उद्योगों का केन्द्रीकरण होता है और बाकी में औद्योगिक पिछड़ापन पैदा होता है। ऊपर बतलाए गए कारणों से आधुनिक औद्योगिक विकास में क्षेत्रीय विषमता का एक लौह नियम लागू होता है। भौतिक विज्ञान इस नियम के विपरीत कि 'परस्पर जुड़े दो तरल स्तर बराबर ऊँचाई ग्रहण करते हैं,' आर्थिक क्षेत्र के इस लौह नियम के अनुसार, जब दो अलग-अलग स्तर की औद्योगिक व्यवस्थाएँ बिना अवरोध के एक-दूसरे से जुड़ती हैं तो दोनों की सम्पन्नता के स्तर के बीच दूरी उत्तरोत्तर बढ़ती जाती है।[1] इससे क्षेत्र, मूल, भाषा आदि की पृथकता का बोध तीव्र होता है। इस तरह अन्तरराष्ट्रीय एकता का भाव तो दूर रहा, वह राष्ट्रीयता का भाव भी खंडित होने लगता है जिसे आधुनिक उद्योगों के विकास के क्रम में पूँजीवाद ने प्रोत्साहित किया था।

इसी कारण से पश्चिम के समाजशास्त्रियों का यह सिद्धान्त कि आधुनिकता के साथ यानी आधुनिक औद्योगिक समाज के विकास के साथ पारम्परिक भावनात्मक सम्बन्ध छीजते जाएँगे और उनका स्थान आधुनिक, व्यक्तियों की उपलब्धियों पर आधारित सम्बन्ध लेने लगेंगे, गलत सिद्ध हो रहा है। इन समाजशास्त्रियों ने इन दो बोधों को जर्मन पदों, गेमाइनशाफ्ट (समुदायबोध) एवं गेगेल शाफ्ट (समाजबोध) कहा था, और यह सिद्धान्त प्रतिपादित किया था कि समाज का विकास गेमाइनशाफ्ट से गेगेलशाफ्ट की तरफ होता जा रहा है। अगर हम आज दुनिया की ओर निगाह डालेंगे तो पाएँगे कि आधुनिक औद्योगिक सभ्यता के विस्तार के साथ-साथ इस अवधारणा के ठीक उलट धार्मिक पुनरुत्थानवाद, छोटी राष्ट्रीयताओं एवं भाषायी जमातों के आन्दोलन तथा कबायली पृथकता आदि की भावना और उससे जुड़े आन्दोलन दुनिया भर में उभर रहे हैं। औद्योगिक दृष्टि से सबसे विकसित देशों, जर्मनी एवं पश्चिमी यूरोप के सभी देशों में नस्ल और मूल आधारित फासीवादी भावनाओं में उभार आ रहा है। काफी हद तक यह सब आधुनिक औद्योगिक सभ्यताजनित विषमताओं और बेरोजगारी से आहत अस्मिताओं के उभार हैं, विशेषकर अर्थ और उपभोक्तावादी मूल्यों की कसौटी पर हीन साबित होनेवाली जमातें अपनी परम्परागत मान्यताओं के कवच में सिमट कर अपनी अस्मिताओं की सुरक्षा ऐसे आन्दोलनों के जरिये ढूँढ़ती रही हैं।

इसी का परिणाम यह है कि दुनिया के अनेक देशों में आधुनिकीकरण के प्रयास के साथ-साथ विभिन्न तरह के पृथकतावादी आन्दोलन जन्म ले रहे हैं और फैल रहे हैं।

सोवियत संघ का विघटन तो इसलिए लाजिमी था क्योंकि, जैसाकि पहले कहा गया है, इसमें किसी एक राष्ट्रीयता का आधार नहीं था और यह महज साम्राज्यवादी प्रसार का परिणाम था, लेकिन इसके स्वतंत्र हुए विभिन्न गणराज्यों में भी आबादी में विभिन्न मूलों के लोगों के होने से मूलों के झगड़े कायम हैं। इसका एक कारण तो यह है कि इनमें कई गणराज्यों में रूसी मूल के अल्पसंख्यक मौजूद हैं जो शुरू के रूसी वर्चस्व के कारण आर्थिक क्षेत्र में औरों से अधिक सुविधा सम्पन्न रहे हैं। इससे रूसी मूल के लोगों और विभिन्न गणराज्यों के स्थानीय मूल के लोगों के बीच की खाई गहरी हो गई है। एक उदाहरण मोल्डाविया गणराज्य का है जो रूमानिया के एक हिस्से को काटकर सोवियत संघ गणराज्य में मिलाया गया था। इसमें 64 प्रतिशत मोल्डावियाई हैं जो रूमानियाई मूल के हैं। बाकी 14 प्रतिशत उक्रेनी और 13 प्रतिशत रूसी हैं। मोल्डाविया के आजाद होने के बाद ट्रांसडेंस्टर क्षेत्र के रूसी भाषायी लोगों ने मोल्डाविया से अलग गणतंत्र की घोषणा कर दी और रूसी गणतंत्र परोक्ष रूप से उसकी माँग का समर्थन करता रहा। इस तरह वहाँ गृहयुद्ध की स्थिति पैदा हो गई। इसी तरह जॉर्जिया में आबखाजी गणतंत्र के साढ़े पाँच लाख आबखाजी मूल के लोगों ने और दक्षिण ओसेटिया के एक लाख के लगभग ओसेटियाई लोगों ने अपनी स्वतंत्रता की घोषणा कर दी, जिससे खूनी संघर्ष की स्थिति पैदा हो गई। बाल्टिक गणराज्यों में भी रूसी अल्पसंख्यकों को लेकर उनके स्वतंत्र अस्तित्व का मामला काफी दिनों तक खूनी संघर्षों के बीच लटका रहा। इसी तरह अजरबेजान और आर्मेनिया नगोरनो-काराबाख के क्षेत्र को लेकर युद्ध में उलझ गए। भौगोलिक रूप से नगोरनो-काराबाख क्षेत्र अजरबेजान में आता है, पर इसकी आबादी मुख्य रूप से आर्मेनियाई लोगों की है। इससे इसमें अजरबेजान से अलग हो आर्मेनिया के साथ मिलने की माँग उठती रही जिसे अजरबेजान के अजेरी मूल के लोग कबूल करने को तैयार नहीं थे। इस तरह वहाँ दोनों गणराज्यों के बीच सशस्त्र झड़पें होती रहीं।

सोवियत साम्राज्य के दक्षिण-पूर्वी एशियाई गणतंत्रों की समस्या दूसरे तरह की है। तुर्कमन गणराज्य, उज्बेकिस्तान, तजाकिस्तान और किरगिजिया की समस्या सोवियत संघ के आर्थिक ढाँचे में पूरी तरह मिला लिए जाने से पैदा हुई है। पूर्व सोवियत संघ का 87 प्रतिशत कपास उज्बेकिस्तान, तुर्कमेनिस्तान और तजाकिस्तान में पैदा होता था। तुर्कमेनिस्तान और उज्बेकिस्तान में थोड़ा-बहुत, क्रमश: पूरे सोवियत संघ का 12 प्रतिशत और 6 प्रतिशत पेट्रोलियम और गैस पैदा होती थी, लेकिन खाद्य पदार्थों और औद्योगिक वस्तुओं के लिए इन्हें रूसी गणराज्य तथा उक्रेन पर निर्भर

रहना पड़ता था। आधुनिक औद्योगिक व्यवस्था में कच्चे माल और तैयार औद्योगिक वस्तुओं के क्षेत्रों का जैसा विभाजन होता है, उसका यह स्वाभाविक परिणाम था। ऐसे विभाजन के कारण इन गणराज्यों की अर्थव्यवस्थाओं के लिए स्वायत्तता प्राप्त करना काफी मुश्किल हो गया है। बढ़ती आर्थिक कठिनाइयों के चलते रूस तथा पड़ोसी गणराज्यों के साथ संघर्ष भी बढ़ सकते हैं। आर्थिक स्वायत्तता के अभाव की पूर्ति यहाँ इस्लामी अस्मिताबोध के उभार में हो रही है, और इससे नए तरह के संघर्ष की भूमिका तैयार हो रही है।

इसी तरह का मूल-आधारित विभाजन चेकोस्लोवाकिया में हुआ है। यह अस्तित्व में किस तरह आया, इसका थोड़ा विवरण पहले दिया जा चुका है। रूसी वर्चस्व और कम्युनिस्ट तानाशाही के खत्म होने पर चेकों और स्लोवाकों को साथ रखनेवाला कोई बाहरी दबाव नहीं रहा। इधर औद्योगिक विकास की स्वाभाविक प्रक्रिया में चेक क्षेत्र और स्लोवाक क्षेत्र के बीच की आर्थिक विषमता काफी बढ़ गई और 1992 के मध्य तक चेक क्षेत्र स्लोवाक क्षेत्र से आर्थिक दृष्टि से काफी आगे था। स्लोवाक क्षेत्र में बेरोजगारी चेक क्षेत्र की अपेक्षा चार गुनी अधिक थी। इस आर्थिक गैर-बराबरी ने भिन्न मूल का होने के भाव को और गहरा बनाया। स्थिति यहाँ तक पहुँच गई कि 1992 में ही चेक और स्लोवाक, दोनों क्षेत्रों ने अलग-अलग राष्ट्र-राज्यों के रूप में अस्तित्व कायम करने का फैसला कर लिया।

युगोस्लाविया (शाब्दिक अर्थ 'दक्षिणी स्लाव लोगों का देश') भी, जो प्रथम विश्वयुद्ध के बाद ऑस्ट्रिया-हंगरी और तुर्की के साम्राज्यों के विघटन के बाद सर्बिया के नेतृत्व में दक्षिणी यानी बाल्कन प्रदेश के विभिन्न क्षेत्रों के स्लाव मूलों के लोगों को एक राज्य में शामिल कर बनए गया था, 1992 के आते-आते बिखर गया। द्वितीय विश्वयुद्ध के काल में जर्मन अधिकार के खिलाफ संघर्ष ने और बाद में टीटो की कम्युनिस्ट तानाशाही ने इसे एक राष्ट्र-राज्य के रूप में बाँधकर रखा था, लेकिन बाहरी साम्राज्यवाद के खतरे से मुक्त होने से इसमें सम्मिलित विभिन्न मूलों के लोगों में स्वायत्तता का भाव प्रबल हो गया। पहले क्रोएशिया और स्लोवानिया ने स्वतंत्र होने की घोषणा की। इसके बाद मैसिडोनिया और बोस्निया-हर्जेगोविना ने अलग होने का निर्णय किया। सर्बिया, जो देश की फौज और राजनीतिक व्यवस्था में वर्चस्व रखता था, अपना अधिकार छोड़ने को तैयार नहीं था। स्थिति को उलझानेवाली बात यह थी कि क्रोएशिया में भारी संख्या में सर्ब मूल के लोग हैं और बोस्निया-हर्जेगोविना में सर्बों और क्रोएटों के अलावा सबसे बड़ी संख्या में मुसलमान हैं जो अपने को एक धार्मिक समुदाय का ही नहीं मानते बल्कि एक अलग राष्ट्रीय जमात होने का दावा करते हैं। इसलिए स्वतंत्र अस्तित्व के संघर्ष ने पहले क्रोएशिया में और बाद में बोस्निया-हर्जेगोविना में भयंकर गृहयुद्ध को जन्म दिया जिनमें मूलों के आधार पर भयंकर रक्तपात हुए।

उधर मैसिडोनिया में आल्बानी मूल के लोग बड़ी संख्या में हैं और स्लाव मूल के लोग पड़ोसी यूनान में। इसके स्वतंत्र होने के फैसले से आल्बानी लोगों में आल्बानिया के साथ मिलने की इच्छा बलवती हुई है। इससे मूलों के आधार पर विघटनकारी दबाव बढ़ते ही गए हैं। यूनान भी इस ज्वाला के यूनानी मैसिडोनिया में फैलने की आशंका से पीड़ित है।

राष्ट्र-राज्य के विकास पर गौर करने से हम पाते हैं कि पूँजीवाद के विकास के काल में साम्राज्यवादी देशों में साम्राज्य से प्राप्त समृद्धि में हिस्सेदारी के लोभ ने विभिन्न मूलों के लोगों को राष्ट्र-राज्य के तहत बाँधकर रखने का काम किया, हालाँकि इनमें भी वर्चस्व किसी एक ही मूल का रहा, लेकिन साम्राज्य के विघटन के बाद जब समृद्धि में सम्मिलित हिस्सेदारी से विशेष लाभ की सम्भावना खत्म होती दिखाई दी और बढ़ती आन्तरिक विषमता से तुलनात्मक स्थिति में गिरावट आई तो अलगाव का भाव बढ़ा। ग्रेट ब्रिटेन, जो कभी दुनिया का सबसे बड़ा साम्राज्यवादी देश था, इसका अच्छा नमूना है। यहाँ के स्कॉटलैंड और वेल्स के राष्ट्रीय आन्दोलन का जिक्र पहले ही हो चुका है।

वर्तमान औद्योगिक व्यवस्था और इससे जुड़े साम्राज्यवाद का दो परस्पर विरोधी प्रभाव उन देशों पर भी पड़ता है जो साम्राज्यवाद के विस्तार के साथ इसके नियंत्रण में आते हैं। शुरू में तो विजित देशों की आहत अस्मिताएँ साम्राज्यवाद से विद्रोह के क्रम में साम्राज्य के वर्चस्व में आनेवाले किसी भूभाग की जनता को साम्राज्यवाद विरोधी आन्दोलनों के साथ जोड़ती हैं, लेकिन साम्राज्यवाद का प्रत्यक्ष अधिकार खत्म होने पर इन क्षेत्रों में विघटनकारी शक्तियाँ उभरती हैं। इसका मुख्य कारण यह है कि साम्राज्यवाद अपने सम्पर्क से अर्थव्यवस्था और सामाजिक संरचना का एक आकर्षक प्रतिमान इन देशों के सामने छोड़ जाता है। आधुनिक औद्योगिक अर्थव्यवस्था की विशेषता यह है कि यह कुछ समूहों के लिए न सिर्फ आर्थिक सम्पन्नता का साधन होती है बल्कि सामरिक शक्ति का जनक भी। अतीत में इतिहास के अनेक ऐसे काल हुए हैं जब विकसित सभ्यताएँ सम्पन्न और शान्तिप्रिय रही हैं और बाहर के खानाबदोश और वहशी जमातों के हमलों के सामने कमजोर सिद्ध हुई हैं और उनके द्वारा नष्ट कर दी गई हैं। इसके विपरीत, वर्तमान औद्योगिक सभ्यता जिन उद्योगों के द्वारा आवश्यकता और शानो-शौकत की वस्तुएँ बनाती है, उन्हीं से अत्यन्त ही विध्वंसकारी हथियार भी तैयार करती है। इससे सम्पत्ति और सामरिक शक्ति, दोनों का केन्द्रीकरण एक ही समूह के पास हो जाता है। पराजित जन यह सोचते हैं कि उनके लिए भी शौर्य का साधन यही औद्योगिक पद्धति बन सकती है। इससे इसी नकल पर अपना आर्थिक और सामाजिक जीवन बनाने की ललक इन लोगों में पैदा होती है। इस तरह इस औद्योगिक होड़ में फँसकर वे अनिवार्य रूप से वह विषमतामूलक व्यवस्था कायम करते हैं जिसका जिक्र ऊपर हो चुका

है। इसका नतीजा होता है, विभिन्न अस्मिताओं की टकराहट और विच्छिन्नतावादी प्रवृत्तियों का जन्म।

अगर हम दुनिया पर नजर डालें तो पाएँगे कि प्राय: उन सभी देशों में, जिन पर कभी साम्राज्यवादी कब्जा था और जो अब स्वतंत्र हुए हैं, मूल, भाषा, धर्म आदि को लेकर आन्तरिक कलह या विघटन की प्रवृत्तियाँ उजागर हुई हैं। अफ्रीका में नाइजीरिया, सोमाली, उगांडा, केन्या तथा अन्य कई देश समय-समय पर गृहयुद्ध में उलझते रहे हैं, जिनका आधार मूलों की भिन्नता रही है। इसी तरह हमारे पड़ोस में म्याँमार (बर्मा), श्रीलंका और पाकिस्तान—सभी में ऐसे संघर्ष बढ़े हैं। मूलों की भिन्नताएँ सैकड़ों वर्षों तक सभी परम्परागत समाजों में रही हैं, लेकिन वर्तमान औद्योगिक अर्थव्यवस्था के केन्द्रीकरण की प्रवृत्ति के अभाव में वे अलग-अलग क्षेत्रों में अलग-अलग तरह की जीवन पद्धतियाँ अपनाकर, जिनमें एक-दूसरे से सम्पर्क निम्नतर था, एक हद तक सन्तुष्ट जीवन बिताते रहे। आधुनिक औद्योगिक व्यवस्था कच्चे माल और बाजार के लिए अनिवार्य रूप से उनकी पुरानी सामाजिक एवं आर्थिक व्यवस्थाओं को तोड़ती है, और एक ही तरह की आर्थिक एवं उपभोक्तावादी उपलब्धि के लिए उनमें होड़ पैदा करती है। इस होड़ से पैदा संघर्ष में पारम्परिक पहचान और वफादारियों का सहारा लिया जाता है। इस तरह मूलों और भिन्न समूहों के संघर्ष विस्फोटक रूप धारण कर लेते हैं।

भारत जहाँ मूल, धर्म, भाषा आदि की भिन्नता तथा किसी केन्द्रीय शासन की अनुपस्थिति के बावजूद पहले एक राष्ट्र होने का भाव सैकड़ों वर्षों से था, वहाँ अब भाषायी, कबायली, क्षेत्रीय तथा जातीय भिन्नताएँ व्यापक तनाव को जन्म दे रही हैं। पहले बिना किसी केन्द्रीय राज्य के भारत एक राष्ट्र था। अब केन्द्रीकरण की जितनी ही कोशिश हो रही है उतने ही इसके विभिन्न भागों में भारत से अलग राष्ट्रीय इकाई होने के दावे हो रहे हैं।

इसका जो सबसे त्रासद नतीजा इस भौगोलिक क्षेत्र को भुगतना पड़ा है, वह है, भारत और पाकिस्तान का बँटवारा। विभाजन की इसी प्रक्रिया की अगली कड़ी पाकिस्तान से बांग्लादेश का टूटना था। अब बचे हुए भारत, पाकिस्तान और बांग्लादेश में नई अलगाववादी और भावनात्मक रूप से तोड़नेवाली समस्याएँ आए दिन पैदा हो रही हैं। भारत में कश्मीर और पंजाब में अलगाववादी आन्दोलन घोर हिंसक रूप लेते रहे हैं। इसके पहले नगालैंड, मिजोरम आदि में ऐसे पृथकतावादी आन्दोलन थे, जो प्रशासनिक स्तर पर काबू में होने के बावजूद भावनात्मक स्तर पर आज भी सुलग रहे हैं। इनके अलावा भी स्वायत्तता के अनेक क्षेत्रीय आन्दोलन हैं जो देश से बाहर जाने की बात तो नहीं करते, लेकिन पास-पड़ोस के लोगों से पृथकता जाहिर करने के लिए कटिबद्ध हैं। असम में अलगाववादी उल्फा उग्रवादी हैं तो असम से अलग होने का बोडोलैंड का आन्दोलन चल रहा है। एक उज्बेक

लेखक तेलुपबेरजेन ने रूस में अलगाववाद की स्थिति की तुलना मैत्रिओस्का डॉल—यानी एक ऐसी गुड़िया, जिसके भीतर एक के बाद एक गुड़िया कई परतों में होती है—से की थी। यह स्थिति भारत समेत अनेक देशों की हो सकती है।

दूसरी तरफ सम्पूर्ण देश में जातीय आधार पर तनाव गहराया है। इसके पीछे भी आर्थिक विषमता का गहरा बोध है जो औद्योगिक व्यवस्था द्वारा प्रस्तुत अवसरों और सुविधाओं में गैर-बराबर हिस्सेदारी के एहसास से पैदा हुआ है। बांग्लादेश में छोटी कबायली जमातों में अलग होने का भाव प्रबल हुआ है तो पाकिस्तान में सिन्ध, बलुचिस्तान और उत्तर-पश्चिम सीमा प्रान्त में अलगाववादी प्रवृत्तियाँ उभरकर सतह पर आ रही हैं।

भारतीय महादेश में अनेक बाहरी हमले होते रहे हैं और भीतर भी राजाओं के साम्राज्य विस्तार की इच्छा के कारण युद्ध होते रहे हैं, लेकिन इसका भीतरी समाज कभी भी सभी स्तरों पर आपसी कलह और विद्वेष से इतना क्षत-विक्षत नहीं था जितना आज। इस सबके पीछे वे उपभोक्तावादी मूल्य देखे जा सकते हैं जिसके द्वारा आधुनिक औद्योगिक व्यवस्था ने हर व्यक्ति और समूह को एक-दूसरे से तुलना करने का एक सामान्य मानक दे दिया है। चूँकि उपभोग के आविष्कृत नई वस्तुओं को एक ही समय सब को समान रूप से उपलब्ध कराना असम्भव है, इससे अभाव का बोध और असन्तोष व्यापक बन गया है। और इस असन्तोष का कारण सभी अपने पड़ोसी व्यक्ति, जाति, मूल या धर्म के लोगों में देखते हैं। इससे नफरत पैदा होती है और संघर्ष की भूमिका बनती है।

मनुष्य चाहे कितना भी विकसित हो, अपने आनुवंशिकीय जैविकीय गुणों से मुक्त नहीं हो पाता। असल में उसके मनोविज्ञान का आधार भी कहीं-न-कहीं ये गुण होते हैं, जो अपने परिष्कृत रूप में कभी-कभी उसे देवत्व प्रदान करते दिखाई देते हैं और विकृति में दानवता। उसके जैविकीय-मनोवैज्ञानिक चरित्र और सामाजिक विकास में एक निरन्तरता होती है। मानव समुदाय की संरचना और मनुष्य की भावना में इसीलिए एक तरह का अन्योन्याश्रय सम्बन्ध होता है। सामाजिक सन्तुलन को बनाए रखता है। जब आधुनिक तकनीकी से उत्पन्न सामाजिक सम्बन्धों के विस्फोट के कारण मनुष्य का अपने स्वभाव के जैविकीय आधार से सम्बन्ध टूट जाता है और बाहरी वस्तुओं की उपलब्धि के लिए होड़ मनुष्यों को बाँधनेवाला एकमात्र सूत्र बच जाता है तो मनुष्य का जीवन से सन्तुष्टि का आधार नष्ट हो जाता है, क्योंकि ऐसी सन्तुष्टि प्रदान करनेवाले प्रतीकात्मक सम्बन्ध आर्थिक से इतर होते हैं। इस दृष्टि से आधुनिक औद्योगिक व्यवस्था ने स्वभावगत मानवीय सम्बन्धों को जलाने में तेजाब का काम किया है। उनके सम्बन्धों के मानक यांत्रिक और क्षेत्र विकराल हो गए हैं। विभिन्न अस्मिताओं की टकराहट से बड़े राष्ट्रों में जो विघटन का खतरा उपस्थित हो गया है उसका असली कारण यही है। इस तरह आधुनिक

उद्योगों का विकास प्रारम्भ में बड़े राष्ट्र-राज्यों का जनक था, पर परवर्ती काल में इसका भंजक सिद्ध हो रहा है।

अपने विकास के चरम बिन्दु पर यह औद्योगिक व्यवस्था बड़े औद्योगिक राष्ट्रों को भी राष्ट्र-राज्य की सार्वभौमिकता का अतिक्रमण करने के लिए बाध्य करती है। इसका एक उदाहरण यूरोपीय समुदाय का अस्तित्व में आना और यूरोपीय संसद का विकास है, जिसकी चर्चा पहले हो चुकी है। यह यूरोपीय संसद आर्थिक मामलों में काफी हद तक सदस्य राष्ट्रों की प्रभुसत्ता को खंडित करती है। विशालकाय औद्योगिक प्रतिष्ठानों को एक तरह की छूट मिल गई है कि वे यूरोपीय समुदाय के भीतर के राष्ट्रों की सरकार की अनुमति बिना भी उनके औद्योगिक प्रतिष्ठानों को खरीदकर अपने में मिला लें। एक यूरोपीय मुद्रा चलाने की दिशा में पहल और अन्तरराष्ट्रीय व्यापार में एक इकाई की तरह अन्तरराष्ट्रीय प्रतिस्पर्द्धा में शामिल होने से काफी हद तक अलग राष्ट्र-राज्य के बने रहने का तर्क कमजोर पड़ जाता है। इस एकीकरण की प्रक्रिया के पीछे भी आधुनिक औद्योगिक प्रतिष्ठानों के विकास का आन्तरिक तर्क ही काम करता है। इससे तकनीकी जानकारियों का आदान-प्रदान होने और विशाल औद्योगिक एवं व्यावसायिक प्रतिष्ठानों के अस्तित्व में आने से अमेरिका और जापान की विशाल औद्योगिक क्षमता के मुकाबले यूरोप का प्रतिस्पर्द्धा में टिका रहना आसान हो जाता है।

लेकिन राष्ट्रीय अस्मिता की भावना को इससे धक्का जरूर पहुँचता है और इसलिए सभी देशों में इस एकीकरण के खिलाफ एक मुखर वर्ग सक्रिय है, लेकिन बाजार व्यवस्था का आर्थिक तर्क इतना जबर्दस्त है कि विकसित देश भावनात्मक कमजोरियों से ऊपर उठ सकते हैं क्योंकि उनकी बहुत बड़ी आबादी के लिए इससे होने वाले लाभ प्रत्यक्ष दिखाई पड़ते हैं। अब स्थिति यह है कि सम्पन्न औद्योगिक देशों में और उन देशों में भी, जिन्होंने राष्ट्र-राज्य की अवधारणा को साम्राज्यवादी शासन के मुकाबले के लिए अपने भौगोलिक क्षेत्रों में निवास करनेवाले विभिन्न समूहों को सूत्रबद्ध करने के लिए अपनाया था, राष्ट्र-राज्य की अवधारणा को अप्रत्याशित रूप से चुनौती मिलने लगी है। एक तरफ, सम्पन्न औद्योगिक देशों में राष्ट्रीय प्रभुसत्ता की अवधारणा, जैसा ऊपर बतलाया गया है, पर प्रश्नचिह्न लगने लगा है, दूसरी तरफ उन देशों में, जो साम्राज्यवादी शासन से पिछले अर्ध-शताब्दी में मुक्त हुए हैं, समेकित राष्ट्र-राज्य के अस्तित्व पर विभिन्न दिशाओं से आक्रमण होने लगे हैं।

इन घटनाओं ने राष्ट्र-राज्य की उन अवधारणाओं को, जिन्हें निर्विवाद माना जाता था, फिर विवाद के घेरे में ला दिया है। अब बड़े राष्ट्र जिस भावावेश में अपनी राष्ट्रीय अखंडता को तर्कातीत मानते हैं, उसी भावावेश से उनके भीतर अपनी राष्ट्रीयता का दावा करनेवाली लघु राष्ट्रीय जमातें भी अपनी राष्ट्रीय अस्मिता को

तर्कातीत मानती हैं। भावनाओं की इस टकराहट का निराकरण हथियारों के बल करने के प्रयास अल्पकालिक ही होते हैं। संघर्ष अपनी जगह पर कायम रहता है। इस कारण राष्ट्रीयता के सवाल को भावना की धरातल से हटा तर्कों के दायरे में लाने की चुनौती दुनिया के सामने आ गई है, नहीं तो हमारे भीतर बैठा आदिम मनुष्य अपने निर्बाध भावावेश से हमें भरकर वर्तमान युग में उपलब्ध हथियारों के बल हमारी सम्पूर्ण सभ्यता को नष्ट कर देगा। इसकी आहट हम पिछले कुछ वर्षों की घटनाओं में पा सकते हैं। द्वितीय विश्वयुद्ध के बाद के काल में दुनिया में तनाव, आतंकवाद, समय-समय पर होने वाले गृहयुद्ध, शरणार्थियों की समस्या और व्यापक हिंसा का मूल कारण 'राष्ट्र' और उसके भीतर की 'राष्ट्रीयताओं' के संघर्ष रहे हैं। अक्सर, जहाँ एक मूल के लोग एक से अधिक राष्ट्रीय सीमाओं में हैं ऐसे संघर्ष राष्ट्रीय सीमाओं से छलककर अन्तरराष्ट्रीय युद्धों को जन्म देते हैं। इसलिए अपने विचार को राष्ट्र-राज्य की पुरानी मान्यताओं के दायरे में बन्द रखने से वर्तमान दुनिया की मूल समस्याओं का बुद्धिसंगत हल निकालना लगभग असम्भव बन गया है।

5

जैसाकि हम पहले देख चुके हैं, राष्ट्र-राज्य से लगाव के पीछे आनुवंशिकी पर आधारित दो तर्कातीत भावनाएँ काम करती हैं : एक, कबायली वफादारी जिसमें अपने समूह की अन्धभक्ति बाहरी समूहों के प्रति आक्रामक रवैये की पूरक होती, और दो, क्षेत्रीयता की भावना, जो लोगों को अपने क्षेत्र से भावनात्मक रूप से जोड़ती है। और इसके अतिक्रमण का प्रतिरोध स्वत:स्फूर्त होता है। वर्तमान औद्योगिक व्यवस्था ने इसमें आर्थिक प्रतिद्वन्द्विता और विध्वंसक हथियारों की होड़ का एक तीसरा तत्त्व जोड़ दिया है। इस तरह वर्तमान राष्ट्र-राज्य मानव सृष्टि को नष्ट करनेवाली त्रिदोष की बीमारी बनकर हमें आक्रान्त कर रहा है। राष्ट्रीय हित एवं प्रतिष्ठा के नाम पर या 'जीने के लिए स्थान' (लेबेन्स राउम) के नाम पर दो विश्वयुद्ध बीसवीं शताब्दी के पूर्वार्द्ध में हो चुके हैं। द्वितीय विश्व-युद्ध के बाद का 'शान्तिकाल' पड़ोसी राष्ट्रों के बीच छोटे या बड़े युद्धों और अनेक अघोषित गृहयुद्धों से अनुगूंजित रहा है। भविष्य में ऐसे युद्ध कितने विध्वंसक हो सकते हैं, इसकी एक झलक हम कुवैत पर इराक के कब्जे के बाद अमेरिका और इसके सहयोगी राष्ट्रों द्वारा किए गए युद्ध में पा सकते हैं।

क्षेत्र विस्तार के लिए या कबायली द्वन्द्व के कारण युद्ध तो इतिहास में हजारों साल से होते रहे हैं, लेकिन ऐसे युद्ध पुआल की आग की तरह विजेताओं के अभियान पथ पर धधकते हुए थोड़े काल में ही बिना किसी स्थायी अवशेष के खत्म हो जाते थे। आधुनिक युद्ध केन्द्रित आर्थिक व्यवस्थाओं के हित में स्थायी सम्बन्ध कायम करने के लिए होते हैं। उदाहरण के लिए, इराक ने कुवैत पर उसके विशाल तेल भंडार को अपने अधिकार में लेने के लिए कब्जा किया। इसके बाद अमेरिका और इसके सहयोगी राष्ट्रों ने इस क्षेत्र के तेल के भंडार की आपूर्ति अपने लिए सुनिश्चित करने के लिए अत्यन्त ही भयंकर युद्ध किया। इस युद्ध के परिणामस्वरूप अमेरिका और सहयोगी राष्ट्रों के लिए पश्चिम एशिया का सम्पूर्ण तेल क्षेत्र पुन: सुरक्षित हो गया है। चूँकि आधुनिक उद्योगों की कच्चे मालों की भूख सीमाहीन होती है, और अपनी विविधता के कारण इनकी उपलब्धि सारी दुनिया के स्तर पर ही सम्भव है, 'राष्ट्रहित' की माँग होती है कि राष्ट्र-राज्य का वर्चस्व सारे संसार पर हो। यह

वर्चस्व व्यापार के जरिये और सुविधा एवं आवश्यकता के अनुसार हथियारों के जरिये भी कायम किया जाता है।

उन्नीसवीं शताब्दी से पश्चिमी दुनिया यह मानने लगी थी कि अब 'विवेक का युग' (एज ऑफ रीजन) आ गया है। बीसवीं शताब्दी पर नजर डालने से यह निर्विवाद रूप से कहा जा सकता है कि राष्ट्र-राज्य की भावना ने 'विवेक के युग' को अविवेक एवं भावनात्मक संघर्षों के युग में बदल दिया है—जिसमें जो शक्ति सम्पन्न हैं वे दूसरों पर अपनी राष्ट्रीय श्रेष्ठता का तर्कातीत सिद्धान्त लादते रहते हैं। प्रतिक्रिया में जो शक्तिहीन हैं, शक्तिशाली बनने का सपना देखते हैं और जहाँ बहुत छोटा समूह होने से उनके लिए शक्तिशाली बनना सम्भव नहीं, निर्मम आतंकवादी हत्याओं के द्वारा धमाके के साथ अपनी उपस्थिति का एहसास कराने की कोशिश करते हैं। इस तरह विवेक का युग जातीय श्रेष्ठता के अन्धविश्वासों से पैदा उन्माद एवं हिंसा-प्रतिहिंसा का अटूट दुश्चक्र बनकर रह गया है।

क्या इस स्थिति से उबरने का कोई उपाय हो सकता है? यह तो सम्भव नहीं कि मूलों के प्रति लोगों की वफादारी पूरी तरह खत्म हो जाए। ऐसा इसलिए सम्भव नहीं क्योंकि ऐसी वफादारियों का उत्स मनुष्य की आनुवंशिकी में है और इसे रूपान्तरित भले ही कर दिया जाए, दबाकर नष्ट नहीं किया जा सकता। खुद अपने आप में यह खतरनाक भी नहीं और इसी से भाईचारे तथा समूह के लिए आत्मबलिदान की प्रेरणा जैसी उदात्त भावनाओं का भी जन्म होता है। सांस्कृतिक विकास की प्रारम्भिक पीठिका भी मनुष्य को ऐसे ही आदिम समुदायों से प्राप्त होती है। समुदाय के प्रति गहरी श्रद्धा के अभाव में संस्कृति की कोई विरासत पीढ़ियों तक कायम नहीं रह सकती, जिससे संस्कृति की निरन्तरता बनी रहती है। इस वफादारी का खतरनाक पहलू उभरता है, इसका क्षेत्रीय सत्ता के साथ तादात्म्य स्थापित हो जाने से। अपने परिवेश के प्रति प्रेम और समूह के प्रति वफादारी, जो सांस्कृतिक राष्ट्रबोध का आधार होती है, तब विस्तारवादी, हिंसक और क्रूर बन जाती है जब इस बोध के आधार पर राष्ट्र-राज्य (नेशन स्टेट) की स्थापना होती है, और अपने समूह और संस्कृति के प्रति प्रेम अपनी श्रेष्ठता के दावे और स्वार्थों को दूसरों पर जबर्दस्ती लादने के आग्रह में बदल जाता है। धीरे-धीरे राष्ट्र की गरिमा का स्थान शक्ति पर आधारित राज्य की गरिमा और अन्ततोगत्वा शक्ति की गरिमा या पूजा ले लेती है, और यही राष्ट्रभक्ति की अभिव्यक्ति बन जाती है। इसी का नतीजा है कि दुनिया के अधिकांश देश, जिसमें भारत समेत दुनिया के दूसरे गरीब देश शामिल हैं, हथियारों की होड़ में अपने यहाँ की गरीब जनता के मुँह से रोटी छीनने में नहीं हिचकते। अगर ये देश हथियारों का जखीरा लगाने और देश की विशाल श्रमशक्ति को अनुत्पादक फौजों में भर्ती करने के बजाय अपनी उपलब्ध पूँजी, संसाधन और श्रम शक्ति का उपयोग आवश्यक उत्पादन और सेवाओं में लगाना शुरू करें तो कुछ ही वर्षों में लोगों की

बुनियादी आवश्यकताओं की पूर्ति सम्भव होगी, लेकिन राष्ट्र के नाम पर शक्ति को गौरवान्वित करने का नतीजा है कि इन सभी गरीब देशों में आम लोगों की जिन्दगी अधिक दयनीय होती जा रही है। इन देशों के सामने इस रास्ते पर चलने की कोई मजबूरी नहीं है और न इससे कोई वास्तविक सामरिक शक्ति ही उन्हें हासिल होती है क्योंकि आधुनिक युग में सामरिक शक्ति का आधार होती है औद्योगिक शक्ति, जो सामरिक शक्ति बढ़ाने के प्रयास में साधनों के अत्यधिक व्यय से इन देशों की पहुँच से और भी बाहर होती जाती है।

हथियारों की होड़ से मुक्त होने से अर्थव्यवस्था का कितना तेज विकास हो सकता है, यह द्वितीय विश्वयुद्ध के बाद जर्मनी और जापान के आश्चर्यजनक विकास से जाहिर होता है। ये दोनों ही देश द्वितीय विश्वयुद्ध में बुरी तरह नष्ट कर दिए गए थे। युद्धोत्तर काल में जब ये देश यूरोप के विजयी राष्ट्रों की तरह अपनी ध्वस्त अर्थव्यवस्थाओं का नवनिर्माण करने लगे तो विजयी मित्र राष्ट्रों ने उन पर हथियार तैयार करने और सैनिक शक्ति बढ़ाने पर रोक लगा दी। इसका नतीजा यह हुआ कि फौज पर खर्च से मुक्त हो उन्होंने अपनी सारी शक्ति निर्माण कार्य में लगा दी। फलस्वरूप, उनकी अर्थव्यवस्थाएँ अपने समकक्ष अन्य औद्योगिक व्यवस्थाओं से कहीं आगे निकल गईं।

जैसाकि भारत के प्राचीन राष्ट्रबोध के इतिहास से पता चलता है, राष्ट्रबोध के लिए किसी केन्द्रीय राज्य का होना जरूरी नहीं। एक सांस्कृतिक राष्ट्र में अनेक राज्य हो सकते हैं। जैसे सरगम के विविध स्वर एक राग का निर्माण करते हैं वैसे ही हमारे राष्ट्रबोध में विविध आंचलिक और राजकीय ढाँचों को समन्वित करनेवाली व्यापक रागात्मक एकता थी। महात्मा गांधी की लाखों गाँवों की स्वशासी इकाइयों को जोड़नेवाली 'ओसेनिक सर्किल' (महासागरीय वृत्त) की कल्पना में शायद इसी प्राचीन राष्ट्रबोध की अनुगूंज थी। सांस्कृतिक राष्ट्रबोध संकीर्ण कबायली और क्षेत्रीय राष्ट्रबोध की जगह एक से अधिक मूल, भाषा और धर्म के लोगों को अनुप्राणित करता है। इसकी अभिव्यक्ति द्वन्द्ध और आक्रामकता के बजाय कला, संगीत, नृत्य, साहित्य, दर्शन, विज्ञान आदि मानवीय विधाओं में होती है। यूरोप में भी मध्य युग के बाद के काल में सांस्कृतिक एकात्मता का बोध रहा है जो पूरे यूरोपीय समाज को एक सांस्कृतिक सूत्र में बाँध सकता था, लेकिन राष्ट्र-राज्य के विकास ने यूरोपीय समाज की चेतना को एक आयामी बना दिया, जिसका एकमात्र लक्ष्य सीमा और शक्ति का प्रसार बन गया। राष्ट्र-राज्य की शक्ति का भक्तिगान वहाँ इतना जबर्दस्त था कि हेगेल ने राज्य को स्वयं परमात्मा का सर्वाधिक विकसित रूप मान लिया। दार्शनिक स्तर पर भले ही यूरोप के मनीषियों ने सर्वसम्मति से इस विचार को नहीं माना हो, लेकिन सांसारिक बोध के स्तर पर यह विचार निश्चित ही हावी रहा है और आज भी वे इससे मुक्त नहीं हुए हैं। इसी से त्रासद घटनाओं का वह सिलसिला

शुरू हुआ जिसने पिछले तीन शताब्दी से यूरोप और उसके सर्वग्राही प्रभाव से सारे विश्व को आक्रान्त कर रखा है।

किसी भी व्यवस्था को बदलने के लिए सबसे पहले चेतना के स्तर पर उसके औचित्य को अस्वीकार करना जरूरी होता है। इसलिए सबसे पहले तो हमें मानसिक रूप से राष्ट्र-राज्य की माया से अपने को मुक्त करना होगा। इसके लिए हमें इतिहास के साक्ष्यों का सहारा लेना पड़ेगा जो यह बतलाते हैं कि (1) राष्ट्र-राज्य का अस्तित्व शाश्वत् नहीं है बल्कि अपने उद्‌भव के देशों में भी महज तीन सौ साल पुराना है, और बाकी जगह तो बीसवीं शताब्दी की उपज है; और (2) अपनी सम्पूर्णता में उसका प्रभाव कल्याणकारी होने के बजाय अपने पूरे अस्तित्व काल में विनाशकारी रहा है। अपनी चेतना को इस माया से मुक्त करने का काम आवश्यक तो है, लेकिन आसान नहीं क्योंकि पिछले पचास साल से वे समूह जो पहले राष्ट्र-राज्य नहीं थे अब राष्ट्र-राज्य के रूप में प्रतिष्ठित होना चाहते हैं, और चूँकि इसके साथ उनकी अस्मिता और स्वायत्तता का भाव जुड़ गया है, तत्काल राष्ट्र-राज्य के रूप में स्थापित होना उन्हें मुक्ति संघर्ष का एक ठोस रूप दिखाई देता है।

इसलिए प्रारम्भ में सिद्धान्त के रूप में यह मान लेना होगा कि चाहे कोई कितना ही छोटा समूह क्यों न हो, अगर उसका अस्तित्व किसी भौगोलिक क्षेत्र में सम्भव हो तो उसे स्वायत्तता और स्वतंत्रता का अधिकार होना चाहिए। इस सिद्धान्त का पालन काफी कठिन होगा क्योंकि इसके विरोध में कई तरह के निहित स्वार्थ खड़े हो जाएँगे। सबसे पहले तो वे लोग जो शासन में हैं, इसे अपने प्रभुत्व के क्षेत्र की सिकुड़न मानेंगे और इसका विरोध करेंगे। इसके लिए वे लोगों की राष्ट्रीयता की भावना को उभारेंगे। विरोध करनेवाला दूसरा समूह उन औद्योगिक या अन्य आर्थिक स्वार्थों का होगा, जिन्हें ऐसी क्षेत्रीय स्वायत्तता या स्वतंत्रता में उन क्षेत्रों के संसाधनों का अनियंत्रित उपयोग करने के अपने अधिकार का खात्मा दिखाई देगा। ये दोनों ही अत्यन्त शक्तिशाली और प्रभावशाली समूह होते हैं और राष्ट्रीयता के नाम पर लोगों की भावना को उभारने का काम आसानी से कर सकते है। हालाँकि असलियत यह है कि आम लोगों को अपने सीमित क्षेत्र के बाहर के भूभाग पर सरकारी नियंत्रण से कोई लाभ नहीं मिलता। फिर भी, लोग ऐसे तत्त्वों के प्रभाव में आ जाते हैं। तीसरे, जिन देशों में तानाशाही व्यवस्था है, लोगों के आत्मनिर्णय के अधिकार के प्रति कोई आदर नहीं होता। उल्टे, तानाशाह राष्ट्रीय सीमा की अखंडता की रक्षा जैसे नारे देकर ऐसा उन्माद पैदा करने की कोशिश करते हैं जिससे उनकी अपनी शक्ति सुरक्षित रहे।

इसलिए राष्ट्र-राज्य के सवाल पर लोगों के पूर्वग्रह को खत्म करने के लिए सबसे जरूरी है लोकतांत्रिक प्रक्रिया का निर्बाध चलते रहना, जिसमें कोई भी

प्रश्न विवाद से परे नहीं माना जाए। अक्सर "राष्ट्रीय अखंडता के सवाल पर कोई समझौता नहीं हो सकता" जैसे जुमलों का प्रयोग कर ऐसा वैचारिक आतंक पैदा कर दिया जाता है कि जनहित के सवालों पर कोई सार्थक और खुली बहस सम्भव नहीं हो पाती।

किसी भी देश के भीतर स्वायत्तता माँगनेवाली जमातों के प्रति क्या रुख अख्तियार किया जाए, इस प्रश्न पर प्रौढ़ लोकतंत्रों में, जहाँ लोकतंत्र की परम्पराएँ लोगों के दिल में बैठ गई हैं और उन लोकतंत्रों में जहाँ लोकतंत्र का ढाँचा खड़ा हो जाने के बावजूद लोकमानस में उसकी कोई परम्परा नहीं बनी है, स्पष्ट मतभेद दिखाई देता है। चूँकि प्रौढ़ लोकतंत्रों में प्राय: सभी समूहों के विचारों की इज्जत होती है, चाहे ये समूह कितने ही छोटे क्यों न हों और उनके विचार बहुमत के लिए कितना ही अरुचिकर क्यों न हो, स्वायत्तता या स्वतंत्रता की माँग करनेवाली राष्ट्रीयताओं की माँगों पर भी खुली बहस होती है, और ऐसे सवालों पर भी जनमत के अनुसार निर्णय को कबूल करने की तैयारी होती है। इसके कई उदाहरण हैं। सबसे अच्छा उदाहरण ग्रेट ब्रिटेन का है जहाँ स्कॉटलैंड में स्वतंत्र राष्ट्र बनने की माँग जोर पकड़ने लगी है। वहाँ स्कॉटिश नेशनल पार्टी इसी मुद्दे पर चुनाव भी लड़ती है। अभी तक उन्हें बहुमत नहीं मिल पाया है, लेकिन इस आधार पर वे खुलकर प्रचार करते हैं और अपने जीते हुए प्रतिनिधियों को ब्रिटेन की संसद में अपनी बातें रखने के लिए भेजते हैं। इसी तरह कनाडा में फ्रांसीसी भाषी क्युबेक क्षेत्र में खुले रूप से अंग्रेजी भाषी बाकी कनाडा से अलग होने की माँग उठाई जाती है, लेकिन क्युबेक के स्वतंत्रता आन्दोलन को दबाने के बजाय लगातार इस बात के प्रयत्न होते रहते हैं कि संविधान में उनकी सहमति से ऐसे प्रावधान किए जाएँ ताकि क्युबेक के लोगों की स्वायत्तता की भावना की तुष्टि हो सके। साथ हो, इस सम्भावना को भी कबूल किया जाता है कि अगर क्युबेक के लोग अलग होने पर ही आमादा हों तो उसे मंजूर किया जाए। इसी तरह पूर्वी यूरोप में चेक और स्लोवाक लोगों का चेकोस्लोवाकिया से अलग दो राष्ट्र-राज्य में विभाजित होने का निर्णय भी खेद के साथ, लेकिन शान्तिपूर्ण ढंग से ही किया गया। यह उनकी नवोदित लोकतांत्रिक आस्था का ही परिणाम है। इसके विपरीत युगोस्लाविया में, जिसको बनाने वाली विभिन्न इकाइयों में लोकतांत्रिक परम्परा कमजोर रही है और प्रारम्भ में इसकी स्थापना सर्बिया के राजतंत्र के प्रयास से हुई जो कालान्तर में टीटो की तानाशाही में मजबूत बनी, पृथक राष्ट्र बनने की उसकी इकाइयों के प्रयास से घोर गृहयुद्ध शुरू हो गया।

हाल में दुनिया के आजाद हुए मुल्कों में जहाँ या तो कभी लोकतंत्र स्थापित ही नहीं हुआ या जहाँ लोकतंत्र की परम्परा कमजोर है, स्वायत्तता के सवाल पर सभी जगह खून-खराबा या गृहयुद्ध चालू है। श्रीलंका में पृथकतावादी तमिलों और

सिंहली बहुल बाकी क्षेत्रों के बीच बरसों से युद्ध जारी है। स्वयं भारत में इस सवाल पर किसी खुली बहस की गुंजाइश नहीं होती और न स्वायत्तता के सवाल पर लोगों को मतदान का ही अधिकार है। इसका नतीजा यह होता है कि ऐसी समस्या का समाधान, जो बातचीत और खुली बहस के जरिये हो सकता था, खूनी संघर्षों के जरिये ढूँढ़ा जाता है। इस प्रक्रिया में भारतीय राज्य का लोकतांत्रित चरित्र तो आतंकवाद विरोधी कानून या राष्ट्रीय सुरक्षा कानून जैसे प्रावधानों से कलुषित होता ही है, स्वायत्तता के सवाल पर जो आतंकवादी हिंसक समूह सक्रिय हैं, पूरी तरह असहिष्णु और फासीवादी रूप अख्तियार करते हैं। ये प्राय: निर्दोष लोगों की या वैसे लोगों की हत्याओं में संलग्न होते हैं जो उनसे इस सवाल पर भिन्न मत रखते हैं। इस प्रक्रिया से जो भी राज्य बनेगा—अगर बन पाए तो—वह क्रूर फासीवादी राज्य ही हो सकता है। मानवाधिकार युक्त लोकतंत्र का आधार मानव विवेक में विश्वास है। अगर इस विवेक का समाज में कोई स्थान है तो यह मानने का कोई कारण नहीं कि जो हिंसा या बल प्रयोग से हो सकता है, वह आपसी बातचीत, बहुमत की राय या सर्वानुमति से नहीं हो सकता। आत्मनिर्णय का अधिकार लोकतंत्र का ही तार्किक विस्तार है, और इसे स्वेच्छा से कबूल करने के बजाय दमित करने का विचार लोकतंत्र के पूर्ण प्रस्फुटन को बाधित करता है। इससे वैसे संघर्ष पैदा होते हैं जो अन्ततोगत्वा लोकतंत्र को नष्ट करनेवाले हो सकते हैं।

लोकतंत्र और मानवाधिकारों के प्रति पूर्ण आस्था राष्ट्रीयताओं की समस्या के समाधान के लिए एक और कारण से महत्त्वपूर्ण है। आधुनिक समय में दुनिया में आबादियों के बँटवारे को देखते हुए यह बात स्पष्ट है कि स्वायत्तता का अधिकार चाहे कितना ही छोटे क्षेत्र को दिया जाए, यह सम्भव नहीं कि एक राजकीय इकाई में एक ही मूल, भाषा, धर्म आदि के लोग हों। सभी में कम या अधिक विभिन्न मूल, भाषा और धर्म आदि के अल्पसंख्यक रहेंगे ही, जिनमें अपनी अस्मिता की भिन्नता का बोध होगा। ऐसी स्थिति में कोई मानवीय व्यवस्था, जिसमें सभी समूह सन्तुष्ट रहें और एक-दूसरे से भाईचारे का सम्बन्ध कायम रख सकें, तभी सम्भव है जब लोगों में मानवाधिकारों—जिसमें अल्पसंख्यकों के अधिकार शामिल हैं—के प्रति पूरा सम्मान हो। इसे सामाजिक संस्कृति का केन्द्रीय मूल्य बनाना होगा। जिस हद तक आधुनिक उद्योगों की प्रतिस्पर्द्धा और उपभोक्तावादी संस्कृति इस मूल्य को कमजोर बनाती है, उस हद तक उसे शामिल करना होगा। हमारी समाज व्यवस्था कैसी हो, यह इसी बात को ध्यान में रखकर तय करना होगा।

जाहिर है कि इस तरह की व्यवस्था न सिर्फ राजनैतिक दृष्टि से विकेन्द्रित या छोटी इकाइयों वाली होगी, क्योंकि इन्हीं में द्वन्द्वरहित स्वायत्तता को अधिक-से-अधिक प्रभावी होने का मौका मिलेगा। बल्कि आर्थिक विकेन्द्रीकरण की भी आवश्यकता होगी, जहाँ दानवाकार औद्योगिक प्रतिष्ठानों की कच्चे माल और

बाजार की भूख दूसरों पर नियंत्रण स्थापित करना अपरिहार्य नहीं बनाती। उद्योगों का आकार और स्वरूप ऐसा करना होगा ताकि छोटे राजकीय दायरों में भी वे अपनी और लोगों की आवश्यकताओं की पूर्ति कर सकें।

शायद यह अन्तिम सुझाव आकाश कुसुम की चाहत लगे, लेकिन असल में यह मानव समाज को अपनी नैसर्गिक जड़ों के पास वापस लौटने का निमंत्रण मात्र है, जहाँ लौटना आदमी के अस्तित्व की रक्षा के लिए दूसरे भौतिक कारणों से भी जरूरी हो गया है। आज की दुनिया में औद्योगिक फैलाव ने पारिस्थितिकीय असन्तुलन से जो संकट मानव जीवन के भविष्य के लिए उपस्थित कर दिया है, उसका निवारण वर्तमान औद्योगिक सभ्यता की दिशा को पूरी तरह बदले बिना सम्भव नहीं है। आधुनिक औद्योगिक सभ्यता एक तरह का कैंसर है जो मानव समाज के स्वाभाविक सन्तुलन को भंग कर उसे पोषित करनेवाले तमाम तत्त्वों को निगल रहा है, और मानव जीवन में सन्तोष एवं आकार प्रदान करनेवाले आध्यात्मिक गुणों को नष्ट कर इसकी जगह सिर्फ उपभोग की चाहत का सीमाहीन विस्तार कर रहा है। चूँकि सीमित संसार में असीमित उपभोग असम्भव है, सो, आज या कल लोगों को राह बदलनी ही होगी। इसलिए जो सुझाव दिए गए हैं, वे असम्भव की अभिलाषा नहीं हैं, हमारी अनिवार्य नियति है जिसका विकल्प सामूहिक मृत्यु ही हो सकती है, लेकिन यह सब हो सके, इसके लिए भावना से ऊपर उठकर विवेक को प्राथमिकता देनी होगी। यह कठिन काम है, खासकर जहाँ आदमी की अपनी अस्मिता का सवाल पैदा होता है, लेकिन यह विवेक आज मानव समाज के जीवन की शर्त बन गया है।

सन्दर्भ और टिप्पणियाँ

1. अपने को जानो

1. रॉबर्ट आर्डरे, हंटिंग हाइपोथेसिस
2. एड्वर्ड ओ. विल्सन, ऑन ह्यूमन नेचर हार्वर्ड यूनिवर्सिटी प्रेस, कैम्ब्रिज, मैसाचुसेट्स, लन्दन, 1978
3. आर्डरे, वही, पृ. 183
4. डेस्मांड मॉरिस, द ह्यूमन ज़ू, ट्रिमांड पैंथर बुक्स, 1984, पृ. 115
5. एड्वर्ड ओ. विल्सन, वही, पृ. 163
6. यह कहानी साठ के दशक में लिखी गई थी जब शीत युद्ध अपनी चरम सीमा पर था और परमाणु युद्ध का खतरा छाया हुआ था।
7. आई.एम. लेविस, सोशल ऐन्थ्रोपालॉजी इन पर्सपेक्टिव, पेंग्विन बुक्स, मिडलसेक्स, इंग्लैंड, 1977
8. आरनॉल्ड टॉयनबी, सम प्रॉब्लेम्स ऑफ ग्रीक हिस्ट्री, ऑक्सफोर्ड यूनिवर्सिटी प्रेस, लन्दन, 1969, पृ. 59

4. वर्तमान औद्योगिक व्यवस्था और राष्ट्र-राज्य

1. जर्मनी का हाल का एकीकरण इसका अच्छा उदाहरण है। जब विकसित फेडरल जर्मन गणतंत्र को अपेक्षाकृत पिछड़े जर्मन लोकतांत्रिक गणतंत्र के साथ साम्यवाद के खात्मे के बाद मिलाया गया तो पूर्वी जर्मनी के कारखाने बन्द होने लगे और पश्चिमी जर्मनी के उद्योग-धन्धे और तेजी से विकसित हुए।

आजादी के अपूर्व अनुभव

प्राक्कथन

यह पुस्तक मानव स्वतंत्रता का एक अध्ययन है। इस स्वतंत्रता सम्बन्धी विचार का विकास विभिन्न मुद्दों को लेकर चल रहे संघर्षों और उनके संस्थानीकरण से हुआ है। प्रारम्भ बिन्दु तो वह विचार ही है जो यह बतलाता है कि आजादी जीवन का एक आधारभूत सिद्धान्त है, इसलिए यह मनुष्य के लिए बिलकुल नैसर्गिक चीज है, इसे दबाया नहीं जा सकता है, किन्तु यह विचार मानवीय जीवन और सामाजिक सम्बन्धों की बढ़ रही जटिलता में डूब जाता है और तत्क्षण हमें इसका पूरा-पूरा भान नहीं हो पाता है। मनुष्य द्वारा अपनी आत्मसिद्धि के रास्ते में आ रही भौतिक और सामाजिक बाधाओं से पार पाने के लिए जो संघर्ष किए जाते हैं, उन्हीं संघर्षों के माध्यम से यह विचार या सिद्धान्त मूर्तरूप धारण करता है और धीरे-धीरे संस्थाओं का रूप ग्रहण करता है जो आजादी के टिकाऊ रक्षोपाय के रूप में काम करती हैं।

इस अध्ययन का लक्ष्य विस्तृत इतिहास लिखना नहीं है। स्वतंत्रता का इतिहास स्वयं मानव जीवन के इतिहास से जुड़ा हुआ है। इसलिए इसका पूर्ण इतिहास लिखा जाए तो बहुत मोटी-मोटी पुस्तकें तैयार हो जा सकती हैं, लेकिन इस तरह का काम कर पाना इस लेखक की क्षमता के बाहर था। बहरहाल, उद्देश्य यह है कि इसके विकास की अत्यन्त संक्षिप्त रूपरेखा प्रस्तुत की जाए। इस पुस्तक में कुछ उन लिपिबद्ध घटनाओं का वर्णन है जो इसके लक्ष्यों में से कुछेक की सिद्धि के रास्ते में निशान बनाती हैं तथा कुछ उन मूल विचारों का वर्णन है जिसने मानवीय सोच को इस दिशा में साकार किया है। यह विकास उतार-चढ़ाव भरा है। विपरीत दशाओं में अक्सर यह लगता है कि यह गायब हो गया, लेकिन उसी स्थान पर या कहीं भी यह अचानक फिर से दोगुनी ऊर्जा के साथ प्रकट हो जाता है और पहले से बड़े मोर्चे की तरफ अग्रसर हो जाता है। इस क्रम में यह हमेशा अपने से जुड़नेवाले नए आयामों से समृद्ध हो जाता है। जिन मुश्किलों में इसने अपना रास्ता बनाया है, एक मनोहर अपूर्व अनुभव कथा है। इसके बारे में आगे के पृष्ठों में एक संक्षिप्त विचार प्रकट किया गया है। इसमें कतिपय प्रसंगों का उल्लेख केवल संघर्ष को समझने के उद्देश्य से किया गया है।

उक्त संक्षिप्त विचार को प्रकट करने के लिए फ्रांस की क्रान्ति जैसी इतिहास की सबसे महत्त्वपूर्ण घटनाओं में से कुछेक को केवल स्वीकृत सन्दर्भों के रूप में लिया गया है कि तारतम्य बना रहे। फ्रांस की क्रान्ति सरीखी महत्त्वपूर्ण ऐतिहासिक घटनाओं का सन्दर्भ इसलिए लिया गया है कि इनके बारे में पहले से विस्तृत अध्ययन सुलभ हैं तथा इन बड़ी घटनाओं की जानकारी सभी को है। इस पुस्तक में उन घटनाओं पर भी ज्यादा विचार किया गया है जिन्होंने इतनी बड़ी उक्त ऐतिहासिक घटनाओं के लिए तथा उनकी सामाजिक-आर्थिक पृष्ठभूमि के निमित्त आधारवस्तु तैयार की है। निस्सन्देह, इतिहासकारों ने इन घटनाओं का भी उल्लेख किया है, लेकिन इन्हें न तो इतिहासकारों ने न ही सामान्य पाठकों ने कभी विशेष महत्त्व दिया है। इससे यह तथ्य धुँधला पड़ जाता है कि इतिहास में हमेशा आजादी का संघर्ष किसी-न-किसी रूप में चलता रहा है तथा इसने यह आभास देने का भी प्रयास किया है कि बड़ी क्रान्तियाँ इतिहास की विचारधारा या प्रतिभाशाली व्यक्तियों के कौशल के सहसा उत्फुल्लन के रूप में प्रकट होती हैं। इस वर्तमान अध्ययन की कोशिश है कि उन्हें घटनाओं के उसी चक्र के अंशरूप में संयोजित किया जाए। प्रजातंत्र के बड़े संवैधानिक विकास का पुन: केवल उल्लेख है क्योंकि इनका दस्तावेज ठीक ढंग से उपलब्ध है। इनकी केवल अन्तर्धाराओं को रेखांकित किया गया है।

आजादी के विभिन्न पहलुओं के विकास का किसी बड़े मोर्चे पर चलनेवाले सामान्य आन्दोलन के अंश रूप में वर्णन करने की बजाय अलग-अलग वर्णन किया गया है। इससे उक्त बड़ी घटनाओं के सन्दर्भों को एक से अधिक प्रसंगों में रखना आवश्यक हो गया है।

इस अध्ययन में अधिकांशत: यूरोपीय, खासकर ब्रिटेन के अनुभवों की चर्चा है। निस्सन्देह, इसका एक कारण यह है कि यूरोप के उक्त विकास का दस्तावेज पूरी तरह से लिपिबद्ध है, लेकिन इसका एक दूसरा कारण भी है। दुनिया के अनेक हिस्सों में मुक्ति के संघर्ष हुए होंगे, सचमुच में हुए भी थे, लेकिन आगे बढ़ने की चाह रखनेवाली उन मुक्तिधाराओं में से ज्यादातर धाराएँ काल की रेत में खो गईं। एकमात्र धारा जो आज तक विद्यमान है तथा एक शक्तिशाली नदी का रूप धारण कर ली है, वह वही धारा है जिसका उद्भव यूरोप में हुआ था। दूसरे लोगों ने भी अपने यूरोपीय सम्पर्क के माध्यम से अपनी आजादी की फिर से खोज की है। हालाँकि वह सम्पर्क भी यूरोपवासियों द्वारा गैर-यूरोपीय लोगों पर गुलामी लादने और उसके बनाए रखने के प्रयासों से ही बन पाया। उक्त गुलामी का गुलामों द्वारा प्रतिरोध करने के क्रम में सदियों से शिथिल पड़ा आजादी का जोश फिर से जाग उठा।

आज हम देखते हैं कि उस आजादी के संघर्ष को संयुक्त राष्ट्र मानवाधिकार घोषणा-पत्र के द्वारा किया गया है। यह घोषणा-पत्र स्वयं घटनाओं की परिणति है तथा पूरी तरह उनकी इच्छा के विपरीत वैसा रूप धारण कर लिया है जो इसके बनने के लिए जवाबदेह थे। उस अर्थ में ये ताकतें इसकी इस परिणति का उपकरण मात्र थीं। इसके जरिये हम उस अवस्था में पहले ही पहुँच चुके हैं जहाँ आजादी के लक्ष्यों में से अधिकांश लक्ष्यों की संकल्पना हो चुकी है तथा वे आज मनुष्य के लिए प्रेरक बन गए हैं।

1

वाल्ट ह्विटमैन ने लिखा था, "हमने बारम्बार 'लोकतंत्र' शब्द को मुद्रित किया है। फिर भी, मैं यह दावा कर सकता हूँ कि कलम से जबान तक की गूँज और अनेक क्रुद्ध झंझावातों, जिनसे इसके अक्षरों का आगमन हुआ है, के बावजूद यह एक ऐसा शब्द है जिसका वास्तविक मतलब अभी भी सोया हुआ है, बिलकुल अनजगा है। यह एक महान शब्द है जिसका इतिहास मेरी समझ से अलिखित है क्योंकि उस इतिहास को अभी भी प्रदर्शित किया जाना शेष है।"

वाल्ट ह्विटमैन की उक्त पंक्तियों के लिखे जाने के बाद से उस इतिहास का एक अंश प्रदर्शित हुआ है, लेकिन अभी भी उसके बड़े हिस्से का प्रदर्शन शेष है। लोकतंत्र की जिस मूल भावना की वह चर्चा करते हैं, वह आजादी की प्रेरणा है जो लोकतंत्र के साथ अभिन्न रूप से जुड़ी हुई है। लोकतंत्र (जनता का शासन) में आत्मशासन अन्तर्निहित है, इसलिए इस बारे में कुछ भी खास नहीं लगता है। यह वहाँ खास होता है जहाँ इसका निषेध होता है। आखिर शासन दैनिक कार्य के प्रबन्धन से सम्बन्धित है जो कुछ हद तक नीरस काम है। दिलचस्प बात लोकतंत्र के साथ आजादी का अन्तर्निहित विचार है, इसके बगैर तो लोकतंत्र बेमानी है। आत्मशासन के अलावा आजादी मनुष्य के समक्ष विशाल दृश्यों को खोल देती है कि मानवीय कार्यों में उन विचारों की कल्पना और परख की जाए जिनके बारे में पहले कभी सोचा-समझा नहीं गया है। आजादी में ही मानव अस्तित्व की वह गतिशीलता पाई जाती है जिसके माध्यम से मनुष्य सदा जीवन और विचार के नए तरीकों की रचना करता है। मनुष्य की यह चाहत रही है कि वह पहले की तुलना में बड़ा बने, बेहतर करे। यह मनुष्य के कार्य और जोश की आजादी ही है जो उसे स्थायी अस्तित्व में जम जाने के बदले पहले से इतर कोई चीज बन जाने देती है।

आत्मशासन का अन्तर्निहित अर्थ है कि किसी राज्य के नागरिकों के पास सामूहिक निर्णय लेने का अवसर हो, भले ही यह निर्णय सर्वसम्मति से लिया जाए या बहुमत से। नागरिक इतने सक्षम हों कि किसी सामूहिक निर्णय पर पहुँचने के लिए वे बगैर किसी दंडभय के अपने विचारों को अभिव्यक्त कर सकें। इससे अभिव्यक्ति और विचार की स्वतंत्रता का विचार निकलता है। छोटे समूहों या नगर राज्यों में,

जैसा कि प्राचीन यूनान में था, किसी एक व्यक्ति या कुछ व्यक्तियों के विचार की स्वतंत्रता को अस्वीकार कर एक ही समय में सामूहिक निर्णय ले लेना सम्भव हो सकता है, किन्तु वहाँ भी सामूहिक निर्णय को असम्भव बनाए बिना कोई सामान्य नियम नहीं हो सकता है। यूनानियों ने तो सामूहिक रूप से ही निर्णय लिया था कि विशेष विचारों को फैलाने के लिए सुकरात को या तो मृत्युदंड दिया जाए या देश-निकाला किया जाए। यद्यपि यह निर्णय यूनानी राज व्यवस्था के गहरे संकट काल को प्रतिबिम्बित करता है, बावजूद इसके वहाँ एक समय तक लोकतंत्र चलता रहा।

लेकिन एक आधुनिक राज्य में उसके भौगोलिक आकार की वजह से निर्णय ले पाने में सभी नागरिकों की प्रत्यक्ष भागीदारी सम्भव नहीं है। ऐसे में यहाँ नागरिकों द्वारा कोई सामूहिक निर्णय ले पाना तब तक सम्भव नहीं है जब तक कि प्रत्येक नागरिक को अपने विचारों के पक्ष में समर्थन जुटाने के लिए अपने विचारों को प्रकट व प्रचारित करने की पूरी आजादी नहीं मिल जाती है। किसी बड़े राज्य में प्रजातंत्र को इसके सभी नागरिकों की प्रत्यक्ष भागीदारी से व्यवस्थित नहीं किया जा सकता है। जहाँ नागरिक निर्णय लेने में प्रत्यक्ष भागीदारी न लेकर अप्रत्यक्षत: अपने प्रतिनिधियों के माध्यम से भागीदारी लेते हैं वहाँ यह सुनिश्चित होना चाहिए कि विधान बनाने में उनके विचारों को उनके निर्वाचित प्रतिनिधि ठीक ढंग से प्रकट करें। इसलिए यह आवश्यक हो जाता है कि चुनावों के संचालन हेतु एक निष्पक्ष मशीनरी हो तथा साथ ही एक स्वतंत्र न्यायपालिका भी हो जो यह देखे कि राज्य कार्यपालिका या विधायिका ने नागरिक अधिकारों को दबाने या कुचलने के लिए व्यवस्थागत नियमों का उल्लंघन तो नहीं किया है। अतएव विचार की स्वतंत्रता, अभिव्यक्ति की स्वतंत्रता तथा निर्णय, इच्छा और कार्य की स्वतंत्रता ही लोकतंत्र का निचोड़ है।

स्वतंत्रता के बिना मताधिकारों का प्रयोग बेमानी होता है। यह इस तथ्य से स्पष्ट है कि आज अधिकांश तानाशाही और स्वेच्छाचारी शासन व्यवस्थाओं के अन्तर्गत नियमित रूप से चुनाव का कर्मकांड सम्पन्न होता है और चुनाव में काफी मतदाता भाग लेते हैं तथा शासकों को जबर्दस्त समर्थन प्राप्त हो जाता है। इस तरह के चुनाव हिटलर और स्तालिन द्वारा नियमित रूप से कराए जाते थे। यह लोकतंत्र के उस बुनियादी सत्य की सिद्धि के आधार पर होता है कि आज विश्व में लोकतंत्र के अधिकांश आन्दोलन न केवल मताधिकार प्राप्त करने के लिए होते हैं बल्कि विचार, अभिव्यक्ति और संगठन की स्वतंत्रता सुनिश्चित करने के लिए भी होते हैं ताकि मतदान करने का अधिकार वास्तविक हो सके। जहाँ लोगों की पहुँच समाचार-पत्रों या जनसंचार के अन्य माध्यमों तक नहीं है, जहाँ उत्पीड़न या प्रतिशोध के भय के चलते सभा और प्रदर्शन करने पर रोक है, जहाँ अपने विचार के बारे में दूसरे व्यक्ति को विश्वास दिलाने हेतु चुनाव में निहित मुद्दों पर मुक्त रूप से बहस करने

की छूट नहीं है, जहाँ इन उद्देश्यों को लेकर कोई संगठन बनाने की स्वीकृति नहीं है, वहाँ यह देख पाना कठिन है कि उन लोगों को छोड़कर जो सत्ता के नियंत्रण में हैं या दूसरों के विरुद्ध बल प्रयोग करने की स्थिति में हैं, कैसे कोई चुनाव में अपने विचारों के पक्ष में लोगों का समर्थन प्राप्त करता है? लेकिन यह सुनिश्चित करने के लिए कि सचमुच में जनता तक अपना सन्देश पहुँचाने के उपर्युक्त तरीकों तक लोगों की पहुँच है, चुनाव सम्पन्न कराने के लिए एक निष्पक्ष प्राधिकार का होना जरूरी है। साथ ही, एक स्वतंत्र न्यायपालिका भी जरूरी है जो उपर्युक्त उद्देश्यों की पूर्ति हेतु निर्धारित कानूनों का उल्लंघन करनेवालों को दंडित कर सके। इसी से सम्बन्धित विषय हो सकता है, प्रचार और प्रकाशन के लिए आवश्यक संसाधनों तक निष्पक्ष समान पहुँच। इन सबका केन्द्रीय विषय विचार करने तथा उसे दूसरे लोगों के बीच प्रचारित करने की स्वतंत्रता सुनिश्चित करना है।

बहुसंख्यकों के शासन वाला लोकतंत्र का विचार हजारों साल पुराना है, लेकिन समाज जैसे-जैसे बढ़ता गया, व्यवहार में उक्त विचार की सिद्धि वैसे-वैसे और जटिल होती चली गई। फलस्वरूप, गम्भीर उलझनें पैदा हुईं जिसने अक्सर लोकतांत्रिक प्रणाली को ही पटरी से उतारा। इस तरह, लोकतंत्र के अन्तर्गत कई बार एक भाषणबाज नेता लोगों की भीड़ को दंगाई भीड़ में बदल देता है तथा वह उस समर्थन से निरंकुश शासक बन जाता है। इन्हीं रुकावटों और तोड़-मरोड़ के माध्यम से ही इस बात ने दो रूप आकार लिया कि आजादी भी लोकतंत्र का एक अभिन्न अंग है।

यह बात एक हलके चिन्तन से भी जाहिर होगी कि आजादी कोई बाहरी चीज नहीं है बल्कि जीवन का अन्तर्निहित सिद्धान्त है। क्या यांत्रिक नियमों से संचालित होनेवाली दुनिया में जीवन आजादी के सिद्धान्त की सर्वव्यापिता नहीं है? यह भौतिक दुनिया, जैसा कि हम भौतिकशास्त्र से जानते हैं, निश्चित प्रक्षेप पथों की दुनिया है, चाहे ये प्रक्षेप पथ बार-बार उन्हीं निश्चित दशाओं से गुजरते हुए अन्धी गली में गिरा रहे हों या शाश्वत् गति में ढकेल रहे हों। इसमें जीवन इस समूचे पैटर्न को बदल देने के लिए प्रवेश करता है। अमीबा जैसा सबसे निम्न प्राणी भी पूर्व-विचार के इस यांत्रिक नियम को चुनौती देता है। यह सत्य है कि अपने वातावरण में यह रासायनिक पदार्थों की प्रतिक्रियाओं तथा दाब और ताप के अधीन रहता है, लेकिन यह शान्त भाव से उन्हें सहन नहीं करता है, उनका नियंत्रण स्वीकार नहीं करता है। इसका अपना एक अन्तिम सिरा होता है; यह बाहरी शक्तियों से प्रतिक्रिया करता है, लेकिन अपने अन्तिम सिरे को पूरा करने के मार्गों में जवाब देता है। यह धीरे-धीरे अपने वातावरण को बदलने के लिए अपने वातावरण पर परस्पर प्रभाव डालता है, और उन रूपों में स्वयं को बदल देने के लिए भी परस्पर प्रभाव डालता है जिनका निर्धारण इसके अपने आन्तरिक प्रयासों से होता है। यह विकास

करता है और बढ़ता जाता है। यह दब्बू होकर यांत्रिक नियमों से हार नहीं मानता है। यह इन नियमों को विकास और उर्वरता के अपने उद्देश्यों के अधीन कर देता है। यांत्रिक शक्तियाँ जब काफी शक्तिशाली होती हैं तथा यह मरने-मरने जैसा हो जाता है उस समय भी यह बिना लड़े नहीं मरता है और उस लड़ाई में अपनी आखिरी सीमा तक की ऊर्जा लगा देता है। सजीव प्राणी केवल अपनी आनुवंशिक संहिता में बनी कोई ज्यादा जटिल मशीन नहीं है जो सूचना से परिचालित होती हो। यद्यपि इस संहिता द्वारा जीवन को सीमित कर दिया गया है, जीवन अपने भाग्य की रचना करता है तथा इसका विकास उस भाग्य को साधने की एक शाश्वत् गति है। सौन्दर्य, ज्ञान, प्रेरणा की तुष्टि या पूर्णता के बोध की खोज, ये सभी स्वनिर्मित भाग्य के प्रकटीकरण हैं। यदि हम एक ही वातावरण के मृत और जीवित अमीबा की कल्पना करें तो तुरन्त सजीव और निर्जीव के बीच का गुणात्मक अन्तर स्पष्ट हो जाता है। जीवित अमीबा सक्रिय रहता है और यह वहाँ भी जहाँ का वातावरण इसकी उत्तरजीविता के लिए लाभप्रद नहीं है, टिके रहने के मार्गों को प्राप्त करने का हताश ढंग से प्रयास करता है और बढ़ते जाता है। इसके विपरीत मृत अमीबा निष्क्रिय ढंग से भौतिक और रासायनिक शक्तियों के अधीन रहता है अर्थात् पूर्ण यांत्रिक नियमों के अधीन भौतिक और रासायनिक पदार्थों के अंश रूप में यह धीमे विखंडन की प्रक्रिया में रहता है। वातावरण में वह अन्तिम रूप से अवशोषित हो जाता है। किसी पौधे की पहुँच सूर्य के प्रकाश तक नहीं हो पाती है तो वह घूमते और मुड़ते हुए सूर्य के प्रकाश तक पहुँच जाता है। यह जीवन का एक विशिष्ट उदाहरण है। पौधा वातावरण द्वारा खड़ी की गई बाधाओं के विरुद्ध अपना लक्ष्य पाने का प्रयास करता है।

अमीबा में ऐसा क्या है जो यह परिवर्तन ला देता है? क्या यह आजादी का सिद्धान्त है? क्या यह उसकी स्वायत्तता का दावा है? क्या यह निष्प्राण पत्ती और मिट्टी के ढेले में अन्तर नहीं कर पानेवाले उस अन्धे कानून के मुकाबले अमीबा की स्वायत्तता है? अमीबा से लेकर मनुष्य तक का जीवन आजादी के इस सिद्धान्त एवं बाह्य शक्तियों की दया पर पूरी तरह निर्भर रहने की बजाय परिवेश को अपनी तरफ मोड़ने की प्रेरणा को प्रकट करता है। यह आजादी उस वातावरण के प्रति अति-संवेदनशीलता का पूर्वानुमान भी करती है जिसका जवाब सजीव प्राणी देता है। किसी निर्जीव पदार्थ, निष्प्राण पर्ण या पत्थर को उस अतिसंवेदनशीलता की आवश्यकता नहीं होती है क्योंकि इसे उस वातावरण का जवाब देना नहीं पड़ता है, यह केवल उसके अधीन रहता है। दूसरी तरफ, सजीव प्राणियों की रचना इस ढंग से हुई है कि इन्हें पर्यावरण का बोध हो तथा वे इसका जवाब उपयुक्त तरीके से दे सकें। इसमें परिवर्तनशील दशाओं के प्रति प्रजातियों की अनुकूलनशीलता का अभिप्राय भी निहित रहता है।

अमीबा के सबसे निचले स्तर पर पादाभ होता है जो संवेदक की तरह काम करता है; कीटों के पास अनुभव करने व टटोलने के लिए शृंगिका होती है तथा बड़े जानवरों के पास विभिन्न प्रकार के तरंगों को पकड़ने के लिए आँख और कान होते हैं जो उन्हें उन तरंगों के सुदूर स्रोतों से अवगत कराते हैं; और अन्ततः मनुष्य एक कल्पना से सम्पन्न होता है जिसका प्रक्षेपण वह दिक्-काल में उन सुदूर सम्भावनाओं के बोध हेतु करता है जो प्रत्यक्ष अवलोकन के लिए उपलब्ध नहीं होती हैं। जब मनुष्य किसी समस्या से घिरा रहता है तो वह अपनी कल्पना का उपयोग करते हुए सारी सम्भावनाओं को अपने मस्तिष्क में घुसा लेता है और मस्तिष्क में उसके द्वारा अनुमोदित निराकरण के अनेक वैकल्पिक व्यवहारों में से वह केवल उसी व्यवहार का चयन करता है जो समस्या के निराकरण हेतु सबसे ज्यादा उपयुक्त होता है। सजीव प्राणियों के विभिन्न अंग और मस्तिष्क वे साधन हैं जो क्रियाशीलता के विभिन्न सम्भव रास्तों के बीच पसन्द का रास्ता चयन करने और उसका मूल्यांकन करने में उनकी मदद करते हैं। जीवन एक तरह से क्रियाशीलता के अपरिवर्तनीय और विचित्र मार्गों का अस्वीकार है। क्रियाशीलता या व्यवहार के ये विभिन्न मार्ग विभिन्न तरह के लाभों और हानियों को प्रकट करते हैं और मनुष्य को इसी तरह से दिए गए वैकल्पिक व्यवहारों के विभिन्न समुच्चयों से अपनी पसन्द का व्यवहार चयन करना पड़ता है। मनुष्य की आजादी की तलाश, अनेक विकल्पों में से अपनी पसन्द का विकल्प चयन करने की आजादी की प्रेरणा इसीलिए एक सजीव प्राणी के रूप में उसके अस्तित्व का भाग है और इसे स्थायी रूप से खत्म नहीं किया जा सकता है, ज्यादा-से-ज्यादा रोक लगाकर इसे कुछ समय के लिए नियंत्रित कर सकते हैं।

इस आजादी की रचना का अवबोधन उन सामाजिक परिवेशों और प्राकृतिक दशाओं पर निर्भर करता है जिनमें मनुष्य निवास करता है। यह अवबोधन स्थान परिवर्तन के साथ बदला जा सकता है। इन दशाओं द्वारा एक बाहरी सीमा निर्धारित की जाती है जिसके अन्दर मनुष्य को अपनी पसन्द का चयन करना पड़ता है क्योंकि ये पसन्द सम्भावनाओं के क्षेत्र में होती हैं। मनुष्य मानसिक रूप से विक्षिप्त नहीं हो तो उसमें अपनी सीमाओं को समझने तथा बिना मनमुटाव के इससे समझौता कर लेने की क्षमता होती है, परन्तु जब यह महसूस होता है कि उसे अस्वीकार करनेवाली पसन्द सम्भावनाओं के क्षेत्रान्तर्गत है तो आजादी का निषेध नीरस लगने लगता है। आजादी आवश्यकता का मूल्यांकन है, इस विचार का आह्वान अक्सर स्वतंत्रता के अस्वीकार को न्यायसंगत ठहराने के लिए किया गया है। यह विचार केवल उसी स्थिति में लागू हो सकता है जब हमारा सरोकार सम्भव मानवीय व्यवहारों के लिए निर्धारित बाहरी सीमाओं से हो। इस सीमा के पास भी एक फैलनेवाला घेरा हो सकता है। चूँकि मनुष्य अपनी विदग्धता के माध्यम से सक्षम

होता है, इसलिए सम्भावनाओं के क्षेत्र में उन चीजों को भी लाने का प्रयास करता है जिनका कार्यान्वयन पूर्व में असम्भव करार दिया गया था। अन्तिम विश्लेषण में हमारे संवेद और विचारशक्ति हमारी महत्त्वाकांक्षाओं की सीमाओं और कार्यक्षेत्रों का पता लगाने के लिए अन्वेषण के उपकरण मात्र हैं। इस तरह ये उपकरण अन्तिम लक्ष्यों की तरफ इसे निर्दिष्ट करने के चयन की आजादी में हमारी मदद करते हैं। आजादी अस्वीकार करने की समझदारी की अगाधता को न्यायसंगत नहीं ठहराया जा सकता है, क्योंकि मानवजाति को सुलभ होने वाले अन्तिम सत्य की कोई सम्भावना नहीं है। इस प्रकार का अस्वीकार जीवन के सिद्धान्त का ही निषेध होगा क्योंकि ज्ञान केवल जीवन का सेवक है।

मनुष्य के पास अपनी कल्पना के उपहार के अलावा एक दूसरा उपहार भी है। वह है, अपने अंगों का विस्तार बन चुके उपकरणों का उपयोग करने की योग्यता। यह हवा या जल में या जमीन पर घूमनेवाले सबसे चुस्त और सबल प्राणियों की पहुँच के अन्दर की चीजों से आगे आजादी के क्षेत्र का विस्तार करती है। उन उपकरणों का उपयोग करने के अपने कौशल और कल्पना से मनुष्य प्रकृति को वश में करता है, आवास, बस्तियों और नगरों का निर्माण करता है तथा सुविधा और विलासिता की रुचि विकसित करता है, लेकिन उस रुचि के विकास तथा स्थिति के अपने नैसर्गिक बोध से इसके सरोकार के साथ वह मेहनत के कष्ट से बचने तथा दूसरे की मेहनत पर ऐयाशी करने के लिए अपने साथी मानव प्राणियों को भी उपकरणों की तरह उपयोग करना शुरू कर देता है। इस तरह, मनुष्य के द्वारा मनुष्य को अधीन बनाना भी शुरू हो गया। आरम्भिक काल में यह एक आकस्मिक अनुसन्धान रहा होगा जहाँ जनजातीय युद्ध के दौरान कुछ विरोधियों को बन्दी बनाया गया और फिर उनसे बन्दी बनानेवालों के लिए काम करवाया गया, लेकिन मनुष्य के द्वारा इसके लाभ का अनुसन्धान कर लिया गया। जिन्दा रहने के लिए जिन चीजों की जितनी जरूरत थी, वह उससे ज्यादा उन चीजों का उत्पादन करने लगा और जब ऐसा होने लगा तो इस तंत्र का संस्थानीकरण हो गया। मनुष्य की सबसे बड़ी उपलब्धियों में शुमार सभ्यता भी उसके लिए महाविपत्ति बनकर ही आई, क्योंकि लूटमार के लिए इसने मनुष्यों को मनुष्यों के विरुद्ध खड़ा कर दिया।

मनुष्य के दासकरण के साथ दासता से मुक्ति का संघर्ष भी शुरू हो गया, क्योंकि दासता की यह नई अवस्था उसके आजादी के नैसर्गिक बोध के विरुद्ध थी। दूसरी तरफ, दासता की शुरुआत से ही लूटमार के इस अर्जित रुझान ने मनुष्य के आजादी के आवेग को दबाने का प्रयास किया है और हम अधिकांश सभ्य इतिहास में इन दोनों के बीच के संघर्ष को छितराया हुआ देखते हैं। अभी भी हम उक्त संघर्ष के मध्य में हैं। जैसे-जैसे दासता का एक रूप समाप्त हो रहा प्रतीत होता है, वैसे-वैसे मनुष्यों को बाँधने के लिए नई बेड़ियाँ प्रकट हो जाती हैं।

प्रत्येक मानव समाज व्यक्ति के व्यवहार की आजादी पर कुछ सीमाएँ डालता है, लेकिन जब तक वे किसी गहरे अन्धविश्वास से जुड़ नहीं जाते हैं या जब तक किसी बाह्य प्रयोजन को साधने की उनकी मंशा नहीं होती है, वे यातायात के नियमों की प्रकृति की भाँति रहते हैं। वे यह सुनिश्चित करते हैं कि समूहों में रहनेवाले मनुष्यों के पास क्रियाशीलता की आजादी का उपयोग करने तथा हानिकारक टकराहटों के बिना एक-दूसरे पर प्रभाव डालने के अधिकतम अवसर प्राप्त होते हैं। हालाँकि उक्त सीमाओं पर सामूहिक सहमति होनी चाहिए और बगैर इस अनुभूति के कि सीमाएँ उनके मूल रचनात्मक आवेगों का उल्लंघन करती हैं, ये सीमाएँ सदस्यों को स्वीकार्य होनी चाहिए। चूँकि मानव प्राणी स्खलनशील है, इसलिए इन सीमाओं का अभ्यास त्रुटियों के साथ होता है अर्थात् नियमों की बोधशीलता, व्याख्या और उसके कार्यान्वयन में अन्तर होना स्वाभाविक है, लेकिन जिस क्षण ये सीमाएँ आजादी के केन्द्रीय निकाय में घुसपैठ करने के लिए उक्त त्रुटियों से परे आगे बढ़ती हैं, लोग इसके विरुद्ध प्रतिक्रिया करना शुरू कर देते हैं तथा वे अपने ऊपर आरोपित व्यवरोधों को तोड़कर बाहर निकल आते हैं। ऐसा करने की मनुष्यों में क्षमता आ जाती है।

अनेक देशों में तानाशाही व्यवस्था के आगमन तथा लोगों के सोच को सख्त नियंत्रण में रखने की परिष्कृत मनोवैज्ञानिक तकनीकों के उपयोग से ऐसी आशंका उत्पन्न हो गई थी कि ऐसे सख्त नियंत्रण के माध्यम से लोगों को ऐसा बना दिया जाएगा कि वे स्वत: ऐसे तानाशाही तंत्रों को स्वीकार कर लेंगे। व्यवहारवादी मनोवैज्ञानिकों का यह विचार कि अनुकूलन के जरिये मनुष्य को ऐसा बना दिया जाएगा कि वह अधिकारी को उपयुक्त तरीके से जवाब देगा। इस अनुकूलन का प्रयोजन था, वैसे लोगों के बीच निराशा के बोध को गहरा करना जिन्हें मानवीय स्वतंत्रता से लगाव था, लेकिन आधुनिक घटनाएँ संकेत करती हैं कि स्वतंत्रता की आधारभूत प्रेरणा पहले के अनुमान से अधिक अदम्य थी तथा कार्यशील कड़े नियंत्रित तंत्र के लिए यह आवश्यक था कि वह प्रत्यक्ष बल की धमकी को स्थायी तौर पर बनाए रखे। इस धमकी में जैसे ही ढील दी जाती है, आजादी की प्रेरणा फिर से अपना दावा करने लगती है। इसका एक कारण यह हो सकता है कि अन्य जानवरों की तरह मनुष्य किसी निश्चित तरीके से संकेतों का जवाब नहीं देता है, बल्कि उन विचारों के अनुरूप संकेतों का जवाब देता है जो विभिन्न परिस्थितियों से प्रसंग के अनुसार सम्बद्ध होते हैं। इस तरह, इनसे विभिन्न तरह के प्रत्युत्तरों का निष्कर्ष निकलता है। एक कुत्ते और मनुष्य के बीच का अन्तर ज्यादा ठोस ढंग से समझ में आता है। कुत्ता भोजन के किसी संकेत पर सीधे लार टपकाने लगता है जबकि मनुष्य 'भोजन' शब्द या इसके किसी संकेत का भिन्न-भिन्न तरीकों से जवाब देता है। मनुष्य को उसे प्राप्त करने की चिन्ता शुरू हो जा सकती है। उसे

अच्छा भोजन करने का आनन्दबोध हो सकता है। यदि भोजन का भंडार ज्यादा है तो उसके निपटारे की इच्छा हो सकती है। इस तरह के अनेक विचार मनुष्य के मन में आ सकते हैं जो प्रसंगों पर निर्भर करते हैं। साथ ही, इस तरह के प्रत्युत्तरों के पास इच्छा को पूरा करने के अनेक रास्ते होते हैं। इस तरह, प्रत्युत्तरों के वैकल्पिक ढंग हमेशा मानव मस्तिष्क के सामने उपलब्ध रहते हैं। इसलिए आधिकारिक सच्चाइयाँ, जिन्हें मनुष्यों के गले में कूट-कूटकर भरा जाता है, हमेशा पीड़ितों के अधीन उनकी गम्भीर परीक्षा के अन्तर्गत होती हैं। तानाशाही व्यवस्था के अन्दर जब लोग स्पष्ट रूप से आधिकारिक झूठों को स्वीकार कर चुके जान पड़ने लगते हैं तो वास्तव में उन्हें पाशविक बल से डराया जाता है। जिस क्षण उन्हें यह महसूस होता है कि शारीरिक जोर-जबर्दस्ती की धमकी समाप्त हो चुकी है, वे अधिकारी को चुनौती देते हुए काम करना या अपने विचारों को अभिव्यक्त करना शुरू कर देते हैं। एक बार उनके सख्त अधिकारी को हटा दिया जाता है तो शीघ्रता से तानाशाही व्यवस्थाओं के गुप्त भेद खुल जाते हैं। वह शीघ्रता इस तंत्र के कार्यों को प्रमाणित करती है।

गुलामों ने गुलामी को कभी एक तंत्र के रूप में स्वीकार नहीं किया क्योंकि मनुष्य स्वभावत: प्रत्यक्ष अधीनता को स्वीकार करने के विरुद्ध रहा है। यद्यपि वर्तमान समय तक ज्यादातर समाज दूसरों के श्रम के फलों को बलपूर्वक माँग के कुछ अंश पर निर्भर रहा है, अधिकांश मामलों में यह कमोबेश छद्मवेषी है। दूसरी तरफ, गुलामी में मनुष्यों को बिलकुल प्रत्यक्ष तरीके से अधीन कर लिया गया। इसमें न केवल मानव प्राणियों की स्वतंत्रता को अस्वीकार किया जाता है बल्कि मानव सम्बन्धों के प्रत्येक रूप को अस्वीकार कर दिया जाता है। यह उनके निष्क्रिय प्रतिरोध का कारण हो सकता है। इस प्रतिरोध के बारे में एड्वर्ड ओ. विल्सन लिखते हैं :

> ऐसे जैविक दुराग्रह को एक मानव संस्था के रूप में गुलामी की असफलता से समझा जाता है। हार्वर्ड विश्वविद्यालय के समाजशास्त्री ओरलैंडो पैटर्सन ने दुनिया-भर के गुलाम समाजों के इतिहास का एक सिलसिलेवार अध्ययन किया है। उसने इसे सत्य पाया है, प्रत्यक्ष गुलामी लगभग उसी जीवन चक्र से बारम्बार गुजरती है जिसके अन्त में मानव प्रकृति के अड़ियल गुणों के साथ इसके मूल स्थान से फूटकर निकलनेवाली अनोखी परिस्थितियाँ इसे विध्वंस की तरफ ले जाती हैं।[1]

और वह आगे लिखते हैं :

> राज्य का क्षेत्र सीमा विस्तार दूसरे लोगों के अधीनीकरण को लाभदायक बनाकर अस्थायी रूप से आर्थिक समस्या का हल कर देता है। यदि मानव प्राणी उसके बाद नई संस्कृति में ढल गया होता तथा वे उस लाल फाइगर्स चींटी की मानिन्द बन गए होते जिसके लिए गुलामी एक स्वचालित अनुक्रिया

होती है तो गुलाम समाज स्थायी बन गया होता, लेकिन वे गुण जिन्हें हम सबसे ज्यादा सुस्पष्ट ढंग से स्तनधारी और मानवीय मानते हैं, इस तरह के काम को असम्भव बना देते हैं...

प्राचीन यूनान और रोम से लेकर मध्ययुगीन इराक और अठारहवीं सदी के जमैका तक गुलाम-समर्थित समाजों में अनेक त्रुटियाँ थीं, जिनमें से कुछ घातक रही हैं, लेकिन गुलामी की संस्था अकेले उनके जीवन चक्र की प्रदर्शनीय सफाई को व्यवस्थित करने के लिए पर्याप्त रही है। 'परिपक्वता तक का उनका विकास तेज होता है,' पैटर्सन लिखते हैं, 'उनके गौरव की अवधि छोटी हो जाती है तथा विस्मरणशील आडम्बरों और पराक्रम से निकलवाई गई बात का उनका अवरोहण तेज किया।'[2]

उक्त गुलामी मानव प्रकृति से इतनी भिन्न होती है कि यह मानवी प्रजनन को भी प्रभावित करती है। यह तथ्य मनोवैज्ञानिक लियोन फेस्टिंगर ने प्रकट किया है। वह लिखते हैं :

मानवीय स्वभाव को समझने का प्रयास करने के विचार से यह रोचक है कि मनुष्यों को कभी ऐसा नहीं लगा कि उन्हें गुलाम बनाने के लिए ले जाया जा रहा है। मानव दासों को गरीब कामगारों के रूप में जाना जाता था। वे भागे और विद्रोह किए। मानव स्वभाव की दृष्टि से उससे भी ज्यादा रोचक जो चीज है, वह यह है कि कैद में मनुष्यों का प्रजनन ठीक ढंग से नहीं होता था। दासों की आबादी को बनाए रखने के लिए नए बन्दियों को गुलाम बनाया जाता था। यदि कैदियों का स्रोत सूख गया तो दास आबादी भी तेजी से कम हो जाती थी। उदाहरणार्थ, वह काफी लम्बी अवधि थी जिस दौरान रोमन साम्राज्य के द्वारा (जो अपने आर्थिक और प्रशासनिक कार्यों के लिए दासों पर बहुत ज्यादा निर्भर था) आकर्षक इनाम के साथ बच्चा पैदा करने के लिए दासों को सक्रियता से प्रोत्साहित करने का प्रयास किया गया, लेकिन वह भी बहुत हलके या बगैर किसी सफलता के किया गया...

(मैं जानता हूँ कि हाल ही में इस बात का दावा करनेवाले कुछ लोग हैं कि अमेरिका के दक्षिणी हिस्से में उन्नीसवीं सदी के गुलामों ने पर्याप्त संख्या में बच्चे पैदा किए। हालाँकि मुझे पक्का विश्वास नहीं है कि उक्त दावा सही है। जो आँकड़े मेरी नजर से गुजरे हैं वे असाधारण रूप से अविश्वसनीय हैं।)[3]

स्वतंत्रता न होने का बोध एक परिवर्तनशील तत्त्व है। यह स्थान और समय के अनुसार बदलता रहता है। यह उन अवस्थाओं पर निर्भर होता है जिनके अन्तर्गत मनुष्यों को रखा जाता है, यह मनुष्यों की अपनी स्थिति के अपने मूल्यांकन पर निर्भर करता है। प्राचीन समाज में लोगों के पास भी एक वैश्विक दृष्टि थी जिससे

उनकी निजी जीवनस्थिति के प्रति उनके व्यवहार का पता चलता है। मानव जाति की ही तरह ये वैश्विक दृष्टियाँ उस पर्यावरण के प्रति भी अनुकूलनशील होती हैं जिसमें कि ये विकसित होती हैं तथा ये अक्सर उस कटु यथार्थ से समझौता करने में लोगों की मदद करती हैं। ये इतनी दृढ़ होती हैं कि इन्हें शान्त कर पाना मनुष्यों की शक्ति से बाहर होता है। लोगों पर अपने ही साथियों द्वारा अत्याचारी शर्तें लाद दी गईं और अक्सर लोग उन्हें अपना अपरिहार्य प्रारब्ध और ब्रह्मांड की अटल योजना का हिस्सा मानकर बिना किसी शिकायत के सह लिए, लेकिन ऐसा समय दुर्लभ और छोटा है। अक्सर लोग तुरन्त यह अहसास कर लेते हैं कि उनकी दशा कोई प्रकृति की योजना का हिस्सा नहीं है, बल्कि बुरे लोगों द्वारा अप्राकृतिक रूप से रची गई है और तब वे उक्त अवस्था से मुक्ति पाने के लिए एकजुट हो जाते हैं।

यह गलतफहमी है कि आजादी और व्यक्तित्व का बोध एक नया विकास है जो आधुनिक पाश्चात्य सभ्यता के आगमन के साथ घटित हुआ है। इस विचार के अनुसार, एक प्राचीन समुदाय का व्यक्ति समुदाय के सम्पूर्ण नियंत्रण में रहता है तथा वह इस बात से भी अवगत नहीं रहता कि उसका अस्तित्व एक व्यक्ति के तौर पर कायम है। यह सत्य है कि प्राचीन समाज में मनुष्य के पास समुदाय के साथ पहचान का एक बड़ा बोध होता है। इसलिए, उस समाज का व्यक्ति आत्म-विवर्धन के लिए समुदाय को लूटने के बारे में नहीं सोच सकता है। अंशत: ऐसा इसलिए है कि समुदाय के बाहर उसे जीवन का वह मजा नहीं मिला जो वह समुदाय के अन्दर पाता है। समुदाय की कीमत पर किया गया व्यक्तिगत अर्जन उसे प्राप्त नहीं हुआ। व्यक्तिगत अर्जन और सम्पत्ति को काफी मूल्यवान समझना पूँजीवादी सभ्यता की हाल की प्रकृति का हिस्सा है। कुछ प्राचीन समुदायों में इसके सदस्यगण अत्यधिक समय में अर्जित की गई सम्पत्ति के विध्वंस के माध्यम से सबसे ज्यादा आनन्द और गौरव प्राप्त करते हैं। प्राचीन समाजों ने भी आधुनिक समाजों की तरह अपने सदस्यों के कार्यों पर रोक लगा दी, लेकिन यह रोक पृथक कानून के रूप में संहिताबद्ध नहीं है, लेकिन यह रीति-रिवाजों और कर्मकांडों का हिस्सा बन जाती है। अतएव यह स्वचालित दिख सकती है। हमारे अपने समाज में जिस तरह सख्त कानूनियत से विचलन पैदा होता है, ठीक उसी तरह ऐसी संहिताओं से भी विचलन पैदा होता है। ऐसी गलतफहमी के बारे में मैक्स ग्लूकमैन लिखते हैं :

> मेलिनोवस्की ने ट्रोब्रायंड्स में न्यायालयविहीन समाज का अध्ययन किया था। उसने अपने आँकड़ों का इस्तेमाल कबायली लोगों से सम्बन्धित दो विरोधी विचारों पर आक्षेप करने के लिए किया। पहला विचार यह था कि कबायली लोग व्यक्तिगत रूप से पूरी तरह समूह के अधीन रहते हैं और समुदाय के नियंत्रण और रीति-रिवाजों का पालन वे (मेलिनोवस्की

के शब्दों में) 'दासोचित सम्मोहित निष्क्रिय आज्ञाकारिता' से करते हैं मेलिनोवस्की के अनुसार, यह उस विचार का स्थान ले चुका था कि 'बर्बर मनुष्य' वास्तव में 'बर्बर मनुष्य है।'

मेलिनोवस्की ने हमें दूसरे लोगों के प्रति सामाजिक प्रतिबद्धता की माँग और व्यक्तिगत आत्मतोष के अभियानों के बीच एक अशान्त सन्तुलन के रूप में सामाजिक जीवन का अग्रगण्य विवरण दिया। उसने यह दिखाया कि यह सन्तोष ज्यादा मात्रा में प्रतिबद्धताओं को पूरा कर प्राप्त होता है, लेकिन उसने मनुष्य और समाज के व्यवहार में 'अनुज्ञेय अपमार्ग के क्षेत्र' (लेवलीन और होयबेल द्वारा बाद में नामित) की तरफ भी ध्यान आकृष्ट किया।[4]

आजादी की प्रेरणा केवल मनुष्यों का नैसर्गिक अभियान नहीं है। स्थिति और आक्रामकता की इच्छा की तरह मनुष्यों के पास दूसरे अभियान भी हैं। मनुष्य इन सभी सहज प्रवृत्तियों से लदे सामाजिक संगठनों का निर्माण करने का प्रयास करता है जो उनके अति जीवन के लिए अनिवार्य है। संगठन की प्रक्रिया में अक्सर मनुष्यों या जनसमूहों के बीच झंझट शुरू हो जाता है और आजादी की प्रेरणा कभी-कभी उसकी दूसरी प्रेरणाओं में डूब जाती है जो कूररता से लोगों की स्वतंत्रता को नियंत्रित करती हैं, लेकिन आजादी जीवन का वास्तविक निचोड़ होती है, इसलिए लोग अस्वतंत्रता से कभी सहमत नहीं होते हैं। आजादी का संघर्ष अक्सर चुपके से, लेकिन लगातार चलता रहता है। विभिन्न परिस्थितियों में यह संघर्ष विविध रूप ग्रहण कर लेता है। वे सभी मुद्दे जिनके गिर्द आजादी की लड़ाई चलती है, बदल जाते हैं, नए मिथकों का आविष्कार आजादी के जनसंघर्ष को सहारा देने केलिए होता है; ये लक्ष्य कभी-कभी पूरी तरह छद्मवेष धारण कर लेते हैं, लेकिन संघर्ष को कभी छोड़ा नहीं जाता है। इतिहास की पुस्तकें इन संघर्षों के बारे में हमें ज्यादा कुछ बताती नहीं हैं क्योंकि इतिहासकार या लेखक गुलाम व्यक्तियों के समूह से नहीं आते थे, लेकिन हमारे पास कुछ बिखरी हुई रपटें हैं जिन्हें जोड़कर हम एक रेखाकृति तैयार कर सकते हैं जो हजारों साल से जारी और अभी तक असमाप्त आजादी के उस अथक संघर्ष की झलक दे सकती है।

यह इतिहास की उलट-फेर के जरिये निरन्तर चलनेवाला एक साहसिक कार्य है। अवरोधों या अड़ंगों से भरी इस आजादी की लड़ाई ने अपने प्रयाण को निरन्तर जारी रखने के विमार्गों को ढूँढ़ लिया है, क्योंकि लोग उस लक्ष्य को प्राप्त करने की आशा का त्याग कभी नहीं करते हैं। वह स्थिति तभी पैदा होगी जब लोग प्रकृति द्वारा अपनी इच्छित चीजों पर आयत की गई सीमाओं का वास्तविक मूल्यांकन और अपनी प्रकृति की समझ-शक्ति प्राप्त कर लेंगे, लेकिन वह स्थिति निश्चित रूप से आनी चाहिए क्योंकि मनुष्य जब तक दूसरे लोगों या स्वयं को गुलाम बनाकर

अपनी प्रकृति के साथ हिंसा करते रहता है, वह कभी भी स्वयं के साथ का व्यक्ति नहीं बन सकता है। ऐसा कहना कोई अतिशयोक्ति नहीं है। एक तरफ, हमें अपराध के चिरस्थायी बोध को स्वीकार्य बनाने के लिए केवल उन वैज्ञानिक व्याख्याओं, असत्यों और हिंसक कार्यों पर विचार करना है जिनका आश्रय मनुष्य दूसरे लोगों को गुलामी में रखने के लिए लेता है तथा दूसरी तरफ, ऐसे व्यवहार से उत्पन्न होनेवाली चुनौती पर विचार करना है। इस तरह के कार्य निश्चित रूप से मानवीय संवेदना पर अपना दाग छोड़ जाते हैं। इन दागों के साथ वास्तव में मनुष्य स्वयं के संग कभी शान्ति से नहीं रह सकता है। कुछ लोग इन अनुभूतियों को दबाने का प्रयास करते हैं तथा बुरी अन्तरात्मा के साथ बेचैन होकर जिन्दा रहते हैं। अशोक या मार्कस ऑरेलियस जैसा व्यक्ति आन्तरिक शान्ति प्राप्त करने के लिए इस जीवन का परित्याग कर देता है, लेकिन वास्तविक समाधान परिवर्तनशील समाज में अन्तर्निहित होता है जिसके लिए गुलाम लोगों ने हमेशा संघर्ष किया है। आगे के पृष्ठों में हम इन संघर्षों में से कुछ की संक्षिप्त समीक्षा करने का प्रयास करेंगे। हम इस बात की भी समीक्षा करेंगे कि इन संघर्षों ने कैसे आजादी के सिद्धान्त को, (जैसा आज हम इसे जानते हैं) साकार होने के रास्ते तक पहुँचाया है।

2

किसी व्यक्ति या जनसमूह को अधीन में करने का प्राचीनतम रूप वही गुलामीवाला ही था या लोगों से जबरन देशी या विदेशी शासकों के लिए काम करानेवाला था। कबायली युद्ध शायद प्राचीनकाल से ही होते रहे हैं, लेकिन प्राचीनकाल में ये युद्ध अस्थायी प्रकृति के थे तथा पराये सीमाक्षेत्र के अन्दर किसी जनजाति के विस्तार और फैलाव से उत्पन्न होते थे। इस मुद्दे का आसानी से समाधान हो जाता था तथा युद्धरत कबीले विजेताओं के हाथों कुछ क्षेत्र गँवाकर अपनी पुरानी जीवनशैली में व्यवस्थित हो जाते थे। युद्धबन्दियों को जनजाति में मिला लिया जाता था या उन्हें आसानी से मार दिया जाता था, लेकिन हम कह चुके हैं कि सभ्यता के आगमन से ही किसी की विलासिता के लिए दूसरे लोगों से काम करवाने का धन्धा बड़े पैमाने पर गुलामी पैदा करनेवाली एक स्थायी संस्था बन गया था। ऐसा तभी सम्भव हो पाया जब संगठित राज्यों द्वारा युद्ध करने के लिए भारी संख्या में मनुष्यों को नियुक्त करना शुरू कर दिया गया। प्राचीन सभ्यता के कुछ शक्तिशाली राज्य इस बृहत् मानव गुलामी के कारण और परिणाम दोनों ही थे। व्यक्ति के इस तरह के अधीनीकरण और उक्त अधीनता से स्वयं को मुक्त करने के लिए किए गए संघर्षों की पौराणिक कथाओं से जो प्राचीन लेखा जोखा उपलब्ध होता है, वह उसी अधीनता और मिस्र से यहूदियों के पलायन के सन्दर्भ में है।

व्यक्ति की मुक्ति एक जबरदस्त अनुभव थी। मिस्री कारावास से इजरायलियों की मुक्ति निर्गमन कथा के रूप में बाइबल के प्रसिद्ध प्रसंग की विषयवस्तु बन गई। इस तरह की प्रभावशाली पौराणिक कथाएँ मानव जीवन में केवल बड़े अनुभवों के इर्द-गिर्द ही उत्पन्न होती हैं। स्वाभाविक तौर पर इन्हें वास्तविक घटनाओं के केन्द्र के चतुर्दिक् सजाया जाता है। कुल मिलाकर ये कल्पित कथाएँ नहीं होती हैं।

इतिहासकारों में मिस्री फराओ रोमसेस-2 (1304-1237 ई.पू.) के शासन की किंवदन्ती की घटनाओं को प्रस्तुत करने का रुझान होता है। निर्गमन कथा में जिन निर्माण गतिविधियों को उद्धृत किया जाता है, वे पिथोन और रोमसेस के नगर में घटित हुई थीं। ऐसा प्रतीत होता है कि अपनी जमीन पर दुर्भिक्ष के शिकार यहूदी कबायलियों में से कुछ मिस्र की सीमा के अन्दर प्रवेश कर गए। उनके प्रथम

प्रवेश का मिस्त्रवासियों द्वारा स्वागत किया गया था, लेकिन विदेशी लोगों के प्रति अपमान तथा अपने लोगों के प्रति सम्मान का भाव मानवता का पुराना दाग रहा है, इसलिए धीरे-धीरे समाज में यहूदी कबायलियों को पदावनत कर मातहत का स्थान दे दिया गया। अधिकांश मिस्त्रवासी किसी भी तरह खुश नहीं थे और न ही उनका बोझ कम था। उन्हें फराओ को खाद्यान्न और श्रम के रूप में भारी अंशदान करना पड़ता था, लेकिन विदेशी होने के कारण यहूदियों के साथ किसी प्रकार का मानवीय व्यवहार नहीं होता था। उनसे फराओ द्वारा शुरू कराए गए निर्माण कार्यों में जबरन कमरतोड़ मेहनत करवाई जाती थी। इस तरह की जबरन कराई जानेवाली मेहनत में किसी तरह की रियायत नहीं थी। उन्हें भाग निकलने की भी आजादी नहीं थी। वे एक बन्दी आबादी थे। यद्यपि किंवदन्ती है, निर्गमन कथा में वर्णित उनकी दुर्दशा निश्चित रूप से उनके भारी दुःख को प्रकट करती है। इस कथा के अनुसार, उन्हें अपने ईश्वर की आराधना करने की भी छूट नहीं थी। जब यहूदी लोगों के पैगम्बर मूसा ने फराओ से इजरायलियों को अपने ईश्वर की आराधना करने की छूट देने के लिए कहा तो फराओ का रवैया और सख्त हो गया। फराओ ने आदेश जारी किया कि ईंट बनाने के काम में लगे यहूदी कामगारों को पहले की तरह ईंट बनाने के लिए भूसा नहीं दिया जाएगा बल्कि इस काम के लिए उन्हें स्वयं भूसे का जुगाड़ करना पड़ेगा। फलस्वरूप, यहूदी कामगारों के लिए निर्धारित संख्या में ईंट तैयार कर पाना मुश्किल हो गया। वे जब निर्धारित संख्या में ईंट तैयार करने में विफल हो जाते थे तो उन्हें कड़ी सजा दी जाती थी।

यह इस पृष्ठभूमि के विरुद्ध था कि यहूदियों के बीच से यहूदी जाति के लेवी कबीले से सम्बन्ध रखनेवाले महान नेता मूसा का अभ्युदय यहूदियों को गुलामी से बाहर निकालने के लिए हुआ था। चूँकि मिस्त्र में यहूदियों की संख्या कम थी, इसलिए शक्तिशाली फराओ की इच्छा के विरुद्ध चलने के लिए उन्हें गहरे विश्वास की आवश्यकता थी। ऐसे में मूसा माउंट सिनाय की जलती झाड़ियों से उनके लिए ईश्वर का सन्देश ले आए ताकि उन्हें इस बात का भरोसा हो सके कि ईश्वर उनके पक्ष में है। इस तरह, मूसा अपने नेतृत्व में इजरायल के भिन्न भिन्न कबायलियों को एकजुट करने तथा मिस्त्र से उन्हें निकाल बाहर करने में सफल हो गया। हम इन घटनाओं का साथ देनेवाले अनेक चमत्कारों की कहानी को अनदेखा कर सकते हैं, लेकिन यह तथ्य है कि प्रभुत्व और नया घर हासिल करने के लिए यहूदी जाति के लोग मिस्त्र से निकलकर सिनाय पर्वत पर चले गए।

आजादी का मजा व्यक्ति को अपनी कल्पना में मिलता है और उक्त घटना की महत्ता इस इकलौते मूल्य को प्रकाशित करने में निहित होती है। यदि यह प्रयास असफल हो गया होता जैसी कि सम्भावना थी, तो ज्यादातर कबीले और बुरी तरह की गुलामी में होते या रेगिस्तान में विनष्ट हो गए होते, लेकिन आजादी का प्रलोभन

इतना ज्यादा था कि लोग सभी तरह के दु:खों का सामना करने के लिए तैयार थे। यह मूसा तथा मूसा की मुक्ति की योजना में उनके पूर्ण विश्वास को स्पष्ट करता है।

गुलामी के विरुद्ध संघर्ष

हम नहीं जानते हैं कि गुलामी कब पैदा हुई, लेकिन हम पूर्व में ही इस बात का उल्लेख कर चुके हैं कि गुलामी कबायली युद्धों से पैदा हुई थी जिसमें दुश्मनों को कैदी बनाया जाता था। सभ्यता के आरम्भ से ही हमें दुनिया के एक बड़े हिस्से में गुलामी के कुछ रूप मिलते हैं, लेकिन गुलामी के अनेक रूप होते थे।

अक्सर वे केवल घरेलू गुलाम, दरबारी या किसी देश के शासक वर्ग द्वारा विशेष रूप से रखे गए लड़ाके होते थे। मिस्र के श्वेत दास (मैमल्यूक्स) और तुर्की के शासकों द्वारा नियुक्त पैदल सेनानी (जैनेजरीज) इसी तरह के ग़ुलाम थे। इनकी स्थितियों में भी भारी अन्तर था। तुर्की की राज्य व्यवस्था में पैदल सेनानी का बहुत ज्यादा प्रभाव था। श्वेत दास को मिस्र का शासक वर्ग बनने के लिए तरक्की करनी पड़ती थी। अक्सर दूसरे देशों में घरेलू गुलाम अपने स्वामियों के विश्वासी बन गए थे, लेकिन यूनान और रोम की सभ्यताओं के गुलामों को वास्तविक दु:खद स्थिति का सामना करना पड़ा था जहाँ उन्हें एक बड़े स्तर पर उत्पादनात्मक गतिविधियों में लगा दिया गया था, विशेषकर रोम में यह काम काफी क्रूरता के साथ किया जाता था। उन्हें इन सभ्यताओं के अन्तर्गत कृषि श्रमिकों, शिल्पकारों, खनिकों और चरवाहों के रूप में बहाल किया गया था। इसी तरह का भाग्य आधुनिक काल के गुलामों का था जब अफ्रीकी अश्वेत लोग एक संगठित दास व्यापार के शिकार बन गए थे। इसमें अरब और यूरोप के दास व्यापारियों की अग्रणी भूमिका थी। वे वेस्टइंडीज और अमेरिका में चीनी और कपास की खेती के निर्णायक तत्त्व बन गए थे। गुलामी के सभी रूपों में एक तत्त्व सामान्य रूप से विद्यमान था। गुलामों को अपने लोगों से अलग कर दिया गया था। उन्हें अपनी जीवन पद्धति, पूजा पद्धति और आस्था से अलग कर दिया गया था और स्थायी रूप से पराये देवताओं और स्वामियों को स्वीकार करने के लिए बाध्य कर दिया गया था।

दासों के लिए विद्रोह कर पाना एक कठिन काम था। अपने पुराने समाज से अलग कर दिए गए लोगों के पास उन परम्पराओं और संकेतों का अभाव था जो विद्रोह के मिलन बिन्दु हो सकते थे। परम्पराविहीन व्यक्ति के पास कोई स्मृति नहीं होती है, तुलना करने के लिए कोई मानक नहीं होता है, अतीत पर गर्व करने के लिए कोई आधार नहीं रहता है तथा खोये हुए स्वर्ग को प्राप्त करने का कोई बोध नहीं होता है। एक साथ फेंके गए तत्त्वों में विजातीय एकता का भाव उत्पन्न हो, अपनी स्थिति की समग्र समझ विकसित हो तथा आजादी की अन्त:प्रेरणा को आवाज देनेवाला नेता पैदा हो, इसके लिए इन विजातीय तत्त्वों को सर्वप्रथम व्यवस्थित होना

पड़ता तथा किसी-न-किसी तरह का एक नया बंध बनाना पड़ता जो काफी मुश्किल काम था। इसके लिए अनुकूल स्थिति का बन पाना बड़ा कठिन था क्योंकि कुछ समय के लिए गुलामों की केवल अपने स्वामियों तक प्रत्यक्ष पहुँच हो जाती और घरेलू गुलामों के मामले में यह गुलाम और स्वामी के बीच किसी-न-किसी तरह का व्यक्तिगत बंध बनवा देता। फिर भी, व्यक्तिगत गुलामों का आन्दोलन हुआ ही होगा, जिसके बारे में हम जान नहीं सके। निस्सन्देह गुलामों ने अल्प गुणवत्ता का काम कर अपने निष्क्रिय प्रतिरोध का इजहार किया था। इसके कुछ प्रमाण उपलब्ध हैं। जहाँ गुलामी उत्पादक गतिविधियों के बृहत् हिस्से को परिवृत्त करती हुई बड़े पैमाने पर छा गई थी, वहाँ गुलामों और स्वामियों के बीच का सम्बन्ध अत्यधिक अव्यक्तिक हो गया था और इन्हीं परिस्थितियों में आन्दोलन की आधारभूमि तैयार हुई थी। सचमुच, सिसली और रोम में हुए इस तरह के अनेक आन्दोलनों के इतिहास से हम ज्ञान प्राप्त करते हैं जहाँ कि गुलामों के साथ ज्यादा निर्दयतापूर्ण व्यवहार हुआ था।

यूनानी सभ्यता मुख्य रूप से गुलामी पर आधारित थी। गुलाम वहाँ सभी तरह के उपयोगी और कठिन काम करते थे। इससे यूनानी नागरिकों को पर्याप्त फुर्सत के क्षण सुलभ हो जाते थे जिनका उपयोग वे दर्शनशास्त्र, तर्कशास्त्र और साहित्य से सम्बन्धित विषयों पर विमर्श करने में, नाटक करने और देखने में करते थे। इसके अलावा इनका उपयोग वे राजनीतिक विषयों पर असमाप्य वाद-विवाद में करते थे। 431 ई.पू. जिस समय यूनानी सभ्यता अपनी बुलन्दियों पर थी, गणना के अनुसार अट्टिका में पुरुष नागरिकों (गुलामों की तरह स्त्रियों को मताधिकार प्राप्त नहीं था) की संख्या 40,999 से 45,000 थी। स्त्रियों और बच्चों को मिलाकर कुल जनसंख्या 1,70,000 विदेशी (बिना मताधिकार वाले आप्रवासी विदेशी) 20,000 से 35,000 तथा गुलामों की संख्या 80,000 से 2,00,000 का अनुमान किया गया है। इससे उन गुलाम लोगों की विशाल संख्या के बारे में एक अन्दाजा प्राप्त होता है जिनका श्रम यूनानी नागरिकों को उनके तेज और चमक-दमक के लिए अनिवार्य था। जैसा कि रोम के मामले में दिखाई देता है, गुलाम एक बड़े दास व्यापार से प्राप्त होते थे। व्यापारी युद्ध के मैदानों के निकट मँडराते रहते थे। तब युद्ध बारम्बार होता था और हमारे इतिहास में यह हर समय नामी सभ्यता का अपरिहार्य सहगामी रहा है। व्यापारीगण इन्हीं युद्धों के माध्यम से युद्धबन्दियों में से अपने गुलामों को हासिल करते थे, जिन्हें बाद में सुसंगठित बाजारों के माध्यम से बेच दिया जाता था।

यद्यपि यूनानी जगत में गुलामों की संख्या बहुत अधिक थी, लेकिन हमें वहाँ के दास विद्रोह की एक भी बड़ी घटना की जानकारी नहीं है। ऐसा इसलिए है कि रोमन जगत की तुलना में यूनानी जगत में गुलामों के साथ सामान्यत: सौम्य व्यवहार होता था। हालाँकि खनिज निकालने और धातुओं को गलाने का काम बेहद अमानवीय था। गुलामों को इतना अधिकार प्राप्त था कि यदि उन्हें क्रूर व्यवहार का

अनुभव हो तो वे धार्मिक देवालयों में शरण ले सकते थे, लेकिन उक्त क्रूर व्यवहार के लिए उन्हें अपने स्वामी के विरुद्ध किसी प्रकार की कानूनी कार्रवाई करने का अधिकार प्राप्त नहीं था। घरेलू दास परिवार के सदस्य की तरह हो गए थे। उनके मर जाने पर उनके शव को उक्त परिवार की जमीन में ही दफन कर दिया जाता था। उन्हें कुछ इस तरह से शादी करने की अनुमति थी कि शादी के बाद जो बच्चे होंगे वे उनके स्वामी की ही सम्पत्ति होंगे। उन्हें बुढ़ापे के दिनों के लिए पैसा जमा करने की भी अनुमति थी। वैसे दास जिनके पास किसी प्रकार के शिल्प का कौशल प्राप्त था, उन्हें अपना स्वतंत्र व्यापार करने की अनुमति थी। इसके लिए केवल वे अपनी आय का एक हिस्सा अपने स्वामी को अदा करते थे। इस अर्द्ध-स्वतंत्रता की वजह से यूनानी हस्तशिल्पों के उत्पाद अच्छी गुणवत्तावाले होते थे, जबकि वे गुलामों द्वारा ही उत्पादित किए जाते थे। प्राय: दासों को आजादी दी जाती थी, लेकिन सामाजिक और आर्थिक बाध्यता के कारण वे अपने पूर्व स्वामियों के साथ बँधे हुए रहते थे। हालाँकि उनमें से कुछ दासों ने काफी प्रगति की। ईसा पूर्व 5वीं सदी में इसी तरह से मुक्त हुआ एक दास सौभाग्य से बहुत बड़ा साहूकार बन गया और अन्तत: वह यूनानी नागरिकता प्राप्त करने में भी सफल हो गया। इन तत्त्वों ने निश्चित रूप से कैदी होने की उस अनुभूति को जो विद्रोह या आन्दोलन का स्रोत बन सकती थी, शान्त करने में अपनी भूमिका अदा की।

रोमन जगत में गुलामी से सम्बन्धित यूनानी जगत वाली एक भी सुविधा विद्यमान नहीं थी। इसलिए रोमन जगत में अक्सर दास-विद्रोह होते रहते थे। स्पार्टकस के नेतृत्व में हुआ विद्रोह हमारी स्मृति में गुलामों की आजादी के युद्ध का एक बहुत बड़ा आख्यान है।

यूनान और रोम, दोनों में एक ही तरह से दासों का भारी अर्जन इनकी सैन्यशक्ति तथा साम्राज्यों के रूप में इनके फैलाव से सम्भव हुआ। इन साम्राज्यों के अन्तर्गत सम्पूर्ण भूमध्यसागरीय जगत के साथ उत्तरी अफ्रीका का एक बड़ा भाग, पश्चिमी एशिया तथा दक्षिणी, मध्य और पश्चिमी यूरोप का एक बड़ा भू-भाग शामिल था। यह विश्वास चारों तरफ व्याप्त था कि सभ्यता के विकास के लिए गुलामी एक अनिवार्य तत्त्व की रचना करती है, लेकिन कुल मिलाकर इस विश्वास के विपरीत इस तत्त्व से मनुष्यों की खुशी में कमी आने लगी। यह कमी न केवल गुलामों की खुशी में आने लगी बल्कि गुलाम बनाने के रास्ते का अनुसरण करनेवाले व्यक्तियों की खुशी में भी आने लगी। रोम में वहाँ के नागरिकों को यह निर्धनता साम्राज्य विस्तार और दूसरे लोगों के गुलामीकरण की प्रतिवस्तु के रूप में हाथ में हाथ डाले चलती रही। इसने रोमन राज्य व्यवस्था को गहरे प्रभावित किया।

आरम्भ में रोमन नागरिक सेना में मुख्यत: जमीन के जोतदार किसान शामिल थे। आरम्भिक काल में युद्ध बहुत कम अवधि के होते थे और केवल ग्रीष्मकाल

में ही लड़े जाते थे, लेकिन साम्राज्य स्थापित करने और युद्ध के दौरान लूटी गई सम्पत्ति को प्राप्त करने के बढ़ते लोभ के साथ जैसे-जैसे युद्धक्षेत्र का विस्तार होता गया, वैसे-वैसे किसान अपने खेतों से लम्बे समय के लिए दूर होते गए। फलस्वरूप, धीरे-धीरे खेती से ध्यान हटने लगा और किसान गरीब होने लगे। साथ ही, सेल्टिक जनजातियों तथा कार्थेजिनियनों के आक्रमण के समय बहुत सारे युद्ध इटली की ही भूमि पर लड़े गए। इसके कारण जो बर्बादी हुई, उसने किसान भू-स्वामियों की स्थिति के पतन की रफ्तार को तेज कर दिया, लेकिन धनी लोग जो सभ्यता के आरम्भ से ही युद्ध के मुख्य लाभार्थी रहे हैं, इन विदेशी विजयों से काफी धन इकट्ठा कर लेने में सक्षम थे। वे किसानों की भूमि अपने अधिकार में लेकर उन बड़े कृषि फार्मों में मिला दिए, जिन्हें युद्धों से लाए गए गुलाम जोत-आबाद करते थे। वे अपने प्रभाव और संसाधनों का उपयोग करते हुए उस सार्वजनिक भूमि को हड़प लेने में भी सक्षम थे जिसे पहले सबके उपयोग के लिए अलग रखा जाता था। इस तरह, आजाद किसान वर्ग का लूटपाट पूरा हो गया। अधिकांश किसान रोम के निर्धन नागरिक बन गए। इन सबसे रोम में भ्रष्टाचार बढ़ गया तथा रोमन राज्य व्यवस्था का पतन होने लगा।

टिबेरियस ग्रैक्सस रोम के निर्धन व्यक्तियों की आवाज उठानेवाला लोकप्रिय नेता था। उसने अपने एक वक्तव्य में किसान नागरिकों की दुर्दशा को स्पष्ट करते हुए कहा था :

> इटली में घूमनेवाले जंगली जानवरों के पास छुपने के लिए अपनी माँद और बिल हैं, लेकिन मनुष्य जो हमारे देश के लिए लड़ते और मरते हैं, वे केवल समान रूप से हवा और प्रकाश का ही उपभोग करते हैं, और किसी चीज का नहीं। यह उनका दुर्भाग्य है कि वे धरती पर अपने बच्चों और पत्नियों के साथ मारे-मारे फिर रहे हैं और रहने के लिए उनके पास घर नहीं है। हमारे सेनापति युद्ध से पहले जब अपने सिपाहियों से पूर्वजों के मकबरों और मन्दिरों की दुश्मनों से रक्षा करने की अपील करते हैं तो उनके शब्द मुझे मजाक और झूठ लगते हैं क्योंकि आप श्रोताओं में से किसी के भी पास पारिवारिक पूजागृह नहीं है और न ही आप रोमनवासियों में से किसी के पास अपने पूर्वजों का कोई मकबरा है। सचाई यह है कि आप दूसरों की सम्पत्ति और विलासिता की रक्षा करने के लिए लड़ते और मरते हैं। आप दुनिया के स्वामी कहे जाते हैं, लेकिन मिट्टी का एक ढेला भी आपके अधिकार में नहीं है जिसे आप अपना कह सकें।[1]

टिबेरियस ग्रैक्सस ने प्रयास किया था कि भूमि का न्यायसंगत वितरण तथा जोत की परिसीमा का निर्धारण (ये सब काफी आधुनिक लगते हैं) हो, लेकिन इस प्रयास

के कारण उसे खुलेआम काफी समर्थकों के साथ सिनेटरों के एक समूह द्वारा मौत के घाट उतार दिया गया। इससे यह साबित होता है कि विशेषाधिकारों और उनके लाभार्थियों के बारे में सचाई बताना शुरू से ही खतरनाक रहा है।

यह दूसरे लोगों को गुलाम बनाने तथा युद्धों का यह लाभकारी पक्ष है। रोम के वही गरीब सर्वहारा लोग बाद में रोमन अखाड़े में होने वाले मल्लयुद्ध के प्रदर्शनों का उत्सव मनाने लगे। उक्त मल्लयुद्ध में कुछ गुलाम, जिन्हें 'ग्लैडिएटर मल्लयोद्धा' कहा जाता था, एक-दूसरे से तब तक लड़ते थे जब तक कि सामनेवाले योद्धा की मौत न हो जाए। यह उस भ्रष्ट और पतित रोमन नागरिक वर्ग को रिश्वत देने का एक तरीका था जो युद्धों के कारण अपना सब कुछ गँवा बैठा था। युद्ध ने दूसरे लोगों को मल्लयोद्धा वाली हैसियत का घटियापन प्रदान किया था।

गुलामों की संख्या बढ़ती गई और ग्रामीण क्षेत्र के आजाद किसान विस्थापित होते चले गए। आकलन के अनुसार, ईसा पूर्व पहली सदी के अन्त तक इटली में बीस से तीस लाख गुलाम थे जो इटली की कुल जनसंख्या का पैंतीस से चालीस प्रतिशत थे। ये गुलाम लोग हर तरह की पाशविकता के शिकार थे। इसलिए ये क्रोध में उत्तेजित होकर बारूद रखने के एक विशाल ड्रम का निर्माण कर लिया।

लेकिन एक श्रमिक बल के रूप में भी गुलाम और गुलाम आधारित खेती अत्यन्त अकुशल थे। यह अकुशलता या अयोग्यता एक तरह का निष्क्रिय प्रतिरोध था जो गुलामी की हालत में काम करने की अनिच्छा से पैदा हुआ था। ऐसे समकालीनों द्वारा जिनमें दासों के उपयोग के बारे में सहानुभूति का अभाव था तथा जो विशुद्ध उपयोगिता के विचारों से संचालित थे, भी यह बताया गया है कि दास बहुत कामों के लिए अनुपयुक्त थे। ईसा पूर्व अन्तिम सदी का एक रोमन विद्वान कृषि कार्य का निम्नलिखित विवरण प्रस्तुत करता है :

> सभी कृषि कार्य गुलामों या आजाद व्यक्तियों या दोनों के द्वारा किया जाता है, आजाद व्यक्तियों द्वारा जब वे स्वयं उसी तरह खेत की जोत-आबाद करते हैं जिस तरह अनेक गरीब लोग अपने परिवारों के साथ करते हैं या जब वे फार्म के भारी कार्यों, जैसे फसल भंडारण, फसल कटाई के लिए भाड़े के श्रमिक के रूप में कार्य करते हैं...मेरे विचार से अलाभप्रद जमीन पर आजाद मजदूरों के साथ काम करना गुलामों के साथ काम करने की अपेक्षा ज्यादा लाभदायक है, लाभप्रद जमीन पर भी फसल भंडारण जैसा भारी कार्य आजाद श्रमिकों के द्वारा ठीक ढंग से किया जा सकता है।[2]

इन टिप्पणियों से दो चीजें स्पष्ट रूप से प्रकट होती हैं : (1) यह कि आजाद श्रमिकों की संख्या इतनी ज्यादा घट गई थी कि वे आसानी से दुर्लभ समझ लिए गए। यह अलाभप्रद जमीन में उन्हें नियुक्त करने की अनुशंसा से स्पष्ट है

(स्पष्टत: गुलाम की मौत का मतलब था, उस पर निवेश की हानि) तथा (2) यह कि भारी काम के लिए गुलाम उपयुक्त नहीं समझे जाते थे, यह बतलाता है कि वे अनिच्छुक उपकरण थे इसलिए भारी काम से जी चुराते थे। उस अध्ययन से जिससे कि उपर्युक्त उद्धरण लिया गया है, यह निष्कर्ष भी निकलता है कि जब तक एक आजाद किसान को एक निर्वाह स्तर पर स्वयं को रखे रहने की आवश्यकता थी, गुलामों को दो बार काम करना पड़ता था। पुन: इससे गुलामों के स्वामियों के समक्ष जमीन बढ़ाने तथा रंग-बिरंगी फसल उगाने की अनिवार्यता उत्पन्न हो गई ताकि लम्बे समय तक अर्थात् लगातार हर मौसम में गुलामों को काम में लगाए रखा जाए और वे सम्पत्ति की अपेक्षा आर्थिक बोझ न बन पाएँ। इससे स्पष्ट होता है कि गुलामी की हालत मानवीय ऊर्जा को निचोड़ लेती है तथा कुशलता को कम कर देती है, लेकिन निस्सन्देह जहाँ तक गुलामों का सम्बन्ध है, यह कोई विचार नहीं बन सकता था। गुलामों का विद्रोह महज गुलामी की दशा को समाप्त करने के लिए था।

रोम में दास-विद्रोह हर समय होता रहता था, लेकिन स्पार्टकस के नेतृत्व में हुआ दास विद्रोह सबसे ज्यादा अविस्मरणीय है क्योंकि इसने रोमन समाज की नींव हिला दी थी। यह विद्रोह ई.पू. 73 में हुआ था। इसका नेतृत्व थ्रेसियन मूल के स्पार्टकस ने किया था जो खुद एक मल्लयोद्धा रह चुका था। एक मल्लयोद्धा के रूप में उसे हथियार चलाने का प्रशिक्षण मिला था। साथ ही, उसने रोमन सेना के सहायक बल में पहले भी काम किया था और इस तरह उसके पास कुछ सैन्य अनुभव था। उसने अपने जैसे उन मल्लयोद्धाओं के वर्ग का नेतृत्व किया जो केपुआ की बैरकों में कैद थे। उसने कैद से बाहर निकलकर जगह-जगह भ्रमण किया और कृषि फार्मों पर बहाल गुलामों का आजादी की लड़ाई के लिए आह्वान किया। बहुत जल्द उसके साथ विभिन्न देशों के अनेक कबायली जमातों के हजारों गुलाम जुड़ गए। दक्षिणी इटली के लैटिफंडिया में नियुक्त चरवाहे जिन्हें अपने मालिकों से पशुओं की रक्षा करने के लिए हथियार मिले थे, काफी संख्या में उसके साथ हो गए। अधिकांश गुलामों को शस्त्र चलाने का प्रशिक्षण प्राप्त नहीं था, किन्तु वे इसकी परवाह किए बिना लड़ाई लड़े क्योंकि लड़ाई केवल वही लड़ सकते हैं जो अपनी निजी आजादी की लड़ाई लड़ते हैं। इसलिए उन्होंने शुरू में रोमन कॉन्सुलों और प्रान्तों के गवर्नरों की नेतृत्ववाली सेनाओं को एक-एक कर परास्त किया, लेकिन उनकी लम्बी गुलामी ने उन्हें लक्ष्य के स्पष्ट सन्दर्भ से वंचित कर दिया था। स्पार्टकस के पास विलक्षण दूरदर्शिता भी थी। उसने यह देखा कि भिन्न-भिन्न वर्गों के भगोड़े गुलामों को एक साथ लेकर जल्दबाजी में बनाई गई प्रारम्भिक सेना आगे चलकर युद्ध कौशल में निपुण और अत्यन्त अनुशासित रोमन सेना के बराबर की नहीं हो सकती है। इसलिए स्पार्टकस इस पक्ष में था कि गुलाम तेजी

से आल्प्स पर्वत को पार कर जाएँ क्योंकि वहाँ से वे (प्रत्येक ग्रुप) आसानी से अपने नैसर्गिक स्थान पर जा सकते थे, लेकिन शुरुआती विजय मादक साबित हुई। कैद ने गुलामों को बर्बर बना दिया था, इसलिए गुलामों को अपने पूर्व स्वामियों द्वारा उजाड़ बना दी गई देशी सम्पदाओं को लूटने में बड़ा आनन्द आया। इसलिए अपनी लूट की भूख शान्त करने के लिए वे इटली के अन्दर चारों तरफ घूमने लगे और जमकर लूटपाट की। इससे सैनिक अनुशासन का नाश होना स्वाभाविक था। इस तरह, बेपरवाह ढंग से लड़ने के उनके जोश को रोमन सेना के एक और संगठित प्रहार का सामना करने की आवश्यकता पड़ गई।

आजाद हुए दास जब अपने नेता स्पार्टकस की राय के विरुद्ध इस तरह से अपनी ऊर्जा को जाया कर रहे थे, रोमन जनरल सुल्ला का पूर्व लेफ्टिनेंट एम. क्रेसस, जिसने कुछ ही साल पहले एक-दूसरे दास विद्रोह को कुचला था, एक बड़ी सेना खड़ी कर उसे सैन्य प्रशिक्षण दे रहा था ताकि दास विद्रोह की चुनौती का सामना किया जा सके। इस तरह, उसने 40,000 लोगों की एक अत्यधिक अनुशासित सेना गठित कर ली। इस सेना के साथ वह दास सेना के विरुद्ध कूच कर गया। यह एक लम्बा अभियान था जिसमें स्पार्टकस अन्ततः दक्षिणी इटली में घिर गया। उसने यह प्रयास किया कि अपनी सेना के साथ मेसिना के सीध में जलदस्युओं का जहाजी बेड़ा भाड़े पर लेकर समुद्री मार्ग से भाग निकले, लेकिन वह अपने प्रयास में विफल रहा और अन्ततः अपुलिया में घेर लिया गया। स्पार्टकस ने वहाँ बड़ी बहादुरी के साथ लड़ाई की और लड़ते-लड़ते अपनी अधिसंख्य सेनाओं के साथ मारा गया। जीवित दासों में से कुछ अपने उन मालिकों के यहाँ वापस लौट गए जो अपनी पूँजी खोना नहीं चाहते थे, लेकिन वैसे 6,000 गुलामों को जिनके मालिकों का पता नहीं चल सका, एक बड़े रोमन उच्च पथ अर्थात् एप्पियन मार्ग के किनारे मार दिया गया। ऐसा गुलामों को सबक सिखाने के उद्देश्य से किया गया। इस घटना ने एक बार फिर वही बात प्रकट की कि जब विशेषाधिकार दाँव पर आ जाता है तो सभ्य व्यक्तियों की शिष्टता बहुत बड़ी क्रूरता में बदल जाती है। रोमनवासी किसी भी मामले में अपने विरोधियों के साथ कभी भी दयापूर्ण व्यवहार करने के लिए नहीं जाने गए।

आजादी के लिए गुलाम लोगों द्वारा किए गए इस शक्तिशाली विद्रोह को निर्दयता से कुचल दिया गया, लेकिन इस विद्रोह का प्रभाव बना रहा। इससे रोमनवासियों को यह सबक मिला कि गुलामों के प्रति व्यवहार में नरमी बरतने की जरूरत है, लेकिन इससे भी ज्यादा महत्त्वपूर्ण बात यह हुई कि इसने कृषि से जुड़ी गुलामी प्रथा के धीमे अन्त की घोषणा कर दी। धीरे-धीरे इस प्रथा की जगह वह प्रथा आने लगी जिसमें कॉलोनी के रूप में ज्ञात काश्तकारों को भूमि और भंडारों के उपयोग की अनुमति हो गई और बदले में उन्हें अपने मालिकों को मालगुजारी अदा करनी

पड़ती थी। इस तरह, पराजित हो जाने के बाद भी आजादी के लिए गुलाम व्यक्तियों द्वारा किया गया संघर्ष पूर्णत: व्यर्थ नहीं रहा।

यदि प्राचीन विश्व में गुलामी का विकास एक घटना के तौर पर कबायली और राष्ट्रीय युद्धों से हुआ था तो ईसाई दुनिया में छठी सदी से इसका विकास अत्यधिक सचेतन रूप में हुआ। लोभ एक शक्तिशाली प्रवृत्ति है जो आसानी से नैतिक मूल्यों और सदियों पुराने संकोचों का अन्त कर देता है। 15वीं सदी से जब यूरोप ने बड़े पैमाने पर समुद्री व्यापार शुरू किया तो विदेशी मालों से होने वाले लाभ के लोभ की कोई सीमा नहीं रह गई। बहुत जल्द जैसे ही लोभ उन्मादी जुनून के रूप में विकसित हुआ, व्यापार और समुद्री डकैती के बीच की सीमा खत्म हो गई। आरम्भ में व्यापारियों ने विदेशी भूमि से प्राप्त कीमती धातुओं और मसालों से काफी मुनाफा कमाया। बाद में उन्होंने मुनाफे के एक नए स्रोत की खोज कर ली। वह स्रोत था, मानव प्राणी का व्यापार। अफ्रीका का एक बड़ा हिस्सा इस नए माल को प्राप्त करने से जनशून्य बन गया। यूरोपवासियों का ईसाई धर्म उन्हें मनुष्यों को जबरन गुलाम बनाने के काम से नहीं रोक पाया। निस्सन्देह, यूरोपीय दास व्यवसायियों के पास इस व्यापार के बारे में एक नकली विवेक था, इसलिए इस व्यापार को न्यायसंगत ठहराने के लिए अनेक तरह के बहाने पेश किए गए। ऐसा ऐसा कहा गया कि अफ्रीकी जंगली जानवर हैं, इसलिए उनके साथ मानवोचित व्यवहार नहीं किया जा सकता है अथवा यह कि अश्वेत लोगों के मुखिया स्वयं उन्हें श्वेत लोगों के हवाले कर दे रहे हैं। इसमें कोई सन्देह नहीं कि कुछ स्थानीय लोग जिनके लालच को यूरोपीय व्यवसायियों ने जगा दिया था, वे खुशी-खुशी श्वेत लोगों के सहकर्मी बन गए, लेकिन कुल मिलाकर गुलामों को धोखे और बल से ही हासिल किया गया। व्यापारी कभी-कभी स्थानीय युद्ध में विरोधियों में से किसी एक का पक्ष लेते थे और विजेता पक्ष से गुलामों के रूप में युद्धबन्दियों को हासिल कर लेते थे।

इस सन्दर्भ में वैसे दस्तावेज जिनमें इन कार्यों में प्रत्यक्ष रूप से लगे उन समकालीन व्यक्तियों के विचार दर्ज हैं, उक्त घटनाओं के सबूत हैं। इन सम्बन्धित दस्तावेजों से यह साफ हो जाता है कि गुलाम बनानेवाले स्वतंत्र लोग स्थानीय प्रमुखों के विरुद्ध बगावत करते थे। सन् 1526 ई. में कांगो के राजा अफोन्सो की पुर्तगाली राजा के नाम की गई अपील का निम्नलिखित सार-संक्षेप इस समूचे प्रकरण के बारे में बहुत कुछ कहता है :

> और हम गिना नहीं सकते कि कितनी ज्यादा क्षति हुई है, क्योंकि उक्त व्यापारीगण प्रतिदिन हमारे लोगों, भूमिपुत्रों और हमारे भोले एवं मातहत लोगों के पुत्रों और हमारे सम्बन्धियों को पकड़ रहे हैं, क्योंकि चोर और कुविवेकी लोग उन्हें इस मंशा से पकड़ रहे हैं कि इस राज्य की उन वस्तुओं को

> हथिया लिया जाए जिन्हें प्राप्त करने की उनकी आकांक्षा है, वे उन्हें पकड़ते हैं और बेच देते हैं, और महाशय! भ्रष्टाचार और व्यभिचार इतना बढ़ गया है कि देश मनुष्यों से खाली पड़ता जा रहा है, महामहिम को इस काम से न तो सहमत होना चाहिए, न ही इसे अपनी सेवा के रूप में स्वीकार करना चाहिए...यही कारण है कि हम इस मामले में महामहिम से सहायता की भीख माँगते हैं, आप उन तत्त्वों को नियंत्रित करें कि वे यहाँ कोई व्यापारी या माल नहीं भेजें क्योंकि यह हमारी इच्छा है कि इन राज्यों में गुलामों का कोई व्यापार नहीं होना चाहिए और न ही उनकी कोई दुकान होनी चाहिए।[3]

जनशून्यता की इस सीमा को 17वीं सदी के उत्तरार्द्ध की एक यूरोपवासी की रपट से जाना जा सकता है। वोलिवेरा कैडोरनेगा सन् 1680 ई. में लिखता है :

> और यदि हम यह कहते हैं कि इन राज्यों की विजय लगभग सौ साल पहले शुरू हुई थी तो इन राज्यों में रहनेवाले लोगों के काल्पनिक परिमाण का अन्दाजा लगाया जा सकता है, क्योंकि प्रत्येक दूसरे साल इस बन्दरगाह से गुलामों की लगभग आठ से दस हजार यूनिटों को रवाना किया गया है और इस हिसाब से लगभग दस लाख गुलामों को बेचा गया है।[4]

दक्षिण अफ्रीका में वर्ष 1772-76 में हॉटनटॉट जातियों के बीच पड़नेवाली दास छापामारियों के बारे में आन्द्रे स्पारमैन ने एक प्रत्यक्षदर्शी रपट तैयार की थी जो बतलाती है कि कैसे श्वेत अधिवासीगण जंगली जानवरों की तरह इन लोगों का शिकार करते थे :

> मनुष्यों की इस नस्ल के बीच से गुलामों को पकड़ना किसी भी तरह मुश्किल नहीं है और यह काम निम्नलिखित तरीके से किया जाता है। बहुत से किसान जिन्हें नौकरों की जरूरत है, एक साथ होकर देश के उस हिस्से की यात्रा पर निकल जाते हैं जहाँ ये बोशी लोग रहते हैं। वे स्वयं और उनके लिगो-हॉटनटॉट्स या वैसे बोशी लोग जो कुछ समय पहले पकड़े गए हैं और अपनी सेवा में निष्ठा का प्रशिक्षण प्राप्त कर चुके हैं, सभी जंगली बोशी लोगों के बसेरे का पता लगाते हैं। आग के धुएँ से उनके बसेरे को पहचान लेते हैं। वे दस से पचास और सौ के समाजों में रहते हैं जो संख्या के हिसाब से ज्यादा हैं, लेकिन समुदाय के तौर पर छोटा है। इसके बावजूद किसान लोग अँधेरी रात में योजना बनाकर उन पर छह या आठ लोगों को लगा देने का जोखिम उठाते हैं। वे क्या करते हैं कि उक्त छह या आठ लोगों को उन पर लगा देने के बाद स्वयं करीब एक क्राल के नजदीक कुछ दूरी पर पहले से बैठे रहते हैं। उसके बाद एक या दो बन्दूक

से गोली दागकर भय उत्पन्न करते हैं। इस तरीके से उन जंगली मनुष्यों के पूरे शरीर में इतना भय बन जाता है कि उनमें से केवल साहसी और तेज व्यक्ति ही किसानों के इस घेरे को तोड़कर भागने की हिम्मत कर पाता है।[5]

इस विवरण से सभ्य और जंगली का अभिप्राय विपरीत जान पड़ता है। हम जब इस पूरी स्थिति को श्वेत लोगों के आत्मश्लाघी दावों के बिना उचित परिप्रेक्ष्य में देखते हैं तो यह दिखाई देता है कि गुलामी कभी भी किसी समाज या अर्थव्यवस्था के स्वाभाविक विकास के अन्तर्गत उत्पन्न नहीं हुई। यह सदा से सामाजिक प्रथाओं में व्याप्त लोलुपता से अँधियाये लोगों की उस अशिष्ट संवेदनशीलता का उत्पाद रही है जो मनुष्य प्राणी सहित सभी चीजों के मुकाबले धन का गुणगान ज्यादा करती थी। स्वयं अफ्रीकी समाज में गुलामीकरण को एक संकट के रूप में देखा जाता था, जिसका वहाँ प्रतिरोध होता था, लेकिन अफ्रीका के शान्तिप्रिय और साधारण व्यक्ति निश्चित रूप से अग्नेयास्त्रों से लैस धूर्त श्वेत व्यक्तियों की बराबरी नहीं कर सकते थे। हालाँकि बहुत से गुलाम नीग्रो सुदूर जगहों के निर्वासन को नहीं झेल पाए और अनेक लोगों का निधन रास्ते में ही हो गया। बहुत से लोग गन्तव्य पर पहुँचने के बाद मर गए और जो बच गए उनकी नियुक्ति अमेरिका के कपास फार्मों और वेस्टइंडीज की गन्ना रोपाई के कार्यों में की गई।

परन्तु आरम्भ में श्वेत लोगों को भी उक्त उद्देश्य की पूर्ति हेतु अनुबन्ध बनाने से बख्शा नहीं गया, यद्यपि यह गारंटी दी गई थी कि सेवा में एक निश्चित अवधि बिताने के बाद उन्हें गुलामी से मुक्त कर दिया जाएगा। यहाँ पुनः हम देखते हैं कि आजादी का विचार एक बार लाभ की अत्यधिक चिन्ता के साथ क्षीण होने लगता है तो यह उन वर्गों पर भी उलटा काम करने लगता है जो इसके अवमूल्यन की प्रक्रिया को शुरू करते हैं। विलियम लॉरेन काट्ज का अमेरिका के जेम्सटाउन की आरम्भिक गुलामी का निम्नलिखित विवरण यह दर्शाता है कि दास लोगों के रंग का लिहाज किए बिना ही उनकी अन्धाधुन्ध नियुक्ति की गई :

> अफ्रीकियों से भरा जहाज जेम्सटाउन के श्रमिक अभाव को राहत देने में मदद करने के लिए खरीदा गया था। उसी वर्ष लन्दन के एक सौ लड़कों को उसी उद्देश्य से उपनिवेश लाया गया था। श्वेत और अश्वेत, दोनों स्वतंत्र थे। दोनों के बीच श्रम की एक निश्चित अवधि के बारे में अनुबन्ध हुआ था। इसलिए अश्वेत गुलाम नहीं थे बल्कि गिरमिटिया सेवक थे...[6]

ऐसा बताया जा चुका है कि पैसे के प्रति जब लालच की शुरुआत हुई तो इस लालच ने श्वेतों और अश्वेतों के बीच कोई अन्तर नहीं किया। यह केवल श्वेत लोग ही थे कि स्थायी रूप से नीग्रो को गुलाम बनाने के लिए चमड़ी के रंग के अन्तर को दंडमुक्त कर दिया गया था। नीग्रो जाति के व्यापक गुलामीकरण के पहले

श्वेत लोग रेड इंडियन आबादी पर उनसे अपना काम कराने के लिए दबाव देने का प्रयास किया था, लेकिन श्वेत लोगों के फार्म पर दबाव में काम करते हुए ये दम तोड़ने लगे। वे तुरन्त अत्यधिक श्रम की क्षीण दशा और श्वेत लोगों के रोगों से मर गए। नीग्रो और अधिक बलिष्ठ साबित हुए। उनका गुलामीकरण जारी रहा, लेकिन उनका भी दूसरे लोगों की तरह गुलाम बनने का रुझान नहीं था। इसलिए, तुरन्त विद्रोह का भाव बाहर आ गया। वही लेखक, जिसको मैंने ऊपर में उद्धृत किया है, इस तरह से उत्पन्न हुई अशान्त स्थिति के बारे में निम्नलिखित बातें लिखता है :

> गुलामों को रखनेवाले लोगों का सबसे बड़ा भय गुलाम से छुटकारा नहीं था, बल्कि सम्भावित विद्रोह था।
>
> वर्ष 1800 में गैब्रिएल प्रोसर नामक एक वर्जीनियाई गुलाम ने अपने हजारों साथी क्रीतदासों को रिचमांड पर आक्रमण करने के लिए तैयार किया, लेकिन एक भयंकर तूफान ने उस नगर को बचा लिया। इस तूफान से पुल ढह गए तथा सड़कों पर बाढ़ आ गई। गैब्रिएल दुबारा अपने लोगों को संगठित करता, इसके पहले ही दो घरेलू गुलामों ने उसकी योजना के साथ धोखा दे दिया। नेताओं को गिरफ्तार कर लिया गया तथा उन्हें मौत की सजा दे दी गई।[7]

और आगे वह लिखता है :

> वर्ष 1831 का नाट टर्नर विद्रोह इतना जबर्दस्त था कि इसने दक्षिण को पूरी तरह से भयभीत कर दिया था और इसके भय से एक समय कम-से-कम गुलामी को छोड़ देने का विचार हुआ था।[8]

हालाँकि, अमेरिकी नीग्रो लोगों के लिए सबसे निर्णायक घड़ी वर्ष 1861 में शुरू हुए गृहयुद्ध के दौरान आई। इसमें स्वयं संयुक्त राज्य अमेरिका की अखंडता फँसी हुई थी। उस गम्भीर घड़ी में अब्राहम लिंकन और यू.एस.ए. की एकता के समर्थकों को नीग्रो दासों की मदद की जरूरत पड़ गई। इसलिए उनका समर्थन प्राप्त करने के लिए गुलामी की समाप्ति का निर्णय सुनाया गया। फलस्वरूप, अलगाववादी दक्षिणी राज्यों की समस्त नीग्रो आबादी में उत्तेजना फैल गई। उन लोगों ने अपने मालिकों को छोड़ दिया तथा उन लोगों के कारण को अंगीकार कर लिया जो राष्ट्र की एकता के लिए व्याकुल थे। इससे एकतावादियों के पक्ष में सन्तुलन आ गया। हालाँकि इस घटना से नीग्रो लोगों का सन्ताप तो नहीं मिटा, लेकिन इसने गुलामी की संस्था पर निर्णायक प्रहार जरूर कर दिया। गुलामी का खुमार आज तक जारी है। आज भी नीग्रो लोग गुलामी के दिनों की शर्मनाक याद दिलानेवाले पक्षपात के अनेक रूपों के विरुद्ध विविध तरीके से लड़ रहे हैं।

ध्यातव्य है कि काफी दूर स्थित जगह पर भी अपने लोग तथा परम्पराओं से कटे एवं अनेक पीढ़ियों से कैद में जन्मे और पोषित नीग्रो लोगों के लिए गुलामी जीवन का स्वाभाविक मार्ग नहीं हो सकती थी। इसलिए आजादी का भाव उनके अन्दर जीवित रहा। वे सर्वथा पट्टे पर जोर देते रहे और अवसर मिला तो वे उस गुलामी से मुक्त हो गए।

भारत में गुलामी का कोई संगठित रूप नहीं था, लेकिन यहाँ जातिप्रथा पर आधारित गुलामी का एक दूसरा रूप था। यह प्रथा कैसे शुरू हुई, यह अभी तक अनुमान का विषय है। इससे सम्बन्धित अनेक सिद्धान्त हैं, लेकिन इसमें किसी तरह का सन्देह नहीं है कि अतीत में इस प्रथा के अन्दर कुछ जातियों की निर्योग्यताएँ एक मानव समूह का दूसरे मानव समूह को अपने अधीन करने से उत्पन्न हुई थीं। वंचित वर्गों को सामूहिक रूप से 'शूद्र' कहा जाता था और शूद्रों को एक खास तरह का ज्ञान प्राप्त करने और पूजा करने की इजाजत नहीं थी। भूमि पर अथवा कम-से-कम इसके उत्पादों पर प्रमुख जातियों का नियंत्रण था। शूद्रों को सामान्यत: शारीरिक और कठिन कार्य सौंपा गया था जबकि ज्ञान केवल समाज के ऊपरी स्तर के लोगों यथा ब्राह्मण, क्षत्रिय और वैश्य वर्ग के लिए सीमित था। सिद्धान्त रूप में यह मान लिया गया था कि शूद्र इन तीन उच्च वर्णों की सेवा करने के लिए हैं।

हमारे यहाँ वस्तुनिष्ठ इतिहास की परम्परा कभी नहीं थी। अतीत की घटनाओं का एकमात्र स्रोत वे पुराण और महाकाव्य थे, जिनका संकलन उन्हीं उच्च वर्णों के लोगों ने किया था जिन्हें विद्रोह की कहानियाँ सुनाने में कोई रुचि नहीं थी। अगर कहीं विद्रोह की कहानियाँ दी भी गई हैं तो बड़े निन्दात्मक अन्दाज में दी गई हैं। इस प्रकार, यह एक सामान्य विश्वास है कि भारत में शूद्रों ने चुपचाप आत्मसमर्पण के साथ अपने प्रारब्ध को स्वीकार कर लिया तथा सुदृढ़ वर्णव्यवस्था द्वारा लादी गई सीमाओं को तोड़ने का कभी प्रयास नहीं किया। हालाँकि महाकाव्यों से हमें निश्चित प्रसंगों की जानकारी मिलती है। यद्यपि इनमें पौराणिक कल्पित कथाएँ हैं, ये महाकाव्य बतलाते हैं कि इन वंचित समूहों के बीच भी कुछ साहसी व्यक्ति थे जिन्होंने पूजा के अधिकार और ज्ञान प्राप्त करने की कामना की थी और उसे अस्वीकार कर दिया गया था। यह भी हो सकता है कि महाकाव्य के रचनाकार चारों तरफ फैली चुनौती की प्रवृत्ति को कल्पना के सहारे खत्म करने का प्रयास कर रहे थे।

'महाभारत' में एकलव्य का प्रसंग कुछ इसी तरह का है। एकलव्य निम्नवर्ण का एक युवक था, शायद जंगल में रहनेवाले जनजातीय समूह का। द्रोणाचार्य ब्राह्मण था जो सैन्य विद्या का एक प्रख्यात शिक्षक था। द्रोणाचार्य की नियुक्ति कौरवों और पांडवों को सैन्य विद्या की शिक्षा देने के लिए हुई थी। एकलव्य ने भी द्रोणाचार्य के समक्ष धनुर्विद्या सीखने की इच्छा प्रकट की थी, लेकिन द्रोणाचार्य ने उसके निम्नवर्ण के होने के कारण उसका प्रस्ताव अस्वीकार कर दिया, लेकिन

उक्त कौशल में पारंगतता हासिल करने की एकलव्य ने अपनी इच्छा नहीं छोड़ी। उस समय ऐसी मान्यता थी कि बिना गुरु के ज्ञान हासिल नहीं किया जा सकता है। इसलिए एकलव्य ने द्रोणाचार्य की एक मूर्ति बनाई और उसके सामने धनुर्विद्या का अभ्यास करना शुरू कर दिया। दूसरी बार जब द्रोणाचार्य एकलव्य से मिले तो उसके कौशल को देखकर आश्चर्यचकित रह गए। उन्हें यह जानकर खीज होने लगी कि एकलव्य धनुर्विद्या में उनके प्रिय शिष्य अर्जुन से भी आगे निकल गया है। द्रोणाचार्य ने एकलव्य से जब यह पूछा कि तुम्हारे गुरु कौन रहे हैं तो एकलव्य ने जवाब दिया कि मेरे गुरु आप ही हैं, मैंने आपकी मूर्ति बनाकर धनुर्विद्या सीखी है। एकलव्य ने द्रोणाचार्य से गुरुदक्षिणा माँगने के लिए जोर दिया। चूँकि एकलव्य निम्नवर्ण का था और उसने वह विद्या हासिल कर ली थी जो द्विजों का विशेषाधिकार था, यह देखकर द्रोणाचार्य का नीतिपरायण ब्राह्मणवादी बोध जाग उठा। उन्हें लगा कि एकलव्य ने नीति का उल्लंघन किया है। इसके अतिरिक्त यह देखकर भी काफी दुःख हुआ कि धनुर्विद्या में एकलव्य उनके प्रिय शिष्य अर्जुन से आगे निकल चुका था। इसलिए द्रोणाचार्य ने एकलव्य से दक्षिणा में हाथ के अँगूठे की माँग की और एकलव्य ने वैसा ही किया। इस तरह, द्रोणाचार्य ने एकलव्य को धनुर्विद्या के फलों से वंचित कर दिया। यद्यपि अपवित्रता के दाग को इस तरह से मिटाया गया, यह प्रसंग हमसे उन वंचित लोगों की आकांक्षाओं के बारे में बहुत कुछ कहता है। यह स्पष्ट रूप से दिखाता है कि वंचित लोगों ने प्राकृतिक क्रम के रूप में अपनी नियति को नहीं स्वीकारा था और वे चाहते थे कि उन पर जो प्रतिबन्ध लगाए गए थे, उनसे मुक्त हों। यह कम-से-कम इतना अवश्य बताता है कि वे सभी तरह का कौशल प्राप्त करने के अधिकारी थे।

एक दूसरा प्रसंग 'रामायण' के नायक राम के जीवन से सम्बन्धित है। राम को महान धर्मरक्षक समझा जाता था। उक्त धर्म में वर्णनीति शामिल थी जिसके अनुसार शूद्र तपस्या नहीं कर सकता था। यह काम केवल उच्च वर्ण के लोग ही कर सकते थे। राम के समकालीन शम्बूक, जो कि एक शूद्र था, ने इस तरह के प्रतिबन्ध को उचित नहीं माना। वह एक वृक्ष की डाली से उलटा लटककर तपस्या करने लगा। 'रामायण' के अनुसार, धर्म के इस उल्लंघन से नवयुवकों की अकाल मृत्यु होने लगी। विद्वज्जन, जो निस्सन्देह ब्राह्मण थे, इस आपदा के कारणों पर विचार किया और तुरन्त इसे शम्बूक की अपवित्रता से जोड़ दिया। इसी के अनुसार राम से कहा गया कि धर्म के उल्लंघनकर्ताओं को दंड देकर धर्म की रक्षा करें। इसलिए राम वहाँ पहुँचते हैं, जहाँ शम्बूक पेड़ की डाली से पैर बाँधकर उलटा लटका हुआ था। राम तुरन्त उसका सिर काट लेते हैं और इस तरह धर्म की रक्षा करते हैं। यह प्रसंग पुनः इस तरह की चुनौती के अस्तित्व की ओर इशारा करता है जिसका 'रामायण' की इस कथा के माध्यम से विरोध करने का प्रयास किया जाता है।

ये सभी प्रसंग पूरी तरह काल्पनिक हो सकते हैं, लेकिन इनकी खोज मनुष्य के नैतिक विकास के लिए की गई थी। यह तथ्य इस चीज की तरफ इशारा करता है कि वर्ण सम्बन्धी नियमों का विरोध व्यापक था और यह लोगों का ध्यान आकृष्ट कर रहा था। यह विरोध वर्ण सम्बन्धी नियमों का उन्मूलन चाहता था। इस विचार की सम्पुष्टि बाद के समय में भारत में विकसित होने वाले अनेक धार्मिक आन्दोलनों, (भक्ति आन्दोलन) जिनके ऐतिहासिक साक्ष्य उपलब्ध हैं, से होती है। यह आन्दोलन बगैर किसी चुनौती की पूर्ववर्ती परम्परा के सम्भव नहीं था। ऐसी परम्परा समाज के निचले क्रम के लोगों में काफी व्यापक थी। हम दूसरी जगह इसकी विस्तार से चर्चा करेंगे।

व्यक्तिगत प्रयासों के अलावा निम्न जाति के लोगों द्वारा अपनी जाति के निम्नस्तरीय बन्धन को तोड़कर उससे निकलने का सामूहिक प्रयास भी किया गया। ऐसे साक्ष्य उपलब्ध हैं कि निम्नस्तरीय जाति या जनजाति जिसने स्वयं को काफी मजबूत समझा, किसी योग्य नेता के नेतृत्व में उसने एक स्वतंत्र राज्यक्षेत्र कायम कर लिया और पूर्ण सम्प्रभुता का लुत्फ उठाया। कालान्तर में इसके राजा और पूरे वंश ने क्षत्रिय की हैसियत हासिल कर ली और इस तरह, प्राचीन काल की उनकी अयोग्यताएँ समाप्त हो गईं। हालाँकि मुक्ति के इस रूप की सबसे बड़ी त्रुटि यह थी कि इसने स्वयं गुलामी की प्रथा को समाप्त नहीं किया। वर्णव्यवस्था ज्यों की त्यों बनी रही, केवल एक वर्ग को उक्त वर्णव्यवस्था में उच्चस्तर प्राप्त हो गया। इस तरह, मुक्ति के क्षेत्र का सामान्य विस्तार हासिल करने की जगह इसने अनेक वर्गों के भाग्य में केवल एक बदलाव लाया, पहले से जो निम्न जाति के थे, उनका स्तर ऊँचा हो गया और जो उच्च स्तर के थे, वे निम्न स्तर के हो गए तथा उनके बहुत से अधिकार समाप्त हो गए। इस तरह के विकास में उस तथ्य को ढकने की भी प्रवृत्ति थी कि लोग स्वयं शुरू से आजादी के लिए संघर्षरत रहे हैं। इससे यह आस्था पनपी कि भारत की आबादी के दबे हुए तबके ने स्वेच्छा से अधीनता और गुलामी को स्वीकार कर लिया था।[9]

3

सामाजिक जीवन के उषा-काल में आजादी भूमि पर लोगों की पहुँच और भूमि का उपयोग करने के अधिकार से गहरे सम्बन्धित थी। तब आजादी को एक सामूहिक अर्थ में लिया जाता था। यद्यपि भूमि का उपयोग व्यक्तिगत होता था अर्थात् दुनिया के अनेक हिस्सों में यह परिवारों के उपयोग में थी, इस पर आधिपत्य समूह का ही होता था। सभी आदिवासियों का इस पर अधिकार था तथा इसका उपयोग मुख्य तीन तरीकों में से किसी एक तरीके से हो सकता था। इसका उपयोग शिकार करने तथा समूह में रहनेवाले आदिवासी, खानाबदोश या अर्द्ध-खानाबदोश गड़रिए और खेती सीख गए आदिवासी कर सकते थे। शिकार करने तथा समूह बनानेवाले आदिवासियों के मामले में प्रादेशिक सीमाएँ स्पष्ट रूप से परिभाषित नहीं थीं। ये सीमाएँ मुख्यत: किसी क्षेत्र के पेड़-पौधों और झाड़ियों से परिभाषित होती थीं जिनके फलों और जड़ों को खेल की तरह इकट्ठा किया जाता था जिनमें अक्सर दूसरे आदिवासियों की प्रादेशिक सीमाओं के अन्दर फैल जाने की प्रवृत्ति होती थी। यह फैलाव एक बृहत् भाग में हो जाता था। स्पष्ट सीमांकन की इस कठिनाई के बावजूद आदिवासी लोग अपने निश्चित क्षेत्रों की पहचान कर लेते थे। इसी तरह की समस्या उन पालकों के साथ भी थी जो सूखे की स्थिति में चरागाह की तलाश करते हुए एक नए क्षेत्र में घुस जाते थे। फिर भी, यद्यपि सीमाओं की कोई स्पष्ट पहचान नहीं थी, एक बहुत बड़े भू-भाग पर जिसके अन्दर खानाबदोश आदिवासी चरागाह की तलाश में आदतन घूमते रहते थे, अपना क्षेत्र होने का दावा कर बैठते थे। किसान आदिवासियों के मामले में सीमाएँ स्पष्ट रूप से परिभाषित थीं क्योंकि कृषि हेतु उन्हें एक खास क्षेत्र में अधिवास करना पड़ता था। खराब खेती की स्थिति में भी एक आदिवासी कुछ वर्षों का चक्र पूरा कर अपने मूलस्थान को लौट आता था, इसलिए सीमाओं की सटीक पहचान हो जाती थी।

आदिवासी जब तक तुलनात्मक रूप से समरूपी बने रहे, जमीन पर इनकी समान रूप से पहुँच बनी रही तथा वे समान रूप से जनजातीय नियमों से बँधे रहे। आजादी खोने की समस्या कभी उत्पन्न नहीं हुई। यद्यपि आदिवासियों के लिए अपने अधिकारी को सम्मान देना अनिवार्य था, अधिकारी आदिवासियों के लिए

पराए नहीं थे। अधिकारी की भूमिका बुजुर्गों या जनजातीय सभाओं द्वारा अदा की जाती थी। अक्सर आदिवासियों के साथ अधिवास करने के खयाल से आनेवाले विदेशी कुल के लोग काफी संख्या में या जबरन घुसपैठ करनेवाले नहीं थे तो उन्हें पूरी तरह आत्मसात कर लिया जाता था। यदि स्थानीय और बाहरी लोगों के बीच अन्तर बहुत ज्यादा था, तो बाहरी लोगों को पचा पाना बड़ा कठिन होता था। ऐसी स्थिति में दोनों के बीच विवाद शुरू हो जाता था। आदिवासी असममित या असमान सम्बन्ध के साथ अधिवास करते थे, इसलिए उनके अन्दर बाहरी लोगों के प्रति शत्रुता का भाव बना रहता था। फलस्वरूप, एक श्रेणीबद्ध सम्बन्ध कायम हो गया और संघर्ष में परास्त होने वाले आदिवासियों को अपने कुछ अधिकारों से हाथ धोना पड़ा। यह एक तरीका बन गया, जिसके माध्यम से समाज के कुछ सदस्यों के मूल जनजातीय अधिकार और आजादी खत्म कर दी गई।

हालाँकि जनजातीय स्वतंत्रताओं के खत्म होने का एक बड़ा कारण बारम्बार जनजातीय युद्धों का होना था। ये युद्ध तब होते थे जब शोषण के कारण या जीवनरक्षक वनस्पतियों और जन्तुओं या जमीन की कमी के कारण या आबादी बढ़ने के कारण आदिवासी नए क्षेत्रों की तलाश में घूमते थे। इस तरह, इनका उस नए क्षेत्र के पूर्व बाशिन्दों से झंझट होने लगा जो युद्ध में परिणत हो जाता था। चूँकि आदिवासियों में क्षेत्रीय बोध ज्यादा था, इसलिए कभी-कभी ये हिंस्र हो जाते थे। इससे जनजातीय स्वतंत्रता दो तरह से खतरे में पड़ गई। पहला यह कि जो आदिवासी परास्त हो गए, उनकी हैसियत निम्न हो गई तथा जमीन पर उनकी समान पैठ समाप्त हो गई। जमीन के उपयोग की इजाजत उन्हें तभी मिलती थी जब वे विजेताओं की सेवा करने की इच्छा रखते थे या स्वेच्छा से उन्हें कुछ टैक्स/नजराने का भुगतान करते थे। हम देख चुके हैं कि इस बादवाली स्थिति से पराजितों का गुलाम भी बनाया जाने लगा, लेकिन बारम्बार के जनजातीय युद्धों में लड़ाई करने की योग्यता पर अधिशुल्क लगाने की भी प्रवृत्ति होती थी। एक योग्य सरदार तथा उसके लालची समर्थक बहुत जल्द अपने निजी आदिवासी समूह में विशेष हैसियत हासिल कर लेते थे, लेकिन इससे सरदारी और बादशाहत जैसी चीजें पैदा हो गईं। कालान्तर में यह विजयमान आदिवासियों पर भी निश्चित घृणित बाध्यताएँ लगा दे सकती हैं। आदिवासियों के नैसर्गिक अधिकारों का उपयोग धीरे-धीरे राजा की मर्जी पर निर्भर हो जाता है। राजा स्वयं आदिवासी समूह का प्रतीक और प्रतिनिधि होने के चलते आदिवासियों से ऊपर होकर निरंकुश बन जाता है। साथ ही, राजा जैसे ही न केवल अपने आदिवासी समूह का बल्कि दूसरे आदिवासी समूह का भी शासक बनता है, सर्वोच्च सत्ता का उसका दावा कुछ समय बाद लोगों की समझ में आने लगता है। समय बीतने के साथ राजा स्वयं उस हाल में जब उसके अधिकार की उत्पत्ति को लोग भूल जाते हैं, अपने आपको शासन करने के दैविक अधिकार के सिद्धान्त से भ्रमित करना शुरू कर देता है।

समाज के इस विभाजन से विलासिता और तंगहाली का विपरीत ध्रुव तैयार हो गया। अब कुछ ही लोग विलासिता तथा अत्यधिक आवश्यक वस्तुओं का उपभोग कर सकते थे और इसके लिए अन्य लोगों को कड़े परिश्रमवाले काम में लगा दिया गया जो बेहद गरीबी में जीवन यापन करने के लिए विवश थे। इस अन्यायपूर्ण सम्बन्ध को केवल मेहनतकश लोगों पर कड़ा नियंत्रण रखकर ही कायम रखा जा सकता था। विशेषाधिकार के बने रहने के लिए एक मिथक की जरूरत पड़ी जिसे शोषितों के बीच उन्हें शान्त रखने के लिए प्रचारित करना पड़ा, लेकिन अनुभव के सामने यह मिथक बेनकाब हो गया। उत्पीड़ित लोगों ने इन मिथकों पर सवाल करना शुरू कर दिया और एक अन्य सामाजिक व्यवस्था के सपनों के साथ अपना मिथक गढ़ने लगे। यह स्थापित व्यवस्था के लिए एक चुनौती बन गई। अतएव सभी भ्रान्त विचारों को दबाना आवश्यक हो गया क्योंकि उनसे विशेषाधिकारों के साथ व्यवस्था की वैधता समाप्त हो रही थी। व्यवस्था के दूर से चुनौती देने की प्रवृत्ति रखनेवाले विचारों का उत्पीड़न भी प्रचलन में आ गया। यह विकास विशेषाधिकार वाली सभी प्रथाओं में साफ दिखाई देता है। अतीत में भी यह ऐसा ही रहा है और वर्तमान में भी ऐसा ही है। यद्यपि समाज में विशेषाधिकार के अनेक नए रूप और आजादी में साथ-साथ गिरावट पैदा हुई है, आजादी की आरम्भिक गिरावट जनजातीय स्वायत्तता की कमी के रूप में उत्पन्न हुई।

भूमि के छिनने से आजादी के जब्त होने का मार्ग प्रशस्त हो गया और दो रूपों में यह व्यापक तौर पर जाहिर हुआ : (1) टैक्स के रूप में, जिसे राज्य पर या सामन्ती प्रथा के अन्दर जागीर पर अपने नियंत्रण के माध्यम से बलात् सत्ता का नियंत्रण करनेवाले शासक वर्ग द्वारा जबरन वसूला जाता था, और (2) राष्ट्रीय आजादी के ह्रास के रूप में, जो एक जाति से सम्बन्धित क्षेत्र पर एक विदेशी जाति द्वारा कब्जा जमा लेने के माध्यम से होता था। अतीत के सबसे ज्यादा केन्द्रीकृत राज्य जिसमें फराओ का मिस्र तथा भारत का मौर्य और मुगल साम्राज्य भी शामिल था, उक्त पहले रूप से सम्बन्धित थे। राज्यों का दावा अपने राजनीतिक नियंत्रण में आनेवाली समस्त भूमि के उत्पाद के एक हिस्से पर रहता था। इससे राज्य के लिए टैक्स का सृजन हुआ जिस पर राज्य की सभी शाखाएँ तथा उसके आश्रित निर्भर हो गए। इन सभी राज्यों में तानाशाही व्यवस्था थी तथा लोगों का जीवन और आजादी की दशा एक खास समय में शासकों की प्रकृति पर निर्भर होते थे। राज्याधिकारी जब पिलपिले और अयोग्य हो गए तो लोगों ने आपेक्षिक स्वतंत्रता का लुत्फ उठाया। साम्राज्यिक सत्ता के स्थान से काफी दूर बैठे लोगों ने भी थोड़ी आजादी का लुत्फ उठाया क्योंकि आरम्भिक काल में राज्य के हाथों में नियंत्रण के जो माध्यम थे, वे सभी लचर संचार व यातायात के कारण बिलकुल अकुशल थे। सामन्ती प्रथा में केन्द्रीकरण का अभाव था, इसलिए वास्तविक अधिकार स्थानीय स्वामियों के पास

था। इस प्रथा का श्रेष्ठ रूप यूरोप में कायम था, लेकिन इसका परिष्कृत रूपान्तर अनेक देशों में विद्यमान था जिनमें प्राचीन चीन और जापान का नाम शामिल है।

सामन्तवाद के सम्पूर्ण विकास के पहले भी यूरोप में इस विकास का बीज वहाँ की पूर्ववर्ती अवस्थाओं में विद्यमान था। दूसरे का शोषण करने की आदत बड़ी मुश्किल से समाप्त होती है। रोमन साम्राज्य ने गुलामी पर आधारित फुरसतवाली धन-सम्पदा का स्वाद चखा था, इसलिए वह पुराने समय के बलिष्ठ स्वामी-जोतदार की हैसियत में आसानी से वापस नहीं लौटा। हम पहले ही इस पर विचार कर चुके हैं कि किस तरह गुलामी औपनिवेशिक प्रथा को जन्म दे रही थी। वहाँ कॉलोनियाँ गुलामों या कृषि-मजदूरों का स्थान ले रही थीं। एक समय दोनों प्रथाएँ बारी-बारी से जारी रहीं, लेकिन कालान्तर में अनेक पूर्व गुलामों को काश्तकार के रूप में जायदाद पर बसाया गया तथा इन काश्तकारों एवं पहले के मुक्त काश्तकारों के बीच का भेद मिटने लगा। इस तरह, वह समाज जो परदेसी लोगों को गुलाम बनाने से शुरू हुआ था, कुछ हद तक अपने ही नागरिकों को गुलाम बनाकर समाप्त हो गया। दासों की बँधुआ दशा रोमन जगत (इसमें यूरोप का एक बड़ा भाग शामिल था) में पहले ही काश्तकारों का नियमित टैक्स बन रही थी। यह 332 ई. के कौंस्टेंटाइन के कानून से स्पष्ट होता है, जो यह कहता है :

> जिस किसी के भी साथ किसी दूसरे स्थान से सम्बन्ध रखनेवाले कोलोनस का पता चले, तो नए संरक्षक को न केवल उन्हें उनकी जन्मभूमि (मूल) पर फिर से बसाने दें, बल्कि उन्हें अपने अनुपस्थिति-काल के लिए टैक्स का भुगतान भी करने दें। पलायन का विचार करनेवाले कॉलोनी का जहाँ तक सम्बन्ध है, उन्हें दासों की विधि के पीछे बेड़ियों में डाल दिया जाने दें ताकि वे एक दासोचित भर्त्सना के बल पर पूरी तरह मुक्त व्यक्तियों का कर्तव्य निर्वहन करें।[1]

इस तरह काश्तकारों को वश में करने और उनसे टैक्स वसूलने की प्रवृत्ति पहले से ही रोमन जगत में गहरे बनी हुई थी, लेकिन इसका सम्पूर्ण रूप तब दिखा जब रोमन साम्राज्य टूटने लगा। 5वीं और 8वीं सदी के बीच की अवधि के नियमित युद्धों और मैरोविंजी राजाओं के कमजोर पड़ते जाने से साम्राज्य की दोनों केन्द्रीय एवं जनजातीय सत्ताएँ विनष्ट हो चुकी थीं। टैक्स उगाहना, सेना के लिए लड़ाकों को तैयार करने की बाध्यता तथा न्यायिक प्रशासन जैसी गतिविधियाँ धीरे-धीरे बड़े भू-स्वामियों के हाथों में चली गईं। यद्यपि ये भू-स्वामी कहने के लिए राजा के अधीन थे, वास्तविक राजनीतिक शक्ति इन्हीं भू-स्वामियों के पास थी जो इसका पूरा उपयोग उन किसानों का शोषण करने के लिए करते थे जिनकी हैसियत घटकर इनके गुलाम जैसी हो गई थी। चार्लीमैन के मरणोपरान्त इस प्रक्रिया को आगे भी

उत्प्रेरक मिल गया जब उसके साम्राज्य के बिखराव से यूरोप में सत्ता शून्यता की स्थिति उत्पन्न हो गई थी। भूमिवाले पादरी एवं सशस्त्र स्वामियों ने आसानी से इस शून्य में नियंत्रण का अपना छोटा-सा क्षेत्र गढ़ लिया। इंग्लैंड जैसे कुछ देशों में भूमि के नॉर्मन विजय ने इस प्रथा को प्रत्यक्ष रूप से लाद दिया जो हैनिश आक्रमण द्वारा पहले ही नए पौधे के लिए तैयार किया गया था, जिसने जनजातीय सत्ता को विचारणीय रूप से कमजोर कर दिया था और लड़ाकुओं के उस वर्ग को अस्तित्व में ला दिया था जिसे सेवा करने के बदले भूमि दी गई थी।

सामन्तवाद अनेक अन्य देशों में विकसित हुआ। हम देख चुके हैं कि यह चीन और जापान में भी विकसित हुआ था। चीन में यह प्रथा उस रूप में प्रकट हुई जब किसान सैनिकों की जगह उन कंगाल किसानों में से जो कृषि छोड़ चुके थे, को भाड़े का सैनिक बनाकर रखा जाने लगा। इससे किसानों की निष्ठा पर नियंत्रण रखनेवाले युद्ध सामन्तों का एक वर्ग अस्तित्व में आ गया। इनसे एक तरह की सामन्ती अर्थव्यवस्था का सृजन हुआ जो किसानों के टैक्स पर आधारित थी।

इन सारी प्रथाओं में एक तथ्य सामान्य था और वह तथ्य यह था कि इन समाजों में शोषण और आर्थिक विभाजन व्यापक रूप से लुटेरे मालिकों द्वारा किए गए लोगों के अधीनीकरण पर आधारित था। यह व्यापक रूप से मुट्ठीभर लोगों द्वारा छल या बल से जमीन के अधिराजत्व पर दावा करने से सम्भव हुआ था। यही था जिसने मुक्त किसानों सहित अन्य लोगों से जबरन अनेक तरह का काम कराया और मालिकों को टैक्स अदा कराया तथा अनेक अन्य तरीकों से उनके आदेश का पालन कराया।

दास जन्मजात एक खास मालिक की सम्पत्ति होता था और यह मालिक की जायदाद के साथ दूसरे मालिक के कब्जे में चला जाता था। दासों को इजाजत नहीं थी कि वे अपने स्वामी के प्रदेश से बाहर शादी करें। उनके नि:सन्तान मर जाने की स्थिति में उनके घर और औजारों पर उसके स्वामी का कब्जा हो जाता था। ऐसा माना जाता था कि ये औजार और घर उसे अपने मालिक का काम करने के लिए दिए गए थे। स्वामी या मालिक की जमीन पर काम करने के अतिरिक्त एक दास को अपने मालिक के लिए दूसरी तरह का मेहनतवाला काम भी करना पड़ता था। इसमें सड़क, पुल और गड्ढे की मरम्मती, जलावन की लकड़ी की आपूर्ति, अस्तबल एवं कुक्कुरशाला की देखभाल, लोहारी, धुलाई, कताई, बुनाई तथा मालिक के राजमहल हेतु दूसरे प्रकार के हस्तकार्य इत्यादि शामिल थे।

यद्यपि सभी देशों में एक समान स्थिति नहीं थी, अलग-अलग देशों में अलग-अलग स्थितियाँ थीं और उनके बीच व्यापक अन्तर था, लेकिन यह यूरोपीय सामन्तवाद की विशेष प्रथा थी जिसने स्वामित्व की सदृश प्रथाओं और दुनिया के विभिन्न भागों में बँधुआ श्रमिकों पर आधारित कृषि को अपना नाम उधार में दिया है।

शहरों का विकास जब धीरे-धीरे विशेषता और कौशल के साथ उन अनेक चीजों के उत्पादन के केन्द्र रूप में होने लगा जो पहले मालिक के प्रदेशों में स्थानीय स्तर पर मिलती थीं, तो मालिकों ने शहर के उन बेहतरीन उत्पादों को अपने उत्पादों के रूप में पसन्द करना शुरू कर दिया। इस तरह, श्रमिक सेवा से दासों द्वारा टैक्स अदायगी की तरफ बढ़ा गया। अब दास टैक्स भुगतान के लिए काम करने लगे या टैक्स अदा करने के लिए अपने उत्पादों को बाजार में बेचकर आवश्यक राशि जुटाने लगे। उदाहरणार्थ, रूस में 1861 ई. के दासवाद के उन्मूलन के पहले अनुपजाऊ मिट्टीवाले वनक्षेत्रों से आनेवाले दास मुख्यत: मॉस्को में या अन्यत्र पारिश्रमिक के लिए काम करते थे जिससे अपने मालिक को टैक्स का भुगतान करते थे। वे कारखाना मजदूर, बैलगाड़ी चालक या वेश्या के रूप में काम करते थे ताकि मालिक के प्रति अपने फर्ज का निर्वाह कर सकें।

परन्तु टैक्स अदा करने के इस विकल्प से किसानों या दासों का बोझ हलका नहीं हुआ। वे जिस टैक्स का भुगतान करते थे वह बेहिसाब था। अनेक प्रकार के टैक्स थे जिनमें स्वास्थ्य टैक्स, पुरोहिती हक, मालिक यदि युद्ध या किसी तरह की कैद में हो तो फिरौती की सहयोग राशि, मालिक के बेटे की पगड़ी तथा बेटी की शादी की सहयोग राशि आदि शामिल थे। इसके अतिरिक्त मालिक की आटा चक्की में अनाज पिसवाने, मालिक के चूल्हे पर रोटी पकाने तथा मालिक के दरबार में विवाद सुलझाने के लिए भी भुगतान करना पड़ता था। मालिक के खेतों में काम करने से मालिक को कई तरह के लाभ मिलते थे। फसल की कटाई के समय दासों को पहले मालिक की फसल को काटना पड़ता था। अपनी फसल की कटाई करने के पहले उन्हें अपने मालिक की फसल की चिन्ता और देखभाल करनी पड़ती थी और उन्हें प्राकृतिक आपदाओं से बचाना पड़ता था।

सामन्तवाद 8वीं और 11वीं सदी के बीच यूरोप में कायम हुआ था। 15वीं सदी के आरम्भ से लोग इस गुलामी को खत्म करने के बारे में सोचने लगे थे। इस सामन्ती जकड़न से मुक्ति पाने का पहला प्रयास हिंसक रहा। यह ठीक उसी तरह का था जिस हिंसक तरीके से सामन्तवाद को आरोपित किया गया था, लेकिन पदावनति लोगों की सोच को निर्धन बना देती है। किसान इस बात को जल्दी समझ नहीं सके कि दाँव पर कौन-सी चीज है। वे अपने दु:खों के स्रोत को भी ठीक से पहचान नहीं कर पाए थे। राजा, जो सामन्ती व्यवस्था के शीर्ष पर आसीन था, वह उसकी गुलामी के प्रतीक के तौर पर कभी नहीं दिखा बल्कि वह परोपकारी पिता के रूप में दिखता था। उत्पीड़क, जो ठीक उसके ऊपर थे, स्पष्ट रूप से दिखाई दे रहे थे। इसलिए क्रोध सामान्यत: उन्हीं के विरुद्ध फूट पड़ा।

यूरोप में किसानों का प्रथम बड़ा विद्रोह 1358 ई. में फ्र ांस में हुआ था जिसे 'जेक्वेरी' के नाम से जाना जाता है। किसानों की शिकायतें बहुत ज्यादा थीं जैसा

कि पूर्वोक्त करों के उस बोझ की प्रकृति से जाहिर होता है जो वे उठा रहे थे, लेकिन काफी समय से जो गुस्सा जमा हो रहा था, उसे एक बृहत् अग्निकांड में बदलने के लिए बाहर से चिनगारी या संवेग की जरूरत थी। यह काम फ्रांस की मध्यवर्गीय जनता ने किया। वे एक समर्थ नेता मार्सेल के नेतृत्व में तीसरे वर्ग के निश्चित अधिकारों को प्राप्त करने के लिए राजा के विरुद्ध लड़ाई शुरू कर चुके थे। इसमें मुक्त कामगारों से लेकर बड़े व्यापारियों तक के वर्गों की गोलबन्दी शामिल थी अर्थात् वे तमाम लोग जो किसान नहीं थे या अभिजात वर्ग या पुरोहित वर्ग से सम्बन्धित नहीं थे, इसमें शामिल थे। कुछ लोगों की मान्यता है कि अभिजात वर्ग को कमजोर करने के उद्देश्य से मध्यवर्ग के लोगों ने किसानों को विद्रोह करने के लिए उकसाया क्योंकि उनका आभिजात्य ही तानाशाही का मुख्य अवलम्ब था, किन्तु ऐसे उकसावे के बिना भी उनके अधिकारों के लिए मध्यवर्ग के लोगों की लड़ाई उनके निजी अधिकरों का विचार देने में असफल नहीं हुआ होता। यह सामान्य अनुभव की बात है कि जब समाज का एक अपेक्षाकृत ठीक-ठाक वर्ग उन शक्तियों से जो इसके ऊपर होते हैं, अपने अधिकारों की माँग करता है तो इस प्रयास से तुरन्त आबादी के उन तबकों में, जो आर्थिक और सामाजिक रूप से इसके नीचे होते हैं,जागरूकता का एक चक्र शुरू हो जाता है।

किन्तु तात्कालिक कारण चाहे जो कुछ भी रहा हो, सेनलिस के समीप के एक गाँव में 28 मई, 1358 ई. को किसानों के एक दल ने अपने गुस्से का इजहार करने के लिए एक सभा का आयोजन किया जिसमें उसने अभिजात वर्ग के लोगों को न केवल अपनी दुर्दशा के लिए बल्कि कुछ ही समय पहले अंग्रेजों द्वारा फ्रांसीसी राजा को कैद कर लिए जाने के लिए भी दोषी ठहराया। सौ लोगों के एक दल ने नजदीक की एक गढ़ी पर आक्रमण कर दिया और घर में घुसकर मालिक तथा उसके बच्चे और पत्नी की हत्या कर दी और घर को जला डाला। उक्त दल के पास डंडे और चाकू के सिवाय दूसरा कोई अस्त्र नहीं था। इसका अनुसरण दूसरी जगह के किसानों ने भी किया और शीघ्र ही फ्रांस के एक बड़े भाग में विद्रोह फैल गया, लेकिन किसान उन अभिजात लोगों में से जो पेशेवर योद्धा थे, लड़ने के लिए न तो पूरी तरह संगठित थे और न ही हथियारों से लैस थे। साथ ही, किसानों का न तो कोई नेता था और न ही उनके पास अपने आन्दोलन का कोई स्पष्ट उद्देश्य था। वे इतना ही जानते या अनुभव करते थे कि उन्हें अपने उत्पीड़कों से मुक्त होना है। उन्हें यह जानकारी नहीं थी कि वर्तमान व्यवस्था की जगह कौन-सी व्यवस्था लेगी, इसलिए अन्ततः यह विद्रोह खत्म हो गया। इसके बाद किसानों का व्यापक संहार हुआ, लेकिन विद्रोह का बीज बोया जा चुका था और यह तीन शताब्दी बाद 1789 ई. की क्रान्ति के समय पुष्पित हुआ। निस्सन्देह, इस कहानी को हम अच्छी तरह जानते हैं।

इस प्रथम किसान विद्रोह से जुड़ा हुआ न होकर भी बाद के दशकों और शताब्दियों में यूरोप के अधिकांश भाग में किसान विद्रोह हुए। यह पुन: आजादी हासिल करने की कोई अन्त:प्रेरणा थी जिसका ह्रास किसानों की सामाजिक और आर्थिक दुर्दशा में ठोस रूप से दिखलाई देता था, लेकिन हर समय उन्हीं वस्तुनिष्ठ कारणों से विद्रोह को दबा दिया गया जिन कारणों से प्रथम विद्रोह को दबाया गया था।

सन् 1381 ई. के इंग्लैंड के किसान विद्रोह के पास अपेक्षाकृत इस बात का ज्यादा स्पष्ट बोध था कि वह क्या प्राप्त करना चाहता है। किसानों के पास समाज के पुनर्निर्माण का कोई विचार न था लेकिन मौलिक प्रेरणा की अपेक्षाकृत स्पष्ट अभिव्यक्ति थी। किसान विद्रोह का तात्कालिक मुद्दा व्यक्ति पर लगाया गया टैक्स (परिवार के हर सदस्य पर टैक्स) था जिसकी समाप्ति की माँग के साथ वह किसान विद्रोह हुआ था। साथ ही, किसान पुराने बन्धों, टैक्स की सेवा को बदलने के अधिकार की समाप्ति चाहते थे—संक्षेप में, यह सामन्ती प्रथा से सम्बद्ध गुलामी की दशा को समाप्त करने की माँग थी। इसमें भूमि के सामुदायिक स्वामित्व में वापसी के विचार की भी अस्पष्ट गूँज थी। वे जॉन बॉल के सिद्धान्तों से प्रेरित और प्रभावित थे। उसने टिप्पणी की थी, "इंग्लैंड में जब तक सभी चीजें सबके पास नहीं हो जाती हैं, समस्याएँ बनी रहेंगी; जब न कोई दास होगा, न ही कोई स्वामी होगा, जब स्वामी भी हमारी ही तरह एक सामान्य व्यक्ति होंगे। क्या हम उस विवेकी माँ-बाप 'आदम और हव्वा' के वंशज नहीं हैं?"[2] यह महत्त्वपूर्ण तथ्य है कि विद्रोह करनेवाले किसानों के प्रथम कार्यों में कैंटेनबरी के आर्चबिशप की कैद से जॉन बॉल को मुक्त कराने की बात थी, इसलिए किसानों ने उसे घेर लिया था, लेकिन जॉन बॉल को अनेक दूसरे किसानों के साथ फाँसी दे दी गई और यह विद्रोह समाप्त हो गया।

लन्दन के नजदीक एसेक्स के गाँवों में जब किसानों ने व्यक्ति कर (पोल टैक्स) देने से इनकार कर दिया तो यह विद्रोह शुरू हुआ था। व्यक्ति कर के भुगतान का प्रतिरोध जैसे-जैसे फैलता गया, यह विद्रोह केंट में हिंसक रूप धारण करता चला गया। फ्रांस युद्ध से वापस लौटे सैन्य सदस्य किसानों के साथ जुड़ गए और उन्हें जो भी पुराना और जंग खाया हथियार मिला, उससे स्वयं को लैस किया। वाट टायलर के रूप में उन्हें एक सेनापति मिल गया जो काफी युद्ध अनुभवी था। इस तरह, संगठित और अस्त्रों से लैस होकर उन्होंने कैंटेनबरी को चारों तरफ से घेर लिया। किसानों के भोलापन को प्रतिबिम्बित करनेवाले इस विद्रोह के कुतूहलों में राजा रिचर्ड के प्रति निष्ठा की कसम खाने के लिए मेयर पर उनको दबाव डालना था।

किसानों की दासता पर कानूनी मुहर लग चुकी थी। दासता के बन्धन के अतिरिक्त उनमें सभी तरह के कानूनी और राजनीतिक अधिकारों की कमी सम्बन्धी अयोग्यता थी। वे न्यायालय में अपने मालिक के विरुद्ध कोई तर्क नहीं दे सकते

थे, संसद में उनके पक्ष में कोई बोलनेवाला नहीं था। न्यायालय और वकील, सभी उस प्रथा का प्रतिनिधित्व करते थे जो किसानों का उत्पीड़न करती थी। इस तरह उनका गुस्सा उन तमाम लोगों के विरुद्ध फूट पड़ा जो कानूनी पद्धति से जुड़े हुए थे। किसान नेताओं ने सभी वकीलों और राजा के नौकरों को जान से मार देने की कसम खाई। उक्त कानूनी पद्धति ने उन्हें सारे अधिकारों से वंचित कर दिया था, इसलिए कानूनी पद्धति के विरुद्ध उनका गुस्सा किसानों की एक अस्पष्ट जागरूकता को भी इंगित करता है कि उनकी आर्थिक स्थिति उनके राजनीतिक और कानूनी अधिकारों के अभाव के कारण सीधे प्रभावित थी।

बीस हजार किसानों ने लन्दन के लिए कूच किया और नगर को चारों तरफ से घेर लिया। इन किसानों ने आर्चबिशप सडबरी और चांसलर एवं खजांची सर रॉबर्ट हेल्स जो उनकी नजर में व्यक्ति कर के लिए जवाबदेह थे, के सिरों की माँग की। सरकार के पास उस क्रुद्ध भीड़ से वार्ता करने के अलावा कोई दूसरा उपाय नहीं थी। सरकार जब वार्ता कर रही थी, अन्धभक्तों ने नगर के द्वारों और पुलों को वाट टाइलर के समूह के लिए खोल दिया, जिसने लन्दन के टावर पर कब्जा जमा लिया तथा आर्चबिशप सडबरी एवं रॉबर्ट हेल्स की हत्या कर दी, लेकिन वार्ता में किसानों के साथ धोखेबाजी हुई। रिचर्ड-2 जो अभी एक लड़का था, किसानों की माँगों को सुनकर अपने सामन्तों के साथ इस संकट से सुरक्षित बच निकला। माँगों को तुरन्त स्वीकार कर लिया गया। उन माँगों में शामिल था—व्यक्ति कर एवं दासता के सभी बन्धनों का उन्मूलन, प्रति एकड़ चार पेन्स की दर में परिवर्तन, जंगलों का मुफ्त उपयोग इत्यादि। हालाँकि वार्ता के दौरान वाट टायलर झगड़ पड़ा और इस क्रम में उसकी हत्या कर दी गई। फलस्वरूप, किसान काफी क्रुद्ध हो गए और वह लड़ाई शुरू करनेवाले ही थे कि राजा उनके सीधेपन का लाभ लेते हुए उन्हें शान्त करने में सफल हो गया। राजा जब किसानों से बात कर रहे थे, उसी समय सशस्त्र बलों ने नेताविहीन किसानों को घेर लिया। उनको आत्मसमर्पण करना पड़ा। बाद में जब एसेक्स के किसानों का एक शिष्टमंडल राजा से मिला और उसे अपने संकल्प की याद दिलाया तो राजा ने जवाब दिया, "तुम लोग कृषि दास हो और कृषि दास ही बने रहोगे।" इस तरह राजा ने कुछ समय के लिए वादाखिलाफी कर सामन्ती व्यवस्था को बचा लिया।

जर्मनी में किसानों का विद्रोह 1524-25 ई. में उस वक्त हुआ था, जब प्रोटेस्टेंटवाद एक मजबूत शक्ति बन चुका था। यहाँ भी किसानों की शिकायतें लगभग उसी तरह की थीं जिस तरह की दूसरे यूरोपीय देशों में थीं। लकड़ियों पर घेरा था और किसानों पर इनका उपयोग करने की रोक थी। सार्वजनिक भूमि छीन ली गईं। उनके मछली मारने के अधिकार को छीन लिया गया और उन पर यह आदेश लाद दिया गया कि वे मालिक की जमीन पर काम करेंगे तथा शिकार करने

में मालिक की मदद करेंगे। पहला विद्रोह 1524 ई. में स्टुबिलिंजेन में हुआ था। यह विद्रोह उस क्षेत्र के किसानों ने जमीन पर अपना दशांश टैक्स जलाकर शुरू किया था, लेकिन किसानों के साथ झूठा वादा कर धोखा किया गया और इस तरह विद्रोह को तेजी से दबा दिया गया। इसके बाद 1524 ई. के अक्टूबर और नवम्बर माह में और ज्यादा व्यापक विद्रोह हुआ जिसमें शहरी लोगों ने भी शिरकत की, लेकिन यह जागरूकता धीरे-धीरे सामन्ती प्रथा को खत्म कर दासता को खत्म करने की तरफ बढ़ रही थी। 1525 ई. की फरवरी में सॉन्थोफेन में जमा हुए विद्रोही किसानों ने यह घोषणा की कि उनके अब कोई स्वामी नहीं होंगे। किसानों की इस घोषणा के साथ अनेक धार्मिक विचारों का मेल होना शुरू हो गया। इसमें किसानों ने समान और मुक्त हैसियत सम्बन्धी अपनी आकांक्षा के साथ न्याय करने की माँग की थी। उन्होंने कहा था कि अब वे कृषिदास बने नहीं रहेंगे क्योंकि ईसामसीह ने सभी मनुष्यों को आजाद बनाया है। कैम्ब्रिज इतिहास इसे निम्न प्रकार से कहता है :

> सामन्ती अधिकारों के उन्मूलन की स्थानीय माँग ने स्वतंत्रता, बन्धुत्व और समानता के सार्वभौमिक विचारों को जगह दी, और यह कहना अतिशयोक्ति नहीं होगी कि 1525 ई. में जर्मन किसानों ने 1789 ई. के फ्रांसीसी विचारों में से अधिकांश का पूर्वानुमान कर लिया था। एल्सास किसानों की बारह चीजें न केवल पादरियों का, बल्कि सभी पदाधिकारियों का लोकप्रिय चुनाव कराने तथा राजसी सत्ता को स्वीकार या अस्वीकार करने के जनाधिकार की माँग करने में मूल मेम्यूगेन से बाहर थीं। इसलिए, टाइरोल के मैरो में किसानों की संसद ने इस बात पर बल दिया कि सभी तरह के अधिकार क्षेत्रों का प्रयोग समूह द्वरा चयनित व्यक्ति ही करेंगे।[3]

किन्तु जैसा कि घटनाओं ने प्रदर्शित किया, किसान फिर भी अपने विचारों में समय से काफी आगे थे। उनके विरुद्ध लगाए गए बल काफी शक्तिशाली थे। लूथर ने भी उनका त्याग कर दिया और अन्ततः वे पराजित हो गए। इसमें लगभग एक लाख किसानों ने अपने प्राणों की आहुति दी।

अत्यन्त बर्बर ढंग से उन सभी उनसठ शहरी लोगों की आँखें निकाल ली गईं जिन्होंने कित्जिनजेन में विद्रोहियों का समर्थन किया था। दूसरे लोगों को चिकित्सकीय या अन्य प्रकार की सहायता करने से रोक दिया गया था।

रूस में प्रथम बड़ा किसान विद्रोह 1670 ई. में हुआ था। इसमें किसान हिंसाचार पर उतारू हो गए थे। वे वैसे भूपतियों और अधिकारियों की हत्या करने लगे जो सीधे उनके उत्पीड़न से जुड़े हुए थे, लेकिन जार की सत्ता पर उन्होंने कोई सवाल नहीं उठाया। उनके द्वारा रियासतों में आग लगा दी गई और सम्पत्तियों को जब्त कर लिया गया। इससे लगभग एक शताब्दी बाद 1773-75 ई. में विद्रोह हुआ, जिसका

नेतृत्व पुग्चेव ने किया था। पुग्चेव ने असली जार होने का स्वाँग रचा था। 19वीं सदी में कोई किसान विद्रोह नहीं हुआ, लेकिन 1861 ई. में जार द्वारा दासता को खत्म कर दिया गया। हालाँकि इससे किसानों की मूल समस्याओं का समाधान नहीं हुआ। 1905 ई. और 1917 ई. में बहुत बड़ा किसान विद्रोह हुआ और बोल्शेविक इससे रूस के विकास के महत्त्वपूर्ण परिणामों के साथ सत्ता में आए, जो सर्वविदित है।

परन्तु यूरोप के बाहर भी किसानों का ठीक वैसा ही उत्पीड़न हो रहा था। इसके बावजूद उन जगहों पर कोई किसान विद्रोह नहीं हुआ। यद्यपि हम उस विद्रोह की संचालन नीति और पृष्ठभूमि से उतना वाकिफ नहीं हैं जितना कि यूरोप के बारे में विस्तार से जानते हैं। चीन में किसान विद्रोह धड़ल्ले से हुआ। जब कभी गम्भीर आर्थिक तंगी हुई, किसान लूटपाट मचा देते थे और अक्सर ये लुटेरे व्यापक किसान विप्लव के नेता बन जाते थे। इन विद्रोहों के उपरान्त किसानों के बीच जमीन के न्यायोचित बँटवारे के साथ अक्सर एक नए राजवंश का उदय हो जाता था।

प्राचीन काल से ही चीनी किसानों को अक्सर दोहरे बोझ के तहत काम करना पड़ता था। सामन्ती शैली के तहत भू-स्वामियों की अवैध माँग के बोझ के साथ-साथ किसानों पर शक्तिशाली सम्राटों को भी टैक्स अदा करने का बोझ डाल दिया गया। अक्सर सम्राट् के विद्वान प्रशासक स्वयं भू-स्वामी होते थे जो अपने अधिकार का उपयोग या तो किसानों को ठगने या उनकी जमीन को कोने लगा देने में करते थे। कभी-कभी शासक सुधारात्मक उपाय सोचते भी थे तो उसको नाकाम कर दिया जाता था क्योंकि उससे प्रशासक भूपतियों को क्षति पहुँचनेवाली थी। ईसाई युग के प्रारम्भ होने के पहले हान वंश काल में किसानों की यही दशा थी।

किसानों के लिए यह अनिवार्य था कि साल में वे एक माह की श्रमिक सेवा दें। सेना में वे दो साल की अनिवार्य सेवा दें। अक्सर यह सेवा उन्हें महादीवार की रक्षा में एक रक्षक सेना के रूप में कार्य करते हुए लम्बी दूरी तय करा देती थी। इधर उनकी अनुपस्थिति में स्थानीय भू-स्वामी उनकी जमीन हड़प लेते थे। इसके अतिरिक्त लोहे और नमक के खदानों में उनसे जबरन काम कराया जाता था, यातायात को कायम रखने के लिए सड़कों और नहरों का निर्माण कार्य कराया जाता था एवं दूरस्थ रक्षक सेनाओं या राजधानी को भोजन मुहैया कराने के लिए उन्हें अनाज के हालिया भारों के विरुद्ध रुक जाना पड़ता था।

कभी-कभी किसान विद्रोह कर देते थे, लेकिन अक्सर जैसे ही किसान एकीकृत बोझ तले कमर कसकर तैयार होते थे कि उनके साथ शासनकाल भी समाप्त हो जाता था। ईसा पूर्व छह में हान सम्राट् ने एक आदेश जारी करते हुए जमीन का परिसीमन कर दिया था कि एक व्यक्ति के पास कितनी जमीन हो सकती है, लेकिन यह आदेश प्रशासकों के हित के विरुद्ध था, इसलिए उन्होंने इसको कार्यान्वित नहीं किया और ईसा पूर्व 9वें वर्ष में पश्चिमी हान वंश का पतन हो गया।

इसके बाद सम्राट् वांगमंग का शासन शुरू हो गया। इसने किसानों की समस्या का समाधान करने की जिम्मेवारी उठाई, लेकिन पुन: कन्फ्यूशियसवादी नौकरशाही ने इसका ऐसा इन्तजाम किया कि वांगमंग असफल हो गए। इस तरह, 18 ई. में एक किसान विद्रोह हुआ, लेकिन नया शासन लाने में वह विद्रोह असफल रहा। फलत: अन्ततोगत्वा हान की वापसी हुई और तमाम पुराने आदेश फिर से बहाल हो गए।

दूसरी सदी के अन्त में फिर से किसान विद्रोह हुआ, लेकिन यह विद्रोह केवल योद्धाओं को सत्ता में लाने में ही सफल हुआ। केवल पाँचवीं सदी में ही जाकर किसानों की समस्याओं का अस्थायी तौर पर कुछ समाधान हुआ जिसमें योग्य किसानों को एक निर्धारित न्यूनतम रकबे की भूमि प्रदान की गई। अधिकतम रकबे की कोई सीमा निर्धारित नहीं थी। इसलिए, असमानता के बीज कायम रहे और शताब्दियों तक यह समस्या किसानों को तबाह करती रही। कभी यह थोड़ी शान्त होती थी तो कभी तेज हो जाती थी। 1857 ई. का ताईपिंग विद्रोह काफी महत्त्वपूर्ण था, जिसका अनुसरण 1903 ई. के अन्तिम विद्रोह ने किया जिससे वर्तमान कम्युनिस्ट पार्टी का उदय हुआ, लेकिन स्वतंत्रता की अन्त:प्रेरणा का खुलना अभी भी रह गया क्योंकि सदाशयी कम्युनिस्ट शासकों ने एक-दूसरे तरह की गुलामी लादने का प्रयास किया जिसमें किसानों के जीवन को प्राय: उनकी निजी इच्छा को नजरअन्दाज करते हुए एक पूर्वविचारित प्रणाली के रूप में व्यवस्थित करने का प्रयास किया गया।

ये कुछ उदाहरण हैं और अतीत से सम्बन्धित हैं। 20वीं सदी किसान विद्रोहों से भरी हुई थी। इस सदी में दुनिया के लगभग सभी भागों में विभिन्न प्रकार की गुलामियों और करद अर्थव्यवस्थाओं के विरुद्ध किसान विद्रोह हुए। करद अर्थव्यवस्थाएँ किसानों पर राजनीतिक और आर्थिक गुलामी लादती थीं। हालाँकि यह संघर्ष अभी भी जारी है—कुछ जगहों पर राष्ट्रीय मुक्ति संग्राम से जुड़कर तो कुछ जगहों पर नस्लीय भेदभाव के विरुद्ध चलनेवाले संघर्षों से जुड़कर, तो कुछ जगहों पर स्थानीय और विदेशी पूँजीपतियों के शोषण के विरुद्ध चलनेवाले संघर्षों से जुड़कर।

राष्ट्रीय मुक्ति संग्राम भी एक व्यापक अर्थ में जमीन पर नियंत्रण से ही सम्बन्धित है। यह नियंत्रण मनुष्य की आजादी के स्तर का निर्णय करता है। वास्तव में सामन्तवाद के पहले विभिन्न जनजातियों के भूमि पर के नियंत्रण में ह्रास आवश्यक रूप से किसी समूह की राष्ट्रीय आजादी के ह्रास से भिन्न नहीं है। अनेक उदाहरणों में जनजातियाँ और राष्ट्रीयताएँ गहरे जुड़ी हुई हैं तथा जनजातीय क्षेत्रों पर नियंत्रण में कमी के समतुल्य हैं। स्वतंत्रता की कमी के इस भाव में अनेक पशुओं में व्याप्त क्षेत्रीय आसक्ति के भाव की तरह मनुष्यों में भी व्याप्त क्षेत्रीय आसक्ति के मनोवैज्ञानिक तत्त्व से अभिवृद्धि हुई। उनकी पहचान एक निश्चित क्षेत्र से जुड़ी होती है और उस क्षेत्र की सीमा वहाँ की परम्परा, लोगों की मिलनसारिता और आर्थिक तथा राजनीतिक अखंडता से परिभाषित होती है। चूँकि यह पहचान गहरे

अन्तर्निहित होती है, इसलिए क्षेत्र का उल्लंघन शीघ्र ही व्यक्ति की पहचान का उल्लंघन बन जाता है। इस पहचान का अर्थ यह भी होता है कि पहचान पूरी तरह स्थानीय मूल्यों और प्रतीकों पर केन्द्रित हो। ज्यों ही किसी क्षेत्र पर विदेशियों का नियंत्रण हो जाता है, जीवन पद्धति इन बाहरी तत्त्वों की घुसपैठ के कारण विनष्ट होने लगती है। वह भी, अक्सर विदेशियों की इस माँग से विनष्ट होना शुरू होती है कि स्थानीय लोगों को इन तत्त्वों की आवश्यकताओं के अनुरूप होना चाहिए। फलस्वरूप, उन क्षेत्रों के लोगों की आजादी में ह्रास हुआ जो उनके निजी क्षेत्र थे। यह कोई आश्चर्य का विषय नहीं है कि राष्ट्रीय मुक्ति के संघर्षों ने अक्सर निष्ठा और समर्पण के उत्कृष्ट रूप की माँग की है।

राष्ट्रीय स्वतंत्रता के सिद्धान्त को अब इतनी ज्यादा स्वीकृति मिल चुकी है कि इस विषय के विस्तार में जाने की जरूरत नहीं है। प्रथम विश्वयुद्ध से ही ज्यादातर लोगों ने राष्ट्र और राष्ट्रीय आजादी की माँग की है और द्वितीय विश्वयुद्ध के बाद से राष्ट्रीय मुक्ति संग्राम रोजाना का काम बन चुका है। आज दुनिया में वैसे बहुत कम लोग हैं जिन्हें अभी तक राष्ट्रीय आजादी नहीं मिली है। सचमुच में इस विचार को इतनी सार्वभौमिक स्वीकृति मिल चुकी है कि वैसे राष्ट्र भी जो दूसरे राष्ट्रों की आजादी का बार-बार उल्लंघन करते हैं, इस तथ्य को विभिन्न उपकरणों के माध्यम से छिपाने का प्रयास करते हैं।

राष्ट्रीय मुक्ति संग्रामों के अनेक रूप रहे हैं। आजादी प्राप्त करने के लिए अक्सर सशस्त्र विद्रोह व संगठित युद्ध हुए हैं। कभी-कभी यह राष्ट्रीय मुक्ति संग्राम अपने राष्ट्र और जमीन पर नियंत्रण प्राप्त करने के लिए किसान संघर्षों के साथ मिल गया है, लेकिन इस तरह के अधिकांश संघर्षों में छोटे या बड़े पैमाने पर शस्त्रों का उपयोग आजादी का उद्देश्य प्राप्त करने के लिए किया गया है।

किन्तु भारत की आजादी का संघर्ष उक्त सभी संघर्षों से भिन्न रहा है। यह मुख्यत: अहिंसक रहा है क्योंकि 'सत्याग्रह' या 'सविनय अवज्ञा' की विधि अपनाई गई थी। हालाँकि जहाँ तक आजादी के लक्ष्य का सवाल था, इस विधि से कोई ज्यादा अन्तर नहीं आया, लेकिन आजादी की अन्त:प्रेरणा की शक्ति और सम्भावनाओं को इसने रेखांकित कर दिया। अहिंसक प्रतिरोध व्यक्ति की आजादी की अनुल्लंघनीयता का अपेक्षाकृत ज्यादा ठोस प्रकटीकरण है जो आजादी के संघर्ष के अन्य रूपों में केवल अस्पष्ट रूप से प्रकट होता है। संघर्ष के दूसरे रूपों में यह अन्त:प्रेरणा बाहरी वस्तुओं के तहत छद्मावरण चढ़ा लेती है जिस पर संघर्ष केन्द्रित होता है। साथ ही, अन्ततोगत्वा शक्तिशाली का अधिकार ही स्थापित होता है। हिंसक संघर्ष में किसी विरोधी की जीत कदापि यह साबित नहीं कर सकती है कि न्याय उसके पक्ष में था। अक्सर विजेता का बर्बर और निर्दयी होना अन्यायपूर्ण होता है। इसके विपरीत, 'सविनय अवज्ञा' में किसी भी चीज से ज्यादा संघर्ष में शामिल लोगों

की आजादी होती है जिसका कि दावा किया जाता है। सत्याग्रही राज्य की सभी शक्तियों के विरुद्ध खड़ा होनेवाला एक साधारण व्यक्ति हो सकता है। वह संघर्ष में मारा जा सकता है या उत्पीड़ित हो सकता है, लेकिन वह सर्वोच्च सत्ता के आगे झुकना स्वीकार नहीं करता है। वह इस काम से अपनी आजादी का दावा करता है जिसे कोई भी सत्ता छीन नहीं सकती है क्योंकि मौत भी इसे वैयक्तिक सत्याग्रही से अलग नहीं कर सकती है। इसलिए एक सच्चे सत्याग्रही के समक्ष सबसे शक्तिशाली राज्य भी नपुंसक होता है क्योंकि वह अपनी मर्जी से उसे झुका नहीं सकता है, जबकि राज्यसत्ता के पास अपनी इच्छा से किसी को भी अपने समक्ष झुका लेने का एकमात्र सिद्धान्त रहता है। राज्यादेश को लागू नहीं होने देना ही अच्छा रहता है, यह इस तथ्य को स्पष्ट रूप से रेखांकित करता है कि प्रत्येक राज्य की सत्ता को अपने नागरिकों की सहमति पर ही आधारित होना चाहिए क्योंकि सत्ता उसी क्षण गायब हो जाती है जब नागरिक इसके आदेश की अवज्ञा करने लगते हैं। यह सिद्धान्त जिसे एक सत्याग्रही अवज्ञा की मार्फत स्थापित करता है, विभिन्न मुद्दों को लेकर सदियों से चल रहे संघर्षों के माध्यम से समाज में साकार हुआ है। दास विद्रोह या किसान विद्रोह तब ठीक ऐसी चुनौती का अनगढ़ प्रकटीकरण था जब उन लोगों ने उत्पीड़क प्रथा के समक्ष झुकना अस्वीकार कर दिया, लेकिन यह तरीका बिलकुल पारम्परिक था क्योंकि पीड़ितों की स्वतंत्रता कायम करने के प्रयास के साथ ही इसने पुलिस बल को ही मध्यस्थ के रूप में वैध बना दिया, लेकिन जब तक पुलिस बल मध्यस्थ बना रहता है, यह अन्याय और अस्वतंत्रता को भी वैध बना देता है। यह फिर से उस सार्वकालिक विचार का ही अभिकथन है कि सद्गुण शक्तिशाली का हित होता है। अहिंसक संघर्ष अकेले आजादी के इस संघर्ष को ऐसी सभी असन्दिग्धताओं से वंचित कर देता है।

4

समस्त नैसर्गिक अभियानों की तरह परिस्थितियाँ जब मानवीय स्वतंत्रता पर प्रतिबन्ध लगा देती हैं, तो आजादी की अन्त:प्रेरणा की भी अनुभूति केवल अस्पष्ट ढंग से होती है। यह केवल इन प्रतिबन्धों से धीरे-धीरे मुक्त होने के लिए उपायों के एक समूह के तौर पर मुखर होती है। अन्तत: इसकी संकल्पना एक अमूर्त विचार के रूप में की जाती है। इसके सार्वभौमिक होने के कारण विभिन्न पर्ग, आयु और लिंग से सम्बन्ध रखनेवाले सभी मनुष्यों द्वारा इसकी आवश्यकता महसूस की जाती है, लेकिन वे इसे अलग-अलग महसूस करते हैं क्योंकि प्रत्येक व्यक्ति या समूह उन परिस्थितियों के भिन्न-भिन्न समुच्चय का सामना करता है जो उसकी आजादी पर प्रतिबन्ध लगाती हैं। प्रत्येक व्यक्ति या समूह अपनी संस्कृति से प्राप्त होने वाले सबसे सुविधाजनक मिथकों तथा इस आजादी से उसे वंचित करनेवालों के विरुद्ध संघर्ष करने के अपने अस्तित्व की परिस्थितियों की तलाश करता है। हितों की इन टकराहटों में कहीं कोई चिनगारी मिल जाती है जिसे वह थामे रखता है और आग के एक अमिट स्रोत के रूप में उसे वह भावी पीढ़ियों और विभिन्न जातियों के हवाले कर देता है। वह चिनगारी कैसे प्राप्त हुई, यह सवाल अप्रासंगिक हो जाता है। यह आग अपनी उत्पत्ति के स्रोत से मुक्त होकर एक आत्मनिर्भर अस्तित्व बन जाती है। केवल इसका वह सार्वभौमिक चरित्र ही बचा रहता है जो प्रकाश और ऊष्मा प्रदान करता है, जिसकी सर्वत्र तलाश रहती है।

हम यह पहले ही देख चुके हैं कि भू-स्वामियों द्वारा लादी गई सामन्ती गुलामी के प्रति किसानों में कैसी प्रतिक्रिया हुई थी, लेकिन जैसा कि हमें ब्रिटिश इतिहास से मालूम होता है, भू-स्वामियों को भी राजा के स्वच्छन्द दावों में से निचोड़ लेने की आजादी थी। एक निश्चित अर्थ में राजा से अपने अधिकारों को प्राप्त करने के इंग्लैंड के सामन्तों के प्रयासों का उन किसानों के प्रयासों की अपेक्षा लोकतांत्रिक अधिकारों के भावी विकास पर कहीं ज्यादा प्रभाव था, क्योंकि किसानों की तुलना में ज्यादा परिष्कृत होने के कारण भू-स्वामी अपेक्षाकृत ज्यादा परिष्कृत और सामान्यीकृत मिथकों का प्रयोग अपने दावे को सहारा देने के लिए करते थे। ये मिथक अपेक्षाकृत सार्वभौमिक पदों में भाषाबद्ध थे, इसलिए ये विभिन्न परिस्थितियों

के अन्दर विभिन्न जनसमूहों के लिए लाभप्रद होते थे। ऐसा ही मिथक उन अंग्रेजों के अधिकारों के बारे में था जो भू-स्वामियों द्वारा प्राप्त किए गए अधिकारों का चार्टर, मैग्नाकार्टा से सम्बद्ध थे।

मैग्नाकार्टा सामन्ती भू-स्वामियों के अधिकारों की रक्षा के इरादे से ही तैयार किया गया एक अनिवार्य दस्तावेज था। उस आदर्शीकृत अतीत के नाम पर ये माँगें न्यायोचित थीं जब उनके पूर्वजों ने विजेता एड्वर्ड और हेनरी-1 के अधीन पूर्ण स्वतंत्रता का लुत्फ उठाया था। इंग्लैंड के इन सामन्ती भू-स्वामियों ने 1215 ई. में मैग्नाकार्टा पर हस्ताक्षर करने के लिए राजा किंग पर दबाव डाला था। मैग्नाकार्टा स्पष्ट रूप से यह स्वेच्छाचारिता प्रदान करता था। मूलत: सामन्ती होने के बावजूद अधिकारों की भी इस तरह व्याख्या की जाती थी कि ये सभी अंग्रेजों के अधिकारों की गारंटी देते हों। उदाहरणस्वरूप, इसका एक अनुच्छेद (अनु. XXXVI) यथा निम्नलिखित है :

> आर्चबिशपों, बिशपों, मठाधीशों, पादरियों, मठ के सदस्यों, सामन्तों और सभी व्यक्तियों, सांसारिक जैसा आध्यात्मिक भी, के पास अतीत में जितनी मुक्त स्वेच्छाचारिता और मुक्त प्रथा सुलभ थी उसे उसी तरह सुरक्षित रखते हुए जिस प्रकार राजा हेनरी के समय में हमारे दादा बन जाने की आदत थी, पलायन को अब से उसी तरह से देखा जाएगा। और, उक्त सभी प्रथाएँ और स्वतंत्रताएँ जिन्हें हमने इसके अन्दर अपना क्षेत्र देखने के लिए प्रदान की हैं, ज्यादातर हमसे और हमारे उत्तराधिकारियों से सम्बन्धित हैं, हम देखेंगे तथा हमारे क्षेत्र के सभी लोग, सांसारिक जैसा आध्यात्मिक भी (उनमें जितना अधिक है) सभी मनुष्यों के विरुद्ध वही चीज उसी तरह से देखेंगे। और इन स्वतंत्रताओं के हमारे दान और उपहार के लिए तथा हमारे जंगल की स्वतंत्रताओं के चार्टर में शामिल दूसरी चीजों के लिए आर्चबिशपों, बिशपों, मठाधीशों, महंतों, सामन्तों, शूरवीरों, माफीदारों तथा हमारे अन्य लोगों ने अपनी चल सम्पत्ति का पन्द्रहवाँ हिस्सा हमें दे दिया है। और हमने उन्हें अपने और अपने उत्तराधिकारियों के लिए यह प्रदान किया है कि न तो हम या हमारे उत्तराधिकारी वैसा कुछ करेंगे जिससे चार्टर में वर्णित स्वतंत्रताओं का उल्लंघन हो, यदि चार्टर के विपरीत कुछ भी किया जाता है तो उसका कोई असर या प्रभाव नहीं होगा।[1]

और अनु. XXIX में निम्नलिखित दिया हुआ है :

> बिना विचारण के किसी की भी भर्त्सना नहीं की जाएगी। न्याय को न तो बेचा जाएगा, न ही टाला जाएगा।
>
> किसी भी आजाद व्यक्ति को न तो पकड़ा जाएगा, न ही कैद किया जाएगा, न ही मुक्त प्रथाओं या स्वतंत्रताओं या पूर्ण स्वामित्व से वंचित किया

जाएगा, न ही विधि-बहिष्कृत या निर्वासित किया जाएगा, न ही किसी तरह से बर्बाद किया जाएगा, न ही किसी तरह की सजा दी जाएगी और न ही उसकी भर्त्सना होगी। लेकिन, पीयर्स के कानूनसम्मत निर्णय या भू-कानून को मानने के लिए वह बाध्य होगा। (2) हम किसी भी व्यक्ति को नहीं बेचेंगे, हम किसी भी व्यक्ति के न्याय या अधिकार को अस्वीकार नहीं करेंगे।[2]

राजा द्वारा दिए गए अधिकार स्पष्टत: भू-स्वामियों के अधिकारों से बहुत परे होते हैं। राजा जॉन और उसके उत्तराधिकारियों के क्षेत्र में आनेवाले सभी विषयों के लिए इन अधिकारों का दावा करना एक तर्कसंगत व्याख्या होती थी। हमें पहले से ही यहाँ कारावास के पूर्व भूमि सम्बन्धित कानून, चाहे वह जैसा भी हो, के तहत विचारण के अधिकार का अस्पष्ट रूप से बोध होता है। यह सत्ता के उस अधिकार की एक स्पष्ट मर्यादा है जिसके तहत वह किसी व्यक्ति को निर्वासित या कैद करती है। यह अधिकार और न्याय की गारंटी की भी माँग करता है, यद्यपि वे अधिकार और न्याय अपरिभाषित होते हैं। लेकिन, यथार्थ रूप में यह परिभाषा का अभाव ही है जो लोगों तक उन्हें अधिकार और न्याय के विभिन्न सिद्धान्तों के साथ सुलभ कराती है।

हम यहाँ जिस आजादी के सिद्धान्त के विकास की कल्पना करते हैं, वह अधिकार सम्बन्धी मार्क्सवादी सिद्धान्त के अनुरूप है। हालाँकि मार्क्स ने इसकी स्पष्ट चर्चा नहीं की है, लेकिन उसने आजादी की सार्वभौमिक अपील की कल्पना जरूर की है। यद्यपि इस आजादी पर आबादी के एक सीमित वर्ग का ही दावा होता था या एक सीमित वर्ग ही इसे प्राप्त कर पाता था। अधिकार सम्बन्धी हेगेल-दर्शन की निम्नलिखित पंक्तियाँ इसे स्पष्ट रूप से प्रकट करती हैं :

> जर्मनी के आदर्शवादी स्वप्न जैसी यह कोई मौलिक क्रान्ति नहीं है, न ही यह सार्वभौमिक मानवीय मुक्ति ही है, यही वह अंशत:, विशुद्ध राजनीतिक क्रान्ति, जिसके कारण घर के पाये अभी भी खड़े हैं। एक अंशत: अर्थात् विशुद्ध राजनीतिक क्रान्ति का आधार क्या होता है? यह आधार होता है—नागरिक समाज का एक हिस्सा स्वयं मुक्त हो जाता है तथा वह सार्वभौमिक प्रभुत्व प्राप्त कर लेता है—एक खास वर्ग समाज की एक खास स्थिति से सामान्य मुक्ति की जिम्मेवारी ले लेता है। यह वर्ग सम्पूर्ण समाज को मुक्त करता है, लेकिन ऐसा उस पूर्वधारणा के तहत होता है कि समूचा समाज ठीक उस वर्ग की स्थिति सरीखी स्थिति में रहता है, जहाँ, उदाहरणार्थ, इस वर्ग के पास पैसा और शिक्षा होते हैं या वह इन्हें आसानी से हासिल कर ले सकता है।
>
> नागरिक समाज में कोई भी वर्ग स्वयं में और लोगों में उत्साह का क्षण जगाए बगैर यह भूमिका अदा नहीं कर सकता है। एक क्षण होता है जब

यह वर्ग सामान्य समाज के साथ भाईचारा कायम करता है तथा समाज में स्वयं को विघटित कर देता है तथा समाज के सामान्य प्रतिनिधि के रूप में मान्य और अनुभूत होता है।[3]

परन्तु यह छल स्पष्ट हो जाता है क्योंकि स्वतंत्रता सीमित रहती है तथा सामाजिक पैमाने पर निम्न तबके के नए दावेदार आजादी के अपने निजी रूप की माँग के साथ जाग उठते हैं। समय के साथ आजादी का यह विचार जैसे-जैसे फैलता जाता है, पुराने मिथक भी अपर्याप्त या उन नए सामाजिक वर्गों के आत्मसम्मान के विपरीत हो जाते हैं जिन्हें अपने आजादी के दावों को न्यायसंगत ठहराने के लिए नए मिथकों की आवश्यकता होती है।

अपने अधिकारों की रक्षा करने के लिए एक लम्बे समय तक अंग्रेजों द्वारा मैग्नाकार्टा की धाराओं का उपयोग किया गया, लेकिन उसके बाद धीरे-धीरे राजा की सत्ता को स्वयं कानून के स्रोत के रूप में चुनौती मिलनी शुरू हो गई। ऐसा अनुभव किया गया कि जो अधिकार राजा द्वारा दिए जाते हैं, वे उसके द्वारा वापस भी लिए जा सकते हैं। इसलिए लोग एक-दूसरे स्रोत की खोज करने की योजना बनाने लगे जिसके माध्यम से वे अपनी आजादी का पता लगा सके। 17वीं सदी के मध्य में पुराने सिद्धान्त की स्पष्ट टूट का अवसर उस वक्त आया जब राजा और संसद अपने अधिकारों को लेकर भयानक युद्ध में उलझे हुए थे। इस युद्ध में संसदीय दल जीत गया तथा संसद की तथाकथित सम्प्रभुता सम्बन्धी इस मिथक को स्थापित करने में सफल रहा कि सभी अधिकार और कानून उस संसद से उद्‌भूत होते हैं जिसने लोगों की इच्छा का प्रतिनिधित्व किया था।

यद्यपि कानूनी कल्पना के क्षेत्र में यह एक महान प्रगति थी, लेकिन जनाधिकार आन्दोलन को शुरुआती क्षति यहाँ तक पहुँची कि विवाद इस प्रश्न पर आ गया कि कानून बनाने या लोगों को अधिकार देने का अधिकार किसके पास है। यह विचार भी आया कि वैसा कोई बड़ा अधिकारी नहीं होगा जो सरकार के कानून बनाने के अधिकारों पर रोक लगाए। संसदीय दल के एक प्रत्यक्ष वंशज क्रॉमवेल के अधीन राष्ट्रमंडल ने आस्था और विचार की स्वतंत्रता पर ज्यादा ध्यान नहीं दिया। एन्नी पालिस्टर इस अन्तरण की तरफ निम्नलिखित शब्दों में इशारा करती हैं :

तब भी राजा के विरुद्ध युद्ध लड़ने की स्थिति का सामना करते हुए संसदीय दल स्वयं को उन सीमाओं से, जो कानून द्वारा उनकी गतिविधियों पर लगाई गई थीं, मुक्त होने के लिए बाध्य था, अब संसद राजवंश के उन मौलिक कानूनों की व्याख्या करने के उस अधिकार का दावा करने लगी

> जिस पर पहले इसने केवल बचाव करने हेतु दावा किया था। 1649 ई. में चार्ल्स हर्ले ने घोषणा की थी कि संसद के पास सर्वोच्च न्यायालय के रूप में अन्तिम निर्णय करने की शक्ति होनी चाहिए जिसके विरुद्ध कहीं कोई अपील नहीं हो। व्याख्या का यह अधिकार संसद की मर्जी से कानून को बनाने या रद्द करने के अधिकार को शामिल करने हेतु आसानी से विस्तारणीय था और यह संवैधानिक सिद्धान्त की संसद भूमि के मौलिक कानूनों की अन्तिम व्याख्याकार थी, लम्बी संसद को इस योग्य बना दिया कि वह कानून की सर्वोच्चता में कोक के विश्वास से निकलकर संसद की सम्प्रभुता के नए विचार की तरफ जा सके।[4]

लेकिन संसदीय दल की अधिकांश शक्ति राजभक्तों की मनमानी सत्ता के दावों के विरुद्ध लोगों की भावना से प्राप्त हुई थी। इस भावना के पीछे एक व्यापक मोर्चे पर धार्मिक और धर्मनिरपेक्ष स्वतंत्रता से सम्बन्धित विषयों को समेटनेवाला आन्दोलन भी चल रहा था। इसी आन्दोलन के दौरान मनुष्यों के प्राकृतिक अधिकारों का विचार पैदा हुआ जिसे अनन्य समझा गया। यह आन्दोलन महत्त्वपूर्ण है क्योंकि यह तानाशाही प्रणाली के समर्थन में साम्यवादियों द्वारा दिए गए विचारों से उत्पन्न उस सम्भ्रम को साफ करता है कि आजादी का विचार एक 'बुर्जुआ' विचार है तथा गरीबों, वंचितों या किसी भी मामले में सर्वहारा को 'बुर्जुआ' स्वतंत्रताओं की जरूरत नहीं होती है या केवल अस्थायी रूप से तब जरूरत पड़ती है जब इसे बुर्जुआ शासन के तहत उक्त शासन के विरुद्ध लड़ना पड़ता है।

वास्तव में, विश्वास और विचार की स्वतंत्रता आबादी के वंचित समूहों और गरीबों के लिए स्पतंत्रता का अन्तिम अभयारण्य है। उनके पास नाम लायक कोई सांसारिक वस्तु नहीं होती है। उनके पास जो थोड़ा कुछ होता है, उस पर हर समय समाज के प्रभुत्वशाली व्यक्तियों द्वारा ले लिए जाने का खतरा बना रहता है। उनके पास अपनी बाहरी चीजों की रक्षा करने की शक्ति नहीं होती है। अक्सर उनका अपना शरीर भी शासकों की मर्जी पर निर्भर होता है तथा वे अपने जीवन से वंचित भी हो सकते हैं, लेकिन एक क्षेत्र है जहाँ वे सुरक्षित रहते हैं। वह उनके विचारों और विश्वासों का क्षेत्र है। यह उनका पहचान-चिह्न है, जिसे वे पूरी दृढ़ता के साथ पकड़े रहते हैं। यही कारण है कि सभी लोगों में केवल गरीब ही ऐसे होते हैं जो हर समय विश्वास की आजादी के कारणों का बचाव करते हैं तथा इसके लिए वे किसी भी तरह का दुःख सहने के लिए तैयार रहते हैं। पैगन (मूर्तिपूजक) रोमन साम्राज्य के दौरान पहले के लगभग सभी ईसाई आबादी के वंचित समूहों से ही आते थे। वे ही लोग थे जिन्होंने सभी ईसाई शहीदों की व्यवस्था की जिनसे रोमन

कब्रिस्तानों को भरा जाना था। उनका उदाहरण ईसाइयों की उस उत्तरवर्ती पीढ़ी के लिए प्रेरणास्पद बन गया जिसने बार-बार स्थापित चर्च के उत्पीड़न के विरुद्ध अन्तरात्मा वाली आजादी की माँग को उसी दृढ़ता से उठाया। इस तरह के ईसाई मतविरोधी थे जिनका पश्चिमी जगत विचार, विवेक और विश्वास की आजादी के अपने उस आधुनिक सिद्धान्त के लिए ऋणी है, जो अब मानवाधिकारों के संयुक्त राष्ट्र चार्टर का हिस्सा बन गए हैं।

1581 ई. में रॉबर्ट ब्राउनी और रॉबर्ट हैरिसन के नेतृत्व में विरोधियों ने इंग्लैंड में एक अलगाववादी गिरजाघर खड़ा करने का बड़ा प्रयास किया था। उनका विश्वास था कि ईश्वर और राजा के बीच तथा राजा और प्रजा के बीच दुहरा प्रसंविदा होता है। उनके अनुसार, लोक दंडाधिकारियों को ईश्वर अधिकृत करते हैं, लेकिन उन्हें प्रजा के करार एवं सहमति से बुलाया और ग्रहण किया जाता है। यहाँ हम देखते हैं कि उपासना की आजादी को लेकर चलनेवाला धार्मिक आन्दोलन किस तरह अपने तरीके से उस राजनीतिक आजादी की अन्त:प्रेरणा को भी प्रतिबिम्बित करता है जो सबके द्वारा मान्य होती है, खासकर, जब एक उत्तरदायी सरकार की माँग की जाती है। वस्तुत: ये दोनों अन्त:प्रेरणाएँ अवियोज्य रूप से एकबद्ध थीं, किन्तु स्वतंत्रता के सिद्धात के विकास के आरम्भिक चरण में जब जनता को अपनी धर्मनिरपेक्ष शक्ति का पूरी तरह से अहसास करना पड़ता है तो यह अन्त:प्रेरणा उपासना की स्वतंत्रता से सम्बन्धित विषयों के इर्द-गिर्द घूमती है। जहाँ भी लोगों के भौतिक और राजनीतिक अधिकारों अर्थात् उनके जीवन के बाह्य तरीकों पर पाबन्दी लगी होती है, यह मानवीय व्यक्तित्व के अन्तरंग हिस्से से सम्बन्ध रखती है। इनकी आजादी की अन्त:प्रेरणा विश्वास के क्षेत्र में अभिव्यक्त होना चाहती है जहाँ वह एक मानव समुदाय की पुनर्रचना करना भी चाहती है। सत्ता जब अपने सामाजिक सम्बन्धों के निजी ढाँचे को लादना चाहती है तो इसे दबा दिया जाता है। यह फासीवादी और साम्यवादी राज्यों में धर्म के पुनरुत्थान तथा इसे अपनी निजी सत्ता के प्रति एक प्रभावी धमकी के तौर पर देखने की इन राज्यों के शासकों की मनोवृत्ति को भी स्पष्ट करता है।

ब्राउनवाद इसी तरह के प्राचीनतम सम्प्रदायों में से एक था। 1582 ई. में ब्राउनवादियों को इंग्लैंड से बाहर कर दिया गया था और उन लोगों ने हॉलैंड में शरण ली थी। आगे चलकर ब्राउन ने अपनी बात वापस ले ली, लेकिन इससे अलगाववादी गिरजाघर का विचार मरा नहीं। ब्राउन के बाद लन्दन के हेनरी बैरो ने एक अलगाववादी समूह को गठित किया। उसे गिरफ्तार कर लिया गया, लेकिन जेल से ही उसने अलगाववादी समूहों को सक्रियता से संगठित किया। वह सात वर्षों तक जेल में रहा और 1594 ई. में उसे राजद्रोह के आरोप में फाँसी दे दी गई।

इन अलगाववादी आन्दोलनों के बारे में सबसे महत्त्वपूर्ण एवं उल्लेखनीय बात यह है कि इन्हें निर्धन वर्गों का पूरा-पूरा समर्थन प्राप्त था। माईकेल आर. वट्ट उनकी बनावट का निम्नलिखित शब्दों में वर्णन करते हैं :

> जून 1591 ई. में जॉन टेलर ने वैसे मतावलम्बियों और पंथ-समर्थकों के झुंड का पता लगा लेने का दावा किया जो मोची, ठठेरा, पैकार, बुनकर, बधियाकर्ता और चिमनी सफाईकर्मी का काम कर अपनी जीविका चलाते थे।[5]

और आगे वह इस समकालीन पद्य को उद्धृत करते हैं जिसमें उनकी तिरस्कारपूर्ण स्थिति का वर्णन मिलता है :

> फतिंगों की तरह
> झुंड में घूमते हैं ये पीड़क जन्तु
> और शस्यागारों एवं तलगृहों में करते हैं गुप्त बैठकें
> इनमें से कुछ प्रवचन देते हैं या बक-बक करते हैं
> लकड़ियों में, खेतों में, अस्तबलों में,
> खोखले वृक्षों में, नांदों में और टेबुलों के ऊपर।[6]

और आगे वह लिखते हैं :

> अक्टूबर में 'ब्राउनिस्ट सिनेगॉग' नामक पुस्तिका के लेखक ने लन्दन के सत्रह अलगाववादी उपदेशकों का नाम दिया, जिनमें प्रमुख थे—नमदा बनानेवाला ग्रीन, बटन बनानेवाला मार्टर, बैलगाड़ी चलानेवाला स्पेन्स तथा दस्ताने बनानेवाला रिचर्ड रोजर्स। नवम्बर में 'धार्मिक दुश्मन' के लेखक ने यह शिकायत की कि इंग्लैंड के अधिकांश स्थान विभिन्न तरह के विचारों से बहुत ज्यादा एम्स्टरडैम्नीकृत हो गए हैं; कि धर्म प्रत्येक मधुशाला और मदिरालय की सामान्य बातचीत एवं टेबुल गप का विषय बन चुका है; और दिसम्बर में बिशप हॉल ने हाउस ऑफ लॉर्ड्स से कह दिया कि लन्दन और नगरांचलों में मोची, दर्जी, नमदा बनानेवाले जैसे टुटपुंजिया लोग रहते हैं और मार्गदर्शकों द्वारा उनके लिए उपयुक्त आजादी जो विभिन्न मतावलम्बियों की चार कोड़ी मंडली से कमतर नहीं हो, सुझाई गई है।[7]

यद्यपि इन विरोधियों का बहुत ज्यादा राजनीतिक प्रभाव नहीं बन पाया और शीघ्र ही वे अपनी विरासत को इंडिपेंडेंट्स और उनकी सबसे मौलिक शाखा, लेवलर्स और डिगर्स पर आगे बढ़ाने के लिए छोड़ दिए। अगली सदी के दौरान जब इंग्लैंड में संसदीय प्रभुसत्ता के समर्थकों ने अंग्रेज राजा की सत्ता को चुनौती दी, तो लेवलर्स और डिगर्स ने वहाँ के राजनीतिक जीवन को बदलने में महती भूमिका अदा की।

राजा के साथ 1647 ई. की अपनी लड़ाई में पादरी संघ, जिन्हें संसद में बहुमत प्राप्त था, सत्तावादी राजा को विचारण के दायरे में लाने के सवाल पर डगमगाने लगे, लेकिन इंडिपेंडेंट्स जिनकी संख्या सेना में अधिक थी, राजा को विचारण के दायरे में लाने के पक्षधर थे। इसके लिए वे दबाव बना पाने में पूरी तरह सक्षम थे। साथ ही, उपासना पद्धति के सवाल पर भी विवाद था। पादरी संघ सत्तावादी उपासना पद्धति को बदलने के समय पूरे देश में समान रूप से अपनी निजी उपासना पद्धति को आरोपित कर देना चाहते थे। इंडिपेंडेंट्स ने इसका विरोध किया। वस्तुत: वे उपासना की स्वतंत्रता से सम्बन्धित विचार के समर्थक थे। इस विषय पर आजादी के सबसे बड़े समर्थक वे लेवलर्स और डिगर्स थे जिन्होंने इंडिपेंडेंट्स की मौलिक शाखा का निर्माण किया था। अपने पूर्ववर्ती ब्राउनवादियों और बैरोवादियों की तरह इन मजदूरों ने भी आबादी के निर्धनतम स्तर का प्रतिनिधित्व किया। उन्होंने उन कारीगरों और छोटे धन्धेवालों का प्रतिनिधित्व किया जिनकी आर्थिक स्थिति एकाधिकारों के विकास से संकट में थी। उन्होंने उन निस्सहाय सिपाहियों का प्रतिनिधित्व किया जिनके बकाये वेतन का संसद भुगतान करना नहीं चाहती थी, किन्तु सबसे महत्त्वपूर्ण यह है कि मतावलम्बियों को ऐसी आशंका थी कि गृहयुद्ध के दौरान स्वतंत्रता का आनन्द उठाने के बाद संसद धार्मिक स्वतंत्रताओं में कटौती कर देगी। चूँकि ये आबादी के निर्धनतम वर्ग का प्रतिनिधित्व करते थे, इसलिए समता से सम्बन्धित धार्मिक स्वतंत्रता की माँग के पक्षधर हो गए। इसमें इस तरह का विचार शामिल था कि सार्वजनिक भूमि सबों की है। डिगर्स ने भी इस तरह की भूमि को जोतने और कब्जा करने का प्रयास किया था, इसीलिए उन्हें 'डिगर्स' की संज्ञा दी गई। उनकी अत्यन्त महत्त्वपूर्ण राजनीतिक माँगें थीं—कम-से-कम उन लोगों के लिए मताधिकार का विस्तार जो नौकर नहीं थे, दैनिक मजदूर नहीं थे या जिन्हें हल्की राहत भी नहीं मिलती थी, संसदीय क्षेत्रों का अत्यधिक न्यायसंगत विभाजन, संसद के क्षेत्राधिकार से लोगों के धर्म को मजबूर करने या सैन्यबलों में सेवा देने के लिए उन पर दबाव डालने की शक्ति को हटाना, सम्पत्ति पर आनुपातिक कर के बदले उत्पादन शुल्क लगाना, एकाधिपत्यों एवं स्वत्वों का उन्मूलन, ऋण के लिए कारावास या हत्या को छोड़कर अन्य आपराधिक मामलों में मृत्युदंड की सजा को खत्म करना। वस्तुत: इंडिपेंडेंट्स के विचार इन माँगों से बहुत परे थे तथा सरल ईसाई मत के समर्थन की माँग करते हुए उन्होंने उन विचारों को अभिव्यक्त किया जो समाजवाद और लोकतंत्र के सबसे मौलिक रूप का पूर्वगामी प्रतीत होते थे। उदाहरणार्थ, उनके एक प्रचारक थॉमस एड्वर्ड ने लिखा था :

> यह देखकर कि सभी मनुष्य प्राकृतिक रूप से आदम के पुत्र हैं तथा आदम से ही वैध तरीके से स्वामित्वाधिकार और स्वतंत्रता प्राप्त किए हैं, इसलिए कानून और सरकार, पद और दर्जा में अन्तर के बावजूद इंग्लैंड

> और सभी अन्य देशों तथा हर देश के सभी खास व्यक्तियों को स्वतंत्र एवं प्राकृतिक स्वच्छन्दता के संग एक समान ढंग से रहना चाहिए, तथा न्यायोचित अधिकारों एवं मनुष्य के विशेषाधिकारों, जिनका वह वारिस है, का उपभोग करना चाहिए, और इस तरह अधिकारों में समान एवं जमींदारों के बराबर होना चाहिए। चूँकि सभी मनुष्य स्वतंत्रता, स्वच्छन्दता और स्वामित्व पसन्द करने के प्राकृतिक अधिकारों के साथ एक समान ढंग से जन्म लेते हैं तथा जैसे हम प्रकृति के हाथों ईश्वर से तमाम नैसर्गिक आजादी और स्वामित्व के साथ पैदा हुए हैं, इसलिए हमें अपने जन्मसिद्ध अधिकारों और विशेषाधिकारों का उपभोग करते हुए जिन्दा रहना है।[8]

यद्यपि उन लोगों ने अनुदार संसद से संघर्ष के दौरान क्रॉमवेल का समर्थन किया था, लेकिन क्रॉमवेल को उनका समतावादी और स्वतंत्रतावादी विचार स्वीकार्य नहीं था। अन्ततः क्रॉमवेल ने अपनी तानाशाही में उसे दबा दिया, लेकिन मिल्टन के रूप में उनके पास एक महान विजेता था। मिल्टन ने पादरियों की बढ़ती अनुदारता पर इन शब्दों में दुःख व्यक्त किया था—'नए पादरी नई पोशाक में भी वही पुराने लोग हैं'। उसने अपनी 'एरोपैजिटिका' के रूप में अभिव्यक्ति की आजादी पर प्रथम महानिबन्ध भी लिखा था। इन विषयों पर मिल्टन और समतावादियों के विचार समय से इतना आगे थे कि उन पर आज भी तारीख नहीं डाली जा सकती है और इसे एक उदाहरण के रूप में उन असंख्य लोगों के समक्ष जिनके पास अभी राजनीतिक सत्ता है, रखा जा सकता है।

राजशाही की पुनर्स्थापना के बावजूद ये विचार चारों तरफ फैले हुए थे। अंग्रेज अब पुरानी स्वेच्छाचारी सत्ता को स्वीकार करने के लिए तैयार नहीं थे। फलस्वरूप, किंग जेम्स-II और आबादी के विभिन्न वर्गों के बीच एक सार्वभौमिक संघर्ष चला जिसके कारण किंग जेम्स-II का निर्वासन हुआ तथा जनता की सहमति से विलियम और मैरी ने सत्ता सँभाली। इससे 1688 ई. की क्रान्ति की आधारभूमि तैयार हुई तथा एक सांविधानिक राजतंत्र के साथ अंग्रेजी लोकतांत्रिक प्रणाली के बृहत् ढाँचे का मार्ग प्रशस्त हुआ। विचार के इस वातावरण ने जॉन लॉक के राजनीतिक स्वतंत्रता के सबसे स्थायी सिद्धान्त को भी अस्तित्व में लाया। करीब एक सदी बाद हुई अमेरिकी क्रान्ति नेताओं के विचारों को बदलनेवाले सबसे महत्त्वपूर्ण प्रभावों में एक साबित हुई।

लॉक के विचार में इंडिपेंडेंट्स का वह विचार मौजूद था कि मनुष्य स्वतंत्र और समान होता है, लेकिन इस आजादी के स्रोत में हलका बदलाव हुआ। इंडिपेंडेंट्स उत्साही धार्मिक व्यक्ति तथा सुदृढ़ धार्मिक परम्परा के उत्तराधिकारी थे। उन्होंने इन स्वतंत्रताओं की कल्पना आदम और ईव से जुड़ी मनुष्य की सामान्य वंश-परम्परा के रूप में की, लेकिन लॉक एक तर्कबुद्धिवादी थे और वह अपने समय की उभरती वैज्ञानिक मनोदशा के अनुरूप चलनेवाले व्यक्ति थे। इसलिए प्रकृति उनमें ईश्वर

का स्थान ग्रहण करती है और मनुष्य के जन्मजात अधिकार ईश्वर का वरदान होने की जगह प्रकृति प्रदत्त अधिकार बन जाते हैं। इस तरह उन्होंने लिखा :

> मनुष्य प्राणी, जैसा कि कहा गया है, स्वभावत: पूरी तरह स्वच्छन्द, समान और स्वतंत्र होता है, इस स्थिति से किसी को वंचित नहीं किया जा सकता है और न ही बिना सहमति के किसी को दूसरे की राजनीतिक सत्ता के अधीन किया जा सकता है। एक ही तरीका है जिसके द्वारा किसी को उसकी इस प्राकृतिक आजादी से वंचित किया जाता है और उस पर नागरिक समाज का बन्धन डाल दिया जाता है। वह तरीका है, किसी का दूसरे व्यक्ति के साथ समुदाय में रहने के लिए सहमत होना। यह सहमति आराम, सुरक्षा और शान्तिप्रिय जीवन जीने के लिए, अपनी सम्पत्ति के निरभ्र उपभोग तथा जो इस समुदाय के नहीं हैं उनसे बचाव के खयाल से होती है। यह काम मनुष्य किसी भी संख्या में कर सकता है क्योंकि यह बाकियों की स्वतंत्रता को किसी तरह की क्षति नहीं पहुँचाता है; उन्हें छोड़ दिया जाता है क्योंकि वे प्रकृति की दशा की आजादी में थे। जब मनुष्य किसी भी संख्या में कोई इस तरह का समुदाय या सरकार बनाने के लिए सहमत होता है तो तत्काल उन्हें मिला लिया जाता है और एक राजनीतिक निकाय गढ़ लिया जाता है जहाँ बहुमत के पास काम करने और शेष का अन्त करने का अधिकार होता है।[9]

वह प्रत्येक व्यक्ति के अहस्तान्तरणीय अधिकार के सिद्धान्त पर आधारित राज्य का एक पूर्ण सिद्धान्त विकसित करते हैं। राजा और जनता के बीच के करार के पुराने विचार को जनता के बीच के अपने समझौते के विचार से बदल दिया जाता है। इस तरह, शासक की वैधता का पता पूरी तरह उन लोगों से लगता है जिनके अधिकार सदा अनुल्लंघित होते हैं। वह बाद के अपने विचार में इंडिपेंडेंट्स के विचारों से साझा करते हैं।

समझौते की आवश्यकता का वर्णन करते हुए वह लिखते हैं :

> यदि प्रकृति की अवस्था में मनुष्य इतना मुक्त हो जैसा कि कहा गया है, यदि वह अपने व्यक्तित्व और स्वामित्व का परमस्वामी हो, बड़े लोगों के बराबर हो तथा किसी के अधीन नहीं हो, तो वह क्यों अपनी आजादी का पक्ष लेगा? वह क्यों अपने साम्राज्य का त्याग करेगा तथा वह क्यों स्वयं को किसी दूसरी सत्ता के नियंत्रण और प्रभुत्व के अधीन करेगा? इसका जवाब साफ है कि प्रकृति की अवस्था में यद्यपि उसके पास ऐसा अधिकार प्राप्त है, लेकिन अभी भी इसका उपभोग कर पाना अनिश्चित है और हमेशा इस पर दूसरों के आक्रमण का खतरा बना रहता है। चूँकि सभी उसके जितने बड़े राजा हैं, उसकी बराबरी के हैं तथा दूर-दूर तक न्याय का कोई सख्त

पर्यवेक्षक नहीं है, इसलिए राज्य के अन्दर उसके पास जो सम्पत्ति है उसका उपभोग काफी असुरक्षित है। फलस्वरूप, वह एक ऐसी स्थिति छोड़ जाने की इच्छा करने लगता है जो चाहे कितना भी स्वतंत्र हो, भय और खतरे से भरी होती है। यह अकारण नहीं है कि वह इसकी तलाश करता है तथा उस तरह के दूसरे लोगों से जुड़ने की इच्छा रखता है जो पहले से एकबद्ध हैं एवं अपने उन जीवनों, स्वतंत्रताओं और सम्पत्तियों के आपसी परिरक्षण हेतु एक होने का मानस रखते हैं, जिन्हें मैं सम्पत्ति की सामान्य संज्ञा देता हूँ।[10]

ऐसा न हो कि इसका यह अर्थ लगाया जाए कि राजनीतिक अवस्था और इसकी स्वतंत्रताएँ उस अर्थ में सम्पत्ति की रक्षा करने के लिए ही होती हैं जैसाकि आज लगाया जाता है। लॉक ने सम्पत्ति को जिस तरह परिभाषित किया है, उस पर ध्यान देना यहाँ जरूरी है। सम्पत्ति के बारे में लॉक के विचार की हेरॉल्ड जे. लास्की ने निम्नलिखित शब्दों में व्याख्या की है :

लॉक सम्पत्ति के मूल को आदिम साम्यवाद में देखते हैं। मनुष्य जब भी किसी वस्तु से अपने श्रम को मिला देता है तो यह सम्पत्ति व्यक्तिगत स्वामित्व में अन्तरित हो जाती है। स्वामित्व का यह श्रम सिद्धान्त आधुनिक समाजवाद के माँ-बाप हॉग्सकिन और थॉम्पसन के हाथों में रहा।[11]

निस्सन्देह, लॉक द्वारा प्रस्तावित करार के भेद की ऐतिहासिकता को किसी नागरिक समाज या राज्य के आधार के रूप में गम्भीरता से नहीं लिया गया, लेकिन इसी से एक गहरे अनुभूत विचार को ऐसे जोड़ा जाता है कि वह इसके संयोजन के खास समय के लायक बने।

व्यक्तिगत आजादी और राजनीतिक संस्थाओं के बारे में लॉक के विचार एक अर्थ में लोकतांत्रिक संविधान के सभी उत्तरवर्ती राजनीतिक आन्दोलनों पर छा गए। 1789 ई.में फ्रांस की नेशनल असेम्बली द्वारा बनाए गए व्यक्ति के अधिकारों की घोषणा में खासकर उसके प्रथम दो अनुच्छेदों में लॉक के ही विचार प्रतिगुंजित होते हैं। यह निम्न प्रकार है :

1. मनुष्य जन्मना स्वतंत्र और समान है तथा अपने अधिकारों के सन्दर्भ में वह हमेशा स्वतंत्र और समान बना रहता है। इसलिए नागरिक भेद केवल लोकोपयोगिता के आधार पर ही किया जा सकता है।
2. सभी राजनीतिक संगठनों का अन्त मनुष्य के प्राकृतिक और अहार्य अधिकारों का संरक्षण है, और ये अधिकार हैं—स्वतंत्रता, सम्पत्ति, सुरक्षा का अधिकार और उत्पीड़न के प्रतिरोध का अधिकार।

उसी तरह के बुनियादी विचार अमेरिकी क्रान्ति के बाद अधिकारों की वर्जीनिया घोषणा में प्रतिगुंजित हुए जिसने घोषणा की :

हम यह कहते हैं कि ये सत्य स्वयंसिद्ध हैं कि सभी मनुष्य जन्मना समान होते हैं, कि उन्हें अपने सर्जक द्वारा निश्चित अहस्तान्तरणीय अधिकार उपहार में मिले हुए हैं, कि इन उपहारों में शामिल है जीवन, आजादी और खुशी की तलाश। यह कि इन अधिकारों की सुरक्षा करने के लिए मनुष्यों के बीच सरकारों की नियुक्ति होती है जिसके पास शासितों की सहमति से उपयुक्त शक्ति प्राप्त होती है...

इस सांविधानिक प्रगति के पीछे दूसरे प्रभाव भी काम कर रहे थे, जैसे रूसो, और मांटेस्क्यू के वैचारिक प्रभाव। मांटेस्क्यू पर, हालाँकि, 1729-31 ई. के बीच वहाँ पर उनके ठहराव के दौरान इंग्लैंड की परम्पराओं और विचारों का परिव्याप्त आबोहवा का गहरा प्रभाव पड़ा था। किसी भी मामले में व्यक्ति के अहस्तान्तरणीय अधिकार का विचार ज्यादातर लॉक का ही था जो इंडिपेंडेंट्स और मतविरोधियों के पूर्ववर्ती आन्दोलनों से निकला था।

उसी तरह के विचार थॉमस पैने के लेखों में प्रतिध्वनित होते हैं। थॉमस पैन अमेरिकी और फ्रांसीसी क्रान्तियों के आदर्शों के महान विजेता और प्रचारक बन गए थे। प्राकृतिक और नागरिक अधिकारों पर उन्होंने लिखा :

प्राकृतिक अधिकार वे होते हैं जो मनुष्य से उसके अस्तित्व की निगाह में सम्बन्धित होते हैं। इस प्रकार के अधिकारों में सभी बौद्धिक अधिकार शामिल हैं या दिमाग से सम्बन्धित अधिकार शामिल हैं और अपने निजी आराम और खुशी के लिए व्यक्तिगत रूप से काम करने के वे अधिकार भी शामिल हैं जो दूसरों के प्राकृतिक अधिकारों के लिए हानिकारक नहीं होते हैं। नागरिक अधिकार वे होते हैं, जो मनुष्य से उसके समाज का सदस्य होने के कारण सम्बन्ध रखते हैं। प्रत्येक नागरिक अधिकार में इसकी नींव हेतु व्यक्ति में पहले से मौजूद कुछ प्राकृतिक अधिकार होते हैं, लेकिन उसके उपभोग के लिए उसकी व्यक्तिगत सत्ता सभी मामलों में पर्याप्त रूप से सक्षम नहीं होती है।[12]

यह देखा गया है कि आरम्भ में रोम के ईसाई शहीदों को प्रेरित करनेवाले विचार और उपासना पद्धति की स्वतंत्रता के वही विचार सोलहवीं सदी में इंग्लैंड के विरोधियों के बीच फिर से प्रकट होते हैं और इंडिपेंडेंट्स के माध्यम से मध्य सत्रहवीं सदी के दौरान लॉक तथा अमेरिकी और फ्रांसीसी क्रान्तियों तक बने रहते हैं। अमेरिका में उपनिवेशियों को प्रेरित करनेवाला आरम्भिक विचार था, 'अंग्रेजों का अधिकार'। इस बारे में यह कहा गया है कि अंग्रेज जहाँ भी जाएँ, अधिकार उनके साथ रहता है। इससे 'प्रतिनिधित्व नहीं तो कर नहीं' का विचार उत्पन्न हुआ

और अन्ततः 'स्वतंत्रता की अमेरिकी घोषणा' का विचार प्रकट हुआ। 'अंग्रेजों के अधिकार' से 'मनुष्यों के अधिकार' तक पहुँचना महज कुछ कदमों का फासला था क्योंकि यही एक विषय था जिस पर हर जगह लोगों के विचार एक समान थे। पहले-पहल अंग्रेजों के अधिकार के अन्तर्गत किस तरह से अमेरिकावासियों को लाने का प्रयास किया गया, यह एक इतिहासकार के निम्नलिखित शब्दों से मालूम पड़ता है :

> न्यूयॉर्क में अक्टूबर 1765 ई. में सम्पन्न हुए स्टाम्प एक्ट महासम्मेलन का बड़ा ऐतिहासिक महत्त्व था। इसमें लोगों की भीड़ स्वतःस्फूर्त थी। प्रथम औपनिवेशिक सम्मेलन के रूप में यह स्वतंत्रता के लिए मील का पत्थर था। उपनिवेशों पर सम्राट् की सर्वोच्च सत्ता को स्वीकार करते हुए भी इसने उपनिवेशों के मामले को पूरी तरह अंग्रेजों के मौलिक अधिकारों पर डाल दिया, और इन अधिकारों में सबसे पहले इसने 'प्रतिनिधित्व नहीं तो कर नहीं' के सिद्धान्त को रखा।[13]

आगे चलकर ये ब्रिटिश, अमेरिकी और फ्रांसीसी विकास यूरोप और दुनिया के अन्य हिस्सों में लोकतांत्रिक विकास के मॉडल बन गए।

अमेरिका और यूरोप में जिस तरह से आजादी के विचार ने ठोस और राजनीतिक संस्थागत रूप धारण किया, उस तरह से गैर-यूरोपीय मुल्कों में नहीं हो सका क्योंकि परिस्थितियों में अन्तर था। दूसरी जगहों पर आजादी की यह अन्तःप्रेरणा दूसरे रूप में प्रकट हुई। उदाहरण के तौर पर, भारत में इंग्लैंड के मतविरोधियों के आन्दोलन के समानान्तर भक्ति आन्दोलन था जो भिन्न रूप में आजादी का एक बड़ा आन्दोलन था।

भारत में वर्णव्यवस्था और जाति-विभाजन के कारण धर्म समाज के आर्थिक और सामाजिक संगठन से गहरे रूप से जुड़ा हुआ था। वस्तुतः धर्म का मतलब अनेक तरह की आनुष्ठानिक रस्मों से था जहाँ ब्राह्मण पुजारियों की प्रधानता थी। उपनयन जैसे कुछ खास तरह के कर्मकांड थे जिन्हें शूद्र नहीं कर सकते थे। शूद्र वर्ण व्यवस्था के अन्दर सबसे निचले पायदान पर थे। फलस्वरूप, वे बहुत से धार्मिक कर्मकांडों और गुणों से वंचित थे। साथ ही, उन्हें सैद्धान्तिक शिक्षा ग्रहण करने के आजादी नहीं थी। बहुत से ऐसे अछूत थे जिन्हें मन्दिर में अथवा सार्वजनिक पूजा-स्थलों पर जाने की आजादी नहीं थी क्योंकि ऐसा माना जाता था कि उनकी उपस्थिति से न केवल ऊँची जाति के लोग बल्कि ब्राह्मण देवता भी प्रदूषित हो जाते हैं। अनेक मामलों में शूद्र और अछूत स्थायी रूप से वैसे निर्धनतम व्यक्ति थे जो अपमानजक धन्धों से जुड़े हुए थे, जिनसे तुच्छ आय प्राप्त होती थी। यह सब उपनिषद् सम्बन्धी इस ज्ञान के बावजूद होता रहा कि एक ही सर्वोच्च शक्ति

है जो समूचे ब्रह्मांड में ऊपर या नीचे एक समान व्याप्त रहती है। निम्न क्रम का निम्न स्तर कर्म के संस्थापित नियम के अनुसार न्यायोचित था। उक्त नियम के अनुसार, पूर्वजन्म में किए गए बुरे कार्यों के कारण व्यक्ति को इस जन्म में अपरिहार्य रूप से कष्ट काटना पड़ता है। मुक्ति उन कार्यों को करने से मिलती है जो वर्णाश्रम धर्म के अनुसार हमें करने को मिले हुए हैं। ब्राह्मणों के इन आधार वाक्यों को एक बार स्वीकार कर लेने पर ये आधार वाक्य एक सुस्पष्ट तार्किक व्यवस्था बन जाते थे जिनसे छुटकारा पाना मुश्किल था। इस तरह, इस दुनिया में निम्न जाति के लोग न केवल शालीन जीवन जीने से वंचित थे बल्कि इसके बाद मुक्ति से भी वंचित थे, क्योंकि वे उन गुणों से वंचित थे जो उनके जीवन को शालीन बना सकते थे।

चौदहवीं सदी से पूरे देश में स्वत:स्फूर्त ढंग से होनेवाला भक्ति आन्दोलन मुख्यत: निम्न जातियों का पुरोहितीय व्यवस्था के चंगुल से बाहर निकलने का एक प्रयास था। इस व्यवस्था ने उन्हें शारीरिक और आध्यात्मिक, दोनों रूप से अपमानित किया था। जैसा कि ऊपर कहा गया है, शूद्र और अछूत ब्राह्मणों से सम्बन्धित कर्मकांड नहीं कर सकते थे। वे मन्दिर में प्रवेश नहीं कर सकते थे। शूद्रों के लिए संस्कृत के प्रयोग पर रोक थी क्योंकि यह ब्राह्मणों की पूजाभाषा थी। ब्राह्मणों की आवाज को लगभग भगवान की आवाज माना जाता था। ब्राह्मणों द्वारा धर्मग्रंथों की की जानेवाली व्याख्या को अन्तिम शब्द माना जाता था और हमेशा यह व्याख्या शूद्रों और अंत्यजों के विरुद्ध होती थी, लेकिन 'नाम' पर भक्ति आन्दोलन के जोर से ये सारी चीजें एक बारगी बेमानी हो गईं। 'नाम' का मतलब था, भजन-कीर्तन के माध्यम से व्यक्तिगत और सामूहिक रूप से ईश्वर के नाम का पुनरुच्चार करना। इसके लिए किसी मन्दिर में जाने की जरूरत नहीं थी, दूर स्थित तीर्थस्थल पर जाने की जरूरत नहीं थी और न ही ब्राह्मण की सहायता से उत्पीड़क और खर्चीला कर्मकांड करने की जरूरत थी। इसके लिए केवल राम, कृष्ण या गोविन्द जैसे देवताओं, जिन्हें ईश्वर का अवतार माना जाता था, के प्रति व्यक्तिगत भक्ति की जरूरत थी। ज्ञान और योग के माध्यम से ईश्वर को प्राप्त करने के आरम्भिक वेदान्त सम्बन्धी लक्ष्य के समानान्तर यह भक्ति के माध्यम से ईश्वर से व्यक्तिगत रूप से जुड़ने का लक्ष्य था। ईसाई डिसेंटरों के मामले की तरह भक्ति आन्दोलन में भी व्यक्तिगत स्वतंत्रता पर ही जोर था : ईसाई डिसेंटरों में अपनी अन्तरात्मा की आवाज पर विश्वास करते हुए, जिसके माध्यम से ईश्वर बोलते थे; भक्ति आन्दोलन के मामले में भक्ति के माध्यम से, जो ईश्वर और भक्त के बीच का एक अटूट बन्धन था। इसने भगवान और आत्मा की एकरूपता के वेदान्त दर्शनशास्त्र के सिद्धान्त तथा जातियों में समाज के तीक्ष्ण विभाजन, जिसकी इसने अनदेखी की थी, के बीच के प्रतिवाद को समाप्त करने का प्रयास

किया। भक्ति आन्दोलन ने सही में समूचे ब्रह्मांड के ऐक्य पर जोर दिया तथा सामाजिक विभाजनों द्वारा डाले गए प्राणी और स्रष्टा के बीच के अलगाव को अस्वीकार किया।

भक्ति आन्दोलन की सबसे बड़ी उपलब्धियों में एक यह थी कि इसने मनुष्य के सोच को आजाद किया, इसे उस संस्कृत भाषा के बन्धन से मुक्त किया जो उस समय तक धार्मिक और धर्मनिरपेक्ष, दोनों तरह के ज्ञान की एकमात्र भाषा थी। संस्कृत भाषा ने समस्त ज्ञान को गूढ़ तथा विचार को निष्फल बना दिया था। उसके बन्धन से निकलते ही मनुष्य की अनुभूतियाँ सहसा महान कविता में प्रकट होने लगीं। भक्ति आन्दोलन के प्रतिपादक सन्त कवियों में से कुछेक का भारत के उन महान कवियों में शुमार है जिन्होंने अनेक लोक भाषाओं को आकार दिया।

इतना कुछ इसलिए सम्भव हो पाया क्योंकि अंत्यज महत्त्वपूर्ण सन्त कवियों में से कुछ सन्त कवि शूद्र वर्ण के थे या अन्त्यज थे। कबीर इस आन्दोलन के एक बड़े कवि थे। वह जुलाहा जाति के थे। जुलाहा मुसलमान बुनकरों की एक निम्न जाति थी। यह आश्चर्यजनक नहीं है कि उन्होंने अपनी साखी (उपदेशात्मक काव्य-रूप) में न केवल हिन्दुओं और मुसलमानों की पूजा पद्धति के बाह्य रूप की विडम्बना का चित्रण किया है बल्कि उनकी सामाजिक संस्थाओं की विडम्बना पर भी प्रहार किया है। उदाहरणस्वरूप, कबीर उन हिन्दू संन्यासियों का उपहास करते हैं जो अपने मन को रँगे बिना कपड़े को रँग लेते हैं या अपने मन को बदलने की माला फेरे बिना हाथ की माला फेरते हैं। इसी प्रकार, वह जोर से चिल्लानेवाले उन मुल्लाओं से भी सवाल करते हैं कि क्या खुदा बहरे हो गए हैं जो इतना जोर से चिल्लाने की जरूरत पड़ गई है। वह मूर्तिपूजा के भी आलोचक थे। मूर्तिपूजा का उन्होंने उपहास किया। उन्होंने ऊँची जाति, खासकर ब्राह्मणों के ऊँचे जन्म मिथ्याभिमान पर भी करारा प्रहार किया। अपनी एक व्यंग्यात्मक कविता के माध्यम से उन्होंने पूछा कि ऊँचे जन्म का दावा करनेवाले ब्राह्मण क्या इस दुनिया में दूसरों से भिन्न तरीके से (औरत के गर्भ से पैदा होने की तरफ इशारा करते हुए) पैदा हुए हैं।

भक्ति आन्दोलन के दो महत्त्वपूर्ण व्यक्तित्व थे—एक बनारस की चमार जाति के रैदास और दूसरा, महाराष्ट्र की महार जाति के चोखामेला। महार और चमार, दोनों गन्दगी से जुड़े पेशों वाली अछूत जातियाँ थीं और इन दोनों ही जातियों के पारम्परिक धन्धों में एक धन्धा यह भी था कि ये गाँव से मृत जानवरों के शव को हटाते थे। रैदास का उद्‌भव पन्द्रहवीं सदी में कबीर के थोड़ा बाद हुआ था। चोखामेला सम्भवत: महाराष्ट्र के एक महत्त्वपूर्ण सन्त कवि नामदेव से पहले पैदा हुए थे। नामदेव स्वयं दर्जी जाति के थे और चोखामेला के बारे में उन्होंने बहुत सी कविताएँ लिखी थीं। रैदास की कविताओं में नामदेव का जिक्र आता है, इसलिए

कहा जा सकता है कि रैदास का जन्म नामदेव के बाद हुआ होगा। रैदास यद्यपि गोविन्द के भक्त थे, लेकिन अन्य भक्त कवियों की तरह उनके प्रसंग में भी यह नाम उस सर्वव्यापी ईश्वर के अनेक नामों में से एक है। उनकी कविताओं की निम्नलिखित पंक्तियाँ इस तथ्य को स्पष्ट करती हैं कि रैदास की समझ के अनुसार भक्ति जाति और धर्म की सारी सीमाओं से परे है तथा ईश्वर तक सभी प्राणियों की पहुँच हो सकती है :

> दुनिया जानती है कि मैं जाति का चमार हूँ
> लेकिन गोविन्द बसते हैं हृदय में जो सारे गुणों के सार हैं
> मेरी जाति के लोग रोज ढोते हैं बनारस में कूड़ा-कर्कट
> लेकिन मैं हूँ (रैदास) जो आपका (ईश्वर का) दास हूँ तथा जिन्दा हूँ
> आपके नाम की दया पर और अब
> ब्राह्मण और नामी-गिरामी लोग भी
> उसके समक्ष सादर सिर नवाते हैं।

एक दूसरी जगह लिखते हैं :

> ओ, अज्ञानी से बन गया ज्ञानी
> सोचो जरा वाल्मीकि के बारे में
> निम्न जन्म से पवित्र स्थान पर बैठाया गया उसे
> राम की भक्ति से अजामिल, पिंगुला, लुभ्तु, कंचारू
> को हरि मिल गए जब इतने बुरे लोगों को मुक्ति मिल गई
> तो रैदास को क्यों नहीं मिल सकती है?

एक दूसरी कविता में वह लिखते हैं :

> मेरे गोविन्द ही निम्न को ऊपर उठाते हैं
> वह किसी से डरता नहीं
> नामदेव, कबीर, तिरलोचन, साधना, सामू
> सभी का उद्धार हुआ
> कहे रैदास कि हरि हेतु सब कुछ सम्भव है।

आगे लिखते हैं :

> उनके यहाँ अमीर या गरीब में भेद नहीं होता
> ब्राह्मण, वैश्य, शूद्र और खत्री
> डोम, चांडाल, म्लेच्छ कोई भी हो
> सभी अपने परिवार के साथ भगवत भजन से पवित्र हो जाते हैं।[14]

महार सन्त चोखामेला पंढरपुर के विट्ठल (कृष्ण का दूसरा नाम) के भक्त थे। सन्त कवियों की परम्परा में होने के कारण उसने भी ईश्वर की प्राप्ति हेतु नाम की कुंजी का सहारा लिया। वह इस विचार के भी थे कि भक्त का शारीरिक स्पर्श ईश्वर के लिए बड़ा सुखद होता है। एक परम्परा केअनुसार, चूँकि वह अछूत थे, उनके मन्दिर प्रवेश पर रोक थी, इसलिए वह मन्दिर से कुछ दूर खड़े होकर विट्ठल की पूजा करते थे। एक दिन विट्ठल स्वयं उन्हें मन्दिर के अन्दर लिये चले गए। मन्दिर के पुजारी ने संयोग से भगवान और चोखामेला की बातचीत को सुन लिया था, इसलिए वह इस अपवित्रीकरण से घोर अपमानित हुआ। फलस्वरूप, चोखामेला को एक नदी के उस पार निष्कासित कर दिया गया ताकि विट्ठल से वह दूर हो जाए, परन्तु विट्ठल को यह विलगाव सहन नहीं हुआ। वह चोखामेला की कुटिया में गए और उसके साथ भोजन करने बैठ गए। थोड़ा-सा दही विट्ठल के पीले वस्त्र पर गिर गया। चोखामेला के साथ विट्ठल को भोजन करते देखकर उस ब्राह्मण पुजारी को आश्चर्य हुआ। वह गुस्से से लाल हो गया तथा चोखामेला के गाल पर एक थप्पड़ जड़ दिया। पुजारी जब मन्दिर वापस लौटा तो देखा कि विट्ठल के पीताम्बर पर अभी दही के दाग हैं तथा साथ ही चेहरे पर उस थप्पड़ का दाग है जो उसने चोखामेला के गाल पर जड़ा था। इससे पुजारी को अहसास हो गया कि विट्ठल चोखामेला को बहुत चाहते हैं। इस परम्परा में सचाई जो कुछ भी हो, यह भक्ति आन्दोलन की जातिविरोधी और समतावादी नीति को प्रकट करती है।

चोखामेला अपने मरने के दिन तक दूसरे महारों की तरह एक साधारण मजदूर ही थे और उनका निधन उस ईंट की दीवार गिरने से हुआ जिस दीवाल को खड़ा करने में वह काम कर रहे थे। अन्य मजदूरों के साथ चोखामेला को भी वहीं दफन कर दिया गया। भक्ति आन्दोलन का यह उल्लेखनीय पहलू है कि कबीर, रैदास, चोखामेला वगैरह सन्त कवियों में ज्यादातर निम्न जाति के थे, लेकिन वे ईश्वर की भक्ति या धार्मिक ज्ञान के अभ्यास से ब्राह्मणों द्वारा वंचित किए जाने की नीति का खंडन करते हुए अपने पुश्तैनी धन्धों से जुड़े रहे। रैदास की तरह चोखामेला ने भी शुद्धता और अशुद्धता तथा ब्राह्मणों तक सीमित वैदिक ज्ञान के सवाल को उठाया है। उदाहरणस्वरूप, वह अपनी एक कविता में कहते हैं :

> समस्त पंचतत्त्व समान रूप से अशुद्ध हैं
> और यह अशुद्धि पूरी दुनिया में व्याप्त है,
> ऐसा है यदि तो शुद्ध या अशुद्ध किसे कहना?
> शरीर स्वयं गन्दगी का स्रोत है :
> वह कौन है जो शुद्ध हो पाया है?

मैं नहीं जानता :
कहे चोखा मैं खुद दंग हूँ :
कैसे किसी ने अशुद्धि से मुक्ति ले ली?[15]

दूसरी कविता में :

न हम विज्ञान जानते हैं, न पुराण
'वेद' का एक शब्द भी हमें नहीं मालूम
आगम की उलझनों तथा निगम के रहस्यों
शास्त्रों में वर्णित समस्त सच्चाइयों को मैं नहीं जानता :
योग, त्याग, अष्टधर्म पथ
भिक्षा, नियम व अनुशासन मैं नहीं जानता :
कहे चोखा, हे भगवान अपनी निष्कपट भक्ति में
केवल अपका नाम गाऊँगा, ओ केशव :[16]

आगे एक कविता में पारम्परिक पुजारियों के मार्ग की तीक्ष्ण भर्त्सना में वह कहते हैं :

अभिशप्त हों उनके कर्म, अभिशप्त हो उनकी सोच
अभिशप्त हो उनका जन्म, अभिशप्त हो उनका जीवन
अभिशप्त हो उनका परमात्म ज्ञान, सभी बेकार की बातें हैं,
उनके हृदय में न दया, न क्षमा, न शान्ति :
अभिशप्त हों वे हावभाव, अभिशप्त हों वे जडें
व्यर्थ का है उनका वैरागी पहनावा
कहे चोखा, अभिशप्त हो ऐसे लोगों का जन्म
अन्त में उन्हें नरक की यातनाएँ मिलेंगी :[17]

और अपनी जाति के बारे में वह कहते हैं :

अपनी दशा मैं तुम्हारे चरणों में कहूँगा
हालाँकि, हो तुम सर्वोच्च और अच्छी तरह जानते हो
मेरी जाति सबसे निम्न है
हर समय देखकर हमें, लोग चिल्लाते हैं : 'प्रदूषण-प्रदूषण' :
मेरा स्वागत करनेवाला कोई नहीं
वे केवल चिल्लाते हैं : 'दूर रहो : दूर रहो' :
कहे चोखा, ढाढ़स तभी बँधेगा जब मुझे
तुम अपनी पोशाक के ढीले छोर में जमा करोगे :[18]

महाराष्ट्र के एक और महत्त्वपूर्ण सन्त कवि थे, तुकाराम। हालाँकि वह अछूत नहीं थे, लेकिन बनिया जाति (निम्न जाति) के थे और उनके पूर्वज महाजनी (पैसा सूद पर देना) का काम करते थे। वह ईश्वर और दुनिया के सभी जीवों के ऐक्य का उपदेश देते हैं जैसा कि निम्नलिखित पंक्तियों से स्पष्ट है—

बीज के पेट से वृक्ष पैदा होता है
और वृक्ष के अन्त में बीज पुन: आ जाता है
इसी तरह हैं हम, आप और मैं :
प्रत्येक में दूसरे की उपस्थिति होती है
पानी पर तरंग पानी का शरीरांश है
कहे तुका, वस्तु और इसके प्रतिबिम्ब
दोनों मूल स्थान में विघटित हो जाते हैं।[19]

उत्तर प्रदेश में लालबेग नामक एक भंगी सन्त भी थे। इसके अलावा छोटे-छोटे सन्तों की भी संख्या काफी थी। उनमें से भी ज्यादातर निम्न जाति से आते थे एवं कुछ मुसलमान थे।

ईसाई डिसेंटर और भक्ति आन्दोलन, दोनों का जोर संस्थागत धर्म के बदले व्यक्तिगत धर्म पर होता है। दोनों अत्यन्त विधर्मी बन जाते हैं क्योंकि प्रत्येक व्यक्ति को धार्मिक विषयों के बारे में सोचने का अधिकार प्राप्त हो जाता है। फलस्वरूप, यह अधिकार हर चीज के बारे में अपने ढंग से सोचने का अधिकार हो जाता है। इसलिए इस अधिकार ने एक प्राकृतिक उपसिद्धान्त का रूप ग्रहण कर लिया क्योंकि धर्म और रहस्य के क्षेत्र में सत्ता को चुनौती देने का अधिकार प्राप्त करनेवाला व्यक्ति स्वाभाविक रूप से इस अधिकार को उस धर्मनिरपेक्षता पर क्षेत्र में विस्तारित करना चाहता था जहाँ उसके व्यक्तिगत निर्णय के गलत होने की उम्मीद काफी कम थी। यूरोप में हम देख चुके हैं कि इसका वहाँ काफी गहरा राजनीतिक निहितार्थ था।

परन्तु विधर्मी परम्परा भारत की एक प्राचीन परम्परा थी। आरम्भ में भी परम्परानिष्ठता को चुनौती देनेवाले चार्वाक सरीखे सुधारवादी प्रकृति के लोग मौजूद थे। उन लोगों ने एक साथ भगवान और वेदों तथा अन्य धर्मशास्त्रों की सत्ता को नकारा था, लेकिन भारत में उस तरह के उत्पीड़न या अत्याचार की कोई परम्परा या साक्ष्य उपलब्ध नहीं है जैसा कि यूरोप के ईसाई डिसेंटरों को झेलना पड़ा था। निस्सन्देह, अपने विश्वासपात्रों से उन्हें अपमानित होना पड़ा, लेकिन उन्हें कारावास या फाँसी की सजा नहीं मिली। कबीर के बारे में एक किंवदन्ती है कि उन्हें अपसिद्धान्तों के लिए गिरफ्तार कर सम्राट् सिकन्दर लोदी के समक्ष लाया गया तथा सम्राट् ने उन्हें आदेश दिया कि इस सन्त को हाथी के पाँव तले कुचलवा दिया जाए, लेकिन

सन्त कबीर की तरफ बढ़ने की जगह हाथी भयभीत होकर पीछे हट गया। सम्राट् ने जब खुद हाथी को कबीर की तरफ बढ़ाने का प्रयास किया तो उसने देखा कि कबीर की जगह एक शेर घुटना मोड़कर बैठा है। तब सम्राट् ने अफसोस जाहिर किया। इस तरह, इस मामले में भी उत्पीड़न की कोई वास्तविक घटना घटित नहीं हुई। इस घटना की सत्यता चाहे जो भी हो, कम-से-कम यह उस उच्च सम्मान की तरफ इशारा अवश्य करती है जो लोगों द्वारा उन बागी सन्तों को दिया जाता था।

हालाँकि भारत में भक्ति आन्दोलन मनुष्य की धार्मिक अन्त:प्रेरणाओं की मुक्ति एवं लोगों की उन भाषाओं तक ही सीमित रहा जिनके अभाव ने विचार और अभिव्यक्ति को शिकंजे में जकड़ रखा था। इसने राजनीतिक तंत्र को प्रभावित नहीं किया। इसका आंशिक कारण यह है कि इंग्लैंड में धर्म और राजनीति गहरे अन्तर्ग्रथित थे। वस्तुत: इंग्लैंड में 1640 ई. से लेकर सत्रहवीं सदी के अन्त तक के राजनीतिक नाटक का ज्यादातर हिस्सा राजाओं एवं उन अनेक लोकप्रिय समूहों के धार्मिक विश्वास पर खेला गया जो संसदीय पार्टी के आगे-पीछे जमा होते थे। दूसरी तरफ, भारत में तेरहवीं सदी से, जिसके बाद भक्ति आन्दोलन की शुरुआत होती है, राजनीतिक सत्ता उन मुसलमान शासकों के हाथ में रही जिन्हें अपनी प्रजा के धार्मिक विश्वास से कोई मतलब नहीं था। शायद यह शासकों की शुद्ध स्वार्थपरता थी कि वे काफी बड़ी तादाद वाले अपने उन गैर-मुसलमान नागरिकों की धार्मिक आस्थाओं में दखल देने के बारे में सोच भी नहीं सकते थे, लेकिन यह उस तथ्य का भी परिणाम हो सकता है कि अरब जगत और इस्लाम, जिनसे इसका परिचय दसवीं सदी से पन्द्रहवीं सदी तक जुड़ा हुआ था, उदार विचारों, विज्ञान और शिक्षा का अग्रदूत बन गया था तथा आज के मुसलमान शासकों की रूढ़िवादी मतान्धता उनके अन्दर नहीं थी। इस तरह मुसलमान शासकों में इस बात के लिए एक स्वाभाविक झुकाव था कि सभी क्षेत्रों में स्वतंत्र विचारों को स्वीकृति दी जाए।

राजनीतिक नरेशों और संगठित जन समूहों के बीच विवाद उत्पन्न होने का कोई अवसर भी नहीं था। यूरोप में सामन्ती प्रथा ने अपेक्षाकृत एक कमजोर शाही सत्ता का निर्माण किया था, लेकिन भारत में राजनीतिक सत्ता हमेशा से काफी केन्द्रीकृत और सुदृढ़ थी। इस तरह यूरोप और भारत के राजनीतिक ढाँचे में अन्तर था। भारत में वैसा कोई नगर नहीं था जिस पर कुछ खास मामले में राजाओं से स्थानीय स्वायत्तता का चार्टर प्राप्त करनेवाले नागरिकों का आधिपत्य हो। अन्तत: यह यूरोप में संसदीय प्रभुता के सिद्धान्त की पराकाष्ठा पर पहुँच रहा था, क्योंकि हम देख चुके हैं कि वहाँ सामन्तों और बाद में शहरी लोगों ने अपनी निजी माँगों को लेकर राजाओं से दो-दो हाथ किए फलस्वरूप, लोगों के सत्ताधिकार का विस्तार हुआ। दूसरी तरफ, भारत में सम्राटों का नियंत्रण इतना पूर्ण था कि किसी तरह का विद्रोह यदि कहीं हुआ, तो वह ज्यादातर खुद सम्राटों के स्थानीय क्षत्रपों का काम होता था।

स्वतंत्रता की अन्त:प्रेरणा को आस्था और विचार के क्षेत्र तक सीमित रखने में एक दूसरा कारक काम किया होगा। यद्यपि इस तरह के नगर, जहाँ राजा या सम्राट् निवास करते थे, सीधे सम्राट् के अधीन होते थे, लेकिन सर्वोच्च सत्ता ग्रामीण लोगों के जीवन में हस्तक्षेप नहीं करती थी। इसके बदले ग्रामीण लोगों को कर के रूप में अपने उत्पाद का कुछ अंश राजा को देना पड़ता था और राजा के लिए यह अनिवार्य था कि वह नहरों और सड़कों का विस्तार करे तथा उसे ठीक-ठाक रखे एवं प्रजा को लूटमार से बचाने की न्यूनतम सुरक्षा मुहैया करे। अधिकांशत: लोगों का जीवन पारम्परिक नियमों और स्थानीय संस्थाओं से संचालित होता था। इस तरह, राजा और प्रजा के बीच स्वार्थ की लड़ाई का अवसर लगभग नहीं के बराबर था। यह भी एक कारण था कि शासकों या शासक वंशों के बदलाव के बाद भी प्रजा के जीवन पर कोई व्यापक प्रभाव नहीं पड़ा। इन्हीं कारकों के चलते भक्ति आन्दोलन का प्रभाव धर्मनिरपेक्षता वाले प्रभाव क्षेत्र में नहीं फैला तथा राजनीतिक सम्बन्ध संयमी और असंयमी राजसी सत्ता के पारम्परिक ढाँचे में बना रहा।

विज्ञान का युग और विचार की स्वतंत्रता

यूरोप में विचार स्वातंत्र्य के आन्दोलन से एक दूसरा कारक भी शक्तिशाली ढंग से जुड़ गया था। वह कारक था, वैज्ञानिक सोच में आया उफान, जो पन्द्रहवीं सदी के आरम्भ से ही जारी था। ईसाई यूरोप के लिए यूनानियों, खासकर अरस्तू ने भौतिक दुनिया की प्रकृति पर अन्तिम शब्दोच्चारण किया था। टालेमी खगोल विज्ञान, जिसने धरती को केन्द्र में लाया तथा खगोलीय पिंडों की अवलोकित गतियों की गणना करने के लिए चक्रों एवं अधिचक्रों की एक जटिल प्रणाली विकसित की, ईसाइ जगत के धार्मिक मनुष्यों के लिए एक पवित्र हठमत बन गया था। अरस्तू के लगभग समकालीन सामोस के अरिस्टार्कस, जिसने एक सूर्यकेन्द्री विचार प्रकट किया था, अज्ञात ही रह गए। मान्य धर्म सिद्धान्तों को चुनौती देने का जिस किसी ने भी साहस किया, उसने धार्मिक मनुष्यों के हाथों मौत के घाट उतार दिए जाने या उत्पीड़ित होने का जोखिम उठाया। मानवीय सोच की इस शान्तचित्तता में निकोलस कोपरनिकस (1473-1543), जो पोलैंडवासी होने के साथ-साथ एक ईसाई भी था, ने एक विस्फोटक बारूद रख दिया। उसने यह विचार प्रकट किया कि सूर्य केन्द्र में रहता है तथा धरती और अन्य ग्रह इसके चारों तरफ चक्कर लगाते हैं। इस विचार के जरिये तमाम खगोलीय पिंडों की गतियों को पहले के सिद्धान्तों की तुलना में ज्यादा आसानी और शानदार तरीके से स्पष्ट किया जा सकता है, किन्तु उसने इतना ध्यान रखा कि अपने विचारों में वास्तविक भौतिक घटनाओं का जिक्र न कर केवल गणना करने के एक सरल

तरीके को उद्धृत किया। साथ ही, उसका यह लेख स्वयं पोप को समर्पित था। किसी तरह उक्त लेख के प्रकाशित होने के तुरन्त बाद ही उसका निधन हो गया। इस तरह वह धर्म न्यायाधीकरण के क्रोध से बच गया।

परन्तु इस विचार से वैज्ञानिकों की कल्पना में बिजली कौंध गई। तुरन्त सभी जगह उनके विचारों की जाँच होने लगी तथा उन पर विमर्श होने लगा। एक दूसरा दार्शनिक जियोर्दानो ब्रूनो (1548-1600) के रूप में पैदा हुआ। वह इटली का था एवं उत्साह से भरा हुआ था। वह समझौतावादी नहीं था, इसलिए उसका अन्त बड़ा दर्दनाक हुआ। उसने भी यही विचार प्रकट किया कि धरती नाचती है। इसके अलावा इन विचारों को प्रकट किया कि अन्तरिक्ष अनन्त है तथा दूसरी दुनिया निवास करने योग्य नहीं है इत्यादि। ये सभी विचार चर्च के धर्मसिद्धान्त के विपरीत थे। 1592 ई. में धर्म न्यायाधीकरण ने उसे वेनिस में गिरफ्तार कर लिया तथा उस पर ईशनिन्दा का आरोप लगाया। अन्त तक ब्रूनो अपने विचार पर डटा रहा। अन्तत: सत्य की विजय होती है, इस बात पर ब्रूनो को इतना विश्वास था कि उसने अपने न्यायाधीशों से यहाँ तक कह दिया कि मैं आपसे जितना भयभीत नहीं हूँ, उससे ज्यादा आप लोग मुझसे भयभीत हैं। सात वर्षों के विचारणोपरान्त उसे खम्भे से बाँधकर जिन्दा जला दिया गया।

लेकिन इस घटना से नए ज्ञान की वह लहर रुक नहीं पाई जो लोगों के दिमाग को जकड़े हुई थी। पुन: एक-दूसरे इटलीवासी गैलीलियो (1564-1642) ने पुराने विश्वासों के विरुद्ध अपने प्रयोगों के साथ आगे के प्रमाणों को पूरा किया। उसने अपनी नई आविष्कृत दूरबीन को खगोलीय पिंडों की तरफ किया तथा चन्द्रमा के मसूरिका चिह्नवाले तल तथा सूर्य-धब्बों का पता लगाया। इस खोज से खगोलीय पिंडों की पूर्णता में जो पुराना विश्वास था, उसकी जड़ कट गई। गैलीलियो ने यह बतलाया कि किसी पिंड पर यदि दो बल लग रहे हों तो भी उन बलों के अधीन पिंड एक साथ घूम सकता है और यही कारण है कि सभी भौतिक पिंडों पर समान रूप से काम करनेवाली धरती के घूर्णन से वस्तुओं की अपनी सामान्य गति में किसी तरह का व्यवधान नहीं होता है। इससे कोपरनिकस के धरती के घूमने सम्बन्धी विचार के गम्भीरतम विरोधों में से एक का निपटारा भी हो गया। गैलीलियो काफी हट्टे-कट्टे तो थे ही, एक प्रभावशाली वक्ता और लेखक भी थे। अन्तत: उन पर शाश्वत् सत्यों के अभिभावकों का क्रोध जग गया। उन्हें धर्म न्यायाधीकरण द्वारा गिरफ्तार किया गया तथा काफी उत्पीड़ित किया गया। वह सत्तर साल के हो गए थे तथा चेतावनी के रूप में ब्रूनो की घटना सामने थी, इसलिए उन्होंने निर्णय किया कि खगोलीय पिंडों की प्रकृति और पृथ्वी की गति के बारे में जो कुछ कहा है, उसे छोड़ दें, लेकिन एक किंवदन्ती के अनुसार जब वह इस विचार का परित्याग कर अपने घुटनों के बल खड़े हुए तो उनके मुँह से धीमे स्वर में निकल गया— 'एप्पर

सि मूवे' (अभी भी यह घूमती है अर्थात् पृथ्वी)। उनकी यह वास्तविक या काल्पनिक बुदबुदाहट न केवल उनके समय के बल्कि भविष्य के भी धर्म न्यायाधीकरण का सबसे प्रभाव अभ्यारोपण थी। यह इस साधारण सत्य का अभिकथन था कि एक वस्तुपरक वैध विचार या सत्य का आधार सत्ता के इशारे पर कराए गए बलात् मतत्याग या संस्वीकृति के बदले बना रहता है।

यद्यपि वैज्ञानिकों के विचार से सहमत होने में चर्च को कई सदियाँ लग गईं, अन्तिम विश्लेषण में यह अकेले हानि में रहा। वैज्ञानिक समुदा्रय तथा सामान्य जन वैज्ञानिक विचारों की प्रामाणिकता को समझते हुए विज्ञान के पक्ष में चर्च को नजरअन्दाज कर दिया। अब एक नया क्रोधावेश जगा जिसके अन्तर्गत विचारों की जाँच उनकी प्रासंगिकता या अवलोकित तथ्यों से उनकी अनुरूपता के आधार पर करने का प्रयास हुआ। इससे भी उन अन्तिम सच्चाइयों के दावे के बारे में संशय उत्पन्न हो गया। चूँकि प्रत्येक सिद्धान्त को स्वीकार करने के पहले उसकी जाँच होती थी तथा नए तथ्यों से हमेशा एक पुराना विचार बदला जा सकता था, इसलिए सार्वभौमिक सच्चाइयों की उस पुरानी धारणा से जो लोगों के मात्र चुनिन्दा वर्ग में ही व्याप्त थी, लोगों का विश्वास पूरी तरह उठ गया। इसका एक स्पष्ट निष्कर्ष निकला। यदि कोई विचार परम प्रामाणिकता का दावा नहीं कर सकता है और आज जिसे सत्य समझा जाता है कल वह गलत साबित हो जा सकता है, तो सभी विचारों को बने रहने का अधिकार प्राप्त है क्योंकि आज जो विचार गलत लगता है, वह कालान्तर में नए अनुभवों के साथ प्रामाणिक सिद्ध हो सकता है। इसने स्वाभाविक रूप से विचार-स्वातंत्र्य के विचार को सुदृढ़ किया।

यद्यपि इस विचार को सिद्धान्त रूप में स्वीकारा जा चुका था, लेकिन इसे अक्सर उन्माद की दशा में या स्वार्थ के प्रबल प्रयोजन के तहत भुला दिया जाता था। इस तरह की एक अत्यन्त शर्मनाक घटना 1789 ई. की फ्रांस की क्रान्ति के दरमियान घटी थी। यद्यपि फ्रांसीसी स्वतंत्रता की देवी की पूजा करते थे, लेकिन महाक्रान्ति के उन्माद में क्रान्तिकारी घटनाएँ भीड़ शासन में तब्दील हो गईं। आधुनिक रसायनशास्त्र के जनक लावेजियर (1743-1794) भी टैक्स फार्मिंग के लाभार्थी बन गए थे जो कि प्राचीन शासन के अन्तर्गत फ्रांस की एक घृणित संस्था थी। इस तथ्य को मरात ने कब्जे में कर लिया। मरात एक आन्दोलनकारी नेता था जिसे कभी लावेजियर ने मान्य वैज्ञानिक कारणों से विज्ञान अकादमी में घुसने से मना कर दिया था। मरात लोगों को उस वैज्ञानिक के विरुद्ध आसानी से खड़ा कर दे सकता था, इसलिए वैज्ञानिक की निन्दा की गई, लेकिन लावेजियर ने जब यह कहकर इसका विरोध किया कि वह केवल एक वैज्ञानिक हैं तो उन्हें दो-टूक जवाब मिला—'इस गणराज्य को वैज्ञानिकों की जरूरत नहीं है।' इस तरह 1794 ई. में लावेजियर का सिर काट लिया गया, लेकिन फ्रांसीसियों को तुरन्त इस बात का अहसास हो गया

कि उन्होंने बहुत घृणित काम किया है। तब दो वर्षों के भीतर ही पूरे फ्रांस में वे उनकी प्रतिमाएँ खड़ी करने लगे। फिर भी, यह एक अपूरणीय क्षति थी।

पुनः इस घटना ने यह साबित कर दिया कि सारे लोगों की अनुमति ले ली भी जाए तो भी निर्णय में त्रुटि रह जा सकती है तथा किसी विचार का निषेध या विचार के लिए किसी का निन्दन करने से समाज को असाध्य क्षति पहुँच सकती है।

सत्रहवीं सदी से विज्ञान मानवीय सक्रियता का सबसे सम्मानित क्षेत्र बन गया। उन्नीसवीं सदी से लोगों के जीवन में आधुनिक तकनीक के आगमन के साथ परिवर्तन का एक माध्यम भी बन गया। इसकी मौलिक आधारिका, जिसे विचार और पूछताछ की स्वतंत्रता की जरूरत होती है, को आसानी से अनदेखा नहीं किया जा सकता है। वैज्ञानिक जोश जैसे-जैसे बढ़ता गया, इसने अनेक युग-सम्मानित मतों की पकड़ को अलग से महत्त्व देना शुरू कर दिया। उत्तरवर्ती पीढ़ियों में यह निश्चित रूप से आजादी के अन्दोलन का बड़ा मददगार साबित हुआ।

5

आजादी का अभिप्राय विचारों की आजादी के अलावा कार्य करने की आजादी भी होता है, लेकिन मानव समाज में जहाँ तक कार्य का सम्बन्ध है, सभी तरह के कार्यों की आजादी के बारे में नहीं सोचा जा सकता है। प्रकृति की अवस्था, जिसे सामाजिक संविदा के अनेक सिद्धान्तों के तहत इस संविदा का पूर्ववर्ती होना समझा जाता था, अब निश्चित मान्यताओं की एक उपयोगी कथा से अधिक कुछ नहीं है। अधिकांश आरम्भिक सम्प्रदायों के पास भी सत्ता के निश्चित संकेत और प्रणालियाँ हैं जो अपने सदस्यों के आचरण पर रोक लगाती हैं। इसलिए, वास्तविक व्यवहार में स्वतंत्रता का अभिप्राय हमेशा स्वेच्छाचारी सत्ता से स्वतंत्रता ही रहा है। नागरिक समाज में स्वतंत्रता का मतलब होता है, राजनीतिक सत्ता पर मनमाना आचरण करने की रोक और उन स्वीकार्य कायदे और कानूनों को मानने की जनता की इच्छा, जिन्हें वह खुद मिल-जुलकर तैयार की होती है।

तब, आजादी एक अर्थ में कानून का शासन बन जाती है, लेकिन वह कानून व्यक्ति की अभिव्यक्ति की आजादी और उसके मर्यादाबोध का उल्लंघन नहीं करता है। वह कानून जो आजादी और मर्यादा का उल्लंघन करता हो, कानून हो ही नहीं सकता है क्योंकि उसमें एक स्वाभाविक स्वेच्छाचारिता होती है जिसे केवल उन व्यक्तियों या समूहों की मंजूरी मिली होती है जो अपनी इच्छा दूसरों पर आरोपित करते हैं। सेंसरशिप की चर्चा करते हुए मार्क्स ने इस सम्बन्ध में एक प्रभावशाली वक्तव्य दिया। उसने लिखा :

> अतएव, प्रेस से सम्बन्धित कानून प्रेस की आजादी की विधिक पहचान है। यह कानून है क्योंकि यही आजादी का सकारात्मक अस्तित्व है। इस तरह, इसे निश्चित रूप से हर समय मौजूद रहना चाहिए, जहाँ यह सेंसरशिप के दौरान लागू नहीं है जैसा कि उत्तरी अमेरिका में है, गुलामी की तरह यह विधिक नहीं हो सकता है। यद्यपि कानून के रूप में हजारों बार मौजूद रहा हो।
>
> वर्तमान समय में कोई निरोधात्मक कानून नहीं है। कानून केवल मनाही कर रोकता है और ज्यों ही इसका उल्लंघन होता है, यह सक्रिय कानून बन

जाता है। इसमें जब स्वतंत्रता का अचेतन प्राकृतिक कानून राज्य का सचेतन कानून बन जाता है तो यही केवल सच्चा कानून होता है; जहाँ सच्चा कानून होता है अर्थात् जहाँ स्वतंत्रता का अस्तित्व होता है, वहीं यह व्यक्ति की आजादी का सच्चा अस्तित्व होता है...[1]

परन्तु इस तथ्य से यह समस्या जटिल बन जाती है कि लोगों का सामूहिक निर्णय भी मनमाना, पक्षपातपूर्ण या उत्तेजना के भय से दूषित हो जाता है। हमने पूर्व में फ्रांसीसियों के ऐसे सनकी व्यवहार के उदाहरण को उद्धृत किया है जिन्होंने लावेजियर का गला काट दिया। हमारे पास खुद उस यूनानी जगत के दो महत्त्वपूर्ण उदाहरण हैं जिसने हमें 'लोकतंत्र' शब्द दिया था। एक उदाहरण इफेसस के लोगों का है जिन्होंने प्रसिद्ध दार्शनिक हिरक्लिटस के समकालीन हर्मोडोरस को निर्वासित कर दिया था। हर्मोडोरस को इफेसस का सबसे बुद्धिमान व्यक्ति समझा जाता था। इसलिए पेरिसवासियों की तरह इफेसस के लोगों ने इस तर्क पर उन्हें निर्वासित कर दिया कि उन्हें किसी सबसे ज्यादा बुद्धिमान व्यक्ति की जरूरत नहीं थी, तथा यह कि हर्मोडोरस को यदि अन्य लोगों से ज्यादा बुद्धिमान बनना ही था, तो वह ऐसा दूसरे लोगों के बीच करता। इस निर्णय पर उस दार्शनिक को इतना गुस्सा आया कि उसने इफेसस के लोगों को सलाह दी कि नगर की कमान बच्चों को सौंपकर सामूहिक रूप से आत्महत्या कर लें। दूसरा उदाहरण सुप्रसिद्ध सुकरात का है जिन्हें एथेंस के लोगों ने अपमानित किया था। एथेंसवासी क्रोधित थे क्योंकि सुकरात असुविधाजनक सवाल करते थे, और वे सवाल उनके आत्मतोष में विघ्न डालते थे। हालाँकि उनके गिर्द युवा जिज्ञासुओं की भीड़ जमा रहती थी। इसलिए उन पर युवाओं को भ्रष्ट बनाने का आरोप लगाया गया। इसके लिए उनकी भर्त्सना की गई। सजा के तौर पर उन्हें दो विकल्प दिए गए। पहला यह कि वह देश छोड़कर चले जाएँ और दूसरा यह कि विषलोक निगलकर प्राण त्याग दें। सुकरात ने दूसरे विकल्प को पसन्द किया। इस घटना से उनके शिष्य प्लेटो इतना उत्तेजित हो गए कि वह लोकतंत्र के दुश्मन बन गए। उन्होंने अपनी सारी प्रतिभा लोकतंत्र को नीचा दिखाने में लगा दी।

किन्तु यह केवल गलत कर रहे लोगों के स्वाभाविक व्यवहार का प्रश्न नहीं है। हर युग में कुछ महत्त्वाकांक्षी लोग रहे हैं जो अपने राजनीतिक लाभ के लिए लोगों का दिमाग घुमा देने का प्रयास करते हैं। आधुनिक तानाशाहों में से अधिकांश ने सत्ता प्राप्त करने के लिए इस उपकरण का इस्तेमाल किया है और सत्ता प्राप्त कर लेने के बाद सत्ता का मनमाने ढंग से इस्तेमाल किया है, लेकिन यह कुल मिलाकर आधुनिक तानाशाहों द्वारा रखी गई कोई नई बात नहीं है। पुन: यह चालाकी यूनानवासियों को मालूम थी। हमें 'निरंकुश' शब्द उन्हीं से मिला है। प्राचीन निरंकुश शासक आधुनिक तानाशाहों के समतुल्य थे। अपने गणतंत्र में प्लेटो हमें एक जननेता

की मोहक सत्ता का स्पष्ट चित्र प्रदान करते हैं जो निस्सन्देह यूनानी जगत के उनके निजी अनुभव पर आधारित है। प्लेटो लिखते हैं :

> एक लोकप्रिय नेता के साथ ठीक वही चीज घटित होती है। वह जो कहता है, जनता वही काम करती है। उसमें भाई का खून बहाने की लिप्सा बहुत ज्यादा होती है। वह उसके विरुद्ध सामान्य अन्यायिक आरोप लगाता है, उसे कचहरी तक घसीटता है तथा उसकी हत्या कर देता है। इस तरह, वह एक मानवीय जीवन को बर्बाद कर अपने भाइयों के रक्त का स्वाद चखता है। उनको उकसानेवाला जब तक घातक रूप से दुश्मनों द्वारा विनष्ट कर दिए जाने या आदमी से भेड़िया बन जाने तथा स्वयं को अत्याचारी बनाए रखने के लिए बाध्य रहता है, निर्वासन, फाँसी, ऋण माफी के संकेत तथा भूमि के पुनर्वितरण का काम चलता रहता है।

'ऋणमाफी के संकेत और भूमि का पुनर्वितरण', इसके पास आधुनिक तानाशाहों के वचनों पर दृष्टिपात करनेवाली एक मारक आधुनिक अँगूठी है। प्लेटो के शिष्य अरस्तू आगे अपनी 'पॉलिटिक्स' में एक भाषणवीर नेता का वर्णन करते हुए हमारे अपने समय का पूर्वस्वाद कुछ यूँ बताते हैं :

> लोग कानून को लाँघ जाते हैं और 'भाषणवीर नेता' अपने पक्ष में निर्णय देता है। वह प्रत्येक मामले को लोगों के बीच में रखता है। इसलिए वह महान बन जाता है क्योंकि सभी चीजें जनता के हाथ में होती हैं और उसके हाथ में जनता का वोट होता है। जनता उसे खूब सुनना चहती है। किसी दंडाधिकारी के विरुद्ध कोई शिकायत हो तो कहा जाता है, 'जनता को ही न्यायाधीश होना चाहिए', जनता इस तरह की बात पर गद्‌गद हो जाती है; इस तरह हर संस्था के अधिकार को खत्म कर दिया जाता है।

अरस्तू यह भी कहते हैं कि सभी निरंकुश शासक मूलत: 'भाषणवीर नेता' ही थे। वह एक घटना की तरफ इशारा करते हैं जो वर्तमान समय में अक्सर घटित होती है। वह कहते हैं कि मतदाताओं से अपील कर न्यायिक सत्ता और कानून को लाँघने का प्रयास किया जाता है।

लोकभावन सम्प्रभुता के विचार को रूसो के 'सोशल कॉन्ट्रैक्ट' में उल्लिखित सामान्य इच्छा के सिद्धान्त से जायज ठहराया गया है। इस विचार पर किसी तरह की रोक नहीं रहती है। फ्रांस की क्रान्ति के दौरान इस तरह के विचार का अच्छा प्रभाव था। वर्तमान समय में भी कुछ अतिवादी दक्षिणपंथी और वामपंथी समूहों में यह काफी लोकप्रिय है।

सामाजिक संविदा (सोशल कॉन्ट्रैक्ट) को यदि इसके तत्त्वों में अनावृत्त किया जाए तो आप देखेंगे कि इसे निम्नलिखित शब्दों में संक्षिप्त किया जा सकता है :

हममें से हर कोई अपना साझे का व्यक्ति देता है और उसका सारा अधिकार उस सामान्य इच्छा के सर्वोच्च निर्देश के अधीन रहता है : और हम अपनी कॉरपोरेट क्षमता से प्रत्येक सदस्य को समूचे के एक अविभाज्य अंश के रूप में प्राप्त करते हैं।

यहाँ हम देखते हैं कि संविदा के बाद जब सामान्य इच्छा बनती है तो हम व्यक्ति की स्वतंत्रता के आधारवाक्य से शुरू होकर एक वैसी अवस्था में पहुँच जाते हैं जहाँ व्यक्ति समूह में अपनी स्वतंत्रता खो देता है, लेकिन हम देख चुके हैं कि यह समूह किसी स्वेच्छाचारी शासक की तरह निरंकुश और अविवेकी हो जा सकता है। यह प्रजातंत्र की इस तरह की चुनौती से सामना करने के लिए था कि उपकरणों का निर्माण सत्ता के हर तरह के मनमाने इस्तेमाल पर अंकुश लगाने के लिए किया जाए।

इंग्लैंड में मैग्नाकार्टा के दिनों से ही इस दिशा में कुछ विकास होता आ रहा था। उस समय केवल राजा के पास ही राजनीतिक अधिकार होता था, इसलिए स्वाभाविक तौर पर सुरक्षा का इस्तेमाल राजाओं के मनमाने क्रियाकलाप के विरुद्ध किया जाता था, लेकिन चार्टर में 'जमीन का कानून' उल्लिखित था और राजा इस चार्टर का उल्लंघन नहीं कर सकते थे। इस कानून के उद्धरण से राजा पर इस तरह की सीमा आयत की जाती थी। चार्टर के उक्त कानून की अवधारणा पूर्व में ही की जा चुकी थी। इस तरह, इंग्लैंड में एक 'सामान्य कानून' की परम्परा विकसित हुई जिसके अनुसार अंग्रेजों की आजादी की रक्षा करनेवाला एक सामान्य कानून बहुत दिनों से रहता चला आ रहा था। वस्तुत: सामान्य कानून निश्चित रीति-रिवाजों की तरह ही था। प्राचीन काल में यायावर न्यायाधीश होते थे जो घूम-घूमकर राजा के नाम से मुकदमों का निष्पादन करते थे। जहाँ कोई कानून लागू नहीं होता था, ऐसे मामले में वहाँ के स्थानीय रिवाज का अनुसरण किया जाता था। लोग स्मृति के आधार पर उक्त फैसले की जाँच करते थे कि क्या पहले भी इस तरह के मामले में ऐसा ही निर्णय सुनाया गया था। इन रिवाजों की जड़ें लोगों के अनुभव में थीं जिनके अनुसार राज अदालत और न्याय की सम्बद्धता ने धीरे-धीरे लोगों को कानून का एक ओहदा दे दिया। इस तरह, कानूनी व्यवहार का एक स्वरूप खड़ा हो गया और इसने एक प्रकार की अपरिवर्तनशीलता हासिल कर ली। यद्यपि एक समय इसे नई वास्तविकताओं पर आजमाने में इसका एक प्रतिक्रियावादी प्रभाव होता था, लेकिन एक खास समय पर इसने स्वेच्छाचारी सत्ता के विरुद्ध एक शक्तिशाली सुरक्षा के रूप में भी काम किया और लोग इस नाम पर अपनी चिर-सम्मानित आजादी की रक्षा हेतु उसका जहाँ भी उल्लंघन होता उन्हें दिखा, प्रदर्शन करने लगे। लन्दन नगर कांड में 1610 ई. में न्यायालय ने अपने निर्णय में यह स्पष्ट कहा कि शाही एकस्व भी किसी शून्य अध्यादेश को वैध नहीं कर सकता है तथा सामान्य अधिकारों के विरुद्ध

किसी भी तरह के शाही अधिकार-दान शून्य हैं। सचमुच, जब सभी विधायी और न्यायिक मामलों में शाही सत्ता सर्वोच्च थी, उस वक्त यह निर्णय एक साहसिक वक्तव्य के रूप में आया।

सोलहवीं सदी के अन्त तक एड्वर्ड कोक के रूप में सामान्य कानून परम्परा का एक बड़ा ध्वजधारक मिल गया जिसने सामान्य कानून की रक्षा में अनेक कानूनी लड़ाइयाँ लड़ीं। उसने यह स्थापित कर दिया कि संसद का कोई कार्य यदि 'सामान्य अधिकार और तर्क' के विरुद्ध है तो सामान्य कानून उसे शून्य घोषित कर सकता है। बाद में इसकी व्याख्या न्यायालय के उस चिर-सम्मानित अधिकार के रूप में की गई कि संसद के कार्य से यदि नैसर्गिक अधिकारों का उल्लंघन होता है तो न्यायालय को उसे शून्य घोषित करने का अधिकार होगा। आगे चलकर इस नैसर्गिक अधिकार की जगह राष्ट्र का संविधान आ गया।

ऐसी सीमाएँ न केवल राजाओं के अधिकार पर बल्कि संसद के अधिकार पर भी लगाए जाने की जरूरत थी। सत्रहवीं सदी के मध्य का अनुभव बताता है कि उस वक्त अनेक बार सत्ता एक हाथ से दूसरे हाथ में गई पहले यह राजा से संसद के पास गई, फिर तानाशाह क्रॉमवेल के पास गई और इस तरह पुन: राजाओं के पास वापस आ गई। यद्यपि 1688 ई. से विलियम और मैरी ने राजसी युग्म की तरह शासन किया, लेकिन जनता और संसद के शासन के अधिकार को पूरी तरह स्वीकार किया गया था। पूर्व के अनुभव से जनता को अनेक अधिकार प्राप्त हुए। इससे सत्ता के दुरुपयोग पर पहले से ही रोक लगा दी गई। 1688 ई. के बाद विभिन्न कानूनों के माध्यम से बन्दी प्रत्यक्षीकरण का अधिकार, सावधिक संसद, एक महत्त्वपूर्ण सीमा तक धार्मिक सहिष्णुता, प्रेस की आजादी, न्यायपालिका की स्वतंत्रता और सरकार की विधायी शाखा द्वारा वित्त नियंत्रण, सभी चीजें एक सार्थक सीमा तक स्थापित हो गईं। मांटेस्क्यू 1729 ई. से 1731 ई. तक इंग्लैंड में था। वह इन घटनाओं से बेहद प्रभावित हुआ। उसने देखा कि राजनीतिक संस्थाओं के नियंत्रक सत्ता का दुरुपयोग करते हैं तथा सत्ता के विभाजन और न्यायपालिका की स्वतंत्रता पर प्रभाव डालते हैं। उसके पास सामान्य कानून परम्परा में गूँथित पूर्व की न्यायपालिका की स्वतंत्रता की किंवदन्ती थी। इन्हीं प्रभावों की वजह से उसने कार्यपालिका, विधायिका और न्यायपालिका के अधिकारों के विभाजन की वकालत की। उसने कानून की भावना से लिखा :

> विधायिका और कार्यपालिका सम्बन्धी अधिकार जब एक ही व्यक्ति या मजिस्ट्रेट में निहित हो जाएँ तो स्वतंत्रता नहीं रह सकती है क्योंकि ऐसी आशंका हो जा सकती है कि ऐसा न हो कि वही राजा या राज्य परिषद् उन अधिकारों को निरंकुश तरीके से कार्यान्वित करने के लिए निरंकुश कानून बनाने लगे।

> पुन: यदि न्यायिक शक्ति विधायिका एवं कार्यपालिका से अलग नहीं है तो वहाँ कोई आजादी नहीं है। यदि यह विधायिका से जुड़ी होती तो जीवन और विषय की आजादी स्वेच्छाचारी नियंत्रण में चली गई होती तब न्यायाधीश को विधायक होना पड़ता। यदि यह कार्यपालक शक्ति से जुड़ी होती तो न्यायाधीश हिंसा और उत्पीड़न का व्यवहार करता।
>
> राज परिवार के लोगों का निकाय हो या जनता का, यदि एक ही निकाय को इन तीनों शक्तियों का प्रयोग करना हो अर्थात् कानून बनाने, लोक प्रस्ताव को क्रियान्वित करने और व्यक्तिगत लोगों के अधिकारों का विचारण करने का काम...तो प्रत्येक चीज का अन्त हो गया होता।[2]

इस विचार ने आगे अमेरिकी संविधान के सर्जकों को गहरे प्रभावित किया जहाँ प्रथम लिखित संविधान स्पष्ट रूप से प्रभावित अधिकारों के साथ अस्तित्व में आया। इस संविधान के सर्जक न्यायपालिका के क्षेत्र का अतिक्रमण करनेवाली विधायिका के खतरे से उतना ही ज्यादा वास्ता रखते थे जितना विधायी अधिकारों की चेष्टा करनेवाली न्यायपालिका से था। इस सम्बन्ध की बाबत जुलियस गोएबेल जूनियर लिखता है :

> यदि स्वतंत्रता के पूर्वग्रह की कुछ प्रत्यक्ष अभिव्यक्ति थी तो न्यायपीठ की अतिरिक्त न्यायिक नियुक्ति के विरुद्ध संविधान सभा (1286-87 की संविधान सभा) के गैर-समझौतावादी रुख का मांटेस्क्यू की उस चेतावनी के लिए सम्मान किया जाना चाहिए कि जब तक न्याय करने के अधिकार को कार्यपालिका एवं विधायिका से अलग नहीं किया जाता, 'आजादी नहीं आ सकती है'।[3]

हालाँकि अलगाव की इस दृढ़ रेखा को सदा कायम नहीं रखा जा सकता है क्योंकि विधान की व्याख्या के कार्य में कभी-कभी गूढ़ार्थ भी निहित होते हैं जो कानून के मूलभाव से कहीं ज्यादा मालूम पड़ते हैं, यद्यपि यह कानून के कुछ अक्षरों का उल्लंघन करता हुआ भी प्रतीत हो सकता है। न्यायालय का यह कार्य निश्चित रूप से उस दृढ़ता में एक सुधार है जिस पर कि पारम्परिक कानून लागू किए जाने का प्रयास किया गया था। जब तक इस प्रकार की उदार व्याख्या को स्वीकृति नहीं मिली, वर्तमान जनविचार को प्रतिबिम्बित करनेवाले निर्वाचित विधायकों के पूर्वग्रह एवं मस्तिष्क के पुराने भाव को प्रतिबिम्बित करनेवाली कानूनी व्याख्या के बीच काफी अन्तराल रह जाता था, लेकिन न्यायालय को उस अल्पकालिक लोकविचार में निहित पक्षपात से भी बचाव करना होता है जो कि विधानमंडलों द्वारा उठाया जाता है या कार्यपालिका के कार्यों में प्रतिबिम्बित होता है। अमेरिका में तो सर्वोच्च न्यायालय अक्सर काफी दकियानूस रहा है, लेकिन वर्तमान में यह उन विधानमंडलों

से आगे निकल चुका है जो कि रूढ़िवादी लोकविचार के दबाव में रहते थे। रंगभेद की नीति को समाप्त करने की दिशा में सर्वोच्च न्यायालय का निर्णय ऐसा ही था। ब्राउन बनाम शिक्षा बोर्ड (1954) के मुकदमे में पारित अपने ऐतिहासिक निर्णय में सर्वोच्च न्यायालय ने यह घोषणा की कि सरकारी स्कूलों में नस्ल के आधार पर भेदभाव करना गैर-संवैधानिक है। इस पर संयुक्त राष्ट्र के दक्षिणी राज्यों के अनेक रंगभेद समर्थकों ने सोचा कि विधानमंडल के क्षेत्र में यह सर्वोच्च न्यायालय का एक अतिक्रमणकारी कार्य है, लेकिन जब तक न्यायालय अपनी स्वायत्तता का निर्वाह करना या समय की माँग के मुताबिक पुराने कानूनों और संविधानों में नई जान फूँकना छोड़ नहीं देता है, कुछ हिस्सों से इस तरह की नाखुशी को आमंत्रित करना अपरिहार्य है। यह आवश्यक है क्योंकि कानून और संविधान की अनुल्लंघनीयता के मिथकों के बावजूद वे सभी अपने समय की निर्मित वस्तु हैं और अपने पुराने रूप में हमेशा लोगों के जीवन पर बन्धनकारी नहीं हो सकते हैं। थॉमस पैन अपनी पुस्तक 'दी राइट्स ऑफ मैन' में इसे निम्नलिखित शब्दों में व्यक्त किया है :

> प्रत्येक युग और पीढ़ी को अपने पुराने युग और पीढ़ी की ही तरह सभी मामलों में अपने लिए काम करने की आजादी होनी चाहिए। अनुदान से परे शासन करने का अनुमान और दम्भ अत्यन्त हास्यास्पद है तथा सभी निरंकुश शासनों का अवमानक है...

किन्तु कानूनी व्यवहार की परम्परा के तहत कार्य करते हुए न्यायालय इतिहास और परम्परा के परिप्रेक्ष्य में भी किसी विषय को देखता है और किसी अस्थायी आकर्षक मुद्दे पर आधारित जनप्रिय नेता के आह्वान से पैदा हो सकनेवाले उन अत्याचारों पर रोक लगाने का भी कार्य करता है। इसलिए अपनी रूढ़िवादिता के साथ भी न्यायालय उन कुछेक स्वतंत्रताओं को सुरक्षित जरूर रखता है जो समय के साथ अलोकतांत्रिक प्रकृति के भारी बदलावों के विरुद्ध संस्थागत रूप धारण कर चुकी हैं। निस्सन्देह, यदि बहुत बड़ा विप्लव हो तो न्यायालय वास्तविक संरक्षक नहीं बन सकता है क्योंकि अन्ततः न्यायालय का अस्तित्व प्रबल लोक प्राधिकार की सहनशीलता पर ही टिका होता है। न्यायपालिका की स्वतंत्रता के लिए इस प्राधिकार में न्यायपालिका की विशेष भूमिका को समझने एवं उन्हें कार्यपालिका या विधायिका का हामी बनाने के लालच से बचे रहने की समझ शक्ति होनी चाहिए।

स्वतंत्र प्रेस : आजादी का अंग

प्रेस और इसकी आजादी की माँग लोकतांत्रिक प्रक्रिया और संस्थाओं के फैलते क्षेत्र की एक आवश्यक सहगामिनी थी। हालाँकि इसके सूचना रूप में विचारों के

प्रसार का माध्यम बनने के पहले ही प्रिंटिंग प्रेस का आविष्कार और विकास हो चुका था। यूरोप में यह 16वीं सदी में घटित हुआ था। इससे प्रकाशन का कल्पनातीत फैलाव हुआ तथा इसने लोगों में पढ़ने की रुचि पैदा की। जनजीवन को प्रभावित करनेवाली दैनिक घटनाओं तक को जानने की उत्सुकता पैदा हो गई। यह कोई मनबहलाव का काम नहीं था बल्कि एक जरूरत थी क्योंकि राजनीतिक निर्णय में लोकप्रिय भागीदारी का क्षेत्र बढ़ने लगा था।

यूनानी लोकतंत्र का बिना किसी प्रेस के भी प्रभावी ढंग से चलते रहना सम्भव था क्योंकि यह एक नगर राज्य था। यहाँ सभी नागरिक एक जगह जमा होकर लोक-महत्त्व के विषयों पर बहस कर सकते थे, निर्णय ले सकते थे, लेकिन यूरोप के उन राष्ट्रों में जो कि पन्द्रहवीं सदी से अस्तित्व में आ रहे थे, इस प्रकार के आमने-सामने का विमर्श हमेशा सीमित दायरे में ही हो पाता था। समाचार-पत्रों के आने से विमर्श का यह दायरा बढ़ गया। सुदूर इलाके तक सूचना के रूप में विचारों का आदान-प्रदान होने लगा। यद्यपि समाचार-पत्र सामुदायिक विमर्श की तरह व्यक्ति से व्यक्ति के बीच का संचार का प्रभावशाली माध्यम नहीं हो सकता था, लेकिन यह कम-से-कम लोक-विषयों से सम्बन्धित सूचना की रूपरेखा तो प्रस्तुत कर ही सकता था। इसलिए यह एक जरूरत बन गई क्योंकि ऐसे विषयों पर नागरिकों को अपने विचार रखने की जरूरत थी। निरंकुश राजाओं के लिए राज्य की सुरक्षा के कारणों से यह जानने की जरूरत नहीं थी कि उनके कार्यों के बारे में जनता क्या सोचती है या जासूसों ने कौन सी सूचना दी है।

लेकिन विधानमंडलों के जनप्रतिनिधियों एवं स्वयं लोगों को काफी जानकारी रखनी पड़ती थी क्योंकि जीवन के पक्ष या विपक्ष में मतदान करना होता था। राज्य का भौगोलिक क्षेत्र जैसे-जैसे बढ़ता गया, राज्य के पदाधिकारियों के दुर्व्यवहार या अपराध के बारे में बिना किसी सूचना के माध्यम के तुरन्त जानकारी जुटा पाना मुश्किल होने लगा। इस तरह, प्रजातांत्रिक व्यवस्था के अन्दर राज्य के पदाधिकारियों के आचरण पर अंकुश बनाए रखने के लिए सूचना के माध्यम की महत्ता समझी गई और इसे अपनाया गया। साथ ही, नीतियों की बाबत सही निर्णय ले पाने के योग्य होने के लिए जनता एवं जनप्रतिनिधियों को जनजीवन के विभिन्न पहलुओं से सम्बन्धित देश के भीतर तैयार हो रही स्थिति से अवगत कराया जाता था। अब ये सभी कार्य सरकार एवं सरकारी अधिकारियों के नियंत्रण से मुक्त दैनिक समाचार-पत्रों एवं आवधिक पत्रों के माध्यम से किए जा सकते थे।

सरकार के अधिकारी अपनी असफलता का राज बताने से डरते थे क्योंकि लोकतांत्रिक व्यवस्था में इस पर जनता से रोक लग जा सकती थी या फिर इसके लिए सरकारी अधिकारियों को दंड भी दिया जा सकता था। इस तरह, प्रेस ने जनता के पहरेदार की भूमिका ज्यादा-से-ज्यादा अख्तियार करना शुरू कर दिया क्योंकि

जनता व्यक्तिगत रूप से लोकसेवकों या अपने जनप्रतिनिधियों की गतिविधियों पर नजर नहीं रख सकती थी। इस तरह, सरकार और प्रेस के बीच शत्रुता का एक तत्त्व कायम हो गया जबकि अपनी नीतियों एवं उनकी तर्कसंगतता को प्रकाशित कराना सरकार के लिए दिन-प्रतिदिन महत्त्वपूर्ण होता जा रहा था क्योंकि नीतियों के प्रभावशाली कार्यान्वयन के लिए जनता का समर्थन चाहिए था। इसलिए सरकारें उस तरह का समर्थन चाहती थीं जो घूसखोर हो या अधिकारियों के इशारे पर चलनेवाला हो। प्रेस को सरकार की तरफ से विज्ञापन व अन्य रियायतें देकर घूसखोर बनाया जा सकता था एवं भारी टैक्स और प्रतिबन्ध लगाकर इसे सरकार के अधिकारियों के इशारे पर चलने के लिए मजबूर किया जा सकता था। प्रेस का यह इतिहास रहा है कि इसका ज्यादातर प्रयास स्वयं को न केवल सरकार के नियंत्रण से बल्कि जनप्रतिनिधियों द्वारा डाली जानेवाली बाधाओं से भी मुक्त होने का रहा है। कहना न होगा, जनप्रतिनिधियों के विधानमंडल के अन्दर के कार्य सम्पादन को जब प्रेस के माध्यम से जनता के बीच परोसा गया, तो शुरू में यह चीज जनप्रतिनिधियों को अच्छी नहीं लग रही थी। प्रेस जनप्रतिनिधियों के लिए भी काम की चीज है, जनप्रतिनिधियों को इसका अहसास बहुत बाद में हुआ। उन्हें यह महसूस हुआ कि अपने क्षेत्र के मतदाताओं को विधानमंडल के अन्दर की अपनी गतिविधियों से अवगत कराने का प्रेस बहुत अच्छा माध्यम है।

परन्तु प्रेस को इस प्रकार के अनेक हस्तक्षेपों और दबावों से मुक्त होने के अपने प्रयास में जनता का भी सहयोग मिला, क्योंकि जनता प्रेस की भूमिका को समझने लगी थी। जनता ने यह महसूस किया कि स्वतंत्र प्रेस वास्तव में अत्यन्त अनिवार्य चीज है। प्रेस के अभाव में न तो देश के अन्दर ही गतिविधियों की जानकारी मिल पाएगी, न ही लोक-महत्त्व के विषयों पर जनता अपना विचार प्रकट कर सकेगी। स्पष्ट हो गया कि प्रेस पर नियंत्रण रखना जनता के उन अधिकारों में कटौती करना है जो उन तथ्यों और विचारों की जानकारी से सम्बन्धित है जो कि उनके निजी हित के लिए प्रासंगिक हैं। जनता को अहसास हो गया कि इस तरह का नियंत्रण उनकी सूचना की आजादी पर नियंत्रण है। स्वाभाविक है, निरंकुश सरकारों को स्वतंत्र और निर्भीक प्रेस की जरूरत नहीं थी। इस तरह, स्वतंत्र प्रेस का भाग्य जनसाधारण की स्वतंत्रता के भाग्य से जुड़ा हुआ था, लेकिन कुल मिलाकर अनेक क्षतियों के बावजूद प्रेस ने एक के बाद एक जीत हासिल की है और अब तो तानाशाही सरकारें भी सिद्धान्ततः न केवल स्वतंत्र प्रेस के अस्तित्वाधिकार को स्वीकार करती हैं बल्कि प्रेस पर लगाए गए नियंत्रण के पक्ष में अनेक लघुकारी परिस्थितियों को इंगित करते हुए अपनी सफाई भी देती हैं।

आरम्भ में प्रेस का विकास सबसे पहले उन देशों में हुआ जहाँ पहले से थोड़ी राजनीतिक आजादी प्राप्त थी। प्रेस का विकास प्रत्यक्ष रूप से प्रजातांत्रिक संस्थाओं

के विकास से ही जुड़ा हुआ था। संयुक्त प्रदेशों (हॉलैंड और अन्य छोटे-छोटे देश) में लोगों ने समाचार-पत्रों के आगमन काल से ही प्रेस की स्वतंत्रता का आनन्द उठाया था। यहाँ शहरी मध्यवर्ग का आधिपत्य था एवं ये प्रदेश मतभेदों के केन्द्र थे, लेकिन प्रजातांत्रिक संस्थाओं के विकास का आचरण करनेवाले देशों में इंग्लैंड प्रथम देश था जहाँ स्वतंत्र प्रेस का विकास हुआ। इसका कारण जानना बहुत आसान है। हम देख चुके हैं कि इंग्लैंड वैसा देश भी रह चुका है जिसने आजादी के अन्य रूपों का नेतृत्व किया है। हालाँकि सत्रहवीं सदी तक सामान्यत: यह स्वीकार्य हो चुका था कि प्रेस को थोड़ा सरकारी नियंत्रण में रहना चाहिए। उनकी गतिविधियों को सामान्यत: अनुज्ञप्ति सम्बन्धी नियमों और अन्य तरीकों से नियंत्रित किया जाता था।

इंग्लैंड में, जैसा कि पूर्व में चर्चा की गई है, अभिव्यक्ति की आजादी का मुद्दा उस गृहयुद्ध के समय उठा था जिसमें राजा और संसद सम्मिलित थे। गृहयुद्ध जारी था और उसी स्थिति में त्रुटियों के साथ प्रेस की स्वतंत्रता का विकास हुआ क्योंकि लोकविचार पर प्रभावशाली ढंग से आदेश निर्गत करनेवाला कोई अधिकारी नहीं था, लेकिन संसदीय दल और उसके बाद क्रॉमवेल का ज्यों ही पूर्ण नियंत्रण कायम हुआ, अभिव्यक्ति की आजादी पर रोक लगा दी गई। पूर्व में हम बता चुके हैं कि इसी के कारण मिल्टन से, 'एयरोपिजिटिका' का प्रकाशन हुआ। हालाँकि उसके अपने जीवन काल में उसकी प्रभावशाली वकालत काम नहीं आई और प्रेस को स्वतंत्रता नहीं मिली। राजतंत्र के पुनर्स्थापन के साथ प्रेस पर और दुगुनी शक्ति से प्रतिबन्ध लगा दिया गया, किन्तु चूँकि आजादी का जोश पहले ही जग चुका था, इसलिए जब भी स्वतंत्र प्रेस पर प्रतिबन्ध लगाया जाता था, स्वतंत्रता के विचारों को अभिव्यक्त करनेवाला गुप्त साहित्य निकल जाता था जिसे शासकवर्ग राजद्रोहात्मक मानता था। ईसाई मतविरोधी के नाम हैलिफैक्स का पत्र इसी श्रेणी का था जो बिना अनुज्ञप्ति के 1687 ई. में प्रकाशित हुआ था, यद्यपि 1685 ई. का अनुज्ञप्ति अधिनियम इस तरह के बगैर अनुज्ञप्ति वाले प्रकाशन पर रोक लगाता था।

इंग्लैंड में मानहानि का कानून ऐसा था कि बहुत-से अहानिकारक काम को भी निन्दाकारक और दंडनीय समझा जाता था। उदाहरणस्वरूप, यदि यह पता चल जाए कि कोई चीज शान्तिभंग करने की नीयत से लिखी गई है तो उसे आपराधिक मानहानि का कारण समझा जाता था। राजा या सरकार, संसद या भू-कानून को अपमानित करने या उसके प्रति घृणा फैलानेवाले लेख को राजद्रोहात्मक कार्य माना जाता था। धर्म की किसी भी तरह की आलोचना ईशनिन्दात्मक कार्रवाई समझी जाती थी। हाउस ऑफ लॉर्ड्स के किसी जिन्दा या मृत सदस्य के बारे में बगैर उसकी या उसके परिजनों की अनुमति के कुछ भी लिखना मानहानि का कार्य समझा जाता था और इसके लिए हाउस ऑफ लॉर्ड्स अपराध करनेवाले को सीधे दंड देता था। मानहानि के विचारण के दरमियान अभिनिर्णायकों से कहा जाता था

कि वे केवल प्रकाशन के तथ्यों को स्थापित करें, न कि प्रकाशन की प्रकृति को। कभी-कभी अभिनिर्णायक अपराध करनेवाले पक्ष के प्रति उदार दृष्टिकोण रखता था। विशेष अभिनिर्णायक कानून 1730 ने जजों को यह शक्ति दे दी कि वे उच्च सम्पत्ति योग्यताधारियों को अभिनिर्णायक के रूप में शपथ दिलाएँ। ये अभिनिर्णायक अपने पूर्व के निर्णय को उलट सकते थे। प्रेस पर प्रत्यक्ष प्रतिबन्ध नहीं था, इसके बावजूद मानहानि के वर्तमान कानून के अन्तर्गत उच्च पद या राजनीतिक शक्ति धारण करनेवाले व्यक्तियों या उनके कार्यों से सम्बन्धित कुछ भी प्रकाशित करने में प्रेस हमेशा गम्भीर खतरा मोल लेता था। तथापि लोगों की भारी माँग थी कि अधिकारियों के बारे में सूचना दी जाए। इसलिए अनेक मुद्रकों और प्रेसवालों ने सजा पाने तक का खतरा उठा लिया और इस तरह के मामले को छापते रहे।

फॉक्स्ज लिबेल एक्ट, 1792 के द्वारा अभिनिर्णायक को प्रकाशन के तथ्यों के साथ-साथ कथित मानहानि जनित अपराध पर भी निर्णय लेने की शक्ति दी गई। इस अधिनियम के लागू होने से एक बात हुई कि मानहानि का मुकदमा दायर करने में पहले जो मनमानी होती थी, वह समाप्त हो गई। इस मानहानि के कानून में सबसे महत्त्वपूर्ण बदलाव लॉर्ड कैम्पबेल्स लिबेल एक्ट 1843 के पारित होने से आया। इसने उस तर्क को स्वीकृति प्रदान कर दी कि कथित मानहानिमूलक प्रकाशन सही है और जनहित में है। उक्त अधिनियम के लागू होने के बाद प्रेस स्वतंत्र ढंग से वैसे लोगों की अयोग्यताओं, गलतियों और भ्रष्टाचारों को प्रकाशित करने लगा जो निर्भीक ढंग से ऊँचे पदों पर आसीन थे।

मानहानि कानून का उदारीकरण इस बात का प्रमाण है कि इंग्लैंड के लोगों में प्रजातांत्रिक संस्कार का विकास ठीक ढंग से हो रहा था। आरम्भिक काल में राजपुरुषों, सांसदों, अभिजात वर्ग के व्यक्तियों, सरकारी पदाधिकारियों एवं पादरियों को अतिपवित्र माना जाता था। इनके बारे में किसी भी तरह की आलोचना अनुपयुक्त और गन्दी चीज मानी जाती थी, लेकिन सभी मनुष्य समान हैं, इस चीज की अनुभूति जैसे-जैसे बढ़ने लगी, पूर्व के सोच गायब होते चले गए। अब तो केवल वही मानहानि का मामला बनता है जहाँ किसी व्यक्ति को गलत ढंग से नीचा दिखाने का प्रयास किया गया हो, चाहे वह व्यक्ति ऊँचे तबके का हो या निचले तबके का। इस तरह, पूर्व का यह भाव कि मानहानि केवल ऊँचे तबके के लोगों की होती है, गायब हो गया और यह व्यक्ति के उद्धरण के तथ्य से उसकी प्रकृति पर निर्भर हो गया।

यद्यपि मानहानि का कानून उदार बन चुका था, फ्रांस की क्रान्ति एवं फ्रांस-इंग्लैंड युद्ध, जिसमें इंग्लैंड पराजित हुआ था, ने इंग्लैंड के शासक वर्ग को काफी भयभीत कर दिया। यह भय चैनल पार से होनेवाली आन्दोलनकारी घुसपैठ को लेकर था। इससे प्रेस पर नए हमले हुए। 1793-95 ई. के बीच मानहानि कानून के तहत काफी संख्या में मुकदमे दायर किए गए। प्रकाशन एवं देशद्रोहात्मक विचारों

के प्रचार को रोकने के उद्देश्य से 1798-99 ई. में नया अधिनियम पारित किया गया। इस नए कानून के अनुसार सभी तरह के प्रकाशनों, समाचार-पत्रों, पुस्तकों एवं पत्रिकाओं में निबन्धित मुद्रकों एवं प्रकाशकों के नाम और पता देना अनिवार्य हो गया, लेकिन सरकार ने जिस सबसे प्रभावशाली अस्त्र का इस्तेमाल किया, वह था प्रेस पर वित्तीय जिम्मेदारियों का बोझ देना ताकि बाध्य होकर प्रेस अपना प्रकाशन बन्द कर दे या प्रकाशन इतना खर्चीला हो जाए कि यह औसत पाठकों की पहुँच से बाहर हो जाए। यह काम समाचार-पत्रों और विज्ञापनों पर स्टाम्प शुल्क लगाकर एवं बढ़ाकर किया गया। 1789 ई. में शुल्क दो डॉलर तक बढ़ा दिया गया; 1815 ई. तक शुल्क बढ़कर चार डॉलर हो गया। इसके बावजूद पाठकों की संख्या में कमी नहीं हुई। 1811 ई. में 2,44,22,000 समाचार-पत्रों पर शुल्क अदा किया गया, लेकिन इन टैक्सों के कारण समाचार-पत्रों के पाठकों की संख्या में जो वृद्धि हो रही थी, उसमें कमी आ गई। हालाँकि लोकविचार की परिपक्वता के कारण युद्ध के दौरान प्रेस पर प्रतिबन्ध नहीं लगा, यद्यपि इंग्लैंड के शासकवर्ग के लिए फ्रांस से युद्ध एक तरह से जीवन और मौत का युद्ध था।

इसके अलावा, यद्यपि युद्ध जारी था, समाचार-पत्रों ने सरकार की आलोचना करना बन्द नहीं किया और मुकदमा झेलने तक का जोखिम उठाया। 1802 ई. में सुधारवादी पत्रकार विलियन कॉबेट ने 'पॉलिटिकल रजिस्टर' नामक साप्ताहिक पत्र की शुरुआत की तथा इसके स्तम्भों का सरकारी नीतियों की आलोचना के लिए इस्तेमाल किया। 1809 ई. में कुछ नागरिक सेवाओं के कशाघात की आलोचना करने के आरोप में उसे दो साल के कैद की सजा दी गई। 'एक्जामिनर' के दो अन्य पत्रकार, जॉन और ली हंट को सुधार कार्य करने के आरोप में 1813 ई. में पाँच-पाँच सौ डॉलर और दो-दो वर्षों की कैद की सजा सुनाई गई। युद्धोपरान्त जब आन्दोलन की लहर शान्त हो चुकी थी तथा प्रतिक्रिया का दौर चालू था, सरकार ने न्यूजपेपर्स एक्ट 1789 एवं स्टाम्प ड्यूटी एक्ट्स के अन्तर्गत सुधारवादी और सस्ते समाचार-पत्रों को लाकर उन्हें दबाने का प्रयास किया। इन अधिनियमों के तहत प्रेस को पहले स्वीकृति लेनी पड़ती थी। इस दरमियान पैरोडीकार विलियम होन और रिपब्लिकन रिचर्ड चार्ली जो प्रेस की आजादी के हिमायती थे, को लम्बी कैद की सजा सुनाई गई।

परन्तु आकस्मिक उत्पीड़न के बावजूद प्रेस की स्वतंत्रता की लड़ाई शुरू हो गई। इस निर्णायक लड़ाई के साथ विज्ञापनों पर लगाए गए टैक्स एवं स्टाम्प शुल्क का मुद्दा भी जुड़ गया। यह टैक्स और स्टाम्प शुल्क लगाने की वजह से समाचार-पत्रों की कीमत बढ़ गई और ये केवल समृद्ध व्यक्तियों की पहुँच तक ही सीमित हो गए। 1831 ई. में हेनरी हेदरिंगटन ने एक बिना स्टाम्प वाली पत्रिका 'पुअरमैन्स गार्जियन' निकालकर इस कानून को चुनौती दी। फलस्वरूप, उसे

सजा हो गई। अनेक अन्य पत्रिकाओं ने भी अखबार सस्ता करने की इस लड़ाई में बिना स्टाम्प वाला अखबार निकालकर साथ दिया और इस तरह उन सभी को सजा दी गई। यह 'स्टाम्प के खिलाफ लड़ाई' थी। उपन्यासकार बल्वर ने स्टाम्प वाला अखबार को 'ज्ञान पर टैक्स' की संज्ञा दी थी। उसने संसद में इस 'ज्ञान पर टैक्स' के विरुद्ध एक अभियान चलाया था। इन संघर्षों के चलते 1833 ई. में सरकार समाचार-पत्र स्टाम्प ड्यूटी को घटाकर एक पेनी करने के लिए बाध्य हो गई और अन्ततः 1855 ई. में समाचार-पत्र स्टाम्प ड्यूटी को लगभग समाप्त ही कर दिया गया।

परन्तु संसद अपनी कार्रवाइयों की रिपोर्टिंग के बारे में भी काफी संवेदनशील थी और अक्सर इसकी कार्रवाइयों की रिपोर्टिंग को लेकर पत्रकारों को सजा झेलनी पड़ती थी। 1660 ई. में हाउस ऑफ कॉमन्स ने यह प्रस्ताव पारित किया कि 'इस सदन से विशेष आदेश लिए बगैर कोई भी इस सदन की कार्रवाई की रपट या टिप्पणी नहीं छापेगा।' 1694 ई. में डायर नामक मुद्रक को हाउस ऑफ कॉमन्स के कठघरे में लाया गया तथा संसदीय कार्रवाइयों की रिपोर्टिंग के लिए उसे डाँट-फटकार लगाई गई, लेकिन पत्रकारों ने जोखिम उठाकर भी संसदीय कार्रवाइयों की रिपोर्टिंग छापना जारी रखा। जनता में उक्त रिपोर्टिंग की जबर्दस्त माँग थी। अनेक लोगों को संसद की भावना को ठेस पहुँचाने के लिए सजा दी गई। 1704 ई. में 'ऑब्जर्वेटर' के सम्पादक जॉन टचिन के प्रकाशित एक राजनीतिक विचार से संसद की भावना को ठेस पहुँची थी। फलस्वरूप, हाउस ऑफ कॉमन्स ने एक प्रस्ताव पारित किया कि टचिन के अखबार के विषय सदन की भावना को आहत और अपमानित करनेवाले हैं। इस तरह, टचिन के साथ-साथ अखबार के प्रकाशक एवं मुद्रक की गिरफ्तारी का आदेश जारी किया। सांसद रिचर्ड स्टील को भी एक अखबार का सम्पादन करने के लिए 1714 ई. में हाउस ऑफ कॉमन्स से निष्कासित कर दिया गया क्योंकि उक्त अखबार को सदन राजद्रोहात्मक मानता था। 1731 ई. में एड्वर्ड केव ने 'जेंटलमैन्स मैगजीन' की शुरुआत की और संसदीय रपटों को विस्तार से प्रकाशित किया। इस तरह, वह संसद से बुरी तरह उलझ गया और 1747 ई. में उसे बाध्य होकर अपने अपकृत्य के लिए माफी माँगनी पड़ी। उसे पहले भी 1727 ई. में संसद की कार्रवाइयों की रिपोर्ट ग्लॉसेस्टर जनरल को देने के अपराध में कारावास की सजा दी गई थी, लेकिन अन्ततः संसद पर लगा प्रतिबन्ध जॉन विक्स की निर्भीक रिपोर्टिंग के कारण समाप्त कर दिया गया। जॉन विक्स ने 1762 ई. में 'नॉर्थ बिटन' नामक पत्र की शुरुआत की और उसने सत्ता की आलोचना करने के व्यक्ति के अधिकार का दावा किया। उसे गिरफ्तारी से बचने के लिए देश छोड़ना पड़ा। उसे अपराधी घोषित किया गया, लेकिन वैचारिक वातावरण बदलने लगा था और 1768 ई. में वह इंग्लैंड वापस आ गया और संसद के लिए चुना भी

गया। धीरे-धीरे संसद अपनी कार्रवाइयों की पूरी रिपोर्टिंग के लिए सहमत हो गई क्योंकि जनता में अपनी सरकार और प्रतिनिधियों के बारे में जानकारी रखने की इच्छा काफी बढ़ गई थी।

फ्रांस में जब तक तानाशाही व्यवस्था थी, प्रेस की आजादी के लिए वहाँ कोई जगह नहीं थी, लेकिन 1789 ई. की क्रान्ति के साथ ही समाचार-पत्र एवं अन्य राजनीतिक साहित्य के प्रकाशन में सहसा स्फुरण हो गया क्योंकि तब के सभी विचारों और अनुभूतियों को अभिव्यक्ति चाहिए थी। इस तरह 1789 ई. से 1800 ई. के बीच केवल पेरिस में 1350 समाचार-पत्रों के प्रकाशन हुए। उनमें से ज्यादातर अखबार कम ही दिनों तक चल पाए। इनके बन्द होने के कारण बिलकुल साफ थे, लेकिन अन्य अखबार चलते रहे और अपने जीवन में उक्त क्रान्ति के साथ काफी उतार-चढ़ाव देखे, लेकिन क्रान्ति के शुरुआती दिनों में इसने महत्त्वपूर्ण भूमिका अदा की तथा डेसमोलिन और मदात सरीखे प्रभावशाली पत्रकारों को ऊपर उठा दिया जिन्होंने जनविचार को प्रभावित करने में प्रेस का बेहतर ढंग से इस्तेमाल किया। प्रेस की स्वतंत्रता केहियर देस दोल आन्सेज (शिकायत पुस्तिका) में सम्मिलित प्रमुख माँगों में से एक हो गई तथा व्यक्ति के अधिकारों की घोषणा में इसकी गारंटी दी गई। 1791 ई. एवं 1793 ई., दोनों वर्षों में बनाए गए संविधानों में भी इसकी गारंटी दी गई। हालाँकि क्रान्ति के तत्काल बाद के वर्षों में वातावरण राजद्रोह के सन्देह से भरा था एवं आन्दोलनकारी न्यायाधीकरण वास्तविक या काल्पनिक राजद्रोह को दबाने में व्यस्त था। इस अवधि में प्रेस को अपना अस्तित्व बनाए रखने के लिए कड़ा संघर्ष करना पड़ा। उक्त वातावरण में प्रेस की आजादी भी सीमित थी। निदेशक मंडल को जब अधिकार मिला तो प्रेस पुन: नियंत्रण के अधीन आ गया।

इसके बाद नेपोलियन के आगमन से इसके समक्ष दो ही विकल्प थे, या तो यह हुक्म बजाए या फिर दमन का शिकार हो जाए। नेपोलियन प्रेस के अधिकार के प्रति पूरी तरह सचेत था। उसके बारे में कहा जाता है कि उसने कहा था कि चार अखबार किसी खुले मैदान में उपस्थित एक लाख लोगों की भीड़ से ज्यादा खतरनाक और हानिकारक हैं। वह अखबार के साथ अनैतिक व्यवहार करता था। अखबार जब उसके हित की बात करता था तो उसे प्रोत्साहन देता था और जब अहित की बात करता था तो उस पर प्रतिबन्ध लगा देता था। अन्तत: 1800 ई. में उसने एक आदेश जारी कर सभी राजनीतिक पत्रों को बन्द करा दिया। केवल तेरह अखबार बच गए, लेकिन उन्हें भी सख्त प्रतिबन्ध के तहत रखा गया। 1814 ई. के बाद प्रतिक्रिया का एक दौर आया जिस दौरान प्रेस ने अपनी आजादी खो दी। हालाँकि 1830 ई. के आन्दोलन के दौरान प्रेस की आजादी एक महत्त्वपूर्ण माँग बन गई एवं पुनरीक्षित चार्टर में इस आजादी की गारंटी दी गई। निरोधात्मक

प्रतिबन्ध भी समाप्त हो गया तथा सचेतक भुगतान को, जिसकी अदायगी अखबार करते थे, कम कर दिया गया। 1830-48 ई. के बीच प्रेस काफी उतार-चढ़ाव वाला पेशा था। कभी इसे आपेक्षिक आजादी मिलती थी तो कभी प्रतिबन्ध झेलना पड़ता था, लेकिन 1848 ई. के आन्दोलन ने प्रेस से सारे प्रतिबन्धों को हटवा दिया और इस तरह, प्रेस ने विविध विचारों, अक्सर उग्र विचारों, को प्रस्तुत करना शुरू कर दिया। हालाँकि, जल्द ही फिर से प्रतिबन्ध लगना शुरू हो गया क्योंकि शासकवर्ग इससे भयभीत हो गया था। 1848 ई. में सचेतक भुगतान को पुनर्जीवित कर दिया गया तथा 1850 ई. में स्टाम्प शुल्क को पुन: अनिवार्य कर दिया गया। लुईस नेपोलियन के डि'एटेट तख्तापलट के बाद प्रेस पर और सख्त प्रतिबन्ध लगा दिया गया। 1852 ई. के एक अधिनियम के अनुसार, अखबारों के प्रकाशन से पूर्व मंजूरी लेनी अनिवार्य कर दी गई। यद्यपि कोई निरोधात्मक प्रतिबन्ध नहीं था, चेतावनी की एक व्यवस्था थी जो समाचार-पत्रों के प्रकाशकों और सम्पादकों को बाध्य करती थी कि वे स्वयं सरकार के भय से स्वप्रतिबन्ध लगाएँ।

लुईस नेपोलियन की लोकप्रियता इतालवी युद्ध एवं ब्रिटेन के साथ व्यापारिक सन्धि से बुरी तरह प्रभावित हुई थी, इसलिए 1860 ई. से उसने पुन: एक बार संसदीय संस्थाओं को जिन्दा करने का प्रयास करने लगा ताकि अपनी नीतियों का कलंक प्रातिनिधिक निकाय पर लाद दे। इस तरह, यह एक राजनीतिक उदारीकरण का दौर था। संसदीय बहस को स्वीकृति दी गई जिसमें उसकी नीतियों की आलोचना तक होती थी तथा प्रेस को संसद की कार्रवाइयों की पूरी रपट छापने की मंजूरी दी गई। इस तरह, 1860 ई. के बाद प्रेस को कुछ और आजादी मिल गई। इस अवधि में सरकार के कुछ कटु आलोचक अखबार प्रकाशित हुए जिनमें 'लैंटर्न' उल्लेखनीय था। हालाँकि, प्रेस और सरकार साम्राज्य के अन्त तक एक-दूसरे के दुश्मन बने रहे। इसके बाद हम एक ऐसे दौर में प्रवेश करते हैं जहाँ प्रेस को आपेक्षिक आजादी प्राप्त थी। फिर भी, सशस्त्र बल सरीखे कुछ संवेदनशील क्षेत्र थे जिसके उच्च पदाधिकारियों के आचरण पर बहस करना खतरनाक होता था। 19वीं सदी के अन्त में ड्रेयफस मामले के दरमियान एमिल जोला जैसे प्रसिद्ध व्यक्ति को भी एक साल के कारावास की सजा दी गई क्योंकि उसने ड्रेयफस को यहूदी होने के कारण सैन्य पदाधिकारियों द्वारा झूठे तरीके से फँसाने के षड्यंत्र की कटु आलोचना की थी। फ्रांस में प्रेस पर फासीवादी शक्तियों के उभार के कारण एक बार फिर से 20वीं सदी के तीसरे दशक के अन्त में गम्भीर खतरा उत्पन्न हो गया था।

यद्यपि मुद्रण के क्षेत्र में जर्मनी एक अगुआ देश था, लेकिन इसके विखंडन और अनेक राज्यों में राजनीतिक आजादी की कमी के कारण आरम्भ में यहाँ स्वतंत्र प्रेस के लिए कोई जगह नहीं थी। 'एल्जेमिन जेईतंग' जैसा बड़ा अखबार जब 1908 ई. में शुरू हुआ तो इसके भविष्य के अच्छे लक्षण दिखाई नहीं दिए थे,

लेकिन धीरे-धीरे प्रेस की आजादी की माँग वैयक्तिक आजादी की माँग के साथ की जाने लगी। आरम्भ में सरकार की नीति हमेशा प्रेस को हतोत्साहित करनेवाली थी। 'रिनिच जेईतंग' जैसे उदार अखबार की स्थापना 1842 ई. में कोलोन में की गई थी जिसका सम्पादन कुछ समय के लिए कार्ल मार्क्स ने किया था।

परन्तु यह अखबार बहुत जल्द दमन का शिकार हो गया। 'अल्जेमिन जेईतंग' को भी प्रतिबन्ध झेलना पड़ा। कवि हेइन पेरिस में इसके संवाददाता थे। 1832 ई. में इस अखबार को हेइन की रिपोर्ट प्रकाशित करने के विरुद्ध चेतावनी दी गई। समाचार-पत्रों के अनेक अन्य मामले थे जिनमें उन्हें प्रतिबन्ध और दमन के विरुद्ध संघर्ष करना पड़ा था। 1848 ई. के आन्दोलन के साथ ही प्रेस स्वतंत्र हो गया तथा काफी संख्या में अखबार प्रकाशित होने लगे, लेकिन 1849-50 ई. में प्रतिक्रिया की विजय के साथ प्रेस की स्वतंत्रता को फिर से क्षति पहुँची। शासकीय चेतावनी एवं प्राधिकरण की प्रथा लागू की गई। 1862-63 ई. के बाद ही प्रेस को पुन: आजादी मिली, लेकिन 1848 ई. में समाजवादी विरोधी कानूनों के साथ प्रतिक्रिया का भयंकर हमला हुआ। इससे समाजवादी आन्दोलन भूमिगत हो गया। ऐसी परिस्थिति में प्रेस को आजादी नहीं मिल सकती थी। यह अस्थायी विकास जर्मनी में हिटलर के सत्ता में आने तक जारी रहा। हिटलर 1933 ई. में सत्ता में आया और इसने प्रेस स्वतंत्रता के सारे चिह्नों को समाप्त कर दिया। स्वतंत्र प्रेस की जगह सरकार-नियंत्रित प्रेस को लाया जो जनसमुदाय के अनुशासन के प्रति समर्पित था। द्वितीय विश्वयुद्ध में हिटलर की पराजय हुई और इसके बाद ही संघीय गणराज्य में प्रजातांत्रिक व्यवस्था कायम हुई तथा प्रेस स्वतंत्रता को पुनर्जीवित किया गया, लेकिन पूर्वी जर्मनी में अभी भी सरकार-नियंत्रित प्रेस है क्योंकि वहाँ साम्यवादी तानाशाही व्यवस्था है।

यूरोप के अन्य देशों में प्रेस की स्वतंत्रता प्रजातांत्रिक संस्थाओं के विकास से गहरे सम्बद्ध थी। स्वीडन में राजा चार्ल्स जॉन का स्वतंत्र प्रेस से लड़ने का प्रयास विफल हो गया क्योंकि जनता प्रेस की स्वतंत्रता के पक्ष में थी। लार्स हीर्टा द्वारा सम्पादित 'आफ्टन ब्लाडेट' एक अग्रगण्य स्वतंत्र अखबार था। इसके सम्पादक को जब 1838 ई. में उत्पीड़ित किया जाने लगा तो इसके विरोध में जन-उपद्रव शुरू हो गया। फलत: सरकार को झुकना पड़ा। 1849 ई. के डेनमार्क के संविधान में प्रेस की स्वतंत्रता की गारंटी दी गई। इटली में 1848 ई. के पीडमांटेज संविधान ने भी प्रेस की स्वतंत्रता की गारंटी दी। अधिकांश यूरोपीय देशों में 1830 ई. और 1848 ई. की परिवर्तनकारी क्रान्तियों के फलस्वरूप प्रेस को कुछ स्वतंत्रता मिली। यद्यपि आन्दोलन की पराजय से प्रेस की स्वतंत्रता को धक्का लगा था, प्रेस को दबाए रखने का काम कभी भी स्थायी रूप से आन्दोलन के पहले के दिनों के स्तर पर नहीं रखा जा सकता था।

आरम्भ में अमेरिका में प्रेस को वैसी ही आजादी मिली थी जिस तरह की आजादी इंग्लैंड में थी। धीरे-धीरे यह शक्तिशाली प्रेस की भूमि बन गया। यहाँ प्रेस लोगों की राय को जोड़ने का काम करता था। यद्यपि शासकीय गुप्त सूचनाओं का पर्दाफाश करने के मुद्दे पर अक्सर प्रेस और सरकार के बीच झंझट होता रहता था, सरकार कभी प्रेस को अपने नियंत्रण में करने में सफल नहीं हुई।

अन्य स्वतंत्रताओं के साथ-साथ प्रेस की स्वतंत्रता को भी स्वयं जिन्दा रखने के लिए घुमावदार रास्ते से गुजरना पड़ा। वह रास्ता गम्भीर खतरों से भरा था। प्रेसवालों को प्राय: सब कुछ बाजना पड़ा। उन्हें लम्बे कारावास की सजा भी भुगतनी पड़ी। यद्यपि प्रजातांत्रिक राष्ट्रों में कुल मिलाकर प्रेस को अहमियत दी गई, अभी भी विभागीय गुप्त कानून वगैरह के तहत स्वतंत्र प्रेस के रास्ते में अवरोध कायम है। ये कानून जनता के समक्ष उन तथ्यों को लाने से प्रेस को रोकते हैं जो जनता के लिए महत्त्वपूर्ण हैं।

मुख्य रूप से यह देखा गया कि प्रेस आधुनिक राष्ट्रों में बहस की एक अनिवार्य वाहन था और यह वहीं पर विकसित हुआ जहाँ लोकतांत्रिक संस्थाएँ विकसित हुईं। प्रेस पर हमला हमेशा इस तथ्य को प्रकट करता था कि शासक को लोकतांत्रिक संस्थाओं में विश्वास नहीं है। इस तरह की प्रवृत्ति हम अपने देश में भी देख सकते हैं।

भारत में 1818 ई. से देशी भाषाओं का अखबार निकलना शुरू हुआ। 1875 ई. तक विभिन्न भाषाओं के 254 अखबार निकलते थे। अंग्रेजी के कुछ अग्रणी अखबार थे जिनका नियंत्रण अंग्रेजों के हाथ में था। एक विदेशी नियम के अन्तर्गत यहाँ स्वतंत्र प्रेस के विकास की पूरी सम्भावना नहीं बन सकती थी। सरकार की दमनकारी नीति के अनुरूप अक्सर प्रेस पर काफी रोक लगाई जाती थी। इन नियगों के शिकार देशी भाषाओं में प्रकाशित होने वाले वे अखबार हुए जो राष्ट्रवादी आकांक्षा के मुखपत्र होते थे। मराठी पत्रिका 'केशरी' में एक आलेख का छपना ही था कि राष्ट्रवादी आन्दोलन के मशहूर नेता बाल गंगाधर तिलक को उसके लिए कारावास की सजा हुई और उन्हें बर्मा में मांडले भेज दिया गया।

बीसवीं सदी के प्रथम दशक में देश के अन्दर एक परिवर्तनकारी आन्दोलन आकार ले रहा था जिसका उद्देश्य था, शस्त्र के सहारे विदेशी सत्ता को उखाड़ फेंकना। सभी यूरोपीय शक्तियाँ सशस्त्र क्रान्ति को एक वैध तरीका मान चुकी थीं। इंग्लैंड ने भी अपनी स्वतंत्रता के लिए इसे एक जायज तरीका माना था। बंगाली पत्रिका 'युगान्तर' इस तरह के सोचवाले आन्दोलनकारियों का मुखपत्र था। ऐसे अखबारों का दमन करने के उद्देश्य से जून 1908 ई. में इंडियन न्यूजपेपर्स (इनसाइटमेंट ऑफ ऑफेंसेज) एक्ट लागू किया गया। इसके बाद 'युगान्तर' को दबा दिया गया। परिणामस्वरूप, कुछ समय के लिए विद्रोहियों की आवाज दब गई।

भारत के तत्कालीन राज्य सचिव का वक्तव्य उन सभी शासकों के सोच के बारे में बड़ा विचित्र था जो जनता की इच्छा के विरुद्ध शासन करना चाहते हैं। उनके प्रति विरोध की आवाज विस्फोटक शक्ति का रूप धारण कर लेती है।

प्रेस की स्वतंत्रता के दमन के बारे में उसने कहा :

> ...भड़काऊ आलेख हिंसक कृत्य का ही अंग होता है। एक स्टील बम में जितना पिक्रिक एसिड डाला गया होता है उतना पिक्रिक एसिड आप अपने कलम और स्याही में डाल ले सकते हैं। इस प्रकार के दुष्कृत्य के सम्बन्ध में जनविरोध की बाबत बात करना वस्तुत: मामले को काफी दूर कर दे रहा है।[4]

परन्तु वह कानून पर्याप्त नहीं था। इसलिए आगे चलकर एक दूसरा समाचार-पत्र कानून पारित हुआ। इसमें यह प्रावधान किया गया कि यदि कोई प्रेस स्थापित करना चाहता है तो उसे इसके लिए एक सुरक्षित राशि जमा करनी होगी। यह सुरक्षित राशि उस हाल में जब्त कर ली जाएगी जब कोई राजद्रोहात्मक आलेख उस पत्र में प्रकाशित हुआ पाया जाएगा। इसके चलते अपने आप प्रेस का निबन्धन भी रद्द होने लगा। प्रेस को यदि फिर से चालू करना था तो पूर्व में जमा कराई गई सुरक्षित राशि की दोगुनी राशि जमा करनी पड़ती थी। दुबारा अपराध करने पर पूरे प्रेस को जब्त कर लेने का प्रावधान किया गया था। उसी प्रकार के अधिकारों का इस्तेमाल समाचार-पत्रों पर किया गया।

1930 ई. के बाद गांधी के नेतृत्व में जब स्वतंत्रता के आन्दोलन को जनसमर्थन हासिल हो चुका था, प्रेस पर नए सिरे से रोक लगाई गई। 1931 ई. में भारतीय प्रेस 'आपातकालीन अधिकार' अधिनियम पारित कर लागू किया गया। हिंसक घटनाओं को रोकना इसका दिखावटी उद्‌देश्य था, लेकिन इसका इस्तेमाल वस्तुत: उन सभी चीजों को रोकने के लिए किया गया जो, 'सविनय अवज्ञा आन्दोलन' को प्रोत्साहित और प्रचारित करती थीं 'यद्यपि, सविनय अवज्ञा आन्दोलन' पूरी तरह से एक अहिंसक आन्दोलन था। इस अधिनियम के अन्तर्गत अनधिकृत प्रकाशन के लिए जुर्माना के साथ या बगैर जुर्माने के छह माह के कारावास की सजा का प्रावधान किया गया था। कस्टम पदाधिकारियों को ये अधिकार दिए गए कि वे बाहर से आनेवाली मुद्रित सामग्रियों को जब्त कर लें। अनेक राष्ट्रवादी समाचार-पत्रों यथा हॉर्निमैन का 'बॉम्बे क्रॉनिकल', 'आनन्द बाजार पत्रिका', 'अमृत बाजार पत्रिका', 'फ्री प्रेस-जर्नल' और 'लिबर्टी ऑफ कलकत्ता' को सुरक्षा राशि जमा करनी पड़ी। इसमें 'फ्री प्रेस-जर्नल' की सुरक्षित राशि जब्त कर ली गई।

इसके बाद द्वितीय विश्वयुद्ध के दौरान पुन: डिफेंस ऑफ इंडिया रूल के तहत प्रेस पर सख्त रोक लगाई गई, किन्तु इस नियम को चारों तरफ से

चुनौती दी गई और जब खुला प्रकाशन सम्भव नहीं था तो अक्सर स्वतंत्रता के जोश को बनाए रखने और सत्ता को ललकारने के उद्देश्य से भूमिगत प्रकाशन किया गया।

स्वतंत्र प्रेस को अन्तिम स्वीकृति स्वतंत्र भारत का नया संविधान लागू हो जाने के बाद ही मिली, क्योंकि प्रेस की आजादी पर प्रत्यक्ष रोक को अभिव्यक्ति की आजादी के अधिकार का उल्लंघन माना गया, लेकिन स्वतंत्र भारत में भी किसी-न-किसी बहाने अभी भी प्रेस पर रोक लगाई गई है। पहला तरीका तो यही है कि सरकार को चुनौती देनेवाले पत्रों को सरकारी विज्ञापनों से वंचित कर दिया जाता है। हाल ही में यह मानसिकता भी विकसित हुई है कि वैसे कानूनों के माध्यम से प्रेस पर और प्रत्यक्ष प्रतिबन्ध लगाया जाए जो सत्ता में बैठे लोगों को क्षति पहुँचाने वाली सामग्रियों का प्रकाशन करनेवाले पत्रों की आपराधिक जवाबदेही के क्षेत्र को विस्तारित करते हैं। प्रेस की स्वतंत्रता पर सरकार ने मौलिक अधिकारों को निलम्बित करनेवाले विशेषाधिकारों 'आपातकाल' का इस्तेमाल कर रोक लगाई है। हालाँकि एक बार लोगों ने स्वतंत्रता का कुछ स्वाद चख लिया है और स्वतंत्र प्रेस की भूमिका का अहसास कर लिया है, तो फिर ऐसे कदमों का उन्होंने प्रतिरोध किया है। यह संघर्ष अभी भी चल रहा है।

6

हम देख चुके हैं कि आजादी का अभिप्राय मनमाना कार्य करने की आजादी नहीं होता है, बल्कि आत्म-शासन का अधिकार होता है। लोकतांत्रिक संस्थाओं का ज्यादातर विकास आत्म-शासन के प्रकारों को विकसित करने के विषय के गिर्द घूमता रहा है। बड़े राज्यों के विकास से वैधानिक या कार्यकारी कार्यों में जनता की प्रत्यक्ष भागीदारी सम्भव नहीं थी, इसलिए समस्या यह थी कि सरकार का एक वैसा ढाँचा गढ़ा जाए जिसमें सभी लोगों का प्रतिनिधित्व सुनिश्चित हो।

पहले आदिवासी समाजों में बुजुर्गों या वयस्क लोगों की जनजातीय सभाएँ होती थीं या आदिवासी प्रधानों को उनके काम में मदद करने या दिशानिर्देश देने के लिए दूसरे साधन उपलब्ध होते थे, लेकिन आदिवासी समाजों के टूटने एवं बृहत्तर राज्यों के अस्तित्व में आने से पुरानी संस्थाओं के केवल चिह्न या उनकी स्मृतियाँ ही शेष रह गईं। इस तरह, जनजातीय सभाओं से सरकार के प्रातिनिधिक ढाँचे तक सीधा संक्रमण नहीं हुआ। वस्तुत: बीच का समय दुनिया के ज्यादातर हिस्सों में निरंकुश शासकों के अभ्युदय के लिए जाना गया। यह तो स्वेच्छाचारी राजाओं के अधिकारों को कम करने के आन्दोलन के दरमियान सम्भव हुआ कि कुछ देशों में उच्च स्तर पर तथा एक बड़े पैमाने पर सरकार की प्रातिनिधिक प्रणाली अस्तित्व में आई, लेकिन एक स्थान पर ज्यों ही यह प्रणाली विकसित हुई, दूसरे स्थान के लोगों में इस प्रणाली का अनुसरण करने की उत्कट लालसा जग गई क्योंकि सभी लोगों के अन्दर आत्म-शासन की स्वत:स्फूर्त अन्त:प्रेरणा विद्यमान थी। प्रतिनिधित्व का अभिप्राय हमेशा स्पष्ट नहीं था, इसलिए आरम्भ में लोग नीति निर्धारक निकायों में प्रतिनिधियों को भेजना नहीं चाहते थे, लेकिन एक बार इसकी महत्ता का अहसास हो गया, तो इसके क्षेत्र विस्तार की माँग होने लगी ताकि लोगों के सुदूर वर्गों तक इसकी पहुँच हो सके।

'संसदों की जननी' अंग्रेजी संसद का विकास स्वयं शाही परिषदों से हुआ था। इन शाही परिषदों में राजा स्वयं एक अनिवार्य या मुख्य तत्त्व होता था। यह परिषद् राजा की सेवा में तत्पर रहती थी तथा बगैर किसी प्रातिनिधिक चरित्र या निर्णायक अधिकार के राजा का परामर्शदात्र निकाय होती थी। प्रत्येक चीज में राजा का निर्णय अन्तिम होता था। 'संसद' शब्द का प्रयोग पहली बार परिषद् में होनेवाली किसी

औपचारिक बातचीत के लिए किया गया था। बाद में इस शब्द का प्रयोग स्वयं विचार-विमर्श करनेवाले निकाय के लिए होने लगा, किन्तु यह कोई प्रातिनिधिक निकाय नहीं था; इसके निर्माण के लिए न तो लॉर्ड की, न ही काउंटीशायरों और बरो के प्रतिनिधियों की उपस्थिति आवश्यक थी। विधायी या न्यायिक, प्रत्येक मामले में राजा के शब्द अन्तिम होते थे। इसलिए संसद का कार्य राजा की इच्छा की अभिव्यक्ति होता था। नगर के व्यापारी वर्गों की महत्ता बढ़ रही थी और उनके प्रतिनिधिगण भी राजा की परिषद् से जुड़ने लगे थे, लेकिन परिषद् में किसी सदस्य को भेजना बड़ा खर्चीला और जवाबदेही भरा था क्योंकि परिषद् का निर्णय उन चुनाव क्षेत्रों के लिए बाध्यकारी होता था जो इसके लिए प्रतिनिधि भेजते थे। इसलिए आरम्भ में नागरिकों में परिषद् के लिए सदस्य भेजने में रुचि नहीं थी।

लेकिन परिषद् का निर्णय बाध्यकारी होता था, इसलिए निर्णयों को प्रभावित करने के खयाल से प्रतिनिधियों को भेजना नागरिकों को काफी समीचीन लगा और इस तरह वे अपना प्रतिनिधि भेजने लगे। उनका प्रभाव धीरे-धीरे बढ़ने लगा क्योंकि नागरिक ही राज्य के आर्थिक संसाधनों के मुख्य अवलम्ब बनने लगे थे। अन्तत: कर केवल संसद के उन नागरिक सदस्यों की सहमति से ही वसूला जा सकता था जो धीरे-धीरे संसद के मुख्य अवलम्ब बन रहे थे। ऐसी परिस्थिति में 'प्रतिनिधित्व नहीं तो कर नहीं' का सिद्धान्त विकसित हुआ। आगे चलकर यह नव मध्यवर्ग अर्थात् शहरी नागरिकों के हाथ का शाही नीतियों को प्रभावित करनेवाला सबसे शक्तिशाली अस्त्र बन जानेवाला था। यही वह वर्ग था जो अन्तिम रूप से राजा के दावों के विरुद्ध संसदीय क्रान्ति का नेतृत्व करनेवाला था। 17वीं सदी के चौथे दशक में यह मामला एक प्रधान के पास आया तथा अन्तत: संसदीय सम्प्रभुता के दावों की स्थापना हुई और ब्रिटिश सम्राट् का अपकर्ष एक नाममात्र के प्रधान के रूप में हो गया। इस तरह, इंग्लैंड में वर्ष 1688-89 तक अपने अनिवार्य तत्त्वों के साथ प्रातिनिधिक प्रणाली के सिद्धान्त की स्थापना हो चुकी थी।

यद्यपि प्रतिनिधित्व के सिद्धान्त को स्वीकार कर लिया गया था, लेकिन प्रतिनिधित्व का आधार अभी भी बहुत संकीर्ण था। यह सम्पत्ति-योग्यता के आधार पर होता था तथा प्रतिनिधित्व वाले क्षेत्रों में एकरूपता का अभाव था। न केवल इससे बहु-प्रतिनिधित्व प्राप्त करनेवाले वैसे ही लोगों को प्रोत्साहित करनेवाला दोषपूर्ण प्रतिनिधित्व सृजित हुआ, बल्कि निर्धनतम आबादी को संसद में प्रतिनिधित्व से भी वंचित कर दिया गया, लेकिन प्रतिनिधित्व की प्रक्रिया ने एक बार गति पकड़ ली, तो फिर उसे चारों तरफ फैलने से कोई रोकनेवाला नहीं था।

जनता सीटों के दोषपूर्ण वितरण सरीखी बड़ी समस्या का सामना कर रही थी। इसमें क्षेत्र के निवासियों की संख्या को ध्यान में नहीं रखा जाता था। फलस्वरूप, निश्चित समुदायों का विषम प्रतिनिधित्व कायम था। साथ ही, लोग इसका धन से

समर्थन करते थे। इसलिए मताधिकारों से तीन विसंगतियों को दूर करने के लिए व्यापक चुनाव सुधार की जरूरत पड़ी। अनेक देशों में पुरुष मताधिकार की प्राप्ति के बाद भी बहुलित मतदान प्रणाली के माध्यम से अल्पसंख्या वाले लोग विषम रूप से काफी संख्या में संसद सदस्य भेज सकते थे। इंग्लैंड में 1832 के सुधार अधिनियम ने 56 पॉकेटों एवं निकम्मे बरो (111 सदस्यों को वापस भेजकर) को मताधिकार से वंचित कर दिया तथा 32 छोटे बरो को फिर से वितरित किया गया। मताधिकार के इस विस्तार ने बरो में उन सभी परिवारों को मत दिया जो 10 वार्षिक किराए का भुगतान करते थे। इन देशों में मताधिकारदान क्षेत्र की जद में 40 शिलिंग मुक्तधारक अपनी निजी जमीन के साथ आ गए तथा 60 वर्षों के लिए मुक्तधारकों, पट्टेदारों वगैरह के लिए 10 योग्यता तथा अल्पकालीन पट्टेदारों एवं स्वेच्छा से काश्तकारी करनेवाले लोगों के लिए 250 योग्यता निर्धारित हो गई।

परन्तु इंग्लैंड व अन्य देशों में जहाँ औद्योगिक क्रान्ति हुई थी, पहले से वहाँ एक नई शक्ति मंच पर गतिशील थी। यह शक्ति और कोई नहीं बल्कि नया औद्योगिक मजदूर वर्ग था। 19वीं सदी के आरम्भिक भाग में यह वर्ग नई व्यवस्था का आधार-स्तम्भ बन गया था जिसे समाज की इमारत का सारा बोझ सहन करना पड़ा था। यह एक मजबूत शक्तिबल था। इसकी संख्या में बड़ी तेजी से वृद्धि हो रही थी तथा अर्थव्यवस्था में इसकी मुख्य भूमिका बनती जा रही थी। इसकी शक्ति के अहसास को रोकने के लिए कॉम्बिनेशन एक्ट के अन्तर्गत इसे एकीकृत होने से रोका गया। कानून की नजर में मजदूरों का एकीकृत होने का कोई भी प्रयास एक आपराधिक षड्यंत्र था। 1824 ई. में यह कानून निरस्त हुआ तथा मजदूरों को अपना संघ या संगठन बनाने की अनुमति मिली। इसके बाद मजदूर कम समय में ही अपना बहुत बड़ा संगठन खड़ा कर लेने के योग्य बन गए। 1830 ई. में मजदूरों के संरक्षण हेतु एक राष्ट्रीय संगठन (लगभग 150 संघों का महासंघ) अस्तित्व में आ गया। इसके बाद 'ग्रैंड नेशनल कान्सॉलिडेटेड ट्रेड यूनियन' नामक संगठन अस्तित्व में आया जिसके सदस्यों की संख्या पाँच लाख थी। इसका संकल्प था कि सामान्य हड़ताल के माध्यम से मजदूरों के लिए आठ घंटा का कार्यदिवस सुनिश्चित कराया जाए, लेकिन इसे दबा दिया गया। इसके छह नेताओं को सात-सात साल के कारावास की सजा सुनाई गई। फलस्वरूप, 'ग्रैंड नेशनल' का विघटन हो गया, लेकिन मजदूर वर्ग को अपनी शक्ति का पता था, इसलिए तुरन्त एक महत्त्वपूर्ण आन्दोलन न केवल मजदूर वर्ग बल्कि तमाम वंचित समूहों के राजनीतिक अधिकारों की प्राप्ति के लिए शुरू हो गया जिसे चार्टिस्ट आन्दोलन से भी काफी बल मिला। तब तक मजदूर वर्ग को यह अहसास हो गया था कि राजनीतिक संस्थाओं पर प्रभावशाली नियंत्रण कायम किए बिना यह एक विषय के अलावा अपने अन्य हित को आगे नहीं बढ़ा सकता है तथा इसके सारे प्रयास को राज्य के संगठित बल का सामना करना होगा। दूसरी

तरफ, शासकवर्ग अपने प्रभुत्व की इस चुनौती से अवगत था तथा इस शक्ति को अपने नियंत्रण में रखने हेतु इसे बलपूर्वक दबा देने का दृढ़ निश्चय कर चुका था।

इस तरह, 1838 ई. में राजनीतिक अधिकारों के लिए ब्रितानी मजदूर वर्ग का शक्तिशाली चार्टिस्ट आन्दोलन शुरू हुआ था। चार्टिस्टों की निम्नलिखित माँगें थीं :

1. सार्वभौमिक वयस्क पुरुष मताधिकार
2. वार्षिक संसद
3. मतपत्र से चुनाव
4. समान निर्वाचन क्षेत्र
5. संसद सदस्यता हेतु सम्पत्ति योग्यता का उन्मूलन
6. सदस्यों का भुगतान

यद्यपि आन्दोलन एक बड़ा रूप अख्तियार कर चुका था और 1882 ई. में इस आन्दोलन को पुलिस के साथ हुई कुछ रक्तरंजित मुठभेड़ों के बाद अन्तिम रूप से दबा दिया गया था, लेकिन उनकी माँगें लोगों के दिमाग में बैठ चुकी थीं। इसलिए जनता का दबाव बना और इस जन दबाव में उत्तरोत्तर कई सुधार विधेयक लाए गए और अन्ततः ब्रितानी नागरिकों को सार्वभौमिक पुरुष मताधिकार मिल गया।

इस तरह, 1832 ई. के सुधार कानून के बाद एक दूसरा 1867 ई. का सुधार कानून व्यक्ति को मताधिकार के योग्य बनाने हेतु देय किराये को कम कर दिया। दस हजार की आबादी से कम संख्यावाले सभी बरो का ब्रिटिश संसद के निचले सदन में दो सदस्य भेजने का अधिकार गायब हो गया। इस सुधार का अनुसरण करने से मतदाताओं की संख्या में बीस लाख तक की वृद्धि हुई थी, फिर भी यह जनता की आशाओं के अनुरूप नहीं थी। यह वृद्धि काफी कम थी। इसलिए 1884 ई. में पूरा आमूल-चूल सुधार किया गया। सभी वयस्क व्यक्तियों को मतदान का अधिकार मिल गया तथा केवल घरेलू नौकरों, अपने परिवार के साथ रहनेवाले कुँआरों और वैसे लोग जिनका कोई स्थायी आवास नहीं था, को मताधिकार से वंचित रखा गया। साथ ही, मताधिकार में पहले की अपेक्षा ज्यादा एकरूपता लाई गई। ग्रामीण और शहरी मतदाताओं के मताधिकार में कोई अन्तर नहीं रह गया। सुधार कार्य आनेवाले वर्षों में भी जारी रहा और बरो या काउंटियों के बजाय व्यक्तिगत मतदाता चुनाव की इकाई बन गया तथा 'एक वोट एक मूल्य' को सिद्धान्त रूप में स्वीकार कर लिया गया। उसी तरह, समान मतदान शक्ति का निर्माण करने के लिए संसदीय क्षेत्रों का परिसीमन किया गया।

1848 ई. में फ्रांस से शुरू होकर यूरोप महादेश के बड़े भागों में लोकतांत्रिक प्रणाली की स्थापना हेतु आन्दोलन हुआ। इस आन्दोलन का एक महत्त्वपूर्ण पहलू यह था कि औद्योगिक मजदूर वर्ग ने इसमें महत्त्वपूर्ण भूमिका अदा करना शुरू कर दिया। फ्रांस में वस्तुतः मजदूरों का ही सत्ता पर वास्तविक नियंत्रण था और अनेक

असफल समाजवादी प्रयोगों का यहाँ विचारण हुआ। यह आश्चर्यजनक नहीं है कि मार्क्स को यूरोप के पीछे पड़ी 'साम्यवाद की छाया' को देख लेना चाहिए था। कम्युनिस्ट घोषणा-पत्र के आरम्भिक भाग का आरम्भ इसी 'साम्यवाद की छाया' की अभिव्यक्ति से हुआ था। इस आन्दोलन की मुख्य माँगों में जनता के निर्वाचित प्रतिनिधियों के प्रति उत्तरदायी सरकार के अलावा सार्वभौमिक मताधिकार एवं अभिव्यक्ति की निर्बाध स्वतंत्रता शामिल थी, लेकिन यह आन्दोलन ज्यादा दिनों तक नहीं चला। दो वर्षों में ही इसे दबा दिया गया, लेकिन जनता को एक बार स्वतंत्रता का प्रचंड अनुभव हो गया तो उन्हें दब्बू आत्मसमर्पण की पुरानी प्रथा में वापस नहीं भेजा जा सकता था। इस तरह, अग्रणी अर्द्धसदी में कुछ हद तक स्वतंत्रता एवं मताधिकार का विस्तार देने के लिए अधिकांश सरकारों पर दबाव पड़ा। 1848 ई. में फ्रांस को सार्वभौमिक मताधिकार मिल गया जिसे वह सँभाले रखा, यद्यपि 1852 ई. की बोनापार्टवादी उथल-पुथल के बाद आबादी के निश्चित वर्गों को नियमित अभित्रास देकर इस अधिकार का जबर्दस्त दुरुपयोग किया गया था।

जर्मनी में भी मजदूरों ने वर्ष 1860 के दशक तक मताधिकार प्राप्त कर लिया था, लेकिन सरकार विधानमंडल के प्रति जवाबदेह नहीं थी। इसके साथ अभिव्यक्ति और संगठन के अधिकार पर लगी रोक ने लोगों को प्रथम विश्वयुद्ध तक बड़ा तबाह किया। बेल्जियम में पुरुष मताधिकार वर्ष 1893 में लागू किया गया, यद्यपि बहुल मतदान बना रहा जो उम्र, आय, शिक्षा और परिवार पर आधारित मतदाताओं के खास वर्ग को ही नसीब था। हॉलैंड में पुरुष मताधिकार और आनुपातिक प्रतिनिधित्व वर्ष 1817 में लागू हुआ। अधिकांश पश्चिमी यूरोपीय देशों में मताधिकार कुछ सम्पत्ति-योग्यताओं तक ही सीमित था। संयुक्त राज्य में काले लोग आबादी का एक महत्त्वपूर्ण हिस्सा थे, लेकिन वे 1961 ई. तक स्वतंत्र नहीं थे। इसलिए वे मतदाता नहीं बन सकते थे। हालाँकि, गुलामी उन्मूलन के पश्चात् एक बड़ा निर्णय वर्ष 1869 में यह सुनिश्चित करने के लिए लिया गया कि पुरानी दासता के आधार पर उन्हें कहीं से भी मताधिकार प्राप्त करने के लिए अयोग्य नहीं ठहराया जा सकता है। उस वर्ष संविधान के पन्द्रहवें संशोधन ने यह व्यवस्था दी कि मतदान के अधिकार को नस्ल, रंग या पुरानी दासता के आधार पर बौना नहीं किया जाएगा।

यद्यपि अभी भी बहुत कुछ पूरा किया जाना बाकी रह गया था, उन्नीसवीं सदी के अन्त तक सभी लोगों में प्रातिनिधिक सरकार के सिद्धान्त की स्थापना पूरी तरह से हो गई। केवल वैसे लोग जिनके हित को इसे लोकप्रिय सत्ता से धमकी मिलती थी, अपनी पुरानी सत्ता को बनाए रखने के लिए एक चंडावल युद्ध शुरू कर दिए। जार का रूस एक महाशक्ति था जो तानाशाही के नियमों से सख्ती से जुड़ा हुआ था। फलस्वरूप, 1917 का शक्तिशाली प्रस्फोट हुआ जिसने न केवल जार के शासन का बल्कि पुरानी व्यवस्था से सम्बन्धित प्रत्येक चीज का अन्त कर

दिया, लेकिन तानाशाही की इस लम्बी अवस्थिति ने लोगों को आत्मशासन की प्रणाली में धीरे-धीरे श्रेणीबद्ध होने के अवसर से वंचित भी कर दिया। इस शासन ने अपने उत्तराधिकारियों को वैसे अनेक तानाशाही गुण और लक्षण दे दिए जो नए आन्दोलनकारी दबाव के अन्तर्गत दुनिया तानाशाही के जिन भयानकतम रूपों को जानती है, की पराकाष्ठा पर पहुँच गया।

परन्तु 19वीं सदी के सभी चुनाव सुधार आबादी के आधे हिस्से अर्थात् महिलाओं को अनछुआ ही छोड़ दिया। इससे कुछ सीमा तक औरतों के प्रति वह सामान्य भाव प्रकट हुआ जिसके कारण औरतें दुनिया के अधिकांश भागों में उपेक्षित या उत्पीड़ित थीं। यूरोप में उच्च वर्ग की औरतों को घर-गृहस्थी में कोई अधिकार प्राप्त नहीं था। औरतों की सारी सम्पत्ति शादी होते ही उनके मर्दों की हो जाती थी। तलाक के बाद जब वे अपने पति को छोड़ती थीं तो बिलकुल निर्धन हो जाती थीं। उन्हें अपने बच्चों को रखने का अधिकार नहीं था। अपने पति की सहमति के बगैर वे अपने बच्चों से मिल भी नहीं सकती थीं। कामकाजी महिलाओं की हालत, खासकर औद्योगिक प्रतिष्ठानों में काम करनेवाली महिलाओं की, अत्यन्त असह्य और अमानवीय थी। उन्हें अत्यल्प मजदूरी पर अस्वास्थ्यकर दशा में अट्ठारह-बीस घंटे तक काम करना पड़ता था। अपनी थोड़ी-सी आय का पूरक बनाने हेतु उन्हें अपने चार-पाँच साल के बच्चों को भी जबरन उसी दशा में सबेरे से ही काम करने के लिए भेजना पड़ता था। बच्चे जब सोये हुए होते थे तभी उन्हें जगाकर काम पर भेजती थीं जहाँ से वे देर शाम में घर लौटते थे। फिर, तुरन्त जो कुछ भोजन के रूप में मिलता, उसे खाकर वे सो जाते थे।

इंग्लैंड में औद्योगिक क्रान्ति के साथ-साथ औरतों की वेतन-दासता का कोड़ा भी अन्य जगहों से पहले पड़ा था। निर्धन व्यक्तियों के घर में औरतों को ही सबसे ज्यादा कष्ट झेलना पड़ता था। इसमें कोई आश्चर्य नहीं है कि औरतें मजदूर वर्ग के अधिकारों के लिए हुए आन्दोलन का अहम हिस्सा बन गई थीं। यद्यपि यूरोप में 19वीं सदी मुख्य रूप से पुरुषों की दुनिया थी और पुरुष मजदूर भी औरतों से समान महत्त्व जोड़ने के लिए तैयार नहीं थे, लेकिन औरतों ने सामान्य मुद्दे की लड़ाई में सहयोग देकर पुरुष मजदूरों का सम्मान प्राप्त कर लिया। चार्टिस्ट आन्दोलन के दौरान औरतों ने महत्त्वपूर्ण भूमिका निभाई। वे सभाओं को सम्बोधित करती थीं तथा निर्णय लेने में भी अपनी भागीदारी निभाती थीं जबकि उच्च समितियों में उनका प्रतिनिधित्व नहीं था। महिला प्रतिनिधिमंडल चार्टिस्ट सभा की वार्षिक बैठक में भाग लिया करता था। चार्टिस्ट माँग के समर्थन में केवल महिलाओं की बड़ी-बड़ी सभाएँ होती थीं। वस्तुतः चार्टिस्ट माँग के आरम्भिक प्रारूप में औरतों के मताधिकार को शामिल किया गया था, लेकिन अन्तिम प्रारूप में औरतों के मताधिकार को शामिल नहीं किया गया क्योंकि इससे लोगों में आन्दोलन विरुद्ध विचार उत्पन्न हो जाने का भय था।

पहले-पहल 1832 ई. में मि. हंट नामक सांसद ने मैरी स्मिथ नाम की एक सम्मानित महिला का वह आवेदन सदन में प्रस्तुत किया था जिसमें आर्थिक योग्यता रखनेवाली अविवाहित महिलाओं को सांसदों के चुनाव में मतदान करने के अधिकार की माँग की गई थी, लेकिन संसद सदस्यों के बीच यह उपहास का विषय बन गया और इसमें वह सदस्य भी शामिल हो गया जिसने इसे प्रस्तुत किया था। सचमुच औरतों के प्रति पूर्वग्रह इतना अधिक था कि 1840 ई. में जब इंग्लैंड में एक विश्व स्तरीय गुलामी-विरोधी महासम्मेलन हुआ तो अमेरिकी प्रतिनिधिमंडल के सात में से चार सदस्यों को उनके महिला होने के कारण उक्त महासम्मेलन में शामिल होने नहीं दिया गया जबकि वे सबसे पहले पहुँची थीं, लेकिन इस घटना ने काले लोगों के प्रश्न को पृष्ठभूमि में धकेल दिया और औरतों के प्रश्न को लोकविमर्श के केन्द्र में ला दिया। उक्त महासम्मेलन से अमेरिका वापस लौटने पर उन महिलाओं ने महिलाओं की अधिकार सभा का गठन किया।

महिलाओं के अधिकार का प्रश्न धीरे-धीरे अपनी तरफ लोगों का ध्यान खींचने लगा था। कल-कारखानों में काम करनेवाली महिलाओं की दशा की खबरें लोगों के विवेक को जगा चुकी थीं। उनके काम करने की अवधि को सीमित करने तथा उनकी दशा में सुधार लाने के कानून बनने लगे थे। 1848 ई. में सांसद जोसेफ ह्यूम ने निम्न सदन (हाउस ऑफ कॉमन्स) में एक प्रस्ताव रखा कि औरतों समेत सभी गृहस्वामियों को मताधिकार दे दिया जाए। इसका समर्थन एक-दूसरे सांसद कॉबडेन ने भी किया, लेकिन इससे कुछ नहीं निकला। अन्ततः औरतों को अधिकार उनके आधी सदी से ज्यादा लम्बे संघर्ष से ही मिलनेवाला था। 1855 ई. में उनका अपना संगठन 'नारीवादी समिति' अस्तित्व में आया। इसके बाद उनका मताधिकार प्राप्त करने का आन्दोलन जोर पकड़ने लगा, लेकिन उनके अधिकार का सबसे तेज और प्रभावी आन्दोलन बीसवीं सदी की शुरुआत में (1907-10 ई.) हुआ। वस्तुतः यह आन्दोलन आरम्भिक सविनय अवज्ञा आन्दोलनों में से एक था। इस आन्दोलन के दौरान महिलाओं ने सोच-समझकर सत्ता को ललकारा और अपनी गिरफ्तारियाँ दीं तथा जेल में रहने पर भूख हड़ताल की। पुलिस इन आन्दोलनकारी महिलाओं को यद्यपि बुरी तरह पीटती थी, लेकिन गिरफ्तार करना नहीं चाहती थी। इस पर महिलाएँ पुलिस को उत्प्रेरित करती थीं कि वह इन्हें गिरफ्तार करे। इसके लिए महिलाएँ पत्थरबाजी कर खिड़की के शीशे तोड़ने जैसा हिंसक कार्य करती थीं। हालाँकि इस आन्दोलन को तत्काल कोई सफलता नहीं मिली, लेकिन इसका व्यापक प्रभाव पड़ा। युद्ध के वर्षों में यह बात साबित हो गई कि महिलाएँ समाज सेवा के मामले में पुरुषों से तनिक भी कम नहीं हैं। इसलिए युद्ध की लगभग समाप्ति के समय 1918 ई. में जनप्रतिनिधित्व कानून में संशोधन कर महिलाओं को मताधिकार प्रदान किया गया। अमेरिका में भी 1920 ई. में महिलाओं को

मताधिकार दे दिया गया, लेकिन तब भी वैसी योग्यताएँ कायम थीं जो औरतों को पुरुषों की तरह अधिकार का इस्तेमाल करने की इजाजत नहीं देती थीं। उदाहरण के तौर पर, केवल वही महिलाएँ मतदाता बन सकती थीं जो 30 वर्ष की हो चुकी हों तथा जिनके पास कुछ आर्थिक योग्यता हो। मताधिकार सम्बन्धी इस विषमता को 1928 ई. में दूर किया गया।

भारत में लोकतांत्रिक अधिकार एवं वयस्क मताधिकार, ये दोनों अंगेजों के विरुद्ध संघर्ष के दरमियान प्राप्त किए गए। 1858 ई. में ईस्ट इंडिया कम्पनी के शासन का अन्त कर भारत को ब्रिटिश सम्राट् के अधीन लाया गया। इंग्लैंड में स्वयं जिस वक्त आबादी के बृहत्तर भाग को अपनाने की एक लोकतांत्रिक प्रणाली धीरे-धीरे विकसित हो रही थी, भारत में यह प्रणाली साम्राज्यिक तानाशाही के कवच के रूप में आई। आरम्भिक 'किंग्स इन काउंसिल' (सम्राट् परिषद्) की तर्ज पर इस देश का शासन 'वायसराय इन काउंसिल' (वायसरॉय परिषद्) के हाथ में था। इस परिषद् के सदस्यों का चयन ब्रिटिश संसद के निर्णयानुसार एक प्रणाली द्वारा किया जाता था। सरकार के कामकाज में कोई हस्तक्षेप नहीं था।

वर्ष 1885 में भारतीय कांग्रेस की स्थापना के साथ शाही परिषद् में दबाव के कारण स्थानीय लोगों की आवाज कुछ बढ़ गई, किन्तु प्रातिनिधिक सरकार बनाने की भारतीय लोगों की योग्यता के बारे में ब्रिटिश शासकों की भावना अच्छी नहीं थी बल्कि अत्यन्त घृणाभरी थी। परिषदों में भारतीय प्रतिनिधित्व की प्रणाली पर लांसडाउन के निम्नलिखित वक्तव्य ब्रितानी भावना के प्रकटीकरण हैं, जो उनके उद्देश्यों का सारांश है :

> इसके अलावा हमारे समक्ष यह समस्या आन पड़ी है कि भारत के अनेक भागों में चुनाव की कोई भी प्रणाली स्थानीय लोगों की आदत और भावनाओं के मद्देनजर बिलकुल परायी चीज है, इसीलिए हम लोगों ने एक ऐसी प्रणाली अपनाई थी जिसके अन्तर्गत सम्भवत: वास्तविक प्रतिनिधि लोग नहीं आ सके...

1. हमसे यह अपेक्षा नहीं है कि हम भारत में प्रतिनिधित्व की एक पूर्ण या सन्तुलित प्रणाली कायम करने का प्रयास करेंगे।
2. हमसे यह अपेक्षा नहीं है कि विधान परिषद् में भारतीयों के विभिन्न वर्गों का आज जो प्रतिनिधित्व है, उससे अधिक प्रतिनिधि देने का सच्चा प्रयास करेंगे।
3. इस उद्देश्य के लिए जब भी इस बात का साफ आसार नजर आए कि चुनावी साधन सन्तोषप्रद परिणाम देनेवाला है, हम चुनावी साधन का उपयोग करने के लिए स्वतंत्र हैं।

4. यद्यपि इस सीमा तक हम चुनावी सिद्धान्त को अपना सकते हैं, लेकिन यह बात साफ-साफ समझ लेनी चाहिए कि सभी अतिरिक्त सदस्यों का अन्तिम चयन सरकार द्वारा किया जाएगा, न कि निर्वाचकों द्वारा। निर्वाचक का काम केवल अनुशंसा का होगा, लेकिन अनुशंसा के मामले में उनका बड़ा वजन होगा और अत्यन्त जरूरी नहीं हो तो साधारणतया उनकी अनुशंसा का सम्मान किया जाएगा।[14]

किन्तु राष्ट्रवादी विचार का दबाव जैसे-जैसे बढ़ता गया—यह स्वयं आबादी के केवल एक बहुत छोटे हिस्से का प्रतिनिधित्व करता था एवं 1905 ई. से तो हिंसक रूप धारण करने लगा था—1909 ई. में एक सुधार कानून लाया गया जिसके द्वारा स्थानीय प्रशासन में देशी लोगों की आवाज को जगह तो दी गई, लेकिन हिन्दुओं और मुसलमानों के लिए अलग निर्वाचक मंडल बनाकर राष्ट्रीय फूट का बीज भी डाल दिया गया।

राष्ट्रवादी आन्दोलन का आधार जैसे-जैसे बढ़ता गया, मांटेग्यू-चेम्सफोर्ड सुधार अधिनियम-1919 के तहत नई रियायतें दी गईं। इसने प्रान्तीय सरकारों को कुछ मामले में जवाबदेहियाँ प्रदान कीं, लेकिन कानून और व्यवस्था जैसे विषय अर्थात् प्रभावी राजनीतिक नियंत्रण पूरी तरह प्रान्तीय गवर्नरों के पास रह गया। यद्यपि उसी वर्ष अपने अमृतसर सत्र के दौरान कांग्रेस ने इसे स्वीकार कर लिया, लेकिन कांग्रेस का चेहरा स्वयं बड़ी तेजी से बदल रहा था और वह इन सुधारों को असन्तोषप्रद मानने लगी थी। इसके एक दशक भीतर ही मोहनदास गांधी के नेतृत्व में राष्ट्र ने वर्ष 1921 और वर्ष 1930-32 के दो बड़े सविनय अवज्ञा आन्दोलनों को देखा। इन आन्दोलनों में पहली बार साधारण लोगों, खासकर किसानों ने भारी संख्या में शिरकत की। कांग्रेस पहले ही पूर्ण स्वराज्य के लक्ष्य को अंगीकार कर चुकी थी। इस नई स्थिति का सामना करते हुए गवर्नमेंट ऑफ इंडिया एक्ट 1935 के अन्तर्गत प्रातिनिधिक सरकार की नई योजना लायी गई। इस कानून के तहत प्रान्तों में निर्वाचित प्रतिनिधियों को ठोस अधिकार दिए गए, लेकिन आपात स्थिति में गवर्नर को निषेधाधिकार दे दिया गया। केन्द्र के लिए यह प्रस्ताव न केवल अवरोधक था, बल्कि भारतीय राजाओं को इतना अधिक प्रतिनिधित्व दे दिया कि इसका प्रातिनिधिक चरित्र केवल नाममात्र का रह गया। साथ ही, मंत्रियों को केवल आन्तरिक मामले में ही अधिकार था। यह स्वाभाविक रूप से राष्ट्रवादियों को स्वीकार नहीं था, लेकिन 1937 ई. में कांग्रेस और मुस्लिम लीग ने प्रान्तीय चुनाव लड़ने व सरकार बनाने का निर्णय लिया, लेकिन जब ऐसा लग रहा था कि प्रशासन प्रतिनिधिक होता जा रहा है, तभी मताधिकार को निश्चित शैक्षिक और सम्पत्ति-योग्यताओं के साथ केवल तेरह प्रतिशत आबादी तक सीमित कर दिया गया। 1937 ई. के प्रान्तीय चुनाव हेत निर्वाचकों की कुल संख्या 5 करोड़ 70 लाख थी।

द्वितीय विश्वयुद्ध की शुरुआत और भारतीय लोगों के विचार को जानने का प्रयास किए बिना वायसरॉय लिनलिथगो की यह घोषणा कि भारत जर्मनी के साथ युद्धरत है, के साथ ही सीमित प्रातिनिधिक सरकार के प्रयोग का अन्त हो गया। 1942 ई. में महात्मा गांधी के आह्वान पर एक दूसरा संघर्ष 'भारत छोड़ो आन्दोलन' शुरू हुआ, लेकिन द्वितीय विश्वयुद्ध की समाप्ति के बाद ही वार्ता फिर से शुरू हुई जो अन्तत: भारत और पाकिस्तान के रूप में भारत विभाजन और दोनों देशों की पूर्ण स्वतंत्रता में फलीभूत हुई।

स्वतंत्रता के बाद एक संविधान सभा गठित हुई जिसके सदस्य, हालाँकि उसी सीमित मताधिकार के आधार पर निर्वाचित हुए थे। इस संविधान सभा ने ब्रिटिश और अमेरिकी संविधानों का अधिकाधिक अनुकरण कर राष्ट्र को सरकार की एक द्विसदनी संसदीय ढाँचा दिया, जिसमें राष्ट्रपति को राष्ट्राध्यक्ष तथा संसद के निम्न सदन अर्थात् लोकसभा द्वारा चयनित प्रधानमंत्री को सरकार का प्रधान बनाया गया। वयस्क मताधिकार के सिद्धान्त को सभी पुरुषों और औरतों के साथ, जिन्हें समान मताधिकार प्राप्त था, स्वीकार किया गया। एक स्वतंत्र न्यायपालिका का भी प्रावधान किया गया। कहना न होगा, एक ही प्रयास में कई सदियों के ब्रितानी और अमेरिकी विकासों को परिवृत्त कर लेने की यह एक बहुत बड़ी छलाँग थी, लेकिन यह छलाँग भी अपनी समस्याएँ छोड़ गई। इस प्रणाली की प्रवृत्ति एक जैविक विकास की मानिन्द लोगों की जागरूकता के साथ विकसित न होकर कर्मकांडीय बन गई, किन्तु प्रजातंत्र के अपने अन्त:प्रज्ञात्मक बोध से लोग इसके बुनियादी मूल्यों से ज्यादा जुड़ते जा रहे हैं तथा उन अवरोधों के प्रति गुस्से का इजहार कर रहे हैं जिन्हें उनकी आजादी के रास्ते में लाने का प्रयास किया जाता है। भारत में भी इंग्लैंड की तरह जनता के एक बड़े हिस्से द्वारा इस प्रणाली के अन्तर्गत अपने अधिकार का अनुभव किया जा रहा है। हालाँकि इंग्लैंड में जिस तरह इस प्रणाली को लोगों ने एक-एक ईंट लगाकर खड़ा किया था, उस तरह भारत में नहीं हुआ। भारत में यह प्रणाली एक सांविधानिक कार्य से ही खड़ी कर दी गई, लेकिन अब लोग इस प्रणाली को रक्त और मांस प्रदान करने के लिए परत-दर-परत इससे जुड़ने लगे हैं।

7

हम यह देख चुके हैं कि प्रथम विश्वयुद्ध के अन्त तक लोकतंत्र और प्रतिनिधिक सरकार के सिद्धान्त को यूरोप में व्यापक स्वीकृति मिल चुकी थी, यद्यपि कुछ सरकारें और निहित स्वार्थवाले लोग अभी भी मौजूद थे जो अपनी पुरानी संस्थाओं के थन बने हुए थे। प्रथम विश्वयुद्ध की समाप्ति के बाद यूरोप के अनेक भागों में विद्रोह हुए। रूस में जार ने फरवरी, 1917 में सत्ता छोड़ी और उसी वर्ष अक्टूबर महीने में बोल्शेविकों ने युद्ध जारी रखने के विरोधी कामगारों, किसानों और सिपाहियों के विद्रोह के फलस्वरूप सत्ता पर कब्जा जमा लिया। जर्मनी में वर्ष 1918-19 में कामगारों का विद्रोह हुआ था, जो सत्ता पर कब्जा जमाने में तो विफल रहा, लेकिन उसने ऐसी स्थिति जरूर पैदा कर दी कि वेमर गणराज्य अस्तित्व में आ गया जो पूर्ण राजनीतिक स्वतंत्रता और प्रातिनिधिक सरकार की गारंटी देता था। इस तरह पूरे यूरोप में कामगार वर्ग तूफान खड़ा किए हुए था। इटली में 1920 ई. की हड़ताल के दौरान कुछ इलाकों के कारखानों पर कामगारों ने कब्जा जमा लिया था। हालाँकि आर्थिक प्रतिबन्धों के कारण कामगार शान्त हो गए। हंगरी में भी कामगारों का आन्दोलन हुआ था जो दबा दिया गया।

कामगार वर्ग की जागृति एवं यूरोप में कामगारों की भारी संख्या को देखते हुए इस चीज की प्रबल सम्भावना बन गई थी कि प्रजातंत्र अब समाजवादी प्रजातंत्र हो जाएगा। रूस में कामगार वर्ग का आन्दोलन सफल रहा और इसने अन्य देशों में काम करनेवाले मजदूरों को प्रेरणा दी। इससे शासक वर्गों के हृदय में भय बैठ गया। यूरोपीय मध्यवर्ग, जिसने लोकतंत्र की लड़ाई की अगुआई की थी तथा जो स्वयं अभी विकास कर रहा था, ने अपना इरादा बदल लिया और इसके जानी दुश्मन बन गए। जर्मन सोशल डेमोक्रेटिक नेता कार्ल कौत्स्की ने इस रुझान को समझ लिया था। उसने टिप्पणी की, कामगार वर्ग का अधिकार जैसे ही संसदीय संस्थाओं पर होगा, शासक वर्गों का उन संस्थाओं पर से विश्वास खत्म होना शुरू हो जाएगा। ऐसी अनुभूति थी कि समाज में यदि विशेषाधिकारों के आधार पर तीक्ष्ण विभाजन हो तो आजादी वहाँ ठीक से कायम नहीं रहती है।

जॉन स्टुअर्ट मिल का नाम 19वीं सदी की आजादी के महान योद्धाओं में शुमार होता है। उन्होंने भी स्वतंत्रता और समानता के नजदीकी सम्बन्ध को महसूस किया था। यद्यपि आरम्भ में वह इस सोच के थे कि मध्यवर्गीय सम्बन्ध के ढाँचे में भी स्वतंत्रता सम्भव हो सकती है, लेकिन कालान्तर में उनका यह सोच बदल गया और वह मानने लगे कि भारी असमानताओं एवं आबादी के एक अच्छे-खासे हिस्से की महरूमियत के साथ स्वतंत्रता सुसंगत नहीं हो सकती है। इसलिए, उसने समाजवाद के एक उदार ढाँचे को स्वीकार किया। उन्होंने अपनी सामान्य सम्पूर्णता के साथ स्वयं को इतिहास के प्रेक्षित तथ्यों पर आधारित करते हुए सम्पत्ति की अलंघ्यता के विचार का खंडन किया। वह लिखते हैं :

> कानून या रिवाज के सुधार हेतु यदि कोई प्रस्ताव आता है तो जरूरी नहीं कि उसका विरोध हो क्योंकि इसे अंगीकार करने का मतलब होगा मानवीय कार्यों का विकास और सुधार, न कि सम्पत्ति के मौजूदा विचारों के प्रति मानवीय कार्यों का अनुकूलन। सम्पत्ति के स्वामी राज्य से क्षतिपूर्ति का न्यायोचित दावा करते हैं और स्वामित्व सम्बन्धी ऐसे कानूनी अधिकारों के पक्ष में उक्त दावे के प्रति बगैर किसी पूर्वग्रह के यह कहा जाता है, क्योंकि जनता के लाभ के लिए वे बेदखल हो जा सकते हैं। इस न्यायोचित दावे के आधार और सीमाएँ स्वयं एक विषय हैं जिसके बारे में इसके बाद चर्चा की जाएगी। हालाँकि ऐसी स्थिति में समाज को यह हक है कि वह ठीक से विचार करने के बाद लोकहित के लिए सम्पत्ति के विशेषाधिकार को बदल या रद्द कर सकता है। हमने पूर्व के अध्याय में देख लिया है कि समाजवादी समाज की वर्तमान आर्थिक व्यवस्था के विरुद्ध एक भयानक कांड खड़ा करने में सक्षम है। वह कांड सुनिश्चित रूप से उन सभी तरीकों के एक पूर्ण विचार की माँग करता है जिनसे संस्थाओं के निर्मित होने का अवसर मिलता है और वे समाज के उस बृहत् भाग के फायदे के लिए जोरदार ढंग से काम करती हैं जिसे वर्तमान में इसके प्रत्यक्ष लाभ का न्यूनतम अंश ही प्राप्त हो रहा है।[1]

अब यूरोपीय समाज के एक हिस्से में स्वतंत्रता और सम्पत्ति के बीच विरोधाभास दिखाई देने लगा था। इसलिए शासक वर्गों ने लोकतांत्रिक संस्थाओं पर हमला करना शुरू कर दिया। उनके इस प्रयास को इस तथ्य से भी बल मिला कि युद्ध ने यूरोपीय समाज को एक बूचड़खाने में तब्दील कर दिया था।

युद्ध से अर्थव्यवस्था बिलकुल चरमरा गई थी। सभी उत्पादक गतिविधियाँ ठप पड़ गई थीं। सभी जगह चीजों की कमी थी। मुद्रास्फीति सर्पिल गति से बढ़ने लगी थी। सबसे बड़ी बात थी, जर्मनी पर युद्ध की क्षतिपूर्ति चुकता करने का भार,

जिसकी अदायगी उसके वश से बाहर थी। यद्यपि राष्ट्रपति विल्सन का राष्ट्रों के लिए आत्मनिर्णय के अधिकार का आदर्श आनन-फानन स्वीकार किया गया, पुरानी साम्राज्यवादी आकांक्षा का वस्तुत: कभी त्याग नहीं किया गया। इटली सरीखे राष्ट्र इस असन्तोष से उफन रहे थे कि युद्ध से उन्हें कोई उपनिवेश या क्षेत्रीय भू-भाग जो मिलना चाहिए था, नहीं मिला। समानता और जंगी खंदकों के कामरेडपन से लौटे सिपाहियों ने सहसा स्वयं को समाज के निचले स्तर पर सम्पत्ति के एक कुलीनतंत्र के अधीन देखा। रूस को छोड़कर शेष सभी जगहों पर वे कामगारों के भाईचारे पर आधारित एक सुनहरी दुनिया रचने के अपने स्वप्न को साकार कर पाने में विफल रहे। कामगार वर्ग, खासकर जर्मनी और इटली का, आन्दोलनकारी प्रयासों में अपनी विफलता के लिए काफी शर्मिन्दा था। मध्यवर्ग जो सामाजिक और आर्थिक रूप से बड़ी तेजी से डूब रहा था, कामगार वर्ग का उत्थान उसे धमकी-सा लगने लगा था। अतएव, यह वर्ग कामगार वर्ग का दुश्मन बन गया। इस वर्ग ने सशस्त्र बलों के होकर साम्राज्य और दूरस्थ शासन के गौरव से अपनी पहचान जोड़ ली। इसकी इच्छा नहीं थी कि कामगार वर्ग के साथ उसका कोई साझा हित खड़ा हो। यह चाहता था कि कामगार वर्ग अपने उचित स्थान पर ही बना रहे। इस वर्ग को अन्तरराष्ट्रीयवाद से कोई लेना-देना नहीं था। मध्यवर्ग के राष्ट्रीय गौरव की खोज पूरी तरह पूँजीवादियों की उपनिवेश-खोज से अन्तग्रथित थी। साथ ही, संसदीय संस्थाओं के विकास एवं सार्वभौमिक मताधिकार के बावजूद पुरानी नौकरशाही, सशस्त्र बलों के पुराने विशिष्ट अधिकारी वर्ग, पुराने विद्यालय के हठधर्मी राजनेता, सभी ने अपना पुराना ओहदा पुन: धारण कर लिया। वे स्पष्ट रूप से इस नए राजनीतिक विचार के दुश्मन थे। उन्होंने चुपके-से इस विचार को खत्म करने का काम किया। इन सभी कारकों से फासीवादी आन्दोलन उत्पन्न करने में सहयोग मिला जिसने खुलेआम लोकतांत्रिक संस्थाओं को ध्वस्त कर देने का प्रण लिया। पुराना विशेषाधिकार प्राप्त वर्ग तत्क्षण अपनी उत्तरजीविता के अन्तिम अवसर के रूप में इससे चिपक गया।

एक दूसरा कारक जिसने फासीवाद की मदद की, वह था अक्टूबर क्रान्ति के बाद का स्वयं रूस का विकास। उक्त क्रान्ति के बाद जबर्दस्त गृहयुद्ध शुरू हुआ जिसमें पिछले शासनकाल के सहयोगियों ने हस्तक्षेप किया। इस तरह, कामगार वर्ग के इस आन्दोलन को दिवालिया अर्थव्यवस्था,लम्बे संघर्ष से थक चुके कामगार वर्ग और नृशंस गृहयुद्ध जिसमें श्वेत आतंक की जगह लाल आतंक ने ले लिया था जिसके कारण लोगों में व्याप्त कटुता, ये तीन चीजें हाथ लगीं। वह जनसमुदाय जो मनुष्यों के एक बड़े भाईचारे का निर्माण करने चला था, उसको लगता था कि वह खुद दुश्मन के जासूसों द्वारा घेर लिया गया है तथा उसके चारों तरफ वर्ग दुश्मन मुस्तैद हैं। इस तरह, उस बृहत् भ्रातृत्व निर्माण का स्वप्न खत्म हो गया। इन परिस्थितियों में प्रजातंत्र के उत्तरजीवी होने का थोड़ा अवसर था क्योंकि

प्रजातंत्र के लिए सहिष्णुता का वातावरण जरूरी है। जनता के भयमनोविज्ञान पर काम करते हुए बोल्शेविक पार्टी का एक गुट उन सबको खत्म करने में सफल हो गया, जिनसे उसके अस्तित्व को धमकी मिलती थी या जो उसकी बुद्धिमत्ता पर सवाल उठाते थे। जल्द ही एक सर्वशक्तिशाली गुप्त सेवा अस्तित्व में आनेवाली थी। यह नवसृजित सोवियत राज्य के नागरिकों के जीवन पर छा गई। सोवियत संघ के शासकों ने इन बदलावों को उत्तरजीविता की आवश्यकता से जनता पर लादे गए अस्थायी कार्यसाधकों के रूप में नहीं लिया बल्कि संक्रमणकालीन समाजवादी राज्य के आदर्श के रूप में लिया। उन्होंने सर्वहारा की तानाशाही के रूप में प्रणाली का पवित्रीकरण किया, यद्यपि सर्वहारा को राज्य के शासकों के विरोध में अँगुली उठाने का भी अधिकार नहीं था।

सोवियत राज्य की तानाशाही शीघ्र ही फासीवादी राज्यों के लिए मॉडल बन गई। वस्तुत: फासीवादी राज्यों का उदय बाद में हुआ। मुसोलिनी फासीवाद का बहुत बड़ा पुरोधा था। वह सोवियत प्रणाली के गठन को इस बात के सबूत के तौर पर पेश करता था कि उदार लोकतंत्र के अब गिने चुने-दिन रह गए हैं, उदार लोकतंत्र अब विदा होनेवाला है। साम्यवादी भी लोकतंत्र की भर्त्सना करते हुए कभी थकते नहीं थे। वे सोशल डेमोक्रेट्स पर फासीवादियों से कहीं तेज हमला करते थे और आरोप मढ़ते थे कि सोशल डेमोक्रेट्स जनता में लोकतांत्रिक भ्रम पैदा करते हैं। फासीवादियों और साम्यवादियों के दोहरे आक्रमण से लोकतांत्रिक शक्तियाँ हर जगह पीछे लौटने लगीं।

फासीवाद का प्रथम बड़ा प्रघात इटली में हुआ। फासीवादियों ने पहले हड़ताल तोड़क गुंडों का गिरोह खड़ा किया। इसके बाद हर प्रकार के असन्तुष्ट तत्त्वों एवं निम्नवर्गीय लोगों का एक अर्द्धसैनिक बल तैयार किया। फिर, युद्धोत्तर अव्यवस्था एवं गनोबल ह्रास की स्थिति का फायदा उठाते हुए 1922 ई. में वे राजा को डराने लगे और राजा पर दबाव बनाया गया कि वह मुसोलिनी को सरकार गठित करने का अवसर दे। नवम्बर, 1922 ई. में मुसोलिनी को राजा और संसद से तानाशाही शक्तियाँ मिल गईं कि वह व्यवस्था को फिर से बहाल करें एवं सुधार कार्यक्रम चलाएँ। शीघ्र ही, सत्ता सँभालने के बाद मुसोलिनी ने फासीवादी समर्थकों को प्रशासक एवं उपप्रशासक के रूप में नियुक्त किया और उनके सहयोग से धीरे-धीरे राज्य के तंत्रों पर अपना नियंत्रण जमाया। हालाँकि संसद में मुसोलिनी के दल का नाममात्र का प्रतिनिधित्व था। इसके साथ ही यूरोप में फासीवाद के अन्धयुग की शुरुआत हो गई। फासीवादी गुंडों और पुलिस ने तुरन्त वाम और लोकतांत्रिक संगठनों पर हमला बोल दिया। फासीवाद विरोधी लोगों की हत्याएँ हुईं, उनके साथ मारपीट की गई तथा उनके गले में कैस्टर ऑयल डाला गया। इस तरह, लोकतांत्रिक संस्थाओं को उखाड़ फेंकने का उनका प्रयास अनवरत जारी रहा। लोगों में महँगाई और बेरोजगारी

के कारण व्यापक बेचैनी थी और इसके लिए सोशल डेमोक्रेट्स को ही जिम्मेवार ठहराया जा रहा था क्योंकि युद्धकाल से ही सोशल डेमोक्रेट्स प्राय: सरकार के साथ रहे थे। साम्यवादियों का सोशल डेमोक्रेट्स की साख समाप्त कर देने का प्रयास स्थायी रूप से चलता रहा। इसके लिए वे नाजियों से भी मिल गए। 1933 ई. तक सोशल डेमोक्रेट्स और साम्यवादियों का संयुक्त मोर्चा फासीवादियों को परास्त कर देता था, लेकिन बाद में वे एक-दूसरे के विरोधी बन गए। इसलिए अल्पमत की शक्ति से ही हिटलर सत्ता में आ गया। सत्ता में एक बार आ जाने के बाद उसने यह देख लिया कि विपक्षी सन्त्रस्त और दमित हैं। उसने एक सर्वसत्तात्मक प्रणाली की स्थापना की जो इटली की सत्ता से भी ज्यादा क्रूर और स्थायी थी। मुसोलिनी और हिटलर, दोनों ने युद्ध और सैन्यवाद को गौरवान्वित किया। मुसोलिनी ने 1934 ई. में अपना दुस्साहस अबिसिनिया में दिखाया, हिटलर का 'निवास स्थान' का सपना अन्तत: पूरे यूरोप एवं एशिया व अफ्रीका के बृहत् भागों को इतिहास के सबसे बड़े रक्तरंजित युद्ध में समेट लिया।

परन्तु यूरोप के दूसरे भागों के शासक वर्ग भी फासीवादी शक्तियों को सहारा देने का प्रयास कर रहे थे ताकि लोकतांत्रिक संस्थाओं के माध्यम से कामगार वर्ग सत्ता में नहीं आ पाए। 1930 ई. तक यूरोप के लगभग सभी राज्यों में फासीवादी दल बन गए थे। जर्मनी में साम्यवादियों की काफी मजबूत स्थिति थी, लेकिन नाजियों ने जब उनके दल पर जोरदार प्रहार किया तो साम्यवादियों को देर से इस बात का भान हुआ कि फासीवाद लोकतांत्रिक संस्थाओं के अस्तित्व के साथ उनके अस्तित्व के लिए भी खतरनाक है। इसलिए साम्यवादियों ने दहशत में 1935 ई. से फासीवाद को परास्त करने के लिए एकीकृत मोर्चे की नीति अपनाई जिसके तहत सभी तरह के लोगों से हाथ मिलाया गया। इस मोर्चे में उन्हें भी शामिल किया गया जो कामगार वर्ग के विरोधी थे। फ्रांस और स्पेन में यह एकीकृत मोर्चा एक शक्तिशाली चुनावी शक्ति बन गया और 1936 ई. के चुनाव में इन दोनों जगहों पर इसे भारी बहुमत हासिल हुआ। फलस्वरूप, वहाँ मोर्चे की सरकार बनी, लेकिन साम्यवादी इतनी दहशत में थे कि दक्षिणपंथी दलों के साथ मित्रता बनाए रखने के लिए उन्होंने कामगार वर्ग को सख्त नियंत्रण में डाल दिया था। उसे अपने आत्म-बचाव की स्थिति में भी दक्षिणपंथियों से संघर्ष नहीं करने की नसीहत दी गई थी। इसका नतीजा यह हुआ कि दक्षिणपंथी शक्तियों ने एकीकृत मोर्चा सरकार के विरुद्ध अन्दर और बाहर, दोनों तरफ से कार्य करना शुरू कर दिया। स्पेन में जनरल फ्रांको के नेतृत्व में सशस्त्र बलों के एक गुट ने गृहयुद्ध शुरू कर दिया जिसे हिटलर और मुसोलिनी, दोनों का खुला समर्थन मिला, लेकिन शासक वर्ग वाम आधिपत्य वाले एकीकृत मोर्चा सरकार के इतने बड़े दुश्मन थे कि लोकतांत्रिक ब्रिटेन और फ्रांस की लोकप्रिय मोर्चा सरकार द्वारा स्पेन की उचित रूप से निर्वाचित सरकार को हथियार

बेचने से भी इनकार कर दिया गया। फ्रांस की फासीवाद समर्थक शक्तियाँ अन्ततः 1939 ई. में स्पेन के रिपब्लिक को उखाड़ फेंकने में सफल हो गईं।

फ्रांस में दक्षिणपंथियों का दबाव एक समन्वित प्रयास था जिसमें बाहरी दबाव का ध्यान एकीकृत मोर्चा के अन्दर दिया जाता था जहाँ अनेक दक्षिणपंथी तत्त्व विराजमान होते थे। एकीकृत मोर्चे के अन्दर की सत्ता जानबूझकर पैदा की गई संकटों की शृंखला के कारण वामपंथियों के हाथ से निकलकर दक्षिणपंथियों के हाथ में आ गई और अन्ततः वामपंथियों को सरकार से बाहर कर दिया गया और प्रतिफासीवादी विची सरकार का गठन किया गया। लोकतंत्र उक्त मोर्चा की पूरी अवधि भर एकान्तवास में रहा। फ्रांस और इंग्लैंड की सरकारें केवल फासीवादी सत्ता को खुश करने का प्रयास कर रही थीं। रियायत पर खरीद समझौता हुआ, जिसमें उक्त सरकारों ने हिटलर को काफी छूट दीं तथा उसके साथ झंझट से बचने के लिए ऑस्ट्रिया और चेकोस्लोवाकिया को हड़पने को जायज करार दिया। इसके बाद स्तालिन ने हिटलर की तरफ दोस्ती का हाथ बढ़ाया और जर्मनी से विवाद नहीं करने का एक समझौता किया। हालाँकि हिटलर इन सब चीजों का सम्मान नहीं करता था। उसने पहले पोलैंड पर आक्रमण किया और इंग्लैंड को युद्ध में आने के लिए बाध्य किया और वह एक न एक दिन सोवियत संघ पर आक्रमण करनेवाला था क्योंकि उसके दिमाग में यह बात थी कि वह पूरब और पश्चिम, दोनों क्षेत्रों में अपनी सत्ता कायम कर सकता है।

द्वितीय विश्वयुद्ध का परिणाम सुविदित है। चूँकि इस युद्ध में फासीवादी शक्तियाँ एक तरफ एक धुरी से बँधी हुई थीं, इसलिए उनकी हार से कुछ समय के लिए फासीवादी खेमे में भगदड़ मच गई। इस अनुभव से दो चीजें उभरकर सामने आईं। पहली चीज यह कि चूँकि यह युद्ध स्वतंत्रता और लोकतंत्र के मुद्दे पर लड़ा गया था, इसलिए पूरी दुनिया में स्वतंत्रता के लिए एक शक्तिशाली राष्ट्रवादी आन्दोलन खड़ा हो गया। पुरानी साम्राज्यवादी शक्तियों में उतनी शक्ति नहीं रह गई थी कि वे अपने उन साम्राज्यों पर शासन चला सकें जो राष्ट्रवादी जागरण को झेल रहे थे। साथ ही, संरक्षण देने के लोकतांत्रिक अधिकारों को औपचारिक मान्यता देनी थी जिसके लिए मित्रराष्ट्रों ने युद्ध किया था और वे उसका दावा कर रहे थे। दूसरी चीज थी, इन बदलावों द्वारा लगाए गए इन व्यवरोधों के तहत विकसित देशों के पूँजीपतियों ने कम-से-कम स्वतंत्र मजदूर संघ आन्दोलन एवं लोकतांत्रिक संविधानों के साथ रहना सीख लिया। इसका अपरिहार्य फल यह निकला कि इससे उस कल्याणकारी राज्य के सिद्धान्त को स्वीकृति मिल गई जिसमें कामगार वर्ग को भारी छूट दी जानी थी।

यह परिवर्तन इसलिए हुआ क्योंकि तीस के दशक एवं लोकस्मृति में बैठे युद्ध के अनुभव से सोशल डेमोक्रेटिक दलों को बहुत कुछ हासिल हुआ। अनेक यूरोपीय देशों में उनकी सरकारें कायम हो गईं। कामगारों के कल्याण के लिए उनके द्वारा

बहुत से कानून बनाए गए जिसको केवल फासीवाद के पुनरुत्थान से ही नकारा जा सकता था जिसकी ऐतिहासिक रूप से कोई सम्भावना नहीं थी। युद्ध तुरन्त समाप्त हुआ था और फासीवाद की भयावहता लोगों के दिमाग में अभी कायम थी।

युद्ध से दूसरी शक्तियों का उदय हुआ। धुरी शक्तियों से युद्ध के कारण जीवन और मौत के संघर्ष की जो स्थिति बनी थी, इस स्थिति ने संयुक्त राष्ट्र, ग्रेट ब्रिटेन और सोवियत संघ सरीखी महाशक्तियों को एक घोषणा जारी करने के लिए बाध्य कर दिया। यह घोषणा अन्तरराष्ट्रीय सम्बन्धों के भविष्य के लिए, खासकर मानवाधिकारों के भविष्य के लिए महत्त्वपूर्ण साबित होनेवाली थी। 1942 ई. के धुँधले समय में जब धुरी शक्तियाँ अधिकांश मोर्चों पर इन शक्तियों के साथ घुल-मिल जाने लगीं तो इन महाशक्तियों ने अपने अन्य मित्र राष्ट्रों के साथ मिलकर स्वयं को संयुक्त राष्ट्र की संज्ञा देते हुए सभी व्यक्तियों की स्वतंत्रता के अधिकारों की घोषणा की जो उनके युद्ध का लक्ष्य था। इसे आवश्यक समझा गया कि वैसे पराधीन लोगों के समर्थन को सूचीबद्ध किया जाए जिनकी संख्या काफी थी तथा जिनके क्षेत्र पर भी युद्ध का साया पड़ा था या युद्ध जीतने के लिए जिनका व्यक्ति और वस्तु के साथ वह सहयोग अनिवार्य माना गया जिसका प्रतिफल इतने बड़े महत्त्व का था। यह उत्तरजीविता की निरा इच्छा थी जिसने उन्हें इस ज्ञान के साथ वह घोषणा तैयार करने के लिए बाध्य कर दिया कि लोग जब अपनी आजादी की लड़ाई लड़ रहे होते हैं तो वे अपना सबसे बढ़िया प्रयास दिखाते हैं। उन्होंने अटलांटिक चार्टर के आधार पर सहयोग करने के लिए 01 जनवरी, 1942 ई. को एक घोषणा की, जिसके अनुसार जर्मनी, इटली और जापान से लड़ने के लिए अपने सारे संसाधनों को झोंक देना था।

उक्त घोषणा पर संयुक्त राष्ट्र, ग्रेट ब्रिटेन और सोवियत संघ ने दस्तखत किए। इनके अलावा 23 अन्य युद्धरत देशों ने भी दस्तखत किए। चूँकि युद्ध समाप्ति के करीब था, इसलिए संयुक्त राष्ट्र संघ के चार्टर को पूरा करने के लिए सैन फ्रांसिस्को में अप्रैल और जून, 1945 ई. के बीच 49 राष्ट्रों के प्रतिनिधिमंडल की बैठक सम्पन्न हुई। संयुक्त राष्ट्र उस वक्त किसी साम्राज्य की उलझन में नहीं था, इसलिए इसने युद्धोद्देश्यों को शक्ल देने में महत्त्वपूर्ण भूमिका अदा की। ग्रेट ब्रिटेन और सोवियत संघ का भाग्य शून्य में लटका था। इनके पास यू.एस.ए. के विचारों का समर्थन करने के अलावा दूसरी कोई इच्छा नहीं थी। सेन फ्रांसिस्को में संयुक्त राष्ट्र के मूल चार्टर पर दस्तखत करनेवाले 49 राज्यों में से इथोपिया और लाइबेरिया अश्वेत लोगों का प्रतिनिधित्व करता था। दूसरे रंग का प्रतिनिधित्व करनेवाले अनेक राष्ट्रों के पास महासम्मेलन के लिए सही प्रतिनिधि नहीं थे। वे महाशक्तियों में से एक के मोहरा प्रतिनिधिगण थे, लेकिन प्रतिनिधित्व का एक ढाँचा और आदर्श अस्तित्व में आ गया जिसका क्षेत्र एशिया, अफ्रीका और लातिन अमेरिका सरीखे नए राष्ट्रों के

प्रवेश करने के साथ बढ़ गया। चूँकि एशिया, अफ्रीका और लातिन अमेरिका को राष्ट्रीयता प्राप्त हो चुकी थी, इसलिए इन्होंने एक स्वतंत्र हस्ती के रूप में अपनी उपस्थिति का अहसास कराया। पुराना साम्राज्य हर जगह डगमगाने लगा था और इन पुराने साम्राज्यों के एक बड़े भाग के अन्दर अश्वेत लोगों की संख्या बहुत ज्यादा थी। फलस्वरूप, संयुक्त राष्ट्र में अश्वेत लोगों का प्रतिनिधित्व करनेवाले बहुमत में हो गए। इस तरह, नस्लीय भेदभाव एवं औपनिवेशिक आधिपत्य पर प्रहार किया जाना शुरू हो गया। पश्चिमी लोकतंत्रों के प्रतिनिधि अपने दिमाग में फासीवाद की ताजा स्मृति के साथ नए निकाय के आदर्शों में उस स्वतंत्रता को अंकित कर देने के लिए उत्सुक थे जिसे उन्होंने करीब दो सदियों के अपने प्रयास से जीता था। इस तरह, विभिन्न कारकों के संयोजन के माध्यम से संयुक्त राष्ट्र ने मानवाधिकारों से सम्बन्धित चार्टर को आकार दिया। यह जैसे-जैसे अपने से पूर्णरूप में विकसित हुआ, इसने उक्त चार्टर में उन आदर्शों को सम्मिलित कर लिया जो किसी भी देश के द्वारा अभी तक लागू नहीं किया गया था। फिर भी, यह एक प्रकाश बन गया जो पूरी दुनिया के लोगों को इन आदर्शों का अनुभव करने का प्रयास करने के लिए प्रेरित कर सकता था। मैग्नाकार्टा के मिथक के समान इस चार्टर ने भी पुन: एक काल्पनिक संसार प्रस्तुत किया जिसके माध्यम से पूरी दुनिया में मानवजाति की स्वतंत्रता की भीख माँग रहे अज्ञानियों ने इसका ठोस अनुभव किया।

> यह चार्टर काफी बोधशील है। यह न केवल विचार, अभिव्यक्ति, सांगठनिक गतिविधि इत्यादि की नागरिक स्वतंत्रता की गारंटी देता है, बल्कि उन आर्थिक उपायों को भी परिवेष्टित करता है जो इन स्वतंत्रताओं को वास्तविक रूप देते हैं। इसमें किसी भी तरह की गुलामी एवं क्रूर या अमानवीय व्यवहार के विरुद्ध अनुच्छेद दिए गए हैं। इसमें पूर्ण लैंगिक समानता की बात कही गई है जो केवल स्वतंत्र एवं पारस्परिक सहमति के आधार पर शादी की इजाजत देती है। इसमें प्रत्येक व्यक्ति के स्वतंत्र पसन्द आधारित रोजगार के अधिकार एवं बेरोजगारी के विरुद्ध संरक्षण के अधिकार की बात कही गई है।[2]

वस्तुत: संयुक्त राष्ट्र को सृजित कर महाशक्तियों (अमेरिका, सोवियत संघ, ग्रेट ब्रिटेन) ने अपने अस्तित्व को मिल रही गम्भीर धमकी के मद्देनजर एक बल का गठन किया, जिसके बारे में वे सामान्य परिस्थितियों में कभी सोच नहीं सकते थे। संयुक्त राष्ट्र की महापरिषद में अपना प्रतिनिधि देनेवाली अधिकांश सरकारों के लिए अपनी जनता पर इस चार्टर के प्रभाव को लागू कर प्रायश्चित्त करना अनिवार्य था। उन्हें संयुक्त राष्ट्र में हर दिन अपनी गलतियों और भूलों के लिए परेशान करनेवाले प्रश्नों व भर्त्सनाओं को झेलना पड़ता था। वे इसे वह घर बना चुके थे जिसमें अनुपयोगी लकड़ियाँ रखी जाती हैं। इसे उनका सौभाग्य कहा जाएगा कि

सभी राष्ट्रों के पास छुपाने के लिए अपना अस्थि पंजर है, इसलिए वे आपस में कीचड़ उछालकर चल देते हैं, लेकिन उसमें जो बहस होती है वह काफी दूर तक प्रतिगुंजित होती है क्योंकि उनकी रपटें रेडियो पर सुनाई जाती हैं और समाचार-पत्रों में प्रकाशित होती हैं जो आजादी की नई भूख और आशाएँ जगाती हैं, लेकिन वहाँ राष्ट्रीय संकीर्णता की जो अपीलें की जाती हैं, वे प्राय: अस्थायी तौर पर लोगों का ध्यान आजादी और आर्थिक न्याय के मुद्दे से मोड़ देती हैं। इस सन्दर्भ में संयुक्त राष्ट्र आज सही में एक अ-संयुक्त राष्ट्र बन गया है क्योंकि राष्ट्रों की आपसी दुश्मनी के कारण हर जगह जनता का सामान्य हित नेपथ्य में चला जा रहा है। फिर भी, एक शक्ति वजूद में आ गई है जिसके प्रभाव से ज्यादा देर तक बचा नहीं जा सकता है, लेकिन यह भविष्य की बात है। वर्तमान में तो अधिकांश राज्य इस वैश्विक निकाय के चार्टर की मूल भावना के विरुद्ध चलने का प्रयास कर रहे हैं।

यद्यपि द्वितीय विश्वयुद्ध के बाद विश्व के अधिकांश भागों में लोग धीरे-धीरे आत्मशासन या प्रजातंत्र की तरफ बढ़ रहे थे, यूरोप के पूरबी हिस्से में सर्वसत्तावाद को प्रोत्साहन मिल रहा था। स्तालिन का रूस मित्र राष्ट्रों के गुट का एक प्रमुख साथी था और इसे इंग्लैंड और यू.एस.ए. सरीखे सहयोगियों से युद्ध के बाद पूर्वी यूरोप में हस्तक्षेप करने की खुली छूट मिल गई थी। पूर्वी यूरोप के चेकोस्लोवाकिया जैसे कुछ देश हिटलर के आधिपत्य में आने के पूर्व लोकतांत्रिक प्रणालियों से अवगत थे। अब सोवियत आधिपत्य में आने के बाद लोकतांत्रिक प्रणाली या आत्म-शासन की उनकी सारी आशाएँ खत्म हो गईं। उन पर कमोबेश सोवियत संघ के अनुरूप ही साम्यवादी व्यवस्था लाद दी गई और तब से वहाँ यह व्यवस्था कायम है। ड्यूबचेक के नेतृत्व में थोड़े समय के लिए इस व्यवस्था का विरोध हुआ था और उसने कुछ लोकतांत्रीकरण करने का प्रयास किया था, लेकिन अन्ततः उसे चेकोस्लोवाकिया में सोवियत हस्तक्षेप से दबा दिया गया। सोवियत संघ स्वयं एक सख्त साम्यवादी तानाशाही के अधीन रह गया।

युद्ध में फासीवादी शक्तियों की सम्पूर्ण पराजय के बाद फासीवाद को नष्ट किया जा सकता था, लेकिन ऐसा नहीं हो पाया। फासीवादी शक्तियाँ बनी रहीं। इस तरह फासीवाद का स्थायित्व, जनरल फ्रांको की मरते दम तक की ढीली तानाशाही के स्थायित्व और अतिजीवन तथा विश्वयुद्धोत्तर काल के दौरान सृजित रूसी तानाशाही के स्पष्ट स्थायित्व प्रजातंत्र के भविष्य के बारे में एक गहरे निराशावाद के प्रमाण थे। साथ ही, इस बात का भी हो गया कि जिन राज्यों में एक बार सर्वसत्तात्मक व्यवस्था कायम हो गई थी वहाँ कोई परिवर्तन नहीं हो रहा था। सर्वसत्तात्मक व्यवस्था ऐसी होती है जो न केवल जनता पर राजनीतिक नियंत्रण करने में विश्वास करती है, बल्कि सख्त नियंत्रण प्रणाली से जनता की सोच और योग्यता पर भी नियंत्रण करने में विश्वास करती है, बल्कि नियंत्रण करने में विश्वास करती है।

ऐसा माना गया कि राज्य वैकल्पिक व्यवस्थाओं के बारे में सारी सूचना बन्द कर अपने नागरिकों के हाथों में इच्छित उपकरण दे सकता है। यह महसूस किया गया कि अनुकूलन के जरिये लोगों को किसी प्रकार का जीवन स्वीकार करने लायक बनाया जा सकता है। मुट्ठीभर उन्नत राज्यों का सर्वसत्तात्मक प्रणाली से पूरे विश्व पर आधिपत्य करने की सम्भावना ने ऑरवेल के उपन्यास 'नाइंटीन एटी फोर' का दुःस्वप्न उत्पन्न कर दिया क्योंकि लोगों के सोच पर उनका पूरा नियंत्रण था। यह भय उत्पन्न हो गया कि कुछ बुद्धिजीवी जो राज्य की बुद्धिमत्ता पर सवाल उठाते हैं, उनका दिमाग साफ किया जाएगा एवं कामगार वर्ग को बुनियादी आवश्यकताओं के प्रावधान, थोड़ी सी विलासिता और मीडिया के जरिये ढेर सारी गलत सूचनाएँ देकर उदासीन बना दिया जाएगा। युद्ध के तुरन्त बादवाले समय में प्रभावशाली साम्यवादी प्रचार एवं साम्यवादी देशों की आन्तरिक स्थिति के बारे में सूचना के अभाव के कारण ऐसा प्रतीत हुआ कि साम्यवादी व्यवस्था सचमुच में एकाश्म हो गई है जहाँ जनता से किसी प्रकार के आन्दोलन की उम्मीद नहीं है। इस निराशावाद को गलत मनोविज्ञान के जरिये बनाए रखा गया। इसका विश्वास मनुष्य की आजादी की स्वाभाविक प्रेरणा को नजरअन्दाज करते हुए इस बात में था कि यह मानव समाज मोची की पेटी बन जाएगा जिसके अन्दर मनुष्य को उचित संकेतों के साथ इच्छित तरीके से जवाब देने के लायक बना दिया जा सकता है। इस तरह, हम जानते हैं कि एकाश्म का पूरा विचार ही एक मिथक था।

सोवियत संघ में पहला बड़ा अवसर स्तालिन के निधन एवं ख्रुश्चेव के आरोहण से आया। ख्रुश्चेव दशकों तक स्तालिन का विश्वासपात्र रहा था, लेकिन पदारूढ़ होने के बाद उसने स्तालिन की भर्त्सना की। यह स्वयं में इस बात का प्रमाण था कि सत्ता के विरुद्ध आन्दोलन के भाव को कड़े सन्त्रास के तहत काफी समय तक दबाकर तो रखा जा सकता है, लेकिन इसे सही में कभी कुचला नहीं जा सकता है। अपने निकास के लिए इसे केवल उपयुक्त अवसर की तलाश रहती है। ख्रुश्चेव स्वयं उदारवादी नहीं था, लेकिन सोवियत साम्यवाद के कवच में उसने एक छिद्र बना दिया जो हर रोज बड़ा होता जा रहा था। उसी समय से व्यवस्था के अन्दर का विरोध एक व्यापक घटना बन गई था।

सोवियत संघ में विरोध अभी भी बुद्धिजीवी वर्ग तक ही सीमित था। यह वर्ग काफी संवेदनशील और सुविज्ञ था। सेखरोव सरीखे अन्तरराष्ट्रीय स्तर के ख्यातिलब्ध व्यक्तियों के अलावा सैकड़ों अन्य लेखक, वैज्ञानिक, इतिहासकार इत्यादि थे जो आजादी के आन्दोलन से जुड़ गए। प्रचुर मात्रा में भूमिगत साहित्य, जिसमें श्रेष्ठ कोटि की साहित्यिक कृतियाँ भी शामिल हैं, जो दिन की रौशनी नहीं देख पाए थे, विभागीय स्वीकृति की प्रतीक्षा करने की मंजूरी मिलते ही प्रकाश में आ गया, लेकिन सामान्य जन के बीच आन्दोलन का पैर नहीं जम सका। इसमें यह अक्षम

रहा। इसका आंशिक कारण यह है कि जारशाही ने इतने लम्बे समय तक जनता को सर्वसत्तात्मक नियंत्रण में रखा था कि कोई परम्परा या संकेत जिन्दा नहीं थी जिससे जनता प्रेरणा ग्रहण कर सके, लेकिन सभी तरह की आत्म-अभिव्यक्ति को निषिद्ध करनेवाले जीवन के प्रति यह अविशिष्ट परायापन शराबखोरी की तरफ ले जाता था जो सोवियत नागरिकों के एक बहुत बड़े भाग को प्रभावित करता था।

परन्तु तानाशाही के विरुद्ध अपेक्षाकृत अधिक प्रत्यक्ष विद्रोह सोवियत संघ के पूर्वी यूरोपीय साम्राज्य में दिखाई देता था। 1953 ई. में पूर्वी जर्मनी में रूसी कब्जे के विरुद्ध जबर्दस्त विद्रोह हुआ जिसे सोवियत सेनाओं ने हिंसक तरीके से दबा दिया। तीन साल बाद 1956 ई. में हंगरी के लोगों ने विद्रोह किया और सोवियत सेनाओं के आक्रमण का उन्होंने जबर्दस्त प्रतिरोध किया। इसमें हजारों हंगरीवासी मारे गए। यद्यपि कुछ समय के लिए उस विद्रोह को दबा दिया गया, लेकिन नए शासक को लोगों के निष्क्रिय प्रतिरोध के मद्‌देनजर व्यवस्था को काफी उदार बनाना पड़ा। हंगरी आनुषंगिक रूप से पूर्वी यूरोप की साम्यवादी सरकारों में सबसे उदार था।

चेकोस्लोवाकिया में एक दशक बाद उदारीकरण की प्रक्रिया स्वयं व्यवस्था के अन्दर से आरम्भ हुई। पूर्वी यूरोप का यह इकलौता देश था जहाँ लोकतांत्रिक व्यवस्था थी। जर्मनी के नाजियों एवं उसके बाद सोवियत संघ के अधीन आने से पहले यहाँ एक लम्बी लोकतांत्रिक परम्परा थी। ड्यूबचेक के नेतृत्व में साम्यवादी सरकार ने मौलिक लोकतांत्रिक सुधार के अनेक कार्य किए और इसने समूचे आन्दोलन पर गहरा मनोवैज्ञानिक प्रभाव डालना शुरू कर दिया। सोवियत संघ के नेताओं के खड़ा होने के लिए यह बहुत ज्यादा था। 1968 ई. में सोवियत टैंकों का चेकोस्लोवाकिया में प्रवेश हो गया। इसका काफी समय तक लोगों द्वारा अहिंसक प्रतिरोध किया गया एवं इसमें पूरा असहयोग किया गया, लेकिन चेकवासियों के विरोधी, जिन्होंने साम्यवादी समुद्र के भीतर एक छोटा-सा टापू बना लिया था, इतने महान थे कि अन्तत: इस आन्दोलन को दबा दिया गया।

परन्तु इन घटनाओं से आजादी की चिनगारी बुझी नहीं या यूँ कहें कि उक्त चिनगारी को शान्त करने में ये घटनाएँ विफल रहीं। यह चिनगारी प्रत्येक मनुष्य के अन्दर विराजमान है, साम्यवादी व्यवस्था के प्रभाव में रहनेवाले लोगों के अन्दर भी। इसे केवल उपयुक्त अवसर की तलाश रहती है और वह उपयुक्त अवसर मिलते ही यह नए क्षेत्रों में अंगार बनकर फूट पड़ती है।

साम्यवादी तानाशाही के विरुद्ध सबसे महत्त्वपूर्ण आन्दोलन पोलैंड में घटित हुआ था। इस आन्दोलन के दरमियान जो तथ्य प्रकाश में आए, उससे साम्यवादी व्यवस्था के भीतर की सड़न का पता चला। इसके बारे में तत्काल यह स्पष्टीकरण दिया गया कि तानाशाही व्यवस्था अत्यन्त जरूरी है। ऐसा देखा गया कि लोगों की बुनियादी जरूरतों को नजरअन्दाज किया जा रहा है जबकि हर तरह की विलासिता

राष्ट्रीय राजस्व की भारी कीमत पर शासक वर्ग के साम्यवादी अभिजात्यों को मुहैया कराई जा रही है एवं प्रशासन के ऊपर के स्तर पर भारी भ्रष्टाचार है। विशेषाधिकार प्राप्त व्यक्तियों की आवश्यकताओं ने अर्थव्यवस्था को एक मोड़ दिया। उनकी आवश्यकताओं को पूरा करते रहने के लिए पश्चिमी देशों से भारी विदेशी कर्ज की जरूरत आ पड़ी। फलस्वरूप, भारी मात्रा में औद्योगिक उत्पादों का निर्यात विदेशी कर्ज की अदायगी के रूप में करना पड़ा। अर्थव्यवस्था की यह स्थिति पोलैंड के लिए अनोखी चीज नहीं थी, लेकिन यह पूरी साम्यवादी दुनिया में सामान्य हो गई थी। चूँकि सोवियत संघ के पास तेल, सोना, प्राकृतिक गैस और अन्य सामरिक महत्त्व की खनिज सरीखी प्रचुर खनिज सम्पदा थी, इसलिए केवल सोवियत संघ ही इस स्थिति में था कि वह आराम से पश्चिम से आयातित वस्तुओं का भुगतान करता था। हालाँकि आगे चलकर इससे अर्थव्यवस्था पुन: कमजोर हुई। साम्यवादी दल के नेता लोगों की आवश्यकताओं की कठोर अनदेखी कर छुटकारा पा सकते थे क्योंकि लोगों के पास अपने गुस्से का अहसास कराने के लिए कोई मार्ग नहीं था। इसलिए जन-असन्तोष में वृद्धि के हिसाब से सत्ता को अपनी कमर कसनी पड़ी।

इसी स्थिति में जब मांस की कीमत बढ़ गई तो मजदूरों ने अहसास किया कि अब उनके साथ हद हो गई। उन्होंने हड़ताल करने का निर्णय किया। 01 जुलाई, 1980 को मूल्यवृद्धि के विरोध में मजदूर हड़ताल पर चले गए। इस हड़ताल की शुरुआत सर्वप्रथम बाल्टिक क्षेत्र के थोड़े-से कारखानों से हुई, लेकिन तुरन्त यह जंगल की आग की तरह पसर गई, लेकिन मजदूरों को यह अहसास था कि न तो उनकी आर्थिक माँगें मानी जाएँगी, न ही उनकी हालत में सुधार हो सकता है। उन्हें इस बात का पक्का अहसास था कि ये चीजें तब तक नहीं होंगी जब तक कि उन्हें लोकतांत्रिक अधिकार नहीं मिलते हैं, अर्थात् स्वतंत्र यूनियन गठित करने का अधिकार, हड़ताल करने का अधिकार तथा स्वतंत्र प्रेस और सभाओं के माध्यम से अभिव्यक्ति का अधिकार। उक्त हड़ताल का प्रभाव इतना व्यापक पड़ा कि अन्तत: शासकों को मजदूरों से वार्ता करनी पड़ी। फलस्वरूप, 31 अगस्त, 1980 को आन्दोलन के प्रमुख केन्द्र रहे गदंस्क में साम्यवादी सरकार और मजदूरों के प्रतिनिधियों के बीच एक समझौता हुआ। साम्यवादी सरकार के इतिहास में यह पहला अवसर था कि सरकारें सुलह-समझौता हेतु मजदूरों के स्वतंत्र संगठन से बातचीत करने के लिए सहमत हुई थीं।

समझौते के अनुसार, सरकार ने स्वतंत्र ट्रेड यूनियन संगठन के अस्तित्व को मान्यता दी और आन्दोलनकारी कामगार वर्ग की एकता स्वतंत्र संगठन के रूप में प्रकट हुई जिसके नब्बे लाख सदस्य थे।

समझौते में इस बात पर भी ध्यान दिया गया था कि प्रतिबन्ध को केवल उन्हीं मामलों तक सीमित रखा जाए जिनसे राज्य की सुरक्षा प्रभावित होती है, लेकिन

लोगों को प्रतिबन्ध लगानेवाले अधिकारी के आदेश के विरुद्ध उच्चतम न्यायालय तक अपील करने का अधिकार देने के साथ ही उन लोगों के उत्पीड़न के विरुद्ध भी निर्णय हुआ जो हड़ताल में शामिल हुए थे।

मजदूरों ने उस पराधीन स्थिति पर विचार कर, जिसमें कि पोलैंड को रख दिया गया था, स्वयं साम्यवादी दल के शासन के अन्त की माँग नहीं की, यद्यपि यह बिलकुल सीधा था कि व्यावहारिक तौर पर यह आबादी के किसी भी वर्ग का वास्तविक रूप में प्रतिनिधित्व नहीं कर रहा था।

इस समझौते ने साम्यवादी तानाशाही की नींव खोद दी क्योंकि मजदूरों के अधिकार ने इसे निष्प्रभावी बना दिया था, लेकिन एक बिलकुल अनियमित स्थिति उत्पन्न हो गई थी। वही साम्यवादी दल सत्ता में रहा जो पूर्णत: अप्रातिनिधिक रूप में नंगा हो चुका था। हालाँकि मजदूरों ने अपनी पसन्द की नीति का अनुसरण करने हेतु सरकार पर दबाव बनाने का अधिकार प्राप्त कर लिया था। सरकार चूँकि विशेषाधिकार प्राप्त अल्पसंख्यकों के खाईबन्द निहित स्वार्थ का प्रतिनिधित्व करती थी, इसलिए वह स्वभाववश मजदूरों की आशाओं के अनुरूप कार्य नहीं कर सकती थी। साथ ही, सोवियत हस्तक्षेप की स्थायी चेतावनी थी। सोवियत संघ को इस बात का भय था कि पोलैंड के मजदूरों के उदाहरण की स्पर्द्धा लालच में दूसरे साम्यवादी देशों एवं स्वयं सोवियत संघ के मजदूर भी कर सकते हैं। रूसी नेता पोलिश साम्यवादी नेताओं पर सख्त एकता का दबाव बना रहे थे। पोलैंड के साम्यवादी शासक भी इस स्थिति से कभी समझौता नहीं कर सकते थे, यद्यपि वे दबाव में झुक गए थे। वे केवल कामगारों के आन्दोलन को दबा देने के अवसर की तलाश में थे। इसी बीच, अर्थव्यवस्था, जिसे व्यवस्था में पूर्ण सुधार चाहिए था, सुधार का बीज डालने लगी थी क्योंकि सरकार इस तरह सुधार करने में सक्षम नहीं थी। सुधार से भी पोलिश अर्थव्यवस्था की हालत काफी समय तक ठीक-ठाक रही। यह सब लोकप्रिय समर्थन के बल पर सम्भव था। हालाँकि यह चीज शासकों के लिए रुचिकर नहीं थी। स्थिति धीरे-धीरे काफी बुरी होने लगी। पोलिश व्यवस्था को या तो पूरी तरह से लोकतांत्रिक होना था या पुन: तानाशाही के अधीन चले जाना था। तानाशाही में वापस लौटना अर्थव्यवस्था की समस्या का समाधान नहीं था, लेकिन चुप्पी कम-से-कम आलोचना और कामगार वर्ग की माँग का समाधान थी।

इस तरह, सोवियत संघ से समर्थन मिलने के वचन के साथ साम्यवादी दल के प्रमुख जनरल जारूजेल्स्की ने 13 दिसम्बर, 1981 को मार्शल कानून लागू कर आपातकाल की घोषणा कर दी और सारे अधिकार राष्ट्रीय मुक्ति सैन्य परिषद् नामक जुंटा को दे दिए। हजारों एकता नेताओं और मजदूरों को कारावास दिया गया। मार्शल कानून के विरुद्ध प्रदर्शन कर रहे लोगों के साथ हुई पुलिस की झड़प में भी काफी संख्या में लोग मारे गए।

किन्तु इससे प्रतिरोध का जोश शान्त नहीं हुआ। यद्यपि खुलेआम संगठित होना सम्भव नहीं था तथा गुप्त गतिविधियाँ चलानेवालों के साथ सख्ती से निपटा जा रहा था, गदंस्क समझौता की वार्षिकी मनाने के भूमिगत एकता के आह्वान पर मार्शल कानून के विनियमन को चुनौती देते हुए 31 अगस्त, 1982 ई. को बहुत बड़ा प्रदर्शन किया गया। गदंस्क समझौते ने एकता कायम की थी। धीमे स्तर पर ही सही, लेकिन आन्दोलन चलता रहा। मार्शल कानून को बाद में वापस ले लिया गया, लेकिन दमनकारी विनियमनों को सरकार के सामान्य कानून में जोड़ दिया गया।

वस्तुत: साम्यवादी व्यवस्था जिस प्रकार से तब वजूद में थी, यह फासीवादी तानाशाही का प्रतिरूप मात्र है। चूँकि दोनों ही लघु अल्पसंख्यक के विशेषाधिकारों को संरक्षण देने के लिए चरम उपायों का सहारा लेते हैं; फासीवादी तानाशाही में जहाँ मध्यवर्ग के विशेषाधिकारों का संरक्षण होता है, वहीं साम्यवादी तानाशाही में साम्यवादी दल के शासक अभिजात्य वर्ग के विशेषाधिकारों का संरक्षण होता है। विशेषाधिकार प्राप्त अल्पसंख्यक हमेशा लोकतांत्रिक स्वतंत्रताओं का विरोधी होता है क्योंकि लोकतांत्रिक व्यवस्था के अन्दर अ-विशेषाधिकार प्राप्त बहुसंख्यकों को कालान्तर में यह विश्वास हो जाता है कि वे प्रभावी बनेंगे ही। कम-से-कम प्रदत्त आजादी के तहत वे अपनी शिकायतों को आवाज दे सकते हैं और अपने विषय पर समर्थन जुटा सकते हैं। यदि राजनीतिक विषयों पर पूरी बहस और अभिव्यक्ति की स्वीकृति मिले तो राष्ट्र, धर्म या नस्ल की अपीलों से लोगों को केवल कुछ समय के लिए मतवाला बनाया जा सकता है। इसलिए आगे चलकर यह केवल प्रत्यक्ष बल का आश्रय हो जाता है जो अल्पसंख्यकों के विशेषाधिकारों को सुरक्षित रखता है, लेकिन अल्पकाल में साम्यवादी राज्य जो कोई सफलता हासिल करने के योग्य हों, अन्तत: उन्हें लोगों की लोकतांत्रिक चाहतों के समक्ष झुकना है। साम्यवादी सर्वसत्तात्मक व्यवस्था की अगराजेयता का मिथक पोलिश मजदूरों द्वारा छिन्न-भिन्न कर दिया गया है। अस्थायी क्षतियाँ तो आजादी के जनसंघर्ष के इतिहास का अंश रही हैं, लेकिन महत्त्वपूर्ण चीज यह है कि लोग ठीक उस समय जगे जब अधिकांश विचारक साम्यवादी शासन में लोगों के एक बार आ जाने के बाद लोकतांत्रिक पुनरुत्थान की सभी आशाओं को रद्द कर रहे थे।

उपर्युक्त सभी घटनाएँ यह दर्शाती हैं कि आजादी गहरे रूप में समानता से जुड़ी होती है। इसे या तो लोगों के एक-दूसरे वर्ग को विशेषाधिकार देने के लिए लोगों की प्रत्यक्ष अधीनता के माध्यम से या गुलाम बनाकर अथवा फासीवादी या साम्यवादी शासन की तरह लोगों के प्रतिरोध के बावजूद कुछ प्रकार के विशेषाधिकारों को बनाए रखने के लिए कम कर दिया गया है। यह स्वाभाविक भी था कि आबादी के अतिवंचित समूह लोकतांत्रिक अधिकारों एवं विचारों की स्वतंत्रता के सबसे उग्र समर्थक भी थे। इसका उल्लेख हम पूर्व में कर चुके हैं कि उपासना और

विचार की स्वतंत्रता में ईसाई विरोधियों, लेवलर्स और डिगर्स तथा भारत के सन्त कवियों का काफी योगदान रहा है। फ्रांस की क्रान्ति के समय वह जैकोबिन्स ही था जिसने 1793 ई. में फ्रांसीसी समाज के निर्धनतम समूहों के दबाव में फ्रांस के लिए एक लोकतांत्रिक संविधान का मॉडल तैयार किया था। इस मॉडल संविधान का मताधिकार का विस्तार कराने एवं लोगों को नागरिक सुरक्षा दिलाने में बड़ी भूमिका रही थी, लेकिन युद्ध की उन्मत्त अवस्था में इस प्रस्ताव को भविष्य के लिए ताक पर रख दिया गया। इसी तरह, चार्टिस्ट आन्दोलन के माध्यम से कामगार वर्ग द्वारा इंग्लैंड में पुरुष मताधिकार की माँग को प्राप्त किया गया। वयस्क मताधिकार को फ्रांस में 1848 ई. के आन्दोलन के दौरान ज्यादातर कामगार वर्ग के प्रभाव से ही जीता गया जिसने आन्दोलन का शिरोच्छेदन कर दिया। जर्मनी में भी जब मध्यवर्ग तानाशाही के समक्ष आत्मसमर्पण कर चुका था, यह कामगार वर्ग ही था जो स्वतंत्रता और प्रजातंत्र का प्रामाणिक धारक था। 1919 ई. में जब जर्मनी में एक अल्पजीवी लोकतांत्रिक संविधान अपनाया गया तो यह भी सीधे उस कामगार वर्ग के दबाव में ही हुआ जो परिवर्तनकारी स्थिति में था। अमेरिका अकेला देश है जहाँ लोकतांत्रिक संविधान बनाने में कामगार वर्ग की कोई विशेष भूमिका नहीं थी, लेकिन 1776 ई. में अमेरिका स्वरोजगार वाले ऊर्जस्वी व्यक्तियों से भरा हुआ राष्ट्र था। इसके दक्षिणी राज्य अपवाद थे जहाँ के नीग्रो गुलाम थे और उन्हें अभी भी काफी खाईबन्द निहित स्वार्थ को पैदा करना था। इस गुलामी ने आगे चलकर लोकतांत्रिक व्यवस्था के अन्दर नीग्रो लोगों की एकता और मताधिकार देने की समस्या भी उत्पन्न कर दी। यह खेद का विषय है कि इस तरह के इतिहास के बावजूद दुनिया के एक बृहत्तर भाग में मेहनतकश लोग साम्यवादियों के प्रचार और व्यवहार के कारण उन लोकतांत्रिक आचारों एवं संस्थाओं से अलग महसूस करने योग्य बना दिए गए जो अनिवार्य रूप से मानव जाति की अपनी विरासत हैं।

इस दृष्टिकोण से हम देखते हैं कि पश्चिमी यूरोपीय और अमेरिकी अर्थव्यवस्थाएँ सत्ताशीलतावाद का नया पुनरुत्थान कर सकती हैं क्योंकि ये पुनः सम्पत्ति और विशेषाधिकारों पर अत्यधिक संकेन्द्रित हो रही हैं। यह संकेन्द्रण पहले से ही तीसरी दुनिया में सत्ताशीलतावाद के क्षेत्र का विस्तार कर रहा है तथा कुछ बड़े पश्चिमी यूरोपीय लोकतंत्रों में यह कामगार वर्ग के विरुद्ध अपराध भी कर रहा है, मसलन कल्याणकारी अर्थव्यवस्था पर हमला। वर्तमान स्थिति अमेरिकी और पश्चिमी यूरोपीय अर्थव्यवस्थाओं में, खासकर अमेरिकी अर्थव्यवस्था में दैत्याकार कम्पनियों के विकास का प्रतिफल है। इन कम्पनियों के उत्पादन और विपणन का स्तर इतना विशाल है कि ये अपनी नियमित गतिविधियों के लिए बाजार की शक्तियों के परिचालन पर निर्भर नहीं रह सकती हैं। इनके परिचालन का स्तर देखते हुए इनके उत्पादन पर कोई अस्थायी रोक भी इन दैत्यों को बाजार और लाभ के शब्दों में भारी घाटे में डाल

दे सकती है। इसलिए इन कम्पनियों को अपने कच्चे मालों की आपूर्ति एवं बाजार के विस्तार की योजना बनानी पड़ती है। चूँकि इनके दोनों, बाजार और आपूर्ति के स्रोत दुनिया के विभिन्न भागों में अवस्थित हैं, इस योजना में अपनी सरकार को शामिल करने के लिए काफी राजनीतिक चालबाजी भी सिलसिलेवार बँधी रहती है ताकि वे दूसरे देशों में कम्पनियों का व्यापारिक हितवर्द्धन कर सकें। एक साफ तरीका यह है कि इन देशों की सरकार पर नियंत्रण रखा जाए। यह खासकर तीसरी दुनिया के उन देशों में आवश्यक हो जाता है जो तेल जैसे कुछ प्रमुख कच्चे माल की आपूर्ति के महत्त्वपूर्ण स्रोत हैं। यह अप्रत्यक्षत: आत्मनिर्णय की उस प्रवृत्ति को पलट रहा है जो द्वितीय विश्वयुद्ध के बाद पूरी गति में थी। इस लक्ष्य को शक्ति के प्रयोग से प्राप्त नहीं किया जा सकता है, इसे इन देशों में विशेषाधिकार प्राप्त व्यक्तियों का एक छोटा वर्ग तैयार कर प्राप्त किया जा सकता है। ये लोग पश्चिमी दुनिया से बँधे होते हैं और इस तरह उनके विशेषाधिकारों की रक्षा करते हैं। वे इन कम्पनियों द्वारा निर्मित अस्त्रों और अन्य उपभोक्ता सामग्रियों के ठोस खरीदार भी बन जाते हैं। इस लक्ष्य को ज्यादातर अल्पविकसित जनता के बीच उपभोक्तावादी आचार अन्तर्निविष्ट कर प्राप्त किया जाता है।

कहना न होगा, यह उपभोक्तावादी आचार पश्चिम की औद्योगिक व्यवस्था का मुख्य अवलम्ब सिद्ध हो रहा है। यह उपभोक्तावादी आचार जैसे-जैसे तीसरी दुनिया के देशों में आबादी के शासक वर्ग पर प्रभावी होता जाता है, आर्थिक विकास को वहाँ मुख्य रूप से बहुसंख्यकों की आधारभूत आवश्यकताओं को देखने की बजाय अल्पसंख्यकों की विलासिता सम्बन्धी आवश्यकताओं को पूरा करने की तरफ मोड़ दिया जाता है। इससे अमीरों और गरीबों, शासकों और शासितों के बीच का विच्छेद गहराने लगता है। यह पुन: तेज विवाद उत्पन्न कर देता है जिसे लोकतांत्रिक ढाँचे में व्यवस्थित कर पाना मुश्किल होता है। जनजातीय समाज या किसान समाज में भी उच्च स्तर के लोगों एवं निम्न स्तर के लोगों के जीवन स्तर में इतना ज्यादा अन्तर नहीं था कि इन दोनों वर्गों के बीच तेज विवाद हो। इन दोनों समाजों का अस्तित्व पश्चिमी यूरोपीय उपभोक्तावादी संस्कृति के सम्पर्क में आने के पहले कायम था, लेकिन ये ज्यों ही तकनीकी रूप से विकसित समाजों के सम्पर्क में आए, इन पर अनेक तरह की उपभोक्ता सामग्रियों का बोझ हो गया जो केवल थोड़े से लोगों की पहुँच की चीजें थीं। फलस्वरूप, उन बहुसंख्यक लोगों में जिनके पास इन चीजों तक की पहुँच नहीं थी, गुस्सा भड़कानेवाला अन्तर स्पष्ट हो गया। यह गुस्सा विद्रोह के भाव में बदल जाता है क्योंकि जिन आवश्यकताओं को गरीब पहले पूरा कर लेते थे, उनका अभाव होना शुरू हो जाता है। यह अभाव का कष्ट अनेक मामलों में न केवल सापेक्ष होता है बल्कि निरपेक्ष भी होता है। निर्धन बहुसंख्यक लोगों के बीच विशेषाधिकार प्राप्त अल्पसंख्यक लोग केवल एक ही तरीके से अपनी सुरक्षा कर

सकते हैं और वह है, जनता को उनके लोकतांत्रिक अधिकारों से वंचित करना क्योंकि इन्हीं अधिकारों से वह असमानताएँ कम करने या समाप्त करने के लिए राज्यनीति को प्रभावित कर सकती है। यह आश्चर्यजनक नहीं है कि अधिकांश तीसरी दुनिया के देश आज सत्ताशीलतावाद के एक या दूसरे रूप के अन्तर्गत हैं। यह सिद्धान्त जो लोकतांत्रिक व्यवस्था को राष्ट्र की प्रति व्यक्ति आय से जोड़ने का प्रयास करता है, स्पष्ट रूप से गलत है। अन्य तत्त्वों के अलावा यह समानता या असमानता का स्तर ही है जो इस सन्दर्भ में काफी निर्णायक है अन्यथा अरब देश अपनी आश्चर्यजनक सम्पदा से दुनिया के बड़े लोकतांत्रिक देशों में शामिल हो गए होते।

उपभोक्तावादी आचार का निर्माण इस विश्वास के गिर्द हुआ है कि यदि उत्पादों के सुबोध विज्ञापनों के माध्यम से बारीक और निरन्तर मनोवैज्ञानिक अपीलों के माध्यम से उत्पादों की माँग में वृद्धि होती है, तो उत्पादन के विस्तार के असीमित अवसर सम्भव हैं। इस उपकरण के माध्यम से उन नए उत्पादों को भी जिनकी सही में कोई आवश्यकता नहीं होती है, आवश्यक बना दिया जाता है और इस तरह इन उत्पादों की माँग बढ़ जाती है। नए उत्पाद जैसे ही एक औसत व्यक्ति की पहुँच के अन्दर आने लगते हैं, नए उत्पाद दिखाई देने लगते हैं तथा नया प्रलोभन देते हैं। वैसे उत्पाद जिनकी पहले कोई जरूरत नहीं थी, लोग यदि उनका इस्तेमाल करने लगें तो फिर वे आवश्यक लगने लगते हैं। इस तरह, अधिकाधिक सौन्दर्य प्रसाधन की वस्तुएँ संग्रह कर ली जाती हैं और मनुष्य का मूल्यांकन इसी संग्रह के स्तर पर निर्भर करता है।

इस लोकाचार के समर्थकों को ऐसी आशा थी कि समय बीतने के साथ इन सामग्रियों का प्रचार जब दूर तक बृहत्तर क्षेत्रों में होगा तो उत्पादन और उपभोग की समस्याएँ हल हो जाएँगी। अनेक पश्चिमी समाजशास्त्रियों और राजनीतिक वैज्ञानिकों का इस विकास में समाज के आधारभूत आर्थिक विवादों का समाधान नजर आया। उन्होंने यह माना कि समानता और समाजवाद के विचार अभावग्रस्त युग के उत्पाद हैं। अब अभाव का युग बीते दिनों की बात होने जा रही है, हम एकरूपता के युग की तरफ बढ़ रहे हैं जो स्वाभाविक रूप से लोकतंत्र की ओर बढ़ना है।

इसमें जिस तथ्य की अनदेखी हुई, वह तथ्य यह था कि यह प्रचुरता मनुष्य जाति के एक छोटे-से वर्ग तक ही सीमित थी, यद्यपि इस छोर को प्राप्त करने के लिए लगभग सारे विश्व के प्राकृतिक संसाधनों को जब्त कर लिया गया था। साथ ही, कुछ बहुमूल्य और अनवीकरणीय संसाधन, जैसे तेल और कोयले को तेजी से खत्म किया जाने लगा। इसके बाद यह भी अहसास होता है कि इससे पर्यावरण सन्तुलन बिगड़ रहा है जो अन्तत: धरती पर जीवन को मुश्किल कर सकता है। इस विकास ने निश्चित रूप से इस तरह के विकास को अल्पविकसित देशों में रहनेवाली विश्व आबादी के विशाल बहुसंख्यकों की पहुँच से बाहर कर दिया।

परन्तु उत्पादन के इस असीमित अवसर की आशा को सभी विकसित और अविकसित राष्ट्रों द्वारा निर्मित भारी अस्त्रों पर भी आधारित कर दिया गया है। इसके लिए स्थायी अवसर विकास प्रदान करने की कल्पना नहीं की जा सकती है। ऐसा उसी दुनिया में सम्भव है जिस पर सैन्यवाद की सनक सवार है।

इनके अलावा स्वयं विकसित देशों में इस समस्या का एक दूसरा पहलू है जो स्वतंत्र और सुचारु रूप से विकास कर रहे समाज के ग्रामीण रूप को प्रभावित करता है। विभिन्न देशों में अनेक औद्योगिक दैत्यों के बीच घोर प्रतिस्पर्द्धा होने के कारण उनके उत्पादों का बहुत अधिक मात्रा में उपलब्ध होना तथा इसके बाद मन्दी का आना कोई अप्रत्याशित बात नहीं थी। यह रोग विकसित देशों को पहले से ही जकड़े हुए है और पूँजीवादी सरकार इस समस्या का निदान एक ही तरीके से कर सकती है और वह तरीका है, समाज कल्याण की योजनाओं में कटौती। इन सारी चीजों से समाज में विवाद ही पैदा होगा जिसे कि बीते जमाने की चीज मान लिया गया था। इनसे आजादी को खतरा हो सकता है।

यह उपभोक्तावादी विचारधारा आगे चलकर सामाजिक तनावों को दूर करने की जगह उन्हें और गहरा कर देगी तथा इससे उत्पन्न विशेषाधिकार प्राप्त थोड़े से लोगों एवं अल्प-विशेषाधिकार प्राप्त बहुत से लोगों के बीच का विवाद आजादी के लिए खतरा बन जा सकता है। ऐसा तीसरी दुनिया के देशों में पहले से ही हो रहा है तथा पर्यावरण सम्बन्धी तत्त्व जिस तरह से विकसित देशों में प्रसार पर सीमा आयत कर देता है, उस तरह से भविष्य में वहाँ भी हो सकता है।

परन्तु उपभोक्तावादी आचार एक भिन्न अर्थ में भी मानवीय आजादी पर एक सीमा है। आजादी अत्यन्त मौलिक अर्थ में स्वयं को मानव जाति की पर्यावरणीय अवस्थाओं द्वारा लगाए गए प्रतिबन्धों से स्वयं को ऊपर उठाने के मानवीय प्रयासों में प्रकट करती है। मानवीय समाज में यह दूसरे मनुष्य द्वारा लादी गई गुलामी से स्वयं को मुक्त करने का प्रयास है, लेकिन यह उन अभावों पर काबू पाने के मानवी प्रयासों में भी अभिव्यक्त होती है, जो उन्हें एक अस्तित्व से बाँध देते हैं, जो उन साहसिक कार्यों से विरत होता है, जिनके भीतर मनुष्य कला, संगीत, कविता और विज्ञान में अभिव्यक्ति ढूँढ़ता है। मानवीय अस्तित्व की अधिकांश अवधि में कुछ पर्यावरण समर्थित शिकार और समूहन समाजों को छोड़कर—उत्पादन का स्तर इतना न्यून था कि उन आवश्यकताओं की पूर्ति जो उसके अतिजीवन के लिए आवश्यक थीं, ऐसे अनुसरण के अवसर के साथ कुछ मानव प्राणियों को छोड़ गई। आज मनुष्य पहले से उत्पादकता का एक स्तर अर्जित कर लिया है जहाँ उत्पादों का समान वितरण प्रत्येक को विचारणीय ढंग से निर्वाह के स्तर से ऊपर कर सकता था। यह आसानी से उसके भाव के स्वतंत्र रहस्योद्घाटन की शर्त हो सकती थी, लेकिन उपभोक्तावादी आचार उसके अभावों को बढ़ाकर तथा भावनात्मक रूप

से उसे इन सब चीजों का निर्बाध पीछा करनेवाले जीवन से शृंखलाबद्ध कर उसे उस अवसर की गुंजाइश से वंचित कर देता है जो उसे पाशविक अस्तित्व से ऊपर उठा सकता था। सभी के लिए सच्ची आजादी का प्रयास केवल उसी समय किया जा सकता था जब लोग यह महसूस करते हों कि वह जिन सामानों का उत्पादन करता है, वे केवल उसका जीवन बनाए रखनेवाले हैं, जबकि मानव जाति के रूप में उसका सही प्रारब्ध विचारों के क्षेत्र एवं सौन्दर्य के अनुसरण में निहित रहता है। मानव जाति केवल इसी अनुभव से धन-संग्रह, असमानताओं, परिणामी विवादों एवं आजादी के नुकसान की सनक से मुक्ति पा सकती है।

मानवाधिकारों की सार्वभौमिक घोषणा

10 दिसम्बर, 1984 को संयुक्त राष्ट्र की महासभा ने इस 'मानवाधिकारों की सार्वभौमिक घोषणा' को अंगीकार एवं उद्घोषित किया। इसका सम्पूर्ण पाठ्य आगे के पृष्ठों पर दिया गया है। इस ऐतिहासिक कार्य का अनुसरण करते हुए महासभा ने सभी सदस्य देशों से यह अपील की थी कि वे इस घोषणा के सम्पूर्ण पाठ्य को प्रकाशित कराएँगे तथा "देशों या क्षेत्रों की राजनीतिक स्थिति पर आधारित भेदभाव के बगैर मुख्य रूप से विद्यालयों एवं अन्य शैक्षणिक संस्थाओं में इसके प्रदर्शन, अध्ययन एवं प्रतिपादन को सुनिश्चित कराएँगे।"

अन्तिम अधिकृत पाठ्य

संयुक्त राष्ट्र
लोक सूचना कार्यालय

प्राक्कथन

यह कि, मानवीय परिवार के सभी सदस्यों के समान और अहस्तान्तरणीय अधिकारों एवं अन्तर्निहित गरिमा की मान्यता दुनिया में स्वतंत्रता, न्याय और शान्ति की बुनियाद होती है।

यह कि, मानवाधिकारों का अपमान और अनादर अशिष्ट कृत्यों में प्रतिफलित हुआ है जिसने मनुष्यता के विवेक का घोर अपमान किया है तथा एक वैसी दुनिया का आगमन जिसमें मानव प्राणी को अभिव्यक्ति और आस्था की स्वतंत्रता तथा अभाव और भय से मुक्ति का अहसास हो, साधारण जन की सबसे बड़ी आकांक्षा के रूप में उद्घोषित किया गया है।

यह कि, यदि मनुष्य को निरंकुशता और उत्पीड़न के विरुद्ध अन्तिम उपाय के रूप में आन्दोलन की शरण में जाने के लिए बाध्य नहीं किया जाए तो यह अनिवार्य है कि मानवाधिकारों का संरक्षण कानून के नियम से किया जाना चाहिए।

यह कि, राष्ट्रों के बीच मित्रवत् सम्बन्धों के विकास को प्रोत्साहित करना आवश्यक है।

यह कि, चार्टर में संयुक्त राष्ट्र की जनता ने अपना विश्वास मौलिक मानवाधिकारों में, मानव जाति के मूल्य और गरिमा में तथा पुरुषों और महिलाओं के समान अधिकारों में व्यक्त किया है, तथा सामाजिक प्रगति एवं बृहत्तर स्वतंत्रता वाले जीवन के बेहतर स्तर को प्रोत्साहित करने का निश्चय किया है।

यह कि, सदस्य राष्ट्रों ने स्वयं संयुक्त राष्ट्र के सहयोग से मानवाधिकारों एवं मौलिक स्वतंत्रताओं के अनुपालन और सार्वभौमिक सम्मान को प्राप्त करने का संकल्प लिया है।

यह कि, इन अधिकारों और स्वतंत्रताओं की सामान्य समझ इस संकल्प के पूर्ण अनुभव की खातिर सबसे ज्यादा महत्त्व की है।

अब इसलिए,

यह महासभा

मानवाधिकारों की इस सार्वभौमिक घोषणा को अन्त तक सभी राष्ट्रों और सभी लोगों की उपलब्धि के एक सामान्य मानक के रूप में उद्घोषित करती है, कि इस घोषणा को नियमित रूप से दिमाग में रखते हुए समाज का प्रत्येक व्यक्ति और प्रत्येक अंग इन अधिकारों और स्वतंत्रताओं के प्रति सम्मान को प्रोत्साहित करने के लिए शिक्षा और प्रशिक्षण के माध्यम से प्रयास करेगा, तथा राष्ट्रीय और अन्तरराष्ट्रीय प्रगतिशील साधनों के जरिये दोनों की जनता के बीच अर्थात् स्वयं सदस्य राष्ट्रों की जनता के बीच तथा उनके क्षेत्राधिकार के अन्तर्गत स्थित भूभागों की जनता के बीच उन अधिकारों और स्वतंत्रताओं की सार्वभौमिक और प्रभावशाली स्वीकृति और अनुपालन को सुनिश्चित करने का प्रयास करेगा।

अनुच्छेद 1. सभी मनुष्य स्वतंत्र एवं समान गरिमा और अधिकारों के साथ पैदा हुए हैं। वे बुद्धि और विवेक से सम्पन्न हैं, इसलिए उन्हें भ्रातृत्व के भाव से एक-दूसरे के लिए काम करना चाहिए।

अनुच्छेद 2. प्रत्येक व्यक्ति इस घोषणा में अंकित सभी अधिकारों और स्वतंत्रताओं का बगैर किसी भेदभाव के यथा रंग, नस्ल, लिंग, भाषा, धर्म, राजनीतिक या अन्य विचार, राष्ट्रीय या अन्य मूल, सम्पत्ति, जन्म या अन्य हैसियत, अधिकारी है।

साथ ही, किसी व्यक्ति के देश या राज्यक्षेत्र के राजनीतिक, क्षेत्राधिकार, सम्बन्धी या अन्तरराष्ट्रीय हैसियत के आधार पर चाहे वह स्वतंत्र, न्यास, गैर-स्वनियोजन या प्रभुसत्ता को अन्य सीमा के अधीन हो, किसी भी तरह का अन्तर नहीं किया जाएगा।

अनुच्छेद 3. प्रत्येक व्यक्ति को जिन्दगी, स्वतंत्रता और सुरक्षा का अधिकार प्राप्त है।

अनुच्छेद 4. किसी को भी दासता या गुलामी में नहीं रखा जाएगा। गुलामी और दास व्यापार के सभी रूपों पर रोक लगाई जाएगी।

अनुच्छेद 5. किसी भी व्यक्ति का उत्पीड़न नहीं किया जाएगा और न ही उसके साथ क्रूर, अमानवीय या अपमानजनक व्यवहार किया जाएगा अथवा ऐसी कोई सजा दी जाएगी।

अनुच्छेद 6. प्रत्येक मनुष्य को कानून के सामने एक व्यक्ति के तौर पर हर जगह स्वीकृति का अधिकार प्राप्त है।

अनुच्छेद 7. सभी मनुष्य कानून की नजर में समान हैं तथा बिना किसी भेदभाव के कानून का समान संरक्षण पाने के अधिकारी हैं। इस घोषणा के विपरीत किए जानेवाले किसी भी प्रकार के भेदभाव एवं इस तरह के भेदभाव को बढ़ानेवाले किसी भी तरह के उत्प्रेरण के विरुद्ध सभी मनुष्य समान संरक्षण के अधिकारी हैं।

अनुच्छेद 8. प्रत्येक व्यक्ति को संविधान या कानून द्वारा प्रदत्त मौलिक अधिकारों का उल्लंघन करनेवाले कृत्यों के विरुद्ध सक्षम राष्ट्रीय न्यायाधीकरण से प्रभावशाली उपचार पाने का अधिकार प्राप्त है।

अनुच्छेद 9. किसी को भी मनमाने ढंग से गिरफ्तार, कैद या निर्वासित नहीं किया जाएगा।

अनुच्छेद 10. प्रत्येक व्यक्ति को अपने अधिकारों और कर्तव्यों तथा अपने विरुद्ध लगे आपराधिक आरोपों के निर्धारण हेतु स्वतंत्र और निष्पक्ष न्यायाधीकरण द्वारा पूरी समानता से निष्पक्ष और सार्वजनिक सुनवाई का हक प्राप्त है।

अनुच्छेद 11. (1) दंडात्मक अपराध से आरोपित प्रत्येक व्यक्ति को यह अधिकार प्राप्त होगा कि उसे तब तक निर्दोष माना जाएगा जब तक कि सार्वजनिक विचारण के जरिये कानून के अनुसार वह दोषी सिद्ध नहीं हो जाता है। सार्वजनिक विचारण के दौरान उसे अपने बचाव हेतु आवश्यक सभी गारंटियाँ प्राप्त होंगी।

(2) उस कृत्य के लिए जो कारित किए जाने के समय किसी राष्ट्रीय या अन्तरराष्ट्रीय कानून के अन्तर्गत दंडात्मक अपराध नहीं बनता है, किसी को भी दोषी नहीं ठहराया जाएगा और न ही किसी को कारित अपराध के लिए निर्धारित सजा से अधिक कोई सजा दी जाएगी।

अनुच्छेद 12. किसी की निजता में या उसके घर, परिवार या पत्राचार में मनमाना हस्तक्षेप नहीं होगा, न ही किसी के सम्मान और प्रतिष्ठा पर हमला किया जाएगा। प्रत्येक व्यक्ति को ऐसे हस्तक्षेप या हमले के विरुद्ध कानून के संरक्षण का अधिकार प्राप्त है।

अनुच्छेद 13. (1) प्रत्येक व्यक्ति को प्रत्येक राज्य की सीमाओं के अन्दर आवास और भ्रमण की स्वतंत्रता का अधिकार प्राप्त है।

(2) प्रत्येक व्यक्ति को अपना देश सहित कोई भी देश छोड़ने एवं अपने देश में वापस आने का अधिकार प्राप्त है।

अनुच्छेद 14. (1) प्रत्येक व्यक्ति को दूसरे देशों में उत्पीड़न से बचने के लिए शरणस्थल माँगने और उसका उपयोग करने का अधिकार प्राप्त है।

(2) इस अधिकार का प्रयोग गैर-राजनीतिक अपराधों या संयुक्त राष्ट्र के सिद्धान्तों और उद्देश्यों के विपरीत कार्यों से उत्पन्न सही अभियोजनों के मामले में नहीं होगा।

अनुच्छेद 15. (1) प्रत्येक व्यक्ति को राष्ट्रीयता का अधिकार प्राप्त है।

(2) किसी को भी मनमाने ढंग से उसकी राष्ट्रीयता से वंचित नहीं किया जाएगा, न ही अपनी राष्ट्रीयता बदलने के उसके अधिकार को इनकार किया जाएगा।

अनुच्छेद 16. (1) सभी पुरुषों और महिलाओं को जिन्होंने पूर्ण उम्र प्राप्त कर ली है, नस्ल, राष्ट्रीयता या धर्मसम्बन्धी सीमाओं के परे शादी करने व घर

बसाने का अधिकार प्राप्त है। विवाह के सम्बन्ध में वे विवाह के दौरान तथा विवाह-विच्छेद के समय समान अधिकारों के अधिकारी हैं।

(2) विवाहेच्छुक युगलों की स्वतंत्र एवं पूर्ण सहमति से ही विवाह होगा।

(3) परिवार समाज की सामान्य और मौलिक वर्ग इकाई है तथा यह समाज और राज्य के संरक्षण का अधिकारी है।

अनुच्छेद 17. (1) प्रत्येक व्यक्ति को अकेले एवं दूसरे के साथ मिलकर भी सम्पत्ति अर्जित करने और रखने का अधिकार प्राप्त है।

(2) किसी को भी मनमाने ढंग से उसकी सम्पत्ति से वंचित नहीं किया जाएगा।

अनुच्छेद 18. प्रत्येक व्यक्ति को विचार, विवेक और धर्म की स्वतंत्रता का अधिकार प्राप्त है, इस अधिकार में अपना धर्म या विश्वास बदलने की स्वतंत्रता शामिल है तथा उसे अकेले में या दूसरे के साथ सम्प्रदाय में एवं सार्वजनिक या निजी तौर पर अपने धर्म या विश्वास को शिक्षण, व्यवहार, उपासना और अनुपालन में प्रकट करने की स्वतंत्रता प्राप्त है।

अनुच्छेद 19. प्रत्येक व्यक्ति को विचार और अभिव्यक्ति की स्वतंत्रता का अधिकार प्राप्त है। इस अधिकार में बगैर हस्तक्षेप के विचार प्रकट करने की स्वतंत्रता तथा सरहद का लिहाज किए बगैर किसी माध्यम से सूचना व विचार माँगने, प्राप्त करने व प्रदान करने की स्वतंत्रता शामिल है।

अनुच्छेद 20. (1) प्रत्येक व्यक्ति को शान्तिपूर्ण सभा एवं संगठन की स्वतंत्रता का अधिकार प्राप्त है।

(2) किसी को भी किसी संगठन से जुड़ने के लिए बाध्य नहीं किया जा सकता है।

अनुच्छेद 21. (1) प्रत्येक व्यक्ति को प्रत्यक्षत: या स्वतंत्र रूप से चुने गए प्रतिनिधियों के माध्यम से अपने देश की सरकार में भाग लेने का अधिकार प्राप्त है।

(2) प्रत्येक व्यक्ति को अपने देश के अन्दर सार्वजनिक सेवा तक की पहुँच का अधिकार प्राप्त है।

(3) सरकार की सत्ता का आधार जनता की इच्छा होगी : यह इच्छा उन आवधिक और सही चुनावों में अभिव्यक्त होगी जो सार्वभौमिक और समान मताधिकार के द्वारा गुप्त मतदान या समतुल्य स्वतंत्र मतदान की प्रक्रियाओं द्वारा सम्पन्न होंगे।

अनुच्छेद 22. प्रत्येक व्यक्ति को समाज का एक सदस्य होने के नाते सामाजिक सुरक्षा का अधिकार प्राप्त है, तथा वह राष्ट्रीय प्रयास एवं अन्तरराष्ट्रीय सहयोग के जरिये और प्रत्येक राज्य के संसाधनों एवं संगठन के अनुसार अपनी गरिमा और व्यक्तित्व के मुक्त विकास हेतु अपरिहार्य आर्थिक, सामाजिक और सांस्कृतिक अधिकारों की अनुभूति का अधिकारी है।

अनुच्छेद 23. (1) प्रत्येक व्यक्ति को काम, रोजगार की स्वतंत्र पसन्द, काम की न्यायोचित और मनोनुकूल स्थितियों तथा बेरोजगारी के विरुद्ध संरक्षण का अधिकार प्राप्त है।

(2) प्रत्येक व्यक्ति को बिना किसी भेदभाव के समान काम के लिए समान वेतन का अधिकार प्राप्त है।

(3) काम करनेवाले प्रत्येक व्यक्ति को मानवीय गरिमा के योग्य अपने एवं अपने परिवार के अस्तित्व को सुनिश्चित करने हेतु न्यायोचित एवं अनुकूल पारिश्रमिक का अधिकार प्राप्त है तथा आवश्यक हो तो सामाजिक संरक्षण के अन्य माध्यम से इसे पूरा कराने का उसे अधिकार प्राप्त है।

(4) प्रत्येक व्यक्ति को अपने हितों की सुरक्षा हेतु व्यापार संघों का गठन करने व उससे जुड़ने का अधिकार प्राप्त है।

अनुच्छेद 24. प्रत्येक व्यक्ति को विश्राम और फुरसत का अधिकार प्राप्त है जिसमें काम करने के घंटों की तर्कसंगत सीमा और वेतन सहित आवधिक छुट्टियाँ शामिल हैं।

अनुच्छेद 25. (1) प्रत्येक व्यक्ति को भोजन, वस्त्र, आवास, चिकित्सकीय देखभाल और आवश्यक सामाजिक सेवाओं सहित अपने एवं अपने परिवार के स्वास्थ्य एवं कुशल-क्षेम से पूर्ण जीवन-स्तर का अधिकार प्राप्त है तथा बेरोजगारी, बीमारी, अपंगता, वैधव्य, बुढ़ापा या जीविका के अन्य अभाव की दशा में जबकि परिस्थिति उसके नियंत्रण से बाहर हो, उसे सुरक्षा का अधिकार प्राप्त है।

(2) मातृत्व और बचपन विशेष ध्यान और सहयोग के अधिकारी हैं। सभी बच्चे, चाहे विवाह के अन्दर या बाहर पैदा हुए हों, समान सामाजिक संरक्षण का लाभ उठाएँगे।

अनुच्छेद 26. (1) प्रत्येक व्यक्ति को शिक्षा का अधिकार प्राप्त है। शिक्षा नि:शुल्क होगी, कम-से-कम प्राथमिक और बुनियादी स्तरों तक। प्राथमिक शिक्षा अनिवार्य होगी। तकनीकी और पेशेवर शिक्षा को सामान्यत: सुलभ कराया जाएगा तथा मेधा के आधार पर उच्च शिक्षा समान रूप से सबके लिए सुलभ होगी।

(2) शिक्षा की दिशा मानवीय व्यक्तित्व के पूर्ण विकास एवं मानवीय अधिकारों और मौलिक स्वतंत्रताओं के प्रति सम्मान के सुदृढ़ीकरण की तरफ होगी। यह सभी राष्ट्रों, नस्लीय या धार्मिक समुदायों के बीच समझ, सहिष्णुता और मित्रता को प्रोत्साहित करेगी तथा शान्ति बनाए रखने के लिए संयुक्त राष्ट्र की गतिविधियों को आगे बढ़ाएगी।

(3) बच्चों को किस तरह की शिक्षा दी जाए यह चयन करने का पूर्वाधिकार माँ-बाप को प्राप्त है और उनके बच्चों को उसी तरह की शिक्षा दी जाएगी।

अनुच्छेद 27. प्रत्येक व्यक्ति को समुदाय के सांस्कृतिक जीवन में मुक्त रूप से भाग लेने, कला का लुत्फ लेने और वैज्ञानिक प्रगति एवं इसके लाभ में हिस्सेदारी करने का अधिकार प्राप्त है।

(2) प्रत्येक व्यक्ति को किसी वैज्ञानिक, साहित्यिक या कलात्मक कृति जिसका वह लेखक हो, से पैदा होने वाले नैतिक और भौतिक हितों के संरक्षण का अधिकार प्राप्त है।

अनुच्छेद 28. प्रत्येक व्यक्ति को उस सामाजिक और अन्तरराष्ट्रीय व्यवस्था का जिसमें इस घोषणा में अंकित अधिकारों और स्वतंत्रताओं का पूरी तरह अहसास किया जा सकता है, अधिकार प्राप्त है।

अनुच्छेद 29. (1) प्रत्येक व्यक्ति का समुदाय के प्रति कर्तव्य है, जिसमें अकेले उसके व्यक्तित्व का पूर्ण एवं स्वतंत्र विकास सम्भव है।

(2) अपने अधिकारों और स्वतंत्रताओं के प्रयोग में प्रत्येक व्यक्ति केवल ऐसी सीमाओं के अधीन होगा जो केवल दूसरों के अधिकारों और स्वतंत्रताओं के प्रति सम्मान तथा समुचित स्वीकृति एवं प्रजातांत्रिक समाज में नैतिकता, सार्वजनिक व्यवस्था और सामान्य कल्याण की न्यायोचित जरूरतों को पूरा करने के उद्देश्य से कानून द्वारा निर्धारित की जाती हैं।

(3) इन अधिकारों और स्वतंत्रताओं का प्रयोग किसी भी मामले में संयुक्त राष्ट्र के सिद्धान्तों और उद्देश्यों के विपरीत नहीं किया जा सकता है।

अनुच्छेद 30. इस घोषणा में वैसा कुछ भी नहीं है जिसकी व्याख्या इस तरह से की जाए कि किसी राज्य, समुदाय या पुरुष को वैसी गतिविधि बनाने या वैसा कार्य करने का अधिकार है जिसका लक्ष्य इस घोषणा में अंकित अधिकारों और स्वतंत्रताओं में किसी को विनष्ट करना हो।

सन्दर्भ और टिप्पणियाँ

1 जीवन की स्फूर्त प्रेरणा

1. एड्वर्ड ओ. विल्सन, ऑन ह्यूमन नेचर, हार्वर्ड यूनिवर्सिटी प्रेस, कैम्ब्रिज, मैस्साचुसेट्स, 1978, पृ. 80
2. वही
3. लियोन फेस्टिंगर, 'ह्यूमन नेचर एंड ह्यूमन कम्पीटेन्स' इन सोशल रिसर्च, एन इंटरनेशनल क्वाटर्ली ऑफ दी सोशल साइंस, वॉल्यूम 48, नं. 2 समर 1981
4. मैक्स ग्लूकमैन एंड बेसिल ब्लैकमैन, पॉलिटिक्स, लव एंड रिचुअल्स इन ट्राइबल सोसायटी, ऑक्सफोर्ड 1965, पृ. 202-03

2. अधीनता के विरुद्ध संघर्ष : निर्गमन कथा

1. प्लूवर्क्स लाइफ ऑफ तिबेरियस ग्रैचस, कीथ हॉपकिन्स, इन कन्क्वेयर्स एंड स्लैव्स, सोशलॉजिकल स्टडीज इन रोमन हिस्ट्री से उद्धृत, कैम्ब्रिज यूनिवर्सिटी प्लेस, लन्दन, 1978 पृ. 62
2. वही, पृ. 9-10
3. बेसिल डेविडसन, द अफ्रीकन पास्ट : क्रॉनिकल्स फ्रॉम एंटिक्विटी टू मॉडर्न टाइम्स, लांगमैन्स, 1964, पृ. 191
4. वही, पृ. 203
5. वही, पृ. 262
6. विलियम लॉरेंज काट्ज, आई विटनेस : दी नीग्रो इन अमेरिकन हिस्ट्री, पिटमैन पब्लिशिंग कॉरपोरेशन, न्यूयॉर्क, 1967
7. वही, पृ. 103
8. वही, पृ. 104
9. सच्चिदानन्द सिन्हा : कास्ट सिस्टम : मिथ्स, रियलिटी, चैलेंज : इंटेलेक्चुअल पब्लिशिंग हाउस, न्यू देलही, 1982

3. भूमि और स्वतंत्रता

1. सोशल एंड इकोनॉमिक कंडीशन ऑफ दी रोमन इम्पायर इन दी फोर्थ सेंचुरी, दी कैम्ब्रिज मेडाइवल हिस्ट्री, वॉल्यूम-1 में उद्धृत, कैम्ब्रिज यूनिवर्सिटी प्रेस, 1975, पृ. 58
2. ए डिस्टेंट मिरर : दी कालामिशस फोर्टींथ सेंचुरी में उद्धृत, बरबारा डब्ल्यू. टचमैन, बैलेंटाइन बुक्स, न्यूयॉर्क, 1978, पृ. 374
3. दी कैम्ब्रिज मॉडर्न हिस्ट्री वॉल्यूम-2, दी रिफॉर्मेशन, कैम्ब्रिज, 1903, पृ. 184

4. मिथक से आजादी के यथार्थ तक

1. अन्ने पालिस्टर, मैग्नाकार्टा हेरिटेज ऑफ लिबर्टी, ऑक्सफोर्ड यूनिवर्सिटी प्रेस, 1971, पृ. 120
2. वही
3. कार्ल मार्क्स, टुआर्ड ए क्रिटिक ऑफ हेगेल्स फिलॉसफी ऑफ राइट ऐन इंट्रोडक्शन, सेलेक्टेड राइटिंग्स, एडिटेड बाई डेविड मैकमिलन (ऑक्सफोर्ड यूनिवर्सिटी प्रेस 1977), पृ. 71
4. अन्ने पालिस्टर, मैग्नाकार्टा हेरिटेज ऑफ लिबर्टी, पृ. 11
5. माइकेल आर. वट्ट, दी डिसेंटर्स, क्लेरेंडन प्रेस, ऑक्सफोर्ड, 1976, पृ. 79-80
6. पूर्वोक्त, पृ. 80
7. वही, पृ. 80
8. गॉडफ्रे डेविज, इन दी ऑक्सफॉर्ड हिस्ट्री ऑफ इंग्लैंड, दी अर्ली स्टुअट्र्स में उद्धृत (ऑक्सफोर्ड, 1979), पृ. 197
9. लॉक्स ट्र, ट्रिटाइज ऑफ गवर्नमेंट : एक क्रिटिकल एडिशन विद इंट्रोडक्शन एंड नोट्स बाई पिटर लासलेट, सेकेंड ट्रिटाइल, कैम्ब्रिज 1970, पृ. 348
10. वही, पृ. 368
11. लास्की, हेरॉल्ड जे., पॉलिटिकल थॉट इंग्लैंड फ्रॉम लॉक टू बेंथन, ग्रीनवूड प्रेस, कनेक्टिकट, 1977, ओरिजनली 1920, पृ. 41
12. थॉमस पैने, दी राइट्स ऑफ मैन, इंट्रोड्यूस्ड बाई आर्थर सेल्डन, जे.एम. डेंट्स एंड संस लि., लन्दन, एवरीमैन्स लाइब्रेरी 1966, पृ. 49
13. डेक्स्टर पार्किन्स एंड ग्लिंडॉन जी. वान डेसेन, दी यूनाइटेड स्टेट्स ऑफ अमेरिका : ए हिस्ट्री टू 1876, वॉल्यूम-1, मैकमिलन, न्यूयॉर्क, 1968
14. गुरुग्रंथ साहिब में उद्धृत कविताओं का नजदीकी अनुवाद
15. चार्लोट वॉडेविले फ्रॉम दी सकल सन्त गाथा इन भक्ति इन साउथ एशियन रीजनल लिटरेचर में उद्धृत, साउथ एशियन डायजेस्ट ऑफ रीजनल राइटिंग, एडिटर गुंथर डी. सॉन्थेइमर, साउथ एशिया इंस्टीच्यूट, हिडेलबर्ग, वॉल्यूम-6, 1977, पृ. 67
16. वही, पृ. 69
17. वही, पृ. 68
18. वही, पृ. 68
19. दिलीप चित्रे का अनुवाद, साउथ एशियन डायजेस्ट ऑफ रीजनल राइटिंग, वॉल्यूम-6, 1977, एडिटर गुंथर डी. सॉन्थेइमर, साउथ एशिया इंस्टीच्यूट, हिडेलबर्ग।

5. सुरक्षा का संस्थानीकरण न्यायपालिका की स्वतंत्रता

1. कार्ल मार्क्स, ऐलेक्टेड राइटिंग्स, एडिटेड बाई डेविड मैकलेलन, ऑक्सफोर्ड 1977, पृ. 18
2. वेस्टर्न लिबरलिज्म-ए हिस्ट्री इन डॉक्यूमेंट्स फ्रॉम लॉक टू क्रोस, एडिटेड बाई ब्रैनस्टेड एंड के.जे. मेलडुईस, लांगमैन क्रॉम्प लि. 1978, पृ. 192
3. जूलियस गोएबेल जूनियर, हिस्ट्री ऑफ दी सुप्रीम कोर्ट ऑफ दी यूनाइटेड स्टेट्स वॉल्यूम-1, एंटीसिडेंट्स एंड बिगनिंग टू 1801, मैकमिलन कं. न्यूयॉर्क 1971, पृ. 237-38
4. कोटेड इन दी कैम्ब्रिज हिस्ट्री ऑफ इंडिया, एडिटर एच.एच. डैडवेल, वॉल्यूम-6, चाँद एंड कम्पनी लि., देलही, पृ. 554

6. आत्म-शासन की चेष्टा

1. द इंडियन नेशनल मूवमेंट-1885-1947, सेलेक्ट डॉक्यूमेंट, एडिटेड बाई बी.एन. पांडे, मैकमिलन, 1979, पृ. 30-31

7. स्वतंत्रता और समानता

1. जॉन स्टुअर्ट मिल ऑन पॉलिटिक्स एंड सोसायटी, सेलेक्टेड एंड एडिटेड बाई जेरेंट एल विलियम्स, हार्वेस्टर प्रेस लिमिटेड, ससेक्स, इंग्लैंड, 1976, पृ. 358
2. दी यूनिवर्सल डिक्लेरेशन ऑफ ह्यूमन राइट्स ऐज मेड बाई दी जनरल एसेम्बली ऑफ यूनाइटेड नेशंस इज गिवेन इन दी एपेंडिक्स।

जिन्दगी : सभ्यता के हाशिये पर

भूमिका

प्रस्तुत अध्ययन की शुरुआत दिल्ली में कम आय वाले लोगों को रिहाइश की समस्या के कुछ प्रत्यक्ष अनुभवों से हुई। रिहाइश की समस्या से लोगों की आय और रोजगार के अध्ययन जुड़ते गए और इस तरह नगर के निचले वर्गों के पूरे जीवन की समस्या अध्ययन के दायरे में आ गई, लेकिन शहरी गरीब आदमी का जीवन पूरी शहरी संस्कृति और इसके आर्थिक आधार से जुड़ा होता है। इस तरह आखिर में यह पूरी शहरी संस्कृति और उस प्रक्रिया का अध्ययन बन गया जिसके द्वारा इसके निचले वर्गों का जीवन निर्धारित होता है।

मूल रूप से यह अध्ययन भारत के दो महानगरों दिल्ली और मुम्बई की स्थितियों को आधार बनाकर किया गया है। इसके दो कारण हैं। एक तो यह कि लेखक इन दोनों नगरों में वर्षों रह चुका है, अत: वहाँ के माहौल से निजी तौर से परिचित है। दूसरा यह कि तीसरे महानगर कलकत्ता के सम्बन्ध में यह बात आमतौर से मान ली जाती है कि उसकी समस्या अब किसी समाधान के परे है तथा इस बात को वहाँ के विशेष इतिहास और परिप्रेक्ष्य से जोड़ा जाता है। अत: उसका अध्ययन बहुत लोगों की निगाह में विकासशील शहरी सभ्यता का प्रतिनिधि अध्ययन नहीं हो सकता। पर मुम्बई को 'बॉम्बे द ब्यूटिफुल' (सुन्दर बम्बई) कहा जाता है और यह भारत का आधुनिकतम नगर माना जाता है। इसी तरह दिल्ली को 'मुस्कानों की नगरी' कहा जाता है। इसमें कोई सन्देह भी नहीं कि 1912 से, जब दिल्ली भारत के अंग्रेजी शासन का केन्द्र बना और इससे भी बढ़कर 1947 के बाद से जब यह स्वतंत्र भारत की राजधानी बना, दिल्ली को बनाने-सँवारने पर विशाल धनराशि खर्च की गई। अत: मुम्बई और दिल्ली के सम्भावित भविष्य में हम उन स्थितियों की झांकी पा सकते हैं जिसमें यहाँ के आम नागरिकों को आनेवाले दशकों में रहना होगा।

पर चूँकि नगर देश की पूरी अर्थव्यवस्था से जुड़े होते हैं, इस अध्ययन में देश के बाकी हिस्सों से इन नगरों के आर्थिक सम्बन्धों की भी संक्षिप्त चर्चा की गई है। इसी तरह यह अध्ययन कुछ मुद्दों पर दुनिया भर के शहरी संस्कृति के अध्ययन से जुड़ गया है क्योंकि हर जगह नगरों के चरित्र में कुछ समान गुण

दिखाई देते। हैं। इसी सन्दर्भ में आधुनिक नगरों की समस्या और उनके समाधान के सुझावों पर भी विचार किया गया है। अध्ययन से जिस भविष्य की तस्वीर उभरती है वह बहुत सुखकर नहीं है, लेकिन यह अध्ययन जो प्रश्न प्रस्तुत करता है उससे हम भाग भी नहीं सकते क्योंकि उसका जवाब वर्तमान पीढ़ी के बहुसंख्य लोगों को अपने ही जीवनकाल में देना पड़ेगा। अध्ययन का उद्देश्य अपने देशवासियों को सचेत करना है कि अगर आज से ही देश के आर्थिक ढाँचे को बदलने की दिशा में कदम नहीं उठाए गए तो भविष्य में हमें घोर त्रासदी का सामना करना पड़ेगा।

1

महानगरों की व्यस्त सड़कों, फुटपाथों, चौराहों, महत्त्वपूर्ण मोड़ों, बड़े दफ्तरों के इर्द-गर्द एक अनचाही, लेकिन अपरिहार्य उपस्थिति होती है, इन स्थानों से गुजरनेवाला हर आदमी उनकी उपस्थिति से अनजाना नहीं होता। अगर बाइक या गाड़ी खराब हो जाए तो वे उसे ठेलने आ जाएँगे, आपके चप्पल-जूते अचानक टूट गए तो उनकी मरम्मत कर देते हैं या रंग उतरते जूतों पर पॉलिश चढ़ा देते हैं, लंच के समय चाट, फल, मूँगफली या थकावट में तरोताजा करनेवाली खाने की चीज या पेय लिये हाजिर रहते हैं, या और भी वैसे लोगों की जो तरह-तरह के उपयोग की सस्ती चीजें लिये आवाज देते रहते हैं ताकि जिसे भी जरूरत हो, दुकानों का चक्कर लगाए बगैर इनसे खरीद ले। यह नागरिक सेवा भारतीय शहरी जिन्दगी का इतना स्वाभाविक अंग बन गई है कि अगर अचानक ये लोग सड़कों से गायब हो जाएँ तो इनका अभाव एक बुरी तरह खलनेवाला सन्नाटा पैदा कर देगा। यह अभाव आप खासकर तब महसूस करेंगे जब आप ऑफिसों वाले इलाके में हों जहाँ खाने-पीने की व्यवस्था कम होती है और आप भूखे हैं, या अचानक आपकी चप्पल ने जवाब दे दिया और बिना उसकी मरम्मत के चलना कठिन है, पर आपकी निगाह में इनकी सेवा का चाहे जो महत्त्व हो, आधिकारिक रूप से ये नगर की व्यवस्था के अंग नहीं।

ये अनचाहे लोग हैं जिनके पीछे नगर की व्यवस्था के रक्षक लाठी लेकर पड़े रहते हैं। इसका अन्दाजा आपको उन अवसरों पर होता है जब अचानक आपको सड़क पर भगदड़ दिखाई पड़ती है और दबी जुबान में 'कमेटी वाले...कमेटी वाले' दुहराते हुए नगरवासियों के ये सेवक अपनी छोटी दुकानें समेटते हुए कहीं दुबक कर छिपने की जगह ढूँढ़ने लगते हैं। इसके साथ ही कमेटी वालों की गाड़ियाँ यानी म्युनिसिपल कमेटी की गाड़ी और साथ में पुलिस वाले आ जाते हैं और फिर पुलिस वाले लुटेरे दल की तरह इन पर टूट पड़ते हैं। हालाँकि इसमें नाटकीयता अधिक होती है चूँकि पुलिसवालों पर भी नगराधीशों का दबाव होता है और उन्हें हुक्म की तामील करनी ही होती है पर पुलिस के सिपाही भी जानते हैं कि यह धन्धा नगर के जीवन का अनिवार्य अंग है एवं धन्धा करनेवालों की मजबूरी। और छोटे-मोटे घूस के लोभ से भी सहानुभूति की मात्रा बढ़ जाती है। फिर भी कुछ करना जरूरी होता

है क्योंकि एक डंडा पुलिस के सिपाही के हाथ में होता है और दूसरा उनके सिर पर चढ़ा होता है और कहीं-कहीं पास-पड़ोस के बड़े दुकानदारों का भी दबाव होता है जो यह बर्दाश्त नहीं कर सकते कि उनके व्यावसायिक एकाधिकार में छुटभैये घुसपैठ करें। इस तरह किसी के खोमचे उलटकर फेंक दिए जाते हैं, किसी को धक्का देते हुए पुलिस की गाड़ी पर चढ़ाया जाता है और खोमचों में से कुछ म्युनिसिपल कमेटी की गाड़ियों में लाद लिए जाते हैं। जो इस तरह पुलिस की गिरफ्त में आ जाते हैं, उन्हें मजिस्ट्रेट के इजलास में पेश किया जाता है। अगर आप छानबीन करें तो पाएँगे कि इन धन्धा करनेवालों के लिए न्यायपालिका की अनेक बारीकियों, तथ्यों की परीक्षा तथा वकीलों के तर्क-वितर्क का कोई सिलसिला नहीं होता। एक-एक की पेशी होती जाती है और तुरन्त एक-दो बातें मुजरिम से पूछ कर दंड सुना दिया जाता है। पेश किए गए लोगों की खैर इसी में होती है कि अपना गुनाह कबूल कर लें, वरना हर इनकार के बाद में सजा बढ़ती चली जाती है। आमतौर से सजा में कुछ जुर्माना होता है लगभग सभी मामले में। ये लोग फिर अपना धन्धा पूर्ववत चालू कर देते हैं क्योंकि कोई जीविका चलाने का दूसरा विकल्प इनके सामने नहीं होता। कानून की यह मार भी खरीद-बिक्री की तरह ही इन व्यवसायों का एक अंग बन गया है जिसे इस धन्धे में लगे लोग बिना शिकवे-शिकायत के कबूल कर लेते हैं। ये जिन्दगी की उस असहाय अवस्था में पहुँचे लोग होते हैं जिनके लिए मान-अपमान का कोई अर्थ नहीं रह गया होता और जीवन की अनियमितता ही नियम बन गई होती है।

लेकिन 'कमेटी' वालों के छापे के क्षणों को छोड़कर शायद ही किसी के सामने यह सवाल उठता है कि नगर की सतह पर दिखनेवाली इनके जीवन की झाँकियों के बाहर इनकी बाकी जिन्दगी कैसी है। ये कहाँ से और क्यों ऐसे व्यवसाय में फँसे हैं जिसमें इतना जोखिम और अपमान भरा पड़ा है। अगर हम इन बातों की थोड़ी जानकारी लेने की कोशिश करें, तो पाएँगे कि नगर के सम्मानित जीवन के बाहर एक ऐसा विशाल समुदाय शहर के भीतर ही रहता है और पलता है, जिसके अस्तित्व से नगर इनकार करना चाहता है, जिन्हें वह दबाकर विस्मृति के तले में रखना चाहता है। थोड़ी छान-बीन करने पर हम पाएँगे कि फुटपाथ पर व्यवसाय करनेवाले लोगों का यह समूह नगरों के उस बृहत् समाज का अंग है जो उसके विकास के लिए अनिवार्य है या इसके विकास का परिणाम है, लेकिन नगरों में यह कूवत या न्याय भाव नहीं कि इन्हें अंगीकृत कर एक सम्मानजनक जिन्दगी दे सके बल्कि नगर इस बात से भी इनकार करता है कि ये स्वयं अपने लिए जीने का कोई जरिया बना लें और फिर बेरोक-टोक बिना किसी बाहरी हस्तक्षेप के अपना काम करते रहें। ऐसे पेशों में लगे प्राय: सभी लोग ऐसे हैं जिनके पास आजीविका के लिए जमीन या और कोई स्थायी साधन नहीं और न तो उन्हें सरकारी और गैर-सरकारी क्षेत्रों

में कोई नौकरी या रोजगार पाने की आशा है। इस तरह फुटपाथ का पेशा उनके सामने स्वयं को और अपने परिवार को भुखमरी से बचाने का एकमात्र साधन है। उनके पास इतनी पूँजी नहीं होती कि नगर के किसी इलाके में कायमी ढंग से कोई स्थान लेकर दुकान खोल सकें। फुटपाथ के धन्धे में किसी बड़ी पूँजी की जरूरत नहीं होती। 10-20 रुपए की छोटी पूँजी से भी कुछ काम शुरू हो सकता है। इतनी रकम से ही छोटा-मोटा सामान खरीद कर बेचा जा सकता है जिससे किसी तरह दिन-भर की मजदूरी निकल आए। इनकी जिन्दगी की सबसे बड़ी आफत हैं 'कमेटी वाले'। अगर कमेटी वालों की चपेट में आ गए तो न सिर्फ इनकी पूँजी ही खत्म हो जाएगी, क्योंकि कमेटी वाले सारा सामान उठाकर ले जाएँगे बल्कि ऊपर से जुर्माना भरने का बोझ भी माथे चढ़ जाएगा। इसके बाद अक्सर भुखमरी का सामना भी करना पड़ता है, पर अधिकांश वैसे लोगों के लिए यह जीने का अन्तिम उपाय है। वे इसे छोड़कर किसी दूसरे पेशे की बात नहीं सोच सकते। नगर की व्यवस्था में ऐसी संवेदनहीनता है कि न तो यह सभी लोगों को रोजगार ही दे पाती है और न उन्हें फुटपाथ के छोटे घंधों से अपनी आजीविका का इन्तजाम ही करने देती है। सम्भवत: इस संवेदनहीनता का एक कारण यह है कि जिन लोगों को इन सेवाओं से लाभ होता है वे प्राय: निम्न-मध्यम वर्ग से आते हैं जिनकी व्यवस्था चलाने में बहुत भागीदारी नहीं होती।

फुटपाथ का धन्धा करनेवाले लोगों में अधिकांश गाँवों में आजीविका का उपाय ढूँढ़ने में असफल हो नगरों में किसी रोजगार की तलाश में आए हुए लोग होते हैं। इनमें कुछ ऐसे भी होते हैं जो स्वयं शहरी जीवन की उपज हैं। इस वर्ग में ऐसे लोग हैं जो शहरी जिन्दगी को पस्त करनेवाली भाग-दौड़ में पिछड़ गए होते हैं—वे व्यापारी, जिनकी कभी कुछ हैसियत थी, पर सुस्ती या किसी विपत्ति के कारण पूँजी टूट गई, नौकरी-पेशा में लगे मध्यम वर्ग के वे लड़के जो सीमित नौकरियों की होड़ में नाकामयाब रहे या कुछ ऐसे लोग भी जो शुरू से इस पेशे में रहे तथा कहीं और कोई स्थायी ठौर नहीं बना पाए।

लेकिन सड़क के किनारे खोमचे वालों का समूह एक बहुत छोटा हिस्सा है। उस बड़े समूह का जिसके बगैर नगर की जिन्दगी असम्भव है। यह पूरी तरह उपेक्षित है। इसमें सबसे विडम्बनापूर्ण स्थिति है निर्माण कार्य में लगे मजदूरों की। नगर के आकार के हिसाब से इनकी तादाद हजारों या लाखों तक में हो सकती है। ये ही वे लोग हैं जो नगरों की आलीशान बहुमंजिली इमारतों, पाँच सितारा होटलों, फ्लाई ओवर, अंडरपास, हवाई पट्टियों एवं नगर की सड़कों का अनेक जोखिमों के बीच निमणि कर इसे आकार और रंग देते हैं, लेकिन स्वयं ये जिन्दगी-भर सड़कों के किनारे झुग्गियों या खुले आसमान के नीचे जीवन बिताने को अभिशप्त हैं। इनकी सन्तानें इन्हीं स्थितियों में जन्मती हैं और अगर जीवित बच

गईं तो निर्मित हो रहे मकानों या सड़कों के किनारे खाटों में या सीधे जमीन पर लिटाकर रखी जाती हैं और इसी तरह अपना बचपन बिता देती हैं, क्योंकि काम में लगे माँ-बाप न तो इतनी फुर्सत पा सकते हैं कि इनके साथ अपनी झोपड़ियों में जिन्दगी बिताएँ और न कोई दूसरी व्यवस्था होती है जिसके भरोसे इन्हें छोड़ निश्चित हो काम पर लगें। क्रेच और किंडरगार्टन की व्यवस्था इनके लिए अजनबी है। इन्हें कार्य स्थल पर लिटाए रखने से माँ-बाप कभी-कभार इनकी खोज-खबर लें सकते हैं। बहुत छोटे शिशुओं को, जिन्हें अकेला छोड़ना सम्भव नहीं, अक्सर माताएँ काम करते समय अपनी पीठ में बांध लेती हैं, और इस तरह जन्म लेते ही इनका धूल-मिट्टी और शीत-ताप की उस दुनिया से साक्षात्कार हो जाता है जो तकदीर की लकीर की तरह फिर कभी उनका साथ नहीं छोड़ती। इस तरह के बचपन के बाद 10-12 साल की उम्र से माँ-बाप के कामों में हाथ बँटाने से उनकी शिक्षा शुरू होती है और फिर युवा होते-होते अपने माँ-बाप-सा ही ये निर्माण कार्य के जीवन चक्र में बांध दिए जाते हैं। एक इमारत के बाद दूसरी इमारत बनती जाती है। एक मोहल्ला के बाद दूसरा मोहल्ला बनता है और निर्माण कार्य के साथ ही ये मजदूर अपना स्थान बदलते रहते हैं। हर काम की समाप्ति इनके लिए निर्वासन का नोटिस होती है। ऐसे ही ये खानाबदोशों की तरह अपनी सिरकी और प्लास्टिक एक जगह से दूसरी जगह, एक नगर से दूसरे नगर तक तानते फिरते हैं। जीवन में अचल एक ही चीज है जीवन का कार्यक्रम, जिसमें सुबह से शाम तक जिन्दगी एक परिवर्तनहीन लकीर बनी रहती है। उठना, तैयार हो काम पर जाना, थोड़े समय का अवकाश और फिर काम और फिर रात में नींद-भर विश्राम। इसी तरह जिन्दगी की भी एक परिवर्तनहीन लकीर है। जन्म से मजदूर बनने की तैयारी, फिर काम; जवानी में चन्द दिनों की खुशी, बेसहारा बुढ़ापा और फिर अन्तहीन विश्राम। नगर उठते जाते हैं और इनका जीवन ढलता जाता है। इसी क्रम में नई अनजान जगहों पर ये अपनी अस्थि छोड़ते जाते हैं। कहीं किसी नगर में प्रस्तर में इन निर्माताओं के नाम नहीं खुदे होते जिनकी आजन्म तपस्या से नगरों का निर्माण होता है। वहाँ नाम खुदता है किसी बड़े सेठ साहूकार या राजनेता का, जिसने कुछ पैसे दिए हों या योजना बनाई हो या मेहरबानी कर कभी निर्माण उद्घाटन में शरीक हो गया हो।

भारतीय नगरों के लिए निर्माताओं की तरह ही आवश्यक होते हैं। ठेले वाले और रिक्शे वाले जिनके बिना नगरों की जिन्दगी ठप पड़ सकती है। रिक्शे वाले और ठेले वाले बोझ ढोने का वह काम करते हैं जो परम्परागत समाजों में बैल, घोड़े, ऊँट आदि से लिये जाते हैं और आधुनिक समाज में ट्रकों और मशीन से चलनेवाली ट्रॉलियों से, लेकिन भारतीय नगरों में मवेशियों को पालने से आदमी को पालना कम खर्चीला है और साथ ही मशीनों के बजाय आदमी पर प्राथमिक पूँजी निवेश कम है। सच तो यह है कि ठेले वाले जैसे स्वतंत्र पेशा मजदूरों पर कोई पूँजी खर्च नहीं

होती। वे गाँवों की हवा-पानी से पलकर आते हैं, कोई गरीब माँ-बाप अपना पेट काट उन्हें काम के लायक हट्टा-कट्टा बना देता है और फिर वे काम की तलाश में नगरों की खिदमत में हाजिर हो जाते हैं। ये ठेले गाड़ियों की व्यवस्था भी प्राय: स्वयं अपनी कमाई का धेला-धेला जोड़कर करते हैं। इस तरह बनी-बनाई सस्ती जीवित मशीन नगरों की सेवा के लिए मिल जाती है। मशीनों के टूट जाने से पूँजी डूब जाती है, पर इन मानव मशीनों के मरने से कोई घाटा नहीं होता। इनकी जगह लेने के लिए मानव मशीनों का दूसरा दल तैयार रहता है। इसीलिए भारतीय नगरों में आदमी उन तमाम कामों में पशुओं का स्थान ले रहे हैं जहाँ मशीनों पर लागत के लायक पूँजी का अभाव है। अत: हाथ ठेले से साइकिल ठेले एवं हाथ रिक्शे से साइकिल रिक्शे तक चलानेवालों की तादाद नगरों में कभी कम नहीं होती। ऐसे ही अनेक दूसरे तरह के कठिन और अप्रिय काम हैं जिसमें लगे लोग नगरों के जीवन की आधारशिला हैं।

पर ये लोग कहाँ और किस तरह रहते हैं, यह नगर की जवाबदेही नहीं। ये उस बहती जनधारा के अंग हैं जो गाँवों से नगरों तक आती है, नगरों को बनाती-सँवारती है और फिर इसके कड़े और जहरीली हवा से अन्तड़ियों और फेफड़ों को भरती, बीमारियों का बोझ लिये श्मशान की ओर या फिर गाँवों को लौट जाती हैं। जैसे मानव-शरीर में धमनियों से रक्त प्रवाह होता है वैसे ही गाँव से नगर तक जनधारा के बहाव के लिए धमनियों का एक जाल बना हुआ है, जिससे गाँवों से नगर तक स्वस्थ लोगों के बहाव और बीमार एवं त्यक्त लोगों के निष्कासन का कायमी सिलसिला बना रहता है।

इस जनधारा में हर उम्र के औरत-मर्द और लड़के-लड़कियाँ होती हैं। उपयोगिता के हिसाब से छाँट-छाँटकर नगर इन्हें अलग-अलग तरह के कामों में लगा लेता है। कोई ईंट बनाता है तो कोई मकान, कोई ठेला खींचता है तो कोई रिक्शा, बच्चे रेस्तरां या ढाबों में बर्तन साफ करने पर भरती कर लिए जाते हैं तो औरतें घरों की सफाई में झाड़ू-पोंछा या वैसे ही अन्य गन्दे कामों में रख ली जाती हैं जो नगर के सम्पन्न लोगों के लिए अरुचिकर होता है। इन्हीं में कुछ वेश्यालयों को चलानेवाले गिरोहों के चंगुल में फँस शहरी सभ्यता के सबसे प्राचीन पेशे में चली जाती हैं और अपने तमाम पुराने रिश्ते-नाते और सामाजिक सम्बन्धों एवं संस्कारों से सदा के लिए दूर हो जाती हैं। कुछ लोग तो छिटपुट ढंग से अलग-अलग तरह के कामों में लग जाते हैं, लेकिन इन्हें काम पर लगाने की थोक व्यवस्था भी नगरों में होती है। अनाज की आढ़त या सब्जी मंडी की तरह सभी छोटे-बड़े नगरों में आदमियों की भी मंडियाँ लगती हैं। वहाँ बेरोजगार मजदूर सुबह-सबेरे बिक्री के लिए आकर बैठ जाते हैं। फिर एक नियत समय पर इनकी खरीदगी के लिए व्यापारी पहुँचते हैं। जैसे मेलों में मवेशियों का चुनाव होता है वैसे ही इनका डील-डौल देख और इनकी उपयोगिता

का अन्दाजा लगा इन लोगों में से विभिन्न तरह के कामों के लिए आदमियों का चुनाव होता है। प्रायः यह चयन दिन-भर के लिए या एक विशेष अवधि के लिए होता है, जिसके बाद ये मजदूर फिर नियत स्थान और नियत समय पर अपनी बिक्री के लिए आ बैठते हैं। अगर किसी ने काम के लिए चुन लिया तो तत्काल रोटी की समस्या हल हो गई, अगर नहीं, तो अक्सर फाके की नौबत रहती है।

इसके अलावा भी मजदूरों की खरीदगी के लिए दलाल और ठेकेदार होते हैं। यह सच है कि यह खरीद-बिक्री कुछ दिनों या महीनों के लिए होती है, पर पूरा ढंग और मजदूरों पर बन्दिशें उसी तरह की होती हैं जैसे गुलामों की बिक्री का होता होगा। ठेकेदार उनसे, जिन्हें मजदूरों की जरूरत होती है, पैसे पेशगी में ले लेते हैं और फिर दूर-दराज गाँवों से सब्जबाग दिखाकर मजदूरों को नगरों में ले आते हैं। उन्हें कुछ पैसे पेशगी में दे दिए जाते हैं और फिर उनको तरह-तरह के कामों में लगा दिया जाता है। अक्सर मजदूर पूरे परिवार के साथ आते हैं क्योंकि गाँवों में आजीविका का कोई जरिया नहीं होता, इसके अलावा परिवार की महिलाएँ और दस साल से ऊपर के लड़के-लड़कियाँ भी कुछ काम करने लायक हो ही जाती हैं। इस तरह पूरे परिवार ठेकेदारों के माध्यम से मालिकों के गिरफ्त में आ जाते हैं। पैसे के हिसाब का सिलसिला ऐसा होता है कि कभी मजदूरों को पूरी मजदूरी लेकर छुट्टी करने का मौका नहीं मिलता।

ईंट बनाने के काम में तो वे बिलकुल कैदी जैसे ही रहते हैं क्योंकि नगर से दूर जहाँ ईंट पकाने की चिमनियाँ होती हैं वहीं ईंट जोड़कर उनके रहने की अस्थायी व्यवस्था कर दी जाती है और ऐसा इन्तजाम रहता है कि वहाँ से निकल नहीं सकते। जैसे ईंटें भट्ठों में चुनी जाती हैं वैसे ही भट्ठों में काम करनेवाले मजदूर भी एक अन्य किस्म के भट्ठों में चुने जाते हैं, जिसमें पककर वे इसके लिए तैयार हो जाते हैं कि उन्हें एक के ऊपर एक जोड़कर शहरी सभ्यता की दीवार खड़ी की जाए। अक्सर चिमनी के मालिकों के लठैत इस बात की निगरानी रखते हैं कि यहाँ के मजदूर चिमनी की बस्ती के दायरे के बाहर न जाएँ या बाहरी लोगों से मिल-जुल न पाएँ। अगर जाने की इजाजत हो भी तो पैसा तो ठेकेदारों के हाथ से बूँद-बूँद टपककर इनके हाथों में आता है, और हिसाब ऐसा होता है कि कितना भी काम हो, पेशगी में समय-समय पर दिए गए पैसे उनके सिर पर चढ़े ही रहते हैं। कभी-कभी ठेकेदार ही सारा पैसा ले चम्पत हो जाता है तब इन्हें दाने-दाने का मुहताज बनना पड़ता है। काम का इसी तरह का सिलसिला उन अन्य जगहों पर भी चलता है जहाँ कोई बड़ा निर्माण कार्य हो रहा होता है, और एक साथ बड़ी तादाद में मजदूरों की जरूरत होती है।

जब स्थिति बर्दाश्त के बाहर हो जाती है तब-मजदूर मौका पा परिवार समेत मालिकों के घेरे से भाग निकलते हैं, पर उस समय उनकी आर्थिक स्थिति वही रहती

है जैसी तब थी जब वे अपने गाँवों से चले थे, यानी उनके पास धेला भी नहीं होता। इक्के-दुक्के साहसी लोगों को छोड़ जो भूखा रह बिना टिकट के सफर का जोखिम उठा सकते हैं, बाकी लोग वापस अपने गाँव भी नहीं जा पाते। उन्हें शहर में ही, चाहे जिस शर्त पर जिन्दा रहने के लिए काम करना पड़ता है। घर वापस जाकर ही इनके लिए कौन-सी रोजी की व्यवस्था इन्तजार करती है जिसके लिए वापसी की छटपटाहट हो? इस तरह इन मजदूरों की बड़ी संख्या का नगर ही निवास बन जाता है। जिन्दा भर रहने के लिए जगह और पेशा बदलते-बदलते इनकी पूरी जिन्दगी निकल जाती है। इस तरह नगर की जिन्दगी में ये कायमी रूप से दीक्षित हो जाते हैं। फिर ये नगर की निचली धरातल पर कोई ठौर बना उस जनसमूह का हिस्सा बन जाते हैं जो शेषनाग की तरह अपने सहस्त्रों मस्तकों पर उस शहरी संस्कृति का बोझ जिसमें उसका अपना कहने को कुछ नहीं होता, उठाए रहता है, उस संस्कृति को, जो उसे हमेशा तिरस्कृत और उपेक्षित रखती है।

जो लोग नगर से जान छुड़ाकर अपने गाँव भागने का प्रयास करते हैं उनके लिए व्यवस्था ने अन्य यातनाएँ तय कर रखी हैं। वैसे भारतीय रेल व्यवस्था में नियमों का पालन अपवाद होता है। अगर आप सफेदपोश हैं, रेल व्यवस्था की अन्तड़ियों को पहचानते हैं, जेब में काफी पैसे रखते हैं या आपके धनी रिश्तेदार मौके पर काम आ सकते हैं, तो आप धड़ल्ले से बिना टिकट रेलगाड़ी की ऊँची से ऊँची श्रेणियों में सफर कर सकते हैं। अगर आप फर्राटे से बात कर सकते हों, बेतकल्लुफी से टी.टी. साहब को उनके आते ही सिगरेट ऑफर कर सकते हों तब तो शायद कभी किसी को पता भी नहीं चलेगा कि आप बेटिकट चलनेवाले हैं, पर फटेहाल मजदूर शंकित, भयभीत, हर सफेदपोश से दुबकता हुआ दूर से ही अपने डब्ल्यू.टी. होने की शिनाख्त कर देता है। टी.टी. साहब सीधे उसके पास पहुँचते हैं और अगर साधारण चेकिंग है तो जो भी दो-चार रुपये उसकी जेब में हैं, तराश लेते हैं, और अगर कहीं मजिस्ट्रेट चेकिंग है या स्पेशल चेकिंग है—क्योंकि जेलों में अनेक तरह की ड्यूटियों के लिए आदमी की कमी हो गई है—तो ये लोग पुलिस की पकड़ में आ जाते हैं। मजिस्ट्रेट साहब पहले से सजा लिये बैठे होते हैं। पेशी के साथ ही इन्हें सजा सुनाकर जेलों में भेज दिया जाता है। एक तरह के कैदखाने से भागे को दूसरे तरह के कैदखाने में काम की ड्यूटी लग जाती है।

तरह-तरह की नियमित मजदूरी एवं फुटपाथ पर छोटे-मोटे व्यापार के अलावा और भी अनेक तरह के धन्धे हैं जिसमें लग कर बच्चे, बूढ़े, जवान सभी जिन्दा रहने का उपाय ढूँढ़ते रहते हैं। अक्सर इस वर्ग के लोगों द्वारा आपके सामने अनपेक्षित सेवाएँ या मनोरंजन पेश कर दिए जाते हैं। आप बस की लाइन में देर से बस की प्रतीक्षा करते ऊब रहे हैं, तभी अचानक एक दुबला-पतला लड़का, जो हड्डियों का ढाँचा भर है सड़क पर कलाबाजियाँ दिखलाने लगता है। आप आँख फेरे नहीं

सकते और जब वह तमाशा दिखाकर आपके सामने अपनी झोली फैला देता हैं तो अनचाहे भी आप पाँच या दस पैसे इसमें डाल ही देते हैं। इसी तरह जहाँ-तहाँ सड़कों पर आपको अधभूखे कलाकारों द्वारा बनाई गई देवी-देवताओं की बहुरंगी तस्वीरें दिख जाएँगी। ये तस्वीर आमतौर से कैलेंडरों की तस्वीरों की अनुकृति होती हैं, लेकिन अधिकांश में एक हद की कलात्मकता होती है जो अवसर के अभाव में सड़कों पर प्रतिभा का आभास देकर अधभुक्खड़ों की दुनिया में सदा के लिए विलीन हो जाती है। कला की परख से कम और धर्मभीरुता से अधिक चलते-फिरते काफी लोग पाँच-पाँच पैसे डाल ही देते हैं। अगर आप ग्रहों के प्रभाव पर विश्वास करते हैं और शनिदेव की दृष्टि से डरते हैं तो हर शनिवार को जहाँ-तहाँ सामने खड़ी शनिदेव की तस्वीर के सामने बिना कुछ पैसे डाले आप बच नहीं सकते। और यही कहीं किसी आदमी की आजीविका का सहारा होगा। आप द्वितीय श्रेणी के डिब्बे में सफर कर रहे होते हैं। चूँकि रेल विभाग द्वारा इसकी सफाई जैसी तैसी ही होती है, अत: पाँव के पास जूठे पत्तल, मूँगफली और केले के छिलके आदि के ढेर सफर के क्रम में लग जाते हैं। अचानक कोई आदमी डिब्बे में झाड़ू लिये आ जाता है और मिनटों में डिब्बे की पूरी सफाई कर देता दें। यह कोई रेलवे का कर्मचारी नहीं होता। यह अतिरिक्त सेवा देनेवाला आदमी अपेक्षा रखता है कि आप उसकी सेवा भाव का आदर करके कुछ सिक्के उसके हाथ में डाल दें। इसी तरह हमारे इर्द-गिर्द कड़े के ढेर से रद्दी कागज, प्लास्टिक और बोतलों के टुकड़े, लोहे या अन्य धातुओं की टूटी फेंकी चीजें बटोरती औरतें और बच्चे दिखाई दे जाते हैं। स्टेशनों के पास रेलवे यार्डों में औरतें इस आशा से चक्कर लगाती फिरती हैं कि इंजन से गिराए गए ढेर में कहीं कोयले के कुछ अधजले टुकड़े मिल जाएँ जो उनके लिए जलावन के काम आएगा। राख एवं कूड़े-कचरे के ये ढेर इनके लिए कुबेर का खजाना हैं जहाँ से ये अपने जीने का सहारा निकाल लेते हैं। ऐसे ही सैकड़ों तरह के काम ईजाद कर इस समाज का एक बड़ा हिस्सा अपनी गुजर-बसर चलाता है।

बड़ी तस्करी बड़े लोगों का सम्मानजनक पेशा है। इससे आप करोड़पति बन सकते हैं, पाँच सितारा होटलों में स्थाई रिहाइश बना सांसदों और मंत्रियों के साथ कन्धा रगड़ सकते हैं, कुछ को अपनी उँगली पर नचा सकते हैं, लेकिन एक नीचे स्तर की तस्करी भी होती है जिसमें छोटे लोग सिर्फ जिन्दा रहने के लिए शामिल होते हैं। यह घिनौना पेशा होता है। इसमें चीनी के अभाव के समय लोग सीमा के इलाके में दस-बीस किलो चीनी उस पार से इस पार कर देते हैं या अन्न संकट के समय प्रादेशिक प्रतिबन्धों का उल्लंघन कर कुछ किलो अनाज एक राज्य से दूसरे राज्य में लोगों के खाने के लिए पहुँचा देते हैं। इस धन्धे में अनेक तरह के अपमान हैं। बे-टिकट चलने में रेल अधिकारियों द्वारा अपमान और फिर पुलिस के सिपाहियों द्वारा धक्कम-धुक्की आदि, लेकिन इन छोटे धन्धों में लगे लोग मान-

अपमान की परिधि से बाहर निकल चुके होते हैं क्योंकि इनके सामने जो अटल समस्या रहती है, वह किसी तरह सिर्फ जिन्दा रह पाने की, और अगर जिन्दा रहने के लिए विश्वामित्र का कुत्ते का मांस चुराकर खाना शास्त्रों में उचित माना गया है, सरकार के खिलाफ चोरी करना, जो अधिकांश मंत्री तक करते हैं, सही हो सकता है तो यह नियम भला इनके लिए कैसे वर्जित हो सकता है, फिर भी व्यवस्था यह तर्क मानने के लिए तैयार नहीं, क्योंकि विश्वामित्र सन्त थे एवं मंत्रीगण समरथ लोग होते हैं। अत: हर स्थान पर पुलिस वाले इन्हें घेरते हैं, पर पुलिस के सिपाहियों की कीमत ही क्या! वे भी तो गरीब वर्गों से ही आते हैं। पचास पैसे या रुपये के सिक्के सें फुर्सत मिल जाती है और यह घूस का सिलसिला भी इस तस्करी की तरह की कायमी है। बड़ी तस्करी मंत्रियों की मिली भगत से चलती है. छोटी तस्करी पुलिस के सिपाहियों के मेल से। सभी धन्धों का अपना दर्जा होता है।

कभी-कभी जब आप फल और सब्जियों की मंडी से गुजरते हुए सड़े-अधसड़े फल या सब्जी को खरीदने के लिए धक्कम-धुक्की करती भीड़ देखते हैं तो आपको अचरज होता है, लेकिन इसमें अचरज की कोई बात नहीं। हमारी शस्य-श्यामला भारत भूमि में एक बड़ा जनसमूह है, जो फल और सब्जी के नाम पर सड़े-अधसड़े फल और सब्जियों से अपनी साध मिटाने की इच्छा से ऊपर अपनी निगाह नहीं उठा सकता। फल और सब्जियों के गोलेदार भी इस बात से वाकिफ हैं और सड़े फल एवं सब्जी को भी हिफाजत से बचा इनसे जितनी भी कीमत निकल जाए, निकालने के लिए तैयार रहते हैं। सड़े फलों का भी एक समानान्तर बाजार होता है। इस तरह ये सड़े फल मंडियों से चलकर दूर-दूर तक निचले वर्ग के लोगों को फल खाने भी लालसा मिटाते हैं।

ऐसे ही और भी अनेक धन्धे हैं जिनके सहारे नगर के निचले स्तरों से लोग गुजारा चलाते हैं और नगर के भीतर ही एक नीचा नगर बसाते हैं।

रोजी के बाद दूसरे नम्बर की समस्या रोटी को होती है और जाहिर है कि नगर के पाँच सितारा होटल और सजे-धजे भोजन और जलपान घर इन लोगों के लिए नहीं बने होते। इनकी ऐसी हैसियत नहीं कि उनमें खाने के लायक पैसा जुटा सकें। अगर किसी तरह पैसा जुटाकर इनमें घुसने का शौक भी पूरा करना चाहें तो नहीं कर सकते क्योंकि इनके कपड़े-लत्ते और सबसे बढ़कर सकुचाया-सा व्यक्तित्व इनके प्रवेश पर बड़ी बाधा बन जाता है। इस वर्ग के लोगों को बाहर रखा जा सके, इसलिए अधिकांश बड़े होटलों और भोजनघरों के सामने प्रवेश का अधिकार सुरक्षित रखने का बोर्ड व्यवस्थापक लगाए रखते हैं। गरीबी लोगों के चेहरे पर ऐसी साफ-साफ चित्रित रहती है कि सौ कदम अलग से ही इन भोजनघरों के दरबान जान लेते हैं कि कोई अनचाहा आदमी उसकी ऐयाशी के मन्दिर की पवित्रता भंग करने आ रहा है और उसका रास्ता रोक लेते हैं। कोई विलायती चाहे कितना भी

गन्दा हो और कैसी भी अभद्र पोशाक में हो, बेखटके इन जगहों में घुस सकता है क्योंकि उसकी चमड़ी का रंग उसके परिवेश के वैभव का साक्षी होता है, वह वैभव, जिसकी आकांक्षा पर भारत के अभिजात वर्गों का जीवन केन्द्रित होता है, लेकिन अपने देश के गरीब भी वैभव की इस दुनिया के लिए विदेशी ही नहीं, विजातीय भी हैं, अतः इनके लिए इसमें प्रवेश नहीं मिल सकता।

यों तो ये लोग यथासम्भव अपना भोजन स्वयं बना लेते हैं, लेकिन अगर अवकाश के अभाव में नहीं बना पाते तो इनके लिए उन इलाकों में जिसके इर्द-गिर्द गरीब लोग होते हैं खास तरह के ढाबे होते हैं या भोजन की कोई और व्यवस्था होती है जहाँ सस्ते दर पर खाना मिल जाता है, चाहे खाना जैसा भी हो। अक्सर सड़क या नालियों के किनारे, जहाँ थोड़ी जगह खाली होती है, खासकर सड़क पर बने पुलों के नीचे, क्योंकि यहाँ हल्की-फुल्की वर्षा से भी बचाव हो जाता है, कुछ उद्यमी लोग रसोई बनाने ओर बेचने की व्यवस्था कर लेते हैं। यहाँ घर भाड़ा, टेबुल-कुर्सी या किसी तरह की सजावट पर खर्च नहीं होता न वर्दीधारी वेटरों की ज़रूरत होती है। अक्सर दुकानदार स्वयं खाना बनाने, वितरण करने आदि का सारा काम कर लेता है। भारत की राजधानी में भी, जिसे अंग्रेजों से लेकर आजाद भारत के शासक वर्गों तक ने खास तौर से सजाया-बनाया है, जहाँ एक तरफ नई दिल्ली सितारे वाले होटलों और महँगे खानाघरों से सजा-धजा रहता है, वही पुरानी दिल्ली की सड़कों के किनारे और गली-कूचों में जहाँ-तहाँ नीचा नगर के नागरिकों के खाने और नाश्ते की ऐसी व्यवस्था रहती है जहाँ बिना कुर्सी-टेबुल के खड़े हो या जमीन पर बैठ, अक्सर कूड़े के ढेर के पास ही पत्तलों, कागजों या सस्ते बर्तनों में लोग खाना खाते रहते हैं। ऐसी व्यवस्था से भोजन के दाम में यथासम्भव कटौती की जा सकती है। जिनके लिए सम्भव होता है, अपने रिहाइश से रोटियाँ लपेटे आते हैं और सस्ती सब्जी या दाल, जो भी उपलब्ध हो, खरीदकर खा लेते हैं।

भोजन के अलावा भी इस नीचा नगर की सारी व्यवस्थाएँ अलग तरह की होती हैं। दिल्ली में दरियागंज से जामा मस्जिद तक के पास के इलाके में नीचा नगर की जिन्दगी के हर पहलू देखे जा सकते हैं। दाढ़ी, बाल बनाने के सजे-धजे सैलून की जगह सड़क किनारे ही कुछ ईंट लगा या टाट बिछाकर नाई बैठे रहते हैं और यहीं बैठे लोग दाढ़ी-बाल कटाते हैं। शैम्पू, साबुन आदि की जरूरत न ग्राहकों को महसूस होती है और न इनकी व्यवस्था करना ज़रूरी समझा जाता है। दवा-दारू और यहाँ तक कि आँखों की परीक्षा कर चश्मों की बिक्री भी यहीं फुटपाथ पर हो जाती है। अस्पतालों में इतनी भीड़ होती है कि थोड़े लोगों को ही इससे राहत मिल सकती है। डॉक्टरी इलाज इतना महँगा है कि आम आदमी मौत के करीब आने पर आतंक से ही सारी गुदड़ी-गठरी गिरवी रखकर डॉक्टरों के पास जा सकता है। उनको अपनी हैसियत के हिसाब से जड़ी-बूटियों का इलाज ही सम्भव जँचता है।

इससे कितना लाभ होता है, यह विवादास्पद बात हो सकती है, लेकिन यह बात निर्विवाद है कि नीचा नगर के लोगों की आमदनी के हिसाब से यही इलाज उनकी पहुँच के भीतर है। अत: सड़कों के किनारे टाट या मैली चादरों पर तरह-तरह की जड़ी-बूटियाँ फैलाए इन्हें बेचनेवाले इनके चमत्कारी गुणों का बखान करते रहते हैं। यह बीमार व्यक्ति या उसकी देख-रेख करनेवाले का काम है कि बीमारी पहचान कर यह तय करे कि उसके लायक कौन-सी जड़ी-बूटी होगी। बीमारी की शिनाख्त में थोड़ी मदद जड़ी-बूटी बेचनेवाले भी कर देते हैं और बीमारी के हिसाब से उपचार की विधि बताते हुए जड़ी दे देते हैं। चूँकि नब्बे फीसदी बीमारियों को स्वयं शरीर ठीक कर लेता है। डॉक्टरी इलाज की तरह ही इन जड़ियों की उपादेयता के सम्बन्ध में कोई निश्चित राय नहीं बनाई जा सकती। इसलिए नि:शंक हो लोग इन जड़ी-बूटियों पर भरोसा रख अपना इलाज चलाते रहते हैं। वैसे मरना-जीना तो तकदीर की बात होती है, जो इस दुनिया के लोगों के लिए निर्विवाद सत्य होता है और जीवन का सबसे बड़ा सहारा भी। इसीलिए जड़ी-बूटियाँ बेचनेवालों की कतार में ही जहाँ-तहाँ ज्योतिषी जी समय और मौसम के प्रभाव से पीली पड़ी पोथियों एवं यंत्रियाँ अंकित कागजों को फैलाए बैठे होते हैं।

कहीं-कहीं ज्योतिषी जी की मदद में लाल मुनियाँ चिड़ियाँ होती हैं जो तकदीर दिखानेवालों के लिए लिफाफों के ढेर में से वे लिफाफे चुनकर ला देती हैं जिसमें उनकी तकदीर का हवाला लिखा होता है। आदमी धोखा कर सकता है, भला पक्षी कैसे धोखा करेगा? ऐसा सोच लोग अपनी किस्मत के बारे में आश्वस्त हो ज्योतिषी जी को दक्षिणा चढ़ा चल देते हैं। अक्सर ज्योतिषी जी रंग-बिरंगे पत्थर लगी या रंग-बिरंगे धातुओं की अंगूठी भी बेचते हैं जिनसे अनिष्टकारी ग्रहों की शान्ति होती है। अब ज्योतिष पर भी आधुनिकता का असर होने लगा है। अत: इलेक्ट्रॉनिक एस्ट्रॉलॉजर भी सड़कों पर आ गए हैं। यह टी.वी. के आकार का यंत्र होता है जो छोटे टेबुलों पर स्थापित होता है। इसमें रुपया डालकर रिसीवर कान से लगाने पर पूरा भविष्य कुछ मिनटों में सुनाई पड़ जाता है। जाहिर है कि अन्दर सब कुछ टेप पर रेकार्ड किया होता है, लेकिन यांत्रिकता के युग में ज्योतिषी जी या लाल मुनिया से भी अधिक विश्वसनीय यंत्र द्वारा बतलाया गया भविष्यफल होता है, अत: अब इलेक्ट्रॉनिक ज्योतिषी का प्रभाव वैसे ही फैल रही है जैसे 'जेट-एज-योगी' का।

ज्योतिषियों के यहाँ काफी भीड़ रहती है। शायद इसलिए कि नीचा नगर में रहनेवाले लोगों की अन्तिम आशा तकदीर ही है। दिन भर ठेले-चलाने या मजदूरी करने से तो जिन्दगी में कोई बदलाव आ नहीं पाता। ज्योतिषी जी शायद कोई उपाय तकदीर को अनुकूल बनाने का बता दें। इसी उम्मीद पर हर तरफ से धक्का खाकर थके लोग यहाँ पहुँचते हैं और ज्योतिषी जी कभी किसी को निराश नहीं जाने देते। उनके पास सब के लिए कोई-न-कोई उपाय होता है। उनसे आशा लेकर लोग फिर

एक बार किस्मत आजमाने में लग जाते हैं, लेकिन तकदीर के भरोसे जीनेवाले, लोगों के लिए हमारे देश की सरकारें भी कम चिन्तित नहीं हैं। उनकी सुविधा के लिए लॉटरियों का अन्तहीन सिलसिला जारी कर दिया गया है। हर दिन कोई-न-कोई लॉटरी खुलनेवाली होती है जिसमें क्षण-भर में कौड़ीमल को करोड़ीमल बताने की क्षमता होती है। इसलिए ज्योतिषियों के यहाँ से भी अधिक भीड़ लॉटरी टिकट बेचनेवालों के यहाँ होती है। जगह-जगह विभिन्न राज्यों के रंग-बिरंगे टिकटों से सजी लॉटरी टिकट बेचनेवालों की दुकानें आशा की एकमात्र किरण की तरह आकर्षण का केन्द्र बनी रहती हैं। इनके इर्द-गिर्द भीड़ में अधिकांश लोग ऐसे हैं जो वर्षों से, और कोई-कोई तो युवा काल से अधेड़ होने तक, लगातार लॉटरी टिकट खरीदते रहते हैं, लेकिन इस भीड़ में कोई ऐसा नहीं होता जिसे लॉटरी ने धनी बनाया हो। एकाध लोग जरूर ऐसे मिल जाते हैं जिन्हें हजारों रुपए के लॉटरी टिकट खरीदने के बाद एकाध बार सौ-पचास का कोई इनाम मिल गया होता है। फिर भी लोग आशा नहीं छोड़ते। कारण यह है कि अगर लॉटरी की आशा छोड़ दें तो फिर जीने के लिए क्या बचा रहेगा? आसपास के विशाल वैभव के बीच अपनी दरिद्रता और अभाव को झेलने की ताकत उस सपने से ही तो आती है जिसमें लॉटरी खुलते ही वह भी जो आज सड़क किनारे नाले के पास पड़ा है, वैभव की दुनिया में सिर ऊँचा कर विचरण करेगा।

पुराने समय में गरीब दो सपनों से जीवन की कठिनाइयों को झेलने की ताकत पाते थे। एक सपना धर्म से मिलता था जो बतलाता था कि स्वर्ग का द्वार सदाचारी गरीबों के लिए ही खुला है; और दूसरा क्रान्तिकारियों की कल्पना से, जो बतलाता था कि गरीब संगठित हो दुनिया को पलट कर स्वर्ग का राज्य धरती पर ही स्थापित कर देंगे, लेकिन इन दोनों ही सपनों ने आदमी से विशेष ढंग के कर्तव्य-निष्ठा की अपेक्षा की। लॉटरी लोगों से किसी निष्ठा की अपेक्षा नहीं रखती। बस, इतना भर जरूरी है कि आदमी एक रुपये का लॉटरी टिकट बार-बार खरीदता जाए और आनेवाले वैभव की कल्पना में वर्तमान की विपन्नता को भूल जाए, लेकिन नगर के निचले धरातल में रहनेवाले लोगों में अधिकांश की सपना देखने की क्षमता मर चुकी होती है। अत: लॉटरी के लिए भीड़ करनेवाले लोग भी वास्तव में इस समाज के एक छोटा अंग ही हैं। अधिकांश इस बात से सन्तुष्ट हैं कि आज को रोटी का इन्तजाम हो गया और इतनी ही इच्छा रखते हैं कि दूसरे दिन भी कोई रोजी मिल जाए। इनके लिए समय और संसार सिमटकर आज और कल एवं दो जून की रोटी बन गया है। इसके बाहर सब अभेद्य अन्धकार है।

इन सब विवशताओं के बावजूद इस निचली दुनिया के आदमी आदमी ही हैं और मानव-जीवन के सारे आयाम किसी-न-किसी रूप में इनमें मौजूद हैं, चाहे ऊपरी समाज उनके बारे में जो भी समझे। इसलिए अपने ढंग से ये मनोरंजन की

सामग्री भी ढूँढ़ते हैं। इन्हें भी कल्पनालोक की तलाश है, बल्कि अधिक ही जहाँ कुछ समय के लिए जीवन के निरंकुश दबाव से मुक्ति पा लें। सबसे बड़ा वैभव के बीच वर्जना की जिन्दगी में दमित सेक्स की भावना के निकास के लिए इनमें भारी दबाव रहता है। इसी तरह अपने दिवा स्वप्न को भविष्य में प्रक्षेपित पाने की ललक भी होती है, और जो इस जीवन में आशा खो देते हैं उसकी पूर्ति दूसरे लोक में देखना चाहते हैं। जो थोड़े पढ़े-लिखे होते हैं, उनके लिए इन सब जरूरतों की पूर्ति साहित्य में होती है। अत: इस दुनिया का एक अपना साहित्य लोक है जिसकी झलक किसी सजी-सजाई पुस्तकों की बड़ी दुकान में नहीं फुटपाथ पर दुकान छाननेवाले पुस्तक विक्रेताओं के यहाँ मिलती हैं। इन दुकानों की अधिकांश पुस्तकें ऐसी होती हैं जिनकी चर्चा कभी किसी साहित्यिक गोष्ठी में नहीं होती। सच तो यह है सम्भ्रान्त साहित्य की दुनिया साहित्य की इस दूसरी दुनिया के अस्तित्व को ही नजरअन्दाज करती है, लेकिन यही साहित्य है जो इस निचले समाज में पढ़ा जाता है। और चूँकि पढ़े लोग कम होते हैं बाकी लोगों द्वारा इसका श्रवण होता है। फुटपाथों की इन दुकानों में सरसरी निगाह दौड़ाने से जिस तरह की किताबें नजर आती हैं उसका अन्दाजा यहाँ उल्लिखित कुछ किताबों के नाम से लगाया सकता है। ये इस प्रकार हैं :

1. किस्से कहानी—तोता मैना, बड़ा इंद्रजाल, जीजा-साली, कहरवा सागर, राजा भोज, लैला-मजनूँ, अकबर-बीरबल विनोद, शेखचिल्ली, त्रिया चरित्र, सुहागरात, प्यार के दोहे, ससुराल आनन्द, जोरू का गुलाम, बदनाम लड़की आदि।
2. सेक्स सम्बन्धी पुस्तकें—सम्भोग कला, नर-नारी यौन विज्ञान, कोक शास्त्र, काम कला के भेद, सम्भोग कलाशास्त्र, गुप्त ज्ञान, नंगी लड़कियाँ आदि।
3. भविष्य फल की पुस्तकें—राशिफल, भविष्य की कुंजी आदि।
4. इनके अलावा फिल्मी गानों एवं भजनों की पुस्तिकाएँ बड़ी तादाद में होती हैं।

जो लोग उपरोक्त साहित्यिक दर्जे से थोड़ा और ऊँचा उठते हैं—इसमें खास तौर से वे पढ़े-लिखे लोग होते हैं जो शिक्षा के उपयुक्त रोजगार पाने की आशा छोड़कर किसी भी तरह की रोजी लेकर अपना गुजारा चलाते हैं—मनोरंजन के लिए फुटपाथ पर ही अवस्थित दुकानों से एक खास दर्जे का सेकेंड हैंड उपन्यास खरीदते हैं। इनमें गुलशन नन्दा, गुरुदत्त, ओमप्रकाश शर्मा, कुमार कश्यप और कामिनी देवी की 'मॉडर्न गर्ल फ्रेंड जैसी पुस्तकें होती हैं। ऐसी किताबों की संख्या काफी बड़ी है और यह जानकर आश्चर्य होता है कि इतनी सारी पुस्तकें हिन्दी में लिखी जाती हैं और छपती हैं जो सम्भ्रान्त साहित्यिक सीमा के भीतर प्रवेश नहीं कर पातीं। ये सभी पुस्तकें पेपर बैक में सस्ते कागजों पर छपी होती हैं। सिर्फ काम शास्त्र की पुस्तकें

कूट के जिल्द में अक्सर पन्नियों में मढ़ी हुई बिकती हैं—ब्लू फिल्म की तरह ही कुछ रंग। गरीब लोग भी सेक्स के साथ जोड़ने से नहीं बच पाते। ये पुस्तकें नगर के निचले स्तरों पर रहनेवाले पढ़े-लिखे या अधपढ़े गरीबों की मानसिकता की एक प्रतिनिधि तस्वीर उपस्थित करती हैं।

एक ध्यान देने लायक बात यह है कि इन किताबों की दुकानों में बच्चों के लिए पुस्तकें नहीं होतीं। इसका अर्थ होता है कि उस वर्ग के लोग, जो इन दुकानों से किताबें खरीदते हैं या तो अपने बच्चों को स्कूल नहीं भेज पाते या अगर भेजते भी हैं तो स्कूली किताबों के बाहर उनके लिए कोई पाठ्य वस्तु देना अनावश्यक समझते हैं या अपनी हैसियत से बाहर। हाँ, हिन्दी-अंग्रेजी टीचर जैसी किताबें जरूर दीख जाती हैं। यह उन लोगों के लिए होती हैं जो कुछ पढ़े-लिखे होते हैं और सोचते हैं कि अंग्रेजी का थोड़ा ज्ञान हासिल कर लेने से उन्हें तहखाने की उनकी जिन्दगी से बाहर निकलने के दरवाजे की कुंजी मिल जाएगी, हालाँकि ये पुस्तकें अंग्रेजी सीखने के खयाल से बिलकुल बेकार होती हैं, लेकिन जिन्हें सारी दुनिया बेवकूफ बनाकर लूट रही है उन्हें बेवकूफ बनाने से भला प्रकाशक ही क्यों चूक जाएँ?

2

नगर के नाम से एक खास तरह की तस्वीर हमारे मन मेंर उभर आती है। ऊँची इमारतों के बीच ताना-बाना बुनती चौड़ी सड़कें, बाग-बगीचे, थिएटर और सिनेमाघर, प्रतिष्ठानों की बहुमंजिली इमारतें, सजी-धजी दुकानें और उनके सामने से सरकता सजा-धजा मानव समूह। नगर में ही इन सबसे बेमेल, गन्दे चिथड़ों में लिपटे लोगों का निवास हो सकता है, यह बात कल्पना में तब तक नहीं आती जब तक असली स्थिति से सामना नहीं हो पाता, लेकिन हमारे नगरों में गरीबों की तादाद इतनी बड़ी होती है कि दूर से कल्पना करना छोड़ जब भी हम नगर की जिन्दगी में प्रवेश करते हैं तो हर कदम पर जीने के लिए जुगाड़ की बुद्धि की उपज तरह-तरह के बसेरे दीखने लगते हैं। इनमें नगर के भीतर ही, लेकिन नागरिक जीवन से बहिष्कृत विशाल मानव समूह निवास करता है।

नगरों में एक हिस्सा जगह बदलते रहनेवालों का होता है। ये वे लोग हैं जिनके काम या जिनकी स्थितियाँ ऐसी नहीं होतीं कि कोई स्थायी निवास ढूँढ़ लेना सम्भव या जरूरी हो। इसमें वैसे लोग होते हैं जो किसी विशेष कारण से थोड़े दिनों के लिए शहरों में आते हैं और थोड़ी कमाई कर फिर अपने गाँवों को लौट जाते हैं। इसमें वे लोग भी शामिल हैं जो नगर में कोई स्थाई काम ढूँढ़ते हैं, पर सफल नहीं हो पाते और कायमी रिहाइश का मतलब होता है, कायमी आमदनी। इसलिए ये लोग भी कायमी रिहाइश के बजाय अस्थाई रूप से सोने और रात बिताने की जगह बना लेते हैं। इनके लिए सबसे सुविधाजनक स्थान होता है फुटपाथ, जो रात की शान्ति में इनका बसेरा बन जाता है। अगर बरसात का मौसम नहीं हो या, नगर शीत लहर की चपेट में न हो, तो ये लोग बिना कठिनाई अपनी चटाई, टाट का टुकड़ा या सस्ती खाट डाल सड़कों के किनारे फुटपाथ पर रात काट लेते हैं। जो एकाध जरूरी बर्तन या कपड़े वगैरह होते हैं, उन्हें भी वहीं किसी दीवार या खम्भे के सहारे टिका कर छोड़ देते हैं, आमतौर से कोई चोर ऐसी मूल्यहीन चीजों की चोरी पर अपना समय नष्ट करना नहीं चाहता। इस तरह निर्धनता से सुरक्षा का अभय प्राप्त कर ये लोग निश्चित हो अपने कामों पर चले जाते हैं। चोर का खटका तो इनको नहीं होता, अलबत्ता पुलिस का भय जरूर होता है जो अक्सर आकर इनकी नींद में

खलल डालते हैं और अगर उनकी मुट्ठी दो-चार पैसे डालकर गरम नहीं की गई तो फिर रात में ही उन्हें अपना बोरिया-बिस्तर समेट किसी और जगह की तलाश में निकल जाना पड़ता है, लेकिन ऐसी नौबत कम आती है। सड़क सरकारी खाते की चीज है और पुलिस सरकारी मुलाजिम, इसलिए एक नियमित फीस बँध जाती है जो देकर लोग फुटपाथ का उपयोग आवास के रूप में करते रहते हैं, लेकिन इसमें सबसे बड़ी मुसीबत मौसम के चलते आती है। अगर बारिश आ गई या शीत लहर तो फुटपाथ पर गुजारा नहीं हो सकता। फिर जहाँ-तहाँ भागना पड़ता है : कुछ सड़क के पुलों के नीचे, कुछ स्टेशन के मुसाफिरखानों या दुकानों के सामने लगे छज्जों के नीचे रात काटते हैं। जो दूरदर्शी हैं वे पहले से ही अपना स्थान नालियाँ बनाने के लिए सड़क किनारे रखी गई पाइपों में, खंडहरों में या कहीं-कहीं कबाड़े में जाने के लिए छोड़े हुए जीर्णशीर्ण मालगाड़ी के बेपहिये डिब्बों में बना लेते हैं।

आदमियों की इस स्थिति को विधिवत कबूल कर दिल्ली जैसे नगर में दिल्ली विकास प्राधिकरण की ओर से कहीं-कहीं रैन बसेरे बनाए गए हैं। इनमें कुछ दीवारों से घिरे हाल जैसे स्थल होते हैं, तो कुछ में सिर्फ ऊपर छावनी की गई होती है जो बारिश से तो बचाव करती है, पर शीत लहर में कोई आड़ नहीं होती। इसमें सरकारी कम्बल भी मुहैया कराया जाता है, लेकिन ये सब स्थान और इनमें उपलब्ध कम्बल आदि इतने लोगों द्वारा इस्तेमाल किए गए होते हैं और धुलाई आदि की व्यवस्था इतनी नगण्य है कि ये अत्यधिक गन्दे होते हैं और इनमें पनाह पानेवालों में कितने ही सरदी से बचाव के बदले कई तरह के संक्रामक रोगों का शिकार होकर निकलते हैं। इसलिए जिसके लिए भी सम्भव होता है, वह इन रैन बसेरों में रात बिताने से बचना चाहता है। हमारे नगरों में उद्यमी लोगों का अभाव नहीं, अन्तः लोगों के पनाह की कमी से फायदा उठाने के लिए बहुत से लोगों ने पनाह देने का रोजगार शुरू कर दिया है। जहाँ कहीं स्थान मिल गया वहीं कुछ खाट और रजाई का इन्तजाम कर ये लोग रात-भर के लिए इन्हें किराये पर लगाना शुरू कर देते हैं। जरूरतमन्द लोगों से दो या चार रुपये रात का लेकर इन स्थानों पर इन्हें सोने दिया जाता है। चूँकि ये सब स्थान सार्वजनिक होते हैं, पुलिस के हस्तक्षेप का खतरा तो बना ही रहता है, लेकिन जैसा कि ऊपर कहा गया है, आमतौर से पुलिस वालों की दिलचस्पी अपनी फीस वसूल करने में होती है, लोगों की नींद हराम कर सड़कों से हटाने में नहीं। स्वार्थ के अलावा एक दूसरा कारण भी है साधारण लोगों के जीवन के करीब होने के कारण आम सिपाही व्यवस्था के उच्च अधिकारियों की अपेक्षा लोगों के प्रति ज्यादा संवेदनशील होता है और जानता है कि नगर के गरीब लोगों के लिए जो बेघरबार हैं, पनाह का कोई उपाय नहीं, और आदमी न चिड़िया है जो पेड़ों पर रहे और न चूहा, जो जमीन में बिल बनाकर वास करे। सच तो यह है कि अगर आदमी चिड़ियों की तरह पेड़ों पर घोंसला बनाना शुरू करे तो वे घोंसले

भी उजाड़ दिए जाएँगे, क्योंकि पक्षी अमीरों के वातावरण को सुन्दर बनाते हैं गरीब आदमी अपने कूड़े-कचरे से बदसूरत। अमीर ऐसा ही करेंगे, यह निर्विवाद रूप से कहा जा सकता है। इसका सबूत है गरीबों की झुग्गियों का, जो जमीन पर बने एक तरह के घोंसला ही तो होते हैं, हर रोज नगरों में उजाड़ा जाना—ऐसी झुग्गियों का भी, जो अमीरों की रिहाइश को किसी तरह प्रदूषित नहीं करतीं।

जिन लोगों को रात में कहीं किसी तरह की पनाह नहीं मिलती और जिनकी रातें आँखों में ही कटती हैं या वैसे लोग जिन्हें रात में ही काम मिलता है, सड़कों के किनारे या नगर के पार्कों में दिन में सोकर नींद पूरी करते हैं। कभी-कभी नगर की व्यस्त सड़कों के किनारे ही शोर-शराबे से बेखबर ऐसे लोगों को भरी दोपहरी में गहरी नींद में सोया देखा जा सकता है। नगर के गरीब इलाकों के तिरस्कृत पार्कों में भी ऐसे लोग जहाँ-तहाँ झपकी लेते दिखाई पड़ते हैं। चूँकि कुत्ते भी रात में जगते और दिन में सोते हैं, बहुधा आश्रयहीन गरीब आदमी और स्वामीहीन गरीब कुत्ते अगल-बगल ही इन पार्कों में झपकियाँ लेते रहते हैं। इनकी नैतिकता नगर के व्यवस्थापकों से भिन्न होती है। कुत्ते और आदमी, दोनों एक-दूसरे की विवशता को समझते हैं, कोई छेड़छाड़ नहीं करता।

दिल्ली के जामा मस्जिद इलाके में एक बड़ा होटल है जिसमें अरब के अमीर हजारों रुपये दिन तक के किराये पर कमरे लेकर रहते हैं, लेकिन उस होटल में काम करनेवाले नौकरों के लिए होटल में रहने की कोई व्यवस्था नहीं होती। रात हो या दिन, उन्हें दूर-दूर से आकर यहाँ काम करना होता है। अगर किसी कोने में दुबककर सोये हुए पकड़ लिए गए तो कड़ी सजा मिलती है। चूँकि इनकी तनख्वाह बहुत कम मिलती है, ये कर्मचारी रहने की कोई ठीक व्यवस्था नहीं कर पाते। इनमें भी बहुत से लोग वहीं पड़ोस के नेताजी सुभाषचन्द्र बोस पार्क में अवकाश मिलने पर सो लेते हैं। गर्मियों की चिलचिलाती धूप में और बरसात की हल्की फुहार में भी जहाँ-तहाँ पेड़ों के नीचे धूप-छाँह बनाती आधी ढकती छाया में इस तरह के लोग पड़े रहते हैं।

लेकिन अस्थायी निवासों और रैन बसेरों की तलाश में भटकनेवाली आबादी नगर की कुल आबादी का एक आंशिक हिस्सा ही होती है। अधिकांश लोग नगरों में स्थायी कामों की तलाश में आते हैं या अस्थायी कामों में ही स्थायी तौर से रम जाते हैं, और कोशिश करते हैं कि किसी भी तरह का स्थायी निवास मिल जाए, जिसमें वे खुद रह सकें और यदि सम्भव हो तो बाल-बच्चे और परिवार को भी लाकर रख सकें। स्थायी रूप से नगर में रहने की लालसा के पीछे रोजगार पाने की सम्भावना के साथ-साथ नागरिक जीवन की सुविधाओं का आकर्षण भी लोगों पर कुछ कम नहीं होता, लेकिन नगर का निर्माण कुछ सुविधा प्राप्त वर्गों की सहूलियत ध्यान में रखकर होता है, बल्कि इन्हीं वर्गों की कल्पना के अनुरूप होता है। बाकी

लोगों के लिए हो भी तो गुंजाइश भर होती है, वह भी इसलिए कि सुविधा प्राप्त वर्ग की सहूलियतें एक बड़े श्रमिक समाज के मेहनत के बगैर सम्भव नहीं हो पाती। इसी स्थिति से शहरी जीवन का अन्तर्द्वन्द्व शुरू होता है। श्रमिकों के बगैर इसकी सुविधाओं का संसार खड़ा नहीं हो सकता, लेकिन इसकी सजावट बनावट में श्रमिकों का शुमार नहीं किया जाता। श्रमिकों का बड़ी संख्या में आगमन इसकी बनावट की सुन्दरता और जीवन की शालीनता को नष्ट करनेवाला होता है। इसलिए बारी-बारी से नगर की ओर से ग्रामीण आबादी पर आमंत्रण और निष्कासन, दोनों का दबाव होता रहता है। रक्तचाप के उतार और चढ़ाव की तरह इसी परस्पर विरोधी दबाव में गाँवों और नगर के बीच वह जनधारा प्रवाहित होती है, जिसका जिक्र हम पिछले अध्याय में कर चुके हैं।

लेकिन जरूरत के लिए लोगों को बाहर से बुला लेना एक बात है और स्थायी तौर से उनके जीवन की सुविधाओं की व्यवस्था करना दूसरी बात। इसलिए नगरों में मेहनत-मजदूरी करके रहनेवाले लोगों के स्थायी निवास की कभी कोई व्यापक व्यवस्था नहीं होती। कुछ स्थायी कामों के लिए जहाँ श्रमिकों का स्थायित्व उद्योगों या अन्य धन्धों के लिए अपरिहार्य है रिहाइश की किसी तरह की व्यवस्था कर दी जाती है, पर बाकी लोगों को जुगाड़ करने की उनकी क्षमता पर छोड़ दिया जाता है। सच तो यह है कि बाकी लोगों को फाजिल आबादी माना जाता है, लेकिन समय के साथ नगरों में इस फाजिल आबादी की ही बाढ़ होती जाती है। इन लोगों के लिए न तो नगर के क्षेत्र का फैलाव होता है न नई सुविधाओं का निर्माण और न आदमी के रहने के लायक घर ही बनाए जाते हैं। भारत सेवक समाज द्वारा 1958 के दिल्ली के एक सर्वेक्षण में इस बढ़ती हुई अतिरिक्त आबादी के सम्बन्ध में लिखा गया है :

> "मिस्टर ह्यूम ने 1936 में सम्पूर्ण पुरानी दिल्ली (वार्ड 1 से 17 तक का) एक अध्ययन किया था। उनका मत था कि यह समस्या लगभग 25 साल पहले पैदा हुई यानी 1911 में। उनके हिसाब से फाजिल आबादी एक लाख के लगभग हो गई थी। उस समय पूरी आबादी 4 लाख थी। आज इसी क्षेत्र में यह आबादी 9.51 लाख हो गई है और इस तरह यह कहा जा सकता है कि यह फाजिल आबादी 20 वर्ष में 6.5 लाख हो गई।"[1]

पिछले 25 वर्ष में यह आबादी कई गुना बढ़ गई है। इसमें जो बात दिलचस्प है वह यह कि नगर की जायज आबादी 3 लाख और फाजिल आबादी 6.5 लाख मानी गई है। यह नगर के चरित्र पर काफी रौशनी डालती है।

चूँकि आमतौर से नगर की आवासीय योजनाएँ सम्पन्न और सीमित लोगों के लिए होती हैं, या अधिक-से-अधिक एक स्थायी निम्न मध्यम वर्ग के लिए, बाकी लोगों के आवास की व्यवस्था मुनाफे के लिए घर किराया पर लगानेवाले लोगों के

हाथों में होता है। इन लोगों का एकमात्र लक्ष्य कम-से-कम ज़मीन और कम-से-कम लागत से अधिक-से-अधिक पैसे ऐंठना होता है। इस तरह के फाजिल लोगों के रहने की कैसी व्यवस्था होती है, ऊपर उल्लिखित पुस्तक में ही दिए गए निम्न लिखित वर्णन से साफ हो जाता है :

> "...इस अध्ययन से यह नतीजा निकला कि वैसे छोटे और बड़े स्थानों की संख्या, जिन्हें हम, 'स्लम' कह सकते हैं, १,७८७ हुई जिनमें ९९९ कटरा थे, 727 मकान और 61 बस्तियाँ। इन आंकड़ों के संकलन से पता चलता है कि इन 1,787 स्थानों में लगभग 2,25,000 व्यक्ति रहते हैं।"[2]

आगे इन स्थानों का वर्णन यों है :

> "कटरा आमतौर से एक कमरे के घरों का समूह होता है जो प्रायः कतार में बने होते हैं जिनसे इनका अहाता पूरी तरह से भरा होता है। अहाते में प्रवेश के लिए प्रायः एक ही दरवाजा होता है। जो मकान कटरे की कोटि में रखे गए हैं, वे सब बड़े मकान होते हैं जिनमें कई कमरे या फ्लैट भी होते हैं जिनमें अलग-अलग परिवार रहते हैं। मकानों और कटरे में फर्क सिर्फ भीतर के कमरों के सिलसिले में होता है। न तो वे जिन वस्तुओं से बने होते हैं उसमें फर्क होता है न भीतरी या बाहरी अतिसंकुलन या अन्य बुनियादी सुविधाओं में। आमतौर से ये दोनों ही नगर के अत्यन्त घनी आबादी के क्षेत्र में बने होते हैं।
>
> "इसके विपरीत बस्ती नगर के बाहरी वार्ड (क्षेत्र 2 एवं 3) में खुली जगह में होते हैं।
>
> "यहाँ यह जोड़ देना जरूरी लगता है कि कटरा और बस्ती में फर्क इनको बनाने में लगायी गई वस्तुओं का है : पहला ईट और सीमेंट का बना होता है और दूसरा कच्चे मिट्टी और बांस का बना होता है। दोनों ही में हर तरह के जोड़ लगे होते हैं जिसमें टाट और कबाड़ के लिए पड़े टिन का इस्तेमाल होता है।"[3]

इन बस्तियों की सुविधाओं के सम्बन्ध में यों लिखा गया है :

> "31 प्रतिशत बस्तियों में नालियों का कोई प्रबन्ध नहीं है। बाकी 62 प्रतिशत में इनकी व्यवस्था जरूरत के हिसाब से बहुत ही कम है।"[4]

और आगे :

> "12,967 परिवारों के लिए (कटरों में) केवल 1,628 सामूहिक नल हैं यानी 8 परिवारों या 40 व्यक्तियों के लिए एक नल।"[5]

और फिर आगे :

> "पानी के लिहाज से बस्तियों की स्थिति और भी खराब है। 161 में 16 बस्तियों के अहाते में कोई नल नहीं है। बाकी 45 बस्तियों में जिनमें कुल 25,053 परिवार रहते हैं, 185 नल यानी औसत 134 परिवारों पर एक नल है।"[6]

इसके और आगे कहा गया है :

> "458 या 27 प्रतिशत कटरों में शौचालय की सुविधा नहीं है जिनमें कटरों की आबादी के लगभग 33 प्रतिशत लोग रहते हैं।"[7]

बस्तियों के लिए तो शौचालयों का सवाल ही नहीं उठा क्योंकि वे तो आमतौर से नगर की सीमा के बाहरी छोर पर स्थित थे।

पिछले 25 वर्ष में आवास की स्थिति और बुरी होती गई है। दिल्ली की आबादी तेजी से बढ़ती हुई 57 लाख हो गई है, लेकिन अमीरों, उच्च मध्यम वर्ग की कॉलोनियों या सरकारी क्वार्टरों को छोड़ दूसरे लोगों के लिए घरों का बनना नगण्य रहा है। नतीजा हुआ है कि दिल्ली में चारों ओर अनधिकृत कॉलोनियों और झुग्गियों की बाढ़ आ गई है। इन अनधिकृत कॉलोनियों और झुग्गियों में किसी तरह की सुविधा नहीं होती। आवास की समस्या को सुलझाने के बजाय 1975-76 में आपातकाल के दौरान इनको उजाड़ या बुलडोजर से तोड़कर नगर की सफाई का इन्तजाम जरूर किया गया और उजड़े लोगों को नगर से दूर के इलाकों में फेंक दिया गया, लेकिन जैसे शरीर में जहर होने से एक जगह नश्तर लगाने से फोड़े दूसरी जगह निकल आते हैं वैसे ही झुग्गियाँ एवं अनधिकृत बस्तियाँ लगातार जहाँ-तहाँ बसती जा रही हैं, क्योंकि लोगों के आवास की कोई व्यवस्था की नहीं जाती। सरकार द्वारा इन्हें बलपूर्वक उजाड़ना भी जारी रहता है, लेकिन इससे स्थायी रूप से छुटकारा नहीं मिल पाता। हाँ, कुछ सम्पन्न इलाकों के पर्यावरण की रक्षा गरीबी की गन्ध से जरूर हो जाती है, लेकिन थोड़ी ही दूर हटकर ये बस्तियाँ कहीं फिर खड़ी हो जाती हैं और नगर की आंत में हूक वर्ग की तरह थोक के थोक लटकती जाती हैं क्योंकि नगर ही इनमें रहनेवालों के पोषण का एकमात्र जरिया है। जब इनसे छुटकारा मिलना सम्भव नहीं होता और निर्वाचन का समय नजदीक होता हैं तो वोटों का खयाल करके खास-खास जगह अनधिकृत कॉलोनियों को अधिकृत कर दिया जाता है और झुग्गियों के लिए पानी, शौचालय आदि की थोड़ी-बहुत सुविधाएँ कर दी जाती हैं, पर आबादी के बढ़ते दबाव में समस्या.और भी भयावह होती जाती है।

दिल्ली एक अर्थ में भारत के अन्य नगरों से भिन्न है। यहाँ भी मूल रूप से अन्य बड़े नगरों की तरह व्यवस्थित ढंग से धनी लोगों के सजे-धजे मुहल्लों का ही

विकास हो रहा है जहाँ मकान मालिक के निजी लॉन और फुलवारी तो होते ही हैं, सरकार की ओर से भी बड़े पार्क, वन और उद्यान इन्हीं मुहल्लों के इर्द-गिर्द बनाए जाते हैं जिसमें वे सजावट के फैले माहौल में रह सकें, लेकिन भारत की राजधानी होने के कारण दिल्ली एक विशाल नौकरशाही का भी नगर है। इसमें बड़े और छोटे अफसरों के अलावे विभिन्न तरह के दफ्तरों में काम करनेवाले हजारों क्लर्क एवं अन्य कर्मचारी भी हैं। दर्जे के अनुसार सरकार इस नौकरशाही से जुड़े लोगों के लिए भी यथासम्भव रिहाइश की व्यवस्था करती है। बड़े अफसरों के लिए लॉन एवं गार्डेन से सज्जित बंगले बनाए ही गए हैं, तृतीय एवं चतुर्थ श्रेणी के कर्मचारियों के लिए भी बड़ी संख्या में रिहाइश की व्यवस्था की गई है। दर्जे के अनुसार ही उनके आवास की जरूरत भी कूती जाती है। छोटे दर्जे के कर्मचारियों के लिए एक या दो कमरे के घरों की व्यवस्था की जाती है। जाति व्यवस्था के परम्परा के अनुसार एक जगह चतुर्थ वर्ग के कर्मचारियों के मुहल्ले का नाम भी 'सेवा नगर' रखा गया है यानी सेवा कार्य करनेवाले (परम्परा के अनुसार शूद्र) लोगों का नगर। वैसे तो यह व्यवस्था बहुत दोषपूर्ण लगेगी क्योंकि मनुष्य के परिवारों की आवश्यकता ओहदे के हिसाब से सिकुड़ती-फैलती नहीं, फिर भी दिल्ली में रहनेवाले आम लोगों की स्थिति की तुलना में यह सुविधा स्वर्गीय लगती है। एक या दो कमरे के घर भी जिसमें शौचालय, रसोईघर और पानी की स्वतंत्र व्यवस्था हो बस्तियों, कटरों और झुग्गियों की दुनिया के लिए ऐश्वर्यलोक हैं।

इस तरह दिल्ली में धनी और गरीब लोगों के बीच के विभाजन के अलावा एक और विभाजन रेखा लोगों को दो हिस्सों में बांटती है, जो हिस्से हैं : 1. संस्थागत एवं 2. बहिष्कृत आदमियों के संस्थागत आदमी वे हैं जो सरकारी या गैर सरकारी बड़े प्रतिष्ठानों से जुड़े हैं और इस कारण रिहाइश तथा अन्य सुविधाओं से लैस हैं। दूसरी ओर बहिष्कृत वे सारे लोग हैं जो विशेष सुविधाओं से वंचित हैं और विशेषकर जिन्हें अपने आवास की व्यवस्था स्वयं करनी होती हैं। जिन लोगों को सरकारी घर मिल जाते हैं वे अपनी स्थिति की भिन्नता को समझते हैं और इसका यथासम्भव लाभ उठाने की कोशिश करते हैं। इस कारण दिल्ली में बहुत थोड़े सरकारी क्वार्टर होंगे, जिन्हें पूरी तरह या आंशिक रूप से लोगों ने किराए पर नहीं लगा रखा हो। चतुर्थ श्रेणी या निम्न आय वाले तीसरी श्रेणी के कर्मचारियों की बात तो सहज ही समझ में आती है, क्योंकि दिल्ली जैसी महँगी जगह में अगर छोटी आय में घर के किराए से थोड़ी बढ़ोतरी हो गई तो थोड़ी असुविधा उसके लिए उठा लेना बड़ी बात नहीं, लेकिन ऊँची तनख्वाह पानेवाले अफसर और संसद सदस्य भी कुछ पैसा अपने रिहाइश के हिस्से को किराये पर लगाकर कमा लेने से नहीं चूकते और ऐसा पैसा उठानेवाले संसद सदस्य काफी बड़ी संख्या में हैं। कुछ मंत्री भी अपनी स्थिति का फायदा उठाने से बाज नहीं आते। वे किराया तो नहीं लगाते,

पर अहाते में धोबी या किसी और ऐसी ही सेवा देनेवाले को जगह देकर उनकी सेवाओं का फायदा उठा लेते हैं।

इस इन्तजाम से औपचारिक ढंग से कानून का चाहे जो अतिक्रमण होता हो, दिल्ली के लाखों लोगों को जिनके लिए नगर में रहने की कोई व्यवस्था नहीं है, रहने की जगह मिल जाती है। चूँकि सरकार के हर स्तर के अधिकारी इस धन्धे में लगे हैं, यह बात किसी से छिपी नहीं होती। पर सरकार इस अतिक्रमण को नजरअन्दाज करती है क्योंकि सरकारी नियम को सख्ती से लागू करने से आवास को लेकर ऐसी अव्यवस्था नगर में फैल सकती है जैसी विशाल संख्या में एकाएक बाहर से शरणार्थियों की भीड़ आ जाने से फैलती है। असलियत यह है कि दिल्ली में एक अत्यन्त छोटे समूह को छोड़कर बाकी जनसंख्या के रहने की कोई व्यवस्था नहीं है, पर इस बड़ी जनसंख्या के बगैर दिल्ली का काम भी नहीं चल सकता।

आवास की समस्या के कारण दिल्ली के अपने ढंग से साफ-सुथरे गाँव भी गन्दी बस्तियों में बदल रहे हैं। जैसे-जैसे दिल्ली फैल रही है, यहाँ के गाँव नगर से घिर रहे हैं। गाँवों के लोगों की जमीन सरकार द्वारा अधिकृत हो जाने के कारण खेती में लगे लोगों का धन्धा खत्म हो गया। अगर उनके पास गाँव में थोड़ी जमीन रह गई है तो उसी में किसी तरह ईंट-पत्थर जोड़कर रहने लायक ढाँचा खड़ा कर देते हैं और फिर घर की तलाश में भटकनेवाले लोगों को किराये पर लगा देते हैं। ये घर सभी सुविधाओं से शून्य होते हैं और सूअर के बाड़े से अच्छे नहीं होते। धीरे-धीरे गाँव के खुले स्थान ऐसे घरों से भर जाते हैं और कभी का खुला फैला गाँव नगर की गन्दी बस्ती बन जाता है। थोड़ी-सी बड़ी जमीन वालों को छोड़कर जो अधिकृत जमीन के मुआवजे से कोई रोजगार खड़ा कर लेते हैं, गाँव के बाकी लोग बेरोजगार हो जाते हैं या तरह-तरह की दलाली के धन्धे में लग जाते हैं। कभी-कभी वे अभाववश अपराधी गिरोहों में भी शामिल हो जाते हैं।

दिल्ली को सम्पन्न लोगों के लिए सुरक्षित रखने और बाकी लोगों का जीवन नारकीय बनाने में दिल्ली विकास प्राधिकरण (डी.डी.ए.) का विशेष हाथ रहा हैं। दिल्ली के विकास के लिए 1959 में एक मास्टर प्लान तैयार किया गया था। इसके अनुसार दिल्ली में नगर के विकास के लिए कुल रकबा 1,10,500 एकड़ जमीन कूता गया, जिसमें 42,700 एकड़ जमीन पर नगर बस चुका था। अत: तय हुआ कि बाकी 62,200 एकड़ जमीन नगर के विकास के लिए किसानों से ले ली जाए। इस तरह यह नोटिस कर दी गई कि इतनी जमीन अधिकृत होगी और इस क्षेत्र में जमीन की खरीद-बिक्री पर रोक लगा दी गई। इस तरह बेचारे किसान नगर के फैलाव से जमीन की बढ़ती कीमत का फायदा उठा अपनी जमीन किसी के हाथ नहीं बेच सकते थे। बाद में जब डी.डी.ए. ने जमीन लेना शुरू किया तो किसानों को नाममात्र का मुआवजा दिया और फिर उस जमीन को बिजली-पानी आदि की

व्यवस्था कर अत्यधिक ऊँची कीमत पर उन लोगों को देना शुरू किया जो इस पर बने मकानों में रहेंगे। इससे भी बढ़कर कहीं-कहीं धनी लोगों के हाथ हजारों गुना अधिक कीमत पर इस जमीन को बेचा। आमतौर से डी.डी.ए. ने दो रुपये प्रति वर्गमीटर के मुआवजा दे किसानों की जमीन छीनी, लेकिन इसी जमीन को इसने कॉलोनियों के लिए 260 से 360 रुपए प्रति वर्गमीटर के हिसाब से दी। भीकाएजी कामा प्लेस में 10 हजार रुपए एकड़ खरीदी गई डेढ़ एकड़ जमीन को डी.डी.ए. ने 8 करोड़ रुपए एकड़ के हिसाब से बेचा। जहाँ किसानों की जमीन सस्ते दर पर हड़प कर ऊँची कीमत पर बेची जा रही थी वहीं इन्दिरा गांधी समेत दिल्ली के धनाढ्य लोगों के फार्मों को, जो महरौली के इलाके में या अन्य जगह थे और जिनमें चहारदीवारी देकर बंगले बना दिए गए, अधिकरण से बरी कर दिया गया।

इस नीति का नतीजा यह हुआ कि दिल्ली में जमीन की कीमतें आसमान छूने लगी और वे किसान जिनकी जमीन चली गई थी, इससे प्राप्त पैसे से अपनी खोई जमीन का सौवां हिस्सा भी घर बनाने या दूसरे कामों के लिए नहीं खरीद सकते थे। इसके विपरीत दिल्ली नगर के भीतर या बाहर जिन धनी-मानी लोगों की जमीनें थीं और जिनकी एकड़ों के कम्पाउंड में बंगले बने थे, अब अपनी जमीन को करोड़ों रुपए एकड़ के हिसाब से बेच सकते थे क्योंकि डी.डी.ए. एवं सरकारी महकमों के गिरफ्त के बाहर सिर्फ इन्हीं धनी लोगों की कुछ जमीनें बिक्री के लायक बच गई थीं। जाहिर है कि ऐसी जमीनों पर अब कीमती बड़ी इमारतें ही खड़ी हो सकती थीं, क्योंकि करोड़ों की जमीन खरीद कोई भी कम किराये के साधारण और छोटे घर नहीं बना सकता था। इस पर खर्चीली बहुमंजिली इमारतें ही बन सकती थीं। यह भी नहीं कि डी.डी.ए. स्वयं गरीब और साधारण लोगों के लिए अधिकृत जमीन का बड़ा हिस्सा सुरक्षित रख कम आय वाले लोगों के लिए सस्ते आवास की व्यवस्था करती। डी.डी.ए. ने जो कॉलोनियाँ बनाई हैं वे सब मध्यम वर्ग या उच्च मध्यम वर्ग के लोगों के लिए हैं। गरीब लोग भी दिल्ली में रहते हैं या इनकी आबादी ही अधिक है एवं इनकी कोई व्यवस्था होनी चाहिए, यह बात डी.डी.ए. के अधिकारियों की समझ के परे की बात थी। उनके सामने एक ही लक्ष्य था दिल्ली को 'मुस्कानों का नगर बनाना', भले ही इसकी नींव लाखों लोगों के आँसुओं से सींची गई हो, और यह मुस्कान नगर के सम्पन्न लोगों से ही मिल सकती थी। इसलिए छोटे-बड़े पार्कों, सजे-धजे पर्यावरण से सज्जित उच्च मध्यम वर्ग के लिए अनेक कॉलोनियाँ दिल्ली में बनती जा रही हैं। धनी लोगों की बाकी जमीन पर बहुमंजिली इमारतें या पाँच सितारा होटल आदि बनते जा रहे हैं। इस तरह जहाँ 1982 तक में डी.डी.ए. ने अपना पैसा खर्च कर घर बनानेवाले लोगों को 3,000 हेक्टेयर जमीन दी वहीं उन लोगों के लिए जिनकी झोंपड़ियाँ उजाड़ दी गई थीं, और जिनके रहने की कोई व्यवस्था नहीं थी, महज 100 हेक्टेयर जमीन की व्यवस्था हुई।

इस नीति का नतीजा यह हुआ है कि धनी-मानी लोगों के आवास के लिए वन-उपवन से सज्जित विस्तृत भूभाग की व्यवस्था हो गई है और दिल्ली की विशाल जनसंख्या वाले लोग तंग और पहले ही से ठसाठस भरे मुहल्लों, कटरों और झुग्गियों में किसी तरह अटाव करने को विवश हैं। यह अन्दाजा लगाया जाता है। कि 1981 की 57 लाख से बढ़कर 2000 ई. तक दिल्ली की आबादी दो करोड़ के करीब पहुँच जाएगी और इस बढ़ती आबादी का बड़ा हिस्सा गरीबों के अति तंग मुहल्लों में भरकर इन्हें मानव बस्ती की जगह चींटियों का आधार बना देगा।

राजधानी दिल्ली की हालत पर नजर डालने के बाद, जिसे शाहजहां से लेकर कर्जन, नेहरू और उनके वारिसों तक ने बहिश्त बनाने की कोशिश की है, हम भारत के दूसरे महानगर मुम्बई की हालत पर विचार करेंगे। यह भारत का सबसे आधुनिक एवं अनुशासित नगर है और इसमें लोग पेरिस और लन्दन की झाँकी पाते हैं। यह महानगर अंग्रेजों के आने के बाद से उद्योग-धन्धों का सबसे बड़ा केन्द्र रहा है और इस तरह लगभग डेढ़ सौ साल से रोजगार की तलाश करनेवालों के लिए चुम्बक का काम करता रहा है। दिल्ली की तरह प्रशासनिक केन्द्र न होने के कारण यहाँ सरकारी क्वाटरों की वैसी भरमार नहीं हैं जैसी दिल्ली में, अत: आवास की समस्या यहाँ और भी भयावह हो जाती है। एक और कठिनाई यह हैं कि मुम्बई एक टापू पर बसा हुआ है जो एक संकीर्ण पट्टी के ऊपर से रेल एवं रोड द्वारा तटीय प्रदेश से जुड़ा हुआ है। अत: यहाँ फैलाव की गुंजाइश आसमान की ओर ही है। इसलिए मुम्बई की एक विशेषता बहुमंजिली इमारतों का जंगल है। चूँकि हर सम्भव स्थान का उपयोग आवास के लिए हो रहा है, खुले मैदान, बाग या पार्क के लिए छोड़े गए स्थान नगण्य हैं। खुली हवा के लिए एकमात्र स्रोत नगर के चारों ओर को समुद्र है, लेकिन यहाँ भी तट के पास के अधिकांश भाग, खासकर नगर का पूर्वी सागर तट जहाँ मुम्बई के अनेक बन्दरगाह हैं, कारखानों के कचरे और नगर के नालियों की गन्दगी से पूरी तरह प्रदूषित है। ऐसे ही प्रदूषित सागर-तट पर चमड़े उद्योग के सड़ान्ध के बीच मुम्बई की सबसे बड़ी और कुख्यात बस्ती धारावी की है। जल भाग और-थल भाग, दोनों ओर से यहाँ भौतिक और मानवीय हर तरह के विकृत तत्त्व जमा हो एक सांस्कृतिक विद्रूप पैदा करते हैं। कोई भी उच्च वर्गीय समाजसेवी अपना जीवन तब तक सार्थक नहीं समझता जब तक यहाँ तीर्थाटन के लिए पहुँच उसे उबारने के लिए कोई पहल नहीं कर लेता। फिर भी पुश्त-दर-पुश्त इसकी सड़ान्ध परत पर परत जमा हो और घनी होती गई है। मुम्बई के विस्तार के साथ इस बस्ती का विस्तार ऐसे अभिन्न रूप से जुड़ा है कि इस प्रक्रिया को रोका नहीं जा सकता, जब तक मुम्बई स्वयं अपने वर्तमान रूप में दम न तोड़ दे, लेकिन समय के साथ-साथ धारावी का महत्त्व भी घटता गया है क्योंकि मुम्बई में नई बस्तियाँ फैलती गई हैं जो गन्दगी में अब धारावी को भी मात करने लगी हैं।

अन्य नगरों की तरह मुम्बई में भी गरीब लोग तीन तरह से रहते हैं : 1. फुटपाथ पर, पुलों के नीचे या अन्य तरह के अस्थायी शरणागाहों में, 2. गन्दी बस्तियों में और 3. झुग्गियों या झोंपड़ पट्टियों में। हर जगह फैलाव को मुख्य सम्भावना झुग्गियों के लिए ही है क्योंकि इसके लिए बिना किसी सुविधा के कहीं भी थोड़ी खाली जगह मिल जानी चाहिए और बया पक्षी की तरह लोग टाट, टिन, मिट्टी पत्थर या और कुछ जो भी मिल जाए, उसे जोड़कर अपने लिए आवास बना लेते हैं। वैसे मुम्बई में फुटपाथ पर रहनेवालों की तादाद काफी बड़ी है क्योंकि यहाँ ठंड का प्रकोप दिल्ली की तरह नहीं होता। बरसात का मौसम अलबत्ता लम्बा होता हैं एवं बारिश भारी होती है, पर इस मौसम में लोग उप-नगरीय रेल के स्टेशनों और नगर के अनगिनत पुलों के नीचे आवास बना लेते हैं। इन तीनों तरह से रहनेवाले लोगों के अपने अलग-अलग सामाजिक दर्जे हैं। फुटपाथ पर रहनेवाले लोग प्रायः अस्थायी या ऐसे कामों में लगे होते हैं जो अनियमित होता है और दूर के आवास से काम पर आने के बजाय काम के स्थान के आस-पास ही विश्राम कर लेना ज्यादा आराम मालूम पड़ता है। खासकर गोदी में ढुलाई के काम या जहाजों पर रंग चढ़ाने के काम में लगे लोग या घर आदि बनाने के काम में लगे लोग इसी तरह रह लेते हैं। कभी-कभी बिना परिवार के नौजवान भी घर ढूँढ़ने की परेशानी के बजाय इसी तरह रहना पसन्द करते हैं। झुग्गियाँ स्थायी आवास का सबसे निचला स्तर है, पर झुग्गियों को जिन्दगी हमारी नागरिक संस्कृति का एक विशेष अंग बन गई है और भविष्य में भारतीय नगरों के फैलाव का मुख्य आयाम। वी.एस. नायपाल ने अपनी पुस्तक 'इंडिया द डेड सिविलाइजेशन' में मुम्बई के चालों में रहनेवालों (चालों की जिन्दगी भी पक्की बनी गन्दी बस्तियों की ही है) और झुग्गियों में रहनेवालों का इन शब्दों में विभाजन किया है :

> "फिर भी चालों में कुछ सुविधाएँ होती हैं। चाल का बाशिंदा होने का मतलब होता है, अपना स्थान बना लेना, लेकिन गलियारों और कोनों में, जैसा कि भारत में हमेशा होता है, एक और निचला मानवीय स्तर है, जहाँ वैसे लोगों ने जिनके लिए रिहाइश की व्यवस्था नहीं की गई है, स्वयं रिहाइश की व्यवस्था कर लेते हैं। उन्होंने झुग्गियों के मुहल्ले बना लिए हैं—आश्रयहीनों की कॉलोनियाँ।"

दिल्ली की तरह मुम्बई में भी इन झुग्गियों को उजाड़ने का निरन्तर प्रयास होता रहता है, पर दिल्ली की तरह ही एक जगह से उजाड़े जाने पर उजड़े लोग फिर और कहीं झुग्गियाँ खड़ी कर लेते हैं। इस तरह व्यवस्था के साथ यह आँख मिचौनी सदा जारी रहती है। भारतीय नगरों में अन्तनिहित दबाव के कारण झुग्गियाँ तो नहीं खत्म होतीं, पर उजड़ने और बसने के क्रम में अनेक परिवार तबाह हो जाते हैं। अनेक सदा के लिए आश्रयहीन हो जाते हैं। कितने ही कमजोर और बीमार असमय में

ही दम तोड़ देते हैं। पर फिर कहीं अन्य जगह अन्य आश्रय हीन आश्रयहीनों की कॉलोनी झुग्गियाँ बनाने में जुट जाते हैं।

मुम्बई की गन्दी बस्तियों और झुग्गियों के सम्बन्ध में हमें काफी कुछ जानकारी ए.आर. देसाई और एस.डी. पिल्लै की पुस्तक 'ए प्रोफाइल ऑफ ऐन इंडियन स्लम' में मिलती है। यह पुस्तक 1970 के आस-पास मुम्बई में किए गए एक सर्वेक्षण पर आधारित है, लेकिन इस पुस्तक में मुम्बई की गन्दी बस्तियों और झुग्गियों में रहनेवाले लोगों के काम और स्थिति का जो वर्णन है, वह भारत के अन्य महानगरों के सम्बन्ध में भी बहुत कुछ लागू होता है। इस अध्ययन के अनुसार, सर्वेक्षण के काल में मुम्बई की 50 लाख कुल आबादी में लगभग 10 लाख लोग यानी 20 प्रतिशत लोग गन्दी बस्तियों और झुग्गियों में रहते थे। इनमें रहनेवाले लोग निचली आय वाले प्रायः उन सब तरह के धन्धों से आते हैं जो नगर के जीवन के लिए अनिवार्य है। आगे पृष्ठ में दी गई तालिका से इन धन्धों का कुछ अन्दाजा मिलता है :

तालिका : 1[8]

सर्वेक्षण में साक्षात्कार हुए लोगों का पेशा

पेशा	संख्या	प्रतिशत
अर्द्ध कुशल औद्योगिक मजदूर	101	33.67
अकुशल औद्योगिक मजदूर	39	13.00
फेरी वाले	23	7.67
टुटपुंजिया धन्धा	22	7.33
दरबान, पिउन, पैसे वसूलनेवाले (घंधों के)	20	6.67
ड्राइवर	15	5.00
पुलिस के सिपाही, वाचमैन आदि	15	5.00
दुकान के कर्मचारी	12	4.00
कुशल धन्धे	10	3.33
घरेलू उद्योग	6	2.00
डाकिया, कंडक्टर	5	1.67
कुशल पेशा	5	1.67
क्लर्क	2	0.67
घरेलू नौकरी	2	0.67
अन्य	4	1.33
बेरोजगार	15	5.00
अवकाश प्राप्त	4	1.33

इसी पुस्तक के परिशिष्ट में ऊपर वर्णित कुछ रोजगारों की तफसील दी गई है वह इस प्रकार है। अकुशल औद्योगिक श्रमिकों में हैं—मजदूर, भिश्ती, फायरमैन, लैम्प मैन, ऑयल मैन, पैकर, रेलवे क्लीनर, स्वीपर। इसी तरह फेरी वालों (वेंडर) में दूध, सब्जी, कपड़ा, फल, पुराने कपड़े, अगरबत्ती, चीनी मिट्टी के बर्तन, घी, बुने कपड़े, मिट्टी तेल, मांस, अखबार, तेल आदि का व्यापार करनेवाले। टुटपुंजिए धन्धे में शामिल है—शराब की बिक्री (अवैध), कपड़ा सिलाई, खाने-पीने के सामान, दूध की दुकान, जूता मरम्मत, बीड़ी, चाय की दुकान, स्टोव मरम्मत आदि। अन्य में शामिल हैं रसोइया, घरेलू नौकर, नाई आदि। घरेलू उद्योग में शामिल है—क्लिप बनाना, फल बनाना। दुकान कर्मचारी में शामिल है—दर्जी, सेल्समैन, सुनार, कपड़े इस्त्री करनेवाले और जूता बनानेवाले।

ऊपर की फेहरिस्त से यह साफ है कि ये सारे-के-सारे लोग नगर या उसमें रहनेवाले लोगों की किसी-न-किसी आवश्यकता की पूर्ति करते हैं और यह किसी भी तरह नहीं कहा जा सकता कि ये लोग नगर पर अनावश्यक बोझ हैं, लेकिन ये लोग नगरों में ऐसी स्थिति में रहने के लिए विवश होते हैं। उल्लिखित पुस्तक में दिए गए वर्णन से साफ है :

> "इन कॉलोनियों में 54 प्रतिशत यानी बहुसंख्य में बुनियादी सुविधाएँ जैसे जल या शौचालय की व्यवस्था नहीं है, जैसा कि आगे के आंकड़े से जाहिर होगा। जहाँ ये सुविधाएँ हैं भी, वहाँ भी प्रत्येक नल या शौचालय का इस्तेमाल करनेवालों की संख्या हैरत में डालनेवाली है। 68 कॉलोनियों में जिनके नल के आंकड़े उपलब्ध हैं। 30 में 500 या अधिक व्यक्तियों के लिए एक नल है। यहाँ तक कि इनमें 13 में तो एक नल से हजार से लेकर दो हजार तक लोग पानी लेते हैं।"
>
> "197 गन्दी बस्तियों में 66 में यानी 33.5 प्रतिशत में शौचालय हैं। इन 66 में से 45 में 100 या अधिक व्यक्तियों पर एक शौचालय है। सच तो यह है कि इनमें 10 कॉलोनियों में तो 1,000 लोगों पर एक शौचालय है और एक जगह तो 5,580 व्यक्तियों के लिए एक शौचालय है। चूँकि इतने व्यक्तियों के लिए एक शौचालय का इस्तेमाल असम्भव है असल में बाकी 66.5 प्रतिशत में झोंपड़पट्टियों की तरह, जिनमें शौचालय नहीं हैं, जो भी स्थान मिल जाता है उसी का इस्तेमाल शौच के लिए कर लिया जाता है।"[9]

इस तरह के आवास तो किसी भी मौसम में यातना देनेवाले होंगे, लेकिन मुम्बई में जहाँ वर्षा अधिक होती है, इन स्थानों की स्थिति कल्पनातीत है। इस पुस्तक में ही एक कॉलोनी गोलीबार, जिसका पूरा सर्वेक्षण किया गया था, का वर्णन इस प्रकार है :

> "मानसून गोलीबार के अधिक हिस्से को एक बड़े डबरे में बदल देता है। कई-कई दिनों तक पानी का निकास बन्द हो जाता है, और फिर पानी

झोंपड़ियों में प्रवेश करने लगता है। कहीं-कहीं घरों में पानी एक फुट तक की ऊँचाई पर पहुँच जाता है। खासकर गोलीबार के इलाके में कॉलोनी के कुछ हिस्सों का सम्बन्ध बाकी नगर से टूट जाता है। जब तक पानी कुर्सी के नीचे नहीं उतरता तब तक शिशु और बच्चे खाट के ऊपर रखे जाते हैं। बीमार और बूढ़े इस काल में कैसे जीवित रह पाते हैं, यह पाठक स्वयं कल्पना कर सकते हैं। वे बच्चों के साथ सिकुड़कर खाट पर पड़े रहते हैं। जब कमरे में एक फुट पानी हो तो खाना बनाना असम्भव है। अनेक परिवारों में किसी सदस्य को पानी लाँघ कर पास के सड़क के किनारे के किसी रेस्तराँ से खाना लाना पड़ता है।

"यहाँ के लोगों का कहना है कि बाढ़ का पानी न सिर्फ गन्दला होता है बल्कि अत्यन्त गन्दा भी। बाढ़ अपने साथ ऊँचे इलाकों की गन्दगी बहाकर निचले इलाके में ले आती है। हर तरह की गन्दी चीजें, मानव मल समेत पानी में तैरती रहती हैं, ऐसा मालूम होता है कि मोहल्ले के कुछ हिस्से गन्दगी जमा करने के डबरा बन गए हैं। सच तो यह है कि गोलीबार के पश्चिमी भाग में रेलवे लाइन के पास एक स्थायी डबरा है, जिसमें बान्द्रा के पूरब के अधिकांश भागों का मल इकट्ठा होता है। मानसून में यह डबड़ा भरकर उपला जाता है और पूरे क्षेत्र में अपनी गन्दगी फैला देता है जब पानी निकल जाता है तब भी पूरा इलाका गन्दे कीचड़ से भरा रहता है।"[10]

यह वर्णन पुराणों में वर्णित वैतरणी के वर्णन से कुछ कम नहीं है, पर इसी स्थिति में मुम्बई नगर का एक बड़ा श्रमिक वर्ग रहने को मजबूर है। ऐसा नहीं कि समय के साथ स्थिति में किसी सुधार की सम्भावना हो। हर नया वर्ष काम की तलाश करनेवाले नए लोगों की बाढ़ लाता है और इसके साथ नगर की आबादी की स्वाभाविक बढ़ोतरी मिलकर स्थिति को और भी मुश्किल बना देती हैं। नगर के व्यवस्थापकों को समस्या से निपटने का एक ही रास्ता दिखाई देता है, गरीब लोगों को नगर से बाहर निकाल देना। जैसे-जैसे स्थिति विकट होती जाती है वैसे वैसे नगरों के व्यवस्थापकों की राय गरीबों को नगर से निकाल बाहर करने की बनती जाती है।

दिल्ली से निकलनेवाली एक पत्रिका 'इंडिया टुडे' के 15 नवम्बर 1983 के अंक में प्रकाशित एक सर्वेक्षण से ऊपर कही गई बातों को पुष्टि होती है। इस सर्वेक्षण में कहा गया हैं :

"आबादी की बाढ़ और आवास के अभाव ने नगर को एक बृहत् एवं सर्वांगीण गन्दी बस्ती का रूप दे दिया है। अब यह आधिकारिक रूप से माना जाने लगा है कि नगर की 50 प्रतिशत से अधिक आबादी यानी 45

लाख लोग फुटपाथ पर और गन्दी बस्तियों में रहते हैं। मुम्बई में पानी का अभाव इतना हो गया है कि बहुत-सी मान्यताहीन कॉलोनियों में प्रतिदिन प्रति व्यक्ति पानी की उपलब्धि 5 गैलन हो गई है जबकि संयुक्त राष्ट्र संघ के हिसाब से न्यूनतम 40 गैलन पानी प्रति व्यक्ति होना चाहिए।"

इस स्थिति का मुकाबला करने के लिए सम्पन्न लोगों की ओर से गरीबों को नगर से निकालने के पहल शुरू हो गई है। 1981 में मुम्बई के तत्कालीन मुख्य मंत्री अन्तुले ने यह घोषणा की कि तत्काल वे मुम्बई से गन्दी बस्तियों में रहनेवाले एक लाख लोगों को नगर से निकाल बाहर करेंगे। इस उद्देश्य से मानसून की बरखा में ही सरकारी बसों में भरकर लोगों को परिवार समेत निकालने का कार्य क्रम चला, लेकिन कुछ संवेदनशील लोगों द्वारा सर्वोच्च न्यायालय में याचिका देने पर उस समय निष्कासन का काम रुक गया। फिर भी इसी रपट के अनुसार कांग्रेस के उस समय के राज्यसभा के सदस्य रफीक जाकारिया यह मानते हैं कि मुम्बई में बाहरी लोगों के प्रदेश पर प्रतिबन्ध लगना चाहिए, अगर जरूरत हो तो संविधान में संशोधन करके भी।

दिल्ली में अभी तक लोगों को निकालने के किसी बृहत् आयोजन की बात तो नहीं हुई है, लेकिन गरीबों को निकालने की बात यहाँ के सम्भ्रान्त समाज के मानस में भी है जो झुग्गियों को उजाड़ने की क्रूरतापूर्ण प्रक्रिया में दिखती है। अभी समय-समय पर भिखमंगों को पकड़ने और निकालने के नाम पर गरीब लोगों को पकड़ लिया जाता है और भिक्षुक घरों में तरह-तरह की यातनाओं में रखा जाता है और दिल्ली से निकाला भी जाता है। एशियाई खेल के समय तीन रेलगाड़ियों में भरकर ऐसे लोगों को उनके राज्यों में भेज दिया गया। 12 जनवरी 1984 के एक आदेश में स्पष्ट रूप से इशारा था कि भिखमंगों के नाम पर छोटे धन्धों से गुजारा करनेवाले लोगों को भी पकड़ निकालने का उद्देश्य था। भिखमंगों को निकालने के इस आदेश में जिसे उपराज्यपाल जगमोहन ने जारी किया था, कहा गया था कि खासकर उन लोगों पर नजर रखी जाए जो गाड़ी साफ करनेवाले या अखबार बेचनेवाले के छद्म वेश में भिखमंगी करते हैं। इस सिलसिले में विभिन्न राज्य सरकारों से भी अपने भिखमंगों को वापस लेने की सलाह दी गई थी

गरीबों को कैसे बिना सोचे-समझे और पशुओं की तरह बिना उनकी बातों पर गौर किए 'भिखमंगा' कहकर पकड़ लिया जाता है और फिर विभिन्न भिक्षुक घरों को भेज दिया जाता है इसकी मिसाल 26 फरवरी 1984 के दिनमान में प्रकाशित रपट के नीचे दिए गए अंश हैं। यह रपट दिल्ली में गिरफ्तार व्यक्तियों के सम्बन्ध में है।

"मुजफ्फरपुर (बिहार) की अधेड़ फूल कुमारी पिछले चार-पाँच साल से पुरानी दिल्ली में फल बेचती है। दो लड़के सरवदीपुर गाँव (बिहार) में खेती करते हैं। पुलिस ने भिखारी मानकर उसे बन्द कर दिया था।"

"मेरठ के नगड़ा गाँव के रामस्वरूप के पास 12 बीघा जमीन है। कुछ जमीन यमुना के खादर में भी है। फागुन में लड़की की शादी करनी है। उपचार के लिए दिल्ली गए। शाहदरा में पकड़ लिए गए।"

"प्रतापगढ़ के साठ वर्षीय रामबोध अपने लड़के के पास दिल्ली गए थे। वह चौकीदारी करता है। चाय पीने जाते हुए पकड़ लिए गए।"

"दो लकड़ियों के सहारे चलनेवाले ऊधमपुर (जम्मू) के मुंशीलाल 24 नवम्बर को उस समय पकड़ लिए गए जब वह जयप्रकाश अस्पताल से बाहर निकल रहे थे। उनके पास अस्पताल की पर्ची अभी भी है।"

"अलीगढ़ के जगदेवपुर गाँव के बाबू राम के पास 50 बीघा जमीन है। दिल्ली में भिखारी मानकर पकड़ लिए गए।"

"गुजरात के रत्तीलाल केशवलाल मुम्बई में खिलौने का व्यापार करते हैं। खरीदारी करने के लिए दिल्ली आए थे। वहाँ व्यापारी के पास पैसा भी जमा है। बताने के बावजूद पुलिस ने नहीं छोड़ा।"

"गया (बिहार) के हरिदास को बस स्टॉप पर पुलिस ने पकड़ लिया। लड़के से मिलने दिल्ली गए थे।"

"वीरभूम (बंगाल) के इकराम शेख अपनी खोयी हुई पोती की खोज में दिल्ली आए थे।"

"पंजाब के फिरोजपुर के संग्राम सिंह सीसगंज गुरुद्वारे में माथा टेकने के लिए पहुँचे थे।"

"इलाहाबाद के अब्दुल अपने बेटे रमजान से मिलने दिल्ली गए थे। लड़का एक बैंक में काम करता है। स्टेशन से बाहर निकलते ही गिरफ्तार कर लिए गए।"

इसी रपट में पहले कहा गया है :

"राजधानी दिल्ली में हर खास अवसर पर यह ध्यान रखा जाता है कि कहीं ऐसी कोई चीज न दिखाई दे जो उसकी इज्जत और शान-शौकत पर धब्बा लगाए। एशियाड और गुट निरपेक्ष शिखर सम्मेलन के समय भी 'भिक्षा प्रतिरोध अधिनियम' के तहत सैकड़ों भिक्षुकों की धर-पकड़ हुई। इधर दिसम्बर को दिल्ली से एक रेलगाड़ी में अयोध्या, इलाहाबाद और वाराणसी के लिए कुछ भिक्षुकों को बंडल की तरह रवाना कर दिया गया।"

2 मार्च, 1984 को राज्य सभा में एक प्रश्न के जवाब में शिक्षा उपमंत्री ने यह सूचना दी थी कि 1 दिसम्बर 1983 से 26 फरवरी 1984 के बीच 4,046 भिखारियों को दिल्ली में गिरफ्तार किया गया। निश्चय ही इनमें बड़ी संख्या में वैसे लोग होंगे जो सिर्फ गरीबी के कारण भिखमंगा करार दिए गए और गिरफ्तार कर निष्कासित कर दिए गए।

यह मानसिकता हिटलर वाली है जो गरीब, विकलांग, असुन्दर और अन्य तरह से अस्वस्तिकर लगनेवाले लोगों और सबसे बढ़कर उन लोगों से जो जीवन के संघर्ष में पिछड़ गए हैं, छुटकारा पाना चाहती है। अगर व्यवस्था अनुकूल हो तो यह मानसिकता गरीबों के लिए गैस चैम्बर का आयोजन करने से भी नहीं चूकेगी। दिल्ली के तत्कालीन उप-राज्यपाल जगमोहन जैसे लोगों के लिए बुलडोजर के बाद का दूसरा तार्किक कदम गैस चैम्बर ही हो सकता है। बुनियादी बात यह है कि देश का अभिजात वर्ग आदमी आदमी के बीच के निहित मानवीय सम्बन्ध से इनकार करता है और इस स्थिति पर पहुँच जाने पर किसी भी संवेदनशीलता की सम्भावना समाप्त हो जाती है।

फिर भी नगर के गरीबों को निकालने की चाहे जितनी बातें की जाएँ, सचमुच में किसी बड़ी संख्या में उन्हें नहीं निकाला जा सकता। इसका कारण नगर के सम्पन्न समाज की स्थिति में एक अन्तर्विरोध है। शहर के सम्पन्न लोगों को साफ-सुथरा सजा-बना वातावरण चाहिए। गरीबों की उपस्थिति इस वातावरण को दूषित बनाती है। इससे उनसे छुट्टी पाने की इच्छा जरूर बनी रहती है, लेकिन नगरों की सजावट ही नहीं इनका अस्तित्व भी इस पर निर्भर करता है कि इनको बनाने-सँवारने के लिए बड़ी संख्या में गरीब लोग उपलब्ध हों। सम्पन्न लोगों की सम्पन्नता और विलासिता भी इस बात पर निर्भर करती है कि गरीब लोग नगर में नहीं तो इसके आसपास बने रहें, जिसमें जरूरत पड़ने पर उन्हें बुलाया जा सके। अगर आदमी उपलब्ध हों, पर वे गरीब न हों तो वे कम मजदूरी पर न कारखानों में काम करेंगे, न सड़क या घर बनाने में और न तो अमीरों के घरों में। फिर तो अधिक मजदूरी देकर काम कराने के क्रम में अमीरी के चुक जाने का ही खतरा बना रहेगा। इसीलिए नगरों को गरीब मजदूर, कम मजदूरी पर काम करनेवाले मजदूर चाहिए ही। इसके लिए हमेशा जरूरी है कि जितने मजदूरों की जरूरत है, उससे अधिक मजदूर उपलब्ध हों जिसमें काम के लिए उनकी आपसी स्पर्धा से मजदूरी की दर नीची बनी रहे। अगर ऐसे मजदूर गाँवों से उपलब्ध हों तो विशेष सुविधा की बात है, अगर गाँवों से उपलब्ध नहीं होते तो तकनीकी में सुधार कर उद्योगों से छँटनी कर नगर के क्षेत्र के भीतर ही से अतिरिक्त मजदूर पैदा कर लिए जाते हैं। यही स्थिति पश्चिमी दुनिया की है जहाँ ग्रामीण अर्थव्यवस्था पर 4-5 प्रतिशत ही लोग निर्भर हैं। वहाँ अतिरिक्त मजदूर स्वचालित यंत्रों को उद्योगों में बढ़ावा देकर पैदा किए जाते हैं। फिलहाल पश्चिम का शायद ही कोई देश हो जहाँ 10 प्रतिशत के आसपास बेरोजगार मजदूर नहीं हैं। पश्चिम के औद्योगिक समाज में भी गरीबों से छुटकारा पाने की आकांक्षा तो अमीरों में है ही, लेकिन भारत जैसा मजदूरों को नगरों से निकाल कर नगरों को साफ-सुथरा रखने की कल्पना करने का साहस भी वे नहीं कर सकते। कम-से-कम आज यही स्थिति है। अत: वहाँ के अमीर

नगर के केन्द्रीय भागों से पलायन पर हैं, जिसमें उपनगरों के खुले वातावरण में अपने ढंग से रिहाइश बनाकर रह सकें। नगरों के केन्द्रों को ढहता-ढिमलाता और प्रदूषित होता छोड़ दिया जाता है।

फिर सवाल उठता है कि अगर गरीबों का नगर में होना नगर की सम्पन्नता के लिए इतना जरूरी है तो फिर उनके लिए ढंग की रिहाइश की व्यवस्था क्यों नहीं कर दी जाती, जिससे नगरों में गरीबी की गन्दगी नहीं फैले? इसका सरल उत्तर यह है कि नगरों के लिए यह असम्भव होता जा रहा है कि गरीबों को गरीब रखते हुए उनके लिए ढंग के आवास की व्यवस्था कर सकें। सरकारी क्वार्टरों को छोड़कर—जो नगर की आबादी के हिसाब से बहुत कम होते हैं, बल्कि सरकारी मुलाजिमों के लिए भी नाकाफी, नगर में घर मुख्य रूप से किराए से पैसा कमाने के लिए बनाए जाते हैं। इसमें कम किराए के घर जिसमें बुनियादी सुविधाएँ उपलब्ध हों, बनाने में मुनाफा बहुत कम होता है। अधिक लाभ होता है कीमती बड़े फ्लैट या बंगले बनाने में, जिसमें धनी लोग रहते हैं या कार्यालय रखते हैं और जिनका मुँहमाँगा किराया मिलता है। इसलिए नगरों में जो भी नए मकान बन रहे हैं, प्रायः धनी किराएदारों को ही ध्यान में रखकर। दूसरे ध्रुव पर किराया कमाने की दृष्टि से कटरे जैसे घर बन रहे हैं जो सभी सुविधाओं से शून्य होते हैं और अधिक-से-अधिक संख्या में गरजमन्द परिवारों को इनमें भेड़-बकरियों की तरह ठूँस दिया जाता है, लेकिन अब धीरे-धीरे नगरों में ऐसे कटरों का भी बनना कम हो गया है। इसका कारण यह है कि नगरों में आबादी के केन्द्रित होने से पैदा स्थानाभाव सट्टेबाजी एवं जमीन की सरकारी इजारेदारी की नीति के कारण नगरों में जमीन की कीमतें आसमान छूने लगी हैं। जमीन हजारों रुपए या कहीं-कहीं लाख रुपए वर्ग गज के हिसाब से बिकने लगी हैं। इतनी महँगी जमीन पर गगनचुम्बी इमारतें या अन्य तरह की बहुत ही खर्चीली इमारतें बनाना ही आर्थिक हो सकता है। इनको बनाने का खर्च भी बहुत आता है क्योंकि बहुमंजिली इमारतों में बहुत ऐसी सुविधाएँ मुहैया करने की जरूरत होती है जो एक या दो मंजिल के घरों के लिए जरूरी नहीं। स्वाभाविक है कि इस तरह के मकानों का किराया मजदूर क्या, मध्यम वर्ग के लोगों के बूते के भी बाहर हो जाता है। अब कटरे का निर्माण नगर के उन छूटे हुए कोनों में ही हो पाता है जहाँ किसी साधारण परिवार के पास कोई मौरूसी जमीन बच गई होती हैं और उस परिवार वालों में आधुनिक अर्थव्यवस्था का इतना ज्ञान नहीं होता कि उस जमीन की कीमत के एवज में भविष्य के धनी किरायेदारों या बैंक आदि से पेशगी रुपए ले बड़े घर का निर्माण कर लें। ऐसे लोग ही कामचलाऊ ढाँचा बनाकर कम किराये पर गरीबों को घर देते हैं और इससे ज़ो भी पैसा निकल आता है, उसी से सन्तोष करते हैं। ऐसे घरों की संख्या नगण्य होती है। स्वाभाविक है कि नगरों में गरीब लोगों को ढंग से रहने लायक घर नहीं मिलता।

ऐसा नहीं कि घरों के इस अभाव से बाहर के गाँवों से आनेवाले लोग ही पीड़ित होते हैं। नगर के भीतर जो कई पीढ़ी से रहते आए हैं उनके सामने भी समस्या पैदा होने लगी है। जिस तरह गाँव से नगर और फिर नगर से गाँव की ओर आने-जानेवाले लोगों का एक प्रवाह बना रहता है उसी तरह नगर के भीतर भी नीचे से ऊपर और ऊपर से नीचे की तरफ लोगों का एक स्तर से दूसरे में आने-जाने का क्रम बना रहता है। नगर के हर निवासी पर सतत ऊपर चढ़ने का एक निर्मम दबाव बना रहता है। इस ऊपर बढ़ने के दबाव के कारण सफलता के लिए हर तरह के मानवीय सम्बन्धों और संवेदनशीलता की बलि देनी होती है। चूँकि अधिकांश लोग ऊपर बढ़ने के प्रयास में लगे हैं, जो ऊपर बढ़ने में अक्षम होते हैं वे दूसरों के लिए सीढ़ी बन जाते हैं और बाकी लोग उनके कन्धे पर पैर रख ऊपर निकल जाते हैं। इस होड़ में जो ऊपर की ओर बढ़ पाते हैं या किसी तरह अपनी जमीन पर टिके रहते हैं वे तो रिहाइश या नगर की अन्य सुविधाओं के भागी बनते हैं, बाकी लोग धक्का देकर नीचे की ओर और फिर नगर के किनारे की तरफ फेंक दिए जाते हैं। धीरे-धीरे उनके पुराने मोहल्ले और उनसे सम्बद्ध सम्पन्न वर्ग छटते जाते हैं। अगर वे इस गिरावट में पैर नहीं जमा पाए तो गन्दी बस्तियों या झुग्गियों की दुनिया में फेंक दिए जाते हैं। यह होड़ पूरी तरह एक आयामी है। इस होड़ में किसी बौद्धिक, सांस्कृतिक या चारित्रिक गुणों का लिहाज नहीं किया जाता। इस होड़ का एक ही उद्‌देश्य होता है—चाहे जैसे भी हो एक स्तर की आर्थिक उपलब्धि कर लेना। फिर नगर की विभिन्न सुविधाओं के दरवाजे खुल जाते हैं और आदमी सही अर्थ में नागरिक बन जाता है। आर्थिक अभाव में उसके अन्य गुणों का कोई मूल्य नहीं क्योंकि समाज के मूल में लुटेरेपन का मूल्य बसा हुआ है। जहाँ तक रिहाइश का सवाल है, एक खास स्थान पर बने रहने के लिए इतना ही काफ़ी नहीं कि आदमी अपनी आर्थिक स्थिति को पहले जैसा बनाए रखे, बल्कि यह जरूरी है कि इसको ऊँचा करता जाए। क्योंकि समय के साथ जैसे-जैसे आवास का अभाव बढ़ता है किराये ऊँचे होते जाते हैं और पुरानी जगहों पर भी पहले से ऊँचा किराया देना पड़ता है। अगर आदमी की आय में वृद्धि नहीं हुई तो उसे फिर किसी निचले स्तर पर आवास की तलाश करनी होती है।

लेकिन ऊपर की बातों से यह समझ लेना भारी भूल होगी कि पैसे और सुविधा के लिए समाज में एक ख़ुली होड़ है, जिसमें हर आदमी को अपनी कूवत और किस्मत आजमाने का समान अवसर है, ऐसा नहीं है। इस होड़ में भी सम्पन्न लोगों को ऐसी सुविधाएँ प्राप्त हैं कि जब तक वे लूट-खसोट के अपने वर्गीय मूल्यों से पूरी तरह हीन नहीं हो जाते, वे गिरकर भी कहीं-न-कहीं अपने वर्ग में ही स्थान पा लेते हैं। पूँजी की महिमा ऐसी है कि अगर पूँजीपति स्वयं बिलकुल निकम्मा है तो अन्य लोगों की बुद्धि खरीदकर अपनी व्यवस्था चला सकता है और

दूर बैठा इसका फायदा उठा सकता है। सच तो यह है कि अधिकांश धनी लोग दूसरों की बुद्धि की कमाई से ही अपनी दौलत बढ़ाते हैं। असल में यह मार-धाड़ और होड़ सबसे तेज मध्यम वर्ग में होती है जो सम्पन्नता और दरिद्रता की सीमा रेखा के नजदीक होते हैं। जो बिलकुल निचले स्तर में होते हैं, उनके लिए होड़ के दरवाजे भी प्रायः बन्द ही होते हैं। उन्हें न वैसी शैक्षणिक योग्यता प्राप्त करने की ही सुविधा होती है और न पैसे या पहुँच का बल होता है जिससे इस 'रेस' में दर्ज हो सकें। वे निचली सीढ़ियों पर ही एक दर्जा ऊपर या नीचे चढ़ते-उतरते रहते हैं। होड़ वहाँ भी है, लेकिन इतनी भर कि फुटपाथ से झुग्गियों या झुग्गियों से कटरों में पहुँच जाएँ।

मध्यम वर्ग और खासकर उच्च मध्यम वर्ग ने अपने स्तर की सुरक्षा का एक खास तरह का ताना-बाना बुन रखा है। पहले संस्थागत और बहिष्कृत समाज के भेद का जिक्र किया जा चुका है। शहरी मध्यम वर्ग आमतौर से संस्थागत समाज का अंग होता है, खासकर इसका पढ़ा-लिखा और गैर व्यापारिक हिस्से सरकारी या गैर सरकारी बड़ी नौकरियों में होता है। इनकी तनख्वाहें चाहे जितनी हों, इनकी अन्य सुविधाएँ अनेक होती हैं और इन सुविधाओं का सम्बन्ध संस्थाओं में इनके स्थान से होता है। इसकी वजह से ये लोग जितना इनकी आय से सम्भव हो पाता है, उससे कई गुना अधिक सुविधाओं का उपभोग करते हैं। सरकारी महकमों, विश्वविद्यालयों एवं निजी और सार्वजनिक क्षेत्रों के कॉरपोरेशनों की तरफ से अनेक होटल, गेस्ट हाउस, डाक बंगले, क्लब आदि नगरों एवं देश के विभिन्न भागों में फैले होते हैं जिनमें सस्ते दर पर कीमती सुविधाएँ सदस्यों को प्राप्त हो सकती हैं। हवाई जहाज या रेलगाड़ियों में ऊँचे दर्जे में यात्रा आदि की सुविधाएँ अक्सर इन संस्थाओं के सदस्यों को संस्थाओं के खर्च पर मिल जाती हैं। इस तरह नागरिक जीवन के घोर संघर्षों के बीच ये लोग अपने लिए सुविधाओं का स्थान बना लेते हैं। ऐसी सुविधाओं का थोड़ा हिस्सा संस्थाओं में काम करनेवाले छोटे दर्जों के कर्मचारियों को भी प्राप्त हो जाता है। घुमा-फिराकर स्कूल-कॉलेज में दाखिले और नौकरियों की होड़ में भी इन वर्गों के लोगों को अन्य लोगों से कुछ अधिक सुविधाएँ मिल जाती हैं। हालाँकि औपचारिक रूप से सभी जगह समान अवसर का मिथक बना रहता है। इन उपायों से नगर के वे लोग जो ऊँचे स्तरों पर हैं, इस भयंकर होड़ में भी अपने लिए ऐसी स्थिति बनाए रखते हैं जिसमें बिलकुल निचले तल पर गिरने की नौबत न आए, लेकिन इस सब के बावजूद मध्यम वर्ग का एक हिस्सा जरूर अपना पाँव अपनी जगह पर जमाए रखने में असमर्थ होता है और आकर निचले वर्गों में शामिल हो जाता है।

असल में न 'मत्स्य न्याय' जल में चलता है और न 'जंगल का कानून' जंगल में; ये दोनों मानव समाज में और खासकर वर्तमान औद्योगिक समाज में चलते हैं

और मनुष्य अपने आपसी सम्बन्धों को जल या जंगलों पर आरोपित करता है। न तो जंगल के बड़े पशु निरर्थक सिर्फ अपनी सामर्थ्य बताने के लिए छोटे पशुओं को मारते हैं और न बड़ी मछलियाँ निरर्थक छोटी मछलियों को निगलती चलती हैं। मनुष्य एकमात्र जीव है जो अपनी महत्ता बतलाने के लिए अपनी प्रजाति के अन्य सदस्यों को अवर्णनीय यातनाओं में रखता है और उनकी हत्या करता है या करवाता है। अगर सिंह हिरण को मारता है तो इसलिए कि हिरण सिंह का भोजन है और इसका शिकार उसके जिन्दा रहने की प्रथम शर्त है, लेकिन युद्धों में करोड़ों लोगों के मारे जाने का क्या औचित्य हो सकता है? मनुष्य तो मनुष्य का खाद्य पदार्थ नहीं? शहरी संस्कृति, जिसे हम 'सभ्यता' कहते हैं, का खास चरित्र है, शान्तिकाल में देश के नागरिकों के बीच वर्ग युद्ध जारी रखना और कुछ अन्तराल पर दूसरे देशों के लोगों के साथ अन्तरराष्ट्रीय युद्ध जारी रखना, सिर्फ इसलिए ताकि देश के भीतर व्यक्तियों के खास समूहों की विशिष्टता बनी रहे एवं राष्ट्रों के बीच खास राष्ट्रों की विशिष्टता, जो असल में राष्ट्र के भीतर के खास वर्गों के लोग और उनके नेताओं को विशिष्टता ही होती है। इसीलिए सभ्यता ने महानता का खिताब अपने समाज के सबसे हिंसक, युद्धखोर और क्रूर व्यक्तियों को दिया है। सिकन्दर महान, फ्रेडरिक महान, पीटर महान आदि, ये व्यक्ति सचमुच में शहरी सभ्यता के प्रतीक हैं।

सभ्यता के सम्बन्ध में यह कहना कुछ चौंकानेवाला लगेगा क्योंकि आमतौर से सभ्यता मनुष्य की सबसे बड़ी उपलब्धि मानी जाती रही है, लेकिन चूँकि एक बात सदियों से मानी जाती रही है, इसी से यह सत्य सिद्ध नहीं हो जाती। हमारे अधिकांश अन्धविश्वास अनादि सत्य माने जाते हैं। आखिर सभ्यता के गुणगान करनेवाले कौन रहे हैं? वही तो जो इसके भीतर चोटी पर रहे हैं। उनकी बात जो इन सभ्यताओं का बोझ अपने कन्धों पर ढोते रहे हैं तो कभी किसी ने लिपिबद्ध नहीं की और न वह किसी श्रुति परम्परा में जीवित रखी गई। इसलिए अगर हम सभ्यता के सुनहरे पक्ष को ही देखते हैं तो कोई आश्चर्य नहीं, लेकिन शहरी सभ्यता के उपलब्ध तथ्यों के वस्तुपरक विवेचन से हम एक हद तक इस स्थापना की परीक्षा कर सकते हैं।

3

> "पीत ज्वर हमारे देश में नगरों का विकास नहीं होने देगा, और मेरी निगाह में बड़े नगर मनुष्य की नैतिकता, स्वास्थ्य और स्वाधीनता के लिए महामारी के समान है। यह सच है कि वे कुछ ललित कलाओं का पोषण करते हैं, लेकिन जो आवश्यक कलाएँ हैं वे अन्यत्र जीवन पा सकती हैं और इनकी कम सम्पूर्णता, पर अधिक स्वास्थ्य, सदाचार और आजादी यह मेरा चुनाव होगा।"
>
> *—टॉमस जेफर्सजन द्वारा रश बेंजामिन को लिखे गए पत्र में नगरों पर व्यक्त राय।*

भारत के दो सबसे सजे-धजे और व्यवस्थित नगरों के पिछले वर्णन के सम्बन्ध में यह राय व्यक्त की जा सकती है कि इन नगरों के आम लोगों की दुर्दशा भारत की विशेष परिस्थिति का परिणाम है और इसे शहरी संस्कृति की आम स्थिति नहीं कही जा सकती। यह ठीक है कि भारत की स्थिति को कुछ विशेषताएँ हैं जो इसे अधिक घिनौना बना देती है—इस पर हम बाद में चर्चा करेंगे, लेकिन कमोबेश अमीर-गरीब में इस तरह का ध्रुवीकरण, स्तरों में विभाजन और नगर की आबादी के एक हिस्से की विपन्नता शहरी संस्कृति की आम स्थिति रही है। जहाँ नगरों के भीतर यह ध्रुवीकरण अधिक नहीं हुआ और नागरिकों के बीच जीवन-स्तर का फर्क काफी कम है, वहाँ ध्रुवीकरण नगर और नगर के बाहर के क्षेत्रों के बीच हुआ है। कहीं तो ये बाहरी क्षेत्र नगर के पास के ही ग्रामीण इलाके रहे हैं तो कहीं यह क्षेत्र दूर-दराज देशों में रहा है जहाँ के लोग नगरों की आम सम्पलता का बोझ ढोते रहे हैं।

आधुनिक दुनिया में अमेरिका के नाम से सम्पन्नता और आम खुशहाली की एक तस्वीर आँखों के सामने आ जाती है, लेकिन इस सम्पन्नता के केन्द्र में ही जो गलित कुष्ठ की बीमारी है, वह हमारी आँखों से ओझल रहती है। यह ठीक है कि अमेरिका के आधे से अधिक लोग दरिद्रता की छाया से बहुत दूर हैं और अभाव की वह स्थिति जिसमें पर्याप्त भोजन भी नहीं मिले, बहुत थोड़े से लोगों को देखनी पड़ती है, लेकिन गरीबी की परिकल्पना भी सापेक्ष होती है। एक आदमी जिसके पास साइकिल है और जिसे सुबह-शाम भोजन मिल जाता है उस स्थिति में खुशहाल माना

जाएगा जिसमें अधिकांश लोग साइकिल या सुबह-शाम भरपेट भोजन से वंचित हैं, लेकिन वही आदमी उस समाज में जहाँ अधिकांश लोगों के पास मोटर गाड़ियाँ हैं या स्कूटर हैं एवं जहाँ लोग भोजन में इच्छाभर मक्खन, पनीर, अंडे आदि खा सकते हैं, अतिहीन और गरीब महसूस करेगा। गरीबी भौतिक के साथ-साथ एक मानसिक स्थिति भी है। भारत की गरीबी जरूर उस दर्जे की है जहाँ यह शुद्ध निरपेक्ष शारीरिक यातना बन जाती है, लेकिन गरीबी जहाँ अपने आप में शारीरिक रूप से कष्टदायी नहीं भी है वहाँ भी यह मानसिक यातना और सापेक्ष शारीरिक, यातना भी बन सकती है। जिस समाज में लोग मोटरगाड़ियों और रंगीन टी.वी. के आदी बन गए हैं वहाँ इन वस्तुओं का अभाव भी मानसिक और शारीरिक दोनों तरह की यातना का जनक बन जाता है। इस कसौटी पर अमेरिकी समाज को कसने पर अमेरिकी समाज में भी 15 से 20 प्रतिशत लोग जरूर ऐसे हैं जो अति दरिद्र हैं और या तो वहाँ निर्धारित गरीबी रेखा से नीचे हैं या उस रेखा से इतने करीब कि कभी भी खिसककर नीचे जा सकते हैं। इस गरीबी और तनाव से वे सारी सामाजिक विकृतियाँ वहाँ भी पैदा होती हैं जो दूसरी जगहों पर बल्कि एक सम्पन्न समाज में जहाँ जीवन से लोगों की अपेक्षाएँ अधिक होती हैं अपेक्षित उपलब्धियों के अभाव में तनाव से पागलपन, अपराध और आत्महत्या जैसी त्रासदी की सम्भावना कहीं अधिक होती है।

एक अध्ययन के अनुसार,

"1963 में 86 लाख अमेरिकी परिवार यानी लगभग 3 करोड़ लोग एवं एक करोड़ 90 लाख तनहा आदमी दरिद्रता की स्थिति में रहते थे। अगर हम इसमें उन लोगों को जोड़ दें जो गरीबी में रहते हैं तो 6.6 करोड़ लोग या लगभग 35.5 प्रतिशत लोग दरिद्रता या गरीबी में रहते हैं।"[1]

चूँकि अमेरिका में 95 प्रतिशत से अधिक लोग नगरों में रहते हैं, गरीब लोग प्रायः नगरों में ही केन्द्रित हैं।

पिछले दिनों जब बेकारी को समस्या गम्भीर होती गई है, स्थिति और भी खराब हुई होगी। अभी हाल में अमेरिका में यह विवाद खड़ा हो गया है कि वहाँ भी एक बड़ी संख्या में लोगों को भूखे रहने की नौबत रहती है।

सम्पन्नता के बीच दरिद्रता का लाजिमी नतीजा अपराधों की वृद्धि होती है। एक लेखक ने अमेरिका में अपराधों की स्थिति का यह वर्णन दिया है :

"अपराध अमेरिकी जीवन पद्धति का एक अभिन्न अंग है और अब इसमें और भी वृद्धि हो रही है। एक गैलप पॉल के अनुसार, पिछले साल-भर के भीतर हर चार में से एक व्यक्ति अपराध का शिकार बना था। फेडरल ब्यूरो आफ इन्वेस्टिगेशन के अनुसार, 1975 में दर्ज कराए गए अपराधों की संख्या एक करोड़ थी। 1960 और 1975 के बीच अपराधों में 138 प्रतिशत वृद्धि हुई। इस अवधि में प्रति 1,00,000 व्यक्ति डकैतियाँ तीन गुनी

बढ़ गईं, प्रति 1,00,000 व्यक्ति बलात्कार भी लगभग तीन गुने हो गए एवं हत्याओं का अनुपात दोगुना हो गया।

"ये आँकड़े वास्तव में सभी अपराधों का एक अंश ही हैं। अधिकांश विशेषज्ञों का ऐसा खयाल है कि दर्ज कराए गए अपराध वास्तविक अपराधों के लगभग आधे ही होते हैं। ब्यूरो आफ सेंसस डाटा के अनुसार यह अनुमान भी कम ही लगता है। 1973 के पहले छह महीने में ब्यूरो द्वारा एकत्र किए गए आंकड़ों के अनुसार छोटी-मोटी चोरी, लूट, डकैती, हमला और बलात्कार, दर्ज कराए गए अपराधों से तीन गुना थे। इन छह महीनों में सर्वेक्षण के अनुसार 16,682,600 अपराध ऊपर के दर्जों में दर्ज हुए, लेकिन कुल दर्ज कराए गए अपराधों की संख्या 5,320,000 थी।"[2]

इस तरह नगरों के भीतर की गरीबी और इसके फलस्वरूप नगर के एक भाग का गन्दी बस्तियों में परिवर्तन, प्रदूषण, भीड़ और बढ़ते अपराधों से बचने के लिए इन नगरों के सम्पन्न लोग पहले नगर के किनारों पर बसते हैं और फिर नगर छोड़कर उपनगरों में, जहाँ वे निजी खर्च से अपनी इच्छा के अनुसार वातावरण बनाकर रह सकते हैं। नगर के सम्पन्न लोगों के नगर से बाहर आवास बनाकर रहने से नगरों की आय घटती है और नगर के विकास पर खर्च के लिए आर्थिक साधन घटने लगते हैं और नगर का केन्द्रीय भाग और भी उपेक्षित होता जाता है। तेज मोटर गाड़ियों के निर्माण से यह सम्भव हो गया है कि नगरों से बीसों मील दूर रिहाइश रखकर भी यहाँ के सम्पन्न लोग नगर में अपना काम-काज देख सकते हैं। इस तरह नगरों के चारों ओर दूर-दूर तक उपनगर फैल जाते हैं, जिनका नगर की जिन्दगी से या एक-दूसरे से भी कोई नागरिक रिश्ता नहीं रह जाता। इससे नगर एक आकारहीन इकाई बन जाता है जिसमें एक कारोबार का केन्द्र होता है और बाकी नगरों से भागती सड़कों पर दूर-दराज, बेतरतीब बसे उपनगर होते हैं। बहुत लोग अब इन आकारहीन नगरों-उपनगरों के समूह को 'मेगालोपोलिस' नाम देने लगे हैं जो पहले के नगर 'मेट्रोपोलिस' के बाद का नागरिक संस्करण समझा जाता है। बहुत से अन्य लोग मेगालोपोलिस को इसकी आकारहीनता के कारण नागरिकता की मृत्यु से जोड़ने लगे हैं क्योंकि प्रकृति में आकारहीनता निष्प्राण होने का प्रतीक है।

अमेरिका के इस वर्णन पर लोगों की यह प्रतिक्रिया हो सकती है कि वहाँ के नगरों की स्थिति पूँजीवादी व्यवस्था की देन है। कुछ हद तक यह प्रतिक्रिया बिलकुल उचित है क्योंकि पूँजीवादी व्यवस्था में अन्तर्निहित गैर बराबरी की वजह से ही सम्पन्नता के होते हुए भी आबादी के एक हिस्से को इतनी तंगी और तबाही की जिन्दगी जीने के लिए मजबूर किया जाता है, लेकिन आधुनिक नगर पूँजीवादी व्यवस्था के मूल्यों के अनुरूप इसलिए पड़ते हैं और इसीलिए प्रोत्साहित किए जाते हैं क्योंकि शुरू से नगरों

का आधार विषमता पर टिका रहा है। पूंजीवादी व्यवस्था में नगरों की विषमता केवल अधिक भयावह रूप धारण कर लेती है क्योंकि पूँजीवाद उद्योग और अर्थव्यवस्था के केन्द्रीकरण को चरम बिन्दु पर पहुँचाकर मनुष्यों के बीच की विषमता को अधिक सघनता प्रदान करता हैं एवं मनुष्य के जीवन को एक आयामी बना देता है, जिसमें उसका अस्तित्व वस्तुओं एवं सन्तानों के उत्पादक से अधिक कुछ नहीं रह जाता। शायद इसी स्थिति से उबरने के लिए कार्ल मार्क्स ने नगर और गाँव के फर्क को मिटाने के अभियान को मजदूर राज्य के सबसे प्रथम कार्यक्रमों में शामिल किया था। कम्युनिस्ट घोषणा पत्र में मजदूर राज्य को जिन दस कार्यक्रमों को सत्ता हाथ में लेने पर अविलम्ब लेने का सुझाव दिया गया था, उसमें नवाँ इस प्रकार है :

> "खेती को उद्योगों से जोड़ना : धीरे-धीरे शहर और गाँव के फर्क को आबादी का पूरे देश में अधिक सम बँटवारा करके मिटाना।"

चूँकि कम्युनिस्ट देशों ने भी औद्योगिक विकास की वहीं केन्द्रीकरण की नीति अपनाई, जैसा कि पूँजीवाद ने किया था, उनमें भी न सिर्फ गाँव और शहर के बीच घोर विषमता है बल्कि नगरों में रहनेवाले आम आदमियों की भी स्थिति काफी खराब है। सोवियत संघ के नगरों के गरीब इलाकों के लोगों की जिन्दगी के सम्बन्ध में विस्तार से तो बहुत जानकारी नहीं हो पाती, पर कोई खुशहाली की स्थिति नहीं है। जॉन डॉनवर्ग ने स्टालिन के बाद के रूस में आवास की स्थिति का इन शब्दों में वर्णन किया है :

> "1922 में एक आम सोवियत नागरिक को 6.45 वर्गमीटर स्थान रहने के लिए उपलब्ध था। 1950 तक आबादी की बाढ़ एवं युद्ध की बरबादी के कारण यह घटकर मात्र 4.67 वर्गमीटर प्रति व्यक्ति हो गया। 1970 में यह बढ़कर 7.4 वर्गमीटर प्रति व्यक्ति हो गया है यानी लगभग 77 वर्गफीट, पर अगर 1980 तक 1922 के बराबर न्यूनतम स्थान उपलब्ध हो जाए तब भी यह प्रति व्यक्ति 10 फीट लम्बा और 10 फीट चौड़ा से अधिक नहीं होगा।
>
> "सारे सोवियत संघ के लिए पूरी जानकारी उपलब्ध नहीं है, पर मॉस्को में 70 प्रतिशत से कम घरों में पानी के नल की व्यवस्था है 65 प्रतिशत से कम में केन्द्रीय रूप से गर्म रखने की व्यवस्था और 60 प्रतिशत से कम में पाइप से गैस की सप्लाई थी।"[3]

10×10 यानी 100 वर्गफीट प्रति व्यक्ति स्थान की उपलब्धि रूस ऐसे सम्पन्न देश के नगरों के लिए काफी कम हुई, पर जब हम इस बात पर विचार करते हैं कि यह औसत उपलब्धि है और रूस में काफी संख्या में ऐसे पार्टी के नेता व्यवस्थापक एवं तकनीकी विशेषज्ञ हैं जिन्हें काफी लम्बी-चौड़ी आवासीय सुविधाएँ

हैं तो यह नतीजा निकलता है कि निचली आमदनी वाले व्यक्तियों को इससे कहीं कम स्थान में गुजारा करना होता होगा। यह कहा जा सकता है कि डॉनवर्ग की बातें कुछ बढ़ा-चढ़ाकर बताई गई हो सकती हैं, पर वर्ल्ड मार्क्स इन्साइकोपीडिया के आंकड़े, जो सरकारी सूत्रों से प्राप्त आंकड़ों पर आधारित हैं, इससे बहुत भिन्न नहीं हैं। इसके मुताबिक, 1973 में सोवियत संघ में 14.61 करोड़ व्यक्तियों के लिए 173 करोड़ वर्गमीटर आवासीय रकबा उपलब्ध था यानी प्रति व्यक्ति 12 वर्गमीटर के लगभग जो 108 वर्गफीट हुआ।

आगे डॉनवर्ग ने कुछ सामूहिक रिहाइशों का वर्णन इन शब्दों में किया है :

> "अगर किसी को इस बात से सन्देह है कि ओडिंले क्वार्टीर एक वरदान है, उन्हें थोड़ा-सा सामूहिक रिहाइश पर गौर करना चाहिए। इन जीवन के विश्वविद्यालयों के रसोईघर सर्वदा सीलन-भरे, अँधेरे और दुर्गंधयुक्त होते हैं। इसमें एक सिंक और एक या दो गैस के चूल्हे के स्थान होते हैं, जिनकी संख्या इसमें रहनेवालों की संख्या पर निर्भर करती है। कुछ स्थान उन कपबोर्डों से घिरा रहता है जो प्रत्येक परिवार का अपना होता है और आमतौर से इनके दरवाजों पर भारी ताले पड़े होते हैं क्योंकि कोई अपने पड़ोसी पर विश्वास नहीं करता।
>
> "स्नानघर (अगर हों तो) एवं शौचालय, गन्दे और सीलन से भरे होते हैं। बहुत से पुराने घरों में स्नानघर नहीं है और इनमें रहनेवालों को सार्वजनिक स्नानघरों का इस्तेमाल करना होता है।...कमरे प्राय: ठसाठस भरे होते हैं जिनमें भारी एवं बदसूरत फर्नीचर एवं दो या तीन पुश्त से जमा की गई अन्य वस्तुएँ पड़ी होती हैं। इन कमरों का ही उपयोग खाने, सोने, रहने, आराम करने, काम करने, अध्ययन करने, बहस करने, झगड़ने, पीकर नशा में होने और प्रेम करने के लिए होता है और कभी कोई अकेला नहीं होता।"[4]

सोवियत संघ के सुविधा प्राप्त वर्गों ने इन स्थितियों से अपने बचाव की व्यवस्था कर ली है। न केवल उन्हें नगरों में अन्य आवास उपलब्ध हो जाते हैं बल्कि नगर से बाहर रमणीक स्थानों में बने डाचा यानी स्वतंत्र बंगलों की सुविधा भी होती है। इस तरह वे भी नगर के प्रदूषित केन्द्रीय भाग से अवकाश के समय बाहर रहने की व्यवस्था कर लेते हैं।

फिर भी, अन्य देशों की तरह सोवियत संघ में गन्दी बस्तियों का विकास नहीं हुआ है, भले ही नगरों के गरीब काफी कठिनाई की अवस्था में रहते हों। इसका एक बड़ा कारण यह है कि गाँव के लोग जो आर्थिक दृष्टि से अत्यधिक गरीबी की स्थिति में रहते हैं, नगरों में आने को आजाद नहीं। पिछड़े मुल्कों में गन्दी बस्तियों के तेज फैलाव का कारण यह है कि गाँव की गरीबी से मुक्ति ढूँढ़ने के

लिए गाँव के लोग नगरों में बड़ी तादाद में आ जाते हैं। चूँकि नगर के निर्माण में इन लोगों की जरूरतों को नजरअन्दाज किया जाता है, ये स्वयं ही अपनी स्थायी या अस्थायी, व्यवस्था करते हैं जिनमें नागरिक सुविधाओं का सर्वथा अभाव होता है, लेकिन सोवियत संघ में आन्तरिक पासपोर्ट की व्यवस्था है और सामूहिक खेतों पर काम करनेवालों को यह उपलब्ध नहीं होता, अत: किसी नगर में जाकर ये न तो रह सकते थे और न कोई काम कर सकते थे। अगर किसी कार्यवश वे बाहर जाना चाहें तो अस्थायी परमिट भर मिल जाता था। इसके आधार पर स्थायी रूप से वे अपना फार्म छोड़ बाहर नहीं रह सकते। इस कारण अपनी गरीबी के बावजूद सरकारी योजना के बाहर कहीं जा वे ऐसे काम नहीं कर सकते जिससे अपनी स्थिति सुधार सकें। इस तरह गन्दी बस्तियों के तेजी से फैलने का एक कारण वहाँ नहीं है।

चूँकि नगरों का अब तक का इतिहास हमेशा निर्मम गैर-बराबरी का रहा है। हर एक युग में एक समय के बाद जब नगरों में गरीबी की तादाद बढ़ी है और उनकी संख्या के अनुपात में सुविधाओं का अभाव हुआ है तो नगर का मुख्य भाग सम्पन्न वर्गों के लिए अरुचिकर होने लगा है और वे लोग नगर के बाहर या उपनगरों में अपने लिए आवास बनाने लगे हैं। रॉबर्ट गोल्डस्टन ने उपनगरों पर लिखी गई अपनी किताब में इस बात की पुष्टि के कई उदाहरण दिए हैं। उसने लिखा है :

> "पुरातत्त्व के अनुसन्धानों से पता चलता है कि प्राचीन उर एक महा उर का भाग था जिसमें बाइबिल में वर्णित उस नगर की दीवार के चारों ओर चार मील तक उप-नगरीय महल एवं सड़कें बनी हुई थीं। मिस्र की कब्रों से जुड़े चित्र और मॉडल अक्सर उपनगरीय घर दिखलाते हैं जिनमें फैले हुए उपवन हैं। यूनान के स्पार्टा या एथेंस ऐसे नगरों के चारों ओर विकसित क्षेत्र हैं जिनमें मकान, जिमनेजियम, प्रासाद और उपवन हैं। इन्हें उपनगर छोड़कर और कुछ नहीं कहा जा सकता। रोम के उपनगरों के अवशेष आज भी देखे जा सकते हैं।"[5]

इसी पुस्तक में लेखक ने 17वीं शताब्दी के प्रारम्भ के एक सम्पन्न व्यक्ति का बयान उद्धृत किया है जो सम्पन्न लोगों की गरीबों के आवास से दूर भागने की इस प्रवृत्ति को बहुत साफ जाहिर करती है। यह बयान, जो किसी मिस्टर स्टो का है, इस प्रकार है :

> "सक्षम होने पर अधिकांश सम्भ्रान्त और कुलीन लोगों की आदत है उपनगरीय हिस्से में निवास करने की, क्योंकि वहाँ हवा खुली होती है, स्थान स्वास्थ्यप्रद होता है तथा नगर से दूर होने से शोर-शराबा नहीं होता और इससे शान्ति रहती है।"[6]

आम लोगों के आवास से दूर भागने की अमीरों की मंशा के पीछे मुख्य कारण यह रहा है कि इतिहास में कभी भी वैसे समाज में जहाँ गरीब और अमीर स्पष्ट रूप से विभाजित हैं, सम्पन्न लोगों द्वारा गरीबों के जीवन को कोई मानवीय स्तर प्रदान करने का विचार नहीं रहा है। अत: गरीबों की दुनिया धीरे-धीरे गन्दगी और बीमारी का केन्द्र बन जाती है और चूँकि अमीर इसको सुधारने का झंझट उठाना नहीं चाहते, इससे दूर हटकर इसकी छूत से बचना चाहते हैं। स्वयं रोम, जिसके नागरिकों की नगर नियोजन की क्षमता मशहूर थी, इस स्थिति का अपवाद नहीं था। लिविस मम्फोर्ड के अनुसार :

> "जबकि मुट्ठी-भर पैट्रिशियन (रोम के अभिजात लोग) जिनकी संख्या 1,800 थी, विशाल निजी महलों में रहते थे जिनमें प्राय: उद्यान होते थे और जो इतने बड़े होते थे कि ये अभिजात लोग उसमें अपनी खिदमत में लगे नौकरों और गुलामों को भी रख सकते थे—कुछ महल तो बिलकुल राजमहल थे—मध्यम वर्ग के लोग जिनमें व्यापारी, अफसर, छोटे उद्योगों के मालिक आदि शामिल थे वैसे घरों में रहते थे, जिनमें कई परिवारों का स्थान होता था—उस तरह के घर जैसा रोम के पास के बन्दरगाह ओस्तिया की खुदाई मिल निकले हैं। ये लोग सम्भवत: किराएदार थे। यह किराया लुडविग फिलेंडर के अनुसार, सीजर के काल में इटली के अन्य नगरों के किराया से चार गुना अधिक था। इसके विपरीत सर्वहारा की विशाल जनसंख्या लगभग 46,000 घरों में रहती थी—जिनमें प्रत्येक घर में औसतन 200 व्यक्ति रहते थे।"[7]

रोम में नालियों की व्यवस्था जरूर थी, लेकिन नगर के गरीब इलाकों के लोगों को इसकी सुविधा नहीं के बराबर मिलती थी। मम्फोर्ड के अनुसार :

> "जैसे हमारे एक्सप्रेस वेज स्थानीय सड़कों के सिलसिले से नहीं जुड़े होते वैसे ही रोम की बड़ी नालियाँ प्रथम मंजिल के ऊपर की गन्दगी के निकोस मार्ग से नहीं जुड़ी थीं। इससे भी बुरी बात यह थी कि इनका कोई सम्बन्ध उन स्थानों से नहीं था जहाँ घरों में लोग भारी संख्या में रहते थे।
>
> "थोड़े में जहाँ जरूरत सबसे अधिक थी वहाँ जन सुविधाओं का सबसे अधिक अभाव था। हालाँकि दिन में बहुसंख्य लोग कुछ फीस देकर पड़ोस के सार्वजनिक शौचालयों का उपयोग कर सकते थे। रात में लोग घर का मल-मूत्र सीढ़ी के पास ढके हुए स्थान में डाल देते थे जहाँ से खाद के लिए इसका उपयोग करनेवाले या सफाई करनेवाले इसे हटा ले जाते थे।"[8]

प्राचीन एवं मध्य युगीन नगरों के उपलब्ध वृतान्त भी नगरों की इसी तरह की स्थिति होने की पुष्टि करते हैं। मध्ययुगीन यूरोप के नगरों का स्थिति का पता कुछ इस वर्णन से चलता है :

> "कूड़े और मल को साफ कर हटाने में म्युनिसिपैलिटियों को किसी गौरव का अनुभव नहीं होता था और न इस दिशा में कोई प्रयास ही होता था। रोमनों ने जैसा नाले बनाने का कार्यक्रम अपनाया था वैसा कार्यक्रम नहीं अपनाया गया और हालाँकि कुछ व्यक्ति और समूह नगर के कुछ हिस्सों की समय-समय पर सफाई के लिए जवाबदेह थे, वास्तव में कूड़े को साफ करने के लिए लोग सड़कों और नालियों पर निर्भर करते थे। आदमी और मवेशी के मल एवं दूसरे कूड़े सड़कों पर यह सोचकर जमा कर दिए जाते थे कि अगली बारिश उन्हें बहाकर नदियों तक पहुँचा देगी। दो बरसातों के बीच कूड़े से भोजन निकालनेवाले मानव और पशु कूड़े के ढेर को कम किए रहते थे। गरीब लोग धनी लोगों के कूड़े से जो कुछ पा सकते थे, निकालते थे और जो बाकी बच जाता था, उसे मनुष्य का सबसे प्राचीन एवं विश्वस्त कूड़ा साफ करनेवाले पशु कुत्ते और सूअर साफ कर देते थे। उन स्थानों को छोड़कर जिन्हें कभी-कभार कोई व्यक्ति या म्युनिसिपैलिटी के अधिकारी साफ कर देते थे, नगरों के रास्ते शायद ही कभी ऐसे रहते थे जहाँ से होकर कोई सफाईपसन्द आदमी सुविधा से चल सकता हो।"[9]

उन्नीसवीं शताब्दी तक भी जबकि यूरोप में साफ-सफाई की दिशा में महत्त्वपूर्ण परिवर्तन हो रहे थे, उन इलाकों की हालत नाटकीय थी जिनमें आम लोग रहते थे। ऊपर जिस पुस्तक से उद्धरण दिया गया है, उसी में लिखा है :

> "उदाहरण के लिए, बेलफास्ट में जो अपेक्षाकृत छोटा नगर था, 1837 में गटर ऐले में नौ घर थे जिनमें प्रत्येक में दो कमरे थे। निचली मंजिल के कमरे की सतह मिट्टी की थी और कोई भी कमरा छह फीट आठ इंच से अधिक ऊँचा नहीं था। इन अठारह कमरों में 147 लोग रहते थे यानी प्रत्येक कमरे में आठ आदमी। 1830 के दशक में पेरिस में नए आगन्तुकों को ऐसी जगह पर स्थान मिलता था जहाँ छह बिस्तरों में बारह लोगों को रहना पड़ता था। इसी तरह 1840 के आस-पास मानचेस्टर में सात हजार लोग तैंतीस शौचघरों का इस्तेमाल करते थे यानी एक पाखाने का इस्तेमाल 215 मर्द, औरत और बच्चों को करना पड़ता था। हालाँकि इस वर्णन से स्थानाभाव अत्यन्त ही दयनीय लगेगा, ऐसी स्थिति का होना कोई विशेष बात नहीं थी और पश्चिमी यूरोप के लगभग सभी नगरों में उन्नीसवीं सदी के मध्य में ऐसी ही स्थिति के उदाहरण मिलते हैं।"[10]

ऊपर के ये वर्णन किसी भी आधुनिक भारतीय नगर की तस्वीर नगरों के सामने ला देते हैं। ऐसा लगता है कि पश्चिम को नकल की धुन में हमारा देश उसके सभी दुर्गुणों की पुनरावृत्ति करना चाहता है। एक फर्क जरूर है, जहाँ यूरोप बीसवीं शताब्दी में नगरों के कूड़े को सीमित करने में सफल हुआ (पर्यावरण के प्रदूषण की बात अलग है) और एक छोटी-सी आबादी ही जर्जर हो रहे इलाकों में अत्यधिक गरीबी में रहने को विवश है वहाँ भारत में नगरों का विकास वास्तव में कूड़े के ढेर का विस्तार है जहाँ कुछ छोटे-से साफ-सुथरे इलाके होते हैं और इसके चारों ओर मीलों लोग कूड़े के भीतर जिन्दगी बिता रहे होते हैं। हर साल आबादी की बाढ़ के समय यह कूड़े का क्षेत्र भी फैलता जाता है। भारतीय नगरों की स्थिति का निचोड़ हम विख्यात नृशास्त्री लेवी स्ट्रॉस के इस वर्णन में पढ़ते हैं :

> "जिन बातों से हम शर्मिंदा होते हैं एवं बेइज्जती अनुभव करते हैं और जिन्हें हम एक तरह का कोढ़ मानते हैं, वे भारत में अपनी पराकाष्ठा पर पहुँचकर जीवन का यथार्थ बन गई हैं। यानी व्यक्तियों का झुंड में एकत्र होना मानो जीवन का एकमात्र उद्देश्य झुंड बांधकर दसों लाख की संख्या में रहना ही हो, चाहे जिन्दगी की जैसी भी हालत हो। कूड़ा, अव्यवस्था, अनुचित सम्बन्ध, स्थान की तंगी, खंडहर, झोंपड़ी, कीचड़, गन्दगी, पाखाना, पेशाब, मवाद, सड़ान्ध, पीव स्राव, बहते घाव, हर वैसी चीज जिससे हम नफरत करते हैं और जिससे बड़ी-से-बड़ी कीमत चुकाकर बचना चाहते हैं, समूह में पैदा होनेवाली ये तमाम बुराइयाँ, भारत में समूह के फैलाव पर कोई सीमा नहीं बाँधती। वे एक तरह के स्वाभाविक परिवेश हैं जिनकी अपनी समृद्धि के लिए भारतीय शहरों को जरूरत है। किसी भी व्यक्ति को कोई भी सड़क, फुटपाथ या गली निवास स्थान प्रदान करता है, जहाँ वह बैठता है, सोता है और यहाँ तक कि अपना भोजन भी सीधा पड़ोस के चिपचिपे कूड़े से निकाल लेता है। उसे विकर्षित करने की बजाय उसका इस कूड़े से एक अपनत्व बोध बन गया है क्योंकि यह कूड़ा उसके द्वारा अपने ही भीतर से निकाला गया है, मल के रूप में त्यागा गया है और बार-बार अनेक लोगों द्वारा रौंदा गया है एवं हाथ से गींजा गया है।"[11]

लेवी स्ट्रॉस ने सिर्फ एक बात जोड़ना छोड़ दिया कि भारत का अभिजात वर्ग इन नगरों के विकास से गर्वोन्नत महसूस करता है क्योंकि इसी कूड़े से पोषण या वह कमल की तरह खिलता है। आम आदमी अगर इस स्थिति को कबूल करने को मजबूर है तो इसलिए कि किसी भी स्तर पर जिन्दा रहने के लिए उसके सामने कोई दूसरा विकल्प नहीं है। स्वयं यूरोप में मध्य युग में, जैसा कि ऊपर बतलाया गया है, और बीसवीं सदी में भी यूरोप के कंसेंटेशन कैम्पों में आदमी हर तरह की

यातनापूर्ण स्थिति में रह चुके हैं। आदमी की जीने की इच्छा बहुत बलवती होती है और अगर उसे जीने की सामान्य मानवीय स्थिति से वंचित कर दिया जाता है तब भी वह अन्तिम सांस तक हर तरह की स्थिति में जीवित रहने का प्रयास करता है, इसीलिए आदमी का संसार ग्रीनलैंड के बर्फीले प्रदेश से लेकर सहारा और बलुचिस्तान के जलते मरुस्थलों तक में फैला हुआ है। मौका मिलने पर वह अपने वातावरण को कुछ हद तक अपने अनुकूल बना लेता है। अगर भारत का आम आदमी नगरों में अपने परिवेश को बदलने के बजाय उसी से चिपका रहता है तो इसलिए कि शासन व्यवस्था लगातार उसके जीवन सुधार की सम्भावनाओं पर अवरोध लगाती रही है। इस विषय पर हम थोड़ी चर्चा पहले कर ले चुके हैं, अधिक चर्चा आगे करेंगे।

नगरों के जीवन की इस घोर विषमता के पीछे नगरों के विकास का लम्बा इतिहास है। सच तो यह है कि एक-दो स्थितियों के अपवाद को छोड़कर नगरों का विकास ही हुआ है, लोगों के शासक और शासित के रूप में विभाजन से। अपवाद में वे नगर आएँगे जो शिक्षा के केन्द्र थे एवं विश्वविद्यालय के रूप में दूर-दूर के शिक्षार्थियों को आकर्षित करते थे, या तीर्थ स्थल थे जो बाद में बाहर से आनेवाले तीर्थयात्रियों की सुविधा के लिए आवास, दुकान आदि के विकास से नगर में बदल गए। यूरोप के मध्ययुग के बाद के नगर जरूर आजादी के प्रतीक के रूप में विकसित हुए जब पूरा यूरोप सामन्ती व्यवस्था में जकड़ा था और गाँवों में सामन्तों को छोड़ अधिकांश लोग सामन्तों पर आश्रित सर्फ/गुलाम थे जो अनेक तरह के बन्धनों से बँधे थे। इन नगरों में राजाओं से चार्टर प्राप्त कर नगर का नवोदित शिल्पकारों एवं व्यापारियों का वर्ग अपनी इच्छा अनुसार अपना कारोबार-रोजगार चला सकता था। इससे जीवन को विभिन्न तरह से संगठित करने की सम्भावना पैदा हुई। अनेक दिशाओं में सर्जनात्मक प्रतिभा को विकसित करने की सुविधा मिली एवं नए प्रयोगों को प्रश्रय मिला। इससे नगरों के प्रति एक आकर्षण भी पैदा हुआ और नगर अनेक तरह की सम्भावनाओं का केन्द्र दिखाई देने लगा, लेकिन यह एक अल्पकालिक स्थिति थी और उसके पहले के प्राचीन नगर या उनके बाद के आधुनिक नगर इस कल्पना के नगर से बिलकुल भिन्न रहे हैं। आज नगर जिन्दगी की स्वच्छन्दता का प्रतीक नहीं, यह एक कठोर मास्टर है जो आदमी को अपनी जिन्दगी को एक खास तरह के सांचे में ढालने को मजबूर करता है।

जैसा कि लिविस मम्फोर्ड ने शहरी सभ्यता पर पूर्व उल्लिखित पुस्तक में ध्यान दिलाया है, नगर शुरू से ही शोषण एवं मनुष्य के स्वतंत्र वृत्तियों के दमन के केन्द्र रहे हैं। मम्फोर्ड इसे इसकी प्रारम्भिक अवस्था में शिकारियों द्वारा पशुपालकों पर नियंत्रण के रूप में देखते हैं और अपनी इस अवधारणा को सबूत कुछ ऐतिहासिक प्रतीकों में पाते हैं। वे लिखते हैं :

> "सुमेर की लोककथाओं में सरदार का आदि रूप गिल गामेश है, जो बहादुर शिकारी है, शक्तिशाली अभयदाता है और इससे भी महत्त्वपूर्ण उरुक (उनका नगर) के चारों ओर दीवार का निर्माण करनेवाला है। इसी तरह प्राचीन बेबीलोन में हम एक-दूसरे शिकारी एनकिडू का वर्णन पाते हैं जिसने सिंहों को खदेड़ दिया, भेड़ियो को पकड़ लिया और मवेशी पालनेवालों की रक्षा की।"[12]

लिविस मम्फोर्ड के अनुसार, ये बचाव करनेवाले शिकारी अन्ततोगत्वा नगरों के स्वामी बन गए। इस कल्पना में चाहे जो यथार्थ हो, इतना तो जरूर रहा है कि नगरों के विकास के साथ पहले बतलाए गए कुछ अपवादों को छोड़कर सदा शोषण, दमन एवं बाहरी क्षेत्रों के साथ युद्ध की भूमिका जुड़ी रही है। युद्ध छोटे-छोटे कबीलों में भी होते रहे हैं, लेकिन नगर के विकास के बाद ही जब कबीलों के मुखिया बड़े राज्यों के राजा बन गए, उन्हें आस-पास के कबीलों या गाँवों में फैले लोगों और साधनों को समेटकर वैसी बड़ी फौजों का आयोजन करने का मौका मिला, जिसके सहारे वे राष्ट्रीय या अन्तरराष्ट्रीय साम्राज्य बनाने में सफल हुए। राजा और उसके नगर के साथ एक अहंकार जुड़ा जिसके साथ तादात्म्यता आम लोग भी गौरवान्वित महसूस करने लगे। उस नगर या राज्य में चाहे उनकी जो स्थिति रही हो, वे इस स्वाभिमान की रक्षा करने के लिए मरने-मारने के लिए तैयार हो गए। कबीले के प्रति वफादारी का स्थान अब नगर, राजा और राज्य की वफादारी ने ले लिया। इसके साथ ही युद्ध और सामूहिक हिंसा का क्षेत्र अत्यन्त ही व्यापक बन गया। यूरोप की सामन्ती व्यवस्था का विकास रोमन साम्राज्य के बिखराव के बाद के काल में हुआ और इसीलिए उस काल में बड़े नगरों का विकास यूरोप के राजा और नए मध्यम वर्ग (नवोदित पूँजीपति वर्ग) के गठबन्धन से हुआ और इसी के साथ-साथ युद्धों का स्तर भी विस्तृत होता गया।

भारत में भी बड़े नगरों का विकास राजा की राजधानी बनने से जुड़ा रहा है। नालन्दा, तक्षशिला या काशी कभी भी वैसे महानगर नहीं बने जैसे पाटलिपुत्र, दिल्ली या विजय नगर। मध्ययुगीन यूरोप के व्यापारिक नगरों या कुछ ऐसे ही अन्य अपवादों को छोड़कर, जो शिल्पकारों और नए व्यापारी वर्ग की देन थे, अन्य नगरों के व्यापार भी नगरों के शासकों की आवश्यकता से जुड़े थे। राजा के साथ-साथ उसके दरबारियों, सैनिकों और नौकरशाही का एक समूह होता था जिसकी आवश्यकताओं की पूर्ति के लिए बड़ी मात्रा में अन्न, कपड़े, आवास तथा उपभोग की अन्य वस्तुओं की जरूरत होती थी और इससे पैदा हुई माँग की पूर्ति के लिए और राजा के प्रोत्साहन से तरह-तरह के शिल्पकार नगरों में आकर बसते थे। बाजार की सहज उपलब्धि से उन्हें अपने शिल्प को विकसित करने का मौका

मिलता था और फिर वे अपने व्यापार का दायरा फैलाते थे। राजा की राजधानी खुद ही दुनिया के अन्य भागों से संपर्क का बड़ा केन्द्र होता था। इससे आकर्षित होकर आनेवाले व्यापारी फिर अन्य व्यापारियों से संपर्क स्थापित कर देश के उद्योगों में पैदा सामानों के व्यापार में भी दिलचस्पी दिखलाते थे। इस तरह दोतरफे व्यापार का रास्ता खुलता था। इसी माध्यम से भारत की आत्मनिर्भर ग्रामीण अर्थव्यवस्था से भी अतिरिक्त उत्पादित वस्तुएँ राष्ट्रीय और फिर अन्तारराष्ट्रीय मंडियों में पहुँचती थीं।

लेकिन इस व्यापारिक सम्बन्ध का साथ-साथ झगड़े और लड़ाइयों का सिलसिला जारी रहता था। स्वयं भारत पर अंग्रेजों का आधिपत्य इसी प्रक्रिया में स्थापित हुआ। राजनीतिक सम्बन्ध, फिर व्यापारिक सम्बन्ध और अन्त में आन्तरिक विद्वेष का फायदा उठाकर आक्रमण और अधिकार। चूँकि नगरों के विकास के साथ शासकों की सत्ता और शक्ति में विस्तार का दबाव भी अन्तर्निहित रहा है। सत्ता और शक्ति वे बचाने और सभी सीमाओं के अतिक्रमण की स्थिति भी अपना दवाब रखते हैं। और अपनी सीमा के भीतर भी उसे मजबूत रहना शासकों की अपनी आन्तरिक हों जरूरत होती है ताकि भीतर के लोग उसके दोषों के बाहरी फैलाव के लिए भी उसे निशाना बना सकते हैं। इस तरह एक अनवरत रस्साकशी चलती रहती है जिसमें शासन कभी भीतरी लोगों का दमन करता है कभी बाहरी शक्तियों से संघर्ष। ये सब नगरों में केन्द्रित सत्ता की ही उपज हैं जो कबीलों और गाँवों को जोड़कर राज्यों की सीमाएँ विस्तृत करती जाती हैं। दुनिया के साम्राज्यों की कहानी मूल रूप से नगरों में अवस्थित शासनों के विस्तार की कहानी है, भले ही नगरों में स्थापित होने के पहले इनके शासक कबीलों के सरदार रहे हों या छोटे रियासतों के मालिक।

4

पूर्व वर्णित युद्धरत जीवन की छाप नगर की सम्पूर्ण संस्कृति पर होती है, जो संस्कृति नगर में पैदा होकर नगर के प्रभाव क्षेत्र या अधिकार क्षेत्र में आनेवाले तमाम लोगों की संस्कृति बन जाती है। लोककथाएँ और मिथक बहादुरी और प्रभुत्व की कथाएँ बन जाती हैं। स्वयं जीवन संघर्ष का क्षेत्र बन जाता है जिसमें औरों को पीछे छोड़ आगे निकल जाना या सर्वोच्च स्थानों पर पहुँचना जीवन का लक्ष्य बन जाता है। सामाजिक जीवन एक युद्ध क्षेत्र बन जाता है जिसमें तरह-तरह की रणनीतियाँ प्रतिद्वन्द्वियों को पराजित कर अपने उत्थान के लिए अपनाई जाती हैं। खेल-कूद एवं मनोरंजन, सभी में प्रतिस्पर्द्धा उसी भावना से अपनाई जाती है जिससे युद्ध क्षेत्र में। इन खेलों में भी वैसे ही भावावेश शामिल होते हैं जैसे युद्ध क्षेत्र की प्रतिद्वन्द्विता में। आधुनिक औद्योगिक समाज में यह मार-धाड़ अपने चरम बिन्दु पर है, पर अधिकांश नागरिक संस्कृति में यह मार-धाड़ रही है। इसका सबसे बड़ा नमूना यूनान का ओलिम्पिक खेल था जो आधुनिक ओलिम्पिक का प्रतिमान रहा है।

जहाँ ग्रामीण समाज के आर्थिक क्षेत्र में आत्मनिर्भरता की प्रमुखता रहती है—चाहे वह परिवार के स्तर पर हो, गाँव के स्तर पर या कबीले के स्तर पर, वहीं नगर में कामों का बँटवारा और इस बँटवारे पर निर्भरता एक आवश्यकता बन जाती है। कबीले और गाँवों में भी जैसे भारत की जजमानी पद्धति में एक हद तक कामों का बँटवारा रहा है, लेकिन यह बँटवारा एक सीमा के भीतर रहता है जिसमें गाँव या कबीले की आत्मनिर्भरता पर आंच नहीं आती। यथाशक्ति परिवार या कबीले में लोग अपनी जरूरत की वस्तुओं का उत्पादन या व्यवस्था स्वयं करते हैं। नगर के जीवन की पूरी बनावट ही ऐसी थी कि कोई भी व्यक्ति एक तरह के काम में ही पूरा समय लगा सकता है एवं मुद्रा और विनिमय के आधार पर अपनी जरूरत की वस्तुएँ पाता है। इस काम के बँटवारे से उत्पादन क्षमता का अत्यधिक विकास हुआ और नए आविष्कारों को प्रोत्साहन मिला, लेकिन लोगों की निर्भरता भी व्यवस्था या अदृश्य शक्तियों पर बढ़ गई जो लोगों के जीवन को नियंत्रित करती है। शक्ति, व्यापार और विनिमय पर नागरिकों का जीवन निर्भर होने लगा। जिनके पास सैनिक शक्ति या पैसे की शक्ति थी वे नागरिकों को जैसे चाहते झुका सकते

थे और उनका शोषण कर सकते थे। अक्सर बाहरी दुश्मन नगरों पर घेरा डाल एवं खाद्य पदार्थों की आपूर्ति पर रोक लगा नगरवासियों को आत्मसमर्पण करने के लिए मजबूर कर सकते थे। व्यापार पर निर्भरता से नागरिकों का शोषण कैसे हो सकता है, यह बात प्राचीन यूनानी दार्शनिक और ज्योतिष थेल्स के सम्बन्ध में प्रचलित एक कथा से सिद्ध होता है। कहा जाता है कि थेल्स ने एक बार यूनान में पैदा होने वाले तमाम जैतून की फसल तैयार होने के समय खरीद ली और बाद में जैतून का तेल निकालनेवाले मिलों को मनचाही ऊँची कीमत पर बेचा। इस एक चतुराई से वह धनाढ्य हो गया। चूँकि यूनानवासी जैतून के तेल के लिए बाजार पर निर्भर करते थे, उनके सामने अधिक कीमत देने के अलावा कोई चारा नहीं था। इस तरह राजाओं और उससे भी बढ़कर व्यापारियों का नियंत्रण नगरों के विकास से आम लोगों की जिन्दगी पर बहुत बढ़ गया और वे लोग जो नगरों की अर्थव्यवस्था या राज्य व्यवस्था पर नियंत्रण रखते थे, नगर और उसके प्रभाव क्षेत्र के ग्रामीण इलाकों के जीवन पर भी पूरी तरह नियंत्रण रख सकते थे।

अधिक-से-अधिक मुनाफे के लिए काम के इस बँटवारे को ही और गहरा करने के क्रम में यूरोप के व्यापारी वर्ग ने आधुनिक ढंग के उद्योगों को जन्म दिया जिसमें सैकड़ों-हजारों लोग एक छत के नीचे काम करने लगे। शुरू में वहाँ का व्यापारी वर्ग कपड़े के उत्पादन के लिए बिखरे हुए उत्पादकों पर निर्भर करता था। वह उन्हें ऊन, पैसे आदि पेशगी में देता था और बाद में उनसे तैयार माल लेता था। अक्सर वह सूत कातनेवालों से सूत ले फिर बुनकरों को देता था और पुनः उनसे कपड़े लेता था। चूँकि पैसा व्यापारियों के पास होता था, उत्पादकों पर व्यापारियों का नियंत्रण एक हद तक होता था, क्योंकि सामान निजी उपयोग के लिए नहीं बाजार के लिए तैयार होते थे और बिक्री बगैर उनका कोई मोल नहीं था। फिर भी चूँकि उत्पादक स्वतंत्र थे, कीमत आदि के सम्बन्ध में दबाव डाल सकते थे। इसी स्थिति से उबरने के लिए व्यापारियों ने बाद में स्वतंत्र कताई करनेवाले एवं स्वतंत्र बुनकरों को इसके लिए मजबूर किया कि वे एक स्थान पर आकर काम करें। इस तरह कताई करनेवाले एवं बुनकरों का स्वतंत्र अस्तित्व समाप्त हो गया। इसके बाद उनके काम और भी खंडित होते गए एवं कताई, बुनाई, रँगाई आदि के सभी काम अनेक मजदूरों में बाँट दिए गए। इसी आधार पर मजदूरों का अपने श्रम से बेगानेपन की वह समस्या शुरू हुई जो मार्क्स की दृष्टि में पूँजीवादी समाज की सभी बुराइयों की जड़ में है। आधुनिक मशीनों के आने से इस बेगानेपन में तीव्रता जरूर आई, लेकिन इस बेगानेपन का बीज नगर की सभ्यता के विकास में ही था जब आत्मनिर्भर अर्थव्यवस्था की जगह स्थायी तौर से लोगों का बँटवारा विभिन्न पेशों में हुआ। प्राचीन मिस्र में तो यह बँटवारा एक जाति व्यवस्था जैसी बन गई थी जिसमें एक परिवार का व्यक्ति पीढ़ी-दर-पीढ़ी एक तरफ के पेशे में लगा रहता था और उसके पेशे के

हिसाब से ही समाज में उसके विशेष स्थान का निर्धारण होता था। पर भारतीय ग्रामीण व्यवस्था के विपरीत यह व्यवस्था नगर में केन्द्रित थी। लिविस मम्फोर्ड ने नागरिकों के जीवन में लाए गए परिवर्तनों का इन शब्दों में वर्णन किया है :

> "नगर में प्राचीन रिवाजों एवं मंथर गति की दिनचर्या की जगह एक ऐसी नई जीवन पद्धति अपनाई गई जो कठोर एवं दक्षतापूर्ण थी, और कभी-कभी इतनी सख्त थी 'सैडिस्टिक' लगे। काम को अन्य क्रियाकलापों से अलग कर दिया गया और इसे एक दैनिक कार्य-अवधि में बदल दिया गया जिसमें एक काम करवानेवाले के मातहत कड़ा श्रम करना पड़ता था : यह उस व्यवस्थापक क्रान्ति की दिशा में पहला कदम था जो हमारे समय में अपनी पराकाष्ठा पर पहुँच चुकी है। ग्रामीण समाज की सुरक्षा, सावधानी, अपनी पद्धति पर बने रहने की प्रवृत्ति और सहन शीलता के स्थान पर संघर्ष, प्रभुत्व, स्वामित्व विजय आदि नए आदर्श बन गए।"[1]

लेकिन उपरोक्त गुण जो प्राचीन या मध्यकालीन नगरों में साधारण मात्रा में मौजूद थे, आधुनिक औद्योगिक समाज में अपनी चरम बिन्दु पर पहुँच गए हैं। प्राचीन नगरों में भी मनुष्य की जीवन पद्धति जरूर बदली, लेकिन पूरी सभ्यता के ऊपर प्राकृतिक परिवेश को एक दुर्निवार छाया बात हुई रहती थी। मिस्र को शहरी सभ्यता ने एक विशाल नौकरशाही के मातहत आदमी की स्वाभाविक जीवन प्रक्रिया को बदल दिया था, लेकिन उनकी अर्थव्यवस्था में नील नदी और नक्षत्रों से बँधी ऋतुओं का केन्द्रीय स्थान था। कोई इन शक्तियों की उपेक्षा नहीं कर सकता था। नील के जल के उठाव-गिराव के साथ ही उत्पादन और जीवन के क्रिया-कलाप बँधे थे। इसके विपरीत आधुनिक शहरी सभ्यता ने मनुष्य को प्रकृति के साथ जोड़नेवाले तन्तुओं को नष्ट कर दिया है और इसी क्रम में नगर की सभ्यता की जन विकृतियों को, जो प्राचीन काल में गौण थीं, एक संकट में बदल दिया है। शहरी आदमी अब भूलने लगा है कि वह प्रकृति की ही उपज है और अनेक दृश्य एवं अदृश्य तत्त्वों से जुड़ा हुआ है ठीक उसी तरह, जैसे शिशु अपनी माता से जुड़ा होता है। अब प्रकृति और मनुष्य एवं माता और शिशु, दोनों के सम्बन्ध की अनिवार्यता पर प्रश्नचिह्न लगाए जाने लगे हैं।

जीव जगत और विशेषकर मनुष्य का प्रकृति से एक खास तरह का सम्बन्ध है जो निर्जीव पदार्थों के सम्बन्ध से भिन्न है। यह एक तनावपूर्ण सम्बन्ध है, पर साथ ही कहीं अधिक निर्भरता का भी। अपने पर्यावरण से अलग निर्जीव जगत की कोई स्वतंत्र सत्ता नहीं होती। वह निश्चेष्ट होता है तथा परिवेश के भौतिक तथा रासायनिक परिवर्तनों के साथ इसका ताप, इसका रासायनिक संयोजन, भौतिक मिश्रण तथा बनावट भी बदलती रहती है। इसमें परिवेश के दबावों का कोई प्रतिरोध नहीं होता। चूँकि इसका कोई अपना स्वत्व नहीं और न अपने को प्रक्षेपित करने

का दबाव होता है, यह प्रकृति से अपने सम्बन्धों के बारे में निर्विकार है। इसके विपरीत, जीव-जगत का अपना अस्तित्व होता है जिसे वह पर्यावरण के तमाम दबावों के बीच कायम रखना चाहता है। मनुष्य की स्थिति इसकी पराकाष्ठा है। उसके अस्तित्व में एक ऐसी जटिल रासायनिक बनावट है जो अपने वातावरण से अनवरत आदान-प्रदान के बावजूद एक ऐसा सन्तुलन बनाए रखती है जिसमें मानव शरीर का अपना यौगिक चरित्र अपरिवर्तित रहे, इसका अपना तापमान अक्षुण्ण रहे और वातावरण से आदान-प्रदान इसके जीवन के सन्तुलन में सहायक रहे। अपने अस्तित्व की विशिष्टता बनाए रखने का यह आन्तरिक दबाव इतना महत्त्वपूर्ण है कि मानव शरीर की सामान्य स्थिति से थोड़ी भी भिन्नता कष्टकर बन जाती है या रोग समझी जाती है, और भीतरी या बाहरी उपायों से पुन: सामान्य स्थिति कायम करने का प्रयास होता है। अगर ताप 37^{0} सेल्सियस से ऊपर रहने लगे तो मनुष्य ज्वर से पीड़ित होता है। इसी तरह शरीर में जल का एक विशेष अनुपात और लहू में विभिन्न रसायनों के खास अनुपात के बदल जाने से तरह तरह की बीमारी की स्थितियाँ पैदा होती हैं। अत्यधिक ताप या शीत असह्य होने लगता है। अगर स्थितियों को ठीक नहीं किया जा सके तो मनुष्य की मौत हो जाती है और तब उसका शरीर प्रकृति के दबावों के प्रति वैसा ही निर्लिप्त हो जाता है, जैसा राह का पत्थर या निर्जीव जगत की कोई भी अन्य वस्तु।

मनुष्य की यह अस्मिता ही प्रकृति पर उसकी अतीव निर्भरता का भी कारण बन जाती है। जीवित रहने के लिए उसे पर्यावरण के साथ एक खास तरह का भौतिक और रासायनिक सन्तुलन बनाए रखना जरूरी है। अत: वह इस बात को नजरअन्दाज नहीं कर सकता कि उसके क्रियाकलापों का उसके पर्यावरण पर क्या असर होता है। यही उस तनाव की जड़ में है जो आदिकाल से मनुष्य और प्रकृति के बीच कायम है। वह अपनी अस्मिता की रक्षा के लिए प्रकृति के विपरीत दबावों से मुक्त होना चाहता है, पर वह उन तन्तुओं को नष्ट कर जिनके द्वारा वह प्रकृति से बँधा है एक क्षण जीवित भी नहीं रह सकता, खासकर वह प्रकृति से प्राप्त उस पर्यावरण से अलग नहीं जी सकता जो जीव और मनुष्य के विकास के साथ करोड़ों वर्ष से बँधे रहे हैं और जिससे उसके शरीर और स्वभाव का निर्धारण हुआ है। इसका सबसे प्रत्यक्ष प्रमाण है, अन्तरिक्ष यात्रा में प्रस्तुत कठिनाइयाँ। जब भी मनुष्य धरती का वह परिवेश छोड़, जहाँ सूक्ष्म कीटाणुओं से लेकर वनमानुष और मनुष्य का विकास हुआ है, जल और वायु से मुक्त अन्तरिक्ष में प्रक्षेपित होता है, उसे अपने साथ धरती के परिवेश का एक टुकड़ा ढोना पड़ता है, चाहे वह उसके स्पेस सूट में बँधा हो, चाहे उसके अन्तरिक्ष यान में। इस परिवेश से मुक्त हो वह क्षण-भर में उन भौतिक तत्त्वों में बिखर जाएगा जिससे निकल कर करोड़ों वर्ष की प्रक्रिया में जीव और फिर मनुष्य ने अपना निर्माण किया है। अत: इस बात के लिए

कि मनुष्य जीवित रहे और साथ ही मानसिक रूप से सन्तुलित रहे, यह सर्वाधिक महत्त्व का है कि उसका पर्यावरण भी अक्षुण्ण बना रहे।

लेकिन प्रकृति के बीच मनुष्य के जीवित रहने में प्रकृति उसके सामने निरन्तर चुनौतियाँ भी उपस्थित करती रहती है। अपना आन्तरिक सन्तुलन (होमियो स्टेटिस) कायम रखने के क्रम में मनुष्य को सदा अत्यधिक शीत या गर्मी से बचाव, विषैली वायु या विषाक्त जेल से बचाव एवं आवश्यक पोषक तत्त्वों की उपलब्धि के लिए प्रयास करते रहना पड़ता है। शायद ही कभी प्रकृति इस दृष्टि से सम्पूर्ण रूप से सहयोगी बनती हो। अपने बचाव के लिए अन्य जीवों की तरह मनुष्य ने भी लाखों वर्षों में अपने शरीर में वैसे गुण विकसित किए, जिससे एक सीमा के भीतर वह प्रकृति की चुनौतियों का मुकाबला कर सके, लेकिन अक्सर प्रकृति जीवन के लिए इन सीमाओं से बाहर जाकर समस्याएँ उपस्थित करती रहती है और मनुष्य ने अपने सामाजिक विकास के क्रम में खास तरह के आवास, औजार एवं उत्पादन पद्धति को अपनाकर प्रकृति की कठोरता का सामना किया है। वह वर्षा, तूफान और सूरज के ताप से बचाव के लिए घर का निर्माण करता है, शीत से बचाव के लिए आग जलाता है या विभिन्न तरह के वस्त्रों का निर्माण करता है। जिन इलाकों में शिकार से या फल-फूल इकट्ठा कर भोजन की समस्या हल नहीं हो सकती वहाँ अन्न उपजाता है। इससे भी बढ़कर वह निरन्तर औजार और रहन-सहन के ढंग में परिवर्तन करता रहता है जिसमें यथासम्भव शारीरिक श्रम को हल्का कर सके। इस तरह प्रारम्भिक लूट लाने, कूट खानेवाली स्थिति से ऊपर आ ऐसी व्यवस्था बनाता है जिसमें आवश्यक वस्तुओं की उपलब्धि की निरन्तरता बनी रहे। इससे प्राकृतिक स्थिति की अनिश्चितता की जगह जीवन में एक कायमी सुरक्षा का आविर्भाव होता है।

इसी से कभी-कभी यह भाव भी पैदा होता है कि मनुष्य लगातार प्रकृति के साथ संघर्ष में लगा हुआ है और प्रकृति पर विजय पाना उसका सबसे महत्त्वपूर्ण लक्ष्य है, लेकिन जैसा कि हम ऊपर देख चुके हैं, मनुष्य का प्रकृति के साथ अन्योन्याश्रित सम्बन्ध है और इस सम्बन्ध को तोड़कर वह जिन्दा नहीं रह सकता, और अगर किसी तरह प्रकृति से बेगाना होकर जीवित रहने की स्थिति पैदा भी कर ले तो यह जीवन विक्षिप्त अवस्था का होगा क्योंकि प्रकृति मनुष्य के बाहर ही नहीं उसके भीतर भी है। उसके अनुवांशिक कोड में प्रकृति के साथ उसके सम्बन्धों का लम्बा इतिहास अंकित है जो प्रकृति के प्रति उसकी दृष्टि को निर्धारित करता है और उसे उस प्राकृतिक परिवेश की तलाश के लिए प्रेरित करता है जिसमें कभी अपनी शैशव अवस्था में मनुष्य पला था। आधुनिक औद्योगिक समाज और नागरिक सभ्यता इस सत्य की ओर से आँखें बन्द कर रही है।

आधुनिक नागरिक सभ्यता में इस दृष्टि का विकास पूँजीवाद और औद्योगिक क्रान्ति के बाद इससे जुड़ा हुआ मशीनी उद्योग के प्रसार का सीधा परिणाम है। जैसा

कि ऊपर कहा गया है, प्रकृति की कठोरता को कम कर जीवन को अधिक आरामदेह और सुरक्षित बनाने का झुकाव मानव स्वभाव में हमेशा रहा है, लेकिन पूँजीवाद ने इस झुकाव को एक तरह की सर्वग्रासी स्वायत्तता प्रदान कर दी और उत्पादन एवं रहन-सहन के हर क्षेत्र में मशीनीकरण का दबाव इतना अधिक हो गया है कि मनुष्य की अपनी स्वायत्तता ही समाप्त हो गई है। आज नगर का व्यक्ति जैसा चाहे नहीं जी सकता। यहाँ हमारा मतलब सामान्य नागरिक शिष्टाचार के पालन से नहीं है। इस तरह की शिष्टता तो हर समाज में निभाना अनिवार्य है, चाहे वह ग्रामीण हो या कबायली, यह एक अन्य तरह का दबाव है जो नागारिक के जीवन को एक खास रूप देना चाहता है, उसके रहन-सहन को एक खास ढाँचे में ढालना चाहता है। मोटे तौर से नगर में हर व्यक्ति पर यह दबाव बना रहता है कि वह अधिक-से-अधिक धन अर्जित करे और फिर इससे उन तमाम वस्तुओं को जमा करे जो आधुनिक सभ्यता के प्रतीक बन गई हैं। अच्छा घर और वे सारी वस्तुएँ, जिनसे इनको सजाया जाता है। इसके साथ-साथ अपने रहन-सहन को खर्चीला बनाने का दबाव भी रहता है। इनसे वंचित रहना न सिर्फ अपमानजनक है बल्कि नगर में निवास के लिए निषेधात्मक भी। चूँकि इन सबको प्राप्त करने के लिए काफी धन की जरूरत होती है। धनार्जन के लिए सभी नागरिकों को पागल बना रहना पड़ता है। फलस्वरूप, नगर के जीवन में एक तरह की बेचैनी व्याप्त रहती है। इस जीवन की एक प्रतीकात्मक झाँकी स्टाक एक्सचेंज में सट्टाबाजों की हड़बड़ और बेचैन हरकतों में पाई जा सकती है।

चाहे जैसे भी हो, अधिक धन धनार्जन करना आवश्यक है, लेकिन नगरों के व्यवसायों समाज में ऊधो की जेब कतर कर ही माधो की झोली भरी जा सकती है। इस तरह निर्मम छीना-झपटी इस सभ्यता का अनिवार्य अंग बन जाती है। जो लोग अपनी स्थितिवश इस दौड़ में आगे निकल जाते हैं, उनका स्थान तो नगर में सुरक्षित हो जाता है, पर जो लोग इस दौड़ में पिछड़ जाते हैं, उनके लिए दो रास्ते बच जाते हैं : चाहे तो वे अपराध या आत्महत्या की राह पकड़ते हैं या धक्के खाते हुए नगरी सभ्यता के उस हाशिये पर पहुँच जाते हैं जिसकी चर्चा विस्तार से पहले हो चुकी है।

यह स्थिति एकाएक पैदा नहीं हुई है। जैसा कि पहले बतलाया जा चुका है, कामों के बँटवारे का सिलसिला तो नगरों के विकास के साथ ही जुड़ा हुआ है और इसी से जुड़ी है नियम के भीतर एक खास कार्यकाल से बँधकर काम करने की परिपाटी। पूँजीवाद ने इस प्रक्रिया को अत्यधिक तीव्रता प्रदान कर दी है। पूँजीपति का स्वार्थ इसमें था कि वह अपने श्रमिकों से अधिक-से-अधिक काम करा ले। चूँकि काम की अवधि 12 घंटे हो या 8 घंटे, बँधी होती है। काम को इस ढंग से व्यवस्थित किया जाता है जिसमें इस अवधि में मजदूर ज्यादा-से-ज्यादा काम कर सके। हर काम को कई हिस्से में बाँट देने से स्वत: काम में तेजी आ जाती है क्योंकि इससे काम करनेवाले में एक तरह की यांत्रिकताभरी दक्षता आ जाती

है। चूँकि काम की एक छोटी प्रक्रिया ही उसके सामने होती है जिसे उसे बार-बार दुहराते रहना होता है। काम करनेवाले के हाथ या अन्य अंग का सोच की प्रक्रिया से सम्बन्ध टूट जाता है। काम करनेवाले के अंगों का संचालन बिलकुल यांत्रिक और स्वचालित हो जाता है। खास अवधि के बाद वे अंग स्वत: एक खास तरह की क्रिया में लग जाते हैं और उसे समाप्त कर फिर उसकी पुनरावृत्ति के लिए तैयार हो जाते हैं। इसका लाभ यह होता है कि आधुनिक मशीनों पर लगाने के बाद इसके यंत्रों के साथ मजदूर को भी यंत्र के एक पुर्जे के रूप में जोड़ा जा सकता है। पूँजीपतियों ने इस प्रक्रिया को एक बहुत ही आकर्षक नाम 'रेशनलाइजेशन' दिया है, जिसका शाब्दिक अर्थ 'बुद्धीकरण' होता है। यह उस दिशा में पहला कदम था जहाँ मजदूर के मनुषत्व को समाप्त कर निर्जीव मशीन के एक पुर्जे के रूप में उसका इस्तेमाल किया जाता है, लेकिन इस प्रक्रिया को लागू करने पर यह पाया गया कि व्यक्तित्व से विच्छेदित इस तरह के काम में एक तरह की बोरियत (मोनोटोनी) होती है जो परोक्ष रूप से मजदूरों की कुशलता और क्षमता को घटाती है और उत्पादन पर इसका भी बुरा प्रभाव पड़ता है। इस स्थिति से बचने के लिए उद्योगपतियों ने औद्योगिक मनोवैज्ञानिकों को बहाल किया जो ऐसे उपाय सोचें जिससे इस स्थिति से निपटा जा सके। इन मनोवैज्ञानिकों ने पाया कि उत्पादन को उच्चतम स्तर पर बनाए रखने के लिए यही काफी नहीं है कि पूँजीपतियों का नियंत्रण मजदूरों के शरीर पर उनकी कार्य-अवधि में रहे बल्कि इसके लिए यह भी जरूरी है कि पूँजीपतियों का नियंत्रण मजदूरों के मन पर भी हो और इस नियंत्रण को उसके कार्यकाल के बाहर ले जाकर उसके पूरे जीवन को इसकी परिधि में लाया जाए। यह सारा विकास क्रमिक ढंग से हुआ।

मजदूरों का उद्योगों में क्षमतापूर्ण पुर्जे के रूप में इस्तेमाल करने की प्रक्रिया को नियोजित ढंग से शुरुआत बीसवीं सदी के प्रारम्भ में फ्रेडरिक विंसलो टेलर के प्रयोग से हुई। उसने काम करनेवालों की निजी दक्षता के बजाय अत्यधिक दक्षता की दृष्टि से काम की विधि और मजदूरों के उपयोग के ढंग बदलने का सहारा लिया, जिसमें मजदूरों की चेतना और भावना को पूरी तरह नजरअन्दाज कर दिया गया। औद्योगीकरण के एक स्तर तक यह खूब कामयाब रहा और इस नई विधि से मजदूरों से पहले की अपेक्षा तीन से चार गुना अधिक काम कराया जा सकता था, पर यह सारी विधि मजदूरों में नफरत पैदा करने लगी और तब नए परिवर्तनों की जरूरत महसूस हुई। मनोवैज्ञानिक जे.ए.सी. ब्राउन औद्योगिक विधि के इस विकास का वर्णन इस तरह करते हैं।

> "लिविस का कहना है कि उद्योगों में समूह के गठन के तीन चरण हैं : काम के बँटवारे और विशिष्टीकरण का चरण, स्वचालन (ऑटोमेशन) का चरण और अन्ततोगत्वा इसका ह्रास और इसकी जगह काम करनेवाले समूह

का अपनी तकनीकी की जानकारी का चरण। जैसे-जैसे औद्योगिक प्रक्रिया अधिक जटिल होती जाती है वैसे-वैसे निरक्षर एवं औरों से अलग-थलग रह काम करनेवाला अकेला मजदूर जो स्वचालित यंत्र (ऑटोमेशन) की तरह व्यवहार करता है, अपने काम के लिए अक्षम साबित होता है। इस तरह एक तीसरे चरण की शुरुआत होती है जिसमें उत्तरोत्तर इस बात की आवश्यकता पर जोर दिया जाता है कि उद्योग में लगे सभी लोगों को इस तरह प्रशिक्षित किया जाए कि उनका काम चाहे जितना भी सीमित एवं स्वचालित हो उन्हें पूरे समूह द्वारा किए जानेवाले सम्पूर्ण काम की कुछ जानकारी हो। समूह में सम्प्रेषण की वैसी व्यवस्था होनी चाहिए जो समूह के काम की जटिलता के अनुरूप हो।"[2]

इस विकास का मूल उद्देश्य मजदूरों को बौद्धिक रूप से उनके उत्पादन से जोड़ना एवं उनके नेतृत्व की क्षमता एवं सर्जनशीलता का भी उपयोग कर लेना था। इस दृष्टि से अधिक विकसित उद्योगों में धीरे-धीरे मजदूरों को शुद्ध यांत्रिक कामों से बरी किया जाने लगा है, और चूँकि ऐसे काम स्वचालित यंत्र भी कर सकते थे, इस तरह के काम उत्तरोत्तर स्वचालित यंत्रों से लिए जाने लगे हैं। अब अकुशल मजदूरों की जगह ऐसे कुशल मजदूरों की बहाली होने लगी है जो ऐसे यंत्रों की निगरानी कर सकें, लेकिन इससे उनकी यांत्रिकता बिलकुल समाप्त नहीं हुई। अभी भी वे कुछ सीमित ऑपरेशन से ही बँधे थे। फर्क यही था कि अब मजदूर सिर्फ स्नायुओं से ही नहीं, दिमागी तौर से भी एक हद तक अपने काम से बँधा था, पर यह काम भी ऐसा था जो कम्प्यूटरों से कराया जा सके। अब उद्योगों की आधुनिकतम प्रगति इसी दिशा में है। मजदूरों को दिमागी तौर से उद्योगों से जोड़ने के लिए उन्हें अनेक तरह के प्रोत्साहन दिए जाने लगे और उन्हें ऐसी सुविधाएँ दी जाने लगीं जो प्रत्यक्ष रूप से तो उनके कल्याण की लगती हैं, पर जिनका असली उद्देश्य होता है, उनकी कुशलता एवं स्थायित्व के लिए उन्हें उत्पादन व्यवस्था से जोड़े रखना।

इन सब परिवर्तनों के पीछे एकमात्र उद्देश्य उत्पादन एवं इससे जुड़े मुनाफे को ज्यादा-से-ज्यादा बढ़ाना रहा है। पर यह उत्पादन प्रक्रिया जितना ही तरक्की करती है यानी यांत्रिक होती जाती है, उत्पादक उतना ही फालतू होता जाता है। चूँकि उत्पादन पद्धति एक छोटे से विशेषज्ञ समूह की जानकारी पर निर्भर करती है, समाज के अधिकांश लोग जो विशेषज्ञों के दायरे के बाहर पड़ते हैं, वर्तमान उत्पादन पद्धति के लिए हाशिये के लोग बनते जाते हैं। चूँकि इस औद्योगिक व्यवस्था का स्थान आज की दुनिया में केन्द्रीय बन गया है, इसी के मापदण्ड जीवन के सभी क्षेत्र पर हावी हो गए हैं। अतः जीवन के वे सारे क्रिया-कलाप—कला, विज्ञान, साहित्य, स्थापत्य एवं मानवीय सम्बन्ध—जो इस व्यवस्था से कहीं-न-कहीं नहीं

जुड़े हों, हाशिये की वस्तु हैं और ऐसे कामों में लगे लोग भी धीरे-धीरे हाशिये पर चले जाते हैं। बिलकुल सोच-समझकर घोषित रूप से इस सदी के द्वितीय दशक में 'बाउ हाउस' नामक संस्था ने जर्मनी में कला को उद्योग के साथ जोड़ने का एक अल्पकालिक प्रयास किया था, लेकिन आज की दुनिया में बिना किसी उद्घोष या घोषणा-पत्र के उद्योगों के मूल्य जीवन और कला के सारे क्षेत्र में व्याप्त हो गये हैं। इससे धीरे-धीरे सारे व्यक्तिगत सम्बन्ध व्यावसायिक या कार्यात्मक बनते जा रहे हैं। प्रकृति की सारी वस्तुएँ भी इसी कसौटी पर आँकी जाती हैं। समुद्र जल, यातायात के साधन अथवा इसमें उपलब्ध खनिज या जल साधनों के स्रोत मात्र हैं, नदियों कारखानों के लिए जल देने और इनसे त्यक्त कूड़े को बहाने के साधन हैं, वन मात्र औद्योगिक लकड़ियाँ उपलब्ध करने के स्रोत हैं तथा पर्वत और सागर तल के चट्टान खनिजों के भंडार। इनसे जुड़े रहस्य और अनेक संकेतों से सम्पन्न उस भाव लोक का लोप हो गया है जिससे मनुष्य की सभी परम्परागत संस्कृतियाँ अभिभूत थीं। स्वयं मनुष्य धरती और पूँजी की तरह उत्पादन का एक घटक (फैक्टर ऑफ प्रोडक्शन) बन गया है।

अपने आप में इस दृष्टि का उतना खतरनाक असर नहीं होता अगर आधुनिक उत्पादन का दायरा सर्वग्रासी नहीं होता। इस औद्योगिक सभ्यता से अलग दुनिया के दूर-दराज भागों में इसके प्रभाव से अक्षुण्ण लोग अपने परम्परागत लय से जीवन-यापन करते चले जाते, लेकिन चूँकि उत्पादन को ऊँचा तथा और ऊँचा होते रहना है, इसलिए दो चीजों की अनिवार्य आवश्यकता हो जाती है। इस उत्पादन पद्धति में उत्पादित वस्तुओं को बेचने के लिए फैलता हुआ बाजार चाहिए और उत्पादन के लिए कच्चे माल की आपूर्ति के लिए दुनिया के सभी उपलब्ध साधन। अतः इसे सारी दुनिया को अपनी चपेट में लेना होता है। खनिजों की खोज में वे जगह जहाँ हरे-भरे खेत या वन थे, मरुस्थल जैसे बन जाते हैं। खनिज निकाल लिए जाते हैं और चारों ओर छँटे पत्थर और रेत के ढेर लग जाते हैं तथा उत्खनित भूमि ऊबड़-खाबड़ मृत अनेक ज्वालामुखियों के समूह जैसी मुँह फैलाए परित्यक्त पड़ी रह जाती है। नदी-जलाशय विषाक्त रसायनों से भर जाते हैं, उनकी मछलियाँ मर जाती हैं, पक्षी कहीं और पनाह खोजते हैं। आदमी, जो कभी इस जमीन पर समुदाय में रहते थे, नाचते-गाते एवं उत्सव मनाते थे, बिखरकर आजीविका की तलाश में दर-दर मारे फिरते हैं। जब आजीविका के बाकी सब उपाय चूक जाते हैं तब वे प्रायः इस औद्योगिक समाज के तलछट पर जीने को मजबूर होते हैं।

औद्योगिक समाज के विकास की इस प्रक्रिया में सामाजिक सम्बन्धों में भी एक बड़ा परिवर्तन आया है। आधुनिक औद्योगिक उत्पादन और वितरण पद्धति मूल रूप से पूँजीवादी समाज की देन है, जिसका उद्देश्य ज्यादा-से-ज्यादा मुनाफ़े के लिए कम-से-कम आदमी लगाकर अधिक-से-अधिक उत्पादन करना था।

इसी उद्देश्य की पूर्ति के लिए उद्योगों में रेशनलाइजेशन का जन्म हुआ, लेकिन रेशनलाइजेशन की तार्किक परिणति यह हुई कि पूँजी के स्वामी पूँजीपति वर्ग का रोल भी धीरे-धीरे घटता गया। इसी के साथ अत्यधिक मुनाफे के स्थान पर उद्योगों का लक्ष्य सामान्य मुनाफे पर भी अपना अधिक-से-अधिक सीमा और शक्ति विस्तार करना बन गया।

रिशनलाइजेशन की सबसे बड़ी विशेषता है हर प्रक्रिया को मशीन की गति के साथ जोड़ना, जिसमें उद्योग बिना अवरोध के अपने निर्दिष्ट लक्ष्य की प्राप्ति कर सके। इसमें निजी पसन्दगी-नापसन्दगी या किसी तरह का मानवीय हस्तक्षेप स्वयं पूँजीपति का भी उत्पादन प्रणाली के लिए अवरोध पैदा करता है। इस व्यवस्था को चलाने के लिए उपयुक्त मानव वे हैं जो मशीनों की लय को समझते हैं और अपनी विशेष प्रकार की ट्रेनिंग के कारण इससे बौद्धिक और भावनात्मक ढंग से बँध गए हैं। ऐसे लोग तकनीकी मानव हैं जो मशीन की रफ्तार और व्यवस्था के संचार के साथ अपने को एकाकार कर सकते हैं।

मानव विकास के क्रम में आज से हजारों वर्ष पहले मनुष्य ने औजारों का ईजाद अपने नए अंगों के रूप में किया था। तकनीकी सभ्यता के चरम बिन्दु पर पहुँचकर अब स्थिति ठीक इसके उलटी हो रही है। अब मनुष्य की बुद्धि और आवेग मशीनी प्रक्रिया के प्रक्षेपण बनते जा रहे हैं। अनेक लोग रोबोट के विकास से वैज्ञानिक अटकल में ऐसे कल्पनालोक की बात करते हैं जहाँ रोबोट मनुष्य के स्वामी बन जाएँगे, जबकि असलियत यह है कि औद्योगिक समाज में अदृश्य रूप से मशीन मनुष्य का स्वामी बन चुका है। मशीन के लिए मानव की उपेक्षा, मशीन उत्पादन के लिए निजी एवं सामाजिक सुविधाओं की उपेक्षा, ये सब मशीन की गुलामी के लक्षण नहीं हैं तो और क्या हैं? यह प्रक्रिया इतनी बलवती है कि पश्चिमी दुनिया में चाहकर भी कोई इसे पलट नहीं सकता या नियंत्रित नहीं कर सकता। क्लब ऑफ रोम की चेतावनी के बाद विकास की सीमा को लेकर यूरोप में काफी चर्चा चली तथा पर्यावरण को बचाने की दृष्टि से उद्योगों को नियंत्रित करने के सुझाव वहाँ के सबसे प्रतिष्ठित विचारकों एवं वैज्ञानिकों की ओर से आए, लेकिन किसी राजनेता में यह साहस नहीं कि इस दिशा में कोई पहल कर सके।

इसी प्रक्रिया का यह परिणाम है कि आधुनिक औद्योगिक समाज में पूँजीपति वर्ग और सर्वहारा वर्ग—जिसे मार्क्स ने पूँजीपति वर्ग के असली प्रतिपक्षी के रूप में देखा था एवं 'अन्तिम सामाजिक क्रान्ति का जनक' कहा था—दोनों की भूमिका गौण होती जा रही है। ऊपर बतलाए गए कारणों से पूँजीपति वर्ग का रोल आधुनिक उद्योगों में द्वितीय स्थान का हो गया है। यह भी अपने पूर्व के सामन्ती वर्ग की तरह एक रेडियर (वार्षिक भोगी) वर्ग बनता जा रहा है। इसी सामाजिक विकास की दिशा को जेम्स वर्नहम ने 'मैनेजेरियल रिवोल्युशन' की संज्ञा दी थी। अब गालब्रेथ 'दि

न्यू इंडस्ट्रियल स्टेट' में औद्योगिक व्यवस्था चलानेवाले लोगों के समूह और इसके पूरे ढाँचे—जिसे वह 'टेक्नोस्ट्रक्चर' कहते हैं—की स्वायत्तता की बात करते हैं और बतलाते हैं कि इस समूह के सामने एक ही लक्ष्य होता है, उद्योग को अधिक-से-अधिक सक्षम यानी रेशनल ढंग से संचालित करना। यह स्वशासित होता है और अपने समूह में भर्ती भी तकनीकी योग्यता के आधार पर करता है। जहाँ कहीं भी इसमें लगी पूँजी के मालिकों द्वारा इसके काम में दखलन्दाजी होती है, व्यवस्था पर नकारात्मक प्रभाव पड़ता है। गालब्रेथ के अनुसार, यह टेक्नो स्ट्रक्चर पूँजीवादी और गैर-पूँजीवादी, दोनों देशों में एक ढंग से विकसित हो रहा है। दोनों का निर्धारण एक तरह के लक्ष्य से होता है जो है उत्पादन का सक्षम और अधिक-से-अधिक विस्तार। पूँजीवादी और कम्युनिस्ट देशों में फर्क इतना भर का है कि जहाँ पूँजीवादी देशों में स्वामित्व निजी पूँजीपतियों या शेयर होल्डरों के समूह का होता है वहाँ कम्युनिस्ट देशों में सरकार के हाथ में, लेकिन जैसे पूँजीवादी देशों में पूँजीपतियों का हस्तक्षप उद्योगों की क्षमता के लिए मारक है वैसे ही कम्युनिस्ट देशों में पार्टी या सरकार के अधिकारियों का हस्तक्षेप उनकी क्षमता में बाधक है।

इस तरह जहाँ एक तरफ पूँजीपतियों का रोल नई औद्योगिक व्यवस्था में गौण हो रहा है वहाँ दूसरी तरफ उद्योगों में मजदूर या सर्वहारा का रोल भी। जैसे-जैसे उद्योगों का रेशनलाइजेशन होता है और स्वचालित यंत्र या कम्प्यूटर मजदूरों का स्थान लेते जा रहे हैं वैसे-वैसे मानव श्रम का स्थान उद्योगों में गौण होता जा रहा है। मजदूरों की तरह टेक्निशियन लेते जा रहे हैं जो धीरे-धीरे तकनीकी व्यवस्थापकों के वर्ग में बदलते जा रहे हैं। अकुशल मजदूर पुराने अर्थ में—या शुद्ध मजदूर हाशिये (मार्जिन) पर खिसकते जा रहे हैं। यह ठीक है कि यह प्रक्रिया अभी अपनी प्रारम्भिक स्थिति में ही है, लेकिन नए उद्योगों के विकास की दिशा निश्चित रूप से यही बनती जा रही है। अगर दुनिया के अधिकांश मजदूर नई उत्पादन पद्धति के लिए बेकार हो गए तो उनका रोल भी इस नई उत्पादन पद्धति या समाज व्यवस्था को बदलने में बहुत सीमित हो जाएगा। तकनीकी में दक्ष जो अल्पसंख्य मजदूर स्वचालित यंत्रों की देख-रेख के लिए रह जाएँगे, वे सुविधा प्राप्त वर्ग के होंगे और आम मजदूरों की स्थिति से उनको कोई ताल्लुक नहीं होगा। अत: नए विकास से समाज का मूल विभाजन पूँजीपति वर्ग और सर्वहारा के बजाय औद्योगिक व्यवस्था के केन्द्र में अवस्थित व्यवस्थापक और तकनीकी वर्ग और हाशिये पर खड़े विशाल मानव समूहों में हो रहा है।

अभी विकसित देशों में भी पूरी तरह यह स्थिति आने में देर है। एक कारण तो यह है कि स्वचालित यंत्रों एवं कम्प्यूटरों के युग की अभी शुरुआत ही हुई है और अभी भी उद्योगों एवं सेवाओं में मनुष्य ही भारी तादाद में काम कर रहे हैं। दूसरा कारण यह है कि विकसित देशों के अतिरिक्त उत्पादन को उंडेल देने के

लिए अभी भी तीसरी दुनिया का एक बड़ा हिस्सा पड़ा है जहाँ अभी उद्योगों की स्थिति प्रारम्भिक अवस्था में ही है। फिर भी, पश्चिमी दुनिया में हाशिये पर के 10 से 20 प्रतिशत आबादी की समस्या तो खड़ी हो ही गई है। तत्काल दुनिया के सभी विकसित देशों में औद्योगिक गतिविधियों के तेजी से चलने के बावजूद बेरोजगार लोगों का अनुपात काफी बढ़ा है। अधिकांश देशों में यह अभी 10 प्रतिशत के लगभग या और अधिक है। ऐसा लगता है कि यह बेरोजगारी किसी तात्कालिक व्यापार चक्र (ट्रेड साइकिल) में गिराव की स्थिति का परिणाम नहीं बल्कि उद्योगों के बुनियादी चरित्र में हो रहे परिवर्तन के स्थायी नतीजे का पूर्वाभास है, क्योंकि इधर हर देश में और खासकर अमेरिका में औद्योगिक गतिविधियाँ खूब तेज रही हैं। हाशिये पर स्थित लोग प्राय: उन समूहों के हैं जो तकनीकी प्रगति की इस दौड़ में पिछड़ रहे हैं। विकसित देशों के व्यवस्थापक वर्ग के लोग इन लोगों से छुट्टी पाने का उपाय इनकी आबादी को समाप्त करने में ही देख रहे हैं। इसके लिए ऐसे समूहों पर जबर्दस्ती सन्तान नियंत्रण लादने की दिशा में पहल हो रही है। एक अमेरिकी समाजशास्त्री विलियम डारिट्स के अध्ययन के नतीजों का नीचे दिया गया उद्धरण इस नई सोच पर काफी रौशनी डालता है—

> "सही अर्थों में 'निचला वर्ग' (अंडर क्लास) एक वर्ग नहीं है, बल्कि यह मजदूर वर्ग का एक टुकड़ा है। मजदूर वर्ग का सबसे निचला हिस्सा। इस हिस्से को सबसे कम रोजी मिलती है और यह दयनीय रूप से गरीब होता है। अमेरिका में यह निचला वर्ग बिलकुल वैसा है जैसा युलियस विल्सन के इस वर्णन में दिखलाया गया है। गरीब, जिसमें आम अनुपात से अधिक मात्रा में रंगीन लोग हैं, अनुपात से अधिक ऐसे परिवारों के लोग, जिनकी प्रधान औरतें हैं और जो रात-दिन किसी तरह जीवित रह सकने की समस्या से जूझते रहते हैं। यह समूह पूँजीवाद की उपज है जो व्यवस्थापक युग में जिन्दा बचा हुआ है।
>
> "उनके लिए आगे भी जीवित रहने की सम्भावना क्षीण क्यों है? व्यवस्थापक वर्ग क्यों अनिवार्य रूप से इनकी समाप्ति की दिशा में बढ़ेगा, ज्यादा मानवीय और सहानुभूतिपूर्ण नीति (इस निचले वर्ग के प्रति अपनाने की जगह? क्योंकि समाज के व्यवस्थापकों के सामने सहानुभूतिपूर्ण नीति निराशाजनक नतीजे पैदा करनेवाले अन्तविरोधों से भरा है? क्योंकि आमदनियों के एक हिस्से को वितरित करने की नीति से गरीब लोगों की गरीबी या सरकार द्वारा वितरित साधनों पर निर्भरता खत्म नहीं हुई है। अन्ततोगत्वा इससे एक ऐसी आबादी का आविर्भाव हुआ है जो पूर्ण रूप से सरकारी खर्च पर जीती है। इसके अलावा, इस नीति से उन लोगों में नाराजगी पैदा, होती है जिन्हें इस सरकारी अनुदान में हिस्सा नहीं मिलता, खासकर उन

लोगों में, जो ऐसे खर्च के लिए टैक्स देते हैं। इससे एक विरोधी लहर पैदा होती है न सिर्फ उन लोगों के प्रति, जो सरकारी खर्च से लाभान्वित होते हैं बल्कि उस व्यवस्था के प्रति भी, जो ऐसी कल्याण की योजनाएँ बनाती है।

यह भय कि नई दुनिया को अनिश्चित काल तक आबादी के एक अनुत्पादक हिस्से का बोझ ढोना पड़ेगा, उन्हें अन्तिम समाधान—यानी निचले वर्ग को क्रमिक रूप से समाप्त कर देने की दिशा में प्रेरित करता है। समाज के व्यवस्थापकों को यह उत्तरोत्तर अधिक आकर्षक समाधान दिखाई देने लगा है। क्रमिक रूप से आबादी के नियंत्रण के जरिये निचले वर्ग को समाप्त करने की योजना इसलिए अच्छी लगती है क्योंकि यह लोगों को साफ-साफ दिखाई नहीं देती और इस कारण प्रतिरोध नहीं पैदा करती और लोगों में यह धारणा पैदा की जा सकती है कि यह कार्यक्रम निचले वर्ग के विरुद्ध नहीं बल्कि उन्हीं के हित में किया जा रहा है।"[3]

अगर तकनीकी का विकास इसी दिशा में हुआ तो इस तरह का दबाव समाज में उत्तरोत्तर बढ़ेगा। अभी जहाँ 10 से 20 प्रतिशत लोग हाशिये पर हैं वह बढ़कर 50 प्रतिशत या और अधिक हो सकते हैं। यह स्थिति तो विकसित देशों की है। अविकसित देशों के लोगों की इस राह पर चलकर क्या स्थिति होगी, इसका सहज ही अनुमान लगाया जा सकता है।

लेकिन विकास की इस दिशा में उत्पादन के फैलाव से एक अवरोध पैदा होता दिखाई देता था। कुछ वैज्ञानिक, दार्शनिक एवं चिन्तक इस विकास के नतीजों के प्रति जो प्रकृति के साथ बलात्कार पर निर्भर करता है, चिन्ता व्यक्त कर रहे थे और उसे विकास पर एक तरह की सीमा मान रहे थे। खासकर क्लब ऑफ़ रोम के अध्ययन के नतीजों के प्रकाशन के बाद इस बात की काफी चर्चा चल पड़ी कि अगर विकास की उत्तरोत्तर बढ़ती रफ्तार पर रोक नहीं लगाई गई तो अगली शताब्दी के प्रथम चतुर्थ के बीतते-बीतते अचानक उत्पादन और उपभोग के स्तर में बड़ी गिरावट आएगी। बहुत-से वैज्ञानिकों ने यह कहा कि ईंधन के अत्यधिक जलने से कार्बन डाइऑक्साइड की मात्रा इतनी बढ़ जाएगी कि दुनिया पर यह एक कम्बल की तरह छा जाएगा और इससे धरती से निकलनेवाला ताप जमा होकर अत्यधिक गर्मी पैदा करेगा इससे ध्रुवों पर के विशाल हिम पर्वत पिघलकर सागर के जल की सतह को इतना ऊँचा कर देंगे कि दुनिया के बहुत भाग जलमग्न हो नष्ट हो जाएँगे। औरों ने बढ़ते प्रदूषण से उद्भिज संसार (बायो स्फेयर) के नष्ट हो जाने की आशंका व्यक्त की। कुछ अन्य लोगों ने इस बात की ओर ध्यान दिलाया कि वर्तमान दुनिया अपने ईंधन के लिए लाखों वर्ष पूर्व धरती के गर्भ में संचित तेल, कोयले आदि के संचित भंडार का उपयोग कर रही है और इस भंडार का तेजी से ह्रास हो रहा है। अगर यह स्थिति रही और इनका स्थान लेने के लिए इतना

ही सस्ता एवं निरापद ऊर्जा का स्रोत नहीं विकसित हो पाया तो ऊर्जा की कमी से जीवन स्तर न सिर्फ नीचे गिरेगा बल्कि किसी भी जीवन स्तर को कायम रखने के लिए मनुष्य को अधिक साधन और श्रम का व्यय करना पड़ेगा। अन्य लोगों ने महत्त्वपूर्ण खनिज धातुओं के उन स्रोतों के ह्रास की ओर ध्यान दिलाया जिनसे अब तक ये धातु कम खर्च से उपलब्ध हो जाते थे। इससे उन धातुओं के अभाव की समस्या पैदा हो जाती है जिन पर हमारी सभ्यता आधारित है, जैसे लोहा, तांबा, जस्ता, टिन, मैंगनीज आदि।

इन बातों का उल्लेख इसलिए जरूरी हुआ कि इन प्रश्नों के जवाब में जो एक खास तरह की दृष्टि पैदा हो रही है, वह आदमी को उसके पूरे प्राकृतिक परिवेश से काटने की बात करती है। इन समस्याओं को हल करने से कुछ सुझाव तो अभी वैज्ञानिक परीलोक की कल्पना जैसे लगते हैं—जैसे यह सुझाव कि भविष्य के नगर धरती पर नहीं अन्तरिक्ष में होंगे। बहुत सें वैज्ञानिकों का यह मत है कि अन्तरिक्ष की भारहीनता में बहुत से महत्त्वपूर्ण रसायन, जो धरती पर तैयार करना अत्यन्त ही खर्चीला है, नाममात्र के खर्च से तैयार हो सकेंगे। इस तरह धीरे-धीरे महत्त्वपूर्ण उद्योगों का स्थानान्तरण अन्तरिक्ष में होगा। नगर निर्माण की अन्तरिक्षीय योजना में लोगों के जीवन की आवश्यकता की हर चीज वहीं पैदा करने की बात हो रही है। उल्काओं से उन तत्त्वों को प्राप्त करने की योजना भी बनाई जा रही है जिससे हवा-पानी या अन्य आवश्यक रासायनिक वस्तुओं का निर्माण कर लिया जाएगा।

सिद्धान्त रूप से इसमें कुछ भी असम्भव नहीं है, लेकिन धरती पर मानव समूहों के एक जगह से दूसरी जगह स्थानान्तरण पर गौर करने से एक बात स्पष्ट होती है वह यह कि जेट और रॉकेट के युग में भी तेज यातायात से दूर तक भ्रमण करनेवाला समूह सम्पूर्ण मानव समुदाय के अनुपात में नगण्य है। अगर इस तरह के अन्तरिक्ष नगर बन पाए तो प्रदूषित धरती से उनमें पनाह पानेवाला केवल एक छोटा समूह होगा जो अति सम्पन्न होगा। यह वही समूह होगा जो आज गन्दे होते नगरों को छोड़कर उप-नगरों में अपनी रिहाइश को निजी व्यवस्था करता है। बाकी बहुसंख्य लोगों को परित्यक्त धरती के ही आश्रय में जीने या प्रदूषण से मरने के लिए लाचार होना होगा। यह भी कहा जा सकता है कि दुनिया का सम्पन्न वर्ग जितना ही इस बात से आश्वस्त होता जाएगा कि वह धरती से बाहर अपने लिए एक नई दुनिया का निर्माण कर सकता है, धरती उतनी ही उपेक्षित होती जाएगी और इसका भविष्य क्या होगा, इस पर विचार करना जरूरी नहीं समझा जाएगा। धरती सचमुच में मृत्युलोक बन जाएगी जहाँ प्रदूषण से अकाल मृत्यु, अनावृष्टि, अन्न संकट, महामारी, शीत और ताप से कष्ट का राज्य रहेगा और सम्पन्न लोगों की दूसरी दुनिया बनेगी—अन्तरिक्ष में स्वर्गलोक।

जो भी हो, सम्भव है कि यह सम्पन्न लोगों के सपने से ज्यादा कुछ भी नहीं हो पाए, लेकिन एक भौतिक शास्त्री जेराल्ड फाइनबर्ग ने धरती पर ही इस समस्या के समाधान के जो सुझाव दिए हैं वे विचार करने योग्य हैं, क्योंकि इससे उस बात की पुष्टि होती है, जिससे हमने इस प्रकरण पर विचार करना शुरू किया था, यानी मनुष्य को प्रकृति से पूरी तरह काटकर विकास करने की दिशा में आधुनिक नागरिक सभ्यता की रुझान। फाइनबर्ग ने अपनी पुस्तक 'कंसिक्वेंसेज ऑफ ग्रोथ द प्रोस्पेक्ट फॉर ए लिमिटलेस फ्यूचर' में स्पष्ट रूप से प्राकृतिक पर्यावरण से स्वतंत्र विकास की बात की है। उन्होंने लिखा है :

> "अगर हम इस प्रश्न पर बुनियादी विज्ञान की दृष्टि से विचार करेंगे तो पाएँगे कि प्राकृतिक वातावरण का कोई भी पहलू मानव-जीवन के लिए अनिवार्य नहीं है। उदाहरण के लिए, हम लोग अपना खाद्य पदार्थ रासायनिक संश्लेषण से प्राप्त कर सकते हैं, अपने खनिज समुद्र के जल या ग्रेनाइट पत्थर से एवं प्रकाश-बिजली से पैदा कर सकते हैं। असल में हम लोग ठीक यही चीज एक छोटे पैमाने पर कर भी रहे हैं, और प्राकृतिक नियम में ऐसा कुछ नहीं है जिससे इसको बृहत् पैमाने पर करने में कोई रुकावट पैदा हो। इसमें अन्तिम रूप से एक ही सीमा हो सकती है, पदार्थ एवं ऊर्जा का अभाव। इस कृत्रिम दुनिया की आबादी की जरूरतों को पूरा करने में कितना पदार्थ या ऊर्जा लगेगी, इसका निश्चित परिमाण निर्धारित करना मुश्किल है। फिर भी जो अनुमान मोटे तौर से चौथे सर्ग में दिए गए हैं, वे बतलाते हैं कि यह हम लोगों की क्षमता के भीतर है और अगर हम लोग सूरज से या ड्युटेरियम से ऊर्जा प्राप्त करना एवं धरती के चट्टानों से कच्चे माल लेना शुरू कर दें।"[4]

और आगे

> "....बिना प्रयोगों के हम लोग यह नहीं कह सकते कि अपने जन्मजात, गुणों के भीतर मनुष्य किन स्थितियों में सब से अच्छी तरह कार्यशील रह सकता है, लेकिन यह मान लेने का कोई कारण नहीं कि इसके लिए आदर्श स्थिति वही है जो धरती पर मानव द्वारा अपने पर्यावरण में बदलाव लाने की प्रक्रिया शुरू करने के पहले विद्यमान थी बल्कि अधिक सम्भव यह लगता है कि ऐसे बनावटी पर्यावरण तैयार किए जा सकते हैं जो मानव के लिए उस पर्यावरण से अधिक सुखदायी होंगे जिसमें मनुष्य का विकास हुआ। यह और सवाल है कि ऐसा पर्यावरण बृहत् पैमाने पर तैयार किया जा सकता है कि नहीं? यह एक अलग चीज है जो तकनीकी की स्थिति पर निर्भर करती है जो स्थिति हमेशा बदलती रहती है।"[5]

पहले हम ऊर्जा और पदार्थ सम्बन्ध सुझावों पर विचार करें। ऊर्जा सम्बन्धी जो सुझाव दिए गए हैं वे विभिन्न स्रोतों की ऊर्जा की पूर्ण उपलब्धि पर आधारित हैं जो नीचे की तालिका और उसके साथ लगे नोट से स्पष्ट है।

तालिका 1[6]

ऊर्जा का स्रोत	पूर्ण सम्भावित उपलब्धि
सूरज की ऊर्जा	10^{18} कि. वाट घंटे/वर्ष
ड्युटेरियम (हाइड्रोज का अधिक भार वाला परमाणु) के विलय से प्राप्त ऊर्जा	10^{24} कि. वाट घंटे
यूरेनियम और थोरियम ब्रीडर रिएक्टर (परमाणु भंजन से प्राप्त ऊर्जा)	10^{21} कि. वाट घंटे
भूगर्भ में प्राप्त ऊर्जा	10^{21} कि. वाट घंटे

भविष्य में विभिन्न स्रोतों से प्राप्य अधिकतम ऊर्जा। सूरज की ऊर्जा के लिए हमने धरती की सतह पर पहुँचने वाली औसत ऊर्जा को रखा है। ड्युटेरियम के विलयन से प्राप्त ऊर्जा के लिए सागर के जल में वर्तमान सारे ड्युटेरियम को रखा है। यूरेनियम और थोरियम के लिए हमने तालिका 1 में दिए गए आंकड़ों को रखा है (यूरेनियम 10^{11} टन और थोरियम 3×10^{11} टन)। भूगर्भ की ऊर्जा के लिए हमने 10 कि. मी. तक की गहराई तक के ताप प्रवाह से प्राप्त ऊर्जा को शामिल किया है।

इन आंकड़ों पर विचार करने से तुरन्त यह सन्देह पैदा होने लगता है कि यह एक वैज्ञानिक की सैद्धान्तिक सम्भावना की कल्पना अधिक है और मानव जाति के लिए वास्तव में सुदूर भविष्य में भी उपलब्ध हो सकनेवाली ऊर्जा की योजना कम। जहाँ तक यूरेनियम और योस्यिम से ऊर्जा प्राप्त करने की बात है, अभी तक इसमें न सिर्फ विकिरण से बचाव की समस्या का समाधान नहीं हो पाया है बल्कि यह अत्यधिक खर्चीला भी साबित हो रहा है। हाल के अध्ययनों से पता चलता है कि कुछ ऐसे देशों को छोड़, जहाँ दूर देशों से आयात के कारण कोयला बहुत खर्चीला होता, इन स्रोतों से प्राप्त परगाणु ऊर्जा अधिक महँगे साबित हो रहे हैं। जब एक ऐसे भविष्य की कल्पना की जा रही है जहाँ प्राकृतिक ऊर्जा का स्थान पूरी तरह कृत्रिम ढंग से पैदा की गई ऊर्जा को लेना है, इस आधार पर जीवन-स्तर को ऊँचा बनाए रखना असम्भव हो जाएगा। जहाँ तक ड्युटेरियम के विलयन से ऊर्जा प्राप्त करने की बात है, अभी तक यह प्रयोग की प्रक्रिया में ही है और अगर यह प्रयोग सफल भी हुआ तो भी कौन-कौन-सी नई समस्याएँ पैदा होंगी, हम नहीं

जानते। दूसरा, हम यह भी नहीं जानते कि सागर से उपलब्ध कुल ड्युटेरियम का किलना भाग असल में और किस कीमत पर उपलब्ध हो पाएगा। इस तरह सूरज की ऊर्जा का भी कितना भाग हम सभी मनुष्यों की आर्थिक क्षमता के भीतर काम में ला सकते हैं, हम नहीं जानते। खर्चे का ही बन्धन भूगर्भ के ऊर्जा के उपयोग पर भी है। इसकी उपलब्धि के लिए भी प्रारम्भिक खर्च बहुत अधिक होगा जो कुछ सम्पन्न देशों की क्षमता के भीतर ही है।

ऊर्जा के खर्चे के जिस परिमाण को सामने रख भविष्य के इस समाज की कल्पना की गई है, वह ध्यान में रखना जरूरी है। संसार में धातुओं को सरलता से उपलब्ध करनेवाले खनिजों के समाप्त होने की सम्भावना को सामने रख यह सुझाव दिया गया है कि उन खनिजों पर निर्भरता छोड़नी पड़ेगी जिनमें धातुओं का अनुपात अधिक है क्योंकि वे धीरे-धीरे खत्म होने वाले हैं। इसके बजाय यह सुझाव दिया गया है कि ग्रेनाइट, जिससे धरती के अधिकांश ऊपरी सतह के चट्टान बने हैं। इन धातुओं का विशाल स्रोत बन सकता है अगर इन्हें निकालने के लिए भारी मात्रा में आवश्यक ऊर्जा उपलब्ध हो। इस दृष्टि से पृष्ठ 75 पर दी गई तालिका बतलाती है कि विभिन्न तत्त्वों को ग्रेनाइट से निकालने में कितनी ऊर्जा आवश्यक होगी।

तालिका 2[7]

तत्त्व	1970 में अमेरिका में खर्च होनेवाली धातु की मात्रा को ग्रेनाइट से प्राप्त करने में ऊर्जा की सम्भावित लागत	50 प्रतिशत उपलब्धि मानकर 1970 के बराबर खर्च की मात्रा के लिए आवश्यक ग्रेनाइट की मात्रा
अल्युमिनियम	10×10^{11} कि. वाट घंटे	10^{11} टन
फॉस्फोरस	— — —	3×10^{10} टन
टिटानियम	8×10^{10} कि. वाट घंटे	2×10^{8} टन
क्रोमियम	— — —	5×10^{9} टन
मैंगनीज	— — —	3×10^{9} टन
लोहा	2×10^{2} कि. वाट घंटे	4×10^{9} टन
निकेल	1.5×10^{12} कि. वाट घंटे	5×10^{9} टन
तांबा	— — —	6×10^{10} टन
चांदी	— — —	10^{11} टन
टिन	— — —	2×10^{9} टन
पारा	— — —	6×10^{10} टन
सीसा	— — —	10^{11} टन

अमेरिका में ऊपर के ढंग से आवश्यक तत्त्वों की उपलब्धि के लिए ऊर्जा की सम्भावित खपत 10^{14} कि. वाट घंटे वर्ष बतलाई गई है जबकि इसी सुझाव के अनुसार पर्यावरण के सन्तुलन को बिना बिगाड़े अमेरिका के लिए कुल ऊर्जा उत्पादन की सीमा 2×10^{14} कि. वाट घंटे मानी गई है। इसी अनुमान के अनुसार, ऊर्जा का यह उत्पादन अमेरिका के तत्कालीन यानी 1970 के खर्च से दस गुना होगा। भारत तथा अन्य पिछड़ी अर्थव्यवस्थाओं के लिए इन सुझावों का क्या महत्त्व हो सकता है, इसका अन्दाजा इस बात से लगाया जा सकता है कि इसी पुस्तक के अनुमान के मुताबिक अमेरिका में प्रति व्यक्ति ऊर्जा की उपलब्धि 100,000 कि. वाट घंटे थी जबकि भारत में मात्र 1700 कि. वाट घंटे, यानी अमेरिका में प्रति व्यक्ति 60 गुना अधिक ऊर्जा उपलब्ध थी। इसका अर्थ यह कि फाइनबर्ग के कल्पनालोक में पहुँचने के लिए भारत को वर्तमान उपलब्ध ऊर्जा से 600 गुना अधिक ऊर्जा उत्पादित करनी होगी और यह सब ऊर्जा फाइनबर्ग द्वारा बतलाए गए नए स्रोतों से।

यहाँ यह बात ध्यान देने लायक है कि अमेरिका में ऊर्जा उपलब्धि का वर्तमान स्तर दो सौ वर्ष के विकास का परिणाम है, जिसमें दुनिया के अनेक भागों में उपलब्ध ऊर्जा के स्रोतों का फायदा इनको मिलता रहा है और इससे एक ऐसी ऊँचाई की तकनीकी और साधन प्राप्त हैं कि नई दिशा में संक्रमण करने और नए प्रयोगों पर भारी खर्च करने की क्षमता बन गई है। इसके बावजूद अमेरिका यथासम्भव दुनिया के अन्य भागों में उपलब्ध ऊर्जा के स्रोतों तथा खनिजों का उपयोग कर रहा है, इसके बजाय कि देश में नये खर्चीले स्रोतों का विकास करे। अमेरिका ऊपर वर्णित स्रोतों की ओर तभी मुड़ेगा जब ऊर्जा और खनिजों के परम्परागत स्रोत सूख जाएँगे। अविकसित देशों में आज उस दिशा में जाने की सलाह देना तो उनका मजाक उड़ाना होगा। इसलिए अगर कहीं भी इस दिशा में विकास होगा तो मात्र एक छोटे एवं अति सम्पन्न मानव समूह के स्वार्थ को ही ध्यान में रखकर।

चूँकि ग्रेनाइट में विभिन्न तत्त्वों का अनुपात उनको प्राप्त करने के परम्परागत खनिजों से बहुत कम है, अतः इन तत्त्वों को निकालने के लिए अन्य खनिजों की अपेक्षा कहीं अधिक मात्रा में ग्रेनाइट को भौतिक एवं रासायनिक प्रक्रियाओं में डालकर ही इतनी मात्रा में ये तत्त्व प्राप्त किए जा सकते हैं। इससे विषाक्त रसायनों एवं तत्त्वहीन बेकार पत्थरों की विशाल राशि को इस तरह हटाना होगा जिसमें लोगों का जीवन इनके अनचाहे परिणामों से निरापद रह सके। फाइनबर्ग के अनुसार, अकेले अमेरिका में 1970 की खपत जितना तत्त्वों को निकालने में सालाना कम-से-कम 10^{10} टन (यानी दस अरब टन) छँटे हुए बेकार पत्थर को हटाने की व्यवस्था करनी होगी और लगभग उतने ही टन ग्रेनाइट को इन तत्त्वों को निकालने के लिए खोदना होगा। फाइनबर्ग के अनुसार, अगर दस मीटर की गहराई तक इन्हें गाड़ना हो और इतना ही गहरा खोदना हो तो इसमें प्रत्येक के लिए 10

वर्गमील भूमि यानी बीस वर्गमील पूरी भूमि हर साल उपलब्ध करना होगा। चूँकि फाइनबर्ग सीमाहीन विकास की बात करता है और आधुनिक औद्योगिक समाज का आन्तरिक दबाव भी उसी तरफ है, साल दर साल यह रकबा बढ़ता जाएगा। इसके अलावा यह सारा हिसाब इस मान्यता पर आधारित है कि ग्रेनाइट की एक ही राशि से सभी तत्त्व बिना नुकसान के निकाले जा सकेंगे। इसका नतीजा कुछ सौ साल में ही क्या होगा, इसका सहज अन्दाजा लगाया जा सकता है। कुछ सौ साल की बात करना अधिक नहीं लगेगा जब हम इस बात पर विचार करेंगे कि मानव रूप में मनुष्य प्राकृतिक स्थिति में लगभग तीस से चालीस लाख वर्ष से अपने अस्तित्व को बचाए चला आ रहा है और आधुनिक कलात्मकता और सांस्कृतिक बुद्धि से युक्त भी लगभग बीस से तीस हजार वर्ष रहा है—अगर क्रोमैग्नन मनुष्य को पहला आधुनिक मानव एवं अल्ता मीरा गुफाओं की कलाकृतियों को हम मानववंश का सबसे पहला कलात्मक प्रतीकात्मक सृजन मान लें तो भी। यह मानकर चलना कि आगे जब समस्या आएगी लोग समस्या का समाधान ढूँढ़ लेंगे, शुतुरमुर्ग की तरह बालू में सिर गाड़ लेनेवाली दृष्टि है। औद्योगिक विकास की जो दिशा है और वर्तमान प्रदूषण को प्रतिस्पर्द्धा में बचत को ध्यान में रखकर जिस तरह नजरअन्दाज किया जाता है, उसको देखते हुए इसकी आशा नहीं की जा सकती है कि जब तक उद्योगों और विकास के सम्बन्ध में बिलकुल एक नई दृष्टि नहीं बनती, कुछ भी हो सकता है, लेकिन ऐसी दृष्टि बनने पर विकास की दिशा ही कुछ और हो जाएगी।

लेकिन अगर ऊँचे उपभोग के स्तर पर भी इस तरह के औद्योगिक विकास से मनुष्य के लिए बिलकुल कृत्रिम स्थिति में जीवित रहना सम्भव हो जाए तो भी यह सोचना ठीक नहीं जैसा फाइनबर्ग का सोचना है कि मनुष्य के जीवन पर इसका कोई विपरीत असर नहीं पड़ेगा। यह भी कहना ठीक नहीं कि प्रयोग करके ही इस तरह की स्थिति में रहने के मनोवैज्ञानिक प्रभाव की जानकारी हो सकती है। आधुनिक औद्योगिक समाज में मौजूद तनावों पर नजर डालने से इसका कुछ अन्दाजा आज भी किया जा सकता है। अभी ही जबकि प्राकृतिक परिवेश से आदमी का नाता कुछ सीमित क्षेत्र में ही टूटा है, इससे उत्पन्न मानसिक विकृतियाँ चारों ओर दिखाई दे रही हैं। सभ्यता से दूर जंगलों और पहाड़ों में रहनेवाले कबीलों या परम्परा से बँधे गाँवों में बसनेवाले किसानों की मानसिकता और आधुनिक नगरों में रहनेवाले लोगों की मानसिकता के फर्क से हम ऐसे समाज में पैदा होनेवाली सम्भावित मानसिक विकृतियों का थोड़ा-बहुत अन्दाजा तो लगा ही सकते हैं। अगर विकसित देशों के नागरिकों के एक बड़े हिस्से को, खासकर उन लोगों को, जो अपने समाज में कुछ सफलता हासिल कर चुके हैं, बार-बार मानसिक चिकित्सकों के उपचार की जरूरत होती है, अगर तरह-तरह की नशीली वस्तुओं का प्रचलन बढ़ रहा है और गहराते बेगानापन का भाव लोगों में व्याप्त है तो यह नहीं कहा जा सकता कि नागरिकों के

चरित्र पर प्रकृति से विलगाव का अवांछनीय असर नहीं पड़ रहा है। सम्पन्नता के बीच इस मानसिक बेचैनी और तकलीफ को ध्यान में रखकर अब कुछ अर्थशास्त्री विकास की कसौटी परम्परागत अर्थ में राष्ट्रीय आय की जगह इस बात को बनाना चाहते हैं कि समाज नागरिकों के जीवन में कितनी सन्तुष्टि प्रदान करता है और यह भौतिक से अधिक मानसिक स्थिति है।

एक अमेरीकी चिकित्सक जिसने नये तरह के अधिक मानवीय नगर के निर्माण की दिशा में कुछ पहल की है, प्रकृति से विच्छिन्नता को मानसिक रोगों की जड़ मानता है। उसने लिखा है :

> "एक चिकित्सक के नाते मेरे लिए नगर बुनियादी तौर से पागल होते हैं। वे पागलपन पैदा करते हैं। जिन स्थानों में हम लोग आजकल रहते हैं उनके लिए न्युरोटिक (विकृत मस्तिष्क) और साइकोटिक (पागल) पैदा करना दुर्निवार है। खिड़कीहीन वातानुकूलित कमरों में रहनेवाले आदमी को यह पता नहीं होता कि मौसम कैसा है? उन्हें इसका पता नहीं होता कि उनके खाद्य सामग्री का कैसा विकास हो रहा है? वे इसे बढ़ते हुए नहीं देख सकते। गरीब या अति गरीब बाहर जाकर एक बेर नहीं तोड़ सकता, उसे अपने मुँह में नहीं डाल सकता और न उसे दुकान की फर्श पर देख सकता है और न उठाकर खा सकता है।
>
> "अपने विकास के दस में नौ भाग में मनुष्य खुले वातावरण में फिरता रहा है और जो पाया, उसे लेकर खाता रहा है। दिन में लगभग तीन घंटे का काम इसके लिए काफी था कि वह अपना भोजन पा ले और बाकी समय का उपयोग सर्जना त्मक ढंग से सभ्य बनने के लिए करे।"[8]

ऊपर की बतलाई गई प्राकृतिक स्थितियों में ही मनुष्य का विकास हुआ है और जैसा कि पहले इस प्रश्न की चर्चा में कहा गया है एक सीमा के भीतर ही इससे दूर हटकर मनुष्य अपना मानसिक सन्तुलन बनाए रख सकता है। यह ठीक है कि अपने लाखों वर्ष के विकास के क्रम में मनुष्य ने अपने पर्यावरण को बहुत बदला है, लेकिन इस बात पर विचार करते हुए हमें पर्यावरण के लघु और बृहत् दोनों पैमाने में फर्क करना होगा। चूँकि मनुष्य का विकास कुछ खास प्राकृतिक स्थितियों में हुआ था और उसी में उसके शारीरिक और मानसिक गुणों का निर्धारण हुआ था, इससे बहुत अलग तरह का परिवेश उसके लिए क्लेशदायक था। पर धरती के सभी भाग में पर्यावरण एक तरह का नहीं था न एक भाग में ही सभी काल में। कहीं अति शीत तो कहीं अति उष्णता, कहीं जलमग्न और दलदली जमीन तो कहीं सूखे रेगिस्तान। कुछ ही ऐसे स्थान थे जहाँ उसके अपने शरीर के हिसाब से परिवेश ठीक था। इसके अलावा धरती के वातावरण में भी महान परिवर्तन होते

रहे हैं। उदाहरण के लिए, धरती पर कई बार हिम युग आ चुका है जब धरती का बहुत बड़ा भाग जो आज समशीतोष्ण है और हरियाली से भरा है, ऊँचे हिम खंडों से ढका रहता था या ऐसा भी हुआ है कि धरती के अनेक भाग जहाँ पहले अच्छी बरसात होती थी और इस तरह हरे-भरे थे, सूखे के क्षेत्र बन गए और फिर रेगिस्तान। दुनिया के विभिन्न भागों में फैले मानव समुदायों ने इन विपरीत स्थितियों में अपने वातावरण में तरह-तरह का परिवर्तन करके उसको अपने अनुकूल बनाया। यह परिवर्तन लघु पर्यावरण का परिवर्तन था जिससे वह अपनी प्रकृति और स्वभाव के अनुकूल माहौल बना सकता था, लेकिन इन स्थानीय फर्कों के ऊपर एक महत् पर्यावरण का रूप है जिससे लघु पर्यावरण नियमित होते हैं। इसमें होने वाले बड़े परिवर्तन लघु पर्यावरण पर ऐसे प्रभाव डाल सकते हैं, जिसके बाद लाख कोशिश, करके भी मनुष्य उन्हें अपने अनुकूल नहीं बना सकता। आज जो पर्यावरण का संकट उपस्थित हुआ है, वह इसलिए कि दुनिया आज एक हो गई है और निर्मम रूप से फैलती आधुनिक औद्योगिक सभ्यता ने बिना पूरी तरह यह समझे कि इसके नतीजे क्या होंगे, इस बृहत् पर्यावरण को बदलना शुरू कर दिया है। चूँकि मनुष्य ने पिछले विकास के क्रम में अपने लघु पर्यावरण को बार-बार परिवर्तित किया है—कभी इससे लाभ उठाया है कभी हानि—इससे यह नतीजा निकाल लेना कि उसका चरित्र उसके विकास काल के पर्यावरण से स्वतंत्र है, भारी भूल है। उसमें परिवर्तन सदा इस उम्मीद में किया है कि परिवर्तित परिवेश उसकी प्रकृति के लिए अधिक स्वस्तिकर होगा। आधुनिक औद्योगिक नागरिक सभ्यता इस मूल बात से इनकार करके मानव भविष्य को घोर खतरे में डाल रही है।

लेकिन नए ढंग के विकास से खतरा सिर्फ इस बात का नहीं है कि जीवन की भौतिक स्थितियाँ मुश्किल हो जाएँगी या कुछ मानसिक विकारों का फैलाव होगा बल्कि इससे मनुष्य का वह बहुआयामी रूप भी खतरे में पड़ गया है जो इसे बहुत से लोगों की दृष्टि में जीव विकास की सर्वोच्च उपलब्धि एक चेतन अस्तित्व बनाता है।

जैसे-जैसे मानव व्यक्तित्व 'रेशनलाइज्ड' उत्पादक यंत्रों का विस्तार बनता जाता है वैसे-वैसे इसके जीवन का सम्बन्ध सिर्फ बाहरी प्रकृति की लय से ही नहीं टूटता बल्कि अपनी अन्तर्चेतना के उस स्तर से भी टूटता है जो जीव जगत में मनुष्य को एक विशिष्टता प्रदान करता है। अन्य जीवों के कार्यकलाप अचिन्तित आन्तरिक दबाव या 'इंसटिंक्ट' से निर्धारित होते हैं। कीटों में तो एक प्रक्रिया होती है जिसे 'ट्रौपिज्म' कहते हैं, जिससे ये अनजाने या न चाहते हुए भी एक खास तरह की प्रक्रिया में लग जाते हैं, तब भी जब यह उनके जीवन को नष्ट करनेवाला होता है—जैसे दीपक की लौ की ओर पतिंगे का भागना। यह एक ऐसा खिंचाव है जैसा निर्जीव पदार्थों में भी हो सकता है जैसे लोहे का चुम्बक की ओर खिंच जाना। विकसित जीवों, जैसे कुत्ते या हाथी में एक स्तर की बुद्धि होती है जिसका प्रयोग

वे विभिन्न तरह की स्थितियों का मुकाबला करने के लिए करते हैं। इसमें बुद्धि का व्यवहार होता है, लेकिन यह बुद्धि सामने आई समस्या को सुलझाने में औजार की तरह (इंस्ट्रुमेंटल) काम में आता है। अभी तक इसका कोई प्रमाण नहीं मिला है कि जागरण की अवस्था में ये जीव अनुपस्थित स्थितियों की कल्पना कर उसके प्रति कोई भाव प्रकट करते हों या किसी काम की योजना बनाते हों। शिकार या बचाव के लिए इनके व्यवहार में बहुत कुछ ऐसा दिखाई पड़ जाता है जिससे पूर्व नियोजन का आभास मिलता है, पर असल में ऐसे व्यवहार उनमें अन्तर्निहित व्यवहार क्रम को व्यक्त करते हैं जो विशेष: स्थितियों में स्वत: क्रियाशील हो जाते हैं। नई स्थितियों की कल्पना एवं पूर्व नियोजन इसके विकसित रूप में मनुष्य स्वभाव के ही गुण हैं। मनुष्य के सामने उसके दृश्य संसार के अलावा एक और संसार होता है—उसका कल्पना संसार। आदमी अपनी चेतन अवस्था में सदा इस कल्पनालोक से घिरा रहता है। उसका दृश्यलोक—जिसे वह आँखों से प्रत्यक्ष देख सकता है, छू सकता है और सुन सकता है—उसके सामने हमेशा उसके कल्पनालोक के परिपेक्ष्य में ही उपस्थित होता है। उसकी आँखों के सीमित दृष्टिपथ पर उपस्थित जन एक बृहत् मानव समूह के अंग होते हैं, इसी तरह विभिन्न वस्तुएँ एक वस्तुलोक के अंग हैं और वे जितनी दिखाई देती या सुनाई पड़ती हैं उससे कहीं अधिक अर्थ आदमी के सामने प्रस्तुत करती हैं। इस अर्थ को नहीं जानने से मनुष्य में बेचैनी होती है। इसी आन्तरिक बेचैनी से बचने के लिए मनुष्य ने अपने विकास के क्रम में धर्म, विज्ञान और कला को जन्म दिया है जो उसके अनुभवों के विभिन्न आयाम को अभिव्यक्ति देते हैं। ये सब उसके ठोस अनुभवों से जुड़े होते हैं और अवसर उसके जीवन की समस्याओं के समाधान में सहायक हुए होते हैं, पर इन सबका उसकी चेतना में स्वतंत्र अस्तित्व है बल्कि वह जहाँ भी चलता है, अपने कल्पना संसार को अपने साथ ढोता चलता है; और दूसरे लोगों को यह भले ही न दिखे दृश्य जगत में उसके सभी क्रियाकलाप इस दूसरी दुनिया के ही सन्दर्भ में होते हैं। उदाहरण के लिए, जब समुद्री यात्री ऐसे महासागर पर से गुजरता है जिसमें चारों ओर जल के अलावा और कुछ नहीं दिखाई देता, तब उसके सामने इस अन्तहीन लगनेवाली जलराशि के अलावा और इसको अपने भीतर समेटता हुआ एक और बड़े संसार का परिपेक्ष्य होता है और उसी परिपेक्ष्य से उसकी यात्रा का लक्ष्य निर्धारित होता है। अबोध शिशुओं को छोड़कर मनुष्य के कार्यों में शुद्ध तात्कालिकता का कोई अर्थ नहीं होता। सिर्फ शिशु ही तत्कालीन आन्तरिक या बाहरी दवावों के प्रभाव में क्रियाशील होते हैं।

सिर्फ इसीलिए कि इसका औजार के रूप में अनिवार्य रूप से कोई उपयोग नहीं होता, यह कल्पना जगत मानव मस्तिष्क पर एक निरर्थक बोझ भर नहीं होता। इसी कल्पना से मानव जीवन को इसकी विशिष्ट समृद्धि प्राप्त होती है। अन्य जीवों की

तरह ही मनुष्य को भी शरीर को भूख से त्रास और इसके मिटने से तुष्टि का अनुभव होता है, लेकिन अन्य जीवों के विपरीत, मनुष्य इस क्षणिक तुष्टि और अभाव के बोझ से ऊपर उठ अपनी कल्पना के बल सुख-दुःख का एक बहुआयामी संसार बनाता है जो सुन्दर-असुन्दर, सच-झूठ, नैतिक-अनैतिक जैसी अनेक अवधारणाओं के ताने-बाने से बुना होता है। इन सब भावों और मूल्यों से शून्य जीवन इतना नीरस होता है कि अनेक अवसरों पर मनुष्य इनमें किसी के अभाव से इस हद तक त्रस्त महसूस कर सकता है कि जीना व्यर्थ समझने लगे। शुद्ध भौतिक या जैविक दृष्टि से मनुष्य के इस संसार का कोई ठोस अस्तित्व नहीं, क्योंकि यह संसार मानव कल्पना से पैदा होता है। पर इस संसार को छोड़कर मानव जीवन का कोई अर्थ भी नहीं। इसके बगैर मनुष्य का जीवित रहना उतना ही अर्थहीन है जितना किसी पत्थर का अस्तित्व में होना। अपनी कल्पनालोक के परिपेक्ष्य में ही जिसमें स्वर्ग है, नर्क है, वांछित एवं अवांछित जीवन के प्रतिमान हैं तथा अन्य लोगों की निगाह में मान-अपमान, प्रेम-घृणा का भाव है—मनुष्य अपने जीवन का अर्थ पाता है। यह कल्पना जगत न भौतिक जगत का निषेध है और न इससे इनकार, बल्कि यह जीव जगत के विकास में जीवन की नई और सबसे ऊँची उपलब्धि है। इसी के बल मनुष्य उस संसार को जो शुद्ध भौतिक दृष्टि से मूल्यहीन है अनेक मूल्यों से विभूषित करता है एवं एक नया अस्तित्व प्रदान करता है जो मनुष्य के रूप में अस्तित्व से जुड़ा हुआ है।

नया यांत्रीकरण और रेशनलाइजेशन मनुष्य को इसके इस मानवीय आयाम से काटकर उसकी बुद्धि को सिर्फ एक कौशल—उसकी उत्पादन क्षमता—से बांधता है। उसकी बुद्धि अब सिर्फ उत्पादन एवं इसके लिए आवश्यक संगठन की ठोस समस्याओं के समाधान का एक औजार बन जाती है। विज्ञान के क्षेत्र में प्रयोगों की प्रधानता स्थापित हो जाने एवं आधुनिक उद्योगों के विकास के साथ दर्शन के क्षेत्र में भी इस तरह के विचार का प्रसार व्यापक रूप से हुआ है।

पहले यूरोप में तार्किक अनुभववाद (लॉजिकल पॉजिटिविज्म या लॉजिकल इंपिरिसिज्म) ने दर्शन से अनुमान एवं मूल्यों के विवेचन को निर्वासित करने का अभियान शुरू किया। इन्होंने यह स्थापना दी कि सत्यता या असत्यता का दावा सिर्फ प्रतिज्ञप्ति (प्रोपोजिशन) के सम्बन्ध में किया जा सकता है और गणित के बाहर सभी प्रतिज्ञप्तियाँ ऐसे अनुभूत तथ्यों के सम्बन्ध में ही हो सकती हैं जिनकी सत्यता की परीक्षा अनुभव या प्रयोग से हो सकती है। फिर उन्होंने यह सिद्ध किया कि सही तार्किक भाषा में प्रस्तुत करके सभी प्रतिज्ञप्तियों को अनुभव के आधार पर या तो सच या झूठ साबित किया जा सकता है। जो प्रतिज्ञप्तियाँ इस तरह अनुभव से झूठ या सच नहीं साबित की जा सकतीं, बेमतलब प्रतिज्ञप्तियाँ हैं। इस दर्शन, की गणित और विज्ञान के क्षेत्र में काफी बड़ी उपलब्धि हुई क्योंकि इससे इनकी

मान्यताओं के सम्बन्ध में फैले कुहासे का अन्त हुआ और स्पष्टता आई, लेकिन जब गणित और विज्ञान के क्षेत्र से बाहर आकर इस दर्शन ने यह दावा किया कि बाकी दार्शनिक विचार बेमतलब हैं तब यह मनुष्य के चिन्तन को एक आयामी बनाने लगा। इस कसौटी पर दर्शन के क्षेत्र में न सिर्फ ऐसे विवाद कि ईश्वर या पदार्थ (मैटर) का अस्तित्व है या नहीं, बेमतलब हो गए बल्कि नैतिक-अनैतिक, सुख-दुःख, सुन्दर-असुन्दर सम्बन्धी सारे विवाद दर्शन के लिए बेमतलब हो गए क्योंकि इन सबको अनुभूति के क्षेत्र से प्रयोग के क्षेत्र में लाकर किसी कसौटी पर कसने का कोई उपाय नहीं था। ये सारे सवाल निजी पसन्दगी या नापसन्दगी पर छोड़ दिए गए। इस तरह सारा दार्शनिक चिन्तन वैज्ञानिक चिन्तन में सीमित कर दिया गया। इसी दृष्टि की अधिक साफ अभिव्यक्ति अमेरिका में प्रैग्मेटिज्म के दर्शन में हई और आधुनिक उद्योगों की मानसिकता के अनुरूप खासकर जॉन डिवी के इंस्ट्रूमेंटलिज्म के दर्शन में। ऐसा होना स्वाभाविक ही था क्योंकि बीसवीं सदी में अमेरिका आधुनिकतम औद्योगिक विकास का प्रतिमान बन गया है। इस दर्शन में साफ तौर से सभी विचारों को आदमी के जीवन की ठोस समस्याओं के समाधान का औजार मान लिया गया और प्रयोगवाद, जो वैज्ञानिक या औद्योगिक प्रयोगशाला के तरीकों का विस्तार भर था, पूरे जीवन का दर्शन बन गया। डिवी के विचारों की व्याख्या एक अमेरिकी दार्शनिक इन शब्दों में करता है—

> "डिवी ने सभी विचारों को नियंत्रक या यांत्रिक माना। कोई भी विचार चाहे वह जैसा भी हो, हमेशा अपने भीतर कार्य की योजना रखता है, किन्हीं होने वाले कार्यकलापों की रूपरेखा। किसी विचार की सत्यता की प्रयोग में जांच इन कार्यकलापों के निष्पादन से होती है। इस तरह कोई भी विचार विशिष्ट परिपेक्ष्य में इसके व्यवहार से जांचा जा सकता है।"[9]

और आगे

> डिवी सोच प्रक्रिया की अन्तिम कड़ी पर बल देते हैं। यह किसी भी समाधान का प्रयोग द्वारा परीक्षण है जो परिपेक्ष्य की सीमाओं में यथासम्भव वैज्ञानिक प्रयोगशाला में होने वाले प्रयोगों की तरह होना चाहिए।[10]

विज्ञान के क्षेत्र में इस दर्शन की निश्चित उपादेयता है। इससे भी बढ़कर उद्योग एवं व्यवस्था के क्षेत्र में यह बहुत ही उपयोगी हो सकता है जहाँ विचारों को व्यवहार में ही आंका जा सकता है, लेकिन जब इस दर्शन को पूरे जीवन का दर्शन मान लिया जाता है तो उद्योगों की दृष्टि पूरे समाज पर लादी जाती है। पूरे समाज को एक औद्योगिक प्रतिष्ठान मान लिया जाता है जिसमें मनुष्य इसके पुर्जे जैसे होते हैं और फिर उसकी क्षमता का आकलन इस बृहत् प्रतिष्ठान की अत्यधिक

क्षमता की दृष्टि से होता है। यह क्षमता भी स्वाभाविक रूप से औद्योगिक समाज के मूल्यों की पृष्ठभूमि में ही होती है क्योंकि मूल्यों का स्वतंत्र विवेचन दर्शन के क्षेत्र में पहले ही गौण मान लिया गया होता है। जो व्यक्ति इस कसौटी पर अक्षम साबित होंगे, वे सहज रूप से तिरस्कृत और अन्ततोगत्वा त्याज्य हो जाएँगे। इस तरह औद्योगिक समाज के आर्थिक रुझान की प्रतिध्वनि इसके दार्शनिक मान्यताओं में सुनाई पड़ती है।

कारखानों में प्रकृति से प्राप्त भौतिक पदार्थों के एक अम्बार को दूसरे अम्बार में परिवर्तित कर देना जो उद्योगों का काम है, अपने आप में कोई उपलब्धि नहीं, अगर इस प्रक्रिया में और इससे प्राप्त वस्तुओं से मनुष्य का जीवन अधिक सम्पन्न नहीं होता जैसा कि कलाकार द्वारा पत्थर को मूर्ति में बदलने में होता है। जो हो रहा है, वह इसके ठीक विपरीत है। मनुष्य का जीवन उद्योगों में वस्तुओं के उत्पादन को बढ़ाने के क्रम में सिमटकर बहुआयामी की जगह एकआयामी होता जा रहा है; और मनुष्य स्वयं उस अवस्था में पहुँचकर, जहाँ वह जुलियन हंसले के शब्दों में अपने को जीव विकास का एकमात्र उत्तराधिकारी मानने लगा है उन वस्तुओं में जिनका वह निर्माण करता है, एक पुर्जा बनकर विलीन होने लगा है।

5

पिछले अध्याय में हमने आधुनिक औद्योगिक समाज के आन्तरिक दबाव और सोच की दिशा पर विचार किया, लेकिन विकसित औद्योगिक समाज अभी उस स्थिति में नहीं पहुँचा है कि फाइनबर्ग द्वारा सुझाए गए विकल्पों की दिशा में पहल करे। अभी उसे तीसरी दुनिया में अत्यन्त ही सस्ता और बिना प्रदूषण का जोखिम उठाए वह सब प्राप्त हो रहा है, जिसके लिए अपने ही साधनों पर सीमित हो जाने से उन्हें समाज के तकनीकी आधार को एक बारगी बदलने को मजबूर होना पड़ता। जब तक पश्चिम एशिया, अफ्रीका एवं महादेशों के पास के छिछले सागर में पेट्रोलियम और गैस उपलब्ध हैं, वे भारी पूँजी लगाकर ऊर्जा प्राप्त करने के नए स्रोत एवं तकनीकी की ओर क्यों बढ़ें? इसी तरह अगर दुनिया के विभिन्न देशों से उन्हें सस्ती कीमत पर धातुओं के ऊँचे अनुपात वाले खनिज मिल जाते हैं तो वे ग्रेनाइट के विशाल शिलाखंडों से इन धातुओं या तत्त्वों को निकालने के लिए अति खर्चीली और अत्यधिक ऊर्जा की खपत वाली रासायनिक प्रक्रिया में क्यों लगें? अन्य पिछड़े देशों में खनिज प्राप्त करने या खनिजों से तत्त्वों को निकालने में कई महत्त्वपूर्ण लाभ हैं। एक तो इससे धरती के भीतर अपने देश में उपलब्ध खनिजों के भंडार की बचत होती है। दूसरे, तत्त्वों को निकालने में जहाँ ग्रेनाइट को आधार बनाने से ऊर्जा की भारी खपत होती और रासायनिक कारखानों पर भारी खर्च, वहीं तीसरी दुनिया में मानक श्रम सस्ता होने से बिना किसी बृहत् खर्च के खनिज या उससे माप्त तत्त्व आवश्यकता के अनुसार उपलब्ध हो जाते हैं। उदाहरण के लिए, जापान, जो दुनिया के तीन सबसे बड़े इस्पात के उत्पादकों एवं औद्योगिक शक्तियों में है, लोहे के पत्थर के लिए एवं तेल के लिए पूरी तरह आयात पर निर्भर करता है। तीसरा फायदा यह है कि जिस हद तक खनिज निकालने एवं इससे तत्त्व निकालने का काम तीसरी दुनिया में होता है उसी हद तक विकसित देश पर्यावरण पर इस प्रक्रिया के प्रतिकूल प्रभाव से मुक्त रहते हैं। इतना ही नहीं, ये देश अपने पर्यावरण की रक्षा के लिए अपने वन एवं कृषि लायक भूमि की बड़ी सावधानी से व्यवस्था करते हैं और इस प्रयास में लगे हैं कि वैसी फसलें जिससे पर्यावरण पर गलत प्रभाव पड़े, दूसरे देशों में

लगवाई जाएँ या वन की लकड़ियों या उससे तैयार मालों के लिए यथासम्भव अविकसित देशों पर निर्भर किया जाए।

इन वस्तुओं के आयात के बदले निर्यात के लिए वे तीसरी दुनिया में उन चीजों की खपत को प्रोत्साहित करते हैं जिनको वे अपने आधुनिक मशीनों द्वारा भारी मात्रा में कम लागत पर उत्पादित करते हैं। इनमें ऐयाशी और प्रसाधन की वस्तुओं के अलावा भारी मात्रा में लड़ाई के हथियार होते हैं। विकसित देश पहले तो अपने झगड़ों में तीसरी दुनिया को उलझाते हैं और धीरे-धीरे ऐसा माहौल पैदा करते हैं जिसमें तीसरी दुनिया के देश भी उनके गुटों में शामिल हो जाएँ। इसके अलावा तीसरी दुनिया के देशों के अपने परम्परागत विवाद भी हैं जिन्हें हवा दे सुलगाया जाता है और फिर इनको हथियारों से लैस कर एक-दूसरे से लड़ाया जाता है। इस तरह के तनाव का वातावरण पैदा करने से हथियारों के लिए अक्षय बाजार उपलब्ध हो जाता है जिसमें विकसित देश उन हथियारों को जो समय के साथ तेजी से पुराने पड़ते जाते हैं, बेच सकते हैं। यह एक विशेष तरह की बन्दरबाँट है। पहले एक देश को कुछ आधुनिक हथियार दिए जाते हैं। इससे पड़ोस के देश में तहलका मचता है। वहाँ की सरकार और अखबार यह शोर मचाते हैं कि पड़ोस में नए हथियारों के आने से शक्ति सन्तुलन बिगड़ रहा है। फिर इस पड़ोसी देश द्वारा आधुनिक हथियार की खरीद होती है और इन्हें कुछ और नए या विध्वंसक हथियार दे दिए जाते हैं। अब फिर पहले देश में सन्तुलन बिगड़ने का हंगामा खड़ा होता है। फिर उस देश द्वारा और भी विध्वंसक हथियारों की तलाश होने लगती है। इस तरह हथियारों की खरीद की एक अन्तहीन होड़ लगी रहती है। दोनों ही पड़ोसी देश अपनी सुरक्षा पर खतरा मानकर हथियारों की खरीद पर भारी खर्च करते हैं, पर कोई यह सवाल नहीं उठाता कि अगर दोनों ही अपनी सुरक्षा के लिए शंकित हैं तो खतरा कहाँ से आता है? असल में यह खतरा मात्र काल्पनिक होता है। सुरक्षा के नाम पर एक ऐसा वातावरण इन देशों में पैदा कर दिया गया है कि कोई इसके सम्बन्ध में ठंडे दिमाग से बात नहीं करता। समझदारी से अगर कोई हथियारी होड़ पर प्रश्नचिह्न लगाए तो तुरन्त उसे गद्दार की उपाधि दे दी जाती है। इस तरह हथियारों की खरीद और इसके उत्पादन के इर्द-गिर्द एक बड़ा न्यस्त स्वार्थ बन गया है। इसी से जुड़ा एक वर्ग पैदा हो गया है, जिसका स्वार्थ हथियारों की अधिक-से-अधिक खरीद और उत्पादन पर निर्भर करता है। चूँकि इससे जुड़े वर्ग का स्वार्थ सीधा सरकारी क्षेत्र की लूट पर निर्भर करता है, यह इस क्षेत्र में कोई राजनीतिक हस्तक्षेप बरदाश्त करने के लिए तैयार नहीं होता। इसीलिए सुरक्षा संस्थान भारी खर्च और हथियारों के अम्बार से बृहदाकार बनता जाता है एवं सैनिक अफसर राज्य व्यवस्था में हस्तक्षेप करना शुरू करते हैं। इसीलिए अधिकांश पिछड़े मुल्कों में, जहाँ सैनिक व्यवस्था अति समृद्ध हो गई, एक समय के बाद सैनिक विद्रोह हुए और सैनिक अफसरों ने

सिविल व्यवस्था को खत्म कर सैनिक शासन कायम कर दिया। सैनिक तंत्र हो जाने से अविकसित मुल्कों को हथियार बेचने में विकसित देशों को और भी सुविधा हो जाती है क्योंकि सैनिक शक्ति के विस्तार और क्षमता पर ही सैनिक तंत्र टिक पाता है। साथ ही, सैनिक तंत्र को अपने शासन की अनिवार्यता बतलाने के लिए पड़ोसी देशों से निरन्तर तनाव का वातावरण बनाए रखना होता है। सैनिक शासन चूँकि जनमत पर आधारित नहीं होता, आम लोगों की बुनियादी जरूरतों को नजरअन्दाज कर भी हथियारों पर भारी खर्च कर सकता है।

हथियारों की होड़ में इस बात पर भी बहुत जोर दिया जाता है कि देश को हथियारों के क्षेत्र में आत्मनिर्भर होना चाहिए और इसलिए स्वयं नवीनतम हथियार बनाने के लिए उद्योगों का विकास किया जाता है, लेकिन चूँकि हथियारों को नवीनतम होना है, अतः तकनीकी को भी नवीनतम होना चाहिए, पर नवीनतम तकनीकी विकसित देशों में ही उपलब्ध हो सकती है। फलस्वरूप, इन हथियारों के निर्माण के लिए चाहे तो विकसित देशों से भारी मात्रा में महत्त्वपूर्ण मशीनों और पुर्जों का आयात करना होता है या विकसित देशों की सहायता से कारखाने खोले जाते हैं। दोनों ही हालत में विकसित देशों पर निर्भरता बढ़ती है और विकसित देशों के लिए अपने निर्यात को उत्तरोत्तर बढ़ाने का मार्ग खुल जाता है। चूँकि हथियारों का नवीकरण तब तक बन्द नहीं किया जा सकता जब तक हथियारों की होड़ रहती है, अतः विकसित देशों पर निर्भरता भी बनी रहती है। अविकसित देशों में न वैसी आर्थिक और न तकनीकी क्षमता है कि स्वयं अनुसन्धान के जरिये इतनी तेजी से अपने हथियारों की तकनीकी का विकास कर लें जितना इस होड़ में रहने के लिए जरूरी है।

व्यावसायिक घुसपैठ के लिए यह जरूरी है कि गैर औद्योगिक देश मानसिक रूप से औद्योगिक देशों से सम्बन्ध बढ़ाने को इच्छुक हों। इसीलिए इस मान्यता को गैर औद्योगिक समाजों में फैलाने का प्रयास होता है कि (1) स्थानीय आत्मनिर्भरता की अर्थव्यवस्था पिछड़ेपन की प्रतीक है, (2) प्रगति के लिए उत्पादन का विशिष्टीकरण (3) अन्तरराष्ट्रीय विनिमय एवं (4) श्रम का अन्तरराष्ट्रीय विभाजन आवश्यक है। इस विचार को फैलाकर विस्तार और गहराई, दोनों दृष्टि से तीसरी दुनिया को विनिमय के लिए खोलने में विकसित देश सफल हुए हैं। विकसित देशों की इस सफलता में इन्हें सबसे अधिक सहायता अविकसित देशों के उस अभिजात वर्ग से मिली है, जिसने औद्योगिक समाज के मूल्यों को आलोचनात्मक कसौटी पर कसे बिना स्वीकार कर लिया है। आमतौर से यह अपने समाज का शोषक वर्ग है और इसके एक बड़े हिस्से की जड़ अपने समाज की पूर्ववर्ती शोषण व्यवस्था में रही है। यह अभिजात वर्ग अब विदेशी हितों के सम्पर्क से शोषण का आधुनिकीकरण कर रहा है और इस आधार पर पश्चिम से आयातित ऐयाशी को। वस्तुओं से अपने

को गौरवान्वित करने में लगा है। परम्परागत सरदार, सेठ, व्यापारी, महाजन और भूमिपतियों का स्थान अब राजनेता, उद्योगपति, बैंकों और प्रतिष्ठानों के व्यवस्थापक, नौकरशाह और सब से बढ़कर पश्चिमी देशों से सम्बन्धों को फैलानेवाले दलाल एवं विभिन्न तरह के बिचौलिये ले रहे हैं। औद्योगिक देशों से आर्थिक सम्बन्धों के विस्तार से इन वर्गों की समृद्धि और साझेदारी से भारी मुनाफा कमाने की सम्भावना पैदा हो जाती है। इसके लिए एक ही शर्त है कि लोगों पर पश्चिमी प्रतिष्ठानों और उनके द्वारा उत्पादित वस्तुओं का रौब हावी हो जाए। भारतीय अभिजात वर्ग ने औद्योगिक समाज की संस्कृति को अपनाकर और उसकी प्रशस्ति से यह दिमागी माहौल तैयार कर दिया है। जिस कम्पनी के साझेदारों में किसी विदेशी कम्पनी का नाम जुड़ जाता है उसकी साख बाजार पर जम जाती है। यह असर बिलकुल बेबुनियाद भी नहीं होता।

आमतौर से विदेशी कम्पनियाँ अपने उत्पादन और शोध की लम्बी परम्परा के कारण ज्यादा अच्छी वस्तुएँ तैयार करती हैं, लेकिन यह अच्छाई एक खास परिपेक्ष्य में ही अर्थ रखती है—यानी तब जब हम औद्योगिक समाज के मूलभूत मूल्यों को कबूल कर लें। इसमें कोई सन्देह नहीं कि नेस्ले कम्पनी द्वारा उत्पादित दूध का पाउडर अन्य भारतीय कम्पनियों द्वारा उत्पादित पाउडर से अच्छा होता है, लेकिन यह अच्छाई अर्थ तभी रखती है जब हम यह मान लें कि शिशुओं के लिए माँ के दूध की जगह बोतल का दूध ज्यादा लाभदायक या सुविधाजनक है। अमेरिका या जापानी मोटर गाड़ियाँ निश्चित ही भारतीय कम्पनियों द्वारा निर्मित मोटर गाड़ियों से अधिक आरामदेह और सक्षम होती है, लेकिन यह तुलना तभी अर्थ रखती है जब हम यह मान लें कि भारत के लिए मोटर कारों का इस्तेमाल यातायात के लिए आवश्यक है। इसलिए मूल रूप से भारत के अभिजात वर्गों के माध्यम से औद्योगिक देशों ने यह प्रचारित कराया है कि जो उपभोग का संस्कार औद्योगिक देशों में फैला है, वह दुनिया के सभी देशों का आदर्श होना चाहिए और प्रगति का अर्थ उसी दिशा में आगे बढ़ते जाना है। चूँकि अधिकांश गैर औद्योगिक देश पहले प्रत्यक्ष या परोक्ष रूप से यूरोप के औद्योगिक देशों के उपनिवेश थे, यूरोप के शासकों ने इन देशों को अपने नियंत्रण में रखने के लिए एक स्थानीय औपनिवेशिक अभिजात वर्ग को जन्म दिया था जिसके मूल्य इन विदेशी शासकों के मूल्य थे। वह हर तरह से अपने को इन विदेशी शासकों के सांचे में ढालना चाहता था। इसी प्रभाव का एक नतीजा यह भी हुआ कि यह अभिजात वर्ग पश्चिमी देशों में फैली राष्ट्रीयता और आजादी के विचारों से प्रभावित हुआ और इस तरह राष्ट्रीय आजादी के आन्दोलन का नेतृत्व भी इसी वर्ग ने अपने हाथों में लिया, लेकिन राजनीतिक दृष्टि से आजाद होने के बावजूद यह वर्ग मानसिक रूप से विदेशी शासकों के मूल्यों का गुलाम था। अत: जब आजादी के बाद शासन की बागडोर इस वर्ग के हाथ में आई तो इसने अपनी

गुलाम मनोवृत्ति के अनुरूप ही देश के विकास को दिशा दी। इस वर्ग की स्थिति उस तोते की थी जो शुरू से ही पिंजड़े में पलने के बाद आखिर में पिंजड़े से मुक्त कर दिया जाता है, और तब स्वतंत्र अस्तित्व से अनजान और भयभीत यह पक्षी अपने पिंजड़े में ही सुरक्षा देख फिर पिंजड़े में भाग आता है।

इसीलिए आजाद होने के थोड़े ही दिन के बाद भारत में जबर्दस्त रूप से अंग्रेजियत की दौड़ चली। जहाँ आजादी के पहले खादी का सम्मान था और नेहरू ने इसे 'आजादी की वर्दी' कहा था वहीं आजादी के बाद विदेशी ढंग और स्टाइल के नए कपड़े, नई वस्तुएँ एवं अंग्रेजी माध्यम स्कूलों के लिए एक तरह का पागलपन पैदा हो गया, लेकिन इस पागलपन के पीछे एक खास तरह की चतुराई भी छिपी थी। नया शासक वर्ग: देश की विशाल जनराशि में प्रचलित जीवन पद्धति और मूल्यों से बेगाना था। इसमें घुल जाने से इसका विशिष्ट अस्तित्व खतरे में पड़ जाता। यह अपने अस्तित्व को औपनिवेशिक शासन से प्राप्त मूल्यों की विरासत को बचाकर ही कायम रख सकता था। उनकी नकल कर रँगे सियार की तरह अपनी अलग पहचान बना शासन करने की योग्यता का अपना दावा भी जता सकता था। इस तरह पश्चिमी संस्कृति की घुसपैठ शुरू हुई और उसके साथ ही एक खास तरह का आर्थिक सम्बन्ध बनने लगा, जिसमें गैर औद्योगिक देशों की अर्थव्यवस्था औद्योगिक देशों की अर्थव्यवस्था से गहरे रूप से जुड़ गई। इस तरह का सम्बन्ध प्रारम्भ में विदेशी शासकों के प्रयत्न से कायम हुआ था, अब यह सम्बन्ध नए राष्ट्रीय नेतृवर्ग के प्रयत्नों से गहरा होता गया।

बीसवीं शताब्दी के मध्य भाग तक जब दुनिया के उपनिवेश और अर्द्ध उपनिवेश गुलामी की जंजीरें तोड़ रहे थे, पश्चिम के औद्योगिक देशों की संस्कृति पूरी तरह शहरी बन चुकी थी। इनमें अधिकांश में कृषि व्यवस्था में 20 प्रतिशत से नीचे लोग काम में लगे थे और अमेरिका, इंगलैंड और जर्मनी में तो 15 प्रतिशत से भी कम, जो अब यह घटकर 3 प्रतिशत के आस-पास आ गया है, फर्क मात्र इस बात का नहीं था कि पहले से बहुत कम लोग कृषि पर आधारित थे बल्कि संस्कृति का भी था। ग्रामीण समाज के सभी परम्परागत मूल्य खत्म हो गए थे। कृषि भी एक उद्योग बन गया था जो नगरों के अन्य उद्योगों से उन्हीं के मूल्यों के आधार पर जुड़ा था। गाँवों में भी जीवन के प्रतिमान वे ही बन गए थे जो नगरों के थे। गाँवों के पारिवारिक या परम्परागत सामुदायिक सम्बन्धों का स्थान व्यक्तियों का निजी उत्थान के लिए प्रतिष्ठानों के साथ कायम किए गए भावशून्य सम्बन्धों ने ले लिया। सर्वोपरि मूल्य उपभोक्तावादी बन गया। नगरों के नए उद्योगों की उत्पादन क्षमता और समृद्धि से लोगों को आर्थिक साधन और सागान, दोनों प्राप्त होते थे जिससे वे उपभोग की वस्तुओं का अम्बार लगाते चले। शुद्ध भौतिक अर्थ में इस नए सम्बन्ध से गाँवों में भी अप्रत्याशित समृद्धि आई, जिससे लोग सामुदायिक जीवन के अभाव को भूल गए।

पर भारत जैसे देश की स्थिति इससे बिलकुल भिन्न थी। भारत की अर्थव्यवस्था और समाज-व्यवस्था, दोनों शुरू से ही गाँव-प्रधान रहीं। सिन्धु घाटी सभ्यता के अवशेषों से जरूर लगता है कि यह सभ्यता नगर प्रधान थी, लेकिन इस सभ्यता की निरन्तरता का कोई प्रमाण नहीं मिलता। इसके बाद के लगभग चार हजार वर्ष में भारत की संस्कृति मूल रूप से ग्रामीण रही। राजाओं की राजधानी, शिक्षा के केन्द्र या कुछ व्यापारिक केन्द्र के रूप में बड़े नगरों का भी विकास हुआ, लेकिन संस्कृति का उत्स गाँव ही रहा। यही नहीं बल्कि अर्थव्यवस्था का आधार भी गाँव ही था और नगरों में गाँव का अतिरिक्त उत्पादन ही छलक कर पहुँचता था। शहंशाहों ने अपनी ऐयाशी या नगरों की आबादी की जरूरत पूर्ति हेतु वस्तुओं के निर्माण के लिए नगरों में शिल्पियों को बसाया और औद्योगिक उत्पादन बढ़ाने का प्रयास किया, पर इसका परिमाण इतना नहीं था कि विशाल ग्रामीण व्यवस्था को अपने कक्ष से अलग कर एक नई दिशा या गति दे सके।

पश्चिमी देशों के सम्पर्क से यह सब बदल गया। शुरू से अंग्रेजी हुकूमत ने ब्रिटेन के उद्योगों को भारतीय उद्योगों की स्पर्धा से बचाने के लिए यहाँ के उद्योगों पर तरह-तरह के प्रतिबन्ध लगाए क्योंकि उन्नीसवीं सदी के प्रारम्भ तक यूरोप के उद्योग उस कोटि के नहीं थे कि भारतीय उद्योगों के मुकाबले स्वयं अपने बाजार में भी टिक पाते। यह बात सूती कपड़े के उद्योग पर विशेष रूप से लागू होती थी। बाद में जब वहाँ मशीनीकरण की प्रक्रिया में क्षमता का विकास हुआ और उन्नीसवीं सदी के उत्तरार्द्ध में रेल यातायात तथा अन्य उद्योगों का विकास हुआ तब ग्रामीण व्यवस्था पर नए तरह का दबाव पैदा हुआ। अंग्रेजी हुकूमत ने भारतीय समाज को विदेशी वस्तुओं के लिए पहले ही खोल दिया था। अब मशीनों से विशाल मात्रा में सस्ती दर पर तैयार होनेवाली वस्तुओं के मुकाबले काफी समय लगाकर हाथ से तैयार की गई वस्तुओं के लिए बाजार में टिक पाना मुश्किल हो गया। दोनों वस्तुओं के निर्माण में श्रम की लागत का फर्क इतना था कि जहाँ भारतीय वस्तु बहुत उच्च कोटि की होती थी, वहाँ भी अपनी कम कीमत के कारण विदेशी वस्तुएँ आम लोगों में प्रचलित हो जाती थीं। इसका नतीजा यह हुआ कि ग्रामीण उद्योग और इस पर आधारित सन्तुलित ग्रामीण अर्थव्यवस्था जो हजारों बरस से भारतीय जीवन का आधार थी, नष्ट होने लगी।

अंग्रेजों द्वारा निर्मित कुछ बड़े नगर, जैसे कलकत्ता, मुम्बई, चेन्नै आदि भारत में विदेशी व्यापार के सिंहद्वार बन गए। यहाँ की मंडियों में बाहर से तैयार माल पहुँचते थे और फिर देश के कोने-कोने में फैल जाते थे। इसी तरह देश के विभिन्न भागों से कच्चे माल, मसाले या विदेशियों के व्यापार की जरूरत की अन्य वस्तुएँ इन नगरों में पहुँचती थीं और फिर यहाँ से विदेशों को जाती थीं। चूँकि इन नगरों पर राजनीतिक आधिपत्य भी विदेशियों का ही था, आर्थिक और सांस्कृतिक, दोनों

दृष्टियों से ये अगर भौतिक रूप से भारतीय रहे पर सोच और आदर्श में विदेशी। इस तरह ये न सिर्फ विदेशी व्यापार के सिंहद्वार थे बल्कि विदेशी मानसिकता के प्रसार के केन्द्र भी। इन्हीं नगरों में उस औपनिवेशिक अभिजात वर्ग का जन्म हुआ और देश-भर में फैलाव, हुआ जिसका जिक्र ऊपर हो चुका है।

शुरू में अंग्रेजों ने इन नगरों को रेल यातायात से जिसकी शुरुआत उन्नीसवीं सदी के उत्तरार्द्ध में हो गई थी, खनिज पैदा करनेवाले या व्यापारिक दृष्टि से महत्त्वपूर्ण कच्चे माल पैदा करनेवाले कृषि क्षेत्रों से जोड़ा। इस यातायात के खुलने से दोहरा फायदा हुआ। देश के विभिन्न भागों से कच्चे माल और खनिज ढोकर सुविधा से इन नगरों में पहुँचाए जा सकते थे, जहाँ से इन्हें विदेशों को भेजा जाता था एवं विदेशों से आनेवाले तैयार माल को घनी आबादी वाले क्षेत्रों में बिक्री के लिए पहुँचाया जा सकता था। कालान्तर में मूल रूप से इन्हीं नगरों में और छिटपुट रूप से सुविधा के अनुसार अन्य भागों में भी कुछ ऐसे नए उद्योगों का विकास किया गया जिनमें सस्ते श्रम और करीब में कच्चे माल की उपलब्धि से भारत में उत्पादन करना अधिक लाभदायक था। इस तरह जूट, चाय, चीनी, सूती कपड़ा आदि के नए उद्योगों का विकास हुआ। शुरू में ये उद्योग मूल रूप से विदेशियों के हाथ में ही थे। फिर धीरे-धीरे कुछ भारतीय व्यापारी भी इस क्षेत्र में, खासकर सूती कपड़े के क्षेत्र में शामिल हो गए। यातायात के विस्तार के साथ-साथ लोगों की आम जरूरत की चीजें ज्यादा-से-ज्यादा या तो विदेशों के कारखानों से आयातित होने लगीं या भारत में विकसित नए तरह के विदेशी या देशी कारखानों से उपलब्ध होने लगीं। इस क्रम में सभी जगह ग्राम उद्योग खत्म होने लगे। इसका नतीजा यह हुआ कि जहाँ पहले भारतीय अर्थव्यवस्था का स्वरूप मूल रूप आंचलिक आत्मनिर्भरता का था और बहुत सीमित वस्तुओं के लिए ही दूर से व्यापार की जरूरत होती थी वहीं अब बड़े नगरों ने इसे ऑक्टोपस की तरह अपने पंजे में दबोच लिया। अब अधिकांश वस्तुओं को खरीदने और बेचने, दोनों के लिए लोगों को नगरों का मुंह जोहना पड़ता था। चूँकि रोजगार की सम्भावना अब सिर्फ बड़े नगरों या उनकी आवश्यकता की पूर्ति में लगे खनिजों के उत्खनन क्षेत्र या बागानों में थी। ग्रामीण उद्योगों के नष्ट होने से बेरोजगार लोग अधिक-से-अधिक संख्या में रोजगार की तलाश में नगरों और खदानों की ओर भागने लगे और प्रारम्भिक दिनों में चाय बागानों की ओर। यहीं से उस मानव बाढ़ की शुरुआत हुई जो देश के लाखों गाँवों से उमड़कर नगरों को प्लावित करती रही है।

इसी प्रक्रिया के साथ भारतीय नगरों का वह चरित्र भी जुड़ा है जो उन्हें पश्चिम के नगरों के चरित्र से अलग करता है। पश्चिम के देशों के औद्योगिक नगरों का विकास इन देशों की समृद्धि के साथ जुड़ा है। पन्द्रहवीं शताब्दी से विश्व के स्तर पर अपने फैलते हुए तिजारत और लूट से पश्चिमी देशों ने जो भारी धन जमा किया

था वही आधार था वहाँ के उद्योगों के विकास का। इस विकास के क्रम में उन्होंने अन्य देशों में शोषण के जाल को और भी फैलाया और सघन किया। इस तरह इसके पूरे विकास के काल में दुनिया के गैर-औद्योगिक देशों के धन का शोषण होता रहा जिससे पश्चिमी देशों की अर्थव्यवस्था और भी मजबूत बनती रही। भारत ऐसे देशों में इसके ठीक विपरीत आधुनिक उद्योगों के विकास का उद्देश्य अपने ही देश की विशाल ग्रामीण व्यवस्था का शोषण करना रहा। इस कारण इन उद्योगों के विकास से न सिर्फ गाँवों के उद्योग नष्ट हुए बल्कि कृषि व्यवस्था भी अपना सन्तुलन खोकर विपन्न हुई। यह ठीक है कि कुछ विशेष कृषिजन्य वस्तुओं के उत्पादन में विकास हुआ। उद्योगों के लिए आवश्यक कच्चे माल, जैसे गन्ना, चाय, जूट, तम्बाकू आदि के उत्पादन को बढ़ाने पर विशेष तरह से जोर दिया गया और इनके उत्पादन को बढ़ाने की दृष्टि से शोध भी होते रहे, लेकिन यह सब उद्योगों की सुविधा को ध्यान में रखकर होता था और एक ही या दो फसलों को उगाने में लगकर किसान उन उद्योगों पर निर्भर होते गए जिनकी खपत पर उनका कोई नियंत्रण नहीं था। पहले उनकी कृषि बहुमुखी थी जो उनकी या गाँव की सभी आवश्यकताओं की पूर्ति कर लेती थी और इससे एक तरह का सन्तुलन बना रहता था। विभिन्न फसलों को एक चक्र में बदलकर उगाने से जमीन की स्वाभाविक उर्वरता बनी रहती थी और कीटाणुओं के प्रकोप का भय भी कम रहता था। ऐसा ही सन्तुलन कृषि और स्थानीय उद्योगों के उत्पादन में भी बना रहता था। अब उद्योगों पर निर्भर किसान कभी तो पाते थे कि उनके द्वारा उत्पादित वस्तुओं की माँग बढ़ रही है और उत्पादन बढ़ाने के लिए तरह-तरह के प्रोत्साहन दिए जा रहे हैं, और जब इस प्रोत्साहन के कारण वे अधिक पूँजी और श्रम लगाकर उत्पादन बढ़ाते हैं तो अचानक उनकी फसल को खरीदनेवाला कोई नहीं रहता। कभी जूट खेत में सूख जाता है तो कभी गन्ने को जलाना पड़ता है। इस तरह कुल मिलाकर किसानों की हालत खराब होती गई।

ग्रामीण क्षेत्र की गरीबी के कारण उद्योगों के विकास पर भी एक सीमा के ऊपर रोक लग जाती है। चूँकि इस देश में आज भी लगभग 70 प्रतिशत से अधिक लोग ग्रामीण क्षेत्रों में रहते हैं, अभी औद्योगिक वस्तुओं की बिक्री का भी विशाल क्षेत्र वही हो सकता है, लेकिन अगर यह क्षेत्र एकदम गरीब है तो उद्योगों में उत्पादित वस्तुओं को इस क्षेत्र में खरीदेगा कौन? यह प्रश्न हमेशा इस देश की औद्योगिक व्यवस्था के सामने रहा है।

आजादी मिलने के बाद भी पूरे देश की तरक्की को ध्यान में रखकर एक नए नियोजन के अनुसार विकास नहीं हुआ। अंग्रेजों द्वारा निर्मित नगरों को केन्द्र में रख पुराने ढाँचे को ही फैलाने का काम हुआ। गांधी जी के कांग्रेस का नेतृत्व लेने के बाद वर्षों यह विवाद जरूर चला था कि ग्रामीण लघु उद्योगों के आधार पर गाँवों

को केन्द्र में रखकर विकास हो या आधुनिक बड़े उद्योगों के आधार पर नगरों को केन्द्र में रखकर। गांधी जी पहले तरह के विकास के पक्षधर थे, लेकिन जवाहरलाल नेहरू दूसरे तरह के विकास के। एक तरह से जवाहरलाल नेहरू पश्चिमी मूल्यों का अन्धानुकरण करनेवाले औपनिवेशिक अभिजात वर्ग के प्रवक्ता थे। इस वर्ग में इस बात की ललक थी कि जल्दी से जल्दी अपने लिए उन सब वस्तुओं को उपलब्ध कर ले जो यूरोप के उच्च-मध्यवर्ग या उच्च वर्ग को उपलब्ध हैं। इसलिए इस वर्ग की दृष्टि में विकास का अर्थ था—अपने वर्ग के लिए सुविधाएँ, ठाट-बाट और ऐयाशी की वस्तुओं को कम-से-कम समय में उत्पादित या उपलब्ध कराना। इसलिए आजादी के बाद उत्तरोत्तर गाँवों की समस्या नजरअन्दाज कर दी गई। सारा ध्यान नगरों और इनमें नए तरह के उद्योगों के विकास पर केन्द्रित हो गया।

इस उद्देश्य की पूर्ति के लिए पुराने ढाँचे के भीतर ही थोड़े ही दिनों में वैसी सैकड़ों वस्तुओं का उत्पादन होने लगा जो पहले इस देश में नहीं उत्पादित होती थीं और जिनका उपयोग भी कम ही होता था। सूती कपड़े, साधारण तरह के जूते, चप्पल, खाद्यान्न आदि का उत्पादन या तो पहले ही स्तर पर रहा या बहुत धीमी गति से आगे बढ़ा ताकि बढ़ती आबादी की कम-से-कम जरूरतों की किसी तरह पूर्ति कर सके। दूसरी ओर बिजली के पंखे, एयर कंडिशनर, फ्रिज, रेडियो, स्कूटर, मोटर गाड़ियाँ, फैंसी कपड़े (खासकर सिंथेटिक) तरह-तरह के प्रसाधन के सामान, टी.वी., टेप रिकॉर्डर, वीडियो जैसी वस्तुओं का निर्माण करनेवाले उद्योगों की भरमार हो गई। देश के परम्परागत वाहनों, जैसे बैलगाड़ियों या घोड़ागाड़ियों का विकास तो नहीं हो पाया, लेकिन बैलगाड़ी की रफ्तार से चलनेवाली ग्रामीण व्यवस्था के ऊपर से तेज से तेज चलनेवाले जेट वायुयानों से देश के बड़े और छोटे नगर जोड़े जाने लगे। विदेश भ्रमण के लिए एयर इंडिया, देश के बड़े नगरों को जोड़ने के लिए इंडियन एयरलाइंस और छोटे नगरों को जोड़ने के लिए वायुदूत सेवा शुरू हुई जिसमें उन्नत सम्पन्न देशों के सम्पन्न लोगों की तरह इस देश के सम्पन्न लोग भी हवाई यात्रा का जायका ले सकें। यह सब समय की बचत के लिए किया गया हो, ऐसा नहीं, महज नकल में किया गया। अक्सर जो व्यक्ति दिल्ली, मुम्बई जेट वायुयान से दो घंटे में पहुँच जाता है वही वहाँ से महाराष्ट्र में अपने गाँव पहुँचने में पूरा दिन या दो दिन लगा देता है, क्योंकि यह हवाई रफ्तार पूरे समाज की जिन्दगी की रफ्तार का प्रतिनिधित्व नहीं करती बल्कि उस छोटे से समूह का, जो अपने भारतीय परिवेश से कटकर एक हवाई छलांग में न्यूयॉर्क या लन्दन के जीवन स्तर को हासिल कर लेना चाहता है। इसी तरह रेल व्यवस्था द्वारा सुपर फास्ट रेलगाड़ियाँ चलाई गईं जिसमें लोग एक नगर से दूसरे नगर एवं नगर से अन्य दूर स्थानों तक यूरोप की रेलगाड़ियों की रफ्तार से पहुँच सकें, लेकिन आम लोगों की आवश्यकता के अनुपात में रेल सेवाएँ इतनी कम हैं कि जहाँ इन तेज गाड़ियों से यात्रा के समय

में चार-पाँच घंटे की कटौती हो जाती है वहीं अधिकांश लोगों को इन गाड़ियों में स्थान पाने के लिए कई दिन, कभी-कभी हफ्तों बैठे इन्तजार करना पड़ता है। इससे भी बढ़कर छोटी दूरी की पैसेंजर गाड़ियों में लोग पायदानों पर लटककर एवं छतों पर बैठ, जान जोखिम में डालकर ही यात्रा कर पाते हैं। कुल मिलाकर एक खास ढंग की आधुनिकता लाने का प्रयास हुआ जिसका आम लोगों की जिन्दगी से कोई ताल्लुक नहीं, लेकिन जो एक छोटे वर्ग को पश्चिम के नवीनतम आविष्कारों की दुनिया में पहुँचा देता था।

इस नए ढंग के औद्योगिक विकास से उद्योगों का एक बड़ा हिस्सा न सिर्फ नगरों में ही विकसित होने लगा है बल्कि वह मूल रूप से उसी सम्पन्न वर्ग की जरूरत पूरी करता है जो प्राय: नगरवासी हैं। इसका भी देश के आर्थिक विकास पर प्रतिकूल प्रभाव पड़ा है। एक तो ये आधुनिकतम उद्योग अत्यधिक पूँजी प्रधान हैं और इन पर ही देश में उपलब्ध पूँजी का बड़ा भाग खर्च हो जाता है जिसे आम जरूरत की वस्तु पैदा करनेवाले उद्योगों में लगाया जा सकता था। पूँजी प्रधान होने से इन उद्योगों में रोजगार की सम्भावना भी कम होती है, इससे नगरों में भी उत्पादक उद्योगों में रोजगार देने की क्षमता का विकास नहीं हो पाता। दूसरा, इन उद्योगों का विस्तार भी एक सीमा के बाद नहीं हो सकता क्योंकि इनमें उत्पादित वस्तुओं के उपभोक्ता केवल नगरों के मुट्ठी-भर सम्पन्न लोग हो हैं। इसीलिए जहाँ अमेरिका या जापान में मोटर गाड़ियों का उत्पादन करोड़ों में होता है वहाँ भारत में कुछ हजार पर ही उत्पादन अटक जाता है। इससे उत्पादित वस्तुओं पर प्रति इकाई खर्च बहुत बढ़ जाता है और ये कभी भी दुनिया के दूसरे देशों में उत्पादित वस्तुओं की स्पर्धा में खड़े नहीं हो सकते। फिर, इन उद्योगों को जिन्दा रखने के लिए तरह-तरह की सरकारी छूट और सहायता दी जाती है। यह सब एक छोटे वर्ग की अहम तुष्टि के लिए ही होता है।

इसी वर्ग को ध्यान में रखकर नगरों के अन्दर विभिन्न तरह के सेवा उद्योगों का विकास होता है। मोटर गाड़ियों के लिए चौड़ी-चिकनी सड़कें, पार्किंग स्थान एवं फ्लाई ओवर, सम्पन्न लोगों के लिए खर्चीले होटल, थिएटर, सिनेमा, पार्क, शॉपिंग सेंटर, अस्पताल-नर्सिंग होम, टी.वी. प्रसारण आदि सुविधाओं का निर्माण होता है। इससे आम जरूरत की चीजों का निर्माण तो नहीं होता, लेकिन सम्पन्न लोगों की जरूरत की पूर्ति के लिए एक विशाल वाणिज्य एवं सेवा उद्योगों का विस्तार नगरों में जरूर हो रहा है। इन संगठित सेवा उद्योगों के अलावा धनी लोगों की वैयक्तिक या पारिवारिक सेवा के लिए भी एक विशाल असंगठित सेवा उद्योग पैदा हो गया है। इसमें घरेलू नौकर-नौकरानियां, दरबान, चपरासी, रसोइया, मोटर ड्राइवर, निजी पार्कों की देखभाल करनेवाले माली, विभिन्न तरह की घरेलू वस्तुओं की मरम्मत करनेवाले अकुशल या अर्द्धकुशल मजदूर आदि शामिल हैं।

आधुनिक भारतीय नगरों में रोजगार का फैलाव वाणिज्य और सेवा के इन उद्योगों में ही विशेष रूप से हो रहा है। जैसा कि ऊपर बतलाया गया है, भारतीय उद्योगों का चरित्र ही ऐसा है कि एक दायरे के बाद इनका प्रसार नहीं हो सकता। अत: उत्पादन के अति छोटे आधार पर उपभोग और इससे जुड़े सेवा उद्योग का विशाल क्षेत्र नगरों में विकसित हो रहा है। चूँकि ग्रामीण क्षेत्रों में कृषि का विकास सीमित रूप से हुआ है और ग्रामीण उद्योग नष्ट कर दिए गए हैं, इसलिए लोगों को रोजगार देने की क्षमता गाँवों में नगण्य हो गई है। अत: ग्रामीण उद्योगों के नष्ट होने से बेकार बनाए गए लोग और आबादी की बाढ़ से श्रम बाजार में आनेवाले नए लोग भी नगरों की ओर रोजगार की तलाश में भागते हैं। इस तरह नगरों को रोजगार दे पाने की क्षमता के अनुपात से कई गुना अधिक लोग रोजगार की तलाश में नगरों में पहुँचते हैं। इसके अलावा गाँवों के सम्पन्न समाज का एक हिस्सा भी नगर में स्थापित नए तरह की सुविधाओं की तलाश में या इसके ताम-झाम के प्रभाव में नगरों की ओर भागता है। यही कारण है नगरों की आबादी के उस फैलाव का, जो अवरोधों से नहीं रुकती।

लेकिन जैसा कि शुरू में कहा गया है, भारत के नगरों और पश्चिमी दुनिया के नगरों के विकास में बुनियादी फर्क है। पश्चिमी दुनिया में नगरों का विकास उनकी फैलती उत्पादन क्षमता से जुड़ा था। उनके उद्योगों के विकास के साथ ही उनकी राष्ट्रीय आय भी तेजी से बढ़ी और श्रमिकों की आवश्यकता फैलते हुए शहरी उद्योगों में इतनी थी कि अनेक बार वहाँ की सरकारें किसानों को उद्योगों में लाने के लिए तरह-तरह के प्रोत्साहन देती थीं। इस क्रम में गाँवों की आबादी पूरी आबादी का एक बहुत छोटा हिस्सा रह गई, पर नगरों की उत्पादन क्षमता इतनी बढ़ गई थी कि बढ़ती आबादी के बावजूद नगरों में बसनेवाले लोगों की स्थिति में सुधार होता गया। उद्योगों के प्रारम्भिक विकास काल की दयनीय स्थिति धीरे-धीरे समाप्त हो गई और नगर की आबादी का बड़ा हिस्सा कुछ न्यूनतम नागरिक सुविधाओं से युक्त हो सका। इनकी बहुत-सी समस्याएँ कायम रह गईं जिनका जिक्र पहले किया गया है, लेकिन 15 से 20 प्रतिशत लोगों को बाद में कर दें तो बाकी लोगों की जिन्दगी सहनीय थी। अब जरूर अमेरिका आदि में उत्पादक क्षेत्र से अधिक विकास सेवाओं और वाणिज्य के क्षेत्र में हो रहा है, लेकिन उत्पादन का आधार इतना विस्तृत हो चुका है कि सेवा क्षेत्र के विस्तार से अर्थ व्यवस्था पर कोई प्रतिकूल प्रभाव नहीं पड़ता, बल्कि सार्वजनिक सेवा क्षेत्र के विस्तार से लोगों के जीवन की स्थिति में सुधार ही होता है। इसके विपरीत भारत या इसी तरह की अन्य पिछड़ी अर्थव्यवस्थाओं में, चूँकि प्रारम्भ से ही नगरों का विकास एक अभिजात वर्ग की जरूरत के लिए मूलत: गैर उत्पादक दिशा में होता रहा है, लोगों की स्थिति सुधरने के बजाय दिनोदिन बिगड़ती ही जा रही है। प्रत्येक नए रोजगार के पीछे दौड़ने वाले सैकड़ों बेरोजगार

लोग श्रम का अवमूल्यन कर रहे हैं। इससे मजदूरी का स्तर न्यूनतम घरातल पर कायम रहता है या गिरता है। इस तरह कुछ अति कुशल धन्धों को छोड़ बाकी में श्रमिकों की आर्थिक स्थिति खराब होती जाती हैं। फिर भी रोजगार बहुत कम होने से अनेक लोग अर्द्ध रोजगारी या रोजगार की अनिश्चितता की स्थिति में रहते हैं। जो रोजगार मिलते भी हैं, वे ज्यादातर गैर-उत्पादक क्षेत्रों में। इससे पूरी अर्थव्यवस्था पर बोझ बढ़ता ही है। इस कारण भी नगरों की आर्थिक स्थिति ऐसी नहीं रहती कि वे नगर की आवश्यकता के अनुसार सेवाओं की व्यवस्था भी कर सकें। फिर नगर सेवाओं पर खर्च के लिए राज्यों और देश की वित्त व्यवस्था पर भारी दबाव पड़ता है। केन्द्र और राज्य सरकारों को अपने बजट में नगरों पर खर्च करने के लिए भारी व्यय की व्यवस्था करनी पड़ती है, जिसका बोझ ग्रामीण समाज को भी उठाना पड़ता है, जिसे इस खर्च का कोई लाभ नहीं होता।

रोजगार की सिकुड़ती सम्भावनाओं का एक पहलू यह भी है कि सरकार पढ़े-लिखे बेरोजगार लोगों को सन्तुष्ट रखने के लिए नौकरशाही के जाल को लगातार फैलाती रहती है ताकि कुछ लोगों को इसमें जगह दी जा सके, लेकिन इससे देश की अर्थव्यवस्था पर अनुत्पादक बोझ और भी बढ़ता है। इस तरह दिनोंदिन उत्पादन के अनुपात में नगरों पर खर्च अधिक बढ़ रहा है। इस प्रक्रिया में अगर आबादी नहीं भी बढ़े तो भी नगरों की स्थिति दिनोंदिन खराब होती जाएगी। पर चूँकि वर्तमान स्थिति में इस आबादी को बढ़ते ही जाना है, अतः भारतीय नगरों को उत्तरोत्तर अधिक नारकीय स्थिति की ओर अग्रसर होना है।

भारतीय नगर एक और कारण से एक दुर्भेद व्यूह में फँसे हुए हैं जिससे ये निकल नहीं सकते। पश्चिम के नगरों को ऐतिहासिक कारणों से न सिर्फ औद्योगिक विकास से एक बृहत् आर्थिक आधार प्राप्त है बल्कि दुनिया भर के खनिज एवं अन्य प्राकृतिक साधनों पर प्रत्यक्ष या परोक्ष नियंत्रण भी। इसके अलावा उनका तकनीकी विकास उस स्तर पर पहुँच गया है कि भविष्य में धरती की परम्परागत सम्पदा के क्षय होने के बाद भी वे एक खास तरह के विकास की कल्पना कर सकते हैं, जिसका जिक्र पहले हो चुका है। इसके विपरीत, भारत जैसे देश का अपने प्राकृतिक साधनों पर भी पूरा नियंत्रण नहीं क्योंकि यह अपनी वर्तमान ढंग की शहरी संस्कृति को अपनी प्राकृतिक सम्पदा के एक भाग को विदेशों के हाथ गिरवी रखकर ही कायम रख सकता है। इसीलिए यह अपने खनिजों के निर्यात के लिए अन्य देशों से दीर्घकालिक अनुबन्धों से जकड़ा है। विदेशों से आधुनिक उपभोग की वस्तुओं या मशीनों के आयात के लिए भी इसे बदले में खनिज व सम्पत्ति या कृषि में पैदा वस्तुओं का ही निर्यात करना पड़ता है। इससे इसके प्राकृतिक साधनों का ह्रास तेजी से हो रहा है। पर औद्योगिक देशों की तरह इसको तकनीकी या साधनों का विकास भी भविष्य में उस हद तक होने की सम्भावना

नहीं जहाँ यह अन्तरिक्ष नगरों के निर्माण की कल्पना कर सके। इस तरह वर्तमान शहरी संस्कृति भारत को अनिवार्य रूप से गलित कुष्ठ की तरह सड़ा-गला कर दुर्गन्धयुक्त मलबे का ढेर बना देगी। इसके नगरों के विशाल मानव समुदाय जो आज इनके कूड़े के अम्बार में कीड़े की तरह रेंग रहा है, धीरे-धीरे बढ़ कर उन छोटे इलाकों पर भी छा जाएगा जिसे अभी तक शासक वर्ग पुलिस और बुलडोजरों के सहारे इनकी पहुँच्न के बाहर रखने का प्रयास कर रहा है। दमन पर टिका निषेधों का दायरा कभी-न-कभी न्यूनतम मानवीय सुविधाओं से वंचित इस मानव समूह के दबाव में टूटेगा ही और फिर आम लोगों के जीवन पर परत-दर-परत छाई गन्दगी का अम्बार समान रूप से चारों ओर फैल जाएगा अन्यथा नगरों की सुविधाओं से बहिष्कृत लोगों की भीड़ कम्पूचिया की तरह पूरी बर्बरता के साथ नगरों पर हिंसात्मक हमला कर उन्हें ध्वस्त कर देगी। वर्तमान विकास की दिशा भारत में ऐसी ही अनिवार्य त्रासदी का संकेत देती है।

6

तो शहरी सभ्यता के चंगुल से निकलने के क्या उपाय हो सकते हैं? पिछले छह हजार वर्ष की शहरी सभ्यता का इतिहास बतलाता है कि एक बार नगरों का विकास हो जाने पर आदमी गाँवों से नगरों की ओर भागता रहा है। ऋतुचक्र से बँधे ग्रामीण जीवन की एकरसता से ऊबे लोगों को नगर में नए अनुभवों एवं नई उत्तेजनाओं को सम्भावना दिखाई देती रही है। नगर शिक्षा के केन्द्र रहे हैं जहाँ दूर-दूर से आए लोगों के अनुभवों के आदान-प्रदान से बिना प्रयास ही अनेक बातों की जानकारी हो जाती है। इसी तरह नगर एक खास तरह की आजादी के केन्द्र रहे हैं जहाँ ग्रामीण समाज के रिवाजों का बन्धन अचानक टूट जाता है और आदमी विशेष प्रकार की उन्मुक्तता का अनुभव करता है। और फिर भारत जैसे देश में भूख और बेरोजगारी की मार से निर्वासित लोगों के लिए नगर आश्रम स्थल भी रहा है, जहाँ चाहे जिस भी शर्त पर हो, रोटी तो मिल जाती है। क्या आदमी इन सब प्रलोभनों को भुलाकर फिर गाँवों की ओर लौटने की बात सोच सकता है? गाँवों की ओर लौटने की बात से एक प्रश्न और खड़ा हो जाता है; किस गाँव की ओर? यूरोप में तो परम्परागत गाँव लुप्त ही हो गए हैं। वहाँ के गाँव तो मात्र नगरों के आउटपोस्ट भर रह गए हैं जहाँ नगरों की जरूरत के हिसाब से साग-सब्जी, दूध, मांस, मक्खन, मलाई आदि की आपूर्ति के लिए आबादी के दो-चार प्रतिशत लोग छोड़ दिए गए हैं। ये लोग नगरों की जरूरत की पूर्ति के लिए काम करते हैं और उनकी ही सहायता या सदाशयता से उनकी नकल की एक खास तरह की उपभोक्तावादी जिन्दगी जीते हैं और उनकी बढ़ती जरूरतों की आपूर्ति के लिए उत्पादन बढ़ाने की दृष्टि से नगरों से प्राप्त रसायनों से पर्यावरण को प्रदूषित करते हैं। और हमारे गाँव भी क्या रह गए हैं? ये यूरोप के गाँवों की तरह नगरों की सुविधाओं से सज्जित उनके आउटपोस्ट तो नहीं, पर निष्प्राण हो बिखरते खंडहर रह गए हैं। ये आर्थिक स्वायत्तता खोकर आकारहीन हो गए हैं क्योंकि इनके विभिन्न हिस्से एक-दूसरे के पूरक बनकर एक ऐसी सम्पूर्ण इकाई नहीं बनाते जिसमें जीवन का स्पन्दन होता हो, बल्कि अलग-अलग अनुपात में नगरों की जरूरत और दबावों से बँधे होते हैं, और इन हिस्सों को आपस में

जोड़नेवाली वस्तु मात्र एक ही स्थान पर उनकी उपस्थिति का बोध, उसके दबाव से पैदा एक न्यूनतम सम्पर्क और कुछ टूटती हुई जातीय परम्पराएँ भर हैं। इन गाँवों के आदर्श और आर्थिक नाभि भी नगर ही हैं। ऐसे गाँवों में लौटने की बात न तो कोई अर्थ रखता है और न यह सम्भव ही है। भला इन गाँवों में आज नगर से भूखों मरने कोई क्यों लौटेगा?

फिर भी, प्राचीन काल से ही जब-जब नगरों के अस्वाभाविक दबावों से मनुष्य परेशान हुआ है, प्रतीक रूप से गाँव उसका आदर्श बना है जहाँ आवश्यकताएँ कम हैं और जीवन सरल। अदन की कल्पना नगर के कामों के दबाव से त्रस्त लोगों की ही रही होगी जिन्हें आदर्श जीवन अदन का निर्बाध विचरण और इच्छित विश्राम दिखाई देता होगा। शिकार और फल-फूल पर निर्भर आदिम मनुष्य, जिसके लिए काम और क्रीड़ा के बीच में कोई विभाजन रेखा नहीं थी एवं शिकार श्रम भी था और सामूहिक आनन्द का अवसर भी, अदन के आनन्द की कल्पना नहीं कर सकता था। इसीलिए यूनान और रोम की शहरी सभ्यता के चरम बिन्दु पर जब साम्राज्य विस्तार से प्राप्त धन और जन से विलासिता सीमा छू रही थी तो इस ताम-झाम के खिलाफ वहाँ के विचारकों ने सादगी का आदर्श उपस्थित किया। इसी काल में स्टोइक, सिनिक आदि सम्प्रदायों का फैलाव हुआ जो जीवन की आवश्यकताओं को न्यूनतम, यहाँ तक कि पशुओं के स्तर पर घटाना चाहते थे ताकि जीवन से सारी कृत्रिमता खत्म हो जाए। ऐसे ही प्रभावों में ईसाई धर्म का जन्म हुआ जिसने पुनः समता एवं सादगी पर बल दिया। विचार करने से हम पाएँगे कि सादगी समता के लिए एक अनिवार्य शर्त भी है। साधारण श्रम से न्यूनतम जरूरत की वस्तुएँ सबों के लिए उपलब्ध कराना सामान्य उत्पाद क्षमता के भीतर भी सम्भव है, पर किसी ऊँची से ऊँची उत्पादन क्षमता के भीतर भी यह सम्भव नहीं कि नवीनतम विलासिता की वस्तुओं को सबके लिए उपलब्ध कराया जा सके, क्योंकि किसी वस्तु के उत्पादन में प्रचुरता का बिन्दु छूने में समय लगता है और इस अन्तराल में कुछ सीमित लोगों को ही यह वस्तु: उपलब्ध हो सकती है। इसीलिए हम आदि ईसाई मत की सादगी और समता के आदर्शों को जोड़कर ही देख सकते हैं। चूँकि समाजवाद की मूल प्रेरणा ईसाई परम्परा से या उसके पहले के एसेनी यहूदी समुदाय से प्राप्त हुई थी, जो सभी सम्पत्ति पर सामूहिक स्वामित्व के आधार पर अत्यन्त ही सादगी की जिन्दगी जीते थे, इसमें भी आदिम मानव सम्बन्धों को पुनर्स्थापित करने का रुझान रहा है। सेंट सीमा में हम जरूर एक 'टेक्नोक्रेटिक' झुकाव पाते हैं, पर मार्क्स की कल्पना के मूल में फिर वही आदिम सम्बन्धों की ओर झुकाव है। एंजेल्स ने तो स्पष्ट रूप से यह लिखा है कि अन्ततोगत्वा समाजवादी समाज एक ऊँचे स्तर पर प्राथमिक साम्यवाद के मानव सम्बन्धों को पुनर्स्थापित करेगा

जिसे बीच के काल में वर्ग विभाजन ने नष्ट कर दिया था। आधुनिक सभ्यता की ऊँचाई पर जब इसके संकट के आसार दिखाई देने लगते है। तो फिर गांधी की कल्पना में हम ग्राम स्वराज की बात पाते हैं। हालाँकि फिर उनका गाँव वह गाँव, नहीं है जो भारत का असली गाँव है और जो हमारी नज़र के सामने है, बल्कि वह आदर्श गाँव, जो शायद पूरी तरह काल्पनिक है, और भारत में कभी भी अस्तित्व में नहीं रहा हो।

लेकिन इन सभी यूटोपिया में प्रकृति के करीब एवं सरल मानव सम्बन्धों की तरफ लौटने का आवाहन साफ सुनाई पड़ता है। इससे इस स्थापना की पुष्टि होती हैं कि मनुष्य के अवचेतन में कहीं उस परिवेश में लौटने की छटपटाहट है जिसमें उसका आविर्भाव हुआ था और जिसमें उसकी बुनियादी रुचियों का विकास हुआ था। आज जब शहरी सभ्यता एक अन्धगली में पहुँच रही है तो विकल्प ढूँढ़ने में हमें मनुष्य के बुनियादी रुझानों को ध्यान में रखकर ही चलना होगा। शायद लोगों के इस बुनियादी रुझान के कारण ही उन्हें फिर गाँवों के प्राकृतिक परिवेश की ओर जाने को राजी किया जा सकेगा।

इस दृष्टि से पश्चिमी दुनिया की समस्या अधिक उलझी हुई है क्योंकि वहाँ ग्रामीण समाज आर्थिक दृष्टि से महत्त्वपूर्ण होते हुए भी इतना नगण्य हो गया है कि गाँवों की ओर सारी शहरी आबादी को लौटाना लगभग असम्भव-सा है, लेकिन उनके साधन इतने विशाल हैं कि वर्तमान शहरी विकास की माया से मुक्ति मिलते ही वे फिर किसी नई व्यवस्था की ओर तेजी से मुड़ सकते हैं। हालाँकि आज यह मुड़नेवाली बात अनहोनी जैसी लगती है। इसका सबसे बड़ा कारण है वह उपभोक्तावादी मूल्य, जो उनके समाज पर हावी है। पश्चिम के अनेक चिन्तक और वैज्ञानिक चेतावनी दे रहे हैं कि वर्तमान विकास का क्रम अब अधिक दिन नहीं चल सकता, पर समझ-बूझकर भी वहाँ के राजनेता विकास की इस दिशा को नहीं बदल सकते, क्योंकि वे एक दुश्चक्र के शिकार हैं। राजनैतिक दल या समूह खासकर उन देशों में जहाँ लोकतंत्र है, चार या पाँच साल के लिए सत्ता में आते हैं। इस अवधि में स्थितियों में थोड़ा-बहुत हेर-फेर किया जा सकता है, पर विकास की दिशा ऐसे निर्णायक ढंग से नहीं बदली जा सकती कि लोगों के मानस पर यह प्रभाव पड़े कि यह उनके लिए स्वस्तिकर है। राजनीतिक दलों के चार या पाँच साल के अल्पकालिक शासन की उपलब्धियों को लोग उपभोक्तावादी कसौटियों पर ही कस सकते हैं क्योंकि दूसरी कसौटी उनके पास नहीं है—खासकर समाज के बहुसंख्य निचले वर्गों के पास। उनके सामने कसौटी यह होती है कि किसी अवधि में उनके भोजन या अन्य वस्तुओं की उपलब्धि में क्या सुधार हुआ है। अगर उनके घरों में फ्रिज, टी.वी., वीडियो जैसी वस्तुओं का उपलब्धि बढ़ी है तो उन्हें सामाजिक स्तरों में

एकाध सीढ़ी ऊपर बढ़ने का एहसास होता है। अत: वे वैसे दलों का ही समर्थन करते हैं जो इस कसौटी पर खरा उतरते हैं, लेकिन यह राह औद्योगिक उत्पादन को अन्धाधुन्ध बढ़ानेवाला ही है।

दूसरी ओर, चूँकि यह सारी औद्योगिक व्यवस्था व्यापारिक स्पर्धा पर टिकी है, इन देशों को उद्योगों में लगातार ऐसे सुधार करने पड़ते हैं जिसमें उद्योगों को स्पर्द्धा की क्षमता बढ़े, और इसका अर्थ होता है अधिक यांत्रीकरण, जिसमें कम मजदूरों से अधिक काम अधिक दक्षता से कराया जा सके। यहाँ एक भयंकर अन्तर्विरोध पैदा होता है। इस तरह के यांत्रीकरण से मजदूरों की कार्यक्षमता बढ़ती है और उन्हें अधिक मजदूरी दी जा सकती है, लेकिन इससे उतना ही काम के लिए रोजगार पानेवाले मजदूरों की संख्या भी घटती है। इससे उबरने का एक उपाय है—उत्पादित वस्तुओं का निर्यात, जिसमें मजदूरों की संख्या घटाने के बजाय उत्पादन की मात्रा बढ़ा दी जा सके, लेकिन इस निर्यात के साथ-साथ बेकारी का भी निर्यात होता है क्योंकि जिन देशों में इन वस्तुओं का आयात होता है वहाँ लोगों का रोजगार अपने यहाँ उत्पादित माल नहीं बिकने से खत्म होने लगता है। इसके जवाब में फिर वहाँ भी उत्पादन का अधिक यांत्रीकरण शुरू होता है जिसमें बाजार में आयातित वस्तुओं के मुकाबले में अपना उत्पादन टिक सके। अगर कोई व्यवस्था इससे निकलना चाहती है और यांत्रीकरण पर प्रतिबन्ध लगाती है तो अन्तरराष्ट्रीय होड़ के कारण वहाँ के लोगों की आय और रोजगार—दोनों पर विपरीत प्रभाव पड़ता है। अत: इस तरह की नीति लेकर चलनेवाले दलों के लिए सत्ता में रह पाना असम्भव हो जाता है। इसलिए लगातार अधिक उत्पादन, अधिक ऊर्जा की खपत, अधिक शहरीकरण, अधिक प्रदूषण और आबादी के एक हिस्से की हाशिये पर फेंक दिए जाने की प्रक्रिया जारी रहती है। किसी दल में यह साहस नहीं हो सकता कि लोगों को साफ-साफ शब्दों में उपभोग के स्तर को घटाने की बात कहे।

कुछ भी हो, औद्योगिक देशों की समस्या उनकी है। हम भारत के सम्बन्ध में ही विचार कर सकते हैं कि इसे किस तरह उस त्रासदी से बचाएँ जिधर आज यह अनिवार्य रूप से बढ़ रहा है।

जैसा कि हमने पहले देखा है कि यहाँ भी नगर का छोटा सम्पन्न वर्ग पश्चिम के देशों की तरह ही उपभोक्तावादी होड़ में लग गया है। चूँकि इस वर्ग का आदर्श पश्चिमी दुनिया का उपभोक्तावादी समाज है यह अपनी दिशा बदलने की बात नहीं सोच सकता, लेकिन यह वर्ग देश का अत्यन्त ही छोटा हिस्सा है और मूलत: शोषक। अत: इसकी सोच को नजरअन्दाज कर ही हम देश के भविष्य की कोई कल्पना कर सकते हैं। चूँकि अभी भी देश के 70 प्रतिशत के लगभग लोग गाँवों में रहते हैं और नगरों की आबादी का भी बड़ा हिस्सा इसके

गरीब वर्गों का है एवं इनके उपेक्षित हलकों में रहता है और बड़ी तादाद में गाँवों से विस्थापित होकर आया है, उसे एक वैकल्पिक विकास के लिए तैयार किया जा सकता है।

लेकिन वैकल्पिक विकास के लिए तैयार करने का यह अर्थ नहीं है कि हम उन्हें समझा-बुझाकर गाँवों की ओर लौटने के लिए कहेंगे। गाँव आज जैसे हैं, उसमें भला वे क्यों लौटेंगे? उन्हें गाँवों की ओर लौटाने के लिए जरूरी होगा एक नए तरह के गाँव का निर्माण, जिसमें उन्हें प्रतिष्ठा के साथ जीवन का एक न्यूनतम स्तर प्राप्त हो सके। इसका अर्थ यह है कि ये गाँव भी बिलकुल पुराने गाँवों जैसे नहीं होंगे बल्कि उन बुनियादी सुविधाओं से लैस होंगे जिनकी तलाश में लोग नगरों की ओर भागते हैं। इस तरह की सुविधाएँ होंगी—शिक्षा की सुविधा, पुस्तकालयों की सुविधा, इलाज की सुविधा, बिजली एवं यातायात की सुविधा और मनोरंजन की सुविधा। ऐसे गाँव नगरों में उपलब्ध आवश्यक सुविधाओं से युक्त होंगे, पर उनके उन दुर्गुणों से मुक्त, जो उनके आकार एवं आबादी के भारी दबाव से पैदा होते हैं।

कुछ समस्याएँ हैं जो सीधे शहर के आकार और आबादी के दबाव से पैदा होती हैं। इसमें पहली समस्या आवास की है। यह समस्या इसलिए पैदा होती है क्योंकि बड़े नगर की आवासीय व्यवस्था अनिवार्य रूप से स्थानीय परिवेश से कटी रहती है। अगर हम गौर से विचार करेंगे तो पाएँगे कि भारत के हर भाग में लोग स्थानीय उपलब्ध साधनों से विभिन्न तरह के आवास बनाते हैं। कहीं लोग मिट्टी के घर बनाते हैं तो कहीं लकड़ी के बल्लों से, कहीं बांस और फूस से तो कहीं नारियल और ताड़ के पत्तों से। ये घर न सिर्फ अपने वातावरण के हिसाब से आरामदेह होते हैं बल्कि कहीं-कहीं तो इनमें ऊँचे दर्जे की कलात्मकता होती है और आवास से अधिक ऐसे घर कलाकृति दिखाई पड़ते हैं। ऐसे घर कहीं भी असम एवं उत्तर पूर्वी सीमा के इलाकों या अन्य जनजातीय इलाकों में देखे जा सकते हैं जहाँ लोगों का स्थापत्य-बोध बाहरी प्रभावों से मुक्त है। चूँकि ये घर आसपास में उपलब्ध वस्तुओं से बनते हैं, जब तक उनका पर्यावरण नष्ट होने से बचा रहता है। घरों का नवीकरण भी पेड़-पौधों या परिवेश की अन्य वस्तुओं की तरह होता रहता है। परम्परागत अर्थव्यवस्था के नष्ट होने से उत्पन्न अत्यधिक गरीबी के कारण अब ये परम्परागत घर जरूर समय के साथ जीर्ण-शीर्ण होते चले जा रहे हैं क्योंकि इनमें रहनेवालों के पास इतना भी साधन नहीं कि समय पर इनका जीर्णोद्धार कर सकें। फिर भी, स्थानीय वस्तुओं पर आधारित होने के कारण गाँव के अधिकांश लोगों को अपने रहने का घर होता है।

इसके विपरीत नगर की घनी आबादी अधिक टिकाऊ और बहुमंजिली इमारतों का निर्माण अनिवार्य बना देता है। कुछ मुट्ठीभर धनी लोगों की रिहाइशों को

छोड़कर इन घरों का प्रमुख उद्देश्य अधिक-से-अधिक लोगों का कम-से-कम स्थान में अटाव होता है। चूँकि ये बहुमंजिले घर लोहे-सीमेंट की भारी मात्रा लगाकर बनते हैं, अतः ये बहुत खर्चीले होते हैं और चूँकि नगरों के अधिकांश लोग गरीब होते हैं उतनी संख्या में नहीं बनाए जा सकते जितना मानवीय ढंग से रहने के लिए आवश्यक हैं। साथ ही, चूँकि नगर के अधिकांश निवासी इतने खर्चीले घर स्वयं बनाने में अक्षम हैं, ये घर (सरकारी आवासों को छोड़कर) धनी मकान मालिकों द्वारा किराए से अधिक-से-अधिक पैसा कमाने के लिए बनाए जाते हैं, इसलिए गरीब किरायेदारों की सुविधाओं पर कम-से-कम ध्यान दिया जाता है। इससे वे नर्क निर्माण होते हैं जिनका जिक्र हम पहले कर चुके हैं। जैसा कि पहले बताया गया है, भारत की आर्थिक स्थिति ऐसी नहीं कि नगरों की बढ़ती आबादी के लिए सैकड़ों साल में भी कोई मानवीय व्यवस्था कर सके। असलियत यह है कि निर्माण की वर्तमान रफ्तार से नए आवासों का निर्माण होते-होते जितने आवास बनेंगे, उससे अधिक गन्दी बस्तियों या खंडहरों में बदल जाएँगे। इसके विपरीत नगरों के निर्माण पर होने वाले खर्च के एक अंश को ही खर्च कर सभी परम्परागत ग्रामीण आवासों को सुन्दर और आरामदेह बनाया जा सकता है।

दूसरी समस्या जल और सफाई की है जो पुनः परिवेश से कटी आबादी के दबाव से पैदा होती है। गाँव वहीं बसे होते हैं जहाँ पेयजल का कोई-न-कोई प्राकृतिक साधन उपलब्ध होता है। यह ठीक है कि दशकों की उपेक्षा और गरीबी के कारण बहुत जगह जल को आवश्यकता के अनुसार शुद्ध रखने पर ध्यान नहीं दिया जाता, लेकिन यह समस्या इतनी छोटी है कि किसी बड़े नगर की जल आपूर्ति पर होने वाले खर्च से सारे भारत में पीने लायक पानी की व्यवस्था हो सकती है। नगरों में न सिर्फ जल की अलग से व्यवस्था करनी होती है बल्कि शौचालयों, बाथरूम, वॉश बेसिनों आदि में लगे नलकों से भारी मात्रा में जल की बरबादी होती है। फिर यह जल नगर के कूड़े को अपने साथ बहाकर नदियों और समुद्र में पहुँचाता है और उनको प्रदूषित करता है। गाँवों में जल का एक स्वाभाविक चक्र बना होता है जिससे जल की बरबादी नहीं होती और न आसपास के जलस्रोत प्रदूषित होते हैं। इसके साथ ही एक और समस्या जुड़ी है—जो नगर के विकास के अन्य मसलों से भी जुड़ी है। वह ऊर्जा की समस्या है। गाँव के लोग घरेलू कामों के लिए कुएँ या नलकूपों से हाथ से जल निकालते हैं। यह उनके जीवन के नित्य-कर्म से इतना स्वाभाविक ढंग से जुड़ा है कि कभी किसी को यह बोध नहीं होता कि उसे अतिरिक्त श्रम खर्च करना पड़ रहा है यानी काम करना पड़ रहा है (गाँव के अमीरों के घर नौकर-नौकरानियों द्वारा जल की व्यवस्था इसके अपवाद हैं), लेकिन नगरों में जो जल उपलब्ध होता है,

उसके लिए बड़ी मात्रा में वाष्प या बिजली से चलनेवाले पम्पों पर भारी मात्रा में ऊर्जा का खर्च होता है। इन पम्पों द्वारा विशाल जल राशि को पहले दूर के स्थानों से नगर में पहुँचाया जाता है, फिर आवश्यक उपचार के बाद ऊँचे टॉवरों पर चढ़ाया जाता है जहाँ से यह नगर के विभिन्न भागों में पहुँचता है। लोगों के गाँवों में रहने पर यह अतिरिक्त ऊर्जा का खर्च बिलकुल बेजरूरत हो जाएगा।

तीसरी समस्या यातायात की है जो भारतीय नगरों में दिनोदिन भयावह होती जा रही है। यातायात की यह समस्या पूरी तरह नगरों के आकार की देन है। अगर उत्पादन के साधन,जैसे कारखाने आदि सारा वाणिज्य एवं सरकारी कारोबार नगरों में केन्द्रित होगे तो स्वाभाविक है कि इनमें काम करने या काम ढूँढ़नेवाले भी नगरों में आएँगे। इसके साथ ही इनकी विभिन्न जरूरतों की पूर्ति करनेवाली दूकानें, नए कारखाने और सेवाएँ भी यहाँ इकट्ठी होंगी। फिर इनकी जरूरतों को पूरा करने के लिए और लोग इकट्ठे होंगे। इस तरह नगरों का विस्तार दिन पर दिन बढ़ता जाएगा। अगर नगर का विस्तार इस तरह तीस-चालीस या पचास किलोमीटर हो गया—जो फिलहाल भारत के प्रमुख नगरों का है—तो फिर यातायात की समस्या तो पैदा होगी ही। नगरों का विकास ऐसे व्यवस्थित ढंग से तो होता नहीं कि हर कारखाने का विकास उसमें काम करनेवालों के लिए आसपास में रिहाइश की व्यवस्था के साथ हो। सच तो यह है कि ऐसे विशाल कारखानों के पास, जिसमें पचास हजार लोग एक जगह काम करते हैं, इनके अपने मजदूरों को भी जगह नहीं दी जा सकती। अतः नगरों के अन्दर कारखानों या दफ्तरों में काम करनेवालों को काम पर पहुँचने में बीस-तीस या पचास किलोमीटर की दूरी तय करनी होती है। इसके लिए यह आवश्यक हो जाता है कि तेज से तेज परिवहन की व्यवस्था हो ताकि काम करनेवाले लोग समय पर काम के स्थानों पर बिना बहुत समय गँवाए पहुँच सकें। इसके लिए बस, बिजली की गाड़ियों, स्कूटर, मोटरकार आदि की व्यवस्था करनी होती है। यह भी ऊर्जा का एक निरर्थक व्यय है जो पूर्ण रूप से शहरी जमाव का परिणाम है। गाँवों में रहनेवाले लोगों को अपने काम पर जाने के लिए न किसी ऊर्जा का खर्च करना होता है न एक धेला व्यय करना होता है।

चौथी समस्या कूड़ा निकालने की है। गाँवों में भी गन्दगी होती है, पर प्रायः यह आलस या असावधानी या कहीं-कहीं अज्ञान का परिणाम होता है। थोड़ी-सी सावधानी बरतने से गाँवों की गन्दगी बिलकुल समाप्त हो सकती है। वहाँ प्रकृति की तरफ से चलनेवाली री-साइक्लिंग (वस्तुओं के रूपान्तरण) प्रक्रिया में कोई मानवीय अवरोध नहीं होता। इससे कूड़े थोड़े ही समय में उपयोगी तत्त्वों में बदल दिए जाते हैं। उदाहरण के लिए, मल-मूत्र या अन्य उच्छिष्ट पदार्थ थोड़े समय में कीटाणुओं के प्रभाव से पौधों के पोषक तत्त्व में बदलकर पौधों द्वारा

जज्ब कर लिए जाते हैं और किसी तरह की कोई गन्दगी नहीं बची रहती। इसके विपरीत नगरों में कूड़े को निकालना एक अलग और सबसे मुश्किल काम है। हमारे अधिकांश नगरों में स्थिति यह है कि इससे मुक्ति पाना लगभग असम्भव बन गया है और इससे वैसी नारकीय स्थिति मुम्बई, दिल्ली आदि नगरों में पैदा हुई है जिसका वर्णन पहले हो चुका है। यह स्थिति इस बात के बावजूद पैदा होती है कि इन नगरों में नालियों की अत्यन्त ही खर्चीली व्यवस्था की गई है और सफाई मजदूरों की एक फौज सफाई के लिए तैनात रहती है।

इन दुष्परिणामों के विपरीत, शिक्षा एवं दवा-दारू की सुविधाएँ जरूर नगरों में अधिक होती हैं, लेकिन केवल समाज के एक छोटे ऊपरी हिस्से के लिए ही, जिनके हित में भारतीय नगरों का निर्माण हुआ है। जो गरीब हैं, उन्हें न तो ठीक शिक्षा की सुविधा प्राप्त होती है और न उनका ठीक इलाज हो पाता है।

ऊपर वर्णित समस्याएँ स्वयं खत्म हो जाएँगी अगर विकास गाँवों के आधार पर हो। अभी गाँवों के विकास की जगह नगरों का विकास हो रहा है। इसके दो प्रमुख कारण हैं : एक तो यह कि राज्य व्यवस्थाएँ ऐतिहासिक कारणों से बहुत ही केन्द्रित रही हैं और नौकरशाही एवं फौज की अफसरशाही और फौज का बड़ा हिस्सा भी राजधानी या इसके आस-पास केन्द्रित रहा है। इससे स्वत: आर्थिक और राजनीतिक गतिविधियाँ इन नगरों में केन्द्रित हो जाती हैं फिर ये नगर आकर्षण के केन्द्र बन जाते हैं। आबादी को केन्द्रीकरण स्वयं ही व्यापार के लिए प्रोत्साहन बन जाता है क्योंकि इससे विभिन्न तरह के उपभोग की वस्तुओं का बाजार तैयार होता है, पर इससे भी बड़ा कारण आधुनिक उद्योगों का विकास है। ये आधुनिक उद्योग इतने बड़े होते हैं और ऐसी तकनीकी पर आधारित होते हैं कि इनके लिए कच्चे माल, मशीन आदि को दूर-दूर से इकट्ठा करना होता है और चूँकि इनकी उत्पादन क्षमता विशाल होती है इनमें उत्पादित माल के लिए भी दूर-दूर तक फैले, अक्सर कई देशों के बाज़ार चाहिए। इन बड़े कारखानों में (अत्यन्त आधुनिक स्वचालित यंत्र वाले कारखानों को छोड़कर) काम करनेवाले मजदूर भी बड़ी संख्या में चाहिए। इस तरह न सिर्फ कारखानों में काम करनेवाले मजदूर बड़ी संख्या में इकट्ठा हो जाते हैं बल्कि विभिन्न स्थानों से सामान मुहैया करने और उत्पादित वस्तुओं को ढोकर बाहर पहुँचाने के लिए भी यातायात, ढुलाई आदि कामों में बड़ी तादाद में श्रमिकों की जरूरत होती है। इस तरह कारखानों की जरूरत के हिसाब से श्रमिक जुटाने में आदमियों की संख्या बढ़ती है। फिर इन आदमियों की आवश्यकता पूर्ति के लिए और अधिक कारखानों और आदमियों की जरूरत होती है। पारस्परिक आवश्यकता पूर्ति की इस प्रक्रिया में नगर का आकार विशाल होता जाता है। अन्य जगहों के बजाय नगरों में कारखाने खोलना व्यवसायियों को इस लिए अधिक लाभदायी दिखाई

देता है क्योंकि नगरों में बाजार की उपलब्धि के अलावा यातायात, ऊर्जा, जल आदि की व्यवस्था बड़ी मात्रा में एक ही जगह रहती है। अक्सर नगरों में श्रमिकों के रिहाइश की व्यवस्था करना भी कारखानों के मालिक आवश्यक नहीं समझते क्योंकि यह आम मान्यता होती है कि नगरों में किराये पर रहने को घर मिल जाते हैं। गाँवों के इलाके में कारखाने खोलने पर अगर श्रमिक बाहर से लाए गए तो उनके रिहाइश की अतिरिक्त व्यवस्था करनी होगी।

अत: गाँवों का विकास सम्भव हो सके, इसके लिए जरूरी है कि (1) सत्ता का विकेन्द्रीकरण हो ताकि गाँवों के मुतल्लिक प्रशासनिक एवं आर्थिक नियोजन का काम गाँव या कुछ गाँवों के समूह—जैसे प्रखंड स्तरीय शासन के हाथ में हो। इसके ऊपर की शासकीय इकाइयों से न्यूनतम रिश्ता ही इन ग्रामीण शासकीय इकाइयों का हो, (2) उद्योग-धन्धे एवं इनसे सम्बन्धित अन्य सुविधाओं का विकास ग्रामीण क्षेत्र में हो तथा नगरों में नई सुविधाओं के विकास पर रोक लगे, क्योंकि भारतीय नगरों में इन सुविधाओं के विकास का असली फायदा थोड़े से लोगों को होता है और इन सुविधाओं की तलाश में व्यापार और उद्योगों के केन्द्रीकरण का दबाव बना रहता है। इन सुविधाओं के विकास पर रोक लगने से नगरों से पलायन की प्रक्रिया शुरू होगी और तब लोगों का ध्यान गाँवों में विकास की ओर जाएगा।

लेकिन नगरों में उद्योगों पर प्रतिबन्ध लगाने का यह भी अर्थ होना चाहिए कि उद्योगों का चरित्र भी बदले ताकि वे गाँवों में विकसित हो सकें। ऐसा नहीं करने से वे गाँव ही जहाँ पुराने तरह के बृहत् उद्योग खड़े किए जाएँगे नगर में और फिर धीरे-धीरे महानगर में ऊपर बतलाई गई प्रक्रिया के कारण बदल जाएँगे। उद्योगों के चरित्र में मूल परिवर्तन तो यह करना होगा कि वे छोटे आकार के हों और यथासम्भव स्थानीय जरूरतों की पूर्ति का लक्ष्य सामने रख स्थापित किए जाएँ। यह तो सम्भव नहीं कि किसी एक ही गाँव या अंचल में उद्योगों की जरूरत को सभी वस्तुओं की उपलब्धि हो सके, लेकिन यथासम्भव उद्योगों का निर्माण और विकास स्थानीय साधनों के आधार पर करने का प्रयास होना चाहिए। इसी दृष्टि से बुनियादी परिवर्तन उद्योगों के आकार में करना होगा। बिजली की ऊर्जा की उपलब्धि से छोटे से छोटे उद्योगों को दूर-से-दूर स्थानों में फैलाकर उन्हें स्थानीय रूप देना बिलकुल आसान हो गया है। यथासम्भव स्वयं बिजली या अन्य तरह की ऊर्जा का उत्पादन भी स्थानीय स्रोतों, जैसे सूरज की किरण, बायो गैस, स्थानीय जल स्रोतों एवं वायु के प्रवाह से किया जाना चाहिए जिसमें बड़े एवं केन्द्रित बिजली घरों पर निर्भरता कम-से-कम हो। इसके अलावा ऊर्जा के पारम्परिक स्रोत पशुओं के उपयोग को भी स्थानीय परिवहन या शक्ति के लिए प्रोत्साहित करना चाहिए।

प्रारम्भ में स्थानीय उद्योगों के विकास में कुछ समस्याएँ पैदा हो सकती हैं। ई.एफ. शुमाखर ने बड़े उद्योगों के विकास के विनाशकारी प्रभावों को देखते हुए अपनी बहुचर्चित पुस्तक 'द स्मॉल इज ब्युटीफूल' में छोटे उद्योगों के विकास को आधार बनाने पर बल दिया है और पिछड़ी अर्थव्यवस्थाओं की समस्याओं को देखते हुए जहाँ लोगों में क्रय-शक्ति का अभाव है, इनका विकास कैसे हो सकता है, इस पर भी कुछ सुझाव दिए हैं। शुमाखर के अनुसार, लोगों में स्थानीय रूप से उत्पादित वस्तुओं को खरीदने की कूवत पैदा हो, इसके लिए जरूरी है कि एक ही साथ कई उद्योग स्थापित किए जाएँ। इस तरह इन विभिन्न उद्योगों में काम करनेवाले लोग और ये उद्योग ही एक-दूसरे द्वारा उत्पादित वस्तुओं के उपभोक्ता भी होंगे। प्रारम्भ में इस उत्पादन प्रक्रिया को प्रोत्साहित करने के लिए वह सामूहिक क्षेत्र में बड़े पैमाने पर निर्माण कार्य शुरू करने की सलाह देता है। ऐसे निर्माण कार्यों—जैसे सिंचाई, सड़क निर्माण, स्कूल, अस्पताल, बिजली की लाइन आदि से इनमें काम करनेवाले लोगों के हाथ में खरीदने की शक्ति आएगी। नई औद्योगिक नीति का उद्देश्य यह होगा कि लोगों के हाथ में जो पैसा इस तरह आए, वह बाहर से मँगाई गई वस्तुओं के बजाय स्थानीय रूप से उत्पादित वस्तुओं पर खर्च हो। अगर वे पड़ोस में उत्पादित अन्न, वस्त्र, जूते, काम के औजार आदि पर खर्च करते हैं तो स्थानीय उद्योगों को उत्पादन बढ़ाने का प्रारम्भिक प्रोत्साहन मिलेगा। बाद में इन उद्योगों और उनमें काम करनेवाले लोगों की जरूरत ही एक-दूसरे को बाजार उपलब्ध कराती रहेंगी। उदाहरण के लिए, अन्न या कपास पैदा करनेवाले किसान, कपड़ा, साबुन, पढ़ाई-लिखाई की वस्तुएँ, बिजली के सामान, खेती के औजार, खाद एवं फर्नीचर आदि के उपभोक्ता होंगे। दूसरी तरफ कपड़ा तैयार करनेवाला उद्योग और इसमें काम करनेवाले मजदूर कपास, अन्न, बिजली एवं बिजली के सामान, रँगाई के सामान, साबुन आदि के उपभोक्ता होंगे। इसी तरह अन्य उद्योगों में लगे लोग भी बाकी उद्योगों में उत्पादित वस्तुओं के उपभोक्ता होंगे। इस तरह एक उत्पादन चक्र बन जाएगा जिसके तहत सभी उद्योग पारस्परिक सहयोग के आधार पर बिना अवरोध अपना उत्पादन जारी रख सकेंगे। इस तरह श्रम के अन्तरराष्ट्रीय विभाजन की जगह श्रम का गाँव स्तरीय या आंचलिक विभाजन होगा। इससे तकनीकी के स्तरों में अधिक-से-अधिक एकरूपता के कारण यह शोषण समाप्त हो जाएगा जो अभी अन्तरराष्ट्रीय श्रम विभाजन से श्रम प्रधान उद्योगों में लगे लोगों का पूँजी प्रधान उद्योगों में लगे लोगों द्वारा होता है। ग्रामीण परिवेश में होने से कृषि और उद्योग एक-दूसरे से गहरे रूप में जुड़े होंगे।

इस तरह के विकास को कम-से-कम भारतीय परिवेश में यूटोपियन नहीं कहा जा सकता, क्योंकि हमारे देश में हजारों साल तक ग्रामीण उद्योग और कृषि

इसी तरह एक-दूसरे के पूरक के रूप में रहे हैं। हाँ, यह जरूरी होगा कि इन छोटे उद्योगों में तथा अन्य कामों में भी ऐसे सुधार किए जाएँ जिसमें विकेन्द्रित आधार को बदले बगैर काम का समय घटाया जा सके या उससे जुड़े कठिनाइयों को कम किया जा सके। मानव श्रम को हल्का करने के लिए उत्तरोत्तर स्थायी रूप से उपलब्ध होने वाले ऊर्जा स्रोतों, जैसे जल, हवा, सूरज, बायो गैस आदि से प्राप्त बिजली एवं अन्य तरह की ऊर्जा का समुचित प्रयोग करना जरूरी होगा। इसी तरह परम्परागत चूल्हों आदि में ऐसे सुधार किए जा सकेंगे जिसमें बिना धुआं-धुक्कड़ के अधिकतम ऊर्जा लकड़ी या अन्य ईंधन से प्राप्त की जा सके। अभी तक इन में सुधार का कोई प्रयास नहीं हुआ है क्योंकि जीवन और सोच का केन्द्र नगर रहा है। इस कारण एक तरफ तो कुछ अतिसीमित क्षेत्रों में नवीनतम इलेक्ट्रॉनिक उपकरणों एवं कम्प्यूटरों का प्रयोग हो रहा है तो दूसरी ओर गाँवों में अधिकतर वैसे ही हलों का इस्तेमाल हो रहा है जैसा कि आज से दो हजार वर्ष पहले होता था, अधिकांश नौकाएँ भी डंडों से खेई जाती हैं, निकौनी बोआई का वही पुराना ढंग चल रहा है, घरों में पुराने ढंग के उन्हीं चूल्हों पर खाना पकाया जा रहा है जिससे असमय में ही महिलाएँ अपने स्वास्थ्य एवं आँखों की रौशनी से हाथ धो बैठती हैं। कृषि और गाँव को केन्द्र मानकर चलने से विज्ञान का अधिक-से-अधिक उपयोग गाँव के लोगों की जीवन पद्धति सुधारने एवं उनके काम के बोझ को हल्का करने की दिशा में हो सकेगा।

इस सम्बन्ध में एक भ्रम दूर करने की जरूरत है। बहुधा लोग विज्ञान को आधुनिक औद्योगिक तकनीकी से जोड़ कर देखते हैं और इससे यह गलतफहमी पैदा होती है कि विज्ञान नगर की देन है और गाँव केन्द्रित समाज विज्ञान विरोधी और अन्धविश्वासों का गढ़ बन जाएगा। ऐसा सोचना विज्ञान के चरित्र और आधुनिक तकनीकी के विकास के इतिहास की जानकारी के अभाव का परिणाम है। तकनीकी का विकास हमेशा विशेष तरह की आवश्यकता के भीतर होता है। इस अर्थ में यह कहावत है कि 'आवश्यकता आविष्कार की जननी है', बिलकुल सच है, लेकिन समाज की आवश्यकता क्या है, इसका निर्धारण समाज का कौन सा हिस्सा प्रभावशाली है, इस बात पर निर्भर करता है। आधुनिक तकनीकी का सबसे तेज विकास यूरोप में सत्रहवीं शताब्दी के बाद हुआ जब यूरोप के नगरों में व्यवसायियों का एक नया वर्ग पैदा हो गया था और धीरे-धीरे वाणिज्य और उद्योगों का क्षेत्र सर्वाधिक महत्त्व का बन रहा था। इसी वर्ग से यूरोप के पूँजीपति वर्ग का जन्म हुआ और इसी वर्ग की आवश्यकता उस समय आविष्कारों की जननी बनी। चूँकि बड़े पैमाने पर केन्द्रित उत्पादन इस वर्ग के हित में था, उद्योगों के तकनीकी का विकास इसी दिशा में हुआ। इसी के लिए विज्ञान के उन खोजों का प्रयोग हुआ जो गैलीलियो और न्यूटन के बाद तेजी से हो रहे थ। चूँकि यूरोप

में पूँजीवाद के विकास में अन्तरराष्ट्रीय व्यापार का महत्त्वपूर्ण योगदान था—कच्चे माल के स्रोत के रूप में भी एवं उत्पादित वस्तुओं के बाजार के रूप में भी—अतः इस वर्ग ने शुरू से ही अन्तरराष्ट्रीय श्रम विभाजन, बेरोक-टोक व्यापार आदि के सिद्धान्तों पर बल दिया। इससे अन्तरराष्ट्रीय व्यापार एवं औद्योगिक उत्पादन, दोनों के केन्द्र के रूप में नगरों का विकास हुआ। चूँकि शुरू से ही यह उत्पादन और वितरण व्यवस्था प्रतिस्पर्द्धा पर आधारित थी, तकनीकी का विकास एक-आयामी हुआ, जिसमें कम-से-कम खर्च में अधिक-से-अधिक उत्पादन को प्राथमिकता दी गई। इसके परिणामों पर हम पहले विचार कर चुके हैं।

आधुनिक तकनीकी के विकास की इस पृष्ठभूमि पर विचार करने पर ऐसा लगता है कि तकनीकी के इस विकास में कुछ भी अनिवार्य नहीं है। एक दूसरे परिवेश में जहाँ समाज को प्राथमिकताएँ दूसरी हैं, जैसे अत्यधिक मुनाफे की जगह सभी लोगों को समान खुशहाली या अधिक-से-अधिक स्थानीय साधनों के आधार पर स्थानीय लोगों की आवश्यकताओं की पूर्ति—वहाँ विज्ञान का प्रयोग बिलकुल भिन्न तरह के तकनीकी के विकास के लिए हो सकता है।

विज्ञान के अपने विकास के लिए इतना ही जरूरी है कि एक वैचारिक समुदाय बनना सम्भव हो यानी एक ऐसा समुदाय, जहाँ सभी वैज्ञानिक एक-दूसरे के अनुभवों और प्रयोगों से अवगत हो सकें और उनका परीक्षण कर विज्ञान की अवधारणाओं के क्षेत्र को उत्तरोत्तर विस्तृत कर सकें। इस तरह का समुदाय प्राचीन काल में भी सम्भव था जब बड़े नगरों का विकास नहीं हुआ था। इसी के आधार पर गणित, ज्योतिष, भूगोल, रसायनशास्त्र आदि का विकास हुआ था। सच तो यह है कि मौजूदा औद्योगिक समाज और उसकी व्यापारिक और राष्ट्रीय प्रतिस्पर्द्धा ने वैज्ञानिक समुदाय को बुरी तरह खंडित कर दिया है। राष्ट्रीय सुरक्षा के नाम पर या व्यावसायिक प्रभुता कायम करने की महत्त्वाकांक्षा के कारण अनेक वैज्ञानिक खोजों को अत्यधिक गोपनीय बनाकर रखा गया है। ऊपर वर्णित विकेन्द्रित समाज में विज्ञान को इस तरह के बन्धन से सहज ही मुक्ति मिल सकती है। हाँ, इसके लिए गाँवों से लगे कुछ छोटे शैक्षणिक और वैज्ञानिक शहरों की जरूरत होगी जो गाँवों की आवश्यकता के अनुसार लोगों को विभिन्न विषयों में प्रशिक्षित कर सकें और जहाँ वैज्ञानिक लोग अपने अध्ययन और प्रयोगों की सुविधा पा सकें। आज जिस तरह कहीं-कहीं कृषि विद्यालयों का सम्बन्ध आस-पास के कृषि क्षेत्रों की समस्याओं से होता है वैसे ही इस तरह के केन्द्र ग्रामीण समाज की तमाम समस्याओं के आर्थिक और बौद्धिक समाधान की दिशा में योगदान देंगे। ग्रामीण परिवेश की अच्छाइयों के साथ नगरों के विकास के क्रम में पैदा अच्छी चीजों को बरकरार रखने के लिए गाँवों और छोटे शहरों का एक ऐसा ताना-बाना बुना जा सकता है, जिसका आधार कृषि का प्राकृतिक परिवेश हो पर थोड़ी-थोड़ी दूरी पर

कई गाँवों के बीच छोटे शहर हों जो इन गाँवों की सामूहिक आवश्यकताओं की पूर्ति करते हों, जैसे आवश्यक विनिमय, उच्च शिक्षा, कठिन रोगों की चिकित्सा आदि यानी उन समस्याओं की, जिनके लिए एक गाँव की स्थिति उपयुक्त नहीं है या साधन अधूरे हैं। इस तरह के शहर उन थोड़े से, पर अनिवार्य बड़े कारखानों या बिजलीघरों के आसपास भी हो सकते हैं जिन्हें एक गाँव की आर्थिक सीमा के भीतर चलाना सम्भव नहीं। ऐसे उद्योग उर्वरकों, धातुओं या बुनियादी रसायनों के हो सकते हैं। आधार में एक ही दृष्टि होगी कि प्राथमिकता कृषि की होगी और बाकी सुविधाएँ तथा छोटे एवं बड़े उद्योग इसी को आधार मानकर और गाँवों की आवश्यकताओं को ध्यान में रखकर विकसित होंगे।

भारत में जहाँ अभी भी समाज का आधार ग्रामीण है और ग्रामीण उद्योगों के अवशेष नष्ट नहीं हुए है एवं जनसंख्या का बहुत बड़ा भाग गाँवों में रहता है, इस तरह का परिवर्तन अत्यन्त ही सहज है अगर लोगों के मूल्य बदलें और सत्ता की मूल नीतियों में परिवर्तन हो सके। यह इसलिए भी सम्भव हैं क्योंकि समाज के बहुत बड़े अंग को वर्तमान व्यवस्था के भीतर जीवन का कोई मानवीय स्तर प्राप्त नहीं हैं। इसीलिए अगर लोकतंत्र कायम रहे तो उन्हें ऐसे परिवर्तन के लिए राजी कर सरकार की नीतियों को बदला जा सकता है और व्यवस्था-परिवर्तन हो सकता है।

पश्चिम के औद्योगिक देशों में शायद इस तरह का संक्रमण ज्यादा कठिन है, लेकिन बहुत से आशावादी लोग वहाँ के लिए भी ऐसे परिवर्तनों की सम्भावना देखते हैं। ज्याफ्रे स्टैन्फर्ड, जिनको हम पहले उद्धत कर चुके हैं, न सिर्फ ऐसा सम्भव मानते हैं बल्कि अमेरिका के टेक्सास राज्य में उन्होंने एग्रो-सिटी (कृषि नगर) विकसित करने की दिशा में पहल भी की है। इस तरह का कृषि नगर परम्परागत गाँवों से अलग तरह का होगा और पश्चिम के जीवन-स्तर, ऊर्जा की खपत आदि को ध्यान में रखकर ही बनेगा, लेकिन इसमें प्राकृतिक परिवेश कायम रहेगा। उनकी योजना यहाँ उनके ही शब्दों में उद्धत करना असंगत नहीं होगा। वे लिखते हैं :

> "हम लोग यह कैसे करेंगे? हम लोग शुरुआत एक छोटे शहर के नियोजन से करेंगे। इसका इन्तजाम पहले ही से कर दिया जाएगा कि शहर का कूड़ा यहाँ से दस मील दूर कूड़ा को पुनः उपयोग में लाने लायक बनाने के केन्द्र (जिसे रिकवरी सेंटर कहा गया है—ले.) में भेज दिया जाएगा। इस केन्द्र के आस-पास दस मील तक अच्छी जमीन उपलब्ध है जिस पर इसे फैलाकर विभिन्न तरह की फसल उगाई जाएगी। जब इस शहर की आबादी पाँच हजार हो जाती है तो हम फिर पाँच हजार लोगों के लायक दूसरा शहर बनाते हैं जिसे भी दस वर्गमील भूमि कूड़े और खाद्य सामग्री के लिए उपलब्ध कराया जाता है। शहरों का यह सिलसिला फैलाते जाना

होगा। जैसे-जैसे इसका विकास होता है, कूड़े की चेन महत्त्वपूर्ण बन जाती है। इससे उपलब्ध बड़ी फसल के लिए डब्बाबन्दी (कैनरी), ठंडाघर एवं कसाईखानों की जरूरत हो जाती है। अतिरिक्त उत्पादन का निर्यात किया जा सकता है : कूड़े को पुनः उपयोग में लानेवाला कारखाना कृषि उद्योग समूह बन जाता है। बहुत ही कम खर्च से खाद्य पदार्थ निर्माण करनेवाले कारखानों से कूड़ा सड़क को बगल की नालियों में जाने के बजाय मुख्य धारा में चले जाते हैं जिन्हें तत्काल फिर कृषि भूमि पर वितरित कर दिया जाता है। इस तरह अन्त में खाद्य पदार्थों की आपूर्ति की सस्ती और आधुनिक व्यवस्था तैयार हो जाती है जबकि प्रारम्भ में यह व्यवस्था स्थानीय उपयोग पर आधारित और प्राथमिक थी।

"यह शहर कृषि के लय से सम्बद्ध है : स्कूली बच्चे आलू का बीज गिराने के काम के लिए उपलब्ध हो सकते हैं या चेरी या स्ट्रॉबेरी चुनने का काम कर सकते हैं। स्कूल के बच्चों को उपयुक्त मौसम में छुट्टी होती है और इस तरह वे ऋतुओं के चक्र से पुनः जुड़ जाते हैं। यह समाज व्यवस्था नगरों की सुविधाओं को बगैर नष्ट किए हुए भूमि के लय में बँध सकती है।

"अन्ततोगत्वा पूरा नगर विकसित हो सकता है जिसका फैलाव भूमि और जलवायु के आधार पर 20 से 40 मील में होगा। इसमें बैंक, गिरजाघर, पुस्तकालय, सिनेमाघर, विश्वविद्यालय, अस्पताल, यातायात के साधन आदि सभी उपलब्ध होंगे। इस नगर में लगभग 100,000 लोग होंगे जो भूमि से सन्तुलन रखेंगे। प्रति व्यक्ति 7 एकड़ जमीन उपलब्ध होगी जिसमें 2.5 एकड़ खाद्य पदार्थों के लिए होगा, 2 एकड़ जंगल के लिए और प्रचुर जमीन जलस्रोतों, यातायात, घर एवं वन प्रदेश के रूप में उपलब्ध होगी।

"मोटे तौर से दस वर्गमील में फैला जंगल शहर के लिए ऊर्जा के स्रोत का काम करेगा। सूरज और घास-पात के खाद से पोषण पा यह जंगल इतनी लकड़ी देगा जिससे 1,000 मेगावाट देनेवाला बिजलीघर लगातार काम करता रहे और पूरी (कृषि नगर) व्यवस्था के लिए बिजली उपलब्ध कराए। बेशक वन में जंगल लगाने एवं वन्य पशुओं को रखने का मनोरंजन भी होगा और इससे पानी की सफाई एवं जलावन का काम भी। जंगल की मौजूदगी से वर्षा की सम्भावना भी बढ़ेगी।"[1]

औद्योगिक देशों के लिए भी पर्यावरण की रक्षा करते हुए जीवन के गठन का यह विकल्प परी-लोक की कल्पना लगनेवाली उस विकल्प से जिसकी चर्चा पहले हो चुकी है, ज्यादा सम्भव और मानवीय लगता है। जो हो, इस तरह के विकास की भारत में न सम्भावना है और न जरूरत। इस अर्थ में हमारा औद्योगिक

पिछड़ापन ही हमारा सहायक बन सकता है अगर हम आज से ही चेत जाएँ और उस असम्भव भविष्य की ओर न भागें जिसे हम औद्योगिक समाज के वर्तमान में देख रहे हैं। वह एक ऐसी मृग मरीचिका है, जिसके पीछे भागने में हम अपना सारा बचा हुआ साधन बरबाद कर देंगे और अन्त में अपनी असफलताओं के वीरान में खाली हाथ एवं असहाय रह जाएँगे।

भारत में ग्रामीण व्यवस्था के ढाँचे के जीवित होने से यह सम्भावना है कि कुछ थोड़े, लेकिन कठोर राजनीतिक निर्णय लेने भर से जल्दी ही विकास की दिशा बदल सकती है। अगर जैसा कि ऊपर बतलाया गया है, कृषि को केन्द्र में रखा जाए और नगरों में किसी भी तरह के नए उद्योग के विकास पर प्रतिबन्ध लगा दिया जाए तो जो भीड़ अभी गाँवों से शहरों की ओर भाग रही है, कुछ ही समय में पीछे की ओर मुड़ जाएगी। आखिर गाँव का जो आदमी घर-परिवार छोड़ या नरक की यातनाओं में परिवार समेत नगरों में निवास करता है वह खुशी से नहीं बल्कि किसी विकल्प के अभाव में मजबूरी से करता है। अगर उसे यह आश्वासन हो कि उसके गाँव में ही उसे रोजगार मिल जाएगा और आजीविका की व्यवस्था हो जाएगी तो फिर वह नगरों की ओर जाने की बात नहीं सोचेगा। अगर सत्ता का विकेन्द्रीकरण हो जाए तो नगर की विभिन्न सेवाओं पर होने वाले खर्च का स्रोत भी सूख जाएगा। आज देश के सभी बड़े नगरों के रख-रखाव, परिवहन एवं सस्ते दर पर दूध आदि मुहैया करने पर करोड़ों रुपए का खर्च राज्य या केन्द्र सरकार के खजाने से होता है। जब आर्थिक शक्ति का विकेन्द्रीकरण होगा तो केन्द्र या राज्य के पास इतना साधन जुट ही नहीं पाएगा कि नगरों पर इसकी अपनी आय से होने वाले खर्च से अधिक खर्च हो पाए। इस स्थिति में नगर स्वयं विघटित होने लगेंगे। सम्भव है, इस प्रक्रिया में एक पीढ़ी लग जाए, लेकिन अन्ततोगत्वा नगरों का कंकाल मात्र खंडहरों के रूप में बच जाएगा जो भविष्य के पुरा-शास्त्रियों को दम्भ और मूर्खतापूर्ण विकास की चार हजार वर्ष की परम्परा की कहानी सुनाएगा। आज हम बेबिलोन, हड़प्पा, उर, एथेंस आदि की सभ्यता के अवशेषों को प्रशंसाभरी निगाह से देखते हैं क्योंकि उनके पीछे के शोषण एवं खून-खराबे के बावजूद ये नगर विशेष मानव समूहों की कल्पना के प्रतीक थे जिनमें उन्होंने अपनी कल्पना को ईंट, पत्थर आदि में जोड़ मूर्त रूप देने की कोशिश की थी। ये नगर नागरिकों के कुल देवताओं के निवास स्थल भी थे और अगर सभी जगह नहीं तो कुछ में कोई उदात्त भावना या पवित्रता की भावना भी जुड़ी होती थी। आधुनिक नगर शुद्ध रूप से व्यावसायिक लूट-खसोट और हिंसा के प्रतीक हैं और इनमें लेशमात्र भी कल्पना, कलात्मकता या पवित्रता का भाव नहीं है। अतः भविष्य की पीढ़ियाँ इन पर प्रशंसा के बजाय व्यंग्यभरी दृष्टि डालेंगी।

लेकिन प्रश्न है कि देश का अभिजात वर्ग, जिसकी ऊँची आय और सुविधाएँ वर्तमान विकास की दिशा से जुड़ी हैं, विकास की इस दिशा को बदलने को तैयार होगा? जाहिर है कि यह वर्ग स्वेच्छा से यह दिशा नहीं बदलेगा, लेकिन विकास की वर्तमान दिशा के चलते गाँव से लेकर नगर तक गरीबी और बरबादी का ऐसा विस्तार होता रहेगा कि एक अवधि के बाद सारे भुलावे लोगों को सन्तुष्ट करने में असफल हो जाएँगे। और नगरों के बोझ को ढोनेवाला और उसके दबाव में पिस रहा यह जन समूह इतना विशाल है कि एक बार सचाई देख लेने के बाद वह इस व्यवस्था के खिलाफ खड़ा होगा तो सारा ढाँचा चरमरा जाएगा तथा कोई शक्ति इसे बचा नहीं पाएगी। प्रश्न यही है कि यह परिवर्तन शान्तिपूर्ण ढंग से होगा या खून-खराबे से? शान्तिपूर्ण ढंग से परिवर्तन होने से इसके भीतर ही नव निर्माण की शक्ति होगी, क्योंकि बदलाव विकल्प की ठोस जानकारी के आधार पर ही हो पाएगा। खून-खराबे से परिवर्तन में गृहयुद्ध फिर सत्ता के केन्द्रीकरण आदि के बीज मौजूद होंगे जो फिर नगरों में केन्द्रित व्यवस्था को जन्म देंगे जिससे पुरानी स्थिति की कुछ अदल-बदल के साथ पुनरावृत्ति होगी। ऐसे बदलाव में बुनियादी समस्या का समाधान नहीं है। इन विकल्पों को छोड़कर तीसरा विकल्प वर्तमान विकास (या ह्रास) के चालू रहने का हो सकता है। इसमें नगरों का आकार हर दशक के बाद भयावह और बेकाबू होता जाएगा। गन्दी बस्तियों और झुग्गियों का अनुपात एक-चौथाई से तिहाई, फिर आधी और तीन-चौथाई हो जाएगी और इसके बाद भारत के नगर झुग्गियों, गन्दी बस्तियों और फैलते कूड़े के बृहत् विस्तार भर रहे जाएँगे जिसमें जहाँ-तहाँ कुछ साफ-सुथरी इमारतें डूबते जहाज के मस्तूल की तरह इस उमड़ती राशि में डूबती-उतराती सी नजर आएँगी। वर्तमान विकास की दिशा को यह अवश्यम्भावी परिणाम है। गुरकानों की नगरी दिल्ली में उन्हें लगातार तोड़ते रहने की नीति के बावजूद झुग्गियों के फैलाव से हम इसका अन्दाजा लगा सकते हैं। 20 मार्च, 1984 के 'टाइम्स आफ इंडिया' में प्रकाशित एक रपट के अनुसार 1 मार्च, 1977 को नगर में सिर्फ 25,000 झुग्गियाँ थीं, जनवरी 1978 में एक सर्वेक्षण के अनुसार यह संख्या 80,000 हो गई। एशियाड के बाद एक लाख तेरह हजार और रपट प्रकाशित होने तक अनुमानतः इसकी दो गुनी यानी दो लाख छब्बीस हजार से भी अधिक। इस रपट देनेवाली संवाददाता को गरीबों की उपस्थिति से अत्यधिक नफरत है और वह राजनीतिक दलों को अधिक सख्ती नहीं बरतने के लिए दोषी मानती है, पर वह यह समझने का कष्ट नहीं करती कि इतने दबावों के बावजूद झुग्गियों का यह फैलाव कम क्यों नहीं हो पाता।

इन आँकड़ों का संकेत साफ है। मनुष्य की जिन्दा रहने की आकांक्षा में दैवी प्रकोप जैसी शक्ति होती है जिसे बाँध या बुलडोजरों से नहीं रोका जा

सकता। पहले मनुष्य को कीड़ा बना फिर जिन्दगी की तलाश में रेंगती उनकी भीड़ को रोकने के प्रयास के बजाय सही विकल्प है, लोगों को जिन्दा रहने के लिए अधिक मानवीय परिवेश देना एवं उनकी मनुष्यता को बराबरी का दर्जा देकर उस लूट-खसोट और ताम-झाम की व्यवस्था को खत्म करना जो वर्तमान दैत्याकार नगरों को जन्म देती है और फैलाती है। या फिर हमें चुपचाप नेक्रोपोलिस (मृतकों के नगर) के आगमन का इन्तजार करना चाहिए जो लिविस मम्फोर्ड के अनुसार सभी मेट्रोपोलिस (महानगरों) की गन्तव्य स्थिति है।

(यह किताब पहली बार अभिव्यंजना प्रकाशन, नई दिल्ली से वर्ष 1987 में छपी थी)

सन्दर्भ और टिप्पणियाँ

2. नगर में रिहाइश : स्वर्ग और नरक

1. स्लम्स ऑफ डेल्ही, रिपोर्ट आफ द सोशियो-इकोनॉमिक सर्वे आफ स्लम ड्वेलर्स आफ ओल्ड डेल्ही कंडक्टेड बाई भारत सेवक समाज डेल्ही प्रदेश, आत्माराम एंड संस, दिल्ली, पृष्ठ 5
2. वही, पृष्ठ 11-12
3. स्लम्स ऑफ डेल्ही, रिपोर्ट आफ द सोशियो-इकोनॉमिक सर्वे आफ स्लम ड्वेलर्स आफ ओल्ड डेल्ही कंडक्टेड बाई भारत सेवक समाज डेल्ही प्रदेश, आत्माराम एंड संस, दिल्ली, पृष्ठ 17
4. वही, पृष्ठ 27
5. वही, पृष्ठ 28
6. वही, पृष्ठ 2
7. वही, पृष्ठ 30
8. ए.आर. देसाई एवं एस.डी. पिल्लै, एप्रोफाइल ऑफ ऐन इंडियन स्लम, युनिवर्सिटी ऑफ बॉम्बे, 1972, टेबुल 3, पृष्ठ 112
9. ए.आर. देसाई एवं एस.डी. पिल्लै, ए प्रोफाइल ऑफ ऐन इंडियन स्लम, युनिवर्सिटी ऑफ बॉम्बे, 1972, पृष्ठ 49-50
10. ए.आर. देसाई एवं एस.डी. पिल्लै, ए प्रोफाइल ऑफ ऐन इंडियन स्लम, युनिवर्सिटी ऑफ बॉम्बे, 1972, पृ. 94

3. अन्य देश, अन्य काल, वही कहानी

1. लियोन एच.के. सलिंग, प्रोग्रेस ऑर पॉवर्टी द यु. एस. ऐट क्रॉस रोड्स, कॉन्फ्रेंस ऑन इकोनॉमिक प्रोग्नेस, वाशिंगटन, 1964, पृ. 22-23
2. पर्डपार्ड, सी. बैनफल्ड, द अर्बन क्राइसिस रियलिटी और मीथ, सिटी सीन्स में, सम्पादक जे जॉन पास, लिट्ल ब्राउन एंड कंपनी, बोस्टन, 1977, पृ. 175
3. जॉन डॉनवर्ग, द न्यूज जोर्स रसिया अंडर स्टालिन्स यूअर्स, डब्लडे एंड कंपनी इ. न्यूयॉर्क, 1972, पृष्ठ 332
4. वही, पृष्ठ 334
5. रॉबर्ट गोल्डस्टन, सबबिया, सिविल डिनायल, द मैक्मिलन कम्पनी, न्यूयॉर्क, 1950, पृष्ठ 12
6. वही, पृष्ठ 12

7. लिविस मम्फोर्ड, द सिटी इन हिस्ट्री, इट्स ओरिजिन, ट्रांसफॉर्मेशंस एंड इट्स प्रोस्पेक्ट्स, हारकुर्ट ब्रेस एंड वर्ल्ड इंक, न्यूयॉर्क, 1961, पृष्ठ 219
8. लिविस मम्फोर्ड, द सिटी इन हिस्ट्री, इट्स ओरिजिन, ट्रांसफार्मेशंस एंड इट्स प्रॉस्पेक्ट्स, हारकुर्ट नेस एंड वर्ल्ड इंक, न्यूयॉर्क, 1961, पृष्ठ 215-16
9. जैनेट रोबक, द शेपिंग ऑफ अर्बन सोसाइटी, हिस्ट्री ऑफ सिटी फॉर्स एंड फंकशन, चार्ल्स स्क्रिब्नर्स संस, न्यूयॉर्क, 1974, पृष्ठ 50
10. जैनेट रोबक, द शेपिंग आफ अर्बन सोसाइटी, हिस्ट्री आफ सिटी फॉर्स एंड फंक्शन, चार्ल्स स्क्रिन्नसं संस, न्यूयॉर्क, 1974, पृष्ठ 145
11. क्लोंड लेवी स्ट्रॉस, त्रिस्त द्रौपीक (अंग्रेजी अनुवाद से) कंगारू बुक, न्यूयॉर्क, 1977 (प्रथम प्रकाशन 1953)
12. लिविस मम्फोडे, वही, पृष्ठ 22-33

4. नगर के आधार में विषमता और यांत्रिकता के बीज

1. लिविस मम्फोर्ड, सिटी इन हिस्ट्री, पृष्ठ 29
2. जे.ए. सी. ब्राउन द सोशल साइकोलॉजी ऑफ इंडस्ट्री, इंगलिश लैंग्वेज बुक सोसाइटी एंड पेंग्विन बुक्स, 1974 (प्रथम प्रकाशन 1959), पृष्ठ 208-9.
3. विलियम डारिट्स जूनियर, द मैनेजेरियल क्लास एंड सप्लस पोपुलेशन, सोसाइटी, जिल्द 21, नम्बर एक, नवम्बर-दिसंबर 1983 में।
4. जेराल्ड फाइनबर्ग, कसिकैसेग ऑफ ग्रोथ द प्रॉस्पेक्ट्स फार द सिमिटलेस फ्यूचर, कंटिन्युअम बुक, न्यूयॉर्क, 1977, पृष्ठ 113-14
5. वही, पृष्ठ 117-18
6. वही, पृष्ठ 70
7. जेरॉल्ड फाइनबर्ग, कंसिक्वेंसेग ऑफ ग्रोथ द प्रॉस्पेक्ट्स फार द सिमिटलेस फ्यूचर, कंटिंयुअम बुक, न्यूयॉर्क 1977, पृष्ठ 75, तालिका 4
8. रिसाइक्लिंग इन ह्युमन सेटलमेंट, ज्योफ्री स्टेफर्ड, स्ट्रेटेजिज फॉर ह्युमन सेटलमेंट में, संपादक ग्वेन बेल, ईस्ट वेस्ट सेंटर बुक, होनुलूलू 1976, पृष्ठ 40
9. जोसेफ एल. ब्लाउ, मेन एंड मूवमेंट्स इन अमेरिकन फिलॉसफी, प्रेंटिस होल इंक, न्यु जर्सी 1966, पृष्ठ 345
10. वही, पृष्ठ 345

6. सभ्यता को नया प्रतिमान चाहिए

1. ज्याफ्री स्टैनफर्ड, रिसाइक्लिंग इन ह्यूमन सेट्लमेंट, स्ट्रेटजीज फॉर ह्यूमन सेटलमेंट्स, हैबिटेट एवंड इनवायरनमेंट में, संपादक ग्वेन बेल, ईस्ट वेस्ट सेंटर बृक, होनुलूलू, 1976, पृष्ठ 42-3

कड़वी फसल

प्राक्कथन

भारत का वर्तमान आर्थिक और राजनीतिक परिदृश्य भारी निराशाजनक है। नाउम्मीदी का आलम ऐसा है कि सत्ता में पहुँचने की ललक तो तेज है, मगर उसका मकसद खो गया है। व्यक्तिगत विफलताओं पर वाद-विवाद भारी है जबकि नीति में पर निर्णय बेहद कामचलाऊ तरीके से होता है। राजनीतिक जीवन में व्यक्तियों के महत्त्व से इनकार नहीं किया जा सकता, लेकिन नीतियों, व्यक्तिगत कारकों के महत्त्व का राजनीतिक जीवन में विरोध नहीं है। राजनीति के बारे में बिना सफाई के व्यक्तिगत ईमानदारी बेमानी हो सकती है, लेकिन देश के राजनीतिक वर्ग में ऐसा कोई सरोकार या उनकी बैचेनी नजर नहीं आती।

योजना की आलोचना भी उसको ब्यौरो तक ही सीमित रहती है, उसके मूल उद्देश्यों और दिशा की बात नहीं की जाती है। शायद भारतीय स्थिति में यह स्वाभाविक है क्योंकि यहाँ सारे राजनैतिक वर्ग की एक-सी पृष्ठभूमि है और वे निश्चित बुनियादी मूल्यों का साझा करते हैं, लेकिन अर्थव्यवस्था की निराशाजनक विफलता और इससे उत्पन्न व संकट हमें उन प्राथमिकताओं पर नए सिरे से विचार करने पर बाध्य करता है जिनके कारण हम इस स्थिति में आ पहुँचे हैं। वर्तमान अध्ययन इसी पुनर्मूल्यांकन का एक प्रयास है।

यह अध्ययन दिखाएगा कि हमारी अधिकांश विफलताओं का कारण ग्रामीण क्षेत्र और कृषि की उपेक्षा है। फलस्वरूप, अर्थव्यवस्था में कृषि पर विशेष जोर तथा ग्रामीण उन्मुखीकरण व्यवस्था की सिफारिश की गई है। यह घिसा-पिटा लग सकता है क्योंकि सरोकार रखनेवाले व्यक्तियों में से अधिकांश ऐसा ही कहते हैं, लेकिन व्यापक भुखमरी के बावजूद इस विचार के प्रति दिखावटी प्रेम दिखाना एक बात है और इस उद्देश्य की प्रति एवं आर्थिक संरचना की पड़ताल करना एक दूसरी बात है। यह विमर्श आर्थिक संरचना की जाँच करने के इरादे से ही किया गया है। कुछ दूसरे देशों के विकास में कृषि की भूमिका का एक संक्षिप्त सर्वे इस विमर्श का पृष्ठभूमि मुहैया करता है ताकि यह एक परिप्रेक्ष्य बन सके।

इस तरह के अध्ययन में यह सम्भव नहीं है कि हम अपने भविष्य के विकास की एक रूपरेखा खींच सकें, लेकिन प्रयास किया गया है कि मौलिक दिशा तथा

अर्थव्यवस्था में जरूरी बदलावों को सुझाया जा सके। इस सम्बन्ध में संस्थागत सुधारों की सीमाओं और भूमिका की जाँच की गई है।

हम इतना लम्बे समय से भटके हुए हैं कि यह कोशिश थोड़ी देर से की गई लग सकती है, लेकिन कहीं तो तेजी से लुढ़कती अर्थव्यवस्था में ब्रेक लगाने की जरूरत है।

यह काम बहुत कठिन है और निराशा ऐसी है कि मन उचट जाए। असल में अब सामान्य प्रशासनिक और नौकरशाहीनुमा फेर-बदल से यह बदलनेवाली नहीं है, लेकिन इस लेखक में बिहार और गुजरात में नौजवानों के आन्दोलनों से बहुत आशा जगी है। इन आन्दोलनों ने निश्चित रूप से यह दिखलाया है कि भारी ऊर्जा निष्क्रिय पड़ी रहती है जिसे अगर ठीक ढंग से दिशा दी जाए तो अभी भी यह हमारे बीमार समाज को बदल सकती है। यह लेखक आशा के नए संचार के लिए विद्यार्थियों और युवाओं की नयी पीढ़ी का ऋणी है।

—सच्चिदानन्द सिन्हा

1

भारत के लिए तीसरी पंचवर्षीय योजना के अन्त में आर्थिक विकास के 'उड़ान' का लक्ष्य रखा गया था। डब्ल्यू.डब्ल्यू. रोस्तोव[1] का यह पद आर्थिक योजनाकारों के बीच फैशनेबल बन गया था। उनके अनुसार इसका अर्थ था (1) उत्पादक निदेश की दर में राष्ट्रीय आय में 5 प्रतिशत या 10 प्रतिशत से कम की वृद्धि; (2) उच्च विकास दर के साथ एक या एक से अधिक उत्पादन क्षेत्रों का विकास; तथा (3) राजनीतिक, सामाजिक और संस्थागत ढाँचे का विकास, जो आधुनिक क्षेत्र और सम्भावित बाह्य अर्थव्यवस्था में विस्तार करे यानी अर्थव्यवस्था अपने तईं विकास करेगी और उसे किसी बाहरी सहारे की जरूरत नहीं होगी। इसके अतिरिक्त रोस्तोव के सूत्र आर्थिक सत्ता केन्द्रीय और सामाजिक व आर्थिक असमानताओं के उन्मूलन सरीखे महान सामाजिक उद्देश्यों के सम्बन्ध में बिलकुल उदारीन थे, लेकिन भारत के योजनाकारों ने उसमें समाजवादी पैटर्न को जोड़ लिया। हमारे योजनाकारों का लक्ष्य इस योजना के आखिरी वर्ष 1965-66 तक खाद्यान्न में आत्मनिर्भरता तथा निर्यात और उद्योग की जरूरतों को पूरा करने के लिए कृषि सम्बन्धी उत्पादन का विस्तार हासिल करना तथा स्टील, रसायन ईंधन और बिजली जैसे बुनियादी उद्योगों और मशीन बनाने की क्षमता का उस स्तर तक विस्तार कर देना था जहाँ दस साल के भीतर आगे होने वाले औद्योगीकरण की जरूरतों को अपने संसाधनों से पूरा कर सकें। हालाँकि उस निर्धारित समय सीमा, जहाँ से हम आर्थिक आत्मनिर्भरता और समृद्धि के युग में छलाँग लगानेवाले थे, के लगभग एक दशक बाद भी हम पहले से ज्यादा आर्थिक ठहराव के दलदल में गहरे धँसा हुआ पाते हैं।

उपेक्षा के नतीजे

दो साल के योजना अवकाश और चतुर्थ पंचवर्षीय योजना के पूरा होने बावजूद हम आर्थिक संकट से घिरे हैं और बड़े धूम-धड़ाके से किए गए ऐलान जारी हैं। अक्सर आर्थिक नीति में बदलाव घबराहट और जल्दबाजी में किए जाते हैं इससे ऐसा आभास होता है कि शीर्ष नीति निर्माता दिशाहीन के शिकार हैं।

कुल मिलाकर चौथी पंचवर्षीय योजना निहायत बेमानी साबित हुई है। 28 फरवरी, 1974 को संसद में प्रस्तुत किए गए आर्थिक सर्वे में स्पष्ट रूप से

स्वीकार किया गया कि चौथी योजना में राष्ट्रीय आय की वार्षिक विकास दर 5.7 प्रतिशत के लक्ष्य के विरुद्ध 3.5 प्रतिशत से ज्यादा नहीं हो सकी। इसमें यह उल्लेख भी था कि योजना अवधि की समाप्ति पर अर्थात् 1973-74 में कृषि पैदावार 1970-71 के कृषि उपज से ज्यादा भिन्न नहीं था। असल में, अन्तिम अनुमान के मुताबिक पैदावार 1973-74 में 12.9 करोड़ टन के लक्ष्य के मुकाबले 10.4 करोड़ टन रही, जो 1970-71 10.8 करोड़ टन से कम थी। इसी तरह की स्थिति उद्योग क्षेत्र में थी जहाँ सर्वे के अनुसार उत्पादन में अगर कोई वृद्धि थी तो वह मामूली थी। आगे यह अनुमान था कि उस वर्ष के लिए विकास दर 1 प्रतिशत से भी नीचे रही थी और पूरी योजना अवधि के दौरान 8 से 10 प्रतिशत की औसत विकास दर के लक्ष्य के विरुद्ध महज 4.1 प्रतिशत ही थी। दूसरे शब्दों में, विकास की वास्तविक दर निर्धारित लक्ष्य के मात्र आधे तक ही पहुँच पाई थी। फलस्वरूप, 1972-73 में प्रति व्यक्ति आय 1971 में शीर्ष पर पहुँची प्रति व्यक्ति आय से अचानक गिरकर लगभग 1965 की प्रति व्यक्ति आय के सतर पर आ गई। 1971 में रेफार्ड फसल हुई थी।

यह विशेष महत्त्व का है कि आमतौर पर उद्योग के क्षेत्र में और खासकर भारी उद्योग के क्षेत्र में, जिसे दूसरी पंचवर्षीय योजना की शुरुआत से ही उच्च प्राथमिकता मिली हुई थी, कोई बेहतर प्रदर्शन नहीं हुआ है। चौथी पंचवर्षीय योजना में तैयार स्टील का लक्ष्य 81 लाख टन रखा गया था, लेकिन उत्पादन 50 लाख टन के आसपास ही स्थिर है तथा 1974-75 पर प्रस्तावित उत्पादन भी बहुत ज्यादा नहीं है। यह प्रदर्शन खासकर जब हम समान आधार के साथ शुरुआत करनेवाले चीन को देखते हैं जो भारत से चार गुना अधिक स्टील का उत्पादन करता है, धुँधला नजर आता है। प्राथमिकता वाले दूसरे क्षेत्र थे, बिजली उत्पादन और ईंधन। योजना अवधि की समाप्ति पर हम देखते हैं कि लगभग समूचा देश ऊर्जा संकट तथा लगभग जीवन के हर क्षेत्र को प्रभावित कर रही ईंधन की कमी से जूझ रहा है।

उत्पादन में इस कमी के अतिरिक्त बेहिसाब मूल्य वृद्धि अर्थव्यवस्था को झकझोर रही है। 1949 को आधार वर्ष मान लें तो रुपये का मूल्य 1960 में गिरकर 80.6 पैसे हो गया, 1970 में 44.6 पैसे हो गया और अन्तिम चार वर्षों में यह गिरते हुए 29.07 पैसे हो गया। अब तो कीमतें महीना-दर-महीना, सप्ताह-दर-सप्ताह सरपट दौड़ती लगती हैं। आम उपभोक्ता के दृष्टिकोण से स्थिति पर गौर करने से हम पाते हैं कि वह भोजन और वस्त्र से लेकर दवा तक जिन चीजों का इस्तेमाल करता है, उनमें से अधिकांश चीजें न केवल पहले से ज्यादा महँगी है बल्कि उन्हें प्राप्त करना भी प्राय: कठिन है।

बेरोजगारों को रोजगार देने का लक्ष्य, जिसका ऐलान दूसरी पंचवर्षीय योजना में धूमधाम से किया गया था, बड़ी चालाकी से भुला दिया गया है। इस बीच रोजगार दफ्तर में दर्ज बेरोजगार युवकों की संख्या 1956 में 16.7 लाख से बढ़कर 1972 में 69 लाख हो गई, लेकिन रोजगार कार्यालय बेरोजगारी की समस्या के वास्तविक

आकार को नहीं दर्शाता है क्योंकि काफी संख्या में बेरोजगार अपना पंजीकरण नहीं कराते हैं। रोजगार की स्थिति में गिरावट को ज्यादा बेहतर ढंग से यह तथ्य जाहिर करता है कि कुल कामगार बल में भूमिहीन कृषि श्रमिकों का प्रतिशत 1969 में 16.7 प्रतिशत से छलांग लगाकर 1971 में 25.76 प्रतिशत हो गया है।

योजनाकारों ने चौथी योजना की नाकामियों पर गौर किए बिना, उपलब्ध संसाधन और तीन मूल्यवृद्धि पर ध्यान किए बिना पाँचवीं पंचवर्षीय योजना में छलांग दी। उनकी हड़बड़ी और उलझन उनके इस निर्णय में साफ-साफ दिखती है कि 1974-75 की वार्षिक योजना संसद में प्रस्तुत किए जाने के मात्र एक माह बाद ही जून में 150 से 200 करोड़ रुपए की कटौती कर दी गई। समय बीतने के साथ-साथ और कटौतियाँ की गईं।

हालाँकि मुद्रास्फीति का हमेशा ही यह अर्थ होता है गरीब तबके को परेशानी तथा समृद्ध तबके के हाथों में संसाधनों का स्थानान्तरण, लेकिन विकासशील, अर्थव्यवस्था में निश्चित परिस्थितियों में इसका एक सकारात्मक पहलू भी होता है। बशर्ते इस तरह इकट्ठा संसाधनों का इस्तेमाल उद्यमी या राज्य उत्पादक निवेश के लिए करे, लेकिन इस मुद्रास्फीति के साथ औद्योगिक और कृषि उपज में ठहराव भी है, इसलिए उससे किसी तरह के फायदे की उम्मीद नहीं है। यह इस ओर इशारा करता है कि निम्न और मध्य आय वर्ग की जेब से स्थानान्तरित किए गए इन संसाधनों की गति यही है कि धनी वर्ग इन्हें विलासिता जैसे अनुत्पादक खर्चों में बर्बाद कर रहा है। इस अनुत्पादक छिद्र से एक ही चीज निकलती है, समानान्तर कालाधन की अर्थव्यवस्था। दूसरी चीज है, नौकरशाही, सशस्त्र बल, पुलिस बल और मंत्रियों के व्यक्तिगत और सुरक्षा स्टाफ सरीखी अनुत्पादक व्यवस्थाओं का बेहिसाब विस्तार। मंत्रियों का व्यक्तिगत और सुरक्षा स्टाफ तो बिलकुल प्रिटोरियन गार्ड्स का आधुनिक संस्करण बनता जा रहा है।

योजना आवंटनों में अकस्मात कटौती और संशोधन केवल इसे तथ्य की ओर इशारा करते हैं कि भारत की योजना अब सार्थक नहीं रह गई है। योजनाएँ केवल नायकोचित भंगिमाओं का अभ्यास भर हैं जिनमें शुरू में जनता को प्रभावित करनेवाले अलभ्य लक्ष्यों की घोषणा की जाती है और बाद में, जब कार्यान्वित करने की बारी आती है तो आर्थिक असलियत के दबाव में धूर्तता से उनमें कटौती की जाने लगती है, लेकिन यह विफलता उन लोगों के अगम्भीर रवैये के कारण नहीं है जिन्हें योजना के कार्यान्वयन का भार सौंपा गया है। दरअसल, कार्यान्वयन में बहुत सारी चीजें शामिल होती हैं। इसमें समितियों, उपसमितियों, सेमिनारों, शोध प्रकोष्ठों रेडियो प्रसारणों और गणमान्य व्यक्तियों द्वारा कारखानों और फार्मों का निरीक्षण जैसे आनुष्ठानिक तुच्छ काम भी शामिल रहते हैं। इसके अलावा शुभ लग्न में मंत्रियों द्वारा उद्घाटन के कार्यक्रम को भी नजरअन्दाज नहीं किया जा सकता है। अगर इन तमाम कर्मकांडों के बावजूद नाकामी ही हाथ लगाती है तो दोष योजना के बुनियादी सोच में ही होना चाहिए।

कृषि को पंगु बनाने की कवायद

जब हम अपनी आर्थिक योजना के बुनियादी संकल्पों की जाँच करना शुरू करते हैं तो हम देखते हैं कि हमारी अर्थव्यवस्था का वास्तविक दोष तो यही है कि इसका मुख्य आधार कृषि है, मगर इसका रुझान शहरी है। सारणी-1 पर एक नजर डालें तो यह दिखता है कि प्रथम योजना यद्यपि अपने लक्ष्यों में मामूली थी, आर्थिक स्थिति में भरसक सुधार की उपलब्धि हासिल की, खासकर खाद्य उत्पादन, कृषि के क्षेत्र में जो तीन-चौथाई जनता को जीविका देता है तथा राष्ट्रीय उत्पाद के लगभग आधे के लिए जिम्मेदार है। प्रथम योजना को छोड़कर शेष योजनाओं में इन्हें कम प्राथमिकता मिली। इसी तरह की स्थिति ग्रामीण उद्योगों की थी। कृषि के प्रति यह रवैया एक बार फिर सामने आया जब पाँचवीं योजना के पहले वर्ष में लगभग ज्यों ही योजना वर्ष हुआ, कृषि मद के व्यय को 310.72 करोड़ रुपए से घटाकर 260.10 करोड़ रुपए करने का निर्णय किया गया।

सारणी-1 दिखाती है कि कृषि और सम्बद्ध क्षेत्र का व्यय प्रथम योजना में 12.7 प्रतिशत से घटाकर दूसरी योजना में 11.7 प्रतिशत कर दिया गया और यह तीसरी योजना में 12.7 प्रतिशत पर रुक गया। चौथी योजना में भोजन की भारी कमी तथा इससे उत्पन्न आर्थिक परेशानियों के दबाव में एक हल्का ऊपरी संशोधन कर इसे 14.7 प्रतिशत कर दिया गया, लेकिन सिंचाई और बाढ़ नियंत्रण पर, जो कृषि का आवश्यक अंग है, कठोर कटौती जारी रही : इस मद में प्रथम पंचवर्षीय योजना के 22.2 प्रतिशत से दूसरी योजना में 9.2 प्रतिशत करके काफी तेज कटौती की गई। तब से यह कटौती उत्तरोत्तर जारी है। तीसरी योजना में 7.8 प्रतिशत से चौथी योजना में 4.4 प्रतिशत हो गई। ग्रामीण उद्योग जो घर के नजदीक अधिशेष कृषि कामगारों के रोजगार का एकमात्र स्रोत होने का वचन देता है, इस ग्रामीण उद्योग पर व्यय कभी भी 4 प्रतिशत के शीर्ष से ज्यादा नहीं रहा। इसके विरुद्ध खनिज और भारी शहरी उद्योग पर का व्यय प्रथम योजना में 2.8 प्रतिशत से छलांग मारकर दूसरी योजना में 20.1 प्रतिशत हो गया और तीसरी योजना के दौरान यह इसी 20.1 प्रतिशत के स्तर पर रुका रहा। चौथी योजना में यह बढ़ाकर 21.4 प्रतिशत कर दिया गया। बिजली, परिवहन और संचार भी जो उच्च प्राथमिकता की श्रेणी में थे, अर्थव्यवस्था के वर्तमान रुझान के साथ मुख्य रूप से शहरी औद्योगिक क्षेत्र को लाभ पहुँचाते हैं। उद्योग लगभग 70 प्रतिशत बिजली का उपभोग करते हैं जबकि कृषि में कुछ हिस्सों को छोड़कर बिजली का अत्यल्प उपभोग होता है। ग्रामीण क्षेत्रों में बिजली लगभग न के बराबर रहती है। यह भी ध्यान में रखने योग्य बात है कि जबकि सार्वजनिक क्षेत्र के निवेश के अतिरिक्त विशाल निजी क्षेत्र निवेश उद्योग के क्षेत्र में हो रहा है, सिंचाई और बाढ़ नियंत्रण के क्षेत्र में ऐसा कोई निजी निवेश बड़े पैमाने पर सम्भव नहीं है।

सारणी-1

चौथी योजना[2] के दौरान सार्वजनिक क्षेत्र का खर्च

(रुपया करोड़ में)

विकास का मद	के दौरान खर्च			
	प्रथम योजना	द्वितीय योजना	तृतीय योजना	चतुर्थ योजना
1	2	3	4	5
1. कृषि और सम्बद्ध क्षेत्र	290 (14.8)	549 (11.7)	1089 (12.7)	4328 (17.4)
2. सिंचाई और बाढ़ नियंत्रण	434 (22.2)	430 (9.2)	665 (7.8)	1087 (4.4)
3. ऊर्जा	149 (7.6)	452 (9.7)	1552 (14.6)	2523 (10.1)
4. ग्राम और कुटीर उद्योग	42 (2.1)	187 (4.0)	241 (2.8)	853 (3.4)
5. उद्योग और खनिज	55 (2.8)	938 (20.1)	1726 (20.1)	5388 (21.4)
6. परिवहन और संचार	518 (264)	1261 (27.0)	2112 (24.6)	4157 (16.7)
7. अन्य	472 (24.1)	855 (18.3)	1492 (17.4)	6596 (26.6)

(कोष्ठक में दिए गए अंक कुल का प्रतिशत प्रदर्शित करते हैं।)

कृषि को निम्न प्राथमिकता दी जाती है। इसे इस तथ्य से समझ सकते हैं कि सरकार खाद्य आयात पर साल दर साल जितना दुर्लभ विदेशी खर्च करती है, उसी के बराबर अपनी मुद्रा में सिंचाई पर खर्च करती तो इससे खाद्य उत्पादन की स्थिति में आमूल-चूल बदलाव आ सकता था। 1965 और 1973 के बीच खाद्य आयात पर राष्ट्र ने 2,634.82 करोड़ रुपये खर्च किए हैं। इसके विरुद्ध तीसरी और चौथी योजना के दौरान इतनी लम्बी अवधि में सिंचाई और बाढ़ नियंत्रण पर कुल खर्च मात्र 1,752 करोड़ रुपये हुए। अब अनुमान लगाया गया है कि भारत को प्रतिवर्ष 40 लाख टन गेहूँ से अधिक आयात करना होगा। वर्तमान मूल्य के अनुसार इस पर राष्ट्र को अनुमानतः विदेशी मुद्रा का 500 से 600 करोड़ रुपये प्रतिवर्ष भुगतान करना होगा। इस भयानक स्थिति का सामना कर रही सरकार ने नाक रगड़ने का फैसला किया और अमेरिका से रियायती गेहूँ की माँग की जिसे वह तीन साल पहले लेने से गर्व के साथ इनकार कर चुकी थी।

लेकिन इस मानमर्दन ने भी हमारे योजनाकारों को अपनी सोच की दिशा बदलने का पाठ नहीं पढ़ाया है। इस विदेशी मुद्रा के खर्च को रोकने के लिए किसानों को पैदावार बढ़ाने का प्रोत्साहन देने की बजाय कृषि क्षेत्र के समक्ष और अपंगता ला दी गई है।

खाद की कृषि उपज में महत्त्वपूर्ण भूमिका होती है। अधिक-से-अधिक पैदावार लेने की राजनीति के तहत खेत में ज्यादा खाद डालने पर जोर दिया जाता है, लेकिन जबकि हमारे योजनाकार किसानों को मौखिक प्रोत्साहन और चेतावनी देने में उदार थे, वे जब कभी भी सस्ते खाद के सवाल को उठाया जाता है तो हाथ सख्त कर लेते हैं। जब तक खाद की कीमत विश्व बाजार में कम थी, भारत सरकार का इसका आयात कर और कृषि क्षेत्र से इसकी बिक्री कर लाभ कमाना जारी रहा। अब विश्व बाजार में पेट्रोलियम पदार्थ की कीमत में वृद्धि तथा मुद्रास्फीतीय रुझान के साथ खाद की कीमतों में बढ़ोतरी हो गई है। ऐसे में सरकार ने निर्णय लिया है कि मूल्यवृद्धि का पूरा बोझ किसानों पर लाद दिया जाए। इतना ही नहीं, भारत के खाद उत्पादकों को भी ठोस ढंग से अपनी कीमतों में वृद्धि करने की हरी झंडी दे दी गई है। इसलिए खाद की कीमतें करीब-करीब दोगुनी हो गई हैं। इसका कृषिजन्य उत्पादन पर बुरा असर पड़ेगा। छोटे किसान अभाव का सामना कर सकते हैं, विशेषकर वे जो किसी तरह सँभले रहे हैं और किसान आबादी का भारी बहुमत तैयार करते हैं।

ध्यातव्य है कि खाद का बड़े पैमाने पर उपयोग के लिए खाद्य कीमतों और खाद कीमतों के बीच एक अनुकूल सन्तुलन बहुत महत्त्वपूर्ण है। खाद्य और कृषि संगठन की रिपोर्ट कहती है :

> "खेती में इस्तेमाल होने वाले जिंसों और पैदावार की कीमत में अनुकूल अनुपात से ही किसान को खाद वगैरह खरीदने को प्रोत्साहित किया जा सकता है। उदाहरण के तौर पर, जापान में खाद की कीमतों और धान की कीमतों का अनुपात भारत के 1:1.3 के मुकाबले 1:4.7 है। दूसरे शब्दों में, जापानी किसान समान मात्रा में धान बेचकर उसके चौगुना से अधिक खाद खरीद सकता है। इससे आंशिक रूप से तथ्य साफ होता है कि जापान में प्रति हेक्टेयर खाद का इस्तेमाल भारत से सौ गुना अधिक है।[3]

खाद की कीमतों में नई वृद्धि के बाद किसानों की निराशा दोगुनी हो गई है। यह राष्ट्रीय मूल को खाद्यान्न आपूर्ति करनेवाले प्रमुख राज्यों में एक पंजाब की इस निम्नलिखित रपट से जाहिर है—

> "राज्य के कृषि विभागों द्वारा तैयार किए गए अनुमानों के अनुसार किसानों द्वारा खरीफ (अप्रैल-सितम्बर 1974) और रबी (अक्टूबर 1974 – मार्च

1975) के दौरान इस्तेमाल किए जानेवाले खाद की कुल लागत पिछले दो फसलों के दौरान के 75.42 करोड़ रुपए के मुकाबले 166.45 करोड़ रुपये की होगी।

अनुमान लगाया जाता है कि यह अतिरिक्त बोझ खाद के उपयोग के लक्ष्य की प्राप्ति को खतरे में डाल देगा। गत दो फसलों के दौरान उपभोग किए गए 16.67 लाख टन के विरुद्ध आनेवाली दो फसलों का लक्ष्य 27.49 लाख टन था। अन्तिम वर्ष में इस मद पर खर्च के अतिरिक्त इस लक्ष्य को पूरा करने में 165.11 करोड़ रुपए की जरूरत पड़ेगी।"[4]

लेकिन भारत सरकार इन प्रभावों के बारे में चिन्तित नजर नहीं आई। बगैर इस पर विचार किए कि इस नीति का उलटा असर हो सकता है, वह विदेशी मुद्रा बचाने के लिए खाद आयात में कटौती करने को उत्सुक है। खाद उपभोग का सीधा असर खाद्य उत्पादन पर होता है। 'चमत्कार' गेहूँ विकास का करनेवाले बोरलॉग के अनुसार फसल में प्रति टन नाइट्रोजन की खपत से दस टन अन्न उपजता है। इसके विपरीत नाइट्रोजन में कमी से अन्न की पैदावार कम हो जाती है। सरकारी हलके में पौधों को अन्य स्रोतों से उर्वर बनाने की बात महज बकवास है। सामान्यत: किसान अन्य जैविक खादों के साथ रासायनिक खाद का इस्तेमाल नहीं करते हैं, उनके बदले में नहीं। अगर रासायनिक खाद बिना डाले की उपज लेने की कोई तकनीक है तो यह निश्चित रूप से भारतीय किसानों को मालूम नहीं है। सरकार और उसके कृषि सलाहकार इतने अज्ञानी तो नहीं हो सकते हैं कि इन्हें रासायनिक खादों के इस्तेमाल में कमी के असर को नहीं जानें।

लेकिन सही स्थिति शायद यह है कि हमारे योजनाकारों के आकलन में कृषि क्षेत्र को कभी महत्त्वपूर्ण स्थान मिला ही नहीं है। लेस्टर आर. ब्राउन का यह वाक्य भारतीय प्रशासकों के दिमागी ढर्रे का अन्दाजा लगाता है। वे लिखते हैं—

"1965 के शुरू में सम्भावित संकट के मद्देनजर भारत में एक अन्न भंडार खड़ा करने के आग्रह पर एक भारतीय अधिकारी ने जवाब दिया, 'हमें क्यों परेशान होना चाहिए? कंसास के गेहूँ के खेत हमारे भंडार हैं।"[5]

खाद को निम्न प्राथमिकता दी गई, यह 'इंडियन एक्सप्रेस' में छपी सार्वजनिक उपक्रम पर संसदीय समिति के मन्तव्य भी उजागर होता है :

"समिति ने पाया है कि देश में खाद उत्पादन की क्षमता का विकास दूसरी पंचवर्षीय योजना में लक्ष्य से 60 प्रतिशत कम, तीसरी योजना में लक्ष्य से 40 प्रतिशत कम तथा चौथी योजना में लक्ष्य से 40 प्रतिशत कम रह गया।"[6]

वस्तुत: खाद उत्पादन का मूल लक्ष्य 1973-74 में इस तरह कदर रखा गया था, नाइट्रोजन खाद 2.5 लाख टन तथा फॉस्फेटिक खाद 9 लाख टन, लेकिन लक्ष्य प्राप्ति में 50 प्रतिशत से ज्यादा की कमी रह गई। नाइट्रोजन खाद का मात्र 10 लाख टन और फॉस्टफेटिक खाद का 4 लाख टन ही उत्पादन हो सका। यह कमी हालाँकि संशोधित लक्ष्यों को प्राप्त करने में ही रह गई थी, क्योंकि गत वर्षों में खराब प्रदर्शन के कारण मूल लक्ष्यों में भारी कटौती की गई थी। मूल लक्ष्य नाइट्रोजन खाद का 32 लाख टन तथा फॉस्फेटिक खाद के लिए 14 लाख टन था। यदि हम मूल लक्ष्य पर विचार करें तो वास्तविक उपलब्धि लक्ष्य के तिहाई हिस्से से भी कम थी।

इसके बरक्स चीन ने, जिसने खेती पर ज्यादा ध्यान दिया था, 1966 तक खाद उत्पादन के क्षेत्र में बहुत शानदार उपलब्धि हासिल कर ली थी। ओवेन एल.डाउसन चीन के खाद उत्पादन और आयात का निम्नलिखित शब्दों में मूल्यांकन करते हैं :

> "चीन का रासायनिक खाद उत्पादन नाटकीय ढंग से हाल के वर्षों में उद्योग के स्रोतों के विस्तार और पुनर्व्यवस्था के कारण बढ़ा है। उत्पादन 1960 के 17 लाख टन से बढ़कर 1966 में 1.05 करोड़ टन हो गया। मोटे तौर पर यह नाइट्रोजन खाद और फॉस्फेटिक खाद के बीच समान रूप से विभाजित था..."[7]

वे आगे लिखते हैं—

> "घरेलू उत्पादन को भारी आयात से पूरा किया जा रहा है जो 1967 में 38 लाख टन था..."[8]

वहाँ भी, जहाँ कि खाद और हाइब्रिड बीज जैसे भारी आयात उपलब्ध हैं, अगर कोष नहीं है तो उनके इस्तेमाल पर बड़ा नियंत्रण रहता है। सामान्य कृषि क्षेत्र तथा खासकर छोटे किसान इस आधार पर कष्ट सहते आ रहे हैं क्योंकि सस्ते ऋण की कोई उपलब्धता नहीं रही है। इस सन्दर्भ में एस.एन. घोषाल ने इस स्थिति के निम्नलिखित तथ्यों को सामने रखा है। वे लिखते हैं—

> ...कृषि ऋण समीक्षा समिति ने आकलन किया है कि अगले पाँच वर्षों अर्थात् 1970-74 में अल्पकालिक और मध्यकालिक कृषि ऋण 4000 करोड़ के क्रम का होगा तथा दीर्घकालिक ऋण 1500 करोड़ रुपए का होगा। इसकी तुलना में, किसानों को उपलब्ध कराई गई संस्थागत साख 570.20 करोड़ रुपए से अधिक नहीं है।"[9]

इसका परिणाम यह है कि उधार या ऋण के लिए निर्धन किसानों को पेशेवर सूदखोरों, व्यापारियों और जमींदारों पर निर्भर रहना पड़ता है जिनकी

ब्याज दरें जानलेवा होती हैं। सारणी-2 संस्थागत कृषि ऋण की सीमाओं की कुछ जानकारी देती है।

बैंकों के सामाजिक नियंत्रण और तदुपरान्त भारत के बड़े-बड़े बैंकों के राष्ट्रीयकरण से कृषि क्षेत्र के ऋण में सुधार हुआ है, लेकिन यह अभी भी इन व्यावसायिक बैंकों की कर्ज के 10 प्रतिशत के भीतर ही है। कृषि क्षेत्र की आवश्यकताओं की ओर बैंकों का ध्यान अभी तक ज्यादा नहीं है। कृषि ऋण की उपर्युक्त परिपाटी किसी भी मामले में तनिक भी नहीं बदली है। गरीब किसान अभी भी ऋण के लिए मुख्य रूप से महाजनों पर निर्भर रहते हैं। अक्सर सूदखोर अपने कारोबार के लिए बैंकों से उधार लेते हैं। जब तक बैंक उनके लिए, जिन्हें वह ऋण देने लायक नहीं समझता है, अपनी ऋण नीति को उदार नहीं बनाता है, किसानों के बड़े हिस्से के हालात में कोई बदलाव होनेवाला नहीं है, लेकिन नीति में ऐसा बदलाव सरकार की नीति की दिशा में, विशेषकर कृषि क्षेत्र के प्रति इसके रवैए में परिवर्तन को अपरिहार्य बना देगा। वर्तमान में ऐसा परिवर्तन निश्चित रूप से दिखाई नहीं दे रहा है।

सारणी-2

1961-62 के दौरान लिया गया नगद ऋण—ऋण एजेंसी के अनुसार वर्गीकृत—अखिल भारत[10]

साख एजेंसियाँ	1961-62 में किसानों के कुल उधार का प्रत्येक एजेंसी से लिए गए उधार का अनुपात
1	2
संस्थागत	
(a) सरकार	2.6
(b) सहकारिता	15.5
(c) व्यावसायिक बैंक	0.6
	18.7
निजी एजेंसियाँ	
(a) सम्बन्धी	8.8
(b) भू स्वामी	0.6
(c) किसान महाजन	36.0
(d) पेशेवर निजी महाजन	13.2
(e) व्यापारी और कमीशन एजेंट	13.9
(f) अन्य	
	81.3

कृषि ऋण कैसे कृषि को आन्दोलित कर सकता है, यह सारणी-3 से साफ हो जाता है। सारणी-3 दो आसपास के गाँवों में कृषि ऋण की भिन्न-भिन्न राशियों के असर को दर्शाती है।

कीमतों की पक्षपातपूर्ण नीति भी कृषि क्षेत्र के विरुद्ध है। हाल फिलहाल जब खाद्यान्न की भारी कमी और दूसरे कृषिजन्य कच्चे माल ने इन वस्तुओं की कीमतों को बढ़ा दिया है, काफी हो-हल्ला मचा। हालाँकि, जब इस मूल्यतंत्र कृषि क्षेत्र के खिलाफ काम दिया था तो कीमतों में समानता के सारे मुद्दे को छिपा लिया गया था। अब यह लम्बी उपेक्षा विपरीत असर दिखाने लगी है, ऐसे में बेहतर होगा कि हमारे योजनाकार बहानेबाजी करना बन्द करते और कृषि से सम्बन्धित अपनी समूची नीतियों का एक सम्यक् पुनर्मूल्यांकन करते।

सारणी-3

दो सटे हुए गाँवों में कृषि विकास, जैसा 30 जून 1962[11] को देखा गया

गाँव	प्रति एकड़ दीर्घकालीन वित्त की घटना	गत पाँच वर्षों के दौरान जोत में लाई गई अतिरिक्त भूमि	गत पाँच वर्षों के दौरान सिंचाई में लाई गई अतिरिक्त भूमि	प्रति एकड़ उपज में वृद्धि	अभ्युक्ति
1	2	3	4	5	6
	रुपया	एकड़	एकड़	मन	
कोठा विर्दी (जामनगर)	6	15	5	1.5	13%
भोजी बेदी (जामनगर)	26	25	246	7.5	81%

एक अध्ययन में भवानी सेन कृषि में मची इस लूटपाट पर विस्तार से प्रकाश डालते हैं। वह लिखते हैं—"बाजार की रिपोर्टों के आधार पर कांग्रेस कृषि सुधार समिति ने एक सारणी बनाई है जो किसान जनता द्वारा झेले गए घाटों को प्रकाश में लाने का प्रयास करती है :

	चीनी	आलू	चावल	मूँगफली	तम्बाकू	दूध	गेहूँ
1.	65.7	56.13	66.8	74.7	64.75	64.75	68.5
2.	10.71	11	65.6	8.53	6.66	—	17
3.	9.18	6.8	17.2	16.77	34.46	—	9.3
4.	5.36	5.4	3.19	—	10.7	14.75	1.9
5.	9.58	18.6	6.25	—	—	20.5	3.3

(1) उत्पादन का हिस्सा; (2) भाड़ा; (3) विविध; (4) थोक विक्रेता का नफा (5) खुदरा विक्रेता का नफा।

अनुभव से हम कह सकते हैं कि यह सारणी उत्पादकों के हिस्से को बहुत ज्यादा तथा थोक विक्रेताओं के हिस्से के काम करके आकलन कर रही है। फिर भी, यह सारणी एक डरावनी कहानी कहती है। किसान अपने उत्पादों के विनिमय मूल्य का 30 से 60 प्रतिशत का घाटा सहता है। व्यापारी वर्ग भिन्न-भिन्न वस्तुओं के सन्दर्भ में 10 से 30 प्रतिशत हथिया लेता है। रेल 7 से 17 प्रतिशत हड़प लेती है।"[12]

सरकार ने कृषि मूल्यों को कम करने के लिए लगातार एक ही नीति को अपना रखा है। लोक कानून 480 के अन्तर्गत रियायती खाद्य सहायता उसी उद्देश्य से सरकार द्वारा जब्त कर ली गई है। इस खाद्य सहायता को उदारता का एक महान कार्य बनने के लिए बनाया गया था। यद्यपि यह सर्वविदित है कि अन्तरराष्ट्रीय सम्बन्धों में उदारता एक दुर्लभ चीज है। कम-से-कम व्यावहारिक व्यापारियों के देश अमेरिका से ऐसी उदारता की अपेक्षा की जा सकती है। जब खाद्यान्न की कीमत कम थी, उस समय खाद्यान्न के विशाल भंडारण से मुक्ति के लिए अमेरिका सरकार ने रियायती खाद्य सहायता कार्यक्रम शुरू किया था। इसलिए अवांछित अमेरिकी खाद्यान्न भारतीय बाजार में उतारा गया। भारत की कृषि अर्थव्यवस्था पर इसका असर खतरनाक था। कृषिजन्य वस्तुओं की कीमतों को इसने कृषि को अलाभकारी बनाने का काम किया, विशेषकर लघु और मध्यम आकार की खेती की भारी संख्या के लिए, बहुत ज्यादा कम कर दिया।

कृषि कीमतें खेतों के आकार से असम्बद्ध नहीं हो सकती हैं। बड़े आकार के कृषि फार्म पर उत्पाद की प्रति इकाई छोटा लाभ भी किसान की गृहस्थी को तुलनात्मक समृद्धि में रखने के लिए भारी राशि जुटा सकता है। इसके विपरीत छोटे किसानों को कुल पैदावार की छोटी राशि के लाभ से ही काम चलाना पड़ता है। स्वाभाविक रूप से, जब तक उत्पाद या पैदावार की प्रति इकाई निवेश से प्राप्त होनेवाली राशि पर्याप्त नहीं होती है, खेती गैर-आर्थिक बन जाएगी। दूसरी चीजों की समानता की तरह, भारत अमेरिका और कनाडा जैसे देशों के साथ कृषि कीमतों की समानता का प्रयास नहीं कर सकता है क्योंकि अमेरिका और कनाडा में भारत की औसत जोत 2.63 हेक्टेयर के मुकाबले क्रमश: 122.5 हेक्टेयर और 145.2 हेक्टेयर है, अन्तर आंशिक रूप से इस तथ्य से समायोजित होता है कि भारतीय किसान की कमाई अमेरिका या कनाडा के कृषि मजदूरों की कमाई की तुलना में अत्यन्त कम है, लेकिन इस कारक का सामना भारी यंत्रीकरण और कृषि पर भारी सब्सिडी से भी होता है जो अमेरिका में वार्षिक 4 अरब डॉलर के आसपास है। अगर भारतीय किसान अभी तक अपने उत्पादों को प्रतियोगी रूप से बेचने के काबिल है, तो यह इसलिए कि वह निर्वाह मजदूरी पर काम करने के लिए तैयार होता है। ऐसा अभी हुआ है कि ऊर्जा और अन्य निवेशों की बढ़ती कीमतों के कारण अमेरिका के भारी यंत्रीकृत फार्मों को तेजी से अपने उत्पादों को कीमतों को बढ़ाना पड़ रहा है। किसी

मामले में पचास के दशक में जब अमेरिकी की खाद्य कीमत भारतीय खाद्य कीमतों से बहुत ही कम थी, वह स्थिति नहीं थी।

इस तरह, विशाल रियायती आयात का मतलब था, अमेरिका के फार्म उत्पादों की कम कीमतों को भारतीय किसानों पर जबरन लादना। साथ ही भारतीय किसान को फसल बीमा की सुविधा उपलब्ध नहीं है, जिसके कारण भारतीय किसान को अपनी ताजा आमदनी का एक हिस्सा अदृष्ट प्राकृतिक विपदाओं का सामना करने के लिए संचित करना पड़ता है और ये प्राकृतिक विपदाएँ अक्सर आती रहती हैं। भारतीय किसानों को ऋण सुविधा भी उपलब्ध नहीं है। फलस्वरूप, उनकी अपनी बचत भी भविष्य के निवेश का अनिवार्य हिस्सा है। कृषि उत्पादों की कम कीमतों ने भी उन्हें इन सभी संचयों से वंचित कर दिया था। इस तरह कोई अदृष्ट आपातस्थिति उन्हें डुबो दे सकती है। इन परिस्थितियों के तहत नई कृषि तकनीक, जिसमें उच्च निवेश और ज्यादा जोखिम की जरूरत हो, हमारे किसान के लिए कोई विकल्प नहीं बन सकती है। यह आश्चर्यजनक नहीं है कि कृषि मूल्यों को पर्याप्त रूप से ऊँचे स्तर पर पहुँचाने वाले 1966-67 के दुर्भिक्ष वर्षों के बाद ही नई कृषि तकनीक को सबसे ज्यादा प्रोत्साहन मिला तथा सरकारी महकमों में हरित क्रान्ति चर्चा का विषय बनी।

परन्तु भारत के योजनाकारों को सस्ते आयातित खाद्यान्न में बचत और निवेश को बढ़ाने का सबसे बढ़िया माध्यम मिल गया। भारतीय कृषि पर इसका क्या असर पड़ेगा, इसे वे पूरी तरह नजरअन्दाज कर गए। उन्होंने कैंसास के गेहूँ के खेतों में अपना भंडार खोज निकाला था।

खाद्य सहायता के असर के बारे में सभी अमेरिकी अर्थशास्त्री समान रूप से आशावादी नहीं थे। लेस्टर आर. ब्राउन लिखते हैं—

> "1965 की शुरुआत तक यह साफ हो चुका था कि अमेरिका को अपनी नीति बदलनी पड़ेगी। भूख मिटाने और अनचाहे अमेरिकी अधिशेष खाद्य पदार्थों का निपटान करने के माध्यम के तौर पर पीएल 480 के तहत दी गयी खाद्य सहायता ने दोनों समस्याओं को हल्का तो कर दिया, लेकिन समाधान किसी का नहीं किया। कुछ देशों में, उस बिन्दु तक जहाँ स्थानीय किसानों के लिए खाद्य का इस्तेमाल करना अलाभकारी था, यह वस्तुतः गेहूँ और चावल की कीमतों को दबाकर भूख की समस्या को बढ़ा रही थी।"[13]

फोर्ड फाउंडेशन के अर्थशास्त्रियों के पैनल ने भी भारतीय योजनाकारों को कृषि उत्पादन को आत्मसन्तुष्ट नजरिये से देखने के विरुद्ध चेताया था और कृषि का उस दर के तिगुने पर, जिस दर से दूसरी पंचवर्षीय योजना के अन्त में विकास कर रही थी, विकास करने का सुझाव दिया था, लेकिन स्पष्टतः इन चेतावनियों पर ध्यान नहीं दिया गया और कृषि हमारी विकास रणनीति में अन्तिम पायदान पर रही।

इसके भी मजबूत कारण थे कि सरकार क्यों अर्थशास्त्रियों की इन चेतावनियों पर कभी ध्यान नहीं दे पाई। पूँजीपतियों को मजदूरों की मजदूरी को कम करने के लिए सस्ते खाद्यान्न की जरूरत थी। ऐसा खाद्य कीमतों को कम करके ही हो सकता था। इसलिए उनके सोच में पूँजीपतियों का हित सर्वोच्च स्थान पर आ गया। इसके अलावा, उन्हें अन्य सस्ते औद्योगिक कच्चे माल की जरूरत थी जो कृषि से आनेवाले थे। इस नीति के व्यापक असर के बारे में वे या तो उदासीन थे या उन्होंने सोचा था कि बाधाएँ आएँगी तो पार पा लिया जाएगा। इस बीच वे पी एल-480 की दयालु उष्मा 'कृपा' में चैन पा सकते थे।

इस प्रकार शुरू में कृषि को निवेश और प्रोत्साहन के अभाव में अपनी सेहत गिराने के लिए छोड़ दिया गया तथा बाद में जब खाद्य कमी तथा अन्य कच्चे माल की कमी से कृषि वस्तुओं की कीमतें बढ़ गई तो 'जमींदारों' और 'किसानों' के खिलाफ शोर मचा कि वे बेचारे नगरवासियों का दोहन कर रहे हैं।

सारणी-4

1968-69 और अप्रैल 1973 के बीच थोक मूल्यों का सूचकांक[14]

(आधार 1961-62 = 100)

अदद	वजन	1968-69	1969-70	1970-71	1971-72	1972-73	अप्रैल 1973
1	2	3	4	5	6	7	8
खाद्य वस्तुएँ कुल	(14.3)	196.9	196.8	203.9	210.3	239.6	256.7
साद्यान्त	(14.8)	201	208.2	200.8	214.9	247.6	266.1
मदिरा और तम्बाकू	(2.5)	192.5	195	184.9	194.8	232.9	245.4
ईंधन ऊर्जा, प्रकाश और चिकना करनेवाला पदार्थ	(6.1)	148.6	155.1	161.8	172.1	180.1	187.5
औद्योगिक कच्चा माल	(12.1)	157.3	180.1	147.3	191	203.4	244.7
रसायन	(6.7)	169	183.3	188	197	200.6	208.4
मशीनरी और परिवहन उपकरण	(7.9)	132.6	136.3	148	159	168.2	172.3
विनिर्माण कुल	(29.4)	134.4	143.5	154.9	167.1	176.7	185.2
सभी वस्तुएँ	(100	165.4	171.6	181.1	188.4	207	237.7

हालाँकि हम इस मामलों पर थोड़ा वस्तुनिष्ठ तरीके से विचार करें तो देखेंगे कि उपभोक्ता के चौतरफा निचोड़ में किसानों की कोई भूमिका नहीं थी। अक्सर उच्च खाद्य कीमतों के भी वास्तविक लाभार्थी उद्योगपति और शहरी मध्यवर्ग के सगे व्यापारी ही थे। कृषि और अन्य वस्तुओं की कीमतों में वृद्धि का तुलनात्मक अध्ययन इस मामले को सही परिप्रेक्ष्य में रखेगा। सारणी-4 के आंकड़ों का विश्लेषण यह दर्शाता है कि

उत्पादन क्षेत्र में 1968-69 और अप्रैल 1973 के बीच 37.8 प्रतिशत की वृद्धि तथा मशीनरी और परिवहन उपकरण में 30 प्रतिशत की वृद्धि दर्ज हुई है। इसके विरुद्ध खाद्य वस्तुओं में 30.4 प्रतिशत के क्रम की तथा खाद्यान्नों में 32.4 प्रतिशत की वृद्धि दर्ज हुई थी। ये आँकड़े स्पष्टत: बतलाते हैं कि उत्पादन और परिवहन उपकरण ने खाद्यान्नों और अन्य खाद्यान्न वस्तुओं से क्रमश: 50 प्रतिशत और 25 प्रतिशत की ज्यादा वृद्धि दर्ज की है। 1968-69 में खाद्यान्नों का उच्च आधार सूचकांक इस तथ्य के कारण है कि खाद्य कीमतें, जिन्हें कृत्रिम ढंग से विनिर्माण के मूल्यों की तुलना में काफी नीचे रखा गया था, 1961-62 में पी एल-480 गेहूँ की भरमार के कारण 1966-67 की गम्भीर खाद्य कमी के बाद अन्य वस्तुओं के साथ बराबर कर ली थी।

सारणी-5
आधिकारिक थोक मूल्य श्रेणी से तुलना गया खाद्यान्नों के सापेक्ष मूल्यों का सूचकांक[15]

वर्ष	खाद्यानों के सापेक्ष थोक मूल्यों का सूचकांक*
1	2
1950-51	99.3
1951-52	93.6
1952-53	102.1
1953-54	95
1954-55	76.4
1955-56	83
1956-57	96.4
1957-58	96
1958-59	105.6
1959-60	90.7
1960-61	82.6
1961-62	80.9
1962-63	83.2
1963-64	90.8
1964-65	107.1

*यह खाद्यानों की कीमत है जो थोक मूल्यों के आधिकारिक सूचकांक में दर्ज होनेवाली सभी अन्य वस्तुओं के मूल्य स्तर की प्रतिशत के रूप में अभिव्यक्त है। चार वर्षों की अवधि तक पी एल-480 के अन्तर्गत संयुक्त राष्ट्र से गेहूँ[16]

सारणी-5, 1961-62 के वर्ष में कृषि मूल्यों की गिरावट की एक जानकारी देती है। यह देखा जाएगा कि ज्यादातर वर्षों में कृषि मूल्य सामान्य मूल्य सूचकांक के पीछे रह गया है और कभी-कभी यह अन्तर 24 प्रतिशत तक रह गया है। उक्त सारणी में दिए गए इस मूल्य परिवर्तन पर टिप्पणी करते हुए के.एन. राज लिखते हैं :

> "थोक मूल्यों के सरकारी सूचकांक पर आधारित यह श्रेणी केवल दो वर्षों में उन निर्दिष्ट श्रेणियों, अर्थात्1951-52 और 1960-61 के विपरीत दिशाओं में बढ़ी है। यह देखा गया जाएगा...कि इन दोनों वर्षों में खाद्यान्नों का भारी आयात हुआ था। 1951-52 और 196-61 के विपरीत दिशाओं में वर्ण है। यह देखा जाएगा...कि इन दोनों वर्षों में खाद्यान्नों के भारी आयात हुए थे। 1952-52 में ये आयात आपातकालीन 19.0 करोड़ डॉलर का अमेरिकी गेहूँ कर्ज आरम्भिक वर्ष में हुई वार्ता के कारण हुए तथा 1960-61 में चार वर्षों की अवधि के लिए पी एल-480 के अन्तर्गत अमेरिका से 1.6 करोड़ टन गेहूँ की आपूर्ति हेतु मई 1960 के करार के कारण किए गए।[16]

लेकिन जहाँ तक किसान का सम्बन्ध है, थोक मूल्य सूचकांक वास्तविक असमानता को प्रतिबिम्बित नहीं करता है। किसान अपना समान थोक बाजार में नहीं खरीदता है। वस्तुत: यह अक्सर दूसरे या तीसरे चरण में अपना सामान खुदरा बाजार में खरीदता है। पुन: कृषि उत्पादन का थोक मूल्य बिरले मामलों को छोड़कर किसान द्वारा प्राप्त किए गए मूल्यों को प्रतिबिम्बित नहीं करता है। थोक व्यापारी किसान को जिस कीमत का भुगतान करता है उसमें अपने खरीदारी करनेवाले एजेंट का कमीशन तथा अपना मुनाफा जोड़कर थोक मूल्य निर्धारित करता है तथा इसे प्राप्त करता है। प्राय: अक्सर आपात बिक्री के कारण किसान थोक भाव के नीचे अच्छा सौदा करते हैं।

जून 1974 में जब गेहूँ का खरीद मूल्य 105 रुपए प्रति क्विंटल था, गेहूँ अधिशेष क्षेत्र में अवस्थित दिल्ली में इसका थोक मूल्य 158 रुपए प्रति क्विंटल तथा खुदरा मूल्य 161 रुपए प्रति क्विंटल निर्धारित किया गया। उचित मूल्य की दुकानों ने भी अपने यहाँ जमा गेहूँ को 127 रुपए प्रति क्विंटल बेचा। उपभोक्ता को खुले बाजार में जो वास्तविक मूल्य अदा करना पड़ा वह 200 से 225 रुपए प्रति क्विंटल से ज्यादा था, लेकिन किसान जिस उपभोक्ता द्वारा अदा किए गए मूल्य का केवल 50 प्रतिशत से 66 प्रतिशत के बीच ही मिलता है, वह इस तमाम वृद्धि के लिए जवाबदेह बना दिया जाता है।

इसके विपरीत उस बाजार की वास्तविक स्थिति, जिससे किसान अपना सामान खरीदना है, निम्नलिखित अखबारी रपट में प्रतिबिम्बित हुई है। यह लुधियाना का समाचार है जो कि बड़े खाद्य उत्पादक क्षेत्र का एक नगर है : "लुधियाना, जून 11 (1974) : यहाँ के ग्रामीण और शहरी क्षेत्रों के खुले बाजार में साबुन, वनस्पति,

केरोसिन तेल, मोटा कपड़ा, खाना बनाने वाली गैस, छपाई के कागज, चारकोल, दूध, मौसमी तेल और दूसरी आवश्यक वस्तुएँ उपलब्ध नहीं हैं। लोगों के पास क्षमता नहीं है कि उन्हें काले बाजार से खरीदें। मोटे कपड़ों की कीमतें कम-से-कम तीन गुना बढ़ गई हैं। साबुन जो महज तीन सप्ताह पहले 4.50 रुपए प्रति किलोग्राम बिक रहा था, अब 6.50 रुपए प्रति किलोग्राम बिक रहा है।"[17]

कृषि क्षेत्र के अधिकांश नगरों की यह स्थिति है। ग्रामीण बाजारों में तो यह स्थिति मूल्यों में वृद्धि होने पर और बुरी होती है। 1973 रबी मौसम के दौरान किसानों को तय मूल्यों के दोगुने या तिगुने पर खाद खरीदना पड़ा था। इसके विपरीत किसानों को अक्सर बन्दूक की नोक पर उस दर से अपने उत्पाद बेचने के लिए बाध्य किया जाता है जो मनमाने ढंग सरकार द्वारा खरीद मूल्य के रूप से निर्धारित किया गया होता है। इस तरह उन्हें दोहरा संकट झेलना पड़ता है, अर्थात् बेचने और खरीदने, दोनों में ही।

अपने खेत में कड़ी मेहनत करते हुए किसान अपनी वास्तविक आर्थिक दुर्दशा को प्रकाश में लाने के लायक शायद ही होते हैं, लेकिन कभी-कभार जब उनकी स्थिति का अध्ययन किया जाता है तो उससे एक तस्वीर उभरती है जो भूखों मर रहे लोगों की दयनीयता पर मोटे हो रहे धनी लोगों की स्थायी कहानी के पूरी तरह उलट है। इस तरह पंजाब कृषि विश्वविद्यालय के अध्ययन पर आधारित 'टाइम्स ऑफ इंडिया' की एक रपट उस राज्य के किसानों की वास्तविक आर्थिक हालत के बारे में कुछ विचार पेश करती है जो देश में सबसे ज्यादा समृद्ध कृषि राज्य है :

> "जबकि खाद्यान्नों के खरीद मूल्य गत छह वर्षों के दौरान लगभग स्थिर रहे हैं, कृषि निवेशों का मूल्य सूचकांक 1967 में 100 से बढ़कर 1972 में 141.28 हो गया...यह अध्ययन मुख्य रूप से गत कुछ वर्षों के दौरान किसानों द्वारा अपनी खेती पर किए गए भारी निवेशों के कारण उनकी बढ़ती ऋणग्रस्तता पर रोचक प्रकाश डालता है। इस राज्य में सहकारिता ऋण और तकावी ऋण के रूप में बकाया की राशि 1967-68 में 55 करोड़ रुपए, 1971 में 117 करोड़ रुपए हो गई।"[18]

कृषि निवेशों में अत्यधिक वृद्धि के इस रुझान को उपर्युक्त रपट के छपने के ठीक एक साल बाद छपी एक दूसरी अखबारी रपट प्रकाश में लाती है :

> "यू.एन.आई. की रिपोर्ट के अनुसार, कृषि मंत्रालय के स्रोतों के मुताबिक गत तीन वर्षों के दौरान आवश्यक कृषि निवेशों की कीमत 40 से 50 प्रतिशत बढ़ गई है। उनके मूल्य खाद्यों, अमोनियम सल्फेट, यूरिया और अमोनियन नाइट्रेट की कीमतें फरवरी 1971 से 17 प्रतिशत तक बढ़ गई हैं। 1961-62 के आधार वर्ष के साथ कीटनाशकों की कीमत 1971 के 28.7

के सूचकांक से छलाँग लगाकर इस साल के फरवरी में 180.4 हो गई। यह वृद्धि 40 प्रतिशत की थी। गत तीन वर्षों में डीजल और मोबिल की कीमतों में भी क्रमश: 34 प्रतिशत और 57 प्रतिशत की वृद्धि हुई। कृषि उपकरणों की कीमतों में 86 प्रतिशत की सबसे ज्यादा वृद्धि दर्ज की गई।[19]

लेकिन उपर्युक्त रपट के एक महीने के भीतर ही खाद की कीमतों में 90 प्रतिशत की वृद्धि हुई और ट्रैक्टर की कीमतों में 20 से 30 प्रतिशत की वृद्धि हुई।

रोचक तो यह है कि जब कृषि मूल्यों में वृद्धि का रुझान दिखा तो सरकार ने अनाज की कीमतों को रोकने या कम करने का हर प्रयास किया, लेकिन जब खाद्य मूल्य गम्भीर रूप से अर्थव्यवस्था डराते हुए गिर रहे थे, तो इसके लिए कुछ नहीं किया गया। वस्तुत: कृषि मूल्यों को बाँधकर रखने के लिए थोक खाद्य व्यापार में सरकारी उपक्रम को भी आजमाया गया। हालाँकि जब खाद्य कीमतों गिरावट पर थीं और यह समय सरकारी थोक व्यापार शुरू करने के लिए सबसे बढ़िया था, तब वह कदम नहीं उठाया गया। यदि इसे आजमाया गया होता तो किसानों को आपात बिक्री के विरुद्ध संरक्षण दिया जा सकता था तथा भविष्य की कमियों के विरुद्ध ठोस भंडारण का निर्माण किया जा सकता था। वर्षों से कृषक आबादी और खुदरा व्यापारी भी उस अलगाव को हटाते हुए, जो अभाव की स्थितियों के तहत सरकारी व्यापार लागू करने पर हो गया था, खाद्यान्न व्यापार की नई प्रणाली के अभ्यस्त हो गए होते, लेकिन कृषि को लाभ पहुँचाने से सम्बन्धित मामलों में इसकी कंजूसी बरतने के कारण यह विचार तब नहीं आजमाया गया, जब किसानों के इसकी सबसे ज्यादा जरूरत थी।

इस नीति का परिणाम यह हुआ कि ग्रामीण क्षेत्र की कमाई में अपनी आबादी के अनुरूप कोई सुधार नहीं हुआ है। यद्यपि ग्रामीण क्षेत्र से शहरी क्षेत्र की आबादी में इसका स्थानान्तरण हुआ है अर्थात् 1961 में 18 प्रतिशत से 1971 में 19.9 प्रतिशत, ग्रामीण आबादी बड़ी तेजी से फैल रही है। अधिकांश ग्रामीण मजदूर जीविकोपार्जन के लिए कहीं जाते हैं और वहाँ रास्ता बन्द हो जाता है तो वे पुन: सुरक्षा के संकीर्ण आधार के रूप में अपने गाँव की ओर देखते हैं, यद्यपि यह जो जीवन देता है वह घुटनभरा और गरीबी का होता है। इस तरह 1971 की ग्रामीण आबादी 1961 की भारत की कुल आबादी के बराबर हो गई थी।

सारणी-6 में दिए गए इस अवधि के दौरान के कृषि और गैर कृषि क्षेत्र के बीच के आय वितरण को देखें।

यह देखा जाएगा कि जिस वक्त ग्रामीण से शहरी क्षेत्र में आबादी का स्थानान्तरण 1.9 प्रतिशत हो गया है, ग्रामीण से शहरी क्षेत्र में आप का स्थानान्तरण 7.2 प्रतिशत है, लेकिन यदि कृषि आय में कुल वृद्धि अभी भी ज्यादा है तो यह अनिवार्य ग्रामीण जनता के जीवन स्तर में किसी प्रकार की गिरावट नहीं ला सकती है, लेकिन आँकड़े इस तरह की आशा को झुठलाते हैं।

सारणी-6

चालू और नियत मूल्यों में भारी मदों के अनुसार राष्ट्रीय आय

(पुनरीक्षित श्रेणी)[20]

(करोड़ रुपयों में)

उद्योग	1960-61		1965-66		1968-69		1969-70		1970-71
	A	B	A	B	A	B	A	B	
1	2	3	4	5	6	7	8	9	10
कृषि, वाणिकी जमाव	6,821	6,821	9,945	6,464	14,502	7,544	15,614	7,825	—
और मत्स्यपालन	(51.3)	(51.3)	(48.2)	(43.0)	(43.0)	(44.2)	(50.1)	(44.1)	—
खनन और विनिर्माण,	2,688	2,688	4,384	3,612	5,596	3,940	6,207	4,159	—
निर्माण और बिजली	(22.2)	(20.2)	(21.3)	(24.1)	(19.5)	(23.1)	(20.1)	(23.2)	—
गैस और जल आपूर्ति									
परिवहन, संचार व वाणिज्य	1,870	1,870	3,165	2,463	4,445	2,740	4,784	2,883	—
	(14.1)	(14.1)	(15.3)	(16.4)	(15.3)	(16.1)	(15.4)	(16.1)	—
अन्य सेवाएँ	1,987	1,987	3,292	2,634	4,393	3,009	4,757	3,165	—
	(14.9)	(14.9)	(16.0)	(17.4)	(15.3)	(17.6)	(16.2)	(14.9)	

1	2	3	4	5	6	7	8	9	10
वास्तविक घरेलू उत्पाद	13,366	13,366	20,786	15,173	28,936	17,273	31,432	18,132	—
	(100.6)	(100.5)	(100.8)	(101.0)	(100.9)	(101.0)	(100.8)	(101.0)	—
देश के बाहर से वास्तविक तत्व आय	(-)72	(-)72	(-)165	(-)152	(-)258	(-)176	(-)258	(-)177	—
तत्व कीमत पर वास्तविक	13,294	13,294	20,621	15,021	28,668	17,057	31,174	17,955	18,755
राष्ट्रीय उत्पाद	(100.0)	(100.0)	(100.0)	(100.0)	(100.0)	(100.5)	(100.0)	(100.0)	
रुपये में प्रति व्यक्ति आय	306.3	306.3	426.1	310.4	554.7	329.9	589.3	339.4	387

A. चालू मूल्यों पर B. नियम मूल्यों (1960-61) पर

नोट : कोष्ठकों में दिए गए अंक वास्तविक राष्ट्रीय उत्पाद की प्रतिशतता है।

1971 की जनगणना के अनुसार, ग्रामीण क्षेत्र की आबादी 43.9 करोड़ थी। 1961 और 1971 के दशकों के बीच दर्ज की गई 2.4 प्रतिशत से थोड़ा ऊपर की औसत विकास दर पर विचार करने से यह आबादी 1970 में 42.8 करोड़ के लगभग हो गई होती। ग्रामीण क्षेत्र की यह तद्नुसार आबादी वर्ष 1961 में 36 करोड़ होती। इसलिए 1960-61 के मूल्य पर वर्ष 1960-61 और 1969-70 में कृषि क्षेत्र में प्रति व्यक्ति आय क्रमश: 189.5 रुपए और 184.1 रुपए होती। यह पूरे राष्ट्र के लिए 33 रुपए की प्रति व्यक्ति वृद्धि के मुकाबले 5 रुपए प्रति मद की गिरावट को दर्शाता है। दो क्षेत्रों में जनसंख्या के बोझ पर विचार करते हुए गैर-कृषि क्षेत्र की वृद्धि को औसत प्रति व्यक्ति आय में वृद्धि के मद बहुत ठोस होना चाहिए।

यह हमारे सरकारी अर्थशास्त्रियों की देश की वास्तविकता से सम्पूर्ण अलगाव का एक पैमाना है कि उसी वर्ष में जब जनगणना ग्रामीण क्षेत्र के दरिद्रीकरण की तस्वीर प्रकट कर रही थी, ए.एम. खुसरो ने सितम्बर 1971 के आरम्भ में जापानी शोध केन्द्र द्वारा आयोजित एक सम्मेलन में पढ़े गए अपने पर्चे में उल्लास से भरी निम्नलिखित टिप्पणियाँ की थीं :

> ...प्रगति के क्षेत्र में सभी वर्गों और श्रेणियों के भारतीय किसानों ने जो लाभ हासिल किया है, उसमें निश्चित तौर पर आशंकाएं घटी हैं। दरअसल, दो शब्दों से भारतीय राजनीति में बनी स्थिरता को अब विस्तार से बदलाव के इस युग में स्थायी रूप से उभर रही कृषि सम्बन्धी समृद्धि के शब्दों में व्याख्यायित किया जा सकता है। अर्थात् इस तथ्य से व्याख्यायित किया जा सकता है कि भारतीय जनसंख्या का 60 से 70 प्रतिशत अपने जीवन और काम करने की स्थितियों में सकारात्मक पूर्ण सुधार का अनुभव करता है और वे ज्यादा-से-ज्यादा विकास की समस्याओं और शायद कम-से-कम गरीबी की समस्याओं से रू-ब-रू हैं।"[21]

यह दावा न केवल जनता के एक छोटे वर्ग की बाबत है जो बड़ी गरीबी के बीच में भी सम्भव हो सकता है बल्कि सभी वर्गों और श्रेणियों की बाबत है। इस हिसाब से विचार करने पर ए.एम. खुसरो का उपरोक्त कथन बड़ा विचित्र लगता है। सम्भवत: वह इस तथ्य से बेखबर थे कि उस वक्त आबादी का लगभग दो-तिहाई हिस्सा गरीबी रेखा के नीचे जीवन बसर कर रहा था और उनमें ज्यादातर लोग ग्रामीण क्षेत्र से थे। इस आशावादिता के तीन वर्षों के भीतर स्थिरता की तस्वीर हवा में उड़ गयी और भारत ऐसी स्थिति में पहुँच गया जहाँ पर आपदा सम्भव दिखती है।

नि:सन्देह, नगरों की बढ़ रही समृद्धि और अपने कृपण और निम्न वजूद के साथ गाँवों (कुछ क्षेत्रों को छोड़कर) के दरिद्रीकरण के बीच के अन्तर को देखने के लिए किसी को इन सब सांख्यकीय जादू की जरूरत नहीं है। एक तरफ हमारे

नगर वैभव और विलासिता में समृद्ध राष्ट्रों के नगरों से प्रतिस्पर्द्धा करते हैं, दूसरी तरफ हमारे गाँव खस्ताहाल घरों, बिन नहाए-धोए बड़े पेटवाले बच्चों और फटे-चिटे कपड़ों में मर्द और औरत जो बिना किसी आशा के वजूद बनाए हुए हैं, के साथ खत्म होने की कगार पर हैं। इस गरीबी और खस्ताहाली की लहरें अपरिहार्य रूप से नगरों में भी दस्तक देती हैं जो अपनी गन्दी बस्तियों और झुग्गियों का निर्माण कर बस जाते हैं जहाँ से नगर अपने आकस्मिक मजदूरों, घरेलू नौकरों, भिखारियों और जहरीली शराब बनाने व बेचनेवालों तथा अपराधलोक के समूचे परिदृश्य को बहाल करते हैं।

इस सबके विरुद्ध यह कहा जा सकता है कि ग्रामीण क्षेत्र का कर दायरा शहरी क्षेत्र के कर की तुलना में खराब रहा है। नि:स्सन्देह इसके थोक पर विचार करें तो ग्रामीण क्षेत्र आनुपातिक योगदान करने में विफल रहा है, विशेषकर जब हम इसकी तुलना उस चीन से करें जिसने विकास के क्षेत्र में लम्बे डग भरे हैं। चीन में ग्रामीण क्षेत्र में टैक्सेशन की घटना कुल राजस्व का लगभग 60 प्रतिशत रही है, लेकिन इस तथ्य को भी खास सन्दर्भ में देखना है। एक चीनी योजना ग्रामोन्मुखी रही है; निर्माण योजनाओं में से बहुतेरी योजनाएँ ग्रामीण समुदायों द्वारा कराई गई थीं जिसमें इस टैक्सेशन में मानवशक्ति और इसकी मजदूरी को शामिल किया गया था जिससे समुदाय को कमाई हुई। भारत में उसी प्रकृति की योजना के द्वारा ऐसे योगदानों पर प्रतिबन्ध लगा दिया गया था। भारतीय स्थिति में, धन का भारी अन्तर होने से, प्रत्यक्ष कर स्वाभाविक रूप से ऊपरी आय वर्ग से सम्बन्धित उन चीजों की संख्या पर निर्भर करता है। इस नजरिए से उन लोगों का अनुपात जो गाँव में रहते हैं तथा जिनके पास कर अदा करने की क्षमता है, काफी कम है क्योंकि ग्रामीण आबादी में जीविका के लिए खेती करनेवाले किसान और भूमिहीन मजदूर शामिल हैं जो अत्यन्त निर्धन हैं।

स्टेटसमैन[22] में प्रकाशित एक खबर के अनुसार, आर्थिक और वैज्ञानिक फाउंडेशन ने अपने अध्ययन में पाया था कि ग्रामीण क्षेत्र में आय 0.79 प्रतिशत घरों की वार्षिक आय 20,000 रुपए से अधिक थी और ऐसे परिवार पंजाब, हरियाणा, राजस्थान महाराष्ट्र, मैसूर और मध्यप्रदेश जैसे कुछ राज्यों में अपेक्षाकृत ज्यादा थे। जुलाई 1962 में राष्ट्रीय नमूना सर्वेक्षण के अनुसार भारत में सभी वर्गों की भूमि की होल्डिंग का लगभग 97 प्रतिशत 10 हेक्टेयर से नीचे की थी और उनमें जो 92 प्रतिशत तो 6 हेक्टेयर[23] से भी नीचे की थी। ऐसे में स्वाभाविक रूप से प्रत्यक्ष करारोपण का ज्यादा स्थान नहीं हो सकता था। ये छोटे आकार की होल्डिंग्स, जिनमें अधिकांश असिंचित कोटि में आती है, किफायती भी नहीं हो सकती थी। जनसंख्या में वृद्धि के साथ होल्डिंग का आकार टुकड़ों में बँट कर और छोटा होता है। राज समिति को भी करारोपण[24] के अन्तर्गत पारिवारिक आय को 2,500 रुपए तक लाने के बाद भी कृषि से अतिरिक्त तौर पर 200 करोड़ रुपए से ज्यादा का

प्राप्त करना सम्भव नहीं लगा था, लेकिन यह तरीका इतना बोझिल साबित हुआ कि यह भी अधिकांश राज्य के लिए व्यावहारिक नहीं था।

दूसरे सन्दर्भों में उदाहरण के तौर पर अप्रत्यक्ष करों के मामले में कृषि आजादी को अपने विशाल आकार की वजह से बड़ा योगदान करना चाहिए था क्योंकि वह उपयोग की लगभग प्रत्येक चीज पर लागू कर रहता है, लेकिन गरीब होने से उनका योगदान ज्यादा नहीं हो सकता है।

लेकिन टैक्स देने की किसानों की अनिच्छा पूरी तरह से गैर-वाजिब नहीं हैं। सरकार से किसानों को जो सुविधाएँ मिलती हैं उन्हें देखते हुए किसानों को लगभग यह यकीन हो चला होगा कि टैक्स के रूप में उनके द्वारा अदा किया जा रहा एक-एक रुपया का यदि 10 पैसा भी सेवा के रूप में उन्हें वापस मिलता तो वे अपने को भाग्यशाली मानते। इस तरह, धूर्त किसान की कहावत को चरितार्थ करते हुए वे टैक्स अदा करने को जायज नहीं मानते। गाँव के विद्यालयों में जो सुविधाएँ मिलती हैं, उनमें ज्यादातर सुविधाएँ केवल कागजी होती हैं। गाँवों में प्राथमिक विद्यालयों की हजारों ऐसी इकाइयाँ हैं जहाँ बच्चे नहीं जाते क्योंकि विद्यालय की न इमारत है, न छत है कि उसके नीचे वे पढ़ सकें। गाँवों में कोई चिकित्सकीय सुविधा नहीं है। गाँवों में चिकित्सकीय सेवा अभी भी ओझा-गुनी और नीम हकीम के भरोसे है। जल निकासी की कोई व्यवस्था नहीं है। गाँव की सड़कें जब तक नगरों से नहीं जुड़ती हैं, सरकार के लिए चिन्ता का विषय नहीं होतीं। सामान्यत: ग्रामीण सड़कें दयनीय हालत में रहती हैं। बिजली और पानी के लिए, सिंचाई के लिए उन्हें अलग से ज्यादा पैसा चुकाना पड़ता है।

इस सिलसिले में विचार का एक और तत्त्व है। केन्द्र या राज्य सरकार को जो राजस्व मिलता है उसका अधिकांश भाग गैर-विकास मदों पर खर्च होता है। इसका मतलब, उसका अधिकांश भाग रखरखाव और सरकारी नौकरशाही की विशाल फौज के वेतन और भत्ता बिलों पर खर्च होता है। इस तरह शहरी क्षेत्रों के निवासियों द्वारा एक या दूसरे रूप में अदा किया गया टैक्स उन्हें वापस मिल जाता है या उनके कल्याण पर प्रत्यक्ष रूप से खर्च किया जाता है। नि:सन्देह टैक्स की यह वापसी पक्षपातपूर्ण तरीके से की जाती है। यह पक्षपात क्षमतावान और गैर-क्षमतावान व्यक्तियों के बीच किया जाता है। क्षमतावान व्यक्तियों को ज्यादा सुविधाएँ मिलती हैं। गामीणों को कोई सीधा रिटर्न नहीं मिलता है। उन्हें इसका लाभ तभी मिलता है जब आस-पड़ोस में विशेष विकास का कोई काम होता है। यदि विकास के प्रयास कम हैं या नहीं हो रहे हैं तो ग्रामीण उदारतापूर्वक करों को तभी देखेंगे जब वे शासक को अदा की जानेवाली रवायती मालगुजारी के रूप में हों जिसे परम्परा ने वैध कर दिया है। यहीं एक कदम है कि ग्रामीण क्यों अत्यन्त इच्छापूर्वक लगान को अदा करते थे और करारोपण के दूसरे रूप को अदा करने में पीछे हट जाते हैं।

शेष अर्थव्यवस्था से अपने सम्पर्क के जरिये पदाधिकारी कभी-कभार अपनी उपस्थिति से गाँवों पर कृपा करते हैं, लेकिन वे वहाँ एक दो स्तर में ही कुछ लोक या निजी माँग को लेकर पहुँचते हैं और ग्रामीण राज्य के इन प्रतीकों से कहीं दूरी बनाए होते हैं। गाँव के कुछ धनी व्यक्ति बन पदाधिकारियों से अच्छे रिश्ते बना ले सकते हैं और अपने प्रतिद्वन्द्वियों से निजी हित साधने में अक्सर इन रिश्तों को भुना लेते हैं। इन पदाधिकारियों को दिया गया प्रत्येक सख्त अधिकार, चाहे कर, खाद्यान्न वसूलने का अधिकार हो या सड़क बनाने का हो, अन्तत: व्यक्तिगत लाभ के लिए शोषण का एक जरिया बनकर सामने आता है।

ग्रामीणों को जब यह पता चलता है कि उनके जैसे गरीब लोगों से लिए गए टैक्सों से पदाधिकारीगण काफी सुविधा का जीवन जीते हैं, सरकारी गाड़ियों, आवासों में मस्ती करते हैं तथा लोगों के खर्चे पर निजी सेवकों को रखकर उनकी सेवा लेते हैं, जबकि उनकी अपनी हालत जस की तस बनी हुई है तो जाहिर सी बात है वे अपना पैसा टैक्सों के रूप में देना नहीं चाहते हैं, टैक्स देने के प्रति अनिच्छुक रहते हैं। अधिकांश किसान गाँवों में रहते हैं और उनके पैर न तो दिल्ली में न ही अपने राज्य की राजधानियों में जमे होते हैं। यदि वे टैक्स देने में अपनी अनिच्छा व्यक्त करते हैं तो यह अनिच्छा बढ़ेगी ही, कम नहीं होगी।

2

कोई यह सवाल कर सकता है, कि जब योजना के परिणाम देश की अर्थव्यवस्था के लिए स्पष्टत: इतने घातक रहे हैं तो योजना में विशाल ग्रामीण आबादी के प्रति सम्पूर्ण अनादर क्यों है? इसका सीधा-सा जवाब है कि योजना उन्हीं के मुताबिक होती है जो उसे बनाते हैं; भारतीय योजना शहरी अभिजात्य के दिमाग की उपज रही है स्वाभाविक रूप से योजना ऐसी चीजों के पक्ष में झुकी हुई है जो अभिजात्य वर्ग को पसन्द आते हैं। इस तरह सामान्य निर्धन और खास ग्रामीण जनता की बुनियादी आवश्यकताओं में कटौती होती रही है।

अभिजात्य वर्ग के खातिर योजना

कृषि और खाद उत्पादन की खस्ताहाली हम पूर्व में ही देख चुके हैं। सारणी-7 में दी गई कुछ अन्य चीजों के उत्पादन का प्रदर्शन इस योजना में निहित पूर्वग्रह पर कुछ प्रकाश डालेगा। चीजों को दो वर्गों में विभाजित किया गया है। ग्रुप-ए के अन्तर्गत वे चीजें हैं जिनका इस्तेमाल सामान्यत: आम लोगों के द्वारा सीधे किया जाता है, मसलन सूती कपड़ा, चीनी या साइकिल या फिर छोटी उत्पादक इकाइयों के लिए होता है, मसलन डीजल इंजन या डीजल पम्पिंग सेट। इस ग्रुप में रेल के डिब्बे भी शामिल हैं जो साधारण मनुष्यों के परिवहन के मुख्य माध्यम हैं या फिर इनका इस्तेमाल आर्थिक जीवन के लिए जरूरी चीजों के लिए होता है। दूसरी तरफ, ग्रुप-बी में वे चीजें हैं जो कुल मिलाकर समर्थ लोगों या शहरी मध्यवर्ग के द्वारा उपयोग में लाई जाती है। इसका उल्लेख करना रोचक है कि चतुर्थ पंचवर्षीय योजना के आरम्भ के साथ ग्रुप-ए की चीजें उत्पादन में कमी दर्शाती हैं जबकि ग्रुप-बी की चीजें अपने उत्पादन में नियमित प्रगति दर्शाती हैं। हालाँकि इस सूची में टीवी और एयरकंडीशनर जैसी नई चीजें जो साल-दर-साल समृद्ध लोगों की गृहस्थी सूची में जुड़ती जा रही हैं और देश के सीमित संसाधनों को तेजी से खत्म कर रही हैं, विदेशी मुद्रा सहित शामिल नहीं है।

सारणी-7
चुनिन्दा उद्योगों के उत्पादन[1]

उद्योग	1950-51	1960-61	1965-66	1969-70	1970-71	1971-72
1	2	3	4	5	6	7
ग्रुप A.						
कोयला (लाख टन)	3.28	557	703	800	743	741
रेल डिब्बा (000 नं.)	2.9	11.9	33.5	14.9	11.1	8.6
विद्युत चालित पम्प (000 नं.)	35	109	244	359	259	238
साईकिल (000 नं.)	33	30.3	430	340	285	312
डीजल इंजन स्टेशनरी (000 नं.)	5.5	44.7	93.1	134.2	65.7	70.4
सूती वस्त्र (करोड़ मीटर)	421.5	673.8	744	755.3	758.6	N.A.
चीनी (अक्टू.-सित.) (लाख टन)	11.3	30.3	35.1	42.6	37.4	31.7
ग्रुप B						
सवारी कार इत्यादि (000 नं.)	7.9	26.6	35.4	44.3	46.7	51.8
मोटर साईकिल और स्कूटर (000 नं.)	—	19.4	40.7	91.0	97.0	112.8
बिजली पंखा (लाख नं.)	2	10.6	13.6	15.5	17.1	20.8
रेडियो रिसीवर (000 नं.)	54	282	606	1,746	1,794	2,004
रेयॉन धागा (000 टन)	2.1	43.8	75.6	98.8	98.1	N.A.
कला रेशम तन्तु (करोड़ मीटर)	28.7	54.4	87.8	86.8	94.7	N.A.

हमारी योजना का यह स्वरूप इसलिए बना क्योंकि इसके रचयिता ऐसे अभिजात्य थे, जिनका आम आदमी की रोजमर्रा की जरूरतों से कोई लेना-देना नहीं है। चीन ने अलग रास्ता अपनाया जो उस चीनी आन्दोलन से निकला था, जिसका चरित्र अनिवार्य रूप से ग्रामीण रहा था। माओ स्वयं एक किसान परिवार से आते थे और उनके मन में शहरी बुद्धिजीवियों, नौकरशाहों और टेक्नोक्रेटों के बारे में गहरा अविश्वास था। चीनी कम्युनिस्ट पार्टी में ही माओ को उन लोगों से अथक लड़ाई लड़नी पड़ी जो शहरी बुद्धिजीवियों का राज स्थापित करना चाहते थ। माओ के मनोभावों की व्याख्या करते हुए रिचर्ड एच. सोलोमन लिखते हैं :

> "अपने छात्र जीवन से माओ ने बहुत से सबक सीखे थे। उनमें से एक चिरस्थायी सबक था, बुद्धिजीवियों के सामाजिक स्तर और गरीबी तथा अन्याय से पस्त देसी किसान के बीच खाई। इसका एक रूप शहरों में

> पले-बढ़े लोगों और उनके ग्रामीण हमवतनों की जीवनशैली में अन्तर में दिखता था। हालाँकि इसका सबसे बुनियादी रूप बुद्धिजीवियों की मेहनत-मजदूरी करनेवालों के प्रति हिकारत में दिखता था, जो लाखों चीनी किसानों के जीवन में शारीरिक श्रम और असुरक्षा से ऊपर उठने की भावना से निकलता था।[2]

किसानों की समस्याओं के बारे में यह सरोकार अंशत: उसके अपने निजी अनुभवों से पैदा हुआ था। जापानी युद्ध तथा गृहयुद्ध के दौरान यह सरोकार एक दृढ़ संकल्प में बदल गया। इस दौरान माओ का जीवन गाँवों में गुजरा था। संघर्ष करते हुए उसे गाँवों के आर्थिक जीवन को भी संगठित करना पड़ा था ताकि किसानों के जीवन की आवश्यकताओं को पूरा किया जा सके। ऐसा करना इसलिए भी जरूरी था क्योंकि लाल सेना भी किसानों पर आश्रित थी। दूसरी तरफ, खयाली पुलाव पकानेवाले भारतीय नेताओं ने उस धरती को ही भुला दिया जिससे कोई योजना आगे बढ़ सकती थी क्योंकि इस देश में 80 प्रतिशत लोग गाँवों में रहते हैं।

कृषि क्षेत्र की ऐसी घोर उपेक्षा बिना किसी बड़े मकसद के नहीं हो सकती, वह भी एक ऐसे देश में जहाँ इस क्षेत्र से प्रत्येक 5 में से 4 लोग जुड़े हुए हों। यह विशेषकर इसलिए हुआ है कि शासकों को हर कुछ वर्ष पर जनता का वोट लेना पड़ता था जिनमें ग्रामीणों का वर्चस्व है। ऐसा मकसद अंशत: स्वाधीनता आन्दोलन के नेताओं की सामाजिक पृष्ठभूमि से पैदा हुआ होगा, जो बाद में देश के शासक बन गए। इसकी एक व्याख्या दूसरे देशों के औद्योगीकरण में भी तलाशी जा सकती है और देश से उस रास्ते पर चलनेवाले देश भी वही अपना रहे है।

अन्य जगहों की तरह भारत में राष्ट्रीय आन्दोलन का नेतृत्व अनिवार्य रूप से शहरी मध्यवर्ग था, लेकिन जब तक यह आन्दोलन अपनी माँगों के पीछे किसान जनता की विशाल भीड़ को नहीं जोड़ता तब तक यह अंग्रेजों पर अत्यधिक दबाव नहीं बना सकता था। इसलिए धीरे-धीरे उसका आधार फैलता गया। गांधी के नेतृत्व में उसने अहिंसक प्रतिरोध के विपरीत भारत में स्वाधीनता एक समझौते की तरह हासिल हुई जबकि चीन और वियतनामा में साम्राज्यवादी शक्तियों की कठपुतलियों के संघर्ष के कारण किसानों की माँगें पहले मोर्चे पर थीं। इसने किसानों की भागीदारी को सतही बना दिया क्योंकि संघर्ष के रास्ते को छोड़ दिया था। तीस के दशक में किसानों के जनान्दोलन के बढ़ते दबाव के तहत कांग्रेस ने नि:सन्देह कुछ प्रस्ताव लिए थे जिनमें जमींदारी उन्मूलन के वचन के साथ-साथ किसानों के शोषण के अन्य तरीकों को खत्म करने का वचन शामिल था, लेकिन संगठनात्तक नेतृत्व मजबूती से शहरी अभिजात्य के हाथों में ही रहा।

1947 के बाद इस नेतृत्व को किसानों के लिए बहुत थोड़ा उपयोग था, सिवाय मुख्यत: पारम्परिक अपील पर आधारित वोट के।

इन नेताओं में एकमात्र गांधी थे जिन्हें ग्रामीण जनता का अहसास था। उन्होंने स्वयं को ग्रामीण जनता क साथ पहचाने जाने का प्रयास किया, लेकिन उन्होंने देश के आर्थिक विकास के लिए कभी कोई विस्तृत रूपरेखा तैयार नहीं की। ग्राम स्वराज्य और आर्थिक विकेन्द्रीकरण का उनका विचार बहुत अस्पष्ट था। इसे अर्थव्यवस्था को पुनर्निमाण करने के प्रयासों में प्रत्यक्ष भागीदारी के जरिये विकसित होने तथा जोर व ताकत हासिल करने का अवसर नहीं मिला। उनकी समूची सोच का मुख्य जोर निस्सन्देह, नगरों से हटकर ग्रामीण जनता, विशेषकर गरीब किसानों भूमिहीन मजदूरों और हरिजनों पर था, लेकिन गांधी के आशीर्वाद से सरकार की बागडोर पाए नेहरू के मन में गांधी के आदेशों के प्रति बहुत कम सहानुभूति थी। गांधी स्वयं उस परिदृश्य से अलग-अलग पड़ गए थे जहाँ बड़े-बड़े आर्थिक फैसले लिए जा रहे थे। 1946 से ही भारतीय राष्ट्रीयता साम्प्रदायिक उन्माद में फँस गई थी और इस आपदा ने गांधी की सारी ऊर्जा को अपनी ओर खींच रखा था। 1948 के आरम्भ में तो वे पूरी तरह राष्ट्रीय परिदृश्य से कट गए। वे तब भी बर्बरता को रोकने के संघर्ष में जुटे थे। अब आगे प्रथम राष्ट्रीय सरकार के सत्ताहीन लोग राष्ट्र को समृद्ध नगरों की छवि में तराशने के लिए आजाद थे।

नेहरू आधुनिक थे और आधुनिकीकरण के पैरोकार भी, लेकिन इसका मतलब, लाखों गाँवों का आधुनिकीकरण नहीं था। यह एक दीर्घकालीन और मुश्किल भरा काम हो जाता। उन्हें कुछ ही वर्षों में पश्चिम के बराबर होना था। इसका संक्षिप्त रास्ता था, केवल कुछ निश्चित क्षेत्रों का ही आधुनिकीकरण कर दिया जाए। आधुनिकता का यह विचार शहरी धनी लोगों के, जिनके कि नेहरू सच्चे प्रतिनिधि थे, को गौरवान्वित करता था। राष्ट्र के प्रथम प्रधानमंत्री और विदेश मंत्री के रूप में उन्हें कम समय में परिणाम हासिल करना था ताकि वह इसे गर्व से उन विदेशी गणमान्य व्यक्तियों को दिखा सकें जिनकी प्रशंसा में ही भारत के नए अभिजात्य वर्ग का आत्मसम्मान वास करता था। उनके पूरे शासनकाल के दौरान विदेशी गणमान्यों के स्वागत में भव्य तैयारियाँ चलती रहती थीं। वे आते थे, देखते थे और भारत की 'शानदार' उपलब्धियों से अभिभूत हो जाते थे। वे भारत के आतिथ्यभाव से भी गहरे प्रभावित होते थे। हिन्दुस्तान एयरोनॉटिक्स, हिन्दुस्तान इलेक्ट्रॉनिक्स, दुर्गापुर, भिलाई, अप्सरा, भाखड़ा नांगल, जो भारत की प्रगति में मील के पत्थर थे, इनके निर्माण में उन लोगों ने खुद मदद की थी।

भारत ने नेहरू और उनके उत्तराधिकारी प्रधानमंत्रियों के कार्यकाल में प्राथमिकताओं के मुद्दे पर अपनी इच्छा स्पष्ट कर दी थी। इसे सभी साधन-

सम्पन्न लोगों के लिए वे सुविधाएँ मुहैया करानी थीं जो अन्य विकसित देशों के साधन सम्पन्न लोगों को सुलभ हैं। इसलिए इसे यथाशीघ्र औद्योगिक आधार खड़ा करना था। गांधी के विचार अभी भी कुछ लोगों के जेहन में थे, इसलिए खादी बोर्ड और हस्तशिल्प बोर्ड की स्थापना हुई जोकि जीवन की मुख्यधारा के किनारे पर ससरता रहा, लेकिन भारत को मुख्य रूप से मोटरकार, रेडियो सेट्स, टीवी सेट्स, रेडियो और टीवी स्टेशन, बहुमंजिले सुविधा सम्पन्न मकान, एयरकंडीशनर, रेफ्रिजरेटर और जीवन की सभी अन्य वस्तुओं का निर्माण करना था। धारणा यह थी कि भारत जैसे-जैसे विकास करेगा, अधिक-से-अधिक लोगों के पास ये चीजें होती जाएँगी जैसा कि पश्चिम में हुआ था। यह एक आश्चर्यजनक योजना थी, लेकिन इसके आकलन से दो तत्त्व गायब थे : समय और जनसंख्या। इस प्रक्रिया को वर्तमान दर से समाज के निचले स्तरों तक पहुँचने में सदियाँ लग जातीं और वास्तव में यह उसके नजदीक कहीं कभी पहुँचा ही नहीं क्योंकि बढ़ती जनसंख्या का अर्थव्यवस्था की विकास दर को पीछे छोड़ना जारी रहा।

अभी भी जब इस सोच का भुलावा अधिक-से-अधिक साफ होता जा रहा है। योजना की प्राथमिकताओं और पूरी प्रक्रिया को जाँचने का कोई प्रयास नहीं हो रहा है। इसके कारण स्पष्ट हैं। शहरी धनी वर्ग, नौकरशाह, नेता, विशेषकर वे लोग, जो निर्णय लेनेवाली समितियों के सबसे ज्यादा नजदीक हैं, इस आधुनिक रहन-सहन का स्वाद चख रहे हैं। ये ही वे लोग भी हैं जो विदेशियों के घनिष्ठ सम्पर्क में आए और भौतिक स्तर पर उनके साथ बराबरी करना चाहते थे। इसलिए जब गम्भीर स्थिति पैदा होती है तो जहाँ-तहाँ केवल अस्थायी सुधार किया जाता है। यह योजना को पैबन्द लगी रजाई जैसा बना देता है, उस विलक्षण प्रकृति का बना देता है जिसका कोई साफ उद्‌देश्य या पैटर्न नहीं होता है।

जब नगरों ने अपनी-अपनी गाड़ी को पश्चिम के चमचमाते महानगरों की ओर मोड़ा तो ग्रामीण भारत को ऐसे में भूल जाना ही था। ये सब सभी सभ्यताओं की समय-सम्मानित परम्परा के साथ बहुत बढ़िया ढंग से जुड़े थे। आखिरकार अधिकांश मानव इतिहास के दौरान नगर असीमित 'अँधेरे' के क्षेत्र के अन्दर 'प्रकाश' के एक छोटे-से घेरे का प्रतिनिधित्व करता था। हड़प्पा, मोहनजोदड़ो, रोम और बेबिलोन सभी चमके जबकि गुलाम इन्हें इनके आधुनिक उद्योग की व्यवस्था करने के लिए भोजन, खनिज, लवण और पत्थर जुटाने हेतु बाँधों पर, खानों में या खेतों में कड़ी मेहनत करते थे : क्या यह आधुनिक उद्योग पूर्व-औद्योगिक कृषि अर्थव्यवस्था की लूटपाट से दूसरी जगह नहीं लगाया जा चुका था? इसमें कोई सन्देह नहीं है कि भारत के योजनाकारों ने मार्क्स को पढ़ा था और जिस समय वे पूँजीवादी नैतिकताओं में जुड़े हुए थे, निश्चित रूप से उनके पास

मार्क्सवादी पदावली से भरा हुआ एक शस्त्रागार था और मार्क्सवादी विचारधारा से दिशा निर्देशित होने का बहाना भी था। आदिम संचय की प्रक्रिया के बारे में मार्क्स ने खुद लिखा था :

> "आदिम संचय के इतिहास में सभी क्रान्तियाँ युग निर्माणकारी होती हैं जो निर्माण के क्रम में पूँजीवादी वर्ग के लिए उत्तोलक का काम करती हैं, लेकिन सबसे बढ़कर वे क्षण हैं जब मनुष्यों के बड़े समूह को अचानक और जबरन उनकी जीविका के साधन से अलग कर दिया जाता है, और श्रम बाजार में आजाद और 'असम्बद्ध' सर्वहाराओं के रूप में फेंक दिया जाता है। जमीन से किसानों के कृषि उत्पाद की बेदखली इस पूरी प्रक्रिया का का आधार हैं। इस बेदखली का इतिहास भिन्न-भिन्न देशों में भिन्न-भिन्न पहलू धारण कर लेता है और भिन्न-भिन्न समय पर घटना के भिन्न-भिन्न क्रमों में यह अपने अनेक चरणों से होकर गुजरता है। अकेले इंग्लैंड, जिसे हम अपने उदाहरण के रूप में लेते हैं, इसका श्रेष्ठ रूप है।[3]

मार्क्स ने जो एक तरह का ऐतिहासिक विश्लेषण प्रस्तुत किया था, वह भारत में अनगिनत किसानों का प्रारब्ध होना था। कृषि की कीमत पर विकसित हो रहे उद्योग के इस मॉडल को न केवल पूँजीवादी रास्ते से विकसित ब्रिटेन और जापान के इतिहास से ही समर्थन मिला, बल्कि समाजवादी होने का दावा करनेवाले सोवियत संघ के इतिहास से भी समर्थन मिला। काफी उत्सुकता से भारतीय योजनाकार भी मिश्रित पूँजीवादी अर्थव्यवस्था से शुरू कर धीरे-धीरे उस पैटर्न पर चले गए जिसे वे समाजवादी पैटर्न कहते थे और इसके बाद 'समाजवाद' की ओर मुड़ गया, लेकिन ग्रामीण अर्थव्यवस्था या कुल गिलाकर योजना के प्रति उनके व्यवहार में कोई बदलाव नहीं आया। सम्भवत: विकास के पूँजीवादी और सोवियत रास्ते, दोनों में ही उनके किसान विरोधी रुझान को समर्थन मिलता था, इसलिए आसानी से उन्होंने इसे अपने नीति मार्गदर्शक के रूप में थाम लिया।

पूँजीवादी मॉडल : इंग्लैंड और जापान

इस तरह के पूँजी निर्माण का उत्कृष्ट उदाहरण था इंग्लैंड, जिसकी तरफ मार्क्स उपर्युक्त पंक्तियों में ध्यान आकृष्ट करते हैं। यह देश औद्योगिक आन्दोलन का भी केन्द्र था। इसने अनोखे तरीके से कृषि क्षेत्र के भीतर उत्पादन के सामन्ती तरीके से बुर्जुआ तरीके में रूपान्तरण की समस्या का समाधान किया था। फ्रांसीसियों ने यह बदलाव किसान वर्ग की मुक्ति से किया था। अंग्रेजों ने, जिनके देश में

फ्रांस से पहले यह बदलाव हुआ था, इसे कुल मिलाकर किसान वर्ग को किसी महत्त्व के वर्ग के रूप में खत्म करके किया। औद्योगिक क्रान्ति के लगभग दो सदी पहले शुरू हुए घेराव आन्दोलन ने अचानक सत्रहवीं सदी में किसान आन्दोलन के उदय के साथ तेज गति को धारण कर लिया। संसद के कानून के जरिये और बहुत से मामले में गैर कानूनी तरीके से, बड़े-बड़े जमींदार छोटे-छोटे किसानों की जमीन घेरने और हथियाने तथा कभी-कभार कुछ पैसे देकर और अक्सर बिना पैसे दिए ही छोटे किसानों को उनकी जमीन के छोटे टुकड़े से भगा देने में सक्षम हो गए थे। सार्वजनिक चरागाह, खुली जगह और वनप्रदेश, जो किसानों के सहारे के बड़े स्रोत थे, इन्हें भी घेरावों के अन्दर ला दिया गया। कुटिया में रहनेवाले, जिनके पास कुटिया के पीछे छोटा-सा खेत होता था और जो खेत मजदूर की तरह काम भी करते थे, खाली जमीन पर अनधिकृत रूप से रहनेवाले जिनके पास अपनी थोड़ी-सी जमीन होती थी तथा जो मुख्य रूप से वनप्रदेश के थोड़े-से उत्पादों पर निर्भर रहते थे, सभी को नए विकासशील उद्योगों या जमीन घेर लेनेवालों के नए बड़े खेतों में मजदूर के रूप में जीविका पाने के लिए गाँवों से भगा दिया गया।

अब जमींदारों के लिए खेती की नई तकनीक का इस्तेमाल करते हुए अपने-अपने खेतों में ज्यादा सस्ता और कुशलता से अनाज उगाना सम्भव हो गया। खेतों के उत्पाद और इन बड़े-बड़े खेतों से उगाही गई पूँजी का निवेश इस उद्योग में किया गया जो हर जगह विकसित हो रहा था। कृषि ने भी वस्त्र उद्योग के लिए ऊन तथा शराब के लिए अनाज मुहैया किया, तब जाकर बड़ा उद्योग खड़ा हो पाया। इसके अलावा, जमींदारों अर्थात् जिन्होंने छोटे-छोटे खेतों को हड़पकर विशाल खेत खड़े किए थे, के आ जाने से जो किसान गाँवों से बाहर कर दिए गए थे, वे इंग्लैंड के तेजी से फैलते उद्योगों को चलाने के लिए सस्ते श्रमिक के स्रोत बन गए, लेकिन किसानों तथा खेत के अधिशेष उत्पाद का हनन ब्रिटिश उद्योग की समृद्धि के स्रोत का केवल एक पक्ष ही था। दूसरा पक्ष वह था जो इसके सुदूर स्थिति साम्राज्य के औपनिवेषिक शोषण पर टिका था। मूलत: इसे कपास वेस्ट इंडीज से प्राप्त हो जाता था, जो बाद में अमेरिका के बागानों से मिलने लगा। इसे कच्चा रेशम चीन से मिलता था तथा भोजन और मसाले की चीजें भारत और ईस्ट इंडीज से मिस्र जाती थीं और इन सारे प्रकरणों में ब्रिटेन के आयात इन देशों की पूर्व-पूँजीवादी कृषि अर्थव्यवस्थाओं के उत्पादों की जब्ती पर आधारित थे। ब्रितानी सरकार ने खाद्य वस्तुओं के मूल्यों को कम रखने के लिए बाहर से सस्ता खाद्यान्न आयात करने में संकोच नहीं किया, यद्यपि उसके इस कदम का स्थानीय कृषि पर विपरीत प्रभाव पड़ रहा था। इस नीति ने ब्रिटिश उत्पादक क्षेत्र को दूसरे के उत्पादों के मुकाबले एक प्रतियोगी धार दे दी।

तेज औद्योगिक विकास का दूसरा उदाहरण उस जापान का है। जापान की भौगोलिक और सामाजिक बसावट भिन्न थी। भारतीय दृष्टिकोण से जापानी विकास ज्यादा महत्त्वपूर्ण है क्योंकि उद्योग के क्षेत्र में जापान अपेक्षाकृत देर से आनेवाला देश था और इसके पास अधिकांश अन्य एशियाई राष्ट्रों की तरह जमीन और मनुष्य अनुपात अनुकूल नहीं है। जापान में भी उद्योग का विकास ज्यादातर ग्रामीण जनता के शोषण के आधार पर ही हुआ। जापान में भूमि स्वामित्व और उत्पादन सम्बन्ध के पैटर्न में किसी बदलाव से कोई परिणाम हासिल नहीं हुआ। वह आरम्भिक भूमि पट्टा प्रणाली पूर्ववत जारी रही जब 1883 में जापान ने अपने कृषि और औद्योगिक विकास का काम शुरू किया था। यह काश्तकारी की एक प्रणाली थी जिसमें जमींदारों को जमीन की ज्यादा मालगुजारी अदा की जाती थी, लेकिन जमींदार अपने ढाँचे के अन्तर्गत कृषि उपज को हर तरह का बढ़ावा देते थे और कृषि सुधार के लिए आवश्यक जो बँधे हुए खर्च थे, उतना खर्च करते थे।

जापान में जब शुरू के चरण में सिंचाई पर और बाद में नाली पर विशेष ध्यान दिया गया तो जापान ने कृषि के क्षेत्र में तेज छलाँग लगा ली। 1955 तक सारी कृषि-योग्य भूमि एक या अन्य स्रोत से सिंचाई के अन्तर्गत आ गई थी। सारणी-8 दिखाती है कि नदी-नहरों और तालाबों, दोनों से होनेवाली अधिकांश सिंचाई सुविधाएँ 1911 के पहले विकसित हो चुकी थीं।

मेइजी युग (1868-1911) युग के दौरान नाली प्रणाली का व्यापक प्रसार हुआ था। इससे यह हुआ कि उस जमीन से भी दो फसलें ली जाने लगीं जो जलजमाव वाली और दलदली होने के कारण एक ही फसल देती थी। जमींदारों ने कुछ समय के लिए नई कृषि तकनीकों को बढ़ावा देने में महत्त्वपूर्ण भूमिका निभाई। वे अग्रणी जिलों से अपने क्षेत्र में नई कृषि विधियों की जानकारी देने के लिए विशेषज्ञों को आमंत्रित करते थे। रासायनिक खादों के आगमन के पहले सभी तरह के दूसरी खादों का व्यापक इस्तेमाल होता था तथा चीन से सोयाबीन केक का आयात होता था। ये सब पौधों को ताकत देने के लिए इस्तेमाल में लाए जाते थे।

लेकिन उस समय जब खेती का विकास तेजी से हो रहा था, उद्योग को बढ़ावा देने के लिए कृषि पर ज्यादा कर लाद दिया गया। कृषि भूमि कर सामान्य राजस्व के 80 प्रतिशत से अधिक हो गया था। जमींदार भी उद्योग में निवेश एक अच्छे हिस्से के लिए जवाबदेह हो गए थे। यह सम्बन्ध एक महत्त्वपूर्ण अवधि तक के लिए जारी रखा। बाद में, धीरे-धीरे उद्योग का एक उच्च स्तर तक विकास हो जाने पर करारोपण की घटना दो क्षेत्रों में भी घटित हुई। सारणी-9 से जापान में कृषि और गैर-कृषि क्षेत्रों पर आपेक्षिक कर भारों का अन्दाजा लगता है।

यह देखा जाएगा कि शुरू में कृषि ने दूसरे क्षेत्रों के महज 3 प्रतिशत के मुकाबले आय का 22.1 प्रतिशत तक भुगतान किया। 1933-37 तक भी जापान एक बड़ी

औद्योगिक और सैन्य शक्ति बन गया था, कृषि ने कर के रूप में अपने उत्पाद का 7.8 प्रतिशत भुगतान दिया था जबकि अन्य सभी क्षेत्रों से कुल मिलाकर महज 4.2 प्रतिशत ही कर के रूप में प्राप्त हुआ था।

सारणी-8
तालाबों और नदी सिंचाई सुविधाओं की निर्माण अवधियाँ[4]

सुविधा	अज्ञात	1968 के पहले	निजी युग 1868-1911 पहले	निजी युग 1868-1911 बाद में	कुल	1912 से युद्ध II	युद्ध II के बाद	कुल योग
1	2	3	4	5	6	7	8	9
नदी सिंचाई सुविधाएँ (नहर और मद कार्य)	134	1,177	249	55	304	133	31	1,779
प्रतिशतता	7.5	66.2	14.0	3.1	17.1	7.5	1.7	100
तालाब	3,286	9,279	1,247	450	1,697	2,547	910	17,718
प्रतिशतता	18.5	52.4	7.0	2.6	9.5	14.4	5.1	100

सारणी-9
उगाही आय का प्रत्यक्ष कर-अनुपात
कृषि बनाम गैर-कृषि[5]

वर्ष	कृषि हजार	अनुपात %	गैर-कृषि हजार	अनुपात %
1	2	3	4	5
1889-87	63,522	22.1	9,548	3.0
1888-92	58,479	15.5	9,779	2.3
1893-97	65,626	12.4	13,167	2.0
1898-1902	99,050	12.1	35,378	3.2
1903-07	113,582	11.2	79,313	5.4
1908-12	153,441	12.5	132,196	6.4
1913-17	167,660	12.9	145,441	4.5
1918-22	295,672	9.2	431,081	5.2
1923-27	304,217	10.5	506,203	5.2
1928-32	205,460	9.7	421,311	4.3
1933-37	197,325	7.8	559,235	4.2

प्रथम विश्वयुद्ध के बाद जापानी किसानों की परेशानियाँ बढ़ने लगीं क्योंकि जापानी उपनिवेशों, कोरिया और ताईवान से सस्ते खाद्यान्नों का आयात होने लगा था। जापानी सरकार ने इन उपनिवेशों में जीवन स्तर को निम्न बना रखा था, इसलिए उत्पादन की कीमत और इसके कारण औपनिवेशिक खाद्यान्न की कीमत भी कम थी। उद्योगों के लिए सस्ते अनाज की व्यवस्था करने की नीति के कारण किसानों की मुश्किलें बढ़ने लगीं। इसलिए अन्ततः जापान में भी, इंग्लैंड की तरह ही, आरम्भिक चरणों में औद्योगिक विकास मुख्यतः किसान वर्ग के शोषण पर ही निर्भर था।

इसके बदलाव के साथ, विकास का यह तरीका, जो कि या तो आन्तरिक रूप से कृषि क्षेत्र के शोषण पर आधारित था या उपनिवेशों की पूर्व-पूँजीवादी अर्थव्यवस्थाओं के शोषण पर, उन अधिकांश अन्य देशों द्वारा अपनाया गया जो विकास का पूँजीवादी तरीका ढूँढ़ रहे थे। भारतीय योजनाकारों का समुदाय स्वाभाविक रूप से विकास की उन जाँची-परखी विधियों का अनुसरण करने की तरफ था। उनकी बाद की समाजवादी घोषणाओं ने भी किसान वर्ग को चूस लेने के उनके संकल्प को ही मजबूत किया। इस बाद वाले प्रकरण में उनके पास मार्गदर्शन के लिए सोवियत उदाहरण था। जहाँ तक किसान वर्ग का सम्बन्ध है, सोवियत अर्थव्यवस्था अगर कुछ थी तो केवल और अधिक शोषक थी। दूसरी पंचवर्षीय योजना का आगाज न केवल समाज के समाजवादी ढर्रे के नारों के साथ हुआ था बल्कि सोवियत संघ के आरम्भिक वर्षों की योजना प्राथगिकताओं को इसकी एक महत्त्वपूर्ण अंश अपना भी लिया था जिसमें भारी उद्योगों पर ज्यादा जोर था। दूसरी योजना के आरम्भ के बाद कृषि क्षेत्र के प्रति योजनाकारों की नीति ने उन्हें सोवियत संघ के अनुयायी रूप में स्थापित कर दिया। अब आगे भारतीय कम्युनिस्टों ने भी सत्तासीन पार्टी की योजनाओं का समर्थन किया, यद्यपि कार्यान्वयन के ब्योरे पर उनका मतभेद रहता था। 'इसके बाद लम्बे समय तक' प्रत्येक व्यक्ति ने इन योजनाओं को राष्ट्रीय चीज मानकर प्रक्षेपित करने और सफल बनाने का प्रयास किया। कुछेक दक्षिणपंथी और समाजवादियों का एक वर्ग इस मामले में अपवादस्वरूप था, जिन्होंने इसका विरोध किया। योजनाओं ने जिन राष्ट्रीय उद्देश्यों को निर्धारित किया था उन्हें हासिल करने की अपनी ललक में किसी ने यह जाँचने की जहमत नहीं उठाई कि योजनाएँ क्यों लंगड़ाती रही हैं या क्या इसके कुछ जन्मजात दोष उनके ऊँचे लक्ष्यों को सदा के लिए निष्फल कर दे सकते हैं।

रूसी वामपंथी मॉडल

वामपंथियों पार्टियों, विशेषकर भारतीय कम्युनिस्ट पार्टी, का नजरिया रूस के अनुभवों से काफी रंगा हुआ था। किसानों के प्रति सोवियत सरकार की नीति स्वयं

लम्बे विमर्श से निकली हुई थी। रूस में किसान वर्ग बड़ी तादाद में था। इसलिए औद्योगिक मजदूर वर्ग का किसान वर्ग के साथ कैसा रिश्ता हो, इस रिश्ते को कैसे खड़ा किया जाए, विमर्श इस बात को लेकर हुआ था। रूस में अनोखे विकास के साथ घुले-मिले किसान वर्ग के बारे में मार्क्सवादियों का सन्देह लेनिन के निधन के बाद उस नीति की जीत के रूप में परिणत हुआ जो किसान वर्ग की भारी दुश्मन थी। आगे यह कम्युनिस्ट आन्दोलन में लगभग एक आस्था की चीज बन गई कि एक वर्ग के तौर पर किसान को खत्म करना है, बड़े हिस्से को तो शीघ्र ही और छोटे हिस्से को सही समय पर। कुलकों पर उनका प्रहार, अक्सर समूची कृषि अर्थव्यवस्था पर प्रहार करने के लिए एक पीछा करनेवाला घोड़ा निकला। वामपंथी मिथ्याभिमानों वाली दूसरी पार्टियों और दूसरे व्यक्तियों को, जिनके पास इस सवाल पर अपनी कोई विस्तृत नीति नहीं है, कम्युनिस्ट नीति ही काम में लेते हैं। इसलिए कुलकों और उनकी प्रतिक्रियावादी भूमिका के बारे में बातचीत उनके वास्तविक 'खतरे' के परिणाम से ज्यादा बहुप्रसारित और व्यापक हो जाती है।

इस व्यवहार को समझने के लिए सोवियत राज्य का किसान वर्ग के साथ सम्बन्ध के विकास तथा सोवियत अर्थव्यवस्था के चतुर्दिक विकास में कृषि अर्थव्यवस्था के किस तरह योगदान करने लायक बनाया गया, इसके एक संक्षिप्त अध्ययन को देखना जरूरी है।

किसान वर्ग के प्रति रूसी मार्क्सवादियों के व्यवहार को तीक्ष्ण मतभेदों से चिह्नित किया गया। रूसी मार्क्सवाद के जनक प्लेखनोव निम्न मध्यवर्गीय किसान के प्रति आरम्भिक मार्क्सवादी अविश्वास से गहरे प्रभावित थे। उन्होंने नरोद्नाया वोल्या के विरुद्ध एक आलोचना में इस विषय पर सैद्धान्तिक मार्क्सवादी स्थिति का संक्षेप में प्रतिपादन किया। उन्होंने लिखा :

1. मजदूर वर्ग का कम्युनिस्ट आन्दोलन किसी तरह वर्तमान में लगभग सभी हमारे आन्दोलनकारियों द्वारा अपनाए गए निम्न मध्यवर्गीय किसान समाजवाद से पैदा नहीं हो सकता है।
2. अपने संगठन के स्वाभाविक चरित्र से ग्रामीण समुदाय सामाजिक जीवन के बुर्जुआ रूपों को, न कि कम्युनिस्ट रूपों को स्थान देने का सबसे महत्त्वपूर्ण इरादा रखता है।
3. बाद वाले के संक्रमण में इसकी भूमिका सक्रिय नहीं होगी बल्कि उदासीन होगी, यह लघु निजी भूमि स्वामित्व से कम उस विकास का केवल प्रतिरोध कर सकता है।
4. कम्युनिस्ट आन्दोलन में इस पहल को मार्क्सवादी परम्परा में वर्ग (प्लेखनोव ने किसान को एक वर्ग नहीं समझा) केवल हमारे औद्योगिक केन्द्रों के मजदूर वर्ग के द्वारा आश्वस्त किया जा सकता है।

5. जिसकी मुक्ति केवल इसके अपने सचेतन प्रयासों से हासिल की जा सकती है।

ग्रामीण समुदाय के बारे में बात करते हुए प्लेखनोव पुरानी मीर व्यवस्था के अवशेषों को उद्धृत करते हैं। इस 'मीर' में भूमि के सामुदायिक स्वामित्व की कुछ परम्परा थी। नरोदनिक्स इसका समर्थक था जिसने उसके अन्दर उस समूहवाद के कीड़े को देखा, जिसे फिर से जीवित किया जा सकता था। प्लेखनोव इस प्रतिक्रियावादी और अभी भी अधिसंख्यक जनसमूह से इतना ज्यादा भयभीत थे कि उन्होंने उस तरह के आन्दोलन के साथ कुछ नहीं किया जिसे कि अन्ततोगत्वा उनके समर्थन पर निर्भर रहना था। वह बोल्शेविक क्रान्ति से दूर रहे। प्लेखनोव इस क्रान्ति को असामयिक जोखिम समझते थे।[7]

लेकिन लेनिन इस बुनियादी निरूपण से सहमति रखने के बावजूद यह मानते थे कि आन्दोलन के प्रथम चरण में अर्थात् बुर्जुआ लोकतांत्रिक चरण में किसान वर्ग को काफी महत्त्वपूर्ण भूमिका अदा करनी है। उन्होंने 1905 में अपने लेख 'टू टैक्टिस ऑफ सोशल डेमोक्रेसी' में इस विचार को विकसित किया कि किसान वर्ग संख्या में सबसे ज्यादा है, इसलिए इसके पास जनतांत्रिक आन्दोलन से डरने के लिए कुछ नहीं है और वास्तव में इसे सबसे ज्यादा हासिल होगा। इस आधार वाक्य से उन्होंने सर्वहारा और किसान वर्ग के जनतांत्रिक तानाशाही के विचार की वकालत की। जिस समय लेनिन ने यह लिखा, जनतांत्रिक तानाशाही के इस चरण की कालावधि अनिश्चित थी। ट्राटस्की लगभग उसी समय स्थायी क्रान्ति के अपने सम्मानित सिद्धान्त को सूत्र रूप में सामने ले आए। इस सिद्धान्त के अनुसार, सर्वहारा को ऐसे आन्दोलन की निश्चित रूप से अगुवाई करनी चाहिए। इस आन्दोलन को लोकतांत्रिक आन्दोलन के खाँचे में नहीं समेटा जा सकता है बल्कि इसे तेजी से एक समाजवादी आन्दोलन में परिणत हो जाना चाहिए। यह समाजवादी आन्दोलन निम्न मध्यवर्गीय किसान वर्ग के सहयोग से पूरा नहीं होगा बल्कि यूरोप के आन्दोलनकारी मजदूर वर्ग से पूरा होगा।

1917 में जब आन्दोलन पूरा हुआ तो यह दोनों ही चरणों से गुजरा : पहला फरवरी क्रान्ति के बाद अल्पजीवी जनतांत्रिक चरण से और इसके बाद अक्टूबर में समाजवादी चरण से, लेकिन इस पूरे दौरान किसान वर्ग आन्दोलन की रीढ़ बना रहा तथा बोल्शेविक नेतृत्व को बहुत स्पष्ट ढंग से किसान वर्ग के प्रति अपने व्यवहार को परिभाषित करना था क्योंकि बिना उसके समर्थन के सत्ता नहीं मिल सकती थी एवं जिन जमीनों को जब्त किया गया था, उनके स्थान से किसानों का सम्बन्ध बोल्शेविक नेतृत्व के समाजवादी वृत्तियों के लिए स्थायी झगड़े की चीज रह गया था।

चूँकि रूस में बोल्शेविक मुख्य रूप से किसान वर्ग के सहयोग से सत्ता में आए थे उन्होंने पूर्व जमींदारों की जमीन को किसान वर्ग द्वारा जब्त किए जाने को वैध

करार दिया। यद्यपि व्यक्तिगत किसान स्वामित्व समाजवादी समाज के मार्क्सवादी सिद्धान्त से पूरी तरह नहीं मिल पाया था, लेनिन ने कुछ समय के लिए इसे जनता के जनतांत्रिक निर्णय के रूप में स्वीकार कर लिया था। किसान वर्ग के साथ सिमच्का (एकता) को तब समाजवादी सत्ता के बने रहने के लिए आवश्यक शर्त समझा गया। उनके नीति निर्णयों में इसे सबसे ऊँचा स्थान मिला, लेकिन गृहयुद्ध के दौरान तथा 'युद्ध साम्यवाद' की तथाकथित अवधि के दौरान, चूँकि अर्थव्यवस्था पूरी तरह ध्वस्त थी, सामान्य व्यापार चैनलों के जरिये औद्योगिक मजदूरों को खिला पाना असम्भव हो गया था, इसलिए किसानों से खाद्यान्न की जबरन माँग की गई। फलस्वरूप, किसानों और मजदूरों के बीच के रिश्ते पर जबर्दस्त दबाव बनने लगा तथा सिचम्का, जिस पर बोल्शेविकों ने काफी संचय करने का काम कर रखा था, टूटने की कगार पर पहुँच गया था।

लेनिन में स्थिति को तुरन्त भाँप लेने की विलक्षण क्षमता थी। उन्होंने इस विकास पर विराम देने का प्रयास किया और इस स्थिति को ठीक करने के लिए निश्चित उपाय शुरू किया जिसे 'नई आर्थिक नीति' के नाम से जाना गया, लेकिन तब तक उत्पादन में मन्दी तथा विनिमय प्रणाली की विफलता अनेक जानें ले चुकी थी तथा जनता को बेहिसाब कष्ट दे चुकी थी। मुद्रास्फीति उस स्तर पर पहुँच चुकी थी जहाँ सारा मौद्रिक लेन-देन बेमतलब हो गया था : मूल्य स्तर 1921 में 1913 के मूल्य स्तर से लगभग 200,000 गुना था। मॉरिस डॉब्ब इस अवधि के बारे में लिखते हैं :" जीवन प्राय: सम्पत्ति की छोटी-छोटी चोरी करके या गलियों में फेरी करके कटता था; और उस भयंकर अकाल के साल मृत्युदर प्रति हजार में 60 के आँकड़े तक पहुँच गयी थी।"[8]

पहला उपाय विगत के माँग कोटे के स्थान पर कर के रूप में समान लेना तय किया गया, लेकिन जैसा कि लेनिन ने बतलाया था कि यह भी एक अस्थायी उपाय ही है जो औद्योगिक क्षेत्र की खाद्यान्न के बदले विनिमय में किसानों को आवश्यक वस्तु मुहैया करने की अक्षमता के कारण आवश्यक हो गया था, लेकिन इन दोनों क्षेत्रों के बीच समान विनिमय का पुनरुद्धार उसका प्रधान लक्ष्य था। पार्टी के निर्णायक दसवें महासम्मेलन को सम्बोधित करते हुए लेनिन ने कहा था :

> "माँग प्रस्तुति हेतु किस्म में कर लगाने का सवाल प्राथमिक रूप से एक राजनीतिक उपाय है। इसका सार मजदूरों और किसानों के बीच के रिश्ते में अन्तर्निहित है। इन वर्गों के स्वार्थ एक साथ नहीं मिलते हैं : छोटे किसान उस चीज की इच्छा नहीं रखते हैं जिसके लिए मजदूर संघर्ष कर रहे हैं। फिर भी, किसानों से समझौता करके ही हम समाजवादी आन्दोलन को बचा सकते हैं। हमें निश्चित तौर पर आर्थिक रूप से मध्यवर्गीय किसानों को सन्तुष्ट करना चाहिए तथा मुफ्त बाजार को फिर

> से वापस लाना चाहिए अन्यथा हम मजदूर वर्ग की सत्ता को बनाए रखने में असमर्थ हो जाएँगे...।
>
> खाद्य कर अनोखे 'युद्ध साम्यवाद' से संक्रमण के रूपों में से एक है। यह 'युद्ध साम्यवाद' हम पर भारी कमी, बर्बादी और उत्पादों के उचित समाजवादी बदलाव के प्रति युद्ध का जोर था। हम अभी भी बर्बादी की ऐसी अवस्था में हैं। युद्ध के बोझ से इतने कुचले गए हैं कि हमें जितनी अन्न की जरूरत है, उसके बदले में किसानों को करखनिया वस्तुएँ नहीं दे सकते हैं..."[9]

लेनिन का किसान वर्ग के प्रति जो सामान्य व्यवहार था, उपर्युक्त कथन में अभिव्यक्त विचार उसे प्रतिबिम्बित कर रहा है। इस हिसाब से उपर्युक्त कथन महत्त्वपूर्ण है। किसान वर्ग के विरुद्ध बल प्रयोग करने की अपेक्षा लेनिन इस बात की ताईद करते थे, किसानों द्वारा जो खाद्यान्न उत्पादन क्षेत्र को दिया जाता है, उसके बदले में किसान वर्ग को उत्पादन क्षेत्र से आवश्यक वस्तुएँ दी जाएँ। एक-दूसरे अवसर पर उन्होंने यह विचार भी व्यक्त किया गया था कि यह समझाने-बुझाने की एक लम्बी प्रक्रिया के जरिये होगा, जिसके अन्तर्गत किसान वर्ग को सहकारी कृषि और समाजवाद के करीब लाया जाएगा। इसने किसी कमजोरी या संकल्प के अभाव को प्रतिबिम्बित नहीं किया[10] बल्कि आबादी के सबसे बड़े हिस्से के विरुद्ध बल प्रयोग करने की अनिच्छा को प्रतिबिम्बत किया था, अंशतः इसलिए कि वह इसे खतरनाक समझते थे, लेकिन ज्यादा विचारधारात्मक कारणों से।

यद्यपि उस समय जब इस नीति को स्वीकार किया जा चुका था। सभी बोल्वेशिक नेताओं ने किसान वर्ग को अत्यधिक चिन्ता के साथ सँभालने की अपनी इच्छा को साझा नहीं किया था, तुरन्त ऐसा अवसर आ गया जब किसान वर्ग के प्रति व्यवहार को लेकर मतभेद सामने आ गए। वर्ष 1922 में कृषिजनित वस्तुओं की कीमतों औद्योगिक वस्तुओं की कीमतों के मुकाबले ज्यादा अनुकूल चल रही थीं और कृषि उत्पादन में महत्त्वपूर्ण वापसी करा दी थी, लेकिन कृषि उत्पाद की बढ़ रही कीमतें के इस रुझान को हतोत्साहित करने के लिए उद्योगों ने एकाधिकारवादियों की तरह खरीदने और बेचने का एक मेल बना लिया। कृषि अर्थव्यवस्था, जो पूर्ण प्रतियोगिता के लगभग बराबर थी और इस क्रेता और विक्रेता वाले एकाधिकार का सामना करने लगी थी, को भारी असुविधा में ला दिया गया। इस तरह औद्योगिक वस्तुओं की कीमतों में भारी उछाल और कृषि उत्पादों की कीमतों में अनर्थकारी गिरावट दर्ज की गई। इस तरीके से इन दोनों कीमतों का ग्राफ कैंची के खुलनेवाले फलों की तरह विपरीत दिशा में चलने लगा और उस विषम स्थिति को पैदा कर दिया जिसे कैंची की विषमस्थिति या क्रान्तिबेला के रूप में जाना गया। कुछ समय के लिए उद्योगों को जबरदस्त लाभ

हुए। फलस्वरूप, खरीदे-बेचे गए कृषि उत्पादों की कमी हो गई, जिससे खाद्यान्न के निर्यात में कटौती करनी पड़ी। जैसे ही कृषि क्षेत्र की आमदनी गिर गई, इसने औद्योगिक क्षेत्र पर बाजार का दबाव बना दिया। इस तरह 1924 में कृषि क्षेत्र के प्रति व्यवहार का सवाल एक बार फिर जिन्दा हो गया।

प्रियोब्रेजेंस्की और बुखारिन इस विषय पर विरोधी विचारों के मुख्य प्रतिपादक हुए। प्रियोब्रेजेंस्की रूस में समाजवाद की सफलता हेतु 'आदिम समाजवादी संचय' और 'उद्योग की तानाशाही' के सिद्धान्त के मूल प्रवर्त्तक बने। उन्होंने तर्क दिया कि रूस औद्योगिक रूप से अभी भी पिछड़ा हुआ है, इसलिए इसे तेजी से अपने उद्योगों को विकसित करना है जिसके लिए इसे पूँजी की जरूरत है। मार्क्स ने जिस आदिम पूँजीवादी संचय की बात कही थी उसके समानांतर प्रियोब्रेजेंस्की ने आदिम समाजवादी संचय के विचार को सामने किया। इस काम के लिए सरकारी कर्ज के अलावा दो ही स्रोत उपलब्ध थे : (क) समाजवादी उद्योग का मुनाफा (ख) असमान विनिमय के जरिये कृषि क्षेत्र के उत्पाद का हनन। इस कृषि क्षेत्र को उसने 'उपनिवेश' की संज्ञा दी। रूस में औद्योगिक आधार अभी भी संकीर्ण था, इसलिए उद्योगों को इस संचय की प्रक्रिया को तेज कर देने से बहुत ज्यादा मुनाफा कमा लेने की आशा नहीं हो सकती थी। अतएव औद्योगिक महानगरों को आसपास के उपनिवेशों से श्रम मूल्य के असमान विनिमय के जरिये ज्यादा-से-ज्यादा मुनाफा कमाना था। इस दृष्टिकोण से किसानों को मिल रही कीमत पूरी तरह न्यायोचित थी।

दूसरी तरफ, बुखारिन का मानना था कि रूस में समृद्ध कृषि ही उद्योग के विकास कुंजी है। इसके लिए किसानों को और ज्यादा उपार्जन करने के लिए प्रोत्साहन देने की जरूरत है। कृषि में उच्च उत्पादन से प्राप्त अधिशेष, अधिक निर्यात और आरामदायक खाद्य स्थिति तथ औद्योगिक कच्चे माल की उपलब्धता के साथ रूस के औद्योगिक विकास को आसान बना सकता है। यह भी कि अर्थव्यवस्था के सभी क्षेत्रों को समान अवस्था में रहना है, कृषि के सामान्य विकास में कमी औद्योगिक विकास के बाजार को संकीर्ण बना देगी और इस तरह से उद्योग के प्रसार पर सीमाएँ लग जाएँगी। अर्थव्यवस्था की नियंत्रक ऊँचाई समाजवादी उद्योग के पास थी, उसे कोई भय नहीं था कि समृद्ध किसान और छोटे पूँजीपति समाजवादी व्यवस्था के लिए कभी खतरा बन सकते हैं। दूसरी तरफ, उसने यह कहा कि किसान और छोटे पूँजीपति समाजवादी बाजार अर्थव्यवस्था में फँसा दिए जाएँगे और वे समाजवाद के शीघ्र निर्माण में योगदान करेंगे।

निश्चित रूप से यह विश्वास करने का अच्छा आधार है कि किसान वर्ग से विरोध का भय जरूरत से ज्यादा था। संगठित शहरी क्षेत्र के विरुद्ध किसान वर्ग कभी शक्तिशाली प्रतिरोध करने के लायक नहीं रहा था। यह उन देशों के लिए सही

था जहाँ शहरी क्षेत्र पूँजीवादी वर्ग के शासन का प्रतिनिधित्व करता था और यह निश्चित रूप से सही था कि औद्योगिक मजदूर कब राजनीतिक सत्ता हासिल करेंगे। पूँजीवाद के तहत किसान शोषण के शिकार हुए और अनेक उन्नत पूँजीवादी देशों में तो इनका क्रमिक सफाया ही कर दिया गया और ये अपना बचाव भी नहीं कर सके। इस तरह सभी उन्नत पूँजीवादी देश अपने विकास में दो अलग-अलग चरणों के लिए किसान वर्ग के साथ दो रूप से विरोधी सम्बन्ध बनाए हुए हैं। पहले चरण में उन्होंने किसान वर्ग को अपना आधार बनाने और फैलाने के लिए लूटा है। बाद वाले चरण में जब शहरी क्षेत्र विशिष्ट और अतुलनीय रूप से समृद्ध, दोनों बन गए तो उन्होंने एक निश्चित न्यूनतम जीवन स्तर का यकीन दिलाने के लिए कृषि क्षेत्र को थोड़ी सुरक्षा देने का प्रयास किया। इस अवस्था में सब्सिडी कृषि अर्थव्यवस्था का सार्वभौमिक आधार बनता है। इन बदलावों को देखते हुए यह असम्भाव्य है कि किसान वर्ग को यदि सोवियत राज्य से अच्छा व्यवहार मिला होता तो भी यह कभी समाजवादी अर्थव्यवस्था के लिए खतरा बन सकता था। यह खास करके सही था क्योंकि भूमि का वितरण जिस ढंग से किया गया था, उसने बड़े पूँजीवादी फार्मों के विकास को स्वीकार नहीं किया। यदि यह शुरू में ही उस शहरी बुर्जुआ सत्ता को, जो शहरी सर्वहारा से तीखी लड़ाई में व्यस्त थी, चुनौती देने में विफल हो गया होता तो यह कैसे औद्योगिक मजदूरों की तुलनात्मक रूस से सजातीय सत्ता को चुनौती दे सकती थी।

किसी भी तरह बुलारिन के विचार को कभी व्यवहार में लाने का अवसर नहीं मिला। यद्यपि कैंची संकट को कृषि वर्ग को कुछ रियायत देकर दूर कर दिया गया था, लेकिन रियायत अनिच्छा से दी जा रही थी। वर्ष बीतने के साथ किसान वर्ग के खिलाफ शिकायतों का ढेर जमा हो गया और इसके पीछे अच्छे तर्क भी थे। किसानों को अच्छे दाम मिलने के बावजूद तथा कृषि उत्पादन की पर्याप्त वापसी के बावजूद कृषि उत्पाद का खरीद-बिक्री लायक अधिशेष पूर्व-युद्ध स्तर को नहीं पहुँच पाया। साधारण-सा कारण था कि आन्दोलन का अनुसरण करते हुए गाँव समतावादी बन गए थे। वे किसान जो आन्दोलन के पहले थोड़े-से भोजन पर जीवन जी लेते थे, अब अपने द्वारा उत्पादित वस्तुओं का अधिकांश उपभोग करने लगे, लेकिन शहरों के दृष्टिकोण से यह एक प्रतिकूल कार्य था : शहरी जनता और औद्योगिक मजदूर वर्ग को भूखों मारने का प्रयास। यह कुलकों की साजिश समझी गई। रूस में सम्पन्न किसान को 'कुलक' कहा जाता था।

हालाँकि डॉब्ब सरीखे सहानुभूति रखनेवाले अर्थशास्त्री भी इस संकट के बारे में अधिकाधिक विचारों से पूरी तरह सहमत नहीं होते हैं : "विपणन योग्य अधिशेष उत्पादों में यह कमी स्पष्टत: पूरी तरह या मुख्य रूप से कुलक की वजह से नहीं हुई थी क्योंकि कुल अनाज उत्पादन का ज्यादा-से-ज्यादा 8.5 प्रतिशत, युद्ध से

पहले के 50 प्रतिशत के विरुद्ध अब मध्य और गरीब किसानों पर आ गिरा : यद्यपि यह सही है कि अनाज बाजार में बिचौलिये के तौर पर कुलक के प्रभाव को अगले पाँच वर्षों की वर्द्धनशील कठिनाइयों के साथ भारी काम किया था जबकि 'कैंची' को बन्द करने की नीति को भारी सफलता मिली थी, हमने देखा है कि उनमें से कुछ तत्त्व रह गए : और किसान वर्ग पूर्व-युद्ध दिनों की तुलना में अपने उत्पाद और उत्पादित वस्तुओं के बीच तब भी व्यापार की सबसे खराब शर्तों को झेला था, थोक मूल्यों के रूप में भी, जबकि खुदरा मूल्यों के रूप में विनिमय उसके लाभ से भी कम था। कृषि उत्पाद के इस आपेक्षिक कम मूल्यांकन ने निस्सन्देह कुछ नया प्रभाव डाला जिसकी सीमा को मापना असम्भव है।[11]

वे आगे लिखते हैं : "भूमि को अधिक समान ढंग से वितरित किया गया था, छोटी उपजीविका होल्डिंग्स वाले अत्यल्प थे : गरीब और मध्यवर्गीय किसान अब न केवल अनाज उत्पादन का 85 प्रतिशत दे रहे थे, बल्कि वे अपने खेतों में जो उपजाते थे, उसका अधिकांश स्वयं उपभोग भी कर रहे थे। गाँव जो उपजाता था, उसका अधिकांश खा जाता था और बेचता कम था, क्योंकि यह ज्यादा समतावादी हो गया था।"[12]

इन पूरे वर्षों में जबकि वाद-विवाद आर्थिक नीतियों के बारे में जारी रहा, स्टालिन जो नीतिगत मामले में अक्सर अपनी राय बदलता था, अपनी सत्ता को ठोस बना चुका था। और अन्ततः उसकी विशिष्टता के अनुरूप निर्मम तरीके ने किसान समस्या के अन्तिम समाधान के रूप में सामूहिकीकरण अभियान शुरू कर दिया। स्विच्फा जिसके बारे में स्टालिन ने वाम विरोध से लड़ते हुए बहुत-सी बातें कही थीं, रास्ते में कहीं विस्मृत कर दी गईं। स्पष्टतया कुलकों के विरुद्ध केवल सख्त कदम अपनाए जाने थे। वस्तुतः यह सम्पूर्ण स्वतंत्र किसान वर्ग के विरुद्ध युद्ध की एक वास्तविक घोषणा थी। इस प्रक्रिया में काफी संख्या में किसानों को गाँवों से उजाड़ दिया गया और सुदूर स्थानों पर अनेक निर्माण परियोजनाओं में उन्हें अमानवीय स्थितियों के तहत अक्सर असहाय कठिनाइयों के तहत काम करने के लिए बाध्य किया गया। कहा जाता है, हजारों लोग इस प्रक्रिया में काल-कवलित हो गए।

सम्भवतः सामूहिकीकरण पर जोर था कि उच्च कृषि उत्पादन को हासिल करे, लेकिन इस व्यवस्था में काम करने की किसानों की अनिच्छा का विपरीत प्रभाव पड़ा। सोवियत सरकार निश्चित रूप से दूसरा परिणाम हासिल कर सकती थी। यह स्वयं के लिए करारोपण के जरिये किसानों के उत्पादन के सबसे बड़े हिस्से को रोक सकती थी। एकीकृत प्रबन्धन के तहत सामूहिक फार्मों में किसानों के जमावड़े के साथ यह काफी आसान हो गया था। सामूहिकीकरण के बाद की स्थिति की मॉरिस डॉब्ब निम्नलिखित शब्दों में वर्णन करते हैं : "योजना में पैदावार के सुधार हेतु बजट की व्यवस्था की गई। यह सुधार अनाज के मामले में 1928 और 1932 के बीच 35 प्रतिशत अनुमानित था। वास्तविक अनाज की पैदावार में सुधार विफल

हो गया और वर्ष 1929-32 का औसत 1925-28 के औसत से भी थोड़ा कम ही था...मुख्य योगदान जो कृषि के सामूहिक रूप ने प्रथम पाँच वर्ष के इन कठिन वर्षों में औद्योगीकरण की प्रगति को किया, वह ठोस वृद्धि थी। यह ठोस वृद्धि कृषि उत्पाद के विषणन योग्य अधिशेष में हुई थी जो 1932-33 की फसल में छः साल पहले अन्न और आलू के मामले में हुए अधिशेष का लगभग दोगुना तथा कपास, सन और ऊन के मामले में दोगुने से भी ज्यादा था।[13]

इस तरह सामूहिकीकरण का प्रभाव यह हो चुका था कि जब उत्पादन गिर गया था तो शासन की वसूली बढ़ गई। आगे यह रुझान पूरे समय कायम रहा। सारणी-10 लगभग सामूहिकीकरण अभियान के शुरू होने के एक दशक बाद सम्पूर्ण पैदावार की प्रतिशतता का एक विचार देती है। यह देखा जा सकता है कि राज्य की वसूली असमान्य रूप से उच्च स्तर पर रखी जा रही थी, उस वक्त भी जब उत्पादन गिर रहा था। इस सन्दर्भ में उल्लेखनीय उपलब्धि को इस तथ्य से प्रकट किया जाता है कि सामूहिकीकरण के पहले वसूलियाँ कुल फसल के 13 से 14 प्रतिशत के बीच घटती-बढ़ती थीं।[14] इस तरह वसूलियाँ बढ़कर पूर्व-सामूहिकीकरण स्तर की लगभग तीन गुनी हो गईं।

सारणी-10
सामूहिक कृषि अन्न फसल का वितरण
1937-39[15]

अदद	1937	1938	1939
1	2	3	4
कुल उत्पादन (करोड़ टन में)	8.72	6.71	6.74
राज्य के लिए वितरण (करोड़ टन में)	2.51	2.27	2.44
राज्य के लि वितरण (कुल उत्पादन का % में)	28.8	33.9	36.2
श्रम सेवा के लिए वितरण (करोड़ टन में)	3.22	1.86	1.6
श्रम सेवा के लिए वितरण (कुल का %)	37.0	27.7	23.7
राज्य वितरण (वास्तविक उत्पादन का %)*	41.4	51.5	56.8
वास्तविक उत्पादन के % के रूप में किसानों को वितरण	53.2	42.1	37.2

*वास्तविक उत्पादन जिसे सकल उत्पादन घटाव बीज और चारा माना गया, स्रोत : इस्तोनिया, एस एस एस आर, नं. 1, 1962, पेज-43 व 46.

किसानों को इससे जबर्दस्त आघात लगा। न केवल इसलिए कि उनके पास अपने उपभोग के लिए बहुत कम अनाज रह गया था, बल्कि इस तरह के आधार पर भी कि खाद्यान्नों के लिए अदा किए गए मूल्य बहुत कम थे। आर्केडियस खाँ, जिनके काम से हमने उपर्युक्त सारणी ली है, निम्नलिखित टिप्पणी करते हैं "सामूहिक फार्म की वसूली में टैक्स घटना को स्थापित करने के क्रम में यह साबित करना होगा कि इन उत्पादों का मूल्य स्तर कुछ हद तक अन्य चीजों और सेवाओं के मूल्य स्तर से भिन्न था। इस तरह, जबकि 1928 और 1973 के बीच कृषि वसूली के औसत मूल्य बढ़कर लगभग 2.5 गुना हो गए, औसत सकल मुद्रा मजदूरी चार गुनी बढ़ गई तथा खुदरा मूल्य दस गुना। 1952 तक कृषि वसूली मूल्य 1928 के स्तर के लगभग पाँच गुना थे, जबकि मजदूरी दस गुनी ज्यादा तथा खुदरा मूल्य लगभग तेरह गुना ज्यादा।[16]

सामूहिकीकरण ने दो तरीकों से सोवियत अर्थव्यवस्था की मदद की थी। अब यह सम्भव हो गया था कि कृषि क्षेत्र से सभी अधिशेष श्रम को राज्य के विवेक पर नए उद्योगों, खान और निर्माण कार्यों में ले जाया जाए। इसके बाद चूँकि सामूहिक फार्म सीधे राज्य के नियंत्रण में आ गए थे, फार्मों पर श्रमिक कोटे की एक निर्धारित राशि देने के लिए दबाव डाला गया जिसका इस्तेमाल सामूहिक फार्मों के अगल-बगल के इलाके में अनेक तरह के निर्माण कार्यों के लिए किया जाता था।

स्वतंत्र किसान वर्ग की समाप्ति ने रूस में औद्योगीकरण की तेज गति में महत्त्वपूर्ण रूप से योगदान दिया। औद्योगिक उत्पादन के बढ़ते सूचकांक को देखने से पता चलता है कि किसानों और मजदूरों के गठबन्धन ने बढ़-चढ़कर औद्योगीकरण के लिए काम किया। यह 'एलिस इन वंडरलैंड' के ओएस्टर्स और वालरस के एक साथ चलने जैसा था। संयोगवश, रूस में मुक्त किसान वर्ग को समाप्त करनेवाला वालरस की लम्बी और मुँह के दोनों ओर गिरी हुई मूँछों से दिल भी बहलाता था।

हालाँकि, जबरन सामूहिकीकरण का सोवियत कृषि की उत्पादकता पर बहुत हानिकारक असर पड़ा। खाद्यान्न के मामले में केवल 1940 में ही सोवियत संघ 1928 के उत्पादन स्तर को प्राप्त करने के लायक था, लेकिन यह भी उत्पादकता में वृद्धि करके हासिल नहीं हुआ बल्कि जोत की जमीन को बढ़ा करके हासिल किया गया था। पोल्ट्री और डेयरी उत्पादों के मामले में 1928 का स्तर केवल 1950 के बाद ही हासिल किया जा सका। शहरी क्षेत्रों में भी इन उत्पादों के मामले में आई कमियों की भरपाई के लिए सम्पन्न व्यक्तिगत फार्मों की अनुमति दी गई जिनमें मजदूरों ने अपनी सब्जियाँ, अपने दूध, मुर्गे-मुर्गी और सूअरों को पालना शुरू कर दिया। आज भी ये निजी फार्म शहरी घरों को खाद्य वस्तुओं से भारी मदद करते हैं।

अपनी तमाम उपलब्धियों के बावजूद रूसी किसानों का यह सामूहिकीकरण एक गम्भीर शिक्षा देता है। किसान वर्ग पर दबाव देकर उसकी इच्छा के विरुद्ध ज्यादा उत्पादन करा लेना सम्भव नहीं है। कृषि उत्पादन फसल या मवेशी बढ़ाने में बहुत ज्यादा नजदीकी ध्यान और अविलम्ब एवं घटनास्थल पर के फैसले पर निर्भर करता है। इसे व्यापक नौकरशाही का निर्णय नहीं कर पाएगा।

निवेश और मशीनीकरण को बढ़ा देने से फार्म की पैदावार किसान की व्यक्तिगत निगरानी के बिना उल्लेखनीय ढंग से बढ़ाना आज भी सम्भव है लेकिन उत्पादों की तुलना में इस पर लागत बहुत आएगी।

रूस एक विशाल औद्योगिक देश है। प्रथम विश्वयुद्ध के पहले वह खाद्यान्न का बहुत बड़ा निर्यातक देश था। बावजूद इसके, वहाँ पर अभी भी कभी-कभी खाद्यान्नों की भारी कमी हो जाती है। यह विकासशील देशों के लिए एक सन्देश है।

कृषि कारखानों तथा उनकी अपनी अर्थव्यवस्था का सिद्धान्त मार्क्सवादी चिन्तन का एक महत्त्वपूर्ण विषय था, लेकिन यह स्पष्टत: काम नहीं करता है। इसने रूस में काम नहीं दिया। और, जो साक्ष्य उपलब्ध हैं, उस आधार पर यह कहीं काम नहीं किया। उदाहरणस्वरूप, अन्तररोपण अर्थात् खड़े पौधों की पंक्तियों के बीच में पौधारोपण जो प्राय: छोटे किसानों द्वारा किया जाता है, नहीं किया जा सकता था क्योंकि बहुत विस्तृत फार्म पर प्रबन्धन होता था। उसी तरह, खड़ी फसल के असफल हो जाने की निश्चितता की स्थिति में नई फसल लगा देना या फसल बदल देना सम्भव नहीं हो सकता है यदि बड़े फार्म में फैसले नौकरशाही की प्रक्रियाओं के संग बेतरतीब ढंग से जगह को भरते हों। उसी तरह निराई करनेवाला कोई भी यंत्र जब तक इतना परिष्कृत नहीं हो जाए कि किसी फार्म के लिए खर्चीला बन जाए, पौधे की जड़ों के नजदीक के मोथे की निराई नहीं कर सकता है। यह काम मनुष्य हाथ से कर सकता है। प्रकृति चक्र और जलवायविक स्थितियों में सहसा बदलाव को नजरअन्दाज कर भी कोई कृषि कार्य जबरन नहीं किया जा सकता है। केवल वे ही लोग जो प्रकृति की लय को जानते हैं, बीमार और स्वस्थ पौधों में अन्तर करना जानते हैं तथा पौधों और पशुओं से अपनी घनिष्ठता को विकसित किया है, उसकी सही से देखभाल कर सकते हैं और इसी से सन्तोषजनक परिणाम आ सकता है। कृषि में किसान उस तरह से समानुक्रम में काम करनेवाला मनुष्य नहीं है जो स्वयं को हाथ के यांत्रिक धक्कों की एक या सीमित संख्या तक ही सीमित रखता है। वह एक जटिल कार्य में लगा रहता है जिसमें वह किसी भी स्थिति को सम्पूर्णता में लेता है। उसे प्रकृति के उन अनेक संकेतों की कुंजी की तरह रहना होता है जो उसके पूर्व के अनुमानों या गणित को उलट-पुलट देने की धमकी देते हुए आसन्न अचानक बदलाव की पूर्व चेतावनी देते हैं। अगर वह अपने काम में अपनी आत्मा को नहीं लगाता है तो परिणाम

खतरनाक होता है और वह जान भी नहीं पाता है कि काम में कौन-सी चूक हो गई। चूँकि कृषि उत्पादन के तत्त्वों की बहुलता पर निर्भर होती है, इसलिए घाटे की जवाबदेही को आसानी से या ठीक ढंग से निर्धारित नहीं किया जा सकता है। विज्ञान और तकनीक को सबसे अच्छा परिणाम लाने हेतु जीवन के सम्पूर्ण ढाँचे में ठीक होना होगा। कम-से-कम कृषि में अभी भी मनुष्य ही विकास की कुंजी है, न कि मशीन।

कुल मिलाकर वामपंथी अभी भी किसान वर्ग के प्रति आरम्भिक पूर्वग्रह से ग्रस्त हैं। वहीं एक कारण है कि क्यों किसानों की समस्याओं का कोई भी उद्धरण कुलक और जमींदार की बदगोई की धुन्ध में खो जाता है। जब किसानों के विरुद्ध हो-हल्ला करते हैं तो वे इस विश्वास से स्वयं को धोखा देते हैं कि वे समाजवादी परिवर्तन के कारण को बढ़ावा दे रहे हैं, जबकि वास्तव में वे महज आदिम पूँजीवादी संचय के एजेंट के तौर पर काम कर रहे होते हैं अर्थात् अपने सभी अच्छे इरादों के साथ वे उन पूँजीपतियों के हित को पूरा कर रहे हैं जिनका शहरी औद्योगिक क्षेत्र पर प्रभुत्व है तथा जो कृषि क्षेत्र के शोषण के मुख्य लायक हैं।

भारत की अनोखी समस्या

हमने ऊपर औद्योगीकरण के तीन तरीकों पर विचार किया है। तीनों अपनी तरह से कृषि अर्थव्यवस्था के शोषण पर टिके हैं। इसमें कोई सन्देह नहीं है कि हमारी योजना इन उदाहरणों से काफी प्रभावित रही है, लेकिन एक बहुत आवश्यक अन्तर को स्पष्टत: अनदेखा कर दिया गया है। ये तीनों अर्थव्यवस्थाएँ जब अपना औद्योगीकरण शुरू कर रही थीं तो प्रत्येक के पास कृषि उत्पादों का बहुत ठोस अधिशेष था।

सभी के जेहन में इंग्लैंड का नाम औद्योगिक क्रान्ति से जुड़ा हुआ है, लेकिन इस तथ्य पर बहुत कम ध्यान दिया जाता है कि यह आन्दोलन एक बड़ी हद तक उस कृषि आन्दोलन के परिणाम था जो अठारहवीं सदी के शुरू में हुआ था। वह कृषि आन्दोलन इस औद्योगिक आन्दोलन के पहले हुआ था। शलगम की खेती की खोज ने उस चलन को छोड़ दिया, जिसमें लगातार दो फसलों के बाद जमीन को परती छोड़ दिया जाता था। इस तरह जमीन बिना किसी फसल की हानि के स्वस्थ हो जाती थी। साथ ही, इससे मवेशियों को जाड़े में चारा भी मिल जाता था जिसका बड़ा हिस्सा उस मौसम में चारे के अभाव में काट दिया जाता था। परिणामस्वरूप, जमीन के लिए ज्यादा खाद हो गई और भेड़ और मवेशी का भंडार भी बढ़ गया। बाड़ेदारों ने संकीर्ण टुकड़ों की पुरानी जोत को चौड़ी, बड़ी फार्म जमीनों से हटा दिया। इसने खेती की नई विधियों को आजमाने का एक अवसर प्रदान किया।

खेती में रुचि बढ़ने के साथ भेड़ की नई नस्लों को भी विकसित किया गया। इस तरह फार्म उत्पादन का चौतरफा विकास हुआ। 1780 तक इंग्लैंड खाद्यान्नों का निर्यातक बना रहा। इस तरह, औद्योगीकरण के आरम्भिक वर्षों में इंग्लैंड को अपने अधिशेष खाद्य उत्पादन का तथा उपनिवेशों से कच्चे मालों के सस्ते आयात का फायदा था जिस आधार पर इसने उद्योगों को खड़ा किया। यह कृषि आन्दोलन बड़े-बड़े लोगों द्वारा जमीन में दिखाई गई रुचि से चला था। जॉर्ज तृतीय ने भी विंडसोर में मॉडल खेती शुरू की तथा कृषि पत्र-पत्रिकाओं में लेख लिखे।

जापान भी औद्योगीकरण के अपने आरम्भिक चरणों में भोजन के मामले में आत्मनिर्भर था। साथ ही, कृषि के उत्पादन में वृद्धि जो प्रतिवर्ष 2.3 प्रतिशत के क्रम के औसत पर थी, जनसंख्या में वृद्धि से आगे निकल गई और सालाना इसमें 0.8 से 1.3 प्रतिशत का अन्तर था। उद्योग और घरेलू आमदनी में तेज वृद्धि के साथ कृषि उत्पादों के उपयोग में भी तेजी से वृद्धि हुई, लेकिन कृषि उत्पाद मांग में वृद्धि के साथ गति को बनाए रखने के लिए लगभग पर्याप्त थे। प्रथम विश्वयुद्ध की शुरुआत तक जापान की अधिकांश निर्यात की कमाई कच्चा रेशम और चाय जैसे कृषि के अर्द्ध-निर्मित उत्पादों से होती थी।

कृषि और उद्योग के बीच मूल्य समानता के जरिये कृषि के साथ वह पक्षपात यहाँ नहीं हुआ जो अधिकांश अन्य देशों में कृषि के साथ हुआ। ऐसा केवल एक ही बार हुआ जब 1919 के बाद उपनिवेशों, फोरमोसा और कोरिया से खाद्यान्न का आयात हुआ। इसका परिणाम यह हुआ कि जापानी कृषि की उत्पादकता के विकास में कमी आ गई जिसे 1954 के बाद दूर किया गया, लेकिन 1919 में ही जापान एक बड़ी औद्योगिक शक्ति बन चुका था।

यद्यपि सोवियत संघ जिस रास्ते पर चला, वह मौलिक रूप से इंग्लैंड और जापान के मार्ग से भिन्न था, उसने जब बृहत् औद्योगीकरण की नीति शुरू की तो खाद्यान्नों का अधिशेष रखने में उनके लाभ को साझा दिया। हम यह पूर्व में ही देख चुके हैं कि किसानों की जरूरत को नजरअन्दाज कर औद्योगीकरण की जबरन गति से कृषि उत्पादन में विचारणीय अवरोध और गिरावट आ गई। सामूहिकीकरण के वर्षों में अभाव वाली स्थितियाँ असमान्य नहीं थीं और भूख से मरने की घटनाएँ कोई छुपी नहीं थीं, लेकिन इसके उत्पादन में मन्दी के बावजूद कृषि उत्पादन का स्तर अर्थव्यवस्था को चलाते रहने के लिए पर्याप्त रूप से उच्च बना रहा। कृषि वस्तुओं के आवश्यक निर्यात जो मशीनरी के आयात का मूल्य चुकाने के लिए आवश्यक थे, को कायम रखा गया तथा औद्योगिक मजदूरों को अपने काम पर रखने के लिए न्यूनतम भोजन की आपूर्ति की जाती रही।

इन देशों के विपरीत भारत के पास जनसंख्या विकास की उच्च दर के साथ अन्न अभाव भी है। जनसंख्या विकास की यह दर 1961 और 1971 के बीच के दशक में लगभग 2.5 प्रतिशत की औसत वार्षिक दर दर्शाती है। यद्यपि हम उस असंख्य कष्ट को अनदेखा कर देते हैं जो औद्योगीकरण की सोवियत विधि ने किसान वर्ग को दिया, खाद्य उत्पादन की हमारी स्थिति कृषि क्षेत्र के किसी इलाज से रोकती है।

भोजन की कमी भारत के लिए खासकर एक गम्भीर समस्या है क्योंकि विकसित औद्योगिक राष्ट्रों की तरह यह खाद्य के लिए विनिर्मित वस्तुओं का निर्यात नहीं कर सकता है। एक अविकसित देश के रूप में इसे अपनी निर्यात की कमाई का सबसे अच्छा हिस्सा उस मशीनरी और आवश्यक ईंधनों के आयात पर लगाना चाहिए जिसकी स्थानीय तौर पर बहुत कम आपूर्ति होती है। हमारे निर्यात की मुख्य चीजें भी एक लम्बे समय के लिए कृषि उत्पाद या उन पर आधरित विनिर्माण और अर्द्ध-विनिर्माण ही रहनेवाली हैं। सूती वस्त्रों के अलावा जूट, अयस्क और चमड़ा हमारे मूल्य निर्यात रहते हैं; जूट और चाय के साथ स्थान का गौरव जुड़ा हुआ है, लेकिन उन वस्तुओं का निर्यात बढ़ाने की सम्भावना सीमित है[17] तथा इन चीजों से होनेवाली थोड़ी-सी निर्यात आमदनी को खाद्यान्न और अन्य कृषि वस्तुओं का आयात करके गँवाना नहीं चाहेंगे क्योंकि इन चीजों को तो हम देश के अन्दर ही उत्पादित कर सकते हैं। मशीनरी इत्यादि जैसी गैर-पारम्परिक चीजों के निर्यात को प्रोत्साहित करने के प्रयास प्रशंसनीय तो हैं, लेकिन ये हमारे विदेशी व्यापार में किसी ठोस लाभ की बजाय चमक को ही जोड़ते हैं जबकि औद्योगिक उत्पादन के क्षेत्र में परिष्कार करने के कोई भी प्रयास छोड़ने की जरूरत नहीं होती है, इस सन्दर्भ में अपनी सीमाओं का अहसास नहीं करना निराशा को लाना है। हमारी तेजी से आगे बढ़ रही जनसंख्या भी कृषि विकास की उच्च दर को आवश्यक बना देती है। हाल में भारत की विदेश विनिमय स्थिति अभी भी पेट्रोलियम और आयात की अन्य चीजों की कीमतों में वृद्धि के कारण बुरी हो जाती है।

उपर्युक्त कठिनाइयों के कारण भारत भारी भुगतान असन्तुलन की समस्या से जूझता रहा है। फलस्वरूप, भारी ऋण में दबता जाता है। यद्यपि पिछले वर्ष के मुकाबले वर्ष 1973-74 के निर्यात में 27 प्रतिशत की विकास दर की भारत की असाधारण उपलब्धि पर सरकारी महकमों में खूब आनन्द मनाया गया, लेकिन तथ्य यह रहा कि उस वर्ष का आयात वित्त निर्यात की आय से आगे बढ़ गया और 2.55 करोड़ का घाटा हुआ। वर्तमान रुझान इस भुगतान सन्तुलन की खाई को और चौड़ी करनेवाला प्रतीत होता है, लेकिन यह तथ्य ज्यादा महत्त्वपूर्ण है कि विश्व निर्यात में भारत का हिस्सा वर्ष-दर-वर्ष कम होता जा रहा है। सारणी-11 इस सन्दर्भ में हमारी स्थिति को दर्शाती है।

सारणी-11
निर्यातों में रुझान[18]

वर्ष	विश्व निर्यात		भारतीय निर्यात		भारत का
	करोड़ डॉलर	% वार्षिक परिवर्तन	करोड़ डॉलर	% वार्षिक परिवर्तन	शेयर विश्व निर्यात में %
1	2	3	4	5	6
1963	13,600	—	162	—	1.2
1964	126,20	12.2	170	4.9	1.1
1965	16,540	8.4	168	-1.1	1.0
1966	18,120	9.6	157	-6.5	0.9
1967	19,100	5.5	161	2.2	0.8
1968	21,340	11.7	176	9.2	0.8
1969	24,480	14.7	183	4.3	0.7
1970	28,070	14.7	202	10.4	0.7
1971	31,470	12.1	206	1.7	0.7
1972	37,440	19.0	240	16.5	0.6
1973	51,000	36.2	294	22.5	0.6

स्रोत : आई एम एफ, इंटरनेशनल फाइनांशियल स्टेटिस्टिक्स, मई 1974

परन्तु भारत और अन्य विकासशील देशों के दृष्टिकोण से अतिरिक्त चिन्ता का विषय यह तथ्य है कि विकसित देशों का व्यापार मुख्य रूप से उनके अपने बीच ही चलता है, न कि विकासशील देशों के साथ। इसका मतलब है, विकासशील देशों के साथ मोल-तोल करने की स्थिति में लगभग न के बराबर होते हैं। इस मामले में तेल उत्पादक देश अपवाद हैं। पश्चिम के देशों जिनकी निर्भरता पेट्रोलियम उत्पादों पर बढ़ रही है, से मोल-तोल करने की इनकी क्षमता में वृद्धि हुई है।

सारणी-12
देशों के बीच व्यापार का ढाँचा[19]

A देशों का एक-दूसरे को निर्यात	40%
B देशों का एक-दूसरे को निर्यात	10%
A से B को निर्यात	25%
B से A को निर्यात	25%
	100%

उपर्युक्त आंकड़ों के अर्थ पर ध्यान देना है। कोटि-ए के देशों का स्वयं के बीच बृहत्तर व्यापार सम्बन्ध है क्योंकि उनके जीवन स्तर और तकनीक स्तर में वृद्धि के साथ उन्हें उन परिष्कृत मशीनरी और उपभोग की वस्तुओं की आवश्यकता होती है जिन्हें कोटि-बी के देश पैदा नहीं कर सकते हैं। पुन: कोटि-बी के देशों की गरीबी के कारण कोटि-ए के परिष्कृत उत्पादों के लिए कोटि-बी के देशों में बाजार सीमित है। एकमात्र चीज, जिसकी औद्योगिक रूप से उन्नत देशों को विकासशील देशों से जरूरत है, उनके अयस्क उत्पाद और कृषि उत्पाद हैं।

इस तरह आर्थिक विकास में कृषि के योगदान का वर्णन करते हुए साइमन कुजनेत्स उस तथ्य पर भी जोर देते हैं : "पूँजी आयात के साथ भी आर्थिक विकास के आरम्भिक चरणों में उस देश को, जो उच्च कीमत पर भी आधुनिक तकनीक के औजारों का उत्पादन नहीं कर सकता है, बदले में उन्नत देशों को देने के योग्य दूसरे उत्पादन होना भी उसका जरूरी है। यह काम वह केवल उन उत्पादों से कर सकता है जिसमें उसको तुलनात्मक रूप से फायदा होता है; और इस प्रकरण की प्रकृति से यह लाभ बौद्धिक कौशल की बजाय प्राकृतिक संसाधनों में होना ही संभव है। चूंकि खनन के बाद कृषि ही ऐसा क्षेत्र है जिसमें प्राकृतिक देनों का सबसे ज्यादा वजन है, इसलिए यह कोई आश्चर्य नहीं है कि कृषि निर्यात का एक बड़ा स्रोत थी और यह कि, अपेक्षाकृत ज्यादा विकसित देशों के संसाधनों के ऊपर नियंत्रण ने आधुनिक आर्थिक विकास को मदद करने में एक रणनीतिक भूमिका अदा की।"[20]

यदि हम इस ढाँचे का इन दो समूहों के देशों के बीच के उस व्यापार की तुलना करें तो हमें तुरन्त इसकी समानता औपनिवेशिक काल के व्यापार के ढाँचे के साथ खटकती है। उपनिवेश पहले भी मुख्य रूप से खनिज-लवण और कृषि उत्पादों के आपूर्त्तिकर्त्ता थे और केवल सीमित तरीके में ही महानगरीय देशों के उत्पादों के बाजार थे। रूस और चीन के मामले में भी उन्नत औद्योगिक राष्ट्रों के साथ उनके व्यापार रिश्ते इस ढाँचे के अनुरूप होते हैं।

वस्तुत: दूसरों पर अपनी शर्तों को लादने की उन्नत देशों की क्षमता विकसित हो रही है क्योंकि वे अनेक कृषि उत्पादों की जगह उस तरह की दूसरी-चीजें विकसित कर लेते हैं। साथ ही, अमेरिका और कनाडा सरीखे कोटि-ए के कुछ देशों के पास खुद की इतनी ज्यादा क्षमता है कि वे अपने कृषि क्षेत्र का विकास कर सकते हैं। दरअसल, कोटि-ए को कोटि-बी का सीमित निर्यात भी बहुत हद तक कोटा प्रणाली पर निर्भर है जिसे निश्चित रूप से भिखमंगी वाली अमर्यादित रियायत समझा जाना चाहिए। जैसे-जैसे यह तकनीकी खाई संकुचित होने की बजाय विकसित हो रही है, हम उस स्थिति की ओर बढ़ते जा रहे हैं जहाँ हमारे पास एक ही ग्रह पर दो दुनियाएँ होंगी जिनका आपस में बिलकुल कोई सम्पर्क

नहीं होगा। अभी हमें सीमित कृपा अवधि मंजूर हुई है जिसमें हाथ-पैर मारने के लिए या तो निर्भरता की की इस प्रक्रिया को अपनाएँ या पूरी तरह से एक भिन्न जीवन शैली को अपनाएँ जहाँ हमें विकसित राष्ट्रों की बिलकुल ही जरूरत नहीं होती है, लेकिन यह केवल अत्यधिक आत्मनिर्भरता से ही हो सकता है, न कि विकसित राष्ट्रों पर अत्यधिक निर्भरता से। कृषि उत्पादन का एक उच्च स्तर तथा उन उद्योगों का विकास जो इसे सम्भव बनाते हैं, दोनों के ही इस प्रयास में पूर्व प्रतिष्ठित स्थान ग्रहण करना चाहिए।

इस कोण से विकसित दुनिया के लिए निर्यात योग्य परिष्कृत चीजों का निर्माण करने के लिए विदेशी कम्पनियों को आमंत्रित करना तथा अत्यधिक पैसा खर्च करना संसाधनों की बड़े पैमाने पर बर्बादी है। यह असम्भव है कि इस तरीके से हम अत्याधुनिक तकनीक हासिल करने के लायक हो जाएँगे क्योंकि इस तरह की तकनीक के लिए हमारे पास आधारिक संरचना नहीं है तथा यह भी कि, समयान्तराल हो जाता है। चूँके हम कोई नई चीज नहीं बनाते हैं बल्कि दूसरे मुल्कों में बनी हुई चीजों को ही बनाते हैं, इसलिए हम जब उसका उत्पादन शुरू करते हैं तब तक नए-नए शोध उसको पुराना घोषित कर देते हैं। साथ ही, ये कम्पनियाँ तकनीकी जानकारी के अपने निवेश पर काफी मुनाफा बटोर लेती हैं। चूँकि ये उत्पाद समूचे रूप से निर्यात के लिए नहीं बनाए जा सकते हैं, हमारी खुली किफायती प्रणाली में उनका बड़ा हिस्सा आन्तरिक रूप से विलासी उपभोग को बढ़ा देता है जिसे हम रोक सकते हैं।

चीन : हमारा विचित्र शत्रु

चीन की जनसंख्या समस्या हमारी तरह ही थी, लेकिन वह उपर्युक्त सीमाओं को साथ जिन्दा रहा। उसने कृषि उत्पादन को बढ़ाने पर अतिशय जोर दिया। हमारी समस्या से मिलती-जुलती होने के कारण चीन ने अपने विकास के लिए जो मार्ग अपनाया, उसकी जाँच करना शिक्षाप्रद रहेगा। अपनी कृषि के सन्तोषजनक विकास के परिणामस्वरूप वह अपने संसाधनों से अर्थात् ज्यादातर कृषि निर्यातों से, वह अपने अधिकांश विदेशी विनिमय आवश्यकताओं को पूरा करने में सक्षम रहा है।

चीनी कम्युनिस्टों को जब सत्ता मिली थी तो उस समय चीन का कृषि उत्पादन निम्न छोर पर था। गाँवों की समूची मानव शक्ति को उत्पादन के लिए जरूरी सुविधाओं के सृजन में लगाकर वे प्रथम दशक में ही स्थायी प्रगति करने के योग्य-से गए। यह अनुमान किया जाता है कि जब चीनी कम्युनिस्ट सत्ता में आए तो खाद्य उत्पादन गिरकर 10.82 करोड़ टन तक पहुँच गया था, लेकिन उनके प्रयास रंग लाए और 1958 में एक दशक के भीतर ही उन्होंने 25 करोड़ टन का

उल्लेखनीय उत्पादन करने का दावा किया। तुरन्त आँकड़े को लेकर थोड़ा विवाद पैदा हुआ, लेकिन निश्चित रूप से यह 20 करोड़ टन से ज्यादा था। बाद के वर्षों में हनुमान कूद जोखिम के कारण कुछ अवरोध आया और उत्पादन में 15 से 20 प्रतिशत तक की गिरावट आ गई और इससे अर्थव्यवस्था में गम्भीर कमी आ गई, लेकिन शासन ने शीघ्र ध्यान दिया और उन कारणों का निदान किया जिनसे यह स्थिति उत्पन्न हो गई थी। फलस्वरूप, कृषि उत्पादन पुन: 1962 से बढ़ गया। विघटन तब पैदा हुआ जब सामूहिकीकरण को लागू करने का प्रयास किया गया। इसमें खेती की व्यवस्था को पहले के उत्पादन और तुलनात्मक रूप से छोटे आकार के सरकारी समूहों और समुदायों से बदलकर बड़े आकार के समुदायों का कर दिया गया। उसी समय इसका मतलब था, इस नयी प्रणाली के लागू होने के पहले किसानों से उनकी निजी खेती के छोटे-छोटे जमीन के टुकड़ों को छीन लेना। इन परिवर्तनों से कृषि उत्पादन में गम्भीर संकट आ गया तथा खुद कम्युनिस्ट पार्टी के अन्दर विवाद तीखा हो गया।

इन तत्त्वों के दबाव में खेती प्रबन्धन को विकेन्द्रित किया गया। कृषि प्रबन्धन तथा उत्पादन से सम्बन्धित बुनियादी निर्णयों को फिर से कम्यून लागू होने के पहले की तरह उत्पादन ब्रिगेडों के साथ पड़े रहने के लिए मंजूर कर लिया गया। इन उत्पादन ब्रिग्रेडों में मोटा-मोटी बीस से तीस घर शामिल थे और इनके अन्दर के फार्म आसानी से व्यवस्थित कर लिए जाने योग्य थे। अतएव 1961-62 के बाद भी निजी प्लॉटों को फिर से मंजूरी दी गई। तब से खाद्य उत्पादन में नियमित वृद्धि होती रही है। निम्नलिखित आँकड़ा[21] 1962-63 और 1967-68 के बीच उस खेती योग्य क्षेत्र पर जो ठोस ढंग से भारत के खेती योग्य क्षेत्र से कम है, चीन के कृषि उत्पादन की जानकारी देता है :

वर्ष	खाद्य उत्पादन (करोड़ मीट्रिक टन)
1962-63	18
1963-64	18.5
1964-65	19.5
1965-66	20.7
1966-67	20.5
1967-68	21.4

1958-59 के बाद चीन को जो धक्का लगा, वह एक सबक है। इस मामले में जैसे कि पहले प्रत्येक दूसरे में होता था, यह बिलकुल साफ हो गया कि किसानों

के इच्छापूर्ण सहयोग और उन पर व्यक्तिगत ध्यान दिए बगैर कृषि का उल्लेखनीय ढंग से विकास नहीं हो सकता है।

हालाँकि कृषि उत्पादन का उच्च स्तर हासिल करने के लिए चीन को औद्योगिक क्षेत्र की अपनी प्राथमिकताओं को भी बदलना पड़ा। शुरू में वे भारी उद्योग पर मुख्य जोर डालने के लिए रूस मॉडल की ओर झुके थे, लेकिन उन्हें अहसास हो गया, कि किसानों को जिन चीजों की जरूरत है, उन चीजों का पर्याप्त मात्रा में उत्पादन किए बगैर वे कृषि उत्पादन को नहीं बढ़ा सकते हैं तथा किसान वर्ग के साथ सन्तोषजनक सम्बन्ध कायम नहीं रख सकते हैं। अतएव किसानों के लिए जरूरी उपभोक्ता वस्तुओं और कृषि निवेशों के उत्पादन पर बहुत ज्यादा जोर दिया गया, विशेषकर रासायनिक खादों के उत्पादन को सबसे अधिक प्राथमिकता की गई। हमने पहले ही इस सन्दर्भ में उनकी उल्लेखनीय उपलब्धि को उद्धृत किया है।

यद्यपि बुनियादी विचारधारा और संकल्प में चीनी और रूसी कम्युनिस्टों के बीच बहुत हद तक समानता थी। चीन ने अपने इतिहास और स्थितियों के कारण विकास की स्पष्ट रूप से अलग दिशा अपनाई। सत्ता में आने के बाद चीनी कम्युनिस्टों ने एक वर्ग के रूप में समाप्त कर दिए गए जमींदारों से 9.6 करोड़ हेक्टेयर जमीन लेकर उसे 300 करोड़ भूमिहीन किसानों में वितरित कर दिया। प्रत्येक घर को उपलब्ध वास्तविक जमीन बहुत ही कम थी—कुछ अनुमानों के अनुसार, एक एकड़ का तिहाई ही थी। परस्पर सहयोगी टीमों और सरकारी समूहों का सृजन उन छोटी-छोटी जोतों को आर्थिक रूप से प्रतिस्पर्द्धी बनाने के लिए आवश्यक था। इस तरह के सहयोग की आवश्यकता छोटे किसानों द्वारा आसानी से महसूस की गई। सहयोग को दूसरे के लिए आकर्षण बनाने हेतु शुरुआती चरण में सहकारी समूह में उनके द्वारा लाई गई जमीन के अनुपात में उत्पाद का एक हिस्सा हासिल करने के लिए सदस्यों को मंजूरी दे दी गई। जब सामूहिकीकरण शुरू हुआ तो यह रिवाज बाद में बन्द हो गया, लेकिन तब किसानों को अपना निजी प्लॉट रखने की इजाजत दे दी गई। केवल जब समूह के लागू होने के साथ इसे समाप्त किया गया तो गम्भीर परेशानी उत्पन्न हो गई, लेकिन रूस से भिन्न जहाँ कि किसानों के साथ निर्मम व्यवहार किया जाता था, चीन ने ज्यों ही किसान प्रतिक्रिया शत्रुता की ओर बढ़ने लगी, अधिकारियों ने कदम वापस ले लिए।

इसके दो कारण थे। पहला, चीनी कम्युनिस्ट नेतृत्व और लाल सेना भी चरित्र में किसान थे और वे नहीं चाहते थे कि रूसी कम्युनिस्ट किसान वर्ग की अनुभूतियों के प्रति असंवेदनशील रहे, लेकिन फिर भी ज्यादा निर्णायक यह तथ्य था कि विशाल आबादी वाला चीन मिट्टी की स्थितियों और फार्मों के बिलकुल कोमल प्रबन्धन पर निर्भर अपने खाद्य उत्पादन का विघटन नहीं कर सकता था। चीन में खेती के

इस कौशलयुक्त प्रबन्धन के बारे में आर.एच. तावने ने कम्युनिस्टों के सत्ता में आने के बहुत पहले ही 1932 में निम्नलिखित टिप्पणियाँ की थीं :

> "हॉलैंड से लेकर किसी अन्य देश से ज्यादा चीन की जमीन में मानव उपक्रम है। यदि सिंचाई के अन्दर का क्षेत्र तथा बाढ़ से संरक्षित क्षेत्र को विस्तारित किया गया तो अधिसंख्य जो आज मर रहे हैं, जिन्दा रह जाएँगे; यदि इसे संकुचित किया जाता है तो दुर्भिक्ष से होनेवाली मौतों की संख्या आज की मौतों की संख्या से भी ज्यादा हो जाएगी। यूरोप के उस अधिकांश भाग की तुलना में उन्नीसवीं सदी के पहले की किसी अवधि में यह दक्षता का एक महाश्चर्य है गैर व्यक्तिगत कौशल की जीत के रूप में जिसे संगठित ज्ञान का सहारा नहीं मिला।"[22]

चीनी कम्युनिस्टों की जड़ें मिट्टी में गहरी जुड़ी हुई थीं। वे इस तथ्य से अच्छी तरह वाकिफ थे और अन्ततः उनकी आकांक्षा ने कम्यूनों (समूहों) के माध्यम से जो प्राप्त करने के लिए उन्हें प्रोत्साहित किया था, वे उससे बहुत कम पर ही समझौता कर लिये। सांस्कृतिक आन्दोलन के दौरान भी जब औद्योगिक क्षेत्र में बहुत ज्यादा अवरोध आया, कृषि बहुत अकेली हो गई। 1961 के बाद कृषि में चीन का स्थायी विकास तथा प्रत्येक दिशा में उसका तेज विकास दर्शाता है कि यह दूरदर्शिता बड़े काम की साबित हुई है।

भिन्न-भिन्न परिस्थितियों में कृषि का किसी राष्ट्र के औद्योगिक विकास के साथ सम्बन्ध का उपर्युक्त अध्ययन इस सन्दर्भ में हमें अपनी नीतियों को गढ़ने और उसकी जाँच करने में मदद कर सकता है। ये स्पष्ट रूप से संकेत देते हैं कि आर्थिक विकास के शुरुआती चरणों में कृषि में आत्मनिर्भरता या कृषि अधिशेष जब तक कोई देश, जैसे तेल की माँग पूरी दुनिया में बढ़ रही है, इस तरह के खनिज संसाधनों से अपवादस्वरूप समृद्ध नहीं हो जाता है, आवश्यक है, लेकिन एक ऐसे देश में जिसकी जनसंख्या बहुत ज्यादा है, तेल से होनेवाली विशाल आय भी खाद्यान्नों का आयात करने में बह जा सकती है, जैसा कि इंडोनेशिया में हो रहा है। चूँकि भारत की तरह चीन ने कृषि योग्य भूमि के सीमित क्षेत्र पर तेजी से बढ़ती जनसंख्या के दबाव का सामना किया था, इसका उदाहरण हमारे लिए विशेष मूल्य का है।

परन्तु अन्तर भी बहुत ज्यादा हैं जिन्हें देखना जरूरी है। चीन को सम्पूर्ण भूमि सुधार का फायदा मिला। आन्दोलन के बाद चीन के पास यह क्षमता हो गई थी कि वह जिस दिशा में चाहे, राष्ट्र को घुमा सकता था। भारत के साथ ऐसी बात नहीं थी, लेकिन भारत के पास उच्च प्रति व्यक्ति भूमि उपलब्धता का फायदा है। भारत के पास वही जनसंख्या है या उससे थोड़ा कम, जो चीन के पास 1952 में

थी। भारत में बुआई का रकबा चीन के 11.3 करोड़ हेक्टेयर के मुकाबले 13.7 करोड़ हेक्टेयर से अधिक है। भारत के पास इस क्षेत्र को आगे विस्तारित करने की काबिलियत है। चीन ने इस मामले लगभग अपनी सीमा को छू लिया है, लेकिन चीन ने 1967 में ही भूमि का 35.52 प्रतिशत सिंचाई के अन्दर कर लिया था जबकि भारत अभी तक अपनी भूमि का 22 प्रतिशत ही सिंचाई के अन्दर डाल पाया है। चीन ने खाद्य नियंत्रण उपायों, संरक्षण और बेहतर जल प्रबन्धन से अपने स्रोतों से कहीं बेहतर उपज ली। हमारे देश में अभी भी खेती योग्य और खेती की गई भूमि का विशाल हिस्सा बाढ़ के कारण पानी में डूबा हुआ है या उनका नदियों द्वारा कटाव किया जाता है। इनकी रोकथाम के लिए कोई गम्भीर प्रयास नहीं किया जाता है। इस तरह, हमारे फायदे मिट्टी में दबे विशाल प्राकृतिक संसाधनों में निहित हैं जबकि उनके फायदे उपलब्ध संसाधनों से मिलनेवाले लाभ को बढ़ाने हेतु मानवी प्रयासों का इस्तेमाल करने में निहित हैं।

3

किसी भी मामले में हमारा पिछड़ापन एक गारंटी है कि यदि उद्‌देश्यपूर्ण सरकार हो तो हमारे पास तेज प्रगति करने के लिए चीन के पास जो सम्भावना थी, उससे बहुत ज्यादा सम्भावना है। उदाहरणस्वरूप, चीन के पास बहुत पहले 1929-1933 में ही कृषि उम्पादकता का एक उच्च स्तर था। जॉन लॉसिंग, ओवेन एल.डावसन और यूआन लिबू ने स्वयं को चीनी गणराज्य के राष्ट्रीय कृषि शोध ब्यूरो के आँकड़ों को आधार बनाकर 1929-33 की औसत पैदावार की गणना 18-19 करोड़ टन की है।[1] चीन की कृषि योग्य भूमि को ध्यान में रखते हुए यह उत्पादन का बिलकुल एक उच्च स्तर है। भारत के खाद्य उत्पादन से इसकी तुलना करें जो अभी भी 10 करोड़ टन के आसपास ही घट-बढ़ रहा है। आर.एच. तावने वर्ष 1914-18 के लिए चीन एवं वर्ष 1921-25 के लिए दूसरे देशों की निम्नलिखित प्रति एकड़ पैदावार बतलाते हैं जो यह दर्शाता है कि उतना पहले भी चीन में धान का उत्पादन काफी ठोस था।

सारणी-13 दर्शाती है कि अपनी मुख्य खाद्य फसल—धान के उत्पादन में चीन ने अमेरिका से बहुत आगे रहते हुए उच्च स्तर को प्राप्त कर लिया था। इस मामले में यह केवल जापान से ही पीछे था। यह एक कारण है कि चीनी कम्युनिस्टों के सत्ता सँभालने के पहले दशक में उपज इस तरह से कभी शानदान नहीं रही जो तीस के दशक में थी। हालाँकि चीनी कम्युनिस्टों ने कृषि उत्पादन के क्षेत्र में बहुत बड़े कदम उठाए थे। ऐसा केवल तभी होता है जब हम इन पैदावार की तुलना गृहयुद्ध के बाद के वर्षों की जीर्ण-शीर्ण स्थितियों में हुई पैदावर से करते हैं, कि तुलना में उपलब्धि ज्यादा दिखती है। उच्च स्तर पर कायम पैदावार को और ऊपर ले जाना निम्न स्तरों से ऊपर उठाने से असीम रूप से ज्यादा कठिन है। कम्युनिस्टों की उपलब्धि यह है कि उन्होंने युद्ध-पूर्व वर्षों के पहले के उच्च स्तरों से इन पैदावार को धीरे-धीरे ऊपर उठाया है तथा बाढ़ और मिट्टी कटाव जैसे प्राकृतिक आपदाओं और जलवायु की अनिश्चितताओं से खेतों की सुरक्षा कर इन पैदावारों को स्थिर बनाया है।

चूँकि भारत की उपलबिध इन दिशाओं में कम है तथा पैदवार बहुत कम है, अल्प समय के अन्दर पैदावार के बढ़ाने की सम्भावना इसमें है। यहाँ तक कि वर्तमान स्तरों की तुलना में दोगुना या तिगुना करने की भी सम्भावना है। यदि आवश्यक संस्थागत

सारणी-13

चीन और कुछ अन्य देशों की खद्यान्न उपज

चीन के लिए 1914-18 और अन्य देशों के लिए 1921-25

(प्रति एकड़ बुशेल्स)[2]

देश	गेहूँ	मक्का	धान
1	2	3	4
चीन	11.8	11.7	1750
भारत	11.4	13.9	863
अमेरिका	13.9	27.8	1076
जापान	—	—	2350

समायोजन किया जाए और निवेश की व्यवस्था हो तो उत्पादन के स्तर में मानकीकरण कायम करते हुए बहुत कुछ हासिल किया जा सकता है। वर्तमान में न केवल विभिन्न राज्यों और क्षेत्रों के बीच उत्पादकता में बल्कि एक ही गाँव की जमीन के दो टुकड़ों, जिनमें मिट्टी के गुणों में अन्तर रहता है, में भी बड़ा अन्तर मौजूद है। सन्निकट क्षेत्रों में फसलों के बीच का यह अन्तर उसी गाँव में इतना विशिष्ट है कि कुछ ग्रामीण क्षेत्रों में ऐसा कहा जाता है कि किसी आदमी के भाग्य का निर्णय उसके खेत की मेड़ पर खड़ा होकर किया जा सकता है। इसका अर्थ है कि भाग्यशाली मनुष्य के खेत से प्राप्त पैदावार उसके कम भाग्यशाली पड़ोसी की पैदावार से बहुत ज्यादा है। सत्य, हालाँकि यह है कि ये बड़े अन्तर न केवल किसान के साइंस के स्तर को बल्कि निवेशों में अन्तर को भी प्रस्तुत करते हैं। इस तरह एक ही गाँव में दो निकटवर्ती खेतों के उत्पादन में प्रति हेक्टेयर 5 क्विंटल से 20-25 क्विंटल का अन्तर हो सकता है। यदि अत्यधिक कुशल किसानों की खेती के अभ्यास को एक समान ढंग से लागू किया जाता तो यह अकेले पैदावार को दोगुनी या उससे भी ज्यादा कर सकती थी। इस मामले में कोई भी दक्षता निवेश हेतु संसाधनों तक बेहतर पहुँच की लगभग समानार्थी है। इस तरह यह परिणाम हासिल करने के लिए जिन चीजों की जरूरत है, वह यह है कि निवेश का वही स्तर जो अत्यधिक दस किसानों द्वारा कायम किया गया है, को अब अन्य फार्मों को उपलब्ध कराया जाता है।

राज्यों के बीच उत्पाकता में असमानताएँ या उत्पादकता में क्षेत्रीय असमानताएँ निस्सन्देह, एक बड़ी हद तक सिंचाई, बाढ़ नियंत्रण उपायों और नालियों सरीखी बुनियादी सुविधाओं के प्रावधान में असमानता के उत्पाद हैं। इन सुविधाओं का अभाव स्वयमेव नई कृषि तकनीक के प्रभाव क्षेत्र और उच्चतर निवेश पर एक सीमा आयत कर देता है। कई तरह फसलें लगाना पुन: सिंचाई जल के प्रावधान और जल जमाववाले खेतों को समुचित नालियों के माध्यम से सुखाने पर निर्भर करता है।

भारत में सिंचाई की सम्भावना की तुलना में वास्तविक सिंचाई की सुविधाओं का विकास बहुत कम हुआ है। हमारी सिंचाई सम्भावना और इसके अब तक के इस्तेमाल के बारे में एक सरकारी प्रावधान का निम्नलिखित मन्तव्य है : "इनकी (नदी जल सिंचाई) अंतिम सिंचाई सम्भावना 4.53 करोड़ हेक्टेयर अनुमानित है। शेष का इस्तेमाल दूसरे 1.2 करोड़ हेक्टेयर द्वारा होगा जिसकी सिंचाई लघु समतल जल योजनाओं से की जा सकती है। यह भी अनुमानित है 2.2 करोड़ मीटर भूमिगत जल का इस्तेमाल समतल कुओं और ट्यूबवेलों सरीखी लघु भूमि जल योजनाओं से लगभग 1.82 करोड़ हेक्टेयर की सिंचाई के लिए हो सकता है। यह भूमिगत जल सम्भावना अभी भी पूरी तरह ज्ञात नहीं है।[3]

इस तरह हम देखते हैं कि हमारा भूमिगत जल संसाधन अभी भी अछूता है, लेकिन उपर्युक्त गणना के मुताबिक ज्ञात सम्भावना के साथ भी 7.55 करोड़ हेक्टेयर जमीन को सुनिश्चित सिंचाई के अन्दर लाया जा सकता था। हमारे कुल जोते गए क्षेत्र की दो-तिहाई के अन्तर्गत यह बहुत थोड़ा है। इसके साथ, पठारी जमीनों पर वर्ष जल को तालाब सिंचाई के लिए संरक्षित किया जा सकता है। पुन: यह सम्भावना अनन्वेषित है। अभी तक सिंचाई सम्भावना की तिहाई का महज थोड़ा ही इस्तेमाल हुआ है। चूँकि गंगा के मैदान में हमारे भूमिगत जल संसाधन विशाल हैं, इस स्रोत से एक या दो वर्षों के भीतर ही बहुत-सी सिंचाई योजनाएँ पूरी की जा सकती है क्योंकि ट्यूबवेल लगाना न खर्चीला है, न ही इसमें ज्यादा समय लगता है। दरअसल, कुछ क्षेत्रों में बाँस बोरिंग को भी सफलता के साथ आजमाया गया है और इस पर ट्यूबवेल के खर्चे का दसवाँ हिस्सा ही खर्च होता है। कम-से-कम कुछ क्षेत्रों में जहाँ पानी निम्न गहराइयों पर उपलब्ध है, यह शीघ्र लोकप्रिय हो सकता है। वस्तुत: ऐसे ट्यूबवेल के लिए कौशल जो स्थानीय रूप से उपलब्ध है, यह शीघ्र लोकप्रिय हो सकता है। वस्तुत: ऐसे ट्यूबवेल के लिए कौशल, जो स्थानीय रूप से उपलब्ध रहता है, बाँस—पुन: एक स्थानीय उत्पाद—और कुछ तार और नारियल की रस्सी, इन्हीं चीजों की जरूरत होती है। इसके अलावा पाइपों का आरम्भिक बोरिंग के लिए इस्तेमाल होता है जिसे बाद में बाँस का पाइप गाड़ देने के बाद हटा दिया जाता है। यदि समुचित प्रोत्साहन दिया जाए तो सिंचाई के लिए सस्ते में नल के पानी की अनेक स्थानीय विधियाँ विकसित हो सकती है। यह एक चित्रण है जिसके माध्यम से यह दिखलाना है कि यदि लाभ पहुँचानेवाली योजनाओं के लिए लोगों को जागरूक करने का गम्भीर प्रयास किया जाए तो बिना ज्यादा पूँजी लगाए या विदेशी सहयोग के बिना समय गँवाए इस देश में बहुत ज्यादा हासिल किया जा सकता है।

तालाब सिंचाई भी लोगों के सहयोग से पठारी क्षेत्रों के वर्तमान स्तर से और ज्यादा विस्तारित की जा सकती है। जापान में तालाब सिंचाई ने महत्त्वपूर्ण भूमिका निभाई है, इसलिए तालाब सिंचाई के महत्त्व को कम नहीं किया जा सकता है।

उपर्युक्त विवरण का समूचा भार इस तथ्य का पता लगाना है कि भारत में तुलनात्मक रूप से हल्के प्रयासों से ही अधिकांश कृषि योग्य भूमि को दस वर्षों के अन्दर सिंचाई के एक या दूसरे रूप के अन्तर्गत लाया जा सकता है तथा इसका बड़ा हिस्सा पाँच वर्षों के अन्दर ही तालाब या ट्यूबवेलों की सुविधा से लैस हो सकता है लेकिन ऐसा करने के लिए इच्छाशक्ति का होना जरूरी है। नाली और बाढ़ नियंत्रण उपायों को भी मुख्यत: श्रम की प्रेरणा तथा साधारण औजारों की सहज उपलब्धता की जरूरत है।

भारत एक बार अपनी सिंचाई क्षमता का विकास कर ले, तो कृषि उत्पादन के क्षेत्र में इसके समक्ष अनुकूल जलवायवीय स्थितियों के कारण विशाल सम्भावनाओं के द्वार खुल जाएँगे। वह सम्भावना का द्वार नई कृषि तकनीक के साथ खुलेगा जिसमें इसका विपुल सूर्य का प्रकाश एक बड़ी निधि है। भारत का प्रतिकूल मनुष्य-भूमि अनुपात बहुफसलीकरण की शुरुआत से आसानी से प्रतिसन्तुलित किया जा सकता है। इस बहुफसली खेती को इसका विपुल सूर्य का प्रकाश सम्भव बनाता है। उच्च अक्षांशों पर स्थित देशों में से अधिकांश देश, जिनकी आर्थिक हालत अभी तक अच्छी है, के पास यह फायदा नहीं है। उनमें से अनेक देशों में जमीन साल के कुछ समय तक मोटी बर्फ से ढकी रहती है और इस तरह अनुपजाऊ बनी रहती है। इसलिए वहाँ विविध फसलों की सम्भावना पर प्रकृति से ही रोक है। इस सन्दर्भ में मैक्सिको और ताईवान की भाँति भारत कर्क रेखा के उत्तर और दक्षिण में अवस्थित है। मैक्सिको और ताईवान का उदाहरण इसलिए दिया गया कि इन दोनों देशों ने कृषि उत्पादन के क्षेत्र में चामत्कारिक बदलाव किया है। मैक्सिको, जिससे बारलॉग द्वारा विकसित—'चमत्कारी' गेहूँ सुदूर जमीन तक फैला है, इसने 25 वर्षों में ही अपनी कृषि में क्रान्ति ला दी है। इस शताब्दी (20वीं) के चालीस के दशक के आरम्भ में मैक्सिको का कृषि उत्पादन बहुत कम था। यह अमेरिका के खाद्य का आयात करता था। 1967 आते-आते इसने मक्के के उत्पादन को दोगुना तथा गेहूँ उत्पादन को तिगुना कर लिया। अब न केवल यह पहले की तुलना में कृषि उत्पादों का ज्यादा उपभोग करता है, बल्कि उसका एक बड़ा हिस्सा निर्यात भी करता है। उसी तरह, ताईवान ने नई खाद्य तकनीक का इस्तेमाल कर अपनी अर्थव्यवस्था को बदल दिया है। उष्ण कटिबन्धीय बसावट के इस फायदे के कारण ताईवानियों ने कुछ अनुकूल जगहों पर पाँच-पाँच फसलें उगा ली हैं। फिलीपींस, जिसने अन्तरराष्ट्रीय चावल शोध संस्थान के प्रयासों के कारण धान की अधिक उपज देनेवाली नस्लों का काफी विकास किया है, उसी अक्षांश पर स्थित है जिस पर दक्षिण और मध्य भारत का ज्यादातर क्षेत्र स्थित है। भारत में जिस तरह से सूर्य के प्रकाश के साथ-साथ समुचित जल और अच्छी मिट्टी के फायदे उपलब्ध हैं, यह आसानी से बहुफसलीकरण को अपनी भूमि पर विस्तार दे सकता है। इस तरह से देखकर भारत की जनसंख्या समस्या की व्यवस्था

नहीं हो सकती है, ऐसा नहीं लगता है। इसकी व्यवस्था हो सकती है। केवल यदि कल्पनाशील प्रयास हों तो इस देश में हल सारस पक्षी से भी आगे निकल सकता है।

अभी तक कृषि जोत के अन्तर्गत कुल क्षेत्र का पाँचवाँ हिस्से से भी कम पर एक बार से अधिक फसल वाली खेती होती है। यह कल्पना करना आसान है कि अगर उन शेष हिस्सों में भी साल में एक से ज्यादा फसलें उगाई जाने लगें तो कितना बड़ा अन्तर आ जाएगा। अगर इस बहुफसलीकरण को ज्यादा उपज दिलानेवाली नई तकनीक से जोड़ दिया जाए तो भारत आसानी से खाद्यान्नों और अन्य खाद्य उत्पादों का एक बड़ा निर्यातक बन सकता है। अधिशेष का कुछ भाग डेयरी, पोल्ट्री और सूअरपालन इत्यादि के लिए भी खाद्य पदार्थ के रूप में इस्तेमाल हो सकता है। चूँकि ये सारे धन्धे अत्यधिक श्रमिक प्रधान हैं, ये ग्रामीण आबादी को घर के नजदीक ही बृहत् पैमाने पर रोजगार भी दे सकते हैं। वर्तमान में यद्यपि मवेशी के भोजन को बढ़ाने के लिए बहुत ज्यादा आह्वान होता रहा है, मवेशी के लिए चारे और खाद्यान्नों का अभाव ऐसी बाधा रहा है कि यह खाली बात बनकर रह गई हैं। वस्तुतः खाद्यान्न का बहुत ज्यादा अधिशेष पैदा किए बिना ही मवेशी भोजन को बढ़ाने का कोई भी प्रयास गम्भीर रूप से खाद्य की कमी को पैदा करेगा जैसा कि हाल के वर्षों में सोवियत संघ में हुआ है। भारत में जब तक मनुष्यों ओर मवेशियों के बीच खाद्यान्नों के सीमित भंडार के लिए प्रतिस्पर्द्धा चलती रहेगी, मवेशियों के भोजन में वृद्धि करने की आशा नहीं की जा सकती है। वस्तुतः खाद्यान्न का बहुत ज्यादा अधिशेष पैदा किए बिना ही मवेशी भोजन बढ़ाने का वर्तमान प्रयास मुख्य रूप से गरीबों के खिलाफ चलाई गई वह नीति है जिसके अन्तर्गत गरीबों का भोजन छीनकर समृद्ध लोगों को दूध और चिकन करी मुहैया कराई जाती है।

जब हम भारत के खाद्य उत्पादों और खाद्यान्न के निर्यातक होने के बारे में बात करते हें तो हमारे दिमाग में एक दूसरा फायदा रहता है जो भारत के साथ है। वह फायदा यह है कि भारत विकास की दौड़ में पीछे छूट गया है। जिन देशों में प्रति एकड़ खाद्यान्न की पैदावार उच्च स्तर पर है, यहाँ उत्पादकता को और आगे बढ़ाने के प्रयास संयोग से ह्रासमान प्रतिफल नियम से मिल रहे हैं। इसलिए उन देशों में उच्च निवेश से प्रति इकाई उत्पादकता में अपेक्षाकृत कम प्राप्ति हो रही है। दूसरी तरफ भारत में, जहाँ जमीन की उत्पादकता अभी भी बहुत कम है, निवेश में वृद्धि करने से उत्पादकता में बहुत ज्यादा वृद्धि होगी। साथ ही, उच्च श्रमिक कीमतों के कारण विकसित औद्योगिक देशों के किसानों को कृषि मशीनों पर भारी निवेश करना पड़ता है। भारत में विपुल श्रमशक्ति है, इसलिए श्रमिकों के रोजगार देने पर भी अपेक्षाकृत कम खर्च आएगा। इन तत्त्वों के कारण भारत के कृषि उत्पाद अमेरिका और दूसरे खाद्य निर्यातक विकसित देशों के कृषि उत्पादों की तुलना में काफी सस्ता हो सकते हैं। ये खेती के छोटे आकार के प्रभाव के विरुद्ध प्रति-सन्तुलनकारी तत्त्वों के रूप में काम करेंगे, जिसकी ओर हमने इशारा दिया है।

सारणी-14
कुल क्षेत्र पैदावार का प्रतिशत सिंचित क्षेत्र तथा कुछ राज्यों में उपज
कि. ग्राम प्रति हेक्टेयर

(उपज वर्ष 1971-72)[4]

राज्य		धान	ज्वार	बाजरा	मक्का	गेहूँ	जौ	कुल अनाज
1		2	3	4	5	6	7	8
आन्ध्र प्रदेश	(सिं.)	94.6	1.2	10.7	21.1	38.9	—	44.2
	(उ.)	15.79	447	—	—	—	—	913
असम	(सिं.)	33.6	—	—	0.8	—	—	33.2
	(उ.)	970	—	—	—	12.0	—	998
बिहार	(सिं.)	34.6	—	—	2.9	48.1	17.6	30.6
	(उ.)	962	—	—	—	1785	—	989
गुजरात	(सिं.)	26.3	3.4	2.9	4.8	83.1	71.4	13.5
	(उ.)	1091	403	—	—	1562	—	901
हरियाणा	(सिं.)	85.5	28.1	7.8	35.1	78.5	52.7	47.0
	(उ.)	1858	229	—	—	2043	—	1401
हिमाचल प्रदेश	(सिं.)	55.7	—	—	5.9	15.8	15.6	17.3
	(उ.)	1056	—	—	—	915	—	1041
जम्मू-कश्मीर	(सिं.)	87.4	—	—	8.6	13.7	11.1	37.1
	(उ.)	1739	—	—	—	889	—	1242
केरल	(सिं.)	54.6	—	—	—	—	—	53.8
	(उ.)	1533	—	—	—	—	—	1522
मध्यप्रदेश	(सिं.)	15.5	—	0.5	12.6	26.6	—	9.0
	(उ.)	830	626	—	—	868	—	726
महाराष्ट्र	(सिं.)	23.7	5.2	2.4	45.7	31.4	50.0	9.2
	(उ.)	1028	1227	—	—	498	—	427
मैसूर	(सिं.)	64.9	3.7	1.0	83.3	7.0	66.7	16.3
	(उ.)	1872	769	—	—	540	—	918
ओड़िशा	(सिं.)	20.8	0.4	0.1	5.3	65.9	—	19.1
	(उ.)	825	568	—	—	1670	—	939
पंजाब	(सिं.)	90.3	75.0	55.9	75.1	83.2	49.3	80.2
	(उ.)	2042	—	—	—	2413	—	1992
राजस्थान	(सिं.)	35.7	1.1	1.9	20.3	65.7	79.9	18.3
	(उ.)	1195	269	—	—	1320	—	560
तमिलनाडू	(सिं.)	92.2	18.4	13.3	78.6	—	—	59.0
	(उ.)	2013	781	—	—	—	—	1501
उत्तर प्रदेश	(सिं.)	17.2	1.2	0.7	15.5	63.2	54.5	34.6
	(उ.)	773	386	—	—	1249	—	923
पश्चिम बंगाल	(सिं.)	28.2	8.9		14.8	65.9	12.5	28.1
	(उ.)	1304	—	—	—	2304	—	1305
सम्पूर्ण भारत	(सिं.)	39.3	4.1	4.2	18.2	51.4	50.9	27.6
	(उ.)	1145	461	—	—	1382	—	936

यद्यपि अपनी वर्तमान स्थिति पर विचार करते हुए ठोस खाद्यान्नों और अन्य कृषि वस्तुओं की निर्यात करने की सम्भावना एक दिवा-स्वप्न लग सकती है, उपरोक्त विमर्श की रौशनी में यह निश्चित रूप से एक आसान काम है। उदाहरणस्वरूप, चीन, जिसके पास कृषि योग्य भूमि हमसे कम है, उसकी वर्तमान पैदावार पर विचार कीजिए। यह ठोस ढंग से भारत की पैदावार से दोगुनी से भी ज्यादा है। भारत के लिए पैदावार को उस स्तर तक ले जाना कोई कठिन काम नहीं है। यदि हम वह कर लें, तो हमारे पास काफी अधिशेष खाद्यान्न हो जाएगा, यद्यपि हम एक दशक में जनसंख्या में होनेवाली वृद्धि का हिसाब ध्यान में रखें क्योंकि इतना ही समय हमें अपनी उत्पादकता को दोगुनी करने के लिए भी चाहिए। पुन: इस बात पर जोर दिया जा सकता है कि यह काम कोई बड़ा काम नहीं है। इसका केवल अर्थ है, कृषि के तरीके और आवश्यक निवेशों का प्रसार, जिसको अत्यधिक दक्ष किसान या अन्य ने पहले से अपना रखा है।

सिंचाई और पैदावार का सम्बन्ध स्पष्ट है तथा सिंचाई सुविधाओं में अन्तर होने के पैदावार में अन्तर चौंकानेवाले हैं। उड़ीसा, मध्य प्रदेश और बिहार में धान की पैदावार प्रति हेक्टेयर 1,000 किलोग्राम के नीचे है, जबकि पंजाब और तमिलनाडु में यह 2,000 किलोग्राम से ऊपर है। गेहूँ के मामले में यह अन्तर महाराष्ट्र में 498 किलोग्राम से पंजाब में 2,413 किलोग्राम के बीच रहता है। इसके लिए जलवायु नहीं बल्कि सिंचाई जिम्मेवार है क्योंकि पंजाब और तमिलनाडु की जलवायु में काफी अन्तर है, लेकिन समान सिंचाई सुविधाओं के कारण इन दोनों राज्यों का लगभग एक समान प्रति हेक्टेयर धान उत्पादन है। उपरोक्त आँकड़ों से स्पष्ट है कि बढ़ी हुई उत्पादकता की कुंजी सिंचाई है। केवल पश्चिम बंगाल के मामले में अखिल भारतीय औसत की तुलना में पैदावार उच्च है—लेकिन पंजाब से बहुत कम है। यद्यपि पश्चिम बंगाल पारम्परिक रूप से धान उत्पादक राज्य है और पंजाब नहीं—यद्यपि सिंचाई सुविधाएँ धान के खेतों के केवल 28.2 प्रतिशत को ही प्राप्त हैं। इसे इस तथ्य से स्पष्ट किया जा सकता है कि पश्चिम बंगाल में अत्यधिक बारिश होने से सिंचाई सुविधाओं के अभाव की क्षतिपूर्ति हो जाती है, लेकिन आँकड़े सिंचित और असिंचित जमीन की पैदावारों के आंशिक अन्तर को ही दर्शाते हैं, क्योंकि वे प्रत्येक राज्य का केवल औसत देते हैं। सिंचित और असिंचित खेतों के बीच अन्तर अभी भी बहुत ज्यादा है।

ठीक उसी राज्य में सिंचाई सुविधा की उपलब्धता पर निर्भर रहते हुए कृषि की आमदनी में अन्तर भी आ सकता है। इस तरह उत्तर प्रदेश में वर्ष 1966-67 से 1968-69 के बीच की अवधि में प्रति हेक्टेयर सकल आय मुजफ्फरनगर में 3,285 रुपए के मुकाबले देवरिया में 1,993 रुपए थी।[5] देवरिया चूँकि पिछड़ा क्षेत्र है जहाँ सिंचाई सुविधाएँ बहुत कमजोर हैं, जबकि मुजफ्फरनगर ट्यूबवेल्स

और नहर की सुविधाओं से लैस है। उसी तरह, बिहार में 1959-60 में सिंचाई सुविधाओं से वंचित मुंगेर विभिन्न क्षेत्रों में प्रति हेक्टेयर आमदनी शाहाबाद के 1960-61 और 1961-62 की प्रति हेक्टेयर आमदनी 781 रुपए की तुलना में 433 रुपए से 470 रुपए थी।[6] यहाँ पुन: यह अन्तर सिंचाई सुविधाओं के अन्तर को दर्शाता है। शाहबाद को सोन नहर की सुविधा प्राप्त है।

सिंचाई के बाद आएँ खाद पर। खाद सबसे ज्यादा महत्त्वपूर्ण अदान है जो सीधे कृषि उत्पादन को प्रभावित करता है, लेकिन यह हम पहले ही देख चुके हैं कि देश में खाद उद्योग का विकास अत्यन्त सुस्त रहा है। सरकार ने न केवल अभी तक इसके उत्पादन की उपेक्षा की है बल्कि कृषि विकास की बढ़ती आवश्यकता के अनुरूप ठोस मात्रा में इसका आयात करने में भी बहुत ज्यादा अनिच्छा प्रकट की है। दरअसल, हाल में पिछली उपेक्षा की भरपाई करने के कुछ प्रयास हुए हैं और आयात करने की वर्तमान अनिच्छा बिना खाद के उत्पादन बढ़ाने की सम्भावनाओं के बारे में दावा करती है। यह दुर्भाग्यपूर्ण है कि कुछ महत्वपूर्ण कृषि वैज्ञानिकों ने भी इस विभागीय विचार के प्रति अपनी हामी भरी है। इस सिलसिले में यह हमेशा ध्यान में रखा जाना चाहिए कि कृषि तकनीक में हमारा सरोकार सैद्धान्तिक सम्भावनाओं से नहीं रहता है, बल्कि विशाल भूमि पर तकनीक की व्यावहारिकता से रहता है। भारत में जहाँ त्वरित और आसान मिट्टी जाँच की कोई सुविधाएँ अधिकांश किसानों के पास नहीं हैं, उर्वरक की अतिरिक्त खुराक ही क्षति या कमजोर मिट्टी के मामले में हल्की सुरक्षा देती है।

इस तरह तथ्य यह है कि कृषि उत्पादन को बगैर उर्वरकों की खपत में वृद्धि किए हुए ठोस ढंग से बढ़ाया नहीं जा सकता है। बहुचर्चित जैविक खाद कोई विकल्प नहीं है बल्कि पौधा पोषक तत्त्व का पूरक है। यह एक मिथक है कि किसान ठोस पैमाने पर जैविक खाद का इस्तेमाल नहीं कर रहे हैं। अधिकांश मामलों में किसान अपने देसज किस्म के खाद का इस्तेमाल करने के बाद ही उर्वरक का इस्तेमाल करते हैं। वास्तव में सबसे अच्छा परिणाम तभी मिलता है जब कृषि पोषक तत्त्वों के दो रूपों को एक साथ मिलाकर इस्तेमाल किया जाता है जिसे अधिकांश किसान जानते हैं। वे निश्चित तौर पर उतने अज्ञानी नहीं है, जितना कि कृषि मंत्रालय के नौकरशाह होते हैं। अधिकांश हिस्सों में सचमुच आज भी गाय के गोबर को जला दिया जाता है, लेकिन ऐसा उन्हीं हिस्सों में होता है जहाँ ईंधन की भारी कमी है तथा गरीब तबकों के पास कोयला या जलावन की लकड़ी खरीदने के लिए पैसे नहीं होते हैं। इसलिए, वे गाय के गोबर से बने उपले को जलाते हैं जिसके लिए कोई पैसा देना नहीं होता है, लेकिन पुन: यह एक आर्थिक समस्या है जिसका निदान कहीं दूसरी जगह है। बहुचर्चित गोबर गैस संयत्र तो केवल धनी लोग ही लगा सकते हैं क्योंकि इसमें शुरुआती पूँजी बहुत ज्यादा लगती है। यह किसी मामले में खाद की

मात्रा में कोई इजाफा नहीं करेगा क्योंकि जिस गोबर का गैस बनाने में इस्तेमाल किया जाता है, उसका इस्तेमाल खाद बनाने में होता है।

हालाँकि इससे इनकार नहीं है कि जैविक खाद के इस्तेमाल के मामले में कुछ परिहार्य अपशिष्ट बन जाता है, लेकिन खाद को संरक्षित करने के जबर्दस्त अभियान के साथ भी वास्तविक बचत महज गैरमामूली होगी। केवल उर्वरक ही है जिसके उपयोग को बिना किसी सीमा के खेत के आवश्यकताओं और इसकी उपलब्धता के अनुसार बढ़ाया जा सकता है और यही उत्पादन को बढ़ा सकता है। हरी खाद की भी अपनी सीमा है। सबसे महत्त्वपूर्ण सीमा तो यही है कि हरी खाद वाली बुआई बहुफसली खेती से जमीन को रोकती है। साथ ही, यह केवल एक घटक, नाइट्रोजन को जमीन से जोड़ती है और बुआई के समय में खेतों में जो चीजें डाली गई होती हैं उनमें रुकावट डालती है। अनेक किसान, जहाँ की स्थितियाँ बहुफसली खेती के लिए अनुकूल हैं, दो मुख्य फसलों के बीच की अवधि में अन्तर्वती फसल उगाने की कोशिश करते हैं। किसी मामले में यह वैज्ञानिक फसल चक्र का हिस्सा है तथा इसको उर्वरक की आवश्यकता कम करने से ज्यादा लेना-देना नहीं है।

परन्तु सबसे महत्त्वपूर्ण तत्त्व जो किसान को जैविक खादों के लिए इस उत्साह को साझा करने से अनिच्छुक बनाता है, दो तरह के पौष्टिक तत्त्वों के परिणामों में आया वास्तविक अन्तर है। जैविक खाद जो निश्चित रूप से मिट्टी की गुणवत्ता के संरक्षण के लिए उत्कृष्ट है, इसमें एक अवगुण है। पौष्टिक तत्त्वों को पौधों के द्वारा तेजी से ग्रहण नहीं किया जाता है। एक या अधिक वर्षों में जैविक खाद से सभी पौधों के भोजन को निकालने की जरूरत हो सकती है। इसलिए जबकि इसमें पौधों को एक लम्बे समय तक भोजन की आपूर्ति कराते रहने का गुण है, अधिकांश जल्द तैयार हो जाने वे ज्यादा उपज देनेवाली किस्मों के पौधों के जीवनकाल के दौरान आपूर्ति किए गए भोजन की मात्रा सीमित होती है। इसलिए कम समय में पौधे को भोजन की पूरी खुराक देने के योग्य होना जैविक खाद की मात्रा को इसके इस्तेमाल की सामान्य दर का चार से पाँच गुना होना होगा। यह स्वाभाविक रूप से रासायनिक खाद के इस्तेमाल को जल्द विकसित होने वाले ज्यादा उपज देनेवाले बौने किस्मों के धान, गेहूँ और संकर मक्के के लिए बहुत जरूरी बना देता है। एक प्रकार के पौधे के पौष्टिक तत्त्व को दूसरे का विकल्प बनाने का अभियान या तो देश के किसानों की कृषि कार्यप्रणालियों के बारे में गहन अज्ञानता पर आधारित है या कृषि विकास के लिए समुचित वित्तीय आवंटन करने की अनिच्छा के समर्थन में महज एक बहाना है।

रासायनिक खाद उद्योग विकसित करने की समस्या उतनी कठिन नहीं है कि यह देश की क्षमता से परे हो। यही चीज विशेषज्ञों को क्रमश: सार्वजनिक और

निजी क्षेत्रों में उर्वरक योजना के लागत मूल्यों के बारे में बतानी होती है। भारतीय खाद्य निगम के वित्तीय सलाहकार ओ.के. घोष सार्वजनिक क्षेत्र की योजना के बारे में निम्नलिखित आकलन देते हैं :

> "...प्रतिवर्ष 100,000 टन पौधा पोषक तत्त्व की क्षमतावाले एक मध्य आकार के उर्वरक कारखाने पर लगभग 2,700 रुपए प्रति टन पोषक तत्त्व की बेहद किफायती दर से 27 करोड़ रुपए का खर्च आएगा। विशेष कर्मचारी सुविधाओं, जैसे शहर, क्लब अस्पताल, स्कूल आदि की व्यवस्था जो प्राय: सार्वजनिक क्षेत्र की योजनाओं में दी जाती है, पर आनेवाले खर्च को इसमें जोड़ा जाए तो 10 प्रतिशत की और वृद्धि करनी होगी और इस तरह यह खर्च कुल मिलाकर 30 करोड़ हो जाएगा। देसी प्रक्रम तकनीक और उपकरण की जालसाजी (हद तक सम्भव है) के आधार पर कारखाने के लिए विदेशी मुद्रा की जरूरत के वर्तमान आकलन का हिसाब कुल खर्च का लगभग 40 प्रतिशत होना चाहिए अर्थात् 12 करोड़।"[7]

क्षमता को दस लाख टन पादप पोषक तत्त्व प्रतिवर्ष तक बढ़ाने के लिए खर्च 300 करोड़ रुपए के आसपास आएगा या अपेक्षाकृत कम बृहत्तर इकाइयों का विकास 120 करोड़ रुपए के विदेशी मुद्रा घटक से होना चाहिए।

निजी क्षेत्र निवेश की आवश्यकता के बारे में एस.एस. मेहता निम्नलिखित आकलन देते हैं :

> "अन्तिम परिणाम निवेश जरूरतों के उपरोक्त आकलन पर आधारित निजी क्षेत्र के चतुर्थ योजना उर्वरक कार्यक्रम (एन का 873,000 टन तथा पी 205 का 122,000 टन) के लिए आवश्यक कुल निवेश लगभग 260 करोड़ रुपए के क्रम का प्रत्याशित है। इसमें 120 करोड़ रु की अनुमानित विदेशी मुद्रा तथा 15 करोड़ रुपए कार्यशील पूँजी का मार्जिन शामिल है। और 60 करोड़ रुपए अतिरिक्त, जिसमें 25 करोड़ रुपए की विदेशी मुद्रा शामिल है) की आवश्यकता होगी फॉस्फेटिक उर्वरक क्षमता को भरने के लिए पी 205 के 430,000 टन की खाई को पाटने हेतु।"[8]

इस तरह हम देखते हैं कि निजी क्षेत्र में दस लाख टन पादप पोषक तत्त्व का उत्पादन करनेवाले संयंत्रों का 260 करोड़ रुपए अनुमान किया गया और सार्वजनिक क्षेत्र के लिए यह अनुमान 300 करोड़ रुपए था। यह राशि हमारी अर्थव्यवस्था में खाद्य और कृषि उत्पादन के महत्त्व पर विचार करते हुए कोई बड़ी राशि नहीं है। अपने उर्वरक उत्पादन को विकसित करने की उपेक्षा कितनी महँगी हो सकती है, यह इस तथ्य से जाहिर होती है कि दिसम्बर 1974 में 350,000 टन के आय

अमोनियम फॉस्फेट के एकमात्र सौदे हेतु भारत को 14 करोड़ डॉलर (लगभग 110 करोड़ रुपए) नगद अमेरिका को भुगतान पड़ा था। प्रतिवर्ष इतनी ही मात्रा के पादप पोषक तत्त्व का उत्पादन करनेवाले संयंत्र लगाने के लिए उपरोक्त राशि पर्याप्त होती। प्रस्तुतः भारत प्रतिवर्ष 60 लाख टन पादप पोषक तत्त्व की क्षमता को उस पैसे से विकसित कर सकता है जितना यह एक वर्ष में इसके सैन्य बजट पर खर्च करता है। इसका मतलब होता, प्रतिवर्ष इससे 8 करोड़ टन की सीमा तक खाद्यान्न का अतिरिक्त उत्पादन।

यद्यपि उन लोगों की भावनाओं के प्रति हम नरमी बरतते हैं जिनके लिए सैन्य बजट वह पवित्र गाय है जिसे छुआ नहीं जा सकता। बहुत से अन्य क्षेत्र हैं जहाँ काफी ज्यादा पैसा मुट्ठी भर लोगों के फायदे के लिए बर्बाद किया जा रहा है जिसे उर्वरक उत्पादन पर खर्च किया जा सकता है। भारत में इस तरह का एक अनावश्यक खर्च मोटरकार पर होता है। मार्च 1971 तक इंडिया 1974 के अनुसार, भारत में निजी कारों की कुल संख्या 6.10 लाख थी। इसमें 1.54 लाख सार्वजनिक सेवा की गाड़ियाँ और टैक्सियाँ शामिल नहीं हैं। यदि एक कार की औसत कीमत (महँगाई पूर्व) हम 20,000 रुपया लगाते हैं तो उन पर निवेश की गई राशि 1200 करोड़ रुपए की आती है। इसका मतलब है, गाड़ियाँ जो अब आबादी के 0.1 प्रतिशत को लाभ पहुँचाती हैं यह प्रतिवर्ष 40 लाख टन पादप पोषक तत्त्व का उत्पादन करने हेतु संसाधनों को काफी खा चुकी हैं, लेकिन यद्यपि इस घाटे पर विचार करते हुए जो असाध्य है, हम शुरुआती लागत को नजरअन्दाज भी कर दें, तो ज्यादा-से-ज्यादा अभी भी बचत की जा सकती है, यदि निजी कारों पर रोक लेगा दी जाए। पेट्रोल और रखरखाव पद का औसत मासिक खर्च 500 रुपया भी माना जाए तो इन कारों पर कुल मासिक खर्च 30 करोड़ रुपए के आसपास आता है—पुनः यह प्रतिवर्ष दस लाख टन पादप पौष्टिक तत्त्व का उत्पादन करने की अतिरिक्त क्षमता पैदा करने हेतु एक वर्ष के लिए काफी है। यह महज एक दृष्टान्त है कि कैसे हमारे सीमित संसाधनों को ऐसी चीजों के ऊपर बर्बाद किया जा रहा है जो केवल मुट्ठी भर लोगों को लाभ पहुँचाती हैं जबकि उस ज्यादा जरूरी क्षेत्रों, को जिन पर न केवल वर्तमान पीढ़ी की भलाई निर्भर है बल्कि भविष्य की उत्तरजीविता के अवसर भी निर्भर हैं, अनदेखा किया जा रहा है।

व्यापक भुखमरी के बीच भी हमारे वर्तमान शासक उर्वरक उद्योग के विकास के बारे में कितना कम चिन्तित हैं, इसे इस तथ्य से मापा जा सकता है कि उर्वरक उद्योग का विकास जितना विदेशी मुद्रा की कमी से नहीं जूझ रहा है उतना भारतीय मुद्रा के अभाव में जूझ रहा है। 'टाइम्स ऑफ इंडिया' की खबर के मुताबिक, फ्रांसीसी पारादीप उर्वरक योजना के लिए 58 करोड़ रुपए के

विदेशी मुद्रा घटक की व्यवस्था करने के लिए इच्छुक थे, लेकिन लागत का रुपया घटक उपलब्ध नहीं था और इसलिए लागत के इस हिस्से के लिए भी विदेशी दाता की खोज जारी थी। उर्वरक उद्योग विकसित करने के लिए पुरजोर अभियान चलाने की सरकार की अनिच्छा पहेलीनुमा प्रतीत होती है, खासकर जब हम इस तथ्य पर विचार करते हैं कि देश का उर्वरक उद्योग भारी मुनाफा कमाते आ रहा है यद्यपि देश में तैयार उर्वरकों की कीमतें आयातित उर्वरकों की कीमतों से काफी कम हैं।

ऊपर में हमने सिंचाई सम्बन्धी सुविधाओं को फैलाने की सम्भावना तथा प्राथमिकताओं में बदलाव के साथ उर्वरक उद्योग को विकसित करने की राष्ट्र की क्षमता को भी देखा है। यदि स्थान का गौरव जिसके लिए यह योग्य है, कृषि को दिया जाए तो इसकी उत्पादकता का विकास दिन दुना रात चौगुना हो सकता है। इस तरह का बदलाव वह आवश्यक मनोवैज्ञानिक स्थिति लाएगा जिसके अन्तर्गत सभी अन्य विकास कार्य ठीक से आगे बढ़ सकते हैं। यह निश्चित रूप से अभाव के मनोविज्ञान को दूर करेगा जो खाद्य वस्तुओं तथा अन्य कृषि कच्चे मालों के अभाव के कारण बड़े पैमाने पर उत्पन्न होता है। यदि कृषि उत्पादकता और बोये गए खेतों को बहुफसलीकरण के माध्यम से बढ़ाया जाए तो किसानों की आर्थिक हालत में खाद्य वस्तुओं में बिना किसी असामान्य वृद्धि के भारी सुधार हो सकता है। यह जापान के अनुभव से सम्भव लगता है। जापान के पास श्रम प्रधान खेती है तथा यह काफी विकसित है। यहाँ प्रति एकड़ मजदूरों की संख्या भारत से अधिक रहती है, लेकिन खाद्यान्न की एक इकाई का उत्पादन करने के लिए आवश्यक मजदूरों की संख्या भारत से कम है। स्वाभाविक है कि उर्वरक जैसे निवेशों की कीमत कम होगी; वह मजदूर जो एक दिए हुए समय में ज्यादा खाद्यान्न उत्पादित करेगा, उसे कम खाद्यान्न उत्पादित करनेवाले मजदूर की तुलना में स्वयं के निर्वहन के लिए प्रति इकाई उत्पाद की कमतर कीमत की जरूरत होगी। इसलिए कुछ समय के लिए भारत में कृषि कीमतों को बढ़ाए बगैर ही कृषि उत्पादन को बढ़ाना सम्भव है। निस्सन्देह यह पूर्व धारणा बन जाती है कि कृषि निवेशों और उन विनिर्माणों का जिनका कि किसान उपयोग करते हैं, की कीमतें ऊपर नहीं जाती हैं। कृषि और औद्योगिक कीमतों के बीच समानता बरकरार रखने के लिए कड़े कदम उठाने पड़ सकते हैं।

वास्तव में एक आर्थिक यांत्रिकी है जो आबादी की विकास दर की तुलना में कृषि वस्तुओं के उत्पादन के पर्याप्त रूप से अत्यधिक उच्च हो जाने की स्थिति में कृषि कीमतों को कम करने का स्वत: काम करती है। प्रति व्यक्ति आय कृषि उत्पादन और आबादी की विकास दर के बारे में भिन्न-भिन्न काल्पनिक मान्यताओं के साथ मेल्लोर एक रोचक परिणाम निकालते हैं।[10] उसकी गणना के अनुसार,

गैर कृषि और कृषि क्षेत्रों में आबादी के अनुपात को 30:70, खाद्य की माँग के आय लोच्य को 0.8, गैर कृषि क्षेत्र की आय की विकास दर को 4 प्रतिशत तथा जनसंख्या की विकास दर को 3 प्रतिशत लें तो 2 से 6 प्रतिशत की कृषि क्षेत्र के उत्पादन में वृद्धि कृषि वस्तुओं की मूल्यवृद्धि की वार्षिक दर को 1.6 से 0.4 प्रतिशत कम कर देगी। ये मान्यताएँ विकासशील देश की स्थितियों के काफी करीब हैं। यदि कृषि क्षेत्र में उत्पादन की विकास दर को काफी ऊँचा रखा जाता है तो वास्तव में सरकार अविलम्ब कृषि कीमतों पर रोक लगाने की बजाय उसे टूटने से बचाने के लिए हस्तक्षेप कर सकती है।

उच्च कृषि उत्पादन की नई रणनीति को भी कृषि में निवेश के वर्तमान रुझान को उल्टा करना होगा। वर्तमान में सरकारी नीति बृहत् फार्म निवेशों की आपूर्ति के मामले में अधिशेष स्थितियों का समर्थन करती आ रही है जहाँ कृषि तकनीक कृषि उत्पादन का स्तर ऊँचा है। शायद ऐसा इसलिए है कि यह इन स्थितियों में है कि सरकार अपना अधिकांश भोजन आगे के लिए बचा कर रखती है, लेकिन यह आसानी से भुला दिया जाता है कि यदि वर्तमान घाटे की स्थितियाँ आत्म-निर्भर या अधिशेष हो जाएँ तो सरकारी आपूर्ति का बहाव स्वत: रुक जाएगा। इसके बाद बड़े किसानों के लिए विशाल संसाधन की उपलब्धता भी है। इसने कृषि निवेशों में बहुत बड़ी असमानता पैदा कर दी है। कुल मिलाकर प्रभाव यह रहा है कि फार्मों में निवेशों के स्तर, जो उत्पादकता के उच्च स्तर को पहले ही प्राप्त कर चुके हैं, उन स्तरों की ओर बढ़ रहे हैं जहाँ निवेश पर लाभ खत्म हो रहा है। साथ ही, अत्यधिक समृद्ध किसानों में यंत्रीकरण हेतु अन्दर घुसने की एक प्रवृत्ति है, इससे श्रम बचत होती है। समुदाय के दृष्टिकोण से विचार करने पर ये दोनों चीजें नुकसानदेह हैं। जहाँ कृषि की उत्पादकता अभी भी बहुत कम है, उस क्षेत्र में और फार्म पर उच्च निवेशों से, निश्चित रूप से वर्द्धनशील लाभ के नियम के हिसाब से एक निश्चित स्तर तक, प्रति इकाई निवेश बहुत ज्यादा उत्पाद पैदा होगा और श्रम की बचत करनेवाले यंत्रीकरण पर इस्तेमाल की गई पूँजी भी ऐसे निवेशों के लिए इस्तेमाल की जा सकती है जिसमें अपेक्षाकृत ज्यादा श्रमिकों का इस्तेमाल होता है, जैसे उर्वरक, सिंचाई, नाली, इत्यादि।

इस तरह, उन क्षेत्रों को जहाँ पहले से सिंचाई के एक या दूसरे बढ़िया साधन उपलब्ध हैं, सिंचाई के एक से अधिक साधन मुहैया करने की बजाय सिंचाई के तहत नए क्षेत्रों को लाने का गम्भीर प्रयास किया जाना चाहिए। वैसे क्षेत्रों को जो अब तक उपेक्षित रहे हैं, उर्वरकों, कीटनाशकों, परिवहन सुविधाओं तथा विद्युतीकरण के बँटवारे में भी प्राथमिकता दी जानी चाहिए। इससे न केवल कम खर्च पर फार्म उत्पादन को बढ़ावा मिलेगा, बल्कि यह उन असमानताओं को दुरुस्त करने का भी काम करेगा जो हमारे राष्ट्रीय जीवन की एक गम्भीर व्यथा बन रही हैं।

सरकारी संसाधनों को मुख्य रूप से अविकसित क्षेत्रों की ओर मोड़ दिया जाए तो यह क्षेत्रीय असमानता आसानी से दूर हो सकती है, लेकिन विभिन्न फार्मों के बीच के असन्तुलन को दूर करना अपेक्षाकृत ज्यादा कठिन है। हालाँकि, कुछ फार्मों के संचालन का काम सार्वजनिक एजेंसियों को दे दिया जाए तो बहुत हद तक इन असमानताओं को भी दूर किया जा सकता है। किसान व्यक्तिगत रूप से इन फार्मों का संचालन ठीक ढंग से नहीं कर पाते हैं। उदाहरणस्वरूप, कीट नियंत्रण के उपाय को स्थानीय लोक अधिकारियों को अपने हाथ में ले लेना चाहिए ताकि कुछ फार्मों या खेतों के बदले पूरे क्षेत्र का कीट नियंत्रण हो सके। जब तक पूरा क्षेत्र कीट मुक्त नहीं होगा, अगल-बगल के खेतों में पले-बढ़े कीट स्वस्थ पौधों को फिर से प्रभावित कर देंगे। इस तरीके से कीट नियंत्रण की लागत को भी काफी कम किया जा सकता है। उसी तरह, जहाँ भी सरकारी पैसा या बैंक ऋण उपलब्ध कराया जाता है, जोर नलकूपों पर देना चाहिए। व्यक्तिगत नलकूपों की बजाय समूह द्वारा चलाए जाने वाले नलकूपों का यही एकमात्र रास्ता है जिसमें छोटे किसान सिंचाई सुविधा से लाभ ले सकते हैं। उर्वरकों पर इस तरह का नियंत्रण होना चाहिए कि उस पर केवल बड़े व समृद्ध किसानों का ही एकाधिकार न रहे। और बेशक छोटे किसानों की साख को सार्वजनिक निकायों और सहकारी समूहों को सुनिश्चित करना पड़ेगा कि वे आवश्यक निवेशों की खरीद कर सकें।

समुचित निवेश उपलब्ध करा देने पर भारत में कृषि उत्पादन उत्पादकता के अपने वर्तमान निम्न स्तर से कितनी तेजी से विकास कर सकता है, इसे पंजाब के विकास से समझ सकते हैं। एम.ए. चिदम्बरम बताते हैं :

> "बैंक ऋण का समय से मिलना प्रभावशाली ढंग से योजनाबद्ध उत्पादन कार्यक्रम को सहारा दे सकता है, यह बात पूरी तरह से पंजाब में साबित हुई है। इस राज्य में खाद्यान्न उत्पादन 1966-67 के 41.79 लाख टन से बढ़कर 1968-69 में 62.52 लाख टन हो गया। पंजाब के सहकारिता बैंक 1966 के दौरान भारतीय रिजर्व बैंक से 10.62 करोड़ रुपए की साख सीमा का लाभ ले रहे थे और 1968-69 में उनकी यह साख सीमा बढ़कर 34.44 करोड़ रुपए की हो गई..."[11]

इस तरह हम देखते हैं कि एक साल के भीतर ही खाद्यान्नों का उत्पादन 50 प्रतिशत तक बढ़ गया। यह स्वीकार किया जा सकता है कि साख दबाव के हटा देने पर यह छलाँग लगाने हेतु पंजाब ने पहले ही दूसरा इंफ्रास्ट्रक्चर काफी विकसित कर लिया था, लेकिन निश्चित रूप से यह साबित करती है कि यदि कृषि का इंफ्रास्ट्रक्चर खड़ा किया जाता है तथा खास सुविधाओं को सुधारा जाता है तो भारत कृषि के क्षेत्र में उत्पादन धमाका कर सकता है।

कृषि के मोर्चे पर कितना अधिक हासिल किया जा सकता है, यह एक बार फिर पंजाब में, ज्यादा उपज देनेवाले बीजों के आने के पहले भी, महज हमारा उर्वरक के इस्तेमाल से दर्शाया गया। फ्रैंसिन आर. फ्रैकेस लिखते हैं :

> "वस्तुतः फसल लगाने की परिपाटियों में जबर्दस्त बदलाव के जरिये लुधियाना में 1960-61 और 1965-66 के बीच गेहूँ उत्पादन में काफी वृद्धि हुई। उसी समय उर्वरक के इस्तेमाल से गेहूँ की प्रति एकड़ उपज में भी प्रभावशाली सुधार हुआ। यह 1958-61 की आधार अवधि के औसत 1,020 पाउंड से बढ़कर 1967-65 के बीच औसत 1,968 पाउंड हो गया।"[12]

यहाँ पुनः हम 5 वर्षों में 60 प्रतिशत अर्थात् प्रतिवर्ष 12 प्रतिशत की वृद्धि देखते हैं। कृषि में हमारा पिछड़ापन वस्तुतः यह सुनिश्चित करता है कि जिस तरह से औद्योगिक उत्पादन के क्षेत्र में यह छलाँग चरखे और आधुनिक कपड़ा मिल के बीच बहुत बड़ी हो सकती है, उसी तरह से यह छलाँग कृषि क्षेत्र में भी यदि केवल सिंचाई, उर्वरक और बैंक ऋण किसानों को समुचित मात्रा में मिले, तो महत्त्वपूर्ण साबित होगी।

4

हमारे अतीत के अनुभवों से भी यह साबित है कि कृषि हमारे विकास की कुंजी है, लेकिन कृषि को योजना की केन्द्रीय भूमिका में कभी नहीं रखा गया जबकि इसके पास उस भूमिका की पूरी पात्रता है। प्रथम योजना के दौरान जिसमें कृषि को प्राथमिकता दी गई थी तथा कृषि उत्पादन में वृद्धि हासिल की गई थी, राष्ट्रीय आय 12 प्रतिशत के लक्ष्य के मुकाबले बढ़कर 18 प्रतिशत हो गई थी। दूसरी योजना के दौरान भी कृषि के मोर्चे पर बेहतर स्थिति में होने के कारण राष्ट्रीय आय में लगभग 20 प्रतिशत की महत्त्वपूर्ण वृद्धि हुई थी, लेकिन तीसरी योजना के अन्तिम हिस्से से और उसके बाद से अर्थात् 1965-66 से जब कृषि की अतीत में की गई उपेक्षा का संचयी प्रभाव महसूस किया जाना शुरू हुआ, योजनाएँ लगातार बार-बार की खाद्य कमी के कारण फायदेमन्द नहीं रही हैं।

1960-61 से 1964-65 तक राष्ट्रीय आय की वार्षिक विकास दर 4.8 प्रतिशत हो चुकी थी, लेकिन वर्ष 1965-66 में यह गिरकर 3.7 प्रतिशत हो गई। उसी तरह संगठित उद्योग का उत्पादन जो 1960-61 से 1964-65 के बीच की अवधि में 8 से 10 प्रतिशत की दर से विकसित हुआ था, अकस्मात् गिरकर 1965-66 में 5.3 प्रतिशत की विकास दर पर आ गया। इस चौतरफा गिरावट की मुख्य वजह 1965-66 का भारी खाद्य संकट था। चौथी योजना के अन्तिम वर्षों से ही हम समान तरह के आर्थिक संकट को देखते आ रहे हैं और पुन: इसका कारण कठिन खाद्य स्थिति में देखा जा सकता है। वर्तमान कृषि संकट को ऊपर से उस रियायती खाद्य आयातों के ठहराव ने और बढ़ा दिया है जिस पर हमारी अर्थव्यवस्था ने काफी निर्भरता बना ली थी।

उद्योग पर भारी जोर और फलस्वरूप भारी उद्योग पर भी भारी जोर इस मान्यता से दिया गया था कि भारी उद्योगों के विकास से बड़े पैमाने पर आन्तरिक संसाधनों से छोटे उद्योग का विकास किया जा सकता है जो पहले से बैठे बेरोजगारों के साथ-साथ बढ़ रही मजदूर आबादी को समायोजित कर लेगा। हालाँकि सचाई यह है कि सीमित संसाधनों के मद्देनजर एक लम्बे समय तक हमारे उद्योगों के पास पैदा हो रहे श्रमिक बल को सोखने या समायोजत करने की क्षमता सीमित रहेगी।

इस स्थिति को यह तथ्य और ज्यादा आशाहीन बना देता है कि औद्योगिक युग में हम देर से आनेवाले देश हैं। इसका मतलब है कि हमें नवीनतम तकनीक के लिए प्रवेश करना है। चूँकि विकसित देशों की नवीनतम तकनीक मानव शक्ति अभाव की स्थिति में विकसित हुई है, यह काफी स्वचालित और श्रम बचत वाली है। ऐसी स्थिति उस समय नहीं थी जब आज के पश्चिम के उन्नत देश स्वयं को औद्योगीकृत कर रहे थे। उस वक्त मशीन तकनीक अपनी शैशवावस्था में थी और इस तरह उद्योग श्रमिक प्रधान था। इस तरह इन देशों के लिए जल्दी में कृषि से भारी तादाद में लोगों को उद्योग में लगाना सम्भव था। वस्तुत: इस तत्त्व के कारण प्राय: उन्हें ग्रामीण क्षेत्र से लोगों का औद्योगिक केन्द्रों पर ले जाने के लिए अनेक प्रकार के प्रलोभन[1] देने पड़ते थे या जबर्दस्ती भी[2] करनी पड़ती थी।

हालाँकि भारत में इस तरह की चीज की आशा करना स्वयं को धोखे में रखना है। बीते कुछ दशकों के अनुभव बताते हैं कि भारत में कृषि क्षेत्र से औद्योगिक क्षेत्र जाने का काम बिलकुल मंथर रहा है। योजना ठीक ढंग से बने तो निश्चित रूप से यह प्रक्रिया गति पकड़ लेगी, लेकिन वह सम्भावना, जब औद्योगीकरण का विकास जनसंख्या के विकास को पीछे छोड़ देगा, अभी भी दूर की कौड़ी है। कृषि एक बचा हुआ क्षेत्र है। जब कृषि पर निर्भर रहनेवाले लोगों का अनुपात घटेगा, उस स्थिति में भी एक लम्बे समय तक कृषि पर निर्भर रहनेवाले लोगों की संख्या बढ़ती ही रहेगी। इसलिए कृषि में और उन उद्योगों में बढ़ते मजदूर बल के लिए अत्यधिक नौकरियाँ पाने का प्रयास सफल रहेगा जो ग्रामीण क्षेत्रों में अवस्थित हैं तथा जिन्हें छोटी पूँजी की जरूरत है।

फार्म में ज्यादा नौकरियाँ पाने का यह तर्क न तो निराशा के शब्द हैं, न ही अपनी स्थिति की प्रतिकूलता के समक्ष समर्पण है। यह महज सबसे बुद्धिमत्ता मार्ग है उस देश में अपनाए जाने का, जहाँ कृषि अभी भी मुख्य काम है। आधुनिकता, व्यापक विश्वास के विपरीत मानवी हाथों को विस्थापित करने के बजाय जमीन पर ज्यादा नौकरियाँ पैदा करेगी। यह विचार कि कृषि का आधुनिकीकरण मानवी श्रम को विस्थापित करता है, यंत्रीकरण को आधुनिकीकरण के साथ उलझा देने से पैदा होता है। कृषि का आधुनिकीकरण दो रूप अख्तियार कर सकता है। पहला, वह रूप जो यूरोप और अमेरिका में ज्यादा व्यवहार में रहा है जहाँ श्रमिक का अभाव एक गम्भीर समस्या थी। टैक्टरों, कटनी-दौनी-औसौनी एक साथ करनेवाली मशीनों, बुआई करनेवाली मशीनों तथा अनेक तरह के बिजली उपकरणों जो अपेक्षाकृत कम मजदूरों के सहारे ज्यादा काम करते हैं, को विस्थापित कर श्रम पर बहुत ज्यादा पूँजी खर्च करने का प्रयास करता है। ये स्वाभाविक रूप से काम पर मजदूरों को निचोड़ लेते हैं तथा ये भारत जैसे मुल्क के लिए खतरनाक होता, लेकिन आधुनिकीकरण का एक दूसरा पहलू भी है जो मानव प्राणियों को

विस्थापित करने से सम्बन्धित नहीं है। इस तरह के आधुनिकीकरण को मिट्टी की गुणवत्ता, बीजों के विकास इत्यादि, उर्वरकों का ज्यादा निवेश, अच्छी गुणवत्ता वाले बीजों का चयन और वर्द्धन, बेहतर कीटनाशक नियंत्रण के उपायों, सिंचाई सुविधाओं के विकास, घास-फूस नियंत्रण के बेहतर प्रयासों और बीजों तथा पौधों के संरक्षण पर अत्यधिक शोध के जरिये खेती की बड़ी-बड़ी वैज्ञानिक तकनीकी जानकारियों की जरूरत होती है।

यह स्पष्ट है कि दूसरी विधि दो तरह से बहुत ज्यादा रोजगार पैदा करेगी। प्रथम, बीजों का उपचार, बीज क्यारियों का समुचित विकास, पौधों के विकास के विभिन्न चरणों में उर्वरकों का इस्तेमाल, नियमित पौधों की सिंचाई और निकाई आदि के कार्य मानव श्रम की जरूरतों को कई गुना बढ़ा देंगे। इसके बाद सिंचाई और नाली, जल्दी पक जानेवाली फसलों को लगाने तथा उर्वरकों के इस्तेमाल के कारण खेतों में जहाँ पहले एक फसल होती थी वहाँ दो या तीन फसलों को उगाना सम्भव है। यह कार्यदिवस को एकफसली खेती की तुलना में दोगुना या तिगुना कर दे सकता है। कृषि का यह आधुनिक तरीका निश्चित रूप से वर्तमान की तुलना में बहुत ज्यादा श्रमिक को माँग करेगा। निस्सन्देह एक शर्त होनी चाहिए और शर्त यह कि जब तक इन कृषि कार्यप्रणालियों के तहत अनेक प्रकार के काम करने के लिए मानव श्रम उपलब्ध है, पहली तरह का आधुनिकीकरण अर्थात् मशीनीकरण लाने का कोई प्रयास नहीं किया जाएगा।

यह कोई बकवास नहीं है बल्कि ठोस अनुभव पर आधारित एक विचार है। यह चीज जापान के उदाहरण से स्पष्ट हो जाती है। सारणी-15 दो गाँवों की कृषि की एक तुलनात्मक तस्वीर प्रस्तुत करती है। एक भारत के पश्चिम बंगाल से तथा दूसरा जापान से। उक्त सारणी से हम देख सकते हैं कि जापान में प्रति एकड़ श्रमिक का उपयोग भारत से लगभग चार गुना अधिक है, उर्वरक का उपयोग लगभग 13 गुना अधिक है तथा कुल पैदावार 10 गुना अधिक है। जापान में प्रति एकड़ शुद्ध लागत भारत के 28.50 डॉलर के मुकाबले 316 डॉलर है। इसका मतलब न केवल उच्चतर रोजगार हुआ बल्कि नियोजित श्रम पर ठोस रूप से उच्चतर लाभ भी हुआ।

यह तस्वीर इशिकावा के एक-दूसरे अध्ययन से भी सम्पुष्ट होती है। इशिकावा का अध्ययन भारत के 1956-57 आँकड़े तथा जापान के 1956 के राष्ट्रीय औसत पर आधारित है। सारणी-16 तुलनात्मक आँकड़ा प्रस्तुत करती है। यहाँ हम पुन: देखते हैं कि जापान में प्रति इकाई जमीन पर नियोजित मजदूरों की संख्या भारत में प्रति इकाई जमीन पर नियोजित मजदूरों की संख्या से पाँच गुनी ज्यादा है, यद्यपि इस मामले में प्रति हेक्टेयर सफल पैदावार गत मामले की सफल पैदावार से ज्यादा नहीं है।

सारणी-15

कृषि निवेश संरचना की तुलनाएँ, पश्चिम बंगाल, भारत और किकी जिला, जापान[1]

क्षेत्र	औसत जोत का आकार	कृत्रि कार्य हेतु उपलब्ध प्रति जोत श्रमिक (पुरुष समतुल्य)	कृषि कार्य हेतु प्रति एकड़ उपलब्ध श्रमिक (पुरुष समतुल्य)	प्रति एकड़ श्रमिक उपयोग (पुरुष समतुल्य)	उपलब्धता की प्रतिशतता के रूप में श्रमिक उपयोग	प्रति एकड़ खर्च संचालन	प्रति एकड़ उर्वरक मूल्य	प्रति एकड़ सकल उत्पादन
1	2	3	4	5	6	7	8	9
	एकड़	महीना	महीना	महीना				
भारत, पश्चिम बंगाल	2.9	24.0	8.0	1.9	2.3	17.30 डॉलर	2.70 डॉलर	45.80 डॉलर
जापान, किकी	3.0	37.0	12.0	7.2	5.8	133.0 डॉलर	34.90 डॉलर	448.30 डॉलर

सभी पिछली चर्चाएँ उस अपरिहार्य निर्णय तक ले जाती हैं कि चीन की तरह भारत में भी अर्थव्यवस्था का सारा झुकाव ग्रामीण क्षेत्र की तरफ करना है जहाँ नगर एक सहायक भूमिका निभाएँगे। यदि भारत अपने गाँवों का निर्माण करे तो नगर स्वयं की देखभाल करेंगे, लेकिन यदि ग्रामीण अर्थव्यवस्था टूटती है तो यह शहरी महलों को भी गिरा देगी।

सारणी-16

सकल फसल आमदनी, श्रम निवेश और अचल पूँजी—
जापान और मद्रास और पश्चिम बंगाल, भारत[2]

क्षेत्र	सकल फसल आमदनी (धान समतुल्य)	श्रम निवेश (प्रति हेक्टेयर कार्य दिवस)	भूमि को छोड़कर कुल अचल पूँजी (धान प्रति हेक्टेयर समतुल्य)
1	2	3	4
पश्चिम बंगाल	1.79	109	3.21
मद्रास	1.31	115	2.92
जापान	5.39	543	7.69

1974 के अन्त में जो मन्दी शुरू हुई थी, वह निश्चित रूप से देश में गिर रही क्रयशक्ति की झलक है जो काफी हद तक स्वयं कृषि क्षेत्र में आए ठहराव का एक उत्पाद थी। जहाँ जनता का 80 प्रतिशत अभी भी कृषि पर निर्भर करता हो, इस क्षेत्र की कोई भी नाकामयाबी दूसरे क्षेत्रों को भूखों मार देगी। जब तक उपभोक्ता वस्तुओं की माँग पैदा करते हुए ग्रामीण क्षेत्र में समृद्धि नहीं आती है, शेष अर्थव्यवस्था धीमी रफ्तार से ही चलेगी। बीस या पच्चीस प्रतिशत शहरी जनता, हालाँकि उनके उपभोग का स्तर उच्च हो सकता है, स्वयं इस उद्योग के चक्के को घुमाते नहीं रह सकती है सिवाय एक छोटे-से विलासिता के क्षेत्र के। साथ ही, चूँकि कृषि उत्पादन गिरता है, खाद्य पदार्थों की कीमतों में भारी वृद्धि हो जाती है जो औसत नगरवासी की कमाई का एक अच्छा हिस्सा ले लेती है। यह औद्योगिक उत्पादों को खरीदने की उसकी क्षमता को कम कर देती है। यह ठीक वही स्थिति है जिसे भारतीय विनिर्माणों ने 1974 के अन्त में देखा है।

5

ओ मोन अमे, एन 'एस्पायर पास अ ला वाय इम्मोर्टेल,
मैस ए-पल्से ले चैम्प डू पॉसिबल[1]
पिंदारे-3इ पिथिक

यह हर जगह महसूस किया जाता है कि कृषि के आधुनिकीकरण की प्रक्रिया को तेज करने के लिए गाँव में निश्चित संस्थागत बदलावों की बहुत जरूरत है। इस दिशा में क्या किया जाना चाहिए, इस बारे में विचारों का भी अभाव नहीं है। वस्तुतः भारत की कृषि अधकचरे विचारों वाले अनेक तरह के सुधारकों तथा हर मर्ज की बनी-बनाई दवा लेकर चलनेवाले क्रान्तिकारियों के लिए एक सुखद शिकार का मैदान बन जाती है। न केवल माओ से विचार ग्रहण करनेवाले वामपंथी गाँव में आन्दोलन को एक व्यापक आन्दोलन की प्रस्तावना के रूप में देखते हैं बल्कि पूँजीपति भी बार-बार यह माँग करते रहे हैं कि कृषि में मौलिक सुधार की शीघ्र आवश्यकता है। बड़े-बड़े अखबारों के सम्पादकीय और समाचार स्तम्भ उन 'कुलकों' के स्याह मशीनीकरण की रपटों और आशंकाओं से भरे पड़े रहे हैं जिन्हें माना जाता है कि उन्होंने राष्ट्र को फिरौती के लिए पकड़ रखा है। मंत्री और नौकरशाह इस तथ्य पर न्यायपरायण रोष प्रकट करते हैं कि धनी किसान अपनी जमीन से एक साल में अधिकतम 15 से 20 हजार रुपए कमा सकते हैं यानी लगभग उतनी ही राशि जितनी कि मंत्री और नौकरशाह लोक राजस्व से अपने बिजली बिल का भुगतान करते हैं। इस तरह सिवाय उन लोगों के, जिनसे त्याग करवाना है तथा जिन्हें लाभ का वचन दिया गया है, समाज के सभी वर्गों में भूमि सुधार के सवाल पर लगभग सर्वसम्मति है।

मौलिक भूमि सुधार करने के इरादों की जोशीली घोषणाओं की तुलना में इस क्षेत्र में वास्तविक उपलब्धि तुच्छ रही है। बाइबिल के दृष्टान्त के उस बीज की तरह जो बंजर भूमि पर गिर गई थी, विचार जड़ जमाने में या अंकुरित होने में लगातार असफल रहे हैं। कागज पर कानून बन गया है कि भूमि परिसीमा निर्धारित हो गई है, लेकिन वास्तविक कार्यान्वयन के जरिये कम ही हुआ है। जब परिसीमा निर्धारित है और यह अकार्यान्वित रह जाती है, तो अनुसरण करनेवाले

कानून में नीची चली जाती है। और जब कानून अब भी अकार्यान्वित रह जाता है, तो परिसीमा और नीचे गिर जाती है। मौलिक छवि की प्रतिस्पर्द्धा में शासक दल द्वारा नेपथ्य के पीछे कर दिया जाए विपक्षी नेतागण—बेशक उस अत्याधिकार को छोड़कर—परिसीमा में आगे कटौती करने की माँग करते हैं और यह खेल चलता रहता है जबकि भूमिहीन जनता ने, जिसे एक समय कुछ पाने की आशा थी, अब अपनी वर्तमान अभाव की स्थिति से समझौता कर लिया है, बड़े किसान सदा बुरी स्थिति के भय से खूँटी पर टँगे रहते हैं।

यदि हम वर्तमान सीलिंग (परिसीमन) कानूनों का अवलोकन करें तो वे काफी प्रभावशाली जान पड़ते हैं। सारणी-17 विभिन्न राज्यों में लागू भूमि परिसीमन (सीलिंग) की जानकारी देती है।

सारणी-17
विभिन्न राज्यों में भूमि परिसीमन[2]

राज्य	परिसीमन का स्तर (एकड़)
1	2
आन्ध्र प्रदेश	11 से 54
असम	16.5
बिहार	15 से 45
गुजरात	19 से 132
हरियाणा	18 से 54
हिमाचल प्रदेश	10 से 30
जम्मू और कश्मीर	9.1 से 19.2
कर्नाटक	10 से 54
केरल	12 से 15
मध्य प्रदेश	10 से 54
महाराष्ट्र	18 से 54
मणिपुर	25
ओडिशा	20 से 80
पंजाब	18 से 54
राजस्थान	18 से 54
तमिलनाडू	20 से 60
त्रिपुरा	25 से 75
उत्तर प्रदेश	18 से 45
पश्चिम बंगाल	12.4 से 17.3

आँकड़े दर्शाते हैं कि परिसीमन की न्यूनतम सीमा 15 एकड़ के जरा-सा ऊपर के औसत पर है। अधिकतम सीमा, जब तक कानून से बचने के रास्ते के तौर पर इस्तेमाल नहीं हो, प्रभावित करती है, लेकिन ऐसी जमीनों से सम्बन्धित कृषि योग्य क्षेत्र का एक छोटा हिस्सा चट्टानी, बलुई इत्यादि होता है। यदि इन कानूनों को ठीक से कार्यान्वित किया जाता तो परिसीमा के इन स्तरों पर ठोस मात्रा में जमीन अर्जित की जा सकती थी। नेशनल सैंपल सर्वे (17वाँ चक्र, सितम्बर 1961-जुलाई 1962) के अनुसार, 15 एकड़ से ज्यादा की जोत वालों के पास लगभग 11.8 करोड़ एकड़ जमीन थी तथा 20 एकड़ से ज्यादा की जोत वालों के पास 11.1 करोड़ एकड़ जमीन थी। 20 एकड़ से ज्यादा की जोड़ वाली कोटि में जोतों की संख्या 30 लाख से थोड़ी ज्यादा थी। कमजोर गुणवत्ता वाली जमीन का हल्का सामंजस्य करने के बाद भी यदि 20 एकड़ से ऊपर की भूमि अधिगृहीत कर लिया गया होता तो वितरण हेतु 50 करोड़ एकड़ से ज्यादा जमीन उपलब्ध हो गई होती। अभी भी भूमिहीन किसान मजदूर को, जिनकी 1971 की जनगणना के अनुसार संख्या 4.23 करोड़ है, एक-एक एकड़ जमीन दे देना पर्याप्त होगा। इसके मुकाबले, सभी आमूल घोषणाओं के बावजूद 1973 तक परिसीमन के जरिये कुल 12 लाख एकड़ जमीन ही उपलब्ध थी। इस सन्दर्भ में केरल की कम्युनिस्ट सरकार का भी रेकॉर्ड बहुत बढ़िया नहीं रहा है। न ही पश्चिम बंगाल की मार्क्सवादी कम्युनिस्ट पार्टी की नेतृत्व वाली सरकार ने हुगली में आग लगा दी। वस्तुत: सीपीएम की नेतृत्ववाली साझा सरकार द्वारा निर्धारित परिसीमा बाद की कांग्रेस सरकार द्वारा निर्धारित परिसीमा से बहुत ज्यादा थी।

उसी तरह की नियति काश्तकारों, बटाईदारों और किसान मजदूरों को सुरक्षा और सुव्यवहार देने के उस बहुप्रचारित संकल्प की रही है। जहाँ तक काश्तकारों की बात है, सरकार या राजनीतिक दलों के पास इस सन्दर्भ में अपनी नीतियों को कार्यान्वित करने के उपकरण या संकल्प का अभाव रहा है, इसलिए उनके प्रचार अभियान का एकमात्र प्रभाव रहा है, बड़े पैमाने पर निष्कासनों को झेल रहे काश्तकारों का सामना करना। किसान मजदूर अभी भी ज्यादा वहीं है जहाँ वे थे और हालिया महीनों में उनके कमजोर विरोधों के फलस्वरूप उनके घर जले हैं, प्राय: वे स्वयं और उनके परिवार आग का निवाला बन जाते हैं। पेशे और व्यवहार के बीच के इस विरोधाभास को समझना होगा।

सुधारों की असफलता का अनिवार्यत: यह अर्थ नहीं है कि वे अप्रासंगिक और अवांछनीय हैं। भारत की स्थितियों पर विचार करते हुए वे दो आधारों पर सही ठहराए जा सकते हैं। पहला, क्योंकि वे ग्रामीण क्षेत्रों में आर्थिक और राजनीतिक समानता जाने के लिए अनिवार्य शर्त हैं, और दूसरा, क्योंकि भू-सुधार कृषि में प्रोत्साहन राशि और दक्षता को बढ़ाने के लिए भी आवश्यक हैं।

भूमि सीमित है तथा इस पर निर्भरता अधिक है। ऐसे में केवल यही उचित कि उस प्रत्येक व्यक्ति का, जिसके पास जीविका का कोई अन्य साधन नहीं है, स्वयं को सहारा देने के लिए जमीन में हिस्सा हो। लगभग 40 करोड़ की ग्रामीण आबादी तथा 30 करोड़ एकड़ थोड़ा ज्यादा जोत की जमीन के साथ, प्रति व्यक्ति जमीन की उपलब्धता कमजोर है अर्थात् एक एकड़ की तिहाई ही है। छ: लोगों के एक औसत परिवार के साथ यदि जमीन का वितरण समान रूप से हो तो प्रत्येक परिवार के हिस्से 4 एकड़ से कुछ अधिक जमीन आएगी। जमीन की गुणवत्ता में भारी बदलाव के मद्देनजर सिंचाई, मिट्टी प्रबन्धन इत्यादि की सीमित सुविधाएँ कोई बड़ी बात नहीं है, लेकिन यदि मेहनत से काम हो तो निश्चित रूप से यह किसी परिवार को जीविका स्तर से ऊपर रखने के पर्याप्त है। चूँकि आज गाँवों की राजनीति भी काफी हद तक जमीन वाले लोगों से प्रभावित होती है, इसलिए इस तरह के समान वितरण से राजनीतिक सत्ता का भी न्यायसंगत वितरण होगा।

कुछ लोगों द्वारा दिया गया यह तर्क जिनमें एम.एस. रंधावा, उपकुलपति, पंजाब कृषि विश्वविद्यालय प्रमुख हैं कि 30 एकड़ से नीचे के फार्म बहुत कुशल या दक्ष नहीं है, इस सन्दर्भ में सही नहीं है। वह लिखते हैं :

> "पंजाब की स्थिति का एक उदासीन और वस्तुनिष्ठ विश्लेषण दर्शाता है कि इस अवस्था में भूमि की होल्डिंग्स पर 30 प्रामाणिक एकड़ तक की परिसीमाएँ आर्थिक दक्षता, सामाजिक न्याय तथा फार्म श्रमिक के रोजगार के दृष्टिकोण से फार्म के आकार पर एक उचित सीमा लगा देती हैं। इन परिसीमाओं से अधिक जमीन रखने की छूट आर्थिक दक्षता और सामाजिक न्याय के मानदंड को पूरा नहीं करती हैं। उत्पादन तकनीक के वर्तमान स्तर पर परिसीमन स्तर को कम करना आर्थिक दक्षता की जाँच को पूरा करता प्रतीत नहीं होता है तथा व्यापक रोजगार फैलाने हेतु बहुत निश्चित नहीं है क्योंकि अतिरिक्त रोजगार का स्तर गैर-कृषि क्षेत्र में रोजगार के स्तर को उसी तरह से कम करते हुए उत्पादन में कमी, विपणन अधिशेष तथा पूँजी के से भरपाई पा सकता हे।"[3]

उक्त कथन को ताईवान और जापान के अनुभव गलत साबित करते हैं। दोनों देशों में जमीन पर 7 एकड़ का परिसीमन था। वस्तुत: जापान कृषि में सबसे ज्यादा पैदावार हासिल कर चुका है। इसके पास भारत की औसत 2.63 हेक्टेयर की होल्डिंग के मुकाबले औसत होल्डिंग का आकार 1.18 हेक्टेयर है। हम खेती में जापान का उच्च स्तर पहले ही देख चुके हैं। गरीब विकासशील देश में जहाँ मशीनीकरण न तो सम्भव है न ही वांछनीय है, बड़े फार्मों पर व्यक्तिगत ध्यान का अभाव रहता है। छोटे-छोटे फार्मों के साथ ऐसी बात नहीं है। वहाँ किसान स्वयं अपना ध्यान देते हैं।

यदि इस तथ्य की बजाय बड़े फार्म उत्पादकता में बेहतर पणिाम दिखाने का इरादा रखते हैं तो यह इसलिए कि छोटे-छोटे जोतदार, जिनके पास पैसों की कमी रहती है, कमोबेश सिंचाई, उर्वरक इत्यादि पर निवेश कर सकते हैं। जहाँ बड़े फार्मों के पास आधुनिक निवेशों का अभाव है, उत्पादकता में उनका प्रदर्शन इन्हीं तरह की कमियों से जूझ रहे पड़ोसे के छोटे-छोटे फार्मों से कमतर है। वर्तमान में यह घटना किसी भी भारतीय गाँव में देखी जा सकती है। इन सुविधाओं के लिए, जैसे सिंचाई के लिए पम्प सेट, किसान अपने संसाधनों को साझा कर सकते हैं या ये संसाधन समुदाय द्वारा दिए जा सकते हैं। भूमि पुनर्वितरण के बाद छोटी होल्डिंगों से दो-चार चीन ने बृहत् रूप से इस तरह की आकस्मिकता का सामना करने के लिए उत्पादन समूहों को संगठित किया। आगे चलकर समूहीकरण में और उसके बाद कम्यूनों में इसका स्थानान्तरण फार्म के आकार की आर्थिक जरूरतों के चलते नहीं हुआ था बल्कि राजनीतिक विचारों और फार्मों पर जबरन बचत को डालने की इच्छा के कारण हुआ था।

भारत में बड़े-बड़े फार्मों के विरुद्ध एक दूसरा मजबूत प्रकरण भी है। हाल ही में इन फार्मों में, विशेषकर पंजाब में श्रमिक बचत मशीनों को लगाने की प्रवृत्ति रही है जो निश्चित रूप से भारतीय स्थितियों में जहाँ ग्रामीण बेरोजगारी बहुत ज्यादा है, अवांछनीय है।

भारतीय स्थितियों में जहाँ जमीन पर आबादी का बहुत बड़ा दबाव तथा श्रम की उत्पादकता निम्न कृषि निवेशों के कारण कम है, उत्पादन का उपयुक्त संगठन सर्वाधिक महत्त्व का है। चूँकि श्रमिक का सीमान्त उत्पादकता उस बिन्दु पर जहाँ इसका अधिकतम इस्तेमाल होता है, जीवन-निर्वाह के नीचे रहने के लिए प्रवृत्त होती है, इसलिए कृषि की कोई भी पूँजीवादी प्रणाली श्रमिक बल के पूर्ण रोजगार के लिए अनुकूल नहीं होगी। पूँजीवादी किसान उस बिन्दु पर जहाँ ऐसे रोजगार से होनेवाली अतिरिक्त पैदावार दी गई मजदूरी से कम है, श्रमिक बहाल नहीं करेगा यद्यपि नियोजित श्रमिक के चलते उच्च उत्पादन होता है। भारत में जहाँ उपलब्ध अधिशेष श्रम के पूर्ण उपयोग से उत्पादन को अधिकतम करना सर्वोच्च महत्त्व का है, यह प्रणाली सबसे अच्छा परिणाम नहीं देगी।

वस्तुत: इस समस्या ने हमारे अनेक अर्थशास्त्रियों का ध्यान खींचा किया है। वी.एम. दांडेकर बताते हैं :

> "कुल उत्पादन को अधिकतम करने के लिए जरूरी है कि सम्पूर्ण श्रमबल या शून्य सीमान्त उत्पादकता तथा कम-से-कम नहीं नियोजित रहे। पूँजीवाद इसे सम्भव बनाने के लिए किसी संस्थागत संरचना की व्यवस्था नहीं करता है।"[4]

उपचार जो सुझाया गया है, वह व्यक्तिगत पारिवारिक जोत है जहाँ परिवार के सदस्यों की सीमान्त उत्पादकता की अपेक्षा अधिकतम उत्पादन के लिए काम का सामन्ती नियम ही विचारणीय होता है। इस सिरे को हासिल करने तथा भाड़े के मजदूर को खत्म करने के लिए समान आकार की जोतों का सुझाव दिया जाता है, लेकिन यदि जनसंख्या घनत्व बहुत ज्यादा है, पारिवारिक फार्म बहुत छोटा हो सकता है। पुन: यह उत्पादन के अधिकतम करने के लक्ष्य के विरुद्ध काम कर सकता है। इसका उपचार सहकारी समूहों में हो सकता है, लेकिन यहाँ भी सीमान्त उत्पादकता के विचार में चूक का खतरा है। इसलिए अन्तिम समाधान भूमि और आबादी की बड़ी इकाइयों के अन्तर्गत कृषि क्षेत्र के एक संगठन में ढूँढ़ा जाना है जो सिद्धान्त में सामन्ती, तकनीक में आधुनिक तथा समाजवादी उद्‌देश्याभिमुख हो।[5]

यहाँ 'सामन्ती' शब्द का उपयोग शायद इसलिए दिया गया है कि फार्म में किसान परिवार के सदस्य के नियोजन को परिभाषित करने के लिए कोई दूसरा उपयुक्त शब्द नहीं था, लेकिन निश्चित तौर पर यह कुछ भ्रामक है तथा सहज रूप से श्रम का पारिवारिक रूप ज्यादा उपयुक्त होगा। यह कहना बिलकुल सही नहीं होगा कि सामन्ती ढाँचे ने हमेशा उत्पादन को अधिकतम करने के लिए संघर्ष किया। वस्तुत: सामन्त अकसर श्रम के एक बड़े हिस्से को सेवा क्षेत्र में स्थानान्तरित करते थे जिससे केवल उनकी विलासिताओं में वृद्धि होती थी। शायद यह उत्कृष्ट अर्थशास्त्रियों द्वारा सामन्ती प्रथा की की गई मुख्य आलोचनाओं में से एक है।

वहाँ रुचि की चीज यह है कि समूची सैद्धान्तिक चर्चा हमारी भारतीय स्थिति के सन्दर्भ में है जहाँ पूँजीवादी खेती उत्पादन को अधिकतम बनाने का आदर्श ढाँचा नजर नहीं आता है। निस्सन्देह, दांडेकर का अपना समाधान यद्यपि सिद्धान्त में उत्कृष्ट है, व्यवहार में लाना कठिन प्रतीत होता है। प्रजातांत्रिक नियंत्रण और सन्तुलन के साथ काम करते हुए एक सत्ता व्यवस्था के तहत् समाजवादी उद्‌देश्य की ओर अभिमुख सामन्तवाद है और आधुनिक तकनीक सरीखे इन विरोधाभासों तत्त्वों का यह संयोजन कुछ अलौकिक लगता है, यद्यपि बहुत आकर्षक है।

उपयुक्त विषयान्तर का हालाँकि मतलब यह सुझाना था कि सैद्धान्तिक रूप से उत्पादकता के दृष्टिकोण से किसानों के पारिवारिक सदस्यों द्वारा संचालित छोटे-छोटे फार्मों के विरुद्ध कोई आधार नहीं है यद्यपि वहाँ दूसरी समस्याएँ हो सकती हैं।

आरम्भ में यदि ऊपर से सुझाए गए इस तरह के पुनर्वितरण को चालू किया जाता है तो कम-से-कम एक सन्दर्भ में नाकामयाबी मिलनी तय है। चूँकि ग्रामीण गरीबों के एक विशाल हिस्से को भरपेट भोजन नहीं मिलता है, खाद्य की माँग से आय बढ़ती जाएगी और अपने खुद से जोते-कोड़े गए फार्मों की अच्छी आमदनी

के साथ सबसे निर्धन व्यक्तियों के अभी जितना भोजन सम्भव है, वे उससे ज्यादा उपभोग करने की प्रवृत्ति पाल लेंगे। अतएव विक्रय अधिशेष कुछ समय के लिए कम हो जाएगा, लेकिन यदि उत्पादन बढ़ता है—और इसे जमीन के इस तरह पुनर्वितरण पर बढ़ना चाहिए—यह कमी केवल अस्थायी होगी। इसलिए प्रत्येक कोण से जमीन के पुनर्वितरण में समानता का मामला मजबूत है।

परन्तु यह तथ्य कि यह तर्कसंगत और बढ़िया है, स्वत: इसे आसानी से प्राप्य नहीं बना देगा। यह एक तथ्य है कि हंगामेदार विरोधों और मौलिक नारों के बावजूद, उनके द्वारा भी जो सत्ता में हैं, सुधारों को शुरू करने में विलम्ब जारी है। यह एक पर्याप्त संकेत है कि कहीं पर गम्भीर रोड़ा है। वास्तव में, भारत में हम जिस गम्भीर समस्या का सामना करते हैं, वह कृषि सुधार के सन्दर्भ में क्या किया जाना है, से सम्बन्धित विचारों के अभाव की समस्या नहीं है बल्कि इस क्षेत्र में किसी नीति निर्णय का कार्यान्वयन कैसे हो, से सम्बन्धित विचारों के अभाव की समस्या है। हालाँकि एक चीज साफ दिखाई देती है कि गाँवों के गरीब लोगों को प्रेरित किए बिना कृषि सम्बन्धों में किसी बड़े बदलाव को महसूस नहीं किया जा सकता है। इसका साधारण-सा कारण यह है कि अधिकांश नौकरशाह और राजनेता शहरी अभिजात्य वर्ग या ग्रामीण धनी परिवार से आते हैं जिनकी ग्रामीण गरीबों से कोई सहानुभूति नहीं है, वे गाँव में सत्ता सम्बन्धों को बदलने के किसी भी प्रयास में अड़ँगा डालते हैं। इस स्थिति को छोटे किसानों की संगठित शक्ति से प्रतिसन्तुलित किया जा सकता है, लेकिन इस तरह के संगठन के सन्दर्भ में गाँवों की स्थिति सोचनीय है।

यद्यपि साल-दर-साल वामपंथी पार्टियों के तत्त्वावधान में आयोजित किसानों के सम्मेलनों में आशावादी प्रस्ताव पारित होते हैं जो किसान जनता द्वारा अपने संगठनों और चेतना में उठाए गए बड़े कदमों की बात करते हैं और अपरिवर्तनीय ढंग से जनता के वीरोचित संघर्ष की आसन्न सफलता की एक विश्वासभरी टिप्पणी के साथ खत्म होते हैं, तथ्य यह है कि कतिपय राज्यों के छोटे-से हिस्से को छोड़कर किसान संगठन केवल कागज पर ही चलता है।

किसान मजदूर संगठन के अभाव के कारण सबसे ज्यादा पीड़ित हैं। वे वस्तुत: दुश्चक्र के शिकार हो गए हैं। यदि वे संगठित होते हैं तो सफलता की बहुत कम उम्मीद है क्योंकि उनके पास रोकनेवाली शक्ति नहीं है कि औद्योगिक मजदूरों की तरह हड़ताल करके अपनी माँगों का दबाव बना सकें, और इसलिए भी कि अधिकांश मामलों में नियोक्तगण छोटे किसान हैं, जिन्हें कम उपज होती है और इस तरह वे ज्यादा पारिश्रमिक देने की स्थिति में नहीं होते हैं। साथ ही, किसान मजदूर अपने नियोक्ता के साथ कई तरह के व्यक्तिगत और पारम्परिक बन्धनों में बँधे होते हैं, लेकिन एकमात्र सबसे महत्त्वपूर्ण तत्त्व जो प्रगति में बाधक है वह

भारतीय किसानों के बहुत बड़े हिस्से की उत्पादकता का निम्न स्तर है। जब तक उत्पादकता में सुधार नहीं होता है, मजदूरी दरों में वर्तमान जीवन-निर्वाह के स्तर से ऊपर की वृद्धि नहीं हो सकती है। यही एकमात्र कारण है कि पंजाब जैसे राज्य में जहाँ औसत कृषि उत्पादकता ज्यादा है और फार्म व्यवहार्य हैं, कृषि मजदूरी भी ज्यादा है इसलिए उन राज्यों में जहाँ उत्पादकता कम है वहाँ हड़ताल करने के प्रयास रोजगार खोने या नियोक्ताओं द्वारा बर्बर प्रतिशोध में प्रतिफलित हुए हैं, किन्तु खेतिहर मजदूर यदि उपर्युक्त बाधाओं के कारण संगठित नहीं होते हैं तो वे हमेशा अपने वर्तमान अमानवीय अस्तित्व पर अवनत कर दिए जाएँगे। वैसे किसी मामले में बहुत ज्यादा कानून नहीं होते हैं, लेकिन बगैर संगठन के उन्हें सुरक्षा प्रदान करनेवाला कानून भी कागज पर ही रह जाता है। उसके कार्यान्वयन को सफलता नहीं मिलती है।

जनसंख्या का दबाव बहुत अधिक है। भूमि एक दुर्लभ संसाधन है और अविकास की स्थितियों में गाँव में जीविका का एकमात्र संसाधन। इसलिए भूमिहीन मजदूरों की तरह काश्तकार भी जमींदारों के सम्बन्ध में अवांछनीय स्थिति में होते हैं। कानून कुछ भी हो, वे जमींदारों द्वारा तय की गई शर्तों पर पट्टा लेने को इच्छुक रहते हैं। यहाँ पुन: बेहतर सौदे की माँग का परिणाम निष्कासन होता है। यह उस व्यक्ति के लिए अत्यन्त डरावनी चीज होती है जिसके पास सहारे का कोई विकल्प नहीं है।

छोटे और मध्यम किसानों की समस्या विभिन्न प्रकृति की है। उनकी स्थिति सीधे सरकार की आर्थिक नीतियों को प्रभावित होती है अर्थात् उनकी समृद्धि बहुत ज्यादा हद तक न्यायसंगत दरों पर कृषि निवेशों तथा उनके उत्पादों के पर्याप्त दामों की उपलब्धता पर निर्भर करती है। उसके बाद इन्हें ऋण सुविधाओं के जरिये पारम्परिक महाजनों तथा फ़सल बीमा की योजनाओं के जरिये प्राकृतिक आपदाओं के विरुद्ध संरक्षण की भी जरूरत होती है। इसके अतिरिक्त वे कुटीर उद्योगों जैसे सहायक पेशे को अपनाकर अपनी आर्थिक स्थिति को भी सुधार सकते हैं। इन कुटीर उद्योगों को वे अपने घरों के नजदीक विकसित कर सकते हैं। ये सभी चीजें बहुत ज्यादा सरकार की नीति पर निर्भर करती हैं। इन सभी मामलों के सन्दर्भ में ये किसान अभी तक सरकार को अपने पक्ष में झुकाने में असफल रहे हैं क्योंकि एक राजनीतिक कारक बनने के लिए उनके पास कभी भी एक मजबूत संगठन नहीं रहा।

खेतिहर मजदूरों के साथ ही छोटे सीमित किसानों की हालत भी जमींदारों से ली गई अधिशेष भूमि का उनके बीच आवंटन करके सुधारी जा सकती है, लेकिन बहुत ज्यादा कुछ जमीन की वास्तविक उपलब्धता और मात्रा पर निर्भर करता है। इस आवंटन में भूमिहीन प्राथमिकता लेना चाहेंगे।

लेकिन उपर्युक्त किसी भी उद्‌देश्य के लिए किसान अभी तक प्रभावशाली ढंग से संगठित नहीं रहे हैं। उनके बीच संगठन के अभाव का मुख्य कारण यह प्रतीत होता है कि किसान अपनी बेहतरी के लिए अपने मन से व्यापक स्तर पर संगठित होने की समझ और बुद्धि नहीं रखते हैं। जब स्थिति असहिष्णु हो जाती है तो कभी-कभार छिटपुट रोष का विस्फोट हो जाता है जो हिंसा या ध्वन्स के रूप में प्रकट होता है, लेकिन यह स्थानीय स्तर से आगे नहीं बढ़ पाता है। अधिकांश मामलों में जहाँ किसान वर्ग संगठित और व्यापक राष्ट्रीय राजनीतिक धारा से जुड़े रहे हैं, यह काम उन बुद्धिजीवियों का रहा है जो या तो नगरजीवी थे या नगरों के नजदीक सम्पर्क में आए थे, लेकिन किसान वर्ग से उनका जुड़ाव हमेशा बहुत बड़े लक्ष्यों के लिए बहुत बड़ी विचारधारात्मक प्रतिबद्धता का परिणाम रहा है। भारत में वर्तमान में राजनीतिक अभिजात्य न केवल नगरवासी हैं बल्कि इनके जीवन का सारा झुकाव नगरों की तरफ ही रहता है। गाँवों से आनेवाले कुछ लोग जिन्हें शिक्षा का अवसर मिला होता है, वे भी गाँवों के बजाय शहरों की ओर ही अपने भविष्य के जीवन के लिए देखते हैं। शहर का जीवन उनकी सभी आकांक्षाओं का दूरस्थ लक्ष्य बन जाता है।

इसका कारण ढूँढ़ना मुश्किल नहीं है। शहर की आधुनिक सुविधाओं ने गाँवों को इतना बंजर बना दिया है कि शहर में जिस किसी ने आधुनिकता के इन फलों को चख लिया है वे गाँवों की गुफावाली जिन्दगी में वापस लौटना नहीं चाहते हैं। वस्तुत: गाँवों के अधिकांश समृद्ध व्यक्ति अपने पड़ोस के शहरों या नगरों में घर बनाना चाहते हैं। यह न केवल उन्हें बहुत ज्यादा सुरक्षा और समाज में स्थान प्रदान करता है बल्कि उनके बच्चों के लिए उच्च शिक्षा और जीवन में बेहतर सम्भावनाओं के द्वार भी खोलता है। समृद्ध किसान गाँवों की बजाय शहरी क्षेत्रों में उद्योग लगाना पसन्द करते हैं। वामपंथी नेताओं के लिए की औद्योगिक मजदूरों के बीच काम करना आकर्षक रहा है। यहाँ से उन्हें बढ़िया वित्तीय सहयोग मिल जाता है। साथ ही, शहर में रहने से वे प्रचार के माध्यमों और सत्ता के उत्तोलकों पर बढ़िया से नियंत्रण कर लेते हैं। यह आश्चर्यजनक नहीं है कि किसान नेता भी अपना समय ज्यादातर नगर मुख्यालयों में व्यतीत करते हैं और अपने सांगठनिक काम के लिए भी कभी-कभार गाँवों का रुख करते हैं।

मध्यम वर्ग से आनेवाले दक्षिणपंथी और वामपंथी राजनीतिक अभिजात्यों, दोनों का ही ग्रामीण लोगों के प्रति उभयभावी रुख रहता है। उन्हें अपने राजनीतिक स्थायित्व के लिए उनके बीच समर्थन का आधार तलाशना पड़ता है, लेकिन वे उनकी समस्याओं में बहुत गहरे संक्षिप्त होने के प्रति सतर्क रहते हैं क्योंकि वह अर्थव्यवस्था को उस दिशा में ले जाएगा जहाँ नगरों को अपने कुछ ताम-झाम को छोड़ना होगा। इसका मतलब होता, अभिजात्य लोगों द्वारा सत्ता और विशेषाधिकार

के अपने स्थानों में से कुछ को खोना। यह अशंत: नारों की क्रान्तिकारी प्रकृति के बीच की खाली जगह को भी व्याख्यायित करता है। कम-से-कम कुछ कानूनों को जिन्हें एक तरफ बनाया जाता है और दूसरी तरफ, कृषि सम्बन्धों के उत्पीड़िक पारम्परिक रूपों का बने रहने को व्याख्यायित तो करता ही है।

इस अनिर्णय की स्थिति का सामना करते हुए शहरी अभिजात्यों के लिए गाँवों में आधार बनाने का सबसे आसान रास्ता उन सम्पन्न किसानों से किसी तरह का सम्बन्ध बनाना है जो कुछ हद तक शहरी अभिजात्य की महत्त्वाकांक्षा और मूल्य प्रणाली को साझा करते हैं। स्वाभाविक रूप से इस तरह का सम्बन्ध उसे ज्यादा मौलिक बदलाव को रोकता है जिसके बारे में काम अभिजात्य बोला करते हैं।

वस्तुत: अभिजात्य की यह विषम परिस्थिति उसकी उत्पत्ति की अवस्था से पैदा होती है। अनिवार्यत: यह अभिजात्य औपनिवेशिक अभिजात्य का एक विस्तार है जिसे अंग्रेज ने अपने शासन क्रम में अनेक प्रकार के कार्यों को कार्यान्वित करने के लिए अस्तित्व में ले आए थे। स्वाभाविक रूप से यह अभिजात्य आबादी की विशाल बुनियाद पर डाली गई एक पतली परत रहा है। ये दो परतें दो भिन्न संस्कृतियों का प्रतिनिधित्व करती हैं और इन दोनों के बीच बहुत कम संवाद रहता है। अभिजात्य और जनता के बीच यह विखंडन पारम्परिक जातीय विभाजनों के कारण आगे और चौड़ा होता गया है। औपनिवेशिक व्यवस्था में जिन भारतीयों ने जवाबदेही का स्थान हासिल किया था तथा नई शिक्षा और दृष्टिकोण को ग्रहण करनेवाले प्रथम व्यक्ति थे, वे ही लोग आर्थिक रूप से अच्छे थे तथा उन्होंने ही पारम्परिक जातीय श्रेणीक्रम में प्रश्रयप्राप्त स्थान का लाभ उठाया। इस तरह अभिजात्य और ग्रामीण जनता के निम्नवर्ग के बीच की खाई और चौड़ी हो गई।

भूमिहीन मजदूरों या बँटाईदारों की दुर्दशा उच्च वर्गों या पदाधिकारियों का ध्यान मुख्यत: इसलिए नहीं खींच पाती है क्योंकि ये अधिकांशत: उस अनुसूचित जाति या पिछड़ी जाति से आते हैं जो पिछले सैकड़ों वर्षों में कभी भी सामान्य मानवीय गुणों के लिए याद नहीं किए गए। इन पूरी शताब्दियों के दौरान ये बोझ ढोनेवाले जानवर ही बने रहे तथा उनकी पीड़ा को ईश्वरीय विधान का हिस्सा माना गया। हिन्दू सवर्ण जातियों का गुस्सा दलितों का घर जलाने और उनकी हत्याओं में प्रतिफलित होता है। यह गुस्सा यह महसूस करने से बिलकुल इनकार करने का परिणाम है कि जनता के ये दो वर्ग सामान्य मानवता को आपस साझा कर सकते हैं। यह उस वर्ग की गरिमा और अधिकार के दावे के विरुद्ध, जिसे परम्परा ने न तो गरिमा दी थी न ही अधिकार, भय और अत्याचार-बोध का परिणाम है।

यद्यपि वामपंथी अभिजात्य ने राष्ट्रीय स्तर पर गरीब निम्नवर्ग के प्रति उस घृणा को छोड़ दिया है तथा इस वर्ग के लिए सोचने और अनुभव करने का सचेत प्रयास

करता है, पर गहरे भावनात्मक स्तर पर यह अभिजात्य भी इस वर्ग के साथ उस पहचान को विकसित करने में असफल हो जाता है जो उनके बीच काम करने के लिए तथा इसे इसकी उदासीनता से बाहर निकालकर क्रान्तिकारी काम में लगाने के लिए इसको प्रेरित करना आवश्यक है। जब इस अभिजात्य वर्ग का एक सदस्य भी क्रान्तिकारी जोश के क्षणों में जनता के लिए अपनी जान दाँव पर लगाता है, तो उसके लिए वहाँ आधिकारिक समाज में हमेशा एक अवसर रहता है जिसके जरिये वह या उसका परिवार आराम और सुरक्षा की दुनिया में प्रवेश पा ले सकता है। वहाँ उसके मित्र और सम्बन्धी आश्चर्य मिश्रित प्रशंसा के साथ झोल में इस पुन: घर वापसी को स्वीकार करने के लिए रहते हैं। इसके विरुद्ध गरीब ग्रामीण जनता के बीच के विद्रोही के लिए आपातकाल में बचने का कोई तरीका नहीं होता है। यदि वह विद्रोह करता है तो यह एक ऐसा काम है जिससे कोई वापसी नहीं है। उसे विजय प्राप्त करने या पूरी तरह परिवार मित्रों ओर सभी के साथ बर्बाद हो जाने तक अपनी लड़ाई लड़नी पड़ती है , लेकिन अपनी स्थिति के कारण यह वर्ग अपना सचेत नेतृत्व करने में भी अक्षम है। स्थिति की यह स्वाभाविक कमजोरी ही भारत में कृषि वर्ग के आन्दोलनकारी काम या दूरगामी सुधार के रास्ते में अवरोधक रही है। यह इसे भी व्याख्यायित करता है कि अतीत में क्यों किसान आन्दोलन स्थिर आग की बजाय ठूँठ बुहारती आग की तरह रहा है। बुद्धिजीवी जमात से आनेवाला नेता ज्यों ही किसी बुरे पैबन्द पर चोट करता है वह हतोत्साहित हो जाता है और चूँकि यह कठोर भाग्य से उस तरह बँधा नहीं होता है जिस तरह से किसान अपनी स्थिति से बँधा होता है, वह अवकाश ग्रहण कर निष्क्रियता की सुरक्षा या किसी आरामदायक पेशे में चला जाता है।

सम्भव यही स्थिति उन अधिकांश विकासशील देशों की है जो पहले विदेशी शासन के अधीन थे। उनमें से अधिकांश में ग्रामीण क्षेत्रों के रिश्ते जड़ता से चिह्नित होते हैं। केवल वही देश जहाँ किसान सम्बन्धों में भारी बदलाव हुए हैं, उन देशों में रहे हैं जिसने विदेशी कब्जे के विरुद्ध लम्बी लड़ाई और गृहयुद्ध से गुजरा था। इस प्रक्रिया में ग्रामीण क्षेत्र में समर्थन ढूँढ़ रहे बुद्धिजीवी को स्वयं को पूरी तरह से किसान वर्ग के साथ पहचान बनानी पड़ी थी। सचमुच यह एशियाई देशों में कम्युनिस्ट आन्दोलन के उत्थान का आधार था।

1942 के साम्राज्यवाद विरोधी संघर्ष के दौरान भारत के पास सक्रिय राजनीतिक भागीदारी के लिए ग्रामीण जनता को प्रेरित करने का एक अवसर था। यदि उस आन्दोलन में उन्हें शामिल कर लिया गया होता तो उनमें अपनी निजी सत्ता की चेतना आ सकती थी, लेकिन संगठित किसान आन्दोलन और मजदूर आन्दोलन की उस वक्त कम्युनिस्ट पार्टी के नेतृत्व में न केवल उस आन्दोलन से दूर रहा बल्कि उसका विरोध ही किया। व्यक्तिगत रूप से किसानों ने उसे आन्दोलन में

हिस्सा जरूर लिया था, लेकिन संगठित किसान आन्दोलन का 1930 के दशक के मध्य में शुरू हुए राजनीतिक साम्राज्यवाद-विरोधी आन्दोलन की मुख्यधारा के साथ जो सम्बन्ध था उसे 1942 से गहरा धक्का पहुँचा। किसान आन्दोलन और 'भारत छोड़ो' आन्दोलन में सक्रिय भूमिका निभानेवाले केवल समाजवादी लोग ही थे, लेकिन उनका अपना किसान आधार छोटा था और वे ब्रिटिश सत्ता के विरुद्ध एक लम्बी लड़ाई हेतु किसानों का समर्थन लेने में असफल हो गए। किसानों का बहुमत अभी भी दिशा निर्देश के लिए गांधी, नेहरू और पटेल की तरफ देखता था।

अगर कोई दूसरा संघर्ष हुआ होता तो हो सकता था कि राष्ट्रीय आन्दोलन से किसान जनता को जोड़ने के लिए एक दूसरा अवसर पैदा हुआ होता, लेकिन कांग्रेस के नेता ब्रिटिश से कुछ समझौता करने का मन बना चुके थे। आश्चर्यजनक तो यह था कि भारतीय कम्युनिस्ट पार्टी 1947 तक ब्रिटिश शासन से समझौता करने के अन्ध समर्थक बनी रही यद्यपि साम्राज्यवाद के साथ रूस की सुहागरात लम्बी चली थी। कांग्रेस नेता न केवल थक चुके थे जैसा कि नेहरू ने कहा भी, बल्कि वे इस तरह के आन्दोलन के परिणामों से भयभीत थे जिसकी हल्की झलक अगस्त 1942 में दिख चुकी थी। इसलिए भारत को आजादी एक समझौते के माध्यम से मिली, जिससे किसान वर्ग को संघर्ष और संगठन के माध्यम से राजनीतिक परिपक्वता हासिल करने का अवसर नहीं मिला। तभी से कम्युनिस्ट के विभिन्न समूहों ने उत्तरोत्तर इस खोए हुए अवसर की राष्ट्रीय मुक्ति संग्राम का स्वांग कर भरपाई करने की कोशिश की है। जब तेलंगाना के किसानों ने विद्रोह शुरू किया, हालाँकि यह आजादी मिलने के एक साल से भी ज्यादा समय बाद शुरू हुआ था, यह राष्ट्रीय भावना की लय से बहुत दूर था। तेलंगाना के किसानों के इस प्रयास को भारत की नई आजादी को तहस-नहस करने के प्रयास के रूप में देखा गया क्योंकि नेहरू और अन्य राष्ट्रीय नेताओं ने इस नई आजादी को एक चमक प्रदान की थी। कम्युनिस्ट आन्दोलन के एक या दूसरे गुट से अब जो राष्ट्रीय मुक्ति संग्राम की बात उठ रही है, उसमें ज्यादातर मजाकिया वीरोचित नाटक बन जा रहा है। इतिहास में अवसर एक बार खत्म जाता है तो वह अवसर पुन: दुबारा हाथ नहीं लगता है।

एशिया के उन चार देशों की विशेष परिस्थितियों का उल्लेख करना रोचक है जहाँ आमूलचूल कृषि सुधार हुए थे। ये देश हैं, चीन, उत्तरी वियतनाम, जापान और ताईवान। इनमें से पहले दो एक कोटि से आते हैं तथा बाद के दो दूसरी कोटि से। जापान के मामले में कृषि सुधार अमेरिकन ऑक्युपेशन अथॉरिटी के द्वारा द्वितीय विश्वयुद्ध के बाद लागू किया गया। उन्होंने भूमि की परिसीमा 7 एकड़ पर निर्धारित की तथा अधिशेष जमीन को भूमिहीन और काश्तकारों में वितरित कर

दिया। ताईवान में भी चियांग-काई-शेक सरकार के द्वारा भू-सुधार लागू किया गया था। चियांग-काई-शेक अपने निजी आधिपत्य बलों के साथ चीन की मुख्यभूमि में अपनी पराजय के बाद सत्ता में आया था। स्थानीय जमीनवाले वर्ग में इसका हल्का दाव था। साथ ही, इसके पास गत जापानी आधिपत्य बलों से काफी मात्रा में भूमि प्राप्त करने का फायदा था। जापानी आधिपत्य बल ने जब ताईवान पर कब्जा किया तो अपने निजी उपयोग के लिए कुछ जमीन ले चुका था। इन दोनों में से किसी भी मामले में स्थानीय किसानों या स्थानीय अधिकारियों की पहल पर सुधार नहीं दिया गया था।

चीन और वियतनाम की स्थिति में बड़ा अन्तर था। जब दूसरे राजनीतिक समूहों ने छल-कपट किया तो इन देशों में कम्युनिस्ट तत्त्वों ने प्राथमिक रूप से साम्राज्यवादी व्यक्तियों के अपने लगातार विरोध के कारण जनता का समर्थन और उसकी सहानुभूति प्राप्त की। इस अवधि के दौरान वे व्यवस्था में हल्के सुधार से किसानों का समर्थन जीतने में सक्षम थे, लेकिन ईमानदार और साफ प्रशासन देकर उन्होंने सार्वभौमिक लोकप्रियता हासिल कर ली क्योंकि इसमें और इसके प्रतिद्वन्द्वी चीन की कुओमिन्तोग सत्ता एवं वियतनाम की गैर-कम्युनिस्ट सरकार में बड़ा अन्तर था। चीन में तो कम्युनिस्टों की अन्तिम जीत के बाद ही भारी भूमि सुधार हुआ, लेकिन उस समय तक कम्युनिस्टों के पास जनमुक्ति सेना की भारी शक्ति थी। लम्बे समय तक चले गृहयुद्ध से भी बदलाव के पक्ष में एक अनुकूल वातावरण तैयार हो गया था। अधिकांश सामन्ती शक्तियों ने चियांग-काई-शेक से साठ-गाँठ कर ली थी और वे सभी गृहयुद्ध के दौरान खदेड़ दिए गए थे। साथ ही, उस अवधि में काफी बदलाव आ चुका था और जनमानस नए बदलावों के लिए तैयार हो गया था। माओ ने भी कृषि सम्बन्धों में जल्दी-जल्दी बदलाव किए और इसलिए सम्पत्ति सम्बन्धों को किसी निश्चित ढाँचे में छुपाने की इजाजत नहीं दी। जमीन के पुनर्वितरण के शीघ्र बाद उसने सहकारी खेती को लागू किया और वह अन्तिम रूप ग्रहण करे, इसके पहले सामूहिकीकरण अभियान शुरू कर दिया गया और इसके बाद इसी तर्ज पर कम्युनीकरण शुरू कर दिया गया। ये सारे बदलाव एक दशक से कम समय में ही हो गए थे। इसलिए उसके किसान समर्थकों को भी जमीन में निहित स्वार्थ विकसित करने की मंजूरी नहीं दी गई।

लेकिन माओ ने सामान्यत: संकट की घड़ियों में भारी सुधार लागू करना पसन्द किया, उस स्थिति में भी जब उसे सत्ता मिल चुकी थी और उसकी सत्ता पूर्णत: सुरक्षित थी। इस तरह ग्रेट लीप मूवमेंट (बड़ी छलांग आन्दोलन) 1958 में उस वक्त शुरू हुआ जब ताईवान जलडमरूमध्य में संकट था। सांस्कृतिक आन्दोलन उसी तरह से तब हुआ जब वियतनाम का संकट गहरा रहा था और सोवियत संघ से सीमा विवाद चल रहा था।

माओ को रूसी अनुभव से सबक लेना चाहिए था जहाँ सामूहिकीकरण उस वक्त लागू हुआ जब किसान वर्ग पूरी तरह से व्यक्तिगत खेती और व्यापार की आदतों में ढल गया था। इसका परिणाम हुआ था, किसानों की ओर से इसका जबर्दस्त विरोध। चीन में माओ जो किसान सेना पर निर्भर थे, किसान वर्ग के विरुद्ध वैसी हिंसा नहीं कर सकते थे। इसलिए उसने उत्तरजीविता के लिए लोगों की सहज प्रवृत्ति और राष्ट्रवाद की अपीलों का उपयोग किया। उसने इस काम में अपने बदलावों को इस तरह की स्थितियों से जोड़ दिया कि अधिकांश लोग अपनी व्यक्तिगत आर्थिक क्षति को भूलकर उसके पीछे इकट्ठा हो जाएँगे। इस तरह, अमेरिकी आक्रमण की धमकी ने उसके पीछे चीनी लोगों के इकट्ठा होने में प्रेरणा का काम दिया। वस्तुत: माओ ने व्यंग्य रूप में उसके लिए अमेरिकी साम्राज्यवाद के प्रति कृतज्ञता जाहिर की। उसने लिखा:

> "चीनी जनता के प्रति शत्रुता की नीति (डूल्स) स्थायी रूप से अमेरिका के विरुद्ध चीनी लोगों में गुस्से को बढ़ाती रही है। उसने उनमें स्फूर्ति से खड़ा होने तथा स्वयं मजबूत बनने की महान इच्छा को भी जाग्रत किया है। अकेले इस आधार पर यह कहा जा सकता है कि डूल्स ने अप्रत्यक्ष रूप से चीनी क्रान्ति के लिए कुछ लाभदायक काम किया है, न केवल चीनी क्रान्ति के लिए बल्कि दुनिया के अन्य देशों की क्रान्ति के लिए भी। उसे (अमेरिका) मेडल दिया जाना चाहिए। चीनी जनता के प्रति अमेरिका की शत्रुता नए चीन के विशाल विकास को रोकने में असफल हो गई है। इसके विपरीत, यह चीन के आर्थिक निर्माण जो इसके अपने संसाधनों पर आधारित है, के लिए लाभदायक ही साबित हुआ है।"[6]

उपर्युक्त तथ्यों की ओर इशारा यह दर्शाने के लिए किया गया है कि इस तरह के भारी बदलाव, मसलन किसान वर्ग द्वारा जमीन की जब्ती या भू-सम्पत्ति का बड़े पैमाने पर अधिग्रहण, अत्यन्त संकट की घड़ी में किए गए जब प्रशासन की सारी व्यवस्था धराशायी हो रही थी। स्मरण करें, रूस में भी 1917 में भूमि की जब्ती उस समय हुई थी जब सारी जनता जार को हटाने के लिए आन्दोलनरत थी। वस्तुत: जमीन को हमेशा ही सम्पत्ति के सम्मानित रूप में देखा जाता रहा है, इसलिए सामान्य परिस्थितियों में इसके स्वामित्व की वैधता को चुनौती देना कठिन होता है, खासकर वैसे लोग जो अपने-अपने फार्मों की जुताई-गोड़ाई और व्यवस्था स्वयं करते हैं, उसे अपनी चीज मानने लगते हैं और इसकी रक्षा के लिए किसी भी हद तक जाने को तैयार हो जाते हैं, चाहे परिणाम जैसा भी हो। जमीन के प्रति इस तरह की सोच इतनी मजबूत होती है, कि जमीन के एक छोटे-से टुकड़े के लिए जिसकी मामूली कीमतें होती हैं, लड़ाई-झगड़े और हत्या की वारदातें गाँवों में प्राय: होती

रहती हैं। अगर काफी संख्या में लोगों को उनकी जमीनों से साधारण परिस्थितियों में बेदखल करना पड़े, तो भयंकर गृहयुद्ध छिड़ जाएगा।

यदि संकल्पित प्रयास हो, तो छोटी शुरुआत से इस स्थिति को धीरे-धीरे इस तरह के गृहयुद्ध की दिशा में धकेला जा सकता है, लेकिन निश्चितता नहीं है कि यह क्रान्तिकारी कारण की सफलता में परिणत होगा ही। साथ ही, इस तरह के आन्दोलनों और गृहयुद्ध के द्वारा लिया गया समय बहुत ज्यादा हो सकता है। चीन में कुओमिनतांग और कम्युनिस्टों की सीधी लड़ाई और कम्युनिस्टों द्वारा सत्ता पर कब्जा जमाने में लगभग 26 वर्ष लग गए। इतना विलम्ब इस तथ्य के बावजूद हुआ कि चीन बेहद कमजोर और अपने पूरे राज्यक्षेत्र पर इसका कभी नियंत्रण भी नहीं रहा था। भारत में इस तरह का आन्दोलन अत्यधिक केन्द्रीकृत राज्य सत्ता और राज्य सत्ता के नियंत्रण में अत्यधिक विकसित संचार और परिवहन व्यवस्था के विरुद्ध होना सम्भव है, लेकिन उस तरह का गृहयुद्ध अगर यहाँ हो जाए तो इससे किसानों को काफी नुकसान होगा और यह काफी लम्बे समय तक भी चल सकता है। इसकी गरीबी और निम्न कृषि उत्पादकता की वर्तमान स्थिति में सुधार में लगनेवाला इतना अधिक समय हमें उससे भी अधिक बुरे हाल में कर देगा जिस हाल हम आज हैं। आज से शताब्दी (20वीं) के अन्त होने तक की अवधि में हमारी आबादी दोगुनी हो जाएगी। चीनी क्रान्ति के हिसाब से बात करें तो हमारा गृहयुद्ध शताब्दी के अन्त होने तक सफल होगा। सुधार के रूप में हमें जो कुछ प्राप्त होगा, वह आबादी के विकास से बेअसर हो जाएगा। हल्के सुधार से अभी हमें जो मिल सकता है, 26 साल बाद आन्दोलन से भूमिहीनों को उससे भी कम जमीन मिलेगी। आजादी मिलने के समय से अभी तक की अवधि में हमारी जनसंख्या लगभग चालीस फीसदी बढ़ गई है। इसलिए यदि उस समय सुधार लागू हुआ होता तो किसान परिवारों को जहाँ पाँच-पाँच एकड़ भूमि मिलती, वहीं सुधार यदि आज लागू हो तो बढ़ी हुई आबादी के कारण तीन-तीन एकड़ ही मिल पाएगी।

ये सभी इस स्थिति में भारत में किसान आन्दोलन होने की कठिनाई की तरफ इशारा करते हैं। इस तरह का आन्दोलन तभी देश में हो सकता है जब देश में बहुत बड़ा संकट हो, मसलन गम्भीर सैन्य पराजय हो सत्ता धराशायी हो गई हो या देश खंडित हो गया हो जैसा कि पाकिस्तान में हुआ था। ऐसे समय में इस तरह की आन्दोलनकारी उथल-पुथल के लिए अवसर रहता है, लेकिन सामान्य समय में इस काल्पनिक स्थितियों के आधार पर नीति निर्णय नहीं बनाते हैं।

निस्सन्देह, ये सभी उन उत्साही आन्दोलनकारियों को आन्दोलन करने के लिए तैयार नहीं कर पाएँगे जो अपनी नस को लगातार आन्दोलन जैसी चीजों के चिह्नों और संकेतों को पकड़ने के लिए दबाए रहते हैं। वे अभी भी आन्दोलन को आसन्न

देख सकते हैं। प्राय: हम बहुत मजबूत इच्छा के साथ प्रत्यक्ष ज्ञान से प्रक्षेपण में संक्रमण के लिए तैयार रहते हैं, लेकिन यद्यपि यह विचार स्वयं प्रशंसनीय है, इस तरह का स्वलीन चिन्तन का परिणाम सदैव खेदजनक होता है। अन्तिम महायुद्ध के प्रति यह भक्ति अब सीमित अवसर को जब्त करने की इच्छा को ठप्प कर देती है ताकि उन अधिकतम परिवर्तनों को समेटने के लिए जो सम्भव है, इसका विस्तार किया जाए।

भारत में भूमि सुधार के लिए एक अनुकूल तत्त्व रहा है इस देश के पूँजीपति वर्ग का मजबूत समर्थन, जो इसे मिला है। निस्सन्देह, सुधार की यह चिन्ता समानता के लिए उनके स्नेह से नहीं बहती है। यद्यपि गाँवों में असमानता बहुत ज्यादा है और गरीबों की अमानवीय हालत के दृष्टिकोण से यह बहुत दर्दनाक है, इस तरह की असमानता शहरी क्षेत्रों में जहाँ सम्पत्ति की भारी असमानता होती है, उसके आसपास भी कहीं नजर नहीं आती है। गाँव में किसी करोड़पति को ढूँढ़ना एक दुर्लभ घटना है। गाँव के जो सबसे धनी व्यक्ति हैं, पहले से ही नगरों की ओर रुख कर चुके हैं और वहाँ अपने भाग्य को बैंक जमा, कम्पनी शेयरों या भवनों या अन्य स्थाई सम्पत्ति में बदलने का प्रयास कर रहे हैं। वे नगरों में रह भी रहे हैं तथा गाँवों से उनका सम्पर्क तेजी से क्षीण हो रहा है। तथाकथित कुलक वे लोग हैं जो साल में अपनी फसलों से कुछ हजार रुपये कमा लेते हैं—यह गाँव की गरीबी के प्रसंग में कोई छोटी राशि नहीं है लेकिन शहर का मध्यम दर्जे का धनी भी उनकी इस राशि पर हल्की मुस्कान छोड़ेगा।

अनेक कारणों से पूँजीपति वर्ग भूमि सुधार का समर्थन करता है। प्रथम, वे विश्वास करते हैं कि तर्कसंगत कृषि उत्पादन को बढ़ाएगा और यह उनकी गतिविधियों से उन अनेक दबावों को हटा देगा जो कृषि से सम्बन्धित कच्चे माल की कमी के कारण उत्पन्न होते हैं। वे इससे यह भी आशा करते हैं कि कृषि उत्पादों की कीमतें घटेंगी क्योंकि उत्पादन बढ़ने पर जो समृद्ध किसान हैं, जिनके पास कृषि उत्पादों की आपूर्ति को रोककर कीमतें बढ़ा लेने की सामर्थ्य है, वे ऐसा नहीं कर पाएँगे और यह चीज खत्म होगी। साथ ही, भूमि सुधार ग्रामीण जनता के एक बड़े हिस्से के जीवन स्तर को उठाकर ग्रामीण क्षेत्र में अतिरिक्त क्रय-शक्ति का सृजन करेगा तथा उनके उत्पादों के लिए बाजार को विस्तार देगा, लेकिन सबसे महत्त्वपूर्ण है, उन्होंने देख लिया है कि विकासशील देशों में परिवर्तनकारी आन्दोलनों ने पहले कृषि क्षेत्र से प्रेरणा हासिल की है और वहाँ से धीरे-धीरे शहरी औद्योगिक क्षेत्र को समेटा है। इसलिए यदि पूँजीवादी व्यवस्था के ढाँचे में भूमि सुधार लागू होता है तो उनके अस्तित्व को जो बड़ी चेतावनी है, वह खत्म हो जा सकती है। इसलिए यह देखना पूँजीवादी वर्ग के दीर्घकालीन हित में है कि कृषि सुधार जितनी तेजी से सम्भव हो सके, कार्यान्वित हो।

वे निश्चित रूप से कुछ हद तक सरकार पर ऐसे सुधारों और भूमि सुधारों पर कुछ कानूनों की जरूरत का प्रभाव बनाने में सफल हुए हैं। पूँजीपति वर्ग को ऐसा अहसास हो गया है कि ऐसा नहीं हो पाने की स्थिति में उनके अस्तित्व पर खतरा है, लेकिन कार्यान्वयन की समस्या जिसकी बाबत पूर्व में चर्चा की गई है, बेकाबू रही और पूँजीपति वर्ग निश्चित रूप से इस समस्या के समाधान के लिए किसी आन्दोलनकारी तरीके से अलग रहा। ग्रामीण क्षेत्र के विशाल जनसमुदाय को क्रियाशील करने की राजनीतिक गूँज हो सकती है और यह कृषि सम्बन्धों को सुधारने के सीमित उद्देश्य से कहीं परे पहुँच सकती है। एक बार स्वामित्वहरण के इस विचार को जनता की कल्पना पर पकड़ प्राप्त हो जाती है, इस तरह की निजी सम्पत्ति की वैधता को सवालों के घेरे में लाया जा सकता है। गाँवों के शोषितों के लिए कोई भारी प्रेम नहीं रखते हुए शहरी लोगों ने होशियारी से इस मुद्दे को उसी समय लटका हुआ छोड़ दिया जब कार्यान्वयन की समस्या मुश्किल लगी जबकि शुरुआती दौर में उन्होने भूमि सुधार के लिए काफी शोर-गुल किया था। अब वे उन सम्पन्न किसानों को मिलाकर आधुनिक कृषि क्षेत्र के लिए बन्दोबस्त हो चुके हैं जो देर से कुछ क्षेत्रों में उभरकर आए हैं।

कुल मिलाकर भूमि सुधार स्याह सम्भावना से रू-ब-रू है। ऐतिहासिक स्थिति निश्चित रूप से अब इसी मदद नहीं करती है, और जब तक कोई अप्रत्याशित संकट हस्तक्षेप नहीं करे, नजदीकी भविष्य में किसी अनुकूल अवसरों के पैदा होने की सम्भावना नहीं है। जनसंख्या वृद्धि के दबाव में इस स्थिति का समूची ग्रामीण आबादी के लिए गिरना जारी रहेगा। यह एक विचित्र स्थिति है जहाँ वे लोग जो सुधारों की जरूरत के प्रति सचेत हैं, वही हैं जिनका उनमें दांव सीमित है तथा उनकी अपनी व्यक्तिगत स्थिति से घिरा हुआ है और वे लोग जिनका उनमें अधिकतम दांव है, न तो पूरी तरह से उनकी जरूरत और सम्भावना के प्रति सचेत हैं न ही अपनी शक्ति का अहसास कराने के लिए संगठित हैं।

अनेक विदेशी पर्यवेक्षक जिन्होंने सम्पूर्ण सुधार का समर्थन किया है, वे भी वास्तविक कार्यान्वयन की सुस्ती से काफी हतोत्साहित हुए हैं और उन्होंने उन विचारों के साथ आगा-पीछा करने की बजाय दृष्टि को कम करने का सुझाव दिया है जिन विचारों को अनुभव करना सम्भव नहीं है। इस तरह गुन्नार मिरडल जो एक मजबूत राज्य के अन्यथा पैरोकार हैं, विकासशील देशों के प्रसंग में सुझाव देते हैं : पहली बात, सरकार को एक निश्चित नीति बनानी चाहिए जिसका वर्तमान सामाजिक और राजनीतक स्थितियों के अन्तर्गत वास्तव में कार्यान्वयन किया जा सके। उसी तर्ज पर जिसका अभी तक असफल ढंग से प्रयास किया गया है, यह नीति भूमि तथा काश्तकारी सुधार करने की होगी क्योंकि राजनीतिक इच्छा नहीं है न ही इसके क्रियान्वयन के लिए प्रभावशाली प्रशासन भी उपलब्ध है। यद्यपि यह

मौलिक कार्य उपस्थापित करने में असफल रही है, मौलिक घोषणाओं और कानूनों के वातावरण पर कृषि संरचना के उन व्यक्तियों में अनिश्चिताएँ पैदा करने का दुर्भाग्यशाली प्रभाव पड़ा है जिनके पास आर्थिक स्थिति का जवाब देने की क्षमता और अवसर होना चाहिए।[7]

उपर्युक्त वर्णन के प्रकाश में संस्थागत सुधारों के सवाल पर रणनीति में बदलाव करना पड़ेगा। अधिकतम का लक्ष्य रखकर कुछ नहीं पाने की जगह उन परिवर्तनों के लिए प्रयास करना कहीं ज्यादा अच्छा होगा जिसका कुछ विरोध तो सम्भव है, लेकिन उत्पादन बढ़ाने के लिए दृष्टिकोण से ये परमावश्यक है। साथ ही, हम ऐसे प्रयासों को लागू करने का प्रयास कर सकते हैं जो अभी कम महत्त्व का लगे, लेकिन भविष्य में छोटे किसानों तथा किसान मजदूरों के एक शक्तिशाली आन्दोलन का आधार तैयार कर दे।

पहले हमें संस्थागत सुधारों के इस दूसरे प्रकार को लेना चाहिए। मौलिक भूमि पुनर्वितरण कार्यक्रम लागू करने में मुख्य बाधा बड़े किसानों और मध्यम किसानों की भी, बड़ी संख्या का विरोध है। सारणी-18 में दिए गए परिवारों के अनुसार भूमि वितरण के पैटर्न पर एक नजर दौड़ने से ग्रामीण क्षेत्रों में किसानों की अनेक श्रेणियों के आपेक्षिक वजन की जानकारी मिलती है।

अनेक आकारों की जोत वाले उपर्युक्त परिवारों के साथ 8.0 लाख भूमिहीन किसान परिवारों को जोड़ा जा सकता है। आँकड़ों से यह जाहिर होगा कि प्रत्येक परिवार को पाँच एकड़ से कुछ कम से जमीन का समान रूप में वितरण करने का कोई भी प्रयास सीधे आबादी के लगभग 30 प्रतिशत लोगों को रुष्ट करेगा और उनमें से लगभग 50 प्रतिशत लोगों का फायदा पहुँचाएगा, लेकिन पूर्व में उल्लेख किए गए कारणों से, सेना की सहायता से बिना खूनी युद्ध के भूमि से बेदखल करना सम्भव नहीं होगा क्योंकि यह चीज किसानों में बहुत ज्यादा उत्तेजना पैदा करती है। भारत में आगे की उलझन वर्तमान जातीय विभाजन के आधार पर पैदा होती है। अधिकांश भूमिहीन अनुसूचित जाति और पिछड़ी जाति से आते हैं। अत्यधिक सम्भावना है, उच्च जाति के वे लोग भी जिनकी होल्डिंग निम्न कोटि की है, उच्च जाति के जमींदारों के विरुद्ध पिछड़ी जातियों का समर्थन नहीं करेंगे। उनमें से अनेक लोग बड़े जमींदारों से जुड़े हो सकते हैं। इसलिए ऐसे सुधार के लिए वास्तविक समर्थन होल्डिंग पैमाने की सीढ़ी के सबसे नीचे उपलब्ध हो पाएगा।

लेकिन 20 एकड़ पर बेदखल किए जानेवालों की संख्या 6 प्रतिशत के नीचे होगी। इस परिसीमन के भी दुश्मन लोगों को यदि वे इस परिसीमन से थोड़ी अधिक जमीन रखते हैं, तो उचित मुआवजा देकर उनकी संख्या को उल्लेखनीय ढंग से घटाया जा सकता है। इसका भुगतान लम्बे समय तक कृषि निवेशों के रूप में किया जा सकता है। इसमें उन लोगों को शामिल नहीं किया जाए जिन्होंने उक्त निवेशों की

हद तक बैंक का ऋण लिया है। बड़े किसानों को बिना किसी क्षतिपूर्ति के बेदखल किया जा सकता है। यह तथ्य है कि अधिकांश बड़े किसानों के पास आय के एक से ज्यादा स्रोत हैं। अक्सर वे व्यापार में लगे होते हैं या नौकरी में बड़े पदों पर आसीन होते हैं। किसी भी तरह इक्कीस एकड़ का फार्म भारतीय स्थितियों में आराम की जिन्दगी बसर करने के लिए बड़ा फार्म है। इस तरह के बेदखल लोगों की संख्या इतनी कम होगी कि वे परिसीमन के कार्यान्वयन का प्रतिरोध नहीं कर सकते हैं।

इस मामले में एकमात्र गम्भीर समस्या है बहुत बड़े किसानों की भूमि कानूनों से बचने की योग्यता की जैसा कि वर्तमान समय में पूरे देश में दिख रही है। चूँकि इन लोगों का नौकरशाही से सम्पर्क है, ये उन्हें घूस दे सकने की स्थिति में हैं, इन कानूनों को इनके विरुद्ध सख्ती से लागू नहीं किया जाता है, लेकिन यदि भूमिहीन और गरीब किसानों को मिलाकर ग्राम समुदायों का गठन हो और उन्हें कानून लागू करनेवाली एजेंसियों से कानूनी रूप से जोड़ दिया जाए तो बड़े किसानों के प्रयासों को विफल किया जा सकता है। अगर छोटे किसानों के दिमाग से इस आशंका को हटा दिया जाए कि आगे चलकर यह कानून उनके विरुद्ध भी लागू हो सकता है तो वे इस मामले में किसी भी छल को उद्घाटित करने में सरकार की मदद कर सकते हैं।

सारणी-18

वर्ग द्वारा काम में लाई गई होल्डिंग और स्वामित्व होल्डिंग आकार[8]

क्र. स.	होल्डिंग का आकार (हेक्टेयर)	हजार में संख्या	कुल का संचयी प्रतिशत	क्षेत्र हजार हेक्टेयर	कुल का संचयी प्रतिशत
1	2	3	4	5	6
1.	0.20 के नीचे	19005	29.70	701	0.54
2.	0.20 से 0.40	4574	36.85	1348	1.59
3.	0.40 से 1.01	11484	54.79	7715	7.59
4.	1.01 से 2.02	10984	71.95	15445	19.99
5.	2.02 से 3.04	6007	81.34	14886	31.56
6.	3.04 से 4.05	3310	86.51	11540	40.53
7.	4.05 से 6.07	3685	92.27	17969	54.50
8.	6.07 से 8.09	1793	95.07	12427	64.16
9.	8.09 से 10.12	1091	96.78	9774	71.76
10.	10.12 से 12.14	1622	97.75	6852	77.09
11.	12.14 से 20.23	1005	99.32	15160	88.87
12.	20.23 से ऊपर	437	100.00	14317	100.00

वर्तमान में मौलिक नारा—व्यापार में प्रतिस्पर्द्धा के साथ उन लोगों के भी दिमाग में जिनके पास दस या सात एकड़ के कम जमीन है, अनिश्चितता का भाव पैदा हो गया है। वे भी सोचते हैं कि उनकी जमीन खतरे में है या जमीन रखनेवाले सारे लोगों की नियति एक साथ बँधी हुई है। इस तरह के भय और अनिश्चितता ने भारी संख्या में मध्यम और छोटे किसानों को रूढ़िवादी और प्रतिक्रियावादी राजनीतिक संगठनों के शिविर में पहुँचा दिए हैं। ऐसा देश के अधिकांश हिस्सों में हुआ है। संयोगवश, ये लोग गाँवों में राजनीतिक रूप से सर्वाधिक सक्रिय होते हैं। इस तरह के कानूनों का वे साथ दें तो इसका ज्यादा विरोध नहीं होगा क्योंकि समूचे गाँव में या गाँवों के समूह में केवल मुट्ठीभर लोग ही इन कानूनों से प्रभावित हो सकते हैं। वर्तमान में यद्यपि भूमि परिसीमन कम है, माफी के साथ हजारों एकड़ जमीन रखनेवाले लोगों को हर जगह देखा जा सकता है और वे राजनीतिक दलों के नेतृत्वकारी पदों पर बने हुए हैं जो भूमि परिसीमन को नीचा करने में प्रेरक रहे हैं।

पूर्व में हमने देखा है कि 20 एकड़ पर परिसीमन को सख्ती से लागू किया जाए तो वितरण के लिए 5 करोड़ एकड़ भूमि उपलब्ध हो सकती है। इससे 80 लाख भूमिहीन परिवारों को कम-से-कम दो से तीन एकड़ जमीन दी जा सकती है और लगभग एक एकड़ जमीन 2.3 करोड़ किसानों में से प्रत्येक को दी जा सकती है जिससे उनके पास एक एकड़ तक की जोत हो जाएगी। निस्सन्देह, इसे एक मोटा-मोटी अनुमान के तौर पर लिया जाना चाहिए क्योंकि अलग-अलग राज्यों की स्थितियाँ अलग-अलग होती हैं। साथ ही, जोतदारी से सम्बन्धित आँकड़े दस साल पुराने हैं और इस बीच आबादी बढ़ने और जोतों के बँटवारे से पहले की जोत अब कम रकबे की हो गई होगी। प्रभावी कार्य के बिना भूमि सुधार की चर्चा से भी भयभीत जमींदारों ने जमीन की कुछ बिक्री कर दी है। ये सभी चीजें भूमि की उस वास्तविक मात्रा को कम कर दे सकती हैं जो अभी वितरण के लिए उपलब्ध हो सकती थी, लेकिन किसान या भूमिहीन मजदूरों द्वारा प्राप्त की गई जमीन की वास्तविक मात्रा सुधारों का सबसे महत्त्वपूर्ण हिस्सा नहीं है। हमारी वर्तमान उत्पादकता स्तर के हिसाब से वांछित जीवन स्तर के लिए दो एकड़ जमीन भी पर्याप्त नहीं है, लेकिन इस वितरण का वास्तविक उद्देश्य और प्रभाव गाँवों के वर्तमान मानवीय सम्बन्धों को बदलने का होगा जहाँ किसान मजदूरों और असंरक्षित काश्तकारों की हालत अर्द्ध-गुलामों जैसी है।

हमारे गाँवों में भूमिहीन व्यक्ति की कोई गरिमा नहीं रहती है। उनकी सेवाओं पर उन लोगों का नियंत्रण होता है जिनकी जमीन पर उनका घर होता है या जिनकी जमीन वे बँटाईदार के रूप में जोत-आबाद करते हैं। एक बार भूमिहीन व्यक्ति को अपनी जमीन हो जाए, आधा एकड़ ही सही, तो उसके जीवन से गरिमा जुड़ जाएगी। इससे उनके अन्दर अपने दूसरे अधिकारों के लिए लड़ने की काबिलियत भी

आ जाएगी। वर्तमान में किसान मजदूर के पास अपने नियोक्ता के विरुद्ध सामूहिक मोल-तोल करने की कोई योग्यता नहीं है। क्योंकि दो या तीन दिनों के लिए भी वह अपने काम से दूर नहीं रह सकता है क्योंकि उसके पास अपने घर से भेड़िए को दूर रखने का कोई तरीका नहीं है। उसे रोज भुगतान होता है और जिस रोज उसे काम नहीं मिलता है, वह अपने जीवन निर्वाह के लिए कर्ज लेता है। उसके नियोक्ता ही अधिकांश मामलों में उसके ऋणदाता भी होते हैं। जब वह काम करने से इनकार करता है तो उस पर अपना घर खाली करने का दबाव भी बन जाता है जो इसके नियोक्ता की जमीन पर बना भी हो सकता है। वैसे देश में जहाँ सरकार भी अपने कर्मियों के हड़ताल पर चले जाने की स्थिति में क्वार्टरों को खाली करने का उन पर दबाव बनाती है, ऐसी हिंसात्मक रणनीति के इस्तेमाल के विरुद्ध किसान-नियोक्ता के लिए कोई बड़ी नैतिक हिचक नहीं है। अपनी निजी जमीन पर अवस्थित घर कम-से-कम भूमिहीन मजदूर को ऐसे अपमान के विरुद्ध संरक्षण दे सकता है। अपनी कुछ जमीन से किसान मजदूर घर में कुछ भोजन संचय कर सके हैं और अपनी उच्च मजदूरी या बेहतर सेवा शर्तों के लिए दीर्घकालीन लड़ाई लड़ने के लायक हो सकते हैं।

कुल मिलाकर पिछड़ी जातियों से आनेवाले भूमिहीन मजदूरों की मोल-तोल की स्थिति में एक हल्के सुधार से उच्च जाति के लघु किसानों के सामाजिक दृष्टिकोण में भी एक बड़ा बदलाव आ सकता है। वर्तमान सस्ता मजदूर पाकर वे शरीर से काम करनेवाले श्रमिक से बचने का इरादा रखते हैं। ऐसा वे वर्णाश्रम धर्म की अच्छी पुरानी परम्परा के तहत करते हैं यद्यपि उनकी आर्थिक स्थिति श्रमिक पैसे पर काम कराने की इजाजत नहीं देती है। फार्मों में मजदूरों से काम कराना जैसे-जैसे महँगा होता जाएगा, परम्परा की अपील कमजोर पड़ती जा सकती है।

उसी तरीके से बँटाईदार जिस पर सबसे बुरी शर्तों पर पट्टा लेने का दबाव रहता है क्योंकि विकल्प भुखमरी होती है, अपनी थोड़ी-सी जमीन के साथ बहुत ज्यादा आराम की स्थिति में अपने को पाएगा। यह निश्चित रूप से काश्तकार और जमींदार के बीच एक बेहतर और सही आपसी समझौते की व्यवस्था को सुनिनिश्चित कर सकता है। एक बार यह सौदेबाजी काश्तकारों के पास में झुकनी शुरू हो जाए तो कृषि के रूप में काश्तकारी बहुत कम आकर्षक हो जा सकती है और एक ही साथ खत्म हो जाएगी। यह निश्चित रूप से जमीन की कम उत्पादकता के एक बड़े कारण को खत्म कर देगा।

यह विश्वव्यापी अनुभव रहा है कि जनता प्राय: तभी बदलाव से सचेत होती है और क्रान्ति करती है जब उसकी अपनी स्थिति सुधर रही होती है। वे लोग जिन्हें पशु के अस्तित्व के स्तर तक पहुँचा दिया गया है या केवल जीवन निर्वाह कर रहे हैं, आन्दोलन करते हैं तो निश्चित रूप से कहीं भी यह आन्दोलन अनुभव

से पैदा नहीं होता है। सदियों से इस देश में निचले वर्ग का अत्यन्त अमानवीय व्यवहार के समझ मूक समर्पण यह दर्शाता है कि सुधार की सम्भावना में कुछ आशा, कुछ विश्वास आन्दोलन या विद्रोह की एक आवश्यक शर्त हैं। यह सम्भव है कि किसान मजदूर जो जब कुछ जमीन के अर्जन पर अपनी हालत सुधारने में सफल हो जाता है, उसके बाद भी अच्छी चीजों की कामना करता है। यह उस बढ़ती हुई आशा के आन्दोलन को भारत में ला सकता है जो कि सभी आन्दोलनों की जननी है और पूरे ज्ञात इतिहास में जिसका इस देश में घोर अभाव रहा है।

ग्रामीण आबादी के निर्धनतम समूहों के जीवन की दशा में एक बार कुछ सुधार हो जाए तो वे अपनी स्थित के प्रति सुधरे हुए शैक्षिक अवसर के जरिये और ज्यादा सचेत भी हो जाएँगे। इससे उनके बीच नेतृत्वकारी काबिलियत पैदा होगी जिसका अभी तक उनमें घोर अभाव रहा है और उसी के चलते शहरी या शहर की ओर मुखातिब अभिजात्यों के नेतृत्व पर उनकी निर्भरता रहती हे। निश्चित रूप से यह नेतृत्व कठिनाइयों के बावजूद वर्तमान के उस आन्दोलनकारी नेतृत्व से ज्यादा शक्तिशाली और उत्साही होगा जिसकी रुचि ग्रामीण लोगों के उत्थान में क्षणिक रहती है बल्कि ज्यादातर मामलों में अविश्वसनीय ही लगती है।

लेकिन खेती की उपज बढ़ाने का यही एकमात्र संस्थागत सुधार नहीं है, यद्यपि यह सामाजिक न्याय के दृष्टिकोण से काफी महत्त्वपूर्ण हो सकता है। अन्य सुधार भी हैं जिनकी खेती के रिवाजों में कुछ समझदारी लाने के लिए सख्त जरूरत है। सबसे ज्यादा जरूरी जोतों की चकबन्दी है। वर्तमान में खेती के क्षेत्र इतना ज्यादा खंड-खंड है कि उनमें से भी अनेक लोगों के पास जिनकी कुल होल्डिंग (जोत) बहुत ज्यादा है, वैज्ञानिक तरीके से जोत-आबाद करने के लिए एक जगह पर जमीन का बहुत पर्याप्त टुकड़ा नहीं है। वास्तव में बँटाई की खेती के प्रसार के लिए काफी हद तक देश के हिस्सों में जोत का विभाजन भी जिम्मेदार है। अभिसंख्य मामलों में उन किसानों के भी जिनकी जोतें छोटी हैं, कई जगहों पर खेती के छोटे-छोटे भूखंड होते हैं। इससे खेती के प्रबन्धन और जोत में गम्भीर परेशानियाँ पैदा होती हैं। इसलिए उन किसानों पर दबाव बन जाता है कि वे कुछ जमीन पट्टे पर दे दें। फिर वे भी अपनी जमीन के बगल की जमीन को पट्टे पर लेने को विवश होते हैं। इस तरह की काश्ताकारी और बँटाईदारी जोतों की चकबन्दी से खत्म हो जाएगी।

हालाँकि, इस दिशा में इसके महत्त्व पर विचार करते हुए बहुत हल्का प्रयास किया गया है। ऐसा केवल पंजाब में ही हुआ है जो देश में सबसे ज्यादा कृषि उत्पादकता वाला राज्य बन गया है। चूँकि जोतों की चकबन्दी उस तरह की मजबूत निहित स्वार्थों की तरफ से प्रतिरोध की समस्या पेश नहीं करती है जैसी कि भूमि परिसमीन या काश्तकारी कानूनी के मामले में है, इसकी लगातार उपेक्षा केवल देश में सरकारी नीतियों कृषि के प्रति चिन्ता या सरोकर की कमी को

दर्शाती है। सारणी-19 के आँकड़े इस दिशा में विभिन्न राज्यों की उपलब्धि की जानकारी देते हैं।

सारणी-19

1968-69 तक भारत के भिन्न राज्यों में चकबन्दी की प्रगति[9]

राज्य	बोया गया कुल वास्तविक क्षेत्र (हजार हेक्टेयर) 1969-70	चकबन्दी क्षेत्र (हजार हेक्टेयर) 1968-69
1	2	3
आन्ध्र प्रदेश	11,510	337
असम	2,226	—
बिहार	8,395	71
गुजरात	9,592	848
हिमाचल प्रदेश	550	185
जम्मू और कश्मीर	704	24
कर्नाटक (मैसूर)	10,197	1,322
मध्य प्रदेश	18,383	3,019
महाराष्ट्र	18,462	3,732
पंजाब (मिश्रित)		
हरियाणा	3,548	
पंजाब	4,027	
कुल	7,575	9,203
राजस्थान	13,095	1,744
उत्तर प्रदेश	17,483	8,881
पश्चिम बंगाल	5,569	—
कुल	1,23,741	29,366

ये दर्शाते हैं कि इस दिशा में काफी कुछ करने की जरूरत है तथा इस उपाय पर अविलम्ब ध्यान देने की आवश्यकता है। इसका त्वरित कार्यान्वयन भी आवश्यक है क्योंकि होल्डिंग की चकबन्दी कृषि के वैज्ञानिक प्रबन्धन को लागू करने के लिए न्यूनतम शर्त है।

लघु और सीमान्त किसानों तथा बँटाइदारों को साख सुविधाएँ देने का सवाल भी समान रूप से महत्त्वपूर्ण है। कुल मिलाकर आसान शर्तों पर कृषि साख की

उपलब्धता पूरी तरह से अपर्याप्त है। एम.ए. चिदम्बरम का निम्नलिखित मंतव्य इस समस्या के महत्त्व के बारे में कुछ जानकारी देता है :

> अखिल भारतीय ग्रामीण साख समीक्षा समिति (1960) ने निश्चित मान्यताओं के आधार पर 1973-4 तक किसानों की कुल अल्पकालीन उत्पादन साख जरूरत को 2,000 करोड़ रुपये आँका है। पूरे देश के लिए 2,500 करोड़ से अधिक के अनुमानित अल्प और मध्यकालीन ऋणों की माँग की बाबत सहकारी ऋण एजेंसी से आशा की गई है कि वह 750 करोड़ रुपए देगी और दीर्घकालीन कर्ज 900 करोड़ रुपये के क्रम का होगा। व्यावसायिक बैंकों, जो हाल में प्रकाश में आए हैं, से आशा की जाती है कि वे उत्पादन और निवेश, दोनों के लिए किसानों को सीधे कर्ज के रूप में लगभग 400 करोड़ रुपए देंगे। इसके बावजूद यह स्वीकार करना पड़ेगा कि पेशेवर सूदखोरों, किसान सूदखोरों, व्यापारियों इत्यादि वाली प्राइवेट एजेंसियाँ बनी रहेंगी और जोतदारों की साख जरूरतों के एक बड़े हिस्से को पूरा करती रहेंगी और कुल मिलाकर इन्हें हटाया नहीं जा सकता है।[10]

सहकारी ऋण एजेंसियों और व्यावसायिक बैंकों को एक साथ लेते हुए कृषि उत्पादन के वर्तमान स्तर पर भी अनुमानित माध्यम और अल्पकालीन ऋण सुविधाएँ 2,500 करोड़ की जरूरत के मुकाबले 1,150 करोड़ की होती हैं। कृषि के विकास की तेज गति के प्रक्षेक्षण के साथ-साथ साख जरूरत का भी विकास उल्लेखनीय ढंग से होना जरूरी है। इसका मतलब है, कृषि की उत्पादकता बढ़ाने के साथ-साथ पारम्परिक साहूकारों से आच्छादित साख क्षेत्रों को आच्छादित करने के किसी भी प्रयास के लिए व्यावसायिक साख को वर्तमान स्तर का कई गुना अधिक कृषि की तरफ मोड़ना पड़ेगा।। वर्तमान में इस स्रोत से कृषि क्षेत्र का कर्ज बहुत ही कम है। वस्तुत: समूचे कृषि क्षेत्र का कर्ज देश के पाँच बड़े औद्योगिक घरानों का जो कर्ज है, उसके दोगुने से अधिक नहीं है। इसके अतिरिक्त इन एकाधिपत्य वाले घरानों का कर्ज जीवन बीमा निगम और यूनिट ट्रस्ट ऑफ इण्डिया आदि जैसे अन्य वित्तीय संस्थानों में भी है।

लघु और सीमान्त किसान ऋण सुविधाओं की इस कमी के कारण बहुत ज्यादा पीछे रह जाते हैं। उन्हें पारम्परिक साहूकारों से लुटेरू ब्याज दर पर कर्ज लेना पड़ता है जिसके कारण वे कर्ज में इस तरह फँस जाते हैं कि उसका संधान मुश्किल हो जाता है। कृषि में निवेश करने की उनकी क्षमता साल-दर-साल घटती जाती है। उन पर दबाव रहता है कि कर्ज का मूलधन या सूद का भुगतान करने के लिए फसल कटने के तुरन्त बाद अपने कृषि उत्पादों को कम दामों पर बेच दें और वे ऐसा ही करते हैं। चूँकि ये किसान पूरी जमीन का लगभग एक तिहाई भाग ही जोत-आबाद

करते हैं, उनकी गरीबी राष्ट्र की कृषि उत्पादकता में बड़ा अवरोधक बन जाती है। संयोगवश, ये छोटे किसान ही वे किसान हैं जो अपनी खेती के प्रति सबसे ज्यादा समर्पित होते हैं तथा अपने-अपने परिवारों के साथ लगातार खेतों में काम करते हैं, लेकिन पैसे के अभाव के कारण ये अपनी अथक मेहनत के अनुरूप फल पाने के लिए कृषि में निवेश नहीं कर सकते हैं। प्राय: उनके पास अपने खेतों को जोतने के लिए इस या बैल भी नहीं होते हैं, लेकिन चूँकि किसानों का यह वर्ग बिक्री लायक अधिशेष नहीं दे पाता है इसलिए इसका दावा उपेक्षित ही रहता है।

सैद्धान्तिक रूप से सहकारी ऋण एजेंसियों के बारे में माना जाता है कि ये छोटे किसानों की जरूरतों को पूरा करती हैं। व्यवहार में, हालाँकि, इन एजेंसियों से भी ऋण का पूरा लाभ बड़े किसान उठा लेते हैं। वे ही लोग आवश्यक शैक्षणिक पृष्ठभूमि रखने के कारण सहकारी समितियों के प्रबन्धन की देख-रेख करते हैं। सामान्यत: वे ही लोग गाँवों के सबसे प्रभावशाली व्यक्ति होते हैं और अधिकारियों वगैरह से उन्हीं का सम्पर्क रहता है। इसलिए गरीब किसानों के लिए कहीं से भी अत्यधिक सूद की दर पर कर्ज लेने की विवशता हो जाती है।

इस स्थिति से निजात पाने का सबसे बढ़िया आय होगा, सहकारी ऋण को केवल पाँच एकड़ से कम की जोत वाले किसानों के लिए सीमित कर देना। यदि सहकारी ऋण समितियों के संचालन के क्षेत्र को कानूनी रूप से सीमित कर दिया जाए तो उपर्युक्त तरह के दुरुपयोग को रोका जा सकता है। वस्तुत: केवल इसी तरह की एजेंसियाँ स्थानीय स्तर पर कार्यालय और सदस्यता से बँटाईदारों और काश्तकारों को साख मुहैया करा सकती हैं क्योंकि उनके पास जमीन का स्वत्वाधिकार नहीं होता है कि वे साख के योग्य हों। बड़े हिस्सों में काश्तकारों (किराये की खेती करनेवाले) के पास काश्तकारी अधिकार का अभिलेख भी नहीं होता है जो उन्हें दूरस्थ एजेंसी से साख पाने के योग्य बना सके, लेकिन उसी गाँव से सम्बन्धित सहकारी समिति के सदस्य, निस्सन्देह, वास्तविक स्थिति से अवगत होते हैं और वे उन कागजात के बिना भी जिसकी व्यावसायिक बैंक माँग करते हैं, साख प्रदान कर सकते हैं। वर्तमान में अधिकांश सहकारी साख को गटक जानेवाले बड़े किसानों के कारण छोटे किसानों को, जिन्हें कि साख का सबसे ज्यादा वास्तविक लाभ मिलना चाहिए, बहुत कम मिल पाता है। यदि सहकारी क्षेत्र की इस साख को अनन्य रूप से गरीब किसानों के लिए निर्धारित कर दिया जाए तो उपर्युक्त समूहों की विकलांगता दूर की जा सकती है।

निस्सन्देह इसका मतलब यह नहीं होना चाहिए कि बड़े किसानों का ऋण बन्द हो जाए। इस सम्बन्ध में उनके घाटे को आसान शर्तों पर व्यावसायिक बैंकों को ऋण का विस्तार कर पूरा किया जा सकता है। इस लक्ष्य के लिए ग्रामीण क्षेत्रों में बैंकों की शाखाओं का द्रुत विस्तार होना चाहिए। इसका मतलब कृषि में बैंक साख का भिन्न तरह का विस्तार हो सकता है।

सीमान्त किसानों सहित किसान आबादी के निर्धनतम समूहों, भूमिहीन मजदूरों और छोटे कारीगारों को यह प्रदान करने के लिए सरकारी एजेंसियों को भी आगे आना होगा। अभी भारी संकट के समय में ऐसी एजेंसियाँ तकावी ऋण और दूसरी तरह की राहत बाँटने के लिए आगे आती हैं। चूँकि इस तरह के संकट ग्रामीण आबादी के निश्चित समूहों के लिए स्थानिक बन गए हैं, इन एजेंसियों को स्थाई आधार पर संचालित किया जाना चाहिए। इन्हें ग्राम पंचायत के सहयोग से गरीब लोगों को खाद खरीदने या अन्य धन्धों के लिए औजार खरीदने हेतु सक्षम बनाने के लिए पैसे देने चाहिए।

जैसा कि पूर्व में उल्लेख किया जा चुका है, ग्रामीण आबादी के कमजोर समूह ही हैं जो पारम्परिक साहूकारों या किसान साहूकारों से अपनी कर्ज की जरूरतों को प्राप्त करते हैं। यदि ये समूह अन्य स्रोतों से अपनी साख जरूरत को पूरा कर लें तो इस तरह से जारी किए गए इस पैसे को पारम्परिक साहूकार या किसान साहूकार किसी उत्पादक कार्य पर खर्च कर सकते हैं। ये पैसे पर्याप्त हों और ग्रामीण क्षेत्रों में यदि कुटीर उद्योगों पर इस पूँजी के व्यवसाय हेतु अवसर पैदा किए जाएँ तो यह एक अतिरिक्त सम्पत्ति साबित होंगे।

एक दूसरा सुधार जो आसानी से लागू हो सकता है, वह है वैसे लोगों को जिनके पास अपनी जमीन है, लेकिन वे दूसरा लाभप्रद व्यवसाय करते हैं, अपनी जमीन काश्तकारों को पट्टे पर फिर से वापस ले लेने के अधिकार के साथ देने के लिए बाध्य किया जाए कि जमीन से उनका अधिकार खत्म न हो। इस मामले में पुनर्ग्रहण का यह अधिकार देशव्यापी रोजगार की उस भारी असुरक्षा के कारण आवश्यक है। बहुत कम लोग ऐसे हैं जिनके पास नौकरी है और निश्चित हैं कि उनके बच्चे भी नौकरी पाने में सक्षम हो जाएँगे। ऐसी परिस्थितियों में जब तक यह रियायत नहीं दी जाती है, सख्त प्रतिरोध होगा तथा बृहत् पैमाने पर बचाव, जैसा कि अनेक मामलों में हुआ है। यदि वैसा होता है तो इस कदम का उद्देश्य विफल हो जाएगा।

फसल बीमा योजना एक दूसरा महत्त्वपूर्ण कदम है जो दो तरह से लाभकारी है। प्रथम, किसानों को बड़ा प्रोत्साहन देने के लिए तथा दूसरा, उन्हें उस गम्भीर संकट से संरक्षण देने के लिए, जब प्राकृतिक आपदा आती है। कृषि प्रकृति की अनगिनत अनिश्चितताओं के अधीन रहती है। यह किसानों को उस समय बहुत रूढ़िवादी बना देती है जब उन्हें निवेश करना पड़ता है। वह सामान्यत: यदि इसका मतलब कोई बड़ा खतरा मोल लेना हुआ तो उच्च उत्पादकता की बजाय औसत उत्पादकता, यदि उससे ज्यादा सुरक्षा मिली, को पसन्द करेंगे। यदि कोई फसल बीमा योजना होती है तो यह कातरता दूर हो जाएगी और अत्यधिक उपजवाली खेती की ओर बढ़ा जा सकता है। इस बीमा योजना को पहले उन गिने-चुने क्षेत्रों

में शुरू किया जा सकता है जहाँ प्रकृति की अनिश्चितताएँ ज्यादा हैं, लेकिन उच्च उत्पादन के लिए अन्य स्थितियाँ अच्छी हैं। इन क्षेत्रों से इसे तेजी से अन्य क्षेत्रों को आच्छादित करने के लिए विस्तारित किया जा सकता है क्योंकि इसके लाभ से किसान अवगत हो चुके होते हैं।

परन्तु आर्थिक और राजनीतिक सुधारों के अलावा उस सामाजिक दृष्टिकोण में भी कुछ बुनियादी बदलाव जो कृषि सम्बन्धों में रूढ़िवाद को फिर से शक्तिशाली बनाने के लिए प्रवृत्त होते हैं, आवश्यक होगा। आज भी शारीरिक श्रम के विरुद्ध निषेध कुछ अगड़ी जातियों में मजबूत है। यह उस समय भी जब फार्म छोटे होते हैं और किसान के परिवार का श्रम उपयोग में नहीं आता है, खेती की देखरेख को रोकता है। अत्यल्प पूँजी किसान को मजदूरी पर मजदूर रखने से रोकेगी तथा अपने स्तर की ज्यादा चिन्ता उसे स्वयं काम करने से रोकेगी। फलस्वरूप, प्राय: किसान को भूखों मरना है। यह एक दुःखद स्थिति है। यदि शारीरिक श्रम से जुड़े सामाजिक कलंक का सफाया हो जाए तो इससे अनेक फार्मों ओर किसानों को मुक्त कराया जा सकता है।

उपर्युक्त कदमों को लागू करना आसान है और कृषि उत्पादन की राह के अवरोधों को हटाने के लिए ये एक दूरगामी कदम हो सकते हैं। कुछ हद तक ये विशाल असमानताओं को भी दूर कर सकते हैं जो लोगों के जीवन की स्थितियों में व्याप्त हैं। इन कदमों की अनुशंसा करने का महत्त्वपूर्ण कारण, हालाँकि, यह है कि वे वहाँ भी काम कर सकते हैं जहाँ अनुशासिक अपेक्षाकृत अधिक क्रान्तिकारी कदम अभी तक व्यवहार में केवल कृषि के मोर्चे पर कुल निष्क्रियता का बहाना बन जाने को प्रवृत्त रहे हैं।

लेकिन यह विश्वास करना आत्म-छलावा होगा कि उपर्युक्त शालीन प्रस्तावों को भी नौकरशाही के द्वारा अंजाम दिया जा सकता है। इसे पूरा करने के लिए गाँवों में बृहत् पैमाने पर जन लामबन्दी की जरूरत होगी, लेकिन प्रस्तावों के गुण इस तथ्य में निहित हैं कि चूँकि यह ग्रामीण आबादी के केवल एक छोटे समूह को विपरीत ढंग से प्रभावित करता है, इनके लिए आसानी से जनसमर्थन जुटाया जा सकता है। एक बार लोग ऐसा करने के लिए तैयार हो जाएँ तो धीरे-धीरे सामाजिक और आर्थिक मामलों के बारे में उनके वर्तमान दृष्टिकोण के अधिकांश भाग को बदलने के लिए प्रेरित किया जा सकता है।

6

पूर्वगामी चर्चाओं को इस देश में कृषि और किसान वर्ग के प्रति प्रचलित सोच की तर्कहीनता ने जरूरी बना दिया है। दक्षिणपंथी विचार, सब मिलाकर ग्रामीण क्षेत्र के महत्त्व को कम करता है क्योंकि यह पिछड़ी अर्थव्यवस्था का प्रतिनिधित्व करता है और इसका झुकाव भारतीय समाज को ग्रामीण क्षेत्र की कीमत पर जल्दी से आधुनिक बनाने के माध्यम के तौर पर द्रुत औद्योगिकीकरण को देखने की ओर है। वामपंथी विचार का एक बड़ा समूह किसान वर्ग को एक प्रतिक्रियावादी जनसमूह के तौर पर देखता है जिसकी यद्यपि शुरुआत में जरूरत रहती है, अन्ततोगत्वा काबू में करना पड़ता है। चूँकि ये विचार हमारे समय के प्रमुख स्वर हैं, इन विचारों को दूर करने के लिए कुछ जोर के साथ विपरीत विचार को रखना पड़ता है। किसान वर्ग को बेशक देवता मानने का कोई प्रयास करने की जरूरत नहीं है, लेकिन सच में उनके जीवन में वह चीज ज्यादा है जो क्रूर और मुश्किल है। इनमें से अधिकांश उनके अस्तित्व की स्थिति से जुड़ी होती है। इसलिए उनके साथ उसी तरह की मानवीय आकांक्षाओं, मूर्खताओं और विनम्रता के साथ उसी प्रजाति के सदस्यों की तरह व्यवहार किए जाने की जरूरत है जिस प्रजाति से नगरवासी आते हैं। एक बार हम इसे स्वीकार कर लेते हैं तो 'विकास' की वेदी पर उनके साथ बलि के मेमनों जैसा व्यवहार करने की प्रवृत्ति में कमी आएगी।

हाल में किसानों की बहुत अधिक आलोचना हो रही है—बेशक वे प्रकट रूप में बहुत बड़े हैं—जब ज्यादातर लोग भूखों मर रहे हैं, किसानों पर आरोप लगा है कि वे अनाज को जमा कर रहे हैं जो निश्चित रूप से गलत है, लेकिन उनके इस अपराध को हल्का कहने के लिए बहुत कुछ है। हमने पूर्व में ही देख लिया है कि जब उन पर आर्थिक या राजनीतिक मजबूरी के जरिये सस्ता बेचने के लिए दबाव रहता है, तब भी इसका अर्थ यह नहीं होता है कि उपभोक्ताओं को भी अनाज सस्ता मिलता है। अनाज को किसी के मुँह में पहुँचने से पहले अनेक हाथों से होकर गुजरना पड़ता है, अनेक की जेबें भरनी पड़ती हैं और यद्यपि इस तरह से नहीं हुआ तो भी किसानों के लिए कहे जाने को बहुत कुछ रहता है। वास्तव में वे केवल वैसा ही कर रहे हैं जिस तरह से अन्य कोई करता है। भले उन्हें समाज का स्तम्भ माना गया है, किसान भी आसानी से अपने अधिक लाभ का अवसर नहीं छोड़ते। यह चीज आसानी

से हम मरणशीलों में देखी जा सकती है। और तब एक तरफ बाजार शक्तियों का जवाब देने के लिए विरोधाभासी अपीलें होती हैं और दूसरी तरह समुदाय के कल्याण की अपीलें। इस तरह किसान को आधुनिक प्रोत्साहनों का जवाब नहीं देने के लिए दोषी ठहराया जाता है और इसके बाद जब बड़े लाभ के लिए वह अन्न जमा करना शुरू कर देता है तो इतने अधिक लालच से इसका जवाब देने के लिए उसकी निन्दा होती है : ठीक उसी लक्ष्य से, जिसकी तरफ समूची बाजार अर्थव्यवस्था अग्रसर है। इस देश में किसानों से कहा जाता है कि गैर-पूँजीवादी उद्देश्यों के साथ पूँजीवादी वातावरण के तहत काम करें। शायद यह हमारी सोच का बुनियादी विरोधाभास है। इसका उपचार उस तंत्र को विकसित करने में निहित है जो मौलिक रूप से भिन्न ढाँचे में काम करता है जहाँ मुनाफे के उद्देश्य की अपेक्षा सामाजिक जवाबदेही के बोध को हमारी जीवनशैली की बुनियाद के तौर स्वीकारा जाता है। सोच में इन सुधारों के साथ अब हम उस ढाँचे का अभ्यास कर कर सकते हैं जिसमें ग्रामीण अर्थव्यवस्था को अपनी अर्थव्यवस्था के विकास के केन्द्रीय भूमिका निभाने लायक बनाया जाता है।

इस वर्तमान आर्थिक ढाँचे में कुछ सख्त बदलाव करने की जरूरत पड़ेगी। गाँव में समाजवाद से शुरू करने की अपेक्षा—जिसके बारे में बहुत चर्चा है—अर्थात्, सहकारिता के बारे में, समूहों के बारे में, सरकारी कृषि फार्मों के बारे में हमें सार्वजनिक क्षेत्र लगायत संगठित औद्योगिक क्षेत्र में समाजवाद के साथ शुरुआत करनी चाहिए। आज यह संगठित औद्योगिक क्षेत्र ही है जिसे अर्थव्यवस्था की नियंत्रणकारी ऊँचाइयाँ हासिल हैं और जो लोक प्रबन्धन के लिए आसानी से वश में कर लिए जाने योग्य है। लोक प्रबन्धन के अन्तर्गत लाखों पुराने फार्मों का एक साथ करना न तो सम्भव है, न ही वांछनीय है। रूस में भी जहाँ उद्योगों को पूरी तरह राज्य के द्वारा अपनाया जा चुका था, सामूहिकीकरण के लिए स्तालिन के प्रयास की आलोचना ट्राटस्की के द्वारा भी की गई—जो किसी तरह किसान वर्ग के समर्थक नहीं थे—यह आलोचना डोंगियों के एक साथ रखकर एक आधुनिक जंगी बेड़ा बनाने के प्रयास के रूप में की गई थी। उन कुलकों पर रोक लगाना हास्यास्पद जान पड़ेगा जो ज्यादा-से-ज्यादा कुछ हजार बना सकते हैं जबकि बड़े-बड़े एकाधिकारी हल्के व्यक्तिगत प्रयास से करोड़ों बनाने के लिए आजाद हैं और मंत्रियों और अधिकारियों के खर्च की तो कोई सीमा ही नहीं है।

किन्तु यह केवल संलिप्त राशियों का सवाल नहीं है। जबकि लगभग पूर्ण प्रतियोगिता की तस्वीर को प्रस्तुत करनेवाला कृषि क्षेत्र आसानी से अपने उत्पादन की प्रणाली के तहत एक अवसर से सुधार किए जाने हेतु उद्यत है, तथा जबकि कीमतें जैसाकि हमने देखा है, विकास के निश्चित जोश के बाद गिरनी शुरू हो जाती हैं, औद्योगिक क्षेत्र आसानी से व्यवस्थित होनेवाला नहीं है। इसके साथ ही, औद्योगिक क्षेत्र में बहुत बड़े नीति निर्णयों को प्रभावित करने की क्षमता होती है तथा यह निश्चित रूप से राजनीतिक भ्रष्टाचार के लिए हद तक जिम्मेवार है। अपनी

पूँजी प्रधान उन्नत तकनीक के औद्योगिक क्षेत्र ने समृद्धि के छोटे-छोटे पॉकेट तथा बेहद गरीबी के बीच में उच्च उपभोग के एक ढाँचे का निर्माण भी किया है जिसका प्रदर्शन प्रभाव आर्थिक और नैतिक, दोनों रूप से खतरनाक रहा है। ऐसा इन विचारों के चलते है कि सभी आधुनिक बड़े औद्योगिक उपक्रमों का लोक स्वामित्व और प्रबन्धन वांछनीय है। यह क्षेत्र जब पूरी तरह से लोक स्वामित्व के अधीन आ जाता है तो केवल उसी स्थिति में उद्योग और कृषि, दोनों विकास के राष्ट्रीय उद्देश्यों को प्राप्त करने की रफ्तार पकड़ सकते हैं। चीनी कम्युनिस्ट किसान सहयोग से अपनी अर्थव्यवस्था के विकास में कृषि क्षेत्र को काम में लाने के लायक हो गए थे, मुख्यत: इसलिए कि राज्य का औद्योगिक क्षेत्र पर पूर्ण नियंत्रण था तथा रूस से भिन्न, वह किसान वर्ग की आवश्यकताओं को उद्योग के जरिये पूरा करता था। इसकी पूर्व की उपलब्धि को देखते हुए निजी क्षेत्र पर विश्वास नहीं किया जा सकता है कि यह किसान वर्ग और जनता के प्रति अपनी भूमिका में बदलाव लाएगा। तेन्दुआ अपने निशान को नहीं बदलता है तथा शोषण और मुनाफे का उद्देश्य पूँजीवाद का वास्तविक जीवनरक्त है जिसे यह त्याग नहीं सकता है।

यह हमारे समक्ष एक जटिल प्रश्न रख देता है। यह पूछा जा सकता है : यदि किसान वर्ग के शोषण को असंगत ठहरा दिया जाए तो हमारी अर्थव्यवस्था के द्रुत प्रसार की आवश्यकताओं के अनुपात में पैमाने पर बचाव का कौन-सा विकल्प रह जाता है? जब हम अतीत के उन अनुभवों से इसको देखते हैं जहाँ ग्रामीण क्षेत्र के शोषण ने पूँजीवादी निर्माण का सबसे पहला साधन प्रदान किया था तो इस प्रश्न को बल मिलता है। हालाँकि, यह दर्शाया जा सकता है कि सभी पूर्वगामी मॉडल ही केवल विकास के मॉडल नहीं हैं। किसी भी मामले में खाद्यान्नों में आत्मनिर्भरता का अभाव किसी नीति के हमारे रास्ते को रोकता है जो आगे कृषि उत्पादन को नष्ट कर सकता है। खाद्यान्नों के सुखदायी अधिशेष की उपलब्धता की स्थिति जिसके बारे में पूर्व में काफी चर्चा की गई है, के मद्देनजर आँसुओं की घाटी से होकर चलनेवाली ग्रामीण जनता के बिना अर्थव्यवस्था में भारी बचत को पैदा करना सम्भव है। इस सबके लिए जो जरूरी है वह अपनी भारी अनुपयुक्त मानवशक्ति उत्पादकता का प्रयोग करना है।

रागनर नुर्क्से ने दो दशक पहले यह तर्क दिया था कि अविकसित देशों के पास बृहत् पैमाने पर व्याप्त छद्मवेशी बेरोजगारी में पूँजीवादी निर्माण का एक समृद्ध साधन है। उसने इन देशों में व्याप्त बेरोजगारी को छद्मवेशी बेरोजगारी ही कहा है।[1] उसका तर्क था कि ये बेरोजगार जिनकी परवरिश इन देशों के अधिशेष उत्पाद—अर्थात् उनकी बचत—के साथ अपने सम्बन्धों के द्वारा अनुत्पादक ढंग से होती है, निर्माण कार्यों में बहाल हो सकते हैं जो पूँजी निर्माण का एक बड़ा हिस्सा निर्मित करते हैं। चीन का बाद का विकास ने निश्चित रूप से पूँजीवादी निर्माण का यह स्रोत राष्ट्र के विकास से जिस चीज को जोड़ सकता है, उसका व्यावहारिक प्रदर्शन किया।

यद्यपि छद्मवेशी बेरोजगारी का विचार भारतीय अर्थशास्त्रियों के बीच महत्त्वपूर्ण सैद्धान्तिक बहसों में से एक रहा है, कोई सवाल नहीं है कि बेरोजगारी की भारी मात्रा, छद्मवेशी भी नहीं, फैलती है। इस देश की बेराजगारी की स्थिति को द्वितीय कृषि श्रमिक जाँच की रपट से सबसे बढ़िया ढंग से समझा जा सकता है। यह कहती है—श्रमिक बल के आयतन से आकस्मिक कृषि श्रमिकों की रोजगार स्थिति ने 1950-51 में प्राप्त स्थिति पर कोई सुधार नहीं दर्शाया। प्रथम जाँच (1950-51) के दौरान आकस्मिक वयस्क पुरुष खेतिहर मजदूरों को उपलब्ध औसत रोजगार की मात्रा 200 दिन था जबकि द्वितीय जाँच (1956-57) के अनुसार यह 197 दिन था। किसान मजदूरों को उपलब्ध स्वरोजगार भी स्पष्टत: वयस्क पुरुष आकस्मिक मजदूरों के सन्दर्भ में 75 दिन (1950-51) से गिरकर 40 दिन (1956-57) हो चुका था। महिला मजदूर 1956-57 के दौरान केवल 27 दिनों के लिए स्वरोजगार पर थे... ।[2]

स्थिति में आगे तब से गिरावट ही आई होगी क्योंकि भूमिहीन खेतिहर मजदूरों की संख्या 1961 से बढ़ी है। इस तरह 1971 जनगणना के अनुसार जैसा कि हमने पूर्व में देखा है, कुल श्रमिक बल में ऐसे खेतिहर मजदूरों की प्रतिशतता 1961 में 16.71 प्रतिशत से छलांग लगाकर 1971 में 25.26 प्रतिशत हो गई है।

यह भी सत्य है कि दुर्भिक्ष के उन वर्षों को छोड़कर जब रोजगारशुदा और बेरोजगार एक ही तरह से मरते हैं, बेरोजगारी की परवरिश उनके परिजन लगायत दूसरों की बचत से होती है। गाँवों में गरीब लोगों की गृहस्थियों पर कर्ज से मुक्ति की आशा के बिना कर्ज का अम्बार पुन: आंशिक रूप से उस स्थिति का प्रतिबिम्बन है जहाँ उन लोगों की बचत जो अप्रत्यक्ष रूप से किस्मत के धनी हैं, बेरोजगारों की परवरिश करते हैं और इसलिए वे अनुत्पादक गरीब हैं। वस्तुत: अब तक विशेष स्थिति पैदा हो गई है जो भारत में उस वक्त नहीं थी जब नर्क्से ने लिखा था। बेरोजगारों की एक बड़ी संख्या उच्च योग्यताधारी वैज्ञानिक और तकनीकीवेत्ता है जो न केवल सहज शारीरिक नौकरियों में बहाल हो सकते हैं बल्कि जटिल तकनीकी नौकरियों में भी बहाल हो सकते हैं। इस तरह, स्थिति पूँजी निर्माण के ऐसे प्रयासों के लिए ज्यादा अनुकूल ही है। अधिकांश ऐसे कार्यों के लिए, जैसे सड़क निर्माण, नहरों व बाँधों के लिए साधारण उपकरणों की जरूरत होती है जो लोगों के साधन के भीतर के होते हैं। बहुत थोड़े-से औजार जो मजदूरों के पास नहीं होते हैं या तकनीनिशयन जिसकी आवश्यकता महसूस करते हैं, उन्हें राज्य से उपलब्ध कराया जा सकता है क्योंकि वे सम्पूर्ण लागत का एक तुच्छ हिस्सा भर होंगे।

हालाँकि हमारी योजना ने यह दिशा नहीं पकड़ी है। यह खासकर उस देश में विचित्र-सा लगेगा जिसके शासक उस गाँधी के प्रति निष्ठा की कसम खाते हैं जो श्रम प्रधान उद्योगों के बहुत बड़े समर्थक थे तथा जिसने इसे खादी से संकेतित किया था। इस सिलसिले में यह उल्लेख करना महत्त्वपूर्ण है कि हल्के बदलाव के साथ, पूँजी

प्रधान उद्योगों में भी मशीन कुल पूँजी लागत की केवल एक तिहाई को ही ले पाती है, शेष को अन्य निर्माण लागतों, जैसे सड़कों, संयंत्र भवनों, आवास, विद्युतीकरण और शहर का विकास इत्यादि की लागतों के द्वारा ले लिया जाता है। इस तरह, अधिकांश पूँजी संचय सामान्यत: मानवीय श्रम के उपयोग से हो सकता है। याद करें, कम्युनिस्ट चीन ने अपने आरम्भिक विकास के प्रयास में इस आर्थिक तर्क का अनुसरण किया था और काफी हद तक अभी भी इसका अनुसरण कर रहा है। इसका अधिकांश निर्माण कार्य प्रथमत: मानव श्रम से अत्यन्त मौलिक औजारों के सहारे पूरा किया गया था जबकि भारत ने अपने बेरोजगार मानव हाथों की उपेक्षाकर दूसरे देशों से कीमती उपकरणों का आयात किया, चीन ने अधिकांश मिट्टी के कार्य तथा निर्माण के लिए जरूरी अन्य कार्यों के लिए अपनी विशाल मानवशक्ति का इस्तेमाल किया। इस तरह भारत को उपकरणों के आयात पर अपनी अपर्याप्त विदेशी मुद्रा को बहाना पड़ा जबकि चीन का बिना किसी अतिरिक्त लागत के विशाल आर्थिक बुनियादी ढाँचा का बनाना जारी रहा। चीन ने ये शानदार उपलब्धियाँ अपने सैन्यीकरण और तानाशाही के आधार पर नहीं हासिल की हैं, जैसा कि हमारे योजनाकार अपने दयनीय रिकार्ड की व्याख्या करते हुए कहते हैं, बल्कि ये उपलब्धियाँ उचित अर्थशास्त्र का अनुसरण करके हासिल की गई हैं जिसका अनुसरण विशाल अप्रयुक्त मानवशक्ति वाले विकासशील देश को करना चाहिए था। निस्सन्देह इसका साम्यवाद इसमें सहयोग किया। इसने उन बाधाओं को दूर किया जो इस तरह की योजना लागू करने के दरम्यान पैदा हो सकती थीं। समुदाय के लिए व्यक्तिगत उद्योग की उपयोगिता की अपेक्षा व्यक्तिगत उद्योग के मुनाफे की चिन्ता, उदाहरणस्वरूप, इस तरह का एक अवरोध हो सकती थी, यदि इसने पूँजीवादी रास्ता अपनाया होता।

समर्थन की कुछ लामबन्दी के साथ स्वयं गाँव में कृषि के संगठन में इस अधिशेष मानवशक्ति का बढ़िया इस्तेमाल हो सकता है। गाँवों में उपलब्ध शिक्षित या महज साक्षर मानवशक्ति जो बेरोजगार रहती है और आज रोजगार योग्य भी नहीं है, इनके साथ एक प्रकार का ग्राम्य श्रम विनियम शुरू किया जा सकता है। प्राय: किसान पैसे के अभाव में निश्चित कृषि कार्यों जैसे पौधों की निकाई आदि की अनदेखी करते हैं जबकि काफी संख्या में मजदूर काम के अभाव में बेकार बैठे रहते हैं। इन शिक्षित बेरोजगारों द्वारा कुछ मात्रा में बहीखाता रखकर ऐसे किसानों के खेतों में उन बेकार मजदूरों को काम देना सम्भव है, भुगतान बाद की तिथि में हो। ऐसे किसानों, जो जन अस्वीकार के माध्यम से अपने खेतों की अपेक्षा करते हैं, को उन खेतों की बेहतर देखभाल के लिए ग्रामीणों को प्रेरित किया जा सकता है कि उन पर दबाव बनाए। इस तरह, श्रम विनिमय और फसल कटाई के मौसम के दौरान जमा की गई मजदूरी से साख के रूप में आवश्यक काम दिया जा सकता है। यह गाँव के सभी खेतों को अपेक्षाकृत अधिक तर्कपूर्ण प्रबन्धन के अन्तर्गत

भू-स्वामियों को अपनी जमीन के आधिपत्य से वंचित किए बगैर लाने का एक उपयोगी तरीका हो सकता है। इस प्रकार का संगठन धीरे-धीरे गाँव के संसाधनों तथा उनके उपयोग के प्रति सामूहिक जिम्मेवारी का बोध कराने लगेगा।

कृषि पर जोर देने के साथ विकास के नए ढाँचे को ध्यान में रखते हुए शैक्षणिक पद्धति को भी बदलना पड़ेगा। बहुत से कृषि विश्वविद्यालयों, जिसका अध्यापन स्थानीय जलवायवीय स्थितियों और स्थानीय किसानों की की आवश्यकताओं से गहरे जुड़ जाएगा, को अधिसंख्य वर्तमान संस्थाओं की जगह लेनी पड़ेगी। इस तरह शिक्षित मानवशक्ति जो बड़े पैमाने पर बर्बाद हो जाती है, अब समुदाय के उपयोग में लाई जा सकती है। इस तरह की शैक्षणिक सेवा किसनों में कौन-सा काम कर सकती है, यह पंजाब कृषि विश्वविद्यालय की उपलब्धियों से स्पष्ट रूप से दर्शाया गया है यद्यपि उसके पास इस दिशा में सीमित सम्भावना थी।

शिक्षित और अशिक्षित बेरोजगारों को अनेक तरह के कार्यों में नियुक्त करने की यह योजना निश्चित रूप से अत्युत्तम है, लेकिन यहाँ एक समस्या उठा खड़ी होती है। यदि निर्माण कार्य में विशाल अनभ्यस्त मानवशक्ति को लगाया जाता है तो उनके उपभोग का स्तर निश्चित रूप से उस स्तर से बढ़ जाएगा जो उनके बेरोजगार रहने की स्थिति में था। साथ ही, नए-नए बहाल हुए रोजगारशुदा लोगों के वे परिजन जिन्हें इस अतिरिक्त बोझ को सहारा देना पड़ता था, जब इस बोझ से मुक्त हो जाएँगे तो कुछ और खर्च करना चाहेंगे। इस तरह भोजन के उपभोग के स्तर के साथ-साथ अन्य बुनियादी आवश्यकताओं के स्तर में भी वृद्धि होगी। जब खाद्यान्नों को, जिसे घर पर आश्रितों को खिलाया जाता था, दूर जगहों पर भेजना पड़ता है तो इसमें कुछ घाटा भी हो सकता है। नर्क्से ने आवश्यकताओं में इस तरह के घाटे और योग को 'रिसाव' कहा।

इन कारणों से ही खाद्यान्नों की बढ़ती आवश्यकताओं को बराबर करने में खाद्यान्नों के अधिशेष का सर्वोच्च महत्त्व निहित होता है। एक गरीब मुल्क में जहाँ निर्यात से बहुत कम आमदनी होती है, खाद्य आयात को गम्भीर कमी के समय को छोड़कर, समाधान के रूप में नहीं देखा जा सकता है।

कृषि क्षेत्र से पर्याप्त खाद्यान्न को प्राप्त करने के लिए पर्याप्त औद्योगिक वस्तुओं का होना भी जरूरी है जिसके साथ किसानों को भुगतान किया जाए। जैसे-जैसे उत्पादकता और खेती से आमदनी बढ़ती जाती है, उपभोक्ता वस्तुओं की उसकी माँग भी बढ़ती जाती है। साथ ही, नवनियुक्त मजदूरों को वस्त्र, आवास और रोजाना की जरूरत की अन्य वस्तुओं की आवश्यकता पड़ने लगेगी जिन्हें वे पहले नजरअन्दाज कर देते क्योंकि उनके पास भुगतान करने की क्षमता नहीं थी। इसे न केवल उन उद्योगों के विशाल विस्तार की जरूरत पड़ेगी जो कृषि क्षेत्र के लिए बड़े निवेशों को उत्पादित करते हैं बल्कि उपभोक्ता उद्योगों के विस्तार की भी जरूरत पड़ेगी जो अन्य आवश्यक वस्तुओं का उत्पादन करते हैं। भारी उद्योग

लगायत अन्य उद्योग जो सीधे इन बुनियादी उपभोक्ता उद्योगों के विकास की मदद नहीं करते हैं, इस योजना के तहत इन्हें स्वाभाविक रूप से कम प्राथमिकता मिलेगी।

परन्तु इन प्राथमिकता वाले क्षेत्रों के साथ-साथ उस शेष सभी का, जिसका हमने विकास कर लिया है या अभी भी कर रहे हैं, विस्तार जारी रखने के लिए हमारे पास असीमित साधन नहीं है। अतएव, विलासितावाले क्षेत्र पर पूर्ण रोक लगानी पड़ेगी। अनेक उद्योग जो अभी कार, एयरकंडीशनर्स, टीवी वगैरह का उत्पादन करते हैं, अत्यधिक लाभवाली चीजें या केवल निर्यात की चीजें उत्पादित करना शुरू कर देंगे। हालाँकि यह सन्देहास्पद है कि बचत के अभाव, विशेषकर घरेलू उपभोग में कटौती करने के बाद तथा इन वस्तुओं के मुख्य उत्पादकों के बीच तुलनात्मक दुनियादारी के अभाव के साथ ये उद्योग वास्तव में विदेशी बाजारों में प्रतियोगी बन सकते हैं। वास्तव में हमें अपने घाटे को कम करना होगा और उस तरह के उद्योगों को बन्द करना होगा जो दूसरी ओर मुड़ने में विफल हैं। निजी कारों तथा अधिसंख्य सरकारी कारों पर भी रोक लगानी होगी। यह पेट्रोलियम के आयात पर होने वाले कुछ विदेशी मुद्रा के खर्च को बचाएगा। इससे हमारी आबादी के कुछ समूहों को असुविधा हो सकती है, लेकिन यद्यपि इस तरह के निर्णय का सभी स्वागत नहीं करेंगे, इससे सबकी भलाई होगी।

ये उपचार सख्त नजर आते हैं, लेकिन उनकी जरूरत है क्योंकि हमारी स्थिति कठिन है। यद्यपि विदेशी मुद्रा कमाने की हमारी क्षमता उस मशीन की जरूरत को पूरा करने के लिए पर्याप्त नहीं थी जिसको औद्योगिक विकास के लिए हमें आयात करना होता है, उस तरह के आन्तरिक पूँजी संचय की आवश्यकता, जिसकी हमने चर्चा की है, ज्यादा ही होगी, कम नहीं। चूँकि मशीनें हमारे उद्योग की कुल पूँजी के केवल एक छोटे हिस्से को प्रस्तुत करती हैं, बड़े हिस्से का अर्थप्रबन्धन आन्तरिक स्रोतों से ही करना पड़ेगा। इस तरह, मशीन के बढ़ते आयात का अर्थव्यवस्था पर बहुत ज्यादा प्रसारात्मक दबाव तब तक पड़ेगा जब तक कि ऐसे आयातों के कारण घर के माँग प्रसार को पूरा करने के लिए पर्याप्त संसाधनों को खटखटाया नहीं जाता है। भारत और अन्य विकासशील देशों द्वारा नवम्बर 1974 के विश्व खाद्य सम्मेलन में बाढ़ नियंत्रण और लघु सिंचाई की योजनाओं को धन मुहैया करने हेतु धनी देशों से चार अरब डॉलर कर्ज का अनुरोध करना दोषपूर्ण योजना से उत्पन्न होनेवाली स्थिति को प्रतिबिम्बित करता है। उसी कारण से भारत को उन योजनाओं के लिए सहायता हेतु जिसका पूर्णत: रुपये के कोष से अर्थप्रबन्धन किया जाना है, ईरान तक के सामने हाथ पसारना पड़ा था।

इस सन्दर्भ में कोई नरम विकल्प नहीं है। कमरबन्दों को कसने की हमारी अनिच्छा अब केवल भविष्य की बड़ी आपदा की ओर ले जाएगी। कमरबन्द को स्वाभाविक रूप से उन क्षेत्रों में सख्त करना होगा जिसका मोटापा बिलकुल स्पष्ट है।

उद्योगों को भी मुख्यत: श्रम प्रधान और चारों तरफ छितराया हुआ होना पड़ेगा। यथासम्भव उन्हें गाँवों में स्थापित करना पड़ेगा। इन उद्योगों में से ज्यादातर हस्तशिल्पों के उद्योग होंगे और अन्य उद्योग मध्यवर्ती तकनीक का हस्तेमाल करेंगे—बिजली चालित छोटी मशीन तकनीक। यह 'छोटी मशीन तकनीक' शब्द समाजवादी नेता राममनोहर लोहिया का दिया हुआ हे। वह कुटीर उद्योगों को 'छोटी मशीन तकनीक' ही कहा करते थे। उन क्षेत्रों को छोड़कर जहाँ इनके उच्च पूँजी प्रधान प्रकृति के कारण इनको लगाना अपरिहार्य है, अपेक्षाकृत अधिक जटिल तकनीकों को दूर रखना पड़ेगा।

जापान पुन: इस सन्दर्भ में हमारे समक्ष उदाहरण प्रस्तुत करता है। भारत की तरह आबादी का उच्च घनत्व रखते हुए, आरम्भिक चरणों में, इसे अपेक्षाकृत अधिक श्रम प्रधान उद्योगों में अपनी मानवशक्ति के लिए रोजगार खोजना पड़ा था। इस तरह जापानी उद्योग एक ही समय सम्पूर्ण क्षेत्र को आच्छादित करता है, उच्च श्रम प्रधान कुटीर क्षेत्र से पूँजी प्रधान बृहत् क्षेत्र तक। लघु और मध्यम क्षेत्र, सभी औद्योगिक मजदूरों के लगभग पाँच-सावतें के लिए जवाबदेह हैं। उद्योग की इस स्थिति के बारे में सोबिरो ओकिता लिखता है।

> "1956 में जापान में विनिर्माण उद्योग में मजदूरों की कुल संख्या लगभग 70 लाख थी और इनमें से 50 लाख 300 से कम काम पर लगे लोगों के साथ मध्यम और छोटे उद्योगों में व्यस्त थे, और उनमें से 33 लाख 30 से कम काम पर लगे लोगों के साथ लघु उद्योगों में काम कर रहे थे।[4]

उद्योग में कार्य बल के वितरण के इस सांचे ने बाद के समय में इसके औद्योगिक विस्तार में भी इसकी मदद की जब कुल श्रम बल में कृषि का हिस्सा बहुत ज्यादा गिरकर 14 प्रतिशत पर आ गया। इस स्थिति में कृषि उद्योग के अगले विकास के लिए श्रम बल की आपूर्ति नहीं कर सकती है। इसलिए अत्यधिक श्रम प्रधान उद्योग ही हैं जो अतिरिक्त श्रम बल की आपूर्ति करते हैं क्योंकि ये अपेक्षाकृत अधिक पूँजी प्रधान तकनीक की तरफ इस प्रक्रिया में कुछ मजदूरों को मुक्त करते हुए स्थानान्तरित हो जाते हैं।

सारणी-20 जापान में विभिन्न कोटि के उद्योगों में प्रति मजदूर पूँजी निवेश में व्यापक अन्तर की जानकारी देती है।

भारत में सम्पूर्ण सीमा क्षेत्र के लिए पूँजी की आवश्यकता बहुत ही कम हो सकती है। 1956 तक जापान पहले ही दुनिया में एक बड़ी औद्योगिक शक्ति के रूप में उभर चुका था। ऐसा उसने काफी हद तक विनिर्माणों के निर्यात और उद्योगों के लिए कच्चे माल के आयात पर निर्भर रहते हुए किया था। स्वाभाविक रूप से जापानी वस्तुओं को काफी प्रतियोगितात्मक होना पड़ता था। फलस्वरूप, निर्यात बाजार का कम आश्रित विकासशील देशों को परिष्करण और पूँजी की जितनी जरूरत होती थी, उससे अधिक परिष्करण और पूँजी लगाने की जरूरत जापान को हो गई।

सारणी-20
जापानी उद्योग में पूँजी तीव्रता
प्रति मजदूर अचल पूँजी परिसम्पत्ति का मूल्य
(1951 कीमतों पर 1955 मूल्य)[5]

उद्योग	प्रति मजदूर 1000 येन
1	2
कृषि, वानिकी और मत्स्य पालन	77
खनिज	239
कोयला	231
गैस	2676
कोयला उत्पाद	482
पेट्रोलियम उत्पाद	3459
खाद्य पदार्थ	191
लोहा और इस्पात	921
गैर-लौह धातु	546
लोहा और इस्पात उत्पाद	76
मशीन	172
गाड़ी और जहाज निर्माण	254
कागज की वस्तुएँ	183
लकड़ी की वस्तुएँ	134
चमड़े की वस्तुएँ	152
रबड़ की वस्तुएँ	97
सूत कताई	481
कपड़ा उत्पाद	171
आधार रसायन	509
रासायनिक उत्पाद	896
चीनी मिट्टी	192
अन्य उद्योग	102
विद्युत ऊर्जा	5984
वाणिज्य	121
संचार	756
निर्माण	22
बैंकिंग और बीमा सेवा	82
विविध और	980

परन्तु यहाँ पुन: अर्थव्यवस्था के विकास की मौलिक दिशा महत्त्वपूर्ण हो जाती है। जापान ने पूँजीवादी रास्ता अपनाया और इस तरह आय में घोर असमानताओं को उद्योग के विभिन्न क्षेत्रों में जारी रखने को स्वीकार कर लिया। अब ऐसा भारत में होने लगा है। चूँकि अत्यधिक पूँजी प्रधान उद्योगों के पास मजदूरों को उच्चतम मजदूरी देने की काबिलियत थी, इन उद्योगों के मजदूरों को अच्छी मजदूरी मिलने लगी जबकि श्रम प्रधान क्षेत्र में मजदूरी बहुत ही कम थी, लेकिन वैसी अर्थव्यवस्था में जो अपने उद्योग को तेजी से आधुनिकीकृत करते आ रहे थे, इस स्थिति को इस आशा में सहन किया जा सकता है कि जल्दी ही दूसरे क्षेत्रों का भी आधुनिकीकरण होगा और स्थिति सुधरेगी, लेकिन एक ऐसे देश के लिए, जो अभी भी आर्थिक विकास के निम्न स्तर पर हो तथा कछुआ चाल से विकास कर रहा हो, वहाँ ऐसी असमानताओं से केवल कष्ट और रोष में इजाफा होगा। 'गरीबी' एक सापेक्ष शब्द है जिसकी पूर्ण तीव्रता का अहसास तभी होता है जब समृद्धि के द्वीप हों जिनसे तुलना की जाए। हमारे देश में असन्तोष का सर्वप्रभावकारी बोध और बढ़ता भ्रष्टाचार आमदनी की इस क्षेत्रीय असमानता के जुड़वां उत्पाद है। कुछ लोग, जिनकी स्थिति उस तरह की चीजों जिनका इस्तेमाल धनी लोग करते हैं, को पाने के लिए भ्रष्ट साधन के जरिये इसे सम्भव बनाती है, भ्रष्टाचार का रास्ता अपना लेते हैं। शेष लोग जिनके पास इस तरह का धन अर्जित करने का कोई साधन नहीं है, समाज के विरुद्ध असन्तोष से अभिभूत हो जाते हैं कि धीरे-धीरे बुराइयों में डूब जाते हैं और अपने काम में आलसी हो जाते हैं। इस तरह हमारे कार्यशील बल का बहुत बड़ा हिस्सा या तो भ्रष्ट बनने या अक्षम बनने के लिए प्रवृत्त है।

समानता की समस्या एक और तरह से हमारे विकास की आवश्यकताओं से घनिष्ठ रूप से जुड़ी हुई है। जब तक हमारी आबादी के एक समूह के उच्च-जीवन को नियंत्रित नहीं किया जाता है, उस विशाल मानवशक्ति को काम में लगा पाना सम्भव नहीं होगा जिसकी कि काम में लगाना पूँजी निर्माण के लिए महत्त्वपूर्ण है। रूप में स्टालिनवादी व्यवस्था के अन्दर निर्माण कार्यों से जड़ोच्छेदित किसान वर्ग के द्वारा दिए गए काफी संख्या में बेगारों को काम पर लगाना सम्भव था, लेकिन जब तक हमारे पास लोकतांत्रिक व्यवस्था है—और निश्चित रूप से लाग इस व्यवस्था को आसानी से पलटे जाने की इजाजत नहीं देंगे—यह विधि सम्भव नहीं हो सकती है। हमारे पास एकमात्र लोकतांत्रिक विकल्प है, थोड़े से पॉकेटों से उच्च जीवन स्तर को खत्म करना। अगर कहीं कोई आडम्बर नहीं है तो लोग किसी भी योजना पर काम करने के लिए सहमत हो जाएँगे यदि उनकी बुनियादी आवश्यकताओं का पूरा किया जाए। यह अपेक्षाकृत धनी किसानों में सुस्पष्ट उपभोग की प्रभावी मनोवृत्ति को खत्म करने का भी तरीका होगा। बचत की जगह अब वे शहरी धनी लोगों की जीवनशैली को खत्म करने का प्रयास करते हैं।

गाँवों में आधी सदी पहले धनी लोग भारी बचत किया करते थे क्योंकि कचहरी-मुकदमा या उत्सवजन्य अवसरों के सिवाय खर्च करने का दूसरा मद नहीं था। अपनी बचत से वे अनेक सामाजिक योजनाओं पर निवेश किया करते थे, मसलन कुआँ खोदवाने, तालाब बनवाने, सड़क की मरम्मत कराने वगैरह पर। इस सबसे भारी सामाजिक प्रतिष्ठा जुड़ी हुई थी, लेकिन अब कारें, कीमती उपस्कर, महँगे कपड़े आदि प्रतिष्ठा के नए प्रतीक बन गए हैं और इसलिए समृद्ध किसान इन चीजों पर ज्यादा-से-ज्यादा खर्च करने लगे हैं। राजनेता, व्यापारी और नौकरशाह जो पश्चिमी जीवनशैली के सम्पर्क में आते हैं और उसकी नकल करते हैं। बाद में इन लोगों की नकल अन्य लोग करते हैं जिनके पास गाँवों में भी ऐसा करने के साधन है। एक बार इन अपव्ययी निकासों पर उनकी अत्यधिक आमदनी का खर्च होना बन्द हो जाए तो विकास कार्य के लिए समृद्ध किसानों की आय का अच्छा हिस्सा झाड़कर हम तक पहुँचा देना सम्भव हो जाएगा।

यदि जीवन स्तर में समानता हो जाए तो विशाल मानवशक्ति को काम पर लगाने की समस्या आसान हो जाएगी। आज आमदनी और खर्च के क्षेत्र में भारी अन्तर के साथ रोजगार का एक अच्छा हिस्सा उन लोगों को असन्तोषजनक लगता है जो रोजगार ढूँढ़ते हैं और एक ठोस हिस्सा साफ-साफ पतनशील लगता है। किसी काम के प्रति नफरत केवल आंशिक रूप से इसके स्वभाव से पैदा होती है। इस तरह की ज्यादा नफरत काम की कुल मिलाकर सामाजिक आर्थिक स्थिति से पैदा हो सकती है। निश्चित परिस्थितियों के अन्दर एक डॉक्टर का काम एक सफाईकर्मी के काम जितना गन्दा होता है, लेकिन काम की वित्तीय और शैक्षणिक पृष्ठभूमि में अन्तर उनके प्रति बिलकुल भिन्न व्यवहार को पैदा करते हैं; वित्तीय पृष्ठभूमि सम्मान का आह्वान करती है जबकि शैक्षणिक पृष्ठभूमि अनादर का आह्वान करती है।

यदि कृषि और उद्योग में तथा उद्योगों के अनेक क्षेत्रों के बीच आमदनी के स्तर स्वयं बराबर हो जाते हैं तो इसका एक और लाभप्रद प्रभाव होगा। यह पूँजी प्रधान उद्योगों में बचत को बहुत ज्यादा बढ़ा देगा। इस तरह अर्थव्यवस्था में बचत के स्तर का बृहत्तर समानता के साथ ठोस ढंग से उठाया जा सकता है।

यह सब उस निर्णय को इंगित करता है जिससे बचा नहीं जा सकता है अर्थात् केवल समाजीकृत उद्योग के तहत तथा पूर्ण समानता के आस-पास ही अर्थव्यवस्था तेज डग भर सकती है।

यह पुन: हमें कृषि भूमि सम्बन्धी सवाल पर लाता है। पूर्व की चर्चा से यह स्पष्ट है कि कृषि के शीघ्र समाजीकरण पर विचार नहीं किया जाता है। यद्यपि विपणन संघों और उपभोक्ता सहकारी समितियों के साथ शुरू हुई सहकारी खेती का एक निश्चित स्तर वांछित है तथा किसानों के इच्छापूर्ण सहकार से हासिल किया

जा सकता है, समूह जैसे दूसरे रूप पंगु बनानेवाले हतोत्साह को पैदा कर सकते हैं जैसा कि सोवियत संघ अनेक देशों में देखा गया है, लेकिन कृषि मे पूर्ण स्वामित्व उस जगह किसी अर्थव्यवस्था के लिए कभी कोई समस्या नहीं बन सकता है जहाँ पर बड़े औद्योगिक और व्यावसायिक क्षेत्रों को समाजिक बनाया गया है। किसान समाजवादी अर्थव्यवस्था के लिए केवल तभी चेतावनी बन सकते हैं जब उन्हें समाजवाद के उपासकों के द्वारा जब शहरी पूँजीपति वर्ग से दोस्ती करने के लिए जो एक विकासशील मुल्क में किसानों का कभी दोस्त नहीं रहा है, बहुत ज्यादा दुश्मन बना लिया जाता है। बुनियादी विरोध यहीं है कि इन देशों में पूँजीपतियों का विस्तार ग्रामीण क्षेत्र की कीमत पर होता है।

शेष के लिए संगठित औद्योगिक और वित्तीय क्षेत्रों के सामने कृषि क्षेत्र इतना बिखरा हुआ और असहाय है कि यह इनके विरुद्ध केवल आत्महत्या के निर्णय से ही लड़ सकता है अर्थात् जब यह उत्पादन की अपनी स्थिति को इतनी घिनौनी पाता है तो यह उत्पादन में कटौती कर उसे आत्म-बर्बादी के बिन्दु तक ला देता है।

जैसे-जैसे औद्योगिक क्षेत्र का विकास होता है, कृषि राष्ट्रीय उत्पाद का और श्रम बल का भी एक छोटा-सा हिस्सा अर्जित कर लेती है। अत्यधिक उन्नत औद्योगिक देश में किसान ऐसे संकीर्ण मार्ग तक आ पहुँचा है कि वर्ष दर वर्ष उनके एक समूह की उनकी सरकार द्वारा अनुदानों और वैकल्पिक रोजगार के प्रस्तावों के माध्यम से रक्षा करनी पड़ती है। उनमें जो ऋण चुकाने में कम समर्थ है, उन्हें प्रेरित किया जाता है कि वे कृषि छोड़कर दूसरे रोजगार को पकड़ लें। अनेक औद्योगीकृत देशों में मुख्यता बूढ़े लोग ही खेती के काम में हैं, नवयुवक वैकल्पिक रोजगार की खोज में नगरों की ओर निकल जाते हैं। ऐसे उन्नत चरण में कृषि के समाजीकरण का प्रयास दर्दरहित और लाभप्रद, दोनों हो सकता है।

तात्कालिक भविष्य में संग्रहण और उच्च कीमतों की समस्या को ज्यों ही उत्पादन बढ़ने लगता है तथा अभाव का मनोविज्ञान गायब हो जाता है, खत्म किया जा सकता है, लेकिन इस स्थिति को उत्पन्न करने के लिए किसानों को अब हर सम्भव प्रोत्साहन दिया जाना चाहिए।

संग्रह करने की किसानों की क्षमता कुख्यात ढंग से कम है। पहले तो उनके उत्पाद ज्यादातर नष्ट हो जानेवाले होते हैं और उसे सालों साल नहीं रखा जा सकता है। उनके पास अन्न भण्डारण के लिए आधुनिक गोदाम की सुविधाएँ नहीं हैं। तो जब तक वित्तीय संस्थाएँ खरीदारी के लिए पैसा नहीं देती है, वे अपने उत्पादों की भरमार का सामना करते रहेंगे। ये सब चीजें कृषि को बाजार की शक्तियों के लिए आघात योग्य बना देती हैं। यदि राज्य बाजार पर वित्तीय संस्थाओं के नियंत्रण के जरिये सख्त नियंत्रण रखती तो कृषि पूरी-तरह से उनकी दया पर होती। वर्तमान स्थिति में भी समस्या यह नहीं है कि क्या यह वांछित है? क्योंकि जब कृषि उत्पादन

सीमान्त रहता है तो किसानों पर केवल उत्पादन के निम्न स्तर के लिए दबाव दिया जा सकता है, और यह अर्थव्यवस्था में एक बड़ा संकट पैदा कर सकता है। कृषि क्षेत्र का यह सारा घूंसा अब इसकी निम्न उत्पादनकता में निहित है। खेतों में अत्यधिक उत्पादन और अर्थव्यवस्था के दूसरे क्षेत्रों के साथ उनके जुड़ाव के साथ जैसे-जैसे औद्योगिक वस्तुओं और सामाजिक लाभों की किसनों की माँगें बढ़ती जाती हैं, यह घूंसा स्वमेव कमजोर होते जाता है। इसलिए यहाँ एक स्पष्ट विरोधाभास है, अर्थात्, अब कृषि क्षेत्र की ठीक से मदद कर हम इसकी विध्वंसक शक्ति को बाद में कमजोर कर सकते हैं।

नए मूल्यों के साथ विकास

ये सुझाए गए उपचार अनेक लोगों को कठोर लग सकते हैं, विशेषकर उन लोगों को जिनका इस देश में महत्त्व है, जीवन की तस्वीर बिना कार, टेलिविजन, एयरकंडीशनर तथा भारी संख्या में वे अन्य छोटी-छोटी चीजें जो हमारे नगरों को आधुनिक चमक देती हैं, इतनी ज्यादा धुँधली नजर आएँगी कि वे ध्यान से देख नहीं सकते हैं, लेकिन हमारी जनता का बहुत भारी हिस्सा जिन्हें इन कारों से केवल छोड़ा गया धुआँ ही मिलता है, स्वयं कुछ अर्जित करने की किसी आशा के बिना उच्च जीवन की इन सभी चमकों को देखकर केवल तरसता रहता है, ऐसे लोगों को इस बदलाव से बहुत राहत मिलेगी। उन लोगों के लिए इन सब चीजों का मतलब होगा, धनी लोगों के धन के इस घमंडी प्रदर्शन से मुक्ति क्योंकि धनी लोगों की इच्छा रहती है कि प्रत्येक अवसर पर गरीबों को अपमानित किया जाए। मध्यम वर्ग के एक बड़े समूह को भी जिनकी तंत्रिकाएँ लगातार देखा-देखी के प्रयास में किनारे पर रहती हैं, एक समान और शालीन जीवन मानसिक शान्ति प्रदान करेगा। यदि निजी कारें खत्म हो जाएँ तो उपयुक्त सार्वजनिक परिवहन का विकास करने का गम्भीर प्रयास हो सकता है जो अभी घिनौनी स्थिति में है। यह विशाल नगरों के विकास को भी हतोत्साहित कर सकता है। उन्हें छोटी उपयोगिता वाले शहरों में तब्दील किया जा सकता है।

आधुनिकीकरण और लघु यंत्रीकरण को जो समान रूप में देखते हैं, उन्हें यह सब सकल काल्पनिक प्राचीनता जैसा लग सकता है, लेकिन जो प्रस्तावित है वह केवल आर्थिक सद्‌बुद्धि है। हमने जिस प्रदर्शन प्रभाव के खतरनाक उलझाव की चर्चा पूर्व में की है, उसके अलावा दूसरे कारण हैं कि हम क्यों उन्नत औद्योगिक राष्ट्रों के सांचे पर विकास करना जारी नहीं रख सकते हैं।

आधुनिक औद्योगिक समाज एक बड़े रैकेट के द्वारा परिचालित होता है जिसमें निर्माता, विज्ञापक, राजनेता और मीडियाकर्मी—सभी साथ-साथ शामिल रहते हैं।

यद्यपि आज पूँजीवाद खूब फल-फूल रहा है और कोई नाशवान संकट जैसा कि मार्क्स ने भविष्यवाणी की थी, इसे परास्त करने के लिए नजदीक-पास में नजर नहीं आ रहा है, एक विरोधाभास जिसकी तरफ मार्क्स ने ध्यान आकृष्ट किया था, यद्यपि यह बनावटी ही है, हमेशा इसके साथ रहा है। यह विरोधाभास है, अपने उत्पादन के प्रसार को जारी रखने इसकी क्षमता तथा सभी उत्पादों को सोखने के लिए पर्याप्त रूप से माँग को फैलाने की इसकी अक्षमता के बीच। कुछ हर तक बाजार, अस्त्र-शस्त्र और युद्ध के संघर्ष ने स्वयं को इस समस्या को शान्त करनेवाला साबित किया है, लेकिन ये तरीके उस बिन्दु पर पहुँच गए हैं जहाँ वे इस व्यवस्था के अस्तित्व को या खुद मानव प्रजाति को भी भय दिखाते हैं। इसलिए पूँजीवाद ने इस समस्या से मुक्ति के लिए एक सरल और सुरक्षित उपकरण को विकसित कर लिया है। यह कृत्रिम ढंग से प्रेरित माँग सर्पिल का उपकरण है जो इस तंत्र का लगातार फैलते रहना जारी रखता हे।

इस तरह रोज नए उत्पादों का आविष्कार किया जा रहा है, जो समग्र रूप से अनावश्यक हो सकता है, लेकिन विज्ञापन के माध्यम से उन्हें हर किसी के लिए अपरिहार्य बना दिया जाता है। इसलिए जबकि पुरानी उपयोगिताओं के उत्पादन की एक सीमा होती थी, नई 'उपयोगिताओं' का उत्पादन असीमित है क्योंकि इन 'उपयोगिताओं' के प्रकार और प्रकृति की कोई सीमा नहीं है। साथ ही, जल्द बर्बाद हो जानेवाली चीजों के उत्पादन पर जोर है। वस्तुत: अब अनेक उत्पादों के बारे में समझा जाता है कि एक बार व्यवहार में लाओ और उसके बाद उन्हें फेंक दो। फैशन शो लोगों को प्रेरित करता है कि पुरानी शैली के कपड़ों का जल्दी-जल्दी त्याग कर दें। चूँकि घरेलू वस्तुओं की सूची काफी लम्बी हो जाती है, इसलिए चीजों के आधिपत्य के मुताबिक उनकी कई तरह की श्रेणियों के बन जाने की सम्भावना रहती है। स्वाभाविक रूप से नए उत्पादों का अर्जन लोगों के एक बेहद छोटे वर्ग के द्वारा किया जाता है। इसके बाद इसे पाने के लिए शेष लोगों में एक दौड़ शुरू हो जाती है। जब तक कोई नया उत्पाद सभी के पास उपलब्ध होता है, फिर कोई नया उत्पाद बाजार में आ जाता है। इसलिए समृद्ध समाजों में लोगों का नया सिद्धान्त और विश्वास है, "एक आदरणीय नागरिक की तरह नए उत्पादों को रखो या खत्म करो।" यह मजदूर वर्ग इस दौड़ में उतना ही शामिल है कि जितना अन्य वर्ग। प्रत्येक व्यक्ति ज्यादा-से-ज्यादा अर्जित करने के लिए ज्यादा-से-ज्यादा काम करता है। सम्पत्ति के बँटवारे से समानता लाने के लिए उस पुराने सिद्धान्त व विश्वास की जगह इस नए उकसावे ने ले लिया है कि धनी लोगों के पास जो है, उसे अपने पास रखो और धनी लोगों की तरह बन जाओ। जिस वक्त तक श्रमिक कुछ उत्पादों को अर्जित करने के लायक होते हैं तब तक बहुत सारे अन्य उत्पाद सामने आ जाते हैं, इसलिए यह इच्छा कभी भी ठीक से पूरी होनेवाली नहीं होती

है, लेकिन वास्तविक विकास का भ्रम वहाँ हर घड़ी बना रहता है। राजनेता भी जिनमें समृद्ध कम्युनिस्ट देशों के नेता भी शामिल है, ऐसे अर्जनों के स्तर से अपनी उपलब्धि का स्तर तय करते हैं।

इस व्यवस्था के तहत जब अर्थव्यवस्था तेजी से फैल रही है ज्यादातर श्रमिकों के पास सही अवसर है कि काफी वर्षों बाद वे उनमें से कम-से-कम कुछ चीजों को अर्जित करने लायक होंगे जो वांछनीय नजर आती हैं। इस तरह यह व्यवस्था साकार बन जाती है क्योंकि ज्यादा-से-ज्यादा मजदूर इसमें दाँव लगाने लगते हैं।

लेकिन भारत में यह व्यवस्था काम नहीं करेगी क्योंकि इस देश में समृद्धि की बुनियाद इतनी नाजुक है कि इसे शीर्ष से नीचे लाना असफल रहेगा। मोटरकारों की वर्तमान छ: सौ हजार की संख्या को बढ़ाकर 60 करोड़ करने में हजारों वर्ष लगेंगे। वस्तुत: इस तरह की योजना बिलकुल उड़ान भरने की स्थिति में नहीं पहुँच सकती है। जब तक 60 करोड़ लोग अच्छे जीवन स्तर को अर्जित नहीं कर लेते, विस्तारित विलासिता उद्योग के लिए यहाँ कोई आर्थिक आधार नहीं हो सकता है। अच्छा जीवन स्तर का मतलब उनके पास सारी आवश्यकताएँ हों तथा विलासिताओं पर खर्च करने के लिए वे बचत करने के योग्य हों। यदि इस तरह की माँग कभी विकसित होनेवाली हो तो यह समृद्धि के आधार को बढ़ाने का अनुसरण करेगी। यह उस योजना से आएगी जो आबादी के निर्धनतम समूहों की आवश्यकताओं को प्राथमिकता देती हो।

अन्य कारण भी हैं कि क्यों हमारे देश के प्रसंग में इस तरह की योजना के बारे में सोचा नहीं जा सकता है। निश्चित सीमाएँ हैं जिन्हें विकास के कदम पर प्राकृतिक संसाधनों को भी तेजी से खाली करके निर्धारित की जा रही है। वास्तव में उन विकासशील देशों को हटाकर भी, जो अब प्रकृति की उदारताओं का कहीं अत्यल्प उपभोग करते हैं, औद्योगिक देशों में वर्तमान विकास की दर कुछेक अर्थशास्त्रियों और पर्यावरणविदों के विचार में एक अन्ध तंग गली की तरफ ले जा रही है। इस सन्दर्भ में 'विकास की सीमाएँ' शीर्षक क्लब ऑफ रोम का निराशवादी विचार गम्भीर रूप से विचारणीय है।

कुछ बड़े उद्योगपतियों और अर्थशास्त्रियों ने मस्कट तकनीकी संस्थान के प्रो. जय फर्रेस्टर के साथ मिलकर कम्प्यूटर की मदद से कच्चे माल के सम्भव विकास, जनसंख्या तथा विकास के जोश के सम्बन्ध में सभी उपलब्ध आँकड़ों को देते हुए दुनिया की विकास सम्भावना के बारे प्रक्षेपण किया था और अनेक वैकल्पिक प्रक्षेपण करने के बाद उन्होंने धुँधली भविष्यवाणी की थी, "सारे विकास के प्रक्षेपण का परिणाम समाप्ति है।" जो चीज अभी भी काफी चिन्ताजनक साबित हुई थी वह यह तथ्य थी कि वह समाप्ति बिलकुल नजदीक है अर्थात् 2020 ई., आधी सदी आगे से भी कम। इस वर्ष से विकास की वक्ररेखा नीचे आ जाएगी।

यह बिलकुल सम्भव है क्योंकि इन विचारों के कुछ आलोचकों ने बतलाया है कि तकनीकी प्रगति अतीत की तरह नई सफलता हासिल कर सकती है और उस संकट को बहुत ज्यादा कम कर दे सकती है जिसके बारे में अभी भविष्यवाणी की जाती है, लेकिन इस सहज तथ्य को पृथ्वी के संसाधन खत्म हो जानेवाले हैं, आसानी से इनकार नहीं किया जा सकता है। ऊर्जा संकट को जिसकी चपेट में हाल के महीनों में दुनिया आ गई थी, चिरस्थापित आशावादी ठहराव भी बनाना चाहिए। दुनिया कुछ समय से तेल और कृषि उत्पादों जैसी कुछ अति आवश्यक चीजों के असामान्य कीमत वृद्धि की अवधि से गुजर रही है, यह तथ्य स्पष्ट है। वर्तमान के लिए ये आर्थिक नीति में कुछ तात्कालिक कारण को प्रतिबिम्बित कर सकती है, लेकिन अधिकांश लोग इसे स्वीकार करते हैं कि ऊर्जा के सभी अन्य स्रोत अरब के तेल से ज्यादा महँगे हैं जैसा कि यह कुछ साल पहले रहा था। दूसरे स्रोतों से प्राप्त तेल भी अरब के तेल से महँगा है और आगे की इसकी प्रत्येक खोज सम्भव है कि आपूर्ति के महँगे स्रोतों की तरफ ले जाए। खाद्य के उत्पादन को भी ज्यादा-से-ज्यादा कृत्रिम ऊर्जा की जरूरत पड़ रही है, चाहे जमीन की सिंचाई करनी हो या रासायनिक उर्वरकों का उत्पादन करना हो। किसी भी घटना में तेल के वैकल्पिक स्रोत अक्षय नहीं है और यदि विकास की रफ्तार पश्चिम का घातांक बन जाती है जिस तरह से अभी तक है, निश्चित रूप से नजदीक भविष्य में दुनिया का अपना भण्डार खत्म होने जा रहा है। संयोगवश, तेल ने हाल के समय के उत्पाद प्रसार में बड़ी भूमिका निभाई है। यह असम्भव है कि उपभोक्ता माँगों की जोड़-तोड़ से गुजर रहे मूल्य तंत्र और पूँजीवादी उत्पादन सम्बन्ध को बनाए रखनेवाला वर्तमान रैकेट औद्योगिक देशों में भी जिन्दा रह सकता है, भले कच्चे मालों की उपलब्धता पर सीमा हो। पूँजीवादी उत्पादन सम्बन्ध और मूल्य तंत्र की नकल अब यूरोपीय कम्युनिस्टों द्वारा भी किया जा रहा है। अरब राष्ट्रों द्वारा तेल व्यापार रोक की धमकी तथा तेल मूल्य में वृद्धि के कारण अनेक औद्योगिक पूँजीवादी देशों का आर्थिक संकट निश्चित रूप से वर्तमान लकीरों के साथ-साथ असीमित विकास सम्भावना के मिथक को निराधार साबित करता है। यह समाधान उपभोग की चलती सीढ़ी के साथ-साथ खड़ी चढ़ाई की अपेक्षा सबके लिए आदर्श के ज्यादा विचारशील और समतावादी सतर के साथ-साथ आखिरकार वहाँ भी होना बहुत जरूरी है।

आज पश्चिम का उच्च जीवन स्तर न केवल तकनीक के उनके उच्च स्तर पर आधारित है बल्कि विकासशील देशों के भी अधिकांश खनिजों, तेल और अन्य कच्चे मालों को कोना लगाने की उनकी काबिलियत पर भी आधारित है। विश्व जनसंख्या के एक छोटे-से हिस्से का प्रतिनिधित्व करने के साथ-साथ वे अपने उपभोग के लिए दुनिया के खाद्य उत्पादों का भी अधिकांश हिस्सा प्राप्त कर लेते हैं। इस तरह,

अन्य विकासशील देशों की तरह भारत एक ऐसी दुनिया में अपना विकास कार्य शुरू किया है जो पहले से ही भारी-भीड़ झेल रही है तथा जहाँ सीमित संसाधनों को मुट्ठी में करने के लिए अनेक इच्छुक हाथ फैले हुए हें। अपनी अर्थव्यवस्था खड़ी करने के हमारे प्रयास को इस तथ्य पर ध्यान देने से नहीं चूकना चाहिए। हमें उस तरह के जीवन की आकांक्षा करने की जरूरत नहीं है। वो न हम कर सकते हैं जिस तरह का जीवन धनी राष्ट्रों का है।

समृद्ध देशों के जीवन के ढंग के विरुद्ध अपना चेहरा निर्धारित करने के निर्णय का अनिवार्यत: यह अर्थ नहीं होता है, आत्मदमन का आह्वान। यह सन्देहास्पद है कि जीवन का पश्चिमी तरीका भौतिक समझ-बूझ में भी सन्तुष्टकारी और आरामदायक है। यह भी निश्चित नहीं है—आधिपत्य के गर्व को छोड़कर—कि उचित ढंग से संगठित सार्वजनिक परिवहन से यात्रा करने की अपेक्षा निजी कार से भ्रमण करना ज्यादा आरामदायक होता है, यदि कार रखने के फायदों के बरक्स हम उन समस्याओं को रखकर देखें जो कार रखने से पैदा होती है, मसलन परिवहन बाधाओं, पार्किंग की कठिनाइयाँ और अनेक अन्य व्यक्तिगत देख-रेख इत्यादि। निश्चित बुनियादी सुविधाओं के तहत एक व्यक्ति उतने ही आराम के एक घर में रह सकता है जितने आराम से महल में रहता है। स्वर्णजड़ित और रत्न से सजा परिधान साधारण सूती या ऊनी कपड़ों से ज्यादा आरामदायक नहीं होता है। ड्रेसों और डिजाइनों के ये आधुनिक प्रदर्शन केवल आदिम लालसा की अभिव्यक्तियाँ हैं। हमारे प्रचीन भाई जिस तरह से शरीर की रँगाई और पंख तथा मोती का पहनावा धारण करते थे उससे ज्यादा बढ़िया हमको सेवा नहीं देते हैं। उसी तरह से हैं जिस तरह वे व्यक्तिगत दिखावे का हमेशा एक माध्यम रहे हैं। और, कोई नहीं दावा कर सकता है कि हमारे पुरातन भाई हमारे उच्च समाज की महिलाएँ और छबीले नौजवान जो करते हैं, उनसे कम विशिष्ट दिखते हैं। यह अत्यधिक किफायती और प्रभावशाली, दोनों होगा यदि हमारे आधुनिक कलाकारों की तरह जिन्होंने अपनी कला की श्रेष्ठताओं की खोज की है हमारे फैशनबाज लोग भी अपने मिथ्याभिमान प्रदर्शन में पुरातन लोगों के कौशल को ग्रहण कर लें।

परन्तु पश्चिम के आधुनिक उपभोक्ता समाज के जो कुछ फायदे हों, उन फायदों के विरुद्ध पागल प्रतियोगिता, तेज व्यक्तिवाद, अलगाव का भाव, चिन्ता, तंत्रिका तनाव तथा आत्महत्या की उच्च दर जो यह व्यवस्था पैदा करती है, को निश्चित रूप से रखना पड़ेगा। वास्तव में तराजू पर पश्चिम में जो समाज बना है, उस समाज में वैसे समाज के मुकाबले जहाँ अपेक्षाकृत कम उपकरण और विलासिता की चीजें हैं तथा अत्यधिक समानता, समूह का भाव और सन्तुलन है, कोई गुण नहीं है। यहीं एकमात्र ऐसा समाज है जो हमारे लिए सम्भव और वांछित, दोनों है। और इस तरह का समाज केवल तभी सम्भव है जब हम बहुत शुरू से ही जानबूझकर अभिजात्य

वर्ग की विलासिताओं को पूरा करने की अपेक्षा सामान्य जन की आवश्यकताओं को पूरा करने के लिए निर्माण करें।

इस बिन्दु पर एक अत्यन्त प्रसंगोचित सवाल पूछा जा सकता है। ऊपर की चर्चा से यह स्पष्ट है कि वर्तमान अभिजात्य, जिससे राजनीतिक दल के अधिकांश नेता ताल्लुक रखते हैं, परजीवी शीर्ष का हिस्सा है, इसलिए इसकी सम्भावना कम है कि यह समाज के ऐसे परिवर्तन के लिए काम करेगा। औद्योगिक मजदूर, जिन्होंने भारत में औद्योगीकरण के शुरुआती चरणों में क्रान्तिकारी भूमिका निभाई थी, तुलनात्मक रूप से सम्भ्रान्त और सुरक्षित हैं। उनकी स्थिति अवसरवादी नेतृत्व की फसल में प्रतिबिम्बित होती है जो उस चीज की तस्दीक करता है जिसे लेनिन ने उपेक्षा के अन्दाज में 'इकोनॉमिज्म' करार दिया था। भारी आर्थिक संकट के समय जिस तरह के आर्थिक संकट से हम गुजरते आ रहे हैं, यह उग्र सुधारवादी बनता है, लेकिन परिवर्तनकारी आन्दोलन का नेतृत्व करने की हद तक नहीं। भूमिहीन मजदूरों तथा छोटे किसानों को इन परिवर्तनों से बहुत कुछ हासिल करना है, लेकिन संगठित होने की योग्यता ओर समझ का उनका स्तर सीमित हे। तब यह बदलाव कौन लाएगा?

सचमुच इस सवाल का जवाब देना कठिन है, लेकिन हाल के गुजरात और बिहार का छात्र और युवा आन्दोलन सम्भव समाधान की ओर इशारा करता है। इन विद्रोहों ने निश्चित रूप से यह दर्शाया है कि छात्र, यद्यपि वे मुख्यत: अपेक्षाकृत सम्भ्रान्त परिवार से आते हैं, महान आदर्शवादी तथ्यों के लिए सक्षम हैं तथा अपने संकीर्ण वर्गीय हितों से ऊपर उठ सकते हैं, वे कुछ उच्च आदर्श से प्रेरित हो सकते हैं। वे जीवन की गरिमा की माँग करते हैं, लेकिन वर्तमान हालत में जब देश के अन्दर हजारों स्थाई रूप से भुखमरी की स्थिति में रहते हैं और दो-तिहाई जनता गरीबी रेखा के नीचे रहती है, वे उस गरिमा की बाबत सोच नहीं सकते हैं। इसका वे सपना नहीं देख सकते हैं। यदि वे संवेदनशील हैं तो उन्हें हमेशा यह अनुभूति होनी चाहिए कि उनकी ये छोटी-सी सुविधाओं की जड़ गन्दगी में है। वे अपनी युवा संवेदनशीलता के प्रति कोई हिंसा किए बगैर राष्ट्र की गरीबी जैसी शर्म की बात से भाग नहीं सकते हैं। जब तक राष्ट्र के गणमान्य व्यक्ति भीख माँगनेवाला कटोरा लेकर घूमते रहेंगे वे दूसरे देशों के युवा व्यक्तियों के सामने देख नहीं सकते हैं जिसके वे बराबर होना चाहते हैं। कितना भी बढ़िया पहन लें, कितना भी बढ़िया खा लें, राष्ट्र का शर्म दुनिया के हर कोने में उनका पीछा करता रहेगा। उनके पास यह अनुभूति है, लेकिन उनके पास आज सहायहीनता की एक अनुभूति भी है। यदि उन्होंने केवल यह अहसास कर लिया कि एक उपाय है तो वे निश्चित रूप से जवानी की पूरी चुस्ती के साथ जवाब देंगे।

यदि इन युवाओं और विशेषकर छात्रों को गाँवों की गरीब जनता से जोड़ दिया जाए तो वे उन बदलावों को लाने में सक्षम हो जाएँगे जो नौकरशाही वाली योजना

कभी नहीं ला सकती है। उन्हें सम्भवतः सम्पूर्ण ग्रामीण आबादी का समर्थन मिलेगा क्योंकि ग्रामीणों के बीच उपेक्षा का बोध गहन है।

सांस्कृतिक क्रान्ति के दौरान माओ का युवाओं से आह्वान भी दल में विकसित हो रही नौकरशाही और रूढ़िवाद से पैदा हुआ था और यह स्वीकृत तथ्य है कि उस क्रान्ति की उपलब्धि किसी भी तरह निम्न नहीं थी। भारत में चीनी नीतियों या तरीकों का अनुकरण नहीं हो सकता है, लेकिन सभी विकासशील देश परिवर्तन के लिए समर्पित कैडर की इस समस्या से जूझते हैं। और निस्सन्देह दूसरी जगहों की तरह भारत में छात्र और युवा हमेशा मौलिक बदलाव के किसी आन्दोलन की अगुवाई करेंगे यद्यपि इसके समर्थन के लिए मुख्य बल उस गरीब जनता से निकलना चाहिए जो इस बदलाव का मुख्य लाभार्थी होगी।

सन्दर्भ और टिप्पणियाँ

1 सिर के बल खड़ी अर्थव्यवस्था

1. डब्ल्यू. डब्ल्यू. रोस्तोव, स्टेजेज ऑफ इकोनॉमिक ग्रोथ, कैम्ब्रिज यूनिवर्सिटी प्रेस, 1971 पृ. 39
2. इंडिया 1974 पर आधारित 1974 प्रकाशन विभाग भारत सरकार।
3. एफ ए ओ, दी स्टेट ऑफ फूड एंड एग्रीकल्चर 1968 (रोम 1969), पृ. 110
4. इकोनॉमिक टाइम्स (बाम्बे) 11 जून 1974
5. लेस्टर आर ब्राउन, सीड्स ऑफ चेंज (न्यूयॉर्क) प्राइजर पब्लिशर्स, 1970) पृ. 6
6. इंडियन एक्सप्रेस (नई दिल्ली), 25 अप्रैल 1974
7. ओवेन एल डाउसन, कम्युनिस्ट चाइना एग्रीकल्चर (न्यूयॉर्क, प्राइजर पब्लिशर्स 1970) पृ. 120
8. ओवेन एल डाउसन, कम्युनिस्ट चाइना एग्रीकल्चर (न्यूयॉर्क प्राइजर पब्लिशर्स 1970) पृ. 121
9. एस.एन. घोषाल, एग्रीकल्चरल फाइनांसिंग इन इंडिया (बॉम्बे, एशिया पब्लिशिंग हाउस) पृ. 22
10. एस.एन. घोषाल एग्रीकल्चरल फाइनांसिंग इन इंडिया (बॉम्बे एशिया पब्लिशिंग हाउस) पृ. 23
11. एस.एन. घोषाल एग्रीकल्चरल फाइनांसिंग इन इंडिया (बॉम्बे एशिया पब्लिशिंग हाउस) पृ. 87
12. भोआनी सेन, इवोल्यूशन ऑफ एग्रेरियन रिलेशंस इन इंडिया (पीपुल्स पब्लिशिंग हाउस, नई दिल्ली) पृ. 95
13. क्रम सं. 5 पर अंकित पुस्तक, पृष्ठ 8
14. क्रम सं. 2 पर अंकित उद्धरण, पृ. 137
15. सारणी-9 पर आधारित, के.एन.राज, 'प्राइस बिहेवियर : एन एक्सप्लानेटरी हाइपोथेसिस', शीर्षक लेख जो प्रमित चौधरी द्वारा सम्पादित 'रीडिंग्स इन इंडियन एग्रीकल्चरल डेवलपमेंट' (जॉर्ज एसेन एंड अनविन, 1972) पृ. 173
16. सारणी-9 पर आधारित, के.एन.राज, 'प्राइस बिहेवियर: एन एक्सप्लानेटरी हाइपोथेसिस' शीर्षक लेख जो प्रमित चौधरी द्वारा सम्पादित 'रीडिंग्स इन इंडियन एग्रीकल्चरल डेवलपमेंट' (जॉर्ज एसेन एंड अनविन, 1972) पृष्ठ 174

17. इकोनॉमिक टाइम्स, 12 जून 1974
18. टाइम्स ऑफ इंडिया, 31 मई 1973
19. इकोनॉमिक टाइम्स, 24 मई 1974
20. डायरेक्टोरेट ऑफ इकोनॉमिक्स एफ स्टेटिस्टिक्स, खाद्य एवं आपूर्ति मंत्रालय भारत सरकार (नई दिल्ली मई 1973) पृ. 8
21. ए.एम. खुसरो 'स्ट्रक्चरल चेंजेज इन इंडियन एग्रीकल्चर एंड इकोनॉमिक डेवलपमेंट' इन पेपर्स एंड प्रोसिडिंग्स ऑफ दी कन्फरेंस हेल्ड बाइ दी जापानीज इकोनॉमिक रिसर्च सेंटर, सित. 6-10-1971 (जापानीज इकोनॉमिक रिसर्च सेंटर, मई 1972) पृष्ठ 331
22. स्टेट्समैन, 18 सितम्बर 1972
23. इंडियन एग्रीकल्चर इन ब्रीफ, उपरोक्त, पृ. 54
24. के.एन. राज, रिपोर्ट ऑफ दी कमिटी ऑन टैक्सेशन ऑफ एग्रीकल्चरल वेल्थ एंड इनकम (नई दिल्ली गवर्नमेंट ऑफ इंडिया मिनिस्ट्री ऑफ फाइनेंस 1972) पृ. 63

2 पुरानी कहानी : नगर बनाम गाँव

1. इंडिया 1974 पर आधारित
2. रिचर्ड एच. सोलोमन, माओज रिवोल्यूशन एंड द चाइनीज पॉलिटिकल कल्चर (यूनिवर्सिटी ऑफ कैलिफोर्निया प्रेस, 1971)
3. कार्ल मार्क्स कैपिटल, वॉल्यूम-1 (मॉस्को, फॉरेन लैंग्वेज पब्लिशिंग हाउस, 1954) पृष्ठ-716
4. शूजेरो सवादा, 'दी डेवलपमेंट ऑफ राइस प्रोडक्टिविटी इन जापान, प्रेवर एक्सागिरियंस इन एग्रिकल्चर एंड इकोनॉमिक डेवलपमेंट,' पेपर्स एंड प्रोसिडिंग ऑफ दी कॉन्फ्रेंस हेल्ड बाई जापान इकोनॉमिक रिसर्च सेंटर, सितम्बर 6-10, 1971 (मई 1972), पेज-124
5. काजोसी ओकावा एंड हेनरी रोसोव्स्की, "दी रोल ऑफ एग्रीकल्चर इन मॉडर्न जापानीज इकोनॉमिक डेवलपमेंट" इन कार्ल के. आयशट एंड लॉरेंस डब्ल्यू. पिट्ट (सम्पादक की) एग्रीकल्चर इन इकोनॉमिक डेवलपमेंट (बॉम्बे) एच.वोरा एंड कम्पनी, 1970) पृष्ठ 63
6. मार्क्सवादी किसान वर्ग को एक वर्ग नहीं समझते है : यह वाक्य सुविधा के लिए प्रयोग में लाया गया है।
7. मार्क्सवादी किसान वर्ग को एक वर्ग नहीं समझते हैं : यह वाक्य सुविधा के लिए प्रयोग में लाया गया है।
7. प्लेखनोव, 'ऑवर डिफरेंसेज' इन थारोटन एंडरसन (सम्पादक की) फ्रॉम मास्टर्स ऑफ रशियन माक्सिज्म (न्यूयॉर्क, अप्पलेटन सेंचुरी क्रॉफ्ट) पृष्ठ-32-3
8. मॉटिस, डॉब्ब, सोवियत इकोनॉमिक डेवलपमेंट सिंस 1917 (लन्दन, राउटसेज एंड केगन पॉल लि.) पृ. 152
9. पूर्वोक्त में उद्धृत, पृष्ठ-130
10. ये सभी लेनिन के चरित्र के विपरीत थे।
11. मॉरिस डॉब्ब, पृष्ठ-215

12. पूर्वोक्त, पृष्ठ-216
13. पूर्वोक्त, पृष्ठ-246
14. पूर्वोक्त पृष्ठ-214
15. टेबुल फ्रॉम आर्केडियस खान, 'कलेक्टिव फार्म सिस्टम इन रशिया' इन कार्ल के आयशर एंड लॉरेंस डब्ल्यू. विट्ट (सम्पादक) पृष्ठ-254
16. आर्केडियस खान, पूर्वोक्त, पृष्ठ-263
17. यद्यपि तेल संकट ने कुछ समय के लिए जूट की माँग को बढ़ा दिया, क्योंकि इसे जगह से हटाकर सिंथेटिक्स महँगी हो गयी है। हम निश्चित नहीं हो सकते हैं कि स्थिति स्थायी रूप से अनुकूल ही रहेगी।
18. इकोनॉमिक टाइम्स, 20 मई 1974
19. रागनर नरक्से, 'ट्रेड फ्लक्चुएशन एंड बफर पॉलिसीज ऑफ लो इनकम कंट्रीज' इन कार्ल के. आयशर एंड लॉरेंस डब्ल्यू. विट्ट (सं.) पूर्वोक्त, पृष्ठ-312
20. साइमन कुजनेल्स, "इकोनॉमिक ग्रोथ एंड दी कंट्रीब्यूशन ऑफ एग्रीकल्चर," पूर्वोक्त में, पृष्ठ-113-4
21. कम्प्यूटेशन बाई ओवेन एल.डावसन, कम्युनिस्ट चाईनाज एग्रीकल्चर (न्यूयॉर्क, प्रेगर पब्लिशर्स, 1970), पृष्ठ-187
22. आर.एच. तावने, लैंड एंड लेबर इन चाइना (लन्दन, जॉर्ज एलेन एंड उनविन लि.) पृष्ठ-46

3 पिछड़ापन : एक वरदान

1. फूड एंड एग्रीकल्चर इन कम्युनिस्ट चाइना, डूवर इंस्टीच्यूट पब्लिकेशन, 1966 पृष्ठ 68
2. आर.एच. तावने, लैंड एंड लेबर इन चाइना (लन्दन, जॉर्ज एलेन अनविन लि. 1937), पृष्ठ 49
3. एस.के. मुहर्जी, आवर एग्रीकल्चर (नेशनल काउंसिल ऑफ एजुकेशनल रिसर्च एंड ट्रेनिंग, नई दिल्ली फरवरी 1972) पृष्ठ 24
4. डायरेक्टोरेट ऑफ इकोनॉमिक्स एंड स्टैटिस्टिक्स, मिनिस्ट्री ऑफ फूड एंड एग्रीकल्चर, इंडियन एग्रीकल्चर इन ब्रीफ (नई दिल्ली, मई 1973), टेबुल 2.13, पृष्ठ 36-7 एंड टेबुल 52, पृष्ठ. 70.7 पर आधारित।
5. पूर्वोक्त पृष्ठ. 592
6. ,, ,, 60
7. प्रॉब्लम्स ऑफ फिनांसिंग फर्टिलाइजर प्रोजेक्टस इन दी पब्लिक सेक्टर" सेमिनार ऑन कॉस्ट एंड फिनांसिंग ऑफ फर्टिलाइजर प्रोजेक्ट्स इन इंडिया, 1966 न्यू देल्ही, दी फर्टिलाइजर एसोसिएशन ऑफ इंडिया, 1967) पृष्ठ. 297-8
8. एस.एस.मेहता, 'फाइनांसियस इंप्लिकेशन ऑफ प्राइवेट सेक्टर फर्टिलाइजर प्रोग्राम इन द फोर्थ प्लान,' पूर्वोक्त, पृष्ठ 307
9. टाइम्स ऑफ इंडिया, (नई दिल्ली), 13 सितम्बर पृ. 1974
10. जॉन डब्ल्यू. मैलोर, दी इकोनॉमिक्स ऑफ एग्रीकल्चरल डेवलपमेंट (बॉम्बे, वोरा एंड कम्पनी, 1969) पृष्ठ. 75-6

11. 'रूस क्रेडिट इंस्टीच्यूशंस एंड एग्रीकल्चरल डेवलपमेंट, इन बेब—दुहीन खाँ (सं.) पेपर्स एंड प्रेसिडिंग्स ऑफ द वर्कशॉप-कम-सेमिनार ऑन सरल इंस्टीट्यूट एंड एग्रीकल्चरल डेवलपमेंट (हैदराबाद, नेशंस इंस्टीट्यूट ऑफ कम्युनिटी डेवलपमेंट जून, 1974) पृष्ठ 173
12. इंडियाज ग्रीन रिवोल्यूशन (प्रिंसटन, न्यूजर्सी, प्रिंसटन यूनिवर्सिटी प्रेस 1971) पृष्ठ-23

4 कृषि : हमारी अर्थव्यवस्था की धुरी

1. जॉन डब्ल्यू मेल्सॉर, द इकोनॉमिक्स ऑफ एग्रीकल्चरल डेवलपमेंट, बॉम्बे वोरा एंड का, 1969, पृ. 160, सारणी-18
2. काजुसी ओकावा एंड बूरस एफ. जॉन्सटन, 'दी ट्राँसफरेबिलिटी ऑफ जापानीज पैटर्न ऑफ मॉडर्नाइजिंग ट्रेडिशनल एग्रीकल्चर' इन एरिक थॉरबेक (सं.) दी रोल ऑफ एग्रीकल्चर इन इकोनॉमिक डेवलपमेंट (न्यूयॉर्क, नेशनल ब्यूरो ऑफ इकोनॉमिक रिसर्च 1969) पृष्ठ-298

5 संख्यागत सुधार : नारे और वास्तविकताएँ

1. ओ मेरी भावना, अमर जीवन की आकांक्षा नहीं करता हूँ, लेकिन सम्भव के क्षेत्र को शून्य कर देने की आकांक्षा करता हूँ।
2. इण्डिया 1974
3. एम.एस. राधवा, ग्रीन रिवॉल्यूशन (दिल्ली, विकास पब्लिकेशन), पृ. 49
4. वी.एम. दांडेकर, "इकोनॉमिक थ्योरी एंड एग्रेरियन रिफॉर्म" इन सी. आयशर एंड लॉरेंस डब्ल्यू विट्ट (एंड)'स एग्रीकल्चर इन इकोनॉमिक डेवलपमेंट वोरा एंड कं. बॉम्बे, पृष्ठ 170-1
5. पूर्वोक्त, पृ. 179
6. कोटेड फ्रॉम रेड फ्लैग एडिटोरियल, 14 सितम्बर 1958 बाई रिचर्ड एच. सोलोमन, माओज रिवॉल्यूशन एंड दी चाईनीज पॉलिटिकल कल्चर (यूनिवर्सिटी ऑफ कैलिफोर्निया प्रेस, 1971) पृ. 363
7. गुन्नार मिरडल, दी चैटलेंगे ऑफ वर्ल्ड पॉवर्टी (पेलिकन बुक्स, 1971), पृ. 119
8. डायरेक्टोरेट ऑफ इकोनॉमिकस एंड स्टेटिस्टिक्स, मिनिस्ट्री ऑफ फूड एंड एग्रीकल्चर, इण्डियन एग्रीकल्चर (मई 1973) पृ. 54
9. फीगर्स ऑफ नेट एरिया सोन फ्रॉम डायरेक्टोरेट ऑफ इकोनॉमिक्स एंड स्टेटिटिक्स, मिनिस्ट्री ऑफ फूड एंड एग्रीकल्चर, गवर्नमेंट ऑफ इण्डिया, इण्डियन एग्रीकल्चर इन ब्रीफ, ओप.सिंट. फिगर ऑफ एरिया कंसॉलिडेटेड फ्रॉम एम.एस.रंधावा, ओप. सिट., पृ. 39
10. एम.ए. चिदम्बरम, 'रूरल क्रेडिट इंस्टीट्च्यूशंस एंड एग्रीकल्चरल डेवलपमेंट' वाहिदुद्दीन खाँ (एड.) पेपर्स एंड प्रोसिडिंगस ऑफ दी वर्कशॉप-कम-सेमिनार ऑन लोकल इंस्टीट्च्यूशंस एंड एग्रीकल्चरल डेवलपमेंट (हैदराबाद, जून 1974), पृ. 174

6 विकास की यथार्थ योजना

1. रैगनर नर्क्से, प्रॉब्लम्स ऑफ कैपिटल फॉर्मेशन इन अंडरडेवलप्ड कंट्रीज (ऑक्सफोर्ड यूनिवर्सिटी प्रेस, इण्डिया 1973)
2. लेबर ब्यूरो, मिनिस्ट्री ऑफ लेबर एंड इम्प्लायमेण्ट, गवर्नमेंट ऑफ इण्डिया, एग्रीकल्यरल लेबर इन इण्डिया : रिपोर्ट ऑन दी सेकेंड एग्रीकल्चरल लेबर इंक्वायरी, खंड-I (नई दिल्ली, 1960) पृ. 101
3. सुबुरो ओकिता, 'च्वायस ऑफ टेक्नीक : जापान्स एक्सपीरियंस एंड इट्स इंप्लीकेशंस इन इकोनॉमिक डेवलपमेंट विद स्पेशल रेफरेंस टू ईस्ट एशिया,' केनेथ बारित (एड.) प्रोसिडिंग्स ऑफ ए कन्फरेंस डेल्ड बाई द इंटरनेशनल इकोनॉमिक एसोसिएशन (मैकमिलन, 1965), पृ. 382
4. पूर्वोक्त, पृ. 184

सच्चिदानन्द सिन्हा रचनावली

खंड-3

गांधी, लोहिया, जेपी और नक्सलवाद

सच्चिदानन्द सिन्हा रचनावली

खंड-3

गांधी, लोहिया, जेपी और नक्सलवाद

सम्पादक

अरविन्द मोहन

राजकमल प्रकाशन

ISBN : 978-93-90971-52-7

मूल्य : ₹4000
(8 खंडों का सम्पूर्ण सेट)

पहला संस्करण : 2021

प्रकाशक : राजकमल प्रकाशन प्रा. लि.
1-बी, नेताजी सुभाष मार्ग, दरियागंज
नई दिल्ली-110 002
शाखाएँ : अशोक राजपथ, साइंस कॉलेज के सामने, पटना-800 006
पहली मंजिल, दरबारी बिल्डिंग, महात्मा गांधी मार्ग, प्रयागराज-211 001
36 ए, शेक्सपियर सरणी, कोलकाता-700 017
वेबसाइट : www.rajkamalprakashan.com
ई-मेल : info@rajkamalprakashan.com

मुद्रक : बी.के. ऑफसेट
नवीन शाहदरा, दिल्ली-110 032

SACHCHIDANAND SINHA RACHANAWALI : Vol. 3
Edited by Arvind Mohan

सम्पादक की ओर से

गांधी-लोहिया-जेपी की धारा के कार्यकर्ता और लेखक-विचारक सच्चिदानन्द सिन्हा के चुने हुए लेखन से बने इस खंड में जो लोग अपने इन तीन महापुरुषों के गुणगान सम्बन्धी लेखन की उम्मीद करके आएँगे उन्हें कुछ हद तक निराशा हाथ लगेगी क्योंकि उन्होंने ऐसा कुछ बहुत कम लिखा है। यह शायद उनके कुल सोच और लेखन में इन तीन महापुरुषों की सोच का आधार होने से होगा। वे बौद्धिक रूप से इन्हीं के सहारे बने और खड़े हुए हैं। और उन पर चढ़े इन महापुरुषों के रंग को देखना हो तो सच्चिदा जी द्वारा की गई दूसरे विचारों और प्रवृत्तियों की आलोचना को देखना चाहिए। सो कम ज्यादा मतलब का नहीं है। और यहाँ अगर थोड़ा बहुत परिचयात्मक आया भी है तो मुख्यत: राजनैतिक कार्यकर्ताओं के प्रशिक्षण शिविर या विभिन्न पत्रिकाओं/अखबारों के गांधी या लोहिया जयंती सम्बन्धी लेखन में। राममनोहर लोहिया और जयप्रकाश नारायण पर पश्चिमी समाजवाद का गहरा असर रहा था जो कालक्रम में कम होता गया और गांधी का रंग चढ़ा। दूसरी ओर गांधी पश्चिम के समाजवाद या उस तरह के लोकतंत्र के भी स्वाभाविक प्रशंसक न थे और समाज के काम की उनकी प्रेरणा धर्म वाले रास्ते की है जिसमें हिन्दू धर्म के साथ इस्लाम और इसाइयत का भी पर्याप्त योगदान है। जेपी और लोहिया का मार्क्सवाद और पश्चिमी समाजवाद से मोहभंग सोवियत संघ के लेनिन के रास्ते से हटने और स्टालिन शासन की तानाशाही से हुआ जबकि गांधी का रामराज्य अपने ही भावलोक का था जो अपने स्वतंत्र पैमानों से न सिर्फ समाजवादी या लोकतांत्रिक व्यवस्थाओं को ही नहीं खुद तुलसी और रामायण के रामराज्य को भी तौलता और अनुकूल न पाने पर उससे पल्ला झाड़ने की आजादी भी देता था।

और सच्चिदा जी ने गांधी पर लिखी अपनी किताब 'निहत्था पैगम्बर' में उनको सफल व्यक्ति रूप में, राजनेता रूप में, चालू या असफल व्यक्ति के रूप में, सेक्स मैनिएक और तकनीक-विज्ञान विरोधी रूप में नहीं रखा है और ना ही उनसे या उनके फैसलों से जुड़े प्रसंगों की व्याख्या करके उनको गलत या सही बताने की कोशिश की है। कई लोगों को हैरानी हो सकती है पर सच्चिदा जी उन्हें सीधे-सीधे महापुरुष मानकर बात करते हैं। और उनका मानना है कि जिस तरह

धरती पर समय-समय पर असामान्य गुणों से लैस महापुरुष आते हैं, वैसे ही हमारे दौर में और हमारे मुल्क में गांधी पैदा हुए थे। और गांधी ही नहीं ये सभी महापुरुष असल में हमारे समाज को चलाने में मुख्य भूमिका निभानेवाली नैतिकता की धारा को प्रबल करते हैं। यह धारा सदा से सभी राजकीय अनुशासनों की तुलना में हमारे जीवन और कार्य-व्यापार को प्रभावित करती रही है। उन जैसे सारे महापुरुषों की नैतिक सत्ता और शक्ति का बखान करते हुए उसके स्रोत की जो तलाश अपनी किताब 'अनआर्म्ड प्रोफेट' (निहत्था पैगम्बर) में की है वह गांधी या लोहिया-जेपी पर कम लिखने की भरपाई ही नहीं करता, गांधी पर हुए विशाल लेखन की भीड़ में एक नई लकीर खींचता है। वे गांधी दर्शन की खूबियों, उनके सत्याग्रह के प्रयोग या लम्बे सार्वजनिक जीवन के कामों की चर्चा या समीक्षा करने या उनमें कोई नई बात देखने बताने (का दावा करने) की जगह गांधी की पैगम्बरी की चर्चा करते हैं। वे समय-समय पर हुए महामानवों में देखे गए खास गुणों की चर्चा करने के साथ उन सबकी लौकिक नैतिकता के स्रोत तलाशते और उसे रेखांकित करते हैं जिसकी केन्द्रीय चिन्ता मानव समाज का भला ही है।

और इसी क्रम में वे गांधी की नैतिकता की अद्‌भुत मीमांसा करते हैं और यह स्थापित करते हैं कि इतिहास में बुद्ध के अलावा और कोई उनकी तरह का नहीं हुआ। इसका कारण पैगम्बर मोहम्मद या प्रभु यीशु जैसों में कोई कमी या उनका छोटा पड़ना नहीं है। सच्चिदा जी का कहना है कि गांधी को यह खास दर्जा उनके विचारों के अहिंसक प्रचार से हासिल हुआ है जबकि बुद्ध को छोड़कर बाकी महापुरुषों के विचारों का प्रचार-प्रसार तलवार के जोर से भी हुआ है। और गांधी की इस नैतिकता को बनाने में धर्म और अध्यात्म के साथ विज्ञान और कला की भी भूमिका है। सच्चिदा जी अपनी इस किताब में समाज को चलाने में एक मुख्य भूमिका निभानेवाली नैतिकता, नैतिक सत्ता के स्रोतों की पहचान के साथ कला और विज्ञान के, मन और मस्तिष्क के द्वन्द्व और इस सत्ता को मजबूत करने के लिए समय-समय पर आते महापुरुषों की चर्चा है। साथ ही वे बहुत ही अच्छी सोच से शुरू हुए समानता और आजादी के संघर्ष के भटकाव की चर्चा के साथ सत्ता के अतिशय केन्द्रीकरण और सत्ता के अतिशय बिखराव या बिला जाने की स्थिति, अराजकतावाद की चर्चा भी करते हैं और कई बार उसके प्रति अपने झुकाव को भी नहीं छुपाते।

दिल्ली के गांधी शान्ति प्रतिष्ठान में दिए अपने व्याख्यान में, जो इस खंड में उपलब्ध है, वे गांधी को व्यावहारिक अराजकतावादी साबित करते हैं। असल में गांधी की स्वराज्य की अवधारणा ऐसी है जिसमें हर व्यक्ति, हर चीज का अपना अनुशासन है और हर व्यक्ति तथा हर चीज को पूरी आजादी की कल्पना की गई है। अब यह अनुशासन वाला तत्त्व और हर व्यक्ति, समूह और समाज की नैतिकता

एक ही चीज है। सच्चिदा जी ने लोहिया की सप्तक्रान्ति में इसी का व्यावहारिक विस्तार देखा और दिखाया है। साहित्य अकादमी द्वारा लोहिया के शताब्दी वर्ष वाले आयोजन में दिया उनका व्याख्यान इसी पक्ष को दमदार ढंग से उठाता है। इस तुलना में उन्होंने अपने असली 'उस्ताद' जेपी पर ही कम लिखा है लेकिन किसी भी शागिर्द का सारा काम ही उसके उस्ताद से जुड़ा होता है।

और सच्चिदा जी के लेखन तथा वैचारिक आधार पर लोहिया तथा जेपी के स्थायी और मजबूत प्रभाव को दिखानेवाली एक छोटी पुस्तिका भी इस खंड में समाहित है जिसे उन्होंने समता संगठन द्वारा अपने कार्यकर्ताओं के वैचारिक प्रशिक्षण के लिए तैयार किया था। समाजवाद का लोहियावादी या भारतीय स्वरूप क्या है, क्या मानकर काम किया जाए और किस रूप में यह साम्यवाद या समाजवाद (मार्क्सवाद) के प्रचलित स्वरूप से (जो सोवियत संघ और बाद में चीन के चलते रूढ़-सा हो गया था) भिन्न है, यही इस किताब का विषय है। जाहिर है, समता के बुनियादी मूल्य के साथ संगठन से लेकर सत्ता तक में लोकतंत्र की अनिवार्य मौजूदगी, सत्ता ही नहीं उत्पादन और हर प्रमुख कार्य-व्यावार का विकेन्द्रीकरण और विविधता तथा असहमति के स्वर के सम्मान जैसे फर्क पर जोर दिया गया है। खेती-किसानी की जो दुर्गति कम्युनिस्ट व्यवस्थाओं में हुई है, उसे भी वे याद करते हैं। ग्रीन एक्टिविज्म तक को वे याद करते हैं।

इससे ठीक उलट व्याख्या नक्सलवाद के नाम पर की जानेवाली हिंसा, गैर बराबरी और अन्याय के प्रतिरोध के नाम पर लूट-तंत्र कायम करने और पूँजीवादी विकास के चरित्र की समझदारी भी न होने के चलते गाँव के छोटे किसानों के खिलाफ कथित 'सफाया' नीति चलाना है। यह पुस्तिका लिखी तो गई थी इसलिए कि बिहार में बार-बार होनेवाले नरसंहारों और वर्ग-संघर्ष की जगह जाति-संघर्ष छेड़ने और निजी सेनाओं का गठन हो रहा था। गर यह उस पूरे राजनैतिक दर्शन और सोच पर सवाल उठाता है जो मार्क्सवाद और समाजवाद के नाम पर दुनिया में कई जगह लड़ी हिंसक छापामार लड़ाई की नकल में अपने यहाँ भी कहीं नक्सलवाद तो कहीं माओवाद के नाम से आज भी लड़ी जा रही है और जो कोई बड़ा राजनैतिक आन्दोलन बनने की जगह कानून और व्यवस्था का अनसुलझा सवाल बनकर रह गया है। सच्चिदा जी ने इस आन्दोलन की कमजोरियों, तंग नजरिए और उसमें मौजूद फासीवादी रुझान को तो उजागर किया ही है (एक दिलचस्प इंटरव्यू भी दिया गया है) उससे आगे बढ़कर इस पूरे सोच की साफ दिखती सीमाओं को रेखांकित किया है। यही कारण है कि अभी तक एकाध जगह छद्मनाम से इस पुस्तिका की आलोचना करने के अलावा कोई व्यवस्थित जवाब या कुछ अलग तरह के मुद्दे इस नक्सली जमात की तरफ से नहीं उठाए गए हैं। सच्चिदा जी ने शक्ति और आर्थिक केन्द्रीकरण के साथ बड़े उद्योग और केन्द्रीकरण बढ़ानेवाली तकनीक के सवालों

पर मुँह न खोलनेवाली इस हिंसक जमात के लिए शासन चलाने में नौकरशाही की भूमिका को भी मुद्दा बनाया है। कहना न होगा कि सारा नक्सलवाद गाँव के दस-पाँच बीघा जमीन के जोतदार किसान को सामंत और वर्ग शत्रु बताने और उसके 'सफाए' के जरिए अपनी जातिवादी/फासीवादी राजनीति चमकाने, अपने इगो को शान्त कर लेनेवाले नेताओं के हाथ में खिलौना बन गया है जिन्हें न शहरी अमीरी दिखती है न कई कई देशों की सरकारों को जेब में रखनेवाली बहुराष्ट्रीय या देसी बड़ी कम्पनियों की ताकत दिखती है और न जो बाजारवाद-उपभोक्तावाद जैसे सवालों को जायज भी मानते हैं। ऐसे में यह लड़ाई गरीबों और कमजोरों को और परेशान करने तथा भटकाने के अलावा और कुछ नहीं करनेवाली है। यहाँ आकर वे एक हैरान करनेवाला नतीजा निकालते हैं कि देश के जिन इलाकों में नक्सली आन्दोलन का आधार है या रहा है वहाँ कोई किसान आन्दोलन खड़ा नहीं हो पाया है। यह ग्रामीण और खेतिहर समाज के बँटवारे और भीषण आपसी संघर्ष के साथ ही मुद्दों की समझदारी का घालमेल होने से भी हुआ है।

—अरविन्द मोहन

26 जुलाई, 2021
दिल्ली

क्रम

निहत्था पैगम्बर

प्राक्कथन

गांधी के बारे में सुप्रसिद्ध विद्वानों, जीवनीकारों और उनके घनिष्ठ सहकर्मियों ने इतना अधिक लिखा है कि उस वृहदाकार गांधी साहित्य में एक अविद्वान द्वारा कुछ जोड़ने का यह प्रयास क्षमा चाहता है।

गांधी के विचारों और आन्दोलनों के बारे में जिन्हें सतही जानकारी है, उन्हें भी यह लेखक गांधी के सम्बन्ध में कोई नई बात बतलाने की आशा नहीं करता है। इस पुस्तक की अधिकांश बातें गांधी पर लिखी गई उन पुस्तकों या गांधी के स्वयं के लेखन से ली गई हैं जो पहले से प्रचुर मात्रा में लिपिबद्ध हैं। कुल मिलाकर लेखक का यह प्रयास गांधी को अपने समय के एक बड़े विमर्श के बीच एक खास पक्ष के समर्थन के साथ स्थापित करना है।

इस विमर्श की शुरुआत अस्तित्ववादियों द्वारा की गई थी। उनका तर्क था कि नैतिक मूल्यों का लौकिक या अलौकिक कोई अन्तिम स्रोत नहीं है, इसलिए ये अनिवार्य नहीं है। प्रत्येक मनुष्य अपनी पसन्द का काम करने के लिए स्वतंत्र है और ऐसा कोई मानक नहीं है जिसके आधार पर उसके कार्यों को अच्छा या बुरा कहा जा सके। वह अकेले अपने कार्यों के लिए जवाबदेह है तथा एक खास तरीके से कार्य करने पर दूसरों के लिए भी इसी तरह के कार्य करने का एक नियम बन जाता है। निस्सन्देह, आस्तिकों के लिए ईश्वर नैतिकता के स्रोत थे। अस्तित्ववादियों ने इसे भी चुनौती दी। नास्तिकों ने नैतिक संहिताओं को स्वीकार करने हेतु कभी क्षमा नहीं माँगी, यद्यपि वे इस विषय को विचार प्रदान किए बिना उनके अनुसार काम करते आ रहे थे।

अतः समस्या यह थी कि व्यक्ति को ईश्वर के होने या न होने के विचार से मुक्त नैतिक संहिताओं की खोज करनी थी या फिर, अब तक सही और गलत, भले और बुरे के ध्यान से किए जा रहे कार्यों की जगह सम्पूर्ण नैतिक अराजकता को स्वीकार करना था जहाँ सभी अपनी पसन्द के अनुसार काम करने के लिए स्वतंत्र हों। यह अस्तित्ववादी तर्क हाल के वर्षों तक इस लेखक के पीछे पड़ा रहा और वर्तमान अध्ययन अंशतः उसी भूत को नीचे उतारने का एक प्रयास है।

इस अध्ययन का प्रस्थान बिन्दु वह विमर्श ही है। केन्द्रीय विषय यह है कि नैतिक मूल्यों का कोई बाह्य स्रोत नहीं होता है, बल्कि इनके स्रोत मानव प्राणियों

के खास आनुवंशिक प्रदायों में होते हैं जो उन्हें एक सांस्कृतिक प्राणी बनाते हैं। नैतिक विचार उनमें परोपकारिता सरीखी निश्चित जन्मजात मनोवृत्तियों के आदर्शीकृत व्यावहारिक रूप हैं। समाज में ये चीजें पैगम्बर की तरह नैतिक उपदेशकों के माध्यम से अपनी ठोस अभिव्यक्ति प्राप्त करती हैं। ये पैगम्बर अपवादस्वरूप अपने विशेष प्रदाय के कारण अपने युग की नीतिगत समस्याओं के प्रति संवेदनशील होते हैं तथा अपने नैतिक धर्मादेशों से उनका समाधान करने का प्रयास करते हैं। इस तरह, स्वाभाविक रूप से पैगम्बर के उपदेश प्राथमिक तौर पर अपने समय की अनोखी समस्याओं से सम्बद्ध होते हैं। लेकिन, इस प्रक्रिया में वे पुराने नीतिगत धर्मादेशों का नवीनीकरण कर उसकी व्याख्या भी करते हैं।

वर्तमान समय में पैगम्बर या नैतिक उपदेशक के प्रति जो हमारा विचार है, गांधी उसके काफी करीब दिखते हैं। चूँकि वह एकमात्र पैगम्बर हैं जो लगभग समकालीन रहे हैं तथा हम उनके बारे में ज्यादा जानते हैं। उनके व्यक्तित्व और कार्यों के माध्यम से ही इस विचार को स्पष्ट करने का प्रयास किया गया है। अन्तिम अध्याय में गांधी के विचारों की जीवनक्षमता का संक्षिप्त परीक्षण भी किया गया है।

गांधी के विचारों को जहाँ भी प्रस्तुत करना अनिवार्य लगा है, उन्हें मुख्यत: उनके अपने अद्वितीय शब्दों में प्रस्तुत किया गया है ताकि उनकी व्याख्या की जा सके। लेकिन, उनके विचारों की पूरी प्रबलता को बनाए रखना इस लेखक की क्षमता के बाहर था, इसलिए लम्बे उद्धरणों की आवश्यकता पड़ गई है।

1

पैगम्बर नए मूल्यों की सूक्ष्म प्रेरणा देते हैं, लेकिन उनके जीवनकाल में जनसाधारण उनके उपदेश के लिए शायद ही उन्हें गौरवान्वित करता है या उनका अनुसरण करता है। जनसाधारण जब उनकी प्रशंसा करता है तो हमेशा यह प्रशंसा उनके वास्तविक या काल्पनिक असाधारण कार्यों के लिए होती है। सामान्य जन उनकी जिस क्षमता का शीघ्र गुणगान करने लगता है, वह है बीमार को चंगा कर देने, मृतक को खड़ा कर देने, पापियों को पापों से मुक्त कर देने की क्षमता तथा शक्तिशाली विरोधियों को तहस-नहस कर देने की उनकी योग्यता, जिनके बारे में माना जाता है कि बगैर दैवी हस्तक्षेप के नहीं किए जा सकते हैं। मोहनदास करमचन्द गांधी को इसी तरीके से गौरवान्वित किया जा रहा है। वह एकदम हाल के ऐसे व्यक्ति हैं जो अपने बारे में काल्पनिक किंवदंतियों के बुने जाने को स्वीकृति प्रदान करते हैं—विशेषकर वर्तमान समय के उस मिजाज के मद्देनजर जो केवल वैज्ञानिक अन्धविश्वासों में विश्वास करने की स्वीकृति प्रदान करता है। फिर भी, उन्हें दुश्मनों को दोस्त में बदल देने, भारत के लोगों को एकजुट करने, हिन्दू-मुस्लिम एकता स्थापित करने तथा अहिंसा के माध्यम से भारत को आजादी दिलाने का श्रेय दिया जाता है। अहिंसा का अस्त्र उनका ऐसा अस्त्र था जिसका इस्तेमाल गांधी से पहले किसी ने भी राजनीतिक सत्ता के विरुद्ध नहीं किया था। उनके कट्टर समर्थकों में कुछ ऐसे लोग भी हैं जो उन्हें एक महान अर्थशास्त्री के रूप में देखते हैं तथा कार्ल मार्क्स और लेनिन से भी बड़ा विचारक मानते हैं। गांधी की राजनीतिक और अन्य उपलब्धियों पर जैसे-जैसे बल बढ़ता जाता है, उनका अनिवार्य सन्देश वैसे-वैसे विस्मृति का शिकार होने लगता है।

निस्सन्देह, वह राष्ट्रपिता हैं। यह बात प्रत्येक विद्यार्थी को मालूम है। लेकिन, दुनिया के लगभग सभी राष्ट्रों के पास अपने-अपने राष्ट्रपिता या अपनी-अपनी राष्ट्रमाता हैं जिन्होंने या तो अपने राष्ट्रों की नींव डाली या उन्हें आजादी दिलवाई। इसलिए इसमें कुछ भी विशेष नहीं है। लेकिन ऐसी अवधारणा गांधी के उस अनिवार्य योगदान को धुँधला कर देती है जो नैतिक मूल्यों के क्षेत्र में निहित है। उनका स्थान वस्तुतः बुद्ध, ईसा और मुहम्मद सरीखे महान पैगम्बरों और नैतिक उपदेशकों के

बीच बनता है। उनका राजनीतिक योगदान वहाँ है। लेकिन, अन्य पैगम्बर भी राजा बने हैं, उन्होंने युद्ध किए हैं और अपने लोगों को आजाद कराया है। मसलन, मूसा ने अपने गुलाम यहूदियों को मिस्र के चंगुल से आजाद कराया था और मुहम्मद ने मूर्तिपूजक विरोधियों के विरुद्ध अनेक सफल लड़ाइयाँ लड़ी थीं, वह भी अचम्भित कर देनेवाले प्रभाव के साथ। लेकिन, ये घटनाएँ अपनी जनता को नई नैतिक संहिता तथा नई दृष्टि प्रदान करने के उनके केन्द्रीय मिशन की केवल आनुषंगिक चीजें थीं। विशुद्ध राजनीतिक शब्दावली में कहें तो गांधी की उपलब्धियों को उनके अनेक समकालीनों ने पीछे छोड़ दिया। माओ अपने चीनी समाज में एक बड़ा परिवर्तन लाने में सफल रहे। इस मायने में वह भारत के गांधी से आगे निकल गए। सत्य तो यही है कि अपने जीवन के अन्त में गांधी राजनीतिक रूप से बिलकुल अलग-थलग पड़ गए थे। वह अकेले योद्धा थे जो साम्प्रदायिक जुनून की उठती लहर तथा उन व्यक्तियों की सत्ता की शुद्ध आकांक्षाओं, जिन्हें उन्होंने राष्ट्रीय स्तर का नेता बनाया था और जो कांग्रेस संगठन का नियंत्रण करने लगे थे, के विरुद्ध एक हारी हुई लड़ाई लड़ रहे थे। वह कांग्रेसी नेताओं में अपने नए भारत का विचार दे पाने में असफल रहे। नई और स्वाधीन भारत की सरकार के नेता गांधी की अभीष्ट परम्परा का वसीयतदार बनने की बजाय तेजी से ब्रिटिश राज के वसीयतदार बनने लगे थे। शारीरिक रूप से हत्यारे की गोली का शिकार होने के पहले ही गांधी की आत्मा का वध कर दिया गया था। सचमुच एक पैगम्बर के दुखान्त की तरह उनका भी अन्त काफी दुखद रहा। ईसा की तरह अन्तिम क्षण में गांधी को भी उनके अन्तरंग शिष्यों ने अकेला छोड़ दिया था। राजनीतिक मानकों के मद्देनजर यह कहीं से किसी बड़ी सफलता की कहानी नहीं है। फिर भी, गांधी जीवित रहते हैं और समय के साथ एक आदर्श व्यक्ति के रूप में अपने सभी समकालीनों के मुकाबले ज्यादा ऊँची उड़ान भरते हैं। उनमें विशिष्ट महानता है और यह उनके व्यक्तित्व का एक ऐसा पहलू है जो उन्हें पैगम्बरों की श्रेणी में तथा राजनीतिकों की दुनिया के ऊपर ला खड़ा करता है।

परन्तु, आजकल पैगम्बरों को कोई नहीं पूछता, और जब हम एक पैगम्बर के रूप में गांधी की प्रशंसा करते हैं तो यह बतलाना जरूरी है कि पैगम्बरों की समाज में एक सकारात्मक भूमिका होती है। यह सकारात्मक भूमिका विचार रूप में उस वक्त प्रकट होती है जब हम नैतिक मूल्यों के स्रोत की जाँच करने का प्रयास करते हैं। उस जाँच से शीघ्र ही हम वर्तमान समय के सबसे विवादास्पद विषय के केन्द्र तक पहुँच जाते हैं।

यद्यपि हाल में 18वीं सदी के यूरोप में ज्ञानोदय काल से ही यत्र-तत्र पुनरुद्धारवादी प्रवृत्ति रही है और यह प्रवृत्ति यूरोपीय संस्कृति में प्रभावकारी थी। विश्व के अधिकांश भागों में विस्तार पा रही इस प्रवृत्ति के प्रभाव के अन्तर्गत ईश्वर और धर्म को अस्वीकार करने की प्रवृत्ति रही है। लेकिन, ईश्वर के अस्वीकार के सम्पूर्ण उलझाव का अनुभव

केवल 19वीं सदी के बाद वाले दशकों से होना शुरू हुआ। उस समय तक यद्यपि ईश्वर के अस्तित्व को अस्वीकार किया जा चुका था तथा धर्मों को अन्धविश्वास के मलकुंड के रूप में लिया जा चुका था, नैतिकता को अस्वीकार नहीं किया गया था। प्राचीन भारत में हमारे पास चार्वाक से सम्बन्धित एक नास्तिक दर्शनशास्त्र था जिसने उस स्थिति से संगत नीतिनिरपेक्ष निष्कर्ष निकाला था। लेकिन, उस परम्परा का प्रभाव कहीं टिकता नहीं है। यूरोप में ही समाजवाद और अराजकतावाद सरीखे मौलिक और परिवर्तनकारी आन्दोलनों में मूल्यों का सार अनिवार्यत: ईसाई ही रहा, यद्यपि आन्दोलनों के नेता कट्टर नास्तिक और घोर धर्मविरोधी थे। नीत्शे ने उपहासपूर्ण तरीके से बतलाया कि समानता, बन्धुत्व और दूसरों के कल्याण के सिद्धान्त, ये सभी ईसाइयत से प्राप्त की गई गुलाम नैतिकता के पहलू हैं। निस्सन्देह, नीत्शे का यह विचार सही था। मनुष्यों के बीच बन्धुत्व और समानता पर जोर देनेवाली ईसाइयत के पारम्परिक मूल्यों के बिना अन्य कोई मानक नहीं था जिसके अनुसार 19वीं सदी के यूरोप में मनुष्यों के बीच के सम्बन्ध को मापा जा सके। शोषण जैसे शब्दों को केवल एक ऐसे समाज में ही महत्त्व (और लांछन) मिल सकता था जहाँ लोग एक-दूसरे के साथ समानता का व्यवहार करते हों। दोस्तोवस्की ने मौलिक नास्तिकों को एक दूसरा सदमा दिया। उसने कहा कि यदि ईश्वर नहीं है तो हर चीज जायज है। सचमुच, इस निष्कर्ष से भागने का कोई रास्ता नहीं था क्योंकि उस समय के अधिकांश समाजों में ईश्वर वह अन्तिम स्रोत बन गए थे जिनसे अनेक नैतिक संहिताएँ निकली थीं। नीत्शे ने अनुभव किया कि 'ईश्वर के निधन' से सारा ब्रह्मांड कब्जे से अलग हो गया है और जब तक मनुष्य स्वयं ईश्वर के सिंहासन पर आरूढ़ नहीं होता है, कोई दूसरी चीज इसे एकबद्ध नहीं कर सकती है। उसके लिए यह अतिमानव के आसन्न उत्थान की सूचना थी। उक्त विचार में एक प्रछन्न भाव निहित था जिसने उस समदेशी हिटलर में अपनी प्रभावशाली गूँज प्राप्त की जो ईश्वर की तरह पूरी दुनिया को अपनी मुट्ठी में करने तथा इसके प्राणियों के साथ अपनी सनक के अनुसार खेलने का सपना देखता था। हिटलर ने वस्तुत: एक ऐसी संस्कृति का निर्माण करने का प्रयास किया जिसका मकसद समता के ईसाई मूल्य की जगह किसी एक व्यक्ति या कुछेक व्यक्तियों के अन्य मानव प्राणियों पर आधिपत्य करने या उसे बर्बाद करने के असीमित अधिकार के मूल्य को प्रस्थापित करना था। मूल्यों की इस नई व्यवस्था के अन्तर्गत अतिमानव और शासक जातियाँ होते थे जिनके पैरों पर शेष दुनिया के लोगों को साष्टांग झुकना पड़ता था।

हिटलर एवं उसके समान अनेक अन्य शासकों का उदय उन लोगों को झकझोर कर जगानेवाला था जो यह अनुभव करते थे कि ईश्वर और धर्म के अन्त एवं वैज्ञानिक नजरिए की वृद्धि से सभ्यता की सारी बुराइयाँ दूर हो जाएँगी। सचमुच, हिटलर की जर्मनी, सोवियत संघ और अमेरिका सहित पश्चिमी लोकतांत्रिक देश

सबके सब विज्ञान और तकनीक के प्रति गहरे प्रतिबद्ध हो गए और ये आज अभूतपूर्व पैमाने पर नरसंहार के विकसित अस्त्रों के लक्ष्य को प्राप्त करने के पीछे पड़ गए हैं। सचमुच, वर्तमान समय में घातक अस्त्रों का अनुसरण इतनी अच्छी तरह से किया गया है कि हिटलर आज जिन्दा होता, तो उसकी खुशी का ठिकाना नहीं रहता। आज हिटलर के उत्तराधिकारी शासकों के पास ठीक वही सब अस्त्र हैं जिनके बारे में हिटलर सपना बुनता था। वह अपने विरोधियों को उन्हीं अस्त्रों से धमकाता था, जबकि उसके पास वे अस्त्र उपलब्ध नहीं थे। ये सारी चीजें नैतिक विषय को सर्वोच्च सरोकार का विषय बना देती हैं। नैतिक विषय, यानी निर्णय का वह मानक जो मानव-निर्मित विशालकायी सत्ता का संचालन करने में मनुष्यों का पथ-प्रदर्शन कर सके। इसका बड़ा कटु अनुभव होता है कि इस तरह के नैतिक नियंत्रणों के बिना मानवजाति स्वयं विज्ञान और तकनीक की सदा प्रसार्य कुंडलियों की तहों के अन्दर दब जा सकती है। तापनाभिकीय बम या स्टारयुद्ध अस्त्र सरीखे विजय दिलानेवाले अस्त्रों का प्रयोग किए बिना भी मनुष्य द्वितीय विश्वयुद्ध के बाद से भारी संख्या में हताहत हुआ है। इन हताहतों की संख्या उक्त युद्ध में मारे गए लोगों की संख्या का लगभग दो-तिहाई हिस्सा है। ये घटनाएँ अशुभ सन्देश देती हैं। लेकिन, यह दृढ़ विश्वास की कमी कही जाएगी कि मनुष्य उस रास्ते से खुद को नहीं मोड़ पाता है जिस रास्ते पर चलने का विनाशकारी परिणाम हर किसी के सामने स्पष्ट है।

दृढ़ विश्वास की कमी मूल्यों के संकट से उत्पन्न होती है। इस सन्दर्भ में हमने पूर्व में चर्चा की है। यूरोप में नीत्शे और दोस्तोवस्की के औचित्यस्थापन का पूरी तरह अनुसरण कर अस्तित्ववादी दर्शनशास्त्र का एक शक्तिशाली स्कूल विकसित हो गया जिसने नैतिक मूल्यों के बारे में उसी संशय को फिर से दोहराया। अस्तित्ववादियों ने केवल यही नहीं कहा कि यदि ईश्वर का अस्तित्व नहीं है तो प्रत्येक चीज जायज है, बल्कि एक कदम आगे बढ़कर यह भी कहा कि यदि ईश्वर का अस्तित्व है भी, तो उनका अस्तित्व नैतिक विषयों के बारे में मनुष्य का पथ-प्रदर्शन करने के लिए नाकाफी है। उन्होंने तर्क दिया कि ईश्वर की आवाज या वैसा कोई अन्य अनुभूत संकेत जिसके द्वारा ईश्वर मनुष्य को नियंत्रित करते हैं, अन्ततः इन सब चीजों की व्याख्या मनुष्य ही करता है। और इस तरह सन्देश और उसकी व्याख्या के बीच एक खाई रह जाती है। हम यह कैसे जान सकेंगे कि हम पर पर कृपा कर किए गए वे संकेत और आवाज उसी ईश्वर के हैं, किसी दुरात्मा के नहीं हैं या वे एक सीधा निर्मूल भ्रम हैं? इसलिए, नैतिक निर्णय का आह्वान करनेवाले सभी विषयों का अकेले मनुष्य ही विवाचक हो सकता है। फलस्वरूप, सभी नैतिक विषयों को प्रत्येक मनुष्य पर छोड़ दिया जाता है कि वह अपना व्यक्तिगत निर्णय ले। वह किसी भी तरह से कार्य करने के लिए स्वतंत्र है, बशर्ते कि उसके पास अपने किए हुए

की जवाबदेही लेने का साहस हो। वह अपनी पसन्द से स्वयं का नियम-निर्माता बन जाता है और अन्य लोग भी उसका अनुसरण कर स्वयं का नियम-निर्माता बन जाते हैं। कतिपय अस्तित्ववादियों ने वास्तविक तौर पर अच्छे तर्क के साथ उनके इस निर्देश का व्यवहार में अनुसरण किया है। यदि प्रत्येक व्यक्ति स्वयं द्वारा निर्धारित मानकों के अनुसार पूरी तरह काम करना शुरू कर देता है तो 'विश्रृंखलन' शब्द के सही अर्थ में पूरी दुनिया सम्पूर्ण विश्रृंखलन का शिकार हो गई होती। ऐसी दुनिया मार्किस दे सादे के उपन्यासों (आश्चर्यजनक नहीं, अस्तित्ववादियों के बीच काफी लोकप्रिय) में चित्रित उस विश्रृंखलन सरीखी होगी, जहाँ प्रत्येक व्यक्ति दूसरे की कीमत पर अपनी परपीड़क कामुक प्रवृत्तियों को तृप्त करने का प्रयास करता है; ऐसी दुनिया जहाँ बल और छल का शासन रहता है तथा वह लोकोक्तीय विख्यात सम्मान जो चोरों के बीच प्रचलित माना जाता है, इस व्यभिचार के सहवासियों के बीच नहीं पाया जाता है। ऐसी दुनिया जहाँ इसके सभी सदस्यों का व्यवहार दूसरों के लिए अबूझ (यह स्थिति जहाँ कोई सामाजिक संहिता नहीं हो) होता है, तुरन्त जुनून या गतिहीनता के कारण दम तोड़ देगी।

यद्यपि सभी मूल्यों के अस्तित्ववादी अस्वीकार के परिणाम समस्त सामाजिक व्यवस्था को समाप्ति की तरफ ले जा रहे प्रतीत होते हैं, इस अस्वीकार के पीछे का तर्क काफी दमदार है और हमें इसका सामना करना है। इसकी उत्पत्ति सत्त्व और अस्तित्व से जुड़े एक पुराने विवाद से हुई है। पश्चिमी दुनिया में प्लेटो इस विचार के सबसे प्रभावशाली प्रवक्ता थे कि सत्त्व को साकार दृष्टिगोचर दुनिया के ऊपर श्रेष्ठता प्राप्त है। प्लेटो के अनुसार दृष्टिगोचर भौतिक दुनिया से मुक्त शुद्ध विचारों की एक दुनिया है और हम जो चीजें अपने चारों ओर देखते हैं, वे उन विचारों की लचर नकल हैं। ये उनके आदिम मॉडल हैं। यूनानियों का पसन्दीदा विषय था, रेखागणित। उदाहरणार्थ, यह रेखागणित खींची गई किसी वास्तविक रेखा की तरफ रेखागणितज्ञों की आदर्श रेखा की एक अपूर्ण प्रतिकृति के रूप में संकेत करता है जिसमें परिभाषा के अनुसार न मोटाई होती है, न चैड़ाई। उसी प्रकार, मानवता या अच्छाई इत्यादि की तरह इस तरह के सोच या विचार थे और अन्ततः इन विचारों का ही विचार था कि इसने उन सबको आत्मसात कर लिया। इस तरह, वास्तविक दुनिया में मानवीय प्रकृति का प्रतिरूपण मानवता के विचार से तथा ठोस अच्छे कार्यों का अच्छाई के विचार से किया गया। पश्चिम में यह प्लेटो के काल से ही आदर्शवादी दर्शनशास्त्र का आधार रहा है और धार्मिक दर्शनशास्त्रों से गहरे जुड़ा हुआ था। वास्तव में विचार के सिद्धान्त को ईश्वर के सिद्धान्त के रूप में आत्मसात् कर लिया गया था। स्वतंत्र रूप से, अपनी सभ्यता की तरह दूसरी सभ्यताओं ने भी उस तरह से दुनिया के आदर्शवादी और अस्तित्ववादी विचार का विकास किया था जिसमें सबसे बड़ा यथार्थ अभौतिक था, मसलन 'ब्रह्म' जिसकी विशेषताओं को

अपनी चारों तरफ की भौतिक दुनिया से सम्बद्ध विस्तार, रंग, वास्तविकता, गन्ध और रूप सरीखे गुणों से परिभाषित नहीं किया जा सकता था। फिर भी, यह सोचा गया कि वास्तविक दुनिया का प्रत्येक पहलू और इसमें घटनेवाली घटनाएँ किसी-न-किसी तरह उस आदर्श 'अस्तित्व' के निर्गमन हैं जिन्हें आप पश्चिमी आदर्शवादियों के अनुसार परमात्मा कहें या वेदान्तियों के अनुसार ब्रह्म कहें।

हालाँकि, यह निष्कर्ष निकालना गलत होगा कि उपनिषदों या बौद्ध साहित्य में वर्णित नैतिक प्रभुत्व की भावना ठीक पश्चिमी धार्मिक विचारों की तरह थी। स्पष्टत: इनका अनुकूलन भिन्न था। उपनिषद् और बुद्ध के विचारों ने एक माध्यम के रूप में जन्म और मरण के चक्र से मनुष्य की मुक्ति के लिए नैतिक संहिताओं पर जोर दिया, जबकि पश्चिम में नैतिक नियंत्रण मुक्ति के किसी निश्चित सिद्धान्त से बँधे हुए नहीं थे। वे नियंत्रण स्वत: थे, यद्यपि त्याग की एक हल्की मनोवृत्ति ईसोपदेश में समझने योग्य थी। दोनों में जो सामान्य था वह उनका स्रोत था जो असांसारिक था। अस्तित्ववादियों ने इस परम्परा से मौलिक प्रस्थान किया। उन्होंने जिस चीज को अस्वीकार किया, वह 'विचारों' या 'मूल तत्त्वों' का प्राक् अस्तित्व था। उन्होंने दावा किया कि मूल तत्त्व वास्तविक अस्तित्ववानों के केवल गुण हो सकते हैं और इसलिए अस्तित्व को हमेशा मूल तत्त्व का पूर्ववर्ती होना चाहिए। इस स्वीकारोक्ति का निहितार्थ यह था कि उस मानवता या अच्छाई का इस तरह के विचार में कोई स्वतंत्र अस्तित्व नहीं हो सकता है और इस तरह, वह मानवीय आचरण को बदलने का दावा नहीं कर सकता है। इसने सभी नैतिक नियंत्रणों को प्रभावहीन बना दिया। लेकिन, इस स्वीकारोक्ति का वास्तविक प्रभाव प्रचंड धार्मिकों की अपेक्षा नास्तिकों और अज्ञेयवादियों के लिए ज्यादा ध्वंसात्मक था। धार्मिकों के लिए ईश्वर की सत्ता में विश्वास, एक आस्था का विषय था तथा यह भौतिक या तार्किक प्रमाण से परे था। ईश्वर में अटल विश्वास के साथ अधिकांश नैतिक संरचना अक्षुण्ण रह गई। यह उन लोगों के लिए एक भिन्न स्थिति थी जिन्होंने ईश्वर की सत्ता को स्वीकार किया था। यह अस्तित्ववादी तर्ककाव्य कि ईश्वर के अस्वीकार में ही आचरण से सम्बन्धित सभी तरह की प्रचलित नैतिक संहिताओं का अमान्यीकरण अन्तर्निहित है, इसने चिन्तनशील नास्तिकों को गम्भीर धर्मसंकट में डाल दिया। इस चुनौती का सकारात्मक पहलू यह था कि इसने किसी व्यक्ति के कार्य हेतु उत्तरदायित्व का आह्वान किया, क्योंकि कोई उच्चाधिकारी नहीं था जिसके नाम पर किसी कार्य को सही ठहराया जाता; और नकारात्मक पहलू यह था कि इसने समस्त नैतिक मूल्यों के दावे को इनकार करते हुए एक प्रकार की नैतिक तानाशाही की वकालत की जहाँ प्रत्येक व्यक्ति अपने तक एक कानून बन जा सकता था। इस बाद वाली प्रक्रिया के निहितार्थों पर पहले ही विचार किया जा चुका है। यह बाद वाली सम्भावना इतनी व्यवधानकारी है कि इसे आसानी से स्वीकार नहीं किया जा सकता है। अतएव

नैतिक संहिताओं और धर्मों का अनादर्शवादी स्रोत प्राप्त करने के लिए अनेक प्रकार के प्रयास किए गए हैं। भौतिक कारकों में धर्मों एवं इनसे सम्बद्ध मूल्यों की उत्पत्ति का पता लगाने के कुछ प्रयास इस अस्तित्वादी विमर्श के पहले भी किए गए थे, लेकिन वर्तमान समय में यह एक ऐसा विषय हो गया है जो गम्भीरता से विचार करने की माँग करता है। और जब हम इस दुनिया में नैतिकता के स्रोत ढूँढ़ते हैं तब मसीहाओं या नैतिक बल देनेवालों की भूमिका महत्त्वपूर्ण बन जाती है।

इस समस्या को सही परिप्रेक्ष्य में रखने हेतु अस्तित्ववादियों को सभी सामूहिक नैतिक संहिताओं और धर्मों के मौलिक अस्वीकार को इस तथ्य के विरुद्ध स्थापित करना है कि हम वैसे किसी संगठित आदिम या आधुनिक समाज को नहीं जानते हैं जिसके पास कोई धर्म नहीं हो। इन सभी धर्मों के पास विधानों और बन्दिशों के एक समुच्चय के साथ-साथ एक ब्रह्मांड विज्ञान, आचार संहिता है तथा एक व्यक्ति के जीवन की गम्भीर अवस्थाओं से सम्बन्धित कुछ धार्मिक कृत्य होते हैं। साथ ही, अधिकांश धर्मों में एक ईश्वर या देवी-देवता या उनके प्रतिनिधिगण होते हैं। बौद्ध और साम्यवाद की तरह वैसे धर्म भी होते हैं जो ईश्वर के अस्तित्व को नकारते हैं। लेकिन इनमें भी सत्ता का एक इन्द्रियातीत और अलौकिक स्रोत रहता है जिससे यह आशा की जाती है कि वह अगोचर रूप से दुनिया के भाग्य को आकार देगा। बौद्ध धर्म के मामले में यह स्रोत बोधिसत्त है; साम्यवाद के मामले में 'प्रकृति की द्वंद्वात्मक पद्धति' या 'इतिहास की अपरिहार्य शक्ति' है। ऐसी अतर्क्य सत्ता धर्म का एक आवश्यक अंग होती है। इसके विधानों या बन्दिशों में वह विस्मयप्रेरक सत्ता नहीं हो सकती है जो उनके पास स्वयं को व्यावहारिक जाँच के अन्तर्गत कर दिए जाने की स्थिति में होती है। इसने धार्मिक समादेशों को अनुभव और तर्क के अधीन कर दिया; उन्हें औपबन्धिक बना दिया तथा धार्मिकता और पवित्रता से वंचित कर दिया। साम्यवादी नेताओं ने श्रद्धांजलि अर्पित करनेवाली जनता के लाभ के लिए लेनिन-समाधि में लेनिन की लाश को सुगन्धित और सुरक्षित बनाए रखा। ऐसा वे अचेतन रूप से समस्त शाश्वतता की चमक से चकमक होने, महान नेता के जीवन को कब्र के बाहर बहुत दिनों तक देखते रहने की उसी मनोवैज्ञानिक आवश्यकता के तहत कर रहे थे जैसा कि महान फराओ के साथ किया गया था। फराओ के शवों को पिरामिडों में भड़कीली शान-शौकत के बीच सुरक्षित रखा गया था।

जीवित समाजों में नैतिक संहिताएँ प्रभावशाली धर्मों के साथ इतना गहरे बुनी हुई रही हैं कि इन दोनों के अध्ययन को अलग कर पाना कठिन है। वस्तुत: नैतिक संहिताएँ अपनी सत्ता केवल धार्मिक प्रणाली द्वारा व्यवस्थित ब्रह्मांड के सम्पूर्ण चित्र के प्रसंग में हासिल करती हैं। उन लोगों के प्रकरण जो अपने स्थानीय धर्म को स्वीकार किए बिना नैतिक रूप से कार्य करते हैं जैसा कि मौजूदा समय के नास्तिक लोग हैं, हाशिए पर हैं तथा इस तथ्य से व्याख्यायित हो सकते हैं कि जिस वक्त

वे धर्म की युक्तिकृत और मुखर भाषा को अस्वीकार करते हैं, वे नैतिक संहिताओं का आन्तरिकीकरण कर चुके होते हैं।

आधुनिक काल में कुछ देशों को छोड़ दें, तो किसी भी देश में धर्म केवल व्यक्तिगत आस्था और उपासना पद्धति का मामला नहीं रहा है; सामान्यतः इसने जीवन की सम्पूर्णता को गले लगाया है। यह कदापि कोई अन्यथा चीज नहीं हो सकता था, क्योंकि धर्म का प्रधान मूल्य सामाजिक बन्धनों को पक्का करने तथा लोगों को उनके जीवन की सबसे मुश्किल घड़ी में भी धीर एवं सहज बनाए रखने में निहित होता है। साथ ही, धर्म की पारम्परिक समाज की उत्पादक गतिविधियों में भी महत्त्वपूर्ण भूमिका होती है। कृषक समाजों में जहाँ फसलों की बुआई और कटाई से सम्बन्धित अनिवार्य कर्मकांड और त्योहार होते हैं, वहीं शिकार करनेवाले समाज में शिकार से सम्बन्धित कर्मकांड और त्योहार मनाए जाते हैं। यह धर्म को जन्तुओं और पादपों की दुनिया से जोड़ता है तथा ऋतुओं, ग्रहों, सूर्य, चाँद और नदियों के अवस्थान्तरण से भी जोड़ता है। इस तरह, धर्म मनुष्य और प्रकृति तथा मनुष्य और मनुष्य के बीच भाईचारा कायम रहता है। नैतिक संहिताएँ स्वाभाविक तौर पर केवल सामाजिक प्रसंगों में ही अपना औचित्य और पूर्ण प्रभाव प्राप्त कर पाती हैं। यह स्पष्टतः धर्म के सामाजिक कार्य की ओर संकेत करता है। लेकिन, इसकी उत्पत्ति का ज्ञान अभी तक नहीं हो पाया है।

धर्म तर्कसंगत रूप से निश्चित मानवीय लक्ष्यों को पूरा करने की कल्पित संस्थाएँ हैं। इनके कार्यों के बारे में अनेक लोग ऐसा सुझाव देते हैं। यह एक विचार हो सकता था। लेकिन, यह तर्क दिया गया कि इनकी (धर्मों की) कल्पना प्रभुत्वशाली शोषक वर्गों द्वारा सोच-समझकर की गई है ताकि लोग उनके अत्याचार को प्राकृतिक व्यवस्था के भाग के रूप में या अलौकिक रूप से विहित कार्य के रूप में स्वीकार करने के लिए मतांध बन जाएँ। यह विचार परिवर्तनवादी समाजों में व्याप्त है तथा इस तथ्य से विश्वसनीयता हासिल करता है कि धर्मों में सचमुच वर्तमान सामाजिक व्यवस्था को अनुरूपता की शिक्षा दी है। लेकिन, धर्म की इस भूमिका की एक वैकल्पिक व्याख्या यह भी हो सकती थी कि चूँकि प्रत्येक धर्म को एक पूर्ण सृष्टि को विस्तार देना है, इसलिए इसे इस व्यवस्था के भीतर के वर्तमान सामाजिक सम्बन्धों को भी समंजित करना है। यदि सामाजिक सम्बन्ध शोषणात्मक है तो उस पहलू को भी इस योजना की सम्पूर्णता में जगह दी जाती है। लेकिन, दूसरे क्षण धर्म उस प्रणाली का आदर्शीकरण भी कर सकता है जो शोषण की वर्तमान प्रणाली के कारण अशान्त है। यूरोप में 14-17वीं सदी के दौरान जो भी कृषक या अन्य विद्रोह हुए थे, वे मुख्यतः मनुष्य की समानता सम्बन्धी बाइबिल के विचार से प्रेरित थे। किसी भी तरह इसके कुछ साक्ष्य हैं कि धर्मों की नैतिक संहिताओं का सोच-समझकर एक खाका तैयार किया गया है। अधिकांश श्रद्धालुओं को ये निर्देश

शाश्वत रूप से दिए जाते हैं तथा इन निर्देशों के लिए जवाबदेह पैगम्बर भी अनुभव करते हैं कि वे केवल एक माध्यम के रूप में ईश्वर या कोई अन्य बड़ी शक्ति की आवाज को संचारित करने का काम कर रहे हैं।

नैतिक संहिताओं का खाका निश्चित अभीष्ट लक्ष्यों की पूर्ति हेतु खींचा गया है। इस विचार का दो सदी पूर्व की कांट ने निर्णयात्मक रूप से खंडन कर दिया था। उनके तर्क का प्रभाव आज तक कम नहीं हुआ है। इस विचार को स्पष्ट करने के लिए उक्त तर्क को जस-का-तस प्रस्तुत करना जरूरी है :

> "मनुष्य इस चेतना संसार का एक प्राणी है जिसके पास आवश्यकताएँ हैं तथा इस सिलसिले में उसके तर्क में एक सबक है जिसे यह अस्वीकार नहीं कर सकता; अर्थात् अपनी अनुभूतियों के साथ होना तथा जीवन में और यदि सम्भव हो तो आगे के जीवन में खुशी के खयाल से व्यावहारिक लोकोक्तियों की रचना करना। लेकिन, वह पूरी तरह जानवर नहीं है कि तर्क अपने आधार पर जो कहता है उससे वह तटस्थ रहे एवं एक सचेतन प्राणी के रूप में वह तर्क का इस्तेमाल अपनी आवश्यकताओं की पूर्ति के लिए केवल उपकरण के तौर पर करे। अकेले तर्कधारण से उसका मूल्य पशुओं से ऊपर नहीं हुआ होता यदि वह उसी उद्देश्य से उसका काम करता जो मूलवृत्ति उनके लिए करती है। उस स्थिति में तर्क केवल एक खास तरीका होता जिसका प्रकृति ने उन्हीं लक्ष्यों के लिए उपकरण के रूप में इस्तेमाल किया था। इसके लिए प्रकृति ने किसी बड़े उद्देश्य की खातिर मनुष्य को योग्य बनाए बगैर पशुओं को योग्य बना दिया था। एक बार प्रकृति की यह व्यवस्था उसके लिए बना दी गई है तो निस्सन्देह अपने सुख-दुख का खयाल रखने के लिए उसे तर्क की जरूरत है। लेकिन, वह एक बड़े उद्देश्य के लिए भी तर्कधारण करता है अर्थात् स्वयं में क्या गलत और सही है, इसका विचार करने के लिए। केवल रुचि के बोध से अप्रभावित विशुद्ध तर्क ही इसके बारे में निर्णय कर सकता है और निश्चित रूप से इसे आद्योपान्त इस अनुमान का विभेद उस पहले वाले से करना चाहिए (उसकी अपूर्णता की पूर्ति करनेवाली आवश्यकता से सम्बन्धित निर्णय) और इस निर्णय को उसकी सर्वोच्च स्थिति बना देनी चाहिए।"[1]

यहाँ स्पष्टत: वह तर्क के उपकरणीय कार्य जिसे मनुष्य दूसरे जानवरों के साथ साझा करता है तथा तर्क के अन्य कार्य यानी नैतिक निर्णय के कार्य जो उपकरणीय कार्य नहीं हैं तथा किसी भी तरह शीघ्र समझ में नहीं आते हैं, के बीच विभेद करता है; अर्थात्, यह मनुष्य की अनेक इच्छाओं के अनुसार काम करनेवाला नहीं है। यह एक बुनियादी विभेद है अर्थात् मूल्यों और इच्छाओं के बीच का विभेद। अधिकांश मामलों में नैतिक मूल्य एक तरह से उन मानवीय कार्यों को रोकने का प्रयास करता

है जो मनुष्य की इच्छाओं को उभारता है। यह मनुष्य और उसके निकतम बन्धु बन्दर सहित सभी ज्ञात पशु-प्रजातियों के सदस्यों के बीच के अनिवार्य अन्त की एक स्वीकारोक्ति है; और यह अच्छे और बुरे के ज्ञान तथा उचित और अनुचित प्रयासों को सच मान लेता है।

निस्सन्देह, कांट के अनुसार यह विशुद्ध व्यावहारिक कारण—जिसे वह नैतिक निर्णय करनेवाला प्रभाग कहते हैं—तात्त्विक दुनिया से सम्बन्धित है और उन अनुभूतियों की दुनिया से बाहर है जो कार्य-कारण के भाव के नियमों के अधीन होते हैं। लेकिन, हमें इस खास सन्दर्भ में मनुष्य जाति की विचित्रता को पहचानने के लिए तात्त्विक और चमत्कारिक दुनिया के इस द्वैत को स्वीकारना नहीं पड़ता है। इसकी उत्पत्ति का विचार किए बिना इसमें कोई सन्देह नहीं है कि मनुष्य के अमूर्तीकरण, सांकेतिकता और कल्पना की शक्ति ने उसके लिए विचारों की एक वृहत और जटिल दुनिया की रचना की है जिसने न केवल अपनी निजी दुनिया का विकास किया है (इसे स्वीकार किया जाना है, हालाँकि इस दुनिया का अस्तित्व केवल मानवीय कल्पना में है और यह साहित्य, कला, विज्ञान, संगीत और धार्मिक विश्वासों की दुनिया में लिप्यन्तरित होती है) बल्कि वे व्यावहारिक शारीरिक मानवीय गतिविधियों के एक बड़े हिस्से पर बलपूर्वक हावी रहते हैं और उनका संचालन करते हैं। यह आदर्श दुनिया मानवीय कल्पना में विकसित होती है तथा यह कला और विज्ञान के अनेक कार्यों में संहिताबद्ध असंख्य संकेतों के माध्यम से स्थान-दर-स्थान और पीढ़ी-दर-पीढ़ी संचरित होती है। यह सर्वप्रथम दूसरे विचारों से साफ होती है और उनमें एक निरन्तर बढ़ती कल्पनाशील दुनिया की पुनर्रचना करती है। इस कल्पना की दुनिया का सबसे महत्त्वपूर्ण गुण नैतिक और कलात्मक निर्णय लेने की इसकी क्षमता है। इस संकाय के माध्यम से ही मनुष्य सुन्दर और कुरूप, भला और बुरा जैसे गुणों के साथ एक दुनिया की रचना करता है और उससे अवगत होता है; और समझ की अपरिहार्य सीमाओं का सामना करते हुए रहस्य और आश्चर्य के एक परिवेश के साथ अज्ञात क्षेत्र में टपक जाता है। बाह्य दुनिया में भला, बुरा, सुन्दरता, कुरूपता इत्यादि का कोई अस्तित्व नहीं रहता है। लेकिन, मनुष्य ने इन गुणों को दुनिया में डाल दिया है तथा उसने यह छोटी-सी दुनिया बनाई है जिसमें वह इन आदर्श गुणों से लबालब होकर निवास करता है। उनके उसी विषयनिष्ठ स्वभाव के कारण ये गुण भौतिक आधार के तत्त्वों में अलघुकरणीय होते हैं। एक अर्थ में कहा जा सकता है कि इसने उनके सृजन को सरल बनाया है। यह एक फूल के रंग और महक की अपने पौधे के उन मूल पुष्टिकारक तत्त्वों में अलघुकरणीयता की तरह है जिसने फूल को सम्भव बनाया। ऐसा केवल एक निश्चित तरीके से मानवीय बोधों से सम्बन्धित अनुभव करनेवाले विचार में होता है तथा यह अनुभूत वस्तु के साथ एक निश्चित रिश्ते से

साझा करता है जिससे रंग और महक अस्तित्व में आते हैं। फिर भी, ये आदर्श गुण ही हैं कि प्राच्य मानवीय जीवन निर्णायक तरीकों से; यहाँ तक कि मनुष्यों ने उत्तरजीविता के विकासवादी लक्ष्य को भी अस्वीकार कर दिया और वे स्वतंत्रता, सद्भाव और गरिमा इत्यादि सरीखे मूल्यों के लिए अपनी जान अर्पित कर देते हैं। भौतिक अर्थ में वेदान्तवादी या आत्मवादी हुए बिना कोई यह कह सकता है कि प्रत्येक मनुष्य उस दुनिया का जिसे कि वह जानता है, रचयिता है और उसके इन विचारों के बगैर यह एक अविशेषित आचरण की निराकार धूल में बदल गई होती। यह बर्केली के उस विचार का स्वीकार नहीं है कि जब लोग दुनिया को देखना छोड़ देंगे तो दुनिया का अस्तित्व खत्म हो जाएगा। दुनिया का अस्तित्व तो रहेगा ही, लेकिन वह अपरिभाषित और अर्थहीन अस्तित्व रहेगा। इस दुनिया का रंग, इसकी ऊष्मा तथा अच्छाई और सुन्दरता जैसे इसके गुण, सभी उस तरह के बने एक जीव से जिस तरह से हमारी रचना हुई है और इस दुनिया को इसके अनेक गुणों की पूर्णता में समझने की इस जीव की क्षमता से प्राप्त होते हैं।

इस अर्थ में यह कहना उचित है कि अस्तित्व का यह क्रम जहाँ कलात्मक और नैतिक मूल्यों का वास होता है, भौतिक कारण वाली इस दुनिया से बाहर रहता है। यह मूल्यों की दुनिया अपने ऊपर लागू भौतिक बल के अवैयक्तिक कानून के विरुद्ध तृणमात्र भी नहीं धसक सकती है और उसी ढंग से, ब्रह्मांड के अन्दर प्राकृतिक शक्तियों की उस शक्तिशाली कार्रवाई के समक्ष अभेद्य रहती है जिसके सामने मनुष्य एक भौतिक अस्तित्व के रूप में खिलौना बना रहता है जिसकी तुलना प्रकाश की किरण में होनेवाली कणिका नृत्य से भी नहीं की जा सकती है। यद्यपि मनुष्य उन दोनों, भौतिक दुनिया की शक्तियों और स्वयं द्वारा सृजित आदर्श दुनिया के, प्रभावों के अधीन रहता है और इन दोनों दुनिया के बीच उसी के माध्यम से अन्त:क्रिया होती।

वर्ष 1942 के अपने एक आलेख में आन्द्रे गिड, जो काफी धार्मिक व्यक्ति थे, क्रूस पर चढ़ाते समय ईसा की यंत्रणा-चीख की महत्ता का वर्णन करते हैं। पर यहाँ भी वे ईश्वर एवं उसकी शक्ति को इस ब्रह्मांड से बाहर दर्शाते हैं तथा उन्हें नैतिक व्यवस्था के अन्दर रखते हैं। वह क्रूसारोपण के समय की ईसा की अन्तिम चीख को, जैसाकि ईसाई धर्मप्रचारक मैथ्यू और मार्क ने प्रतिवेदित किया है, इन शब्दों में उद्धृत करते हैं, 'हे ईश्वर, हे ईश्वर, उन्होंने मेरा त्याग क्यों किया है?' और आगे लिखते हैं :

> "...और ये शब्द भयानक हैं; यह हर आत्मा की वह दुखद चीख है जो अपना विश्वास उस ईश्वर में रखती है जिसका कोई अस्तित्व नहीं है। अथवा यदि वे उतनी दूर तक नहीं जाते हैं, तो कम-से-कम ईसा को ईश्वर से अलग करते हैं..."[2]

वह इस दुखद स्थिति को उद्धृत करते हुए एमले एम.एस. डि सेंट-सायर को लिखे पत्र में निम्नलिखित निष्कर्ष निकालते हैं :

> "पशु-बल पर विजय प्राप्त करने के लिए एक उपयुक्त गुण खड़ा करने के सभी मानवीय प्रयास, वे प्रयास जो ईसा में सबसे ज्यादा अभिव्यक्त होते हैं, स्वयं को प्रकृति के उन नियमों के विरुद्ध व्यवस्थित करते हैं जिसमें ईश्वरीय हस्तक्षेप के लिए कोई जगह नहीं है। ईसा की हताशा की यह चीख 'हे ईश्वर, हे ईश्वर, उन्होंने मुझे क्यों त्याग दिया है?' प्रदर्शित करती हैं कि जिस क्षण हम नैतिक क्षेत्र से बाहर ईश्वर की तलाश करते हैं, उसी क्षण से हम हताशा में लगातार धकेले जाने के लिए निर्दिष्ट हो जाते हैं... भौतिक और नैतिक दोनों दुनियाएँ स्थायी रूप से विवाद में रहती हैं। मुझे ईश्वर में वैसा कोई गुण दिखाई नहीं दे सकता है जो उस भौतिक दुनिया में उसे प्यारा (वह केवल भयानक है) बना सके जिस पर हमारा शरीर निर्भर रहता है तथा जिसके नियम अटल हैं।"[3]

वह आगे कहते हैं कि सबसे शानदार चीज जो हम कर सकते हैं, वह है इन शक्तियों पर इनको नियंत्रित करनेवाले नियमों को समझकर विज्ञान के माध्यम से शासन करना तथा सर्वाधिक उदार तरीके से इस गुण का उपयोग करना और वह उस प्रेम के साथ ईश्वर का आह्वान करने के लिए सहमत हो गए जो ईसाई धर्म-प्रचारकों में उद्दीप्त होता है। और तब आगे लिखते हैं :

> "मानव जाति का यह स्थायी नाटक प्रोमेथिअस और जिअस के बीच, आत्मा और पदार्थ के बीच, प्रेम और पशुबल के बीच तथा ईसा और प्रकृति की उदासीनता के बीच अभिनीत नाटक है।"[4]

यह उल्लेखनीय है, ईसा की प्रासंगिकता मनुष्य के लिए केवल इसलिए नहीं है कि उसने मानवीय रूप धारण किया है, बल्कि वह मानवीय अनुभूतियों, कमजोरियों और पीड़ाओं का दैवीकरण भी है। यदि अवैयक्तिक ईश्वर का अस्तित्व है तो अवैयक्तिक ईश्वर के लिए सुख और दुख या अच्छा या बुरा सम्पूर्ण उदासीनता का मामला बन जाएगा, क्योंकि वे उसके सर्व-आच्छादक असीम अस्तित्व के पहलू मात्र होंगे। गीता के भगवान की तरह सृजन और संहार की अन्तहीन शृंखला उसमें न तो दया पैदा करेगी, न ही उमंग, क्योंकि वे उसके निजी अस्तित्व के पहलू मात्र हैं। भगवान प्रकृति की सम्पूर्णता और अपने निष्ठुर (मानवीय दृष्टि से तर्कहीन) नियमों के साथ एकमेव हो जाते हैं। इसलिए, केवल ईश्वर जो एक मानवीय रचना है जिसकी खोज मनुष्य की कल्पना तथा उसके मूल्यों को साझा करने से हुई है, मानव-जाति के सरोकारों में आश्वासन या सहयोग बन सकता था। अतएव इसे

ईश्वरीय कहें या मानवीय मूल्यों की दुनिया, यह मानवीय विचार की अनोखी रचना है और हमें इसका स्रोत मनुष्य के विचित्र मानसिक दाय में तलाशना है।

लेकिन, तब हम एक शक्तिशाली मत के सामने आ खड़े होते हैं जो बुद्धि के अस्तित्व को ही नकारता है। सुखवादियों ने पहले सभी व्यवहारों और मूल्यों को सुख सिद्धान्त में तब्दील करने का प्रयास किया था। उनके वर्तमान उत्तराधिकारी, व्यवहारवादी तथा व्यवहारवादियों में महत्त्वपूर्ण बी.एफ. स्किनर बुद्धि के अस्तित्व को नकारते हैं और जिसको हम मानवीय कहते हैं, उस हर चीज को वह अपनी प्रबलन की आनुषंगिकताओं के अनावश्यक उप-उत्पाद में तब्दील कर देते हैं। यह व्यवहार सम्बन्धी मनुष्य का सम्पूर्ण क्षेत्र किसी अन्य अनुकूलित प्राणी के व्यवहार सम्बन्धी क्षेत्र की तरह है जो सक्रिय अनुकूलन की एक सुस्पष्ट प्रणाली का उत्पाद है (प्रतिवर्तों के अनुकूलन की अत्यधिक जटिल प्रणाली का उसका पदनाम)। पर्यावरण की अपेक्षाकृत अधिक वैज्ञानिक योजना के साथ ही, जिसे कि वह प्रबलन की आनुषंगिता कहते हैं, मनुष्य अपने भ्रमों अर्थात् गरिमा और आजादी सरीखे मूल्यों के साथ अपने इरादे से मुक्त हो जाएगा तथा वह अपने-आप हू-ब-हू उसका अडिग प्राणी बन जाएगा।[5] विरोधियों और कुछ राजनीतिज्ञों, विशेषकर हिटलर और स्टालिन ने उनका पूर्वानुमान किया था और इन लोगों ने हमेशा यह प्रयास किया कि व्यवहारवादी चतुराइयों का मनुष्यों द्वारा अपनी योजना के अनुरूप बनाने में उपयोग हो। यह सच है कि स्किनर ने उनके तरीकों को असभ्य माना। लेकिन, उनकी सफलता एक तरह से सीमित रही है; और उन्हें जो कुछ सफलता हासिल हुई है, वह इस तथ्य के चलते इसलिए हासिल हुई है कि उन्होंने सौन्दर्य-प्रेम, स्त्री-आकर्षण, देशभक्ति इत्यादि सरीखे सुनिश्चित मानसिक सृजनों, जिन्हें स्किनर छोड़ देना चाहते थे, के आकर्षण का सहारा लिया है। इसे प्रत्येक व्यवहार और मानसिक संकाय को समविवेकी कहलानेवाले जैव-भौतिक अस्तित्व के जटिल प्रतिवर्तों में तब्दील करने की असफलता का पर्याप्त साक्ष्य होना चाहिए। यदि वे सचमुच विविध आनुषंगिकताओं के उप-उत्पाद हैं जैसा कि स्किनर ने हमसे विश्वास कराया, तो वे एक अति विशेष प्रकार के उप-उत्पाद हैं जो अपना निजी जीवन प्रारम्भ करते हैं तथा अपने उद्‌भव की जैव-भौतिक दुनिया को सम्पूर्ण ढक देते हैं। और यह श्रेष्ठ सृजनात्मक आवरण जो मनुष्य को उसके निजी अस्तित्व से अवगत कराता है, उसका विचार है।

2

पूर्व के विमर्श का आशय मनुष्य की अनिवार्य जैविक प्रकृति को घटिया बतलाना नहीं है। यह जैविक प्रकृति एक स्वीकार्य तथ्य है। वस्तुतः अंटाएस की तरह मनुष्य की काल्पनिक दुनिया को शक्ति और प्रेरणा के लिए अपने जैविक स्रोत को बार-बार स्पर्श करना पड़ता है। लेकिन, इस बात पर बल देने की आवश्यकता है कि यद्यपि विचारों की दुनिया मनुष्य के जैविक दायों में प्रछन्न रूप से विद्यमान रहती है, ये विचार न तो इसमें परिवर्तनीय हैं, न ही इससे निर्धारित होते हैं। वास्तव में, मानवीय विकास के निश्चित बिन्दु पर विशुद्ध जैविक और भौतिक दाय मानवीय व्यवहार को आकार देने में अपनी भूमिकाओं के एक बड़े भाग का त्याग कर देते हैं। जीवविज्ञानियों के अनुसार, मनुष्य के अन्दर के वे अधिकांश व्यवहार जो विकास के निम्न स्तर पर नैसर्गिक वृत्ति से निर्धारित हुए थे, उसके सचेतन निर्णयों के कार्य बन जाते हैं। इससे वह उक्ति और ठोस बन जाती है। यह वह विशिष्ट संकाय ही है जो मनुष्य को अनेक नैसर्गिक अभियानों, जिनके लिए उसकी जैविक संरचना में कोई विरोधी या नियामक यंत्रावली निर्मित नहीं है, पर नियंत्रण प्रदान करता है। आनुवंशिक संहिता द्वारा सृजित वही जैविक अन्तःशक्तियाँ, जब मानवीय जीवन का सामना विभिन्न पर्यावरणीय दबावों से होता है, बिलकुल भिन्न व्यवहार विन्यासों को पैदा कर सकती हैं। नैसर्गिक अभियानों में कुछ अभियान प्रकट व्यवहारों में केवल एक विशेष प्रकार के दबाव या अनुभूति के रूप में विकसित हो सकते हैं, जबकि अन्य अभियान अप्रकट रहते हैं। आचारशास्त्री और जन्तुशास्त्री व्यवहार पर वास्तविक आनुवंशिक नियंत्रण की सीमा के सम्बन्ध में काफी असहमत रहते हैं और आनुवंशिक रूप से प्रदत्त संहिता और श्रेष्ठ प्राणियों के वास्तविक व्यवहार के बीच प्रत्येक के लिए अलग-अलग सम्बन्ध बतलाने के योग्य कोई नहीं रहा है। जीन विभिन्न और कभी-कभी विरोधी प्रकृति की अन्तःशक्ति के साथ बहुत अगणित होते हैं। विकसित होनेवाला वास्तविक व्यवहार जीव और पर्यावरण के बीच एक जटिल अन्तःक्रिया का उत्पाद है—स्वयं जीव के अन्दर अनेक आनुवंशिक विशेषताओं के कारण उत्पन्न विभिन्न दबावों के बीच कुछ अन्तःक्रिया हो सकती है। जहाँ तक मनुष्य के वास्तविक व्यवहार का सम्बन्ध है, इन सबको चाहिए

कि आनुवंशिक दाय को बिलकुल अनिश्चित बना दे। निश्चित रूप से केवल यही कहा जा सकता है कि आनुवंशिक कारक का दबाव बना रहता है, लेकिन केवल अन्त:शक्ति के रूप में। हालाँकि एक अत्यन्त साधारण उदाहरण इसके अभिप्राय को अंशत: व्याख्यायित कर सकता है। भूख मनुष्य के लिए स्वाभाविक है और एक भूखे व्यक्ति के लिए भोजन का प्रयास करना स्वाभाविक है। लेकिन, तेज भूख की स्थिति में भी भोजन यदि उसके जीवन के लिए खतरनाक है या अपमानजनक स्थितियों में दिया जाता है तो मनुष्य उस अर्पित भोजन को छूना अस्वीकार कर दे सकता है। यह अनिश्चितता मानव-मन को उन अनेक नैसर्गिक संचालनों के बीच, जिसका कि व्यक्ति सामना करता है, मध्यस्थता करने में निर्णायक भूमिका प्रदान करती है। मनुष्य की संस्कृति के बारे में कहा जा सकता है कि यह उस बिन्दु पर उत्पन्न हुआ है जहाँ, मानवीय मस्तिष्क के विकास में, प्रमस्तिष्कीय कोर्टेक्स ने मस्तिष्क स्तम्भ से मानवीय व्यवहार को निर्देशित करने की भूमिका का भार ले लिया था। इस तरीके से सांस्कृतिक अनुकूलन प्राकृतिक और सामाजिक पर्यावरण के प्रति आनुवंशिक अनुकूलन को अनुपूरित करता है या वृहत रूप से उखाड़ फेंकता है।

अनुकूलन की इस परवर्ती किस्म को आनुवंशिक अनुकूलन के ऊपर स्पष्ट लाभ प्राप्त है। आनुवंशिक अनुकूलन अनियमित है और ये शायद दसियों हजार वर्षों में घटित होते हैं। इनका कम समय के अन्दर पर्यावरण के परिवर्तन के साथ सामंजस्य नहीं हो सकता है। इस तरह, प्राय: अनुकूलन की वही पूर्णता एक प्रजाति को सत्यानाश की तरफ ले जाती थी: अर्थात् जब एक प्रजाति ने, जिसने एक निश्चित किस्म के जलवायवी और जैविक पर्यावरण के लिए अपने अंगों और व्यवहार को पूरा कर लिया था, स्वयं को पर्यावरण के अन्दर तापमान, आर्द्रता स्तर या जीवनदायी जन्तु और वनस्पति में अचानक परिवर्तन के सामने बिलकुल असहाय पाया। इस नए पर्यावरण में, दूसरी प्रजाति ने, जिसे पूर्व पर्यावरण के लिए कुछ कम अच्छे ढंग से लैस किया गया था, स्वयं को अत्यधिक अनुकूलित और जिन्दा रहने के योग्य पा लिया, जबकि वह प्रजाति जिसमें पूर्व पर्यावरण के लिए पूर्ण योग्यता थी, समाप्त हो गई। सांस्कृतिक अनुकूलन को यह लाभ प्राप्त है कि शारीरिक योग्यता और पर्यावरणीय उद्दीपकों के प्रति निर्धारित व्यवहार सम्बन्धी प्रतिक्रिया पर निर्भर होने की जगह यह प्रजाति के व्यवहार और इसके पर्यावरण, दोनों के बदलाव पर निर्भर करता है। इस तरह सांस्कृतिक प्राणी मनुष्य ने हिम युग के बावजूद अपना आश्रय बना लिया एवं आग से स्वयं को गर्म किया। जब शिकार या जंगली फल कम पड़ने या अनिश्चित होने लगे तो उसने अनेक तरह के अन्न और मूल, जो कच्ची स्थिति में खाने योग्य नहीं थे, को सेंककर और पकाकर उपलब्ध भोजन के दायरे को बढ़ा दिया; हाथियों और असिन्दतयुक्त बाघों, जो काफी शक्तिशाली थे, का सामना होने पर उसने अपनी लड़ाकू क्षमता को प्रारम्भिक हथियारों तथा

सामूहिक लड़ाई के तरीकों का आविष्कार कर पूरित किया। अनुकूलन के इस रूप का सबसे बड़ा लाभ यह था कि यह केवल नवीन व्यवहार या तकनीक सम्बन्धी अर्जन के विसरण की दर पर निर्भर करते हुए मनुष्य के जीवनकाल में ही कार्यान्वित और तेजी से प्रजाति के सभी सदस्यों में संचरित हो सकता था। इसका अनिवार्यतः यह अर्थ नहीं है कि मनुष्य के अन्दर की जैविक रूप से अर्जित विशेषताएँ मर चुकी हैं; इसका अर्थ केवल यह है कि वे सघन रूप से अपनी सांस्कृतिक रूप से अर्जित विशेषताओं से आच्छादित कर दिए गए हैं। लेकिन जातिवृत्तीय विशेषताएँ अपना दबाव डालना जारी रखती हैं, और सांस्कृतिक विशेषताओं को सफलतापूर्वक उनका सामना करना है या उनकी माँगों को पूरा करना है ताकि व्यवहार सम्बन्धी अव्यवस्था को रोका जा सके।

यह समस्या जन्तुविज्ञानी डेसमंड मोरिस के मानवीय चिड़ियाघर प्रभाव के कारण दोगुनी तेज हो जाती है।[1] डेसमंड मोरिस के अनुसार मनुष्य ने उन छोटी जनजातियों में अपनी विशेषताओं को विकसित किया जो काम करने के बड़े इलाकों के साथ काफी दूर-दूर पर बसी हुई थीं। आधुनिक शहरी व्यवस्था में वे चिड़ियाघर के प्राणियों की तरह शिकंजों में जकड़ी हुई हैं तथा वे व्यवहार सम्बन्धी गम्भीर विकृतियों को झेलती हैं। सौम्य विशेषताएँ भी, जिन्हें मानवीय चिड़ियाघर में निष्फल कर दिया जाता है, अपवित्रत हो जाती हैं और समस्याएँ उत्पन्न करती हैं। इसलिए मानवीय संस्कृति का आह्वान स्वयं न केवल अपने सहजवृत्ति सम्बन्धी व्यवहार से सृजित समस्याओं बल्कि अपने अस्तित्व की मानवीय चिड़ियाघर अवस्था द्वारा विकृत अपने व्यवहार से सृजित समस्याओं को भी सम्बोधित करने के लिए किया जाता है।

परन्तु, सांस्कृतिक अनुकूलन मानवीय व्यवहार के दोहरे प्रोत्साहन सम्बन्धी स्रोत का सृजन कर समस्याओं से जुड़ा हो सकता है; अर्थात् प्रकृति (आनुवंशिक विशेषताओं द्वारा प्रस्तुत) और संस्कृति (सामाजिक रूप से अर्जित विशेषताएँ) के प्रोत्साहन सम्बन्धी स्रोत। बिना सांस्कृतिक हस्तक्षेप के आनुवंशिक विशेषताओं में से कुछ जो अपनी उपयोगिता खो चुकी थीं अथवा हानिकारक हो सकती थीं, प्राकृतिक चयन की प्रक्रिया में दम तोड़ चुकी होतीं। सांस्कृतिक हस्तक्षेप के साथ ही वे जिन्दा रहती हैं और शान्त रहती हैं। दूसरी तरफ, कृत्रिम पर्यावरण और कृत्रिम अंगों अर्थात् उपकरणों और हथियारों की रचना कर मनुष्य की संस्कृति, जब मनुष्य लम्बी दूरी वाले अस्त्र का इस्तेमाल करता है, निश्चित प्रकार के व्यवहार के विरुद्ध अन्तर्निमित निषेधों के कार्यान्वयन को निष्फल कर देती है (उदाहरणार्थ, आचारशास्त्री खुश करनेवाले व्यवहार के अभाव की तरफ इशारा करते हैं जो आक्रमणकारी के आक्रमणशील व्यवहार पर निषेध की तरह काम करता है)। यह मानव प्राणियों के बीच चलनेवाले उन अनेक तरह के भावनात्मक विवादों के आधार पर हो सकता

है जो प्रकृति-संस्कृति द्वैत द्वारा या मनोविश्लेषणात्मक साहित्य में निर्दिष्ट इड और सुपर इगो के बीच के विवाद द्वारा व्यापक ढंग से वर्णित हैं। उपर्युक्त तथ्यों ने काफी मजबूती से इस बात का अनुमोदन किया है कि नैतिक उपदेश, विशेषकर धर्मों से सम्बन्धित उपदेश, आनुवंशिक रूप से अर्जित व्यवहार सम्बन्धी दबाव के विरुद्ध सांस्कृतिक रूप से अर्जित व्यवहार का सहारा देकर इस विवाद के विध्वंसक प्रभाव को परास्त करने के माध्यम हैं। यह अंशत: नैतिक समादेशों में निषेधात्मक संकेतों के आधिपत्य को स्पष्ट कर सकता है।

परन्तु, मानवीय मन पर इतनी अधिक पकड़ बनाने के लिए धर्म और संस्कृति की आवश्यकता तथा उसके नैतिक व्यवहार के निश्चित पहलुओं के पास भी उसके आनुवंशिक दाय में निश्चित रूप से एक आधार होना चाहिए। मसलन, सामाजिक जीवन की शाश्वतता यह अनुमोदन करती है कि मनुष्य में सामाजिक अस्तित्व की आवश्यकता अनेक सामाजिक प्राणियों की तरह जन्मजात है, और उसकी व्यवहार सम्बन्धी विशेषताओं में से कुछ निश्चित विशेषताएँ इसी से व्युत्पन्न होती हैं। जन्तुविज्ञानी डेसमंड मोरिस धर्म की उत्पत्ति का वर्णन आरम्भिक मानवीय समूहों की आवश्यकता के रूप में करते हैं कि नेतृत्व प्रदान करने तथा सामाजिक संसक्ति को दृढ़ बनाने हेतु दूसरे धर्माध्यक्षों की तरह एक सशक्त नेता मिल सके। वह लिखते हैं :

> "यह प्रथम दृष्ट्या आश्चर्यजनक लगता है कि धर्म इतना सफल रहा है, लेकिन इसकी चरम ओजस्विता समूह के सर्वशक्तिशाली प्रमुख सदस्य के समक्ष आत्मसमर्पण कर देनेवाली हमारी उस मौलिक जैविक मनोवृत्ति की शक्ति की महज एक माप है जिसे सीधे हमने अपने पूर्वज बन्दर और लंगूर से वंशानुक्रम से प्राप्त किया है। इस वजह से धर्म सामाजिक संसक्ति के सहायक उपकरण के रूप में काफी मूल्यवान साबित हुआ है और इसमें सन्देह है कि हमारी प्रजाति इसके बिना इतनी दूर तक प्रगति की होती, क्योंकि हमारी उत्पत्तियों से सम्बन्धित परिस्थितियों का विलक्षण संयोजन सामने है।"[2]

एक अन्य जन्तुविज्ञानी कोनराड लॉरेंज मूल्यों की भी जातिवृत्तीय उत्पत्ति की तरफ इशारा करते है :

> "संस्कृति क्या है? यह ऐतिहासिक रूप से विकसित सामाजिक नियमों और धार्मिक कृत्यों की एक प्रणाली है जो पीढ़ी-दर-पीढ़ी बनी रहती है क्योंकि भावनात्मक रूप से उन्हें मूल्य के रूप में महसूस किया जाता है। मूल्य क्या है? स्पष्टत: सामान्य और स्वस्थ जन उस उच्च मूल्य के रूप में किसी चीज की सराहना करने लायक होते हैं जिसके लिए जीवित

रहा जाता है और जरूरी हुआ तो मर जाया जाता है। ऐसी किसी अन्य कारणों से नहीं होता है, बल्कि इस कारण से होता है कि इसका विकास सांस्कृतिक अनुष्ठानीकरण में हुआ था और इसे उन्हें एक सम्मानित बुजुर्ग द्वारा सौंप दिया गया था। तब क्या मूल्य केवल उस वस्तु के रूप में परिभाषित है जिस पर पारम्परिक सामाजिक नियमों का बचाव करने और उन्हें सुरक्षित रखने की हमारी नैसर्गिक अन्त:प्रेरणा को स्थिर कर दिया गया है? पहले और सांस्कृतिक विकास के आरम्भिक चरणों में असंदिग्ध रूप से यही मामला था। अपने सबसे अच्छे प्रयास में भी वे केवल कार्यात्मक रूप से तर्कसंगत जवाबदेही से नियंत्रित व्यवहार के सदृश होते हैं। इस सन्दर्भ में वे सामाजिक व्यवहार के नैसर्गिक पैटर्नों से लेश मात्र भिन्न नहीं हैं।"[3]

ऊपर उद्धृत दोनों लेखक धार्मिक व्यवहार की जैविक जड़ों पर जोर देते हैं, तथा जैविक अभियानों के अपकर्षवाद के विरुद्ध शुरू में बतलाई गई सावधानी को ध्यान में रखते समय हमारे पास धर्म और सत्ता तथा उनसे निकलनेवाले नैतिक समादेशों की व्याख्या करने का कोई वैकल्पिक स्रोत नहीं है। हमें यह स्वीकार करना पड़ता है कि कुछ मायने में मानव प्राणी आनुवंशिक रूप से इस प्रकार के सांस्कृतिक व्यवहार के प्रति सुव्यवस्थित होते हैं।

परन्तु, यद्यपि अधिकांश बड़े धर्म इसकी तरफ झुक जाते हैं, लेकिन सभी धर्मों में सामाजिक रूप से खतरनाक अभियानों का मनुष्य की इच्छाओं पर निरोधक प्रभाव नहीं होता है। जैसा कि लॉरेंज उसी स्थान पर ध्यान दिलाते हैं, जैविक रूप से विकसित उन व्यवहार सम्बन्धी विशेषताओं में एक को, जिन्हें वह उग्र जोश कहते हैं, विध्वंसक और सृजनात्मक, दोनों के अनुकूल बनाया जा सकता था। वह कहते हैं :

"वह लक्ष्य जिसका उग्र जोश बचाव करने के लिए प्रवृत्त रहता है, सांस्कृतिक विकास के साथ बदल जाता है। मूलत: यह निश्चित रूप से ठोस का समुदाय था, व्यक्तिगत रूप से एक समूह के सदस्यगण, जो परस्पर व्यक्तिगत प्रेम और मित्रता के बन्धन में बँधे हुए थे। सामाजिक इकाई के विकास के साथ इसके सदस्यों द्वारा अपनाए गए सामान्य सामाजिक नियम और धार्मिक कृत्य इसे एक अस्तित्व की तरह संगठित करने के मुख्य कारक बन गए और इसी के साथ वे स्वत: इकाई के संकेत बन गए। सही पावलोवियार्ड अनुकूलन और अनुत्क्रमणीय छाप की एक निश्चित मात्रा की प्रक्रिया से इन कुछ हद तक अमूर्त मूल्यों को प्रत्येक मानवीय संस्कृति में प्रथम, सामुदायिक रक्षा प्रतिक्रिया के ठोस लक्ष्य की जगह प्रतिस्थापित किया गया है। उग्र जोश के कार्य हेतु लक्ष्य के इस पारम्परिक रूप से

अनुकूलित प्रतिस्थापन के महत्त्वपूर्ण परिणाम हैं। एक तरफ, इसके लक्ष्य का मूर्त स्वभाव इसे एक निश्चित अमानवीय पहलू दे सकता है तथा इसे निश्चित तौर पर खतरनाक बना सकता है—मैं पत्नी या बच्चे के लिए चिन्ता करता हूँ; दूसरी तरफ, यह वास्तविक नैतिक मूल्यों की सेवा में हिंसक जोश भरने के लिए सम्भव बना देता है। उग्र जोश के संकेन्द्रित समर्पण के बिना न कला, न विज्ञान, न ही सचमुच में मानवता का कोई बड़ा प्रयास कभी अस्तित्व में आया होता।"[4]

यह निष्कर्ष निकालना जायज है कि लॉरेंज जिसे 'वास्तविक नैतिक मूल्य' कहते हैं, वह यदि केवल मनुष्य में नैसर्गिक अभियान भी होता जो उस दिशा में उसकी भावनाओं का पूर्वाभिमुख होता है, उग्र जोश के समर्थन को सूचीबद्ध कर सकता था। अन्यथा, सभी मनुष्यों के जोश का उग्र ढंग से दूसरे मानव प्राणियों से लड़ने और उनका दमन करने का मार्ग बन गया होता। सचमुच, निश्चित मूल्यों की 'वास्तविक नैतिक' पहचान, मानव प्राणियों के बीच इन मूल्यों के प्रति निश्चित अन्तर्निहित सकारात्मक भाव के भीतर छोड़कर समर्थन का कोई आधार नहीं पा सकती थी। लॉरेंज और अनेक अन्य आचारशास्त्रियों ने दूसरे सामाजिक प्राणियों, विशेषकर प्रधान धर्माध्यक्षों, के अध्ययन से यह अटकल लगाया है कि मनुष्यों में अन्त:विशिष्ट आक्रामक शक्ति होती है जो प्रादेशिकता, क्रम परम्परा और मित्रवत व्यवहार से सम्बद्ध होती है। लेकिन, इन अभियानों के बावजूद मानवीय समाजों ने सामाजिक नियमों को विकसित किया है जो आक्रामकता पर रोक लगाते हैं तथा पारस्परिक सहयोग, प्रजाति के दूसरे सदस्यों के लिए आत्मत्याग और वैज्ञानिक एवं कलात्मक अनुसरणों को प्रोत्साहित करते हैं। इसने इस बात का अनुमोदन किया कि मानव प्राणियों के बीच सुदृढ़ परार्थवादी, अन्वेषणात्मक एवं सौन्दर्यबोधात्मक अन्त:प्रेरणाएँ भी होती हैं जो आक्रामकता के विरुद्ध नैतिक, वैज्ञानिक और कलात्मक मूल्यों को सहारा देती हैं। जहाँ तक अन्वेषणात्मक व्यवहार का सम्बन्ध है, अधिकांश जन्तुविज्ञानी मनुष्य लगायत सभी प्राणियों में इसकी उपस्थिति की बाबत सहमत हो गए। यद्यपि इस नैसर्गिक सौन्दर्यात्मक बोध पर ज्यादा ध्यान नहीं दिया गया है, पच्चीस हजार वर्ष पुराने या आधुनिक सभी मानवीय समाजों में कला के कामों की उपस्थिति, मनुष्यों द्वारा निर्मित घरों और उपयोग की अनेक वस्तुओं में सजावट सम्बन्धी विषयों की उपस्थिति तथा सभी ज्ञात समाजों में सत्य और संगीत के कुछ रूप स्पष्ट रूप से इसकी उपस्थिति की तरफ इशारा करते हैं। परोपकारिता की उपस्थिति, हालाँकि, जीवविज्ञानियों के बीच आज भी गम्भीर विमर्श का विषय बनी हुई है। फिर भी, इसके पक्ष में एक सुदृढ़ विचार है।

विशुद्ध आदर्श विशेषता से पृथक एक जैविक विशेषता के रूप में परोपकारिता को हाल से पहचान मिलनी शुरू हुई है, जबकि डार्विन ने इसका एक सदी पूर्व ही

वर्णन कर दिया था। कुछ वर्ष पहले 1937-38 में एक नोबेल विजेता शरीर विज्ञानी चार्ल्स शेरिंगटन ने परोपकारिता का गुणगान करने के बावजूद इसे अतिजीवन के विकासात्मक अभियान के विपरीत माना था। उसने लिखा है :

"परोपकारिता का सामना पुरानी मौलिक 'जीने की अन्त:प्रेरणा' से होता है। एक बहुत बड़ा विधि विरोध उत्पन्न हो जाता है जिसका सामना मनुष्य के जीवन को करना पड़ता है। मनुष्य और शेष जीवन के बीच सच में एक नया अन्तर आ गया है। वह अपने उपग्रह पर एक जीवन अर्थात् जीवन की क्रान्तिकता के रूप में खड़ा होता है। पुराने 'जीने के अभियान' का मुकाबला करनेवाली उसकी परोपकारिता एक विधि-विरोध है जो उसे अन्य सभी ज्ञात जीवनों से अलग करती है। यह इस पर आ जाता है कि उसके दृष्टान्त में इसके द्वारा जीवन का अनुमोदन किए जाने के पूर्व 'जीने का उत्साह' परिस्थितियों का निर्माण करता है।"[5]

दूसरी तरफ, आज के जीवविज्ञानी सामान्यत: प्राणी-जगत में परोपकारिता की उपस्थिति पर सहमत हो जाते हैं। लेकिन, इस बारे में वाद-विवाद है कि कैसे इस तरह का गुण प्राकृतिक चयन की प्रक्रिया के माध्यम से टिक सकता था। लेकिन, अब इस विशेषता को दूसरों के लिए त्याग करने के सचेतन कार्य का गुण कहे बिना विशुद्ध जैविक पदों में देखा जाता है। चिड़ियों में विद्यमान इस बाद वाली परोपकारिता के बारे में वी.सी. वाइने एडवर्डस लिखते हैं :

"...उदाहरणार्थ, हम जानते हैं कि चिड़ियों की अनेक प्रजातियाँ हैं जिनमें प्रजनन करनेवाले युग्म घोसला बनाने या घोसले में काम पर लगे माँ-बाप को खिलाने या छोटे की देखभाल करने में कॉलोनी या सामाजिक समूह के अन्य सदस्यों से सहायता ग्रहण करते हैं। वे जो सहायता कर अपनी ऊर्जा का सामान्य भलाई के लिए त्याग करते हैं और बदले में उन्हें कोई तत्काल या निश्चित लाभ नहीं मिलता, इसका सामाजिक रूप से बहुमूल्य अनुकरण होता है।"[6]

एक निश्चित प्रकार की परोपकारिता भेड़िया जैसे कुछ परभक्षी प्राणियों में पाई जाती है जो झुंड में आक्रमण करते हैं। आक्रमण के क्रम में कुछ व्यक्ति अपना जीवन त्याग दे सकते हैं, लेकिन समूचे समूह को शिकार करने में लाभ होता है। प्रजाति को इसका स्पष्ट लाभ मिलता है, यद्यपि व्यक्ति अपना जीवन त्याग देता है। इसलिए, जीव विज्ञानियों की प्रवृत्ति व्यक्तिगत चयन के विचार को समूह चयन और रिश्तेदार चयन से अनुपूरित करने की होती है जिसमें इस तरह के परोपकारवादी व्यवहार के माध्यम से समूचा समूह या रिश्तेदार व्यष्टि की कीमत पर अतिजीवन के संघर्ष में कुछ प्राप्त करना है। इस तरीके से परोपकारवादी गुण

बना रहता है। हालाँकि, जिस तरीके से परोपकारिता इन प्राणियों में या उन प्राणियों में जो विकासात्मक पैमाने के उच्चतर स्तर पर खड़े होते हैं, कार्य करती है, इनमें एक अन्तर होता है। वी.सी. वाइने. एडवर्डस जिन्हें हमने ऊपर उद्धृत किया है, वह निम्न प्राणियों में पाए गए परोपकारवाद से मनुष्य के अन्दर के परोपकारितावाद के अन्त को संकेतित करते हुए मानवीय नैतिकता को मनुष्य के इस नैसर्गिक परोपकारितावाद के रूप में चिह्नित करते हैं। वह लिखते हैं :

> "इस व्याख्यान में मेरा वास्ता विशेषत: व्यष्टि और समाज के बीच के विवाद से है जो मनुष्य हेतु नैतिकता या सामाजिक आचार में रूपान्तरित हो गया है। वर्तमान उद्देश्य से नैतिकता ठीक परोपकारितावाद की तरह है; जैसा कि मैंने कहा है, इसका अभिप्राय है पहले समूह के कल्याण को रखना और व्यक्तिगत लाभ को इसके अधीन लाना। लेकिन, मनुष्य में तथा एक मामूली हद तक दूसरे स्तनधारियों में परोपकारितावादी आचरण निम्न प्राणियों में पाए जानेवाले उस गुण से विभिन्न भौतिक आधार पर विश्वास करने के लिए आया है।
>
> "ये निम्न प्राणी जैसा कि हमने देखा, सामाजिक संहिता का पालन करते हैं क्योंकि ऐसा करने के लिए वे दृढ़ रूप से बाध्य होते हैं : उनके लिए 'मूसा के दस धर्मादेश' आनुवंशिक रूप से निर्धारित हैं तथा उनका अनुपालन करने की नैसर्गिक प्रेरणा अनिवार्य है। अनेक अन्य क्षेत्रों में, हालाँकि, ये प्राणी अनुभव या अन्तर्दृष्टि के आलोक में अपने व्यवहार को अनुकूलित करने और बदलने के लिए स्वतंत्र हैं।"[7]

यदि सामाजिक संहिताएँ परिवर्तनशील पर्यावरणीय दबावों के प्रति तेज अनुकूलन सुनिश्चित करने हेतु आनुवंशिक संहिता का स्थानापन्न बननेवाली होती हैं तो मनुष्य को नये पर्यावरणीय परिवर्तनों के साथ तेजी से सामंजस्य बैठा लेने के योग्य बनाने हेतु एक नैसर्गिक अनाग्रह हो जाता है, तथा एक आचार संहिता के रूप में अर्जित व्यवहार को तेजी से भीतर करने की एक अन्तर्निर्मित क्षमता होनी चाहिए। प्रथम क्षमता की उपस्थिति परिवर्तनशील पर्यावरण के सामंजस्य में मानवीय संस्कृतियों के तेज विकास से साबित होती है। दूसरी क्षमता की उपस्थिति भी मानवों में विकासात्मक प्रक्रिया के अध्ययन से जाँची जाती है।

मनुष्य में ज्यादातर उसका व्यवहार, चाहे वह मौखिक या धार्मिक या पेशेवर हो, सीखा जाता है। यह सभी ज्ञान मनुष्य के आरम्भिक जीवन के दौरान कम समय में सामाजिक रूप से संचरित प्रत्येक चीज के तीव्र स्वांगीकरण से चिह्नित होता है। यह ज्ञान बुजुर्गों से मिलनेवाली नैतिक संहिताओं के तीव्र आन्तरिकीकरण को भी शामिल करता है। आरम्भिक बचपन के दरम्यान ही मनुष्य बुजुर्गों की तरफ से आनेवाले धर्मादेशों को सम्पूर्णत: अविवेचित रूप में स्वीकार करता है।

सुप्रसिद्ध विकासात्मक मनोवैज्ञानिक जीन पिएजेट ने सावधानीपूर्वक बच्चों में प्रथम नैतिक व्यवहार के बुर्जुआकरण को लिपिबद्ध किया है जो स्पष्टत: माँ-बाप या बुजुर्गों द्वारा प्रदत्त संहिताओं के साथ सुदृढ़ जुड़ाव की तरफ इशारा करता है। संकेतों या संहिताओं के साथ सबसे शक्तिशाली जुड़ाव विकास के आरम्भिक चरण में विकसित होता है। बाल-व्यवहार के अपने अध्ययन तथा बच्चों द्वारा नैतिक विषयों से सम्बन्धित प्रश्नों के दिए गए जवाब के आधार पर वह इस निष्कर्ष पर पहुँचते हैं :

> "नैतिक प्रतिबन्ध का लक्षण वर्णन एकपक्षीय सम्मान द्वारा किया जाता है...यह सम्मान नैतिक बन्धन एवं कर्तव्यबोध का स्रोत होता है : सम्मानित व्यक्ति से मिलनेवाला प्रत्येक धर्मादेश एक अनिवार्य नियम का प्रस्थान बिन्दु होता है। यह हमारी जाँच से काफी सन्तुष्ट हुआ है। सत्य बोलने की बाध्यता, चोरी नहीं करने इत्यादि सरीखे अनेक कर्तव्य हैं जिसका बच्चे बहुत गहराई से अनुभव करते हैं, यद्यपि वे अपने मन से निकलते नहीं हैं। वे वयस्कों से मिलनेवाले तथा बच्चों द्वारा स्वीकृत समादेश हैं। इसलिए, मूलत: कर्तव्य की यह नैतिकता अनिवार्य रूप से पराधीन है। वयस्क की इच्छा का पालन करना सही है, अपनी निजी इच्छा रखना गलत है...।"[8]

नैतिक लगाव का यही सबसे पहला चरण है, और बच्चों के बारे में जो सत्य है, वह उन अनेक समाजों के भीतर वयस्कों के बारे में भी सत्य हो सकता है। इनमें वयस्क भी पितातुल्य दिखने के बावजूद, चाहे वे भगवान हों, कोई दूसरे देवता हों, महान पैगम्बर या कानूनदाता हों, बच्चों जैसा व्यवहार करते हैं। वयस्कों द्वारा दी गई नैतिक संहिताओं पर आरम्भिक बाल्यावस्था में मनुष्य का निर्धारण एवं पूर्व में उद्धृत डेसमंड मोरिस का धर्म की जैविक उत्पत्ति सम्बन्धी विचार, इन दोनों के बीच के सम्बन्ध को देखना आसान है। परेशान करनेवाली समस्याओं से रू-ब-रू वयस्क बच्चों की तरह पिता समान लोगों के मार्ग निर्देशन को प्राप्त करते हैं। वे इस मार्ग निर्देशन को अचूक मानते हैं। यह उनकी नैतिक जटिल निर्णयों की व्यक्तिगत जवाबदेही से बचने में मदद करता है। अनुभव और ज्ञान बहुत महत्त्वपूर्ण होते हैं, लेकिन इन संकेतों से इस गहरे भावनात्मक लगाव को, जो प्राय: कष्टप्रद हो सकता है तथा तात्कालिक इच्छाओं को निष्फल करता है, बगैर किसी जैविक आधार के स्पष्ट कर पाना मुश्किल है। ठीक जिस तरह से भाषा के मामले में होता है (चोम्स्की द्वारा यथा अनुमोदित) कि बच्चे के लिए किसी भाषायी समूह का सीमित अभिव्यक्तिकरण भाषा की विस्तृत व्याकरण-सम्मत संरचना को जैसा कि वे करते हैं, भाषा सीखने की नैसर्गिक शक्ति के बिना अपने भीतर डाल पाना ही पर्याप्त नहीं होगा, उसी तरह नैतिक संहिताओं के आरम्भिक अधिचिह्न को उसकी पकड़ की दृढ़ता के साथ पैतृक आदेशों को

अपने भीतर बैठाने की कुछ जन्मजात प्रवृत्ति के बिना व्याख्यायित नहीं किया जा सकता है। मूर्धन्य प्राणी मनुष्य ने खतरनाक आन्तरिक प्रेरणाओं के विरुद्ध अपनी आरम्भिक मनोवैज्ञानिक अन्तर्बाधाओं को निमग्न कर दिया है। मनुष्य में यह आन्तरीकृत नैतिक आदेश अन्तर्बाधात्मक और नियामक कार्यों का अधिग्रहण करता हुआ प्रतीत होता है।

जीन पिएगेट कमोबेश दुर्खाइम के विचार का ही समर्थन करते हैं कि नैतिक नियंत्रण समाज के नियंत्रण से अलहदा नहीं है, और ईश्वर समाज के मात्र दैवीकरण हैं। पवित्र और अपवित्र के बीच का अन्तर जो धर्मों के महत्त्वपूर्ण हिस्से की रचना करता है, इस तरह महज आन्तरिकृत सामाजिक नियंत्रण और सामाजिक तथा व्यक्तिगत को संकेतिक करनेवाली वस्तुओं के बीच की भिन्नता प्रतीत हुआ। लेकिन, वह एक कदम आगे बढ़ता है और यह दिखलाता है कि जिस तरह बच्चे बड़े होते हैं और एक-दूसरे का तथा अपने माँ-बाप का सहयोग करते हैं, वयस्कों पर निर्भरता सहयोग को धीरे-धीरे स्थान देने लगती है, तथा नैतिकता की एक उच्च अवस्था अनुघटित होती है—जहाँ संहिता पराधीन होने की बजाय स्वायत्त बन जाती है। अर्थात्, इस अवस्था में नैतिक संहिताएँ बाहर से दी गई कोई चीज मालूम नहीं पड़ती हैं, बल्कि चेतना की आवाज यानी एक स्वायत्त इच्छा की आवाज जैसी अनुभव होती हैं। इस अवस्था में सही के विचार की जगह नैतिक रूप से अच्छे का विचार आ जाता है। वह लिखते हैं :

> "...क्योंकि हमने बच्चों में दो नैतिकताओं के अस्तित्व को स्वीकार किया है। पहला, प्रतिबन्ध से सम्बन्धित तथा दूसरा, सहयोग से सम्बन्धित। प्रतिबन्ध की नैतिकता उस विशुद्ध और सहज कर्तव्य तथा पराधीनता से सम्बन्धित है। बच्चा वयस्कों से उन नियंत्रणों की एक निश्चित संख्या स्वीकार करता है जिनके आगे वह झुक जाता है, चाहे परिस्थितियाँ जो भी हों। सही वह है जो इन नियंत्रणों के अनुरूप हो जाता है; गलत वह है जो ऐसा करने में असफल हो जाता है; इस विचार में आशय की भूमिका कम रहती है और जवाबदेही सम्पूर्ण रूप से वस्तुनिष्ठ होती है। लेकिन पहले इस नैतिकता के समानान्तर तथा बाद में इसके मुकाबले, धीरे-धीरे सहयोग की नैतिकता विकसित होती है जिसका मार्गनिर्देशन करने वाला सिद्धान्त एकात्मकता है तथा जो अन्तरात्मा की स्वायत्तता पर प्राथमिक जोर डालती है, अभिप्राय पर जोर डालती है और फलस्वरूप विषयनिष्ठ जवाबदेही पर जोर डालती है। अब यह ध्यातव्य है कि यद्यपि पारस्परिक सम्मान के नैतिक नियम मूल्यों की दृष्टि से उस एकपक्षीय सम्मान का विरोध करते हैं, पारस्परिक सम्मान, फिर भी इस विकास के कारणों की दृष्टि से उस एकपक्षीय सम्मान का स्वाभाविक परिणाम होता है। यहाँ तक कि बच्चा मनुष्यता की ओर प्रवृत्त होता है और वयस्क के साथ उसका सम्बन्ध समानता

की ओर प्रवृत्त रहता है। प्रतिबन्ध से सम्बन्धित एकपक्षीय सम्मान कोई स्थायी तन्त्र नहीं होता है तथा साम्यावस्था जिसकी ओर यह प्रवृत्त होता है, वह पारस्परिक सम्मान के अलावा कोई दूसरी चीज नहीं होती है..."[9]

वह इस विकासात्मक प्रक्रिया को समाज तक भी विस्तारित करते हैं तथा विकास के आरम्भिक चरण को दुर्खाइम के खंडयुक्त समाज के समान मानते हैं जहाँ नियन्त्रण की नैतिकता तथा बुजुर्ग लोगों की प्रबलता प्रभावी होती है। और जैविक समाज के साथ विकास के पश्चमागी चरण का, जहाँ नैतिकता पारस्परिक सम्मान और सहयोग पर आधारित है, ज्यादा महत्त्वपूर्ण स्थान है। यहाँ फिर हमें विशेष और निश्चित से सामान्य की तरफ बढ़ने की मानवीय मन की प्रवृत्ति दिखलाई देती है, जहाँ निश्चित सम्बन्ध एक मूर्त आदर्श में बदल गया है। अन्ततोगत्वा यह मूर्त आदर्श ही है जो मनुष्य के निश्चित व्यवहार का नियंत्रण करना शुरू कर देता है। आदर्शीकरण में मानवीय मन के पास उस प्रवृत्ति को बढ़ाने की सामर्थ्य होती है जो इसे भीमकाय रूप में जकड़ लेती है और यह भीमकाय रूप उन नैसर्गिक मनोवृत्तियों से जिनका यह समर्थन करती है, लड़ने में मदद करता है।

पूर्वोक्त विवेचना में हम इस उलझन का जवाब पा सकते हैं जिसमें अस्तित्ववादी चुनौती ने नैतिक विषयों को परोसा था : अर्थात् इस प्रश्न का जवाब कि 'नैतिक संहिताओं की सत्ता कहाँ से आती है?' इसका उत्तर यह है कि नैतिक संहिता का स्रोत किसी बाह्य सत्ता या वैज्ञानिक-दार्शनिक सत्य में निहित नहीं होता है, बल्कि माँ-बाप द्वारा बताए गए समाज के नियंत्रणों को अन्तर्निहित रूप से स्वीकार करने की मनुष्य की जन्मजात मनोवृत्ति में निहित होता है। समाज से मिलनेवाले तथा बुजुर्गों द्वारा बताए गए नैतिक नियंत्रणों के एक समुच्चय का गुण जो भी हो, बच्चों की तरह वयस्कों को भी एक पवित्र संहिता के कारण समस्त सम्मान के साथ उनको स्वीकार करने के लिए सुव्यवस्थित किया जाता है। चूँकि, ये नियंत्रण सामाजिक तंत्र का हिस्सा हो जाते हैं, पीढ़ी-दर-पीढ़ी संचरित होते हैं तथा परिष्कृत धार्मिक कृत्यों के भाग बन जाते हैं, इसलिए ये प्राचीन परम्परा से सम्बद्ध किए जाने से अधिकार अर्जित करते हैं। लेकिन जैसा कि हम देख चुके हैं, ये संकेत निरंकुश नहीं हैं बल्कि हमारे जीवन के एक उपचार के रूप में विकसित होते हैं तथा निम्न प्राणियों के अन्दर दृढ़ता से निर्धारित की गई नैसर्गिक व्यवहारात्मक बनावट के प्रतिनिधि होते हैं। इन नियंत्रणों या संहिताओं के अन्तिम स्रोत के सम्बन्ध में यह दार्शनिक वाद-विवाद इस साधारण कारण से बेमानी है कि इस तरह के स्रोत का अस्तित्व समाज में विस्तार करनेवाले मानवीय मन के बाहर नहीं होता है।

प्रत्येक चीज आदर्श की तरह मानवीय समुदाय में धारित विचार-क्षेत्र के सिवाय इन संहिताओं का कोई स्वतंत्र अस्तित्व नहीं है, तथा फिर भी, वे एक

विचारणीय सामाजिक प्राणी के रूप में मानवीय अस्तित्व की एक अनिवार्य स्थिति का निर्माण करते हैं। वे मानव प्राणियों के बीच गहन रूप में अनुभूत आन्तरिक अन्त:प्रेरणा से उत्पन्न होते हैं तथा लोलुपता से वे वृद्धिशील लोगों की काफी तादाद द्वारा स्वीकार कर लिए जाते हैं। वे सचेतन रूप से प्रकल्पित नियमों और संस्थाओं से एक भिन्न श्रेणी में होते हैं जिसमें वे मानवीय इच्छाओं से सम्बन्धित होते हैं तथा प्राय: उनकी मुख्य भूमिका मानवीय आवेशों और इच्छाओं का नियंत्रण करने में होती है।

यह उल्लेखनीय है, इन समादेशों का सर्वोपरि स्वर नकारात्मक होता है : वे जान से नहीं मारेंगे, व्यभिचार नहीं करेंगे, आपकी भूख को नियंत्रित करेंगे, आपकी इन्द्रियों की माँगों को नियंत्रित करेंगे इत्यादि। इसके विरुद्ध प्रत्येक अनैतिक मानवीय प्रयास को अपनी पूर्ति के लिए आनन्द और खुशी की तलाश कर रही इच्छाओं के द्वारा प्रोत्साहित किया जाता है। सौन्दर्यबोधात्मक प्रयास भी किसी तरह के सौन्दर्यबाधात्मक आनन्द से प्रोत्साहित होते हैं। नैतिक संहिताओं की यह एकात्मकता मानवीय कार्यों के पीछे के दोहरे प्रोत्साहनों में उत्पन्न हो सकती है। इस सन्दर्भ में हमने पूर्व में चर्चा की है। अर्थात्, एक तरफ, उन नैसर्गिक अन्त:प्रेरणाओं की माँग होती है जिसे मनुष्य अधिकांश अन्य प्राणियों के साथ साझा करता है, तो दूसरी तरफ, उस संस्कृति की माँग होती है जिन्हें मनुष्य ने अर्जित किया है तथा जो प्राय: पूर्व की तरह की अन्त:प्रेरणाओं का विरोध करती हैं। ये दो तरह के प्रोत्साहन बाह्य शक्तियों के रूप में प्रक्षेपित होते हैं तथा ये बाह्य शक्तियाँ मानव प्राणियों पर प्रतिकूल दबाव डालती हैं। कतिपय श्रेष्ठ धर्मों में उनका आदर्शीकरण अच्छाई और बुराई की शक्तियों में होता है : यहूदी, ईसाई और इस्लाम धर्मों में वे ईश्वर और शैतान के रूप में प्रस्तुत किए जाते हैं, उपनिषदीय धर्म जो अत्यधिक दार्शनिक है, इसमें वे निवृत्ति और प्रवृत्ति (ऐन्द्रिक आनन्दों से लगाव तथा विलगाव) के रूप में प्रस्तुत होते हैं और बौद्ध धर्म में बुद्ध और मार के रूप में प्रस्तुत होते हैं। प्रत्येक स्थिति में दुर्भावना मनुष्य को भौतिक खुशियाँ प्राप्त करने अर्थात् पशु इच्छाओं की पूर्ति करने हेतु प्रोत्साहित करती है, जबकि सद्‌भावना उसे उन सबसे दूर रहने की चेतावनी देती है।

इस प्रकार के आदर्शीकरण तथा एक परिष्कृत ब्रह्मांडशास्त्र एवं पुराणशास्त्र में इन दो विरोधी दबावों का समावेशन मनुष्य की उसके स्वार्थी आवेगों और भूखों के प्रोत्साहनों से ऊपर उठने के उसके संकल्प में मदद करता है तथा उस संहिता के अनुरूप बन जाता है जो सामाजिक माँगों की लय में होता है। पुराणशास्त्रीय परिष्कार मूल्यों को उसके जीवन के प्रत्येक पहलू से जोड़ता है, मानवीय इच्छाओं के विभिन्न प्रकारों और सूक्ष्मभेदों के बीच बारीक अन्तर करता है, तथा उन्हें धार्मिक अनुष्ठानों से जोड़ता है। धार्मिकीकृत व्यवहार प्राणियों में शाश्वत होता है

तथा प्रभावी ढंग से धर्मों में मजबूत हो रहा है क्योंकि अपरीक्षित और अनिश्चित पर्यावरण के बीच व्यवहार के धार्मिकीकृत साँचे में एक व्यक्ति को निश्चितता और सुरक्षा का बोध होता है। इसलिए प्रत्येक स्थिति में लोगों को निर्देशन का एक बोध दिया जाता है। लेकिन, हमारी पशु प्रेरणाओं के दमन की अपनी सीमाएँ हैं और इसलिए, अधिकांश धर्म कभी-कभी उन हर्षोल्लासों में प्रतिबन्धों और संहिताओं के धार्मिक उल्लंघनों को स्वीकार भी करता है जो कभी-कभी रहस्यानुष्ठान के रूप में प्रकट होते हैं। शायद ये सेफ्टी वाल्व की तरह काम करते हैं।

आचार संहिताएँ जिस तरह से उत्पन्न होती हैं, वे उन्हें एक अधिकार प्रदान करती हैं जिसे तर्कसंगत विश्लेषण या कारण के अधीन नहीं किया जा सकता है क्योंकि अन्तिम विश्लेषण में वे मानवीय अनुभूतियों के अन्दर उत्पन्न होती हैं। इनके पीछे निश्चित रूप से एक प्रकार की बुद्धिसंगतता है क्योंकि अन्ततोगत्वा लोगों ने अपने कल्याण और अतिजीवन के लिए संहिताओं की उपयोगिता को महसूस किया है। लेकिन, लोग उन तक एक लागत मूल्य-लाभ प्रकार के तर्कसंगत विचारों के माध्यम से नहीं पहुँचते हैं। निस्सन्देह, ये संहिताएँ किसी अचूक मार्गदर्शक को शामिल नहीं कर सकती हैं। लेकिन, ये कुल मिलाकर समुदाय की अच्छी सेवा करती हैं, अपनी उत्पत्ति में अतार्किक होने के तौर पर ये वाद-विवाद या सन्देह के विषय नहीं हैं और इस तरह, ये अपने आकर्षण के वृहत्तर आधार और निश्चितता से बुद्धिसंगतता की कमी को पूरा करती हैं। लोग अपनी भावनाओं से प्रेरित हो जाते हैं। ऐसा इस पसन्द की वजह से होता है कि उनका विश्वास आसानी से इस तथ्य में देखा जा सकता है कि प्रोफेसरों और दार्शनिकों द्वारा प्रकट की गई अनेक नैतिक संहिताएँ रही हैं जिनके पीछे उत्कृष्ट तर्क है, लेकिन कुछ लोग किसी बहुत बड़े जनसमर्थन को सूचीबद्ध कर लिए हैं यद्यपि वे मित्र प्रोफेसरों और दार्शनिकों के बीच प्रशंसा बटोर ले सकते थे। लेकिन, इसकी अपील की तर्कशक्ति की अप्रासंगिकता में धार्मिक या छद्म-धार्मिक सम्प्रदायों के माध्यम से मनुष्यों को नियंत्रित करने के विध्वंसक आवेगों का खतरा भी निहित होता है।

दो नए धार्मिक सम्प्रदाय (या वस्तुतः छद्म धार्मिक सम्प्रदाय) जो सबसे ज्यादा विकसित हुए हैं, फासीवाद-राष्ट्रवाद एवं साम्यवाद हैं। इनमें से पहला, घोषित तौर पर तर्क बुद्धिवाद का विरोधी रहा है तथा दूसरा, यद्यपि अपनी उत्पत्ति में तर्कबुद्धिवादी एवं वैज्ञानिक होने का दावा करता है, अपनी वैज्ञानिक-तर्कसंगत नींव एवं राष्ट्रवाद, मसीहावाद, और अनेक तरह की भावुकता के साथ अपने सरेखण से अपने विचलन के अनुपात में सीधे समर्थन प्राप्त कर लिया। साम्यवाद ने अतिरिक्त तौर पर ईसाइयत के धार्मिक मूल्यों से अपील की है जिसे पूर्व से ही विश्व के अनेक हिस्सों में लोगों के बीच गहरे रूप से अन्तर्निहित किया जा चुका था। लेकिन, इस तरह के धार्मिक सम्प्रदायों की आयु कम होती है, क्योंकि सांस्कृतिक अनुकूली

क्रियाविधि आत्मशोधक होती है तथा अत्यधिक बद्धमूल सुदम्य अनुभूतियाँ उनके विरुद्ध आना शुरू कर देती हैं।

अपनी प्रकृति के अनुरूप धर्म के नैतिक मूल्यों को लोग अपने टोना-टोटका वाले ओझा-गुनियों और पैगम्बरों के माध्यम से प्राप्त करते हैं जो एक बड़े मिशन के बोध के साथ भावनात्मक रूप से आवेशित रहते हैं। इन मूल्यों का इलहाम या तो एक ओझा-गुनियों के माध्यम से होता है जब वह आत्म-विस्मृति की अवस्था में रहता है और यह अनुभव करता है कि वह केवल उस देवता का वाहक है जो उसके माध्यम से बोलते हैं या फिर पैगम्बरों के माध्यम से होता है जो ईश्वर या देवदूत की उस वाणी या आन्तरिक वाणी को सुनते हैं जिसका स्रोत किसी उच्च शक्ति में रहता है। ऐसे विचार हमेशा संकट के समय उत्पन्न होते हैं जब पुराने मूल्य एक गलत पात्र में पड़े प्रतीत होते हैं या तात्कालिक परिस्थितियों में अपर्याप्त साबित होते हैं।

नैतिक उपदेशक जिस तरह से अपनी अनुभूतियों को अभिव्यक्त करते हैं तथा कवि या कलाकार जिस तरह से स्वयं को अभिव्यक्त करते हैं, दोनों के बीच एक समानता है। दोनों काफी संवेदनशील होते हैं तथा अपने विचार और अनुभूतियों में उस समाज के प्रबल सरोकार को आत्मसात कर लेते हैं जिस समाज में वे रहते हैं। लेकिन, अभिव्यक्ति इन दोनों में अलग-अलग रूप ग्रहण करती है। महान कवि या कलाकार अपनी अनुभूतियों को सौन्दर्यबोधात्मक रूप प्रदान करते हैं जिसमें किसी को सम्मिश्रित उदात्त और छायावाद या अशुभ भी मिल सकता है; चूँकि कलाकृति मानवीय स्थिति के विरोधों के जरिए बनी रहती है और उनको आत्मसात् करती है, इसलिए यह धीरे-धीरे उभरते हुए तथा कलात्मक रूप की सर्जना के माध्यम से उन पर विजय प्राप्त करते हुए पैदा होती है। लेकिन, चूँकि कलाकृति की रचना लोगों के सुख और दुख से की जाती है तथा यह उनके अनुभवों से सम्बन्धित होती है, इसलिए लोग तुरन्त इसमें अनुभूतियों की अनुगूँज सुनते हैं और इसके वशीभूत हो जाते हैं। उसी तरह, नैतिक उपदेशक काफी संवेदनशील व्यक्ति होते हैं जिन्हें अपने समय के महान नैतिक विषयों की चिन्ता रहती है और जैसे ही उनके ऊपर के प्रतिकूल दबावों के बीच का आन्तरिक विवाद उन्मत्त पड़ाव पर पहुँच जाता है, सहसा एक अन्तर्दृष्टि आ जाती है अर्थात् असली सोच के इनकार साफ होने का गुण और वह एक उच्चतर दुनिया में उन्नयित महसूस करते हैं जहाँ से वह स्पष्टता के साथ अच्छाई की शक्तियों और बुराई की शक्तियों के बीच के महान विभाजन और सही मार्ग को देख सकते हैं। उनके समक्ष परेशान करनेवाली समस्याओं के झुरमुट से होकर गुजरनेवाला मार्ग स्पष्ट रूप से रेखांकित हो जाता है। यह स्पष्टता या तो ईश्वर के नियंत्रण से आ रही प्रतीत होती है या उसकी अन्तर्वाणी से आ रही मालूम पड़ती है; यह एक असंदिग्ध और अमिट रूप से निर्धारित आचार संहिता है

जिससे वापस नहीं लौटना है। उनका पहले का व्यक्तित्व समाप्त हो जाता है। वे या तो बुद्ध, ईश्वर-पुत्र, ईश्वर के सन्देशवाहक होते हैं या ज्यादा मर्यादित रूप में अपनी अन्तरात्मा से बोलनेवाले ईश्वर के भोंपू होते हैं। अब उन्हें उस सन्देश के लिए जीना या मरना होता है जो उनके माध्यम से दिया गया होता है। दूसरा कुछ भी नहीं होता है। पैगम्बर को पितातुल्य दिखना पड़ता है तथा विश्वसनीय बनने के लिए, उसे अलौकिक शक्तियों से लैस होना चाहिए। चूँकि वे लोगों को जो मूल्य प्रदान करते हैं, वे सीधे उनकी चिन्ता से सम्बन्धित होते हैं, इसलिए वे धीरे-धीरे अपनी महत्ता का अहसास करते हैं तथा पैगम्बर को अनुयायियों का एक बहुत बड़ा समाज मिल जा सकता है। नैतिक संहिताओं को जैसे-जैसे समाज द्वारा स्वीकार किया जाना शुरू कर दिया जाता है, उनके आन्तरिक के चारों तरफ निश्चित समस्याओं से सम्बन्धित बहुशाख विकसित होना शुरू हो जाती हैं जिनके समाधान हेतु संहिताओं के अनुयायियों से प्रार्थना की जाने लगती है।

चूँकि इस तरीके से पैदा होनेवाली नैतिक संहिताएँ एक खास समाज का उत्पाद होती हैं, इसलिए उस समाज की विशेष समस्याएँ उनके चरित्र पर ज्यादा रंग चढ़ा देती हैं। यदि समाज अनुदार है तथा एक विलोम पर्यावरण में रहता है तो उनमें वे तत्त्व हो सकते हैं जो मानवीय आक्रामकता को रोकने की बजाय इसे उन लोगों के विरुद्ध विचलित करने का प्रयास करते हैं जो उस बैरी पर्यावरण का निर्माण करते हैं। ये तत्त्व उस विलोम पर्यावरण को बुराई के एजेंट के रूप में चित्रित करते हैं। जैसा कि कोन्‌राड लॉरेंज ने प्रदर्शित किया है, प्राय: सामाजिक प्राणियों के समूह के अन्दर एकता बाह्य समूह के विरुद्ध दुश्मनी में वृद्धि से बढ़ जाती है। मनुष्य की प्रवृत्ति एक सामाजिक प्राणी होने के नाते उसी तरह की हो सकती है। धर्म प्राय: इस प्रकार की उत्पत्ति के साथ आक्रामक रूप अख्तियार कर लेता है तथा समूह के अन्दर का विवाद समाप्त करते हुए दूसरे समूहों के विरुद्ध और ज्यादा तेज विवाद उत्पन्न कर देता है। इस तरह, नास्तिक व्यक्ति को बर्बाद करने या धर्मान्तरित कराने का धर्मान्तरणकारी उत्साह पुनर्निर्देशित आन्तरिक आक्रामकता का केवल छद्‌मवेषी रूप हो सकता है। इन कारकों के कारण सभी धार्मिक संहिताएँ हमारी निम्न वृत्ति को रोकने की दिशा में काम करते हुए अनिवार्यत: सर्वार्थवादी नहीं होती हैं।

धार्मिक संहिताएँ अपने प्रसंग में विशिष्ट होती हैं। लेकिन, उस प्रसंग में उनके नियंत्रणों को निरंकुश होना पड़ता है, अर्थात् वाद-विवाद से परे होना पड़ता है, यदि उन्हें उस प्रकार की अपील करनी हो जिस प्रकार की अपील की अपेक्षा धर्मों से होती है। संस्कृति की अन्त:क्रिया का क्षेत्र जिसके अन्दर पैगम्बर पैदा होते हैं, जितना विस्तृत होता है धर्म की नैतिक संहिताएँ उतनी ही ज्यादा सर्वार्थवादी होती हैं। नए पैदा होनेवाले धर्म को पारम्परिक धर्मों के उस पर्यावरण में तथा समाज की उस सम्पूर्ण संस्कृति ग्रन्थि में भी विकसित होना पड़ता है जिसमें धर्म पैदा होता है।

चूँकि धर्म मनुष्य की चुनौती का जो कि उसकी स्थिति की सम्पूर्णता से आई होती है, सामना करने का प्रयास करता है, इसलिए उसे संस्कृति के प्रत्येक पहलू को ध्यान में रखना होता है। इस सन्दर्भ में यह अनिवार्यत: उस विज्ञान से भिन्न होता है जो धर्म के आदेशात्मक कार्य के विरुद्ध वर्णनात्मक होने के अलावा जिस समस्या का समाधान ढूँढ़ता है उसे विलग करने का भी प्रयास करता है, और ज्यादा यथातथ्य होने के क्रम में लगातार इसके फोकस को संकीर्ण करने का प्रयास करता है। यह भी एक कारण है कि विज्ञान सामाजिक समस्याओं का समाधान करने का यथेष्ट उपकरण कभी क्यों नहीं हो सकता है, यद्यपि यह उनके समाधान हेतु प्रासंगिक सूचना की सम्पत्ति को उपलब्ध करा सकता है। वह व्यावहारिक समस्याओं का समाधान करने में धर्म को शामिल करता है, यह मानवीय व्यक्तित्व की सम्पूर्णता है जो शामिल किया जाता है। यह आर्थिक, राजनीतिक और प्राकृतिक पर्यावरणीय समस्याओं को शामिल कर सकता है। लेकिन, यह भावना की समस्याओं और अन्तर्वैयक्तिक सम्बन्धों को भी शामिल करता है। इस सन्दर्भ में केवल विचारधारा धर्म का स्थान ले सकती है जो अनेक सन्दर्भों में धर्म सदृश होती है। यही कारण है कि कोई वैज्ञानिक धर्म या विचारधारा नहीं हो सकती है। जब धर्म या विचारधारा विश्व की आभासी वैज्ञानिक या वस्तुनिष्ठ तस्वीर प्रस्तुत करने का दावा करती है, तब भी तस्वीर धर्म या विचारधारा के नैतिक पूर्वग्रह से काफी आवेशित होती है और दुनिया को यह प्रदर्शित करने के लिए इस तरीके से प्रस्तुत किया जाता है कि इसमें प्रत्येक चीज का अन्तत: उन नैतिक लक्ष्यों का सामना करने के लिए डिजाइन किया गया था जो प्रश्नांकित धर्म या विचारधारा के हृदय के नजदीक होते हैं।

परन्तु, छोटे आदिम समुदायों के अतिरिक्त अन्य समाज विषमांगी होते हैं तथा अनेक समाज उन समूहों को समाविष्ट करते हैं जिनके पास उत्पत्ति और परम्परा के कारण मूल्यों के भिन्न स्रोत होते हैं। इन समाजों में अनेक धर्म हो सकते हैं या उन धर्मों के अन्दर अपने-अपने देवताओं के साथ अलग-अलग समूह हो सकते हैं। यह विविधता स्वाभाविक है, क्योंकि इन विविध समूहों के पास सामाजिक और सृष्टि के क्रम की भिन्न समझ हो सकती है और ये समूह समाज के अन्दर की अपनी उन यथातथ्य स्थितियों पर निर्भर करते हैं जिसमें उनके बीच उस क्षेत्र में रहते हुए भी अन्तर रहता है। यह उस समाज के अन्दर विभिन्न धर्मों के बीच विवाद उत्पन्न कर दे सकता है और पुन: उन आक्रामक आवेशों को क्रियाशील कर दे सकता है जिनके बारे में पूर्व में चर्चा की गई है। जनजातीय और साम्प्रदायिक-धार्मिक विवाद इसी श्रेणी के अन्तर्गत आते हैं। इस तरह, धार्मिक विकास की प्रक्रिया भी कभी बन्द नहीं होती है। धार्मिक समूहों के विवाद से उत्पन्न होनेवाली चुनौती समेत अनेक चुनौतियों के बावजूद प्राय: नए मूल्य या धर्म उत्पन्न होते हैं जो वर्गीय मूल्यों को सर्वसमावेशी धर्म में समाविष्ट करने का प्रयास करते हैं। यह नया धर्म या मूल्य

सम्प्रदायवाद का निषेध करता है तथा धर्मों के सर्वार्थवादी पहलुओं को सहारा देता है। चूँकि समाज हमेशा परिवर्तनशील रहता है और समाज से सम्बन्धित चुनौतियों के पास हमेशा अपने कुछ नवीन पहलू होते हैं, इसलिए नए नैतिक आचरण तथा नए मूल्यों के समुच्चय या पुराने मूल्यों के परिष्कृत रूप के साथ समाज सुधारक पैदा होते रहते हैं। केवल सामाजिक विकास के निस्पन्दीय बिन्दुओं पर ही जब नैतिक विषयों पर कुछ महत्त्वपूर्ण नए पर्यवेक्षण की जरूरत होती है, महान पैगम्बर मौलिक किस्म के सर्वार्थवादी मूल्यों के साथ पैदा होते हैं। वे अनेक दृष्टान्तों में पुराने धार्मिक मूल्यों के भीतर आधार तलाशते हैं क्योंकि आधार पर धर्मों का वही सामाजिक कार्य होता है। लेकिन, इस आधार से वे पुराने मूल्यों का महत्त्वपूर्ण विधि से परिष्कार करते हैं। पैगम्बर जो पिछले धर्मों के खुल्लमखुल्ला अस्वीकार एवं अपने मूल्यों के साथ आगाज करते हैं, वर्तमान नैतिक और धार्मिक अहातों से आगे बढ़ने का प्रयास करनेवाले लोगों की अपेक्षा जनसाधारण के प्रतिरोध का ज्यादा सामना करते हैं। लेकिन, अपनी निजी स्थान के विद्यमान धर्म को अस्वीकार करनेवाले पैगम्बर भी अतीत के किसी धर्म या एक धर्म जो समकालीन होता है, लेकिन भिन्न सामाजिक-राजनीतिक व्यवस्था में कहीं फल-फूल रहा होता है, में समर्थन बिन्दु की तलाश करते हैं। इस्लाम एक उदाहरण है जिसमें प्रेरणा यहूदी-ईसाई पड़ोस से मिलती है। इसलिए, एक अर्थ में धार्मिक मूल्यों में उन्नति और अभिवृद्धि भी होती है। नए पैगम्बर द्वारा दिए गए मूल्यों के नए समुच्चय में पुराने मूल्यों का सार भाग रह जाता है, यद्यपि निश्चित सम्पार्श्विक मूल्यों को जो पुराने परिवेश के अन्दर विशेष परिस्थितियों में विकसित हुए थे, त्यागना होता है।

इस प्रकार का नैतिक विकास उस ईसाइयत के उदय में अत्यन्त स्पष्ट ढंग से ज्ञेय है जिसकी उत्पत्ति यहूदी परम्परा के अन्तर्गत हुई थी। ईसाइयत में न केवल मूसा के धर्मादेशों में संवृद्धि है बल्कि एक सम्प्रदाय के दैनिक जीवन के विशिष्ट सरोकार से मुक्ति है तथा उच्चतर और अपेक्षाकृत अधिक अमूर्त मूल्यों की एक खोज है। उदाहरणस्वरूप, मूसा संहिता कहता है, 'तुम हत्या नहीं करोगे'; 'तुम जारकर्म नहीं करोगे'; 'तुम चोरी नहीं करोगे'; 'तुम अपने पड़ोसी के विरुद्ध झूठी गवाही नहीं दोगे'; 'तुम अपने पड़ोसी के घर का लोभ नहीं करोगे'; 'अपने पड़ोसी की औरत या पड़ोसी के नौकर या उसकी नौकरानी या उसके बैल या गधे या पड़ोसी की किसी चीज का लालच नहीं करोगे'। साथ ही, एक सुस्पष्ट प्रसंविदा है जिसमें समुदाय के अन्दर वैवाहिक और व्यक्तिगत सम्बन्धों तथा आर्थिक गतिविधियों से सम्बन्धित एक कानूनी संहिता अंकित है। वे किसी धर्मनिरपेक्ष अदालती व्यवस्था के काम की तरह विस्तृत और सांसारिक हैं। इसमें बतलाए गए अनेक अपराधों के समतुल्य सजा के साथ प्रतिकारात्मक न्याय पर जोर है, तथा इसमें क्षति पहुँचाने के लिए जुर्माने की राशि का भी विस्तृत विवरण है।

हम जब ईसा मसीह के उपदेश की एक झलक देखते हैं तो शीघ्र ही वह अन्तर दिखाई देता है। वह कहते हैं :

> "तुम सुना है जैसा कि पुराने समय के लोगों को कहा गया था, 'तुम हत्या नहीं करोगे; और जो कोई भी हत्या करता है, वह दंडादेश के लिए उत्तरदायी है।' लेकिन मैं तुमसे कहता हूँ कि प्रत्येक व्यक्ति जो अपने भाई से रुष्ट है, दंडादेश के लिए जवाबदेह है, जो कोई भी अपने भाई का अपमान करता है, वह परिषद के प्रति जवाबदेह होगा...अतएव यदि तुम वेदी पर अपना उपहार अर्पित कर रहे हो और यह याद करते हो कि तुमको अपने बन्धु से कुछ विरोध है तो तुम अपना उपहार उस वेदी पर छोड़ दो और जाओ, पहले अपने भाई से मेल-मिलाप करो और उसके बाद आओ और अपना उपहार अर्पित करो...।"
>
> "तुमने सुना है कि ऐसा कहा गया था, 'प्रतिशोध और प्रतिरोध', लेकिन, मैं तुमसे कहता हूँ, 'उसका प्रतिरोध मत करो जो शैतान है। लेकिन, जब कोई तुम्हारे दायें गाल पर मारता है तो तुम बायाँ गाल भी बढ़ा दो, और यदि कोई तुमसे तुम्हारी कोट माँगता है तो तुम उसे अपनी घड़ी भी दे दो...।"
>
> "तुमने सुना है कि यह कहा गया था, 'तुम अपने पड़ोसी से प्यार तथा दुश्मन से घृणा करोगे।' लेकिन मैं तुमसे कहता हूँ, अपने शत्रुओं से प्यार करो और जो तुम्हें आगे बढ़ाते हैं उनके लिए प्रार्थना करो ताकि तुम अपने उस पिता की सन्तान बन सको जो स्वर्ग में हैं; चूँकि उनका सूर्योदय भले और बुरे दोनों के लिए होता है तथा उनकी वर्षा उचित और अनुचित दोनों के लिए होती है।"
>
> और आगे;
>
> "धरती पर अपने लिए धन-सम्पत्ति जमा नहीं करो, क्योंकि उसे कीट-पतंगा और जंग खा जाएँगे तथा चोर सेंध लगाकर चुरा ले जाएँगे। तुम अपने लिए स्वर्ग में धन-सम्पत्ति जमा करो जहाँ न तो कीट-पतंगा, न ही जंग उसे खा सकेगी और न ही चोर सेंध लगाकर चुरा ले जाएँगे। चूँकि जहाँ तुम्हारी धन-सम्पत्ति है वहीं तुम्हारा हृदय भी होगा।"
>
> "दो मालिकों की सेवा कोई नहीं कर सकता है; क्योंकि या तो वह एक से नफरत करेगा तथा दूसरे से प्यार करेगा या वह एक का भक्त होगा तथा दूसरे की उपेक्षा करेगा। तुम धन और ईश्वर की सेवा नहीं कर सकते हो।"

हम देख सकते हैं कि शुरू के धर्मादेश एक समुदाय से सम्बन्ध रखनेवाले लोगों के जीवन के बगैर यह कहे कि तुम अपने जीवन के सामान्य कामकाज से अलग हो जाओ, जीवन का नियंत्रण करने का प्रयास करते हैं। उनमें व्यावहारिक कार्यों के नियमन पर जोर है। दूसरी तरफ, ईसा में हमें कल्पना और इरादे की शुद्धता की खोज दिखाई देती है। इस बाद वाली शिक्षा का लाभ स्पष्ट है। मनुष्य में मन

की मदद से ही लालसा और हमले के विरुद्ध ज्यादा प्रभावी ढंग से लड़ाई लड़ी जा सकती थी। ईसा का उपदेश लोगों को सांसारिक धन्धे में उनके गहरे उलझाव से निकालने का भी प्रयास करता है। ईसा के इस उपदेश के पीछे रोमन कब्जे में पड़े यहूदियों की यंत्रणा की तस्वीर रही होगी। उनके पास ऐसी अन्तर्दृष्टि थी कि रोमनों से बदला लेने का आह्वान कर इसका समाधान नहीं ढूँढ़ा जाए बल्कि उस लोकाचार पर ही आक्रमण किया जाए जो विश्व के अन्दर की यंत्रणा की जड़ में था और विश्व उससे परिचित था। इस यंत्रणा की जड़ में वह धन और शक्ति का एक क्रूर अनुसरण देख सकते थे। इसलिए, इस सांसारिक वैभव के विरुद्ध उन्होंने आत्मा के वैभव को निर्धारित करने का प्रयास किया।

चूँकि उत्पादनात्मक प्रविधियों और उनके गिर्द बने सम्बन्धों एवं संस्थाओं में नियमित विकास होता है, इसलिए एक बार स्थापित मूल्यों के गिर्द की साम्यावस्था अस्त-व्यस्त हो जाती है और प्रायः स्वत्वबोधक और आक्रमणशील मूल्य स्वयं पुनर्दावा करने लगते हैं। यह शान्ति या समुदाय के अतिजीवन को खतरे में डाल देता है। जब विभिन्न संस्कृतियों के अधिकांश लोगों के बीच शक्तिशाली अन्तःक्रिया होती है तो ये मूल्य के उलट जा सकते हैं। मूल्यों के प्रति इस प्रकार की आवर्त धमकी ने परम्परागत रूप से नए पैगम्बरों के उद्‌भव के साथ मूल्यों का पुनरावृत्त नवीनीकरण करने में सहारा दिया, और यह मानवीय संस्कृति की निरन्तरता के लिए एक अनिवार्य गुण है।

3

यदि गांधी के पास वर्तमान दुनिया के लिए नैतिक प्रकृति का कोई सन्देश है तो पूर्ववर्ती विवेचना के आलोक में हमें इसकी प्रासंगिकता को अपने समय की विशिष्ट स्थिति में देखना चाहिए। इस विचार को स्पष्ट करने के लिए हम उस सम्बन्ध का संक्षेप में पता लगा सकते हैं जो आरम्भिक ईसाइयत और उसके तात्कालिक सामाजिक और नैतिक परिवेश के बीच कायम था। आनुषंगिक रूप से, आरम्भिक ईसाई विचारों की तरह एक लकीर गांधी के विचारों में स्पष्ट रूप से दिखाई देती है। अंशत: यह ईसा मसीह और गांधी के दो युगों की स्थितियों के निश्चित सामान्य रूपकों को उनके दो सहस्त्र वर्षों के अलगाव के बावजूद प्रतिबिम्बित करता है।

यूनानी-रोमन सभ्यता का विकास रोमन गणराज्य के अन्त के समय हुआ था और इस सभ्यता को सुखवाद की अधिकता से चिह्नित किया गया था। इन्द्रियजन्य उत्तेजना की तलाश में रोमनों ने न केवल अपनी सामान्य भौतिक भूखों को शराब और रंगरेलियों से तृप्त किया, बल्कि क्रूरता के सुविचारित कार्यों का आनन्द उठाया, जिसमें वे बन्दी लोगों को अपने अखाड़े में एक-दूसरे से मौत की लड़ाई लड़वाते थे और वहाँ लोगों की भीड़ खरदिमाग कत्लेआम के रक्तरंजित दृश्यों का आनन्द लेने के लिए जमा होती थी। जूलियस सीजर के समय तक सम्पूर्ण भूमध्यसागरीय विश्व, यूरोप का अधिकांश भाग तथा उत्तरी अफ्रीका और एशिया का एक बड़ा भाग रोमन सैनिकों के समक्ष आत्म-समर्पण कर चुका था। रोमनों ने अपनी विजय से न केवल उपनिवेश खड़ा किया बल्कि पूरी आबादी को ही अपना गुलाम बना लिया, तथा उन्हें रोमन नागरिकों के घरों में काम करने के लिए भेज दिया जहाँ वे अपने स्वामियों की सनक के अधीन थे। विवर्धन का यह स्वेच्छाचारी धन्धा रोमन चरित्र का हिस्सा बन गया था और अन्तत: यह रोमनों पर ही आ पड़ा। रोमन गणराज्य के अन्दर लोगों में भौतिक अर्जन और सत्ता के लिए मारपीट शुरू हो गई। रोम मारपीट का अखाड़ा बन गया। इस तरह, भ्रष्टाचार, छल-कपट और प्रतिद्वंद्वियों की हत्या रोमन रागरिकों के जीवन के सामान्य विषय हो गए। शीघ्र ही, गुट सम्बन्धी लड़ाइयाँ एक-दूसरे के विरुद्ध रोमन कांसुलों और

प्रति-कांसुलों के बारम्बार के युद्धों के रूप में उत्पन्न हो गईं। अन्ततः इसने रोम की सजीवता का निचोड़ लिया और इसे सीजरवाद की तरफ ले गया। अन्ततः इसने 'बारबेरियन' आक्रमणों के समक्ष दम तोड़ दिया। उपनिवेशों को एक ही उद्देश्य से नियंत्रण में रखा जाता था कि उनसे रोम को लाभ पहुँचे और वह विलासिताओं का अश्लील आनन्द ले सके। रोमन नागरिक जहाँ भी बसते थे, अपने लिए आवास वगैरह का बाजाप्ता निर्माण करवाकर ठाठ-बाट से बसते थे। स्थानीय लोग निर्धन ही बने रहे। उन्हें रोमनों को नियमित नजराना देना पड़ता था तथा रोमनों के अधीन रहना पड़ता था।

यद्यपि पूर्ववर्ती यूनानी सभ्यता गुलामों के साथ व्यवहार करने में कुछ कम क्रूर थी, लेकिन वह भी गुलामी पर ही आधारित थी और मौजमस्ती के सिद्धान्त में विश्वास करती थी। यद्यपि यूनानियों की रुचि अत्यन्त परिष्कृत थी, उन्होंने महान कलाकृतियों की रचना की थी, लेकिन इस परिष्करण का सहारा डकैती और लूटपाट ही थी। आगे चलकर, विजय से ही यूनानी नगरों को धन और गुलामों की आपूर्ति होने लगी। अनेक यूनानी नगर आन्तरिक संघर्ष से पस्त हो गए जिसमें प्रायः वहाँ धनिक तंत्र और निरंकुश शासन एकान्तरिक होता रहता था।

हिंसा के माध्यम से बर्बाद हो जाने के खतरे के अलावा अतिभोग की ऐसी ज्यादतियाँ परितृप्त हो जाने के लिए बाध्य होती हैं, विशेषकर उन संवेदनशील लोगों की रुचि जो इन सबकी व्यर्थता को देखना शुरू कर देते हैं। इसलिए, चौथी सदी ईसा पूर्व से ईसाइयत के आगमन के बाद तक यूनान और रोम में वहाँ के विचारशील लोगों ने विलासिता तथा सभ्यता सम्बन्धी शक्ति की भूख की निन्दा की। सिनिक डियोजिंस, विषयविरागी जीनो तथा भौतिकवादी एपिक्यूरस, अरस्तू और सिकन्दर के लगभग समकालीन थे और सभी ने उक्त सभ्यता के मूल्यों की निन्दा की। सिकन्दर जब एक बार यूनानी सेना की शक्ति को अधिकतम सीमा तक बढ़ाने का प्रयास कर रहा था और स्वयं को देव-सदृश बनाने की इच्छा पाल रहा था, तो उक्त सभी दार्शनिकों ने इस तरह की महत्त्वाकांक्षाओं के मिथ्याभिमान की कलई खोल दी। ये दार्शनिक वस्तुतः मानवीय इच्छाओं को एक भिन्न तरीके से केवल प्रकृति की माँगों के अनुसार न्यूनतम सीमा तक सीमित करने की वकालत कर रहे थे।

एपिक्यूरस ने कहा था, "वह व्यक्ति जो प्रकृति का अनुसरण करता है तथा व्यर्थ के विचारों का अनुसरण नहीं करता, हर मामले में स्वतंत्र होता है।" चूँकि प्रकृति के लिए जो प्रचुर है, इस सन्दर्भ में प्रत्येक धारण धन-दौलत है लेकिन असीमित इच्छाओं के सन्दर्भ में सबसे बड़ा धन (धन-दौलत नहीं बल्कि गरीबी) है..."जो व्यक्ति थोड़े से सन्तुष्ट नहीं होता है, उसे कोई भी चीज सन्तुष्ट नहीं कर सकती...आत्म-सन्तोष सबसे बड़ी सम्पत्ति होती है...।" "सुख और समृद्धि

की स्थिति का प्रचुरता या धन-दौलत या भव्यता या स्तर या कार्यालय या सत्ता से सम्बन्ध नहीं होता है, बल्कि इसका सम्बन्ध दर्द से मुक्ति, अनुभूतियों में संयतता और मन के रुख से होता है जो प्रकृति द्वारा व्यवस्थित सीमाओं को आरोपित करता है।" और अन्ततः "अज्ञात जियो"।

निस्सन्देह, दर्द से मुक्ति का अभिप्राय दर्द की भौतिक अवस्थाओं का अभाव नहीं होता है जो कि नियंत्रण से बाहर रहता है, बल्कि विलगाव की वह अभिवृत्ति होती है जो मन को इस तरह रखती है कि भौतिक दर्द का मन पर एकाधिकार नहीं हो पाता है। वह इस उपदेश के मुताबिक आचरण करने के लिए कहाँ तक जा सकते थे, इस एपिक्यूरस ने अपनी मृत्युशय्या से इडोमेनियस को लिखे गए निम्नलिखित शब्दों में उद्घाटित किया है : "अपने जीवन के सचमुच खुशी के इस दिन पर जबकि मैं मरणासन्न हूँ, मैं यह तुम्हें लिख रहा हूँ। मेरे पेट और थैली रोग पूरे जोर से अपना काम कर रहे हैं, ये अपने गम्भीरतम रूप में हैं और मुझे तनिक भी राहत नहीं है : लेकिन इसके मुकाबले तुमसे हुई वार्ता का स्मरण मेरे हृदय में आनन्द भर रहा है...।"

सिनिक डियोजिंस तो एक कदम और आगे बढ़ गया तथा पूरी तरह एक पशु का जीवन अपना लिया एवं सारी मानवीय साज-सज्जा और सहायता का परित्याग कर दिया। सिनिक नाम कुत्ते से लिया गया था जिसके जैसा जीवन सिनिक जी रहे प्रतीत होते थे। ऐसा उनके आलोचकों का कहना था। फिर भी, इस दार्शनिक ने महान यूनानी योद्धा सिकन्दर पर सौम्य नैतिक विजय को रेखांकित किया। ऐसा कहा जाता है कि सिकन्दर जब अपने विजय अभियान पर था तो सुना कि डियोजिंस यहीं पर कहीं नजदीक में है तो वह उससे मिलने गया। उसने देखा कि वह दार्शनिक जमीन पर नंग-धड़ंग लेटा है। सिकन्दर उसके समीप खड़ा हुआ तथा उसे प्रभावित करने के लिए अपना परिचय दिया और पूछा कि क्या वह दार्शनिक की किसी प्रकार की मदद कर सकता है। सिकन्दर खड़ा था और इससे दार्शनिक पर जो सूर्य की रोशनी पड़ रही थी, वह बाधित हो गई थी। इसलिए, दार्शनिक ने बिलकुल उदासीन भाव में सिकन्दर से केवल यही कहा, "बगल हो जाओ, धूप आने दो।" प्लूटार्च के अनुसार, दार्शनिक से हुई उस भेंट ने सिकन्दर को इतना बेचैन कर दिया कि अपनी वापसी पर उसने जोर से चिल्लाकर कहा कि यदि वह सिकन्दर नहीं होता तो डियोजिंस बनना पसन्द करता।

डियोजिंस को 'कस्मोपोलिटन' भी कहा जाता है, अर्थात् विश्व का एक नागरिक। डियोजिंस ने स्वयं को विश्व का एक नागरिक कहकर यूनानियों में अपनी यूनानी सभ्यता और अपने नगर की नागरिकता पर जो गौरवबोध था, उसकी हवा निकाल दी। इसने सभ्य और असभ्य के बीच की उस दीवार को नष्ट कर देने का प्रयास किया जिसे यूनानी अपने और अन्य लोगों के बीच खड़ी कर देते थे।

शारीरिक सुख और सांसारिक स्वामित्व के प्रति विषयविरागियों का भी यही रुख था। उन्होंने समानता और मानवीय भाईचारे पर जोर दिया तथा आत्मा के दुर्ग के भीतर वापस लौट आए। विषयविरागी एपिक्टेट्स का जन्म 60 ईस्वी के आस-पास हुआ था। उसने उन सभी वस्तुओं का त्याग कर देने का उपदेश दिया जिनके लिए किसी व्यक्ति को अपने से बाहर की चीजों पर निर्भर रहना पड़ता था। भौतिक स्वामित्व, प्रशंसा, बदनामी और सम्मान, ये सभी चीजें मनुष्य की अपनी निजी शक्ति के बाहर होती हैं। इसलिए, इनकी खोज और तलाश से अशान्ति आ गई। इस तरह, आत्मनिर्भर जीवन ही केवल सुखी जीवन हो सकता था। इसी तरह के विचार का दबाव रोमन सम्राट मारकस ऑरेलियस (120-180 ई.) के मन पर भी पड़ा। वह विषयविरागी परम्परा से गहरे प्रभावित था। उसने विषयविरागवाद को एक दार्शनिक रूप प्रदान किया। उसने लिखा :

> "मानवीय जीवन के बारे में समय एक बिन्दु है और धन-दौलत प्रवाह में है तथा ज्ञान नीरस, सारे शरीर की संरचना सड़न का विषय, आत्मा एक भँवर, भाग्य शकुन विचारनेवाला नहीं और प्रसिद्धि निर्णयरहित चीज है। और इन सबको एक शब्द में कहें तो शरीर से सम्बन्धित प्रत्येक वस्तु एक धारा है तथा आत्मा से सम्बन्धित वस्तु एक स्वप्न और वाष्प है तथा जीवन एक संग्राम और परदेशी का पड़ाव है तथा प्रसिद्धि के बाद विस्मरण है। तब वह क्या है जो मनुष्य को संचालित करने में सक्षम है? वह चीज है, केवल दर्शनशास्त्र। लेकिन, इसमें तीन चीजें शामिल रहती हैं—पहली चीज यह कि हिंसा और नुकसान से मुक्त मनुष्य के भीतर सुख और दुख से श्रेयस्कर अधिमानव को सुरक्षित रखना...तथा उसके अलावा दूसरी चीज यह कि वह सब जो घटित होता है तथा जो आवंटित होता है, उसे उस तरह से स्वीकार करना, जैसे यह जहाँ हो वहीं से आ रहा प्रतीत हो : जहाँ से वह खुद आया था और अन्ततः तीसरी चीज यह कि प्रसन्न चित्त से उस रूप में मौत की प्रतीक्षा करना मानो वह कुछ नहीं, केवल उन तत्त्वों का विघटन है जिनसे प्रत्येक सजीव प्राणी की रचना होती है...।"

उस तरह के विचार हाशिए पर नहीं थे, बल्कि चारों तरफ फैले हुए थे। यह इस तथ्य से जाहिर होता है कि ये विचार सम्राटों के पवित्र स्थान पर भी आक्रमण कर सकते थे। रोम के सम्राटों तथा नागरिकों को जो अनुभूति हो रही थी, उसकी अनुभूति काफी तीक्ष्ण रूप में साम्राज्य के गुलामों और अधीनस्थ लोगों को होनी चाहिए थी। उनके लिए सांसारिक तड़क-भड़क केवल बेकार ही नहीं थी, बल्कि अभिशाप भी थी जिसने उनके जीवन को नरक कर दिया था। यह थोड़ा आश्चर्य का विषय है कि ईसा उस जुडेय (यहूदी) से सम्बन्धित थे जो तब एक रोम प्रदेश

था। वह जो यूनान और रोम के दार्शनिकों के लिए आदर्शवादी उपदेश बन गया था, उसने ईसा के उपदेशों में नए विश्वास की शक्तिशाली लहर का रूप ग्रहण कर लिया और अन्ततोगत्वा खुद रोमनों का ही धर्मान्तरण करा दिया। इसकी शुरुआत साम्राज्य के अभागे लोगों से हुई थी। लोगों का जब दैहिक जीवन में कोई आदर्श वास करता दिखाई देता है, तो वे सबसे ज्यादा प्रेरित होते हैं क्योंकि उनसे मूर्त सिद्धान्त और तर्क का क्षेत्र काफी दूर रहता है। इसलिए, दार्शनिक विद्यालयों के चारों तरफ छोटे-छोटे सम्प्रदाय और मंडली अकेले पैदा हो सकते हैं, जैसा कि यूनानी-रोमन जगत में पैदा हुए थे। लेकिन, ईसा ने अपने शब्दों को एक सत्ता दी जो प्रत्यक्ष थी तथा एक अन्तर्निहित नियम-पालन की रचना की जो एक बाध्यकारी पितृछवि का व्यक्ति ही रच सकता है।

सामान्य लोगों के पक्ष में अपील करने हेतु सांसारिक वस्तुओं के अनुसरण की बाबत जो निराशावाद था जिसकी आवाज दार्शनिकगण उठाते आ रहे थे, उसे एक ऐसे व्यक्ति की प्रेरक वाणी की जरूरत पड़ी जो स्वयं को भगवान का दूत मानता था तथा जिसमें जनसाधारण से यह बात मनवा लेने की काबिलियत थी कि उसने जो कुछ कहा वह सचमुच भगवान की वाणी थी। ईसा ने अपने विचारों को दुनिया की आसन्न समाप्ति के परिप्रेक्ष्य में रखा था। जब कोई व्यक्ति मौत के आमने-सामने हो तो जीवन के अनेक सरोकार और आकांक्षाएँ व्यक्ति के आत्मतुष्ट होने और यह अनुभव करने कि जीवन का खेल असमाप्य ढंग से चलते रहना चाहिए, की स्थिति में विरले कोई स्पष्टता धारण कर पाते हैं। गरीबों और गुलामों के लिए उद्धार की किसी आशा के बगैर दुखभोग, दुनिया की आसन्न समाप्ति के आसार सम्भाव्य भी दिखाई दिए होते क्योंकि उनके लिए जीवन के बोझ से उबरने की वही केवल आशा थी। यही अनुभूति थी जो जुडेय के निर्धन-निरक्षर लोगों को ईसा के करीब ले गई। यह सामान्य अनुभव है कि लोग जब जीवन का शासन भौतिक मनोभावों को दे देते हैं तो धर्म और परम्परा से प्राप्त नियमों को हवा में फेंक दिया जाता है। धनी लोग उत्तेजना की फसल काटते हैं। हालाँकि, यह फसल टिकाऊ नहीं होती है। लेकिन, ये गरीब लोग ही होते जैं जो इस बोझ को बर्दाश्त करते हैं। यह थोड़ा आश्चर्य का विषय है कि गरीबों के हृदय में नैतिक मूल्यों एवं धर्म का वास हो जाता है।

ईसाइयत ने न केवल गरीबों को इस आशा के साथ सांत्वना दी कि 'गरीब इस धरती को उत्तराधिकार में प्राप्त करेंगे', बल्कि गरीबों का शोषण करने के लिए धनी लोगों की भर्त्सना भी की। आरम्भिक ईसाई उपदेशक जेम्स के पत्र की निम्नलिखित पंक्तियाँ धनी लोगों के बारे में साम्यवादी अभिशाप की तरह ध्वनित होती हैं : "आप धनी लोग अब आएँ और अपनी होनेवाली दुर्गतियों के लिए रोएँ और चिल्लाएँ। आपके धन सड़ गए हैं तथा आपके वस्त्रों को कीड़े

खा चुके हैं। आपके सोने और चाँदी में जंग लग चुके हैं, उनका जंग खाना आपके विरुद्ध साक्ष्य होगा तथा आग की तरह आपके मांस को खा जाएगा। आप लोगों ने अन्तिम दिनों के लिए दुख जमा किया है। उन मजदूरों की मजदूरी को देखिए जिन्होंने आपके खेतों में कटनी की, आप लोगों ने छल से उसे फिर वापस ले लिया, चिल्लाएँ और मजदूरों की चिल्लाहट दूतराज के कानों तक पहुँच गई है...।"

इस प्रकार, ईसाइयत न केवल एक नया धर्म था, बल्कि यह एक माध्यम भी बन गया जिसके सहारे से अनेक धर्मों और दर्शनशास्त्रीय बुद्धिमत्ता द्वारा व्यादेशित प्राचीन धार्मिकताएँ जो रोमन साम्राज्य के अन्दर अलग छूट पा चुकी थीं, फिर से जी उठीं। हम पूर्व में इस चीज का उल्लेख कर चुके हैं कि अपने बड़े पहलू में ईसाइयत ने यहूदी धर्मादेशों का अनुसरण किया, लेकिन इन धर्मादेशों को नए दार्शनिक विचारों तथा रोमन साम्राज्य के अधीनस्थ लोगों में व्याप्त निराशावाद एवं त्यागपत्र के स्वरूप का समंजन करने के लिए बारीक तरीकों में रूपान्तरित भी कर दिया गया। लेकिन, आरम्भिक ईसाइयत में जो सबसे व्यापक संकेत है वह उस त्याग के बारे में है। नए धर्म की इस प्रवृत्ति को न केवल रोमनों के सांसारिक आसक्तियों से विकृत लगाव के प्रतिकारक के रूप में उत्पन्न किया गया, बल्कि इस कारण से भी उत्पन्न किया गया कि यह अधिकांश नैतिक दर्शनशास्त्रियों का पहले ही नियमित विषय बन चुकी थी। जैसा कि हमने पूर्व में उल्लेख किया है कि वह सभी नैतिक संहिताओं का एक शाश्वत पहलू है क्योंकि धर्म के प्रारम्भिक लक्ष्यों में से एक लक्ष्य औपचारिक रूप से उन मानवीय अभियानों पर रोक लगाना भी रहा है जो सामाजिक संस्कृति को ध्वस्त करनेवाले होते हैं। त्याग का यह आह्वान, निस्सन्देह, उन लोगों की समस्याओं के विशिष्ट रूप और भाषा में होता है जिन्हें यह सम्बोधित होता है। रोमन साम्राज्य के विस्तृत क्षितिज के अनुरूप नए धर्म ने यहूदियों और सदृश गैर-यहूदियों के लिए अपने द्वार खोल दिए जबकि बाइबिल के पूर्व विधान ने यहूदियों से विशेषाधिकार प्राप्त लोगों के रूप में व्यवहार किया।

ईसाइयत की पृष्ठभूमि की इस संक्षिप्त समीक्षा के बाद हम गांधी और उनके काल की तरफ लौटते हैं। गांधी का सन्देश ब्रिटिश शासन के अधीन प्राचीन सभ्यता के एक मूल निवासी के तौर पर तथा आधुनिक पश्चिमी सभ्यता की प्रकृति के मद्देनजर उनकी अपनी स्थिति के प्रसंग में स्थापित किया जाना है। 19वीं सदी के अन्त तक ब्रिटेन उक्त आधुनिक पश्चिमी सभ्यता के प्रामाणिक धारक के रूप में प्रकट हो चुका था।

पश्चिमी सभ्यता 17वीं सदी से धीरे-धीरे विकसित हुई थी। इस सभ्यता का यूनानी-रोमन दुनिया से बहुत कुछ मिलता-जुलता कार्य था। जल-डकैती, लूटपाट

तथा विदेशी भूमि का जबरन कब्जा-दखल जिस तरह से यूनानी-रोमन दुनिया में प्रचलित था, उसी तरह से यह व्यापक पैमाने पर पश्चिम की सभ्यता का आधार बन चुका था। 17वीं सदी से यूरोप को विज्ञान और तकनीक में अप्रत्याशित विकास दिखाई देने लगा। लेकिन, उसी काल में इसने दास व्यापार तथा अमेरिका, वेस्टइंडीज इत्यादि में दासता आधारित कपास और गन्ने की खेती, जो यूरोपीय उद्योग और व्यापार के लिए कपास, चीनी और शराब की आपूर्ति करते थे, का भारी विकास भी देखा। विकास के इस दबाव में ईसाइयत जैसी कोई चीज नहीं थी। यह विकास हिंसक, लालची, विश्वासघाती और पथभ्रष्ट था। यद्यपि 19वीं सदी के साठ के दशक में औपचारिक तौर पर अमेरिका में गुलामी का अन्त हो गया। लेकिन, दूसरे मानवों को अधीन करने तथा उनका शोषण करने का पश्चिमी दुनिया का यह अभियान समाप्त नहीं हुआ। तकनीक अपने आरम्भ से ही पश्चिमी सभ्यता को ताज पहनानेवाला गौरव बन गई थी। औपनिवेशिक जनता तथा स्थानीय कामगार वर्ग की कीमत पर इस तकनीक का इस्तेमाल लाभ चाहनेवाले व्यावसायिक वर्ग की शक्ति बढ़ाने के लिए किया गया।

तकनीक एक अजीब मानवीय आविष्कार है। इसके बिना वह प्राणी जो घूमने-फिरने में सुस्त, कोमल और विकास करने में अत्यन्त धीमा होता है, प्राणी जगत में चलनेवाले हिंस्र संघर्ष में जिन्दा नहीं बच सकता था। लेकिन, तकनीक केवल वह शाखा थी जिसका विकास इच्छा से किया जा सकता था। मनुष्य ने आंगिक अनुपातों का खयाल किए बिना इसका विकास किया। सबसे बुरा यह हुआ कि मनुष्य ने इसका विकास उन तरीकों से किया जिन्होंने मनुष्य को जीने के लिए ज्यादा जगह मुहैया कराने के बदले उसे सख्ती से सीमित कर दिया। यह मनुष्य के विरुद्ध मनुष्य की लड़ाई में मनुष्य का सबसे घातक हथियार बन गया। यद्यपि हम युद्ध की तकनीकों पर इसके भयानक प्रभाव को छोड़ भी दें तो तकनीकी क्रान्तियों ने जो दिशा पकड़ ली है, वह सामंजस्यपूर्ण मानव-प्रकृति सम्बन्ध को तहस-नहस कर मनुष्य के निरन्तरित जीवन को खतरे में डाल रही है।

तकनीक का यह अतिपोषण 17वीं सदी से यूरोप में उस समय शुरू हुआ जब वाणिज्य और भौतिक सफलता पश्चिमी सभ्यता के मूल विचार बन गए थे। ईसाइयत के अन्दर के सुधार आन्दोलन ने घटनाओं की एक विचित्र-विशिष्ट बनावट से मनुष्यों की अर्जनशील आकांक्षाओं को एक दैवी अनुमति भी प्रदान की। प्रोटेस्टैंट सम्प्रदाय के सदस्यों के अनुसार इस दुनिया में सामान्यजन को बिना आशा के छोड़ दिया गया था। हालाँकि, उनके लिए कुछ लोगों को अभी भी ईश्वरीय कृपा से मुक्ति की आशा थी। और ईश्वरीय कृपा का संकेत एक व्यक्ति ने इस दुनिया में जो भौतिक सफलता हासिल की थी, केवल उसी में दिख सकता था। मनुष्य को मितव्ययिता और सादगी के साथ पवित्र धन्धे के रूप में वाणिज्य का अनुसरण

करना पड़ता था। उसकी सफलता उसे यह बतलाती थी कि यह सर्वशक्तिमान का यहूदी हो गया है। इस तरह, यूरोपीय व्यावसायिक वर्गों को दुनिया का स्वामी बनाने हेतु लोभ और ईश्वर एक साथ हो गए।

संयोग से गैलिलियो और न्यूटन के बाद विज्ञान उनके नियंत्रित अवलोकन पर जोर के साथ 17वीं सदी से बहुत लम्बा डग भी भरते आ रहा था। व्यापारिक वर्ग विज्ञान की प्रत्येक नई खोज को जब्त कर लेने में तेज था। वह इसका इस्तेमाल सहायक के रूप में तकनीकी नवीनताओं के लिए करता था। बहुत से वैज्ञानिक ज्ञान का कोई इस्तेमाल नहीं हुआ था। व्यापारिक वर्ग ने तुरन्त उनका उद्योग और वाणिज्य के काम में इस्तेमाल किया। चुम्बकत्व, मुद्रण तकनीक और बारूद के पश्चिम में इस्तेमाल होने से पहले ही चीनी सदियों को इनकी जानकारी थी : 62 ई. में हीरो द्वारा आविष्कृत एलिपाईल नाम से जाना जानेवाला खिलौना वाष्पचालित इंजन सिकन्दरियाइयों को मालूम था; पनचक्की, स्क्रू-प्रेस और गियर संचरण की जानकारी ई.पू. तीसरी सदी के पहले प्राचीन यूनानियों को थी; 7वीं सदी में पवनचक्की की जानकारी पारसियों को हो गई; लेकिन यूरोप में इन सब चीजों की जानकारी सोलहवीं सदी से होने लगी जब व्यापार यूरोपीय समाज की मुख्य स्फूर्त शक्ति बन गया। यूरोप ने इन आविष्कारों का इस्तेमाल समुद्री व्यापार, स्वार्थचालित युद्ध और व्यापार के लिए किया क्योंकि इनसे चुम्बकीय दिक्सूचक, आग्नेयास्त्रों और विशाल उत्पादन वाले कल-कारखानों को विकसित किया गया। प्राचीन सभ्यताओं ने इन अनुसन्धानों का अपनी सीमित आवश्यकताओं की पूर्ति के लिए एक छोटे पैमाने पर इस्तेमाल किया, अथवा अनेक अनुसन्धानों को महज कुतूहलों और खिलौनों के रूप में लिया। यह ज्ञान का अभाव जितना नहीं था, उतना अभिप्रेरण का अभाव था जिसने आविष्कारों और इनके व्यापार को सीमित करके रखा। विद्युतीय घटना की भी जानकारी ईसाई युग से पहले यूनानियों को थी। रोमनों को यह जानकारी पहली सदी में ही हो गई थी। लेकिन, यह व्यावसायिक-तकनीकी लोकाचार था जिसके चलते गेल्वानी, वोल्टाज, और फैराडे के बाद विद्युत का उपयोग अनेक तकनीकी उद्देश्यों को पूरा करने के लिए बड़े पैमाने पर उपकरण के रूप में होने लगा।

परन्तु, व्यावसायिक सफलता की नींव उपनिवेश के अन्दर के लोगों और नए विकासशील कल-कारखानों में काम करनेवाले मजदूरों के शोषण पर टिकी थी। सफलता के शिकारी यूरोपियनों की लूटमार और उनके द्वारा सोने और चाँदी के लिए अमेरिका के इंका, एज्टेक और माया सभ्यताओं का विध्वंस करने और रेड इंडियनों की उपजाऊ भूमि पर जबरन कब्जा करने की कहानी तो एक सामान्य ज्ञान है। इसी तरह, गुलामों और बहुमूल्य धातुओं के लिए अफ्रीका के अश्वेत लोगों की जमीन पर श्वेत लोगों का हमला तथा अन्ततः उस समृद्ध

विशाल महादेश पर गोरे लोगों के कब्जे की कहानी भी सर्वविदित है। एशिया में उनका धीरे-धीरे घुसपैठ करना तथा कपट और विध्वंस की प्रक्रिया के जरिए इस पर अन्तिम कब्जा या यूरोपीय वाणिज्य की इसकी अधीनता का भी वर्णन करना जरूरी नहीं है, ये सबको मालूम है। निस्सन्देह, ये सभी यूरोपीय समृद्धि के स्रोत थे। लेकिन, जिस चीज की जानकारी कम है, वह है यूरोप के अपने स्वतंत्र शिल्पकारों का कारखाना कर्मियों के रूप में जबरन रूपान्तरण तथा लाभ के लिए उन्हें निचोड़ लेने के खयाल से नई उत्पादनात्मक प्रक्रिया के अन्तर्गत उनके अधीनीकरण की कहानी। यह एक सामान्य सोच थी कि कारखाना प्रणाली ने पूर्ववर्ती सामन्ती काल के कमरतोड़ कार्य से कामगारों के उद्धार की प्रक्रिया शुरू कर दी है। इस सोच के विपरीत, इस प्रणाली ने कामगारों को ऐसे जीवन में पदावनत कर दिया जहाँ इस तरह के काम पर उन्हें कई घंटों तक लगातार कठिन मेहनत करनी पड़ती थी जिसमें न तो उनकी पहल, न ही उनकी कल्पना की जरूरत थी। कामगारों को मशीन के दूसरे निर्जीव भागों की तरह उत्पादन प्रक्रिया में केवल फिट कर दिया गया।

सूती वस्त्र उद्योग इंग्लैंड की औद्योगिक क्रान्ति का अग्रदूत था। इस उद्योग का आरम्भिक विकास बहुत प्रखर ढंग से उत्पादों और उत्पादकों, दोनों के लिए नई प्रणाली का दर्दनाक परिणाम भी दिखाता है।

दूसरे उद्योगों की तरह, वस्त्र उद्योग में भी नवीनता की प्रेरणा 18वीं सदी के दौरान विश्वव्यापी व्यापार द्वारा पैदा की गई वस्त्रों की बढ़ रही माँग के द्वारा उत्पन्न की गई। पूर्व में वस्त्र उद्योग तब के प्रचलित पद 'पुटिंग आउट सिस्टम' पर आधारित था। इस प्रणाली के अन्तर्गत व्यापारी-पूँजीपति उन फार्म मजदूरों को कच्चा माल निकालकर देते थे—जिनके परिवारों में औरतें और बच्चे हमेशा ही काम करते थे—और जिन्हें ख़ुदरा दर पर मजदूरी दी जाती थी। कताई और बुनाई के काम को पहले ही परिवारों में विशेषीकृत किया जा चुका था। 1773 ई. में जॉन काय की फ्लाइंग शटल के साथ बुनाई में पहला आविष्कार हुआ जिसने यांत्रिक उपकरण का बुनाई करनेवाली शटल को अधिक तेजी से फेंकने में इस्तेमाल किया। लेकिन, बुनाई में तेजी आने के साथ चार-एक के कताई करनेवाले और बुनकर का आरम्भिक अनुपात गड़बड़ा गया और कताई को बुनाई की गति के बराबर होना पड़ा। इसलिए, 1766-69 ई. में हारग्रिव्स का कताई करनेवाला जेनी विकसित हुआ। इसके बाद 1769 ई. में आर्चराइट ने पवनचक्की का विकास किया जिसने पनशक्ति का इस्तेमाल सुन्दर ऐंठनयुक्त सूत के उत्पादन के लिए किया। लेकिन, सूत का उत्पादन जैसे ही तेज गति से बढ़ने लगा, कपास की आपूर्ति लड़खड़ाने लगी, क्योंकि कपास से बीज निकालने का काम अब भी जटिल था और हाथ से ही होता था। 1793 ई. में

कपास ओटनी का विकास हुआ। इसने कपास से बीज निकालने की गति को तिगुना कर दिया। अन्ततोगत्वा सबसे निर्णायक परिवर्तन हुआ आर्थात स्वयं काम का नया संगठन। 18वीं सदी के अन्त के समय परिवर्तनशील तकनीक के साथ-साथ—कारखाना प्रणाली लागू हुई जिसने रुई ओटनेवालों, बुनकरों और कताई करनेवालों को एक छत के नीचे ला दिया और उन पर दबाव बनाया कि वे मशीन के अनुशासन के तहत काम करें। पनशक्ति और बाद में वाष्पशक्ति का इस्तेमाल नई वस्त्र मशीनों को चलाने के लिए किया गया। कामगारों को इन मशीनों की लय के अनुसार अपने को समंजित करना पड़ा। साथ ही, अनेक कार्यों को खंडों में विभाजित कर दिया गया। कामगारों पर दबाव बनाया गया कि छोटी यांत्रिक गति पर वे विशेषज्ञता हासिल करें। इसके साथ ही अपने श्रम से श्रमिकों का अलगाव शुरू हो गया।

औद्योगीकरण के आरम्भिक काल में मशीनों के उत्पाद काफी घटिया किस्म के थे और मजदूरों की हालत काफी खराब हो गई थी। कपड़ा उद्योग जिन क्षेत्रों में स्थापित किए गए थे, वहाँ काफी संख्या में शिल्पकार बेकार हुए थे। वे जिन्होंने अपना काम नहीं छोड़ा था, कामगारों के बीच बढ़ रही प्रतिस्पर्द्धा के साथ निर्धन बन गए थे। मजदूरों की बिगड़ती दशा और उत्पादों की घटिया गुणवत्ता—इन जुड़वा बुराइयों के विरुद्ध 1811 ई. में मजदूरों का क्रोध ल्यूडाईट विद्रोह के रूप में प्रकट हुआ। उपद्रवियों का मुख्य निशाना था, फीता और जुराब बुनने की मशीन: जुराब की गुणवत्ता खासकर काफी घटिया थी। यह उपद्रव यार्कशायर, लंकाशायर, डर्बीशायर और लिसेस्टरशायर तक फैल गया। इन उपद्रवियों को जनता का व्यापक समर्थन प्राप्त था, और आरम्भ में इन्होंने अपने क्रोध को मशीनों तक ही सीमित रखा। लेकिन, जैसे ही शासन ने उनमें से कुछेक को गोली मारी, वे हिंसक हो गए। उनका अत्यधिक दमन हुआ क्योंकि ग्लोरियस रिवोल्यूशन के बाद इंग्लैंड की सरकार पर इंग्लैंड के यहूदी और सौदागरों का प्रभाव था। 1813 ई. में यार्क के जन विचारण में काफी संख्या में ल्यूडिटों को देशनिकाला दिया गया। हालाँकि इस कारखाना प्रणाली के विरुद्ध गुस्सा इतना तेज था कि 1816 ई. में पुनः वह आन्दोलन भड़क उठा। लेकिन दूसरी बार भी इसे बर्बर तरीके से दबा दिया गया। ऐसा तभी सम्भव हुआ जब कामगार औपनिवेशिक लूट का हिस्सा हथियार लगे और इससे उनका जीवन-स्तर सुधरने लगा। कामगारों का ऐसा चरित्र हो जाने के बाद कारखाना प्रणाली का प्रतिरोध समाप्त हो गया। लेकिन, उपनिवेशों से लूटे गए इस माल से भी प्रणाली के अन्दर की स्वाभाविक असमानताओं में कुछ का निराकरण नहीं हो सका।

अधिसंख्यक कामगारों को यहाँ तक कि बच्चों और औरतों को भी 20वीं सदी की पहली चौथाई तक अत्यन्त अस्वाथ्यकर हालत में घंटों काम करना पड़ता था।

गरीबों के लिए आवास की स्थिति पूरी तरह अमानवीय थी। मध्य 19वीं सदी की स्थिति के वर्णन के अनुसार, '1830 ई. में पेरिस पहुँचनेवाले कुछ नए आगन्तुकों ने स्वयं को उन यात्री भवनों में रहते हुए देखा कि छह बिछावनों पर बारह लोग पड़े हैं, जबकि 1840 ई. में मैनचेस्टर में सात हजार से अधिक लोगों का काम मात्र 33 शौचालयों से चलता था अर्थात् 215 औरत, मर्द और बच्चों पर एक शौचालय था। यद्यपि इन दृष्टान्तों में वर्णित जनाधिक्य अपवाद रूप में भयावह लग सकता है, लेकिन इस तरह की स्थिति किसी तरह असामान्य नहीं थी। जाँचकर्ता 19वीं सदी के मध्य के वर्षों में वस्तुतः सभी बड़े पश्चिमी नगरों के बारे में ऐसे ही दृष्टान्त प्रस्तुत करते हैं।'[1]

इस तरह की स्थितियाँ 20वीं सदी के आरम्भिक वर्षों तक अधिकांश औद्योगिक नगरों में कुछ कमी के साथ जारी रहीं। ऐसी स्थितियाँ अमेरिका की यहूदी बस्तियों एवं तीसरी दुनिया के अधिकांश नगरों में गरीबों के आवासीय क्षेत्रों में अभी भी बनी हुई हैं। धूप और हवा का अभाव, अत्यधिक भीड़, नशे में झगड़ा और अपराध ऐसे सभी क्षेत्रों के लिए सामान्य चीज हैं। लेकिन, इस नए औद्योगिक समाज का सबसे खराब स्वरूप सामान्य समय में सक्षम व्यक्तियों के एक छोटी प्रतिशत की स्थायी बेरोजगारी थी। फिर नियमित अन्तराल पर सभी तरह के कार्यों का अभाव तथा मन्दी का मियादी संकट था। व्यावसायिक वर्गों द्वारा खोजे गए इस दशा का सरल निराकरण था, बढ़ते आरोह में उत्पादन और उपभोग को विस्तार देना। यह औद्योगिक मशीन को गतिशील बनाए रख सकता था। लेकिन, वर्द्धनशील उत्पादन को विशाल बाजार की जरूरत थी जो तभी सम्भव था जब एक औद्योगिक राष्ट्र दूसरे औद्योगिक राष्ट्रों या गैर-औद्योगिक राष्ट्रों में अपने उत्पादों का ढेर लगा दे। इससे अक्सर विवाद और युद्ध हुआ। लेकिन, व्यावसायिक वर्गों के लिए यह युद्ध अभिशाप के बदले वरदान साबित हुआ, क्योंकि शस्त्रीकरण ने युद्ध उद्योगों में उत्पादन और युद्ध से सम्बन्धित आर्थिक गतिविधियों के अनन्त मार्ग खोल दिए। इस तरह, इससे दो उद्देश्यों की पूर्ति हुई। इसने एक विशाल बाजार खड़ा किया तथा एक राष्ट्र को भौतिक शक्ति प्रदान की ताकि वह अनिच्छुक और कमजोर राष्ट्रों पर अपनी वाणिज्य उत्पाद लाद सके। इस प्रकार, आवर्ती और भयानक युद्ध इस सभ्यता का एक दूसरा संगत बन गया।

हालाँकि, यह निराकरण व्यापक उपभोग और उत्पादन के जरिए एक अत्यधिक मौलिक प्रकृति के अजेय अवरोध के विरुद्ध प्रकट हुआ। आगे चलकर, व्यापक उत्पादन का प्रक्षेपण, प्राकृतिक संसाधनों के खत्म होने की सम्भावनाओं विशेषकर उन जीवाश्मी ईंधनों के विरुद्ध उन्होंने औद्योगिक अर्थव्यवस्था की रीढ़ का निर्माण किया था, प्रकट हुआ। यद्यपि यह अहसास धीरे-धीरे केवल अब हो रहा है, विचारवान व्यक्ति ने इस संकट का अहसास शुरू में ही कर लिया था।

संरक्षण का सामान्य नियम उसे यह चेतावनी दे रहा था कि कच्चे माल और ईंधनों की सीमित मात्रा से असीमित वस्तुओं का उत्पादन नहीं किया जा सकता। लेकिन, संग्रहवृत्ति का जोश पूरा फैला हुआ था जिस पर कोई बाहरी रोक या सीमा नहीं थी। यह अपने नियमित अभियान से सारी धरती को पूरी तरह जला देने तथा खुद मानव प्रजाति को नष्ट कर देने के लिए तैयार था। केवल अन्त:प्रेरणा ही इस प्रेत को गिरफ्तार कर सकती थी। लेकिन, यह अन्त:प्रेरणा कहाँ से जागृत हो सकती थी? आधुनिक मनुष्य स्वयं को बाह्य रूप से संगणनीय वस्तुओं के द्वारा नियम निर्धारित करने का अभ्यस्त बना चुका था। इस नियम ने केवल एक ही दिशा में संकेत दिया तथा अर्जन की राह में वापसी या विराम को असम्भव बना दिया। इस प्रवाह को रोकने की सुदृढ़ प्रेरणा या प्रोत्साहन केवल एक नया विश्वास ही दे सकता था।

4

गांधी जब अध्ययन करने लन्दन पहुँचे, तो 1888-91 ई. की अपनी उस अवधि के दौरान एक अतिसंवेदनशील युवक के रूप में वहाँ रहते और जीते हुए उन्होंने विपुल सम्पदा के बीच गरीबी, संकुलन और बेरोजगारी की एक ऐसी दुनिया देखी जिस पर युद्ध का खतरा मँडरा रहा था। इसे वह आधुनिक औद्योगिक व्यवस्था का हमराही मानते थे। पश्चिमी सभ्यता की इस तस्वीर का उनके संवेदनशील मन पर एक स्थायी प्रभाव पड़ा। उनके पास, आगे चलकर, जैसे-जैसे अत्यधिक सूचनाएँ आने लगीं, यह तस्वीर उसी तरह से और गहरी होती गई। इस तरह, गांधी धीरे-धीरे अपने व्यक्तिगत जीवन से साधुता की ओर अग्रसर होने लगे।

लेकिन, गांधी की प्रतिक्रिया इन सभी स्थितियों के प्रति अपने समकालीनों से मौलिक रूप से भिन्न थी। उन समकालीनों में भारतीय और यूरोपीय, दोनों शामिल थे। उन्नीसवीं सदी के अन्तिम और बीसवीं सदी के आरम्भिक दशकों में यूरोप भारी समस्याओं से घिरा हुआ था। वहाँ एक सशक्त समाजवादी आन्दोलन शुरू हो चुका था। महादेशीय यूरोप में मार्क्सवाद उठान पर था। स्वयं ब्रिटेन में एक शक्तिशाली मजदूर संघ का आन्दोलन शुरू हो गया था। ये सभी आन्दोलन राजनीतिक और आर्थिक सुधारों के माध्यम से इन समस्याओं का समाधान ढूँढ़ रहे थे। उन दिनों यूरोप गए भारत के अधिकांश युवक यूरोप और उपनिवेशों की समस्याओं का समाधान इन प्रचलित विचारधाराओं में से किसी एक या दूसरी विचारधारा में ही तलाशते थे। लेकिन, गांधी का जब उक्त सभ्यता से सामना हुआ तो इससे एक अनोखी प्रतिक्रिया उत्पन्न हुई। वह इन समस्याओं के नैतिक समाधान की खोज में पड़ गए। वह पूरी तरह एक आयामीय व्यक्ति थे जिनके लिए सभी समस्याएँ केवल नैतिक समाधान को स्वीकार करते हुए—अन्ततः एक नैतिक समस्या में परिवर्तनीय थीं। वह जिन जटिलताओं में स्वयं को देख रहे थे, उससे उबरने के लिए मार्क्स या मिल की तरफ नहीं गए, बल्कि ईसाइयत की तरफ मुड़ गए। ईसाइयों से उनका सम्पर्क था। इस सम्पर्क ने उन्हें उनके उस निजी धार्मिक संस्कार में निमग्न कर दिया जिसके बीज उनमें पूर्व में ही उनकी धार्मिक दाई रम्भा, उनकी माँ तथा शामल भट्ट की शिक्षात्मक गुजराती कविताओं ने डाल दिए थे।

गांधी में नैतिक अनुकूलन की शक्ति थी। फलस्वरूप, उन्होंने अपनी अड़चनों को भी लाभ में बदल दिया। उनकी एक अड़चन थी, उनका शर्मीलापन। इस वजह से उस निर्णायक घड़ी में भी उनकी जुबान बन्द रही, जब उनके लिए स्वयं को अभिव्यक्त करना बहुत आवश्यक था। यह अन्तर्मुखी स्वभाव उनके लिए एक बड़ी उलझन थी। उसने इंग्लैंड से लौटकर भारत में वकालत करने की उनकी योजना को समाप्त कर दिया था। लेकिन, उन्होंने अपनी इस असफलता का लाभ अपना चरित्र बदलने में उठाया। इसके बारे में वह अपनी आत्मकथा में लिखते हैं :

> "...इसका सबसे बड़ा लाभ रहा है कि इसने मुझे यह सीख दी कि सत्य के एक उपासक के लिए मौन आध्यात्मिक अनुशासन का अंश है। जाने या अनजाने, सत्य में हेर-फेर करने या उसे दबाने की प्रवृत्ति मनुष्य की स्वाभाविक कमजोरी है, तथा इस पर विजय पाने के लिए मौन जरूरी है।"

गांधी में बचपन से ही सत्य के प्रति दृढ़ता थी। इस तथ्य को हम इस दृष्टान्त से जान सकते हैं कि अपनी पाठशाला में शिक्षक द्वारा उकसाए जाने के बावजूद उन्होंने नकल करने से इनकार कर दिया था। हालाँकि, उस इनकार से उन्हें डाँट पड़ी थी। इस तरह का व्यवहार अकेले बाह्य परिस्थितियों की अनुरूपता से नहीं बन सकता था। वह केवल अन्दर की प्रेरणा या आवेग से ही बन सकता था। पुनः वह जब अफ्रीका गए तो उसी वर्ष एक सड़क के किनारे टहल रहे थे कि एक पुलिसवाले ने बिना किसी चेतावनी के गैर-कानूनी ढंग से उन्हें लात मार दी। मि. कोट्स नाम का एक यूरोपवासी वहाँ था और वह इस घटना को देख रहा था। उसने गांधी से आकर कहा कि आप इस पुलिस वाले के विरुद्ध केस दर्ज कराएँ और मेरा नाम चश्मदीद गवाह के रूप में दे दें। गांधी ऐसा करने से इनकार कर गए। वह मानते थे कि पुलिसवाला एक अन्यायी व्यवस्था का अंग है, इसलिए मुझे उस पुलिसवाले ने नहीं, बल्कि इस व्यवस्था ने लात मारी है। यह प्रकरण पुनः इस रूप में भी महत्त्वपूर्ण है कि गांधी तब महज 24 साल के एक युवक थे और वकालत के पेशे में संघर्ष कर रहे थे। वह तब एक सुधारक नहीं बने थे। कैसे हर चीज उनके नैतिक विचारों में उन्हें सन्तुष्ट करने हेतु वापस लौटी, यह दादा अब्दुल्लाह के मुकदमे से स्पष्ट होता है। यह मुकदमा गांधी को सौंपा गया था। इस मुकदमे में सारे तथ्य गांधी के मुवक्किल के पक्ष में थे। स्वाभाविक रूप से गांधी यह मुकदमा जीत गए। इस बाबत कुछ भी विलक्षण नहीं था। लेकिन नहीं, गांधी ने यह निष्कर्ष निकाला; 'जब मैं दादा अब्दुल्ला के मुकदमे की तैयारी कर रहा था तो मैं तथ्यों के सर्वोच्च महत्त्व को पूरी तरह समझ चुका था। तथ्यों का अभिप्राय था, सत्य। और, एक बार जब हम सत्य से

चिपक जाते हैं तो स्वाभाविक रूप से कानून हमारी सहायता के लिए आ जाता है।' न्यायशास्त्र में भी उन्होंने धर्म का दर्शन किया। वह जब सांसारिक स्वामित्वों का त्याग करने की बाबत सोच रहे थे, तभी उनको यह महसूस हुआ कि सब कुछ का त्याग व्यावहारिक नहीं है। ऐसे में निराकरण के तौर पर उनके दिमाग में ट्रस्टीशिप का विचार आया। इस पर वह अपनी प्रतिक्रिया निम्नलिखित शब्दों में व्यक्त करते हैं :

> "...अंग्रेजी कानून का मेरा अध्ययन इस मामले में मेरा सहायक बन गया। स्नेल द्वारा न्याय के सिद्धान्त वाक्य का किया गया विवेचन मुझे याद आ गया। गीता के आलोक में मैंने इसे ज्यादा स्पष्ट ढंग से समझा जो 'ट्रस्टी' शब्द के निहितार्थ की शिक्षा देती है। न्यायशास्त्र के प्रति मेरा सम्मान बढ़ गया, मैंने इसमें धर्म की खोज की।"

वस्तुतः गांधी ने प्रत्येक चीज को एक आयाम में तब्दील कर दिया अर्थात् नैतिक चीज एवं इसके साथ-साथ ठीक एक बिन्दु में अर्थात् सत्य की तलाश में तब्दील कर दिया। वह केवल इस परम सन्दर्भ बिन्दु से ही राजनीति या समाज के भीतर की अपनी जिम्मेवारी को प्राप्त करते हैं। वह जीवन में जो नैतिक स्टैंड लेते हैं, उनके लिए राजनीतिक कर्तव्य उसी की एक अपरिहार्य परिणति है। इस सम्बन्ध के बारे में वह बाद की तारीख में जब अपने विचार को पूरी तरह गढ़ चुके थे, निम्नलिखित पंक्तियाँ लिखते हैं :

> "सत्य के शाश्वत और सर्वव्यापी भाव को आमने-सामने देखने के लिए व्यक्ति को सृष्टि की सबसे तुच्छ चीज से अपने जैसा प्रेम करने के काबिल होना जरूरी है। और वह मनुष्य जो इसकी आकांक्षा करता है, वह जीवन के किसी क्षेत्र से बाहर रहना बर्दाश्त नहीं कर सकता है। यही कारण है कि सत्य के प्रति मेरी अनुरक्ति मुझे राजनीति के क्षेत्र में खींच लाई है; तथा मैं पूरी विनम्रता से बेझिझक कह सकता हूँ कि वे जो यह कहते हैं कि धर्म का राजनीति से कोई लेना-देना नहीं है, वस्तुतः वे धर्म का अभिप्राय नहीं जानते हैं।"

वह अपनी आत्मकथा के अन्त में अपने जीवन का लक्ष्य सभी तरह के अहंकारों के सर्वनाश के रूप में निर्धारित करते हैं :

> "परन्तु, आत्म-शुद्धिकरण का मार्ग काफी मुश्किल और खड़ी चट्टान सरीखा है। पूर्ण शुद्धता को प्राप्त करने के लिए एक व्यक्ति को विचार, वक्तव्य और कार्य में परमतः मनोविकार-मुक्त होना पड़ता है, प्रेम और घृणा, लगाव और विलगाव की विरोधी धाराओं से ऊपर उठना

होता है...जबसे मैं भारत वापस आया हूँ, मैंने अपने अन्दर निष्क्रिय मनोविकारों को छुपा हुआ अनुभव किया है। उनकी जानकारी के कारण मैं अपमानित महसूस करता हूँ, पराजित नहीं। अनुभवों और प्रयोगों ने मुझे झेला है तथा अतिशय आनन्द प्रदान किया है। लेकिन, मैं जानता हूँ कि मेरे सामने अभी भी एक कठिन मार्ग है जिसे मुझको पार करना है, मुझे अपने को शून्य में परिवर्तित करना निहायत अनिवार्य है। जब तक एक व्यक्ति स्वयं को अपनी स्वतंत्र इच्छा से साथी प्राणियों के बीच अन्त में नहीं रखता है, उसे मुक्ति नहीं मिल सकती है। अहिंसा विनम्रता की दूरतम सीमा है।"

राजनीति में सक्रिय भागीदारी निभानेवालों को यह सब रहस्यमय लगेगा। राजनीति का सर्वोपरि सरोकार समाज में उपलब्ध भौतिक संसाधनों के बँटवारे हेतु सत्ता के अर्जन और दावे और सत्ता के इस्तेमाल के जरिए मानवीय सम्बन्ध को आकार देने से होता है। मानवीय सम्बन्ध का यह निर्धारण अनेक समूहों की आपेक्षिक सत्ता को प्रतिबिम्बित करता है, जिनके पास सबसे अधिक सत्ता होती है, वे जनकल्याण के एक वृहत हिस्से को किनारे भी कर देते हैं और बेहतर हैसियत अर्जित कर लेते हैं। यह राजनीति की गेंद को इस तरह निर्धारित कर देता है कि वह लुढ़कती रहे, जिनके पास कमतर सत्ता या शक्ति होती है, वे अत्यधिक भागीदारी और उच्च हैसियत हासिल करने के लिए संघर्ष करते हैं, तथा उस लक्ष्य तक पहुँचने के लिए अत्यधिक राजनीतिक सत्ता की तलाश करते हैं : कुछ संख्याबल का इस्तेमाल करते हैं तो कुछ अपनी क्षमता का उपयोग बल से डराने के लिए करते हैं। सम्पूर्ण इतिहास में तमाम राजनीतिक रूप, चाहे वह लोकशाही हो या निरंकुशशाही या तानाशाही या सैन्यशाही, इन्हीं बुनियादी आकांक्षाओं के गिर्द घूम रहे हैं। गांधी के राजनीतिक कार्य के प्रस्थान बिन्दु के रूप में स्वयं को शून्य में परिणत करने का आह्वान पारम्परिक पदों में अभिव्यक्त सभी राजनीतिक सामान्य वृद्धि के सामने लड़ता है। यही कारण है कि अपने राजनीतिक संघर्षों के निर्णायक चरण में उनके द्वारा लिए गए कुछेक निर्णयों से न केवल उनके अनुयायी बल्कि विरोधी भी प्रायः चकरा जाते थे। उदाहरणस्वरूप, बारदोली का प्रस्तावित सविनय अवज्ञा आन्दोलन जिसका उन्होंने स्वयं नेतृत्व करने की योजना बनाई थी, उसे स्थगित कर दिया गया या उत्तर प्रदेश के चौरी-चौरा कांड के बाद पूरे भारत में शुरू किए गए सविनय अवज्ञा आन्दोलन को इसलिए स्थगित कर दिया कि उक्त गाँव की क्रुद्ध भीड़ ने 5 दिसम्बर 1922 को अत्याचारी पुलिसवालों के साथ हिंसा और आगजनी की घटना की थी। इस बाद वाले आन्दोलन को वापस लेने में राष्ट्रवादी लोगों ने स्वयं को ज्यादा अपमानित महसूस किया। लेकिन, गांधी पर इसका कोई प्रभाव नहीं पड़ा। उनके लिए आजादी हासिल करने के

साधन की शुचिता एक सम्भावित राजनीतिक लक्ष्य से कहीं ज्यादा महत्त्वपूर्ण थी। चौरी-चौरा उनके लिए एक चेतावनी थी कि आन्दोलन अपने निर्धारित मार्ग का पालन करने का समुचित अनुशासन अर्जित नहीं कर पाया है। बारदोली सत्याग्रह की तैयारी के पूर्व वह अपनी वार्ता के दौरान वायसराय रीडिंग से कह चुके थे, 'हमारा आन्दोलन धार्मिक है जिसका उद्देश्य भ्रष्टाचार, छल, आतंकवाद तथा गोरों की सत्ता के सन्तापक प्रभाव वाले भारतीय राजनीतिक जीवन को शुद्ध करने का है।' यह उनका विशिष्ट नजरिया था।

पुनः दक्षिण अफ्रीका में जब सत्याग्रह आन्दोलन अपने चरम पर था और गांधी एक भारतीय दल के साथ सरकारी प्रतिबन्ध के विरुद्ध जनवरी 1914 में डरबन से ट्रांसवाल पार करनेवाले थे कि उन्होंने आन्दोलन स्थगित कर दिया, क्योंकि रेलमार्ग के कर्मचारी हड़ताल पर चले गए थे। इस सन्दर्भ में उनका स्पष्टीकरण था कि विरोधी को नेस्तनाबूद करना, चोट पहुँचाना, नीचा दिखाना या तिक्त करना या उसे कमजोर कर विजय हासिल करना, सत्याग्रह की रणनीति का हिस्सा नहीं है; सत्याग्रही विरोधियों की परेशानियों से लाभ उठाने का प्रयास नहीं करते हैं। यद्यपि इस बार उदार व्यवहार की दक्षिण अफ्रीकी शासन द्वारा थोड़ी प्रशंसा की गई, लेकिन राजनीतिक संघर्ष के सभी स्वीकृत मानकों के बावजूद निर्णय बह चला। सामान्यतः हर व्यक्ति राजनीतिक विरोधियों की कमजोरी से लाभ उठाना चाहता है और उसको इससे बेहतर तरीका नजर नहीं आता है। मूलतः राजनीति में इन्हीं चतुराइयों और रणनीतियों का स्थान होता है। लेकिन, गांधी के लिए सत्याग्रह विरोधियों पर विजय प्राप्त करने के साधन से ज्यादा विरोधियों का दिल जीतने का साधन है। वह हमेशा सफल नहीं हुए; लेकिन उन्होंने अपने इस विचार में कोई बदलाव नहीं किया और अन्त तक इस विचार से जुड़े रहे।

इन सबके पीछे गांधी की एक ही कामना थी कि पाप के विरुद्ध लड़ा जाए, न कि पापियों के विरुद्ध। यद्यपि यह अन्तर कर पाना अत्यन्त कठिन है क्योंकि एक बुरे काम का कर्ता हमेशा कोई-न-कोई मनुष्य ही होता है, लेकिन इस अभिवृत्ति के पीछे गम्भीर तर्कशक्ति निहित है। यह अत्यन्त रोचक है कि उन्नीसवीं सदी के यूरोप के समाजवादी आन्दोलन सरीखे अधिकांश सुधार आन्दोलनों ने मनुष्य के असामाजिक रुझानों के लिए उस सामाजिक व्यवस्था को दोषी ठहराया जिनके अन्दर वे रहते थे। इसलिए, दबाव व्यक्ति को बदलने की बजाय व्यवस्था को बदलने पर था। इसने तार्किक ढंग से उस बात का अनुसरण किया कि एक बुरी सामाजिक व्यवस्था के अन्दर किसी बुरे कार्य के लिए मनुष्यों को नहीं, बल्कि व्यवस्था को दोष देना चाहिए। इस तरह, इस विचार के अनुसार बुरे कार्यों के लिए मनुष्यों को दंड देने का कोई मतलब

नहीं है। लेकिन, गांधी अकेले इस दृष्टिकोण के तर्क का अनुसरण करनेवाला प्रतीत होते हैं। उन्होंने बुरी प्रथा को बदलने के लिए संघर्ष किया, लेकिन प्रत्येक शिरा को खींचे रखा कि उक्त प्रथा या व्यवस्था से सम्बद्ध व्यक्तियों को कोई क्षति नहीं पहुँचे।

इसके विरुद्ध यूरोप के सुधारकों और आन्दोलनकारियों ने न केवल ज्यादतियों के लिए सीधे जिम्मेदार लोगों के विरुद्ध बल्कि उनके विरुद्ध भी जो महज उस निश्चित वर्ग में पैदा हुए थे जो शोषक माना जाता था, हर तरीके से बदला लिया। गांधी और यूरोपीय सुधारकों के दृष्टिकोण में एक मौलिक अन्तर है। हालाँकि, दोनों ने ही उन निश्चित अमूर्त सिद्धान्तों को ठोस रूप देने के लिए संघर्ष किया जिनके अनुसार दुनिया को एक शक्ल देनी थी। लेकिन, गांधी जब यातना झेलते हैं तो इसके माध्यम से वह आशा करते हैं कि विरोधियों का हृदय परिवर्तन कर अपने विचारों की उस दुनिया को साकार करेंगे, जबकि यूरोपीय सुधारक अपने विचारों को मूर्त रूप देने में जो भी विरोधी सामने आता है, उसका सफाया कर देते हैं। क्या सुधारकों का वह विचार अन्त में गलत साबित हुआ? इस प्रश्न का सुधारकों के पास कोई जवाब नहीं था। निस्सन्देह, उसी तरह लक्ष्य के प्रति अनिश्चित होकर अत्यधिक हिंसा के साथ एक नई रेखा के गिर्द फिर से प्रयासों को सभी जगह शुरू किया जाना था। इसने आवर्ती हिंसा और युद्ध के एक विस्तृत इलाके को अनुक्रमबद्ध कर दिया। यदि, दूसरी तरफ, अहिंसक नायक का अमूर्त सिद्धान्त गलत साबित हो गया, तो इसके लिए और कोई नहीं, बल्कि नायक ज्यादा बुरा होता है। ऐसी स्थिति में गांधी पुनः अपने नैतिक भंडार से दृढ़ विश्वास प्राप्त कर लेते हैं। उनकी अभिवृत्ति वैराग और आत्मनिग्रह की माँगों के अनुरूप थी: सभी आवेशपूर्ण कार्यों का निर्मूलन उनकी आस्था का मूलभूत सिद्धान्त था, तथा हिंसा उनकी नजर में सबसे भयानक आवेश की अभिव्यक्ति थी।

उनकी सेवा करने की लालसा, एक अनोखी लालसा थी। प्रत्येक शालीन व्यक्ति पीड़ित लोगों की सेवा को एक महान कर्तव्य के रूप में देखता था। लेकिन, अधिकांश लोगों के लिए यह एक कष्टप्रद काम था, यद्यपि यह एक अनिवार्य कर्तव्य था। लेकिन, गांधी के लिए सेवा एक आंतरिक प्रेरणा थी जिसकी पूर्ति से उन्हें बड़ा सुख मिला। उनके दरवाजे पर एक कुष्ठ रोगी आता है। उनका मन नहीं करता है कि उसे भोजन देकर चलता कर दें। वह उसे अपनी छत के नीचे आश्रय देते हैं, उसके घावों की सफाई करते हैं तथा उसकी नियमित देख-रेख शुरू कर देते हैं। हालाँकि, उनके जीवन की परिस्थितियाँ ऐसी नहीं थीं कि वह इस आनन्ददायक काम को जारी रखें। उन्हें उसे एक अस्पताल में भेज देना पड़ता है। लेकिन, सेवा करने का उनका हार्दिक उत्साह बना रहता है। इसलिए, वह

सन्त ऐडंस मिशन के डॉ. बूथ की देखरेख में एक छोटा धर्मार्थ अस्पताल शुरू करते हैं और हर रोज वहाँ दो घंटे का समय देकर दवा बनाने के नियमित काम का जिम्मा उठाते हैं। उन्हें वे चीजें भी असीम आनन्द देती थीं जो एक सामान्य मनुष्य में भय और अरुचि पैदा करती हैं। केवल उन चीजों का अभिप्राय दूसरे प्राणियों की सेवा होना चाहिए था। उन्हें काला प्लेग से भी भय नहीं था। उन्हें जब जोहांसबर्ग के नजदीक भारतीय खान कर्मचारियों के बीच इसके फैसले की खबर मिली तो वह उनके बचाव के लिए डरबन से सीधे वहाँ पहुँच गए। रोग इतना भयानक था कि उनकी देखरेख में जिन तेईस रोगियों को रखा गया था, उनमें से इक्कीस मर गए। केवल दो ही मरीज जिन्हें वह मिट्टी और जल चिकित्सा के तहत रखते थे, बच पाए। उनके साथ नगरपालिका की एक नर्स सेवा करने आई थी, उसे भी संक्रमण लग गया और वह मर गई। लेकिन, इस स्पष्ट खतरे के बावजूद वह पूरे समय सेवा करने के अपने संकल्प से विचलित नहीं हुए। वह स्वयं इसका जिक्र करते हैं :

> "देशभक्ति की तरह सेवा का रुझान भी मेरे स्वभाव में गहरे पैठा था। मुझे लोगों की सेवा करना पसन्द था, चाहे वे दोस्त हों या अजनबी।"

स्वभावत: वह उस चीज के लिए किसी बड़ी राजनीतिक घटना से भी ज्यादा चिन्ता जाहिर करते थे जिसे वह स्वयं में या स्वयं से जुड़े व्यक्तियों में एक नैतिक पतन मानते थे। अफ्रीका के फीनिक्स फार्म के दो निवासियों की नैतिक शिथिलता के प्रति अपनी प्रतिक्रिया का गांधी का अपना विवरण इसे सबसे अच्छे तरीके से समझाता है। वह लिखते हैं :

> "मैं जब एक बार जोहांसबर्ग में था, मुझे आश्रम के निवासियों में से दो के बारे में नैतिक पतन का समाचार मिला। सत्याग्रह संघर्ष की स्पष्ट असफलता या वापसी के समाचार से मुझे कोई तकलीफ नहीं हुई थी, लेकिन यह समाचार मेरे लिए वज्रपात सरीखा था। उसी दिन मैंने फीनिक्स के लिए गाड़ी पकड़ ली। मि. केलेनबाख मेरे साथ चलने के लिए दबाव बनाने लगे। वह मेरी स्थिति देख रहे थे। उन्हें मेरे अकेले जाने का विचार बर्दाश्त नहीं हुआ, क्योंकि वह उस समाचार के वाहक थे जिसने मुझे अशान्त कर दिया था।
>
> "...मैंने अनुभव किया कि दोषी व्यक्तियों को अपने दुख एवं उनके नैतिक पतन की गहराई का अहसास कराने का एकमात्र तरीका यह है कि मैं ही पश्चात्ताप करूँ। इसलिए, मैंने सात दिनों का उपवास रखा तथा साढ़े चार महीने तक केवल एक महीने भोजन करने का संकल्प लिया...।"

लगभग हर कुछ गँवाकर वह अपने नैतिक विषय के प्रति सम्पूर्णता में कितना प्रतिबद्ध थे, इसे अफ्रीकी जेल से 25 मार्च, 1909 ई. को उनके द्वारा अपने सत्रह वर्षीय पुत्र मणिलाल को लिखे गए पत्र से अच्छी तरह समझ सकते हैं। अन्य चीजों के अलावा वह लिखते हैं :

> "मैं नाथूरामजी की उपनिषदों की प्रस्तावना के एक परिच्छेद से काफी प्रभावित हुआ था। वह कहते हैं कि ब्रह्मचर्य अवस्था—अर्थात् प्रथम अवस्था अन्तिम जैसी होती है; अर्थात् संन्यासी की अवस्था। यह सत्य है। अज्ञानता की उम्र में अर्थात् बारह वर्षों की उम्र तक केवल मनोरंजन ही होता रहता है। एक लड़का ज्योंही विवेक की उम्र प्राप्त करता है, उसे अपनी जिम्मेवारियों का अहसास करने की शिक्षा दी जाती है। इस उम्र से आगे प्रत्येक लड़के को कार्य और विचार में शुचिता का पालन करना चाहिए। उसी तरह सत्य का अनुपालन करना चाहिए और किसी जीवन पर ध्यानपूर्वक विचार नहीं करना चाहिए। किसी भी तरह यह उनके लिए कोई कष्टदायक ज्ञान और अभ्यास नहीं हो, बल्कि पूरी तरह स्वाभाविक और आनन्ददायक हो। मुझे राजकोट के ऐसे अनेक लड़कों की याद ताजा है। मैं तुम्हें बतला दूँ कि जब मैं तुमसे छोटा था, मुझे अपने पिता की सेवा करने में सबसे ज्यादा आनन्द मिलता था। बारह वर्ष की उम्र के बाद मैंने कभी मनोरंजन नहीं किया। तुम तीन सद्गुणों का पालन करो और उन्हें अपने जीवन का हिस्सा मान लो, तो तुम्हारी शिक्षा या प्रशिक्षा पूरी हो जाएगी...।
>
> "याद रखो, गरीबी अब से हमारी नियति है। इसके बारे में मैं जितना ज्यादा सोचता हूँ, उतना ही ज्यादा मैं अनुभव करता हूँ कि यह धनी होने से ज्यादा गरीब होने के लिए शापित है। गरीबी का उपयोग धन के उपयोग से कहीं अधिक मीठा होता है।"

गांधी के प्रशंसक और जीवनीकार लुई फिशर ने उक्त पत्र का भरपूर उद्धरण दिया है। वह अपनी प्रक्रिया निम्नलिखित शब्दों में व्यक्त करते हैं :

> "...गांधी की निःस्वार्थ निषेधाएँ अपने पुत्र की भलाई के लिए थीं, लेकिन उस कठोर अधिकारी के अधीन जो स्वच्छ ढंग से भंडारगृह में रखे गए उपकरणों को चाहते थे, ब्रह्मचर्य, गरीबी और कठिन कार्य की सम्भावना जीवन की दहलीज पर उस युवा व्यक्ति को कुछ रोमांच देती है।
>
> "तेरह साल की उम्र में ही शादी हो गई थी, इसलिए गांधी को किशोरावस्था का अनुभव नहीं हुआ था और न ही उन्होंने अपने किशोरों को कभी समझा। मणिलाल को लिखे गए उक्त पत्र से यही प्रकट होता है। इसमें भविष्य की रूपरेखा के रूप में सत्य का सद्गुण निहित था,

लेकिन वह सत्य निषेधकारी था। यह तथ्य कि पिता ने बारह वर्ष के बाद जीवन का कोई आनन्द नहीं उठाया, सचमुच में एक संवेदनशील पुत्र को उदास या भयभीत किया होगा। इस तरह के एक पिता के साथ रहना कठिन है। इस तरह का पिता ही ऐसा पत्र लिखता है। वस्तुतः उस पत्र का आशय था—'तुम्हारा जीवन मुझसे बँधा रहेगा। तुम अपनी मर्जी से नहीं चल सकते हो।' गांधी एक सहयोगी चाहते थे; मणिलाल को आजादी चाहिए थी। वह एक वकील या डॉक्टर बनना चाहते थे और उनके पिता उन्हें सन्त बनने की शिक्षा दे रहे थे।"[1]

निस्सन्देह, फिशर यहाँ चूक जाते हैं। वह गांधी के नजरिए को उनके बाल-विवाह से जोड़कर देखते हैं। गांधी जब किशोर थे, भारत में बाल-विवाह प्राय: सार्वभौमिक था। तथापि, अधिकांश युवा माँ-बाप अपने बच्चों के प्रति काफी कृपालु होते थे। गांधी न केवल जिम्मेदारी ही लाद रहे थे बल्कि गरीबी का जीवन भी लाद रहे थे जिसे शायद ही कोई दूसरा पिता प्रोत्साहित करता। गांधी का रुझान महज दुनिया में महत्त्व रखनेवाले कर्तव्य और सद्गुण के जीवन के सिवाय किसी अन्य चीज को देख पाने की उनकी अयोग्यता से उत्पन्न हुआ था।

गांधी के विद्रोही पुत्र हरिलाल गांधी 1915 ई. में गांधी को लिखे गए अपने एक खुले पत्र में उस अनुभूति का इजहार करते हैं जिसे उनके दूसरे पुत्रों ने भी साझा किया होगा। उस लम्बे पत्र के अन्त में हरिलाल लिखते हैं :

"मेरा सम्पूर्ण पत्र एक ही बात पर बल देता है, वह यह कि आपने हमारी कमजोरी के लिए कभी कोई रियायत नहीं बख्शी। आपने कभी भी हमारे अधिकारों के बारे में नहीं सोचा। आपने कभी भी एक व्यक्ति की क्षमता पर गौर नहीं किया। आपके उपदेश और कार्य निषेधकारी हैं। उनका अनुसरण करने में मैं स्वयं को अक्षम पाता हूँ। आपके समक्ष आपका पुत्र और अन्य लोग एक समान हैं। दो व्यक्तियों पर आरोप लगा तो अपने पुत्र के सामने आपने उस दूसरे व्यक्ति पर दोष मढ़ना कभी उचित नहीं समझा। आपके विचार से पुत्र को हर चीज झेलनी चाहिए। दुर्भाग्यवश, मैं इतनी सारी चीजों को सहन नहीं कर सकता हूँ।"

उक्त कथन के पहले वह उसी पत्र में एक दूसरी जगह लिखते हैं—"हम लोगों में यह विचार डाल दिया गया था कि हमें केवल उपकरणों के रूप में इस्तेमाल होना है।"

इन आरोपों में कुछ सचाई प्रतीत होती है। गांधी अपने शुद्धता के विचार के धुन में इतने ज्यादा आ गए थे कि वह इस तथ्य के प्रति बिलकुल अनजान हो गए थे, कि कुछ लोगों के पास अपनी दृष्टि है और उन्होंने भी उनकी तरह ही एक

परिवेश का निर्माण किया है जिसके अन्दर वे रहते हैं। जीवन के प्रति उनका रुझान 'गीता' के तीसरे अध्याय की उनकी टीका की निम्नलिखित पंक्तियों में स्पष्टतः व्यक्त होता है :

> "मैं इस अध्याय को गीता को समझने की कुंजी कहता हूँ और इसका सार यह है कि जीवन हमें सेवा के लिए मिला हुआ है, न कि आनन्द के लिए। अतएव हमें अपने जीवन को एक त्याग सम्बन्धी चरित्र प्रदान करना है। इस तर्क-वाक्य पर बौद्धिक सहमति केवल पहला कदम है, लेकिन ऐसी सहमति और उक्त सहमति के रूप में आचरण, ये समय के साथ अपनी अशुद्धताओं से हमारे हृदय को मुक्त करने के लिए बाध्य हैं। लेकिन, वास्तविक सेवा क्या है? इस प्रश्न का सही उत्तर प्राप्त करने के क्रम में इन्द्रियों का निग्रह अनिवार्य है, क्योंकि यह हमें सत्य के ईश्वर की अत्यन्त स्पष्ट दृष्टि प्रदान करता है। सेवा में यदि स्वार्थ आ जाए तो वह त्याग नहीं हो सकती। इसलिए, अनासक्ति के भाव की अत्यन्त आवश्यकता है...।"

अपने निजी जीवन की स्थितियों के प्रति गांधी का रवैया कैसा था? इसे हम दक्षिण अफ्रीका से किए गए एक आह्वान के प्रति गांधी की प्रतिक्रिया में देख सकते हैं। इस आह्वान का गांधी पर इतना प्रभाव पड़ा था कि बम्बई का बसा-बसाया अपना घर उन्हें छोड़ना पड़ा। इसका उल्लेख गांधी ने अपनी आत्मकथा में किया है। उन्होंने लिखा है :

> "पत्नी और बच्चों से अलगाव, बसा-बसाया घर छोड़ना तथा निश्चित से अनिश्चित की ओर प्रस्थान—यह सब एक क्षण के लिए अत्यन्त दर्दनाक था, लेकिन एक अनिश्चित जीवन के प्रति मैं स्वयं को अभ्यस्त बना चुका था। मेरी समझ से इस संसार में निश्चितताओं की आशा करना गलत है। यहाँ सत्य ही ईश्वर है, और इस सत्य के सिवाय कुछ भी निश्चित नहीं है। हमारे आस-पड़ोस में जो कुछ भी दिखता या घटित होता है, सब कुछ अनिश्चित और क्षणभंगुर है। लेकिन, इन सबमें निश्चितता के तौर पर एक सर्वोच्च सत्ता छुपी रहती है और वह व्यक्ति सौभाग्यशाली होता है जो इस निश्चितता का दर्शन कर लेता है तथा इससे अपनी गाड़ी को जोड़ लेता है। उस सत्य की खोज ही जीवन का परम पुरुषार्थ है।"

इस तरह, उनके लिए जीवन का तुच्छ आनन्द, किशोर लड़कों का जीवनानन्द भी, महज तुच्छता थी। उनके लिए जीवन उस सत्य की प्राप्ति की एक लम्बी तीर्थयात्रा थी, जो उनकी नजर में ईश्वर था। उन चीजों का त्याग

करना था जो विकर्षण पैदा करती थीं। वह अपनी आत्मकथा में एक घटना का जिक्र करते हैं कि कैसे अपने अन्तरंग सहयोगी केलेनबाख के साथ लन्दन की समुद्री यात्रा करते हुए उन्होंने केलेनबाख की पसन्दीदा दूरबीन को समुद्र में फेंक दिया। वह लिखते हैं :

> "वह करीब सात डॉलर की थी। लेकिन, उसका मूल्य कीमत में कम और केलेनबाख की उसके प्रति प्रेमान्धता में ज्यादा निहित था।"
>
> शायद वह दूरबीन दूर की वस्तुओं को देखने की उस जिज्ञासा को संकेतित भी कर रहा था जो कि गांधी के स्वभाव से भिन्न थी। मि. स्टोक नामक एक ईसाई थे जिन्हें गांधी के असहयोग कार्यक्रम के प्रति सहानुभूति थी, लेकिन वह अफगान आक्रमण को लेकर आशंकित थे। उनके पत्र के जवाब में गांधी ने लिखा था :
>
> "मैं एक आधुनिक मनुष्य के रूप में कहता हूँ : 'मैं दूर का परिदृश्य (भविष्य) देखने के लिए नहीं कहता हूँ, मेरे लिए एक कदम ही पर्याप्त है।' आन्दोलन अनिवार्य रूप से धार्मिक है। ईश्वर से डरनेवाले प्रत्येक मनुष्य का धंधा स्वयं को परिणामों की सम्पूर्ण अनदेखी कर बुरी चीजों से अलग करना है। उसे बहरहाल, अच्छे कार्यों में विश्वास करना चाहिए कि अच्छा परिणाम निकल सके: क्योंकि यह मेरे विचार से बिना किसी आसक्ति के कर्म से सम्बन्धित गीता का उपदेश है। ईश्वर भविष्य में झाँकने की इजाजत नहीं देते हैं...।" (यंग इंडिया, 29 दिसम्बर 1920)

यह एक विशिष्ट धार्मिक अभिवृत्ति है। इसमें ईसा का सन्देश प्रतिध्वनित होता है—'इसलिए, कल के बारे में चिन्तित मत होइए, क्योंकि कल स्वयं के लिए चिन्तित रहेगा। आज की अपनी समस्या को ही आज के लिए पर्याप्त मानिए।' (मैथ्यू 6-34)

यही केवल एक ऐसी आस्था है जो एक व्यक्ति को सबसे सुदृढ़ व्यक्ति के विरुद्ध ललकारने के लिए प्रेरित कर सकती है तथा अपने अनुयायियों को सबसे बर्बर दमन के सामने चट्टान की तरह अड़े रहने की इच्छा के साथ प्रेरित भी कर सकती है। जिस क्षण वह अपने कार्य के दूरस्थ और नजदीकी लाभों एवं हानियों का उपाय साधना शुरू कर देता है, बड़ी विसंगतियों के विरुद्ध उठ खड़ा होने की वह इच्छा समाप्त होने लगती है। यदि पसन्द स्पष्ट रूप से दिए गए हों, तो बहुत कम लोग भौतिक लाभों के लिए अपनी जान या अंग का खतरा उठाएँगे। ऐसा केवल तभी होता है, जब वे उस किसी बड़ी चीज या बड़े हित के लिए संघर्षशील होने का अनुभव करते हैं जिसमें उनका वह सम्मान या विश्वास अन्तर्निहित प्रतीत होता है जिसके लिए लोग अपना सब कुछ दाँव पर लगा देने के लिए तैयार रहते हैं।

अपरिहार्यतः, ऐसे विश्वास में व्यक्ति को कला और विज्ञान से दूर रखने की भी मंशा होती है। विज्ञान आस-पड़ोस की प्रत्येक चीज के बारे में अतृप्त जिज्ञासा से उत्पन्न होता है तथा कला न केवल चरम अतिशयोक्तियों के लिए तत्पर रहती है, बल्कि अच्छे और बुरे को अलग करनेवाली रेखा को धूमिल करने का इरादा भी रखती है। यह आश्चर्यजनक नहीं है कि नैतिक लोगों का इरादा कला की भर्त्सना करने का हो गया है। टॉल्सटाय सरीखे महान साहित्यिक कलाकार जब समाज के नैतिक उत्थान के लिए चिन्तित रहने लगे, तो उन्हें भी कला पर रोक लगाने की वकालत करनी पड़ी थी।

ध्यातव्य है कि गांधी के चरित्र को हम उस तरीके से नहीं समझ सकते हैं जो तरीका हमने एक सामान्य मनुष्य के मूल्यांकन के लिए निर्धारित किया है। उन्हें हम तभी समझ सकते हैं जब उन्हें एक अपवादात्मक रूप से उच्च नैतिक संवेदनशीलता वाले मनुष्य के तौर पर लेंगे। उनका यही गुण उन्हें पैगम्बरों के बीच स्थापित करता है। ऐसा तभी होता है, जब हम इस रोशनी में उनके उस राजनीतिक आचरण का मूल्यांकन करना शुरू करते हैं जो एक एकतावादी सूत्र थे। यह एकता का सूत्र उनके विविध कार्यों में दृष्टिगोचर होता है। यह हमें उनकी राजनीति को समझने की क्षमता भी प्रदान करता है। अन्यथा, उनकी उन दिनों की राजनीति स्पष्टतः काफी सनकी मालूम पड़ेगी, जिन दिनों यह राजनीतिक समस्याओं तक पहुँचने के तमाम नए मार्गों को सुलभ बनाते हुए अत्यन्त सृजनात्मक हो चली थी।

5

गांधी के नैतिक विचारों का निर्धारण और विकास इस ढंग से हुआ कि इसने अन्य समकालीन नैतिक विचारों की तुलना में गांधी के विचारों को ज्यादा शाश्वत बना दिया। निस्सन्देह, इसका सबसे महत्त्वपूर्ण कारण यह था कि गांधी का जन्म एक ऐसी दुनिया में हुआ था जो काफी संकुचित हो गई थी और संचार के जो साधन विकसित हो रहे थे, वे सारी दुनिया की समस्याओं को उसकी दहलीज तक पहुँचा चुके थे। लेकिन, उनकी शाश्वतता भी उनके अपने उस विशिष्ट विकास से उत्पन्न हुई थी जिसका अनेक महान धर्मों और समकालीन नैतिक धाराओं के साथ घनिष्ठ सम्पर्क था।

पश्चिम में नैतिक विचारों से उनका पहला मुकाबला शाकाहार और ब्रह्मवाद (थियोसॉफी) के माध्यम से हुआ था। शाकाहार ने उन्हें उनकी उन भोजन-सम्बन्धी आदत में विश्वास प्रदान किया था जिनको लेकर वह पहली दफा इंग्लैंड गए तो काफी चिन्तित रहते थे। उन्होंने शाकाहार का पालन किया क्योंकि वह वचनबद्ध थे। उन्होंने अपनी माता के समक्ष शाकाहारी रहने की शपथ ली थी। हालाँकि, उन्होंने उस वक्त तक इसे सिद्धान्ततः स्वीकार नहीं किया था। लेकिन, इंग्लैंड में जब देखा कि बहुत से ऐसे यूरोपीय और अंग्रेज हैं जो शाकाहारी बन रहे हैं तो उन्हें इस बात से सुकून मिला। वह शाकाहारवाद की सम्पूर्ण जाँच में पड़ गए और यह ढूँढ़ निकाला कि यह उस आदर्श जीवन के बिलकुल अनुरूप है जिसको वह आगे चलकर अपने समक्ष निर्धारित करनेवाले थे। इस सन्तुष्टि का लाभ यह हुआ कि शाकाहार उनके साथ केवल इसलिए नहीं बना रहा कि यह पारिवारिक आदत थी, बल्कि यह जीवन के प्रति उनके सम्पूर्ण नजरिए का हिस्सा बन चुका था। उन्होंने आगे चलकर अपनी आत्मकथा में शाकाहारियों के नैतिक विचारों के बारे में लिखा, 'वे नैतिक रूप से इस निष्कर्ष पर पहुँच चुके थे कि अपने से निम्न प्राणियों पर मनुष्यों की श्रेष्ठता इसलिए नहीं है कि वह उन प्राणियों का शिकार करता है, बल्कि इसलिए है कि वह उन प्राणियों की रक्षा करता है। इन दोनों के बीच इस तरह का आपसी सहयोग रहना चाहिए जैसा कि मनुष्य और मनुष्य के बीच रहता है।' यद्यपि स्पष्टतः इसका महत्त्व कम ही है पर इस प्रवृत्ति का धरती की पारिस्थितिकीय सन्तुलन के

लिए बहुत महत्त्व है। अस्त्र और शिकार का कौशल विकसित होने के बाद मनुष्य की शिकारी प्रवृत्ति ने धरती के जीव-जन्तुओं के बड़े हिस्से को नष्ट कर दिया है। आधुनिक औद्योगिकवाद के आगमन से उक्त प्रवृत्ति ने सनकी रूप धारण कर लिया है। इस प्रसंग में शाकाहारवाद ने उस मानवीय प्रवृत्ति के विपर्यय की माँग की जिसने पर्यावरण से मेल वाली उस व्यवस्था को खत्म करने का खतरा पैदा किया जिसमें वे पैदा हुए थे। बाद में सबसे साधारण वस्तु के भी उपयोग में कंजूसी उनके अहिंसा के धर्म का हिस्सा बन गई। हालाँकि, इंग्लैंड प्रवास के दूसरे वर्ष के दौरान दो थियोसॉफिस्टों से हुई उनकी मुलाकात ने उनकी सबसे गहरी धार्मिक अनुभूतियों को जगा दिया था। उन्हीं लोगों ने पहली बार उनका गीता से परिचय कराया और उन्हें सर एडविन आर्नोल्ड द्वारा किए गए इसके अनुवाद 'दी सांग सेलेस्टियल' (दिव्यगान) को एक साथ पढ़ने के लिए आमंत्रित किया। उनके मस्तिष्क पर जिन श्लोकों ने गहरी छाप छोड़ी, वे निम्नलिखित हैं :

> "यदि कोई मनन करता है, अनुभव की वस्तुओं का,
> तो उत्पन्न होता है आकर्षण; आकर्षण से उत्पन्न होती है इच्छा,
> इच्छा से प्रज्वलित होता है घोर मनोविकार;
> मनोविकार से उत्पन्न होती है अविचारिता;
> उनकी स्मृति—सब धोखा देती है—उद्देश्यपूर्ति तक,
> मन और मनुष्य सभी विनष्ट हो जाते हैं।"

ये पंक्तियाँ जीवन-भर उनके व्यक्तिगत आचरण को आकार देने में एक मार्ग निर्देशक की भूमिका निभाती रहीं।

उक्त दोनों ब्रह्मवादियों (थियोसॉफिस्टों) की संगति में उन्होंने बुद्ध की जीवनी 'दी लाइट ऑफ एशिया' पढ़ी जिसे सर एडविन आर्नोल्ड ने ही लिखा था। लगभग यही समय था जब उनकी मुलाकात मैनचेस्टर के एक ईसाई व्यक्ति से हुई, जिसने उनको बाइबिल से परिचित कराया। वह हमसे कहते हैं—'लेकिन बाइबिल के नए नियम ने, विशेषत: 'सरमन ऑन दी माउंट' ने, एक भिन्न प्रभाव प्रस्तुत किया जो सीधे मेरे हृदय में बैठ गया। मैंने इसकी तुलना गीता से की। इस पद ने मुझे बहुत प्रभावित किया, 'लेकिन मैं तुमसे कहता हूँ, तुम शैतान का प्रतिरोध मत करो; लेकिन कोई भी तुम्हारे दाएँ गाल पर प्रहार करता है तो तुम अपना बायाँ गाल भी उसकी तरफ बढ़ा दो और यदि कोई तुम्हारी कोट छीन रहा है तो उसके ऊपर का वस्त्र भी उसे दे दो।' मेरे दिमाग में शामल भट्ट की कविता ताजा हो गई। शामल भट्ट की ये पंक्तियाँ जिन्हें बचपन में उन्हें भावविभोर कर दिया था, इसका जिक्र उनकी आत्मकथा में भी आता है। इन पंक्तियों का उन पर 'सरमन ऑन दी माउंट' जैसा ही प्रभाव पड़ा था। इस तरह, 'सरमन ऑन दी

माउंट' (ईसा के उपदेश) ने एक अर्थ में केवल उनमें उस चिंगारी को पुनर्जीवित कर दिया जो पहले से उनके हृदय में शान्त पड़ी थी। शामल भट्ट की पंक्तियाँ लगभग यथा निम्नलिखित हैं :

"एक कटोरा पानी के लिए अच्छा-सा भोजन कराओ;
विनम्र अभिवादन के आगे श्रद्धा से सिर झुकाओ;
हो रकम छोटी तब भी, सोने के साथ वापस लौटाओ;
यदि तेरे जीवन का उद्धार हो तो जीवन को नहीं रोकना;
इस तरह, बुद्धिमान के कर्म और वचन को सम्मान देना,
हर छोटी सेवा का वे दस गुना पुरस्कार देते हैं।
लेकिन, सच्चा महान व्यक्ति सभी मनुष्यों को एक मानता है,
और प्रसन्नता के साथ बुराई के बदले अच्छाई
कर दिखाते हैं।"

गांधी पर बाइबिल के नए नियम एवं अन्य पश्चिमी विचारकों के प्रभाव को उद्धृत करते हुए रोमा रोलां लिखते हैं :

"एक अंग्रेज पादरी ने जब (25 फरवरी, 1920 को) गांधी से यह पूछा कि आप पर किन पुस्तकों का सबसे ज्यादा प्रभाव पड़ा है, तो गांधी ने जवाब दिया, 'बाइबिल के नया नियम का।' और आगे गांधी रस्किन और टॉल्सटाय का उल्लेख करते हैं।

"गांधी के नैतिक धर्म के अन्तिम शब्द उक्त नया नियम से उद्धृत हैं, तथा वह दावा करते हैं कि सत्याग्रह का इलहाम उन्हें 'सरमन ऑन दी माउंट' को पढ़ने के बाद हुआ। जब पादरी ने विस्मय में यह पूछा कि क्या आपने इस तरह का सन्देश किसी हिन्दू धर्मशास्त्र में नहीं देखा है, तो गांधी का जवाब था—श्रीमद्भागवत गीता के प्रति मेरी बड़ी श्रद्धा है, मैं उसकी प्रशंसा करता हूँ। उससे मुझे प्रेरणा और मार्गदर्शन मिला है, लेकिन सत्याग्रह का रहस्य बाइबिल के नया नियम से ही स्पष्ट हुआ है।' वह कहते हैं, जब मुझे इलहाम हुआ और फिर गीता ने उस इलहाम को सम्पुष्ट कर दिया तो काफी प्रसन्नता हुई। गांधी यह भी कहते हैं, टॉल्सटाय का यह आदर्श था कि ईश्वर की सत्ता हमारे अन्दर होती है। इस आदर्श ने मुझे अपने निज विश्वास को एक वास्तविक सिद्धान्त में बदलने में मेरी मदद की।"[1]

उनका मन सभी समकालीन महान नैतिक विचारों के लिए एक मिलन स्थल बन गया था। उन्होंने पैगम्बर के जीवन को कार्लाइल के 'हीरो ऐंड हीरो-वर्शिप' में भी पढ़ा और पैगम्बर मोहम्मद की महानता, बहादुरी और उनके अतिसरल जीवन से काफी प्रभावित हुए। दक्षिण अफ्रीका में रहते हुए वह इस्लाम के सम्पर्क में भी आए जहाँ उनके मुसलमान अन्तरंग मित्रों की संख्या काफी थी।

यद्यपि गांधी के अन्दर ईसा और उनके उपदेशों के प्रति बहुत ज्यादा सम्मान था, वह ईसाइयत कबूल करवाने के तमाम प्रयासों को हमेशा झिड़क देते थे। उनका मन सभी धर्मों में सामान्य सन्देश की खोज करता था। वह कभी उस सम्प्रदाय की खोज में नहीं रहे जो अन्य धार्मिक विचारों को बाहर कर देने का प्रयास करता था। वह एडवर्ड मायटलैंड के एसोटेरिक क्रिश्चियन यूनियन से अपने जुड़ाव के कारण ईसाइयत के बहुत नजदीक आ गए। मायटलैंड ने अपने दो प्रकाशनों 'दी परफेक्ट वे' (पूर्ण मार्ग) और 'दी इंटरप्रेटेशन ऑफ दी बाइबिल' (बाइबिल की नई व्याख्या) को गांधी के पास भेजा। 'पूर्ण मार्ग' का उपशीर्षक 'ईसा का मन्तव्य' तीन स्थितियों को स्थापित करने का प्रयास करता था। पहली यह कि ईसाइयत के धर्म सिद्धान्त और प्रतीक अन्य और प्राचीन धार्मिक प्रथाओं के सिद्धान्त और प्रतीक के समान ही हैं। दूसरी यह कि धार्मिक आस्था का उचित तल वहाँ नहीं होता है जहाँ कि चर्च ने इसे जगह दी थी—अर्थात् ऐतिहासिक परम्परा की समाधि में नहीं होता है बल्कि मनुष्य के मन और हृदय में होता है। तीसरी यह कि इस तरह सम्मानित और सुव्याख्यायित ईसाई धर्मसिद्धान्त मनुष्य के आध्यात्मिक इतिहास के तथ्यों को वैज्ञानिक यथार्थता के साथ प्रस्तुत करता है...।"[2]

गांधी को वह पुस्तक इतनी पसन्द आई कि उन्होंने निम्नलिखित शीर्षक के साथ डरबन न्यूजपेपर में एक विज्ञापन दे दिया;

मो.क. गांधी

एसोटेरिक क्रिश्चियन यूनियन और शाकाहार समाज के एजेंट

उक्त विज्ञापन के साथ उन्होंने सम्पादक को एक पत्र लिखा जिसमें लिखा था :

> "मैं जिन तथ्यों को विचारार्थ निवेदित कर रहा हूँ, ये सभी उन भौतिकवादी प्रवृत्तियों से वापसी के स्पष्ट संकेत हैं, इससे न केवल ईसा के निर्मल अन्तरंग उपदेशों के प्रति बल्कि बुद्ध, जरथ्रुष्ट और मुहम्मद के उपदेशों के प्रति भी हमें अत्यन्त निर्दयतापूर्ण ढंग से स्वार्थी बना दिया है। ये ऐसे पैगम्बर हैं जिनकी सामान्यतया यह शिष्ट दुनिया गलत पैगम्बरों के रूप में भर्त्सना नहीं करती है। ईसा और उक्त अन्य पैगम्बरों के उपदेश एक-दूसरे के पूरक हैं, इसकी जानकारी दिया जाना शुरू हो रहा है।"[3]

एसोटेरिक क्रिश्चियन यूनियन ने गांधी को आकर्षित किया, क्योंकि यह उसी चीज को प्राप्त करने का प्रयास कर रहा था जिसके लिए गांधी भी प्रयासरत थे, अर्थात् अनेक धर्मों के सामान्य नैतिक उपदेशों को प्राप्त करने का प्रयास। धर्म की बाबत उनका विचार विशिष्टतावादी होने की बजाय समावेशी था। धार्मिक सिद्धान्तों का अतीत के पृथक्कृत समुदायों में विकास हो चुका था तथा उनका निर्माण स्थानीय विशेषताओं से हुआ था। इसने उन्हें विभिन्न सांस्कृतिक परिवेश से आनेवाले विचारों

के लिए अभेद्य बना दिया। ये धार्मिक सिद्धान्त एक ऐसे युग के लिए अनुपयुक्त थे जहाँ अनेक समुदाय उस अतीत की दुनिया से बिलकुल भिन्न दुनिया में रहते थे और परस्पर एक-दूसरे पर प्रभाव डालते थे। पहले भी लोगों को यह कमी अखरती थी। यहूदी धर्म केवल यहूदियों तक ही सीमित था। ईसाइयत ने एक कदम आगे बढ़कर यहूदियों और मूर्तिपूजकों को भी गले लगाने का प्रयास किया। लेकिन, इसके धर्म सिद्धान्त की प्रवृत्ति ईश्वरीय कृपा से गैर-ईसाइयों को छाँटने की थी। साथ ही, ईसाइयत सदियों तक, अत्यन्त साम्प्रदायिक, असहिष्णु और हिंस्र बनी रही। लेकिन, इसका यह चरित्र अपने मौलिक उपदेशों के ठीक विपरीत था। गांधी के लिए ईसा के मूल उपदेश बहुत प्रेरणादायक थे। लेकिन, जिस संस्थागत ईसाइयत को इस मूल उपदेश की जगह स्कॉलेस्टिक दर्शन के रूप में प्रस्थापित किया गया था, वह गांधी को काफी संकीर्ण और कच्चा लगा। ऐसा बौद्ध और उपनिषद के महान दार्शनिक साहित्य से परिचित किसी भी भारतीय को लगा होता। लुईस फिशर गांधी के साथ हुई अपनी एक वार्ता का जिक्र करते हैं। उक्त वार्ता से यह बात साफ हो जाती है कि आखिर गांधी क्यों ईसा के उपदेश और प्रचलित ईसाई विश्वास के बीच अन्तर करने के लिए इतना उत्सुक थे। उन्होंने लिखा है :

> "मैं जब 1946 ई. में गांधी के साथ ठहरा था तो उन्होंने अपने इस विचार पर थोड़ा प्रकाश डाला था। उन्होंने बतलाया कि पॉल एक यूनानी थे, यहूदी नहीं थे। उनमें वक्तृता विषयक प्रतिभा थी, द्वंद्वात्मक विचार था और उन्होंने ईसा का गलत वर्णन किया था। ईसा में एक महान शक्ति थी, प्रेम की शक्ति। लेकिन, ईसाइयत जब पश्चिम की तरफ गई तो इसका रूप विकृत हो गया। वहाँ यह राजाओं का धर्म बन गई।"[4]

अन्तिम वाक्य में वह एक बड़े ऐतिहासिक सत्य का पर्दाफाश करते हैं जिसकी अनदेखी ईसाई और गैर-ईसाई समान रूप से करते आ रहे थे। रोमन साम्राज्य में ईसाइयत एकदम अलग कारण से कॉन्सटेंटाइन के धर्म-परिवर्तन के जरिए एक राज्यधर्म बन गई। कॉन्सटेंटाइन जब विजय अभियान पर था तो उसके पास एक सपना था कि यदि वह क्रॉस को अपना झंडा बना ले तो वह जो युद्ध लड़ने जा रहा है उसमें उसकी विजय होगी। उसने उसी अनुसार कार्य किया और विजय हासिल की। इस घटना ने उसे ईसाइयत के उस गुण का कायल बना दिया। लेकिन, वह एक सूर्योपासक था और तुरन्त अपने पहले वाले भगवान को नहीं छोड़ पाया। अत: कुछ समय तक एक घालमेल चलता रहा, क्योंकि उसके सिक्कों पर एक तरफ सूर्य और दूसरी तरफ क्रॉस अंकित था। आगे चलकर उस सम्राट ने अपनी पूरी निष्ठा ईसा के प्रति समर्पित कर दी। रक्त का वह मूल धब्बा यूरोपीय ईसाइयत के सम्पूर्ण विकास को बदरंग करता रहा।

1927 ई. में कोलम्बो में वाई.एम.सी.ए. का सम्मेलन हुआ। उक्त सम्मेलन को सम्बोधित करते हुए गांधी ने अपनी स्थिति पूरी तरह से स्पष्ट कर दी। गांधी ने कहा, "यदि उस समय मुझे केवल 'सरमन ऑन दी माउंट' का सामना करना पड़ा, तो इसकी मेरी अपनी व्याख्या है। मुझे यह कहने में हिचक नहीं है कि—हाँ, मैं एक ईसाई हूँ।...लेकिन, नकारात्मक रूप से मैं आपसे कह सकता हूँ कि ईसाइयत के बारे में जो कहा जाता है, उसमें ज्यादातर 'सरमन ऑन दी माउंट' का नकार है। कृपया मेरे शब्दों को चिह्नित करें। वर्तमान समय में मैं ईसाई चरित्र के बारे में नहीं बोल रहा हूँ। मैं ईसाइयत के उस ईसाई विश्वास के बारे में बोल रहा हूँ जो पश्चिम में प्रचलित है।"[5]

गांधी सारे दिखावटी आवरणों को अलग करनेवाले ईसा के आवश्यक सन्देश के हृदय में पहुँचने का प्रयास कर रहे थे। यही एकमात्र रास्ता था जिसमें यह शाश्वत नैतिक संहिता के अंश का निर्माण कर सकता था।

बिशप कॉलेज, कोलकाता के व्याख्याता और सीरियाई ईसाई एस.के. जॉर्ज ने अपनी पुस्तक 'गांधीज चैलेंज टू क्रिश्चियनिटी' में यह तर्क दिया, ईसाइयत में दूसरे धर्मों के आदर्शों एवं विश्वासों के प्रति अपने रुझान में पुनर्विचार करने की जरूरत है, तथा मैं दूसरे विश्वासों तक विनम्रता के साथ पहुँच बनानेवाली ईसाइयत को पसन्द करता हूँ। एस.के. जॉर्ज को गैर-ईसाई गांधी के विचार से सहमति जताने और अपनी व्याकुलता को स्पष्टत: स्वीकार करने के लिए चर्च का कोपभाजन बनना पड़ा। लेकिन, इससे यह भी जाहिर हुआ कि परिवर्तन की हवा अब बहनेवाली है। भक्त ईसाइयों के बीच स्वाभाविक रूप से गांधी जी ने उन अनेक लोगों को परिवर्तन के लिए तैयार कर लिया जो यह समझते थे कि गांधी के विचार ही ईसाई जीवन के काफी नजदीक हैं। स्व. मॉर्टिन लूथर किंग सरीखे उनमें से कुछ लोग गांधीवादी विचारों के साथ चलनेवाले महान आन्दोलनों के नेता बन गए।

गांधी ने अपनी सार्वभौमिकता को दुहराते हुए 1930 ई. में अपने आश्रम के सहवासियों के मार्ग निर्देशन हेतु यरवदा जेल से लिखे जानेवाले अपने साप्ताहिक पत्रों में से एक पत्र में लिखा :

> "सभी तरह आस्थाएँ सत्य के प्रकटीकरण की रचना करती हैं। लेकिन, सभी अपूर्ण हैं और इनमें गलती करने की गुंजाइश है। दूसरे की आस्थाओं के सम्मान का मतलब यह नहीं है कि हम उनकी गलतियों पर ध्यान नहीं दें। हमें अपनी आस्था की त्रुटियों के प्रति सजग रहने की जरूरत है। हमें इसे उसी तरह से नहीं छोड़ देना चाहिए, बल्कि उन त्रुटियों को दूर करना चाहिए। सभी धर्मों को समान नजर से देखते हुए बेझिझक हमें दूसरे धर्मों की स्वीकार्य चीजों को अपने धर्म के अन्दर लाने का प्रयास करना चाहिए। ऐसा करना हमारा कर्तव्य बनता है।"

गांधी एक हिन्दू होते हुए भी प्राय: एक ईसाई, एक मुसलमान और एक यहूदी बन जाते थे, क्योंकि उन्हें इनके मौलिक तत्त्वों में कोई अन्तर दिखाई नहीं देता था।

ईसाइयत, इस्लाम और हिन्दुत्व इत्यादि सरीखे पारम्परिक धर्मों के प्रति अपने सम्मान भाव के बावजूद गांधी का सबसे ज्यादा लगाव उस नई नैतिक संहिता के साथ था जिसे वह स्वयं एवं उनके पूर्ववर्ती और समकालीन सन्त प्रकट कर रहे थे। उनके समय में भी जब मूल्यों के महान नए रूप प्रकट हो रहे थे, इतिहास के सभी मुख्य बिन्दुओं पर उन समस्याओं का निराकरण ढूँढ़नेवाली अनेक सदृश आत्माएँ उसी तरीके से सक्रिय थीं। उनमें से कुछेक ने गांधी को खोज करने के लिए प्रेरित किया तथा उन्हें दूसरे की जानकारी बाद में हुई। गांधी के माध्यम से उन्होंने अपने विचारों की एक स्पष्ट अभिव्यक्ति प्राप्त की। गांधी के अनुसार, धर्म का सार मानवता की सेवा में तथा समाज से अन्याय और पीड़ा के निर्मूलन में निहित होता है। इस दृष्टिकोण से पुराने धर्म सबसे बढ़िया मार्गदर्शक हो सकते थे। पर कार्य करने का ठोस रूप, समकालीन जीवन में एक व्यक्ति जिन नानाविध समस्याओं का सामना करता है, उसमें अर्थात् एक औद्योगिक समाज की वास्तविक जीवन-स्थिति से ही निकलेगा। उस स्थिति की वास्तविकता मानवीय कार्यों में व्यावसायिक कामों की सर्वोच्च शक्ति है। यही नई नैतिकता बन गई है। जैसा कि हम पूर्व में देख चुके हैं, यह धर्म के सभी पिछले सिद्धान्तों के विरुद्ध हो जाता है। स्वाभाविक रूप से, गांधी का जब पहली बार रस्किन के 'अन टू द लास्ट' से परिचय हुआ, वह उसी वक्त उस पर मोहित हो गए थे। यह पुस्तक इस नई नैतिकता की एक समीक्षा थी। गांधी को इस पुस्तक में कुछ वैसी चीज मिल गई जिसकी वह अचेतन रूप से यूरोपीय सभ्यता के सम्पर्क में आने के समय से ही तलाश कर रहे थे। वह अपनी आत्मकथा में रस्किन की इस पुस्तक का अपने ऊपर पड़े प्रभाव को निम्नलिखित शब्दों में व्यक्त करते हैं :

> "मैंने एक बार इस पुस्तक को पढ़ना शुरू किया तो इसे बीच में छोड़ पाना असम्भव हो गया। इसने मुझे अपनी गिरफ्त में ले लिया। जोहांसबर्ग से डरबन की यात्रा चौबीस घंटों की थी। गाड़ी वहाँ शाम को पहुँची। मैं उस रात सो नहीं पाया। मैंने इस पुस्तक के आदर्शों के अनुसार अपने जीवन को बदलने का संकल्प ले लिया।"

गांधी के अनुसार उस पुस्तक के निम्नलिखित मौलिक सिद्धान्त थे :

1. व्यक्ति का भला सबके भले में निहित होता है।
2. वकील और नाई के काम का मूल्य समान है। सभी को अपने काम में जीविका कमाने का अधिकार है।
3. श्रमिक अर्थात् हलवाहे और कारीगर का जीवन ही एक ऐसा जीवन है जो जीने योग्य है।

"इनमें से पहले वाले को मैं जानता था। दूसरे वाले का मैं अस्पष्ट रूप से अहसास कर चुका था। तीसरे वाले से मैं अनभिज्ञ था। लेकिन, 'अन टू द लास्ट' ने यह साफ कर दिया कि दूसरा और तीसरा, पहले वाले में ही निहित हैं। मैं भोर में जगा और इन सिद्धान्तों को व्यवहार में ढालने के लिए तैयार हो गया।"

19वीं सदी के उत्तरार्द्ध में पूँजीवादी व्यवस्था की कई तरह की आलोचनाएँ थीं। इसी दौरान समाजवादी आन्दोलन का विकास भी हो रहा था। इसी सदी के साठ के दशक से मार्क्स अपना विशद ग्रन्थ 'दास कैपिटल' लिखने में व्यस्त थे। यद्यपि पूँजीवाद की अधिकांश समाजवादी समीक्षाओं में एक नैतिक दृष्टिकोण अन्तर्निहित था, ऐसी सभी समीक्षाओं का रुझान वैज्ञानिक था अर्थात् वे विश्लेषणात्मक रूप से यह दिखाने का प्रयास कर रहे थे कि पूँजीवाद में इसके अन्त का बीज मौजूद है। कुछ लोगों की मान्यता थी कि पूँजीवाद अत्यधिक उत्पादन के संकट से दम तोड़ देगा, तो कुछ लोग इस विचार के थे कि लाभ की पतनशील दर से यह कयामत आ जाएगी। तथापि, कुछ ऐसे लोग भी थे जो सोचते थे कि उत्पादन के पूँजीवादी तरीके में जन्मजात अयोग्यता और अशान्ति है जो पूँजीवादी व्यवस्था के लिए खतरनाक साबित होगी। प्राय: उपर्युक्त विचारों में एक से अधिक को उन्हीं सिद्धान्तकारों द्वारा स्थापित किया गया। लेकिन, बहुत कम लोगों ने इस उत्पादन की प्रथा के पीछे के उद्देश्य के नीति-सिद्धान्त पर सवाल उठाया। मुनाफा कमाना या भौतिक प्राप्ति का उद्देश्य आर्थिक आलोचकों द्वारा न केवल प्राकृतिक समझा गया बल्कि अनुकूल भी माना गया। मार्क्सवादियों द्वारा यह समझा गया, मसलन यह कि इसी उद्देश्य से धन और गरीबी के बीच बहुत ज्यादा ध्रुवीकरण हो जाएगा और यह पूँजीवादी व्यवस्था को उखाड़ फेंकने हेतु गरीब मजदूरों को संगठित होने के लिए बाध्य कर देगा और इस तरह से समाजवाद की स्थापना होगी। ये सवाल कभी नहीं किए गए :

(1) क्या सम्पत्ति का सामाजिक स्वामित्व लागू हो जाने के बाद भी वैसी ही संग्रहवृत्ति से प्रेरित मजदूर समाज और दूसरे लोगों के साथ धोखा देना शुरू कर देंगे?

(2) मार्क्स ने जिस परायेपन की समस्या के बारे में इतने प्रभावशाली ढंग से लिखा, बड़े उद्योगों में मजदूर परायेपन की इस समस्या का समाधान कैसे करेंगे क्योंकि यह समस्या बड़े आधुनिक उद्योगों की संरचना में स्वाभाविक है?

(3) आधुनिक उद्योगों से प्रदूषण फैलता है, औद्योगिक समाज इस प्रदूषण की समस्या का समाधान कैसे करेगा? क्या होगा, यदि पूँजीवादी व्यवस्था किसी तरह अपने संकटों का प्रबन्ध करना जान पाती है तथा आन्दोलनों की रोकथाम करने के उद्देश्य से मजदूरों को सामान्य जीवन लायक सुविधाएँ मुहैया कराना भी सीख जाती है? अथवा, यह सवाल भी कि

क्या होगा, यदि पूँजीवादी व्यवस्था समाज के एक बड़े भाग की अत्यन्त बदहाली की अवस्थाओं के तहत भी समाज पर अपनी पकड़ बनाने का प्रबन्ध कर लेती है?

इन सिद्धान्तकारों का इस व्यवस्था की तार्तिकता से मतलब था, न कि इसके पीछे की नैतिकता/अनैतिकता से। यदि इसने जीवित रहने की अपनी क्षमता को साबित किया तो यह इस व्यवस्था का अपना औचित्य था। इसके कारण अनेक लोगों ने तकनीकी निश्चयवाद को स्वीकार किया जो इस व्यवस्था के अपरिहार्य अंग के रूप में अपने अनौचित्य को उचित ठहराते हुए विशेष तकनीक का सम्बन्ध नैतिक अभिवृत्ति से जोड़ते हैं। यद्यपि रस्किन उम्र में मार्क्स से काफी बड़े थे, मार्क्स जिस समय अपने ग्रन्थ पर काम कर रहे थे, ठीक उसी समय इस व्यवस्था से सम्बन्धित रस्किन की समीक्षा प्रकाशित हुई। मार्क्स और अन्य समाजवादी विचारक जो इस व्यवस्था की नैतिक समीक्षा का मजाक उड़ाते थे, इनके विपरीत रस्किन ने ऐसी नैतिक समीक्षा को समुचित ढंग से अंगीकार किया।

सभी विज्ञानों की भाँति राजनीतिक अर्थशास्त्र भी नैतिक रूप से तटस्थ होने का दावा करता है। यह समाज पर आर्थिक सिद्धान्त के प्रभाव या आर्थिक नायकों के प्रयोजनों से सरोकार बनाने के लिए अपनी किसी तरह की जिम्मेवारी के दावे से बाज आता है। तथापि, मनुष्य जब आर्थिक गतिविधियों में व्यस्त रहता है तो यह उसके निश्चित प्रयोजन को मान लेता है। इस तरह के प्रयोजनों के बगैर कोई भी आर्थिक गतिविधि सम्भव नहीं होती। प्राथमिक रूप से, यह एक ऐसा प्रयोजन है जो व्यक्ति को धन की इच्छा करने तथा धनसंग्रह करने के लिए प्रेरित करता है। अर्थशास्त्रियों के लिए यह 'आर्थिक मनुष्य' का एक सामान्य (और जायज भी) प्रयोजन है। मार्क्स के अनुसार, यह प्रयोजन भी एक ऐतिहासिक उत्पाद ही है और मनुष्य इससे बच नहीं सकता है। हालाँकि, रस्किन इस प्रयोजन पर प्रहार करते हैं क्योंकि यह मानव प्राणियों के योग्य नहीं है। गांधी की व्याख्या में यथाउद्धृत रस्किन कहते हैं :

> "इतिहास में कुछ भी मानवीय बौद्धिकता के लिए इतना अपमानजनक नहीं रहा है जितना कि एक विज्ञान के रूप में अर्थशास्त्र के सामान्य सिद्धान्तों की हमारे बीच स्वीकृति है। मुझे अपने स्वीकृत धर्म के प्रथम सिद्धान्त की क्रमबद्ध अवज्ञा स्थापित करनेवाले राष्ट्रों के इतिहास का कोई दृष्टान्त मालूम नहीं है।
>
> "वे लेखन जिन्हें हम (मौखिक रूप से) दैवी मानकर सम्मान देते हैं, ने न केवल धन को सभी बुराइयों का स्रोत माना है बल्कि धन जमा करने को ईश्वर की सेवा के विपरीत भी घोषित करते हैं; तथा जब कभी वे यह कहते हैं कि धनी और गरीब दोनों हैं, तो वे धनी के लिए दुख और गरीब के लिए स्वर्ग की घोषणा करते हैं।
>
> "सच्चा अर्थशास्त्र न्याय का अर्थशास्त्र होता है।"

वह पुनः आर्थिक गतिविधियों की नैतिक उदासीनता के सिद्धान्त पर प्रहार करते हैं और लिखते हैं :

> "इसलिए न केवल लाभ बल्कि राष्ट्रीय सम्पत्ति के गुण का भी सम्मान करने का प्रश्न स्वयं अन्ततः एक मूर्त न्याय में बदल जाता है। अर्जित सम्पत्ति का वास्तविक मूल्य इससे जुड़े नैतिक संकेत पर निर्भर करता है। यह जुड़ाव ठीक उसी तरह का होता है जैसे कोई गणितीय परिमाण स्वयं से जुड़े बीजगणितीय संकेत पर निर्भर करता है। व्यावसायिक सम्पत्ति का कोई भी संचय एक तरफ, विश्वासपात्र उद्यमों, प्रगतिशील ऊर्जा और उत्पादक होशियारी का सूचक हो सकता है : अथवा दूसरी तरफ, यह नैतिक विलासिता, निर्दयी तानाशाही, विनाशकारी चालाकी का सूचक हो सकता है।"

वह एक दूसरे स्थान पर पुराने ज्ञानी यहूदी के इस कथन को उद्धृत करते हैं, 'झूठ बोलकर कमाए धन में इधर-उधर उछाला गया एक मिथ्याभिमान है जिसे मौत की तलाश रहती है।' और 'पाप का धन कोई लाभ नहीं देता है : लेकिन सत्य मौत से उबारता है।' और टिप्पणी करते हैं : "ये दोनों परिच्छेद सम्पत्ति की किसी अन्याय योजना की प्राप्ति के केवल निष्कर्ष और यथार्थ विषय के रूप में मौत के दावों के लिए उल्लेखनीय हैं। यदि 'झूठी जुबान' के बदले हम 'झूठा लेबल' शीर्षक, बहाना या विज्ञापन पढ़ें तो आधुनिक व्यापार पर इन शब्दों के व्यवहार को ज्यादा स्पष्ट ढंग से समझेंगे।"

और अन्तिम अध्याय में वह लिखते हैं :

> "श्रम शब्द के वास्तविक अर्थ में वह है जो लाभदायक सामग्रियों का उत्पादन करता है। लाभदायक सामग्रियाँ वे हैं जो मानवीय जीवन का समर्थन करती हैं जैसे—भोजन, वस्त्र या आवास और मनुष्य को अपने जीवन के कार्यों को हद तक पूरा करने लायक तथा दूसरों के जीवन पर एक मददगार प्रभाव आजमाने के भी योग्य बनाती हैं। अमीर बनने के उद्देश्य से बड़े कारखानों की स्थापना व्यक्ति को पाप में डुबा सकती है...संचित धन जिससे राष्ट्र के ध्वंस का मार्ग प्रशस्त होता है, किसी सांसारिक काम का नहीं होता है। आधुनिक समय के पूँजीपति उन व्यापक और अन्यायपूर्ण युद्धों के लिए जिम्मेवार हैं जो मनुष्य जाति की लिप्सा से उत्पन्न होते हैं।"

गांधी को रस्किन के विचारों के आलोक में अपने निष्कर्ष में अन्य चीजों के साथ यह कहना है :

> "यह स्वराज्य अंग्रेजों की हत्या करने के पाप से प्राप्त नहीं हो सकता है तो यह बड़े-बड़े कारखानों को खड़ा करने से भी प्राप्त नहीं हो सकता है। सोने और चाँदी जमा किए जा सकते हैं, लेकिन स्वराज की स्थापना नहीं

> होगी। रस्किन ने इसे पूर्णतया साबित कर दिया है। पश्चिमी सभ्यता महज सौ या पचास साल का बच्चा है तथापि, इसने यूरोप को एक खेदजनक स्थिति तक पहुँचा दिया है। हमें प्रार्थना करनी चाहिए कि भारत अभी तक उस स्थिति से बचा हुआ है जिसने यूरोप को पूरी तरह से ग्रस लिया है। वहाँ के राष्ट्र हमेशा एक-दूसरे पर आक्रमण करने के लिए तैयार रहते हैं और शान्त तभी होते हैं जब अस्त्र संग्रह कर लेते हैं। किसी दिन एक विस्फोट होगा और उसके बाद यूरोप धरती का वास्तविक नरक बन जाएगा। अश्वेत लोगों को प्रत्येक यूरोपीय राज्य एक वैध शिकार के रूप में देखता है। हम और क्या आशा कर सकते हैं जहाँ मनुष्यों के हृदय में लिप्सा ही प्रबल मनोभाव हो? यूरोपवासी नए भूक्षेत्रों पर ऐसे झपटते हैं जैसे कौए मांस के टुकड़ों पर झपट्टा मारते हैं। मैं यह सोचने के लिए विवश हूँ कि ऐसा उनके विशाल उत्पादन करनेवाले कारखानों के कारण होता है।"

सामाजिक सिद्धान्तकारों के बीच जब नैतिक विषय एक तरह से अछूता बन गए थे, ठीक उसी समय नैतिक विषय की प्रभाविता के इस आग्रह को बताने के लिए महान दृष्टि और साहस की आवश्यकता थी। यह केवल अभी का समय है जब एक सदी पहले के क्रान्तिकारी सामाजिक विचारकों द्वारा समर्थित अधिकांश सुधारों को व्यवहार में लाया जा रहा है। इससे हमें अहसास होता है कि सुदृढ़ नैतिक प्रतिबद्धता की स्थापना के बगैर नई सामाजिक व्यवस्था पारद पर बनाई गई व्यवस्था प्रतीत होती। यदि हम चीन और सोवियत संघ की सामाजिक प्रथाओं को देखें तो हमें वह चीज दिखाई देती है। इन दोनों देशों ने उत्पादन के साधन में निजी सम्पत्ति को लगभग छोड़ दिया और समाजवादी सिद्धान्तों के अनुसार समाज का निर्माण करने का प्रयास किया। इन दोनों देशों में उत्पादन के साधन के लोक स्वामित्व के ढाँचे के अन्दर निजी सम्पत्ति बनाने एवं विलासिता की वस्तुओं का संग्रह करने के लिए छीना-झपटी होती है। राज्य की सम्पत्ति के साथ छल करने के अपराध हेतु सख्त दंड, जिसमें मृत्युदंड तक शामिल है, के बावजूद इस तरह के अपराध वृहत पैमाने पर होते हैं। इन देशों में भी लोग उसी तरह के कष्ट सहते हैं जिस तरह से अन्य औद्योगिक समाजों में सहते हैं। शराब और मनोरोग चिकित्सकों की माँग इन समाजों में भी उसी तरह अधिक है जितनी और कहीं। मित्रभाव और सहयोग की जगह भौतिक लाभ और उपभोक्तावाद ने ले ली है—जो कुछ नहीं, बल्कि यह दिखाने का प्रयास है कि सम्पत्ति के मामले में व्यक्ति अपने साथी मानव प्राणियों से ऊपर रहता है।

समाजवादी विचारकों ने यह दृष्टि दी कि मनुष्य की अर्जनशीलता या आक्रामकता उस समाज की प्रकृति से प्रतिफलित होती है जिसके अन्दर वह रहता है। और एक बार वह सामाजिक व्यवस्था बदल जाती है तो मनुष्य भी नई सामाजिक व्यवस्था

के अनुरूप होते हुए बदल जाता है। यह सोचा गया कि निजी सम्पत्ति के सफाए के साथ लोभ की भावना का भी सफाया हो जाएगा, क्योंकि इससे न केवल लोभ को प्रोत्साहन मिलना बन्द हो जाएगा बल्कि लिप्सा का विचार भी मर जाएगा। लेकिन, सही में जिस तरह की स्थिति बनी है, उससे मालूम पड़ता है कि इस तरह के समाज का निर्माण करने के लिए भी जनता का एक समूह होना जरूरी है या एक तानाशाह का होना जरूरी है जो 'मनचाही' दिशा में समाज को आकार देता है। इस इच्छित या मनचाही दिशा का निर्धारण निश्चित नैतिक सिद्धान्तों द्वारा होना जरूरी है। इस तरह के मार्गदर्शन सिद्धान्त के बगैर आन्दोलन दिशाविहीन हो जाएगा और उसमें दिशाबोध की कमी रहेगी। माओ के जेहन में जब सांस्कृतिक क्रान्ति का विचार आया तो वह मूलत: नैतिक सुधार के आधार को ही अपना रहा था। सबके बावजूद पैगम्बर और नैतिकतावादी यह काम उचित ढंग से पूरे इतिहास में करते रहे हैं : और उनका प्रयास रहा है कि लोगों के विश्वासों और मनोभावों को एक निश्चित दिशा में तब्दील किया जाए।

सत्य यह है कि समाजवादी आन्दोलन बाहर से ईसाइयत को स्वीकार किए बगैर ईसाइयत के मौलिक नैतिक मनोभाव को भीतर से अपना चुका था। यह नैतिक मनोभाव ही है जिसने उन्हें शोषण की प्रत्येक प्रथा की मूलभूत समीक्षा मुहैया कराई। इस नैतिक दृष्टिकोण के बगैर कोई भी सहज रूप में शोषण को मानवीय सम्बन्ध के एक जायज तरीके के तौर पर स्वीकार करता। शोषण स्वयं एक बोझिल शब्द है। इसमें शोषकों की भर्त्सना भी अन्तर्निहित होती है। समता व बन्धुत्व का सिद्धान्त ईसाइयत से लिया गया था और इसे नीत्शे ने भी माना, जबकि नीत्शे ने इसकी दास नैतिकता कहकर भर्त्सना की थी। वस्तुत: मध्ययुग से ही यूरोप एक विरोधाभासी स्थिति में रहता आ रहा है जहाँ ईसाई गिरजाघर ने असमानता को नजरअन्दाज कर दिया तथा 14वीं सदी से शुरू होनेवाले कृषक आन्दोलन प्रेरणा हेतु बाइबिल की तरफ मुड़ गए। 19वीं सदी में स्थिति और अधिक विरोधाभासी हो गई। समानता के अधिकांश बड़े पैरोकार नास्तिक थे तथा कुल मिलाकर चर्च सामाजिक सम्बन्धों की गैर-बराबरी का बचाव करता था।

सचमुच, इतिहास के कारकों एवं इतिहास को दिशा देनेवाली मनुष्य की क्षमता से मनुष्य की मुक्ति जो मार्क्स के लिए मुख्य अभीष्ट थी, का सहज रूप से अहसास नहीं हो सकता है। इसका अहसास केवल एक परिवर्तित नैतिक मनोभाव से ही हो सकता है। इतिहास के इस समूचे चक्र में या यूँ कहें, इतिहास के इस सर्पिल रास्ते में साथी मनुष्य प्राणियों पर प्रभुत्व कायम रखने, विद्रोहों के माध्यम से एक प्रथा को खत्म कर उसकी जगह एक दूसरी प्रथा को कायम करने तथा वहीं शोषण और प्रभुत्व की कहानियों का दुहराव भरा हुआ है। मार्क्स का मानना था कि साम्यवाद से इन सभी चीजों की समाप्ति हो जाएगी तथा इसके बाद मनुष्य

इतिहास के नियमों के वश में होगा। लेकिन, अब हम जानते हैं कि जो शक्तियाँ इतिहास की रचना करती हैं, वे मनुष्यों के अपने अनियंत्रित आवेश के सिवाय और कुछ नहीं हैं। और ये ही चीजें मनुष्य को मनुष्य के विरुद्ध ला देती हैं और सामाजिक संघर्षों को पैदा करती हैं जो इतिहास में भरी पड़ी हैं। भौतिक कारकों से केवल उन अवस्थाओं का निर्धारण होता है जिनके अन्तर्गत मनुष्यों के अन्तर्विशिष्ट संघर्ष की शुरुआत होती है तथा वह रूप जिसमें मनुष्य का एक समूह दूसरे समूह की पीठ पर सवार होता है, प्रकट होता है। मनुष्य वास्तव में इतिहास की रचना करनेवाले तथा इतिहास को दिशा देनेवाले कारण और प्रभाव की इस धारा से आवेशों पर आत्मनियंत्रण कर बाहर निकल सकता है क्योंकि ये आवेश ही उसे इस धारा में लाते हैं। गांधी ने रस्किन से जो चीज ढूँढ़ निकाली, वह यही चीज थी। यह सामाजिक संघर्ष के रास्ते से हट जाने की कुंजी थी।

लेकिन, रस्किन के माध्यम से गांधी ने अन्य समस्याओं की जड़ों का भी अनुसन्धान किया जो आगे चलकर औद्योगिक समाज को शैतान बनानेवाली थीं। 19वीं सदी के अन्त और 20वीं सदी के प्रारम्भ के दशकों में यूरोप समूची दुनिया के साथ औद्योगिक और व्यावसायिक गतिविधियों के अपूर्व प्रसार का अनुभव कर रहा था। विकास की सम्भावना सीमित जान पड़ रही थी। इसलिए, अर्थशास्त्र अनिवार्य रूप से विकास का अर्थशास्त्र बन गया। पूँजी और श्रम उत्पादन को केवल सीमित करनेवाले कारक थे और इन दोनों का फैलाव किया जाने लगा। जरूरत से ज्यादा का सामयिक संकट ही एकमात्र पीड़ा थी जो इस आशावादी तस्वीर को धुँधली कर रही थी और सदियों तक इसे अर्थशास्त्रियों की समस्या के तौर पर लिया गया और इसके जो उपचार बताए गए उनमें पूँजीवादी व्यवस्था की समाप्ति से लेकर माँग का प्रसार तक शामिल था।

लेकिन यह बात किसी के दिमाग में नहीं आई कि धरती कोई अक्षयपात्र नहीं है जिससे भंडार के खत्म होने का भय किए बिना बेपरवाह ढंग से चीजों को निकालते रहा जाए। अर्थशास्त्री ई.एम. शुमाखर ने 1950 के दशक में पारम्परिक खनिज और ईंधन से प्राप्त होनेवाली ऊर्जा की सम्भाव्य समाप्ति की तरफ इशारा किया तथा आगे अपनी पुस्तक 'स्मॉल इज ब्यूटीफुल' में कुटीर तकनीक पर आधारित एक वैकल्पिक आर्थिक संगठन की रूपरेखा प्रस्तुत की। लेकिन, संसार-भर के तेल कुएँ जिन पर पश्चिम का आधिपत्य था—ईंधन की नियमित और पर्याप्त आपूर्ति करते हुए इस तरह के निराशावाद के प्रति घृणास्पद हिकारत का भाव रखने लगे। क्लब ऑफ रोम ने भी विकास की सम्भावनाओं की एक धुँधली तस्वीर प्रस्तुत की; लेकिन गम्भीर आर्थिक लेखकों ने इसका भी मजाक उड़ाया। 1974 ई. में यह पहली बार देखा गया कि पेट्रोलियम की कीमत में अत्यधिक वृद्धि हो गई और औद्योगिक राष्ट्र, वास्तव में, तभी से भविष्य की ऊर्जा-आपूर्ति की समस्या को लेकर चिन्तित

रहने लगे हैं। यद्यपि अति उत्साही सोच के कारण औद्योगिक दुनिया अभी भी इस बात से इनकार कर रही है कि धरती के भौतिक संसाधन सच में औद्योगिक विकास के सीमाकारी कारक हो सकते हैं। गम्भीर अर्थशास्त्रियों में भी वर्तमान किस्म की औद्योगिक सभ्यता के भविष्य की बाबत चिन्ता स्पष्ट रूप से दृष्टिगोचर होती है। पर्यावरण की समस्या के बारे में बढ़ती जागरूकता और ऊर्जा संरक्षण के प्रयास इसके एक स्पष्ट संकेत हैं।

यह प्रश्न हो सकता है, कैसे ये सब अर्थशास्त्र के बारे में गांधी या रस्किन के नैतिक सोच में सम्बद्ध हो गए? यदि हम 'उपयोगी वस्तुओं' के बारे में पहले से उद्धृत रस्किन के विचार को समझ जाएँ तो यह सम्बन्ध स्थापित हो सकता है। ये वस्तुएँ हैं, रोटी, कपड़ा और मकान और वे चीजें जो एक व्यक्ति को अपना निजी जीवन पूरा करने तथा दूसरों के जीवन पर एक मददगार प्रभाव बनाने में मदद करती हैं। इस सन्दर्भ में रस्किन की किताब के विवेचन में लिखी गई गांधी की यह निर्णायक पंक्ति ध्यातव्य है : 'अश्वेत नस्लों को प्रत्येक यूरोपीय राज्य एक जायज शिकार के रूप में देखता है...', इसे पहले ही उद्धृत किया जा चुका है।

हम आराम से देख सकते हैं कि यह रस्किन द्वारा बताई गई बुनियादी जरूरतों को पूरा करनेवाला उत्पादन नहीं है, बल्कि यह उत्पादन व्यापार के लिए है जो मनुष्य की आवश्यकताओं को बढ़ा देने के लिए जिम्मेवार है। नई जरूरतों को विज्ञापन सरीखे उपकरणों से प्रोत्साहित किया जाता है। इसे रस्किन भी 'मिथ्याभाषी जुबान' के प्रसंग में उद्धृत करते हैं। व्यावसायिक लाभ के लिए ही बड़े-बड़े कारखाने स्थापित होते हैं और उत्पादन को बढ़ाया जाता है, क्योंकि जितनी अधिक उत्पादों की बिक्री होगी उतना ही अधिक मुनाफा होगा या बाजार पर प्रभुत्व बढ़ेगा। इस व्यावसायिक उत्पादन की प्रकृति उस समय तेजी से दृष्टिगोचर होती है जब हम अफीम व्यापार पर विचार करते हैं। अंग्रेजों ने अपने व्यावसायिक फायदे के लिए इस जहर को भारत में बनाना शुरू किया तथा चीनवासियों के बीच इसकी बिक्री की। फलतः चीनवासी इस जहर के आदी बन गए। जब चीनी सरकार को अपने देशवासियों पर पड़ रहे इसके बुरे प्रभाव का पता चला तो इसने चीन में इसकी बिक्री पर प्रतिबन्ध लगा दिया। इसके कारण अंग्रेजों ने 1840 के दशक की शुरुआत में चीन से युद्ध ठान दिया और अन्ततः बन्दूक की नोक पर चीनी जनता को यह मादक द्रव्य उपलब्ध कराने लगे। शायद अफीम एक चरम उदाहरण है। इस तरह की अनेक दूसरी अनिष्टकारी, अनुपयोगी या अनावश्यक चीजें वाणिज्य-विकास के खयाल से दुनिया के लोगों पर थोपी जा रही हैं। लेकिन, इनमें से प्रत्येक चीज को बनाने के लिए प्रकृति में उपलब्ध दूसरी चीजों की जरूरत पड़ती है और इसके उत्पादन के लिए ऊर्जा की जरूरत पड़ती है। अतएव, इसके अन्तिम परिणाम के रूप में व्यावसायिक

धंधे को जारी रखने के लिए कच्चे माल एवं ऊर्जा का स्रोत प्राप्त करने हेतु पूरी धरती को लूट-खसोट किया जाता है।

बड़े उपभोग की इस भूख को उस आशावाद के द्वारा भी पैना बना दिया गया जिसकी ऊर्जा के स्रोत के रूप में खनिज ईंधनों के उपयोग के कारण उत्पादकता में अपूर्व वृद्धि कर दी गई। इस पर पश्चिमी दुनिया का जवाब ठीक उस व्यक्ति की तरह था जो पुरानी बचत पर गुजर करता है एवं अचानक काफी मात्रा में बिना कमाया धन अर्जित कर उसका फिजूल खर्च करने लगता है। खनिज ईंधन लाखों वर्षों से जमा महज ऊर्जा था जो समाप्त हो जानेवाला था। निस्सन्देह, ये खनिज उस काम से एक छोटी अवधि में हजार गुना बढ़ जा सकते हैं जिसे मनुष्य अपने निजी शारीरिक मेहनत या पशुओं के उपयोग से कर सकता है। उत्पाद न केवल मात्रा में बहुत ज्यादा थे, बल्कि सस्ते भी थे, क्योंकि ऊर्जा के स्रोत धरती पर विपुल मात्रा में छितराए हुए थे जिन्हें केवल बाहर निकालने की जरूरत थी। इन सबसे यह भ्रम पैदा हुआ कि वृद्धि उत्पादकता का यह रुझान बना रहेगा। हालिया अतीत एक अन्तहीन भविष्य में बहिर्वेशित हो गया। बहुत कम लोगों के पास यह सोचने का समय था कि एक बार जब यह खजाना समाप्त हो जाएगा तो आगे का समय कठिन हो जाएगा। केवल महान अन्तर्दृष्टि ही व्यक्ति को इस बड़े आनन्दोत्साह से बाहर निकाल सकती थी। बहुत कम ही लोग थे जो कम-से-कम शुरुआत में ऐसी किसी भी चेतावनी पर ध्यान देने के लिए तैयार थे।

इन व्यावसायिक गतिविधियों के पीछे एक बाध्यकारी तर्क होता है। जब तक ज्यादा-से-ज्यादा वस्तुओं का अर्जन और उपभोग तथा दूसरे व्यावसायिक प्रतिद्वंद्वियों के साथ प्रतियोगी कटुता और ज्यादा मुनाफा भविष्य के जीवन की उपलब्धि का मानक बना रहता है, लोगों के लिए यह तंत्र जैसा काम करता है, उसमें कोई खामी नजर नहीं आ सकती है—चाहे मानवता के भविष्य के लिए इसका कितना भी विध्वंसक परिणाम क्यों न हो। अतएव, इस तंत्र की केवल मनोवैज्ञानिक जड़ों पर हमला किया जा सकता है अर्थात् मूल्य तंत्र पर, जो कि लोगों को इस तरह के अर्थहीन अनुसरण में पूरा कर लेने का बोध ढूँढ़ने के लिए बाध्य करता है। उक्त जड़ ही वह उपभोक्तावादी सिद्धान्त है जिसे व्यावसायिक वर्गों ने गढ़ा है तथा लोगों में इसे सहारा देता है।

पर्यावरण सुरक्षा एक नैतिक विषय भी बन जाती है, क्योंकि वह भी मानव प्रजातियों के उत्तरजीवी उपकरण का एक हिस्सा होती है। यह एक ज्ञात तथ्य है कि अधिकांश शिकारी जानवर जब एक बार भोजन कर लेते हैं तो एक निश्चित अवधि तक शिकार करने से परहेज करते हैं। यदि वे अनावश्यक ढंग से शिकार करने लगें, तो वे शिकार जिन पर उनका जीवन निर्भर रहता है, जल्द ही खत्म हो जाएँगे और शिकार करनेवाले जानवर भूखों मरने लगेंगे। इस प्राणीजगत में मनुष्य

ही अकेला प्राणी है जो पौधे और जानवरों का लापरवाह ढंग से विध्वंस करने में शामिल है। सचमुच, मनुष्य ने पक्षियों, जानवरों और पौधों की अनेक प्रजातियों को विलुप्त कर दिया है। अनेक अन्य हानिकारक और विध्वंसक अभियानों के मामले में जैसा होता है, वैसा ही मनुष्य में अपनी विध्वंसक प्रवृत्तियों के विरुद्ध आनुवंशिक रूप से अन्तर्निमित निषेध नहीं होता है। यहाँ भी उसकी धार्मिक संस्कृति उसके आचरण पर एक निषेध की तरह काम करती है। इसका एक रूप उस ढिठाई का बोध है जो अनेक धर्मों में किसी क्षुधा या प्रचुरता के प्रदर्शन के अतिसेवन से जुड़ा होता है। भोजन या दूसरी आसक्तियों से ऐच्छिक परहेज जिसे कभी-कभार धार्मिक प्रथाओं के हिस्से के रूप में लिया जाता था, एक प्रकार की पवित्रता थी। पारम्परिक धर्मों ने पर्यावरण को सुरक्षित करने के लिए एक अप्रत्यक्ष विधि को विकसित किया है। कोई भी जीवहत्या या वृक्ष कटाई परिष्कृत धार्मिक रीति-रिवाजों के अनुसार की जाती है। निस्सन्देह, मनुष्य वृक्षों की कटाई, फसलों की कटाई, पशुओं का वध या धरती और पहाड़ों की खुदाई किए बगैर नहीं रह सकता है। लेकिन, पारम्परिक समाजों में जहाँ कहीं भी मनुष्य को इन विध्वंसक कार्यों में लिप्त होना होता है तो उसके भीतर अपनी ही तरह प्रतिशोध लेने की क्षमता रखनेवाले जीवों को सचेत करने की एक हिंसक अनुभूति होती है। यह सचेतकारी विश्वास अपने-आप बेमानी विध्वंसक के अनेक रूपों को रोकता है। मिट्टी की हल से जुताई-कोड़ाई करने के पूर्व धरती माता की पूजा होती है; वृक्षों और जानवरों को काटने के पूर्व उन्हें उस कार्य के अनुकूल बनाया जाता है। निश्चित वृक्ष और जानवर सम्मान की वस्तु बन जाते हैं और पूरे ध्यान के साथ उनकी सुरक्षा और देखभाल की जाती है। इनसे स्वत: स्फूर्ति वृक्षों और पशुओं के अनावश्यक संहार पर रोक लग जाती है। लेकिन, मनुष्य के प्राकृतिक पर्यावरण को सुरक्षित रखने का सबसे निश्चित तरीका मनुष्य की आवश्यकताओं को सीमित करना है तथा उस तरह के जीवन की रचना करना है जिसका प्रकृति से बढ़िया तालमेल हो। यही श्रेष्ठ धर्मों की आवर्ती विषयवस्तु रही है। इस सोच का मूल सिद्धान्त सांसारिक वस्तुओं को कम महत्त्व का बना देता है जबकि नैतिक माँगें सर्वोच्च स्थान ग्रहण कर लेती हैं। उपनिषद और बौद्ध नीति कथा में बार-बार इस पर जोर दिया गया। इसी चीज को एक भिन्न तरीके से बहुत ही सुन्दर ढंग से बाइबिल के नया नियम में ईसा के निम्नलिखित शब्दों में प्रकट किया गया है :

> "अतएव मैं तुमसे कहता हूँ, अपने जीवन के बारे में चिन्तित मत होओ, तुम क्या खाओगे या क्या पीओगे—इसकी चिन्ता मत करो, न ही अपने शरीर की चिन्ता करो कि क्या पहनोगे। क्या जीवन भोजन से बड़ा नहीं है? क्या शरीर वस्त्र से बड़ा नहीं है? हवा में उड़ते पक्षियों को देखो : वे न बोते हैं, न काटते हैं, न ही खलिहान में जमा करते हैं और फिर भी ईश्वर

उन्हें भोजन देता है। क्या तुम उनसे अधिक मूल्य के नहीं हो? और तुममें से कौन चिन्तित होकर अपनी आयु को थोड़ा-सा भी बढ़ा सकता है? और तुम क्यों वस्त्र के लिए चिन्तित हो? मैदान में लगे लिली के पौधों पर विचार करो, कैसे उनका विकास है; न तो कड़ी मेहनत करते हैं; न ही तागा बनाते हैं : फिर भी मैं तुम्हें बतला सकता हूँ कि सभी तरह के गौरव से परिपूर्ण सोलोमन भी इसमें से किसी एक ही तरह सजे-धजे नहीं थे। लेकिन, यदि ईश्वर मैदान की उस घास को वस्त्र देते हैं जो आज जिन्दा है और कल चूल्हे में झोंक दी जाती है तो ओ अल्पविश्वास वाले मनुष्यो, ईश्वर क्या तुम्हें ज्यादा-से-ज्यादा वस्त्र नहीं दे सकते हैं? इसलिए, चिन्तित मत होओ : यह मत कहो कि क्या खाएँगे या क्या पीएँगे? अथवा क्या पहनेंगे? सामान्यजन इन चीजों के लिए प्रयास करते हैं; और ईश्वर जानते हैं कि तुम्हें उन चीजों की जरूरत है। लेकिन, पहले उसकी दुनिया और नीति-परायणता को ढूँढ़ो और ये सभी चीजें तुम्हारी भी हो जाएँगी।"

जीवन की बुनियादी जरूरतों से इनकार नहीं है, लेकिन इन्हें जरूरत होने पर ही प्राप्त करना है जबकि मनुष्य का मुख्य लक्ष्य आध्यात्मिक होना है। यद्यपि ईसा और अन्य धार्मिक गुरुओं के अनुसार आध्यात्मिक लक्ष्य का अर्थ था, ईश्वर के तरीके से कार्य करना, लेकिन इसमें दर्शनशास्त्र, कला, साहित्य, संगीत, विज्ञान (संकीर्ण तकनीकी अर्थ में नहीं) वगैरह के लक्ष्य को सम्मिलित करने की एक व्यापक सम्भावना हो सकती है। इन सभी विषयों की प्रवृत्ति मनुष्य में भौतिक सम्पत्तियों के प्रति घृणा पैदा करने की होती है। गांधी ने आध्यात्मिकता को सत्य की खोज में तब्दील कर दिया। लेकिन, उनके मामले में सत्य समस्याओं की सचाई से सम्बन्धित किसी तार्किक का सत्य नहीं था, बल्कि इसमें अहिंसक आचरण, सजीव प्राणियों की सेवा, विनम्रता, आत्मनिग्रह, अनासक्ति और सम्यक आचरण शामिल थे। अन्ततः वह इस निष्कर्ष पर पहुँचे कि सत्य ही ईश्वर है। व्यवहार का यह खजाना स्वभावतः उन सभी मानवीय सम्बन्धों को खत्म कर देता है जो मनुष्य द्वारा मनुष्य के शोषण तथा उस तरह की प्रकृति के विरुद्ध मनुष्य के अत्याचार, जो खनिजों और अन्य प्राकृतिक उत्पादों के लिए छीना-झपटी करते हैं, पर आधारित होते हैं।

गांधी के ईश्वर के साथ सत्य के समीकरण एवं सत्य की परिभाषा में नैतिक आचरण शामिल हैं। इस समीकरण और परिभाषा के साथ गांधी अपने धर्मों में समर्पित नास्तिकों को भी स्थान देते हैं। गोरा नाम से प्रसिद्ध जी. रामचन्द्र राव एक पक्के नास्तिक थे जिन्होंने अपना जीवन अस्पृश्यता के उन्मूलन में लगा दिया था। वह अपनी नास्तिकता के बावजूद गांधी के प्रभाव में आ गए क्योंकि व्यावहारिक समाज-सुधार के मुद्दे पर उनकी नास्तिकता और आस्तिकता एक साथ मिल गईं।

गोरा ने गांधी से अपने रिश्ते के बारे में एक छोटी-सी पुस्तक 'एन एथीस्ट विद गांधी' लिखी। इसमें वह गांधी की निम्नलिखित टिप्पणियों को एक नास्तिक साथी रामास्वामी के समक्ष पुनः प्रस्तुत करते हैं :

> "वह हर व्यक्ति जो सही जीवन जीना चाहता है उसे जीवन में परेशानियों का सामना करना पड़ता है। इनमें से कुछ परेशानियाँ अजेय मालूम पड़ती हैं। उस समय ईश्वर में विश्वास अर्थात् केवल सत्य ही आपको थामे रख सकता है...मित्रता का भाव आपको दयनीय बना देता है, क्योंकि आपके बन्धुगण की दयनीयता ईश्वरीय होती है। आप स्वयं को नास्तिक कह सकते हैं, लेकिन जब तक आप मानव जाति के सदृश महसूस करते हैं, व्यवहार में आप ईश्वर को स्वीकार करते हैं। मुझे एक पादरी की याद आती है जो महान नास्तिक ब्राडलाफ के दाह संस्कार में आए थे। उन्होंने कहा था, वह अपनी श्रद्धांजलि देने आए हैं क्योंकि ब्राडलाफ एक ईश्वरीय व्यक्ति थे।"[5]

गोरा, एक दूसरी जगह, गांधी की उस समय की निम्नलिखित प्रतिक्रिया को पुनः प्रस्तुत करते हैं जब गोरा अपने इस विचार के प्रति दृढ़ थे कि ईश्वर में विश्वास के कारण जीवन प्रदूषित हुआ है तथा यह कि नास्तिकता सामाजिक और आर्थिक समानता के सृजन में मदद करती है :

> "हाँ, तुम्हारी बातों में मुझे आदर्श नजर आता है। मैं न तो अपनी आस्तिकता को सही ठहरा सकता हूँ, न ही तुम्हारी नास्तिकता को गलत कह सकता हूँ। हम सत्य के अन्वेषक हैं। हम जब भी स्वयं को गलत देखते हैं, बदलाव कर लेते हैं। मैंने अपने जीवन में अनेक बार बदलाव किया है। मैं तुम्हें एक कार्यकर्ता के तौर पर देखता हूँ। तुम धर्मान्ध व्यक्ति नहीं हो। तुम जब भी स्वयं को गलत दिशा में देखते हो, तुम दिशा बदल ले सकते हो। जब तक तुम धर्मान्ध या जुनूनी नहीं होते हो, किसी तरह की क्षति नहीं होती है। मैं सही हूँ या तुम सही हो, यह तो परिणामों से ही साबित होगा। इसके बाद ही मैं तुम्हारे रास्ते पर चलूँगा या तुम मेरे रास्ते पर या हम दोनों एक तीसरे रास्ते पर चलेंगे। इसलिए, अपने काम में आगे बढ़ो। मैं तुम्हारी मदद करूँगा, यद्यपि तुम्हारा तरीका मेरे तरीके से विपरीत है।"[6]

उपर्युक्त शब्दों से गांधी और उनके पूर्व के पैगम्बरों के बीच का अन्तर स्पष्ट ढंग से प्रकट होता है। गांधी एक ऐसे युग में पैदा हुए थे जिसमें सत्य का एक व्यावहारिक अर्थ हो गया था। ईश्वर में आस्था के विचार को भी इसी जाँच से गुजरना पड़ता था। इस सन्दर्भ में उनका दृष्टिकोण फायबाख पर मार्क्स के आठवें सिद्धान्त के काफी करीब दिखता है। इसमें मार्क्स ने कहा है : "समस्त सामाजिक

जीवन अनिवार्य रूप से व्यावहारिक होता है। सभी रहस्य जो रहस्यवाद के सिद्धान्त की ओर ले जाते हैं मानव व्यवहार में तो अपनी तार्किक परिमिति पाते हैं। वे इस व्यवहार से तो समझ भी आते हैं।" अतएव, इस सन्दर्भ में भी गांधी अपने समय की व्यापक बौद्धिक संस्कृति को आत्मसात कर चुके थे। यह आश्चर्यजनक नहीं है, गांधी ने अपनी तरफ न केवल गोरा सरीखे नास्तिक सुधारक को आकर्षित किया, बल्कि जयप्रकाश नारायण और अन्य सरीखे खाँटी मार्क्सवादियों को भी आकर्षित किया। गांधी ने ऐसी एक भाषा में बात की जो 20वीं सदी में समाज को प्रभावित करनेवाली नैतिक समस्याओं से मुठभेड़ करने का प्रयास करनेवाले किसी भी व्यक्ति की समझ में आ सकती थी। वह पुराने धर्मों के सार्वभौमिकतावादी मूल्यों को समाविष्ट कर रहे थे। लेकिन, साथ ही उन्हें वह एक समकालीन अर्थ और रूप भी प्रदान कर रहे थे। उन्होंने अपनी आत्मकथा को भी 'द स्टोरी ऑफ माई एक्सपेरिमेंट्स विद द ट्रुथ' शीर्षक दिया। यह विलक्षण रूप से सभी समस्याओं के प्रति उनके विचार को प्रतिबिम्बित करता है। यह विशेषता पैगम्बर सम्बन्धी उस उपदेश की प्रसंगाश्रितता का अंश है जो समय की शब्दावली में अभिव्यक्त होता है। इसी के चलते मूल मूल्यों का समय-समय पर नवीकरण होता है यद्यपि इन्हें प्रदर्शन विषयक रूपान्तरण से गुजरना पड़ता है। प्रसंग की बाध्यताएँ मूल्यों की अभिसारिता सृजित करती हैं। यद्यपि सतही तौर पर समय के अनेक रुझानों के बीच वैरभाव को चिह्नित किया जा सकता है। एक तरफ गांधी और दूसरी तरफ नास्तिकों, मार्क्सवादियों एवं अन्य—जो एक ही लक्ष्य के लिए संघर्षरत जान पड़ते हैं, के बीच अन्तर यह है कि गांधी इन मूल्यों की प्रधानता की बात करते हैं जबकि नास्तिक बगैर कोई पूर्ण या तार्किक आधार बताए इन्हें स्वीकार करते हैं। यह नास्तिकों की स्थिति को कमजोर करता है। खासकर, जब मूल्यों का टकराव समयोचितता की दूसरी माँगों से होता है, क्योंकि ये माँगें मूल्यों को दूसरे कारकों के आनुषंगिक के तौर पर स्वीकार करती हैं—उदाहरणार्थ, मार्क्सवादियों के मामले में इतिहास की माँगें अथवा सामाजिक साहचर्य का हित जैसा कि गोरा एक दूसरी जगह तर्क देते हैं। जब गांधी दूसरी तरफ सत्य की पहचान निश्चित मूल्यों के साथ करते हैं और इसके बाद कहते हैं—'सत्य ही ईश्वर है,' तो इन मूल्यों की परिसमाप्ति होती है और कुछ भी उनमें समझौता नहीं करा सकता है। मूल्यों के इस विचार पर मनुष्य के किसी भी सही हित का उनसे टकराव नहीं हो सकता है, और इसलिए कोई भी त्याग करके अनुरक्षण हेतु बहुत ज्यादा नहीं होगा।

मूल्यों की प्रसंगाश्रितता के महत्त्व को इस तथ्य से प्रकाश में लाया जाता है कि एक दूसरे महान व्यक्ति काउंट लियो टॉल्सटाय स्वतंत्र रूप से उन विचारों तक पहुँच गए थे जो गांधी के विचारों की तरह थे। टॉल्सटाय के विचारों ने गांधी को प्रेरित भी किया। साठ वर्ष की उम्र में टॉल्सटाय ने यह महसूस किया

कि विलासिता का जीवन एक पापकर्म है, और उन्होंने सभी तरह की भौतिक सम्पत्तियों का त्याग कर दिया (वह एक रूसी नोबल बन चुके थे) और प्रयास किया कि खेतों में अपने हाथ से काम करनेवाले एक साधारण किसान की तरह जीवन-यापन किया जाए। वह भी गांधी की तरह ईसा के उपदेशों से गहरे प्रभावित थे तथा ईसाई सभ्यता और चर्च के कार्यों से विस्मयाभिभूत थे। उन्होंने खुलेआम अपने विचारों को फैलाया जिसके लिए उन्हें रूढ़िवादी रूसी चर्च द्वारा धर्मनिकाला भी किया गया। विशेषकर, वह किसी भी तरह के युद्ध और हिंसा से विमुख थे। उन्होंने खुलेआम राज्य के युद्ध प्रयासों से सम्बन्धित आदेशों की अवज्ञा का समर्थन किया, यद्यपि इस तरह के कार्य करने का मतलब था राज्य के द्वारा दंडित होना। लेकिन, उन्होंने इसकी परवाह नहीं की। उन्होंने यह भी महसूस किया कि बगैर अनिवार्य नैतिक दिशा के तकनीकी विकास मनुष्य को केवल एक कुशल और खतरनाक प्राणी बनाता है। उन्होंने अपनी एक छोटी-सी पुस्तक, 'द लॉ ऑफ लव ऐंड द लॉ ऑफ वायलेंस' में लिखा :

> "ईसाई जगत के व्यक्ति प्राणियों के अस्तित्व का भी नेतृत्व करते हैं एवं उनके स्वार्थपरक हितों से अपना मार्ग निर्देशन करते हैं। इनके बीच संघर्ष की एक शाश्वत स्थिति बनी रहती है तथा ये इसी के बीच रहते हैं। जानवरों से जो चीजें इन्हें अलग करती हैं, वे हैं जानवरों को भोजन की नियत आवश्यकता होती है तथा अपने बचाव के लिए उनके पास पंजे होते हैं; जबकि मनुष्य सड़क से रेलमार्ग, पशुगति से भापशक्ति, बोले गए शब्द और पांडुलिपियों से मुद्रण, बेतार संवाद, दूरभाष; पालपोत से अटलांटिक पार जहाजों, इस्पाती अस्त्रों से तोपों, मशीनगनों, बमों और हवाई जहाजों तक उद्भ्रान्त जल्दबाजी से गुजरते हैं। यह हमारा अतिश्रान्त जीवन है जो बदतर बनता जा रहा है, जो दुखी होता जा रहा है क्योंकि मनुष्य उस आध्यात्मिक नैतिक सिद्धान्त को जो उसे शान्ति और सौहार्द वाले समाज में एकबद्ध रख सकता है, अंगीकार करने के बदले अपनी पाश्विक वृत्तियों से परिचालित हो रहा है जिनकी तलाश उसे बौद्धिक क्षमताओं का अनुचित लाभ उठाकर सन्तुष्ट करने के लिए होता है।"

यद्यपि गांधी ने जिस तरीके से अहिंसक प्रतिरोध के विचार को साफ-साफ सूत्रबद्ध किया था, टॉल्सटाय ने वैसा नहीं किया था, लेकिन सामाजिक बुराइयों के उपचार हेतु प्रचलित राजनीतिक विधियों के अपने विश्लेषण में टॉल्सटाय इसके काफी करीब पहुँच जाते हैं। एक रूसी महिला को सम्बोधित अपने पत्र 'उदारवादियों के नाम पत्र' में वह हिंसा की विधि को खारिज करते हैं जो उनके तर्कानुसार या तो भयंकर हिंसा के सामने दम तोड़ देती है या यदि सफल हो जाती है तो अपनी पकड़ बनाए रखने के लिए निरन्तर हिंसक और बड़े कार्यों में व्यस्त रहना पड़ता

है जो अन्ततः आन्दोलन के लक्ष्य को दूषित करता है। वह राज्य की संस्थाओं के जरिए क्रमिक सुधारों के उदार उपाय को अस्वीकार भी करते हैं। उन्होंने सोचा कि यह बाद वाली विधि भी व्यर्थ है (निस्सन्देह उनके जेहन में रूसी हालात थे)। इसके बदले उन्होंने यह सुझाव दिया कि लोगों को खुद निश्चयपूर्वक कहना होगा और अपनी अन्तरात्मा हेतु राज्य के विरुद्ध खड़ा होना होगा। उनके निबन्ध 'ईश्वर का राज्य' के अन्त में अहिंसा पर एक प्रश्नोत्तरी है जिसमें अन्य प्रश्नों और उत्तरों के अलावा निम्नलिखित प्रश्न और उत्तर भी शामिल हैं :

> प्रश्न : क्या हम 'अप्रतिरोध' शब्द को व्यापक अर्थ में समझते हैं अर्थात् उस अर्थ में कि व्यक्ति को बुराई इत्यादि का प्रतिरोध नहीं करना चाहिए।
>
> उत्तर : नहीं, इसे अक्षरशः उस तरह से समझा जाना चाहिए जैसा कि ईसा ने इसे बतलाया है—अर्थात् बुराई के बदले बुराई नहीं करना। बुराई का प्रतिरोध सभी कानून-सम्मत साधनों से होना चाहिए, बुराई से नहीं।

उपर्युक्त विश्लेषण और प्रश्नोत्तरों में हमें पहले ही उस अस्त्र की आत्मा मिल जाती है जो गांधी के यहाँ सत्याग्रह का अस्त्र बन जाती है। गांधी का 'प्रेमशक्ति' का विचार सीधे टॉल्सटाय के 'प्रेम का कानून' से लिया गया होगा।

यद्यपि गांधी कुछ समय पहले से टॉल्सटाय को जानते थे, लेकिन गांधी का टॉल्सटाय से सम्पर्क उनके जीवन की सान्ध्यबेला में ही हो पाया था। वह भी उस वक्त जब 1909 ई. में दक्षिण अफ्रीका में सत्याग्रह आन्दोलन शुरू हो चुका था। इस अनोखे आन्दोलन की खबर ने टॉल्सटाय को काफी उत्तेजित कर दिया। टॉल्सटाय भी गांधी की ही तरह बुराइयों से लड़ने के लिए अहिंसक हथियार की तलाश कर रहे थे। फलस्वरूप, दोनों के बीच बहुत प्रेरक व उत्साहपूर्वक पत्राचार हुआ। टॉल्सटाय सत्याग्रह आन्दोलन और इसके नायक के बारे में ज्यादा-से-ज्यादा जानने को इच्छुक थे और उन्होंने यथासम्भव इसको प्रचारित करने की कोशिश की। लेकिन, वह एक वृद्ध और बीमार व्यक्ति थे, गांधी से सम्पर्क होने के महज एक साल बाद सितम्बर 1910 में उनका देहान्त हो गया। लेकिन, अपनी मृत्युशैया से उन्होंने जो पत्र लिखवाया, उसमें दक्षिण अफ्रीका में गांधी द्वारा किए जा रहे इस नवप्रयोग की भूरि-भूरि प्रशंसा थी। पत्र में अन्य बातों के अलावा निम्नलिखित बातें थीं :

> "मुझे अब मौत के करीब होने की अनुभूति हो रही है। लेकिन, मैं जब तक जिन्दा हूँ, दूसरे लोगों को अपनी उस विशिष्ट व स्पष्ट अनुभूति के बारे में बतलाना चाहता हूँ जो मेरी समझ से बड़े महत्त्व की चीज है : अर्थात् सत्याग्रह के बारे में, वास्तव में प्रेम सत्याग्रह के उपदेश के सिवाय कुछ नहीं है। गलत व्याख्याएँ प्रेम को दूषित नहीं कर सकती हैं।

"वह प्रेम मानवीय जीवन का सबसे बड़ा और एकमात्र कानून है तथा प्रत्येक मानव प्राणी तहेदिल से (जैसा कि हम बच्चों में सबसे ज्यादा साफ देखते हैं) इसे जानता और अनुभव करता है : वह इसे तब तक जानता है जब तक कि उसे संसार के गलत उपदेश उलझा नहीं देते हैं। इस कानून की घोषणा सबने की थी, दुनिया के तमाम यहूदी, यूनानी, रोमन, भारतीय और चीनी सन्तों ने की थी।

"वास्तव में ज्यों ही बल को प्रेम में शामिल कर लिया गया, जीवन के कानून के तौर पर प्रेम का अन्त हो गया, और चूँकि प्रेम का कानून खत्म हो गया, इसलिए कोई कानून ही नहीं रह गया सिवाय हिंसा के अर्थात् सबसे मजबूत लोगों की शक्ति के...।"[7]

इन दोनों के विचार लगभग एक जैसे थे। गांधी के अन्दर टॉल्सटाय के प्रति इतना अधिक सम्मान-भाव था कि 1910 के मध्य में जब उन्होंने दक्षिण अफ्रीका में जोहांसबर्ग के नजदीक सत्याग्रहियों के लिए एक कम्यून की शुरुआत की तो उसका नाम 'टॉल्सटाय फार्म' रखा।

ऐसा प्रतीत होता है कि संघर्ष के एक नए तरीके की तलाश सर्वत्र हो रही थी। इसके आध्यात्मिक निहितार्थ पर ज्यादा सोचे बिना तथा शायद यह महसूस किए बिना भी कि वे संघर्ष का एक नया तरीका अपना रही हैं, इंग्लैंड की महिलाएँ नारी मताधिकार आन्दोलन के दरम्यान—लगभग दक्षिण अफ्रीका के सत्याग्रह आन्दोलन के समय ही—उसी तरह अहिंसक तरीके से संघर्ष कर रही थीं। उनके पास गांधी सरीखा कोई आध्यात्मिक पथप्रदर्शक नहीं था, इसलिए कभी-कभी उन लोगों ने उस दृढ़ आत्म-अनुशासन का उल्लंघन भी किया जो एक सचेत सत्याग्रही स्वयं के ऊपर आरोपित करता है।

यह उल्लेख करना रोचक होगा कि गांधी जब दक्षिण अफ्रीकी जेल में थे तो थोरो के लेखन का अध्ययन किया। इस तरह से गांधी को महसूस हुआ कि वह थोरो को पढ़े और जाने बगैर पहले से वही काम कर रहे हैं जिनके बारे में थोरो के उपदेश थे। थोरो ने भी इस चीज की वकालत की थी कि यदि किसी को ऐसा लगता है कि सरकार गलत ढंग से कार्य कर रही है तो उसे ऐसी सरकार का सहयोग करना बन्द कर देना चाहिए। उन्होंने अनिवार्य रूप से राजनीतिक विषयों की बाबत एक नैतिक दृष्टिकोण अपनाया तथा मनुष्य की अन्तरात्मा के विरुद्ध लोकतांत्रिक राज्य के भी स्वयं को आरोपित करने के अधिकार को अस्वीकार किया। अपने प्रसिद्ध लेख 'सविनय अवज्ञा' जिसे गांधी ने जेल में पढ़ा, में उन्होंने लिखा था :

"सबके बावजूद, जब सत्ता एक बार जनता के हाथों में आ जाती है तो बहुमत को क्यों हरी झंडी दे दी जाती है, और वह लम्बे समय तक

> शासन क्यों करते रहता है? इसका व्यावहारिक कारण यह नहीं है कि वह शासन करने के लिए सबसे योग्य होता है अथवा यह भी नहीं कि, यह अल्पसंख्यकों के प्रति काफी साफ हृदय रखता है, बल्कि व्यावहारिक कारण यह है कि वह शारीरिक रूप से सबसे मजबूत होता है। लेकिन, जिस सरकार में बहुमत हर मामले में शासन करना है, वह सरकार जहाँ तक लोग समझते हैं, तो भी न्याय पर आधारित नहीं हो सकती है। क्या वैसी कोई सरकार नहीं हो सकती है जिसमें बहुमत सही और गलत का निर्णय नहीं करता हो, बल्कि अन्तरात्मा करती हो? जिसमें बहुमत केवल उन्हीं प्रश्नों का निर्णय करे जिनमें औचित्य का शासन अनुपालनीय हो? क्या हर नागरिक को क्षण-भर के लिए या न्यूनतम अंश में विधायक को अपना अन्तर्विवेक अर्पित कर देना चाहिए? तब प्रत्येक व्यक्ति के पास अन्तर्विवेक क्यों है? मैं सोचता हूँ कि हमें पहले मनुष्य बनना चाहिए और विषय बाद में...।"

थोरो युद्ध और गुलामी के विरोधी थे। लेकिन, उनके समय में अमेरिका में दासता एक महत्त्वपूर्ण संस्था थी और अमेरिका मैक्सिको से युद्ध लड़ा था। विरोधस्वरूप थोरो ने व्यक्ति-कर देने से इनकार कर दिया था। इसके लिए उन्हें एक दिन के कारावास की सजा हुई थी। यह आनुषंगिक रूप से उस समस्या का भी उत्तर था जो राजनीतिक विचारकों को प्रजातांत्रिक सरकार के रूप में स्थापित होने के समय से ही सदा परेशान कर रही थी। समस्या यह थी कि जब सही और बहुमत के निर्णय के बीच विवाद उत्पन्न हो जाए तो उस स्थिति में क्या करना चाहिए? किसे बने रहने की अनुमति मिलनी चाहिए, सही को या बहुमत के निर्णय को? पूर्व के सभी समाजों में जो लोग सही के पक्ष में होते थे, वे न्याय की तानाशाही के किसी रूप का समर्थन करते थे और यह तानाशाह बहुमत के विरुद्ध उस सही को लाद देता था। इसके विरुद्ध वे लोग जो बहुमत के लिए जाने जाते थे, बहुमत की 'प्रजातांत्रिक तानाशाही' की वकालत किया करते थे। थोरो के उपदेश और कार्य में सदियों पुरानी इस समस्या का समाधान भी दिखता है। सही होने से आश्वस्त एक अल्पसंख्यक बलपूर्वक अपनी इच्छा बहुमत पर आरोपित नहीं कर सकता था। बल्कि उसे बहुमत की सरकार के ऐसे कार्यों और कानूनों का प्रतिरोध करने के कारण पीड़ा सहने के लिए तैयार रहना पड़ता था, क्योंकि बहुमत की सरकार इसे अनुचित मानती थी। थोरो का मानना था कि अन्यायी सत्ता के अन्तर्गत रहनेवाला प्रत्येक ईमानदार व्यक्ति का स्थान कैदखाने में होता है। 'सविनय अवज्ञा' पर लिखे गए थोरो के लेख को पढ़ने से पहले ही गांधी उस विचार को व्यवहार में ला चुके थे। वस्तुतः वह थोरो से एक कदम आगे बढ़ चुके थे। ऐसा उन्होंने व्यक्तिगत प्रतिरोध के सिद्धान्त को अधिकांश लोगों के संगठित

अहिंसक प्रतिरोध के तल तक उन्नत करके किया। इसने सत्याग्रह के लिए ऐसी स्थिति पैदा कर दी कि सत्याग्रह सामाजिक अन्याय के प्रत्येक रूप से लड़ने का एक शक्तिशाली अस्त्र बन गया।

गांधी के अहिंसक प्रतिरोध के अफ्रीकी प्रयोग के बीच समय की बात है। वे 1908 ई. में समुद्री जहाज से इंग्लैंड से अफ्रीका लौट रहे थे। उन्होंने जहाज में ही सुकरात की संवाद शैली में पश्चिमी सभ्यता, भारत और विश्व पर इसके प्रभाव तथा इससे मुक्ति के रास्ते के बारे में अपने विचारों को शब्दबद्ध किया। वह एक छोटी पुस्तिका बन गई जिसमें तीस हजार से भी कम शब्द थे। इस पुस्तिका में उन्होंने पश्चिमी सभ्यता की उन तमाम बुनियादी बुराइयों पर अँगुली रखी जिन्हें वह शैतानी कहते थे। यह देखकर कोई भी आश्चर्यचकित हो जाता है कि उन्होंने उस वक्त इस सभ्यता की बुराइयों की तरफ लोगों का ध्यान आकृष्ट किया जब पर्यावरण और आतंकवाद की समस्या एक व्यापक घटना बन गई थी तथा बड़े पैमाने पर युद्ध का खतरा अभी भी मँडरा रहा था। उन्होंने पश्चिमी औद्योगिकता को उस समय खारिज किया और यह कहा कि यह भारत के जीवन का मार्ग नहीं हो सकता है, जब प्रतिस्पर्द्धा कर रहे अधिकांश भारतीयों को वह व्यवस्था स्वराज्य सरकार का सबसे बड़ा लक्ष्य दिखाई देती थी। वह अनोखे किस्म के व्यक्ति थे। वह अंग्रेजों के शासन का अन्त चाहते थे तथा उस जीवन-शैली को पूरी तरह खारिज करते थे जिसे अंग्रेजों ने भारत में लागू किया था। इसके बावजूद उन्हें अंग्रेजों से तनिक भी द्वेष नहीं था। उनकी यह भी इच्छा थी कि यदि अंग्रेज भारतीय जीवन-शैली को स्वीकार कर लेते हैं तो उन्हें भारतीय नागरिक के रूप में भारत में रहने की अनुमति दी जा सकती है। वह अंग्रेजों के लिए भी ईमानदारी से कामना करते थे कि वे उस बुरी सभ्यता से मुक्त हो जाएँ जिसने उन्हें अपनी कैद में ले रखा है।

ऐसा नहीं है कि गांधी उस सभ्यता के कथित लाभ से अर्थात् इसके द्वारा दी जानेवाली अनेक तरह की सुविधाओं के वायदों से नावाकिफ थे। वस्तुतः वह सभी तरह के उन कल्पित लाभों को गिनाते हैं जिनमें से अधिकांश अभी भी भविष्य के वायदे हैं। इसलिए, जब वह उन्हें अस्वीकार करते हैं तो उन्हें इस बात की पूरी समझ रहती है कि वह क्या कर रहे हैं। वह लिखते हैं :

> "सम्पादक : पहले हमें यह समझना चाहिए कि 'सभ्यता' शब्द से वस्तुओं की किस स्थिति का वर्णन होता है। इसकी सही जाँच इस तथ्य में निहित है कि इसके अन्दर रहनेवाले लोग शारीरिक कल्याण को जीवन का उद्देश्य बना लेते हैं...पहले लोग चौपहिया गाड़ी में यात्रा करते थे। अब ट्रेनों में बैठकर हवा में उड़ते हैं तथा प्रतिदिन चार सौ मील या इससे भी अधिक दूरी की यात्रा करते हैं। यही सभ्यता की ऊँचाई समझ जाती है। ऐसा कहा गया है कि जैसे-जैसे मनुष्य प्रगति करेगा वह हवाई जहाज में

घूमने के लायक बन जाएगा तथा चन्द घंटों में ही वह दुनिया के किसी भी हिस्से में पहुँच जा सकता है। मनुष्य को अपने हाथ-पैर का इस्तेमाल करने की जरूरत नहीं होगी। वह एक बटन दबाएगा और उसके कपड़े बगल में आ जाएँगे। वह दूसरा बटन दबाएगा और उसके पास अखबार आ जाएगा। तीसरा बटन दबाएगा और उसकी गाड़ी सामने आकर खड़ी हो जाएगी। उसे नाना प्रकार के सुस्वादु व्यंजन खाने को मिलेंगे। प्रत्येक चीज मशीन से ही होगी। पहले जब लोग किसी से लड़ना चाहते थे तो लड़ने से पहले शारीरिक शक्ति का मिलान करते थे : अब तो पहाड़ी पर बैठा एक आदमी बन्दूक से हजारों लोगों की जान ले सकता है। यही सभ्यता है। पहले लोग केवल खुली हवा में जब तक चाहते थे, काम करते थे। अब हजारों मजदूर एक साथ मिलते हैं और निर्वाह हेतु कारखानों या खानों में काम करते हैं। उनकी स्थिति जानवरों से भी बदतर होती है। वे जान पर खेलकर पूँजीपतियों की खातिर काम करने के लिए विवश होते हैं। पहले लोगों को भौतिक अनिवार्यताओं के तहत गुलाम बनाया जाता था। अब उन्हें पैसों एवं उन पैसों से खरीदी जानेवाली विलासिताओं का लालच देकर गुलाम बनाया जाता है...।

"सभ्यता भौतिक सुख-सुविधाओं को बढ़ाने का प्रयास करती है और यह ऐसा करने में बुरी तरह असफल हो जाती है। यह सभ्यता अधर्म है। इसने यूरोप में ऐसी पकड़ बना ली है कि जो भी इसकी गिरफ्त में है, अर्द्धविक्षिप्त जान पड़ता है। उनके पास वास्तविक शक्ति या साहस की कमी है। वे नशे के दम पर अपनी ऊर्जा कायम रखते हैं। वे अकेले में खुश नहीं रह सकते हैं। औरतें जिन्हें घर की रानी होनी चाहिए, गलियों में घूमती हैं या कारखानों में गुलाम बन जाती हैं। लगभग आधा मिलियन (पाँच लाख) औरतें अल्पराशि के लिए कारखानों या इसी तरह की अन्य संस्थाओं में कठिन स्थितियों का सामना करते हुए काम कर रही हैं। यह विस्मयकारी तथ्य विकसित हो रहे नारी मताधिकार आन्दोलनों के कारणों में से एक है।"

गांधी वस्तुओं की इस स्थिति से सभ्यता के एक दूसरे सिद्धान्त का प्रतितुलन करते हैं जो मनुष्य की भूख पर रोक लगाने का प्रयास करता है :

"सभ्यता व्यवहार का वह तरीका है जो मनुष्य को कर्तव्य का मार्ग बतलाता है। कर्तव्य-पालन और नैतिकता का अनुपालन परिवर्तनीय शब्द हैं। नैतिकता का पालन करना, मन और मनोविकारों पर नियंत्रण करना है। ऐसा कर हम स्वयं को जानते हैं।

"यदि यह परिभाषा सही है, तो भारत को जैसा कि अनेक लेखकों ने दिखाया है, किसी से कुछ नहीं सीखना है। यह उसी तरह से है जैसा इसको

रहना चाहिए। हम देखते हैं कि मन एक चंचल पक्षी है जो कभी आराम नहीं करता है। इसे जितना अधिक मिलता है, उतना ही अधिक यह चाहता है इसके बावजूद असन्तुष्ट रहता है। हम अपने मनोविकारों में जितना अधिक लिप्त होते जाते हैं, उतना ही ज्यादा ये अनियंत्रित होते जाते हैं। इसलिए, हमारे पूर्वजों ने अपने अतिभोग पर सीमा लगा दी। उन्होंने देखा कि खुशी कुल मिलाकर एक मानसिक स्थिति है यह आवश्यक नहीं कि जो व्यक्ति धनी होता है, वह खुश रहता है तथा जो व्यक्ति निर्धन होता है, वह दुखी रहता है। प्राय: धनी व्यक्ति ही दुखी रहता है और निर्धन व्यक्ति खुश रहता है। लाखों लोग हमेशा गरीब रहेंगे। यह सब देखकर ही हमारे पूर्वजों ने विलासिताओं और खुशियों से मन फेर लिया। हमने उसी तरह से हल से प्रबन्ध कर लिया है जैसा हजारों साल पहले था...।"

इसके बाद यह जोर देकर कहा गया है कि हमारे पूर्वज अनुसन्धानों और नगरीय जीवन से जान-बूझकर दूर रहे, क्योंकि वे जानते थे कि मशीन और शहरी जीवन के साथ खुश नहीं रहा जा सकता है। हालाँकि, वे इन दोनों के लिए सक्षम थे। शायद भारत का अतीत ज्यादा आदर्शीकृत रहा है। वह एक प्राकृतिक प्रक्रिया का हिस्सा है जिससे भविष्य के आदर्शों को गढ़ा जाता है। आर्थर कोएस्लर ने एक बार लिखा था, प्रत्येक यूटोपिया अतीत के कुछ आदर्शीकृत विचारों पर आधारित होता है। महत्त्वपूर्ण चीज घटना की ऐतिहासिकता नहीं होती है बल्कि एक आदर्श को सत्याभास देने में इसकी भूमिका होती है। वह आदर्श ऐसा होता है जिसके लिए पूर्व में कभी प्रयास नहीं किया गया होता है और इसलिए, वह वास्तविक जीवनानुभव से काफी दूर जान पड़ता है। यह वर्ण-व्यवस्था के प्रति उनके भाव के बारे में भी सही है। अन्धविश्वास और उत्पीड़न के प्रत्येक रूप का गांधी के निर्मम विरोध के प्रसंग में अनेक लोग उन्हें वर्णाश्रम धर्म में विश्वास के अपने पुनरुक्त दावे को उलझनकारी मानते हैं। हालाँकि, इस तरह के सन्देह इसलिए उत्पन्न होते हैं क्योंकि लोग उस जाति-प्रथा, जो अपने ऊँच और नीच के विचारों पर कायम है व वर्णाश्रम धर्म से सम्बन्धित गांधी के आदर्शीकृत सिद्धान्त के बीच अन्तर करने पर ध्यान नहीं देते हैं। उन्होंने न केवल बार-बार ऊँच और नीच के सिद्धान्त पर टीका-टिप्पणी की, बल्कि सक्रिय ढंग से सामाजिक भेदभाव के किसी रूप, विशेषकर अस्पृश्यता के विरुद्ध संघर्ष किया। अस्पृश्यता से तो उनको इतनी ज्यादा घृणा थी कि उन्होंने 1934 ई. के बिहार के भूकम्प को इस पाप कर्म का ही फल कहा।

उन्होंने वर्णाश्रम को इस आधार पर न्यायोचित ठहराया था कि यह एक मनुष्य को कर्तव्यों से बाँध देता है। यह मनुष्यों के बीच की उस क्रूर प्रतियोगिता को समाप्त करने में मदद करता है जो हमें इस आधुनिक व्यावहारिक सभ्यता में दिखलाई देती है। उनके आदर्शीकृत वर्ण-व्यवस्था में यद्यपि हर किसी को समाज में अपनी

भूमिका मिली हुई है, सामाजिक भूमिका से उसके स्तर में घट या बढ़ नहीं होती है और न ही अपनी सामाजिक भूमिका अदा करते हुए शूद्रों को सुशिक्षित बनने पर रोक है। सचमुच, रैदास और कबीर सरीखे कुछ महान सन्त कवियों को हम देखते हैं कि वे अपने उन पारम्परिक धन्धों से जुड़े रहे जिन्हें तब एक निम्न कार्य माना जाता था। वे इस आदर्श का पालन कर रहे थे। साथ ही, श्रेष्ठ आध्यात्मिक हैसियत भी हासिल कर रहे थे। शायद वर्णाश्रम के बारे में गांधी का वही आदर्श था जिसका उन्होंने स्वयं में श्रेष्ठ आध्यात्मिक प्रयासों को भंगी, धोबी और जुलाहे के निम्न कार्यों से मिलाकर पालन किया।

इस विचार की व्यवहार्यता पर इस तथ्य को समझते हुए किसी को यह उचित सन्देह हो सकता है कि हममें से शायद ही कोई गांधी या कबीर के सन्तत्त्व को प्राप्त कर सकता है। लेकिन, इस विचार को विशुद्ध सैद्धान्तिक आधार पर सुप्रसिद्ध आधुनिक मानव शरीर विज्ञानी क्लाद लेवी स्ट्रॉस का समर्थन मिलता है। वह लिखते हैं :

> "मानव जाति के लिए यह दुखद है कि महान अनुभव विफल हो गया (वर्णप्रथा का अनुभव—यद्यपि वह जाति-प्रथा शब्द का प्रयोग करते हैं, लेकिन उनके दिमाग में वस्तुतः वर्णप्रथा ही है—लेखक), मेरा मतलब यह इतिहास के क्रम में विफल हो गया, अनेक जातियाँ उस स्थिति में पहुँचने में सफल नहीं हुईं जिसमें वे समान रह सकती थीं, क्योंकि वे भिन्न थीं—समान इस अर्थ में कि उनके बीच कोई सामान्य मापक नहीं था—और यह कि, एकरूपता का हानिकारक तत्त्व लागू कर दिया गया था जिसने तुलना को सम्भव बना दिया तथा इसके चलते एक श्रेणीबद्ध संस्था कायम हो गई। मनुष्यों का सह-अस्तित्व इस स्थिति में तो हो ही सकता है कि वे एक-दूसरे को अलग रंग-रूप का होने के बावजूद समान नजर से देखें और पहचानें। लेकिन, यह सह-अस्तित्व आपस में मानवता के किसी तुलनीय अंश को इनकार करते हुए मातहती की प्रथा निर्मित करके भी हो सकता है।"[8]

दूसरी तरह का संगठन ठीक पहले वाले के विपरीत ठहरता है। यह फासीवाद की तरफ ले जाता है। वर्ण-व्यवस्था में असमानता की पारम्परिक असम्बद्धता पर विचार करते हुए उस व्यवस्था की तरफ वापसी फासीवाद को पैदा कर सकती है। इसलिए, गांधी से छोटे लोगों की दुनिया में सबसे अच्छी चीज होती वर्ण-व्यवस्था का समुचित शवाधान करा देना। गांधी स्वयं इस राय से सहमत थे। इसीलिए, बाद में वह अन्तर्जातीय विवाहों को प्रोत्साहन देने लगे।

निस्सन्देह, यह सारा दृष्टान्त इस बात को समझने का है कि घृणित वर्तमान का एक विकल्प देने के लिए गांधी ने कैसे अतीत के उस आदर्शीकृत चित्र का

प्रयोग किया जिसे कि वह खुद ईमानदारीपूर्वक एक यथार्थ स्थिति मानते थे। इस प्रसंग में इस बात का कोई महत्त्व नहीं रह जाता है कि क्या वह आदर्शीकृत चित्र किसी ऐतिहासिक वास्तविकता को प्रतिबिम्बित करता था?

वह बार-बार इस विचार को स्थापित करने का प्रयास करते हैं कि मनुष्यों की सही खुशी आन्तरिक झुकाव अर्जित करने में होती है, न कि बाह्य सम्पत्ति अर्जित करने में होती है। बाह्य सम्पत्तियों का अर्जन अधिकाधिक सम्पत्ति अर्जित करने की भूख को बढ़ा देता है और इस तरह, दिमाग की शान्ति को खत्म करता है। इसलिए, सही खुशी तभी हो सकती है जब मनुष्य का बाह्य सम्पत्तियों के लिए जीना बन्द हो जाए और वह अपने अन्दर उनके प्रति विकर्षण पैदा करे। इसके लिए उन्होंने धर्म और इसके नैतिक उपदेशों को अनिवार्य पूर्व शर्त बतलाया। ऐसी मानसिक दशा के बगैर बाह्य सम्पत्ति धूल समान थी। टी.एस. इलियट ने 'वेस्टलैंड' यह दिखाने के लिए लिखा कि जिस सभ्यता में आन्तरिक जीवन नहीं हो और वह केवल बाह्य सम्पत्ति के लिए जिन्दा हो, तो वह बिलकुल व्यर्थ है। इस तरह का जीवन मनुष्य के प्रत्येक कार्य को बेमानी और यांत्रिक बना देता है। अपनी इस महान काव्यात्मक कृति में वह स्पष्ट रूप से पश्चिमी जगत की इस स्याह तस्वीर का रेखांकन करते हैं। गांधी ने अपने तरीके से उसी तरह की तस्वीर इलियट से एक दशक पहले खींची थी।

लेकिन, यदि गांधी केवल आधुनिक जीवन के धर्मविरुद्ध चरित्र की भर्त्सना करते तो वे अमूर्त नैतिक मूल्यों के ठीक एक दूसरे उपदेशक बन गए होते। वह बिलकुल एक उपदेशक नहीं थे। वह दुनिया को अपने अहिंसक तरीके से जीवन-शैली और व्यवहार में बदलाव लाने के लिए बाध्य करना चाहते थे। उनके मुताबिक, दुनिया का यह व्यवहार और जीवन-शैली मानवजाति को विध्वंस की ओर ले जा रहे थे।

गांधी का अहिंसक आन्दोलन सम्बन्धी विचार ठीक उस समय आया जब हिंसा समाजों या राष्ट्रों के बीच की समस्या का समाधान करने की विधि के रूप में सम्पूर्ण अपूर्णता प्रदर्शित कर रही थी। दो विश्वयुद्धों में बड़े पैमाने पर शस्त्रों की आजमाइश हो चुकी थी तथा तीसरे विश्वयुद्ध की सम्भावना प्रबल हो गई थी। इससे यह स्पष्ट हो गया था कि राष्ट्र के बीच के विवादों को स्थायी रूप से हिंसा के जरिये नहीं सुलझाया जा सकता है। हिंसा के जरिये समाधान की आशा धूमिल हो गई थी। युद्ध के विजेता केवल नए प्रतिद्वंद्वी तैयार करते हैं या पराजितों में प्रतिशोध की भावना उत्पन्न करते हैं जो भविष्य के युद्ध हेतु बीज का काम करती है। 1871 ई. के वार्साय में ही, जहाँ बिस्मार्ग ने फ्रांसीसियों को अपमानित किया, 1918 की वार्साय सन्धि हुई जहाँ फ्रांसीसियों ने अपना प्रतिशोध लिया। इससे हिटलर का पदार्पण हुआ। द्वितीय विश्वयुद्ध के विजेता अमेरिका और सोवियत

संघ अब एक-दूसरे के प्रतिद्वंद्वी बन गए तथा दुनिया को नाभिकीय सत्यानाश की तरफ ले जा रहे थे।

जो हिंसा से सामाजिक समस्याओं का समाधान करने का प्रयास करते थे, उनके लिए तो और बड़ी सचाई सामने आनेवाली थी। प्रथम विश्वयुद्ध के पहले आन्दोलनकारी तबके को इस बात का पूरा यकीन हो चुका था कि पूँजीवाद के तहत युद्ध निहित स्वार्थों के कारण होते हैं। इसलिए, सोशलिस्ट इंटरनेशनल ने 1912 में बस्ले में आयोजित महासम्मेलन में यह निर्णय कर लिया था कि समाजवादी पार्टियाँ यदि युद्ध शुरू होता है तो युद्धरत देशों के सर्वहाराओं को युद्ध समाप्त करने के लिए प्रेरित करेंगी। लेकिन, दो वर्षों के भीतर ही यह देखा गया कि मानवी आक्रामकता ऊपर से जितनी गहरी दिखती थी अन्दर से कहीं और ज्यादा गहरी थी तथा अनेक समाजवादी नेता जिन्होंने मजदूर वर्ग की अन्तर्राष्ट्रीय एकता को बनाए रखने का संकल्प लिया था, अपने-अपने राष्ट्रीय सरकारों के झंडे तले अपने सर्वहारा बन्धुओं के संहार में शामिल होने के लिए इकट्ठा हो गए। रूस के बोल्शेविकों या जर्मनी के साम्यवादियों ने युद्ध का विरोध जरूर किया, लेकिन वे निहायत अल्पसंख्यक थे।

निस्सन्देह, जैसा कि हमेशा होता है, जब कोई अपने सिद्धान्तों के साथ छल करता है तो वह अपनी विफलता की सफाई देता है। समाजवादियों ने भी ऐसा ही किया। युद्धवाली परिस्थितियों को स्पष्ट करने के बाद समाजवादी दलों ने आशा की थी कि तुरही की अगली आवाज पर सर्वहारा अपने शासकों को हटाने हेतु एक साथ उठ खड़े होंगे और अन्ततः सभी युद्धों को समाप्त कर देंगे। इसके बदले युद्धोत्तर वर्षों में लोगों ने अधिकांश यूरोपीय मुल्कों में फासीवाद का विकास देखा। ये मुल्क खुलेआम युद्ध को गौरवान्वित करते थे। इटली, जर्मनी और अनेक अन्य देश पूरी तरह से इस युद्ध के अन्तर्गत आ गए। रूसी क्रान्ति ने प्रथम विश्व युद्ध के दौरान युद्ध और सैन्यवाद का विरोध किया था, लेकिन बाद में उसने ऐसे शासनकाल को जन्म दिया जिसने 1917 की अक्टूबर क्रान्ति की वार्षिकी को अस्त्रों के व्यापक प्रदर्शन में तब्दील कर सैन्यवाद को गौरवान्वित करना शुरू कर दिया। रूसी क्रान्ति के बाद के वे तमाम आन्दोलन जिन्होंने प्रत्यक्षः या परोक्षतः इससे प्रेरणा ग्रहण की थी, चाहे वह चीनी क्रान्ति हो, क्यूबा या वियतनाम की क्रान्ति हो, सबने हिंसा और सैन्य शक्ति को गौरवान्वित करने का काम किया है। आज विश्वक्रान्ति का विचार भी विश्व अखाड़े में एक सशस्त्र गुट का दूसरे के विरुद्ध विजय में तब्दील हो गया है। इससे जो चीजें हुईं उनके बारे में सोचना भी बहुत भयावह है। लेकिन, यह सामाजिक समस्याओं का समाधान करने के लिए हिंसा के आश्रय का अनभीष्ट प्रभाव है। हिंसा का तर्क सख्त रूप से इसका नेतृत्त्व करता है। इसका कारण यह है कि हिंसा का तर्क किसी कारण की उपयुक्तता पर निर्भर नहीं करता है, बल्कि बड़ी हिंसा के कारण का समर्थन करने की योग्यता

पर निर्भर करता है। इसलिए, विरोधियों में से प्रत्येक विरोधी उच्च शक्ति हासिल करने में दूसरे से आगे निकल जाने में व्यस्त रहता है। लक्ष्य है, हिंसा का असीम सीढ़ी पर ऊपर ही चलते जाना।

परन्तु, यह अकेले देशों के बीच के सम्बन्ध तक सीमित नहीं है। स्वयं एक देश के अन्दर जब संघर्षी हितवर्ग हिंसा के जरिये अपना लक्ष्य प्राप्त करने की कोशिश करते हैं तो यह प्रतियोगी हिंसा का खेल बन जाता है : इस खेल में विजेता स्वाभाविक रूप से वह पक्षकार बन जाता है जो हिंसा की ज्यादा प्रभावशाली और निर्मम ढंग से लामबन्दी कर सकता है। चूँकि यह अन्त तक की लड़ाई बन जाता है, इसलिए न कोई अवसर लिया जाता है और न कोई दया की जाती है। इस प्रक्रिया में सबसे निर्मम लोगों का समूह तानाशाही सत्ता अर्जित कर लेता है और आन्दोलन जिन बुराइयों को खत्म करने के लिए हुए थे, वे बुराइयाँ छद्मवेष में फिर से उत्पन्न हो जाती हैं। रूसी क्रान्ति, चीनी क्रान्ति और क्यूबाई क्रान्ति सभी ने सत्ता का केन्द्रीकरण किया है तथा मुट्ठीभर लोगों के हाथों में विशेषाधिकार दिया है। यद्यपि विचारक पुनः इस चीज को सिद्धान्त रूप देते हैं कि क्यों आन्दोलनों को वह रास्ता अपनाना पड़ा, लेकिन वे शायद ही इससे किसी को सन्तुष्ट कर पाते हैं। इससे केवल वे कट्टरपन्थी ही सन्तुष्ट होते हैं जिनके अनुसार आन्दोलन का पवित्रीकरण रक्त और आँसुओं की धाराओं से होता है। यद्यपि वे वैज्ञानिक होने का दावा करते हैं, वे वास्तव में केवल कुछ आदिम रक्त संस्कार को प्रतिगुंजित करते हैं कि यह मनुष्य प्राणी के लिए ज्यादा स्वाभाविक है। वैज्ञानिक प्रवृत्ति को उन पर दबाव बनाना चाहिए था कि वे आन्दोलन की उस विधि को नए ढंग से देखें जिसने बगैर अपवाद के आन्दोलन के उस मूल लक्ष्य को ही उलट दिया है जिसकी प्राप्ति के लिए आन्दोलन शुरू किए गए थे। लेकिन, हम सभी अन्य तर्कों की अनदेखी भी कर दें, तो भी एक घातक कमी रह जाती है जिसकी शीघ्र ही हिंसक तरीके की भर्त्सना करनी चाहिए अर्थात् शक्ति को न्याय की जरूरत नहीं होती है, न ही इतिहास में कभी न्याय से इसकी सम्बद्धता रही है। इसलिए, हिंसक क्रान्ति की सफलता का मतलब केवल उत्कृष्ट हिंसा की विजय होता है। इस आधार पर केवल वे ही विद्रोही, जो किसी खास व्यवस्था के विरुद्ध विरोध-स्वरूप हिंसा का सहारा लेते हैं—जायज ठहराये जा सकते हैं। अल्बर्ट कामू कुछ इसी विचार के थे। वह नए मूल्यों के निर्माण हेतु ऐसे विद्रोहियों को श्रेय भी देते हैं। वह लिखते हैं :

> "विद्रोह के प्रत्येक कार्य में मानव चिन्तित अनुभव न केवल अपने अधिकारों के उल्लंघन पर जुगुप्सा की एक अनुभूति होता है, बल्कि स्वयं के निश्चित पहलुओं के प्रति एक पूर्ण और स्वतःस्फूर्त निष्ठा भी होता है। इस तरह, वह निश्चित रूप से मूल्यों का एक मानक गढ़ता है जो गलत होने से काफी दूर है तथा वह इसे हर कीमत पर सुरक्षित रखना चाहता है।"[9]

लेकिन, हिंसक आन्दोलनों के अन्दर भिन्न दिशा में चले जाने का एक मार्ग होता है। वे निर्दोष लोगों की हत्या करते हैं। इस तरह, अन्याय के विरुद्ध संघर्ष करते हुए वे स्वयं अन्याय करने लगते हैं और समाप्त हो जाते हैं। अल्बेयर कामू रचित नाटक 'ली जस्टे' का सचमुच में यही विषय है जिसमें एक रूसी क्रान्तिकारी कलियाव (जिसे 1905 में ग्रैंड ड्यूक सर्जी की हत्या करने के आरोप में फाँसी दी गई थी) के विरुद्ध इसका एक आन्दोलनकारी सहकर्मी स्टीपेन साधनों के बारे में तर्क को लेकर गड्ढा खोदता है। कलियाव, ग्रैंड ड्यूक को जान से मारने के प्रयास में किसी निर्दोष व्यक्ति को क्षति पहुँचाने के लिए सहमत नहीं होता है जबकि स्टीपेन ऐसी किसी भी सीमा को स्वीकार नहीं करता है। स्टीपेन न्याय करने के फेर में नहीं है बल्कि काम को प्रभावशाली ढंग से अंजाम देना चाहता है। आजकल पूरी दुनिया में यही हो रहा है। आतंकवाद जिसे 20वीं सदी के पूर्वार्द्ध में लगभग सभी वामपन्थी समूहों ने त्याग दिया था, आज वैसे अनेक समूहों के विरोध का एक व्यापक तरीका बन गया है जिन्हें लोकतांत्रिक चुनावों या जनता के बहुमत समर्थित जन-आन्दोलनों के माध्यम से अपने लक्ष्य को प्राप्त करना सम्भव नहीं लगता है। सामान्यत: ये समूह एक या दूसरे तरह के अल्पसंख्यक समुदायों से आते हैं जिनका भला कर पाने में चुनाव प्रणाली विफल हो चुकी है।

यह बाद वाला आतंकवाद मुख्यत: समाज में अल्पसंख्यकों की अखंडता से सम्बन्धित है। मानव समूहों में जीन-जुगुप्सा गहरे बैठ होती है जो किसी पराए या अपरिचित समूहों को देखने पर जाग उठती है। वर्तमान विश्व में जहाँ निश्चित जातीय मूल, धर्म या राष्ट्रीयता के लोग काफी संख्या में भिन्न जातीय, धर्म या राष्ट्रीयता के अल्पसंख्यक लोगों के साथ बसे हुए हैं, आत्मसात्करण की गम्भीर समस्या उत्पन्न हो जाती है। प्राय: अल्पसंख्यकों के साथ भेदभाव होता है। परिस्थितियाँ अनुकूल होने पर वे अलग अस्तित्व की माँग करते हैं, नहीं तो न्यायोचित व्यवहार की माँग करते हैं। लेकिन, अक्सर इन चीजों को गहरे पारम्परिक पूर्वाग्रहों या कुछ निहित स्वार्थों की वजह से अस्वीकार कर दिया जाता है। अल्पसंख्यक होने के कारण वे आन्दोलन के जरिये सम्बन्ध को नहीं बदल सकते हैं। यदि लोकतांत्रिक व्यवस्था होती है तो उसमें अनगढ़ जनमत से उनकी शिकायतों पर विचार किया जा सकता है तथा उन्हें दूर किया जा सकता है। लेकिन, यदि अल्पसंख्यक बहुत कृशकाय हो तो इस तरह के उपाय प्राय: अपूर्ण या तुच्छ होते हैं। ऐसी परिस्थिति में हताश अल्पसंख्यक अपने अधिकारों के लिए आतंकवादी कार्रवाइयों का आश्रय लेते हैं। फलस्वरूप, गतिरोध उत्पन्न होता है और बहुसंख्यकों से अल्पसंख्यक दूर होते जाते हैं। दोनों की अर्थात् आतंकवाद का तरीका और इसके जवाब की प्रवृत्ति इतनी निर्दयी हो जाती है कि सारे सभ्य नियम धीरे-धीरे उलट जाते हैं।

इस समस्या का एकमात्र समाधान भेदभाव का अहिंसक प्रतिरोध है। चूँकि यह प्रतिरोध आत्म-यातना और विरोधियों के प्रति सदिच्छा पर निर्भर करता है, इसलिए यह अकेले आपस में घुल-मिल रहे अनेक समुदायों के बीच बगैर परायापन पैदा किए भेदभाव को खत्म कर सकता है। इसका कुछ महत्त्व है कि गांधी को अपने इस नए अस्त्र को दक्षिण अफ्रीका में आजमाना पड़ा जहाँ सत्याग्रही एक छोटे-से भारतीय समुदाय से आते थे। इसकी सफलता इस अस्त्र की शक्ति का प्रमाण है। 1914 ई. में जब गांधी ने अपना सत्याग्रह समाप्त किया, तब तक भारतीयों को न केवल अनेक अधिकार मिल चुके थे बल्कि अपने पूर्ववर्ती विरोधियों की नजर में गांधी का सम्मानजनक स्थान बन चुका था। गांधी ने अपने उत्पीड़क और कटु आलोचक को भी अपने दोस्त और प्रशंसक के रूप में बदल दिया। जनरल स्मट्स जिसके शासनकाल के विरुद्ध गांधी ने संघर्ष किया था, उसने बाद में गांधी के बारे में लिखा :

> "दक्षिण अफ्रीकी सरकार के आरम्भिक दिनों की हमारे विवाद की कहानी आपने सुनी है, यह सुविदित है। यह मेरा सौभाग्य था कि मैं उस व्यक्ति का विरोधी बना था, लेकिन मेरे अन्दर उनके प्रति काफी सम्मान का भाव था...। उन्होंने कभी भी स्थिति की मानवीय पृष्ठभूमि को नहीं भुलाया, कभी भी अपना धैर्य नहीं खोया या कभी भी घृणा के सामने हार नहीं मानी और अत्यधिक कष्टकर स्थितियों में भी अपने नम्र स्वभाव को बनाए रखा। उनके भाव और व्यवहार तब भी और बाद में भी, उस निर्मम और पाशविक बलपूर्णता से बिलकुल भिन्न व विपरीत थे जो हमारे समय का मुख्य चलन बन गई है...।"[10]

गांधी की विधि के अन्तर्गत, विरोधी अन्त की लड़ाई हेतु कुत्ते की तरह मिट्टी खोदने की जगह संवाद के चैनल खोलते हैं जो अल्पसंख्यकों के मुद्दों के साथ न्याय कर रचनात्मक ढंग से विवाद के निराकरण का मार्ग प्रशस्त करते हैं। सत्याग्रह का सिद्धान्त इस विश्वास पर आधारित होता है कि कोई भी मानवीय हृदय साथी मानव प्राणियों की पीड़ाओं की अनुभूति से पूरी तरह रहित नहीं होता है। पीड़ा सहने की इच्छा और सोच का समुचित तरीका हो तो विरोधी के साथ संवाद स्थापित करना सम्भव है, भले ही इसका स्वार्थ और पूर्वाग्रह कितना भी बड़ा क्यों न हो। युद्धों से अधिक आतंकवाद का प्रसार यह साबित करता है कि अहिंसक प्रतिरोध ही सभ्यता की एकमात्र आशा है। प्रत्येक पीड़ित अल्पसंख्यक द्वारा आतंकवादी हिंसा की राह अपनाने से हमारी सभ्यता की सारी बुनावट तहस-नहस हो जा सकती है। ऐसी अवस्था में जब अल्पसंख्यक हताशा के साथ उत्तेजित होंगे तो बहुसंख्यक देशद्रोह और आतंक से मनोग्रसित होंगे। प्रमाण के लिए हमें अधिक दूर नहीं जाना है। हमारे अपने देश में ऐसी स्थिति तेजी से बन रही है।

दक्षिण अफ्रीका के अपने प्रथम महान कार्य की तरह गांधी का अन्तिम कार्य था, उस सिद्धान्त को स्थापित करने का प्रयास कि अल्पसंख्यकों को सम्मानजनक ढंग से बहुसंख्यकों के बीच किसी तरह के भेदभाव या छेड़छाड़ के भय के बिना रहने का अधिकार प्राप्त है। और इस अधिकार को पुलिस की बन्दूक से नहीं, बल्कि दृढ़ता और अहिंसक तरीके से समान नागरिकता के अधिकार का दावा करने के अल्पसंख्यकों के स्वयं के संकल्प से प्राप्त किया जाता है। हालाँकि, इस प्रयास ने गांधी की जान भी ले ली। लेकिन इसी भाव को वह नोआखाली के दंगा-पीड़ितों के अन्दर भरने का प्रयास कर रहे थे।

उल्लेखनीय है, सत्याग्रह में सत्याग्रहियों की शक्ति पर कम तथा उद्देश्य के साथ न्याय पर ज्यादा जोर रहता है। यह चीज उस विश्वास से आती है कि अन्ततः सत्य ही कायम रहता है। इसलिए, यदि यह इच्छित लक्ष्य को स्थापित करने में सफल नहीं भी होता है, तो वह चुनौती, यहाँ तक कि यह सत्य का एक इजहार है, इसका निजी पुरस्कार है। (निस्सन्देह, इस तरह का विचार तभी उत्पन्न हो सकता है जब निश्चित मूल्यों की प्राथमिकता स्थापित होती है।) सत्याग्रहियों को शारीरिक पीड़ा भी दी जाती है या मार दिया भी जाता है, तब भी उत्पीड़कों को सन्तुष्टि नहीं होती कि उन्होंने सत्याग्रहियों को अपने नियंत्रण के अनुरूप बना लिया है। एक अकेले निडर सत्याग्रही द्वारा दी गई यह पराजय एक शक्तिशाली सशस्त्र विरोधी द्वारा दी गई पराजय जितनी ही प्रभावशाली होती है। यदि शासक अपनी सत्ता शासितों पर लागू करने में विफल हो जाता है तो उसके लिए अच्छा रहता है कि सारी शक्ति उसके नियंत्रण में रह जाती है। वह केवल एक परभक्षी में पदावनत हो जाता है। यह हथियारों के बल पर किसी की भी जान ले सकता है, किसी की भी भौतिक सम्पत्ति ले सकता है; लेकिन अपनी बात मनवाने में यह असफल हो जाता है। ऐसा कुछ सफाई के साथ कहा जा सकता है कि सत्याग्रहियों के लिए ललकार और शहादत कोई अनोखी चीज नहीं है, बल्कि इसे उन क्रान्तिकारियों में भी देखा जा सकता है जिनका विश्वास हिंसा में होता है। एक हिंसक विद्रोही द्वारा पराजित करनेवाले बल के सामने इस तरह की दी गई ललकार को गांधी अहिंसक कहते। प्रायः वह शक्तिशाली के विरुद्ध कमजोर की हिंसा को पसन्द करते थे, जैसे द्वितीय विश्वयुद्ध के दौरान शक्तिशाली जर्मनों के विरुद्ध पोलैंडवासियों की हिंसा ठीक बिल्ली के विरुद्ध चूहे की हिंसा सदृश थी जो अनिवार्यतः अहिंसक थी। हिटलर द्वारा पोलैंड पर आक्रमण किए जाने के बाद एक पोलिश महिला के पत्र के जवाब में गांधी ने 23 सितम्बर 1939 के 'हरिजन' समाचारपत्र की अपनी टिप्पणी की निर्णायक पंक्तियों में लिखा था :

> "यदि पोलैंड के पास उत्कट बहादुरी तथा निःस्वार्थता का समान मापक है तो इतिहास यह भूल जाएगा कि उसने हिंसा का सहारा लेकर अपना बचाव किया था। उसकी हिंसा लगभग अहिंसा मानी जाएगी।"

यद्यपि यातना और मौत का साहसपूर्वक सामना करते हुए एक शक्तिशाली विरोधी की अहिंसक और हिंसक ललकार ऊपर से देखने में एक समान लगती है, लेकिन इन दोनों के बीच मौलिक अन्तर है। हिंसक प्रतिरोधी चूँकि अत्यधिक बर्बर शक्ति की अन्तिम विजय में विश्वास करता है, इसलिए उसमें पराजय के बोध का अभाव रहता है तथा उत्पीड़क की भारी शक्ति का सामना करने में अपनी निजी शक्ति की अपूर्णता पर खेद भी प्रकट करता है। इसके विपरीत अहिंसक प्रतिरोधी के लिए यह एक सम्पूर्ण उदासीनता का मामला है कि उसका विरोधी शारीरिक रूप से बहुत शक्तिशाली है क्योंकि वह अपने विरोधी को शारीरिक रूप से पराजित करने का कभी इरादा नहीं करता है। उसका लक्ष्य हमेशा विरोधियों का रूपान्तरण करने का होता है।

किन्तु, एक व्यापक परिप्रेक्ष्य में यह महज जीवन की दैनिक लड़ाइयों में विजय और पराजय का प्रश्न नहीं है जिसमें मनुष्य और समाज उलझे हुए हैं, बल्कि यह मनुष्य तथा उसके श्रेष्ठ संस्कृति के दावे के बने रहने की समस्या है।

आधुनिक विज्ञान और तकनीक ने मनुष्य की विध्वंसक शक्ति को एक गम्भीर विचार तक पहुँचा दिया है। जब तक उसकी निश्चित पाशविक प्रवृत्तियों पर रोक नहीं लगाई जाती है उसकी समाप्ति एक संकट का रूप धारण कर ले सकती है। मनुष्य में इस तरह की प्रवृत्तियाँ हजारों वर्षों से कायम थीं। लेकिन, पहले जो स्थानीय धमकियाँ होती थीं, वे सहसा स्थायी बन गई हैं। अस्थायी और स्थानीय अवरोध अब एक वैश्विक संकट की रोकथाम के लिए पूर्ण नहीं है। अब मनुष्यों के व्यवहार के तरीके और दृष्टिकोण में सम्पूर्ण रूपान्तरण की जरूरत है। यह नए प्रकार के मनुष्यों की रचना की माँग करता है जो भौतिक क्षेत्र में उल्लेखनीय ढंग से सिद्ध अपनी नवोन्मेषी क्षमताओं पर नियंत्रण कर सके। गांधी ठीक इसी को पूरा करने के लिए समर्पित थे। इसमें उनकी अपील की सार्वभौमिकता भी निहित है।

कोनराड लॉरेंज जिसने मानवीय आक्रामकता की स्वाभाविकता के बारे में अपना सिद्धान्त प्रतिपादित कर विवाद का एक तूफान खड़ा कर दिया था, एक बार उल्लेख किया था कि मनुष्य को जैसा हम जानते हैं, वह लंगूर और मनुष्य जाति के बीच के मार्ग के मध्य में स्थित है। गांधी का प्रयास इसी मनुष्य जाति की रचना करने का था।

सजीव प्राणियों में मनुष्य अपनी अनोखी नैसर्गिक प्रवृत्तियों के कारण अत्यल्प परिभाषित रह जाता है। वह पूरी तरह अभिवृत्तियों के अधीन नहीं होता है, इसलिए उसके कार्य-व्यवहार की भविष्यवाणी नहीं की जा सकती। ये पैगम्बर (और शायद पैगम्बर विरोधी) ही हैं जो अपने जीवन और उपदेशों से मनुष्य की एक छवि का निर्माण करते हैं जिसके अनुसार बड़े पैमाने पर मनुष्य परिभाषित होता है और इस

मानवीय व्यवहार की अनगढ़ रूप से निर्धारित विशेषताओं की संसृष्टि के तौर पर मानवता का भाव विकसित करते हैं। पैगम्बर इस तरह 'आदर्श पुरुष' का निर्माण करते हैं। यही वह आदर्श पुरुष है जिसकी महत्त्वाकांक्षा रखने की अन्य मानव प्राणियों से अपेक्षा की जाती है। इसी के जरिये उस तनाव का निर्माण होता है कि मनुष्य क्या है और उसे क्या होना चाहिए। यही धीरे-धीरे पाशविक प्रवृत्तियों में डूबे मनुष्य को उन पाशविक प्रवृत्तियों से ऊपर उठाता है। इसका काफी लम्बे समय तक एक आनुवंशिक महत्त्व भी हो सकता है। हम जब पैगम्बरों के आलोक में मनुष्य को परिभाषित और पुनर्परिभाषित करते रह जाते हैं तो हम भविष्य के मनुष्य प्राणी के आदर्शों का भी निर्धारण कर लेते हैं। हम पैगम्बरों के उपदेश के अनुसार जीवन जीने का प्रयास करते हैं, इसलिए हम एक वैसे पर्यावरण का निर्माण भी करते हैं जहाँ आनुवंशिक अनुकूलन का अनियमित रहना बन्द हो जाता है तथा यह निश्चित आदर्शों की तरफ मुड़ जाता है। अतएव, एक अर्थ में हम यह कह सकते हैं कि गांधी सरीखे पैगम्बर मानव प्राणियों के उस कच्चे माल को जिससे कि वे बने होते हैं, छेनी से काट-काटकर अलग करते हैं और तराशते हैं, क्योंकि मनुष्य प्राणी अपने नृ-कपि पूर्वजों के वंशज हैं या इस पूर्वज परम्परा को और पीछे भूवैज्ञानिक काल तक ले जाएँ तो उस महासागरीय कीचड़ सरीखे जीव के वंशज हैं जिससे मनुष्य प्राणी का उद्गमन हुआ था।

6

पूर्व के अध्यायों में हमने नैतिक मूल्यों के स्रोतों एवं समाज में उनकी अपरिहार्य भूमिका तथा इस क्षेत्र में गांधी के अनूठे योगदान की चर्चा की है। लेकिन, वे उपदेश जो इतने तर्कसंगत लगते हैं उन्हें वर्तमान समय के विशेष रोग के रहते वास्तविक जीवन के व्यवहार में ढाल पाना काफी कठिन हो सकता है। इसका सबसे पहला कारण तो यह है कि ये नैतिक मूल्य जो बिलकुल आत्म-अस्वीकार का अनुमोदन करते हैं, उन साधारण प्राणियों के लिए गढ़े गए हैं जिनके पास सन्तत्त्व की कोई विशेष महत्त्वाकांक्षा नहीं है। यह परेशानी इस तथ्य से बढ़ जाती है कि नैतिक उपदेशों को जीवन में उतारना मुश्किल होता ही है। फिर ये उन आम लोगों के लिए होते हैं जिनका सन्त बनने का कोई इरादा नहीं होता। इसका कारण यह है कि नैतिक उपदेश कोरी कल्पनाएँ हैं और इनका वास्तविक जीवन-स्थितियों से ज्यादा लेना-देना नहीं होता। इसलिए, जब किसी को इन सिद्धान्तों को व्यवहार में लाना होता है तो गम्भीर प्रतिवाद उत्पन्न हो जाते हैं। मानव जीवन जटिल है तथा प्राय: वही सिद्धान्त भिन्न परिप्रेक्ष्यों में देखने पर विरोधी स्थितियों का समर्थन कर रहा जान पड़ता है। इसलिए, जब कोई इन सिद्धान्तों को व्यवहार में लाने का प्रयास करता है तो प्राय: पसन्द का गम्भीर धर्मसंकट पैदा हो जाता है। गांधी को स्वयं अनेक अवसरों पर ऐसे प्रतिवादों का सामना करना पड़ा, और यह नहीं कहा जा सकता है कि उन्होंने हमेशा उनको अपने या दूसरों के मार्ग निर्देशन हेतु सन्तोषप्रद ढंग से सुलझा लिया।

उदाहरणस्वरूप, इसी तरह का एक प्रतिवाद था जब गांधी दक्षिण अफ्रीकी सरकार की तरफ से जुलू युद्ध में शामिल हुए थे। यह कोई युद्ध नहीं था; यह असहाय जुलू लोगों के विरुद्ध महज एक दंडात्मक अभियान था। यह सच है कि गांधी ने केवल चिकित्सकीय दलों में अपनी सेवा दी और प्राय: उन्होंने घायल जुलूओं की मरहम-पट्टी और देखभाल का काम किया। यदि गांधी उनकी देखभाल नहीं करते तो वे उपेक्षित ही रह जाते। लेकिन, वह युद्ध में शामिल थे, तथापि जुलूओं के एक सहकर्मी थे। इसी तर्ज पर बोअर युद्ध में बोअरों के विरुद्ध तथा प्रथम विश्व युद्ध में जर्मनों के विरुद्ध ब्रिटिश खेमे से जुड़ने का उनका निर्णय था। यहाँ भी वह चिकित्सकीय दलों में ही थे। इन युद्धों में शामिल होने पर उनके अनेक शान्तिवादी प्रशंसकों ने

उनकी आलोचना की, क्योंकि वह अहिंसा के पुजारी थे और इस आधार पर उन्हें सभी युद्धों का विरोध करना चाहिए था। बी.डे. लाइट (जिसने एक फ्रांसीसी पत्रिका में इस विषय को उठाया था) को 31 सितम्बर, 1928 के 'यंग इंडिया' के अंक में गांधी द्वारा दिया गया जवाब इस स्थिति को सोदाहरण समझाता है। वह लिखते हैं :

> "जीवन तरह-तरह की शक्तियों से नियंत्रित होता है। यदि कोई अपने कार्यों के मार्ग को केवल एक सामान्य सिद्धान्त से जिसका अनुप्रयोग एक दिए हुए क्षण में इतना ज्यादा स्पष्ट होता है कि उसे क्षण प्रतिबिम्बन की भी जरूरत नहीं होती है, निर्धारित कर ले तो यह निर्विघ्न यात्रा होगी। लेकिन मुझे वैसा एक भी काम याद नहीं है जिसका निर्धारण इतनी आसानी से हुआ हो।
>
> "पक्का युद्ध-विरोधी होने के नाते मैंने कभी स्वयं को विध्वंसक अस्त्रों के प्रयोग का प्रशिक्षण नहीं दिया है, जबकि मेरे पास इस तरह का प्रशिक्षण लेने का भरपूर अवसर उपलब्ध था। शायद इसी वजह से मैं मानवीय जीवन के प्रत्यक्ष विध्वंस से बच निकला। लेकिन, जहाँ तक मैं बल पर आधारित सरकार की व्यवस्था के अन्तर्गत रहा और स्वेच्छा से उन अनेक सुविधाओं और विशेषाधिकारों जो इसने मेरे लिए पैदा किए थे, में हिस्सा लिया, मैं युद्ध में उलझी सरकार को अपनी क्षमता की हद तक सहयोग करने के लिए तब तक बाध्य था जब तक कि मैंने सरकार का असहयोग करना शुरू नहीं कर दिया और अपनी क्षमता-भर सरकार द्वारा दिए गए विशेषाधिकारों का त्याग नहीं कर दिया...।
>
> "अहिंसा ज्यादा रहस्यमय तरीके से काम करती है। प्राय: एक मनुष्य के कार्य अहिंसा के विशेष पदों में विश्लेषण को चुनौती देते हैं। समान रूप से उनका कार्य देखने में हिंसा जैसा लग सकता है जबकि वह शब्द के सबसे सटीक अर्थ में बिलकुल अहिंसक होता है और आगे चलकर ऐसा ही पाया जाता है। कुल मिलाकर तब मैं अपने आचरण का जो दावा कर सकता हूँ, वह यह कि, यह उद्धृत घटनाओं के अन्दर था, अहिंसा के हित में प्रवृत्त था। घिनौने राष्ट्रीय या अन्य हितों का कोई विचार नहीं था। मैं कुछ अन्य हितों के त्याग पर राष्ट्रीय या किसी अन्य हित को बढ़ावा देने में विश्वास नहीं करता हूँ।"

जैसाकि गांधी ने स्वयं इसका वर्णन किया है, जब नैतिक विषय सम्मिलित हों तो अपना मार्ग चुनने की परेशानी किसी के लिए स्पष्ट रूप से बड़ी होती है। लेकिन, उनके द्वारा दिया गया यह स्पष्टीकरण सन्तोषप्रद नहीं है और बी.डे. लाइट ने अपने लेख में निम्नलिखित बातों का उल्लेख करते हुए गांधी के जवाब का पूर्वानुमान किया था :

> "उदाहरण के तौर पर मैं मानता हूँ कि कोई सरकार—मेरी बहुत ज्यादा सेवा करती है—तो क्या मैं नैतिक दृष्टिकोण से उस हाल में भी उसका सहयोग

करने के लिए बाध्य हूँ जब वह बुरी तरह काम कर रही हो, अप्रिय वारदात एवं जान से मारने का काम कर रही हो, ऐसी योजना बनाती हो जो धर्म या मानवीयता के सिद्धान्तों के बिलकुल विरुद्ध हो? नहीं, यह बिलकुल विपरीत कार्य होगा। मैं उसके प्रति जितना ज्यादा कृतज्ञ महसूस करता हूँ, उसका शैतानी काम उतना ही ज्यादा बढ़ता जाता है। मेरे निजी आचरण से सर्वथा अलग, क्या यह मेरा कर्तव्य नहीं बनता है कि मैं उसको गलत कार्य करने से यथासम्भव रोक सकूँ?"

वस्तुतः यह विश्व की वह बदलती स्थिति थी जिसने अन्ततः इस धर्मसंकट का समाधान करने में मदद की। तब तक प्रथम विश्वयुद्ध समाप्त हो गया था, 'न्यायसंगत युद्ध' और 'अन्यायसंगत युद्ध' अप्रचलित पड़ गया था। इसके साथ ही दुनिया सम्पूर्ण युद्ध के उस युग में प्रवेश कर गई है जो सभी अन्य मूल्यों को अपने प्रभावशाली अभियोजन का मातहत बना देता है। अन्तर्विवेक और दृढ़ विश्वास वाले मनुष्य के लिए इन युद्धों का खंडन करने का निर्णय अब उस तरह के धर्मसंकट को सम्मिलित नहीं करता है जिसका गांधी ने पहले सामना किया था। गांधी का अपना विचार भी दूसरा विश्वयुद्ध शुरू होने के समय तक काफी बदल गया था। उन्हें इस निष्कर्ष पर पहुँचना पड़ा कि भारत को न केवल ब्रिटिश युद्ध का समर्थन करने से इनकार कर देना चाहिए, बल्कि अपने बचाव के लिए जापान के विरुद्ध सशस्त्र प्रतिरोध के मार्ग का खंडन भी करना चाहिए। इस विषय पर उनकी कांग्रेस कार्यसमिति के विचार से भारी असहमति थी। 01 जुलाई, 1940 के 'हरिजन' में उन्होंने अन्य बातों के अलावा निम्नलिखित बातें लिखी थीं :

"विचार का दूसरा प्रश्न आन्तरिक अव्यवस्था और बाहरी आक्रमण की तैयारी करने के सम्बन्ध में है। निजी सेनाओं का गठन बद से भी बदतर होगा। इसकी कभी अनुमति नहीं दी जाएगी...इसलिए, वे लोग जिनका विश्वास इस बात में है कि भारत को सशस्त्र बल रखने की जरूरत है, बहुत जल्दी ही उनका नाम ब्रिटिश झंडे के अन्तर्गत सूचीबद्ध हो जाएगा। यह उक्त विश्वास का तर्कसंगत परिणाम है। कार्यसमिति ने इस विषय पर निर्णय ले लिया है। यदि यह अनुपालनार्थ है तो मुझे इसमें थोड़ा सन्देह है कि उन्हें तत्काल कांग्रेसजनों को सामान्य तरीके से सूचीबद्ध होने के लिए सलाह देनी होगी। इसका मतलब होगा, शीघ्र स्वतंत्रता के नारे की समाप्ति एवं उस सच्चे किस्म की अहिंसा की भी समाप्ति। मैं अन्तिम साँस तक आशान्वित रहूँगा कि भारत, ब्रिटेन, मानवता और कांग्रेसजन अपने लिए दृढ़ता से उन चीजों को अस्वीकार करेंगे जिनका उक्त दो उद्देश्यों में किसी की प्राप्ति हेतु शस्त्र के प्रयोग से वास्ता है। मुझे इस बात का मजबूती से अहसास होता है कि मानवता का भविष्य कांग्रेस के हाथों में है—ईश्वर कांग्रेसजनों को सही कदम उठाने का साहस और विवेक प्रदान करे।"

उसी तरह, उनकी आधुनिक औद्योगिकवाद की समीक्षा जो एक समय हास्यास्पद कालदोष के रूप में प्रकट हुई थी और इतिहास चक्र को पीछे घुमाने का एक प्रयास थी, उन अधिकांश लोगों के लिए अब स्वीकार्य हो रही है जिन्हें विज्ञान और तकनीक के क्षेत्र का अग्रदूत माना जा सकता है। सही समय पर, यदि हम जिन्दा रह गए तो देखेंगे कि ये विचार जीवन की माँगों के अनुरूप उचित संशोधनों के साथ स्वीकार और परिशुद्ध किए जाएँगे। यही तरीका है कि सामाजिक रूप से नए पैगम्बर के विचार जो पहले सामूहिक जीवन के लिए गम्भीर धमकी के रूप में प्रकट हुए थे, बाद में सबसे ज्यादा स्वाभाविक और सुखद होने के तौर पर स्वीकार किए गए।

किन्तु, जिस वक्त वृहत्तर सामाजिक महत्त्व के साथ कुछ विचारों को स्वीकार किया जाता है तथा सामाजिक सिद्धान्त में मिलाया जाता है, लोगों के व्यक्तिगत आचरण का एक बड़ा हिस्सा आत्मसात करने के अयोग्य बना रहता है। और वह एक गम्भीर कमजोरी रह जाती है जो मानवीय आचरण के सामान्य सुधार को अवरुद्ध करती है।

सामाजिक सम्बन्धों का जिस तरह से विकास होता है, उस तरह से मनुष्य की प्रवृत्तियों का विकास नहीं होता है और अनेक मौलिक आवेगों और रुझानों की उन पर उनके जीवन-भर पकड़ बनी रहती है। उनके लिए उनकी रोकथाम करना तथा पैगम्बर को जितनी बड़ी विनम्रता चाहिए, विनम्रता की उस ऊँचाई तक स्वयं को उन्नत करना कोई आसान काम नहीं है। इसलिए, वास्तव में यह होता है कि पैगम्बर आदर्शों का निर्धारण करते हैं और उस दिशा का भी, जिसे इसको पकड़ना होता है। प्रत्येक मनुष्य इन आदर्शों की तरफ अपनी योग्यता के अनुसार जितनी दूर जा सकता है, उतनी दूर जाता है। लेकिन, पैगम्बरों के सिवाय शायद ही कोई दूसरा व्यक्ति इन आदर्शों के करीब पहुँच पाता है। अधिकांश व्यक्ति तो अपने व्यक्तिगत जीवन में पाशविक प्रवृत्तियों से ही जुड़े रह जाते हैं। लेकिन विचारों को उस हद तक स्वीकार किया जाता है जिस हद तक प्रत्येक व्यक्ति पैगम्बर के उपदेशों के अनुरूप दूसरे लोगों से अपेक्षा करता है। इसलिए, पारस्परिक प्रतिबन्ध का भय व्यक्ति के प्रकट आचरण पर कुछ रोक अवश्य लगाता है और उस आन्तरिक संयम को जिसे कि हम अन्तर्विवेक कहते हैं, अभेद्य बनाने में भी मदद करता है। यह सामाजिक भूमिका को निर्धारित करने में मदद करता है। चूँकि बाद की पीढ़ियों की भूमिकाएँ सामाजिक रूप से लाद दी जाती हैं, इसलिए लोगों द्वारा धारण की जानेवाली लोक भंगिमाओं में काफी आडम्बर रहता है। आदर्शों की अनुरूपता की उपयोगिता एक समय बाद सन्देहास्पद मूल्य की हो जाती है, क्योंकि आदर्श बिलकुल रवायती बन जाता है और वह बहुत तरह की विकृतियों को स्वीकार कर लेता है। इसलिए नियम को स्वीकार करते वक्त सामान्य जन का इरादा कठोरताओं से भटक जाने का होता है। दूसरी तरफ, पैगम्बर उन्हें नियमों द्वारा निर्धारित भूमिकाओं में दृढ़ता से जकड़े हुए देखना चाहता है। जब आदर्शों का उत्साह फहराने लगता है, संस्थानीकरण

आवश्यक हो जाता है और लोगों को अनुरूप बनाने के क्रम में जाति बहिष्करण सरीखी बुरी प्रथा का आश्रय ले लिया जाता है।

इस मामले में अपनी समस्त करुणा के बावजूद गांधी धर्म-न्यायाधिकरण सरीखे कठोर थे। एक बार जब उनके ध्यान में यह बात लाई गई कि उनके आश्रम की एक महिला साथिन की बहुत सारे पुरुष सहकर्मी तारीफ कर रहे हैं तो उन्हें उस महिला एवं उसके प्रशंसकों को पाप के रास्ते से बचाने हेतु उस महिला का बाल मुड़वा देने में कोई हिचक नहीं हुई। जैसा कि पूर्व में ही इसका सम्बन्ध स्थापित किया जा चुका है, अधिकांश मामले में गांधी अपने प्रभार के व्यक्तियों के पतन हेतु स्वयं प्रायश्चित्त करते थे। लेकिन, नैतिक राह में वह किसी तरह की शिथिलता बर्दाश्त नहीं करते थे। पैगम्बरों के साथ समस्या यह होती है कि उनकी अनुकम्पा पूरी तरह आत्मा के संग होती है और मनुष्य की इन्द्रियों की माँगों के साथ कुछ नहीं रहता है। लेकिन, मनुष्य देहरहित आत्मा नहीं होता है सिवाय उन दुर्लभ व्यक्तियों के जिनकी इन्द्रियजनित क्षुधाएँ पूरी तरह उन्नत या विकृत हो गई हैं, शेष सभी व्यक्ति नरक यातना की धमकी के बावजूद अपनी तुष्टि की तलाश करते हैं। लेकिन, पैगम्बर अपने विचारों के प्रति दृढ़ होते हैं। वे किसी प्रकार का समझौता नहीं करते हैं। यदि वे समझौते का प्रयास करते हैं तो उनके शब्दों से वह प्रेरित वलय गायब हो जाता है जो अकेले सन्देहरहित आज्ञाकारिता को नियंत्रित कर सकता है। शायद, गांधी की माँगें अनेक अन्य पैगम्बरों की तुलना में काफी कठोर भी थीं। यद्यपि वह जिन्दा रहे और इस दुनिया को सुधारने का काम किया, उनका सम्पूर्ण समर्पण ईश्वर की प्राप्ति के लिए था। मानवता की सेवा उनका मार्ग था तथा उनके लिए यह ईश्वर को प्राप्त करने का एकमात्र मार्ग था। इस सन्दर्भ में वह कितने बड़े अभियाचक थे इसे हम बेहतर ढंग से अहिंसा का पालन करने के इच्छुक व्यक्तियों को उनके द्वारा सुझाए गए ब्रह्मचर्य के नुस्खे से समझ सकते हैं। वह लिखते हैं :

> “यदि हम इसे अहिंसा के दृष्टिकोण से देखते हैं तो पाते हैं कि अहिंसा की पूर्णता अत्यन्त निःस्वार्थता के बिना असम्भव है। अहिंसा का अभिप्राय है, शाश्वत प्रेम। यदि एक पुरुष अपना प्यार एक औरत को देता है या एक औरत एक पुरुष को, तो इसके अलावा कौन-सी चीज सारी दुनिया के लिए बच जाती है? इसका सीधा-सा अर्थ है, ‘हम दोनों प्रथम आ जाते हैं तथा उनमें से शेष सभी को शैतान ग्रहण कर लेता है।’ चूँकि एक विश्वासी पत्नी अपने पति के लिए सब कुछ न्योछावर करने के लिए तैयार रहती है तथा एक विश्वासी पति अपनी पत्नी के लिए सब कुछ न्योछावर करने के लिए तैयार रहता है, इसलिए स्पष्ट है कि ऐसे लोग शाश्वत प्रेम की ऊँचाई तक नहीं पहुँच सकते हैं अथवा सभी मनुष्यों को अपने निकट सम्बन्धी के रूप में नहीं देख सकते हैं, क्योंकि उन्होंने अपने प्रेम को चहारदीवारी से घेर दिया

> है। उनका परिवार जितना ही बड़ा होता है वे उतना ही शाश्वत प्रेम से दूर होते हैं। इसलिए, वे जो अहिंसा के नियम का पालन करेंगे, शादी नहीं कर सकते हैं, वैवाहिक बन्धन के बाहर तुष्टि के बारे में बात नहीं कर सकते हैं।
>
> "तब उनके बारे में क्या, जो पहले से ही विवाहित हैं? क्या वे कभी सत्य का अहसास नहीं कर सकते हैं? क्या वे सभी मानवता की वेदी पर अपना सर्वस्व अर्पित नहीं कर सकते हैं? उनके लिए एक उपाय है। वे एक अविवाहित जैसा व्यवहार कर सकते हैं। वे जिन्हें यह सुखद हाल नसीब हुआ है, मुझे पुष्ट करने के लायक हो सकते हैं...विवाहित जोड़े यदि स्वयं को भाई-बहन सरीखा मान लें तो वे शाश्वत सेवा के लिए आजाद हैं। संसार की सारी औरतें अपनी ही बहनें, माताएँ या बेटियाँ हैं, यह विचार एक व्यक्ति को शीघ्र नम्र बना देगा तथा उसके बन्धन को काट देगा...।"

यह माँग स्पष्ट रूप से काफी बड़ी है। वस्तुतः इस चीज की माँग की जाती है कि अहिंसा के पुजारी को गहरी व्यक्तिगत आसक्ति नहीं रखनी चाहिए क्योंकि यह शाश्वत प्रेम के मार्ग में अवरोध पैदा करती है। इस सन्दर्भ में, हालाँकि, व्यक्तिगत आसक्ति को यदि मुख्य अड़चन माना जाए तो किसी की पत्नी को बहन मान लेने से व्यक्तिगत आसक्ति खत्म करने में मदद नहीं मिलती है। बहन या बेटी से भी अपनी पत्नी सरीखी गहरी व्यक्तिगत आसक्ति हो सकती है। लेकिन, यह विचार कि व्यक्तिगत आसक्ति के अभाव में ही समाज में एक व्यक्ति सभी मनुष्यों से प्यार कर पाता है, त्रुटिपूर्ण प्रतीत होता है। इसी तरह, व्यक्तिगत आसक्ति के जरिये व्यक्ति धीरे-धीरे अपना अहंकार खोता है तथा अपनी चिन्ता को अन्य मानव प्राणियों की तरफ मोड़ता है। दूसरे व्यक्ति का यह प्रेम या तो एक ही व्यक्ति में संकुचित हो जा सकता है या पूरी मानवता को परिवृत्त करने के लिए खुल जा सकता है। गहरी व्यक्तिगत आसक्ति के अनुभव के बगैर शाश्वत प्रेम का आदर्श खाली अमूर्तता के साथ महज एक प्रेमान्धता है और निश्चित परिस्थितियों के तहत यह तानाशाही व्यवस्था को बढ़ावा दे सकता है। वैसे समाज में जहाँ व्यक्तिगत प्रेम और निष्ठा की कमी होती है तथा लोगों के पास का एकमात्र बन्धन कुछ अमूर्तता के साथ रहता है जिसे एक संस्था द्वारा संकेतित किया जाता है, लोगों में उस संस्था द्वारा आसानी से हेर-फेर किया जा सकता है। सभी तानाशाही व्यवस्थाओं ने माँग की है कि राज्य द्वारा निर्धारित आदर्शों के बन्धन से व्यक्तिगत बन्धन को प्रतिस्थापित किया जाए। एक उत्कृष्ट बन्धन ईश्वर के साथ भी खतरनाक हो सकता है क्योंकि ईश्वर मनुष्यों तक पृथ्वी के अपने स्वघोषित एजेंटों के माध्यम से पहुँचते हैं। सभी संस्थागत धर्मों का इतिहास यह बतलाता है कि ईश्वर के ये एजेंट लोगों के विश्वास का दुरुपयोग करने के लिए तत्पर रहते हैं।

इस समस्या का एक दूसरा पहलू भी है। पैगम्बर की चिन्ता प्रथमतः सामाजिक मेल-जोल और जीवन को प्रभावित करनेवाली अपने समय की जरूरी नैतिक

समस्याओं की होती है तथा उनके उपदेश इस प्रसंग में प्रासंगिकता हासिल कर लेते हैं। लेकिन, पैगम्बर भी मनुष्य ही होते हैं, लिहाजा उनमें भी विशुद्ध व्यक्तिगत सनक और अभिरुचि हो सकती है। उनके उपदेशों में ये चीजें मिली हुई हो सकती हैं और ये विशुद्ध व्यक्तिगत प्रकृति की अनावश्यक संहिताओं को लाद देती हैं। उदाहरणस्वरूप, गांधी की सेक्स सम्बन्धी मनोग्रस्ति इस बाद वाली कोटि से ही सम्बन्धित थी। पारम्परिक धर्मों में अनाचार, व्यभिचार का निषेध तथा दूसरी तरह के सेक्स सम्बन्धी नियंत्रण सामाजिक संसक्ति की रक्षा करने में स्पष्ट रूप से उपयोगी थे, क्योंकि सेक्स सम्बन्धी प्रतिद्वंद्विता सामाजिक वैमनस्य का हमेशा एक बड़ा कारण रही है। लेकिन, समाज और समय-समय के हिसाब से सेक्स नैतिकता में व्यापक परिवर्तन यह दिखलाता है कि इस मामले में कोई चरम बिन्दु नहीं हो सकता है। सेक्स सम्बन्धी ज्ञान का प्रसार पहले वाली अनेक वर्जनाओं को अब हास्यास्पद भी बना देता है। लेकिन, जैसा कि हम देख चुके हैं, गांधी सभी तरह के सेक्स सम्बन्धों पर पूर्ण रोक लगाने का प्रयास करते हैं, विशेषकर उन लोगों पर जो सामाजिक कार्य करना चाहते थे। निर्मल कुमार बोस अपनी पुस्तक 'माई डेज विद गांधी' में इस ओर इशारा करते हैं कि गांधी में इस तरह का भाव उनके विचित्र व्यक्तिगत अनुभव से उपजा था, अर्थात् सेक्स में रत होने के कारण अपने मरणासन्न पिता के नजदीक नहीं रह पाने के उनके गहरे अपराधबोध से उपजा था। तभी से वह हमेशा सेक्स को एक गम्भीर पाप के रूप में देखते थे। इस मामले में काफी दृढ़ थे और भारत के उस निजी अतीत के अनुभव को भी नजरअन्दाज करते थे जहाँ पुराणों तक में वर्णित है कि महान ऋषि-मुनि भी वासना का प्रतिरोध नहीं कर पाए थे। सामान्यजनों के लिए इस तरह का शासन विहित करना, एक असम्भव माँग रखना था। इस मनोग्रसण के कारण वह अपनी जिन्दगी के अन्त तक अपने ब्रह्मचर्य व्रत की जाँच करते रहे। निर्मल कुमार बोस एक गवाह के रूप में लिखते हैं कि इससे अनेक महिला सहकर्मी गहरी मनोवैज्ञानिक समस्याओं से घिर गईं। अपराधबोध का बहुत सामान्य और अपने अविकृत रूप में अहानिकर प्रवृत्ति से साहचर्य गम्भीर व्यक्तिगत एवं सामाजिक तनाव उत्पन्न कर सकता था।

हालाँकि, वास्तविक व्यवहार में पैगम्बर जिस वक्त चरम मानक निर्धारित करते हैं, लोग उनसे महज एक सामान्य दिशा ग्रहण करते हैं जिसके गिर्द वे केवल अपने गड़बड़ और गलत करनेवाले मार्गों पर लँगड़ाकर चलते हैं। लेकिन, यह स्वयं उन्हें उबारने के लिए पर्याप्त साबित करता है, क्योंकि यह अपने मार्ग को सही करने में उनकी मदद करता है, अर्थात् जैसा कि श्रद्धालु कहते थे : शैतान के मार्ग से हटकर भगवान के मार्ग पर जाओ। जब पैगम्बर के उपदेश बहुत अधिक माँग करनेवाले होते हैं तो लोग या तो उनकी तरफ से मुड़ जाते हैं या उन्हें एक ऐसा रूप दे देते हैं जो पैगम्बरों का खंडन करता है तथा उनके अपने अकठोर मार्गों के अनुरूप होता

है। इस तथ्य के मद्देनजर यह बिलकुल स्वाभाविक है कि मानवीय व्यक्तित्व एक आयामीय नहीं होता है, इसलिए नैतिक उपदेशक जो कठोर संयम लादना चाहते हैं, उन्हें मानव प्राणी अस्वीकार कर देने का प्रयास करता है। उस संयम का केवल नैतिक आयाम से वास्ता होता है। मानवीय व्यक्तित्व के वैज्ञानिक और कलात्मक आयाम मनुष्य की उन छवियों पर जिनकी नैतिकतावादी रचना करने का प्रयास करते हैं, प्रश्न करने और उसे बदलने का प्रयास भी करते हैं। नीतिवादियों की दुनिया, जबकि, नकाबों की एक दुनिया होती है (अर्थात् ढलवाँ लोहे जैसा नैतिक साँचा जिसमें मानवीय व्यक्तित्व निर्धारित होता है), कलाकार इस नकाब को उतारकर इसके पीछे के वास्तविक व्यक्ति को दिखलाना चाहते हैं।

नैतिकता की माँगों के अनुरूप लोग समाज में भूमिकाओं को धारण करने का प्रयास करते हैं। प्रत्येक व्यक्ति को आशा रहती है कि अनेक तरह के लोग प्रचलित सामाजिक नैतिक संहिता के तहत सौंपी गई भूमिकाओं का सामाजिक रूप से निर्वाह करें अर्थात् धार्मिक पुजारी की भूमिका, विश्वासी पति और पत्नी की भूमिका, कर्तव्यनिष्ठ पुत्र की भूमिका, निःस्वार्थ नेता की भूमिका वगैरह। जब, वास्तविक जीवन-स्थितियों में, उनमें से कोई लोकप्रिय छवि को निभा पाने में असफल हो जाता है तो गुस्सा और दर्द होता है। दूसरी तरफ, कला वास्तविक मनुष्य को प्रकट करने का प्रयास करती है तथा आदर्शीकृत व्यक्ति के वास्तविक जीवन के अँधेरे पहलू को उजागर कर नैतिकता की पकड़ को कमजोर करती है। चूँकि इस तरह के उद्घाटनों से मनुष्य की पवित्र छवि खंडित हो जाती है और वास्तविक मनुष्य हास्यास्पद और अविश्वसनीय बनकर सामने आता है। इस तरह, वह मॉडल पुरुष जो अन्य लोगों का आध्यात्मिक विकास कर सकता था, एक खतरनाक पापात्मा बन जाता है। नीतिवादी मनुष्य को उस रूप में चित्रित करना है जैसा कि उसको होना चाहिए, जबकि कलाकार मनुष्य को उस रूप में चित्रित करना चाहते हैं जैसा कि मनुष्य रहता है या हो सकता है। दोनों, नीतिवादी और कलाकार सारांश तैयार करते हैं और दोनों के सारांश भिन्न प्रकृति के होते हैं। नीतिवादी केवल नैतिक आयाम पर विचार करते हुए चरित्र के सार तत्त्व का निर्माण करते हैं, जबकि कलाकार मनुष्य के अन्दर की किसी प्रवृत्ति को, यहाँ तक कि रुचियों और अभिरुचियों को भी ले सकते हैं, इन्हें परिशुद्ध कर सकते हैं तथा इनके गिर्द एक सम्पूर्ण जीवन-प्रणाली को गढ़ सकते हैं।

नीतिवादी सदाचारी मनुष्य की अस्वाभाविक छवि का निर्माण करते हैं क्योंकि वे स्वयं लिप्साओं के खतरों से मनोग्रस्त होते हैं, और उनके विरुद्ध एक मजबूत दीवार खड़ी करना चाहते हैं। यह सदाचारी मनुष्य स्थायी रूप से बुराई के सर्व आलिंगनकारी तत्त्वों से खुद की तथा दूसरों की रक्षा करने के लिए चौकन्ना रहता है। यह चिन्ता इतनी जबर्दस्त होती है कि अच्छे और बुरे के बीच का संघर्ष जीवन का कोई भी भाग इसके बाहर नहीं छोड़ता है। किसी भी तरह की छूट तथा सुरक्षा

में किसी भी तरह की कमी खतरनाक होती है। एक गलत कदम पाप के प्रतिवेशी जीवन से सदियों के कठिन प्रयासों के माध्यम से उठाई नैतिकता को खत्म कर दे सकता था। इसी भय के कारण गिरजाघर और धर्मन्यायाधिकरण अस्तित्व में आए। नीतिवादियों के अनुसार, चूँकि असहाय मनुष्य इतना निर्बल होता है कि वह इन लिप्साओं के विरुद्ध खड़ा नहीं हो पाता है और ये लिप्साएँ उसे नीतिपरायणता के मार्ग से विचलित करने का प्रयास करती हैं। कला में उसकी अपनी विरोधी किस्म की अतिशयोक्तियाँ होती हैं। यह मनुष्य की प्रवृत्तियों के गिर्द, यहाँ तक कि छोटी मार्गरक्षा प्रवृत्तियों के गिर्द जिस जीवन को बुनती है, वह अपना तर्काधार और प्रबलता को विकसित करता है तथा इसकी कल्पनात्मक दुनिया में अच्छे और बुरे का अमिलन अपना अर्थ खो देता है। इस दुनिया में नैतिक मापदंडों की प्रासंगिकता समाप्त हो जाती है। इनकी जगह एक स्वायत्त सौन्दर्यशास्त्रीय मानक आ जाता है जिसे केवल आन्तरिक संसक्ति और रूप की जरूरत होती है। कला के इस तरह के कामों को अच्छे या बुरे के रूप में (नैतिक आचरण पर उनके प्रभाव का विचार करते हुए) घोषणा करने की जगह कोई व्यक्ति इसे महज सुन्दर या कुरूप कहना चाहेगा।

कला और नैतिक सिद्धान्त के बीच का यह विलगाव इतना महत्त्वपूर्ण है कि महान धार्मिक कवि टी.एस. इलिएट इसे स्वीकार करना आवश्यक समझते हैं। आई.ए. रिचर्ड ने उनकी कविता 'वेस्टलैंड' पर आरोप लगाया था कि इसने कविता और आस्था के बीच विरोध उत्पन्न कर दिया है। इस आरोप के जवाब में टी.एस. इलिएट ने लिखा :

> "ऐसा लगता है कि मैं अपनी आलोचनाओं में सबसे शुद्ध विचार को व्यक्त करता हूँ और कविताओं में कुछ नहीं करता बल्कि उन विचारों का उल्लंघन करता हूँ। इस तरह, दोहरी भूमिका में दिखता हूँ, दोहरी भूमिका न भी हो तो एक तह चढ़ाई हुई भूमिका में नजर आता हूँ...मैं कहना चाहता हूँ कि गद्य लिखने के लिए गद्यकार के दिमाग में किन्हीं आदर्शों का रहना अनिवार्य है, लेकिन कविता लिखने के लिए यह जरूरी नहीं है, इसमें तो केवल यथार्थ का चित्रण होता है। मैं पूछना चाहता हूँ, धार्मिक कविताएँ इतनी खराब क्यों होती हैं...ज्यादा सोचने पर दिखता है कि ऐसा धार्मिक कपट के कारण होता है...वे लोग जो भक्ति कविता लिखते हैं वे हमेशा उसी चीज को लिख रहे हैं जिसे अनुभव करना चाहते हैं, न कि जिसे अनुभव करते हैं।"

इस स्वीकारोक्ति में हमें वास्तविक धर्मसंकट का स्रोत भी मिल जाता है। पैगम्बरों और सन्तों से भिन्न, अधिकांश अन्य लोग अपने व्यक्तित्व को नीतिपरायणता के एकल आयाम में परिणत करने हेतु अपनी प्रकृति की अनेक माँगों को रोकते नहीं हैं। नीतिवादियों का यह भय बिलकुल सही है कि ये माँगें हमेशा सद्गुण के मार्ग से भटका देने के लिए उनके हृदय पर जोर डालती रहती हैं। इन माँगों के पास अपना

पुरस्कार होता है : ये अनेक तरह के सन्तोष दे सकती हैं। सवाल है, क्या सभी ऐसी माँगों का नियंत्रण करना सम्भव या काम्य भी है? यह निर्णय वहाँ आसान है जहाँ इनकी हाथ से निकल जाने तथा उस तरीके से समाज का अतिक्रमण करने की प्रवृत्ति होती है जिस तरीके से सामाजिक संसक्ति या अतिजीवन को खतरा पहुँचता है। लेकिन, इसके सिवाय यह कुछ अज्ञात निर्वाण की आशा में सांसारिक जीवन का अनावश्यक विगलत प्रतीत होता था। प्राय: लोगों के पास सामाजिक समरसता कायम रखने तथा न्यूनतम सुख के लिए शेष को घेरने हेतु पर्याप्त मात्रा में नैतिक उपदेश स्वीकार करने का तरीका होता है, व्यावहारिक नैतिकता शायद लोगों के भेदभाव सम्बन्धी उस जन्मजात बोध में उत्पन्न होती है जो उन्हें आवश्यक को चुनने एवं चरम की अनदेखी करने के योग्य बना देता है।

लोगों की प्रवृत्तियों को जानिए, संस्थागत धर्मों के पुरोहितों ने सदा ही आवश्यक समझौता किया है, अंशत: शायद इसलिए कि इसने स्वयं पुरोहितों को पैगम्बरों की कठोर संहिताओं से मुक्त किया तथा उन्हें सांसारिक आसक्तियों की बहुत छूट दे दी। शायद यही उनके त्वरित प्रसार और लम्बी उत्तरजीविता का राज था। इतिहासकार एच.ए.एल. फिशर ने इस घटना पर एक चालाकी भरी टिप्पणी की है। वह लिखते हैं :

> "अनन्य सिद्धान्त पर आधारित गिरजाघर मजबूत होता है, अनन्य नैतिकता में सीमित गिरजाघर कमजोर होता है। अनेक लोग जाँच दे सकते हैं। सद्गुण का जीवन नगण्य लोगों को ही नसीब होगा। सन्तों की सदस्यता में सीमित एवं पापियों को कुछ नहीं देनेवाला चर्च यूरोप को कभी विजय नहीं दिलाता।"

वस्तुत: ईसा मसीह ने जब पवित्र धर्मादेशों से ऊपर जीवन की माँगों को रखा तो उन्होंने स्वयं धार्मिक प्रेक्षणों की सख्तियों के विरुद्ध काफी रियायत दी। बाइबिल के नया नियम (मैथ्यू 12, 1-2) में इसे यूँ सम्बन्धित किया गया है : 'उस समय यीशू सैबथ (विश्राम दिवस) पर हरे-भरे खेतों में पहुँचे, उनके शिष्य भूखे थे और वे लोग अन्न की बाली तोड़ने लगे और उसे खाने लगे। लेकिन, जब फरीसियों ने इसे देख लिया तो वे यीशू से बोले, 'देखिए, आपके शिष्य वह काम कर रहे हैं जो सैबथ पर करना गैर-कानूनी है।' यीशू ने उनसे कहा, 'क्या तुम लोगों ने यह नहीं पढ़ा है कि डैविड जब भूखा था तो उसने और उसके साथ के लोगों ने क्या किया था, कैसे वह भगवान के घर में घुस गया और कैसे सबने उपस्थिति की रोटी खाई जो कि न तो उसके लिए, न ही उसके साथियों के लिए कहीं से कानूनी था, यह तो केवल पादरियों के लिए ही कानूनन जायज था।"

भारतीय धर्मशास्त्रों में भी आचरण पर धार्मिक प्रतिबन्धों से ऊपर जीवन की इस प्रमुखता को गहरे दुख (आपात धर्म) में कर्तव्य के रूप में स्वीकार किया गया है। इस रियायत को सामान्यतया उन अनेक स्थितियों को आच्छादित करने के

लिए बढ़ाया जाता है जहाँ सुदृढ़ मानवीय भावनाओं और नैतिक आदेशों के बीच विरोध रहता है। यथार्थ जीवन की मनोवृत्ति नवोन्मेषी नैतिक सुधारों के अनुक्रमण से नैतिक तल के धीमे उन्नयन के साथ सम्पूर्ण नैतिक अनुरूपता की पराकाष्ठाओं और मानवीय आवेशों के आधिपत्य के बीच स्पन्दन करने की होती है।

यह विषय मध्यकाल में यूरोप के धर्मन्यायाधिकरण और वर्तमान में धर्मों के पुनरुत्थानवादी आन्दोलनों की भयावहताओं के दृष्टिकोण से काफी महत्त्वपूर्ण है। लोगों के व्यक्तिगत जीवन में किसी भी धर्म के उपदेशों को अक्षरशः सख्ती से लागू करने का प्रयास उनकी अनकही और अनावश्यक पीड़ा में प्रतिफलित हो जा सकता था। यह विशेषकर इस तथ्य के दृष्टिकोण से सही है कि नैतिक विचार से सम्बद्ध सटीक उपाय आसानी से सुलभ और लागू किए जाने लायक है, जबकि इन उपायों के पीछे का भाव केवल नगण्य धार्मिक आत्माओं के लिए ही स्पष्ट होता है। इसलिए, कट्टरपन्थियों के पास लोगों पर अपने द्वारा नियंत्रित जीवन जीने का दबाव बनाने से खुद को रोकने हेतु कुछ नहीं रहता है, भले ही वह नियंत्रण धर्म के मूल भाव के विरुद्ध ही क्यों न हो। जब तक नैतिक समादेशों को कला और साहित्य द्वारा सोदाहरण समझाए गए जीवन के अन्य विचार से लचीला नहीं बनाया जाता है, मानवीय जीवन में सन्तुलन का अभाव बना रहेगा, तथा यह बर्बरता के साथ-साथ समाप्त हो जाएगा।

सचमुच, इस तरह का भय रोम्या रोलां ने भी व्यक्त किया था जो लोगों का सख्ती से जीवन बदलने के गांधी के प्रयासों के महान प्रशंसक थे। पैगम्बर और कलाकार के बीच के स्वाभाविक विरोध को 1920 के आरम्भ में गांधी और रवीन्द्रनाथ टैगोर के बीच के विवाद से उस वक्त उजागर किया गया जब गांधी ने लोगों से चरखा अपनाने की अपील के साथ अपना असहयोग आन्दोलन शुरू किया था। हम नीचे रोलां की किताब से विवाद का एक अंश प्रस्तुत कर रहे हैं। अनेक जगहों पर आन्दोलन के दौरान प्रतीक के तौर पर विदेशी कपड़ों की होली जलाई गई। दृष्टिकोण सम्बन्धी ऐसे विवाद की तीक्ष्णता और अपरिहार्यता इस बात से सामने आती है कि गांधी और टैगोर एक-दूसरे के प्रशंसक थे तथा घनिष्ठ मित्र भी थे। साथ ही, टैगोर स्वयं विचारों से गहरे धार्मिक थे और देशभक्ति के गहरे बोध में रँगे हुए थे; उन्होंने 1905 में बंगाल विभाजन के समय 'सर' की उपाधि का त्याग कर दिया था। लेकिन, उन्हें राजनीतिक उद्देश्य के प्रति गांधी का सम्पूर्ण समर्पण गांधी के महान आध्यात्मिक मिशन की असफलता लगता था। गांधी ने तर्क दिया, 'यदि यह लगता है कि मैं राजनीति में हिस्सा ले रहा हूँ' तो यह केवल इसलिए है कि राजनीति आज हमें साँप की कुंडली की तरह चारों तरफ से घेरती है जिससे कोई कितना भी प्रयास करे, बाहर नहीं निकल सकता है। मैं उस साँप से लड़ने की कामना करता हूँ। मैं राजनीति में धर्म को प्रविष्ट कराने का प्रयास कर रहा हूँ।[1]"

इसका टैगोर ने जवाब दिया :

> "हमें केवल उस नैतिक बल की जरूरत है जिसका महात्मा गांधी प्रतिनिधित्व करते हैं और दुनिया में एकमात्र वही इसका प्रतिनिधित्व कर सकते हैं। यह कि, इतने बहुमूल्य खजाने को राजनीति के कमजोर जहाज पर निकाल देना तथा द्वंद्वात्मक और उत्तेजक आवेशों की लहरों के नियमित कोड़े के अधीन कर देना, उस भारत के लिए एक गम्भीर दुर्भाग्य है जिसका मिशन आत्म-अग्नि से मुर्दों को जीवित करना है...नैतिक बल को बल में रूपान्तरित करना अपराध है।"[2]

टैगोर उस भीड़ से भयभीत थे जो गांधी के चारों तरफ उमड़ पड़ी थी। वह भीड़ उस उत्साह से लबालब थी जिसे गांधी ने सृजित किया था। वह इस नए जोश से स्वयं को अलग देखते हैं। वह कहते हैं, "लेकिन चारों तरफ फैली इस बड़ी भीड़ में मैं कहाँ हूँ? और मुझे जो शोर सुनाई दे रहा है, उसे कौन समझ सकता है? यदि मैं एक गाना सुनता हूँ, मेरा सितार लय को पकड़ लेता हैऔर मैं कोरस से जुड़ जाता हूँ क्योंकि मैं एक गायक हूँ। लेकिन, भीड़ के उन्मादी कोलाहल में मेरी आवाज गुम हो जाती है और मैं भौचक्का हो जाता हूँ...।" और अन्ततः "यदि तुम अपने लोगों के साथ उनके इतिहास के महानतम संकट की घड़ी में नहीं चल सकते हो, तो यह कहने में सावधानी बरतो कि वे गलत हैं और तुम सही हो। किन्तु, जनसाधारण में अपना स्थान छोड़ दो, अपने कवि कोने में वापस चले जाओ तथा विद्रूप और लोकापमान को झेलने के लिए तैयार हो जाओ।"[3]

इसके बाद स्कूलों और कॉलेजों का बहिष्कार करने की बाबत टैगोर ने प्रश्न किया, "स्कूलों और कॉलेजों का बहिष्कार करने का अभिप्राय क्या है? छात्र इनका किस चीज के लिए बहिष्कार करेंगे? अत्यधिक शिक्षा के लिए तो नहीं ही, अशिक्षा के लिए।"[4]

हम पूर्व में देख चुके हैं कि गांधी के लिए शिक्षा का बिलकुल एक अर्थ था। उनके लिए शिक्षा आध्यात्मिक प्रशिक्षण थी और स्कूलों में जो शिक्षा दी जा रही थी, उसका उनके लिए कोई मूल्य नहीं था। वह उस तरह की शिक्षा एकदम नहीं चाहते थे। तथापि, गांधी अपने ऊपर लगे आरोप का जवाब देते हैं कि वह दुनिया की संस्कृति से भारतीयों को काटकर अलग करने का प्रयास कर रहे हैं।

उन्होंने लिखा :

> "मैं नहीं चाहता हूँ कि मेरे घर की चारों तरफ से दीवारें खड़ी कर दी जाएँ और खिड़कियों को बन्द कर दिया जाए। मैं यह चाहता हूँ कि सभी जगहों की संस्कृतियों का प्रवाह यथासम्भव स्वतंत्र रूप से मेरे घर में हो...लेकिन, मैं यह नहीं चाहता कि उस प्रवाह से मेरे पैर उखड़ जाएँ...मेरा धर्म कारागृह का धर्म नहीं है। इसमें ईश्वर की सृष्टि की सबसे छोटी इकाई हेतु जगह है। लेकिन यह नस्ल, धर्म या रंग के अशिष्ट गर्व के विरुद्ध प्रमाण है।"[5]

टैगोर दुनिया का भ्रमण कर लौटे थे और विश्व संस्कृति को प्रोत्साहित करने के लिए एक संस्था की स्थापना करने पर विचार कर रहे थे, इसलिए वह गांधी के पश्चिमी सभ्यता के अस्वीकार के विचार एवं नए युग के उत्साह के प्रति सहानुभूति नहीं रखते थे। इस नए विश्वास के प्रति जो भीड़ उमड़ी थी, टैगोर उस भीड़ के उन्माद से चिन्तित थे और इसके बाद उन्होंने सौहार्द के आह्वान में लिखा :

> "जब चिड़िया भोर में जगती है तो वह केवल भोजन के बारे में ही नहीं सोचती है। इसके पंख आकाश के आह्वान का जवाब देते हैं। उसका गला आनेवाले दिन का अभिनन्दन करने के लिए आनन्दायक गानों से भर जाता है। नई मानवता ने अपना आह्वान भेज दिया है। भारत इसका अपनी तरह से जवाब दे...उषाकाल में हमारा प्रथम कर्तव्य उस सर्वशक्तिमान को याद करना है जो एक है तथा रंग या वर्ग के आधार पर अविभेद्य है, तथा अपने रूपान्तरित बलों से उस तरह की व्यवस्था करता है जैसाकि प्रत्येक की आवश्यकताओं के लिए अनिवार्य है। हमें उस सर्वशक्तिमान की प्रार्थना करनी चाहिए जो हमारी समझ को एक करने हेतु बुद्धि प्रदान करता है।"[6]

गांधी ने हर उस परामर्श का मजबूती से खंडन किया जिसके अन्ध-अनुपालन का उन्होंने समर्थन किया था। लेकिन, उन्होंने इस बात पर जोर दिया कि वह जिस चीज का तर्क दे रहे थे वह तत्काल भारत की बुराइयों का एकमात्र उपचार थी और अगला दिन ईश्वर के हाथ में था। इस मनोभाव का स्पष्ट विचार उनके इन शब्दों में मिल सकता है जिसे उन्होंने 13 नवम्बर, 1921 के 'यंग इंडिया' के अंक में लिखा था :

> "हमें निश्चय ही किसी व्यक्ति की परिरक्षा में अपने तर्क को नहीं छोड़ना चाहिए। प्रेम के प्रति अन्ध-समर्पण प्रायः निरंकुश शासक के कोड़े के सामने दबाव में किए गए समर्पण से ज्यादा अनिष्टकारी होता है। पशुवत मनुष्य के गुलामों को किसी चीज की नहीं बल्कि उस प्रेम की आशा है।
>
> "जब मेरे लिए सब कुछ वे हैं जो भोजन के अभाव में मर रहे हैं, तो मेरे लिए एकमात्र स्वीकार्य धन्धा उन भूखों को भोजन देना है। भारत आग पर बसा एक घर है। यह भूख से मर रहा है क्योंकि इसके पास काम नहीं है कि कमाकर भोजन खरीद सके। खुल्ना भूख से मर रहा है। अर्पित जिले उत्तरोत्तर चौथे दुर्भिक्ष का सामना कर रहे हैं। उड़ीसा एक जगह है जो पुराने दुर्भिक्ष से ग्रस्त है : भारत रोज निर्धन हो रहा है। इसके पैरों का संचालन लगभग अवरुद्ध हो गया है। और यदि हम ध्यान नहीं देते हैं तो यह दम तोड़ देगा।
>
> "जो लोग भूखों मर रहे हैं तथा बेकार हैं, उनके लिए ईश्वर काम और पारिश्रमिक के रूप में भोजन के वायदे में ही प्रकट होने का साहस कर सकते हैं। ईश्वर ने मनुष्य की रचना भोजन हेतु काम करने के लिए की है और यह कहा है कि जिनके पास काम नहीं है, वे चोर हैं। हमें निश्चित

तौर पर उन लाखों लोगों के बारे में सोचना चाहिए जो आज पशुओं से भी निम्नतर हैं और भूखों मरने की स्थिति में हैं। भूख ही वह तर्क है जो भारत को चरखे की ओर ले जा रहा है।

"कवि कल के लिए जीता है, वह हमें भी ऐसी सीख दे सकता है। वह हमारी चाहनेवाली आँखों के सामने अलस्सुबह आकाश में ऊँची उड़ान भरने के साथ प्रशंसा के गीत गानेवाली चिड़ियों की खूबसूरत तस्वीर पेश करता है। चिड़ियों ने अपना दिन का भोजन कर लिया था तथा विश्राम किए उन पंखों के साथ ऊँची उड़ान भर रही थीं जिनकी नसों में कल रात रक्त का संचार हुआ था। लेकिन, उन चिड़ियों को देखकर दुख हो रहा है जिन्हें शक्ति के अभाव में पंख फड़फड़ाने के लिए बहलाया भी नहीं जा सकता है। भारतीय आकाश के नीचे मानवीय पक्षी उस समय से भी कमजोर हो रहा है जब उसने अवकाश ग्रहण करने का बहाना बनाया था। लाखों लोगों के लिए यह एक स्थायी जागरण या स्थायी तन्मयता है। मैंने पीड़ित रोगियों को कबीर के गाने से खुश कर पाना असम्भव पाया है।

"उन्हें काम करने दो कि वे पेट भर सकें। 'मुझे क्यों सूत कातना चाहिए, मुझे भोजन के लिए काम करने की जरूरत नहीं है?' हो सकता है, यह सवाल किया जाए क्योंकि मैं वह खाता हूँ जो मेरा नहीं है। मैं अपने हमवतनों की लूटपाट पर जिन्दा हूँ। उस हर सिक्के के स्रोत का पता लगाओ जो तुम्हारी जेब में जाता है, तुम्हें उस सचाई का अहसास हो जाएगा जो मैं लिख रहा हूँ। प्रत्येक व्यक्ति को अनिवार्य रूप से सूत कातना चाहिए। टैगोर को भी दूसरे व्यक्तियों की तरह यह काम करना चाहिए। उन्हें भी विदेशी कपड़ों को जला देना चाहिए जो आज का कर्तव्य है। आनेवाले दिनों की देखभाल ईश्वर करेंगे। जैसाकि गीता में कहा गया है, सही करो।"[7]

इस जवाब में हम गांधी के आचरण में पर्याप्त अन्तर्दृष्टि देखते हैं। अन्य पैगम्बरों से भिन्न वह केवल साथी मानवप्राणियों को पीड़ा से मुक्त करने के प्रयासों के जरिये ईश्वर की तलाश करते हैं। उनके विचार का कठोर तत्त्व इन शब्दों में अभिव्यक्त है—'वह स्वीकार्य रूप जिसमें ईश्वर प्रकट होने का साहस कर सकते हैं।' ये अन्तिम शब्द हैं जिनकी अनदेखी ईश्वर भी नहीं कर सकते हैं। इसके बाद एक माँग यह है कि किसी को किसी चीज के लिए, यहाँ तक कि प्रेम के लिए भी, अपने तर्क को छोड़ना नहीं चाहिए। और अन्ततः अन्य हैं अर्थात् वे चीजें जो कुछ समय के लिए महत्तम चिन्ता के विषय हैं तथा जिसकी मनोवृत्ति अन्य चीजों को नजरअन्दाज कर देने की होती है या यह मानकर चलती है कि बाकी लोग समय पर किए गए सही कार्यों का स्वाभाविक तरीके से अनुसरण करेंगे।

हालाँकि, कुछ बिन्दुओं में नैतिकता का यह आग्रह सचमुच में हठधर्मिता को प्रोत्साहित करनेवाला हो सकता है जैसा कि कविवर को इस बात का भय था। यद्यपि

गांधी ने समय की माँग के अनुसार अकाट्य बातें कही थीं, फिर भी जीवन काफी जटिल है और एक से अधिक दिशाओं में अन्वेषण की आवश्यकता है। यह तथ्य नैतिकतावादियों के नुस्खे को रद्द नहीं करता है; बल्कि जीवन को सहनीय बनाने तथा प्रचुरता हासिल करने के लिए इसे जीवन के अन्य आयामों से अनुपूरकीकरण की जरूरत है। शायद समय की माँग के अनुसार पैगम्बर नियंत्रणों या समादेशों में परिवर्तन कर दें, लेकिन पैगम्बर के एक बार प्रस्थान कर जाने के बाद अनुयायियों के पास पैगम्बर के शब्दों का अनुसरण करने के सिवाय कोई विकल्प नहीं रहता है। चूँकि पैगम्बर अपनी नैतिक अन्तर्दृष्टि पर सुलिपिबद्ध आधारवाक्यों इत्यादि के साथ तार्किक विवेचन के जरिये नहीं पहुँचते हैं—यद्यपि उनके विचारों से हमेशा एक तर्कशक्ति बाद के सोच के रूप में सम्बद्ध रहती है—इसलिए, अनुयायीगण को क्षति पहुँचती है। दर्शनशास्त्र के स्कूल में जैसा होता है उससे भिन्न उनके पास पथ-प्रदर्शक के रूप में विचार की कोई प्रणाली नहीं होती है। इसलिए, पैगम्बर के शब्दों में कोई भी अप-परिवर्तन करना अपधर्म हो जाता है, क्योंकि एक पैगम्बर के नियंत्रणों या समादेशों को केवल एक दूसरा पैगम्बर ही बदल सकता है। इस तरह, अनुयायियों के पास पैगम्बर के समादेशों के प्रति अडिग रहने के लिए एक-दूसरे से प्रतिस्पर्द्धा करने के सिवाय दूसरा कोई विकल्प नहीं रहता है। फलस्वरूप, अपरिहार्य रूप से कट्टरपंथ उत्पन्न होता है।

रोमां रोलां ने टैगोर के भय सम्बन्धी विचारों से सहानुभूति रखते हुए इस विवाद का विस्तार से वर्णन किया है। वह लिखते हैं :

> "हम टैगोर की आशंकाओं और उनकी अपील को समझते हैं, वे सार्वकालिक हैं। जीर्ण पड़ रही पुरानी दुनिया के अन्तिम मुक्त विचार ने नई ईसाइयत के उषाकाल में इन्हें आवाज दी थी। और जब भी हम स्वयं किसी सामाजिक या राष्ट्रीय आदर्श में कुछ अन्धविश्वास की उठती लहर का सामना करते हैं तो हम अपने अन्दर उन्हीं आशंकाओं को हिलोरें लेते देखते हैं। टैगोर का विद्रोह उस विश्वास के युगों के विरुद्ध मुक्त आत्मा का विद्रोह है जिसने इसे भड़काया है, क्योंकि मुट्ठी-भर पसन्दीदा लोगों के लिए जबकि विश्वास का अभिप्राय सर्वोच्च आजादी है, उन अधिसंख्य लोगों के लिए जिनका यह नेतृत्व करता है, इसका अभिप्राय केवल गुलामी का एक दूसरा रूप होता है।"[8]

आगे, एक दूसरी जगह, विशेषकर गांधी के स्वदेशी आन्दोलन के बारे में वह लिखते हैं :

> "गांधी में सन्त के गुण ज्यादा हैं; वह काफी शुद्ध हैं, वह मनुष्य के अन्दर जो पाशविक विकार शिथिल पड़े होते हैं, से बिलकुल मुक्त हैं। वह यह दबाव नहीं देखते हैं कि वे विकार मनुष्य के अन्दर घुटना मोड़कर बैठे हुए

हैं तथा उनके शब्दों को निगल रहे हैं और उन पर फल-फूल रहे हैं। टैगोर स्पष्ट द्रष्टा हैं, उन्हें असहयोग आन्दोलनकारियों से उत्पन्न होनेवाले खतरों का अहसास है। आन्दोलनकारी जब निदोष ढंग से यूरोप के अपराधों का पर्दाफाश करते हैं तो अहिंसा का उपदेश देते हैं तथा साथ ही लोगों के मन में वह विषाणु डाल देते हैं जो अपरिहार्य रूप से हिंसा को जन्म देता है। लेकिन, वे इस चीज का अहसास नहीं करते हैं, ये धर्म-प्रचारक जिनके हृदय घृणामुबत होते हैं। लेकिन, वह जो मनुष्य का कार्य में नेतृत्व करता है, उसे न केवल अपने हृदय की धड़कन बल्कि दूसरों के हृदय की धड़कनें भी समझनी चाहिए। भीड़ से सावधान! कुत्ते से सावधान! गांधी के नैतिक उपदेश इसे रोक पाने में सक्षम नहीं होंगे।"[9]

घटनाओं पर नजर डाली जाए तो इस बाद वाले भय का आधार उतना मजबूत साबित नहीं होता है। हम जानते हैं कि गांधी के अपने काल में जहाँ भी अहिंसक आन्दोलन समुचित अनुशासन के तहत किया गया, यह कभी भीड़ हिंसा में तब्दील नहीं हुआ। जहाँ ऐसी हिंसा हुई, यह जनाक्रोश का अनिर्देशित विस्फोट था, जिसमें भाग लेनेवालों को सत्याग्रह का धर्म सिद्धान्त नहीं बतलाया गया था। वस्तुतः गुफा मानव के अस्तित्व की जानकारी देना एक अतिरिक्त माँग रख देता है, अर्थात् जनान्दोलन में अहिंसा की आवश्यकता को दुहराने का अवसर नहीं खोना चाहिए। यही एकमात्र उपचार है। यह गांधी के नीतिशास्त्र की श्रेष्ठता का विशेष चिह्न है जो अहिंसा से अटल संसक्ति की माँग करता है। इसमें आत्मसुधार का एक तत्त्व है जो जोशीले लोगों के जोश की हिंसा को दबा देता है क्योंकि वह जोश स्वयं सत्याग्रह के अखंड अंश के रूप में विरोधी के लिए अनुकम्पा की माँग करता है। लेकिन, यह निस्सन्देह उस उपदेश के जाने या अनजाने विकृत हो जाने हेतु जगह छोड़ देता है जहाँ बल प्रयोग को पैगम्बरों के धर्मादेशों को लागू करने के साधन के रूप में शामिल कर लिया जाता है।

इसलिए कुछ हद तक धर्मसंकट बना रहता है।

पैगम्बर के धर्मादेशों का एक स्वतः स्फूर्त और अन्ध-अनुपालन प्रचलित नैतिक आदेश पर एक नए नैतिक आदेश की विजय की शर्त भी है। इस तरह का स्फूर्त जवाब हमेशा साधारण, प्रायः निरक्षर लोगों से मिलता है। दार्शनिकगण तो हमेशा वाद-विवाद और सन्देह किया करते थे, कलाकारगण पैगम्बर के आडम्बरों को उद्घाटित करने का प्रयास करते थे। कुछेक को छोड़कर सक्षम व्यक्ति उन उपदेशों की अनदेखी करेंगे तथा विलासिता और विचारहीनता का अपना जीवन जारी रखेंगे; इसलिए नया नैतिक आदेश लागू करने का बोझ हमेशा उन साधारण लोगों के कन्धों पर पड़ता है जिन्हें इसकी सख्त जरूरत होती है। यह अंशतः समाज को ऊपर निर्दिष्ट किस्म के धर्मसंकट से मुक्त भी करता है, क्योंकि जो लोग आगे इस

नए विश्वास को ढोते हैं, वे उन लोगों से भिन्न होते हैं जो इसमें सुधार की तलाश करते हैं। यह नया विश्वास साधारण लोगों को सामाजिक व्यवहार में बड़ा बदलाव लाने के लिए प्रेरित करता है। जब बड़ा बदलाव हो जाता है तो दार्शनिक भी इससे सहमत हो जाते हैं। कलाकार इसे स्वीकार कर लेने के बाद भी इसके तंत्र का छिद्रान्वेषण करते हुए कभी नहीं थकते हैं। लेकिन, साधारण जन जब नए विश्वास को स्वीकार कर लेता है तो उसके पास जोश का प्रारम्भिक दौर पार करने के बाद तंत्र की कठोरताओं को पतला करने का एक मार्ग भी होता है। इससे इस तंत्र को सहजवृत्ति वाले जीवन की माँगों की लय में किया जाता है। इस प्रक्रिया में नैतिक संहिताएँ सन्तों के दिव्य क्षेत्र से निकलकर साधारण मनुष्य के सांसारिक जीवन तक पहुँचती हैं। इस प्रक्रिया में जबकि सामाजिक रूप से प्रासंगिक संहिता को रोक लिया जाता है, शेष संहिताओं को प्राकृतिक मानवीय दुर्बलता और सामान्य-बोध की माँगों के अनुरेख किया जाता है। आरम्भिक चरण में मानवीय प्रकृति के अध्यात्मीकरण की माँग होती है; बाद वाले चरण में, विश्वास के अमूर्त सिद्धान्तों के मानवीयकरण की माँग होती है। इसलिए, महत्त्व के स्थानान्तरण के जरिये, अपनी परेशानियों के बावजूद नैतिक मूल्य बने रहते हैं।

परन्तु, पैगम्बर का आगमन सदैव आदर्शों व सांसारिक आकांक्षाओं में सामंजस्य बिठाने की लोगों की क्षमता की कठिन जाँच में डाल देता है। वे पैगम्बर के बिना नहीं रह सकते हैं, क्योंकि उनकी उपस्थिति ही सामाजिक स्वस्थता की शर्त होती है; लेकिन, वे इनके साथ आराम से रह भी नहीं सकते हैं, क्योंकि पैगम्बर का जीवन सामान्य मानवीय क्षमता से परे मालूम पड़ता है। ऐसा मालूम होता है जैसे वे अपनी सांसारिक आकांक्षाओं पर ठंडा पानी डाल रहे हों। अतएव, प्राय: लोगों की प्रतिक्रियाएँ पैगम्बर के सम्मान एवं लोकक्रम, जो सचमुच में होता है, के प्रति गम्भीर खतरे के रूप में उसकी भर्त्सना के बीच एकान्तरित होती हैं। एक कथाक्रम के रूप में वे या तो उनकी पूजा करते हैं या उनकी हत्या कर देते हैं। जहाँ तक गांधी का प्रश्न है, यद्यपि उन्होंने एक छोटे रास्ते पर नवजागरण की प्रक्रिया को शुरू किया था लेकिन उन्होंने जो बीच बोया, उसे अभी भी एक हरे-भरे प्रस्फुटित वृक्ष के रूप में अंकुरित होना है। उनके नुस्खे कठिन हैं और उपभोक्तावाद में मदहोश यह दुनिया शायद हताशा के वक्त अर्थात् महाविपत्ति के काफी करीब पहुँच जाने की घड़ी में, उन्हें स्वीकार करेगी।

7

आलोचना की एक पंक्ति है जो गांधी के कहे हुए का गुण स्वीकार करने के साथ ही इसकी जीवन-क्षमता पर सन्देह करती है। आलोचक यह महसूस करते हैं कि अहिंसा स्वाभाविक रूप से सामाजिक परिवर्तन के हथियार के तौर पर कमजोर होती है, क्योंकि नई व्यवस्था हमेशा उन अच्छी-खासी संख्या वाले लोगों की इच्छाओं के विरुद्ध बलपूर्वक लागू की जाती है जो इसके विरोधी होते हैं। उन्हें इतिहास में वैसी कोई घटना नजर नहीं आती है जहाँ बल प्रयोग किए बिना समाज में नई व्यवस्था लागू की गई हो। मैकियावेली ने शासनकाल के अपने श्रेष्ठ अध्ययन में निश्चित ऐतिहासिक तथ्यों के आधार पर इस सिद्धान्त का सामान्यीकरण किया है जो आज भी अनेक लोगों के लिए मार्गदर्शक बना हुआ है। वह लिखते हैं :

> "यद्यपि हम चाहते हैं कि इस विषय का पूरी तरह वर्णन करें तो यह जाँच लेना आवश्यक होगा कि क्या ऐसे प्रवर्तक स्वयं पर निर्भर रहते हैं या वे दूसरे लोगों पर विश्वास करते हैं; कहने का तात्पर्य यह है कि क्या उन्हें अपनी योजनाओं को कार्यान्वित करने के उद्देश्य हेतु अनुनय-विनय का सहारा लेना पड़ता है या वे इसे बलपूर्वक पूरा कर ले सकते हैं। पहले मामले में तो वे हमेशा बुरी तरह से सफल हो जाते हैं, तथा किसी भी चीज को समाप्त कर पाने में असफल हो जाते हैं। लेकिन, जब वे अपने प्रवर्तन को कार्यरूप देने के लिए अपनी शक्ति पर निर्भर होते हैं तो उन्हें शायद ही कोई खतरा होता है। तभी से ऐसा है कि वे सभी पैगम्बर जो हाथों में हथियार लेकर आए, सफल हो गए जबकि जिनके हाथों में हथियार नहीं था, वे बर्बाद हो गए। चूँकि, उपर्युक्त तर्क के साथ ही लोगों की व्यवस्था परिवर्तनशील रहती है, उन्हें किसी चीज के लिए मना लेना आसान है, लेकिन उस विश्वास के प्रति उन्हें दृढ़ कर पाना मुश्किल है। इसलिए, पैगम्बर पर यदि लोग विश्वास करना छोड़ दें तो उन्हें उनसे बलपूर्वक विश्वास मनवा लेने में समर्थ होने के लिए तैयार होना चाहिए।"[1]

यह तर्क इतने अच्छे ढंग से चलता रहा है कि आइजक ड्योत्से ने लियो ट्राटस्की की अपनी तीन खंडों की आत्मकथा का भाष्य सिद्धान्त बना दिया और इसका शीर्षक

दिया—सशस्त्र पैगम्बर, निहत्था पैगम्बर और कुजात पैगम्बर। उनका उद्देश्य यह साबित करना था कि क्रान्ति को अन्ततः उन लोगों की इच्छाओं के विरुद्ध खड़ी करना है जो आसानी से समाज के जीवन की सम्पूर्ण संरचना को बदलने के लिए आवश्यक प्रयास करते हुए थक जाते हैं। चूँकि लोग एक निश्चित समय के बाद परिवर्तनों के प्रतिरोधी बन जाते हैं, इसलिए अधिकांश नेताओं पर यह आन पड़ता है कि वे आन्दोलन के साथ ज्यादा-से-ज्यादा लोगों को जोड़ें। इस काम को वे अक्सर बलपूर्वक पूरा करते हैं। उनके विचार रूस में स्तालिन की तानाशाही के लिए क्षमा बन गए और फँसाव द्वारा इसे एक नियम के रूप में लिपिबद्ध कर दिया गया कि भविष्य में वे क्रान्तिकारीगण इसका अनुसरण करेंगे जो समाज में मौलिक परिवर्तन चाहते हैं। यही विचार माओत्से तुंग द्वारा एक भिन्न रूप में व्यक्त किया गया, जब उसने यह सिद्धान्त प्रतिपादित किया कि क्रान्ति बन्दूक की नली से निकलती है।

लेकिन, मैकियावेली 'पैगम्बर' शब्द का बहुत ही संकीर्ण अर्थ में इस्तेमाल करते हैं और अपने दृष्टान्तों में अधिकांश ऐसे प्रवर्तकों को शामिल करते हैं जो अनिवार्यतः नैतिक उपदेशक की बजाय सामाजिक विधायक और शासक थे। उदाहरणार्थ वह लिखते हैं :

> "मूसा, साइरस, थेरियस या रोमूलस, ये सभी यदि हथियारों के बल पर अपने कानून और संस्थाओं को लागू नहीं करते तो वे सब दिखाई नहीं देते। यही अनुभव ब्रदर जिरोलामा सवानारोला का था, लोगों ने जैसे ही उनमें विश्वास करना बन्द कर दिया वे चीजों की नई व्यवस्था स्थापित करने के अपने प्रयासों में असफल हो गए: क्योंकि उनके पास वैसा कोई साधन नहीं था जिससे वे अपने आस्तिकों को आस्था के प्रति दृढ़ बना सकें या नास्तिकों को विश्वास करने के लिए प्रेरित कर सकें।"[2]

मैकियावेली की सूची में केवल मूसा ही हैं जिन्हें सही में पैगम्बर की श्रेणी में रखा जा सकता है। अन्य लोग मुख्यतः नगरों और साम्राज्यों के संस्थापक हैं। सवानारोला एक सुधारक थे जिन्होंने उस नैतिक नियम को लागू करने का प्रयास किया जो पहले से ही ईसाइयत के सिद्धान्त में विद्यमान था। मूसा किसी भी मामले में सांसारिक शक्ति पर निर्भर नहीं थे, वह दैवीय शक्ति पर निर्भर थे। इसलिए, उन्हें उस समूह में नहीं रखा जा सकता है जिसमें कि उन्हें रखा गया है। मैकियावेली, हो सकता है कि बुद्ध या अशोक को नहीं जानते होंगे, लेकिन उन्होंने ईसा को भी पैगम्बरों की सूची में नहीं रखा है। सम्भव है, ऐसा उन्होंने चर्च के भय से किया हो, क्योंकि ईसा की असफलताओं को रेखांकित करना अपधर्म हो जाता। हालाँकि, मैकियावेली के जमाने में इटली पुनर्जागरण, स्वतंत्रता और सहिष्णुता की हवा में साँस ले रहा था, फिर भी ऐसा कर पाना उनके लिए आसान नहीं था। साथ ही, ईसा को ईसाई लोग न केवल पैगम्बर मानते थे, बल्कि ईश्वरपुत्र भी मानते थे। लेकिन,

यदि हम चर्च की धर्मनिरपेक्ष शक्ति पर विचार नहीं कर नैतिक अन्तर्दृष्टियों और प्रवर्तनों के प्रभाव पर विचार करें तो स्पष्ट रूप से निहत्थे पैगम्बर अन्तिम हँसी के साथ प्रकट हो जाते हैं।

उदाहरण के तौर पर ईसाइयत को ही लें। ईसा मसीह को सूली पर चढ़ाया गया तथा रोमन साम्राज्य में काफी समय तक उनके अनुयायियों को यातनाएँ दी गईं। यह प्रभावशाली धर्म नहीं बन पाया तथा तीन शताब्दियों तक ईसाइयों को घोर यातना झेलनी पड़ी। लेकिन, इस दौरान यह भूमिगत प्रवाह बना रहा और अपने नैतिक प्रभाव को काम में लाता रहा। रोमन साम्राज्य का धर्म बन जाने के बाद इसे काफी क्षति पहुँची। इसके बाद धीरे-धीरे यह आक्रामकता और आत्माभिमान से भरता गया। जहाँ तक इसके संगठित प्रदर्शन का सम्बन्ध है, उत्पीड़ित किए जाने की जगह यह उत्पीड़कों का धर्म बन गया। लेकिन, इसके सम्पर्क में आनेवाले जनसाधारण की अन्त:चेतना से समानता और भाईचारे का मूल्य तथा वह विश्वास कि विनम्र को ही यह दुनिया विरासत में मिलेगी, गायब नहीं हो सका। इसका व्यापक प्रभाव ही था जिसके जरिये समानता, स्वतंत्रता और भ्रातृत्व के नारे को यूरोपवासियों ने अपनाया। फलत: यूरोप और पूरी दुनिया में महान सामाजिक परिवर्तन हुए। समाजवाद का सिद्धान्त केवल इन नारों के माध्यम से अभिव्यक्त आदर्शों का एक विस्तार है। आज ईसाइयत के मूल्य अमेरिका और दक्षिणी अफ्रीका के अश्वेत लोगों के लिए प्रेरणा भी बन जाते हैं। ईसाई एक लम्बे समय के विपथन के पश्चात् चर्च के एक समूह के साथ ईसाइयत के सही धन्धे की फिर से खोज भी कर रहे हैं कि वंचितों और दलितों के साथ पहचान बनाई जा सके।

इसके लगभग दो हजार साल के विकास पर गौर करते हुए यह नहीं कहा जा सकता है कि शस्त्रों के अभाव में ईसाइयत को हानि पहुँची तथा सशस्त्र शक्ति के अर्जन से इसे लाभ हुआ। इसके विपरीत ठीक उल्टा घटित हुआ; यह जिस समय गरीबों और पीड़ितों का धर्म थी तो इसे लाभ हुआ और जब यह सशस्त्र शक्ति से जुड़ गई तो इसका आवश्यक चरित्र गायब हो गया। लेकिन, मैकियावेली का सिद्धान्त बौद्धवाद के प्रयास से पूरी तरह खंडित हो जाता है। बुद्ध सबसे बड़े अहिंसक पैगम्बर थे जिनकी करुणा न केवल मानवप्राणियों को बल्कि समस्त प्राणियों को गले लगाती थी। बुद्ध और उनके अनुयायियों ने अपने सन्देश का प्रसार बलपूर्वक नहीं बल्कि प्रेमपूर्वक किया। सम्राट अशोक जब बौद्ध बने तो उन्होंने शस्त्र का प्रयोग करना छोड़ दिया और अपने दूतों को जिनमें निहत्थे पुरुष और महिलाएँ थीं, प्रेग और शान्ति के सन्देश के साथ दूर देशों में भेजा। और केवल अपने विश्वास और साधुओं के भिक्षा माँगनेवाले कटोरे से लैस इन दूतों ने अधिकांश एशिया को बौद्ध बना दिया। यह विशेष रूप से उल्लेखनीय है कि बौद्ध धर्म अंगीकार करनेवालों में न केवल सामान्य लोग शामिल थे, बल्कि बहुत-से राजा और महाराजा भी शामिल थे।

इसका जवाब दिया जा सकता है कि मैकियावेली केवल नए मत से उत्पन्न चरित्र और व्यक्तिगत आस्था को ही उद्धृत नहीं करते हैं, बल्कि पूरे समाज पर जीवन का एक तरीका लागू करने की पैगम्बर की क्षमता को भी उद्धृत नहीं करते हैं। और इसी सन्दर्भ में लोगों को गांधी के अहिंसा सम्बन्धी सिद्धान्त की सफलता के बारे में सन्देह होता है।

ऐसे विरोध का सम्बन्ध दो चीजों से होता है—

(1) निश्चित मूल्यों पर आधारित सामाजिक व्यवस्था का निर्माण तथा

(2) बाहरी आक्रमण से राष्ट्र की सुरक्षा क्योंकि यह किसी व्यवस्था के अस्तित्व की पहली और न्यूनतम शर्त होती है।

हमें इन विचारों की जाँच करनी चाहिए। हम किसी व्यवस्था या तंत्र की जाँच केवल उपलब्ध विकल्पों के आलोक में ही कर सकते हैं। यदि यह दिखाया जा सके कि वैकल्पिक व्यवस्था में चारों ओर फैल जाने एवं सहन करने की भारी क्षमता है तो स्वाभाविक रूप से इसे समर्थन मिल जाता है। चूँकि गांधी आधुनिक समस्याओं का समाधान चाहते थे, इसलिए ऐसी तुलना के लिए हम उनके समकालीनों की जाँच कर सकते हैं। माओ लगभग गांधी के समकालीन ही थे और उन्होंने समाज में एक बड़ा परिवर्तन लाया था। अतएव, इन दोनों के बीच तुलना करना उचित रहेगा: ज्यादा इस लिहाज से कि माओ इस सिद्धान्त के प्रतिपादक थे कि क्रान्ति बन्दूक की नली से निकलती है। साथ ही, माओ का लक्ष्य न केवल सतही राजनीतिक बदलाव था, बल्कि लोगों के मौलिक मूल्यों में भी बदलाव लाना था। उनका सांस्कृतिक आन्दोलन ठीक इसी लक्ष्य की प्राप्ति के लिए किया गया था। माओ ने लोगों में अभीष्ट बदलाव लाने के लिए छात्रों और युवाओं को तैयार करने का प्रयास किया क्योंकि पुरानी पार्टी और राज्य की नौकरशाही पुराने सामाजिक मूल्यों में गहरे डूबे हुए थे। यह लामबन्दी बिलकुल हिंसक थी और अपने विकास के एक निश्चित चरण में खुद लाल सेना का इस्तेमाल पुराने राज्य और पार्टी पदाधिकारियों पर जोर-जबरदस्ती करने के लिए छात्रों के समर्थन में किया जाता था।

एक समय ऐसा लगता था कि सचमुच बहुत बड़े बदलाव हो रहे हैं, पुराने मूल्य और उनके विषाणु जड़ से खत्म हो जाएँगे। लेकिन, माओ के निधन का एक दशक भी पूरा नहीं हुआ कि पूँजीवाद के समर्थक प्रतिहिंसा के साथ चीनी कम्युनिस्ट पार्टी के अन्दर वापस लौट आए और डटे हुए हैं तथा जीवन के हर क्षेत्र में उस 'महान कर्णधार' की प्रतिष्ठा धूमिल हो रही है। यदि यह केवल सर्वोच्च सत्ता का प्रश्न होता तो माओ के पास वह सत्ता थी और वह दल के उन सभी नेताओं का सफाया कर सकते थे जो उनके विरोधी थे। लेकिन, पार्टी और राज्य के अंगों में शामिल उन लोगों के समूह के सिवाय कुछ भी नहीं बदला। सांसारिक वस्तुओं के प्रति मूलभाव, संग्रहवृत्ति तथा उस सत्ता की सनक जो साथियों की हत्या या अपमान

करवाती है, इन सबमें कोई बदलाव नहीं हुआ। ऐसी परिस्थिति में संस्थानिक परिवर्तन केवल सतही ही हो सकता था। यदि लोगों का उद्‌देश्य संस्थाओं से लड़ाई करने का होता, तो देर-सवेर संस्थाओं में परिवर्तन हो जाता। इसके अतिरिक्त हिंसक माध्यमों से बलपूर्वक परिवर्तन लाने की जरूरत ने खुद सत्ता का इतना जबरदस्त केन्द्रीकरण कर दिया कि वह विशेषाधिकार और श्रेणीक्रम फिर से कामय हो गया जिसके विरुद्ध आन्दोलन किया गया था। इसलिए असफलताओं और विशेषाधिकारों ने अन्ततः केवल अपना रूप बदल दिया, इनके आचरण में कोई बदलाव नहीं हुआ। अन्तिम परिणाम को छोड़ दें तो असमानता के आधार को खत्म करने में माओ की कोई उल्लेखनीय उपलब्धि नहीं थी। निस्सन्देह, पारम्परिक संस्थाओं को ध्वस्त करनेवाले तथा पश्चिमी किस्म के औद्योगिकीकरण को बढ़ावा देनेवाले चीनी आधुनिक समाज की नींव डालने में माओ की उल्लेखनीय भूमिका रही है। हम कह सकते हैं, साम्यवादियों ने एक बदलाव अवश्य किया है और वह बदलाव पश्चिमी समाजशास्त्रियों के अनुसार विकास की दिशा से सम्बन्धित है जो समुदाय से समाज की तरफ मुड़ गई। लेकिन, ऐसा विकास तो अधिकांश यूरोपीय देशों, जापान, ताईवान और अनेक अन्य देशों में पहले ही हो चुका था। केवल इन देशों की स्थितियाँ भिन्न थीं। लेकिन, यह लक्ष्य नहीं था जिसके लिए माओ ने सबसे पहले जन लोकतांत्रिक आन्दोलन और फिर सांस्कृतिक आन्दोलन शुरू किया था। वास्तव में सांस्कृतिक आन्दोलन का प्रयास आधुनिक औद्योगिक सभ्यता से सम्बद्ध समाजोन्मुखी विकास की नींव को उखाड़ फेंकने का भी था।

गांधी का आन्दोलन आरम्भ से ही हृदय-परिवर्तन और मूल्य-परिवर्तन की बात करता है। यह मन्द गति से होनेवाला था, लेकिन एक स्थायी चीज था। इसके बाद, चूँकि गांधी इसे अर्थव्यवस्था और राजनीतिक संरचना के विकेन्द्रीकरण से जोड़ने का प्रयास करते हैं, इसलिए उक्त व्यवस्था में विशेषाधिकारों को प्रोत्साहित करनेवाली कोई आन्तरिक शक्ति नहीं है।

निस्सन्देह इसका विरोध इस आधार पर किया जा सकता है कि गांधी का तरीका अभी तक कहीं भी समाज बदलने में सफल नहीं रहा है, इसलिए यह तुलना ठीक नहीं है। इस पर यह कहा जा सकता है कि यही एकमात्र विधि है जिसे नई सामाजिक व्यवस्था लानेवाले भौतिक बल की पहले की विधियों की असफलताओं के सामने आजमाया जाना शेष है। अनेक आंशिक संघर्षों में इसे जो सफलता मिली, वह इसे बड़ी सामाजिक समस्याओं का समाधान करने में सत्याभास की किंचित मात्रा प्रदान कर सकती है।

दूसरी समस्या उस राष्ट्रीय सुरक्षा से सम्बन्धित है जो आज अधिकांश देशों के राष्ट्रीय संसाधनों के एक बड़े हिस्से पर पहले ही कब्जा कर ले रही है। लोगों में एक यह भाव भी है कि इस विशेष क्षेत्र में सशस्त्र व्यक्ति अकेले किसी भी तरह की

उत्तमता या श्रेष्ठता हासिल कर ले सकता है। लेकिन, इस पर हम गम्भीरता से विचार करें तो देखेंगे कि इस क्षेत्र में शस्त्रीकरण या तो स्वयं से बहुत ज्यादा हो गया है या अनावश्यक हो गया है। अत्यधिक सशस्त्रीकरण वाली स्थिति समृद्ध और शक्तिशाली देशों में दिखाई देती है। यह विशेषत: अत्यधिक शक्तिशाली राष्ट्र की स्थिति है। इन देशों को किसी तरह के शस्त्र की जरूरत नहीं है क्योंकि इन पर किसी बाहरी आक्रमण का खतरा नहीं है। ये देश अब दूसरे देशों पर अपना प्रभुत्व जमाने के लिए बड़े पैमाने पर शस्त्र इकट्ठा कर रहे हैं या वे ऐसा अपने निहित वैश्विक स्वार्थ को पूरा करने के लिए कर रहे हैं। दो सबसे शक्तिशाली राष्ट्र और इनके सहयोगियों ने नाभिकीय युद्ध सामग्रियों और वितरण प्रणालियों की भयानक व्यूह रचना के साथ इतनी अधिक अग्निशक्ति इकट्ठी कर ली है कि कुछ ही मिनटों में एक-दूसरे को तथा दुनिया के अधिकांश भाग को नष्ट कर दे सकते हैं। इसलिए, इनके लिए आगामी शस्त्रीकरण के पीछे का एकमात्र तर्काधार आतंक का सन्तुलन बनाए रखना है। लेकिन, उस सुरक्षा की व्यवस्था के तहत जिसकी नीयत अन्तत: हर किसी को नष्ट कर देने की होती है, कोई विजेता और विजित नहीं रह जाता है। यह व्यवस्था स्पष्टत: मूर्खतापूर्ण है। शस्त्रीकरण अनावश्यक हो जानेवाली स्थिति उन देशों में पाई जाती है जो औद्योगिक रूप से विकासशील हैं और हाल तक औपनिवेशिक या अर्द्ध-औपनिवेशिक राज्य थे। यद्यपि इन देशों के लिए शस्त्रीकरण निरन्तर काफी खर्चीला साबित हो रहा है, इससे खजाना खाली हो रहा है तथा अनिवार्य आवश्यकताओं पर ध्यान नहीं दिया जा रहा है, लेकिन हथियार जुटाने का उन्माद बना हुआ है। अंशत: यह मनोवृत्ति साम्राज्यवादी प्रभुत्व के दिनों से ही उस मनोवैज्ञानिक सदमे से उपजी है जब अस्त्रों की श्रेष्ठता के कारण विदेशी शक्तियाँ छोटे सैन्यबलों से भी इन देशों पर अपना प्रभुत्व कायम करने में सक्षम थीं। हाल में विदेशी शासन से मुक्त होकर ये देश आधुनिक हथियार और आधुनिकीकृत सेना अर्जित करने के बाद सत्ताबोध का अनुभव कर रहे हैं। लेकिन, मनोवैज्ञानिक सन्तुष्टि जैसी भी हो, इन देशों का हथियार जुटाना न केवल अनावश्यक है, बल्कि इसकी होड़ बढ़ाने वाला भी है।

19वीं सदी और 20वीं सदी के पूर्वार्द्ध में व्याप्त स्थिति से उत्पन्न सशस्त्र राष्ट्रीय सुरक्षा का सम्पूर्ण सिद्धान्त अब कालदोष युक्त हो गया है तथा स्थिति में पूरी तरह बदलाव हो जाने के बाद भी यह लोगों के मन पर अपना असर बनाए हुए है। राष्ट्रीय सुरक्षा का विचार एक ऐसे युग में आया था जब दूसरे देशों पर कब्जा जमाने का चलन बहुत ज्यादा था। इसी समय में अँगरेज यह गर्व से कहते थे कि 'शासन करो, ब्रिटेन लहरों पर शासन करता है' या उन्हें इस तथ्य पर गर्व होता था कि 'ब्रिटिश साम्राज्य में कभी सूर्यास्त नहीं होता है।' लेकिन, स्थिति बदल गई है। इसमें मौलिक बदलाव आ गया है। प्रथम विश्वयुद्ध के बाद यूरोप से शुरू होकर राष्ट्रवाद की लहर पूरे विश्व में फैल गई है। शुरू में आत्मनिर्णय का अधिकार

केवल यूरोपीय राष्ट्रों के सन्दर्भ में था, लेकिन धीरे-धीरे यह सार्वभौतिक हो गया। इसके बाद, किसी भी राष्ट्र को बन्धन में रख पाना असम्भव हो गया यानी लाभ के खयाल से ऐसा कर पाना असम्भव हो गया। यह बाद वाली स्थिति काफी महत्त्व की है। उन पुराने दिनों से भिन्न जब गर्व के लिए साम्राज्यों का अर्जन होता था, 18वीं सदी से उपनिवेशों का अर्जन हुआ या देशों को मुख्य रूप से व्यापार और लाभ के खयाल से संरक्षण में रखा गया। राष्ट्रवाद के विकास के साथ, चाहे विदेशी प्रभुत्व के राष्ट्रीय प्रतिरोध का जो भी रूप रहा हो, चूँकि इसमें पूरी आबादी शामिल थी, इसलिए एक छोटे-से राष्ट्र को भी ताकत के बल पर नियंत्रण में रख पाना काफी खर्चीला हो गया। इस तरह का धन्धा वैसी सभ्यता के लिए लाभकारी नहीं रह गया जो मुख्य रूप से व्यावसायिक उद्‌देश्य के लिए अपना प्रसार चाहती थी। ऐसा इस नए विकास के समक्ष हुआ जब द्वितीय विश्वयुद्ध के बाद अधिकांश उपनिवेश आजाद हो गए। अमेरिकियों को वियतनाम में तथा रूसियों को अफगानिस्तान में जो पराजय मिली, उसका इन देशों पर जबरदस्त असर हुआ। इस तरह, महत्त्वपूर्ण सवाल यह नहीं है कि क्या सैन्य रूप से शक्तिशाली ये राष्ट्र सैन्य रूप से पिछड़े छोटे राष्ट्रों पर नियंत्रण रख सकते हैं, बल्कि महत्त्वपूर्ण सवाल यह है कि क्या आर्थिक रूप से इसका कोई मायने है। तेल उत्पादक देशों में इन बड़े शक्तिशाली राष्ट्रों के बड़े बड़े दाँव लगे हैं। तेल उत्पादक अभी भी संकट की घड़ी में सैन्य जोखिम का प्रलोभन दे सकते हैं, लेकिन अधिकांश अन्य देशों को ऐसा कोई खतरा नहीं है।

इस तरह, विश्व के अधिकांश देशों की मुक्ति के पक्ष में यह सबसे प्रभावशाली तर्क रहा है कि द्वितीय विश्वयुद्ध के बाद से विजय बुरा व्यापार बन गया है। इसलिए, विकसित देश तीसरी दुनिया के देशों पर अपना आर्थिक नियंत्रण बनाए रखने के लिए इन्हें व्यापारिक रिश्तों के पाश में बाँधकर रखने का प्रयास कर रहे हैं। इस प्रयास में सबसे प्रभावी चीज निर्धन देशों से अस्त्रों की बिक्री रही है। चूँकि ये देश औद्योगिक रूप से पिछड़े हुए हैं, इसलिए अस्त्रों की आपूर्ति के बदले ये विकसित देशों को सस्ते दामों पर अपना खनिज व अन्य कच्चा माल देते हैं अथवा उनके भारी कर्जदार बन जाते हैं। कुछ तेल-सम्पन्न देशों को छोड़कर दुनिया के अधिकांश अन्य देश कर्ज में गहरे डूबते जा रहे हैं। कर्जदाता देश इतने सक्षम हैं कि वे कर्जदार देशों के आर्थिक जीवन पर अपना नियंत्रण बना लेते हैं। अक्सर वे जो कर्ज देते हैं उसके साथ अपमानजनक शर्तों को जोड़ देते हैं। इस प्रकार, प्रत्यक्ष प्रभुत्व के विरुद्ध जो राजनीतिक स्वतंत्रता हासिल की गई थी, उसे अप्रत्यक्ष आर्थिक प्रभुत्व से समाप्त कर दिया गया है।

इसलिए, हमारी विरोधभासी स्थिति यह है कि जब एक निर्धन राष्ट्र अपनी सुरक्षा हेतु अस्त्रों की खरीदारी करता है तो यह और आजादी नहीं खरीद रहा होता है बल्कि और गुलामी खरीद रहा होता है।

इसके विरुद्ध गांधी ने राष्ट्रीय सुरक्षा का एक साधारण तरीका सुझाया था। वास्तविक भौतिक कब्जे के वक्त अहिंसक प्रतिरोध और असहयोग के अतिरिक्त जहाँ तक लोगों की बुनियादी आवश्यकताओं का सवाल है, गांधी ने राष्ट्रीय या ग्राम आत्मनिर्भरता का भी सुझाव दिया था। इसमें राष्ट्रीय स्वतंत्रता की समस्या का दोनों, अल्पकालीन एवं दीर्घकालीन निराकरण है। दीर्घकाल में राष्ट्र एक आत्मनिर्भर अर्थव्यवस्था खड़ी कर उन सभी छिद्रों को भरता है जिनके माध्यम से विदेशी स्वार्थ उस राष्ट्र को भेद सकता है। जब हम निर्यात के लिए खनिज-लवणों की खुदाई करने या कच्चे मालों को विकसित करने का प्रयास करते हैं, तो हम आयातक देश के भीतर अपने उत्पादों के लिए लोभ और निर्भरता भी पैदा करते हैं, और यदि हमारे उत्पादक आयातक देशों के लिए बहुत जरूरी हो जाता है तो आपूर्ति ठप्प कर देने की धमकी मिलने पर वे हमारे अन्दरूनी मामलों में हस्तक्षेप करने का प्रयास कर सकते हैं।

गांधी ने द्वितीय विश्वयुद्ध के दौरान उस वक्त इन बिन्दुओं पर एक ठोस प्रस्ताव दिया था जब कांग्रेस द्वारा भारत को शीघ्र सत्ता हस्तान्तरित करने की माँग की जा रही थी। यह गम्भीर समय था, जापान लगभग भारत की दहलीज पर था तथा जापान के दबाव के आगे ब्रिटिश प्रतिरोध बिलकुल लड़खड़ाता नजर आ रहा था। स्वाभाविक रूप से स्वतंत्र भारत के समक्ष राष्ट्रीय सुरक्षा की समस्या सर्वोच्च महत्त्व की हो गई। गांधी ने राष्ट्रीय प्रतिरोध का अपना ढाँचा गढ़ने के प्रयास में कांग्रेसियों से आत्मनिर्भर ग्राम गणराज्य के निर्माण हेतु काम करने के लिए कहा। 18 जनवरी 1942 के 'हरिजन' में उन्होंने लिखा :

> "...आज पुराने तरीके किसी काम के नहीं हैं। वर्तमान में कोई जनविद्रोह के बारे में नहीं सोचता है। सबसे बढ़िया, तेज और दुरुस्त तरीका नीचे से निर्माण करना है। मनोवैज्ञानिक क्षण आ गया है। गाँवों की ओर वापस लौटना हर दृष्टिकोण से आवश्यक बन गया है। अब उत्पादन और वितरण का विकेन्द्रीकरण करने का वक्त है। प्रत्येक ग्राम को एक आत्मनिर्भर गणराज्य बनना है। इसे किसी साहसिक प्रस्ताव की जरूरत नहीं है। इसे साहसिक सामूहिक बुद्धिमत्तायुक्त काम की जरूरत है। जहाँ तक मैं जानता हूँ, वर्तमान में यह शासकों और जनता के बीच का सामान्य आधार है।
>
> "प्रत्येक कांग्रेसी को अपने पक्ष में जवाब देना चाहिए कि क्या वह शान्ति के सिपाही और सेवक बनेंगे या स्वराज निर्माण में अपना स्थान बनाने के लिए अनिच्छुक तुच्छ व्यक्ति बनेंगे।"

इस तरह का संगठन दोहरा उद्‌देश्य पूरा कर सकता था। यह लोगों को आर्थिक जीवन के युद्धकालीन विस्थापन के प्रभाव से मुक्त रख सकता था तथा किसी भी दखलकारी सत्ता के विरुद्ध असहयोग आन्दोलन को और प्रभावकारी बनाने का एक

माध्यम भी हो सकता था, क्योंकि एक आत्मनिर्भर गाँव यदि सरकार से सहयोग लेना बन्द कर दे तो भी उसे कष्ट नहीं होता है। आधुनिक औद्योगिक समाज की जनता द्वारा किए गए असहयोग आन्दोलन में पहले जनता ही ऐसे असहयोग को झेलती है। 1968 में चेकोस्लोवाकिया की साहसी जनता ने दखलकार सोवियत बलों का असहयोग मिश्रित अहिंसक प्रतिरोध तो किया ही था। लेकिन, धीरे-धीरे असहयोग समाप्त हो गया। सुदूर व्यवस्थाओं की स्वतंत्रता के साथ आधुनिक औद्योगिक समाज में असहयोग सारी गतिविधियों को ठप्प कर देता है तथा जनता भी अपनी रोजी-रोटी और हर चीज गँवा देती है। ऐसे समाजों में अल्पकालीन सामान्य हड़ताल (असहयोग का दूसरा रूप) लम्बे समय तक चलनेवाले असहयोग की अपेक्षा ज्यादा प्रभावशाली होती है।

उस वक्त यानी 1942 में प्रतिरोध का यह विचार बहुत अव्यावहारिक लगा था। लेकिन, उत्तरवर्ती विकासों के आलोक में जहाँ साम्राज्यवादी शक्तियों के अन्त:प्रवेश का मुख्य माध्यम पूर्व-उपनिवेशों के साथ आर्थिक विनिमय है, उक्त नीति की प्रासंगिकता स्पष्ट हो रही है।

काल सामाजिक विषयों का सबसे बड़ा सुधारक होता है। अधिकांश समस्याएँ जो एक समय मुश्किल लगती हैं, समय गुजरने के साथ एक तुच्छ चीज नजर आने लगती हैं। एक महान प्रतिभा की भाँति एक पैगम्बर समय से ठीक उस वक्त परिदृश्य पर प्रकट होता है जब समस्या समाधान हेतु पूरी तरह से पक चुकी होती है तथा उसका उचित समाधान करने हेतु चीजों को उचित स्थान पर व्यवस्थित करने के लिए उसके द्वारा एक उपयुक्त विचार से खोदने की जरूरत होती है। शायद, एक शताब्दी पहले गांधी को यह पहचान नहीं मिलती और वह निरर्थक साबित हो गए होते क्योंकि तब आधुनिक उद्योग प्रसार की अन्तहीन वीथी खोलता नजर आ रहा था और युद्ध एवं विजय का भी अपना गौरव था। आज इन दोनों सम्भावनाओं ने एक अन्ध-गलियारा तैयार कर दिया है। ये दोनों समानान्तर मार्गों से कब्रिस्तान तक जाते हैं। इसी पृष्ठभूमि के कारण गांधी के विचारों ने विश्व की कल्पना, विशेषकर उन लोगों की जो आर्किडियन सादगी के गांधी के आदर्शों से दूर चले गए हैं, को पकड़ना शुरू कर दिया है। लोगों के दृष्टिकोण में यह बदलाव आया है क्योंकि लोग यह महसूस कर रहे हैं कि आज मानव जाति जिस वास्तविक समस्या का सामना कर रही है, वह नैतिक समस्या है। इस सन्दर्भ में एक आयामीय रूपान्तरण हुआ है।

ऐसा कहना कुछ हद तक न्यायोचित होगा कि सम्पूर्णता में बीते युगों के उत्पादन का स्तर आज के उत्पादन के स्तर की तुलना में तुच्छ था। इसलिए, अतीत में अभाव का मनोविज्ञान कभी भी मनुष्य को पूरी तरह से नहीं छोड़ा, यद्यपि थोड़े से लोग विलासिता का जीवन व्यतीत करते थे। इसलिए, सामाजिक समस्याएँ सदैव अभाव के परिप्रेक्ष्य में निर्धारित होती थीं। जाति को जिन्दा बनाए रखने ने दूसरी

समस्याओं को निस्तेज कर दिया। नैतिक समस्याओं का अपना महत्त्व था, लेकिन वे लोगों के अतिजीवन को प्रभावित करनेवाली राजनीतिक और आर्थिक समस्याओं से ज्यादा महत्त्वपूर्ण नहीं थीं।

तकनीक और उत्पादकता के अत्यधिक विकास से स्थिति में बदलाव आया है। यदि दुनिया में गरीबी और अभाव है तो यह चीजों की कमी के कारण नहीं है बल्कि वितरण की खामियों के कारण है। यदि शोषण और राजनीतिक उत्पीड़न है तो यह इसलिए नहीं है कि कुछ लोगों का अधीनीकरण और उनके अधिशेष उत्पादों का स्वत्वहरण उच्च सांस्कृतिक अनुसन्धानों के लिए कुछ अन्य लोगों को स्वतंत्र करने हेतु अनिवार्य है। वे वहाँ महज इसलिए होते हैं क्योंकि लोग उस अनिष्टकारी नैतिक नियम के शिकार होते हैं जो संग्रहवृत्ति और हैसियत पर उच्च मूल्य लगाते हैं। इस तरह, समाज की सभी गम्भीर समस्याएँ आज मूल्यों की दोषपूर्ण पसन्द में परिवर्तनीय हैं। चूँकि आर्थिक प्रयास और राजनीतिक संघर्ष सभी समाज की मूल्य व्यवस्था के गिर्द केन्द्रित होते हैं, इसलिए वर्तमान दुनिया के किसी भी महान सुधारक की मुख्य चिन्ता उन मूल्यों को बदलना होगा जो आज दुनिया पर प्रभुत्व बनाए हुए हैं। यह आश्चर्यजनक नहीं है कि आधुनिक समाज की दो क्रान्तिकारी प्रवृत्तियों—फासीवाद और साम्यवाद, इन दोनों ने मूल्यों की अपनी निजी व्यवस्थाएँ खड़ी करने का प्रयास किया है। साम्यवाद ने ईसाइयत के मूल्यों को स्वीकार लिया, यद्यपि इसने खुले तौर पर इस तथ्य की जानकारी नहीं दी। दूसरी तरफ, फासीवाद ने उन मूल्यों को मलिन करने तथा छोटे-बड़े और प्रभुत्व के मूल्यों को उन्नत करने का प्रयास किया। दोनों आन्दोलनों में से कोई भी आन्दोलन पारम्परिक मूल्य व्यवस्थाओं के ढाँचे के अन्दर निर्धारित नहीं था। यदि गांधी ने अपने निजी जीवन और कार्य में प्रत्येक चीज को नैतिक आयाम में बदलने का प्रयास किया तो वह महज अपने समय की सबसे बाध्यकारी माँग का जवाब दे रहे थे।

वर्तमान समस्याओं के परिप्रेक्ष्य पर विचार करने से गांधी के उपदेश इन समस्याओं के निराकरण हेतु सहज और उपयुक्त जान पड़ते हैं। यदि दुनिया का मार्गदर्शन बुद्धिमत्ता से किया गया होता तो सामाजिक समस्याओं के उनके द्वारा बताए गए निराकरण को स्वीकार करने तथा लागू करने में कोई दिक्कत नहीं हुई होती। लेकिन, हजारों साल का सामाजिक विकास गम्भीर वैकृत मनोदशाएँ छोड़ गया है जिनके कारण उनके विचारों को लागू करना अत्यन्त मुश्किल है। लोग नस्ल, भाषा, जाति, धर्म इत्यादि की अनन्यता और श्रेष्ठता के पूर्वग्रहों के कारण अन्धे हो गए हैं और ये पूर्वग्रह उन्हें सरल मानव प्राणी के रूप में एक स्थिति का जवाब देने की मंजूरी नहीं देते हैं। व्यष्टि और समष्टि अपने अनन्य परिवेश द्वारा सृजित दुनिया में बन्द बोतल की तरह रहते हैं तथा घिसे-पिटे तरीकों से जवाब देते हैं। महात्मा के धैर्य, अनुकम्पा और साहस को अपनाकर दीर्घकाल में इन मानसिक

अवरोधों में सेंध लगाना सम्भव हो सकता था। लेकिन, महात्मा तो एक ही थे, और सामाजिक स्थितियाँ ऐसी हैं जो हमेशा उनके सन्देश को चमत्कार दिखाने के लिए पर्याप्त समय नहीं देती हैं। जीवन के अन्तिम दिनों की उनकी अपनी निराशा अहिंसा के सरल आवेदन की इस सीमा का पर्याप्त साक्ष्य है।

1946 में अपनी नोआखाली यात्रा के दौरान उन्होंने इस चीज को शिद्दत से महसूस किया कि वह देश को अपने आगोश में ले चुकी घृणा के आगे कितने निर्बल और असहाय हैं। उन्होंने भगवान पर विश्वास किया कि वही अकेले साम्प्रदायिक संघर्ष के रूप में प्रकट अमानवता की लहर का सामना कर सकते हैं। निर्मल कुमार बोस के अनुसार, "बगल के एक मुसलमान किसान इस्माइल खोंडकर ने गांधी का स्वागत किया और कहा कि खुदा की मर्जी से ही इतना बुरा दिन धरती पर आया है। गांधीजी ने इसमें संशोधन करते हुए कहा कि सच है, ईश्वर की कृपा से ही परिस्थिति में बदलाव आ सकता है, लेकिन प्रत्येक व्यक्ति को अपना कर्तव्य निभाना है। ईश्वर भी मनुष्यों के माध्यम से ही काम करते हैं। वह व्यक्तिगत रूप से इस गाँव में अपना कर्तव्य निभाने आए हैं।"[3]

परन्तु, गांधी ने अपना काम करते हुए यह अनुभव किया कि वह पूरी तरह अन्धेरे में खो गए हैं। चार दिनों बाद 24 अगस्त, 1946 को निर्मल कुमार बोस की डायरी में निम्नलिखित प्रविष्टि मिलती है :

> "गांधीजी आज कुछ अच्छा महसूस कर रहे हैं। वह कुछ पहले ही रात्रि में लगभग 8 बजे बिछावन पर चले गए। दिन में मैंने उन्हें दो बार यह बुदबुदाते हुए सुना, 'क्या करूँ? क्या करूँ? मैं क्या करूँ? मैं क्या करूँ?'"[4]

यह वेदना-भरी कराह लगभग ईसा की उस अन्तिम कराह की याद दिलाती है जिसके बारे में हम पहले ही चर्चा कर चुके हैं। इसमें एक स्पष्ट चेतावनी है कि स्थिति का समाधान करने में पैगम्बर भी कोई चमत्कार नहीं कर सकते हैं। हालाँकि, गांधी का चमत्कारों में विश्वास नहीं था। प्रकृति की शक्तियाँ जिनमें मानवीय प्रकृति भी शामिल है, अपने क्रूर नियमों का अनुसरण करती हैं तथा इन्हें प्रभावित करने के लिए इन नियमों को समझने एवं इनसे मिली समझ से यथासम्भव इनकी प्रक्रियाओं में हस्तक्षेप करने का प्रयास करने के अलावा कोई दूसरा विकल्प नहीं है। मनुष्य की नैसर्गिक भलमनसाहत में साधारण विश्वास की जगह मानवीय प्रकृति के बारे में ज्यादा-से-ज्यादा जानना-समझना होगा ताकि यह दूसरे समूह से आनेवाले लोगों के प्रति सहिष्णुता और आदर की अपीलों का जवाब देने लायक बन सके। हालाँकि, अन्ततः हस्तक्षेप की दिशा उपयुक्त मूल्यों से निर्धारित होती है। विज्ञान स्वयं हमें उस मार्ग के बारे में कुछ नहीं बतलाता जिसमें इससे प्राप्त अन्तर्दृष्टि को लागू करना होता है। लोगों का शोषण करने तथा मानसिक रूप से उन्हें गुलाम बनाने हेतु

वैज्ञानिक जानकारी को जिस सीमा तक आजमाया जाता है, हमारी अपनी सभ्यता उस सीमा का एक प्रमाण है। गांधी ने यह दावा करते हुए इस प्रक्रिया को उलटने का प्रयास किया कि 'सत्य ही ईश्वर है'। इस प्रकार, सत्य जिसका अनुसरण विज्ञान ने भी किया, नैतिक रूप से तटस्थ नहीं रह पाया और उसके पास लागू होने का एकमात्र जायज मार्ग बच गया अर्थात् मानव कल्याण का मार्ग। इस तरह, विज्ञान की पूजा करनेवाली दुनिया में गांधी ने विज्ञान और प्रत्येक सम्भव ज्ञान (सत्य के उद्घाटन के रूप में) को मानवीय विवेक के प्रति जवाबदेह बनाने का प्रयास किया। शायद, इससे उन वैज्ञानिकों को उस नैतिक घबराहट से मुक्ति मिल सकती है जो वे जनसंहार और शोषण की तकनीकों के प्रति समर्पित संस्थाओं में काम करते हुए महसूस करते हैं। यदि सत्य के ये अन्वेषक अपनी संस्थाओं और संस्कारों को न कहना सीख जाते हैं तो वह युद्ध का खेल करीब-करीब समाप्त हो जाएगा। इससे दुनिया को उस नैतिक शून्यवाद के पथभ्रष्ट वातावरण से सुरक्षा मिलेगी जो मनुष्य के कार्यों पर किसी तरह की सीमा आयात नहीं करता है।

सशस्त्र पैगम्बरों के बारे में मैकियावेली के दावे के मद्देनजर गांधी में सफल होने की कितनी सम्भावनाएँ हैं? उपर्युक्त विवेचना के आलोक में विचार करें तो मानव जाति की उत्तरजीविता के लिए गांधी ही एकमात्र आशा की किरण दिखते हैं। प्रजातियों में उत्तरजीविता की सहज प्रवृत्ति होती है, इसलिए एक स्पष्ट सम्भावना बनती है कि मनुष्य की प्रतिकूलता और संगठित मानवीय समूहों द्वारा सृजित क्रूरता के बावजूद अन्ततः मनुष्य गांधी के बताये अहिंसा और शान्ति के मार्ग को अपना लेगा। यह एक सीमित स्वीकार हो सकता है, लेकिन ऐसी सीमित सफलता सभी नैतिक उपदेशों का प्रारब्ध है। कुछ नए मौलिक नियम बना लिए जाएँगे और शायद इसके बाद लोग हमेशा की तरह जीना शुरू कर देंगे। लेकिन, इससे एक शान्तिप्रिय और स्वस्थ दुनिया का सृजन होगा। यदि ऐसा होता है तो गांधी के मार्ग को पूरी तरह से न्यायसंगत ही ठहराया जाएगा।

सन्दर्भ और टिप्पणियाँ

1. शून्यवाद के युग में

1. इम्मैनुएल कांट, क्रिटिक ऑफ प्योर प्रैक्टिकल रीजन।
2. आन्द्रे गिड, फेविलेट्स फेवरियर 1942, फेविलेट डि' ऑटोन, मर्क्यूर डि फ्रांस में 1949, पृष्ठ 261 (लेखक का अनुवाद)।
3. पूर्वोक्त, पृष्ठ 293।
4. पूर्वोक्त, पृष्ठ 294।
5. बी.एफ. स्किनर, बियॉन्ड फ्रीडम ऐंड डिग्निटी, पेंगुइन 1973 (प्रथम प्रकाशन 1971)।

2. मनुष्य की आध्यात्मिकता के जैविक मूल

1. डेसमंड मोरिस, दी ह्यूमन जू, ट्रियाड/पैन्थर बुक्स, 1979।
2. डेसमंड मोरिस, द नेकेड एप, ट्रियाड/मेफ्लवर बुक्स, सन्त अलबंस, 1978 (प्रथम प्रकाशन जोनाथन केप लि. 1967), पृष्ठ 158।
3. कोनराड लॉरेंज, फ्रॉम ऑन एग्रेशन इन सोशियोबायोलॉजी डिबेट, सम्पा. आर्थर एल. कैपलान, हार्पर ऐंड रो पब्लिशर्स 1975, पृष्ठ 74।
4. पूर्वोक्त, पृष्ठ 71-72।
5. सर चार्ल्स शेरिंगटन, मैन ऑन हिज नेचर, पोलिकन 1955, पृष्ठ 294।
6. एक्सपर्ट्स फ्रॉम बायोलॉजी ऐंड ह्यूमन साइंसेज, 1972 इन सोशियोबायोलॉजी डिबेट, पृष्ठ 101।
7. पूर्वोक्त, पृष्ठ 103।
8. ज्यां पिएगेट, दी मॉरल जजमेंट ऑफ दी चाइल्ड पेंगुइन, 1983 (इस्टेट बाई जीन पिएगेट 1982), पृष्ठ 188।
9. पूर्वोक्त, पृष्ठ 322।

3. नये सन्देश का स्थापन

1. जानेट रोबक, दी शेपिंग ऑफ अर्बन सोसायटी: ए हिस्ट्री ऑफ सिटी फॉर्म्स ऐंड फंक्शन्स, चार्ल्स स्क्राइबनर्स ऐंड संस, न्यूयॉर्क 1974, पृष्ठ-145।

4. एक आयामीय पुरुष

1. लुई फिशर, द लाइफ ऑफ महात्मा गांधी, हार्पर ऐंड रॉ पब्लिशर्स, न्यूयॉर्क 1983, पृष्ठ-94।

5. शाश्वत नैतिकता की ओर

1. महात्मा गांधी, रोम्या रोलां, कैथरिन डी. ग्रोथ द्वारा फ्रांसीसी से अनुवादित, प्रकाशन विभाग, भारत सरकार, 1976 (जॉर्ज एलन ऐंड उनविन द्वारा पहली बार प्रकाशित, 1924) पृष्ठ 20।
2. गांधी ऐंड द थियोसोफिस्ट्स, जेम्स डी. इंट स्टडीज ऑन गांधी में संकलित, सम्पा., वी.टी. पटेल, स्टर्लिंग पब्लिशर्स प्राइवेट लि., न्यू देल्ही, पृष्ठ 167-68।
3. लुई फिशर, गांधी, हिज लाइफ ऐंड मैसेज फॉर द वर्ल्ड, सिग्नेट बुक, न्यू अमेरिकन लाइब्रेरी, 1954, पृष्ठ 131।
4. लुई फिशर द्वारा द लाइफ ऑफ महात्मा गांधी में उद्धृत, हार्पर ऐंड रॉ पेपरबैक, 1983, पृष्ठ 343-44।
5. एन एथीस्ट विद गांधी में गोरा द्वारा उद्धृत (जी. रामचन्द्र राव), नवजीवन पब्लिशिंग हाउस, अहमदाबाद-17 (1971, प्रथम प्रकाशन 1951) पृष्ठ 31।
6. पूर्वोक्त, पृष्ठ 44।
7. लुई फिशर द्वारा द लाइफ ऑफ महात्मा गांधी में उद्धृत, पृष्ठ 10।
8. क्लाद लेवी स्ट्रॉस, ट्रिस्टे ट्रॉपिक, जॉन ऐंड डॉरीन वाइटमैन द्वारा फ्रांसीसी से अनुवादित, कंगारू बुक, न्यूयॉर्क 1977 (प्रथम प्रकाशन, 1955) पृष्ठ 153।
9. अल्बर्ट कामूस, द रिबेल, एन्थोनी बोअर द्वारा अनुवादित, पेंग्विन बुक्स 1965, पृष्ठ 19।
10. लुई फिशर द्वारा द लाइफ ऑफ महात्मा गांधी में उद्धृत।

6. नीतिपरायणता के खतरे

1. रोमां रोलां इन महात्मा गांधी में रोमां रोलां द्वारा उद्धृत, कैथरीन डी. ग्रोथ द्वारा फांसीसी से अनुवादित, प्रकाशन विभाग 1975 (प्रथम प्रकाशन 1924) पृष्ठ 75-76।
2. पूर्वोक्त, पृष्ठ 75-76।
3. पूर्वोक्त, पृष्ठ 78।
4. पूर्वोक्त, पृष्ठ 80।
5. पूर्वोक्त, पृष्ठ 80।
8. पूर्वोक्त, पृष्ठ 83-84।
7. पूर्वोक्त, पृष्ठ 85-86।
8. पूर्वोक्त, पृष्ठ 82।
9. पूर्वोक्त, पृष्ठ 92।

7. क्या गांधी सफल होंगे?

1. मैकियावेली, द प्रिंस।
2. पूर्वोक्त।
3. निर्मल कुमार बोस, माई डेज विद गांधी, निशाना, कोलकाता, 1953, पृष्ठ 57।
4. पूर्वोक्ति, पृष्ठ 71-72।

गांधी पर लेख

गांधी और व्यावहारिक अराजकवाद

महात्मा गांधी का नाम अराजकवाद के साथ जोड़ना कुछ अटपटा-सा लग सकता है। लेकिन यहाँ अराजकवाद शब्द का प्रयोग इसके दार्शनिक-राजनीतिक अर्थ में किया गया है। इस सिद्धान्त को प्रतिपादित करनेवालों की भिन्नताओं के बावजूद उनमें इस बात पर सहमति थी कि राज्य-व्यवस्था स्वयं शोषण का औजार है और अन्ततः समाज को इससे मुक्ति दिलाना आवश्यक है। इस अर्थ में जब महात्मा गांधी 'हिन्द स्वराज' में अदालतों, अस्पताल, संसद और यहाँ तक कि रेल यातायात तक को अवांछित बताते हैं तो अराजक स्थिति की भावना के अत्यधिक करीब लगते हैं। यह बात दीगर है कि उनके देश भारत में हिन्द स्वराज के आदर्शों को पूरी तरह नजरअन्दाज कर दिया गया। शायद गांधीजी भी इन आदर्शों को तत्काल लागू करना सम्भव नहीं मानते थे। उनके देशवासियों या राजनेताओं ने शताब्दी समारोहों में श्रद्धांजलि देकर उनकी मूल भावनाओं से मुक्ति पा ली। लेकिन पश्चिमी दुनिया में, जहाँ लोग इस सभ्यता के दंश को सीधा झेल रहे हैं अराजकवादी रुझान पूरी तरह खत्म नहीं हुआ है।

पिछली शताब्दी के साठ के दशक में यूरोप और अमेरिका के छात्र आन्दोलनों में पूरी व्यवस्था को नकारने का एक रुझान आया था। इस काल में पनपी हिप्पी संस्कृति में इसे साफ तौर पर देखा जा सकता है।

पश्चिमी देशों के इस तात्कालिक वैचारिक उभार के सन्दर्भ में, गांधीजी के नाम को घसीटने की कोई प्रासंगिकता है क्या? थोड़ा विचार करने पर लगता है कि एक गहरे अर्थ में इसकी प्रासंगिकता है। दरअसल इसका सम्बन्ध राजनीतिक-आर्थिक ढाँचे में बदलाव से आगे बढ़ उस पूरी चेतना को बदलने से है जो आदमी को उसके प्राकृतिक परिवेश से बेगाना करती गई है। आधुनिक औद्योगिक मनुष्य का पूरा जीवन-चक्र एक ऑटोमैटिक मशीन जैसा बनता जा रहा है। इसमें आदमी महज पुर्जा है—एक समयबद्ध विशाल नागरीय घड़ी का। इसकी अनुगूँज 'लंदन द टाइम केप्ट सिटी' में स्पष्ट है। लंदन की जगह अब यह मुम्बई, दिल्ली या बंगलोर कुछ भी हो सकता है। घड़ी की सूई की जगह आदमी इस चक्र से बँधा है। आधुनिक सभ्यता और इसकी विविध संस्थाएँ जितना ही अधिक यांत्रिक और उपभोक्तावादी

जरूरतों को पूरा करने में सक्षम होती गई हैं, उतना ही भावनात्मक स्तर पर एक नि:सारता का भाव भी पैदा हुआ है। दिनकर की इस पंक्ति में, 'ज्ञानघूर्णी पर चढ़ा मनुज को मार रहा मरुथल है' ऐसी ही निराशा का भाव व्यक्त होता है। पर इसके पहले आधुनिक औद्योगिक क्रान्ति के अगुआ ब्रिटेन के एक कवि टी.एच. इलियट ने आज से लगभग एक शताब्दी पहले, जब प्रथम विश्वयुद्ध के घोर नरसंहार के बावजूद संसार में इस औद्योगिक सभ्यता का यशोगान हो रहा था, अपने विख्यात काव्य 'वेस्टलैंड' में समाज के सारे क्रियाकलापों को बंजर के रूप में पेश किया था। पश्चिमी दुनिया में नई औद्योगिक व्यवस्था से पैदा अन्तर्विरोधों और संघर्षों के बीच अराजकवादी आन्दोलन में कहीं-न-कहीं व्यवस्थागत परिवर्तन से परे कुछ अलग तरह के उन्मुक्त जीवन की तलाश थी। यही वह बिन्दु है, जहाँ यह गांधी की चिन्ताओं के करीब आता है।

वर्तमान औद्योगिक समाज के साथ राज्य व्यवस्था का भी एक खास तरह का ढाँचा विकसित होता है, जिसकी यांत्रिकता के लिए मानवीय संवेदना एक बाधक तत्त्व के रूप में सामने आती है, जिसे निरस्त करने की जरूरत होती है। विख्यात समाजशास्त्री मैक्स वेबर ने आधुनिक औद्योगिक समाज से जुड़े राजनीतिक नौकरशाही को अति सक्षम 'लीगल रैशनल सिस्टम' (तर्कसंगत कानून-व्यवस्था) के रूप में परिभाषित किया था। लेकिन इस सक्षमता की कीमत भाव-शून्यता (डिस इन्चैंटमेंट) के रूप में चुकानी होती है। अराजकवादियों को राज्य के इस चरित्र के कारण,इससे किसी तरह का तारतम्य स्थापित करना असम्भव लगता था। आर्थिक बदलाव से जुड़े इस भावनात्मक दबाव का असर भी लोगों को विशेषकर, मजदूर वर्ग को राहत पहुँचाने के प्रयास में देखा जा सकता है।

औद्योगिक क्रान्ति के बाद यूरोप में मजदूर वर्ग की स्थिति को सुधारने के जो प्रारम्भिक प्रयास हुए—जिन्हें कार्ल मार्क्स ने यूटोपियन कहा था—उनका मूल उद्देश्य विकास की इस धारा से निकल समाज को नए आधार पर खड़ा करना था। मोटा-मोटी इनमें राजसत्ता को नजरअन्दाज किया गया था। उस समय यूरोप में राजसत्ता की इस औद्योगिक सत्ता के विकास में गहरी संलिप्तता थी। दरअसल चुंगी के छोटे-छोटे स्थानीय दायरे को समाप्त कर समेकित राष्ट्र-राज्य का निर्माण और संसार भर के संसाधनों के नियंत्रण के लिए युद्धों का विस्तार करना इन राष्ट्र-राज्यों का मूल स्वरूप बन रहा था। इसी रुझान को युद्ध विद्या के प्रसिद्ध अध्येता क्लास्वित्ज ने यह कहकर परिभाषित किया था कि 'वार इज द कंटिन्यूएशन ऑफ पॉलिटिक्स बाई अदर मीन्स' यानी युद्ध राजनीति को दूसरे माध्यमों से जारी रखना भर है। इस संलिप्तता की छाया पूरी बीसवीं शताब्दी पर बनी रही। द्वितीय विश्वयुद्ध के पीछे हिटलर की 'लेबेन्स राउम' (जीवन के लिए ठौर) का सिद्धान्त नई औद्योगिक व्यवस्था के लिए संसाधनों की इसी आक्रामक तलाश की अभिव्यक्ति थी। 'स्थायी

युद्ध की अर्थव्यवस्था' की व्यापकता जो द्वितीय विश्वयुद्ध की समाप्ति और हिटलर जैसे किसी बहाने के न होने के बावजूद भी वर्तमान औद्योगिक व्यवस्था का अंग बन गई है, इस व्यापक रुझान को बतलाती है। हालाँकि नए राष्ट्र-राज्य की समग्रता उस काल में स्थापित नहीं हुई थी, फिर भी इसका आभास मजदूरों के दमन और शोषण में साफ मिलता है।

अत:, यूटोपिआई समाजवादी राजसत्ता को दरकिनार कर अलग मूल्यों के आधार पर अलग तरह की व्यवस्थाएँ निर्मित करने में लगे थे। इसके विपरीत, कार्ल मार्क्स और उनके समकालीन अराजकवादी दोनों ही राज्य को नजरअन्दाज कर समाज में किसी बदलाव को असम्भव मानते थे। दोनों का उद्देश्य था राज्य व्यवस्था का विघटन। लेकिन कैसे? इस बिन्दु पर दोनों दृष्टियों में गहरा मतभेद था। मार्क्स का मानना था कि मजदूर आन्दोलन को राजसत्ता का इस्तेमाल पूँजीवादी व्यवस्था को नष्ट करने के लिए करना पड़ेगा। उनका तर्क था कि चूँकि राज्य शोषक वर्ग के वर्चस्व को कायम रखने का एक हथियार है, जब पूँजीवादी व्यवस्था नष्ट हो जाएगी तो इसके साथ ही राज्य-व्यवस्था के विघटन का सिलसिला जारी हो जाएगा। लेकिन अराजकवादी, जो राज्य-व्यवस्था को स्वयं ही शोषण का हथियार मानते थे, शुरू से ही इसे नष्ट करने का विचार रखते थे। दोनों ही आन्दोलनों के प्रयास अलग-अलग कारणों से असफल हुए।

प्रूधां, जो अराजकवादी आन्दोलन का प्रथम प्रभावशाली नेता था, किसी तरह के हिंसक आन्दोलन और राजसत्ता दोनों का विरोधी था। इन दोनों को दरकिनार कर शोषणविहीन व्यवस्था कायम करने के लिए वह एक खास तरह का विनियम बैंक स्थापित करने का हिमायती था। उसने स्वयं ऐसा बैंक स्थापित करने का प्रयास भी किया जो असफल रहा। सर्वाधिक प्रभावशाली अराजकवादी नेता बाकुनिन जो मार्क्स का समकालीन था और मजदूर संगठनों के प्रथम अन्तर्राष्ट्रीय संगठन में कुछ समय तक उसका सहभागी भी था, हिंसक क्रान्ति से पूँजीवाद और राज्य व्यवस्था दोनों को खत्म करना चाहता था। वह उन्नीसवीं सदी के मध्य में हुए यूरोपीय क्रान्तिकारी उभारों में बढ़कर हिस्सा लेता रहा। लेकिन सत्ता के प्रति अपने निषेध भाव के कारण हर बार अन्त में बहिष्कृत हो गया। दूसरी ओर मार्क्सवादी प्राय: सत्ता में आए और अन्ततः नई औद्योगिक व्यवस्था के मूल्य (जो पूँजीवादी उपभोक्तावादी थे) और ढाँचे को मजबूत करने में ही सफल रहे। रूस और चीन में, जहाँ इनको बड़ी सफलता मिली, औद्योगीकरण तो चरम पर पहुँचा लेकिन साम्यवाद, समता और स्वाधीनता के सारे सपने विलीन हो गए। राजसत्ता जिसे विघटित होना था, वह परम सत्ता बन गई।

इसके विपरीत, अराजकवादी वैसे साम्यवादी सिद्धान्त की जमीन तलाशते रहे जो शोषण और दमन से मुक्ति दिला सके। इस दिशा में प्रिंस क्रोपोट्किन

अराजकवादियों के सबसे महत्त्वपूर्ण सिद्धान्तकार हुए। वे जीव जगत और समाज, दोनों के गहन अध्येता थे। अपनी सबसे महत्त्वपूर्ण पुस्तक 'म्यूचुअल एड' में उन्होंने यह दिखलाया कि पशु जगत से लेकर मनुष्य के विकास तक के सभी स्तर पर मानव संस्थाएँ अपना अस्तित्व पारस्परिक सहयोग से ही बचाए रख सकीं। इस सिद्धान्त का प्रतिपादन डार्विन के सिद्धान्तों की उस पूँजीवादी व्याख्या के विरोध में किया गया था जिसके मुताबिक, जो सबसे अधिक सक्षम है उन्हें ही जीवित रहने का अधिकार है (सर्वाइवल ऑफ द फिटेस्ट)।

आधुनिक अराजकवादी, जिनमें कुछ अपने को ग्रीन एनार्किस्ट कहते हैं तो कुछ एनार्किस्ट प्रिमिटिविस्ट, बौद्धिक रूप से बहुत प्रखर हैं, लेकिन इनकी शक्ति व्यवहार में बहुत ही कम है। ये पारस्परिकता के सिद्धान्त को केन्द्रीय मानते हैं और वर्तमान सभ्यता को, जो पूरी तरह प्रतिस्पर्धा पर आधारित है, सिरे से खारिज करते हैं। इन लोगों ने आर्कियोलॉजी एवं ऐन्थ्रोपोलॉजी का गहन अध्ययन कर यह स्थापित करने की कोशिश की है कि चालू अवधारणा 'आदि मानव का जीवन पोषक तत्त्वों की दृष्टि से दीनता का था' पूरी तरह भ्रामक है। उनकी मान्यता है कि आदि मानव जो आखेट और फल-मूल पर आश्रित थे, औसतन महज चार-पाँच घंटे के प्रयास से आज की अपेक्षा अधिक पौष्टिक आहार प्राप्त कर लेते थे।

वे हॉब्स की इस धारणा को, कि प्राचीन मानव का जीवन, 'अभाव और आपसी द्वंद्व से पाशविक और अल्पकालिक था', पूरी तरह भ्रामक मानते हैं। वे अद्यतन अध्ययनों का सहारा लेकर यह भी प्रतिपादित करते हैं कि मानव के पतन की शुरुआत आज से लगभग दस हजार वर्ष पहले हुई, जब लोगों ने कृषि और पशुपालन (डोमोस्टिकेशन) शुरू किया। तभी से कुपोषण और अनेक तरह के जीवाणुओं से पैदा संक्रामक रोगों की शुरुआत हुई और इनके दर्दनाक नतीजे सामने आने लगे। अपने इस प्रतिपादन के समर्थन में उन्होंने अकाट्य प्रमाण पेश करने का दावा किया है। इन तथ्यों के आधार पर वे वर्तमान सभ्यता को ही समस्या का मूल मानते हैं और इससे निजात पाना चाहते हैं।

जॉन जेरज़न, जिन्हें बहुत लोग वर्तमान का सबसे महत्त्वपूर्ण अराजकवादी चिन्तक मानते हैं, एक लेख 'पोस्ट स्क्रिप्ट टू फ्यूचर प्रिमिटिव रि : द ट्रांजिशन' में जो उनकी पुस्तक 'रनिंग ऑन एम्प्टीनेस' में संकलित है, वर्तमान सभ्यता के कुछ पहलुओं पर वैसी ही बातें करते हैं जैसी बातें गांधीजी के हिन्द स्वराज में हैं। इस बिन्दु पर दोनों के विचार में अद्‌भुत समानता है। जॉन जेरज़न लिखते हैं :

> "सम्भवत: एक नई दुनिया में स्वास्थ्य की समस्या आवासीय व्यवस्था से भी कम पहचान में आनेवाली होगी। आज की अमानवीय औद्योगिक 'दवा' समाज के सम्पूर्ण ताना-बाना के अनुरूप है, जो हमें जीवन और इसकी

आन्तरिक शक्ति से हीन करती है। वर्तमान समय के असंख्य आपराधिक कर्मों में लोगों की दुर्दशा से मुनाफा कमाने के रुझान को सर्वोच्च श्रेणी में रखा जाना चाहिए।...सभ्यता के पहले बीमारियों का अस्तित्व लगभग नगण्य था। इससे अलग कुछ हो भी कैसे सकता था? गलन, संक्रमण, भावनात्मक बीमारी और ऐसी बाकी बीमारियों का उत्स (उबाऊ) काम, विषाक्तता, बेगानापन, भय, अर्थहीन जीवन क्षतिग्रस्त बेगाना हकीकत के समग्र पटल को छोड़? इनके उद्गम को नष्ट करके सभी तरह के दुखों का निवारण हो सकेगा। छोटी-मोटी समस्याओं का इलाज जड़ी-बूटियों आदि से या शुद्ध बिना प्रोसेस किए गए भोजन से हो सकेगा। यह तो जाहिर है कि औद्योगिकीकरण और कारखानों को एकाएक खत्म नहीं किया जा सकता, लेकिन यह भी स्पष्ट है कि इनका सफाया पूरी शक्ति एवं विद्रोही तेवर से होना चाहिए...।"

अब सभ्यता के सम्बन्ध में हिन्द स्वराज में गांधीजी के विचार को देखें।

पाठक : अब तो आपको सभ्यता की बात करनी होगी। आपके हिसाब से यह सभ्यता बिगाड़ करनेवाली है?

सम्पादक : मेरे हिसाब से ही नहीं, बल्कि अंग्रेज लेखकों के हिसाब से भी यह सभ्यता बिगाड़ करनेवाली है। उसके बारे में बहुत किताबें लिखी गई हैं। वहाँ इस सभ्यता के खिलाफ मंडल भी कायम हो रहे हैं। एक लेखक ने 'सभ्यता, उसके कारण और उसकी दवा' नाम की किताब लिखी है। उसमें साबित किया गया है कि यह सभ्यता एक तरह का रोग है।

और आगे...

"...पहले लोग खुली हवा में अपने को जितना ठीक लगे उतना ही काम स्वतंत्रता से करते थे। अब हजारों आदमी अपने गुज़ारे के लिए इकट्ठे होकर बड़े कारखानों में या खानों में काम करते हैं। उनकी हालत जानवरों से भी बदतर हो गई है। उन्हें सीसे वगैरह के कारखानों में जान जोखिम में डालकर काम करना पड़ता है। इसका लाभ पैसेदार लोगों को मिलता है। पहले लोगों को मारपीट कर गुलाम बनाया जाता था, आज लोगों को पैसे और भोग का लालच देकर गुलाम बनाया जाता है। पहले जैसे रोग नहीं थे वैसे रोग आज लोगों में पैदा हो गए हैं और उसके साथ डॉक्टर खोज करने लगे हैं कि रोग कैसे मिटाए जाएँ।"

और आगे...

"यह सभ्यता ऐसी है कि अगर हम धीरज धरकर बैठे रहेंगे तो सभ्यता की चपेट में आए लोग खुद की जलाई आग में जल मरेंगे।"

हालाँकि सभ्यता से पतन के पीछे के कारण और इसके काल के सम्बन्ध में दोनों के विचार भिन्न हैं। जॉन जेरज़न इस पतन की शुरुआत कृषि क्रान्ति में मानते हैं, जो आज से लगभग दस हजार वर्ष पहले हुई, जबकि महात्मा गांधी आधुनिक पश्चिमी औद्योगिक सभ्यता में।

आधुनिक अराजकवादी, जो अपने को एनार्किस्ट प्रिमिटिविस्ट कहते हैं, इस व्यवस्था का अन्त कृषि व्यवस्था, जिसे वे 'डोमेस्टिकेशन' कहते हैं, को खत्म करने में देखते हैं, जबकि गांधीजी पारम्परिक कृषि और पारम्परिक हस्त उद्योगों पर आधारित विकेन्द्रित और आत्मनिर्भर ग्रामीण समाज में इससे मुक्ति देखते हैं। वे विकेन्द्रीकरण की दिशा में यहाँ तक जाते हैं कि हर जगह कपास के लिए स्थानीय स्तर पर कपास की खेती होनी चाहिए। इसी तरह जरूरत की सभी वस्तुओं के लिए स्थानीय संसाधनों के विकास पर जोर देते हैं जो दूरदराज से विनियम को अनावश्यक बना दे।

एनार्किस्ट प्रिमिटिविस्ट यह नहीं बतलाते कि यह व्यवस्था खत्म कैसे होगी। कुछ सनसनीखेज घटनाएँ—जिसमें कुछ चुने हुए प्रतिष्ठानों पर पोस्टल बमों से हमला (उना बाबर) से लेकर घेरेबन्दी से सिएटल में विश्व व्यापार संगठन की बैठक नहीं होने देना जैसी घटनाएँ शामिल हैं। आगे बढ़ कोई स्थायी कारगर उपाय वे नहीं बतला पाते। पहले में, ऐसे निर्दोष इनसानों की हत्या की सम्भावना जो दुश्मन की तरह चिह्नित नहीं है, अवश्यम्भावी है। इसे अराजकवादी स्वयं अवांछित मानते हैं। सिएटल की बैठक नहीं हो पाने से कुछ सनसनी अवश्य फैली, लेकिन इसके आगे ऐसी बैठकों पर रोक नहीं लग सकी। इस तरह की वैश्विक संस्थाएँ इतनी सम्पन्न हैं कि जरूरत पड़ने पर वे अपनी बैठक सागर या आकाश में ही जलयान या वायुयान में बैठकर कर सकती हैं। वैसे ही फ्रांस के 1968 के छात्र आन्दोलन या उसी क्रम में अमेरिका के छात्र आन्दोलनों को वे मिथकीय आभा से विभूषित करते हैं जो उन्हें युग परिवर्तन के आगाज लगे। लेकिन इनकी कोई स्थायी छाप जनमानस पर नहीं पड़ी, जिससे परिवर्तनकारी मानसिकता बन पाए।

प्राय: दार्शनिक अपनी वैश्विक सोच में भी निजी परिवेश की स्थितियों से इतना बँधे होते हैं कि अपनी कल्पना में उसे सार्विक सम्भावना का आधार मान बैठते हैं। जॉन जेरज़न अमेरिकी चिन्तक हैं और वे स्वयं जिस राज्य ओरेगन से आते हैं, वहाँ की आबादी कम है और वह विशाल वनों का प्रदेश है। इसलिए उनकी कल्पना में हंटिंग-गैदरिंग (आखेट और कन्दमूल पर आश्रित जीवन) जैसा उन्मुक्त जीवन आज भी सम्भव लग सकता है। लेकिन आज से दस हजार वर्ष पहले संसार की आबादी चन्द लाख थी। आज जब यह आबादी सात अरब की तरफ बढ़ रही है और भारत जैसे देश में, जहाँ छोटे से भौगोलिक क्षेत्र में सवा

अरब लोगों का जीवन का आधार ढूँढ़ना होता है, वहाँ आखेट और फल-मूल संग्रह पर आधारित जीवन की क्या सम्भावना हो सकती है? शायद इस सीमा से वे भी परिचित हैं। इसीलिए जहाँ वे संक्रमण की बात करते हैं, वैकल्पिक ढंग की कृषि की ही बात करते हैं। उदाहरण के लिए विकल्प की तात्कालिक तस्वीर यों हैं...

> "हजारों मील की दूरी पर खाद्य पदार्थ पहुँचाने जैसे अर्थहीन काम में जो आम बात है और जिसका पूरक है अनगिनत टनों में खर-पतवार नाशक और कीट-नाशक जहरों का उत्पादन। इस आशंका के जवाब में कि, आमूलचूल परिवर्तन के प्रयास में असंख्य लोग भूख से मर जाएँगे, कृषि सम्बन्धी कुछ दूसरे सकारात्मक परिप्रेक्ष्य पेश किए जा सकते हैं। यह पूरी तरह सम्भव है कि हम स्वयं अपना पदार्थ उत्पादित करें। इसके लिए सरल उपाय उपलब्ध है जिससे बिना कार्य-विभाजन के छोटे रकबां में बड़ी मात्रा में पैदावार हो सके।
>
> परमाकल्चर एक विधि है जो ऐसी तकनीक अपनाता है जो अपने को स्वयं विकसित कर पुनरुत्पादित करता है। इस तरह वह पालतू बनाने की जगह प्रकृति की तरफ ले जाता है। यह एक बीच का रास्ता है, जो सभ्यता से दूर जाने के क्रम में अपनाया जा सकता है। नगरों के भीतर की खेती व्यावहारिक संक्रमण का एक उपाय है।

और आगे...

> यह साफ है कि औद्योगीकरण और कारखाने पल भर में खत्म नहीं हो जाएँगे। लेकिन यह भी उतना ही साफ है कि उनके खात्मे का प्रयास भी आन्दोलन में तीव्रता के साथ होना चाहिए।

अराजकवादी इस तथ्य की ओर ध्यान खींनने की कोशिश करते हैं कि कृषि की तरफ संक्रमण आबादी के दबाव से नहीं हुआ बल्कि कृषि और पशुपालन की ओर संक्रमण से जो जीवन की स्थितियाँ पैदा हुईं और भोजन की उपलब्धता बढ़ी, उसी की वजह से अचानक आबादी का तेज संक्रमण हुआ। शायद यह बात सही है, लेकिन आज हम जीवन पद्धति में जो भी परिवर्तन करेंगे, उसमें इस बढ़ी हुई आबादी की मूल आवश्यकताओं को नजरअन्दाज करके नहीं कर सकते। महात्मा गांधी, जिनके लिए भारत की घनी आबादी और सीमित भूमि एक कठोर हकीकत थी, कृषि क्रान्ति के पहले की कल्पना में जीने की बजाय भारतीय जीवन की जो वास्तविक स्थितियाँ थीं, उसी के परिप्रेक्ष्य में जीवन और समाज के लिए नई दिशा ढूँढ़ रहे थे।

इस सन्दर्भ में यह भी ध्यान देने की बात है कि आधुनिक औद्योगीकरण ने धरती और इसके संसाधनों पर बोझ घटाने की बजाय लगातार बढ़ाया ही है। खनिजों

और उद्योगों के लिए वनोपजों की बढ़ती माँग के कारण लगातार वनभूमि एवं कृषि योग्य भूमि को बंजर या कृषि के लिए अनुपयुक्त भूमि में तब्दील किया जा रहा है। दूसरी ओर, भूमि की उपज को अखाद्य वस्तुओं जैसे रबर या एथनॉल में तब्दील किया जा रहा है। इसी तरह विपणन के विस्तार के लिए यातायात बढ़ता है और इससे कृषि योग्य भूमि को अधिग्रहित कर सड़कों का जाल बिछाया जा रहा है। यह जीवन की जरूरत की जगह विनियम को त्वरण देने के लिए हो रहा है। कुल मिलाकर, इस आम धारणा के विपरीत कि औद्योगीकरण से भूमि पर आबादी का बोझ घटता है, हकीकत में आबादी का बोझ बढ़ता है क्योंकि आदमी की जरूरतें बढ़ाई जा रही हैं।

अपने विशाल क्षेत्रफल और कोयला, तेल आदि की प्रचुर उपलब्धता के बावजूद, हमारी एक-चौथाई से कम आबादी वाले देश अमेरिका को अपने ऊँचे जीवन स्तर के लिए सारे संसार में पैर पसारना अपरिहार्य लगता है। अगर भारत उसकी तरह के जीवन स्तर की आकांक्षा रखे तो इसे धरती जैसे कितने ही नक्षत्रों पर साम्राज्य फैलाना होगा। यह सब सीधी-सी बात है। लेकिन आधुनिकता की फैन्टेसी में जीनेवाले हमारे इलीट लोगों की समझ में आज भी जो बात नहीं आ रही है उसे महात्मा गांधी ने अपने युवाकाल में तीन महादेशों के अनुभव से समझ लिया था और इसी आधार पर अपने और समाज के जीवन को ढालने की कोशिश कर रहे थे।

जो बात महात्मा गांधी की सोच को अराजकवादियों की या तथाकथित यूटोपियाई समाजवादियों की सोच के नजदीक लाती है, वह शायद मनुष्य मात्र के अचेतन में दबी उन्मुक्त जीवन की आकांक्षा की अभिव्यक्ति है।

हमारे आदिम पूर्वज कभी घने वनों में छोटे समूहों में पारस्परिक सहयोग के आधार पर जीते थे। उनकी आवश्यकता के हिसाब से संसाधनों की सहज उपलब्धता थी। उस जीवन के प्रतिमान शायद आज भी हमारे जीन में उपस्थित हैं, हालाँकि हमारे जीवन की स्थितियाँ बिलकुल बदल गई हैं। अदन के बाग का उन्मुक्त जीवन, न्यू अटलांटिस, सतयुग या यूटोपिया की तलाश कहीं-न-कहीं हमारी उस आदिम अवस्था की चाहत की ही अभिव्यक्ति है। समता और सामुदायिकता की तलाश हमारे घोर व्यक्तिवादी समाज के दबावों के बावजूद खत्म नहीं होती। एथोलॉजिस्ट डेस्मंड मॉरिस ने अपनी चर्चित पुस्तक 'द ह्यूमन जू' में लिखा है कि "आज के निर्वैयक्तिक समाज में, जहाँ लाखों लोगों को साथ रहना होता है वहाँ भी प्रत्येक व्यक्ति पुराने जैविक किस्म का वैयक्तिक सम्बन्ध कबीलाई आकार के छोटे पेशागत या सामाजिक समूह के साथ स्थापित कर लेता है। इस छोटे समूह में वह स्वभाव में निहित पारस्परिक सहयोग और सम्पत्ति साझा करने के रुझान को तुष्ट कर सकता है।"

मानव स्वभाव में अन्तर्निहित सामुदायिकता विषमतामूलक समाज के विकास के क्रम में उसके अचेतन में दबा दी गई है। लेकिन विशेष अवसरों पर यह फिर उसकी चेतना में उभर आती है। गांधीजी के जीवन में इस तरह का बदलाव रस्किन की पुस्तक 'अन टू द लास्ट' पढ़ने के बाद आया और उसी क्षण से वे साम्यवादी बन गए—महज दिमागी ऐयाशी के लिए नहीं, व्यावहारिक जीवन में। गांधीजी के अनुसार सिद्धान्त रूप में पुस्तक का निष्कर्ष था :

1. व्यक्ति की भलाई सबों की भलाई में निहित है।
2. एक वकील के काम का वही महत्त्व है जो एक नाई के काम का, क्योंकि सबों को अपने काम से आजीविका पाने का अधिकार है।
3. श्रम का जीवन, यानी एक हलवाहे का जीवन जो जमीन जोतता है एवं एक दस्तकार का जीवन जीने योग्य है।

इस नतीजे पर पहुँचने के साथ ही गांधीजी ने सामुदायिक श्रम पर आधारित जीवन की शुरुआत अपनी पत्रिका 'इंडियन ओपिनियन' के प्रकाशन की नई व्यवस्था से की। उन्होंने फीनिक्स में (डरबन के पास के छोटा रेलवे स्टेशन) भूमि खरीद कर अपने भारतीय और यूरोपीय सहयोगियों के साथ सामूहिक श्रम के आधार पर आवास निर्माण से लेकर प्रेस चलाने तक का सारा काम शुरू किया। इसमें सम्पादक और श्रमिक सबकी समान सहभागिता थी। यह बिना किसी राज्य व्यवस्था के नियंत्रण या सहयोग के स्वावलम्बन पर आधारित सामुदायिक श्रम का प्रयोग था। इस क्रम में एक समय ऐसा भी आया जब इन लोगों ने मशीन की जगह अपने शारीरिक श्रम से ही प्रेस को चलाना शुरू कर दिया और गांधीजी ने जैसा लिखा है, उनके लिए वे नैतिक उत्थान के सर्वोच्च क्षण थे।

सामुदायिक जीवन का इससे भी बड़ा प्रयोग टॉल्सटॉय फार्म का था। यह प्रयोग दक्षिण अफ्रीका में अपने अधिकारों के लिए लड़ रहे भारतीयों के परिवारों की आजीविका की व्यवस्था के लिए किया गया। इसमें जेल की सजा काट रहे सत्याग्रहियों के परिवारों के सामूहिक जीवन की व्यवस्था की गई थी। जोहान्सबर्ग के पास इसके लिए गांधीजी के एक जर्मन सहयोगी केलेनबाख ने 1100 एकड़ का एक फार्म खरीद दिया। शुरू में इसमें दस औरतों और सात मर्दों के लिए व्यवस्था करनी पड़ी। यह भी ज्ञातव्य है कि इनमें हिन्दू, पारसी, ईसाई और मुसलमान—सभी धर्मों के लोग थे। इसके अलावा इनमें तमिल, तेलुगु, गुजराती और उत्तर भारतीय थे। अपने लिए आवास का निर्माण सबने मिलकर स्वयं ही किया। भाषाई भिन्नता के बावजूद इनकी शिक्षा की सम्मिलित व्यवस्था की गई। मल-मूल आदि के निस्तार की ऐसी व्यवस्था की गई, जिसमें पर्यावरण शुद्ध रहे और साथ ही उपयोगी खाद तैयार हो जाए, जो सामुदायिक कृषि के लिए उपयोग में आए।

यह सब होना चमत्कार-सा लगेगा जब तक हम यह न मान लें कि सहयोग और पारस्परिकता का भाव मनुष्य का आनुवंशिक गुण है, जिसे प्रतिस्पर्धा की वर्तमान सभ्यता ने हजारों वर्ष के विकास के क्रम में नष्ट करने का काम किया है। संघर्ष के साथ रचना का कार्यक्रम, जो गांधीजी के आन्दोलन का महत्त्वपूर्ण चरित्र रहा है, उस दिशा की ओर इशारा करता है, जिस दिशा में चलकर वर्तमान सभ्यता के विकल्प में इसके भीतर से ही एक नई जीवन पद्धति का विकास किया जा सकेगा। अराजकवादियों की यह कल्पना कि किसी तरह धक्का देकर वर्तमान व्यवस्था को नष्ट कर देने से सहयोग आधारित समाज स्वतः अस्तित्व में आ जाएगा किसी चमत्कार की आशा जैसी लगती है।

1960 के दशक में फ्रांस से शुरू हो यूरोप और अमेरिका में छात्रों के बाद में इसके समर्थन में जुड़े मजदूरों का निषेध पक्ष तो प्रखर था जिसने औद्योगिक व्यवस्था के स्थापित मूल्यों (प्रतिस्पर्धा एवं युद्ध) के विनाशकारी चरित्र को उजागर किया, लेकिन किसी विकल्प के अभाव में उस समय का विद्रोही युवा फिर पुराने ढाँचे को ही कबूल करने पर मजबूर हो गया। आधी शताब्दी के बाद उन आन्दोलनों के स्मृति शेष भी नहीं रहे। यूरोप और स्वयं फ्रांस की नई पीढ़ी और मजदूर वर्ग में व्यवस्था को नष्ट करने के जुनून की जगह आप्रवासी मजदूरों के खिलाफ अन्धविरोध का भाव व्याप्त है। वर्तमान औद्योगिक सभ्यता हर स्तर पर मजदूरों के शोषण से लेकर पर्यावरण के विरुद्ध अनियंत्रित आक्रमण पर आधारित है। खनिजों और जीवाश्म ईंधनों के लिए धरती के चट्टानी सतहों की तोड़फोड़, वनों की कटाई, जल स्रोतों का अतिशय दोहन और नदियों से लेकर भूतल तक के जल को रासायनिक कचड़ों से प्रदूषित करना इसके प्रकृति विरोधी हिंसा के आयाम हैं। इस व्यवस्था के खिलाफ हुई सभी क्रान्तियाँ अन्ततः इसी हिंसात्मक संस्कृति का हिस्सा बन कुछ फेरबदल के साथ इस व्यवस्था को चलाने में लगी रही हैं।

पिछली त्रासदियों के सन्दर्भ में प्रश्न उठता है कि क्या वैसी स्थितियाँ सम्भव हैं जब आज की जीवन पद्धति को छोड़ प्रकृति के साहचर्य की नई जीवन पद्धति विकसित हो सके? जवाब है हाँ। यह बात कुछ विश्वास के साथ कही जा सकती है कि वर्तमान विकास की सीमाएँ कुछ इस तरह उभर रही हैं जो हमें मजबूरन प्रकृति पर विजय पाने की आसुरी आकांक्षा छोड़ प्रकृति से साहचर्य के सरल जीवन की ओर मुड़ने को मजबूर करती है।

इसके लिए हमें मशीनीकरण के मूल स्वरूप को समझना होगा। इस विषय को सही परिप्रेक्ष्य में रखने के लिए औजार और मशीन के चरित्र और औद्योगिक क्रान्ति के काल में हुए उनके बदलाव के सम्बन्ध में स्वयं कार्ल मार्क्स के विचार जो उन्होंने अपनी पुस्तक 'पूँजी' के प्रथम भाग में प्रस्तुत किए हैं, काफी सहायक

हैं। मार्क्स पहले औजार (टूल) और मशीन का फर्क बतलाते हैं। वे कहते हैं कि मशीन वह प्रविधि है जो कार्यशील होने पर औजार (टूल) से वह काम कराती है जो पहले श्रमिक द्वारा उन्हीं औजारों से किया जाता था। इसमें जहाँ पहले मनुष्य चालक (मोटिव पावर) का काम करता था वहाँ उसकी जगह अब मशीन है जो चालक की भूमिका अदा करती है। इस पूरी प्रक्रिया के तीन भाग हैं—चालक, ऊर्जा-संचालक (ट्रांसमीटर) और औजार (टूल)। ऐतिहासिक दृष्टि से चालक कभी घोड़ा, जलधारा या वायु हुआ करता था। अब यह मूलतः कोयला, खनिज तेल या किसी स्रोत से उपलब्ध बिजली बन गया है। हस्तकला को छोड़कर प्रायः दूसरे सभी क्षेत्रों में मनुष्य चालक की भूमिका से बाहर हो गया है और घोड़े, ऊँट, बैल आदि भी चालक के रूप में हाशिये पर डाल दिए गए हैं।

चूँकि, मनुष्य के पूर्ण नियंत्रण में रहनेवाले स्रोत तेल, कोयला आदि ही हैं जिनका जल, थल और वायु तीनों में ऐच्छिक इस्तेमाल हो सकता है, पिछली शताब्दी से इन्हीं स्रोतों की तलाश और इनका कारखानों, बिजलीघरों और वाहनों के लिए अनियंत्रिक उपयोग होता रहा है। लेकिन ऊर्जा के इन स्रोतों की तलाश में इस बात को सदा नजरअन्दाज किया जाता रहा है कि ये सारे-के-सारे जीवाश्म ईंधन कभी के गड़े खजाने हैं, जिन्हें आज न कल खत्म होना है। इसके बावजूद तेज विकास और भारी मुनाफे की इच्छा ने इन ईंधनों के उपयोग को सीमित करने की बजाय लगातार बढ़ाया ही है। पर एक दूसरे रूप में इनकी सीमाएँ उभरने लगी हैं।

हमेशा ऐसा होता है कि जीवाश्म ईंधन या किसी खनिज की तलाश में पहले इन्हें आसानी से उपलब्ध करानेवाले स्रोतों को विकसित किया जाता है। बाद में जब ये स्रोत विरल होते जाते हैं तब उन स्रोतों को विकसित किया जाता है जिनसे इन खनिजों का पाना ज्यादा कठिन या खर्चीला होता है। स्वाभाविक है कि इनसे पाए जानेवाले ईंधन या खनिज अधिक महँगे सिद्ध होंगे। थोड़ा विचार करने से लगता है कि इधर लगातार बढ़ रही महँगाई के पीछे यह एक मूल कारण है। कोयला, तेल आदि स्रोतों पर ऊर्जा के लिए हमारी निर्भरता और इनका महँगा होते जाना इसके मूल में है। कोयला या एथनॉल के माध्यम से जैविक पदार्थों का ईंधन-गैस या तेल में परिवर्तित किया जाना संकेत है उस दिशा का, जिसमें ऊर्जा के स्रोतों के सिकुड़न से महँगाई और अन्ततः अभाव बढ़ता जा रहा है। प्रायः तेल के महँगा होने के पीछे 'ओपेक' जैसे तेल उत्पादक देशों के संगठन को दोषी ठहराया जाता रहा है जबकि हकीकत यह है कि ओपेक के देश कहीं-न-कहीं तेल की उपलब्धता के सिकुड़न को ही प्रतिबिम्बित करते हैं। कुल मिलाकर हालत यह है कि 1960 के दशक तक के एक डॉलर प्रति बैरल से बढ़कर आज कच्चा तेल सौ डॉलर के आस-पास पहुँच गया है। आगे जैसे-जैसे ऊर्जा के ये स्रोत विरल होते जाएँगे इनकी महँगाई भी बढ़ेगी।

अर्थ जगत का वह रुझान, जिसे अर्थशास्त्री 'स्टैगफ्लेशन' कहते हैं—यानी मन्दी और महँगाई का साथ-साथ होना—इसी परिप्रेक्ष्य में समझा जा सकता है। आम तौर से माना जाता है कि आर्थिक मन्दी के काल में वस्तुओं की कीमतें गिरेंगी, क्योंकि बेरोजगारी से लोगों की क्रय शक्ति के ह्रास से उनके खरीदार घटेंगे। लेकिन 'स्टैगफ्लेशन' में मन्दी के साथ-साथ महँगाई भी बढ़ती है। दरअसल यह स्थिति लगातार गहराते ऊर्जा संकट का संकेत है। लोगों की क्रय शक्ति चाहे कितनी ही कम हो, अगर वस्तुओं के उत्पादन में लगनेवाली ऊर्जा की कीमत लगातार बढ़ेगी तो इससे उत्पादों की कीमत कुछ-न-कुछ बढ़ेगी ही। विशेषकर, अगर खेती तेल से चलनेवाले यंत्रों पर निर्भर है तो कृषि उत्पाद भी महँगे होंगे।

एक समय मूलतः मानव श्रम पर निर्भर भारतीय उद्योग पश्चिमी देशों से आयातित कारखानों में उत्पादित औद्योगिक वस्तुओं की प्रतिस्पर्धा में मार खा गए थे। सम्भवतः बाईसवीं सदी आते-आते कोयला, तेल आदि इतने महँगे हो जाएँगे कि अक्षय ऊर्जा स्रोत सूर्य पर निर्भर 'फूडचेन'—जिसमें प्रकाश संश्लेषण से वनस्पतियों और शैवाल से शुरू हो संसार के सभी जीव-जन्तु जीवन का आधार पाते हैं—और इससे प्राप्त ऊर्जा के आधार पर चलनेवाले उद्योग-धन्धे स्पर्धा में कोयला, तेल आदि पर निर्भर उद्योगों से आगे निकल जाएँगे। ज्ञातव्य है कि विशेष तरह के हस्तकौशल से निर्मित वस्तुएँ आज भी कारखानों में बनी वस्तुओं से बेहतर होती हैं और प्रतिस्पर्धा में टिकी हुई हैं। हमारी पारम्परिक कृषि भी, जो मूलतः बैलों, मानव श्रम और जैविक खादों पर निर्भर है, खाद्यान्न उत्पादन सस्ते दर पर करती है और पश्चिमी देशों के मशीनीकृत कृषि के खाद्यान्नों के मुकाबले खड़ी है, जबकि पश्चिमी देशों की कृषि को भारी अनुदान पर टिकाए रखा जाता है।

आनेवाले समय में जब धरती का गड़ा खजाना शेष हो जाएगा, प्राकृतिक आधार पर स्थित कृषि और घरेलू उद्योगों के इर्द-गिर्द छोटी स्वायत्त ग्रामीण इकाइयाँ ही चल सकेंगी, जैसी भारत में और सम्भवतः दुनिया के कई दूसरे हिस्सों में औद्योगिक क्रान्ति के पहले थीं। यूरोप में भी इसके बावजूद कि वहाँ फ्यूडल सिस्टम विकसित हो गया था, फ्यूडल व्यवस्था के समानान्तर ही रूस के ग्रामीण लोगों की 'मीर' जैसी संस्थाएँ अस्तित्व में थीं, जो पारस्परिकता पर आधारित थीं।

महात्मा गांधी की कल्पना का भारत वैसे ही स्वशासी ग्रामीण इकाइयों का था। यह एक व्यावहारिक कल्पना थी, जो उभरते ऊर्जा संकट के सन्दर्भ में प्रासंगिक बनती जाएगी। शताब्दी-दो शताब्दी बाद आज की ये विशाल नागरीय व्यवस्थाएँ ऊर्जा और पर्यावरण के संकट से ध्वस्त हो जाएँगी और आज की विशाल आवासीय और आवागमन की व्यवस्थाएँ ऊर्जा संकट से मृत हो जाएँगी। ये चीन की दीवार

और पिरामिड की तरह खंडहर बन नुमाइश की चीजें बन जाएँगी। महात्मा गांधी राजकीय व्यवस्थाओं को नजरअन्दाज किए बगैर उनसे संघर्ष के साथ-साथ कुछ वैसे प्रतिमान भी रचनात्मक कार्यों से स्थापित करना चाहते थे, जो नए समाज के निर्माण को दिशा दे। उनका समाज का सपना अराजकवादियों से मिलता-जुलता था, लेकिन वे अधिक व्यावहारिक थे और जहाँ सम्भव हुआ नए समाज के मॉडल के रूप में छोटे स्तर पर निर्माण भी करते चले। 'ऑल इंडिया विलेज इंडस्ट्रीज एसोसिएशन', जो कभी बिलकुल अप्रासंगिक लगता था, आज के पर्यावरण संकट के सन्दर्भ में नई प्रासंगिकता ग्रहण करने लगा है। यह बात अलग है कि ऐसी संस्थाओं पर भी मौजूदा प्रबन्धन के मानक हावी होने लगे हैं। लेकिन ये सब तात्कालिक भटकाव हैं।

(गांधी शांति प्रतिष्ठान, दिल्ली में 2 अक्टूबर, 1911 को दिया गया व्याख्यान)

अन्तिम जन से मुलाकात

मुझे लगता है कि महात्मा गांधी का चम्पारण आना एक सन्धि बिन्दु है, उनकी राजनीतिक जिन्दगी में। जब वह चम्पारण आए थे उसके पहले दक्षिण अफ्रीका में एक बहुत बड़े आन्दोलन का वह नेतृत्व कर चुके थे और उसके काफी नतीजे भी निकल चुके थे। इस बात पर ध्यान देना चाहिए कि दक्षिण अफ्रीका से आए तो कौन-सी परम्परा लेकर आए और किस पृष्ठभूमि में उनको आँकना चाहिए।

दक्षिण अफ्रीका में महात्मा गांधी वैसे गए थे वकालत करने, लेकिन रंगभेद, नस्लभेद की समस्या इतने जबरदस्त रूप में वहाँ भारतीय लोगों के सामने थी कि गांधीजी उस आन्दोलन से जुड़ गए। उस क्रम में उनके कुछ ऐसे अनुभव हुए जिनसे उनके जीवन में बहुत बड़ा परिवर्तन हुआ। (ट्रेन में यात्रा कर रहे थे, उस समय उनके मित्र पोलक ने एक पुस्तक उनके हाथ में दी। वह रस्किन की किताब थी 'अनटू द लास्ट', और गांधीजी ने अपनी जीवन में उसका वर्णन किया है कि 24 घंटे की रेल-यात्रा में उन्होंने उस किताब को पढ़ा। उन्होंने कहा कि मेरे जीवन की जितनी सोच थी, सबको उस किताब ने बदल दिया। उसका निचोड़ यह था कि जो मजदूर काम करता है उसका जीवन एक आदर्श जीवन है, प्रतिष्ठा का जीवन है। वह जीना चाहिए और लोगों के बीच में भेदभाव खत्म होना चाहिए, उसके रहने का कोई औचित्य नहीं है। आश्रम के बारे में उन्होंने तय किया कि जो लोग उनके साथ काम करेंगे, उनमें किसी के साथ भी भेदभाव नहीं होगा, सब समान सैलरी लेंगे।

एक समतामूलक विचार की नींव उनके चरित्र में पड़ी और फिर उन्होंने जो रंगभेद के खिलाफ वहाँ के भारतीयों का आन्दोलन चलाया तो इस चीज को लगातार सामने रखा। फिर इसी से मिलती-जुलती तथा और भी ज्यादा व्यापक महत्त्व की एक घटना हुई, जब ट्रांसवाल में भारतीयों के खिलाफ टैक्स लागू किया गया कि जो कोई भी भारतीय यहाँ रहेगा उसको तीन पाउंड सरकार को देना पड़ेगा। तो यह सब जो हो रहा था, उसके खिलाफ एक आन्दोलन शुरू हुआ और एक बहुत बड़ी संख्या में धान के मजदूर और दूसरे लोग जेल में जाने लगे। जब सत्याग्रह का आन्दोलन शुरू हुआ तो एक समस्या गांधीजी और उनके सहयोगियों के सामने

आई कि सैकड़ों लोग जो जेल में गए उनके परिवार का क्या होगा? उनका भरण-पोषण कैसे होगा? उस समय उनके एक जर्मन दोस्त थे, उन्होंने 1100 एकड़ का एक फार्म खरीद करके इन लोगों को दे दिया। उन्होंने तय किया कि जितने भी सत्याग्रही परिवारों के लोग हैं, आकर इस फार्म-हाउस में रहेंगे। एक सामुदायिक जीवन बिताने की पहल शुरू की उन्होंने। ये सारे लोग वहाँ गए और जहाँ तक हो सका सब लोगों ने सहयोगी रूप में काम करना शुरू किया। सारे लोग मजदूरी करते थे उसमें और घर वगैरह के लिए इन्होंने और मिस्त्री वगैरह का भी सहयोग लिया। लेकिन ज्यादा-से-ज्यादा काम इन्होंने खुद मिलकर किया।

सबसे ज्यादा दिलचस्प जो बात थी और शायद अगर उस तरह की चीज हिन्दुस्तान में हुई होती तो बहुत सारी समस्याएँ पैदा नहीं होतीं। जितने विभिन्न धर्मों को माननेवाले लोग थे उन सत्याग्रहियों में उन लोगों का एक सह-जीवन शुरू हुआ। उस समय भारतीय लोग जो आन्दोलन में थे, उनमें हिन्दू थे, मुस्लिम थे और क्रिश्चियन थे और पारसी थे। तो सवाल हुआ कि इन लोगों का खाना कैसे बनेगा? तो लोगों ने तय किया कि उनका एक कॉमन किचन होगा। हमारे यहाँ यह कम्युनल सवाल इतना बड़ा है इस देश के अन्दर और हम इसका कोई भी समाधान नहीं कर पा रहे हैं लेकिन आश्चर्य की बात है कि उस दूरदराज के देश में गांधीजी ने इस समस्या का भी समाधान निकाल लिया। गांधीजी तैयार थे कि ये जितने अलग-अलग धर्म के लोग हैं, अगर ये अपना अलग किचन रखना चाहेंगे तो हमें एतराज नहीं होगा। लेकिन अन्त में हुआ यह कि जो मुस्लिम और ईसाई थे उन्होंने कहा कि हम बीफ नहीं खाएँगे और अन्त में सब धर्मों के लोग एक कॉमन मेस में खाना खाते थे और एक साथ उनका रहन-सहन होता था।

आजकल स्वच्छता अभियान बहुत चल रहा है, हमारे यहाँ सफाई की बात बहुत हो रही है। इस समस्या का समाधान भी गांधीजी ने निकाला। वहाँ जो लोग घरों में रहते थे, बैरक में, उनके मल-मूत्र के निष्पादन की समस्या का समाधान उन्होंने यह निकाला कि हर जगह ढाई-तीन फीट लम्बा-चौड़ा और गहरा गड्ढा बनाते थे और मल-मूत्र उसमें डालते थे और उसे मिट्टी से ढक देते थे। फिर कोई मक्खी नहीं लगती थी, कोई गन्दगी नहीं लगती थी, और फिर उस मिट्टी का कम्पोस्ट के रूप में बागबानी और खेतों में इस्तेमाल होता था। आज जो स्वच्छता अभियान चलाया जा रहा है इसमें किसी तरह की रीसाइक्लिंग की सुविधा लोगों के पास नहीं है। लोग इसके बारे में सोचते नहीं हैं और आजकल हमारे यहाँ तो चल रहा है कि हर घर में पोर्सिलेन के जो कमोड वगैरह बनाए जा रहे हैं, उनके बारे कोई सोचता नहीं है कि ये सब तो नॉन-बायोडिग्रेडेबल हैं। जैसे प्लास्टिक से कैसे छुटकारा पाया जाए इसका उपाय नहीं है, वैसे ही पोर्सिलन के जो आप घर में बाथरूम बनाते हैं, उनका क्या होगा, यह कोई नहीं सोचता है। वह तो लाखों-करोड़ों वर्षों

तक वहाँ पर जमा रहेगा, वह खुद एक कचरा है जिसका कोई समाधान नहीं है। लेकिन गांधीजी ने जो उपाय दिया था उसका हर गाँव में आसानी से इस्तेमाल हो सकता है। इस तरीके से उपयोगी खाद प्राप्त होती है, जिसको कि आज नष्ट कर दिया जाता है, नदियों में बहाकर उन्हें प्रदूषित कर दिया जाता है, प्रदूषित नदियाँ समुद्र को प्रदूषित करती हैं।

हम लोग समाजवाद की बात करते हैं, गांधीजी का फार्म संकुल एक समाजवादी बस्ती थी। यूरोप वगैरह में जिसे यूटोपियन सोशलिज्म कहते थे और मानते थे कि यह बस कल्पना है, सच में नहीं किया जा सकता, वह गांधीजी ने कर दिखाया। वे सब उदाहरण गांधीजी के सामने थे, जब वह भारत में आए थे।

चम्पारण आने पर गांधीजी को जो नई चीज मिली थी वह अन्तिम जन की कल्पना। वास्तव में निलहों के खिलाफ जो लड़ाई थी वह तो कोई बड़ी लड़ाई हुई नहीं। कमेटी बनी, इंक्वारी हुई। वैसे भी, नील की खेती धीरे-धीरे खुद ही खत्म हो रही थी। नील का केमिकल सब्स्टीट्यूट निकल आया था और जो नील यहाँ पैदा होता था वह ज्यादा महँगा होने के कारण विश्व के बाजार से खत्म हो गया। चम्पारण सत्याग्रह का महत्त्व नील की खेती खत्म कराने में नहीं, अन्तिम जन से गांधीजी की मुलाकात कराने में है। गांधीजी ने अपनी आत्मकथा में लिखा है कि जब वह वहाँ घूम रहे थे तो एक महिला बहुत गंदे कपड़ों में आई। गांधीजी ने कहा कि आप अपने कपड़े क्यों नहीं साफ करतीं? कस्तूरबा भी साथ में थीं। उस महिला ने कस्तूरबा को साथ में लिया और अपने घर पर गई और दिखलाया कि मेरे घर में और वस्त्र नहीं हैं, जो कपड़ा मैं पहने हुए हूँ, बस एक वही कपड़ा मेरे पास है। मैं कैसे सफाई करूँ? गांधीजी वहाँ गए थे नील की समस्या को लेकर, लेकिन कस्तूरबा को साथ लेकर और अपने आश्रम के लोगों व उनके जो दोस्त थे महाराष्ट्र के उन सब लोगों को बुलाकर पूरे समाज के परिवर्तन की शुरुआत उन्होंने की। वे स्कूल चलाते थे, गरीब लोगों को कोई डॉक्टरी इलाज उपलब्ध नहीं था, इनके पास भी डॉक्टरी का बहुत कुछ था नहीं तो हल्का इलाज करके इन लोगों ने शुरुआत की। इस तरह पूरे समाज को अलग ढंग से बदलने की शुरुआत गांधीजी ने की और जो अन्तिम जन का साक्षात्कार उनको हुआ, वैसे साक्षात्कार से वास्तव में बड़ा परिवर्तन पूरे देश में हो सकता है।

यह जो महिला थी और उस तरह के जो लोग हैं, समाज के जो सबसे कमजोर लोग हैं, उनको ऊँचा उठाना यह सबसे महत्त्वपूर्ण उद्देश्य, किसी भी सामाजिक और राजनीतिक आन्दोलन का हो सकता है। यह जो अन्तिम जन की कल्पना पहले से ही एक तरह से समाजवादी और कोऑपरेटिव कॉमनवेल्थ की कल्पना तो वह साउथ अफ्रीका से लेकर के आए थे और किस तरह का समाज हो इसकी कल्पना उन्होंने 1909 में 'हिन्द-स्वराज्य' के जरिये सामने रखी थी।

लेकिन सबसे ज्यादा महत्त्वपूर्ण बात उन्होंने 'हिन्द-स्वराज्य' से आगे चलकर कही। यह अन्तिम जन की बात है, गांधीजी का मशहूर जन्तर है, "किसी काम को लेकर कभी भी मन में सन्देह हो, तो कल्पना करो कि सबसे अन्तिम जो आदमी है, उस पर इस काम का क्या असर पड़ेगा? उसकी क्या स्थिति होगी? तुम जो नीति बनाओगे उसका असर आखिरी आदमी की जिन्दगी पर क्या होगा? उसके बाद तुम्हारी शंका मिट जाएगी और तुम्हें रास्ता दिखाई देने लगेगा...।"

चम्पारण में गांधीजी के आने की जो सबसे महत्त्वपूर्ण उपलब्धि हुई, वह थी अन्तिम जन की कल्पना की उपलब्धि। जब तक समाज में गैर बराबरी है, तब तक अपने किसी भी काम को आँकने की कसौटी है—अन्तिम जन की यह कल्पना।

अन्तिम जन से मुलाकात चम्पारण सत्याग्रह का सबसे महत्त्वपूर्ण पक्ष है।

(पटना में आयोजित चम्पारण सत्याग्रह शताब्दी आयोजन
(18-19 अप्रैल, 2017) में दिया व्याख्यान)

हिन्द स्वराज का भारत

गांधीजी की बहुचर्चित पुस्तक 'हिन्द स्वराज' का शताब्दी वर्ष चल रहा है। इसका विभिन्न तरह का मूल्यांकन हो रहा है। सवाल है हम इसका सही मूल्यांकन किस रूप में करें? दिलचस्प है कि इसके सम्बन्ध में दो दृष्टियाँ पूरी तरह परस्पर विरोधी हैं। एक विचार को तो खुद गांधीजी ने 1938 में 'आर्यन पाथ' को भेजे एक सन्देश में यों प्रस्तुत किया है : '...पाठक इतना भी जान लें कि दक्षिण अफ्रीका के हिन्दुस्तानियों में जो सड़न दाखिल होनेवाली ही थी, उसे इस पुस्तक ने रोका था। इसके विरुद्ध दूसरे पल्ले में रखने के लिए पाठक मेरे एक दिवंगत मित्र की यह राय भी जान लें कि 'यह एक मूर्ख आदमी की रचना है।' फिर भी काफी लोग हैं जो मानते हैं कि यह भविष्य का भारतीय समाज क्यों हो, उसकी गांधीजी की परिकल्पना है। पुस्तक के सम्बन्ध में इस तरह की परस्पर विरोधी और तीव्र अनुभूति यह जरूर बताती है कि कहीं यह हमारे जीवन के महत्त्वपूर्ण पहलू को छूनेवाली पुस्तक है।

एक बात तो निश्चित रूप से कही जा सकती है कि गांधीजी इस पुस्तक में, निकट भविष्य में भारत कैसा होगा, इसकी रूपरेखा तैयार नहीं कर रहे थे। यह बात 1921 में 'यंग इंडिया' में इस पुस्तक के सम्बन्ध में गांधीजी के एक उद्‌गार से स्पष्ट है। उन्होंने लिखा :

> "इस किताब में 'आधुनिक सभ्यता' की सख्त टीका की गई है। यह 1909 में लिखी गई थी। इसमें मेरी जो मान्यता प्रगट की गई है, वह आज पहले से ज्यादा मजबूत बनी है। मुझे लगता है अगर हिन्दुस्तान 'आधुनिक सभ्यता' का त्याग करेगा, तो उससे उसे लाभ ही होगा।"
>
> "लेकिन मैं पाठकों को एक चेतावनी देना चाहता हूँ। वे ऐसा न मान लें कि इस किताब में जिस स्वराज की तस्वीर मैंने खड़ी की है, वैसा स्वराज कायम करने के लिए आज मेरी कोशिश चल रही है। मैं जानता हूँ कि अभी हिन्दुस्तान उसके लिए तैयार नहीं है। ऐसा कहने में शायद ढिठाई का भास हो, लेकिन मुझे तो पक्का विश्वास है कि इसमें जिस स्वराज की तस्वीर मैंने खींची है, वैसा स्वराज पाने की मेरी निजी कोशिश जरूर चल

रही है। लेकिन इसमें कोई शक नहीं कि आज मेरी सामूहिक प्रवृत्ति का ध्येय तो हिन्दुस्तान की प्रजा की इच्छा के मुताबिक पार्लियामेंटरी ढंग का स्वराज पाना है। रेलों या अस्पतालों का नाश करने का ध्येय मेरे मन में नहीं है, अगरचे उनका कुदरती नाश हो तो मैं जरूर उसका स्वागत करूँगा रेल या अस्पताल दोनों में से एक भी ऊँची और बिलकुल शुद्ध संस्कृति की सूचक (चिह्न) नहीं है। ज्यादा-से-ज्यादा इतना ही कह सकते हैं कि यह एक ऐसी बुराई है जो टाली नहीं जा सकती...।

"इस पुस्तक में बताए कुछ कार्यक्रमों के एक ही हिस्से पर आज अमल हो रहा है, वह है अहिंसा...हिन्दुस्तान अगर प्रेम के सिद्धान्त को अपने धर्म के एक सक्रिय अंश के रूप में स्वीकार करे और उसे अपनी राजनीति में शामिल करे तो स्वराज स्वर्ग से हिन्दुस्तान की धरती पर उतरेगा। लेकिन मुझे दुख के साथ इस बात का भान है कि ऐसा होना बहुत दूर की बात है।"

ऊपर के उद्धरणों से यह बात तो साफ हो जाती है कि गांधीजी 'हिन्द स्वराज' में व्यक्त विचारों को प्रकाश स्तम्भ के रूप में प्रस्तुत करना चाहते थे, जो विकास की दिशा को आलोकित कर सके। वे इसकी वैसी ही भूमिका देखते थे जैसी पश्चिमी देशों की परम्परा में 'यूटोपिया' की थी। वैसे तो यूटोपिया शब्द थॉमस मूर ने अपनी कल्पना के आदर्श समाज को दिया था, लेकिन वहाँ यह नाम विभिन्न मनीषियों द्वारा कल्पित आदर्श समाजों को दिया जाने लगा—वैसे आदर्श समाजों को, जो कभी व्यावहारिक नहीं हो सकते थे। इनमें कुछ यूटोपिया तो पूर्ण रूप से काल्पनिक थे, लेकिन कुछ ऐसे भी थे जिनके सम्बन्ध में विश्वास था कि वे वास्तव में कहीं अस्तित्व में थे। यूनान में प्रचलित ऐसी ही परम्परा 'ऐटलांटिस' के सम्बन्ध में थी और यूरोप के अनेक मनीषी किसी नए ऐटलांटिस की स्थापना की कामना करते रहे।

महात्मा गांधी ने 'हिन्द स्वराज' में जैसे समाज की कल्पना की वह भी प्राचीन भारत की उनकी कल्पना पर ही आधारित थी। लेकिन ज्यादा सही यह कहना होगा कि गांधीजी ने इसमें भारत की खोज की जगह भारत का आविष्कार किया है। दरअसल, ऐसा आविष्कार करना गांधीजी के चरित्र का हिस्सा था। बुराई उनके स्वभाव के इतना विपरीत थी कि उन्हें प्राचीन संस्थाओं की बुराई उनकी विकृति लगती थी।

एक उदाहरण सनातन धर्म है। गांधीजी अपने को सनातनी हिन्दू कहते थे। लेकिन इसके सम्बन्ध में उनकी मान्यता ऐसी थी कि वह आम सनातनी का दम घोंट दे। उनका वर्ण व्यवस्था सम्बन्धी विचार भी कुछ ऐसा ही था और वे मानते थे कि ऊँच-नीच सम्बन्धी विचार इसकी विकृति है। और आखिरकार उन्हें यह विभाजन इतना असह्य लगा कि उन्होंने वैसे विवाहों में शामिल होना छोड़ दिया

जिनमें वर और वधू में एक सवर्ण और दूसरा अवर्ण न हो। अगर प्राचीन भारत को एक आदर्श बनना था तो इसे वैसा ही बनना था जो गांधीजी की कसौटी पर खरा उतरे।

भारत की सभ्यता के सम्बन्ध में वे लिखते हैं : "सभ्यता वह आचरण है जिससे आदमी अपना फर्ज अदा करता है। फर्ज अदा करने का मानी है नीति का पालन करना। नीति के पालन का मतलब है अपने मन और इन्द्रियों को बस में रखना। ऐसा कहते हुए हम अपने को अपनी असलियत को पहचानते हैं : यही सभ्यता है। इससे जो उलटा है वह बिगाड़ करनेवाला है...।" और आगे वह लिखते हैं :

> हमने देखा है कि मनुष्य की वृत्तियाँ चंचल हैं। उसका मन बेकार की दौड़-धूप किया करता है। उसका शरीर जैसे-जैसे ज्यादा दिया जाए वैसे-वैसे ज्यादा माँगता है।...इसलिए हमारे पुरखों ने माँग की हद बाँध दी। बहुत सोचकर उन्होंने देखा कि सुख-दुख तो मन के कारण हैं।...अमीर अपनी अमीरी की वजह से सुखी नहीं है, गरीब अपनी गरीबी के कारण दुखी नहीं है। अमीर दुखी देखने में आता है और गरीब सुखी देखने में आता है। करोड़ों लोग तो गरीब ही रहेंगे। ऐसा देखकर उन्होंने भोग की वासना छुड़वाई। हजारों साल पहले जो हल काम में लिया जाता था, उससे हमने काम चलाया...हमने नाशकारक होड़ को समाज में जगह नहीं दी। सब अपना-अपना धन्धा करते रहे...ऐसा नहीं था कि हमें यंत्र वगैरह की खोज करना ही नहीं आता था। लेकिन हमारे पूर्वजों ने देखा कि लोग अगर यंत्र वगैरह की झंझट में पड़ेंगे तो गुलाम बनेंगे और अपनी नीति को छोड़ देंगे। उन्होंने सोच-समझकर कहा कि हमें अपने हाथ-पैरों से जो काम हो सके वही करना चाहिए। हाथ-पैरों का इस्तेमाल करने में ही सच्चा सुख है, उसी में तन्दुरुस्ती है।

उन्होंने सोचा कि बड़े शहर खड़े करना बेकार का झंझट है। उनमें लोग सुखी नहीं होंगे। उनमें धूर्तों की टोलियाँ और वेश्याओं की गलियाँ पैदा होंगी, गरीब अमीरों से लूटे जाएँगे। इसलिए उन्होंने छोटे देहातों से सन्तोष माना।

पहली नजर में कुल मिलाकर ये विचार प्रगति-विरोधी लगेंगे, सामाजिक प्रगति की जो प्रचलित अवधारणा है उसके हिसाब से। आज की दुनिया में प्रगति की यह धारणा इतनी व्यापक हो गई है कि खुद गांधीजी जैसा ऊपर बताया गया है, तत्काल इसे खत्म करने की बात नहीं करते—मसलन, रेलों और अस्पतालों को। फिर भी एक दूरगामी लक्ष्य के रूप में सभ्यता की प्रचलित तस्वीर को उन्होंने कभी कबूल नहीं किया। इसके पीछे मनुष्य को देखने की दो बुनियादी दृष्टियों का भेद था। प्रचलित विचार के अनुसार मनुष्य जीव जगत की एक प्रजाति है और विकास क्रम में शीर्ष बिन्दु पर पहुँच गया है। पर आरोह से उसकी पशुवृत्ति खत्म नहीं होती।

लगातार उसे हिंसक संघर्षों में दूसरे जीवों और खुद अपनी प्रजाति के दूसरे सदस्यों से अपनी रक्षा करनी होती है और उन पर नियंत्रण कायम करना पड़ता है। अपनी रक्षा करने और अपनी सुविधाएँ बढ़ाने के लिए यह अपरिहार्य है।

इसके विपरीत गांधीजी मनुष्य को एक आध्यात्मिक अस्तित्व मानते थे। इस अस्तित्व को प्राप्त करने के लिए उसे सतत प्रयत्नशील रहना होता है। लेकिन बुनियादी तौर पर डार्विन के मनुष्य की हकीकत से इनकार नहीं किया जा सकता था। महात्मा गांधी को जीवनभर सामाजिक कार्यों में और भावना के स्तर पर इन विपरीत प्रवृत्तियों के संघर्ष को झेलना पड़ा। स्थितियों द्वारा प्रस्तुत उलझनों से वे अपनी 'अन्तरात्मा की आवाज' से—जो उन्होंने खुद अपने तप से अर्जित की थी—निपटते थे। अपने प्रयासों में उन्हें सभी मनुष्यों की उनकी पशुता से उबारने की राह दिखाई देती थी। उनके संघर्षों की कठिनाइयों और कुछ दूसरी विफलताओं को देखते हुए यह आश्चर्यजनक आश्वस्ति मालूम होती है। यही वह चीज है जो गांधीजी को एक महान युग पुरुष के रूप में स्थापित करती है।

विख्यात एथोलैजिस्ट कॉनराड लारेत्ज ने, जिसने जीवों में अपनी प्रजाति के विरुद्ध आक्रामकता की उपस्थिति को अपने अध्ययनों से सिद्ध किया था—कभी विनोद से कहा था कि मनुष्य जिसे आज हम जानते हैं, वह वनमानुष और पूर्ण मानव (ह्यूमन बीइंग) के बीच की एक कड़ी भर है। गांधीजी का प्रयास इस आरोहण को एक हकीकत बनाने का कहा जा सकता है। खुद अपने को उन्होंने मनुष्य की अपनी परिकल्पना के अनुरूप उसी तरह गढ़ने का प्रयास किया था जिस तरह कलाकार अपनी कल्पना को आकृति प्रदान करता है। लेकिन इस प्रक्रिया में उन्होंने मनुष्यता का एक मॉडल भी प्रस्तुत किया जो दूसरों को भी ऐसा बनने की प्रेरणा देता रहे। अगर इससे कोई नई मानवीय संस्कृति बनती है तो मानव स्वभाव में ऐसा परिवर्तन सम्भव है जिसमें वह 'पूर्ण मानव' बन सके। हिन्द स्वराज दरअसल ऐसा ही मॉडल देने का प्रयास है।

इससे गांधीजी की महानता तो प्रकट होती है, लेकिन समाज के लिए इसकी प्रासंगिकता तुरन्त दिखाई नहीं देती। यह प्रासंगिकता हमें दिखेगी अगर हम मानव विकास के मौजूदा प्रतिमान के नतीजों पर नजर डालें। डार्विन ने जीव-जगत में जैसे विकास को चित्रित किया है उससे पिछली सदी में यह विश्वास फैला कि इस विकास-प्रक्रिया की निरन्तरता समाज की विकास-प्रक्रिया में भी है और मानव समाज उसी तर्ज पर सतत अपना विकास तकनीकी के आधार पर करता जा रहा है।

यह विकास सीढ़ीनुमा है, इसमें सदा एक स्तर से दूसरे तक आरोह की कल्पना है। इसमें पिछड़ना या फिसल जाना प्रजाति का नाश कर देता है। सभ्यता में इसकी निरन्तरता की कल्पना की गई है। आज यांत्रिक उपलब्धियों की जो होड़ लगी है वह इसकी अनिवार्यता या मजबूरी मानी जाती है।

अब जब संसाधनों की समाप्ति और पर्यावरण के क्षय से इस पर विराम लगता दिखता है और मानव अस्तित्व की समाप्ति का खतरा पैदा हो गया है तो समाज के सामने एक असहायता की स्थिति पैदा हो गई है। सदियों से पोषित आकांक्षाओं को पूरा करने के लिए किए जा रहे प्रयासों से जब मृत्यु अवश्यम्भावी लगती है तो पर्यावरण की रक्षा के लिए एक के बाद एक वैश्विक शिखर-वार्ताएँ हो रही हैं। लेकिन आकांक्षाओं पर नियंत्रण असम्भव लगता है और फिर विवादों में फंस सारे प्रयास विफल हो जाते हैं। वर्तमान औद्योगिक व्यवस्था ने जीवन को ऐसे पचड़ों में उलझा रखा है कि आदमी उनका कैदी बन गया है। नीति-अनीति का निर्धारण आखिरकार यांत्रिकी की अनिवार्यता से ही होता है, जीवन की सम्भावना पर आसन्न संकट के अहसास से नहीं।

हम गांधी के देश भारत को ही लें। यह गांधी से कितना दूर है। हिन्द स्वराज का भारत कहता है, 'हमें इससे मतलब नहीं कि दूसरे देश दमघोंटू कार्बन में क्या कटौती करते हैं। हम अपनी जरूरतों को सीमित करेंगे और संसार को जीवन की सीख देंगे। जरूरत हुई तो मृत्युगामी उनकी अर्थव्यवस्था से पूर्ण असहयोग करेंगे। अगर इससे संघर्ष पैदा होगा तो सत्याग्रह और प्रेम की शक्ति का प्रयोग करेंगे।' रास्ता तो यही है। पर 'हिन्द' कितना तैयार है? स्वराज कितना दूर है?

(जनसत्ता, 18 दिसम्बर, 2009)

लोहिया पर लेख

सप्तक्रान्ति का सपना

उन भारतीय नेताओं में, जिन्होंने भारतीय सोच और इतिहास की धारा को प्रभावित किया है, लोहिया का स्थान विशिष्ट है। उन्होंने सदा अपने राजनीतिक कामों को एक वैश्विक और सैद्धान्तिक परिप्रेक्ष्य में प्रस्तुत करने की कोशिश की। लेकिन कोई विश्व-दृष्टि शून्य में पैदा नहीं होती, वह उसे प्रस्तुत करनेवाले के जीवन की स्थितियों और मूल आकांक्षाओं से निर्धारित होती है।

लोहिया का जन्म अयोध्या के पास फैजाबाद में हुआ था। अयोध्या जनमानस में राम की जन्मभूमि मानी जाती है और वहाँ की दिनचर्या उस महान व्यक्ति की जीवनगाथा के इर्दगिर्द घूमती है। उनकी प्रारम्भिक शिक्षा मुम्बई और कोलकाता में हुई थी। लेकिन उन्होंने बीए की परीक्षा बनारस विश्वविद्यालय से पास की—बनारस का नाम अनेक दूसरी प्राचीन गाथाओं से जुड़ा है जिनमें कुछ रामायण की गाथा से भी प्राचीन हैं और कुछ ऐतिहासिक काल की हैं जिनका सम्बन्ध रविदास, कबीर और तुलसीदास जैसे सन्त कवियों से जुड़ा है।

इस तरह लोहिया के जीवन के प्रारम्भिक अनुभवों में दो जीवन-दृष्टियों के विरोध की छाया थी। एक में प्राचीन जीवन की पवित्रता की झलक थी, तो दूसरे में व्यावहारिक और राजनीतिक वर्चस्व की छाप, जो अंग्रेजी शासन की विशेषता थी। उनके पिता एक स्वतंत्रता सेनानी थे और महात्मा गांधी के 1930-32 के सत्याग्रह आन्दोलन में जेल गए थे। इसी काल में उन्होंने जर्मनी के विश्वविद्यालय से डॉक्टरेट की उपाधि पाई थी। शोध के लिए जर्मनी जाने के पीछे भी ब्रिटेन के विश्वविद्यालयों के प्रति निषेध-भाव था, हालाँकि उस समय औपनिवेशिक व्यवस्था में जीवन की सफलता की दृष्टि से ज्यादातर लोगों को ब्रिटेन ही उपयुक्त लगता था। उनकी थीसिस का विषय भी नमक का टैक्स था, जिसके खिलाफ गांधी जी का ऐतिहासिक दांडी मार्च हुआ था। संयोगवश नमक फिर चर्चा में आ गया है।

लेकिन लोहिया पर उस समय यूरोप में मुख्य आकर्षण रहे लॉजिकल स्कूल या अस्तित्ववाद का प्रभाव नहीं पड़ा। मार्क्सवाद की अपील अवश्य थी, लेकिन यह उनमें काफी कुछ संशय भी पैदा करता था। यह संशय इस हद तक गया कि कभी-कभी यह उन्हें उस सम्पूर्ण विचार-सरणी का हिस्सा दिखाई देता था जिसका सबब यूरोप द्वारा

सम्पूर्ण संसार पर प्रभुत्व पाना था। एक समय तो वे यहाँ तक कह गए कि मार्क्सवाद एशिया के खिलाफ यूरोप का हथियार है। उनके इस सोच की पृष्ठभूमि में यह प्रश्न था कि क्या मार्क्सवाद वैसा विकास सम्भव बना सकेगा जिससे गैर-श्वेत दुनिया आर्थिक विकास में यूरोप और अमेरिका की बराबरी कर सके। वे चीन के मुकाबले में यूरोप और जापान के विकास को देखते हैं या फिर क्यूबा की तुलना ताइवान से करते हैं। उन्हें इस बात में सन्देह था कि मार्क्सवादी विचार इसे अपनानेवाले देश को तेज आर्थिक विकास के मामले में यूरोप का मुकाबला करने में सक्षम बनाएगा। शायद वे सही थे, हालाँकि चीन दुनिया का सबसे तेज विकास करनेवाला देश बन गया है और फिलहाल अमेरिका और जापान के बाद संसार का सबसे समृद्ध देश है।

वे इस अर्थ में सही जरूर थे कि चीन ने स्तम्भित करनेवाली यह समृद्धि मार्क्स की प्रेरणा को ग्रहण कर नहीं हासिल की है, बल्कि निर्बंध बाजार व्यवस्था के तहत एक स्वेच्छाचारी पुलिस राज के तहत की है—जो राज्य द्वारा निर्धारित लक्ष्यों से कोई भटकाव बर्दाश्त नहीं करती। मार्क्सवादी प्रभाव ने अगर कोई भूमिका निभाई है तो बस इतनी कि प्रारम्भिक काल में इसने पुराने सामन्ती-मांडरिन प्रभावों को खत्म कर एक अति आक्रामक पूँजीपति वर्ग को पैदा किया है जो संसार की पूँजीवादी व्यवस्था के साथ कदम-से-कदम मिलाकर चल सके। इसका पूँजीवादी व्यवस्था और इसके वर्तमान संरक्षक अमेरिका पर इतना विश्वास है कि यह हजारों अरब डॉलर अमेरिका के खजाने में जमा रखता है।

अगर आज डॉ. लोहिया जीवित होते तो उन्हें यह देखकर आश्चर्य होता कि चीन और भारत में नवीनतम मॉडल की मोटरगाड़ियों का निर्माण संसार की सबसे बड़ी अमेरिकी, जर्मन और जापानी कार निर्माता कम्पनियों के द्वारा विशाल पूँजी निवेश से हो रहा है। यही स्थिति इस्पात निर्माण में है। इस विसंगति का राज क्या है? इसका राज इस तथ्य में है कि वे विशाल पूँजी की अर्थव्यवस्थाएँ एक विस्तृत आन्तरिक औपनिवेशिक अर्थव्यवस्था के भीतर समृद्धि के द्वीप हैं। इस आन्तरिक उपनिवेश में कुछ आंचलिक हैं, और कुछ उत्पादन आधारित, जैसे कृषि क्षेत्र। विशाल मात्रा में पूँजी निर्मित करनेवाली सम्पदा, जो मूलत: आदिवासियों और किसानों की है, जबरदस्ती नाममात्र की कीमत पर बड़े कॉरपोरेशनों को हस्तान्तरित की जा रही है। सैकड़ों की तादाद में विशेष आर्थिक क्षेत्र (सेज), जो चीन की अर्थव्यवस्था की विशेषता हैं और अब भारत में भी फैलाए जा रहे हैं, ऐसे संरक्षित क्षेत्र के रूप में उभरे हैं जहाँ वे उन कानूनों से परे हैं जिनसे आम लोगों को पहले संरक्षण मिलता था।

बड़े पैमाने पर होनेवाले इस आन्तरिक औपनिवेशिक शोषण को लोहिया नहीं देख पाए होंगे, पर वे कतई इसे स्वीकार नहीं करते। अत: उन्होंने औद्योगीकरण के एक मानवीय रास्ते की बात की। इसके लिए उन्होंने 'छोटी मशीन तकनीक' की बात की, जिसे छोटी पूँजी से निर्मित किया जा सकता है और जो इतनी सरल होगी

कि इसका इस्तेमाल करनेवाले लोगों के लिए इसे समझना आसान होगा। लेकिन इसके दूसरे लाभ के सम्बन्ध में उन्हें सन्देह होने लगा क्योंकि तब तक ट्रांजिस्टर आ गया था जो लघु तो जरूर था लेकिन समझने में सहज नहीं था।

इसके अलावा उन्हें अन्तरिक्ष यानों की तकनीक या युद्ध आयुधों के लिए छोटी मशीन की उपादेयता पर भी सन्देह होने लगा था। खासतौर से चीन के आक्रमण के बाद, राष्ट्रीय सुरक्षा के लिए किसी अहिंसक हथियार के अभाव में उन्हें घोर संशय होने लगा था। अपने जीवन के अन्तिम काल में वे राष्ट्र की भावनात्मक एकता के सम्बन्ध में, जो उनके अनुसार शासकों द्वारा उपेक्षित थी, ज्यादा चिन्तित थे और इस तरह तकनीक की पहेली अनसुलझी रह गई।

जर्मनी में डॉक्टरेट की तैयारी करते समय लोहिया सोशल डेमोक्रेट बन गए थे। 1953 में भारत आते-आते वे निर्माण की प्रक्रिया से गुजर रही कांग्रेस सोशलिस्ट पार्टी के गठन में सक्रिय हो गए। आजादी के आन्दोलन के दौर में और सोशलिस्ट आन्दोलन के गठन की प्रक्रिया के अपने अनुभवों के आधार पर उन्होंने समाजवाद की अपनी परिकल्पना विकसित की। दरअसल, अन्तिम दौर में वे समाजवादी आन्दोलन के एकमात्र नेता बच गए थे।

जयप्रकाश नारायण, जो प्रारम्भ में सबसे प्रभावशाली सोशलिस्ट नेता थे, राजनीति से अलग हो भूदान आन्दोलन से जुड़ गए। अच्युत पटवर्धन और रामनन्दन मिश्र अध्यात्म की ओर मुड़ गए। महान बौद्धिक व्यक्तित्व आचार्य नरेन्द्रदेव का 1955 में निधन हो गया। अशोक मेहता कांग्रेस में चले गए। यह समाजवादी आन्दोलन के लिए घोर नेतृत्व-शून्यता का दौर था और लोहिया ने इस शून्य को भरने की कोशिश की। उनका प्रयास ज्यादा मुश्किल इसलिए भी हो गया क्योंकि जवाहरलाल नेहरू देश की सम्पूर्ण राजनीति पर अपना वर्चस्व कायम करने का प्रयास कर रहे थे।

नेहरू सत्ताधारी पार्टी के शीर्ष पर थे, पर साथ ही भीतर-भीतर यह कोशिश कर रहे थे कि विपक्ष भी उनका हिमायती बना रहे। इस चतुराई को निरस्त करने का लोहिया का प्रयास उन्हें अनुपात से कहीं अधिक कटु आलोचक के रूप में प्रस्तुत करता है। इस प्रयास ने समाजवादी आन्दोलन को एक बड़ी भूमिका प्रदान की, जो महज सत्ता में दावेदारी से बड़ी थी। उन लोगों की भूमिका आज इसके विपरीत दिखाई देती है जो लोहिया का उत्तराधिकारी होने का दावा करते हैं।

लोहिया ने, लोग आसानी से समझ सकें, इस मंशा से बड़े सपाट ढंग से समाजवाद की व्याख्या की—'समता और सम्पन्नता'। जो समस्या लोहिया की थी वह यह कि इन दोनों लक्ष्यों को साथ कैसे लाया जाए। उनके अनुभव में सम्पन्नता और अभाव, जिनके बीच की दूरी पाटना था, एक ही समाज के पहलू नहीं थे। यह फर्क अपने सबसे वीभत्स रूप में वैश्विक सम्बन्धों में दिखाई देता था, जिसमें गोरी चमड़ी वालों के पास—जो यूरोप और अमेरिका में रहते हैं—सभी सम्पत्ति और

उत्पादन के विशाल साधन हैं, और दुनिया की बाकी आबादी घोर दरिद्रता में रहती है जो निम्न आय और निम्न उत्पादकता में प्रतिबिम्बित होती है। इससे समता की समस्या एक देश में रहनेवाले एक रंग के लोगों के बीच की ही नहीं रही बल्कि संसार भर के विभिन्न चमड़ी के रंग के लोगों के बीच की भी बन गई—चाहे वे काले, भूरे या सफेद रंग की चमड़ी के हों। फिर समता की अवधारणा को फैलाकर जाति-भेद और लिंग-भेद को मिटाने तक ले जाया गया।

मगर जाति-भेद को एक ऊँचे धरातल तक ले जाया गया—यानी अन्तर्राष्ट्रीय संगठनों में राष्ट्रों की हैसियत के मामले में—मसलन, संयुक्त राष्ट्र में जहाँ कुछ राष्ट्र सुरक्षा परिषद से बहिष्कृत हैं और सुरक्षा परिषद में भी कुछ राष्ट्रों को 'वीटो' जैसे विशेषाधिकार प्राप्त हैं जिससे वे महासभा या सुरक्षा परिषद द्वारा पारित प्रस्तावों को निरस्त कर सकते हैं। इस दृष्टि का दबाव दूसरे क्षेत्रों में भी हो सकता है क्योंकि यह फैलकर दूसरी तरह की गैर-बराबरी को भी निरस्त करेगी।

एक रूप जो फिलहाल ज्यादा साफ उभरने लगा है वह विश्व बैंक और अन्तर्राष्ट्रीय मुद्रा कोष जैसी संस्थाओं में दिखाई देता है। वैसे तो सिद्धान्ततः ये संस्थाएँ दुनिया की तमाम आर्थिक समस्याओं के समाधान के लिए बनी हैं, पर हकीकत में ये अमेरिका और यूरोप के सम्पन्न देशों के खास क्लब हैं। इस तरह के आकलन से अन्तर्राष्ट्रीय सम्बन्धों को एक नए साँचे में ढालने का दबाव बन सकता है और राष्ट्रों के बीच बने सीढ़ीनुमा सम्बन्धों को समतल करने में मदद मिल सकती है। इससे दुनिया में लोगों के आवागमन को आसान बनाया जा सकता है और लोहिया के उस आदर्श के समीप पहुँचा जा सकता है जिसमें लोग बिना पासपोर्ट और वीजा के जहाँ चाहें आ-जा सकें।

एक समय लोहिया ने एक एशियाई सोशलिस्ट फोरम बनाने की भी कोशिश की, क्योंकि सोशलिस्ट अन्तर्राष्ट्रीय और कम्युनिस्ट अन्तर्राष्ट्रीय या कौमिनफार्म वास्तव में क्रमशः पश्चिमी यूरोप या अटलांटिक ग्रुप और रूस के श्वेत लोगों द्वारा ही चालित थे। इन्हीं सब विचारों की उपज समग्रता में सप्तक्रान्ति थी। एक, सशस्त्र क्रान्ति की जगह सिविल नाफरमानी; दो, आर्थिक समता; तीन, जाति व्यवस्था का विनाश; चार, नारियों की स्वतंत्रता; पाँच, राष्ट्रीय आजादी; छह, रंगभेद का खात्मा; सात, विश्वास और विचारों के क्षेत्र में किसी भी समूह के दबाव से व्यक्तियों की मुक्ति।

सप्तक्रान्ति की अवधारणा 'समता और सम्पन्नता' से उपजी अवधारणाओं के खंडों को जोड़कर तैयार की गई थी। लेकिन लोहिया ने अपने विचारों को इतिहास के विशाल परिप्रेक्ष्य में भी प्रस्तुत करने की कोशिश की। लोहिया के अपने देश भारत में चतुर्भुज की एक चक्रीय अवधारणा इतिहास के सम्बन्ध में प्रचलित थी। इसके अनुसार धरती पर जीवन चार युगों के चक्रीय आवागमन से निर्धारित है। ये हैं सतयुग, त्रेतायुग, द्वापरयुग और कलियुग। इनमें पहला त्रेता, द्वार और कलि आते हैं, जिनमें

क्रमशः अच्छाई घटती चली जाती है। अन्तिम जो हमारा अपना काल है, अच्छाई के हिसाब से सबसे निम्न स्तर का है। अलबत्ता लोहिया को यह अवधारणा अपील नहीं करती, क्योंकि इसमें अनेक वैसी बुराइयों की स्वीकृति है जिन्हें वे कबूल नहीं करते।

इसके बाद लोहिया यूरोप के इतिहास-दर्शन की ओर मुड़ते हैं। वे संक्षेप में यूरोप की बड़ी हस्तियों का जिक्र करते हैं जिनमें ऑसवाल्ड स्पेंगलर और ऑर्नाल्ड टॉयनबी भी हैं, लेकिन वे भी सम्भवतः यूरोप केन्द्रित लगते हैं। टॉयनबी का यह विचार कि अन्ततः लोग ईसाइयत के माध्यम से बन्धन-मुक्त होते हैं, पूरी तरह यूरोप केन्द्रित लगता है। लोहिया इन विचारों का जिक्र मूलतः उनकी कमियों को रेखांकित करने के लिए करते हैं। लेकिन चक्रीयता को वे पूरी तरह नहीं नकारते। अपनी चक्रीय दृष्टि प्रस्तुत करने के पहले वे इतिहास की रैखिक विकास की कुछ अवधारणाओं की परीक्षा करते हैं जो पश्चिमी दुनिया पर छाई हुई थी। पर रैखिक दृष्टि में वे उन विचारों को नजरअन्दाज करते हैं जो एक स्वर्ण युग से लगातार होनेवाली गिरावट का विवरण देते हैं। इसके बदले वे उन रैखिक विचारों को लेते हैं जो उच्च स्तरों पर समाज के आरोहण की कल्पना करते हैं चाहे वह अनवरत हो या रुक-रुक कर।

पश्चिमी देशों में यह प्रगति मशीनों के उत्तरोत्तर सुधार से जोड़ी गई है। बाल श्रम और इससे जुड़ी दूसरी बुराइयाँ सिर्फ तात्कालिक लगती थीं और यह आशा की जाती थी कि कालक्रम में ये खत्म हो जाएँगी और एक सन्तोषजनक जीवन का अविर्भाव होगा। यह विचार एडम स्मिथ से शुरू होता है और अपनी समग्रता में कार्ल मार्क्स में दिखाई देता है। लेकिन इसके समान्तर या सच कहें तो इसके पहले एक दूसरा विचार था जो विकास की आर्थिक प्रगति से नहीं, बल्कि आध्यात्मिक प्रगति से जोड़ता है : फिस्ते और हीगेल द्वारा प्रतिपादित सिद्धान्त, जो इतिहास में विश्व-आत्मा का प्रस्फुटन देखते हैं। यह अवधारणा एक से कुछ और अन्ततः सभी की स्वतंत्रता का रास्ता खुलने में विश्वास करती है और इसका अन्तिम पड़ाव प्रशा की राज-व्यवस्था के रूप में दिखाई देता है।

लोहिया को इन सभी विचारों में यूरोप-केन्द्रीयता दिखाई देती है जिसमें मुस्कान सदा यूरोप के चेहरे पर है। हालाँकि मार्क्स में यह आशावादिता है कि दरिद्रीकरण के अन्तिम स्तर पर, जब औद्योगिक विकास चरम पर होगा, एक क्रान्ति होगी जिससे समाजवाद की स्थापना होगी और चतुर्दिक खुशहाली छा जाएगी। लेकिन जो बात लोहिया को सताती है वह यह कि प्रगति, सम्पन्नता और समाजवाद की सारी सम्भावनाएँ यूरोप के लिए पैदा होती हैं जबकि गरीबी और अभाव गैर-यूरोपीय लोगों के पल्ले आता है। यही आधार था लोहिया के इस संशय का कि मार्क्सवाद गैर-यूरोपीय लोगों के लिए कभी खुशहाली नहीं ला पाएगा।

इन रैखिक दृष्टियों को खारिज करने के बाद लोहिया इतिहास की अपनी चक्रीय दृष्टि प्रस्तुत करते हैं। इसके अनुसार, सभ्यता दो रुझान दिखलाती है : एक

भीतरी हलचल का और दूसरा बाहरी फैलाव का। दूसरा रुझान अन्दरूनी उलझनों के निराकरण पर निर्भर करता है। आन्तरिक गत्यात्मकता उनके हिसाब से वर्ग से वर्ण और वर्ण से वर्ग में होनेवाला सतत बदलाव है। पहला समता की इच्छा का प्रतिफल है, दूसरा न्याय की इच्छा का। यह स्पष्ट नहीं किया गया है कि वर्ण न्याय की इच्छा की अभिव्यक्ति कैसे है।

शायद वे इसे संघर्ष निवारण का एक रूप देखते हैं : एक अस्थायी विश्राम। दूसरी तरह से, वे सामाजिक ह्रास का कारण समग्र क्षमता की जगह अत्यधिक क्षमता के विकास का रुझान मानते हैं। दूसरे के उदाहरण के रूप में वे डायनासोर का हवाला देते हैं जो जीवन संग्राम में हारकर विलुप्त हो गया—इसके बावजूद कि यह विशाल शरीर वाला महाबली था। क्या हमारी सभ्यता भी इसी तरह की शक्ति दर्शाती है जिसमें सन्तुलन और शान्ति का अभाव है? दूसरे सन्दर्भ में वे कहते हैं कि परमाणु बम और सत्याग्रह बीसवीं शताब्दी के सबसे बड़े आविष्कार हैं। क्या वे महात्मा गांधी को मानवता की अन्तिम आशा के रूप में देखते थे? संयोगवश उन्हें उसी दिन महात्मा गांधी से मिलना था जिस दिन एक हत्यारे की गोली से गांधीजी का जीवन समाप्त कर दिया गया।

वर्ग और वर्ण की लोहिया की व्याख्या इस सन्दर्भ में कुछ अस्पष्ट लगती है। इस वर्गीकरण में ऐसे समूहों को शामिल किया गया है जिनमें तुलना करना सहज नहीं होता। क्या पैट्रिशियन और प्लेबियन वर्ण थे? या वे वर्ग थे? क्या जर्नीमेन और गिल्ड मास्टर अनुष्ठानों से वैसे ही विभाजित थे जैसे वर्ण?

इसमें भी अधिक विस्मित करनेवाला उनका यह कथन है कि फासीवाद और साम्यवाद वर्ग समाज को वर्ण समाज में बदलने की पहल प्रतीत होते हैं। कॉरपोरेशनों के मुनाफे पर कुछ सीमा फासीवाद के अन्दर पूँजीवाद के बुनियादी चरित्र को नहीं बदल देती। वे इन बिन्दुओं को तफसील से नहीं छूते। लेकिन ध्यान से पढ़ने पर ऐसा लगता है कि स्वयं लोहिया को अपनी स्थापनाओं की पूर्ण वस्तुपरकता का भ्रम नहीं था। यह एक तरह की अटकलबाजी थी, एक दिलचस्प मिथकीकरण। लेकिन यह बात इतिहास के दूसरे दर्शनों पर भी लागू होती है। इतिहास को गतिशील करनेवाली कोई शक्ति नहीं होती और न तो इतिहास का कोई अन्तिम लक्ष्य होता है। हमारे सामने तुरत 'इतिहास का अन्त' जैसे कुख्यात दावों के उदाहरण (फ्रांसिस फुकुयामा) आते हैं।

जैसी आलोचना ऊपर लोहिया के विचारों की की गई है वैसी आलोचना दूसरी इतिहास-दृष्टियों की भी की जा सकती है, मार्क्स की दृष्टि की भी, जिसने एक शताब्दी तक लोगों को प्रभावित रखा। 'कम्युनिस्ट मैनिफेस्टो' में मार्क्स ने कहा कि आज तक का सारा इतिहास वर्ग-संघर्षों का इतिहास रहा है और इस संघर्ष में वे गुलामों का गुलाम मालिकों से संघर्ष, प्लेबियनो का पैट्रिशियनों के साथ संघर्ष,

सामन्तों का सर्फों (खेतिहर दासों) के साथ संघर्ष और बुर्जुआ और सर्वहारा के संघर्ष का हवाला देते हैं। प्रश्न है कि क्या गुलाम और गुलाम मालिक उसी अर्थ में वर्ग थे जिस अर्थ में पूँजीपति और मजदूर; या सामन्त और सर्फ। दरअसल पहली और अन्तिम श्रेणी शुद्ध रूप से हिंसक शक्ति पर आधारित थी और उत्पादन के साधनों से उनका कोई सीधा सम्बन्ध नहीं था। शायद लोहिया को इतिहास विवेचन की यह उत्तेजना यूरोप केन्द्रित विचारों से मिली जो यूरोप में प्रचलित थे। उनका प्रयास यह दिखलाना भी था कि इसके पहले दुनिया में बड़ी सभ्यताएँ थीं जनमें दो या तीन स्वयं भारत में।

लेकिन स्वाभिमान किसी देश की असली स्थिति का स्थान नहीं ले सकता और यह तो जीवन की हकीकत से ही आँका जा सकता है। मार्क्स, गांधी और समाजवाद के अध्ययन के पीछे लोहिया का यही मूल उद्‌देश्य था। इसी से वे अन्तत: सप्त क्रान्ति तक पहुँचते हैं जिनकी चर्चा हो चुकी है।

लोहिया ने भारतीय राजनीति के विविध क्षेत्रों में योगदान दिया। उनके व्यक्तित्व की प्रमुख प्रेरक शक्ति थी भारत के प्रति असीम प्रेम। इसके लिए वे कोई भी तकलीफ और तिरस्कार सहन करने के लिए तैयार थे। 'भारत छोड़ो' के दौरान भूमिगत आन्दोलन का संचालन करते समय उन्हें गिरफ्तार कर लिया गया और कुख्यात 'लाहौर फोर्ट' में उन्हें कई सप्ताह तक यातनाएँ दी गईं। भारत उनके लिए सीमाओं गें समेटी गई महज एक राजनीतिक इकाई नहीं था।

यह एक सांस्कृतिक और आध्यात्मिक अनुभूति थी जो उन्हें रामायण और महाभारत की आभा में सराबोर रखती थी। जब वे भारत के अतीत पर नजर डालते थे तो यह उत्तर, दक्षिण, पूरब, पश्चिम सभी दिशाओं के लोगों के साथ उनके विविध रंगों, परिधानों और नृत्य-संगीत के साथ उनके भीतर से प्रवाहित होता दिखाई देता था। दक्षिण पूर्व एशिया या अन्य जगह जहाँ कहीं भी वे गए उन्हें इसकी संश्लिष्ट संस्कृति की झाँकी दिखाई दी।

लोहिया को भारत की सीमा का कोई अतिक्रमण बर्दाश्त नहीं था। उन्होंने गोवा में पुर्तगाली शासन के प्रतिबन्ध को तोड़ा और गिरफ्तार हुए। उन्होंने नेफा (जिसे उन्होंने उर्वशीयम नाम दिया था) में भारतीयों के प्रवेश पर लगे प्रतिबन्ध को तोड़ा और गिरफ्तार हुए। उन्हें गहरी वेदना हुई जब नेहरू सरकार ने तिब्बत पर चीनी सरकार के दावे को स्वीकृति दे दी—मानसरोवर और कैलाश, जिसे शिव का निवास माना जाता है, इसका हिस्सा था। उन्हें घोर ग्लानि हुई जब नेहरू ने चीन द्वारा लद्‌दाख में कब्जाए गए हिस्से को यह कहकर नजरअन्दाज किया कि वहाँ तो घास का एक तिनका भी नहीं उगता। लोहिया के लिए यह भारतभूमि का अपमान था।

उन्हें यह देखकर पीड़ा होती थी कि गंगा, गोदावरी और नर्मदा जैसी पवित्र नदियों का जल कारखानों और शहरी नालों से प्रदूषित हो रहा है। वे विक्षोभ से भर

उठे जब उन्होंने प्रधानमंत्री नेहरू को चीनियों द्वारा भारतीय भूभाग पर कब्जा करने पर आकाशवाणी पर रोते सुना। इस ग्लानि ने उन्हें हिमालय बचाओ अभियान के लिए प्रेरित किया जिसका एक उद्‌देश्य तिब्बत की स्वायत्तता भी था। उन्हें सिक्किम भारत का हिस्सा लगता था जो बाद में भारत का हिस्सा बन गया।

एक सुन्दर निबन्ध 'राम, कृष्ण और शिव' में लोहिया ने उन सूत्रों को चिह्नित किया जो भारत को जोड़ते हैं। उनके अनुसार राम उत्तर और दक्षिण की एकता के प्रतीक हैं जबकि कृष्ण पूरब और पश्चिम के। अन्त में उन्हें सबसे महान समकालीन व्यक्ति गांधी में इन दोनों के गुणों का समावेश दिखाई देता है। और अन्त में एक प्रार्थना हमें अपने धर्मग्रन्थों के महान नायकों की परम्परा में शामिल होने की है। वे लिखते हैं : 'ओ भारत माँ, हमें शिव की बुद्धि दो, और कृष्ण का हृदय और राम के काम और कर्तव्य। हमें अयाम रहित मन, एक उत्फुल्ल दिल और मर्यादित जीवन दो।'

वे भारत की एकता और यहाँ की कलाओं और स्थापत्य में जोड़नेवाली लय तलाशते रहे और यह पाया कि उत्तर-पश्चिम को छोड़ (जहाँ गांधार कला में कुछ यूनानी तत्त्व हैं) सभी कलाओं में शिल्प की एकता है। वे इस बात के लिए प्रयत्नशील थे कि भारत की विभिन्न भाषाओं के लिए एक लिपि विकसित की जाए: मलयालम, तेलुगु से लेकर ओड़िया और देवनागरी तक के लिए। इनकी बनावट में उन्हें काफी कुछ समान दिखा। सम्भवत: कला के क्षेत्र में उनका रुझान बनावट के बजाय विषयवस्तु सम्बन्धी अधिक था। प्रारम्भिक दिनों में उन्होंने मकबूल फिदा हुसैन को भारतीय पौराणिक गाथाओं के चरित्रों को चित्रित करने का सुझाव दिया था। हुसैन ने उनकी सलाह मानी और इसके लिए भारी नुकसान उठाया है। सांस्कृतिक जुनूनियों ने, जिन्हें न कला की तमीज है और न अपनी परम्परा की, उनके चित्रों को नष्ट किया है और उन्हें देश छोड़ने को मजबूर। उन्हें प्राचीन भारतीय परम्परा से प्रेम की कीमत आज भी चुकानी पड़ रही है।

हिन्दी और दूसरी भारतीय भाषाओं के अनेक लेखक और कवि लोहिया के मित्र और अनुयायी रहे हैं। यू.आर. अनन्तमूर्ति, रमेशचन्द्र शाह और कमलेश उनके बहुत करीबी थे और शाह जी तो अभी भी सक्रिय हैं। ये कवि और लेखक बता सकते हैं कि लोहिया के विचार और व्यक्तित्व के किन पक्षों ने उन्हें किस तरह प्रभावित किया। खुद इन्हीं कि यह सुनना-जानना दिलचस्प होगा। यह लोहिया के अब तक के अनजान पक्ष की खोज होगा।

(जनसत्ता, 3 और 4 मार्च, 2010)

वंचितों को दी थी आवाज

डॉ. राममनोहर लोहिया अहिंसात्मक आन्दोलन के पक्षधर थे। 1956 में उन्होंने 'मैनकाइंड' नामक पत्रिका शुरू की थी। पत्रिका को उन्होंने दुनियाभर की व्यवस्था विरोधी चिन्तन का मंच बनाया। मुझे याद है कि वे इस पत्रिका के जरिये समाज के उस तबके की आवाज को सामने लाते थे, जिनकी आवाज नहीं सुनी जाती है, जो समाज के अन्तिम पायदान पर है। हाल में मिस्र में व्यवस्था परिवर्तन के लिए जो आन्दोलन हुआ, वह गांधीजी के विचारों से प्रेरित था। अमेरिकी चिन्तक जीन शार्प ने गांधीजी के विचार पर अहिंसात्मक प्रतिरोध की रणनीति तैयार की, जिसमें उन्होंने कहा कि गांधीजी ने परिवर्तन की जो राह दिखाई थी, उसी तर्ज पर मिस्र का आन्दोलन हुआ। गांधीजी पर जीन ने पहले एक किताब भी लिखी थी, जिसकी भूमिका अल्बर्ट आइंस्टीन ने लिखी थी। डॉ. लोहिया ने जीन की प्रतिभा को 1956 में ही पहचाना था। लैटिन अमेरिका पर जीन का बड़ा लेख 'मैनकाइंड' में छपा था।

डॉ. लोहिया की एक और बात याद आती है। वे दुनियाभर में मूल निवासियों को प्रमुखता देने के पक्षधर थे। 'मैनकाइंड' में मैं उस समय यूरोप-लैटिन अमेरिका देखता था। बेतेला नाम के बड़े लेखक ने लैटिन अमेरिका की स्थिति पर लेख भेजा था, लेकिन उसमें वहाँ के मूल निवासियों का जिक्र नहीं था। इस पर लोहिया जी ने मुझसे बेतेला से बात करने को कहा। मैंने बेतेला को पत्र लिखा, जिसके जवाब में उन्होंने अपने व्यस्त होने की बात कही। इस बात की इजाजत भी दी कि मैं लेख में मूल निवासियों के बारे में जोड़ सकता हूँ। इसके बाद मैंने कई पुस्तकों में लैटिन अमेरिका के बारे में पढ़ा और वहाँ के मूल लोगों की समस्याओं के बारे में लेख में चर्चा की।

अब से साठ साल पहले यूरोपीय लोगों का बोलबाला था। दुनियाभर में वही चर्चा के केन्द्र में रहते थे। लेकिन लोहिया जी ने गैर यूरोपियन को प्राथमिकता दी। नसर ने जब मिस्र में स्वेज नहर के राष्ट्रीयकरण की घोषणा की थी, तो फ्रेंच और अंग्रेजों ने उनके खिलाफ युद्ध छेड़ दिया था। उस समय लोहिया जी ने मिस्र का साथ दिए जाने की बात कही थी। एक प्रतिनिधिमंडल, जिसका नेतृत्व लोहिया जी कर रहे थे और उसमें मैं भी शामिल था, हैदराबाद के गवर्नर से मिला था। गवर्नर

को सौंपे गए ज्ञापन में इस बात की जोरदार तरीके से माँग की गई थी कि भारत सरकार मिस्र का साथ दे।

इसी तरह युगोस्लाविया में एक बड़े नेता थे मिलोवन जिलास। वे उपराष्ट्रपति जैसे पद पर रहे, लेकिन उन्होंने जब तानाशाही और वर्ग विशेष के खिलाफ आवाज उठाई, तो उनका विरोध शुरू हो गया। इसके बाद भी मिलोवन जिलास ने अपनी बात जारी रखी। नतीजा यह हुआ कि उन्हें जेल में डाल दिया गया। उस समय लोहिया जी ने मिलोवन जिलास का एक बड़ा लेख छापा, जिसमें वर्ग विभेद के बारे में विस्तार से चर्चा थी। युगोस्लाविया में सेंसरशिप थी। इस वजह से वहाँ की सरकार ने मिलोवन जिलास का लेख रोक दिया। इसके बाद किसी व्यक्ति के माध्यम से लेख इंग्लैंड गया और वहाँ से पोस्ट के जरिये भारत आया था। लोहिया जी चाहते थे कि गैर यूरोपियन्स को प्राथकिता दी जाए। उनकी बात को ठीक उठाया जाए। यह बात 'मैनकाइंड' में दिखती भी थी।

मैं लोहिया जी के साथ हैदराबाद में करीब आठ महीने ही रहा था। 1956 की शुरुआत मैं गया था और साल के अन्त में बीमारी के कारण मुझे वापस मुजफ्फरपुर लौटना पड़ा था। उस समय लोहिया जी काफी व्यस्त थे और देश भर में उनका दौरा होता रहता था। कम ही समय मिलता था, लेकिन 'मैनकाइंड' के कार्यालय में शनिवार को विचार गोष्ठी होती थी। एक शनिवार को गोराजी आये थे। गोराजी आन्ध्र प्रदेश में दलितों के हक की लड़ाई लड़ते थे। उन्होंने अपनी बेटी की शादी दलित युवक से की थी। वे गांधीजी के साथ आश्रम में रहे थे। जहाँ रोज प्रार्थना होती थी, जिसमें सबको शामिल होना जरूरी था। लेकिन गोराजी अनीश्वरवादी थे, इसलिए गांधीजी ने उन्हें प्रार्थना में भाग नहीं लेने की छूट दे रखी थी। गांधीजी अपनी बात किसी पर थोपते नहीं थे। उन्होंने गोराजी से कहा था, हम दोनों की मंजिल एक है, तुम अनीश्वरवाद से दलितों के उद्धार के लिए काम कर रहे हो, मैं ईश्वर में विश्वास करते हुए इस काम को कर रहा हूँ। अगर तुम सफल रहे, तो हम तुम्हारी बात मानेंगे, लेकिन मैं सफल रहा, तो तुम्हें हमारी बात माननी पड़ेगी। गोराजी के साथ विचार गोष्ठी में उनकी बेटी और दामाद भी आए थे। उन्होंने भी अपनी बात 'मैनकाइंड' के साथियों के बीच रखी।

(प्रभात खबर, 12 अक्टूबर, 2010, बातचीत पर आधारित लेख)

वैचारिक आस्था के सन्दर्भ

डॉक्टर राममनोहर लोहिया का व्यक्तित्व बहुआयामी था और भारत की सांस्कृतिक चेतना पर उनके विचारों की छाप गहरी थी। स्त्री-पुरुष सम्बन्ध, जाति व्यवस्था, भारतीय भाषाओं और कला व जीवन को प्रभावित करनेवाले मिथकीय आदर्श पुरुषों राम, कृष्ण और शिव से सम्बन्धित सामाजिक चेतना को उन्होंने अपनी विशिष्ट दृष्टि से आलोकित किया जो मिथक अपने पारम्परिक रूप में जड़ हो गए थे। वे लोहिया के स्पर्श से फिर स्पन्दित होकर सामाजिक जीवन के लिए सार्थक बनते दिखाई दिए। खास तौर से राम एक मर्यादापुरुष के रूप में राजनीति में छीजती हुई मर्यादाओं को फिर से जागृत करने की माँग करने लगे। लौकिक जीवन को सँवारने-बनाने में मिथकों को बड़ी भूमिका होती है और लोहिया ने राम के मर्यादित व्यक्तित्व को इसी दृष्टि से उजागर किया।

लोहिया खुद से और अपने अनुयायियों से भी नीति और कार्य में कुछ कठोर मर्यादाओं के पालन की अपेक्षा रखते थे। 1956 में उनकी नवगठित सोशलिस्ट पार्टी ने बिहार में कुछ माँगों को लेकर आन्दोलन शुरू किया था। आन्दोलन के संचालन में लोहिया की गहरी रुचि थी। इसमें बिहार भर में सरकारी प्रतिष्ठानों के सामने सविनय अवज्ञा से गिरफ्तारी देने का कार्यक्रम था। लोहिया ने पाया कि आन्दोलन रस्सी बनता जा रहा है और सरकार आन्दोनकारियों को गिरफ्तार करने की बजाय नजरअन्दाज कर रही है। यह देखकर उन्होंने आन्दोलनकारियों को सन्देश दिया कि उनको अपनी अवज्ञा में ऐसी दृढ़ता दिखानी चाहिए कि सरकार को उन्हें या तो जेल भेजना पड़े या अस्पताल। इसके बाद अवज्ञा की दृढ़ता का ऐसा असर हुआ कि अनेक जगह आन्दोलनकारियों पर बर्बर प्रहार हुए और उन्हें गिरफ्तार किया जाने लगा। अनेक लोग घायल अवस्था में अस्पताल भेजे गए। इस आन्दोलन के क्रम में लगभग छह हजार लोग गिरफ्तार किए गए।

लोकतांत्रिक राजनीति में मर्यादा का महत्त्व सर्वोपरि है। यह शासक और शासित दोनों को बाँधती है। मर्यादा के अभाव में शासक स्वेच्छाचारी और लोकतंत्र अनियंत्रित भीड़तंत्र में बदल जाता है। वर्तमान परिदृश्य में इसके

अभाव का नतीजा भारत समेत दुनिया के अनेक देशों में देखा जा सकता है। राम से जुड़े मिथक से लोहिया ने भारत के लोकतंत्र को मर्यादा में बँधे रहने का गम्भीर सन्देश दिया था। शासकीय उच्छृंखलता के इसी पक्ष को लोहिया ने संसार में उजागर किया जब उन्होंने इस तथ्य की ओर देश का ध्यान खींचा कि देश का सबसे गरीब आदमी तीन आने रोज पर गुजारा करता है जबकि प्रधानमंत्री जवाहर लाल नेहरू पर रोजाना पच्चीस हजार रुपये खर्च होते हैं। आज यह अनुपात शायद बीस रुपये और कई लाख का हो गया है लेकिन सत्ताधारियों के ऐसे उच्छृंखल व्यवहार पर आज कोई उँगली नहीं उठाता। बीस रुपया रोजाना पर गुजर करनेवालों को नजरअन्दाज करके सांसद और मंत्री रोज अपनी सुविधाएँ बढ़ाते जाते हैं।

अपने व्यक्तित्व में बहुआयामी होने के बावजूद लोहिया मूलतः एक राजनेता थे, इसलिए राजनीतिक कार्यकर्ताओं और नेताओं के लिए राजनीति के सम्बन्ध में उनके विचारों का विशेष महत्त्व है। उनका कहना था कि राजनीति अल्पकालिक धर्म है और धर्म दीर्घकालिक राजनीति। इस परिभाषा से राजनीति करनेवालों पर एक कठोर नैतिक बन्धन लग जाता है। यह प्रसिद्ध जर्मन दार्शनिक कांट के 'क्रिटिक ऑफ प्रैक्टिकल रीजन' में व्यक्त 'कैटेगोरिकल इम्परेटिव' जैसा है जो कहता है कि कर्तव्य का पालन बिना इसके लिए तर्क ढूँढ़े करो।

शायद अपने इस विचार में लोहिया गांधी से प्रेरणा प्राप्त करते हैं। गांधी लोहिया को अपने समय में जीवित मर्यादापुरुष लगते थे। राजनीति की यह परिभाषा राजनीतिशास्त्र की सभी प्रचलित परिभाषाओं से भिन्न है। भारतीय और पश्चिमी दोनों परम्पराओं में आम तौर पर राजनीति छल-बल से किसी भी तरह सत्ता पाने और इसे सुरक्षित रखने के कौशल से जुड़ी रही है। भारत में इसे कौटिल्य के व्यक्तित्व से जोड़ा जाता रहा है, तो पश्चिमी दुनिया में मैकियावेली से जिसकी विख्यात किताब 'प्रिंस' उन सारी मानवीय कमजोरियों का निर्मम विश्लेषण है जिनका सहारा लेकर राजनेताओं को सत्ता हासिल करना और उस पर काबू बनाए रखना चाहिए। अनेक लोगों को यह साक्षात् 'शैतान प्रदत्त शासन सूत्र' दिखाई देता है।

इसके विपरीत जब लोहिया राजनीति को अल्पकालिक धर्म बताते हैं तो इसे कठोर मूल्यों से बाँधने का आग्रह जाहिर करते हैं। यहाँ सत्ता स्वयं में काम्य नहीं हो सकती। इसे सदा किसी बड़े मानवीय उद्देश्य से बँधा रहना है।

लेकिन यह नैतिक उद्देश्य कैसे निर्धारित होगा? शायद इसी सवाल के जवाब में लोहिया धर्म को 'दीर्घकालिक राजनीति' के रूप में परिभाषित करते हैं। इस अर्थ में धर्म आइडियोलॉजी यानी विचारधारा के एक परिष्कृत रूप की भूमिका में उपस्थित होता है।

विचारधारा को आम तौर से किसी समूह या वर्ग के स्वार्थों से जोड़ा जाता है। यह समूह के गन्तव्य और मार्ग दोनों को निर्देशित करती है। नैतिक दृष्टि से यह तटस्थ हो सकती है या समूह का स्वार्थ ही उसकी नैतिकता बन जाती है। लेकिन जब विचारधारा एक धर्म के रूप में आती है तो यहाँ नैतिक तटस्थता की गुंजाइश नहीं रह जाती। यहाँ यह कहकर सभी बन्धनों से मुक्ति नहीं मिल सकती कि हमारे वर्ग, हमारे समुदाय या हमारे देश हित के सामने सही या गलत का कोई भी विवाद अर्थहीन है। सबके ऊपर, विवाद से परे है देशहित, वर्गहित या जनहित। भीड़तंत्र के पीछे सामूहिक वफादारी का यह उन्माद बना रहता है। धर्म कम से कम सिद्धान्त के स्तर पर कुछ उदात्त मूल्यों को सर्वोपरि मानता है और मानव सम्बन्धों में स्वेच्छाचारिता पर लगाम कसने की नसीहत देता है। दया, परोपकार, सत्य के प्रति इसके घोषित उद्देश्य हैं। यह कहा जा सकता है कि हकीकत में धार्मिक समूहों पर भी उन्माद छा जाता है जिसका उदाहरण अनेक धर्मयुद्ध और हाल के दिनों में उभरा धार्मिक कट्टरपन है।

लेकिन जब लोहिया धर्म की बात करते हैं तो इसके आदर्श रूप में ही। धर्म का सर्वोच्च रूप होता है आदर्शों के लिए आत्मबलिदान की तैयारी। लोहिया ने अपने जीवन में अपने आदर्शों के लिए—चाहे वह स्वतंत्रता संघर्ष में हो चाहे समाजवादी आन्दोलन के उद्देश्यों के लिए—सदा जोखिम उठाया।

इन आदर्शों के विपरीत आचरण के वे कटु आलोचक भी रहे। नेहरू ने पहले-पहल लोहिया को कांग्रेस के विदेश विभाग के देखरेख की जिम्मेदारी सौंपी थी। वे उनके काफी करीब थे। लेकिन आजाद भारत के पहले प्रधानमंत्री के रूप में उन्होंने समता के आदर्शों के विपरीत काम करना शुरू किया तो लोहिया उनके सबसे कट्टर आलोचक बन गए। जब लोहिया प्रजा सोशलिस्ट पार्टी के महामंत्री थे तब उन्होंने केरल के अपनी ही पार्टी के मुख्यमंत्री पी पिल्लई को वहाँ पुलिस गोलीबारी में कुछ लोगों के मारे जाने पर तुरन्त न्यायिक जाँच की घोषणा करके इस्तीफा देने का आदेश दिया। इससे पैदा हुए विवाद के कारण उन्हें न सिर्फ पार्टी के महामंत्री का पद छोड़ना पड़ा बल्कि प्रजा सोशलिस्ट पार्टी छोड़कर सोशलिस्ट पार्टी की स्थापना करनी पड़ी।

शायद अपने देश की यह नियति रही है कि सभी उदात्त मूल्यों को लेकर चलनेवाले आन्दोलन अपने मूल आदर्शों की बजाय बाहरी आडम्बरों को ही लेकर चलने लगते हैं। शायद ऐसा भटकाव काफी पहले से रहा है जिस पर कबीर ने यह व्यंग्य किया था 'मन न रंगाये, रंगाये जोगी कपड़ा'। हमारे देश में समाजवादी नामधारी एक पार्टी है जो लोहिया की विरासत को लेकर चलने का दावा करती है। इसके कई लोग युवा काल में लोहिया के नेतृत्व में काम भी कर चुके हैं। यह पार्टी देश में सबसे बड़ी आबादी वाले राज्य में शासन भी कर चुकी है और

फिलहाल फिर वहाँ शासन करने का जनादेश प्राप्त कर चुकी है। इसके नेता केन्द्रीय मंत्रिपरिषद में भी रह चुके हैं।

लेकिन लोहिया की विरासत से इन्होंने क्या लिया है? यह जरूर है कि कभी-कभी उस राज्य की सड़कें प्रदर्शनों के समय लाल टोपियों से पट जाती है। परिवारवाद इस पार्टी में भी हावी होता दिखता है जिसके कारण लोहिया ने नेहरू की कड़ी आलोचना की थी। आज लोहिया की कमी उस सैद्धान्तिक प्रतिबद्धता के अभाव में दिखती है जो देश की राजनीति पर हावी है।

(तहलका, 31 मार्च, 2012)

जेपी पर लेख

समाजवादी आन्दोलन में गांधी की प्रासंगिकता

"गांधीवाद नाम की कोई वस्तु नहीं है और मैं अपने पीछे कोई सम्प्रदाय नहीं छोड़ना चाहता। मेरा ऐसा दावा नहीं कि मैंने कोई नया सिद्धान्त या मत आरम्भ किया है। मैंने अपने ढंग से शाश्वत सत्यों को रोजमर्रे की जिन्दगी और इसकी समस्याओं में लागू करने की कोशिश की है। मैंने जो राय बनाई है या मैं जिन नतीजों पर पहुँचा हूँ वे अन्तिम नहीं हैं और कल मैं इन्हें बदल भी सकता हूँ।" ये शब्द महात्मा गांधी के हैं। इसके बाद इसकी कोई गुंजाइश नहीं रह जाती कि कोई आदमी गांधीवाद के प्रयोग करते रहे और उन्होंने उसकी गहरी छाप विश्व के स्तर छोड़ी है। समाजवादियों की एक ही दृष्टि हो सकती है वह यह कि गांधी के विचारों और प्रयोगों से वैसे सबक लें जो उनकी समस्याओं के समाधान में सहायक हो सकें।

लेकिन यहाँ प्रश्न उठता है कि अगर गांधी के मूल उद्देश्य समाजवाद के मूल उद्देश्यों से विपरीत हो तब गांधी के प्रयोगों से हम कैसे कुछ सीख सकते हैं? इसका समाधान गांधी की उस सलाह से हो जाता है जो उन्होंने एक बीजक के रूप में किसी विषय पर नीति निर्धारण के लिए दी थी। उन्होंने कहा था—"जब भी तुम्हें शंका हो या अहम् हावी होता दिखाई पड़े तो यह कसौटी लागू करो। सबसे गरीब और कमजोर व्यक्ति जिसे कभी तुमने देखा हो उसका चेहरा याद करो और फिर सोचो कि जो कदम तुम उठाना सोच रहे हो क्या इससे उसे कोई लाभ होगा? क्या यह उसे नई जिन्दगी देगा? तब तुम पाओगे कि तुम्हारी शंका या अहम् विपरीत हो रहा है।"

मार्क्स ने जब सर्वहारा को नई क्रान्ति का अगुवा माना था तब उसकी भी दृष्टि मूल रूप से इसी तरह की थी। उसकी भी यह मान्यता थी कि जब समाज का विकास ऐसे वर्ग के हित में होगा जो सबसे शोषित है और जिसका शोषण में कोई निहित स्वार्थ नहीं है तभी सही अर्थ में समाज शोषण विहीन हो पाएगा। इस जगह अपनी सोच में तमाम भेदों के बावजूद मार्क्स और गांधी एक जगह पर आ जाते हैं। यह बात अलग है कि दोनों अलग राह पर चलकर यहाँ पहुँचते हैं। गांधी की सोच की बुनियाद में नैतिक मूल्यों के प्रति लगाव है, मार्क्स मूल रूप से दार्शनिक और वैज्ञानिक दृष्टि लेकर समाज की समस्याओं से उलझते हैं। फिर भी मार्क्स की दृष्टि

भी बुनियादी तौर पर नैतिक है और अनजाने ही उन्होंने ईसाई धर्म के मूल्यों को कबूल कर लिया है जिसमें यह कल्पना थी कि सूई के छेद से ऊँट निकल सकता है लेकिन स्वर्ग में धनी व्यक्ति का प्रवेश सम्भव नहीं है। आखिरकार ईसाई धर्म भी शुरू में मुगलों का धर्म था और इसके मूल्य भी आधारभूत रूप से समतावादी थे।

गांधी के विचारों पर भी बाइबिल का गहरा असर था और गांधी के इस प्रभाव को स्पष्ट समकालीन रूप प्रदान करने की कोशिश की गई थी क्योंकि वे सामाजिक समस्याओं का समाधान नए सामाजिक और वैयक्तिक मूल्यों के निर्माण में ढूँढ़ रहे थे। गांधी की विशेषता थी कि वे मूल्यों की तलाश में पूर्ण रूप से वैज्ञानिक और प्रयोगवादी थे। वे स्वयं अपने जीवन में प्रयोग की कसौटी पर इन मूल्यों को कसना चाहते थे और उनके सारे प्रयोग समतावादी थे।

रस्किन की पुस्तक 'आन टू द लास्ट' के प्रभाव में वे इस नतीजे पर पहुँचे कि एक साधारण मजदूर का श्रम उतना ही आदर के योग्य है जितना कोई विद्वत्तापूर्ण काम। इसी प्रभाव में उन्होंने दक्षिण अफ्रीका में 'फीनिक्स' में प्रेस चलाना और पत्रिका निकालना शुरू किया था। यहाँ सारे तरह के काम वे और उनके सहयोगी करते थे। इस तरह दिमागी और शारीरिक श्रम के फर्क को मिटाने की कोशिश की गई। यहाँ फिर वे मार्क्स की कल्पना के कितने नजदीक थे जहाँ यह सोचा गया था कि वही आदमी सुबह समय कूड़े की गाड़ी से सफाई का काम करेगा और शाम को दार्शनिक विवादों में हिस्सा लेगा। यहाँ फिर हम मार्क्स में 'मिलेनियल' कल्पना का प्रभाव पाते हैं जहाँ विकास के चरम बिन्दु पर अचानक सारा परिवर्तन ऐच्छिक दिशा में आप से आप हो जाएगा। गांधी हर चीज को प्रयोग द्वारा ईंट-ईंट जोड़कर निर्माण करना चाहते थे।

शायद मार्क्स और गांधी दोनों अपने-अपने ढंग से यूटोपियन थे। गांधी की यह कल्पना कि निजी प्रयोगों द्वारा एक आदर्श समाज बनाया जा सकता है स्वप्नवादी थी। स्वयं गांधी इस बात से अवगत हुए और वे व्यापक जन राजनीति की ओर बढ़े। मार्क्स की यह कल्पना भी यूटीपियन साबित हो रही है कि मजदूर क्रान्ति से स्वयंमेव वैसा विकास होगा जिसकी कल्पना मार्क्स ने की थी। अब तक जो कुछ भी सर्वहारा क्रान्ति के नाम पर हुआ है उससे तो एक ऐसी व्यवस्था पैदा हुई है जो मार्क्स की कल्पना के बिलकुल विपरीत है।

शायद प्रयास दोनों की तरफ से करना होगा, मूल्यों के स्तर पर व्यक्तियों और समूहों की दिशा से भी, और राजनैतिक स्तर पर बृहत समाज के ढाँचे को बदलने की दिशा से भी। लेकिन यह काम अलग-अलग समूह जो समस्या के दोनों पहलू से अवगत है अपने प्रयास में दोनों दृष्टियों को मिलाकर चले तभी यह सम्भव होगा।

एक उदाहरण में बात साफ हो सकती है कि कैसे गांधी का प्रभाव समाजवादियों के जीवन को सही दिशा में बदलने में सहायक हो सकता है। मार्क्सवादियों की

एक कल्पना थी अपने को वर्गच्युत (डि-क्लास) करने की। यह बात खासकर उन लोगों के लिए लागू होती थी जो ऊपरी वर्गों से आते थे। असल में यह बात सिर्फ मौखिक रह गई। सिर्फ कुछ राजनैतिक कार्यों में सर्वहारा के साथ शामिल हो जाने से कोई 'डि-क्लास' नहीं हो जाता। अपना रहन-सहन, बाल-बच्चों का रहन-सहन, उनकी महत्त्वाकाँक्षा इन सबका असर समाजवादियों की सोच और उनके कार्य-कलाप पर पड़ता है।

समाजवाद का दर्शन कोई मंत्र जाप नहीं है जो दुहरा देने से वर्ग-समाज से प्राप्त मूल्यों को छूमन्तर कर दे। अगर 'समाजवादी-क्रान्ति' के आधी शताब्दी के बाद रूस में पूँजीवाद की ओर जानेवाली प्रक्रिया (कैपिटलिस्ट रोडर्स) या 'सामाजिक साम्राज्यवाद' की ओर अग्रसर होनेवाले प्रभाव दिखाई पड़ सकते हैं तो जरूर कहीं कोई बुनियादी खोट है और उस समाज के नेताओं के मूल्य समता विरोधी रहे हैं।

गांधी का निजी जीवन इस दृष्टि से समतावादियों के लिए एक आदर्श बन सकता है। मार्क्सवादियों में यह फैशन बन गया है कि वे धड़ल्ले से गांधी को यह कहकर गालियाँ दे देते हैं कि वह तो बिड़ला के पैसे पर रहते थे। वे इस बात को भूल जाते हैं कि गांधी भारत में चालीस वर्ष से अधिक उम्र होने के बाद आए। उसके पहले वे दक्षिण अफ्रीका में थे तथा उनके बच्चों का प्राथमिक विकास उसी काल में हुआ। उनकी शिक्षा टॉलस्टॉय फार्म पर हुई जो लगभग वही थी जो एक आम मजदूर के बच्चे की होती है, यानी कि शारीरिक श्रम की शिक्षा और न्यूनतम पढ़ाई-लिखाई जो गांधीजी या उस फार्म पर अनेक सहयोगी श्रम से अवकाश मिलने पर स्वयं फार्म पर रहनेवाले बच्चों को दे सकते थे।

अगर भारत के समाजवादी समझदारी के साथ अपने जीवन में कुछ इसी तरह का परिवर्तन करें तो विचार और कर्म का भेद और नैतिक अवमूल्यन की बहुत सारी प्रक्रियाएँ देश में रुक जाएँगी। अगर आदमी अपनी व्यक्तिगत महत्त्वाकांक्षा में समाज के सारे प्रचलित मूल्यों को कबूल कर ले तो फिर वह समाज का नए मूल्यों के आधार पर निर्माण नहीं कर सकता। निस्सन्देह मार्क्स, लेनिन, रोजा लक्जमबर्ग या माओ उन वैयक्तिक महत्त्वाकांक्षाओं से ऊपर थे जो उनके समाज में व्याप्त थे। लेकिन उन्होंने वैयक्तिक आचरण की कोई कसौटी नहीं बनाई जिससे उनके नाम का ढोल पीटनेवाले लोगों की सत्ता लिप्सा या भोगवासना पर थोड़ा अंकुश लग सके।

गांधी ने न सिर्फ अपने जीवन में कुछ कसौटियाँ स्थापित कीं बल्कि अनेक आश्रमों का निर्माण करने की कोशिश की जहाँ बड़ी तादाद में लोग जीवन को एक खास ढाँचे में ढाल सकें। यह बात अलग है कि एक बड़ी परिवर्तनवादी राजनीति की धारा से अलग हो जाने के कारण गांधी के आश्रम सरकार साधुओं के मठ बन गए। शायद आश्रम बनाने की कल्पना बड़े पैमाने पर नहीं चल

सकती। लेकिन अपने जीवन को एक आम आदमी के जीवन के पास लाने का विचार और वैयक्तिक महत्त्वाकांक्षाओं को सीमित रखने का उद्देश्य तो व्यापक बनाया जा सकता है।

लेकिन जीवन की आवश्यकताओं के सम्बन्ध में गांधीजी के विचार समतावादी समाज बनाने की दृष्टि से भी महत्त्वपूर्ण हैं। जो बात औद्योगिक क्रान्ति के शुरू के दिनों में, जब आर्थिक विकास की सम्भावनाएँ अन्तहीन दिखती थीं, गौण थीं अब साफ हो सामने आ रही हैं। यह स्पष्ट हो रहा है कि आवश्यकताओं को सीमित किए बगैर समता तो असम्भव ही है, मनुष्य आपसी झगड़ों और युद्ध में मानव समाज के अस्तित्व को ही खत्म कर देगा। आश्चर्य की बात यह है कि अपने को विज्ञानवादी कहनेवाले समाजवादी दुनिया के जाने हुए साधनों के आधार पर भविष्य की कल्पना करने की बजाय किसी तिलस्मी सम्भावना के आधार पर चलने की कोशिश कर रहे हैं। यह धीरे-धीरे माना जाने लगा है कि प्राकृतिक साधनों का उपभोग जिस उत्तरोत्तर गति से बढ़ रहा है उस गति से कुछ साधन जैसे तेल बीस साल से ज्यादा नहीं चल सकते। यह स्थिति तब है जब दुनिया के लगभग दो-तिहाई हिस्से में इनका उपयोग अति-न्यून है। यह अभी तक आशा मात्र है कि कोई दूसरा साधन निकल आएगा। अभी तक कोई निश्चित विकास इस दिशा में नहीं हो पाया है। अगर यह स्थिति रही तो जैसे-जैसे खनिजों का अभाव बढ़ेगा वैसे-वैसे इसके लिए छीना झपटी बढ़ेगी और सशक्त राष्ट्र फौज के बल पर इन साधनों को अपने कब्जे में रखेंगे। शायद दो शक्तिशाली राष्ट्र रूस और अमेरिका इस सवाल पर लड़कर विश्व का संहार ही कर दें या दोनों मिलकर दुनिया के साधनों का आपस में बँटवारा कर लें। ठीक उसी तरह जैसे विश्व युद्ध के अन्तिम दिनों में प्रभाव क्षेत्रों का बँटवारा हुआ था। किसी भी तरह पिछड़ी अर्थ व्यवस्थाओं के लिए इस तरह से राहत मिलने की सम्भावना नहीं है। 1977 में यान टिनवर्जन के नेतृत्व में आर.आई.ओ. की ओर से जो रपट क्लब ऑफ रोम के लिए तैयार की गई उसके अनुसार अभी भी तीसरी दुनिया के लोग इसमें उत्पादित खनिज का सिर्फ एक-चौथाई मात्र इस्तेमाल करते हैं। अगर विकसित राष्ट्रों की जरूरत और तीसरी दुनिया की जरूरत दोनों बढ़ीं तो संघर्ष अनिवार्य होगा।

लेकिन अगर साधनों के विकास में किसी जादुई परिवर्तन की सम्भावना मान भी लें तो भी गैर बराबरी की स्थिति उपभोग के साधनों के विकास के साथ जुड़ी रहेगी। जब भी किसी नए निजी उपभोग के साधन, जैसे—मोटरगाड़ी का निर्माण होता है तो यह एक बार सब लोगों को उपलब्ध नहीं हो जाता। शुरू में इसका उत्पादन सीमित रहता है। इस तरह से वैयक्तिक उपभोग के हर ऐसे साधन के विकास में सामाजिक विभाजन के बीज मौजूद होते हैं। आखिर पहली किस्त में इन वस्तुओं को पानेवाले लोग कौन होंगे? क्या वे वही लोग नहीं होंगे जिन्होंने समाज में किसी

तरह एक प्रभावशाली स्थान बना लिया है? फिर ऐसे लोग नियोजन को ऐसी दिशा देने की कोशिश करेंगे जिसमें निजी उपभोग के नए साज-सामान इन्हें उपलब्ध हो सकें। इस तरह शासक समूह और आम लोगों के बीच एक खाई निरन्तर बनी रहेगी। पूँजीवादी समाज तो इसी मान्यता के आधार पर चलता है और लगातार नए उपभोग की वस्तुओं का निर्माण करता चलता है जिससे पूँजीवादी उत्पादन पर रोक नहीं लग सके। एक समतावादी समाज को ऐसी गैर बराबरी पैदा करनेवाली उपभोगवादी व्यवस्था की क्यों जरूरत होगी?

एक आम मान्यता यह बन गई है कि उपभोग की सामग्रियों की भरमार से मनुष्य पशुओं से अपने को ऊँचा उठाता है, जबकि असलियत यह है कि उपभोगवाद के मूल्य मनुष्य को पशुओं के करीब लाते हैं। मनुष्य, मनुष्य इसलिए नहीं है कि मोटरगाड़ियों ने उसकी रफ्तार तेज कर दी है या वायुयान से वह हवा में उड़ सकता है। चीता 100 किलोमीटर की रफ्तार से दौड़ सकता है और कौआ अधिक सरलता से हवा में उड़ानें भरता है। इससे उनकी श्रेष्ठता नहीं सिद्ध होती है।

मनुष्य की विशेषता यह है कि वह अपने जीवन की आवश्यकताओं से ऊपर उठ चेतना की दुनिया में निवास करता है, जहाँ कला, विज्ञान और दर्शन आदि का निर्माण होता है। उपभोगवाद आदमी को पशुओं की तरह अपनी आवश्यकताओं की पूर्ति में पूर्ण रूप से लीन कर देता है। जैसे-जैसे उपभोग की वस्तुओं की संख्या बढ़ती है वैसे-वैसे आदमी की जीवन की आवश्यकताएँ बढ़ती जाती हैं। अनावश्यक वस्तुओं की लत बन जाने पर वे भी आवश्यक बन जाती हैं जिनके बगैर रहना कठिन लगने लगता है। अब वह इस आवश्यकता की पूर्ति में इतना व्यस्त हो जाता है कि पशुओं की तरह ही वह इससे ऊपर नहीं उठ पाता। मार्क्स के सम्पूर्ण मानव की कल्पना के विपरीत उपभोगवादी मनुष्य की यह कल्पना है। इससे उबरने का एकमात्र उपाय जीवन की आवश्यकताओं को सीमित करना है। इसका अर्थ यह नहीं कि आदमी पाषाण युग में चला जाए। यह तो फिर आदमी को उसकी न्यूनतम आवश्यकताओं का दास बना देगा। आदमी की हैसियत से जिन्दा रहने की आदमी की नियति इन दोनों स्थितियों के बीच की है, जहाँ ऐसा अभाव भी नहीं हो कि न्यूनतम आवश्यकताओं की कमी से आदमी त्रस्त हो और जहाँ उपभोग के ऐसे साधन भी न हों कि आदमी उन्हीं की लालसा में खो जाए।

यह विचार सही नहीं है कि गांधी हर तरह की मशीन के विरोधी थे। लेकिन वह मशीनीकरण के उस चरित्र से त्रस्त थे जो लाखों भारतीयों की रोजी छीन रहा था। इस चरित्र से मुक्त मशीनों को स्वीकार करने के लिए वे तैयार थे। एक समाजवादी से की गई बातचीत नीचे दी गई है, इस पर थोड़ी रोशनी डालती है :

"ग्राम उद्योग में उसकी भी जगह है और इसी तरह हर ऐसे यंत्र की जगह है जिसके कारण जनसाधारण परिश्रम करने के अवसर से वंचित नहीं होते, बल्कि जो

व्यक्ति की सहायता करता है और उसकी क्षमता को बढ़ाता है और जिससे मनुष्य उसका गुलाम बने बिना मनचाहा काम ले सकता है।"

(समाजवादी) "मगर उन महान आविष्कारों का क्या होगा? आप बिजली से तो कोई सरोकार रखेंगे नहीं?"

"यह किसने कहा? अगर हम हर एक गाँव की झोंपड़ी में बिजली पहुँचा दें तो मुझे कोई आपत्ति नहीं होगी कि ग्रामीण अपने औजार बिजली की मदद से चलाएँ। परन्तु उस सूरत में ग्राम पंचायतें या राज्य बिजलीघरों के उसी तरह मालिक होंगे, जैसे वे अपनी चरागाहों के होते हैं...।"

"सार्वजनिक उपभोग के जो काम मानव श्रम के द्वारा नहीं कराए जा सकते उनके लिए भारी मशीनों का अनिवार्य स्थान है, परन्तु उन सबका मालिक राज्य होगा और उनका उपयोग सर्वथा जनता के लाभ के लिए किया जाएगा। मैं उन यंत्रों का कोई लिहाज नहीं कर सकता जिनका लक्ष्य बहुतों को हानि पहुँचाकर थोड़ों को मालदार बनाना हो, या उपयोगी श्रम करनेवाले अनेकों को अकारण बेकार बनाता हो।" (हरिजन, 22-6-1935)

तीसरी दुनिया में व्यावहारिक दृष्टि से यह बात इतने महत्त्व की है कि माओ ने भी चीन में आर्थिक विकास के लिए मानव श्रम पर आधारित उद्योग और कृषि व्यवस्था को सर्वाधिक महत्त्व का स्थान दिया।

सबसे ज्यादा विवाद गांधी की अहिंसा को लेकर होता रहा है। व्यवहार में इसे किस हद तक लागू किया जाएगा यह तो परिस्थिति पर निर्भर करेगा, लेकिन सिद्धान्त रूप से तो आधुनिक दुनिया में किसी सही दिमाग वाले के लिए इसे सीधा अस्वीकार करना मुश्किल होगा। इसके दो कारण हैं। पहला तो यह कि युद्ध के साधनों का विकास इस सीमा तक हो चुका है कि किसी बड़े युद्ध में सारे विश्व के संहार का अंदेशा स्पष्ट है। खास तौर से इसलिए कि युद्धों को वर्ग संघर्ष का एक रूप माना जाने लगा है। अब दुनिया के मजदूरों के एक होने के नारे की जगह राष्ट्रीय खेमों की बात की जा रही है जिसमें एक को साम्राज्यवादी और दूसरे को समाजवादी खेमा कहा जाता है। अगर वर्ग संघर्ष का आखिरी रूप इन खेमों में युद्ध है तो दुनिया को सर्वनाश से कोई नहीं बचा सकता। साम्राज्यवादी खेमों के संघर्ष में मरनेवाले पूँजीपति ही नहीं होंगे सारे के सारे मजदूर वर्ग के लोग भी होंगे। राजनीति में हिंसा की प्रधानता को चुनौती दिए बगैर इस खतरे को टालने का आज कोई उपाय नहीं दिखता। हम समाजवादी कहलानेवाले राष्ट्रों की आपसी सैनिक प्रतिद्वंद्विता को भी नजरअन्दाज नहीं कर सकते।

दूसरा कारण आज के राष्ट्रों को आबादी का स्वरूप है। समाज को वर्गों में बाँटकर किसी राष्ट्र, खासकर एक बड़े राष्ट्र की राजनीतिक असलियत को आज नहीं समझा जा सकता। सभी राष्ट्रों में जाति, नस्लभेद, राष्ट्रीय अल्पसंख्यक

जमातें और विभिन्न धार्मिक जमातें हैं जिनका अलग-अलग अस्तित्व उनकी विविधता के साथ मौजूद है। उनकी अलग-अलग समस्याएँ हैं जिनका समाधान वे अलग-अलग संगठन बनाकर आन्दोलन के द्वारा ढूँढ़ते हैं। ऐसी अल्पमत जमातें तो निकट भविष्य में खत्म होनेवाली नहीं। फिर अगर वे हिंसा का सहारा लें तो उसका एकमात्र रूप आतंक ही हो सकता है। अगर सभी छोटी जमातें आतंक का रास्ता अपना लें तो समाज की क्या स्थिति होगी इसका अनुमान लगाया जा सकता है। गांधी ने जो सत्याग्रह और असहयोग का हथियार दिया है अल्पमत के लिए तो वहीं एकमात्र सभ्य तरीका अपनी समस्याओं को सुलझाने का हो सकता है। इसके अभाव में पूरी दुनिया में पिछले कुछ वर्षों से कबाइली लड़ाइयाँ और उनके नृशंस परिणामों को हम देखते आ रहे हैं। हमारे अपने ही उत्तर-पूर्वी क्षेत्रों में वर्षों से ऐसी घटनाएँ हो रही हैं। हिंसा को राजनीतिक जीवन में अस्वीकार किए बगैर आज दुनिया में कोई सभ्य समाज अधिक दिन नहीं चल सकता। लोकतंत्र तो किसी भी तरह नहीं चल सकता।

ये सब कुछ समस्याएँ हैं जिन पर गम्भीरता से विचार करने की जरूरत है और इस दिशा में गांधी के प्रयोग हमें बहुत कुछ रोशनी देते दिखाई पड़ते हैं।

(मजदूर किसान नीति, गांधी विशेषांक, 1980)

प्रेरणा-पुरुष जयप्रकाश नारायण

जे.पी. 1946 में जेल से छूटे तो राष्ट्र ने उनका अभूतपूर्व स्वागत किया—वह भारत छोड़ो आन्दोलन और अगस्त क्रान्ति के हीरो थे। रिहाई के बाद उन्होंने समाजवादी आन्दोलन को पुनः संगठित करने का दायित्व ग्रहण किया और इस कार्य में पूरी तरह जुट गए। कांग्रेस सोशलिस्ट पार्टी की अगस्त क्रान्ति के दौरान भूमिगत आन्दोलन में अग्रणी भूमिका रही थी और उसमें भाग लेनेवालों को 'अगस्टर्स' कहा जाने लगा था। अपनी वीरतापूर्ण भूमिका के कारण कांग्रेस सोशलिस्ट पार्टी के प्रति युवा वर्ग अत्यधिक रूप से आकृष्ट था और जनता के बीच भी उसको व्यापक समर्थन मिल रहा था। लेकिन पार्टी का संगठन ब्रिटिश सरकार के दमन के कारण अत्यधिक क्षतिग्रस्त हो गया था।

सोशलिस्ट और कम्युनिस्ट, जो एक समय साथी थे, अब एक-दूसरे के चरम शत्रु बन गए थे, क्योंकि 1942 के भारत छोड़ो आन्दोलन के दौरान कम्युनिस्टों ने ब्रिटिश साम्राज्यवाद का पूरी तरह साथ दिया था। लेकिन सोशलिस्टों और कम्युनिस्टों के बीच विवाद 1942 के आन्दोलन में कम्युनिस्टों की भूमिका के सवाल तक सीमाबद्ध नहीं रहा—जैसे-जैसे लोग स्टालिन के नेतृत्व में सोवियत संघ में उभरी निरंकुश सर्वसत्तावादी (टोटैलिटेरियन) व्यवस्था के बारे में ज्यादा जानने लगे, कम्युनिस्टों की नीतियों के बारे में तरह-तरह के सवाल उठने लगे। कम्युनिस्टों के साथ सोशलिस्टों का विवाद इन सवालों से भी टकराने लगा।

ऐसे में 1946 में किसी एक दिन जे.पी. ने पटना में छात्रों की एक स्टडी-क्लास को सम्बोधित किया। इन पंक्तियों का लेखक भी उसमें उपस्थित था। उस क्लास में जे.पी. ने सोवियत रूस में समाजवाद के नाम पर एक बर्बर सर्वसत्तावादी (अथॉरिटेरियन) शासन-व्यवस्था लागू किए जाने के बाद समाजवादी आन्दोलन के भीतर जो बहुत सारे विवाद उत्पन्न हो गए थे, उनकी ओर युवा सोशलिस्टों का ध्यान दिलाने की कोशिश की थी। दुनिया भर में बुद्धिजीवी रूस में उत्पन्न विकृतियों को समझने और उनका विश्लेषण करने की कोशिश कर रहे थे; जे.पी. ने इन कोशिशों और रूस के कम्युनिस्ट राज की आलोचना की, विभिन्न धाराओं के बारे में संक्षेप में प्रकाश डाला। उन्होंने जो कुछ कहा, उसमें से अधिकांश हम उपस्थित युवाओं की समझ के परे था।

मुझे याद आता है कि बहुत-सी बातों की चर्चा करते हुए जे.पी. ने आर्थर कोएसलर की पुस्तक 'द योगी ऐंड द कमिसार' का भी जिक्र किया था। इस पुस्तक में कोएसलर ने एक न्यायपूर्ण समाज कायम करने की चेष्टा करनेवाले सभी आन्दोलनों को जिस दुविधा का सामना करना पड़ता है, उसे रेखांकित किया था। कोएसलर के मुताबिक, एक तरफ, योगी का नैतिकता और साधनों की पवित्रता वाला रास्ता प्रभाव-शून्य होता है और निष्फलता की ओर ले जाता है तो दूसरी तरफ, कमिसार का राजनैतिक सत्ता प्राप्त करने के बाद ऊपर से एक कठोर व्यवस्था लागू करने का रास्ता अवश्यम्भावी रूप से जनता के खिलाफ एक स्वार्थी और दमनकारी शासन को जन्म देता है।

जे.पी. जीवन भर अपने खुद के संघर्ष में सामाजिक आन्दोलनों को इन दो अतिवादी छोरों से मुक्त करने की अथक चेष्टा करते रहे। यह नहीं कहा जा सकता कि उनकी चेष्टा पूरी तरह सफल रही। सचाई तो यह है कि घटनाओं का दबाव उन्हें अकसर इन दो अतिवादी छोरों से टकराते रहने और उनसे जूझने को मजबूर करता रहा। लेकिन अपने आदर्शों के प्रति गहरी निष्ठा और प्रतिबद्धता तथा अपनी खुद की ऊर्जस्विता के चलते वह कभी हताश और 'सिनिक' नहीं हुए। मृत्यु पर्यन्त उन्होंने अपना संघर्ष जारी रखा, भले ही इसके लिए उन्हें वह रास्ता क्यों न त्यागना पड़ा हो, जिस पर वह कल तक चल रहे थे।

अपने जीवन की अन्तिम चुनौती का उन्होंने सत्तर वर्ष की आयु पार करने के बाद उसी साहस के साथ सामना किया जिससे उन्होंने ब्रिटिश हुकूमत की चुनौतियों का सामना किया था। सत्तर के बाद की उमर में बहुत कम लोग ही किसी नई चुनौती का सामना करने को तत्पर रह पाते हैं। इस उमर में अधिकतर लोग अपने माने हुए किसी सिद्धान्त की सुरक्षा और शरण चाहते होते हैं। लेकिन जे.पी. के लिए मानव स्वाधीनता और सम्मान के संकटापन्न होने पर तुरत कदम उठाना सबसे ज्यादा जरूरी हो जाता था, क्योंकि मानव स्वाधीनता और सम्मान उनके लिए किसी चहेते सिद्धान्त से (जो इस चुनौती को स्वीकार करने में आड़े आता हो और संघर्ष करने के बजाय निष्क्रियता की ओर ले जाता हो) ज्यादा कीमती थे। सत्तर पार करने के बाद भी उनमें युवासुलभ साहस और जिज्ञासा बनी हुई थी।

किसी नए रास्ते पर चल पड़ने और उसमें अपने को पूरी तरह झोंक देने की तत्परता। अपनी इस युवा मानसिकता के कारण ही वह अपने जीवन में दो बार भारतीय युवाओं के मानस को क्रान्ति के अपने सपने से झंकृत कर पाए—पहली बार 1942 में चालीस की उमर में और दूसरी 1974 में बहत्तर की उमर में।

जे.पी. के व्यक्तित्व का एक दूसरा पहलू उनकी शालीनता और विनम्रता में प्रकट होता है। उस वक्त भी जब वह नेहरू की कांग्रेस पार्टी के आधिपत्य को चुनौती देने के लिए प्रतिद्वंद्वी पार्टी के रूप में सोशलिस्ट पार्टी का निर्माण करने

की चेष्टा कर रहे थे, उन्होंने नेहरू के प्रति अपना आदरपूर्ण रुख और व्यवहार बनाए रखा। अपने प्रारम्भिक वर्षों में कांग्रेस सोशलिस्ट पार्टी जे.पी. के प्रभाव में महात्मा गांधी की नीतियों पर लगातार प्रहार करती रहती थी। कभी-कभी तो ऐसा भी लगता था कि उसका मुख्य निशाना महात्मा गांधी की नीतियाँ ही हैं। इसके बावजूद गांधीजी के प्रति अपने श्रद्धा-भाव को जे.पी. ने कभी त्यागा नहीं और उन्हें अपना पितृ-तुल्य नेता मानते रहे।

जनता के बीच विनोबा भावे से अपनी बड़ी शख्सियत होने पर भी उन्होंने भूदान आन्दोलन और सर्वोदय को अपनाने पर बेहिचक विनोबा भावे के एक श्रद्धालु शिष्य की भूमिका ग्रहण की। उनके लचीलेपन और विभिन्न स्रोतों से सीखने की इच्छा पर कटाक्ष करते हुए डॉ. लोहिया ने कहा था कि कुछ लोग हमेशा 'गुरुओं' की तलाश में रहते हैं। इस बात में कोई शक नहीं कि व्यक्तिगत बड़प्पन कभी-कभी राजनैतिक पार्टियों के कार्यकर्ताओं के बीच भ्रम पैदा करता है क्योंकि एक राजनैतिक पार्टी के लिए अपने कार्यकर्ताओं को एकजुट बाँध रखने के वास्ते दुनिया को स्याह और सफेद में विभाजित करना अकसर जरूरी होता है।

लेकिन यह जे.पी. का तरीका नहीं था और इसको ध्यान में रखने पर दलीय राजनीति के प्रति उनकी बाद के वर्षों की वितृष्णा को कुछ हद तक समझा जा सकता है। लेकिन इसी वितृष्णा ने उनके अपने जीवन में विडम्बना को भी जन्म दिया। सामाजिक जीवन में दलीय राजनीति की वास्तविकता और उसकी अपरिहार्यता को चाहकर भी नकारा नहीं जा सकता। इसीलिए जब उन्होंने उसे दरवाजे से धकेल बाहर किया तो वह खिड़की से उनके सामने आ धमकी। लेकिन जब दलीय राजनीति की चुनौती को स्वीकार करना आवश्यक ही हो गया तो उसे उन्होंने स्वीकार किया। चुनौती का सामना करने से भागनेवाले व्यक्ति जे.पी. नहीं थे।

ऊपर हमने जे.पी. के चरित्र की कुछ विशेषताओं की चर्चा की है। अब हम संक्षेप में भारतीय राजनीति में उनकी भूमिका पर विचार करेंगे।

अमेरिका में अध्ययन करने के दौरान एक युवा छात्र के रूप में जे.पी. मार्क्सवाद से अत्यधिक प्रभावित हुए, लेकिन इसके पहले वह महात्मा गांधी के प्रभाव में आकर प्रबल राष्ट्रवादी बन चुके थे और उन्होंने अंग्रेजों की स्कूल व्यवस्था का बहिष्कार किया था। 1934 में जे.पी. द्वारा कांग्रेस सोशलिस्ट पार्टी का गठन करने की पहल करने में ऊपर लिखी गई दोनों बातों की भूमिका स्पष्ट नजर आती है। 'कांग्रेस सोशलिस्ट पार्टी'—यह नाम ही नई पार्टी के दुहरे 'एजेंडा' (कार्यक्रम-उद्देश्य) को प्रकट करता था और उस पर बल देता था। पहला काम था देश को विदेशी शासन की दासता से मुक्त करना और दूसरा समाज को एक समाजवादी समाज में रूपान्तरित करना। यह एजेंडा एक प्रकार से रूसी क्रान्ति के पहले अपने को सोशल डेमोक्रेट कहनेवाले यूरोपीय मार्क्सवादियों के दुहरे कार्यक्रम के समानान्तर था। इन

यूरोपीय मार्क्सवादियों ने अपनी पार्टियों के सामने यह लक्ष्य रखा था कि समाजवादी क्रान्ति की प्रस्तावना के रूप में लोकतांत्रिक क्रान्ति को पहले अन्जाम दिया जाए।

कांग्रेस सोशलिस्टों के लिए राष्ट्रीय क्रान्ति का मतलब लोकतांत्रिक क्रान्ति था। बाद के वर्षों में कांग्रेस सोशलिस्ट पार्टी के गठन ने देश में लोकतंत्र की रक्षा करने में एक अहम भूमिका अदा की। देश में कम्युनिस्ट पार्टी से, जिसने पूर्ण रूप से सोवियत रूस का अभिवावकत्व स्वीकार कर लिया था, अलग एक समाजवादी आन्दोलन के उभरने ने लोकतंत्र की रक्षा करने के काम को कुछ सुगम भी बनाया। (देश में 1925 से एक कम्युनिस्ट पार्टी कायम हो गई थी।) सोवियत संघ के अधिकाधिक सर्वसत्तावादी होते जाने पर कम्युनिस्टों ने लोकतंत्र को एक बुर्जुआ भ्रम बताना और उसका प्रत्याख्यान करना शुरू कर दिया। सिर्फ इतना ही नहीं, कम्युनिस्ट इंटरनेशनल (जो अब पूरी तरह रूसी आधिपत्य में था) की नीतियों में पलटाव आने के कारण भारतीय कम्युनिस्ट महात्मा गांधी की पूँजीपतियों के दलाल के रूप में और कांग्रेस की बुर्जुआ वर्ग का हित साधन करनेवाली पार्टी के रूप में भर्त्सना करने लगे।

इन संकट भरे वर्षों में कांग्रेस से सम्बन्ध बनाने में सोशलिस्ट समक्ष हुए। यह सम्बन्ध राष्ट्रीय स्वतंत्रता और लोकतंत्र के प्रति उनकी प्रतिबद्धता का भी जोरदार ढंग से इजहार करता था। उन्होंने कांग्रेस को मजदूरों और किसानों का पक्ष लेने के लिए प्रेरित किया और इस प्रकार उसे वामपन्थ के निकट लाने की भी कोशिश की। इसमें उन्हें जवाहरलाल नेहरू और सुभाष चन्द्र बोस जैसे कांग्रेसी नेताओं की मदद भी मिली।

लेकिन 1939 के बाद से वामपन्थ से कांग्रेस के सम्बन्धों में भारी तनाव पैदा होने लगा। अन्ततोगत्वा कांग्रेस का वामपन्थी रुझान वाला एक गुट कांग्रेस से अलग हो गया और उसने सुभाष चन्द्र बोस के नेतृत्व में एक नए संगठन 'फारवर्ड ब्लाक' की स्थापना की, पर सोशलिस्ट कांग्रेस के भीतर ही रहे। इस समय जे.पी. की भूमिका निर्णायक सिद्ध हुई क्योंकि वही कांग्रेस सोशलिस्ट पार्टी के सबसे अधिक प्रभावशाली नेता थे और वह कांग्रेस के साथ एका कायम रखने के पक्ष में थे। अपने इस दृष्टिकोण के चलते जे.पी. अन्य वामपन्थियों के कोपभाजन भी बने।

तीन वर्ष बाद 1942 के 'भारत छोड़ो' आन्दोलन के दौरान कांग्रेस में बने रहने के उनके निर्णय का औचित्य पूरी तरह प्रकट हुआ। रूस पर जर्मनी के आक्रमण के बाद कम्युनिस्टों ने दूसरे विश्वयुद्ध को 'जन युद्ध' कहना शुरू कर दिया और ब्रिटिश सरकार की मदद करने लगे। सुभाष चन्द्र बोस जापान में थे और उनका फारवर्ड ब्लाक छिन्न-भिन्न हो गया था। कांग्रेस के सभी नेता गिरफ्तार कर लिए गए थे और ब्रिटिश सरकार 'भारत छोड़ो' आन्दोलन को कुचलने के लिए बर्बरता और भारी दमन का सहारा ले रही थी।

ऐसी स्थिति में भूमिगत आन्दोलन को चलाते रहने के लिए एक संगठित ग्रुप के रूप में अकेले सोशलिस्ट ही बचे थे। इस संकट काल के दौरान जे.पी. अपने आधा दर्जन साथियों के साथ हजारीबाग जेल से भाग निकले और उन्होंने स्वातंत्र्य योद्धाओं के नाम दो पत्र लिखकर उन्हें लड़ाई जारी रखने के लिए प्रेरित किया। स्वातंत्र्य योद्धाओं का आह्वान करनेवाले इन दो पत्रों को आज भी याद किया जाता है। जे.पी. के आह्वान का सबसे ज्यादा असर युवाओं पर पड़ा। उनमें भारी जोश पैदा हुआ और उन्होंने जे.पी. को 1942 के 'भारत छोड़ो' आन्दोलन का हीरो बना डाला।

1942 के 'भारत छोड़ो' आन्दोलन का सोशलिस्टों के लिए असाधारण महत्त्व था। इस आन्दोलन के अनुभव से उन्होंने यह निर्णय किया कि उन्हें कम्युनिस्टों से अलग अपना रास्ता तय करना है और इस रास्ते पर चलने से उन्हें बहुत-से मामलों में कम्युनिस्टों के बुनियादी सिद्धान्तों का विरोध करना होगा। यहाँ यह बात ध्यान में रहे कि दूसरे विश्वयुद्ध के बाद के वर्षों में दुनिया भर में कम्युनिस्ट आन्दोलन अभूतपूर्व तेजी से बढ़ा था। रूसी सेना के पीछे-पीछे यूरोप के एक बड़े हिस्से पर कम्युनिस्टों का सत्ता पर कब्जा हो गया। चीन में 1948 में एक लम्बी लड़ाई के बाद कम्युनिस्टों ने सत्ता प्राप्त की। पूरे दक्षिण पूर्व एशिया में उनकी ताकत महसूस की जा सकती थी। ईरान में भी वे शक्तिशाली थे। कबायली अफ्रीका तक में उनके छोटे-छोटे प्रभाव क्षेत्र बन रहे थे। पश्चिमी यूरोप में फ्रांस और इटली में कम्युनिस्ट पार्टियाँ बहुत ताकतवर थीं। सारी कम्युनिस्ट पार्टियाँ कामिनफार्म के माध्यम से सोवियत कम्युनिस्ट पार्टी के नियंत्रण में थीं और सर्वसत्तावादी शासन का समर्थन करती थीं। सर्वसत्तावादी शासन को वे अलबत्ता सर्वहारा और किसानों की तानाशाही की संज्ञा से अभिहित करती थीं जबकि असलियत में इस प्रकार के शासन में मजदूरों और किसानों को किसी भी प्रकार की स्वाधीनता नहीं थी और ना ही शासन के संचालन में उनकी कोई स्वतंत्र भूमिका। 'कम्युनिज्म' की इस बढ़ती तेज लहर के आगे इस बात पर जोर देना कि लोकतंत्र के बिना समाजवाद की स्थापना सम्भव ही नहीं है, सचमुच ही एक साहसिक बात थी। यह साहस लोकतंत्र के प्रति दृढ़ आस्था से ही आ सकता था।

इस समय कामिनफार्म से संकेत ग्रहण कर भारतीय कम्युनिस्टों ने बी.टी. रणदिवे के नेतृत्व में सशस्त्र संघर्ष के माध्यम से सत्ता हथियाने की मुहिम छेड़ी और चीन की तर्ज पर तेलंगाना (आन्ध्र) को किसान-शक्ति का गढ़ बनाया। इस तरह किसान-शक्ति के गढ़ बनाकर आखिर में सारे देश में सत्ता पर कब्जा करना कम्युनिस्टों का लक्ष्य था। सोशलिस्टों ने सशस्त्र संघर्ष के रास्ते की मुखालफत की और लोकतंत्र के रास्ते पर चलने का निर्णय किया। यह कहने की जरूरत नहीं कि अपने इस निर्णय के कारण सोशलिस्टों को कम्युनिस्टों की कटु आलोचना का शिकार होना पड़ा।

जे.पी. के नेतृत्व में 1948 में जब कांग्रेस के बाहर सोशलिस्ट पार्टी का पुन: गठन हुआ तो उसने लोकतांत्रिक समाजवाद और सर्वसत्तावादी (टोटैलिटेरियन) कम्युनिज्म के बीच भेद को स्पष्ट रूप से चिह्नित और व्याख्यायित किया। सोशलिस्ट पार्टी के नीति-वक्तव्य में जोर देकर यह कहा गया कि लोकतंत्र के बिना समाजवाद की स्थापना नहीं हो सकती। नीति-वक्तव्य के इस वाक्य कि "यह मार्क्सवाद का स्वत:सिद्ध सार्वभौम सिद्धान्त है कि लोकतंत्र के बिना समाजवाद हो ही नहीं सकता" के पीछे जे.पी. की प्रेरणा साफ दिखाई पड़ती है।

यह कहा जा सकता है कि गरीब और अल्पविकसित देशों की प्रभावशाली सोशलिस्ट पार्टियों के बीच भारतीय सोशलिस्ट पार्टी ही एकमात्र पार्टी थी, जो बिना किसी लाग-लपेट के लोकतंत्र की प्रबल पक्षधर थी। इस वक्त के राजनैतिक वातावरण में प्रचलित वामपन्थी मत के खिलाफ जाकर भारतीय सोशलिस्ट पार्टी ने अपना यह मत प्रतिपादित किया कि मार्क्सवाद, लोकतंत्र का विरोधी नहीं है। यह प्रतिपादन मार्क्सवाद रहित समाजवाद के बुनियादी सिद्धान्तों को झुठलाने और उन्हें विकृत रूप में पेश करने के प्रयत्नों के खिलाफ उठाया गया एक बहुत बड़ा कदम था। इन्हीं दिनों पार्टी को सामाजिक परिवर्तन का एक उपयुक्त माध्यम बनाने के लिए यह सोचा गया कि पार्टी के संगठन को नया रूप प्रदान किया जाना चाहिए।

जे.पी. दुनिया के समाजवादी आन्दोलन के अनुभवों से हमेशा सीखना चाहते थे। पार्टी को ज्यादा व्यापक बनाने की दृष्टि से उन्होंने संगठन का एक नया ढाँचा प्रस्तुत किया। इसके पीछे ब्रिटिश लेबर (मजदूर) पार्टी का मॉडल था जो ब्रिटेन में अपने बलबूते पर चुनाव जीतकर सत्तारूढ़ हुई थी। सत्ता प्राप्त करने के बाद उसने उद्योगों का राष्ट्रीयकरण करने की दिशा में कुछ बड़े कदम उठाए और इसके साथ ही सामाजिक कल्याण के कार्यक्रम भी शुरू किए। हम ऊपर इस बात की ओर इशारा कर चुके हैं कि जे.पी. अकसर एक प्रकार के युवासुलभ उत्साह से परिचालित होते थे, उन्होंने ब्रिटेन और भारत की परिस्थितियों की भिन्नता को नजरअन्दाज किया।

उनकी पहल पर 1946 में सोशलिस्ट पार्टी सक्रिय कार्यकर्ताओं की पार्टी के स्थान पर आम (मास) पार्टी बना दी गई। ब्रिटिश लेबर पार्टी की तर्ज पर उसमें दो प्रकार की सदस्यताओं का प्रावधान रखा गया। एक तरफ लोगों को बड़े पैमाने पर व्यक्तिगत सदस्यता प्रदान की गई तो दूसरी तरफ मजदूर संघों, किसान संगठनों और सहकारी समितियों को सम्बद्ध (एफिलिएटेड) सदस्यता। भारत और ब्रिटेन की परिस्थितियों की भिन्नता के चलते यह सांगठनिक व्यवस्था चल नहीं पाई। लेकिन इसके प्रयोग का सोशलिस्ट पार्टी पर गहरा असर पड़ा। असर का सकारात्मक पक्ष यह था कि वह अपना आधार ज्यादा विस्तृत कर पाई और नए इलाकों में उसका प्रवेश हुआ।

नकारात्मक पक्ष यह था कि इससे पार्टी का अनुशासन ढीला पड़ गया और उसमें व्यक्तिगत महत्त्वाकांक्षा के लिए पार्टी का इस्तेमाल करने और गुटबाजी करने जैसी कांग्रेसी बुराइयाँ घुस आईं। इससे पार्टी के कार्यकर्ताओं का शुरू का आदर्शवाद मन्द और नष्ट होने लगा।

यह बात शायद बहस-तलब बनी रहेगी कि नई सांगठनिक व्यवस्था पार्टी के लिए फायदेमन्द साबित हुई या नुकसानदेह। लेकिन इस बात में कोई शक नहीं कि इसने सोशलिस्ट पार्टी को एक बृहत चुनावी (इलेक्टोरल) मशीन बना डाला और उसका संगठन सुदूर इलाकों तक पहुँच गया। पार्टी के इस एकाएक फैलाव ने बड़ी-बड़ी आशाएँ जगाईं और जे.पी. व अन्य नेतागण यह सोचने लगे कि देश ब्रिटेन की तर्ज पर चुनावी राजनीति की एक द्वि-दलीय व्यवस्था की ओर बढ़ रहा है जिसमें सोशलिस्ट पार्टी खासी ताकत के साथ कांग्रेस की प्रधान विरोधी पार्टी के रूप में उभरेगी और इससे एक टिकाऊ लोकतांत्रिक राज्य-व्यवस्था (पॉलिटी) कायम हो सकेगी।

सोशलिस्ट पार्टी द्वारा और उससे सम्बद्ध संगठनों—हिन्द मजदूर सभा और हिन्द किसान पंचायत सभा—द्वारा आयोजित सार्वजनिक रैलियों में विशाल भीड़ होने पर जे.पी. और अन्य नेताओं के इस भ्रम को यथेष्ट बल मिला कि सोशलिस्ट पार्टी आम चुनाव में कांग्रेस की प्रधान विरोधी पार्टी के रूप में उभरकर आएगी। लेकिन भीड़ का मतलब वोट मिलना नहीं होता। पार्टी को रैलियों में भीड़ होने के कारण जो अपार समर्थन मिलता हुआ दिखाई पड़ता था, वह ऊपर-ऊपर के झाग सरीखा था और विडम्बना यह थी कि पार्टी के संगठन को जन-मानस में अपनी पैठ गहरी करने के लिए फुर्सत नहीं थी।

दूसरी तरफ महात्मा गांधी, नेहरू और अन्य हस्तियों के नेतृत्व में कांग्रेस की देश के हर गाँव तक पहुँच थी और जन-मानस पर उसका गहरा प्रभाव था। यहाँ तक कि कम्युनिस्टों ने भी अपनी उपस्थिति जताए बिना दीर्घकाल तक काम कर देश के बहुत से हिस्सों में अपना सांगठनिक आधार खड़ा किया था। कुछेक विरल मौकों पर जन-लहर की विशेष परिस्थितियों की बात छोड़ दें, तो चुनावी राजनीति में मतदाताओं को मतदान केन्द्रों में जाकर अपने पक्ष में मत देने के लिए प्रेरित करना सबसे जरूरी सांगठनिक कार्य होता है। मजबूत संगठन न होने पर समर्थन वोट में परिणत नहीं होता।

संगठनात्मक शक्ति के अभाव में 1952 के पहले आम चुनाव में सोशलिस्ट पार्टी की भारी पराजय हुई। उसकी अपेक्षा तो कम्युनिस्ट ज्यादा कामयाब रहे। द्वि-दलीय राज्य व्यवस्था के प्रति सम्मोहन के कारण सोशलिस्ट नेताओं में गहरी निराशा पैदा हुई। इस वक्त जे.पी. पार्टी के प्रधान सिद्धान्तकार थे। पराजय से वही सबसे अधिक आहत हुए। चुनाव परिणामों का धैर्यपूर्वक संयत विश्लेषण करने

की जरूरत थी—आखिर इतनी भारी पराजय क्यों और कैसे हुई। लेकिन जे.पी. की अपनी प्रवृत्ति हमेशा भावावेगात्मक प्रतिक्रिया करने की रही है। चुनाव में पराजय ने पार्टी के भीतर व्यक्तिगत झगड़ों और कलह का सिलसिला भी शुरू कर दिया। नेताओं के बीच मतभेद उभरने लगे। यह दलीय राजनीति से जे.पी. के मोहभंग का प्रारम्भ था।

विधायिका (लेजिस्लेटिव) हैसियत प्राप्त करने के एक सुगम तरीके के रूप में पार्टी ने आचार्य कृपलानी की किसान मजदूर प्रजा पार्टी और कुछ अन्य छोटी पार्टियों से मिलकर प्रजा सोशलिस्ट पार्टी का गठन किया। आचार्य कृपलानी इसके अध्यक्ष बनाए गए और डॉ. लोहिया जनरल सेक्रेटरी। हालाँकि कुछ समाजवादी विशेषताओं और मान्यताओं को बनाए रखा गया, लेकिन प्रजा सोशलिस्ट पार्टी के रूप में जो पार्टी बनी, वह एकदम भिन्न किस्म की पार्टी थी। पार्टी के अध्यक्ष आचार्य कृपलानी को कुछ समाजवादी आदर्शों का मजाक उड़ाने में कोई हिचक महसूस नहीं होती थी। निश्चय ही यह पार्टी जे.पी. के आदर्शों की कसौटियों पर खरी उतर नहीं सकती थी। जे.पी. एक मार्क्सवादी थे। उनके निकट विधायी (लेजिस्लेटिव) गतिविधियाँ, सुनिश्चित सामाजिक लक्ष्यों को हासिल करने के समग्र और निरन्तर आन्दोलन का सिर्फ एक छोटा अंश मात्र ही थीं।

अब नेतृत्व डॉ. लोहिया और अशोक मेहता जैसे यथार्थवादी व्यक्तियों के जिम्मे था। जे.पी. के विपरीत ये नेता मूल और बुनियादी लक्ष्यों को नजरअन्दाज कर जोड़-तोड़, गठबन्धनों और सत्ता में साझेदारी के चुनावी राजनीति के करतबों से मेल बैठाने में ज्यादा मुआफिक हो सकते थे। अशोक मेहता अन्ततोगत्वा कांग्रेस में चले गए; डॉ. लोहिया अपने जीवन के अन्तिम दिनों में गैर-कांग्रेसवाद की नीति के जनक बने—ऐसी पार्टियों, जिनमें किसी प्रकार की साझेदारी असम्भव जान पड़ती थी, के बीच गठबन्धन कायम कर उन्होंने अपनी इस नीति के बूते पर देश के कई राज्यों में कांग्रेस का आधिपत्य समाप्त कर दिया। उधर जे.पी. समाज में बुनियादी परिवर्तन के लिए एक नए शक्ति-स्रोत की तलाश में भूदान की तरफ मुखातिब हुए।

इस वक्त विचारधारा (आइडियोलॉजी) के बारे में जे.पी. के दृष्टिकोण में भी कायापलट हुआ। उन्होंने बड़ी शिद्दत से यह महसूस किया कि एक भौतिकवादी विचारधारा अच्छाई और भलाई को प्रोत्साहित नहीं करती; भौतिकवाद मनुष्य को अच्छा और भला होने को प्रेरित नहीं कर सकता। इसके लिए तो ईश्वर जैसी किसी आध्यात्मिक शक्ति में आस्था होना आवश्यक है। जाहिर है कि उन्होंने राजनीति से अपने मोहभंग की अवस्था में इस समस्या पर फुर्सत से विचार नहीं किया। उनके सारे अतीत और समाजवादी आन्दोलन के आदर्शों के मूल में मनुष्य और समाज में अच्छाई तलाश करनेवाले मूल्यों के प्रति गहरी प्रतिबद्धता थी। स्वयं समाजवादी आन्दोलनों के मूल्यों की जड़ें ईसाई धर्म में थीं। नीत्शे ने इस तथ्य को बाकायदा

स्वीकार करते हुए इन्हें दास नैतिकता कहा और इनकी भर्त्सना की थी। मानवीय कार्यकलाप और व्यवहार में मूल्य ढूँढ़ने के लिए जे.पी. को अपने अतीत का परित्याग करने की कोई जरूरत न थी। बहरहाल, सर्वोदय ने उन्हें बहुत आकर्षित किया और उन्हें लगा कि सर्वोदय का आध्यात्मिकता की ओर विशेष रुझान है।

भूदान आन्दोलन के प्रति उनका झुकाव देश के विभिन्न राज्यों में भूमि सुधार कानूनों के कारगर न हो पाने के फलस्वरूप पैदा हुआ था। भूमि की अधिकतम सीमा निर्धारित करनेवाले (हदबन्दी) कानूनों से वास्तव में ज्यादा जमीन हासिल नहीं की जा सकी थी और उसके वितरण का हाल तो और भी बुरा था। इन कानूनों से प्राप्त जमीन की तुलना में भूदान के माध्यम से काफी ज्यादा जमीन प्राप्त की गई थी। भूदान का परिणाम काफी प्रभावोत्पादक जान पड़ता था। यह बात दीगर है कि जमीन की मिल्कियत के स्वरूप पर भूदान का कोई प्रभाव नहीं पड़ा था; पड़ भी नहीं सकता था क्योंकि भूदान का जो आदर्श था उसी में स्वरूप को बदलने की गुंजाइश नहीं थी। वह (भूदान) जमीन के मालिक से उसकी जमीन का सिर्फ 1/6 हिस्सा माँगता था—मालिक के पास जमीन कितनी है, इससे उसका कोई वास्ता नहीं था। चूँकि, विभिन्न सरकारों के भूमि सुधार कानूनों ने भी मिल्कियत के स्वरूप पर कोई असर नहीं डाला था, इसलिए जे.पी. के भूदान आन्दोलन से प्रभावित होने के पर्याप्त कारण मौजूद थे। ग्राम दान और ग्राम स्वराज के बारे में किए गए दावों से वह और भी ज्यादा प्रभावित हुए। सिद्धान्त रूप में ग्राम दान का मतलब यह होता था कि गाँव की जमीनों के सारे मालिक अपनी-अपनी जमीनें गाँव को सौंप देंगे और वह गाँव के नाम हो जाएगी; जमीन का मालिक अपनी जमीन पर खेती करता रहेगा, लेकिन सिद्धान्त रूप में गाँव की सत्ता (अथॉरिटी) के तहत ही। यह सोचा गया कि इससे ग्रामीणों में गाँव की सारी जमीन को अपनी (यानी ग्राम समुदाय की) मानने की मानसिकता पैदा होगी।

जे.पी. को लगा कि यह तो गाँवों में सामुदायिक समाज की स्थापना की दिशा में एक बड़ा कदम हो सकता है। उन्हें लगा कि चीन में स्थापित कम्यूनों से यह किसी प्रकार भिन्न नहीं होगा और सब कुछ बिना किसी खून-खराबे के हासिल हो जाएगा। ग्राम स्वराज के तहत तो ग्राम समुदाय ही गाँव के सारे कामकाज की देखभाल और उसका प्रबन्ध करेगा। यह सब यूटोपिया के साकार होने जैसी बात लगती थी। ऐसी खबरें भी आ रही थीं कि एक के बाद एक बहुत सारे गाँवों में ग्रामदान का लक्ष्य हासिल कर लिया गया है और वहाँ ग्राम स्वराज कायम भी हो गया है। कुछ राज्यों में तो ग्राम स्वराज की व्यवस्था को प्रशासनिक तंत्र के भीतर समायोजित करने के लिए कानूनी प्रावधान भी बनाए गए। जे.पी. ने अपने भोलेपन में इन सब दावों को सच माना। उनकी जैसी स्थिति में कोई भी व्यक्ति उल्लसित और प्रभावित हुए बिना नहीं रह सकता था। लेकिन सचाई यह थी कि क्रान्ति सिर्फ

कागज पर ही हुई थी। ग्रामदान या ग्राम स्वराज वाले गाँवों और अन्य गाँवों में कोई फर्क नजर नहीं आता था। जिन स्थानों पर जे.पी. स्वयं सक्रिय थे वहीं कुछ गतिविधि देखी जा सकती थी। उनके प्रभाव के चलते कुछ ग्राम परियोजनाओं के लिए पैसे भी प्राप्त हुए। लेकिन जिस समाज परिवर्तन की उन्होंने आशा की थी, उसने दस्तक भी नहीं दी।

भूदान आन्दोलन मन्द पड़ता गया और जे.पी. के परिदृश्य से हट जाने के बाद पहले वाली उदासीनता और निष्क्रियता वापस लौट आई। बिहार में भूदान के कार्य में शुरू में जो ऊर्जा दिखाई पड़ती थी उसका एक कारण यह भी था कि किसान आन्दोलन में सक्रिय बहुत से सोशलिस्ट कार्यकर्ता यह मानकर भूदान आन्दोलन में शामिल हो गए थे कि जब जे.पी. इसमें हैं तो यह निश्चय ही क्रान्तिकारी सम्भावनाओं वाला आन्दोलन होगा। लेकिन शुरू के उत्साह के बाद सब कुछ पुरानी लीक पर लौट आया—वही उदासीनता और नेम-धर्म का सिलसिला चल पड़ा। जे.पी. निश्चय ही भूदान और ग्रामदान की एक बन्द गली में पहुँच जाने के बारे में अनजान नहीं हो सकते थे।

लेकिन भूदान आन्दोलन में सक्रिय रहने के दिनों में भी जे.पी. ने केवल उसी में अपने को पूरी तरह निमग्न नहीं कर लिया था। उन्होंने नगालैंड में हिंसा को रोकने के लिए एक शान्ति मिशन गठित किया। पूर्वी पाकिस्तान में पाकिस्तानी सरकार के दमन और भारत में आश्रय की तलाश में लाखों की संख्या में आए शरणार्थियों की दुर्दशा ने जब उन्हें अत्यन्त व्यग्र किया तो इस बारे में दुनिया का ध्यान आकर्षित करने के लिए उन्होंने विदेश-यात्राएँ कीं। 1960 के दशक में यूरोप और अमेरिका में हो रहे छात्र आन्दोलनों—अमेरिका में वियतनाम युद्ध के खिलाफ धरनों (सिट ईन्स) और फ्रांस के छात्र विद्रोह—को वह बड़े ध्यान से जाँच-परख रहे थे। उन्होंने इस बात पर खास तौर से गौर किया कि इन आन्दोलनों को किसी राजनैतिक पार्टी का समर्थन प्राप्त नहीं था, लेकिन इसके बावजूद वे सरकार और व्यवस्था तंत्र की चूलें हिला सके।

जे.पी. के चरित्र की यह विशेषता थी कि वह अपनी पुरानी मान्यताओं से चिपके नहीं रहते थे। उन्हें यह लगने लगा कि राजनैतिक दलों और यहाँ तक कि उनके 'नए चहेते' सर्वोदय आन्दोलन की सम्भावनाएँ चुक गई हैं और वे समाज-परिवर्तन की दिशा में कुछ कर पाने में अक्षम हैं। ऐसी मन:स्थिति में उन्होंने महसूस किया कि छात्र-युवा शक्ति समाज-परिवर्तन का एक स्रोत बन सकती है; सो वह उसकी तरफ मुखातिब हुए।

मुखातिब होने का यह अवसर 1974 में आया। बेरोजगारी बढ़ती ही जा रही थी और इसकी भयावहता के प्रति शासकों में चिन्ता का कोई लक्षण दिखाई नहीं पड़ रहा था। यह वक्त खाद्य पदार्थों और जीवन-यापन के लिए आवश्यक वस्तुओं के

विकट अभाव का भी वक्त था। ऊपर से प्रशासन में व्याप्त भ्रष्टाचार अपनी सारी सीमाएँ लाँघ चुका था और इसके चलते पीड़ित जनता को राहत पहुँचाने का कोई भी प्रयत्न निष्फल हो जाता था। 1973 के अन्त में गुजरात के छात्रों में प्रशासन के भ्रष्टाचार और निकम्मेपन के खिलाफ ऐसा क्षोभ पैदा हुआ कि उन्होंने चिमन भाई पटेल मंत्रिमंडल के इस्तीफे की माँग करते हुए आन्दोलन छेड़ दिया।

1974 के फरवरी-मार्च में बिहार के छात्र जीवन-यापन के लिए आवश्यक बुनियादी वस्तुओं के भयावह अभाव के खिलाफ सड़कों पर निकल आए। जे.पी. को छात्रों के आक्रोश के एक आन्दोलन में परिवर्तित होने की सम्भावना दिखाई पड़ी। गुजरात का उदाहरण उनके सामने था। उन्होंने कहा भी, "गुजरात के छात्रों को इस बात का श्रेय जाता है कि उन्होंने ऐसी माँगों के लिए संघर्ष छेड़ा जो उनके तात्कालिक हितों के परे जाती थीं और जो सारे देश और सारी जनता की माँगें थीं। गुजरात ने इस तथ्य को एकदम उजागर कर दिया कि वहाँ का मंत्रिमंडल चरम रूप से भ्रष्ट था, उसे और बर्दाश्त नहीं किया जा सकता था—अगर भ्रष्टाचार को खत्म करना है तो इस मंत्रिमंडल को हटना ही होगा। महँगाई, शिक्षित-अशिक्षित बेरोजगारी और अभाव को समाप्त करना ही होगा। ये तीनों समस्याएँ सिर्फ गुजरात या उसके छात्रों की नहीं हैं। ये ऐसी बुराइयाँ हैं जो सारे राष्ट्र को सता रही हैं। लेकिन यह पहला अवसर था, जब गुजरात के छात्रों ने इन समस्याओं को उठाया। कुछ देर बाद बिहार के छात्रों ने उनका अनुसरण किया।"

बिहार के छात्र नेताओं के अनुरोध पर जे.पी. ने उनके आन्दोलन का नेतृत्व करना स्वीकार कर लिया। राजनैतिक रणनीति के एक उस्ताद के रूप में उन्होंने राजनैतिक भ्रष्टाचार और जनता की समस्याओं के प्रति सरकार और विधायकों की उदासीनता को दोषपूर्ण चुनाव प्रणाली से जोड़कर देखा। इसलिए मंत्रिमंडल के इस्तीफे की माँग के साथ चुनाव प्रणाली में सुधार और सुधारी गई प्रणाली के तहत नए चुनाव की माँग की गई। चुनाव प्रणाली में सुधार की माँग में 'प्रतिनिधि वापसी का अधिकार' एक मुख्य मुद्दा था। जे.पी. का तर्क यह था कि प्रतिनिधि वापसी का अधिकार यदि मतदाताओं को मिल जाता है तो उससे जनता की समस्याओं के प्रति विधायकों और सरकार की उदासीनता को दूर किया जा सकेगा।

जे.पी. के साहस और उनकी संगठन-क्षमता ने सारे राज्य में खलबली पैदा कर दी। सारा छात्र समुदाय—स्कूलों और कॉलेजों के छात्र—आन्दोलन में किसी-न-किसी रूप में शामिल हो गया; वह सड़कों पर उतर आया। विधायकों को इस्तीफा देने को बाध्य करने के लिए उनके घरों पर धरने दिए गए। सरकारी वाहनों और अन्य सरकारी सम्पत्ति के दुरुपयोग का रोकने के लिए छात्रों ने प्रदर्शन किए। अगस्त के महीने में जब बिहार के बहुत से इलाके बाढ़ की चपेट में थे, तब छात्रों ने बाढ़ पीड़ितों को राहत पहुँचाने का काम भी किया। ऐसा लगता था कि बिहार में विभिन्न

रूपों में स्वत:स्फूर्त ढंग से जोश और उत्साह का कोई सोता फूट पड़ा है। बहुत से विधायकों ने इस्तीफा दिया। सरकार दमन पर उतर आई। पटना में सरकारी प्रतिबन्ध की अवज्ञा कर एक विशाल प्रदर्शन हुआ। इस प्रदर्शन में भाग लेने के लिए लोग आ न सकें, इसके लिए सरकार ने कोई कोर-कसर नहीं छोड़ी—गंगा पर पुलिस और अर्धसैनिक टुकड़ियाँ दिन-रात गश्त लगाती रहीं कि लोग नावों से पटना न आ पाएँ। इतने सारे भारी बन्दोबस्त के बावजूद 4 नवम्बर, 1974 को जगह-जगह से हजारों छात्र बिहार की राजधानी में उमड़ पड़े। स्वयं जे.पी. ने इस प्रदर्शन (मार्च) का नेतृत्व किया। मार्च को रोकने के लिए पुलिस ने भारी लाठीचार्ज किया जिसमें जे.पी. को भी चोटें आईं।

छात्रों और युवाओं को ऐक्यबद्ध रखने के लिए जे.पी. ने सारे छात्र और युवा संगठनों को एक मंच पर लाने की कोशिश की। कांग्रेस और कम्युनिस्टों के छात्र संगठनों को छोड़कर सारे बड़े युवा और छात्र संगठन आन्दोलन में शामिल हो गए। जे.पी. ने आन्दोलन के लक्ष्यों को हासिल करने के लिए संघर्ष की निरन्तरता बनाए रखने के उद्देश्य से छात्र-युवा संघर्ष वाहिनी के नाम से अपना खुद का भी एक संगठन बनाया। उन्होंने आन्दोलन के लक्ष्य को 'सम्पूर्ण क्रान्ति' के रूप में निरूपित किया। चूँकि सम्पूर्ण क्रान्ति के लक्ष्य को विशद रूप से परिभाषित नहीं किया गया था, समाज के सभी वर्गों ने उसमें अपनी आकांक्षाओं को प्रतिबिम्बित होता महसूस किया। आन्दोलन में उन्हें स्वाधीनता और अच्छे भौतिक जीवन की अपनी चाह अभिव्यक्त होती मालूम पड़ी। 'सम्पूर्ण क्रान्ति' का नारा मोहक था और देखते-देखते वह सारे देश में सुनाई पड़ने लगा—लोग सम्पूर्ण क्रान्ति के बारे में बात करने लगे।

आन्दोलन के दौरान जे.पी. ने समानान्तर जन प्रशासन (जनता सरकार) स्थापित करने का भी कार्यक्रम रखा। इसके बारे में ध्यान देने की बात यह है कि 1917 में लेनिन ने भी रूस में सारी सत्ता सोवियतों को हस्तान्तरित किए जाने की माँग की थी। जे.पी. के समानान्तर जन प्रशासन के कार्यक्रम में लेनिन की माँग की अनुगूँज महसूस होती है। लेकिन एक बड़ा फर्क यह था कि लेनिन का आन्दोलन हिंसक था जबकि जे.पी. का अहिंसक। जे.पी. के समानान्तर जन प्रशासन के कार्यक्रम में भी (सोवियतों की तरह) खुद जनता द्वारा गठित कमेटियों को गाँव स्तर से विधानसभा स्तर तक अपने हाथों में सत्ता लेने की बात कही गई थी। लेकिन एक ऐसे समाज में, जिसमें बहुसंख्यक आबादी एक बेडौल भीड़ सरीखी थी, जे.पी. का समानान्तर जन प्रशासन का विचार सिर्फ आन्दोलन की सघनता और अवधारणा की अभिव्यक्ति से ज्यादा कुछ नहीं हो सकता था क्योंकि संगठित सामाजिक जीवन की सारी परम्पराएँ ही समाप्त हो चुकी थीं; परम्पराओं को खो डालनेवाले लोगों में कमेटियाँ बनाने और उनके माध्यम से सत्ता हाथ में लेने की कूवत नहीं रह गई थी। बहरहाल, इससे प्रशासकीय मशीनरी दमन का औजार बनकर पूरी तरह ठप्प पड़ गई।

आन्दोलन देश के अन्य हिस्सों में फैलना शुरू हो गया था लेकिन उसके अखिल भारतीय स्वरूप ग्रहण कर पाने के पहले ही कुछ ऐसी राजनैतिक घटनाएँ हो गईं, जिन्होंने जे.पी. के एजेंडे को पूरी तरह बदल डाला। 1975 के जून महीने में इलाहाबाद उच्च न्यायालय ने प्रधानमंत्री इन्दिरा गांधी को अपने चुनाव में अनियमितताएँ बरतने के अभियोग में दोषी पाकर लोकसभा की सदस्यता के अयोग्य ठहरा दिया। न्यायालय के इस फैसले के बाद उन्हें हटाए जाने की माँग जोर पकड़ने लगी। सत्ता से हटाए जाने की सम्भावना से घबराकर 25 जून की मध्य रात्रि को इन्दिरा गांधी ने देश में इमरजेंसी लागू कर दी। जे.पी. को मध्य रात्रि में ही गिरफ्तार कर लिया गया और चंडीगढ़ में तनहा कैद में रखा गया। कैद में उनके दोनों गुर्दे बेकार हो गए और जब सरकार को लगा कि वह मृत्यु के द्वार पर पहुँच गए हैं तो उन्हें रिहा किया गया।

राजनैतिक सत्ता की वास्तविकता से जे.पी. का एक बार फिर आमना-सामना हुआ। इन्दिरा गांधी को हराने का एकमात्र उपाय यही बच गया था कि लोकसभा के चुनाव में उन्हें पराजित किया जाए। जे.पी. ने अपने निर्दलीयता के सिद्धान्त का परित्याग कर चुनाव में इन्दिरा गांधी को चुनौती देने का निश्चय किया। उन्होंने प्रायः उन सारी राजनैतिक पार्टियों को, जो इन्दिरा गांधी का विरोध कर रही थीं, अपना अस्तिव विलीन कर एक नई पार्टी—जनता पार्टी—बनाने को प्रेरित किया। यह उनके व्यक्तित्व का ही करिश्मा था कि मोरारजी देसाई, जॉर्ज फर्नांडिस, चौधरी चरण सिंह और अटल बिहारी वाजपेयी जैसे किसिम-किसिम के व्यक्तियों को वह एक पार्टी के भीतर ला पाए। 1977 के प्रारम्भ में इमरजेंसी को लागू रखते हुए आम चुनाव का ऐलान किया गया तो जनता पार्टी के रूप में एक ऐसी पार्टी खड़ी हो गई थी, जो इन्दिरा गांधी को पराजित कर सके। जे.पी. का स्वास्थ्य एकदम बिगड़ चुका था, पर वह इन्दिरा गांधी की तानाशाही को समाप्त कर देश में फिर से लोकतंत्र की स्थापना करने के लिए कटिबद्ध थे। एक प्रकार से उन्होंने अपनी मृत्युशैया से राष्ट्र का आह्वान किया कि वह तानाशाही को उखाड़ फेंके। इन्दिरा गांधी को पराजित करने और इमरजेंसी को हटाने में उनकी भूमिका अतुलनीय थी।

जे.पी. एक अथक योद्धा और आदर्शवादी थे। एक बेहतर दुनिया बनाने के उत्साह में उन्होंने कई आन्दोलनों में महत भूमिका निभाई। इन आन्दोलनों में से अलबत्ता बहुत से या अधिकतर बीच ही में समाप्त हो गए और अपने लक्ष्य तक पहुँच नहीं पाए। जे.पी. के प्रयत्न भले ही पूरी तरह सफल न हों लेकिन यह कहना होगा कि उनके प्रयत्नों ने हमारी लोकतांत्रिक व्यवस्था की रक्षा करने और देश के लोगों में नागरिक अधिकारों का अहसास पैदा करने की दिशा में बहुत कुछ किया है। अगर सोशलिस्ट पार्टी का उन्होंने गठन नहीं किया होता तो

भारतीय वामपन्थ भी अन्य देशों के वामपन्थ की तरह सर्वसत्तावादी मार्ग अपना लेता। देशभक्ति के उन्माद के बीच भी नगालैंड और कश्मीर की समस्याओं के बारे में जे.पी. ने हमेशा उदार और संयत रुख अपनाया। देश में उन्होंने नागरिक अधिकारों के आन्दोलन को जन्म दिया; अक्टूबर 1976 में जब देश में नागरिक अधिकारों का खुल्लमखुल्ला उल्लंघन किया जा रहा था और सरकार दमन पर उतारू थी तब उन्होंने पी.यू.सी.एल. (पीपुल्स यूनियन फॉर सिविल लिबरटीज—नागरिक अधिकार रक्षा संघ) की स्थापना की। जे.पी. ने अपनी असफलताओं से जितना हासिल किया उतना हासिल करने का दावा सफल कहलानेवाले व्यक्ति भी नहीं कर सकते।

(सामाजिक वार्ता, अगस्त-सितम्बर 2001)

गांधी, जे.पी. और दलीय राजनीति

ब्राह्मणवादी परम्परा की सबसे बड़ी देन रही है आदर्श और आचार का विभाजन। इसमें सुरुचिपूर्ण विवेक एक खाने में और सृजन का कठोर कर्तव्य दूसरे खाने में बन्द रहता है; जहाँ जीवन के सूत्रों के निर्धारक संस्कारवान द्विज होते हैं और जीवन की जरूरतों को पूरा करनेवाली वस्तुओं और सेवाओं की आपूर्ति करनेवाले संस्कारहीन शूद्र या अस्पृश्य। इसका जो ठोस रूप दिखाई देता है वह है नाक पर रूमाल डाले दूर खड़ा द्विज जो भंगी से कूड़े की सफाई करा रहा होता है। यह परम्परा इतनी गहरी हो चली है कि जीवन के हर क्षेत्र में किसी-न-किसी रूप में प्रकट हो जाती है। इसी का एक रूप है संस्कारी व्यक्तियों द्वारा दूर से राजनीति और राजनीति करनेवालों के दुर्गुणों की अन्तहीन आलोचना और दूर बैठे ही राजनीति कैसे शुद्ध हो—इसके लिए पांडित्यपूर्ण प्रवचन। इनके अनुसार दलीय राजनीति गन्दी चीज है और दलों के दलदल से दूर रहकर ही अपने ऊँचे सामाजिक आदर्शों की शुद्धता बचाई जा सकती है।

ऐसे मानसिक माहौल में गांधी एक विरोधाभास—संस्कारी भंगी—के रूप में आए। अफ्रीका से भारत में आने के बाद गांधी किसी कांग्रेस अधिवेशन में शामिल हुए। प्रतिनिधियों के भोजन के समय एक पाँत खाकर उठ गया था और दूसरे पाँत को बैठना था। सफाई करनेवाले को बुलाने के लिए नेता लोग शोर मचाने लगे। गांधी खड़े-खड़े सब देख रहे थे। उन्होंने हाथ में झाड़ू उठाई और वहाँ की सफाई कर दी। तब नेताओं की समझ में बात आई कि संस्कारी लोग भी सफाई का काम कर सकते हैं। गांधी का प्रयास हमेशा कूड़ा साफ करनेवाले को संस्कारी बनाना या संस्कारी लोगों को सफाई के काम में लगाने का रहा। मोटे तौर से सैकड़ों साल से जड़ उस व्यवस्था पर आघात करना रहा जो चिन्तन और कर्म को शुद्ध-अशुद्ध के कोटरों में बाँटकर विभाजित करती थी। गांधी का यह रोल मूल रूप से राजनीति में रहा।

गांधी को लोग महात्मा कहते थे। हमारे देश में महात्माओं (साधु-सन्तों) की एक खास परम्परा थी। इसमें महात्मा लोग समाज की गन्दगियों से दूर आश्रमों में चिन्तन और परलोक प्राप्ति के कार्य में लगे रहते थे। समय-समय पर राजदरबार

में उपस्थित होते थे और राजा को राजधर्म सिखलाते थे, जिसमें युद्ध, अंग-भंग, मृत्यु-दंड आदि सभी का विधान होता था। उन्होंने ही समाज की शुद्धि के लिए राम को शम्बूक की हत्या का आदेश दिया था। लेकिन महात्मा स्वयं बधिक के कर्म के पाप से परे शुद्ध चेतना की दुनिया में निवास करते थे। गांधी ने जीवन के निजी उदाहरणों से महात्मा की एक नई परिकल्पना को जन्म दिया। उन्होंने एक ऐसी राजनीति की शुरुआत की जिसमें प्रक्रिया की शुरुआत उनके अपने कार्यों से होती थी। वे प्रयोगवादी थे और हर प्रयोग की शुरुआत अपने से करते थे। शुद्धता के लिए उन्होंने समाज छोड़ आश्रम नहीं पकड़ा, राजनीति को ही एक नया शुद्ध रूप देने की कोशिश की। मृत्यु-दंड, युद्ध, अंग-भंग आदि की जगह जन जागरण, हृदय परिवर्तन, लोकमत और सत्याग्रह जैसी नई परिकल्पनाओं को राजनीति में प्रतिष्ठित किया, जिसमें नीति और राजनीति के बीच की विभाजन रेखा मिट गई।

उन्होंने अपने को कभी दलीय राजनीति से अलग नहीं किया क्योंकि दल के माध्यम से ही संगठित रूप से निश्चित नीतियों का प्रतिपादन होता है। वे चाहते थे कि दलीय राजनीति करनेवाले संस्कारी बनें और ऊँचे मूल्यों को लेकर चलें। जब वे कांग्रेस की सदस्यता से अलग भी हुए तब भी उन्होंने कांग्रेस की राजनीति से अपने को अलग नहीं किया, तथा कांग्रेस के प्रवक्ता के रूप में सभी महत्त्वपूर्ण बातचीत में भाग लेते रहे। उन्होंने आश्रम भी गठित किए जो रचनात्मक और आध्यात्मिक प्रयोगों के केन्द्र बने। लेकिन इन आश्रमों के जीवन को वे देश की राजनीति एवं अर्थनीति की मूलधारा से जोड़ना चाहते थे।

जब द्वितीय विश्वयुद्ध के प्रारम्भ होने के बाद असहयोग का व्यक्तिगत सत्याग्रह शुरू हुआ तो उन्होंने विनोबा भावे को इसका प्रथम सत्याग्रही बनाया। यह दोनों धाराओं को जोड़ने का महत्त्वपूर्ण प्रतीकात्मक कदम था।

गांधी स्वतंत्रता-प्राप्ति तक सदा कांग्रेस से जुड़े रहे। उन्होंने कभी अपने को सर्वदलीय या दलों के ऊपर बतलाने की कोशिश नहीं की। उन्होंने आजादी के बाद कांग्रेस पार्टी के विघटन की सलाह दी तो इसलिए नहीं कि वे दलीय राजनीति को अप्रासंगिक या गन्दी चीज समझते थे, बल्कि इसलिए कि उन्होंने अनुभव किया कि कांग्रेस के नेताओं द्वारा इस पार्टी की आजादी की लड़ाई से जुड़ा होने की प्रतिष्ठा का दुरुपयोग होगा। भारत विभाजन के सवाल पर कांग्रेसी नेताओं से गहरा मतभेद होने के बावजूद उन्होंने कांग्रेस की सत्ता की राजनीति के साथ अपना सम्बन्ध नहीं तोड़ा। उन्हीं के समर्थन के कारण पटेल की जगह नेहरू देश के प्रधानमंत्री बने। यह सत्ता की राजनीति में सीधा और निर्णायक हस्तक्षेप था। अपने जीवन के अन्तिम दिनों में उन्होंने कांग्रेस की अध्यक्षता के लिए भी जयप्रकाश नारायण और आचार्य नरेन्द्रदेव में से किसी एक को मनोनीत करने का सुझाव कांग्रेस के नेताओं को दिया था, जो सुझाव इन नेताओं के गले के नीचे नहीं उतर सका।

इन घटनाओं का उल्लेख सिर्फ यह बतलाने के लिए किया गया है कि गांधी समाज परिवर्तन के लिए राज्य सत्ता का निर्णायक महत्त्व समझते थे और इसलिए जीवन-भर इसको एक विशेष दिशा देने के लिए प्रयत्नशील रहे। अगर उनकी ऐसी मान्यता नहीं होती तो सभी अन्य सन्तों की तरह अपने अनुयायियों की टोली लेकर उपदेशक की भूमिका निभाते रहते। लेकिन यह ब्राह्मणवादी परम्परा उनके स्वभाव के बिलकुल विपरीत थी। वे हर गन्दगी में उसकी सफाई के लिए अपना हाथ डालने के लिए तैयार रहते थे।

गांधी की मृत्यु के बाद उनके बनाए आश्रमों एवं रचनात्मक कार्यकर्ताओं का सम्पर्क देश की राजनीति से टूट गया और वे पुरानी ब्राह्मणवादी परम्परा के दलदल में फँस गए। उनके लिए राजनीति गन्दी चीज बन गई। हालाँकि राज्य के अनुग्रह से मिलनेवाले अनुदान के प्रति उनमें कोई निषेध भाव नहीं रहा।

जयप्रकाश नारायण का व्यक्तित्व एक दूसरे तरह का था। उन्होंने अपनी राजनीतिक जिन्दगी की शुरुआत मार्क्सवादी प्रभाव में की जिसमें समाज परिवर्तन के लिए राज्य सत्ता एवं इसकी दमनकारी शक्ति के प्रयोग को सर्वाधिक महत्त्व का माना गया था। लेकिन रूस के अनुभवों के कारण मोहभंग और 1952 के प्रथम आम चुनाव में उनकी सोशलिस्ट पार्टी की असफलता की निराशा से कुछ समय के लिए उनमें राजनीति के प्रति एक विरक्ति भाव पैदा हुआ। उसी मानसिक स्थिति में वे भूदान और सर्वोदय की ओर मुखातिब हुए। इनके व्यक्तित्व की प्रखरता से भूदान आन्दोलन तो खूब प्रचारित हुआ लेकिन इससे भूमि समस्या का कोई समाधान नहीं हुआ। इधर दिनोदिन राजनीति में गिरावट आ रही थी। भ्रष्टाचार का बोलबाला हो रहा था। इससे आम लोगों की हालत दिनोदिन खराब हो रही थी।

जनहित के लिए प्रतिबद्ध जे.पी. के लिए इन स्थितियों में तटस्थ होकर बैठे रहना असह्य हो रहा था और समय-समय पर वे ऐसा बयान देने लगे जो पूरी तरह राजनीतिक थे। इन्हीं स्थितियों के सन्दर्भ में बिहार का छात्र आन्दोलन हुआ और इसके एक बिन्दु पर इस आन्दोलन के नेतृत्व का भार जयप्रकाश नारायण के कन्धों पर आ गया। अपने नवीनतम अनुभवों से जे.पी. पुनः राजनीति के महत्त्व को मानने लगे और उनके सक्षम नेतृत्व में बिहार के छात्र आन्दोलन का स्वरूप एक राष्ट्रव्यापी व्यवस्था विरोधी आन्दोलन का बन गया।

जैसे-जैसे आन्दोलन उस समय की सत्ता के लिए चुनौती बनता गया वैसे-वैसे जे.पी. के सामने एक महत्त्वपूर्ण राजनैतिक प्रश्न खड़ा होने लगा। अपने भूदान काल के अन्तराल में जे.पी. ने दलविहीन राजनीति की बात की थी, लेकिन स्थितियाँ ऐसी बन रही थीं कि सत्ता ग्रहण करने की चुनौती और दलों की अनिवार्यता स्पष्ट रूप से तत्कालीन सत्ता विरोधी आन्दोलनकारियों के सामने आ रही थी।

1974 के अन्तिम महीनों में बिहार आन्दोलन ने सरकार के समानान्तर जन समितियाँ बनाने का कार्यक्रम हाथ में लिया। इस प्रक्रिया में राज्य सत्ता को अपने हाथ में लेने की अनिवार्यता अन्तर्निहित थी। ऐसे समानान्तर सरकारों के बनने की प्रक्रिया में एक समय आता है जब दोनों में टकराव होता है क्योंकि दोनों दो अलग मूल्यों के इर्द-गिर्द गठित होते हैं। एक का बुनियादी मूल्य निहित स्वार्थों की रक्षा होता है, दूसरे का बुनियादी मूल्य नई आकांक्षाओं के अनुरूप समाज का नव निर्माण। इस टकराव में यह लाजिमी होता है कि एक या दूसरा सत्ता पर अधिकार जमाए और अपने मूल्यों के अनुरूप संस्थाओं का स्वरूप गढ़े।

यही स्थिति 1917 में रूस की फरवरी क्रान्ति के बाद पैदा हुई थी जब एक तरफ केरेन्सकी की तात्कालिक सरकार थी और दूसरी ओर जनता की स्वत:स्फूर्त सोवियत व्यवस्था का उदय हुआ। 1917 के अक्टूबर में इस दोहरी व्यवस्था का अन्त हुआ जब सोवियत सत्ता की सार्वभौमिकता को मान्यता देकर तात्कालिक सरकार को शस्त्रों के बल पर विस्थापित कर दिया गया। चीन में यही स्थिति लगातार 1929 से 1948 तक बनी रही जब एक तरफ चांग-काई-शेक की राष्ट्रीय सरकार थी और दूसरी ओर कम्युनिस्टों की सोवियत सरकार। दोनों के बीच लगातार संघर्ष होते रहे और अन्ततोगत्वा कम्युनिस्ट लोग 1949 में चांग-काई-शेक की सरकार को अपदस्थ करने में सफल हुए।

लेकिन एक अहिंसक आन्दोलन के सामने ऐसा दोहरा शासन बनाने का आह्वान करने पर एक बड़ी समस्या खड़ी हो जाती है। वे सशस्त्र विद्रोह से तो स्थापित सत्ता को खत्म करेंगे नहीं, तो फिर दोहरे शासन के गतिरोध को कैसे तोड़ेंगे?

जे.पी. ने जब चुनाव की चुनौती स्वीकार की तो उनके सामने यही प्रश्न खड़ा था क्योंकि एक अहिंसावादी आन्दोलन वैकल्पिक सत्ता स्थापित करने के लिए जनमत का ही सहारा ले सकता है अगर इसकी सम्भावना मौजूद है। लेकिन चुनाव की चुनौती स्वीकार करते ही दल की अनिवार्यता भी सामने आ जाती है। दुर्भाग्यवश 1977 में जे.पी. के पास अपना कोई दल नहीं था। अत: उन्हें तत्कालीन लँगड़े-लूले विरोधी दलों को जोड़कर उन्हीं के माध्यम से जन भावना को अभिव्यक्ति दिलानी पड़ी। लेकिन ऐसे दल जो उन्हीं मूल्यों को लेकर चलते थे जो तत्कालीन सत्ताधारी दल के थे, जनता की आकांक्षाओं को दूरगामी अभिव्यक्ति नहीं दे सकते थे। अत: यह प्रयोग आधे रास्ते पर ही टूट गया।

जे.पी. का न स्वास्थ्य ऐसा था न उम्र थी कि वे अपने मन के अनुसार कोई दल उस समय गठित कर पाते। लेकिन जनता सरकार के गठन में उनकी गहरी अभिरुचि यह साफ बतलाती है कि उनके सोच की दिशा क्या थी। अपने जीवन के अन्तिम दिनों में जे.पी. ने जन आन्दोलन और राजसत्ता के दो चक्के को जोड़कर समाज को तेजी से बदलाव की दिशा में मोड़ने का एक बड़ा प्रयास किया था।

लेकिन आपातकाल के जेल की यातनाओं ने उनके शरीर को इतना जर्जर बना दिया था कि उनके लिए इस दिशा में पहल करना सम्भव नहीं हुआ।

फिर भी उनके सोच की दिशा स्पष्ट थी। यह दलीय राजनीति को अस्पृश्य माननेवाली परम्परा को चुनौती थी। जे.पी. में भी अपनी निजी स्वच्छता के बनिस्बत लोककल्याण के लिए समाज परिवर्तन की प्रक्रिया को तेज करने की छटपटाहट अधिक तीव्र थी जिसके लिए राजनीति की 'गन्दगी' से दामन बचाना असम्भव था। यह एक दुर्भाग्यपूर्ण स्थिति है कि उनके निकट सम्पर्क में रहे लोगों को भी जे.पी. के व्यक्तित्व के इस तनाव की कोई अनुभूति नहीं हो पाई, न उनमें राजनीति का जोखिम उठाने का कोई उत्साह ही रहा।

(लोकायत स्मारिका, 1983)

मार्क्सवाद की लोहियावादी समीक्षा

भूमिका

मार्क्स शायद पिछली शताब्दी का सबसे अधिक चर्चित विचारक रहा है। लेकिन मार्क्स के प्रति लोगों की दृष्टि प्राय: भावनात्मक रहती है। कुछ लोगों में मार्क्स के प्रति अन्धभक्ति है। ऐसे लोग अपने को मार्क्सवादी कहते हैं। अचरज की बात तो यह है कि ऐसी अन्धभक्ति रखनेवाले लोग मार्क्स के विचारों को वैज्ञानिक मानते हैं और अपनी दृष्टि को भी वैज्ञानिक कहते हैं। यह समझना मुश्किल होता है कि वैज्ञानिक विचारों के प्रति ऐसा भावनात्मक लगाव कैसे हो सकता है। भौतिक विज्ञान के क्षेत्र में अगर न्यूटनवादी या आइंस्टीनवादी लोगों के सम्प्रदाय बनने लगें तो लोग हँसे बिना नहीं रहेंगे। लेकिन मार्क्सवादियों के एक नहीं अनेक सम्प्रदाय हैं, जिनमें प्रत्येक अपने को सही अर्थ में मार्क्सवादी कहता है। क्या न्यूटन की भी अनेक व्याख्याएँ हो सकती हैं? विज्ञान की अवधारणाएँ तथ्यों की कसौटी पर चाहे तो अपनी सत्यता सिद्ध करती हैं या अस्वीकृत कर दी जाती हैं। इन अवधारणाओं को ऐसे रूप में प्रस्तुत किया जाता है जिसमें उन्हें जाँचने के लिए निश्चित कसौटी रखी जा सके, दुविधापूर्ण स्थापनाओं का, जिनके चलते एक से अधिक व्याख्या हो सके, इसमें कोई स्थान नहीं होता। वैज्ञानिक अवधारणाओं की यह नियति ही होती है कि नए अनुभवों से वे परिवर्तित होती रहें या बिलकुल गलत साबित हो जाएँ। इसी प्रक्रिया में विज्ञान का विकास होता है। तर्क-कुतर्क का सहारा लेकर किसी वैज्ञानिक अवधारणा से चिपके रहना बुनियादी तौर से अवैज्ञानिक है। अत: ऐसे मार्क्सवादियों की दृष्टि को वैज्ञानिक तो कतई नहीं कहा जा सकता।

दूसरी ओर कुछ ऐसे लोग हैं, जो मार्क्स के नाम से ही नाक-भौं सिकोड़ने लगते हैं, और कुछ को तो गुस्से से बुखार आने लगता है। ऐसे लोगों की प्रतिक्रिया भी बीमार मानसिकता की उपज है, जो यह बताती है कि उनकी सोच में कहीं कोई खोखलापन है, जिसे वे हिकारत से मुँह फेरकर या गुस्सा दिखलाकर छिपा जाना चाहते हैं।

इस तरह की भावनात्मक प्रतिक्रियाएँ तब तो समझ में आ सकती हैं जब विचारक जीवित हो और किसी का पृष्ठपोषक या प्रतिद्वंद्वी हो। लेकिन एक विचारक

जिसकी मृत्यु की शती इसी साल दुनिया भर में मनाई जा रही है, इतिहास और परम्परा का अंग बन चुका है—उसके विषय में हम ज्यादा वस्तुपरक और तटस्थ भाव से विचार कर सकते हैं। प्रस्तुत अध्ययन मार्क्स के कुछ प्रमुख विचारों पर तटस्थ भाव से विचार करने का ऐसा ही प्रयत्न है। इस तरह के अध्ययन से हम यह निर्धारित कर पाएँगे कि मार्क्स के विचार किस हद तक वर्तमान समाजवादी आन्दोलन के लिए प्रासंगिक या अप्रासंगिक हैं।

1

आदमी बहुआयामी होता है। साधारण-से-साधारण मनुष्य में भी कुछ मात्रा में दार्शनिकता, वैज्ञानिक दृष्टि एवं कलात्मकता मौजूद रहती है। अगर किसी ने किसी खास बौद्धिक क्षेत्र में कोई महान कार्य किया है तो इसका अर्थ यह नहीं होता कि उसकी बौद्धिकता के अन्य आयाम भी उतने ही विकसित होंगे, या अन्य आयाम होंगे ही नहीं। हमें यह जानना चाहिए कि मानव चरित्र सम्बन्धी इस बुनियादी बात को नजरअन्दाज करने के कारण ही मार्क्स को लेकर बहुत सारे विवाद खड़े होते हैं। मार्क्स की बौद्धिकता में कई आयाम विकसित थे। वह हिगेल का दार्शनिक शिष्य था, वैज्ञानिक समाजशास्त्री और क्लासिकी परम्परा का अर्थशास्त्री था, और सर्वहारा की मुक्ति के लिए प्रतिबद्ध एक मसीहा भी।

हिगेल से मार्क्स को द्वंद्वात्मक दर्शन मिला और इतिहास की विकासशीलता और उसके विभिन्न चरणों की अनिवार्यता में विश्वास। द्वंद्वात्मक दर्शन की ओर मार्क्स के रुझान का कारण यह था कि उसे संसार में गति और विकास की प्रक्रिया को समझना था। वस्तुओं की अपने आप में पूर्णता को मान लेने पर उनके परिवर्तनों को समझने की कोई दृष्टि उस समय के अन्य दर्शनों में उपलब्ध नहीं थी। लेकिन अगर यह मान लिया जाए कि कोई वस्तु अपने आप में पूर्ण नहीं है, एवं किसी क्षण कोई वस्तु है भी और नहीं भी है, यानी प्रतिपल वह परिवर्तित हो रही है, तो परिवर्तन और विकास की सम्भावना को स्वीकृति मिल जाती है। हिगेल के दर्शन से अरस्तू के उस समय तक प्रचलित तर्कशास्त्र के तादात्म्य के सिद्धान्त (अ है "अ नहीं—अ नहीं है") को नकारकर इसी सम्भावना को मान्यता दी गई थी। हालाँकि आधुनिक तर्कशास्त्री अब इस सिद्धान्त को कोई महत्त्व नहीं देते लेकिन संसार की गत्यात्मकता को समझने के लिए बेचैन मार्क्स को इसमें काफी रोशनी दिखाई पड़ी। इस तरह मार्क्स ने हिगेल की द्वंद्वात्मक दृष्टि को अपना लिया। लेकिन हिगेल में जहाँ यह द्वंद्व निर्गुण विचार प्रत्यय के क्षेत्र में चलता है, मार्क्स ने द्वंद्वात्मक विकास को भौतिक जगत का गुण माना। फिर इसी द्वंद्वात्मकता के आधार पर उसने इतिहास के विकास को समझने की कोशिश की।

मार्क्स से ज्यादा उसके अभिन्न मित्र और वैचारिक सहयोगी फ्रेडरिक एंगेल्स ने इस दर्शन को विकसित किया लेकिन एंगेल्स के प्रतिपादन में हम एक अतिवादी त्रुटि पाते हैं। अक्सर एंगेल्स इस दर्शन को एक वैज्ञानिक नियम के रूप में लागू करता है,और इस तरह विज्ञान में तफसील से तथ्यों की परीक्षा कर नियमों की सार्थकता को जाँचने की जो जरूरत होती है, उससे छुट्टी पा लेता है। विज्ञान के नियमों की सार्थकता सदा वैसे सीमित परिवेश में ही जाँची जा सकती है, जहाँ घटनाओं का ब्योरा परिमाण समेत ज्ञात हो। अगर परिवेश में इसके अतिरिक्त और कोई भी चीज हो, जो घटनाओं को प्रभावित कर सकती है, तो उसे व्यवस्थित ढंग से कारण-कार्य सम्बन्धों के समीकरण में शामिल किया जाता है और उसके प्रभाव को मापा जाता है। इसमें सारे संसार के लिए आम नियमों की गुंजाइश नहीं होती। इसमें किसी नियम को परिभाषित करते समय यह स्पष्ट रूप से उल्लिखित होता है कि यह नियम किन-किन स्थितियों में सार्थक होगा। उदाहरण के लिए अगर यह नियम है कि ताप बढ़ने से गैस का फैलाव होता है तो साथ-साथ इस बात का भी उल्लेख होता है कि 'बशर्ते गैस पर बाहरी दबाव अपरिवर्तित रहे'। इस शर्त की गैरहाजिरी में इस नियम की सत्यता की जाँच नहीं हो सकती और न ही इसके परिणाम के सम्बन्ध में कुछ कहा जा सकता है। इस तरह शुद्ध वैज्ञानिक दृष्टि से वैसे अध्ययन क्षेत्र में, जहाँ अनेक कारण किसी घटना को प्रभावित करते हों और जिन कारणों में कई या एक का भी प्रभाव घटना पर सुनिश्चित रूप से ज्ञात नहीं हो, कोई भविष्यवाणी (घटना के सम्बन्ध में) नहीं की जा सकती। ऐसी हालत में पहले के अनुभवों और सीमित परिवेश में सिद्ध नियमों के आधार पर मात्र कुछ स्थितियों की सम्भावनाएँ बतलाई जा सकती हैं, जिनमें कोई एक घटित हो सकती है।

उदाहरण के लिए ऐसा ही अध्ययन क्षेत्र किसी स्थान की जलवायु है। वैज्ञानिकों को जलवायु को प्रभावित करनेवाले कई कारणों का निश्चित ज्ञान है। लेकिन किस परिणाम में कौन-कौन से कारण किसी खास स्थान के जलवायु पर अपना प्रभाव डालेंगे, यह ज्ञान प्राप्त करना मौसम के पंडितों के लिए अभी तक असम्भव बना हुआ है। अत: भविष्य के किसी खास दिन कैसा मौसम रहेगा, अभी पूरी तरह अटकलबाजी का ही क्षेत्र है। इसी तरह का अध्ययन क्षेत्र हमारा मानव समाज भी है।

मानव सम्बन्ध और व्यवहार किन बातों से तय होते हैं, इस सम्बन्ध में काफी अध्ययन हुआ है। विशेष परिस्थितियों में मनुष्य या मानव समूहों का क्या व्यवहार होता है, इस सम्बन्ध में दार्शनिकों और मनोवैज्ञानिकों ने सैकड़ों साल से अध्ययन किया है और उनसे कुछ निश्चित जानकारी भी हमें मिलती है। लेकिन जहाँ ऐसे व्यवहार का औसत रूप हम समझ सकते हैं, वहीं कोई खास व्यक्ति या समूह किसी खास समय में कैसा व्यवहार करेगा, यह हम इन नियमों से नहीं जान पाएँगे।

प्रथम तो इसलिए कि मानव समूहों के आन्तरिक या बाह्य सम्बन्धों के निर्धारण में इतने व्यक्तियों और समूहों के स्वार्थों और व्यवहारों का प्रभाव होता है कि किसी के लिए भी उनकी ऐसी पूरी ब्योरेवार जानकारी प्राप्त करना असम्भव है, जिसके आधार पर उनके सम्बन्ध में सही भविष्यवाणी की जा सके। दूसरे, मानव समाज में हर व्यक्ति का मानस सीमाहीन सम्भावनाओं का केन्द्र है। कब मनुष्य किन आवेगों के प्रभाव में क्या करेगा यह कोई नहीं जान सकता। चूँकि हर व्यक्ति के कार्यकलाप का समाज की स्थिति पर प्रभाव पड़ता है—किसी-किसी का निर्णायक रूप से, इसलिए समाज के भविष्य के सम्बन्ध में किसी नियम की पड़ताल भी प्रयोगशाला में होनेवाले पूर्ण नियंत्रित प्रयोगों की तरह नहीं हो सकती। अत: जहाँ धार्मिक, आर्थिक या अन्य किसी खास उद्‌देश्य में बँधे संगठनों के आम व्यवहार के सम्बन्ध में निश्चित जानकारी की गुंजाइश है, वहाँ पूरे समाज के सम्बन्ध में ऐसी निश्चित जानकारी की सम्भावना नहीं है।

संगठन सीमित उद्‌देश्य या परिवेश से बँधे होते हैं, अत: जब तक कोई व्यक्ति उनका सदस्य है, तब तक उसके व्यवहार में उस संगठन के अनुरूप व्यवहार की एकरूपता रहती है। इसीलिए उसके व्यवहार का एक सीमा के भीतर ठीक-ठीक लेखा-जोखा हो सकता है। लेकिन उस परिवेश से बाहर होते ही उसका व्यवहार फिर उसके नए परिवेश के अनुसार या किसी आन्तरिक आवेग से प्रभावित हो बिलकुल भिन्न बन जाता है। उदाहरण के लिए कोई व्यक्ति मजदूर की हैसियत और ट्रेड यूनियन के सदस्य के रूप में क्या व्यवहार करेगा, इसकी काफी हद तक सही जानकारी प्राप्त हो सकती है और इसीलिए ट्रेड यूनियनों के व्यवहार को वैज्ञानिक नियमों में बाँधा जा सकता है। लेकिन वही मजदूर अपने परिवार में या मित्र मंडली में दूसरी तरह से व्यवहार करता है और उसका यह व्यवहार उसके सहकर्मी दूसरे मजदूरों के व्यवहार से बिलकुल भिन्न हो सकता है। यह व्यवहार क्या होगा, इसको जाँचने की कोई वैज्ञानिक कसौटी नहीं है। बल्कि उसके जीवन के कार्यकलाप की पूर्णतालिका से भी हम यह निश्चित रूप से नहीं कह सकते कि इसका व्यवहार कैसा रहेगा। अचानक बच्चे की बीमारी, पत्नी की झिड़की या बस की रेलपेल से जो मन का सन्तुलन बिगाड़ सकता है उसकी या उसके नतीजों की भविष्यवाणी कौन कर सकता है। इसमें से कोई भी बात उसके अगले दिन के व्यवहार की नियामक हो सकती है।

मानव समाज विभिन्न मानव समूहों से बना होने के अतिरिक्त ऐसे समूहों में उभयनिष्ठ व्यक्तियों से भी बना है जिनके विचार और व्यवहार क्षण-क्षण बाहरी और भीतरी आवेगों से अनजान दिशाओं में आलोड़ित होते रहते हैं। अत: ऐसे सम्पूर्ण समाज के विकास एवं व्यवहार का कोई एक वैज्ञानिक नियम हो सकता है, यह सन्देहास्पद है।

लेकिन हिगेल के इतिहास-दर्शन के प्रभाव में मार्क्स और एंगेल्स ने न सिर्फ तत्कालीन समाज में क्या परिवर्तन होंगे, इसको बताने का दावा किया बल्कि सारे मानव इतिहास को एक नियम में बाँधने और भविष्य में वह किस दिशा में जाकर कहाँ पहुँचेगा, इसकी भविष्यवाणी करने का भी दावा किया। यह दृष्टि निश्चित रूप से अवैज्ञानिक थी। अपनी मनोकामना के अनुरूप भविष्य को देखने का एक भारी दबाव इस इतिहास-दृष्टि में अन्तर्निहित था। जब आदमी ठोस और साक्ष्य वाले तथ्यों के बन्धन से मुक्त हो संसार की कल्पना करने लगता है, तब उसे दुनिया वैसी ही दिखाई देने लगती है—जैसी वह देखना चाहता है। गुरु हिगेल को दुनिया का चरम लक्ष्य प्रशा के सैनिकवादी राज्य में दिखाई देता था, तो शिष्य मार्क्स को अपनी इच्छा के अनुरूप सर्वहारा के राज्य और साम्यवाद की स्थापना में।

यह एक अत्यन्त ही उदात्त कल्पना थी, लेकिन इतिहास के विकास की इस अनिवार्य परिणति की कल्पना में एक गहरी आत्मप्रवंचना भी थी। इससे एक तरफ तो समाजवादी आन्दोलन में इस विचार से छुट्टी मिल गई कि जो भी समाज बनेगा, वह सोच-समझकर किए गए मानव प्रयत्नों के आधार पर ही, न कि किसी ऐतिहासिक शक्ति के दबाव से। दूसरी तरफ इससे एक तरह का अहम् भाव आया कि जो समाजवादी हैं, वे इतिहास की धारा के साथ हैं और बाकी लोग पतनोन्मुख। और इस तरह दूसरे विचारों के प्रति उपेक्षा का भाव पैदा हुआ, जिससे सभी विचारों की तटस्थ भाव से तर्कसंगत ढंग से तथ्यों के आधार पर परीक्षा करने का धीरज खत्म हो गया।

इस अहम् भाव की वजह से एक अधिनायकवादी प्रवृत्ति भी जन्मी, जिसका भयंकर दुष्परिणाम बाद में देखने को मिला। इससे मानव कष्टों के प्रति संवेदनहीनता भी पैदा हुई। चूँकि इस इतिहास दृष्टि में हर चरण की अनिवार्यता मान ली गई थी (वैज्ञानिक नियमों में अपवाद नहीं होता और यह दावा था कि यह इतिहास की वैज्ञानिक व्याख्या है) इसलिए विकास के चरणों में निहित मानव यातना को अपरिहार्य मान लिया गया। इससे यह भाव पैदा हुआ कि जिन कष्टों के निवारण का कोई उपाय नहीं, और जो कष्ट इतिहास के विकास के लिए अनिवार्य हैं, उन पर आँसू बहाना व्यर्थ है। बल्कि कष्टों को दूर करने का प्रयास इतिहास के चक्के की दुर्निवार प्रगति में रोड़े अटकाने जैसा है। इससे गरीबों के कष्टों को दूर करनेवाले सुधारवादी आन्दोलनों के प्रति एक हिकारत का भाव भी पैदा हुआ।

2

मार्क्स की इतिहास की दृष्टि में निहित दोनों तरह का दोष हम रूस की क्रान्ति के सन्दर्भ में मार्क्सवादी चिन्तन में देख सकते हैं। मार्क्स की इतिहास दृष्टि में प्रारम्भिक साम्यवाद के बाद मानव समाज के विकास को तीन प्रमुख चरणों में बाँटा गया था—(1) गुलामी व्यवस्था, (2) सामन्ती व्यवस्था तथा (3) पूँजीवादी व्यवस्था। इसमें यह माना गया था कि समाजवादी क्रान्ति पूँजीवाद के विकास के चरम बिन्दु पर ही होगी, जहाँ औद्योगिक विकास से समाजवादी संक्रमण के लिए आर्थिक आधार पैदा हो गया होगा। इस मान्यता के चलते 1917 की रूसी क्रान्ति के समय रूस के अधिकांश मार्क्सवादियों के मन में, जिनमें प्लेखनोव जैसे सुप्रसिद्ध मार्क्सवादी चिन्तक भी थे, समाजवादी क्रान्ति की सम्भावना के प्रति गहरा सन्देह था।[1] उस समय समाजवादी क्रान्ति के पक्ष में जो तर्क ट्राट्स्की[2] या लेनिन द्वारा दिए गए थे, वे इतिहास के अनिवार्य स्तरों से होकर गुजरने के विकास पर नहीं, बल्कि रूस की ठोस स्थितियों के विश्लेषण पर आधारित थे। मार्क्स की भविष्यवाणी और वास्तविक स्थिति के अन्तर के कारण जो प्रश्नचिह्न मार्क्स की अवधारणा पर लगा, उससे एक उपमा के सहारे छुटकारा पा लिया गया। यह कहा गया कि पूँजीवाद अपनी सबसे कमजोर कड़ी पर पहले टूटेगा। समाजवाद के लिए एक विकसित आर्थिक आधार रहने की आवश्यकता वाली बात भुला दी गई। रूस की क्रान्ति की सफलता का असली कारण क्रान्ति के पहले की रूस की अस्त-व्यस्त अर्थ एवं शासन व्यवस्था और इससे उपजी फौजी अक्षमता थी। युद्ध ने रूस की आर्थिक और प्रशासनिक अक्षमता को उजागर कर दिया। युद्ध के मोर्चे पर जगह-जगह रूसी फौज की हार हो रही थी और सैनिक युद्ध क्षेत्र से भागकर युद्ध के खिलाफ बगावत का झंडा खड़ा कर रहे थे। इस स्थिति का वर्णन लेनिन ने अपने इस विख्यात वाक्य से किया था—"सैनिक अपने पैरों से युद्ध के खिला फ वोट कर रहे हैं।" युद्ध के पराजय से शासकों की महानता के बहुत सारे मिथक ध्वस्त हो जाते हैं और लोग उन्हें उनकी नग्नता में देखने लगते हैं। इससे विद्रोह की ताकतों को बल मिलता है। 1917 के पहले 1905 में भी रूस के जापान से पराजित होने के बाद, रूस में क्रान्ति हो गई थी, जिसे लोग 1917 का रिहर्सल कहते थे।

1917 की फरवरी क्रान्ति के बाद जो लोग शासन में आए, उन्होंने युद्ध को जारी रखकर विद्रोही सैनिकों का समर्थन खो दिया। उधर किसान भूस्वामियों की जमीन पर कब्जा कर रहे थे, जमीन के इस बँटवारे को मान्यता नहीं देकर सरकार ने उनका समर्थन खो दिया। इससे बोल्शेविकों को किसानों के दल वामपन्थी सोशल रिवोल्यूशनरी पार्टी का समर्थन मिल गया। इसके अलावा सारे देश में फरवरी क्रान्ति के बाद स्थापित तत्कालिक सरकार के समानान्तर मजदूर किसान एवं सैनिकों के सोवियत (पंचायती राज्य) बन गए थे जो सत्ता के दावेदार के रूप में उभर रहे थे। इनकी सत्ता की सार्वभौमिकता को मान्यता देकर बोल्शेविकों ने सोवियतों के बड़े हिस्से को अपने पक्ष में कर लिया। इस तरह बोल्शेविकों का सत्ता पर कब्जा इतिहास की शक्ति के दबाव के बजाय उनके कुशल रणकौशल का परिणाम था।

फिर भी क्रान्ति के बाद जिन लोगों के हाथ सत्ता आई, वे इतिहास की दिशा के सम्बन्ध में इतने आश्वस्त थे कि उनको लगा कि एक बार पूँजीवादी व्यवस्था को तोड़ देने के बाद समाजवाद की ओर संक्रमण अनिवार्य है और संक्रमण काल में राजनीतिक सत्ता और मानवीय सम्बन्धों का जो भी हाल क्यों न हो, विकास तो साम्यवादी समाज की ओर ही होगा, जिसमें न किसी तरह की गैर-बराबरी होगी और न ही कोई राज्य व्यवस्था। इससे यह आत्म प्रवंचना पैदा हुई कि सत्ता में आई बोल्शेविक पार्टी इतिहास के लक्ष्यों की पूर्ति का एकमात्र औजार है और उसके सभी विरोधी प्रतिक्रान्तिकारी और इतिहास की धारा को उलटनेवाले हैं। इससे बोल्शेविकों को वैसे सभी विचारों के दमन का औचित्य दिखाई देने लगा, जो उनके विपरीत पड़ते थे। इस दृष्टि के परिणामस्वरूप सोवियत संघ में मजदूरों के वे अधिकार भी समाप्त हो गए, जो विकसित पूँजीवादी देशों के मजदूरों को भी प्राप्त हैं।

3

मार्क्स की इतिहास के लक्ष्य सम्बन्धी दृष्टि समाजवादियों को प्रभावित करने में सर्वाधिक महत्त्व की रही है। इससे उनमें अपने मिशन के प्रति गहरा विश्वास भी पैदा हुआ और उतना ही खतरनाक विभ्रम भी, लेकिन वैज्ञानिक चिन्तन की दृष्टि से जो विचार सर्वाधिक महत्त्व का था, वह था मार्क्स के ऐतिहासिक भौतिकवाद का समाजशास्त्रीय सिद्धान्त। इसे उन्होंने बहुत ही संक्षेप में अपनी पुस्तक 'क्रिटिक ऑफ पॉलिटिकल इकोनॉमी' की भूमिका में प्रतिपादित किया था। इसमें पूरे इतिहास की धारा की बात नहीं की गई बल्कि समाज की संस्थाओं, बौद्धिक मान्यताओं तथा उनमें होनेवाले विभिन्न परिवर्तनों और विकास को समझने के लिए एक वैज्ञानिक अवधारणा का प्रतिपादन किया गया था। मार्क्स के पहले तक प्रचलित संस्थाओं और विश्वासों एवं उनमें होनेवाले परिवर्तनों को किसी कारण-कार्य शृंखला में बाँधने का प्रयास नहीं हुआ था। कहीं ये नैतिक मूल्यों में बदलाव से उत्पन्न माने जाते थे तो कहीं महामानवों के प्रभाव के परिणाम, और कहीं अन्य विधना के विधान। मार्क्स ने पहले-पहल इन्हें साक्ष्य वाले तथ्यों के आधार पर एक निश्चित कारण-कार्य शृंखला में बाँध सकनेवाली एक अवधारणा दी। इस सम्बन्ध में 'क्रिटिक ऑफ पॉलिटिकल इकोनॉमी' की भूमिका में मार्क्स की लिखी हुई ये पंक्तियाँ प्रख्यात हैं :

समाज में अपने जीवन की उत्पादन प्रक्रिया में मनुष्य निश्चित आपसी सम्बन्ध बनाते हैं जो अपरिहार्य हैं और उनकी इच्छा से स्वतंत्र-उत्पादन के सम्बन्ध जो उत्पादन के साधनों (तकनीकी और प्रविधि लेखक) के विकास के निश्चित स्तर से सम्बद्ध होते हैं। उत्पादन के सम्बन्धों का यह योग समाज का आर्थिक ढाँचा बनाता है। यह ढाँचा वह असली आधार है जिस पर राजनीतिक एवं वैधानिक ऊपरी ढाँचा खड़ा होता है, जिसके अनुसार सामाजिक चेतना बनती है। भौतिक जीवन की उत्पादन विधि सामाजिक, राजनैतिक एवं बौद्धिक जीवन की प्रक्रिया को आमतौर से नियंत्रित करती है। यह मनुष्य की चेतना नहीं है जिससे उसका अस्तित्व निर्धारित होता है बल्कि यह उसका सामाजिक अस्तित्व है जिससे उसकी चेतना निर्धारित होती है... उत्पादन की शक्तियों के विकास के स्वरूप की जगह ये सम्बन्ध (उत्पादन सम्बन्ध) इसके लिए बन्धन बन जाते हैं। तब सामाजिक क्रान्तियों का एक सिलसिला शुरू

होता है। आर्थिक आधार के बदलने से बृहत और पूरा ऊपरी ढाँचा लगभग तेजी से परिवर्तित हो जाता है। ऐसे परिवर्तनों पर विचार करते हुए उत्पादन के साधनों की आर्थिक स्थितियों के परिवर्तन, जो भौतिक विज्ञान की तरह निश्चित रूप से निर्धारित होते हैं, का भेद राजनीतिक, वैधानिक, धार्मिक, कला सम्बन्धी एवं दार्शनिक—थोड़े में वैचारिक स्थितियों से समझना चाहिए जिसमें मनुष्य इनके आन्तरिक विरोध के प्रति चेतन होते हैं और इनका निराकरण करते हैं।

अपने समय में यह एक युगान्तकारी परिकल्पना थी। इससे समाज के बहुत सारे सम्बन्ध और विचारधाराएँ जो असम्बद्ध और आकस्मिक दिखाई पड़ती थीं, उत्पादन-प्रणाली और उससे उत्पन्न सम्पत्ति सम्बन्ध से गहरे रूप में जुड़ी दिखाई देने लगीं। खासतौर से दीवानी व फौजदारी कानून और नैतिक मान्यताओं के क्षेत्र में यह सम्बन्ध बहुत ही साफ रूप में दिखाई देने लगा। किसी भी नई वैज्ञानिक परिकल्पना की तरह इसको आधार बनाकर बहुत सारे सम्बन्धों और विचारों की व्याख्या होने लगी। लेकिन एक नई दृष्टि पाने के उत्साह में लोग उन स्थितियों के प्रति असावधान हो गए जो इस विचार की सत्यता को सीमित कर सकते थे। इससे मार्क्स के अनुयायियों में यह मान्यता फैल गई कि सारे विचार, यहाँ तक कि वैज्ञानिक सिद्धान्त एवं कलाकृतियाँ भी पूरी तरह सम्पत्ति सम्बन्धों से निर्धारित होती हैं। एंगेल्स ने एकाध जगह अपने पत्रों में इस अति के खिलाफ चेतावनी दी थी और लिखा था कि ऊपरी ढाँचा (यानी विचारधाराएँ) भी आधार (यानी सम्पत्ति सम्बन्धों) को प्रभावित करता है। चूँकि कभी इस विषय की कोई विशद व्याख्या मार्क्स या एंगेल्स ने नहीं की, सो मार्क्सवादियों ने इस परिकल्पना की तथ्यों से परीक्षा करने की कोशिश नहीं की।

विशेष राजनीतिक स्थितियों के ठोस विश्लेषण में मार्क्स ने बहुत सारी बातें लिखी थीं, जो इस एक कारणवादी दृष्टि से मेल नहीं खाता था। खासकर अपनी पुस्तक 'एटीन्थ ब्रूमेर' में मार्क्स ने उन्नीसवीं शताब्दी के मध्य के फ्रांस की स्थिति का वर्णन करते हुए राजनीति पर परम्परा के प्रभाव फिर राज्य का ठोस सम्पत्ति सम्बन्धों और इससे पैदा वर्ग सम्बन्धों से अलग हटकर व्यवहार आदि के सम्बन्ध में जो कुछ लिखा है, वह यह माँग करता था कि इस अवधारणा की सीमाओं और सन्दर्भों पर फिर विचार हो। लेकिन अपने को मार्क्सवादी कहनेवाले लोगों ने इस सिद्धान्त की वैज्ञानिकता का दावा करते हुए भी इस दिशा में कोई प्रयास नहीं किया।

4

मार्क्स के अनुयायियों ने तो नहीं, लेकिन दूसरे समाजशास्त्रियों ने मार्क्स की भौतिकवादी परिकल्पना की तथ्यों से परीक्षा करने का प्रयास जरूर किया। समाजशास्त्र की एक विवशता यह है कि इसमें भौतिक शास्त्र की तरह अपनी अवधारणाओं को नियंत्रित प्रयोग से जाँचने की गुंजाइश नहीं होती और घटित या घटनेवाली घटनाओं के उपलब्ध विवरणों के आधार पर ही अवधारणाओं की परीक्षा हो सकती है। अतः इतिहास एवं विभिन्न समाजों का विस्तृत ज्ञान इसके लिए जरूरी बन जाता है, जिसके तथ्य वह कसौटी बनाते हैं जिससे समाजशास्त्री अपने सिद्धान्तों को जाँचते हैं। प्रसिद्ध जर्मन समाजशास्त्री मैक्स वेबर ने इतिहास के अपने विशाल ज्ञान के आधार पर इस अवधारणा को जाँचने की कोशिश की। उसने पाया कि तकनीकी और प्रविधि अकेले उत्पादन के सम्बन्धों एवं समाज व्यवस्था की नियामक नहीं होती।

उसने खास तौर से पूँजीवाद के विकास का अध्ययन किया और पाया कि पूँजीवाद के विकास के लिए इतना ही काफी नहीं है कि उत्पादन के साधनों (तकनीकी और प्रविधि) का विकास एक खास स्तर का हो जाए या एक खास परिणाम में पूँजी एकत्र हो जाए, बल्कि मूल्यों की निर्धारित धार्मिक मान्यताओं का भी इस विकास पर निर्णायक प्रभाव पड़ता है। इसलिए उसने चीन, भारत आदि देशों की विकसित सभ्यताओं का भी अध्ययन किया और पाया कि उनमें तकनीक और उत्पादन के वैसे सारे साधन मौजूद थे जिनके आधार पर यूरोप में पूँजीवाद का विकास हुआ। लेकिन एक चीज का अभाव था—संसार के प्रति उस दृष्टि और उन मूल्यों का, जो यूरोप में सोलहवीं शताब्दी के बाद प्रोटेस्टेंट धर्म और खासकर प्यूरिटन सम्प्रदाय एवं काल्विन के अनुयायियों से प्राप्त हुए थे। इस धार्मिक विश्वास की विशेषता यह थी कि यह धार्मिक विधि-विधानों के जरिये मनुष्य की पूर्व निश्चित तकदीर में हेरफेर की सम्भावना से इनकार करता था। इस सम्प्रदाय की यह मान्यता थी कि कुछ लोग भगवान के विशेष अनुग्रह (ग्रेस) के भागी होते हैं। लेकिन कौन इसका भागी होता है, यह जानकारी अनिश्चित है। इसमें हर तरह के शारीरिक सुख की तलाश को निन्दनीय माना गया था। मनुष्य का एक ही लक्ष्य हो सकता था बिना किसी आशा के अपने कर्तव्य के पालन में लगे रहना। लेकिन साथ ही एक स्तर

पर उनमें यह भी विश्वास था कि इस दुनिया में सफलता इस बात का संकेत है कि सफल व्यक्ति को भगवान का विशेष अनुग्रह प्राप्त है।

यह धर्म पूँजीवादी मूल्यों के बिलकुल अनुकूल है जिसमें पूँजी-संचय अपने आप में जीवन का लक्ष्य है—अधिक-से-अधिक पूँजी जमा करते जाना बिना इसका विचार किए कि पूँजीपति के अपने उपभोग के लिए उसका क्या महत्त्व और क्या आधारभूत मूल्य है। मार्क्स ने पूँजीवाद की इस विशेषता पर बहुत बल दिया था। वेबर के अध्ययन से यह नतीजा निकलता है कि पूँजीवाद का विकास महज तकनीकी और प्रविधि के विकास के एक स्तर तक हो जाने से नहीं हुआ बल्कि उस सन्धि-बिन्दु पर हुआ जहाँ एक खास तरह की तकनीक और उत्पादन का विकास एक विशेष तरह की जीवन-दृष्टि और मूल्यों की व्याप्ति से आकर जुड़ गया। इस तरह समाज के आर्थिक ढाँचे पर किसी समाज द्वारा अपनाई गई विश्व-दृष्टि का महत्त्व सामने आया। यह विचार मार्क्स की अवधारणा को नकारता नहीं था बल्कि इससे मार्क्स द्वारा प्रतिपादित एक कारणवादी दृष्टि की जगह समाज के विकास में तकनीक और विश्वदृष्टि यानी दो कारणों के महत्त्व को बताया गया था। असल में सभी वैज्ञानिक अवधारणाओं का ऐसे ही विकास होता है जिसमें नए अनुभवों से पुरानी अवधारणाओं में संशोधन या परिवर्तन होते हैं।

5

एक बात जरूर सत्य है कि स्वभाव से मनुष्य अपने वातावरण के एक-एक तत्त्व को जोड़कर उनसे अनुभवों के आधार पर क्षण-क्षण टुकड़ों में अपने कार्यकलाप नहीं निर्धारित करता बल्कि अपने परिवेश के कुछ अनुभूत तत्त्वों के आधार पर सम्पूर्ण विश्वदृष्टि और जीवन-दृष्टि का निर्माण करता है। इसी से उसकी आकांक्षाएँ बनती हैं और इसी से उसके कार्यकलाप निर्धारित होते हैं। उसके सारे कार्यकलाप इस विश्वदृष्टि से निर्धारित प्रतिमानों के अनुसार होते हैं। मिथकों से लेकर विज्ञान, कला, धर्म, दर्शन और आधुनिक विचारधाराएँ तक मनुष्यों की इस अन्तर्निहित सृजनशीलता की उपज हैं। इसी से विश्वास और अपने कामों के प्रति औचित्यबौद्ध पैदा होता है। जिससे मनुष्य के प्रयासों के लिए ऊर्जा प्राप्त होती है।

यह विश्वदृष्टि तभी टूटती है जब इसको लेकर चलनेवाले समूह के सामने कुछ ऐसे नए अनुभव आते हैं, जो इसमें (विश्वदृष्टि में) किसी तरह फिट नहीं बैठते, और तब एक ऐसा धक्का लगता है जिससे विश्वदृष्टि में बदलाव अपरिहार्य हो जाता है। लेकिन जब तक एक विश्वदृष्टि को मान्यता मिलती रहती है तब तक कोई भी ऐसा व्यवहार जो इसमें निहित विधान के विपरीत होता है, अन्तर्द्वंद्व एवं अपराधबोध पैदा करता है। इसी से ऐसा समाज, जिसमें विश्वदृष्टि के अन्तर्गत आचारों की विशद श्रृंखला से जनजीवन बँधा होता है, अपनी जीवन पद्धति में जल्दी कोई परिवर्तन नहीं होने देता।

नई तकनीक या उससे प्राप्त साधनों की प्रचुरता को भी ऐसा समाज अपनी आचार श्रृंखला में ही अटाने की कोशिश करता है। भारत की जाति-व्यवस्था आचारों की एक ऐसी ही श्रृंखला खड़ी करती है। चूँकि प्रोटेस्टेंट धर्म में अधिक-से-अधिक धन-संचय जीवन का सर्वोपरि लक्ष्य बन गया, इसके लिए आवश्यक उत्पादन, संयंत्रों के अधिक-से-अधिक विस्तार का भी इसके मूल्यों से टकराव नहीं हुआ। इस विस्तार से सामाजिक जीवन निरन्तर परिवर्तित होता रहा और अब एक ऐसी स्थिति जरूर आ गई है जहाँ प्रोटेस्टेंट धर्म के शारीरिक सुख के त्याग का भाव पूँजीवादी अर्थ-व्यवस्था के लक्ष्यों के विपरीत पड़ने लगा है, समाज

के मूल्य बदल गए हैं एवं उपभोक्तावादी बन गए हैं। लेकिन प्रारम्भिक दिनों में निश्चय ही यह पूँजीवादी लक्ष्यों के अनुकूल पड़ता था। लेकिन यूरोप के ये अनुभव यह भी बताते हैं कि तकनीक के विकास का प्रभाव मूल्यों को बदलने में कितना महत्त्वपूर्ण होता है। इस तरह कुछ सीमाओं के भीतर मार्क्स की अवधारणाओं की पुष्टि सामाजिक अनुभवों से होती है। मार्क्स ने स्वयं भी विचारधारा को बहुत महत्त्व दिया था लेकिन वह इसे उत्पादन सम्बन्धों से पूरी तरह निर्धारित मानता था, जो एक अतिवादी दृष्टि थी।

इस अतिवादी दृष्टि को अपनाने के पीछे एक महत्त्वपूर्ण कारण था। उन्नीसवीं शताब्दी में सामाजिक परिवर्तन के हिमायतियों की यह आम मान्यता थी कि मानव विचार और मानव-स्वभाव पूरी तरह सामाजिक ढाँचे के बनते (निर्णीत होते) हैं, खासतौर से मनुष्यों के मूल्य और विचार समाज के प्रतिबिम्ब होते हैं। अपने समकालीन चिन्तकों की तरह मार्क्स ने भी इस मान्यता को स्वीकार कर इस बात पर जोर दिया कि यह उत्पादन प्रणाली और उत्पादन सम्बन्ध है, जो इस सामाजिक ढाँचे का आधार है और इससे मनुष्य की सोच और उसका मूल्यबोध निर्धारित होते हैं। अब यह समझा जाने लगा है कि यह एक अत्यन्त ही सरलीकृत विचार है। मानव मस्तिष्क या स्वभाव एक सादा कागज नहीं जिस पर समाज की असलियत चित्रित होती है बल्कि मनुष्य कुछ जन्मजात रुझानों से लैस होकर संसार और समाज में आता है, एवं उसकी सोच और स्वभाव इन रुझानों और सामाजिक स्थितियों की अन्योन्याश्रित क्रियाओं से निर्धारित होते हैं।

जैसाकि ऊपर बतलाया गया है इसमें सबसे महत्त्वपूर्ण तो वह रुझान है जिसके चलते मनुष्य किसी वस्तु या घटना को स्वतंत्र रूप में दिखाने के बजाय (उसे) एक क्रमबद्ध नैसर्गिक या सामाजिक व्यवस्था के हिस्से के रूप में दिखाता है। मानव व्यवहार ही नहीं पशु व्यवहार भी विध्यात्मक होते हैं जिसमें उनकी हर क्रिया एक क्रिया शृंखला का अंग होती है और खास अनुक्रम में अपना स्थान लेती है। इस अनुक्रम में थोड़ा-सा हेरफेर भी लोगों में अजूबेपन का भाव और अकसर बेचैनी पैदा करता है। उदाहरण के लिए 'भारत में अगर किसी स्थान पर जहाँ लोग बैठक कर रहे हों बच्चे के आने पर बुजुर्ग लोग कुर्सी छोड़ दें या पिता पुत्र का पाँव छू ले और पुत्र आशीर्वाद दे तो लोग आश्चर्यचकित हो जाएँगे क्योंकि यह मान्यता प्राप्त क्रिया शृंखला या अनुक्रम के विपरीत पड़ता है और इससे आदमी के विध्यात्मक बोध को ठेस पहुँचती है। घटनाओं को वैचारिक क्रमबद्धता प्रदान करना भी इसी अन्तर्निहित रुझान का विकास रूप है।

लेकिन मनुष्य भौतिक तत्त्व को ज्यों-का-त्यों अपनी विश्वदृष्टि में समाहित नहीं करता बल्कि अपने चरित्र के अन्य रुझानों के अनुरूप काट-छाँटकर अपनाता है।

नोम चोम्सकी जैसे कुछ महत्त्वपूर्ण भाषाशास्त्री भाषा एवं व्याकरण विकसित करने की क्षमता को भी अन्तर्भूत रुझान का अंग मानते हैं। फिर भाषा के विकास से न सिर्फ मानव बोध का क्षेत्र अत्यन्त ही विस्तृत बन जाता है बल्कि इससे उसका बोध और उसकी विश्वदृष्टि भी प्रभावित होती है। कुछ भाषाशास्त्री यहाँ तक मानते हैं कि मनुष्य की संसार को समझने की सीमा उसकी भाषा की सीमा से गहरे रूप से जुड़ी है; इस भाषा में गणित के प्रतीकों और चिह्नों की भाषा भी शामिल है। इस तरह मनुष्य की चेतना बनाने में उसके आन्तरिक दबावों का बहुत ही महत्त्वपूर्ण स्थान है। इस दबाव के कारण अक्सर हम ऐसे तर्कों और तथ्यों को जो हमारे रुझान के अनुकूल नहीं हैं, समझ या देख नहीं पाते।

अन्य तरह के अन्तर्भूत रुझानों की ओर भी आचारशास्त्रियों ने हमारा ध्यान आकर्षित किया है। तफसील में जाने पर जरूर इनके विचारों में विभिन्नता है लेकिन आमतौर से ये लोग मानते हैं कि पशुओं और मनुष्यों में आक्रामकता तथा स्थान से लगाव आदि जन्मजात हैं और बाहरी स्थितियाँ इन्हें मात्र नियंत्रित या उत्तेजित करती हैं। इस नए ज्ञान के आधार पर समाजशास्त्र में एक नई धारा चल पड़ी है, जिसे सामाजिक-जीवशास्त्र (सोशियोबायोलॉजी) कहा जाता है। इस धारा से जुड़े लोग समाज में मनुष्य के व्यवहारों को मानव जाति के जन्मजात आन्तरिक रुझानों के आधार पर समझने की कोशिश करते हैं। यह एक नया तत्त्व है जिसे तकनीक के साथ जोड़कर समाज की संरचना और विकास को ज्यादा सही रूप में समझा जा सकता है।

इस सन्दर्भ में ध्यान देने की जो सबसे महत्त्वपूर्ण बात है वह यह है कि प्राथमिक स्थान मनुष्य के जैविक और मनोवैज्ञानिक रुझानों का ही हो सकता है क्योंकि वह इन्हीं उपकरणों से युक्त हो संसार का सामना करता है, इन्हीं के साँचे में बाहरी अनुभवों को ढाल कर अपनी विश्वदृष्टि का निर्माण करता है। लेकिन ये उपकरण भी बने-बनाए नहीं आते। शुरू में ये मात्र कुछ अविकसित स्वभावगत तत्त्वों के रूप में होते हैं, जो प्राथमिक अनुभवों से धीरे-धीरे विकसित हो मनुष्य की आदि-चेतना का निर्माण करते हैं। पुनः इस चेतना पर जब भौतिक स्थितियों का आघात होता है तो इसके अन्तर्भूत तत्त्वों के आधार पर मनुष्य की विशद सांसारिक और सामाजिक दृष्टि का निर्माण होता है। बाहरी वस्तुओं को अपने मानसिक साँचे के लिए ग्राह्य बनाने के लिए पहले यह चेतना इन वस्तुओं को प्रतीकों में बदलती है और तब स्वभावगत रुझानों के अनुसार इन प्रतीकों के प्रति दृष्टि अपनाती है। उदाहरण के लिए, सम्पत्ति अपने आप में चेतना के लिए कोई महत्त्व नहीं रखती क्योंकि अपने-आप में सोने के ढेर और मिट्टी के ढेर में कोई फर्क नहीं। लेकिन जब सम्पत्ति मनुष्य के लिए प्रतिष्ठा का प्रतीक बन जाती है, तब वह उसको एक विशिष्ट स्थान प्रदान करता है। लेकिन जहाँ पूँजीवादी समाज में इसे संचित कर

प्रतिष्ठा मिलती है वहीं कुछ कबायली जमातों में इसे नष्ट करके। उदाहरण के लिए क्वाकिउटल इंडियनों में पोटलाच की परम्परा है, जिसमें विशाल संचित निधि को नष्ट कर प्रतिष्ठा प्राप्त की जाती है। यहाँ धन-संचय के बजाय धन-क्षय से प्रतिष्ठा मिलती है। इसी तरह अन्य वस्तुएँ अन्य अन्तर्भूत रुझानों के लिए प्रतीक बनती हैं। इस तरह मनुष्य ठेठ बाहरी वस्तुओं के प्रति दृष्टि नहीं बनाता बल्कि उनके प्रतीकात्मक रूपों के लिए बनाता है। इस तरह प्रतीकों की पकड़ मानव भावना के लिए गहरी हो जाती है।

इन आन्तरिक रुझानों को नजरअन्दाज कर मनुष्य के स्वभाव को मात्र उसके वर्ग की स्थिति से जोड़ने से मार्क्सवादियों को अपनी अवधारणा के विपरीत अनुभवों से गहरा धक्का लगता रहा है। इसमें राष्ट्रीयता के प्रति मार्क्स के विचार भी थे। मार्क्स ने मजदूर वर्ग की स्थिति को उत्पादन प्रक्रिया में देखते हुए यह लिखा था कि मजदूरों का कोई राष्ट्र नहीं होता, अतः अन्तर्राष्ट्रीयता उनकी स्वाभाविक दृष्टि होगी। लेकिन इस विचार को लेकर चलनेवाले मार्क्सवादी तब हतप्रभ होकर रह गए जबकि प्रथम विश्वयुद्ध के समय यूरोप के अधिकांश मजदूर और स्वयं मार्क्स के अपने देश जर्मनी के मजदूर और उन मजदूरों की सोशल डेमोक्रेटिक पार्टियाँ घोर राष्ट्रीयतावादी बन गईं। अब आचारशास्त्रियों के अध्ययन से हम यह जानने लगे हैं कि न सिर्फ मनुष्यों में बल्कि पशुओं में भी अपने स्थान के प्रति गहरा लगाव होता है, और यही भाव मनुष्यों में अपने क्षेत्र-भाव से बढ़कर राष्ट्र-भाव में परिणत हो जाता है। कौनराड लौरेंत्ज के अध्ययनों से हमें यह जानकारी भी मिलती है कि समूह में रहनेवाले जीव न सिर्फ अपनी ही प्रजाति के जीवों के अन्य समूहों के प्रति आक्रामकता बरतते हैं, बल्कि इसी आक्रामकता के दूसरे पहलू के रूप में उनमें अपने समूह के अन्य सदस्यों के प्रति प्रेमभाव बढ़ता है। हम यह मान सकते हैं कि इसी भावना के प्रतीकात्मक विस्तार से मनुष्यों में राष्ट्रीय झंडे, अपनी भूषा एवं भाषा आदि के प्रति लगाव पैदा होता है और अन्य समूहों की वस्तुओं और उनके गुणों को नकारने की तरफ झुकाव।

इस तरह हम पाते हैं कि मार्क्स के ऐतिहासिक भौतिकवाद की अवधारणा में समाज को समझने और पहचानने की एक गहरी सूझ थी। लेकिन सभी वैज्ञानिक अवधारणाओं की तरह यह अपूर्ण थी और बाद के अध्ययनों से प्राप्त ज्ञान के आधार पर इसमें संशोधन और परिवर्धन की जरूरत थी। अपने को मार्क्सवादी कहनेवालों ने, खासकर कम्युनिस्टों ने, मार्क्स के विचारों को एक वैज्ञानिक अवधारणा के बजाय अन्तिम सत्य के रूप में मानना शुरू किया और इसे एक अन्ध धार्मिकता का रूप दे दिया। अतः नए अनुभवों का साक्षात्कार होने पर वे मार्क्स के विचारों की नई व्याख्या कर उनके विचारों के अन्तर्विरोध से निपटने की कोशिश करते रहे। लेकिन समाज की सही समझ के लिए न तो

मार्क्स की गहरी दृष्टि को नजरअन्दाज किया जा सकता है और न उसके बाद के अध्ययन से प्राप्त नए ज्ञान को। मार्क्स से आगे बढ़कर सोचना मार्क्स के महत्त्व से इनकार करना नहीं है। असल में हम ज्यादा दूर इसलिए देख सकते हैं क्योंकि हम मार्क्स के वैचारिक कन्धों पर खड़े हैं और मार्क्स की जो बातें उनके समय में युगप्रवर्तक लगती थीं उन्हें आज हम अनजाने ही सामान्य सत्य के रूप में मानकर चलते हैं।

उदाहरण के लिए आज सामाजिक घटनाओं का कोई विरला ही व्याख्याता मिलेगा, चाहे वह वामपन्थी हो अथवा दक्षिणपन्थी, जो दुनिया के विप्लवों या अन्तर्राष्ट्रीय संघर्षों को उनके आर्थिक या वर्गीय सन्दर्भों से न जोड़ता हो। लेकिन शायद ही कोई यह सोचने का कष्ट करता है कि मूल रूप से यह दृष्टि मार्क्स की देन है। यहाँ तक कि सेमूर मार्टिन लिप्सेट जैसा अमेरिकी समाजशास्त्री जो आधुनिक पूँजीवादी व्यवस्था और तकनीकी सभ्यता का बड़ा हिमायती है, इस सभ्यता की अनिवार्यता मार्क्स के ऐतिहासिक भौतिकवाद के आधार पर साबित करना चाहता है। वह मार्क्स के इस विचार पर अत्यधिक जोर देता है कि अन्ततोगत्वा यह तकनीकी और प्रविधि ही है जो सामाजिक संरचना और मानव चेतना को निर्धारित करती है और इस आधार पर यह बतलाने की कोशिश करता है कि आधुनिक तकनीकी और प्रविधि के दबाव में पश्चिमी दुनिया का समाज जिस दिशा में विकसित हो रहा है, वह अनिवार्य है। यह दृष्टि कुछ हद तक ठीक भी लगती है। अगर हम मानव चेतना के मूलभूत जैविक-मनोवैज्ञानिक तत्त्वों से इनकार कर दें क्योंकि पूर्णतः तकनीकी और प्रविधि से निर्धारित मानव चेतना में तकनीकजन्य सभ्यता के किसी भी रूप के प्रति निषेध भाव पैदा नहीं होगा। उसके प्रति निषेध भाव की सम्भावना तभी है जब हम यह मान लें कि मानव स्वभाव में कुछ अन्तर्भूत तत्त्व हैं जो तकनीक के प्रभाव से मुक्त हैं—जैसे हमदर्दी का भाव, आत्मसम्मान की भावना, समुदाय की जरूरत आदि—जो इस सभ्यता से आहत होकर विद्रोह का भाव पैदा करते हैं।

मनुष्य के सभी सामाजिक व्यवहार को मात्र उत्पादन सम्बन्धों से जोड़कर देखने की प्रवृत्ति के कारण मानव समूहों के आचार के बहुत सारे पहलुओं की ठीक समझ मार्क्स के अनुयायियों को नहीं हो पाई। उदाहरण के लिए, यह मान लेने पर कि राज्य केवल शोषक वर्ग की हित रक्षा के लिए विकसित दमन का हथियार है, राज्यों के चरित्र की विभिन्नता को समझना मुश्किल है। अगर राज्य केवल शोषकों की हित-रक्षा के हथियार हैं तो फिर एक ही तरह के वर्ग समाज में एक व्यक्ति का शासन, कुछ व्यक्तियों का शासन और बहुमत का शासन जैसे राज्यों के अलग-अलग रूप क्यों होते हैं? इन तीनों तरह के राज्य हम प्राचीन यूनान में पाते हैं जहाँ वर्ग विभाजन गुलामों के स्वामियों और गुलामों

के बीच था। इसी तरह, एक ही स्तर के पूँजीवादी देशों में कहीं हम लोकतंत्र पाते हैं तो कहीं अधिनायकवाद। राज्य व्यवस्था को सिर्फ वर्गों से जोड़कर देखने पर फासीवाद और लोकतांत्रिक पूँजीवादी व्यवस्था में हम कोई फर्क नहीं कर सकते। वास्तव में कम्युनिस्ट आन्दोलन में काफी अरसे तक यह दृष्टि अपनाई जाती रही। राज्य के इन विभिन्न स्वरूपों को समझने के लिए सम्पत्ति सम्बन्धों के साथ-साथ शक्ति, ओहदे आदि के प्रति मनुष्य के मानसिक रुझान को समझना भी जरूरी है।

6

इसी तरह का मतिभ्रम इस एक-आयामी दृष्टि के कारण नौकरशाही के चरित्र को समझने में भी होता है। मार्क्स ने नौकरशाही को एक अस्थायी सांगठनिक विकास मान लिया था। मार्क्स के लिए ऐसा समझना कुछ हद तक क्षम्य है, क्योंकि मार्क्स के समय जर्मनी को छोड़कर अन्य देशों में नौकरशाही का विकास बहुत नहीं हुआ था। जर्मनी में इसे राजा के निरंकुश शासन की उपज माना जा सकता था। अन्य सभ्यताओं की नौकरशाही व्यवस्थाओं का (चीन, मिस्र, भारत आदि का) ज्ञान यूरोप वालों को उस समय तक बहुत कम था। पूँजीवादी व्यवस्था उस समय तक उद्यमी पूँजीपतियों के प्रयासों से विकसित हो रही थी। मार्क्स ने यह कल्पना नहीं की थी कि आगे चलकर पूँजीपतियों के प्रतिष्ठान भी विशाल नौकरशाही के जरिये ही चल पाएँगे। लेकिन आधुनिक दुनिया में नौकरशाही सभी बृहत संगठनों का अनिवार्य आधार बन गई है। नौकरशाही के इस विकास से नए समाज के निर्माण की बहुत-सी सरलीकृत मान्यताएँ अप्रासंगिक बन गई हैं। अगर बड़े प्रतिष्ठानों में नौकरशाही का विकास होना अनिवार्य है तो मार्क्स ने भविष्य के लिए जैसे स्वशासित समाज की कल्पना की थी, वैसे समाज का आकार बहुत छोटा ही हो सकता है अन्यथा नौकरशाही और केन्द्रित राज्य के सारे साज-समाज इकट्ठा हो जाएँगे।

इस सम्बन्ध में एक घटना ध्यान देने लायक है। मैक्स वेबर, जिसने नौकरशाही के चरित्र के सम्बन्ध में पहले-पहल बहुत ही सार्थक अध्ययन किया, इसके विकास को आधुनिक समाज में अवश्यम्भावी मानता था। लेकिन वेबर इस सम्भावना से अत्यधिक चिन्तित भी था। जब 1919-20 में कुछ नौजवान उसके पास यह प्रस्ताव लेकर गए कि वे लोग आधुनिक समाज से दूर साइबेरिया में जाकर एक समुदाय स्थापित करेंगे तो उसने बहुत सहानुभूति दिखलाई, हालाँकि स्वयं उसमें शामिल होने में असमर्थता बतलाई। लेकिन साथ-साथ यह चेतावनी भी दी कि इस तरह का समुदाय नौकरशाही से तभी बच सकता है जब वह छोटा एवं एक परिवार की तरह हो। बाद के अध्ययनों से यह भी पता चलता है कि वेबर की यह परिकल्पना कि अपनी तमाम यांत्रिकता के बावजूद, या इसी के कारण नौकरशाही व्यवस्था में ऊँचे दर्जे की कार्यकुशलता होगी, गलत साबित हो रही है। इन सब अनुभवों से भी समाज के विकास सम्बन्धी मार्क्स की सरलीकृत अवधारणाओं में काफी परिवर्तन की जरूरत हो गई है।

7

दूसरा क्षेत्र, जिसमें मार्क्स की देन अत्यधिक महत्त्व की है, वह है अर्थशास्त्र। इस क्षेत्र में मार्क्स ने क्लासिकी अर्थशास्त्र ऐडम स्मिथ और रिकार्डो के विचारों को आगे बढ़ाया और उन्हें सामाजिक सम्बन्धों को समझने का एक महत्त्वपूर्ण औजार बना लिया। ऐडम स्मिथ और रिकार्डो से मार्क्स को यह अवधारणा मिली कि बाजार में वस्तुओं के विनियम में किसी वस्तु का विनियम-मूल्य उसके उत्पादन में लगी श्रम-शक्ति से निर्धारित होता है। लेकिन मार्क्स ने इस विचार को और आगे बढ़ाया। उसने बताया कि मानव श्रम स्वयं एक विनियम की वस्तु है और श्रमिक भी बाजार में अपने श्रम को पूँजीपतियों के हाथ बेचता है। लेकिन यह बिकाऊ श्रम अन्य बिकाऊ वस्तुओं से विलक्षण है। इसमें समान मूल्य का विनियम नहीं, कम के बदले अधिक मूल्य का विनियम होता है। श्रमिक जब अपना श्रम बेचता है तब वह उसके एवज में इतना भर मूल्य पाता है जिससे वह अपना जीवन निर्वाह कर सके और परिवार बढ़ा सके। लेकिन अपने श्रम से जो मूल्य श्रमिक पैदा करता है वह इस श्रम के एवज में पाए गए मूल्य से अधिक होता है। यानी अगर मजदूर ने 10 घंटे काम किया तो उसके बदले में वह 10 घंटे से कुछ कम ही समय में पैदा की गई वस्तुओं के मूल्य के बराबर मूल्य, जीवन निर्वाह के लिए मजदूरी के रूप में पाता है बाकी समय में उत्पादित वस्तुओं का भी मूल्य बच जाता है वही वह अतिरिक्त मूल्य है जो पूँजीपतियों के मुनाफे का आधार है, जिसके संचय से पूँजी बनती है। यानी 10 घंटे के अपने बेचे गए श्रम में तकनीकी के स्तर के अनुसार मजदूर 9 घंटे, 7 घंटे या एक ही घंटे में अपने जीवन निर्वाह के लिए प्राप्त मजदूरी के बराबर मूल्य पैदा कर लेता है। अगर तकनीकी-प्राविधि विकसित है तो श्रम की उत्पादन शक्ति बढ़ जाएगी और कम ही समय में मजदूर अपनी मजदूरी के बराबर मूल्य की वस्तुओं का निर्माण कर लेगा। अगर तकनीकी-प्राविधि अविकसित है तो मजदूरी के बराबर मूल्य के उत्पादन में अधिक समय लगेगा। उदाहरण के लिए चर्खों पर जितना सूत मजदूर तैयार करता है उसका सौ गुना वह उतने ही समय में आधुनिक कपड़े के कारखाने में मशीन पर तैयार कर लेगा। अगर दोनों में उत्पादित सूत का भाव एक हो तो कारखाने का मजदूर अपने जीवन निर्वाह का मूल्य चर्खे

के मजदूर के सौवें हिस्से में ही पूँजीपति को दे देगा। इस तरह विकसित मशीनरी से उसके श्रम का शोषण भी बढ़ जाता है क्योंकि पूरे मूल्य का अनुपात सौ गुना बढ़ जाता है।

मार्क्स एवं अन्य मार्क्सवादी अर्थशास्त्रियों को इस अवधारणा पर आधारित, श्रम के मूल्य और बाजार में प्रचलित कीमतों का सम्बन्ध स्थापित करने के प्रयत्न में तो सफलता नहीं मिली लेकिन इससे दूसरे महत्त्वपूर्ण नतीजे निकले। इस सिद्धान्त का सबसे महत्त्वपूर्ण पहलू यह है कि यह समाज में शोषण के विभिन्न स्वरूपों को उजागर कर देता है। इससे हम इस तथ्य को भी समझ सकते हैं कि इतिहास के हर स्तर पर शोषण का मूल आधार श्रम का शोषण रहा है। इतिहास के आदिकाल से जबसे तकनीकी-प्राविधि के विकास से मनुष्य अपने और अपने परिवार के भरण-पोषण से अधिक वस्तुओं का निर्माण करने लगा तभी से उस पर एक या दूसरे तरह की दासता लादी जाने लगी जिसमें उसके द्वारा पैदा किए गए अतिरिक्त मूल्यों का शोषण कर एक सुविधाप्राप्त वर्ग बिना उत्पादक श्रम में योगदान दिए आराम की जिन्दगी बिता सके। चाहे वह दासता पर आधारित समाज हो या सामन्ती व्यवस्था या जाति व्यवस्था (जिसमें उत्पादक श्रम शूद्रों के मत्थे मढ़ दिए गए और पढ़ाई-लिखाई जैसे सुखकर कार्य द्विजों के लिए छोड़ दिए गए) या पूँजीवादी व्यवस्था (जिसमें शुद्ध रूप में श्रम की खरीद-बिक्री की वस्तु बनाकर मजदूरों का शोषण किया जाता है)। इन सभी तरह के सामाजिक सम्बन्धों में इस अतिरिक्त मूल्य के लिए संघर्ष निहित है। इससे हम युगों से चल रहे शोषकों और शोषितों के संघर्ष को भी समझ सकते हैं, हालाँकि सदा यह संघर्ष का प्रत्यक्ष मुद्दा नहीं रहा है। अक्सर संघर्षों के दृश्य कारण दूसरे रहे हैं, लेकिन प्रच्छन्न रूप से श्रम शोषण के विरुद्ध विद्रोह की भावना भी रही है।

8

अतिरिक्त मूल्य के आधार पर श्रम के शोषण के सिद्धान्त को स्थापित कर मार्क्स पूँजीवादी समाज का गहराई से अध्ययन करता है और इसके विकास की दिशा तथा उसके सामाजिक परिणामों के सम्बन्ध में कुछ भविष्यवाणियाँ करता है। चूँकि तकनीकी-प्राविधिकी क्षमता बढ़ने से मजदूरों का जीवन वेतन उनके अल्पकाल के श्रम के मूल्य से प्राप्त हो जाता है और पूँजीपतियों को अधिक अतिरिक्त मूल्य प्राप्त होता है, इससे पूँजीवादी व्यवस्था में एक आन्तरिक दबाव बन जाता है कि तकनीकी में उत्तरोत्तर सुधार होता रहे। लेकिन इस सुधार से मशीनें दिनोदिन अधिक खर्चीली होने लगती हैं और उद्योगों में लगाई जानेवाली पूँजी में श्रम पर खर्च की जानेवाली रकम से मशीनों पर खर्च की जानेवाली रकम का अनुपात बढ़ता जाता है। उदाहरण के लिए चर्खा से कताई में प्रति मजदूर पूँजी की जितनी लागत होगी उससे सैकड़ों गुना प्रति मजदूर पूँजी कताई के कारखाने पर लगेगी। चूँकि अतिरिक्त मूल्य के शोषण से ही पूँजीपतियों का मुनाफा आता है, और मार्क्स के अनुसार मशीन या कच्चे माल पर लगी पूँजी से कोई अतिरिक्त मूल्य प्राप्त नहीं होता, अतः जैसे-जैसे पूरी पूँजी में मशीन पर खर्च होनेवाली पूँजी का अनुपात बढ़ेगा वैसे-वैसे पूँजी में अतिरिक्त मूल्य प्राप्ति की और उससे मुनाफे की दर घटेगी। इस प्रक्रिया में पूँजीवादी व्यवस्था के संकट का बीज मौजूद है।

इस प्रक्रिया का दूसरा परिणाम यह होगा कि मशीनों के उत्तरोत्तर विकास से श्रमिकों का बहुत सारा काम मशीनें करने लगेंगी और मजदूरों में उत्तरोत्तर बेकारी बढ़ेगी। इस तरह बड़ी संख्या में बेकार बनाए गए मजदूरों की एक 'औद्योगिक सुरक्षित फौज' खड़ी हो जाएगी जिसकी संख्या दिनोदिन बढ़ेगी। इस तरह पूँजी की रोजगार देने की क्षमता के अनुपात में रोजगार ढूँढ़नेवालों की संख्या बढ़ती जाएगी। इससे बाजार के नियम के अनुसार—चूँकि श्रम की आपूर्ति उसकी माँग से अधिक होगी—श्रम का मूल्य घटेगा और इस कारण मजदूर न्यूनतम मजदूरी पर काम करने को विवश होंगे।

इस प्रक्रिया का तीसरा परिणाम यह होगा कि वृहत पैमाने पर उत्पादित वस्तुएँ छोटे शिल्पकारों या अन्य छोटे उत्पादकों द्वारा तैयार की गई वस्तुओं के मुकाबले सस्ती होंगी, इस तरह पूँजीवादी उत्पादन की होड़ में छोटे उत्पादकों की वस्तुएँ

नहीं बिक पाएँगी और वे बेकार होकर मजदूरों की श्रेणी में चले जाएँगे। इसी तरह जैसे-जैसे नवीनतम और अधिक खर्चीली मशीनों को लगाने की होड़ पूँजीपतियों के बीच मचेगी वैसे-वैसे जो सबसे बड़े पूँजीपति होंगे वे आगे निकल जाएँगे और छोटे पूँजीपति भी दिवालिया होकर श्रमिकों की श्रेणी में आ जाएँगे। इस तरह अन्ततोगत्वा एक तरफ थोड़े बड़े पूँजीपति बच जाएँगे और दूसरी तरफ विपन्न श्रमिकों की विशाल भीड़ बच जाएगी। यही मार्क्स का पूँजीपतियों और मजदूरों के बीच ध्रुवीकरण का सिद्धान्त था।

अब मार्क्स के अनुसार चूँकि आधुनिक उद्योग बड़ी तादाद में मजदूरों को कारखाने में इकट्ठा कर देते हैं, अत: उनमें अपने अधिकारों के लिए सामूहिक रूप से लड़ने की चेतना का उदय होता है और वे संगठित होकर पहले अपनी आर्थिक स्थिति के सुधार के लिए और फिर शोषण की पूँजीवादी व्यवस्था के खिलाफ लड़ने को तैयार होते हैं। चूँकि पूँजीवाद के विकास के साथ उत्पादन का चरित्र वैयक्तिक के बजाय सामाजिक हो जाता है, क्योंकि विभिन्न तरह के कामों में लगे लोगों के सहयोग से ही यह चलता है, अत: स्वयं पूँजीपति इस व्यवस्था को नहीं चलाता और एक वेतनभोगी समुदाय से यह काम लेता है। अत: पूँजीपति वर्ग स्वयं इस व्यवस्था के लिए अप्रासंगिक बन जाता है। इन सब स्थितियों की कल्पना करके मार्क्स इस नतीजे पर पहुँचता है कि एक समय आएगा जब संगठित मजदूर राज्य सत्ता पर कब्जा करेंगे और उत्पादन व्यवस्था पर पूँजीपति वर्ग के निरर्थक बोझ को समाप्त कर देंगे—पूँजीपति वर्ग के हाथों से उत्पादन के सभी साधनों को छीनकर उनका समाजीकरण कर देंगे। इस तरह एक वर्गविहीन और शोषणविहीन समाज की ओर संक्रमण की प्रक्रिया शुरू होगी।

मार्क्स की अवधारणा के ये सब लाजिमी नतीजे होते अगर समाज में इनके विपरीत अन्य तरह के दबाव नहीं होते। मार्क्स द्वारा पूँजीवाद के विकास की इस परिणति को पूर्ण विश्वास से मान लिए जाने के पीछे दो कारण थे। एक तो विज्ञान में किसी अवधारणा को, स्थितियों को परिवेश के उन दबावों से, जो तात्कालिक अध्ययन क्षेत्र से बाहर पड़ते हैं, काटकर देखने की प्रवृत्ति होती है। प्रयोगशाला इसके लिए एक आदर्श स्थान होती है जहाँ प्रयोग को ऐसे हर बाहरी तत्त्व को निरस्त कर देखा जाता है। लेकिन समाज के अध्ययन में ऐसे प्रभावों को निरस्त कर किसी घटनाक्रम का अध्ययन नहीं हो सकता। इसलिए अन्य प्रभावों को शुमार किए बिना ऐसे नतीजों पर पहुँचना असावधानी समझा जाएगा। दूसरा कारण मार्क्स का क्रान्तिकारी उत्साह था। समाज के भविष्य की यह तार्किक परिणति मार्क्स की अपनी क्रान्तिकारी इच्छा के अनुकूल पड़ती थी। अत: क्रान्ति की सफलता देखने के उत्साह में मार्क्स ने उन प्रवृत्तियों पर ध्यान नहीं दिया जो पूँजीवादी समाज को दूसरी दिशा देकर यूरोप में क्रान्ति की सम्भावना को धूमिल बना रही थीं।

असल में यूरोप के पूँजीवादी समाज में जो हो रहा था वह उसके विकास की मार्क्स ने जो कल्पना की थी उससे बिलकुल अलग था। दिनोदिन दरिद्र होने के बजाय यूरोप का मजदूर वर्ग अपने जीवन स्तर को ऊपर उठा रहा था। पूँजीपति और मजदूरों के बीच ध्रुवीकरण के बजाय एक नया मध्यमवर्ग पनप रहा था, जिसमें बिचौलिए, व्यापारी, विभिन्न तरह के व्यावसायिक समूह उद्योगों के तकनीकी-प्राविधि विशेषज्ञ तथा व्यवस्थापक समूह शामिल हो रहे थे। यूरोप का सम्पन्न होता मजदूर वर्ग अपनी क्रान्तिकारिता खो रहा था। एंगेल्स ने स्वयं ब्रिटेन के सम्बन्ध में इस बात का उल्लेख करते हुए कहा था कि उपनिवेशों से लाए गए धन के कारण ब्रिटेन का मजदूर वर्ग सम्पन्न हो रहा है और उस वर्ग के नेता समाजवादी के बजाय उदारवादी सुधारक बन रहे हैं।

मार्क्स ने अपने अध्ययन में दो तथ्यों पर आवश्यक ध्यान नहीं दिया था। एक तो मजदूरों के संगठन और संघर्षों के प्रभाव पर, जो सामूहिक दबाव के द्वारा न सिर्फ मजदूरी की गिरावट को रोक रहे थे बल्कि खास-खास समय में उसमें वृद्धि भी कर रहे थे। यह दबाव सिर्फ ट्रेड यूनियनों के द्वारा ही नहीं बल्कि राजनीतिक आन्दोलनों द्वारा भी डाला जाता था। स्वयं मार्क्स के देश जर्मनी में मार्क्स के जीवनकाल में ही मजदूरों को मतदान का अधिकार प्राप्त हो गया था और इसका उपयोग कर उन्होंने सरकार को उनके लिए कई कल्याणकारी एवं सुरक्षात्मक व्यवस्थाएँ करने को मजबूर किया। यह विकास बतलाता था कि मानव हस्तक्षेप कैसे तकनीक और उससे निकले आर्थिक सम्बन्धों के प्रभाव को एक सीमा के बाद नियंत्रित करने लगते हैं।

9

दूसरा महत्त्वपूर्ण प्रभाव जिस पर मार्क्स ने ध्यान नहीं दिया, वह था औपनिवेशिक शोषण से पूँजीवाद के विकास का सम्बन्ध। मार्क्स ने पूँजी के प्राथमिक संचय की प्रक्रिया में गैर-पूँजीवादी क्षेत्रों में लाए गए धन के महत्त्व को माना था। लेकिन मार्क्स की यह अवधारणा रही कि जब एक बार पूँजीवादी अर्थव्यवस्था कायम हो जाती है तब वह अपने आप में पूर्ण से ही व्यवस्था हो जाती है और उसके क्षेत्रों के आन्तरिक साधनों से उसका विकास होने लगता है। लेकिन पूँजीवाद के असली विकास के अनुभव इसके विपरीत पड़ते हैं। विख्यात मार्क्सवादी चिन्तक रोजा लक्जमबर्ग ने मार्क्स के पूँजी के प्रसारित 'पुनरुत्पादन' के उस मॉडल को ही त्रुटिपूर्ण बतलाया जिसे मार्क्स ने अपनी विख्यात पुस्तक 'कैपिटल' के द्वितीय भाग में प्रस्तुत किया था। रोजा लक्जमबर्ग अपने आप में पूर्ण पूँजीवादी व्यवस्था के भीतर बतलाए गए उत्पादन और खपत के सन्तुलन को दोषपूर्ण मानती हैं। उन्होंने 'ऐक्युमुलेशन ऑफ कैपिटल' में बतलाया कि चूँकि उत्पादित वस्तुओं में निहित मूल्य के बराबर मूल्य पूँजीपतियों को उपलब्ध होना जरूरी है अगर पूँजीवावदी उत्पादन को जारी रहना है—यानी उत्पादित वस्तुओं की मुनाफा समेत निर्धारित कीमत पर बिक्री हो जाना जरूरी है जिसके बगैर आगे उत्पादन करते जाना निरर्थक होगा। चूँकि मजदूरों को उनके श्रम का पूरा मूल्य नहीं मिलता, अतः वे उत्पादित वस्तुओं के एक अंश को ही खरीद सकते हैं—उस अंश को जिसका मूल्य उनको मजदूरी में मिले मूल्य के बराबर है। और चूँकि पूँजीपतियों के हाथ में अतिरिक्त मूल्य यानी, मुनाफा, उत्पादित वस्तुओं की बिक्री के बाद ही आएगा, वे भी इसे नहीं खरीद सकते। अतः पूँजीवादी व्यवस्था के भीतर—जिसमें आय के दो ही स्रोत हैं—पूँजीपतियों का मुनाफा और श्रमिकों के पारिश्रमिक—चूँकि सभी उत्पादित वस्तुओं की खपत नहीं हो सकती, इसलिए पूँजीपति वर्ग को उनकी खपत के लिए एक गैर पूँजीवादी तीसरे क्षेत्र की तलाश करनी पड़ेगी।

पूँजी के विकास पर अगर हम ध्यान देंगे तो देखेंगे कि यूरोप के पूँजीवाद का विकास अनिवार्य रूप से उपनिवेशों से जुड़ा रहा है। अगर कहीं किसी छोटे पूँजीवादी देश का उपनिवेश न भी रहा तो वह अन्य विकासशील पूँजीवादी देशों की

साझीदारी में उपनिवेशों का फायदा उठाता रहा है क्योंकि यूरोप के पूँजीवादी देशों की अर्थव्यवस्थाएँ एक-दूसरे से गहरे रूप से गुँथी रही हैं। उपनिवेश न सिर्फ उनके कारखानों में उत्पादित वस्तुओं के लिए वृहत बाजार रहे हैं बल्कि वे पूँजीवादी देशों के कारखानों में उत्पादित कम श्रम की लागत की वस्तुओं के बदले अपने श्रम बहुल उद्योगों, कृषि और खदानों से उनको विशाल मात्रा में औद्योगिक कच्चे माल, अन्न और खनिज भी उपलब्ध कराते रहे हैं। इस औपनिवेशिक सम्बन्ध का नतीजा यह है कि पूँजीवाद से ध्रुवीकरण तो जरूर हुआ है, लेकिन आन्तरिक ध्रुवीकरण होने के बजाय ध्रुवीकरण धनी पूँजीवादी औद्योगिक देशों और दरिद्र उपनिवेशों के बीच हो गया। इस सम्बन्ध से उपनिवेश तथा अर्द्ध-उपनिवेश दिनोदिन कंगाल होते गए हैं और पूँजीवादी देश सम्पन्न। इसी स्थिति को ध्यान में रखते हुए समाजवादी नेता राममनोहर लोहिया ने यह विचार दिया था कि पूँजीवाद और साम्राज्यवाद का विकास हमेशा जुड़वाँ के रूप में हुआ है।

10

लेकिन यह कहा जा सकता है कि कुछ पूँजीवादी देशों का, जैसे जापान का विकास शुरू के दिनों में बिना किसान उपनिवेश के हुआ। यह कैसे हुआ इसके कारण को भी समझना जरूरी है। इसी तरह आर्थिक रूप से ही सही कुछ उपनिवेशों में भी पूँजीवाद का विकास हो रहा है। हालाँकि पूरी अर्थव्यवस्था का विकास नहीं हो रहा है। इसका कारण ढूँढ़ने की भी जरूरत है।

इस तरह के विकास को आसानी से समझा जा सकता है अगर हम बाहरी उपनिवेश की जगह आन्तरिक उपनिवेश को भी पूँजीवाद-उपनिवेशवाद के जुड़वाँ विकास का रूप मान लें। इस आन्तरिक उपनिवेश के दो रूप हैं : (1) आँचलिक शोषण और (2) आर्थिक क्षेत्रों का शोषण। पहली तरह के शोषण का रूप यह होता है कि किसी एक ही देश में औद्योगिक दृष्टि से कुछ विकसित भाग या नगर और उसके आसपास के अंचल, अन्य अंचलों को औद्योगिक दृष्टि से पिछड़ा रखते हैं और उनका उपयोग अपने औद्योगिक माल की खपत या कच्चे माल और खनिज आदि की आपूर्ति के लिए करते हैं। इस तरह दोनों अंचलों के बीच की विषमता बढ़ती जाती है। यह सम्बन्ध ठीक साम्राज्य और उपनिवेश के बीच के सम्बन्ध जैसा होता है। दूसरी तरह का शोषण औद्योगिक क्षेत्रों द्वारा कृषि क्षेत्र का होता है। इसमें कृषि क्षेत्र से संचित साधन से औद्योगिक क्षेत्र का विकास होता है। यह शोषण उद्योग और कृषि में उत्पादित वस्तुओं की कीमतों में फर्क रखकर तथा कृषि पर प्रत्यक्ष या अप्रत्यक्ष करों का बोझ लादकर होता है। जापान का प्रारम्भिक औद्योगिक विकास खासतौर से इस दूसरे तरह के औपनिवेशिक शोषण के जरिये हुआ। जापान के प्रारम्भिक औद्योगिक विकास के काल में 1883 से लेकर 1912 तक कृषि क्षेत्र में आय में कर का हिस्सा 12 प्रतिशत से लेकर 22 प्रतिशत तक रहा जबकि इसी अवधि में गैर कृषि क्षेत्र में आय में कर का हिस्सा 2 प्रतिशत से 6.4 प्रतिशत तक। प्रथम विश्वयुद्ध के बाद जापान में उद्योगों को प्रोत्साहन देने के लिए कोरिया से, जो इनका उपनिवेश बन चुका था, सस्ता अनाज आयात किया जाने लगा जिससे जापान के किसानों को भारी आर्थिक क्षति उठानी पड़ी। पर इससे मजदूरी की दर कम करके पूँजीपति अधिक मुनाफा कमा सकते थे।

मोटे तौर से औद्योगिक दृष्टि से पिछड़ी अर्थव्यवस्थाओं में पूँजीवाद के विकास के लिए दोनों तरह के आन्तरिक उपनिवेशवाद को कायम रखा जाता है जिससे इनमें से अधिकांश में आँचलिक विषमता के साथ-साथ नगर और ग्रामीण क्षेत्रों की विषमता भी कायम है। इस तरह इन देशों के भीतर कुछ क्षेत्रों में सम्पन्नता और बाकी में विपन्नता का फैलाव होता है। लेकिन चूँकि इन देशों की विशाल जनसंख्या इस विषमता से गरीब होती जाती है, औद्योगिक वस्तुओं का बाजार संकुचित हो जाता है, और एक सीमा के बाद औद्योगिक विकास का पथ अवरुद्ध हो जाता है। इस तरह पूँजीवादी अर्थव्यवस्था के कारण दुनिया के अधिकांश देशों का वैसा विकास नहीं हुआ जिसकी कल्पना मार्क्स ने की थी। इन्हीं कारणों से समाजवाद की ओर संक्रमण का वह मार्ग भी इन देशों में अवरुद्ध है, जो मार्क्स के अनुसार अतिविकसित औद्योगिक व्यवस्था पर आधारित हो सकता है। इसके विपरीत इन देशों में समाजवाद की ओर संक्रमण इसलिए जरूरी है, क्योंकि बिना समता के न तो पूँजी संचय का काम हो सकता है (समता के द्वारा ही ऐयाशी पर खर्च रोका जा सकता है जो साधनों के अपव्यय का बड़ा स्रोत है) और न विशाल श्रम शक्ति का उपयोग श्रम प्रधान उद्योगों में किया जा सकता है, जो उत्पादन बढ़ाने के लिए जरूरी है। अत: समाजवादी संक्रमण इन देशों में पूँजीवाद एवं उद्योगों के विकास के चरम बिन्दु पर न होकर औद्योगिक विकास की जरूरत के लिए भी होगा। इन देशों में पूँजी संचय का सबसे बड़ा साधन यहाँ की विशाल श्रम शक्ति है, जो बड़े उद्योगों द्वारा परम्परागत लघु उद्योगों के नष्ट कर दिए जाने से बेकार पड़ी है। इस श्रम शक्ति के समुचित उपयोग के लिए उद्योगों में इसके अनुकूल तकनीक का व्यवहार करना पड़ेगा।

इसका अर्थ यह हुआ कि पूँजीवादी आवश्यकता के दबाव में निरन्तर श्रम की कटौती करनेवाले उद्योगों के विकास को रोककर इन देशों की आवश्यकता के अनुसार नियोजित तकनीक की नीति अपनानी होगी। मार्क्स के विचारों को लेकर चलनेवाले अधिकांश समाजवादी जहाँ अर्थव्यवस्था को नियोजित करने की बात करते हैं वहीं तकनीक को वे जिस दिशा में वह पूँजीवाद से प्राप्त वेग से विकसित हो रही है उसी दिशा में विकसित होने देना चाहते हैं। कम्युनिस्ट देशों के जो अनुभव हैं वे बतलाते हैं कि तकनीक के इस विकास की दिशा में व्यवस्था का केन्द्रीकरण, गैर बराबरी एवं मजदूरों का उत्पादन प्रक्रिया से बेगानापन, जिसके खिलाफ मार्क्स ने पहले-पहल आवाज उठाई थी, अपरिहार्य नतीजे हैं। इसीलिए ये सारे दोष कम्युनिस्ट देशों में भी वैसे ही मौजूद हैं जैसे पूँजीवादी देशों में।

11

मार्क्स ने पूँजीवादी उत्पादन प्रक्रिया के इन दोषों की ओर अपना निषेध भाव तो व्यक्त किया था लेकिन उन्होंने कहीं यह नहीं बतलाया कि कोई दूसरी उत्पादन प्रणाली इसकी जगह लानी पड़ेगी। मार्क्सवादी समाजवादियों में सिर्फ ब्रिटेन के विलियम मौरिस ने, जो कलाकार, कवि और रस्किन के विचारों से भी प्रभावित था, (गांधी भी रस्किन के विचारों से प्रभावित थे) यह विचार व्यक्त किया था कि समाजवादी व्यवस्था में वैसे उद्योगों को बन्द भी किया जा सकता है जिनमें मजदूरों का उत्पादन प्रक्रिया से बेगानापन बढ़ता है।

आज की दुनिया में उद्योगों में तकनीक का मामला सर्वाधिक महत्त्व का बन गया है। इसके सम्बन्ध में मार्क्स ने कुछ भी नहीं कहा था। तकनीक के मामले के सर्वाधिक महत्त्व के दो कारण हैं। एक तो यह कि विकसित पूँजीवादी देशों में बढ़ती समृद्धि एवं उपभोक्तावादी संस्कृति के दबाव में मजदूर वर्ग यथास्थितिवादी बन गया है और किसी बुनियादी बदलाव की बात नहीं सोचता। इससे क्रान्ति की सम्भावना अविकसित समाजों वाले पुराने या नए उपनिवेशों में ही है। अब प्रश्न है कि अगर इनमें बदलाव आएगा तो ये विकास की कौन-सी दिशा अपनाएँगे। ऊपर बतलाए गए कारणों को देखते हुए तो एक पश्चिमी देशों जैसा विकास इनमें सम्भव भी नहीं होगा। अगर सम्भव भी हो तो विकास के एक बिन्दु पर पहुँचते-पहुँचते ये उन सारे दोषों के शिकार होंगे जो बड़े केन्द्रित उद्योगों में निहित हैं।

दूसरी बात यह है कि पिछले कुछ वर्षों के अनुभवों और अध्ययनों से यह पता चलता है कि संयंत्रों की अनियंत्रित बाढ़ के कारण दुनिया के संचित खनिज साधनों का तेजी से क्षय हो रहा है और इस रफ्तार से अगली अर्द्ध शताब्दी में तेल, कोयला जैसे साधन या तो समाप्त होने लगेंगे या इतने खर्चीले हो जाएँगे कि उद्योगों के उत्पादन में भारी गिरावट आएगी। साथ ही आधुनिक उद्योगों से पर्यावरण इतना प्रदूषित हो रहा है कि औद्योगिक समाज का बड़ा भाग मनुष्यों के रहने के लायक नहीं रह जाएगा। इन सब कारणों से भी औद्योगीकरण को नई दिशा देने की आवश्यकता सर्वोपरि महत्त्व की बन गई है। मशीनीकरण के विकास से जो

लोग एक खास तरह के जीवन के आदी हो गए हैं, उनके लिए अपने जीवन को बदलना बड़ा कठिन काम है। इसलिए नई जीवन पद्धति अपनाने की जवाबदेही मूल रूप से उन देशों पर आ जाती है, जो अब तक औद्योगिक दृष्टि से अपेक्षाकृत पिछड़े हैं। अतः दुनिया के समाजवादी नवनिर्माण का दायित्व मार्क्स की अवधारणा के विपरीत एक ही नहीं, कई अर्थों में अविकसित अर्थव्यवस्था के शोषित वर्गों के कन्धों पर आ पड़ा है।

12

अब एक और महत्त्वपूर्ण मुद्दा है जिस पर मार्क्स के विचार समाजवादी क्रान्ति की दृष्टि से अप्रासंगिक बन गए हैं, वह है क्रान्ति के लिए हिंसा का प्रयोग। मार्क्स के काल तक जितनी क्रान्तियाँ हुई थीं वे सभी हिंसा पर आधारित थीं और हिंसा की उपयोगिता लोग बिना विचारे ही मान लेते थे। लेकिन संगठित हिंसा के स्वरूप में फ्रांस की क्रान्ति के समय से ही जो बदलाव हुए हैं उनके कारण तथा मानव स्वभाव के सम्बन्ध में जो ज्ञान प्राप्त हुए हैं उनके कारण भी एक समतावादी समाज स्थापित करने की दृष्टि से सशस्त्र विद्रोह की उपयोगिता प्रायः समाप्त हो गई है।

मार्क्स के पहले के काल तक राज्य की केन्द्रित हिंसा और उसकी शक्ति सीमित होती थी एवं सैनिकों के पास जो हथियार होते थे, वे आम लोगों द्वारा उपयोग में लाए जानेवाले हथियारों से बहुत श्रेष्ठ नहीं होते थे। अतः मुठभेड़ों में अपनी तादाद के कारण विद्रोही भीड़ अक्सर सफल हो जाती थी। फ्रांस की क्रान्ति के समय से ही ऐसी मुठभेड़ों में केन्द्रित सेना का पलड़ा भारी पड़ने लगा था। बास्तिल के किले पर जनसमूह का कब्जा श्रेष्ठ हिंसा के कारण नहीं उसके रक्षक सैनिकों के जनता के साथ आ जाने से हुआ था।

लेकिन नेपोलियन ने उसी क्रान्ति के दूसरे दौर में पेरिस की जनता की भीड़ को तितर-बितर करने में तोपों का इस्तेमाल करके केन्द्रित सेना की बढ़ती हिंसात्मक श्रेष्ठता को स्थापित कर दिया था। उसके बाद से लगातार केन्द्रित सेना के पास ऐसे हथियार और यंत्र बढ़ते गए हैं जिससे किसी सीधी मुठभेड़ में जनता का सेना के विरुद्ध सफल हो पाना असम्भव हो गया है। इस स्थिति की कुछ समझ हम रोजा लक्जमबर्ग और लियो ट्राट्स्की जैसे बाद के मार्क्सवादी क्रान्तिकारियों में पाते हैं। इनके विचारों में आम हड़ताल और मजदूरों द्वारा संघर्ष में कुर्बानी देने के संकल्प को महत्त्व दिया गया है, जिससे सैनिकों का हृदय परिवर्तन होता है और फिर वे मजदूरों के साथ आ जाते हैं। आम उठाव (इंसरेक्शन) की यही रूपरेखा ट्राट्स्की ने प्रस्तुत की थी। लेकिन इसे एक रणनीति के रूप में अख्तियार किया गया न कि हिंसा के निषेध भाव से। बल्कि सेना द्वारा अपने अधिकारियों के खिलाफ बलप्रयोग को उत्साहित किया गया।

लेकिन रूस की क्रान्ति के अनुभव, जिसमें ट्राट्स्की का महत्त्वपूर्ण योगदान था, बतलाते हैं कि प्रथम उठाव के बाद ही सत्ता हस्तान्तरण का मामला समाप्त नहीं हो जाता। बल्कि रूप में विस्थापित स्वार्थों द्वारा गृहयुद्ध शुरू हुआ और फिर मुकाबला जनता और सेना के बीच नहीं, बल्कि दो संगठित सेनाओं के बीच हुआ। अन्ततोगत्वा विजय उस पक्ष की हुई जिसके पास सेना संगठित करने और उसका मनोबल ऊँचा रखने की क्षमता अधिक थी। रूस के अनुभव और फिर बाद में चीन के अनुभव भी यह बतलाते हैं कि ऐसी सशस्त्र क्रान्तियाँ तभी सफल होती हैं जब किसी कारण से स्थापित सत्ता बिखर रही होती है और उसकी सेना का मनोबल टूट रहा होता है, तथा इसके विपरीत क्रान्तिकारी सेना ज्यादा संगठित होती है और उसका मनोबल ऊँचा होता है। इस प्रक्रिया में फिर सत्ता अन्ततोगत्वा एक संगठित सेना के हाथ में होती है और जिन लोगों का इस सेना पर नियंत्रण होता है वे ही क्रान्ति की दिशा का निर्धारण करते हैं। क्रान्ति के काल में जनता के साथ नवोदित सत्ता का तालमेल जरूर एक हद तक होता है लेकिन यह धीरे-धीरे लुप्त हो जाता है। इस तरह क्रान्तियों के बाद अतिकेन्द्रित सत्ता और उससे जुड़े एक सुविधा प्राप्त तबके का उदय होता है जो समाजवादी क्रान्ति के मूल उद्देश्यों के विपरीत पड़ता है।

एक दूसरे कारण से भी हिंसा की नीति पर प्रश्नचिह्न लग जाता है। मार्क्स के बाद आचारशास्त्र (एथोलॉजी) और मनोविज्ञान के विकास से मानव स्वभाव के सम्बन्ध में बहुत सारी बातों का ज्ञान प्राप्त हुआ है जो मार्क्स के समय में उपलब्ध नहीं था। जैसा कि शुरू में ही बतलाया गया है 19वीं शताब्दी के क्रान्तिकारी यह मान लेते थे कि मनुष्य का स्वभाव अपने आप में निर्मल है और इससे वे यह समझ बैठे थे कि एक बार समाज में शोषण की व्यवस्था को नष्ट कर दिया जाएगा तो फिर सब कुछ अपने आप ठीक हो जाएगा। अब आचारशास्त्री और मनोवैज्ञानिक हमें बतलाते हैं कि मनुष्य के स्वभाव में अन्तर्निहित आक्रामकता है एवं उसके अवचेतन में ऐसी ग्रन्थियाँ बनती हैं जो उसे अर्थहीन तोड़फोड़ और संहार की दिशा में ले जा सकती हैं। इससे यह निष्कर्ष निकलता है कि मानव व्यक्तित्व के कुछ स्थानों को नियंत्रित करना उतना ही महत्त्वपूर्ण है जितना उसके व्यक्तित्व को उन्मुक्त बनाना। यह काम कुछ नए सामाजिक मूल्यों की स्थापना से ही सम्भव है, जिसमें अहिंसा के मूल्य का स्थान सर्वोपरि होगा। जहाँ इस जानकारी से यह लाजिमी लगता है कि मनुष्य की हिंसात्मक प्रवृत्तियों पर जितना नियंत्रण लगाया जा सके, लगना चाहिए वहीं दूसरी ओर हम यह भी जानते हैं कि हिंसात्मक संघर्षों में मनुष्य की सारी हिंसात्मक प्रवृत्तियों को बेलगाम कर दिया जाता है। अंग्रेजी की कहावत 'युद्ध और प्रेम में सबकुछ क्षम्य है' इसी दृष्टि की अभिव्यक्ति है। इन प्रवृत्तियों के कारण ही हर बड़े युद्ध के बाद यह देखा जाता है कि समाज

के बहुत सारे मानवीय मूल्य नष्ट हो जाते हैं। संस्कृति के लम्बे विकास से जो अवरोध मनुष्य की खूंखार प्रवृत्तियों पर लगाए गए होते हैं, हिंसात्मक युद्धकाल में वे चन्द दिनों में नष्ट हो जाते हैं। चूँकि हिंसा का हिंसा से जवाब बड़ी हिंसा से ही दिया जा सकता है, क्रान्ति के नाम पर ही सही, इस प्रक्रिया में उत्तरोत्तर हिंसा के नए आयुध विकसित किए जाएँगे, जैसा कि आज हो रहा है। और अगर हिंसा की नीति से अपने उद्देश्यों की पूर्ति के लिए छूट रहेगी कभी-न-कभी युद्ध में दुनिया का संहार निश्चित है। इस तरह हिंसा का प्रतिपादन आज की दुनिया में संहारवाद का प्रतिपादन बन जाता है।

मार्क्स के विचारों में समाज को समझने की एक बहुत ही गहरी दृष्टि हमें मिलती है। अपने समय में उनकी सूझ युगप्रवर्तक थी। लेकिन सभी चिन्तकों के विचारों की तरह मार्क्स के विचार भी अपने समय के सामाजिक और वैचारिक सन्दर्भ से गहरे रूप से जुड़े थे। उनमें अनेक चीजें ऐसी थीं, जिनकी प्रासंगिकता किसी-न-किसी रूप में आज भी है। लेकिन बहुत-सी चीजें, जैसा कि हमने देखा है एक खास समय के यूरोपीय अनुभव से बँधी होने से अपनी प्रासंगिकता खो चुकी हैं। मार्क्स एक विचारक के साथ-साथ प्रतिबद्ध क्रान्तिकारी भी थे और क्रान्ति को सफल देखने की आशा और उत्साह में उन्होंने उन परिस्थितियों की कल्पना नहीं की जो उसका पथ अवरुद्ध कर सकती थीं या उसे पथभ्रष्ट। फिर भी मार्क्स के पक्ष में यह बात कही जा सकती है कि कोई भी मनीषी भविष्य की सभी सम्भावित स्थितियों की कल्पना नहीं कर सकता। लेकिन जो बात मार्क्स के लिए क्षम्य है, वह मार्क्स के उन अनुयायियों के लिए क्षम्य नहीं है, जो मार्क्स की मृत्यु के बाद सौ साल के अनुभवों और संचित ज्ञान को नजरअन्दाज कर तोते की तरह मार्क्स के कथनों को रटते हैं। मार्क्स के विचारों से हम अपनी दृष्टि तभी विकसित कर सकते हैं जब हम उन्हें उस सम्पूर्ण सोच की परम्परा में रखकर देखें, जो उनसे पूर्ववर्ती भी है और परवर्ती भी।

(समता संगठन द्वारा प्रथम प्रकाशन 1984)

सन्दर्भ और टिप्पणियाँ

2. रूसी क्रान्ति और मार्क्स की इतिहास दृष्टि

1. प्लेखनोव का तर्क यह था कि चूँकि रूस में अभी पूँजीवाद का विकास कम हुआ है और लोकतांत्रिक विकास भी नहीं हुआ है, अतः क्रान्ति का स्वरूप मार्क्स के विचार के अनुसार पूँजीवादी-प्रजातांत्रिक है और इसका नेतृत्व पूँजीपति वर्ग के हाथ में होगा और विकास पूँजीवादी प्रजातंत्र की ओर होगा।
2. ट्राट्स्की ने क्रान्ति के समर्थन में अपने 'स्थायी क्रान्ति' के सिद्धान्त में यह कहा कि रूस में पूँजीवादी कमजोर हैं फिर भी कुछ बड़े औद्योगिक केन्द्र विकसित हो गए हैं, जहाँ औद्योगिक मजदूर एक जगह बड़ी संख्या में केन्द्रित और संगठित हैं, इसलिए वे किसी भी लोकतांत्रिक आन्दोलन में एक महत्त्वपूर्ण शक्ति के रूप में आगे आते हैं। इस शक्ति से आतंकित रूस का कमजोर पूँजीपति वर्ग प्रजातांत्रिक क्रान्ति को इसकी परिणति तक पहुँचाने से घबराता है और सामन्ती सत्ता से समझौता करता है। अतः मजदूर वर्ग ही अपने नेतृत्व में किसानों की सहायता से यह क्रान्ति पूरी कर सकता है। लेकिन चूँकि इस क्रान्ति का नेतृत्व मजदूर वर्ग के हाथ में होगा, अतः यह क्रान्ति सिर्फ प्रजातांत्रिक लक्ष्य तक सीमित नहीं रहकर समाजवादी क्रान्ति में बदल जाएगी। इससे पूरे यूरोप में क्रान्तियों का एक सिलसिला शुरू होगा और समाजवादी संक्रमण शुरू होगा। ट्राट्स्की ने यह विचार स्वयं मार्क्स के द्वारा जर्मनी के पूँजीवादी वर्ग की प्रजातांत्रिक क्रान्ति करने की अक्षमता के बारे में किए गए उस विश्लेषण से लिया था जो मार्क्स की खुद की इतिहास के बारे में आम दृष्टि से मेल नहीं खाता था।

समाजवादी आन्दोलन के नए सन्दर्भ

1

भारतीय राजनीति एक गम्भीर संक्रमण काल से गुजर रही है। इसी के साथ भारत में समाजवादी आन्दोलन का एक युग भी समाप्त हुआ। भारत का पुराना समाजवादी दल टूटकर बिखर गया है। यह कुछ हद तक अवश्यम्भावी बन गया था। लेकिन लोकतांत्रिक समाजवादी आन्दोलन की आवश्यकता अभी सबसे अधिक महसूस की जा रही है। इस दृष्टि से पुराने समाजवादी आन्दोलन का प्रयास बिलकुल निरर्थक नहीं था। इसने अपने बिखराव के पूर्व उन बहुत सारे मुद्दों को उठाया था जिनके आधार पर नया समाजवादी आन्दोलन अपनी नीति निर्धारण में प्रेरणा पा सके।

समाजवादी आन्दोलन का संकट स्वतंत्रता आन्दोलन से निकले नेतृत्व के आम संकट का ही एक हिस्सा है। भारत में आजादी के आन्दोलन का नेतृत्व मुख्य रूप से अंग्रेजी पढ़े-लिखे एक सुविधाप्राप्त वर्ग के हाथ में था। उन्हें आजादी की प्रेरणा पश्चिमी देशों की राष्ट्रवादी और लोकतांत्रिक विचारधाराओं से प्राप्त हुई थी। इसी नेतृवर्ग का एक हिस्सा पश्चिम के क्रान्तिकारी और समाजवादी आन्दोलनों से प्रभावित हुआ। नेतृवर्ग के इस हिस्से को ऐसा लग रहा था कि आजादी का आन्दोलन तब तक शक्तिशाली नहीं हो सकता जब तक इसे देश के करोड़ों गरीब लोगों की भावना से नहीं जोड़ा जाए। रूस की क्रान्ति से साम्राज्यवाद को जो चुनौती मिली थी उससे भी बहुत से राष्ट्रवादी नेता बोल्शेविक विचारधारा की ओर आकृष्ट हुए। इसी स्थिति में भारत में सोशलिस्ट और कम्युनिस्ट पार्टियों का जन्म हुआ।

यूरोप से कुछ बुनियादी विचारधारा को लेना अनिवार्य था, क्योंकि नए उद्योगों के विकास और एक औद्योगिक मजदूर वर्ग के जन्म तथा औद्योगिक नगरों के विकास से जो समस्याएँ पैदा हो रही थीं उनका समाधान ग्रामीण समाज में विकसित परम्परागत विचारधाराओं से नहीं हो सकता था। साथ ही इस औद्योगीकरण का असर देश की सारी अर्थ-व्यवस्था तथा जीवन-पद्धति पर पड़ रहा था। और ऐसा लग रहा था कि भारत का भविष्य पश्चिमी दुनिया के वर्तमान में देखा जा सकता है। इन्हीं कारणों से पश्चिमी सभ्यता से जुड़ी राजनीतिक प्रणालियों—राष्ट्रवाद, जनतंत्र, समाजवाद आदि को उनके पश्चिमी रूपों में कबूल करने का दबाव बढ़ा। लेकिन जैसाकि बाद के अनुभवों से मालूम हुआ कि औद्योगीकरण का प्रभाव भारत पर उतना ही समग्र नहीं

था जितना की पश्चिमी देशों में। बल्कि एक छोटे क्षेत्र के बाहर इस प्रभाव से गरीबी और पिछड़ापन और गहरा होता गया है। इसलिए स्वाभाविक था कि एक सीमा के बाद पश्चिम से उधार ली गई विचारधाराएँ निरर्थक सिद्ध होतीं। साथ ही जो नेतृवर्ग इन विचारों को लेकर चल रहा था वह खुद भारत की आम जनता से कटा अलग वर्ग था और एक सीमा के बाद आम लोगों के लिए अपने हितों को बलिदान करने में अक्षम था। लेकिन ये सारे अन्तर्विरोध आजादी के आन्दोलन-काल में दबे रहे। पर जब आजादी के बाद उन आशाओं की पूर्ति का समय आया जिन्हें वामपन्थी राष्ट्रवादियों ने आम लोगों में जगाया था, तो अन्तर्विरोध सतह पर आ गया और कुछ गिने-चुने लोगों को छोड़ बाकी लोग सत्ता से प्राप्त सुविधा पाने की होड़ में लग गए। इस तरह देश में कथनी और करनी के बीच की खाई गहरी होती गई। फिर धीरे-धीरे चरित्र और आचरण के स्तर पर सत्ताधारी कांग्रेस और विपक्षी वामपन्थ का फर्क नगण्य होता गया। इसी प्रक्रिया में सारे वामपन्थ का पतन हुआ और समाजवादी दल का विघटन।

लेकिन इस ह्रास की प्रक्रिया में भी समाजवादियों ने अपने को भारत की समस्याओं से जोड़ने के प्रयास अवश्य किए और अपनी वर्गीय सीमाओं के बावजूद उस कठमुल्लेपन से बचे रहे जिसका शिकार यहाँ का कम्युनिस्ट आन्दोलन बना।

सबसे पहले यह पृथकता राष्ट्रीय आन्दोलन के प्रति उनकी दृष्टि में दिखाई दी। समाजवादियों ने यह माना कि समाजवाद लोकतंत्र के बिना सम्भव नहीं। लेकिन एक गुलाम मुल्क के लिए बिना विदेशी शासन को हटाए लोकतंत्र की स्थापना असम्भव थी। अत: उन्होंने अपने को शुरू से ही राष्ट्रीयता की मुख्यधारा कांग्रेस के साथ जोड़ा और इस प्रयास में लगे कि मजदूर किसान संगठनों को राष्ट्रीय आन्दोलन के साथ जोड़ा जाए। इस प्रयास के फलस्वरूप स्वयं कांग्रेस ने अपनी नीति में उन माँगों को जोड़ा जिसके लिए मजदूर और किसान आन्दोलन कर रहे थे। इसी नीति के कारण 1942 में उनका कम्युनिस्टों से गहरा मतभेद हुआ जबकि कम्युनिस्ट पार्टी ने ब्रिटिश साम्राज्यवाद का साथ उनके युद्ध प्रयत्नों में दिया और 'भारत छोड़ो' आन्दोलन का विरोध किया।

समय बीतने के साथ-साथ यह भी स्पष्ट होता गया कि कम्युनिस्ट रूसी प्रभाव से इतने आक्रान्त हैं कि वे न तो किसी सिद्धान्त को लेकर चल सकते हैं और न कोई वस्तुपरक दृष्टि देश की समस्याओं के प्रति अख्तियार कर सकते हैं। कम्युनिस्ट पार्टी से अलगाव का एक अच्छा नतीजा यह हुआ कि कम्युनिस्ट देशों के विकास को समाजवादी अब एक विश्लेषणात्मक दृष्टि से देख सकते थे और लोकतांत्रिक और समतामूलक समाज बनाने में उनकी असफलता से अपने आन्दोलन के लिए सबक ले सकते थे।

इस तरह पहले-पहल आजादी के बाद जब सोशलिस्ट पार्टी की स्थापना हुई तो उन्होंने स्पष्ट रूप से सर्वसत्तावादी कम्युनिस्ट व्यवस्था से लोकतांत्रिक समाजवाद

के फर्क को लोगों के सामने रखा। इस काल में लोकतंत्र की रक्षा की भावना समाजवादियों में इतनी जबर्दस्त थी कि अपने संगठन के ढाँचे को अधिनायकवादी होने से बचाने के लिए खुली सदस्यता अपनाई गई, हालाँकि इस प्रयोग का बड़ा ही घातक परिणाम पार्टी के संगठन पर पड़ा। सत्ता का केन्द्रीयकरण समाप्त करने की दृष्टि से चौखम्भा राज्य की कल्पना भी समाजवादियों ने की। संगठन के बाहर एक ऐसे समय में जब सत्तारूढ़ कांग्रेस दल लोकतंत्र को सीमित कर रहा था और कम्युनिस्ट इसे पूँजीपतियों का हथकंडा बतला रहे थे, अकेले समाजवादी लोकतंत्र को अधिक व्यापक बनाने, विरोधी दल को सबल बनाने और लोकतांत्रिक मर्यादाओं की रक्षा के लिए आन्दोलन करते रहे। अगर देश में लोकतंत्र के प्रति लोगों की आस्था इसकी तमाम असफलताओं के बावजूद बढ़ी है, तो इसका सबसे अधिक श्रेय समाजवादियों को है।

इसी चिन्तन की प्रक्रिया में समाजवादी परिवर्तन के लिए साधन का सवाल समाजवादियों ने उठाया और यह स्थापना की कि लक्ष्य साधन के प्रति पूर्ण निरपेक्ष नहीं हो सकता और साधन लक्ष्य के अनुरूप ही होगा। विवादों से बढ़कर समाजवादियों ने इसे कार्य-पद्धति में लाने का प्रयास किया और इस तरह सत्याग्रह के हथियार का प्रयोग धीरे-धीरे देश में व्यापक तौर से होने लगा। कम्युनिस्ट शुरू के दिनों में इसका मजाक उड़ाते थे और कांग्रेस के नेता लोकतंत्र के भीतर इसे अनावश्यक बतलाते थे। यह समाजवादी चिन्तन की सबसे बड़ी सफलता है कि कांग्रेसी और कम्युनिस्ट दोनों ही अब समय-समय पर इस हथियार का उपयोग (या दुरुपयोग) करने लगे हैं।

आर्थिक क्षेत्र में भी देश की ठोस समस्याओं के सन्दर्भ में समाजवादियों ने अनेक बुनियादी सुझाव दिए जो अब धीरे-धीरे अन्य लोगों द्वारा भी अपनाए जा रहे हैं। जैसे छोटे विकेन्द्रित उद्योगों की बात जो छोटी मशीनों से चलाए जा सकें, समाजवादी चिन्तन की ही देन है। अब यह धीरे-धीरे विशेषज्ञों में भी चर्चा का विषय बन गया है। भूमि सेना की बात भी पहले-पहल समाजवादियों ने ही उठाई। इसी तरह कृषि और उद्योगों के मूल्य में सन्तुलन लाने एवं गाँव और शहरों के फर्क को मिटाने की बात भी समाजवादियों ने ही सबसे जोरदार ढंग से की। समाजवादियों ने इस बात की ओर भी लोगों का ध्यान आकृष्ट किया कि उद्योगों का राष्ट्रीयकरण अपने आप में यथेष्ट नहीं है और यह सत्ता केन्द्रीकरण तथा नौकरशाही के शक्ति संवर्धन का हथियार भी बन सकता है। अत: उन्होंने राष्ट्रीयकरण को मजदूरों के नियंत्रण के साथ जोड़ा और इस बात पर बल दिया कि उद्योगों का स्वामित्व व्यक्तियों के हाथ से निकालकर राज्य के विभिन्न स्तरों की इकाइयों जैसे म्युनिसिपैलिटी, प्रदेश आदि के हाथ में होना चाहिए।

इसी तरह अकेले समाजवादियों ने आमदनियों के फर्क को एक और दस के अनुपात के भीतर लाने और खर्च पर सीमा लगाने का आन्दोलन किया जो समाज के समतावादी मूल्यों को लागू करने की दिशा में एक अनिवार्य कदम है।

अन्तर्राष्ट्रीय क्षेत्र में समाजवादियों ने गुट-निरपेक्षता के बजाय तीसरी शक्ति की बात की। गुट-निरपेक्षता किसी तरह बड़ी शक्तियों की शर्त पर जिन्दा रहने की जरूरत हो सकती है लेकिन दुनिया को मौजूदा तनाव और शोषण से मुक्त कराने का हथियार नहीं। समाजवादी चाहते थे कि कुछ मूल्यों के लिए एक अन्तर्राष्ट्रीय शक्ति पैदा की जाए जो सत्ता की मौजूदा होड़ को स्थायी रूप से समाप्त कर सके। अब जबकि दोनों बड़े खेमों का फर्क नकली मालूम होने लगा है और दोनों का साम्राज्यवादी चरित्र साफ हो चुका है, तो यह बात अधिक स्पष्ट होती जा रही है कि जब तक सभी देशों के भीतर जनता की शक्ति इसके लिए तैयार नहीं की जाए जोकि स्वयं अपने देश में विस्तारवादी शक्तियों का मुकाबला करे, साम्राज्यवाद और युद्ध से छुटकारा नहीं मिल सकता।

इसी तरह राजनीतिक कार्य-पद्धति के सम्बन्ध में भी समाजवादियों ने कुछ मानदंड स्थापित करने की कोशिश की जो लोकतंत्र में जनता के लिए कसौटी बन सकती है। जैसे उन्होंने कार्यक्रमों की समयबद्धता की बात की। यह एकमात्र कसौटी है जिससे जनता यह तय कर सके कि उन्हें झूठे सब्जबाग दिखलाकर ठगा तो नहीं जा रहा है। अब धीरे-धीरे सभी दल के लोग समयबद्धता की बात करने लगे हैं, भले ही आचरण में यह कहीं नहीं उतरता हो।

आजादी के आन्दोलन की प्रेरणा से पैदा समाजवादी आन्दोलन भी एक ऐसे काल में खत्म हो गया जब वह प्रेरणा समाप्त हो गई। लेकिन उसकी गहरी छाप राष्ट्र के विकास पर है और अगर भारत तीसरी दुनिया में लगभग अकेला ऐसा देश है जो न तो अब तक कम्युनिस्ट तानाशाही के अन्दर आया और न किसी दूसरी तानाशाही के, तो इसका सबसे बड़ा कारण यह है कि यहाँ के समाजवादियों ने गरीब जनता को उस भुलावे में नहीं आने दिया जिसके अनुसार लोकतंत्र शोषक वर्गों का हथियार है। इससे आम जनता के एक बड़े हिस्से में लोकतंत्र के प्रति आस्था बनी रही और हम आज तक लोकतंत्र पर आई हुई आपत्तियों को झेलकर भी लोकतंत्र के रूप में जीवित हैं।

2

इसके पहले कि हम समाजवादी आन्दोलन के नए सन्दर्भ पर विचार करें, हमें समाज के अध्ययन सम्बन्धी अपने दृष्टिकोण को साफ कर लेना होगा। सोचना है कि जब हम नए सन्दर्भ में कोई नई दृष्टि विकसित करना चाहते हैं तब क्या हम अतीत के सभी चिन्तन और अनुभवों से अपने को काटकर ही ऐसा कर सकते हैं? इस विषय पर सफाई इसलिए भी जरूरी है क्योंकि कुछ साथी मार्क्स या किसी अन्य मार्क्सवादी चिन्तक का नाम सुनकर ही चौंक जाते हैं और पूछते हैं, क्या समाजवाद के सम्बन्ध में विचार करने के लिए मार्क्सवादी विचारों की चर्चा करना जरूरी है? मुझे लगता है समाजवादी आन्दोलन की समस्याओं को मार्क्सवादी विचारधारा की ओर आँख बन्द कर नहीं समझा जा सकता। इसका कारण यह है कि समाजवादी आन्दोलन के सबसे महत्त्वपूर्ण अनुभव किसी-न-किसी रूप में मार्क्सवाद की अनेक धाराओं से जुड़े रहे हैं। इसमें समाज की ठोस समस्याओं से उलझने के प्रयास हुए हैं और उनकी सफलताओं और असफलताओं के अनुभव ही हमें वह परिप्रेक्ष्य प्रदान करते हैं जिनमें हम भविष्य में अपनी राह तय कर सकें।

मार्क्सवादी धारा समाजवादी अनुभव की सबसे महत्त्वपूर्ण भूमि है, इसका मतलब यह नहीं कि अन्य चिन्तन और प्रयोग महत्त्वहीन हैं। अन्य सामाजिक चिन्तक भी और यहाँ तक कि जिन्हें हम समाजवाद-विरोधी मानते हैं उनका अध्ययन भी, उस आधारभूमि को समझने के लिए जहाँ ऐसे विचार पैदा होते हैं, जरूरी हैं। वैसे ही प्रयोगों के धरातल पर गांधी के प्रयोग हमारे लिए सर्वाधिक महत्त्व के हैं। हमारी दृष्टि में यह द्वंद्व नहीं होना चाहिए: मार्क्स या गांधी? इसके विपरीत हम पाएँगे कि हमारे लिए मार्क्स और गांधी दोनों प्रासंगिक हैं क्योंकि हम अलग-अलग ढंग से दोनों के कन्धे पर खड़े हैं। पर इस पर हम बाद में विचार करेंगे। पहले हम परम्परा पर थोड़ा और गहराई से विचार करें।

अगर हम मानव विकास के इतिहास पर विचार करेंगे तो पाएँगे कि सभी क्षेत्रों में विकास परम्पराओं के भीतर हुआ है : चाहे वह साहित्य या कला के क्षेत्र में हो या विज्ञान या आविष्कार के क्षेत्र में। अक्सर हम बड़े वैज्ञानिकों के

सिद्धान्तों के विषय में सोचते हैं तो प्रचलित किंवदन्तियों के चलते उस पृष्ठभूमि को भूल जाते हैं जिसमें उन सिद्धान्तों का जन्म हुआ। जैसे न्यूटन के बारे में यह प्रचलित किंवदन्ती है कि गिरते सेब को देखकर उसने गुरुत्वाकर्षण के सिद्धान्त का सृजन किया, जबकि असलियत यह है कि कॉपरनिकस से लेकर गैलीलियो और कैपलर के सारे अध्ययन उसे एक ऐसे नियम की तलाश के लिए आन्दोलित कर रहे थे जो उन सबकी खोजों को सूत्रबद्ध कर सके। अगर हम विज्ञान के इतिहास पर विचार करेंगे तो पाएँगे कि मूलतः इसका विकास शोधों की एक अटूट परम्परा के भीतर ही सम्भव हुआ है। नए शोधों से पुराने सिद्धान्त परिमार्जित या परिवर्तित होते रहे हैं और किन्हीं बिन्दुओं पर बिलकुल नए सिद्धान्तों ने उनका स्थान ले लिया है।

अब हम गांधी के विचारों को लें। ये भी एक परम्परा के अन्दर विकसित हुए, जिसकी जड़ें हम ईसाई धर्म, खासकर 'सरमन ऑन दी माउंट' में तथा टॉल्सटॉय एवं थोरो के विचारों में देख सकते हैं। टॉल्सटॉय के साथ तो गांधी का पत्र व्यवहार भी होता रहा। लेकिन गांधी दोनों से आगे बढ़कर अपना प्रयोग चला सके।

नए आविष्कार भी ऐसे ही होते हैं। आपने अगर सर्वप्रथम तैयार की गई मोटरगाड़ियों के चित्र देखें हों तो आपकी थोड़ी हँसी आती होगी यह देखकर कि वे बिलकुल उस समय प्रचलित घोड़े गाड़ी के आकार की थीं, क्योंकि आविष्कारकों के दिमाग में उस समय वाहन की कल्पना परम्परागत घोड़े से चलनेवाले वाहनों की ही थी। धीरे-धीरे तेज गति और आराम की आवश्यकता से मोटरगाड़ियों की रूपरेखा बिलकुल बदल दी। सामाजिक चिन्तन और समाज परिवर्तन की प्रक्रिया भी इससे कोई अलग नहीं हो सकती। यहाँ भी हमारे सोच की सीमाएँ उन चिन्तकों द्वारा निर्धारित होती हैं जो हमसे पहले गुजर गए हैं। वे ऐसे चरम बिन्दु हैं जिनसे आगे हम छलाँग लगा सकते हैं। अगर हम राह बदलना भी चाहते हैं तो हमें दूरी और दिशा की सूचिका चाहिए। ये दोनों हमें उन लोगों के इतिहास से मिलती हैं जो समाज परिवर्तन की एक खास तरह की प्रक्रिया में लगे थे। उन्हीं का इतिहास और उन्हीं के विचार हमें यह निर्णय करने की कुँजी देते हैं कि उनकी राह गलत थी या ठीक। या अगर हम राह बदलें तो कैसे और किधर। फिर हम किस तरह का परिवर्तन अपने समाज में ला सकते हैं वह अपने समाज की परम्परा को देखते हुए तय कर सकते हैं। हर परिवर्तन ऐसे साँचे में ढालना होगा जो हमारे सामाजिक अनुभवों के अनुकूल हो, जिससे अपनी परम्परा में निहित उच्चतर मूल्यों को पुनर्जीवित कर सकें, बजाय इसके कि हम एक गढ़ा गढ़ाया ढाँचा आरोपित करें क्योंकि वह करना सम्भव नहीं होगा। उससे विकृतियाँ पैदा होंगी जो हमारे मूल उद्देश्यों को नष्ट कर देंगी।

इस भूमिका के बाद हम थोड़ा समाजवाद के मूल उद्देश्यों पर विचार करें जो आभी दुनिया के सभी मुल्कों में लोगों की पकड़ के बाहर हैं, बल्कि यह कहना ज्यादा ठीक होगा कि नजर से ओझल होते जा रहे हैं। समाजवाद के मूल उद्देश्य थे समता और आजादी। ज्यादा ठोस रूप में पहले का मतलब था कि समाज में हर व्यक्ति को उपलब्धि के अनुसार समाज के साधनों के उपयोग का समान अवसर होगा, चाहे वह बुनियादी आवश्यकता के क्षेत्र में हो या शिक्षा या अन्य सांस्कृतिक उपलब्धियों के क्षेत्र में। आजादी के क्षेत्र में यह कल्पना इस हद तक गई थी कि यह माना जाने लगा था कि मनुष्य के ऊपर शासन करने के लिए किसी राज व्यवस्था की ही जरूरत नहीं होगी। इस कल्पना में अराजवादी और मार्क्सवादी एक थे। मार्क्स के शब्दों में यह एक ऐसा समाज होगा जहाँ प्रत्येक व्यक्ति के स्वच्छन्द विकास और सभी व्यक्तियों के स्वच्छन्द विकास की शर्त होगी। इन उद्देश्यों को लोग युटोपियन कह सकते हैं, लेकिन एक आन्दोलन जो आधी शताब्दी से अधिक इन उद्देश्यों के इर्द-गिर्द संगठित हुआ, अपनी उपलब्धियों को इनकी छोड़कर किसी अन्य कसौटी पर नहीं कस सकता।

हम यह जरूर कह सकते हैं कि ये उद्देश्य आदर्श हैं जिनकी तरफ क्रमिक विकास ही कसौटी होगी, जिस पर हम अपनी उपलब्धियों को जाँचेंगे। ये काल्पनिक चरम लक्ष्य नहीं हैं। लोहिया के समयबद्धता का यही अर्थ था।

लेकिन असलियत की दुनिया में आज हम कहाँ हैं? रूस की क्रान्ति अपना दौर पूरा करके जा चुकी लेकिन वहाँ 1917-1921 के तथाकथित युद्ध-साम्यवाद के काल को छोड़कर सामाजिक समता के विपरीत दिशा में ही प्रयास होते रहे। समाजवाद का बस इतना अर्थ माना जाने लगा था कि अर्थव्यवस्था पर सरकारी नौकरशाही का नियंत्रण हो। मालिक पूँजीपति नहीं रहे लेकिन कारखाने के भीतर व्यवस्थापकों और आम मजदूरों का फर्क वैसा ही है जैसा किसी भी पूँजीवादी देश में—न सिर्फ सुविधाओं और आमदनियों के स्तर पर बल्कि व्यवस्था में सक्रिय हस्तक्षेप के क्षेत्र में भी। राजनीतिक क्षेत्र में स्थिति और भी खराब रही। देश के सभी नागरिक राज्य के गुलाम जैसे थे और सारा मुल्क एक कैदखाने जैसा बन गया था जहाँ सरकार के खिलाफ कुछ भी बोलना गुनाह था। इसके लिए भीषण से भीषण यातनाओं का शिकार एक सोवियत नागरिक को होना पड़ सकता था। समता और आजादी की बात गौण हो गई। अब रूस अपना भविष्य विकसित पूँजीवादी देशों में और खासकर अमेरिका में देखता है जिसके जीवन स्तर के समकक्ष पहुँचना राष्ट्रीय चुनौती मान लिया गया है। उपभोक्ता समाज के जो दबाव पूँजीवादी समाज को ग्रस्त कर रहे हैं आज रूस में उसे न्योता जा रहा है, और उससे भी भयंकर जो चीज बढ़ रही है वह है हथियारों

की होड़ जिसे पूँजीवादी समाज का कोढ़ माना गया था। 'विश्व के मजदूर एक हों' के नारे की जगह अब 'महान राष्ट्रीयता' की भावना बढ़ाई जा रही है।

जहाँ तक यूरोप की सोशलिस्ट पार्टियों का सवाल है, उन्होंने प्राय: समाजवाद के उद्‌देश्यों को छोड़ ही दिया है। वे पूँजीवादी व्यवस्था को अधिक सुखदायी ढंग से चलाने के प्रयत्न में ही अन्य पूँजीवादी पार्टियों के साथ प्रतिस्पर्धा में लगी हैं।

अब अगर हम कुल स्थिति पर विचार करेंगे तो पाएँगे कि बुनियादी तौर पर आज समाजवादी आन्दोलन और पूरे समाज का संकट मूल्यों का संकट है। मूल्यों की सापेक्षता से आगे बढ़कर सभी मूल्यों के प्रति अनास्था का भाव घर कर गया है। मनुष्य और मानव समूहों के लक्ष्य अन्ततोगत्वा मूल्यों के द्वारा निर्धारित होते हैं। पहले हम यह तय करते हैं कि क्या-क्या उचित और ग्राह्य है, और तब हम तय करते हैं कि हम जीवन को कैसे ढालेंगे या समाज को कौन-सी रूपरेखा दें जिससे जो हम उचित और ग्राह्य मानते हैं, सरलता से उपलब्ध हो सके। अर्थशास्त्री भी बाजार की स्थिति के पीछे उपभोग की इच्छा के महत्त्व को मानते हैं इसीलिए मौजूदा उपभोक्ता समाज में इसको ऊँचा रखने के प्रयास होते रहते हैं जिसके बगैर पूरी अर्थव्यवस्था धराशायी हो जाएगी। अगर हम मूल्यों को छोड़ दें तो मनुष्य या समाज के लिए एक तरह का लक्ष्य उतना ही अच्छा है जितना कोई दूसरा या ठीक इसके विपरीत लक्ष्य। समता, भाईचारा और स्वाधीनता का लक्ष्य जिससे समाजवादी आन्दोलन की पूर्व प्रेरणा प्राप्त हुई थी, जैसा कि ऊपर बतलाया गया है, समाप्त हो चुका है। इन लक्ष्यों के पीछे की प्रेरक शक्ति ईसाई धर्म से प्राप्त हुई थी। अनजाने ही समाजवादियों ने इन्हें कबूल कर लिया था। इनके पीछे के मूल्य थे प्रेम, शील, दयाभाव, आत्मबलिदान, त्याग भाव। पिछली सदी के अन्त में नीत्से ने इन सारे मूल्यों को गुलामी के मूल्य कहा था और इनकी तीव्र भर्त्सना की थी।

नीत्से की आलोचना में एक हद तक सचाई थी। ईसाई धर्म का जन्म रोम के गुलामों में हुआ था और इसने सहज भाव से देखा था कि शक्ति और ऐश्वर्य की पूजा मनुष्यों के एक बड़े समूह के लिए कितनी दुखदायी हो सकती है। इस तरह इसने उन मूल्यों को प्रतिष्ठित करने की कोशिश की जिसमें मनुष्य एक-दूसरे का दुख-दर्द बाँटकर जीवन को बिना बड़े ऐश्वर्य के भी सुखमय बना सके। इसमें कोई आश्चर्य नहीं कि सदियों बाद जब यूरोप के नवोदित औद्योगिक समाज के सर्वहारा अपनी मुक्ति का मार्ग ढूँढ़ रहे थे तो उन्हें प्रेरणा ईसाई धर्म के भूले-बिसरे मूल्यों की प्रस्थापना में दिखी। लेकिन मूल्यों के महत्त्व को अनबूझे ही कबूल करने का एक नतीजा यह हुआ कि धीरे-धीरे लोग यह भूल गए कि अपने लक्ष्यों की प्रगति के लिए चाहे जिन स्थितियों की कल्पना की जाए, बिना

इन मूल्यों के समाजवादी आन्दोलन अर्थहीन है। समाज में गरीब हैं और अमीर हैं; यह एक स्थिति है। हम इस विषमता को कायम रखने के प्रयत्न में उतने ही उचित लग सकते हैं जितना इसको मिटाने के प्रयत्न में, जब तक हम समता के मूल्य को कबूल नहीं करते। जब हम एक बार समता के मूल्य को कबूल कर लेते हैं तभी हम वह आलोचनात्मक दृष्टि विकसित करते हैं जहाँ गैरबराबरी अन्याय दिखने लगती है।

मूल्यों की केन्द्रीयता के सम्बन्ध में दृष्टि धूमिल होने के पीछे यूरोप में प्रचलित ऐतिहासिक विकास की अवधारणा का बहुत ही प्रमुख स्थान है। यूरोप के चिन्तन पर अलग-अलग तरह से ऑगस्त काम्त, हर्बर्ट स्पेंसर, हीगेल आदि सभी दार्शनिकों ने यह प्रभाव डाला कि मानव समाज निरन्तर एक नीचे स्तर से ऊपर की ओर बढ़ता जा रहा है। बाद में डार्विन के विकासवाद ने इस विकास को और भी मजबूत बनाया। एक बार इस दृष्टि को कबूल कर लेने पर मूल्यों के सम्बन्ध में हमारी चिन्ता खत्म हो जाती है। यह मान लिया जाता है कि भविष्य में आनेवाला समाज पिछले से ज्यादा सक्षम होगा इसलिए इसे हम आज अपनाए गए किन्हीं मूल्यों से नहीं बाँध सकते। समाजवादी चिन्तन में इस विचार का सबसे अधिक प्रभाव पड़ा हीगेल से प्रभावित मार्क्सवादी चिन्तन पर। हीगेल की दृष्टि इतिहास में अच्छे और बुरे के प्रति बिलकुल निरपेक्ष है क्योंकि विकास के क्रम में जो द्वंद्वात्मक है, अच्छा और बुरा दोनों समान रूप में अनिवार्य है। इसलिए जो कुछ भी है, बुद्धिसंगत है। मार्क्स के ऐतिहासिक भौतिकवाद की भी कुछ हद तक यही ध्वनि है। अगर पूर्वकाल में शोषण था तो अनिवार्य था। लेकिन हम इस बात से आशान्वित होते हैं कि इतिहास अपनी अनिवार्यता के साथ हमें साम्यवाद की ओर ले जा रहा है जहाँ सारे शोषण और दमन और इसके साथ राज्य सत्ता का विनाश हो जाएगा।

लेकिन अगर इतिहास ने कोई दूसरी धारा पकड़ ली तो? अगर हम साम्यवाद के बजाय किसी दूसरी दिशा में बढ़ते दिखाई दिए तो? मार्क्स इस बात से आश्वस्त था कि उसने इतिहास की दिशा पहचान ली है; उसने इस प्रश्न पर विचार करने की जरूरत नहीं समझी। अन्य मार्क्सवादियों ने चूँकि मूल्यों का मापदंड छोड़ दिया, इतिहास के भटकाव को आँकने में असमर्थ थे और उन्होंने अपने को वहाँ जाने के लिए छोड़ दिया जहाँ कि दबाव उन्हें बहा ले जाए। लेकिन मूल्यों के विषय में यह दृष्टि सिर्फ समाजवादियों और मार्क्सवादियों में नहीं रही है। बल्कि जो समाजवाद विरोधी हैं उनमें और भी अधिक रही है। वे भी जो हैं वह बुद्धिसंगत है के सिद्धान्त से अभिभूत हैं, और पश्चिमी देशों के प्रभावी समाजशास्त्री आज पूँजीवादी व्यवस्था की बुद्धिसंगतता या अनिवार्यता सिद्ध करने में ही लगे हैं। जैसे पश्चिमी दुनिया में जाने-माने समाजशास्त्री टॉलकट पार्सन्स के विचार

'इवोल्यूशनरी यूनिवर्सल के अनुसार' परम्परागत समाज की मान्यताओं से बढ़कर विकास के लिए (1) स्तरों में विभाजन, (2) बाजार और मुद्रा, (3) नौकरशाही का विकास और (4) लोकतंत्र (पूँजीवादी लोकतंत्र) को आवश्यक मानते हैं। इस तरह यह जो है उसे आदर्श मान लेना है। इसमें छिपे रूप से विज्ञान के नाम पर स्तरों में विभाजन के समता विरोधी विचार को विकास का अनिवार्य अंग मान लिया गया है।

मूल्यों के सम्बन्ध में लापरवाही का एक बड़ा कारण यह अवधारणा रही है कि समाजवाद एक वैज्ञानिक दृष्टि का नतीजा है। इस सम्बन्ध में हमें अपनी दृष्टि को बिलकुल साफ कर लेना चाहिए। विज्ञान हमें वस्तु जगत और मनुष्यों के सम्बन्ध में वस्तुपरक जानकारी देता है। वस्तु जगत में यह पदार्थ और ऊर्जा के व्यवहार के नियम, प्राणी जगत में जीवों के विकास और अस्तित्व की स्थितियों की जानकारी, मनोविज्ञान के क्षेत्र में हमारे कार्यों पर हमारे आवेगों का प्रभाव एवं आवेगों की उत्पत्ति के कारण और समाजशास्त्र के क्षेत्र में मनुष्यों और उनके समूहों के पारस्परिक सम्बन्धों को प्रभावित करनेवाले कारणों का विवरण आदि प्रदान करता है। लेकिन इन नियमों की जानकारी से यह नहीं निश्चित होता कि इस जानकारी का प्रयोग किस दिशा में होगा। परमाणु की भौतिकी की जानकारी से हम उपचार के संयंत्र भी बना सकते हैं, और परमाणु बम भी जिससे लोगों का विनाश किया जा सके। इसी तरह मनोविज्ञान की जानकारी हम व्यक्तियों और समूहों की मानसिक बीमारियों को दूर करने के लिए भी उपयोग में ला सकते हैं और मानसिक रोग फैलाने के लिए भी, जैसे विज्ञापनों द्वारा आम लोगों की पकड़ के बाहर की गैर-जरूरी चीजों की लालसा पैदा कर लोगों में आज फैलाया जा रहा है। समाज के क्षेत्र में भी विज्ञान हमें सिर्फ यह बतला सकता कि कौन-से ऐसे कारण हैं जो मानव समूहों को किसी खास तरफ बढ़ने के लिए प्रेरित करते हैं। लेकिन कौन-सी दिशा इसके लिए ठीक है यह समाजशास्त्र के नियम बतलाने में असमर्थ हैं। यह तो हम, यानी समाज में स्थित मनुष्य, व्यक्तिगत या सामूहिक रूप से तय करते हैं कि समाज को हम किधर ले जाएँगे या क्या मोड़ देंगे। विज्ञान हमें सिर्फ यह जरूरी जानकारी दे सकता है कि किन सीमाओं के भीतर हम अपनी आकांक्षाओं को रख सकते हैं। प्राकृतिक साधनों की उपलब्धि की सीमा और हमारे स्वभाव से पैदा हमारी अपनी ही सीमाएँ कहाँ तक जाती हैं यह जरूर हम विज्ञान से जान पाएँगे।

अब प्रश्न उठता है कि वे नैतिक मूल्य कहाँ से आते हैं जिनके आधार पर हम समतामूलक समाज को अपना उद्देश्य बनाते हैं। यह आधुनिक समाज का एक कठिन और महत्त्वपूर्ण प्रश्न है। इस सम्बन्ध में जो कुछ विचार मेरे मन मन में हैं उन्हें यहाँ रखना चाहता हूँ।

शायद नेपोलियन ने कहा था कि अगर ईश्वर नहीं है तो हमें उसका आविष्कार करना होगा। उसका मन्तव्य यह था कि ईश्वर की कल्पना ही लोगों को नैतिक आचरण के लिए और नियमों का पालन करने के लिए प्रेरित करती है। इसी का दूसरा रूप जो अस्तित्ववादी दर्शन का आधार बन गया वह है दोस्तोएव्स्की का कथन कि "अगर ईश्वर नहीं है तो सब कुछ करना क्षम्य है।" पिछले कुछ दशकों का वामपन्थी आन्दोलन अस्तित्ववादी और मार्क्सवादी दो धुरियों के बीच भाग-दौड़ में लगा रहा है। दोनों ने विभिन्न अर्थों में 'प्रैक्सिस' का नारा अपनाया है। अस्तित्ववादी कहता है कि मानव चरित्र जैसा कुछ नहीं जिससे मनुष्य परिभाषित हो और न कोई मूल्य है जिसके अनुसार आचरण कर वह अपने को परिभाषित कर सके। इसलिए व्यवहार में जो कुछ वह करता है, खासकर स्थापित मूल्यों को तोड़कर (वही उसका प्रैक्सिस है) वही मनुष्य को परिभाषित करता है। लेकिन यह प्रैक्सिस किसी पूर्व नियोजित दूरगामी सिद्धान्त का हिस्सा नहीं हो सकता।

दूसरी ओर मार्क्स के इस कथन को अपनाकर कि "दार्शनिकों ने दुनिया की विभिन्न रूप से व्याख्या की है लेकिन प्रश्न इसको बदलने का है", मार्क्सवादियों के एक हिस्से ने भी प्रैक्सिस की पूजा शुरू कर दी है। प्रैक्सिस की बात नए रैडिकल गिरोहों में फैशन हो गई है और किसी को रुककर यह देखने की फुर्सत नहीं कि हम कहाँ जाएँगे। कभी-कभी लगता है कि यूरोप की युवा पीढ़ी की प्रैक्सिस से अपने को परिभाषित करने की लालसा के पीछे वास्तव में उस यांत्रिकता को तोड़ने का आग्रह है जिसमें पश्चिमी दुनिया का व्यक्ति एक बड़े यंत्र का पुर्जा बन गया है, जिसकी गति और दिशा वे निर्धारित करते हैं जिनके हाथ में राजनीतिक या आर्थिक सत्ता है। दूसरी ओर वे कम्युनिस्ट हैं जो सैद्धान्तिक विवादों में नहीं पड़ना चाहते और सत्ता को ही अन्तिम लक्ष्य मान काम करते जा रहे हैं।

मुझे ऐसा लगता है कि ईश्वर से मूल्यों को अनिवार्य रूप से जोड़नेवाली बात गलत है। अब हम अपने यहाँ बौद्ध धर्म को लें। इसमें नैतिकता और मनुष्य के आचरण पर अत्यधिक जोर है पर ईश्वर के अस्तित्व को यह अस्वीकार करता है। इसमें चरम लक्ष्य निर्वाण किसी सुखकर स्वर्ग की कल्पना नहीं है, शून्य में लीन होने की कल्पना है, जहाँ आदमी हर कामना से मुक्त है। अगर हम समाजवादी आन्दोलन या अराजवादी आन्दोलन को ही लें, जिन दोनों में ईश्वर को अस्वीकार किया गया, तो पाएँगे कि इससे इन आन्दोलनों में लगे लोगों के नैतिक चरित्र पर कोई प्रभाव नहीं पड़ा और उसी समर्पण की भावना से वे आन्दोलन में लगे रहे जैसे कोई ईश्वरवादी अपने मिशन में लग सकता है। अगर नैतिकता का उद्गम स्थान ईश्वर होता तो हर देश और समाज में

फैले नैतिक मूल्य समान होते। लेकिन उनमें बहुत ही फर्क है, और कहीं-कहीं उनकी मान्यताएँ बिलकुल परस्पर विरोधी हैं। लेकिन हर देश और काल में धर्म का सम्बन्ध समाज की किन्हीं समस्याओं से होता है। धर्म के कुछ तत्त्व ऐसे भी होते हैं जो हर जगह पाए जाते हैं।

नैतिक मूल्यों का जन्म समाज की प्रेरक आवश्यकताओं से होता है और इसके जनक होते हैं समाज के नैतिक मसीहा। इसका जन्म भावना के स्तर पर होता है। खास तरह के संवेदनशील व्यक्तियों में, जो समाज की पीड़ा को निजी पीड़ा की तरह अनुभव करते हैं और समाज की समस्याओं का समाधान एक ठोस रूप में उनके मन पर अंकित होता है। इसमें कर्मों का विभाजन अच्छे-बुरे या पुण्यमय-पापमय की विभाजन रेखा के दोनों ओर स्पष्ट रूप में होता है। नैतिक मूल्यों के उद्भव और सौन्दर्यबोध के उद्भव में काफी समानता है। दोनों भावना के स्तर पर जनमते हैं। मसीहा और बड़ा कलाकार दोनों ही अलग-अलग तरह से अनुभूति के स्तर पर समाज के धुँधले रूप में फैली भावना को एक स्पष्ट और ठोस रूप देते हैं। लेकिन यहाँ उनकी समानता खत्म हो जाती है। बाकी मामले में दोनों एक-दूसरे से विपरीत दिशा में चलते हैं। नैतिक मूल्यों का उद्देश्य निर्णायक ढंग से कुछ खास कामों को करने का और कुछ अन्य कामों को वर्जित करने का आदेश देना होता है। इसमें कहीं किसी बीच के रास्ते की गुंजाइश नहीं होती। इसमें किसी समझौते की गुंजाइश नहीं होती। दुनिया काले और सफेद दो भागों में बँट जाती है; सभी कर्म और उससे सम्बद्ध लोग एक या दूसरे दर्जे में बँट जाते हैं और नैतिकता इन दोनों के बीच सीधा चुनाव करने का आदेश देती है। इसी विश्वास से वह शक्ति आती है जिससे एक नैतिक विश्वास पर चलनेवाला व्यक्ति हर तरह के विरोधों को झेल जाने को तैयार रहता है। इसमें कहीं झुकने या समझौते की गुंजाइश नहीं होती। ईसा मसीह प्रेम और आत्म-सम्मान के आदर्श हैं इसलिए मिशन पर भेजते हुए उन्होंने भी अपने शिष्यों को क्या कहा था यह नैतिकता के इस चरित्र पर काफी रोशनी डालता है :

> "यह मत सोचो कि मैं दुनिया में शान्ति लाने आया हूँ, मैं शान्ति लाने नहीं बल्कि तलवार लाने आया हूँ। क्योंकि मैं एक आदमी को उसके पिता के खिलाफ और पुत्री को माता के खिलाफ और बहू को सास के खिलाफ करने आया हूँ, आदमी के घर पर आदमी उसके दुश्मन बन जाएँगे। जो माता और पिता को मुझसे अधिक प्यार करते वे मेरे योग्य नहीं हैं और जो पुत्र या पुत्री को मुझसे अधिक प्यार करते हैं वे मेरे योग्य नहीं हैं। जो जीवन बचाता है वह उसे गँवा देगा और जो मेरे लिए जीवन गँवाता है वह जीवन पाएगा।"

इसके विपरीत कलाकार काले-सफेद रंगों के बजाय झाँइयों पर अधिक जोर देता है। असली जीवन में कहीं विभाजन काले/सफेद विभाजन की तरह तीखा नहीं होता। आदमी का चरित्र संक्रमण की सूक्ष्म सीढ़ियों से गुजरकर विभाजन रेखा की एक तरफ चरम बिन्दु से चलकर दूसरी ओर के चरम बिन्दु तक पहुँच जाता है। यह जीवन को अच्छे-बुरे आयाम में ही नहीं देखता और भी सारे आयाम इसमें सम्मिलित हो जाते हैं। सौन्दर्यबोध स्वयं अच्छे-बुरे की अनुभूति से परे है। एक कलाकार बुरे को भी ऐसे परिवेश में पेश कर सकता है जहाँ हमारी सहानुभूति उसके साथ हो जाए। इसीलिए नैतिकतावादी हमेशा कला को सन्देह की दृष्टि से देखते रहे हैं। टालस्टाय जो स्वयं दुनिया के सबसे बड़े कलाकारों में एक थे लेकिन साथ-साथ नैतिकतावादी भी, कला और नैतिकता की दृष्टि के इस विरोधाभास के कारण कला पर नियंत्रण के पक्षधर हो गए। उन्होंने लिखा :

> "पहले लोग शंकित थे कि कला कुछ भ्रष्टाचार को भी जन्म दे सकती है और उन्होंने कला पर पूरी बन्दिश लगा दी। अब उन्हें सिर्फ यह चिन्ता है कि कहीं वे किसी भी आनन्द से वंचित न हो जाएँ और वे किसी भी तरह की कला को प्रोत्साहन देते हैं। और मैं समझता हूँ कि दूसरी तरह की भूल ज्यादा बुरी है और इसके नतीजे कहीं अधिक हानिकारक हैं।"

टाल्सटाय के मत में समाज का विकास एक नए धर्म के आधार पर होना चाहिए और कला को नए मूल्यों के मातहत चलना चाहिए। इन दो दृष्टियों का भेद स्पष्ट रूप से लेनिन द्वारा गोर्की को लिखे गए पत्र तथा गांधी और टैगोर के पत्राचार में भी स्पष्ट है। लेनिन ने गोर्की को लिखा था कि :

> "संगीत सुनकर उनका सिर सहलाने की तबीयत होती है जो हमारे इस गन्दे नरक में भी ऐसी सुन्दरता पैदा कर सकते हैं। लेकिन जब आज लोगों के हाथ सिर तोड़ रहे हैं, वक्त सिर सहलाने का नहीं सिर तोड़ने का है, जबकि हमारा उद्देश्य अन्त में सभी हिंसा समाप्त करना है, यह तार्किक रूप से कठोर काम है।"

गांधी ने टैगोर को लिखा था :

> "अपनी काव्यात्मक अनुभूति के अनुरूप कवि भविष्य के लिए जीता है और वह चाहेगा कि हम भी वही करें। वह हमारी चकित आँखों के सामने प्रात:कालीन प्रार्थना संगीत के साथ आसमान में उड़ते पक्षियों का चित्र उपस्थित करता है। इन पक्षियों को दिन का भोजन मिल चुका था और वे आराम करके उड़ रहे थे जबकि उनकी नसों में पहली रात का-सा

नया खून दौड़ रहा था। लेकिन मैं दर्द के साथ उन पक्षियों को देख रहा हूँ जो इतने शक्तिहीन हो गए हैं कि किसी भी प्रयास से वे पंख तक नहीं फड़फड़ा सकते। भारतीय आसमान के नीचे का मानव-पक्षी हर रोज पहले दिन से, जब वह आराम का बहाना करने चला था, और कमजोर होकर उठता है।...मैंने तकलीफ में पड़े मरीजों को संगीत में राहत देना असम्भव पाया है। करोड़ों भूखे लोग सिर्फ एक ही कविता खोजते हैं, शक्तिदायक भोजन।"

यहाँ फिर हम एक नैतिक आदमी की भावना पाते हैं जो सारी दुनिया को आदमी के दुख-दर्द की निगाह से देखता है जिससे वह अभिभूत है।

नैतिकतावादी दृष्टि का खतरा यह है कि यह अतिवादी हो सकती है और अन्ततोगत्वा अधिनायकतावादी भी, क्योंकि नैतिक कसौटी पर ही यह समाज के सभी कार्यकलाप को परखना चाहती है। लेकिन बिना नैतिक मूल्यों के हम अपने सामाजिक दायित्वों के सम्बन्ध में अन्धे हैं। कला कुछ अर्थ में जीवन के विभिन्न पहलुओं को सामने ला, नैतिकता की माँगों के तीखे किनारों को थोड़ा चिकना बनाती है। लेकिन कला की अपनी अति है और वह इसके चरित्र में निहित है।

चूँकि कला का आधार अनुभूति और कल्पना है, किसी अनुभूति को कलाकार अतिरेक के चरम बिन्दु तक ले जा सकता है। इस तरह कला जीवन की वस्तुपरक दृष्टि हमें नहीं देती। जीवन की वस्तुपरक दृष्टि के लिए हमें विज्ञान की जरूरत होती है। जब हम नैतिक मूल्यों के आधार पर अपना लक्ष्य तय कर चुके होते हैं तो विज्ञान कम्पास का काम करता है और हमें अपने लक्ष्य तक पहुँचने के राह ढूँढ़ने में सहायता देता है। विज्ञान हमें एक और अर्थ में सहायता देता है। मैक्स वेबर ने राजनीति को दो हिस्सों में बाँटा था : प्रतिबद्धता की राजनीति और दायित्व की राजनीति।

पहली राजनीति का आधार मूल्यों पर अटूट आस्था होती है जब हम अपनी नीति के नतीजों के प्रति बिलकुल लापरवाह होते हैं। दूसरी नीति मूल्यों के प्रति आस्था को जीवन की आवश्यकताओं के अनुरूप कुछ लचीला बनाती है। लोकतांत्रिक राजनीति में काफी हद तक दूसरी तरह की नीति को स्थान देने की जरूरत होती है। विज्ञान की वस्तुपरक दृष्टि इसमें सहायक हो सकती है।

अब हम उस बात की सत्यता पाएँगे जब पहले कहा गया था कि मार्क्स और गांधी दोनों हमारे लिए प्रासंगिक हैं। गांधी हमारे लिए लक्ष्यों के निर्धारण में सहायक हैं क्योंकि मानवीय संवेदना के स्तर पर उन्होंने हमारे युग के मनुष्य की आन्तरिक पीड़ा और आवश्यकता को समझकर उसे अभिव्यक्ति दी है। मार्क्स हमारे लिए प्रासंगिक इसलिए हैं क्योंकि उन्होंने सबसे अधिक पूँजीवादी समाज

के आन्तरिक दबावों को, इसके विकास के नियमों को और इसके भीतर के विरोधाभासों को समझा है। उन्होंने हमें यह दृष्टि भी दी है कि जिससे सब तो नहीं लेकिन बड़े अंश में हम वर्तमान प्रतिष्ठानों को समझ सकते हैं। इस तरह मार्क्स की वैज्ञानिक दृष्टि से हम समाज का एक नक्शा तैयार करने में सहायता प्राप्त करते हैं जिसमें हम अपनी यात्रा का पथ निर्धारित कर सकें।

लेकिन कोई दृष्टि अपने आप में पूरी और दोषरहित नहीं होती। मार्क्स के वैज्ञानिक विचारों के साथ अपने समय में बँधे उनके पूर्वाग्रह जुड़े हुए हैं। हमें उनके विचारों में उनकी शुद्ध वैज्ञानिक दृष्टि को ढूँढ़ना होगा और उसे आगे विकसित करना होगा। विज्ञान के केन्द्र में एक आलोचनात्मक वृत्ति होती है जिससे इसमें निरन्तर विकास होता है और पुराने सिद्धान्त छोड़ दिए जाते हैं और नए सिद्धान्त अपनाए जाते हैं। मार्क्स का अपना जीवन ऐसी दृष्टि का ज्वलन्त उदाहरण है और हमें मार्क्स को इसी आलोचनात्मक परम्परा के भीतर लेना चाहिए।

आज के विशेष परिवेश में गांधी के विषय में थोड़ी और चर्चा करने की जरूरत है। गांधी के विचार न सिर्फ समाजवादी आन्दोलन के लिए नैतिक आधार प्रदान करते हैं बल्कि आज संसार भर में और खासकर पश्चिमी औद्योगिक देशों में भी उनकी समस्याओं से बाहर निकलने का रास्ता गांधी के विचारों में ही दिखाई दे रहा है। आज यूरोप का नागरिक और राजनेता दोनों अपनी व्यवस्था के कैदी हैं। वे जान रहे हैं जिस राह पर वे बढ़ रहे हैं वह विनाश का मार्ग है, चाहे प्रदूषण से हो या युद्ध से, लेकिन उनमें वह बल नहीं कि अपनी राह बदलें। नागरिक प्रसाधनों और सुविधाओं के पीछे की अपनी दौड़ नहीं रोक सकता क्योंकि उसके मूल्य ऐसे बन गए हैं कि बिना उनके वह विपन्नता की भावना से ग्रस्त है।

पूँजीपति प्रसाधनों के प्रसार और उत्पादन की बाढ़ पर सीमा नहीं लगा सकते क्योंकि पूँजीवादी व्यवस्था का दबाव 'फैलाव या मौत' का विकल्प उनके सामने प्रस्तुत करता है। सरकारें विकास की धारा इसलिए नहीं बदल सकतीं क्योंकि वे लोकमत पर निर्भर करती हैं जिसे उत्पादक या उपभोक्ता बनाते हैं, जो इस दौड़ में लगे हैं। जो थोड़े से वैज्ञानिक या भविष्य-द्रष्टा खतरे से आगाह करते हैं, लोगों की भावना या विचार को बदलने में असमर्थ हैं। सभी विवशता से विनाश की ओर बढ़ रहे हैं। कोई झकझोरनेवाला आन्दोलन ही, जो झटके से लोगों को संयंत्रों की अन्धी दौड़ से रोक सके, अब उन्हें इस खतरे से बचा सकता है। समय-समय पर छोटी-छोटी जमातें, जैसे हिप्पी पैदा होते हैं, जो उपभोक्ता समाज के मूल्यों को अस्वीकारते हैं। लेकिन वे ड्राप आउट बन जाते हैं, समाज की धारा से कटकर अलग रह जाते हैं, समाज अपनी राह पर चलता

जाता है। आज के पश्चिमी समाज में नई दृष्टि के लिए साधन है पर राह बदलने का साहस नहीं है जिससे नैतिक मूल्यों में विश्वास पैदा होता है।

इस सन्दर्भ में इतिहासकार टॉयनबी की सभ्यता की नियति सम्बन्धी अवधारणा विचारणीय है। टॉयनबी के अनुसार जब कोई सभ्यता अपनी चरम सीमा पर पहुँचती है तब उसकी संकट की घड़ी टॉयनबी के शब्दों में (टाइम ऑफ ट्रैवल) शुरू होती है। उसके बाद सर्वव्यापी राज्य और एक विश्व अर्थ का जन्म होता है जो सभ्यता के बाहरी विनीत वर्ग में उत्पन्न होता है—जैसे रोमन साम्राज्य के पतन के प्रारम्भ में इसके विजित सीरिया की सभ्यता के अंग गैलिली के यहूदियों में।

अगर हम टॉयनबी के इस कथन को एक वैज्ञानिक नियम नहीं मान लें (इतिहास का कोई वैज्ञानिक नियम हो सकता है यह काफी विवादास्पद है) तो इसमें कुछ सचाई दिखाई देती है। अगर हम यूनान, रोम के इतिहास जिसे टॉयनबी ने हेलेनिक सभ्यता कहा है, पर नजर डालेंगे तो पाएँगे कि ईसा पूर्व पाँचवीं से दूसरी और पहली शताब्दियों में इस सभ्यता की सत्ता और उसका ऐश्वर्य अपनी चरम सीमा पर पहुँच गया था। लेकिन नैतिक दृष्टि से यह इसके पतन का काल भी था। साम्राज्य के फैलाव से सम्पत्ति और गुलामों से रोम भरा-पूरा था लेकिन नैतिक दृष्टि से विपन्न। गृह कलह और सत्ता संघर्ष में कोई छल प्रपंच, कोई क्रूरता और अनैतिकता वर्जित नहीं थी; न तो साम्राज्य के फैलाव में साथ आए अनेक मानवीय समूहों को किसी एक नैतिक बन्धन में बाँधने का कोई उपाय रोम के पास था। यही स्थिति यूनानी सभ्यता के उत्कर्ष की चरम स्थिति में भी थी। इसी कारण यूनानी और रोम की दुनिया में एक धारा चल पड़ी थी जो ऐश्वर्य को बेकार का बोझ मानने लगी थी। इसमें स्टोइक, सिनिक, एपिक्यूरियन जैसे सम्प्रदाय चारों ओर फैल रहे थे जो ऐश्वर्य के मूल्यों को नामंजूर करते थे लेकिन स्वयं यूनान और रोम के शासक वर्गों में यह साहस नहीं था कि सभी मनुष्यों को बराबर माननेवाले किसी नैतिकता को अपना सकते। यह प्रेरणा उन्हें सदियों बाद तब मिली जब रोम के गुलामों के बीच ईसाई धर्म का जन्म और प्रसार हुआ और फिर समाज को कुछ नए मूल्यों पर आधारित करने की सम्भावना पैदा हुई।

आज पश्चिमी दुनिया की स्थिति बहुत कुछ यूनान-रोम की सभ्यता वाली हो गई है। एक फर्क है कि इस सभ्यता की सीमा पूरे विश्व के साथ एक हो गई है। आज उनके यहाँ वैसा ही नैतिक संकट है, और जैसाकि हम ऊपर बतला चुके हैं, उनकी भी विवशताएँ हैं जिससे वे अपने ही द्वारा आरोपित इस जीवन-पद्धति के घेरे को तोड़कर नहीं निकल सकते। गांधी चूँकि इस सभ्यता के ऐसे विजित समाज के प्रतिनिधि थे जिसकी अपनी गौरवपूर्ण परम्परा रही है, उन्होंने अनुभूति के अधिक गहरे धरातल पर इस पद्धति के शोषक स्वरूप को समझा था। उन्होंने

मशीनी सभ्यता की दास बनानेवाली वृत्ति को ज्यादा स्पष्ट रूप में देखा क्योंकि जिस समाज के अंग वे थे वहाँ इसका शोषक और समाज को बिखरानेवाला रूप ज्यादा साफ था। हिंसा को सामूहिक रूप से नकारना भी उनके लिए आसान था क्योंकि जिस समाज के वे प्रतिनिधि थे उसके सामने हिंसा की संगठित शक्ति की सम्भावना एक परदेशी शासक के पास ही थी। यही बात उनके भारतीय अनुयायियों के लिए समझना आज ज्यादा मुश्किल हो रही है, क्योंकि जो दूसरे या तीसरे दर्जे के जूठे हथियार उन्हें अपने पुराने शासकों से मिल गए हैं उन्हीं से उन्हें अपने स्नायुओं में बल का भ्रम होने लगा है।

गांधी में सत्य, अहिंसा और चर्खा के प्रति आस्था पैदा हुई थी। समाज की उन तमाम समस्याओं से उबरने की छटपटाहट से जो गांधी ने अनुभूति के स्तर पर झेली थी। इसीलिए गांधी की सारी बातें तर्क के स्तर पर नहीं समझी जा सकती हैं जैसे किसी कलाकृति को तर्क के स्तर पर नहीं समझा जा सकता। गांधी स्वयं भी बार-बार अपने निर्णयों को अपनी अन्तरात्मा की आवाज के साथ जोड़ते थे जो तर्क से परे हैं। और वही वह धरातल है जहाँ नैतिक मूल्य अपनी शक्ति पाता है। इन मूल्यों को हम भावना के आधार पर अंगीकार करते हैं या देते हैं। कोई भी तर्क हमें समझा नहीं सकता कि हम अपने पड़ोसी से क्यों प्यार करें। इसके विपरीत बहुत से तर्क जैसे वह गन्दा है, शोर मचाता है, आदि मिल जाएँगे जो उससे नफरत करने के पक्ष में हों।

समता के आन्दोलन का एक और भी आयाम है जो बताता है कि सादगी से बिना जोड़े कोई उपलब्धि सम्भव नहीं। अक्सर यह कहा जाता है कि उत्पादन की विपुलता से धीरे-धीरे समता की बात गौण हो जाएगी और सभी लोगों को उपभोग की सारी वस्तुएँ उपलब्ध होने लगेंगी। लेकिन यह एक बहुत बड़ा भ्रम है। आज जबकि सम्पन्नता दुनिया की एक छोटी आबादी को ही उपलब्ध है, सभी प्राकृतिक साधनों पर, खासतौर से उन साधनों पर जिनको बढ़ाया नहीं जा सकता, जैसे खनिज, तेल, कोयला आदि, इतना बोझ बढ़ गया है कि दुनिया भर में यह चिन्ता का कारण बन गया है। अगर वैसे उपभोग की वस्तुओं को दुनिया के सब लोगों को उपलब्ध कराने की बात हो तो प्राकृतिक साधन के अभाव में ही ऐसी योजना ठप्प हो जाएगी। उपभोग के स्तर को और ऊपर बढ़ाने की बात की तो गुंजाइश ही नहीं होगी।

प्रसिद्ध मानवशास्त्री लेवी स्ट्रॉस ने 'त्रिस्त त्रोपीक' में भारतीय अनुभव पर जो टिप्पणी की है वह उद्धृत करना इस सन्दर्भ में प्रासंगिक होगा। उन्होंने लिखा है :

> "भारत की बड़ी असफलता हमें एक सबक देती है। जब एक समुदाय की संख्या अत्यधिक हो जाती है तो इसके विचारक कितने विलक्षण

क्यों न हों, यह गुलामी फैलाकर ही जीवित रह सकता है। एक बार जब आदमी दबा हुआ महसूस करने लगता है, चाहे वह भौगोलिक, सामाजिक या मानसिक रिहाइश के क्षेत्र में हो, तो यह खतरा पैदा हो जाता है कि वह एक सरल समाधान की तलाश करेगा, वह यह कि मानव समाज के एक हिस्से को मानव समूह का मानने से इनकार कर दिया जाए। इससे बाकी लोगों को कुछ दशकों के लिए राहत मिल जाती है। फिर इसके बाद इस प्रक्रिया के दायरे को फैलाने की जरूरत महसूस होने लगती है। जब हम इस रोशनी में विचार करते हैं, तो पिछले बीस वर्षों की यूरोपीय घटनाएँ एक ऐसी सदी के बाद जिसमें यूरोप की आबादी दो गुना हो गई है—सिर्फ किसी देश, सिद्धान्त और समूह के विचारों के दोष का परिणाम दिखाई नहीं देती।

"मुझे जो भयभीत करता है वह एशिया की आज की स्थिति है जिसमें मुझे यूरोप का भविष्य दिखाई देता है।"

ये सब महत्त्वपूर्ण हैं। अगर हम विश्व के स्तर पर विचार करेंगे तो पाएँगे कि आज यूरोप की समृद्धि भी एक हद तक बाहरी दुनिया के लोगों को उनकी दृष्टि से, मानव समुदाय से बाहर रखकर ही सम्भव हो रही है। उनके अपने जीवन स्तर को बनाए रखने के लिए आज भी अविकिसत देशों के भूखे-नंगे लोगों की लूट-खसोट से ये विकसित देश बाज नहीं आते। धीरे-धीरे यह प्रक्रिया और फैल सकती है।

इसका एकमात्र हल यह है कि हम जीवन-स्तर को सन्तुलित कर आबादी के दबाव को कम करें। आबादी का दबाव दो तरह से बढ़ता है—एक तो जब जीवन की आवश्यकताओं की उपलब्धि के अनुपात में आबादी अधिक हो। दूसरा तब जब उपलब्ध साधनों को समेटकर कुछ थोड़े लोगों को अत्यधिक सुविधाएँ दी जाती हैं और बाकी लोग सीमित साधनों के लिए आपस में छीना-झपटी करते हैं। आज की दुनिया की उत्पादन क्षमता इतनी है कि सभी लोगों को एक हद तक आराम की जिन्दगी दे सके, लेकिन गैर बराबरी की व्यवस्था और दर्शन न सिर्फ साधनों को कुछ लोगों में समेट रहे हैं बल्कि ऐसी स्थिति पैदा हो रही है कि यह गैर-बराबरी हमेशा कायम रहे। इसलिए भी अब समाजवाद की कल्पना, सादगी की जिन्दगी, जहाँ आदमी प्रकृति की लय से बहुत दूर नहीं हो, से अलग नहीं की जा सकती।

ऊपर समाजवादी आन्दोलन के सन्दर्भ में विज्ञान, कला और नैतिक मूल्य इन पर कुछ विस्तार से विचार इसलिए किया गया जिससे हम यह अनुभव करें कि इनमें प्रत्येक का क्या सम्बन्ध समाज की समस्याओं से है। जब हम समाजवाद पर विचार करते हैं तो हम इसे समाजशास्त्र के नियम से बाँटकर

किसी नतीजे पर नहीं पहुँच सकते। बुनियादी तौर पर यह समता और स्वतंत्रता के मूल्यों से ऊँची विचारधारा है। समाजशास्त्र के नियम चाहे, वह मार्क्स से मिलें या किसी अन्य समाजशास्त्री से, हमें सिर्फ इन मूल्यों को हासिल कराने में सहायक हो सकते हैं। गांधी की जरूरत हमें इसलिए है क्योंकि वर्तमान युग के सन्दर्भ में गांधी के प्रयोग और उनके द्वारा प्रस्तुत मूल्य विवादों की राख के नीचे दबी समता और बन्धुत्व की भावना की चिनगारी को फिर प्रज्ज्वलित करने की क्षमता रखते हैं। जब गांधी से हम नए मूल्य लेंगे, कला से मनुष्य की कमजोरियों के प्रति संवेदनाएँ भरी दृष्टि जो हमें अतिवाद से रोकेगी, और विज्ञान से स्थिति को समझने की कला। चूँकि कला और विज्ञान दोनों का विकास आदमी की आजादी से बँधा है। समाज के विकास की हमारी कल्पना लोकतंत्र की अनिवार्यता से बँधी है।

3

भारत में समाजवादी क्रान्ति का रास्ता भारतीय होगा। यह कहने की जरूरत इसलिए हुई क्योंकि भारत के वामपन्थी हलकों में दशकों से यह विवाद चलता रहा है कि हमारा रास्ता रूस का होगा, चीन का होगा या ब्रिटेन की लेबर पार्टी का होगा। क्रान्तियों का कोई राजपथ नहीं होता जो दुनिया को एक सिरे से दूसरे सिरे तक लाँघ जाए। इसके टेढ़े-मेढ़े रास्ते होते हैं जो स्थान और काल से निर्णित परिस्थितियों के अनुसार इसको मोड़ते हुए आगे बढ़ते हैं। अगर हम लोकतांत्रिक क्रान्ति पर ही विचार करें तो पाएँगे कि ब्रिटेन में जिस तरह इसका विकास हुआ वह फ्रांस से बिलकुल भिन्न था और अमेरिका में एक और तरह से यह विकसित हुआ। इसी के अनुरूप लोकतांत्रिक संविधानों के रूप भी अलग तरह के हुए। यूरोप के अन्य देशों में यह बिना शोर-शराबे के परिस्थितियों के दबाव में अपना लिया गया। इसी तरह अपने को कम्युनिस्ट और मार्क्सवादी कहनेवाले आन्दोलनों ने भी अलग देशों में अलग राहें पकड़ीं। रूस में कुछ और, चीन में कुछ और, और क्यूबा में तो बिलकुल ही तीसरी तरह का। फिर भी हमारी आदत बन गई है, शायद इसलिए कि लीक पर चलना आसान होता है, कि हम दूसरे देशों की क्रान्तियों के नारे को जैसे का तैसा अपना लेते हैं और फिर उनसे प्रभावित हो अपने यहाँ भी उन्हीं स्थितियों की कल्पना करने लगते हैं जो अस्तित्व में नहीं हैं।

हमारी स्थिति विशेष रूप से दुनिया के और देशों से भिन्न है। हम पश्चिमी लोकतांत्रिक देशों से दो बातों में भिन्न हैं। आर्थिक क्षेत्र में वे उद्योग-प्रधान हैं जहाँ 11 प्रतिशत से कम ही लोग खेती का काम करते हैं। हमारे यहाँ इसके विपरीत 70 प्रतिशत लोग खेती पर आश्रित हैं। हममें और उनमें एक हद तक राजनीतिक क्षेत्र में समानता है क्योंकि लोकतांत्रिक पद्धतियाँ और इससे सम्बद्ध नागरिक आजादी दोनों में उपलब्ध है। लेकिन इसमें भी फर्क है। जहाँ यूरोप के देशों में नागरिक अधिकारों की आवश्यकता समझ लोगों ने सदियों तक संघर्ष करके इन्हें हासिल किया, भारत में यह राजनीतिक दबाव के अन्दर अंग्रेजों से प्राप्त एक पूरे राजनीतिक ढाँचे के अंग के रूप में मिले। इससे आम लोगों में इसके लिए उसी तरह की आस्था नहीं बन पाई जैसी कि ब्रिटेन या फ्रांस जैसे देश में।

इसी तरह रूस से, चीन से और तीसरी दुनिया के अधिकांश देशों से भी हमारी स्थिति भिन्न है। आर्थिक दृष्टि से भारत तीसरी दुनिया के सबसे गरीब मुल्क में है। लेकिन इनमें अधिकांश देश रूस और चीन से भी इस अर्थ में भिन्न हैं कि यह एकमात्र देश है जहाँ लोकतंत्र की जड़ें कुछ हद तक जम चुकी हैं। कुछ परम्पराएँ लोकतंत्र की बन रही हैं और देश की आजादी के एक हिस्से में लोकतंत्र के प्रति वफादारी पैदा हुई है। यह एक महत्त्वपूर्ण फर्क है जिसे हमें ध्यान में रखना होगा। जिन देशों में लोगों को नागरिक आजादी कभी मिली नहीं, जैसे चीन में, या कुछ-कुछ महीनों के लिए मिली, जैसे रूस में 1917 की फरवरी क्रान्ति और अक्टूबर क्रान्ति के बीच उथल-पुथल के काल में, वहाँ अधिकारों का अभाव उतना दुखदायी नहीं हो सकता जितना भारत ऐसे देश में जहाँ लोगों ने 70 साल आजादी के काल में (19 महीने इमरजेंसी के छोड़कर) और कुछ हद तक ब्रिटिश हुकूमत के अन्तिम काल में भी नागरिक आजादी का अनुभव किया है। इसलिए भारतीय क्रान्ति की कोई कल्पना हम इस विशेष उपलब्धि को छोड़कर नहीं कर सकते बल्कि हमारे लिए क्रान्ति के लिए लोकतांत्रिक अधिकारों का विस्तार सबसे महत्त्वपूर्ण हथियार है। क्योंकि एक ऐसे देश में जहाँ अधिकांश लोग गरीब हैं, मुट्ठीभर लोगों की सुविधाएँ अधिक दिन नहीं चल सकतीं, अगर लोगों को राजसत्ता बदलने का अधिकार हो। शान्तिमय ढंग से समाजवादी संक्रमण के लिए लोकतांत्रिक अधिकारों का महत्त्व स्वयं मार्क्स की निगाह में कितना अधिक था वह 1880 के दिसम्बर में हिडमैन को लिखे गए मार्क्स के पत्र के इस हिस्से से स्पष्ट है :

> "अगर आप कहते हैं कि इंग्लैंड क्रान्ति सम्बन्धी हमारी पार्टी के विचारों से सहमत नहीं है तो मैं जवाब में सिर्फ यही कह सकता हूँ कि पार्टी इंग्लैंड में क्रान्ति को अवश्यम्भावी नहीं बल्कि इतिहास के पुराने अनुभवों के अनुसार सम्भव मानती है। अगर न टाला जा सकनेवाला क्रमिक विकास एक क्रान्ति में बदल जाता है, तो इसके लिए दोषी न सिर्फ सत्ताधारी वर्ग होंगे बल्कि मजदूर वर्ग भी। सत्ताधारी वर्ग से सभी शान्तिपूर्ण अधिकार बाहरी दबाव के अन्दर प्राप्त किए गए हैं। उनके ऐसे कार्य बाहरी दबावों के अनुपात में रहे हैं। अगर इधर दबाव घटता गया है तो इसलिए कि इंग्लैंड का मजदूर वर्ग नहीं जानता है कि वह अपने नागरिक अधिकारों और शक्ति का प्रयोग कैसे करे जो दोनों उसे कानूनी तौर से प्राप्त हैं।"

लेकिन पिछड़ी अर्थव्यवस्था में लोकतांत्रिक ढाँचे का प्राप्त हो जाना ही इसके लिए पर्याप्त नहीं है कि गरीब बहुमत इसका उपयोग क्रान्तिकारी परिवर्तनों के लिए कर ले। सबसे प्रथम तो नौकरशाही की समस्या है जिसका प्रभाव व्यवस्था पर क्या हो सकता है इसका अभ्यास मार्क्स को नहीं हो पाया था। वैसे मार्क्स ने हीगेल के 'फिलॉसॉफी ऑफ राइट' की समालोचना में प्रशा की नौकरशाही के चरित्र का

बहुत ही स्पष्ट चित्रण किया था। लेकिन मार्क्स की ऐसी अवधारणा थी कि यह एक वक्ती चीज है जिसे जनता के स्वशासन में खत्म किया जा सकता है। कम-से-कम यह ध्वनि मार्क्स के पेरिस कम्यून के अनुभव पर प्रकट उद्गारों से निकलती है। लेकिन बड़े संगठन के विकास के साथ नौकरशाही का विकास भी अटलनीय है यह एहसास मार्क्स को नहीं हुआ। मार्क्स के ही देशवासी मैक्स वेबर ने बाद में नौकरशाही के विकास की अनिवार्यता पर जोर दिया लेकिन उन्होंने इसे बुद्धियुक्त कानूनी व्यवस्था का अविभाज्य अंग मानकर मौजूदा औद्योगिक समाज के लिए इसे आवश्यक भी मान लिया। इसके पीछे यह भी विश्वास दिखाई पड़ता है कि स्वयं नौकरशाही का व्यवस्था से अलग कोई स्वार्थ नहीं होता है और राजनीतिक सत्ता की नीतियों का यह बिना अवरोध के पालन करती है।

लेकिन उसके बाद से दुनिया के अनुभव और हमारे देश में हमारे अपने अनुभव स्पष्ट बतलाते हैं कि नौकरशाही जनता की प्रतिनिधि सत्ता की इच्छाओं का निष्पक्ष पालन नहीं करती, बल्कि इसके ऊपर भी सुविधा सम्पन्न वर्गों का प्रभाव होता है और इसके अपने निहित स्वार्थ भी होते हैं जिनकी जनता के हितों से टकराहट होती है। नौकरशाही के अलावा सत्ता के सम्बन्ध में रॉबर्ट मिसेल्स के अध्ययन भी महत्त्वपूर्ण हैं। उन्होंने जर्मनी में मजदूरों के संगठनों के अध्ययन पर आधारित यह स्थापना दी कि जहाँ कहीं भी बड़ा संगठन होगा वहाँ सत्ता सिमटकर थोड़े लोगों के हाथ में आ जाएगी। उसे उन्होंने छोटे समूह के शासन का लौह सिद्धान्त बतलाया है। हर बड़े संगठन में सत्ता सिमटने की यह प्रक्रिया वास्तव में देखी जा सकती है। यह भी ऐसी समस्या है जिसका हल ढूँढ़ना है। इसलिए भारत में जो लोकतांत्रिक मार्ग से समाज परिवर्तन करना चाहते हैं उन्हें नौकरशाही और विशाल संगठनों द्वारा प्रस्तुत किए गए अवरोधों से निबटने का उपाय ढूँढ़ना होगा।

दूसरी समस्या पैदा होती है राज्य शक्ति का समाज के नवनिर्माण के लिए उपयोग की। अगर मार्क्स ने सर्वहारा क्रान्ति के लिए राज्य शक्ति पर कब्जा करने पर अधिक बल दिया तो उसके पीछे सामाजिक ढाँचे का एक विशेष नक्शा था और वह पश्चिमी यूरोप के अनुभवों पर आधारित था। हीगेल ने इन्हीं अनुभवों के आधार पर परिवार के बाद सामाजिक संगठन को दो भागों में बाँटा था, सिविल सोसाइटी और राज्य। सिविल सोसाइटी में वे सारे संगठन आते हैं जिनका लोग अपने आर्थिक हितों की पूर्ति के लिए स्वतः निर्माण करते हैं। इसमें हर तरह के आर्थिक औद्योगिक कार्यकलाप तथा उनके संगठन आते हैं। हीगेल के अनुसार राज्य इन संगठनों के अन्तर्विरोधों को मिटाकर उनके बीच तादात्म्य पैदा कर एक आध्यात्मिक लक्ष्य की ओर समाज को मोड़ता है। मार्क्स ने भी, जिस पर हीगेल का गहरा प्रभाव था, सिविल सोसाइटी और राज्य के इस भेद को ज्यों-का-त्यों मान लिया। लेकिन उसने साथ-साथ यह भी बतलाया कि सिविल सोसाइटी या

आर्थिक ढाँचा वर्ग विभाजन के कारण एक आन्तरिक विरोध का शिकार है। राज्य का काम इस अन्तर्विरोध को मिटाना नहीं है बल्कि शासक वर्ग की स्वार्थसिद्धि के लिए शोषित वर्ग को दबाकर उसे कायम रखना है।

लेकिन मार्क्स के अनुसार पूँजीवाद के विकास के क्रम में उत्पादन का चरित्र सामाजिक होता जाता है। कारखाने के सभी मजदूर सहयोग के आधार पर ही किसी वस्तु का निर्माण कर सकते हैं और ऐसा ही सहयोग उन्हें सम्बद्ध कच्चे माल, मशीन आदि तैयार करनेवाले अन्य मजदूरों के साथ करना पड़ता है जो दुनिया भर में बिखरे हैं। इसके विपरीत स्वामित्व निजी होता है जहाँ से अन्तर्विरोध पैदा होता है। अत: सर्वहारा क्रान्ति का उद्देश्य होगा राज्य सत्ता पर कब्जा करके पूँजीवादी मिल्कियत को खत्म कर सामाजिक उत्पादन प्रक्रिया को मुक्त कर देना। ऐसा हो जाने पर आर्थिक विकास निर्बाध रूप से और बिना अन्तर्विरोध के आगे बढ़ेगा और वर्ग विरोध के अभाव में राज्य का विघटन हो जाएगा।

यह ध्यान देने की बात है कि मार्क्स ने आर्थिक संगठन यानी उत्पादन और वितरण की व्यवस्था के स्वयंस्फूर्त विकास को समाजवादी क्रान्ति के लिए आधारभूत स्थिति माना था।

इस तरह की मान्यता यूरोप के समाजवादी चिन्तन में काफी व्यापक थी। अराजवादी विचारक प्रिंस क्रोपाटकिन ने अपनी पुस्तक 'आपसी सहयोग' में स्वयं-स्फूर्त सहयोग को जीव-जगत और मानव समाज के विकास के लिए सर्वोपरि महत्त्व दिया। इस क्रम में उन्होंने यूरोप के शिल्पकारों के गिल्डों के विकास का विस्तृत वर्णन किया। प्रिंस क्रोपाटकिन ऐसे सहयोग की रचनात्मक शक्ति को इतना ज्यादा महत्त्व देते थे कि मार्क्सवादियों के विपरीत वह किसी भी समय में राज्य की आवश्यकता नहीं मानते थे।

लेकिन यूरोप में या दुनिया में विकास की प्रक्रिया हर जगह एक तरह की नहीं हुई। औद्योगिक क्रान्ति के बाद पश्चिमी यूरोप में शिल्पकारों के गिल्ड टूटने पर, जरूर एक नया औद्योगिक और आर्थिक ढाँचा तैयार हो रहा था जिसमें स्वयंमेव विकसित होने की क्षमता थी। लेकिन यूरोप के ही अनेक हिस्सों में और खासकर पूर्वी यूरोप और दुनिया के अधिकांश हिस्सों में औद्योगिक क्रान्ति के बाद कोई अव्यवस्थित आर्थिक ढाँचा नहीं खड़ा हुआ, बल्कि पुराने आर्थिक संगठन और टूटे और सामाजिक जीवन में बिखराव आया। इन्हीं स्थितियों में रूस में क्रान्ति हुई। रूस चूँकि औद्योगिक दृष्टि से पिछड़ा था, वहाँ समाज के आर्थिक निर्माण की पूरी जवाबदेही राज्य के मत्थे आ गई। एक केन्द्रित योजना के अनुसार सारी अर्थव्यवस्था को हाँकने के क्रम में नौकरशाही का विकास और समाज पर हावी हो जाना अवश्यम्भावी बन गया। इन्हीं स्थितियों में समाजवादी आन्दोलन के भीतर यह मान्यता विकसित हुई कि समाजवादी क्रान्ति का अधिनायकवाद की

ओर बढ़ना लाजिमी है। स्टालिन के बाद यह मान्यता कम्युनिस्ट आन्दोलन का आधार बन गई।

लेकिन यह मान्यता समाजवादी आन्दोलन के बुनियादी लक्ष्यों के इतना विपरीत थी कि स्वयं कम्युनिस्ट आन्दोलन के भीतर कुछ लोग इसे सन्देह की दृष्टि से देखने लगे। अभी पिछले कुछ वर्षों में 'यूरो कम्युनिज्म' के भीतर सर्वहारा के अधिनायकवाद के सिद्धान्त को चुनौती देने और समाजवाद में बहुदलीय लोकतंत्र को मान्यता देने की बातें उभरी हैं जो इस विरोध की ठोस अभिव्यक्ति है। लेकिन अभी भी ऊपर बताए गए तानाशाही के विकास के बुनियादी कारणों को समाप्त करने के उपायों पर कोई विचार नहीं हुआ है।

इस सन्दर्भ में इतालवी कम्युनिस्ट विचारक ग्राम्शी के विचार जो प्रकाश में आ रहे हैं, महत्त्वपूर्ण हैं। उनकी मृत्यु मुसोलिनी की कैद में हो गई थी और अपने नोट्स में उन्होंने कम्युनिस्ट शासन के तानाशाही की दिशा में जाने के कारणों पर विचार किया है। उन्होंने कम्युनिस्ट सत्ता के विकास की दो अलग-अलग दिशाएँ, पूर्वी और पश्चिमी यूरोप के लिए बतलाईं। इनसे सम्बन्धित स्थितियों को उन्होंने क्रमशः डोमिनेशन (आधिपत्य) और हेजीमनी (वर्चस्व) का नाम दिया। पहली स्थिति में कम्युनिस्ट पार्टी को प्रशासनिक, बौद्धिक और वैचारिक दृष्टि से समाज के सभी अंगों पर सीधा नियंत्रण रखने की जरूरत होगी। दूसरी स्थिति में उसे मात्र अपनी वैचारिक दृष्टि से समाज के सभी अंगों पर सीधा नियंत्रण रखने की जरूरत होगी। दूसरी स्थिति में उसे मात्र अपनी वैचारिक दृष्टि से अपने प्रभाव के कारण समाज में मान्यता प्राप्त होगी और शासन सूत्र पर अधिकार मिलेगा। पहली स्थिति पूर्वी यूरोप या अन्य देशों में होगी जहाँ सिविल सोसाइटी का विकास नहीं हो पाया है, और दूसरी स्थिति पश्चिमी यूरोप में होगी जहाँ सिविल सोसाइटी का विकास काफी हो चुका है, यानी आर्थिक और सामाजिक प्रक्रिया राज्य के विशेष हस्तक्षेप के बिना स्वयंमेव चलती रहती है।

इस विश्लेषण से समाजवादी क्रान्ति की तानाशाही वाली और लोकतंत्र वाली दोनों दृष्टियों को अलग-अलग स्थितियों के अनुसार समर्थन मिलता है, एक को पिछड़ी अर्थव्यवस्थाओं के लिए और दूसरी को पश्चिमी यूरोप के लिए। ग्राम्शी के विचार पिछड़ी अर्थव्यवस्था में रहनेवाले उन तमाम समाजवादियों के लिए चुनौती हैं जो लोकतांत्रिक मार्ग से समाजवादी क्रान्ति लाना चाहते हैं।

इस चुनौती से जो समस्या आती है वह है—जनजीवन का ऐसा संगठित ढाँचा तैयार करना, जो विकसित औद्योगिक देशों में उद्योगों के विकास के क्रम में बना है। आधुनिक उद्योगों का गठन ही ऐसा है कि एक कारखाने के भीतर हजारों लोगों के सामूहिक प्रयास और अनेक उद्योगों के पारस्परिक सहयोग से ही उत्पादन और विनियम की प्रक्रियाएँ चलती हैं, इससे जनजीवन में भी सहयोग की आदत बनती है।

इससे उद्योगों में अपने आप काम का एक अनुशासन बन जाता है क्योंकि आदमी को मशीन की रफ्तार और औद्योगिक जीवन की माँगों के अनुरूप अपने को ढालना पड़ता है। इसके प्रभाव से जीवन के दूसरे क्षेत्रों में भी एक तरह का अनुशासन आता है और सामूहिक ढंग से समस्याओं का हल ढूँढ़ने की आदत बन जाती है। इसके विपरीत औद्योगिक समाज के सम्पर्क में आनेवाली गैर औद्योगिक अर्थव्यवस्था में आदमी हर तरह के सामाजिक अनुशासन से टूट जाता है, परम्परागत सहयोग का आधार टूट गया होता है लेकिन नए उद्योग इतने नाकाफी होते हैं कि जन-जीवन को सूत्रबद्ध करने में उनका प्रभाव नगण्य होता है, उल्टे परम्परागत आर्थिक सहयोग का आधार भी आधुनिक उद्योगों की छूत से नष्ट हो जाता है, क्योंकि आधुनिक उद्योग के सम्पर्क के कारण पम्परागत आर्थिक सम्बन्ध टूट गए होते हैं।

इस सामाजिक सिद्धान्त के कारण सर्वश्रेष्ठ शक्ति सिर्फ राज्य के पास ही रह जाती है जिसके अंग होते हैं—सेना, पुलिस व्यवस्था और नौकरशाही। अब ऐसी स्थिति में जब तक आर्थिक एवं दूसरे क्षेत्रों में जन सहयोग और संगठन की ताकत इतनी मजबूत नहीं बन जाती कि राज्य की संगठित शक्ति के मुकाबले उनका पलड़ा भारी हो या कम-से-कम बराबर हो, तब तक लोकतंत्र को कभी स्थायित्व नहीं प्राप्त हो सकता। यह काम लोगों के बीच बरसों के प्रयास से ही हो सकता है। इसके लिए लोगों को छोटे-मोटे रचनात्मक कामों के लिए तैयार करना होगा जिसमें वे अपनी कुछ समस्याओं के समाधान के लिए एक-दूसरे से सहयोग करें। विरासत में मिली अपनी विवशताओं से बचने का यही एक उपाय लोकतांत्रिक समाजवादियों के लिए हो सकता है।

लेकिन कम्युनिस्ट आन्दोलनों को भी पिछड़ी अर्थव्यवस्था में संगठन की इस समस्या का सामना करना पड़ा है, हालाँकि उनमें लोकतंत्र का कोई आग्रह नहीं था। इसका सम्बन्ध क्रान्ति के बदले परिवेश से रहा है। अब हम थोड़ा इस पर विचार करेंगे।

जनता की राजनीति की हमारी अपनी कोई जीवित परम्परा नहीं रही है। अभी तक राजनीतिक प्रक्रिया की हमारी सारी समझदारी पश्चिमी दुनिया के अनुभवों पर आधारित रही है। इसके दो प्रमुख नमूने हमारे सामने रहे हैं : एक संसदीय लोकतंत्र का और दूसरा सशस्त्र उठाव के जरिये क्रान्ति का। पहली प्रक्रिया में पार्टियाँ अपना प्रचार कार्य चलाती हैं, जिसमें ट्रेड यूनियन, आर्थिक संस्थान, व्यवसायी संस्थाएँ या ऐसे और दबावमूलक संगठनों से उन्हें अपनी नीतियों के अनुसार सहयोग मिलता है। पार्टियों का काम मुख्य रूप से ऐसे ही प्रचार का होता है। एक निश्चित अवधि पर जनता अपना समर्थन एक या दूसरी पार्टी को उनकी नीतियों के अनुसार देती है। इसमें संगठन का ढाँचा एक पिरामिड का होता है, जहाँ प्रमुख निर्णय और प्रचार तंत्र का संचालन कुछ नगरों से होता है। सरकार

बनने पर नीतियों को लागू करने की जवाबदेही प्रशासन और उसमें स्थायी या पार्टी द्वारा मनोनीत नौकरशाही पर होता है।

क्रान्तिकारी उठाव की प्रक्रिया का नमूना रूस की क्रान्ति थी और उसी के आधार पर क्रान्तिकारी संगठन का ढाँचा ही बाद में कम्युनिस्ट पार्टियों ने बनाया और अपने को क्रान्तिकारी कहनेवाले समाजवादियों में भी। इस आन्दोलन का आधार भी मुख्य रूप से प्रचारात्मक रहा, इसमें भी नेतृत्व ऊपर केन्द्रित था। क्रान्ति की कल्पना इस मान्यता पर टिकी थी कि पूँजीवाद जब संकट में होगा, मजदूर आम हड़ताल करेंगे। इससे व्यवस्था ठप्प पड़ जाएगी। संघर्ष के दौरान सेना टूटकर मजदूरों के साथ आ जाएगी और मजदूर सत्ता हाथ में ले लेंगे। संसदीय व्यवस्था पर केन्द्रित और ऐसे संगठनों का मूल भेद यह था कि राजनीतिक हड़ताल के लिए मजदूरों का संगठन ज्यादा लगनशील और संघर्षशील बनाना लाजिमी था और पार्टी संगठन को भी अधिक चुस्त और अनुशासित। इसमें जहाँ किसानों का सहयोग अनिवार्य था उनको क्रान्तिकाल में सहयोगी के रूप में लाने के प्रयास जरूर हुए लेकिन न तो संगठन के ढाँचे में कोई परिवर्तन किया गया न केन्द्रित उद्योगों में काम करनेवाले मजदूरों की प्राथमिकता की मान्यता पर कोई बट्टा लगा। यह बात मान ली गई कि नीतियों का निर्धारण यह औद्योगिक वर्ग और व्यवहार में उनका 'अग्रिम दस्ता' कम्युनिस्ट पार्टी करेगी। इन नीतियों को लागू करने की जवाबदेही सरकार की थी और फिर व्यवहार में कम्युनिस्ट पार्टी के नेतृत्व में जो नई नौकरशाही खड़ी हो रही थी उसकी। क्रान्ति के समय मजदूरों और किसानों के स्वशासन के यंत्र 'सोवियत' खड़े हो गए थे लेकिन धीरे-धीरे इन्हें पार्टी नौकरशाही के नियंत्रण में कर लिया गया। ऊपर केन्द्रित सत्ता और नीचे स्वशासन के यंत्र दोनों साथ-साथ नहीं चल सकते हैं।

ऊपर बतलाई गई दोनों राजनीतिक प्रक्रियाओं से हम एक बात पाते हैं—दोनों में ही समाज के नवनिर्माण का कार्य निचले स्तरों के कार्यकर्ताओं के दायरे के बाहर छोड़ दिया जाता है—पश्चिमी देशों की संसदीय प्रणाली में यह काम स्वशासित आर्थिक शक्तियों और कम-से-कम हस्तक्षेप करनेवाली नौकरशाही पर और पूर्वी यूरोप के कम्युनिस्ट आन्दोलन में पार्टी द्वारा संचालित नौकरशाही पर। अभी हम ऊपर देख चुके हैं कि कैसे पिछड़ी अर्थव्यवस्था में यह रूपरेखा न तो लोकतंत्र के अनुकूल है और न ही समाज रचना के काम के लिए संगत।

चीन और क्यूबा में क्रान्ति के संगठन की यह रूपरेखा बदल गई जैसाकि रेजी द्रेबे ने अपनी पुस्तक 'क्रान्ति में क्रान्ति' में ध्यान दिलाया है। केन्द्रित नेतृत्व में पूर्व निर्धारित खाके के अनुसार क्रान्ति के संगठन की परम्परा जो ट्राट्स्की तक चली तीसरी दुनिया में आवश्यक है। देब्रे के विचार लातिनी अमेरिका और खासकर क्यूबा के अनुभवों पर आधारित है। क्यूबा में चेग्वेरा ने गोरिल्ला 'फोको'

जो कल्पना की थी, वह बिलकुल पुरानी धारणा के विपरीत थी। इसमें शुरुआत 'फोको', जो क्रान्तिकारियों की सक्रिय टुकड़ियाँ थीं, से होती और इनके आन्दोलनों के अनुभवों से ही क्रान्ति के ठोस उद्देश्य उभरते हैं। पहले तरह से संगठन में 'उन देशों' में मध्यमवर्गीय मूल्यों और महत्त्वाकांक्षाओं के गठित होने का खतरा प्रत्यक्ष है जहाँ मध्यम वर्ग और आम लोगों के जीवन स्तर का फर्क गहरा है। यह स्थिति खासकर पिछड़े मुल्कों में है जहाँ एक छोटा-सा मध्यम वर्ग आम लोगों से इतना अलग-अलग हो गया है कि इसके मूल्य आम लोगों के मूल्यों से मेल नहीं खाते और न तो समाज की मूल आवश्यकताओं के सम्बन्ध में ही उनकी दृष्टि मिल पाती है। चेग्वेरा की कल्पना में रूमानियत के खतरे के बावजूद लोगों की ठोस समस्याओं से उलझकर उसमें समाजवाद के ठोस उद्देश्यों की तलाश का गहरा आग्रह है।

चीन में क्रान्तिकारी संगठन की रूपरेखा में बदलाव वहाँ की परिस्थितियों के दबाव में आया। 1926 में जब से च्यांग काई शेक ने कम्युनिस्टों के विरोध में अपना जिहाद शुरू कर दिया, कम्युनिस्टों के लिए शहरी क्षेत्रों में किसी भी व्यापक स्तर पर संगठन चलाना मुश्किल हो गया। इसी के साथ नगरों में केन्द्रित पुराने ढंग से कम्युनिस्ट नेतृत्व की कल्पना भी मर गई। माओ और उनके साथियों के कम्युनिस्ट आन्दोलन में उदय संगठन के एक नए सिद्धान्त की शुरुआत भी थी। नई नीति की आधारशिला थी गाँवों पर अधिकार करने और नगरों पर घेरा डालने की रणनीति। इस नीति का सीधा प्रभाव यह हुआ कि वे सारे आर्थिक और राजनीतिक सूत्र जो गाँवों को नगरों पर निर्भर बनाते थे, टूट गए। लेकिन इससे विनियम का वह ढाँचा भी टूट गया जिससे गाँव के लोग अपनी जरूरत की औद्योगिक वस्तुएँ पाते थे।

अब गाँव में स्थित कम्युनिस्ट व्यवस्था के लिए कुटीर उद्योगों पर आधारित आर्थिक निर्माण का काम जीवित रहने की आवश्यकता बन गई। इसी क्रम में चीन के लाखों गाँवों में आत्मनिर्भर अर्थव्यवस्था का निर्माण हुआ। वर्षों के युद्ध के क्रम में ग्रामीण अर्थव्यवस्था और सहयोग की एक गहरी परिपाटी चीन में बन गई। सत्ता में आने पर चीन के कम्युनिस्टों की आर्थिक क्षेत्र में सफलता के पीछे निश्चित रूप से संघर्ष काल में रचना के इस कार्यक्रम का महत्त्वपूर्ण योगदान रहा होगा। इस तरह जिस 'इन्फ्रास्ट्रक्चर' को बनाने की चर्चा हमारे देश में दिन-रात होती है लेकिन जो कभी बन नहीं पाता, वह चीन के कम्युनिस्टों ने अपने संघर्ष के साथ रचना को जोड़कर सत्ता प्राप्त करने के पहले ही तैयार कर लिया था।

गांधी का रचनात्मक कार्यक्रम पर जोर इसी अनुभूति से पैदा हुआ होगा कि भारत ऐसी पिछड़ी अर्थव्यवस्था में बिना आत्मनिर्भरता की आदत लगाए किसी

लोकतांत्रिक व्यवस्था का निर्माण नहीं हो सकता। गांधी अपनी सोच में बुनियादी तौर से अराजवादी थे और लोक जीवन में राज्य के हस्तक्षेप को नगण्य बनाना चाहते थे। अगर हम ऊपर की सिविल सोसाइटी और राज्य वाले विभाजन को लेकर चलें तो देखेंगे कि राज्य के हस्तक्षेप को नगण्य करने का एकमात्र उपाय जनजीवन को निचले स्तरों में ऐसे संगठित करना है कि राज्य की आवश्यकता नगण्य हो जाए। केन्द्रित व्यवस्था, बड़े संस्थान आदि में निहित नौकरशाही और गुटीय शासन के विकास के खतरे को ध्यान में रखते हुए जिस पर ऊपर विचार किया गया है, यह और भी जरूरी हो गया है कि जनजीवन को जहाँ तक सम्भव हो ऊपर की केन्द्रीय शासन व्यवस्था से मुक्त रखा जाए। इस बात को नजरअन्दाज करने के कारण ही चीन में फिर वे सारी समस्याएँ पैदा हो रही हैं जो रूस में पैदा हुई थीं। हालाँकि परिस्थिति के दबाव में चीन में आर्थिक विकेन्द्रीकरण और निचले स्तरों पर रचना के काम को बहुत बढ़ाया गया था लेकिन इसके पीछे कोई सैद्धान्तिक दृष्टि नहीं थी। अतः परम्परागत मूल्यों पर आधारित केन्द्रित सेना का गठन और केन्द्रित नियोजन फिर शुरू हुआ। माओ ने जरूर इस स्थिति को फिर कुछ हद तक सांस्कृतिक क्रान्ति के जरिये बदलने की कोशिश की लेकिन नौकरशाही के विकास के मूल कारणों को पूरी तरह नहीं समझ पाने के कारण इसे मात्र पूँजीवादी प्रभाव से जोड़ते रहे और इसे समाप्त करने के लिए बाहरी हस्तक्षेप यथेष्ट माना।

लेकिन चीन की ताजा घटनाओं ने स्पष्ट कर दिया है कि शासन और उद्योगों के प्रति अपनी दृष्टि बदले बगैर नौकरशाही के इस विकास को रोका नहीं जा सकता। यह कोई आकस्मिक बात नहीं है कि सांस्कृतिक क्रान्ति पर प्रहार न्यूनतम पश्चिमी उपकरणों के विकास और आधुनिक सैनिक साधनों को उपलब्ध करने के प्रयासों के साथ-साथ हुआ। इसके पीछे एक ओर सैनिकवादी केन्द्रित शासन व्यवस्था एवं नवीनतम उपकरणों की अर्थव्यवस्था और दूसरी ओर स्वयं-स्फूर्त छोटे उद्योगों की अर्थव्यवस्था का अन्तर्विरोध है। वहाँ यह अन्तर्विरोध और भी गहरा है क्योंकि लोकतंत्र के अभाव में विकेन्द्रित आर्थिक व्यवस्था ही लोगों को ऊपरी दबावों से कुछ हद तक मुक्त रख सकती थी। अब ऊपर का शासक वर्ग पूरी तरह से ऐसे दबावों से अपने को मुक्त करना चाहता है। आर्थिक क्षेत्र में चीन की दिशा वही होती जा रही है जो कुछ वर्ष पहले रूस की थी। अगर इस दिशा में चीन का विकास हुआ तो वे सारी समस्याएँ जो विकसित पूँजीवादी और कम्युनिस्ट व्यवस्थाओं को आक्रान्त कर रही हैं, चीन में भी पैदा होंगी।

सत्ता पर जनता के नियंत्रण का एक बड़ा यंत्र तो लोकतंत्र है। लेकिन जैसाकि पश्चिमी दुनिया के अनुभव बताते हैं, बड़े संगठनों और व्यापक नौकरशाही के प्रभाव को रोकने के लिए वह काफी नहीं है। पिछड़ी अर्थव्यवस्था में ऊपर बतलाए गए

कारणों से यह और भी कमजोर पड़ता है। इसके खिलाफ सबसे कारगर उपाय है सत्ता का विकेन्द्रीकरण। गांधीजी तो प्रत्येक गाँव को एक गणतंत्र बनाने की बात सोचते थे। शायद राज्य का इतनी छोटी इकाई स्वीकार करना आर्थिक कारणों से आज सम्भव नहीं होगा और इसे बढ़ाकर कुछ गाँवों के समूह तक ले जाना होगा। जहाँ परम्परा से राष्ट्र छोटा है वहाँ तो कोई कठिनाई नहीं है, लेकिन जहाँ विरासत में हमें एक बड़ा राष्ट्र मिला है, जैसा हमारा अपना देश भारत है, वहाँ कठिनाई अधिक है। इतने बड़े राष्ट्र को छोटे-छोटे टुकड़ों में बाँटना लोगों को कबूल नहीं होगा क्योंकि यह लोगों की परम्परागत रूप से पली राष्ट्रीयता की भावना के विपरीत है। इसलिए ऐसे राज्यों में प्रयास यह करना होगा कि धीरे-धीरे संविधान में ऐसे परिवर्तन किए जाएँ जिसमें पहले केन्द्र की आर्थिक और राजनीतिक शक्ति को नगण्य बनाया जाए और फिर वर्तमान राज्यों की, जो स्वयं बृहत आकार के हैं। इसके बाद दूसरे चरण में राज्यों की शक्ति को सीमित करके जिलों और पंचायतों में असली शक्ति दे दी जाए जिसमें वे उन सारे अधिकारों का उपयोग कर सकें जो आज राष्ट्रीय सरकारें करती हैं। राज्य सरकारें उन विषयों में पंचायतों और जिले के कामों को सूत्रबद्ध करने में सहयोग दें जिनमें स्वयं ये इकाइयाँ पहल करने में अक्षम हों। इसी तरह केन्द्र की सरकार अन्तर्राष्ट्रीय मामलों के निपटारे में सहयोग का काम करे।

जिस अनुपात में सत्ता का विकेन्द्रीकरण होगा उसी अनुपात में नौकरशाही का महत्त्व भी घटेगा। पंचायत के स्तर पर अगर वेतनभोगी व्यवस्थापक रहें भी तो उनकी कभी वह हैसियत नहीं हो सकती है जो आज की व्यवस्था में एक कलेक्टर की होती है या केन्द्र के सचिवों की होती है। वे सीधे लोगों के नियंत्रण में चलेंगे क्योंकि या तो पंचायतों द्वारा नामजद होंगे या ग्रामीण लोगों द्वारा चुने गए। विकेन्द्रित सत्ता के साथ-साथ विकेन्द्रित अर्थव्यवस्था भी जरूरी हो जाएगी। आधुनिक विशालकाय कारपोरेशन विकेन्द्रित सत्ता के अन्दर नहीं चल सकते क्योंकि चाहे वे निजी क्षेत्र में हों या सरकारी क्षेत्र में, उन्हें उत्पादन एवं बिक्री का बृहत पैमाने पर नियोजन करना पड़ता है और उन्हें इसमें बड़े भौगोलिक क्षेत्र पर प्रत्यक्ष या परोक्ष नियंत्रण की जरूरत होती है, और इसके लिए उन्हें सरकारों का सहयोग लेना पड़ता है। जहाँ राज्य का अपना अधिकार क्षेत्र ही सीमित हो वहाँ इस तरह की सहायता ऐसे उद्योगों को नहीं मिल पाएगी। सिर्फ ऐसे ही क्षेत्र में बड़े उद्योग पनप पाएँगे जहाँ पर वे अनेक छोटे राज्यों की बुनियादी आवश्यकताओं के अनुरूप होंगे और उसमें उन्हें सभी राज्यों का सहयोग प्राप्त होगा : जैसे यातायात, डाक सेवा, या ऊर्जा सिंचाई आदि का विकास। आज भीमकाय नगरों की समस्या जो दुनियाभर में लोगों को चिन्तित कर रही है वह भी बहुत कुछ दूर हो जाएगी, अगर इस आधार पर आर्थिक और राजनीतिक शक्ति का विकेन्द्रीकरण हुआ।

उन मार्क्सवादियों के लिए भी, जो विकेन्द्रीकरण के नाम पर नौक-भौं सिकोड़ते हैं, इस विषय पर मार्क्स की दृष्टि विचारणीय है। मार्क्स ने साम्यवादी समाज की भविष्य में क्या रूपरेखा होगी इसको प्रायः भविष्य के समाजवादियों पर छोड़ दिया था। लेकिन कम्युनिस्ट मैनिफेस्टो में तत्काल जो कदम उठाने के सुझाव उसने दिए थे वे उसकी दृष्टि पर जरूर कुछ प्रकाश डालते हैं। इनमें थे :

> 8. श्रम हर व्यक्ति के लिए समान रूप से अनिवार्य हो। औद्योगिक सेना का निर्माण खासकर कृषि के लिए काम किया जाएगा।
> 9. कृषि और उद्योगों को एक साथ मिलाना, धीरे-धीरे नगर और गाँव के फर्क को (सारे देश में आबादी को समान रूप से बाँटकर) मिटाना।

स्पष्ट है कि बिना उद्योगों के विकेन्द्रीकरण के नगर और गाँवों के फर्क को नहीं मिटाया जा सकता था, न आबादी को समान रूप से सारे देश में वितरित किया जा सकता था। इसी तरह राज्य सत्ता के केन्द्रीकरण से भी आबादी और उद्योगों का केन्द्रीकरण होता है। यह बात कितनी सत्य है यह किसी भी व्यक्ति को पिछले 70 वर्ष में दिल्ली के विस्तार पर नजर डालने से मालूम हो जाएगी। यही नहीं, हमारे यहाँ अधिकांश नगर कभी-न-कभी किसी राज्य की राजधानी थे और इसी से इनका विस्तार हुआ था। गन्दी बस्तियों की समस्या आज न सिर्फ पूँजीवादी महानगरों में है बल्कि कम्युनिस्ट देशों में भी, और रूस में इससे बचने के लिए आन्तरिक पासपोर्ट का सहारा लिया जाता था जिससे गाँव के गरीब मास्को और लेनिनग्राद ऐसे महानगरों में काम की तलाश में आकर अपनी गरीबी की छाप न डाल सकें। लेकिन इन उपायों से इन्हें 'स्लम' से छुटकारा मिल भी जाए तो प्रदूषण की समस्याओं से छुटकारा नहीं मिलता।

इस सन्दर्भ में एक भ्रम से हमें बचना होगा। अक्सर लोगों का खयाल होता है कि बड़ा राष्ट्र होने से सम्पन्नता बढ़ती है, लेकिन यह भारी भूल है। हमें नहीं भूलना चाहिए कि स्विटजरलैंड ऐसा छोटा देश जहाँ की पूरी आबादी शायद कोलकाता या मुम्बई के बराबर है, अमेरिका से प्रति व्यक्ति आय की दृष्टि से आगे है। उस देश में लोगों का कितना हस्तक्षेप वहाँ की राजनीति पर है—यह इसी से मालूम होता है कि वहाँ की प्रतिनिधि सभा द्वारा पारित किसी नीति पर एक लाख मतदाता हस्ताक्षर करके पुनः मतदान करा सकते हैं। शायद चाहते हुए भी किसी बड़े राज्य के लिए ऐसा करना व्यावहारिक नहीं हो पाए।

नौकरशाही और केन्द्रित सत्ता पर नियंत्रण का दूसरा हथियार जो हमें गांधी से मिला है वह है सत्याग्रह या सिविल नाफरमानी का। किसी समाज में सरकार की नीतियाँ हर रोज नहीं बदल सकतीं, या हर छोटे अन्याय से, जो प्रशासन के भीतर होते हैं, चुनावों के जरिये नहीं निपटा जा सकता। ऐसे सवालों पर जहाँ एक

अल्पसंख्यक जमात के खिलाफ अन्याय होता है, लम्बे अरसे तक भी सामान्य रूप से बहुमत का विचार बदलकर शासन की नीतियाँ नहीं बदली जा सकतीं। नौकरशाही और कभी-कभी बहुमत की संवेदनहीनता को तोड़ने का उपाय भी सत्याग्रह ही है। दूसरा विकल्प आतंकवादी रास्तों का है लेकिन इससे समस्या का समाधान नहीं निकलता, खासकर अगर यह आतंक अल्पमत का हो।

लोकतंत्र के अन्दर ऐसे ही आन्दोलनों के जरिये एक अल्पसंख्यक जमात अपने अधिकारों को हासिल करती है या बड़ी समस्याओं की ओर बहुमत का ध्यान खींचती है। उदाहरण के लिए हम अमेरिका के नीग्रो लोगों की समस्या ले लें। ये इतनी छोटी तादाद में थे कि न तो चुनाव से और न शक्ति के बल पर रंगभेद के विरुद्ध कुछ कर सकते थे। लेकिन उन्होंने सविनय अवज्ञा का हथियार अपनाया और धीरे-धीरे नीग्रो लोगों को अपने अधिकारों के लिए इतना जागृत बना दिया कि एक लोकतांत्रिक पद्धति के भीतर उनकी समस्याओं को नजरअन्दाज नहीं किया जा सकता था, और बाद में अमेरिकी हुकूमत को रंगभेद के खिलाफ कानून कदम उठाना पड़ा।

उन मामलों में जहाँ ऐसे कानूनों को नौकरशाही लागू करने से हिचकती है जिनसे शोषित लोगों को राहत मिले, सत्याग्रह का रास्ता सर्वोपरि महत्त्व का हो सकता है। इसके जरिये कानूनों को लागू कराया जा सकता है। भारत में, जहाँ जैसाकि हम ऊपर बतला चुके हैं लोकतांत्रिक व्यवस्था और नौकरशाही व्यवस्था में टक्कर है, कदम-कदम पर शान्तिमय संघर्षों की जरूरत लोकतंत्र को असली बनाने के लिए हो सकती है।

कुल मिलाकर भारत में समाजवादी संक्रमण के औजार होंगे :

(1) लोकतांत्रिक व्यवस्था, जिसे उत्तरोत्तर और फैलाना, जिसकी दिशा होगी सत्ता का विकेन्द्रीकरण, पहले केन्द्र से राज्य की ओर, और राज्य से जिले और पंचायतों के स्तर तक।

(2) रचनात्मक कार्यक्रम, जिसमें लोगों के बीच काम करके उनको इसके लिए तैयार करना होगा कि वे अपनी समस्याओं का हल जहाँ तक सम्भव हो स्वयं अपने पड़ोसियों के सहयोग से निकालने की कोशिश करें, और हर काम के लिए राज्य का मुँह न देखें।

(3) सिविल नाफरमानी, जिसके जरिये हम प्रशासन की ज्यादतियों पर अंकुश लगाएँ या समाज की दृष्टि उन समस्याओं की ओर केन्द्रित करें जो उसकी निगाह से बाहर है।

इस काम के लिए भारतीय समाजवादियों को विरासत में एक लोकतांत्रिक व्यवस्था मिली है जो अपनी तमाम कमियों के बावजूद बदलाव के लिए रूस या क्यूबा की स्थिति से ज्यादा सुविधाजनक है। देश में पिछले सात दशकों में लोकतंत्र

की एक परम्परा भी बनी है जिसको बनाने में भारतीय समाजवादियों का हाथ सबसे ज्यादा रहा है हालाँकि समय-समय पर भूलें भी उन्होंने इस प्रयत्नों में की हैं।

भारतीय समाजवादियों की दूसरी सबसे बड़ी निधि है सविनय अवज्ञा की परम्परा जो हमें गांधी से मिली है। आजादी के काल में इस परम्परा को आगे बढ़ाने का काम समाजवादियों ने ही किया और आज यह इतना व्यापक बन गया है कि विश्वास के स्तर पर नहीं तो व्यवहार के स्तर पर तो कम्युनिस्ट और दूसरे भी इसका सहारा लेते रहे हैं। यह परम्परा ऐसी नहीं है जिसको कोई सत्ता तुरन्त मिटा दे; और यह एक बड़ा हथियार समाजवादी परिवर्तन के लिए उपलब्ध है।

लेकिन रचनात्मक कार्यक्रम के क्षेत्र में समाजवादियों ने कोई बड़ा प्रयास नहीं किया है और समाजवादी संगठन के विघटन के पीछे यह भी एक प्रमुख कारण रहा है। आम लोगों के रोजमर्रा की जिन्दगी से अपने को बाँधने का यह एकमात्र उपाय है। संघर्ष किन्हीं खास मुद्दों पर कभी-कभी होते हैं तभी उनका महत्त्व भी रहता है, लेकिन रचना का काम तो निरन्तर, दिन-रात चलनेवाला होता है, और इसमें लगकर ही समाजवादी जनजीवन का अभिन्न अंग अपने को बना सकते हैं जिसके बिना एक नई संस्कृति का जन्म नहीं हो सकता। इसलिए जो लोग समाजवादी आन्दोलन को एक नए सिरे से शुरू करना चाहते हैं उन्हें रचनात्मक कामों को अपने कार्यक्रम का अभिन्न अंग बनाना होगा।

अब प्रश्न है कि भारत में संगठन का मुख्य आधार कौन से वर्ग होंगे। अगर हम आर्थिक ढाँचे पर नजर डालेंगे तो पाएँगे कि यहाँ के बड़े उद्योग और बड़े नगर एक तरह से विकसित पूँजीवादी व्यवस्था के औपनिवेशिक खेमे हैं। यह इस गरीब देश के एक छोटे हिस्से को ऊँची आय देकर उनके माध्यम से उनकी सम्पन्न जीवन पद्धति को हमारे देश में आरोपित करता है। इस तरह देखा-देखी इन उद्योगों के इर्द-गिर्द पैदा हुए मध्यम वर्ग में उन विलासिता की वस्तुओं के लिए ललक पैदा होती है जो अनावश्यक हैं। लेकिन चूँकि यह भूख उन वर्गों में जगती है जो समाज में नेतृत्व के स्थान पर हैं, राष्ट्रीय आयोजन भी ऐसा ही होता है जिसमें आम लोगों की आवश्यकता की चीजों के बजाय इन्हीं चीजों के उत्पादन पर पूँजी निवेश अधिक हो। लेकिन इन वस्तुओं के उत्पादन से हमारा आर्थिक आधार कमजोर होता है और विदेशों पर निर्भरता बढ़ती है और देश का धन विदेशों को जाता है। इधर दरिद्रता के सागर में हमारे औद्योगिक नगर समृद्धि के द्वीप से नजर आते हैं। इससे आकर्षित हो गाँवों के विपन्न लोग नगरों की ओर भागते हैं और अकुशल मजदूरी या घरों की चाकरी या छोटे-मोटे धन्धों में लग जाते हैं और फिर गन्दी बस्तियाँ नगरों के अन्दर बसाते हैं।

स्पष्ट है कि इस व्यवस्था को तोड़ने के लिए संगठन में प्राथमिकता देनी होगी गाँव के गरीब भूमिहीन छोटे और मध्यम किसान तथा छोटी जोत वाले रैयतों के

संगठन पर। दूसरे नम्बर पर शहरों के अकुशल मजदूर, जो वास्तव में गाँवों के गरीब हैं, जो विवशता से नगरों को भागते हैं; और अन्त में आएँगे उद्योगों के आम और अर्ध-कुशल मजदूर। समाज परिवर्तन की दृष्टि से बहुउद्देशीय कम्पनियों और बड़ी राष्ट्रीय कम्पनियों के कुशल मजदूर सामूहिक रूप से आमूल परिवर्तन के समर्थक नहीं हो सकते; न ही सफेदपोश लोग जो सरकारी विभागों में या बैंक, बीमा कम्पनियों आदि में काम करते हैं, क्योंकि विलासिता पर रोक इन्हें अपने भविष्य की सम्भावनाओं पर भी कुठाराघात लग सकता है, क्योंकि इन्होंने भी अपने भविष्य की कल्पना मध्यम वर्ग के अनुकूल बना ली है।

इसका यह अर्थ नहीं कि इनके ऊपर कोई सीधा आघात करना होगा। लेकिन मानसिक रूप से प्रशिक्षण से इनको इसके लिए तैयार करना होगा कि वे सादगी के जीवन को कबूल करने के लिए तैयार हों जो कोई भी समतावादी व्यवस्था देश में सख्ती से लागू करेगी। थोड़ा विचार करके ये भी पाएँगे कि सादगी का जीवन ही उन्हें भी उस तिक्तता से मुक्त करेगा जो फैशन के सामाजिक दबाव के अन्दर वे अनुभव करते हैं, लेकिन अपनी प्रतिष्ठा कायम रखने की चिन्ता में शारीरिक और मानसिक स्वास्थ्य की कीमत पर जिसके अनुरूप व्यवहार करते हैं।

लेकिन इस आन्दोलन के अग्रणी होंगे युवा पीढ़ी के लोग जो हमेशा दुनिया में नए मूल्यों को लेकर चलनेवाले आन्दोलनों में अगुआ रहे हैं। इसलिए इस पीढ़ी की ओर विशेष ध्यान देना होगा और उन्हें अभिमुख करना होगा गाँवों के गरीबों की ओर।

4

समाजवादी आन्दोलन कुछ आर्थिक और राजनीतिक परिवर्तनों से अधिक एक नई संस्कृति पैदा करने का आन्दोलन है। इसका मूल उद्देश्य धनसंचय वृत्ति और विषमतावादी मूल्यों के स्थान पर समता, आजादी और बन्धुत्व के मूल्यों की स्थापना है। राजनीतिक सत्ता की आवश्यकता एक कड़वा यथार्थ है जिसको नजरअन्दाज नहीं किया जा सकता। लेकिन अपने आप में यह कोई लक्ष्य समाजवादियों के लिए नहीं बन सकता। समाजवादी आन्दोलन के ह्रास के कारणों में सबसे महत्त्वपूर्ण कारण यह रहा है कि समाजवादी सत्तासंघर्ष की दौड़ में यह भूल गए कि सत्ता एक साधन मात्र है, साध्य नहीं। इससे उनमें भी वे चरित्र के दोष आते गए जो यथास्थितिवादी राजनीतिक पार्टियों में थे। धीरे-धीरे यह फर्क करना मुश्किल हो गया कि समाजवादी अन्य राजनीतिज्ञों से भिन्न हैं और किसी बड़े उद्देश्य के लिए कार्यरत हैं।

सत्ता की होड़ में यह बुनियादी बात भी भुला दी गई कि वास्तविक समाज परिवर्तन तब तक नहीं होता जब तक सत्ता परिवर्तन के साथ बहुमत में समाज परिवर्तन का भाव भी व्यापक न बन गया हो। इस दृष्टि के अभाव में लोगों का मत-परिवर्तन कर सत्ता में आने के बदले परम्परागत जोड़-तोड़ छल-प्रपंच का सहारा सत्ता संघर्ष में समाजवादी भी ले गए। इस तरह जब वे सत्ता में आए तब भी उस सामाजिक दबाव का अभाव रहा जिसके कारण सत्ता का उपयोग परिवर्तन के लिए हो पाता है। इस तरह बुनियादी परिवर्तन की दिशा में कोई काम नहीं हो पाया। लेनिन ने जब अर्थवादी दृष्टि की जगह समर्पित समाजवादियों की पार्टी की बात की थी तो उनके सामने समाज में फैले संकुचित विचारों से समाजवादियों को बचाने की ही दृष्टि थी। क्योंकि व्यक्तिगत रूप से समाजवादी भी समाज में फैले मूल्यों के दबाव में रहता है।

साफ दृष्टि और अनुशासित दल के जरिये ही, जिसके सदस्य एक-दूसरे को सामाजिक दबावों से बचने में सहारा दे सकें, उसे अपने लक्ष्यों से विमुख होने से बचाया जा सकता है। यह समस्या उन तमाम धार्मिक या अन्य सुधारवादी आन्दोलनों के सामने रही है जो समाज में फैले मूल्यों को बदलना चाहते थे। इसी दबाव में

प्रचारकों को कड़े अनुशासन में बाँधने की जरूरत महसूस हुई और मिशनों का जन्म हुआ। इस तरह के संगठन के अपने खतरे हैं और इसमें समाज से भी बड़ा होने के अहम या वैचारिक अतिवाद के भी खतरे हैं। लेकिन यह जोखिम उठाने से नहीं बचा सकता।

भारत की वर्तमान राजनीतिक परिस्थिति में संगठन के सम्बन्ध में ऊपर की बात और भी महत्त्वपूर्ण बन गई है। पिछले लोकसभा और विधानसभा के चुनावों के परिणाम बतलाते हैं कि भारत की पुरानी राजनीतिक पार्टियाँ और पुराने नेता राजनीति के रंगमंच से बाहर जा रहे हैं। जो बात स्पष्ट रूप से उभरकर सामने आई है वह है संजय गांधी और उनके साथियों का राजनीति में वर्चस्व। इसे एक व्यक्ति का उदय मानना भूल होगी। वास्तव में यह स्थिति उस प्रक्रिया की परिणति है जिसकी शुरुआत स्वतंत्रता के बाद हुई थी। इसमें आजादी के आन्दोलन के मूल्य और खासकर उन मूल्यों का ह्रास हो रहा था जिन्हें गांधीजी ने स्थापित करने की कोशिश की थी। जन सेवा का स्थान सत्ता और इससे जुड़ी सुविधाओं के लिए संघर्ष ने ले लिया। पुराने नेताओं का चारित्रिक क्षरण होता रहा और जन सेवा से प्राप्त प्रतिष्ठा का स्थान राजनीति में पैसे और प्रचार ने ले लिया। धीरे-धीरे सभी नेताओं ने यह मानकर चलना शुरू कर दिया कि सत्ता-प्राप्ति का एकमात्र यही रास्ता है। इस संघर्ष ने उन लोगों की विजय निश्चित की जो निर्मम भाव से किसी भी सीमा तक सत्ता संघर्ष के सारे हथकंडे अख्तियार कर सकते थे। इस दौड़ में संजय गांधी और नई पीढ़ी के लोग जो उनके साथ आए पुराने लोगों से आगे निकल गए। पुरानी पीढ़ी के लोग अब इस संघर्ष में मुकाबला करने में सक्षम हैं। उन्होंने भूतकाल में देश की क्या सेवाएँ की यह महत्त्वहीन हो चुका है क्योंकि उन्होंने सत्ता संघर्ष में स्वयं उन सारे मूल्यों को तिलांजलि दे दी जिनके आधार पर कभी उनकी लोक प्रतिष्ठा बनी थी।

अब नई स्थिति का मुकाबला नई पीढ़ी के लोग ही कर सकते हैं। संजय गांधी के साथ जो नई राजनीतिक संस्कृति उमड़ी उसका मुकाबला उसी संस्कृति के माध्यम से नहीं हो सकता। उसके मुकाबले के लिए एक नई राजनीतिक संस्कृति की जरूरत होगी। इस संस्कृति को बनाने की जवाबदेही नई पीढ़ी पर है। युवजन समाजवादियों के सामने यह सबसे बड़ी चुनौती है।

इस संस्कृति का आधार होगा देश के गरीब और दलित लोगों के प्रति संवेदनशीलता और सेवा भाव। दलितों के संगठन पिछले दिनों भी होते रहे हैं। लेकिन अधिकांशतः इसके पीछे एक ही दृष्टि रही है, वह यह कि उनका समर्थन लेकर सत्ता पर कब्जा करना। इस तरह अन्त में यह सारा कार्यकलाप एक तरह का प्रचारतंत्र बनकर रह गया है। इसमें भी वे ज्यादा सक्षम हुए हैं जो बिना कुछ किए प्रचार के जरिये गरीबों में यह भाव फैला सके कि वे ही उनके असली रक्षक

हैं। इन्दिरा गांधी इसमें सबसे ज्यादा सक्षम हुई हैं। लेकिन सामाजिक दृष्टि से यह श्रीमती गांधी की सबसे बड़ी असफलता भी रही है, क्योंकि दलितों की समस्या में कभी कहीं खरोंच भी नहीं लगा सकीं। समाजवादियों को वास्तविक सेवा भाव से लोगों के पास भी जाना होगा। इसके लिए लम्बे अरसे तक लोगों में काम करने की तैयारी जरूरी होगी।

यह काम काफी कठिन है और अतिशय लगन और धीरज के आधार पर ही यह हो सकता है। इस काम में बीस-पच्चीस वर्ष या पूरा जीवन लग सकता है। लेकिन उन्हें कुछ सुविधाएँ भी हैं जिससे सम्भव है सफलता अल्पकाल में ही प्राप्त हो सके। एक तो उनकी सुविधा उम्र की है। युवजनों के लिए 20 या 25 वर्ष की अवधि कोई बड़ी चीज नहीं है और अपने उत्साह में वे आसानी से इसे पार कर जाएँगे। और अगर वे लोगों के प्रति संवेदनशीलता बना सकेंगे तो पाएँगे कि यह काम स्वयं अपने आप में एक उपलब्धि बन गई है। दूसरी सुविधा भारतीय परम्परा और विशेषकर गांधीजी द्वारा स्थापित राजनीतिक परम्परा से प्राप्त होगी। दुनिया के और देशों के विपरीत भारत में आम लोग राजनीति को सिर्फ सत्ता की लड़ाई ही नहीं मानते। यहाँ राजनीति को लोग सेवा वृत्ति के साथ जोड़ते आए हैं। इसी कारण लोगों में राजनीति के प्रति वितृष्णा भी पैदा होती है जब उन्हें यह मात्र सत्ता संघर्ष के रूप में दिखाई देती है। इस परम्परा के कारण भारत में उन लोगों के लिए राजनीति करना आसान है जो इसे सेवा की भावना से जोड़ते हैं। इससे बुनियादी परिवर्तन की राजनीति करनेवाले अन्ततोगत्वा दौड़ में उनसे आगे निकल जाएँगे जो सत्ता की राजनीति चला रहे हैं।

शुरू के दिन कठिन होंगे। लोग ऐसे लोगों की खिल्ली भी उड़ा सकते हैं क्योंकि इनका कार्यक्षेत्र अखबारी सुर्खियों और कीमती ड्राइंग रूम से दूर होगा। लेकिन समाज में शक्ति का सबसे बड़ा स्रोत आम आदमी है। अगर युवजनों ने अपने काम से उनकी भावना को छू लिया, एक मानवीय संस्कृति की कल्पना उनमें जगा दी, तो फिर कोई भी शक्ति परिवर्तन की धारा को रोकने में असमर्थ होगी।

(समता युवजन सभा के लिए परचा, 1984)

नक्सली आन्दोलन का वैचारिक संकट

भूमिका

इस पुस्तक का मूल उद्देश्य यह बतलाना है कि बाहर से प्रखर दिखाई देनेवाले नक्सली समूहों में वैचारिक दृष्टि से कोई मौलिकता नहीं है। इस अभाव के कारण इसके विकास पर एक सीमा लग जाती है। हमने अध्ययन के लिए अनेक नक्सली समूहों में भारतीय कम्युनिस्ट पार्टी (मार्क्सवादी-लेनिनवादी) लिबरेशन को चुना क्योंकि यह सबसे बड़ा जनाधार वाला समूह रहा है। इसने इंडियन पीपुल्स फ्रंट (आई.पी.एफ) बनाकर अपना आधार काफी फैलाया था और बिहार में चुनावों में हिस्सा लेकर विधानसभा की कुछ तथा लोकसभा की एक सीट जीती थी। इंडियन पीपुल्स फ्रंट ने विभिन्न संगठनों को जोड़ने की प्रक्रिया में कुछ पिछड़ी जातियों में भी अपनी पकड़ मजबूत की थी। साथ ही हिंसात्मक क्रांति में आस्था के प्रतीक के रूप में इसने अपना सशस्त्र दस्ता भी कायम रखा था, जो भूमिगत रहकर काम करता था और प्रतिद्वंद्वी सशस्त्र नक्सली समूहों तथा भूस्वामियों की सेनाओं से मुठभेड़ के समय सक्रिय हो जाता था। कुछ दूसरे महत्त्वपूर्ण नक्सली समूहों से यह इस अर्थ में भिन्न था कि पार्टी यूनिटी, पीपुल्स वार ग्रुप और एम.सी.सी. जैसे समूह चुनावों का पूरी तरह निषेध करते थे जबकि यह चुनावों में भागीदारी में विश्वास करता था। लेकिन इससे लिबरेशन ग्रुप के सामने हिंसा की राजनीति की अपनी आस्था और लोकतांत्रिक प्रक्रियाओं में हिस्सेदारी के बीच दुविधा की स्थिति बनी रहती थी।

अपनी सारी भिन्नताओं के बावजूद ये नक्सली समूह अपनी अलग-अलग समझ के अनुसार मार्क्स, लेनिन और माओ के विचारों को ही अपनी प्रेरणा का स्रोत मानते हैं। ठोस रूप से ये चीन की क्रान्ति को एक प्रतिमान के रूप में अपने सामने रखते रहे हैं। चूँकि तमाम नक्सली समूहों की मूल मान्यताएँ समान रही हैं, किसी एक के अध्ययन के सन्दर्भ में दूसरे समूहों की वैचारिक सीमाओं को भी समझा जा सकता है। नक्सली समूहों की वैचारिक प्रतिबद्धता किसी भी बाहरी व्यक्ति को घोर जड़ता मालूम पड़ेगी क्योंकि चीन में पिछले पच्चीस-तीस वर्षों में पूरा आर्थिक और सामाजिक ढाँचा बदल गया है। नवम्बर 1999 के मध्य विश्व व्यापार संगठन में शामिल होने के लिए चीन ने अमेरिका के साथ एक ऐसा समझौता किया है जिससे चीन का औद्योगिक और सेवा-क्षेत्र दुनिया के पूँजीवादी प्रतिष्ठानों के लिए

पूरी तरह खोल दिया गया है जिससे चीन में करोड़ों लोगों के बेरोजगार होने की आशंका है। एक तरह से यह चीन द्वारा विश्व की पूँजीवादी व्यवस्था से जुड़ने के दो दशक से चलाए जानेवाले प्रयासों की परिणति ही है। लेकिन नक्सली समूहों में इस पूरी सामाजिक प्रक्रिया को समझने का आज भी कोई प्रयास नहीं है, जिसके चलते इतिहास का चक्का उलटा चलता दिखाई देता है—यानी पूँजीवाद से समाजवाद के बजाय समाजवाद से पूँजीवाद की ओर संक्रमण।

हालाँकि नक्सली समूहों के सोच में कोई फर्क नहीं हुआ है मगर पिछले दस-पन्द्रह वर्षों में सांगठनिक ढाँचे और संगठनों के आपसी रिश्तों में कुछ बदलाव आए हैं। लिबरेशन ग्रुप ने इंडियन पीपुल्स फ्रंट को भंग कर दिया है और इसकी पूरी राजनीति अब भारतीय कम्युनिस्ट पार्टी (मार्क्सवादी-लेनिनवादी) लिबरेशन के बैनर तले चल रही है। पहले पार्टी यूनिटी का पीपुल्स वार ग्रुप में विलय हुआ उसके बाद मुख्य रूप से दो समूह माओइस्ट कम्युनिस्ट सेंटर (एम.सी.सी.) और पीपुल्स वार ग्रुप के विलय से भारतीय कम्युनिस्ट पार्टी (माओवादी) का गठन हुआ। माओवादी नाम से जाने जानेवाले इस समूह का मतभेद बाकी नक्सली समूहों से काफी गहरा हो गया है। इस बीच नक्सली चुनौतियों का मुकाबला करने के लिए भूमि सेना, कुँवर सेना, लोरिक सेना, सनलाइट सेना और रणवीर सेना आदि नाम से काश्तकारों की विभिन्न जातियों की सेनाओं के गठन का सिलसिला चलता रहा है। इसकी वजह से सामूहिक हत्याओं का सिलसिला तेज हुआ है।

ये सब नतीजे दरअसल नक्सली आन्दोलन के अपने दूरगामी लक्ष्यों के अनुरूप कोई नीति या रणनीति नहीं बना पाने से होनेवाले अनिवार्य भटकाव के परिणाम है। ये ताजा घटनाक्रम इस अध्ययन के इस निष्कर्ष को पुष्ट करते हैं कि नक्सली आन्दोलन अपने वैचारिक ताने-बाने में उलझकर सम्पूर्ण गतिरोध की स्थिति में है। इन समूहों के आपसी सम्बन्धों और हत्याओं की राजनीति की वैचारिक एवं वैयक्तिक पृष्ठभूमि को समझने के लिए बिहार की पीपुल्स यूनियन फॉर सिविल लिबर्टीज के एक अध्ययन एवं एक पत्रकार की खोज रपट के कुछ अंश परिशिष्ट में दिए गए हैं। इससे उन लोगों को, जो हिंसा की घटना-स्थलों से दूर हैं, स्थिति को समझने में मदद मिलेगी।

पुस्तक में नक्सली आन्दोलन की वैचारिक समस्या के सन्दर्भ में हमारी राजनीति की कुछ मूल प्रवृत्तियों को समझने की भी कोशिश की गई है, जिसके कारण गतिरोध सिर्फ नक्सली आन्दोलन में ही नहीं बल्कि पूरी भारतीय राजनीति में है। आशा है यह पुस्तक हमें अपनी उन राजनीतिक कमजोरियों को समझने में मदद करेगी जिनके कारण चारों ओर लोकतांत्रिक मर्यादाओं का लोप और प्रशासनिक विघटन का नजारा दिखाई देता है।

1

जिस समय यह पुस्तक लिखी गई थी उसके बाद से लगभग पिछले ढाई दशक में भारत की वामपन्थी राजनीति खिसककर पश्चिमी देशों की राजनीति के पारम्परिक ढाँचे की ओर बढ़ी है। स्थापित कम्युनिस्ट पार्टियाँ जैसे भाकपा और माकपा—पश्चिमी सोशल डेमोक्रैटिक पार्टियों के टोनी ब्लेयर की धुर दक्षिणपन्थी लेबर पार्टी या जर्मन सोशल डेमोक्रैटिक पार्टी की उस नीति के पारा पहुँच गई है जहाँ मुख्य प्रतिद्वंद्वी क्रिश्चियन डेमोक्रैटिक यूनियन से उसकी अलग पहचान मुश्किल हो गई और वह एंजेला मारकेल के नेतृत्व में उसके साथ साझा सरकार बनाने पर विवश हुई। लिहाजा पश्चिम बंगाल में माकपा के नेतृत्व में चलनेवाली वाममोर्चे की सरकार देश के बड़े इजारेदार पूँजीवादी प्रतिष्ठानों टाटा और इंडोनेशिया की बहुराष्ट्रीय कम्पनी सलेम ग्रुप के दलाल की भूमिका में आकर जबरन किसानों की जमीन हड़पने के मुहिम में शामिल हो गई। सिंगुर और नन्दीग्राम में क्रमश: टाटा और सलेम ग्रुप के लिए किसानों से जमीन छीनने के क्रम में इन पार्टियों का धुर पूँजीवादपरस्त चेहरा अचरज में डालनेवाला रहा। नक्सली समूहों में कई ने छिटपुट हिंसा और आतंकवादी नीतियों का परित्याग कर दिया गया है और वे देश की लोकतांत्रिक प्रक्रिया के भीतर जन संगठन और जन आन्दोलन चलाने की कोशिश कर रहे हैं। उनकी भूमिका कुछ वैसी ही हो गई है जैसी पश्चिमी देशों में मार्क्सवादी पार्टियों की भूमिका बीसवीं शताब्दी के मध्य तक थी। इस पुस्तक में जिस भारतीय कम्युनिस्ट पार्टी (मार्क्सवादी-लेनिनवादी) लिबरेशन ग्रुप की विशेष चर्चा की गई है, वह अब पूरी तरह संवैधानिक लोकतांत्रिक प्रक्रिया में शामिल हो गई है और कुछ स्थानों पर इसे सीमित सफलता भी मिली है। अभी भी ये भूमिहीनों में सक्रिय है और कुछ पिछड़ी जातियों में इनका आधार है। पार्टी विधानसभा में अपने कुछ सदस्यों को भेजने में सफल भी हुई है। अभी भी जहाँ-तहाँ हिंसक वारदातों में इसका नाम आ जाता है लेकिन वे रक्षात्मक अधिक होते हैं और पुराने आपसी झगड़ों के अवशेष ही हैं। नक्सलवाड़ी के प्रारम्भिक नेताओं में एक प्रमुख नाम कानू सन्याल का था। वे भी कम्युनिस्ट पार्टी (मार्क्सवादी-लेनिनवादी) के नाम से लोकतांत्रिक प्रक्रिया के भीतर ही जन आन्दोलन से जुड़ने की कोशिश कर रहे थे। कई दूसरे नक्सली

समूह भी कमोबेश इसी दिशा में बढ़े हैं। इन पार्टियों के आपसी मतभेद इतने सूक्ष्म सैद्धान्तिक मुद्दों को लेकर हैं कि इस आन्दोलन के बाहर के लोगों के लिए इन मतभेदों का महत्त्व समझ पाना मुश्किल है।

हिंसक क्रान्ति से राजसत्ता पर कब्जा जमाने की पुरानी नीति को लेकर मुख्य रूप से एक ही समूह सक्रिय है। यह समूह अब कम्युनिस्ट पार्टी (माओवादी) के नाम से जाना जाता है। यह मुख्य रूप से दो समूह माओइस्ट कम्युनिस्ट सेंटर (एम.सी.सी.) और पार्टी यूनिटी, बाद के पीपुल्स वार ग्रुप, जिनकी चर्चा पहले हो चुकी है, के विलय से बनी। इसके साथ कुछ दूसरे छोटे समूह भी जुड़े। इनका मतभेद पहले भी दूसरे नक्सली समूहों से था और अब माओवादी नाम से जाने जानेवाले इस समूह का मतभेद बाकी नक्सली समूहों से काफी गहरा हो गया है। यह उस पुरानी माओवादी रणनीति को लेकर चलने का आग्रही है जिसमें एक छोटे से आधार क्षेत्र से फैलकर माओ और उनके साथी पूरे चीन पर अपना शासन कायम करने में सफल हुए। इस रणनीति के तहत वे कुछ स्थानों पर आधार क्षेत्र बनाने और अपना हथियारबन्द गुरिल्ला दस्ता तैयार करने में लगे हैं। आधार क्षेत्र में यह गलतफहमी नहीं होनी चाहिए कि ये ऐसे क्षेत्र हैं जहाँ बाजाप्ता इनका शासन कायम है और लोगों का आर्थिक-सामाजिक जीवन इनके द्वारा निर्धारित होता है। ये वैसे क्षेत्र हैं जहाँ की विशेष भौगोलिक स्थिति और ऐतिहासिक कारणों से भारत सरकार या राज्य सरकारों के प्रशासन की पहुँच कभी भी पूरी तरह नहीं रही। मसलन छत्तीसगढ़ का बस्तर का इलाका। दुरूह पर्वतों और घने जंगलों से घिरे इन क्षेत्रों में प्रशासनिक सेवाएँ कभी भी मुकम्मल नहीं थीं और लोगों का जीवन बहुत कुछ पारम्परिक शासन एवं कबाइली नियमों से निर्धारित होता था। इन स्थानों पर इनका प्रशासन भले ही कायम नहीं हो एक छोटे हथियारबन्द टुकड़ी के बूते भी वे राज्य सरकार के पुलिस और प्रशासनिक कामों को बाधित या पूरी तरह ठप्प कर सकते हैं। घने जंगलों और बीहड़ पर्वतीय अंचलों में छोटे से गुरिल्ला दस्ता के लिए भी अपने से कई गुना बड़ी पुलिस और फौजी ताकत को रोके रखना या गम्भीर रूप से क्षतिग्रस्त करना सम्भव होता है। इसीलिए उनके बन्द के आह्वान पर बे-रोकटोक रोड और रेल परिवहन ठप्प हो जाता है। सैकड़ों किलोमीटर में जंगलों और पर्वतों से गुजरनेवाले यातायात को संरक्षण प्रदान करना पुलिस या फौज के लिए सम्भव नहीं होता क्योंकि गुरिल्ला दस्तों को अकस्मात या चकमा देकर हमला करने की सुविधा होती है।

लेकिन प्रशासन के कामों को बाधित करना एक बात है और अत्याधुनिक आयुधों से युक्त भारत की स्थापित राज्य व्यवस्था के आक्रमण के सामने स्थायी शासन व्यवस्था कायम कर पाना दूसरी बात। और चीन की तर्ज पर ऐसे आधार क्षेत्र से बढ़कर नगरों-महानगरों समेत देश के सभी भागों पर नियंत्रण करना तो एक

दिवास्वप्न भर है। नेपाल में, जिसका बड़ा हिस्सा और राजधानी काठमांडू और पोखरा जैसे प्रमुख नगर भी पहाड़ों में हैं और दुनिया की सबसे ऊँची हिमालय की पर्वतमाला से घिरे हैं, माओवादियों को एक हद की सफलता मिलना सम्भव था। लेकिन वहाँ भी माओवादियों को सत्ता पर एकछत्र अधिकार कर पाना असम्भव लगा और इसी का परिणाम था कि एक हद तक अपनी शक्ति का विस्तार करने के बाद उन्हें अपने को लोकतांत्रिक प्रक्रिया के साथ जोड़ना पड़ा।

अपने छोटे से दायरे से फैलकर शहरी क्षेत्रों में फैलने की समस्या अभी ही भारत के माओवादियों को परेशानी में डाल रही है। अंग्रेजी दैनिक 'हिन्दू' में प्रकाशित एक समाचार के अनुसार 2006 के जनवरी महीने में हुई माओवादी केन्द्रीय समिति की बैठक में इस बात को लेकर गम्भीर चिन्ता जाहिर की गई थी कि पार्टी का फैलाव औद्योगिक क्षेत्रों और नगरीय क्षेत्रों में नहीं हो पा रहा है। इसका कारण उस भौगोलिक परिवेश का अभाव है जिसके बिना राज्य के संगठित हथियारी ताकत के सामने छिटपुट गुरिल्ला दस्ता कारगर नहीं हो सकते। भले ही कुछ सनसनीखेज घटनाओं को अंजाम दे दें। दरअसल जंगल और बीहड़ पर्वतीय क्षेत्रों में इसके फैलाव के पीछे इनकी अपनी शक्ति और रणनीति की सफलता से बड़ा कारण है भारतीय राज्य की वह पूँजीपरस्त नीति जिसके चलते यह उन भूभागों पर लगातार आक्रमण करती रही है जहाँ से पूँजीपतियों को अपने बड़े उद्योगों और ऊर्जा उत्पादन के लिए खनिज और दूसरे संसाधन प्राप्त होते हैं। प्रायः ये वैसे क्षेत्र हैं जहाँ पहाड़ और जंगल हैं और जो ज्यादातर आदिवासी बहुल हैं या कृषि क्षेत्र हैं। इससे उनका हजारों वर्ष से स्थिर जीवन और प्राकृतिक परिवेश उद्वेलित हो जाता है और यहाँ के लोगों में अपने परिवेश और जीवन के आधार को बचाने की बेचैनी और संकल्प पैदा होता है। हालाँकि इन प्रदेशों के लोगों के जीवन पर यह हमला छोटे-छोटे किस्तों में कुतरने जैसा होता है, अपनी समग्रता में, यह मूलतः वैसा ही अतिक्रमण या आक्रमण है जैसा तेल पर अधिकार जमाने के लिए अमेरिका ने इराक पर किया था। इन क्षेत्रों में माओवादियों को ऐसे लोगों का समर्थन मिलने लगता है जिसके अस्तित्व को ही वर्तमान शासन व्यवस्था मिटाने में लगी है। उनके जीवन के प्राकृतिक आधार को नष्ट कर या छीनकर उन्हें आजीविका के लिए दर-दर भटकने को मजबूर किया जा रहा है। यह एक मजबूत भावनात्मक आधार है जिसको तोड़ना मुश्किल है क्योंकि संसाधनों की लूट के लिए जीवन को अस्थिर करने की सरकार की नीतियाँ ही इसकी जनक हैं। जहाँ नक्सलियों ने जमीन के बँटवारे को लेकर वर्ग संघर्ष को आधार बनाने की कोशिश की थी वहाँ उनकी सफलता सीमित थी और भूमि स्वामित्व के महत्त्व के कम होने के साथ-साथ उन क्षेत्रों में नक्सलियों का प्रभाव भी सीमित हो गया—मसलन बिहार के भोजपुर या दूसरे ग्रामीण क्षेत्रों में। लेकिन कई राज्यों के पर्वतीय अंचलों का एक बड़ा क्षेत्र माओवादी प्रभाव की एक शृंखला बनाए हुए है।

2003 में भारत सरकार की ओर से जिन पचपन नक्सल प्रभावित क्षेत्रों को चिह्नित किया गया था, कुछ अपवादों को छोड़, वे वन प्रदेश एवं पर्वतीय श्रृंखला से एकाकार हो जाते हैं। इनमें दक्षिण में आन्ध्र प्रदेश के महबूबनगर और मेदक से शुरू हो, वारंगल से लेकर महाराष्ट्र के पूर्वी हिस्से में गोंदिया, लगभग पूरा छत्तीसगढ़, दक्षिण उड़ीसा का कोरापुट, पूरा झारखंड, उत्तर प्रदेश का सोनभद्र एवं मिर्जापुर और उत्तर में बिहार का औरंगाबाद, कैमूर और गया शामिल हैं।

औद्योगिक पूँजीवाद को बढ़ाने की उपरोक्त योजनाओं से सैकड़ों या हजारों वर्षों में प्रकृति से तारतम्य स्थापित कर जो जीवन पद्धतियाँ विकसित हुई थीं उन्हें एकबारगी नष्ट किया जा रहा है। इसका प्रभाव वहाँ के रहनेवालों पर वैसा ही होता है जैसा चींटियों के बाँबियों या मधुमक्खी के छत्ते को तोड़ने का होता है। लोगों में नए जीवन की तलाश में दिशाहीन भटकाव शुरू होता है या अतिक्रमणकारी के खिलाफ आक्रामकता उत्पन्न होती है। फ्रंटलाइन के 21 सितम्बर 2006 के एक लेख (ए क्वेश्चन ऑफ राइट्स नॉट डेवलपमेंट) में कहा गया है :

> "...विकास कार्यों के लिए जबरिया जमीन हड़पे जाने से विस्थापित हुए लोगों के सम्बन्ध में कोई सरकारी आँकड़ा उपलब्ध नहीं है। अध्येताओं के आँकड़ों में भिन्नता है। एक अध्येता ऑस्कर फर्नांडिस के अनुसार 1951 और 2005 के बीच लगभग 5.5 करोड़ भारतीय आबादी का विस्थापन हुआ है। इनमें सिर्फ 28 से 30 प्रतिशत को ठीक ढंग से बसाया गया है। जहाँ तक आदिवासियों का सवाल है सिर्फ 18 से 20 प्रतिशत लोगों को बसाया गया है...।"

कहावत है मरता क्या न करता। मौका मिलने पर जीवन के आधार से विस्थापित इनमें अधिकांश लोग अपने स्वत्व की रक्षा के लिए बन्दूक उठाने के लिए तैयार हो जाते हैं। इतिहास के परिप्रेक्ष्य में मार्क्स-लेनिन के सिद्धान्त कितने खरे उतरते हैं इसे समझने का समय उजाड़े जा रहे लोगों के पास नहीं है। लेकिन जो उनके जीवन को उजाड़ते हैं वे प्रत्यक्ष दिखनेवाले 'वर्ग शत्रु' हैं। बड़े परिप्रेक्ष्य में रखने पर इसकी समानता आज देश या दुनिया में हो रहे दूसरे अलगाववादी हिंसक आन्दोलनों से देखी जा सकती है। इन सबमें अपनी अस्मिता और स्वायत्तता को बचाए रखने की इच्छा या संकल्प दिखाई देता है। एक उदाहरण हमारे यहाँ का आधी शताब्दी का नगा विद्रोह है।

दुनिया की सरकारें हथियारों के निर्माण को जितना ही बढ़ा रही हैं इन हथियारों के एक हिस्से का ऐसे बागी समूहों के हाथ आने की सम्भावनाएँ भी उतनी ही बढ़ रही हैं। आज नशीली पदार्थों के साथ-साथ हथियारों की तस्करी का व्यापार सबसे बड़े मुनाफे का धन्धा बन गया है और सरकारें बागी समूहों के

हाथ नवीनतम हथियारों को पड़ने से रोक नहीं पातीं। इस तरह उन पिछड़े देशों में जहाँ पूँजीवादी उद्योगों को तेजी से विकसित करने की कोशिश हो रही है ऐसे आन्दोलनों को जीवन का स्थायी हिस्सा मानकर चलने की मजबूरी बन गई है। इस तरह पूँजीवादी विकास प्रक्रिया के साथ नए दूर-दराज के अंचलों को निगलने और उनके दरिद्रीकरण का जो अनिवार्य सिलसिला चलता है, माओवादी एवं अलगाववादी हिंसक प्रतिरोध भी उसका एक अभिन्न पहलू है। सामाजिक और आर्थिक विकास का जब तक एक वैकल्पिक प्रतिमान नहीं अपनाया जाता यह दुश्चक्र टूटेगा नहीं। माओवादी हिंसा इस विकास प्रक्रिया की प्रतिक्रिया या परिणति है किसी सुनियोजित विचारधारा का प्रतिफल नहीं। अगर माओवादी माओ के चीन में जो कुछ हो रहा है उस पर गौर करते तो उन्हें वैसी क्रान्ति की निरर्थकता समझने में देर नहीं लगती जिसने महान प्रयासों और अनगिनत कुर्बानियों के बाद चीन को समाजवाद के बजाय दुनिया के सबसे आक्रामक और तेज पूँजीवादी विकास के रास्ते पर ला पटका है। लेकिन जंगलों के बीहड़ों में तात्कालिक प्रतिरोध का संयोजन करनेवालों को शायद दूर का क्षितिज दिखाई नहीं देता और उन्हें शायद इसका मौका भी नहीं मिलता। फिलहाल माओवादियों के साथ-साथ हमारा समाज भी इसी गतिरोध में फँसा है।

2

नक्सली आन्दोलन के चढ़ाव-उतार और मौजूदा वैचारिक संकट को समझने के लिए जन उभार की आम मानसिकता और इस मानसिकता के मार्क्सवादी चिन्तन के वैज्ञानिक विश्लेषणात्मक रुझान से विरोध को समझना जरूरी है। जन उभार को जन्म देनेवाली आर्थिक राजनैतिक स्थितियाँ अलग-अलग हो सकती हैं, लेकिन उन स्थितियों में हमेशा किसी ऐसे चमत्कारी परिवर्तन की आशा छिपी रहती है जिसमें दबे-पिछड़े लोग अचानक ऊपर आ जाएँगे और वे जो सम्पन्न और समृद्ध हैं धूल चाटने लगेंगे। संसार में बार-बार क्रान्तियों और बगावतों की शुरुआत ऐसे विश्वासों से होती रही है। स्वयं हमारे यहाँ आदिवासियों की बगावतें ऐसे ही विश्वास से बिना किसी पूर्व तैयारी के होती रही हैं। बोल्शेविक क्रान्ति के पहले रूस में बार-बार किसान क्रान्तियाँ हुई थीं जिनकी श्रृंखला में पुगाचोव के नेतृत्व में होनेवाली क्रान्ति (1773-75) में पुगाचोव को बाजाप्ता नए जार के रूप में प्रस्थापित करने का आग्रह था। इसी तरह की किसान क्रान्तियाँ चीन में बार-बार हुई थीं और चीन की कम्युनिस्ट क्रान्ति से लगभग एक सदी पहले भी 1857 में लाइपिंग विद्रोह हुआ था जिसके पीछे ईसाइयों की धार्मिक मान्यताओं का बड़ा हाथ था।

तमाम वैज्ञानिक दावों के बावजूद स्वयं मार्क्सवाद में ऐसे चमत्कारी परिवर्तन की आशा प्रच्छन्न रूप से मौजूद है जिसे ऐतिहासिक नियति के रूप में एक वैज्ञानिक चोगा पहनाया गया है। इसमें यह विश्वास व्यक्त किया गया है कि पूँजीवादी विकास की एक खास मंजिल पर अनिवार्य रूप से एक ऐसी क्रान्ति होगी जिसमें शोषकों का सफाया होगा और शोषितों का राज्य कायम होगा। मार्क्सवाद के इस पहलू पर निश्चित रूप से यूरोप में प्रचलित उस ईसाई विश्वास का प्रभाव देखा जा सकता है जिसमें 'मिलेनियम' (हजार वर्ष बीतने) के दिन अचानक दुनिया बदल जाएगी, भगवान का राज्य कायम होगा और अच्छे लोग जो दबाए सताए गए हैं अचानक ऊपर आ जाएँगे और नेकी तथा इंसाफ स्थापित हो जाएँगे। लेकिन असलियत यह है कि इतिहास समाज के अन्तर्विरोधों को समटेते हुए सदा मन्थर गति से चलता रहता है, उन क्षणों में भी जब यह छलाँग लगाता हुआ दिखाई देता है तब भी यह अवरोधों को पार करने के लिए थोड़ा लम्बा डग भर उठाता होता है, जिसके बाद इसकी

पुरानी चाल फिर लौट आती है। लेकिन ऐसे लोगों की परिवर्तन की आकांक्षा, जो अपने समय की व्यवस्था में सताया गया महसूस करते हैं या उत्कट परिवर्तनकामी, लम्बे समय तक इंतजार करना नहीं चाहती। समय-समय पर उनकी परिवर्तन की प्रबल इच्छा बदलाव की अनिवार्यता के अटल विश्वास में बदल जाती है। और इस इच्छा के दबाव में उन्हें चारों तरफ ऐसे आसार दिखाई देने लगते हैं जिससे लगता है कि वे एक धक्के में सारी परम्परागत व्यवस्था को नष्ट कर देंगे। ये ही वे मनोवैज्ञानिक क्षण होते हैं जब क्रान्तिकारी समूह या बहुसंख्यक जन समुदाय बगावत का झंडा उठाते हैं। इनकी सफलता अनुकूल वस्तुस्थिति की मौजूदगी पर निर्भर करती है और जब सफलता मिलती भी है तो आंशिक रूप से ही, क्योंकि इतिहास में कोई भी ऐसा अभिसार बिन्दु नहीं होता जहाँ समाज के सभी क्षेत्र के आमूलचूल परिवर्तन की शक्तियाँ एकबारगी इकट्ठा हो जाएँ। इसीलिए सफल क्रान्तियों के बाद भी एक मोहभंग का काल आता है जिसमें कुछ लोग निराश हो जाते हैं और कुछ लोग परिवर्तन के नए अभियानों के आयोजन में लग जाते हैं।

मार्क्सवाद की दूसरी धारा विश्लेषणात्मक है और समाज परिवर्तन की सम्भावनाओं को समाज में मौजूद आर्थिक राजनीतिक परिस्थितियों से जोड़ती है। इसमें जहाँ एक ओर क्रान्तिकारी जन उभार की सम्भावना को स्वीकार किया गया है वहीं उपयुक्त परिस्थिति में संसदीय लोकतत्र के माध्यम से समाज परिवर्तन की सम्भावना को भी कबूल किया गया है। रूस की क्रान्ति के बाद लेनिन ने दूसरी सम्भावना को यह कहकर अस्वीकार किया कि मार्क्स-एंगेल्स ने संसदीय रास्ते की सफलता के लिए जिन शर्तों की कल्पना की थी वे अमेरिका या ब्रिटेन जैसे लोकतंत्र में भी मौजूद नहीं हैं। पश्चिमी देशों की सोशल डेमोक्रैटिक पार्टियों से कम्युनिस्ट पार्टियों (जो लेनिनवादी थीं) के मतभेद का यह खास मुद्दा बन गया। लेकिन जहाँ संसदीय लोकतंत्र कायम था वहाँ संसदीय व्यवस्था को नजरअन्दाज कर काम करना सम्भव नहीं था। इसलिए कम्युनिस्ट पार्टियों ने एक बीच की रणनीति अपनाई। इसके तहत तात्कालिक रूप में उन्होंने संसदीय लोकतंत्र के संस्थानों में काम करना शुरू किया, लेकिन अन्तिम लक्ष्य यह रखा कि उपयुक्त अवसर पर संसदीय व्यवस्था को खत्म कर सर्वहारा की सशस्त्र क्रान्ति द्वारा समाजवाद की तरफ बढ़ा जाएगा।

लेकिन यह रास्ता जोखिम भरा था। कारण यह कि संसदीय लोकतंत्र के भीतर जन दबाव का ऐसा प्रभाव होता है कि जनता को प्रत्यक्ष रूप से शोषित करनेवाली या सतानेवाली स्थितियाँ खत्म हो जाती हैं। और इससे बगावत की सम्भावना टलती है। परिणामस्वरूप सशस्त्र जन उभार का लक्ष्य इतना दूर होता जाता है कि वास्तव में यह एक मिथक भर रह जाता है। दूसरी ओर लोकतंत्र की अस्वीकृति से बहुसंख्य लोगों की निगाहों में कम्युनिस्ट संदिग्ध बने रहते हैं यानी संसदीय राजनीति के भीतर लोग इनकी विचारधारा को राजनीति की मूल धारा के रूप में कबूल नहीं करते।

इस कारण संसदीय व्यवस्था में इनके लिए सत्ता में आना मुश्किल होता है। इसके अलावा संसदीय व्यवस्था के माध्यम से समाज परिवर्तन की रणनीति के अभाव में (क्योंकि कम्युनिस्ट इस सम्भावना से इनकार करते हैं) वे इस व्यवस्था के भीतर सम्भव सभी उपायों का सहारा समाज परिवर्तन के लिए ले नहीं पाते। उनकी सारी सोच और रणनीति सम्पूर्ण सत्ता प्राप्त करने पर ही परिवर्तन की होती है। नतीजा यह होता है कि कम्युनिस्ट भी अन्य पार्टियों की तरह संसदीय जोड़-तोड़ और इससे प्राप्त सीमित सत्ता और सुविधा के उपभोग में लग जाते हैं।

इटली, स्पेन आदि की कम्युनिस्ट पार्टियों ने लोकतंत्र में पूरी आस्था के बगैर संसदीय लोकतंत्र के भीतर काम करने को इन्हीं असुविधाओं के कारण अन्त में लेनिनवादी धारा से अपने को अलग करने का निर्णय किया, जिससे यूरो-कम्युनिज्म की शुरुआत हुई। दुनिया के उन सभी देशों में जहाँ कम्युनिस्ट पार्टियाँ संसदीय लोकतंत्र के ढाँचे में काम करती हैं वहाँ कम्युनिस्ट पार्टियों में दो विपरीत धाराएँ मौजूद रहती हैं—एक धारा उनकी होती है जो संसदीय राजनीति के दैनन्दिन दबावों के भीतर राजनीति चलाते हैं, जो मूलतः संसदीय होती है, और दूसरी उन लोगों की जो अविलम्ब उथल-पुथल और परिवर्तन के लिए व्यग्र होते हैं और संसदीय व्यवस्था में निहित विलम्ब और व्यवधान से निजात ढूँढ़ते रहते हैं। ऐसे लोगों को कुछ संकेत चाहिए, चाहे वह कितना ही क्षीण क्यों न हो, और वे सशस्त्र बगावत की तैयारी में लग जाते हैं। भारतीय कम्युनिस्ट आन्दोलन में भी ये दोनों धाराएँ रही हैं।

1948 में कॉमिनफॉर्म (कम्युनिस्ट अन्तर्राष्ट्रीय संगठन) की हर देश में बगावत कराने की नीति और चीनी क्रान्ति की सफलता ने, जो दीर्घकालीन गृहयुद्ध का परिणाम थी, ऐसा संकेत दिया और भारतीय कम्युनिस्ट पार्टी ने सशस्त्र विद्रोह की नीति अख्तियार की, जो रणदिवे लाइन के नाम से जानी जाती है। यही काल तेलंगाना के किसान विद्रोह का भी था। अमर शेख की धुन पर सारे भारत के कम्युनिस्ट गाना गा रहे थे, 'तेलंगन की धरती गरजी, गरजा भारत सारा; रास्ता चीन का है, चीन का है चीन का हमारा।' लेकिन उपयुक्त वस्तुस्थिति के अभाव में ऐसे सशस्त्र विद्रोहों का जो अन्जाम होता है वही इस विद्रोह का भी हुआ। जहाँ-तहाँ से फूटती हुई चिंगारियाँ बिना कोई चिह्न छोड़े राजनीतिक बंजर में विलीन हो गईं, कहीं प्रेरी में ज्वाला नहीं लहरी। (माओ का कहना था कि एक चिंगारी घास के मैदान, प्रेरी में दावानल पैदा करती है।) थोड़े ही दिनों में आन्दोलन बुरी तरह कुचल दिया गया और कम्युनिस्ट पार्टी की ताकत जो तेलंगाना के इलाके में व्यापक थी धीरे-धीरे नगण्य हो गई। फिर मास्को की लाइन बदली और संसदीय राजनीति वाली दूसरी धारा कम्युनिस्ट पार्टी पर हावी हुई। 1952 के चुनाव की सफलता ने इस धारा को मजबूत बनाया। रूस की विदेश नीति और भारत सरकार के साथ मैत्री की नीति ने संसद में भी कम्युनिस्ट विरोध के स्वर को काफी कमजोर बना दिया। 1959 से

चीन और रूस के बीच के तनाव ने भारतीय कम्युनिस्ट आन्दोलन में फिर सशस्त्र विद्रोह वाले स्वर को बुलन्दी दी।

1962 के भारत-चीन सीमा संघर्ष ने इन दोनों धाराओं के बीच मतभेद को तीव्र बनाया और 1964 में कम्युनिस्ट पार्टी का विभाजन बहुत हद तक इन दो धाराओं की टकराहट का ही परिणाम था। लेकिन उस समय यह मूलतः रूसी लाइन और चीनी लाइन के बीच चुनाव के रूप में आया। इस विभाजन में रूस समर्थक भारतीय कम्युनिस्ट पार्टी और चीन समर्थक भारतीय कम्युनिस्ट पार्टी (मार्क्सवादी) दो पार्टियाँ बन गईं। लेकिन संसदीय जनतंत्र की कुछ ऐसी मजबूरियाँ होती हैं कि एक अरसे से इसके भीतर काम कर रहे मार्क्सवादी कम्युनिस्ट पार्टी के नेता भी संसदीय राजनीति से छुटकारा लेने की स्थिति में नहीं थे। इसलिए जब 1967 में कई राज्यों में कांग्रेस के विकल्प में संविद सरकारें बनीं तब पश्चिम बंगाल में स्वयं मार्क्सवादी कम्युनिस्ट पार्टी अजय मुखर्जी के नेतृत्व में बनी मिली जुली सरकार की घटक थी। इसी के बाद नक्सलवाद का जन्म हुआ।

यह वह समय था जब चीन अन्तर्राष्ट्रीय राजनीति में बिलकुल अकेला पड़ गया था। अमेरिका के साथ तो उसके सम्बन्ध शुरू से ही खराब थे, रूस के साथ भी उसका सम्बन्ध इतना खराब हो चुका था कि दोनों के बीच सीमा-संघर्ष की भी नौबत आ चुकी थी। अपने अन्तर्राष्ट्रीय अकेलेपन को दूर करने के लिए अब चीन ने रूस से दुनिया के कम्युनिस्ट आन्दोलन का नेतृत्व छीनने की कोशिश की। उसने दुनिया भर की कम्युनिस्ट पार्टियों को अविलम्ब क्रान्ति की लाइन दी। साम्राज्यवाद को कागजी बाघ करार दिया और सभी देशों में खासकर तीसरी दुनिया में क्रान्ति का आह्वान किया। इस तरह अमेरिकी साम्राज्यवाद और रूसी 'सामाजिक साम्राज्यवाद' के विरुद्ध क्रान्ति की एक तीसरी शक्ति के रूप में चीन अपने को प्रतिष्ठित करने की कोशिश कर रहा था। तीसरी दुनिया के अधिकांश देशों में कम्युनिस्ट पार्टियों से टूटकर उनके कुछ सदस्य अविलम्ब क्रान्ति के इस नारे से प्रभावित हो माओवादी पार्टी बनाने लगे थे। इन समूहों पर माओ के चमत्कार का इतना प्रभाव था कि माओ की रचनाओं का संकलन 'लाल किताब' इनके लिए बाइबल और गीता का स्थान लेने लगी थी। चीनी प्रचार तंत्र भी इस आस्था को पूरी ताकत से हवा दे रहा था। वैज्ञानिक अनुसन्धान और चिकित्सा तक पर 'लाल किताब' के होनेवाले प्रभाव का जोर-शोर से प्रचार हो रहा था। भारत के कम्युनिस्टों के उस हिस्से के लिए, जो संसदीय लोकतंत्र की बन्दिशों से बेचैन था, माओ की 'लाल किताब' क्रान्ति की नई आशा के रूप में प्रकट हुई।

कम्युनिस्ट आन्दोलन के बाहर भी नई पीढ़ी में उस समय की राजनीतिक व्यवस्था के प्रति घोर असन्तोष व्याप्त था। जो व्यवस्था बन रही थी उसमें कहीं कोई आदर्श नहीं रह गया था। राजनीति सिर्फ सत्ता हथियाने और उसके माध्यम से

लूट-खसोट कर अपनी निजी महत्त्वाकांक्षा को पूरा करने का औजार बन गई थी। कांग्रेस पार्टी इस मुहिम की अगुआ थी। लेकिन जब कई राज्यों में संविद सरकारें बनीं और इस प्रक्रिया से सत्ता में आई दूसरी पार्टियों का चरित्र भी कमोबेश वही हो गया जो कांग्रेस का था तो नई पीढ़ी में पूरी संसदीय प्रणाली को ही नकारने का मनोभाव पैदा हुआ।[1] उनके सामने विकल्प की कोई स्पष्ट रूपरेखा नहीं थी। उनका निषेध पूरी तरह भावनात्मक था। वे जिस मनोदशा से गुजर रहे थे उसमें उन्हें किसी बड़े चमत्कार की आकांक्षा थी, और इस आकांक्षा के अनुरूप दिखाई दिया चीनी क्रान्ति का मिथक और वहाँ की क्रान्ति की उपलब्धियों की अतिरंजित तस्वीर, जो बहुत कुछ उनकी अपनी ही प्रबल इच्छा ने चीन से प्राप्त प्रचार तत्त्वों को जोड़कर बनाई थी।

जब 1967 में पश्चिम बंगाल की मार्क्सवादी कम्युनिस्ट पार्टी अजय मुखर्जी के नेतृत्व वाली संविद सरकार में शामिल हो गई तो कम्युनिस्ट आन्दोलन के भीतर ऊपर बतलाई गई दो दृष्टियों का संघर्ष तीव्र हो गया। संसदीय लोकतंत्र की प्रक्रिया और इससे जुड़ी कानून के राज्य की अवधारणा सीधे आक्रामक रूप से किसी समूह की—उनकी भी जो सत्ता के सशक्त घटक हों—आकांक्षाओं की पूर्ति नहीं होने देती। इस पर किसी नीति पर आम सहमति बनाना और फिर इसे कानूनी रूप देना अनिवार्य हो जाता है। यह प्रक्रिया काफी धीमी हो सकती है जब तक इसके साथ शान्तिपूर्ण जन आन्दोलन न जोड़ा जाए, जो स्वभाव से मन्थर गति से चलनेवाली या निहित स्वार्थों से प्रेरित नौकरशाही पर दबाव डाल सके। लेकिन मार्क्सवादी कम्युनिस्टों की रणनीति पूर्ण लोकतंत्र के वातावरण में जन आन्दोलनों को जोड़ने के लिए तो बनाई नहीं गई थी। उनकी विचार प्रणाली स्तालिनवादी थी और सम्पूर्ण सत्ता प्राप्ति के आधार पर परिवर्तन के लिए बनाई गई थी। इस कारण भूमि सुधार के अपने वादे को पूरा करने के लिए वे कोई कारगर पहल नहीं कर सके। दूसरी ओर मार्क्सवादी कम्युनिस्ट पार्टी का वह हिस्सा, जो अविलम्ब क्रान्ति के द्वारा चीनी क्रान्ति की पुनरावृत्ति का सपना देख रहा था संविद सरकार की सीमाओं में घुटन महसूस कर रहा था।

इसी का परिणाम था 1967 का नक्सलबाड़ी का विद्रोह, जिसमें मार्क्सवादी कम्युनिस्ट पार्टी के एक हिस्से ने दल को छोड़कर भूमिहीनों और छोटे किसानों का नेतृत्व किया। इस अवधि में कई स्थानों पर बड़ी जोत वाले और खासकर जमीन पर स्वयं खेती नहीं करनेवाले काश्तकारों की जमीन में दखल करने के प्रयास हुए, और बहुत जगह इन्हें आंशिक सफलता भी मिली। लेकिन सरकार ने थोड़े ही दिनों में फिर इस आन्दोलन को दबा दिया।

हालाँकि नक्सलबाड़ी का मिथक व्यापक है, असल में यह कोई बड़ा आन्दोलन नहीं था। यह बात इसी से जाहिर है कि अब नक्सलबाड़ी या इसके आसपास के इलाके में इस आन्दोलन का कोई अवशेष या प्रभाव दिखाई नहीं देता। लेकिन

नक्सलबाड़ी का असल महत्त्व इसमें है कि देश के अनेक हिस्सों में नौजवानों के व्यापक असन्तोष को एक मिथक मिला और वे चीन के नमूने की लाल क्रान्ति का सपना देखने लगे। प्रारम्भ के वर्षों में यह आन्दोलन भारत के नगरों के पढ़े-लिखे नौजवानों में और विशेष तौर से कोलकाता में फैला। जब नगरों में दमन का जोर हुआ और आन्दोलन को भारी धक्का लगा तब गाँवों में फैलने की कोशिश हुई। बिहार के भोजपुर और पटना जिले में, जो इस आन्दोलन के मुख्य केन्द्र बने, आन्दोलन 1972 के बाद शुरू हुआ।

1967 की संविद सरकारों के उदय के साथ-साथ पिछड़ी या मध्य जातियों का एक नेतृत्व भी उभरा था जो अपनी संख्या के बल पर उत्तर भारत की राजनीति पर पहली बार हावी हो रहा था। इससे बिहार और उत्तर प्रदेश की अगली जातियों के नौजवानों में लोकतंत्र के प्रति एक हिकारत का भाव भी पैदा हुआ था। यह देखा जा सकता है कि, एक ऐसे समय में जब मध्य जातियाँ आगे आ रही थीं, बिहार तथा उत्तर प्रदेश में प्रारम्भ में नक्सली आन्दोलन का नेतृत्व करनेवाले नौजवान ज्यादातर ब्राह्मण, कायस्थ, भूमिहार और राजपूत जातियों से आए थे। इनमें बड़ी संख्या में उच्च शिक्षा प्राप्त सम्पन्न परिवारों के लड़के थे। लोकतंत्र, यानी पिछड़े और गँवारों की राजनीति के विरुद्ध इनकी अभिजातवर्गीय दृष्टि को एक क्रान्तिकारी विचारधारा का आधार मिल गया। अब वे पिछड़ी जातियों में पैदा हुई जातीय चेतना के विरुद्ध एक आत्यंतिक वर्ग चेतना की बात कर अपनी विशिष्टता को कायम रख सकते थे। बाद के दिनों में, खासकर बिहार में, जब इन लोगों ने गाँवों में संगठन शुरू किया तब इन्होंने अगली जातियों के साथ-साथ मध्य जातियों के खिलाफ गाँवों के दलितों को, जो प्राय: भूमिहीन थे, संगठित करने का प्रयास किया।

यों तो नक्सली आन्दोलन के नाम से जाना जानेवाला आन्दोलन अपने को मार्क्सवादी कहता था, और जो मूल संगठन बना उसका नाम भी कम्युनिस्ट पार्टी (मार्क्सवादी-लेनिनवादी) रखा गया, लेकिन इस आन्दोलन से आए नौजवानों में शुरू में मार्क्सवाद की जानकारी का पूरी तरह अभाव था। माओ त्से तुंग की अन्धभक्ति और चीनी क्रान्ति का एक मिथक इनके सामने जरूर था और सबसे बढ़कर था कुछ भी कर डालने का प्रबल भावावेग। यह भावावेग इतना प्रबल था कि वे क्रान्ति के अपने सपने को सहज ही वस्तुस्थिति की असलियत के रूप में देखने लगते थे।

चारु मजुमदार समेत पूरे नक्सली आन्दोलन में 1972 के आसपास यह विश्वास फैला हुआ था कि 1972 में चीन की तरह ही यहाँ लॉन्ग मार्च होगा और 1975 तक यह पूरा होगा और दिल्ली का शासन नक्सलियों के हाथ में होगा (चीन में माओ को अपनी सुरक्षा के लिए अपने आधार के क्षेत्र को छोड़कर 6 हजार मील की दूरी तय कर भागकर येनान में शरण लेनी पड़ी थी)। भावुक नक्सलियों के लिए भारत में वह सब होना अनिवार्य था जो चीन में हुआ था। आश्चर्य की बात तो यह

है कि इस तरह का विचार उस समय फैल रहा था जब आन्दोलन में ठहराव आ गया था। 1972 का काल ऐसा था जब नक्सली आन्दोलन का अपने प्रारम्भिक क्षेत्र में सफाया हो गया था, और कोलकाता में छिटपुट नक्सली आतंक के जवाब में घोर पुलिस आतंक का राज था, और इसी क्रम में पश्चिम बंगाल में नक्सली आन्दोलन की रीढ़ टूट चुकी थी।

सच तो यह है कि भारत का नक्सली आन्दोलन मार्क्स के विचारों से तो अनभिज्ञ था ही, माओ के विचार और चीनी क्रान्ति को सफल बनानेवाली तमाम स्थितियों से भी अपरिचित था। व्यक्तिगत हत्या और तरह-तरह के आतंकवादी कार्य मार्क्स की मूल विचारधारा के बिलकुल विपरीत थे। यही नहीं रूस में लेनिन तथा अन्य मार्क्सवादियों का जबरदस्त विरोध ऐसी व्यक्तिगत हत्याओं में विश्वास करनेवाले नैरोड्निकी समूहों से था। हालाँकि मार्क्स ने बुर्जुआ उदारवाद की आलोचना की थी, फिर भी उसकी बुनियादी मान्यता लोकतंत्र, स्वतंत्रता और समाज के उदारवादी मूल्यों पर ही आधारित थी। लेकिन शुरू में नक्सली आन्दोलन का मूल स्वर उन सभी उदात्त मूल्यों को नकारने का था जो मानव समाज की सामूहिक उपलब्धि हैं। इस तरह शुरू में यह आन्दोलन पूरी तरह निषेध भाव पर टिका हुआ था। गांधीजी एक तरह से मानव समाज के उन उदात्त मूल्यों के प्रतीक थे जो सत्य और अहिंसा में उनके अडिग विश्वास में निहित है। स्वाभाविक था कि इस आन्दोलन का आक्रोश गांधीजी के खिलाफ सबसे ज्यादा है। इसीलिए इस काल में बच्चों के स्कूलों पर बम फेंकना और गांधीजी की मूर्तियाँ तोड़ना नक्सलियों के उल्लेखनीय कार्यों में था।

3

जब अर्थहीन हत्याओं के कारण नक्सली आन्दोलन आम लोगों से कटकर अलग-थलग होने लगा और पुलिस दमन ने इसे बिलकुल कमजोर कर दिया तब आत्मपरीक्षण की शुरुआत हुई। यह भी हुआ कि असफलता के लिए एक-दूसरे पर दोषारोपण शुरू हुआ और नक्सली समूह दर्जनों छोटे-छोटे गिरोहों में बँट गए। इस आत्मपरीक्षण की बेला में मार्क्सवाद और माओवाद के सुने-सुनाए विचारों की जगह नक्सलियों का मार्क्स और माओ की असली रचनाओं से साक्षात्कार हुआ। इससे एक बुनियादी भूल सुधार तो यह हुआ कि कम-से-कम सिद्धान्त रूप में वैयक्तिक हत्याओं की नीति का परित्याग किया गया। लेकिन हिंसा को मूल मानकर चलनेवाला समूह हिंसा की नीति को कैसे छोड़ता?

माओ का कथन कि क्रान्ति बन्दूक की नली से पैदा होती है, उनके लिए मूल मंत्र था। वैयक्तिक हत्या की जगह अब सामूहिक रूप से वर्ग शत्रुओं पर हमले की नीति अख्तियार की गई। इसी के साथ जन आन्दोलनों के विभिन्न रूपों का उपयोग करने की बात आई, और आगे चलकर इक्के-दुक्के नक्सली समूहों को छोड़कर बाकी ने चुनाव पद्धति का इस्तेमाल करने, यानी संसदीय ढाँचे के तहत चुनावों में हिस्सा लेने का निर्णय भी किया। माओवादी अतिरेक के समय को छोड़कर मार्क्सवादी आन्दोलन ने कभी भी चुनावों के बहिष्कार की नीति अख्तियार नहीं की थी। स्वयं लेनिन की बोल्शेविक पार्टी ने बहुत ही सीमित प्रतिनिधित्व वाली और जार के नियंत्रण में चलनेवाली ड्यूमा (पार्लियामेंट) में अपने प्रतिनिधि भेजे थे। यह ठीक है कि चुनावों में हिस्सा अपने क्रान्तिकारी लक्ष्यों को आगे बढ़ाने के लिए ही किया जाता था। लेकिन चुनावों में हिस्सा लेना मार्क्सवादी आन्दोलन का एक जरूरी कार्यक्रम माना जाता था। पर एक बार संसदीय चुनावों में भाग लेने का फैसला करने के बाद नक्सली समूहों के अलग अस्तित्व के औचित्य पर प्रश्नचिह्न लगने लगता है। क्या कभी भारत की कम्युनिस्ट पार्टी और बाद में मार्क्सवादी कम्युनिस्ट पार्टी ने भी संसदीय चुनावों में हिस्सा, रणनीति के रूप में नहीं लिया था? इन पार्टियों के संगठन में भी भूमिगत और प्रकट दोनों तरह के कार्यक्रमों के प्रावधान थे। मार्क्सवादी कम्युनिस्ट पार्टी ने तो संसदीय प्रणाली

में सत्ता में आकर लोकतंत्र की मूल मान्यताओं को एक हद तक नष्ट करने की प्रक्रिया भी जारी रखी है। पश्चिम बंगाल में मार्क्सवादी पार्टी ने पुलिस और नौकरशाही में अपने लोगों को भरकर इनकी निष्पक्षता को नष्ट करने में काफी सफलता भी पाई है, साथ ही वह लोकतंत्र के आधार, संगठन और प्रचार की आजादी पर नियोजित रूप से आघात करती रही है। पश्चिम बंगाल के काफी हिस्सों में आतंक का राज है और विरोधी संगठन मार्क्सवादी कम्युनिस्टों की आतंकवादी हरकतों के कारण निरापद रूप से काम नहीं कर सकते। सर्वहारा की पार्टी यानी मार्क्सवादी कम्युनिस्ट पार्टी के नेतृत्व में संयुक्त मोर्चे की नीति के तहत मोर्चे के अन्य दलों को हत्या और आतंक के जरिये नष्ट करने, या उनको मार्क्सवादी पार्टी की नीतियों पर चलने को मजबूर करने का काम भी मार्क्सवादी कम्युनिस्ट निर्ममता से चला रहे हैं। नतीजतन आपसी संघर्षों में वाम मोर्चे की पार्टियों के काफी सदस्य मारे जाते हैं।

क्या बिना सत्ता के समीप आए ही नक्सली समूह भी अपने प्रतिद्वंद्वियों को आतंकित करने की ऐसी ही नीतियाँ नहीं चलाते? इनमें कोई भी समूह अपने प्रभाव क्षेत्र में दूसरों की पैठ को बर्दाश्त नहीं करता। इसके कारण बिहार में पार्टी यूनिटी और लिबरेशन ग्रुप के संघर्षों में अनेक लोगों की हत्या की गई। आपसी हत्याओं के अलावा इन समूहों ने छात्र युवा संघर्ष वाहिनी और समता संगठन के कार्यकर्ताओं की भी हत्याएँ की हैं। एक समूह लिबरेशन ग्रुप ने अपनी रपट में स्वयं इस बात को कबूल किया है। इसमें लिखा गया है—"1983 में ही हमारे संगठन और सी.ओ.सी. (पार्टी यूनिटी) के बीच तीखा वैमनस्य शुरू हो चुका था। लेकिन उस समय तक कोई मुठभेड़ न हुई थी...लेकिन 1984 में सम्बन्ध काफी तनावपूर्ण हो गए और उसके बाद तो झड़पें शुरू हो गईं—पहले छिटपुट घटनाओं के रूप में, और उसके बाद तो यह एक परिघटना ही बन गई। अब तक इन मुठभेड़ों में 15 व्यक्ति मारे गए हैं और कई घायल हुए हैं। दोनों पक्षों द्वारा एक-दूसरे के सक्रिय कर्मियों और समर्थकों को गिरफ्तार करने, उनके हथियार छीन लेने और दोनों पक्षों के समर्थकों द्वारा एक-दूसरे के खिलाफ कोर्ट-कचहरी में सैकड़ों मुकदमे दायर करने की घटनाएँ घट चुकी हैं।" {भारत की कम्युनिस्ट पार्टी (मार्क्सवादी लेनिनवादी) के दस्तावेज (1-4-10)}

यह जानना दिलचस्प है कि इन झड़पों की शुरुआत इस बात से हुई कि सी.ओ.सी. के क्षेत्र में लिबरेशन ग्रुप के लोग अपना प्रचार और संगठन करने लगे। इससे भी ज्यादा दिलचस्प बात यह है कि एक ओर लिबरेशन ग्रुप को सिद्धान्त रूप में इससे एतराज नहीं था कि दूसरे समूह के कार्यक्षेत्र में प्रवेश न किया जाए, और दूसरी ओर व्यवहार में ग्रुप का एतराज यह था कि वे पहले से ही उस क्षेत्र में काम कर रहे थे। जिस दस्तावेज से ऊपर उद्धरण दिया गया है उसी में कहा गया

है—"पहले-पहल तो सी.ओ.सी. (पार्टी यूनिटी) ने इन क्षेत्रों में हमारे काम करने पर ही आपत्ति उठाई। वे चाहते थे कि हम इन इलाकों में प्रवेश न करें, या अपना विस्तार करने की कोशिश न करें, बल्कि इस समूचे क्षेत्र को उनके लिए खाली छोड़ दें। लेकिन हम लोग उनकी यह इच्छा पूरी न कर सके क्योंकि काफी पहले ही हम इस दिशा में आगे बढ़ने का निर्णय ले चुके थे। पटना के ग्रामीण इलाकों से बढ़ते हुए हम पटना शहर की ओर तो नहीं बढ़ सकते थे और इसके अलावा जहानाबाद के कुछ अंचलों (अरवल, घोसी आदि) में काफी लम्बे अरसे से काम कर रहे थे।" (1-4-11)

इस तरह हम देखते हैं कि विचार, प्रचार आदि के लोकतांत्रिक अधिकारों को नष्ट करने की दिशा में नक्सलियों और मार्क्सवादी कम्युनिस्टों में कोई भेद नहीं है और दोनों ही इस दिशा में भी हरावल जत्थे का काम कर रहे हैं।

मार्क्सवाद की एक दूसरी परम्परा भी है जो पश्चिमी यूरोप की सोशल डेमोक्रैटिक पार्टियों ने अपनाई थी। वह परम्परा सच्चे अर्थों में लोकतंत्र और नागरिक अधिकारों की अक्षुण्णता को स्वीकार करती है। लेकिन नक्सली आन्दोलन की त्रासदी यह है कि दुनिया की अधिकांश कम्युनिस्ट पार्टियों और मार्क्सवादी कम्युनिस्ट पार्टी की तरह यह भी स्तालिनवादी परम्परा से पैदा हुआ है और इसके लिए भी 'जनवाद, 'लोकतंत्र' आदि का अर्थ वही नहीं है जो आम लोगों के लिए है। इसलिए घूम-फिरकर यह सत्ता हथियाने की उन्हीं रणनीतियों पर आ रहा है जिस पर भारत की स्थापित कम्युनिस्ट पार्टियाँ चलती रही हैं। 'पीपुल्स डेमोक्रैसी', 'जनवाद' आदि का नारा, जो आज नक्सली दे रहे हैं वह मार्क्सवादी कम्युनिस्ट कब का दे चुके हैं। सर्वहारा की तानाशाही था नेतृत्व, भूमिहीनों, गरीब किसानों और मध्यम किसानों की एकता और धनी किसानों को तटस्थ करने आदि का नारा भी काफी पुराना कम्युनिस्ट नारा है और जब नक्सली इन नारों को दुहराते हैं तो वे दूसरी कम्युनिस्ट पार्टियों से कोई अलग पहचान नहीं बनाते। इनको अलग सिर्फ इस भरोसे माना जा सकता है कि ये अधिक ईमानदार हैं, जो कोई ठोस आधार नहीं है।

अपनी अलग पहचान बनाने के लिए नक्सलियों ने सभी सम्प्रदायों (सेक्ट) की तरह कुछ गोल-मटोल अर्थों वाले या विविधार्थक शब्दों की एक शब्दावली, जिसे अंग्रेजी में 'आरगोट' कहा जाता है, जरूर विकसित की है जिसका इनके लिए खास अर्थ है, और जिससे यह माना जा सकता है कि ये लोग एक भिन्न समुदाय के हैं। लेकिन अपरिभाषित और अस्पष्ट अर्थों वाले शब्दों का प्रयोग एक हद तक नक्सली समूहों के तानाशाही चरित्र को भी जाहिर करता है। जॉर्ज ऑरवेल ने राजनीति में अस्पष्ट शब्दों के प्रयोग को सीधा अधिनायकवादी व्यवस्था से जोड़ा है। उसका 'डबल स्पीक', यानी शब्दों का ऐसा प्रयोग जिससे उसका अर्थ आम लोगों में प्रचलित अर्थ से बिलकुल अलग या विपरीत हो, विख्यात हो चुका है।

यों तो देश में इतने नक्सली समूह हो गए हैं कि उनकी नीतियों और नारों का विश्लेषण करना इस संक्षिप्त पुस्तक में सम्भव नहीं। लेकिन इनमें एक समूह, जिसे कम्युनिस्ट पार्टी (मार्क्सवादी-लेनिनवादी) लिबरेशन ग्रुप कहा जाता है, अपने मोर्चे इंडियन पीपुल्स फ्रंट के माध्यम से आठवें दशक में काफी अखबारी सुर्खियों में आ रहा था। इसलिए हम नमूने के तौर पर इसकी कुछ नीतियों और शब्दावली पर विचार करेंगे।

एक शब्द है 'वर्ग शत्रु', जिसका प्रयोग मौखिक या लिखित रूप में धड़ल्ले से होता है। चूँकि वर्ग शत्रु के साथ कोई स्पष्ट वर्गीय अवधारणा नहीं जुड़ी है, सुविधा के अनुसार नक्सली किसी को भी, जो उनका विरोध करते हैं, वर्ग शत्रु कहकर सफाया कर सकते हैं। उदाहरण के लिए ऊपर उल्लिखित दस्तावेज में एक जगह कहा गया है—"पिछले कुछ वर्षों में हमारी नियमित सशस्त्र यूनिटों को कैथी (औरंगाबाद), कुनई (भोजपुर) और गंगाबीघा (नालन्दा) में कुछ गम्भीर क्षति उठानी पड़ी है। इन तमाम घटनाओं के विश्लेषण से यह जाहिर होता है कि सम्बन्धित गाँव में रहनेवाले दलाल ने ही जमींदारों के पास सूचनाएँ भेजी थीं और इसी माध्यम से खबर पुलिस तक पहुँच सकी। हम लोग इन दलालों की गतिविधियों से नावाकिफ रहे और हमारी सशस्त्र यूनिटों की सुरक्षा की धारणा केवल भू-स्वामियों व पहले चिह्नित दलालों से सावधान रहने और रातभर पहरा देने के इर्द-गिर्द घूमती रही।

"इन घटनाओं के बाद तमाम सम्बन्धित दलालों को मौत की सजा दी गई। ये सजाएँ अपने आप में मिसाल हो सकती हैं लेकिन महज इतने से ही दुश्मन का समूचा खुफिया तंत्र खत्म नहीं हो जाता, यह सम्भव भी नहीं है। वर्ग संघर्ष बहुत ही जटिल प्रक्रिया है और हमारा दुश्मन हमारे गाँवों से ही दलाल चुनने में सक्षम है। हमारी तीखी जवाबी कार्यवाहियों के समय दुश्मन प्रायः अपना जाल चटपट हटा लेता है लेकिन पहले से ज्यादा धूर्तता व चतुराई से वह नया जाल बुनने लगता है।" (दस्तावेज पृ. 1-4-14)

ऊपर के उद्धरण से स्पष्ट है कि दुश्मन, दलाल आदि शब्दों से सिर्फ उन लोगों का बोध होता है जो किसी भी कारण नक्सलियों के विरोधी हैं। अगर वर्गीय दृष्टि अपनाई जाए तो समस्या सीधी है। किसी भी गाँव में सम्पन्नता के आधार पर तय किया जा सकता है कि कौन-सा वर्ग एक खास तरह के शोषण के लिए जिम्मेदार है। इसके विपरीत 'दुश्मन' या 'दलाल' जैसा शब्द किसी के भी विरुद्ध प्रयोग में आ सकता है। इसी तरह 'जमींदार' और 'भू-स्वामी' शब्द का भी प्रयोग है। कहीं भी यह परिभाषित नहीं किया गया है कि कितनी आय या जमीन वाले लोग 'भू-स्वामी' की कोटि में आते हैं। भू-स्वामी का सीधा अर्थ तो होता है कोई भी व्यक्ति जो जमीन का मालिक हो—जमीन चौथाई एकड़ हो या सौ एकड़। 'जमींदार' शब्द का अर्थ भी जमींदारी उन्मूलन के बाद यही होता है और देश के उत्तर पश्चिमी भागों में इसी

अर्थ में इस शब्द का प्रयोग होता है। बिहार तथा उत्तर प्रदेश में जिस वर्ग के लिए जमींदार शब्द का प्रयोग होता था वह वर्ग समाप्त हो चुका है। साफ तौर से नक्सली यह भी नहीं कहते कि यह शब्द ऐसे पूँजीपति काश्तकारों के लिए प्रयोग में आता है जो बड़े फार्मों पर श्रमिकों द्वारा खेती कराते हैं। इसका कारण यह मालूम होता है कि ऐसा स्पष्ट रूप से कह देने से इस वर्ग के विरुद्ध अपनी वर्तमान नीति के तहत नक्सली, कम-से-कम तत्काल, कोई संघर्ष नहीं कर सकते। क्योंकि जैसाकि आगे उनकी नीति-वक्तव्य में कहा गया है वे पूँजीपति वर्ग (राष्ट्रीय पूँजीपति) के साथ सहयोग की नीति अपनाना चाहते हैं। इस तरह गोल-मटोल बातों के कारण उनको छूट है कि उनके विरोध में खड़े होनेवाले किसी को भी वे जब चाहें दुश्मन का खिताब देकर अकेले या पूरे परिवार के साथ हत्या कर दें।

इसी तरह का शब्द है 'जनवाद'। प्रचलित अर्थ में जनवाद वही है जिसे लोकतंत्र कहा जाता है। लोकतंत्र के तहत लोगों को यह अधिकार होता है कि वे स्वतंत्र रूप से संगठन बना सकें और बहुमत के आधार पर सरकार चुन सकें। यह ठीक है कि लोकतंत्र अपने आदर्श रूप में कहीं नहीं है। लेकिन इसकी मूल मान्यताएँ ऐसी हैं जिनकी रोशनी में लोग सत्ता के मौजूदा ढाँचे को उत्तरोत्तर लोकतंत्र के आदर्शों के समीप लाने का प्रयास करते हैं—लोग अपने अधिकारों की सीमा का विस्तार करते हैं। दुनिया की अलग-अलग लोकतांत्रिक व्यवसथाओं में लोग इन आदर्शों के पास पहुँचने की सीढ़ी की अलग-अलग ऊँचाइयों पर स्थित हैं। लेकिन जब नक्सली जनवाद की बात करते हैं तो उनका मतलब यह नहीं होता कि वे लोकतंत्र के ढाँचे में ऐसा सुधार करेंगे, जिसमें नागरिकों के अधिकार अधिक विस्तृत होंगे और लोग राज्य की नीतियों को ज्यादा सीधे तौर से निर्धारित और नियंत्रित करेंगे। उनके 'जनवाद' का अर्थ है मौजूदा लोकतांत्रिक पद्धति को नष्ट करके वैसी व्यवस्था लागू करना जैसी चीन में 'जनवाद' (पीपुल्स डेमोक्रैसी) के नाम पर लागू की गई थी और जो असल में कम्युनिस्ट पार्टी के एक छोटे समूह की तानाशाही थी। नक्सली अपने पूर्वाग्रहों से इतना ग्रस्त हैं कि 'जनवाद' और 'सर्वहारा की तानाशाही' के नाम पर स्थापित एक व्यक्ति या छोटे समूह की कठोर तानाशाही से निकलने के प्रयास में वर्तमान रूसी या चीनी समाज को जिन मुश्किलों का सामना करना पड़ रहा है उनके बारे में विचार करना भी जरूरी नहीं समझते। इन्हीं नारों के तहत ख्मेर रूझ ने कम्पूचिया में अत्यन्त अमानुषिक ढंग की बर्बर व्यवस्था कायम की। यह सब भी इनकी आँखें खोलने के लिए काफी नहीं है। अपने सामान्य 'कार्यक्रम' में लिबरेशन ग्रुप अपने 'कार्यभारों' का उद्‌देश्य बतलाता है—"सशस्त्र क्रान्ति के द्वारा प्रतिक्रियावादी राज्यतंत्र को ध्वस्त करने के जरिये ही क्रान्ति का अन्तिम नतीजा निर्धारित होगा। भारत में सशस्त्र क्रान्ति के उद्‌देश्य को आगे बढ़ाने की खातिर निम्नलिखित कार्यभारों को सही ढंग से संयोजित करना होगा।"

इन ‘कार्यभारों’ में तरह-तरह के वायदे हैं लेकिन लोगों के मौलिक अधिकारों की कहीं चर्चा नहीं है। सिर्फ ‘जनवादी’ अधिकारों की बात है। रूस और चीन की जनता के ‘जनवादी’ अधिकारों पर विचार करने से पता चलता है कि ये नागरिक अधिकारों से शून्य हैं और जो अधिकार हैं भी वे सत्ताधारी समूह की मर्जी पर हैं क्योंकि ये अधिकार सिर्फ जनवादी संगठनों और पार्टियों को होंगे। और ये ‘जनवादी’ पार्टियाँ या संगठन कौन होंगे लिबरेशन ग्रुप के नेता ही तय कर सकेंगे। कार्यक्रमों की सूची की चौदहवीं धारा में कहा गया है—“14-18 वर्ष की आयु वाले तमाम नागरिकों के लिए एक सार्विक समान तथा प्रत्यक्ष मताधिकार के आधार पर और जनता को प्रतिनिधि वापसी के अधिकार के साथ निर्वाचित निकायों के जरिये सभी स्तरों पर जनता की राजनीतिक सत्ता लागू करना, जनता को और तमाम जनवादी पार्टियों व संगठनों को स्वतंत्रतापूर्वक अपनी कार्यवाहियाँ चलाने के लिए पूर्ण जनवादी अधिकारों की गारंटी।”

हर अधिनायकवादी व्यवस्था के अनुभव बतलाते हैं कि जनता को दिए गए ‘सशर्त अधिकार’ कभी अधिकार नहीं होते। रूसी क्रान्ति के बाद नागरिकों के अधिकार शोषक वर्गों के अधिकारों को खत्म करने के नाम पर खत्म किए गए थे। अगर यह तय करना कि कौन जमात ‘जनवादी’ है और कौन जमात ‘गैर-जनवादी’ है उनके हाथ में हो जिनके हाथ में सत्ता है तो ऐसी किसी भी जमात को ‘जनवादी’ होने का प्रमाण-पत्र नहीं मिलेगा जो सत्ताधारियों का विरोध करती है। सत्ताधारियों की निगाह में जो नीतियाँ गलत या घातक हैं उनके पास में होने की आजादी ही असली आजादी है। सत्ताधारियों की पसन्द की नीतियों के प्रचार की आजादी कोई आजादी नहीं होती। ऐसी आजादी तो स्टालिन के रूप में और कम्युनिस्ट चीन में भी दी गई थी। लेकिन अब कम्युनिस्ट सत्ता के विरोधी ही नहीं बल्कि इन देशों की सत्ता चलानेवाले लोग यह स्वयं कबूल कर रहे हैं कि कम्युनिस्ट व्यवस्थाओं के भीतर जनता को कोई आजादी नहीं थी। अब वर्तमान रूप के शासक यह खुद मान रहे हैं कि स्टालिन के काल में रूस में इतिहास का सबसे खूनी और बर्बर शासन कायम था। चीन में भी माओ के समय से चली आ रही व्यवस्था को अधिनायकवादी कबूल किया जा रहा है और वास्तविक नागरिक अधिकारों के लिए चीन की जनता का संघर्ष जारी है।

रूस और चीन के अपने को समाजवादी कहनेवाले शासकों की इन्हीं विकृतियों का नतीजा था कि यूरोप में कम्युनिस्ट आन्दोलन के भीतर गोर्बाचेव के आने के पहले ही कम्युनिस्ट आन्दोलन की कुछ बुनियादी मान्यताओं के विरुद्ध विद्रोह का स्वर मुखर हुआ और ‘यूरो-कम्युनिज्म’ नाम से कम्युनिस्ट आन्दोलन की एक नई धारा निकली। इस धारा ने ‘सर्वहारा की तानाशाही’ के नारे का विरोध किया क्योंकि मार्क्स-एंगेल्स नाम पर समर्थन दिया गया था। चूँकि रूस की क्रान्ति की

बहुत-सी विकृतियाँ स्वयं लेनिन के कुछ विचारों में निहित थीं इसलिए इस धारा ने अपने को लेनिनवादी कहना भी छोड़ दिया। रूस और पूर्वी यूरोप के अधिकांश कम्युनिस्ट देशों में उन पुरानी मान्यताओं को तिलांजलि देने के लिए आन्दोलन हुए जिनके तहत इन देशों की जनता ने घोर आतंक और यातनाओं का जीवन बिताया है। अगर नक्सली फिर वही घिसा-पिटा और बदनाम नुस्खा भारत के लिए फरमा रहे हैं तो मानना होगा कि उन्हें या तो बर्बरता से प्रेम है या वे दुनिया की असलियत से बिलकुल अनजान हैं।

यह मानना कठिन मालूम होता है कि नई पीढ़ी के ये नक्सली कम्युनिस्ट समझ-बूझ कर हिटलर या स्टालिन जैसी बर्बरता देश में कायम करना चाहते हैं। हिटलर और स्टालिन तो सत्ता प्राप्त करने के बाद एक खास तरह के मानसिक रोग (पारानोइया) के शिकार थे, जिसमें उन्हें सारी दुनिया उनकी हस्ती को—जिसे वे सारे राष्ट्र या समाज की हस्ती मानने लगे थे—खत्म करने के लिए षड्यंत्र में लिप्त दिखाई देती थी। वह वहम एक ऐसा आन्तरिक दबाव बन गया था कि षड्यंत्रकारियों की भीड़ बढ़ते-बढ़ते करोड़ों में दिखाई देने लगी और इन तानाशाहों के लिए इससे छुटकारा पाने का एकमात्र उपाय था 'गुलाग द्वीप समूह' से या 'दाखु' तथा 'ऑसविट्ज' के यातनाघरों से अपने-अपने राज्यों को पाट देना। यह मानसिक रोग सर्वग्राही सत्ता की आकांक्षा लेकर चलनेवाले राजनेताओं का अनिवार्य अंजाम होता है। लेकिन वैसे कम्युनिस्टों के लिए भी जिनके लिए सत्ता प्राप्ति अभी दूर-दराज की कल्पना भर है, कम्युनिज्म का सोच-समझकर अपनाया गया आदर्श यातनाघरों का अटूट सिलसिला ही होगा, ऐसा मानना रोंगटे खड़ा कर देनेवाला है। इसलिए यही मानना अधिक सही लगता है कि वर्तमान नक्सली नेता अपनी युवा या किशोरावस्था में भावनावश जिस दिमागी गुफा में प्रवेश कर गए थे उससे नहीं निकल पाए हैं और आधी शताब्दी की घटनाएँ और उनसे सम्बद्ध विवाद उन्हें अछूता छोड़ गए हैं। यह बात उनके समाज विश्लेषण में साफ दिखाई देती है।

4

जब नक्सली सोवियत समाज का विश्लेषण करते हैं तो वे उस विशेषण से आगे नहीं बढ़ पाते जिसका प्रयोग लेनिन ने अपने समय के सोवियत समाज के लिए किया था। लेनिन ने सोवियत समाज को 'नौकरशाही विकृतियों में आक्रान्त एक मजदूर राज्य' कहा था। लेनिन ने जब इन शब्दों में सोवियत समाज को परिभाषित किया था तब उसके दिमाग में मजदूर राज्य की जो परिकल्पना थी जो उसे अपनी पुस्तक 'राज्य और क्रान्ति' में उसने लगभग क्रान्ति काल में ही व्यक्त किया था। इसके अनुसार मजदूर राज्य में कोई स्थायी फौज नहीं होगी और न कोई नौकरशाही होगी। व्यवस्था मजदूर और किसानों के ऐसे प्रतिनिधियों द्वारा चलाई जाएगी जिन्हें वापस बुलाने का अधिकार उन्हें निर्वाचित करनेवालों का होगा। स्वयं लेनिन के दिमाग में आधुनिक राज्य व्यवस्था में नौकरशाही की भूमिका क्या होती है, इसके सम्बन्ध में कोई स्पष्टता नहीं थी। पेरिस कम्यून (1871) के सम्बन्ध में मार्क्स द्वारा दिए गए विचार लेनिन के लिए अटल सत्य बन गए थे। लेनिन 1930 के बाद स्टालिन के अधिनायकवाद में पार्टी और सोवियत व्यवस्था में नौकरशाही इतनी सर्वव्यापी बन गई थी कि कम्युनिस्टों का एक छोटा-सा चिन्तनशील हिस्सा नौकरशाही और व्यवस्थापकों को एक अलग वर्ग के रूप में देखने लगा था। हालाँकि ट्राट्स्की अन्तिम क्षण तक सोवियत संघ को एक मजदूर राज्य मानता रहा...'एक विकृत मजदूर राज्य'। उसके अनुयायियों को राज्य एवं अर्थव्यवस्था से जुड़े कर्मचारियों और व्यवस्थापकों का वर्चस्व इतना निर्णायक दिखाई देने लगा था कि उनमें से कई ने इस नई असलियत की रोशनी में सोवियत समाज को नए ढंग से परिभाषित करने की कोशिश की। इनमें मैक्स सैट्चमैन ने इसे 'सामूहिक नौकरशाही व्यवस्था' (ब्यूरोक्रैटिक कलेक्टिविज्म) कहा—यानी एक ऐसी व्यवस्था जिसमें नौकरशाही सामूहिक रूप से अपने हित में व्यवस्था चलाती है। ट्राट्स्की के एक अन्य अनुयायी जेम्स बर्नहम ने व्यवस्थापक क्रान्ति (मैनेजेरियल रिवोल्यूशन) का सिद्धान्त प्रतिपादित किया और सोवियत संघ को इस नई व्यवस्था के नमूने के रूप में समझने की कोशिश की।

मजदूर वर्ग की स्वतंत्र भूमिका सोवियत समाज में इतनी गौण हो चुकी थी और नौकरशाही एवं व्यवस्थापकों की भूमिका इतनी जबरदस्त थी कि सिर्फ सम्पत्ति के सरकारी क्षेत्र में होने के आधार पर इसको मजदूर राज्य कहते जाना मुश्किल था। ट्राट्स्की के लिए, जिसके जीवन का सबसे सृजनशील काल सोवियत व्यवस्था को अस्तित्व में लाने में बीता था, मजदूर राज्य वाली अपनी परिभाषा से जुड़ा रहना एक भावनात्मक आवश्यकता थी। क्योंकि कहीं-न-कहीं उसके अचेतन में इससे इनकार करना अपने सारे विश्वासों और प्रयासों की निरर्थकता साबित करना होता। ट्राट्स्की के वे अनुयायी भी जो सोवियत समाज को दूसरी तरह से परिभाषित कर रहे थे, लम्बी अवधि तक मार्क्स-लेनिन की परम्परा में प्रशिक्षित थे और अपनी भिन्नता में भी वे नौकरशाही या व्यवस्थापकों को वर्ग विभाजन के पुराने चौखटों में देखने की कोशिश कर रहे थे। उन्होंने आधुनिक औद्योगिक ढाँचे या बृहत राज्य व्यवस्था के अभिन्न अंग के रूप में नौकरशाही या व्यवस्थापक समूह को देखने की कोशिश नहीं की, हालाँकि लेनिन के समकालीन समाजशास्त्री मैक्स वेबर ने नौकरशाही को आधुनिक समाज की विशिष्टता के रूप में प्रस्स्तुत किया था। वेबर के विचारों की लगातार पुष्टि ही हुई है। लेकिन जहाँ इस सम्बन्ध में लेनिन या ट्राट्स्की के विचार क्षम्य हो सकते हैं वहीं आज अस्सी साल बाद, जबकि उद्योगों के ढाँचे तथा अर्थव्यवस्था एवं राज्य व्यवस्था के स्वरूप में मूलभूत बदलाव आए हैं, उन्हीं पुराने विचारों से चिपके रहना ऐसा बौद्धिक पिछड़ापन है जिसे साफ नहीं किया जा सकता। फिर भी लिबरेशन ग्रुप का दस्तावेज सोवियत समाज के सम्बन्ध में इस निष्कर्ष पर पहुँचता है—'चन्द नौकरशाही विकृतियों के बावजूद सोवियत संघ में उत्पादन सम्बन्ध मोटे तौर पर समाजवादी ही कहे जा सकते हैं।' यह लेनिन के विचारों को जैसे का तैसा दोहराना भर है। वह भी लेनिन की मृत्यु के चौंसठ साल बाद, जिस अन्तराल में स्टालिन ने सोवियत समाज का सारा ढाँचा ही बदल दिया।

इसी तरह नक्सलवादियों की भारतीय समाज की परिभाषा विभिन्न परिभाषाओं का ऐसा घालमेल है जिससे कोई सुनिश्चित समझदारी या नीति नहीं बन सकती। 'वर्तमान भारतीय समाज: एक परिचय' शीर्षक के तहत अलग-अलग पैरा में अलग-अलग व्याख्याएँ दी गई हैं। एक पैरा कहता है, 'इसका चित्रण इजारेदार पूँजीवाद के रूप में किया जा सकता है'...(पृ. 2-1-1), फिर इसके नीचे के पैरा में कहा गया है, 'फिर इसका चित्रण राजकीय इजारेदार पूँजीवाद के रूप में किया जा सकता है।' इसके बाद के पैरा में 'फिर यदि आप चाहें तो इसे निर्भरशील पूँजीवाद भी कह सकते हैं...' और आगे चलकर कहा गया है 'यदि इन सभी पहलुओं को अलग-अलग करके देखा जाए तो भारतीय समाज का विभिन्न ढंग से चित्रण किया जा सकता है और यही चीज भारतीय वामपन्थियों

के बीच विभिन्न किस्म की खेमेबन्दी व बहस का निरन्तर स्रोत बनी रही है...' (2-1-3) और आखिर में सारे विशेषण एक साथ ही जोड़ दिए गए हैं मानो विशेषणों को जोड़ देने से भारतीय समाज की तस्वीर पूरी हो जाती हो। कहा गया है—'हम भारतीय पूँजीवाद को दलाल-इजारेदार-नौकरशाह-पूँजीवाद या प्रचलित शब्दों में निर्भरशील इजारेदार-पूँजीवाद या दलाल-नौकरशाह पूँजीवाद कहना ज्यादा पसन्द करेंगे।'

यानी किसी समाज को समझने के लिए उसको गतिशील करनेवाली मूल शक्तियों को समझना जरूरी नहीं है बल्कि अपनी पसन्द के अनुसार कुछ चालू नामों का जखीरा लगा देना काफी है। विडम्बना यह है कि ऐसी वैचारिक अस्पष्टता को लेकर चलनेवाले इस समूह के लोग अपने को वैज्ञानिक दृष्टि रखनेवाला मार्क्सवादी कहते हैं। इस तरह की वैचारिक अस्पष्टता का कारण यह है कि ये लोग किसी समाज को परिभाषित करते समय विकास को दिशा देनेवाली शक्तियों को समझने के बजाय दिमाग में पहले से बने हुए खास खाँचे—जैसे पूँजीवादी, सामन्तवादी, औपनिवेशिक आदि में किसी भी समाज को फिट कर देना चाहते हैं। लेकिन असलियत की दुनिया में इस तरह से शुद्ध रूप से वर्गीकृत समाज का ढाँचा नहीं होता। ये ढाँचे तो अनेक विविधताओं से पूर्ण समाज के मूल चरित्र को समझने के लिए समाजशास्त्रियों द्वारा गढ़ी हुई सरलीकृत तस्वीर भर होते हैं जिसमें सीमित प्रासंगिकता वाली अनेक स्थितियों को गौण कर दिया जाता है। इससे सामाजिक विश्लेषण में सुविधा होती है। लेकिन जब इन सरलीकृत ढाँचों को असलियत मान लिया जाता है और जबरन किसी समाज को उसमें फिट कर उसके आधार पर समाज की समस्याओं के समाधान की पहल होने लगती है तो अनेक तरह की अनर्थकारी भूलें होती हैं।

कुछ उदाहरणों से यह स्पष्ट हो जाएगा कि कैसे एक तरह से वर्गीकृत समाज में विभिन्न तरह के समाजों के तत्त्व साथ-साथ अस्तित्व में होते हैं। उन्नीसवीं शताब्दी का अमेरिका पूँजीवादी समाज माना जाता है। लेकिन 1961 के गृहयुद्ध के काल तक इसके दक्षिणी राज्यों में गुलामी प्रथा मौजूद थी और उद्योगों के लिए पैदा होनेवाले कपास की खेती पूरी तरह गुलाम श्रमिकों पर आधारित थी। इसी के साथ-साथ अनेक इंडियन कहे जानेवाले लोगों के इलाकों में कबाइली समाज मौजूद था। इनकी मौजूदगी की वजह से उस समय के अमेरिका की समाज व्यवस्था को गुलामी की व्यवस्था या कबाइली व्यवस्था नहीं कहा जा सकता, या लिबरेशन ग्रुप की स्टाइल में पूँजीवादी-कबाइली-गुलामी व्यवस्था नहीं कहा जा सकता। इसी तरह ब्रिटिश पूँजीवादी विकास का क्लासिकी नमूना माना जाता है। लेकिन वहाँ आज तक सामन्ती युग की उपाधियाँ मौजूद हैं

और हाउस ऑफ लॉर्ड्स में ऐसे उपाधिधारी लोगों का बाहुल्य है। यही नहीं संसदों की माँ कही जानेवाली ब्रिटिश पार्लियामेंट के ऊपर सम्राट अवस्थित है। इस तरह की परम्परा के अवशेष सभी समाज में होते हैं और अगर इनकी वास्तविक भूमिका के बजाय सिर्फ इनकी उपस्थिति को महत्त्व देना शुरू हो तो किसी समाज के मूल स्वरूप को समझना असम्भव हो जाएगा।

नक्सली परिभाषा का भ्रम सामाजिक विश्लेषण के चरित्र को नहीं समझने से पैदा होता है। राजकीय क्षेत्र के बृहत् आकार और फैलाव ने नक्सलियों को भारतीय अर्थव्यवस्था को समझने में परेशानी में डाल दिया है और इस परेशानी से निकलने के लिए उन्होंने एक शब्द या पद 'नौकरशाही पूँजीवाद' की ईजाद की है। दस्तावेज में कहा गया है—"रूस में पनपनेवाले सिद्धान्तों के प्रभाव में आकर और इस तथ्य की वजह से सोवियत सहायता राजकीय क्षेत्र में सकेन्द्रित है, सार्वजनिक क्षेत्र को एक अत्यन्त ही विशिष्ट भूमिका से विभूषित कर देना भारत के वामपन्थ आन्दोलन में अवसरवाद के उद्भव के दो मूलभूत कारणों में से एक है। जबकि इसका दूसरा कारण है—संसदीय जनवाद का लम्बे समय तक बरकरार रहना। अपने जन्मकाल से ही सी.पी. आई. (एम.एल.) हमेशा इन कारणों पर चोट करती रही है और पार्टी ने इस सचाई को उजागर किया है कि सार्वजनिक और निजी क्षेत्र परस्पर निर्भरशील और अन्तर्वेशित हैं तथा भारतीय पूँजी इजारेदारी और नौकरशाही चरित्र से युक्त है।" (दस्तावेज 2-1-4)

और आगे इसी समझदारी पर आधारित सामान्य कार्यक्रम में कहा गया है—"2. दलाल-नौकरशाह-पूँजीपतियों के तमाम उद्योगों, उद्म बैंकों तथा अन्य सम्पदाओं की जब्ती, नौकरशाही प्रबन्ध का उन्मूलन और मजदूरों, कर्मचारियों और विशेषज्ञों की भागीदारी के साथ जनवादी प्रबन्ध की स्थापना।

"3. राष्ट्रीय पूँजीपतियों के उद्योगों तथा व्यापार को संरक्षण।" (पृ. 2-2-5)

ये उद्धरण फिर बतलाते हैं कि दुनिया की वर्तमान असलियत से नक्सली कितनी दूर है। सच तो यह है कि आधुनिक उद्योग के विशाल ढाँचे के साथ-साथ इजारेदारी और नौकरशाही दोनों ही अभिन्न रूप से जुड़े हैं चाहे वह इजारेदारी निजी क्षेत्र की हो या सरकारी क्षेत्र के उद्योगों की। असलियत से नक्सलियों का अलगाव इससे भी जाहिर होता है कि जहाँ इजारेदार पूँजीवाद के ऊपर हमला किया गया है वहीं राष्ट्रीय पूँजीवादियों को संरक्षण देने की बात कही गई है। इससे ऐसा मालूम होता है कि नक्सलियों की समझ में राष्ट्रीय पूँजी और इजारेदार पूँजी एक-दूसरे का विकल्प हैं। जबकि असल में राष्ट्रीय पूँजी अपने फैलाव में इजारेदारी का रूप अनिवार्य रूप से ग्रहण करती है।

अर्थशास्त्रियों में इजारेदारी और अनियंत्रित प्रतिस्पर्धा पर आधारित उद्योगों और व्यापार का विवाद आधी शताब्दी से पहले से ही अपना तीखापन खोने लगा था और इस शताब्दी के चौथे दशक में मार्क्सवादी अर्थशास्त्री जॉन रॉबिन्सन ने यह दिखलाने की कोशिश की थी कि अनियंत्रित प्रतिस्पर्धा पूँजीवादी समाज की असलियत नहीं है। इसके बाद 1943 में जे.ए. शूम्पीटर ने अपनी बहुचर्चित पुस्तक 'कैपिटलिज्म सोशलिज्म ऐंड डेमोक्रैसी' में इस तथ्य की ओर ध्यान दिलाया था कि आधुनिक उद्योगों के उत्पादन और विनिमय के बृहत् आकार के कारण किसी-न-किसी तरह की इजारेदारी उद्योगों के विकास और नए-नए आविष्कारों पर आधारित उत्पादन के लिए जरूरी है। अरबों की पूँजी लगाकर उद्योगपति यह जोखिम नहीं उठा सकते कि उत्पादन प्रणाली में किसी नई खोज से उद्योग का ढाँचा ध्वस्त हो जाए इसलिए उनके लिए आविष्कारों, उत्पादन और बाजार पर एक हद का नियंत्रण अनिवार्य है। लेकिन इस इजारेदारी का रूप बदल गया है। इसमें दामों की कटौती प्रतिद्वंद्वियों को खत्म करने के लिए नहीं होती और न बृहत् आकार का कोई अकेला उत्पादक होता है। 'मोनोपोली' (एक व्यापारी के सर्वाधिकार) की जगह 'ओलिगोपोली' (ऐसी स्थिति जिसमें एक से अधिक कई विशाल औद्योगिक प्रतिष्ठान बाजार पर नियंत्रण रखते हैं) आधुनिक पूँजीवादी दुनिया की असलियत है।

इसमें बाजार पर नियंत्रण के लिए दामों की कटौती के बजाय वस्तुओं के अलग-अलग ब्रांड विकसित किए जाते हैं और अपनी-अपनी वस्तुओं की खासियत और प्रचार के बूते अपने ब्रांड के लिए उद्योगपति संरक्षित बाजार बनाते हैं जिससे एक ब्रांड के प्रेमी लगातार उसी ब्रांड की वस्तु को खरीदते रहते हैं। उदाहरण के लिए देश के बड़े साबुन उत्पादक हिन्दुस्तान लीवर, टाटा, गोदरेज आदि एक ही किस्म का साबुन तैयार कर दामों की कटौती से बाजार पर कब्जा नहीं करते बल्कि अलग-अलग तरह का साबुन तैयार करते हैं। इस तरह कोई हिन्दुस्तान लीवर के रेक्सोना का प्रेमी होता है तो कोई टाटा के हमाम का और कोई गोदरेज के फ्रेस्का का। ग्राहक अपनी पसन्द का साबुन बिना तुलनात्मक कीमतों पर विचार किए खरीदता है क्योंकि साबुनों की भिन्नता के कारण कोई ठीक-ठीक तुलना सम्भव भी नहीं है। सभी कम्पनियाँ साबुनों की कीमतें भी लगभग साथ-साथ ही बढ़ाती या घटाती हैं। यह एक तरह का आपसी समझौता होता है। इसी तरह चाय, कपड़े आदि सभी वस्तुओं में विभिन्न औद्योगिक प्रतिष्ठानों का अपना बाजार होता है, और ये सब मिलकर पूरे बाजार पर नियंत्रण रखते हैं। यह विशाल उद्योगों के विकास की अनिवार्य शर्त है।

इसीलिए अमेरिका में जहाँ इजारेदारियों को तोड़ने के लिए इस शताब्दी के प्रारम्भ से ही एंटी ट्रस्ट कानून रहे हैं और इजारेदारी को लेकर अनेक बार अदालतों

में मुकदमे भी होते रहे हैं, इजारेदारी का अन्त नहीं हुआ है। इतना ही नहीं अमेरिकी अर्थशास्त्री जे.के. गालब्रेथ ने अपनी पुस्तकों में इजारेदारियों को तोड़ने के सारे प्रयासों की नपुसंकता का मखौल उड़ाया है और इस तथ्य की ओर ध्यान दिलाया है कि असलियत की दुनिया में अमेरिकी इजारेदारियाँ टूटने के बजाय राष्ट्रीय सीमाओं को पार कर अन्तर्राष्ट्रीय आकार धारण करती गई हैं, और वे न सिर्फ अपने उत्पादन का नियोजन करती हैं बल्कि दुनियाभर में अपने बाजार और कच्चे माल के स्रोतों को भी नियंत्रण करती हैं। इससे भी बढ़कर अपने कच्चे माल के स्रोतों और बाजारों को दूसरे देशों में सुरक्षित रखने के लिए स्वयं अमेरिकी सरकार से राजनयिक दबाव डलवाती हैं।

भारत में टाटा-बिड़ला आदि को, जो देश के सबसे बड़े इजारेदार हैं, राष्ट्रीय पूँजीपतियों के दर्जे से किस आधार पर बाहर किया जा सकता है? अगर इन्हें खत्म किया भी जाए तो आधुनिक बृहत् उद्योगों के विकास के आन्तरिक दबाव से दूसरे इजारेदार पैदा होंगे। इसका तो एक ही विकल्प है—स्थानीय आवश्यकता पर आधारित छोटे उद्योगों का विकास। लेकिन इस विकल्प की बात नक्सली सोच नहीं पाते। शायद उन्हें इसमें गांधी के विचारों की गंध महसूस होती है, जो उनके लिए कुफ्र है।

चूँकि आधुनिक बृहत् उद्योगों की असलियत को समझकर उसका सही विकल्प ढूँढ़ने में नक्सली असमर्थ हैं, उनके लिए इजारेदारियों के सम्बन्ध में घिसे-पिटे नारों को दुहराते रहने के अलावा कोई विकल्प नहीं रह जाता। इसी सीमा के कारण परस्पर विरोधी कार्यक्रम साथ-साथ अपनाए जाते हैं। 'सामान्य कार्यक्रम' में कहा गया है—"1. तमाम साम्राज्यवादी पूँजी, बैंकों एवं उद्यमों की जब्ती और तमाम साम्राज्यवादी कर्जों का खात्मा, आर्थिक आत्मनिर्भरता और राजनीतिक स्वतंत्रता पर दृढ़तापूर्वक आधारित होकर आधुनिक टेक्नोलॉजी के आयात के लिए उनके साथ नए समझौते करना।" (पृ. 2-2-5)

क्या जिन विदेशी कम्पनियों की पूँजी, उद्यमों, बैंकों आदि की जब्ती होगी उनसे फिर नई तकनीक का आयात सम्भव होगा? अगर यह सम्भव होता तो पूर्वी यूरोप के कम्युनिस्ट देश, जो पश्चिमी देशों के कर्ज के नीचे बुरी तरह दबे हुए हैं कर्ज लौटाने से इनकार क्यों नहीं करते? उल्टे ये देश पश्चिमी देशों को तकनीकी सहायता के लिए उन्हें हर तरह की सुविधाएँ मुहैया कर रहे थे।[1] और फिर तकनीकी आयात की बात क्यों की जा रही है जिससे फिर पुरानी निर्भरता की स्थिति लौट आएगी? यह असम्भव कार्यनीति है और असल में शब्दजाल से अधिक कुछ नहीं।

असली बात यह है कि पश्चिमी देशों की तकनीक का विकास एक खास तरह की संस्कृति और व्यापारिक दबाव के अन्दर हुआ। अब उपभोक्तावादी

संस्कृति उस विकास की अनिवार्य जरूरत बन गई है। हमारी आर्थिक गुलामी को तोड़ने के लिए एक नई समाज-दृष्टि और संस्कृति की जरूरत है जिसके तहत भारतीय लोगों के जीवन की आवश्यकताओं के अनुरूप और अपने देश में उपलब्ध संसाधनों के आधार पर उपयुक्त तकनीक का विकास किया जा सके। तकनीक पूरी तरह मूल्य सापेक्ष होती है और जब तक हम पश्चिमी देशों के व्यापारिक और उपभोक्तावादी मूल्यों से अपने को मुक्त नहीं करते, उनकी तकनीक पर निर्भरता और आर्थिक गुलामी से भी मुक्त नहीं हो सकते। लेकिन आधुनिकीकरण का नशा नक्सलियों पर भी उसी तरह सवार है जिस तरह यहाँ के शासक अभिजात वर्गों पर। और जिस तरह नशे में धुत्त आदमी लगातार चलते हुए भी एक सीमा के भीतर ही मँडराता रहता है नक्सली भी घूम-फिरकर समस्या के उन्हीं समाधानों की ओर आ जाते हैं जो समाधान होने के बजाय दूसरी समस्याओं के जनक हैं।

5

नौकरशाही के चरित्र के सम्बन्ध में हम पहले नक्सलियों की गलतफहमी का जिक्र कर चुके हैं। यहाँ नौकरशाही के सम्बन्ध में कुछ और विस्तार से चर्चा करना जरूरी लगता है क्योंकि समाज के ऐसे नवनिर्माण में जिसमें मनुष्य अपने मानवीय गुणों और अपनी स्वायत्तता को सुरक्षित रख सके नौकरशाही एक बड़ा अवरोध बन सकती है। यह अवरोध ऐसा भी नहीं कि आन्दोलनों या कानून के दबाव से खत्म किया जा सके। रूस की क्रान्ति, जिसका लक्ष्य एक ऐसी राज्य व्यवस्था कायम करना था जिसमें नौकरशाही न हो, दुनिया की सबसे सशक्त और विशाल नौकरशाही की जनक बन गई। चीन की क्रान्ति के बाद माओ त्से तुंग ने सांस्कृतिक क्रान्ति के काल में युवा जनों के आन्दोलन के जरिये और मजदूरों के निचले स्तर के लोगों को व्यवस्था में भागीदार बनाने की कोशिश से नौकरशाही की जकड़ को तोड़ने की कोशिश की। इस प्रक्रिया में घोर उथल-पुथल हुई तथा लाखों लोग घोर यातनाओं के शिकार हुए और बाद में ऐसी अराजक स्थिति पैदा हुई कि स्थिति पर काबू पाने के लिए लाल सेना का सहारा लेना पड़ा। लेकिन नौकरशाही ध्वस्त नहीं हुई। माओ के मरते-मरते नौकरशाही व्यवस्था पहले जैसी ही हावी हो गई। इतना ही नहीं माओ के नेतृत्व के उस काल को, जिसमें सांस्कृतिक क्रान्ति हुई थी, चीन के वर्तमान कम्युनिस्ट शासक घोर विकृति का काल मानते हैं।

नौकरशाही के विरुद्ध लेनिन और माओ के अभियानों की असफलता हमें यह मानने पर विवश करती है कि नौकरशाही के सम्बन्ध में व्यक्त किया गया मैक्स वेबर का यह विचार कि आधुनिक समाज के सन्दर्भ में नौकरशाही का विकास और फैलाव अनिवार्य है, समाज की एक मूलभूत असलियत को जाहिर करता है। मैक्स वेबर ने नौकरशाही के जिन गुणों का वर्णन किया है उन्हें हम आसानी से किसी भी व्यवस्था के भीतर नौकरशाही के कार्यकलाप में देख सकते हैं। चूँकि समाजशास्त्र के विद्यार्थियों को छोड़ बाकी लोगों को मैक्स वेबर के विचारों की वैसी जानकारी नहीं है जैसी मार्क्स के विचारों की, इसलिए यहाँ संक्षेप में नौकरशाही के सम्बन्ध में वेबर के विचारों को देना जरूरी लगता है ताकि पाठक इसकी सचाई की परीक्षा कर सकें।

नौकरशाही को वेबर ने 'कानून-नियम के तर्क पर आधारित प्रभुत्व' (लीगल रैशनल अथॉरिटी) के भीतर की एक कार्यविधि के रूप में पेश किया है। प्रभुत्व (ऑथोरिटी) के इस आधार को वेबर ने दो अन्य आधारों, यानी प्रभुत्व के परम्परागत आधार और करिश्मे के आधार से अलग किया है। कानून-नियम के तर्क पर आधारित प्रभुत्व का आधार कुछ ऐसे नियम-कानून होते हैं जो लोगों की भावनाओं से मुक्त हों। नौकरशाही का ढांचा अपने आदर्श रूप में ऐसे ही नियमों पर आधारित होता है। इसकी बनावट सीढ़ी-दर-सीढ़ी कई स्तरों में विभाजन (हाइरार्की) पर आधारित होती है जिसमें आदेश ऊपर से दिए जाते हैं और उनका पालन निचले स्तरों पर होता है। नौकरशाही का काम ऐसे स्पष्ट लक्ष्यों को प्राप्त करना होता है जिसके लिए उसका गठन होता है। इसकी कार्यप्रणाली की विशेषताएँ नीचे दी जा रही हैं :

(1) ऐसे रोजमर्रा के काम जो संगठन के लिए जरूरी हैं, करना अधिकारियों की सुनिश्चित ड्यूटी मानी जाती है।

(2) कार्यालयों का गठन स्तरों में विभाजन (हाइरार्की) के आधार पर होता है जिसमें नीचे का प्रत्येक कार्यालय ऊपर के एक कार्यालय के मातहत काम करता है। इसमें आदेशों के पालन के लिए हर अफसर के अपने निकटतम अधिकारी के सामने अपने तथा अपने मातहत के कर्मचारियों के कामों के लिए जवाबदेह होता है।

(3) नौकरशाही के क्रिया-कलाप ऐसे भावनामुक्त नियमों से चलते हैं जिनमें अन्तर्विरोध न हो; नौकरशाही के कार्य क्षेत्र में पड़नेवाले हर मामले में इन्हीं नियमों को लागू किया जाता है।

(4) एक आदर्श अधिकारी अपने कर्तव्यों का पालन बिना द्वेष, प्रेम या गुस्से के करता है ताकि उसके साथ कहीं उसके अपने व्यक्तित्व का उलझाव न हो।

(5) अफसरों की बहाली, कार्य के लिए जरूरी विशेष तकनीक या अन्य योग्यता के आधार पर होती है।

(6) नौकरशाही व्यवस्था में व्यवस्था के काम से सम्बद्ध सार्वजनिक आयों को कर्मचारियों और अफसरों की निजी आय से बिलकुल अलग रखा जाता है।

चूँकि नौकरशाही का काम कई स्तरों में विभाजित होता है इसलिए आज्ञा पालन ठीक से हो इसके लिए एक खास तरह के संचार की प्रक्रिया जरूरी होती है। इस प्रक्रिया में न सिर्फ इसका प्रावधान होता है कि ऊपर की आज्ञा या सूचना सही-सही नीचे तक पहुँचे बल्कि 'फीड बैक' की ऐसी व्यवस्था होती है कि आज्ञा का पालन कहाँ तक हुआ या इसमें कैसे अवरोध आए इसकी सही सूचना

नीचे से ऊपर के स्तरों तक पहुँचाई जा सके ताकि इस सूचना के आधार पर आगे के कामों के लिए नई आज्ञा दी जा सके, या पहले की आज्ञा में परिवर्तन किया जा सके। आज्ञा अक्सर नीचे से की गई माँग या जरूरत की सूचना के आधार पर दी जाती है। नौकरशाही व्यवस्था ठीक से काम कर सके इसके लिए सूचना की विश्वसनीयता अत्यन्त जरूरी है। अगर किसी विशाल संस्था में हर स्तर पर कर्मचारी या अफसर अपनी बुद्धि का प्रयोग कर विस्तृत रपटें देने लगे तो ऊपर के स्तरों पर स्थित अफसरों के लिए इन अशोधित सूचनाओं के अम्बार से आवश्यक सूचना निकालना और फिर उसके आधार पर कोई निर्णय करना असम्भव हो जाएगा। इसका सबसे बड़ा कारण यह है कि आदमी के दिमाग की अपनी सीमाएँ हैं और वह एक साथ सीमित मात्रा में ही सूचनाओं को ग्रहण कर सकता है या उनका विश्लेषण कर सकता है। यह मानव मस्तिष्क की अन्तर्निहित सीमा है जिससे बाहर वह नहीं निकल सकता। इस वजह से कर्मचारियों का अफसरों के निजी रुझानों, सृजनशीलता और संवेदनशीलता को निरस्त करनेवाली ऐसी संचार विधि अपनाई जाती है कि बहुत ही सीमित मात्रा में ऊपर से नीचे या नीचे से ऊपर पहुँचनेवाली सूचनाओं के आधार पर जटिल-से-जटिल स्थितियों का मुकाबला किया जा सके।

उदाहरण के लिए किसी भी नौकरशाही व्यवस्था का एक खास उद्देश्य होता है, जिसकी पूर्ति के लिए कार्यों के पालन की एक अति सीमित शब्दावली प्रयोग में लाई जाती है। अगर किसी आज्ञा का पालन करना होता है तो इसका पालन 'कानून के मुताबिक', 'नियम के तहत' या 'आदेशानुसार' होता है। हर संस्था की नौकरशाही के अपने उद्देश्य, कार्यक्षेत्र और चरित्र के मुताबिक अपने कानून और नियम होते हैं। इसके अलावा उन स्थितियों की एक सूची होती है (जो पूर्व अनुभवों पर आधारित होती है) जिनमें इन कानूनों और नियमों को लागू किया जाता है। यह सन्दर्भ होता है, जिसमें अफसर या कर्मचारी अपना कार्य पालन करते हैं। निर्णयों में मुख्य रूप से कई कामों को साथ करने, वैकल्पिक काम करने या नकार के निर्णय होते हैं—जैसे काम (1) क, ख, ग करो, (2) क या ख करो और (3) क, ख, ग, कुछ नहीं करो।

ऊपर से भेजे गए आदेशों का पालन करने पर नीचे के स्तर से फिर ऊपर सूचना दी जाती है—आज्ञा पालित। अगर आज्ञा का पालन किसी कारण नहीं हुआ तो सूचना दी जाती है—आज्ञा अवरोधित, और फिर अवरोध का कारण बताया जाता है ताकि ऊपर से अगली आज्ञा मिल सके। इसी तरह अगर नीचे से कोई माँग की गई तो उसे या तो 'मंजूर' किया जाता है या 'विचाराधीन' रखा जाता है या 'नामंजूर' किया जाता है। हर हालत में कारण सन्दर्भ के नियम-कानून पर आधारित होता है। अगर माँग को बीच के स्तर से ऊपर की ओर अन्तिम निर्णय

के लिए जाना है तो निचले स्तरों से सिर्फ अनुशंसित या अग्रसारित किया जाता है। इस तरह व्यवस्था के जटिल काम विभिन्न स्तरों पर उपस्थित कर्मचारियों और अफसरों के लिए कुछ सरल और बहुत सीमित नियमों के पालन और सीमित शब्दावली से सूचनाओं के संचारण से सम्भव हो जाते हैं। इस तरह की सीमित शब्दावली के पालन और सीमित शब्दावली में कर्मचारियों की निजी पसन्द-नापसन्द, भावना आदि के घाल-मेल की कोई गुंजाइश नहीं होती। इसी से नौकरशाही प्रणाली एक आत्माहीन और संवेदनहीन प्रणाली बन जाती है, जो इसकी विलक्षण सक्षमता की अनिवार्य शर्त भी है। इसके इसी संवेदनशील चरित्र के विस्तार की अनिवार्यता को देखते हुए वेबर विश्व के भाव-मोहहीन चरित्र (डिसइन्वैंटमेंट) की नियति से भयभीत था।

यहाँ एक दिलचस्प तथ्य की ओर ध्यान दिलाना जरूरी लगता है। किसी उद्‌देश्य की पूर्ति के लिए आदमी के जटिल-से-जटिल तर्कसंगत निर्णय या किसी स्थिति का वस्तुपरक आकलन भी तंत्रिकाओं की अति सरल प्रक्रियाओं के विभिन्न स्तरों पर इसी तरह के संयोग से होता है। कम्प्यूटरों की कार्य विधि और विभिन्न परिस्थितियों में होनेवाली आदमी की दिमागी प्रक्रियाओं के तुलनात्मक अध्ययन में दोनों की कार्य विधियों में काफी समानता दिखाई पड़ी है। कम्प्यूटरों के पीछे की तर्क विधि का आधार एक शताब्दी से अधिक पहले जॉर्ज बूल द्वारा विकसित बीजगणित (बूलियन अलजेब्रा) है, जिसे जॉर्ज बूल ने आदमी की विचार प्रणाली का नियम कहा था। मोटा-मोटी यह बीजगणित इस सिद्धान्त पर आधारित था कि हर तार्किक स्थिति का आकलन 'और', 'अथवा' तथा 'नहीं' तीन स्थितियों से गुजरता है। ऐसे ही सरल निर्णय बिन्दुओं के जटिल संयोजन से आदमी के मस्तिष्क की निर्णय लेने तथा अंगों को इच्छित ढंग से क्रियाशील करने की क्षमता आती है।

हमारा उद्‌देश्य यहाँ कम्प्यूटरों या आदमी के मस्तिष्क की जटिलताओं का अध्ययन करना नहीं है और न यह बतलाना है कि आदमी के मस्तिष्क की बनावट एक सुपर कम्प्यूटर जैसी है। इन बातों की चर्चा सिर्फ इसलिए की गई ताकि यह समझा जा सके कि आदमी के दिमाग की बनावट भी ऐसी है कि यह एक सीमित मात्रा में और एक निश्चित कालक्रम में ही सूचनाओं का मूल्यांकन कर सकता है और यह मूल्यांकन विधि सूचनाओं की एक लकीर में यानी कालक्रम में उद्‌दीपनों की लड़ी के रूप में प्रवाहित होने पर निर्भर करती है। साथ ही इस मूल्यांकन के लिए याददाश्त में संकलित पूर्वानुभवों के साथ नए अनुभवों की तुलना जरूरी होती है। सूचना ग्रहण करने की क्षमता के साथ-साथ याददाश्त की सीमा भी मूल्यांकन की क्षमता पर एक सीमा लगाती है। इसलिए आदमी बहुत जटिल स्थितियों और विशालकाय संस्थाओं के कार्यकलाप को

जिनमें अनेक लोग विभिन्न तरह की क्रियाओं में संलग्न हैं, एकबारगी समझ नहीं सकता। सीधे साक्षात्कार से आदमी छोटे समूहों के कार्यकलाप को ही उनकी समग्रता में समझ सकता है। इसीलिए जब भी मनुष्य अपने जीवन की आवश्यकताओं की पूर्ति के लिए बहुत बड़ा संगठन खड़ा करता है तो उसकी समग्र समझदारी से वंचित हो जाता है और उसकी कार्य विधियों में तर्कसंगत ढंग से सीधा हस्तक्षेप करने में असमर्थ हो जाता है। हर व्यक्ति किसी एक समय में सूचनाओं के संचारण की एक लड़ी पर स्थित होता है और उसका दिमाग इसी लड़ी से आनेवाली सूचनाओं के चयन में सक्षम हो सकता है। जीवन की विभिन्न आवश्यकताओं के दबाव में आदमी बार-बार अपने ध्यान को सूचनाओं की एक लड़ी से हटाकर दूसरी लड़ी पर केन्द्रित करता रहता है। उदाहरण के लिए, काम के समय अपने काम से सम्बद्ध सूचनाओं की लड़ी पर, घर आने पर परिवार की समस्याओं से सम्बद्ध सूचनाओं की लड़ी पर आदि। लेकिन याददाश्त और सूचनाओं के चयन की अपनी सीमाओं के कारण आदमी सूचनाओं की किसी एक ही लड़ी पर एक समय में अपने ध्यान को रख सकता है। मैक्स वेबर ने नौकरशाही के विकास की जिस असलियत की ओर ध्यान खींचा था उसकी अनिवार्यता को मनुष्य के मस्तिष्क की ग्रहणशीलता की इन्हीं सीमाओं की रोशनी में समझा जा सकता है।

आदमी किसी स्थिति का मूल्यांकन पूर्ण सक्षमता से तभी कर सकता है जब सूचनाओं की लड़कियों में सूचनाओं की मात्रा बहुत अधिक नहीं हो। इसलिए मानव समाज जितना ही बड़ा और विविधपूर्ण होता जाता है सक्षम ढंग से स्थितियों को समझने, निर्णय लेने और इन स्थितियों को प्रभावित करने की आदमी की क्षमता का दायरा उतना ही सिकुड़ता जाता है। इसीलिए हमारा युग विशेषज्ञों (स्पेशलिस्ट) का युग बनता जा रहा है जिसमें हर विशेषज्ञ का अपना सीमित दायरा होता है। नौकरशाही अपने कार्यक्षेत्र की बढ़ती जटिलता का समाधान कार्य क्षेत्र को छोटे सरल खंडों में विभाजित कर सकती है और फिर इन खंडों को स्तरों में गठित कर पूरे कार्यक्षेत्र का समन्वित ढाँचा तैयार करती है। इस तरह प्रत्येक स्तर पर कुछ सरल प्रक्रियाएँ ही जरूरी होती हैं जिनका विवरण पहले दिया जा चुका है।

ध्यान में रखने की बात है कि फ्रेडरिक टेलर द्वारा उद्योगों के नवगठन के प्रयोगों के बाद औद्योगिक प्रतिष्ठानों के ढाँचे का गठन भी उत्पादन की जटिल कार्य विधियों को टुकड़ों में बाँटकर और फिर इनको स्तरों में समन्वित करने की दिशा में होता रहा है। इसी आधार पर आधुनिक उद्योगों का गठन विशाल पिरामिडों के आकार का होता है। यही नहीं अब औद्योगिक अनुसन्धानों का गठन भी इसी तरह खंडों में विभाजित कर फिर स्तरों में समन्वित कर होता है। मतलब

यह कि मनुष्य के दिमाग की सीमाओं के कारण कोई भी विशाल संगठन—चाहे वह औद्योगिक प्रतिष्ठान हो, मजदूर संगठन हो, राज्य हो, धार्मिक संघ हो या राजनीतिक दल—नौकरशाही की अनिवार्यता से बच नहीं सकता।

एक दृष्टि से यह कहा जा सकता है कि नौकरशाही आदमी के दिमाग की सीमाओं के सन्दर्भ में समाज की एक खास आवश्यकता की पूर्ति करती है। लेकिन इसका विरोध इस आधार पर किया जाता है कि नौकरशाही की सक्षमता की कीमत इसमें संलग्न लोगों की मनुष्यता का नाश करके ही सम्भव है। संचारण के क्रम में सूचनाओं में विकृति नहीं आए इसके लिए जरूरी है कि संचारण के माध्यम अपने द्वारा संचारित सूचनाओं से पूरी तरह निर्लिप्त हो। (संचारण अभियंत्रणा में ऐसी विकृतियों को 'नोआयज' यानी घरघराहट कहा जाता है जो सूचनाओं को नष्ट करता है)। जैसा कि पहले बतलाया गया है, नौकरशाही में कर्मचारियों से ऐसी ही निर्लिप्तता की अपेक्षा होती है। यानी संगठन के उद्देश्यों की पूर्ति को छोड़ नौकरशाही में कार्यरत लोगों में सभी मानवीय भावनाओं यानी राग, द्वेष, क्रोध, लोभ, मोह, दया, घृणा आदि का पूर्ण अभाव होना चाहिए। इस तरह 'आदर्श' नौकरशाही में आदमी भी कम्प्यूटरों के सर्किट के तार या चिप्स की तरह निजी संवेदना से शून्य हो जाता है, जो सूचनाओं को सिर्फ पूर्व निर्धारित कार्यक्रम के तहत संचारित करता है, या उनको अर्थ देकर (प्रोसेस कर) कुछ क्रियाओं में परिणत करता है। इस तरह की व्यवस्था से असली खतरा यह है कि जिन लोगों का नौकरशाही व्यवस्था पर नियंत्रण होगा वे लोग इस व्यवस्था के द्वारा असंगठित लोगों के मुकाबले एक बहुत ही सशक्त सांगठनिक हथियार का इस्तेमाल कर सकेंगे और ऐसे सशक्त हथियार का मुकाबला करने के लिए वैसे ही बड़े और सशक्त संगठन को जन्म देना होगा जो फिर मनुष्यों की मनुष्यता को नष्ट कर दे। दुनिया के हर देश में जहाँ आधुनिक औद्योगिक व्यवस्था आई है, चाहे उस देश में लोकतंत्र हो या तानाशाही, आम आदमी विभिन्न तरह की विशाल नौकरशाहियों की गिरफ्त में आ गया है। लोकतंत्र भी ऐसे विशालकाय दलों, उनको प्रभावित करनेवाले विशालकाय दबावमूलक संगठनों और उनकी नौकरशाहियों का आपसी शतरंज का खेल बन जाता है और आम आदमी उनके खेल के मोहरे बन जाते हैं। आम आदमियों को बार-बार इन्हीं के बीच विकल्प ढूँढ़ना पड़ता है जिसमें उनकी अपनी स्वतंत्र बुद्धि या सृजनशीलता के लिए कोई गुंजाइश नहीं होती।

इस सम्बन्ध में नॉरबर्ट बाइनर के विचार, जो काइबरनेटिक्स के सिद्धान्त को विकसित करने के कारण आधुनिक रोबोटों तथा कम्प्यूटरों के जन्मदाताओं में गिना जाता है, गौर करने लायक हैं। वह लिखता है—"मैंने मशीनों की बात की है पर सिर्फ वैसी मशीनों की नहीं जिनके दिमाग पीतल के और अंग लोहे

के हैं। जब मानव परमाणुओं को एक बड़े संगठन में गठित कर लिया जाता है और उनका इस्तेमाल जवाबदेह मानवों की तरह नहीं बल्कि चक्के और लीवर की तरह होता है तब यह बात कोई अर्थ नहीं रखती कि ऐसे लोग हाड़-मांस के बने होते हैं। जो भी मशीन के एक तत्त्व के रूप में व्यवहार में लाया जाता है वह मशीन का एक तत्त्व ही होता है। चाहे हम अपने निर्णयों को धातु की बनी मशीनों के भरोसे छोड़ते हैं चाहे हाड़-मांस की बनी उन मशीनों के भरोसे जिन्हें हम ब्यूरो (कार्यालय), विशाल प्रयोगशाला, सेनाओं और कॉरपोरेशन के रूप में जानते हैं, हमें अपने प्रश्नों का जवाब तब तक नहीं मिलेगा जब तक हम सही सवाल नहीं करते। बन्दर का हाड़-मांस का पंजा उतना ही खतरनाक हो सकता है जितना लोहे और इस्पात का। वह जिन्न, जिसमें एक प्रतिष्ठा प्राप्त कॉरपोरेशन तब्दील हो जाता है, उतना ही खौफनाक होता है, जितना जादू-टोने का जिन्न।

"काफी देर हो चुकी है; अच्छे और बुरे के बीच निर्णय की चुनौती हमारे दरवाजे पर दस्तक दे रही है।" (द ह्यूमन यूज ऑफ ह्यूमन बीइंग्स—नॉरबर्ट वाइनर)

नक्सली जब नौकरशाही के विकास के मूलभूत कारणों का नजरअन्दाज कर नौकरशाही के ऊपर तीखे शब्दों का कठोर अघात करते हैं तो उनकी स्थिति कुछ हास्यास्पद लगने लगती है। वे स्पेनी उपन्यासकार सर्वेन्टिस के उपन्यास के नायक डॉन कीजोट की उस भूमिका में दिखाई देते हैं, जहाँ वह विंडमिल (पवन-चक्की) को लोगों को सतानेवाला दैत्य समझकर भाले से उस पर बार-बार चोट करता है। ऐसी कार्य नीतियों को कबूल करना जो नौकरशाही को अपरिहार्य बना दे और तब उस पर प्रहार करना ऐसा ही निरर्थक प्रयास है।

असल में नौकरशाही को खत्म करने का एकमात्र तरीका ऐसे छोटे मानव समुदायों का विकास करना है जहाँ लोगों का सम्बन्ध ज्यादा-से-ज्यादा प्रत्यक्ष हो सके। थोड़े बाकी काम निश्चित ही बड़े प्रतिष्ठानों के जरिये होंगे। इन प्रतिष्ठानों के लिए अपरिहार्य नौकरशाही के ऊपर नियंत्रण लोकतंत्र की विस्तृत और सक्षम प्रक्रिया के द्वारा हो सकेगा। यह सब अधिकतम आर्थिक और राजनीतिक विकेन्द्रीकरण और लोकतंत्रीकरण से ही सम्भव है जो नक्सलियों के उद्देश्य और कार्य विधि दोनों के विपरीत पड़ते हैं। जैसा कि बताया गया है कि सक्षम नौकरशाही का हथियारों के बल मुकाबला वैसे ही केन्द्रित कमान वाली दूसरी सैनिक नौकरशाही के बल पर ही हो सकता है, भले ही इसका रूप शुरू में छिटपुट गुरिल्ला युद्ध का हो। इस प्रक्रिया में, जैसाकि चीन, वियतनाम आदि के उदाहरण बतलाते हैं, एक कठोर केन्द्रीय तानाशाही और नौकरशाही का उदय अपरिहार्य बन जाता है।

इसलिए जब नक्सली नौकरशाही का विरोध करते हैं, लेकिन बार-बार हथियारी संघर्ष और सैनिक विजय का लक्ष्य सामने रखते हैं तब वे विपरीत उद्देश्यों को साथ-साथ लेकर चलते हैं। किसी विशेष स्थिति में उनके सैनिक लक्ष्य की सफलता की सम्भावना से इनकार नहीं किया जा सकता। लेकिन इससे नौकरशाही व्यवस्था का अन्त या समतावादी समाज व्यवस्था कायम करने का लक्ष्य पूरा होने के बजाय और दूर चला जाएगा।

6

नौकरशाही के सम्बन्ध में पहले काफी विस्तार से चर्चा करना इसलिए जरूरी लगा कि इसी की समझ के अभाव में नक्सली, ग्रामीण अर्थव्यवस्था क्या हो और ग्रामीण समाज में इस तरह की व्यवस्था कायम करने की दिशा में अपनाई गई रणनीति, दोनों के सम्बन्ध में ऐसी नीतियों का प्रतिपादन कर रहे हैं, जिनका दिवालियापन रूस, चीन या अन्य कम्युनिस्ट देशों में साबित हो चुका है। उनकी नीति की बुनियाद यह मान्यता है कि जमीन पर निजी हक रखनेवाले किसान वर्ग को अन्ततोगत्वा नष्ट कर देना है। चूँकि यह काम एकबारगी नहीं हो सकता इसलिए कृषि में लगे लोगों को कई हिस्सों में बाँटकर उनके बीच संघर्ष कराकर कई किस्तों में यह काम करने का लक्ष्य रखा गया है। इसमें खेतिहर समाज को बड़े किसान, मध्यम किसान, छोटे किसान, सीमान्त किसान और भूमिहीन मजदूर जिन्हें नक्सली अपनी रणनीति के तहत भूमिहीन किसान कहते हैं—में बाँटा गया है।

हालाँकि मार्क्स के वर्गीकरण के अन्दर भूमिहीन ग्रामीण वर्ग को ग्रामीण सर्वहारा या लुम्पेन (लम्पट तत्त्व) कहा गया है क्योंकि मार्क्स ने किसानों को सर्वहारा श्रमिकों से इसी आधार पर अलग किया था कि किसानों के पास उत्पादन के अपने साधन भूमि और कुछ औजार होते हैं, भूमिहीन सर्वहारा की श्रेणी में ही आएँगे। उनकी रणनीति के तहत पहले बड़े किसानों की, इसके बाद मध्यम किसानों की और राज्य सत्ता प्राप्त होने पर छोटे और सीमान्त किसानों की जमीन ले लेनी है। इसके बाद सभी जमीन पर सहयोगी खेती या सामूहिक खेती कायम करनी है। चूँकि भूमिहीन, सीमान्त किसान और छोटे किसान ग्रामीण समाज में बहुसंख्या में हैं, उनको जमीन के बँटवारे का लालच देकर बड़ी जोत वाले किसानों के खिलाफ उभारा जा सकता है और इनके सहयोग से सत्ता हथियाई जा सकती है। चूँकि सीमान्त, छोटे, मध्यम और बड़े किसानों के बीच वैसा वर्ग संघर्ष नहीं होता जैसा श्रमिक और उनसे श्रम करानेवाले के बीच, इसलिए मितव्ययी और मेहनती किसानों के खिलाफ जिन्होंने कुछ खुशहाली हासिल कर ली है, गरीब और असफल किसानों के ईर्ष्या भाव को उभारा जाता है। कम्युनिस्ट रणनीति का ग्रामीण क्षेत्रों में यही आधार बन जाता है। रूस में भी किसानों के खिलाफ अभियान

का पहला चरण छोटे किसानों को बड़े किसानों के खिलाफ उभारना ही था। कालान्तर में कुलक लोगों के बढ़ते प्रभाव का हौआ दिखाकर सभी किसानों की जमीन छीनकर सामूहिक खेती की शुरुआत हुई। चीन में भी पहले बड़े किसानों, तब मध्यम किसानों और अन्त में छोटे किसानों की जमीन हथियाकर कम्यूनों के हवाले कर दी गई।

कुछ समय के लिए हम यह मान लें कि इस रणनीति से नक्सली सत्ता हासिल कर लेंगे और अन्त में जमीन पर से खेतिहरों की निजी मिल्कियत खत्म कर देंगे। लेकिन इसके बाद जमीन की कौन-सी व्यवस्था चलाएँगे? रूस, चीन और पूर्वी यूरोप के सभी कम्युनिस्ट शासनों में जमीन के सामूहिक स्वामित्व की नीति अपनाई गई, लेकिन नतीजा क्या हुआ? चीन और पूर्वी यूरोप के चालीस साल और रूस की आधी शताब्दी के अनुभवों के बाद यह महसूस किया गया कि खेती की अधिकतम उत्पादकता और उत्पादकों का सन्तोषपूर्ण जीवन दोनों तभी सम्भव है जब जमीन पर उनका हक हो, जो उस पर काम करते हैं। जो नारा कम्युनिस्ट, गैर कम्युनिस्ट व्यवस्थाओं में देते हैं—यानी जमीन पर किसानों का स्वामित्व होना चाहिए—वह नारा कम्युनिस्ट व्यवस्थाओं के लिए भी उपयुक्त साबित हो रहा है। निजी स्वामित्व को खत्म कर इन देशों में कृषि व्यवस्था एक शक्तिशाली नौकरशाही के हाथ में आ गई। चूँकि यह नौकरशाही अपने स्वाभाविक चरित्र के कारण संवेदनहीन बनी रही इसलिए कृषि के प्रति इसका वैसा भावनात्मक लगाव नहीं था जो कृषि की अधिकतम क्षमता के लिए जरूरी है। इसके विपरीत अपनी जमीन पर खेती करनेवाले किसान का हर स्पन्दन उसकी जमीन पर उगते, फलते-फूलते पौधों के साथ जुड़ा होता है। पौधों की हर व्याधि किसान की अपनी यातना बन जाती है और वह हर तरह का जोखिम उठाकर, मौसम के प्रकोपों को झेलते हुए, पौधों की रक्षा के सभी उपाय करता है। नौकरशाही में इसी भावनात्मक लगाव का अभाव सामूहिक खेती की सार्विक असफलता का कारण रहा है।

अगर विशाल पैमाने पर नियोजित सामूहिक खेती में नौकरशाही का विकास अनिवार्य है तो इसी कारण सामूहिक खेती की अक्षमता भी अनिवार्य है। इसी सचाई से साक्षात्कार ने रूस, चीन समेत अधिकांश कम्युनिस्ट शासनों को खेती में किसी-न-किसी रूप में निजी स्वार्थ को जोड़ने के लिए मजबूर किया। रूस में तो व्यक्तियों, परिवारों और सहयोगी समितियों को 50 साल तक के लिए जमीन बन्दोबस्त (लीज) करने का निर्णय लिया गया। इसमें इसका भी प्रावधान है कि कोई व्यक्ति ऐसी लीज की जमीन को अपने वारिसों के लिए वसीयत कर सकता है। इन देशों में स्थितियाँ इतनी बदल चुकी थीं कि कम्युनिस्टों के शासन में आने के पहले जैसा निजी स्वामित्व तो कायम नहीं किया जा सकता था, फिर भी उत्पादन प्रक्रिया के साथ पारिवारिक स्वार्थ को जोड़कर वैसा ही प्रोत्साहन दिया

जा रहा है जो निजी स्वामित्व में प्राप्त था। रूस में ऐसे सुधारों के रास्ते में जो सबसे बड़ी बाधा आई वह थी खेती में लगे लगभग तीस लाख प्रबन्धकों यानी नौकरशाहों की समस्या; मतलब इन नौकरशाहों का क्या किया जाए? कम्युनिस्ट आन्दोलन की विडम्बना यह है कि वह तन-मन से खेती में लगे निजी स्वामित्व वाले किसानों के अस्तित्व को तो किसानों के शोषकों के दर्जे में रखकर समाप्त करता है पर सत्ता हासिल करने पर उनसे कहीं बड़ी संख्या में ऐसे वेतनभोगी समुदाय को कृषि कार्यों में लगे श्रमिकों के सिर पर लादने में कोई हिचक नहीं करता जिनको ड्यूटी पूरी करने और वेतन-भत्ता लेने से अधिक खेती से कोई लगाव नहीं होता। अब इतिहास के टेढ़े-मेढ़े रास्तों से चलकर जिसमें करोड़ों किसानों की जानें गईं और अन्य करोड़ों लोगों की अनेक यातनाओं से गुजरना पड़ा, कम्युनिस्ट शासक फिर किसानों को खेती की जमीन पर वह मालिकी हक देने को मजबूर हो रहे हैं, जिसके लिए गैर कम्युनिस्ट पिछड़ी अर्थव्यवस्थाओं में वे आन्दोलन करते रहे हैं।

लेकिन भारत का नक्सली आन्दोलन कम्युनिस्ट आन्दोलनों के इस अनुभव से कोई सबक लेना नहीं चाहता। शायद उसे भय है कि अगर वह इतिहास से सबक सीखने लगा तो उसके अपने अस्तित्व के औचित्य पर भी प्रश्नचिह्न लग जाएगा, क्योंकि परम्परागत ढंग का किसान आन्दोलन ही उसके आन्दोलन का आधार है। इसके अलावा एक दूसरा कारण भी है जिससे वे किसान आन्दोलन की कम्युनिस्ट परम्परा से अपने को अलग नहीं कर रहे हैं। भूमिहीनों और छोटे किसानों को जमीन दिलाने का लोभ देकर ही नक्सली उन्हें अपनी सत्ता की राजनीति में शतरंज का मोहरा बना सकते हैं। एक बार सत्ता में आने पर वे बल का प्रयोग कर फिर जमीन किसानों से छीन सकते हैं, जैसा कि पहले की कम्युनिस्ट हुकूमतों ने किया। इसमें सन्देह नहीं कि शुद्ध रूप से सत्ता हासिल करने की दृष्टि से विशेष परिस्थितियों में उन्हें इस रणनीति से सफलता मिल सकती है। लेकिन अगर यह सफलता मिली तो इस सफलता से आधी शताब्दी बाद इक्कीसवीं शताब्दी के मध्य तक नक्सली फिर वहीं पहुँचेंगे जहाँ रूस और चीन के कम्युनिस्ट आज पहुँच रहे हैं और अपनी नीतियों को आमूलचूल ढंग से बदलने को विवश हैं। यह भी इतिहास का व्यंग्य ही है कि अपने को जन आन्दोलन का हरावल दस्ता कहनेवाले नक्सली ऐसी नीतियों को लेकर चल रहे हैं जो अपनी सफलता में इतिहास को एक शताब्दी पीछे ढकेल देगी।

अब हम जरा इस बात पर विचार करें कि शुद्ध रूप से सत्ता हासिल करने की दृष्टि से नक्सलियों की रणनीति भारत में किस हद तक कारगर हो सकती है। जब हम इस दृष्टि से भी नक्सली आन्दोलन पर विचार करते हैं तो उनके रास्ते में बड़ी बाधाएँ दिखाई देती हैं। इसका कारण यह है कि भारतीय ग्रामीण समाज

के विश्लेषण में वे अपने उन नारों के कैदी हैं जो उन्होंने चीन से उधार लिए हैं, और इसलिए वे भारत की असलियत से दूर हो जाते हैं। इसी कारण अपने पचास साल से अधिक के अस्तित्व में वे कहीं पाँव जमाने लायक ठौर भी नहीं बना पाए हैं, जबकि 1928 और 1948 के बीच के बीस साल की अवधि में माओ ने एक छोटे ग्रामीण अंचल से फैलकर सत्ता हासिल कर ली थी। इसमें माओ को बहुत सारी सहायक स्थितियाँ मिली थीं—जैसे चीन में किसी केन्द्रीय शासन का अभाव, यातायात की कठिनाइयाँ, जापान के खिलाफ मुक्ति-संघर्ष, द्वितीय विश्व युद्ध के दौरान रूस से मिली सहायता और जापान के खिलाफ अमेरिका का व्यापक युद्ध आदि।

उनका दूसरा दृष्टि-दोष है भारत में लोकतंत्र की असलियत से इनकार करना। अपनी सारी सीमाओं के बावजूद सरकार पर अपने हित में काम करवाने के लिए दबाव डालने का जनता के हाथ में सबसे कारगर हथियार लोकतंत्र है। इसको नष्ट करने के सारे प्रयासों को बहुसंख्य जनता हमेशा प्रतिक्रान्तिकारी कदम समझेगी। क्रान्ति के पहले रूस और चीन की अधिनायकवादी व्यवस्थाओं को उखाड़ फेंकने के प्रयत्नों को जनता उसी रोशनी में नहीं देख सकती जिस रोशनी में वह लोकतांत्रिक व्यवस्था को उखाड़ फेंकने के प्रयत्नों को देखती है। भारतीय लोकतंत्र की कमियों को (इसमें सन्देह नहीं कि हमारी लोकतांत्रिक व्यवस्था में अनेक कमियाँ हैं) बढ़ा-चढ़ाकर दिखा नक्सलियों द्वारा यह बतलाने का सारा प्रयत्न कि लोकतंत्र एक धोखा है—उन छोटे समूहों को छोड़कर जो लोकतांत्रिक प्रक्रिया से बाहर हैं—किसी को प्रभावित नहीं करता।

भारत के गाँवों की असलियत यह है कि सामन्ती तत्त्व, जो अंग्रेजी व्यवस्था के साथ भारत के विभिन्न भागों में उभरे थे, जमींदारी और देशी रजवाड़ों के खत्म होने के बाद अवशेष के रूप में ही रह गए हैं और समाज का कोई तबका उनको प्रत्यक्ष समर्थन देने के लिए तैयार नहीं है। भूमि हदबन्दी कानून को तो कड़ाई से लागू नहीं किया गया, लेकिन इन कानूनों के कारण और आजादी के बाद से ही सोशलिस्ट और कम्युनिस्ट आन्दोलनों के बढ़ते प्रभाव के कारण, जो भय का माहौल अधिक जमीन रखनेवालों में पैदा हुआ, उससे जमीन का वितरण स्वतः बड़े पैमाने पर हो रहा है। हालाँकि यह प्रक्रिया भिन्न तरह की है। इसमें सरकार द्वारा नाम-लिहाजी मुआवजा देकर जमीन का अधिग्रहण कर भूमिहीनों के बीच वितरण के बजाय जमीन का वितरण बड़े पैमाने पर जमीन की बिक्री से होता रहा है। इस प्रक्रिया में जमीन उनके द्वारा खरीदी गई है, जो छोटे-मोटे धन्धों अथवा शहरी या फौजी नौकरी से कुछ धन अर्जित कर चुके हैं लेकिन पहले बेजमीन थे या बहुत ही कम जमीन वाले थे। इस तरह के वितरण का फायदा भूमिहीनों के सबसे गरीब तबकों को तो नहीं हुआ है पर जमीन का केन्द्रीकरण बहुत ही कम हुआ है। जिन

लोगों ने फर्जी बन्दोबस्ती से अपने को हदबन्दी कानून से बचाकर रखा है वे लोग भी धीरे-धीरे ऐसी जमीनों को बेच रहे हैं। चूँकि खेती में मुनाफा नगण्य है, जो भी लोग जमीन बेचकर दूसरे धन्धों या शहरी मकान आदि में पैसा लगा सकते हैं, वे ऐसा कर रहे हैं।

इस तरह बड़े भूमिपतियों की जमीन छीनकर वितरण का प्रोग्राम हर बीतते दिन के साथ अपना महत्त्व खोता जा रहा है और इक्का-दुक्का जगहों को छोड़कर कोई भी बड़ा संघर्ष इस सवाल पर नहीं छेड़ा जा सकता है। हालाँकि सोशलिस्ट, कम्युनिस्ट और बाद में पिछले कई दशकों से नक्सली भी जमीन के बँटवारे का नारा देते रहे हैं। 1970-71 के आसपास सोशलिस्टों और कम्युनिस्टों ने अतिरिक्त जमीन दखल करने का राष्ट्रव्यापी आन्दोलन चलाया था (जिसे भू-हड़प आन्दोलन कहा गया था)। उसी क्रम में समाजवादी नेता रामानन्द तिवारी पर जानलेवा हमला भी हुआ था। लेकिन इसका कोई दिखाई देनेवाला नतीजा सामने नहीं आया। यह खुद इस बात का सबूत है कि यह मुद्दा ऐसा कुछ नहीं है जो धधक उठने के लिए चिनगारी की तलाश में हो। अब जमीन बँटवारे का नारा महज रस्मी रह गया है जिससे वामपन्थी समूह अपनी वामपन्थी छवि बरकरार रखते हैं। फिर भी उन मुट्ठी भर लोगों के खिलाफ जिन्होंने चोरी से अतिरिक्त जमीन अपने पास रख ली है सख्ती बरतना जरूरी है। उनसे हालाँकि बँटवारे के लिए बहुत जमीन नहीं मिलेगी लेकिन जन प्रतिनिधियों द्वारा बनाए गए कानूनों की मर्यादा का पालन लोकतंत्र की विश्वसनीयता के लिए जरूरी है।

इस मुद्दे पर नक्सली किस हद तक अपने नारों के कैदी हैं उसका एक नमूना है उनके दस्तावेज में 'भारतीय समाज : एक परिचय' शीर्षक के तहत कृषि के सम्बन्ध में दिया गया यह वक्तव्य :

> "...भूमि वितरण अत्यन्त ही असमान है। गाँव की 10 प्रतिशत आबादी अर्थात् भू-स्वामी व धनी फार्मर 55 प्रतिशत खेती योग्य भूमि, 50 प्रतिशत सिंचाई सुविधाओं, लगभग तमाम संस्थागत ऋण व आधुनिक लागत सामग्री और लगभग दो-तिहाई बाजार योग्य अतिरेक का नियंत्रण करते हैं।"

अब जरा हम इस अत्यन्त असमान वितरण को आँकड़ों की कसौटी पर कसें। मोटा-मोटी आँकड़े इस तरह हैं। भारत की ग्रामीण आबादी 1981 की जनगणना के अनुसार करीब 56 करोड़ थी और इसका दस प्रतिशत 5.6 करोड़ होता है। खेती के लायक कुल जमीन 13 करोड़ हेक्टेयर से कुछ ज्यादा थी और इसका 55 प्रतिशत जो 5.6 करोड़ लोगों के हाथ में है 7.15 करोड़ हेक्टेयर हुआ। अत: इस दस प्रतिशत आबादी के हाथ प्रति व्यक्ति जमीन 1.3 हेक्टयर हुई। इस तरह अगर हम परिवार को 5 व्यक्तियों का मान लें तो प्रति परिवार जमीन 6.5 हेक्टयर

यानी लगभग 18 एकड़ होती है, जिसमें सिंचित, असिंचित, रेतीली, पथरीली, ऊसर सभी तरह की खेती लायक जमीन शामिल है। चूँकि इस 10 प्रतिशत में भी बँटवारा असम है इसमें काफी परिवार 10 एकड़ या इससे भी कम जमीन जोतनेवाले होंगे। ध्यान में रखने की बात है कि लिबरेशन ग्रुप के हिसाब से यह ग्रामीण आबादी का ऊपरी 10 प्रतिशत है। कोई भी आदमी जो भारतीय कृषि की स्थिति से परिचित है यह भलीभाँति जानता है कि देश के ज्यादा हिस्से में जहाँ सिंचाई की पर्याप्त सुविधा नहीं है 18 एकड़ तक जमीन जोतनेवाले किसान अक्सर मुश्किल से दो वक्त के भोजन और कपड़े की व्यवस्था कर पाते हैं।

मजे की बात तो यह है कि टाइम्स ऑफ इंडिया, पटना (जनवरी 19, 1989) की एक रपट के अनुसार लिबरेशन ग्रुप के मोर्चे आई.पी.एफ. के महामंत्री राजाराम ने जहानाबाद के सिंचाई सम्मेलन में कहा कि किसानों की स्थिति यह हो गई है कि 20 से 25 बीघे तक जमीन जोतनेवाले किसान गुजारा तक नहीं कर सकते। 20 से 25 बीघे का मतलब 13 से 17 एकड़ तक जमीन जोतनेवाले किसान हुए। मतलब कि उस कोटि के खेतिहर भी जिन्हें लिबरेशन ग्रुप सबसे ऊपर का तबका मानता है इस स्थिति में नहीं हैं कि भोजन-कपड़े की व्यवस्था कर सकें। अगर स्थिति ऐसी है तो नक्सली भूमि संघर्ष किसके विरोध में चलाएँगे? असलियत यह है कि बड़ी जोतों के आधार पर खेतिहारों के एक वर्ग को अलग-थलग करके कोई व्यापक संघर्ष नक्सली नहीं चला सकते। इसलिए जब वे भूमिपतियों के खिलाफ भाषण देते हैं तो गोल-मटोल ढंग से सामन्ती मनोवृत्ति, भूमिपति आदि शब्दों का प्रयोग तो करते हैं पर कहीं यह नहीं बतलाते कि उनकी लड़ाई कितनी जमीन से अधिक की जोत वाले लोगों के खिलाफ होगी। इसलिए उनका कार्यक्रम कई तरह की बातों का घालमेल बन जाता है। उदाहरण के लिए उनका फौरी कार्यक्रम कहता है :

(i) "भू-स्वामियों और धनी किसानों के अवैध कब्जे में पड़ी तमाम अतिरिक्त बेनामी और दूसरी किस्म की जमीन, साथ ही भूदान के अन्तर्गत दी गई जमीन, 'डिमारकेटेड' जमीन, कथित वन संरक्षित जमीन तथा अन्य खेती लायक सरकारी जमीन को दखल करने तथा इन जमीनों को भूमिहीन मजदूर, गरीब व निम्न मध्यम किसानों और खुदकाश्त में रुचि रखनेवाले बेरोजगार युवकों के बीच वितरित करने के लिए संघर्ष।"

(ii) "अतिरिक्त जमीन का पता लगाने और अघोषित 'पट्टेदारी' के रिकॉर्ड करवाने के अलावा मौजूदा भूमि रिकॉर्डों का नवीकरण करने के लिए नए भूमि सर्वे की माँग पर संघर्ष करना।" (दस्तावेज पृ. 3.1.0)

स्पष्ट है कि ये माँगें सरकार के वर्तमान कानूनी दायरे के बाहर नहीं जातीं और लम्बी फेहरिस्त के बावजूद इन स्रोतों से उपलब्ध होनेवाली जमीन नगण्य होगी। इन माँगों पर कोई राष्ट्रव्यापी या राज्यव्यापी संघर्ष भी नहीं हो सकता। बहुत से गाँवों में तो ये सब माँगें अप्रासंगिक होंगी, और जहाँ इनकी गुंजाइश है वहाँ गाँव में इक्का-दुक्का लोग ही इससे प्रभावित होंगे। जब हम इस स्थिति पर विचार करते हैं तब हमें इस बात का कारण समझ में आता है कि क्या नक्सली संघर्ष अक्सर जाति संघर्षों में बदल जाते हैं।

हालाँकि गाँवों में वितरण के लिए जमीन नगण्य है, जमीन का बँटवारा ऐसा है कि ज्यादातर गाँवों में एक या दो मध्य या अगली जातियों के लोगों के हाथों में ही गाँव की अधिकांश जमीन होती है। इसलिए भूमिपति और भूमिहीन के बीच संघर्ष का नारा जब भी दिया जाता है तो ध्रुवीकरण एक तरफ जानेवाले सवर्णों और दूसरी तरफ भूमिहीन या सीमान्त जोत वाले पिछड़ी या दलित जातियों के बीच हो जाता है। स्थानीय नक्सली कार्यकर्ता अक्सर ऐसी प्रतिद्वंद्विता के प्रवाह में शुद्ध रूप से जातीय संघर्षों में उलझ जाते हैं। इसीलिए नक्सली संगठनों का आधार भी वर्गीय बनने के बजाय विभिन्न क्षेत्रों में जातीय बन जाता है। यह आधार जातीय समीकरण के हिसाब से अलग-अलग इलाकों में अलग-अलग होता है। यह पूरी तरह स्थानीय जाति समीकरण पर निर्भर करता है। इसका एक नतीजा यह होता है कि कहीं-कहीं जहाँ दो अलग-अलग नक्सली समूह एक ही इलाके में काम करते हैं तो उनके समर्थन का आधार अलग-अलग जातियाँ हो जाती हैं। इन स्थानों पर नक्सली समूह खुलकर इन जातियों की प्रतिद्वंद्विता में अपने हथियारबन्द जत्थों का एक जाति या दूसरी जाति के खिलाफ इस्तेमाल करते हैं। नक्सली समूहों के ऐसे संघर्ष बराबर होते रहे हैं। अखबारों में प्रकाशित खबरों के अनुसार लिबरेशन ग्रुप के समर्थकों ने अल्लाहगंज गाँव के सरकारी पोखरे के एक ऐसे ठेकेदार की मछलियाँ लूट लीं जो पार्टी यूनिटी (दूसरा माओवादी समूह) का समर्थक था। अल्लाहगंज की मुसहर टोली लिबरेशन ग्रुप का अड्डा मानी जाती है। इसलिए बदले में पार्टी यूनिटी के सशस्त्र दस्ते ने इस मुसहर टोली पर हमला कर घरों में आग लगा दी। इस स्थान पर पार्टी यूनिटी के समर्थक यादव हैं और इस प्रतिशोध में यादवों का हाथ बतलाया जाता है।

इस तरह की विकृतियों के कारण कम्युनिस्ट सत्ता हासिल करने के लिए वैसा संयुक्त मोर्चा नहीं बना सकते जैसे रूस, चीन आदि में बना था और जिनके बल पर उन देशों में कम्युनिस्ट सत्ता में आए थे। इनके समर्थन का आधार स्थानीय जातियाँ या कबाइली समूह होते हैं और इसलिए राष्ट्रीय स्तर के प्रतिरोध का केन्द्र नहीं बन पाता।

7

वैचारिक दृष्टि से अभी नक्सली आन्दोलन घोर अन्धकार में है। वह अँधेरे में ही यह टटोल रहा है कि किस आधार को पकड़कर वह सत्ता हासिल कर सकता है। मार्क्सवादी विचारधारा उसे जहाँ ले जा रही है वहाँ उसकी नियति भारत की कम्युनिस्ट पार्टी या मार्क्सवादी कम्युनिस्ट पार्टी से भिन्न नहीं हो सकती। इससे उसके सामने तादाम्यता का संकट पैदा होता है; साथ ही साहसिक कार्यक्रमों—लूट-हत्या आदि—से जो सनसनी पैदा होती थी और अखबारी सुर्खियों में होने का जो आनन्द आता था वह खत्म हो रहा है। इससे उसका एक हिस्सा फिर 'वर्ग शत्रुओं' के सफाए की राह पर लौट रहा है या इस राह पर कायम रहने की कोशिश कर रहा है। ऐसे हिस्से का कोई राजनैतिक भविष्य नहीं, लेकिन यूरोप के रेड ब्रिगेड की तरह या चम्बल घाटी के दस्युओं की तरह कुछ बड़े पैमाने पर, यह कानून व्यवस्था की समस्या काफी दिनों तक बनी रह सकती है। लिबरेशन ग्रुप जैसे कुछ समूह एक साथ ही दो नावों पर पाँव रखकर चलने की कोशिश कर रहे हैं। इसमें चुनाव जीतने और क्रान्तिकारी दिखाई देने जैसे दोनों तरह के मजे साथ-साथ लेने की सम्भावना दिखाई देती है। लेकिन यह दुरंगी नीति ज्यादा दिनों तक चल नहीं सकती, किसी एक का चुनाव करना ही होगा।

सत्ता के लिए आधार की तलाश में कुछ नक्सली समूह गिरिजन, आदिवासी आदि की समस्याओं को लेकर उनको संगठित कर रहे हैं। अपने आप में यह एक बड़ा काम है और देश के सबसे शोषित समूहों को आगे लाने का प्रयास है। लेकिन उनके पास राजनीति की कोई ऐसी समग्र दृष्टि नहीं जिससे इन समूहों की समस्याओं का स्थायी हल हो सके, इसलिए वे इनके आन्दोलन को एक बड़ी मुहिम का हिस्सा नहीं बना सकते। कुछ नक्सली समूह जैसे सन्तोष राणा गुट—ऐसे आन्दोलनों को रूस की राष्ट्रीय जमातों की स्वायत्ता वाले सिद्धान्त के भीतर फिट करने की कोशिश कर रहे हैं। ऐसी नीति के, जो राष्ट्रीयता से जुड़े अन्य मुद्दों, जैसे भाषाई और मूलगत एकता, क्षेत्रीय निरन्तरता आदि पर ठोस रूप से आधारित नहीं हों, खतरनाक परिणाम भी हो सकते हैं। अगर इन समूहों के आक्रोश को जगा दिया गया लेकिन कोई ऐसी व्यवस्था नहीं बन सकी जिसमें उनकी वास्तविक

समस्याओं का समाधान हो सके तो उनका गुस्सा दूसरे मूलों के लोगों के खिलाफ हत्या तथा आतंक की नीति में बदल सकता है। इसका एक उदाहरण त्रिपुरा है, जहाँ के मूल निवासियों की भावना बंगाली मूल के आप्रवासियों के खिलाफ उभर तो गई है लेकिन अपने ही राज्य में अल्पमत हो जाने के कारण वे राजनीति पर हावी नहीं हो सकते। इससे वे बंगालियों के खिलाफ हत्या और आतंक की नीति पर उतर आए। इस समस्या का समाधान तो एक ऐसी अर्थव्यवस्था ही हो सकती है जिसमें विभिन्न मूलों के लोगों बल्कि तमाम लोगों के जीवन स्तर में समानता हो। यह समस्या सम्पूर्ण आर्थिक ढाँचे को बदलने की है जिस पर नक्सली अभी विचार नहीं कर रहे हैं।

लेकिन नक्सलियों की सबसे बड़ी मुसीबत यह है कि इजारेदार पूँजीपतियों, बहुराष्ट्रीय कम्पनियों आदि के खिलाफ वे चाहे जो भी नारे दें ग्रामीण क्षेत्र में उनके संगठन का कोई भी टकराव पूँजीवादी व्यवस्था से नहीं हो पाता। कारण यह है कि वे अपने आन्दोलन का सबसे अगला जत्था भूमिहीन मजदूर या ग्रामीण सर्वहारा को मानते हैं, जिसके नेतृत्व में ग्रामीण क्रान्ति की बात सोचते हैं। ऐसी नीति के पीछे मार्क्स के उस विचार का समानान्तर ढूँढ़ने की कोशिश है जिसके तहत मार्क्स ने औद्योगिक सर्वहारा को क्रान्ति की अगली कतार में रखा था। लेकिन इस समानान्तर की तलाश में निहित एक बुनियादी भूल को वे नजरअन्दाज कर देते हैं। मार्क्स के लिए औद्योगिक सर्वहारा न सिर्फ समाज का सबसे शोषित वर्ग था क्योंकि उसके पास अपनी श्रमशक्ति बेचने के अलावा आजीविका का कोई साधन नहीं था, बल्कि उसका सीधा टकराव समाज के सबसे आगे बढ़े हुए वर्ग औद्योगिक पूँजीपतियों से था। मार्क्स के अनुसार पूँजीपति वर्ग अपने विकास के क्रम में पूर्ववर्ती सभी सामाजिक और आर्थिक सम्बन्धों को खत्म कर एकीकृत पूँजीवादी व्यवस्था को जन्म देता है। इसलिए पूँजीवादी विकास के चरम बिन्दु पर पूँजीवादी शोषण का अन्त सभी तरह के शोषणों के अन्त के रूप में सामने आता है। यहाँ टकराव सीधा सबसे अधिक शोषित वर्ग के सबसे प्रधान और आगे बढ़े हुए शोषक वर्ग यानी मुट्ठी भर पूँजीपतियों से होता है। इसीलिए इस टकराव से न सिर्फ पूँजीवादी व्यवस्था का अन्त होता है बल्कि सभी तरह की शोषण व्यवस्था का भी। इसके विपरीत ग्रामीण सर्वहारा सबसे शोषित वर्ग तो जरूर है लेकिन उसका सीधा संघर्ष (अगर हम इसे संघर्ष कहें तो) गाँवों में फैले करोड़ों छोटे या बड़े किसानों या काश्तकारों से है जो स्वयं पूँजीवादी व्यवस्था द्वारा शोषित हैं। ग्रामीण सर्वहारा का सीधा टकराव कहीं भी इजारेदार पूँजीपति वर्ग या विदेशी पूँजीपति वर्ग का या किसी अन्य तरह के पूँजीपति वर्ग से नहीं होता। यहाँ हम इस सवाल पर विचार नहीं करेंगे कि किसान खेत मजदूर का शोषण करता है कि नहीं। हम सिर्फ इस तथ्य की

ओर ध्यान दिलाना चाहते हैं कि जिस तरह औद्योगिक सर्वहारा स्वाभाविक रूप से पूँजीपति वर्ग के विरोध वर्ग के रूप में आगे आता है वैसे ग्रामीण सर्वहारा नहीं। इसलिए जब औद्योगिक मजदूरों के समानान्तर ग्रामीण मजदूरों का संगठन वर्ग संघर्ष की विचारधारा के तहत किया जाता है तो संघर्ष वास्तव में शोषित समूहों के बीच ही होता है, भले ही अगर हम चाहें तो इसे शोषित और अति शोषित के बीच का संघर्ष कहें। हालाँकि भारत के ग्रामीण समाज में भूमि के स्वामित्व बहुत केन्द्रित नहीं है—जैसाकि हम पहले देख चुके हैं—लेकिन कुछ खास जातियों में केन्द्रित जरूर है। और इसी का नतीजा है कि—जैसा ऊपर बतलाया गया है—गाँवों में जब भी वर्ग संघर्ष के नाम पर संघर्ष को बढ़ावा दिया जाता है, संघर्ष जातियों के बीच हो जाता है। इससे ग्रामीण समाज बुरी तरह खंडित होता है। इसीलिए जहाँ भी नक्सली आन्दोलन तेज हुआ है किसानों के आन्दोलन नहीं हो पाए हैं।

यह स्थिति सिर्फ नक्सली इलाकों की नहीं है बल्कि उन सभी इलाकों की है जहाँ किसी भी तरह की कम्युनिस्ट पार्टियाँ सक्रिय रही हैं और किसान संगठन के नाम पर खेत मजदूरों को या छोटे किसानों को मध्यम और बड़े किसानों से लड़ाती रही हैं। यह भी एक कारण है कि किसान आन्दोलन उन्हीं राज्यों, जैसे तमिलनाडु, महाराष्ट्र, कर्नाटक तथा पश्चिमी उत्तर प्रदेश में व्यापक हुआ है, जहाँ ग्रामीण क्षेत्रों में नक्सली आन्दोलन या इसके पूर्व कम्युनिस्ट आन्दोलन का कोई प्रभाव नहीं था। बिहार जैसे राज्य में जहाँ जमींदारी के विरुद्ध किसानों का व्यापक आन्दोलन था लेकिन बाद में कम्युनिस्ट और नक्सली प्रभाव में खेत मजदूरों के किसान विरोधी आन्दोलन का रूप लेता गया, वहाँ फिर से किसान आन्दोलन खड़ा करने में बड़ी कठिनाई हो रही है।

इस तरह पूँजीवाद या विदेशी पूँजी के खिलाफ किसानों का आन्दोलन खड़ा करने में नक्सली आन्दोलन की भूमिका नकारात्मक है। सच तो यह है कि नक्सलियों के इरादे चाहे जो हों असल में ग्रामीण समाज को खंडित कर वे पूँजीपति वर्ग का ही हित साधन कर रहे हैं। कोई अचरज नहीं कि देश के इजारेदार पूँजीपतियों के अखबार में नक्सली गतिविधियों को ज्यादा-से-ज्यादा प्रकाशन मिलता है।[1] पूँजीपति अच्छी तरह समझते हैं कि किसानों का आन्दोलन जितना ही कमजोर होगा उन्हें उपज का मूल्य जितना ही कम मिलेगा उसी अनुपात में पूँजीपतियों के मुनाफे में वृद्धि भी होगी।

नक्सली संसार भर के और स्वयं भारत के अनुभव से यह सबक लेने को तैयार नहीं हैं कि मजदूरों की आर्थिक स्थिति में सुधार और मजदूरों की बढ़ोतरी उन काश्तकारों की आय में बढ़ोतरी के साथ सीधी जुड़ी हुई है जिनकी जमीन पर वे काम करते हैं। इस सन्दर्भ में अमेरिकी अर्थशास्त्री गालब्रेथ का सिद्धान्त विचारणीय

है। उसने अपनी पुस्तक 'अमेरिकन कैपिटलिज्म: द कंसेप्ट ऑफ काउंटरवेलिंग पावर' में यह सिद्धान्त प्रतिपादित किया है कि जब किसी समूह का 'मार्केट पावर' (यानी बाजार पर नियंत्रण द्वारा अधिक मुनाफा लेने की क्षमता) बढ़ता है तो उसी अनुपात में उससे सम्बद्ध समूहों का प्रतिकूल दबाव डालने, यानी मुनाफे में हिस्सा लेने या नियंत्रण कम करने की क्षमता (काउंटरवेलिंग पावर) भी बढ़ती है। इस दृष्टि से बड़े उद्योगों और अमेरिकी काश्तकारों की स्थिति के फर्क के सम्बन्ध में गालब्रेथ लिखता है :

> "इसके (बड़े उद्योगों के) विपरीत अमेरिकी कृषि में, जो आपसी प्रतिस्पर्धा वाले मॉडल के करीब है, एक भी ऐसा मजदूर यूनियन नहीं है जिसका कोई महत्त्व हो। इसका कारण संगठन बनाने की कठिनाइयाँ नहीं हैं हालाँकि संगठन बनाने की कठिनाइयाँ भी हैं, पर इनसे बड़ी कठिनाइयों के निराकरण हुए हैं। इसका असली कारण यह है कि फार्म मालिकों/किसानों का कोई अधिकार उनके यहाँ काम करनेवाले मजदूरों पर नहीं रहा है और हाल तक किसानों के पास बाजार की शक्ति (मार्केट पावर) के द्वारा ऐसे लाभ की गुंजाइश नहीं रही है जिसमें हिस्सा लेने के लिए संगठन बनाना मजदूरों के लिए कोई मानी रखता हो। इस विचार की पुष्टि का एक दिलचस्प उदाहरण है कैलिफोर्निया का ग्रेट वैली इलाका जहाँ के किसान अपने मजदूरों पर एक हद का अधिकार रखते हैं। अमेरिका में लगभग यह अकेला इलाका है जहाँ के मजदूर संगठित होने का प्रयास लगातार करते रहे हैं।"

किसानों की समृद्धि के साथ खेत मजदूरों की आय जुड़ी है, यह इस बात से भी जाहिर होता है कि पश्चिमी उत्तर प्रदेश या पंजाब में जहाँ किसानों की आर्थिक स्थिति तो अच्छी है पर ग्रामीण इलाकों में कम्युनिस्ट आन्दोलन का प्रभाव नगण्य रहा है। वहाँ खेत मजदूरों की मजदूरी बंगाल या बिहार से, जिन राज्यों में कम्युनिस्ट आन्दोलन लगभग आधी शताब्दी से चल रहा है, कहीं अधिक है। इस तरह किसान आन्दोलन को कमजोर बनाकर अन्ततोगत्वा कम्युनिस्ट मजदूरों का भी अहित कर रहे हैं। वे एक तरह से अंडों के सेने के पहले ही चूजों का बँटवारा करना चाहते हैं।

नक्सली आन्दोलन का वर्तमान रूप में न तो कोई भविष्य है और न ऐसा कोई खतरा ही है जैसा अखबारों में उनकी गतिविधियों की अतिरंजित खबर देकर बतलाने की कोशिश होती रहती है। समग्र राजनीति की दृष्टि से इस विशाल देश में एक-दो राज्यों के कुछ सौ गाँवों में होनेवाली हत्याओं या संघर्षों का कोई राजनीतिक महत्त्व नहीं, इस बात को छोड़कर कि इसे हौवा बनाकर दूसरे लोग अपना राजनीतिक स्वार्थ साधें। लेकिन इन आन्दोलन के सन्दर्भ में जैसे मुहावरों

का कैदी देश बनता जा रहा है उससे यह खतरा जरूर है कि असली राजनीतिक विघटन हो। अभी बिहार के नक्सली इलाकों में जब भी कोई संघर्ष या हत्या का सिलसिला शुरू होता है तो पत्रकार, सरकारी अफसर और मंत्री सभी एक स्वर से स्वर से भूमि सुधार का अभाव, न्यूनतम मजदूरी नहीं मिलने जैसी बातों को कारण बताकर चुप बैठ जाते हैं या 'ऑपरेशन सिद्धार्थ' जैसे सतही सुधारों से सन्तोष कर लेते हैं। लेकिन इनसे न ही मजदूरों को न्यूनतम मजदूरी दिलाई जा सकी है और न जहाँ न्यूनतम मजदूरी मिलती है वहाँ स्थिति में कोई फर्क पड़ता है। भूमि सुधार की सम्भावनाएँ इतनी सीमित हैं कि भूमि वितरण के पर्चों के वितरण के भव्य समारोहों को छोड़कर सामाजिक जीवन पर इसका कोई असर नहीं हो पाता। हमारे पत्रकार और राजनेता, जो घिसे-पिटे नारों से आगे जाकर कुछ देखना नहीं चाहते, बढ़ती हुई गैरराजनीतिक हत्याओं, विभिन्न इलाकों में हो रहे संगठित अपराधों, नगरों और अब गाँवों में भी होनेवाले साम्प्रदायिक या जातीय दंगों आदि के पीछे क्या कारण हैं, इन सबको ढूँढ़ने की कोशिश नहीं करते क्योंकि ये सब किसी वामपन्थी फार्मूले में फिट नहीं बैठते।

जो असली समस्या है वह है वर्तमान औद्योगिक विकास से गाँवों की बढ़ रही विपन्नता और इससे होनेवाला ग्रामीण समाज का विघटन। गाँवों में आबादी के अनुपात में आजीविका के उपाय इतने नगण्य होते जा रहे हैं कि बड़ी संख्या में लोग शहरों में भाग रहे हैं या कृषि के कुछ सम्पन्न इलाकों में। बाहरी उद्योगों और सेवाओं पर गाँवों की बढ़ रही निर्भरता से वे सम्पर्क सूत्र जो गाँवों के लोगों को पारस्परिक सम्बन्ध में बाँधते थे खत्म हो रहे हैं। इसी से गाँव को बाँधकर रखनेवाले सामाजिक मूल्य भी खत्म हो रहे हैं। इसीलिए गाँव के जीवन में गाँव के सीमित या घटते हुए साधनों के लिए आपसी लूट-खसोट जारी है। इस लूट-खसोट पर रोक लगानेवाले पारम्परिक मूल्य खत्म हो गए हैं, और विघटित हो रहे ग्रामीण समाज में नए मूल्यों के उदय की कोई सम्भावना दिखाई नहीं देती। जहाँ-तहाँ अपनी सहूलियत के हिसाब से गाँव के कुछ समूह इस लूट-खसोट में बिना किसी बड़े आदर्श के नक्सली नारों को तात्कालिक लाभ के लिए अपना रहे हैं। नक्सली समूहों में बड़ी संख्या में लम्पट तत्त्वों की मौजूदगी इसी स्थिति का परिणाम है।

गाँवों के लोग जिन शहरों में भाग रहे हैं वे शहर भी सीमाहीन सम्भावनाओं के क्षेत्र नहीं हैं। वहाँ भी आधुनिक उद्योगों में काम देने की क्षमता सीमित है। इसलिए नगरों में भी गाँवों के लोग अकुशल उद्योगों, भवन निर्माण जैसे कामों, अकुशल सेवाओं और छोटे-मोटे टुटपुंजिया धन्धों में लगते हैं और नगरों की गन्दी बस्तियों में कीड़ों की जिन्दगी बिताते हैं। उनमें न तो गाँवों के सामाजिक जीवन का कोई बन्धन है न नगरों का कोई अपना मूल्य बन रहा है, जिन्हें वे अपनाएँ। भारतीय

नगरों की समृद्धि में लूट-खसोट और उपभोक्तावादी मूल्यों की ही प्रधानता है। इससे मानवीयता के सारे मूल्यों का लोप हो रहा है और एक संवेदनहीन समाज बन रहा है। इसमें कुछ धूर्त लोग छोटे-छोटे स्वार्थों के लिए अपने परिवेश से टूटे विभिन्न समूहों के जड़विहीन, संवेदनहीन लोगों को धर्म, जाति आदि के नाम पर एक-दूसरे के खिलाफ लड़ा रहे हैं। अगर देश पर सबसे बड़ा खतरा है तो वर्तमान विकास से पैदा इसी स्थिति से, जिसमें देश की विभिन्न जातियों के लोग, मूलों के लोग, सम्प्रदायों के लोग निरन्तर एक-दूसरे के खिलाफ संघर्ष में लगे रहेंगे। इस संघर्ष में हम एक देश के हैं या एक मानव वंश के हैं, ऐसी भावनाओं के प्रति एक व्यापक तिरस्कार फैल रहा है। कुछ ऐसी ही स्थिति थी जब कम्पूचिया में ख्मेर रूझ के नेतृत्व में गाँव के सशस्त्र लोगों ने राजधानी नौम पेन्ह नगर के लाखों नागरिकों की हत्या कर दी और इस विशाल नगर को उजाड़ दिया।[1] हमारा देश इतना विशाल है कि एकबारगी ऐसा कुछ नहीं हो सकता। लेकिन जैसी स्थितियाँ बन रही हैं उसमें दिल्ली में जैसा नवम्बर 1984 में सिखों के साथ हुआ वैसी अनेक घटनाएँ गाँव-गाँव और नगर-नगर में दूसरे समूहों के साथ होती रहेंगी और देश में पूरे अर्थ में बर्बरता का राज होगा।

8

पिछले अध्यायों में हम इस निष्कर्ष पर पहुँचे थे कि दीर्घकालिक परिप्रेक्ष्य में नक्सली आन्दोलन की सफलता की कोई सम्भावना दिखाई नहीं देती। इसके कारणों को समझने की कोशिश हुई थी। लेकिन यह भी एक तथ्य है कि तत्काल छिटपुट ढंग से कहीं-कहीं अलग-अलग नक्सली समूह, लोगों में अपना प्रभाव जमाने में सफल हुए हैं। यही नहीं आई.पी.एफ.[1], जो कम्युनिस्ट पार्टी (मार्क्सवादी-लेनिनवादी) लिबरेशन ग्रुप का मोर्चा बना था, 1989 के आम चुनाव और उसके बाद 1990 के विधानसभा चुनाव में एक लोकसभा और सात विधानसभा क्षेत्रों से अपने सदस्यों को विजयी बनाने में सफल हुआ था। इस स्थिति को हम कैसे समझें?

इस स्थिति को समझने के लिए हमें इस सचाई को कबूल करना होगा कि किसी सक्रिय राजनीतिक समूह की स्थानीय लोकप्रियता का कोई अनिवार्य सम्बन्ध उसके मूलभूत विचारों के तर्कसंगत या प्रासंगिक होने से नहीं होता। भारत में जहाँ हर जगह लोग अनेक तरह की समस्याओं से परेशान हैं, और स्थानीय रूप से विभिन्न तरह के शोषण और उत्पीड़न मौजूद हैं, बिना किसी दूरगामी उद्देश्य से जोड़ते हुए भी कोई समूह ऐसे शोषण और उत्पीड़न से तात्कालिक राहत दिला सकता है। इस स्थिति में इस समूह को लोगों की कृतज्ञता और वफादारी मिलेगी। इसी कारण भारतीय जनता पार्टी जैसी घोर दकियानूसी और प्रतिक्रियावादी जमात भी मजदूर संगठनों में अपना प्रभाव जमा सकती है, या आदिवासी समूहों में भी स्थानीय रूप से समर्थन प्राप्त कर सकती है। यही नहीं देश में विदेशी पैसों से चलनेवाली अनेक गैरसरकारी संस्थाएँ हैं जिन्होंने आदिवासी और दलित समूहों में अपने राहत कार्यों के जरिये समर्थन का आधार कायम किया है। हालाँकि ऐसे समूहों के दूरगामी लक्ष्य एक-दूसरे से पूरी तरह भिन्न हैं। अपने रोजमर्रा के कामों में उनकी भिन्नता नगण्य हो जाती है। नक्सली समूहों के छिटपुट प्रभाव का यह मुख्य कारण है।

एक उदाहरण मध्य बिहार का ही है जहाँ नक्सली आन्दोलन लगातार सुर्खियों में रहा है। इसके कुछ इलाकों में काश्तकार सिंचाई के लिए लगाए गए पम्पों की

चोरी से परेशान थे। शुरू में यहाँ के काश्तकार नक्सलियों के समर्थक इसलिए बने क्योंकि नक्सलियों ने पम्प की चोरी रोकने में अपने हथियारबन्द गिरोहों के जरिये एक हद की सफलता पाई। चूँकि कानून के दायरे के बाहर काम करनेवाले इन गिरोहों का अपराधकर्मियों के साथ सम्पर्क कायम रहता था, उनके लिए यह कर पाना आसान था। इसी तरह अनेक स्थानों पर दलित समूहों पर अत्याचार होते रहते हैं। जहाँ-जहाँ नक्सली समूहों ने इन अत्याचारों के प्रतिकार के लिए लोगों को संगठित किया या वे आगे आए वहाँ उन्हें दलितों का समर्थन मिला। इन स्थानों पर शोषण का स्वरूप इतना सीधा था कि उसे समझने के लिए टेढ़े-मेढ़े तर्क-कुतर्क में उलझने का खतरा नहीं था। इसके लिए उन्हें किसी द्वंद्वात्मक भौतिकवाद का सहारा नहीं ढूँढ़ना था। यहाँ न्याय-अन्याय का, परपीड़न, परोपकार जैसे परम्परागत धार्मिक मूल्यों के आधार पर निर्णय लेना आसान था। वर्ग संघर्ष की अपनी अवधारणा से नक्सलियों को सिर्फ अपने मनोबल को मजबूत करने की सुविधा प्राप्त हुई। निचले स्तरों पर जैसी भावना काम करती है उसकी अभिव्यक्ति गाँव के एक दलित नक्सली नेता के इस प्रतिपादन से स्पष्ट है जो उसने इस लेखक के सामने रखा था, 'कामरेड, अन्याय को खत्म करने के लिए अन्यायी को खत्म करना जरूरी है।' यह नक्सली नेता सात साल जेल में रह चुका था और आई.पी.एफ. में रहते हुए भी फ्रंट की व्यक्तिगत हत्याओं की नीति को सीमित रूप से परित्याग करने की बात उसे जँच नहीं रही थी। इस नेता के लिए न्याय का ठेठ अर्थ कुसूर (चाहे उसका अर्थ जो भी हो) के लिए दंड था और निर्णायक दंड मृत्युदंड था क्योंकि अन्यायी की मृत्यु के साथ अन्याय के अन्त का भरोसा था। द्वंद्वात्मक भौतिकवाद, इतिहास में उत्पादन प्रणाली और उत्पादन की शक्तियों की टकराहट और उससे नए समाज के उदय आदि की बातें न्याय की उसकी सीधी परिभाषा में नहीं समाती थीं। आम आदमी की परम्परा से प्राप्त अवधारणा को बाहर से उधार ली गई अवधारणाएँ कैसा विकृत रूप दे सकती हैं, यह इस सीमित उदाहरण के अलावा भी व्यापक स्तर पर देखी जा सकती है।

एक ऐसे समाज में जहाँ न्याय की व्यवस्थागत सम्भावनाएँ लगभग लुप्त हो गई हों, व्यक्तिगत रूप से तुरन्त दिए गए दंड की एक खास अपील होती है। भारत में पुलिसकर्मियों, सम्पन्न लोगों, अपराधकर्मियों और राजनैतिक नेताओं का एक ऐसा गठजोड़ बन गया है कि कमजोर लोग खासकर गाँवों के असंगठित और बिखरे समाज के लोग जब विभिन्न तरह के अन्यायों के शिकार होते हैं तो राहत पाना लगभग असम्भव हो जाता है। पुलिसवालों की अपराधकर्मियों से मिलीभगत होती है और उनको इस बात में दिलचस्पी नहीं होती कि अपराधी दंडित हो, उनकी दिलचस्पी सिर्फ अपराध से अर्जित धन में हिस्सेदारी से होती है, या अपराध को छिपाने के लिए रिश्वत लेने में। यह स्थिति सिर्फ निचले स्तर

के पुलिसकर्मियों तक सीमित नहीं है बल्कि नीचे से ऊपर तक नाजायज कमाई में हिस्सेदारी का एक अटूट सिलसिला बना हुआ है। इक्के-दुक्के ईमानदार पुलिस अफसर तिरस्कार का शिकार होते हैं तथा तरह-तरह से परेशान किए जाते हैं। यही स्थिति न्यायपालिका की भी बनती जा रही है जहाँ निचले स्तरों पर तो व्यापक भ्रष्टाचार है ही उच्च न्यायालयों के इक्के-दुक्के न्यायधीशों के बारे में भी भ्रष्ट आचरण की चर्चा आम हो गई है। यही नहीं पुलिस और प्रशासन के लोग स्वयं अनेक तरह के अपराध कर्मों में लिप्त हैं। इस तरह की स्थिति में कमजोर लोग बेसहारा महसूस करते हैं।

अगर ऐसी आम बेपनाही की स्थिति में कोई समूह आगे आता है और कुछ जाने-माने अपराधकर्मियों की हत्या कर देता है तो वह लोगों का समर्थन प्राप्त करने लगता है। कमजोर लोग उसे त्राता मानने लगते हैं। ऐसे समूहों में शक्ति के एहसास की विकृतियों की ओर रुझान—जैसे शक्ति का निजी लाभ के लिए या व्यक्तिगत कसर निकालने के लिए उपयोग—व्यापक हो सकता है। लोग प्रायः इन विकृतियों को नजरअन्दाज कर देते हैं अगर उन्हें तत्काल किसी अन्याय से मुक्ति मिल जाती है। ऐसे उदाहरणों का अभाव नहीं है जहाँ नक्सली अपनी शक्ति का उपयोग धमकी देकर पैसा इकट्ठा करने में करते हैं और ऐसे पैसे का कितना हिस्सा संगठन के काम में और कितना निजी काम में आता है, इसका कोई हिसाब नहीं रखा जा सकता। लेकिन लोग इन विकृतियों को नजरअन्दाज कर देते हैं अगर तत्काल उन्हें किसी सामने दीखनेवाले अन्याय से मुक्ति मिल जाती हो। यह याद रखने की बात है कि चम्बल घाटी का कुख्यात दस्यु मान सिंह भी कुछ गिने-चुने जालिमों की हत्या के चलते एक खास तरह की गरिमा से मंडित हो गया था और उसके इलाके के बच्चे बड़े होने पर मान सिंह बनने का हौसला रखने लगे थे। जब पूरी व्यवस्था अपराधी बन जाती है तब लोगों की निगाह में अपराधी और न्यायकर्ता का रोल गड्डमड्ड हो जाता है और व्यवस्था का विरोध—इसका स्वरूप चाहे जो भी हो—अपने आप में एक उदात्त आदर्श मालूम पड़ने लगता है। नक्सलियों को जहाँ-तहाँ जो सीमित सफलता मिली है उसके पीछे हमारे समाज की उपरोक्त स्थिति की एक खास भूमिका है।

वन प्रदेशों में वन विभाग के कर्मचारियों और लकड़ी का अवैध धन्धा करनेवाले व्यापारियों की मिलीभगत से खुलेआम जंगल में लकड़ी की कटाई होती है जिससे जंगल वीरान बनते जा रहे हैं। दूसरी ओर वन प्रदेशों में रहनेवाले वनवासियों को अपनी जरूरत के लायक लकड़ी काटने की इजाजत नहीं मिलती। जरूरत के लायक थोड़ी लकड़ी काटने पर भी वन विभाग के कर्मचारियों द्वारा उन्हें सताया जाता है और उनसे रिश्वत वसूल की जाती है। ऐसे में अगर कोई समूह वन अधिकारियों या व्यापारियों पर आक्रमण करता है तो वनवासियों की आम सहानुभूति उसके

साथ होती है। इसी तरह बिहार में भू-हदबन्दी के कानून ठीक से इसलिए लागू नहीं किए जा सके क्योंकि नौकरशाही पर सम्पन्न वर्गों का प्रभाव कायम है। अगर ऐसे इलाकों में कोई समूह सीमा से बड़ी जोतों पर कब्जा कर भूमिहीनों में वितरित करने का वायदा करता है तो उसे भूमिहीनों का तुरन्त समर्थन मिलता है। उनके इरादे चाहे जो हों, यहाँ नक्सली वास्तव में कानून तोड़ने का नहीं बल्कि व्यवस्था द्वारा उपेक्षित इसके अपने ही कानूनों को लागू करवाने का आश्वासन देते हैं। इसमें उन्हें भूमिहीनों की सहानुभूति मिलती है। भूमिहीनों की अपेक्षा तो जगा दी जाती है लेकिन अधिकांश स्थानों पर बाँटने के लिए हदबन्दी से ऊपर की जमीन नहीं होती। तब अक्सर हदबन्दी के भीतर की भी जमीन, अगर वे पर्याप्त शक्ति इकट्ठा कर सकें तो दखल करने लगते हैं। जिन्हें जमीन का लोभ होता है वे इसके कानूनी औचित्य पर ध्यान देना जरूरी नहीं समझते क्योंकि जमीन को लेकर कानून के प्रावधानों का उल्लंघन ग्रामीण इलाकों में एक आम बात हो गई है।

इस तरह नक्सलियों को अपने हिंसक कामों के लिए मिलनेवाला समर्थन एक हद तक राज्य व्यवस्था के अपराधीकरण और पंगु होने का सीधा परिणाम है। सच तो यह है कि अपने राहत कार्यों से नक्सली व्यवस्था को कमजोर बनाने के बजाय मजबूत ही करते हैं क्योंकि भ्रष्टाचार वर्तमान पूँजीवादी लोकतांत्रिक व्यवस्था को घुन की तरह भीतर से खोखला कर रहा है और नक्सलियों के प्रयास से कुछ खास तरह के भ्रष्ट आचरण पर रोक लग सकी तो व्यवस्था की सक्षमता बढ़ेगी ही। यह ध्यान में रखने की बात है कि पूँजीवादी औद्योगिक विकास के क्रम में 'बुर्जुआ' कहे जानेवाले वर्ग ने अपने देश में इस तरह के सुधारों को औद्योगिक विकास के लिए अनिवार्य मानकर बहुत पहले लागू किया था। दिक्कत इस बात से पैदा होती है कि नक्सली इन उद्देश्यों से प्रेरित होने के बजाय अपनी समानान्तर सत्ता कायम करने के मूल उद्देश्य को ही लेकर चलते हैं। इससे अनेक तरह की विकृतियाँ पैदा होती हैं।

जब हम इन बातों पर विचार करते हैं तो हमें अन्याय के विरोध की उस ठेठ अवधारणा की सीमाएँ भी दिखाई देने लगती हैं जिनका वर्णन ऊपर किया गया है। जिस तरह के अन्यायों का विरोध नक्सली ग्रामीण इलाकों या वन प्रदेशों में करते हैं। वे वर्तमान औद्योगिक व्यवस्था के हाशिए पर इस व्यवस्था की विकृति के रूप में वर्तमान हैं—वैसी विकृति जो पिछड़ी अर्थव्यवस्था में पूँजीवाद की स्थायी सहचर भी है। असली शोषण का स्वरूप इतना व्यापक और अदृश्य है कि कहीं एक बिन्दु या व्यक्ति की ओर उंगली उठाकर नहीं बतलाया जा सकता कि यही शोषण या अन्याय का केन्द्र है और इसे नष्ट कर देने से अन्याय मिट जाएगा।

अगर गैरबराबरी औद्योगिक ढाँचे में निहित हो, जिसमें स्तरों में विभाजन (सोपानगत बनावट) व्यवस्था की सक्षमता के लिए जरूरी है, तो किसी खास व्यक्ति

को अन्याय के लिए जिम्मेदार नहीं ठहराया जा सकता। आज हकीकत यह है कि उद्योगों के ढाँचे में निहित गैरबराबरी (जो उत्पादन और विपणन की पूरी व्यवस्था से जुड़ी है) इस बात से निरपेक्ष है उद्योगों का स्वामित्व किसी व्यक्ति के हाथ में या है सार्वजनिक है। उदाहरण के लिए हमारे देश में कोयला उद्योग, रेल, यातायात और अधिकांश बिजली के संयंत्र और इस्पात के कारखाने सरकारी स्वामित्व के भीतर हैं। लेकिन इससे इन उद्योगों में काम करनेवाले श्रमिकों, तकनीकी विशेषज्ञों और व्यवस्थापकों के अधिकार, आय और सुविधाओं की घोर विषमता खत्म नहीं हो जाती। व्यवस्था में मजदूरों की भागीदारी से भी समस्या का समाधान नहीं होता क्योंकि आधुनिक उद्योगों का ढाँचा और उनमें उत्पादित वस्तुओं के विनियम का सम्बन्ध इतना जटिल और फैला हुआ होता है कि विशेषज्ञ ही उन्हें समझ सकते हैं—अकेला एक विशेषज्ञ भी नहीं समझ सकता। इसकी पूरी समझ विशेषज्ञों के समूहों को होती है और वे ही पूरे उद्योग के संचालन को निर्धारित करते हैं। इस विशाल व्यवस्था से नौकरशाही और व्यवस्थापक वर्ग का वर्चस्व किस तरह जुड़ा है और इससे किस तरह के अमानवीय संस्कार समाज में पैदा होते हैं उनका वर्णन पहले विस्तार से हो चुका है।

भारत के सार्वजनिक क्षेत्र में लगे श्रमिकों और तकनीकी एवं व्यवस्था विशेषज्ञों के बीच की गैरबराबरी का जो कारण पहले वामपन्थ द्वारा बतलाया जाता था वह किसी को अब समाधानकारी नहीं मालूम पड़ता। पहले यह दलील दी जाती थी कि ऐसी गैरबराबरी इसलिए है क्योंकि भारत के सार्वजनिक क्षेत्र पूँजीपति वर्ग की स्वार्थसिद्धि के लिए काम करते हैं। अब जब रूस, चीन तथा पूर्वी-यूरोप की समाजवादी कही जानेवाली अर्थव्यवस्थाओं में फैली घोर असमानता की बात लोगों की निगाह में आ चुकी है तब इस दलील में कोई दम नहीं रह गया है। अब तो आज की विशाल औद्योगिक उत्पादन प्रणाली में ही विषमता को निहित मानना होगा। इसमें व्याप्त अन्याय के खिलाफ आक्रमण तो किसी व्यक्ति के खिलाफ हो नहीं सकता क्योंकि दोषी पूरा औद्योगिक ढाँचा और उत्पादन प्रणाली है। जब नई उत्पादन प्रणाली के कुप्रभाव औद्योगिक क्रान्ति के प्रारम्भ में दिखाई पड़े थे तब मजदूरों को नई मशीनों में सहज ही अपना दुश्मन दिखाई देता था। अतः ब्रिटेन में, जो औद्योगिक क्रान्ति में अग्रणी था, अठारहवीं सदी के अन्त से उन्नीसवीं सदी के दूसरे दशक तक 'लुड्डाइट' नाम से प्रसिद्ध मजदूरों का एक आन्दोलन खड़ा हुआ जो बुनाई की नई मशीनों को नष्ट करता था। ठेठ न्याय का वर्तमान औद्योगिक व्यवस्था में यही मशीन-विरोधी रूप हो सकता है। लेकिन ऐसा करना आज सम्भव नहीं। लुड्डाइट लोग ऐसा इसलिए कर सके क्योंकि बुनाई की नई मशीनें पहले-पहल उत्पादन प्रक्रिया में प्रवेश कर रही थीं और मजदूरों के जीवन पर उनका प्रतिकूल प्रभाव साफ-साफ दिखाई दे रहा था।

लेकिन उस समय पश्चिम में विकास की पूरी धारा उनके विपरीत पड़ रही थी इसलिए उन्हें कुचल दिया गया। आज का नया औद्योगिक ढाँचा इतना व्यापक बन गया है और आदमी के जीवन में हवा और पानी की तरह ऐसा समाया हुआ है कि भौतिक प्रहार से उसे तोड़ने की कल्पना भी कोई नहीं कर सकता। इस तरह कुल मिलाकर वर्तमान शोषण व्यवस्था के खिलाफ हिंसक या तोड़फोड़ की सम्भावना खत्म हो चुकी है।

उपरोक्त स्थितियाँ एक प्रश्न खड़ा करती हैं जिसे कोई नक्सली, जिसकी अन्तरात्मा हथियारबन्द होने के उन्माद में मर नहीं चुकी है, नजरअन्दाज नहीं कर सकता। क्रान्तिकारी हत्या या हिंसा का औचित्य उन आदर्शों के परिप्रेक्ष्य में ही तय होता है जिन्हें क्रान्तिकारी हासिल करना चाहता है। प्रश्न है कि अगर नक्सलियों की हिंसा का आज के औद्योगिक समाज में न्याय के व्यापक लक्ष्य से कोई रिश्ता नहीं बन पाता और वह मात्र हाशिए पर होती है तो नक्सलियों और सामान्य हत्यारों में भेद कैसे किया जा सकता है? यह प्रश्न हिंसा और अहिंसा के विवाद से अलग है। यह प्रश्न उनके लिए है जो हिंसा की राजनीति में विश्वास करते हैं। आल्बेयर कामू ने यही प्रश्न वैयक्तिक हत्याओं में विश्वास करनेवाले रूसी क्रान्तिकारियों की हिंसा के सन्दर्भ में अपनी पुस्तक 'बागी' में उठाया था। वे एक ऐसे संसार में जो उन्हें सम्पूर्ण रूप से नकारात्मक दिखाई देता था पिस्तौल और आत्मोत्सर्ग के साहस में नए मूल्यों की स्थापना का सपना देखते थे, बिना जाने हुए कि ये मूल्य क्या होंगे। उनको सिर्फ यह भरोसा था कि आनेवाली पीढ़ियाँ उनके बलिदान को सही सिद्ध करेंगी। लेकिन यहाँ कामू यह प्रश्न उपस्थित करता है—अगर उनका स्वेच्छा से अंगीकार किया गया अपराध और बदले में मौत से अगर आज भी भविष्य में किसी मूल्य की स्थापना मात्र आशा ही रह गई है तो क्या हम इस निष्कर्ष पर पहुँचने को विवश नहीं हैं कि उनका बलिदान निरर्थक था और वे शून्यवादी ही रह गए (ये क्रान्तिकारी विचार से शून्यवादी थे?) वे नक्सली कार्यकर्ता जो सिर्फ इस विश्वास से कि उनके प्रयासों से नए मूल्यों पर आधारित समाज स्थापित होगा, दूरदराज गाँवों या जंगलों में जान लेते या देते हैं, क्या आज लगभग इसी स्थिति में नहीं हैं? क्योंकि वे खुद भी यह नहीं समझ पा रहे हैं कि उनके प्रयासों से कौन से मूल्य स्थापित होंगे या कैसा समाज बनेगा। जिन समाजों के प्रतिमान उनकी प्रेरणा के स्रोत थे वे एक-एक कर ध्वस्त हो चुके हैं। रूस, चीन और पूर्वी यूरोप की समाजवादी कही जानेवाली व्यवस्थाएँ, जिनमें वे कभी नए समाज का भविष्य देखते थे, धाराशायी हो चुकी हैं। लेकिन आज भी उनके द्वारा 'लाल किले पर लाल निशान, माँग रहा है हिन्दुस्तान' जैसे नारे लगाए जा रहे हैं। इस तरह नक्सली आन्दोलन एक ऐसी स्थिति में पहुँच गया है जहाँ शब्द बिना अर्थ या सन्दर्भ के यांत्रिक ढंग से दुहराए जा रहे हैं। सच तो

यह है कि उनकी स्थिति काफ्का के सन्देशवाहकों की हो गई है जिसका वर्णन उसने इन शब्दों में किया है :

> "उन लोगों को राजा या राजा का सन्देशवाहक बनने में किसी एक को चुनने को कहा गया। बच्चों की तरह उन्होंने सन्देशवाहक बनना चुन लिया। इसलिए केवल सन्देशवाहक ही रह गए—वे संसार में इधर से उधर तेजी से घूमते हुए एक-दूसरे को जोर-जोर से सन्देश सुना रहे हैं—वैसे सन्देश जो अर्थहीन हो गए हैं क्योंकि राजा कहीं है ही नहीं। वे लोग अपना यह अभिशप्त जीवन समाप्त करना चाहते थे लेकिन ऐसा नहीं कर सकते थे क्योंकि उन्होंने सेवा की शपथ ले रखी है।"

यह सेवा की शपथ नक्सलियों के मामले में उनकी विशेष तरह की प्रतिबद्धता है। जिस सन्देश का प्रसार वे कर रहे हैं उनके उद्गम का स्रोत सूख चुका है, बल्कि वह स्रोत वास्तव में उनकी कल्पना के बाहर कभी अस्तित्व में था ही नहीं। लेकिन उनकी प्रतिबद्धता उन्हें संसार की ताजा स्थितियों के अनुरूप कोई राजनीतिक भूमिका अपनाने नहीं देती। उनकी यह प्रतिबद्धता एक तरह से धार्मिक कट्टरता की तरह बन गई है। इसे दूसरी तरह से समझना मुश्किल है। यह विडम्बना ही है क्योंकि नक्सली अपने को वैज्ञानिक समाजवादी कहते हैं। कभी-कभी आदर्शों की सम्भावना से निराश लोग शुद्ध रूप से सत्ता की तलाश में लग जाते हैं। इस तरह की आदर्शहीन सत्ता लोलुपता, छल-छद्म, मसीहाई दम्भ दूसरों के उत्पीड़न में भी बदल सकते हैं। यह नहीं कहा जा सकता कि नक्सली आन्दोलन इन विकृतियों से सर्वथा मुक्त है।

अब हम उनकी वैज्ञानिकता पर विचार करें। वैज्ञानिक दृष्टि की अनिवार्य शर्त है तथ्यों की सार्वभौमिकता को कबूल करना। विज्ञान के सिद्धान्त तथ्यों की रोशनी में लगातार बदलते रहते हैं। इसके विपरीत धार्मिक आस्थाएँ एक ऐसी विचार-पद्धति को जन्म देती हैं जो अपने आप में सम्पूर्ण हो। इसके चारों ओर अटल विश्वासों का अभेद्य कवच होता है जो प्रतिपादित विचारों के तथ्यों से विपरीत पड़ने की स्थिति को नजरअन्दाज करता है या तथ्यों की ऐसी व्याख्या करता है जिसमें धार्मिक सिद्धान्त की मान्यता पर आँच न आए। इससे धार्मिक व्यवस्थाओं में स्थायित्व रहता है और धर्म में विश्वास रखनेवालों में सुरक्षा का भाव भी रहता है। क्योंकि इसमें वैज्ञानिक सिद्धान्तों की तरह प्रत्यक्ष अनुभव के बदलाव से विश्वासों की ठोस भूमि के खिसक जाने का खतरा नहीं महसूस होता। यह बात दीगर है कि परिस्थितियों में आमूल परिवर्तन होने से यह स्थायित्व बौद्धिक और व्यावहारिक जड़ता में भी बदल सकता है। इसीलिए धर्म को या तो पूरी तरह कबूल किया जाता है या पूरी तरह अस्वीकार। विडम्बना है कि कम्युनिस्ट आन्दोलन—भारत में

नक्सली आन्दोलन जिसका नवीनतम संस्करण है—वैज्ञानिकता के अपने दावे के बावजूद मूलरूप से धर्मभाव से ही प्रेरित रहा है, भले ही इसका धर्म भगवान की जगह द्वंद्वात्मक भौतिकवाद और मार्क्स-एंगेल्स-लेनिन के त्रिदेव को इष्ट देवों की तरह अंगीकार करता हो।

अपनी विश्वदृष्टि में परिवेश के स्थायित्व में विश्वास मनुष्य का स्वाभाविक गुण है क्योंकि अपने रोजमर्रा के जीवन में मनुष्य हर पल पूर्वानुभवों से प्राप्त विश्वासों का परीक्षण करते हुए जीवित नहीं रह सकता। उदाहरण के लिए अगर आदमी हर बार पाँव आगे बढ़ाने के पहले यह परीक्षण करने लगे कि जिस भूमि पर वह पैर रख रहा है वह ठोस है या दलदली तो वह चल नहीं सकता। इसलिए मोटामोटी तौर से वह पहले के अनुभवों के आधार पर नजर डालते ही यह मान लेता है कि जिस जमीन पर वह पाँव रख रहा है वह ठोस है। इसी तरह वह अपने इर्द-गिर्द के लोगों के सम्बन्ध में निश्चित धारणाएँ बनाकर अपने सामाजिक सम्बन्ध कायम करता है। लेकिन जब दैनन्दिन की जिन्दगी से हटकर दर्शन और विज्ञान के क्षेत्र में स्थायित्व की तलाश करने लगता है तब पूर्वाग्रहों का जन्म होता है और तथ्यों द्वारा झुठलाए गए सिद्धान्तों से भी चिपके रहने का भीतरी दबाव बना रहता है। इस दबाव में आदमी तरह-तरह के जटिल और अक्सर आधारहीन तर्क के द्वारा सिद्धान्त और तथ्य के बीच विरोधाभास को दूर करने की कोशिश करता है। विज्ञान के विकास में भी ऐसी स्थितियाँ बार-बार आई हैं जब वैज्ञानिक अपने पुराने और परिचित सिद्धान्तों को तथ्यों के विपरीत पड़ने के बावजूद उन्हें तरह-तरह के तर्कों के द्वारा बचाने का प्रयास करते रहे हैं। एक बहुचर्चित उदाहरण दूसरी शताब्दी के सिकन्दरिया के ज्योतिषशास्त्री टॉलेमी का है। वह इस सिद्धान्त का प्रतिपादन करता था कि सूर्य, तारे और ग्रह धरती की परिक्रमा करते हैं। लेकिन ग्रहों के स्थान परिवर्तन से जब धरती के चारों ओर परिक्रमा का गणित ठीक नहीं बैठता दिखाई दिया तब परिक्रमा के भीतर परिक्रमा (एपीसाइकल) के जटिल गणित से इसे समझाने की कोशिश होती रही, बजाय यह कबूल करने के कि सूर्य केन्द्र में है, जिसे मान लेने से बहुत सारी पहेलियाँ सुलझ सकती थीं। आखिरकार जब कोपरनिकस ने सूर्य को केन्द्र में रखने का सुझाव दिया तो बहुत सरल ढंग से नक्षत्रों की गति को समझाना सम्भव हुआ।

इसीलिए कुछ वैज्ञानिक पुरानी की जगह नई वैज्ञानिक अवधारणाओं की मान्यता के लिए दृष्टिबिन्दु या वैचारिक साँचे के बदलाव (पाराडाइम शिफ्ट) को जरूरी मानते हैं। यानी ऊपर के उदाहरण के नक्षत्रों की गति के अध्ययन से जो तथ्य सामने आते थे उन्हें या तो धरती पर स्थित आदमी को केन्द्र में रखकर देखा जा सकता था या धरती से बाहर अन्तरिक्ष में स्थित आदमी को केन्द्र में रखकर। पहली दृष्टि टॉलेमी की थी जो पृथ्वी केन्द्रित थी और इससे नक्षत्रों की गति को

अति जटिल गतियों के मेल के रूप में देखा जा सकता था। कोपरनिकस ने पृथ्वी की केन्द्रीयता को नजरअन्दाज कर दिया और वह सूर्य को केन्द्र में मानकर नक्षत्रों की चाल को सरल गणितीय नियमों में बाँध सका। ज्यामितीय गणना की सूक्ष्मता के विकास से यह भी पाया गया कि वास्तव में नक्षत्रों की गति सरल वृत्तीय नहीं बल्कि अंडाकार और विविध परिमाण वाली है। इन सभी गतियों को न्यूटन के गति के सिद्धान्त के भीतर तर्कसंगत ढंग से समेटा गया और विश्व का एक समेकित चित्र प्रस्तुत हुआ। लेकिन बाद में जब कुछ अन्य गणनाएँ इसके विपरीत पड़ने लगीं तो फिर वैज्ञानिक दृष्टिबिन्दु के बदलाव के लिए तैयार हो गए। इन समस्याओं का समाधान आइंसटाइन ने दिया जिसने आकाश (स्पेस) की परिकल्पना को बदल दिया जो सभी नक्षत्रों का धारक माना जाता था। अब आकाश युक्लिड का पदार्थों से निरपेक्ष आकाश नहीं रहा बल्कि स्वयं पदार्थों से निर्धारित होनेवाला तत्त्व बन गया जिसके आकार से नक्षत्रों के कक्ष निर्धारित होते हैं।

वैचारिक साँचे के बदलाव की यह माँग भौतिकशास्त्र की तरह समाजशास्त्र की भी होती है और चूँकि यहाँ जटिलता अधिक है और आदमी के पूर्वाग्रह ज्यादा जोरदार, आदमी को अपने विचारों को सदा परीक्षित करने की जरूरत होती है। अगर समाजशास्त्र के क्षेत्र में बँधे-बँधाए नियमों पर चलने का आग्रह बना रहा तो गलत लीक पर चलते रहे जाने की सम्भावना अधिक होती है। समाज के सम्बन्ध में बिलकुल वस्तुपरक दृष्टि अपनाना गम्भीर बौद्धिक आत्मानुशासन की माँग करता है। स्वयं कार्ल मार्क्स ने विचारधारा के सन्दर्भ में कहा था कि जिस तरह किसी आदमी को स्वयं अपने बारे में उसकी धारणा के आधार पर नहीं समझा जा सकता वैसे ही किसी समाज को भी उसकी अपनी विचारधारा में उसे कैसा चित्रित किया गया है, इस आधार पर नहीं समझा जा सकता। यानी विचारधारा कोई वस्तुपरक दृष्टि नहीं होती है बल्कि समूह विशेष के स्वार्थों और भावनाओं का प्रतिबिम्ब होती है।

समाजशास्त्र के क्षेत्र में असलियत से दूर करनेवाली एक और चीज है जो नक्सलियों की अस्पष्टता के पीछे है। यह है विज्ञानवादिता का हठ जो उन्हें कम्युनिस्ट आन्दोलन से विरासत के रूप में मिला है। विज्ञानवादिता (साइंटिज्म) और वैज्ञानिक दृष्टि (साइंटिफिक व्यू) दो अलग चीजें हैं। वैज्ञानिक दृष्टि किसी क्षेत्र में प्रयोग तथा अनुभव के आधार पर विषयवस्तुओं को ऐसे नियमों में बाँधने का प्रयास है जो एक सीमा के भीतर उनके व्यवहारों का पूर्वानुमान दे सके। चूँकि इसमें परिभाषाओं की स्पष्टता और निश्चितता आवश्यक होती है, इसके क्षेत्र का परिसीमन जरूरी होता है जिसके बाहर विज्ञान कुछ भी करने का दावा नहीं करता। इसके विपरीत विज्ञानवादिता जीवन के तमाम क्षेत्र में विज्ञान की कसौटियों को घुसेड़ने की कोशिश करती है—जैसे नैतिकता के क्षेत्र या कला के मूल्यों के क्षेत्र में। इस तरह यह अवैज्ञानिक भी बन जाती है।

दरअसल स्वयं विज्ञान की जैसी सीमाएँ इसके विकास के साथ सामने आने लगी हैं उससे लगता है कि अपनी विषयवस्तु की भी एक बहुत सीमित समझदारी ही इससे सम्भव है। सिद्धान्तों के आधार पर जो ढाँचा खड़ा किया जाता है वह अनुमानित एवं अमूर्त तत्त्वों का ढाँचा होता है। यह अध्ययन के क्षेत्र में यथार्थ के साथ कुछ बिन्दुओं पर संपाती होने के कारण, अध्ययन की वस्तु का व्यवहार विशेष स्थितियों में क्या होगा, बतला सकता है। लेकिन यह अनुमानों का ढाँचा असलियत का ढाँचा नहीं होता। जर्मन फेनौमेनॉलिस्ट दार्शनिक हुस्सेर्ल ने इसीलिए साक्षात् दृश्यबोध को किसी वस्तु के वास्तविक ज्ञान के लिए सर्वाधिक महत्त्व का बतलाया था। यह साक्षात बोध वस्तुओं के पार्श्व के उन काल्पनिक बोधों से काटकर देखने का प्रयास है जिससे वस्तुओं की कोई भी अवधारणा मुक्त नहीं होती। इसलिए अवधारणात्मक समझदारी सदा परिस्थितियों से परिसीमित होती है। समाज को समझने में यह बात विशेष महत्त्व की होती है। भौतिक विज्ञान के क्षेत्र में जहाँ प्रायः अरबों परमाणुओं या इलेक्ट्रानों के समूह के व्यवहार का अध्ययन होता है सांख्यिकी के स्तर पर प्राप्त नियमों की एक हद की विश्वसनीयता होती है।

लेकिन समाज में जहाँ अध्ययन की इकाइयाँ व्यक्ति या मनुष्यों को छोटी संख्या वाले समूह होते हैं वहाँ वैज्ञानिक अवधारणाओं की सार्थकता सीमित ही हो सकती है। इस कारण विज्ञानवादिता का हठ कर आदमी एक काल्पनिक दुनिया से जूझने में समय बर्बाद करने लगता है। सच तो यह है कि समाज की समझदारी किसी बड़े कवि या लेखक की रचना से ज्यादा अच्छी तरह होती है बनिस्बत समाजशास्त्र के ग्रन्थों से। कारण यह है कि कोई महान कवि या लेखक मनुष्य जैसा है वैसा ही उसकी समग्रता में देखता है जबकि समाजशास्त्री उसे सिर्फ 'राजनीतिक पशु', 'आर्थिक आदमी', 'कबीले का सदस्य' या किसी वर्ग के सदस्य के ही रूप में देखता है और इस तरह उसे उसके दूसरे आयामों से काटकर अलग कर देता है। लेकिन अपने जीवन में मनुष्य एक सम्पूर्ण व्यक्ति के रूप में ही व्यवहार करता है। इसलिए उसके असली व्यवहार और समाजशास्त्र द्वारा कल्पित खंडित व्यक्ति के व्यवहार के बीच सदा एक खाई बनी रहती है।

मार्क्स के सिद्धान्तों को जिस रूप में कम्युनिस्ट आन्दोलन ने लिया उसमें इसी विज्ञानवादिता का हठ था। इसी का नतीजा था ऐतिहासिक भौतिकवाद के नाम पर इतिहास के विकास और इसकी घटनाओं को एक ऐसे वैज्ञानिक सिद्धान्त में कसने के प्रयास हुए जिसके परिवर्ती असीमित और अनिश्चित थे। इसी आधार पर दुनिया का भविष्य क्या होगा, इसकी भविष्यवाणी भी की गई। उसके अनुसार यह भविष्य को जैसे भी हो सत्य साबित करने लग गए। यह स्थिति जादू-टोने के सम्बन्ध में प्रचलित इस उक्ति से मेल खाती है कि 'मारण मंत्र' से आदमी निश्चित रूप से

मारा जा सकता है बशर्ते पर्याप्त मात्रा में संखिया खिलाने की व्यवस्था भी की जाए। इस तरह यह स्वयं को सिद्ध करनेवाली भविष्यवाणी बन गई। कम्युनिस्टों के प्रयासों से साम्यवाद तो नहीं स्थापित हो सका लेकिन साम्यवाद की अनिवार्यता से आश्वस्त हो कम्युनिस्टों ने अपनी विचारधारा के अनुसार समाज को जबर्दस्ती पूर्वनिर्धारित साँचे में ढालने के प्रयास में स्तालिनवादी या माओवादी कठोर तानाशाही व्यवस्थाओं को जन्म दे दिया।

अब जब साम्यवादियों के मक्का और मदीना दोनों में समाजवाद की इमारत धाराशायी होने लगी है और पूँजीवादी मानकों को कबूल किया जाने लगा है तब नक्सली आन्दोलन में कुछ विचार मन्थन की एक प्रक्रिया दिखाई देने लगी है। कुछ नक्सली समूहों में लोकतंत्र के प्रति सकारात्मक दृष्टि का भी विकास होने लगा है। लेकिन अभी भी वे पुरानी मार्क्सवादी-माओवादी मान्यताओं के दायरे के बाहर नहीं आ पा रहे हैं। इससे सिद्धान्तों की बाल की खाल खींचने का रुझान पैदा हुआ है। दृष्टिबिन्दु बदलने (पाराडाइम शिफ्ट) की बात, जिससे विज्ञान में जटिल और धूमिल लगनेवाली स्थितियाँ एकाएक आलोकित हो जाती हैं, और जिसकी चर्चा ऊपर की गई है, वह कहीं दिखाई नहीं देता। इसका एक कारण यह है कि मार्क्सवादी विचारधारा के एक आयाम की सफलता निर्विवाद है और उस सफलता का नक्सलियों की निगाह के सामने होना स्वाभाविक है। वह आयाम है सत्ता की राजनीति का। नि:सन्देह लेनिन और उसके बाद माओ, हो-चिह-मिन्ह और फिदेल कास्त्रो ने सत्ता प्राप्त करने की तकनीकी को विभिन्न परिस्थितियों के लिए खूबी से विकसित किया था। लेनिन के बाद कम्युनिस्ट आन्दोलन का विकास मूलत: सत्ता राजनीति की तकनीकी का विकास ही रहा है। जनता को उसकी समस्याओं के इर्द-गिर्द गोलबन्द कर उसे सत्ता प्राप्ति का औजार कैसे बनाया गया इसमें फासिस्टों को छोड़ कोई राजनीतिक समूह कम्युनिस्टों का मुकाबला नहीं कर सकता। इस सफलता से यह भ्रम भी पैदा होना स्वाभाविक है कि यह सफलता मार्क्सवाद की बुनियादी सचाई का द्योतक है। इस सफलता की चकाचौंध से इस असलियत का छिप जाना भी स्वाभाविक था कि सत्ता-राजनीति की इस सफलता के लिए स्वतंत्रता और समता के समाजवादी मूल्यों की बलि देना आवश्यक हो गया था। यह कोई अचरज की बात नहीं कि भारत का नक्सली समूह जो सत्ता की राजनीति में सक्रिय है, सत्ता-राजनीति की कम्युनिस्ट परम्परा से विशेष रूप से प्रभावित है। यह एकआयामी दृष्टि—और अपने देश में भी इस नीति की सीमित सफलता—नक्सलियों को सिर घुमा समस्या के दूसरे आयामों पर विचार करने में अक्षम बना देती है। जब-तब नक्सली समूहों में रूस और चीन की विकृतियों की आलोचना होती है लेकिन वे उस चिन्तनधारा से अपने को काटने के लिए तैयार नहीं जिसके परिणामस्वरूप ये विकृतियाँ आईं।

राजनीति का सम्बन्ध कुछ-न-कुछ सदा समाज में उपलब्ध आजीविका के साधनों तथा अन्य वस्तुओं के बँटवारे के लिए दबाव बनाए रखने से रहा है। इस दृष्टि से मार्क्स द्वारा प्रतिपादित वर्ग संघर्ष की अवधारणा की निश्चित भूमिका राजनीतिक संस्थाओं और राजनीति के उथल-पुथल को समझने में रही है। इसी तरह आर्थिक सम्बन्धों की मानवीय सम्बन्धों को प्रभावित करने में खास भूमिका रही है। लेकिन इनको सब कुछ या सर्वोपरि मान लेना समाज की सही समझदारी में भारी बाधाएँ उपस्थित करता है। पिछली अर्धशताब्दी में कबायली, धार्मिक, गूल से सम्बन्धित राष्ट्रीय तथा भाषाई संघर्षों ने हर जगह केन्द्रीय स्थान ग्रहण कर लिया है और वर्ग सम्बन्धों को परिधि के पास ढकेल दिया है। ये सब घटनाएँ मार्क्सवाद द्वारा प्रस्तुत समाज की अति सरलीकृत तस्वीर की जगह तमाम जटिलताओं में समाज को बिलकुल नए ढंग से समझने की चुनौती पेश करती हैं। भारतीय कम्युनिस्ट पार्टी और मार्क्सवादी पार्टी के नेताओं के लिए, जो स्तालिनवादी और माओवादी परम्परा में आधी शताब्दी प्रशिक्षित हुए हैं, अपने वैचारिक कोटरों से निकलना कठिन है। इससे भी बढ़कर इन दलों के बड़े नेता शरीर और दिमाग से भी इतने वृद्ध हो चुके हैं कि जिन्दगी भर सँजोई गई अपनी मान्यताओं से बाहर आना उनमें घोर असुरक्षा का भाव पैदा करता है। लेकिन ऐसे नक्सली समूह, जिनके नेता ज्यादातर नई पीढ़ी के हैं; एक नई शुरुआत कर सकते थे अगर वे मार्क्सवाद की वैचारिक कैद से अपने को मुक्त कर पाते। इस कैद से अपने को मुक्त करने का अर्थ है—यह मानते हुए भी कि मार्क्स ने अपने समय की स्थितियों को समझने में महत्त्वपूर्ण योगदान दिया था—यह कबूल करना कि कोई भी विचारधारा सभी काल के लिए सार्थक नहीं हो सकती, और नई स्थितियों को समझने के लिए नई वैचारिक दृष्टि को विकसित करना जरूरी होता है।

यह भी एक विडम्बना ही है कि नक्सली कम्युनिस्ट दुनिया की सारी उथल-पुथल के बावजूद किसी नई और व्यापक विश्वदृष्टि की तलाश की जगह मार्क्स, लेनिन और माओ की किताबों में ही प्रकाश ढूँढ़ रहे हैं। शायद भारत में यह हमारी उस परम्परा के प्रभाव का फल है जिसमें हमारे पंडित हर नई स्थिति और वैज्ञानिक खोज की व्याख्या में धर्मशास्त्रों का कोई न कोई श्लोक या आख्यान सुना देते हैं और हमें आश्वस्त कर देते हैं कि हमारे प्राचीन शास्त्रकारों को भविष्य की सारी स्थितियों का ज्ञान था; दोष हमारा है कि हम उन्हें ठीक से पढ़ या समझ नहीं पाते।

यहाँ पर यह बतला देना जरूरी है कि आर्थिक सम्बन्धों को समाज के हर सम्बन्ध के पीछे देखने की भूल सिर्फ मार्क्सवादी ही नहीं करते। लगभग पूरा पश्चिमी समाजशास्त्र अभी इसी को आधार मानकर चल रहा है, भले ही उनके सिद्धान्तों के नतीजे विपरीत हों। इन सब में स्वार्थभाव, प्रतिस्पर्धा, मुनाफे की कामना

आदि सामाजिक सम्बन्धों के लिए केन्द्रीय माने जाते हैं। सबों में यह आग्रह है कि समाज को समझने के लिए जो प्ररूप वर्गीकरण समाजशास्त्री ईजाद करते हैं—जैसे पूँजीवाद, सामन्तवाद, वर्ग विभाजन आदि—उन्हें ही नाभिक मान लिया जाए और उन्हीं के इर्द-गिर्द समाज की घटनाओं और व्यक्तियों के आचार-विचार को समझा जाए। इन सब प्ररूप वर्गीकरण में जो आदर्श प्ररूप माने गए हैं वे मूलतः आधुनिक औद्योगिक समाज के सम्बन्धों को ध्यान में रखकर ही जिसमें आर्थिक सम्बन्ध बाकी सम्बन्धों पर हावी हैं। वैसे तो किसी भी समाज को ऐसे अन्वेषित प्ररूपों से समझना एकांगी और भ्रममूलक हो सकता है, लेकिन भारत के समाज को, जहाँ आधुनिक औद्योगिक सभ्यता सिर्फ सतह पर ही खरोंच लगा पाई है, बिलकुल ही नहीं समझा जा सकता। उदाहरण के लिए हम शोषण की बात लें। इस शब्द का प्रयोग विशेष तौर से पूँजीवादी व्यवस्था में पूँजीपतियों द्वारा मजदूरों के श्रम का मुनाफे के लिए उपयोग के सन्दर्भ में समाजवादी आन्दोलन में विशेषकर मार्क्सवाद के प्रभाव में किया गया। अब इस शब्द का व्यापक रूप से प्रयोग होता है—जैसे पतियों द्वारा पत्नियों का शोषण, माँ-बाप द्वारा बच्चों का शोषण, एक जाति द्वारा दूसरी जाति का शोषण, भूपतियों द्वारा श्रमिकों का शोषण, अफसरों द्वारा कर्मचारियों का शोषण, सरकार द्वारा किसानों का शोषण, यौन शोषण आदि। यह सहज ही देखा जा सकता है कि इन विभिन्न सन्दर्भों में शोषण का अर्थ एक जैसा नहीं है। इन प्रत्येक सन्दर्भों में शोषण व्यक्तियों या समूहों के अलग-अलग तरह के सम्बन्ध बतलाता है। शोषण शब्द का अर्थ हर मामले में पूरे सामाजिक सन्दर्भ को समझकर ही निश्चित किया जा सकता है हालाँकि इस शब्द के प्रयोग मात्र से आर्थिक शोषण के भाव की झलक दिखाई देती है। इन सन्दर्भों पर विचार करने से यह भी पाया जा सकता है कि जिन्हें शोषित बतलाया जाता है उनमें शोषित होने की कोई अनुभूति नहीं होती और उन्हें यह अनुभूति तब होती है जब संसार को देखने का उनका पूरा नजरिया बदलकर वही हो जाता है जो समाजशास्त्री या सामाजिक कार्यकर्ता का है। उदाहरण के लिए पारंपरिक परिवार की महिलाओं में; जो पति और बच्चों की सुविधाओं के लिए अनेक कष्ट सहती हैं, शोषित होने का कोई भाव नहीं होता।

लेकिन यह विश्वदृष्टि सहज ही बदलनेवाली चीज नहीं होती, खासकर एक ऐसे समाज में जहाँ शिक्षा का स्तर इतना ऊँचा नहीं है कि लोग अपने को अपने परिवेश से बाहर करके देखने में प्रशिक्षित हों और किसी सवाल पर तटस्थ भाव से अपनी राय बना सकें। और फिर यहाँ एक सवाल यह उठता है कि किसी को उसकी विश्वदृष्टि बदलने को कहने का औचित्य है क्या? जब तक यह निश्चित नहीं हो जाए कि जिन आदर्शों को लेकर नई विश्वदृष्टि अपनाई गई है, सर्वमान्य और निर्विवाद रूप से सत्य है। मानव सम्बन्ध सिर्फ स्वार्थों की टकराहट से

निरूपित नहीं होते। इसके पीछे करुणा, परोपकार और दूसरों के लिए आत्मोत्सर्ग की भावना की भी भूमिका होती है। शोषण और इसके प्रतिकार की प्रक्रिया की जगह परमार्थ और सहयोग की चेतना की भूमिका भी तो समाज निर्माण में हो सकती है। अराजकवादी चिन्तक प्रिंस क्रोपोटकिन ने तो पारस्परिक सहयोग को ही मानव विकास में मुख्य कारक के रूप में चिह्नित किया था। शोषण के प्रतिकार अगर हिंसक हों तो शोषक शोषण के नए दमनकारी रूप ढूँढ़ सकते हैं। इससे हिंसा-प्रतिहिंसा का एक अन्तहीन सिलसिला बन सकता है जैसा कि बीसवीं शताब्दी का अनुभव बतलाता है। इस सिलसिले को विराम तो दूसरों की भावना के प्रति संवेदनशीलता और परमार्थ भाव से ही लग सकता है।

ये सब विचारणीय सवाल हैं क्योंकि इस समझ के अभाव में चिन्तकों और सामाजिक कार्यकर्ताओं में हठधर्मिता और अपनी श्रेष्ठता का अहम फैलता है जो लोकतंत्र के लिए घातक हो सकता है। आखिर में जो बातें कही गई हैं वे सिर्फ नक्सलियों पर ही लागू नहीं होतीं बल्कि देश का पूरा राजनीतिक विमर्श इस रोग से पीड़ित है। देश की राजनीति में जिस तरह की शब्दावली का प्रयोग रोज होता है और जो प्राय: मार्क्सवादी और वामपन्थी समूहों से उधार ली गई है, उससे राजनीतिक वाद-विवाद बहुत ही अवास्तविक होता जा रहा है। यह शब्दावली यूरोप, चीन आदि के आन्दोलनों और उनके सिद्धान्तों से उधार ली गई है और जो भारत की असलियत में बहुत सतही रूप से ही प्रासंगिक लगती है। इसका परिणाम यह है कि इन शब्दों का जो अर्थ इनके सन्दर्भों के जानकार पढ़े-लिखे नेता देते हैं आम आदमी उससे बिलकुल भिन्न अर्थ देता है। अक्सर वह इन्हें अपने सामाजिक अनुभवों या प्रचलित मिथकों के साथ फिट कर देता है। इस तरह एक ही नारा लगाते हुए नेता और निचले स्तर के कार्यकर्ता तथा दूसरे अनुयायी बिलकुल अलग तरह के बोध से अलग-अलग लक्ष्यों के लिए काम करते हैं। यह भी एक कारण है कि सभी दलों की चुनाव घोषणाओं और नीति वक्तव्यों और उनके वास्तविक कार्य में कोई मेल नहीं बैठ पाता। इससे नेताओं में एक तरह का अवसरवाद भी पैदा होता है जिसमें वे अपने लक्ष्यों को कार्यरूप देते समय उन्हें अनुयायियों के बोध के अनुरूप ऐसे साँचे में ढालने का प्रयास करते हैं जिनका उनके आदर्शों से कोई सम्बन्ध नहीं बैठता। लोकतंत्र के लिए यह एक बड़ा खतरा हो सकता है क्योंकि शब्द और उसके अर्थ, घोषित आदर्श और उसकी अनुभूति के बीच खाई पैदा हो जाती है और जनता और जन प्रतिनिधियों के सोच में कोई तादात्म्य नहीं बन पाता।

ये बातें जो भारतीय राजनीति पर आम तौर से लागू होती हैं नक्सलियों के सन्दर्भ में विशेष तौर से इसलिए कही गई हैं क्योंकि देश में काफी लोग नक्सलियों को एक ऐसा समूह मानते हैं जिसमें कार्य और सोच की प्रखरता है।

एक खास तरह के कार्य की प्रखरता निश्चित रूप से नक्सली आन्दोलन में देखी जा सकती है। लेकिन उनके सोच में न तो कोई मौलिकता है और न ही ऐसी लोच जिसमें वे स्थितियों से पैदा विवादों के बीच नए ढंग से सोचनेवाले समूहों के साथ कोई संवाद स्थापित कर सकें। वे अपनी वैचारिक श्रेष्ठता के दम्भ से इतने आश्वस्त हैं कि फ्रांस के बूर्बों सम्राट के बारे में जो बात प्रचलित थी वह इनके बारे में भी कही जा सकती है—'उन्होंने न तो कुछ भुलाया है और न तो (इतिहास से) कुछ सीखा है।' लेकिन उनके सामने एक दुविधा भी है। अगर वे अपने पारम्परिक सोच से निकलकर नई स्थितियों को समझने की कोशिश करते हैं और फिर अपनी प्रारम्भिक प्रतिबद्धता से काम करने में जुट जाते हैं तो विकास की सम्भावना बढ़ेगी। लेकिन तब वे 'नक्सली' नहीं रह जाएँगे। इसमें पहचान के लोच का भय है और कोई भी समूह या व्यक्ति जल्दी पहचान के लोच का जोखिम उठाना नहीं चाहता।

9

कार्ल मार्क्स ने फायरबाख पर अपनी अत्यन्त संक्षिप्त पर बहुचर्चित थीसिस में लिखा था, "सामाजिक जीवन मूलतः व्यवहार आधारित है। सभी गुत्थियाँ जो सिद्धान्त को रहस्यवादिता की ओर ले जाती हैं अपना बुद्धिसंगत समाधान व्यवहार में और इस व्यवहार की समझ में पा जाती हैं।" यह दृष्टि बिलकुल वैज्ञानिक है और किसी अवधारणा की सत्यता को प्रयोग की कसौटी पर परखने का सुझाव देती है। वर्तमान राजनीति के सामने, विशेषकर उस राजनीति के सामने, जो सिर्फ सत्ता का खेल होने के बजाय अपना लक्ष्य कुछ उदात्त मूल्य बतलाती है, परिवर्तन का साधन हिंसक हो या अहिंसक यह समस्या इसी तरह की अनिर्णित गुत्थी बनी हुई है। इस तरह की गुत्थी को पिछले व्यवहारों के नतीजों की रोशनी में ही सुलझाया जा सकता है। यह विचार अनेक जटिलताएँ इसलिए भी पैदा करता है क्योंकि सामाजिक लक्ष्यों के अलावा व्यक्तिगत जीवन और इसमें पैदा होनेवाली स्थितियों में भी आदमी इस दुविधा में रहता है कि वह हिंसा का रास्ता अख्तियार करें कि अहिंसा का। यह समस्या मनुष्यों के साथ मनुष्यों के व्यवहार से जुड़ी है। दूसरे जीवों के प्रति हिंसा हो या न हो, कोई शाकाहारी हो कि मांसाहारी, दूसरे तरह के प्रश्न हैं—हालाँकि ये भी मनुष्य की संवेदनशीलता को प्रभावित करते हैं और यह भी लगता है कि सम्पूर्ण जीव-जगत (biosphere) की रक्षा भी कहीं न कहीं मानव अस्तित्व से जुड़ी है।

सुप्रसिद्ध वैज्ञानिक और आधुनिक जेनेटिक्स के जन्मतदाताओं में एक, जे.वी. एस. हैल्टन ने डॉ. लोहिया की पत्रिका 'मैनकाइंड' में अहिंसा पर लिखे एक लेख में इस बात की जबर्दस्त वकालत की थी कि इस मजबूरी के बावजूद कि उन्हें प्रयोग के लिए जीवों के जीवन से छेड़छाड़ करना पड़ता है, जीव वैज्ञानिकों को इस बात का ध्यान रखना चाहिए कि प्रयोग में आनेवाले जीवों को यथासम्भव कष्ट से बचाया जाए। इस सन्दर्भ में उसने युधिष्ठिर की इस बात के लिए बड़ी प्रशंसा की थी कि उसने अपने साथ चल रहे कुत्ते का साथ छोड़ने से इनकार कर दिया जब उस कुत्ते को छोड़ स्वर्ग जाने को कहा गया। लेकिन यह अहिंसा का एक अलग पहलू है जिस पर हम यहाँ विचार नहीं करेंगे। अपने मूल विषय

आपसी व्यवहार विशेषकर सामूहिक व्यवहार के क्षेत्र में हिंसा की भूमिका की परीक्षा हम कुछ महत्त्वपूर्ण ऐतिहासिक या पौराणिक घटनाओं के नतीजों के आधार पर करें तो हिंसक या अहिंसक मार्ग की उपादेयता पर कोई निर्णय करना सम्भव हो सकता है।

श्रीमद्भगवद् गीता ने भारत के राष्ट्रीय आन्दोलन में हिस्सा लेनेवाले नेताओं को बहुत अधिक प्रभावित किया। तिलक एवं सशस्त्र क्रान्ति की चेष्टा करनेवाले अनेक क्रान्तिकारियों से लेकर महात्मा गांधी तक ने इससे प्रेरणा ली। कृष्ण-अर्जुन संवाद के रूप में प्रस्तुत इस ग्रन्थ की शुरुआत ही इस प्रश्न से होती है कि क्या राज्य और सम्पत्ति के लिए हिंसा करना उचित है? अर्जुन, यह देख कि राज्य का अधिकार हासिल करने के लिए उसे बन्धु-बान्धवों, गुरु, पितामह आदि की हत्या करनी होगी, हथियार डालकर कहता है कि उसे सम्पत्ति के लिए ऐसे संघर्षों में शामिल होने की कोई इच्छा नहीं, न उसे इसका औचित्य दिखाई देता है। यह बात विस्मय में डालती है कि इस ग्रन्थ के अट्ठारह अध्यायों में प्रकृति, पुरुष, संसार की उत्पत्ति, कर्मयोग, भक्ति, संत्रास आदि सभी विषयों का गहन विवेचन तो है, एक तरह से लोकायत छोड़ सम्पूर्ण भारतीय दर्शन का निचोड़ दिया गया है, पर अर्जुन ने जो मूल प्रश्न उठाया है उसका कोई जवाब नहीं दिया गया है। यानी इस प्रश्न का कि धन-सम्पत्ति और अधिकार के लिए हिंसा करना विशेषकर तब जब उनकी हत्या करनी है, वे अपने ही प्रियजन या पूज्यजन हों, उचित है क्या? कृष्ण इसका एकमात्र जवाब अपना विराट दर्शन कराकर यह देते हैं कि अर्जुन का यह सोचना भ्रम है कि वह सामने खड़े बन्धु-बान्धवों की हत्या करनेवाला है। दरअसल ये सब तो स्वतः ही काल के विकराल गाल में समाते चले जा रहे हैं। जो कुछ स्वतः अपरिहार्य रूप से घटित होना है, उसके लिए विषाद के वश होना अर्थहीन है।

गांधीजी जो हिंसा के विरोधी थे, ने इस बात को ही नकार दिया कि युद्धभूमि का यह कृष्ण-अर्जुन संवाद कोई ऐतिहासिक घटना थी। जो भी हो, गीता मनुष्य के हृदय में उठनेवाले विवाद को ही अभिव्यक्त करती है। जो भी हो, इस संवाद में अर्जुन फिर भी यह तो पूछ ही सकता था कि अगर सब कुछ पूर्व निर्धारित है तो वही इसके लिए निमित्त क्यों बने? यहाँ कृष्ण यह कहते हैं कि वह क्षत्रिय है इससे वह ऐसा अपने धर्म के विवश होकर करेगा। यानी अपने कर्तव्यों के सम्बन्ध में मनुष्य का निर्णय उसके अपने हाथों में नहीं होता बल्कि उसकी सामाजिक स्थिति और विश्व की पूर्व निर्धारित नियति से निर्धारित होता है।

यह दिलचस्प है कि इतिहास के घोर रक्तपात एवं त्रासदियों को स्वीकार करने का ऐसा ही उपदेश पश्चिमी दर्शन में हीगेल के द्वंद्वात्मक इतिहास दर्शन में और उसके प्रभाव में मार्क्स के द्वंद्वात्मक भौतिकवाद के दर्शन में भी सुनाई पड़ता है। दोनों ही में हिंसा और इससे पैदा त्रासदियों को स्वीकार करने को कहा गया है

क्योंकि उनकी दृष्टि में एक नई और उच्च-व्यवस्था के जन्म की यह अनिवार्य प्रसव पीड़ा है। दोनों ही तरह के दर्शन में निसर्ग या विधवा का विधान अथवा इतिहास की पूर्व निर्धारित नियति के अनुसार ही घटनाएँ घटती हैं, और मनुष्य एक औजार मात्र है। यह दृष्टि मार्क्स के फायरबाख की थीसिस, जिसका उल्लेख प्रारम्भ में किया गया, में अभिव्यक्त उस विचार से विपरीत है जिसका अन्तिम निष्कर्ष यह है कि—"मनुष्य संसार की व्याख्याएँ करता रहा है जबकि सवाल इसे बदलने का है।" यहाँ परिणाम से ही मनुष्य के कर्म को आँकने का आह्वान है, या यह कि मनुष्य के कर्म से ही परिणाम निर्धारित होता है। इतिहास की पूर्व निर्धारित स्थिति और आदमी के निर्णय से घटनाओं की निष्पत्ति का यह अन्तर्विरोध मार्क्सवादी चिन्तन में बार-बार उभरता रहा। स्वयं फ्रेडरिक एंगेल्स ने इसे अन्तर्विरोध से निजात पाने का असफल प्रयास अपने लेखनों में कई जगह किया है। यहाँ जो बात हमारे लिए प्रासंगिक है वह यह कि अगर हिंसा करने का निर्णय मनुष्य का अपना है तो उसे यह आकलन भी करना होगा कि इससे उभरी स्थितियाँ उन उद्देश्यों को कहाँ तक पूरा करती हैं जिनके लिए हिंसा की गई। इस तरह किन्हीं प्रयासों के नतीजे से ही साधन के औचित्य को परखा जाएगा।

अब हम सामूहिक हिंसा के परिणामों की पड़ताल महाभारत युद्ध से ही शुरू करें। श्रीकृष्ण की छत्रछाया में और उनके ही आह्वान पर किए गए इस युद्ध का अन्तिम नतीजा क्या हुआ? युद्ध के दौरान और कौरवपक्ष ने अनीति अपनाई तो पांडवपक्ष भी इसमें कुछ पीछे नहीं रहा। द्रोणाचार्य को मारने के लिए एकमात्र सत्यवादी युधिष्ठिर से भी कृष्ण ने झूठ बुलवा ही दिया, अगर हम शब्द की जगह मंशा को ध्यान में रखें। "अश्वथामा मारा गया, नर अथवा हाथी" ऐसा कहने का उद्देश्य ही भ्रम पैदा करना था। युद्धों का इतिहास बतलाता है कि हिंसक युद्ध की रणनीतियाँ नैतिकता के बन्धन को स्वीकार नहीं करतीं। शत्रु को चकमा देना या भ्रम में रखना युद्ध-कौशल का अभिन्न अंग है और इसका आधार ही झूठ और धोखाधड़ी है। इससे युद्धों के बाद कुल मिलाकर अगर झूठे आचरण की पकड़ समाज पर मजबूत बने तो कोई अचरज नहीं। अब हम महाभारत युद्ध के परिणामों पर ही विचार करें। इसमें कौरव और पांडव वंश पूरी तरह नष्ट हो गए। सिर्फ अभिमन्यु का पुत्र परीक्षित पांडवों के कुल से बचा रहा क्योंकि वह युद्ध काल में गर्भ में था। विशाल संख्या में सैनिक और विभिन्न राज्यों के राजे मारे गए। और इस सबका परिणाम क्या निकला? धरती पर कलियुग का आगमन हुआ। सुवर्ण मुकुटधारी राजा परीक्षित की अपनी ही बुद्धि कलि के प्रवेश से मारी गई। महाभारत पूरी तरह काव्य के रचयिता की कल्पना हो सकती है। लेकिन कहीं न कहीं इस कथा से यह भाव भी निकलता है कि ऐसे युद्धों से अन्याय को ही प्रश्रय मिलता है।

मिथकों और पुराणों की दुनिया से निकल हम अब ऐतिहासिक घटनाओं के यथार्थ की ओर लौटें। कबीलों के सरदारों, राजाओं और शहंशाहों की लड़ाइयों को हम नजरअन्दाज करेंगे क्योंकि इनमें निजी प्रभुता या सम्पत्ति बढ़ाने को छोड़ कोई बड़ा आदर्श नहीं हुआ करता था। लेकिन हम उन क्रान्तियों पर विचार करेंगे जो लोकतंत्र, समता, बन्धुत्व जैसे ऊँचे आदर्शों को लेकर हुई थीं और जिनमें साधन के रूप में हिंसक क्रान्तियों या युद्धों का सहारा लिया गया था। इनमें पहली क्रान्ति इंग्लैंड में सत्रहवीं शताब्दी के मध्य में हुई जिसमें निरंकुश राजा चार्ल्स प्रथम के खिलाफ पार्लियामेंट के अधिकारों के लिए युद्ध हुए। इसमें टैक्स लगाने के पार्लियामेंट के अधिकार से लेकर धार्मिक आजादी तक का मुद्दा जुड़ गया था। राजा के राज्य करने के ईश्वर प्रदत्त अधिकार के साथ-साथ केन्द्रीय राजधर्म का सबों द्वारा पालन करने की अनिवार्यता का मुद्दा भी जुड़ा हुआ था। क्रान्ति में राजा की पराजय हुई और अन्ततः मुकदमा चला, राजा को मृत्युदंड भी दिया गया। लेकिन इस हथियारी जंग के साथ-साथ धार्मिक और राजनीतिक कट्टरता भी जुड़ती गई। अन्ततः सत्ता वहीं केन्द्रित हुई जहाँ सबल सैन्य शक्ति थी। अन्तिम नतीजा हुआ, क्रॉमवेल की तानाशाही की स्थापना। जब पार्लियामेंट पर ताला लगा उसने अपने हाथ में सारी शक्ति ले ली। इसी के साथ घोर धार्मिक कट्टरता भी हावी हुई। क्रॉमवेल ने सत्ता संघर्ष के क्रम में आयरलैंड पर कब्जा किया और वहाँ के हजारों कैथोलिकों को मौत के घाट उतार दिया गया। इस हादसे के प्रभाव से आज तक आयरलैंड की राजनीति मुक्त नहीं हो पाई है।

होता यह है कि हिंसक संघर्षों से उन मुद्दों को सदा नजरअन्दाज किया जाता है जो लोगों की समान मानवीयता को रेखांकित करते हैं और इसकी जगह भिन्नता के तत्त्वों को—जैसे धर्म, रंग, रहन-सहन के तौर-तरीके, भोजन-लिबास आदि के फर्क को चिह्नित किया जाता है जिससे प्रतिद्वंद्वी अमानवीय या हीन मानव दिखाई देने लगते हैं। ऐसी मानसिकता में विरोधियों के अस्तित्व को मिटाने का उन्माद पैदा होता है। मूल उच्छेद (Ethnic cleansing) या वर्ग शत्रुओं का उन्मूलन आदि इसी मानसिकता की अभिव्यक्ति हैं। ऐसी एकआयामी दृष्टि में विरोधियों के अस्तित्व को मिटाने का उन्माद सहज ही पैदा होता है। यह मानसिकता स्वभाव से ही अधिनायकवादी होती है क्योंकि जीवन की बारीकियों को उजागर करने से विरोधियों के विविध मानवीय रूप-रंग उभरने लगते हैं और उनको पूरी तरह नष्ट करने की एकाग्र ऊर्जा के बिखरने का खतरा होता है। इसी से कला और साहित्य को, जो जीवन के विविध एवं परस्पर विरोधी पक्षों को उजागर करते हैं, नियंत्रित करने का रुझान इस तरह के आन्दोलनों में होता है। स्वाभाविक है कि ऐसी स्थिति के खिलाफ प्रतिरोधियों का विरोध भी उतना ही तीव्र एवं अविभाज्य हो। इस तरह हिंसा और प्रतिहिंसा के क्रम में एक या दूसरे तरह की तानाशाही ही कायम होती

है। क्रॉमवेल की तानाशाही के खिलाफ ऐसा जन-मानस बना कि क्रान्तिकारियों की सत्ता फिर समाप्त हो गई और राजशाही सत्ता पुनः कायम हुई और वह भी अपनी अति के साथ। इस दुश्चक्र से इंग्लैंड को निजात तब मिली जब 1688 में तथाकथित 'ग्लोरिअस रिवोल्यूशन' हुआ और बिना किसी खून-खराबे के विलियम और मेरी इंग्लैंड में सत्ता में आए। इसके बाद राजशाही व्यवस्था तो रही लेकिन ज्यादातर वैसे अधिकार पार्लियामेंट को मिले जिनके लिए वहाँ गृह-युद्ध हुआ था। इसी क्रम में स्थायी रूप से संवैधानिक राजतंत्र की स्थापना हुई। तत्पश्चात ब्रिटेन में नागरिकों के अधिकार को विस्तार देने के जो भी संघर्ष हुए मूलतः अहिंसक रहे और यह बात कही जा सकती है कि इसके बाद के घोर उथल-पुथल की तीन शताब्दी में—जिसमें अमेरिका के विरुद्ध, फ्रांस की क्रान्ति और इसके गर्भ से निकली नेपोलियन की साम्राज्यवादी महत्त्वाकांक्षा से टकराहट एवं युद्ध और फिर बीसवीं शताब्दी के तानाशाही के दौर और दो-दो विश्वयुद्ध हुए—ब्रिटेन में लोकतंत्र न सिर्फ जीवित रहा बल्कि अपना आधार फैलाता रहा। अन्य देशों की तुलना में यहाँ सहिष्णुता अधिक रही और यूरोप के दूसरे देशों के क्रान्तिकारी अपनी सरकारों के दमन से भागकर यहाँ पनाह पाते रहे। सम्भवतः इसका कारण हिंसा से पैदा उस दुश्चक्र से मुक्ति थी जिसमें अलग विचार रखनेवाले लोग दुष्ट लगते हैं और जिनसे सतर्क रहना या जिन्हें नष्ट करना जरूरी लगता है।

यूरोप की दूसरी सबसे महान क्रान्ति 1789 से फ्रांस में हुई। यह कहा जा सकता है कि स्वतंत्रता, समता और बन्धुत्व के तीन लक्ष्यों ने, जिसका उद्घोष इस क्रान्ति में हुआ, संसार में न सिर्फ अन्याय के प्रतिकार में हुए पूर्ववर्ती आन्दोलनों के लक्ष्यों को अपने में समेटा बल्कि उस आधार को भी खड़ा किया जिस पर बाद में होनेवाली क्रान्तियों ने अपने उद्देश्यों को अमली जामा पहनाने की कोशिश की। एक वृहत समाज में किसी बड़ी क्रान्ति की सफलता के लिए यह जरूरी है कि ऐसे समाज के विविध समूहों के लोग क्रान्ति के लक्ष्यों में अपनी आकांक्षाओं को प्रतिबिम्बित पाएँ। लेकिन क्रान्ति के ठोस नतीजों के आने के पहले ये सब प्रतिबिम्ब क्रान्ति को समर्थन देनेवालों की कल्पना में ही होते हैं। क्रान्ति अपने शीर्ष बिन्दु पर तब पहुँचती है जब इसको समर्थन देनेवाले सभी तबकों की इसमें भागीदारी होती है। फ्रांस की क्रान्ति में आकांक्षाओं का यह महान अभिसार बिन्दु बास्तिल के किले पर पेरिस के जन-समुदाय का धावा होता है और लगभग निहत्थी, इस भीड़ के सामने किले के रक्षक आत्मसमर्पण करते हैं।

लेकिन जैसे ही स्थापित राज्य सत्ता का पतन सामने होता है और नए राज्य के स्वरूप एवं इसकी नीतियों के निर्धारण की कार्यसूची बनने लगती है, विवाद और संघर्ष उभरते हैं। जैसे-जैसे घटनाक्रम उघड़ता है अलग-अलग हितों वाले समूह अपनी कल्पना के अनुरूप शक्ति के बल क्रान्ति को रूप देने की कोशिश करते

हैं। पहले मध्यम वर्ग के जीरोंदीं आगे आते हैं। राजशाही के खिलाफ इनके सख्त रवैये से यूरोप की शक्तियों से इनकी टकराहट होती है। फ्रांस छोड़ पड़ोस में भागे क्रान्तिविरोधी तत्त्वों का षड्यंत्र चारों तरफ दिखाई देने लगता है। इसी माहौल में फ्रांस के राजा लुई सोहलवें को मृत्युदंड दिया जाता है जिससे फ्रांस पड़ोस के देशों से संघर्ष में उलझ जाता है। इस युद्ध में कई मोर्चों पर असफता से राजनीति में जीरोंदीं की स्थिति कमजोर पड़ती है और पेरिस के सबसे गरीब तबकों पर आधारित जैकोबिन, रौब्सपियर के नेतृत्व में, सत्ता पर कब्जा जमाते हैं। अपनी कर्तव्यनिष्ठा और प्रतिबद्धता के बल पर ये बाहरी खतरे का सफलता से मुकाबला करते हैं पर साथ ही आतंक का अपना राज स्थापित करते हैं। जिसके तहत भारी संख्या में सन्देह के आधार पर लोगों को गिलोटिन से मृत्युदंड दिया जाने लगता है। इस तरह दाँते, रेमूली तथा पूर्व के अनेक नेताओं को मौत के घाट उतार दिया जाता है।

लेकिन इस अति की प्रतिक्रिया होती है। अपनी सुरक्षा के लिए भयभीत क्रान्ति के नरमपन्थी नेता इस सत्ता के विरोध में इकट्ठा होते हैं। बारा और तालिएँ जैसे नेताओं द्वारा षड्यंत्र कर और इसमें सैनिकों को शामिल कर रौब्सपियर को घेर लिया गया और घायल किया गया। इसी घायल अवस्था में घसीटकर उसे भी गिलोटिन पर मौत के घाट उतार दिया गया। इस आन्तरिक संघर्ष में सैनिक हस्तक्षेप की परिणति हुई नेपोलियन के उदय में जो शुद्ध रूप से फौजी ताकत और उसकी दक्षता का प्रतीक था। इस तरह महान लोकतांत्रिक आदर्शों के लिए शुरू की गई क्रान्ति का अन्त हुआ नेपोलियन के साम्राज्य की स्थापना में। 1791 में जो लोकतांत्रिक संविधान क्रान्तिकारी राष्ट्रीय एसेम्बली द्वारा तैयार किया गया था उसे कभी भी अमल में आने का मौका नहीं मिला। फ्रांस में तृतीय लोकतांत्रिक संविधान लागू तब हो पाया जब अस्सी साल बाद 1871 में प्रशा की सैनिक शक्ति के सामने लुई बोनापार्ट के फ्रांसीसी साम्राज्य की शक्ति की पराजय हुई और फ्रांस के लोगों ने बिना किसी उत्साह के लोकतंत्र को कबूल किया।

इन सारी हिंसक प्रक्रियाओं में अधिनायकवाद की ओर जाने का एक अन्तर्निहित दबाव दिखाई देता है। इसमें सभी खिलाड़ी अपने हितों में इस कदर बँधे होते हैं और अपनी नीतियों के बारे में इतना आश्वस्त होते हैं कि वे दूसरों पर इसे शक्ति के बल से लादने की कोशिश करते हैं। इसमें आपसी संवाद की सम्भावना, जो लोकतंत्र की बुनियाद होती है, खत्म हो जाती है। चूँकि कोई भी मानवीय समाज ज्यादा से ज्यादा लोगों के हितों के ऐच्छिक समायोजन से ही बन सकता है, मगर शक्ति पर निर्भरता के भीतर ही ऐसा तत्त्व होता है जो ऐसे समाज को सम्भव न होने दे। शक्ति पर भरोसा से अन्तिम विजय उनकी होती है जो हिंसक शक्ति का सबसे कुशलता से इस्तेमाल कर सकते हैं। जीत आदर्शों के बदले सबसे शक्तिशाली की होती है। जो सद्‌बुद्धि वाले हैं वही सबल भी होंगे स्वयंसिद्ध नहीं है।

दूसरी महान क्रान्ति बीसवीं शताब्दी की बोल्शेविक क्रान्ति थी जिसका उद्देश्य फ्रांस की लोकतांत्रिक क्रान्ति से एक कदम और आगे बढ़ समता के सिद्धान्त को राजनीति से आगे बढ़ा आर्थिक क्षेत्र में भी स्थापित करने का था। यह जानना दिलचस्प होगा कि इस क्रान्ति के पीछे विचारों और आदर्शों की एक लम्बी परम्परा थी और बुनियादी रूप से यह युद्धों और इसमें होनेवाले नरसंहारों के विरोधी दर्शन पर आधारित थी। 1912 में बासेल में दूसरे सोशलिस्ट अन्तर्राष्ट्रीय सम्मेलन में विभिन्न देशों के समाजवादियों ने यह फैसला किया था कि अब वे किसी युद्ध में अपनी राष्ट्रीय सरकारों को समर्थन नहीं देंगे, और अगर युद्ध हुआ तो अपने हस्तक्षेप से युद्ध को तुरन्त समाप्त करा देंगे। लेकिन युद्ध के अन्त के लिए माध्यम आम हड़ताल से शुरू क्रान्तिकारी युद्ध या सशस्त्र बगावत ही माना गया। जब 1914 में वास्तव में यूरोपीय देशों में युद्ध छिड़ा तो सिर्फ जर्मनी में थोड़े काल के लिए, युद्ध के अन्तिम दिनों में, रोजा लक्जमबर्ग के नेतृत्व में 'स्पार्टिस्टों' की बगावत हुई और 1917 में बोल्शेविको के नेतृत्व में रूस में क्रान्ति हुई। जर्मनी में तो स्पार्टिस्टों को दबा दिया गया और रोजा लक्जमबर्ग की हत्या कर दी गई। फिर रूस में क्रान्ति सफल हुई जिसने साम्राज्यवादी युद्ध को तो खत्म किया लेकिन स्वयं एक लम्बे गृह-युद्ध का सूत्रपात किया। दरअसल, 1917 में रूस में एक नहीं दो क्रान्यिाँ हुईं। एक 15 मार्च को हुई जो लगभग अहिंसक थी। यह जारशाही के विरुद्ध हुई थी जिसके साथ मजदूर, किसान नवमध्यम वर्ग (बुर्जुआ) और यहाँ तक कि सामन्ती व्यवस्था के अवशेष भद्रजनों (नोबल) की भी सहानुभूति थी। सप्ताह भर की राष्ट्रव्यापी हड़ताल के बाद जार ने गद्दी का परित्याग कर दिया। यहाँ भी जारशाही का अन्त चाहनेवाले विभिन्न समूहों की शिकायतें अलग-अलग थीं। सैनिक भूख-बर्बादी और युद्ध की थकावट से निजात पाना चाहते थे। जो सम्पन्न वर्ग के लोग थे वे अव्यवस्था और इससे हो रही युद्ध की पराजय और रूसी सैन्य-व्यवस्था के विघटन से खफा थे। किसान जमीन चाहते थे और बड़े फार्मों पर कब्जा करने लगे थे।

जार के गद्दी त्यागने के बाद एक अस्थायी सरकार प्रिंस ल्वोवोव के नेतृत्व में बनाई गई। इसके बाद से ही विविध समूहों की ओर से अपनी-अपनी माँगों को लेकर इस सरकार पर दबाव बनने लगा। इसमें एक दबाव सैनिकों का भी था जो युद्ध को खत्म करने के पक्ष में थे—दरअसल बड़ी संख्या में सैनिक युद्ध क्षेत्र से भाग रहे थे। इन दबावों के कारण अस्थायी सरकार में अदल-बदल होते रहे और अन्त में केरेन्सकी के हाथ सत्ता आई। इधर एक संविधान सभा रूस को नया लोकतांत्रिक संविधान देने की योजना बना रही थी तो दूसरी ओर स्वतः स्फूर्त रूप में पूरे रूस में किसानों, मजदूरों और सैनिकों का सोवियत (एक तरह की स्वायत्त व्यवस्था) अस्तित्व में आ गया था। सोवियत यह माँग कर रहे थे कि उनकी केन्द्रीय

कांग्रेस को ही देश की सत्ता सौंपी जानी चाहिए। नेसेविक और सोशल रिवोल्यूशनरी पार्टियाँ जहाँ नए संविधान के तहत लोकतांत्रिक सरकार की बात कर रही थीं वहीं बोल्शेविक सबों के लिए रोटी, किसानों को भूमि तथा सभी सत्ता सोवियतों को सौंपने की माँग कर रहे थे। वे युद्ध खत्म करने की घोषणा की माँग कर रहे थे, जिसमें किसी तरह के हर्जाने का प्रावधान नहीं हो। इन्हीं मुद्दों को सामने रख और सोवियतों के राष्ट्रीय अधिवेशन के समर्थन से उन्होंने केरेन्सकी सरकार को 7 नवम्बर को अपदस्थ किया। रूस की विशेष परिस्थिति में एक बिखरी राज्य व्यवस्था के मुकाबले बोल्शेविकों की संगठित जमात ने जन-मानस को अपनी ओर मोड़ सत्ता अपने हाथ में ले ली।

लेकिन वे समूह जिनकी आकांक्षाएँ इससे ध्वस्त हुई थीं, इससे आहत थे और सोवियत सरकार की वैधता को नकारते हुए उन्होंने इसके खिलाफ युद्ध शुरू कर दिया। इस तरह वह गृहयुद्ध शुरू हुआ जो चार वर्ष तक चला। इस युद्ध में दोनों ही खेमों के अस्तित्व दाँव पर लगे थे। इसमें हर तरह के निर्मम उपाय अपने दुश्मनों के खिलाफ और समय-समय पर अपने समर्थकों के खिलाफ भी अपनाए गए, जब समर्थकों ने पूरी तरह साथ निभाने में कोताही की। इस दौरान प्रतिद्वंद्वियों के बन्दियों को बन्धक (हौस्टेज) बनाने तक की नीति अपनाई गई। प्रारम्भिक दौर में इसे प्रजातांत्रिक क्रान्ति कहा गया। लेकिन युद्ध के समय आत्मरक्षा और विजय की लालसा ने उन्हें उन सारी मान्यताओं को ताक पर रखने को मजबूर किया जिसके लिए लोकतांत्रिक क्रान्ति की जरूरत महसूस की जाती है। फिर चूँकि बोल्शेविकों की दृष्टि में समाजवाद का तकाजा था कि जमीन पर से भी निजी स्वामित्व खत्म किया जाए, 1928 में भूमि के सामूहिकीकरण की नीति अपनाई गई। किसानों के विरोध को घोर दमन से दबाया गया और अन्ततः रूस की लगभग सारी भूमि पर सामूहिक खेती लाद दी गई। इस प्रक्रिया में विरोध करने के अपराध के लिए लाखों किसानों को उजाड़कर दूरदराज स्थानों पर तरह-तरह के श्रम में, जैसे बाँध निर्माण, सड़क निर्माण आदि पर जबर्दस्ती लगाया गया। इस उथल-पुथल में खेती का भयंकर ह्रास हुआ और लोगों का अनुमान है कि लगभग एक से डेढ़ करोड़ लोग इस क्रम में भोजन की कमी या दूसरे कारणों से मर गए।

रूस के बहुसंख्य किसानों के खिलाफ इस तरह की नीति तानाशाही व्यवस्था के द्वारा ही लागू की जा सकती थी। आखिर में हिंसक शक्ति के बल लोगों की मर्जी के खिलाफ एक आदर्श समाज स्थापित करने के प्रयास की परिणति हुई स्तालिन की घोर तानाशाही में। जब लोगों ने दशकों के बाद इस तानाशाही को नकारा तो व्यवस्था इतनी बिगड़ चुकी थी कि समाज का पूरा ढाँचा बिखरने लगा और पुनर्स्थापना उसी पूँजीवादी व्यवस्था की हुई जिसे खत्म करने के संकल्प से बोल्शेविक क्रान्ति हुई थी। रूस की क्रान्ति की प्रेरणा से चीन, वियतनाम, क्यूबा,

कम्पूचिया आदि कई देशों में, स्थितियों की भिन्नता से रणनीतियों के कुछ फेर-बदल के साथ, समाजवाद लाने के ऐसे ही प्रयास हुए। लेकिन लोकतांत्रिक और मानवीय समाज बनने के ऐसे सभी प्रयास असफल हुए। कुछ पुराने ढाँचे जरूर टूटे, और राष्ट्रवादी उभार से साम्राज्यवाद का शिकंजा ढीला हुआ, जो एक तरह से साम्राज्यवाद विरोधी वैश्विक लहर का परिणाम था, किसी समाजवादी संकल्प का नहीं। परिणामों के आधार पर तो यही दिखाई देता है कि पिछले साढ़े तीन सौ वर्षों में हिंसा के बल समाज परिवर्तन के सभी महान प्रयास अपने उदात्त लक्ष्यों से भटकते गए हैं।

जब हम मानव समूहों के ऊपर वर्णित महान प्रयासों की असफलता पर विचार करते हैं तो इस बात से विस्मित होते हैं कि अत्यन्त ही उदात्त भावनाओं से प्रेरित क्रान्तिकारी सत्ता पाकर अपरिमेय दमन और क्रूर-कृत्यों में प्रवृत्त कैसे हो गए। कुछ हद तक तो इसके पीछे अधिकांश सुधारकों का यह विश्वास रहा है कि वे 'ईश्वर', 'आम इच्छा' (फ्रांस की क्रान्ति में रूसो द्वारा प्रतिपादित 'जेनरल विल') या इतिहास की अनिवार्य शक्तियों (इतिहास की द्वंद्वात्मक प्रक्रियाओं) के लिए विशेष रूप से चुने गए औजार थे, और तात्कालिक क्रूर हिंसा, द्वंद्व और कोलाहल के आगे सुरंग के छोर पर प्रकाशवान भविष्य उनकी अगवानी कर रहा होगा। लेकिन इतना ही इन त्रासद घटनाओं को समझने के लिए काफी नहीं लगता। आँखों पर लगी दार्शनिकता की रंगीन पट्टी के भीतर से दुनिया का भव्य भविष्य देखनेवाले थोड़े से सिद्धान्तकारों के आसपास असंख्य लोगों की भीड़ के स्वभाव में ही ऐसी आक्रातमकता थी जो उन्हें दूसरे आदमियों (प्रतिद्वंद्वियों) की मनुष्यता को नकार उन्हें नष्ट करने की प्रेरणा देती थी। ऐसे व्यवहार को समझने के लिए हमें नृशास्त्रियों और एंथोलॉजिस्ट (वे जीव वैज्ञानिक जो मनुष्य समेत दूसरे जीवों के व्यवहारों का अध्ययन करते हैं) का सहारा लेना होगा। जीवों और मनुष्यों की आक्रामकता का अत्यन्त ही गहन अध्ययन कोनराड लौरेंत्ज ने किया है। लौरेंत्ज के अनुसार अपनी ही प्रजाति के दूसरे सदस्यों के प्रति सभी जीवों में एक प्रच्छन्न आक्रामकता होती है। यह आक्रामकता विशेष स्थितियों की उत्तेजना पा सक्रिय हो जाती है तथा प्रजाति के किसी दूसरे सदस्य पर आक्रमण के रूप में अभिव्यक्त होती है। यह दूसरी प्रजातियों के सदस्यों पर किए गए हमले से बिलकुल भिन्न होती है। लिहाजा बाघ का हिरण पर हमला इस कोटि में नहीं आता, क्योंकि हिरण बाघ का स्वाभाविक आहार है जिससे उसका शिकार बनता है, किसी आक्रामकता के कारण नहीं। दरअसल अपनी प्रजाति के किसी जीव पर आक्रमण का उद्‌देश्य उसे मार डालना नहीं होता। ज्यादातर जीवों में यह प्रजनन प्रक्रिया में प्रतिस्पर्धा से जुड़ा एक कर्मकांड होता है जिसमें आक्रमण से ज्यादा आक्रामक तेवर का महत्त्व होता है, और जानलेवा तो बिलकुल नहीं। इससे प्रजाति में सबल सन्तान सुनिश्चित होती है।

ऐसी आक्रामकता का दूसरा महत्त्व, लौरेंत्ज के अनुसार, जीवों की संख्या की सघनता को कम करना होता है क्योंकि ज्यादा सघनता से आजीविका के लिए उपलब्ध सीमित संसाधन की उपलब्धता के अभाव में अस्तित्व पर खतरा पैदा होता है। उन जीवों में जिनके शरीर में दाँत, नख आदि जानलेवा हथियार होते हैं, एक आन्तरिक अवरोध होता है जो अपनी प्रजाति के कमजोर प्रतिद्वंद्वियों के हाव-भाव से व्यक्त दीनता से या आक्रमण के जानलेवा होने की सम्भावना का बोध होते ही सक्रिय हो जाता है, और जीव आक्रमण बन्द कर देता है। मनुष्य इस अर्थ में दूसरे जीवों से अलग होता है कि इसमें अपनी आक्रामकता के खिलाफ ऐसा स्वत: स्फूर्त आन्तरिक अवरोध नहीं होता। सम्भवत: इसका कारण यह है कि मनुष्य के शरीर में कभी कोई ऐसा प्राकृतिक हथियार नहीं था जिससे यह दूसरे मनुष्यों की हत्या आसानी से कर सके। लेकिन जहाँ प्रकृति ने दुनिया में उसे अस्त्रहीन बनाकर भेजा था उसने अपनी संस्कृति के विकास के क्रम में हथियार की ऐसी संस्कृति विकसित कर ली है जिससे न सिर्फ वह दुनिया के दूसरे जीवों के लिए सबसे खतरनाक जीव है बल्कि अपनी पूरी प्रजाति का विनाश भी आसानी से कर सकता है। मनुष्य की संस्कृति ने मनुष्य को अपनी प्रजाति के दूसरे सदस्यों के लिए किस तरह खतरनाक बनाया है उसका विवरण एक सुप्रसिद्ध जीव वैज्ञानिक नीको टिन्बर्जन इन शब्दों में करता है :

> "दूसरी सांस्कृतिक अति हमारी जानलेवा हथियार बनाने की क्षमता है; विशेषकर दूर से मारनेवाले हथियारों को बनाने की क्षमता। इससे संहार करना अति आसान हो जाता है, न सिर्फ इसलिए कि एक गदा या एक भाला समान ताकत लगा घूँसे के मुकाबले कहीं अधिक घातक घाव करता है बल्कि इसलिए भी कि दूर से चलाए गए हथियार से आहत व्यक्ति हथियार चलानेवाले को अपनी व्यथा या गिड़गिड़ाहट से अवगत नहीं करा सकता। बहुत थोड़े से हवाई सैनिक जो अपने लक्ष्य पर बम गिराने को आतुर होते हैं, इसके लिए तैयार होंगे कि वे बच्चों का गला दबा दें या उन्हें जला दें। वे अधीनता कबूल करते या गिड़गिड़ाते लोगों की जान लेने की सीमा तक नहीं जाएँगे।"

दरअसल मनुष्य के अस्तित्व पर सबसे बड़ा खतरा नरसंहार के हथियारों की बढ़ती हुई यांत्रिकता है। आज का सिपाही सामने दिखाई देनेवाले मनुष्यों पर प्रहार नहीं करता जिसकी यातना या मृत्यु से उसमें पश्चात्ताप या करुणा का संचार हो सके। वह तो अपनी बख्तरबन्द गाड़ियों, युद्धक वायुयानों या मिसाइलों के प्रक्षेपण केन्द्रों में, जहाँ वह बन्द होता है, सिर्फ इंस्ट्रूमेंट पैनल पर अंकित संकेतों के आधार पर बटन भर दबाता है। उसके लिए सैकड़ों किलोमीटर दूर शहर—जिसमें लाखों फैले घरों में अपने अलग-अलग हर्ष-विषाद के साथ जीवित आदमी के विविध

संसार होते हैं—केवल लक्ष्य का एक बिन्दु भर होता है जो उसके बटन दबाने भर से चन्द मिनटों में आग और धुएँ के गुबार में बदल सकता है। उसके द्वारा फैलाई गई घर-घर की इन लाखों त्रासदियों से वह बिलकुल अनजान होता है। दरअसल वह कुछ कर भी नहीं सकता। अपने सैनिक प्रतिष्ठानों द्वारा एक मनुष्य के रूप में वह पहले ही किसी फौजी दस्ते में चुन दिया गया होता है जहाँ वह अपनी मर्जी से हिल नहीं सकता। दरअसल किसी भी सिद्धान्त के लिए लड़ा जानेवाला आधुनिक युद्ध सांगठनिक यांत्रिकताओं की क्षमता का मुकाबला भर होता है। इसमें उद्देश्यों की अच्छाई-बुराई गौण हो जाती है।

विशाल परिणाम में ऊँचे आदर्शों के नाम पर अति हिंसक और अमानवीय कामों के लिए लोगों को गतिशील करने में मनुष्य के स्वभाव का एक और भी गुण है जिसे कोनराड लौरेंत्ज 'मिलिटेंट इंथ्युजिआज्म' कहता है। यह एक ऐसी प्रक्रिया है जो मनुष्य को कुछ अमूर्त अस्तित्वों के लिए, जो दरअसल मनुष्य की अपनी निर्मितियाँ होती हैं, कुछ भी करने के लिए तैयार कर देता है—जघन्य से जघन्य हिंसा के लिए भी और बड़े से बड़े आत्मबलिदान के लिए भी। इस प्रक्रिया को वह कई दूसरी प्रजातियों के जीवों के बढ़ने के क्रम में शरीर में होनेवाले त्वरित बदलाव, जिसमें कुछ जीवों के शरीर पर के सख्त आवरण झड़ जाते हैं, पुराने सींग झड़कर नए उगते हैं, पुराने पर झड़ते हैं और नए निकलते हैं आदि। जीवों में ये प्रक्रियाएँ प्रौढ़ता का लक्षण हैं जब वे जीवन के संघर्षों के लिए तैयार हो जाते हैं। यह परिवर्तन मनुष्य में किशोरावस्था (adolescence) में होता है जब मनुष्य अपने बाल्यकाल की मान्यताओं से मुक्त हो जीवन में नए लंगरों की तलाश में होता है। कुछ शारीरिक बदलाव के साथ इसी काल में उसकी नई आस्थाएँ बनती हैं। व्यक्तियों से गहरा लगाव तथा विचारों एवं संस्थाओं के प्रति प्रतिबद्धताएँ विकसित होती हैं। लौरेंत्ज इसकी तुलना पशु-पक्षियों में लगाव की प्रक्रिया जिसे इम्प्रिटिंग (imprinting) कहा जाता है, से करता है। यही वह काल होता है जब शब्द-जाल में फँसा या भावना उभारनेवाले प्रतीकों से प्रभावित होकर किशोरों को अतिमानवीय या अमानवीय निष्ठाओं की ओर प्रेरित किया जा सकता है। इन निष्ठाओं से प्रेरित व्यक्ति की प्रतिक्रियाएँ अमूर्त अस्तित्वों जैसे धर्म, सम्प्रदाय, राष्ट्र, मूल, भाषाई समूह या वैचारिक संगठन आदि के प्रति वैसी ही होती है जैसी किसी आवेश के क्षण में उपस्थित शत्रु या मित्र के लिए होती है। अपने आत्यान्तिक रूप में यह भावना किसी व्यक्ति को किसी भी अति के लिए तैयार कर देती है। लौरेंत्ज ने इस मन:स्थिति के उदाहरण में जर्मन कवि हेनरिंस हाईने द्वारा वर्णित नेपोलियन के एक सिपाही की मनोदशा को पेश किया है, 'मुझे अपने बीवी या बच्चे की क्या परवाह।' इसी मानसिकता से आत्मघाती जत्थे तैयार होते हैं या प्रतिद्वंद्वी माने जानेवाले समूहों को समूल नष्ट करने में कोई हिचक नहीं

होती। सभी अपने सोच में आश्वस्त होते हैं कि वे किसी उदात्त कर्तव्य को अंजाम दे रहे हैं। इस तरह का भावनात्मक अन्धापन आदमी के सामने हो रहे रक्तपात को देखने में असमर्थ बना देता है।

इसी से जुड़ी एक दूसरी प्रक्रिया भी है जो मनुष्य को, संसार को, 'हम' और 'वे' में विभाजित कर देती है जिसे एमिटी-एनमिटी कॉम्पलेक्स (Emity Enmity Complex) कहा गया है। सम्भवतः यह ग्रन्थि मनुष्य में उन प्रारम्भिक स्थितियों में पैदा हुई जब वह अपने कबीलों को दूसरे कबीलों से भिन्न देखता था और प्रायः दूसरों को सन्देह या शत्रुता की निगाह से। स्थितियाँ बदल गई हैं। लेकिन उन आदिम स्थितियों की स्मृतियाँ सम्भवतः आज भी मनुष्य की मनीषा में बनी हुई है। इससे आदमी अपनी आक्रामकता को काल्पनिक दुश्मनों के खिलाफ मोड़ता रहता है। ये दुश्मन पड़ोस के 'शत्रु देश', 'वैश्विक आतंकवाद', 'दुष्टता की धुरी' कुछ भी हो सकते हैं। अतीत में ऐसे खतरे 'रेड मीनेस', 'साम्राज्यवादी घेरा', 'वैश्विक यहूदीवाद' आदि के रूप में चिह्नित किए गए थे। 'खतरे' के नाम और रूप बदलते रहे हैं, लेकिन सामूहिक आक्रामकता की अभिव्यक्ति के अवसर सदा तलाशे जाते रहे हैं। दुनिया को 'हम' और 'वे' में विभाजित करने का एक खतरनाक पहलू यह है कि आपसी सौहार्द्र और बाहरी समूह के प्रति आक्रामकता एक-दूसरे के पूरक पाए गए हैं। इसीलिए राजनेता अक्सर देश के भीतर के विरोध और सम्भावित आन्तरिक कलह से निजात पाने के लिए बाहरी दुश्मन को ईजाद करते रहते हैं जिसकी तरफ लोगों की आक्रामकता को मोड़ा जा सके। यह विभाजन गाँव, नगर आदि के छोटे समूहों के झगड़ों से लेकर विशाल राष्ट्रों तक के सभी स्तरों पर पाया जा सकता है।

मनुष्य जब समूह में आक्रामकता पर उतर आते हैं, वैसी आक्रामकता जो भीड़ के व्यवहार में देखी जाती है, तो उसमें उस रासायनिक प्रक्रिया के गुण दिखाई देते हैं जिसे 'ऑटो-कैटालिसिस' कहते हैं। ऐसी प्रक्रिया का हर चरण अगले चरण को अधिक उत्तेजना देता रहता है। इससे भीड़ जब एक बार हरकत में आ जाती है तो उसकी हिंसक वारदातों में उत्तरोत्तर बढ़ोतरी होती जाती है, जब तक उसकी ऊर्जा चुक न जाए या पहले से भी बड़ी हिंसा से उसे दबा न दिया जाए। अतः सामाजिक सन्तुलन बनाए रखने के लिए ऐसी सामूहिक उत्तेजना के प्रति जो हिंसक संघर्ष से जुड़ी होती है, सदा सतर्क रहने की जरूरत होती है ताकि ऐसी वारदातों के शुरू होने का मौका ही न आए।

मनुष्य में अन्तर्निहित आक्रामक सम्भावनाओं के मद्देनजर यह स्पष्ट दिखाई देता है कि ऊँचे लक्ष्यों को प्राप्त करने के लिए भी जब हिंसा का रास्ता अपनाया जाता है तो हिंसा ही सर्वोपरि मूल्य बन जाती है और बाकी उद्देश्य वैसा ही विकृत रूप ग्रहण करते हैं जो अपने को हिंसा से उपजे माहौल के अनुरूप बना

सकें। इस पृष्ठभूमि में यह समझना आसान है कि हिंसक क्रान्तियाँ क्यों पथ-भ्रष्ट होती रही हैं।

आत्मरक्षा में की जानेवाली हिंसा या बुद्धिसंगत व्यवस्था के नियंत्रण में होनेवाली पुलिस व्यवस्था की सीमित हिंसा ऊपर के खतरों से मुक्त हो सकती है क्योंकि इनके उद्‌देश्य स्पष्ट दिखाई देनेवाले तथा अत्यन्त सीमित होते हैं। आत्मरक्षा में की गई व्यक्तिगत हिंसा से प्रतिहिंसा की शृंखला नहीं शुरू होती। इससे वह तर्क निरस्त हो जाता है जो सामूहिक उद्‌देश्य के लिए की जानेवाली विशाल हिंसा के तर्क को व्यक्तिगत सुरक्षा के क्षेत्र में लाकर यह दिखलाता है कि अहिंसक नीति सामाजिक उद्‌देश्यों के लिए भी अव्यवहारिक है। अगर कोई ऐसा व्यक्ति है जो आत्मरक्षा के लिए भी हिंसा का सहारा नहीं लेता तो वह आदरणीय है। लेकिन चूँकि बहुत कम लोग अपनी, अपने प्रियजनों और निजी सम्पत्ति की हानि के प्रति निरपेक्ष रह सकते हैं इसे आम नुस्खा नहीं बनाया जा सकता। ऐसी हिंसा नहीं हो इसके लिए तो लम्बे समय तक समाज में अहिंसा की संस्कृति बनानी होगी। नृशास्त्रियों ने कुछ ऐसे समाजों का भी विवरण दिया है जिनके आपसी व्यवहारों में आक्रामकता दिखाई नहीं देती। वह निश्चित रूप से विशेष परिवेश का परिणाम होगा। क्योंकि यह भी देखा गया कि किसी बाहरी उत्तेजना में वे बदलकर काफी आक्रामक हो गए।

जब सामाजिक लक्ष्य हासिल करने के लिए हिंसा को नकारा जाता है तब उन लक्ष्यों तक पहुँचने के लिए दूसरे रास्तों की तलाश शुरू होती है। इसके बाद सत्याग्रह, असहयोग, सामूहिक हड़ताल जैसे माध्यमों का अवलम्बन अपरिहार्य हो जाता है। हमारे समाज में महात्मा गांधी संयोग से उस बिन्दु पर आते हैं जब संसार हिंसा के मार्ग पर चल विनाश के कगार पर पहुँच गया है। इस अर्थ में वे वह प्रस्थान बिन्दु हैं जहाँ से हमें आगे बढ़ना है। पिछले अनुभवों के मद्‌देनजर मानव अस्तित्व की रक्षा या किसी मानवीय समाज का एकमात्र मार्ग अहिंसा ही दिखाई देती है। हिंसक माध्यमों के हजारों वर्ष के विकास की तुलना में यह बिलकुल नया प्रयोग है। इसके नए रूपों की तलाश करनी है।

परिशिष्ट

नक्सली गुटों की 'सक्रियता'

[बिहार के जहानाबाद जिले के नोनहरी नगवाँ गाँव में हुए जनसंहार के बाद पीपुल्स यूनियन ऑफ सिविल लिबर्टीज की बिहार शाखा के एक अध्ययन-दल ने तथ्यों का पता लगाने के लिए इलाके का दौरा किया। इस दौरान दल ने विभिन्न नक्सली गुटों द्वारा की जा रही हिंसा तथा एक-दूसरे के सदस्यों व समर्थकों की हत्याओं के मामलों की जाँच की। अध्ययन-दल भारतीय कम्युनिस्ट पार्टी (मार्क्सवादी-लेनिनवादी) लिबरेशन व बिहार प्रदेश किसान सभा और पार्टी यूनिटी व मजदूर किसान संग्राम समिति के नेताओं से मिला और उनसे बातचीत की। अध्ययन दल ने 'जहानाबाद में हिंसा' शीर्षक से अपनी जाँच की रपट प्रकाशित की (1990)। नक्सली नेताओं से दल की जो बातचीत हुई उसे भी रपट में प्रकाशित किया गया। यहाँ उस बातचीत के कुछ अंश दिए जा रहे हैं जिनसे नक्सली गुटों की हिंसा और अपराध कर्मों में उनकी भागीदारी का पता चलता है।]

कम्युनिस्ट पार्टी (मार्क्सवादी-लेनिनवादी) लिबरेशन के प्रवक्ता आर.के. साहनी और बिहार प्रदेश किसान सभा के गणेश दास हमसे मिले। उन्होंने बताया वे अपने-अपने संगठनों की ओर से बोलने के लिए विधिवत अधिकृत हैं...हम लोगों ने (उनसे) निम्नलिखित सवाल पूछे (और उन्होंने उनका जवाब दिया) :

सवाल : नोनही नगवाँ की हत्याओं के लिए जिम्मेदार कौन थे?

जवाब : प्रशासन, जमींदार तथा मजदूर किसान संग्राम समिति। मजदूर किसान संग्राम समिति एक अराजकवादी संगठन है, इसके एक गुट ने यह किया। मजदूर किसान संग्राम समिति का नियंत्रण अपने सदस्यों पर नहीं है। हम लोग यह नहीं कह रहे हैं कि किसान संग्राम समिति ने हत्या करने का कोई निर्णय लिया था।

जहानाबाद में नक्सली का अर्थ लिबरेशन होता है। अपराधियों और मजदूर किसान संग्राम समिति की जिला मजिस्ट्रेट से साँठगाँठ है। प्रशासन ने मजदूर किसान

संग्राम समिति के अपराधियों के खिलाफ कोई कारवाई नहीं की। लेकिन जब हम लोगों ने टुनु पासवान पर हमला किया तब उन्होंने हमारे जत्थे को गिरफ्तार करने की कोशिश की। हम लोगों का आधार हरिजनों में है। नोनही नगवाँ के हरिजन खालिसपुर में हमारे लोगों के पुनर्वास में सक्रिय थे।

पार्टी यूनिटी का कहना था कि उसके स्थानीय कार्यकर्ताओं का सम्पर्क अपराधियों से था, लेकिन उसके नेतृत्व ने उनका उन्मूलन कर दिया था। लिबरेशन के प्रवक्ता इस बात को पाखंडपूर्ण बतलाते हैं।

सवाल : क्या आप लोग अपने क्षेत्र में एकछत्र अधिकार का दावा नहीं करते हैं और अन्य लोगों को अपने प्रभाव क्षेत्र में काम नहीं करने देते?

जवाब : नहीं, जनता पर किसी का एकाधिकार नहीं। सभी पार्टियाँ सभी क्षेत्र में काम करने के लिए स्वतंत्र हैं।

सवाल : तब आप दोनों यानी लिबरेशन और पार्टी यूनिटी में संघर्ष क्यों होता है?

जवाब : शुरू में हम लोग जमीन पर जनता में ही काम करते थे और इससे बाकी लोग हमारे विरोधी हो गए—सभी तरह के जमींदार और अपराधी। इसके बाद पार्टी यूनिटी ने उन लोगों के बीच अपना संगठन बनाया, जो हमारे विरोधी थे। वे लोग तेजी से फैलना चाहते थे इसलिए वे बड़े जमींदारों से भी समर्थन लेने लगे। इनमें ये लोग हैं—गोपीपुर के कामेश्वर सिंह (80 बीघा), जहानाबाद के शिवप्रसाद सिंह, उत्तम सिंह, ओंकम सिंह, रघुनाथ सिंह—इनमें प्रत्येक 40 से 80 बीघे तक जमीन के मालिक हैं।

सवाल : आपको कैसे पता है कि वे पार्टी यूनिटी के साथ हैं?

जवाब : पार्टी यूनिटी ने इनके समर्थन में हम लोगों पर हमला करने के लिए अपना जत्था भेजा।

सवाल : आप लोगों के कितने लोग पार्टी यूनिटी द्वारा मारे गए हैं?

जवाब : हम लोग इसकी एक सूची भेज देंगे।

सवाल : पार्टी यूनिटी से आप लोगों के संघर्ष के और कौन से कारण हैं?

जवाब : जहाँ हम लोगों ने गैरकानूनी ढंग से दखल की हुई जमींदारों की जमीन पर कब्जा किया है, वहाँ पार्टी यूनिटी के लोगों ने उसे वापस लेकर फिर जमींदारों को दे दिया है। पार्टी यूनिटी के साथ हम लोगों का संघर्ष सिर्फ उन्हीं स्थानों पर है जहाँ वे जमींदारों और अपराधियों का समर्थन करते हैं।

कभी-कभी पोखरा, आहर और नहर में मछली मारने के सवाल पर भी हम लोगों में संघर्ष हो जाता है। यहाँ संघर्ष हम लोगों के समर्थकों के स्वार्थ को ध्यान में रखकर होता है।

सवाल : पार्टी यूनिटी ने इल्जाम लगाया है कि आपके संगठन के लोगों ने बीरा के राजदेव पासवान पर हमला किया?

जवाब : हाँ, राजदेव, किशोरी सिंह जमींदार के समर्थन में गया था जिसका काम करना हमारे समर्थकों ने बन्द कर दिया था। राजदेव, किशोरी सिंह के समर्थन में लड़ाई में मारा गया।

सवाल : यह इल्जाम लगाया गया है कि इंडियन पीपुल्स फ्रंट मुथर के रामानन्द सिंह के समर्थन में गया जो भूमि सेना का है और जिसके यहाँ हड़ताल हुई थी।

जवाब : रामानन्द सिंह के पास 55 बीघा जमीन है। वह किसान सभा का समर्थक था। उसके पास न गैर-मजरुआ जमीन है और न वह जुल्मी है। उसका जनता से कोई संघर्ष नहीं था। हम लोगों ने उसके समर्थन में कुछ नहीं किया।

सवाल : आप लोग 55 बीघा जमीन जोतनेवाले का समर्थन कैसे कर सकते हैं?

जवाब : हम लोगों ने अपनी नीति बदल दी थी। अतः हम लोगों ने छोटे, मझोले और बड़े जमींदारों के बीच फर्क करना शुरू कर दिया था। इसलिए हम लोग रामानन्द सिंह के प्रति नरमी का व्यवहार कर रहे थे। वह जमींदार जरूर था लेकिन जुल्मी नहीं था।

सवाल : यह आरोप है कि काको थाना के भेलवाँ के बटेश्वर के समर्थन में, जिसने गैर मजरुआ जमीन पर कब्जा कर लिया था, आई.पी.एफ. ने अपना जत्था भेजा था। इसके अलावा आई.पी.एफ. ने उसके खेत में काम करने के लिए मजदूर भी भेजे थे?

जवाब : हम लोग खुद बटेश्वर शर्मा के खिलाफ संघर्ष कर रहे हैं।

सवाल : कौन-कौन सी जगहें हैं जहाँ पार्टी यूनिटी से आप लोगों का संघर्ष है?

जवाब : पाली-सिकरिया, दहैल, बहादुरगंज, गोपीपुर, पिजरावाँ, रेगानियाँडीही, काको, नरवन, निरैवाँ, खालिसपुर, खसखोरी, मखदुमपुर-दिआरा, चासीपुर, निरपुरा, घोषी-साहोबीघा, धनौरा, मोरिआवाँ, दरियापुर, कारपी-कटेसर।

ये सब स्थान हैं जहाँ जमींदार और अपराधी पार्टी यूनिटी के साथ हैं। इसी से संघर्ष होता है। पार्टी यूनिटी जमींदारों के समर्थन में आती है जब हम उनसे संघर्ष करते हैं। वे हमारे द्वारा लगाए गए प्रतिबन्धों को तोड़ने आते हैं।

सवाल : जमींदार कौन है?

जवाब : वह जो स्वयं काम नहीं करता, जिसका दृष्टिकोण सामन्ती है और जुल्मी है। जिसके पास बहुत जमीन है। एक धनी किसान वह है जो 60 बीघा जमीन का मालिक है (अपनी जमीन पर 25 प्रतिशत काम करता है), एक मझोला किसान 50 से 60 बीघा जमीन (मध्य बिहार में) का मालिक होता है पर अपनी ही जमीन पर काम करता है। गरीब किसान की आजीविका का साधन उसकी जमीन है, हालाँकि उसकी जोत का आकार नगण्य होता है।

सवाल : पार्टी यूनिटी का आरोप है कि चूँकि आप लोगों का संगठन बड़ा है इसलिए आप लोग दादागिरी का रुख अख्तियार करते हैं और आप लोगों में उनके साथ संघर्षों को मिटाने की रुचि नहीं है।

जवाब : यह सच नहीं है। हम लोगों ने संघर्षों को मिटाने की गम्भीर कोशिशें कीं। हम लोगों ने हर स्तर पर पार्टी यूनिटी के साथ सम्मिलित समितियाँ बनाने का सुझाव इसी उद्देश्य से दिया था। क्योंकि इससे सबों का नुकसान होता है। लेकिन पार्टी यूनिटी के निचले स्तरों के लोगों ने इससे इन्कार कर दिया क्योंकि वे निर्बंध शक्ति चाहते हैं। वे किसी तरह का नियंत्रण नहीं चाहते। पार्टी यूनिटी ने अपने काडरों को इसके लिए प्रशिक्षित नहीं किया। 5-7 समितियाँ बनाई गईं लेकिन उन लोगों ने न तो किसी में हिस्सा लिया और न हमारे पत्रों का जवाब ही दिया।

सवाल : क्या साझा रूप से मछली मारने में आप लोगों में संघर्ष हुआ? अगर हाँ, तो कहाँ और क्यों ऐसा हुआ?

जवाब : हम लोग साझा रूप से मछली मारने पर राजी हो गए थे। हम लोगों ने यह निर्णय बारा और खासखोरी में पालन किया। हम लोगों ने साहोबीघा में भी उन्हें हिस्सा दिया। लेकिन मागल बीघा में लड़ाई हो गई। गोलियाँ चलीं, जिससे लोग घायल हुए। पार्टी यूनिटी ने...

लिबरेशन मछलियों में खुद हिस्सा नहीं लेता है। पार्टी यूनिटी 25 प्रतिशत हिस्सा लेती है जिसमें संघर्ष होता है।

सवाल : क्या आप लोगों का सफाया (एनिहिलेशन) में विश्वास है?

जवाब : एक नीति के तौर पर हम लोग व्यक्तियों का सफाया नहीं करते हैं, लेकिन हम लोग उन लोगों का सफाया करते हैं जो जनता के आन्दोलन में बाधा उपस्थित करते हैं। हम लोगों ने लोरिक सेना और भूमि सेना के केवल सरगनों का सफाया किया है।

सवाल : क्या आप लोग सशस्त्र जत्थे रखते हैं?

जवाब : हाँ, समयानुकूल वे लाल सेना में बदल दिए जाएँगे।

सवाल : क्या आप लोगों ने पार्टी यूनिटी के कार्यकर्ताओं की हत्या की है?

जवाब : हाँ, हमारे 20-25 लोग पार्टी यूनिटी द्वारा मारे गए हैं और 10 से 15 तक पार्टी यूनिटी के लोग हम लोगों द्वारा मारे गए हैं। जबकि पार्टी यूनिटी के लोग हम लोगों द्वारा लड़ाई में मारे गए हैं लेकिन पार्टी यूनिटी के लोग हमारे लोगों की हत्या के लिए डाकुओं का इस्तेमाल करते हैं या उन्हें घरों में मार डालते हैं। उदाहरण के लिए डॉ. मुश्ताक को एक मरीज का इलाज करने के बहाने बुलाया गया और नृशंसता से मार डाला गया। अरवल के कालेर गाँव के चितरंजन मिश्र को बाजार से अपहृत कर मार डाला गया। इसी तरह बिहार प्रदेश किसान सभा के नवल महतो को पाली अंचल के एक दूसरे गरीब आदमी के साथ उनके घर

से अपहृत कर मार डाला गया। सिकरिया में वैद्यनाथ महतो और तीन हरिजनों को डुबाकर मार डाला गया।

सवाल : ऐसा वे क्यों करते हैं?

जवाब : क्योंकि वे अराजकतावादी चरित्र के हैं। वे ऐसा बदले के लिए तथा अपने लोगों का मनोबल ऊँचा रखने और हमारे लोगों को हतोत्साहित करने के लिए करते हैं।

सवाल : वे अराजकतावादी किस अर्थ में हैं?

जवाब : हम लोग संसदीय और गैर-संसदीय कार्यक्रम अपनाते हैं। साथ ही जन-आन्दोलन और सशस्त्र जत्थों द्वारा हथियारी कार्रवाई करते हैं। हम लोग चुनावों में इसे वर्ग संघर्ष का रूप देने के लिए हिस्सा लेते हैं। लेकिन पार्टी यूनिटी और माओइस्ट कम्युनिस्ट सेंटर (एम.सी.सी.) अराजकतावादी हैं। एम.सी.सी. से भी संघर्ष अनिवार्य है जब हम उनके क्षेत्र में काम करेंगे।

सवाल : मध्य बिहार में इतनी हिंसा क्यों है?

जवाब : इस इलाके के लोग अधिक संघर्षशील हैं। उनमें हिंसक होने का रुझान है। यहाँ के सामाजिक ढाँचे में ही कुछ ऐसा है।

सवाल : मध्य जातियाँ भी उच्च जातियों जैसी ही जुल्मी क्यों हैं?

जवाब : भूमिहार दबे लोगों पर सीधा नियंत्रण नहीं रखते, वे मध्य जातियों के दूसरे लोगों को उभारते हैं। ऊँची जातियों द्वारा पैदा की गई रिक्तता को मध्य जातियाँ भरती हैं।

सवाल : इस क्षेत्र में इतना तनाव क्यों है?

जवाब : एक खास कारण विभिन्न मार्क्सवादी-लेनिनवादी समूहों का आपसी टकराव है।

सवाल : नोनही नगवाँ जैसी घटनाओं की पुनरावृत्ति को रोकने का क्या उपाय हो सकता है?

जवाब : इस स्थिति में कोई बदलाव नहीं आएगा जब तक परिस्थितियाँ नहीं बदलती हैं। हाल में पार्टी यूनिटी ने कई अपराधियों को अपने संगठन से निष्कासित किया है। हम लोगों की दिलचस्पी नोनही नगवाँ हत्याकांड के मुख्य अपराधियों को दंडित करने में है। हम लोग जरूरी हुआ तो कुछ लोगों का सफाया कर देंगे।

सवाल : क्या आप लोगों के संगठन में भी कुछ अपराधी हैं?

जवाब : पार्टी यूनिटी ने 40 नाम भेजे थे। उनमें 16 का किसी अपराध से कोई ताल्लुक नहीं था। उनमें 24 ने पहले अपराध किए थे लेकिन हम लोगों के सम्पर्क में आने के बाद उन्होंने कोई अपराध नहीं किया है। हम लोगों ने पार्टी यूनिटी को उनके आपराधिक कामों का सबूत पेश करने को कहा है। अगर आरोप सही सिद्ध हुए तो उन्हें निष्कासित कर दिया जाएगा।

सवाल : आप लोगों को हथियार कैसे उपलब्ध होते हैं?

जवाब : पुलिस से। हम लोग जमींदारों से भी हथियार छीनते हैं। इसके अलावा हम लोग खुद तैयार करते हैं।

सवाल : क्या आप लोग इसकी खरीद भी करते हैं?

जवाब : नहीं।

सवाल : क्या आप लोग अपने प्रभाव वाले इलाकों में टैक्स भी वसूल करते हैं?

जवाब : नहीं। लेकिन कभी-कभी जनता जुल्मी जमींदारों पर जुर्माना लगाती है। हम लोगों ने दहिया के लल्लन सिंह का अपहरण किया और उससे तेरह हजार रुपए वसूल किए। उसका सफाया नहीं किया क्योंकि पार्टी यूनिटी उसके साथ थी और हम लोगों ने पार्टी यूनिटी के साथ संघर्ष बचाना चाहा। लल्लन सिंह ने वादा किया था कि वह कोई जनविरोधी हरकत नहीं करेगा लेकिन पार्टी यूनिटी के समर्थन से उसने फिर ऐसा किया। इसलिए हम लोगों ने उस पर फिर हमला किया। उसके साथ का आदमी मारा गया लेकिन वह बच गया।

सवाल : क्या आप लोग समानान्तर सरकार चलाते हैं?

जवाब : नहीं, हम लोग दूसरों के राजनीतिक विरोध का भी स्वागत करते हैं।

सवाल : क्या आपको अज्ञात सूत्रों से भी पैसे मिलते हैं?

जवाब : नहीं, हम लोगों का पैसा जनता से मिलता है।

सवाल : आप लोग जुल्मी पुलिस और सरकारी अधिकारियों की हत्या वैसे ही क्यों नहीं करते जैसे जमींदारों की?

जवाब : यह हम लोगों की नीति नहीं है।

सवाल : फिर आप लोग साधारण पुलिस सिपाहियों की हत्या क्यों करते हैं?

जवाब : हथियारों के लिए ऐसा हो जाता है।

सवाल : भारतीय कम्युनिस्ट पार्टी के सांसद रामाश्रय सिंह से आप लोगों का क्या रिश्ता है?

जवाब : उनका नोनही नगवाँ के कांड से सम्बन्ध होने का कोई सबूत हम लोगों के पास नहीं है।

× × × × × × ×

दूसरी ओर पार्टी यूनिटी और किसान संग्राम समिति ने भी हमारे आमंत्रण को स्वीकार किया। मजदूर किसान संग्राम समिति का प्रतिनिधित्व इसके कोषाध्यक्ष महेन्द्र सिंह ने किया। पार्टी यूनिटी के प्रवक्ता ने अपनी पहचान नहीं बताई। उन दोनों के साथ साक्षात्कार का जस का तस विवरण नीचे दिया जा रहा है :

सवाल : क्या पार्टी यूनिटी और लिबरेशन के बीच संघर्ष है? आप लोगों के संघर्ष में कितने लोग मारे गए हैं?

जवाब : हाँ, संघर्ष है और झड़पें भी हुई हैं। हमारे संघर्ष में 30 लोग मारे गए हैं। 20 हमारे और 10 उनके। लेकिन हमारे लोगों ने संघर्ष के दौरान हत्याएँ की हैं जबकि लिबरेशन के लोगों के दस्तों ने सुनियोजित ढंग से हत्याएँ की हैं। उन लोगों ने हमारे लोगों को गिरफ्तार करके निर्दयतापूर्वक यातनाएँ देकर हत्याएँ की हैं।

1987 में हमारे दस्तों के बीच कारपी में झड़प हुई। उनके एक आदमी ने आत्मसमर्पण कर दिया। हम लोगों ने उसे छोड़ दिया। कुछ घायल भी हुए थे। लेकिन लिबरेशन ने शिव नारायण राम तथा नरेश पासवान की हत्या निष्ठुरता से कर दी।

लिबरेशन ने हमारे तीन लोगों की हत्या यह कहकर दी कि वे लोग एक भूमिहार लल्लन सिंह के दलाल हैं। उन लोगों ने लल्लन सिंह के नौकरों की तो हत्या की लेकिन चालीस हजार रुपया लेकर उसे छोड़ दिया।

सवाल : क्या यह कहना ठीक है कि आप लोगों के बीच संघर्ष अनिवार्य है?

जवाब : जब हम लोग कोई आन्दोलन शुरू करते हैं तो वे लोग जिनके खिलाफ हम आन्दोलन शुरू करते हैं लिबरेशन का समर्थन ढूँढ़ते हैं। इस तरह लिबरेशन जनता पर जुल्म ढानेवालों का समर्थन करना शुरू कर देता है।

हम लोग आमतौर से समाज के कमजोर वर्गों का साथ देते हैं, कभी-कभी मझोले किसान भी हमारा साथ देते हैं। कभी-कभी जब एक जाति के लोग हमारे साथ होते हैं तब दूसरी जाति वाले लिबरेशन के साथ हो जाते हैं।

सवाल : क्या आप लोगों का लिबरेशन से विरोध मध्य बिहार के संघर्षों के लिए जवाबदेह है?

जवाब : हाँ, खासतौर से हम लोगों की शान्ति के लिए बातचीत टूट गई। अत: पिछले छह महीने में तनाव बढ़ गया है।

चुनाव एक कारण है। चुनाव जीतने के लिए लिबरेशन ने अपराधियों से साँठगाँठ शुरू की है। लिबरेशन बड़े किसान (लैंडलॉर्ड) से उन्हें सुरक्षा प्रदान करने के एवज में पैसा इकट्ठा करता है।

सवाल : क्या बड़े जमींदारों से आप लोगों का भी सम्पर्क है?

जवाब : हाँ, हम लोगों का सम्बन्ध बहिया (पाली) के लल्लन सिंह, खुरौली के घोष यादव तथा कलिश, कारपी के बैजनाथ सिंह यादव के साथ है।

सवाल : इस सम्बन्ध का कारण क्या है?

जवाब : कभी-कभी हमारे स्थानीय कार्यकर्ता सम्बन्ध स्थापित कर लेते हैं। लेकिन हम लोग इसे समाप्त कर देते हैं अगर यह अवांछनीय लगता है। लेकिन उनमें कुछ हमारे सिद्धान्तों में विश्वास रखते हैं और तब उन्हें अपने साथ रखते हैं। हम लोगों ने ऊपर बतलाए गए सिर्फ चार जमींदारों को समर्थन दिया है।

सवाल : क्या आपके संगठन में अपराधी भी हैं?

जवाब : हम यह स्वीकार करते हैं कि कुछ अपराधी तत्त्व हमारे संगठन में घुस गए हैं, लेकिन हम लोग उनका पता लगा उन्हें निष्कासित करने के लिए कृतसंकल्प हैं।

सवाल : आप लोग कमजोर और निर्दोष व्यक्तियों की हत्या रोकने का क्या उपाय सोच रहे हैं?

जवाब : लोगों को संगठित कर प्रतिरोध की शक्ति पैदा करना और दोषी लोगों को तुरन्त दंडित करना।

सवाल : इस दंड का स्वरूप क्या होगा?

जवाब : मजदूर किसान संग्राम समिति आन्दोलन करके इसके खिलाफ जनमत बनाएगी और पार्टी यूनिटी अपराधियों के सफाये का काम करेगी।

सवाल : दंड के सवाल पर कौन निर्णय करता है?

जवाब : राज्य समिति आवश्यक होने पर सफाये का फैसला करती है और इसका दस्ता कार्यान्वयन करता है।

सवाल : आप लोग हथियार कैसे उपलब्ध करते हैं?

जवाब : कभी-कभी हम लोग पुलिस से छीन लेते हैं, लेकिन हम लोग सिपाहियों की हत्या करने से कतराते हैं। आमतौर से हम लोग यह काम लोगों के समर्थन से करते हैं। हम लोग अपराधियों को भी अपने हथियार समर्पित करने को मजबूर करते हैं। हम लोग कभी-कभी उन जमींदारों से भी हथियार छीनते हैं जो जनविरोधी हैं।

सवाल : आप अपने प्रभाव क्षेत्र में अपने विरोधियों के साथ कैसा सलूक करते हैं?

जवाब : वे स्वतंत्र हैं। हम लोग उन पर कोई लेवी नहीं बाँधते। वे लोग हमारा राजनैतिक विरोध करने के लिए भी स्वतंत्र हैं।

सवाल : ऐसा आरोप है कि आप लोगों ने कुछ जमींदारों से भारी रकम वसूल की है।

जवाब : भूमि सेना के जुल्मियों पर जुर्माना लगाया गया था। एक लाख उनहत्तर हजार रुपए वसूल किए गए। यह रुपया अभी हम लोगों के पास है और इसे गाँव की समितियों को या उनके परिवार वालों को जो भूमि सेना द्वारा मारे गए हैं, बाँट दिया जाएगा।

सवाल : आप फंड कैसे जगा करते हैं?

जवाब : हम लोग अपने लोगों से साल में छह किलो अनाज और दो रुपया प्रति व्यक्ति के हिसाब से वसूल करते हैं।

सवाल : क्या आप हथियार खरीदते हैं?

जवाब : बहुत ही कम।

सवाल : क्या आप प्रशासन के साथ सहयोग करते हैं?

जवाब : नहीं, लिबरेशन भी नीति के रूप में ऐसा नहीं करता।

सवाल : दलों के बाहर के कितने लोगों का सफाया आपके संगठन ने पिछले पाँच वर्षों में किया है?

जवाब : अरवल के के.डी. शर्मा का, कसार हत्याकांड और चार बीड़ी मजदूरों की हत्या के लिए, पलामू के त्याजी के गोकेश्वर सिंह और पंकी के कहन सिंह का।

कुल मिलाकर हम लोगों ने 80 लोगों का सफाया किया जबकि हमारे 120 आदमी मारे गए। लेकिन ज्यादातर लोग भूमि सेना से हमारे मुठभेड़ में मारे गए। सफाया अब बहुत ही विरल हो गया है।

सवाल : आप लोग जुल्मी पुलिस के लोगों की हत्या क्यों नहीं करते?

जवाब : आमतौर से हम लोग वर्तमान स्थिति में राज्य सत्ता से टकराना नहीं चाहते।

सवाल : आपकी जन पंचायतें उन लोगों से कैसे निपटती हैं जो आपके साथ नहीं हैं?

जवाब : हमारी जन पंचायतें भेदभाव नहीं बरततीं। जहाँ हम लोग मजबूत हैं वहाँ से हम लोगों ने मामले-मुकदमे खत्म कर दिए हैं।

सवाल : समानान्तर सरकार जिसकी चर्चा सुनने में आती है, क्या है?

जवाब : लोग जन पंचायतों को ही समानान्तर सरकार कहते हैं। हम लोग टैक्स देने से नहीं रोकते और न पुलिस को इलाके में आने से रोकते हैं। इस तरह असल में कोई समानान्तर सरकार नहीं है।

सवाल : क्या आप लोगों ने विरोधी मजदूर किसान संग्राम समिति के किसी का सफाया किया है?

जवाब : नहीं।

सवाल : क्या आप लोगों ने पूर्व नियोजित ढंग से किसी राजनीतिक प्रतिरोधी की हत्या की है?

जवाब : हाँ, खानपुरा के दुलार सिंह की हत्या उसके सफाये के निर्णय के बाद की गई।

सवाल : आपके दस्तों में अपराधी कैसे भर्ती कर लिए जाते हैं?

जवाब : हमारे दस्ते दो तरह के हैं—केन्द्रीय दस्ता और स्थानीय दस्ता। पहले में अपराधियों का घुसना असम्भव है, लेकिन दूसरे में कभी-कभी वे घुस जाते हैं।

सवाल : स्थानीय दस्ते कैसे बनाए जाते हैं?

जवाब : कभी-कभी आपात स्थिति में पार्टी कार्रवाई के लिए जन संगठन को दस्ता बनाने को कहती है। वैसी स्थिति में हम लोगों के लिए संवीक्षण करना सम्भव नहीं होता। इस तरह कुछ अपराधी आ जाते हैं। लेकिन बाद में वे हटा दिए जाते हैं।

सवाल : खालिसपुर के कुख्यात रामजी यादव के साथ आप लोगों का कैसा सम्बन्ध था जिसे जहानाबाद में लोगों ने मार दिया?

जवाब : रामजी यादव का सम्पर्क मजदूर किसान संग्राम समिति, खालिसपुर के कृष्ण महतो और सुन्दर दास के साथ था। रामजी इन लोगों के माध्यम से हम लोगों की मदद चाहता था। ऊपर बतलाए गए मजदूर किसान संग्राम समिति के लोगों की राय थी कि रामजी महतो के आने से मजदूर किसान संग्राम समिति को फायदा होगा। उसकी मृत्यु के बाद वे एक शोक सभा भी करना चाहते थे लेकिन हम लोग सहमत नहीं हुए।

सवाल : क्या आप लोगों (पार्टी यूनिटी) ने सामूहिक हत्याएँ भी की हैं?

जवाब : वास्तव में हम लोग माओवादी कम्युनिस्ट सेंटर (एम.सी.सी.) द्वारा दालिचक और बघोरा की सामूहिक हत्या के खिलाफ थे (जिसमें 4 व्यक्ति जो राजपूत जाति के थे मारे गए थे)।

सन्दर्भ और टिप्पणियाँ

2. पृष्ठभूमि

1. यह ध्यान देने की बात है कि 1974 में जे.पी. के नेतृत्व में होनेवाले छात्र आन्दोलन की मूल धारा भी पार्टियों और चुनाव पद्धति से बनी सरकारों के निषेध की थी।

4. समाज विश्लेषण की समस्याएँ

1. 1989 के बाद से रूस और पूर्वी यूरोप में पश्चिमी अर्थव्यवस्था का ऐसा दबाव पड़ा कि सारी समाजवादी अर्थव्यवस्था ध्वस्त हो गई।

7. विघटन की शक्तियों का असली स्त्रोत

1. एक उदाहरण बिड़ला का हिन्दी दैनिक हिन्दुस्तान है। इसने कम्युनिस्ट पार्टी (मार्क्सवादी-लेनिनवादी) लिबरेशन के महामंत्री विनोद मिश्र के निधन पर 'कॉमरेड विनोद मिश्र लाल सलाम' के नाम से सम्पादकीय लिखा और इस अखबार में लिबरेशन को ज्यादा-से-ज्यादा स्थान मिलता रहा है।
2. इस छोटे से देश में सत्रह लाख लोगों की हत्याएँ हुईं। अब देश फिर जहाँ-का-तहाँ वापस लौट रहा है और ख्मेर रूझ पछतावे की मुद्रा में नागरिक जीवन का हिस्सा बनने के प्रयास में है।

8. विघटन और व्यवहारों के बीच उभरती फाँक

1. सांगठनिक कारणों से बाद में इंडियन पीपुल्स फ्रंट को पुन: विघटित कर दिया गया और कम्युनिस्ट पार्टी (मार्क्सवादी-लेनिनवादी) लिबरेशन ग्रुप को ही अस्तित्व में रहने दिया गया।

सच्चिदानन्द सिन्हा रचनावली

खंड-4

आपातकाल, जनता पार्टी का प्रयोग, पंजाब संकट,
राजनीतिक गठबन्धन

सच्चिदानन्द सिन्हा रचनावली

खंड-4

आपातकाल, जनता पार्टी का प्रयोग, पंजाब संकट, राजनीतिक गठबन्धन

सम्पादक

अरविन्द मोहन

राजकमल प्रकाशन

ISBN : 978-93-90971-52-7

मूल्य : ₹4000
(8 खंडों का सम्पूर्ण सेट)

पहला संस्करण : 2021

प्रकाशक : राजकमल प्रकाशन प्रा. लि.
1-बी, नेताजी सुभाष मार्ग, दरियागंज
नई दिल्ली-110 002
शाखाएँ : अशोक राजपथ, साइंस कॉलेज के सामने, पटना-800 006
पहली मंजिल, दरबारी बिल्डिंग, महात्मा गांधी मार्ग, प्रयागराज-211 001
36 ए, शेक्सपियर सरणी, कोलकाता-700 017
वेबसाइट : www.rajkamalprakashan.com
ई-मेल : info@rajkamalprakashan.com

मुद्रक : बी.के. ऑफसेट
नवीन शाहदरा, दिल्ली-110 032

SACHCHIDANAND SINHA RACHANAWALI : Vol. 4
Edited by Arvind Mohan

सम्पादक की ओर से

आपातकाल हमारे देश की राजनीति का एक विभाजक रेखा है। उसके पहले की राजनीति और बाद की राजनीति के चरित्र को बहुत साफ अलग अलग ढंग का देखा जा सकता है। पर जब आपातकाल लागू हुआ और सेंसरशिप से लेकर नेताओं समेत हजारों लोगों की गिरफ्तारी, किसी एक 'क्रान्तिकारी' राजनीतिक धारा के लोगों द्वारा उसका समर्थन करना तो दूसरी धारा के मुखिया द्वारा उसे अनुशासन पर्व करार देना इन दोनों धाराओं के चूक जाने का संकेत देता था तो आपातकाल का विरोध और फिर माफी और उसके बाद आई सत्ता का सबसे ज्यादा उपयोग करके 'अपनी हाशिये की विचारधारा' को केन्द्र में लानेवाली धारा आज सबसे प्रबल है, लेकिन सत्ता के जिस केन्द्रीकरण और तानाशाही के लिए इन्दिरा गांधी ने इसे लागू किया था, वह प्रवृत्ति भी लगातार मजबूत होती गई है। पर बयालीस के आन्दोलन से सक्रिय और काफी वक्त पूर्णकालिक कार्यकर्ता रहे सच्चिदानन्द सिन्हा के लिए इन्दिरा गांधी की तानाशाही और आपातकाल लादने के फैसले से भी ज्यादा हैरान करनेवाली चीज थी भारतीय समाज की प्रतिक्रिया, जिसमें कहीं से आपातकाल की घोषणा का कोई सशक्त विरोध न उभरा। सभी लोग शान्त हो गए, जैसे उन्होंने मन से इसे स्वीकार कर लिया। और शायद इसी चीज का असर था कि इन्दिरा गांधी ने भी आपातकाल खत्म करने और चुनाव कराने का फैसला कराने की 'भूल' कर दी। अब खुद भूमिगत होकर सक्रिय रहे सच्चिदा जी को आपातकाल के खिलाफ सक्रिय थे, उसकी ज्यादतियों का विरोध कर रहे थे, एक पत्रिका/बुलेटिन निकाल रहे थे और दुनिया भर से आनेवाली विरोधी आवाज को सुन रहे थे।

पर इस सवाल ने उनको 'इमरजेंसी इन पर्सपेक्टिव' लिखने को मजबूर किया। आपातकाल खत्म होने पर तो कुलदीप नैयर के जजमेंट से लेकर न जाने कितनी किताबें आईं और खूब बिकीं, लेकिन किसी भी किताब में अखबारी कटिंग और घटनाक्रम के जाहिर ब्यौरे से अलग स्थितियों को विश्लेषित करने और कुछ ज्यादा बड़े नतीजे निकालने की कोशिश नहीं की गई। सिर्फ सच्चिदा जी की किताब उन स्थितियों की चर्चा करती है जो गुलामी के शासन, सामंती समाज, जातिवादी राजनीति, आन्तरिक लोकतंत्रविहीन राजनीतिक दल और भ्रष्ट नौकरशाही की करतूतों

को रेखांकित करते हुए यह बताती है कि आम आदमी काफी हद तक पहले भी आपातकाल जैसी मुश्किलों का सामना करना पड़ता था। पर वे इस बुनियादी बात को बताना भी नहीं भूले कि इन्दिरा गांधी सत्ता के केन्द्रीकरण का अभियान ही चला रही थीं जिसमें आपातकाल लादना एक बड़ा कदम था। पर भारतीय लोग सर्वव्यापी गुलामी और मुन्ह पर ताला लगाए रहने के आदी नहीं रहे हैं। सो, उनमें अन्दर ही अन्दर नाराजगी बढ़ती गई। समाज की नजर आनेवाली तीखी प्रतिक्रिया न होने और उसी भ्रष्ट नौकरशाही तथा अक्षम और चापलूस खुफिया व्यवस्था से मिली रिपोर्ट ने ही इन्दिरा गांधी को चुनाव कराने का फैसला करने दिया जिससे चीजें एकदम बदल गईं।

इसी क्रम में सच्चिदा जी ने जनता पार्टी की जीत, उसके बाद चली सरकार और राजनीति और साल भर के अन्दर ही दिखनेवाली बहुत साफ कमजोरियों को लेकर किताब लिखी। यह एक तरह से पिछली किताब का विस्तार ही था। हालाँकि इसमें जनता पार्टी बनने, उसके घटक दलों और उनके नेताओं के काम-काज की चर्चा भी पर्याप्त है। सच्चिदा जी ने इस समीक्षा में सरकार द्वारा लिए बड़े फैसलों, पहला बजट और आर्थिक, राजनीतिक, विदेश नीति को भी शामिल किया है। और वे इसी निष्कर्ष पर पहुँचते हैं कि चूँकि जनता पार्टी सरकार ने व्यवस्था बदलने और पुरानी राजनीति से अलग कोई फैसला लेने की हिम्मत नहीं दिखाई तो जल्दी ही सारी पुरानी 'बीमारियाँ' हावी हो गईं और उन्होंने सरकार को चलने नहीं दिया। इसमें पुराने कांग्रेसियों और स्वतंत्र पार्टी वालों ने तो अपने हिसाब से फैसले कराए, लेकिन बदलाव की राजनीति करनेवाले समाजवादी लड़ते रहे और जनसंघ/संघ के लोग अपनी राजनीतिक स्वीकार्यता और शक्ति बढ़ाने में लगे रहे। जब वे बाहर गए तो चरण सिंह और राजनारायण जैसे लोगों को अपनी राजनीति में घसीटते गए। पर कुल मिलाकर यह किताब तात्कालिक खबरों और न्यूजक्लिपिंग पर आधारित है और यह भी बताती है इन स्रोतों से भी किस तरह गम्भीर लेखन किया जा सकता है।

बाद का उनका ज्यादातर अखबारी लेखन इसी तरह का है, लेकिन हर बार वे एक छोटी खबर से भी बड़े मुद्दों की तरफ बढ़ते ही हैं। जिस केन्द्रीकरण को वे भारतीय और दुनिया की राजनीति का बड़ा दोष मानते रहे हैं, उसकी अभिव्यक्ति इन्दिरा गांधी की सत्ता में वापसी के साथ और प्रबल होती गई। पर यह भी हुआ कि असम, कश्मीर, उत्तर बंगाल और पंजाब में उसके खिलाफ आन्दोलन उभरे। इनमें कुछ निगेटिव प्रवृत्तियाँ भी थीं, लेकिन मुख्य स्वर केन्द्रीकरण के विरोध और विकेन्द्रीकरण की माँग का ही था। और हैरानी नहीं कि दिल्ली में इन आन्दोलनों के समर्थन में जो जमातें थीं, उनके साथ सच्चिदा जी की सक्रियता थी। और उसी का नतीजा पंजाब सम्बन्धी किताब है, जिसका एक हिस्सा यहाँ लिया गया है। असम आन्दोलन और उत्तर बंगाल के आन्दोलनों के पक्ष में भी उनका काफी

लेखन है, लेकिन मुख्यत: आलेखों और अखबारी टिप्पणियों के रूप में। तब इन आन्दोलनों का समर्थन करना भी एक दिलेरी का काम ही था क्योंकि इन्दिरा गांधी सरकार इन्हें देश तोड़ने के षड़यंत्र जैसा ही चित्रित करती थी। ऐसे तत्त्व थे और हिंसा का सवाल भी था, लेकिन सच्चिदा जी के लेखन में इन दोनों बातों की सफाई है, लेकिन वे केन्द्रीकरण वाले पक्ष को नहीं भूलते और इनको मुख्यत: उसी के विरोध का स्वर मानते हैं।

और सम्भवत: अपना समाधान देने की जल्दी या अपनी सोच पर पक्का भरोसा होना कारण हो, लेकिन उन्होंने तब 'कोइलिशन इन पॉलिटिक्स' नामक अपनी किताब लिखी जब इन्दिरा गांधी की हत्या के बाद हुए चुनाव में कांग्रेस लोक सभा की 413 सीटें जीतकर आई थी। तब अगर वे कोएलिशन अर्थात् गठबन्धन या सहमिलन को भारतीय समाज के स्वभाव के ज्यादा अनुकूल बताते हैं तो असल में यह उनकी गहरी अन्तर्दृष्टि और अपने पर भरोसा को ही दर्शाता है। वे मानते हैं कि व्यक्तियों का हर समूह असल में कोएलिशन या सहमिलन ही है—हर किसी को अपनी आजादी और राय रखने के साथ दूसरे की आजादी और राय का आदर करना होता है। समता और न्याय की बुनियादी दृष्टि से ही यह सम्भव है। और जब समाज भारत जितनी विविधता और असमानताओं वाला हो तो यहाँ की राजनीति को तो सहमिलन के आधार को समझकर ही चलना या चलाना होगा। अपने यहाँ की त्रासदी यह रही है कि नेता समाज से कुछ सीखते-जानते ही नहीं और अपने को सर्वज्ञ मानते हुए अपने दल और शासन को इस रास्ते ले चलते हैं जो समाज का नुकसान ही करता गया है। अस्पृश्यता का कोई आधार नहीं है, लेकिन उसके पक्ष में शास्त्र गढ़ने से लेकर आचरण के भेदभाव ने हमारे समाज का जैसा नुकसान किया है वैसा कम चीजों ने किया है। आज मजहब के नाम पर इसी तरह की बाहर से आई विचारधारा थोपकर सत्ता का खेल खेला जा रहा है जो उसी तरह का नुकसान कर रहा है।

इस किताब में वे यह दिखाते हैं कि गांधी के नेतृत्व में चले आन्दोलन और उस समय के कांग्रेस में तो देश की सारी विविधताओं को समेटने और कमजोरियों को दूर करने की अपने भर कोशिश होती रही, लेकिन आजादी मिलने की आहट के साथ नेताओं और फिर कांग्रेस की सारी कोशिश सत्ता और ज्यादा-से-ज्यादा सत्ता हथियाने की रह गई और बँटवारे के बाद अधूरी सत्ता मिलने के बाद भी उसका व्यवहार नहीं बदला। अब यह मिथक बना रहा कि कांग्रेस एक ही विचारधारा से चलनेवाली पार्टी है और उसका सत्ता में होना देश की एकता और अखंडता की गारंटी है। इस मिथक को टूटने में काफी वक्त लगा, लेकिन तब तक उसके समान्तर उभरनेवाली राजनीतिक ताकतों और नेताओं में कांग्रेसी 'बीमारियाँ' कई गुना बढ़ गईं। उसके नेता कांग्रेस से बहुत छोटा राजनीतिक सामाजिक आधार रखकर भी ज्यादा 'एकपंथी' हुए। सच्चिदाजी ने इतिहास के उदाहरण देकर भी बताया है

कि रूस और चीन की कम्युनिस्ट पार्टियाँ एक विचारधारा, एक केन्द्रीय नेतृत्व वाली रही हैं, लेकिन वे अपने यहाँ भी तभी सफल हुईं जब उन्होंने समाज के दूसरे जमातों को साथ लिया—यह अलग बात है कि सत्ता मिलने पर उन्होंने ऐसे सभी 'बाहरी' जमातों का सफाया कर दिया तो दूसरा सच यह भी है कि जैसे ही ऐसी ताकतों को अवसर मिला, सोवियत संघ या पूर्वी यूरोप की कम्युनिस्ट तानाशाहियों को बिखरने में वक्त नहीं लगा।

लेखक क्या चाहता है या किसे आदर्श मानता है, यह कोई भ्रम इस किताब से नहीं रहता। वे बहुत साफ ढंग से लिखते हैं कि गांधी सहमिलन या कोएलिशन को साधन नहीं, साध्य मानते थे। वे समाज के सभी समूहों की न्यायसंगत स्थिति को समझकर उनके लिए भी मर्यादा तय कर देते थे और अपने लिए भी। इससे कोसी ने किसी समूह को दबाया नहीं जबकि अछूतों की स्थिति, औरतों की स्थिति, ग्रामीण समाज की स्थिति उनके साथ जुड़ने से बेहतर ही हुई। अब यह जरूर था कि सदियों के भेदभाव का शिकार समूह के बराबरी पर आने में वक्त लगा और हर समूह की मेल-मिलाप प्रगति अलग अलग रफ्तार से हुई। कुछ अभी भी पूरी तरह बराबर नहीं हुए हैं। मुसलमानों के प्रति फैलाए जा रहे अलगाव भाव के खिलाफ भी गांधी ने पूरे खुलेपन से अपना 'ऑपरेशन' चलाया और इसमें उन्हें और भी कम सफलता मिली, पर उनके आचरण और व्यवहार में खोट नहीं दिखता।

सच्चिदा जी ने अंगरेजी हुकूमत द्वारा तैयार 'भूरा साहब' वर्ग का चित्रण किया है और अभी तक उसका प्रभाव कायम रखने की बात भी बताई है। कहना न होगा कि भूमंडलीकरण ने इस जमात को और ताकत और साधन सम्पन्न बनाया है, लेकिन वे मध्य जातियों के उभार और संख्याबल पर ही सही सत्ता में अच्छी हिस्सेदारी हासिल करनेवाले बदलाव को भी नोटिस करते हैं। पर इस बदलाव के साथ बाबू वर्ग का आकार बढ़ा है, सत्ता में आई नई जमात को भी रहन-सहन से लेकर खर्च और अपने समाज से कटने का वही दुर्गुण लगता दिख रहा है जो भूरे साहबों को रहा है। ऐसे में वे यह भविष्यवाणी करते हैं और पूरे भरोसे से करते हैं कि जब दलित, आदिवासी और बाकी कमजोर जमातों का सत्ता पर कब्जा होगा तभी बुनियादी नीतिगत बदलाव आएँगे। पर इसके लिए वे बाकी समाज के नजरिए में भी बदलाव की अपेक्षा करते हैं। पर कोएलिशन की ताकत ही आगे बढ़ती जाएगी और अस्थिरता समेत और जो डर दिखाए जा रहे हैं, वे कहीं भी असर नहीं डालेंगे।

—अरविन्द मोहन

27 जुलाई, 2021
दिल्ली

क्रम

भारतीय राजनीति : छुटकारा और चुनौती

प्राक्कथन

सच्चिदानन्द सिन्हा की अंग्रेजी किताब 'इमरजेंसी इन पर्सपेक्टिव—रिप्रीव एंड चैलेंज' का हिन्दी संस्करण बहुत जरूरी था। भारत में तानाशाही को समाप्त करने के लिए हिन्दी इलाके के लोगों ने मार्च 1977 के चुनाव का अभूतपूर्व इस्तेमाल किया था तो उन्हें यह भी समझना चाहिए कि तानाशाही की जड़ें कहाँ थीं और हैं?

इमरजेंसी एक खलनायिका और उसके दरबारियों की कोई रोचक कथा न थी, लेकिन ऐसा ही समझकर कुछ जाने-माने लेखकों ने मनोरंजक किताबें छापी हैं और पाठकों ने भी उन्हें रोचक समझकर ही पढ़ा है, लेकिन जैसे-जैसे समय बीतता जा रहा है और इमरजेंसी के पहले और बाद की स्थिति का फर्क धूमिल पड़ रहा है, वैसे-वैसे लोग उन किताबों को भूल जाएँगे क्योंकि उन्हें पढ़कर पाठकों को यह समझ नहीं आएगा कि भविष्य के बारे में हमें क्यों फिर डर होने लगा है? तब सच्चिदानन्द सिन्हा की किताब की तलाश होगी। चूँकि इस किताब के अनुसार तानाशाही की राजनीति के लिए एक खलनायक की जरूरत तो होती है, लेकिन यह उसकी कृति (रचना) नहीं होती।

तानाशाही की जड़ें हमारे समाज, प्रशासन, कानून, राजनीतिक तौर-तरीकों यानी हमारी व्यवस्था के अन्दर छुपी हुई हैं। सिर्फ इतना ही नहीं, हमारे देश में समाज, कानून और प्रशासन की व्यवस्थाएँ जन-विरोधी हैं। ऐसी स्थिति में राजनीति धीरे-धीरे ऐसे एक व्यक्ति को पैदा करेगी, जो व्यवस्था के अनुकूल हो। अगर व्यवस्था की इस प्रत्यक्ष और परोक्ष साजिश को विफल करनेवाली एक नई राजनीति सशक्त ढंग से नहीं उभरती तो यह खल-व्यवस्था फिर से एक खलनायक या खलनायिका को जन्म देगी। उसका नाम पुराना परिचित या नया बिलकुल अजनबी भी हो सकता है।

अगर मीसा या बिना विचार का जेल दंड इमरजेंसी का प्राण था तो मध्य प्रदेश का निवारक नजरबन्दी कानून या बिहार का गुंडा विरोधी अध्यादेश क्या है? अगर लाठी-बन्दूक इमरजेंसी के प्रशासक थे तो जनता पार्टी के राज में इनका कितना व्यवहार है? अगर महँगाई, भ्रष्टाचार, बेकारी की समस्याओं के सामने राष्ट्र की असहायता इमरजेंसी की प्रसव-पीड़ा है तो अभी हम इन सवालों के सामने कैसे

खड़े हैं? किताब में इन सवालों का उत्तर नहीं है, लेकिन उनका जवाब ढूँढ़ने के लिए किताब विवश करती है।

क्या आज हम पर कुछ नाबालिग लोग शासन कर रहे हैं? बच्चा, इसलिए बच्चा होता है कि उसको पीटो, तकलीफ दो और उसके बाद मिठाई दे दो तो वह पिटाई और तकलीफ के बारे में भूल जाता है। कुछ राजनीतिक नेताओं ने इमरजेंसी में बहुत ज्यादा तकलीफ झेली थी। इमरजेंसी हटने के बाद गद्दी पाकर वे उन सारी तकलीफों को भूल गए। ऐसे लोगों के लिए यह किताब नहीं लिखी गई है, लेकिन ऐसे लोगों को भी कोई पढ़ने को मजबूर करे।

6 मार्च, 1978 **—किशन पटनायक**

भूमिका

इन्दिरा गांधी का राज समाप्त होने के बाद इमरजेंसी का अध्ययन करनेवाली बहुत सी किताबें जरूर निकली हैं, लेकिन कोई भी समस्या की जड़ तक पहुँचने और बुनियादी सवालों का सामना करने की कोशिश नहीं करती। सारा दोष इन्दिरा गांधी पर मढ़ दिया और छुट्टी ले ली। यह शायद सुविधाजनक भी है। ऐसा करने पर पश्चाताप और आत्म-निरीक्षण करने से छुट्टी मिल जाती है। यह जरूरत नहीं पड़ती कि देखें कि जो हुआ, उसके लिए कहीं हम खुद भी तो अपराधी नहीं थे?

लेकिन इन्दिरा गांधी पर सारा दोष मढ़ देने के बाद भी बात नहीं बनती। बहुत कुछ अबूझ रह जाता है। अगर यह मान लिया जाए कि तानाशाही एक व्यक्ति की घृणित महत्त्वाकांक्षा की वजह से ही कायम हुई थी तो क्या बात थी कि प्रशासन कांग्रेस पार्टी और केन्द्रीय मंत्रिमंडल में उसका विरोध करनेवाले लोग नहीं थे? सारे व्यापारी, बुद्धिजीवी और पत्रकार नई व्यवस्था को स्वीकार करने के साथ-साथ उनका गुणगान क्यों करने लगे? हिटलर और अन्य तानाशाहों की तरह इन्दिरा गांधी के पास कट्टर अनुयायियों का कोई संगठित समूह नहीं था और न ही उसके पीछे ऐसे कोई बहुत सारे लोग थे, जो भविष्य की किसी सुनहली तसवीर या आर्थिक समृद्धि या राष्ट्रीय गौरव के सपने से पागल हों। उसकी सारी ताकत का स्रोत था कि वह हिन्दुस्तान में ऐसी लोकतांत्रिक व्यवस्था को बढ़ा रहा है, जो तीसरी दुनिया के अन्य देशों की सरकारों की व्यवस्था में श्रेष्ठ है। यह कैसे सम्भव हुआ कि प्रशासकीय व्यवस्था और कांग्रेस संगठन, दोनों ने बिना किसी हिचक के तानाशाही का अनुसरण किया? यह स्पष्ट है कि एक व्यक्ति पर सारा दोष मढ़कर छुट्टी प्राप्त नहीं की जा सकती। बीमारी की जड़ तक पहुँचने के लिए थोड़ा गहरे उतरना पड़ेगा।

तानाशाही के यंत्र को उखाड़ फेंकने की लम्बी-चौड़ी बातें की जाती हैं, पर यह सोचा नहीं जाता कि कोई नया यंत्र नहीं बना था। वही पुराना यंत्र था, जो आजादी के 25 सालों में बना और जिसे विरासत में कुछ लोग साम्राज्यवादी परम्पराएँ मिलीं। इसी यंत्र ने इन्दिरा गांधी की नई भूमिका में सेवा की। इस यंत्र

की जाँच करने की बात सोचे बिना हम कैसे किसी भी यंत्र को उखाड़ फेंकने की बात कर सकते हैं?

इस पुस्तक का मूल उद्देश्य आजादी के बाद की घटनाओं का विश्लेषण कर हमारे लोकतांत्रिक ढाँचे की कमजोरियों का पता लगाना है। चूँकि देश का प्रशासन ब्रिटिश राज के समय से धीरे-धीरे विकसित होता आया है, इसलिए इस विकास के कुछ महत्त्वपूर्ण पहलुओं पर हमें गौर करना पड़ेगा। हमारे अध्ययन का मुख्य काम कुछ प्रवृत्तियों को स्पष्ट रूप से उजागर करना है, लेकिन यह काम उन घटनाओं को उद्घाटित किए बिना करना सम्भव नहीं, जिनकी परिणति इमरजेंसी और उसके बाद की घटनाओं में हुई। इसलिए कुछ घटनाओं का वर्णन किया गया है। एक प्रक्रिया को संक्षेप में रेखांकित करने की चेष्टा भर की गई है।

इमरजेंसी के अत्याचारों या उसके प्रतिरोध में विकसित कार्रवाइयों और भूमिगत आन्दोलन के बारे में पुस्तक में विस्तार से बताने की चेष्टा नहीं की गई है। लेखक भूमिगत आन्दोलन के शायद इतना ज्यादा नजदीक था कि उसे उसके बारे में कोई चमत्कारिक और वीरतापूर्ण चीज नजर नहीं आई। हाँ, कुछ व्यक्ति जरूर थे, जिन्होंने असाधारण साहस और लगन का परिचय दिया। इन सबका अध्ययन इस पुस्तक के दायरे के परे है।

इस पुस्तक का उद्देश्य लोगों को जो कुछ हुआ, उस पर संयत और सन्तुलित ढंग से विचार करने के लिए प्रवृत्त करना है। यह कोई सुखद कार्य नहीं। जो तसवीर उभरती है, वह कुछ बड़े लोगों को शायद न भाए। इससे उन्हें खीझ भी पैदा हो, लेकिन उनके लाभ और हम सबके लाभ के लिए यह जरूरी है कि आईना दिखाया जाए।

यह महज संयोग नहीं है कि तीसरी दुनिया के अधिकांश देश तानाशाही के गड्ढे में गिरते गए हैं। इस समूह में हमीं शायद बचे हुए हैं, लेकिन हम भी गड्ढे के किनारे पर बहुत दिनों से चल रहे थे और गिरते-गिरते रह गए हैं। तीसरी दुनिया के देशों की कठिनाई यह है कि उनके यहाँ लोकतंत्र का वैधानिक ढाँचा तो है, पर उसको पुष्ट करनेवाला जनाधार नहीं है। जनाधार के बिना लोकतंत्र इतने दिनों तक बचा रहा और लगभग डूब जाने के बाद भी उबर आया, यह इस बात का सूचक है कि उसमें कुछ जान बाकी है, लेकिन वह बचा रहेगा, इसकी कोई गारंटी नहीं है। लोकतंत्र को टिकाऊ बनानेवाले जनाधार का निर्माण जरूरी है। इसके लिए त्याग और लगन चाहिए। हमारे अध्ययन का मुख्य उद्देश्य हमारी लोकतांत्रिक व्यवस्था की कमजोरियों की ओर ध्यान दिलाना है ताकि उन्हें दूर करने के उपाय सोचे जा सकें और उन उपायों पर अमल किया जा सके।

—सच्चिदानन्द सिन्हा

पुनश्च : केन्द्र में और फिर कई राज्यों में सत्ता में आने के बाद से जनता पार्टी की सरकार की जो दिशा रही है, उससे उन सब लोगों में गहरी चिन्ता पैदा हुई है, जो लोकतंत्र को स्थायी बनाना चाहते हैं। लोकतंत्र की जिन विकृतियों ने देश में तानाशाही को जन्म दिया था, वे फिर पनप रही हैं।

जन-आन्दोलनों के प्रति विद्वेष और आक्रोश सरकार के लोगों का स्वाभाविक रुख बनता जा रहा है। इसके बजाय कि उनके कारणों को समझ उन्हें मिटाने का प्रयास हो, हर जगह उन्हें कुचलने की कोशिश हो रही है। इसी का परिणाम मध्यप्रदेश का मिनी मीसा है, जिसे बिजली मजदूरों की सम्भावित हड़ताल को रोकने के लिए लागू किया गया। इस रुख का परिणाम यह है कि जनता पार्टी की सरकार के चन्द महीनों के शासन में एक दर्जन से अधिक बार देश के विभिन्न भागों में पुलिस ने गोली चलाई है। बार-बार पुलिस और भीड़ भी भिड़न्त हो रही है।

उधर आम लोगों की और विशेषकर दलित वर्ग के लोगों की हालत सुधारने की दिशा में कोई भी कारगर कदम नहीं उठाया गया है। इसके विपरीत बड़े लोग अपने को अधिक सशक्त महसूस करने लगे हैं और दलितों पर अत्याचार भी बढ़े ही हैं।

एक तरफ नौकरशाही और पुलिस की शक्ति बढ़ रही है और दूसरी ओर कीमतें भी बढ़ रही हैं। चोरबाजारी और दूसरे अपराध बेखटके बढ़ रहे हैं। चुनाव के वायदों के बावजूद जनता सरकार द्वारा चलाई जा रही शिक्षा की वही नीति है, जिससे प्रशासन पर एक सीमित कुलीन वर्ग का वर्चस्व कायम होता है। थोड़े में कहा जा सकता है कि लोकतंत्र के आधार को बड़ा बनाने की दिशा में, जिसकी बड़ी जरूरत थी, कोई कदम नहीं उठाया गया है।

लोगों में असन्तोष बढ़ता जा रहा है, लेकिन कहीं विकल्प के लिए जनशक्ति का गठन नहीं हो रहा है। ऐसी स्थिति में तानाशाही देश में पुन: बिना किसी बड़े विरोध के आ सकती है, चाहे वह जनता पार्टी के भीतर से या बाहर से आए।

पुस्तक का मूल उद्देश्य उन शक्तियों को समझना है, जिसके कारण तानाशाही आई, जिसमें लोग उन नीतियों के लिए तैयार हो सकें, जिनसे देश में तानाशाही की पुनरावृत्ति रोकी जा सके।

—स. सि.

मार्च 1978,
नई दिल्ली

1

आरामतलब जीवन, गपशप और खयालों की दुनिया में रहनेवाली बातूनी हिन्दुस्तानी लोगों को 25 जून को लागू की गई इमरजेंसी का एहसास, बिजली कड़कने जैसा हुआ। ज्यादातर लोगों को इस अप्रत्याशित दुर्घटना का एहसास दूसरे दिन अखबार न मिलने पर हुआ—अखबार क्यों नहीं आया? अधिकांश अखबार दूसरे दिन सुबह नहीं निकले। लोगों को विदेशी रेडियो की खबरों और जल्दी में निकाले गए अखबारों के परचों से ही भीतरी इमरजेंसी लागू किए जाने, जयप्रकाश नारायण और विपक्ष के लगभग सभी नेताओं के पकड़े जाने और दुनिया की सबसे कड़ी सेंसरशिप लागू किए जाने का पता लगा।

शुरू में लोग हक्का-बक्का रह गए। इसके बाद जैसे-जैसे लोगों को घरों में सोते हुए उठाकर और दफ्तरों व सड़कों से गिरफ्तार किया जाने लगा, घबड़ाहट और डर फैलने लगा। मारने-पीटने, यातनाएँ देने और इनसे भी ज्यादा बुरी चीजों की खबरें फैलने लगीं। ये कभी सच होती थीं तो ज्यादातर मनगढ़न्त। शहरों के हर कोने में पुलिस-सिपाही देखे जा सकते थे, लोग यह सोचते थे कि खुफिया और जासूस हर जगह मौजूद हैं, अपने बगल का हर अनजान आदमी उन्हें खुफिया जान पड़ता था। इस तरह बातूनी लोगों के देश पर खामोशी छा गई। होटलों और चायखानों में अभी भी भीड़ होती थी, लेकिन लोग अपने मित्रों से फुसफुसाकर बात करते थे और जब कोई अनजान आदमी पास आने लगता था तो चुप हो जाते थे। इसके बाद छिपी मशीनों के बिठाए जाने की अफवाहों के फैलने के साथ होटलों और चायखानों में राजनीति पर चर्चा बिलकुल बन्द हो गई।

जो हुआ, उसकी कल्पना भी न थी। इस कारण भयंकर सरकारी दमन आश्चर्य पैदा करता था, जिससे डर और आतंक और भी ज्यादा बढ़ गया। अधिकांश हिन्दुस्तानी यह सोच ही नहीं पाते थे कि देश में तानाशाही आ सकती है। आजादी के बाद लगभग सभी राजनीतिक नेता देश में तानाशाही की सम्भावना को मानने से इनकार करते आए थे। संविधान सभा में जब हरिविष्णु कामत ने इमरजेंसी सम्बन्धी धाराओं का विरोध करते हुए इस बात की ओर ध्यान दिलाया था कि हिटलर ने जर्मन संविधान की इमरजेंसी सम्बन्धी धाराओं का इस्तेमाल करके ही

संसदीय तरीकों से जर्मनी पर तानाशाही लादी थी तो उनकी आशंका को निर्मूल बताकर टाल दिया गया। भारत में कभी ऐसी ही स्थिति पैदा हो सकती है, यह उस वक्त स्वीकार भी नहीं किया गया था। कामत ने तब कहा था, "भगवान भारत की जनता की रक्षा करें।"

अक्सर तात्कालिक मन:स्थिति ही हमारे विचारों को आक्रान्त किए रहती है और उसी के आधार पर हम आगे के निष्कर्ष भी निकालते हैं। संविधान बनानेवाली उस संविधान सभा के अधिकांश लोगों के पास आजादी की लड़ाई का अनुभव था। यह अनुभव पग-पग पर नागरिक अधिकारों और नागरिक स्वाधीनता के सवाल से जुड़ा था। ये लोग यह सोच ही नहीं सकते थे कि उनके बाद सरकार चलानेवाले लोग नागरिक अधिकारों और नागरिक स्वाधीनता के प्रति उदासीन हो सकते हैं। रोलट ऐक्ट, उसकी निवारक नजरबन्दी की व्यवस्था और उसके निरंकुश प्रशासकीय अधिकारों के खिलाफ देश में प्रचंड जन-आन्दोलन हुआ था और इसके चलते पंजाब में जलियांवाला बाग का हत्याकांड हुआ। आजादी की लड़ाई से नागरिक अधिकारों और नागरिक स्वाधीनता का सवाल कहीं भी अलग न था। कोई सोच भी नहीं सकता था कि कोई राष्ट्रीय सरकार कभी आजाद हिन्दुस्तान में रोलट ऐक्ट जैसे अलोकतांत्रिक कदम भी उठा सकती है, लेकिन यह धारणा गलत साबित होनी थी। संविधान बनाए जाने के समय में भी जब आजादी की लड़ाई की याद एकदम ताजा थी, प्रशासकीय सहूलियत के लिए कुछ नागरिक अधिकारों की धार को मन्द किया जा रहा था। बाद की घटनाओं ने यह साबित कर दिया कि आजादी की लड़ाई में जनमी नागरिक अधिकारों और स्वाधीनता की परम्परा काम नहीं आई।

राजनीतिक लोगों के चरित्र और उनकी प्रेरणा में तो अप्रकट रूप से परिवर्तन होता रहा, लेकिन इसके साथ ही संविधान में जिन मूल्यों को प्रतिष्ठित किया गया था, वे परम पावन प्रतीत होते रहे। ऐसा लगता रहा कि इन मूल्यों पर आँच नहीं आ सकती। लोग इस तरह के सोच के इतने अभ्यस्त हो गए थे कि संविधान के मूल्यों के परम पावन होने का मिथक चलता रहा जबकि असलियत एकदम बदल गई थी। राजनीतिक पार्टियों के अधिकांश बड़े नेताओं की मनोदशा यही थी, और जब विपत्ति आई तो वे किंकर्तव्यविमूढ़ रह गए। भय और हताशा के भी वे ही सबसे अधिक शिकार हुए। उन्होंने सोचा कि अगर जो हुआ है, उसका होना सम्भव हो सका है तो फिर कोई आशा करना व्यर्थ है। आगे की विपत्ति का सामना करने के लिए अपने को दृढ़ और मजबूत बनाने के बजाय वे बुरी से बुरी कल्पनाएँ करने लगे।

आतंक के पहले दौर के गुजर जाने के बाद लोगों ने यह महसूस करना शुरू किया कि उन्होंने क्या खोया है। हिन्दुस्तानियों ने अक्सर तीसरी दुनिया की

सरकारों और राजनीतिक प्रणालियों से अपने देश की राजनीतिक व्यवस्था और लोकतांत्रिक संस्थाओं की तुलना कर गर्व महसूस किया है। कभी-कभी तो उन्होंने दुनिया के उन खुशहाल मुल्कों से भी, जिनमें लोकतंत्र को धता बता दिया गया है, अपनी तुलना कर सन्तोष प्राप्त किया है। अब बहुत से विदेशी भी भारत को चिढ़ाने लगे—देख लिया तुम्हारा लोकतंत्र? कितनी आसानी से धसक गया! भारत से सहानुभूति रखनेवाले पश्चिमी लेखक भी अपने देश की पीठ ठोंकने लगे कि उनके यहाँ ऐसा नहीं हो सकता था। जैक ऐंडरसन और लेस ह्वाइटेन ने ओकलाहामा जनरल में 4 जुलाई को एक लेख में लिखा : "भारत की घटना से हमें थोड़े गर्व की भी अनुभूति होती है क्योंकि निक्सन कितना ही पगला क्यों न हो, उसने उन्हीं परिस्थितियों में वह सब करने का प्रयत्न नहीं किया, जो बगुला भगत इन्दिरा गांधी ने कर डाला। अगर निक्सन ने प्रयत्न भी किया होता तो कोई उसके आदेश का पालन नहीं करता।"

हिन्दुस्तान तीसरी दुनिया के सबसे गरीब देशों में था, पर उसकी इज्जत थी। यही इज्जत उसने खो दी। हिन्दुस्तानियों को लगता था कि 'हम खुशहाल न हुए तो क्या, तानाशाही वाले मुल्कों में गुलामों की तरह रहनेवाले तो नहीं हैं।' यह हिन्दुस्तान के परम्परागत लोकाचार के अनुकूल भी था, जिसमें भौतिक सुखों से आत्मिक सुख को ज्यादा श्रेष्ठ बताया जाता है। इमरजेंसी ने यह सब एकदम खत्म कर दिया। गरीब देश की इज्जत भी चली गई, जो उसकी एकमात्र पूँजी थी।

राष्ट्र की मानसिकता पर इमरजेंसी के दु:स्वप्न सरीखे 19 महीनों की छाप पड़े बिना नहीं रह सकती—उन 19 महीनों की जब नागरिक की जिन्दगी छोटे से छोटे सरकारी अधिकारी और पुलिस की दया की मोहताज थी। एक बात अच्छी यह हुई कि इन 19 महीनों में लोगों ने प्रत्यक्ष अनुभव से लोकतंत्र और तानाशाही के बीच का फर्क जाना। इस अनुभव के बाद भविष्य में तानाशाही के आने के खिलाफ दृढ़ता पैदा होनी चाहिए।

लेकिन लोगों को बहुत याद नहीं रहता—जैसे-जैसे दिन बीतते जाएँगे, 19 महीनों के दु:स्वप्न वाले दिनों की यातना का दंश भी मिटता जाएगा। इसी तरह वह पीढ़ी भी गुजर जाएगी, जिसने इन 19 महीनों की घटनाओं को देखा है, लेकिन वे भीतरी ताकतें, जिन्होंने देश पर तानाशाही को लादा, जीवित हैं और बहुत दिनों तक जिन्दा रह सकती हैं। अगर हमने सचेष्ट होकर उन्हें नहीं मारा तो कौन जानता है...? इसलिए लापरवाह होना खतरनाक होगा। तानाशाही के फिर से आने के खिलाफ स्थायी और मजबूत आधार बनाना होगा। इसके लिए हमें हमारी सामाजिक और राजनीतिक जिन्दगी तथा परम्पराओं के उन तत्त्वों को अच्छी तरह पहचानना होगा, जिनके चलते 25-26 जून की घटना हुई। हमें यह जानने

की भी कोशिश करनी होगी कि हमारी लोकतांत्रिक व्यवस्था ने इतनी आसानी से तानाशाही के आगे घुटने कैसे टेक दिए? इमरजेंसी के बाद की घटनाओं पर हमें गौर करना होगा—किन ताकतों ने तानाशाही की मदद की और किन ताकतों से उसके रास्ते में रुकावटें आईं? इससे हमें आगे के लिए सबक मिलेगा।

हमारा मोह-भंग हो गया है, लेकिन नये भ्रम और मोह तो पैदा हो सकते हैं, जो हमें भूल-भुलैया में डाल दे सकते हैं। जरूरत यह है कि हम स्थिति की निर्ममता और निरपेक्षता से जाँचें ताकि उसको वास्तविक रूप में देख सकें।

2

हमारी मौजूदा राजनीतिक व्यवस्था, अंग्रेजों ने हमारी परम्परा पर अपनी जो कलम लगाई, उसकी ही उपज है। इस व्यवस्था को अपनी इस परिस्थिति से उत्पन्न सारे फायदे और नुकसान विरासत में मिले हैं। ब्रिटेन की साम्राज्यवादी शिक्षा-नीति मुख्यतया लॉर्ड मैकाले के विचारों के आधार पर बनी। मैकाले ने चाहा था कि हिन्दुस्तानियों का एक ऐसा वर्ग बने, जो शरीर से भले ही हिन्दुस्तानी हो, पर दिल-दिमाग और आचार-व्यवहार से पूरा अंग्रेज हो। 1835 से विलियम बेंटिक के शासनकाल में इस उद्‌देश्य को मद्‌देनजर रखकर भारत में अंग्रेजी शिक्षा शुरू की गई। इसे राजा राममोहन राय जैसे समाज सुधारकों का समर्थन मिला। प्रारम्भ में यह बंगाल में और बाद में ब्रिटिश भारत के अन्य हिस्सों में फली-फूली।

समय के साथ भारत में एक ऐसा 'साहबी वर्ग' विकसित हुआ, जिसमें वे सभी 'गुण' थे, जो मैकाले ने चाहे थे। संख्या में बहुत कम होने के बावजूद इसी वर्ग के लोग अंग्रेजों की अधिकांश प्रशासकीय और शैक्षणिक संस्थाओं में नियुक्त किए गए। इससे समाज के महत्त्वाकांक्षी लोगों का लक्ष्य अंग्रेजी शिक्षा प्राप्त करना और अंग्रेजी सरकार की नौकरियों में घुसना हो गया। बाद में इसी वर्ग से राष्ट्रीय आन्दोलन के नेता आए। इस तरह भारत में जो राजनीति विकसित हुई, उस पर इस विशिष्ट वर्ग के चरित्र की स्थायी छाप पड़ गई।

अंग्रेजी शिक्षा के अलावा कुछ देशी परिस्थितियों के कारण भी इस विशिष्ट वर्ग का खास किस्म का चरित्र बना। सम्पन्न परिवारों और ऊँची जातियों के लोगों को ही इस विशिष्ट वर्ग में प्रवेश मिला। शुरू में ब्राह्मण और कायस्थ इस विशिष्ट वर्ग में ज्यादा आए क्योंकि उनकी पढ़ाई-लिखाई की पुरानी परम्परा थी। इस बात ने भी विशिष्ट वर्ग के चरित्र पर अपनी छाप छोड़ी।

अंग्रेज विदेशी शासक थे। शासन चलाने के लिए उन्हें देशी लोगों के सहयोग की जरूरत थी और इसी जरूरत को पूरा करने के लिए विशिष्ट वर्ग का विकास किया गया। यह वर्ग अंग्रेजों के मुताबिक शासन चलाए, इसके लिए यह भी जरूरी था कि वह अंग्रेजों की बुद्धि और संगठन-क्षमता को ही नहीं, उनकी जीवन पद्धति को भी अपने से श्रेष्ठ माने। जैसे-जैसे विशिष्ट वर्ग के मन में अंग्रेजों की श्रेष्ठता

का सिक्का बैठता गया, वैसे-वैसे वह अपने को अंग्रेजी शासकों से अभिन्न मानने लगा। वह यह भी महसूस करने लगा कि अंग्रेजी शिक्षा और अंग्रेजों के संसर्ग के कारण वह आम हिन्दुस्तानी से श्रेष्ठ है।

अंग्रेजों के आचार-व्यवहार और रहन-सहन के खर्चीले ढंग को अपनाने में उसने कोई कसर उठा नहीं रखी। संयोग से ये अंग्रेजों की असाधारण समृद्धि के भी दिन थे। उनकी जीवन पद्धति में इसकी झलक स्पष्ट दिखाई देती थी। प्रशासन के ऊँचे ओहदों पर काम करनेवाले हिन्दुस्तानियों को जनता की गरीबी को देखते हुए बहुत ज्यादा तनख्वाह मिलती थी। इनसे वे अंग्रेज अफसरों के खर्चीले रहन-सहन की काफी हद तक नकल करने में समर्थ भी हुए। अंग्रेजी शिक्षा से प्राप्त नये मूल्यों के कारण विशिष्ट वर्ग सामाजिक और सांस्कृतिक रूप से बाकी हिन्दुस्तानियों से पहले से ही अलग हो रहा था, अब यह खाई और भी ज्यादा चौड़ी हो गई।

हम पहले ही कह चुके हैं कि विशिष्ट वर्ग के लोग सम्पन्न परिवारों और ऊँची जातियों से आए। इस तरह से विशिष्ट वर्ग और आम जनता की आर्थिक और सामाजिक परिस्थितियों के बीच पहले से ही बहुत बड़ा फर्क था। दुनिया में हर जगह धनी लोग अपने को श्रेष्ठ मानते हैं। जब आर्थिक श्रेष्ठता में जाति की श्रेष्ठता और अंग्रेजी शिक्षा से उत्पन्न श्रेष्ठता भी जुड़ जाए तो खाई इतनी ज्यादा चौड़ी हो गई कि उसे पाटना असम्भव था। आर्थिक स्थिति, जाति और अंग्रेजी शिक्षा की यह तिहरी श्रेष्ठता आगे जाकर भारत में लोकतंत्र के समतावादी आदर्शों के विकास में बहुत बड़ी बाधक साबित हुई।

इस साहबी वर्ग के जनता से अलग हो जाने का एक और भी कारण था। लम्बी-चौड़ी बातों के बावजूद भारत में अंग्रेजों का उद्देश्य हिन्दुस्तानी प्रजा की सम्पदा को अपने देश में पहुँचाना था। हिन्दुस्तानी प्रजा को चूसने की इस प्रक्रिया को अलबत्ता व्यापार का नाम दिया जाता था। यह प्रक्रिया कभी खुल्लम-खुल्ला बर्बर रूप ले लेती थी, जिससे असन्तोष और विरोध भड़कने लगता था। ऐसे में जनता को शान्त करने की जिम्मेदारी इस देशी विशिष्ट वर्ग के उस हिस्से पर आती थी, जिसको जनता से सीधे व्यवहार करना पड़ता था। लोकतांत्रिक मूल्यों में गहरी आस्था रखनेवाले लोग भी अगर उन्हें न्याय माँगनेवाली जनता को अक्सर दबाना पड़े तो कठोर हो जाएँगे और यह साहबी विशिष्ट वर्ग तो अपनी परिस्थिति और ट्रेनिंग के कारण पहले से ही जनता के प्रति सहानुभूतिशील नहीं था। उसमें जनता के प्रति जो सहानुभूति बची भी रही होगी, वह अंग्रेज प्रभुओं के लिए व्यवस्था कायम रखने की जिम्मेदारी के कारण समाप्त हो गई।

किन्तु यह बात विशिष्ट वर्ग के केवल उन व्यक्तियों पर लागू होती है, जिनको मजिस्ट्री या पुलिस ड्यूटी करनी पड़ती थी। विशिष्ट वर्ग का एक और हिस्सा था, शिक्षकों, इंजीनियरों, वकीलों, डॉक्टरों, व्यापारियों आदि का। इस तबके के जीवन-

मूल्य भी वही थे, लेकिन वह मजिस्ट्री या पुलिस की ड्यूटी करनेवालों जितना बर्बर नहीं हुआ था। जनता के बीच काम करने के कारण यह तबका उससे सहानुभूति भी रख सकता था। इस तरह अपने लोकतंत्र विरोधी रुझान के बावजूद विशिष्ट वर्ग में, खासकर पेशेवर लोगों और शिक्षकों के समूहों में ऐसे कुछ अलग-अलग व्यक्ति थे, जिनकी जनता की समस्याओं के प्रति सहानुभूति थी।

अंग्रेज प्रभुओं से संसर्ग के कारण विशिष्ट वर्ग के रुख में अन्तर्विरोध और भी ज्यादा उभरा। पक्का साहब बनने के लिए इंग्लैंड में शिक्षा-दीक्षा प्राप्त करना जरूरी था। उन्नीसवीं सदी के उत्तरार्द्ध और बीसवीं सदी के पूर्वार्द्ध में इंग्लैंड का राजनीतिक वातावरण लोकतांत्रिक आदर्शों से बहुत ज्यादा प्रभावित था। मजदूर ही नहीं, स्त्रियाँ भी तरह-तरह के आन्दोलनों के माध्यम से अधिकारों की माँग कर रही थीं। पक्का साहब बनने के वास्ते इंग्लैंड गया हिन्दुस्तानी युवक इंग्लैंड के वातावरण और लोकतंत्र व समानता के आदर्शों से अछूता नहीं रह पाया। उसने देखा कि इंग्लैंड में मामूली से मामूली आदमी के खिलाफ राज्य मनमानी नहीं कर सकता। यह बात भारत में अंग्रेजों की दमन नीति के एकदम उलट थी।

इस तरह विशिष्ट वर्ग के एक हिस्से में ब्रिटिश आदर्शों के कारण ब्रिटिश राज, या यों कहिए भारत में ब्रिटिश राज के खिलाफ रोष पैदा हुआ। इसका मतलब यह नहीं है कि अफसर बनने के लिए इंग्लैंड गया व्यक्ति लोकतंत्री आदर्शों में विश्वास करने के बाद सामान्यजन के प्रति अत्यधिक सहानुभूतिशील या संवेदनशील हो उठा। उसकी परिस्थिति और शिक्षा ही ऐसी थी कि वह पीड़ित वर्ग के लोगों के सम्पर्क में नहीं आता था। उसे जो चीज सबसे ज्यादा पीड़ा पहुँचाती थी, वह थी अंग्रेज की तुलना में अपनी नीची हैसियत। वह अपने को हर चीज में अंग्रेज के समकक्ष मानता था। इसलिए आजादी की लड़ाई का उसके लिए सबसे बड़ा अर्थ, अपना खोया हुआ आत्म-सम्मान पुनः प्राप्त करना था—वह आत्म-सम्मान, जो उसने देश के गुलाम होने के कारण खोया था।

जब वह जनता की बात सोचता तो उसकी सोच अस्पष्ट और किसी भावुकता भरी धारणा के आधार पर ही होती था। जनता के लोगों में से वह किसी को जानता था तो वह व्यक्ति या तो उसका नौकर था या उसका माली या मेहतर। अगर वह जमींदार हुआ तो अपने काश्तकार को जानता था, जो उसे देखते ही दंडवत प्रणाम करता था। उसके लिए यह मानना और सोचना कठिन था कि ये लोग उसके जैसी हैसियत प्राप्त करना और उसके जैसा जीवन जीना चाह सकते हैं। इस तरह हम देखते हैं कि विशिष्ट वर्ग के लोकतंत्र के जो आदर्श थे, वे आम जनता की जिन्दगी से ऊपर उठे हुए थे। वे आम जिन्दगी की गन्दगी और कीचड़ में सने न थे। इसलिए वह अचरज की बात नहीं कि उन्नीसवीं सदी के उत्तरार्द्ध में मिल मजदूरों और खनिकों की हालत सुधारने के प्रयत्नों को राष्ट्रीय नेताओं ने अच्छी नजर से नहीं

देखा। उन्हें मजदूरों और खनिकों की अमानवीय हालत की अपेक्षा 'शस्य श्यामला' भारत की सम्पदा के लूटे जाने की ज्यादा फिक्र थी। ये लोग भारतीय कारखानों में काम की दशा सुधारने के लिए बनाए जानेवाले कानूनों को भी सन्देह की दृष्टि से देखते थे और यह मानते थे कि ये कानून भारतीय उद्योग की प्रतियोगिता-क्षमता को नष्ट करने के षड्यंत्र हैं। यह रवैया किसी द्वेष या दुर्भाव के कारण न था बल्कि नेताओं के अपनी सामाजिक स्थिति से ऊपर उठकर सोच न पाने के कारण था।

अंग्रेजी पढ़ा-लिखा विशिष्ट और सुविधा प्राप्त वर्ग ही देश में नेतृत्व की भूमिका में था और सामाजिक जीवन की दिशा भी वही तय करता था, लेकिन विशेषाधिकार प्राप्त और सम्मानित लोगों में कुछ ऐसे तबके भी थे, जो अंग्रेजी पढ़े-लिखे विशिष्ट वर्ग के बाहर थे, जैसे पुराने धनी-मानी लोग, राजे-महाराजे, स्थायी बन्दोबस्त (परमानेंट सेटलमेंट) के कारण पैदा हुए नये जमींदार और नई व्यापारिक व औद्योगिक व्यवस्था में पनपनेवाले व्यापारी और उद्योगपति। इन सब लोगों के बीच धीरे-धीरे एक प्रकार का राजनीतिक और सामाजिक रिश्ता बना। यह नहीं कि इनके बीच आपसी प्रतिस्पर्धा या विरोध नहीं था, लेकिन उनके सामाजिक दृष्टिकोण और लक्ष्यों में काफी समानता थी। देश के पीड़ित किसान, औद्योगिक मजदूर और कारीगर, जो लगातार कंगाल बनाए जा रहे थे, विशेषाधिकार, सुविधा प्राप्त और सम्मानित लोगों की इस बिरादरी की सुख-सुविधाओं से वंचित और पूरी तरह अलग थे।

समाज इस तरह विभाजित था और इसके साथ जाति-व्यवस्था वाला विभाजन भी मौजूद था। सुधार आन्दोलनों के बावजूद जाति-व्यवस्था ज्यों की त्यों बनी हुई थी। निचली जातियों या शूद्रों का एक बड़ा हिस्सा अछूत था। यही समाज का दरिद्रतम तबका भी था। पीढ़ी-दर-पीढ़ी घनघोर दारिद्र्य में यह किसी तरह जी रहा था। सामान्य अवस्था में भी इसका जीवन हर क्षण मौत के कगार पर रहता था और जब कोई महामारी आती या अकाल आता तो यह मक्खियों की तरह मरता था। उच्च वर्गों की दुनिया में जो कुछ भी होता, उससे यह लगभग अछूता ही रहता। स्वतंत्र भारत में जब लोकतंत्र का विधिवत श्रीगणेश हुआ तो उसकी स्थिति में कोई खास परिवर्तन नहीं हुआ था।

लोकतंत्र मुख्यतया एक ऐसी व्यवस्था है, जिसमें समझा-बुझाकर काम किया जाता है। इसमें जनमत या राज्य की नीति में परिवर्तन शान्तिपूर्वक होता है। बहुमत का शासन, जिसमें समय-समय पर लोगों को वोट देने का अधिकार है, इस प्रक्रिया की उपज मात्र है। समझाने-बुझाने के लिए लोगों के बीच निर्बाध सम्पर्क और सम्प्रेषण की जरूरत होती है। सम्पर्क और सम्प्रेषण तभी सम्भव है जब भाषा और संस्कृति समान हो। इसका मतलब यह भी है कि समाज में थोड़ी-बहुत एकरूपता का रहना जरूरी है।

विशिष्ट वर्ग की रुचियाँ अलग थीं, उसके हित अलग थे, यहाँ तक कि उसकी भाषा भी अलग थी। अंग्रेजी केवल सरकारी ही नहीं, विशिष्ट वर्ग के बीच सुसंस्कृत वार्तालाप की भी भाषा बन गई थी। विशिष्ट वर्ग ने जनता के साथ अपने परम्परागत सामाजिक अवरोध के ऊपर और एक अवरोध थोप दिया। लोकतांत्रिक व्यवस्था किसी वर्ग या जाति की श्रेष्ठता को स्वीकार नहीं करती। लोकतांत्रिक प्रक्रिया का मतलब ही यह होता है कि हर व्यक्ति को जनता की स्वीकृति पाने के लिए साथ-साथ धक्कम-धुक्का करना पड़ेगा। वोट के पीछे यही मान्यता है कि हर आदमी समान है, लेकिन विशिष्ट वर्ग अपनी श्रेष्ठता और विशिष्टता की धारणा से आसानी से मुक्त नहीं हो सकता था। ब्रिटिश राजनीतिक व्यवस्था से अपने सम्पर्क के कारण विशिष्ट वर्ग लोकतांत्रिक आदर्शों से प्रेरित जरूर था, लेकिन उसका सामाजिक जीवन इन आदर्शों के प्रतिकूल था। लोकतांत्रिक व्यवस्था को अपनाने के 25-30 वर्ष बाद आज भी इस विशिष्ट वर्ग में यह अन्तर्विरोध मौजूद है।

विशिष्ट वर्ग की जीवन पद्धति पश्चिम की नकल पर बनी। आजादी आने के साथ पश्चिमी फैशन के प्रति मोह घटने के बजाय और बढ़ गया। पश्चिम के देश समृद्ध हैं। विज्ञान और मशीनों के विकास के साथ-साथ पश्चिम का आदमी अपनी जिन्दगी में विलास के नये-नये उपकरणों का इस्तेमाल करने लगा। पश्चिमी देशों का आर्थिक आधार इतना मजबूत है कि वे नये-नये उपकरणों वाली फिजूलखर्ची को बर्दाश्त कर सकते हैं, लेकिन अगर कोई पिछड़ा देश पश्चिम की नकल पर नये-नये उपकरणों का इस्तेमाल करने की कोशिश करता है तो उसे समृद्ध व उन्नत देशों पर निर्भर रहना पड़ेगा और अपने साधनों का एक बड़ा हिस्सा भी उन्हें देना होगा। उसके साधन पहले से ही सीमित हैं और फिर जब उनका इस्तेमाल आम जनता की बुनियादी जरूरतों को पूरा करने के बजाय नये उपकरणों को प्राप्त करने में होने लगे तो क्या होगा, यह कल्पना करना कठिन नहीं। ऐसी ही स्थिति में सिंचाई की सुविधाएँ बढ़ाने, गाँव के स्कूल की छत मरम्मत करने और यहाँ तक कि पीने के लिए साफ पानी उपलब्ध कराने के बजाय टेलीविजन केन्द्र खोले जाने लगते हैं, मोटरों के चलने लायक सड़कें बनाई जाने लगती हैं और मोटर-सवारों के लिए मोटेल (सराय) खोले जाने लगते हैं। इससे विशिष्ट वर्ग की 'आवश्यकताओं' और जनता की आवश्यकताओं के बीच गहरी खाई पैदा होने लगती है।

यह नहीं कि विशिष्ट वर्ग केवल भारत में ही है, लेकिन समृद्ध देशों में आर्थिक आधार की मजबूती की वजह से विशिष्ट वर्ग के लिए साधारण जनता की आवश्यकताओं और आकांक्षाओं को कुछ हद तक स्थान दे पाना सम्भव होता है क्योंकि वहाँ इस बात की सम्भावना रहती है कि विशिष्ट वर्ग को जो सुविधाएँ मिल रही हैं, वे आगे जाकर साधारण जनता को भी मिलने लगेंगी। यह दूसरी बात है कि इस समय तक विशिष्ट वर्ग और नई सुविधाएँ प्राप्त कर लेगा। यह प्रक्रिया जारी

रहती है, सो व्यवस्था को खतरा पैदा नहीं होता। लेकिन भारत में यह स्थिति नहीं है क्योंकि साधन अत्यन्त सीमित हैं।

यही वजह है कि अंग्रेजों के जमाने से आज तक सरकारी अफसर की नौकरी ही ऐसी नौकरी रही है, जिसे ज्यादा-से-ज्यादा लोग प्राप्त करना चाहते हैं। यही सबसे बढ़िया और फायदेमन्द नौकरी का साधन है। जाति-व्यवस्था और उससे जुड़े पारिवारिक मोह के कारण अफसरी नौकरियों की संख्या भी बढ़ने लगी क्योंकि जिन लोगों को नौकरियाँ मिली हुई थीं, वे अपने परिवार के लोगों को नौकरियाँ दिलाने की चेष्टा करने लगे। इस तरह इन नौकरियों में भयंकर निहित स्वार्थ पैदा होने लगे। टैक्स या अन्य तरीकों से इनके लिए साधन जुटाए जाने लगे। ये नौकरियाँ देश की सम्पदा को बढ़ानेवाली न थीं, ये तो अनुत्पादक थीं।

इधर प्रशासन के विभिन्न विभाग अपने को राज्य की प्रतिष्ठा के स्तम्भ मानने लगे और एक-दूसरे से ज्यादा सामान और तड़क-भड़क हासिल करने की होड़ लगाने लगे। इससे विलास और तड़क-भड़क की वस्तुओं की झूठी माँग पैदा हुई, जिसका जनता की जरूरतों से कोई वास्ता न था। जनता की मूल आवश्यकताओं को पूरा करने के लिए जिन साधनों का उपयोग किया जाना चाहिए था, वे बेकार की चीजों को बनाने में लगाए जाने लगे। पेशेवर और शैक्षणिक नौकरियों का भी अफसरी नौकरियों के साथ-साथ विकास हुआ। इनमें काम करनेवालों की भी वही महत्त्वाकांक्षाएँ थीं, जो अफसरी नौकरियों में काम करनेवालों की थीं। इस तरह विशिष्ट वर्ग की तात्कालिक आवश्यकताएँ देश का एक मजबूत आर्थिक आधार बनाने में बाधक थीं। आर्थिक आधार मजबूत होने पर ही विलास की वस्तुएँ बनाने की बात सोची जानी चाहिए थी।

विशिष्ट वर्ग के विकास के कारण आगे एक भारी खतरा पैदा हुआ। परिवार के बढ़ने के साथ विशिष्ट वर्ग के लोगों की संख्या भी बढ़ी। इससे एक अजीब स्थिति पैदा हुई कि पैसा और ओहदा न होने पर भी कोई आदमी सिर्फ पारिवारिक सम्बन्धों के कारण अपने को विशिष्ट वर्ग का मान सकता था। इससे वह गलत-सही तरीकों से अपनी विशिष्ट वर्गवाली हैसियत बनाए रखने के साज-सरंजाम जुटाने लगा। हमने देखा है कि देशी विशिष्ट वर्ग देश का शासक बना तो उसका आचार-व्यवहार ही भाई-भतीजावाद और भ्रष्टाचार को बढ़ानेवाला साबित हुआ है। इसके चलते देश का विकास नहीं हो पाया है।

विशिष्ट वर्ग के लोगों की संख्या बढ़ने का एक दिलचस्प नतीजा यह भी हुआ कि उसके बहुत से लोग वामपंथी आन्दोलनों, खासकर अतिवादी आन्दोलनों में चले आए। लाभ और सत्ता के स्थानों पर पहुँचने के अवसर सीमित थे। इसलिए विशिष्ट वर्ग के बहुत से लोग रुझान या योग्यता के अभाव में लाभ और सत्ता के स्थानों को प्राप्त करने की होड़ में शामिल नहीं हुए। मोह-भंग या निराशा के कारण वे जनता

का पक्ष लेकर अपने ही वर्ग या अपने से ऊपर वालों की स्थिति को कमजोर करने की कोशिश करने लगे। इससे उनका विशिष्ट वर्गी अहं भी तुष्ट होता था। और फिर अतिवादी राजनीति में जल्दी ही प्रसिद्धि प्राप्त करने की सम्भावना भी ज्यादा रहती है। आखिर वामपंथी राजनीति एक हद तक आगे बढ़कर वापस क्यों लौटने लगती है? इसका एक कारण विशिष्ट वर्गी चरित्र भी है। बहरहाल, विशिष्ट वर्ग के एक छोटे से हिस्से पर ही यह बात लागू होती है।

अर्थव्यवस्था का संचालन हमेशा विशिष्ट वर्ग के हाथों में रहा। इससे जनता को लोकतांत्रिक प्रक्रियाओं के बारे में धीरे-धीरे निराशा होने लगी क्योंकि इन प्रक्रियाओं के माध्यम से ही सारा काम-काज होता था। जनता सभी राजनीतिक दावों को सन्देह से देखने लगी। वह ज्यादातर उदासीन रहने लगी। कभी-कभी क्रोध या उत्तेजना में वह कोई हिंसक कार्रवाई कर बैठती। इस तरह हमारे देश में राजनीति के प्रति उदासीनता एक स्थायी चीज बन गई।

हमने जिस अन्तर्विरोध की ऊपर चर्चा की, वह आजादी के पहले उभरकर नहीं आया था क्योंकि उस वक्त विदेशी शासन से छुटकारा पाना ही मुख्य काम था। समाज का प्रभावशाली वर्ग हमेशा अपने को इस भुलावे में रखता है कि उसका स्वार्थ सारी जनता का स्वार्थ है। भारत के राष्ट्रीय आन्दोलन के नेताओं ने भी बहुत मासूमियत के साथ सोचा कि उन्हें जो सही लगता है वही सारे राष्ट्र को भी लगना चाहिए। ये लोग ही जनता की राय बनाते थे, इसलिए ये जनता की नजरों पर भी अपना चश्मा चढ़ा सके। जब इन नेताओं को आजादी के बाद लोकतांत्रिक अधिकारों की स्थापना के साथ ठोस रूप से सामाजिक-आर्थिक समस्याओं से निपटना पड़ा तो अन्तर्विरोध उभरकर सामने आ गया।

अन्तर्विरोधों के बीच रहने के बावजूद राष्ट्रीय आन्दोलन जनता के काफी बड़े हिस्से को आजादी की लड़ाई में सक्रिय कर पाया। उसकी इस सफलता के पीछे ब्रिटिश सरकार का चरित्र भी मददगार रहा। उदार लोकतंत्री व्यवस्था होने के कारण भारत में होनेवाले आन्दोलनों का ब्रिटिश पार्लियामेंट पर दबाव पड़ता था, जिससे ब्रिटिश सरकार को हिन्दुस्तानी प्रजा को अंग्रेज नागरिक जैसे कुछ अधिकार देने पड़ जाते थे। इसी तरह के दबाव के कारण 1919 और 1935 के भारत सरकार अधिनियम बने।

इंग्लैंड के आर्थिक और अन्तर्राष्ट्रीय राजनीतिक हितों को देखते हुए कुछ आदर्शवादियों को छोड़कर ब्रिटेन के मजदूर और अनुदार दलों के नेता भारत को पूर्ण स्वाधीनता देने के खिलाफ थे, लेकिन हमने ऊपर जिस दबाव की बात कही, उसके चलते भारत में प्रशासन के निचले स्तरों पर जनता की हिस्सेदारी का एक ढाँचा खड़ा हुआ। कानून के शासन की अवधारणा स्थापित हुई और कुछ सीमाओं के अन्दर अभिव्यक्ति की स्वतंत्रता, अखबारों की स्वतंत्रता, मजदूर

संगठन और राजनीतिक पार्टियाँ बनाने के अधिकार स्वीकार किए गए। ब्रिटिश राज में ही भारतीय राज्य का संघीय (फेडरल) स्वरूप अपनी प्रारम्भिक अवस्था में विकसित हुआ। जनता की भागीदारी की इन योजनाओं में जो अच्छाइयाँ थीं, वे इन्हें अफसरों के मातहत कर देने के कारण मारी गईं। नगरपालिकाएँ, जिला बोर्ड आदि स्थानीय स्वशासी संस्थाओं को कुछ सार्वजनिक सेवाओं का प्रबन्ध सौंपा गया, लेकिन प्रशासन में मुख्य भूमिका जिला कलक्टर की ही होती थी। जिले में राजस्व की उगाही, सहायता व विकास के कार्यों तथा प्रशासन आदि के लिए वही जिम्मेदार होता था। जिले की पुलिस भी उसके ही अधीन होती थी। उसके मातहत अधिकारियों का जाल गाँव-स्तर तक बिछा होता था। नगरपालिकाओं और जिला बोर्डों के निर्वाचित प्रतिनिधि उसके प्रशासन में दखल नहीं दे सकते थे। उन्हें अपने सीमित क्षेत्र में ही काम करना पड़ता था।

आजादी के बाद लोकतांत्रिक संविधान लागू होने पर भी भारतीय राजनीतिक व्यवस्था का यह रूप बना रहा। इसके चलते आज भी भारतीय प्रशासन का लोकतंत्र-विरोधी रुझान कायम है। जिला कलक्टर किसी भी स्थानीय अधिकारी और निर्वाचित प्रतिनिधि के नियंत्रण के परे है। वह सीधे राज्य मंत्रिमंडल के अधीन होता है। कुछ खास परिस्थितियों में तो केन्द्र की सरकार के आदेश पर वह राज्यपाल के मार्फत राज्य के मंत्रियों के खिलाफ भी काम कर सकता है। सामान्य परिस्थितियों में वह मन मारकर राज्य की निर्वाचित सरकार की प्रभुता को स्वीकार करता है, लेकिन मौका मिलने पर वह उसे अपमानित करने से हिचकता नहीं। देश की लोकतांत्रिक व्यवस्था अब तक अफसरों के इस विशिष्ट वर्गी मिजाज को दुरुस्त नहीं कर पाई है।

ब्रिटिश राज में अफसरशाही और पुलिस को जनता से एकदम अलग रखा गया। पुलिस का आदर्श यह था कि वह ऐसी स्थिति बनाए रखे जिसमें जनता उससे ज्यादा-से-ज्यादा डरे। पुलिस को इस बात की खुली छूट थी कि वह जिसको चाहे मारे-पीटे या गिरफ्तार करे, अपराध कबूलवाने या सुराग प्राप्त करने के लिए किसी की हड्डियाँ तोड़ दे या उसे जलते लोहे से दाग दे। इस तरह की ज्यादतियाँ तो तहकीकात का अनिवार्य अंग बन गईं।

इस बर्बर व्यवस्था को सामाजिक विभेद ने भी अपना रंग प्रदान किया। धनी और प्रभावशाली लोग लिखित कानूनों का सहारा लेकर अपील कर सकते थे, पर गरीब के लिए तो स्थानीय पुलिस अधिकारी का आदेश ही कानून का अन्तिम फैसला होता था। पुलिस हिरासत में गरीब आदमी का अंग-भंग हो सकता था, उसकी हत्या भी हो सकती थी, लेकिन उसकी तरफ से शिकायत नहीं हो सकती थी। छोटी और गरीब जातियों के प्रति सत्ताधारियों का कैसा अमानवीय रुख था, यह तो फौजदारी कानून से ही प्रकट है। पूरी-की-पूरी जाति को अपराधी जाति घोषित कर दिया जाता था। ऐसी 'अपराधी' जाति के लोगों की यह ड्यूटी होती थी कि वे

पुलिस अधिकारियों को अपने पते-ठिकाने की सूचना देते रहें। न देने पर उन्हें सजा दी जा सकती थी। यह भी व्यवस्था थी कि अगर कोई व्यक्ति जीविका के किसी प्रकट आधार के बिना रह रहा हो तो उसे गिरफ्तार किया जा सकता है। एक भूमिहीन खेतिहर मजदूर, जिसके पास रोजगार का स्थायी साधन नहीं होता, इस कानून के तहत पुलिस अफसर की मनमर्जी पर जब कभी गिरफ्तार किया जा सकता है।

ब्रिटिश सरकार को इस बात की सबसे ज्यादा चिन्ता रहती थी कि स्थिरता और व्यवस्था में गड़बड़ी न हो। हमने उसकी इस चिन्ता को विरासत में अपना लिया है। हमने यह नहीं समझा कि भारत जैसे देश में स्थिरता और व्यवस्था का मतलब ही यथास्थिति का बना रहना होता है। किसी धनी देश में गड़बडी पैदा होने से वहाँ के गरीब आदमी को नुकसान हो सकता है, पर भारत में नहीं। धनी देश में गरीब आदमी की हालत के निरन्तर सुधरने की सम्भावना रहती है। व्यवस्था में गड़बड़ी पैदा होने से इसमें बाधा आ सकती है, लेकिन भारत जैसे देश में स्थायित्व केवल उन लोगों के लिए ही लाभकारी होता है, जिनकी हालत पहले से ही बहुत सुधरी हुई है।

भारत में स्थिरता और व्यवस्था के प्रति अत्यधिक चिन्ता है। सभी सम्मानित नेताओं ने इसको सर्वोपरि महत्त्व की वस्तु मान लिया है। यह शायद एक विशेषाधिकार प्राप्त छोटे वर्ग की मनोदशा का भी सूचक है।

स्थिरता और व्यवस्था के प्रति यह चिन्ता संविधान बनाने से लेकर पार्टियों और सरकार के विकास तक में झलकती है। संविधान ने नागरिकों को अधिकार तो दिए, पर लगभग हर अधिकार के साथ कोई-न-कोई शर्त जोड़ दी गई। उग्र और क्रान्तिकारी कहे जानेवाले नेता भी यह आरोप लगाए जाने पर कि उनकी कार्रवाई से अस्थिरता पैदा हो सकती है, बिदकते हैं। बहुत-से लोग स्थायित्व का मतलब यही मानते हैं कि ऊपर से जो आदेश दिया जाए, उसका बिना किसी हुज्जत के चुपचाप पालन किया जाए।

3

ब्रिटिश राज के उत्तरार्द्ध में वैधानिक रूप से तो देश लोकतंत्र की दिशा में बढ़ रहा था, लेकिन सामाजिक-आर्थिक परिस्थितियाँ तथा प्रशासकीय व्यवस्था इस दिशा में बाधक थीं। वैसे आजादी के वक्त और उसके तुरन्त बाद लोकतंत्र पर देश के विभाजन और हिन्दू-मुस्लिम दंगों से उत्पन्न भय और कट्टरता के वातावरण का सबसे ज्यादा दबाव पड़ा। इस दबाव के कारण सारी सुप्त सर्वसत्तावादी ताकतें प्रकट होने लगीं।

सामान्य स्थिति में भी लोकतंत्र एक कठिन कार्य-प्रणाली है। उसका अस्तित्व इस बात पर निर्भर करता है कि शासक किस हद तक विरोधियों से होनेवाली चिढ़ और झंझट को बर्दाश्त करते हैं? लोकतंत्र के मूल्यों की रक्षा करने के लिए शासकों को गद्दी तक त्यागनी पड़ सकती है, लेकिन जब शासक यह मानने लगते हैं कि सिर्फ वे ही देश की रक्षा कर सकते हैं तो उन्हें अपनी आलोचना राष्ट्र-द्रोह जान पड़ती है। विरोधियों के प्रति उनकी असहिष्णुता को राष्ट्र की रक्षा करने का दृढ़ संकल्प बताया जाने लगता है। स्वतंत्रता-संग्राम के नेता भी साम्प्रदायिक दंगों और सम्भावित विघटन से देश को बचाने के कारण शायद अपने बारे में ऐसा सोचने लगे थे।

साम्प्रदायिक दंगों और विभाजन के कारण नई लोकतांत्रिक व्यवस्था को दो तरफ से खतरा पैदा हुआ। एक तरफ, इनसे देश के दो मुख्य समुदायों के बीच साम्प्रदायिक अलगाव और ज्यादा बढ़ा। हिन्दू यह मानने लगे कि मुसलमानों के कारण देश का विभाजन हुआ है, सो वे राष्ट्र के प्रति वफादार नहीं हो सकते। दूसरी तरफ मुसलमान भी डर, लाचारी और अपराध-भावना के कारण एक अन्य प्रकार का सन्देह पालने लगे। ज्यादातर मुसलमानों ने विभाजन के पक्ष में वोट दिया था, लेकिन विभाजन के कारण वे पहले से भी ज्यादा अकेले, लाचार और बेबस हो गए। उन्हें यह डर था कि देश का विभाजन करवाने के लिए हिन्दू उनसे बदला लेंगे। इस मनोवैज्ञानिक स्थिति ने साम्प्रदायिक समूहों और पार्टियों को बहुत बल प्रदान किया। इससे इतना ज्यादा साम्प्रदायिक अलगाव पैदा हुआ कि साम्प्रदायिक आधार के बजाय बुद्धि और विवेक के आधार पर राजनीति में भाग लेने की प्रक्रिया कमजोर पड़ने लगी। काफी बड़ी संख्या में हिन्दुओं का रुझान राष्ट्रीय स्वयंसेवक

संघ के लड़ाकू अन्ध-राष्ट्रवाद की तरफ होने लगा। घबराहट और डर से मुसलमान भी फिर से मुस्लिम लीग से जुड़ने लगे। मुस्लिम लीग की उपयोगिता समाप्त हो गई थी, फिर भी मुसलमानों को लगा कि अभी भी वह उनकी थोड़ी-बहुत रक्षा कर सकती है।

इस तरह राष्ट्रीय आन्दोलन की मुख्यधारा से देश के दो मुख्य समुदायों के बड़े हिस्से कट गए, लेकिन कांग्रेस के नेता यही मानते रहे कि वे ही देश की राष्ट्रीयता और प्रभुसत्ता के एकमात्र रक्षक हैं। कांग्रेस और उससे जुड़े हुए गुटों को इस वक्त सचमुच ही यह डर लग रहा था कि राष्ट्र बिखरकर टूट जाएगा। राष्ट्र विभाजित हो चुका था, सारा उत्तर भारत साम्प्रदायिक विद्वेष की लपटों में जल रहा था, देशी रियासतों का भविष्य अनिश्चित था और इन सबसे भी ज्यादा चिन्ताजनक बात यह थी कि गांधीजी की हत्या हो गई थी। ऐसा जान पड़ता था कि गांधीजी ही अकेले देश की रक्षा कर सकते थे। ऐसी स्थिति में नवगठित कांग्रेस सरकार के नेता समस्याओं से निपटने के लिए यदि बेरहमी से काम लेना चाहते थे तो उनके पास बहानों की कमी नहीं थी।

इसी समय राष्ट्रीय स्वयंसेवक संघ के कार्यकर्ता बड़े पैमाने पर गिरफ्तार किए गए और उनकी प्रकट कार्रवाइयों पर रोक लगा दी गई। इसमें कोई शक नहीं कि आजादी के शुरू के दिनों में साम्प्रदायिक विद्वेष फैलाने में राष्ट्रीय स्वयंसेवक संघ का हाथ था। वह राष्ट्र के धर्मनिरपेक्षता के आधार को खुल्लम-खुल्ला चुनौती दे रहा था। भारत की जनता का भला चाहनेवाला हर आदमी इसके लिए राष्ट्रीय स्वयंसेवक संघ की निन्दा किए बिना नहीं रह सकता, लेकिन उसके जहरीले प्रभाव से लड़ने के लिए जरूरी था कि लोगों के दिल और दिमाग पर असर डाला जाए। नये शासकों ने एक ऐसे संगठन से, जो लोगों की भावनाओं को उकसाता था, निपटने के लिए गिरफ्तारी और दमन का रास्ता अपनाया। दिलोदिमाग पर असर डालने की कोशिश करने के बजाय पुलिस कार्रवाई करना नये शासकों का स्वभाव बना। पुलिस की कार्रवाई के कारण राष्ट्रीय स्वयंसेवक संघ का आन्दोलन प्रकट रूप से तो लुप्त हो गया, लेकिन गुप्त रूप से चलने लगा। कुछ ही महीने निष्क्रिय रहने के बाद वह फिर नई तेजी और नये उत्साह से उभरकर काम करने लगा। प्रशासन में उसके समर्थक थे, जिन्होंने उसकी हर तरह से सहायता की।

लेकिन सत्ता हस्तान्तरण के समय ही तेलंगाना का किसान आन्दोलन शुरू हुआ था। इस आन्दोलन और कम्युनिस्टों से निपटने के लिए शासकों ने राष्ट्रीय स्वयंसेवक संघ की तुलना में बहुत ज्यादा सख्ती बरती। इसी समय भारत का संविधान भी बन रहा था। देशी रियासतों को भारतीस संघ में मिलाने की कोशिशें चल रही थीं। राजाओं को बहुत-से प्रलोभन दिए जा रहे थे, लेकिन हैदराबाद जिद पर अड़ा हुआ था। निजाम से प्रोत्साहन प्राप्त कर सशस्त्र डाकू रजाकार संगठन

अपने बाहुबल का प्रदर्शन कर दुनिया को यह दिखाने की चेष्टा कर रहा था कि वह भारत के साथ हैदराबाद के विलय को रोकने के लिए कटिबद्ध है। भारत सरकार के हैदराबाद में पुलिस कार्रवाई करते ही रजाकार संगठन टूट गया। लेकिन पुलिस की कार्रवाई की असल मार तो तेलंगाना के किसानों पर पड़ी, जो जमींदारों और अन्य अत्याचारियों से लड़ रहे थे। संयोग से उनका संघर्ष कम्युनिस्ट पार्टी की उस समय की नीति से मेल खाता था। कम्युनिस्ट पार्टी चीन की तरह भारत में भी छापामार अड्डों के इलाके बनाने की नई रणनीति पर चल रही थी। तेलंगाना के किसानों को देश के नये राष्ट्र बनने का काफी कडुवा अनुभव हुआ। हैदराबाद के भारत में विलय होने के तुरन्त बाद ही तेलंगाना के किसान आन्दोलन को कुचल डाला गया। भारतीय सेना ने भयंकर दमन किया, खून की होली खेली। इस कार्रवाई के बारे में प्रसिद्ध पत्रकार दुर्गादास ने 1969 में अपनी पुस्तक 'इंडिया फ्रॉम कर्जन टू नेहरू एंड आफ्टर' (भारत : कर्जन से नेहरू और उसके बाद) में लिखा है : 'पटेल ने दक्षिण और वाम' दोनों ही तरह के उपद्रवकारियों पर जबर्दस्त हमला किया। चुनिन्दा अधिकारियों की मदद से उन्होंने तेलंगाना के कम्युनिस्ट विद्रोह को बेरहमी से कुचल डाला। उन्होंने पुलिस को आदेश दिया कि वह विद्रोहियों को देखते ही गोली से उड़ा दे और इस बात की परवाह न करे कि कितने लोग मारे जाते हैं। इस आदेश के कारण एक हजार से भी ज्यादा लोग गोली से उड़ा दिए गए और उग्रपंथी कम्युनिस्ट इतने ज्यादा हतोत्साहित हुए कि अगले तीस वर्षों में उन्होंने सशस्त्र विद्रोह त्याग दिया और सांविधानिक तरीके अख्तियार किए।'

एक छोटे-से इलाके में एक हजार से भी ज्यादा लोग मारे गए, लेकिन देश में कोई चिन्ता नहीं दिखी। शायद लोगों को इस बात का बहुत पता भी न था कि क्या हो रहा है। शायद नये राष्ट्र अखंडता की रक्षा की चिन्ता इतनी ज्यादा थी कि उसके आगे नागरिकों की जिन्दगी तुच्छ लगने लगी थी, लेकिन सबसे बड़ा कारण शायद यह था कि जो लोग मारे गए थे, वे गरीब किसान और आदिवासी थे। ऐसे लोगों का विशिष्ट वर्ग की दुनिया में कोई महत्त्व नहीं होता।

इस तरह देश अत्याचार व उत्पीड़न की घटनाओं के प्रति लगातार संवेदन-शून्य होता गया। नगालैंड और मिजोरम में बरसों तक राष्ट्र की सेनाओं ने नगा और मिजो लोगों के खिलाफ अनवरत कार्रवाइयाँ कीं। इन अभागे लोगों का कसूर यह था कि वे अपनी पहचान बनाए रखने के लिए कृतसंकल्प थे। उन्हें यह लगता था कि अगर उन्होंने अपनी स्वायत्तता का समर्पण कर दिया तो बड़े राष्ट्र में उनकी पहचान मिट जाएगी। नगालैंड और मिजोरम में भारतीय सेना ने जो कार्रवाइयाँ कीं, उनका देश में विरोध नहीं हुआ बल्कि उनका अनुमोदन ही हुआ। शायद देश का प्रबुद्ध जनमत यह मानता था कि सुदूर पहाड़ों में अलग-थलग रहनेवाले कुछ लाख लोगों से देश की सुरक्षा को बहुत बड़ा खतरा है।

सत्ता हस्तान्तरण के वक्त और उसके बाद की घटनाओं के कारण सोचने-विचारनेवाले आदर्शवादी लोगों तक के मन पर राष्ट्र की अखंडता की रक्षा करने की चिन्ता इतनी ज्यादा घर कर गई थी कि वे नागरिकों की स्वाधीनता और एक संघीय व्यवस्था में राज्यों की स्वायत्तता पर रोक लगाने के लिए राजी होने लगे। 1948 में जयप्रकाश नारायण जैसे व्यक्ति तक ने संविधान सभा की मसविदा समिति को सुझाव दिया कि—(1) 'गणराज्य के किसी हिस्से में यदि गम्भीर अशान्ति और अव्यवस्था हो और राज्य सरकार व्यवस्था कायम करने में असफल रहे तो राष्ट्रपति सशस्त्र सेनाओं की मदद से शान्ति व्यवस्था कायम कर सकते हैं। ऐसी परिस्थिति में शान्ति व व्यवस्था फिर से कायम करने के लिए राज्य सरकार राष्ट्रपति और उनके अधिकृत प्रतिनिधियों को मदद दे और उनके निर्देशों का पालन करे, (2) अगर सार्वजनिक सुरक्षा और व्यवस्था गम्भीर रूप से भंग हो जाए तो राष्ट्रपति इस तरह की स्थिति के लिए बनाए गए संघीय कानून के मुताबिक संविधान की वाक्-स्वातंत्र्य, संगठन और सभा करने की स्वतंत्रता और व्यक्ति की निजता, उसके घर और पत्र-व्यवहार की रक्षा के अधिकारों सम्बन्धी धाराओं को स्थगित कर सकते हैं। यह स्थगन संघीय कानून में जो तरीका और सीमा निर्धारित की गई है, उसी के मुताबिक हो।'

ये सुझाव इमरजेंसी के दौरान हड़बड़ी और जल्दी में पास किए गए 42वें संविधान संशोधन की कुछ धाराओं से बहुत भिन्न न थे। 42वें संशोधन में संविधान में जोड़ी गई नई 257 ए धारा में कहा गया है :

> (1) भारत सरकार किसी भी राज्य में कानून और व्यवस्था की गम्भीर स्थिति से निपटने के लिए संघ की किसी भी सशस्त्र सेना या अपने नियंत्रणाधीन किसी भी सेना को तैनात कर सकती है। (2) इस धारा (1) के तहत तैनात की गई कोई सेना या टुकड़ी या यूनिट किसी भी राज्य में भारत सरकार के निर्देश के मुताबिक काम करेगी और राज्य सरकार या उसके अधीनस्थ किसी अफसर या अधिकारी के अधीन या निरीक्षण में नहीं रहेगी बशर्ते कि भारत सरकार के निर्देश में इसके प्रतिकूल कोई बात न हो।'

केन्द्र को ज्यादा सत्ता और नागरिकों के खिलाफ ज्यादा शक्ति प्रदान करने के पीछे आजादी के प्रारम्भिक दिनों में शायद निःस्वार्थ भावना रही हो, पर बाद में तो यह अक्सर क्रान्तिकारी या परिवर्तनकारी आन्दोलनों को दबाने की चिन्ता का इजहार बन गई, खास तौर पर निहित स्वार्थ मजदूर आन्दोलनों और विशेषकर कम्युनिस्टों के खिलाफ कड़ी कार्रवाई करने की माँग कर रहे थे। इस वक्त कम्युनिस्ट पार्टी उग्र राजनीतिक नीति पर चल रही थी। मार्च 1948 में पुलिस बंगाल में कम्युनिस्ट

पार्टी पर प्रतिबन्ध लगाया गया। अगस्त 1949 तक देश-भर में हजारों कम्युनिस्ट गिरफ्तार किए गए। बंगाल के बाद मैसूर, मद्रास, हैदराबाद, त्रावणकोर-कोचीन, इन्दौर, भोपाल और चन्दन नगर में कम्युनिस्ट पार्टी पर प्रतिबन्ध लगा दिया गया। कई राज्यों में उनके अखबारों पर प्रतिबन्ध लगा। कम्युनिस्ट पार्टी के दफ्तरों पर जगह-जगह छापे मारे गए, साहित्य जब्त किया गया और गिरफ्तारियाँ की गईं ताकि कम्युनिस्ट कार्यकर्ताओं में भय और आतंक पैदा हो। मार्च 1949 में रेलवे मेन फेडरेशन के एक गुट ने कम्युनिस्ट पार्टी के नेतृत्व में रेल-हड़ताल करने की घोषणा की तो देश-भर में सैकड़ों रेल कर्मचारियों व मजदूरों को गिरफ्तार किया गया। इतना सब कुछ हुआ, लेकिन दमन के शिकार व्यक्तियों को छोड़कर किसी ने आवाज तक नहीं उठाई।

सारे मजदूर आन्दोलनों से अन्यायपूर्ण व्यवहार किया जाने लगा। अनिवार्य पंच फैसले की मशीनरी स्थापित कर, कुछ खास उद्योगों को जरूरी सेवा घोषित करके उनमें हड़ताल को गैर-कानूनी करार देकर तथा अन्य दंडात्मक व्यवस्थाओं द्वारा किसी भी बड़े उद्योग में हड़ताल करना लगभग असम्भव बना दिया गया। फरवरी 1950 में 'निवारक नजरबन्दी कानून' (प्रिवेंटिट डिटेंशन ऐक्ट) पास किया गया। इस कानून के तहत सरकार को यह अधिकार दिया गया कि वह किसी व्यक्ति को बिना मुकदमा चलाए सिर्फ सन्देह के आधार पर गिरफ्तार कर सकती है। 1919 में रोलट ऐक्ट द्वारा सरकार को इसी प्रकार का अधिकार दिया गया था, लेकिन तब सारा राष्ट्र इसके खिलाफ उठ खड़ा हुआ था, लेकिन रोलट ऐक्ट का विरोध करनेवाले राष्ट्रीय नेताओं ने 1950 में, राष्ट्र की अखंडता की रक्षा करने के नाम पर रोलट ऐक्ट जैसा ही काला कानून रखा। मजदूर संगठनों के कार्यकर्ताओं, समाजवादियों और क्रान्तिकारी विचारधारावाले अन्य लोगों को जल्द ही इस कानून के तहत गिरफ्तार किया जाने लगा।

इसी तरह भारतीय राजनीतिक जीवन में मजदूरों और किसानों के प्रदर्शनों पर पुलिस द्वारा गोली चलाना आम बात होती गई। प्रारम्भ में राष्ट्र की अखंडता के नाम पर गोली चलाने का औचित्य सिद्ध करने की कोशिश की जाती रही। जब मोरारजी देसाई तत्कालीन बम्बई (जिसमें गुजरात भी शामिल था) के मुख्यमंत्री थे तो संयुक्त महाराष्ट्र की माँग करने पर द्विभाषी बम्बई राज्य की अखंडता की रक्षा के नाम पर सैकड़ों लोगों को गोली मार दी गई। लोगों को मामूली-से-मामूली कारण पर गोली मारी जाने लगी। भारत का गरीब नागरिक एकदम अरक्षित हो गया। अक्सर किसी ऊँचे सिद्धान्त की रक्षा करने के लिए निरंकुश कार्रवाइयाँ की जाती हैं, पर ऐसा कभी नहीं होता कि वे एक बार किसी खास घटना के लिए हों और फिर बन्द हो जाएँ। इस तरह समय के साथ पुलिस की ताकत का निरंकुश और गैरजिम्मेदाराना इस्तेमाल बढ़ने लगा।

1954-56 तक यह स्थिति इतनी ज्यादा बिगड़ गई थी कि डॉ. राममनोहर लोहिया ने इसे रोकने की कोशिश की। उन्होंने चाहा कि उनकी पार्टी आजाद हिन्दुस्तान में आदमी की जिन्दगी के इस अवमूल्यन को रोके और इसका उदाहरण रखे। केरल में प्रजा सोशलिस्ट पार्टी की सरकार थी और वहाँ गोली चली, जिससे कुछ लोग मरे। लोहिया प्रजा सोशलिस्ट पार्टी के सेक्रेटरी थे। उन्होंने सरकार को निर्देश दिया कि वह गोलीकांड की न्यायिक जाँच बैठाए और इस्तीफा दे दे। उन्होंने कहा, "मानव जीवन कोई मामूली चीज नहीं जिसे अधिकारियों की मनमर्जी पर छोड़ दिया जाए।" उन्होंने ऐसे कुछ सुझाव दिए जिससे आगे जनता के खिलाफ ताकत का इस्तेमाल करने के पहले ज्यादा सावधानी बरती जाए। उन्होंने कहा कि यह तय होना चाहिए कि किस परिस्थिति में पुलिस को गोली चलाने की इजाजत दी जा सकती है। सम्पत्ति नष्ट करने के कारण पर ही गोली चलाई नहीं जा सकती—सम्पत्ति नष्ट करना गोली चलाने का सबब नहीं बन सकता। गोली चलाने का औचित्य तभी हो सकता है जब भीड़ ने किसी को मार डाला हो और इस बात की आशंका हो कि वह आगे और लोगों को मार सकती है। अगर ऐसा नहीं होगा तो पुलिस किसी भी घटना को रोकने के लिए गोली चलाती रहेगी। यह तो एक प्रकार की निरोधक हत्या होगी, जो निरोधक गिरफ्तारी से भी बुरी है।

लोहिया के सुझाव पर उनके साथियों की जो प्रतिक्रिया हुई, वह देश के राजनीतिक सम्भ्रान्त वर्ग के रुख को प्रकट करती है। लोहिया के अधिकांश साथी, जिनमें प्रजा सोशलिस्ट पार्टी के अध्यक्ष आचार्य कृपलानी और पुराने सहयोगी जयप्रकाश नारायण भी थे, इस विवाद में उनके खिलाफ थे। केरल की सरकार ने इस्तीफा नहीं दिया और लोहिया की पार्टी सम्मेलन में हार हो गई। हालाँकि उनके तीक्ष्ण और अकाट्य तर्क के आगे विरोधी निरुत्तर हो गए थे। यह स्पष्ट रूप से जाहिर होने लगा कि भारत के राजनीतिक नेता सिद्धान्तों की बहुत ज्यादा परवाह नहीं करते।

मानवीय जीवन के प्रति यह उदासनीता और संवेदनहीनता हमारी सामाजिक स्थिति की ही उपज है। एक ऐसे देश में, जिसमें बहुसंख्यक जनता गरीब हो, सम्पत्ति का मूल्य जीवन से ज्यादा होता ही है। अगर व्यक्तिगत सम्पत्ति और विशेषाधिकार की व्यवस्था को सुरक्षित रखना है तो उन्हें मानव जीवन से ज्यादा महत्त्व मिलेगा ही। व्यक्तिगत सम्पत्ति की रक्षा करने के हिमायती लोगों या विशेषाधिकार वर्ग से आए राजनीतिक नेताओं से यह आशा नहीं की जा सकती कि वे गरीब आदमी की जिन्दगी का बहुत ध्यान रखेंगे। पुलिस की ज्यादतियों के बारे में राजनीतिक नेताओं को चिन्ता नहीं होती थी। वे कानून व व्यवस्था की प्रशासकीय मशीनरी को सुधारने और उसका पुनर्गठन करने से इनकार करते

रहे। नेताओं के इस तरह के रुख की अगर हम बिहार सरकार द्वारा आजाद हिन्दुस्तान में नियुक्त किए गए पहले पुलिस आयोग के सेक्रेटरी और पुलिस के भूतपूर्व इंस्पेक्टर जनरल एम.के. सिन्हा के एक मन्तव्य से तुलना करें तो अजीब लगेगा। एम.के. सिन्हा ने 2 जुलाई, 1977 को 'स्टेट्समैन' में प्रकाशित अपने लेख में एक जगह लिखा है :

> "'भारत छोड़ो आन्दोलन' के बाद ब्रिटिश सरकार भारतीय पुलिस को ज्यादा फौजी बनाना अर्थात् पुलिस को ज्यादा-से-ज्यादा सेना जैसा बनाना चाहती थी। 1950 से भारत में इस प्रक्रिया को विशेष रूप से प्रोत्साहन मिल रहा है। जब मैं ब्रिटेन में स्कॉटलैंड यार्ड (ब्रिटिश खुफिया पुलिस विभाग) के काम की जानकारी प्राप्त कर रहा था तो मुझे यह देखकर आश्चर्य और हर्ष हुआ कि ब्रिटिश पुलिस बन्दूक और पिस्तौल लेकर नहीं चलती। ड्यूटी करते हुए कई पुलिस सिपाहियों के गोली मारे जाने के बावजूद पुलिस ने बन्दूक और पिस्तौल लेकर चलना मंजूर नहीं किया, लेकिन बुद्ध और गांधी के इस देश में एकदम उलटी बात है।"

इसी लेख में एम.के. सिन्हा आगे लिखते हैं :

> "अपराध और अपराधियों का पता लगाने के लिए तहकीकात को जल्दी और आसानी से पूरा करने के उद्देश्य से पुलिस मारपीट करती है और यातना देती है। आज जब अपराधों का पता लगाने के विज्ञान में बहुत ज्यादा प्रगति हुई है तब इस तरह की बेरहमी का कोई औचित्य नहीं है। पुलिस जब अपनी बुद्धि का इस्तेमाल नहीं करती, तभी वह ऐसे संदिग्ध तरीकों का इस्तेमाल करती है। इनसे कभी-कभी हत्या तक हो जा सकती है।"

लेकिन ऐसे राजनीतिक नेता, जो अपने मन में जनता पर शक करते हों, अपने पूर्ववर्ती साम्राज्यवादी शासकों से विरासत में मिले बख्तर को आसानी से त्याग नहीं सकते थे। भारत-चीन युद्ध के बाद वामपंथी कम्युनिस्ट (बाद में जो मार्क्सवादी कम्युनिस्ट पार्टी के सदस्य बने) सरकार की कोप-दृष्टि के खास शिकार हुए। भारत रक्षा नियमों के तहत बड़े पैमाने पर उनकी गिरफ्तारियाँ हुईं। यहाँ यह याद रखना होगा कि भारत रक्षा नियम हमें अंग्रेजों से विरासत में मिला है। अंग्रेज शासकों ने सिर्फ युद्ध के समय में इसका इस्तेमाल किया था, लेकिन हमारे शासक इसका जब-तब इस्तेमाल करने लगे। यह आजाद हिन्दुस्तान में प्रशासन का स्थायी अंग बन गया है।

1965 में सारे राष्ट्र में असन्तोष और क्षोभ का वातावरण था—छात्र, मजदूर, किसान और अन्य बहुत सारे लोग विभिन्न माँगों पर आन्दोलन कर रहे थे। भारत रक्षा अधिनियम का वामपंथी पार्टियों के सक्रिय या निष्क्रिय कार्यकर्ताओं को बड़े

पैमाने पर गिरफ्तार करने में फिर इस्तेमाल किया गया। इस बार गिरफ्तार लोगों में सबसे ज्यादा तादाद संसोपा के कार्यकर्ताओं की थी। कम्युनिस्टों के साथ जो व्यवहार हुआ था, वह अब समाजवादियों के साथ भी होने लगा। विडम्बना तो यह थी कि समाजवादियों के एक हिस्से ने पहले कम्युनिस्टों की गिरफ्तारी का समर्थन किया था। 1965 में प्रजा सोशलिस्ट पार्टी के अध्यक्ष नाना साहब गोरे ने मार्क्सवादी कम्युनिस्ट पार्टी पर प्रतिबन्ध लगाने की माँग की थी। संसोपा की नीति इससे एकदम भिन्न थी। लोहिया ने मार्क्सवादी कम्युनिस्टों की गिरफ्तारी का कड़ा विरोध किया। जनसंघ और स्वतंत्र पार्टी हमेशा ही कम्युनिस्ट पार्टियों पर प्रतिबन्ध लगाने की माँग करती थीं। कम्युनिस्ट भी, जब सत्तारूढ़ दल के निकट आए, जनसंघ पर प्रतिबन्ध लगाने की माँग करने लगे।

1959 में जब केन्द्र ने केरल मंत्रिमंडल को विधान सभा में बहुमत के बावजूद बर्खास्त किया तो विपक्ष की सारी गैर-कम्युनिस्ट पार्टियों ने इसकी तारीफ की। आगे केन्द्र ने जब इस तरह दूसरे गैर-कांग्रेसी मंत्रिमंडलों को बर्खास्त करना शुरू किया तो जनता में कोई खास प्रतिक्रिया नहीं हुई।

आजादी के बाद देश के राजनीतिक जीवन में एक अजीब बात यह देखने में आई कि एक तरफ तो पार्टियाँ एक-दूसरे पर सर्वसत्तावादी और तानाशाही प्रवृत्ति के इल्जाम लगाने लगीं और दूसरी तरफ लोकतंत्र की रक्षा के लिए ऐसे कदम सुझाने लगीं, जिनसे इन प्रवृत्तियों को ही बढ़ावा मिलता था। वे अक्सर दूसरी पार्टियों और उनके कार्यकर्ताओं पर प्रतिबन्ध लगाने की माँग करतीं। इससे सरकार की लोकतंत्र विरोधी कार्रवाइयों के प्रति जनता में एक प्रकार की उदासीनता बढ़ने लगी। लोकतांत्रिक व्यवस्था में कैसे काम करना चाहिए, इस सम्बन्ध में भी पार्टियों के विचार अस्पष्ट और उलझन भरे थे।

इस अस्पष्टता का सबसे दुखद इजहार पश्चिम बंगाल में 1967 में हुआ। 1967 में बंगाल में मार्क्सवादी कम्युनिस्ट पार्टी के वर्चस्ववाला संयुक्त मंत्रिमंडल बना तो पार्टी के कार्यकर्ताओं ने दूसरी पार्टियों को कुचलना शुरू कर दिया। उन्होंने मंत्रिमंडल की साथी पार्टियों के लोगों तक को नहीं बख्शा। इसके लिए वे यह तर्क देने लगे कि जब वर्ग-संघर्ष जारी हो तब वर्ग-शत्रु राजनीति में बहुत दिनों तक मित्र बने नहीं रह सकते। यह मार्क्सवादी कम्युनिस्ट पार्टी के नेताओं के लिए परेशानी पैदा करनेवाली स्थिति थी, लेकिन ऐसे कार्यकर्ताओं को, जिन्हें उग्र सिद्धान्तों और नीतियों में दीक्षित किया गया था, काबू में रखना उनके लिए आसान न था। संसदीय राजनीति की अपनी सीमाएँ होती हैं। जब तक संसदीय और कानूनी मर्यादाएँ हों तब तक उनका किसी हद तक पालन करना जरूरी होता है। मार्क्सवादी कम्युनिस्ट पार्टी को भी कुछ सीमाओं के भीतर काम करना था, लेकिन उसके कार्यकर्ताओं का एक समूह इसके लिए राजी न था, सो पार्टी में टूट

हुई और देश में नक्सलवाद का जन्म हुआ। नक्सलवादियों ने वर्ग-शत्रु के नाम पर जिस-तिस की हत्या करना शुरू किया। गरीब और पिछड़े तबकों को भी इस हिंसा में अपनी भावनाओं की अभिव्यक्ति होती दिखाई दी। हिंसा बढ़ने लगी और पुलिस ने दमन से उसे रोकने की कोशिश की—किसी को भी नक्सलवादी होने के सन्देह में पकड़ने, यातना देने और जान से मार डालने का सिलसिला चला। गुंडे भी हिंसा की घटनाओं में आ जुड़े और यूथ कांग्रेस या अपनी सुविधानुसार अन्य किसी गुट में शामिल होने लगे। पश्चिम बंगाल की राजनीति में हिंसा इस कदर हावी हो गई कि 1972 में मार्क्सवादी कम्युनिस्ट पार्टी को विधान सभा के चुनाव में बहुत सारे निर्वाचित क्षेत्रों से मतदान के वक्त हट जाना पड़ा। उसने विधान सभा का बायकॉट भी किया। बंगाल सर्वसत्तावादी और तानाशाही शासन की दिशा में बढ़ने लगा और देश में उसे (तानाशाही शासन) कायम किए जाने के लिए बस नई दिल्ली की मुहर लगनी बाकी थी।

सरकार और शासक वर्ग के पास जनता को काबू में रखने के लिए दमन, हिंसा और प्रतिबन्धों के अलावा अन्य तरकीबें भी होती हैं। समाचारों को दबाकर और प्रचार कर वे जनता को गुमराह और प्रभावित करने की कोशिश करते हैं। देश में प्रेस (अखबार, पत्र, पत्रिका आदि) कहने भर को ही आजाद था। अधिकांश बड़े और प्रभावशाली अखबारों के मालिक उद्योगपति घराने थे। सम्पादकों को अक्सर मालिकों की राय ही जाहिर करनी पड़ती थी। चूँकि हमारे देश में व्यावसायिक हित बहुत हद तक सरकारी कृपा पर निर्भर रहते हैं, इसलिए अखबार सत्तारूढ़ दल की तरफ झुके रहते हैं। इसका मतलब यह नहीं कि वे सरकार के एकदम अनुगत हैं—मालिक और सरकार के बीच चुनना हुआ तो वे मालिक की ही तरफदारी करते हैं। अखबारों की नीति को प्रभावित करनेवाली एक चीज है—विज्ञापन। बड़े अखबार विज्ञापन बिना नहीं चल सकते। उद्योगपति घराने और सरकारी विभाग ही बड़े विज्ञापन दे सकते हैं। इन दोनों के प्रभाव के कारण परिवर्तनवादी दलों के प्रति अखबारों का रवैया अच्छा नहीं रहता। सरकार तथा व्यापारी जब किसी अखबार से नाराज होते हैं तो उसे विज्ञापन मिलना मुश्किल हो जाता है। मोरारजी देसाई के मुख्यमंत्रित्व में बम्बई सरकार ने नाराज होकर 'टाइम्स ऑफ इंडिया' का विज्ञापन बन्द कर दिया था। विज्ञापन बन्द कर अखबारों को डराने का यह सिलसिला आगे बढ़ता ही गया। छोटे अखबारों को बढ़ाने के नाम पर तो सरकार उन्हें विज्ञापन देकर खुल्लम-खुल्ला अपने अनुसार चलाने की कोशिश करने लगी। लेकिन यह मानना होगा कि भारी मुसीबतों के बावजूद भारतीय अखबारों ने जनता की भावनाओं को अभिव्यक्त भी किया है। भारत जैसे देश में, जहाँ साक्षरता बहुत कम है, समाचारों का प्रसारण करने और जनता को प्रभावित करने में अखबारों की भूमिका सीमित है। यह तो आकाशवाणी ही है, जो दूर-दूर गाँवों तक पहुँचती

है और यह सरकारी दल के प्रोपगंडा का बहुत बड़ा हथियार बन गई है। उसे स्वायत्तता प्राप्त निगम बनाने की माँग बार-बार ठुकरा दी जाती रही।

इस तरह लोकतंत्र के लिए लड़ने-मरने का दावा करनेवाले नेताओं की आँखों के सामने ही प्रशासकीय व्यवस्था सर्वसत्तावादी और तानाशाही शासन का रवैया अपनाने लगी और उसका हथियार बनने लगी। अधिकांश नेताओं ने जाने-अनजाने इस प्रक्रिया को मदद दी।

लोकतंत्र की प्रक्रिया ही समानता को बढ़ावा देती है। उसमें विशेषाधिकार और भयंकर आर्थिक व सामाजिक वैषम्य बहुत दिनों तक चल नहीं सकते। लोकतांत्रिक व्यवस्था में विकास के साथ सत्ता के लिए भारी प्रतियोगिता शुरू होती है। जैसे-जैसे मुख्य प्रतियोगियों की ताकत बराबर होने लगती है, वैसे-वैसे छोटे समूहों का महत्त्व बढ़ने लगता है क्योंकि वे जिस तरफ झुकते हैं, उसी का पलड़ा भारी हो जाता है। इस तरह राजनीति उन लोगों तक भी पहुँचने लगती है, जो अब तक तिरस्कृत व त्याज्य थे। प्रतियोगी पार्टियाँ छोटे-छोटे समूहों से प्रेम जताने लगती हैं। इसका नतीजा यह होता है कि इन समूहों की माँगें महत्त्वपूर्ण बन जाती हैं। इस तरह समय के साथ ऐसे समूहों का मताधिकार सिर्फ चुनाव के वक्त मतदान करने के अधिकार से बढ़कर सत्ता में हिस्सा प्राप्त करने का अधिकार बन जाता है। यह सही है कि ऐसा तभी सम्भव है जबकि समूह सजग हों और अपनी समस्याओं के प्रति जागरूक। लेकिन उसे ऐसी चेतना हासिल करने में ज्यादा देर नहीं लगती क्योंकि प्रतियोगी पार्टियाँ ही खुद उसमें आशा जगाकर यह चेतना पैदा कर देती हैं।

लोकतंत्र का यह बुनियादी गुण विशेषाधिकार प्राप्त या विशिष्ट वर्ग की कमजोर नींव को उखाड़ फेंक सकता है। इससे इन वर्गों में लोकतंत्र के प्रति डर पैदा हो गया है, जिससे कभी-कभी यह माँग भी की जाती है कि वोट देने के लिए किसी-न-किसी प्रकार की शैक्षणिक योग्यता की शर्त लगाई जाए। लेकिन ऐसा करना सम्भव नहीं, इसलिए राजनीतिक नेता लोकतंत्र की प्रक्रियाओं को सूक्ष्म तरीकों से सीमाबद्ध करने की कोशिश करते हैं। इसके साथ ही उन्होंने लोकतांत्रिक व्यवस्था के वैधानिक ढाँचे और प्रक्रियाओं के बारे में भी कुछ रूढ़ धारणाएँ बना ली हैं। इसके कारण सरकार, सेना और पुलिस के बड़े पदों के लिए भर्ती की व्यवस्था जनाभिमुखी नहीं हो पाई। पुरानी प्रशासकीय व्यवस्था को, जिसमें जिला स्तर तक अफसरशाही पर निर्वाचित प्रतिनिधि का किसी प्रकार का नियंत्रण नहीं रहता, जस-का-तस रखा गया। यह रुख शिक्षा व्यवस्था को भी दो अलग-अलग श्रेणियों में बाँटता है—एक श्रेणी विशिष्ट वर्ग की और दूसरी जन सामान्य की। सरकार, सेना और पुलिस के ऊँचे पदों पर नियुक्त होने के लिए खास प्रकार की शिक्षा-दीक्षा की जरूरत होती है, जो पब्लिक स्कूलों और सैनिक स्कूलों में ही दी जाती है। निचले वर्गों के लोग ऊँचे पदों पर नियुक्त नहीं हो पाते क्योंकि गरीबी के कारण वे ऐसे स्कूलों में पढ़ नहीं

सकते। इस तरह विशिष्ट वर्ग सत्ता को अपने नियंत्रण में रखता है और लोकतंत्र की 'ज्यादतियों' (लोकतांत्रिक प्रक्रियाओं के दबाव) को रोकता है।

लेकिन लोकतंत्र के आधार के फैलने पर इन तरकीबों से भी काम नहीं चलता—विशिष्ट वर्ग सुरक्षित नहीं रह पाता। इसलिए विशिष्ट वर्ग के लिए लोकतंत्र के वैधानिक ढाँचे को ही ऐसा बनाना जरूरी हो जाता है कि उसे खतरा पैदा न हो। इसके लिए यह भी जरूरी है कि शुरू में ही कुछ परिस्थितियों को पहले से ही नियम के रूप में मान लिया जाए। एक ऐसी परिस्थिति अस्थिरता की आशंका है। हम यह जानते हैं कि देश के विशिष्ट वर्ग और राजनीतिक नेताओं को स्थायित्व के प्रति किस प्रकार का आसक्ति भरा मोह है। स्थायित्व का मतलब अक्सर पहले से चले आ रहे सामाजिक सम्बन्धों का स्थायित्व ही होता है और हमारी मौजूदा दुनिया में ये सम्बन्ध विशेषाधिकारों से जुड़े हुए हैं, लेकिन अपने न्यस्त स्वार्थों की रक्षा करनेवाले लोग अपने तईं भी आसानी से स्वीकार नहीं करते कि—'हम अपने न्यस्त स्वार्थों की रक्षा कर रहे हैं।' वे अपने उद्देश्यों को 'स्वाधीनता चाहिए, पर अस्थिरता नहीं' (फ्रीडम यस, इनस्टैबिलिटी नेवर) जैसी बातें कहकर छिपाना चाहते हैं। ऐसे झूठे विभेदों से अपने को और दूसरों को वास्तविक समस्याओं के बारे में आसानी से भुलाया जा सकता है, लेकिन थोड़े-से वस्तुनिष्ठ ढंग से सोचने पर ही यह प्रकट हो जाएगा कि देश की अखंडता के प्रति चिन्ता की तरह स्थायित्व के प्रति चिन्ता भी उन्हीं लोगों की होती है, जिन्हें सत्ता और विशेषाधिकार प्राप्त हैं। अपना नियंत्रण बढ़ानेवाली या ज्यादा स्थायित्व प्रदान करनेवाली तानाशाही अपने शासन के शिकार लोगों को कोई फायदा नहीं पहुँचाती। सचाई तो यह है कि बड़े केन्द्रित संगठनों के आधार चलनेवाली व्यवस्था का स्थायित्व उसे साधारण नागरिकों की माँगों के प्रति असंवेदनशील बनाने लगता है। अगर हम पिछले दस वर्षों का जायजा लें तो पाएँगे कि केन्द्रीय सरकार ने नागरिकों की हालत और उनके अधिकारों के प्रति उन्हीं दिनों ज्यादा ध्यान दिया, जब वह खुद सबसे ज्यादा अस्थिरता की हालत में थी। 1969-70 में कांग्रेस के विभाजन के बाद इन्दिरा गांधी की सरकार अल्पमत में थी और दोनों कम्युनिस्ट पार्टियों के समर्थन पर ही टिकी हुई थी। इसी अवधि में पहली बार 'निवारक नजरबन्दी अधिनियम' को समाप्त (लैप्स) होने दिया गया और मजदूरों व समाज के पीड़ित वर्गों को ज्यादा-से-ज्यादा रियायतें दी गईं। 1971 के बाद से देश में एक बहुत स्थायी सरकार कायम हुई तो जनता के अधिकार लगातार छीने जाते रहे और अन्त में 1975-76 में तानाशाही कायम हुई।

व्यवस्था के स्थायित्व के लिए दो पार्टियों की प्रणाली की अक्सर वकालत की जाती है। कुछ देशों में इस प्रणाली के चलते राजनीतिक मतभेदों को एक सीमित दायरे में बाँधे रखने में मदद मिली है, लेकिन जैसे-जैसे व्यवस्था स्थायी होने लगती है, उसमें वर्तमान सम्बन्धों को बदलने की कोशिश करनेवाले नये हितों का प्रवेश

कठिन हो जाता है। उन्हें मुख्य पार्टियों में से किसी-न-किसी का पल्ला पकड़ना होता है और उनके ढाँचे को स्वीकार करना पड़ता है। इससे क्रान्तिकारी ताकतें अपनी तेजस्विता को कम करने के बाद ही व्यवस्था में प्रवेश कर पाती हैं। ब्रिटेन और अमेरिका में दो पार्टियों वाली प्रणाली है, जिसने वहाँ क्रान्तिकारी राजनीति को कभी पैर जमाने नहीं दिए। कम्युनिस्टों को छोड़कर सभी बड़े राजनीतिक दल दो पार्टियों की प्रणाली को स्वीकार करते हैं। कम्युनिस्ट तो संसदीय राजनीति पर ही सन्देह करते हैं, पर दो पार्टियों की प्रणाली के सिद्धान्त को स्वीकार करने के पीछे शायद भोलापन है या क्रान्तिकारी परिवर्तन का डर।

लोकतांत्रिक व्यवस्था के स्थायित्व का दो पार्टी वाली प्रणाली से कोई सम्बन्ध नहीं है। स्वीडन, स्विट्ज़रलैंड, डेनमार्क जैसे देशों में कई पार्टियाँ हैं, पर वहाँ लोकतंत्र मजे में फल-फूल रहा है। कई पार्टियाँ रहने पर जनान्दोलन के आधार पर किसी नई पार्टी के उभरकर आने की ज्यादा सम्भावना रहती है। एक ऐसे देश में, जहाँ आर्थिक ढाँचा ढुल-मुल हो और व्यापक जन असन्तोष हो, विशेषाधिकार प्राप्त वर्ग मौजूदा सम्बन्धों को ही स्थिर बना देना चाहता है। इसी उद्देश्य से दो पार्टियों की प्रणाली का गुणगान किया जाता है। पश्चिमी देशों में दो पार्टियों या कई पार्टियों की प्रणालियों के चलते लोकतंत्र टिकाऊ है तो उसका असली कारण यह है कि वहाँ आर्थिक ढाँचा मजबूत है और लोगों को जीविका और बेहतर जिन्दगी का भरोसा है।

हमारे देश में दो पार्टियों की प्रणाली की माँग एक सद्इच्छा मात्र बनकर रह गई है तो उसका कारण यह है कि विशिष्ट वर्ग और जनता की माँगों के बीच बहुत बड़ा फासला है। विभिन्न पार्टियों के नेता विशेषाधिकार प्राप्त वर्ग से आते हैं इसलिए राजनीतिक ध्रुवीकरण नहीं हो पाता। हमारे देश में गरीब इतना ज्यादा गरीब है कि विशिष्ट वर्ग उसकी माँगों को समझ ही नहीं पाता। अगर हमारे देश में सिर्फ गरीबों के हितों के लिए लड़नेवाली कोई पार्टी हो तो उसे राजनीतिक प्रतिष्ठा नहीं मिल पाएगी और वह विशिष्ट वर्ग को असभ्य और गँवार प्रतीत होगी। मान्यता प्राप्त राजनीतिक पार्टियों के नेताओं में इतना ज्यादा साम्य है कि ऊब पैदा होती है। यह उनकी सदस्यता और नेतृत्व की अनिश्चितता से भी प्रकट है। वे बहुत ही आसानी से जिस तरफ सत्ता होती है, उस तरफ खिंच जाते हैं। इसीलिए बड़े पैमाने पर दल-बदल होता है। हमारे देश में यह समस्या स्वस्थ लोकतांत्रिक विकास को बिगाड़ती रहती है।

इन परिस्थितियों में दो प्रकार की उग्र प्रतिक्रियाएँ जन्म लेती हैं—एक तरफ निहित स्वार्थ गरीबों की बढ़ती हुई माँगों के दबाव से चिढ़कर लोकतांत्रिक प्रक्रियाओं को सीमित या नष्ट करने की चेष्टा करते हैं तो दूसरी तरफ गरीबों में से कुछ लोग छोटी-से-छोटी माँग पूरी करवाने में असफल होकर हताशा में चुनाव की राजनीति से

अपने को अलग करके गैर-संसदीय तरीके अपनाने लगते हैं। निहित स्वार्थों का काम ज्यादा आसान होता है क्योंकि हमारी व्यवस्था का रुझान और चरित्र ही जनविरोधी है। वे व्यवस्था में कोई प्रकट दखलन्दाजी किए बिना ही अपना काम कर लेते हैं, लेकिन गैर-संसदीय तरीकों से गरीबों के लिए अपनी माँगों को पूरा करना कठिन होता है क्योंकि सेना और अफसरशाही से टक्कर लेना कोई खेल नहीं—किसी भी विद्रोहात्मक कार्रवाई में जनता की बिखरी और असंगठित शक्ति का राज्य की केन्द्रित और संगठित शक्ति से मुकाबला होता है। इस प्रकार के विद्रोहों से निहित स्वार्थों को राज्य की शासन-व्यवस्था में और ज्यादा मजबूती से पैर जमाने तथा उसे लोकतंत्र विरोधी दिशा में ले जाने का बहाना मिल जाता है।

लोकतंत्र में राजनीति की यह बाध्यता होती है कि उसमें बहुसंख्यक लोगों के हितों की बात करनी पड़ती है और उन्हें अपनी तरफ लाना होता है। हमारे देश में तो विशिष्ट वर्ग बहुसंख्यक लोगों की समस्याओं को समझ तक नहीं पाता। जब विशिष्ट वर्ग, जिसके हाथ में राजनीतिक पार्टियों का नेतृत्व है, इन समस्याओं को हल करने की कोशिश करता है तो उसको अपनी स्थिति ही खतरे में पड़ती जान पड़ती है। इसीलिए सामाजिक सुधार की लम्बी-चौड़ी योजनाएँ बनाई जाती हैं, लेकिन उन पर अमल करते वक्त अदृश्य बाधाएँ उपस्थित हो जाती हैं। सारी प्रशासकीय मशीनरी उन्हें विफल करने में लग जाती है। इसीलिए अधिकांश भूमि-सुधार कानून और विलासिता पर रोक लगानेवाले, धनियों पर कर लगानेवाले व पीड़ित वर्गों के बीच शिक्षा का प्रसार करने और उनका स्तर उन्नत करनेवाले कानून और कदम अमल में लाए ही नहीं जा सके।

लेकिन लोकतंत्र में जनता की पूरी तरह अवज्ञा करना सम्भव नहीं है। राजनीतिक पार्टियों को अपने विशुद्ध स्वार्थ के चलते भी जनता के बीच कोई-न-कोई आधार प्राप्त करना ही पड़ता है। इस बाध्यता के कारण उन्हें जनता की समस्याओं पर ध्यान देना पड़ता है। प्रारम्भ में गाँवों में लोगों को राजनीतिक रूप से संगठित करने के प्रयत्न भी हुए, लेकिन धीरे-धीरे अधिकांश राजनीतिक कार्यकर्ताओं का गाँवों में जाकर काम करने का उत्साह ठंडा पड़ने लगा। गाँवों में गरीबी बढ़ती ही जा रही थी और शहर की तुलना में वहाँ का जीवन एकदम फीका और बेस्वाद था। शहरों में जिन्दगी ज्यादा सरस और आरामदेह थी और कार्यकर्ताओं को नेताओं के संरक्षण के कारण वहाँ सुविधाएँ भी मिलने लगीं। इससे शहरों में राजनीतिक कार्यकर्ताओं की भीड़ बढ़ने लगी। शहरों में भी कार्यकर्ताओं को गन्दी बस्तियों में रहना और वहाँ काम करना अपनी हैसियत से नीचे मालूम पड़ने लगा। इसलिए उन थोड़े-से पदों और स्थानों के लिए, जिनमें सत्ता का फायदा मिलता था, भयंकर होड़ मची। इन सबके चलते जनता से अलगाव बढ़ने लगा, जिसके परिणामस्वरूप नेताओं और कार्यकर्ताओं का जनता में विश्वास भी घटने लगा।

इस स्थिति में अधिकांश नेता और कार्यकर्ता यह मानने लगे कि राजनीतिक सत्ता के बिना कुछ भी नहीं किया जा सकता। कुछ तो यह भी कहने लगे कि जनता में परिवर्तन के लिए भूख भी तभी जगाई जा सकती है जबकि 'हम गद्दी पर बैठकर उसे कुछ फायदे दिलाएँ'। इसके बाद सत्तारूढ़ पार्टी से सहयोग करने के क्षेत्र ढूँढ़े जाने लगे। बहुत सारे नेता, जो पहले यह मानते थे कि सत्तारूढ़ कांग्रेस के खिलाफ एक मजबूत विपक्ष की जरूरत है, अब यह कहने लगे कि सत्तारूढ़ पार्टी के भीतर परिवर्तन आए बिना देश में किसी प्रकार का परिवर्तन सम्भव नहीं है। इस तरह विपक्ष से सत्तारूढ़ पार्टी में जाने की भगदड़ मची। इससे सत्तारूढ़ पार्टी के लिए जनता की समस्याओं की तरफ ध्यान देने की जो बाध्यता थी, वह घटने लगी।

इसके साथ विभिन्न पार्टियों के बीच एकता कायम करने के प्रयास शुरू हुए। ये एक तरह से दल-बदल की राजनीति से मेल खाते थे क्योंकि इनके पीछे जनता के बीच काम किए बिना सत्ता प्राप्त करने की हड़बड़ी थी। चुनाव में भारी हार होने पर या देश की राजनीतिक स्थिति में कोई संकट पैदा होने पर इस तरह के प्रयास तेज होने लगते थे। सत्ता प्राप्त करने के दो ही तरीके थे—जनता के बीच ज्यादा उत्साह और लगन से काम किया जाए ताकि चुनाव में उसका समर्थन मिले या अपने को एक (एकत्रित शक्ति) दिखाया जाए, जिससे यह आभास पैदा हो कि 'हम ताकतवर हैं', भले ही असल में कोई ताकत न हो। पहला काम कठिन था, इसलिए दूसरा काम ही होने लगा।

देश की गैर-कम्युनिस्ट पार्टियों में 'सोशलिस्ट पार्टी' ही एकमात्र ऐसी पार्टी थी, जो जन-आन्दोलन और बुनियादी सामाजिक परिवर्तन में विश्वास करती थी। उसने जनता के बीच समर्थन न होने की अपनी कमी को शिखर समझौतों द्वारा दूर करने की दयनीय कोशिश की। सोशलिस्टों ने पहले किसानों और मजदूरों के बीच काम किया था, लेकिन 1950-55 के दौरान उन्हें इसका राजनीतिक फायदा नहीं हुआ। मजदूर संगठन के काम को भी चुनाव में लाभ के रूप में भुनाना आसान नहीं था। किसानों में काम करने के लिए कष्ट सहना जरूरी था। इसके अलावा जमींदारी उन्मूलन और कुछ काश्तकारी सुधारों के बाद सोशलिस्ट नेताओं में, जो अपेक्षाकृत अच्छे किसान परिवारों के थे, देहात के गरीब लोगों के बीच काम करने की बहुत इच्छा नहीं रह गई। बहुत-से सोशलिस्ट शुरू में मार्क्सवादी रहे थे और उन्होंने बहुत उत्साह के साथ गरीबों की तरह रहने का विचार स्वीकार किया था, लेकिन राजनीतिक कार्यकर्ताओं को सरकारी कृपा और संरक्षण के चलते जीने का जो सुख मिल रहा था, वह सोशलिस्टों के मन को भी आक्रान्त करने लगा, डिगाने लगा।

राजनीतिक कार्यकर्ता व नेता अपने वर्ग से नीचे होकर गरीबों की तरह रहने की बजाय अब सम्पन्न लोगों की तरह रहने की कोशिश करने लगे। गरीब और सामान्य परिवारों से आनेवाले कार्यकर्ताओं के लिए अपने आर्थिक स्रोतों के बूते

पर आरामदेह जिन्दगी बिताना मुश्किल था, इसलिए उनमें तरह-तरह के भ्रष्टाचार घुसने लगे। इससे जनता के बीच उनकी पहुँच कम होती गई। डॉ. लोहिया ने सोशलिस्टों के बीच कुछ लड़ाकूपन लाने की कोशिश जरूर की, लेकिन इसका कोई स्थायी रूप नहीं बन पाया और लगातार जनता के बीच जाकर काम करने की प्रवृत्ति को बढ़ावा नहीं मिला। लोहिया थोड़े-से समय के लिए सोशलिस्टों की बढ़ती विलासप्रियता को अलबत्ता रोक सके। उन्होंने समान शिक्षा और लोक भाषाओं की माँग पर जोर देकर सोशलिस्ट नीतियों को विशिष्ट वर्ग और जनता के बीच की भयंकर खाई को पाटने की दिशा में भी सचेत किया। इससे कुछ लगनेवाले और त्याग करनेवाले कार्यकर्ताओं का एक समूह जरूर पैदा हुआ, पर इस चेष्टा ने लोहिया को राजनीति की प्रमुख और प्रभावी धारा से काट भी दिया। उनके अनुयायियों की संख्या बहुत कम थी। उनकी मृत्यु के बाद उनके अधिकांश अनुयायी भी प्रवाह के साथ चलने लगे।

सोशलिस्ट, कांग्रेस का विकल्प बनना चाहते थे। अपनी क्षय होती शक्ति को रोकने और मजबूत संगठन बनाने के उद्देश्य से उन्होंने बार-बार अपने दलों का विलय किया और इस कोशिश में वे बार-बार टूटे भी। सोशलिस्टों की एकता और फूट के पीछे दो बातें थीं—एकता की कोशिश सत्ता प्राप्त करने की इच्छा के कारण होती थी और फूट नीतियों में मतभेद और नेताओं की प्रतिस्पर्धा के कारण पड़ती थी। सोशलिस्ट पार्टियों का जनाधार लगातार छीजता गया था, इसलिए एकता या फूट कोई भी, बहुत ज्यादा महत्त्व नहीं रखती थी।

पार्टियों के जनता से अलगाव का एक नतीजा यह हुआ कि राजनीति में जाति, समुदाय, धर्म या क्षेत्र के भावनागत आधार पर लोगों को आकर्षित करने के प्रयत्न बढ़ने लगे। इन आधारों पर ताकत बटोरने के लिए यह जरूरी नहीं था कि जनता के बीच जाकर नीचे के स्तर से काम किया जाए। भावनागत आधार एक बना-बनाया आधार होता है, जिसका किसी लाभ-हानि से बहुत सम्बन्ध नहीं होता। इसलिए भारतीय राजनीति की तमाम ऊहापोह के बावजूद जनसंघ, द्रमुक या अद्रमुक, अकाली और भारतीय लोकदल के चरण सिंह के प्रति वफादार गुट ने अपना आकर्षण बनाए रखा।

लेकिन इन पार्टियों के प्रति जिस भावनागत आधार पर लोग आकर्षित होते हैं, उसका जनता की वास्तविक समस्याओं से कोई सरोकार नहीं होता। इससे कांग्रेस की सत्ता का कोई बड़ी चुनौती नहीं मिली। कांग्रेस को आजादी के बाद से ही यह सुविधा रही कि वह सत्तारूढ़ रही, जिसके चलते वह विभिन्न स्तरों पर सुविधाएँ और लाभ दे सकती थी। इसी कारण गाँव के स्तर पर कांग्रेसियों को पार्टी-संगठन के विभिन्न स्तरों पर बचा कर रखा जा सका। कांग्रेस ने एक विकृत किस्म के जनसम्पर्क को भी जन्म दिया। चुनाव के वक्त कांग्रेस की सत्ता से सीधा लाभ

उठानेवालों का एक बड़ा हुजूम उसके पक्ष में वोट डलवाने के लिए हमेशा लगाया जा सकता था।

कोई सीधी चुनौती न मिलने के कारण कांग्रेस की सत्ता स्थायी या टिकाऊ जान पड़ती थी, लेकिन उसके स्थायित्व का आधार यही था कि वह सत्ता में थी। बहुसंख्यक जनता के बीच भयंकर असन्तोष पल रहा था। यह असन्तोष प्रदर्शनों, जुलूसों और कभी-कभी विद्रोह के रूप में भी प्रकट होने लगा, लेकिन कोई केन्द्र-बिन्दु न होने के कारण यह अपने आप मर जाता था। और जब कभी वह सत्ता के लिए खतरनाक होता जान पड़ता तो उसे बेरहमी से कुचल दिया जाता। विपक्षी दल इन आन्दोलनों का चुनाव में फायदा उठाने के लिए तो इस्तेमाल करते, पर इनके पीछे जो बुनियादी समस्याएँ होतीं, उनका हल ढूँढ़ने की कोशिश नहीं करते थे। इसका कारण शायद यह भी था कि ऐसा करने पर उन्हें उन बुनियादी सवालों का सामना करना पड़ता, जिन्हें वे नजरअन्दाज करना चाहते थे।

कम्युनिस्ट पार्टी देश की परिस्थितियों को देखते हुए जनशक्ति का सबसे ज्यादा ताकतवर माध्यम हो सकती थी, लेकिन उसके नेता भी दूसरी पार्टियों के नेताओं जैसे ही हैं। इसके अलावा कम्युनिस्ट पार्टी को अपने विदेशी सम्बन्धों और अपने लोकतंत्र विरोधी सिद्धान्तों से भी काफी नुकसान पहुँचा। जहाँ उसने जनता के बीच काम किया, वहाँ उसका प्रभाव भी रहा। अन्तर्राष्ट्रीय घटनाओं और विश्व कम्युनिस्ट आन्दोलन के कारण वह अपनी नीतियों के मामले में अचानक इस तरह पलटा खाती है कि अपना आधार नष्ट कर लेती है या जनता से अलग जा पड़ती है। 1942 में 'भारत छोड़ो आन्दोलन' के वक्त उसने पलटा खाया था और 1948 में कामिनफार्म के अनुसार अतिक्रान्तिकारी नीति अपनाकर फिर एक और पलटा खाया।

कम्युनिस्टों के अधिकांश नेता विशिष्ट वर्ग के ही लोग थे। ऐसे लोग सिद्धान्त के रूप में जनता के बीच काम करने की बात तो स्वीकार करते हैं, पर आचरण में उसे उतार नहीं पाते। उनमें क्रान्ति के प्रति उतावलापन होता है, लेकिन क्रान्ति तो किसी की व्यक्तिगत इच्छा पर नहीं होती। वह तो अपने समय पर ही होती है। इससे कम्युनिस्टों के नेता धीरज खो बैठते हैं और लोकतांत्रिक संसदीय प्रक्रिया को दोष देने लगते हैं कि वह जनता के क्रान्तिकारी उभार को रोकने की एक चाल है। कम्युनिस्ट लोकतांत्रिक संसदीय व्यवस्था में भाग लेते हुए भी उसके बारे में शंकालु रहते हैं और उसके अनुसार नहीं चलते। उन्हें यह ज्यादा से ज्यादा अन्तिम क्रान्ति न होने तक की एक अन्तरिम व्यवस्था लगती है। इससे जनता में कम्युनिस्टों के लोकतंत्र में आस्था रखने के दावों के प्रति विश्वास पैदा नहीं होता और कम्युनिस्ट कार्यकर्ता भी पूरी लगन से संसदीय कार्यों के लिए पार्टी का संगठन करने में नहीं जुटते। लोकतंत्र में काम करनेवाली कम्युनिस्ट पार्टियों के सामने हमेशा इस तरह की दुविधा रहती है। इसी के चलते इटली, फ्रांस और स्पेन की कम्युनिस्ट पार्टियों

ने अब अनेकवादी लोकतंत्र में खुल्लम-खुल्ला अपनी आस्था प्रकट की है और एक नये मत 'यूरो कम्युनिज्म' (यूरोपीय साम्यवाद) को जन्म दिया है। कम्युनिस्ट अपने अन्तर्विरोधों के चलते देश में कारगर ढंग से काम करने में असमर्थ रहे और उनमें फूट पड़ती रही है। बहरहाल, उनके कथनों और मन्तव्यों से लोगों के मन में लोकतांत्रिक व्यवस्था के प्रति सन्देह बढ़ा।

सर्वोदयियों ने भी लोकतांत्रिक राजनीतिक व्यवस्था में अविश्वास पैदा करने में योग दिया। वे एक तरफ राजनीतिक एजेंसियों से फायदे प्राप्त करते रहे और दूसरी तरफ राजनीति को गन्दी चीज भी बताते रहे और यह कहते रहे कि 'भले आदमियों को उससे दूर रहना चाहिए।' सर्वोदय के नेताओं को सामान्य आदमियों से ऊँचा माना जाता था, इसलिए उनके कथन जनता को राजनीति के प्रति और भी उदासीन बनाते थे। सर्वोदयियों का राजनीतिक-विरोध सत्तारूढ़ पार्टी के लिए फायदेमन्द रहा क्योंकि सभी राजनीतिक नेताओं को दोषी ठहराने से सत्तारूढ़ पार्टी के नेताओं का दोष कम हो जाता था।

राजनीति में विशिष्ट वर्ग की भूमिका के बारे में हमने ऊपर जो कुछ लिखा है, उससे यह नतीजा नहीं निकालना चाहिए कि राजनीति में विशिष्ट वर्ग के लोगों के सिवाय अन्य लोगों की कोई भूमिका ही नहीं रही। हमारे जैसे विशाल देश में यह सम्भव नहीं है कि लोकसभा से लेकर पंचायतों तक में सिर्फ विशिष्ट वर्ग के लोग ही पहुँचें। इसलिए नीचे के वर्गों से भी काफी बड़ी संख्या में लोगों ने राजनीतिक व्यवस्था में प्रवेश किया। चुनाव की प्रक्रिया के कारण गाँवों के निचले तबकों से भी थोड़े लोग संसदीय व्यवस्था की ऊपरी सीढ़ियों तक पहुँचे। इससे सामान्य रूप से सारी व्यवस्था का ऊपर से नीचे तक लोकतंत्रीकरण होना चाहिए था, लेकिन इसमें कुछ कारण बाधक हुए। अव्वल तो पंचायतों और नगरपालिकाओं जैसी नीचे की लोकतांत्रिक संस्थाओं को कोई अधिकार नहीं है। वे ज्यादातर अफसरों और उच्च सरकारी संस्थाओं की कृपा पर आश्रित हैं, जो उन्हें मनमर्जी निलम्बित और बर्खास्त कर सकते हैं। इससे योग्य और ईमानदार लोगों को इन संस्थाओं में जाने का उत्साह नहीं होता, जिससे ये संस्थाएँ भ्रष्टाचार के अड्डे बन जाती हैं। इससे ऊँचे राजनीतिक पदों के लिए निचले वर्ग के नये नेता भी तैयार नहीं हो पाए।

इसके बावजूद कुछ लोग छोटी हैसियत से बढ़कर विधायक, संसद सदस्य और मंत्री बने। लेकिन वे सभी इन पदों की चकाचौंध से चौंधिया गए। उन्होंने अपने नये परिवेश में घुलने-मिलने की कोशिश में विशिष्ट वर्ग की जीवन पद्धति अपना ली, जिससे वे अपने ही लोगों से कट गए। ताम-झाम, चापलूसी और प्रचार के नशे में उन्होंने अपनी सामाजिक जड़ें भुला दीं। वे यह मानने लगे कि अपने लोगों से वे ऊँचे हैं और उनके सामने खुद को देवताओं की तरह पेश करने लगे। यह एक हास्यास्पद स्थिति थी। विशिष्ट वर्ग के जैसा होने की कोशिश में उनकी सारी

आग तेजी से बुझ गई और अन्ततः वे उन लोगों के साथ हो गए, जिनके खिलाफ उन्हें लड़ना चाहिए था। इस तरह जनता से सम्पर्क येन केन प्रकारेण सत्ता प्राप्त करने और उससे चिपके रहने के सिवाय राजनीति में कोई स्पष्ट उद्देश्य नहीं रह गया। जब उद्देश्य के बारे में कोई तसवीर न हो तो राजनीति को व्यक्तिपरक बना देने का लोभ होता है। अक्सर प्रतीकों का सहारा लेकर राजनीतिक लड़ाइयाँ लड़ी जाती हैं, लेकिन प्रतीक अक्सर वास्तविक समस्याओं के प्रति कई प्रकार के रुख को ठोस शक्ल प्रदान करते हैं। जहाँ समस्याएँ अपरिभाषित हों, वहाँ प्रतीक अमूर्तता और कपोल-कल्पना को ही इंगित करते हैं। इन्दिरा गांधी का व्यक्तित्व एक ऐसा ही प्रतीक बन गया। कुछ के लिए वह अस्पष्ट आकांक्षाओं और कुछ के लिए घृणा का प्रतीक बन गया। इन्दिरा गांधी की सबसे बड़ी ताकत यह थी कि 1969 में कांग्रेस के टूटने के बाद चालबाजियों और आकर्षक नारों का सहारा लेकर वह अपने को गरीबों के रक्षक के रूप में पेश कर पाईं। यह दूसरी बात है कि उन्होंने गरीबों के लिए कुछ किया नहीं। कुछ दिनों तक इन्दिरा गांधी की चालें सफल रहीं। उसने अपने विरोधियों को नीचा दिखाया और 1971 के लोकसभा और 1972 के विधान सभा चुनावों में भारी सफलता प्राप्त की। उनको चुनौती देनेवाली कोई ताकत नहीं रही। उसकी स्थिति ऐसी थी कि वह बड़े से बड़ा सामाजिक आर्थिक परिवर्तन कर सकती थीं, पर उसने कुछ किया नहीं।

खोखले नारों से कुछ ही दिन सफलता प्राप्त की जा सकती है। जल्दी ही उनकी कलई खुल जाती है क्योंकि उनसे कोई समस्या हल नहीं होती। इसलिए जब इन्दिरा गांधी की सफलताओं का गुणगान हो रहा था तो भीतर-ही-भीतर आर्थिक समस्याएँ भीषण रूप धारण कर रही थीं। देर-सबेर उन्हें इन समस्याओं से निपटना ही पड़ता। 1974 का साल उनके लिए चुनौती का वर्ष हो गया, उन्हें फैसला करना ही था। उनके सामने दो रास्ते थे—चालबाजियाँ छोड़ दें और समाज को बदलने की वास्तविक समस्या से जूझें या जनता की आकांक्षाओं को अपनी नई ताकत से कुचल डालें।

4

हमारे देश की राजनीतिक व्यवस्था का संचालन एक बहुत ही छोटे विशिष्ट वर्ग के हाथों में है। इसका नतीजा यह है कि उसका आर्थिक आधार बहुत कमजोर और संकुचित है। उत्पादन में मामूली कमी या वितरण में कहीं अड़चन उत्पन्न होने पर यह व्यवस्था गड़बड़ाने लगती है। हमारे देश में विकास की गति अत्यन्त धीमी है, जिससे बेकारों की संख्या बढ़ती जाती है। इन लोगों, खासकर शिक्षित बेकारों और छात्रों की निराशा और गुस्से को उबलने में ज्यादा देर नहीं लगती।

1974 में देश की अर्थव्यवस्था भयंकर रूप से गड़बड़ाने लगी थी और भारी संकट पैदा हो रहा था। इस्पात, अलौह धातु, कोयला, पेट्रोलियम और बिजली के उत्पादन में कमी तथा परिवहन व्यवस्था में अड़चन पैदा हो रही थी। सीमेंट, सूती कपड़ा, जूट, वनस्पति उद्योगों में 1973 और 1972 की तुलना में उत्पादन में भारी कमी आई। इधर औद्योगिक क्षेत्र की हालत खराब थी तो उधर सूखा पड़ा था और फसल भी खराब हुई थी। कीमतें लगातार बढ़ रही थीं। रिजर्व बैंक की रपट के अनुसार, जून 1972 में मूल्य सूचकांक 98.8 था, जो जून 1973 में बढ़कर 241.5 हो गया और जून 1974 में 308.9—दो साल में 55 प्रतिशत की वृद्धि। इसी रपट के अनुसार, शिक्षित बेकारों की संख्या 1972 में 26 लाख थी, जो 1973-74 में बढ़कर 35 लाख हो गई।

अनाज की प्रति व्यक्ति प्रतिदिन खपत 1955 से 1975 के बीच 430 ग्राम से घटकर 415.3 ग्राम हो गई थी और कपड़े की प्रति व्यक्ति खपत 14.4 मीटर से 12.9 मीटर। विषमता बढ़ने के साथ गरीबी की रेखा के नीचे रहनेवालों की तादाद 1960 से 1975 के बीच लगभग 50 प्रतिशत बढ़ गई। ऐसी परिस्थिति के दबाव में लोकतांत्रिक व्यवस्था चरमराने लगती है।

1974 के आरम्भ से अनाज और जन साधारण के उपयोग की अन्य जरूरी चीजों की भारी कमी होने लगी। इससे हमेशा की तरह जन आन्दोलन छिड़े। कांग्रेस पार्टी और उसकी नेता इन्दिरा गांधी ने चुनाव की विजय से मदोन्मत्त इनका जवाब दमन से दिया। पहले गुजरात और फिर बिहार में अधिक राशन तथा अन्य वस्तुओं की माँगों को लेकर छात्रों ने आन्दोलन छेड़ा। इन आन्दोलनों ने शीघ्र ही राजनीतिक

रूप ले लिया। अब सरकार के दमन के तरीकों को चुनाव पद्धति के बुनियादी दोषों और राजनीतिक भ्रष्टाचार से जोड़ा जाने लगा—ये विषय सार्वजनिक बहस के मुद्दे बन गए। इसके बाद विधान सभाओं के विघटन और बेहतर चुनाव पद्धति के अन्तर्गत नये चुनाव करवाने की माँग हुई। गुजरात में जब मोरारजी देसाई ने चुनाव की माँग करते हुए अनशन शुरू किया तो इन्दिरा गांधी ने कांग्रेस पार्टी की दलबन्दी के कारण विधान सभा विघटित कर दी, लेकिन बिहार में विधान सभा के विघटन की माँग को ठुकरा दिया गया और सरकार ने बिहार में जनता को सबक सिखाने की ठानी। इससे विधान सभा के विघटन की माँग का आन्दोलन और तेज हुआ। यह आन्दोलन 1942 के 'भारत छोड़ो आन्दोलन' से भी ज्यादा तेज था। राज्य सरकार की मदद के लिए सीमा सुरक्षा दल और केन्द्रीय रिजर्व पुलिस के एक लाख सिपाही बिहार भेजे गए। गिरफ्तारी, लाठीचार्ज यहाँ तक कि गोली चलाना आम बात हो गई, लेकिन जनता का असन्तोष बढ़ता ही गया। इस जन-जागृति के सामने सरकारी कार्रवाइयाँ विफल रहीं। इस तरह राज्य-शक्ति और लोक-शक्ति के बीच गतिरोध की स्थिति बढ़ने लगी।

गुजरात में मोरारजी ने चुनाव की माँग करते हुए फिर अनिश्चितकालीन अनशन किया। इसके दबाव में इन्दिरा गांधी को वहाँ नये चुनाव करने के लिए बाध्य होना पड़ा। गुजरात के चुनाव के नतीजे इन्दिरा गांधी के लिए घबराहट पैदा करनेवाले थे। कांग्रेस वहाँ बहुमत से अल्पमत में परिवर्तित हो गई। इससे कुछ दिन पहले ही उत्तर प्रदेश में विधान सभा के चुनाव हुए थे। इनमें भी कांग्रेस की स्थिति पहले की अपेक्षा कमजोर हुई थी। ये सारी चीजें इन्दिरा गांधी की घबराहट बढ़ानेवाली थीं।

जयप्रकाश नारायण ने अप्रैल 1974 से बिहार आन्दोलन का नेतृत्व करना शुरू कर दिया था। विधान सभा के विघटन की माँग इस आन्दोलन की प्रतिष्ठा का प्रश्न बन गया। जब इन्दिरा गांधी विधान सभा को विघटित न करने की जिद पर अड़ी रहीं तो जे.पी. ने आन्दोलन को अन्य राज्यों में भी फैलाने की कोशिश की। उनकी सभाओं में भारी भीड़ होने लगी। हालाँकि वह बिहार की तरह का आन्दोलन अन्य राज्यों में फैला न पाए, पर कांग्रेस के खिलाफ जनता का असन्तोष बढ़ने लगा। इन्दिरा गांधी ने सोचा कि चुनाव अभी बहुत दूर हैं, वह जन असन्तोष की लहर को झेल ले जाएगी। बहरहाल, आन्दोलन के फलस्वरूप उसका मध्यावधि चुनाव करवाने का कोई इरादा नहीं था।

लेकिन अपने भविष्य की चिन्ता उन्हें सता रही थी। उन्हें अपनी पहले की लोकप्रियता के सहारे भविष्य से निपटने का भरोसा नहीं था। 1972 में वह 'गरीबी हटाओ' का नारा देकर अपनी लोकप्रियता के चरमोत्कर्ष पर पहुँच गई थीं। अब जनता के समर्थन की लहर उसके प्रतिकूल थी। अब जनता को पुन: जीतने और लोकप्रियता हासिल करने का एकमात्र उपाय यही था कि वह 'गरीबी हटाओ' को

अमलीजामा पहनाए, लेकिन उनका सारा तौर-तरीका और वातावरण गरीबी हटाने के प्रतिकूल था। 'गरीबी हटाओ' को अमलीजामा पहनाने का रास्ता वह अख्तियार नहीं कर सकती थी। पिछले कुछ वर्षों में उन्होंने इतनी ताकत हासिल कर ली थी, जितनी कि उससे पहले कोई हासिल न कर पाया था, लेकिन यह ताकत उसने पूँजीपतियों के एक गिरोह को बढ़ावा देकर (जिसने अपनी थैली और कुछ हद तक अपने अखबार उसके सुपुर्द कर दिए थे) और पार्टी व सरकार के बड़े पदों पर अपने चापलूसों को बिठाकर हासिल की थी। इन गिरोहों के लोगों के अपने-अपने स्वार्थ थे। इनके अलावा प्रशासन का सारा विशिष्ट वर्गी ढाँचा लोकतंत्र-विरोधी और आमूल-चूल परिवर्तन के खिलाफ था। इन्दिरा गांधी को इन्हें ही लेकर चलना था। इनके बिना वह कहीं की नहीं थीं क्योंकि वह इनके द्वारा ही बनाई गई थीं और उन्होंने भी इनको बनाया था अर्थात् दोनों एक-दूसरे पर निर्भर थे। इन लोगों ने उन्हें जनता से एकदम काट दिया था और उन्हें देश की वास्तविक स्थिति का कुछ भी पता नहीं था। वह एक खयाली दुनिया में रह रही थीं कि देश में बड़ी प्रगति और समृद्धि हो रही है। उनका अज्ञान मारक था। भयानक गरीबी के बीच जन-सभाओं में वह कहती थी कि उन्हें देश में चारों ओर बहुत खुशहाली नजर आती है।

विशिष्ट वर्ग हमेशा यह मानता है कि आन्दोलन लोगों के असन्तोष के कारण नहीं होते, बल्कि कुछ शरारती लोगों के कारण होते हैं। जनता के आन्दोलनों की प्रतिक्रिया में शासक वर्ग के लोगों के बीच यह अक्सर कहा जाने लगा कि आन्दोलनों का मूल कारण हमारे देश में लोकतंत्र की बहुतायत होना है। सोशलिस्ट फोरम के कांग्रेसी संसद सदस्य शशिभूषण ने तो इन्दिरा गांधी के अधीन देश में सीमित तानाशाही लागू करने तक का आह्वान कर डाला। देश की आर्थिक समस्याओं का हल करने के लिए लोगों का मुँह बन्द करना सबसे अधिक उचित और कारगर तरीका मालूम पड़ने लगा। 25 जनवरी, 1975 को 'इकोनॉमिक एंड पॉलिटिकल वीकली' में रमेश थापर ने लिखा कि लोकसभा के चुनाव दो साल के लिए स्थगित कर दिए जाने चाहिए ताकि आर्थिक संकट से निपटने के लिए (आर्थिक) कदम उठाए जा सकें। ऐसी राय के वातावरण में इन्दिरा गांधी काम कर रही थीं।

इन्दिरा गांधी ने सत्ता तो प्राप्त की थी, लेकिन उस पर कब्जा बनाए रखने के लिए वह उन निहित स्वार्थों और शक्तियों पर आश्रित थीं, जिन्हें उन्होंने अपने आसपास फलने-फूलने दिया था। सत्ता पर बने रहने का एक और तरीका था और वह यह कि जनता के कार्यों के प्रति अपने को उत्सर्ग करके उसका सच्चा समर्थन प्राप्त करें। इसका यह भी अर्थ होता कि जनता के चाहने पर वह सत्ता त्यागने को भी प्रस्तुत हो—लोकतंत्र के मूल सिद्धान्त को वह हृदय से माने।

उन्होंने सत्ता पर कब्जा बनाए रखने का जो तरीका चुना, वह एक ही दिशा में जाता था और यह सर्वसत्तावाद का रास्ता था। हिन्दुस्तान की गरीबी पर अगर

कोई भी विशेषाधिकार वर्ग पर चोट किए बिना सत्ता पर बने रहना चाहेगा तो उसके पास कोई अन्य रास्ता है ही नहीं। इन्दिरा गांधी ने नागरिकों, राजनीतिज्ञों और अपने मंत्रिमंडल के साथियों की गतिविधि पर निगरानी रखने के लिए खुफियागीरी का जाल फैलाकर पुलिस-राज्य कायम करने का औजार पहले से ही गढ़ रखा था।

सरकारी तंत्र को तो ब्रिटिश परम्परा से यह सीख मिली हुई थी कि वह यह माने कि असहमति, विरोध, बहस और प्रदर्शन बेकार की झमेला पैदा करनेवाली चीजें हैं। वह तो शुरू से ही नेपथ्य से इसी दिशा (सर्वसत्तावाद की) में काम करता आया था। जनता के विद्रोह और उपद्रवों से निपटने के लिए सरकारी तंत्र अपनी सीमा से आगे बढ़कर दमन करता था और यह मानता था कि डर पैदा करना ही एकमात्र इलाज है। 26 जून, 1975 के 6 महीने पहले ही पुलिस और खुफिया विभाग के मुखिया लोगों ने 'बिहार आन्दोलन' के चरमोत्कर्ष के दिनों में जयप्रकाश नारायण को गिरफ्तार करने पर विचार करते हुए उपद्रवों पर काबू पाने के लिए आन्तरिक इमरजेंसी लागू करने का सुझाव दिया था। इन लोगों ने प्रेरा और संचार साधनों पर पूरा सरकारी नियंत्रण रखने का भी सुझाव दिया था।

इस तरह हम देखते हैं कि इन्दिरा गांधी ने जो रास्ता चुना और उसकी सत्ता पर कब्जा बनाए रखने की जो परिस्थितियाँ थीं, वे उसे सर्वसत्तावाद की तरफ ही ले जा रही थीं। 12 जून, 1975 को इलाहाबाद उच्च न्यायालय ने उनका लोकसभा के लिए चुना जाना अवैध घोषित कर दिया और उसे 6 वर्ष के लिए चुनाव लड़ने के लिए अयोग्य करार दिया। इस फैसले ने, इन्दिरा गांधी जिस नियति की ओर तेजी से बढ़ रही थीं, उसे और तेज कर दिया।

संगठन कांग्रेस, जनसंघ, भा.लो.द. और सोशलिस्ट पार्टी के नेताओं ने उच्च न्यायालय के फैसले में इन्दिरा गांधी को हटाकर कांग्रेस को कमजोर करने का मौका देखा। 1969 के कांग्रेस विभाजन के बाद वह कांग्रेस की एकमात्र नेता हो गई थी। विरोधी दलों के नेता यहाँ तक आशा करने लगे कि एक बार इन्दिरा गांधी के हटने पर वे कांग्रेस के कुछ नेताओं से तालमेल बैठा सकेंगे। विरोधी दल भी जनता से उतने ही दूर थे जितनी कि कांग्रेस। इससे ज्यादा बढ़िया मौके की उन्हें आशा न थी। अब तक वे जन-समर्थन के लिए पूरी तरह जयप्रकाश नारायण पर आश्रित थे और उन्हें इस बात का कोई भरोसा नहीं था कि यह जन-समर्थन उन्हें बहुत दिनों तक मिलेगा। जयप्रकाश नारायण के पास कोई जन-संगठन नहीं था, जिसके कारण वह कोई ठोस कार्यक्रम नहीं दे सकते थे। उनके आन्दोलन का सबसे ज्यादा समर्थन शिक्षित युवक कर रहे थे। युवकों के उत्साह में सन्देह की गुंजाइश नहीं थी, लेकिन देश की समस्याओं और उनके हल के बारे में समझ के अभाव में युवजनों का आन्दोलन बुलबुला बनकर रह जा सकता था। लिहाजा, विरोधी दलों ने इस मौके का ज्यादा-से-ज्यादा फायदा उठाना तय किया।

इन्दिरा गांधी के इस्तीफे की माँग की गई, पर वह किसी भी हालत में गद्दी छोड़ने को तैयार न थीं। विरोधी दलों के नेताओं ने अपने चरित्र के अनुरूप इन्दिरा गांधी द्वारा उच्च न्यायालय के फैसले के बाद इस्तीफा देने के इनकार करने के प्रश्न को जनता के सामने ले जाने और उसे सक्रिय करने की बजाय राष्ट्रपति भवन के सामने धरना देना तय किया। लेकिन देश-भर में उत्तेजना का वातावरण बढ़ने लगा और इन्दिरा गांधी को लगा कि इस्तीफे की माँग बहुत ज्यादा जोर पकड़ सकती है। इसलिए उन्होंने आक्रमण करने की नीति अपनाई। पिछले कुछ सालों में उन्होंने सरकारी मशीनरी का इस्तेमाल कर लोगों को इकट्ठा करने की तकनीक में महारत हासिल कर ली थी। उनके ताबेदारों ने दिल्ली के आसपास के औद्योगिक इलाकों और बस्तियों से भड़ैत प्रदर्शनकारी जमाकर उसके मकान पर भेजना शुरू किया। लगातार कई दिनों तक भीड़ इकट्ठी की जाती रही। यह भीड़ इन्दिरा गांधी में अपना विश्वास प्रकट करती, न्यायपालिका की भर्त्सना करती और इलाहाबाद उच्च न्यायाधीश पर आरोप लगाती कि उसने सी.बी.आई. से मिलकर इन्दिरा गांधी के खिलाफ फैसला दिया है। इन्दिरा गांधी के मकान के सामने न्यायाधीश का पुतला तक जलाया गया।

यह जाहिर हो गया कि इन्दिरा गांधी वार करने की तैयारी कर रही हैं। अब जाकर विरोधी नेताओं को लगा कि किसी-न-किसी प्रकार का जनान्दोलन करना जरूरी है। इन्दिरा गांधी को उच्च न्यायालय का फैसला मानने और सर्वोच्च न्यायालय द्वारा उनकी अपील पर फैसला न करने तक गद्दी से हटने को बाध्य करने के लिए शान्तिपूर्ण आन्दोलन चलाने का निश्चय किया गया और इसके लिए एक कमेटी बनाई गई। जनता को इसकी सूचना देने के लिए 25 जून को रामलीला मैदान में एक 'ऐतिहासिक' सभा हुई, जिसमें जयप्रकाश नारायण ने भी भाषण दिया। भारी बारिश में भी लोग सभा में पूरे समय रहे। यह प्रकट हो गया कि प्रस्तावित आन्दोलन को जनता का समर्थन मिलेगा। इसी सभा में जयप्रकाश नारायण ने पुलिस और सेना के लोगों से भोली-भाली अपील की कि वे गैर-कानूनी आदेश न मानें। इस अपील के पक्ष में उन्होंने पुलिस की आचार संहिता का भी हवाला दिया। इधर कांग्रेसियों के बीच भी गतिविधि तेज हो रही थी। बहुत से कांग्रेसी संसद-सदस्य यह महसूस कर रहे थे कि सर्वोच्च न्यायालय द्वारा दोष-मुक्त न किए जाने तक इन्दिरा गांधी को अपने मंत्रिमंडल के साथियों में से किसी को गद्दी सौंप देनी चाहिए, लेकिन किसी भी कांग्रेसी ने उसके पार्टी के नेता बने रहने के बारे में अविश्वास प्रकट नहीं किया। सिर्फ राजनीतिक मर्यादा की रक्षा करने के लिए ही इस तरह की अन्तरिम व्यवस्था सुझाई जा रही थी।

लेकिन इन्दिरा गांधी को सर्वोच्च न्यायालय के फैसले पर भरोसा न था और अपने साथियों की वफादारी पर तो और भी कम। व्यक्ति-प्रधान राजनीति में समर्थकों

की वफादारी नेता के राजनीतिक भविष्य से जुड़ी रहती है। नेता का भविष्य खतरे में पड़ने पर वफादारी भी खतरे में पड़ जाती है। फिर इन्दिरा गांधी तो अपने मित्रों को काम निकलते ही उनकी जल्द-से-जल्द छुट्टी कर देनेवाली व्यक्ति थीं, सो वह किसी पर भरोसा कर ही नहीं सकती थीं। उनको यह डर था कि जो भी उनकी जगह आएगा वह उसे राजनीति से खदेड़ने की चेष्टा किए बिना नहीं रहेगा। लिहाजा प्रधानमंत्री बने रहकर ही उन्हें अपने को बचाना होगा।

हर तानाशाह को तानाशाही लादने के लिए किसी-न-किसी 'जबर्दस्त' बहाने की जरूरत होती है और इन्दिरा गांधी को भी ऐसे बहाने की तलाश थी। इसलिए बड़े जोर-शोर से यह ऐलान किया गया कि देश के लोकतांत्रिक ढाँचे को नष्ट करने के लिए एक बहुत बड़ा षड्यंत्र रचा गया था। जयप्रकाश नारायण की पुलिस और सेना से की गई अपील को सेना को बगावत करने के लिए भड़काने की कोशिश के रूप में पेश किया गया। यह भी कहा गया कि देश में अराजकता पैदा करने की कोशिश की जा रही थी। चिली से भारतीय स्थिति की तुलना कर इन्दिरा गांधी को गद्दी से हटाने के पीछे विदेशी षड्यंत्र का इशारा भी किया गया। बड़े पैमाने पर हिंसा और गड़बड़ी करने की साजिश करने के भी आरोप लगाए गए। इस तरह इन्दिरा गांधी को लोकसभा की सदस्यता से अपदस्थ करनेवाले इलाहाबाद उच्च न्यायालय के फैसले के 13 दिन बाद भीतरी इमरजेंसी लागू की गई और इन्दिरा गांधी के समर्थकों तथा भारतीय कम्युनिस्ट पार्टी ने विघटनकारियों और उपद्रवियों के हाथों से लोकतंत्र और देश की अखंडता को बचाने के लिए उठाए गए एक सामयिक कदम के रूप में इसका स्वागत किया।

इन्दिरा गांधी ने अब उन सब ताकतों से, जो उसे पहले परेशान करती आ रही थीं और आगे भी कर सकती थीं, निपटना शुरू किया। स्वाभाविक था कि विरोधी नेता उसके पहले शिकार हुए। जिनको वह पकड़ सकती थीं, उन्हें उसने पकड़ लिया जिन्हें न पकड़ सकीं, उनके खिलाफ वारंट जारी किए। छात्रों और उनकी संस्थाओं पर पुलिस की सबसे कड़ी नजर थी। छात्र ही नक्सलवादी आन्दोलन में सबसे अधिक तादाद में रहे थे और गुजरात व बिहार के आन्दोलनों का भी आधार छात्र-शक्ति ही था। राजनीति में सक्रिय और सरकार-विरोधी छात्रों और शिक्षकों को गिरफ्तार कर लिया गया। कॉलेजों और विश्वविद्यालयों में पुलिस का पहरा बिठा दिया गया। शिक्षा संस्थाओं में कड़ी निगरानी की व्यवस्था लागू कर छात्रों को बाहरी लोगों के सम्पर्क से काटने की भी कोशिश की गई। कैम्पस में सादे कपड़ों में पुलिस और खुफिया पुलिस के लोग भर दिए गए। इसके बाद शुरू हुआ बुद्धि और विवेक की हत्या करनेवाला प्रचार। सामान्य प्रचार साधनों के माध्यम से ही नहीं, पाठ्यक्रम और परीक्षा के प्रश्न-पत्रों द्वारा स्कूली बच्चों तक को इन्दिरा गांधी और इमरजेंसी का गुणगान करने के लिए प्रेरित किया जाने लगा।

लोगों को कोई भी सूचना और समाचार न मिले, इसके लिए कड़ी-से-कड़ी सेंसरशिप लागू की गई। सेंसरशिप को ज्यादा कारगर करने के लिए खबरों के स्रोत पर ही हमला किया गया। चार समाचार एजेंसियों को मिलाकर एक एजेंसी बना दी गई—समाचार। 'समाचार' सरकार के अधीन हो गया।

यह आशा की जाती थी कि तानाशाही वाले कदमों का बुद्धिजीवी वर्ग सबसे अधिक विरोध करेगा। अभिव्यक्ति-स्वातंत्र्य का बुद्धिजीवी वर्ग के अपने अस्तित्व के लिए भी महत्त्व होता है। लिहाजा, सरकारी प्रचार तंत्र से बुद्धिजीवियों पर खास तौर पर हमला किया जाने लगा। यह कहा गया कि अभी तक अभिव्यक्ति-स्वातंत्र्य का उपयोग केवल कुछ मुट्ठी-भर लोग करते आए थे। यह बात सही थी, लेकिन इसके साथ ऐसा कोई आभास नहीं दिया गया कि अब मुट्ठी-भर लोगों के बजाय सब लोगों को अभिव्यक्ति-स्वातंत्र्य मिलेगा। इसके उल्टे यह बात फैलाई गई कि अब किसी को भी मुँह खोलने की जरूरत नहीं है। आप अगर खोलना चाहें तो सिर्फ सरकार के समर्थन में खोल सकते हैं।

बहुत-से लोगों ने सोचा था कि बुद्धिजीवी वर्ग—शिक्षक, वकील, कवि, लेखक और कलाकार, जो अक्सर सुदूर देशों की जनता की स्वतंत्रता के लिए आवाज उठाते थे, अमेरिकी साम्राज्यवाद और कम्युनिस्ट देशों में अभिव्यक्ति-स्वातंत्र्य और अन्य नागरिक स्वाधीनताओं पर रोक लगाने का प्रबल विरोध करते थे, अब स्वदेश में अपनी स्वतंत्रता पर किए जानेवाले हमले का एकजुट होकर प्रतिकार करेंगे, लेकिन ऐसा कुछ नहीं हुआ। कुछ थोड़े-से लोगों को छोड़कर सारे बुद्धिजीवी वर्ग ने घुटने टेक दिए। बड़े-बड़े सम्पादक लोग इन्दिरा गांधी के सामने स्कूली बच्चों की तरह व्यवहार करने लगे। उन्होंने उन्हें वचन दिया कि वे खुद पर सेंसरशिप लागू करेंगे। यह कहना होगा कि उन्होंने अपने वचन का वफादारीपूर्वक पालन भी किया। कुछ का तो अचानक हृदय-परिवर्तन हो गया और उन्हें इन्दिरा गांधी में गुण-ही-गुण नजर आने लगे।

अचानक भारतीय राजनीति में एक नया सितारा खोज निकाला गया—संजय गांधी। अखबारों और पत्रिकाओं में इस बात की होड़ लगी कि कौन उसकी ज्यादा तसवीर छापता है, कौन उनके 'महत्' कारनामों का विशद वर्णन छापता है? बुद्धिजीवी उन्हें 'उपदेश' देने के लिए आमंत्रित करने लगे और उनके प्रकांड-ज्ञान और ध्यान से अभिभूत होने लगे।

क्या इन लोगों के दिमाग किसी जादुई छड़ी से एकदम बदल गए थे? या ये लोग सरकार द्वारा फैलाए गए आतंक के कारण एकदम डर गए थे? कोई जादू की छड़ी नहीं थी। आतंक जरूर था, पर इतना नहीं कि इस तरह लोग अचानक बेहयाई से बदल जाएँ। बहुत कम सम्पादकों को गिरफ्तार किया गया और न ही उन्हें वैसी यातनाएँ दी गईं, जो तानाशाही शासनों में आम तौर पर सम्पादकों को दी

जाती हैं और हमारे देश में कुछ राजनीतिक कार्यकर्ताओं और युवकों को भी दी गई थीं, लेकिन बुद्धिजीवी वर्ग अपनी विशेषाधिकार वाली हैसियत और स्थिति के चलते खुद-ब-खुद परास्त हो गया। उसे स्वतंत्रता के प्रति चिन्ता जरूर थी क्योंकि यह उसके आत्म-सम्मान के लिए जरूरी थी, लेकिन अपनी विशेषाधिकार वाली हैसियत छीन लिए जाने पर उसे क्या भूमिका अख्तियार करनी चाहिए, इसकी कल्पना नहीं थी। अपनी स्वतंत्रता के लिए लड़ने या जोर देने का मतलब—नौकरी से बर्खास्त किया जाना, जेल जाना और अपने परिवार को उन सुख-सुविधाओं से, जिनका वह आदी हो गया था, वंचित करना भी हो सकता है; कंगाली की स्थिति भी आ सकती है। दोनों ही हालत में आत्म-सम्मान नहीं रहेगा—न लड़ने पर सिर्फ अपनी नजरों और अपने साथियों की नजरों में गिरना होगा, जो एक प्रकार की मानसिक क्षति होगी, लेकिन लड़ना तय करने पर क्षति ज्यादा ठोस होगी और भविष्य अनिश्चित हो जाएगा। इसलिए बुद्धिजीवी वर्ग को अपनी रक्षा करने के लिए न लड़ना ही ज्यादा श्रेयस्कर प्रतीत हुआ।

इससे उसमें धीरे-धीरे जिम्मेवारी से बचने का भाव पैदा हुआ। जब तक स्वतंत्रता थी तब तक बुद्धिजीवी वर्ग यह मानता आया था कि देश की नीतियाँ बनाने में उसकी प्रमुख भूमिका है। बुद्धिजीवी और पत्रकार अपने ऊँचे-ऊँचे दरबों से राजनीतिज्ञों को सलाह और उपदेश देते आए थे कि उनको क्या करना चाहिए, क्या करने में उनका भला है वे यह मानते थे कि अज्ञानी राजनीतिज्ञ को उनके ज्ञान की जरूरत है। अचानक बुद्धिजीवी वर्ग को यह महसूस होने लगा कि राजनीति से उसका कोई सीधा सरोकार नहीं हो सकता। उसका काम तो स्थिति के अनुरूप पत्रकार, शिक्षक या शोधकर्ता के रूप में अपना काम अच्छी-से-अच्छी तरह करना मात्र है। वे उन चीजों के लिए जिम्मेवार भी नहीं ठहराए जा सकते, जो उनके वश में नहीं हैं। अब बुद्धिजीवी वर्ग ज्यादा 'वस्तुपरक और निरपेक्ष' होकर स्थिति का मूल्यांकन करने लगा—इमरजेंसी के फायदे और नुकसानों के बीच सन्तुलन ढूँढ़ने लगा। वह यह तर्क देने लगा कि इमरजेंसी की कुछ बातें निश्चित ही बुरी हैं, लेकिन उसकी अच्छाइयों से भी इनकार नहीं किया जा सकता। वक्त के साथ सरकार के जन-सम्पर्क विभाग की ज्यादा जोरदार भूमिका होने लगी। अब बुद्धिजीवियों का दिमागी पलड़ा इमरजेंसी की तरफ झुकने लगा। स्वाधीनता के हरण की स्मृति आरामदेह जिन्दगी के बीच धूमिल होने लगी। उन्हें नये-नये कार्यक्रम मिलने लगे, जिनसे उनकी व्यस्तता भी बढ़ने लगी।

लोकतंत्र में मजदूर वर्ग हड़ताल, प्रदर्शन और पिकेटिंग करके अपनी माँगें पूरी करवा सकता है। इसलिए अन्य वर्गों की अपेक्षा लोकतंत्र उसके लिए कहीं ज्यादा जरूरी होता है, लेकिन देश के बुद्धिजीवी वर्ग ने जिस तरह अपनी सुख-सुविधा बनाए रखने के लिए अपनी स्वतंत्रता समर्पित कर दी, उसी तरह मजदूरों ने भी

छँटनी के डर से अपने अधिकारों को बलि चढ़ने दिया। नौकरी जाने का डर उन्हें परास्त करने के लिए काफी था। बड़े उद्योगों में काम करनेवाले मजदूरों की हालत छोटे किसान और भूमिहीन मजदूरों की अपेक्षा ही नहीं, गाँव के छोटे गृहस्थ से भी बहुत ज्यादा अच्छी होती है। इनकी तुलना में बड़े उद्योगों का मजदूर निश्चय ही विशेषाधिकार प्राप्त वर्ग का आदमी है। हमारे देश में एक बार नौकरी चले जाने पर दूसरी मिलने की कोई सम्भावना नहीं रहती। इमरजेंसी में जब यह जाहिर हो गया था कि किसी भी तरह का विरोध करने पर गिरफ्तारी ही नहीं होगी, नौकरी भी चली जाएगी तो विरोध करने का मतलब अपने परिवार को भूखों मरने देना हो गया।

इसके बावजूद अगर मजदूर वर्ग को सफलता की मामूली उम्मीद होती या बड़ा संघर्ष चला पाने की कोई सम्भावना नजर आती तो वह शायद कुछ-न-कुछ प्रतिकार अवश्य करता, लेकिन स्थिति ऐसी नहीं थी। मजदूर वर्ग बँटा हुआ था। इंटक (कांग्रेस मजदूर संगठन) और ए.आई.टी.यू.सी. (भाकपा का मजदूर संगठन) इमरजेंसी की तरफदारी कर रहे थे। अगर मजदूर हड़ताल करता तो ये दोनों उसे तोड़ने की पूरी कोशिश करते। ऐसे में मजदूरों के अन्य संगठनों द्वारा कोई बड़ा कदम उठाने का आह्वान आत्मघाती होता। यही नहीं, अन्य मजदूर संगठनों के नेताओं को स्थिति का पूरा एहसास भी न था। उन्हें स्पष्ट रूप से पता नहीं था कि क्या हो रहा है? वे हतप्रभ थे इसलिए एकदम निष्क्रिय हो गए थे।

मजदूर नेताओं की यह स्थिति अचानक नहीं बनी थी। मजदूर यूनियन जिस तरह से चलाए जा रहे थे, उसका यह स्वाभाविक परिणाम था। शुरू में जब मजदूर संगठित हो रहे थे तो मजदूर आन्दोलन में लड़ाकूपन था, लेकिन बाद में कुछ उद्योग मजदूरों को अच्छा वेतन देने लायक हो गए तो लड़ाई करने के बजाय सगाई (बातचीत कर समझौता) करना चल पड़ा। श्रम कानूनों ने भी हड़ताल करने को कठिन बना दिया, जिससे मालिकों से वेतन-वृद्धि या रियायतें प्राप्त करने की एकमात्र तरकीब औद्योगिक अदालत (ट्रिब्यूनल), पंच-फैसले और वार्ता की व्यवस्था रह गई। यह ध्यान देने की बात है कि पहले मजदूरों के यूनियन माँग रखते थे और फिर उनके लिए हड़ताल करके लड़ते थे, लेकिन अब वे इस बात की ज्यादा कोशिश करने लगे थे कि सरकार मजदूरों की माँगों पर कोई आयोग बैठाए या कानून बनाए और वे इनके निर्णयों और व्यवस्थाओं पर बातचीत या कानूनी तरीकों द्वारा अमल करवाएँ। इस प्रक्रिया में मजदूर यूनियन सरकारी विभागों के चक्कर में फँसते गए। उनके नेता अब ऐसे लोग होने लगे, जिनमें लड़ाकूपन की बजाय बातचीत करने की होशियारी, चतुराई तथा कानूनी अक्ल ज्यादा होती थी। कुछ नेता अपवाद जरूर थे, पर कुल मिलाकर अधिकांश मजदूर नेता ऐसे ही थे। वे ऐसा कोई संघर्ष करने के मुआफिक न थे, जिसका गैरकानूनी होना और जिसमें सरकार से सीधा सामना होना अवश्यम्भावी था।

मजदूर यूनियनों द्वारा इमरजेंसी और उसके फलस्वरूप उठाए गए कड़े कदमों का खुला समर्थन करना निराशा उत्पन्न करता था क्योंकि इमरजेंसी के चलते उनका अपना अस्तित्व ही बेमानी हो गया था। इमरजेंसी के आखिर तक मजदूर यूनियन सरकार के आगे गिड़गिड़ाते रहे। इससे मजदूरों को कोई लाभ भी नहीं हुआ, उल्टे उनका कानूनी बोनस तक छीन लिया गया। उन पर अनिवार्य बचत योजना थोप दी गई और बड़े पैमाने पर उनकी छँटनी की जाने लगी, लेकिन इनका विरोध करने का उनके पास कोई उपाय नहीं रहा।

प्रारम्भ में अर्थव्यवस्था के असंगठित क्षेत्रों के लोगों को, जिनका सरकार से सीधा वास्ता नहीं पड़ता और जिनकी सार्वजनिक मामलों में दिलचस्पी कम-से-कम होती, इमरजेंसी की चपेट में नहीं लिया गया। छोटे व्यापारियों, कारीगरों और ग्रामीण आबादी पर सरकार की कोप-दृष्टि नहीं पड़ी और इन लोगों को भी इस बात का एहसास नहीं हुआ कि देश में क्या हो रहा है? यह तबका राजनीतिक मामलों पर कदाचित ही अपनी राय प्रकट करता था। उसकी दशा और उसकी राय जानने की हमारे देश में चेष्टा भी नहीं की जाती। इस तबके को निश्चय ही नेताओं की गिरफ्तारी से आश्चर्य हुआ और जिन नेताओं के प्रति उनके मन में सम्मान था, उनकी गिरफ्तारी से दुख भी। लेकिन राजनीति उसके परे थी इसलिए वह बहुत चिन्ता नहीं करता था। इस तरह आबादी का वह हिस्सा, जिसकी प्रतिकार या प्रतिक्रिया सरकार के लिए चिन्ता और परेशानी का सबब बन सकती थी और जिससे कोई भी पुलिस निपट नहीं सकती थी, कटा रहा।

अगर देश के पाँच लाख गाँवों में इमरजेंसी की खिलाफत होती तो पुलिस की बड़ी-से-बड़ी ताकत उससे निपट नहीं पाती। इन्दिरा गांधी ने गाँवों में असन्तोष को कम करने की कोशिश में बीस सूत्री कार्यक्रम का ढोल काफी पीटा। कुछ समय के लिए ऐसा लगा कि इमरजेंसी ने इन्दिरा गांधी को किसी भी प्रकार के आन्दोलन के खतरे से मुक्त कर दिया है। उस पर कोई राजनीतिक दबाव भी नहीं डाला जा सकता। लोकसभा के मुखर सदस्यों को जेल में बन्द करने और संसद की कार्रवाई पर भी कड़ी-से-कड़ी सेंसरशिप लागू करने के बाद अपने दो तिहाई बहुमत के सहारे इन्दिरा गांधी ने देश के कानूनों और संविधान से मनमाना खिलवाड़ करने की छूट हासिल कर ली थी। उसने अपने चुनाव के मामले में इलाहाबाद उच्च न्यायालय के फैसले को पलटने के लिए न्यायिक प्रक्रिया तक को उलट दिया। चुनाव कानूनों में रद्दोबदल करके सर्वोच्च न्यायालय से अपने पक्ष में उन्होंने जब तक फैसला करवाया तब तक लोगों की मामले में दिलचस्पी ही नहीं रह गई थी क्योंकि देश में ऐसी राजनीतिक व्यवस्था कायम हो चुकी थी, जिसमें संविधान और कानून महज दिखावा रह गए थे। इन्दिरा गांधी और उनका गिरोह जो कहता था, वही कानून बन गया था। ऊपर के स्तर के सारे फैसले इन्दिरा गांधी और उनके गिरोह के लोग करते

थे लेकिन बाकी के स्तरों पर तो अफसरशाही ही फैसला करती थी। अफसरशाही अचानक सक्रिय हो उठी और उसने अपनी असली शक्ल अख्तियार कर ली। देश की अफसरशाही देश की जनता और लोकतांत्रिक सत्ता को हमेशा से हेय मानती आई थी। अब उसकी बाँछें खिल गईं। उसमें जान आ गई।

इमरजेंसी के तहत प्रशासनिक अफसरशाही और पुलिस (जिनका लोकतंत्र के अनुरूप पुनर्गठन नहीं किया गया) को जनता पर खूँखार कुत्तों की तरह छोड़ दिया गया। अफसरशाही और पुलिस को संसद और विधानमंडलों से हमेशा चिढ़ रहती थी। उन्हें लगता था कि ये उनके काम में बेवजह दखलन्दाजी करते हैं। अदालती प्रतिबन्धों से भी उन्हें चिढ़ होती थी। उन्हें लगता था कि लोगों को ठीक रास्ते पर लाने के सीधे-सादे काम को ये बेवजह पेचीदा बनाते हैं। अब अफसरों को यह लगा कि वे राजनीतिक लोगों की दखलन्दाजी से मुक्ति पा जाएँगे। इसी तरह पुलिस को भी लगा कि बिना जवाबदेही हुए वह मामलों को मनमाने ढंग से फटाफट निपटा सकेगी। डंडे और गोली (बेटन एंड बुलेट) का राज कायम हो गया है और इमरजेंसी के बोनस के रूप में वह राजनीतिक मामलों को ही नहीं, अपने व्यक्तिगत शत्रुता वाले मामलों को भी निपटा सकती है। पुलिस और अफसरशाही राजनीतिक व्यवस्था का मुख्य आधार बन गई और उनको अतिरिक्त जिम्मेवारियाँ सौंप दी गईं। पुलिस हिरासत में हत्याओं और यातनाओं के लिए सिर्फ इन्दिरा और संजय गांधी को दोषी ठहराना भोलापन होगा। इनमें से अधिकांश के लिए स्थानीय प्रशासन जिम्मेवार था। इन्दिरा गांधी अप्रत्यक्ष रूप से इनके लिए निश्चय ही जिम्मेवार थीं क्योंकि उन्होंने व्यवस्था को ऐसा बना दिया था, जिसमें उसकी (प्रशासन की) पर-पीड़न की वासना जाग उठी थी।

अफसरशाही और पुलिस के हाथ में अमर्यादित सत्ता आ जाने के बाद इमरजेंसी का असर दूर-दूर तक दिखने लगा। शुरू में दमन और अत्याचार चुनिन्दा स्थानों पर हुआ, लेकिन बाद में वह आम हो गया। हमारे देश में मजिस्ट्री और पुलिस की सत्ता सर्वविद्यमान है। वे अपनी नई सत्ता को आजमाए बिना कैसे रह सकती थीं? जल्द ही सुदूर गाँवों के लोगों तक को नई राजनीतिक व्यवस्था का स्वाद मिलने लगा। सामान्य और रोजमर्रा के प्रशासनिक कार्य भी अब इमरजेंसी के डंडे के बिना नहीं किए जाते थे। गाँवों में अनाज, लगान और ऋण की वसूली में प्रशासन का अत्याचारी रूप प्रकट होने लगा। शहरों और कस्बों में 'अनधिकृत' मकानों, झोंपड़ियों और दुकानों को अन्धाधुन्ध गिराया जाने लगा। नसबन्दी के अभियान ने तो अत्याचार को पराकाष्ठा पर पहुँचा दिया।

हमारा यह आशय कदापि नहीं है कि इमरजेंसी के अत्याचारों की जिम्मेवारी सिर्फ प्रशासन पर है, जिसे सरकारी निर्णयों पर अमल की जिम्मेवारी सौंपी गई थी। हम तानाशाही लादनेवाले के अपराध को कम करके नहीं देख रहे हैं, लेकिन

हमें यह भी नहीं भूलना चाहिए कि तानाशाही खुद ही प्रशासन का एक तरीका है। इसके स्वभाव में ही कानून और नैतिकता की मर्यादाओं का कोई स्थान नहीं है। तानाशाह अपने को कानून और नैतिकता से परे मानता है। जब वह खुद अपने को कानून से परे मानता हो तब यह कैसे सम्भव है कि उसका अफसर भी यह न माने? इसीलिए तानाशाही में हर स्तर पर हमेशा स्वेच्छाचारिता रहती ही है। यह तानाशाही की अनिवार्यता है। तानाशाही का मुख्य हथियार भय और आतंक है। लोग कब भयभीत होते हैं? जब उन पर अचानक और बिना कारण मार तभी पड़ सकती है और जब कोई मनमानी कर रहा हो। अगर प्रशासन कानून, नैतिकता और परम्पराओं की मर्यादाओं का पालन करता हो तो उसकी कार्रवाई का पहले से अनुमान लगाया जा सकता है, जिससे उसका उतना डर नहीं रहता और उसका इलाज भी ढूँढ़ा जा सकता है। कोई भी तानाशाही इसलिए उदार और दयावान हो ही नहीं सकती। वह छोटे-छोटे तानाशाहों के कन्धों पर चलती है। इनमें हरेक को अपना स्वार्थ साधना होता है। यह कहने की जरूरत नहीं कि यह हमेशा जनता के स्वार्थ की कीमत पर साधा जाता है।

जो लोग यह सोचते हैं कि इमरजेंसी में जो अत्याचार हुए वे इरादतन न थे, वे भारी भूल करते हैं। अत्याचार तो उसका अनिवार्य अंग था। इसी से तो तानाशाही जनता के जान-माल पर अपनी सर्वसत्ता का उद्घोष करती है।

आम तौर पर लोग यह मानते हैं कि इमरजेंसी के कारण काफी मुसीबतें झेलनी पड़ीं, बहुत सख्ती भी थी, लेकिन बहुत से लोग उसके लाभ भी बताते हैं। रेडियो और अखबार तो लाभ बताते अघाते नहीं थे। ये तथाकथित लाभ किस प्रकार के थे? कुछ तो बहुत ही मामूली थे और कुछ को 'बड़े लाभ' कहा जा सकता है। मामूली लाभों में जिन चीजों को गिनाया जाता है, वे हैं—ट्रेनें समय पर चलने लगीं, नई दिल्ली में लोग कतार बाँधकर बसों की प्रतीक्षा करने लगे और शहरों में सफाई दिखने लगी। बड़े लाभों में गिनाया जाता है—औद्योगिक सम्बन्धों में बहुत ज्यादा सुधार हुआ, कीमतों का बढ़ना बन्द हो गया, निर्यात बढ़ा (इस्पात और इंजीनियरी माल जैसे अपरम्परागत माल का) और अनाज का रिकार्ड उत्पादन व रिकार्ड वसूली हुई।

तानाशाही का औचित्य साबित करने के लिए ट्रेनों के समय पर चलने की बात कितनी वजनदार है, हम नहीं जानते। जहाँ तक इमरजेंसी में ट्रेनों के ठीक समय पर चलने की बात है, यह कहना पड़ेगा कि बड़ी-बड़ी ट्रेनें कुछ हद तक समय पर चलने और पहुँचने लगी थीं, जिससे विदेशी लोग और प्रचार करनेवाले लोग प्रभावित होते थे, लेकिन छोटी ट्रेनों का पहले जैसा ही हाल था। बड़ी-बड़ी ट्रेनों के बारे में भी यह नहीं कहा जा सकता कि वे हमेशा ठीक समय पर ही पहुँचती थीं। बहुत बार उन्हें घंटों लेट पाया गया, लेकिन यह खबर कौन छाप सकता था?

दिल्ली में बस यात्रियों के अनुशासन के बारे में भी ऊपर की ही बात कही जा सकती है। लोग बस की प्रतीक्षा में कतार बाँधकर खड़े हों, इसके लिए इमरजेंसी की जरूरत नहीं पड़नी चाहिए। मुम्बई और बंगलूर के बस यात्रियों ने बहुत पहले से ही, जब किसी ने इमरजेंसी का नाम भी न सुना था, यह आदत डाल ली थी। कोई भी सभ्य नागरिक बस की प्रतीक्षा कतार बाँधकर खड़ा होकर ही करेगा, दूसरों को ढकेलकर या धक्का देकर घुसने की चेष्टा वह कतई नहीं करेगा, लेकिन दिल्ली का नागरिक ऐसा नहीं करता। उसका यह असभ्य आचरण भारत की राजधानी के राजनीतिक और सामाजिक आचार-व्यवहार को भी प्रकट करता है। यह दिल्ली के विशिष्ट वर्ग की उस महत्त्वाकांक्षा को भी प्रकट करता है, जिसमें दूसरे को ढकेलकर अपनी बारी की प्रतीक्षा किए बिना आसन दखल किया जाता है।

इमरजेंसी के पहले भी संजय गांधी दिल्ली के युवा जगत का चहेता बन पाया था तो उसका कारण यही था कि उसे (संजय गांधी) अपनी बारी का खयाल न था और वह दूसरों की तुलना में अपने को तौलने को तैयार न था। इमरजेंसी से इस तरह का आचरण और आचार-व्यवहार सुधर नहीं सकता था। कुछ जगहों पर पुलिस के हस्तक्षेप के कारण निश्चय ही लोग कतार बाँधकर खड़े होते थे। केन्द्रीय सचिवालय के पास दिनभर दफ्तर में काम करने के बाद थके किरानी अलबत्ता भेड़ों की तरह झुंडों में कतार लगाते थे। उन स्थानों पर भी जहाँ से बसें चलती थीं और जहाँ बस में स्थान मिलने की सम्भावना रहती थी, लोग कतार में खड़े होते थे, लेकिन अधिकांश बस मार्गों पर लोग गुत्थम-गुत्था करते थे, सामनेवालों को धक्का देते थे, ढकेलते थे और पहले चढ़ने की कोशिश करते थे। बस यात्रियों के पक्ष में यह कहा जा सकता है कि बेचारे क्या करते? बसों का आना अनिश्चित रहता था और वे इतनी कम आती थीं कि वे सब्र खो बैठते थे। ऐसी बेसब्री में सुधार कैसे हो सकता था? इमरजेंसी ने उन्हें कतई आश्वस्त नहीं किया कि उन्हें बस में जगह मिल जाएगी।

हाँ, एक मामले में इमरजेंसी की सफलता में तनिक भी सन्देह की गुंजाइश नहीं है। यह मामला सफाई का है। सफाई का अभियान या कार्यक्रम विशिष्ट वर्ग के एकदम मनोनुकूल था। इस कार्यक्रम में देश के विशिष्ट वर्ग की देश की गरीब जनता के प्रति हिकारत की भावना पूरी तरह से और खुलकर प्रकट हुई। बड़े-बड़े बंगलों और शानदार व आरामदेह फ्लैटों में रहनेवाले विशिष्ट वर्ग के लोगों को गरीबों की बस्तियाँ और झुग्गियाँ हमेशा से अखरती आई हैं। वे सोचते हैं 'ये शहर को ही दूषित नहीं करतीं, हमारे आसपास के नयनाभिराम और मनोरम वातावरण को भी गन्दा करती हैं, ये किसी तरह हटें, जिससे हमारी आँखों को कष्ट न हो। क्या करें? दाई, नौकर चाहिए, फल-सब्जी वाले घर के दरवाजे पर चाहिए—इसलिए झुग्गियों में रहनेवालों की जरूरत पड़ती है, लेकिन इन्हें सिर पर छत की क्या जरूरत है?'

आलीशान व शानदार बंगलों और फ्लैटों में रहनेवाले लोग यह सोच नहीं सकते कि उनका नौकर, जिसे वे महीने के प्रारम्भ में कुछ रुपल्ली थमा देते हैं, किस तरह रहता होगा? यह सोचें कि किराया कितना बढ़ा हुआ है और पैर पसारने लायक कोठरी मिलनी कितनी मुश्किल है? वे तो इतना ही सोचते हैं कि इन सबको हटाना जरूरी है। गन्दे और मैले-कुचैले लोग हमारी दृष्टि से ओझल रहने चाहिए। और यह काम पूरी मुस्तैदी से हुआ—गन्दे और मैले-कुचैले लोगों को ओझल करने का। संजय गांधी के रूप में एक देवदूत अवतीर्ण हुआ, जिसने शहर को साफ-सुथरा बनाने का सपना सच किया। उसकी नगर सौन्दर्यीकरण की परिकल्पना की तारीफ के पुल बाँधे जाने लगे कि वह आगे बढ़ता ही चले।

मुख्य-मुख्य स्थानों पर बड़े-बड़े इश्तहार लगाए गए। इनमें जनता से अपील की गई कि वह मुस्कराहटों की नगरी दिल्ली को स्वच्छ रखे और बुलडोजर चलने लगे। बस्तियों का नामोनिशान मिटा दिया गया—6 लाख लोगों को उनके बीवी-बच्चों और कपड़े-लत्तों समेत विभिन्न स्थानों पर 'पार्सल' कर दिया गया। शहर से मीलों दूर मच्छरों से भिनभिनाते दलदली स्थानों में—खिचड़ीपुर, जहांगीरपुरी आदि स्थानों में, जहाँ पीने के पानी का भी इन्तजाम न था। इस तरह मुस्करानेवाली नगरी ने अपने रोनेवाले बाशिन्दों से निजात पाई।

कोई आवाज नहीं उठा सकता था। प्रतिकार करने का सवाल ही नहीं उठता था। सफाई और गन्दी बस्ती हटाने के अभियान में नई ताकत का पूरे आतंक के साथ इस्तेमाल किया गया। तुर्कमान गेट एकमात्र अपवाद साबित हुआ—यहाँ बस्ती हटाने और नसबन्दी करने के जुड़वाँ अभियान के खिलाफ आवाज उठाई गई। जब पुलिस ने गोली और डंडे के जोर से अपनी बात मनवाने की कोशिश की तो लोगों ने प्रतिरोध किया। पुलिस की पाशविक शक्ति का लोगों ने अपनी शारीरिक शक्ति से प्रतिरोध किया। इसके बाद जो हुआ, वह नादिरशाह ने भी नहीं किया था—दिल्ली में ऐसा खूनी हत्याकांड नादिरशाह के बाद नहीं हुआ था। निहत्थे स्त्री-पुरुष व बच्चों को मारा गया—सड़कों पर और उनके घरों के भीतर गोलियों से भून दिया गया। तुर्कमान गेट के आसपास के बड़े इलाके में कर्फ्यू लगा दिया गया। यह कई दिनों तक रहा। खबरों पर पूरी पाबन्दी थी। घटना के कई दिनों बाद सरकारी तौर पर लोगों को अखबारों से घटना का तब पता लगा जब तुर्कमान गेट के लोगों की हिंसा की निन्दा छापी गई।

ऐसी बात नहीं कि सिर्फ दिल्ली में ही सफाई अभियान चला। अन्य शहरों और कस्बों में भी सफाई का बुखार चढ़ाया गया, पर सब जगह एक सा 'इलाज' नहीं हुआ।

इमरजेंसी के बड़े लाभों के बारे में यह मानना पड़ेगा कि औद्योगिक सम्बन्धों में सुधार इस अर्थ में जरूर हुआ कि हड़ताल और आन्दोलन बन्द हो गए। मीसा

और डी.आई.आर. की तलवार जब लटक रही हो तब मजदूर नेता हड़ताल करेंगे, यह कौन उम्मीद कर सकता था? कहीं-कहीं अचानक और अनधिकृत हड़तालें जरूर हुईं। मालिकों की जबर्दस्ती के आगे मजदूर नि:सहाय हो गया था। वह सिर्फ सरकार से न्याय की अपील कर सकता था और इमरजेंसी में सरकार की न्याय भावना। यह स्वाभाविक था कि टाटा और बिड़ला औद्योगिक वातावरण से पूरी तरह सन्तुष्ट थे और अपनी तृप्ति प्रकट करने के लिए जोरों से डकार ले रहे थे।

लेकिन ये 'अच्छे और सुधरे' हुए औद्योगिक सम्बन्ध ऐसे थे, जिनमें सारा फायदा एक ही पक्ष को मिल रहा था। उद्योगपतियों को हड़ताल और आन्दोलन के झमेले से मुक्ति मिल गई, लेकिन मजदूरों को क्या मिला? मजदूरों द्वारा आन्दोलन न कर पाने के कारण मालिकों ने मनमौजी छँटनी और तालाबन्दी शुरू कर दी। बड़े पैमाने पर तालाबन्दी होने लगी। श्रम मंत्रालय तक को 1976 की अपनी रपट में यह कबूलना पड़ा कि मजदूरों ने तो प्रशंसनीय संयम दिखाया, लेकिन मालिकों ने नहीं। जनवरी 1976 से मई 1976 तक तालाबन्दी के कारण श्रम दिवसों की क्षति में 36 प्रतिशत वृद्धि हुई।

इमरजेंसी में हजारों छोटे और दरमियानी कारखाने तथा सैकड़ों बड़े कारखाने बन्द कर दिए गए। मकानों का बनना तो एकदम बन्द हो गया। इस तरह लाखों मजदूर बेकार हो गए। कोई आवाज नहीं उठी। मजदूरों को चुपचाप सब सहना पड़ा। अधिकांश उद्योगों में मजदूरों का बोनस समाप्त हो गया क्योंकि मालिकों के लिए इसे देने की कानूनी बाध्यता नहीं रही।

मुद्रास्फीति और महँगाई में जो कमी आई, वह महज संयोग थी। इन पर इमरजेंसी का अपना कोई प्रभाव नहीं पड़ा। सरकारी समीक्षा में ही कबूल किया गया है कि जुलाई 1974 में थोक मूल्य सूचकांक 3 प्रतिशत से अगस्त में गिरकर 2.5 प्रतिशत और सितम्बर में 1.6 प्रतिशत हो गया। सितम्बर 1974 के तीसरे सप्ताह में थोक मूल्य सूचकांक गिरकर 330.7 रह गया था। इतना कम वह पहले नहीं रहा था। उसका गिरना निरन्तर जारी रहा और अप्रैल 1975 में वह 305.9 रह गया। मुद्रास्फीति की वार्षिक दर जो सितम्बर 1974 में बढ़कर 32 प्रतिशत हो गई थी, घटकर अप्रैल 1975 के पहले सप्ताह में 7 प्रतिशत रह गई थी।

मुद्रास्फीति का दबाव इमरजेंसी के दो महीने पहले की काफी घट गया था। यहाँ यह याद किया जा सकता है कि अक्टूबर 1974 में बिहार आन्दोलन अपने चरमोत्कर्ष पर पहुँच गया था और उसे देश के दूसरे हिस्सों में समर्थन मिलने लगा था। आन्दोलन के दबाव के कारण सरकार मुद्रास्फीति को रोकने के लिए कुछ कदम उठाने को मजबूर हुई थी और इन कदमों का असर पड़ने लगा था।

यह औद्योगिक कच्चे माल और अनाज की कमी के दूर होने के कारण सम्भव हुआ था। सरकार बहुत बड़े पैमाने पर इनका आयात कर रही थी। यही नहीं, 1975-

76 के साल में अनाज और खाने के तेल का रिकार्ड उत्पादन हुआ। इन सब चीजों के चलते 1975 और 1976 के प्रारम्भिक दिनों में मुद्रास्फीति के दबाव को रोकने में मदद मिली। इनका इमरजेंसी के तहत अर्थव्यवस्था के तथाकथित कुशल प्रबन्ध से किसी प्रकार का सम्बन्ध नहीं था। भारत सरकार की 1975-76 की आर्थिक समीक्षा तक में कहा गया था कि 'अप्रैल-दिसम्बर, 1975 के थोक मूल्यों के विश्लेषण से प्रकट है कि औद्योगिक कच्चे माल (जैसे कपास, तिलहन), अनाज और खाने के तेल ने कीमतें घटाने में प्रमुख भूमिका अदा की, लेकिन इनकी तुलना में दरमियानी चीजों की कीमत में कमी नहीं हुई क्योंकि तैयार माल की कीमत में 1.3 प्रतिशत वृद्धि ने उनकी स्थिति को लगभग बराबर कर दिया। रासायनिक पदार्थों, मशीनों और परिवहन के उपकरणों की कीमतों में वृद्धि की प्रवृत्ति देखी गई।' इस तरह हम सरकार को ही यह कबूल करते पाते हैं कि उन क्षेत्रों में, (उदाहरण के लिए औद्योगिक क्षेत्र) जहाँ प्रशासनिक उपाय काम कर सकते थे, इमरजेंसी से कोई फर्क नहीं पड़ा। कृषि क्षेत्र के ही कारण कीमतों में भारी गिरावट आई। यह ध्यान देने की बात है कि यह गिरावट स्थायी नहीं थी और इसका कारण अच्छी फसल का होना और बड़े पैमाने पर अनाज का आयात करना ही था।

जब कीमतों के गिरने की परिस्थिति न रही तब इमरजेंसी की सख्ती से कीमतों को बढ़ने से रोका न जा सका—इमरजेंसी का चमत्कार तो महज सरकारी चीत्कार था। अगले वर्ष में अनाज और तिलहन के ज्यादा उत्पादन की जब आशा न रही तो सरकारी गोदामों में अनाज का भारी स्टॉक रहने के बावजूद कीमतें फिर बढ़ने लगीं। मार्च से नवम्बर 1976 के बीच आठ महीनों में कीमतों में 11 प्रतिशत वृद्धि हुई। यह वृद्धि इमरजेंसी के आखिर तक जारी रही।

1975-76 में रिकार्ड फसल हुई। इसका कारण वर्षा का अनुकूल होना था, इमरजेंसी नहीं। अगर यह मान लिया जाए कि इमरजेंसी में अर्थव्यवस्था के कुशल प्रबन्ध के कारण ही फसल अच्छी हुई तो यह सवाल किया जा सकता है कि तो 1976-77 में (77 के मार्च तक इमरजेंसी थी और 1976-77 वर्ष का मतलब मार्च 1977 तक ही होता है) अनाज के उत्पादन में 1 करोड़ टन की कमी क्यों हुई?

रिकार्ड फसल के कारण रिकार्ड वसूली अनहोनी चीज न थी। अच्छी फसल के साल व्यापारियों को दी जानेवाली ऋण सुविधाओं पर रोक लगाए जाने के कारण बहुत कम ही व्यापारियों ने किसानों से अनाज खरीदा। किसानों के पास सरकारी गोदामों में अपना अनाज भर देने के सिवाय कोई दूसरा चारा नहीं था। यही बात 1976-77 में भी हुई, जब फसल अपेक्षाकृत बुरी हुई थी। इससे सिर्फ इतना ही साबित होता है कि हमारी अर्थव्यवस्था में कृषि क्षेत्र की स्थिति कितनी ढुलमुल और कमजोर है?

इस्पात और इंजीनियरी माल के निर्यात को यदि हम सही परिप्रेक्ष्य में देखें तो यही प्रकट होगा कि हमारी अर्थव्यवस्था कितनी ज्यादा असफल रही है। उसकी यह असफलता निराशा पैदा करती है। इस्पात के निर्यात की बात करते हुए हमें इस बात को ध्यान में रखना चाहिए कि 60 करोड़ की आबादी वाले हमारे देश में बेचने लायक इस्पात का उत्पादन ज्यादा-से-ज्यादा 60 लाख टन था। इंग्लैंड और जापान की आबादी हमसे छह गुनी कम है, पर वे हमसे दस गुना ज्यादा इस्पात का उत्पादन और इस्तेमाल करते हैं। इससे जाहिर है कि हमारा इस्पात का उत्पादन कितना कम है? 1975 के एक साल पहले देश में इस्पात की भारी कमी थी। यह कमी अचानक अत्यधिक वृद्धि में कैसे परिणत हो गई? इस पर सोचना चाहिए। इसका एक ही मतलब है—देश में औद्योगिक उत्पादन और निर्माण कार्य ठप हो रहा था, नहीं तो हम अपने इतने कम इस्पात उत्पादन में से 19 लाख टन इस्पात का कैसे निर्यात कर सकते? भारत जैसे विशाल देश में अगर अर्थव्यवस्था विकसित हो रही हो तो 60 लाख टन से भी कहीं ज्यादा इस्पात की खपत होनी चाहिए। इंजीनियरी माल के बारे में भी यही बात लागू होती है। आर्थिक रूप से एक पिछड़े देश में उसके इंजीनियरी माल की खपत उसके औद्योगिक विकास में ही लग जाएगी। आखिर हमारी अर्थव्यवस्था का बहुत बड़ा हिस्सा अभी भी बैलगाड़ी के युग में ही है। देश को अपने इंजीनियरी माल की खपत के लिए निर्यात और अन्य देशों में साझेदारी का सहारा लेना पड़े तो यह खुशी नहीं वरन शर्म की ही बात है।

निर्यात के मामले में एक बात और ध्यान में रखनी चाहिए। हमारे देश में बढ़िया किस्म का लौह अयस्क मिलता है। हमारे यहाँ का लौह अयस्क शायद दुनिया में सर्वश्रेष्ठ है। बढ़िया लौह अयस्क उपलब्ध होने और मजदूरी सस्ती होने के कारण हमारे यहाँ इस्पात के उत्पादन पर लागत कम आती है। जब हम उन्नत देशों को इस्पात बेचते हैं तो हम उन्हें बहुत फायदा पहुँचाते हैं। उन्नत देशों के लिए सस्ती मजदूरी वाले देशों से निर्मित माल या कच्चा माल प्राप्त करना और अपने यहाँ के कच्चे माल को ज्यादा आधुनिक माल तैयार करने में लगाना बहुत फायदेमन्द रहता है क्योंकि इससे वे अपने तैयार किए गए माल को अपनी कीमतों पर बेच सकते हैं। ऐसी सौदेबाजी से उन्हें बहुत ज्यादा मुनाफा होता है। निर्यात करने के बजाय भारत अगर अपने इस्पात से अपनी आवश्यकता की चीजें बना पाता तो ज्यादा अच्छा होता। निर्यात को लेकर सरकारी प्रचार तंत्र ने खूब हल्ला मचाया और सरकार ने वाह-वाही लूटनी चाही, लेकिन यह तथाकथित सफलता तो असफलता का सूचक और गलत नीति का द्योतक थी।

इमरजेंसी की जिन आर्थिक सफलताओं का ढोल पीटा गया, वे छलावा थीं। उनका अस्तित्व ही न था। मोटी बात यह है कि जबर्दस्ती और ताकत-आजमाइश

ठोस आर्थिक नीति का विकल्प नहीं होती। व्यवस्था की पूरी खराबी का डंडे से इलाज सम्भव नहीं।

यह ध्यान देने की बात है कि इमरजेंसी में कड़े कदम उठाने और जनता को भयभीत करने के लिए इन्दिरा गांधी को हिटलर की तरह नाजी युवकों की गुंडा वाहिनी या गेस्टापो (हिटलर का खुफिया पुलिस) जैसे संगठन नहीं बनाने पड़े और न ही प्रशासन में जल्लादों के किसी गिरोह को भर्ती करना पड़ा। उन्होंने (इन्दिरा गांधी ने) पहले से चली आ रही प्रशासकीय व्यवस्था को ही अपनी इच्छाओं को पूरा करने लायक पाया। इस प्रशासकीय व्यवस्था ने उनकी सारी गलत इच्छाओं को खुशी-खुशी पूरा किया। कानून और संविधान के एकदम विपरीत आदेशों को मानने से किसी ने इनकार नहीं किया और प्रशासन ने अक्सर आदेश से भी आगे बढ़कर काम किया। इससे यह प्रकट हो गया कि हमारे देश की अफसरशाही की प्रतिबद्धता कहाँ है और किसके प्रति है?

5

सरकार जब तक जनता की नजरों में एकदम गिर नहीं जाती तब तक उसका जोरदार ढंग से मुकाबला नहीं किया जा सकता। जब जनता अपनी सरकार को घृणित मानने लगती है तभी उसमें उसका विरोध करने की भावना उग्र होने लगती है। शुरू में उन लोगों तक को, जिन्हें हम राजनीति का जानकार मानते हैं, इस बात का पता नहीं था कि इमरजेंसी क्या है? देहात के लोग और शहर के गरीब पहले भी राजनीतिक परिवर्तनों से बेखकर रहते थे, वे इमरजेंसी से भी रहे। हाँ, उन्हें यह जरूर एहसास हुआ कि इस बार का राजनीतिक परिवर्तन एक खास किस्म का है, असामान्य किस्म का। शुरू की उलझन और चकराहट के बाद ही राजनीति में भाग लेनेवाले लोगों को इमरजेंसी का मतलब समझ में आने लगा।

इमरजेंसी के ठीक पहले विरोधी पार्टियाँ इन्दिरा गांधी के इस्तीफे की माँग कर राष्ट्रव्यापी आन्दोलन करने की बात सोच रही थीं। इमरजेंसी लागू होते ही वे हतप्रभ रह गईं। इनका संगठन एकदम अस्त-व्यस्त हो गया। उनके अधिकांश बड़े नेता गिरफ्तार कर लिए गए। जो गिरफ्तारी से बच गए, वे फरार हो गए। लेकिन उनके बीच तालमेल या सम्पर्क कायम नहीं हुआ। क्या किया जाए, इसकी कोई योजना भी न थी। विरोधी दलों के अधिकांश नेताओं का जनता से सम्बन्ध न था। कर्पूरी ठाकुर जैसे नेताओं का अपने राज्य में जनाधार था, लेकिन कर्पूरी ठाकुर नेपाल चले गए और वहाँ इमरजेंसी के खिलाफ आन्दोलन चलाने के लिए एक दफ्तर खोलने की चेष्टा करने लगे। नेपाल के राजा के प्रतिकूल रुख के कारण कुछ भी नहीं हो पाया, लेकिन कर्पूरी ठाकुर के नेपाल चले जाने से बिहार के कार्यकर्ताओं में भी, जिन्होंने हर प्रकार के दमन का बहादुरी से सामना किया था, कुछ घबराहट फैल गई। वे यह सोचने लगे कि हालात इतने बिगड़ गए हैं कि देश के भीतर से इमरजेंसी के खिलाफ काम करना असम्भव हो गया है।

उच्च वर्ग के कुछ लोग मौका मिलते ही घबराहट और डर के कारण अमेरिका या इंग्लैंड भाग गए, हालाँकि जाहिरा तौर पर उनका मकसद विदेश से तानाशाही के खिलाफ लड़ाई चलाना था। इनकी कार्रवाइयों से यही प्रकट होता था कि हिन्दुस्तान की स्वाधीनता की लड़ाई अब हिन्दुस्तानी अवाम नहीं बल्कि विदेशी लोग ही चला

सकते हैं। बहुत-से लोग यह सोचने लगे कि अब फिर कभी आजादी लौटकर नहीं आनेवाली है। बहुतों ने डरकर अपनी पार्टियाँ छोड़ दीं, इन्दिरा गांधी और उनके कार्यक्रम के प्रति अपनी वफादारी का ऐलान किया। शुरू में लोगों ने यह सोचा था कि इमरजेंसी के विरोध में जो आन्दोलन होगा, उसमें जनसंघ अपने आर.एस.एस. के दस्ते के कारण सबसे आगे होगा। वह आन्दोलन का आधार बनेगा, लेकिन देखा क्या गया? इन्दिरा गांधी के प्रति वफादारी की कसम खानेवालों में जनसंघ और आर.एस.एस. के लोगों की ही संख्या सबसे ज्यादा थी। उनके बहुत से 'बहादुर और पक्की निष्ठावाले' कार्यकर्ताओं और नेताओं ने जेल में माफीनामे लिखे। सौभाग्यवश, सरकार माफी देने को इच्छुक नहीं थी। इसलिए ऐसे लोगों में से अधिकांश अन्त तक जेल में रहे और उनकी इज्जत बच गई।

जनता से राजनीतिक नेता कितने अलग-थलग पड़ गए थे, यह इस बात से प्रकट है कि राजनीतिक पार्टियों के नेताओं यहाँ तक कि जयप्रकाश नारायण तक की गिरफ्तारी के बाद भी राष्ट्र उदासीन रहा—स्वत:स्फूर्त हड़तालें नहीं हुईं, प्रदर्शन नहीं हुए और न ही रेल की पटरियाँ उखाड़ी गईं। सीधी-सादी बात यह थी कि विरोधी दलों के नेताओं का जनता के हृदय में कोई स्थान न था। अब तक जनता को सरकार से उनकी (नेताओं की) लड़ाई गद्दी की लड़ाई ही नजर आती थी। यह बात दीगर है कि जब कभी उसकी समस्याओं को लेकर आन्दोलन छेड़े गए तो उनमें जनता की दिलचस्पी पैदा होती थी। लोगों को यह समझने में थोड़ी देर लगी कि इमरजेंसी लागू किए जाने के बाद लड़ाई की सूरत ही बदल गई है।

इमरजेंसी के विरोध में व्यक्तियों और छोटे समूहों द्वारा इधर-उधर छिटपुट कार्रवाइयाँ जरूर हुईं। कभी-कभी तो ऐसी कार्रवाइयों के पीछे गजब की बहादुरी भी देखने को मिली। ये कार्रवाइयाँ ऐसे साधारण कार्यकर्ताओं ने कीं, जिन्हें आज भी लोग नहीं जानते, लेकिन हिन्दुस्तान जैसे बड़े देश में कुल मिलाकर ऐसी कार्रवाइयों का बहुत ज्यादा महत्त्व नहीं हो सकता था।

छोटे-छोटे पर्चे और इश्तहार निकालने के प्रयत्न भी हुए। इनमें जनता से अपील की जाती थी कि वह तानाशाही के खिलाफ उठ खड़ी हो। ये पर्चे और इश्तहार कभी-कभी छपे भी होते थे, ज्यादातर साइक्लोस्टाइल किए हुए ही होते थे। छापना बहुत कठिन था क्योंकि पुलिस प्रेसों पर अक्सर छापा मारा करती थी। वक्त गुजरने के साथ लोग इमरजेंसी के अभ्यस्त होने लगे और आतंक घटने लगा। पर्चों और इश्तहारों की संख्या बढ़ने लगी। पर्चों और इश्तहारों को अलग-अलग जगहों से निकाला जाता था, जिससे पुलिस के लिए उन पर एक साथ टूट पड़ना सम्भव नहीं था। पुलिस अगर किसी पर्चे या इश्तहार का सुराग पा जाती और उससे जुड़े लोगों को गिरफ्तार कर लेती तो पर्चा किसी दूसरे स्थान से निकलने लगता। पर्चों और

इश्तहार निकलने का काम ज्यादातर युवा लोगों ने ही किया। इसमें कभी-कभी तो उन्होंने बहुत सूझबूझ और बहादुरी का भी परिचय दिया।

इन पर्चों और इश्तहारों से कुछ हद तक लोगों को कुछ घटनाओं की जानकारी मिलती, लेकिन खबरों के लिए कोई संगठन नहीं था, जिससे कि एक जगह की खबर दूसरी जगह पहुँच सके। इस तरह का कोई संगठन बनाने का प्रयास भी नहीं किया गया, हालाँकि फरार नेता कभी-कभी आपस में मिलते थे। सबसे ज्यादा बुरी बात तो यह थी कि कुछ मुट्ठी-भर कार्यकर्ताओं को छोड़कर किसी ने गाँवों से सम्पर्क करने की कोशिश ही नहीं की जबकि गाँवों से ही तानाशाही के खिलाफ दीर्घकालीन आन्दोलन चलाया जा सकता था। और तो और, देहात के नेताओं तक ने अपनी जगहें छोड़ दीं और दूर-दराज के स्थानों, खासकर शहरों में पनाह ली, जहाँ से वे अपने लोगों से सम्पर्क नहीं रख सकते थे। अधिकांश पर्चे और इश्तहार शहरों में ही बँटकर रह जाते थे, गाँवों तक बढ़ नहीं पाते थे। ये ज्यादातर शहरों में कार्यकर्ताओं के बीच ही बँटते थे, जिससे जनता की बजाय कार्यकर्ताओं को ही खबरों की जानकारी होती थी। बिहार में ज्यादा राजनीतिक चेतना होने के कारण लुक-छिपकर पर्चे निकालना और अन्य प्रकार की कुछ कार्रवाइयाँ करना अपेक्षाकृत आसान था। युवा कार्यकर्ताओं ने, जो गिरफ्तारी से बच गए थे, गाँवों से नियमित सम्पर्क रखा और वहाँ पर्चे के इश्तहार पहुँचाने का भी प्रयास किया। लेकिन किसानों को किन समस्याओं को लेकर संगठित किया जाए, इस बारे में उनके दिमाग में कोई स्पष्ट तसवीर न थी। इसलिए पर्चों और इश्तहारों में लोगों से आम अपील ही की जाती थी कि वे तानाशाही का प्रतिरोध करें। महाराष्ट्र में पर्चों और इश्तहारों को लिखने और बाँटने का काम ज्यादा व्यवस्थित ढंग से हुआ। वहाँ कभी-कभी प्रेस ने भी सरकार की खुल्लम-खुल्ला अवज्ञा की। यह कहना पड़ेगा कि अन्य राज्यों की अपेक्षा महाराष्ट्र के पत्रकारों और लेखकों ने ज्यादा साहस दिखाया।

इमरजेंसी के 19 महीनों में अपनी असफलता या जनता के तानाशाही को इतनी आसानी से स्वीकार कर लेने के कारणों का पता लगाने के लिए पार्टियों के नेताओं ने एक बार भी गम्भीरता से आर्थिक और राजनीतिक स्थिति का विश्लेषण करने की कोशिश नहीं की। कुछ पश्चिमी देशों में तानाशाही के कायम होने पर जीवन के हर पहलू—राजनीतिक, मनोवैज्ञानिक और ऐतिहासिक—का अध्ययन और विश्लेषण करनेवाला उच्च कोटि का साहित्य जन्मा है, लेकिन हमारे देश में राजनीतिक नेताओं और बुद्धिजीवियों ने इन पहलुओं पर ध्यान ही नहीं दिया। उनका यह रुख शायद इस बात का संकेत करता है कि उनमें देर तक संघर्ष को चलाने की इच्छा-शक्ति नहीं थी। यह भी लगता है कि प्रकट रूप से सरकार का विरोध करने के बावजूद कहीं उनमें उससे समझौता करने की प्रवृत्ति भी थी।

बहरहाल, जनवरी-फरवरी 1976 तक सभी विरोधी नेता हिम्मत हार बैठे थे। जेल से बाहर के अधिकांश नेताओं में हताशा की भावना दिखाई पड़ती थी। इस मामले में दिल्ली के निकट के नेताओं और दूर के नेताओं के बीच फर्क करना पड़ेगा। दूर के नेताओं में हताशा की भावना कम थी और युवा कार्यकर्ताओं में तो अनिश्चित काल तक लड़ाई को चलाए जाने का संकल्प भी दिखता था। दूर के इलाकों में तो लुक-छिपकर की जानेवाली कार्रवाइयाँ भी बहुत ज्यादा लुका-छिपी के साथ नहीं की जाती थीं। अक्सर सरकार की अवज्ञा की कार्रवाइयाँ होती थीं, लेकिन आन्दोलन का सूत्र इस तरह के कार्यकर्ताओं के हाथों में न था।

इन्दिरा गांधी अपनी गद्दी के बारे में काफी निश्चिन्तता का अनुभव कर रही थीं। सरकार ने जयप्रकाश नारायण को यह सोच कर रिहा कर दिया कि वह बचेंगे नहीं और कुछ अन्य नेताओं (जैसे चरण सिंह) को इन्दिरा गांधी ने यह सोच कर एक के बाद एक रिहा कर दिया कि वे प्रलोभन में आ जाएँगे। कोई भी नेता खुल्लम-खुल्ला कहने का तो साहस नहीं करता था, पर यह संकेत जरूर देता था कि अब इन्दिरा गांधी को हराने की कोई सम्भावना नहीं है इसलिए बुद्धिमत्ता इसी बात में है कि कोई समझौता किया जाए। यह जाहिर ही था कि अगर कोई समझौता होता तो उसके तहत विरोधी नेताओं के पंख काट दिए जाते। जयप्रकाश नारायण के निकट के लोगों को कहा गया कि वे उन्हें इस बात के लिए तैयार करें कि वह आन्दोलन को वापस ले लें क्योंकि अब कुछ भी करने-धरने को नहीं रह गया है। समझौते में मुख्य बाधा आन्दोलन को वापस न लेना था। समझौते से इन्दिरा गांधी को हर तरह से फायदा होता क्योंकि उनकी तानाशाही आपातकालीन (इमरजेंसी व्यवस्था) के बजाय सामान्य हो जाती और इसमें उसके मुख्य शत्रुओं की भी मौन सम्मति व सहमति होती। उधर कार्यपालिका की असाधारण सत्ता को कानूनी रूप देने के लिए भी 42वाँ संविधान संशोधन तैयार हो रहा था। राष्ट्रपति ने 18 दिसम्बर, 1976 को इस पर अपनी सहमति प्रदान की। आपत्तिजनक साहित्य के प्रकाशन पर रोक लगानेवाला 1976 का अधिनियम तो अध्यादेश द्वारा दिसम्बर 1975 से ही लागू किया जा चुका था। इस अध्यादेश-अधिनियम के चलते सरकार और मंत्रियों की किसी भी प्रकार की आलोचना करना असम्भव बना दिया गया था। इस अधिनियम को अदालत में भी चुनौती नहीं दी जा सकती थी। विरोधी पार्टियाँ 'अभिनव' संवैधानिक और कानूनी परिवर्तनों के कारण बहुत ही संकुचित दायरे में काम कर सकती थीं, और इन्दिरा गांधी ने यह रट लगा रखी थी कि 26 जून, 1975 के पहले की स्थिति के अब लौटने का कोई सवाल ही नहीं है।

राजनीतिक लोगों के बीच जब यह सब हो रहा था तब जनता के मिजाज में पुलिस के अत्याचारों और नसबन्दी अभियान के कारण परिवर्तन हो रहा था। अभी तक राजनीतिक स्वाधीनता के सवाल ने जनता को छुआ नहीं था, लेकिन अब यह

सवाल ठोस शक्ल लेने लगा। जबरन नसबन्दी के चलते 'तानाशाही और लोकतंत्र' और 'गुलामी और आजादी' के बीच उसे फर्क स्पष्ट दृष्टिगोचर होने लगा।

इससे पहले किसान को एक ही प्रकार की नसबन्दी का पता था—अपने बैलों की नसबन्दी या बधियाकरण का। जब आदमियों को पकड़कर बधिया किया जाने लगा तो उसे लगा कि सरकार गरीब आदमी को जानवर जैसा ही मानती है। लोकतंत्र था तो आदमी कितना ही गरीब क्यों न हो, आदमी तो था, तानाशाही के तहत वह जानवर हो गया। यह एहसास भारतीय जनता को होने लगा। राज्य की भारी ताकत के आगे भारतीय प्रकट रूप से कुछ करने में असमर्थ था, पर मन-ही-मन वह क्षुब्ध था। वह राज्य के आगे दबता जरूर था, पर राज्य की (उंसको दबाने की) दुष्टता को क्षमा भी नहीं करता था। हमेशा अपमानित और अन्याय का शिकार होने का एहसास उसकी चेतना में बस गया। कभी-कभी जनता का यह चुप्पा गुससा खुलकर प्रकट होता तो पुलिस गोली चलाकर उस पर काबू पाती। उत्तर प्रदेश और हरियाणा में कई जगहों पर पुलिस ने क्रुद्ध भीड़ पर गोली चलाई।

विरोधी पार्टियों के नेता जब सरकार के खिलाफ आन्दोलन करने की आशा खो बैठे थे तब जनता आन्दोलित हो रही थी। यह नेताओं और जनता के बीच की दूरी का एक और उदाहरण है। बड़ौदा डायनामाइट कांड का मामला जब अदालत में चलने लगा तब तक जनता का मिजाज एकदम बदल गया था।

इमरजेंसी की घोषणा के साथ-साथ इन्दिरा गांधी ने जोरों से यह कहना शुरू कर दिया था कि सरकार को हिंसक तरीकों से उलटने का एक बहुत बड़ा षड्यंत्र रचा जा रहा था, लेकिन हिटलर की तरह जर्मन लोकसभा की आग की घटना जैसा कोई बहाना इन्दिरा गांधी के पास न था। उनका जो भी विरोध हो रहा था, वह एकदम शान्तिपूर्ण और अहिंसक तरीकों से ही हो रहा था। अपने आरोप का कोई भी प्रमाण उपस्थित करना उनके लिए कठिन था। अचानक एक ऐसा मौका आया, जिससे उन्हें लगा कि वह कोई प्रमाण उपस्थित कर सकती हैं। उसे बड़ौदा डायनामाइट कांड, जिसमें जॉर्ज फर्नांडिस की मुख्य भूमिका थी, नजर आया।

बड़ौदा डायनामाइट वाला मामला कुछ राजनीतिक नेताओं की चरम हताशा का द्योतक था। ये नेता आम लोगों और खासकर मजदूर वर्ग की उदासीनता और निष्क्रियता से बहुत क्षुब्ध थे। इनमें से कुछ मजदूर नेता थे, जिन्होंने मजदूर वर्ग की राजनीतिक भूमिका के बारे में बहुत ज्यादा उम्मीद लगा रखी थी। इन्होंने देखा कि मजदूर वर्ग ने अपने खुद के अधिकारों की रक्षा करने के लिए भी उफ तक नहीं की। इनका देहाती जनता से कोई सम्पर्क न था और न ही इनको उसके कुछ कर पाने में विश्वास था। ऐसी स्थिति में इन नेताओं को लगा कि किसी-न-किसी प्रकार के आतंकवाद द्वारा ही जनता को जगाया जा सकता है और उसे बताया जा सकता है कि लड़ाई चालू है। इन नेताओं को यह सूझा कि पुल उड़ाकर या परिवहन व

यातायात व्यवस्था को भंग कर वे जनता को सूचित कर सकेंगे कि लड़ाई चालू है। यह एक बचकानी और अधकचरी योजना थी। इसका कोई रूप न था। अगर यह पूरी तरह आतंकवादी योजना होती तो शायद सरकार भयभीत होती; अगर यह कोई सरकार विरोधी ठोस कार्रवाई होती तो शायद जनता तक इसका सन्देश पहुँचता, लेकिन इस योजना में ये दोनों ही चीजें न थीं। यह तो बचकानी और अधकचरी थी। नेताओं ने जिस तरह के व्यवस्था भंग की बात सोची थी, उसका नतीजा उलटा ही होता। अगर पुल उड़ाए जाने के बाद कहीं ट्रेन दुर्घटना हो जाती तो जनता सरकार के बजाय पुल उड़ानेवालों के खिलाफ हो जाती। सौभाग्यवश नेताओं के बचकानेपन और अज्ञान के कारण उनकी योजना सफल नहीं हो पाई। डायनामाइटों से विस्फोट ही नहीं हुए। केन्द्रीय जाँच ब्यूरो (सी.बी.आई.) को योजना का जल्द ही सुराग मिल गया और योजना में शामिल अधिकांश लोग गिरफ्तार कर लिए गए।

इन्दिरा गांधी यह रट लगाए हुए थीं कि उनको हटाने के लिए हिंसात्मक षड्यंत्र रचा गया था। सारी दुनिया के सामने बड़ौदा डायनामाइट कांड को प्रमाण के रूप में दिखाकर वह अपने आरोप की सत्यता जाहिर करने में लग गईं, लेकिन वह यह भूल गईं कि बड़ौदा डायनामाइटवाली घटना तो इमरजेंसी के बाद की घटना थी। उन्हें इस बात का एक बार भी एहसास नहीं हुआ कि उन्होंने देश पर जो क्रूर तानाशाही लादी है, उसमें नागरिक का जिन्दगी का अधिकार भी छीन लिया गया है। ऐसी स्थिति में तानाशाही को खत्म करने के लिए अगर कोई कुछ भी करेगा, भले ही उसमें हिंसा क्यों न होती हो, तो जनता उसकी निन्दा नहीं करेगी। इन्दिरा गांधी ने बड़ौदा डायनामाइटवाले मामले को एक बहुत बड़े मामले के रूप में पेश करने का निश्चय किया। चरम क्रूर तरीकों से कुछ अभियुक्तों से कबूलनामा लिखवाया गया। महीनों मेहनत कर सी.बी.आई. ने अभियुक्तों के खिलाफ एक गाड़ी भर कागजात तैयार किए। इन कागजात में तथ्य और मनगढ़न्त की गजब की खिचड़ी पकाई गई। विदेशी संवाददाताओं को मुकदमे की सुनवाई में उपस्थित रहने की इजाजत दी गई। इन्दिरा गांधी चाहती थीं कि वे दुनिया को यह बताएँ कि उसको गद्दी से हटाने के लिए कैसे-कैसे जघन्य षड्यंत्र रचे गए थे।

लेकिन इस वक्त तक ऐसी स्थिति पैदा हो गई थी कि इन्दिरा गांधी पर कोई विश्वास नहीं करता था। लोगों ने सारे मामले को झूठा और खड़ा किया गया मामला माना। जो थोड़े-बहुत लोग इस मामले को वास्तविक मानते थे, वे इन्दिरा गांधी के बजाय अभियुक्तों के प्रति ही सहानुभूति रखने लगे—वे सोचते थे कि अभियुक्त बहादुर है। बड़ौदा डायनामाइट कांड से यह जाहिर होने लगा कि अभियुक्तों पर नहीं वरन इन्दिरा गांधी और उनकी सरकार पर मुकदमा चल रहा है।

जनता के रुख में परिवर्तन के पीछे नसबन्दी के लिए किए जानेवाले अत्याचार के अलावा दो और कारण थे। हालाँकि कानूनों का अक्सर उल्लंघन किया जाता था,

पर जनता इस बात की अभ्यस्त थी कि दबाव पड़ने पर कहीं-न-कहीं अधिकारियों को अपना आचरण मर्यादित करना पड़ता है। जनता की यह दिमागी आदत कुछ ही महीनों के भीतर जा नहीं सकती थी। इसके लिए वर्षों की तानाशाही की जरूरत थी। वर्षों से तानाशाही सिद्धान्तों की घुट्टी पिलाए जाने पर ही वह अधिकारियों की आज्ञा को भगवान की आज्ञा मान सकती थी, लेकिन इन्दिरा गांधी के पास न कोई मशीनरी थी और न ही अपनी तानाशाही को प्रतिपादित करनेवाला कोई स्पष्ट और सुसंगत मतवाद। इसलिए इमरजेंसी के प्रारम्भिक दिनों की कड़ाई में थोड़ी ढील पड़ने पर लोग अपनी पुरानी आदतों के अनुसार चलने लगे। पुलिस की कार्रवाई भी लगातार और लम्बे अरसे तक होनेवाली कार्रवाई के बजाय तरंग की तरह होती थी। दिशाहीनता और मतवाद के अभाव के कारण अधिकारियों का आचरण किसी भी प्रकार का अनुशासित रूप नहीं ले पाया। इमरजेंसी के नियमों को लागू करने में वे अनुशासित ढंग से कड़ाई बरतने के बजाय मनमानी कड़ाई और ढील बरतते थे। अक्सर ऊपर से कोई आदेश आने पर पुलिस का अत्याचार बढ़ जाता था। सत्ता की जिम्मेवारी के पृथक्करण का सिद्धान्त (अर्थात् विधायिका, कार्यपालिका और न्यायपालिका के बीच सत्ता का विभाजन और उनकी अलग-अलग जिम्मेवारियों का निर्धारण) यद्यपि पूरी तरह विकसित नहीं हो पाया था और उस पर इधर लगातार हमला भी हो रहा था (कि सारी सत्ता कार्यपालिका में केन्द्रित कर दी जाए), लेकिन उसका एक रूप चल पड़ा था। इससे अक्सर कार्यपालिका और न्यायपालिका के बीच विवाद उठ खड़ा होता था। इसी तरह सत्तारूढ़ पार्टी और प्रशासकीय अफसरशाही के विशेषाधिकारों के बीच विवाद उठ खड़ा होता था। इन सबके कारण तानाशाही थुलथुल और श्लथ हो गई। इसलिए शुरू के दिनों की डरावनी चुप्पी के बाद सरकार की आलोचना होने लगी। यह आलोचना खुलकर नहीं होती थी, लेकिन मित्रों और परिवार के बीच होने लगी थी।

एक दूसरा कारण शायद भारत की अपनी परम्परा है, जिसमें बातचीत और बहस के द्वारा किसी विचार के गुण-अवगुण का फैसला किया जाता है। अन्य देशों की तरह भारत में कभी भी विरोधियों को ढूँढ़-ढूँढ़कर समाप्त करने की परम्परा नहीं रही है। यह सही है कि हमारी सामाजिक व्यवस्था अक्सर बड़ी अत्याचारी रही है और वह अन्याय, विषमता तथा दमन पर आधारित है, लेकिन जहाँ तक विचारों का सवाल है, उन्हें खुलकर रखने की छूट या उन्हें मौका देने की प्रवृत्ति रही है। एक अनपढ़ भारतीय ग्रामीण भी किसी विचार को केवल इस आधार पर सही नहीं मानता कि उसके पीछे ज्यादा ताकत (भौतिक ताकत) है। हमारे देश में तर्क के प्रति यह आसक्ति एक खराबी जितनी दोषपूर्ण हो गई है, जहाँ सिर्फ तथ्यों के आधार पर निर्णय करने की जरूरत होती है वहाँ भी हम तर्क करने लगते हैं

और तर्क किए जाने पर जोर देते हैं। इस तरह के तर्क-प्रेमी दिमाग को पुलिस के डंडे का तर्क बहुत दिनों तक शान्त नहीं रख सकता था।

बहस पर रोक और कड़ी सेंसरशिप के कारण सरकारी सूत्र से आनेवाली कोई भी खबर जनता की नजरों में संदिग्ध बन गई थी। जैसे-जैसे अखबारों और रेडियो के समाचारों पर से लोगों का विश्वास खत्म होता गया वैसे-वैसे गैर-सरकारी खबरों की साख बढ़ने लगी और वे तेजी से फैलने भी लगीं। सरकार के खिलाफ एकदम अकल्पनीय अफवाहों तक पर लोग विश्वास करने लगे और वे भयंकर रूप से फैलने भी लगीं। अब जनता का असन्तोष सूक्ष्म रूपों में प्रकट होने लगा। प्रधानमंत्री और उसके परिवार तथा पुलिस की मूर्खता के बारे में चुटकुले हर जगह सुनाई पड़ने लगे। स्कूल के बच्चे तक, जिन्हें इन्दिरा गांधी और उनके शासन की प्रशस्ति में पाठ पढ़ाए जाते थे, इन चुटकुलों को सुनाकर अपना बदला निकालते थे। इस तरह एक मौन-आन्दोलन जन्म ले रहा था और जनता के बीच उसके विचार अपना रूप ग्रहण कर रहे थे।

एक तानाशाह को कदाचित ही प्यार किया जाता है, लेकिन जब वह डर और आदर की बजाय मजाक का पात्र बनने लगे तो समझना चाहिए कि उसके दिन गिनती के रह गए हैं।

6

इमरजेंसी लागू होने के सवा साल बाद 1976 के जाड़ों में देश की राजनीति में कुछ नई चीजें शुरू हो गई थीं। विरोधी दलों के कुछ नेता रिहा कर दिए गए थे। यह कहना मुश्किल है कि इन्हें जान-बूझकर रिहा किया गया था या किसी संयोग से ही वे रिहा हुए थे, लेकिन यह प्रकट था कि रिहा किए गए सभी नेता सरकार से किसी-न-किसी तरह का समझौता करने के पक्ष में थे। बीजू पटनायक जैसे नेताओं ने तो खुल्लम-खुल्ला इमरजेंसी के फायदों की तारीफ भी की थी। तमिलनाडु के भूतपूर्व मुख्यमंत्री करुणानिधि अपने खिलाफ बैठाई गई जाँच के कारण परेशान थे। सरकार और विरोधी दलों के बीच बातचीत करवाने के प्रयासों में उनकी (करुणानिधि की) मुख्य भूमिका थी, लेकिन इन्दिरा गांधी बातचीत के लिए तैयार नहीं हो रही थीं। कम-से-कम यह प्रकट नहीं होने देना चाहती थीं कि वह बातचीत के लिए उत्सुक है, लेकिन विरोधी दलों को कोई रियायत दिए बिना समझौता करने में क्या आपत्ति हो सकती थी?

संजय गांधी के 'उत्थान' के साथ कांग्रेस पार्टी के भीतर कम्युनिस्टों का गुट परेशानी महसूस करने लगा था और आलोचना करने लगा था। ओडिशा की मुख्यमंत्री नन्दिनी शतपथी को बर्खास्त कर दिया गया था और वह लड़ने के मूड में थीं। सिद्धार्थ शंकर रे संजय गांधी के कारण गमगीन थे। ओडिशा और पश्चिम बंगाल में कांग्रेस पार्टी के भीतर का झगड़ा खुलकर सामने आ रहा था। इन्दिरा गांधी विरोधी दलों की कम्युनिस्टों के प्रति घृणा से वाकिफ थीं। वह शायद यह सोचती थीं कि विरोधी दलों को कम्युनिस्टों का विरोध करने के नाम पर फँसाया जा सकता है या यह कहकर कि कम्युनिस्टों से उसको खतरा है, विरोधी दलों के नेताओं को लालच दिया जा सकता है। उन्हें खुफिया विभाग की रपटों से इस बात का भी पता था कि विरोधी दलों के नेता एकदम पस्त हिम्मत हो गए थे। इन नेताओं को आपस में बातचीत करने की सुविधा दी गई। बातचीत से नेताओं की हताशा और भी ज्यादा बढ़ी। वे यह सोचने लगे कि इन्दिरा गांधी उन्हें जल्दी ही कोई पक्का इशारा करेंगी, लेकिन उन्होंने कोई इशारा नहीं किया। लेकिन इन नेताओं ने यह 'संकल्प' कर लिया था कि हम बिना शर्त आत्म-समर्पण करेंगे।

इस निश्चय के बाद करने को कुछ नहीं रह गया था, सिर्फ 'आत्म-सम्मानपूर्ण' समर्पण का रूप तय करना भर बचा था।

लेकिन एक दिक्कत थी। अभी भी बहुत से लोग जेलों में थे और इन्हीं लोगों की संख्या ज्यादा थी। इनसे सलाह-मशविरा करना जरूरी था। इसके अलावा समझौते के लिए जयप्रकाश नारायण का आशीर्वाद भी चाहिए था। 14 दिसम्बर, 1976 को सोशलिस्ट पार्टी के अध्यक्ष जॉर्ज फर्नांडिस ने जेल से नाना साहेब गोरे को, जो समझौते की बातचीत करनेवाली टीम में सोशलस्ट पार्टी की तरफ से थे, खत (देखें परिशिष्ट-1) लिखकर समझौते की कोशिशों का विरोध किया। अपने खत में फर्नांडिस ने गोरे को लिखा कि सोशलिस्ट पार्टी ऐसी किसी चीज में शामिल न हो, जिसका उद्‌देश्य इन्दिरा गांधी के हाथों में अपने को बेच देना हो। 'सेलआउट' शब्द का फर्नांडिस ने इस्तेमाल किया था। भारतीय लोकदल के बीजू पटनायक ने इन्दिरा गांधी से बातचीत करने के लिए एक आधार-पत्र (देखें परिशिष्ट-3) तैयार किया था। फर्नांडिस ने इस पत्र के बारे में सोशलिस्ट पार्टी की राष्ट्रीय कार्यकारिणी को लिखा कि बीजू पटनायक और कुछ अन्य लोगों ने तो यह भी बता दिया है कि वे किस हद तक गिरने और आत्मसमर्पण करने को तैयार हैं। फर्नांडिस ने जयप्रकाश नारायण को भी खत (देखें परिशिष्ट-2) लिखा और उन्हें बताया कि क्या-क्या हो रहा है? जयप्रकाश नारायण को इस बात का पता था कि विरोधी दलों के कुछ नेता क्या कर रहे हैं? लगभग इसी वक्त उन्होंने समझौता करने में लगे नेताओं को एक खत लिखा। इसमें जयप्रकाश नारायण ने स्पष्ट रूप से लिखा कि जब तक नागरिक आजादी लौटाने की कुछ निश्चित बुनियादी माँगें नहीं मानी जातीं तब तक मैं किसी भी तरह के समझौते के लिए राजी नहीं हो सकता। अपने पत्र के आखिर में उन्होंने अमेरिका के राष्ट्रपति स्वर्गीय कैनेडी के इस मशहूर वाक्य को उद्धृत भी किया था कि 'समझौता करने से डरना नहीं चाहिए, पर डरकर समझौता नहीं करना चाहिए।' इससे शायद नेताओं को कुछ शर्म या हिम्मत आई। इस पत्र के बाद समझौते की कोशिशें बन्द हो गईं। इन्दिरा गांधी को समझौते में कोई दिलचस्पी नहीं थी, वह तो समर्पण चाहती थीं।

कुछ दिनों तक स्थिति जैसी थी, वैसी ही रही। इसके बाद 18 जनवरी, 1976 को इन्दिरा गांधी ने अपने नाटकीय अन्दाज में लोकसभा को भंग करने और चुनाव करवाने की घोषणा की। सारा देश आश्चर्यचकित रह गया। उन्होंने चुनाव करवाने की घोषणा क्यों की, यह तो अटकल का विषय है। शायद उन्होंने यह सोचा हो कि देश की हालत आगे जाकर बहुत बिगड़ने जा रही है, क्योंकि कीमतें बढ़ रही थीं, कृषि उत्पादन भी अच्छा नहीं होनेवाला था और बेकारी बढ़ती ही जा रही थी। सरकारी क्षेत्र में उत्पादन रफ्तार जरूर पकड़ रहा था, लेकिन निजी क्षेत्र में घट रहा था। देर-सबेर चुनाव तो करवाने ही पड़ते। तानाशाहों, खासकर असैनिक तानाशाहों

को अपने अपने शासन को वैधानिक रूप देना ही पड़ता है। असैनिक तानाशाह के लिए चुनाव करवाना जरूरी हो जाता है क्योंकि एक बार अगर सेना को यह एहसास होने लगे कि उसकी ताकत पर ही तानाशाह टिका हुआ है तो उसमें खुद ही शासन करने की महत्त्वाकांक्षा जग जाती है।

इन्दिरा गांधी ने शायद इसीलिए यह सोचा कि स्थिति के एकदम बिगड़े जाने के पहले ही चुनाव करवा लेना चाहिए। यह भी सम्भव है कि वह खुद अपने ही प्रोपगंडा का शिकार हो गई हों। अखबारों और रेडियो से लगातार यह प्रचार किया जा रहा था कि उनकी लोकप्रियता चरमोत्कर्ष पर है। सेंसरशिप और आलोचना-बन्दी के कारण उनके पास अपनी गलतियाँ जानने का कोई साधन नहीं रह गया था। उन्हें यह झूठा भरोसा भी हो गया था कि उनकी लोकप्रियता चरमोत्कर्ष पर है और वह बड़ी आसानी से चुनाव जीत जाएँगी।

चुनाव करवाने का एक और कारण यह बताया जाता है कि संजय गांधी जल्द-से-जल्द मंत्री बनना चाहते थे ताकि सरकारी हैसियत से सरकार चला सकें। यह माना जा रहा था कि कांग्रेसी उम्मीदवारों के चयन में उनके यूथ कांग्रेस के 200 पिट्ठुओं को टिकट दिया जाएगा, जिससे कांग्रेस संसदीय पार्टी में उसका प्रभुत्व कायम हो जाएगा और इस तरह उनके उत्तराधिकारी बनने का इन्तजाम अच्छी तरह हो सकेगा।

बहरहाल, चुनाव की घोषणा से वातावरण गर्म हो उठा। आजादी के बाद पहली बार देश का गरीब, निरक्षर, तिरस्कृत और अपमानित आदमी राजनीतिक मंच पर अपनी उपस्थिति जताने लगा। चुनाव के लिए नेता लोग जेल से रिहा किए जाने लगे तो जनता उनके साथ जुटने लगी। जहाँ पहले सैकड़ों लोग जुटते थे, वहाँ हजारों जुटने लगे और जहाँ हजारों वहाँ लाखों। पहले लोग नेताओं के भाषणों से ऊबने लगते थे, लेकिन अब वे घंटों तल्लीन होकर सुनते थे। सभाओं के समाप्त हो जाने पर भी नेताओं के रवाना न होने तक लोग जमे रहते थे। ऐसा लगता था कि राजनीति के जिस पाठ को पढ़ने से उन्हें वंचित किया गया था, उसे एक बार ही पूरी तरह पढ़ लेने को वे आतुर हैं। सभाओं में चुनाव कोष के लिए रखे गए छोटे-छोटे बक्से भर जाते थे, घूम-घूमकर पैसे माँगनेवाले स्वयंसेवकों की झोली भी भर जाती थी। कहीं-कहीं तो सभाओं में बड़े-बड़े पीपे रखे जाते थे। ये पीपे भी भर जाते थे और इनमें कभी-कभी घड़ियाँ, कर्णफूल, बुँदे मिलते, यहाँ तक कि लॉटरी के टिकट भी। यह सब जनता की इच्छा और उसकी आस्था के प्रतीक थे। जनता का यह मिजाज और उसका यह भरोसा नेताओं की हैसियत और शख्सियत को भी ऊँचा उठा रहा था। विरोधी दलों के ओछे, षड्यंत्री और बेदम नेता जन-समर्थन के प्रचंड वातावरण में अचानक निखर उठे। वे चुनाव के पहले ही जीत गए थे।

आत्म-रक्षा की भावना से बड़ी कोई भावना नहीं होती। चुनावों की घोषणा ने देश के विरोधी दलों में नई आशा का संचार किया। उन्हें लगा कि वे मौत से बच सकते हैं, लेकिन बचने के लिए आपस में मिलना जरूरी है; संयुक्त रूप से ही वे चुनाव लड़ सकते हैं। उनके मिलने—भारतीय लोकदल, जनसंघ, संगठन कांग्रेस और सोशलिस्ट पार्टी के विलय—की बातचीत इमरजेंसी के पहले से ही चल रही थी। घिसटती चली आ रही थी, लेकिन अब जब जीवन-मरण का सवाल सामने आ गया तो बहुत तेजी और जल्दी से चारों दल मिल गए। यह संयुक्त मोर्चा वाला मिलन न था, न ही कोई चुनावी तालमेल, यह तो विलय वाला मिलन था।

इस तरह का विलय हो सका, यह दो बातें प्रकट करता है—(1) विरोधी दलों के बीच विभाजन कृत्रिम था अर्थात् राजनीतिक रूप में वे जुदा न थे। (2) एक जैसी सामाजिक हैसियत और पृष्ठभूमि के कारण दलों के नेताओं में बुनियादी समानता और एकता थी। तानाशाही के खिलाफ लड़ने या चुनाव लड़ने के लिए उनका मिलना तात्कालिक कारणवश जरूर हुआ, लेकिन उनके मिलने में बहुत बड़ी बाधाएँ न थीं। 1971 से ही विरोधी पार्टियों के बीच एकता की बात चल रही थी। मतवाद और सिद्धान्त व्यक्तिगत राजनीतिक महत्त्वाकांक्षाओं को पूरा करने के रास्ते में बाधक बन रहे थे।

इमरजेंसी ने विरोधी दलों के नेताओं को वह बहाना प्रदान किया, जिसके चलते वे सिद्धान्त या मतवाद की बाधा को आसानी से हटा सके।

पार्टियों के विलय के बिना भी चुनाव जीतना सम्भव था, यह पश्चिम बंगाल और पंजाब के नतीजों से प्रकट है। पश्चिम बंगाल और पंजाब में जनता पार्टी का मार्क्सवादी कम्युनिस्ट पार्टी और अकालियों से सिर्फ चुनावी तालमेल था, लेकिन वहाँ भी कांग्रेस बुरी तरह से हारी। 1967 में जब विरोधी दलों में बहुत ही अधूरे किस्म का चुनावी तालमेल हुआ था, तब भी कई राज्यों में कांग्रेस की पराजय हुई थी। 1977 में इन सभी राज्यों में कांग्रेस फिर हारी।

तानाशाही से लड़ने के लिए राजनीतिक पार्टियों का विलय होना कोई जरूरी न था। तानाशाही कुछ खास राजनीतिक और सामाजिक दृष्टिकोणों का प्रतिनिधित्व करती है। तानाशाही से लोकतांत्रिक नीतियों को स्पष्ट रूप से रखकर ही लड़ा जा सकता है। अगर विचारों में समानता और एकता पैदा न हो तो विलय केवल धुँधलाहट को ही जन्म देता है। इसीलिए फ्रांस, इटली और स्पेन जैसे देशों में, जहाँ तानाशाही के खिलाफ लम्बी और जोरदार लड़ाई चलाई गई, पार्टियों ने विलय का सहारा कभी नहीं लिया। उन्होंने तानाशाही से लड़ने के लिए संयुक्त मोर्चा बनाया, एक साथ कार्रवाइयाँ कीं। जिस प्रकार के विलय से जनता पार्टी बनी, उसका मतलब यही होता है कि कुछ घटक पार्टियाँ या सभी घटक पार्टियाँ अपने सिद्धान्तों

को त्यागने के लिए तैयार हो गईं। अगर सिद्धान्तों को त्यागने की बात नहीं होती तो सोशलिस्ट पार्टी किस प्रकार स्वतंत्र पार्टी में मिल सकती थी?

धर्मनिरपेक्षता (सेक्युलरिज्म) को मूल्य के रूप में स्वीकार करनेवाले हिन्दू राष्ट्र में विश्वास करनेवालों से कैसे मिल सकते थे? उनके मतभेद बिना किसी बहस के कैसे दूर हो गए? पार्टियों की अपनी कमेटियों तक में इस बारे में बहस नहीं हुई। किसी सैद्धान्तिक आधार और औजार के बिना तानाशाही से लम्बी लड़ाई कैसे लड़ी जा सकती है? आखिर इन्दिरा गांधी भी तो अपनी तानाशाही के दिनों में जनसंघ जैसी मुद्राएँ अपना रही थीं। वह लोगों को भ्रम में डालने के लिए राष्ट्र के गौरव और अणु बम की बातें कर रही थीं। बांग्लादेश की लड़ाई के बाद जनसंघ और आर.एस.एस. ने इन्दिरा गांधी का गुणगान किया था, उन्हें 'दुर्गा' और 'चंडी' तक कहा। इन्दिरा गांधी का यही गुण इमरजेंसी के दिनों में उभरकर सामने आ रहा था। एक दरबारी चित्रकार ने जून 1975 की घटनाओं के जो चित्र बनाए, उनमें इन्दिरा गांधी को दुर्गा और भवानी के रूप में चित्रित किया। क्या आर.एस.एस. और जनसंघ अचानक मुलायम पड़ गए या वे अपनी असली शक्ल का असली रंग में आने के लिए प्रतीक्षा कर रहे थे या समय बिता रहे थे? अखंड भारत और मजबूत व शक्तिशाली केन्द्र के हिमायती अचानक विकेन्द्रीकरण के हिमायती कैसे हो गए? विकेन्द्रीकरण उनके लिए सचमुच में आदर्श बन गया था या एक महज आड़ थी, जिसके पीछे निर्मम तरीकों से केन्द्रीकरण किया जाता?

अपने सभी विरोधाभासों के साथ या अस्तित्वविहीन विरोधाभासों के दूर होने के साथ एक नई पार्टी का विधिवत उद्घाटन हुआ और उसे जयप्रकाश नारायण ने आशीर्वाद दिया। यह नई पार्टी भारतीय लोकदल, जनसंघ, संगठन कांग्रेस और सोशलिस्ट पार्टी के आपस में विलय से बनी। कांग्रेस के कुछ भूतपूर्व नेता तथा कांग्रेस के युवा तुर्क गुट के कुछ नेता भी इसमें शामिल हुए। पार्टी के गठन के वक्त मार्क्सवादी कम्युनिस्ट पार्टी, अकाली दल और द्रविड़ मुनेत्र कड़गम के साथ संयुक्त मोर्चा बनाने और चुनावी तालमेल करने की कोशिशें भी जारी थीं। नई पार्टी और उसके गठबन्धन का जनता ने बड़े जोरों से स्वागत किया। यह प्रकट हो गया कि जनता पार्टी और उसकी सहयोगी पार्टियों को विपुल जन समर्थन प्राप्त है। इसी वक्त जगजीवन राम ने कांग्रेस से इस्तीफा दे दिया। यह एक तख्ता पलटनेवाली घटना थी। इलाहाबाद उच्च न्यायालय के फैसले के बाद विरोधी दलों को उनसे बड़ी आशा थी, लेकिन उन्होंने (जगजीवन राम) उस पर पानी फेर दिया था। अब उन्होंने नन्दिनी शतपथी, हेमवती नन्दन बहुगुणा और के.आर. गणेश के साथ कांग्रेस से इस्तीफा देने और जनता पार्टी से सहयोग करने की घोषणा की। उन्होंने एक नई पार्टी 'कांग्रेस फॉर डेमोक्रेसी' (लोकतंत्री कांग्रेस) की स्थापना की। यह जाहिर होने लगा कि कांग्रेस हार कर रहेगी। जिन लोगों को कांग्रेस की हार में कोई शक नहीं

था, उन्हें इस बात की शंका भी हो रही थी कि इन्दिरा गांधी चुनाव नहीं होने देंगी या अगर होने देंगी तो ठीक ढंग से नहीं होने देंगी।

चुनाव हुए। चुनाव का मुद्दा 'तानाशाही बनाम लोकतंत्र' बन गया। जन समर्थन के प्रवाह और इमरजेंसी के आतंक के कारण जनता पार्टी ने अपने चुनाव घोषणापत्र में ऐसे वायदे किए, जिन्हें पूरा करने पर देश में लोकतांत्रिक व्यवस्था कायम हो सकती है। यह ध्यान देने की बात है कि जनता पार्टी पर पुराने व रूढ़िवादी नेताओं का प्रभाव बहुत ज्यादा है और उनमें से बहुतों में तानाशाही की प्रवृत्तियाँ एकदम प्रकट हैं। जनता पार्टी ने अपने चुनाव घोषणापत्र में लोकतांत्रिक अधिकारों के बारे में बड़े-बड़े वायदे किए—

(1) मीसा कानून को रद्द किया जाएगा, सारे राजनीतिक बन्दियों को रिहा किया जाएगा और तमाम अन्यायी और गलत कानूनों का पुनरीक्षण किया जाएगा।

(2) संविधान के 356वें अनुच्छेद को संशोधित किया जाएगा ताकि सत्तारूढ़ दल या उसके एक गुट के फायदे के लिए किसी राज्य में राष्ट्रपति-शासन लागू न किया जा सके, विभिन्न कमेटियों की सिफारिशों पर ध्यान देकर विचार करने के बाद चुनाव-व्यवस्था में सुधार किए जाएँगे, खास तौर पर पथभ्रष्ट विधायकों व संसद सदस्यों को वापस बुलाने के अधिकार, चुनाव का खर्च घटाने और मताधिकार की उम्र 21 वर्ष से घटाकर 18 वर्ष करने पर विचार किया जाएगा।

(3) शान्तिपूर्ण और अहिंसक विरोध करने के अधिकार को मान्यता दी जाएगी।

(4) आकाशवाणी, दूरदर्शन और फिल्म डिवीजन को सच्ची, स्वतंत्र व स्वायत्तशासी संस्थाओं का रूप दिया जाएगा ताकि वे राजनीतिक दृष्टि से निरपेक्ष और वस्तुपरक हों तथा सरकारी दखलन्दाजी से मुक्त हों।

(5) समाचार एजेंसियों को सरकार से एकदम अलग और स्वतंत्र किया जाएगा और उन्हें एकाधिकार स्थापित करने नहीं दिया जाएगा।

इस बात की कोई आशा न थी कि चुनाव निष्पक्ष होगा, लेकिन वह हुआ। जनता कांग्रेस के इतनी ज्यादा खिलाफ थी कि अगर अधिकारी धाँधली करना चाहते तो भी वे नहीं कर पाते। निचले वर्ग के सरकारी कर्मचारियों में भी सरकार का विरोध इतना ज्यादा था कि धाँधली करके चुनाव के नतीजों पर असर डालना सम्भव नहीं था। मतदान के वक्त बहुत से स्थानों पर तो प्रशासन के निचले वर्ग के कर्मचारियों ने विरोधी दलों के उम्मीदवारों का खुलकर समर्थन किया।

जनता पार्टी को, उसके समर्थकों ने जितनी आशा की थी, उससे कहीं ज्यादा सीटें मिलीं। हिन्दी भाषी इलाकों से तो कांग्रेस का सफाया ही हो गया। हरियाणा,

दिल्ली, उत्तर प्रदेश, हिमाचल प्रदेश और बिहार में तो कांग्रेस और उसकी सहेली सी.पी.आई. को एक सीट भी नहीं मिली। मध्य प्रदेश और राजस्थान में कांग्रेस को सिर्फ एक-एक ही सीट मिल पाई। पंजाब में भी कांग्रेस और उसकी सहेली को एक भी सीट नहीं मिली। पश्चिम बंगाल में कांग्रेस 42 सीटों में से सिर्फ 3 जीत सकी। ओडिशा में 21 में 4 पर कांग्रेस जीती। महाराष्ट्र कांग्रेस का गढ़ माना जाता था, लेकिन वहाँ भी 48 सीटों में कांग्रेस 20 ही जीत पाई। उन इलाकों में जहाँ इमरजेंसी और नसबन्दी का असर कम था, वहाँ कांग्रेस जीती—जैसे आन्ध्र प्रदेश और कर्नाटक में। केरल और तमिलनाडु में कांग्रेस की अपनी ताकत बहुत ज्यादा न थी, लेकिन अपनी सहेलियों सी.पी.आई. तथा अन्ना द्रविड़ मुनेत्र कड़गम के कारण उसे सफलता मिली। आन्ध्र प्रदेश में कांग्रेस जीती जरूर, लेकिन उसके वोट कम हो गए। 1971 में उसे 71 प्रतिशत वोट मिले थे, लेकिन 1977 में 57 प्रतिशत। नई लोकसभा में कांग्रेस के पास 153 सीटें थीं जबकि पिछली लोकसभा में 352। इन्दिरा गांधी और संजय गांधी, दोनों ही चुनाव हार गए। जनता पार्टी और सी.एफ. डी. ने लोकसभा की 300 सीटें जीतीं। इसके अलावा जनता पार्टी को मार्क्सवादी कम्युनिस्ट पार्टी के 22 और अकाली दल के 9 सदस्यों का समर्थन प्राप्त था। 19 महीने की तानाशाही और केन्द्र के 30 साल के कांग्रेसी राज का पतन हुआ। मोरारजी देसाई के नेतृत्व में, जिन्होंने इन्दिरा गांधी की जेल में 19 महीने काटे थे, जनता पार्टी की सरकार कायम हुई।

नई सरकार के गठन पर सारे देश में जनता ने खुशियाँ मनाईं। लोगों ने राहत की साँस ली। उनको इस वक्त सिर्फ इसी बात की चिन्ता थी कि कहीं इमरजेंसी के दिन लौटकर न आएँ। कांग्रेस गद्दी पर फिर न बैठे, इसके लिए उन्होंने जून में विधान सभा के चुनावों में कांग्रेस को फिर हराया। जनता पार्टी को बिहार, ओडिशा, मध्य प्रदेश, राजस्थान, हरियाणा, दिल्ली, हिमाचल प्रदेश और उत्तर प्रदेश में बहुमत मिला। पश्चिम बंगाल और पंजाब में उसकी सहयोगी पार्टियों, मार्क्सवादी कम्युनिस्ट पार्टी और अकाली दल को बहुमत मिला। पश्चिम बंगाल में मार्क्सवादी कम्युनिस्ट पार्टी और जनता पार्टी के बीच कोई चुनावी समझौता न हो सका और मा.क.पा. ने अकेले ही (कुछ छोटे वामपंथी दल भी साथ थे) चुनाव जीता। लोगों ने इस तरह इस बात की चेष्टा की कि कांग्रेस केन्द्र में ही नहीं, राज्यों में भी सत्तारूढ़ न हो पाए, लेकिन इससे भी ज्यादा महत्त्वपूर्ण बात यह थी कि कांग्रेस को हराकर जनता ने राष्ट्रपति पद पर किसी कांग्रेसी के बैठने की सम्भावना खत्म कर दी।

7

'फिर भी उसे पता था कि जो कहानी उसे कहनी है, वह आखिरी विजय की नहीं हो सकती...।'

—अल्बेयर कामू, प्लेग में।

देश के गरीब, निरक्षर और अशिक्षित लोगों ने मार्च 1977 में पहली बार राजनीतिक स्वाधीनता के सवाल पर बुलन्दी से अपनी राय जाहिर की। देश के पस्तहिम्मत और मूर्च्छित विशिष्ट वर्ग को मुक्त करने का श्रेय देश की गरीब और निरक्षर जनता को ही है। विशिष्ट वर्ग ने तो इमरजेंसी में उस आधार को ही त्याग दिया था, जिसके नाम पर वह राष्ट्र का नेतृत्व करने का दम भरा करता था। इस बार यह एकदम प्रकट था कि लोगों ने आर्थिक सवालों पर वोट नहीं दिया था। कुछ लोगों के लिए इनका थोड़ा-बहुत महत्त्व जरूर रहा होगा। अगर सिर्फ आर्थिक सवालों को लिया जाए तो कहना होगा कि कांग्रेस और भारतीय कम्युनिस्ट पार्टी के नारे ज्यादा मोहक थे। हालाँकि इमरजेंसी के लाभ बहुत ज्यादा बढ़ा-चढ़ाकर प्रचारित किए गए थे, लेकिन इमरजेंसी लागू होने के साथ संयोग से कीमतों में जो गिरावट आई थी, उससे गरीब लोगों को कुछ राहत अवश्य मिली थी। इन सबके बावजूद लोगों ने स्वाधीनता के पक्ष में वोट दिया। यह उनकी बुद्धिमत्ता का परिचायक तो था ही, साथ ही इससे उस घिनौने सिद्धान्त का भी पर्दाफाश होता है, जो यह कहता और मानता है कि गरीब लोगों को केवल रोटी चाहिए, उन्हें लोकतंत्र और स्वतंत्र संस्थाओं की कोई जरूरत नहीं है।

लोगों ने अपने को जनता पार्टी और उसकी सहयोगी पार्टियों से जोड़ा था। इसलिए सरकार से उनकी आशाएँ भी जगी हैं। वोट देने के वक्त लोगों ने शायद अपनी आर्थिक हालत में सुधार की बात न सोची हो, लेकिन अब चूँकि जनता पार्टी सत्तारूढ़ है, वे यह चाहे बिना नहीं रह सकते कि उनकी बुनियादी आवश्यकताओं को वह पूरा करे। अगर जनता निराश होती है तो वह अपनी हाल में प्राप्त की गई स्वतंत्रता का इस्तेमाल करके अपनी माँगों पर जोर डालेगी। जनता के जोर डालने पर नये शासक क्या रुख अपनाते हैं, इस पर देश में लोकतंत्र का भविष्य बहुत हद तक निर्भर करेगा।

कुछ ही महीने पहले लोगों ने यह मान लिया था कि हिन्दुस्तान में लोकतंत्र हमेशा के लिए मर गया है, लेकिन लोकतंत्र बच गया क्योंकि इमरजेंसी के अत्याचारों और खासकर नसबन्दी अभियान को देखकर आम आदमी को इस बात का एहसास हुआ कि आजादी कितनी बेशकीमती चीज है? अगर चुनाव नहीं होते तो शायद पाकिस्तान की तरह हमारे देश में विरोध की छिटपुट कार्रवाइयाँ व विद्रोह होते और इनके बाद दमन का भयंकर दौर चलता, लेकिन इन्दिरा गांधी ने बहुत गलत अन्दाजा लगाकर चुनाव की घोषणा कर दी। इस तरह की घटनाएँ और निर्णय अक्सर इतिहास की गति को एकदम बदल दिया करते हैं, लेकिन हम यह आशा नहीं कर सकते कि तानाशाह आगे भी जबरन नसबन्दी जैसी गलत नीति चलाने और चुनाव करवाने जैसे गलत अन्दाजा लगाने की भूलें करते रहेंगे, जिनसे कि हम अपनी खोई आजादी पुन: प्राप्त करते रहेंगे। इसलिए बुद्धिमानी तो इसी में होगी कि हम अपनी आजादी के बारे में फिर लापरवाह न हों और उसका पक्का आधार बनाएँ।

26 जून, 1975 की घटना अप्रत्याशित जरूर थी, लेकिन उसकी बहुत-सी बातें नई नहीं थीं। यह भी नहीं कहा जा सकता कि वे अचानक ही हो गई थीं। आखिर इमरजेंसी में क्या हुआ?

(1) बहुत सारे नेताओं को नजरबन्द कर दिया गया,
(2) झूठे या गढ़न्त अभियोगों पर बहुत सारे राजनीतिक कार्यकर्ताओं को गिरफ्तार कर लिया गया,
(3) जन-सभाओं और जुलूसों पर पाबन्दी लगा दी गई,
(4) मजिस्ट्री और पुलिस को विरोधी पार्टियों की सारी राजनीतिक गतिविधियों को समाप्त करने के मनमाने अधिकार दे दिए गए,
(5) मीसा के तहत गिरफ्तार किए जाने पर अदालत में शिकायत करने का अधिकार छीन लिया गया, तथा
(6) प्रेस पर कड़ी-से-कड़ी सेंसरशिप लागू कर दी गई।

बड़े पैमाने पर नजरबन्द करना पहले से ही चला आ रहा था। 'निवारक नजरबन्दी अधिनियम' (प्रिवेंटिव डिटेन्शन ऐक्ट) और भारत रक्षा नियमों के तहत नेहरू, शास्त्री और इन्दिरा गांधी के राज में (इन्दिरा गांधी के डिक्टेटर बनने के पहले) पहले भी हजारों लोग गिरफ्तार किए गए थे। झूठे या गढ़न्त अभियोगों पर राजनीतिक नेताओं और कार्यकर्ताओं की गिरफ्तारी भी कोई नई चीज नहीं थी। जब भी किसी जन-आन्दोलन के तेज होने का 'खतरा' दिखाई पड़ता तो प्रशासन उसे 'होने से रोकने' के लिए अक्सर इस तरह की गिरफ्तारियाँ करता था। नई जनता सरकार के बहुत से लोग पुरानी सरकारों में रहे हैं। प्रधानमंत्री मोरारजी देसाई तो बम्बई प्रान्त के मुख्यमंत्री और देश के उप प्रधानमंत्री रह चुके हैं। ये लोग प्रशासन

की इस चाल या तरकीब के निर्माताओं में रहे हैं। इमरजेंसी में नई बात यह हुई कि पहली दफा ऐसे लोगों को भी गिरफ्तार किया गया, जो अब तक दूसरों को गिरफ्तार किया करते थे। इसके अलावा इमरजेंसी में पुलिस का फंदा इतना बड़ा था कि उसमें ऐसे लोगों को भी पकड़ा गया, जिनका राजनीति से सीधा वास्ता न था।

इमरजेंसी के मीसा के तहत नजरबन्द और पहले के मीसा-नजरबन्दों में निश्चय ही फर्क था। इमरजेंसी में अगर मीसा 16 (ए) के तहत गिरफ्तारी हुई तो अदालत में शिकायत भी नहीं की जा सकती थी। वैसे भी पहले निवारक नजरबन्दी में सिर्फ तकनीकी दोषों (जैसे वारंट की गलतियों) के कारण ही रिहाई होती थी। अभियोगों के आधार को पहले भी चुनौती नहीं दी जा सकती थी। यह देखा गया कि अदालतें पहले निवारक नजरबन्दी के मामलों में कभी-कभी अभियुक्तों को रिहा कर देती थीं तो कभी-कभी उनकी नजरबन्दी को पुष्ट भी कर देती थीं।

जन-सभाओं व जुलूसों पर पाबन्दी लगाने, यहाँ तक कि कर्फ्यू लगाने की कार्रवाइयाँ भी नई नहीं थीं। इन्दिरा गांधी के इमरजेंसी राज के पहले भी प्रशासन इनका अपनी सुविधानुसार अक्सर इस्तेमाल किया करता था। सत्तारूढ़ दल के फायदे के लिए इनका इस्तेमाल किया जाना भी कोई नई बात नहीं थी। इसी तरह राजनीतिक पार्टियों के प्रति प्रशासन का रुख कभी निष्पक्ष नहीं रहा। यह हमारे राजनीतिक जीवन की असलियत बन गई है कि प्रशासन का सत्तारूढ़ पार्टी के प्रति पक्षपातपूर्ण रुख होगा ही। आजादी के बाद से ही कांग्रेस के नेता अधिकारियों और पुलिस अफसरों को उनकी ड्यूटी के बारे में बताते रहे हैं। गैर-सांविधानिक सत्ता का संजय गांधी के पहले भी अस्तित्व था। यह बात और है कि संजय गांधी ने इसको इतना बढ़ा-चढ़ा दिया कि वह एकदम साफ नजर आने लगी।

इमरजेंसी में सबसे ज्यादा घबराहट पैदा करनेवाली और हिम्मत तोड़नेवाली चीज थी—सेंसरशिप। इसके द्वारा राजनीतिक खबरों के प्रकाशन पर पूरी रोक लगा दी गई। कोई खबर छप ही नहीं सकती थी। यह एकदम नई चीज थी। इससे पहले कभी भी, अंग्रेज के राज में भी ऐसा नहीं हुआ था। लोग खबर न मिलने के कारण अँधेरे में थे और उन्हें हर तरह के भूत दिखाई पड़ते थे। जानकारी न होने से लोगों में असुरक्षा की भावना ने स्वत: आतंक का रूप ले लिया; लोगों ने अपने डर को कल्पनाओं द्वारा बढ़ाना शुरू कर दिया। ऐसी स्थिति में आदमी अपने को निपट अकेला और असहाय महसूस करने लगा और ऐसी भावनाएँ घर करने लगीं कि 'मैं एकदम अकेला हूँ, मुझे यातनाएँ सहनी होंगी, मरना पड़ेगा लेकिन किसी को इसका पता भी न चलेगा। मेरी आवाज मुझ तक ही रहेगी।' यह स्थिति बताती है कि लोकतंत्र में प्रेस की भूमिका क्या होती है? प्रेस पर रोक लग जाने से आदमी अपने को कितना असहाय महसूस कर सकता है? हमारी व्यवस्था में बहुत सी तानाशाही प्रवृत्तियाँ पहले से ही थीं, लेकिन प्रेस के कारण हमें उनका इतना तीव्र एहसास न

था। प्रेस की आजादी जब पूरी तरह छीन ली गई तो इन तानाशाही प्रवृत्तियों का हमें पूरी तरह एहसास हुआ।

क्या हमारी आजादी अनायास और अचानक छीन ली गई? हम लोग ऐसा सोचने की गलती करते हैं क्योंकि हम सत्ता के केन्द्र के आसपास रहे हैं और हम देश के प्रभावशाली वर्ग के लोग हैं। हमने कभी प्रेस के तिरस्कार का सामना नहीं किया क्योंकि प्रेस हमेशा प्रभावशाली वर्ग के हितों की बात करता रहा है। इन्हीं हितों को वह जनता के हितों की शक्ल में रखता आया है, लेकिन हमारे आसपास हमेशा ऐसे इलाके रहे हैं, ऐसी दरारें रही हैं, जिन पर अँधेरा रहा है, जबकि उन पर ही रोशनी पड़ने की सबसे ज्यादा जरूरत थी। 26 जून, 1975 के अँधेरे के काफी पहले से ही दूर की रोशनियाँ बन्द होनी शुरू हो गई थीं।

देश-भक्ति की गलत धारणाओं या अपने तरह-तरह के वर्ग हितों के चलते हमारे पत्रकारों और रिपोर्टरों ने आम तौर पर सत्ताधारियों का साथ दिया है। वे उनके आगे-पीछे चलते रहे हैं। इसके कारण अधिकारियों के लिए परेशानी पैदा करनेवाली खबरों की रपट देने के मामले में हमारे पत्रकार सत्य के प्रति कभी पूरी तरह वफादार नहीं रहे। हमारे कितने पत्रकार और रिपोर्टर हैं, जिन्होंने नगालैंड की वास्तविक स्थिति और वहाँ के जीवन की असलियत के बारे में छानबीन करनेवाली रपट दी है? सरकारी विज्ञप्तियों या सूचनाओं में नगालैंड के बारे में जो कुछ बताया जाता है, उसे ही हमारे आगे परोसा जाता है। ये विज्ञप्तियाँ और सूचनाएँ कुछ भी नहीं बतातीं। क्या हमारी प्रेस ने कश्मीर के बारे में सचाई को जानने की कोशिश की है? क्या उसने वहाँ की जनता की भावनाओं और शिकायतों का पता लगाने की चेष्टा की है? आश्वासन भरी रपटों के आधार पर हम अपने को झूठा आत्म-सन्तोष भर प्रदान कर सकते हैं, लेकिन वहाँ की जनता की भावनाओं को समझे बिना हम उसे कैसे सन्तुष्ट कर सकते हैं? हमने तो प्रेस के माध्यम से सिर्फ सरकारी प्रचार को ही जाना है। बांग्लादेश की लड़ाई के वक्त या सिक्किम को भारतीय राज्य का अंग बनाए जाते वक्त कितना आवरण बचा रह गया था, इसका हमें पता नहीं लगेगा क्योंकि 'राष्ट्र के प्रति कर्तव्य की भावना' के कारण हमारे पत्रकार कभी सचाई सामने नहीं रखेंगे। सचाई काफी खतरनाक हो सकती है। 'हिन्दुस्तान टाइम्स' के सम्पादक बी.जी. वर्गीज को सिक्किम के विलय के मामले में सरकार की आलोचना करनेवाला एक ही सम्पादकीय लिखने पर अपनी नौकरी से हाथ धोना पड़ा। नक्सलवादी विद्रोह का सामना करने के नाम पर जो अत्याचार किए गए, उनकी छानबीन कर रपट लिखने का साहस कितने पत्रकारों में है? नक्सलवादियों पर अत्याचार आज दस बरस से हो रहा है। उनके हाथ हर तरह का क्रूर और वहशियाना व्यवहार किया गया है, लेकिन हमें तो सिर्फ यही बताया जाता रहा है कि नक्सलवादी और किसान, जमींदारों पर किस प्रकार के

जघन्य अत्याचार करते रहे हैं। अब जब तारकुंडे आयोग ने, जिसे नई सरकार का आशीर्वाद प्राप्त है, सचाई प्रकट की है तो प्रेस पुलिस के इस तरह के कायरतापूर्ण अत्याचारों के बारे में थोड़ा जागरूक हुई है।

इस तरह की अधूरी और पक्षपातपूर्ण रिपोर्टिंग का नतीजा यह हुआ कि जो लोग झूठ और गढ़न्त आरोपों के शिकार हैं और जिनकी खबर छपती ही नहीं, वे अभी भी शायद उसी तरह के आतंक में रह रहे हैं, जिसमें कि हम इमरजेंसी के दौरान रहे थे। हमने अपने महान देश के इन तीसरे या दूसरे दर्जे के नागरिकों की अब तक उपेक्षा और अवहेलना की है, लेकिन हमें उनके बारे में चिन्तित होना पड़ेगा क्योंकि अन्ततः उन पर जो बीतेगी, उससे हम अछूते नहीं रह सकते। जो लोग गलत रपट देते हैं, वे धीरे-धीरे सभी प्रकार की मानवीय पीड़ा और वेदना के प्रति संवेदन शून्य होते जाते हैं। डर, लोलुपता और फायदा उठाने की इच्छा के चलते ऐसे लोग उनके बारे में भी झूठ और गलत लिखेंगे, जिनका वे अपने को समर्थक या सेवक मानते हैं। यह ध्यान देने की बात है कि इमरजेंसी के पहले के संवाददाता, रिपोर्टर और सम्पादक इमरजेंसी के वक्त भी बने रहे और आज भी बने हुए हैं। ये लोग शायद डर, लालच और फायदा उठाने की इच्छा, तीनों से ही प्रेरित थे। शायद डर सबसे ज्यादा था पर, लोलुपता और फायदा उठाने की इच्छा भी रही होगी।

तानाशाही के पूरे तंत्र और ढाँचे (ऐपेरेटस) को ही उखाड़ने की काफी लम्बी-चौड़ी बातें होती हैं, लेकिन दिमाग में तुरन्त यह सवाल उठता है—कौन सा तंत्र? कौन सा ढाँचा? इन्दिरा गांधी ने कोई नया तंत्र या ढाँचा नहीं बनाया। उसने तो उसी ढाँचे और उसी तंत्र का इस्तेमाल किया जो उन्होंने अपने पास पाया। यही तंत्र या ढाँचा आज भी नई सरकार की सेवा कर रहा है। पहले की सरकारों (नेहरू और शास्त्री) और इमरजेंसी की सरकार के बीच, हमारे नये शासक भले ही न मानें, काफी ज्यादा धारावाहिकता है। पुराने तंत्र में तानाशाही के बीज हमेशा से थे। ये बीज अभी भी पड़े हुए हैं। इन्हें निर्मूल नहीं किया गया है। इन्हें मौका मिलते ही फलने-फूलने और अपनी गन्दी बेल फैलाने का इन्तजार है।

हमें लगातार तानाशाही की ओर धकेलनेवाली एक बड़ी शक्ति हमारा राजनीतिक नेतृत्व ही है। इस राजनीतिक नेता-वर्ग का आधार अत्यन्त संकुचित है। इसे हमारे जैसे बड़े देश में शासन बहुसंख्यक गरीब और वंचित जनता की सहमति से चलाना होता है। राजनीतिक नेता वर्ग की जीवन पद्धति और उसकी महत्त्वाकांक्षा उसे ऐसे आर्थिक निहित स्वार्थों वाले तत्त्वों से जोड़ती है, जो आम आदमी की हालत सुधारनेवाले कदमों का भरसक विरोध करते हैं। राजनीतिक नेता-वर्ग के पास अपने को सत्ता में बनाए रखने के दो ही तरीके हैं—या तो वह अपने को निहित स्वार्थों के चंगुल से पूर्णतया मुक्त कर ले और अपने संकुचित आधार को व्यापक बनाने के लिए गरीबों की हालत को तेजी से सुधारने का काम शुरू करे

या राष्ट्रीय गौरव, परम्पराओं, सैनिक परेडों, भव्य समारोहों और शान-शौकत की झूठी और धोखा देनेवाली अपीलों का सहारा ले। पहला रास्ता अत्यन्त कठिन है, लेकिन लोकतंत्र हमेशा बना रहे, इसके लिए दूसरा कोई तरीका भी नहीं है। विलास और भोग के जीवन की वासना बहुत बलवती होती है, लेकिन हिन्दुस्तान की जो हालत है, उसमें आजादी की कीमत पर ही इन्हें पूरा करना सम्भव है। अगर हमारा विशिष्ट वर्ग आजादी चुनेगा तो उसका मतलब ही यह होगा कि उसे एक शताब्दी से चली आ रही अपनी जीवन परम्परा को एकदम तोड़ना होगा। व्यवस्था यदि एक विलासी विशिष्ट वर्ग से जुड़ी रहेगी तो उसका पतन अवश्यम्भावी है। लोगों को हमेशा मनमोहक नारों या झूठे वायदों से बहकाया नहीं जा सकता। देर-सबेर व्यवस्था पर उनका दबाव पड़ता है, लेकिन तब राज्य की संस्थाओं के भीतर की तानाशाही वाली ताकतें भी उलटा आक्रमण करती हैं, जिससे गिरफ्तारी-गोली का शासन फिर से चलाने की प्रवृत्ति उभर सकती है। इससे वैसी तानाशाही आएगी, जिसका हमें हाल में अनुभव हुआ है या जनता की हताशा के कारण क्रूर तरीकों से बुनियादी परिवर्तन होंगे—कम्बोडिया में जिस तरह का परिवर्तन हुआ, उस तरह का परिवर्तन। कम्बोडिया में सुख-सुविधाओं की प्रेमी सारी शहरी आबादी को ही शहरों से बाहर खदेड़ दिया गया।

पिछले 25 वर्षों से देश की शासन-व्यवस्था में डराने-धमकाने की प्रवृत्ति बढ़ रही थी। लोकतंत्र दिनोदिन ज्यादा खोखला होता जा रहा था। इन्दिरा गांधी ने बस इतना ही किया कि लोकतंत्र के आवरण को एकदम ही हटा दिया।

अन्तिम परिणति में व्यक्तियों की भूमिका प्रक्रियाओं के बारे में हमें उलझन में डाल देती है। इससे एक प्रकार का सन्देह पैदा हो जाता है। जाहिरा तौर पर इमरजेंसी के नाटक की एकमात्र खलनायिका इन्दिरा गांधी थीं। एक अर्थ में वह निश्चय ही थीं, लेकिन देश के विशिष्ट वर्ग और प्रशासन के विभिन्न अंगों की क्या भूमिका थी? उन्होंने इन्दिरा गांधी को तानाशाह के रूप में स्थापित करने के लिए तमाम कानूनों और मर्यादाओं को तिलांजलि क्यों दे दी? यह जानना कठिन है कि किसकी भूमिका मुख्य (प्रिंसिपल) थी और किसकी सहायक (एजेंट)? सारे सन्दर्भ और स्थिति पर हम विचार करें तो यही जान पड़ता है कि उच्चवर्ग और विशिष्ट वर्ग अपने स्वार्थों को साधने के लिए इन्दिरा गांधी का इस्तेमाल करना चाहते थे। उनके स्वार्थों को साधने के लिए वह एकदम फिट थीं। उसमें वे तमाम 'योग्यताएँ' थीं, जो उच्च वर्ग और विशिष्ट वर्ग के मुआफिक थीं। इन्दिरा गांधी उच्च वर्ग के पश्चिमी तौर-तरीकों वाली थीं, भोग-विलास पसन्द करनेवाली थीं। उनके कोई राजनीतिक सिद्धान्त नहीं थे और न ही उसके पास कोई दृष्टि थी। ये बातें उच्च व विशिष्ट वर्ग के एकदम अनुरूप थीं। उनमें जो गुण बताए गए, वे तो बाद में खोजे गए थे। सबसे पहले तो हमें यह जानना चाहिए कि उन्होंने ऐसा क्या काम किया था

कि उन्हें प्रधानमंत्री बनाया गया? यह सभी जानते हैं कि वह एक कमजोर प्रधानमंत्री होगी, यह सोचकर ही उन्हें गद्दी दी गई थी, लेकिन एक बार तंत्र पर कब्जा प्राप्त कर लेने के बाद उन्होंने उसका अपने को तानाशाह बनाने के लिए इस्तेमाल किया।

देश की राजनीति में इन्दिरा गांधी का फिर से उदय निश्चय ही एक खतरा है क्योंकि तानाशाही की तमाम ताकतों को एक साथ जुटाने का वह केन्द्र बन सकती हैं। अगर वह राजनीति से विदा ले लें तो भी तानाशाही का खतरा समाप्त नहीं होता क्योंकि उच्च वर्ग और विशिष्ट वर्ग का समूह अपनी सुख-सुविधाओं और विशेषाधिकारों की रक्षा के लिए इन्दिरा गांधी की भूमिका अपनाने के लिए दूसरे सहायक प्राप्त कर सकता है।

भारत में लोकतंत्र के प्रतिकूल इतनी सारी चीजें हैं कि उसकी रक्षा करना एक बहुत बड़ी चुनौती का काम है। यह चुनौती मुख्यतया उन लोगों के लिए है, जो अपने को 'राष्ट्र का बुद्धिजीवी' कहते हैं और उसे नैतिक दिशा-निर्देश प्रदान करने का दावा करते हैं। यह उन राजनीतिक नेताओं के लिए भी चुनौती है, जो हमेशा लोकतंत्र की दुहाई देते आए हैं और अभी गद्दी पर बैठे हुए हैं।

अगर हम जनता पार्टी के राज के कुछ महीनों (यह पुस्तक अगस्त 1977 में लिखी गई थी :) पर नजर डालते हैं तो आशा नहीं बँधती। किसी सरकार को परखने के लिए इतना समय निश्चय ही बहुत कम है, लेकिन सत्ताधारियों की प्रवृत्तियों और नैतिकता को परखने के लिए इतना समय काफी है, जनता पार्टी ने चुनाव अभियान में सादगी को अपना एक मूल-मंत्र घोषित किया था, लेकिन चारों तरफ नजर दौड़ाते हैं तो कहीं सादगी नजर नहीं आती। यह भी नहीं लगता कि राष्ट्र अभी-अभी किसी भयावह दुःस्वप्न की स्थिति से लौटा है। इमरजेंसी का अनुभव एक हिला देनेवाला अनुभव था, पर उस अनुभव का कोई चिह्न नहीं दिखता। जनता को एक बार लगा था कि वह राजनीति के केन्द्र में पहुँच रही है, लेकिन अब उसे फिर उसकी पुरानी जगह में धकेल दिया गया है। जो लोग लोकसभा के चुनावों तक इन्दिरा गांधी की चापलूसी में मशगूल थे और कांग्रेस को जिताने में लगे हुए थे, उन्हें जनता पार्टी में शामिल होने की दावत दी जा रही है और वे नये दरबार के अंग बन चुके हैं और बन रहे हैं। अभी तक जनता पार्टी की जो आर्थिक नीतियाँ सामने आई हैं, उनमें व्यापक सिद्धान्तों की वही पुरानी बातें हैं। उनमें कहीं कुछ ठोस नहीं है और वे किसी प्रकार का उत्साह पैदा नहीं करतीं।

आर्थिक नीतियों सम्बन्धी सोच के बारे में यह दलील दी जा सकती है कि यह तो समय ही बताएगा कि उनकी दिशा सही है या नहीं, लेकिन सरकार की राजनीतिक नीतियों के बारे में तो ऐसी कोई दलील नहीं दी जा सकती।

राष्ट्रपति के एक आदेश द्वारा 9 विधान सभाओं को भंग करना राज्यों की स्वायत्तता पर कुठाराघात था। चौधरी चरण सिंह ने नैतिकता का जो लबादा ओढ़ा

था, वह राष्ट्रपति के आदेश के बाद तार-तार हो गया। लोकसभा के चुनाव के नतीजों को देखते हुए यह माना जा सकता था कि इन राज्यों में सरकारों को जनता का समर्थन नहीं रह गया था, लेकिन यह कहना कि लोकसभा के चुनाव के नतीजे अगर राज्य की सत्तारूढ़ पार्टी के खिलाफ हों तो उससे अपने आप यह साबित हो जाता है कि राज्य की सरकार को जनता का समर्थन नहीं रह गया है, राज्यों की स्वायत्तता की जड़ पर ही प्रहार है। पिछले चुनाव में मुकाबला एक ही मुद्‌दे पर था—तानाशाही बनाम लोकतंत्र, लेकिन लोकसभा और विधान सभाओं के चुनाव हमेशा एक ही मुद्‌दे पर लड़े नहीं जाते। जयप्रकाश नारायण ने विधान सभाओं के चुनाव में केन्द्र में जो दल सत्तारूढ़ हो, उसी को वोट देने की अपील की। यह एक दुखद अपील थी क्योंकि जनता में उनका बहुत आदर है। अगर यह सिद्धान्त मान लिया जाए तो केन्द्र में जो पार्टी सत्तारूढ़ रहेगी, उसके सिवाय देश में कोई दूसरी पार्टी बची नहीं रहेगी। इससे तो संघीय (फेडरल) व्यवस्था का ही अन्त हो जाएगा। इस तरह की चीज होने से राज्य सरकारों का भाग्य तो केन्द्र की मनमर्जी या सनक पर निर्भर रहने लगेगा। इस बार तो राज्यपालों की रपट प्राप्त करने की औपचारिकता भी नहीं बरती गई और राज्य सरकारों को बर्खास्त कर दिया गया। राज्यपालों की रपट के आधार पर राज्य सरकार को बर्खास्त करने का नियम या परम्परा भी राज्यों की स्वायत्तता की रक्षा करनेवाली नहीं है क्योंकि राज्यपाल केन्द्रीय सरकार द्वारा नामजद किए जाते हैं और वे अक्सर केन्द्रीय सरकार को खुश रखने की फिराक में रहते हैं, लेकिन लोकसभा के चुनावों के बाद जनता पार्टी की केन्द्रीय सरकार ने जो किया, उसे देखते हुए तो यह कहा जा सकता है कि बिना कोई निश्चित जानकारी प्राप्त किए भी आगे मनमर्जी से केन्द्र राज्य पर अपना शासन लाद सकेगा। बस, केन्द्रीय सरकार को इतना ही मन बनाने की जरूरत है कि राज्य की सरकार को जनता का समर्थन नहीं रह गया है।

देश में लोकतंत्र के भविष्य के लिए राज्यों की स्वायत्तता का अत्यधिक महत्त्व है। जब तक राज्यों को पूरी स्वायत्तता रहेगी तब तक नागरिकों की स्वाधीनता और उनके अधिकारों को केन्द्र की किसी तानाशाही वाली सरकार के शिकंजे में कसे जाने से कारगर ढंग से रोका जा सकता है। इमरजेंसी को ही लें। जब तक गुजरात और तमिलनाडु में गैर-कांग्रेसी सरकारें थीं तब तक सीमित स्वायत्तता के बावजूद वहाँ ज्यादतियाँ तथा अत्याचार नहीं हो सके। चौधरी चरण सिंह की विधान सभाओं को भंग करने की कार्रवाई के भले ही तात्कालिक नतीजे अच्छे रहे हों, लेकिन वह देश में लोकतंत्र के भविष्य पर बहुत बड़ा प्रहार है। ऐसे ही तात्कालिक लाभों के या परम्पराओं की अवज्ञा के चलते लोकतांत्रिक व्यवस्था का नाश होता है।

इसी तरह राजनीतिक बन्दियों की रिहाई और मीसा को रद्‌द करने के मामलों पर जनता पार्टी की सरकार टाल-मटोल करती आ रही है जबकि अपने चुनाव घोषणापत्र

में मीसा को समाप्त करने का उसने पक्का वायदा किया था। सत्ता प्राप्त करके तीन महीने भी नहीं हुए कि राजनीतिक विरोधियों को पकड़ने के लिए मीसा का इस्तेमाल किया गया। कश्मीर में, जहाँ जनता पार्टी की स्थिति अच्छी नहीं थी, विधान सभा के चुनाव के पहले काफी गिरफ्तारियाँ की गईं। सरकारी रपट के अनुसार 23 जून, 1977 को समाप्त होनेवाले सप्ताह तक 132 राजनीतिक कार्यकर्ताओं को मीसा के तहत गिरफ्तार किया गया। नेशनल कॉन्फ्रेंस के स्रोतों के अनुसार 2,000 कार्यकर्ता गिरफ्तार किए गए। इससे किस प्रकार का आतंक पैदा हुआ होगा, इसकी कल्पना की जा सकती है। 1 जुलाई, 1977 के 'स्टेट्समैन' में छपा है, 'पिछले चार-पाँच दिनों में बड़े पैमाने पर जो गिरफ्तारियाँ हुई हैं (प्रिवेंटिव डिटेंशन), उनसे एक नया डर पैदा हो गया है। राज्य की तीनों बड़ी पार्टियों—नेशनल कॉन्फ्रेंस, कांग्रेस और जनता—ने पुलिस पर आरोप लगाया है कि वह उसके कार्यकर्ताओं की मनमानी और अन्धाधुन्ध गिरफ्तारियाँ कर रही है। गिरफ्तारियों में विभिन्न पार्टियों के लोगों की संख्या में फर्क है, पर ऐसा लगता है कि नेशनल कॉन्फ्रेंस के कार्यकर्ता सबसे ज्यादा गिरफ्तार किए गए हैं। प्राप्त रपटों के अनुसार, चुनाव के पहले की गई इन गिरफ्तारियों ने पार्टियों के कार्यकर्ताओं के बीच गुस्सा ही नहीं भयानक आतंक भी पैदा किया है। राजनीतिक कार्यकर्ता इतने डरे हुए हैं कि रात को अपने घर नहीं सोते। एक जगह से दूसरी जगह भटकते रहते हैं।'

अगर इन्दिरा गांधी ने चुनाव के पहले इसी तरह गिरफ्तारियाँ की होतीं तो जनता पार्टी के 60-70 हजार कार्यकर्ता गिरफ्तार हो गए होते और बाकी गिरफ्तारी से बचने को इधर से उधर भटकते होते। तब भी शायद जनता पार्टी जीतती, लेकिन क्या एकदम निश्चयतापूर्वक ऐसा कहा जा सकता है? तुलना करना बुरा न होगा।

एक तानाशाह की हार के तुरन्त बाद इस तरह की कार्रवाइयाँ घबराहट और चिन्ता पैदा किए बिना नहीं रह सकतीं। यहाँ यह याद रखना चाहिए कि तानाशाह को ऐसी ही पापी कार्रवाइयों के कारण जनता ने हराया था।

चिन्ता का एक और सबब है। पुरानी चापलूसी की जगह नई चापलूसी बढ़ रही है। लोग बड़ी तेजी से उधर से इधर आ रहे हैं और नये शासक उनका बाँहें फैलाकर स्वागत कर रहे हैं। पिछलग्गुओं और परजीवियों की यह जमात नये शासकों को अपने अनुकूल बना रही है, उन्हें खुश कर रही है। इसका नतीजा यह है कि वह उन्हें गलत सूचनाएँ दे रही है, गुमराह कर रही है। अखबारों ने एक नये किस्म का खुद-ब-खुद अपने पर सेंसर लगा लिया है। हाँ, अब वे इन्दिरा गांधी की सरकार के खिलाफ जानेवाली खबरों का सेंसर करने के बजाय जनता पार्टी के खिलाफ जानेवाली खबरों को सेंसर कर रहे हैं। इससे केवल जनता पर शासकों का शिकंजा मजबूत होता है—जनता के बजाय शासकों की ताकत बढ़ती है। प्रेस का राज्य-सत्ता से तादात्म्य भले ही वह इच्छा से हो या अनिच्छा से, जनता के

हितों के प्रति नुकसानदेह है। प्रेस की सही भूमिका जनता की ओर से सरकार पर निगरानी रखने की होती है। यह कहने की जरूरत नहीं होनी चाहिए कि सत्ता की आलोचना करना उसका धर्म है।

हमारी लोकतांत्रिक व्यवस्था के सामने जो बुनियादी समस्याएँ हैं, उनमें से किसी को भी हल नहीं किया गया है और न ही उन्हें हल करने की कोई जोरदार कोशिश की जा रही है। तानाशाही के किसी ढाँचे को उखाड़ने की प्रक्रिया ही नहीं चली है। तानाशाही वाला रवैया तक कायम है। नये शासक निरंकुश सत्ता के सभी उपकरणों से लैस हैं। उन्होंने इस बात का संकेत भी नहीं दिया है कि वे इन उपकरणों के इस्तेमाल के बारे में सावधान हैं। सावधानी बरतने के जो थोड़े-बहुत मौके आए, उनमें भी उन्होंने सावधानी नहीं बरती। इसलिए उत्साह और प्रसन्नता की कोई बात ही नहीं हो सकती।

इतना ही कहा जा सकता है कि लोगों को तत्काल मुक्ति की साँस मिली है, लेकिन यह स्थायी होगी या नहीं, यह तो इस बात पर निर्भर है कि तंत्र और व्यवस्था से निरंकुश सत्ता के तत्त्वों को हम कितना मिटा सकते हैं और इसके लिए कितनी कोशिश करते हैं? यह कोई आसान काम नहीं। नये शासक पुराने शासकों के तरीके ही अपनाते जान पड़ते हैं। लोगों को इन नई प्रवृत्तियों के प्रति सचेत रहना पड़ेगा। उन्हें अपने अधिकारों पर किसी भी तरह का हमला होने पर उसका विरोध करना होगा। अगर देश को फिर से तानाशाही के मुँह में जाने से बचाना है तो लोगों को इस चुनौती का सामना करना ही पड़ेगा।

परिशिष्ट-1

गोरे के नाम फर्नांडिस का खत

प्रिय नाना साहब,

अखबारों की खबर है कि श्री करुणानिधि ने इन्दिरा गांधी से बातचीत शुरू करने के लिए विरोधी दलों की जो बैठक बुलाई है, उसमें आप भाग ले रहे हैं। मेरी जानकारी के अनुसार, अभी इन्दिरा गांधी के नामजद प्रतिनिधियों की कुछ विरोधी दलों के महत्त्वपूर्ण नेताओं से बातचीत चल रही है। मुझे यह भी पता चला है कि इन नेताओं ने कुछ इस तरह का प्रस्ताव भी रखा है, जिसका मतलब आत्म-समर्पण (सेल-आउट) होता है। मुझे इस बात का पक्का भरोसा है कि आप विरोधी दलों के नेताओं की बैठक में यह स्पष्ट रूप से कहेंगे कि जहाँ तक सोशलिस्ट पार्टी का सवाल है, वह इन्दिरा गांधी की तानाशाही के खिलाफ लड़ाई को उसकी तार्किक परिणति तक ले जाने को प्रतिबद्ध है और बुनियादी सवालों पर किसी प्रकार का समझौता करने या झुकने के लिए कतई तैयार नहीं है—इमरजेंसी हटाने, मीसा को रद्द करने, सभी राजनीतिक बन्दियों और बिना मुकदमा चलाए नजरबन्द रखे गए कैदियों को रिहा करने, न्यायपालिका की स्वतंत्रता कायम करने, अवैध लोकसभा को तुरन्त भंग करने, स्वतंत्र व निष्पक्ष मतदान के लिए कुछ पूर्व शर्तों को मानकर चुनाव करवाने और 26 जून, 1975 के बाद पास किए गए सभी सांविधानिक संशोधनों को रद्द करने जैसे बुनियादी सवालों पर सोशलिस्ट पार्टी कतई झुक नहीं सकती।

हाल में पार्टी (सोशलिस्ट पार्टी) का बम्बई में जो विशेष सम्मेलन हुआ, उसने भी संघर्ष की नीति का अनुमोदन किया है। संघर्ष की नीति पार्टी की हमेशा की नीति रही है। मैं यह भी आशा करता हूँ कि आप विरोधी दलों के नेताओं को इस बात के लिए राजी कर सकेंगे कि वे अपने दलों के लोकसभा-सदस्यों को तुरन्त लोकसभा से इस्तीफा देने और तानाशाही को उखाड़ फेंकने के अविराम संघर्ष में शामिल होने का निर्देश दें। साथ में जे.पी. के नाम मेरा पत्र नत्थी है। अभिवादन सहित।

आपका

जॉर्ज फर्नांडिस

14 दिसम्बर, 1976

परिशिष्ट-2

जे.पी. के नाम फर्नांडिस का पत्र

प्रिय जयप्रकाश जी,

मौजूदा स्थिति के कुछ पहलुओं के कारण मैं उद्विग्न और चिन्तित हूँ। एक, तरह-तरह के नेता एक साथ बयान देकर आपसे आन्दोलन वापस लेने की माँग कर रहे हैं। दो, टाँग अड़ानेवाले कुछ व्यक्ति इन्दिरा गांधी से बातचीत करने का निमंत्रण प्राप्त करने की लगातार कोशिश कर रहे हैं। तीन, इस बात को जान-बूझकर नहीं माना जा रहा है कि विनोबा की वफादारी दरबार के प्रति है और वह देश में स्वाधीनता और लोकतंत्र के लिए लड़नेवालों की तनिक भी मदद नहीं करेंगे। चार, 26 जून, 1975 से जब से इन्दिरा गांधी डिक्टेटर बनीं, तब से हमारी राजनीतिक-व्यवस्था में जो परिवर्तन हुए हैं, उनका ईमानदारी से मूल्यांकन करने में अभी भी हिचकिचाहट है। इन सबके साथ यह भ्रम भी है कि इन्दिरा गांधी अभी भी डिक्टेटर नहीं बनी हैं। इन्दिरा गांधी से बातचीत करने को उत्सुक लोगों ने हाल में यह कहना भी शुरू कर दिया है कि जे.पी. का पहला कर्तव्य जेलों में बन्द लोगों को रिहा करवाना है।

मैंने यह आशा की थी कि सामान्य स्थिति लाने की माँग करनेवालों का यह शोर कुछ नेताओं की हताशा का ही द्योतक है, डिक्टेटर का अपनी तानाशाही का विरोध करनेवालों के बीच फूट डालने, उन्हें निरुत्साहित करने और जनता में भ्रम पैदा करने की शैतानियत भरी चाल नहीं है, लेकिन मुझे यह लगता है कि बातचीत की माँग के पीछे इरादा कुछ नये सवालों (प्राथमिकताओं) को उठाकर विपक्ष की विभिन्न पार्टियों के विलय से एक पार्टी बनाने की कोशिशों को रोकना है; अगर रोका न जा सके तो हर हालत में स्थगित करना तो है ही।

जिस तरह की ताबड़-तोड़ कोशिश हो रही है और विपक्ष की पार्टियों के नेताओं की बैठकों का इन्तजाम हो रहा है, उससे मेरा यह डर पक्का होता है कि आत्म-समर्पण और विश्वासघात ('सेल आउट') किया जा रहा है। मेरी समझ में यह नहीं आता कि अगले कुछ दिनों में होनेवाली बातचीत का जो आधार सुझाया

गया है, उसे विपक्ष का कोई जिम्मेवार नेता कैसे स्वीकार कर सकता है? बातचीत के मुद्दों में न इमरजेंसी हटाने की माँग रखी गई है और न ही राजनीतिक बन्दियों को रिहा करने की माँग। इस बातचीत का कुछ भी नतीजा क्यों न हो, एक बात तय है कि इससे तानाशाही का विरोध करनेवाले राजनीतिक कार्यकर्ताओं तथा अन्य लोगों का मनोबल तथा संकल्प और कमजोर होगा।

हमारे देश के विरोधी दलों ने 26 जून, 1975 के बाद कभी कुछ नहीं सीखा है। वे कब इस बात को महसूस करेंगे कि उनका सामना एक ऐसी औरत से है, जो किसी भी हालत में सत्ता नहीं छोड़ेगी? क्या वे यह भी नहीं देख सकते कि नेहरू ने अपनी बेटी को बहुत बारीकी और चालाकी से गद्दी पर बैठाने की तैयारी की थी, किन्तु बेटी इन्दिरा गांधी को तो थोड़ी-बहुत भी शर्म नहीं है और वह अपने बेटे को गद्दी पर बैठाने के लिए बेहयाई पर उतर आई है। मेरे कहने का मतलब यह नहीं है कि नेहरू का तरीका प्रशंसनीय था या इन्दिरा गांधी के तरीके से कम अपमानजनक था। मैं इतना ही बताना चाहता हूँ कि तब भी विपक्ष ने शासक गिरोह की चालों को समझने से इनकार किया था और आज भी कर रहा है। बरसों से विपक्षी राजनीति सत्तारूढ़ पार्टी की पहल पर प्रतिक्रिया करती आई है। वह खुद कोई पहल नहीं करतीं ताकि सत्तारूढ़ पार्टी परेशान हो। 1965 के आसपास डॉ. लोहिया ने पहल की और किसी तरह खींच-खाँचकर विपक्ष को एक किया और कांग्रेस को 1967 में परास्त किया, लेकिन इसके बाद से युवजनों द्वारा पहले गुजरात में और बाद में बिहार में की गई पहल के अलावा विरोधी दलों द्वारा कांग्रेस का सामना करने की कोई कोशिश ही नहीं की गई। 26 जून, 1975 के बाद की घटनाएँ बताती हैं कि विपक्षी नेताओं में दृष्टि का ही नहीं, हिम्मत और साहस का भी अभाव है। अगर ऐसा नहीं है तो कोई कैसे यह कह सकता है कि आज पहला काम जेलों में बन्द लोगों को रिहा करवाना है। क्या इस प्रकार की बात और हिम्मत तानाशाही का विरोध कर सकती है और उसको उखाड़ फेंक सकती है? यह तो ऐसी चीज है, जो तानाशाहों को जन्म देती है और उन्हें मजबूत बनाती है।

मुझे पता है कि आप विरोधी दलों के नेताओं से कितने हताश हैं और आप पर वे किस प्रकार का दबाव डाल रहे हैं, लेकिन मैं चाहता हूँ कि आप यह जानें कि ऐसे भी लोग हैं जो तानाशाही के खिलाफ अन्त तक लड़ते रहने को प्रतिबद्ध हैं। मेरा यह विश्वास है कि तानाशाही से कोई समझौता नहीं हो सकता। मैं कुछ मुद्दों को ऐसा मानता हूँ, जिन पर बात हो ही नहीं सकती—ये तो मानने ही होंगे—जैसे, इमरजेंसी को वापस लेना, मीसा को रद्द करना, न्यायपालिका की स्वतंत्रता कायम करना, अवैध लोकसभा को तुरन्त भंग करना और निष्पक्ष व स्वतंत्र मतदान के लिए कुछ पूर्व शर्तों को पूरा कर चुनाव करवाना तथा 26 जून, 1975 के बाद पास

किये गए सभी सांविधानिक संशोधनों को रद्द करना। ये कुछ ऐसे मुद्दे हैं, जिन पर कोई समझौता नहीं हो सकता।

मैं जानता हूँ कि इन्दिरा गांधी इनमें से किसी को भी नहीं मानेंगी। अगर वह मान सकतीं तो उन्हें तानाशाही लादने की जरूरत ही क्यों पड़ती? उसके लिए उन्होंने जो कुछ किया है, उसे उलटना असम्भव है। जब विपक्ष में लड़ने का संकल्प न हो तब उन्हें किस चीज का डर हो सकता है? मुझे समझ में नहीं आता कि आखिर बातचीत करनेवाले किस चीज पर बातचीत करना चाहते हैं? अगर अन्तिम क्षण में वे अपनी माँगों में कुछ जोड़ भी दें तो भी उनका मकसद क्या है?

इन्दिरा गांधी से बातचीत करने की कोशिश में बयानबाजी में समय गँवाने और किसी भी शर्त पर बातचीत किए जाने की सम्भावना से अति उत्साहित होने के बजाय विरोधी दलों को इस बारे में मिल-जुलकर सोचना चाहिए कि तानाशाही का मुकाबला करने के लिए जनता के सभी वर्गों के बीच एक कारगर और जोरदार आन्दोलन कैसे खड़ा किया जाए? मेरे खयाल में इस तरह का प्रयत्न करने के लिए समय मुआफिक है।

अपनी तमाम हेकड़ी और शब्दाडम्बर के बावजूद इन्दिरा गांधी आज जनता से जितनी ज्यादा दूर हैं, उतनी पहले कभी नहीं थीं। उन पर कोई विश्वास नहीं करता। मुझे बताया गया कि दिल्ली में डॉक्टरों तक ने यह मानकर कि वह बच्चों की नसबन्दी करने जा रही है, अपने बच्चों को स्कूलों से निकालने की ताबड़-तोड़ कोशिश की। वे दौड़े-दौड़े स्कूल पहुँचे। इन्दिरा गांधी और उसके प्रचारक कहते हैं कि कीमतें घट रही हैं, लेकिन दिल्ली में नवम्बर के पहले सप्ताह से दिसम्बर के पहले सप्ताह के दरमियान चार सप्ताहों में उपभोक्ता वस्तुओं की कीमत में 10 से 20 प्रतिशत तक की वृद्धि हुई है। दिल्ली में 'सुपर बाजार' नाम की दुकान डिक्टेटर की अतिप्रचारित सस्ती दुकान है। इसमें 1 दिसम्बर, 76 को सरसों का तेल सवा बारह रुपये किलो बिक रहा था जबकि 1 नवम्बर को उसकी कीमत 10 रु. 20 पैसे किलो थी। इस एक महीने में वनस्पति की कीमत 8 रु. 15 पैसे से बढ़कर 8 रु. 50 पैसे हो गई। पैकेट में बन्द वनस्पति की कीमत 9 रु. से बढ़कर 10 रु. 15 पैसे हो गई। खालिस घी 25 रु. 50 पैसे से बढ़कर 26 रु. 25 पैसे किलो हो गया। नवम्बर के अन्तिम सप्ताह में 200 ग्राम नारियल तेल की कीमत 4 रु. 25 पैसे थी जो 1 दिसम्बर तक बढ़कर 4 रु. 65 पैसे हो गई। यही बात दालों की कीमत के बारे में लागू होती है। इसी एक महीने के दरमियान मूँग (साबुत) की कीमत 2 रु. 15 पैसे से 2 रु. 30 पैसे, उड़द (साबुत) की कीमत 2 रु. 65 पैसे से 2 रु. 80 पैसे, मसूर 2 रु. 45 पैसे से 2 रु. 80 पैसे, राजमा चित्रा 2 रु. 60 पैसे से 2 रु. 95 पैसे हो गई। जिंसों का इकोनॉमिक टाइम्स का मूल्य सूचकांक 9 दिसम्बर, 1975 को 158.5 था, एक साल में यह 9 दिसम्बर, 1976 तक बढ़कर 179.2 हो गया।

इन्दिरा गांधी की आकाशवाणी तो मजाक बन गई है। सेंसर लगे प्रेस और समाचार की खबरों से अब कोई धोखे में नहीं आता। लोगों में उन्होंने जो डर बैठा दिया है, वह अभी भी है, लेकिन बम्बई, पुणे, बंगलूर, पश्चिम बंगाल में नसबन्दी अभियान के चलते सिर्फ उत्तर प्रदेश में ही पुलिस ने 100 बार से भी ज्यादा गोली चलाई, जिससे एक हजार से भी ज्यादा लोग मारे गए। पिछले महीने लोकसभा में शिब्बनलाल सक्सेना ने अपने भाषण में कहा था कि उनके निर्वाचन क्षेत्र गोरखपुर में पुलिस ने कई जगहों पर जबर्दस्ती नसबन्दी करवाने के लिए गोली चलाई। इस भाषण पर सेंसर तो लगना ही था। पश्चिम बंगाल और ओडिशा में उसके चापलूस भूखे कुत्तों की तरह आपस में लड़ रहे हैं। महाराष्ट्र और कर्नाटक में उसकी पार्टी में भारी फूट है। गुजरात में उसकी पार्टी के विधायकों के बीच इस बात को लेकर घूँसेबाजी तक हो गई कि कौन मुख्यमंत्री हो? ओडिशा और पश्चिम बंगाल में उसके मंत्री अखबारों में बयान निकालकर एक-दूसरे को गुंडा बता रहे हैं और कह रहे हैं कि फलां गुंडई कर रहा है। इन्दिरा गांधी की पार्टी का वह हाल है।

अगर मैं थोड़ा बहक गया हूँ तो मुझे इसका दुख है, लेकिन मैं अपने कुछ मित्रों से हुए अपने पूर्ण मोहभंग के बारे में आपको बताना चाहता हूँ। मेरा यह विश्वास है कि हमारे देश का भविष्य वे लोग ही बनाएँगे, जो लोकतंत्र और कानून के शासन के लिए अपना सब कुछ दाँव पर लगा देने को तैयार हैं। जो लोग समझौता करना चाहते हैं या आसान विकल्प ढूँढ़ रहे हैं, वे केवल इन्दिरा गांधी की तानाशाही को वैधानिकता प्रदान करेंगे, जिससे उन्हें विश्वसनीयता और सम्मान ही मिलेगा।

इस सिलसिले में मैं उन लोगों के दिमाग को समझ पाने में असमर्थ हूँ, जो अपनी लोकसभा की सदस्यता बरकरार रखते हुए यह कह रहे हैं कि लोकसभा को अब कोई अधिकार नहीं रह गया है क्योंकि उसकी मियाद पूरी हो चुकी है। इन लोगों की आलोचना को कोई क्यों महत्त्व देगा जब इन्हें अवैधानिक लोकसभा की सदस्यता के फायदे उठाने में तनिक भी ग्लानि नहीं होती है। विपक्ष का विभाजित और विखंडित दिमाग ही इन्दिरा गांधी की शक्ति है।

मुझे इस बात की खुशी है कि सोशलिस्ट पार्टी के विशेष सम्मेलन (बम्बई, नवम्बर 1976) ने चार पार्टियों को एक करने के आपकी कोशिश में पूरी मदद करने का निश्चय किया है। हमारी पार्टी ने कहा है कि अगर वह एकता कायम नहीं हो पाई तो वह एक नई पार्टी बनाने में आपका साथ देगी। विलय होनेवाली पार्टियों के नेताओं की जो मौजूदा मन:स्थिति है और वे जिस प्रकार बुनियादी उसूलों को ताक पर रखकर समझौता करने को आतुर हैं, उसे देखते हुए मेरा खयाल है कि पार्टियों के विलय के लिए और प्रयत्न नहीं करना चाहिए। विलय

के लिए आपस में समझौता करने का मुख्य मुद्दा यह था कि 26 जून, 1975 के पहले की स्थिति वापस लाने के लिए संघर्ष किया जाए। अब यह स्पष्ट हो गया है कि सोशलिस्ट पार्टी को छोड़कर कोई और पार्टी इस बुनियादी या मूल उद्देश्य के पालन के प्रति सचेष्ट नहीं है। जब तक इस बुनियादी प्रश्न पर सहमति नहीं होती, सोशलिस्ट पार्टी विलय के लिए राजी नहीं हो सकती। पार्टी के बम्बई सम्मेलन के राजनीतिक-प्रस्ताव में पार्टी के सदस्यों को निर्देश दिया गया है कि वे कार्यकर्ताओं को संगठित और प्रशिक्षित करने तथा ज्यादा-से-ज्यादा जनसम्पर्क स्थापित करने का काम करें ताकि लोकतंत्र की पुनर्स्थापना के लिए दीर्घकालीन और अविराम संघर्ष चलाया जा सके।

जून, 1974 से मैं आपसे एक राजनीतिक पार्टी बनाने के लिए अनुरोध कर रहा हूँ। मेरी पार्टी के कई साथियों की आपत्ति और विरोध के बावजूद मैं इसकी सफलता के लिए प्रयत्न करने को प्रतिबद्ध हूँ। नवम्बर 1974 में दिल्ली में विरोधी दलों की आपने जो बैठक बुलाई थी, उसमें मैंने एक लम्बा नोट दिया था (जो बाद में पर्चे के रूप में छापा गया)। इस नोट में मैंने आपसे सार्वजनिक रूप से एक नई पार्टी बनाने की अपील की थी। स्वास्थ्य की गड़बड़ी के कारण आपको किन कठिनाइयों का सामना करना पड़ा है, उनका मुझे एहसास है, लेकिन मेरा यह विश्वास है कि भविष्य की पीढ़ियों के लिए आपको उन सभी लोगों को एक झंडे के नीचे लाना होगा, जो तानाशाही के खिलाफ लड़ने और भारत में एक लोकतांत्रिक, समतामूलक समाज कायम करने को संकल्पबद्ध हैं।

मैं जान-बूझकर संघर्ष के तरीकों और उसके भावी स्वरूप के बारे में कोई सुझाव नहीं दे रहा हूँ। फरारी की हालत में रहते हुए मैंने इस विषय पर बहुत कुछ कहा है और अपनी क्षमतानुसार वह सब किया है, जिसकी मैं आवश्यकता समझता था। मुझे कोई अफसोस या गिला नहीं है। अपनी राय बदलने का मुझे कोई कारण नजर नहीं आता। मेरा विश्वास है कि हमारे युवाजन, कार्यकर्ता और बुद्धिजीवी संघर्ष के नये और समुचित हथियार गढ़ेंगे और तानाशाही को उखाड़ फेंकने में सफल होंगे। हाल के दिनों में बहुत सारे क्षेत्रों में असन्तोष और विद्रोह के संकेत दिखाई दिए हैं। ये ऐसे संकेत हैं जिनसे आपको खुशी होगी, इन्होंने मुझे भी ज्यादा आशावान बनाया है।

जो समझौता वार्ता चल रही है और अधिकांश विरोधी दलों के नेताओं के रवैये से समझौते के लिए जो इच्छा जाहिर हो रही है, उन्हें देखते हुए यह स्पष्ट करना आवश्यक हो गया है कि सोशलिस्ट पार्टी इस तरह की वार्ता में भाग नहीं ले सकती। वह तानाशाह के खिलाफ आन्दोलन वापस लेने के कदम में अन्य पार्टियों का साथ भी नहीं दे सकती। सोशलिस्ट पार्टी ने अतीत में भी अपनी स्थिति स्पष्ट कर दी थी और अब उसने अपने बम्बई के सम्मेलन में

उसी स्थिति को फिर से सामने रखा है। सोशलिस्ट पार्टी के अध्यक्ष की हैसियत से मैं ऐसी किसी चीज में शामिल नहीं हो सकता, जो उसके मूल विश्वास और आस्था के खिलाफ हो और जिसे उसके कार्यकर्ताओं ने बेहिचक और स्पष्टता के साथ स्वीकार किया हो।

मैं इसे अपना कर्तव्य मानता हूँ कि आपके आगे अपनी और सोशलिस्ट पार्टी की स्थिति स्पष्ट कर दूँ क्योंकि आप पर इस बात के लिए दबाव डाला जा रहा है कि लोक संघर्ष समिति संघर्ष वापस ले ले।

कृपया अपने स्वास्थ्य का ध्यान रखें। मुझे आपको यह कहने की जरूरत नहीं होनी चाहिए कि हम सब लोग आपके बारे में कितना सोचते हैं और आपके स्वास्थ्य के लिए कितनी प्रार्थना करते हैं?

सादर।

आपका

जॉर्ज फर्नांडिस

14 दिसम्बर, 1976

परिशिष्ट-3

बीजू पटनायक का पत्र ओम मेहता के नाम

3, औरंगजेब रोड, नई दिल्ली
1 जनवरी, 1977

प्रिय ओम

4 दिसम्बर को हम मिले थे (मेरे मकान पर मोहम्मद यूनुस, चौधरी चरण सिंह, तुम और मैं)। उस दिन तुम्हें जो आधार-पत्र (ऐप्रोच पेपर, भारतीय लोकदल, जनसंघ, संगठन कांग्रेस और सोशलिस्ट पार्टी के कुछ प्रतिनिधियों द्वारा इन्दिरा गांधी से बातचीत करने के लिए तैयार किया गया आधार-पत्र) दिया था, उसके बारे में जो गलतफहमी हुई है, उसका मुझे अफसोस है। मैंने टेलीफोन पर तुम्हें जो कुछ कहा है, उसे यहाँ लिखकर पक्का कर देता हूँ कि सभी विरोधी लोकतंत्री पार्टियों ने 16-17 दिसम्बर को एच.एम. पटेल के घर पर हुई बैठक में इसे (आधार-पत्र को) पूरी तरह स्वीकार किया और इसे आगे की बातचीत का आधार माना।

तुमने जिक्र किया कि प्रधानमंत्री ने अशोक मेहता और एच.एम. पटेल को पत्र लिखकर आधार-पत्र में उठाई गई कुछ बातों का जवाब दिया है, लेकिन अशोक (मेहता) ने 28 दिसम्बर को प्रधानमंत्री को पत्र लिखकर कहा है कि प्रधानमंत्री द्वारा उठाए गए कुछ मुद्दों और विपक्ष द्वारा उठाए गए कुछ मुद्दों पर व्यक्तिगत बातचीत और स्पष्टीकरण की जरूरत है।

प्रधानमंत्री ने कहा कि सरकार चाहती है कि संसदीय लोकतंत्र में लोकतांत्रिक विपक्ष स्वाभाविक ढंग से अपनी उचित भूमिका अपनाए और आज तुमने भी टेलीफोन पर सरकार की इस कामना की पुष्टि की। टेलीफोन पर मैंने अखबारों में छपे तुम्हारे भुवनेश्वर के बयान का जिक्र किया। अखबारों में वह जैसा छपा है, उससे वह आधार-पत्र की भावनाओं के प्रतिकूल जाता है। टेलीफोन पर तुमने यह कहा कि तुम्हारा आशय था कि आन्दोलनात्मक हिंसा को त्यागना चाहिए। हमने तो हमेशा से इस बात को माना है। आधार-पत्र के पहले पैराग्राफ में ही हमने कहा

है कि प्रशासन की ज्यादातियों के खिलाफ की जानेवाली किसी शान्तिपूर्ण कार्रवाई या प्रदर्शन में शारीरिक बल प्रयोग के माध्यम से या हिंसक रूप से प्रशासन या किसी व्यक्ति के स्वाभाविक काम-काज में किसी भी हालत में बाधा नहीं डाली जानी चाहिए।

मैं तुम्हें बताना चाहता हूँ कि हमारी लम्बी बातचीत में उन लोगों ने, जो सरकार में रहे हैं, इस बात पर गम्भीर शंका प्रकट की कि राष्ट्र में अनुशासन लाने के लिए नागरिक अधिकारों के स्थगन, प्रेस का मुँह बन्द करने और न्यायपालिका को नीचा दिखाने जैसे भय पैदा करनेवाले उग्र कदम क्या जरूरी थे? क्या सरकार अपने राजनीतिक संकल्प को कारगर ढंग से प्रकट कर आर्थिक सफलताएँ प्राप्त नहीं कर सकती थी? संसद में सरकार का भारी बहुमत है। इन मुद्दों पर फलप्रद बातचीत हो सकती है।

इसी तरह चरित्र-हत्या पर बातचीत जरूरी है। हमने अपने आधार-पत्र में यह स्वीकार किया है कि चरित्र हत्या की दुष्टता (प्रधानमंत्री ने भी अपने पत्र में इसकी चर्चा की है) के खिलाफ दृढ़ता से कुछ करना होगा। इस पर सोचना होगा कि इस उद्देश्य को पूरा करने के लिए किस प्रकार की मशीनरी बनाई जाए? यह भी महसूस किया गया कि विधान सभा या संसद के विशेषाधिकार के दुरुपयोग पर जल्द ही काबू पाया जा सकता है, अगर सरकार उच्च राजनीतिक पदों पर बैठे लोगों के खिलाफ लगाए गए भ्रष्टाचार के आरोपों को उपयुक्त और विश्वसनीय न्यायाधीशों (ज्युडिशियल अथॉरिटी) को सौंप दे। उन्होंने (बैठक में भाग लेनेवाले लोग) इस सन्दर्भ में संथानम कमेटी की रपट की सिफारिशों पर अमल करने और लोकपाल (ओम्बुडसमैन) की संस्था बनाने की बात कही।

विपक्ष ने बार-बार साम्प्रदायिक और पृथकतावादी राजनीति तथा हिंसा व गैर-सांवैधानिक कार्रवाइयों का सहारा लेने की निन्दा की है और उन पर अपनी असहमति व्यक्त की है। मेरी राय में संसदीय लोकतंत्र में लोकतांत्रिक विपक्ष के लिए यह मानना एक मूल बात है कि सभी पक्षों को इसे मानना चाहिए। 16-17 दिसम्बर की बैठक (जिसकी प्रधानमंत्री ने अपने पत्र में चर्चा की है) के बाद एच.एम. पटेल ने विपक्ष का जो वक्तव्य जारी किया है, वह इस विषय में एकदम असंदिग्ध और स्पष्ट है।

इतने ज्यादा कानून पास किए गए हैं कि भूल-भुलैया पैदा हो गई है और यह जानना मुश्किल है कि इन सब कानूनों के रहते क्या लोकतंत्री विपक्ष स्वाभाविक और शान्तिपूर्ण ढंग से काम कर सकता है? प्रधानमंत्री ने कहा है कि भारत संसदीय लोकतंत्र को एक आदर्श ही नहीं वरन एक व्यावहारिक आवश्यकता मानता है और उससे प्रतिबद्ध है। यह महसूस किया गया कि प्रधानमंत्री की इस घोषणा के अनुरूप हाल के कुछ कानूनों पर पुनर्विचार होना चाहिए।

हमें इस बात का एहसास है कि भारत की प्रधानमंत्री एक अत्यन्त व्यस्त व्यक्ति हैं। उन्हें इन विषयों तथा अन्य प्रासंगिक मामलों पर विस्तार से बातचीत करने का शायद समय न हो। इसलिए राष्ट्रीय अनुशासन (जिस पर आधार-पत्र में कुछ विस्तार से चर्चा की गई है) को मजबूत करते हुए स्वाभाविक परिस्थिति लाने और भय को दूर करने के लिए हमसे बातचीत की जाए। अगर प्रधानमंत्री पसन्द करती हैं तो मैं यह सुझाव दूँगा कि तुम ऐसे व्यक्ति के साथ, जिसे प्रधानमंत्री उपयुक्त समझती हों, इन विषयों पर हमसे बातचीत शुरू कर सकते हो ताकि सरकार और विपक्ष के बीच सहमति को और बढ़ाया जा सके और बाकी की बातों को निपटाया जा सके।

तुम्हारे से इस बारे में जल्दी जवाब पाने पर मुझे खुशी होगी।

शुभकामनाओं के साथ

ओम मेहता
गृह मंत्रालय में राज्य मंत्री
भारत सरकार, नई दिल्ली

तुम्हारा
बीजू पटनायक
(हस्ताक्षर)

जनता पार्टी की त्रासदी

भूमिका

जनता पार्टी को सत्ता में आए अभी साल ही हुआ है। अभी इसके काम-काज का अध्ययन दो बड़े कारणों से जरूरी लगता है। एक तो यह आजाद भारत की पहली गैर-कांग्रेसी सरकार है। दूसरे, यह इन्दिरा गांधी की तानाशाही शासन के बाद आई है। तानाशाही के बाद लोकतंत्र की बहाली आसान चीज नहीं होती। लोकतंत्र के लिए जरूरी बहुत सारी परम्पराओं और काम-काज को ऐसे दौर में समाप्त कर दिया जाता है। फिर देश के सामने लोकतंत्र के अलावा दूसरा मॉडल भी पेश किया जा चुका होता है। काफी लोग उस व्यवस्था के लाभार्थी हो चुके होते हैं और जरा भी गड़बड़ हो तो तानाशाही वापस लाने में सक्रिय हो जाते हैं। और यह भी सम्भव है कि बहुमत भी निराश और कुंठा वाले दौर में उधर मुड़ जाए। इसी हिसाब से जो लोग भी तानाशाही की वापसी नहीं चाहते, उनके लिए जनता सरकार के काम-काज के ढंग की समीक्षा जरूरी है। शासन की कमियों की जानकारी और लोगों का सचेत होना सरकार को सही रास्ते पर चलने को मजबूर करेगा।

सामान्य हिसाब से एक साल का काम-काज किसी सरकार की समीक्षा के लिए काफी कम होता है, पर वह अध्ययन का मतलब गलतियाँ बताकर सुधार का दबाव बनाना हो तब पाँच साल का वक्त ही काफी लम्बा हो जाता है। तब मौजूदा सरकार के लिए गलतियाँ सुधारने का वक्त ही नहीं रह जाएगा। और जब तानाशाही वाली शक्तियाँ फिर से सक्रिय हो गई हों तब सिर्फ जनता सरकार के काम-काज ही नहीं, पूरे राजनीतिक परिदृश्य पर एक नजर डालना महत्त्वपूर्ण हो जाता है। पर जब घटनाक्रम जारी हो तब उनका अध्ययन कई मायनों में मुश्किल हो जाता है। चीजों के बारे में पूरी जानकारी के अभाव के साथ उसका मूल्यांकन भी मुश्किल होता है, पर जिन लोगों का सब कुछ दाँव पर लगा हो उनके लिए चीजों को जानना-समझना जरूरी है। घटनाओं के समानान्तर उनको समझना भी जरूरी होता है, भले ही उसमें कमियाँ हों। ऐसी सीमाओं के साथ ही यह अध्ययन किया गया है। इसमें पहले उन पार्टियों की संक्षिप्त पृष्ठभूमि दी गई है जिनके विलय से जनता पार्टी बनी। फिर इसमें काम-काज और अन्दरूनी खींच-तान की चर्चा है। चूँकि आर्थिक नीतियाँ सबसे महत्त्वपूर्ण हैं, इसलिए उनकी चर्चा विस्तार से हुई है। इस

क्रम में कुछ वैकल्पिक सुझाव भी दिए गए हैं। नागरिक स्वतंत्रता की बहाली के लिए उठाए गए कदमों की समीक्षा की गई है। हमारी आजादी पर ग्रहण लगानेवाले प्रयासों की पृष्ठभूमि में यह किया गया है। अध्ययन का आधार अखबारी खबरों के साथ पत्रकारों से चर्चा, जनता पार्टी के नेताओं और कार्यकर्ताओं से बातचीत है, पर इतने कम समय वाले अध्ययन में गलतियों और अपर्याप्त जानकारियों की गुंजाइश होती है, पर चूँकि लेखक खुद इस राजनीतिक माहौल से गहरे से जुड़ा रहा है, इसलिए कुछ भरपाई हो गई होगी। हाँ, इस अध्ययन के बारे में पूरी तरह निर्लिप्तता से ऊपर होने का दावा नहीं किया जा सकता। उम्मीद की जा सकती है कि इस तरह के और अध्ययन सामने आएँगे और लोगों को खतरों और सरकार की गलतियों से आगाह करेंगे।

15 अगस्त, 1978

1

मार्च 1977 लोकसभा चुनाव के नतीजों ने आतंक की लम्बी रात का अन्त किया। जीत के जश्न के साथ लोगों का यह निश्चय भी दिखता था कि अब इस तरह से एक तानाशाह की वापसी नहीं होने देंगे। लोग मुश्किल घड़ी में ही अपनी सबसे अच्छी राय को याद करते हैं, पर वह मुश्किल गई नहीं कि लोग इस नेक बात को भी बिसार देते हैं। आपातकाल ने देश और इन्दिरा गांधी का विरोध करनेवाले नेताओं के लिए काफी मुश्किलें पैदा कीं और इसी आपातकाल ने उन्हें आजादी का मूल्य भी समझा दिया।

इन्दिरा गांधी द्वारा जनवरी 1977 में संसदीय चुनावों की घोषणा करने के तत्काल बाद अस्तित्व में आई जनता पार्टी कई दलों के नेताओं की ऐसी ही भावना के चलते बनी। आपातकाल में इन सभी ने काफी कुछ सहा था। नवगठित जनता पार्टी के अनेक नेता कांग्रेसी रहे हैं, पर वहाँ लोकतांत्रिक व्यवस्था के समाप्त होते जाने से बाहर निकले। जनता पार्टी का घोषणापत्र सरकार के खिलाफ शान्तिपूर्ण और अहिंसक आन्दोलन के संगठन और संचालन का वादा करता है। नागरिकों को पूरी आजादी देने के लिए पूरे 19 अनुच्छेद दिए गए हैं, जिनमें आपातकाल में किये गए बदलावों को समाप्त करने का वायदा है। इनमें तो सरकारी कर्मचारियों को गैर-कानूनी आदेश न मानने और गैर-कानूनी ऐक्शन लेने से इनकार का अधिकार देने का वायदा भी है।

इस अध्याय के साथ घोषणापत्र में आम लोगों का जीवन स्तर तेजी से उठाने और अधिकतम आर्थिक समता लाने का वादा किया गया है। सम्भव है कि इन वायदों का एक हिस्सा तो एक मुश्किल चुनाव, जिसमें काफी कुछ दाँव पर लगा था, जीतने के लिए भी किया गया होगा। चुनाव हारने का मतलब तो उसी डरावने शासन की वापसी होती, पर निश्चित रूप से काफी बातें वास्तविक चिन्ता और इच्छा से आई हैं। चुनाव में जनता पार्टी की भारी जीत के बाद भी कुछ समय तक उसी उत्साह और मुक्ति वाली भावना का उबाल दिखता रहा। शासन में आने के बाद प्रधानमंत्री मोरारजी देसाई ने लोकतांत्रिक मूल्यों में आस्था प्रकट की जिसे मुख्य मुद्दा बनाकर जनता पार्टी ने चुनाव लड़ा था। 4 अप्रैल, 1977 को आकाशवाणी

से अपने प्रसारण में देसाई ने कहा था कि अनुशासन आतंक पर आधारित नहीं हो सकता। उन्होंने यह भी कहा कि हमें शोषण की जगह समतावादी संस्कृति बनानी है। उन्होंने लोगों से कहा कि आप गांधीजी से सीख लेते हुए सत्याग्रह कीजिए, हिंसा से दूर रहिए और हम भी पुलिस बल का प्रयोग करने से बचेंगे। एकदम जरूरी न हुआ तो बल प्रयोग नहीं होगा और करना भी पड़ा तो न्यूनतम बल प्रयोग होगा।

29 अप्रैल को जारी जनता पार्टी के संविधान के प्रारूप में, जो पार्टी के सत्ता में आने के बाद बना है, भी यही भाव प्रकट किया गया है। इसमें गांधीवादी सिद्धान्तों पर आधारित लोकतांत्रिक, धर्मनिरपेक्ष और समाजवादी समाज निर्माण का लक्ष्य रखा गया है। इसमें भी शान्तिपूर्ण और लोकतांत्रिक मतभेद, जिसमें सत्याग्रह या अहिंसक प्रतिरोध शामिल हैं, के अधिकार को स्वीकार किया गया है। आजादी और समता के प्रति यह निष्ठा दो कारणों से आई है। यह पार्टी एक मुश्किल दौर को देखकर आए नेताओं, कार्यकर्ताओं और लोगों ने खड़ी की है, जिन्होंने 19 महीने जेल में बिताने से लेकर हर तरह का कष्ट झेला है। लोकतांत्रिक अधिकार उन्हें अपना अधिकार लगते होंगे और इससे डरने की जगह वे इसे किसी भी भय से एक तरह की सुरक्षा देनेवाली चीज मानते होंगे। दूसरा कारण जयप्रकाश नारायण की मौजूदगी है जो देश के परिदृश्य पर एक पितृपुरुष जैसी हैसियत में उभरे हैं। उनके लिए समाजवादी और गांधीवादी मूल्य बहुत बुनियादी हैं। फिर उनके साथ राजनीतिक रूप से सचेत नौजवानों की वह शक्ति है, जिसने जनता पार्टी की जीत में और इन्दिरा गांधी के विरोध में सबसे प्रमुख भूमिका निभाई। ये लोग न तो किसी और को नेता मानते हैं न किसी और की तरफ निर्देश के लिए देखते हैं। सो, जयप्रकाश नारायण के आदर्शों को इस नई पार्टी के उद्देश्यों में जगह मिलनी ही थी। और इस पार्टी के उभार तथा जीत के पीछे वाली भावनाओं का सबसे साफ मूर्तरूप तब दिखा जब दिल्ली में नई सरकार के गठन के बाद जयप्रकाश नारायण ने नई सरकार के मंत्रियों को राजघाट ले जाकर सादगी का जीवन जीने और लोगों की सेवा करने की शपथ दिलाई।

पर ऐसी सद्इच्छाओं को विदा होने में ज्यादा समय नहीं लगा। मंत्रियों ने सुख-सुविधा और काम-काज में पुराने कांग्रेसी मंत्रियों का रंग-ढंग पकड़ना शुरू कर दिया। फायरब्रांड नेता माने जानेवाले एक मंत्री ने अपने दफ्तर की सजावट पर चार लाख खर्च कराने के आदेश दिए। जब बात बाहर आई और शोर-शराबा हुआ तो योजना स्थगित की गई। इसी प्रकार गांधीवादी मूल्य विनम्रता को भी भुला दिया गया। आत्ममुग्धता ने उसकी जगह ले ली। और इसका सबसे बड़ा उदाहरण खुद प्रधानमंत्री मोरारजी देसाई ही हैं, जिन्होंने लन्दन में नागा नेता फीजो के साथ हाल की बातचीत के दौरान तीन बार धमकी दी कि नागाओं का मटियामेट कर दिया जाएगा। ऐसे काफी दूसरे उदाहरण भी हैं। मंत्रियों और सांसदों का व्यवहार बदल

गया। उनके लिए अलग व्यवस्था होने लगी—कुर्सी-मेज से लेकर हर चीज आम लोगों और कार्यकर्ताओं से अलग होने लगी और सत्ता में आने के बाद से हर दिन ऐसा बदलाव और फर्क बढ़ता ही गया है।

कुछ वायदों को तो मुश्किल से पूरा किया गया है, पर बाकी को बिसार दिया गया। जो भावना चुनाव खत्म होनेवाले दिन थी, वह तो गायब ही हो गई है। निराशा और शंका का भाव ही गहराता जा रहा है। आम आदमी खुद को ठगा महसूस कर रहा है। परिणाम यह है कि जिन लोगों ने आपातकाल का समर्थन किया था और जो 1977 के जनादेश के बाद चुप्पी साधने पर मजबूर हो गए थे, वे फिर से मुँह खोलने लगे हैं। कई तो यह भी कहने लगे हैं कि भारत में सिर्फ तानाशाही से ही काम चल सकता है, उसी से अच्छे नतीजे दिए जा सकते हैं। कुछ लोगों को 'जनता काकस' भी 'इन्दिरा काकस' की तरह लुभाता है और उन्होंने झट-से इसका हिस्सा बनना कबूल कर लिया है। पार्टी संगठन को कोई पूछनेवाला नहीं है।

लोगों में जनता पार्टी सरकार से कुछ ज्यादा निराशा है क्योंकि लोगों ने इससे कुछ ज्यादा ही उम्मीदें लगा रखी थीं। उन्हें यह अपनी पार्टी, अपनी सरकार लगती है, पर असल में यह पुराने और घाघ नेताओं का जमावड़ा भी है और अपनी-अपनी पार्टियों में काम करने के लम्बे अनुभव ने उनकी सोच और व्यक्तित्व को अपने हिसाब से बना दिया है। नई पार्टी में आने पर भी वे अपनी वही सोच, पूर्वग्रह और कार्यशैली लेकर आए हैं। फिर उनके आपसी मतभेद भी हैं जो सिर्फ नये नाम की पार्टी में आ जाने से एकदम से मिटनेवाले नहीं हैं। सो, जनता पार्टी में शामिल दलों और उनके नेताओं की पृष्ठभूमि पर भी नजर डालना उपयोगी होगा।

2

मुश्किल हालात अजनबियों को भी दोस्त बना देते हैं। आपातकाल ने हमारी राजनीति में यही किया वरना कौन सोच सकता था कि स्वतंत्र पार्टी वाले समाजवादियों के साथी बन जाएँगे या सेकुलर राजनीति वाले जनसंघ जैसी साम्प्रदायिक पार्टी से गलबहियाँ कर लेंगे। जनता पार्टी के गठन में यही चीज हुई। और सरकार तथा पार्टी की कई परेशानियाँ इस तरह के चलते भी हैं क्योंकि पुरानी सोच, बनावट, गिरोहबन्दी और रिश्ते अभी भी प्रकट-अप्रकट रूप में विराजमान हैं। इसे समझने के लिए जनता पार्टी के घटक दलों के बारे में थोड़ी जानकारी जरूरी है।

जनता पार्टी में कांग्रेस (संगठन), भारतीय लोकदल, जनसंघ और सोशलिस्ट पार्टी शामिल हुई थी। संगठन कांग्रेस 1969 में कांग्रेस के टूट की वजह से अस्तित्व में आई थी। तत्कालीन प्रधानमंत्री इन्दिरा गांधी ने जब राष्ट्रपति चुनाव में पार्टी के अधिकृत उम्मीदवार नीलम संजीव रेड्डी की जगह वी.वी. गिरि को समर्थन दिया तब कांग्रेस टूट गई। यह असल में एक बहाना था। पार्टी में काफी समय से अन्दरूनी सत्ता संघर्ष चल रहा था। इन्दिरा गांधी पुराने दिग्गजों से अलग अपनी चलाना चाहती थीं जबकि वे लोग उन्हें कठपुतली प्रधानमंत्री बनाए रखना चाहते थे। इन पुरानी पीढ़ी के नेताओं का आम लोगों से भी सम्पर्क कम रह गया था। ये लोग पंडित नेहरू के जमाने से ताकतवर माने जाते थे और अलग-अलग इलाकों और प्रदेशों में इनका आधार भी था। पंडित नेहरू का आम लोगों से सीधा जुड़ाव था और वे अपनी बेटी को आगे ला रहे थे। शास्त्री जी की मौत के बाद इसी जमात ने आपसी झगड़े में इन्दिरा गांधी को आगे किया। जब इन्दिरा गांधी अपने हिसाब से काम करने लगीं तब उन्हें अखरता था। इन्दिरा गांधी नये रंग-ढंग भी जानती थीं। 'गरीबी हटाओ' जैसे आकर्षक नारे से उन्होंने लोगों का दिल जीता और जब 1971 के आम चुनाव में उन्हें 352 सीटें मिल गईं तो फिर उनके नेतृत्व पर सवाल उठने भी बन्द हो गए। मात्र 16 सीटें जीतनेवाले संगठन कांग्रेस के पास अब सिर्फ नामी नेताओं की फौज और संसाधनों का अक्षय स्रोत ही रह गया, जिससे वह किसी तरह जीवित रही।

पार्टी पुरानी कांग्रेस के सिद्धान्तों से बँधी रही और धर्मनिरपेक्षता, समाजवाद और लोकतंत्र को आदर्श बताती रही—समाजवाद तो नाम का ही रहा। पुरानी कांग्रेस ने

ही नेहरू के समय या इन्दिरा के शासन में समाजवाद को भुलाए ही रखा था तो इन बिना सत्ता वाले नेताओं से उसे लागू करने की उम्मीद कौन कर सकता था? कुल मिलाकर यह यथास्थितिवादी पार्टी ही थी। जनता पार्टी सरकार में मुखिया बने मोरारजी देसाई इसी पार्टी के हैं। निजी अनुशासन के मामले में विलक्षण देसाई यह भी मानते हैं कि कुछ जोर डाला जाए तो हर आदमी उनकी तरह जीवन जीने लगेगा। निजी खान-पान और रहन-सहन में वे बहुत सारे परहेज करते हैं और शराब के विरोधी हैं। और शराबबन्दी के बाद राजस्व का क्या नुकसान होगा या नकली शराब के धन्धे से क्या-क्या बुरा होगा, इन चीजों की उनको कोई परवाह न है। इन चीजों के साथ कांग्रेस (संगठन) कुछ लोकतांत्रिक मूल्यों को मानने के बावजूद एक यथास्थितिवादी पार्टी ही थी।

संगठन कांग्रेस की सेकुलर विरासत के विपरीत जनसंघ राष्ट्रीय स्वयंसेवक संघ का बनाया दल था। संघ हिन्दू भारतवर्ष के गौरव को वापस लाने के उद्देश्य से काम करता है। इसका झंडा भगवा रंग का है। इसका सांगठनिक ढाँचा पूरी तरह अलोकतांत्रिक और सैनिक अनुशासन वाला है, जिसमें सबसे ऊपर सरसंघ चालक होते हैं। वही नीतियों और संगठन के पदाधिकारियों की नियुक्ति में अन्तिम फैसला देते हैं। अभी हाल तक नेतृत्व में सिर्फ महाराष्ट्रीय चितपावन ब्राह्मण ही रहा करते थे और उन्हें ही संगठन के विस्तार और संचालन के लिए देश के अलग-अलग हिस्सों में भेजा जाता था। इसके स्वयंसेवकों को झंडे के साथ हथियारों का प्रशिक्षण भी दिया जाता है। इसके प्रारम्भिक काम-काज छोटी-छोटी शाखाएँ लगाने से शुरू होता है, जिसमें व्यायाम के साथ हथियार चलाना और विचारधारा का प्रचार किया जाता है। यह प्रशिक्षण दंगों के समय बहुत काम आता है। चूँकि दंगों के समय वे हिन्दुओं के पक्ष में खड़े होते हैं, उनकी मदद करते हैं इसलिए विभाजन के समय पंजाब के शरणार्थियों में ये काफी लोकप्रिय हो गए थे। जहाँ-जहाँ शरणार्थी बसे वहाँ संघ एक ताकत बनकर उभरा है। इसके गुरु गोलवलकर के अनुसार, संघ का उद्देश्य 'हिन्दू राष्ट्र' का निर्माण करना है। यह सिर्फ हिन्दुओं का होगा, हिन्दू परम्पराओं और संस्कृति को माननेवालों का होगा। वे ईसाइयों और मुसलमानों की उपस्थिति को 'हिन्दू राष्ट्र' पर हमला मानते हैं।

महात्मा गांधी की हत्या के बाद संघ कुछ समय के लिए भूमिगत हो गया था, पर जल्दी ही उसने नये सिरे से काम-काज शुरू किया। फिर इसने अपने उद्देश्य हासिल करने के लिए अपना एक राजनीतिक दल शुरू करने का फैसला किया। 1951 में जनसंघ की स्थापना इसी उद्देश्य से हुई। श्यामा प्रसाद मुखर्जी इसके नेता थे। वे बढ़िया नेता थे, बढ़िया वक्ता थे और संघ के पास 6,00,000 स्वयंसेवक थे, तब भी इनका पहले आम चुनाव में कोई खास अच्छा प्रदर्शन नहीं हुआ। दूसरे में भी वैसी ही स्थिति रही। पहले में इसके तीन सांसद जीते तो दूसरे आम चुनाव

में चार। तब कम्युनिस्ट पार्टी ने क्रमश: 16 और 27 सीटें जीती थीं। इस प्रदर्शन का मुख्य कारण यह था कि जनसंघ सिर्फ शहरी इलाकों और व्यापारी वर्ग की पार्टी बनकर रह गया था। जब कम्युनिस्टों ने जमींदारों के खिलाफ मोर्चा खोला तब जनसंघ ने जमींदारों का समर्थन हासिल करने का प्रयास किया पर इसमें भी ज्यादा सफलता नहीं मिली।

हिन्दुस्तान में हिन्दू अपेक्षाकृत बेहतर आर्थिक स्थिति में हैं, इसलिए उनमें मुसलमानों से कोई पुराना ईर्ष्या भाव नहीं है जो आर्थिक रूप से समाज की सबसे कमजोर जमातों में एक हैं। इसलिए संघ को मजबूरन साम्प्रदायिकता की जगह उग्र राष्ट्रवाद की तरफ मुड़ना पड़ा। इसे हिन्दू राष्ट्र की जगह भारत राष्ट्र का नारा अपनाना पड़ा। चीन और पाकिस्तान के साथ युद्ध के समय इसे अवसर भी मिला, खासकर पाकिस्तान के खिलाफ। इसने न सिर्फ हिन्दुओं के बीच अपना काम बढ़ाया बल्कि पाकिस्तान और मुसलमानों को अपनी आलोचना का निशाना बनाया। सीमा पर तो फौज लड़ रही थी, पर यहाँ संघ के लोग देश के अन्दर कवायद में लगे थे और प्रधानमंत्री लाल बहादुर शास्त्री ने भी उनको ट्रैफिक पुलिस की मदद की अनुमति देकर उनके काम में मदद की। इस प्रकार यह पार्टी साम्प्रदायिकता के धब्बे को कुछ हद तक धोने और राष्ट्र के लिए काम करनेवाला तमगा हासिल करने में सफल हुई।

इस काम में समाजवादी नेता डॉ. राममनोहर लोहिया ने भी गैर-कांग्रेसवाद के नारे के साथ उनकी कुछ मदद कर दी। कांग्रेस के खिलाफ विपक्षी वोटों का बिखराव रोकने के लिए बनी उनकी गैर-कांग्रेसवाद की रणनीति ने जनसंघ को संसदीय राजनीति में एक शक्ति के रूप में उभरने का अवसर दिया। 1967 के आम चुनाव में इसे 9.41 फीसदी वोट और 35 सीटों पर जीत मिली। विधान सभा चुनावों में उसका प्रदर्शन इससे भी बेहतर था। 1967 के चुनाव के बाद बनी संविद सरकारों की एक अन्य उल्लेखनीय बात यह थी कि इसमें जनसंघ और कम्युनिस्ट पार्टियों के लोग साथ-साथ बैठे, पर एक अर्थ में संविद सरकारें जनता पार्टी वाले प्रयोग का प्रारूप थीं। पर 1971 में इसी तर्ज पर जो महागठबन्धन बना, उससे कोई खास लाभ नहीं हुआ जबकि उसमें संगठन कांग्रेस भी आ गया था। तब जनसंघ को 7.35 फीसदी वोट और 22 सीटें मिली थीं। साफ लग रहा था कि अब जनसंघ के बढ़ने का मुकाम आ चुका है और वह अब इससे ऊपर जाने की क्षमता नहीं रखती।

जनता पार्टी का तीसरा घटक सोशलिस्ट पार्टी थी। आजादी के बाद के वर्षों में इस पार्टी ने बहुत धूम-धड़ाके के साथ शुरुआत की थी। इसके नताओं में आचार्य नरेन्द्र देव, जयप्रकाश नारायण, डॉ. राममनोहर लोहिया, अच्युत पटवर्द्धन, अशोक मेहता, कमलादेवी चट्टोपाध्याय और रामनन्दन मिश्र जैसे दिग्गज थे

जिनका नाम राष्ट्रीय आन्दोलन के नेताओं में लिया जाता था, लेकिन यह समूह बिखरा-बिखरा ही रहा। कभी पूरा एकजुट और परस्पर भरोसे से काम करनेवाला नहीं लगा। कभी कांग्रेस के अन्दर ही रहकर काम करने या राष्ट्रीय आन्दोलन में लगे रहनेवाले नेताओं की इस टोली को कांग्रेस का हमला भी झेलना पड़ा। और जब उन्होंने कांग्रेस से नाता तोड़ा तो आपसी मतभेद ने उनके पाँव आगे नहीं बढ़ने दिए। पार्टी मार्क्सवाद से तो नाता छोड़ रही थी, पर उसकी जगह क्या नीति हो, इस पर हमेशा मतभेद रहे। नीतिगत मामलों पर भी काफी मतभेद थे, पर इन्हीं सबके बीच पार्टी ने मजदूरों और किसानों के बीच अपना अच्छा आधार बना लिया। पर नेतृत्व और नीतियों के इस चक्कर में कार्यकर्ता और काम, दोनों की उपेक्षा हुई। फिर नेतृत्व में भी बिखराव आया। जेपी सर्वोदय की तरफ मुड़े तो अशोक मेहता कांग्रेस की तरफ। अच्युत पटवर्द्धन और रामनन्दन मिश्र आध्यात्मिक होते गए। सिर्फ दो लोग, आचार्य नरेन्द्र देव और डॉ. राममनोहर लोहिया पूरी निष्ठा से लगे रहे, पर 1955 में दोनों के बीच भी अलगाव हुआ। आचार्यजी इसके बाद ज्यादा दिन नहीं जिए।

1953 में समाजवादी पार्टी का आचार्य जे.बी. कृपलानी की पार्टी के.एम. पी.पी. के साथ विलय हुआ और प्रजा सोशलिस्ट पार्टी का गठन हुआ। 1955 में इसका भी विभाजन हुआ और प्रजा सोशलिस्ट पार्टी तथा सोशलिस्ट पार्टी नाम से दो दल हो गए। पहले के अध्यक्ष नरेन्द्र देव थे तो दूसरा डॉ. लोहिया के नेतृत्व में चलने लगा। डॉ. लोहिया ने वैचारिक जान फूँकने की तो भरपूर कोशिश की, लेकिन सांगठनिक रूप से कमजोर पड़े। पहली पार्टी तो बस नाम के साथ चलती रही। 1962 के चुनाव में दोनों धड़ों की दुर्गति हुई। फिर 1964 में विलय हुआ पर एस.एम. जोशी, जो तब पी.एस.पी. के प्रमुख थे, के चलते ही यह हासिल हो पाया। तब भी एक जगात गार्टी में नहीं आई। नई पार्टी का नाम संयुक्त सोशलिस्ट पार्टी रखा गया। आखिरकार डॉ. लोहिया को इसका नेता माना गया। तब पार्टी ने कई जन आन्दोलनों की अगुआई की, जिसमें भाकपा और माकपा भी साथ रहे। वे ही गैर-कांग्रेसवाद के जनक रहे। और जनसंघ तथा कम्युनिस्ट पार्टियों के साथ आने में बन रही परेशानी को सीटों के तालमेल से दूर किया गया। कांग्रेस को हराने की यह दरम्यानी रणनीति अच्छा नतीजा लेकर आई और पूरे उत्तर भारत में कांग्रेस को विधान सभा चुनावों में भारी पराजय मिली। डॉ. लोहिया का मानना था कि जितना जरूरी वटवृक्ष बन गई कांग्रेस की जड़ों को हिलाना था, उतना ही जरूरी कुछ समयबद्ध कार्यक्रम चलाकर लोगों में राजनीतिक इच्छाशक्ति को जगाना भी है। इससे लोगों में सत्ता परिवर्तन के जरिये कुछ हासिल करने की भूख के साथ भारतीय समाज की जड़ता भी टूटेगी, पर सरकारों के काम-काज से उन्हें बहुत निराशा हुई। उन्होंने अपनी ओर से दबाव बनाने और आलोचना

करने में परहेज नहीं किया, पर उनकी कम ही सुनी गई और सत्ता की बन्दरबाँट और खींच-तान में संविद सरकारें गिरती गईं। इन्हीं सबके बीच अक्टूबर 1967 में डॉ. लोहिया की मौत हो गई।

उनकी मौत के साथ ही नेतृत्व की लड़ाई शुरू हुई, जिसमें राजनारायण और मधु लिमये, दो पक्ष बने और जॉर्ज फर्नांडिस लिमये के सहयोगी रहे। लड़ाई तो दो व्यक्तियों की थी, पर इसमें कुछ सामाजिक आधार वाला बँटवारा भी दिखा। राजनारायण के साथ ज्यादातर ग्रामीण इलाकों वाले और उत्तर भारत के लोग रहे तो मधु लिमये के साथ मजदूर संगठन और शहरी जमात रही। समाजवादी नारे और बैंकों के राष्ट्रीयकरण के बाद इन्दिरा गांधी के प्रति क्या नीति अपनाई जाए, इस सवाल पर 1969 में एक बड़ा बँटवारा हुआ। तब एस.एम. जोशी भी इन्दिरा गांधी का समर्थन देने की दलील देने लगे थे। राजनारायण जरूर विरोध पर अड़े रहे। बिहार और उत्तर प्रदेश के मध्य जातियों वाले नेता उनके साथ रहे जो आरक्षण के पक्ष में स्वर बुलन्द करते रहे और इनसे उन जातियों को लाभ हुआ, लेकिन इस टकराव में पार्टी का जनाधार सिकुड़ता रहा। 1971 के चुनाव में पी.एस.पी. को दो और एस.एस.पी. को तीन सीटें ही मिलीं जबकि 1967 में उन्हें क्रमशः 13 और 23 सीटें मिली थीं। पर दोनों समूहों ने मेल-मिलाप की कोशिशें भी कीं, पर व्यक्तित्वों की टकराहट सब कुछ चौपट करती रही। उधर किशन पटनायक ने लोहिया के कुछ करीबी रहे लोगों के साथ मिलकर लोहिया विचार मंच बनाया, पर यह भी पढ़े-लिखे लोगों तक और कुछ ही जगहों पर असर डाल सकने की स्थिति में रहा।

ज्यादा साफ जमीनी समझ रखनेवाले राजनारायण ने समझ लिया कि अब उनकी पार्टी का कोई भविष्य नहीं है। सो, 1973 में उन्होंने अपनी पार्टी का विलय भारतीय लोकदल में कर दिया और यह विलय इसलिए भी कारगर हुआ कि दोनों पार्टियों का आधार एक जैसा था। किसान और मध्य जातियों में आधार होने से दोनों में अच्छा मेल हो गया और लोकदल का संगठन ढीला-ढाला होने से समाजवादियों को वहाँ अपने लिए गुंजाइश भी दिखी। चरण सिंह के नेतृत्व से किसी को शिकायत न थी। जनता पार्टी में शामिल चौथी पार्टी यही भारतीय लोकदल था। इसका गठन 9 अगस्त, 1973 को भारतीय क्रान्ति दल, स्वतंत्र पार्टी, उत्कल कांग्रेस और जनसंघ के पुराने नेता बलराज मधोक के नेतृत्व वाले एक छोटे दल के विलय से हुआ था। भारतीय क्रान्ति दल चरण सिंह और बिहार की संविद सरकार के मुखिया रहे पूर्व कांग्रेसी महामाया प्रसाद को नेता माननेवाले कांग्रेसियों की पार्टी थी। चरण सिंह का उत्तर प्रदेश के साथ हरियाणा और राजस्थान के जाटों में अच्छा आधार था। स्वतंत्र पार्टी खुलेआम पूँजीवाद की वकालत करनेवाली एकमात्र पार्टी थी। इसे कुछ बड़े औद्योगिक घरानों और पूर्व रजवाड़ों का समर्थन रहा था। इसको बनानेवालों में

राजगोपालाचारी और मीनू मसानी जैसे लोग थे, पर छोटे-छोटे पॉकेटों के अलावा कभी इसका बड़ा जनाधार नहीं बन सका था। उत्कल कांग्रेस पूर्व कांग्रेसी बीजू पटनायक का निजी किस्म का संगठन था, जिन्हें कभी इन्दिरा गांधी का सबसे नजदीकी सहयोगी माना जाता था। यह पार्टी सिर्फ ओडिशा तक सीमित थी, पर इसका वहाँ बहुत अच्छा जनाधार था।

पर इस दल को बने अभी इतना समय नहीं हुआ था कि इसका कोई साफ चरित्र दिखे या नीतियाँ स्पष्ट हों। पर जनता पार्टी के गठन वाले दौर में यही एक पार्टी थी जो शुरू से गठबन्धन की जगह सभी पार्टियों के विलय के बाद एक पार्टी बनाने की वकालत करती रही। चरण सिंह ने तो विलय पर सहमति के बगैर किसी तरह की बातचीत करने से भी इनकार किया था। संविद सरकारों की असफलता से भी विलय की जरूरत महसूस की जा रही थी। कोई एकमत नीति और कार्यक्रम न होने से हर घटक के मंत्री अपने-अपने हिसाब से फैसले करते रहे और खींच-तान शुरू हो गई थी। इससे अस्थिरता आई और लोगों को गैर-कांग्रेसी दलों की सरकार चलाने की क्षमता पर ही शक होने लगा था। 1971 के आम चुनाव और 1972 के विधान सभा चुनावों में गठबन्धन बना, पर ज्यादा सफलता नहीं मिली थी। और चरण सिंह के जोर देने और जयप्रकाश नारायण की इच्छा के बावजूद आपातकाल आने के पहले तक विपक्षी एकता और विलय असम्भव लगते थे।

आपातकाल की जेल भी सभी दलों के नेताओं के मन में बदलाव नहीं ला पाई था। जेल में रहने से एकता का भाव बढ़ने की जगह नेताओं और पार्टियों में मतभेद ही बढ़े। हाँ, आपातकाल की बन्दिशें तोड़ने और मुल्क में ऐसी स्थिति फिर न आने देनेवाला भाव जरूर गहरा हुआ। पर संघर्ष कैसे हो, इस सवाल पर बड़े मतभेद थे। समाजवादी जमात किसी भी मुश्किल के बावजूद संघर्ष को आखिरी मुकाम तक चलाने का पक्षधर था। बाकी लोग राजनीतिक कैदियों की रिहाई और राजनीतिक गतिविधियाँ शुरू करने की अनुमति की स्थिति में समझौता करने के पक्ष में थे।

पर जब 18 जनवरी, 1977 को इन्दिरा गांधी ने लोकसभा चुनाव की घोषणा की तो अचानक सभी चीजें बदल गईं। सभी को लगा कि इन्दिरा गांधी और उनकी तानाशाही को विदाई देने का यही अवसर है। विपक्षी नेताओं और जयप्रकाश नारायण के लिए भी यह परीक्षा की घड़ी थी, जिनकी तरफ पूरा देश निगाहें गड़ाए हुए था। लड़ाई मुश्किल थी, यह सब जानते थे।

तभी 2 फरवरी को इन्दिरा गांधी के सबसे वरिष्ठ मंत्री जगजीवन राम ने सरकार और कांग्रेस पार्टी से इस्तीफा दे दिया। उनके साथ दो पूर्व मुख्यमंत्री, हेमवती नन्दन बहुगुणा और नन्दिनी सतपथी भी थीं। उधर चन्द्रशेखर, रामधन, कृष्णकान्त और

मोहन धारिया जैसे लोग भी कांग्रेस से बाहर आ चुके थे और ये सब मिलकर जनता पार्टी का एक नया घटक बना रहे थे। मोहन धारिया और चन्द्रशेखर पहले समाजवादी रहे थे। बाद में कृष्ण कान्त वगैरह के साथ मिलकर इन लोगों ने युवा सांसद की एक टोली बनाई जिसे 'यंग टर्क' कहा जाता था। इन्होंने सरकार और नीतियों को प्रभावित करने की कोशिश की। संजय गांधी के उभार के साथ इनकी पूछ कम हुई। आपातकाल घोषित करने और जेपी आन्दोलन के लोगों में संवाद की वकालत करने पर ये इन्दिरा गांधी की नजरों में चढ़े वरना ये पहले उनके प्रिय माने जाते थे। आपातकाल में इन तीनों को भी जेल मिली थी।

शुरू में कांग्रेस से अलग होकर जगजीवन राम और हेमवती नन्दन बहुगुणा ने कांग्रेस फॉर डेमोक्रेसी नामक पार्टी बनाई पर मई 1977 को जनता पार्टी के औपचारिक गठन के साथ इसका भी विलय जनता पार्टी में कर दिया गया।

3

लोकसभा चुनाव के समाप्त होते ही जनता पार्टी के भीतर व्यक्तिगत स्पर्धा और घटक दलों की मिलकर न चल पाने की स्थिति प्रकट होने लगी थी, लेकिन जनमत के दबाव के कारण घटक दलों ने एकता बनाए रखी। उन दिनों इन्दिरा गांधी के राज के भय और आतंक की स्मृति ताजा थी और लोग चाहते थे कि जनता पार्टी की सरकार किसी-न-किसी तरह काम करना शुरू करे। लोकसभा के नवनिर्वाचित सदस्यों के घर और घटक दलों के दफ्तर पर लोगों की भारी भीड़ जमा होती थी, जो उनसे अपील और प्रार्थना करती कि अपने 'मतभेदों' को भूल जाओ। लेकिन प्रधानमंत्री कौन हो, यह एक बड़ी भारी समस्या थी। इस पद के लिए मुख्य रूप से दो उम्मीदवार थे—मोरारजी देसाई और जगजीवन राम।

जयप्रकाश नारायण के बाद मोरारजी की ही देश में सबसे ज्यादा इज्जत थी। पिछले तीन वर्षों में लोकतंत्र के लिए लड़नेवाले एक साहसी नेता के रूप में उनकी छवि निखरी थी, लेकिन उनके जिद्दी स्वभाव के कारण लोगों को थोड़ी चिन्ता भी थी क्योंकि प्रधानमंत्री को ऐसे लोगों को साथ लेकर चलना था, जिनके विचार और रुझान विपरीत दिशाओं में जाते थे। सो, प्रधानमंत्री में लचीलापन और व्यावहारिकता का होना जरूरी माना जा रहा था। लोग सोचते थे कि पिछले वर्षों के अनुभव ने मोरारजी को जरूर ही पहले की अपेक्षा नरम बनाया होगा, पर वे पूरी तरह आश्वस्त न थे।

इस मामले में जगजीवन राम आगे थे। एक योग्य और कुशल मंत्री के रूप में और इसके साथ ही एक व्यावहारिक और मृदुल नेता के रूप में उनकी ख्याति थी। दलित होने के नाते वह दबे और कुचले लोगों का मन भी जीत सकते थे, लेकिन उनके खिलाफ दो ऐसी बातें थीं, जिन्हें नजरअन्दाज करना असम्भव था—वह इमरजेंसी के दौरान एकदम हाल तक इन्दिरा गांधी के साथ रहे थे और इमरजेंसी का लागू किया जाना उचित मानते थे; दूसरे, मंत्री के रूप वह आयकर देना 'भूल' गए थे, जिससे उनकी ईमानदारी संदिग्ध मानी जाती थी। ऐसे में ज्यादातर लोग मोरारजी के ही पक्ष में थे।

झगड़ा टालने के लिए प्रधानमंत्री का चुनाव सर्वानुमति से करना तय किया गया। हालाँकि इन्दिरा गांधी ने अपनी पार्टी में लोकतांत्रिक ढंग से चुनाव को

समाप्त करने के लिए इसका भरपूर इस्तेमाल किया था। आखिर में यह फैसला हुआ कि जयप्रकाश नारायण पार्टी के संसद सदस्यों की राय जानकर नेता का चुनाव करवाएँगे। इसी वक्त चौधरी चरण सिंह ने जगजीवन राम का मामला बिगाड़ दिया। उन्होंने जे.पी. को सूचित किया कि वह और उनके साथ 90 संसद सदस्य किसी भी हालत में जगजीवन राम को प्रधानमंत्री नहीं मानेंगे। शायद इसी से मोरारजी के पक्ष में निर्णय हुआ, लेकिन चरण सिंह ने एक विवाद पैदा कर ही दिया। उन्होंने सोचा कि जगजीवन राम उनसे उम्र में छोटे हैं और अगर वह प्रधानमंत्री बन गए तो फिर उनके खुद के प्रधानमंत्री बनने की सम्भावना नहीं रह जाएगी। इससे दोनों के बीच ऐसा वैमनस्य पैदा हुआ कि जो लगातार चलता रहा और दोनों सार्वजनिक रूप से भी लड़ते रहे। जगजीवन राम के पास बहुगुणा जैसा चतुर समर्थक था, जिसने चरण सिंह और उनके समर्थकों को उत्तर प्रदेश में परेशान कर रखा था। यह भी कहा जाता है कि चरण सिंह ने गृह मंत्रालय में जगजीवन राम सम्बन्धी फाइलें (डोजियर) ढुँढ़वाईं; बहुगुणा के खिलाफ प्रेस में भ्रष्टाचार के आरोप चरण सिंह की मिलीभगत से छपे। इस तरह नेताओं की व्यक्तिगत शत्रुता शुरू से ही पार्टी पर आ गई।

मई 1977 में जनता पार्टी की विधिवत स्थापना के वक्त भी प्रधानमंत्री के पद जैसी समस्या खड़ी हुई। काफी सौदेबाजी के बाद चन्द्रशेखर को, जिनकी अपनी कोई पार्टी नहीं थी, पार्टी का अध्यक्ष बनाया गया और सभी घटक दलों में से एक-एक व्यक्ति को महामंत्री बनाया गया—पाँच घटकों के पाँच महामंत्री। पार्टी के भीतर सदस्यों की राजनीतिक पृष्ठभूमि अलग-अलग थी। पार्टी के नेता ऊपर से तो घटकों को मिलाने का प्रयत्न कर रहे थे कि उनकी अलग से पहचान न रहे, लेकिन व्यवहार में इसकी कोशिश आरम्भ में ही छोड़ दी गई। पार्टी नई थी, इसलिए इसकी अपनी कोई कसौटी न थी। सरकार और संगठन के पदों पर नियुक्तियों का जब सवाल आया तो शिकायतें पैदा न हों, इसके लिए घटकों के आधार पर नियुक्तियाँ की गईं। एक बार जब यह आधार चल पड़ा तो यह जोर पकड़ गया। इस आधार को हटाने की कोशिश होने पर ही विरोध होने लगता था। इसके बाद तो विभिन्न घटक अपने सांसदों और विधायकों की संख्या के आधार पर दावे करने लगे। इससे नेताओं का स्वार्थ इस बात में पैदा हो गया कि पुरानी पार्टी का आधार कायम रखा जाए क्योंकि इससे वे सरकार और संगठन के पदों पर अपने लोगों को बिठाने के लिए अड़ सकते थे। हाँ, नेताओं के पक्ष में यह भी कहना पड़ेगा कि जब उनके समर्थक फूट की हद तक जाने को होते थे तो वे उन्हें रोक लेते थे क्योंकि उनके जोर पर ही वे सौदेबाजी कर सकते थे।

संगठन कांग्रेस को मोरारजी के प्रधानमंत्री होने के कारण अपनी ताकत की तुलना में बहुत ज्यादा पद मिले, पर दूसरे सभी घटक दबाव की राजनीति चलाते

रहे। यह दबाव की राजनीति उस हद तक जाकर लौट आती थी, जहाँ फूट पड़ सकती थी। इसका नतीजा यह हुआ कि जनता पार्टी के नेता एक-दूसरे को नीचा दिखाने में लगे रहे। गुटबन्दी की इस राजनीति में जनसंघ को छोड़कर किसी घटक के नेताओं के दिमाग में कोई स्पष्ट तसवीर न थी। जनता पार्टी जैसी रूढ़िवादी पार्टी में सोशलिस्ट सबसे अधिक असुविधाजनक स्थिति में थे। असल में उन्हें सोशलिस्ट विभाग के प्रचार और प्रचार करने के लिए स्वतंत्र संगठन की जरूरत थी। वे एकदम तितर-बितर थे। कार्यकर्ता एकदम हतोत्साहित थे और नेताओं ने अपनी रोटी सेंकने की गरज में उन्हें एकदम भुला दिया। अपना कोई ठोस आधार न होने के कारण नेताओं ने सोचा कि अपने समर्थकों को त्याग करके दक्षिणपंथी नेताओं का पल्ला पकड़कर वे आसानी से आगे बढ़ सकेंगे, लेकिन कुछ दूसरे गुटों, खासकर जनसंघ और आर.एस.एस. के हमले के आगे सोशलिस्ट कार्यकर्ताओं को कुछ राज्यों में संगठित होने के लिए बाध्य होना पड़ा।

संगठन कांग्रेस की दृष्टि में पार्टी का चुनाव घोषणापत्र ज्यादा ही क्रान्तिकारी था। सो, वे इसी बात से ही सन्तुष्ट थी कि क्रान्तिकारी कदम तेजी से न उठाए जाएँ। भारतीय लोकदल चरण सिंह, राजनारायण, कर्पूरी ठाकुर और बीजू पटनायक के स्वार्थ के आगे देखना नहीं चाहता था। इन चारों को केवल इस बात की ही पड़ी थी कि अपने चहेतों को ज्यादा-से-ज्यादा पद दिलवाएँ। देश का क्या होना है, इसकी फिक्र करने की जरूरत इन्हें ज्यादा महसूस नहीं होती थी। हाँ, चरण सिंह अर्थव्यवस्था में ग्रामीण क्षेत्र की वकालत करते थे, लेकिन ऐसा नहीं लगता था कि इसके लिए वे अपने दल या गुट की सारी शक्ति लगा रहे हैं। भारतीय लोकदल के ही बीजू पटनायक इस मामले में चौधरी चरण सिंह की विपरीत दिशा में मुखातिब थे। ऐसे में भारतीय लोकदल अपनी रोटी तुरन्त सेंकने के लिए किसी भी गुट के साथ गुटबन्दी करने के लिए छुट्टा था।

सिर्फ जनसंघ ही ऐसा दल था जो जनता पार्टी पर कब्जा करने और उसे अपने अनुरूप ढालने के लिए प्रयत्नशील था। उसका परिप्रेक्ष्य वक्ती न था। ऐसी स्थिति में जनता पार्टी के घोल-मेल में जनसंघ ही सबसे बड़ा बाधक बना। उसे अपने बारे में दूसरों के अविश्वास का एहसास था और इसलिए उसने शुरू में अपने को अतिविनम्र दिखाया। उसने ऐसा आभास दिया कि वह नीतियों के मामले और पदों के बँटवारे में दूसरों के साथ मिलकर चलेगा, लेकिन इस तरह का आभास पैदा करने के साथ-साथ उसने अपनी सारी संगठन शक्ति जनता पार्टी के बाहर लगा दी।

उसके पीछे असली शक्ति आर.एस.एस. की थी और उसने आर.एस.एस. को जनता पार्टी से अलग रखा। हालाँकि आर.एस.एस. के लोग जनता पार्टी के सदस्य हो सकते थे। विद्यार्थी परिषद ने भी अपनी हैसियत अलग बनाए रखी और

भारतीय मजदूर संघ ने जनता पार्टी के कुछ घटकों के मजदूर संगठनों की समन्वय समिति में शामिल होने से इनकार कर दिया। हिन्द मजदूर पंचायत और हिन्द मजदूर सभा के लोगों ने तो यह शिकायत भी की कि भारतीय मजदूर संघ जान-बूझकर ऐसी नीति पर चल रहा है जिससे जनता पार्टी की सरकार को परेशानी हो और वह जनता पार्टी से सहानुभूति रखनेवाले मजदूर संगठनों को नीचा दिखा सके।

संगठन कांग्रेस, सोशलिस्ट पार्टी, भारतीय लोकदल और सी.एफ.डी. के युवा संगठनों के विलय से 'युवा जनता' नाम का युवा संगठन बना, लेकिन जनसंघ इससे भी अलग रहा। आर.एस.एस. और विद्यार्थी परिषद ने शुरू से ही युवा जनता के प्रति शत्रुता का रुख अपनाया। जनसंघ के वर्ग (फ्रंट) संगठन और दूसरों के बीच पहली लड़ाई दिल्ली में ही हुई। 'दिल्ली विश्वविद्यालय शिक्षक संघ' के अध्यक्ष के चुनाव में जनसंघ की ओर से ओ.पी. कोहली और लोकतंत्र और धर्मनिरपेक्षता (सेक्यूलरिज्म) को माननेवाले शिक्षकों के समर्थन से एन.एस. कपूर खड़े हुए। इस चुनाव में सोशलिस्ट एक न रह सके। इसी तरह जनसंघ ने छात्र यूनियन के चुनाव में अनियमितता के आरोप लगाकर चुनाव का बायकॉट किया। इन चुनावों का अपने में कोई महत्त्व नहीं है, लेकिन इनसे यह प्रकट हो गया कि जनसंघ अपने पुराने संगठनों को कायम रखना और बढ़ाना चाहता है।

हालाँकि विद्यार्थी परिषद की दिल्ली में धाक रही, पर युवा जनता का बिहार, उत्तर प्रदेश और मध्य प्रदेश में छात्रों और युवाओं में प्रभाव बढ़ा। जनसंघ को युवा जनता से कुछ परेशानी होने लगी तो जवाब में उसने जनता युवा मोर्चा कायम किया, लेकिन जनता युवा मोर्चा जब युवा जनता की तेजी का सामना न कर पाया तो जनसंघ ने दोनों का विलय करवाने की कोशिश की। जनसंघ ने सोचा कि पैसों और आर.एस.एस. के संख्या-बल से युवा मोर्चा जनता पर हावी हो जाएगा और उसकी अलग पहचान व उसके क्रान्तिकारी रुझान को खत्म कर देगा। अप्रैल 1978 में इसके लिए प्रयत्न भी किया गया। जनता पार्टी के अध्यक्ष चन्द्रशेखर की अध्यक्षता में दोनों संगठनों का विलय कराने के लिए एक कमेटी बनी। युवा जनता के नेताओं ने इस चाल को भाँप लिया और विलय के लिए तैयार नहीं हुए। उनका तर्क था कि विद्यार्थी परिषद के शामिल होने और आर.एस.एस. से सम्बन्ध तोड़ने पर ही विलय हो सकता है।

जनसंघ के नेता यह अच्छी तरह जानते थे कि वे जनसंघ के नाम पर कभी भी सत्ता प्राप्त नहीं कर सकते। राजनीतिक आवश्यकताओं के कारण उन्होंने साम्प्रदायिक कट्टरता को थोड़ा तो नरम किया, लेकिन साम्प्रदायिकता का कलंक उन पर हमेशा के लिए लग गया। इसके रहते उन्हें देश में बहुत समर्थन नहीं मिल सकता। साम्प्रदायिकता में पला-पुसा आर.एस.एस. अपने अतीत से मुक्त नहीं हो सकता। संघ केवल यही आशा कर सकता है कि वह धीरे-धीरे जनता पार्टी

पर कब्जा करे और उसके नाम पर सत्ता प्राप्त करे। इस उद्देश्य से उसने एक चौतरफा नीति बनाई—

(1) जिन राज्यों में वह जनता पार्टी का मुख्य घटक है, वहाँ प्रशासन पर अपना पूरा कब्जा रखे तथा आर.एस.एस. के लोगों को मुख्य-मुख्य पदों पर बिठाए।

(2) अन्य राज्यों में भा.लो.द. से समझौता कर पार्टी और सरकार में जितने भी अधिक मुख्य पद प्राप्त कर सकता हो, प्राप्त करे।

(3) राष्ट्र-स्तर पर जनता पार्टी के प्रति अत्यधिक वफादार होने और नीतियों के अमल में निष्पक्षता बरतने की छवि पेश करे।

(4) आर.एस.एस. और अपने अन्य संगठनों को जनता पार्टी से अलग रखकर जनता के बीच अपना स्वतंत्र आधार बनाए-बढ़ाए।

दिल्ली, मध्य प्रदेश, राजस्थान और हिमाचल प्रदेश में जनसंघी मुख्यमंत्री बने और यहाँ सरकार और पार्टी पर उन्होंने लगभग पूरा कब्जा कर लिया। बिहार, उत्तर प्रदेश, हरियाणा और ओडिशा में भा.लो.द. का समर्थन कर उसने भा.लो.द. के लोगों को मुख्यमंत्री बनने दिया और बदले में वित्त और उद्योग जैसे महत्त्वपूर्ण विभाग प्राप्त किए।

जनता पार्टी के प्रति अत्यधिक वफादारी के नमूने के तौर पर उसने अटल बिहारी वाजपेयी को उछालने की कोशिश की। वाजपेयी वजह-बेवजह यह दिखाने लगे कि उनका अपने अतीत से कोई सम्बन्ध नहीं है और विदेश मंत्री के रूप में वह उन नीतियों और विचारों का गुणगान कर रहे हैं, जिनका वह जीवन-भर विरोध करते आए थे। शुरू में वाजपेयी ने पार्टी के भीतर गुटों की लड़ाई से भी अपने को अलग रखा। नानाजी देशमुख चालबाजियों और दाँव-पेंच पर निगरानी रखने के लिए तो थे ही। अपने संगठनों को जनता पार्टी से अलग रखकर अपने प्रति वफादार जनाधार बनाने की तैयारी भी चलने लगी ताकि मौका आने पर जनता पार्टी पर कब्जा करने के लिए उसका इस्तेमाल किया जा सके।

दूसरे घटकों के संगठनों के विघटित हो जाने के कारण आर.एस.एस. के रूप में सिर्फ जनसंघ के पास ही संगठन था और वही बड़े पैमाने पर सदस्यता भर्ती अभियान चला सकता था। इसका मतलब था कि पार्टी के संगठन-चुनावों में जनसंघ का पलड़ा बहुत भारी होता। यह माना जाता है कि जनता पार्टी में शुरू में जो सदस्य भर्ती किए गए, वे ज्यादातर जनसंघ के ही थे। भा.लो.द. से समझौते के कारण इस बात की पूरी सम्भावना थी कि संगठन के चुनावों में जनसंघ पार्टी पर कब्जा कर लेगा। इसीलिए पार्टी के अध्यक्ष चन्द्रशेखर सदस्य-भर्ती की तारीख बढ़ाते गए। उसके आधार पर संगठन के चुनाव टाले गए, लेकिन होनी को कब तक टाला जा सकता है! इसलिए चन्द्रशेखर ने बाद में भा.लो.द. की कीमत पर

जनसंघ से थोड़ी-बहुत आपसी सहमति कायम करने की कोशिश भी की। वह भा.लो.द. को मुख्य शत्रु मानते थे।

जनता पार्टी के दूसरे घटक जनसंघ के इरादे को तुरन्त पूरी तरह भाँप नहीं पाए। अगस्त 1977 में जयप्रकाश नारायण के सुझाव पर जब पार्टी के घटकों के सह संगठनों को मिलाने (एकीकरण) का सवाल उठा, तब जाकर जनसंघ का इरादा मालूम हुआ। एकीकरण के उद्देश्य से मधु लिमये ने प्रस्ताव रखा कि

(1) जे.पी. आन्दोलन को माननेवाले सभी स्वयंसेवक संगठनों—राष्ट्र सेवा दल, तरुण शान्ति सेना, छात्र संघर्ष वाहिनी और आर.एस.एस.—को मिलाया जाए,
(2) एकीकृत संगठन सभी धर्मों के लोगों के लिए खुला हो,
(3) यह संगठन पार्टी के अधीन न हो, पूर्ण स्वतंत्र तथा स्वायत्त हो,
(4) उसके और पार्टी के बीच संगठनात्मक सम्बन्ध न हो; मैत्रीपूर्ण सम्बन्ध तथा सैद्धान्तिक समभाव हो तथा
(5) इस संगठन का मुख्य काम चरित्र-निर्माण और कार्यकर्ताओं का प्रशिक्षण हो।

लिमये ने दावा किया कि इन प्रस्तावों पर उनकी आर.एस.एस. के 'चीफ' बालासाहब देवरस और मुख्य संगठक माधवराव मुले से बातचीत हुई थी और दोनों ने इन पर असहमति व्यक्त नहीं की, लेकिन 18 अगस्त को मुले ने कहा कि लिमये से कोई बातचीत नहीं हुई। मुले ने आर.एस.एस. को जनसंघ का स्वयंसेवक या सांस्कृतिक संगठन मानने पर भी आपत्ति की और कहा कि आर.एस.एस. का राजनीति से वास्ता नहीं है। जनता पार्टी के एक सांसद कृष्णकान्त ने माँग की कि आर.एस.एस. साम्प्रदायिक संगठन है। सो, उसके सदस्यों के पार्टी में प्रवेश पर रोक लगाई जाए। इस पर जनसंघ के लोगों ने माँग की कि कृष्णकान्त को पार्टी से निकाल दिया जाए। इसके बाद जयप्रकाश नारायण ने आर.एस.एस. तथा अन्य युवा संगठनों को साथ मिलाने की कोशिश की और माधवराव मुले से बातचीत भी की, लेकिन मुले अड़े रहे।

इस तरह जनता पार्टी के सदस्य रहकर भी आर.एस.एस. के लोग अपने 'बल' के कारण पार्टी के नियमों और विधान की अवज्ञा कर सकते थे जबकि पार्टी के विधान के अनुसार किसी साम्प्रदायिक संगठन का सदस्य पार्टी का सदस्य नहीं हो सकता। 31 दिसम्बर को जनता पार्टी की राष्ट्रीय कार्यकारिणी ने आर.एस.एस. के लोगों को जनता पार्टी के सदस्य बनाने या न बनाने के बारे में विचार किया, लेकिन कोई निर्णय नहीं किया। यह अनिर्णय कायम है।

आर.एस.एस. का यह कहना है कि वह एक विशुद्ध सांस्कृतिक संगठन है और उसका राजनीति से कोई वास्ता नहीं, एकदम झूठ है। 12 मार्च, 1978 को

उसके नये संगठन मंत्री राजेन्द्र सिंह ने कहा कि 'आर.एस.एस. राजनीति में नहीं है पर वह इससे एकदम अलग नहीं रह सकता; 'सन्त' भी राजनीति से परे नहीं रह सकते। आर.एस.एस. विशुद्ध सांस्कृतिक संगठन है, लेकिन संस्कृति में राजनीति की बुनियादी चीजें शामिल रहती हैं। देश की अखंडता को प्रभावित या कमजोर करनेवाली किसी भी चीज पर उसे चिन्ता होती है। इसीलिए आर.एस.एस. की राष्ट्रीय परिषद ने अपनी पिछली बैठक में केन्द्र-राज्य सम्बन्धों पर प्रस्ताव पास किया। इसके पहले भी अलग नगालैंड, कश्मीर, संविधान की 370 धारा, ईसाई मिशनरियों की भूमिका, भाषा नीति की तरह की अन्य नीतियों पर परिषद ने अपनी राय जाहिर की थी।'

इससे प्रकट है कि आर.एस.एस. सभी राजनीतिक सवालों से जुड़ा हुआ है। इसके अलावा जनता पार्टी के भीतर उसके सदस्यों का यह कर्तव्य है कि वे उसकी नीति का पालन करवाएँ। राजेन्द्र सिंह का कहना है कि यह उनका आजीवन कर्तव्य है। सरकार के उन मंत्रियों और सदस्यों को जो आर.एस.एस. के सदस्य हैं; आर.एस.एस. के पदाधिकारियों की सलाह लेना लाजिमी है। 22 मार्च, 1978 को लाला हंसराज गुप्त के मकान पर संघ के प्रमुख देवरस ने 60 सांसदों की बैठक को सम्बोधित किया। कुछ सांसदों ने देवरस को कहा कि जनता पार्टी के भीतर आर.एस.एस. के आदर्श का निर्वाह नहीं हो रहा है, हमारा कोई मार्ग-निर्देश नहीं करता तो देवरस ने कहा कि 'आर.एस.एस. के स्वयंसेवकों को भले ही वे मंत्री या सांसद हों आर.एस.एस. के सिद्धान्तों का पालन करना चाहिए। साथ ही उन्हें यह भी खयाल रखना चाहिए कि चार-पाँच पार्टियों के मिलकर एक पार्टी बनने के कारण मतभेदों का रहना स्वाभाविक है।' जाहिर है कि आर.एस.एस. के लोग पार्टी या राष्ट्र के संविधान के बजाय आर.एस.एस. के साम्प्रदायिक सिद्धान्तों के प्रति ज्यादा वफादार होंगे। राजनीतिक कारणों से वे इधर-उधर तालमेल बैठा सकते हैं, लेकिन उनका मुख्य लक्ष्य तो आर.एस. एस. के सिद्धान्तों को अमलीजामा पहनाना ही होगा। देवरस की 'हिन्दू' शब्द की परिभाषा और पुन:परिभाषा से गैर-हिन्दुओं और अधिकांश हिन्दुओं के लिए 'हिन्दू' शब्द की साम्प्रदायिकता खत्म नहीं हो जाती।

जनसंघ ने मध्य प्रदेश पर पूरा कब्जा करने की कोशिश की लेकिन 230 के जनता विधायक दल में 80 पूर्व सोशलिस्ट थे और कुल मिलाकर 84 दलित आदिवासी (जनसंघ और सोशलिस्ट, दोनों) भी थे। इससे जनसंघ के लिए थोड़ी परेशानी पैदा हुई। आर.एस.एस. सखलेचा को मुख्यमंत्री बनाना चाहता था, पर जनसंघ के एक गुट का दूसरे के खिलाफ इस्तेमाल कर सोशलिस्ट एक नरम और कमजोर व्यक्ति—कैलाश जोशी को मुख्यमंत्री बनाने में सफल हुए, लेकिन आर.एस.एस. की सारे मुख्य पदों को हथियाने की कोशिशें बन्द नहीं हुईं। आर.एस.एस. पर यह

आरोप भी लगा कि वह दलितों और आदिवासियों के खिलाफ अभियान चला रहा है। विधायक दल में दलित और आदिवासियों की संख्या काफी है, पर उन्हें अधिकांश सरकारी पदों और कमेटियों में नहीं लिया गया। कुछ इलाकों में आदिवासियों पर अत्याचार हुए तो सोशलिस्टों ने उनका तुरन्त विरोध किया। आर.एस.एस. के लोगों और सोशलिस्टों के बीच लगातार झगड़ा बना रहा और जनसंघ आर.एस.एस. ने प्रशासकीय कदम उठाकर सोशलिस्टों को कुचलना चाहा।

राज्य के बिजली बोर्ड के मजदूरों की हड़ताल का सोशलिस्टों ने समर्थन किया। इस हड़ताल के खिलाफ मध्य प्रदेश सरकार ने 26 सितम्बर, 1977 को सार्वजनिक अव्यवस्था निरोधक अध्यादेश, जो 'मिनी मीसा' के नाम से विख्यात हुआ, लागू किया। इसके तहत बिना किसी सुनिर्दिष्ट आरोप के किसी को तीन महीने कैद रखा जा सकता था। यह जनता पार्टी के घोषणापत्र के एकदम विपरीत था। इसके बाद कश्मीर में इसी तरह का एक कानून लाया गया और बिहार में कर्पूरी ठाकुर ने 'गुंडा अधिनियम' जैसे कानून की तजवीज रखी।

मध्य प्रदेश में कैलाश जोशी आर.एस.एस. के दबाव के कारण बहुत दिनों तक मुख्यमंत्री बने न रह सके। उन्हें कोई रहस्यात्मक बीमारी हो गई और उन्होंने इस्तीफा दे दिया। अब आर.एस.एस. की इच्छानुसार सखलेचा मुख्यमंत्री बने। म.प. जनता पार्टी के एक महामंत्री रघु ठाकुर ने 27 जनवरी, 1978 को आर.एस.एस. की गतिविधियों के अनुभव को देखते हुए एक बयान में कहा कि 'फासीवाद और सर्वसत्तावाद से हम आज भी लड़ने को तैयार हैं। शत्रु हमारे घर के भीतर ही क्यों न हो, हम उससे लड़ेंगे। मध्य प्रदेश में हमारी लड़ाई मुख्य रूप से आर.एस.एस. के साथ है। हम हर क्षण उससे लड़ रहे हैं।' मुख्यमंत्री बनने पर सखलेचा ने सारे महत्त्वपूर्ण विभाग खुद ले लिए या अपने जनसंघी साथियों को बाँट दिए। संगठन पर कब्जा करने के लिए दूसरे घटकों की सलाह लिये बिना जनसंघियों ने जिला तदर्थ समितियाँ गठित कर डालीं। इसके जवाब में राज्य पार्टी के दो महामंत्रियों से रघु ठाकुर और अखंड प्रताप सिंह ने कई जिलों में समानान्तर तदर्थ समितियाँ कायम कीं। इसके बाद राज्य जनता पार्टी के अध्यक्ष कुशा भाई ठाकरे ने, जो आर.एस. एस. के आदमी हैं, दोनों महामंत्रियों को मुअत्तिल कर दिया। इसका नतीजा यह हुआ कि मामला जनता पार्टी के आलाकमान तक पहुँचा और उसने उसे वक्ती तौर पर निपटा दिया। मुअत्तली का आदेश वापस ले लिया गया और समानान्तर कमेटियाँ विघटित कर दी गईं। चन्द्रशेखर जनसंघ को चरण सिंह से तोड़ने के लिए उसे ज्यादा-से-ज्यादा पटाने में लगे थे, लेकिन झगड़ा सिर्फ संगठन के ही मामले में बढ़ने से रुक गया।

सोशलिस्टों की यह शिकायत बनी रही कि उन्हें दबाने के लिए सरकारी मशीनरी का इस्तेमाल किया जा रहा है। इससे पहले आर.एस.एस. की आलोचना को बन्द

करने के लिए आर.एस.एस. के एक पूर्व कार्यकर्ता विनोद कोचर को, जो इमरजेंसी में जेल में रहने के दौरान सोशलिस्ट बन गए थे, गिरफ्तार किया गया था। कोचर अपनी व्यक्तिगत जानकारी के आधार पर पत्र-पत्रिकाओं में आर.एस.एस. की कड़ी आलोचना कर रहे थे।

राजस्थान में सोशलिस्टों की ज्यादा ताकत नहीं थी, सो आर.एस.एस. को काफी सुविधा थी। संघ के भैरों सिंह शेखावत मुख्यमंत्री बने। आर.एस.एस. के साथ पक्षपात करने पर छिट-पुट झगड़े जरूर हुए। राजस्थान विश्वविद्यालय के कैम्पस में आर.एस.एस. को शाखा लगाने देने पर कुछ छात्रों ने आपत्ति की तो जयपुर में छात्रों के बीच झगड़े हुए और विश्वविद्यालय को बन्द करना पड़ा। पार्टी के भीतर किसान नेता और भा.लो.द. के समर्थक कुम्भाराम आर्य यह शिकायत करने लगे कि किसानों की उपेक्षा हो रही है। उन्होंने 6 मार्च, 1978 को किसान रैली आयोजित की, जिससे पुलिस ने भयंकर सख्ती बरती। जनसंघ और भा.लो.द., खासकर चरण सिंह को नेता माननेवाले उसके गुट के समर्थन के वर्ग चरित्रों की भिन्नता का दोनों के रिश्ते पर असर पड़ना लाजिमी था।

दिल्ली में जनसंघ की सुविधाजनक स्थिति का कारण दिल्ली का एक मंडी होना भी है। दिल्ली के राजधानी होने के कारण जनसंघ अपने को यहाँ थोड़ा उदार भी जताता था, लेकिन पदों के बँटवारे के वक्त और मार्च 1978 में राज्यसभा के टिकटों के वक्त उसका असली चेहरा सामने आ गया। टिकट बाँटे जाने के तरीके के विरोध में विजय कुमार मल्होत्रा ने दिल्ली जनता पार्टी की अध्यक्षता से इस्तीफा दे दिया। ऐसे हर मामले की तरह अन्त में इस्तीफा वापस ले लिया गया, लेकिन मल्होत्रा का नाटक कई दिनों तक चला।

जनसंघ और मधु लिमये को नेता माननेवाले सोशलिस्टों की मदद से भा.लो.द. हरियाणा, उत्तर प्रदेश, बिहार और ओडिशा में अपने लोगों को मुख्यमंत्री बनाने में सफल रहा। बिहार में मधु लिमये द्वारा कर्पूरी ठाकुर का समर्थन करने से सोशलिस्ट गुट में फूट पड़ गई। यह फूट कायम है। ओडिशा में नन्दिनी शतपथी परेशानी का सबब बन सकती थीं, लेकिन उन्हें अदालती मुकदमों में उलझाकर रखा गया। संगठन कांग्रेस के एक प्रभावशाली सदस्य श्यामनन्दन मिश्र का मोरारजी से विरोध बढ़ गया और वह चरण सिंह के साथ हो गए। अकाली दल भी जनसंघ-भा.लो.द. गठबन्धन का समर्थक बन गया।

1977 के अन्त तक जनता पार्टी के भीतर गुटों और व्यक्तियों का एक ताकतवर जमावड़ा कायम हो गया। इस जमावड़े के नेता के रूप में चरण सिंह जनता पार्टी के भाग्य विधाता प्रतीत होने लगे।

इस जमावड़े से चरण सिंह की शक्ति का इतना ज्यादा विश्वास बढ़ा कि उनके जन्मदिन 23 दिसम्बर, (1977) को राजनारायण के नेतृत्व में उनके समर्थकों ने

'किसान दिवस' के रूप में एक भारी रैली आयोजित करके मनाया। यह चरण सिंह का चढ़ान था तो उतरान का प्रारम्भ भी। उत्तर प्रदेश और हरियाणा से हजारों किसान लाए गए। वह इन्दिरा गांधी की रैलियों की याद दिलाता था। लोग कहने लगे कि चरण सिंह पार्टी में अपने समर्थन के आधार पर प्रधानमंत्री पद का दावा कर रहे हैं। जमावड़े में जो नेता शामिल न थे, उन्होंने रैली के बारे में नाराजगी जाहिर की—मोरारजी ने वक्तव्य दिया और जगजीवन राम व चन्द्रशेखर ने चुपचाप अपने को इससे अलग रखकर। यहीं से चरण सिंह और उनके द्वारा प्रतिपादित की जानेवाली चीजों के खिलाफ अभियान शुरू हुआ।

जमावड़े की शक्ति से चरण सिंह में अपने को सुरक्षित समझने का एक झूठा दम्भ पैदा हुआ। उन्होंने जमावड़े के अन्तर्विरोधों की ओर नजर ही नहीं डाली और यह भी नहीं सोचा कि ग्रामीण क्षेत्र की वकालत करने से उनके खिलाफ कौन-कौन सी ताकतें एकजुट होंगी। उन्होंने फिक्की के पूर्व अध्यक्ष एम.वी. अरुणाचलम, रामप्रसाद गोयनका, कृष्ण कुमार बिड़ला, वी.वी. वोहरा और एस.एम. अग्रवाल जैसे बड़े उद्योगपतियों और अफसरों को उस मामले में, जिसमें 3 अक्टूबर, 1977 को इन्दिरा गांधी को गिरफ्तार किया गया था, गिरफ्तारी कराई या उनके खिलाफ वारंट जारी करवाया।

मामले को अकुशल ढंग से रखने के चलते इन्दिरा गांधी छोड़ दी गईं और दूसरे लोग भी जमानत पर रिहा हुए, लेकिन चरण सिंह ने अपने को इन सबका कोपभाजन जरूर बना लिया। उन्होंने औद्योगिक मजदूरों को अपने खिलाफ कर अपनी स्थिति और भी बिगाड़ ली जबकि औद्योगिक मजदूर इनमें से कुछ ताकतों के खिलाफ उनके सहायक हो सकते थे।

राज्यों में चरण सिंह के चहेते मुख्यमंत्रियों ने सत्ता-मद में पुलिस को जनता पर छोड़ दिया। गाँव की जनता को भी, जिसकी सेवा करने का चरण सिंह दावा करते हैं, बख्शा न गया। इन राज्यों में सरकार की गलतियों और बुराइयों के लिए अब चरण सिंह को जिम्मेदार ठहराया जाने लगा। संसद में दलितों पर होनेवाले अत्याचार सम्बन्धी सवालों का चरण सिंह ने जिस अनाड़ी ढंग से जवाब दिया, उससे इस आरोप को बल मिला कि वह दलित विरोधी हैं।

कुछ ऐसे सामाजिक-आर्थिक कारण हैं, जो जनसंघ के साथ भा.लो.द. के गठबन्धन के खिलाफ जाते हैं। भा.लो.द. उन इलाकों के किसानों का प्रतिनिधित्व करता है, जहाँ चरण सिंह मजबूत हैं। दूसरी तरफ जनसंघ मुख्य रूप से शहरों के व्यापारी वर्ग की पार्टी है।

इन दोनों के हितों में अक्सर टकराव होता है। इसके अलावा उत्तर-पश्चिमी भारत में, जो चरण सिंह का 'इलाका' है, बनियों और जाटों के बीच जातीय विद्वेष है। इसलिए जब इस गठबन्धन का कोई बड़ा आर्थिक निर्णय करना पड़ेगा तो वह

दोनों में से किसी-न-किसी दल के समर्थकों को गठबन्धन से विलग कर देगा। लोकसभा के करनाल उप-चुनाव में यह हुआ भी। जनसंघ के लोगों ने जनता पार्टी के उम्मीदवार के लिए काम नहीं किया और ऐसा लगता है कि जनसंघ का समर्थन करनेवाले तबकों ने भी उसके पक्ष में वोट नहीं दिया।

चरण सिंह को कमजोर करने के लिए संगठन कांग्रेस, प्रजा सोशलिस्ट गुट (जिसमें कुछ सोशलिस्ट भी जुड़े), चन्द्रशेखर और जगजीवन राम व बहुगुणा के सी.एफ.डी. गुट ने संगठित रूप से प्रयत्न शुरू किया। इनकी पहली चाल यह थी कि जनता पार्टी के भीतर ज्यादा-से-ज्यादा कांग्रेसियों को लाया जाए ताकि चरण सिंह की ताकत का पलड़ा झुकाया जा सके। जनसंघ और चरण सिंह के बीच दरार डालने की भी कोशिश की गई। यह कठिन भी नहीं था क्योंकि जनसंघ मुख्य रूप से एक शहरी पार्टी है।

चन्द्रशेखर ने, जो चरण सिंह विरोधी गुट के नेता हैं, महाराष्ट्र, कर्नाटक, आन्ध्र और असम के विधान सभा चुनावों के वक्त ज्यादा-से-ज्यादा कांग्रेसियों को जनता पार्टी का टिकट दिलवाया। जनसंघ ने इसमें आपत्ति नहीं की। और तो और, महाराष्ट्र में नानाजी देशमुख ने इस गुट के साथ मिलकर काम किया। उन्होंने बयान देकर यहाँ तक कहा कि जनता पार्टी के अधिकांश सदस्य किसी-न-किसी समय कांग्रेस में रहे हैं, इसलिए कांग्रेसियों के पार्टी में शामिल होने और उसके टिकट पर चुनाव लड़ने में कोई बुराई नहीं है।

लेकिन कांग्रेसियों को घुसाने की यह चाल नाकामयाब रही और उसका नतीजा उलटा रहा। आन्ध्र की 294 सीटों में से 180, महाराष्ट्र की 280 में लगभग 140 और कर्नाटक की 224 में 80 कांग्रेसियों को दी गईं। जनता पार्टी की ओर से विधान सभाओं का चुनाव लड़नेवाले ये कांग्रेसी जनता की नजरों में गिरे हुए लोग थे, सो ये जीत नहीं सके। इनमें से बहुतेरे इमरजेंसी के पापों से भी जुड़े थे। इन्हें टिकट देने से नागरिक स्वाधीनता के पक्ष में लड़नेवाली पार्टी के रूप में भी जनता पार्टी की छवि मलिन हुई। यह दल-बदल को भी प्रोत्साहन देना था। जनता पार्टी के घटक विपक्ष में रहते दल-बदल की निन्दा किया करते थे। लोगों के मन में जनता पार्टी की ईमानदारी के प्रति शंका भी बढ़ी। इस सिद्धान्तहीनता के कारण जनता पार्टी को चुनावों में बहुत ज्यादा नुकसान हुआ—आन्ध्र में उसे सिर्फ 60, कर्नाटक में 58 और महाराष्ट्र में 99 सीटें मिलीं।

दक्षिणी राज्यों में जनता पार्टी की भारी हार के चलते जनता पार्टी में आरोप-प्रत्यारोप शुरू हुआ। भा.लो.द. गुट ने कांग्रेसियों को घुसाने के कारण चन्द्रशेखर को हार के लिए जिम्मेवार ठहराया और उनके इस्तीफे की माँग की, लेकिन इस समय तक भा.लो.द. गुट अकेला पड़ गया था। जनसंघ तो सत्ता हथियाने के दीर्घकालीन उद्देश्य से अपनी चाल बदलता रहता था। चन्द्रशेखर और बहुगुणा ने आरोप लगाया

कि कुलकों को मदद देने की गलत नीति के कारण पार्टी की हार हुई। चरण सिंह किसानों के नेता माने जाते हैं। स्टालिन के वक्त से 'कुलक' शब्द एक गाली बन गया है, जो ऐसे किसान के लिए इस्तेमाल की जाती है, जिसके पास अच्छा फार्म हो। हाल में किसानों को बढ़ावा देनेवाली नीतियों पर प्रहार करने के लिए वामपंथी 'कुलक' शब्द का अधिकाधिक इस्तेमाल करने लगे हैं और वे इसे अपने शस्त्रागार का एक पैना हथियार मानते हैं। यह गाली कारगर रही, हालाँकि इसका मतलब ज्यादा लोगों को मालूम न था। इस झगड़े या विवाद में ऐसा लगा कि चरण सिंह बहुत कमजोर पड़ गए हैं और मोरारजी फिर अपनी 'श्रेष्ठता' प्राप्त करने लगे हैं।

अब चरण सिंह विरोधी गुट ने उत्तर प्रदेश, बिहार और हरियाणा के मुख्यमंत्रियों की खबर लेनी शुरू की। कर्पूरी ठाकुर और राम नरेश यादव एकदम निकम्मे मुख्यमंत्री साबित हुए और दोनों ने जन-आन्दोलन का सामना करने के लिए दो या तीन पिछड़ी जातियों के समर्थन का सहारा लिया। इससे उन्होंने बाकी सभी लोगों को नाराज कर डाला। शासन पर किसी प्रकार का नियंत्रण न रहने के कारण तरह-तरह के जनान्दोलन होने लगे। दोनों मुख्यमंत्री नौकरशाही और पुलिस पर पूरी तरह निर्भर थे और पुलिस ने दोनों राज्य में खूब गोली चलाई। जून 1977 से मई 1978 के बीच बिहार में करीब एक दर्जन जगहों पर और उत्तर प्रदेश में दस महीनों के दौरान 41 बार गोली चली। बिहार में लोगों पर पुलिस गोली चलाती थी तो उधर प्रशासन दिन-दहाड़े ट्रेनों में लूट या चोरी और कालाबाजारी को रोकने में असमर्थ था। मिट्टी के तेल जैसी दैनंदिन उपयोग की चीजें, यहाँ तक कि नमक अक्सर बाजार में नहीं मिलता था।

पन्त नगर के वहशियाना गोलीकांड के बाद लगा कि रामनरेश यादव के दिन पूरे हो गए हैं, पर गुटबन्दी के स्वार्थों के कारण वे बने रहे। मई के पहले सप्ताह में उन्होंने अपने एक प्रमुख मंत्री को कोई सूचना दिए बिना बर्खास्त भी कर दिया।

बिहार की बड़ी समस्याओं को हल करने के बजाय कर्पूरी ठाकुर ने पिछड़ी जातियों के लिए सरकारी नौकरियों में 26 प्रतिशत आरक्षण का विवादास्पद फैसला किया। इससे राज्य-भर में जातीय तनाव फैला। आरक्षण के कदम का उद्देश्य दंगे और जातीय संघर्ष कराना था ताकि पिछड़ी और अगड़ी जातियों के बीच संघर्ष हो जाए। कर्पूरी ठाकुर ने सोचा कि इस तरह वे पिछड़ी जातियों के नेता बन जाएँगे और उनमें अपना ठोस आधार बना सकते हैं। कर्पूरी ठाकुर के खास अपने लोग निजी तौर पर चर्चा में जातीय दंगों पर खुशी प्रकट करते हैं क्योंकि ये उनकी योजना के अनुसार हो रहे थे।

इस नीति से जनता के बीच टिकाऊ आधार तो मिलना दूर, यह आशंका है कि सारे उत्तरी भारत में जनता पार्टी अपना समर्थन खो बैठेगी। इस तरह के जातीय ध्रुवीकरण के दौरान उत्तर प्रदेश में आजमगढ़ (लोकसभा), सरावं और मानकपुर

(विधान सभा) में मई 1978 में जो उपचुनाव हुए उन सभी में जनता पार्टी हारी। ये उपचुनाव बताते हैं कि जातीय आधार पर मतदान होने से क्या होगा?

हरियाणा में कुछ दिन शान्ति रहने के बाद अप्रैल 1978 में असन्तुष्ट विधायक चरण सिंह के नामजद मुख्यमंत्री देवीलाल को हटाने की माँग करने लगे। देवीलाल पर अपने साथियों से अकड़ दिखाने और उनके बेटे द्वारा राज्यभर में जनता पार्टी के संगठन के समानान्तर एक अलग शक्ति केन्द्र बनाने की कोशिश करने के आरोप थे। शुरू में देवीलाल और उनके विरोधियों की ताकत समान प्रतीत होती थी। ऐसे में धमकी, अपहरण और सौदेबाजी का दौर चला। देवीलाल के लोगों का कहना था कि असन्तुष्टों के पीछे पैसेवाले और इन्दिरा गांधी हैं। असन्तुष्टों का कहना था कि हरियाणा पुलिस और खुफिया विभाग उन्हें परेशान कर रहा है और उन्हें धमकियाँ दी जा रही हैं।

इस नाटक के दौरान एक ऐसी घटना घटी, जो जनता पार्टी की एकता की क्षण-भंगुरता और उसकी सत्ता के ढाँचे की दुर्बलता को एकदम उजागर कर देती है। जब देवीलाल और उनके विरोधियों के बीच पूरी तरह ठन रही थी कि चौधरी चरण सिंह को दिल का दौरा पड़ा। हरियाणा के संकट की चरम अवस्था में जब देवीलाल का भाग्य अधर में लटका हुआ था तब चरण सिंह ने यह आरोप लगाते हुए कि पार्टी के नेता उत्तर प्रदेश और हरियाणा में अनुशासनहीनता को बढ़ावा दे रहे हैं, अस्पताल से 29 अप्रैल को जनता पार्टी की कार्यकारिणी और संसदीय बोर्ड से इस्तीफा दे दिया। इस इस्तीफे का तत्काल नतीजा यह हुआ कि देवीलाल को हटाने की बात रुक गई।

देवीलाल यद्यपि अपने पद पर बने रहे, लेकिन इससे यह भी प्रकट हुआ कि चरण सिंह अकेले पड़ गए हैं। जनसंघ ने यह स्पष्ट कर दिया कि फिलवक्त वह राज्यों में उनके गुट का समर्थन कर सकता है, लेकिन राष्ट्रीय स्तर पर नहीं कर सकता। मोरारजी और चन्द्रशेखर के लोग अब कहने लगे कि चरण सिंह को हटाने में ज्यादा देर नहीं है, लेकिन इसके पहले चाह्वान के गुट का समर्थन लेना होगा।

व्यक्तियों की लड़ाई के अलावा जनता पार्टी की स्थिति बहुत ही उलझन भरी है। घटकों की पुरानी आदत और पूर्वग्रह कायम हैं। उनका पहले अगर कोई सिद्धान्त था तो उसे अलबत्ता उन्होंने त्याग दिया है। आर.एस.एस., विद्यार्थी परिषद और भारतीय मजदूर संघ को कायम रखकर जनसंघ अपने संगठनात्मक ढाँचे को तो बनाए रख सका, पर इसके आगे नहीं कुछ कर पाया है। हिन्दू राष्ट्र या अखंड भारत का सपना अवास्तविक है, यह संघ को समझना होगा। संघ के एक हिस्से ने शायद अपने साम्प्रदायिक रुझान से मुक्त होने की सच्ची कोशिश की, लेकिन ताकतवर आर.एस.एस. के नेता इसे सफल होने नहीं देंगे। संगठनात्मक रूप से मजबूत रहने के बावजूद जनसंघ मन से टूटा रहा।

पार्टी के भीतर सोशलिस्ट कहीं भी खप नहीं पाए। उन्हें इस तरह की पचमेल पार्टी में शामिल ही नहीं होना चाहिए था। वे कई गुटों में बँटे हुए हैं, जो विभिन्न व्यक्तियों के आसपास बने हुए हैं। प्रसोपा गुट सुरेन्द्र मोहन के निर्देश में चलता है और उसने अपने को जनता पार्टी की आपसी लड़ाई में चन्द्रशेखर के साथ जोड़ लिया है। चन्द्रशेखर का प्रसोपा वालों से पुराना सम्बन्ध है। लोहियावादियों का एक गुट मधु लिमये की तात्कालिक सुविधा के अनुसार चलता है। मधु लिमये ने शुरू में अपने को भा.लो.द. जनसंघ गठबन्धन से जोड़ लिया। इसके बाद वह भाकपा और रूस समर्थक संस्था 'इंडो-सोवियत कल्चर सोसाइटी' से भी जुड़े और उसके प्रतिनिधिमंडल के नेता बनकर रूस गए। उनकी ऐसी राजनीतिक अवसरवादिता समझ से परे है। एक सोशलिस्ट और जनता पार्टी का महामंत्री 'इंडो-सोवियत कल्चर सोसाइटी' के प्रतिनिधिमंडल का नेता कैसे हो सकता है? रूस का मित्र बनने और उसका मोहरा बनने में निश्चय ही फर्क है।

लिमये ने आर.एस.एस. के जनता पार्टी में विलय का सुझाव रखकर जनसंघ को भी नाराज कर डाला। उनके कार्यकलाप के पीछे कोई स्पष्ट विचार नजर नहीं आता। उन्होंने चरण सिंह के एकदम निकटतक सहयोगी बनने तक की कोशिश की। लिमये के सबसे निकट के साथी जॉर्ज फर्नांडिस ने चरण सिंह की बजाय मोरारजी की सेवा करना तय किया और अपने को जनता पार्टी के भीतर चलनेवाले बड़े विवादों से अलग रखा। वह भारत में विदेशी पूँजी लगाने की वकालत करनेवाली पश्चिमी लॉबी के प्रवक्ता बीजू पटनायक के नजदीक भी पहुँचे। सिर्फ मध्य प्रदेश में अपने अस्तित्व के ही संकट में पड़ने पर सोशलिस्ट संगठित रूप से काम करने को बाध्य हुए, नहीं तो सभी जगह वे तितर-बितर थे और उनकी अपनी कोई अलग पहचान न थी।

भा.लो.द. को तो अपने नेताओं की सत्ता प्राप्ति करने के उद्‌देश्य में झोंक दिया गया। उसमें भूतपूर्व सोशलिस्ट भी हैं जो लोहियावादी हैं, पर जयन्तियों का आयोजन या सार्वजनिक संस्थाओं का लोहिया नामकरण करना ही उन्हें लोहिया के सिद्धान्तों की चरम अभिव्यक्ति जान पड़ता है।

एक लोकतांत्रिक पार्टी के भीतर मतभेद और व्यक्तिगत महत्त्वाकांक्षाओं का रहना स्वाभाविक है, लेकिन कहीं-न-कहीं यह सब एक सीमा तक रहता है और पार्टी में एक न्यूनतम सहमति रहती है। जनता पार्टी में यह सब कुछ नहीं है—व्यक्तिगत महत्त्वाकांक्षा की कोई सीमा नहीं, सहमति वाली कोई दिशा नहीं, धींगा-मुश्ती है। किसी को नीचे से संगठन बनाने की फिक्र नहीं—केन्द्र और राज्यों की राजधानी के नीचे शून्यता विराजती है। इसका मतलब यह है कि जनता और सरकार के बीच कोई कड़ी नहीं है। पार्टी के संगठन का काम यह होता है कि वह जनता और सरकार के बीच माध्यम बने। वह प्रशासन और जनता, दोनों पर इस तरह दबाव

डालता है कि दोनों के बीच आमने-सामने की स्थिति पैदा नहीं होती। जब नीचे से पार्टी संगठन न हो तो सरकार को नौकरशाही पर निर्भर रहना पड़ता है और वह (नौकरशाही) मनमानी करने लगती है। सरकारी नीतियों को समझाने के लिए संगठन के न रहने पर जनता भी उग्र और हिंसक होने लगती है। नतीजा यह होता है कि सरकार और जनता के बीच हमेशा आमने-सामने की स्थिति बनी रहती है। जनता से किसी प्रकार का तादात्म्य और सम्बन्ध न रहने पर मंत्री उग्र व आक्रामक जनता और बेपरवाह और जिद्दी प्रशासन के आगे अपने को असहाय महसूस करने लगते हैं। इमरजेंसी के बाद से प्रशासन से जान-बूझकर ज्यादा बल प्रयोग करवाया जा रहा है। इस स्थिति का नतीजा है कि प्रशासन ठप पड़ गया प्रतीत होता है।

एक साल में जनता पार्टी का रूप यह बना है कि वह ऐसे कुछ गिरोहों का गुत्थम-गुत्था जान पड़ती है, जो एक पार्टी की तलाश में हैं। कभी एक गिरोह चढ़ जाता है तो दूसरा उसे नीचे गिराने को तुरन्त मचल उठता है। सत्ता की आपाधापी में जनता के बीच जाकर काम करने और कार्यक्रम पर अमल करवाने की बातें एकदम भुला दी गई हैं। जनता के बीच एक लम्बे अरसे तक काम करनेवाली पार्टी को भी सत्तारूढ़ होने पर इस बात का खतरा रहता है कि कहीं वह जनता से विलग न हो जाए। जनता पार्टी तो सत्ता प्राप्त करने के बाद बनी पार्टी है। संगठन की कितनी अवहेलना की गई है, यह इसी से प्रकट है कि पार्टी बनने के एक वर्ष बाद भी देश के सबसे बड़े राज्य उत्तर प्रदेश में जिलों तक में तदर्थ समितियाँ भी नहीं बनी हैं। अन्य राज्यों का भी लगभग यही हाल है। झगड़ालू गिरोहों में कोई भी इस बात को बर्दाश्त करने को तैयार नहीं कि उसके अलावा कोई और पार्टी के मुख्य पदों पर बैठे। इसके चलते इस बात की कोई सम्भावना नहीं है कि सही और जायज ढंग से सदस्य भर्ती होंगे और लोकतांत्रिक ढंग से पार्टी के संगठन का चुनाव होगा। पार्टी के पद जोड़-तोड़ और गुटबन्दी के आधार पर ही बँटेंगे। इस तरह का बँटवारा उन लोगों को, जिन्हें हिस्सा न मिले, कभी सन्तुष्ट नहीं करता। एक ऐसी पार्टी में जिसके सभी यह मानते हों कि वे पद पर बैठने के योग्य हैं, चयन का कोई लोकतांत्रिक और सम्मत तरीका न चले तो असन्तोष अवश्यम्भावी है। इस तरह के सर्वव्यापी असन्तोष से जनता पार्टी को ठप पड़ने से कैसे रोका जा सकता है?

4

जनता पार्टी के आर्थिक दृष्टिकोण में उसकी बनावट प्रतिबिम्बित हुए बिना नहीं रह सकती। उनके घटक समाज के विभिन्न वर्गों और तबकों से जुड़े हुए हैं। उनकी राय में मेल नहीं है, इसीलिए जनता पार्टी की आर्थिक नीतियों में अन्तर्विरोध झलकता है। एक सम्पन्न समाज में सरकार हर दावेदार को कुछ-न-कुछ दे सकती है जिससे एक प्रकार का सामंजस्य स्थापित हो सकता है, लेकिन एक गरीब देश में यह सम्भव नहीं है। गरीब देश में तेजी से विकास करने की जरूरत सर्वोपरि होती है और यहाँ ऐसे मतभेद या अन्तर्विरोध भयंकर गतिरोध पैदा करते हैं। जनता पार्टी ने अब तक अपनी आर्थिक नीति बनाने के जो प्रयत्न किए हैं, उनमें मतभेदों को दूर कर कोई स्पष्ट दिशा तय करने के बजाय मतभेदों का दबाव ही ज्यादा प्रकट होता है।

जनता पार्टी की कार्यकारिणी ने अगस्त 1977 में पहली बार पार्टी की आर्थिक नीति प्रस्तुत करने की कोशिश की, लेकिन भारी मतभेद के कारण यह काम कार्यकारिणी की अगली बैठक तक के लिए टाल दिया गया। पार्टी के एक महामंत्री मधु लिमये ने इस असफलता को छिपाने के लिए कहा, "आर्थिक प्रस्ताव पर फैसला टालने का उद्देश्य यही है कि हम कोई खामी नहीं रहने देना चाहते। हम समस्याओं का गहन अध्ययन करके सरकार के लिए विस्तृत नीति निर्देश प्रस्तुत करना चाहते हैं।"

लेकिन कुछ ऐसी समस्याएँ थीं, जिनके बारे में तुरन्त कुछ करना जरूरी था। जनता पार्टी के गद्दी पर बैठने के बाद कुछ महीनों में कीमतें बढ़ती जा रही थीं। मार्च से जुलाई 1977 के बीच मूल्य सूचकांक 182.6 (1970-71 का आधार 100) से बढ़कर 189.6 हो रहा था। पार्टी के लिए तुरन्त कोई कदम उठाना जरूरी था, लेकिन इस बारे में भी आपस में खींचातानी नजर आती थी। जनता पार्टी के नेता एक ही साथ व्यापारियों को तुरतातुरत मुकदमा (समरी ट्रायल) चलाकर सजा देने और उनका हृदय-परिवर्तन करने की बातें करते थे। दोनों में से एक भी बात न हुई—न तुरतातुरत मुकदमे चलाए गए और न ही हृदय-परिवर्तन हुआ।

खाने के तेल और दाल की कीमतें खास तौर पर बढ़ रही थीं और ये 1978 के प्रारम्भ तक जब तक आयात और नई फसल द्वारा उनकी आमद नहीं हुई,

बढ़ती ही गईं। दिल्ली में पार्टी के एक घटक जनसंघ का व्यापारियों से सम्बन्ध इतना जगजाहिर था कि जनता पार्टी के नेताओं को कोई जवाब देते नहीं बनता था। पार्टी के एक और महामंत्री रामकृष्ण हेगड़े से जब पूछा गया कि क्या आम तौर पर व्यापारी वर्ग जनता पार्टी के एक घटक का आधार स्तम्भ नहीं है, तो उन्होंने जवाब दिया, "जनता पार्टी और उनकी सरकार ऐसे व्यापारियों से अपना कोई सम्बन्ध नहीं मानती, जो मुनाफाखोरी, चोरबाजारी, जमाखोरी और अन्य समाज-विरोधी काम करते हैं।" यह पूछे जाने पर कि दिल्ली प्रशासन, जो सीधे केन्द्र के अधीन है, इन व्यापारियों के खिलाफ कोई कार्रवाई क्यों नहीं कर रहा है, जो कीमतें बढ़ा रहे हैं और खुल्लम-खुल्ला ऐलान भी कर रहे हैं कि 'अब तो सरकार हमारी है', हेगड़े ने कहा, "सरकार इनसे निपटेगी।" लेकिन निपटा नहीं गया। दिल्ली पर जनसंघ का कब्जा था तो जनसंघ पर व्यापारियों का।

जनता पार्टी की कार्यकारिणी ने आखिर में 11 से 14 नवम्बर, 1977 की अपनी बैठक में आर्थिक नीति का मसौदा पास किया। मतभेद दूर नहीं हुए। एक सुसंगत आर्थिक नीति की कमी को हवाई सैद्धान्तिक चक्करदार बातों से पूरा करने की कोशिश अलबत्ता की गई। मसलन, नीति के इस प्रारम्भिक अंश को देखा जा सकता है कि मानव-इतिहास यह बताता है कि स्वतंत्रता (फ्रीडम) और समानता...चरम अर्थ में विरोधी रहे हैं। अगर इनमें से सिर्फ एक ही प्रबल हो तो दूसरी कमजोर पड़ जाती है। चरम स्वाधीनता और समता का यह अर्थ जनता पार्टी के सिद्धान्तशास्त्री ही बता सकते हैं, हमारी तुच्छ बुद्धि में यह बात समझ नहीं आती कि स्वाधीनता के बढ़ने से समता के बढ़ने से स्वाधीनता कैसे घटेगी? अनुभव तो यही बताता है कि जब गैर-बराबरी और विशेषाधिकारों को खतरा होने लगता है तभी स्वाधीनता को दबाने की चेष्टा की जाती है। आर्थिक बराबरी की माँग ने इसीलिए जोर पकड़ा है कि इसके बिना पूर्ण रूप से स्वाधीनता प्राप्त नहीं हो सकती।

नीति-वक्तव्य के इस अजीबोगरीब चक्कर का रहस्य अगर हम जनता पार्टी के नेताओं के वर्ग-चरित्र को ध्यान में रखें तो खुल जाएगा। इन नेताओं का दृष्टिकोण सम्पत्तिवान वर्गों, मुख्यतया उद्योगपति और व्यापारी वर्ग का दृष्टिकोण है। ये स्वाधीनता का मुक्त व्यापार या उद्यम (एंटरप्राइज) की स्वतंत्रता के साथ घालमेल कर रहे हैं। स्वतंत्र उद्यम को समानता से क्यों खतरा है, यह जानना सहज है। अगर 'चरम अर्थ' में समानता हो तो मुनाफे की कोई प्रेरणा नहीं रहेगी और किसी भी तरह का स्वतंत्र उद्यम नहीं रहेगा। और जब कोई निजी (प्राइवेट) उद्यम ही नहीं रहेगा तो फिर स्वतंत्र (फ्री) उद्यम का सवाल ही नहीं उठेगा। आर्थिक नीति-वक्तव्य असल में पार्टी के दक्षिणपंथी और वामपंथी रुझान वाले सदस्यों के मतभेदों के बीच समझौता कराने का प्रयास है। इसलिए वक्तव्य यह आश्वासन

देने की कोशिश करता है कि जनता पार्टी स्वतंत्र उद्यम के व्यापक ढाँचे के भीतर समानता की माँग का अनुमोदन करेगी।

आर्थिक नीति-वक्तव्य का प्रारम्भिक अंश सन्तुलन रखने का एक करतब है। इसमें निजी क्षेत्र के शोषण के खतरे और राज्य द्वारा अर्थव्यवस्था के सीधे संचालन के भय को दूर करने की चेष्टा की गई है। इससे जनता पार्टी की आर्थिक नीति का सारा जोर ही नकारात्मक हो गया है। वह विकास के किसी सुस्पष्ट दीर्घकालीन लक्ष्य को पूरा करने की कोशिश करने के बजाय अर्थव्यवस्था की कुछ अवांछनीय चीजों में ही रोकने की ही चेष्टा करती जान पड़ती है। नीति-वक्तव्य के इस अंश को देखा जाए, जनता पार्टी ऐसी किसी आर्थिक व्यवस्था के खिलाफ है जो व्यक्तियों या गुटों को दूसरों का शोषण करने की स्वतंत्रता प्रदान करती है; साथ ही, वह इस बात के पक्ष में भी नहीं कि राज्य को असीमित अधिकार हों जो सभी प्रकार की पहल (प्रेरणा) और स्वतंत्रता को नष्ट करते हों और जिसका नतीजा एक सर्वसत्तावादी समाज की स्थापना में हो। इसी को दूसरे शब्दों में कहा जाए तो कहना होगा कि सुविधाओं से वंचित, शोषित और दुर्बल लोगों की सेवक के रूप में जनता पार्टी उनके उत्थान के लिए भरपूर कोशिश करेगी।

इससे आगे वक्तव्य में कहा गया है कि 'जनता पार्टी सम्पत्ति और उत्पादन के साधनों की मिल्कियत का ज्यादा-से-ज्यादा छितराव (डिसपर्सल) चाहती है। यही सामाजिक न्याय (की स्थापना) और लोकतंत्र (की रक्षा) की एकमात्र गारंटी है। खुले बाजारवाला पूँजीवाद व्यक्तियों के हाथों में आर्थिक सत्ता को केन्द्रित करता है तो उत्पादन के सभी साधनों पर राज्य का स्वामित्व राज्य के हाथों में। इस तरह का केन्द्रीकरण एक तरफ स्वाधीनता को संकुचित करता है और दूसरी तरफ जीवन स्तर में विषमता और विभिन्नता पैदा करता है, जिससे सामाजिक आर्थक राजनीतिक तनाव पैदा होते हैं। इसलिए जनता पार्टी—

(1) मौजूदा सम्पत्ति (पोजेशंस) और आगे प्राप्त की जानेवाली सम्पत्ति पर जहाँ भी सम्भव होगा ठोस रोक लगाकर,

(2) असमानता को कम-से-कम करने के लिए आय और धन पर क्रमिक या आनुपातिक (डिफ्रेंशियल) कर लगाकर तथा अन्य उपर्युक्त कदम उठाकर,

(3) आर्थिक कार्य-कलाप, खासकर औद्योगिक उत्पादन के क्षेत्र में तकनीक, तरीकों और स्तर का नियमन और क्षेत्र निर्धारण कर—आर्थिक सत्ता पर नियंत्रण लागू करेगी।'

ऊपर की बातों पर व्यवहार की दृष्टि से विचार करें। जमीन की मिल्कियत के मामले को छोड़कर छितराव द्वारा मिल्कियत को ज्यादा-से-ज्यादा फैलाने की बात कपोल-कल्पना है। जमीन की मिल्कियत पहले से ही काफी ज्यादा छितराई हुई है।

हदबन्दी और पुन: वितरण से उसमें थोड़ी और छितराहट की गुंजाइश है, लेकिन जहाँ मिल्कियत खुद परिश्रम करनेवाले आदमी (सेल्फ इम्प्लाएड) के पास न हो, वहाँ मिल्कियत को फैलाने से शोषण का अन्त नहीं होगा। जहाँ तक दुख-कष्ट का सवाल है, मशीनरी पर कम विनियोग करनेवाले छोटे उद्योगों में बड़ी मशीनरी वाले बड़े उद्योगों की अपेक्षा मजदूर का शोषण करने के बावजूद उसकी उत्पादकता बढ़ाते हैं; उसे बेहतर कार्य-दशा और गुजर करने लायक वेतन प्रदान करने में समर्थ होते हैं। ज्यादा पूँजी और बड़ी मशीनरी वाले उद्योग ही मजदूरों को सबसे अधिक वेतन देते हैं। इसका मतलब यह नहीं कि हम ज्यादा पूँजी और बड़ी मशीनरी वाले उद्योगों की वकालत कर रहे हैं। हमारा मकसद इस भ्रम को दूर करना मात्र है कि छोटे उद्योग अपने आप में ही कम शोषणकारी होते हैं।

हमारे देश में ज्यादा पूँजीवाले उद्योग स्थापित करने के खिलाफ निश्चय ही अकाट्य आर्थिक तर्क हैं। सबसे बड़ा तर्क तो अभी यही है कि हमारे पास अपने सबसे बड़े साधन-श्रम शक्ति के छोटे से हिस्से को ही ज्यादा पूँजी और बड़ी मशीनरी वाले उद्योगों में रोजगार देने के लिए आवश्यक पूँजी नहीं है, लेकिन इस कारण हमें यह बात नजरअन्दाज नहीं करनी चाहिए कि कुटीर उद्योगों में मजदूरों का वेतन बहुत कम है और वे लोग भी, जो खुद कुटीर उद्योग चलाते हैं, बड़ी मुश्किल से गुजारा करते हैं। इधर-उधर बिखरे हुए छोटे उद्योगों में मजदूर संगठन कमजोर होते हैं और इसके चलते सरकार का श्रम विभाग इनमें श्रम-कानूनों को लागू करवाने में बड़ी कठिनाई महसूस करता है। छोटे-छोटे फार्मों में काम करनेवाले सीमान्त किसानों और खेतिहर मजदूरों की, गरीबों की भी यही कहानी है। मिल्कियत का छितराव गरीबी और शोषण की समस्या का वास्तविक हल नहीं है। अभी पूँजीगत साधनों के अभाव के कारण हमें इसे (छितराव को) एक आवश्यकता के रूप में स्वीकार करना चाहिए, लेकिन हमें यह बात भी अच्छी तरह समझनी चाहिए कि मजदूरों के जीवन यापन स्तर को ऊँचा उठाने के लिए आर्थिक स्थिति के सुधरने के साथ विज्ञान और टेक्नोलॉजी की मदद से उनकी उत्पादकता भी बढ़ानी होगी। इसका मतलब यह नहीं है कि एक दूसरे छोर पर पहुँचकर हम पश्चिमी दुनिया की पद्धति अपना लें।

लेकिन जनता पार्टी की मिल्कियत के छितराव की ये सारी बातें सार्वजनिक मिल्कियत के प्रश्न को टालने का बहाना मात्र हैं। जनता पार्टी के नेता यह अच्छी तरह जानते हैं कि बड़े-बड़े औद्योगिक घरानों की मिल्कियत को छितराया नहीं जा सकता। छितराने का एक ही तरीका है कि इनके शेयरों को बाँट दिया जाए। एक तो यह असम्भव है। दूसरे, इससे भी समस्या का हल नहीं होता। आज भी कागजी तौर पर या सैद्धान्तिक रूप में बड़ी-बड़ी कम्पनियों की मिल्कियत हजारों शेयरहोल्डरों के हाथों में है। यही नहीं, इन कम्पनियों की पूँजी का बहुत बड़ा हिस्सा भी वित्तीय

संस्थाओं द्वारा प्रदान किया जाता है, जो खुद हजारों लोगों द्वारा अपने पास जमा करवाए गए पैसों को ही कम्पनियों को देती है, लेकिन इससे यह असलियत नहीं बदलती कि मुट्ठी-भर शेयर होल्डरों का ही कम्पनी पर कब्जा रहता है; वे ही उससे अधिक-से-अधिक फायदा उठाते हैं और उसके असली मालिक होते हैं। इजारेदारी (मोनोपॉली) और मुट्ठीदारी (औलिगोपॉली; इसमें कुछ कम्पनियों के बीच एक ही प्रकार के माल को लेकर प्रतियोगिता चलती है। इसमें कीमत का उतार-चढ़ाव प्रतिस्पर्धी कम्पनी की कीमत से प्रभावित होता है) का इतिहास बताता है कि जनता पार्टी के आर्थिक नीति-वक्तव्य में इनके विकास और प्रसार पर जिस तरह की रोक लगाने की तजवीज की गई है, वह बेमानी है।

बड़ी-बड़ी औद्योगिक कम्पनियों की 'पुण्य भूमि' अमेरिका में एक सदी से कम्पनियों के खिलाफ कानून बने हुए हैं और उनका जब-तब सहारा भी लिया जाता है, लेकिन ये औद्योगिक कम्पनियाँ बढ़ती ही गई हैं और अमेरिका पार कर वैश्विक बन गई हैं। हमारे देश में भी इजारेदारी के खिलाफ एक कानून है—एम.आर.टी.पी. ऐक्ट। लेकिन उसका क्या असर हुआ है? जनता पार्टी के आर्थिक नीति-वक्तव्य में ही इस सम्बन्ध में कहा गया है, 'आजादी के बाद औद्योगिक विकास का यह एक अजीब पहलू रहा है कि लगभग 20 औद्योगिक घरानों का प्रभुत्व कायम हो गया है। इन औद्योगिक गुटों ने अपने प्रबन्ध साधनों, प्रशासन में अपने रसूख और जोड़-तोड़ व दाँव-पेच की प्रतिभा के चलते सम्पत्ति के केन्द्रीकरण को रोकने के उपायों को विफल कर दिया है।'

इन औद्योगिक घरानों को विघटित करने के लिए नीति-वक्तव्य में जो सुझाव दिया गया है, वह कोई सुझाव भी नहीं है। औद्योगिक घरानों के बढ़ने की निन्दा करते-करते सुझाव देने की बारी आने पर नीति-वक्तव्य एकदम बुझ जाता है। निन्दा में एक प्रकार की धमकी भी थी। वक्तव्य में कहा गया है : 'जनता पार्टी की यह राय है कि सरकार इन औद्योगिक गुटों को सिर्फ उन क्षेत्रों में प्रसार करने की अनुमति दे सकती है जहाँ यह प्रसार राष्ट्रीय हित में और राष्ट्रीय प्राथमिकताओं के मुताबिक हो।' इजारेदार हमेशा यही कहते आए हैं कि वे उन्हीं क्षेत्रों में प्रसार करते हैं जो राष्ट्रीय हित के अनुकूल होता है। जनता पार्टी के अन्तर्विरोध का कारण यह है कि वह मुक्त उद्यम (फ्री इंटरप्राइज) की व्यवस्था की तो वकालत करती है, लेकिन इस व्यवस्था के विकास के अवश्यम्भावी नतीजों की निन्दा करती है और उनसे बचना चाहती है।

कोई भी पूँजीवादी उद्यम—बड़ा हो या छोटा—मुनाफे की भावना से प्रेरित होता है। निरन्तर मुनाफा बढ़ाना और अपने को फैलाना ही उसका उद्देश्य होता है। चूँकि पूँजीवादी व्यवस्था प्रतियोगिता पर आधारित है, इसलिए मुनाफा बढ़ाने के लिए उत्पादकता और क्वालिटी में सुधार करना जरूरी होता है। इसी मामले में

इजारेदारी को सुविधा है। अपने बड़े आकार और साधन-सम्पन्नता के कारण वह अनुसन्धान पर खर्च कर सकती है और नई खोज का जोखिम भी उठा सकती है। बड़े उद्योग समूह अक्सर गैर-जरूरी चीजें बनाने या घटिया माल को आकर्षक बनाने के लिए अनुसन्धान करते हैं, लेकिन यह मानना पड़ेगा कि अपने माल की क्वालिटी सुधारने के लिए वे जो अनुसन्धान करते हैं, उससे समाज को थोड़ा-बहुत लाभ जरूर मिलता है। अगर हम कोई नई खोज करना ही नहीं चाहें तो बात अलग है अन्यथा खर्चीले औद्योगिक अनुसन्धान को त्यागा नहीं जा सकता।

औद्योगिक समूह निश्चय ही अपना मुनाफा बढ़ने के लिए अनुसन्धान करते हैं। इसके पीछे कोई सामाजिक कल्याण की भावना नहीं होती, इसलिए इन्हें यह कहना कि वे अनुसन्धान पर जो खर्च करते हैं, उसे लघु उद्योगों पर अनुसन्धान करने के लिए लगाएँ निहायत बचकानी बात है। सारी दुनिया यह जानती है कि मुक्त उद्यम की व्यवस्था का स्वाभाविक और अनिवार्य नतीजा इजारेदारी है। जनता पार्टी के नेता यह मान रहे हैं कि इजारेदारी मुक्त उद्यम की व्यवस्था की एक विकृति है जिसे सुधारा जा सकता है। इजारेदारी के सवाल पर गहराई से सोचने के बजाय नीति-वक्तव्य में उड़ानभरी बातें ज्यादा जोर देकर कही गई हैं, जिनसे यही आभास होता है कि तैयार करनेवाले अपनी ही नजरों में गिरने से अपने को बचाना का प्रयास है, 'यह आवश्यक है कि लघु उद्योग वाले क्षेत्र के अपनी क्षमता का विकास करने के लिए सरकार हर सम्भव सहायता दे। इस काम को मजबूती से करने के लिए यह भी आवश्यक है कि आर्थिक सत्ता के केन्द्रीकरण को रोकने के लिए आय और सम्पत्ति पर क्रमिक (प्रोग्रेसिव) कर लगाए और अन्य संयम बरते।'

नीति-वक्तव्य में इस जगह तो आर्थिक स्तर के केन्द्रीकरण को रोकने की बात कही गई है, लेकिन दूसरी ही जगह पर ऐसे उद्योग समूहों से कहा गया है कि वे अपने आगे के विस्तार के लिए अपने भीतर ही पूँजी पैदा करें। नीति-वक्तव्य कहता है, 'इस तरह की सेवा के (इंटेग्रेटेड) अर्थव्यवस्था में सार्वजनिक क्षेत्र, निजी कम्पनियों के क्षेत्र, लघु (उद्योग) क्षेत्र, सहकारिता उद्योगों, कुटीर उद्योगों और करने से ही रोजगार जुटानेवाले (सेल्फ एम्प्लाएड) लोगों को (सबकी) सार्थक भूमिका होगी। सार्वजनिक क्षेत्र को जनता की सेवा करने, कृषि, कुटी उद्योगों और लघु उद्योगों को बढ़ावा देने, विकास गति को तेज करने तथा राष्ट्रीय अर्थव्यवस्था को दिशा प्रदान करने के लिए अपनी प्रभावी स्थिति का इस्तेमाल करना होगा। कृषि और ग्रामीण विकास के लिए विनियोग-साधनों की मौजूदा आवश्यकता को देखते हुए सार्वजनिक क्षेत्र और संगठित निजी क्षेत्र को अतिरिक्त पैदा करना होगा और अपने ही साधनों का विकास और प्रसार के लिए इस्तेमाल करना होगा। अतिरिक्त को बचाना होगा और उसे विकास और प्रसार में लगाना होगा ताकि सरकारी कोष

और बैंक कृषि के विकास और कुटीर उद्योगों व विकेन्द्रीकृत उद्योगों के निर्माण में विनियोग के लिए पैसे लगा सकें।'

असल में बैंकों तथा अन्य वित्तीय संस्थानों द्वारा खड़े उद्योगों को वित्त प्रदान करना कभी रोका नहीं गया। जनता पार्टी के सत्तासीन होने के पहले सार्वजनिक क्षेत्र, इजारेदारी, विशाल निजी क्षेत्र, लघु क्षेत्र और कुटीर उद्योग का जो ढर्रा चला आ रहा था, वह आज भी उसी तरह बना हुआ है। जनता पार्टी की आर्थिक नीति में ग्रामीण क्षेत्र के पक्ष में मामूली परिवर्तन के सिवाय कोई नई बात नहीं है। एक और चीज यह है कि इसमें सार्वजनिक क्षेत्र को बड़े निजी उद्योग के बराबर (समकक्ष) माना गया है। इस बराबरी से सार्वजनिक क्षेत्र की स्थिति असुविधाजनक होती है क्योंकि उसका प्रसार तो किसी आवश्यकता के महसूस होने पर जनता की माँग पर ही होता है। 'गुत्थियों को सुलझाने' के दौरान आर्थिक नीति में मिल्कियत के छितराव का लक्ष्य जरूर कहीं गुम हो गया है।

जनता पार्टी की औद्योगिक नीति भी खूब शोर-शराबे के साथ प्रस्तुत हुई। अगर इसकी लफ्फाजी को भूल जाएँ तो कहना होगा कि यह 1956 के औद्योगिक नीति-प्रस्ताव का नया संस्करण है—बस, बासी भात को छौंक भर दिया गया है। इसमें आर्थिक नीति-वक्तव्य की तरह ही उद्योगों को विभिन्न किस्मों में विभाजित किया गया है। हाँ, एक और नई किस्म जोड़ी गई है—'टाइनी' ('बच्चा' या एकदम छोटा) उद्योग-क्षेत्र। एक लाख रुपये से कम की पूँजी और मशीनरी वाले उद्योगों के लिए 'टाइनी' किस्म निर्धारित की गई है और कहा गया है कि इस पर विशेष ध्यान दिया जाएगा। बड़ी इकाइयों के बारे में कहा गया है, 'लघु और ग्रामोद्योग के साथ भारत में बड़े उद्योग की भी एक स्पष्ट भूमिका है।' आम तौर पर बड़े उद्योग के क्षेत्र में—

'(क) इस्पात, अलौह धातु, सीमेंट और तेल शोध कारखाने जैसे बुनियादी (बेसिक) उद्योग होंगे जो लघु उद्योगों की रचना (इंफ्रास्ट्रक्चर) और उनके विकास के लिए आवश्यक हैं,

(ख) बुनियादी उद्योगों तथा लघु उद्योगों के लिए मशीनरी की आवश्यकता पूरी करनेवाले उद्योग होंगे,

(ग) उच्च श्रेणी की टेक्नोलॉजी वाले उद्योग होंगे, जिनमें बड़े पैमाने पर उत्पादन आवश्यक होता है और जो कृषि व लघु उद्योगों के विकास से जुड़े हुए हैं, जैसे रासायनिक खाद, कीटनाशक और पेट्रोल-कैमिकल उद्योग,

(घ) दूसरे ऐसे उद्योग होंगे, जिन्हें लघु उद्योगों की संरक्षित (रिजर्व) सूची में नहीं रखा गया है और जो अर्थव्यवस्था के विकास के लिए आवश्यक माने जाते हैं, जैसे मशीन टूल और कार्बनिक व अकार्बनिक रसायन।'

आकार में अनुपात से ज्यादा वृद्धि और इजारेदारी को रोकने लिए औद्योगिक नीति में बस इतना ही कहा गया है कि बड़े-बड़े औद्योगिक घरानों का आगे का प्रसार निम्न सिद्धान्तों के अनुसार के आधार पर होगा :

'(क) मौजूदा उद्यमों (अंडरटेकिंग) का प्रसार और नये उद्यमों की स्थापना इजारेदारी अधिनियम (एम.आर.टी.पी. ऐक्ट) की धाराओं के अधीन होगी। मुख्य उद्यमों (डोमिनैंट अंडरटेकिंग्स) सम्बन्धी अधिनियम की धाराओं को कारगर ढंग से लागू किया जाएगा।

(ख) उन उद्योगों को, जो स्वत: अपनी क्षमता बढ़ाने के योग्य हैं, छोड़कर बड़े औद्योगिक घरानों के लिए मौजूदा उद्योगों के प्रसार के वास्ते सरकार की सुनिश्चित और विशेष सहमति प्राप्त करना आवश्यक होगा।'

'क' का क्या नतीजा निकला है, यह हम सभी जानते हैं। इजारेदारी के विकास को रोकने में इसका योगदान शून्य रहा है। इजारेदारी अधिनियम के रहने के बावजूद क्या हुआ है, इसकी अच्छी जानकारी 'स्टेट्समैन' (4 अप्रैल, 1978) में छपी इस रपट में मिलती है—'सरकारी सूत्रों के ही अनुसार 45 बड़े औद्योगिक घरानों का कुल कारोबार (टर्न ओवर) और मुनाफा 1972 से 75 के दौरान 60 से 70 प्रतिशत तक बढ़ा और कहीं-कहीं तो यह दुगुना हो गया। उत्पादन-लागत के बढ़ जाने के कारण मुनाफा कम हो जाने के बावजूद यह रुकान बना हुआ है। टाटा समूह का कुल कारोबार इस दौरान (1972-75) 690 करोड़ से बढ़कर 1060 करोड़ रुपये हो गया और कर के पहले का मुनाफा (प्री टैक्स प्रॉफिट) 49 से 75 करोड़। इसी तरह बिड़ला समूह की 553 से बढ़कर 936 करोड़ और 44 करोड़ से बढ़कर 84 करोड़। इसी दौरान बड़े औद्योगिक घरानों की सम्पत्ति में इस प्रकार इजाफा हुआ : टाटा 43 प्रतिशत, बिड़ला 50 प्रतिशत, मफतलाल 32.9 प्रतिशत, सिंहानिया 72.5 प्रतिशत, थापर 45.3 प्रतिशत, सिन्धिया 69.99 प्रतिशत, आई.सी.आई. 31.9 प्रतिशत, श्रीराम 37.6 प्रतिशत, एसोसिएटेड सीमेंट 191 प्रतिशत, बाँगड़ 33.4 प्रतिशत, किर्लोस्कर 51.8 प्रतिशत, लार्सन एंड टुब्रो 74.2 प्रतिशत और इंडियन टोबैको 56.2 प्रतिशत।

इन्दिरा गांधी के 'गरीबी हटाओ अभियान' के दौरान और इमरजेंसी के वक्त भी इजारेदारी अधिनियम लागू था और इमरजेंसी में तो वह जो चाहे कर सकती थीं, लेकिन निजी कम्पनियों का मुनाफा बदस्तूर जारी रहा। इस बात की कोई सम्भावना नजर नहीं आती कि इजारेदारी अधिनियम के तहत जनता पार्टी के नेता इन्दिरा गांधी से ज्यादा कुछ कर पाएँगे। इसके विपरीत जनता पार्टी को बड़े औद्योगिक घरानों का भला करने की इतनी ज्यादा चिन्ता है कि औद्योगिक घरानों को अपने माल की कीमत तय करने के वक्त कर लगने के बाद और 12 प्रतिशत मुनाफा जोड़ने की इजाजत दी गई है।

इजारेदारी अधिनियम की दूसरी धारा औद्योगिक घरानों को अपने क्रिया-कलाप के मौजूदा क्षेत्र में प्रसार करने की पूरी अनुमति देती है। उनके नई इकाइयाँ स्थापित करने में भी कोई विशेष बाधा नहीं है क्योंकि उन्हें सिर्फ सरकार की सहमति प्राप्त करना आवश्यक है, जिसे इस आधार पर कि इन घरानों के पास ही नये क्षेत्र में साहस करके कदम रखने लायक ज्ञान और वित्तीय साधन हैं, प्राप्त करना कोई मुश्किल नहीं है।

बड़े औद्योगिक घरानों को नियंत्रित करने का एकमात्र उपाय उनका राष्ट्रीयकरण करना है। जनता पार्टी इस सचाई से कतरा रही है और तरह-तरह के नीमहकीमी इलाज बताकर झूठ-मूठ का शोर कर रही है। एक साल असफल रहने के बाद जनता पार्टी की राष्ट्रीय कार्यकारिणी ने अप्रैल के तीसरे सप्ताह में 32 सूत्री कार्यक्रम के तहत बड़े औद्योगिक और व्यापारिक घरानों के विकेन्द्रीकरण के लिए एक नया प्रस्ताव रखा। यह एक अस्पष्ट प्रस्ताव था, जिससे यह समझ में नहीं आता कि सरकार ठीक-ठीक क्या करने की सोच रही है, लेकिन जब औद्योगिक क्षेत्रों ने, जो अपने हितों की रखा के लिए हमेशा चौकन्ना रहते हैं, तुरन्त इसकी धुनाई शुरू कर दी तो यह कहा जाने लगा कि राष्ट्रीय कार्यकारिणी ने इस पर विचार मात्र किया है, इसे मंजूर नहीं किया है। कहते हैं कि इस प्रस्ताव को बनाने में उद्योग मंत्री जॉर्ज फर्नांडिस का हाथ था। वह बड़े उद्योगपतियों को सफाई देने लगे और उन्हें आश्वस्त करने लगे।

एक इंटरव्यू में फर्नांडिस ने कहा कि बड़े औद्योगिक घरानों को विघटित करने के प्रस्ताव से निजी क्षेत्र को कोई खतरा नहीं है बल्कि इससे उसे बढ़ने में ही मदद मिलेगी। उन्होंने कहा, “किसी कम्पनी या बड़ी कम्पनियों की इकाइयों को सरकारी नियंत्रण में लेने का हमारा इरादा नहीं है। ये ऊपर से एक-दूसरे से जो जुड़ी हुई हैं उसी को तोड़ना ही हमारा उद्देश्य है।” उन्होंने कहा, “इस तरह परिवार का हर सदस्य एक या दो कम्पनियों का वे कितनी ही बड़ी क्यों न हो, मालिक या चेयरमैन हो सकता है और अपनी इकाई का जितना चाहे प्रसार कर सकता है। इस तरह बड़े औद्योगिक घरानेवाला परिवार अपनी कम्पनियों को अलग इकाइयों या कम्पनियों में बाँट सकेगा और उनमें से प्रत्येक पर परिवार के सदस्य का नियंत्रण रहेगा।” फर्नांडिस ने कहा कि बड़े औद्योगिक घरानों के परिवार के लोगों में उद्योग चलाने की काबिलियत और क्षमता है। ऐसे लोगों को अपनी कम्पनियों का अधिकतम विकास करने देने के लिए प्रोत्साहित किया जाना चाहिए।

इसी तरह ‘दैत्याकार’ विदेशी कम्पनियों (मल्टीनेशनल कॉरपोरेशन) और विदेशी सहायता के बारे में जनता पार्टी का रुख अस्पष्ट और द्वैध-भाव से ग्रस्त है। इससे जाहिर होता है कि जनता पार्टी के नेताओं में इस प्रश्न पर बुनियादी मतभेद हैं। खाद व इस्पात मंत्री बीजू पटनायक और उद्योग मंत्री जॉर्ज फर्नांडिस देश में

बड़े पैमाने पर विदेशी पूँजी लगाए जाने के प्रबल समर्थक हैं। दोनों के समर्थन के कारण अलबत्ता भिन्न हैं। पटनायक तो अपने समर्थन में यहाँ तक बढ़ गए हैं कि कह रहे हैं कि खनिज-विकास, बिजली-विकास, अलुमीनियम, लोहा व इस्पात तथा लोहे के अयस्क की टिक्की (पेलेटाइजेशन) के कारखानों आदि के लिए 90 प्रतिशत विनियोग विदेशी होना चाहिए। इससे पटनायक की राय में देश के अपने साधन ग्राम-विकास में लगाए जा सकेंगे। यह निश्चय ही भारतीय उद्योगपतियों का दृष्टिकोण है।

पटनायक खुद उद्योगपति हैं, सो उनका इस तरह सोचना स्वाभाविक है क्योंकि विदेशी विनियोग के कारण विकास के लिए किए जानेवाले खर्च का देश के खुशहाल वर्ग पर बोझ कम हो जाएगा। विदेशी विनियम न होने पर उन्हें ही ज्यादा बोझ उठाना पड़ेगा। 'दैत्याकार' विदेशी कम्पनियों से सहयोग के कारण देशी पूँजीपतियों को फलने-फूलने का पूरा मौका मिलेगा; हमें अच्छी क्वालिटी के नये सामान बनाने के लिए अनुसन्धान पर पैसा भी नहीं लगाना पड़ेगा। इससे कम-से-कम विनियोग द्वारा वे विदेशी पूँजीपतियों के साथ खुद कमा सकेंगे, फल-फूल सकेंगे।

फर्नांडिस के समर्थन के पीछे कई कारण हैं। पश्चिमी यूरोप के सोशल डेमोक्रैटों के मजदूर आन्दोलन से उनका नजदीकी सम्बन्ध है। सोशल डेमोक्रैट मजदूर आन्दोलन की यूनियनों में मजदूर 'दैत्याकार' विदेशी कम्पनियों में बड़ी संख्या में काम करते हैं। इन यूनियनों और 'दैत्याकार' विदेशी कम्पनियों के बीच नियमित सम्पर्कों और लेन-देन से मजदूरों का वेतन लगातार बढ़ रहा है। वेतन वृद्धि का यह बोझ उपभोक्ताओं और कच्चा माल सप्लाई करनेवाले देशों पर डाल दिया जाता है। इन विदेशी कम्पनियों का कई प्रकार की चीजों पर इस तरह का नियंत्रण है कि कीमत वृद्धि का प्रतिकार करना लगभग असम्भव होता है। इन दैत्याकार कम्पनियों को जो परम मुनाफा होता है, उसमें मजदूर यूनियनों का भी हिस्सा लगता है। इससे मजदूर आन्दोलन का यह स्वार्थ बन गया है कि इन 'दैत्याकार' कम्पनियों की बढ़ोतरी हो।

फर्नांडिस पश्चिम यूरोप के मजदूर आन्दोलन के नेताओं की राय से काफी प्रभावित हैं। इमरजेंसी में इन नेताओं ने उनकी गिरफ्तारी के वक्त उन्हें जो समर्थन प्रदान किया था, उसका भी उन पर असर है। फर्नांडिस के समर्थन के पीछे व्यक्तिगत कारण ही होंगे अन्यथा किसी सोशलिस्ट के विदेशी कम्पनियों और विदेशी पूँजी के समर्थक होने की कल्पना भी नहीं की जा सकती। एक सोशलिस्ट जो देशी पूँजीवाद को समाप्त करना चाहता हो, कैसे विदेशी पूँजीपतियों को अपने देश में आने को दावत दे सकता है? फिर 'दैत्याकार' विदेशी कम्पनियाँ तो इजारेदारी व्यवस्था की परम दैत्य हैं जो विश्वव्यापी जाल बिछाती हैं।

अपनी विदेश-यात्राओं में फर्नांडिस ने विदेशी पूँजीपतियों की भारत में विनियोग सम्बन्धी आशंकाओं को दूर करने की भरपूर चेष्टा की। भारत में विदेशी पूँजी लगाए

जाने के पक्ष में उन्होंने रूस और वियतनाम का उदाहरण दिया कि ये दो कम्युनिस्ट देश भी विदेशी पूँजी को दावत दे रहे हैं, लेकिन अपनी मनमौज में वह यह भूल गए कि कम्युनिस्ट किस्म की नियंत्रित अर्थव्यवस्था और बन्द समाज वाले देशों में दैत्याकार विदेशी कम्पनियों द्वारा किया जानेवाला विनियोग का नतीजा एक खुले समाज और मुक्त बाजार वाली अर्थव्यवस्था के देश जैसा विषमतामूलक और विघटनकारी नहीं होता।

कम्युनिस्ट देशों में भी इनका जो असर होता है, उसे एकदम नजरअन्दाज नहीं किया जा सकता। रूस में विलासिता के प्रति बढ़ता मोह और उच्च पदाधिकारियों और अन्य लोगों के जीवन-यापन स्तर में बढ़ता हुआ फर्क अब बहुत ज्यादा नजर आने लगा है। यही नहीं, जिस उपभोक्तावाद को कम्युनिस्ट अपना परम शत्रु बताते हैं, वह रूसी समाज को बुर्जुआ समाज की तरह ही जकड़ रहा है, लेकिन रूस भारत की तरह पिछड़ा देश नहीं है। वह औद्योगिक रूप से अत्यन्त उन्नत देश है। उसमें इतनी क्षमता है कि विदेशी पूँजी के 'हमले' को झेल सके। लेकिन इन सब बातों से बेखबर फर्नांडिस ने अपनी स्वाभाविक ओजस्विता के साथ 29 मार्च, 1978 को संसद में घोषणा की, "व्यक्तिगत तौर पर मुझे किसी भी उद्योग—बड़े या छोटे से कोई डर नहीं है। कोई भी उद्योग—देशी हो या विदेशी—मेरी सरकार को या मेरी सरकार के किसी आदमी को प्रभावित करने ओर कोई समस्या पैदा करने की स्थिति में नहीं है।" दूसरे देशों में भी बड़े-बड़े मंत्रियों ने ऐसी गर्वोक्तियाँ की हैं, लेकिन दैत्याकार विदेशी कम्पनियों ने उन्हें धूल चटा दी है। फर्नांडिस साहब को विदेशी कम्पनियों का समर्थन करने के अति उत्साह में दैत्याकार विदेशी कम्पनियों के इतिहास को पढ़ने का शायद मौका नहीं मिला।

5

जॉर्ज फर्नांडिस और बीजू पटनायक के विपरीत चौधरी चरण सिंह को दैत्याकार बड़ी-बड़ी विदेशी कम्पनियों से चिढ़ है। ग्रामीण समस्याओं के प्रति अधिक जागरूकता के कारण उन्हें लगता है कि इनसे शहरी विलासिता को बढ़ावा मिलेगा। ये अर्थव्यवस्था को ज्यादा शहर-अभिमुखी बनाएगी, जिससे यह शहरी समृद्ध वर्ग के अनुरूप ढलने लगेगी। गाँवों की गरीबी के महासमुद्र के बीच समृद्ध शहरी द्वीप बनने लगेंगे। चौधरी चरण सिंह को शायद यह डर भी है कि इन ताकतवर और विदेशी कम्पनियों का देशी पूँजीपति वर्ग और शहरी विशिष्ट वर्ग से गठजोड़ हो जाएगा और इससे राजनीतिक सन्तुलन ग्रामीण क्षेत्र के खिलाफ हो जाएगा।

जनता पार्टी के भीतर जब आर्थिक प्रश्नों पर बहस हुई तो चरण सिंह ने बड़ी-बड़ी विदेशी कम्पनियों और विदेशी सहायता का विरोध किया। 13 सितम्बर, 1977 को जनता पार्टी के संसदीय दल की बैठक में उन्होंने कहा, "भारत में सिर्फ 1800 करोड़ रुपये के विदेशी पूँजी विनियोग पर 93 करोड़ सालाना मुनाफा विदेश भेजा जाता है। देश की आजादी के बाद आर्थिक रूप से इसका विदेशी शोषण कई गुना बढ़ गया है।"

चरण सिंह ने ऋण के रूप में विदेशी सहायता प्राप्त करने के बारे में पुनर्विचार करने की माँग करते हुए बैठक में कहा, "17,600 करोड़ रुपये के ऋण पर देश को 700 करोड़ रुपये सालाना सूद के रूप में देना पड़ रहा है। हमें जो चीजें हाथ से बनाई जा सकती हैं उन्हें कारखानों को बनाने से रोकना होगा और मौजूदा कारखानों से तीन साल बाद अपना सारा उत्पादन निर्यात करवाना होगा और इसके लिए देश में उनके माल की खपत हर साल एक-तिहाई घटाकर तीन साल में खत्म कर देनी होगी।" सोशलिस्ट पार्टी के भूतपूर्व महामंत्री सुरेन्द्र मोहन ने भी विदेशी पूँजी को प्रोत्साहन देने का विरोध किया, लेकिन बैठक में विदेशी पूँजी की समस्या का सर्वांग विश्लेषण नहीं किया गया और न ही कोई स्पष्ट निर्णय। इसका मतलब पहले की लीक पर ही चलना था।

आर्थिक नीति और औद्योगिक नीति का जो रूप सामने आया, उससे यही प्रकट हुआ कि नेहरू के जमाने से जो समझौतावादी नीति चल रही थी, उसे ही मान लिया गया है। आर्थिक नीति में जिन बातों पर जोर दिया गया था, उन्हें जॉर्ज फर्नांडिस की औद्योगिक नीति में अलबत्ता हल्का कर दिया गया। आर्थिक नीति अस्पष्ट थी इसलिए उसमें शब्दाडम्बर था, लेकिन औद्योगिक नीति ठोस होने के कारण वास्तविक। आर्थिक नीति में कहा गया था, "टेक्नोलॉजी में आत्मनिर्भरता लाने और विदेशी सहयोग की आवश्यकता को दूर करने के लिए बड़ी-बड़ी भारतीय कम्पनियों को अनुसन्धान और विकास पर समुचित खर्च करने के लिए प्रोत्साहित किया जाना चाहिए। उच्च प्राथमिकता वाले क्षेत्रों में जब भी विदेशी सहयोग की आवश्यकता महसूस हो तो तकनीकी ज्ञान, टेक्नोलॉजी की दक्षता और मशीनरी को एकदम खरीद लेने पर ही जोर देना चाहिए। उपभोक्ता वस्तुओं (उद्योगों) के क्षेत्र में विदेशी मुद्रा नियमन अधिनियम की धाराओं को सख्ती से लागू किया जाना चाहिए। विदेशी कम्पनियों को अपने भारतीयकरण की प्रक्रिया को आगे बढ़ाने के लिए कहना चाहिए। उनकी उत्पादन क्षमता को मौजूदा स्तर पर रोक देना होगा। ऐसा होने पर ही देशी कम्पनियाँ उपभोक्ता वस्तुएँ बनानेवाले उद्योगों में आगे बढ़ सकेंगी।"

अब जरा देखिए औद्योगिक नीति में क्या कहा गया है, "जहाँ तक पहले से चली आ रही विदेशी कम्पनियों का ताल्लुक है, विदेशी मुद्रा नियमन अधिनियम की धाराओं को सख्ती से लागू किया जाएगा। इस अधिनियम के तहत क्षरण (डायल्यूशन) की प्रक्रिया पूरी होने पर उन कम्पनियों को, जिनकी प्रत्यक्ष (डायरेक्ट) विदेशी (नॉन रेजिडेंट) पूँजी 40 प्रतिशत से ज्यादा नहीं रहेगी, भारतीय कम्पनियों के समतुल्य माना जाएगा।...मुनाफा, रॉयल्टी और डिविडेंड (लाभांश) भेजने तथा पूँजी वापस भेजने की पूरी छूट रहेगी, लेकिन यह छूट सबके लिए लागू नियमों और कानूनों के तहत ही मिलेगी। हालाँकि नियम के अनुसार मिल्कियत के अधिकांश शेयर और नियंत्रण भारतीय हाथों में होने चाहिए, लेकिन सरकार निर्यात और अत्यधिक आधुनिक टेक्नोलॉजी वाले क्षेत्रों में नियम से छूट प्रदान कर सकती है। शत-प्रतिशत निर्यात वाले क्षेत्र में सरकार सम्पूर्ण विदेशी मिल्कियत वाली कम्पनी तक (के कायम किए जाने या काम करते रहने) पर विचार कर सकती है।"

अन्तिम वाक्य का मतलब यही है कि अत्याधुनिक टेक्नोलॉजी के जो बड़ी-बड़ी विदेशी कम्पनियों के पास ही है, के नाम पर शत-प्रतिशत विदेशी मिल्कियत वाली कम्पनियों को फलने-फूलने का पर्याप्त अवसर मिलेगा। यहाँ 1949 में नेहरू ने जो नीति बनाई, उससे जनता पार्टी की औद्योगिक नीति की तुलना करना दिलचस्प होगा। नेहरू की नीति के चलते विदेशी सहयोग की बाढ़ आ गई थी।

उपभोक्ता उद्योगों और प्रसाधन (कॉस्मैटिक्स) सामग्री बनानेवाले उद्योगों पर तो 'विदेशी सहयोग' एकदम छा गया। इस नीति में कहा गया था :

> 'नई विदेशी पूँजी को प्रोत्साहित किया जाएगा। सरकार इस प्रकार अपनी नीति बनाएगी कि ऐसी शर्तों पर जो दोनों पक्षों के अनुकूल हो, भारत में ज्यादा विदेशी पूँजी समाई जा सके। मुनाफा विदेश भेजने दिया जाएगा और जहाँ कम्पनियों का अधिग्रहण (कम्पलसरी ऐक्वायर्ड) किया जाएगा वहाँ पूँजी को भेजने की भी अनुमति होगी। विदेशी कम्पनियों का अनिवार्य रूप से अधिग्रहण करने पर उन्हें उचित मुआवजा दिया जाएगा। हालाँकि सरकार चाहेगी कि अधिकांश शेयर भारतीयों के हाथ में हों, लेकिन राष्ट्रीय हित को देखते हुए वह एक सीमित अवधि तक के लिए कम्पनी पर विदेशी नियंत्रण रहने देने पर आपत्ति नहीं करेगी। प्रत्येक मामले पर वह गुण-दोष (या लाभ-हानि) को देखते हुए ही निर्णय करेगी।'

शब्दों को छोड़कर दोनों नीतियों में कोई फर्क नहीं है। दोनों का ही उद्‌देश्य अधिकांश शेयर भारतीयों के पास रहने देना बताया गया है और इसके साथ ही सरकार को राष्ट्रीय हित में चुनिन्दा मामलों में नीति से अलग हटकर निर्णय करने की पूरी छूट दी गई है। कहा जाता था कि जनता पार्टी की नीति विदेशी पूँजी के मामले में बड़ी कठोर होगी, लेकिन वह बड़ी कोमल निकली।

जनता पार्टी स्वावलम्बन की लम्बी-चौड़ी बातें करती है, लेकिन उसकी नीति स्वावलम्बन एकदम प्रतिकूल होने के साथ-साथ हमारी स्वतंत्रता को ही नहीं हमारी लोकतांत्रिक व्यवस्था को भी भारी चोट पहुँचा सकती है। बड़ी-बड़ी विदेशी कम्पनियाँ मशीनरी और प्रचार-विज्ञापन पर बहुत ज्यादा पूँजी लगाती हैं, इसलिए उन्हें कच्चा माल प्राप्त करने और अपने माल को बेचने के लिए दीर्घकालीन योजनाएँ बनानी होती हैं और राजनीतिक परिस्थितियों का भी ध्यान रखना पड़ता है। उनकी योजना खतरे में पड़े, यह वे चाह ही नहीं सकतीं, इसलिए अपनी योजना के प्रतिकूल कुछ होता दिखाई पड़ने पर उसे न होने देने के लिए वे भिड़ जाती हैं। इस तरह वे देश की राजनीतिक व्यवस्था में दिलचस्पी लेने लगती हैं। उनकी यह दिलचस्पी हस्तक्षेप में परिवर्तित हो जाती है। लैटिन अमेरिका के राजनीतिक षड्यंत्रों में अमेरिका की बड़ी-बड़ी कम्पनियों की प्रमुख भूमिका रही है।

बड़ी-बड़ी विदेशी कम्पनियों को लोकतांत्रिक सरकारों की अपेक्षा तानाशाही शासकों में ज्यादा सुविधा रहती है। लोकतांत्रिक व्यवस्था में सत्तारूढ़ पार्टी के बदलने से बड़ी-बड़ी विदेशी कम्पनियों को इस बात का खतरा रहता है कि कहीं नई सत्तारूढ़ पार्टी पिछली सरकार और निजी साझेदारों के साथ हुए समझौतों को रद्‌द न कर दे। तानाशाही शासन में सरकार बदलने का इतना डर नहीं रहता,

जिससे कम्पनियाँ टिकाऊ अफसरशाही के साथ स्थायी सौदे कर सकती हैं। ये तो राजनीतिक बातें हुईं। आर्थिक कारणों से भी विदेशी कम्पनियों का अर्थव्यवस्था में प्रवेश हानिकारक होता है। वे जितना विनियोग करती हैं, उससे कहीं अधिक ले जाती हैं। इन कम्पनियों के बारे में अमेरिकी सीनेट की उपसमिति की रपट में बताया गया है : 'विदेशों में लगाई गई पूँजी पर 1973 में 12.3 अरब डॉलर अमेरिका में आए जबकि नये विनियोग पर 4.9 अरब डॉलर गए (लगाए गए), इनमें (दोनों ही मामलों में) 8.1 अरब डॉलर की कमाई की पूँजी का पुन: विनियोग शामिल नहीं है।'

ये बड़ी-बड़ी कम्पनियाँ जहाँ काम करती हैं वहाँ मजदूरों को उतना पैसा नहीं देतीं जितना कि अमेरिका में देती हैं। बड़ी-बड़ी अमेरिकी कम्पनियों के विदेशों में काम करनेवाले मजदूरों और कर्मचारियों की संख्या उनके कुल मजदूरों और कर्मचारियों का 17 प्रतिशत है, पर तनख्वाह के मामले में यह प्रतिशत 8 ही है। यह तो औसत है। अमेरिकी कम्पनियाँ पश्चिमी यूरोप के देशों की तुलना में पिछड़े देशों में निश्चय ही और भी कम वेतन देती हैं।

तथाकथित विदेशी सहायता कम सूद पर दिया जानेवाले ऋण के सिवाय कुछ और नहीं है। इससे दाता देशों पर हमारी निर्भरता बढ़ती जाती है। पहली योजना से अब तक विदेशी सहायता का जो हाल रहा है, वह चौंकानेवाला है। 1976-77 तक यह स्थिति बन गई कि हम जितनी विदेशी सहायता प्राप्त करते हैं उसका आधा ऋण सर्विसिंग (डेट सर्विसिंग) में ही दे डालते हैं। 1976-77 में विदेशी सहायता 159.3 करोड़ रुपये थी तो ऋण सर्विसिंग 841.7 करोड़। विदेशी सहायता या ऋण का ध्यान देने लायक एक पहलू यह भी है कि दाता देश अपने यहाँ से माल खरीदने के लिए ऋण देता है (यह एक तरह के किस्त पर माल बेचने जैसा है)। 1976-77 तक भारत को जो विदेशी ऋण मिला था, उसका सिर्फ 28.1 प्रतिशत हिस्सा ही ऐसा था, जिसके बारे में दाता देश से माल खरीदने की शर्त नहीं थी। इस तरह की सहायता कर्जदार के बाजार पर कब्जा करने की भी एक चाल है।

भारत में विदेशी विनियोग के पक्ष में यह भारी दलील दी जाती है कि इससे निर्यात को बढ़ावा मिलता है। हमारी आर्थिक नीतियाँ बनानेवाले लोगों को निर्यात-अभिमुखी विकास से जबर्दस्त मोह है। वे इस सम्बन्ध में अक्सर ताइवान और दक्षिण कोरिया का उदाहरण देते हैं, लेकिन वे यह भूल जाते हैं कि ताइवान और दक्षिण कोरिया की तुलना में भारत एक बहुत बड़ा देश है। ताइवान और दक्षिण कोरिया जैसे निर्यात-अभिमुखी औद्योगिक केन्द्र हमारे देश में मस्से के बराबर होंगे और उनका आसपास के इलाकों पर कोई लाभदायक असर भी नहीं पड़ेगा। हमारे यहाँ तो गाँवों को धीरे-धीरे ऊँचा उठाने के लिए ही सारी काबिलियत और सारे

साधनों का उपयोग करना जरूरी है। निर्यात-अभिमुखी विकास का मतलब होगा कि हम अपने साधनों को ऐसी चीजों को बनाने में लगाएँगे, जिनका भारत के बाहर इस्तेमाल होगा।

दूसरे देशों में औद्योगिक निर्माण के लिए जब हम मशीनरी आदि का निर्यात करते हैं (जिनकी हमारे देश में ही जरूरत है) तो हमें अपने इंजीनियर और कारीगर भी भेजने होते हैं। इन लोगों के प्रशिक्षण पर देश का काफी पैसा खर्च हुआ होता है। इनका दूसरे देशों में काम करना अपने ही अल्प साधनों से वंचित होना भी है। निर्यात से आमदनी करने की हविस में अपने अन्य साधनों के साथ हम अपने अत्यन्त मूल्यवान खनिज साधनों या स्रोतों को भी समाप्त किए दे रहे हैं। खनिज साधनों के 'उपयोग' के बारे में जापान, ईरान और रूस से समझौते किए हैं। हम इनकी सहायता से प्राप्त खनिज की इन्हें सप्लाई करने को बाध्य हैं। एक पिछड़े देश को कभी-कभी आवश्यक विदेशी मुद्रा प्राप्त करने के लिए सामरिक दृष्टि से अत्यन्त महत्त्वपूर्ण खनिज तक का निर्यात करना पड़ सकता है। भारत अलबत्ता अभी ऐसी स्थिति में नहीं है। इसके उलट, जमा हो गई विदेशी मुद्रा ही उसके लिए अभी एक समस्या बन गई है।

हमारी परिस्थिति ही ऐसी है कि जिसमें निर्यात-अभिमुखी विकास की बात सोचनी ही नहीं चाहिए क्योंकि हमें खुद अपने विकास के लिए अत्यधिक उपभोक्ता वस्तुओं और इंजीनियरी-सामान की जरूरत है। 'विदेशी मुद्रा कमाने के लिए निर्यात की आवश्यकता है', इस बात के औचित्य या अनौचित्य की बहस में अगर हम न भी पड़ें तो भी कहना पड़ेगा निर्यात-अभिमुखी विकास की कल्पना ही खतरनाक है। यह देश में आन्तरिक विकास करने की इच्छा नहीं रहने देती। देश के भीतर देश में बनी चीजों की माँग पैदा करने की प्रवृत्ति इससे नष्ट हो जाती है। आज हमारे देश की गरीबी को देखते हुए यह जरूरी है कि देश के ही भीतर माँग पैदा हो। इससे ऐसी चीजों को बनाने में साधन लगाए जाने लगते हैं, जिनकी उपयोगिता बहुत ज्यादा नहीं होती। जब साधनों की कमी हो तब ऐसा होना बहुत अखरता है। यही नहीं इससे देश का आर्थिक कार्य-कलाप विश्व बाजार की तेजी-मन्दी पर निर्भर होने लगता है। अगर हम इसके बुरे-से-बुरे नतीजे की कल्पना करें तो यह कहना होगा कि हम इससे एक साम्राज्यवादी गिरोह में शामिल होते जाएँगे क्योंकि इस तरह के बढ़ते उत्पादन के लिए बाजार को कायम रखने और नये बाजार प्राप्त करने का दबाव बना रहेगा।

निर्यात-अभिमुखी विकास की नीति के परिणाम कितने भयंकर हो सकते हैं, यह स्वयं बीजू पटनायक के 4 अप्रैल, 1978 को लोकसभा में दिए गए बयान से प्रकट है। पटनायक खनिज निकालने में विदेशी सहयोग प्राप्त करने और निर्यात को बढ़ावा देने के सबसे बड़े पक्षधरों में हैं। बैलाडीला की लौह खनिज खानों में छँटनी

के बारे में अपने बयान में उन्होंने कहा, "हमने पहले ही यह बताया है कि इस्पात उद्योग में मन्दी के कारण जापान बैलाडीला से 80 लाख टन के बजाय 60 लाख टन ही ले रहा है। जापान ने 1975-76 से 1981 के बीच बैलाडीला खानों से 80 लाख टन लौह खनिज लेने को कहा था, लेकिन अब वह 60 लाख टन ही ले रहा है। जापान के माल उठाने में सुधार होगा, ऐसी आशा में खनिकों द्वारा खनन जारी रखा गया (लेकिन सुधार नहीं हुआ) जिससे खानों और विशाखापत्तनम बन्दरगाह पर 20 लाख टन का स्टाक जमा हो गया। इतना ज्यादा स्टाक इससे पहले कभी जमा नहीं हुआ था। आगे स्टाक जमा करना असम्भव है, सो खनन को धीरे-धीरे कम किया जा रहा है।"

इसके बाद भी विदेशी सहायता और विदेशी सहयोग की खोज जारी है।

देशी इजारेदारों की स्थिति में जनता पार्टी के सत्तारूढ़ होने से कोई परिवर्तन नहीं आया है। उद्योग मंत्री जॉर्ज फर्नांडिस ने, जिन्होंने बड़े-बड़े उद्योगपतियों को भारतीय उद्योग मंडल की बैठक में 'चूहा' कहा था, इजारेदारों को कांग्रेस राज जैसा ही सहयोग दिया है। असलियत तो यह है कि उन्होंने इस बात का प्रयत्न किया है कि वे और फलें-फूलें। बिजली पैदा करने (जेनेरेशन) के मामले में टाटा कम्पनी को संयत्र बिठाने की इजाजत देने का उदाहरण सबके सामने है।

सरकार की मोटे तौर पर नीति यह रही है कि बिजली पैदा करनेवाली बड़ी इकाइयाँ सरकारी क्षेत्र में ही कायम की जाएँ। किसी खास औद्योगिक इकाई की बिजली की आवश्यकताओं को पूरा करने के लिए कुछ अधीनस्थ (कैप्टिव) इकाइयों को कभी-कभी रियायत जरूर दी गई है, लेकिन इस नीति को त्यागकर बम्बई को बिजली सप्लाई करने के लिए टाटा कम्पनी को 500 मेगावाट क्षमता वाला बिजली संयत्र लगाने की इजाजत दी गई। सबसे ज्यादा आश्चर्य की बात तो यह है कि इसमें टाटा कम्पनी को बहुत ही कम पूँजी लगानी पड़ेगी, उसका योगदान अत्यन्त अल्प रहेगा। संयत्र की लागत 175 करोड़ रुपये कूती गई है, जिसमें 140 करोड़ विश्व बैंक देगा और 20 करोड़ महाराष्ट्र सरकार देगी। टाटा कम्पनी सिर्फ 15 करोड़ लगाकर संयत्र की मालिक बन जाएगी। उद्योग मंत्री जॉर्ज फर्नांडिस की टाटा कम्पनी पर कृपा दृष्टि यहीं पर नहीं ठहरी। उन्होंने इसे बाहर से जेनेरेटिंग सेट आयात करने की अनुमति भी दे डाली जबकि भारत हेवी इलेक्ट्रिकल्स (भेल) की ठीक समय पर जेनेरेटिंग सेट देने की क्षमता थी (यही नहीं, भेल की उत्पादन-क्षमता उपयोग में न आने के कारण बेकार जा रही है)। फर्नांडिस सिर्फ बोली में ही अपने को अतिक्रान्तिकारी सिद्ध किए जा रहे हैं।

औद्योगिक नीति में जनता पार्टी ने नया परिवर्तन यह किया है कि लघु उद्योगों के लिए रिजर्व रखे गए उद्योगों की सूची को बढ़ा दिया है—182 से 504। यह बढ़ोतरी भी दुहराव भरी है। इस दुहरावट की बात को हम जाने भी दें तो कहना

होगा कि छोटे उद्योगों के लिए रिजर्व की गई बहुत सी चीजें तो ऐसी हैं, जिन्हें बनाने में बड़े उद्योगों को रुचि नहीं होगी, जैसे कुदाली, लकड़ी के क्रेट, तम्बू गाड़ने की बल्लियाँ आदि। इस तरह की चीजें रिजर्व लिस्ट में काफी हैं। सूची बनाते वक्त इस बात का अलबत्ता ध्यान रखा गया है कि ऐसे पुर्जों को शामिल न किया जाए, जिन्हें बड़े उद्योग बना सकते हैं। मसलन, सूची के 276 नम्बर को देखें तो पता लगता है फाउंटेन पेन, बॉल पेन और उनके पुर्जे बनाना तो छोटे उद्योगों के लिए रिजर्व कर दिया गया है, पर धातु से बननेवाली टोपी (मेटैलिक कैप) रिजर्व नहीं की गई है। मोटे तौर पर यही कहा जा सकता है कि पहले की स्थिति में कोई परिवर्तन नहीं हुआ है।

जनता पार्टी की कोई स्पष्ट और सुसंगत आर्थिक नीति नहीं है और वह सभी लोगों को कुछ-न-कुछ देने का वचन देने को उत्सुक जान पड़ती है। इसका नतीजा यह है कि नीति में अस्पष्टता और अन्तर्विरोध है। जनता पार्टी के घटकों के दिमाग में यह स्पष्ट नहीं है कि वे किस दिशा में विकास चाहते हैं? संगठन कांग्रेस वाला घटक और मोरारजी कांग्रेसी नीति के ही ज्यादा रूढ़िवादी पक्ष को मानते हैं तो पार्टी के अध्यक्ष चन्द्रशेखर और उनका गुट उसी कांग्रेसी नीति को उग्र शब्दावली के साथ पेश करना चाहते हैं।

जनसंघ मुख्यतया बड़े दुकानदारों और छोटे उद्योगपतियों की पार्टी थी (या है) जो बड़े उद्योगपतियों से घृणा के बावजूद उनसे लड़ नहीं सकती क्योंकि बड़े उद्योगपतियों का माल बेचकर ही दुकानदारों को सबसे ज्यादा मुनाफा होता है। वह यह जरूर चाहेगा कि कुछ क्षेत्रों पर छोटे उद्योगपतियों का ही कब्जा रहे, जहाँ औद्योगिक दैत्यों से उन्हें प्रतियोगिता न करनी पड़े और वे अपने हाथ दिखा सकें, लेकिन जनसंघ इस हद तक नहीं जा सकता कि यह माँग करे कि विशालकाय उद्योगों को सरकार अपने हाथ में ले ले। इस तरह का कोई भी कदम व्यापारी वर्ग को 'धर्म विरुद्ध' लगता है—सम्पत्ति बढ़ाने और उसे समाज की परवाह किए बिना उड़ाने के 'महान सिद्धान्त' का हनन। औद्योगिक नीति में जिस ढंग से कुछ उद्योगों को संरक्षण दिया गया है, उससे आगे जनसंघ सोच नहीं सकता। औद्योगिक नीति के नाम पर वह कंट्रोलों और बिक्री कर की मुखालफत के आगे जा नहीं पाता। हम सभी जानते हैं कि दुकानदारों को कंट्रोल और बिक्री कर से बेहद चिढ़ होती है क्योंकि इनके कारण उन्हें एक नम्बर और दो नम्बर के खाते रखने पड़ते हैं।

सत्ता की 'खोजपूर्ण यात्रा' में सोशलिस्टों ने अपने को काफी हल्का कर लिया (सिद्धान्तों का बोझ रास्ते में कम करते गए) है। अब सत्ता की मंजिल पर पहुँच जाने के बाद उन्हें ठीक-ठीक याद ही नहीं रहा कि उनके सिद्धान्त क्या थे? इसलिए उन्होंने सुविधा और अवसरवादिता का सहज मार्ग अपनाया है।

आर्थिक नीति के बारे में चरण सिंह एकमात्र व्यक्ति थे, जिनकी अपनी अलग दिशा (विचारधारा या सिद्धान्त नहीं) है। कहा जाता है कि उन्होंने ही जनता पार्टी की आर्थिक नीति को अन्तिम रूप दिया। उन्होंने ग्रामीण-विकास को स्पष्ट रूप से प्रमुखता दी। उनके अनुसार, अर्थव्यवस्था में कृषि को सर्वोपरि स्थान दिया जाना चाहिए। वह कृषि में छोटी, लेकिन आर्थिक दृष्टि से सक्षम काश्त के पक्षधर हैं। इसके अलावा अपनी आर्थिक व्यवस्था में, जिसे वह गांधीवादी विकल्प कहते हैं, वह ग्रामोद्योग और कुटीर उद्योग को अर्थव्यवस्था का आधार स्तम्भ बनाने की बात कहते हैं। वह शहरी और देहाती क्षेत्र के बीच आर्थिक फर्क को भी समाप्त करना चाहते हैं। वह अत्याधुनिक बड़े उद्योगों के विरोधी हैं और इसके प्रमाणस्वरूप इजारेदारी के भी विरोधी हैं। जैसाकि हम पहले कह चुके हैं कि वह बड़ी-बड़ी विदेशी कम्पनियों के भी विरोधी हैं। उनका विरोध यहीं तक नहीं है, वह और भी कई चीजों के विरोधी हैं। वह उद्योगों की सार्वजनिक मिल्कियत के भी विरोधी हैं। उनकी राय है कि इससे राज्य के हाथों में सत्ता का बेहद केन्द्रीकरण हो जाएगा। अर्थव्यवस्था में राज्य के प्रवेश के विरोधी होने के कारण वह समाजवाद के भी कट्टर विरोधी हैं।

चौधरी चरण सिंह का जो दृष्टिकोण है और देश में अभी राज्य सत्ता की जो पकड़ और प्रभाव है, उन्हें देखते हुए आर्थिक क्षेत्र में राज्य सत्ता के विस्तार के प्रति यह विरोध समझना मुश्किल है। एक ऐसे देश में, जो अपने को दुनिया का चौथा सैन्य शक्तिवाला राष्ट्र कहने में गर्व महसूस करता हो, जहाँ पुलिस लोगों के जीवन में तरह-तरह से हस्तक्षेप करती हो और निर्ममतापूर्वक गोली चलाती हो, खुफिया विभाग लोगों के निजी जीवन पर निगरानी रखता हो और नौकरशाही हर प्रकार के सामाजिक संगठनों—सांस्कृतिक, आर्थिक या शैक्षणिक—पर अपनी तीक्ष्ण दृष्टि रखती हो, वहाँ राज्य सत्ता के विस्तार के प्रति अत्यधिक शंका और तुनकमिजाजी असंगत जान पड़ती है। गृहमंत्री की हैसियत से चरण सिंह केन्द्र और राज्यों के मौजूदा सम्बन्धों को बनाए रखने के पक्षधर रहे हैं। यह कहने की जरूरत नहीं होनी चाहिए कि मौजूदा सम्बन्ध के तहत सारी सत्ता केन्द्र के ही अधीन है। गृहमंत्री की हैसियत से चरण सिंह जनता पार्टी की सरकार की बल-प्रयोग की सारी नीतियों से जुड़े रहे हैं।

अगर राज्य कपड़े, दवाएँ तथा अन्य उपयोग की वस्तुओं का उत्पादन और वितरण करना भी आरम्भ कर दें तो क्या गजब हो जाएगा? कौन से महाआतंक की सृष्टि हो जाएगी? इमरजेंसी में सेल या भेल या रेलवे सेवाओं ने आतंक पैदा नहीं किया, बी.एस.एफ., सी.आर.पी. तथा अन्य पुलिस व खुफिया सेवाओं ने ही (जिनके पीछे सशस्त्र सेनाएँ थीं और जो जरूरत पड़ने पर आगे आ सकती थीं) आतंक पैदा किया था। एक ऐसे व्यक्ति को, जो राज्य की दमन और बल प्रयोग

की भूमिका को स्वीकार करता हो और उसे बढ़ाने को भी राजी हो, उत्पादन और वितरण के क्षेत्रों में राज्य की भूमिका के विस्तार से इतनी जुगुप्सा क्यों? यह समझ से परे है।

आर्थिक क्षेत्र में राज्य की भूमिका के विस्तार का विरोध कर चरण सिंह ने व्यक्तियों के बीच और शहरी और ग्रामीण क्षेत्र के बीच आर्थिक साधनों के पुनः वितरण की समस्या को तार्किक ढंग से हल करने के एकमात्र रास्ते से मुँह मोड़ लिया।

देहाती या किसान समाज की प्रकृति ही ऐसी होती है कि शहरी केन्द्रों से उनका एक प्रकार का विनिमय (एक्सचेंज) सम्बन्ध होता है। शहरी इलाके में किस प्रकार की अर्थव्यवस्था की प्रधानता है, उसको ध्यान में रखे बिना इस सम्बन्ध का पुनर्विन्यास (रिस्ट्रक्चर) करने या गाँवों का उत्थान करने का काम शुरू नहीं किया जा सकता। आर्थिक शक्तियों को बेलगाम छोड़ दिया जाए तो गाँव शहर से हारे हुए बैठे हैं। तेजी से आधुनिक होती दुनिया में शहरी इलाकों को ही पहले लाभ मिलता है, लेकिन जब तक बहुसंख्यक आबादी गाँव में ही रहती हो तो गाँवों और शहरों के बीच बढ़ती असमानता को रोकने तथा एकरूप व न्यायपूर्ण विकास के लिए गाँवों की राजनीतिक शक्ति का इस्तेमाल किया जा सकता है। जरूरत इस बात की है कि आर्थिक क्षेत्र में राज्य सत्ता का लोकतांत्रिक ढंग से समझदारी के साथ इस्तेमाल किया जाए। इस सचाई का सामना करने से इनकार करने के कारण आर्थिक नीति के तहत योजनाएँ बनाने की प्रक्रिया शुरू होने पर चरण सिंह की भूमिका बेअसर होने लगती है और वह सिर्फ विरोध भर करते ही रह जाते हैं। मजे की बात तो यह है कि इस नीति को बनाने का श्रेय उन्हीं को प्राप्त है।

ऐसा होना अनिवार्य था। जहाँ तक सार्वजनिक मिल्कियत के विरोध का सवाल था, वहाँ तक पूँजीपति लॉबी ने चरण सिंह का साथ दिया पर उससे आगे नहीं। उनके समर्थन से 'स्वतंत्रता के सिद्धान्त' को मानकर सार्वजनिक मिल्कियत की बात अस्वीकार कर दी गई और उनके 'गांधीवादी दृष्टिकोण' को व्यावहारिक कठिनाइयों के 'ठोस आधार' पर अस्वीकार कर दिया गया। इस तरह जो बची रह गई, वह एक पूरी-की-पूरी पूँजीवादी आर्थिक नीति थी। यह बात अलग है कि अर्थव्यवस्था के पिछड़ेपन के कारण उसे पूरा पूँजीवादी रंग नहीं प्रदान किया जा सका। चरण सिंह की पूँजीपति प्रेस में इस तर्क के आधार पर अधिकाधिक आलोचना की जाने लगी कि साधनों को गाँवों की तरफ मुखातिब करने से मध्यम किसानों की ही समृद्धि बढ़ेगी। चरण सिंह की शक्ति का मुख्य आधार मध्यम और ऊँचे किसान हैं, लेकिन यह मुख्य आधार ही उनकी सबसे बड़े कमजोरी भी है। ग्रामीण क्षेत्र को प्राथमिकता देने की नीति की आलोचना इस आधार पर की जाती

है कि इससे गाँव के सबसे ज्यादा गरीब लोगों की, जिन्हें मदद की सबसे अधिक जरूरत है, हालत नहीं सुधरेगी। एक समाजवादी नीति से ही ग्रामीण पुनर्निर्माण के सामूहिक कार्यक्रम में गाँव का गरीब अन्य लोगों के साथ जुड़ सकता है और इससे पूँजीवादी हमले का मुकाबला करने के लिए संयुक्त मोर्चा भी बन सकता है। आज शहर का पूँजीपति अपने को भूमिहीन और छोटे किसान के सबसे बड़े हिमायती के रूप में पेश कर रहा है। उसका यह प्रचार गरीबों के बीच काम करता है क्योंकि वे अपने निकट के धनी लोगों द्वारा सताए जाते हैं और उनके प्रति ईर्ष्या भाव रखते हैं। चरण सिंह के आर्थिक दर्शन की कमजोरी भी उनके राजनीतिक अलगाव के लिए जिम्मेवार है।

'स्टेट्समैन' (8 मार्च, 1978) में छपी यह रपट चरण सिंह की दुर्दशा का इजहार करती है : 'चरण सिंह छठी योजना से नाखुश बताए जाते हैं। उनकी राय में यह पिछली योजनाओं से भिन्न नहीं है। इसमें भी मुख्य रूप से बड़ी-बड़ी परियोजनाओं और टेक्नोलॉजी के प्रसार पर जोर दिया गया है। इसका मतलब यह है कि योजना बनानेवाले 25 वर्षों से नियोजित विकास की जो दिशा रही है, उसी पर चलना चाहते हैं।'

चरण सिंह की किसानों और कुटीर उद्योगों की समस्या को अलग से हल करने की कोशिश ही उनके लिए समस्या बन गई है। देशी, विदेशी और सरकारी बड़े उद्योगों को उन्होंने अपना सीधा निशाना जरूर बनाया, लेकिन उन्होंने इस बारे में सोचने का कष्ट नहीं किया कि इनके बीच ठीक-ठीक क्या सम्बन्ध होंगे? उन्होंने यह भी नहीं सोचा कि एक मुक्त उद्यम (फ्री इंटरप्राइज) का बाजार की अर्थव्यवस्था में राजनीतिक सत्ता द्वारा कायम किया गया सन्तुलन कहाँ और कब तक कायम रह सकता है? एक मुक्त उद्यम वाले बाजार की अर्थव्यवस्था में बड़े उद्योगों के जवाब का बहुत दिनों तक सामना नहीं किया जा सकता—प्रतियोगिता मुक्त कृत्रिम ढंग से कायम किए गए बड़े और छोटे उद्योगों का रिश्ता ठहर नहीं पाएगा। कुछ चीजों को लघु उद्योगों या कुटीर उद्योगों के लिए रिजर्व कर देने से ही समस्या का हल नहीं हो जाता। लघु उद्योग क्षेत्र के बावजूद निर्धारित सीमा से कुल पूँजीगत व्यय बढ़ाए बिना मशीनों के ज्यादा उपयोग के लिए काफी गुंजाइश बनी रहती है। मशीनों वाली इकाइयों की प्रतियोगिता में कम उन्नत मशीनों वाली इकाइयाँ हारने लगेंगी तो उन्नत मशीनों वाली इकाइयों को बढ़ाने का लाभ होगा या कम कुशलता वाली इकाइयों को। अपेक्षाकृत बड़ी मशीनों का आधुनिकीकरण न कर सकने के कारण बड़ी-बड़ी इकाइयों और मिलों का बन्द हो जाना एक साधारण बात है। जब तक मुख्य प्रेरणा मुनाफा होगी तब तक बिखरे छोटे उद्योगों को टेक्नोलॉजी स्तर स्थिर (फ्रीज) रखना कोई तरीका नहीं है। इसलिए इनके बीच भंयकर

प्रतियोगिता हो सकती है जिससे बहुत सी इकाइयों को बन्द होना पड़ सकता है। एक ऐसी अर्थव्यवस्था के लिए, जिसे अपने साधनों का अधिकतम उपयोग करना आवश्यक है, यह कोई अच्छी चीज नहीं होगी।

अधिकांश छोटे उद्योग कच्चे माल और मशीनों के मामले में बड़े उद्योग-क्षेत्र पर निर्भर होंगे या फिर बड़े उद्योग-क्षेत्र के सहयोगी होंगे। दोनों ही मामलों में बड़े उद्योग अपनी चला सकेंगे और छोटे उद्योगों तथा उपभोक्ताओं को लूट सकेंगे। वे छोटे उद्योगों से अपने माल की ज्यादा लागत को वसूलेंगे और छोटे उद्योगों को यह कीमत देनी पड़ेगी। जहाँ हजारों अर्द्धतैयार (सेमी फिनिश्ड) माल का मामला हो, वहाँ सरकार सिर्फ कुछ चुनिन्दा माल को छोड़कर बाकी माल पर कड़ी नजर नहीं रख सकती। इस बात की भी सम्भावना बनी रहेगी कि लघु उद्योग-क्षेत्र में बड़ी इकाइयों की सहायक इकाइयाँ जाली नामों से काम करने लगें। पूँजीवादी प्रतियोगिता के वातावरण में श्रम बहुल (लेबर इंटेसिव स्मॉल यूनिट) छोटी इकाइयों को कायम रखना एक अत्यन्त कृत्रिम प्रयत्न है।

छोटे उद्योगपतियों को अपने अनुमान या सोच के मुताबिक उद्योगों का विकास करने देने में अन्य समस्याएँ भी हैं। किस दिशा में जाना है, यह तय कर छोटे उद्योगों के लिए रिजर्व की गई सूची में काट-छाँट करना जरूरी है। सरकारी नीतियों के कारण उपभोक्ता माँग में क्या परिवर्तन हो सकता है, यह सोचे-विचारे बिना आज पूँजी लगानेवाला पूँजी लगाता है। उदाहरण के तौर पर, हम रिजर्व सूची के नम्बर 8 पर विचार करें। इसमें बिजली के घरेलू उपकरण शीर्षक से 23 चीजें दी गई हैं। इनमें से अधिकांश विलासिता की चीजें हैं, जैसे ऑटो (स्वचालित) तन्दूर और बाल सुखानेवाली मशीन। क्या एक ऐसी अर्थव्यवस्था, जो विलासिता को समाप्त करना चाहती हो, ऐसी चीजों के लिए बाजार पैदा होने या बढ़ने देगी?

इसलिए यह जरूरी है कि योजना बनानेवालों की दृष्टि स्पष्ट होनी चाहिए और उन्हें यह तय करना चाहिए कि लघु उद्योगों में भी किस तरह की चीजें बनाने के लिए पूँजी लगाई जाएगी? जनता पार्टी कहती है कि वह देश की श्रम-शक्ति को काम में लगाएगी। अगर काम में लगाएगी तो काम पानेवालों की आय बढ़ेगी और उनकी उपभोक्ता माँगों को पूरा करना जरूरी होगा। इसलिए उपलब्ध पूँजी को ऐसी चीजों को बनाने में लगाया जाना चाहिए, जिनकी माँग पैदा होनेवाली हो। अगर ऐसा नहीं किया गया तो बहुत सारी उपभोक्ता वस्तुओं की कमी पैदा होगी और साथ ही लघु उद्योग क्षेत्र की सूची वाले बहुत से उद्योगों के पास खरीदारों की क़मी के कारण बहुत सारा स्टॉक जमा हो जाएगा।

लघु उद्योग क्षेत्र के लिए कुछ चीजों को रिजर्व कर देने से ही यह नहीं हो जाएगा कि उसके द्वारा बनाई जानेवाली चीजों को लोग खरीदने लगें। उदाहरण के लिए साबुन को लिया जाए। अगर लघु उद्योग क्षेत्र में बनाए जानेवाले साबुन

की क्वालिटी कामचलाऊ भी नहीं हुई तो कीमत में भारी फर्क के बावजूद बहुत से लोग हिन्दुस्तान लीवर का ही साबुन खरीदेंगे। इसलिए लघु उद्योग क्षेत्र के विकास के लिए सार्वजनिक क्षेत्र द्वारा बृहत् अनुसन्धान कार्य करने की जरूरत होगी ताकि लघु इकाइयाँ क्वालिटी का सामान बना सकें। इस तरह भी औद्योगिक विकास के लिए राज्य की प्रधान और निर्णायक भूमिका अनिवार्य बन जाती है।

ऊपर हमने जो कठिनाइयाँ बताई हैं, उनका उद्देश्य लघु उद्योगों के विकास के प्रयत्नों को हतोत्साहित करना नहीं है। हमारा उद्देश्य उन समस्याओं की तरफ ध्यान दिलाना है, जिनका एक मुक्त (फ्री) बाजार की अर्थव्यवस्था में लघु उद्योगों को सामना करना पड़ेगा।

6

जनता पार्टी के नेता कृषि क्षेत्र को सक्षम बनाने की लम्बी-चौड़ी बातें तो जरूर करते हैं, लेकिन वे इस तथ्य को अनदेखा करते हैं कि जब तक सरकार अर्थव्यवस्था के रुख को मोड़ने के लिए सक्रिय भूमिका नहीं अपनाएगी तब तक कृषि क्षेत्र सक्षम नहीं हो पाएगा। बाजार पर निर्भर रहनेवाली अर्थव्यवस्था में कृषि क्षेत्र और खासकर छोटे किसानों को कई प्रकार की कठिनाइयों का सामना करना पड़ता है, जिसके चलते औद्योगिक क्षेत्र और उद्योगपतियों के मुकाबले में उनके लिए टिक पाना सम्भव नहीं होता। उनका माल (उत्पादन) ऐसा है, जिसे जल्दी बेचना जरूरी होता है क्योंकि जल्द न बिका तो नष्ट हो जाएगा। दूसरे, छोटे किसानों की गरीबी इतनी ज्यादा है कि फसल कटते ही उसे बेचना पड़ता है। अभी इसी साल हमने देखा कि उत्तर प्रदेश में चीनी मिलों ने पेराई में दो महीने की देर कर दी तो गन्ने की कीमत एकदम कुछ गिर गई। किसानों को निर्धारित दर से आधी कीमत पर गन्ना बेचना पड़ा। सरकार ने जब देर से कदम उठाए तब जाकर कीमत निर्धारित दर के नजदीक लाई जा सकी, लेकिन तब तक किसानों को बहुत नुकसान हो चुका था।

किसानों का शोषण आकस्मिक नहीं है। पूँजीवादी उद्योग, खासकर अपने विकास की प्रारम्भिक अवस्था में कृषि क्षेत्र के शोषण पर ही खड़ा होता है। दुनिया के बाजार में प्रतियोगिता में टिक पाने के लिए देशी पूँजीपति कम कीमत देकर कृषि क्षेत्र का ज्यादा-से-ज्यादा शोषण करता है। इसके विपरीत किसान को उद्योगपति की कीमत पर ही अपनी जरूरत की चीजें खरीदनी पड़ती हैं। 1971 से 1977-78 तक औद्योगिक माल और कृषि माल (उत्पादन) की थोक कीमतों के आँकड़े देखें तो पता लगता है कि 1974-75 को छोड़कर इन सारे वर्षों में औद्योगिक माल की कीमत ज्यादा रही और 74-75 में तो देश के बहुत से इलाकों में अकाल जैसी स्थिति थी। 1977-78 की कीमतों से प्रकट है कि किसानों की 'चैम्पियन' जनता पार्टी के राज में इस स्थिति में कोई फर्क नहीं पड़ा है। 1978-79 के नये बजट में तो सब वस्तुओं पर उत्पादन-शुल्क बढ़ाने के साथ बिजली और कोयले पर भी यह लागू कर दिया गया है। इससे सारे औद्योगिक माल की कीमत बढ़ गई है जबकि अच्छी फसल होने से कृषि उत्पादन की कीमत घटी है।

औद्योगिक माल और कृषि माल की कीमतों का यह फर्क किसानों के शोषण की पूरी तसवीर पेश नहीं करता। यह शोषण कृषि और औद्योगिक क्षेत्र के बीच श्रम की उत्पादकता में भारी भेद के कारण पैदा होता है। किसान को प्रति इकाई अपने उत्पादन पर बहुत ज्यादा श्रम लगाना पड़ता है जबकि अपने इस उत्पादन के बदले में वह जो औद्योगिक माल लेता है, उस पर प्रति इकाई उतना श्रम नहीं लगता। यह असमान विनियम व्यवस्था दो प्रकार के शोषण पर आधारित है—किसान खुद अपना शोषण करता है (वह खुद और उसका परिवार काम करता है) और अपने माल की कीमत कम रखने के लिए कम मजदूरी देकर खेतिहर मजदूर का शोषण करता है। उन्मुक्त बाजारवाली अर्थव्यवस्था में ही ऐसा शोषण निहित है। असंगठित कुटीर उद्योगों के बारे में भी यही बात लागू होती है। इसलिए ज्यादा-से-ज्यादा समाजवादी कदम उठाकर ही किसानों, कृषि और कुटीर उद्योगों की रक्षा की जा सकती है और उनका विकास किया जा सकता है। कुछ विशाल और आधुनिक उद्योगों के बिना तो हमारी अर्थव्यवस्था के मौजूदा स्तर को भी कायम नहीं रखा जा सकता। इसके अलावा कपड़े जैसी कुछ आवश्यक उपभोक्ता वस्तुओं के उत्पादन के लिए भी बड़े कारखानों और मिलों को समाप्त करने की जरूरत नहीं है, लेकिन लघु उद्योगों और कुटीर उद्योगों को जिस तरह की असमान प्रतियोगिता का सामना करना पड़ता है, उसे देखते हुए बड़े उद्योगों को सरकारी क्षेत्र में लेना पड़ेगा। हो सकता है कि व्यापारिक दृष्टि से ये सरकारी कारखाने और मिलें अक्षम भी हों, लेकिन राष्ट्र की अर्थव्यवस्था के विकास और सामाजिक न्याय के हित में ऐसा करना उचित होगा।

बड़े सरकारी कारखानों की अक्षमता की बात के पीछे प्रचार ज्यादा और सचाई कम है। यह सही है कि सरकारी क्षेत्र में बहुत से कारखाने अक्षम हैं तो साथ ही कुछ बहुत ही सक्षम भी हैं, जिनकी माल की क्वालिटी की विदेशों तक में तारीफ हुई है। सरकारी कारखानों के बारे में अक्षमता की धारणा इसलिए भी पैदा हुई है कि अधिकांश कारखाने पूँजी बनानेवाला माल (कैपिटल गुड्स-मशीनें, आदि) बनाते हैं जिसमें भारी पूँजी विनियोग करना पड़ता है तथा उत्पादन शुरू होने और मुनाफा आने में काफी देर लगती है, लेकिन हाल में तो सरकारी कारखानों के मुनाफे में भी वृद्धि हुई है। 1976-77 में 135 सरकारी कारखानों में पूँजी पर 9.7 प्रतिशत मुनाफा हुआ और कर आदि चुकाने के बाद प्रदत्त पूँजी (पेड अप कैपिटल) पर विशुद्ध मुनाफा 4.6 प्रतिशत रहा।

निजी उद्योग कम अक्षम नहीं हैं। सैकड़ों रुग्ण कपड़ा मिलें किस बात की परिचायक हैं? कपड़ा उद्योग देश का सबसे ज्यादा विकसित उद्योग है, लेकिन अब तक 704 मिलों में से 105 का राष्ट्रीयकरण करना पड़ा है, 11 का राष्ट्रीयकरण होनेवाला है और 31 बन्द पड़ी हैं। बाकी में से भी बहुत सी

मुसीबत में हैं और सार्वजनिक वित्त संस्थाओं से सहायता माँग रही हैं। लोगों के दिमाग में प्रचार द्वारा यह बात घुसा दी गई है कि मालिक की निजी देखरेख के कारण निजी क्षेत्र ज्यादा सक्षम होता है और कोई माई-बाप न होने के कारण सरकारी क्षेत्र अक्षम। बहुत छोटे उद्योगों के लिए यह बात सही हो सकती है, लेकिन निजी क्षेत्र के बड़े उद्योगों के बारे में तो कतई नहीं क्योंकि निजी क्षेत्र के बड़े उद्योगों की देखरेख वैसे मैनेजर लोग ही करते हैं जैसे कि सरकारी क्षेत्र में करते हैं। बड़े निजी उद्योगों में जहाँ अभी भी पारिवारिक प्रबन्ध चलता है, वहाँ अक्षमता और भी ज्यादा है। दुनिया भर में यह देखने में आया है कि पारिवारिक प्रबन्ध ज्यादा निकम्मा होता है।

सरकारी क्षेत्र के बारे में अक्सर यह कहा जाता है कि उसमें मुनाफा कम होता है, लेकिन यह भुला दिया जाता है कि निजी उद्योग विशुद्ध मुनाफे की दृष्टि से चलाए जाते हैं और उनका उद्देश्य पिछड़े इलाकों का विकास या अपने मजदूरों का कल्याण करना नहीं होता। ज्यादातर सरकारी कारखाने ऐसे इलाकों में लगाए गए हैं जो औद्योगिक दृष्टि से अविकसित थे। इससे जमीन और अन्य आवश्यकताओं पर काफी ज्यादा पूँजी-विनियोग करना पड़ा। सरकारी कारखाने निजी कारखानों की तरह अपने कर्मचारियों के बारे में लापरवाह भी नहीं हो सकते। उन्हें कर्मचारियों के रहने के लिए मकान बनाने पड़ते हैं। यह अचरज की बात है कि कर्मचारियों के लिए मकान बनाने को सरकारी कारखानों की फिजूलखर्ची कहकर पेश किया जाए। यहाँ इस बात से इनकार नहीं है कि सरकारी क्षेत्र में फिजूलखर्ची नहीं होती। बड़े अफसरों और कभी कदाचित दौरा करनेवाले वी.आई.पी. लोगों के लिए शाही सुविधाओं की व्यवस्था है। बोकारो में तो एक विशेष हवाई अड्डा और आलीशान होटल बनाया गया है। इस तरह का शाही ठाठ लोकतंत्र के प्रतिकूल है। यह तो नेहरू युग की देन है।

दिल्ली के लाट साहबों की सनक वाली शाहखर्ची को अगर छोड़ दिया जाए तो कहना होगा कि सरकारी क्षेत्र में अफसरों को जो सुविधाएँ दी जाती हैं, वे निजी क्षेत्र का अनुकरण ही हैं। निजी क्षेत्र के अफसरों पर होनेवाले खर्च की आलोचना नहीं होती और न ही इसके लिए जनता के प्रति कोई जवाबदेही। कम्पनी-कर बचाने के लिए निजी क्षेत्र में मैनेजरों और डायरेक्टरों को सुविधाओं के अलावा 'मुँह माँगे' भत्ते दिए जाते हैं। रिजर्व बैंक की एक रपट के अनुसार, निजी क्षेत्र की दरमियानी और बड़ी कम्पनियों में 16,700 से 17,402 लोगों को 1974-75 के दौरान प्रति व्यक्ति 3,000 रुपये मासिक से भी ज्यादा मेहनताना मिला और अन्य 2,500 से 2,600 कर्मचारियों को साल के एक हिस्से में इतना ही मेहनताना दिया गया। इन दोनों श्रेणियों के कर्मचारियों में से 6 प्रतिशत को तो साल में एक लाख रुपये से भी ज्यादा मेहनताना मिला। ये तो प्रकट आँकड़े हैं, अप्रकट क्या-क्या होगा, कौन

जानता है क्योंकि निजी कम्पनियाँ अपना जो हिसाब दिखाती हैं, उसमें तरह-तरह के छल-प्रपंच रहते हैं।

सरकारी क्षेत्र की फिजूलखर्ची को रोकने के लिए निजी क्षेत्र की फिजूलखर्ची को रोकना जरूरी है क्योंकि सरकारी क्षेत्र में यह निजी क्षेत्र की देखादेखी है, लेकिन असंख्य छल-प्रपंचों और छिद्रों के कारण निजी क्षेत्र की फिजूलखर्ची को रोक पाना असम्भव है, सो इलाज यही है कि एक निश्चित सीमा से बड़े उद्योगों की निजी मिल्कियत समाप्त कर दी जाए। बड़े कारखानों को सार्वजनिक निगम चलाए और छोटे कारखाने सहकारिता के आधार पर चलें। हमारे देश की परिस्थितियों में समाजवाद एक आदर्श के बजाय आवश्यकता ज्यादा है। यह अजीब तर्क है कि रुग्ण कारखानों को तो सरकार सँभाले और उन कारखानों को निजी उद्योगपतियों को चलाने दे जो भारी मुनाफा कमा रहे हों।

लोकतांत्रिक व्यवस्था में बड़े और महत्त्वपूर्ण उद्योगों पर सार्वजनिक मिल्कियत होने से कृषि-क्षेत्र और लघु उद्योग की समस्याएँ ज्यादा आसानी से हल की जा सकेंगी। अर्थव्यवस्था में जब मुनाफा कमाने की प्रवृत्ति एकमात्र प्रेरणा न रहेगी तब उत्पादन के विभिन्न क्षेत्रों के बीच कीमतों में सन्तुलन लाया जा सकेगा और उत्पादन की सारी शक्तियों और साधनों का अधिक-से-अधिक उपयोग हो सकेगा।

जनता पार्टी के सत्तारूढ़ होने के बाद उपयुक्त टेक्नोलॉजी (एप्रोपिएट) का विकास करने की बात खूब हुई, लेकिन हुआ कुछ नहीं है। ऐसा लगता है कि योजना आयोग ने इसकी तरफ कोई ध्यान ही नहीं दिया है और पहले से इस्तेमाल होती आ रही टेक्नोलॉजी को जस-का-तस स्वीकार कर लिया है। उसे दोष देना बेकार है। यह जानना चाहिए कि उपयुक्त टेक्नोलॉजी की बात भाषणों से आगे क्यों नहीं बढ़ती?

पुरानी टेक्नोलॉजी ने पूँजीवादी अर्थव्यवस्था की भरपूर 'सेवा' की है और समाजवादी देशों ने भी उसे जस-का-तस स्वीकार कर लिया है। सोशलिस्टों (खासकर मार्क्सवादियों) ने कभी नई टेक्नोलॉजी की बात नहीं सोची क्योंकि वे यह मानते थे कि बुर्जुआ वर्ग ने जिस टेक्नोलॉजी का विकास किया है, उसे उन्हें विरासत में प्राप्त करना चाहिए। मार्क्स ने भी यही सोचा कि उत्पादन के तरीकों (टेक्नोलॉजी) का विकास एक स्वतंत्र और स्वाधीन प्रक्रिया है। कम्युनिस्टों ने सत्तारूढ़ होने पर आर्थिक मामलों के प्रबन्ध में बुर्जुआ-व्यवस्था की बहुत सारी असमानताओं को स्वीकार कर लिया, सो उनका लक्ष्य केवल उत्पादन बढ़ाना हो गया, जिससे उनकी दृष्टि मलिन हो गई। जब समता के बजाय सिर्फ उत्पादन बढ़ाना लक्ष्य बन गया तब बुर्जुआ टेक्नोलॉजी को इस दृष्टि से जाँचने की जरूरत ही महसूस नहीं हुई कि वह समाजवाद के समतावादी लक्ष्य के अनुकूल है या

नहीं? इसका एक नतीजा यह हुआ है कि दोनों व्यवस्थाओं के मूल्यों और प्रेरणाओं में फर्क नहीं रह गया है।

यह रुख मार्क्स की एक बड़ी भूल के कारण पैदा हुआ। मार्क्स ने यह तो एकदम सही निरूपित किया कि मनुष्यों के बीच रिश्ते बहुत हद तक उत्पादन के तरीकों द्वारा निर्धारित होते हैं। उन्होंने यह भी ठीक देखा कि मुनाफे की प्रेरणा के कारण बुर्जुआ वर्ग टेक्नोलॉजी को अधिकाधिक विकसित और आधुनिक करता जाता है। इसका मतलब तो यही होगा कि टेक्नोलॉजी का बुर्जुआ व्यवस्था में स्वतंत्र चरित्र नहीं होगा, व्यवस्था की आवश्यकताओं के अनुरूप उसकी गति और प्रगति होगी, लेकिन मार्क्स ने यह नहीं बताया कि समाजवाद में टेक्नोलॉजी के विकास की क्या प्रेरणा होगी? उन्होंने यही मान लिया कि बुर्जुआ व्यवस्था जब अपनी मौत मर जाएगी तो मजदूर पहले से चले आ रहे उत्पादन के तरीकों को ग्रहण कर लेंगे। लेकिन मार्क्स ने यह भी कहा है कि बुर्जुआ-व्यवस्था अर्थशास्त्र के नियम के अधीन चलती है और उस पर उसका वश नहीं है, परन्तु समाजवादी व्यवस्था में इस तरह की बात नहीं होगी। अन्धे नियम की जगह पर सामाजिक विकास की चेतना से उत्पन्न दिशा रहेगी। अगर इस मत को स्वीकार करें तो हमें टेक्नोलॉजी का विकास सामाजिक मूल्यों के अनुसार करना होगा। इसका भी मतलब यह ही होगा कि समाजवादी व्यवस्था ऐसा मनोवैज्ञानिक वातावरण बनाएगी, जिसमें अधिकाधिक उत्पादन की एकमात्र प्रेरणा की बजाय समग्र मानवता के कल्याण की भावना काम करेगी।

विकसित कम्युनिस्ट देश तो शायद पश्चिम के समकक्ष होने में लगे रहेंगे और उन्हें अपनी भूल को समझने में बहुत देर लगेगी, लेकिन एक गरीब देश को तो तत्काल यह फैसला करना होगा कि वह परम्परागत रास्ते पर चलकर विकास की शोभा-यात्रा (जुलूस) में एकदम पीछे पिसटता चलेगा या एक ऐसे रास्ते पर चलेगा, जिससे सभी लोगों की जिन्दगी रहने लायक बन सके। जनता पार्टी शोषणकारी व्यवस्था के खिलाफ कदम उठाने के संकल्प के बिना नई टेक्नोलॉजी की बात करती है, सो उसकी बातों का कोई अर्थ नहीं है। नये ढंग का नियोजन और उपयुक्त टेक्नोलॉजी का विकास एक नये प्रकार के मनोवैज्ञानिक वातावरण के बिना सम्भव नहीं है—एक ऐसा वातावरण, जिसमें योजना और सरकारी नीति का उद्देश्य ही आज से भिन्न हो। अभी के वातावरण में तो अर्थव्यवस्था का वही असन्तुलित विकास कायम रहेगा, जिसमें दरिद्रता के महासमुद्र के बीच अपार विलासिता के द्वीप बनते जाएँगे। जब तक एक ही साथ बहुत धनी और बहुत गरीब रहेंगे तो धनियों की आवश्यकताओं को पूरा करनेवाला विलासिता का क्षेत्र ही मुनाफे की प्रेरणा से काम करनेवाले उद्योगपतियों के लिए मुख्य क्षेत्र बनेगा और इस क्षेत्र के लिए अत्याधुनिक मशीनों और नित नये अनुसन्धान की जरूरत बनी

रहेगी। इस तरह पूँजीवादी-व्यवस्था पर चोट किए बिना जनता पार्टी की उपयुक्त टेक्नोलॉजी की वकालत हवाई कल्पना के सिवाय कुछ नहीं है।

चरण सिंह जैसे जनता पार्टी के कुछ नेता किसानों और लघु उद्योगों की वकालत तो करते हैं, लेकिन समाजवाद की नहीं, जबकि समाजवादी नीति पर चलकर ही किसानों और लघु उद्योगों की रक्षा और बढ़ोतरी की जा सकती है। इन लोगों के समाजवाद-विरोध का एक कारण यह भी है कि इन्हें इस बात का डर है कि इससे किसानों पर सोवियत संघ जैसा हमला होगा, लेकिन ये लोग भूल जाते हैं कि समाजवाद किसानों का विरोधी नहीं है और स्टालिन की बलात सामूहिकीकरण की नीति एक विकृति थी। इससे रूस की कृषि को इतना नुकसान पहुँचा है कि वह उससे अभी तक उबर नहीं पाई है, लेकिन चीन ने कृषि के आधुनिकीकरण के मामले में एक अलग नीति ही अपनाई जो किसान विरोधी नहीं है। अपनी श्रम-शक्ति के उपयोग से पूँजीगत साधनों का निर्माण करने की उसकी नीति के कारण विकास की प्रक्रिया देहात की जनता के लिए कष्टदायक नहीं हुई, लेकिन जनता पार्टी के नेताओं ने शायद कभी भी एक समाजवादी नीति के असर और उसके नतीजों का वस्तुपरक मूल्यांकन करने की बात सोची ही नहीं।

कृषि के क्षेत्र में एक-डेढ़ साल में बहुत ज्यादा परिवर्तन की आशा नहीं की जाती थी, लेकिन औद्योगिक क्षेत्र में तो कुछ होना चाहिए था। जनता पार्टी के पहले बजट में निजी क्षेत्र को बहुत सी रियायतें दी गईं, लेकिन उत्पादन मन्दा ही रहा। वित्त मंत्री एच.एम. पटेल ने, जो मुक्त उद्यम (फ्री इंटरप्राइज) के कट्टर समर्थक हैं, इस पर चिन्ता प्रकट करते हुए कहा, "मुझे समझ में नहीं आता कि सरकार द्वारा सभी प्रतिबन्ध हटा लेने और कोई नई बाधा उपस्थित न होने के बावजूद निवेश क्यों रफ्तार नहीं पकड़ रहा है?" पटेल साहब की चिन्ता बेवजह नहीं है। औद्योगिक क्षेत्र में, खासकर निजी क्षेत्र में, उत्पादन की गति चिन्ताजनक है। अप्रैल-दिसम्बर 1977 की अवधि में पिछले वर्ष की इसी अवधि की तुलना में कोयले (लिग्नाइट सहित), कच्चे लोहे, सूती धागे और मिल के सूती कपड़े का उत्पादन क्रमशः 1.6, 3.7, 1.5 और 1.3 प्रतिशत घटा। उन उद्योगों में भी जहाँ उत्पादन बढ़ा, बढ़ने की रफ्तार घट गई—सीमेंट, बिजली और बेचने लायक इस्पात के उत्पादन में वृद्धि सिर्फ 2.2, 2.5 और 1.4 प्रतिशत की हुई जबकि पिछले साल यह 11.9, 14.4 और 22.7 प्रतिशत की हुई थी।

सरकारी क्षेत्र में उत्पादन घटने का कारण शायद जनता पार्टी की सरकारी क्षेत्र के प्रति तिरस्कारपूर्ण नीति हो, लेकिन निजी क्षेत्र में भी जब उत्पादन घटने लगा तो यह घबराहट फैली कि अर्थव्यवस्था लडख़ड़ाने लगी है। रिजर्व बैंक तक ने अपनी 1976-77 की रपट में सुझाव दिया कि अर्थव्यवस्था के गतिरोध को समाप्त करने और उसे प्रोत्साहित करने के लिए बड़े पैमाने पर प्रभावशाली ढंग से निवेश किया

जाना चाहिए और इसके वास्ते अन्न-संग्रह और विदेशी मुद्रा-संग्रह का उपयोग करना चाहिए। लेकिन जनता पार्टी की सरकार ने अपनी रूढ़िवादिता के चलते ऐसा प्रयत्न नहीं किया और एक ऐसा मौका जाने दिया जो सरकारी क्षेत्र में निवेश का जोरदार व साहसपूर्ण अभियान छेड़ने के बहुत मुआफिक था।

औद्योगिक उत्पादन में गिरावट का कारण जनता पार्टी की आर्थिक नीतियों में ही निहित है। उसने निजी क्षेत्र पर बहुत भरोसा कर रखा था कि वह शिथिल और निष्पन्द अर्थव्यवस्था को पुनर्जीवित कर पाएगा जबकि सचाई यह है कि एक गरीब देश में सरकारी क्षेत्र से ही अर्थव्यवस्था के विकास के लिए जोरदार प्रयत्न किया जा सकता है। यह इतनी प्रकट सचाई है कि भारत का व्यापारी और उद्योगपति वर्ग भी सरकारी क्षेत्र के प्रति अपनी तमाम घृणा के बावजूद इसे स्वीकार करता है और इस बार तो निजी क्षेत्र खुद इस तरह के निवेश की माँग कर रहा था। निजी क्षेत्र की ऐसी माँग को देखते हुए चरण सिंह और जनता पार्टी के अन्य नेताओं की सरकारी क्षेत्र की मुखालफत बेवजह मालूम पड़ती है। इससे तो उनके मन में निजी क्षेत्र के बारे में भीषण शंका पैदा होनी चाहिए थी कि वह अपने बूते पर अर्थव्यवस्था को पुनर्जीवित नहीं कर सकता क्योंकि उसे खुद अपने को जीवित रखने के लिए खर्चीली सरकारी परियोजनाओं की जरूरत है।

हमारे देश में अर्थव्यवस्था को गति प्रदान करने में निजी क्षेत्र की अक्षमता और सरकारी विनियोग के अभाव में उसके खुद निष्पन्द पड़ जाने का कारण देश का पिछड़ापन और एक बहुत ही छोटे-से वर्ग की अत्यधिक समृद्धि है। आय की भारी विषमता के कारण औद्योगिक उत्पादन की दिशा विलासिता की चीजों के उत्पादन की तरफ जाएगी ही क्योंकि एक छोटे से समृद्ध वर्ग के पास ही ज्यादा क्रय-शक्ति है, लेकिन ऐसे क्रय शक्तिवालों की संख्या अत्यन्त अल्प होने के कारण माँग जल्दी ही एक स्तर पर जाकर रुक जाएगी। विलासिता की चीजें बनानेवाले उद्योग श्रम-बहुल के बजाय पूँजी-बहुल हैं, सो वे रोजगार नहीं बढ़ाते, जिससे आवश्यक उपभोक्ता वस्तुओं की माँग नहीं बढ़ती।

इसीलिए हमारे देश में विकास का यह ढर्रा कायम हुआ है कि—सरकारी क्षेत्र संरचना (इंफ्रास्ट्रक्चर) और भारी उद्योगों में विकास पैमाने पर पूँजी लगाएगी और निजी क्षेत्र उस पर अक्षमता का आरोप लगाने के साथ-साथ सरकारी क्षेत्र के विनियोग से पैदा हुई माँग और औद्योगिक संरचना के कारण प्राप्त होनेवाली सुविधाओं का पूरा लाभ उठाएगा; इस तरह पूरा लाभ उठाने के बाद अगर सरकारी क्षेत्र में बड़े पैमाने पर नया विनियोग नहीं होगा तो वह (निजी क्षेत्र) फिर निष्पन्द होने लगेगा, लेकिन सरकारी क्षेत्र से अपने को श्रेष्ठ जताने की डींग मारना वह नहीं छोड़ेगा। इस तरह का विकास सिर्फ पूँजीपतियों को लाभ पहुँचाता है और आम आदमी की आवश्यकता की चीजों का बड़े पैमाने पर उत्पादन नहीं होने देता। अगर सरकारी

क्षेत्र सारी औद्योगिक वस्तुओं के विकास की जिम्मेवारी खुद ले ले तो इस स्थिति में सुधार हो सकता है। इस तरह का नियोजित विकास तब तक नहीं हो सकता जब तक कि औद्योगिक वस्तुओं के विकास के लिए असंख्य निजी उद्योगपतियों और उद्यमियों के निर्णय और अनुमान पर निर्भरता समाप्त नहीं की जाती। कुछ छोटे निजी उद्योगपतियों को काम करने दिया जा सकता है बशर्ते कि वे विकास की समग्र योजना के साथ जुड़कर काम करें। इससे छोटे उद्योगपतियों को भी लाभ होगा क्योंकि वे निजी क्षेत्र के दैत्याकार उद्योगों की प्रतियोगिता का सामना करने से बच जाएँगे। यही नहीं, ऐसे समन्वित विकास से नये उद्योग एक-दूसरे के लिए बाजार भी पैदा कर सकेंगे। इस सम्बन्ध में ई.एफ. शुमाखर के इस कथन को उद्धृत करने का लोभ होता है—

> ‘अगर मैं किसी गरीब देश में नया उद्योग शुरू करूँ तो मेरे माल के लिए स्थानीय बाजार नहीं होगा। बाजार प्राप्त करने के लिए जरूरी होगा कि खरीदार अन्य माल की जगह मेरा माल खरीदें। (इसलिए) एक दर्जन अलग-अलग उद्योग एक साथ खोले जाने चाहिए ताकि 12 माल बनानेवालों में से प्रत्येक बाकी के 11 का बाजार बन जाए और अतिरिक्त उत्पादन को खपाने के लिए अतिरिक्त क्रय-शक्ति पैदा हो।’

‘विकास के लिए एक साथ बहुत-सी पूरक और सहायक औद्योगिक गतिविधियों को शुरू करना कठिन काम है, पर इस कठिनाई को सार्वजनिक निर्माण के काम, जिनसे सरकारी खर्च द्वारा निष्पन्द अर्थव्यवस्था को पुनर्जीवित किया जाता है, शुरू करके दूर किया जा सकता है। रोजगार पैदा करने के लिए अक्सर विशाल पैमाने पर सार्वजनिक निर्माण कार्य शुरू करने की वकालत भी की जाती है। इस सन्दर्भ में मैं एक ही बात पर जोर देना चाहूँगा कि सार्वजनिक निर्माण कार्य द्वारा देहात के लोगों की क्रय-शक्ति बढ़ाते हुए इस बात का ध्यान रखा जाए कि सार्वजनिक निर्माण कार्यों के गुणक प्रभाव (मल्टीप्लायर इफेक्ट) का ज्यादा-से-ज्यादा उपयोग हो। सार्वजनिक निर्माण से रोजगार पानेवाले लोग अपनी मजदूरी उपभोक्ता वस्तुओं पर खर्च करना चाहते हैं। अगर इन वस्तुओं का स्थानीय तौर पर उत्पादन होने लगे तो सार्वजनिक निर्माण कार्यों से पैदा हुई नई क्रय-शक्ति का पूरा लाभ स्थानीय बाजार को मिलेगा और उसका कुल रोजगार पर जबर्दस्त और अनोखा प्रभाव पड़ेगा।’ (शुमाखर की ‘स्मॉल इज ब्यूटीफुल’ पुस्तक से)

लेकिन ऐसी नीति चलाने के लिए सरकार को उन इलाकों का, जहाँ सार्वजनिक परियोजनाएँ शुरू करने की योजना हो, तकनीकी और सामाजिक सर्वेक्षण करना पड़ेगा और काम करनेवाले लोगों की आवश्यकता की उपभोक्ता वस्तुओं का

अनुमान लगाना होगा। इसके बाद स्थानीय साधनों की उपलब्धि को मद्देनजर रखकर निजी क्षेत्र या सहकारिता के क्षेत्र में ऐसे उद्योगों को प्रोत्साहित करना होगा, जो स्थानीय परिस्थितियों के सबसे ज्यादा अनुकूल हों। जिन इलाकों में विशाल और प्रभावशाली सार्वजनिक निर्माण कार्य की सबसे ज्यादा जरूरत होगी, वे अपने पिछड़ेपन के कारण तकनीकी जानकारी के लिहाज से बहुत पिछड़े होंगे। इसलिए यहाँ भी सरकार को मदद देनी होगी। स्थानीय निकाय यह काम नहीं कर पाएँगे, सो जिला या राज्य स्तर पर सरकार को ही मुख्य जिम्मेवारी ग्रहण करनी होगी।

इसके लिए विभिन्न किस्म की उपभोक्ता वस्तुओं के उत्पादन के लिए अनुसन्धान पर बहुत ज्यादा खर्च करना होगा, जिससे कि उपलब्ध स्थानीय माल और साधनों से ही उनका उत्पादन हो सके। बड़े औद्योगिक घरानों को इस प्रकार के अनुसन्धान में दिलचस्पी नहीं होगी। अगर हुई भी तो वे अपने अनुसन्धान का फायदा छोटे उत्पादकों को नहीं देंगे। इसलिए यह काम भी सरकार को ही करना पड़ेगा। इसके अलावा कृषि विस्तार सेवा की तरह की विस्तार सेवाओं का जाल बिछाना होगा और उन्हें अधिक सघन बनाना होगा ताकि वे बिखरे हुए छोटे उत्पादकों की विस्तृत जानकारी प्रदान कर सकें। इन उद्योगों की वित्तीय आवश्यकताओं की देखरेख भी सरकार को ही करनी पड़ेगी क्योंकि इन्हें स्थानीय रूप से ज्यादा वित्तीय मदद नहीं मिल सकती।

अधिकांश अनुसन्धान और विस्तार कार्यों की जिम्मेवारी और खर्च केन्द्रीय सरकार को उठाना पड़ेगा। उद्योग की समस्याएँ स्थानीय होंगी इसलिए सुदूर नई दिल्ली के अफसर उन्हें समझ नहीं सकेंगे, सो वे हिचकेंगे, देर करेंगे और यहाँ तक कि नामंजूर करेंगे। इसलिए यह जरूरी है कि इस तरह के नियोजन की समस्याओं से जूझने के वास्ते जिला और राज्य स्तर पर साधनों का और सत्ता का समुचित स्थानान्तरण हो। यहाँ भी जनता पार्टी ने अजीब परस्पर विरोधी आचरण किया है। वह शुरू से ही अर्थव्यवस्था में सरकार की भूमिका की आलोचना करती आई है कि इससे सत्ता का केन्द्रीकरण होता है, लेकिन आर्थिक या राजनीतिक मामलों में वह केन्द्र की सत्ता को कम करने के एकदम खिलाफ है। वह क्षेत्रीय नियोजन की भी बात करती है, लेकिन राज्यों को समुचित साधना और सत्ता प्रदान करने से हिचकती है जबकि देश के अधिकांश राज्य तो बहुत से राष्ट्रों से भी बड़े हैं। हमारे विकास की प्रक्रिया में सरकार की और ज्यादा सक्रिय भूमिका की आवश्यकता को देखते हुए यह बहुत जरूरी है कि राज्य ज्यादा-से-ज्यादा विकेन्द्रित हों ताकि स्थानीय जनता निर्णय करने में पूरी तरह भाग ले सके। राज्य का कोई भी ढाँचा क्यों न हो—केन्द्रित-सर्वसत्तात्मक या लोकतांत्रिक-विकेन्द्रित—एक गरीब देश में विकास के लिए उसकी मुख्य भूमिका से इनकार नहीं किया जा सकता।

राज्य को विकास की सारी प्रक्रिया का केन्द्र बनाना ही होगा। आर्थिक क्रिया-कलाप का जितना ही फैलाव होगा, उतनी ही उसको समन्वित रूप देने और प्रोत्साहित करने के लिए सरकार का निर्देश जरूरी होगा। समय के साथ देहाती इलाकों की छोटी औद्योगिक इकाइयों को पारस्परिक सहयोग और अपनी अधिकांश आवश्यकताओं को विनियम द्वारा पूरा करने के आधार पर खुद-ब-खुद विकास करना होगा, लेकिन प्रारम्भ में उन्हें सरकार की विशाल और बड़े पैमाने पर सहायता की जरूरत होगी।

जनता पार्टी की सरकार ने उत्पादन की प्रक्रियाओं में प्रत्यक्ष रूप से शामिल होने के बजाय गरीबों पर नये उत्पादन शुल्क का बोझ डालकर और करों में रियायत देकर पूँजीपतियों के लोभ के बूते पर देहाती क्षेत्रों में औद्योगीकरण को प्रोत्साहित करने की चेष्टा की है, लेकिन पिछला अनुभव स्पष्ट रूप से बताता है कि पूँजीपतियों पर निर्भर रहने से कुछ नहीं होता।

जनता पार्टी की मुश्किल यह है कि कांग्रेस की बुराइयों—अतिकेन्द्रीयकरण, विशालता के प्रति मोह और विलासितापूर्ण शहरी रुझान—का तो वह सही निरूपण करती है, लेकिन अपनी खुद की वैकल्पिक नीति नहीं बना पाई है। इसका एक कारण तो यह है कि उसके बहुत-से नेता कांग्रेसी नीति को ही ठीक मानते हैं। दूसरे, वैकल्पिक नीति बनाने का मतलब पूँजीवादी व्यवस्था को तोड़ना भी होगा। कांग्रेस की नीति पर चलकर वह उसी हालत में पहुँचेगी, जिसमें इन्दिरा गांधी पहुँची थीं—आर्थिक यथास्थितिवाद की नीति को त्यागे या जन-असन्तोष को दबाने के लिए तानाशाही के तरीके अपनाए।

हाल में परिस्थितियों के दबाव में सरकारी क्षेत्र के प्रति रुख थोड़ा अनुकूल हुआ है, पर यह भी पूँजीपतियों की जरूरत के कारण। यह कोई नई बात नहीं, नेहरू के समाजवाद का यही आधार था। इस 'समाजवाद' में सरकारी क्षेत्र निजी क्षेत्र का स्वार्थ साधता था। पिछड़े देश और पिछड़ी अर्थव्यवस्था में पूँजीवादी आर्थिक नीति को और क्या चाहिए? जनता पार्टी जैसे-जैसे कांग्रेस की पुरानी नीतियों को स्वीकार करती चलती है वैसे-वैसे गाँवों के विकास की बात पीछे छूटती जाएगी। अब तो प्रधानमंत्री भी यह कहने लगे हैं कि तीस साल से कांग्रेस जिस नीति पर चल रही थी, वह बुनियादी रूप से सही थी।

क्रान्तिकारी लफ्फाजी के बाद जनता पार्टी की आर्थिक नीति उसी स्थान पर पहुँच गई है, जहाँ नेहरू थे। छठी योजना में कृषि और बाढ़ नियंत्रण व सिंचाई पर मंजूर रकमों में 1.4 और 3.2 प्रतिशत वृद्धि की गई है। यह बहुत ही मामूली परिवर्तन है, फिर भी स्वागत योग्य है, लेकिन सबसे बड़ी बात तो यह है कि जनता पार्टी ने अपने राज में ग्रामीण पुनर्निर्माण के लिए गाँव के सामाजिक-आर्थिक सम्बन्धों को बदलने की कोई चेष्टा नहीं की है। उल्टे, उसके सत्तारूढ़ होने के बाद पुराने सम्बन्ध

और मजबूत हुए हैं अर्थात् भूमिपति वर्ग का जुल्म और ठेकेदारों का भ्रष्टाचार बढ़ा है। ग्रामीण पुनर्निर्माण के लिए सबसे पहले यह जरूरी है कि भूमिहीनों और छोटे किसानों के संगठन बनाए जाएँ और इनके माध्यम से नये निर्माण कार्य चलाए जाएँ। जब निर्माण का सारा काम वे ही लोग करेंगे, जिन्हें उससे फायदा होनेवाला होगा तो काम सही ढंग से होगा। ऐसा न होने पर निर्माण कार्य के लिए मंजूर पैसों का बहुत बड़ा हिस्सा ठेकेदारों के पास चला जाएगा, लेकिन जनता पार्टी इस तरह की समस्याओं के बारे में सोचती ही प्रतीत नहीं होती। निचले स्तरों पर वह पुरानी नीतियों पर चल ही नहीं रही है बल्कि उन्हीं भ्रष्ट लोगों का सहारा ले रही है जो कांग्रेस के जमाने में फले-फूले हैं।

जनता पार्टी-2

1

जनता पार्टी को मार्च 1977 में मिले जनादेश के पीछे सबसे प्रबल भाव इन्दिरा गांधी की तानाशाही को समाप्त करना था। नागरिक स्वतंत्रता को बहाल करना और उन्हें मजबूत करनेवाले कदम उठाने का जनादेश था। जनता पार्टी के चुनावी वायदों में ये बातें थीं भी, जिसकी चर्चा पहले की जा चुकी है। सो, अब देखना है कि अब तक के राज में पार्टी इस पैमाने पर कितनी खरी उतरी है? सबसे महत्त्वपूर्ण वायदे थे,

1. मीसा को समाप्त करना,
2. संविधान के 42वें संशोधन को खत्म करना,
3. आपातकाल घोषित करनेवाले प्रावधानों में उपयोगी संशोधन करना,
4. प्रेस की आजादी और अभिव्यक्ति की आजादी बहाल करना,
5. न्यायपालिका की स्वतंत्रता बहाल करना और
6. राज्यों को अधिक स्वायत्तता देना।

जनता पार्टी के नेता शुरू से ही पहले वायदे को लेकर कुछ टालमटोल वाला नजरिया अपनाते रहे हैं बल्कि जनता पार्टी सरकार ने इस कानून के तहत काफी गिरफ्तारियाँ की हैं। कश्मीर में, जहाँ विधान सभा चुनाव हुए, सैकड़ों राजनीतिक कार्यकर्ता मीसा में गिरफ्तार किए गए। जनसंघ के प्रभुत्व वाले मध्य प्रदेश की सरकार ने भी मीसा के इस्तेमाल में कभी हिचक नहीं दिखाई है। वहाँ और बिहार में राजनीतिक कार्यकर्ताओं की गिरफ्तारी के लिए नये कानून बनाए गए हैं। जम्मू-कश्मीर की नेशनल कॉन्फ्रेंस सरकार ने जन सुरक्षा अध्यादेश के तहत लोगों को गिरफ्तार करने के काफी अधिकार अपने हाथ में ले लिए हैं। फिर केन्द्र की जनता सरकार ने भी मीसा हटाने के नाम पर एक धोखा रचने की कोशिश की। दिसम्बर 1977 में इसने मीसा हटाने की जगह जिस नये कानून का प्रावधान किया, वह मीसा जैसी कड़ाई वाला ही था बल्कि कई मायनों में यह ज्यादा खतरनाक था और इसके प्रावधानों का इस्तेमाल पुलिस और मजिस्ट्रेट ज्यादा कड़ाई से करते, पर इसी बात पर अन्दर और बाहर से हुए विरोध के चलते इसे छोड़ दिया गया। राम जेठमलानी ने इसके खिलाफ अभियान ही छेड़ दिया था। हाँ, जनसंघ के कँवरलाल गुप्त इसके सबसे बड़े पक्षधर थे। समाजवादी जमात तो मूकदर्शक बनी रही। फिर मार्च, 1978 को गृहमंत्री चरण सिंह ने मीसा की समाप्ति की घोषणा की। उसकी

जगह कोई नया कानून नहीं आया, पर जिन राज्यों ने अपने-अपने कानून बना लिए हैं, वे अब भी जारी हैं।

शुरू में चर्चा थी कि 42वें संशोधन को पूरी तरह खत्म कर दिया जाएगा। यह सुझाव भी दिया जा रहा था कि संविधान से आपातकाल का प्रावधान ही निकाल दिया जाए, पर जनता पार्टी को राज्यसभा में बहुमत नहीं है और उसे ऐसे बदलाव के लिए विपक्ष पर निर्भर होना है। जब बात शुरू हुई तो कांग्रेस इसे पूरी तरह खत्म करने के पक्ष में न थी, पर वह 42वें संशोधन के असुविधाजनक प्रावधानों को हटाने पर राजी थी। आपातकाल वाले प्रावधान को पूरी तरह हटाने पर भी उसकी असहमति थी, पर जीवन और आजादी को किसी भी स्थिति में न प्रभावित करनेवाली बात पर सहमति बन गई। फिर 45वाँ संशोधन लाया गया, जिसमें लोगों के मौलिक अधिकारों से छेड़छाड़ न होने देनेवाले बदलाव किए गए। कांग्रेस ने कुछ बातों पर आपत्ति की लेकिन सरकार उन पर ध्यान दिए बगैर आगे बढ़ी और बिल पेश किया। इसमें सम्पत्ति के मौलिक अधिकार को खत्म करने का प्रावधान भी है। फिर जनमत संग्रह के बगैर संविधान के बुनियादी स्वरूप से छेड़छाड़ न करने का प्रावधान भी है। कांग्रेस के संसदीय दल के नेता सी.एम. स्टीफन ने इसका विरोध किया, पर सम्पत्ति के मौलिक अधिकार की समाप्ति बहुत महत्त्वपूर्ण है क्योंकि यह चीज लोकतंत्र के लिए जरूरी है। भाषणवीर नेता धनवानों के खिलाफ आग उगलकर बाकी बुनियादी अधिकारों का हनन करते हैं। इन्दिरा गांधी ने ठीक ऐसा ही किया था। अब जबकि सम्पत्ति सामान्य अधिकार के तहत आ गई है तो कोई भी आर्थिक समानता लाने के नाम पर बाकी बुनियादी अधिकार लेने की कोशिश नहीं करेगा।

पर आपातकाल के मसले में जनता पार्टी के अनुदार नेता लोग ही मौजूदा प्रावधानों में ही थोड़ी-बहुत हेर-फेर के अलावा कोई बहुत बुनियादी बदलाव करने के पक्ष में नहीं हैं। सो, हमले और सशस्त्र विद्रोह वाली स्थिति में आपातकाल घोषित करनेवाला प्रावधान, धारा 352 को बरकरार रखा गया है। इतना भर बदलाव किया गया है कि 'आन्तरिक गड़बड़ियों' की जगह 'सशस्त्र विद्रोह' कर दिया गया है। सशस्त्र विद्रोह क्या है, यह तो सत्ता में बैठे लोगों को ही तय करना है, पर एक अच्छा प्रावधान यह जोड़ा गया है कि आपातकाल सम्बन्धी राष्ट्रपति के आदेश से भी संविधान की धारा 21 के तहत मिले जीवन और आजादी के अधिकार लिए नहीं जा सकते। यह अच्छी व्यवस्था है, पर निषेधात्मक गिरफ्तारी का प्रावधान, अनुच्छेद 22 अब भी बरकरार है। जो नेता आम जनों की नाराजगी के समय पुलिस और बलों को ही विश्वस्त सहयोगी मानते हैं वे संविधान में बदलाव करके अपना हाथ खाली करना नहीं चाहते। पर मीसा खत्म कर दिया गया है, यह भी कम बड़ी बात नहीं है।

मजदूरों को सामूहिक मोल-तोल का अधिकार मिलना भी महत्त्वपूर्ण है जो आपातकाल में उनसे लगभग छीन लिया गया था। मालिक तो जब चाहे तालाबन्दी कर सकता था, लेकिन मजदूर अपनी माँगों के लिए हड़ताल नहीं कर सकते थे। आपातकाल में हुए श्रम-दिवसों के नुकसान में तालाबन्दी अस्सी फीसदी से ज्यादा जिम्मेवार थी। अब मजदूरों के हड़ताल का अधिकार तो बहाल हो गया है, पर उनकी माँगों के प्रति सरकारी नजरिये में ज्यादा फर्क नहीं आया है। साथ ही, यह माहौल भी बनाया गया है कि हर हड़ताल सार्वजनिक व्यवस्था के लिए खतरा है। चरण सिंह ने कैबिनेट के सामने यह प्रस्ताव रखा कि सभी औद्योगिक संस्थानों को आवश्यक सेवा घोषित करके हड़तालों पर प्रतिबन्ध लगा दिया जाए, पर श्रम मंत्री रवीन्द्र वर्मा और बहुगुणा के विरोध के चलते कैबिनेट ने यह प्रस्ताव ठुकरा दिया।

जनता पार्टी के सामने मीडिया से सरकारी नियंत्रण समाप्त करने की बड़ी चुनौती भी थी। आपातकाल से जारी सेंसरशिप हटाकर यह काम तो आंशिक रूप से कर दिया गया, पर आपत्तिजनक सामग्री के प्रकाशन पर रोक सम्बन्धी जो प्रावधान तब जोड़ा गया था, उसे समाप्त करने की चुनौती थी। इसे भी बिना खास परेशानी के दूर कर दिया गया। पर आपातकाल में सभी समाचार एजेंसियों को मिलाकर बनी एक एजेंसी—समाचार को बाँटना और आकाशवाणी तथा दूरदर्शन को स्वायत्तता देने का सवाल सुलझाना मुश्किल है। समाचार का गठन पी.टी.आई., यू.एन.आई., हिन्दुस्तान समाचार और समाचार भारती को मिलाकर हुआ था और इससे समाचारों पर नियंत्रण करना आसान हो गया था। एजेंसियाँ ही अखबारों के लिए समाचार का मुख्य स्रोत थीं। इसका सरकार ने चाहे जो लाभ लिया, घाटे में चल रही एजेंसियों, खासकर भाषायी एजेंसियों के कर्मचारियों को लाभ हुआ,जिन्हें वैसे भी बहुत कम पैसे मिलते थे। सो एजेंसी को बाँटने का प्रस्ताव कर्मचारियों को पसन्द नहीं आया। सम्पादक लोग बँटवारे के पक्ष में थे, पर कर्मचारी और सामान्य पत्रकार नहीं। इस बारे में बनी कुलदीप नैयर कमेटी ने एजेंसी को तीन एजेंसियों में बाँटने का सुझाव दिया—'वार्ता' और 'सन्देश' देशी खबरों के लिए और 'न्यू इंडिया' विदेशों के लिए। 'सन्देश' अंग्रेजी सेवा के लिए और 'वार्ता' भाषायी सेवा के साथ अंग्रेजी सेवा के लिए रखने का सुझाव दिया गया। साफ था कि 'सन्देश' को ही मुख्य और एकमात्र प्रभावी एजेंसी बनाने का सुझाव था। कमेटी के सदस्य 'स्टेट्समैन' के सी.आर. ईरानी ने सुझावों की आलोचना की। कई तरफ से आलोचना हुई, पर समाजवादी मधु लिमये ने कमेटी के सुझावों का समर्थन किया। पर विरोध के बाद समाचार को फिर से पुरानी चार एजेंसियों में बाँट दिया गया। आपातकाल में बनी एक और व्यवस्था समाप्त हुई।

जन संचार के क्षेत्र में सरकारी एकाधिकार को तोड़ने की एक अन्य कोशिश 'आकाशवाणी' और 'दूरदर्शन' को सार्वजनिक निगम के अधीन करना था। इन्दिरा

गांधी परिवार के गुणगान और उनके व्यक्तित्व के प्रचार में इन सबने बड़ी भूमिका निभाई थी। 'आकाशवाणी' की पहुँच बहुत बड़ी थी और इसने इन्दिरा गांधी का नाम और तारीफ दूर-दराज के इलाकों तक पहुँचाने का काम किया था। इनके काम-काज और सांगठनिक ढाँचे पर विचार करने के लिए जनता सरकार ने बी.जी. वर्गीज की अध्यक्षता में कमेटी गठित की। मार्च 1978 में इसके सुझाव संसद के पटल पर रखे गए। इसका सुझाव था कि संसद द्वारा कानून बनाकर एक स्वतंत्र, स्वायत्त और निष्पक्ष संगठन बनाकर 'दूरदर्शन' और 'आकाशवाणी' के संचालन का जिम्मा सौंप दिया जाए। इसका सुझाव था कि इसके काम-काज की स्वतंत्रता के लिए संवैधानिक गारंटी दी जाए। अगर ये सुझाव मानकर इन पर अमल किया गया तो जनता पार्टी अपना एक बड़ा चुनावी वायदा पूरा करेगी।

कानून का राज हो, इस दिशा में एक ठोस कदम आपातकाल लागू करनेवाली स्थितियों और आपातकाल के दौरान हुई ज्यादतियों का अध्ययन करने के लिए शाह आयोग का गठन था। सिर्फ कानून मौजूद हैं, इतने भर से काम नहीं चलता—सत्ता में बैठे लोग इन्हें मानें और इनका पालन करें, यह भी जरूरी है। छोटे लोगों को तो कानून तोड़ने पर सजा हो जाती है, पर सत्ता में बैठे लोग बचे रहते हैं जबकि उनके द्वारा कानून तोड़ने से काफी लोग प्रभावित होते हैं। कानून सबके लिए बराबर है, यह साबित करने के लिए 'शाह आयोग' का गठन स्वागत योग्य कदम था। उसके सामने बड़े-बड़े लोगों को बुलाया गया, पर जल्दी ही यह कानून का राज स्थापित करने के प्रयास की जगह जन अदालत जैसा स्वरूप लेने लगा। फिर यहाँ पेश होने आनेवालों ने भी इसे राजनीतिक तमाशा बना दिया। सरकार भी ऐसे लोगों से सख्ती से पेश आने से बचने लगी। अगर सरकार दोषियों के खिलाफ सख्त नहीं होगी तो आयोग का महत्त्व ही समाप्त हो जाएगा।

जनता पार्टी ने स्वतंत्रता का माहौल देने का वायदा किया था, पर इसके अनुदार/दकियानूस नेताओं की पुरानी आदतें छूट नहीं रही हैं। स्वतंत्रता की बात करना और काम किसी और दिशा में करने से बात कैसे बनेगी? ईरान के शाह के भारत आगमन से ऐसी ही स्थिति बनी। ईरान मानवाधिकारों और नागरिक अधिकारों के हनन के लिए सबसे कुख्यात है। उम्मीद की जा रही थी कि उनके आने पर यह मुद्दा उठेगा और उनसे ईरान में नागरिक अधिकारों की बहाली का मुद्दा भी उठाया जाएगा। जब यहाँ आपातकाल लगा था तब भारत सरकार के प्रतिनिधियों के विदेश जाने पर वहाँ प्रदर्शनों और बातचीत में यह मुद्दा उठता ही था। पर जो आदमी सालभर पहले तक यहाँ की तानाशाही का शिकार रहा हो] उसने शाह ईरान के खिलाफ प्रदर्शन पर बहुत ही उलटा रवैया अपनाया। वे 2 फरवरी, 1978 को आनेवाले थे और 1 फरवरी, 1978 को गृह मंत्रालय ने भारत में रह रहे ईरानियों को यहाँ शाह के खिलाफ प्रदर्शन करने का अधिकार देने से मना कर दिया। जो कुछ

ईरानी दिल्ली पहुँचे और कुछ भारतीय नौजवानों के साथ मिलकर शाह के खिलाफ शान्तिपूर्ण प्रदर्शन करने गए तो पुलिस ने उनकी बेरहमी से पिटाई की और जेल भेजा। चर्चा थी कि गिरफ्तार ईरानियों को वापस उनके देश भेजा जाएगा, पर यहाँ मचे शोर-शराबे के बाद सरकार ऐसा करने का साहस नहीं जुटा पाई।

राज्यों की स्वायत्तता और उन्हें अधिक वित्तीय अधिकार देना एक और ऐसा मुद्दा है, जिस पर जनता पार्टी के नेताओं ने अहंकार दिखाने के साथ ही कोई साफ नजरिया पेश नहीं किया है। यह हैरान करनेवाली चीज है क्योंकि जनता पार्टी के चुनाव घोषणापत्र में सत्ता का विकेन्द्रीकरण एक प्रमुख मुद्दा था। अगर केन्द्र अपने अपार राजनीतिक और वित्तीय शक्तियों में से कुछ को राज्यों के हवाले नहीं करेगा तो विकेन्द्रीकरण हासिल कैसे होगा? राज्यों को अधिकार दिए बगैर उनसे अपने अधिकार जिलों को सौंपने की बात करना दिखावा ही है जबकि सभी जानते हैं कि प्रत्यक्ष और अप्रत्यक्ष करों के माध्यम से हर गाँव, हर कस्बे से करों की वसूली की जा रही है। केन्द्र के मंत्री और अधिकारी तो शाहखर्ची करें और राज्यों से संयम बरतने को कहना नाटक ही है। सभी जानते हैं कि गाँवों और जिलों को अधिकतम संसाधन देना बहुत अच्छी बात है, पर पूरी प्रक्रिया तो दिल्ली की ताकत घटाने से ही शुरू होगी।

और राज्यों को अधिक स्वायत्तता की माँग पर मोरारजी देसाई ने जो कुछ कहा वह एक लोकतांत्रिक शासन के प्रधानमंत्री की जगह किसी राजा-महाराजा का कथन ज्यादा लगता है। 22 जनवरी, 1978 को उन्होंने इस बारे में कहा, “देश को एक रहना है और राज्यों को पर्याप्त स्वायत्तता है।” पर्याप्त तो उन्हें लगता होगा, यह सबकी राय नहीं हो सकती। और फिर स्वायत्तता के सवाल को देश की एकता से जोड़ना भी अच्छी मंशा नहीं दिखाती। यह कुतर्क है। अगर लोग अलग होने में ही स्वायत्तता की बात मान लें तो कौन ताकत उन्हें रोक सकती है? मोरारजी देसाई को पड़ोसी पाकिस्तान से दिखा सबक भी याद नहीं आया।

लेकिन राज्यों की स्वायत्तता का सवाल नागरिकों की आजादी से सीधे जुड़ा है। जहाँ शासन सचमुच संघीय है और उसकी इकाइयाँ पर्याप्त स्वायत्त होती हैं वहाँ तानाशाही चाहनेवाले शासकों के लिए अपनी ताकत बढ़ाना और मनमानी करना ज्यादा कठिन होता है। जर्मनी हो या रूस या स्पेन, जहाँ भी तानाशाही आई है, उसने अपने संघीय ढाँचे को नष्ट किया। अपने यहाँ भी जब इन्दिरा गांधी ने अपनी तानाशाही कायम की तो गुजरात और तमिलनाडु में गैर-कांग्रेसी सरकारें थीं वे उनके सीधे नियंत्रण से बाहर रहीं। यहाँ के लोगों को इससे राहत रही, पर बाहर के ऐसे काफी सारे राजनीतिक कार्यकर्ता भी यहाँ शरण लेते रहे—खासकर गुजरात में। यहीं सबसे ज्यादा भूमिगत साहित्य छपकर देश के बाकी जगह जाता रहा, पर इन्दिरा गांधी ने इन सरकारों को भी गिरवाकर अपनी कठपुतली सरकारें बनवाईं

और इस तरह की आजादी भी समाप्त हो गई। और अब जनता पार्टी सरकार का मुखिया ऐसी बातें करे तो इसे सचाई से आँख चुराना ही कहा जाएगा।

पर इन कमियों के बावजूद नागरिक आजादी बहाल करने की दिशा में जनता पार्टी सरकार की उपलब्धियाँ पर्याप्त हैं। सबसे ज्यादा महत्त्वपूर्ण है, न्यायपालिका की आजादी बहाल करना, पर पार्टी को इन चीजों का पूरा यश नहीं मिला है। इसका एक कारण तो यह है कि उन्होंने कोई भी काम स्वेच्छा से नहीं किया है। हर चीज के लिए दबाव बना तभी हुआ। ऐसे में उपलब्धियाँ भी चमक गँवा बैठीं। कोई भी फैसला जल्दी, खुशी-खुशी से नहीं हुआ और पार्टी की मंशा सदा सवालों के घेरे में रही है। जो लोग इन सवालों पर उसके साथ थे, वे भी दूर होते गए हैं। निश्चित रूप से यह उसके कामों का उचित पुरस्कार नहीं है, पर इस स्थिति के लिए वह खुद दोषी है।

2

साल भर पहले ही लोगों ने मतपत्रों के जरिये एक तानाशाह को बहुत ही निर्णायक ढंग से सत्ता से बाहर किया था। उम्मीद की गई थी कि इन्दिरा गांधी की राजनीतिक उपस्थिति अब लोगों की नागरिक आजादी के लिए खतरा नहीं बन पाएगी, पर लगता है कि यह उम्मीद बहुत जल्दी ही समाप्त हो रही है। इन्दिरा गांधी के राजनीतिक रूप से फिर से उभरने के लिए निश्चित रूप से जनता पार्टी के नेता ही सबसे ज्यादा जिम्मेवार हैं। दुनिया में हर कहीं सत्ता से हटनेवाले तानाशाह के साथ बहुत बुरा बर्ताव हुआ है—उन्हें लोग मार देते हैं या नई सरकार उनके गुनाहों की सजा देती है या वे देश छोड़कर भाग जाते हैं। हिटलर-मुसोलिनी का अन्त तो बहुत बुरा हुआ था। भारत के लोगों ने ज्यादा संयम और अच्छा व्यवहार दिखाया और ऐसी कोई क्रूर घटना को अंजाम नहीं दिया। निश्चित रूप से तानाशाही के दौरान लोगों की मौत, गैर-कानूनी गिरफ्तारी, दमन और परेशानियों के लिए जिम्मेवार दोषी लोगों को सजा देने के और सभ्य तरीके भी हो सकते हैं। आपातकाल में उत्पात मचानेवाले गिरोह को आगे गड़बड़ करने से रोकने के नरम उपाय ढूँढ़े जा सकते थे।

पर प्रधानमंत्री और सरकार में बैठे अनेक दूसरे लोगों की इन्दिरा गांधी से इतनी समानता है कि वे उन्हें भारतवासियों के लिए कोई खतरा मानते ही नहीं। बल्कि जिस नाटक की परिणति आपातकाल के रूप में हुई, वे काफी समय और दूर तक खुद भी उसका हिस्सा रहे हैं। वे जिस नजरिये को मानते हैं, उसमें सत्ता में बैठे लोगों का सात खून माफ होता है और शासितों का जुबान खोलना भी कुफ्र टूटने जैसा होता है। वे शायद यह ही मानते हैं कि अगर लोग 'ढंग' से न रहे तो उन्हें भी इन्दिरा गांधी वाले तरीके ही अपनाने होंगे। इसी के चलते सत्ता से हटने के बाद इन्दिरा गांधी को गम्भीर राजनीतिक और सामाजिक अपराधों का दोषी मानने की जगह विशेष दर्जे वाला नागरिक माना गया। उन्हें लम्बे समय तक प्रधानमंत्री आवास में ही रहने दिया गया, जिससे उनको तब के काफी सारे प्रमाण नष्ट करने का भी अवसर मिल गया होगा। प्रधानमंत्री देसाई के अनुसार ही उनके आवास पर करीब तीन हजार फाइलें जलाई गईं। जब वे प्रधानमंत्री निवास से निकलीं तो

उनको तीनमूर्ति भवन के पास एक बड़ा बँगला दिया गया। इसी से उनके अन्दर 'ऑपरेशन सब्वर्जन' अर्थात् सरकारी कदमों को निरस्त करने की तैयारी का अवसर मिला और मन बना।

जब चुनाव के दौरान उन्हें लोगों का मूड साफ दिखा तब उनका चेहरा लटक गया था। उनके तौर-तरीके बदल गए थे। उन्होंने तब चुप रहने और खामोशी से अपने पत्ते चलने का फैसला किया। इसी दौरान उन्होंने आग्रह करके जयप्रकाश नारायण से मिलने का वक्त लिया और अपने 'उज्ज्वल भविष्य' के लिए उनका आशीर्वाद लिया। इस बीच लोगों का आक्रोश भी कम होता गया और लोग माफ करनेवाले मूड में आते गए। जनता पार्टी सरकार ने भी शुरुआत ऐसे कामों से नहीं की जिसके ठोस नतीजों से लोगों पर प्रभाव पड़ता। सो, 'सभी सरकारें एक जैसी होती हैं' वाला भाव प्रबल होता गया। और जब लोगों की निराशा बढ़ने लगी तब इन्दिरा गांधी ने अपनी सक्रियता बढ़ाई। प्रशासन के अन्दर बैठी ऐसी जमात से भी उन्हें मदद मिली, जिसके लिए लोकतंत्र का कोई मतलब नहीं होता। वे कांग्रेस और नेहरू परिवार के साथ, खास तौर से 11 साल सीधे इन्दिरा गांधी के साथ ही सरकार में रहने और काम करने के अभ्यस्त थे। ये लोग उनकी वापसी चाहते ही हैं। इन्दिरा गांधी के खिलाफ शासन की हिचक और झिझक का एक कारण ऐसे अधिकारियों का नजरिया भी है। और जनता सरकार ने ऐसे लोगों को किनारे करने या अपने फैसले मनवाने के लिए सख्त रवैया अपनाने से भी परहेज किया। सारे अनुदार नेता स्थापित नौकरशाही के प्रति यही नजरिया अपनाते हैं। वे लोग जब लोकतांत्रिक ढाँचे को नुकसान पहुँचाते हैं तब भी ऐसे नेता नहीं जगते।

इन्दिरा गांधी का यह उभार हिटलर द्वारा 1923 में म्युनिख में किये गये 'कू द इतेत' जैसा ही लगता है। तब उसे भागते हुए गिरफ्तार किया गया था और वह घायल था, पर उसके 'राष्ट्रवाद' के प्रति नौकरशाही में अजीब दीवानगी थी। जल्दी ही उसे काफी कुछ करने दिया गया, जिससे उसने अर्द्ध सैनिक संगठनों की सहायता से लोकतांत्रिक व्यवस्था में ही बदलाव कर दिया। बीस के दशक की डरावनी मुद्रास्फीति और महामन्दी से पैदा नाराजगी ने उसे सत्ता पर काबिज होने का अवसर दिया और इस पूरे अभियान में नौकरशाही के एक बड़े हिस्से ने उसका साथ दिया, जिसे लोकतंत्र पसन्द न था।

इस बार की शुरुआत में इन्दिरा गांधी ने बहुत ही सावधानी से अपने कदम उठाए। वे गुमनाम और खामोश रहीं और उन्होंने लोगों का मन बदलने का इन्तजार किया। फिर उन्हें जैसे ही जनता सरकार के खिलाफ नाराजगी के सुर सुनाई देने लगे, उन्होंने बहुत सावधानी से उस मुद्दे को चुना जो उन्हें गरीब और कमजोर लोगों का हितैषी होने की छवि प्रदान करे। आपातकाल ने उनकी गरीब समर्थक

छवि को तार-तार कर दिया था। यह मौका बिहार के बेलछी में दलितों के खिलाफ हुए जुर्म की घटना ने दिया। उन्होंने वहाँ जाने का फैसला किया। वहाँ के लोगों ने उनके प्रति कोई उत्साह नहीं दिखाया जबकि कांग्रेसी कार्यकर्ताओं ने उस गाँव और रास्ते के गाँवों में लोगों को इसके लिए तैयार किया था। हाँ, उनके आने का विरोध नहीं हुआ।

कांग्रेस के अन्दर भी उनका पूरा समर्थन नहीं था। वे अध्यक्ष बनना चाहती थीं, पर हवा का रुख जानकर उन्होंने ब्रह्मानन्द रेड्डी को अध्यक्ष बनवाया, पर वे भी रबर स्टाम्प नहीं थे। कांग्रेस के सभी नेता भी उनकी मनमानी नहीं चलने देना चाहते थे। और जब 'शाह आयोग' ने 30 सितम्बर, 1977 को सुनवाई शुरू की तो वे चाहती थीं कि पूरी पार्टी उनके पीछे खड़ी रहे। उनके कई पूर्व सहयोगियों, जैसे ए.आर. गोखले, टी.ए. पै और डी.पी. चट्टोपाध्याय ने आयोग के सामने अपनी गवाहियों में उनकी तरफ उँगली उठाई। उन्हें लगा कि वे घिरती जा रही हैं। सो, वे अपने अपराधों को हंगामे से छुपाना चाहती थीं। वैसे भी उनके मन में कभी न्यायपालिका के प्रति कोई आदरभाव नहीं रहा था। इसलिए उन्होंने पहले दिन से 'शाह आयोग' को बदनाम करना, उस पर दोष लगाना शुरू किया। उन्हें लगता था कि प्रधानमंत्री रहते उनके फैसलों पर आयोग किस तरह सवाल खड़े कर सकता है। कछ पुराने सहयोगियों के बयानों से भी वे परेशान थीं। उनकी पहल पर कांग्रेस कार्यसमिति ने फैसला किया कि बिना सम्मन मिले कोई आयोग के सामने गवाही देने नहीं जाएगा, पर सम्मन जारी होते ही रहे और इस कदम से इन्दिरा गांधी को कोई लाभ नहीं हुआ।

अब वे ज्यादा-से-ज्यादा लोगों को अपने साथ दिखाकर नया आन्दोलन खड़ा करने के लिए बेचैन दिखने लगीं। 2 अक्टूबर, 1977 को उन्होंने आगरा में जनसभा की, जिसमें आपातकाल के फैसले को सही बताया। इसके बाद उन्होंने गुजरात समेत अनेक स्थानों पर जनसभा का फैसला किया। 3 अक्टूबर, 1977 को पार्टी कोष से काफी बड़ी रकम की गड़बड़ करने के आरोप में उनको गिरफ्तार किया गया, पर गिरफ्तार करने गए पुलिस अधिकारियों की गलती का लाभ लेकर उन्होंने इसे एक बड़े राजनीतिक नाटक में बदल दिया। उन्होंने निजी मुचलका लेने से इनकार किया। वह कार के बोनट पर जा बैठीं और आगे बढ़ने से इनकार कर दिया। उनके समर्थकों द्वारा जुटाई गई भीड़ इससे उत्साहित होकर हंगामा करने लगी। अब वे ही पुलिस वैन के पीछे लग लिए। रात-भर नाटक चला और यह भीड़ साथ-साथ घूमती रही। पुलिस को कुछ सूझ ही नहीं रहा था कि क्या किया जाए? आखिरकार वे उन्हें थाने में ले गए जहाँ से उन्हें कोर्ट में पेश किया गया। पूरा मामला इतने गलत ढंग से चलाया गया कि कोर्ट ने उन्हें बिना जमानत रिहा कर दिया। फिर उसके बाद इस केस का क्या हुआ, कुछ भी सुनाई नहीं दिया।

पर इस प्रसंग ने इन्दिरा गांधी को वह खुराक दे दी, जिससे वे राजनीतिक रूप से जीवित हो उठीं। अपने पूर्व घोषित कार्यक्रम के अनुसार 5 अक्टूबर, 1977 को वे सूरत गईं और वहाँ की जनसभा में अपनी राजनीतिक सक्रियता की घोषणा की। अभी भी पार्टी उनके साथ नहीं आई थी और वे सांसद भी नहीं थीं। यह चीज भी उनके हक में गई। सांसद होने से उनका आचरण कई तरह की बन्दिशों वाला होता। साथ ही, उन्हें कई मर्यादाओं का ध्यान रखना पड़ता क्योंकि अब लोकसभा भी बदल गई थी। उन्होंने गलतबयानी भी खूब की। वे जनसभाओं में महँगाई का रोना रोती थीं जबकि एक दशक में पहली बार कीमतें कम हुई थीं। जब देश सेंसरशिप से आजाद हुआ था तब वे प्रेस पर पाबन्दियों का सवाल उठाती थीं। वे समाचार एजेंसी को बाँटने के मसले को भी खबरों पर सरकारी नियंत्रण बढ़ानेवाला बताती रहीं। इसके बाद वे मौके-बे-मौके आन्दोलन करने लगीं जो असल में उनके समर्थकों के हुड़दंग से ज्यादा न था, पर इससे शासन और लोकतांत्रिक संस्थाओं की बदनामी तो हो ही रही थी।

फिर उन्होंने कांग्रेस की तरफ ध्यान दिया और यह आरोप लगाना शुरू किया कि वह लोगों की समस्याओं को ढंग से नहीं उठा रही है। कर्नाटक के मुख्यमंत्री देवराज अर्स भी यही शिकायत कर रहे थे—भले ही उनके कारण और थे। सो, अब वे भी इन्दिरा गांधी के साथ हो लिए। कांग्रेस हाईकमान से नाराज कुछ अन्य कांग्रेसियों और देवराज अर्स के साथ उन्होंने पार्टी की सांगठनिक कमियों पर विचार के लिए एक बैठक बुलाई। अब कांग्रेस के पदाधिकारी चौकन्ना हुए और उन्होंने इसका विरोध किया और अपने सदस्यों को मना किया कि वे इसमें हिस्सा न लें, पर यह बैठक हुई। 1 जनवरी, 1978 को दिल्ली में यह अधिवेशन होना था और 31 दिसम्बर, 1977 को अर्स सरकार गिरा दी गई। इससे आयोजकों को यह कहने का मौका मिल गया कि जनता सरकार और कांग्रेस के पदाधिकारी आपस में मिले हुए हैं। सम्मेलन की अध्यक्षता इन्दिरा गांधी ने की और अगले दिन इसने खुद को असली कांग्रेस और इन्दिरा गांधी को अपना अध्यक्ष घोषित कर लिया। यह अपूर्व बात थी क्योंकि यह न तो कार्यसमिति द्वारा बुलाया आधिकारिक जलसा था न इसमें कांग्रेस के प्रतिनिधि जुटे थे। इसके फैसलों की कोई वैधता न थी, पर वे किसी भी तरह अपनी चलाना चाहती थीं। वे यह बताना चाहती थीं कि वही असली विपक्ष हैं। वे खुद को असली कांग्रेस होने का दावा भी रखती थीं। इसी के चलते उनकी पार्टी का नाम कांग्रेस (इन्दिरा) रखा गया। हिटलर ने भी अपनी पार्टी का नाम अपने नाम पर रखने का दुस्साहस नहीं किया था।

अपनी इस फौज को खड़ा करने के बाद उन्होंने आपातकाल की ज्यादतियों की जाँच के लिए बने न्यायिक आयोग के काम-काज का विरोध करने का फैसला किया। पहले की दो पेशी में उन्होंने आयोग से और समय माँगा था, जो मिला भी।

बाद में उन्होंने आने से इनकार किया। आयोग ने जब सम्मन भेजकर उन्हें जनवरी 1978 में बुलाया तब उन्होंने अपनी कांग्रेसी फौज के सहारे आयोग को चुनौती देना और इस अवसर का इस्तेमाल अपनी राजनीति को चमकाने के लिए करने का फैसला किया। उन्होंने आयोग के अधिकार क्षेत्र पर सवाल उठाए, जनता पार्टी शासन की आलोचना की और अपने फैसलों को सही बताती रहीं। उनका आशय यह था कि जब मौजूदा शासन पहले से बेहतर नहीं है तो उसे पहले पर सवाल उठाने का अधिकार नहीं है। उन्होंने बैंकों के राष्ट्रीयकरण और उसमें जजों के शेयरहोल्डर होने का सवाल उठाकर न्यायपालिका और फिर जस्टिस शाह को भी शक के दायरे में लेने का दाँव चला। आखिर जस्टिस शाह को कहना पड़ा कि उनके पास ऐसा कोई शेयर नहीं है। जानकार लोगों को तो यह सब नाटक और झूठ लगता ही था, पर समय बदलने के साथ आम लोगों का नजरिया बदलने लगा। लोगों की याददाश्त भी छोटी होती है, सो उनके कुछ आरोपों पर लोग भरोसा भी करने लगे। वह भी यही चाहती थीं।

उधर जनता पार्टी के लोग आपसी खींच-तान और खास तौर से गृह मंत्री चरण सिंह का कद ठिकाने लगाने की चिन्ता से काम करते रहे और आपातकाल के दोषियों से निपटने के मामले में आश्चर्यजनक रूप से बेपरवाह रहे। जनता पार्टी की आन्तरिक कलह से उत्साहित इन्दिरा गांधी और उनके आसपास के लोग हर स्तर की सत्ता का मजाक बनाने का कोई अवसर नहीं चूक रहे थे। इन्दिरा गांधी और उनके पुत्र संजय गांधी के खिलाफ कई जगह मुकदमे चल रहे थे और हर पेशी के समय उनके समर्थक पुलिस से भिड़ जाते थे। अदालतों की खिल्ली उड़ाने का कोई अवसर हाथ से जाने नहीं देते थे। 'शाह आयोग' के आगे उन्होंने यह कहकर कोई भी चीज बताने से इनकार कर दिया कि यह प्रधानमंत्री पद की शपथ का उल्लंघन होगा। वे तो एक संवैधानिक पद पर थीं तो ऐसा तर्क दे भी सकती थीं, पर उनके पुत्र संजय गांधी और धीरेन्द्र ब्रह्मचारी ने भी कुछ नहीं बताया—शायद वे खुद को कानून से ऊपर समझते थे। वे लोग खुद को सत्ता का समानान्तर केन्द्र समझते थे।

और फिर उनके कथित समर्थकों का क्या पूछना था? ये लोग जहाँ भी जाते थे उनके हथियारबन्द समर्थक उनको घेरे रहते थे। जो कोई इन्दिरा गांधी के खिलाफ बोलने, विरोध करने या असम्मान दिखाने की हिम्मत करता था, उस पर हमला कर दिया जाता था। हर कहीं उनके जाने पर मारपीट हुई। उनके लोगों द्वारा आयोजित हर प्रदर्शन हिंसक हुआ। गृह मंत्री के घर के सामने आयोजित उनके विरोध प्रदर्शन में सशस्त्र लोग भरे पड़े थे और पुलिसवाले भी हिंसा के शिकार हुए। 17 मार्च, 1978 को लखनऊ में विधान सभा के सामने हुए प्रदर्शन में ऐसी ही हिंसा हुई जबकि सदन के अन्दर मौजूदा कांग्रेस (इन्दिरा) के विधायकों ने वहाँ का काम-काज

ठप्प करने के लिए चप्पलें और कुर्सियाँ चलाईं। 12 अप्रैल, 1978 को कोलकाता में राज्य सचिवालय, राइटर्स बिल्डिंग के सामने कांग्रेस (आई) ने सचिवालय पर हमला किया। कांग्रेसी नेता सी.एम. स्टीफन ने इसे जन-आक्रोश की अभिव्यक्ति करार दिया। असल में इन्दिरा गांधी के लोग इन हंगामों के जरिये यह दिखाना भी चाहते थे कि शासन करना सिर्फ उन्हें ही आता है।

और ऐसा नहीं है कि सिर्फ अपने दम पर ही इन्दिरा गांधी यह कोशिश कर रही हैं। उन्हें बहुत स्पष्ट ढंग से थैलीशाहों का समर्थन हासिल है। अभी भी उनके पार्टी फंड में जनता पार्टी से ज्यादा रकम आती है और वे शासक दल से भी ज्यादा रकम अपने कार्यक्रमों में खर्च करती हैं। उनकी रैलियों में कारों का काफिला जिस तरह उमड़ता है, वह बताता है कि नव-धनाढ्य वर्ग अभी भी उनके साथ है। पूँजीपति वर्ग भी उनको ज्यादा पसन्द करता है। उसे जनता पार्टी के नेताओं से शिकायत नहीं है, पर नागरिक आजादी की बहाली से बने माहौल की तुलना में उसे आपातकाल का माहौल ज्यादा अच्छा लगता है। मजदूरों की माँग, हड़ताल, आन्दोलन के माहौल से उन्हें परेशानी लगती है। पर मजेदार बात यह है कि इंटक समेत भाकपा से जुड़ा मजदूर संगठन 'एटक' भी इन्दिरा गांधी के साथ लगता है।

मीडिया ने भी अपना सुर बदला है। प्रमुख अंग्रेजी अखबार 'स्टेट्समैन' इसका उदाहरण है। 15 अप्रैल के अंक में इसने डॉ. अम्बेडकर के जन्मदिवस पर इन्दिरा गांधी द्वारा उनकी प्रतिमा को माला पहनाने का फोटो सबसे ऊपर चार कॉलम में छापा है जबकि अहमदाबाद में प्रधानमंत्री द्वारा बाबा साहब की नई मूर्ति के अनावरण की खबर सबसे नीचे दो कॉलम में। फिर यह खबर बहुत प्रमुखता से छपी है कि संसद के सेंट्रल हॉल में कांग्रेसी कार्यकर्ताओं ने 'इन्दिरा गांधी जिन्दाबाद' के नारे लगाए और बाबा साहब के जन्मदिन पर राष्ट्रीय अवकाश घोषित करने की माँग की। सारा जतन यही लगता है कि इन्दिरा गांधी को दलितों और अम्बेडकर का सबसे बड़ा हितैषी बताया जाए। यह एक छोटा उदाहरण भर है, पर अखबार यह जानते हुए यह सब कर रहे हैं कि अगर वे सत्ता में वापस आईं तो प्रेस का वही बुरा हाल करेंगी। अब यह उनकी समझ का खोट है या मालिकों का निर्देश है या फिर जनता पार्टी सरकार से नापसन्दगी वजह है, पर हो यही रहा है। अब इन सबका मतलब इन्दिरा गांधी की वापसी ही नहीं है और उसके लिए उन्हें अभी बहुत कुछ करना होगा, पर स्वस्थ लोकतंत्र के विकास की सम्भावनाएँ इसके चलते धूमिल हुई हैं। अब कोई भी जनता की परेशानी की बात उठाते हुए यह डर महसूस करता है कि एक खतरनाक शिकारी घात लगाए बैठा है जो इन सब बातों का लाभ ले लेगा।

3

तो अभी तक की बातों से यह साफ है कि कुछ क्षेत्रों में जनता पार्टी सरकार की उपलब्धियाँ ठीक-ठाक हैं। आपातकाल वाले माहौल और व्यवस्थाओं से मुक्ति मिली है। प्रेस की आजादी के लिए ठोस कदम उठे हैं। संवैधानिक सुधार के जरिये मौलिक अधिकारों की रक्षा सुनिश्चित करने के साथ उनका दायरा बढ़ाया गया है। न्यायपालिका की स्वतंत्रता और मर्यादा बहाल हुई है। विदेश नीति में पड़ोसी देशों से बना दोस्ताना सम्बन्ध पहले कभी नहीं बना था। दो महाशक्तियों के बीच सन्तुलित सम्बन्ध बनाने में भी सफलता मिली है जबकि सोवियत संघ द्वारा आपातकाल का समर्थन करना नई सरकार के लिए बाधक हो सकता था। परमाणु नीति के मामले में भी हमने उल्लेखनीय सफलता पाई है। यह सही है कि ये उपलब्धियाँ बिना दबाव के हासिल न होतीं और जनता पार्टी के अन्दर भी इन सवालों पर मतभेद रहा है, पर जो नतीजा सामने दिखता है उसी एक आधार पर मूल्यांकन होना चाहिए।

पर कई क्षेत्र ऐसे भी हैं जहाँ का काम-काज इतना अच्छा नहीं रहा है। पुलिस और नौकरशाही का व्यवहार आपातकाल के दिनों वाला ही लगता है। उसमें कोई बड़ा बदलाव नहीं हुआ है। जगह-जगह पुलिस फायरिंग हुई है। जनता पार्टी के शासन वाले राज्यों ने पुलिस फायरिंग के मामले में पुराने सारे रिकॉर्ड पीछे छोड़ दिए हैं। अपराधियों के खिलाफ सख्ती नहीं दिखती, पर राजनीतिक प्रदर्शनकारियों पर बार-बार कहर टूटा है। इसकी चर्चा हमने पहले भी की है। आर्थिक मोर्चे से भी खतरे के संकेत ही दिखते हैं। कई क्षेत्रों में पिछली सरकार से बेहतर काम हुआ है। खाद्यान्न का उत्पादन बढ़ा है। विदेशी मुद्रा का भंडार रिकॉर्ड लेवल तक पहुँचा है। कीमतों में कमी आने लगी है, पर पिछले कई सालों से बनी जड़ता बरकरार है। अर्थव्यवस्था की कोई दिशा समझ नहीं आती। रोजगार के अवसर नहीं बन रहे हैं। आर्थिक स्थिति पहले से कुछ बेहतर हुई है, यह कहना बहुत भरोसा नहीं बनने देता है। इन्दिरा शासन में बनी जड़ता का रिश्ता शासन की क्रूरता से भी था और वैसी स्थितियाँ चीजों को फिर उधर ही ले जाएँगी। कॉलेज-विश्वविद्यालयों की हड़तालें और अलग-अलग राज्यों के आन्दोलन उस ओर इशारा भी कर रहे हैं। अपनी पूर्ववर्ती सरकार की तरह जनता पार्टी सरकार भी इस स्थिति से निपटने के लिए

तैयार नहीं लगती। अपनी उलझन और बेचैनी में वह इन समस्याओं को निपटाने का जिम्मा नौकरशाही पर छोड़ रही है जिसे सिर्फ ताकत और डर का इस्तेमाल करना आता है।

पर जनता पार्टी का संकट अस्थायी नहीं है। आर्थिक मुद्दों पर पार्टी के अन्दर इतने मतभेद हैं कि एक सुसंगत और साफ-सुथरी नीति सामने आए, इसकी गुंजाइश नहीं है। और इसमें कोई हैरानी की बात भी नहीं है। सचाई यही नहीं कि जनता पार्टी का गठन किसी आर्थिक क्रान्ति या रचनात्मक आर्थिक बदलाव के लिए नहीं हुआ था। यह तो तानाशाही को मिटाने के लिए जल्दबाजी में बना जमावड़ा है और यह काम इसने करीब-करीब पूरा कर दिया है। अब इसके पास ज्यादा कुछ करने को बचा भी नहीं है। सामान्य ढंग से कुछ होता रहे, इतना ही सम्भव है।

जनता पार्टी की असली समस्या अपनी पहचान को स्थापित करने की है। और जिन मामलों में इसने मिल-जुलकर कुछ बातें कागज पर उतारी भी हैं तो उसे ठोस जमीन पर उतारना नहीं हो पाया है। नीतियों के मामले में मतभेद ही नहीं, परस्पर विरोधी नजरिया भी है और नेताओं की व्यक्तिगत लड़ाइयाँ बढ़ती गई हैं। ये पार्टी अनुशासन से भी नहीं सँभल पा रही हैं।

और कोई टिकाऊ मिथक/विमर्श न होने से बातें बिखरी-बिखरी दिखती हैं। राजनीति के आगे बढ़ने के लिए ऐसे मिथकों की जरूरत होती है और कोई भी स्वीकृत नीति किसी मिथक का विकल्प नहीं बन सकती। आदिवासी समाजों में उनका मिथक ही न सिर्फ उन्हें एक रखता है बल्कि हर किसी से बिना कहे भी अपनी जिम्मेवारियों का निर्वाह कराता है। पर हमारे जैसी जटिल संरचना वाले समाज में मिथक का महत्त्व ठीक से समझा ही नहीं गया है। यह मान लिया जाता है कि लोग सिर्फ व्यावहारिक वजहों—आर्थिक जरूरत, महत्त्वाकांक्षा वगैरह के चलते ही काम करते हैं, यह भ्रम है। हर कोई कम या ज्यादा, उच्चतर आदर्शों से लैस होता है। उसे दूसरों के साथ खुद की नजरों में भी सही दिखना होता है। और भले ही वह किसी अभुत भौतिकवादी जमात का सदस्य हो, पर उसके द्वारा स्वीकृत मिथक के भी कुछ कायदे होंगे जिस पर हर किसी को खरा उतरना होता है। मिथक समाज की जरूरतों से अलग नहीं होते, लेकिन वे माननेवालों को एक श्रेष्ठतर उद्देश्य की तरफ ले जाते हैं। यह भाव उनमें अन्तर्निहित होता है। सम्भव है कि तात्कालिक जरूरत और यह श्रेष्ठतर उद्देश्य एक न हों और कई बार उनमें भी टकराव होता है। ऐसी स्थिति गें भावनातगक रांकट खड़ा होता है। वे मूल्य टूटते हैं जो समाज को टिकाए होते हैं। यह चीज मार्क्स द्वारा वर्णित सिद्धान्त के करीब लगे, पर अन्तर करना पड़ेगा। मार्क्स ने कहा कि सिर्फ वर्गों की विचारधारा होती है—यह एक ऐसा पद है जिसकी उन्होंने पर्याप्त व्याख्या नहीं की है, पर उनके कथनों से लगता है कि आर्थिक गतिविधियों की साझा स्थिति से बना लोगों का जमावड़ा/समूह ही वर्ग

है। और स्पष्ट ढंग से कहें तो उत्पादन के साधनों के मालिक और काम करनेवाले दो वर्ग हैं। दूसरी तरफ मिथक कुछ निश्चित मूल्यों और आस्थाओं के इर्द-गिर्द बने हर समूह हैं।

आदिवासी समाज एक बृहत्तर मिथक के इर्द-गिर्द एकजुट है जो उस समुदाय की सारी गतिविधियों को चलाता है। वहाँ व्यक्ति या कोई समूह एकदम अलग राह ले ले, ऐसा नहीं होता (आदर्श स्थितियों में ही)। हर कोई अपने लिए तय काम करता है और उसका एक पदानुक्रम से तय मूल्य और स्थान होता है। अभी कुछ सदी पहले तक सभी समाज अपने पूर्वजों द्वारा स्थापित पारम्परिक मूल्यों से ही संचालित होते थे। शासन का दखल न्यूनतम था। लोग शासन से इतनी ही उम्मीद रखते थे कि वह उन्हें अपना जीवन जीने दे—जो वैसे भी बहुत आसान न था। जब बोझ बढ़ जाता था तब बगावत होती थी और थोड़े अदल-बदल के बाद चीजें वापस पुराने ढर्रे पर लौट जाती थीं। राजाओं के युद्ध से उन्हें धन और पुरुषों की हानि उठानी पड़ती थी, पर लोग उसमें बहुत जुनून से हिस्सा लेते हों, यह शायद ही कभी होता था। महानगरों के उभार के साथ, जहाँ अलग-अलग संस्कृतियों के लोग साथ-साथ जीने लगे, यह सब बदल गया है।

इस बड़े समाज के छोटे-छोटे हिस्सों और समूहों में अब भी कुछ छोटे मिथक हैं और वे कुछ प्रभाव के साथ काम करते हैं। अपने लोगों को प्रेरित करते हैं। पर समाज बड़ा और विविध होने पर भी ऐसे नये बड़े मिथक की जरूरत बनी रहती है और इसका सबसे व्यापक स्वरूप राजनीतिक मिथक ही है। अगर यह बड़ा समाज बिना किसी बुनियादी मूल्यबोध और व्यापक मिथक के चलता है तो उसकी एकता और अखंडता के लिए खतरा बना रहता है। एक व्यापक स्वीकृति वाले लक्ष्य को मिथकीकरण की जरूरत सदा रहती है और इसकी कोशिश चलती भी है। तरह-तरह के और परस्पर विरोधी दावों के बीच समाज के टिके रहने के लिए ऐसे मिथकों की जरूरत होती है। फ्रांसीसी क्रान्ति के बाद से आज तक राष्ट्रवाद ऐसा ही एक प्रभावी मिथक रहा है, पर सभी जगह राष्ट्रों के उभर जाने और फिर शुरू हुई आपसी टकराहट से हुए दो विश्व-युद्धों का नतीजा भोगने के बाद इस पर भी गम्भीर सवाल उठने लगे हैं।

आज की राजनीतिक चर्चा में 'स्थिरता' और 'विकास' का मिथक ज्यादा टिकाऊ लगता है। हर तरह के राजनीतिक दल और शासक जमात अपने शासन को वैध बताने के लिए इन मिथकों का आज ज्यादा इस्तेमाल करते हैं। एक चीज परम्परा की अच्छी मानी जानेवाली चीजों को बचाकर रखने की बात करता है तो दूसरी मौजूद स्थितियों और कहनेवालों की कल्पना/प्रचार के अनुरूप यूटोपिया की दिशा में विकास की बात करती है। चूँकि इन मिथकों का जरूरत से ज्यादा इस्तेमाल हो चुका है, उनकी चमक कुछ मद्धिम पड़ी है, पर अपने-अपने आन्दोलन

के नेताओं की क्षमता के अनुसार ये ही दो लक्ष्य लोगों की कल्पना/सपनों को जगाने और अपनी ओर मोड़ने में सबसे ज्यादा सफल हुए हैं। निश्चित रूप से देश की स्थितियों के हिसाब से भी इनका असर तय होता है। जहाँ परम्परा बोझ बन गई हो वहाँ बदलाव की बात ज्यादा जँचती है। अविकसित देशों पर यही बात लागू होती है। वहाँ नीतियों के लाभ-घाटे की बात कम प्रभावी होती है। पर कोई प्रभावी मिथक, कोई सपना ज्यादा प्रभावी होता है। और जब उस दिशा में ठोस कदम उठें तो लोगों को अच्छा लगता है, लेकिन जब गैर-बराबरी मिटाने का सपना देखनेवाला नेता राजा-महाराजा जैसा आचरण करता है तो जनता और उसके बीच बना रिश्ता टूटने लगता है।

इसलिए क्या किया जाए, यह तो महत्त्वपूर्ण है ही, कैसे किया जाए यह भी महत्त्वपूर्ण है। लोगों की नजरों में इसका सांकेतिक महत्त्व क्या है, यह भी महत्त्वपूर्ण है। उनके अन्दर इससे क्या धारणा बनती है? अगर पार्टी के नेताओं का काम और आचरण परस्पर विरोधी और बिखरा दिखेगा तो पार्टी के अपने लोगों में ही नहीं, आम लोगों में भी गलत सन्देश जाएगा। अच्छा काम भी बेमन से किया जाता लगे तो उसका प्रभाव कम हो जाता है। लोकतंत्र में लोगों के भले के लिए कदम उठाना ही जरूरी नहीं है, उसका दिखना भी जरूरी है, लोगों का वैसा महसूस करना भी जरूरी है।

जनता पार्टी की त्रासदी यह है कि इसमें तरह-तरह के और परस्पर विरोधी तत्त्व भी मौजूद हैं। बदलाव की बात करनेवाले हैं तो व्यवस्थावादी भी हैं। जो पार्टियाँ इसमें मिली हैं, उनकी अलग-अलग विचारधारा रही है और नेताओं के भी अपने विचार हैं। सो एक दल के लोगों का एक विचार और एक कार्यपद्धति वाली बात यहाँ अद्भुत नहीं चलती। कार्यकर्ता भी इसके चलते भ्रमित रहते हैं। इस दल से क्या उम्मीद की जाए, इस बारे में लोग भी भ्रमित रहते हैं। फिर नेताओं की निजी खुन्नस और प्रतिद्वन्द्विता ही सबसे ऊपर लगती है।

मुश्किल तो पूरी पार्टी के लिए है, पर व्यवस्थावादी जमात को इससे खास मुश्किल नहीं है। असली दिक्कत समाजवादियों की है। अगर वे बदलाव चाहते हैं तो उन्हें बगावत करनी होगी। उन्हें वैकल्पिक सोच और कार्यक्रम देने होंगे, अलग मूल्य स्थापित करने होंगे। वे जो बोलते रहे हैं, मौजूदा व्यवस्था उससे उलट है। गरीब के लिए कुछ भी नहीं हुआ लगता है, जिसकी बातें वे सदा करते थे। मौजूदा व्यवस्था की निरन्तर आलोचना, इसके छद्मों का खुलासा, झूठे दावों की पोल खोलने और चिकने-चुपड़े चेहरों के पीछे छुपी सचाई को उजागर करने से ही लोग इस व्यवस्था की कमियों को जान पाएँगे। इसी तरह के अभियान से लोगों के अन्दर बदलाव की भूख जगेगी। उनके बीच ऐसे ही विचारों के साथ काम करने से वे लोग समाजवादी विचारों और कार्यक्रमों के समर्थक बनेंगे। उनके समर्थन और सहयोग

के बिना समाज में कोई बदलाव नहीं हो सकता। यह किए बिना समाजवादी जनता पार्टी के अन्दर कैदी, जिन्हें हम सुखी कैदी भी कह सकते हैं, बने रहेंगे।

अभी की स्थिति से तो समाजवादियों को पार्टी के अन्दर तोड़फोड़ वाली भूमिका ही निभानी होगी। उनकी इस भूमिका के बिना पार्टी एकदम अनुदार लाइन पर चली जाएगी। उसके सामने कुछ लक्ष्य भी नहीं है। न तो उसका कोई संगठन है, न जनाधार और न ही ऐसा कुछ तैयार करने की मंशा है। ऐसी स्थिति में तो समाजवादियों के लिए पार्टी में बने रहने का कोई खास मतलब नहीं है बल्कि इस तरह खामोश रहने और सत्ता भर की लड़ाई करने के चलते वे अपने कार्यकर्ताओं और समर्थकों की नजर में गिरते जा रहे हैं। वे कोई बड़ी पार्टी बना लेंगे या समाजवादी आन्दोलन खड़ा कर लेंगे, इसकी सम्भावना न भी हो तो भी देश में लोकतांत्रिक समाजवादी खेमा तो बचा रहेगा। जिस तरह से इन्दिरा गांधी फिर से अपने नकली समाजवाद का झुनझुना बजाने लगी हैं, देश को ऐसे विकल्प की जरूरत है।

4

इस पुस्तक के प्रेस में जाने के समय जनता पार्टी एक गम्भीर संकट में फँसी है। पार्टी अध्यक्ष चन्द्रशेखर और प्रधानमंत्री देसाई के समर्थक गुटों द्वारा चरण सिंह को ठिकाने लगाने की कोशिश से यह संकट पैदा हुआ था और अवसर दिया था राजनारायण ने, जो इधर चरण सिंह के सबसे विश्वस्त सहयोगी बनकर उभरे हैं। जून से वे चन्द्रशेखर से पार्टी अध्यक्ष पद से इस्तीफे की माँग और पार्टी के काम-काज को लोकतांत्रिक बनाने की माँग कर रहे हैं। उनका कहना है कि वे मनोनीत अध्यक्ष हैं और उनका कार्यकाल भी समाप्त हो चुका है। चूँकि सदस्यता अभियान की तारीख आगे बढ़ा दी गई है, इसलिए नियमित चुनाव कराना भी सम्भव नहीं है, इसलिए जनता पार्टी के सांसदों और विधायकों (चुने हुए जनप्रतिनिधियों) के वोट से ही नया अध्यक्ष चुनने का सुझाव दिया गया। चूँकि यह माँग सार्वजनिक रूप से की गई थी, पार्टी कार्यकारिणी ने 22 अप्रैल, 1978 की अपनी बैठक में इसे अनुशासनहीनता माना और राजनारायण से स्पष्टीकरण माँगा। चरण सिंह ने इसे अपने ऊपर हमला माना। उन्होंने पहले के भी ऐसे सारे मामलों में कार्रवाई की माँग की। अब जनसंघ ने चरण सिंह की ओर से हाथ झाड़ लिया। पार्टी दो धड़ों में बँट गई। गाँव समर्थक चरण सिंह के साथ हो गए तो शहर समर्थक दूसरी तरफ। जॉर्ज फर्नांडिस भी चन्द्रशेखर, देसाई, बीजू पटनायक, पीलू मोदी और जनसंघ वाले खेमे में दिखे। पी.एस.पी. और बी.के.डी. के पुराने ज्यादातर लोग चरण सिंह के साथ दिखे।

दो घटनाओं ने मामले को और भड़का दिया। हिमाचल प्रदेश के मुख्यमंत्री शान्ता कुमार, जो जनसंघ वाले हैं, ने शिकायत की कि राजनारायण ने शिमला के रिज मैदान में सभा करके निषेधाज्ञा का उल्लंघन किया है। इसी के साथ चरण सिंह का एक बयान अखबारों में छपा कि सरकार इन्दिरा गांधी के खिलाफ कार्रवाई करने में ढील बरत रही है। यह एक तरह से आत्म-आलोचना भी थी क्योंकि वे खुद गृह मंत्री थे। इन दो घटनाओं के बाद कैबिनेट की आपात बैठक बुलाई गई और प्रधानमंत्री देसाई को जरूरी कदम उठाने के लिए अधिकृत किया गया। उन्होंने चरण सिंह और राजनारायण से स्पष्टीकरण माँगे बिना उनसे इस्तीफा माँग

लिया। बाद में राजनारायण और शिमला की सभा के आयोजकों ने जो प्रमाण रखे, उससे शान्ता कुमार के आरोप शक के दायरे में आ गए। फिर तो देसाई के लिए ही परेशानी पैदा हो गई। पर वे अड़ियल थे।

चरण सिंह ने 17 जुलाई, 1978 को दिल्ली में विशाल किसान रैली करके अलग ढंग से जवाब देने का प्रयास किया। इसके जरिये वे उत्तर भारत का अपना जनाधार प्रदर्शित करना चाहते थे, पर इससे उनके तीन समर्थक मुख्यमंत्रियों—हरियाणा के देवीलाल, बिहार के कर्पूरी ठाकुर और उत्तर प्रदेश के रामनरेश यादव—के पैरों के नीचे की जमीन खिसकती लगी क्योंकि वे जनसंघ की पृष्ठभूमि वाले विधायकों के समर्थन के बिना नहीं चल सकते थे। उन्होंने फैसले बदलवाने की दौड़-धूप तेज की—खास तौर से कर्पूरी ठाकुर ने। 11 जुलाई, 1978 को जनता पार्टी कार्यकारिणी की बैठक हुई, जिसमें इच्छा प्रकट की गई कि चरण सिंह इस्तीफा वापस लें। उनसे इस्तीफा वापस लेने का आग्रह नहीं किया गया, जो पार्टी की अन्दरूनी लड़ाई जारी रहने का इशारा ही करता है। खैर, इससे तत्काल का संकट टल गया और इन्दिरा गांधी के खिलाफ कार्रवाई की सुगबुगाहट भी शुरू हुई, पर ऐसी स्थिति भी कितने दिन चलेगी?

(1978)

तानाशाही की वापसी और नये संकट

पंजाब-संकट के मूल कारण

पंजाब के संकट को तरह-तरह से समझाने की चेष्टा की जा रही है। भारत सरकार के श्वेत-पत्र में कहा गया है कि पंजाब में आतंकवादियों की कार्रवाइयों से राष्ट्र की अखंडता को खतरा पैदा हो गया था क्योंकि वहाँ विदेशी सहयोग से बगावत की परस्थितियाँ पैदा की जा रही थीं। लिहाजा, पंजाब का संकट राष्ट्र की अखंडता का संकट है। बहुत सारे बुद्धिजीवी, जो अब हिन्दू-सिख एकता और मरहम-पट्टी करने की बात कर रहे हैं, इसे देश में बढ़ते हुए साम्प्रदायिक विद्वेष और हिंसा के वातावरण से उत्पन्न संकट मानते हैं, लेकिन पंजाब का संकट न राष्ट्र की अखंडता का संकट है और न ही बढ़ती हुई साम्प्रदायिकता और हिंसा का संकट है। यह तो मुख्य रूप से एक राजनीतिक संकट है, जो तीन साल से चल रहे अकालियों के जन-आन्दोलन और भारत सरकार के उसे कुचलने की कोशिशों से पैदा हुआ है। पंजाब और सिखों की कुछ माँगों को लेकर अकालियों ने तीन साल से जो आन्दोलन छेड़ रखा था, वह इन्दिरा गांधी की पारिवारिक तानाशाही के लिए चुनौती बन गया था। पंजाब में साम्प्रदायिक तनाव निश्चय ही था और वहाँ आतंकवादी कार्रवाइयाँ भी हो रही थीं, लेकिन ये रोग के बजाय रोग के लक्षण ज्यादा थीं। हम यह मानते हैं कि पंजाब भारत सरकार की घृणित चालों का शिकार बनाया गया है।

शिरोमणि अकाली दल जिसके अध्यक्ष संत लोंगोवाल हैं, ने पंजाब और सिखों की कुछ माँगों को लेकर 1982 के मध्य से आन्दोलन शुरू किया। ये माँगें शिरोमणि अकाली दल की कार्यकारिणी द्वारा 16-17 अक्टूबर, 1973 को आनन्दपुर में पास किए गये प्रस्ताव पर आधारित थीं। यहाँ यह बताना आवश्यक है कि इस आनन्दपुर प्रस्ताव के आधार पर 28-29 अक्टूबर, 1978 को लुधियाना में अकाली दल के खुले अधिवेशन में 12 प्रस्तावों के रूप में इन माँगों को रखा गया। यह बड़े अचरज की बात है कि इन माँगों पर बहस-मुबाहिसा तो बहुत कम हुआ, लेकिन यह प्रचार किया जाता रहा कि अकाली दल खालिस्तान की माँग कर रहा है। इन प्रस्तावों को पढ़ने मात्र से अकाली दल की माँगों के बारे में बहुत-सी गलतफहमियाँ दूर हो जाती हैं। यद्यपि अकाली दल की सभी माँगों से सहमत होना कठिन है, लेकिन यह कहना होगा कि राज्य के लिए अधिक स्वायत्तता,

चंडीगढ़ और अन्य क्षेत्रों सम्बन्धी विवाद, रावी-व्यास के जल, अखिल भारतीय गुरुद्वारा अधिनियम में जो मुख्य माँगें रखी गई हैं, वे पंजाब और सिखों की जायज शिकायतों पर आधारित हैं। इन्हें पृथकतावादी, अलगाववादी, साम्प्रदायिक और राष्ट्र-विरोधी कहना वास्तविकता से आँखें मूँदना है। ऐसा कहकर उन लोगों को जो शुरू में पृथकतावादी व साम्प्रदायिक नहीं थे, पृथकतावादी और साम्प्रदायिक बनने को बाध्य किया जा रहा है।

अकाली दल की पहली और मुख्य माँग यह है कि राज्यों को संघीय ढाँचे के भीतर ज्यादा स्वायत्तता प्रदान की जाए। केन्द्र का नियंत्रण प्रतिरक्षा, विदेशी मामलों, मुद्रा, रेलवे और संचार-व्यवस्था तक ही सीमित रहे। सत्ता के विकेन्द्रीकरण की अपनी इस माँग के पक्ष में अकाली जयप्रकाश नारायण की सम्पूर्ण क्रान्ति की अवधारणा का भी हवाला देते हैं। उनके प्रस्ताव में कहा गया है, "कांग्रेस के शासन में संविधान में बार-बार संशोधन कर सत्ता का केन्द्रीकरण करने की प्रक्रिया का चरमोत्कर्ष इमरजेंसी के रूप में तब प्रकट हुआ, जब नागरिकों के सारे मूल अधिकार छीन लिए गए थे। इसके बाद शिरोमणि अकाली दल के सत्ता के विकेन्द्रीकरण के कार्यक्रम को जनता पार्टी, भारतीय जनता पार्टी, अन्ना द्रमुक मुनेत्र कषगम आदि अन्य राजनीतिक पार्टियों ने भी स्वीकार किया।" अकाली दल यह अपील करता है कि "देश के सांविधानिक ढाँचे को वास्तविक व सार्थक संघीय सिद्धान्तों के आधार पर इस तरह नया रूप प्रदान किया जाए कि देश की राष्ट्रीय एकता और अखंडता को किसी खतरे की आशंका ही न रहे और राज्य अपने-अपने क्षेत्र में अपनी सत्ता के सार्थक उपयोग द्वारा भारतीय जनता की प्रगति और समृद्धि के लिए उपयोगी भूमिका का निर्वाह कर सकें।"

हमने ऊपर जो उद्धरण दिया है, उससे यह प्रकट है कि अकाली दल राष्ट्र की एकता और अखंडता को आवश्यक मानता है। उसकी माँगों में खालिस्तान या एक अलग राष्ट्र की बात कहीं भी नहीं कही गई है। उसके प्रस्ताव में 'सिख कौम' शब्द का अंग्रेजी में अनुवाद 'सिख नेशन' किया गया है, जिससे कुछ गलतफहमी पैदा हो सकती है, लेकिन संत लोंगोवाल ने इस बारे में गलतफहमी दूर करते हुए कहा है, "इसका आशय सिख समुदाय की अलग पहचान से है, उसके लिए अलग देश की माँग करना नहीं है।" अकाली सिर्फ पंजाब के लिए ही नहीं, सारे राज्यों के लिए ज्यादा स्वायत्तता चाहते हैं। सत्ता के विकेन्द्रीकरण की माँग भी कोई नई नहीं। गांधीजी की ग्राम स्वराज की अवधारणा और लोहिया का चौखम्भा राज्य का विचार सत्ता के विकेन्द्रीकरण पर ही आधारित हैं। राज्यों को ज्यादा स्वायत्तता प्रदान करने की अकालियों की माँग इसी दिशा में एक कदम है।

भारत जैसे विशाल देश की एकता उसकी विविधता को स्वीकार कर ही हासिल की जा सकती है। विविधता को दबाने या उदासीन रूप से बर्दाश्त करने

के बजाय उसे रचनात्मक रूप से पहचानना और स्वीकार करना आवश्यक है। भारत विभिन्न समुदायों का देश है। इन विभिन्न समुदायों को यह विश्वास दिलाना चाहिए कि उनकी पहचान को स्वीकार किया जाएगा और देश की एकता किसी की बपौती नहीं, उसमें सभी समुदायों का साझा है। अकाली साझेदारी, हिस्सेदारी और विकेन्द्रीकरण के आधार पर देश की एकता की माँग करते हैं। इसमें कुछ भी गलत नहीं है। यह एक जायज माँग है, लेकिन इंका सरकार तो देश में इस तरह की एकता चाहती है, जिसमें सब समुदाय अपनी पहचान को नई दिल्ली के पूरी तरह हवाले कर दें और अपने को एक अत्यधिक केन्द्रीय व्यवस्था के अर्दली बना डालें। इंका शासित राज्यों में मुख्यमंत्री इन्दिरा गांधी की मनमर्जी से चुने, बदले और थोपे जाते हैं। जो उनके खिलाफ विद्रोह करते हैं, उन्हें क्षेत्रीयतावादी, साम्प्रदायिक और राष्ट्रीय एकता के लिए खतरनाक करार दिया जाता है। विद्रोह करनेवाले समुदायों को श्रीमती गांधी दबाने और तोड़ने की कोशिश करती हैं और जिसको वे तोड़ नहीं मातीं, उसे वे देश से अलगाना चाहती हैं।

देश की एकता के लिए किसी भी विदेशी हाथ से, यदि हो तो भी, कहीं ज्यादा खतरनाक इन्दिरा गांधी की यह प्रवृत्ति है। इधर के वर्षों में केन्द्रीय सत्ता के खिलाफ अपनी पहचान पर जोर देने की माँग पर कई विद्रोह हुए हैं। यह स्वाभाविक है कि भारत के हिन्दी क्षेत्र के बजाय ये विद्रोह देश के सीमावर्ती इलाकों में ज्यादा हुए हैं। असमिया लोगों ने आन्तरिक औपनिवेशिक व्यवस्था और बंग्लादेश से लगातार आप्रवासी लोगों के आगमन से अपनी पहचान मिट जाने के खतरे के खिलाफ आवाज उठाई है। आन्ध्र प्रदेश में 'तेलुगू देशम' का उदय वहाँ नई दिल्ली द्वारा बार-बार मुख्यमंत्रियों को बदलने और उन्हें कठपुतलियों की तरह नचाने के खिलाफ तेलुगू लोगों के रोष की अभिव्यक्ति है। सिक्किम के मुख्यमंत्री नरबहादुर भंडारी को बहुमत में रहने के बावजूद गद्दी से हटा दिया गया क्योंकि वे नई दिल्ली के इशारे पर चलने और सिक्किम के कुछ समुदायों की माँगों का आत्मसमर्पण करने को तैयार नहीं थे। फारुख अब्दुल्ला को हटा दिया गया क्योंकि उन्होंने जम्मू व कश्मीर विधान सभा के चुनावों में इन्दिरा कांग्रेस का विरोध करने और उसे पराजित करने की हिम्मत दिखाई थी। अकाली दल की राज्यों को ज्यादा स्वायत्तता देने की माँग पंजाब के उस असन्तोष को ही प्रकट करती है, जो केन्द्र द्वारा क्षेत्रीय विवाद, नदी पानी के प्रश्न और अन्य माँगों पर अपनाई गई चालाकी और लम्बे समय से की जानेवाली टालमटोल से उत्पन्न हुआ है। आज पंजाब अकेला राज्य नहीं है, जो ज्यादा स्वायत्तता की माँग कर रहा है। देश में और सात राज्य हैं जो यही माँग कर रहे हैं। असम, त्रिपुरा, पश्चिम बंगाल, जम्मू-कश्मीर, आन्ध्र प्रदेश और कर्नाटक आज केन्द्र की मनमानी और उसके द्वारा सत्ता के दुरुपयोग के खिलाफ संघर्ष कर रहे हैं, लेकिन यह कहना

होगा कि अकाली दल ही ऐसा राजनीतिक दल है जिसने इसे जन-आन्दोलन का एक महत्त्वपूर्ण मुद्दा बनाया है। यह केन्द्र और राज्यों के बीच अधिकारों के पुनर्वितरण की ऐसी मामूली समस्या नहीं है कि जिस पर सरकारिया आयोग विचार कर सकता है। यह तो संघीय ढाँचे के मूलभूत पुनर्गठन की माँग है। इस मूलभूत पुनर्गठन के द्वारा ही देश में असली एकता लाई जा सकती है और देश के विघटन के उस खतरे को, जो इन्दिरा कांग्रेस सरकार द्वारा उत्तर-पूर्व, असम, कश्मीर और पंजाब की समस्याओं का सैनिक या अर्द्ध-सैनिक हल करने की कोशिशों के कारण बढ़ता जा रहा है, दूर किया जा सकता है। यहाँ यह याद करना पड़ता है कि बांग्लादेश के जन्मदाता शेख मुजीबुर रहमान नहीं, याह्या खान और पाकिस्तान के अन्य शासक थे।

अकालियों की दूसरी महत्त्वपूर्ण माँग चंडीगढ़ और अन्य कुछ विवादग्रस्त क्षेत्रों के सम्बन्ध में है। अकाली चाहते हैं कि चंडीगढ़ पंजाब को तुरन्त दिया जाए और इसके बदले हरियाणा को नई राजधानी बनाने के लिए रुपये-पैसे और साधन दिए जाएँ। अकालियों का कहना है कि चंडीगढ़ को पंजाब की राजधानी के रूप में ही विकसित किया गया था। इसलिए पंजाब का उस पर स्वाभाविक अधिकार बनता है। जिस तरह बृहत्तर बम्बई को महाराष्ट्र और गुजरात के दो अलग राज्यों में विभाजित किए जाने के वक्त बम्बई महाराष्ट्र को दी गई, उसी तरह पंजाब को चंडीगढ़ दिया जाना चाहिए। ऐसे अन्य क्षेत्रों के बारे में जिन्हें अकाली पंजाबी-भाषी मानते हैं, अकाली दल की माँग यह है कि यह विवाद भाषा-विशेषज्ञों के ट्रिब्यूनल को सौंपा जाए और ट्रिब्यूनल गाँव को इकाई मानकर भाषा के आधार पर इन क्षेत्रों के बारे में निर्णय करे। ये दोनों माँगें ही उचित लगती हैं। भाषायी आधार पर राज्यों के गठन का सिद्धान्त बहुत पहले स्वीकार कर लिया गया है, इसलिए अकाली दल की इस माँग को स्वीकार करने में कोई आपत्ति नहीं होनी चाहिए। इस बात का कोई कारण नजर नहीं आता कि पंजाब के मामले में इस सिद्धान्त को स्वीकार क्यों न किया जाए?

अकालियों की तीसरी मुख्य माँग रावी-व्यास नदियों के पानी के बँटवारे के बारे में है। अकाली कहते हैं कि इमरजेंसी के समय केन्द्रीय सरकार ने मनमाने ढंग से इस विषय पर निर्णय कर डाला था, जिससे पंजाब के साथ अन्याय हुआ। सो, इस विवाद को सर्वोच्च न्यायालय के सामने पेश किया जाए ताकि वह नदी पानी के वितरण सम्बन्धी सर्वमान्य सिद्धान्तों के आधार पर इसका फैसला करे।

सिंचाई, पंजाब की कृषि आधारित अर्थव्यवस्था का प्राण है। पानी का अभाव पंजाब की सारी जिन्दगी को अस्त-व्यस्त कर देता है। इससे पानी का प्रश्न पंजाब में गम्भीर बन जाता है। इस प्रश्न पर अकालियों को पंजाब की जनता का पूरा समर्थन प्राप्त हुआ है। अकालियों की और कई माँगें भी कृषि और किसानों से जुड़ी

हुई हैं। यह स्पष्ट है कि अकालियों के आन्दोलन के पीछे किसानों का रोष और उनकी समस्याएँ हैं। पिछले कुछ वर्षों में देहाती इलाकों में अकालियों के समर्थन का आधार इसीलिए मजबूत हुआ है और उनके मोर्चों में देहात के लोगों की ही भागीदारी प्रमुख रही है।

कुछ लोगों को यह बात समझ में नहीं आती कि पंजाब में आन्दोलन क्यों होता है? उनकी राय में पंजाब देश के सबसे अधिक खुशहाल राज्यों में है, सो वहाँ लोगों को कोई शिकायत नहीं होनी चाहिए। लेकिन इस राय का कोई औचित्य नहीं, क्योंकि पंजाब के किसान, खासकर वहाँ के मेहनती किसानों को कई प्रकार की समस्याओं का सामना करना पड़ता है। पंजाब में हरित क्रान्ति का मिथक अब टूट रहा है। इससे अधिकांश किसानों को फायदा तो नहीं हुआ, लेकिन उनकी आकांक्षाएँ जग गई हैं। हाल के एक सर्वेक्षण के अनुसार, राज्य की 45 प्रतिशत आबादी गरीबी की रेखा को पार नहीं कर पाई है। इसका मतलब तो यही होता है कि अधिकांश किसान गरीबी की रेखा के नीचे रह रहे हैं। हरित क्रान्ति के ज्यादातर फायदे व्यापारियों और बिचौलियों को हुए हैं। शायद यह पंजाब में सिख किसानों और हिन्दू व्यापारियों के बीच बढ़ते हुए सामाजिक वैमनस्य का भी एक कारण है।

पंजाब के किसान सिंचाई के लिए पानी, बिजली की दर, रासायनिक खाद की कीमतों और लगान व कर वसूली की समस्याओं से इतने ज्यादा आक्रान्त व त्रस्त हैं कि पिछले डेढ़ वर्षों में भारतीय किसान यूनियन ने, जो एक निर्दलीय किसान संगठन है, पंजाब में तीन बड़े आन्दोलन किए। 1983 में उसने पटियाला में सत्याग्रह किया था और 1984 में हजारों किसानों ने चंडीगढ़ में कई दिनों तक अपनी माँगों पर जोर देने के लिए पंजाब राजभवन का घेराव किया। मई, 1984 के पहले सप्ताह में भारतीय किसान यूनियन ने गेहूँ की मंडियों का बायकॉट किया जिससे बहुत-सी मंडियों में गेहूँ पहुँचा ही नहीं। अकाली दल ने भी किसानों का आह्वान किया था कि वे 3 जून 1984 से पंजाब से अन्य राज्यों का अनाज न जाने दें और सरकार की लगान व अन्य बकाया न चुकाएँ ताकि उसके आन्दोलन को इस असहयोग से नई शक्ति प्राप्त हो। इसी आह्वान को सरकार ने फौजी कार्रवाई के लिए एक बहाना बनाया और 2 जून को सेना पंजाब में आ धमकी।

किसानों का असन्तोष अकाली आन्दोलन का अंग है। इससे यह प्रकट होता है कि देश में हर जगह किसान दिक्कतों में जी रहे हैं और उनके साथ अन्याय हो रहा है। देश में जो भी तथाकथित विकास हुआ है और समृद्धि आई है, वह उद्योगों और शहरों की ही है जिसकी कीमत गाँवों और किसानों को चुकानी पड़ी है। हमारे देश में शोषण की एक आन्तरिक औपनिवेशिक व्यवस्था चल रही है जो दो तरीकों से अपना काम करती है। यह एक तरफ पिछड़े व अविकसित

अंचलों की कीमत पर कुछ चुनिन्दा इलाकों को समृद्धि के द्वीपों की तरह पोसती है तो दूसरी तरफ देहाती व कृषि-क्षेत्र को चूसकर शहरी व औद्योगिक क्षेत्र को पुष्ट बनाती है। यह सारी प्रक्रिया अभी की सारी सरकारी नीतियों में अन्तर्निहित व प्रकट है और इससे पिछड़े अंचलों व देहाती व कृषि-क्षेत्रों को साधनों से वंचित किया जाता है। क्या बात है कि इतने दिनों से लगातार माँग किए जाने के बावजूद सरकार पंजाब ही नहीं, राजस्थान और हरियाणा के सिंचाई-संसाधनों के समुचित विकास के लिए कदम नहीं उठाती? रावी नदी पर प्रस्तावित थीन बाँध 10 वर्षों से प्रधानमंत्री की स्वीकृति की प्रतीक्षा कर रहा है। इस बाँध के न बनने से रावी नदी का बहुत सारा पानी पाकिस्तान चला जा रहा है। शायद केन्द्र को सिंचाई सुविधाएँ विकसित कर सभी लोगों की शिकायत दूर करने की ईमानदार कोशिश करने के बजाय इस बात में ज्यादा दिलचस्पी है कि राज्य एक-दूसरे से लड़ें।

अकालियों की धार्मिक माँगें—स्वर्ण मन्दिर से गुरवाणी के कीर्तन का प्रसारण करने, देशी और विदेशी हवाई जहाजों में कृपाण ले जाने पर से प्रतिबन्ध हटाने, अमृतसर शहर की सीमा के भीतर सिगरेट, शराब और मांस की बिक्री पर प्रतिबन्ध लगाने, देश-भर के ऐतिहासिक गुरुद्वारों के लिए एक 'अखिल भारतीय गुरुद्वारा अधिनियम' बनाने और संविधान की 25वीं धारा के अनुच्छेद (20)(बी) संशोधित करने और सिखों के लिए एक अलग व्यक्तिगत कानून बनाने के बारे में हैं। मजे की बात यह है कि केन्द्रीय सरकार को, जो अकालियों पर धार्मिक भावनाएँ उभाड़ने का आरोप लगाती है, इन धार्मिक माँगों के बारे में कोई खास आपत्ति नहीं है और उसने इन्हें प्राय: मंजूर भी कर लिया है, लेकिन उसे अकालियों की राजनीतिक माँगें मंजूर नहीं हैं। धार्मिक माँगों को तो मंजूर कर लें, लेकिन राजनीतिक माँगों को नामंजूर करने के पीछे इन्दिरा गांधी की वह प्रवृत्ति है जो अपने विरोधियों की तनिक-सी भी राजनीतिक सफलता बर्दाश्त नहीं कर सकती—भले ही इसके लिए देश के एक पूरे राज्य को आग की लपटों में झोंकना क्यों न पड़े।

अकाली दल की माँगें इतनी उचित व वास्तविक हैं कि पंजाब इंका ने भी लगभग वैसी ही माँगें केन्द्र से की हैं। पंजाब में पहली बार ऐसी गैर-साम्प्रदायिक माँगों पर जोर दिया गया जिनका हिन्दुओं और सिखों, दोनों से वास्ता है। इन माँगों के बारे में प्राय: कोई मतभेद नहीं है। श्वेत-पत्र में अकाली दल पर मुख्य आरोप यह लगाया गया है कि समझौता वार्ता के दौरान वह अपनी माँगें बदलता रहता था और नई-नई माँगें पेश करने लगता था क्योंकि वह समझौता नहीं करना चाहता था। श्वेत-पत्र (पृष्ठ तीन) में कहा गया है, "जब समझौता होता दिखाई पड़ता था, तभी (अकाली दल द्वारा) बातचीत को बार-बार व्यर्थ कर दिया गया।" लेकिन सचाई ठीक इसके विपरीत है। अकालियों द्वारा नहीं, केन्द्रीय सरकार द्वारा बातचीत को व्यर्थ कर दिया जाता था। सरकार ऐन मौके पर अपनी राय

इस तरह बदल देती थी कि समझौता नहीं हो पाता था। सरकार की इस चाल का हरकिशन सिंह सुरजीत और अन्य कुछ व्यक्तियों ने, जिन्होंने समझौता वार्ता में समय-समय पर मध्यस्थता करने की कोशिश की थी, पर्दाफाश भी किया है।

समझौता वार्ता के दौरान कम-से-कम पाँच ऐसे मौके आए थे जब अकालियों और सरकार के बीच समझौते की शर्तें तय हो गई थीं, लेकिन प्रत्येक बार सरकार समझौता करने से मुकर गई या पीछे हट गई।

(1) 2 नवम्बर, 1982 को सरदार स्वर्ण सिंह और हरकिशन सिंह सुरजीत के प्रयत्नों के परिणामस्वरूप सरकार और अकालियों के बीच सहमति हो गई थी और अगले दिन इस सम्बन्ध में संसद में घोषणा किए जाने की बात तय की गई, लेकिन अगले दिन 3 नवम्बर को संसद में जो वक्तव्य दिया गया, वह 2 नवम्बर को हुई सहमति से भिन्न था। इस वक्तव्य पर स्वर्ण सिंह ने दुख प्रकट करते हुए कहा, "इसमें तो न उस सहमति की भाषा है और न ही उसकी भावना।" इस वादाखिलाफी के बाद ही अकाली दल ने एशियाड के समय आन्दोलन करने की अपनी योजना की घोषणा की।

(2) इसके बाद फारुख अब्दुल्ला ने अकालियों और सरकार के बीच समझौता करवाने की एक और चेष्टा की। 18 नवम्बर को प्रधानमंत्री के प्रधान सचिव पी.सी. अलेक्जेंडर के घर पर अकाली नेताओं ने मंत्रिमंडलीय समिति के सदस्यों से मुलाकात की। इस बैठक में सुरजीत भी उपस्थित थे। बैठक में समझौता हो भी गया और यह तय हुआ कि रात को साढ़े आठ बजे एक विशेष विमान अमृतसर जाएगा और वहाँ संत लोंगोवाल को समझौता पढ़कर सुनाया जाएगा और उसके बाद मध्य रात्रि को उसकी घोषणा कर दी जाएगी, लेकिन सरकार इस समझौते से भी मुकर गई और अकाली नेता अमृतसर जाने के लिए हवाई जहाज की प्रतीक्षा करते रह गए।

(3) जनवरी 1983 में त्रिपक्षीय वार्ता के लिए विरोधी दलों को आमंत्रित किया गया। इस वार्ता में काफी प्रगति हुई। क्षेत्र सम्बन्धी विवाद को छोड़कर अन्य सभी प्रश्नों पर समझौता हो गया। इस वार्ता में अकाली 17 हिन्दी-भाषी इलाकों के हस्तान्तरण के लिए राजी हो गए थे, लेकिन सरकार अपनी पहले की इस बात पर ही अडिग रही कि 1970 के (इन्दिरा गांधी के) पंच निर्णय को समग्र रूप से मानना पड़ेगा। इसका अर्थ यही होता था कि पंजाब को चंडीगढ़ तभी मिलेगा जबकि हरियाणा को फजिल्का-अबोहर दिए जाएँ। यह समझौता वार्ता 20 फरवरी को असफल हो गई।

(4) इसके बाद 20 अप्रैल, 1983 को सरकार और अकालियों के बीच समझौता हुआ लेकिन समझौते को कैसे लागू किया जाए, इसके तरीकों का तय होना बाकी रह गया था। इस बार भी सरकार पीछे हट गई।

(5) 30 जून, 1983 को विरोधी दलों ने क्षेत्रीय विवाद पर सर्वसम्मति से एक हल प्रस्तुत किया। सरकार ने इस हल को अस्वीकार कर दिया।

इस बात के कई संकेत मिलते हैं कि सरकार बातचीत द्वारा कोई समझौता नहीं करना चाहती थी और जान-बूझकर समझौते के मार्ग में बाधाएँ खड़ी कर देती थी। समझौता वार्ता के दौरान मतभेदों का दायरा काफी कम होता गया था, लेकिन सरकार कुछ प्रश्नों पर अपनी जिद पर कायम रही। एक ऐसा ही प्रश्न चंडीगढ़ के हस्तान्तरण को अबोहर-फजिल्का के हस्तान्तरण से जोड़ने का था। अबोहर-फजिल्का इलाके के 115 गाँवों में से कम-से-कम 60 गाँव पंजाबी भाषी हैं। यही नहीं, यह इलाका हरियाणा से सटा हुआ भी नहीं है। इसे हरियाणा से जोड़ने के लिए पंजाब और राजस्थान की सीमाओं के बीच में से एक गलियारे (कॉरीडोर) की व्यवस्था करनी होगी। देश के भीतर राज्यों के बीच इस तरह का गलियारा बनाने की बात हास्यास्पद ही कही जा सकती है। इस इलाके को पंजाब से अलग करने की बात सिर्फ इसलिए की जाती है कि इसमें गैर-सिख बहुमत में हैं। प्रकारान्तर से तो यह खालिस्तान के सिद्धान्त को मानने जैसी ही बात है। ऐसा मानकर सरकार ही देश में साम्प्रदायिकता के आधार पर समाज के विभाजन को प्रोत्साहित कर रही है।

सरकार ने अन्य प्रश्नों पर भी कठोर रुख अपनाया और उन्हें अपनी इज्जत का सवाल बना डाला। यहाँ इसके कुछ उदाहरण दिए जा रहे हैं। सरकार के श्वेत-पत्र में कहा गया है कि अकाली दल स्वर्ण मन्दिर से गुरवाणी को तीन घंटे प्रसारण करने की माँग कर रहा था, लेकिन सरकार इस बात पर जोर देती रही कि प्रसारण दो घंटे ही दिया जा सकेगा। अकाली दल अमृतसर शहर की सीमा के भीतर सिगरेट, शराब और मांस की बिक्री पर प्रतिबन्ध लगाने की माँग कर रहा था। ऐसे कुछ प्रतिबन्ध हरिद्वार और कुरुक्षेत्र में लगे हुए हैं, लेकिन सरकार हरमन्दिर साहब के सिर्फ 200 मीटर के घेरे में ही प्रतिबन्ध लगाने को राजी थी। इन माँगों से सहमति या असहमति की बात अलग है। ध्यान देने की बात तो यह है कि सरकार इन्हें मानने को तैयार थी, पर पूरी तरह नहीं। पूरी बात न मानकर अधूरी मानने की सरकार की जिद का मकसद कुछ और ही था। ऐसा लगता है कि सरकार समझौता वार्ता को लम्बा खींचकर समय गुजारना चाहती थी।

श्वेत-पत्र में समझौता वार्ता के बहुत-से ब्योरे छिपाए गए हैं। उसमें स्वर्ण सिंह, हरकिशन सिंह सुरजीत और फारुख अब्दुल्ला द्वारा समझौते के लिए किए गए प्रयत्नों की चर्चा तक नहीं की गई है। सरकार की अकाली नेताओं से बातचीत कर

समझौता करने की अनिच्छा श्वेत-पत्र के इस उपकरण से स्पष्ट रूप से जाहिर हो जाती है, "पंजाब सरकार के पीछे मुख्य बात अकाली दल द्वारा 1981 में पेश की गई माँगें नहीं हैं। उसके पीछे तो मुख्य बात विदेशों में कार्य कर रहे थोड़े से ग्रुपों के सक्रिय समर्थन से पृथकतावादी तथा राष्ट्र-विरोधी आन्दोलन का रुख पकड़ना है।" (पृष्ठ 2) नहीं, असली कारण और मुख्य बात तो यह थी कि लम्बे अरसे से चल रहे एक शान्तिपूर्ण आन्दोलन के बावजूद बातचीत कर समझौता नहीं किया गया, जिससे सिखों के बीच लोकतांत्रिक तरीकों में विश्वास करनेवाला नेतृत्व काफी कमजोर हो गया और उग्रवाद मजबूत हुआ। सरकार का भी यही इरादा था कि आतंकवाद बढ़े। प्रारम्भ के दिनों में हिंसा और साम्प्रदायिकता नगण्य थी। ये दोनों तो समझौता न हो पाने पर हताशा बढ़ती गई और इसके लिए सरकार पूर्ण रूप से दोषी है।

श्वेत-पत्र सारा दोष अकालियों के मत्थे मढ़ने की कोशिश करता है। इसमें अकाली दल पर आरोप लगाया गया है कि "अकाली दल ने हत्या, आगजनी व लूटपाट के उद्देश्यों और तरीकों से असहमत लोगों की निर्मम हत्याओं को न केवल अनुचित नहीं ठहराया बल्कि आन्दोलनकारी कार्यक्रम और ऐसी हिंसा के बीच जो भी राज्य को अपनी चपेट में ले रही थी, कोई गहरा सम्बन्ध होने से भी इनकार करता रहा।" (पृष्ठ 17)

अकाली दल को राजनीति और धर्म में घालमेल करने का दोषी ठहराया जा सकता है। यह उसकी राजनीति की बड़ी भारी कमी है, लेकिन धार्मिकता हमेशा ही साम्प्रदायिकता हो, ऐसी बात नहीं। हालाँकि दोनों के बीच फर्क कर पाना कठिन होता है। अकाली दल के मामले में तो बात कुछ उलटी ही थी क्योंकि इस दल के आन्दोलन में उसने (अकाली दल ने) शायद पहली बार ऐसी माँगें रखी थीं जो हिन्दुओं और सिखों, दोनों की ही थीं। इन धर्म-निरपेक्ष माँगों के आधार पर ही उसका आन्दोलन खड़ा हुआ था।

संत लोंगोवाल ने हिंसा और हत्याओं की बार-बार निन्दा की। शायद यह कहा जा सकता है कि उन्होंने यह निन्दा बहुत कड़े ढंग से नहीं की। शायद अकाली दल और 'शिरोमणि गुरुद्वारा प्रबन्ध समिति' पर स्वर्ण मन्दिर में गैर-कानूनी हथियारों के कथित संग्रह के वक्त चुप ठहरने का आरोप भी लगाया जा सकता है, लेकिन अगर हथियार इकट्ठा किए जा रहे थे तो उसके लिए किसे दोषी ठहराया जाना चाहिए? सरकार को, जिस पर कानून व व्यवस्था की जिम्मेदारी है या अकाली नेताओं को?

पंजाब के संकट के पीछे विदेशी हाथ की बात बार-बार कही जाती है, लेकिन देशी हाथ की नहीं। यहाँ हम देशी हाथ के बारे में कुछ तथ्य रख रहे हैं :

> कहा जाता है कि अकालियों को नीचा दिखाने के उद्देश्य से 1978 में दल खालसा की स्थापना में ज्ञानी जैलसिंह ने पूरी मदद की। दल खालसा के एक प्रेस सम्मेलन का जैलसिंह ने खुल्लम-खुल्ला आयोजन किया था।

भिंडरांवाले के इन्दिरा कांग्रेस के साथ घनिष्ठ सम्बन्धों की बात छिपी हुई नहीं है। दिल्ली के प्रसिद्ध वकील पी.एन. लेखी ने प्रधानमंत्री को पत्र लिखकर यह आरोप लगाया है कि 1980 में भिंडरांवाले ने गुरुदासपुर निर्वाचन क्षेत्र में इन्दिरा कांग्रेस उम्मीदवार के पक्ष में प्रचार किया था। इस निर्वाचन क्षेत्र से दिल्ली के भूतपूर्व पुलिस कमिश्नर पी.एस. भिंडर की पत्नी इन्दिरा कांग्रेस की ओर से पी.एन. लेखी के खिलाफ उम्मीदवार थीं। ऐसा माना जाता है कि पी.एस. भिंडर को आई.जी. बनाकर पंजाब इसीलिए भेजा गया था कि वह (भिंडर) भिंडरांवाले से फिर से मेल-मिलाप करें।

सितम्बर, 1981 में लाला जगत नारायण की हत्या के सिलसिले में भिंडरांवाले को गिरफ्तार किया गया, पर इन्दिरा गांधी के व्यक्तिगत हस्तक्षेप के कारण ही उन्हें बिना जमानत के रिहा किया गया। यही नहीं, भिंडरांवाले की गिरफ्तारी भी बड़े विचित्र ढंग से की गई। वे अपनी शर्तों पर गिरफ्तार किए गए। उन्होंने अपनी गिरफ्तारी के स्थान, तारीख और समय की घोषणा की और सरकार ने उसके मुताबिक कार्रवाई कर उन्हें 'हीरो' बनाया। गिरफ्तारी के स्थान पर भारी भीड़ इकट्ठा हुई और पुलिस ने गोली चलाई जिससे 11 आदमी मारे गए।

अपनी रिहाई के बाद भिंडरांवाले ने स्टेनगनों से लैस अपने समर्थकों के साथ दिल्ली और बम्बई की यात्राएँ कीं। दिल्ली में भिंडरांवाले अपने सशस्त्र अनुयायियों के साथ सड़कों पर घूमते रहे। यह शक्ति-प्रदर्शन के सिवाय और कुछ नहीं था। कहा जाता है कि केन्द्र के दो काबीना स्तर के मंत्रियों ने उनके सम्मान में स्वागत समारोहों का आयोजन किया। सुरक्षा सेना के एक विशेष चार्टर्ड विमान से वे बम्बई गए। इन सब घटनाओं के बाद वे सचमुच ही 'हीरो' बन गए।

इन्दिरा गांधी ने भिंडरांवाले की उनके मारे जाने के पहले कभी भी निन्दा नहीं की। राजीव गांधी ने तो उनकी प्रशंसा में यहाँ तक कहा कि वे एक धार्मिक नेता (सन्त) हैं। फौजी कार्रवाई के कुछ महीने पहले जनरल अरोड़ा को पंजाब के बारे में दूरदर्शन पर बोलने को कहा गया तो साथ में यह निर्देश भी दिया गया कि वे भिंडरांवाले की आलोचना न करें। यह जाहिर है कि इन्दिरा कांग्रेस ने भिंडरांवाले को गढ़ा और वह आखिर तक उनके साथ कोई सौदेबाजी करने की आशा कर रही थीं, लेकिन फौजी कार्रवाई के बाद इस 'धार्मिक नेता' के प्रति इन्दिरा कांग्रेस के दृष्टिकोण में एकाएक परिवर्तन हो गया और वह उसकी निगाह में तस्करों, चोरों, डकैतों और व्यभिचारियों का सरदार बन गया।

बाबा निहाल सिंह हरियाबेला वाले को उनके सहयोगियों के साथ सुरक्षा सेना ने 7 जून, 1984 को गिरफ्तार किया। उनके डेरे से काफी बड़ी तादाद में शस्त्र व गोला-बारूद, पाँच नकाबें और एक मोटरसाइकिल बरामद किए जाने की खबर भी छपी। लेकिन इस बाबा का इन्दिरा कांग्रेस के साथ घनिष्ठ सम्बन्ध था, यह इस बात से प्रकट है कि 20 जून को टेलीविजन पर जिन तीन सिख नेताओं ने फौजी

कार्रवाई का समर्थन करते हुए अपने उद्गार प्रकट किए थे, उनमें बाबा निहाल सिंह हरियाबेला वाले भी एक थे। यही नहीं, बाबा सन्ता सिंह की कारसेवा के लिए समर्थन जुटाने के वास्ते इन्दिरा कांग्रेस के तत्त्वावधान में 11 अगसत को अमृतसर में जो 'सरबत खालसा' आयोजित किया गया था, उसका आह्वान करनेवाले ग्रंथियों में भी बाबा हरियाबेला वाले थे।

पंजाब में हिंसा और साम्प्रदायिकता फैलाने और उकसाने में इन्दिरा कांग्रेस के सीधे हाथ होने से बहुत से और उदाहरण दिए जा सकते हैं। सवाल यह उठता है कि उसने ऐसा क्यों किया? हिंसा और साम्प्रदायिकता बढ़ाने से इन्दिरा गांधी के उद्देश्यों की कई प्रकार से पूर्ति होती थी। ये उद्देश्य थे :

(1) अकाली इन्दिरा गांधी के पक्के विरोधी हैं। उनके आन्दोलन को बदनाम करना, कमजोर करना और उनमें फूट डालना।

(2) हिन्दुओं में असुरक्षा की भावना पैदा करना और उन्हें यह जताना कि सिर्फ वे (इन्दिरा गांधी) ही उनकी रक्षा कर सकती हैं। यही चाल इन्दिरा गांधी ने जम्मू में भी चली थी।

(3) स्थिति को बिगड़ने देना ताकि संकट पैदा हो और फिर कड़ाई के साथ हस्तक्षेप करना ताकि जनमानस उनको 'दुर्गा' मान ले।

(4) सीमावर्ती इलाकों में 'असुरक्षा की स्थिति' का फायदा उठाकर यह ढिंढोरा पीटना कि 'भारत खतरे में है' और 'विदेशी शक्तियाँ सक्रिय हैं', ताकि अपने हाथों में और भी अधिक सत्ता केन्द्रित कर सकें और लोगों के लोकतांत्रिक अधिकारों का हनन कर सकें।

यह जाहिर है कि पंजाब के संकट में विदेशी शक्तियों का उतना हाथ नहीं है जितना कि इन्दिरा कांग्रेस का 'हाथ' है।

लेकिन इसके साथ ही यह समझना भी आवश्यक है कि आखिर पंजाब में आतंकवाद अचानक इतना अधिक कैसे बढ़ गया? हमें इसके चार मुख्य कारण नजर आते हैं। पहला तो यह है कि इसे इन्दिरा कांग्रेस के भरपूर साधनों का सहारा और सरकारी संरक्षण मिला। दूसरे, पंजाब में हिन्दू साम्प्रदायिकता से इसे बल मिला। पंजाब में साम्प्रदायिकता का बीज आर्य समाज और अन्य साम्प्रदायिक संगठनों ने भाषा के प्रश्न को साम्प्रदायिक रंग प्रदान कर बो रखा था। तीसरा कारण, सरकार द्वारा शान्तिपूर्ण अकाली आन्दोलन को दमन व कठोर कदमों से कुचलना और एशियाड के वक्त सिखों को तंग करना था। इससे सिख युवकों में तीव्र असन्तोष और गुस्सा पैदा हुआ।

एक और कारण भी था। यह कारण दुनिया के अन्य बहुत से स्थानों पर भी आतंकवाद के बढ़ने से जुड़ा हुआ है। हम दुनिया भर में यह देख रहे हैं कि एक किस्म की हताशा के वातावरण में एक खास प्रकार की चीज पैदा हो रही है—यह

चीज पुनरुत्थानवाद का एक चरम रूप है। इस पुनरुत्थानवाद को पंजाब की उत्तेजनात्मक परिस्थितियों में एक खास वक्त में अपनी जड़ जमाने का मौका मिल गया और यहीं से भिंडरांवाले का 'करिश्मा' शुरू हुआ।

भिंडरांवाले का 'करिश्मा' तभी समझा जा सकता है जब हम उसे अन्य कई चीजों से जोड़कर देखें। यह दुनिया भर में बहुत सारे धार्मिक समुदायों के बीच अभी पुनरुत्थानवाद की जो लहर फैल रही है, उसका ही एक अंग है। 19वीं सदी के मध्य से ही जनमानस एक आदर्श व्यवस्था की कल्पना से सम्मोहित था। सौ साल से भी ज्यादा से चला आ रहा आदर्श व्यवस्था की कल्पना का सम्मोहन अब समाप्त हो गया है और उसका सपना टूट गया है। आदर्शवादी व्यवस्था की कल्पना का यह सपना एक सामाजिक क्रान्ति का सपना था, जिसकी अभिव्यक्ति समाजवाद, साम्यवाद, मार्क्सवाद और अराजकतावाद आदि में हुई। यही नहीं, उपभोक्तावादी संस्कृति का प्रभाव भी ठीक ऐसे समय पर अपनी चरम अवस्था पर पहुँचा, जब लोगों का आदर्शवादी व्यवस्था की कल्पना का सपना टूट रहा था और उनका मोहभंग हो रहा था।

इस शताब्दी के मध्य तक लोग समाज की आर्थिक व अन्य प्रकार की समस्याओं का हल एक नई समाज-व्यवस्था के निर्माण में ढूँढ़ते थे। इसके साथ कहीं यह मान्यता भी काम कर रही थी कि अधिकांश समस्याएँ आर्थिक हैं और एक बार ये हल हो गईं तो अन्य सारी समस्याएँ भी हल हो जाएँगी, लेकिन दूसरे विश्वयुद्ध के बाद सोवियत संघ की दशा के बारे में लोगों की जानकारी बढ़ती गई है। इस शताब्दी में आदर्शवादी व्यवस्था की कल्पना को मूर्तरूप प्रदान करने की सबसे बड़ी कोशिश सोवियत संघ में ही हुई। लोग सोवियत संघ रूपी स्वर्ग में भी नारकीय जगत की उन सभी बुराइयों को, जिनसे वे छुटकारा पाना चाहते थे, देखकर हताश हो गए हैं। यही नहीं, उपभोक्तावाद की सारी घृणित चमक-दमक को समाजवादी जगत बड़ी लालसा से अपना रहा है। इसी उपभोक्तावादी संस्कृति के चलते पिछड़े व गरीब देशों में तरह-तरह के तनाव पैदा हो रहे हैं। ऐसी ही परिस्थितियों में, जिसमें गरीबों को तरह-तरह के विलास व सुविधाएँ जुटानेवाले अलभ्य उपकरणों द्वारा लुभाया जा रहा है और उनका एक आदर्शवादी व्यवस्था का सपना टूट गया है, पुनरुत्थानवाद को पनपने का मौका मिल रहा है। पुनरुत्थानवाद गरीब को ऐसी दुनिया का सपना दिखा रहा है, जिसमें वह इज्जत के साथ रह सकता है और जहाँ अमीर अपने वैभव की हेकड़ी से उसे आक्रान्त नहीं कर सकता—यह एक ऐसी दुनिया का सपना है, जिसमें धर्म अपने प्राचीन गौरवमय रूप में पुनः प्रतिष्ठित होगा।

ऐसी परिस्थितियों में गरीब सिख भिंडरांवाले के उपदेश और उनके द्वारा दी जानेवाली सिख पंथ के परम्परागत आचरण के प्रतिकूल आचरण की तीव्र निन्दा से काफी प्रभावित होने लगे। उन्हें यह लगने लगा कि उनकी दुर्दशा धार्मिक आचरणों

का पालन न करने की वजह से है। वे गरीबों और अमीरों तथा गाँवों और शहरों के बीच मौजूदा विषम आर्थिक सम्बन्ध के बजाय बुराई की सारी जड़ परम्परागत धार्मिक आचरण न करनेवालों में देखने लगे। यह कोई अचरज की बात नहीं कि पंजाब के बहुत से नक्सलवादी, जो एक समय धनियों के खिलाफ घृणा से उफन रहे थे, इस प्रकार की 'धार्मिकता' के शिकार हो गए। वे धनियों की बुराइयों को गैर-सिखों और धार्मिक आचरण न करनेवाले सिखों में ढूँढ़ने लगे। एक तरह से धनियों, गैर-सिखों और धार्मिक आचरण न करनेवाले सिखों को उन्होंने अपने मन में एकाकार कर डाला। वे यह मानने लगे कि अगर समाज में धार्मिक आचरण व सिद्धान्तों की प्रतिष्ठा हुई तो सारी समस्याएँ हल हो जाएँगी। चूँकि उनकी सारी प्रतिक्रिया शुरू से ही भावुकता भरी थी, इसलिए इस तरह का मत-परिवर्तन कठिन भी नहीं था।

इसी स्रोत से हिंसा के सिद्धान्त व उन्माद को बढ़ावा मिला। अकालियों के नेता ज्यादातर मध्यम या उच्च वर्ग के किसान हैं, उनकी (अकालियों की) 1920 से शान्तिपूर्ण अहिंसक आन्दोलन की परम्परा भी रही है। भिंडरांवाले को इस परम्परा से कोई लगाव नहीं था। वे तो कई शताब्दियों के पहले की उस सशस्त्र लड़ाई की परम्परा को, जिसे कुछ गुरुओं ने स्वयं स्थापित किया था, फिर से जगाना चाहते थे। यह सब पुनरुत्थानवादी आन्दोलन के पुरातन पंथी तौर-तरीकों के अनुकूल था। इससे पुनरुत्थानवादियों में एक प्रकार का विवेकहीन जोश-खरोश भी पैदा हुआ। ऐसी ही उत्तेजनात्मक भावभूमि में एक अनजान धर्मोपदेशक एक चमत्कारी और करिश्माई व्यक्ति बन बैठा।

[अमृत पब्लिशिंग हाउस, नई दिल्ली द्वारा प्रकाशित 'पंजाब : सैनिक कार्रवाई, असलियत क्या है' का एक अंश। पुस्तक के सहलेखक जसवीर सिंह, सुनील और जे.के.डी. रेड्डी हैं।]

प्रश्न है संविधान की मर्यादा का

अकाली दल द्वारा संविधान के अनुच्छेद 25 को जलाने के निर्णय को लेकर राष्ट्रीय कहे जानेवाले अखबारों और राजनीतिक दलों के नेताओं ने एक भीड़तंत्री उन्माद पैदा करने की यथाशक्ति कोशिश की है। सम्बन्धित अनुच्छेद के तहत सिखों को हिन्दू धर्मावलम्बियों में शामिल किया गया है। यह एक विवाद का विषय हो सकता है कि सिखों को हिन्दुओं में शामिल किया जाना उचित है या अनुचित, या अकाली दल के लिए इस सवाल को तूल देना ठीक है या गलत? पर जो हाय-तौबा मचाई गई, वह इस सवाल पर नहीं। शोर इस बात पर मचाया गया कि संविधान की मर्यादा भंग की जा रही है, जो एक तरह का राष्ट्रद्रोह है। ऐसे प्रचार से निश्चित रूप से एक माहौल बना है, जिससे भारत की राजधानी में भी सिख सन्देह की दृष्टि से देखे जाने लगे हैं और एक हद तक भय भी महसूस करते हैं।

संविधान की मर्यादा के प्रश्न पर थोड़ी गम्भीरता से विचार करने की जरूरत है, क्योंकि यह माहौल बनाने में अनपढ़-गँवार और मानसिक रूप से असन्तुलित लोग नहीं थे, जो बिना कुछ सोचे-समझे किसी सवाल पर भावावेश में आ जाते हैं, बल्कि राजधानी से प्रकाशित राष्ट्रीय अखबारों के सम्पादक और वामपंथी कही जाने वली कम्युनिस्ट और मार्क्सवादी पार्टियों के नेता भी इनमें शामिल थे। सबों ने संविधान की मर्यादा का ही सवाल उठाया।

इस सन्दर्भ में सबसे पहले हम अकाली दल के कार्यक्रम पर विचार करें। उनका निर्णय था कि उनके खास-खास लोग, जिनके नामों की घोषणा पहले ही की जा चुकी थी, सम्बन्धित अनुच्छेद की प्रतिलिपि लेकर पूर्व घोषित स्थानों पर इसे जलाएँगे, और इस तरह हम अनुच्छेद को परिवर्तित करने एवं अकालियों की अन्य माँगों की तरफ लोगों का ध्यान खींचेंगे। इस निर्णय में यह बात निहित थी कि जो लोग ऐसा करेंगे, वे इसके लिए विहित कानूनों के तहत सजा भुगतने के लिए तैयार रहेंगे। संत लोंगोवाल एवं अन्य अकाली नेताओं ने इस कार्यक्रम की घोषणा के बाद बार-बार इस बात को दोहराया था कि वे देश की अखंडता में विश्वास करते हैं और इसकी रक्षा के लिए सिख जैसे पहले कुर्बानी देते रहे हैं, वैसे ही आगे भी देंगे। हमें यह भी नहीं भूलना चाहिए कि जब आपातकाल घोषित कर इन्दिरा गांधी

सारे संवैधानिक अधिकारों का जनाजा निकाल रही थीं, तो अकाली पूरे आपातकाल के दौरान इन अधिकारों की मर्यादा के लिए गिरफ्तारी देते रहे।

इन बातों से यह स्पष्ट है कि संविधान के एक खास अनुच्छेद को बदलने के लिए यह एक सत्याग्रह आन्दोलन है। गांधी के देश में, जहाँ सभी सरकारी संस्थानों में गांधी की तसवीर लटकती है, लोगों को यह समझने में देर नहीं लगनी चाहिए कि इस तरह का सत्याग्रह संविधान का अपमान नहीं है। सत्याग्रही जब किसी व्यवस्था के खिलाफ सत्याग्रह कर इसके लिए सजा पाने को तैयार रहता है, तो उस हद तक उस व्यवस्था की मर्यादा को मान्यता भी देता है।

अब हम इतिहास के प्रथम सत्याग्रही सुकरात का उदाहरण लें। जब सुकरात को कैद में रखा गया था, तो उसके कुछ मित्र उसे वहाँ से छुड़ाकर भगाने की योजना लेकर आए थे, लेकिन सुकरात ने यह कहकर इस प्रस्ताव को अस्वीकार कर दिया कि अपने नगर-राज्य से बाहर जीवन का कोई अर्थ नहीं। अत: नगर-राज्य द्वारा जो भी सजा उसे दी जाएगी, उसे वह सहर्ष स्वीकार करेगा। यहाँ हम सत्याग्रही की दोनों दृष्टियों को साथ-साथ पाते हैं। एक तरफ नगर-राज्य द्वारा सुकरात के विचार-प्रसार पर बन्धन डालने के निर्णय के खिलाफ अवज्ञा का भाव है और उसका उल्लंघन करना कर्तव्य है। दूसरी ओर राज्य के प्रति वफादारी भी है, अत: इस उल्लंघन के लिए जान देने की भी तैयारी है।

गांधी जी ने भी अपने शुरू के सत्याग्रह आन्दोलनों में, खासकर अफ्रीका प्रवास के दिनों में अंग्रेजी राज्य के प्रति अपनी वफादारी से इनकार नहीं किया, फिर भी राज्य के उन कानूनों को भंग किया, जो मानव मर्यादा के विरुद्ध थे। इसीलिए वे अपनी अवज्ञा के लिए कोई भी सजा भुगतने के लिए तैयार रहते थे। जब अकाली अपने सत्याग्रह के दौरान संविधान के किसी अनुच्छेद को जलाते हुए उस संविधान और इसके तहत बने कानूनों के अनुसार दी गई सजा भुगतने के लिए तैयार हैं, तो उसी हद तक वे संविधान की मर्यादा के रक्षक भी हैं। इस तरह की सविनय अवज्ञा को संविधान की मर्यादा भंग का दोष देना सत्याग्रह के सम्बन्ध में भयंकर नासमझी का प्रमाण है, जो देश के जाने-माने पत्रकारों के लिए निश्चित ही शर्म की बात है। 'गांधी' फिल्म पर लम्बी-चौड़ी प्रशस्ति लिखनेवाले इन पत्रकारों को अगर सत्याग्रह के सम्बन्ध में इतनी भी जानकारी नहीं, तो इससे एक ही नतीजा निकलता है कि हमारे देश के पत्रकारों में सोचने-समझने की क्षमता का अभाव है।

कम्युनिस्ट पार्टियों के नेताओं की बात समझ में आ सकती है, क्योंकि मानसिक रूप से ये सर्वसत्तावादी राज्य व्यवस्था के पोषक हैं और इनके लिए यह बात समझना मुश्किल हो सकता है कि संविधान या कानून के किसी भी अंश का तिरस्कार राष्ट्रद्रोह छोड़ और क्या हो सकता है? लेकिन गांधी और जयप्रकाश के नाम से रोज शपथ खानेवाले नेताओं के रुख को समझना थोड़ा मुश्किल लगता

है। शायद ये लोग भीड़ के हर रुख के साथ अपने को बदलने के अलावा अपना कोई भविष्य नहीं देखते।

लेकिन इस विवाद के सन्दर्भ में हमें यह भी विचार करना है कि क्या संविधान की मर्यादा की रक्षा उस कागज की रक्षा है, जिसपर यह लिखा गया है या उन मूलभूत मान्यताओं की रक्षा है, जो लोकतांत्रिक संविधान की आत्मा है। जिस कागज पर संविधान लिखा गया है, उसका तो क्षण-क्षण क्षय हो ही रहा है। समय और पुस्तकालयों के दीमक अनवरत रूप से इसे धूल करते ही रहते हैं। असल में जिसकी रक्षा होनी है, वह है इसकी आत्मा, जिसका आधार है—भारतीय जनता की सार्वभौमिकता और यह मान्यता कि सभी भारतीय नागरिक समान हैं। क्या हम इस आत्मा की रक्षा कर रहे हैं? क्या वे सम्पादक, जो अकालियों पर संविधान की मर्यादा भंग के लिए बेहद खफा हैं, इसकी रक्षा कर रहे हैं? क्या वे सम्पादक, जो राजीव गांधी को ऐसे उछाल रहे हैं, जैसे वे किसी राजतंत्र में युवराज हों, हमारे संविधान की मर्यादा का उल्लंघन नहीं कर रहे हैं? क्या उन्हें वही सजा नहीं मिलनी चाहिए, जिसे स्वेच्छा से अकाली भुगतने के लिए तैयार हैं? हमारे संविधान में सरकार, दल, राज्य आदि में फर्क किया गया है। चाहे कोई व्यक्ति प्रधानमंत्री का पुत्र हो या झाड़ू देनेवाले मजदूर का, राजकीय संस्थानों में नजर बराबर है। बैंकों के वे अधिकारी, जो राजीव से सरकारी बैंकों का ऋण वितरण करवाते हैं, संविधान की मर्यादा का उल्लंघन नहीं कर रहे हैं? क्या उन्हें वैसी ही सजा नहीं मिलनी चाहिए?

दिल्ली में पार्लियामेंट स्ट्रीट पर रीगल के पास एक महत्त्वपूर्ण बस-अड्डा था, जहाँ से नगर के लाखों लोग यहाँ के केन्द्रीय बाजार, कनॉट प्लेस आते-जाते थे। अब वहीं पाँच सितारा पार्क होटल बन रहा है। कहा जाता है कि इस होटल के मालिक सत्तारूढ़ दल के अत्यन्त करीब के व्यक्ति हैं। अत: इनके होटल की सुविधा के लिए रीगल के सारे बस-स्टैंड तोड़ दिए गए। एक सम्पन्न व्यक्ति की सुविधा के लिए लाखों नागरिकों के रास्ते को बन्द कर देने से क्या संविधान की मर्यादा भंग नहीं होती? जिस संविधान के अनुसार सभी नागरिक समान हैं, क्या ऐसे परिवर्तन करनेवाले अधिकारियों को संविधान की मर्यादा भंग के अपराध में सजा नहीं मिलनी चाहिए?

मौजूदा स्थिति में हमें संविधान की मर्यादा के सवाल पर एक बुनियादी दृष्टि अपनाने की जरूरत है। नहीं तो इसका नाम लेकर निहित स्वार्थ वाले, कमजोर और अल्पसंख्यकों के खिलाफ जनमत मोड़ स्वयं हमेशा मौज करते रहेंगे।

['रविवार', 18-24 मार्च, 1984]

यह शासन शिशुओं से भी आतंकित है

शासकों का शिशुओं से आतंकित होने का उल्लेख पौराणिक कथाओं में जरूर हुआ है। उदाहरण के लिए, कंस वसुदेव के शिशुओं से इतना आतंकित था कि उसने एक के बाद एक उनके सात शिशुओं की हत्या कर दी, क्योंकि आकाशवाणी हुई थी कि इन्हीं शिशुओं में कोई उसका वध करेगा। इसी तरह जुडिया के राजा हेरोड ने भयभीत हो नवजात जीसस की हत्या करने के अभिप्राय से अपने राज्य में दो साल तक की उम्र के सभी शिशुओं की हत्या करा दी थी, लेकिन आधुनिक समय में शिशुओं से आतंक शायद हमारे वर्तमान शासकों की ही विशेषता है। यह आश्चर्यचकित करनेवाली बात लगेगी, लेकिन सत्य है कि भारतीय फौज के जवानों ने दो साल और चार साल तक के शिशुओं को स्वर्ण मन्दिर पर हमले के सिलसिले में गिरफ्तार किया और उनके खिलाफ आतंकवादी कार्रवाई करने का अभियोग लगा उन्हें जेल भिजवाया।

ये तथ्य शायद हमेशा के लिए दबे रह जाते, अगर कमलादेवी चट्टोपाध्याय ने सर्वोच्च न्यायालय में इस सम्बन्ध में याचिका नहीं पेश की होती। इस याचिका के आधार पर सर्वोच्च न्यायालय की एक खंडपीठ ने लुधियाना के जिला जज से उन अट्ठाइस बच्चों के सम्बन्ध में जानकारी हासिल करने और उन्हें लुधियाना जेल से हटाने की व्यवस्था करने का निर्देश दिया, जहाँ याचिका के अनुसार उन्हें बन्द किया गया था। जिला और सेशन जज लुधियाना की पहल के दौरान जो जानकारी मिली, वह समाचार पत्रों में प्रकाशित खबरों के अनुसार इस प्रकार है :

> लुधियाना की दो जेलों में सैंतीस बच्चे बन्द थे, जिनमें नौ बिना वारंट के थे। इनमें दो से चौदह साल तक के सत्रह बच्चे थे, जिन्हें स्वर्ण मन्दिर में सैनिक कार्रवाई के दौरान गिरफ्तार किया गया था। चार बच्चे भाई-बहन थे, जिनकी माँ इस कार्रवाई के दौरान मारी गई थी। ये बच्चे दो साल की शिशु जसवीर, चार साल की शिशु चरनजीत, छह साल का हरजिन्दर और बारह साल का बलविन्दर है। इन सभी बच्चों को अपराध दंड संहिता की धारा 107/151 के अधीन गिरफ्तार किया गया। इसके बाद उन पर भारतीय दंड संहिता की धारा 188 के तहत शान्ति भंग करने के आरोप में मुकदमा चलाया जा रहा था। इन बच्चों को आतंकवादियों की तीन श्रेणियों ए.ए.ए., बी.बी.बी. एवं

सी.सी.सी. में बाँटा गया, जिस वर्गीकरण का अर्थ क्रमश: बहुत खतरनाक आतंकवादी, कम खतरनाक आतंकवादी और सामान्य आतंकवादी होता है।

प्रश्न है कि क्या उस व्यवस्था की कोई विश्वसनीयता रह जाती है, जो दो-चार वर्ष की बच्ची पर आतंकवादी होने या बदअमनी फैलाने के आरोप पर मुकदमा चला सकती है? सर्वोच्च न्यायालय के हस्तक्षेप पर यह मुकदमा चल पाया या नहीं, यह महत्त्व की बात नहीं है। महत्त्व की बात यह है कि हमारे फौजी जवान और फौजी अफसरों का क्या चरित्र है, जो शिशुओं तक को आतंकवादी मान सकते हैं। आम तौर से शत्रुओं की सीमा में प्रवेश करने पर भी फौज के सिपाही वहाँ पाए गए मातृ-पितृहीन या अन्य तरह के असहाय शिशुओं की हिफाजत और सुविधाओं की व्यवस्था करते हैं। और यहाँ हमारे अपने देश की फौज है, जो अपने ही देश के निरीह शिशुओं को खतरनाक आतंकवादी मानकर जेल भेजती है। यह न तो क्षात्र धर्म की भारतीय परम्परा के अनुकूल है, जिसमें कमजोरों की रक्षा करना कर्तव्य माना जाता था और न ही पश्चिमी दुनिया के 'शिवेलरी' की परम्परा या आधुनिक फौजी आचरण के अनुकूल। इस तरह की नीति वैसी फौज की ही हो सकती है, जो कर्तव्य पालन से अधिक बदले की भावना से काम कर रही हो। देश की सेना इस तरह बदले की भावना से काम करने लगे, यह अत्यन्त ही खेद का विषय है और भविष्य के लिए चेतावनी भी।

लेकिन सिर्फ फौज के सिपाहियों को दोष देना उचित नहीं होगा। फौजी सिपाहियों में अधिकांश गरीब और अनपढ़ लोग होते हैं। वे समाज की जिन्दगी से इतने कटे होते हैं कि उन्हें बहुत सारी बातों की जानकारी नहीं होती। वे जल्दी ही सरकारी प्रचार और आसपास के वातावरण के प्रभाव में आ जाते हैं। उनके ऐसे आचरण से यही ज्ञात होता है कि वे सरकारी प्रचार तंत्र द्वारा फैलाए गए जहर से इतने प्रभावित हो गए थे कि उन्हें हर सिख सचमुच में आतंकवादी दीखने लगा था और स्वर्ण मन्दिर के शिशुओं में उन्हें भविष्य के आतंकवादी दिखाई देते थे। अत: इस पूरे प्रसंग में अगर कोई सचमुच दोषी है, तो वह है सरकारी प्रचार तंत्र और उसका निर्देशन करनेवाले अधिकारी। इस घटना से यह स्पष्ट हो जाता है कि आज के बेलगाम सरकारी प्रचार तंत्र (आकाशवाणी, दूरदर्शन आदि) के रहते जीवन का कोई भी ऊँचा मूल्य और कानून के प्रति आदर का भाव देश में जीवित नहीं रह सकता। इसी प्रचार तंत्र ने आतंक का वैसा वातावरण पैदा किया है, जिससे फौजियों द्वारा ऐसा निर्मम रवैया अपनाया गया, लेकिन इस सबके पीछे सचाई यह है कि वर्तमान सरकार अपने ही द्वारा फैलाए गए प्रचार-तंत्र का शिकार हो आतंकित है जिससे शासन और प्रशासन के सभी अंग आक्रान्त हो रहे हैं।

['रविवार', 23-29 सितम्बर 1984]

अकालियों के सामने अब नई चुनौती

पंजाब के चुनाव परिणामों के दो पहलू हैं : एक तो तात्कालिक है और दूसरा दूरगामी। पहले का सम्बन्ध पंजाब में पिछले तीन साल से फैली अव्यवस्था से है, तो दूसरे का देश की राजनीति पर इसके प्रभाव से। फिलहाल इस चुनाव परिणाम ने कम-से-कम यह सम्भावना पैदा कर दी है कि पंजाब का जीवन धीरे-धीरे सामान्य हो जाए तथा लोगों को आतंकवाद और पुलिस आतंक, दोनों से मुक्ति मिले।

संयुक्त अकाली दल और आतंकवादियों के विरोध के बावजूद लोगों का भारी संख्या में मतदान में हिस्सा लेना इस बात का सबूत है कि मतदाता, और खासकर सिख मतदाता, आतंकवाद के बिलकुल विरोधी हैं और अपनी समस्याओं का समाधान संवैधानिक और लोकतांत्रिक ढाँचे के भीतर चाहते हैं। पंजाब के सिखों का यह निर्णय इतना साफ है कि तथाकथित खालिस्तान के स्वयंभू नेता जगजीत सिंह चौहान को भी इस बात को कबूल करना पड़ा है कि पंजाब के लोग शान्ति चाहते हैं।

इस चुनाव का लाभदायक मनोवैज्ञानिक असर भी सिखों की आहत मानसिकता पर पड़ेगा। आम सिखों एवं अकाली दल ने पिछले वर्ष हुए दंगों के लिए आम हिन्दुओं को नहीं, हमेशा कांग्रेस पार्टी को दोषी माना था। इस चुनाव में कांग्रेस की भारी पराजय से उन्हें यह सन्तोष भी मिलेगा कि देर से ही सही, कांग्रेसियों को, जो आतंकवाद को बढ़ावा देने और सिखों के खिलाफ ज्यादतियों, दोनों के लिए जिम्मेदार थे, पंजाब की जनता ने सजा दी। उनको इस बात से विशेष सन्तोष होगा कि इस बार बड़ी संख्या में हिन्दुओं ने भी कांग्रेस के खिलाफ अकालियों को वोट दिया, जिसके बिना उनका इतना प्रबल बहुमत सम्भव नहीं था।

पिछले दंगे में जो जान-माल का नुकसान हुआ, उसकी पूर्ति तो नहीं हो सकती, लेकिन उसके लिए जिम्मेदार लोगों को मिली सजा से लोगों के दिल का गुस्सा खत्म होगा और एक तरह का 'कैथार्सिस' होगा। इससे सिख-हिन्दुओं के बीच की भावनात्मक दीवार टूटेगी और उनकी पुरानी दोस्ती का रिश्ता फिर कायम होगा। इस बात के लिए पंजाब के सिख आदर के पात्र हैं और बाकी सम्प्रदायों के लिए अनुकरणीय भी कि सारी कटुता और देश में सिखों के खिलाफ हुए जघन्य अपराधों के बावजूद पंजाब के सिखों में कोई सामूहिक साम्प्रदायिक विस्फोट नहीं हुआ। वहाँ

के सिख-बहुल ग्रामीण क्षेत्रों में बिना किसी सुरक्षा के पूर्वी उत्तर प्रदेश और बिहार के हजारों हिन्दू मजदूर निरापद हो काम करते रहे और जहाँ-तहाँ सिख किसानों ने आतंकवादियों से उनकी रक्षा भी की। यह चरित्र सद्‌भावना को मजबूत करेगा।

दूसरे पहलू का असर क्या हो सकता है? अकालियों की अपूर्व जीत ने क्षेत्रीय राजनीति के बढ़ते प्रभाव में एक और कड़ी जोड़ दी है। तमिलनाडु, आन्ध्र प्रदेश, कर्नाटक, एक हद तक केरल तथा पश्चिम बंगाल में दिल्ली के कांग्रेसी वर्चस्व को बड़ी चुनौती मिल रही है। अभी असम में भी एक क्षेत्रीय दल का गठन हो रहा है। पंजाब में अकालियों के प्रबल बहुमत से ऐसा लगता है कि कांग्रेस की साख वहाँ भी उखड़ रही है। इससे देश के संघीय संविधान के अनुरूप संघीय राजनीति की भूमिका तैयार हो रही है। कांग्रेस का एकतंत्री राज्य प्रजातंत्र के भीतर राजतंत्री संस्कार पैदा हो रहा है।

जिन राज्यों में कांग्रेसी हुकूमतें हैं, वहाँ के मंत्रिमंडलों पर ध्यान देने से यह बात बिलकुल साफ हो जाती है। राज्यों के मुख्यमंत्री दिल्ली के दरबारी गुलामों जैसा व्यवहार करते हैं और दिल्ली की ही मर्जी से उठाए-बैठाए जाते हैं। बिहार और उत्तर प्रदेश में साल भर के भीतर तीन-तीन मुख्यमंत्री बदले गए और इसके लिए नीचे से विधायकों की कोई पहल नहीं हुई थी। गुजरात और महाराष्ट्र में भी चुनाव के चन्द महीने के भीतर ही मुख्यमंत्री बदल दिए गए और सारे परिवर्तनों के पीछे कारण एक ही रहा है : दिल्ली दरबार यानी आलाकमान यानी कांग्रेस अध्यक्ष प्रधानमंत्री का तेवर।

चूँकि पंजाब 'हिन्दी मर्मस्थल' के करीब है, यहाँ की राजनीति के इस परिवर्तन का बड़ा असर मौजूदा सत्ता सम्बन्धों पर पड़ सकता है। सबसे पहले पंजाब के पड़ोसी हरियाणा में एक क्षेत्रीय दल के गठन का उत्साह पैदा होगा। इसके बाद राजस्थान, बिहार आदि में भी इस दिशा में पहल हो सकती है। शायद उत्तर प्रदेश में यह प्रक्रिया देर से शुरू हो क्योंकि प्रधानमंत्री का कम-से-कम नाम के लिए, यहीं से होने से, तथा मंत्रिपरिषद में भी अधिकतम प्रतिनिधित्व से वहाँ यह वहम हो सकता है कि 'भारत' का अर्थ उत्तर प्रदेश ही है।

फिर भी उत्तराखंड और पूर्वी उत्तर प्रदेश के लोगों में तो उपेक्षित होने का भाव आज भी तीव्र है। धीरे-धीरे क्षेत्रीय आधार पर भारत गणराज्य का सही संघीय ढाँचा बनाने पर बल दिया जाएगा। क्षेत्रीय संगठनों का विकास इस दिशा में महत्त्वपूर्ण कदम है।

लेकिन अकाली दल की इतनी बड़ी सफलता ने ही इस पर बहुत बड़ी नैतिक जवाबदेही डाल दी है। अब उसकी सरकार मात्र सिखों की प्रतिनिधि सरकार नहीं बल्कि पंजाब के सभी सम्प्रदाय के लोगों की सरकार है। चूँकि अकाली दल ने इस बात पर बार-बार बल दिया है कि वह पंजाब के सभी लोगों के हितों की लड़ाई

लड़ रहा है, इस रोल को कबूल करने में उसे कोई कठिनाई नहीं होनी चाहिए। यह भी सही है कि लोंगोवाल ने साम्प्रदायिक सद्‌भाव पर सदा बल दिया, अत: उनकी शहादत को ध्यान में रखते हुए उनका संकल्प और भी मजबूत होना चाहिए। कुल मिलाकर अकाली दल को एक दल के रूप में भी सभी पंजाबियों, और अगर उसकी आकांक्षा राज्य से बाहर फैलने की भी हो तो सभी भारतीयों का दल बनने की कोशिश करनी चाहिए। ऐसा करना इसलिए भी जरूरी हो गया है क्योंकि इस चुनाव में पंजाब की राजनीति का कांग्रेस और अकाली दल के बीच लगभग पूर्ण ध्रुवीकरण हो गया है। यह राज्य की राजनीति की भयंकर विकृति होगी अगर यह ध्रुवीकरण साम्प्रदायिक आधार पर हो।

इस परिवर्तन के लिए अकालियों को अपने धार्मिक विश्वासों से अलग होने की कोई जरूरत नहीं है। जरूरत सिर्फ इस बात की है कि राजनीति के मामले में कहीं धार्मिक पक्षपात न हो। दुनिया में ऐसे अन्य उदाहरण हैं जहाँ धार्मिक संगठनों द्वारा खड़े किए गए राजनीतिक दल पूर्ण रूप से धर्म निरपेक्ष (सेक्युलर) राजनीति की धुरी बने हुए हैं। एक उदाहरण पश्चिम जर्मनी का है, जहाँ की सत्ताधारी क्रिश्चन डेमोक्रेटिक पार्टी ऐसी ही पार्टी है। फासीवाद के पराजय के समय जर्मनी की राजनीति में पैदा रिक्तता के माहौल में जर्मनी के कैथलिकों और प्रोटेस्टेंट धर्मानुयायियों ने मिलकर इस दल को जन्म दिया था, फिर भी यह दल अपने कार्यकलाप में पूरी तरह सेक्युलर है। पंजाब के आज के विशेष माहौल का तकाजा है कि अकाली दल ऐसे ही कदम उठाए, जिसमें अपने दावे के अनुसार यह सचमुच में पंजाब के सभी सम्प्रदायों की पार्टी बन जाए और सभी का विश्वास इसको प्राप्त हो। इससे देश में सत्ता के विकेन्द्रीकरण की प्रक्रिया को बहुत बड़ा आधार मिलेगा, जो आनन्दपुर साहब प्रस्ताव की मूल भावना भी रही है।

['पींग', 31 अक्टूबर, 1985]

असम का तनाव साम्प्रदायिक नहीं

आजाद भारत के धर्मनिरपेक्ष राज्य घोषित होने के तीन दशक बाद भी हम धार्मिक सम्प्रदाय और राष्ट्रीयता में फर्क नहीं कर पा रहे हैं। हाल की असम की घटनाओं और उन पर होनेवाली प्रतिक्रियाओं ने इस बात को स्पष्ट रूप से जाहिर कर दिया है। दंगों में लोग मारे जाएँ या बेघरबार कर दिए जाएँ, यह अपने आप में जघन्यतम अपराध है। मारे जानेवाले लोग कौन हैं, यह इस सन्दर्भ में बेमतलब है। आदमी आदमी है। वह पूरब की ओर मुँह करके पूजा करता है या पश्चिमी की ओर, बांग्लादेशी है अथवा असमी, इससे उसके जीवन का महत्त्व कम नहीं हो जाता। लेकिन इन दंगों की पृष्ठभूमि को ही साम्प्रदायिक रूप देकर समस्या को बुरी तरह उलझाया जा रहा है। इससे एक मानवीय दृष्टि रखकर समस्या को समझने और सुलझाने के बजाय असम में पैदा जहर के देश-भर में फैल जाने का डर है।

इस समस्या पर कितनी एकांगी दृष्टि अपनाई जा सकती है, इसका एक उदाहरण दिल्ली में 18 मार्च का 'दि इस्लामिक स्टूडेंट्स मूवमेंट ऑफ इंडिया' का प्रदर्शन था। इसमें सरकार को दोषी ठहराया गया—इसके लिए नहीं कि उसने असम में एक ऐसी स्थिति पैदा की, जिससे भयंकर रक्तपात हो रहा है, बल्कि इसलिए कि उसने अल्पसंख्यकों की हत्या नहीं रोकी। कई अन्तर्राष्ट्रीय मंचों से भी कुछ इसी तरह की आवाज उठी है। संयुक्त राष्ट्र की एक समिति में पाकिस्तान के विदेश मंत्री आगा शाही और मिस्र के प्रतिनिधि ने भी इसे नस्लभेद की घटना बतलाकर दंगों को रोकने में विफलता के लिए भारत सरकार के यंत्र की आलोचना की है, लेकिन दंगों के जो कारण बताए गए हैं, वे पूरी तरह विकृत मानसिकता का उदाहरण हैं। इस तरह की आलोचना से यह ध्वनि निकलती है मानो असम का सारा मामला साम्प्रदायिक तनाव का हो।

ऐतिहासिक कारणों से यह महज संयोग की बात है कि हमारे पड़ोसी दो बड़े राष्ट्रों—बांग्लादेश और पाकिस्तान—की आबादी मूलत: इस्लाम धर्म माननेवालों की है, ठीक उसी तरह जैसे पड़ोस के नेपाल की आबादी मूलत: हिन्दुओं की है। इन देशों के नागरिक जब भारत में प्रवेश करते हैं, तो हमारे यहाँ वे हिन्दू या मुसलमान नहीं होते—वे नेपाली, बांग्लादेशी या पाकिस्तानी होते हैं। इसके विपरीत हमारे

देश के हिन्दू या मुसलमान समान रूप से भारतीय हैं। हमें अपने पड़ोसी राष्ट्रों के नागरिकों को ऊपर की बातों को ध्यान में रखकर देखना चाहिए। इन पड़ोसी देशों के नागरिकों के प्रति आदर भाव जरूर बरतना चाहिए, क्योंकि हम अपेक्षा रखते हैं कि हमारे नागरिकों को भी पड़ोसी आदर भाव से देखेंगे, लेकिन अगर पड़ोसी देश के नागरिक बहुत बड़ी संख्या में हमारे देश में प्रवेश करते हैं और यहाँ बसना शुरू कर देते हैं, तो यह एक दूसरी तरह की समस्या बन जाती है। इसके दूरगामी आर्थिक या सामाजिक असर हो सकते हैं और समस्या के इस पहलू पर भी विचार करना जरूरी हो जाता है।

आदर्श स्थिति तो वह होगी, जब दुनिया के विभिन्न देशों के बीच लोग बिना पासपोर्ट-वीजा के स्वच्छन्द रूप से आ-जा सकें और अपनी मर्जी के अनुसार जहाँ चाहें वहाँ बस जाएँ, क्योंकि आखिरकार दुनिया के सभी मनुष्य एक ही मानव परिवार के सदस्य हैं, लेकिन आर्थिक गैर-बराबरी और आबादी के घनत्व में बढ़ोतरी के दबाव से बचने के लिए दुनिया भर में एक देश से दूसरे देश में आबादी के स्वतंत्र बहाव पर रोक लगाकर रखी गई है। जो सम्पन्न देश हैं, वे इसलिए रोक लगाते हैं कि बाहरी लोगों के बड़ी संख्या में आकर बस जाने से उनके साधनों पर बोझ बढ़ेगा और जीवन स्तर नीचे गिरेगा। भारत जैसे गरीब देशों की समस्या यह है कि यहाँ पहले से ही साधनों के अभाव में लोगों को उचित जीवन स्तर नहीं मिल पा रहा है। आबादी का बोझ और बढ़ जाने से जीवन स्तर में और भी गिरावट आने की सम्भावना है।

अमेरिका, कनाडा और यूरोप के कुछ विकसित देश द्वितीय विश्वयुद्ध के बाद कुछ दशकों तक अन्य देशों से आनेवालों का स्वागत करते रहे, क्योंकि उनके यहाँ विकास की गति तेज थी और उन्हें अतिरिक्त मानव श्रम की जरूरत थी, लेकिन इधर जब से उन्हें आर्थिक मन्दी की समस्या का सामना करना पड़ रहा है, तरह-तरह की रोक लगाकर बाहरी लोगों, खासकर गरीब मुल्कों के लोगों के प्रवेश को बन्द किया जा रहा है। ऐसा तब हो रहा है, जबकि इन देशों का जीवन स्तर इतना ऊँचा है कि वे बाहर से आकर बसनेवाली आबादी के बड़े बोझ को भी सँभाल सकते हैं। इस परिप्रेक्ष्य में हम असम के लोगों की चिन्ता आसानी से समझ सकते हैं, जहाँ पाकिस्तान बनने के बाद से ही लाखों लोग पूर्वी पाकिस्तान और फिर पाकिस्तान से इसके अलग होने के बाद बांग्लादेश से भी आते रहे।

इस तरह असम का मामला धर्म का बिलकुल नहीं है। यह तो आर्थिक और सांस्कृतिक मामला है। इस स्थिति का थोड़ा अन्दाजा हम बांग्लादेश से विस्थापित तथाकथित बिहारी मुसलमानों की दुर्दशा पर विचार करने से पा सकते हैं। ये लोग मुसलमान थे और पाकिस्तान बनने के बाद पूर्वी पाकिस्तान में बिहार तथा कुछ अन्य इलाकों से जाकर बसे थे। फिर भी न तो बांग्लादेश उनको रखने को तैयार था और न पाकिस्तान उन्हें अपने यहाँ शरण देने को तैयार था। कारण यह था कि

पाकिस्तान के पंजाबी, सिन्धी या अन्य बाशिन्दों को ये बिहारी मुसलमान धर्म के मामले में एक होने पर भी सांस्कृतिक दृष्टि से विजातीय लगते थे और उन्हें ऐसा लगता था कि इनके आने से उनके रहन-सहन के ढंग पर एक अरुचिकर दबाव पड़ेगा। इसी तरह एक धर्म के होते हुए भी पाकिस्तान के पख्तून या बलूची लगातार स्वायत्तता की माँग करते रहे हैं। इसके अलावा अगर हम पश्चिम एशिया के मुल्कों पर नजर डालें, तो पाएँगे कि इनमें से लगभग सभी देशों के नागरिक मुसलमान हैं, फिर भी इन देशों के बीच काफी तनाव और आपसी झगड़े हैं।

भारत की जनता को इस सवाल पर गलतफहमी में रखने के लिए स्वयं कांग्रेस पार्टी के नेता, खासकर असम के कांग्रेसी, मूल रूप से जिम्मेदार हैं। उन्होंने अल्पसंख्यकों का मत प्राप्त करने के लिए बांग्लादेश से आ रहे नागरिकों को विदेशी नागरिक के बजाय अल्पसंख्यक के रूप में लोगों के सामने पेश किया। इनके भारत-प्रवेश पर भी कभी सख्ती से रोक नहीं लगी। इस तरह अपने सीमित राजनीतिक स्वार्थ-साधन के लिए उन्होंने देश के सामने एक बड़ी समस्या खड़ी कर दी। इसी कारण असम आन्दोलन के नेताओं से बातचीत को भी उन्होंने उलझाए रखा। संविधान की दृष्टि से मामला इतना साफ था कि इस पर कुछ-न-कुछ फैसला अवश्य हो सकता था।

अब जब इतनी बड़ी संख्या में लोग बाहर से आकर बस गए हैं, तो उनके साथ क्या किया जाए—यह एक मानवीय समस्या बन गई है। चूँकि बांग्लादेश की सरकार उनको वापस लेने के लिए तैयार नहीं, सो उन्हें वापस भी नहीं भेजा जा सकता। अत: उन्हें तो भारत में ही रखना होगा, लेकिन इतनी बड़ी आबादी का बोझ अकेले असम के लोगों पर नहीं डाला जा सकता। यह बोझ पूरे देश पर बाँटना चाहिए।

वैसे भी इस समस्या का कोई-न-कोई हल तो निकालना ही होगा। धीरे-धीरे जब लोगों पर से वर्तमान पागलपन उतरेगा और लोग मानसिक रूप से संयत होंगे, तो दंगे भी बन्द होंगे और लोग वापस अपने गाँव को लौटेंगे, क्योंकि उन्हें यह महसूस होगा कि निरपराध लोगों की हत्या से किसी समस्या का समाधान नहीं हो सकता, लेकिन भविष्य की चिन्ता का विषय यह है कि इस विवाद से राष्ट्रीयता और साम्प्रदायिकता के बीच का फर्क मिटने लगा है। कोई इसे मुसलमानों का मामला मानने लगा है तो कोई बंगालियों का। इस मनोभाव से न सिर्फ हिन्दुओं और मुसलमानों के बीच, बल्कि बंगाली और असमी लोगों के बीच भी कटुता बढ़ने लगी है। लोग यह बात भूलने-से लगे हैं कि बुनियादी तौर से यह एक राष्ट्रीय समस्या है और विदेशी नागरिकों की क्या व्यवस्था हो, इस पर देश के सभी नागरिकों को सम्मिलित रूप से, यह भूलकर कि किसका धर्म क्या है, विचार करना चाहिए।

['रविवार', 17-23 अप्रैल 1983]

मूल समस्या है शासक भाव

असम की ताजा घटनाओं या उत्तर-पूर्वी अंचल में दिनोंदिन बिगड़ती स्थिति या आम तौर से देश की खराब होती हालत के पीछे गलत नीतियाँ जरूरी हैं, लेकिन ये सिर्फ ऐसी नीतियों के परिणाम ही नहीं हैं। अगर सुलझाने के प्रयास में समस्याएँ सुलझने के बजाय और उलझती जाएँ और संकट का रूप ले लें, तो हमें किसी व्यापक अन्तर्निहित दोष की तलाश करनी चाहिए। घटनाओं पर नीतियों का प्रभाव निश्चित ही महत्त्वपूर्ण होता है, लेकिन अपने देश में हर छोटी समस्या को उलझा देने में हमारा खास तरह का प्रशासनिक संस्कार काफी हद तक जवाबदेह है। यह संस्कार नीतियों का विकृत करने में भी महत्त्वपूर्ण भूमिका अदा करता है, क्योंकि नीति-निर्धारण भी एक हद तक इसी प्रशासन से प्राप्त सूचनाओं-सुझावों के आधार पर होता है।

यह संस्कार शासन और प्रशासन से जुड़े भारतीय अभिजात वर्ग का शासक भाव है। इस भाव के चलते इस वर्ग के लोग यह मानकर चलते हैं कि आम लोगों को अपने मातहत रखना तथा अपनी मर्जी के मुताबिक चलाना उनका हक है, भले ही कानून में यह विधिवत उल्लिखित नहीं हो। इसी संस्कार के चलते थाने के दारोगा और जिला के कलेक्टर इस देश के सबसे शक्तिशाली व्यक्ति माने जाते हैं। देश का कोई भी नियम-कानून नहीं, जो इनसे टकराकर साबुत बचा रहे। इसका नतीजा यह है कि भारतीय नागरिक को कोई भी कानूनी सुरक्षा नहीं मिलती। इसी से यह कहावत प्रचलित है कि 'अगर ब्रिटेन में किसी आफत में फँसो तो पुलिस से सहायता माँगो, अगर भारत में आफत में फँसना चाहो तो पुलिस से सहायता माँगो।' आम भारतीय एक तरह से ट्रैफिक के नियम की तरह प्रशासन के सम्पर्क से किनाराकशी करके चलना चाहता है। स्वाभाविक है कि आम लोगों और सरकार के बीच कोई सार्थक सम्पर्क सूत्र नहीं बन पाता।

यह खास तरह का संस्कार हमें अंग्रेजी हुकूमत से विरासत में मिला है। अंग्रेजों का शासन भारत में प्रधानतः भारतीय अफसरों और सिपाहियों के बूते पर चलता था। पढ़े, अधपढ़े और अनपढ़ लोगों के इस समूह की स्थिति काफी अन्तर्द्वन्द्व से भरी होगी। इन्हें एक विदेशी हुकूमत के लिए अपने लोगों पर ही

शासन चलाना पड़ता था। इस स्थिति के तनाव से उबरने के लिए इन्होंने अपने को भावना के स्तर पर अपने परिवेश से काटकर विदेशों के साथ जोड़ना शुरू किया। इस प्रक्रिया में विदेशी शासकों की तरह इन्होंने भी अपने को अपने आम देशवासियों से ऊपर समझना शुरू किया। अंग्रेजी शिक्षा और व्यवस्था से जुड़ा एक बहुत बड़ा समूह इस मानसिकता का शिकार बन गया। वस्तुत: भारत के पूरे मध्यम वर्ग की मानसिकता इसी प्रक्रिया की उपज है। चूँकि यह समूह असल में शासक नहीं था, अत: इसे बार-बार खुद को और दूसरों को दिखलाने की जरूरत थी कि यह असल में शासक है। इस तरह शासक भाव इस वर्ग का एक स्थायी मुखौटा बन गया।

विदेशियों से इनके चरित्र की एक और भिन्नता थी। विदेशी शासक भारतीय लोगों के प्रति भले ही कोई जिम्मेदारी नहीं महसूस करते हों, अपने देश के शासन के प्रति और साम्राज्य-रक्षा के प्रति जरूर महसूस करते थे। अत: अपने कर्तव्यों का निष्ठा के साथ पालन करते थे। इस कर्तव्य का एक आयाम यह भी था कि जिस देश में शासन करते हैं, उसे भली प्रकार समझें। इसी क्रम में उन्होंने इस देश की संस्कृति, इतिहास, परम्परा, भाषा आदि का गहराई से अध्ययन करने की कोशिश की और कुछ क्षेत्रों में ऐसे अध्ययनों की नींव भी डाली। चूँकि इन्हें एक विशाल परदेशी जनसमूह पर शासन करना था, ये भरसक कोशिश करते थे कि शासितों की भावना को ठेस नहीं पहुँचाएँ यानी तब तक, जब तक इनकी स्वार्थ-रक्षा के लिए यह अनिवार्य नहीं बन जाए। इस बात पर ध्यान नहीं देने से बगावत का खतरा था। भारतीय अफसरशाही और इससे जुड़ा वर्ग इस दायित्व-बोध से बिलकुल मुक्त था। यह विशुद्ध रूप से भाड़े पर काम करता था। इसकी वफादारी न विदेशी शासन के प्रति थी, न अपने देश की जनता के प्रति। इसकी वफादारी पैसे और जीवन की उन सुविधाओं के प्रति थी, जो इसे अपने देशवासियों से ऊँचा ओहदा दे सकें।

आजादी के बाद शासन और प्रशासन, दोनों पूरी तरह इसी वर्ग के हाथ आए, लेकिन इसकी मानसिकता में कोई फर्क नहीं आया। पैसा कमाना और लोगों पर शासक होने की धौंस जमाना—यही इस वर्ग का खास संस्कार आज भी बना हुआ है। ये काम की इतना भर खानापूर्ति जरूर कर देते हैं, जिससे इनका ओहदा बरकरार रहे।

उत्तर-पूर्वी सीमावर्ती प्रदेशों की समस्या उलझाने में इस वर्ग का विशेष हाथ रहा है। इस अंचल में कबायली लोगों की अपनी तरह की परम्परा और जीवन पद्धति रही है। उनमें पृथकतावादी भाव उकसाने में उनके जीवन में भारतीय प्रशासकों के साहिबाना हस्तक्षेप का बड़ा हाथ रहा है। उनकी जीवन पद्धति को समझे बगैर उन्हें असभ्य मानकर चलनेवाले शासकों और अफसरों के व्यवहार का दूसरा

परिणाम हो भी क्या सकता था? आज भी इस इलाके में भारतीय अफसर और फौज सभी कानूनी बन्धनों से परे होकर दमन चलाते हैं। भारतीय राष्ट्र का यह रूप तो किसी भी राष्ट्रभक्त को विरक्त कर देगा।

असम में विदेशियों के मामले ने अभी एक नया मोड़ ले लिया है, लेकिन एक हद तक वहाँ भी सांस्कृतिक अस्मिता के संकट का बोध इस वर्ग के अहंकार भाव की उपज है। शुरू में कलकत्ता भारत में अंग्रेजी राज की राजधानी थी और बंगाल के लोग अन्य भारतीयों से पहले अंग्रेजी शिक्षा पा अंग्रेजी प्रशासन के अंग के रूप में पड़ोस के राज्यों बिहार, असम, उड़ीसा आदि में फैल गए। ये लोग अपने को स्थानीय लोगों से ऊपर मान उनसे बिलकुल अलग-थलग बने रहे। अंग्रेजों की तरह ही इन जगहों पर इनके अलग क्लब आदि होते थे। प्रशासन तथा अन्य बड़ी नौकरियों में इन्हीं की प्रधानता थी। अंग्रेजी भाषा इस वर्चस्व का प्रमुख आधार थी।

अब जब असम के लोग नौकरियों के लिए आगे आ रहे हैं और खासकर जब असमिया भाषा को प्रशासन की भाषा बनाने पर बल देने लगे हैं तो इस वर्ग को इसमें खतरा दिखाई देने लगा है। शुरू में असम आन्दोलन भाषा के प्रश्न पर ही था और वहाँ बसे बंगाली इसका विरोध करते रहे। बांग्लादेश से आए लोग तो ज्यादातर खेतों में काम करनेवाले श्रमिक या कृषक हैं। आज अगर इनकी बाढ़ से असम में सांस्कृतिक अस्तित्व का खतरा नजर आ रहा है तो अभिजात बंगालियों के पिछले व्यवहार के कारण ही, क्योंकि ये असम में रहते हुए भी इसकी भाषा और संस्कृति को मान्यता देने के लिए तैयार नहीं थे। अब असमिया लोगों को यह भय लगता है कि बहुसंख्यक बांग्लाभाषी विदेशियों का सहारा ले ये लोग असम में ही असमिया भाषा और उनकी संस्कृति को दबा देंगे। यही अभिजात बंगाली समूह अपनी स्वार्थ-रक्षा के लिए पश्चिम बंगाल के आम बंगालियों की भावना को उकसाकर उन्हें असम विरोधी बनाता है।

भाषा की समस्या को तो हर जगह इस वर्ग के लोगों ने ही उलझाया है। अंग्रेजी भाषा इस वर्ग की महत्ता का प्रमुख आधार है। अगर अंग्रेजी भाषा की जगह जनभाषाओं में सरकारी कारोबार होने लगता है तो एकबारगी अफसरी आतंक का लोप हो जाएगा। अंग्रेजी का इन्द्रजाल हटते ही लोगों की नजर खुल जाएगी और अफसरों के क्रियाकलाप आम लोगों की निगरानी में आने लगेंगे। इसीलिए दक्षिण में हिन्दी साम्राज्य के खिलाफ तो बार-बार आन्दोलन हुए, पर सात समुन्दर पार विलायत से आए अंग्रेजी भाषा के साम्राज्यवाद को हमेशा नजरअन्दाज किया गया। इसलिए कि इस आन्दोलन के पीछे उन लोगों का हाथ था, जो हिन्दी विरोध के नाम पर अंग्रेजी को बनाए रखना चाहते थे ताकि उनका वर्चस्व कायम रहे।

ये थोड़े से उदाहरण यह बतलाने के लिए दिए गए हैं कि किस तरह एक खास संस्कार हमारे ऊपर हावी है और प्रभुता को लोगों पर आरोपित करने के लिए हमारा शासक वर्ग कैसे समस्याओं को उलझाता है? हम सबको आत्ममंथन कर गुलामी की विरासत इस जहर को निकाल फेंकना है, नहीं तो विनायक की जो भी मूर्तियाँ हम बनाना चाहेंगे, वे बनते-बनते गोबर-गणेश बन जाएँगी।

['रविवार', 27 मार्च-2 अप्रैल]

शासक दल की दोहरी नीति में विघटन के बीज

राजनीति में लोग सदा उदात्त भावनाओं से ही प्रेरित होकर नहीं आते। अक्सर छोटे गिरोहों के हित को सामने रख या सत्ता की महत्त्वाकांक्षा से प्रेरित होकर ही लोग राजनीति में सक्रिय होते हैं। इसलिए उनसे अति उत्कृष्ट और अति नैतिक मूल्यों के पालन की उम्मीद रखना अत्यधिक आशावादी होना लग सकता है, लेकिन राजनीति में हर मानक और मूल्य से इनकार करना एवं नीतियों से पूरी तरह छुट्टा रहना तो समाज में मत्स्य न्याय स्थापित कर देगा। अंग्रेजी में कहावत है कि 'चोरों में भी एक आपसी मर्यादा होती है'। राजनीतिज्ञों में कम-से-कम ऐसी मर्यादा तो होनी ही चाहिए, लेकिन ऐसा लगता है कि हमारे शासक इस दर्जे की मर्यादा का भी पालन नहीं करना चाहते। वे किसी भी मानक या मूल्य के आधार पर अपनी नीति नहीं चलाते। देखा-देखी दूसरे भी यही करते हैं और फिर पूरी राजनीति का अवमूल्यन होता जाता है।

यह बात देश के दो सीमावर्ती राज्यों—उत्तर-पश्चिम में कश्मीर और उत्तर-पूर्व में असम की राजनीति पर दृष्टि डालने से स्पष्ट हो जाएगी। दोनों ही राज्य पिछले दिनों भयानक विवाद के केन्द्र रहे हैं। इसमें एक विषय विदेशी नागरिकों का रहा है। शासक दल इन्दिरा कांग्रेस ने दोनों राज्यों में पड़ोसी देशों से आनेवाले विदेशियों के सवाल पर बिलकुल एक-दूसरे के विपरीत नीतियाँ अख्तियार की हैं।

कश्मीर में फारुख अब्दुल्ला ने विधान सभा में पुनर्वास का कानून पास करवाया। इस कानून के अनुसार वे कश्मीरी, जो पाकिस्तान अधिकृत कश्मीर में जाकर एक बार बस गए थे, फिर कश्मीर में आकर बस सकते हैं और इस तरह उन्हें फिर भारतीय नागरिकता मिल सकती है। इस बात को लेकर इन्दिरा कांग्रेस ने काफी विरोध और नाराजगी जाहिर की। इस विरोध का एक हद तक औचित्य भी है क्योंकि वर्तमान अन्तर्राष्ट्रीय स्थिति को देखते हुए एक बड़ी आबादी के बार-बार एक देश से दूसरे में स्थानान्तरण से अनेक आर्थिक एवं सामाजिक समस्याएँ पैदा हो जाती हैं। फिर भी यह समस्या बहुत विकट नहीं होगी क्योंकि वापस आनेवाले कश्मीरी ही होंगे तथा एक ही सांस्कृतिक परम्परा के अंग होंगे। इसके अलावा आबादी का बोझ भी बहुत नहीं बढ़ेगा क्योंकि आनेवाले वे ही

होंगे, जो एक समय कश्मीरी थे और वो उसी जगह को भरेंगे, जिसे वे कभी खाली कर चले गए थे।

पर असम में इन्दिरा कांग्रेस ने कश्मीर में अपने रुख के ठीक विपरीत रुख अख्तियार किया है। वहाँ पर बांग्लादेश से आनेवाले विदेशियों के बसने से पैदा समस्या को इसने हमेशा नजरअन्दाज किया है जबकि यह समस्या अत्यन्त ही भयावह है। डेढ़ करोड़ से कुछ कम आबादी के राज्य में बांग्लादेश से आकर बसनेवाले लोगों की संख्या लगभग पचास लाख हो गई है। असम के वन विभाग की जमीन और नदियों की घाटी के चौर की जमीन पर उन्होंने कब्जा जमा लिया है। सांस्कृतिक दृष्टि से भी असम के लोगों से इनका कोई मेल नहीं। ये बांग्लाभाषी हैं, अत: भाषाई दृष्टि से भी स्थानीय आबादी से इनका कोई मेल नहीं बैठता। फिर भी भारत सरकार असम वासियों के वर्षों के आन्दोलन के बावजूद इस समस्या को कोई महत्त्व नहीं दे रही है बल्कि पिछले चुनाव के दौरान असमिया लोगों के खिलाफ इन विदेशियों को भड़काने का भी काम इन्दिरा कांग्रेस के नेताओं ने किया। वहाँ के भीषण रक्तपात के पीछे इसकी भी भूमिका रही है।

बांग्लादेश से भारत आनेवाले लोगों के सम्बन्ध में खुद इन्दिरा गांधी की नीति समान नहीं रही—एक समय में वह जो थीं, आज उसके एकदम विपरीत हैं। जब 1970-71 में बांग्लादेश से पचास या साठ लाख शरणार्थी भारत भागकर आए तो इसे एक अन्तर्राष्ट्रीय मसला बनाया गया। दुनिया भर में इस बात का प्रचार हुआ और शरणार्थियों को राहत पहुँचाने के लिए विभिन्न देशों से भारी मात्रा में आर्थिक सहायता भी मिली। फिर भी इन्दिरा गांधी ने इस बोझ को इतना भारी माना कि अन्ततोगत्वा इसी सवाल पर पाकिस्तान से युद्ध भी हो गया। यह भी ध्यान देने की बात है कि इन शरणार्थियों का मामला अस्थायी था। अब जब लगभग उतने ही लोग बाजाप्ता असम में आकर वहाँ के लोगों की जमीन कब्जा करके कायमी रूप से बस रहे हैं तो भारत सरकार इसे कोई महत्त्वपूर्ण समस्या नहीं मानती। जब अपनी अस्मिता की रक्षा के लिए भयभीत असमवासी विदेशियों की घुसपैठ रोकने के लिए आन्दोलन करते हैं तो भारत सरकार फिर युद्ध की घोषणा करती है—लेकिन इस बार युद्ध की घोषणा बांग्लादेश के खिलाफ नहीं, असमिया लोगों के खिलाफ होती है।

चुनाव आयोग के मामले में भी इन्दिरा कांग्रेस की नीति ऐसी ही दो विपरीत दिशाओं में चली है। कश्मीर में चुनाव के दरमियान चुनाव आयोग और राज्य चुनाव अधिकारी के बीच काफी मतभेद पैदा हो गया। राजीव गांधी समेत इन्दिरा कांग्रेस के नेताओं ने जोरदार शब्दों में चुनाव आयोग की तरफदारी की एवं इस बात पर आपत्ति की कि राज्य चुनाव अधिकारी राज्य सरकार के दबाव के अन्दर काम करते रहे हैं। अगर आरोप ठीक है तो आलोचना उचित है, लेकिन चुनाव आयोग पर स्वयं केन्द्र सरकार का कितना दबाव पड़ता रहा है, यह बात असम के जनवरी

महीने के चुनाव से बिलकुल साफ जाहिर होती है। कोई भी निष्पक्ष चुनाव आयोग असम की तत्कालीन स्थिति में चुनाव कराने को तैयार नहीं होता। मतदाता सूची में संशोधन जैसी चुनाव की बुनियादी शर्त भी पूरी नहीं की गई। ऐसी स्थिति में केन्द्र सरकार की इच्छा पूर्ति के लिए चुनाव की खानापूर्ति करने के अलावा चुनाव कराने का क्या उद्देश्य हो सकता था? निश्चय ही चुनाव आयोग भारत सरकार के दबाव में चुनाव कराने पर मजबूर हुआ था, लेकिन किसी इन्दिरा कांग्रेस के नेता ने इस सवाल पर जबान नहीं हिलाई।

लोकतंत्र में राज्य सत्ता राष्ट्रीय एकीकरण का भी एक सूत्र होती है, जिसमें निहित नीतियों से राष्ट्र के अनेक समूह सम्बद्ध होते हैं। अत: सत्ताधारी दल की परस्पर विरोधी नीतियों में राष्ट्र के विघटन के बीज भी हो सकते हैं।

['रविवार', 3-9 जुलाई, 1983]

शासन : भ्रष्ट का, भ्रष्ट द्वारा, भ्रष्ट के लिए

भ्रष्टाचार विरोधी कानून को बदलने के सवाल पर जो नाटक लगभग सप्ताह भर चलता रहा, वह देश के आम लोगों के लिए एक बड़ी चेतावनी है। अन्तुले को भ्रष्टाचार के आरोप में कानूनी कार्रवाई से बचाने के लिए 11 मार्च को इन्दिरा गांधी ने महाराष्ट्र के मुख्यमंत्री वसन्तराव पाटील को यह आदेश दिया था कि वह भ्रष्टाचार विरोधी कानून 1947 को महाराष्ट्र की विधायिका से संशोधित करा लें। इसके विरोध में चारों तरफ तीव्र प्रतिक्रिया हुई, जिससे यह निर्णय दूसरे ही दिन बदल दिया गया। बदलने का मुख्य कारण खासकर आगामी आम चुनावों पर प्रतिकूल प्रभाव का भय था, लेकिन निर्णय बदलने की खबर पहुँचने के पहले ही महाराष्ट्र कांग्रेस विधायक दल ने बिना विरोध के कानून को संशोधित करने का फैसला कर लिया था। कांग्रेस आलाकमान के नये आदेश के बाद विधायक दल ने अपना फैसला बदल दिया, पर अन्तुले समर्थक एक गिरोह संशोधन पेश करने के अपने निश्चय पर अड़ा रहा। इस नाटक के बाद कानून का संशोधन तो फिलहाल टल गया है, लेकिन इससे यह जरूर जाहिर हो जाता है कि हम कहाँ पहुँच गए हैं और इस देश के शासक दल में कैसे चरित्रहीन विधायक हैं जो दिल्ली के इशारे पर कठपुतली की तरह क्षण-क्षण पैंतरे बदलते रहते हैं।

इस संशोधन से विधायकों को एक तरह से भ्रष्ट आचरण की छूट दी जा रही थी। भ्रष्टाचार का बोलबाला तो आज भी व्यवस्था में है, लेकिन इस संशोधन से यह कानूनी मान्यता दी जा रही थी कि विधायक निरापद और निःशंक होकर अपने कार्यकाल में अपने भ्रष्ट आचरण से समाज के धनी और भ्रष्ट लोगों का हित साधन करता रह सकता है। देश के सत्तारूढ़ और सबसे ताकतवर दल द्वारा ऐसे संशोधन के लिए पहल करने का अर्थ है कि भ्रष्ट लोग या दूसरे शब्दों में सम्पन्न लोग इस देश में इतने शक्तिशाली बन गए हैं कि राज्य व्यवस्था अब विधिवत उन्हीं के इशारे पर चला करेगी : उनके पैसे से चुनाव जीते जाते हैं और वे ही बाजाप्ता इसकी नीतियाँ निर्धारित करेंगे। लोकतंत्र की परिभाषा 'जनता की, जनता द्वारा और जनता के लिए' के बजाय अब हमारे देश में 'भ्रष्ट लोगों की, भ्रष्ट लोगों द्वारा और भ्रष्ट लोगों के लिए' बनती जा रही है।

लेकिन अब बात यहाँ तक पहुँच गई है तो इससे यह साबित होता है कि इस देश के नेतृवर्ग में जायज और नाजायज के बीच फर्क करने की भी कोई तमीज नहीं रह गई है। कांग्रेस दल राजनीतिक भ्रष्टाचार को कानूनी संरक्षण देने की बात इसीलिए सोच सका क्योंकि वह इस बात से आश्वस्त है कि इस देश के उस वर्ग में, जिसकी समाज में अहमियत है, भ्रष्टाचार को जीवन-पद्धति के रूप में कबूल कर लिया गया है—यानी उस वर्ग में जो राजनीति में नेता देता है, जिसके पास चुनाव-कोश में देने के लिए पैसा है, जो बड़े अखबार चला सकता है और जिससे बड़े पत्रों के सम्पादक आते हैं, जिसके लोग विभिन्न शैक्षणिक संस्थाओं में चोटी पर हैं या अन्य बौद्धिक क्षेत्रों में अग्रणी स्थान रखते हैं। आज इस देश का व्यवसायी जानता है कि सरकारी संरक्षण के बगैर उसका व्यवसाय चल नहीं सकता। इसलिए वह विभिन्न तरीकों से शासकों को खुश रखने का प्रयास करता है। अधिकांश बड़े अखबार भी बड़े औद्योगिक संस्थाओं द्वारा ही नियंत्रित होते हैं और वे भी कहीं-न-कहीं सरकार से अपने को बाँधकर रखने का प्रयास करते हैं। इसी तरह के अखबारों के सम्पादकों की मोटी तनख्वाह वाली नौकरी पत्रों के मालिकों की मर्जी पर निर्भर करती है, सो मालिकों की मर्जी के अनुसार वे सच को झूठ और झूठ को सच बतलाने के दिमागी सर्कस में लगे रहते हैं।

दरअसल, इस तरह ही हम पत्रकारों की चापलूसी का एक खासा नमूना देख सकते हैं। कानून को संशोधित करने का आदेश इन्दिरा गांधी का था और कांग्रेस में इससे असहमति का कोई प्रश्न ही नहीं उठ सकता था। बाद में निर्णय बदला गया तो चुनावों पर इसके प्रभाव को ध्यान में रखकर ही। लेकिन देश के कुछ बड़े अखबारों ने इसका सारा श्रेय राजीव गांधी को देकर उन्हें एक हीरो के रूप में प्रस्तुत करने की कोशिश की, जबकि असली स्थिति यह है कि दोनों निर्णयों का उद्गम स्थान एक है और इन्दिरा गांधी की मर्जी के खिलाफ राजीव गांधी कदम उठाने का साहस नहीं कर सकते क्योंकि राजनीति में उनकी निजी हस्ती दो कौड़ी की भी नहीं। यह तो दोहरा मापदंड ही है कि उस दल के, जिसके महामंत्री राजीव गांधी हैं, गन्दे कामों के लिए किसी अदृश्य हस्ती को दोषी मान लिया जाए और कानून बदलने को रोकने का श्रेय राजीव गांधी को दे दिया जाए। यह पत्रकारिता नहीं, विशुद्ध चाटुकारिता है, पर आज देश का माहौल ऐसा बन गया है कि लोग सब कुछ कबूल करने लगे हैं। हमारे देश के कलमजीवी ऑरवेल के विशेषण 'पेन प्रॉस्टेच्यूट' (लेखन की वेश्यावृत्ति) के निर्विवाद रूप से दावेदार बन रहे हैं।

लोगों का मानस कितना बदला है, इसकी कल्पना इस बात से की जा सकती है कि ठीक एक दशक पहले 18 मार्च, 1974 को बिहार में राजनीतिक भ्रष्टाचार के खिलाफ ही आन्दोलन की शुरुआत हुई थी, जिसका नेतृत्व जे.पी. ने किया। तब पहली दफा आम लोगों के सक्रिय हस्तक्षेप से भ्रष्टाचार कुछ हलकों में बन्द

होने लगा था। सरकारी गाड़ियों का निजी कामों के लिए प्रयोग, प्रखंड कार्यालय में घूसखोरी आदि पर कुछ हद तक रोक लगने लगी थी। राजनीतिक नेता भी आन्दोलन के प्रभाव से अपने व्यवहार में सतर्क रहने लगे थे।

पर इमरजेंसी के बाद इस आन्दोलन की ऊर्जा का फायदा उठाकर जो जनता सरकार बनी, उसने इस आन्दोलन के मूल उद्‌देश्यों को भुला दिया और निश्चित रूप से उनकी हरकतों ने भ्रष्टाचार के विरुद्ध बढ़ते हुए निषेध-भाव को समाप्त कर दिया। मोहभंग ने लोगों को और ज्यादा निराशावादी बना दिया है और लोग ऐसा मानने लगे हैं कि कहीं भी कुछ भी हो नहीं सकता। इस भाव के फैलने से सभी लोग वर्तमान स्थिति से समझौता कर इसके भीतर अपनी जो भी सेवा कर सकते हैं, करने की कोशिश करने लगते हैं। अगर रोजगार के अवसर सिकुड़ रहे हैं और नौकरी के लिए प्रत्याशियों का चयन भी निष्पक्ष ढंग से नहीं हो सकता तो एकमात्र उपाय है रिश्वत देना। यही हाल बैंक के कर्ज और उद्योगों के लाइसेंस से लेकर राशन कार्ड बनाने तक का है। अब लोग भ्रष्टाचार के इतने अभ्यस्त हो गए हैं कि नाराजगी भी नहीं होती, मात्र एक हताशा का भाव रह जाता है।

शासक दल और विरोधी एवं देश के बुद्धिजीवी सभी इस दलदल में कमोबेश फँसे हैं। अब तो ऐसा लगता है कि आम लोगों की असहनीय होती दुर्दशा से ही शायद कोई निराकरण निकले। यह निराकरण ऐसे जन-उभार से निकलेगा, जब लोगों की हताशा फिर गुस्से में बदलेगी, जैसा बिहार आन्दोलन के समय हुआ था।

['रविवार', 8-14 अप्रैल, 1984]

हिंसा से कोई समाधान नहीं निकलेगा

देश के दो छोर, उत्तर-पूर्वी और उत्तर-पश्चिमी अंचलों के असम और पंजाब में चल रहे आन्दोलन धीरे-धीरे हिंसावादी तत्त्वों के हाथ में जा रहे हैं। पंजाब में सिखों का आन्दोलन, जो नर्म विचार वाले अकालियों के हाथ में था, दल खालसा या संत भिंडरांवाले जैसे उग्र हिंसावादी तत्त्वों के हाथ में जा रहा है, जो अपने उद्देश्यों की पूर्ति के लिए सैद्धान्तिक रूप में हर तरह के हिंसक आतंक में विश्वास रखते हैं। इसी तरह असम का अहिंसक जन-आन्दोलन, जो भारत के इतिहास में बेमिसाल रहा है, कमजोर पड़ रहा है और हिंसा में विश्वास रखनेवाले आतंकवादी गिरोह धीरे-धीरे आगे आ रहे हैं। इससे एक नतीजा तो यह निकल सकता है कि भारतीय मानस हिंसा की ओर जा रहा है। दूसरा नतीजा यह निकल सकता है कि यह एक विशेष स्थिति से उत्पन्न प्रतिक्रिया है। इधर 'गांधी' फिल्म में लोगों की भीड़ और गांधी साहित्य में बढ़ती जन-अभिरुचि इस बात की ओर इशारा करती है कि भारतीय मानस में कहीं अहिंसा के प्रति एक लगाव है। इससे हम दूसरे नतीजे को मानकर ही चल सकते हैं कि लोगों में हिंसा की ओर रुझान शासन की बढ़ रही नृशंस हिंसा के खिलाफ खीज भरी प्रतिक्रिया ही है।

लेकिन खीज भरी प्रतिक्रिया शायद ही कहीं समस्याओं के सूझ भरे समाधान की ओर ले जाती है। अत: हिंसा की वृत्ति और नीति, दोनों की परीक्षा कर इसके परिणामों के प्रति सचेत रहना जरूरी है।

देश में एक आम बात देखने में आती है कि जब भी शान्तिपूर्ण आन्दोलनों से लोगों की माँगों की पूर्ति होती नहीं दिखाई देती तो हिंसात्मक सम्भावनाओं या तरीके अपनाने की धमकी शुरू हो जाती है। अक्सर हिंसात्मक कार्रवाइयों की शुरुआत भी हो जाती है। पंजाब और असम, दोनों प्रदेशों में पिछले कुछ दिनों में ऐसी हिंसात्मक घटनाएँ छिटपुट रूप से हुई हैं और पंजाब में तो कुछ अतिवादी तत्त्वों ने हिंसात्मक प्रतिरोध की धमकी भी दी है। अनेक ऐसे लोग भी, जो हिंसा में विश्वास नहीं रखते, यह मान बैठते हैं कि हिंसात्मक तरीका ऐसा आखिरी हथियार है, जो उन हालात में कारगर होगा, जहाँ अहिंसा की नीति असफल हो जाती है। कुछ अन्य उग्र राजनीतिक दल तो 'सत्यमेव जयते' की जगह 'शस्त्रमेव जयते'

को ही अपनी नीति का मूलमंत्र मानकर चलते हैं। इतिहास पर नजर डालने पर एक दृष्टि से यह मूलमंत्र सही भी दिखाई देता है क्योंकि इतिहास में अब तक ज्यादातर हिंसा की शक्ति ही विजयी होती रही है, लेकिन विचारणीय बात यह है कि शस्त्र की विजय से क्या उन आदर्शों की प्राप्ति होती है, जिनके लिए शस्त्रों को साधन बनाया गया?

इतिहास की घटनाओं पर इस दृष्टि से विचार करने पर हम पाते हैं कि शस्त्र की विजय से शस्त्र की ही विजय, यानी हिंसक दमनकारी वृत्ति की ही विजय होती है, आदर्शों की नहीं। ऐसा इसलिए होता है क्योंकि यह अनिवार्य नहीं कि ऊँचे आदर्शों के साथ ही सबल हिंसात्मक शक्ति भी जुड़ी हो। इतिहास उलटे यह बतलाता है कि स्वाभाविक रूप से सबल हिंसात्मक शक्ति क्रूर और मदान्ध शासकों के हाथ में रही है। और वैसे लोग, जो आदर्शों या अपनी आजादी के लिए संघर्ष करते रहे हैं, इन शासकों के दमन के शिकार बने हैं। उदाहरण में सिकन्दर, जूलियस और ऑगस्टस सीजर, हुण ऐटिला, चंगेज खान, तैमूर, नादिर शाह, नेपोलियन, हिटलर, स्टालिन आदि हैं, जो थोड़े या लम्बे अरसे के लिए दुनिया के बड़े भू-भाग को अपने पंजे के नीचे रखने में सफल हुए। कारण यह है कि हिंसक शक्ति पर कोई नैतिक सीमा या बन्धन नहीं होता बल्कि हिंसक शक्ति के प्रयोग में, चाहे वह पशु जगत में हो या मानव समूहों के बीच, चकमा देने की दक्षता की निर्णायक भूमिका होती है।

चकमा देने की दक्षता ठेठ शब्दों में छल-प्रपंच पर आधारित होती है, जिसे भद्र लोगों की भाषा में 'रणनीति' कहते हैं। मानव समूहों के सन्दर्भ में छल-प्रपंच का मतलब है, मानव समूहों को संघर्षों के पीछे के असली इरादों से अनभिज्ञ रख उनका उपयोग सत्ता के लिए कर लेना। इस प्रक्रिया में स्वाभाविक रूप से आदर्शवादी मूल्यों का लोप होने लगता है। शक्ति-प्रयोग में रणनीति का आधार ही यह होता है कि विपक्षियों पर उनकी सबसे कमजोर स्थिति में हमला हो। ठेठ शब्दों में यह कायरता है, लेकिन सशस्त्र संघर्षों के क्षेत्र में यही महानता है क्योंकि युद्ध में महानता की कसौटी किसी तरह विजयी होना है। इसीलिए सिकन्दर जैसे क्रूर योद्धाओं को 'महान' कहा गया है।

हिंसक संघर्ष से प्राप्त करने के प्रयासों में ऊँचे आदर्श भी कैसे पतित हो जाते हैं, वह क्रान्तियों के कुछ उदाहरणों में हम देख सकते हैं। जैसे, राजा की सत्ता के विरोध में इंग्लैंड में पार्लियामेंट की प्रभुता को प्रस्थापित करने के संघर्ष को लें। इस क्रान्ति का उद्‌देश्य जन-सत्ता कायम करना था, जो एक महान उद्‌देश्य था, लेकिन गृहयुद्ध के दौरान राजा की शक्ति का पराभव तो हुआ, मगर जन-सत्ता की जगह क्रामवेल की तानाशाही कायम हो गई। इस सत्ता द्वारा की गई अति की ऐसी प्रक्रिया हुई कि पुन: कुछ समय के लिए राजा

की स्वेच्छाचारी सत्ता कायम हुई। क्रामवेल के हाथ सत्ता आने में लगभग चार दशक बाद 1689 में इंग्लैंड में लोकतांत्रिक पद्धति की नींव तब पड़ी, जब शान्तिपूर्ण ढंग से सत्ता हस्तान्तरण हुआ, जिसे 'ग्लोरियस रिवॉल्यूशन' (गौरवपूर्ण क्रान्ति) कहा गया है।

इसी तरह 1789 की फ्रांस की क्रान्ति भी लोकतंत्र के ऊँचे आदर्शों के लिए हुई थी, लेकिन जैसे-जैसे समय बीतता गया, हिंसा और आतंक की वृद्धि होती गई और भय का एक ऐसा वातावरण बन गया कि हजारों निरपराध लोगों की बलि हो गई तथा सोचने और बोलने की जिस आजादी के लिए क्रान्ति हुई थी, वही दब गई। अन्ततोगत्वा आदर्शवादी एवं क्रान्तिकारी जैकोबिनो के आतंक के बाद डायरेक्टरी का प्रतिक्रियावादी आतंक शुरू हुआ और फिर नेपोलियन की सत्ता आई और उसका साम्राज्य कायम हुआ। नतीजा यह हुआ कि 1789 की क्रान्ति के आदर्शों की प्राप्ति के लिए फ्रांस की जनता को बार-बार क्रान्ति करनी पड़ी।

यही हाल रूस की क्रान्ति का भी हुआ। इसके आदर्श भी लोकतंत्र, सत्ता तथा विश्वबन्धुत्व के थे, लेकिन हिंसा, प्रतिहिंसा, लाल आतंक और सफेद आतंक के बीच आदर्श लोप हो गए तथा गैर-बराबरी पर आधारित एक भयंकर तानाशाही का उदय हुआ, जिसने विश्वबन्धुत्व के स्थान पर जार के जमाने के रूसी साम्राज्यवाद को और भी फैलाने एवं मजबूत करने का काम किया।

इन तमाम अनुभवों के बावजूद शासन के दमन या व्यवस्था के अन्याय के विरुद्ध लोगों में हिंसात्मक प्रतिरोध की ओर रुझान हो जाता है। कारण यह है कि हिंसात्मक प्रतिरोध पशुओं की स्वाभाविक प्रतिक्रिया है और एक पशु होने के नाते ऐसी स्वाभाविक प्रतिक्रिया मनुष्य को भी विरासत में मिली है। अपनी पाशविक विरासत से ऊपर उठने की क्षमता मनुष्यों में उनके सांस्कृतिक उत्थान से आती है, पर सामाजिक संघर्षों से पैदा आवेगपूर्ण स्थितियाँ बार-बार मनुष्य को अपने सांस्कृतिक धरातल से घसीट नीचे पशुता की ओर ले जाती हैं। अहिंसक संघर्ष भी संस्कृति की तरह ही मनुष्य की विशिष्ट उपलब्धि है, हिंसक संघर्ष उसकी स्वाभाविक पशुवृत्ति। अत: मनुष्य अपने असावधान क्षणों में, जब वह इतिहास और समाज पर समग्र दृष्टि नहीं अपना पाता, हिंसा की ओर झुक जाता है। इससे समाज की समस्याओं का समाधान नहीं होता, पर वह अपने आतंकित आवेग से मुक्त हो जाता है या अनुकूल परिस्थितियों में सत्ता प्राप्त कर इसके उन्माद में आदर्शों के दबाव से छुट्टी पा लेता है, लेकिन इसी अनुपात में मानवीय संस्कृति का ह्रास भी होता जाता है। इसी ह्रास का एक आयाम यह भी है कि ईसाई धर्म और प्रजातांत्रिक क्रान्तियों के उच्चतम आदर्शों की परम्परा के बावजूद पश्चिमी देश युद्ध और संहार की ओर अपरिहार्य रूप से बार-बार घिसटते चले गए हैं।

हम अपने अन्दर किस हद तक इस हिंसावृत्ति का दमन कर पाएँगे, यह इस बात पर निर्भर करता है कि हम अपने को अपनी परम्परा, खासकर गांधी की परम्परा के साथ कितना बाँध पाते हैं, जो हमें अपने स्वभाव के प्राकृतिक दबाव में बह जाने से रोक सके। बिना ऐसे आत्मनियंत्रण के शासन और जन-आन्दोलन की दोहरी हिंसा में देश के विघटन की जबर्दस्त सम्भावना दिखाई देती है।

['रविवार', 22-28 मार्च, 1983]

राजनीतिक विरक्ति : संविधान पर चोट

संविधान के बुनियादी ढाँचे पर हमला

कुछ समय पहले 10वें कानून आयोग ने 34 प्रश्नों की एक प्रश्नावली कुछ इने-गिने लोगों के पास उनकी राय के लिए भेजी थी। प्रश्नावली पर जिन लोगों से राय माँगी गई थी, उनके चयन का आधार अनिश्चित है, लेकिन आयोग का घोषित उद्देश्य लोगों की राय के आधार पर ऐसे उपाय ढूँढ़ निकालना था, जिससे सर्वोच्च न्यायालय और उच्च न्यायालयों के सामने आनेवाले मामलों का जल्दी निपटारा हो सके। आयोग ने प्रश्नों का जवाब भेजने की अन्तिम तारीख पहली मार्च रखी थी, लेकिन सब कुछ ऐसे चुपके-चुपके हुआ कि इतने कम समय में जवाब भेज जाना तो दूर, देश के अधिकांश लोगों को, जिनको इस प्रश्नावली में उठाए गए मुद्दों में गहरी अभिरुचि हो सकती थी, प्रश्नों की जानकारी तक नहीं हो पाई।

पिछले 34 वर्षों में देश के सामाजिक-आर्थिक ढाँचे को बुनियादी ढंग से बदलने के कोई प्रयास नहीं हुए हैं, लेकिन पिछले दशक में पहले मौलिक अधिकारों में कटौती करने की बात, फिर संविधान को बदलकर संसदीय प्रणाली की जगह राष्ट्रपति वाली व्यवस्था लागू करने की चर्चा और फिर कानून-व्यवस्था में आमूल परिवर्तन की बात काफी धड़ल्ले के साथ सत्तारूढ़ दल के लोगों द्वारा होती रही है, हालाँकि कभी ऐसा गतिरोध नहीं आया है, जबकि परिवर्तन की कोई बड़ी योजना संविधान या न्यायपालिका के कारण रुक गई हो। कभी-कभी किसी कानून को लेकर अड़चन आई भी है तो संविधान में इसकी व्यवस्था रही है कि आवश्यक संशोधन करके अड़चन दूर की जा सके। कहा जाता है कि ये सब परिवर्तन लोगों की स्थिति सुधारने के लिए जरूरी हैं।

अगर दुनिया का इतिहास ऐसी नीतियों के खतरनाक नतीजों से हमें आगाह नहीं करता तो हम प्रचलित कहावत 'नाच न आवे आँगन टेढ़ा' के साथ इन पैंतरों को हँसी में उड़ा देते, लेकिन इतिहास बतलाता है कि ऐसी नीतियाँ अधिनायकवाद को बुलावा देती हैं। अतः हमारे लिए कानून आयोग के इस कदम पर गम्भीरता से विचार करना जरूरी है।

अगर इस प्रश्नावली का सम्बन्ध सिर्फ सर्वोच्च तथा उच्च न्यायालय की कार्य-प्रणाली की क्षमता बढ़ाने से होता तो इसके लिए व्यवस्था से सम्बद्ध लोगों

तथा विधि विशेषज्ञों की राय लेकर, न्यायाधीशों तथा न्यायालय के कर्मचारियों की संख्या बढ़ाकर तथा उनकी कार्यप्रणाली में थोड़ा-बहुत फेर-बदल कर समस्या का समाधान हो सकता था, लेकिन जो प्रश्न पूछे गए हैं, उनसे कानून-व्यवस्था के पूरे ढाँचे एवं न्यायपालिका के अधिकार क्षेत्र का सम्बन्ध है। जैसे प्रश्न संख्या 4—'क्या आपको ऐसा लगता है कि सर्वोच्च न्यायालय एक तीसरे सदन की तरह काम कर रहा है?' या प्रश्न संख्या 4—'क्या न्यायालय ऐसे मामलों में दखल दे रहे हैं, जो पूरी तरह सरकार की कार्यपालिका के अधिकार क्षेत्र में आते हैं?' या फिर प्रश्न संख्या 5—'क्या सामन्ती अधिकारों को समाप्त करने में मुआवजे के सवाल पर सर्वोच्च न्यायालय के निर्णयों ने समाज-सुधार की प्रक्रिया पर रोक लगा दी?' यह समझ पाना मुश्किल है कि इन प्रश्नों से न्यायालयों के काम में गति लाने का क्या सम्बन्ध हो सकता है?

प्रश्नावली में दो तरह के प्रश्नों का घालमेल है। कुछ प्रश्न जरूर ऐसे हैं, जिनका न्यायपालिका की व्यवस्था से सम्बन्ध और घोषित उद्देश्यों से मेल बैठता है। बाकी ऐसे हैं जो न्यायपालिका के अधिकार क्षेत्र और विधि विशेषज्ञों के दायरे से बाहर जाकर लोकतंत्र की बुनियादी समस्याओं से जुड़ जाते हैं। शुरू के अधिकांश प्रश्न राजनीतिक हैं और बाद के विधि-व्यवस्था से सम्बद्ध। जान-बूझकर इन प्रश्नों को इस तरह से रखा गया है कि जाहिरा तौर से वे व्यवस्था से सम्बद्ध लगें ताकि न्यायपालिका के अधिकारों के एक बुनियादी राजनीतिक प्रश्न पर, जो सीधा हमारे संवैधानिक ढाँचे से जुड़ा है, कानून की व्यवस्था के नाम पर दूरगामी निर्णय लिए जा सकें। ऐसा लगता है कि एक राजनीतिक प्रश्न को, जिस पर देश की तमाम जनता को पूरे वाद-विवाद के बाद अपना मत देना चाहिए, महज व्यवस्था का प्रश्न बनाकर समुचित हस्तक्षेप के दायरे से बाहर रखने का प्रयास हो रहा है। उच्च न्यायालय के न्यायाधीशों के तबादले के प्रश्न को लेकर जो सरकारी रुख रहा, उससे भी लोगों के मन में इस तरह की आशंका का होना स्वाभाविक है कि सरकार न्यायपालिका की स्वतंत्रता को सीमित करने के लिए कटिबद्ध है।

अगर सरकार का रुख लगातार न्यायपालिका की स्वतंत्रता के अपहरण का रहे तो अधिक दिनों तक न्यायपालिका की स्वतंत्रता कायम नहीं रह सकती। आम तौर से न्यायाधीश भी अन्य पेशे वालों की तरह अपने काम को जीविकोपार्जन के साधन के रूप में लेते हैं। यह एक स्वाभाविक स्थिति है, लेकिन यह तो न्यायपालिका की परम्परा और उसके प्रति आदर का पूरा राजनीतिक माहौल होता है कि जिससे न्यायाधीशों को अपने स्थान की मर्यादा और विशेष दायित्व का बोध होने लगता है। इसके बाद वह सिर्फ नौकरी-पेशे का आदमी नहीं रहकर, एक संस्था और उसकी परम्परा का प्रतीक बन जाता है। यही वह अवस्था है, जब न्यायाधीश छोटे-मोटे दबावों और स्वार्थों से ऊपर उठकर तटस्थ भाव से अपने निर्णय देता है। अगर

समाज और इसका प्रभावी नेतृवर्ग इस स्वतंत्रता की परम्परा का आदर नहीं करते तो न्यायाधीश भी छोटे स्वार्थों का शिकार हो मुँहदेखे न्याय की राह पर चलने लगता है। अत: यह देश के नागरिकों का कर्तव्य बन जाता है कि न्यायपालिका की स्वतंत्रता की परम्परा को बनाए रखें।

न्यायपालिका के अधिकार क्षेत्र को सीमित करने की माँग के पीछे जो तर्क बार-बार दिया जाता है, वह यह है कि लोकतंत्र में जनता की इच्छा सर्वोपरि है और जनता की इच्छा का प्रतिनिधित्व जनता द्वारा चुने गए प्रतिनिधि और इन प्रतिनिधियों द्वारा बनाई गई सरकार करती है। अत: न्यायपालिका जनता के प्रतिनिधियों द्वारा लागू किए गए कानून पर नियंत्रण कर लोकतंत्र के मूल सिद्धान्त का विरोध करती है। इसी विचार की ध्वनि हम इन्दिरा गांधी की चुनाव में जीत के बाद के उस वक्तव्य में पाते हैं, जिसमें उन्होंने कहा था कि न्यायाधीशों को चुनाव के नतीजों पर गौर करना चाहिए।

लोकतंत्र में विश्वास रखनेवाले बहुत-से लोग ऐसे बयानों से प्रभावित हो जाते हैं क्योंकि ऐसे लोगों के गन गें कहीं-न-कहीं 'जनता की इच्छा ईश्वर की इच्छा' वाली लैटिन कथनी बैठी हुई है, लेकिन अगर जनता की इच्छा सचमुच में ईश्वर की इच्छा है तो ईश्वर निश्चय ही बड़ा अस्थिर विचारों वाला है क्योंकि वह कभी कंजर्वेटिव समर्थक बन जाता है तो कभी लेबर समर्थक; कभी हिटलर समर्थक तो कभी सोशल डेमोक्रैटिक समर्थक। ऐसे क्षण-क्षण मत बदलनेवाले विधाता के विचारों को शाश्वत सत्य मानकर सभी सीमाओं के बन्धन से मुक्त करना खतरनाक हो सकता है।

बहुमत के शासन का अधिकार पूर्ण आदर के योग्य है, लेकिन एक निश्चित अवधि पर बार-बार चुनाव कराने की शर्त में यही मान्यता निहित है कि जनता की राय गलत भी हो सकती है और बदल भी सकती है। वास्तव में ऐसे विचार लोकतंत्र की बुनियादी समझ के अभाव से पैदा होते हैं और इसी नासमझी से अनेक संवेदनशील व्यक्ति लोकतंत्र के विरोधी बन गए हैं। प्राचीन यूनान में, जहाँ से हमें 'डेमोक्रैसी' शब्द मिला है, ऐसे ध्यान देने योग्य दो महत्त्वपूर्ण उदाहरण हैं। पहला उदाहरण एफेसस के हरमोडोरस का है, जो विख्यात दार्शनिक हेराक्लिटस का समकालीन था (लगभग 500 ई.पू.) और अपने समय का सबसे बुद्धिमान व्यक्ति माना जाता था। एफेसस के नागरिकों ने हरमोडोरस को यह कहकर अपने नगर राज्य से निकाल दिया था कि 'हम में कोई भी सबों से श्रेष्ठ नहीं होगा। अगर किसी को सर्वश्रेष्ठ होना है तो वह बाहर जाकर औरों के बीच सर्वश्रेष्ठ बनकर रहे।' इस मूर्खता पर हेराक्लिटस ने क्षुब्ध होकर कहा कि अच्छा हो, अगर सभी एफेसस वासी नगर को बच्चों के सुपुर्द कर आत्महत्या कर लें।

दूसरा सर्वविदित उदाहरण एथेंस के सुकरात का है। वहाँ भी सुकरात के विचारों से नाराज होकर नागरिकों की सभा ने बहुमत से नगर से निष्कासन अथवा जहर

पीकर आत्महत्या के दो विकल्प सुकरात के सामने रखे। सुकरात ने दूसरा विकल्प स्वीकार किया। इस घटना का सुकरात के शिष्य प्लेटो पर ऐसा असर पड़ा कि वह लोकतंत्र का कट्टर विरोधी बन गया।

असल में ये स्थितियाँ लोकतंत्र की ऐसी विकृति की थीं, जहाँ लोकतंत्र भीड़तंत्र में बदल जाता है और फिर उसका अन्त हो जाता है। प्लेटो के अनुसार, राजनीतिक व्यवस्थाओं के परिवर्तन-चक्र में लोकतंत्र के बाद संक्रमण 'टिरैनी' यानी निरंकुश व्यक्ति के शासन में होता है। उसने बतलाया कि लोकतंत्र में भीड़ उत्तेजना के अन्दर काम करने लगती है, जिसके साथ एक 'डेमागौग' (जिसमें हम आधुनिक डिक्टेटर का रूप देख सकते हैं) आता है, जो लोगों को सम्पत्ति वालों के खिलाफ उत्तेजित कर अति की ओर ले जाता है और निर्ममता से सभी विरोधियों का सफाया कर 'टीरैंट' बन जाता है। यह प्रक्रिया कुछ परिष्कृत रूप में आज भी उतनी ही मौजूँ है, जितनी प्राचीन यूनान में थी। जैकोबिन काल में फ्रांस की लोकतांत्रिक क्रान्ति के समय भी ऐसी ही अतियाँ हुईं, जिनकी परिणति नेपोलियन के साम्राज्य की स्थापना में हुई।

लोकतंत्र में सीमाओं या सन्तुलन की चेतना ऐसे ही अनुभवों के आधार पर धीरे-धीरे विकसित हुई है। इसके पीछे सत्य यह है कि लोक व्यक्तियों से बनता है और अगर लोकमत बनता है तो उसका आधार व्यक्तियों का चिन्तन ही हो सकता है क्योंकि सामूहिक सोच का उद्‌गम स्थान व्यक्तियों की सोच है। अत: व्यक्तियों के अधिकारों की सुरक्षा जरूरी है क्योंकि इसके बगैर सोच की सम्भावना नहीं बन पाती। इन अधिकारों की चेतना ब्रिटेन में खास तौर पर बरकरार रही और इसको वहाँ के कॉमन लॉ परम्परा के भीतर संरक्षण भी मिलता रहा। सोलहवीं-सत्रहवीं शताब्दी में वहाँ बार-बार ऐसे उदाहरण मिलते हैं, जहाँ स्थानीय सरकारों द्वारा व्यक्तियों के अधिकारों के अतिक्रमण को कॉमन लॉ के तहत चुनौती दी गई। फलस्वरूप, तत्कालीन विधि शास्त्री कोक ने यह स्थापना दी कि शासन या विधायिका परम्परागत कानूनों में प्राप्त नागरिकों के अधिकारों का अतिक्रमण नहीं कर सकती।

इसी परम्परा के प्रभाव में मॉन्टेस्क्यू ने अठारहवीं शताब्दी के मध्य में अधिकारों के विभाजन का सिद्धान्त प्रतिपादित किया, जिसमें विधायिका, न्यायपालिका और कार्यपालिका के क्षेत्रों को अलग रखने की सिफारिश की गई। क्रान्ति के बाद 1786-90 के बीच अमेरिका में जब नया संविधान बनाया जा रहा था, तब ब्रिटेन के कॉमन लॉ की परम्परा और मॉन्टेस्क्यू के विचार, दोनों का गहरा प्रभाव उसके संविधान बनानेवालों पर था।

उस समय भी न्यायपालिका के अधिकारों को लेकर काफी विवाद था, खास तौर पर सुप्रीम कोर्ट के हस्तक्षेप के खिलाफ; क्योंकि वहाँ के राज्य अपनी स्वायत्तता के सम्बन्ध में बहुत ही चौकस थे और सुप्रीम कोर्ट का उनके कानून बनाने या लागू करने के अधिकारों में हस्तक्षेप उन्हें स्वायत्तता का अपहरण लगता था। दशकों

के अनुभव से विवादों का हल निकला और मोटा-मोटी तौर पर अधिकारों के क्षेत्र तय हुए। फिर भी विवाद बिलकुल खत्म नहीं हुआ है। आज भी समय-समय पर न्यायपालिका के हस्तक्षेप के खिलाफ आवाज उठाई जाती है। इसमें सबसे विवादास्पद निर्णय 1954 का है, जब अमेरिका के सुप्रीम कोर्ट ने स्कूलों में रंगभेद को संविधान विरोधी घोषित कर दिया था। इससे दक्षिण के उन राज्यों में सुप्रीम कोर्ट के खिलाफ काफी आक्रोश पैदा हुआ, जहाँ अश्वेत लोगों के बच्चों को श्वेत लोगों के बच्चों के साथ पढ़ने की अनुमति नहीं थी। वहाँ यह माना गया कि सुप्रीम कोर्ट विधायिका के अधिकार अपने हाथों में ले रहा है।

जहाँ कानून दुविधार्थक है या उसमें अन्तर्विरोध है वहाँ न्यायालय के लिए उन सवालों पर निश्चित राय जाहिर कर कानून को ठोस रूप देना जरूरी हो जाता है। कभी-कभी किसी व्यक्ति का ऐसा मामला भी न्यायालय के सामने आ जाता है, जिस पर किया गया निर्णय संविधान के किसी अन्तर्निहित सिद्धान्त को ठोस व्यावहारिक रूप दे देता है, जैसे रंगभेद पर दिया गया निर्णय, जिसने संविधान के नागरिकों की समानता के सिद्धान्त को अमली रूप दिया। यह विधायिका की जवाबदेही है कि जहाँ तक हो सके, वह कानून को ऐसा रूप दे, जिसकी व्याख्या में कठिनाई न हो और जिसका संविधान की बुनियादी मान्यताओं से विरोध न हो, लेकिन सबसे महत्त्वपूर्ण बात यह है कि अगर इसकी गारंटी नहीं हो कि उनके प्रावधानों पर अमल होगा तो दुनिया के सबसे अच्छे संविधान और कानून भी बेमतलब हैं। यह काम तभी हो सकता है जब कार्यपालिका और विधायिका से न्यायपालिका स्वतंत्र हो और वह इसकी निगरानी रखे कि नियम-कानूनों का ठीक से पालन होता है।

अमेरिकी संविधान का हवाला यहाँ इसलिए दिया गया क्योंकि मौलिक अधिकार और अधिकारों के विभाजन आदि को स्पष्ट रूप देनेवाला यह पहला लोकतांत्रिक संविधान था और भारत ने उससे बहुत-कुछ अपने संविधान में लिया भी। ऊपर के संक्षिप्त विवरण से यह स्पष्ट है कि स्वयं लोकतंत्र की रक्षा के लिए और मनुष्य की आजादी की जरूरतों के लिए भी अधिकारों का विभाजन और न्यायपालिका का स्वतंत्र अस्तित्व जरूरी है।

इन बातों पर ध्यान देना इसलिए भी जरूरी है क्योंकि विधि आयोग द्वारा जारी की गई प्रश्नावली के प्रश्न संख्या 13 में लिखा गया है कि 'वर्तमान न्याय व्यवस्था ऐंग्लो-सैक्सन न्याय विधान पर आधारित है। क्या इसे भारतीय न्याय व्यवस्था पर आधारित करना चाहिए?' इस प्रश्न के बहुत ही खतरनाक परिणाम हो सकते हैं क्योंकि अभी तक भारतीय न्याय व्यवस्था की कोई एक स्पष्ट रूपरेखा हमारे सामने नहीं है। जो है, उसका विकास भी काफी पहले रुक चुका है। खासकर नागरिक अधिकार जैसी महत्त्वपूर्ण समस्याओं के सम्बन्ध में यह व्यवस्था हमें कोई रोशनी नहीं दे पाती। यह भी हो सकता है कि भारतीयता के नाम पर कानून व्यवस्था में

कुछ ऐसी बातें घुसेड़ दी जाएँ, जो हमारे संविधान के लोकतांत्रिक मूल्यों को ही समाप्त कर दें। आखिर राजनीति में हमारी सबसे लम्बी परम्परा तो राजतंत्र और खानदानी शासन की रही है, जिसमें कानून व्यवस्था राजा की इच्छा या उसके पुरोहितों से निर्णीत होती रही है। राष्ट्रीय मूल्यों के नाम पर ईरान में अभी जो कुछ हो रहा है, उससे हमें सबक लेना चाहिए।

हमारी राष्ट्रीय परम्परा बहुत ही सम्पन्न है और इसमें वैचारिक सहिष्णुता आदि के महत्त्वपूर्ण तत्त्व हैं, जो लोकतंत्र को सशक्त बनानेवाले हैं। दूसरी ओर इसमें अनेक अनुदारवादी तत्त्व भी हैं, जैसे जाति व्यवस्था। अत: राष्ट्रीय परम्परा का मामला ऐसा है, जिसके आधार पर कानून व्यवस्था सम्बन्धी कोई निर्णय नहीं लिया जा सकता। यह एक नई संस्कृति के निर्माण का प्रश्न है जो एक दूरगामी प्रयास होगा, जिसमें हमारी अपनी संस्कृति के उदारवादी तत्त्वों को विकसित कर समकालीन रूप देना होगा। नागरिक आजादी का सिद्धान्त, जो लोकतंत्र के मूल में है, न ऐंग्लो-सैक्सन है और न भारतीय। यह एक नया विकासशील सिद्धान्त है, जो पिछले दो सौ साल में विभिन्न आपदाओं के बावजूद धीरे-धीरे आगे बढ़ा है। अगर इसमें व्यक्तिगत आजादी की धारणा ऐंग्लो-सैक्सन परम्परा में विकसित हुई है तो रंगभेद का निषेध ऐंग्लो-सैक्सन प्रभुत्व के विरोध में अश्वेत लोगों के संघर्ष से। इस मानवीय परिकल्पना को अक्षुण्ण रखते हुए ही हम कानून व्यवस्था की बात कर सकते हैं।

अगर आयोग के प्रश्नों का राजनीतिक आयाम नहीं होता तो ऊपर की चर्चा की जरूरत नहीं होती। फिर तो मामला न्यायाधीशों और विधि विशेषज्ञों का होता जो बैठकर एक ऐसी व्यवस्था बना लेते, जिसमें न्यायालयों की कार्यक्षमता बढ़ सकती। लेकिन जैसे सवालों को छेड़ा गया है और जिस जल्दबाजी में सब कुछ हो रहा है, उससे कुछ और ही मतलब निकलता है। न्यायपालिका की स्वतंत्रता हमारे संविधान के मूल ढाँचे का अंग है। इसमें व्यवस्था के नाम पर परिवर्तन करना एक तरह से चोर दरवाजे से संविधान के बुनियादी ढाँचे को बदल डालना है। यह अधिकार किसी भी सरकार या आयोग को प्राप्त नहीं है। इसलिए नागरिकों को सचेत रहना है कि इस तरह का परिवर्तन चुपचोरी उन पर नहीं लादा जा सके।

['रविवार', 28 फरवरी 1982]

संविधान में जबरिया संशोधन की तैयारी

जब सारे देश में आनेवाले आम चुनाव की चर्चा चल रही थी, उस समय इन्दिरा कांग्रेस के कुछ नेताओं की ओर से अचानक संसदीय प्रणाली की अक्षमता की चर्चा और राष्ट्रपति पद्धति की वकालत की जाने लगी। इस पर अलग-अलग प्रतिक्रियाएँ हुईं। बहुत-से लोग इसे 'नाच न आवे आँगन टेढ़ा' का हवाला दे यह मान बैठे कि इस विवाद से इन्दिरा गांधी अपनी असफलताओं का दोष संसदीय प्रणाली के मत्थे मढ़ अपने शासन में भारत की आर्थिक और राजनीतिक व्यवस्था के धराशायी होने की जवाबदेही से बरी होना चाहती हैं। इन्दिरा कांग्रेस की ओर से लोगों के संशय को यह कहकर मिटाने की कोशिश हुई कि यह केवल वैचारिक चर्चा है : हालाँकि जिन लोगों को इन्दिरा कांग्रेस के दार्शनिक एवं वैचारिक रुझानों की थोड़ी भी जानकारी है, उन्हें यह बात हास्यास्पद ही लगी। फिर भी इस तरह की अटकलें चलती रही हैं।

लेकिन इस सारे विवाद का राज इस हाय-तौबा से खुलता है जो इन्दिरा कांग्रेस के ही कुछ सांसदों द्वारा मचाई गई। इन लोगों ने खुला बयान देकर इस बहस की शुरुआत करनेवाले वसंत साठे को आड़े हाथों लिया। उनके ऊपर यह तोहमत लगाई गई कि साठे इन्दिरा गांधी की लोकप्रियता पर अविश्वास व्यक्त कर रहे हैं आदि। कांग्रेस के सांसदों में घबराहट इस बात पर थी कि राष्ट्रपति पद्धति में रुचि के पीछे इन्दिरा गांधी का मूल उद्देश्य है, अपनी तकदीर को सत्ता के प्रत्याशी अपने दल के अन्य सदस्यों से अलग कर लेना। संसदीय प्रणाली में इन्दिरा गांधी की सत्ता इस बात पर निर्भर करती है कि उनके दल के लोग लोकसभा में बहुमत में हों। अगर इन्दिरा कांग्रेस के प्रत्याशी चुनावों में हार जाते हैं तो इन्दिरा गांधी स्वयं जीतकर भी विपक्ष में बैठने को विवश होंगी। इमरजेंसी के बाद की संक्षिप्त अवधि को छोड़ आजादी के बाद से ही लगातार सत्ता की सुविधाओं को भोगती आ रही इन्दिरा गांधी के लिए यह स्थिति असह्य लगती है। साथ ही, उनको अपने शासनकाल में ही राजीव गांधी के भविष्य का भी इन्तजाम कर डालना है। इसलिए जैसे भी हो, सत्ता में बने रहना इन्दिरा गांधी के लिए जीवन की मजबूरी बन गई है। इसके लिए वह देश की अखंडता को भी बलि दे सकती हैं, और जरूरत हुई तो संविधान की भी धज्जियाँ उड़ा सकती हैं।

इन्दिरा गांधी मानसिक रूप से लोगों को राष्ट्रपति पद्धति के लिए इस कारण तैयार करना चाहती हैं, ताकि जब भी यह आसार दिखाई दे कि संसदीय प्रणाली में उनकी सत्ता पर खतरा है, एक वैकल्पिक व्यवस्था के जरिये वह सत्ता में बनी रहें।

पिछले दिनों उपचुनावों के परिणाम इन्दिरा गांधी के दल के विपरीत रहे हैं। उधर, दक्षिण में स्थिति और भी खराब होती गई है। आन्ध्र में तेलुगू देशम की अप्रत्याशित जीत और कर्नाटक में इन्दिरा गांधी की हार से ऐसा लग रहा है कि दक्षिण में इन्दिरा कांग्रेस की स्थिति काफी नाजुक हो गई है। पंजाब और कश्मीर में स्थिति बिगाड़कर इन्दिरा गांधी ने कुछ ऐसे कदम जरूर उठाए, जिसे हिन्दू सम्प्रदायवाद का समर्थन मिला, लेकिन आन्ध्र में रामाराव की सरकार गिराने के लिए जो कुछ किया गया, उससे सारे भारत में इन्दिरा गांधी के हथकंडों के प्रति नफरत पैदा हो गई। लोग महसूस करने लगे हैं कि इन्दिरा गांधी के हाथ में शासन रहने से सत्ता का हमेशा दुरुपयोग होता रहेगा। इस तरह कुल मिलाकर ऐसा लगता है कि इन्दिरा कांग्रेस आगामी चुनाव में हारेगी और सत्ता इन्दिरा गांधी के हाथों से निकल जाएगी।

ऐसी स्थिति में इन्दिरा गांधी अपनी गद्दी को तभी बचा सकती हैं जब वह देश का सारा संवैधानिक ढाँचा ही बदल दें यानी किसी तरह राष्ट्रपति पद्धति लागू कर दें। इस पद्धति में ऐसे प्रावधान किए जा सकते हैं कि राष्ट्रपति के दल की हार-जीत से राष्ट्रपति के अपने पद पर कोई आँच न आए। जैसा अमेरिका में है, जहाँ राष्ट्रपति बना रहने के लिए राष्ट्रपति के दल का वहाँ की कांग्रेस (विधायिका सभा) में बहुमत होना जरूरी नहीं। इसी तरह संवैधानिक संशोधन से भारत में भी राष्ट्रपति का चुनाव सीधा सभी बालिग लोगों के मत से कराकर उसे विधायिकाओं के नियंत्रण से परे बनाया जा सकता है। राष्ट्रपति पद्धति में इन्दिरा गांधी को देश के अन्य नेताओं की अपेक्षा अधिक सहूलियत है। लगभग दो दशकों से रेडियो और दूरदर्शन के जरिए इन्दिरा गांधी का इतना प्रचार हुआ है कि नेताओं में एकमात्र वही हैं, जिन्हें देश के गाँव-गाँव के लोग जानते हैं। उनके खिलाफ खड़ा होनेवाला कोई भी दूसरा व्यक्ति देश की बड़ी जनसंख्या के लिए बिलकुल अपरिचित होगा। इसलिए इस दौड़ में वह औरों से आगे निकल जाएँगी।

लेकिन इसमें सबसे बड़ी बाधा यह है कि संविधान से इस तरह के किसी भी संशोधन का मतलब संविधान के मूल ढाँचे में बदलाव होगा, जो इस संविधान के तहत नहीं किया जा सकता। यह संशोधन जबरिया ही देश पर लादा जा सकता है। सम्भव है, यह संशोधन लोकसभा और राज्यसभा में इन्दिरा कांग्रेस के मौजूदा बहुमत के आधार पर कर लिया जाए और बाद में सर्वोच्च न्यायालय पर अनुचित

दबाव डालकर उसे वैधानिक करार दिया जाए। पिछले दिनों न्यायपालिका पर सरकार द्वारा लगातार जैसे दबाव बढ़ता जा रहा है, उसे देखते हुए यह असम्भव नहीं दिखाई देता।

लेकिन इस परिवर्तन को लागू करने में एक और बाधा हो सकती है। स्वयं इन्दिरा कांग्रेस के लोगों को यह लग सकता है कि इन्दिरा गांधी उनका उपयोगी सीढ़ी की तरह कर स्वयं तो ऊपर निकल जाएँगी और उन्हें लात मारकर पीछे धकेल देंगी। यह भय अकारण नहीं है। एक बार राष्ट्रपति पद्धति में आगे निकल जाने पर इन्दिरा गांधी को इकाइयों की उस फौज की जरूरत नहीं होगी, जिसकी व्यवस्था पर आज इन्दिरा गांधी को काफी वक्त देना पड़ता है।

['रविवार', 30 सितम्बर से 6 अक्टूबर]

केन्द्र राज्य सम्बन्धों में सुधार के लिए संविधान संशोधन आवश्यक

दक्षिण के चुनावों के नतीजों के सम्बन्ध में इस स्तम्भ में इस बात की सम्भावना बतलाई गई थी कि इन नतीजों से केन्द्र और राज्य के सम्बन्धों को बदलने और राज्यों को आर्थिक स्वायत्तता प्रदान करने की दिशा में दबाव बढ़ेगा। इस दिशा में चाहे-अनचाहे कुछ प्रयत्न शुरू हो गए हैं। सबसे पहला कदम तो दक्षिण के राज्यों द्वारा ही उठाया गया, जब दक्षिण के मुख्यमंत्रियों की एक परिषद बनाई गई।

इस परिषद का एक उद्‌देश्य तो यह बतलाया गया कि राज्यों के आपसी विवादों को सुलझाने के लिए इसका उपयोग होगा। दक्षिणी राज्यों के मुख्यमंत्रियों की राय में इससे केन्द्र और राज्यों के सम्बन्धों पर भी नये सिरे से विचार की माँग की। एक माँग यह थी कि जो विषय राज्य सरकार के दायरे में या केन्द्र एवं राज्य के सम्मिलित दायरे में आते हैं, उन पर राज्य विधान सभा द्वारा पास किए गए विधेयकों को राष्ट्रपति की अनुमति की जरूरत नहीं होनी चाहिए। इस माँग का सम्बन्ध तत्काल आन्ध्र सरकार द्वारा पास किए गए उस विधेयक से जुड़ जाता है, जिसमें लड़कियों को लड़के की तरह ही पैतृक सम्पत्ति में अधिकार देने का प्रावधान है, और जिस पर केन्द्र के एक मंत्री ने तत्काल ही अपना विरोध प्रकट किया और यह इशारा किया कि केन्द्र सरकार इस विधेयक पर अपनी अनुमति नहीं देगी। एक दूसरी माँग यह थी कि उच्च न्यायालय के न्यायाधीशों के लिए जिस राज्य में न्यायालय हो, उसकी भाषा का ज्ञान अनिवार्य होना चाहिए। इसके अलावा राष्ट्रीय विकास परिषद की यह कहकर आलोचना की गई कि वह पूर्णतया केन्द्र नियंत्रित व्यवस्था बन गई है। इन माँगों से यह स्पष्ट हो गया है कि परिषद राज्य की स्वायत्तता को काफी महत्त्व देती है।

इस परिषद की स्थापना की घोषणा के तुरन्त बाद केन्द्र सरकार के किसी प्रवक्ता ने इसे विभाजनकारी बतलाया और इस तरह इसके महत्त्व को घटाने की कोशिश की। लेकिन केन्द्र सरकार को लगा कि इतनी ही प्रतिक्रिया काफी नहीं है, इसलिए केन्द्र सरकार ने एक सदस्यीय सरकारिया आयोग के गठन की घोषणा की, जो केन्द्र और राज्यों के सम्बन्धों पर विचार करेगा। ऊपर से तो ऐसा लगता

है कि केन्द्र सरकार ने इस निर्णय से राज्यों की भावना का आदर किया है, लेकिन जब हम सरकारिया आयोग के विचार-क्षेत्र पर दृष्टि डालते हैं, तो पता चलता है कि यह राज्यों के दबाव को नाकामयाब करने की एक अत्यन्त ही चतुर चाल है। इन्दिरा गांधी ने संसद में इस आयोग की स्थापना की घोषणा करते हुए कहा कि यह आयोग केन्द्र और राज्यों के सम्बन्ध पर विचार कर वर्तमान संवैधानिक प्रावधानों के भीतर इनमें सुधार के सुझाव देगा। इसका अर्थ यही है कि केन्द्र और राज्यों के सम्बन्धों में किसी बुनियादी परिवर्तन के लिए केन्द्र सरकार तैयार नहीं है क्योंकि ऐसे परिवर्तनों के लिए तो संविधान में संशोधन की जरूरत होगी, जो आयोग के विचार-क्षेत्र के दायरे के बाहर है।

ऐसे संवैधानिक संशोधनों की जरूरत बहुत-से लोगों को इसलिए नहीं महसूस होती, क्योंकि वे इसे सिर्फ केन्द्र के वित्त में राज्य की कुछ कम या अधिक हिस्सेदारी का मामला मानते हैं, लेकिन प्रश्न वित्तीय हिस्सेदारी से अधिक राज्यों की स्वायत्तता का है और यह एक ऐसा मामला है, जिसमें केन्द्र एवं राज्यों के सम्बन्ध को बिना संवैधानिक संशोधन के नहीं बदला जा सकता। सबसे पहले यह मानकर चला जाता है कि संघीय संविधान में देश के विभिन्न राज्यों में केन्द्र से भिन्न अलग-अलग दलों का भी राज्य हो सकता है। इन दलों की नीतियों में बुनियादी विभिन्नताएँ हो सकती हैं। अगर राज्यों को वहाँ के सत्तारूढ़ दलों की उन नीतियों को लागू करने का अधिकार न हो जो केन्द्र के शासक दल को अमान्य हों, तो वस्तुत: संघीय व्यवस्था की बुनियादी शर्त ही खत्म हो जाती है। दूसरी बात यह है कि भारत के राज्यों में भौगोलिक स्थितियों, साधनों, भाषा, संस्कृति, रहन-सहन आदि की विभिन्नताएँ इतनी अधिक हैं कि एक केन्द्र से लागू की जानेवाली कोई भी नीति विभिन्न राज्यों के लिए अनुकूल नहीं पड़ सकती।

विभिन्नता के अलावा भारत की विशालता भी यह असम्भव बना देती है कि किसी एक केन्द्र से प्रशासनिक स्तर पर नीतियों को निर्धारित एवं लागू किया जा सके। अत: जब तक संवैधानिक बन्धन नहीं लगाए जाते, दिल्ली में चाहे जिसका भी शासन रहे, वह इस बात का प्रयास करेगा कि राज्यों में वे ही नीतियाँ लागू की जाएँ, जिन्हें वह सही समझता है। इस बात के साथ केन्द्र में होने का अहं भी जुड़ा हुआ है। मेट्रोपोलिस की अपनी मान्यताएँ होती हैं और उसे अपनी श्रेष्ठता का भ्रम भी रहता है। इसके साथ-साथ उससे राष्ट्रीय स्तर के निहित स्वार्थ, जैसे औद्योगिक प्रतिष्ठानों तथा स्वयं सरकार के शीर्ष स्थान की राजनीति के स्वार्थ आदि जुड़े होते हैं।

राजधानी दिल्ली में शिखर की राजनीति करनेवाले नेताओं को राज्यों की राजनीति गलियारे की राजनीति लगती है। वे यह भूल जाते हैं कि मेट्रोपोलिस की स्थितियों पर आधारित सारे मूल्यांकन छोटे नगरों एवं ग्रामीण व्यवस्थाओं के

लिए बिलकुल अप्रासंगिक हो सकते हैं। अत: अगर राज्य और केन्द्र की मूल नीतियों में फर्क न भी हो, तब भी राज्यों को ध्यान में रखकर बननेवाली नीतियों और केन्द्र को ध्यान में रखकर बननेवाली नीतियों में महत्त्वपूर्ण फर्क रहेगा। एक उदाहरण अभी हाल के एशियाड का है, जिस पर अरबों रुपये खर्च हुए। अगर वे ही आर्थिक साधन जो केन्द्र को उपलब्ध थे, बिहार या तमिलनाडु की राज्य सरकारों के हाथ में होते, तो सूखे, भुखमरी और पेयजल संकट के बीच वहाँ की राज्य सरकारें कतई एशियाड जैसे महज दिखावे के काम पर इस पैमाने पर खर्च नहीं कर पातीं।

कुछ लोग यह तर्क देते हैं कि केन्द्र सरकार का खर्च भी ज्यादातर राज्यों में ही होता है, अत: कुल मिलाकर तो खर्च राज्यों पर ही अधिक होता है। इससे क्या फर्क पड़ता है कि यह खर्च केन्द्र करे या राज्य सरकार? लेकिन असल प्रश्न यह नहीं है कि कितना खर्च होता है, बल्कि यह है कि किन मदों पर खर्च होता है? हम ऊपर कह चुके हैं कि केन्द्र और राज्य सरकारों की प्राथमिकताएँ बिलकुल अलग तरह की हो जाती हैं। ऐसी स्थिति में अगर केन्द्र सरकार को यह अधिकार हो कि राज्यों की नीतियों में हस्तक्षेप कर सके, तो बार-बार ऐसी परिस्थितियाँ आती रहेंगी, जब केन्द्र की सरकार राज्य सरकारों की नीतियों को गलत समझकर उन पर रोक लगाए। इसके साथ-साथ अगर केन्द्र के हाथ में इतने वित्तीय अधिकार भी हों कि उनका उपयोग कर राज्य के कामों में बाधा डाले तो राज्य सरकारें अपने कार्य-क्षेत्र में भी कुछ सार्थक नहीं कर पाएँगी।

इन बातों पर विचार करने पर यह स्पष्ट है कि केन्द्र और राज्यों के वर्तमान सम्बन्धों को बदलना आवश्यक है और इस बदलाव के लिए संवैधानिक संशोधन जरूरी मालूम पड़ता है। कुछ प्रमुख मुद्दे, जिन पर विचार करना जरूरी है, वे हैं

(1) वित्तीय विभाजन एवं योजना आयोग के अधिकार और इसका स्वरूप,
(2) राज्यपाल का पद और उसके अधिकार,
(3) आपातकालिक स्थिति घोषित करने के अधिकार तथा
(4) पुलिस एवं प्रशासनिक सेवाओं पर नियंत्रण।

वित्तीय विभाजन के मामले में संघीय विधान के प्रावधानों के अन्दर राज्य सरकारों को उस अनुपात में भी आर्थिक साधन नहीं दिए गए हैं जितने कि ब्रिटिश शासन में गवर्नमेंट ऑफ इंडिया ऐक्ट, 1935 के तहत प्रान्तीय सरकारों को दिए गए थे। ब्रिटिश साम्राज्य को कायम रखते हुए प्रान्तों में चुने गए प्रतिनिधियों द्वारा सरकार बनाने का अधिकार देने के समय केन्द्र सत्ता को मजबूत बनाए रखने की विदेशी सरकार की चिन्ता तो समझ में आ जाती है, लेकिन आजाद भारत के संविधान में ऐसे केन्द्रीकरण का कोई औचित्य नहीं दिखाई देता।

वित्तीय सम्बन्धों पर दृष्टि डालने से हम पाते हैं कि केन्द्रीय आबकारी, आयकर, कम्पनियों का आयकर, चुंगी आदि मदें, जो औद्योगिक विकास और विदेशी व्यापार के फैलाव के कारण दिनोंदिन अधिक आय लानेवाली हैं, उन पर तो केन्द्र का नियंत्रण है और भू-राजस्व जैसे आय के स्रोत, जिनका सरकार के पूरे वित्त के अनुपात में दिनोदिन संकुचन हो रहा है, वे राज्य की आय के स्रोत हैं। 1935 के विधान के तहत चुंगी के बाद भू-राजस्व सरकार आय का सबसे बड़ा स्रोत था। इसके अलावा चुंगी से प्राप्त आय का भी एक हिस्सा प्रान्तों को दिया जाता था। नीचे दिए गए आँकड़ों से पता चल जाएगा कि चुंगी और भू-राजस्व का वित्त में कितना महत्त्वपूर्ण स्थान था?

1931 और 1935 के बीच विभिन्न स्रोतों से प्राप्त राजस्व का औसत

(करोड़ रुपये में)

भूमि से लगान	चुंगी	आयकर	नमक	आबकारी	अफीम	रेलवे
28.4	45.5	17.0	8.1	13.0	0.7	0.0

इन आँकड़ों में बतलाई गई पहले की स्थिति के विपरीत भू-राजस्व अब राज्यों की आमदनी का एक नगण्य हिस्सा रह गया है। राज्यों की आय का सबसे बड़ा स्रोत अब बिक्री कर ही है। यह भी केन्द्रीय आबकारी की वजह से सीमित हो जाता है क्योंकि आबकारी के कारण पहले से ही वस्तुओं की कीमतें इतनी अधिक हो जाती हैं कि एक सीमा के ऊपर बिक्री कर बढ़ाया नहीं जा सकता। इसका नतीजा यह होता है कि राज्य सरकारों को केन्द्र से प्राप्त अनुदानों पर अधिक-से-अधिक निर्भर होना पड़ता है। यह भी राज्यों पर नियंत्रण का हथियार बन जाता है।

इसके अलावा संवैधानिक ढाँचे के बाहर से योजना आयोग के द्वारा राज्यों की अर्थनीति पर नियंत्रण किया जाता है। योजना आयोग पूर्णरूप से केन्द्र सरकार द्वारा नियंत्रित होता है। राष्ट्रीय विकास परिषद इसकी योजनाओं में महज छोटे-मोटे हेर-फेर कर सकती है, लेकिन योजना आयोग ही देश के विकास का पूरा नक्शा तैयार करता है, जिसके भीतर राज्य की सरकारों को अपनी योजनाओं को फिट करना पड़ता है। इस तरह अपने साधनों और परिवेश को ध्यान में रखते हुए राज्यों के लिए कोई समग्र योजना तैयार करना सम्भव नहीं रह जाता।

राज्यपाल के माध्यम से भी राज्य सरकारों को नियंत्रित करनेवाले महत्त्वपूर्ण प्रावधान वर्तमान संवैधानिक ढाँचे में हैं। संविधान की धारा 356 के प्रावधानों के तहत राज्यपाल की रपट के आधार पर राष्ट्रपति (यानी केन्द्र सरकार) को अगर ऐसा लगे कि राज्य की सरकार संविधान के अनुसार नहीं चल सकती, तो उसके सारे अधिकार केन्द्र अपने हाथ में ले सकता है तथा राज्य विधान सभा के अधिकार संसद को दिए जा सकते हैं। असल में, यह बिलकुल केन्द्र सरकार पर निर्भर करता

है कि कब वह यह घोषित कर दे कि राज्य में संवैधानिक संकट पैदा हो गया है। जहाँ तक राज्यपालों का सवाल है, यह अब सर्वविदित हो गया है कि राज्यपाल सदा केन्द्र में जिस दल की सरकार होती है, उसी के मन के मुताबिक उसके समर्थक लोगों में से चुने जाते हैं। ये तटस्थ व्यक्ति नहीं होते, जैसा कि संविधान को सही लागू करने के लिए अपेक्षा की जाती है। वे केन्द्र के सत्तारूढ़ दल की सुविधा के अनुसार राज्य की स्थिति का आकलन करते हैं। अक्सर वे परोक्ष रूप से विधायकों की खरीद-फरोख्त, दल-बदल और केन्द्र में सत्तारूढ़ दल की सरकार बनवाने में सहायक होते हैं। पिछले दिनों हरियाणा में जिस तरह अल्पमत वाला दल रातोंरात बहुमत वाले दल में बदल गया और उसकी सरकार बन गई, वह राज्यपाल के पक्षपातपूर्ण रुख के बगैर सम्भव नहीं था।

इसी तरह संविधान की धारा 360 के तहत अगर राष्ट्रपति को ऐसा लगता है कि राज्य की आर्थिक नीतियों से देश के किसी भू-भाग में वित्तीय असन्तुलन पैदा हो रहा है तो वह सारे वित्तीय अधिकार केन्द्र सरकार को देगा और केन्द्र के निर्देश पर राज्य की अर्थनीति चलाई जाएगी। इस प्रावधान के अन्तर्गत तो आर्थिक मामलों में राज्य की कोई स्वायत्तता रह ही नहीं जाती।

इसके अलावा राज्यों की शक्ति को संकुचित करने का एक महत्त्वपूर्ण प्रावधान संविधान की 31वीं धारा है। इस धारा के तहत राज्य सरकारों को निहित स्वार्थों के खिलाफ पंगु बना दिया गया है। वे निहित स्वार्थों के खिलाफ चाहकर भी कदम नहीं उठा सकतीं क्योंकि धारा 31 के अनुसार, केन्द्र की अनुमति के बिना वे किसी सम्पत्ति को नहीं ले सकतीं।

इसी तरह पूरे देश या इसके किसी भाग में आपातकालिक स्थिति की घोषणा कर केन्द्र राज्य सरकार की व्यवस्था अपने हाथ में ले सकता है। प्रशासनिक सेवाओं और पुलिस विभाग पर नियंत्रण भी राज्यों की स्वायत्तता को सीमित करते हैं। केन्द्रीय प्रशासनिक सेवाओं पर केन्द्र का ही नियंत्रण रहता है। इन सेवाओं में लगे अफसरों को राज्य सरकारें तबादले के अलावे कोई बड़ी सजा नहीं दे सकतीं।

संविधान के मुताबिक पुलिस व्यवस्था राज्य का मामला है और पुलिस के सिपाहियों को राज्य के मातहत होना चाहिए, लेकिन पिछले दशकों में एक अन्य पुलिस फोर्स, केन्द्रीय रिजर्व पुलिस फोर्स की बढ़ोतरी होती रही है। कहने को तो यह फोर्स अर्ध-फौजी है और इसलिए इसका नियंत्रण संविधान के अनुसार केन्द्र सरकार के हाथों में है, लेकिन असल में इस फोर्स का इस्तेमाल इधर लगातार आम पुलिस फोर्स के रूप में होता रहा है, खासकर उन इलाकों में, जहाँ आम लोग किसी बड़े जन आन्दोलन के साथ होते हैं और स्थानीय पुलिस के सिपाहियों का आम लोगों के साथ क्रूर इस्तेमाल नहीं हो पाता। इसी तरह पुलिस सेवाओं के

लिए पिछले दिनों सीमा सुरक्षा बल का इस्तेमाल हो रहा है। यह सब राज्यों की स्वायत्तता का अतिक्रमण है।

ऊपर बतलाए गए केन्द्र-राज्य सम्बन्ध ऐसे हैं, जिनको व्यवस्थित ढंग से सुधारने के लिए संविधान के उन सारे प्रावधानों को बदलने की जरूरत होगी, जिनसे केन्द्र राज्यों पर हावी हो जाता है। सरकारिया आयोग केन्द्र और राज्यों के वर्तमान सम्बन्धों में सचमुच कुछ परिवर्तन कर सके, इसके लिए यह जरूरी है कि इसके विचार-क्षेत्र में संवैधानिक संशोधन भी रखे जाएँ, लेकिन इतना ही काफी नहीं होगा। इस मुद्दे पर दक्षिण के राज्यों, उत्तर-पूर्वी सीमा क्षेत्र के राज्यों तथा अकालियों की ओर से भी दबाव होना चाहिए जिससे न सिर्फ आयोग के विचार-क्षेत्र का विस्तार संवैधानिक संशोधनों को शामिल करने के लिए हो सके, बल्कि सरकार भी आयोग की सिफारिशों को लागू करने को बाध्य हो।

(रविवार)

राज्यपाल का पद खत्म हो

भारतीय संविधान के लागू होने के बाद से ही राज्यपालों के कार्यकलाप एवं राज्यपाल का पद विवाद के विषय बने हुए थे। यह आशंका व्यक्त की जाती थी कि चूँकि राज्यपालों की नियुक्ति केन्द्र सरकार द्वारा होती है, वे केन्द्र में सत्तारूढ़ दल के प्रति पक्षपातपूर्ण रवैया अख्तियार कर सकते हैं और इससे देश के संघीय ढाँचे में विकृति आएगी। बार-बार राज्यपालों पर पक्षपातपूर्ण आचरण के आरोप लगाए जाते रहे हैं, लेकिन इतना जरूर था कि राज्यपाल कुछ शर्म-हया रखते थे और जो घोटाले होते थे वो पर्दे के पीछे। इससे यह भ्रम भी पैदा होता था कि राज्यपाल राज्यों में संविधान का निष्पक्ष प्रहरी होता है, लेकिन सिक्किम, कश्मीर और सबसे हाल में आन्ध्र प्रदेश के राज्यपालों ने जो रवैया अख्तियार किया है, वह तो पक्षपातपूर्ण व्यवहार का नंगा नाच कहा जा सकता है। इन राज्यों ने न सिर्फ संवैधानिक मर्यादाओं को ताक पर रख दिया, बल्कि लोक-लाज का भी परित्याग कर दिया।

विधान सभा के सदन में दलों को शक्ति-परीक्षण का मौका दिए बगैर बिना किसी ठोस प्रमाण के यह मान बैठना कि किसी विशेष दल का बहुमत है या अल्पमत, और इसी आधार पर किसी मुख्यमंत्री को इस्तीफा देने का आदेश देना या बर्खास्त कर देना और किसी अन्य व्यक्ति को मंत्रिमंडल बनाने का न्योता देना, विधायकों को चुननेवाली जनता और विधान सभा का मजाक उड़ाना है। इसका सीधा अर्थ होता है कि राज्यों में प्रभुसत्ता जनता के चुने प्रतिनिधियों के बजाय केन्द्र सरकार के उन चाकरों के हाथ आ गई है, जिन्हें राज्यपाल द्वारा बहाल किया जाता है।

पिछली घटनाएँ राज्यपाल के पद की असलियत खोलकर लोगों के सामने रख देने के लिए काफी होनी चाहिए। कश्मीर के राज्यपाल जगमोहन और आन्ध्र के राज्यपाल रामलाल को लोग चाहे जितना भी निकृष्ट समझें, हमें उनका आभार तो मानना ही होगा कि उन्होंने राज्यपाल पद की सचाई को उजागर कर दिया है।

लेकिन राज्यपाल के कामों की तात्कालिक रूप से निन्दा कर देना काफी नहीं है। अगर इस सन्दर्भ में राज्यपाल के पद और इससे आगे बढ़कर केन्द्र और

राज्यों के सम्बन्धों पर बुनियादी सोच नहीं बन पाई, तो देश के संवैधानिक ढाँचे में कोई दीर्घकालिक सुधार नहीं होगा। अगर यह नहीं हुआ तो जगमोहन और रामलाल की जगह दूसरे लोग राज्यपाल नियुक्त होंगे और केन्द्र में इन्दिरा गांधी के बजाय दूसरे किसी की सरकार बनेगी, पर राज्यों की राजनीतिक स्थिति में कोई बदलाव नहीं होगा।

हमें यह नहीं भूलना चाहिए कि जनता सरकार ने भी 1977 में नौ विधान सभाओं को राष्ट्रपति की आज्ञा से भंग करा दिया था। मजे की बात तो यह थी कि यह काम करानेवाले गृहमंत्री चरण सिंह और तत्कालीन प्रधानमंत्री मोरारजी देसाई, दोनों अपने को कट्टर गांधीवादी कहते हैं, पर दोनों ही यह बात भूल गए कि गांधीजी तो परम विकेन्द्रित ग्राम गणतंत्रों की कल्पना करते थे। जनता सरकार के इस काम से इन्दिरा गांधी को विपक्षी दलों के बहुमत वाली विधान सभाओं को भंग करने का नया तर्क मिला। अब राज्यपालों द्वारा खुलकर केन्द्र की सत्ता के षड्यंत्र से शामिल होने का साहस इसी प्रक्रिया की परिणति के रूप में सामने आया है। इस बात का खयाल भी छोड़ दिया गया है कि राज्यपाल का पद ऐसे लोगों को दिया जाए, जो किसी भी दल की सक्रिय राजनीति से जुड़े न हों। अब तो मंत्री पद से राज्यपाल पद और राज्यपाल पद से मंत्री पद के बीच खुली आवाजाही हो गई है और इस तरह भावी राजनीतिक पद के प्रलोभन ने राज्यपालों की निष्पक्षता को पूरी तरह खत्म कर दिया है।

राज्यों के अधिकारों के सवाल पर विरोधी दलों की दोहरी मानसिकता का एक उदाहरण रामराव सरकार के गिरने के बाद मिला। 17 अगस्त को भारतीय जनता पार्टी ने आन्ध्र के राज्यपाल के रवैये के विरुद्ध दिल्ली में एक प्रदर्शन किया, लेकिन इसी प्रदर्शन में मुख्य मुद्दा संविधान की धारा 370 को समाप्त करना एवं फारुख अब्दुल्ला द्वारा लागू किए गए पुनर्वास कानून को रद्द करना भी था। इससे भी बढ़कर भाजपा द्वारा दीवारों पर जहाँ-तहाँ लिखवाया गया था 'मौका है, 370 धारा एवं पुनर्वास कानून रद्द करो।' अर्थ यह कि फारुख अब्दुल्ला की बर्खास्तगी का फायदा उठाकर यह सब इन्दिरा कांग्रेस करे। ऐसी दोमुँही नीति के रहते राज्यों में केन्द्र के हस्तक्षेप के खिलाफ भाजपा की घोषणाओं को कौन गम्भीरता से लेगा?

भाजपा के सम्बन्ध में यह कहा जा सकता है कि यह एक साम्प्रदायिक दल है और इसी से इसमें यह अन्तर्विरोध है, लेकिन देश की कम्युनिस्ट पार्टियाँ और अपने को क्रान्तिकारी कहनेवाली माकपा की नीति भी ऐसी ही गोल-मटोल रही है। वे अपने शासन के खिलाफ केन्द्रीय हस्तक्षेप पर तो हो-हल्ला मचाते हैं, पर घुमा-फिराकर शक्तिशाली केन्द्र की ही सिफारिश करते हैं। उन्होंने अकालियों की इस माँग का कि केन्द्र की जवाबदेही प्रतिरक्षा, विदेशी सम्बन्ध,

यातायात एवं मुद्रा तक सीमित रहे, विरोध किया, पर कभी साफ-साफ यह नहीं बतलाया कि वे केन्द्र के किन अधिकारों को सीमित करना चाहते हैं। यह बात अनुभव से लगातार सिद्ध हो रही है कि वित्त, उद्योग, खेती, सिंचाई, बिजली, शिक्षा, अमन-कानून आदि सभी को केन्द्र और राज्य दोनों का विषय बनाने से अन्ततोगत्वा सारी ताकत केन्द्र के ही हाथ में चली जाती है। केन्द्रीय हस्तक्षेप से विरोध और स्पष्ट वैकल्पित की घोषणा से कतराना न तो ईमानदारी है और न क्रान्तिकारिता।

राज्यपाल का पद समाप्त करना जरूरी है, पर वह काफी नहीं है। अभी केन्द्र-राज्य के सारे सम्बन्ध विचारणीय बन गए हैं।

['रविवार', 9-5 सितम्बर, 1989]

शासक वर्ग लोकतंत्र से थक रहा है

जर्मनी के सोशल डेमोक्रेटिक नेता कार्ल कौट्स्की (1858-1938) ने लिखा था कि जिस हद तक शोषित वर्गों का प्रभाव लोकतंत्र की संस्थाओं पर बढ़ता जाता है, उसी हद तक शासक वर्गों का विश्वास लोकतंत्र में घटता जाता है। जर्मनी पर तो यह बात पूरी तरह चरितार्थ हुई क्योंकि वहाँ वामपंथ की बढ़ती ताकत से घबराकर शोषक वर्गों ने हिटलर को सत्ता सौंप लोकतंत्र को समाप्त कर दिया। हमारे यहाँ लोकतंत्र की संस्थाओं पर शोषितों का प्रभाव तो अभी नहीं बढ़ा है, लेकिन उनकी संख्या के कारण बढ़ने की आशंका तो है ही। और इससे ही शासक वर्ग इतना भयभीत है कि वह लोकतंत्र को तिलांजलि देने को तैयार दिखाई देता है।

सच तो यह है कि हमारे शासक वर्ग को लोकतंत्र में कभी कोई गहरी आस्था नहीं थी। यूरोप के बुर्जुआ वर्ग ने अपने फैलाव की आवश्यकता के कारण सदियों के संघर्ष और कई महत्त्वपूर्ण क्रान्तियों के दौरान धीरे-धीरे लोकतांत्रिक अधिकारों को हासिल किया। इस क्रम में बहुत सारे लोकतांत्रिक अधिकार उसकी भावनाओं से जुड़ गए हैं। इन्हें गँवाने में उसे भावनात्मक आघात लगता है। इसके विपरीत, हमारे शासक वर्ग ने अंग्रेजों की नकल में पतलून और टाई की तरह लोकतंत्र को भी महज सजावट के रूप में धारण किया है। इससे व्यवहार में लोकतंत्र की स्थिति चाहे जो हो, शासक वर्ग को विश्व का सबसे बड़ा लोकतंत्र होने के दावे से गौरव में गर्दन फुलाने का मौका जरूर मिल जाता है। लोकतंत्र के प्रति इस छिछले रुख के कारण उसने कभी लोकतंत्र में निहित दायित्व को नहीं अपनाया। इस दायित्व का अर्थ है उस जोखिम को झेलने की तैयारी, जो लोकतंत्र से जुड़ी हुई है। यह जोखिम ऐसे विचारों को सहने की है जो अस्वस्तिकर लग सकते हैं या कभी-कभी खतरनाक भी हो सकते हैं।

सिर्फ मनपसन्द बातों की अभिव्यक्ति की आजादी कोई आजादी नहीं हुआ करती। अभिव्यक्ति की आजादी का अर्थ ऐसी कड़वी बातों को कह सकते की आजादी है, जिनसे शासन के शीर्षस्थ लोग भी तिलमिला उठें या जिनसे कुछ नुकसान भी हो जाए लेकिन जिन्हें कहने पर कोई रोक न लगे। इसका एकमात्र अपवाद मानहानि के लिए किए गए तथ्यहीन आक्षेप ही हो सकते हैं। लोकतंत्र की यह बुनियादी

शर्त भी दुखदायी हो सकती है कि किसी समूह या व्यक्ति के कार्यकलाप कितने ही खतरनाक क्यों न लगें, उन्हें रोकने के कदम लोकतंत्र की बुनियादी मर्यादाओं के भीतर ही उठाए जा सकते हैं।

भारतीय शासक वर्ग की आत्म-नियंत्रण की कोई परम्परा नहीं। ऐसे में उसे लोकतांत्रिक मर्यादाएँ असह्य लगती हैं। इसीलिए वह किसी भी हिंसक या अहिंसक आन्दोलन का सामना होते ही तिलमिलाने लगता है। लोकतांत्रिक व्यवस्था में उसकी आस्था डाँवाँडोल होने लगती है। उसे हर तरह का विरोध राष्ट्र-द्रोह मालूम पड़ने लगता है और लोकतांत्रिक बन्धनों के भीतर उसका मुकाबला करने की कोई गुंजाइश नहीं दिखती। इसी मानसिकता के कारण बार-बार ऐसे कानून लागू किए गए, जिनसे प्रशासन को मनमानी करने और नागरिक अधिकारों का अपहरण करने का अधिकार दिया गया।

इस स्थिति का ताजा प्रमाण है वह रस्मी विरोध और व्यापक चुप्पी, जिसके बीच राष्ट्रीय सुरक्षा विधेयक 23 अप्रैल, 1984 को लोकसभा में रखा गया। इसके द्वारा राष्ट्रीय सुरक्षा अधिनियम 1980 को इस ढंग से संशोधित किया गया है, जिससे अफसरशाही की मनमानी करने और नागरिकों की आजादी का अपहरण करने की छूट पहले से बढ़ जाए। संशोधन के अनुसार—

(1) किसी को नजरबन्द करने के बाद 10 दिनों के बजाय अब 15 दिनों बाद यह बतलाया जाएगा कि किन कारणों से उसे नजरबन्द किया गया है और

(2) नजरबन्दी के बाद तीन महीने से छह महीने तक बिना सलाहकार बोर्ड की मंजूरी प्राप्त किए ऐसे व्यक्ति को नजरबन्द रखा जा सकता है। इसी के साथ नजरबन्दी की अवधि बढ़ाने का भी प्रस्ताव है।

इस विधेयक पर विरोधी दलों को कोई व्यापक विरोध या संघर्ष की भूमिका तैयार करने की जरूरत महसूस नहीं हुई। एक तरह से विरोधी दलों ने परोक्ष रूप से इसे स्वीकार कर लिया। इसी से उत्साहित होकर सरकार ने 22 जून को एक अध्यादेश जारी कर राष्ट्रीय सुरक्षा अधिनियम में संशोधन कर उसे और भी सख्त बना दिया है। इस संशोधन द्वारा दो ऐसी व्यवस्थाएँ की गई हैं जो इमरजेंसी की ही याद दिला सकती हैं, जब अदालतों का कोई अर्थ नहीं रहने दिया गया था। पहली व्यवस्था यह है कि किसी भी व्यक्ति को नजरबन्दी के आदेश की अवधि खत्म होने या नजरबन्दी आदेश रद्द हो जाने पर नया आदेश जारी कर गिरफ्तार किया जा सकेगा। दूसरी व्यवस्था द्वारा नजरबन्दी को गैरकानूनी घोषित करना असम्भव बना दिया गया है। इसके पहले यह व्यवस्था थी कि अदालत नजरबन्दी के अनेक कारणों में से किसी एक को भी गलत पाने पर बन्दी को रिहा कर सकती थी, पर इस संशोधन द्वारा अदालत का यह अधिकार नहीं रहने दिया गया है। इन संशोधनों

का उद्‌देश्य पंजाब में आतंकवादियों की रिहाई को रोकना है और उन पर मुकदमा चलाने से बचना है।

ऐसे नजरबन्दी कानूनों में इस बात की कोई गारंटी नहीं होती कि उनका प्रयोग वास्तविक अपराधियों के खिलाफ ही होगा। ये कानून तो लागू इसीलिए किए जाते हैं कि गिरफ्तार कर सजा दिलाने के लिए सरकार के पास आवश्यक सबूत नहीं होते। फिर ऐसे कानून का प्रयोग अफसरशाही स्वार्थवश या बदले की भावना से नहीं करेगी, इसकी क्या गारंटी है? अब तक का अनुभव भी यही बतलाता है कि ऐसे कानूनों का दुरुपयोग होता रहा है। मनमाने अधिकारों से लैस पुलिस और अफसरशाही के नीचे किसी नागरिक की इज्जत और जान सुरक्षित नहीं रह सकती। पिछले कुछ दिनों के दौरान कैदियों के सम्बन्ध में जो खबरें आई हैं, वे हमारे प्रशासन की मनमानी और अमानवीय चरित्र को उजागर करती हैं।

['रविवार', 29 जुलाई 1984]

आर्थिक बदहाली

विदेशी कर्ज और तानाशाही का खतरा

विभिन्न उद्योगों और सेवा क्षेत्रों में काम करनेवाले श्रमिकों और कर्मचारियों की राष्ट्रव्यापी हड़ताल का देश के उत्पादन पर जो भी असर पड़ा हो, इसने नई औद्योगिक नीति से देश की लोकतांत्रिक प्रणाली पर सम्भावित खतरे को जरूर रेखांकित कर दिया है। ऐसा खतरा सरकार और देश के श्रमिक वर्ग के बीच टकराव की स्थिति में निहित है। इस हड़ताल के पीछे श्रमिकों और कर्मचारियों की यह व्यापक चिन्ता थी कि नई औद्योगिक नीति से सार्वजनिक एवं निजी क्षेत्र के अनेक औद्योगिक एवं सेवा संस्थान बन्द हो जाएँगे और भारी संख्या में मजदूरों की छँटनी होगी। सरकार द्वारा 'एक्जिट नीति' की पहल से इस धारणा की पुष्टि ही हुई है कि सरकार भी कारखानों में भारी छँटनी की सम्भावना को कबूल करती है और इससे बेरोजगार होनेवाले लोगों को विपत्ति में तात्कालिक रूप से कुछ राहत पहुँचाने की बात सोच रही है। जब देश में चारों ओर व्यापक बेरोजगारी हो, ऐसे समय में रोजगार छीन बेरोजगारों की संख्या और बढ़ाने की नीति से उन लोगों में गुस्सा और हताशा का भाव भरना स्वाभाविक है, जिन पर बेकारी की तलवार चलनेवाली है। सार्वजनिक क्षेत्र के उद्योगों और बैंक जैसे सेवा क्षेत्रों में हड़ताल को मिलनेवाला भारी समर्थन इसी का संकेत है।

लेकिन थोड़ी गहराई में जाने पर हम पाएँगे कि सरकार की ओर से होनेवाली ऐसी पहल और इस पर श्रमिकों में होनेवाली प्रतिक्रिया अन्ततोगत्वा हमारे लोकतंत्र के सन्तुलन को विपरीत रूप से प्रभावित करनेवाली है और इससे धीरे-धीरे देश की राजनीति फिसलकर अधिनायकवाद की ओर बढ़ेगी। यह आशंका इसलिए भी पैदा होती है क्योंकि नई नीति का विरोध सिर्फ मजदूरों द्वारा नहीं, किसानों द्वारा भी हो रहा है। किसी भी देश में लोकतंत्र जनभावना के बहुत ही नाजुक सन्तुलन पर आधारित होता है। लोगों की भावनाओं को नजरअन्दाज कर किसी भी व्यवस्था को लागू करने का प्रयास लोकतंत्र पर संकट उपस्थित करता है, भले ही इस व्यवस्था को लागू करनेवालों की दृष्टि में यह लोगों के लिए कल्याणकारी हो। इसीलिए लोकतांत्रिक व्यवस्थाएँ उन स्थितियों को छोड़ जहाँ स्वयं जनता की ओर से आमूलचूल परिवर्तन का भारी दबाव बना चुका हो, आवश्यक परिवर्तनों की दिशा

में भी फूँक-फूँक कर कदम बढ़ाती हैं। यही कारण है कि लोकतंत्र में परिवर्तनवादी राजनीति मीठे-कड़वे निवालों का एक मिश्रित सिलसिला होती है, लेकिन नरसिम्हा राव सरकार लोगों की अनिवार्य प्रतिक्रिया की सम्भावना को जानने के बावजूद अपनी नई अर्थनीति को लागू करने को विवश है। इसका कारण यह है कि विश्व बैंक और अन्तर्राष्ट्रीय मुद्रा कोष की ओर से जो ऋण भारत को दिए जा रहे हैं उनकी शर्तों में वैसे 'सुधार' अपरिहार्य हैं जैसे 'सुधारों' का श्रीगणेश भारत सरकार औद्योगिक क्षेत्र में करने जा रही है।

विश्व बैंक और अन्तर्राष्ट्रीय मुद्रा कोष लगातार भारत सरकार की नीतियों की समीक्षा करते रहते हैं और उनकी दृष्टि से उनकी त्रुटियों की ओर ध्यान दिला उन्हें दुरुस्त करने की सलाह देते रहते हैं। वैसे तो अभी यह समीक्षा या सलाह दिखाई देती है, लेकिन असल में यह निर्देश होता है क्योंकि भारत सरकार पर यह भय हमेशा छाया रहता है कि विश्व बैंक और अन्तर्राष्ट्रीय मुद्रा कोष के मापदंड के अनुसार अयोग्य साबित होने पर भविष्य में ऋण मिलने पर रोक लग जाएगी, और अनेक अपमान सहकर इन महाजनों से कायम किया गया रिश्ता टूट जाएगा। इन कर्जदाताओं की इस सम्बन्ध में अखबारों में रपट आई है। जहाँ एक तरफ इस समीक्षा में भारत सरकार के 'सुधारों' की सराहना की गई है वहीं दूसरी तरफ इस बात पर असन्तोष व्यक्त किया गया है कि अभी भी कोयला, तेल तथा अन्य खनिजों के क्षेत्र में जहाँ भारी पूँजीनिवेश की जरूरत होती है, निजीकरण नहीं हुआ है। स्पष्ट रूप से यह इन क्षेत्रों के निजीकरण का दबाव है। इस तरह हमारे देश के लोगों की भावना से असंपृक्त इन विदेशी प्रतिष्ठानों का दबाव दिनोंदिन बढ़ता जाता है।

वस्तुत: इस तरह के दबावों के चलते भारत सरकार दो विपरीत दिशा में पहल करने को बाध्य होती है। एक तरफ इसे लोकतांत्रिक सरकार होने के नाते देश के विभिन्न समूहों के हित में काम करना होता है। यहीं से इसे सत्ता में बने रहने की सनद प्राप्त होती है, लेकिन जन प्रतिनिधियों की यह सरकार बार-बार जनादेश के विपरीत कार्य करने को इसलिए बाध्य होती है क्योंकि इसे विश्व बैंक जैसे महाजनों के दबाव में अपनी नीतियों को तोड़ना-मरोड़ना पड़ता है।

लोकतांत्रिक सरकारों को जनता के दबाव में अनेक बार ऐसी नीतियों को चलाने का समझौता करना होता है जो उन्हें दोषपूर्ण दिखाई देती हैं। सरकार लोकतांत्रिक बनी रहे, इसके लिए इस तरह की लोच जरूरी होती है। जनभावना को नजरअन्दाज कर अर्थशास्त्र की या किसी अन्य तरह के सिद्धान्तों की सीधी लकीर पर कोई अधिनायकवादी सरकार ही चल सकती है। कम्युनिस्ट व्यवस्थाएँ और एक हद तक फासीवादी व्यवस्थाएँ इसी तरह विशेष विचारधाराओं के आधार पर लोगों की भावनाओं की अवहेलना कर चलाई गईं। इसी का नतीजा था कि वे घोर अधिनायकवादी बन गईं। विश्व बैंक एवं अन्तर्राष्ट्रीय मुद्रा कोष का दबाव

इनके लोक नियंत्रण से बाहर होने के कारण इसी तरह का होता है, और कर्ज लेने की मजबूरी में देश कैसे चले, इस सवाल पर उनकी अवधारणाओं को आरोपित किया जाता है। इसलिए इन संस्थाओं की नीतियों को किसी देश में लागू करने के लिए आदर्श व्यवस्था अधिनायकवादी ही हो सकती है।

कोई अचरज नहीं कि दुनिया के सभी देश जिन्होंने इन वित्तीय संस्थाओं पर अपनी निर्भरता बढ़ाई है, या तो प्रारम्भ से ही अधिनायकवाद के तले रहे हैं या फिर बाद में अधिनायकवादी बन गए हैं। इसका एक उदाहरण ब्राजील है जहाँ अन्तर्राष्ट्रीय मुद्रा कोष के दबावों के कारण देश की आर्थिक समस्याओं को लोगों के हितों में सुधारना असम्भव बन गया। इस तरह 1964 आते-आते यह स्थिति हो गई कि कोई लोकप्रिय राष्ट्रपति व्यवस्था नहीं चला सकता था। नतीजा, एक राष्ट्रपति को इस द्वन्द्व से आत्महत्या करके मुक्ति मिली, एक दूसरे राष्ट्रपति ने मजबूरी में इस्तीफा दे दिया और तीसरे को सैनिक विद्रोह के जरिए हटाकर अधिनायकवादी व्यवस्था कायम की गई। इसके बाद कुछ समय तक यह सरकार अन्तर्राष्ट्रीय मुद्रा कोष की शर्तों को निर्विघ्न लागू करती रही, लेकिन इससे ब्राजील की अर्थव्यवस्था का संकट दूर नहीं हुआ और इस पथ पर चलकर वह दुनिया के सबसे अधिक कर्जदार देशों में आ गया। नवें दशक के मध्य से ब्राजील के लिए कर्ज की वापसी इतनी मुश्किल होने लगी कि इसने कर्ज की किस्त अदा करने से इनकार कर दिया। अन्त में महाजनों को अपनी नीति को नये सिरे से ढालना पड़ा।

दूसरा उदाहरण चिली का है जहाँ आयेंदे की मार्क्सवादी सरकार ने देश में कुछ परिवर्तनों की शुरुआत की थी, लेकिन विदेशी कर्ज का दबाव इतना अधिक था कि आयेंदे को कर्ज की किस्तों की अदायगी स्थगित करने का अनुरोध करना पड़ा, लेकिन मात्र दो वर्ष की मोहलत के बदले आयेंदे को मुद्रा का अवमूल्यन करने को विवश किया गया। इससे चिली का संकट बढ़ता ही गया और सरकार के खिलाफ अन्ततः तख्ता पलट हुआ और उनकी हत्या कर दी गई। इसके बाद की सैनिक तानाशाही के साथ महाजनों के रिश्ते ठीक हो गए क्योंकि इस सरकार को महाजनों की कोई भी शर्त पूरा करने में जनता के विरोध का डर नहीं था।

अगर हम दुनिया पर निगाह डालेंगे तो पाएँगे कि अमेरिका, पश्चिमी यूरोप तथा विश्व बैंक से भारी मात्रा में कर्ज लेकर बिना किसी तीव्र विवाद के वे ही देश अपनी व्यवस्था चलाते रहे हैं जहाँ वामपंथी या दक्षिणपंथी अधिनायकवादी शासन कायम रहा है। टीटो का यूगोस्लाविया कम्युनिस्ट देशों में इसका उदाहरण था। इसके बावजूद कि वहाँ एक कम्युनिस्ट तानाशाही कायम थी, पश्चिमी देशों को उसे सहायता देने में कोई कठिनाई नहीं हुई। इसी तरह वर्तमान समय में चीन, अमेरिका तथा अन्य पश्चिमी देशों से सहायता पानेवाले देशों में अग्रणी स्थान रखता है और वहाँ भारी मात्रा में विदेशी पूँजीनिवेश हो रहा है। कम्युनिस्ट सिद्धान्तों की

ऊँची-ऊँची जातों के बावजूद चीन ने निजीकरण की पहल रूस से भी पहले कर दी थी और पश्चिमी देशों से पूँजी आकर्षित करने के लिए वह उन्हें हर तरह की रियायतें देता रहा है। थ्यानमन चौक के जनाधिकार आन्दोलन को चीनी सरकार द्वारा बेरहमी से कुचले जाने के बाद ऐसा लगता था कि चीन के साथ पश्चिमी देशों के रिश्ते बिगड़ेंगे, लेकिन पश्चिमी देशों का आर्थिक स्वार्थ उनकी लोकतांत्रिक आस्था से अधिक बलवान साबित हुआ और अमेरिका तथा चीन के सम्बन्ध फिर मधुर बन गए। इसका मुख्य कारण यह है कि चीन बिना आन्तरिक विरोध के अमेरिकी कम्पनियों को वे सब सुविधाएँ उपलब्ध करा सकता है, जो वे चाहती हैं क्योंकि लोगों को सरकारी नीति का विरोध करने का अधिकार नहीं है।

दक्षिण और मध्य अमेरिका के कई देश जैसे दक्षिण कोरिया, मारकोस के शासनकाल का फिलिपींस, थाईलैंड वगैरह जो विदेशी, विशेषकर अमेरिकी सहायता या कर्ज पर निर्भर रहे हैं, प्राय: अधिनायकवादी शासन के तहत रहे हैं। इसका कारण यह है कि विकासशील देशों की जनता के और कर्ज देनेवाले सम्पन्न देशों की वित्तीय संस्थाओं के नजरिए में मौलिक मतभेद रहा है, जो विकासशील देशों की कर्जखोर सरकारों के लिए सम्पन्न देशों के बैंकों, खासकर विश्व बैंक के नजरिए की अवहेलना उनकी कर्ज पर निर्भरता के कारण असम्भव बना रहा है।

कुल मिलाकर देश की प्रभुसत्ता का सवाल उठ गया है। वैसे तो आज की दुनिया में विश्व की इतनी संस्थाएँ किसी देश की नीतियों को प्रभावित करती हैं कि अखंड राष्ट्रीय प्रभुसत्ता की बात कम ही लोग कर सकते हैं। फिर भी मोटा-मोटी यह बात तो मानी ही जाती है कि लोकतंत्र में जनता प्रभुसत्ता सम्पन्न होती है, लेकिन अगर देश की सरकार और संसद बाहरी 'सुझावों' के दबाव में तैयार की गई नीतियों पर सिर्फ अपनी मंजूरी देने की औपचारिकता निभाती है तो लोकतांत्रिक जनादेश और राष्ट्रीय आजादी की बात मखौल ही बन जाएगी।

इस सन्दर्भ में 16 जून की हड़ताल के बाद इस बात पर बहस की हड़ताल कितनी सफल या असफल थी, बेमतलब लगती है। इंटक तथा भारतीय मजदूर संघ जैसी संस्थाओं ने हड़ताल का विरोध किया था, इससे हड़ताल उतनी सफल नहीं रही जितनी कि उम्मीद थी, लेकिन भारतीय मजदूर संघ भी वर्तमान आर्थिक नीति का विरोध करता है, और जब मजदूरों में भारी संख्या में बेरोजगारी की समस्या पैदा हो जाएगी तब इंटक भी इस अर्थनीति को अपना समर्थन नहीं दे पाएगी। यह मजदूर संगठन के रूप में इसके अस्तित्व का सवाल बन जाएगा। इसलिए मजदूरों के भारी बहुमत द्वारा वर्तमान अर्थनीति का विरोध व्यक्त या अव्यक्त रूप से हो रहा है।

आर्थिक संकट पर पर्दा डालने की कोशिश

शायद संसद का अगला बजट अधिवेशन आम चुनाव के पहले का अन्तिम होगा, इसलिए भारत सरकार की सारी पैंतरेबाजी उस अन्धगली को लोगों की आँखों से ओझल रखने की हो रही है, जिसमें कांग्रेस की अर्थनीति ने देश को डाल दिया है जबकि यथार्थ यह है कि देश की अर्थव्यवस्था घोर संकट में फँस गई है। वित्त मंत्री प्रणव मुखर्जी लोगों को बार-बार यह बतला रहे हैं कि व्यवस्था बिलकुल स्वस्थ है। आर्थिक तन्दुरुस्ती के इजहार में यह घोषणा भी कर दी गई है कि अन्तर्राष्ट्रीय मुद्रा कोष से लिए जानेवाले कर्ज का बाकी हिस्सा, जो लगभग 11 अरब रुपये के बराबर होता, अब नहीं लिया जाएगा। इस निर्णय को प्रचारित करने का भरपूर प्रयास हुआ है।

अचानक सुनने पर बात जरूर उत्साहवर्द्धक लगती है क्योंकि पहली बार किसी देश ने स्वत: इस ऋण को अनुबन्धित मात्रा से कम लेने का निर्णय किया है। पर इस सवाल पर थोड़ा ध्यान से विचार करने पर लगेगा कि वास्तव में यह कर्ज बेजरूरी था और इसके एक हिस्से को छोड़ना कोई महत्त्व नहीं रखता। जिस समय यह ऋण लेने का निर्णय लिया जा रहा था, उसी समय अधिकांश अर्थशास्त्रियों ने यह बतलाया था कि भारत को यह ऋण लेने की जरूरत नहीं है, लेकिन भारत सरकार ने घबराहट के कारण यह ऋण लेने का फैसला किया था। इसके पीछे एकमात्र दृष्टि यही थी कि सरकार को किसी भी फिजूलखर्ची पर नियंत्रण नहीं रखना पड़े, चाहे देश को इसकी जो भी कीमत चुकानी हो।

घबराहट का सबसे बड़ा तात्कालिक कारण था, पेट्रोलियम और इससे निर्मित चीजों के आयात पर भारी खर्च, जो 1980 में लगभग 5,000 करोड़ हो गया था। और चूँकि इस आयात का बड़ा हिस्सा सम्पन्न लोगों या उद्योगपतियों की जरूरतों की पूर्ति के लिए होता था, सरकार इस पर रोक नहीं लगा सकती थी, लेकिन पिछले वर्ष अन्तर्राष्ट्रीय स्तर पर अचानक तेल के बाजार में भारी मन्दी के कारण भारत सरकार को अप्रत्याशित रूप से राहत मिल गई। आयातित तेल की कीमत में भारी कटौती हो गई और इससे सैकड़ों करोड़ रुपये की बचत हुई। स्थिति में कुछ सुधार देश के भीतर, खासकर पश्चिम के तटीय भागों में नये कुओं से तेल निकलने से भी हुआ।

देश की अर्थव्यवस्था को इन्दिरा सरकार ने विदेशी पैसों पर इतना निर्भर बना दिया है कि कोई दिन ऐसा नहीं बीतता, जब विदेशी स्रोतों से पैसा कम मिलने की आशंका पर चिन्ता नहीं व्यक्त की जाती हो। अभी अमेरिकी सरकार ने अन्तर्राष्ट्रीय विकास प्राधिकरण (इडा) में अपनी सहयोग राशि कम कर दी है, जिस कारण अब इसके लिए 12 अरब डॉलर के बजाय मात्र 9 अरब डॉलर के लगभग की राशि उपलब्ध होगी। चूँकि यह राशि दुनिया के सबसे गरीब मुल्कों के लिए नाममात्र के सूद पर दी जाती है, भारत को इसका बड़ा हिस्सा मिल जाता था। अब इस राशि में कटौती से एवं इस बात से कि अब चीन भी इसमें हिस्सा पाएगा, भारत को मिलनेवाली राशि पहले से बहुत कम हो जाएगी। भारत सरकार से लेकर पूँजीपतियों के बड़े अखबार तक सब इस कटौती पर हाय-तौबा मचाए हुए हैं। यहाँ तक कि इन्दिरा गांधी भी अपनी परेशानी को नहीं दबा सकीं। एसोसिएटेड प्रेस को दिए गए अपने बयान में इन्दिरा गांधी ने अमेरिका पर यह आरोप लगाया है कि वह खासकर ऐसी नीतियाँ अख्तियार कर रहा है, जिससे भारत की परेशानी बढ़े और इस सन्दर्भ में अन्तर्राष्ट्रीय विकास प्राधिकरण को दी जानेवाली अमेरिकी राशि की कटौती का हवाला दिया। फिर इसी बयान में इस बात पर भी नाराजगी जाहिर की कि भारत को एशियाई विकास बैंक से भी कर्ज नहीं लेने दिया गया।

प्रश्न है कि अगर भारत की आर्थिक स्थिति ठीक-ठाक है, जैसा कि वित्त मंत्री बतला रहे हैं तो इन्दिरा गांधी को बाहरी ऋण पाने की इतनी बेचैनी क्यों है?

जब हम इस बात पर विचार करते हैं तो हमारी वह असहाय स्थिति सामने आती है, जिसमें वर्तमान अर्थनीति ने हमें डाल दिया है। अभी भी हमारा विदेशी व्यापार भारी घाटे में जा रहा है। 1983 के अप्रैल से अक्टूबर तक यहाँ हमारा निर्यात 5,023.60 करोड़ था, वहीं इस अवधि में निर्यात 7,767.30 करोड़ था। इस तरह आयात के मुकाबले निर्यात 2,700 करोड़ रुपये कम का था। आयात और निर्यात के बीच की इस खाई को पाटने के लिए विदेशों में काम कर रहे भारतीयों द्वारा भेजे गए पैसों के अलावा दूसरा स्रोत विदेशी कर्ज ही है, जो फिर सूद समेत कुछ वर्षों में देनदारी का एक नया बोझ देश की अर्थव्यवस्था पर बन जाता है। बाहर काम करनेवालों द्वारा भेजी गई राशि भी दूसरे देशों की आर्थिक स्थिति, खासकर पश्चिम एशिया के तेल उत्पादक देशों की स्थिति, पर निर्भर है।

इस साल प्रकृति विशेष रूप से अनुकूल रही है और 14.2 करोड़ टन का रिकॉर्ड अन्न उत्पादन होने की सम्भावना है, लेकिन उद्योग का क्षेत्र जो सरकारी अर्थनीति पर निर्भर करता है, गतिरोध से गुजर रहा है। औद्योगिक विकास 5 प्रतिशत से अधिक होने की सम्भावना नहीं है जबकि 1981-82 में यह 8.6 प्रतिशत था। उद्योगों के क्षेत्र में होनेवाली विशाल धन राशि के इस्तेमाल के अनुपात में यह

चिन्ताजनक स्थिति है। इस तरह इस साल जहाँ प्रकृति ने विकास को बल दिया, व्यवस्था ने रोक लगा दी।

लेकिन आर्थिक दुर्व्यवस्था का सबसे घातक परिणाम बढ़ती बेकारी एवं चीजों की कीमतों के क्षेत्र में दिखाई पड़ता है। चीजों की कीमतें पिछले साल इतनी तेजी से बढ़ी हैं कि मजबूर होकर सरकार को भी कुछ कदम उठाने पड़े हैं, लेकिन जो कदम उठाए गए हैं, वे औद्योगिक और आर्थिक विकास के समक्ष रुकावट ही बनेंगे और इससे रोजगार की सम्भावना और घटेगी। इसमें प्रमुख कदम हैं—योजना के खर्च पर 5 प्रतिशत कटौती और गैर-योजना खर्च पर 3 प्रतिशत कटौती। इस कटौती से छठी योजना के लक्ष्यों की पूर्ति नहीं हो पाएगी। यों ही महँगाई की वजह से योजना के लिए पूर्व निर्धारित पूँजी निवेश अधूरे पड़ेंगे। अब जब इसमें भी कटौती होगी तो सहज ही अनुमान लगाया जा सकता है कि योजना की क्या हालत होगी?

सरकार जहाँ एक तरफ योजना पर कटौती करके महँगाई को रोकने की कोशिश कर रही है, वहीं कोयले की कीमत 25 प्रतिशत बढ़ा दी गई है। चूँकि कोयला न सिर्फ लोगों के ईंधन के काम में आता है बल्कि ताप बिजलीघरों तथा लगभग हर तरह के औद्योगिक ऊर्जा एवं रेल यातायात में प्रयुक्त होता है, इसका प्रभाव हर तरफ कीमतों को बढ़ाने की दिशा में पड़ेगा। इससे भी बढ़कर ऐयाशी के सामानों के उत्पादन, उपभोग और आयात पर कोई प्रतिबन्ध नहीं लगाया जा रहा है, जिससे फिजूलखर्ची पर रोक लगे। जहाँ विदेशी कर्ज के लिए इतनी बेचैनी है, वहीं करोड़ों रुपये के रंगीन टी.वी. की पिक्चर ट्यूब्स बाहर से मँगाई जा रही हैं। इन सब पर रोक लगाने का इस सरकार में कोई संकल्प नहीं है और इस तरह देश का आर्थिक संकट और घनीभूत होगा।

['रविवार', 12-18 फरवरी, 1984]

महँगाई बढ़ने की असलियत क्या है?

सरकारी सूत्र पिछले कुछ महीनों से इस बात का जोरों से प्रचार कर रहे हैं कि इस साल का सम्भावित अन्न उत्पादन 14 करोड़ टन से ऊपर होगा, जो अब तक हुए किसी भी साल के उत्पादन से अधिक होगा। पिछला रिकॉर्ड लगभग 13.3 करोड़ टन का है, जिससे इस साल करीब एक करोड़ टन अधिक उत्पादन की सम्भावना बताई गई है। अभाव और महँगाई से त्रस्त देश के आम लोगों के लिए यह सूचना बहुत ही राहत देनेवाली रही है। लोग सस्ते खाद्यान्न और उनके प्रभाव से अन्य वस्तुओं के सस्ती हो जाने की कल्पना से प्रसन्न हो रहे थे, पर असली स्थिति की जो तसवीर, कीमतों पर संसद की बहस से सामने आई है, वह लोगों की आशाओं पर पानी फेरनेवाली है। उससे पता चलता है कि अन्न अधिक पैदा हो या कम, इस देश के आम लोगों को महँगाई और अभाव से कभी छुटकारा नहीं मिलने का।

यह बात आम तौर से मान ली जाती है कि हमारे देश में जिस साल अन्न का उत्पादन अधिक होता है कीमतें स्थिर रहती हैं या घटती हैं, लेकिन रिकॉर्ड अन्न उत्पादन के इस वर्ष में कोई आसार नहीं दिखाते देते कि कीमतों में गिरावट आएगी या वे स्थिर रहेंगी। इस साल अप्रैल से सितम्बर तक के छह महीनों की अवधि में ही उपभोक्ता वस्तुओं की कीमतों का सूचकांक 10.4 प्रतिशत बढ़ गया है। वित्त मंत्री प्रणव मुखर्जी ने कीमतों में वृद्धि के इस सवाल को यह कहकर टाल दिया कि यह पिछले साल के सूखे का नतीजा है, लेकिन आगे भी स्थिति में सुधार के लक्षण नहीं दिखाई देते। आम तौर से हर साल मध्य सितम्बर से कीमतों में भारी गिरावट आती है, लेकिन इस साल यह नाम मात्र यानी दशमलव तीन प्रतिशत भर ही घटी हैं जबकि अकेले अगस्त महीने में वे 1.4 प्रतिशत बढ़ गई थीं। अगर अभी यह स्थिति है तो यह अन्दाजा लगाया जा सकता है कि आनेवाले महीनों में जब कीमतों के बढ़ने का वक्त होगा तो वे किस तेजी से बढ़ेंगी?

गल्ले की कीमत के उतार-चढ़ाव के साथ महँगाई के बँधे होने से अक्सर ही हम यह नतीजा निकालने लगते हैं कि कीमतों को बढ़ाने में किसानों का हाथ होता है, लेकिन ऐसा समझना भारी भूल है। असल में गल्ले के लिए किसानों को प्राप्त मूल्य और उपभोक्ता द्वारा दिए गए मूल्य में भारी फर्क होता है और इसका फायदा

बिचौलियों को होता है। चूँकि किसानों के पास धन का अभाव होता है और अन्न को अधिक दिनों तक जमा रखने की सुविधा नहीं होती, उन्हें फसल तैयार होने के थोड़े दिनों के भीतर ही गिरी हुई कीमत पर गल्ला बेच देना पड़ता है। इस गल्ले को जमा कर व्यापारी अधिक कीमत पर बेचते हैं। सच तो यह है कि किसानों को जहाँ अपने गल्ले को थोक दर पर बेचना पड़ता है, वहीं सभी ऐसी वस्तुओं को, जिनकी उन्हें जरूरत होती है, खुदरे में खरीदना पड़ता है। इस तरह उन्हें दोहरा नुकसान उठाना पड़ता है। यह बात आम जानकारी की है कि थोक दर से खुदरा दर 25-30 प्रतिशत तक ज्यादा होती है।

लेकिन मौजूदा कीमतों की बाढ़ का कारण बिचौलिया लोगों की मुनाफाखोरी भी नहीं है। यह कारण तो कमोबेश सभी स्थितियों में बना रहता है और अभाव के समय में ज्यादा महत्त्वपूर्ण बन जाता है। कीमतों की मौजूदा बाढ़ का कारण अधिक बुनियादी है और वह हमारे देश की अर्थव्यवस्था की दिशा के साथ जुड़ा हुआ है। यह कारण है, गैर-उत्पादक ताम-झाम और ऐयाशी पर सरकारी और गैर-सरकारी, दोनों पक्षों में होनेवाला भारी खर्च। उत्पादन के साधनों—जैसे कृषि, सिंचाई या उद्योगों का विकास—पर जो खर्च होता है उससे थोड़ी या अधिक अवधि में उत्पादित वस्तुएँ बाजार में आने लगती हैं। इस तरह सिंचाई या अन्य दूसरे तरह के उत्पादन वाले काम में लगे लोगों के हाथ में जिस अनुपात में आमदनी आती है यानी खरीदने की शक्ति आती है, उसी अनुपात में अन्न या उपभोग की दूसरी वस्तुएँ भी बिक्री के लिए बाजार में आ जाती हैं। इससे खरीदने की शक्ति और उपलब्ध वस्तुओं का सन्तुलन नहीं बिगड़ता और कीमतें स्थिर बनी रहती हैं।

इसके विपरीत अगर ऐसे कामों पर, जिनसे आम उपभोग की किसी वस्तु का निर्माण नहीं होता, भारी खर्च हो तो स्थिति इसके ठीक उलटी बनती है। ऐसे खर्च से इन कामों में लगे लोगों के हाथ में तो पैसा आ जाता है, लेकिन कोई नई वस्तु तैयार होकर बाजार में नहीं आती, जिसे लोग अपनी जरूरत की पूर्ति के लिए इस पैसे से खरीद सकें। इसका नतीजा यह होता है कि खरीदने की उपलब्ध शक्ति के मुकाबले वस्तुओं का अभाव हो जाता है और चीजों की कीमतें बढ़ने लगती हैं। अगर एक तरह की वस्तुओं की कीमत बढ़ती है तो देखा-देखी कीमतों का स्तर बराबर रखने के लिए दूसरी वस्तुओं की कीमतें भी बढ़ने लगती हैं।

उदाहरण के लिए, एशियाई खेलों पर जो 1,500 करोड़ रुपये खर्च किए गए, उनसे आम उपभोग की किसी भी वस्तु के निर्माण पर असर नहीं पड़ा। जो बड़ी इमारतें, स्टेडियम, होटल या फ्लाईओवर बने वे महज सजावट के लिए थे या मुट्ठी-भर लोगों की मौज-मस्ती के लिए। अगर यह पैसा उत्पादन कार्य पर खर्च होता तो लाखों एकड़ जमीन पर सिंचाई की व्यवस्था हो सकती थी या 10 से 20 लाख टन क्षमता का इस्पात का कारखाना लगाया जा सकता था। इस तरह एशियाई

खेल पर किए खर्च से कुछ लोगों के हाथों में 1,500 करोड़ रुपये की क्रय-शक्ति तो आई, लेकिन कोई आम जरूरत की वस्तु बिक्री के लिए तैयार होकर बाजार में उपलब्ध नहीं हुई। इसी तरह का खर्च भू-उपग्रहों पर होता है या निर्गुट सम्मेलन अथवा राष्ट्रकुल सम्मेलन जैसे आयोजनों पर होता है। इस तरह के सभी खर्च महज सस्ती प्रतिष्ठा प्राप्त करने के लिए होते हैं। इससे राष्ट्रनायकों को तो प्रतिष्ठा मिल जाती है, लेकिन महँगाई का दबाव बढ़ता ही जाता है।

इसी तरह का प्रभाव हथियारों और फौज पर होनेवाले खर्च का भी अर्थव्यवस्था पर पड़ता है। इससे भी लोगों के हाथ में क्रय शक्ति आती है, लेकिन जरूरत की चीजों का उत्पादन नहीं होता। अगर उत्पादन होता भी है तो गोला-बारूद का, जिसका आम लोगों के लिए कोई उपयोग नहीं, लेकिन पिछले वर्षों में भारत सरकार अपने बजट का 20 से 25 प्रतिशत तक फौज पर खर्च करती रही है।

अभी भी अप्रत्याशित और अन्धाधुन्ध महँगाई चल रही है। उसका असली कारण यही है कि हमारे देश में गैर-उत्पादक कामों पर बेतहाशा खर्च हो रहा है। लोगों को इस भ्रम में रखा जा रहा है कि इस तरह के खर्च से देश की तरक्की हो रही है और दुनिया में भारत का रौब जम रहा है, लेकिन सचाई यह है कि ऐसे खर्च से देश का आर्थिक ढाँचा चरमरा रहा है, और मुद्रा प्रसार एवं महँगाई के चलते छठी योजना के लक्ष्य भी अधूरे रह जाएँगे, जो अपने-आप में देश की जरूरत के हिसाब में बहुत बड़े नहीं हैं।

['रविवार', 11-17 दिसम्बर, 1983]

मोहभंग

तानाशाह के साथ ही राजनीति से मोहभंग

1981 के अन्त में शासक दल सभी मूल समस्याओं के सामने पक्षाघात का शिकार दिखाई दे रहा है, चाहे वह आर्थिक समस्या हो अथवा विघटन की प्रवृत्तियाँ, जैसी उत्तर सीमावर्ती क्षेत्र में या हाल में पंजाब में उमड़ रही है, पर विकल्प में कोई राजनीतिक शक्ति जवाबदेही लेने की स्थिति में दिखाई नहीं देती। यह वर्तमान दलीय राजनीति और लोकतंत्र, दोनों के अस्तित्व के सम्बन्ध में गम्भीर चिन्ता का विषय है।

स्थापित राजनीतिक दलों और दलीय राजनीति का विघटन दो स्थितियों में होता है। एक स्थिति वह होती है जब समाज में नई शक्तियाँ उमड़ रही होती हैं और पुराने दल इन नई शक्तियों की आकांक्षाओं की अभिव्यक्ति के लिए अक्षम होते हैं। यह एक सृजनात्मक टूट है, जिससे नये दल और समाज का ढाँचा निकलता है। दूसरी स्थिति वह होती है जब सारा समाज आर्थिक और सामाजिक गतिरोध में होता है और अपनी स्थिति से निकलने के लिए सक्षम कदम उठाने में असहाय लगता है। वैसी स्थिति में अपनी प्रासंगिकता खोती दिखाई देती है और राजनीतिक पार्टियाँ महज औपचारिकता भर निभाती हैं, जहाँ इनके घोषित इरादों और कर्म के बीच कोई तालमेल नहीं बन पाता। इस बाँझपन से आन्तरिक विद्वेष और टूट की प्रक्रिया शुरू होती है।

भारत में यह संकट मूल रूप से समाज के नेतृवर्ग की देन है, जो फैलकर अब सारे समाज को ग्रसित कर रहा है। समाज में सदा वैसी शक्तियाँ वर्तमान रहती हैं जो एक नई राजनीति की शुरुआत के लिए बीज बन सकें, लेकिन इस बीज को सींचने की जरूरत होती है और अंकुरित होने के लिए इन्हें उपयुक्त वातावरण की जरूरत होती है। पर देश के नेतृवर्ग का चरित्र और इसकी आकांक्षाएँ इन शक्तियों को प्रोत्साहित करने के विरुद्ध थीं। अत: 1981 के अन्त में हम एक दूसरी तरह की फसल काटने के लिए तैयार दिखाई देते हैं, जिसे यहाँ के अभिजात राजनीतिक नेतृवर्ग ने तीन दशकों में बोकर तैयार किया है। यह फसल हमारी राजनीति के अटलनीय संकट के रूप में परिपक्व हुई है।

आज की स्थिति को समझने के लिए इस नेतृवर्ग के चरित्र और वर्तमान संकट की पृष्ठभूमि को समझना जरूरी है। भारत का नेतृवर्ग, चाहे वह वामपंथ का हो

चाहे दक्षिण पंथ का, बुनियादी रूप से औपनिवेशिक मानसिकता का प्रतिनिधित्व करता रहा है। यह उस शिक्षा पद्धति और सामाजिक परिवेश से पैदा हुआ है, जिसे अंग्रेजों ने अपने शासन को मजबूत बनाने के लिए तैयार किया था। अंग्रेजों ने अपने शासन को मजबूत बनाने के लिए न सिर्फ एक ऐसी शिक्षा पद्धति बनाई जो शिक्षितों को अपने परिवेश और अपने लोगों से अलग कर दे बल्कि इसको एक ऐसा रूप दिया, जिसमें भारतीय समाज का प्राचीन सामाजिक विभाजन एक परिवर्तित रूप में और भी जड़ बन गया। शिक्षा पद्धति में किताबी ज्ञान को अत्यधिक महत्त्व दिया गया और जीवन से जुड़े व्यवसाय, उद्योग आदि की शिक्षा को महत्त्वहीन स्थान दिया गया। इससे भारत की जातिवादी ब्राह्मणवादी परम्परा मजबूत हुई और ऊँची सरकारी नौकरियों और ओहदों से जुड़ी एक नई जाति व्यवस्था देश में पनपी, जिसमें जीवन के दो धरातलों की स्थिति कबूल कर ली गई, जहाँ एक धरातल पर अभिजात वर्ग के लोग अपनी सुविधा और अंग्रेजों से उधार ली गई वर्ण संकर संस्कृति लेकर चलें और दूसरे धरातल पर आम लोग आर्थिक और सांस्कृतिक दरिद्रता में जीवन व्यतीत करें।

बाद में इसी अभिजात वर्ग के एक हिस्से का अहम जगा और गुलामी की स्थिति असह्य लगने लगी। इसमें पश्चिमी देशों से सम्पर्क का भी एक बड़ा योगदान था क्योंकि 19वीं शताब्दी के अन्त से 20वीं शताब्दी के प्रारम्भ तक आजादी और लोकतंत्र की भावना यूरोपीय समाज में काफी व्यापक बन गई थी। इस तरह जो भारतीय विदेशों में शिक्षा पाने जाते थे, न सिर्फ लोकतंत्र और आजादी की भावना अपनाते थे बल्कि वहाँ के समाजवादी विचारों से भी प्रभावित होने लगे थे। इन्हीं लोगों ने भारत में आजादी के आन्दोलन का नेतृत्व किया।

अंग्रेजी हुकूमत से आजादी मिले, यह बात तो इसके दिमाग में स्पष्ट थी, लेकिन आजाद भारत की क्या रूपरेखा बनेगी, यह बात इसके दिमाग में साफ नहीं थी, लेकिन जैसा हमेशा होता है, मनुष्य नये समाज की कल्पना मुख्य रूप से अपनी भावनाओं और अन्ततोगत्वा अपनी सुविधाओं के अनुरूप करता है। यह नया नेतृवर्ग कोई अपवाद नहीं था।

महात्मा गांधी अकेले ऐसे व्यक्ति थे, जिनकी निगाह में भारत का निर्माण भारत के कोटि-कोटि अर्द्धनग्न लोगों के हित को दृष्टि में रखकर होना था। भारत के आम लोगों ने गांधी के अपने जीवन में उस सपने की एक झलक देखी थी और उस सपने में उन्हें अपनी भावना दिखाई देती थी, भले ही यह सब अमूर्त रूप में हो। इससे वे उनकी ओर आकृष्ट हुए। गांधी की इस क्षमता से देश का नया नेतृवर्ग भी चमत्कृत हुआ और कुछ वास्तविक आदर भाव से और कुछ उनकी उपयोगिता की दृष्टि से—क्योंकि लोगों के पास पहुँचने का माध्यम गांधी ही थे—गांधी के नेतृत्व को मानने लगे, लेकिन यह वफादारी बिलकुल निर्गुण थी। गांधी के उस

बुनियादी लक्ष्य को उन्होंने कभी कबूल नहीं किया, जिसकी अभिव्यक्ति गांधी के इस कथन में होती थी कि उन्हें अंग्रेजों का भारत में रहना कबूल है, अगर अंग्रेजियत भारत से चली जाए। उनका तात्पर्य उस सांस्कृतिक गुलामी तथा राजनीतिक और आर्थिक दर्शन से था जो थोड़े लोगों की सुविधा और ठाठ-बाट के लिए अनेक लोगों के हितों की बलि चढ़ाता है। उन्होंने पश्चिमी समाज में औद्योगिक शोषण का रूप देखा था और उससे भी बढ़कर उस औद्योगिक विकास का असर भारत में देखा था, जिससे करोड़ों लोगों की रोटी छिन गई थी। गांधी आम लोगों के हितों को सामने रखकर भारतीय स्थिति और परम्परा के अनुरूप भारतीय समाज का निर्माण करना चाहते थे। इसके विपरीत, उनके साथ चलनेवाले नेतृवर्ग के दिमागों में आजादी का लक्ष्य था—उनके अपने वर्ग के लोगों को उठाकर पश्चिमी समाज के सम्भ्रान्त लोगों की कोटि में प्रतिष्ठित करना और इसके लिए आवश्यक आर्थिक साधन उपलब्ध कराना।

आजादी के साल भर के भीतर गांधी साम्प्रदायिक सद्भाव स्थापित करने के प्रयास में बलिदान हो गए। उन्हें स्पष्टता और शक्ति के साथ भारत के विकास की आर्थिक और सामाजिक रूपरेखा देश के सामने रखने का मौका नहीं मिला। उनकी मृत्यु के साथ ही वह अवरोध खत्म हो गया जो भारत के अभिजात नेतृवर्ग के लिए अपनी आकांक्षाओं की पूर्ति के रास्ते में बाधा बनता। इनकी पूर्ति के लिए न सिर्फ पुराने शोषण और शासन के ढाँचे को कायम रखना जरूरी था, जो सुविधा प्राप्त वर्गों के हितों को आम जनता के दबाव से बचाए रखे, बल्कि पश्चिमी समाज की नकल कर एक तंग आधार पर वह औद्योगिक ढाँचा भी तैयार करना था जो लोगों में आधुनिकता का एक भ्रम खड़ा कर सके। इस आधुनिकता में जो नंगे बदन और नंगे पाँव हैं, उनके लिए वस्त्र और जूते की व्यवस्था या दो हजार साल से प्रचलित हल की जगह एक सुथरे किस्म का हल सभी किसानों को उपलब्ध कराना नहीं था। इसका लक्ष्य था, एक सीमित वर्ग को आधुनिकतम लिबास, साजसज्जा, मोटरगाड़ियाँ आदि उपलब्ध कराना : यानी गाँवों में बसे करोड़ों लोगों के उत्पादन के साधनों और जीवन के आधुनिकीकरण की जगह एक अतिअल्पसंख्यक वर्ग के लिए उपभोग का पश्चिमी ढाँचे पर आधुनिकीकरण।

लेकिन विदेशी सत्ता के खिलाफ संघर्ष के क्रम में ही आजादी की एक दूसरी परिकल्पना भी जन्म ले रही थी, जो भारत के दलित शोषित लोगों के मानस में थी। इस परिकल्पना में आजादी का अर्थ था, उनकी न्यूनतम जरूरत की वस्तुओं, जैसे रोटी, रोजगार, वस्त्र आदि की उपलब्धि। आजादी के बाद शोषितों ने भी अपनी माँगों के लिए आवाज उठानी शुरू की। जनान्दोलन के दबाव में कुछ सुधार हुए; थोड़ी रियायतें उन्हें दी गईं, लेकिन छोटी-छोटी रियायतें देने के पहले भी उनके आन्दोलनों को दबाने के प्रयास हुए। इस क्रम में दमन के हथियार, जो हमें अंग्रेजी हुकूमत से

विरासत में मिले थे, और भी सक्षम बनाए गए। इस दमन का एक असर यह हुआ कि लोकतांत्रिक राजनीति के ढाँचे के भीतर से लोक-भावना का लोप हो गया।

क्योंकि भारत में यह ढाँचा नीचे से विकसित नहीं हुआ था बल्कि इंग्लैंड, अमेरिका आदि की प्रजातांत्रिक प्रणालियों के नमूने पर ऊपर से ओढ़ा दिया गया था, जनता के साथ इसका गहरा लगाव इसको अमली बनाने के लिए जरूरी था। यह नहीं हो पाया और इसी कारण लोकतंत्र की सारी औपचारिकता तो जरूर कायम रही, लेकिन आम लोगों का सक्रिय हस्तक्षेप, जो लोकतंत्र की आत्मा है, कभी नहीं हो पाया क्योंकि दलों के नेता और जनता की संस्कृतियाँ भिन्न थीं। दलों के नेता और जनता के बीच कोई भावनात्मक लगाव नहीं आ पाया।

राजनीतिक दल तब सशक्त होते हैं जब वे समाज के किन्हीं वर्गों की आकांक्षाओं का प्रतिनिधित्व करते हैं। इन्हीं आकांक्षाओं के विभेद से राजनीति के मतभेद भी निर्णीत होते हैं, लेकिन जहाँ सभी दल के नेतृवर्ग की आकांक्षाएँ समान और आम लोगों की आकांक्षाओं से अलग-थलग हों वहाँ दलीय राजनीति भी रस्म अदायगी बनती चली जाती है। अन्ततोगत्वा एक ऐसी पार्टी या व्यक्ति उभरकर ऊपर आ जाता है जो अभिजात्य वर्ग के स्वार्थों को सुरक्षित रखते हुए बहुसंख्यक लोगों को अपने प्रभाव में रख सके। एक ही बुनियादी लक्ष्य को लेकर अनेक पार्टियाँ बहुत दिनों तक जीवित नहीं रह सकतीं। राजनीतिक दलों का विघटन, जो 1981 में अपनी पूर्णता पर पहुँच रहा है, इसी प्रक्रिया का परिणाम है। इसी कारण बिना हिचक राजनेता दल बदलते हैं क्योंकि जनसमुदाय के हितों से सीधा लगाव या कोई ऐसा लंगर नहीं जो उन्हें एक स्थान पर बाँधकर रख सके।

इसका एक नतीजा यह हुआ कि जो लोग शुरू में लोकतंत्र की सम्भावनाओं की ओर आशा भरी निगाह से देख रहे थे, इससे उदासीन होने लगे। लोकतंत्र से उदासीन का अर्थ था, अपने मतदान के अधिकार के प्रति उदासीनता। जैसे-जैसे लोकतंत्र में लोगों की सक्रिय साझेदारी कम होती गई वैसे वैसे पैसा, सरकारी तंत्र का दबाव और अन्त में डंडे का प्रभाव चुनावों में निर्णायक बनता गया।

सचेत मतदाताओं के खिलाफ ये सारे तंत्र बेकार हो जाते हैं, लेकिन जहाँ मतदाता लापरवाह है, किसी दल का प्रत्याशी और उसके थोड़े से समर्थक गुंडा और सरकारी तंत्र, दोनों की सम्मिलित ताकत का मुकाबला नहीं कर सकते। राजनीतिक दलों के जनता से विलगाव से इस प्रक्रिया को और भी बल मिला है। लोकतंत्र की सम्भावनाओं पर घटते विश्वास का एक नतीजा यह भी हुआ कि चुनाव के आर्थिक और राजनीतिक मुद्दे गौण होने लगे और जाति, धर्म आदि की परम्परागत वफादारी सिर उठाने लगी। इसने भी डंडों के महत्त्व को बढ़ा दिया। अक्सर जातिगत स्वार्थों की रक्षा के नाम पर लोगों को उत्तेजित कर मतदान में जोर-जबर्दस्ती कराई जाने लगी।

राजनीति का यह मोड़ आर्थिक विकास की उस दिशा से अभिन्न रूप से जुड़ा था, जिसे भारत ने आजादी के बाद अपनाया है। जैसा कि हम ऊपर देख चुके हैं, इसका मुख्य उद्देश्य एक अल्पमत के लिए विलासिता और ठाठबाट का सामान उपलब्ध कराना बन गया। क्योंकि देश के साधन सीमित थे इस तरह के आर्थिक विकास का अर्थ था उन योजनाओं पर खर्च में कटौती, जिनका उद्देश्य आम लोगों की जरूरत की चीजों को उपलब्ध कराना था। इसका सबसे मारक प्रभाव ग्रामीण क्षेत्र और खास तौर से कृषि व्यवस्था पर पड़ा। नतीजा यह हुआ कि आजादी के इतने साल बाद भी हम अन्न के मामले में आत्मनिर्भर नहीं बन पाए जबकि अभी भी देश की आबादी का लगभग 70 प्रतिशत कृषि पर आश्रित है। थोड़े दिनों की मोहलत के बाद 1981 में हमने फिर अन्न के आयात का सिलसिला शुरू कर दिया है।

इसी तरह ग्रामीण उद्योग, जो तत्काल देश की विशाल श्रम शक्ति को रोजगार देने का एकमात्र साधन हो सकता था, सबसे तिरस्कृत क्षेत्र रहा। इसके विपरीत मोटरगाड़ियाँ, स्कूटर, फ्रिज, टी.वी. जैसे उद्योगों को बढ़ावा दिया गया, जिसका आम लोगों की जरूरतों से कोई रिश्ता नहीं। इसी शान को बढ़ाने के क्रम में नवीनतम हथियारों और लड़ाकू वायुयानों की खरीदगी पर हजारों करोड़ रुपये खर्च किए जा रहे हैं। उद्योगों में भी प्रयास यह होता रहा है कि आधुनिकतम मशीनें लगाई जाएँ, जिन पर पूँजी का व्यय ज्यादा होता है और मानव श्रम का उपयोग कम। यह सब आधुनिकता के नाम पर होता रहा है : बिना इसका विचार किए कि यह आधुनिकता समाज के एक नगण्य क्षेत्र को ही छू पा रहा है जबकि इससे पैदा साधन के अभाव में देश के बाकी क्षेत्र घोर आर्थिक गिरावट का शिकार हो रहे हैं।

इन नीतियों के कई नतीजे हुए हैं क्योंकि अधिकांश लोग अभी भी गाँवों में रहते हैं, उनकी आय में ह्रास से—चाहे वह बेकारी से हो, कृषि उत्पादन के धीमे विकास, या उचित मूल्य नहीं मिलने से हो—देश की क्रय शक्ति बहुत सिमट गई है। इससे एक छोटे समूह के लिए विलासिता का सामान पैदा करनेवाले उद्योगों को छोड़कर उद्योगों के दूसरे क्षेत्रों का विकास अवरुद्ध हो गया है। इससे औद्योगिक सामानों की कीमतें भी कम उत्पादन की वजह से ज्यादा बैठती हैं, जिसका प्रभाव सारी अर्थव्यवस्था पर पड़ता है। दूसरी ओर विलासिता के औद्योगिक क्षेत्र के फैलाव से विदेशों पर निर्भरता बढ़ी है और देश में धीरे-धीरे बहुद्देशीय निगमों का काफी फैलाव इधर हो रहा है। 1980 में अकेले पेट्रोलियम के आयात पर भारत ने 5,588 करोड़ रुपया ख्र्च किया है। पेट्रोलियम एक ऐसी वस्तु है, जिसका अधिक-से-अधिक उपयोग भारत के एक सीमित सम्पन्न वर्ग की सुविधा के लिए होता है। इसका सबसे अधिक उपयोग मोटरगाड़ियों पर होता है, जो मुट्ठी-भर लोगों की सुविधा की चीज है।

वर्तमान विदेशी मुद्रा संकट, जिसके कारण भारत को अन्तर्राष्ट्रीय मुद्रा कोष से 5,000 करोड़ रुपये का ऋण लेना पड़ रहा है, सीधा इन नीतियों का नतीजा है। यह ऋण अन्तर्राष्ट्रीय मुद्रा कोष के सामान्य ऋणों की शर्तों के बाहर जाकर इसकी विशेष शर्तों के तहत लिया जा रहा है। इन शर्तों के अनुसार, कोष के अधिकारियों को आर्थिक मामलों में—जैसे मुद्रा प्रसार की सीमा, विदेशों से दूसरे कर्ज लेने की सीमा, सरकारी सहायता से आम आवश्यकता की वस्तुओं को सस्ती दर पर बेचना आदि—भारत सरकार के ऊपर नियंत्रण रखने का अधिकार होगा। अकेले अगर पेट्रोलियम के आयात को समाप्त कर दिया जाए तो जो ऋण तीन साल में अन्तर्राष्ट्रीय मुद्रा कोष से लिया जा रहा है, उससे अधिक बचत एक साल में हो सकती है, लेकिन इससे देश के नेतृवर्ग का मोटरगाड़ियों और हवाई भ्रमण की मौज खत्म हो जाएगी। इस तरह 1 से 2 प्रतिशत लोगों की सुविधा के लिए देश के पूरे आर्थिक भविष्य पर एक बड़ा प्रश्नचिह्न लगाया जा रहा है। 1981 में अर्थ संकट ऐसी नीतियों के कारण एक ऐसी जगह पहुँच गया है, जहाँ राष्ट्रीय स्वाभिमान का स्वांग भी खत्म होता दिखाई देता है।

इस विकास का एक और नतीजा है, देश-भर में घोर असन्तोष का वातावरण। विलासिता या उपभोक्तावाद की अर्थव्यवस्था का एक मनोवैज्ञानिक असर यह होता है कि लोगों में उपभोग की वस्तुओं की आकांक्षा बढ़ने लगती है, लेकिन ऊपर बतलाए गए कारणों से बहुसंख्य लोगों की आय घटती है या एक निम्न स्तर पर रुकी रह जाती है, अत: ये वस्तुएँ उनकी पहुँच के बाहर रह जाती हैं। इससे असन्तोष फैलता है और चारों ओर आन्दोलन होते हैं। आन्दोलन के मुद्दे अलग-अलग हो सकते है, लेकिन सबके पीछे एक भावना काम करती है—वह यह कि व्यवस्था के भीतर उनको उस मौज-मस्ती के दायरे से बाहर रखा जा रहा है, जिसमें वे अपने इर्द-गिर्द थोड़े से लोगों को प्रवेश पाते देखते हैं।

क्योंकि आर्थिक विस्तार का दायरा सिकुड़ गया है, सरकार कुछ देने में असमर्थ है। अत: इन आन्दोलनों को दबाने के लिए दमनकारी कानून और नृशंस पुलिस शासन का सहारा अनिवार्य बन जाता है। आन्तरिक सुरक्षा कानून या अनिवार्य सेवा कानून आदि गृहमंत्री के मानसिक दौरे के नतीजे नहीं, हमारे खास विकास की दिशा के लाजिमी नतीजे हैं।

इसी प्रक्रिया को पूरा करने के लिए न्यायपालिका की निष्पक्षता पर भी आक्रमण शुरू हुआ है, जिसकी शुरुआत न्यायाधीशों की उनकी मर्जी के विपरीत तबादले से हुई है। आज की स्थिति को देखने से ऐसा लगता है कि पिछली आपातकाल की घोषणा समय से थोड़ा पहले आ गई थी, इसीलिए फिर कदम पीछे भी लिया जा सका। 1981 में जो स्थितियाँ बन रही हैं, उनमें कदम वापस लेने की गुंजाइश बहुत कम हो गई है। सम्भव है, अब औपचारिक ढंग से आपातकाल की घोषणा नहीं

हो क्योंकि ऐसी घोषणा से वातावरण का तनाव बढ़ जाता है, लेकिन दमन के वैसे सारे औजार जो आपातकाल में उपयोगी थे, एक के बाद एक सामने आ रहे हैं।

अर्थव्यवस्था और शासन व्यवस्था के ऊपर बतलाए गए विकास का एक नतीजा यह हुआ है कि देश की राजनीति में एक नये तरह का तत्त्व प्रवेश कर प्रभाव जमा रहा है। बहुत-से ऐसे नौजवान जो सामान्य ढंग से आर्थिक सुविधाएँ नहीं प्राप्त कर सकते बल्कि जिनके लिए जीविकोपार्जन का रास्ता भी अवरुद्ध है, राजनीति को इस काम के लिए एक उपयुक्त साधन बनाने लगे हैं क्योंकि चुनाव बड़े पैमाने पर पैसे और डंडों के जुगाड़ की प्रक्रिया बनती जा रही है। वैसे लोगों के लिए, जिनमें थोड़ी साहसिकता एवं लोक-लाज को नजरअन्दाज करने की क्षमता है, इसमें आसानी से अपना स्थान बना सकते हैं। इस समूह पर लोकतंत्र या राजनीति किसी की मर्यादा का बन्धन नहीं है। इनके सामने एक ही लक्ष्य है—उनके प्रति वफादार रहना, जो उनके लिए इस नई तरह की आजीविका की व्यवस्था करते हैं। राजनीति में व्यक्ति पूजा की भावना इससे गहरे रूप से जुड़ी है।

जब चुनावों का खर्च अरबों में पहुँच रहा है, इस बहती गंगा में हाथ धोकर जीवन की सारी सुविधाओं को प्राप्त करने का यह सबसे आसान रास्ता है। कोई आश्चर्य नहीं कि अपराधी और दस्यु तत्त्व बड़ी तादाद में राजनीतिक प्रतिष्ठा प्राप्त कर रहे हैं और अनेक जगहों पर इनका समर्थन चुनाव जीतने के लिए निर्णायक बन रहा है। बियाबान जंगलों और दुर्गम घाटियों में जोखिम उठाने के बजाय राजनेताओं का वरदहस्त पा पुलिस की सुरक्षा के भीतर मतदाताओं को आतंकित कर धन कमाना कहीं आसान है और ये तत्त्व यह सम्भावना भी दिल से नहीं निकाल सकते कि किसी दिन देश के बड़े नेता का आशीर्वाद प्राप्त हो गया तो वे विधान सभा या लोकसभा में स्वयं स्थान पा सकेंगे।

एक नया सामाजिक माहौल तैयार हो गया है, जिसके अनुसार नेता का काम है—खासकर अगर वह मंत्री है तब—कि वह किसी तरह धन अर्जित करे और इन नये राजनीतिक कार्यकर्ताओं की जरूरतों की देखभाल करे और इन कार्यकर्ताओं का काम है, चाहे जिस हथकंडे से भी हो, नेता की गद्दी बरकरार रखें। महाराष्ट्र की ताजा घटना ने शासन के माध्यम से धन संकलन को एक नई वैधता प्रदान कर दी है। देश का यह उदीयमान नेतृवर्ग आदर्शहीन राजनीति की बड़ी देन है।

दुनिया के अन्य देशों के फासीवादी आन्दोलनों में भी अपराधी तत्त्व बड़ी तादाद में रहे हैं। इनकी राजनीति चाहे जितनी भी गलत रही हो, इन आन्दोलनों के कुछ राजनीतिक लक्ष्य होते थे और इसके सदस्यों की प्रतिबद्धता इन लक्ष्यों के प्रति होती थी। इस तरह व्यवस्था को, चाहे वह कितनी ही दोषपूर्ण हो, बाँध रखने की क्षमता इनमें होती थी। भारत में जो नया तत्त्व राजनीति में प्रवेश पा रहा है, वह बिलकुल अवसरवादी है। वह सुविधा के मुताबिक अपनी नीति बदलता है।

इस मामले में वह देश के बड़े नेताओं का अनुकरण भर करता है। देश के कई इलाकों में उच्चवर्गीय स्वार्थ, नेता और ऐसे समाज विरोधी तत्त्वों की साँठ-गाँठ का मजदूर संगठन को तोड़ने और मजदूरों को आतंकित करने के लिए बड़े पैमाने पर उपयोग होने लगा है; खासकर भारत का प्रधान कोयला क्षेत्र धनबाद ऐसे आतंक से पूरी तरह ग्रसित है। इसका नतीजा यह भी हुआ है कि शासन समाज विरोधी और अपराधी तत्त्वों पर नियंत्रण रखने में असमर्थ है क्योंकि ऐसे तत्त्वों का प्रभाव राजनीति में काफी जम गया है।

1981 का साल कुछ अर्थों में मोहभंग का वर्ष है। 1981 में विरोधी दलों को ध्वस्त कर इन्दिरा गांधी देश की एकमात्र नेता के रूप में उभरी थीं, लेकिन उनकी सत्ता के सामाजिक-आर्थिक आधार में आन्तरिक संकट के बीज सदा मौजूद थे। अत: 1974-75, बढ़ते असन्तोष के कारण, उनकी सत्ता के लिए चुनौती के वर्ष बन गए। इस चुनौती का सामना करने के लिए इन्दिरा गांधी ने आपातकाल की घोषणा करके लोकतंत्र को समाप्त कर दिया। इसके विरुद्ध पैदा हुई जनभावना 1977 में विभिन्न दलों के विलयन से बनी जनता पार्टी को सत्ता में ले आई, लेकिन मतविभिन्नता और सत्ता में स्थान के लिए छीना-झपटी में जनता सरकार अपने कार्यकाल के आधे समय में ही समाप्त हो गई। लोगों के दिमाग में यह बात घर कर गई कि इन्दिरा कांग्रेस के अलावा बाकी सारी पार्टियाँ शासन चलाने में अक्षम हैं। 'सरकार, जो काम करती है', इस नारे पर इन्दिरा गांधी पुन: सत्ता में आई। उनके शासन के दो साल के भीतर लोगों का यह मोह भी भंग हो गया कि इन्दिरा गांधी में, कम-से-कम, शासन चलाने की क्षमता है। इसलिए सभी वर्तमान राजनीतिक दलों पर से लोगों का विश्वास उठ गया है। यह बात कि पिछले दिनों के सभी जनान्दोलन, चाहे वे असम में हों या किसानों के सवाल पर तमिलनाडु, महाराष्ट्र या कर्नाटक में, राजनीतिक दलों के प्रभाव के बाहर हुए हैं, इस स्थिति की स्पष्ट अभिव्यक्ति है।

जनता, लोकदल और कांग्रेस (स) के वे नेता जिन्होंने आपसी फूट से जनता सरकार को समाप्त किया था, पुन: जनता प्रयोग को जीवित करने की बात कर रहे हैं। लगता है, अपनी शक्ति के बारे में इन पार्टियों का भी मोहभंग हो चुका है, लेकिन वे भूल जाते हैं कि 1977 में जनता पार्टी लोकतांत्रिक आकांक्षाओं का प्रतीक बन गई थी और जयप्रकाश का प्रभावी व्यक्तित्व का सहारा इसे प्राप्त था।

आज जनता पार्टी, लोकदल या कांग्रेस (स) के साथ किस जनता की आकांक्षा है? वैसे यह प्रयास स्वागत योग्य है, लेकिन इससे किसी बड़े नतीजे की उम्मीद करना असलियत से इनकार करना है। एक जो सबसे बड़ी असलियत है और जिसकी ओर इन दलों का ध्यान कभी नहीं जाता वह है, तमाम राजनीतिक दलों का आम लोगों से पलायन। सत्ता की राजनीति के मोह में सभी दलों के कार्यकर्ता सत्ता के प्रमुख केन्द्रों के इर्द-गिर्द सिमट गए हैं और जनता के पास ये सिर्फ उनका मत लेने

पहुँचते हैं। जो चरित्र इन दल के नेताओं और अधिकांश कार्यकर्ताओं का बन गया है, उसमें यह आशा करना निरर्थक है कि वे लोगों में जाकर अपने को जनभावना से एकाकार कर पाएँगे। ज्यादा-से-ज्यादा ऐसे गठजोड़ से एक दल के एकाधिकार के कुछ नतीजे कुछ काल के लिए सीमित किए जा सकते हैं। देश की राजनीति को नई दिशा देने के लिए नई पीढ़ी के नये नेताओं से ही स्फुरण की अपेक्षा की जा सकती है, लेकिन प्रश्न है ऐसे नेता कौन होंगे? हैं भी क्या?

कुल मिलाकर 1981 का अन्त होते-होते राजनीति और अर्थव्यवस्था की सारी आन्तरिक कमजोरियाँ घनीभूत होकर एक दुर्निवार संकट का रूप ले चुकी है। अगर संकट पैदा करनेवाली प्रवृत्तियों को रोकने की कोई प्रक्रिया नहीं पैदा हुई तो 1981 नये वर्ष को एक भयंकर विघटन की सम्भावना विरासत में देकर हमसे विदा होगा।

['दिनमान', 27 दिसम्बर, 1981-2 जनवरी, 1982]

नीतिहीनता की राजनीति

जनवरी के प्रथम सप्ताह में हुए तीन राज्यों के चुनावों के सन्दर्भ में जो ताकतें उभरी हैं, वे राजनीति में पनपती नई प्रवृत्तियों की सूचक हैं। इनमें विशेष ध्यान देने लायक 'तेलुगू देशम' के प्रवर्तक और नेता एन.टी. रामाराव का एकाएक राजनीति में महत्त्वपूर्ण बन जाना है।

रामाराव तेलुगू फिल्मों के एक लोकप्रिय अभिनेता रहे हैं और बिलकुल फिल्मी साज-सज्जा और फिल्मी हीरो के अन्दाज में लोक-मानस पर छाकर उन्होंने यह बात जाहिर कर दी कि भारतीय राजनीति में नेता और अभिनेता के बीच कोई खास फर्क नहीं रह गया है। इस चुनाव में एक तरफ देवी (इन्दिरम्मा) की सवारी के पीछे भीड़ इकट्ठी होती थी तो दूसरी ओर नये अवतार ('कल्कि') रामाराव की सवारी के पीछे। जहाँ तक भीड़ का सवाल है, नये अवतार ने पुरानी देवी को कहीं पीछे छोड़ दिया। इससे एक बात स्पष्ट हो गई है कि धीरे-धीरे भारतीय राजनीति में नीतियाँ गौण होती जा रही हैं और नाटकीयता तथा विज्ञापनबाजी हावी होती जा रही है।

श्रीमती गांधी ने 'तेलुगू देशम' के खिलाफ अपनी काफी नाराजगी प्रदर्शित की और इसे नीतिहीन बताया। यह नीतिहीनता वाली बात बिलकुल ठीक थी, लेकिन उन्होंने लोगों को यह नहीं बतलाया या स्वयं से यह सवाल नहीं किया कि आखिर इस तरह की राजनीति पनप कैसे रही है? अगर इस बात पर वे विचार करतीं तो पातीं कि इस नीतिहीनता को बढ़ाने के लिए वे अधिक जिम्मेदार हैं। जिस तरह देश-विदेश में वे अपने परिवार का गुणगान करती रही हैं या अपने परिवार के लोगों को बिना किसी राजनीतिक दृष्टि या सेवा के आगे बढ़ाती रही हैं, उसका प्रभाव लोगों के सोच पर इसके अलावा और क्या पड़ सकता है कि राजनीति महज सत्ता का खेल है और चाहे जो सीढ़ी मिल जाए, उसे पकड़कर ऊपर चढ़ जाना, यही इसकी उपलब्धि है।

अभी एशियाई खेल की 'सफलता' को जिस तरह इन्दिरा गांधी की उपलब्धि बताने की कोशिश हुई है, वह इस नीतिहीनता का सबसे ज्वलन्त नमूना है। हालाँकि जो लोग एशियाई खेल की उपलब्धि का ढिंढोरा पीट रहे थे, उनका ध्यान इस तथ्य की ओर नहीं गया कि जहाँ चीन ने 61 स्वर्ण और कुल 153 पदक जीते और

छोटे-से देश दक्षिण कोरिया एवं उत्तर कोरिया ने भी क्रमशः 28 और 17 स्वर्ण, कुल मिलाकर 93 और 57 पदक जीते, वहाँ भारत ने 13 स्वर्ण और कुल 57 पदक ही जीते। अगर खेलों में सफलता को राजनीति का मापदंड मान लिया जाए तो शेखी बघारने के बजाय कोई भी प्रधानमंत्री इन नतीजों पर त्यागपत्र दे देगा।

लेकिन खेलों के आयोजन को राजनीति में इतना महत्त्व देने के पीछे ऐसी मानसिकता है, जो राजनीति में मूल्यों के पतन को व्यक्त करती है। वह रोम के उस काल की याद दिलाती है, जब रोम गणराज्य का पतन हो रहा था। वहाँ भी राजनीति में गरीब मतदाताओं को (रोम में ईसापूर्व पहली शताब्दी में सर्वहारा नागरिकों की तादाद काफी बढ़ गई थी) खैरात में रोटी और इससे बढ़कर सामूहिक मनोरंजन का लाभ दिखाकर सत्ता के लिए औजार बनाया जाता था। रोम के एंफीथियेटर (रंगमंच अखाड़ा) में, जो एशियाई खेल के लिए बनाए गए स्टेडियम की तरह ही होते थे, सत्ताधारी तरह-तरह के खर्चीले खेल नागरिकों को दिखाने की व्यवस्था करते थे। इसी वातावरण में जूलियस सीजर ने सम्राट बनने की कोशिश की, जिसमें उसकी हत्या हो गई। सीजर अपनी विजय से बाहर से लूटे गए धन से रोम के नागरिकों को सबसे खर्चीला मनोरंजन प्रदान किया करता था। इसके बाद ही ऑगस्टस सीजर ने इस अभिशप्त माहौल में सम्राट बनकर गणतंत्र को खत्म कर दिया।

राजनीति में खेल जैसी निजी आनन्द की अभिव्यक्ति के माध्यम को इस तरह महत्त्व देना यह बतलाता है कि हमारे अन्दर सामाजिक दायित्व का लोप हो रहा है। कोई आश्चर्य नहीं कि लोग राजनीति को जीवन के एक गम्भीर पहलू के बजाय मनोरंजन के रूप में लेने लगे हैं। इस स्थिति में फिल्मी अभिनेताओं की ओर रुझान स्वाभाविक लगता है क्योंकि फिल्म फिलहाल मनोरंजन का सबसे लोकप्रिय साधन बन गया है।

लेकिन राजनीति की इस गिरावट के लिए सिर्फ इन्दिरा गांधी को दोष देना गलत होगा। हालाँकि इतने लम्बे अरसे तक शासन में रहने के कारण देश की वर्तमान स्थिति के लिए वे निश्चित ही औरों से अधिक जिम्मेदार हैं। इस स्थिति के लिए विरोधी पक्ष के नेता भी जिम्मेदार हैं। उन्होंने भी सत्ता-लोलुपता तथा जब भी पूरी या आंशिक सत्ता मिली तो सत्ता की सुविधाओं के लोभ में राजनीति से जुड़ी नीतियों को भुला दिया। अतः यह कोई अचरज की बात नहीं कि लोग विकल्प के रूप में इन नेताओं के बजाय मनोरंजन करनेवाले फिल्मी हीरो या कभी की व्यावसायिक मॉडल की ओर आकर्षित होते हैं।

शायद पश्चिम के विकसित समाज में राजनीति का ऐसा रूप वीभत्स नहीं लगे। वहाँ राजनीति लोगों के जीवन-मरण की समस्या में, यानी अगली शाम की रोटी या उपवास के बीच निर्णायक भूमिका अदा नहीं करती। लेकिन हमारे यहाँ राजनीति की ऐसी ही भूमिका है और जब तक हमारी स्थिति बुनियादी तौर में बदल नहीं

जाती राजनीति की यही भूमिका रहेगी। इससे नीतियों को प्रधानता देना आवश्यक है अगर इन मुट्ठी-भर लोगों का विलास नहीं बना रहता है।

नीति का अर्थ भी हमारे लिए वही नहीं है, जो पश्चिम में है। अंग्रेजी का शब्द 'पॉलिसी' नीति का ठीक-ठीक पर्यायवाची नहीं है। नीति के साथ एक नैतिकता का बोध भी जुड़ा है। जबकि 'पॉलिसी' नैतिक दृष्टि से एक तटस्थ शब्द है। पश्चिम में 'आइडियोलॉजी' शब्द में कुछ इस बात का बोध होता था, जिसमें कुछ आदर्शों की ओर समाज को ले चलने का दबाव होता है। अति औद्योगीकरण और उपभोक्तावाद के उदय के बाद ही जहाँ भी आदर्शहीन राजनीति का वर्चस्व हुआ था, कुछ समाजशास्त्रियों ने 'आइडियोलॉजी' के अन्त की घोषणा कर दी, हालाँकि अभी इतिहास को इसकी उपादेयता पर अपना निर्णय देना बाकी है।

'नीति' के साथ एक सामाजिक दायित्व बोध जुड़ा है। 'नीति' के इस परम्परागत अर्थ से सत्ता की कार्यप्रणाली ने मूल्यों के बोध को और भी घनत्व प्रदान कर दिया। शहरी मध्यम वर्ग को छोड़कर बाकी और खासकर गाँवों की जनता नीति को उसी राष्ट्रीय और गांधी की परम्परा के साथ जोड़कर देखती है। इसमें नीति को लेकर चलने का अर्थ है मूल्यों और आदर्शों के प्रति निष्ठा तथा त्याग भाव। चूँकि विरोधी पक्ष के नेता इस आदर्श से गिर गए, आम लोगों के सामने राजनीति में कोई वास्तविक विकल्प नहीं रह गया। इससे राजनीति से अरुचि और राजनेताओं के प्रति अविश्वास के भाव पैदा हो गए हैं। इससे उबरने का एकमात्र उपाय राजनीति से राजनीतिज्ञों को जोड़ना ही हो सकता है।

['रविवार', 9 से 15 अक्टूबर, 1983]

ताम-झाम का परिणाम कौन भुगतता है

देश में प्रगति का होना या न होना अनेक स्थितियों पर निर्भर करता है। फिर भी प्रगति की सम्भावना तब तक बनी रहती है, जब तक लक्ष्य स्पष्ट हो और देश में आगे बढ़ने का संकल्प बना रहे, लेकिन अगर प्रगति के मानदंड ही विकृत हो जाएँ तब निश्चित ही हम एक अत्यन्त ही निराशाजनक स्थिति में पहुँच जाते हैं। वाराणसी में अभी हाल में दिया गया प्रधानमंत्री का एक बयान मौजूदा स्थिति की ओर इशारा करता है। उस बयान में इन्दिरा गांधी ने न सिर्फ यह कहा कि एशियाड और निर्गुट सम्मेलन पर किया गया खर्च जायज था बल्कि यह भी दावा किया कि इन तमाशों से देश को फायदा हुआ है।

देश की अर्थव्यवस्था पर इन दो आयोजनों पर खर्च के क्या नतीजे हुए हैं, वाकई अलग से बतलाना मुश्किल है, लेकिन चूँकि इस तरह के आयोजन एक लम्बे सिलसिले के अंग रहे हैं, इसलिए पिछले कुछ वर्षों में देश की जो हालत बनती गई है, उस पर नजर डालकर हम कह सकते हैं कि ऐसे दिखावे के आयोजनों को प्राथमिकता देकर देश को कहाँ ले जाया जा रहा है।

1982-83 साल का बजट पेश करने के पहले संसद में उपस्थित की गई। आर्थिक समीक्षा और बजट पर बहस के दौरान देश की प्रगति के जो आँकड़े प्राप्त हुए हैं, वे इस बात पर काफी रोशनी डालते हैं कि हमारी प्रगति कैसी हो रही है।

सबसे पहले हम प्रति व्यक्ति आय को ही लें। 1978-79 में, जिसके बाद इन्दिरा गांधी पुन: सत्ता में आईं, 1970-71 की कीमतों के हिसाब से भारत में प्रति व्यक्ति आय 715 रुपये थी। 1981-82 में भी प्रति व्यक्ति आय लगभग यही रही। यानी 716 रुपये। यह ध्यान देने लायक है कि आर्थिक समीक्षा के अनुसार 1981-82 सन्तोषजनक प्रगति का वर्ष था, जिसमें राष्ट्रीय आय में बढ़ोतरी 5.2 प्रतिशत हुई थी—औद्योगिक क्षेत्र में 8.6 प्रतिशत एवं कृषि क्षेत्र में 5.5 प्रतिशत उत्पादन वृद्धि हुई थी। इसके विपरीत 1982-83 में राष्ट्रीय आय में मात्र 2 प्रतिशत की वृद्धि की सम्भावना है। कारण यह है कि औद्योगिक क्षेत्र में अनुमानित उत्पादन वृद्धि 4.5 प्रतिशत है और कृषि उत्पादन नीचे गिरा है। इस तरह 1982-83 में आबादी की बाढ़ को ध्यान में रखने पर प्रति व्यक्ति आय के बढ़ने के बजाय और घटने की सम्भावना है।

इस गिरावट का खास कारण कृषि-उत्पादन में कमी बतलाया गया है। यह उत्पादन 1981-82 के 13.3 करोड़ टन के मुकाबले 1982-83 में लगभग 12.6 करोड़ टन अनुमानित है। कृषि उत्पादन में कमी का कारण देश-भर में सूखे की स्थिति बतलाई गई है। अब यह एक विचारणीय बात है कि कृषि उत्पादन की इस अनिश्चितता का सम्बन्ध ताम-झाम पर फिजूलखर्ची से है या नहीं?

एक ऐसे देश में, जहाँ सिंचाई के लायक जल का विशाल भंडार उपलब्ध है, मौसम पर कृषि की निर्भरता स्वयं यह बतलाती है कि सिंचाई के साधनों के विकास की उपेक्षा की गई है। जो अरबों रुपये नगरों को सजाने-बनाने और उसकी आबादी के एक छोटे हिस्से को ठाठ-बाट प्रदान करने पर खर्च होते रहे हैं, उसे सिंचाई पर लगाने से मौसम पर निर्भरता खत्म हो सकती थी और कृषि उत्पादन कई गुना बढ़ सकता था। यह बात लोक लेखा समिति की हाल में प्रकाशित रिपोर्ट से भी साबित होती है कि सिंचाई के साधनों को बढ़ाने का जितना नियोजन हुआ था, उतना भी विकास नहीं किया गया। रिपोर्ट के अनुसार, अब तक की योजनाओं में सिंचाई को 5,99,70,000 हेक्टेयर भूमि के लिए उपलब्ध कराना था, लेकिन वास्तव में यह मात्र 3,89,80,000 हेक्टेयर भूमि के लिए उपलब्ध कराया जा सका, जो लक्ष्य का मात्र दो-तिहाई था। लक्ष्य पूरा न हो पाने का मुख्य कारण यह रहा है कि गैर-उत्पादक खर्च के कारण लगातार मुद्रा-प्रसार होता गया है और मुद्रा-प्रसार से सिंचाई की योजनाओं का खर्च भी बढ़ता गया है, लेकिन बढ़े खर्च के अनुपात में सिंचाई के लिए आर्थिक साधन नहीं उपलब्ध कराया गया। परिणामस्वरूप, काम पीछे पड़ गया और जितना ही काम पीछे पड़ा, बढ़ती कीमतों से उसका खर्च भी बढ़ता गया। नतीजा यह हुआ कि समिति की रिपोर्ट के अनुसार आठ बड़ी सिंचाई योजनाएँ, जैसे नागार्जुन सागर, गंडक, कोशी, मलप्रभा, कल्लदा, तवा, राजस्थान नहर (प्रथम एवं द्वितीय चरण) एवं कंगसबती, जिन्हें प्रथम तथा द्वितीय योजना में हाथ में लिया गया था, 15-20 वर्षों तक अधूरी पड़ी है। इन योजनाओं का खर्च शुरू में 386.07 करोड़ अनुमानित था, पर अब बढ़कर 2,144.75 करोड़ हो गया है।

इधर मुद्रा-प्रसार के कारण पैसे की कीमत निरन्तर घटती गई है। 1960 में रुपये की कीमत 100 पैसे मान लें तब 1981-82 में रुपये की कीमत घटकर मात्र 21.74 पैसे रह गई है—यानी चवन्नी से भी कम।

इस बढ़ती महँगाई के बीच योजना मंत्री चव्हाण के अनुसार 30.46 करोड़ लोग गरीबी रेखा के नीचे रह रहे हैं। गरीबी रेखा की सीमा शहरी क्षेत्रों के लिए 75 रुपये मासिक और ग्रामीण क्षेत्रों के लिए 65 रुपये मासिक खर्च मानी गई है यानी योजना मंत्री के अनुसार देश की आबादी का आधे से कुछ कम हिस्सा अभी गरीबी रेखा से नीचे है। खर्च की सीमा को देखते हुए गरीबी रेखा के लिए यह काफी भयावह स्थिति है, लेकिन असल में स्थिति इससे भी अधिक खराब है।

अब अगर हम एक परिवार को पाँच व्यक्तियों का मान लें तो इस हिसाब से गरीबी रेखा पर शहर में रहनेवाले परिवार की आय 4,500 रुपये सालाना और गाँव में रहनेवाले परिवार की आय 3,900 रुपये सालाना होनी चाहिए, लेकिन पारिवारिक आमदनियों के 1972 के सर्वेक्षण के अनुसार सिर्फ 20 प्रतिशत परिवारों की आय गाँवों में 3,900 रुपये और शहरों में 4,500 रुपये से अधिक थी। यह ठीक है कि इस बीच कीमतें दोगुनी हो गई हैं। अब अगर इन आयों को आधा भी कर दिया जाए तब भी उस सर्वेक्षण के अनुसार गाँवों में 60 प्रतिशत और शहरों में 50 प्रतिशत लोग गरीबी रेखा के नीचे आएँगे जबकि सरकारी सूत्रों के अनुसार 48 प्रतिशत लोग ही गरीबी रेखा के नीचे आते हैं।

इन आँकड़ों से हम आम लोगों की दर्दनाक स्थिति का असली हाल नहीं जान सकते। असली हाल तो गाँवों में फैलती हुई दरिद्रता और नगरों की गन्दी बस्तियों की दीनता देखने से ही मालूम होता है। यह दीनता लोगों की भौतिक स्थिति से बढ़कर उनकी असहाय-भाव की मानसिकता में प्रकट होती है। इसका एक दर्दनाक नमूना ठंड से मृत्यु की घटनाएँ हैं। यह एक विचारणीय बात है कि ठंड की मौत भारत के सबसे ठंडे इलाकों दिल्ली, पंजाब आदि में नहीं होतीं बल्कि बिहार, पूर्वी उत्तर प्रदेश आदि में होती हैं, जहाँ ठंड अपेक्षाकृत कम पड़ती है, लेकिन गरीबी अत्यधिक है।

इस साल अखबारों में खबर छपी कि सैकड़ों लोग इन इलाकों में ठंड से मर गए। एक मित्र ने कलकत्ता से पत्र लिखा कि बिहार के जो लोग वहाँ काम करते हैं, उनसे बात करने से पता चलता है कि हर गाँव में ऐसी कुछ मौतें हुई हैं और इस तरह बिहार में हजारों लोग ठंड से मरे हैं। मैंने सचाई जानने के लिए उत्तर बिहार में स्थित अपने गाँव में पता लगाया। मैं अचम्भित रह गया, जब पता चला कि उस गाँव में 5 व्यक्ति ठंड से इस साल मरे हैं, लेकिन अखबारों के आँकड़ों और इस असलियत के बीच के फ़र्क को समझने में देर नहीं लगी। असल बात यह है कि लोग अपनी स्थिति से इतने हताश हैं कि ठिठुरकर मर जाना भारत के गरीब इलाकों के लोग एक स्वाभाविक मृत्यु मानने लगे हैं, जैसे बुढ़ापे की मृत्यु मानी जाती है। इसीलिए ऐसी मौतों की खबर अखबारों तक नहीं पहुँच पाती। अखबारों तक तब खबर पहुँचती है, जब कोई राही चलते-चलते सड़क पर, ट्रेन में या स्टेशन के प्लेटफार्म पर मरा पाया जाता है और सरकारी कर्मचारियों को लाश का इन्तजाम करना पड़ता है या मौत के कारण की तहकीकात करनी होती है। घर में ठंड से मौत तो विधि का विधान है, जो हमारी पाँचसितारा शासक संस्कृति से पैदा होता है और उसी की तरह देश की अटल तकदीर बन गया है।

['रविवार', 18 मई, 1983]

राजनीति में नई शक्ति का उदय

इन्दिरा गांधी की निर्मम हत्या के बाद हुई सामूहिक हत्याओं, आगजनी और लूटपाट की वारदातों के वहशीपन की चर्चा काफी हुई है, लेकिन इनका एक दूसरा पक्ष भी है जिस पर गौर नहीं किया गया है, वह है इन वारदातों में शामिल शक्तियों का स्वरूप और उसका राजनीतिक अर्थ।

इन हिंसक वारदातों के बारे में, खासकर दिल्ली के बारे में जो जानकारी मिली है, उसके बाद यह कहना गलत होगा कि ये घटनाएँ इन्दिरा गांधी की हत्या से उत्पन्न आम गुस्से के कारण हुईं। इन सभी घटनाओं का तरीका एक जैसा था। हर मुहल्ले में भीड़ बाहर से आती थी और पहले से ही डंडों, लोहे के छड़ों और हथियारों से लैस रहती थी। कहीं-कहीं तो उसके पास पेट्रोल और मिट्टी का तेल भी रहता था। यह भीड़ घरों और दुकानों को इत्मीनान से लूटती थी, कहीं-कहीं ट्रक लाकर लूटा सामान ढो ले जाती थी और बाद में घरों को तोड़-फोड़ डालती थी या उनमें आग लगा देती थी। बहुत-से स्थानों पर तो भीड़ को ट्रकों और टैम्पो में भरकर लाया गया था। इस सम्बन्ध में अखबारों में विस्तार से खबरें आई हैं, कुछ अधिक कहना जरूरी नहीं। लेकिन जिस बात को, राजनीति पर इन घटनाओं के दूरगामी प्रभाव को समझने के लिए जानना जरूरी है, वह है हमलावरों का वर्ग-चरित्र और हमलों में प्रशासन की साझीदारी।

हमलावरों के चरित्र समझने के लिए दिल्ली के कुछ खास इलाकों की स्थिति को जानना जरूरी है। आम आबादी वाले इलाकों के अलावा दिल्ली में झुग्गियों की दूर-दूर तक फैली हुई कॉलोनियाँ हैं, पुनर्वास कॉलोनियाँ हैं और गाँव के वे इलाके हैं जो शहर से घिर गए हैं। झुग्गियों में अन्य नगरों की तरह शहर के सबसे गरीब एवं अनियमित पेशेवाले लोग तथा गरीबी के दबाव के कारण अपराध करनेवाले लोग रहते हैं। पुनर्वास कालोनियाँ वे हैं, जहाँ इमरजेंसी के जमाने में उजाड़ी गई झुग्गियों के बाशिन्दों में से कुछ को घर बनाने के लिए जमीन दी गई थी। आम तौर से ये अत्यन्त गन्दी बस्तियाँ हैं। इनकी आबादी भी लगभग झुग्गियों जैसी ही है।

दिल्ली के गाँवों में कभी खाते-पीते किसानों की बस्तियाँ थीं, लेकिन विकास प्राधिकरण ने उनकी खेती की सारी जमीन ले ली है और बासगीत भर की जमीन रहने दी है। जमीन गँवाकर गाँव के अधिकांश लोग बेरोजगार हो गए हैं। ऐसे लोग भी

छोटे-मोटे अनियमित धन्धे करके गुजर-बसर करते हैं। इनमें से भी कुछ लोग बेरोजगारी के कारण अपराध-कर्म करने लग गए हैं। इन गाँवों में अक्सर छोटे मोटे दादा पैदा होते हैं जो गाँव के युवकों के एक हिस्से के नेता बनकर आसपास के शहरी लोगों को आतंकित करते रहते हैं। पिछले वर्षों में इन्दिरा कांग्रेस ने इन इलाकों में पानी, बिजली आदि की नाममात्र की सुविधाएँ देकर अपना आधार बनाया है। इन्दिरा गांधी की कोठी पर जो भीड़ खास-खास मौकों पर इकट्ठा की जाती ीी, उसका खासा हिस्सा इन इलाकों से आता था। पैसे, प्रलोभन, शराब आदि का इस्तेमाल इन इलाकों में लोगों को अपने प्रभाव में रखने के लिए अक्सर किया जाता है। ऐसा कहा जाता है कि इन इलाकों के अपराधी तत्त्व इन्दिरा कांग्रेस के संगठन के खास आधार हैं। दिल्ली के दंगों के सिलसिले में इन्दिरा कांग्रेस के तीन स्थानीय सांसदों का बार-बार उल्लेख हो रहा है। इससे इन तत्त्वों के इन्दिरा कांग्रेस से सम्बन्ध पर रोशनी पड़ती है।

दिल्ली के दंगों में लगभग सभी जगहों पर हमला करनेवाली भीड़ पुनर्वास कॉलोनियों, झुग्गियों और गाँवों से आई थी। भीड़ का नेतृत्व करनेवाले तो कुछ अपराधी तत्त्व होते थे और बाकी लोग बेरोक-टोक लूट में कुछ सामान पाने के लालच में उसमें शामिल हो जाते थे। चूँकि वे पहले से यह जानते थे कि पुलिस कोई रोक-टोक नहीं करेगी, वे निश्चित होकर लूट और हत्या करते जाते थे। यह सच है कि कहीं-कहीं भीड़ के उन्माद में गैर-अपराधी तत्त्व भी हत्या, आगजनी आदि में बेहिचक शामिल हो गए थे। जिन मुहल्लों में हमले होते थे, वहाँ के लोग अपने शहरी स्वभाव के कारण असंगठित थे और चाहने पर भी भीड़ का मुकाबला करने में असमर्थ थे। इसके अलावा पंजाब के आतंकवादियों के कारण सिखों के प्रति उनमें कहीं-न-कहीं नाराजगी भी थी, लेकिन मूल रूप से यह कांग्रेस और प्रशासन की मिलीभगत से हुआ नियोजित किस्म का दंगा था। इसीलिए जब सेना और पुलिस ने अपना काम कुछ गम्भीरता से करना शुरू किया तो स्थिति एक दिन में सामान्य हो गई।

ये दंगे बताते हैं कि पुलिस का प्रोत्साहन मिलने से छोटी जमातों को लेकर किस व्यापक पैमाने पर दंगे कराए जा सकते हैं। इनसे यह भी प्रकट है कि कांग्रेस ने समाज विरोधी तत्त्वों की जो फौज तैयार कर ली है, उसका वह सरकारी संरक्षण प्राप्त कर किसी भी विरोधी संगठन या जमात के खिलाफ सफलता से इस्तेमाल कर सकती है।

कांग्रेस के भीतर ऐसे तत्त्वों का महत्त्व पिछले वर्षों में लगातार बढ़ता जा रहा है। नागपुर में इंकाई छात्रों के सम्मेलन की वारदातें इसका एक सबूत हैं। जैसे-जैसे कांग्रेस की लोकप्रियता घट रही थी, ऐसे तत्त्वों पर उसकी निर्भरता बढ़ रही थी। इन्दिरा गांधी की मृत्यु के बाद अब कांग्रेस में कोई ऐसा नेता नहीं जिसकी अपील हो, इसलिए ऐसे तत्त्वों से ही कांग्रेसी सत्ता चलेगी। दिल्ली के दंगे इस नई शक्ति के उदय की घोषणा करते हैं। देशवासियों को इस नई शक्ति के खतरे की चेतावनी मिल चुकी है।

['रविवार', 18-24 नवम्बर, 1984]

पदयात्रा : सत्ता संघर्ष की नई विधा

प्राचीन यूनान में एक बहुत ही विख्यात गणितज्ञ और ज्योतिषी था। उसने यूनानी दुनिया में पहले सूर्यग्रहण की तिथि एवं समय की भविष्यवाणी कर लोगों को चकित कर दिया था। उसकी ख्याति सुनकर राजा में भी गणितज्ञ बनने की लालसा जगी और उसने ज्योतिषी से आग्रह किया कि वह उसे गणित सिखला दे। ज्योतिषी ने राजा को गणित सिखलाना शुरू किया। लेकिन राजा, जिसे मनपसन्द जिन्दगी जीने की आदत थी, गणित के पाठों से तुरन्त ऊब गया। उसने ज्योतिषी से कहा कि वह कोई ऐसा उपाय करे, जिससे गणितज्ञ बनने के लिए हर रोज घंटों माथापच्ची न करनी पड़े। ज्योतिषी ने जवाब दिया, "महाराज, नगर में चलने के लिए तो आम लोगों के लिए आम सड़कें हैं और राजा के लिए राजपथ, पर गणित की दुनिया में कोई राजपथ नहीं होता।"

ज्योतिषी की यह बात जनतंत्र की राजनीति पर और भी अधिक लागू होती है। जनतंत्र की राजनीति में भी कोई राजपथ नहीं होता। इसकी जड़ों को धूलभरी गलियों और पगडंडियों के सहारे ही मजबूत किया जा सकता है।

हमारी राजनीति का एक संकट यह भी है कि सभी राजनेता जनतंत्र की दुहाई देकर भी इस सचाई को नहीं देख पाते और राजपथ से ही जनतंत्र में भी सत्ता पर अधिकार जमाने का सपना देखते हैं। जो लोग खानदानी शाही या वैयक्तिक सत्ता स्थापित करना चाहते हैं, उन लोगों की ऐसी नीति तो समझ में आ सकती है, लेकिन जो लोग जनतंत्र की कसमें खाते हैं, उन लोगों का ऐसा आचरण विस्मय पैदा करनेवाला होता है।

इधर भारतीय राजनीति में सेवाभाव से लोगों के बीच अनवरत काम करने के बजाय सस्ती लोकप्रियता प्राप्त करने की एक नई परिपाटी चल पड़ी है—पदयात्रा। 13 अप्रैल को प्रात:काल ट्रकों और बसों में भरकर लाए गए हजारों लोगों की भीड़ दिल्ली की सड़कों पर उमड़ पड़ी। अखबारों से मालूम हुआ कि यह भीड़ यूथ कांग्रेस के लोगों की थी जो राजीव गांधी की कन्याकुमारी से दिल्ली तक की पदयात्रा की समाप्ति पर उनका स्वागत करने आए थे। इस यात्रा की चर्चा इसके पहले कभी सुनने को नहीं मिली थी। इसके विपरीत जनता पार्टी के अध्यक्ष चन्द्रशेखर

की कन्याकुमारी से दिल्ली तक की पदयात्रा भारत के अखबारों में लगातार कुछ महीने चर्चा का विषय बनी रही।

पदयात्रा अपने आप में कोई बुरी चीज नहीं। कभी-कभी बड़े उद्‌देश्यों को लेकर भी पदयात्राएँ हुई हैं : मिसाल के लिए गांधीजी का डांडी मार्च या नोआखली में साम्प्रदायिक सौहार्द के लिए पदयात्रा। लेकिन राजीव गांधी या चन्द्रशेखर की पदयात्रा का कोई इस तरह का बड़ा या छोटा उद्‌देश्य नहीं दिखाई देता। राजीव गांधी ने अपनी पदयात्रा के उद्‌देश्य पर कोई प्रकाश नहीं डाला है। चन्द्रशेखर ने जरूर यह कहा है कि उनकी यात्रा का उद्‌देश्य भारत के आम लोगों की समस्याओं को समझना था।

प्रश्न है, क्या सचमुच भारत के आम लोगों की समस्याओं को समझने के लिए कन्याकुमारी से दिल्ली तक राष्ट्रीय राजपथों की यात्रा करना जरूरी था? देश के विभिन्न अंचलों में कुछ क्षेत्रीय विषमताएँ हो सकती हैं, लेकिन भारत की दरिद्रता में कोई विभाजन रेखा नहीं है। पेयजल का अभाव, कुपोषण, सूखा और बाढ़ तथा आंशिक, पर अन्तहीन अकाल सारे भारत के गरीब लोगों के जीवन के अभिन्न साथी हैं। इस देश की विषमता को समझने के लिए भी इस अति प्रचारित यात्रा की कोई जरूरत नहीं थी।

भारत के किसी भी गाँव में बैठकर थोड़े ही दिनों में इसे परत-दर-परत समझा जा सकता है। गाँव में जैसे-जैसे हम द्विजों के टोले से अस्पृश्यों के टोले की ओर बढ़ते हैं, वैसे-वैसे विषमता और विपन्नता की अनेक सीढ़ियाँ उतरते हुए देश की असलियत का साक्षात्कार कर लेते हैं। पूर्वी उत्तर प्रदेश के किसी निवासी के लिए, जो दिल्ली में रहता हो, गाँव और नगर के बीच की विषमता को समझने के लिए तो कहीं जाने की बिलकुल ही जरूरत नहीं है। आश्चर्य है कि चन्द्रशेखर को अपने लम्बे राजनीतिक जीवन में इस भारत से साक्षात्कार कैसे नहीं हुआ? अगर अब तक नहीं हुआ था तो राष्ट्रीय पथों पर प्रशंसकों से घिरे मसीही अदा में की गई इस यात्रा में भला क्या हुआ होगा?

लेकिन अखबारबाजी और पोस्टरों के माध्यम से जिस भद्‌दे ढंग से इस यात्रा को विज्ञापित किया गया है, उससे साफ है कि यात्रा का उद्‌देश्य देश की समस्याओं को नहीं, चन्द्रशेखर को एक पैगम्बर के रूप में प्रकाश में लाना था। एक दर्जन से अधिक किस्म के पोस्टरों से, जिनमें अधिकांश बहुरंगी थे, दिल्ली की दीवारें पाट दी गई थीं। एक पोस्टर में लिखा था, 'चिंगारियाँ सवालों की सुलगाते, सोए जनमानस को जगाते, एक अकेला मसीहा चला है राजघाट को।' इन पोस्टरों पर कितना खर्च हुआ होगा, यह अन्दाजा लगाना भी मुश्किल है। इन्दिरा गांधी को छोड़ किसी की इतनी बड़ी निजी इश्तहारबाजी पहले देखने को नहीं मिली थी।

अगर चन्द्रशेखर का सारा प्रयास एक निजी मामला होता तो हम इसे आत्मप्रचार का एक हास्यास्पद नमूना समझकर नजरअन्दाज कर देते, लेकिन यह भारत में उदीयमान एक खास तरह की राजनीतिक विधा का संकेत है और इसलिए सभी भारतीयों के लिए गम्भीरता से विचारणीय है।

इस यात्रा को जैसे प्रचारित किया गया है, उससे साफ है कि यह सत्ता की राजनीति का ही एक अंग है और इसलिए इस प्रयास को इसके उद्देश्य से अलग करके नहीं देखा जा सकता। भोगवाद की राजनीति की इस घड़ी में यह लम्बी पैदल यात्रा बहुत-से लोगों में चन्द्रशेखर के प्रति एक आदर भाव पैदा करती है, लेकिन हमें नहीं भूलना चाहिए कि हमारी पूरी परम्परा उन पौराणिक कथाओं से भरी है, जहाँ लोगों ने हजारों बरस तक भीषण तप इन्द्र के सिंहासन को छीनने के उद्देश्य से किया है। इन कथाओं के राक्षस राजा ऐसे ही तपों से सर्वाधिक शक्ति का वरदान पाते हैं और फिर अपना दानवी रूप दिखलाते हैं। ये मिथक निरा बकवास नहीं है बल्कि एक स्तर पर लोगों की मानसिकता को जाहिर करते हैं एवं उनमें एक निषेध भाव भी निहित है कि मात्र सत्ता के लिए किया गया तप अन्ततोगत्वा मानव समाज के लिए घोर रूप से अमंगलकारी हो सकता है। श्रेष्ठ तपस्वी वे माने गए जो ऐसी कामनाओं से अनासक्त रहे।

राजनीति में नेताओं से अनासक्ति की आशा तो नहीं रखी जा सकती, लेकिन लोकतंत्र के स्थायित्व के लिए जनता, जन संगठन और जन नेताओं के बीच एक खास तरह के रिश्ते का होना जरूरी है। इसके बगैर लोकतंत्र विकृत होकर व्यक्ति के एकाधिकार को जन्म देता है। चन्द्रशेखर की इस यात्रा में नीतियाँ गौण थीं, वह पार्टी भी गौण थी, जिसके वे अध्यक्ष हैं और सारी कोशिश एक महामानव की प्रतिमा निर्माण करने की रही, जो एक नया युग लाएगा। अभी तक इन्दिरा कांग्रेस की सारी राजनीति एक व्यक्ति के इर्द-गिर्द थी, अब जनता पार्टी को भी इसी साँचे में ढालने का प्रयास हो रहा है।

यों ही भारतीय राजनीति में नीतियाँ गौण होती गई हैं। इस तरह की व्यक्तिनिष्ठ राजनीति से उनके अवमूल्यन की सम्भावना और भी बढ़ती है। जहाँ तक एक तरफ ऐसी राजनीति से जनता की आस्था अपने संगठन और अपनी शक्ति में घटती है, वहीं वर्तमान स्थिति को देखते हुए यह सम्भावना भी नहीं बनती दिखाई देती कि चन्द्रशेखर इन्दिरा गांधी को चुनौती देनेवाले व्यक्तित्व के रूप में उभरकर आ पाएँगे। अन्ततोगत्वा यह पदयात्रा जनता पार्टी के आन्तरिक संघर्ष में उस गिरोह के लिए सहायक होगा, जो इस पदयात्रा को उछाल रहा है। लोकदल से आए लोग या मोरारजी के इर्द-गिर्द के लोग इस हुजूम में आधे मन से या नहीं ही शामिल हुए हैं। जनता पार्टी के भीतर लोकदल से आए लोगों का जनाधार अधिक है। आन्तरिक सत्ता संघर्ष में इस यात्रा के सन्दर्भ में जो शक्ति बटोरी गई है, उसका उपयोग इन लोगों को शिकस्त देने में किया जा सकता है। तत्काल इस लम्बी और अति प्रचारित पदयात्रा का ठोस राजनीतिक गणित इतना ही बैठता है।

['रविवार', 24-30 जुलाई, 1983]

पैंतरेबाजी से उपजा संकट

ऐसा लगता है कि अपने दावे को बढ़ा-चढ़ाकर पेश करने की पैंतरेबाजी में ही पंजाब की स्थिति अकाली और सत्तारूढ़ इन्दिरा कांग्रेस, दोनों के काबू से बाहर निकलती जा रही है। दल खालसा जैसे नगण्य गिरोह को छोड़कर पंजाब में किसी की मंशा या माँग अलगाववादी नहीं है, लेकिन इन्दिरा कांग्रेस और अकाली दल दोनों अपने कार्यकलापों से ऐसी स्थिति पैदा कर रहे हैं, जिससे हिन्दू और सिखों के बीच का 'विभेद', जो अभी तक प्राय: काल्पनिक है, असलियत में बदल जाए और दोनों का साथ रहना मुश्किल हो जाए। दोनों ही दल भारत की अखंडता में विश्वास की घोषणा करते हैं, लेकिन उनका कार्यकलाप उन पुजारियों जैसा हो रहा है, जो बताशे के झगड़े में मन्दिर को ही तोड़ देते हैं।

वस्तुत: धार्मिक माँगों को छोड़ दें तो अकालियों की कोई भी माँग ऐसी नहीं है जैसी माँगें अन्य राज्यों में नहीं उठती हों। राज्यों की स्वायत्तता की माँग कोई नई चीज नहीं, जिसे अकालियों ने पहले-पहल उठाया हो। यह माँग तमिलनाडु से लेकर पूर्वांचल तक में बार-बार उठती रही है। फिलहाल देश के सभी भागों में लोगों की राय बनती जा रही है कि केन्द्र और राज्यों के सम्बन्ध पर सत्ता को विकेन्द्रित करने की दृष्टि से पुनर्विचार की जरूरत है, और इसके लिए संविधान में आवश्यक संशोधन होने चाहिए। लेकिन यह अविश्वास के वातावरण का ही परिणाम है कि जब यही माँग अकालियों की ओर से उठती है तो लोग इसे पृथकतावादी राजनीति से जोड़ने लगते हैं। जहाँ तक धार्मिक माँगों का सवाल है, केन्द्र सरकार द्वारा बार-बार यह घोषणा हो चुकी है कि उन्हें पूरा करने में कोई कठिनाई नहीं है।

दूसरा विवाद नहर के पानी के बँटवारे को लेकर है। ऐसे विवाद भी अक्सर राज्यों के बीच उठते रहे हैं। अत: यह भी कोई ऐसी समस्या नहीं, जिस पर गतिरोध की गुंजाइश हो। अकाली दल इस सवाल पर सर्वोच्च न्यायालय का फैसला मानने को तैयार है। आश्चर्य की बात है कि अकालियों ने जहाँ न्यायालय के फैसले को मानने की तैयारी दिखलाकर इसे झगड़े के बिन्दु से अलग करने की माँग की है, वहीं सरकार आपसी समझौते पर जोर देकर मसले को उलझाना चाहती है। अक्सर विपरीत जनमत के दबाव के कारण किसी भी दल के लिए ऐसा समझौता करना

सम्भव नहीं होता और इससे संघर्ष की ही भूमिका बनती है। न्यायालय पर मसले को छोड़ देने से दोनों ही प्रतिवादी इस विवशता से मुक्त हो जाते हैं।

तीसरा विवाद चंडीगढ़ और पंजाब की वर्तमान सीमा को लेकर है। ऐसे विवाद भी राज्यों के बीच अक्सर उठते रहे हैं। कर्नाटक और महाराष्ट्र के बीच तो यह विवाद काफी कटुतापूर्ण रहा। उस दरमियान भी जब दोनों राज्यों में कांग्रेसी शासन था, लेकिन कभी भी इस विवाद को राष्ट्रीय अखंडता का सवाल नहीं बनाया गया। कोई कारण नहीं कि पंजाब को इस मामले में एक अपवाद बनाया जाए।

पंजाब के मामले को इस तरह उलझाने में कुछ हिन्दू सम्प्रदायवादी जमातों का हाथ निर्विवाद रूप से रहा है। उन्होंने ही पंजाबी भाषा के मामले को सिख धर्म के साथ जोड़ने की कोशिश की है, जो बिलकुल बेतुका है। भाषा एक क्षेत्र के तमाम लोगों की विरासत होती है और वह क्षेत्र की सम्पूर्ण संस्कृति और परम्परा की उपज होती है। जनता की भाषा और उनका धर्म अलग वस्तुएँ हैं। इसका सबूत हम अपने पड़ोस में ही पा सकते हैं। अगर धर्म भाषा के साथ जुड़ पाता तो न पाकिस्तान टूटता और न बांग्लादेश का जन्म होता, लेकिन पंजाब में आर्य समाज के प्रभाव से जनगणना के समय बहुत से हिन्दुओं ने अपनी मातृभाषा 'पंजाबी' के बदले 'हिन्दी' लिखाना शुरू किया। यह सर्वविदित है कि न सिर्फ पंजाब में बल्कि पंजाब के बाहर भी पंजाबी हिन्दुओं की भाषा ही है, फिर भी साम्प्रदायिक मूढ़ता के प्रभाव से उन्होंने अपनी सबसे महत्त्वपूर्ण सांस्कृतिक विरासत से इनकार किया।

इसका नतीजा यह हुआ कि पंजाब के सिख और हिन्दू जो एक-सी संस्कृति के अंग थे, और धार्मिक क्षेत्र में भी एक-दूसरे से गहरी तरह जुड़े थे, भेदभाव के शिकार बने। हिन्दू सम्प्रदायवाद की इस नीति से सिखों में रंजिश होना स्वाभाविक था। इस तरह अपनी भाषा से इनकार करने का एक ही उद्देश्य हो सकता था, भाषावार प्रान्त रचना के सिद्धान्त को, जिसे सारे देश के लिए मान लिया गया था, पंजाब में न लागू होने देना। भाषाई प्रान्त रचना के सन्दर्भ में अकालियों की इस माँग का पूरा औचित्य है कि पंजाब की सीमा के वे गाँव जहाँ की भाषा पंजाबी है, पंजाबी सूबे का अंग बने। भाषावार प्रान्त रचना के सिद्धान्त को मान लेने के बाद इस सवाल पर विवाद खड़ा करना स्वयं में पूर्वग्रह का प्रमाण है, लेकिन अभी तो इन्दिरा गांधी ऐसी ही मानसिकता को पंजाब में बढ़ावा दे रही हैं।

हरियाणा की इन्दिरा कांग्रेस सरकार पंजाब के साथ सीमा के सवाल पर हरियाणा की जनभावना को उभारने की कोशिश कर रही है, जिससे बाद में समस्या का समाधान और मुश्किल हो जाएगा। लोगों की भावना को उभारना आसान होता है, लेकिन मनचाहे ढंग से इसको फिर नियंत्रित नहीं किया जा सकता। इसी तरह 'इन्दिरा गांधी हिन्दू संगठन' और 'हिन्दू सुरक्षा समिति' जैसे साम्प्रदायिक संगठनों का महत्त्व बढ़ा रही है। सरकार को यह स्पष्ट कर देना चाहिए कि राज्यों की स्वायत्तता या

सीमा के मामले साम्प्रदायिक नहीं हैं और इस पर वह किसी साम्प्रदायिक दबाव को बर्दाश्त नहीं करेगी।

लेकिन ऐसा लगता है कि जम्मू के चुनाव के नतीजे के बाद इन्दिरा गांधी अपनी घटती लोकप्रियता के लिए एक नया स्रोत हिन्दू साम्प्रदायिकता में देख रही हैं। वे इस बात पर बिना विचार किए कि देश की अखंडता पर इसका क्या प्रभाव पड़ेगा, साम्प्रदायिकता को बढ़ावा दे रही हैं। इस तरह वैसे सवालों को साम्प्रदायिकता के जाल में उलझाया जा रहा है, जिन्हें शुद्ध राजनीतिक समस्या के रूप में बड़े ही सरल ढंग से राज्यों के बीच या केन्द्र और राज्य के बीच बातचीत से सुलझाया जा सकता है। अगर इस बात को भुला दिया जाए कि इस सवाल को अकाली दल उठा रहा है और इन्हीं प्रश्नों को पंजाब में रहनेवाले सभी लोगों की समस्या के रूप में देखा जाए तो इसमें कहीं वैसे तनाव की गुंजाइश नहीं दिखाई देती, जिस तरह का तनाव पैदा हुआ है।

पंजाब में जो स्थिति बन रही है, उसके लिए अकाली भी काफी हद तक जिम्मेदार हैं। वे भी अतिवादी लोगों द्वारा उभारी गई भावना के अनुरूप बातें कर लोगों में लोकप्रियता हासिल करने का लोभ नहीं छोड़ पाते और इस तरह इन्दिरा कांग्रेस द्वारा फैलाए गए भ्रम को पुष्ट करते हैं।

['रविवार', 7-13 अगस्त, 1983]

क्या लोग राजनीति से उदासीन हैं

यह शिकायत बार-बार सुनने में आती है कि हमारे देश में आम लोग राजनीति से उदासीन रहते हैं। यह शिकायत बेबुनियाद भी नहीं है। यह सही है कि हमारे यहाँ अधिकांश लोग, खासकर गरीब लोग, राजनीतिक विवादों को अर्थहीन समझकर उनसे कटे रहते हैं। यह स्थिति बिलकुल नई भी नहीं। आज से तीन दशक पहले राजनीति के प्रति उदासीनता को डॉ. लोहिया ने मंथरा की उक्ति 'केहु नृप होहिं हमें का हानी, चेरी छांड़ि ना होयब रानी' का हवाला देते हुए मंथरावाद कहा था। ज्यादातर लोग इसे झट से नासमझी का परिणाम बता देते हैं। बहुत-से लोग इसका निदान शिक्षा के प्रसार में देखते हैं और कुछ लोग ऐसे भी हैं जो मतदान को शिक्षितों तक सीमित कर एकबारगी ही इस समस्या से छुटकारा पा लेना चाहते हैं यानी ज्यादातर लोग दोष नागरिकों, खासकर गरीब और अनपढ़ नागरिकों, में देखते हैं।

लेकिन तथ्यों पर विचार करने से ऐसा लगता है कि दोष नागरिकों के बजाय लोकतंत्र के वर्तमान ढाँचे का है। अभी हाल में यही रोना अमेरिका के एक समाजशास्त्री ने अमेरिकी नागरिकों की लोकतंत्र में हिस्सेदारी के सम्बन्ध में रोया है। आर्थर श्लाइसिंगर जूनियर ने अपने एक लेख में यह ध्यान दिलाया है कि जहाँ 1880 में 79.4 प्रतिशत अमेरिकियों ने राष्ट्रपति के चुनाव में मतदान किया था, वहीं 1980 में कुल 52.3 प्रतिशत लोगों ने ही मतदान किया। एक तर्क यह दिया जाता है कि पिछले 70 साल के भीतर अमेरिका में मतदाताओं की संख्या औरतों, नीग्रो तथा 18 साल की उम्रवालों तक के मतदान के अधिकार से अचानक बहुत बढ़ गई है; और यह आम अनुभव रहा है कि मतदान के अभ्यस्त गोरे अमेरिकी मर्द इन नये मतदाताओं की अपेक्षा अधिक अनुपात में मतदान करते हैं। इसी से मतदान का अनुपात अन्य लोगों की बाढ़ से घट गया है, लेकिन इस तर्क के विपरीत श्लाइसिंगर इस बात की ओर ध्यान दिलाते हैं कि 19वीं शताब्दी में लगातार मतदाताओं की संख्या में बाहर से वैसे लोगों के आकर बसने से वृद्धि होती रही है, जो मतदान पद्धति से और भी अनभिज्ञ थे। फिर भी गृहयुद्ध (1860-63) से उन्नीसवीं शताब्दी के अन्त तक कभी भी मतदान 70 प्रतिशत से कम नहीं हुआ जबकि 1960 से मतदाताओं की संख्या के अनुपात में मतदान लगातार घटता गया है। ये आँकड़े

उन लोगों के लिए ध्यान देने योग्य हैं जो राजनीतिक हिस्सेदारी को सम्पत्ति और शिक्षा से जोड़ते हैं क्योंकि शिक्षा और सम्पत्ति, दोनों दृष्टियों से 19वीं शताब्दी के उत्तरार्द्ध से अब तक अमेरिका में बहुत तरक्की हुई है।

श्लाइसिंगर इस उदासीनता का कारण अमेरिका की राजनीतिक पार्टियों की अक्षमता में देखते हैं, जो पहले की तरह मतदाताओं को राजनीतिक प्रक्रियाओं के साथ जोड़ नहीं पातीं। लेकिन यह अत्यन्त सतही निदान है। पार्टियों की इस अक्षमता का सामाजिक-राजनीतिक कारण ही तो खोज का असली विषय हो सकता है। थोड़ा विचार करने पर इसका असली कारण अमेरिकी समाज और राजनीति के ढाँचे में हुआ परिवर्तन लगता है।

पिछले सौ साल में अमेरिका में आर्थिक और राजनीतिक, दोनों स्तरों पर जबर्दस्त केन्द्रीकरण हुआ है। आर्थिक क्षेत्र में अपने प्रयासों और श्रम से खड़े किए गए छोटे फार्मों तथा छोटे कारखानों का स्थान भीमकाय औद्योगिक प्रतिष्ठानों ने ले लिया है, जिनका पूरी अर्थव्यवस्था पर नियंत्रण है। जहाँ पहले कोई बड़ी स्थायी सेना नहीं थी, वहाँ अमेरिका में आज रूस के बाद सबसे बड़ी स्थायी फौजी ताकत है। पहले वहाँ के राज्य अपने अधिकारों की रक्षा के लिए बहुत ही सजग रहते थे और फेडरल सरकार का हस्तक्षेप जल्दी बर्दाश्त नहीं करते थे, अब सैनिकतंत्र और भीमकाय उद्योगों की आवश्यकताओं के कारण फेडरल सरकार की आर्थिक और राजनीतिक ताकत बहुत ही बढ़ गई है। उद्योगों की विशालता के समानान्तर ही विशाल राष्ट्रीय स्तर की मजदूरों की यूनियनें भी अस्तित्व में आ गई हैं। इन्हीं के आकार के अनुपात में पत्र-पत्रिकाओं, रेडियो आदि के विशाल संगठन भी खड़े हुए हैं। इन सबके कारण स्थानीय छोटे दायरे की राजनीति का लोप हो गया है।

स्थानीय समुदायों की राजनीति, जिसे 'पब्लिक' की राजनीति कहते थे, शुरू में अमेरिकी लोकतंत्र का आधार था। सागरसभाओं पर छोटे समुदायों में बहस चलती थी और इसी वजह से राजनीतिक मुद्‌दे उभरकर आते थे। छोटे दायरों की बहस धीरे-धीरे राष्ट्रीय विवाद बन जाती थी। राजनीतिक दलों के भीतर भी इन्हीं मुद्‌दों पर विवाद होता था। अब भीमकाय संगठनों के कारण इस प्रक्रिया को चलाना असम्भव नहीं तो मुश्किल जरूर हो गया है। अब राजनीतिक मुद्‌दे समाज के शक्तिशाली संगठनों द्वारा उठाए जाते हैं। बड़े औद्योगिक प्रतिष्ठानों के व्यवस्थापकों, फौजी प्रतिष्ठानों के अफसरों और स्वयं राजनीतिक दलों के मैनेजरों की ओर से ही ये उठाए जाते हैं, जिनके साथ इनके स्वार्थ जुड़े होते हैं। फिर प्रेस और रेडियो इन मुद्‌दों को राष्ट्रीय विवाद का विषय बनाते हैं। आम लोगों को इसी तरह प्रचारित नीतियों के बीच चुनाव करना होता है। लोगों की राय भी इसी प्रचारतंत्र द्वारा बनाई जाती है। आम आदमी इस सारी प्रक्रिया में कोई कारगर हस्तक्षेप नहीं कर पाता। किसी छोटी जमात की बात तभी महत्त्वपूर्ण बनती है, जब विशाल संगठनों में कोई

उसके सवाल को हाथ में ले। ऐसे में स्वाभाविक है कि आम आदमी राजनीति से उदासीन रहे। इस स्थिति से त्रस्त बहुत-से अमेरिकी विशाल संगठनों के वर्चस्व को तोड़ने के लिए पुन: स्थानीय समुदायों को गठित करने के प्रयास में लगे हैं।

व्यवस्था के समर्थक कुछ समाजशास्त्रियों ने कम मतदान को एक सुखद स्थिति तक बतलाने का प्रयास किया है। उनका कहना है कि जब हिटलर का उदय हो रहा था या ऐसे अवसरों पर जब लोकतंत्र का खात्मा अधिनायकवादी शक्तियों के हाथ हो रहा था, तब मतदान का अनुपात बढ़ गया था। इसके विपरीत, सामान्य स्थिति से मतदान का अनुपात कम पाया जाता है। इस आधार पर जब मतदान कम हो तो समझना चाहिए कि लोकतंत्र का स्वास्थ्य ठीक है, लेकिन इस तथ्य से यही नतीजा निकाला जा सकता है कि लोकतांत्रिक व्यवस्था जन-जीवन से इतनी दूर हो गई है कि सिर्फ संकटकाल में, जब उपेक्षित लोग भविष्य के लिए घोर रूप से आशंकित या अत्यधिक आशान्वित होते हैं, राजनीति में हिस्सेदारी जरूरी समझी जाती है। सच तो यह है कि जब तक लोकतंत्र है और राजनीतिक समस्याएँ लोगों के जीवन से जुड़ी हैं तब तक राजनीति से लोगों की विमुखता 'लोक पर तंत्र' के हावी होने का ही लक्षण है।

आज अगर लोगों में राजनीति के प्रति उदासीनता पैदा होती है तो इसलिए कि लोकतांत्रिक व्यवस्था का भी आकार इतना बहुत और जटिल हो गया है कि आम लोग इसमें अपनी जगह निश्चित नहीं कर पाते। उन्हें यह अन्दाजा नहीं होता कि उनकी आवाज या मत कैसे विशाल तंत्र को प्रभावित कर पाएगा? हमारे यहाँ तो नौकरशाही के जाल में लोकतंत्र ऐसा उलझा हुआ है कि अक्सर यह तय करना कठिन होता है कि असली शासक लोक-प्रतिनिधि हैं कि अफसरों का समूह? इसके अलावा सम्पत्ति एवं जाति का प्रभाव इतना व्यापक है कि न सिर्फ कानून लागू करनेवाले बल्कि स्वयं कानून इसकी जकड़ से नहीं बच पाते। कोई आश्चर्य नहीं कि गरीबों को सारी लोकतांत्रिक प्रक्रियाएँ समृद्ध लोगों द्वारा रचाया गया नाटक लगे। अगर उनमें यह भावना है तो फिर वे इस प्रक्रिया में क्यों उलझें? अगर इस देश में या और कहीं लोग राजनीति से उदासीन हैं तो इसलिए नहीं कि उनमें नागरिक कर्तव्यबोध का अभाव है बल्कि इसलिए कि लोकतांत्रिक व्यवस्था का ढाँचा लोगों को इससे बेगाना बना देता है। आज हम फिर नगर-राज्य की ओर नहीं लौट सकते, लेकिन राज्य सत्ता के विकेन्द्रीकरण की दिशा में तो बढ़ ही सकते हैं, जिसमें जीवन के महत्त्वपूर्ण सवालों पर छोटी स्थानीय इकाइयों में लोग मनपसन्द नीतियाँ लागू कर सकें। जिस दिन लोगों को लगेगा कि वे राज्य व्यवस्था को छू सकते हैं, मोड़ सकते हैं और बदल सकते हैं, उसी दिन मंथरावाद का अन्त हो जाएगा।

['रविवार', 27 फरवरी-5 मार्च, 1983]

दिशाहीन विपक्ष

कम्युनिस्ट राजनीति का संकट

भारतीय राजनीति की वैचारिक शून्यता और इससे उपजी जड़ता आंशिक रूप से हाल के वर्षों में सारी दुनिया में लोगों को प्रेरित कर सकनेवाली किसी बड़े लक्ष्य के लोप से भी जुड़ी है। मानव स्वभाव की यह विवशता है कि वह अपनी रोजी-रोटी की समस्या का हल भी बड़े सपनों के परिप्रेक्ष्य में ही ढूँढ़ता है और ये सपने इतने प्रभावशाली होते हैं कि वह इनके लिए न सिर्फ सामने की रोटी का त्याग कर देता है बल्कि कभी-कभी जान की बाजी लगा देता है। ऐसे सपनों के ताने-बाने से ही आदमी के सामाजिक-राजनीतिक संसार का निर्माण होता है। इसी से विचारधाराओं की अनिवार्यता पैदा होती है। विडम्बना यह है कि पश्चिमी दुनिया के बौद्धिक प्रतिष्ठान विचारधाराओं के अन्त की घोषणा पिछले वर्षों में लगातार करते रहे हैं, लेकिन इन्हीं वर्षों में पश्चिमी दुनिया आस्थाओं के घोर संकट से भी गुजरती रही है, जिसका नतीजा राष्ट्रीयता, नस्ल और मूल आधारित तनावों, मादक द्रव्यों के व्यापक प्रसार और आत्महत्या की बढ़ती प्रवृत्ति में दिखाई देता है।

पिछले डेढ़ सौ वर्षों में भारत समेत तीसरी दुनिया के सभी देशों के सोच पर यूरोपीय समाज के आदर्शों की गहरी छाप रही है। प्रारम्भिक काल में यह आदर्श पूँजीवादी प्रजातांत्रिक क्रान्ति का रहा, जिसका एक आयाम राष्ट्रीय आजादी भी था और बाद के वर्षों में समाजवाद का, लेकिन चूँकि समाजवादी आदर्श कमोबेश मार्क्सवादी चिन्तन के ही इर्द-गिर्द विकसित हुआ। आज की दुनिया में समाजवादी आदर्शों का संकट असल में मार्क्सवादी चिन्तन के संकट से जुड़ा है। पश्चिमी औद्योगिक व्यवस्थाएँ फिलहाल इस वैचारिक शून्यता को किसी समय अनुभवों के आधार पर खारिज की जा चुकी, 'लेसे फेयर' (आर्थिक शक्तियों की अनियंत्रित छोड़ देने की नीति) को अधिक व्यापक बनाकर भरने की कोशिश कर रही हैं, लेकिन चूँकि बाजार की सफलता जीन का सर्वोच्च आदर्श नहीं बन सकती, यह शून्य ज्यों-का-त्यों बना हुआ है।

हमारे देश में आजादी के आन्दोलन के अन्तिम दौर और आजादी के प्रारम्भिक दिनों में आदर्शों की राजनीति मूलत: समाजवादी राजनीति थी। सबके ऊपर एक छाया की तरह महात्मा गांधी की उपस्थिति जरूर बनी रही, लेकिन किसी ठोस रूप में यह राजनीति में नहीं उतर पाई। इसलिए भारत की वर्तमान आदर्शहीनता को निश्चित

रूप से मार्क्सवाद के संकट से जोड़कर समझा जा सकता है। धर्म, जाति आदि की राजनीति तो महज इस शून्य को किसी क्षणिक उद्वेग से भरने का प्रयास भर है।

मार्क्सवादी चिन्तन पर पुनर्विचार करने का दबाव तो स्टालिन की घोर तानाशाही की स्थापना से ही बनने लगा था, लेकिन सत्ता का दबदबा और इसकी सफलता स्वयमेव सार्थकता का सिद्धान्त बन जाती है। इसलिए इस व्यवस्था की आलोचना में उठाए गए स्वर पर थोड़े-से लोगों का ही ध्यान गया। लोगों में आलोचना का भाव तब बढ़ा, जब दशकों से बीमार और भीतर से खोखली यह व्यवस्था 1987 के बाद ताश के महल की तरह धराशायी हो गई। जो समाजवाद के विरोधी थे, उनकी तो बाँछें खिल गईं। उन्होंने कहना शुरू किया, वे तो सदा से कहते आए थे कि समाजवादी व्यवस्था व्यावहारिक नहीं हो सकती। सभी खेमे के समाजवादी इससे कमोबेश निराश हुए, लेकिन मार्क्सवाद की भूलों से परे और दुनिया की सभी समस्याओं की समझ देनेवाला माननेवाला कम्युनिस्ट आन्दोलन तो बौद्धिक पक्षाघात का शिकार हो गया। तत्काल तो उन आन्दोलनों की गति के दबाव में, जिन्हें कम्युनिस्टों ने शुरू किया था, वे यंत्रवत जहाँ-तहाँ अब भी गतिशील हैं और अपनी स्थितियों के मुताबिक सत्ता की राजनीति में भी बने हुए हैं, लेकिन भविष्य पर घाटाटोप है। सत्ता पर अभी पूरी सफलता से आसन जमाए चीन के कम्युनिस्ट शासन की वर्तमान गति और दिशा देखने से तो ऐसा लगता है कि वे साम्यवाद का आदर्श भविष्य आधुनिकतम पूँजीवादी औद्योगिक व्यवस्था में ही देखते हैं। पश्चिम बंगाल की मार्क्सवादी कम्युनिस्ट पार्टी भी छोटे पैमाने पर—और भारतीय लोकतांत्रिक व्यवस्था की सीमाओं के भीतर—लगभग चीन के आदर्श को ही अपना रही है। फिलहाल यह विदेशी पूँजी और देशी इजारेदार पूँजी को प्रोत्साहित कर औद्योगिक विकास की चाल नीति पर चल रही है। दूर भविष्य को लेकर जब कुछ कहने को जब यह कहा गया कि आर्थिक संकट से निपटने का उसका निदान तो महज तात्कालिक है तो उसका जवाब था, 'इन द एंड वी आर ऑल डेड' यानी आखिर में तो हम सबको मरना ही है। चीन के कम्युनिस्टों ने और माकपा ने भविष्य के बारे में लगभग यही दृष्टि स्वीकार कर ली है। चीन की क्रान्ति से प्रेरणा लेनेवाले विभिन्न नक्सलवादी समूहों की दृष्टि भी लगभग यही है, हालाँकि उनके आक्रामक तेवर से भ्रम होता है कि शायद उनके सामने भविष्य की कोई तसवीर बाकी है। ऐसा इसलिए कहना पड़ता है क्योंकि रूस और चीन के हाल के परिवर्तनों का गहरा विश्लेषण उन्होंने भी नहीं किया है। ऐसे विश्लेषण के अभाव में यह कहा जा सकता है कि बिना सोचे-समझे वे अपने आन्दोलन को ऐसी दिशा में ले जा रहे हैं जिसमें पूरी सफलता पाने के बाद वे वहीं पहुँचेंगे जहाँ चीन आज पहुँच गया है।

अगर ऐसा है तो यही कहा जा सकता है कि कम्युनिस्ट आन्दोलन की एकमात्र भूमिका पारम्परिक समाजों में वैसी आर्थिक और संरचनात्मक जमीन तैयार करना है जैसी बुर्जुआ वर्ग उन्नीसवीं शताब्दी और बीसवीं शताब्दी के पूर्वार्द्ध में यूरोप में की

थी और जिसके आधार पर तेज औद्योगीकरण सम्भव हुआ। पारम्परिक समाज के सारे ढाँचे को तोड़कर कम्युनिस्ट आन्दोलन ठीक वैसी ही स्थिति पैदा कर रहा है, जिसमें आधुनिक औद्योगिक पूँजी के निर्बाध फैलाव और वर्चस्व की आदर्श भूमि बनती है। आज का पूँजीवाद यह जानता है कि नियंत्रित क्रान्ति की इन शक्तियों का इस्तेमाल पूँजी को बाधित करनेवाले समूहों के खिलाफ कैसे किया जा सकता है। उदाहरण के लिए किसानों के खिलाफ, जिनसे कृषिजन्य वस्तुओं के मूल्यों को लेकर इस व्यवस्था की टकराहट है, खेत मजदूरों का संघर्ष किसान आन्दोलन को कमजोर कर इस व्यवस्था को लाभ पहुँचा सकता है।

यहाँ किसी की ईमानदारी पर सन्देह पैदा करने का इरादा नहीं है। नक्सलवादी समूहों में वैसी प्रतिबद्धता है, जिसके बिना वैसी कुर्बानी जैसी वे देते हैं सम्भव नहीं। लेकिन वे एक बुनियादी अन्तर्विरोध के शिकार हैं। असल में मार्क्सवादी आन्दोलन एक ऐसी स्थिति में पहुँच गया है जिसमें वह अपने दैनन्दिन के कार्यक्रमों को सुदूर भविष्य के समाज की किसी तसवीर के साथ तार्किक रूप से जोड़ने में अक्षम हैं। इसी से कम्युनिस्ट आन्दोलन की कार्यशीलता यांत्रिक बन जाती है और सत्ता संघर्ष की पृष्ठभूमि में अक्सर शुद्ध रूप से मैकियावेयलियन मालूम पड़ती है।

मार्क्सवादी आन्दोलन को आज के पहले भी बार-बार विफलता का मुँह देखना पड़ा है। स्वयं कम्युनिस्ट घोषणापत्र के विश्वास भरे शुरुआती वाक्य 'यूरोप के ऊपर एक भूत मँडरा रहा है।' फ्रांस को क्रान्ति की पराजय देखनी पड़ी। फिर 1871 में पेरिस कम्यून की पराजय हुई। बाद में 1918-19 में जर्मनी में स्पार्टिस्टो की हार और हंगरी में बेलाकुन की हार और सबसे बड़ी हार इटली, जर्मनी, स्पेन आदि में फासीवादी सरकारों की स्थापना के रूप में हुई। इस क्रम में दसों लाख कम्युनिस्टों को अनेक प्रकार की यातनाएँ झेलनी पड़ीं और लाखों की जान गई। लेकिन कभी भी कम्युनिस्ट आन्दोलन हतोत्साहित नहीं हुआ। अन्तिम विजय का उसका विश्वास अडिग रहा। इसके विपरीत आज जान-माल और कहीं-कहीं तो सत्ता पर अधिकार के मामले में भी कम्युनिस्टों की क्षति नगण्य रही है। फिर भी भविष्य के सम्बन्ध में घोर निराशा और अनास्था का भाव उनमें व्याप्त है। इस अवसाद का कारण मार्क्सवादी विचारधारा के एक बुनियादी दोष में है, जिसे समझना जरूरी है।

यह दोष है भौतिक जगत के तथ्यों और तर्क के धरातल और मूल्यबोध के धरातल को अलग-अलग करके देखने की अक्षमता। असल में यह घालमेल मार्क्स-एंगेल्स द्वारा 'वैज्ञानिक समाजवाद' के सिद्धान्त के प्रतिपादन से ही शुरू हुआ। इसके पहले के समाजवादी, जिन्हें मार्क्स-एंगेल्स ने 'यूटोपियन' कहा, समता, बन्धुत्व आदि के मूल्यों को आधार रूप में कबूल कर ऐसे समाजों का खाका देते थे, जहाँ ये मूल्य स्थापित हो सकें। इसकी जगह मार्क्स ने कहा कि समाजवाद की स्थापना किसी की सद्इच्छा से निर्मित व्यवस्था से नहीं होगी बल्कि भौतिक जगत के विकास के क्रम

में इतिहास की अनिवार्य परिणति के रूप में होगी। समाजवादियों का एकमात्र कर्तव्य इतिहास की शक्तियों को समझना और इस प्रक्रिया में जुड़ जाना है। जो इन शक्तियों को नजरअन्दाज करेंगे, इतिहास के कूड़ेदान में डाल दिए जाएँगे। पूँजीवाद समाजवादियों के विरोध भर से खत्म नहीं होगा बल्कि इसमें निहित उत्पादन सम्बन्ध का उत्पादन की शक्तियों—यानी नई तकनीकी और उत्पादकता के लिए बाधक बन जाने से होगा।

मार्क्सवादियों का संकट यह है कि बीसवीं शताब्दी के उत्तरार्द्ध में आधुनिक तकनीकी (उत्पादन की शक्ति) का विकास पूँजीवादी व्यवस्था में बाधित होने के बजाय समाजवादी कही जानेवाली व्यवस्थाओं से कहीं ज्यादा तेजी से बाधित हुआ। इस प्रतिस्पर्धा में पिछड़ जाने से उत्पादकता के विकास से समाजवाद को जोड़कर चलनेवाली 'समाजवादी' व्यवस्थाएँ अपनी पराजय कबूल करने को मजबूर हुईं। मूल्यों को भौतिक प्रगति से जोड़कर चलनेवाली मार्क्सवादी आस्था का संकट यहीं से शुरू हुआ। अगर समाजवादी समाज भौतिक उपलब्धियों यानी उत्पादकता की दौड़ में पिछड़ गया तो उसकी श्रेष्ठता संदिग्ध हो जाती है। इसी से अनेक सदाशयी मार्क्सवादी किसी भी वैकल्पिक समाज की सम्भावना से निराश हो चुके हैं। वे आधुनिक औद्योगिक व्यवस्था द्वारा लादे गए विनाश की सम्भावना से परिचित हैं, लेकिन कुछ भी दूसरा हो सकता है, इस पर भरोसा नहीं कर पाते।

इसके विपरीत अगर ये समाजवादी समता, बन्धुत्व, करुणा जैसे मूल्यों को अपनी आस्था के केन्द्र में रखते तो औद्योगिक विकास की उपलब्धियाँ साध्य नहीं, साधन बन जातीं और अगर अनुभव यह बतलाता कि इन उपलब्धियों की तलाश में समता, बन्धुत्व आदि के उद्देश्य बाधित होते हैं तो इन्हें बेहिचक त्याग देते। फिर वे निर्माण की ऐसी वैकल्पिक दिशा की तलाश में लग जाते, जो इन उद्देश्यों की पूर्ति में सहायक होती। इस दृष्टि से विचार करने पर उद्योगों की चमत्कारी उत्पादन क्षमता महज कौतूहल की चीज मालूम पड़ती और समाजवाद के मूल उद्देश्यों के लिहाज से अप्रासंगिक। अनजाने ही कम्युनिस्ट आन्दोलन के निचले स्तरों के कार्यकर्ता, जो आदिवासियों या ऐसे ही दूसरे वंचित समूहों के बीच काम करते हैं, समता और न्याय के मूल्यों से ही प्रेरित हैं। इसीलिए अपने दैनन्दिन के कार्य में किसी दुविधा के शिकार नहीं। इनकी त्रासदी यह है कि ये जिस उदान्त भावना से प्रेरित हो सब तरह की कुर्बानी देने को तैयार हैं, आज उसका उनके मार्क्सवादी शास्त्र से कोई मेल नहीं बैठता। उन्हें यह तो अपने रोजमर्रा के कार्यक्रमों के सिलसिले में शास्त्रीय आस्था को भुला देना होगा या शास्त्रीय आस्था को जीवित रखने के लिए आन्दोलन से जीवन्त सम्बन्ध तोड़ना होगा। यह प्रच्छन्न अन्तर्विरोध पूरे कम्युनिस्ट आन्दोलन में व्याप्त है। वर्तमान समाज की त्रासदी यह है कि मार्क्सवाद के वैचारिक पक्षाघात से आदर्शों की पूरी राजनीति आहत हुई है।

['नभाटा', 21 फरवरी, 1995]

आत्मसमर्पण की राह पर

यह कहा जा सकता है कि समाजवादियों ने आत्महत्या कर ली; अगर मतलब उन लोगों से हो जो अब तक संगठन के स्तर पर समाजवादी कहे जाते थे, लेकिन यह न कोई अचरज की बात है और न बड़े विषाद की। उन्होंने यह कदम उस स्थिति में उठाया, जब उन्हें 'मर्सी किलिंग' की जरूरत हो गई थी। असल में संगठन के स्तर पर उनकी मृत्यु के बहुत पहले ही सैद्धान्तिक और नैतिक स्तर पर उनकी मौत हो चुकी थी। अगर उन्होंने शरीर की सन्तुष्टि के लिए आत्मा का विसर्जन कर दिया तो ठीक ही किया। अब उन लोगों के लिए जो सचमुच समतावादी समाज के लिए कुछ करना चाहते हैं, नई शुरुआत के लिए स्लेट साफ है।

असलियत यह है कि डॉ. लोहिया की मृत्यु के बाद से इस देश में कोई समाजवादी जननेता नहीं रह गया था। जो समाजवादी नेता कहलाते थे, वास्तव में समाजवाद के बिल्ले का, सत्ता में साझीदारी के दाँव-पेच के लिए ही इस्तेमाल करते थे। उनमें न समाजवादी मूल्यों के लिए कोई निष्ठा थी और न सिद्धान्तों की निष्ठा। समाजवाद नया फैशन था, इसलिए अपने को समाजवादी कहना सुविधाजनक था। इसी कारण देश को पिछले ढाई साल में एक कौतूहलपूर्ण नाटक देखने को मिला, जिसमें कोई समाजवादी नेता रूस की तानाशाही और साम्राज्यवादी नीतियों का गुणगान करता दिखाई देता है तो कोई हनुमान बन राम की तलाश में घूम रहा है और कोई एक डाल से दूसरी डाल पर उछलने में सर्कस की कलाबाजियाँ दिखा रहा है। इन नेताओं की पिछले दिनों स्थिति ऐसी हो गई थी कि अगर कोई कार्यकर्ता इन्हें समाजवादी सिद्धान्तों की याद दिलाता तो इनमें खीझ पैदा होती थी और वे 'प्रैग्मेटिज्म' (व्यावहारिकता) और रणनीति का भाषण देकर बात को टाल जाते थे। वे भूल गए थे कि रणनीतियाँ किसी उद्देश्य के लिए बनती हैं। इन्हें अगर समाजवादी कहा जाता रहा है तो एक आदत बन जाने के कारण क्योंकि राजनीति में व्यक्तियों पर, जो लेबुल एक बार चिपक जाता है, चिपका रहता है।

समाजवादियों की इस दशा के पीछे उस बौद्धिक और नैतिक परम्परा का लोप होना था, जिसके बगैर समाजवादी आन्दोलन अर्थहीन है। समाजवादी आन्दोलन और इसके नारे सत्ता हथियाने के लिए नये मुखौटा भर नहीं हैं, जैसा भ्रम इस देश

में आज फैल रहा है। इसका मूल उद्देश्य समता और स्वच्छन्दता पर आधारित एक नई संस्कृति का निर्माण है। देश-काल के बदलते परिवेश में समाजवादियों की हर नई पीढ़ी को इसे नये रूप में परिभाषित करने की जरूरत होती है ताकि अप्रासंगिक नारों का समूह बंजर न हो जाए। समाजवादी आन्दोलन का मूल रोग यह रहा है कि पिछले दिनों में इसे पुन: परिभाषित करने का कोई प्रयास नहीं हुआ है जबकि राष्ट्रीय और अन्तर्राष्ट्रीय स्तर पर परिवर्तन इतनी तेजी से होते रहे हैं कि इसकी जरूरत टाली नहीं जा सकती थी।

राष्ट्रीय स्तर पर सबसे बड़ा संक्रमण यह हुआ कि राष्ट्रीय आन्दोलन की प्रेरणाएँ खत्म हो चलीं। राष्ट्र के नवनिर्माण के लिए नई प्रेरणा की आवश्यकता थी। एक पीढ़ी, जो आजादी के बाद या उसके कुछ ही पहले जन्मी थी, उसके लिए आजादी के पूर्व की घटनाएँ बस ऐतिहासिक कौतूहल की वस्तुएँ थीं। आजादी के आन्दोलन में किसने क्या किया, ये उनको बहुत आकर्षित नहीं करती थीं। इधर राष्ट्रीय आन्दोलन की उपज समाजवादी दल में राष्ट्रीय अतिवाद की भावना, समता के आग्रह से अधिक बलवान रही। इसलिए सीमा-विवाद, राष्ट्रीय एकता, सशक्त सेना की जरूरत आदि उन्हें ज्यादा आन्दोलित करती थी। बनिस्बत उन बातों के, जो एक गरीब भारतीय को उसके रोजमर्रा की जिन्दगी में आन्दोलित करती हैं। एक बार डॉ. लोहिया ने जोरदार ढंग से तीन आने रोज पर जीवन गुजारनेवाले लोगों का सवाल संसद में उठाया था, लेकिन इस वर्ग के लोग बाद में समाजवादियों के लिए गौण हो गए। बहुत गरमागरम बहस चली, कोका-कोला बनाम किसी भारतीय 'कोला' के बीच। कितना हास्यास्पद था यह पूरा विवाद! यह ऐसे देश में हो सकता है जहाँ 70 प्रतिशत लोगों ने इन पेयों का नाम भी नहीं सुना हो, यह किसी के दिमाग में नहीं आया। एक ऐसे देश में जहाँ अभी भी अधिकांश लोगों को पोषक भोजन नहीं मिलता, वहाँ परमाणु बम बनाने की धमकी देनेवाले प्रधानमंत्री की चाटुकारिता तक समाजवादी करते हैं। इनकी क्रान्तिकारिता की अधिकतम दौड़ बड़े उद्योगों के मजदूरों तक जाती है क्योंकि उनका जीवन स्तर अपेक्षाकृत ऊँचा है और नेताओं के हवाई-भ्रमण का भार वे वहन कर सकते हैं। एक समाजवादी नेता वियतनामी जनता की सहायता के लिए वहाँ के प्रतिनिधि को थैली भेंट करता है, लेकिन अपने देश में बाढ़-तूफान से पीड़ित लोगों के लिए उनके पास कोई थैली नहीं।

अपने परिवेश से कटे ऐसे नेता कितने दिनों तक लोगों को भुलावे में रख सकते थे? धीरे-धीरे इनका संगठन आधार खत्म हो गया।

समाजवादी आन्दोलन का एक नारा यह भी था : 'युद्धों के अन्त के लिए युद्ध'। इस विचार के अनुसार, समाजवादी क्रान्ति का उद्देश्य पूर्ण निरस्त्रीकरण भी था। जब रोजा लक्जमबर्ग ने 'स्पार्टाकस' लीग बनाई थी, तब इसके माध्यम से दुनिया के गरीबों का आह्वान किया था कि वे एक-दूसरे को मारने से इनकार

करें। आज पूँजीवादी और कम्युनिस्ट कहलानेवाले दोनों ही तरह के देश परमाणु बमों से लैस 'ग्लैडिएटरों' की सेनाएँ विश्व का विनाश करने के लिए तैयार कर रहे हैं। पूँजीवादी समाज की आर्थिक मजबूरियाँ हैं, जिनके कारण वे हथियारों पर रोक नहीं लगा सकते, कम्युनिस्ट समाज की अपनी राजनीतिक मजबूरियाँ हैं, जिनसे वे हथियारों पर रोक नहीं लगा सकते।

लोकतंत्र की भावना के दबाव का ही प्रभाव है, जिसने फ्रांस, इटली और स्पेन की शक्तिशाली कम्युनिस्ट पार्टियों को लोकतंत्र अपनाने को मजबूर किया है। यह लोकतांत्रिक समाजवादी मान्यताओं की सबसे बड़ी जीत है कि आधी शताब्दी तक सत्ता में रहने के बाद और दुनिया की सबसे बड़ी सैन्य शक्ति बन जाने के बाद रूस के कम्युनिस्ट शासक अपने निकटतक सहयोगियों को भी तानाशाही का समर्थक नहीं रख पाए। आदमी की आजादी की भावना अजेय है, अब यह साफ तौर से जाहिर हो रहा है। जिन समाजवादियों ने समाजवाद को स्वतंत्रता के साथ जोड़ा था, उनके लिए यह सबसे बड़ी नैतिक विजय है। अगर भारत के तथाकथित समाजवादियों ने स्वार्थवश या कायरता के कारण इस विजयकाल में आत्मसमर्पण कर दिया तो निश्चय ही यह एक अत्यन्त शर्मनाक घटना है।

['धर्मयुग', 14 अक्टूबर, 1979]

क्या विपक्षी दल सत्ता लेने की जिम्मेदारी निभाएँगे

लेमिंग चूहे जैसा एक जीव होता है। इसकी विशेषता है कि जब इसकी संख्या एक सीमा से ऊपर होने लगती है तो यह समूह बनाकर आत्महत्या के लिए निकल पड़ता है और तब तक बढ़ता जाता है जबकि नदी, नाले या समुद्र में जाकर अपने को विसर्जित न कर दे। भारतीय राजनीति में प्रतिपक्ष की कुछ ऐसी ही स्थिति रही है। जब भी इसे सत्ता मिलती है या इसके सामने सत्ता की सम्भावना दिखाई देती है तो इसके भीतर आत्महत्या की इच्छा बलवती होने लगती है और एक-न-एक बहाना बनाकर यह आत्मघात में लग जाता है।

जब 1976 में कई राज्यों में सम्मिलित सरकारें बनीं तो पहली बार भारतीय राजनीति में बड़े पैमाने पर दल-बदल का सिलसिला शुरू हुआ और साल बीतते-बीतते संविद सरकारें ध्वस्त हो गईं। फिर 1969 में जब कांग्रेस टूटी और विपक्ष के सामने अपनी शक्ति बढ़ाने का मौका आया तो एकाएक इन्दिरा गांधी के व्यक्तित्व की क्रान्तिकारिता से चमत्कृत हो इसका काफी बड़ा हिस्सा कांग्रेस के एक गुट का हिमायती बन गया और इन्दिरा गांधी की सत्ता को स्थायित्व देने में लग गया। 1977 के आम चुनाव में पहली बार कांग्रेस को केन्द्र में करारी हार मिली और ऐसा लग रहा था कि कांग्रेस की इमारत अब हमेशा के लिए धराशायी होनेवाली है, लेकिन दो साल के भीतर ही आत्महत्या की इच्छा पुन: बलवती हो उठी। फिर राष्ट्रीय स्वयंसेवक संघ का नकली सवाल पैदा कर जनता पार्टी के कई घटक पूरी ताकत से जनता सरकार को गिराने में लग गए।

राष्ट्रीय स्वयंसेवक संघ का सवाल नकली इसलिए था क्योंकि जनता पार्टी के किसी घटक के साथ उसका सीधा सम्बन्ध नहीं था। अगर परोक्ष सम्बन्ध था तो यह सवाल 1967 में क्यों नहीं उठा, जब सम्मिलित सरकारों में न सिर्फ संसोपा और चरण सिंह के लोग थे बल्कि भारतीय कम्युनिस्ट पार्टी भी जनसंघ के साथ सत्ता में हिस्सेदारी कर रही थी। यह तब हुआ जब जनसंघ का सीधा सम्बन्ध राष्ट्रीय स्वयंसेवक संघ के साथ था। इस क्रम में जनता सरकार के वैसे मंत्री भी थे जो एक दिन पहले संसद में सरकार के समर्थन में प्रभावी तर्क दे रहे थे, दूसरे दिन विपक्ष में जा बैठे और इस भगदड़ में जनता सरकार आधा कार्यकाल बीतते-बीतते खत्म

हो गई। अपने इस काम से उन्होंने न सिर्फ इन्दिरा गांधी की वापसी के लिए पथ प्रशस्त किया बल्कि विपक्षी दलों की शासन करने की क्षमता की विश्वसनीयता पर भी सन्देह पैदा कर दिया।

स्थितियाँ एक बार फिर विपक्ष के अनुकूल बनने लगी हैं। इन्दिरा कांग्रेस 'सरकार जो काम करे' के नारे पर चुनकर आई थी, लेकिन एक बात जो पिछले दिनों निर्विवाद रूप से सिद्ध हो चुकी है, वह है केन्द्र या राज्यों में कोई सार्थक शासन दे सकने में इन्दिरा कांग्रेस की असमर्थता। प्रशासन टूटकर बिखर रहा है। कहीं व्यवस्था नाम की कोई चीज नहीं दिखाई देती। अपने आन्तरिक मतभेद और भ्रष्टाचार के कारण इन्दिरा कांग्रेस की राज्य सरकारें स्थायित्व खो चुकी हैं और संकट से बचने के लिए नेताओं की हेराफेरी के अलावे इसके पास कोई सवाल नहीं है क्योंकि इसके पास न कोई नीति है और न नैतिकता, जिसके आधार पर कोई टिकाऊ व्यवस्था कायम हो सके। ऐयाशी पर देश का खजाना खाली हो रहा है, जिसके फलस्वरूप मुद्रा प्रसार और महँगाई अल्पकालिक विराम के बाद तेजी से बढ़ने लगी है। समाज के कमजोर वर्ग, जो गरीबी हटने की आशा में इन्दिरा कांग्रेस से बँधे थे, धीरे-धीरे निराश हो रहे हैं। आन्ध्र, कर्नाटक एवं कश्मीर के चुनावों के नतीजे तथा अन्य भागों में उपचुनावों के नतीजे बतलाते हैं कि हवा का रुख इन्दिरा कांग्रेस के खिलाफ है।

लेकिन विपक्ष की क्या स्थिति है? विपक्ष में विभाजन के वे सारे बीज मौजूद हैं जो कांग्रेस को सत्ता में रखते रहे हैं। गैर-कम्युनिस्ट विपक्षी दलों में नेताओं की वैयक्तिक महत्त्वाकांक्षा किसी तरह की एकता की राह में सबसे बड़ी बाधा है। अक्सर इसकी एकता वार्ता नेता कौन होगा, इसी विवाद में टूट जाती है। दूसरी समस्या नीति सम्बन्धी है। कुछ ऐसे गोल-मटोल नारों को छोड़, जिन पर सबकी सहमति दिखाई देती है, इन दलों की कोई ऐसी साफ नीति नहीं जो सत्ताधारी इन्दिरा कांग्रेस से इनकी अलग छवि बनाए। पिछले दिनों चरण सिंह कई सवालों पर इन्दिरा गांधी से करीब आते दिखाई पड़ते थे। इधर पंजाब की समस्या पर वे कट्टर हिन्दूवादी दृष्टि अपनाते रहे हैं। शायद यह दृष्टि उन्हें भारतीय जनता पार्टी के करीब लाए, जिनकी जनता पार्टी में मौजूदगी को उन्होंने जनता सरकार को तोड़ने के लिए काफी समझा था। उनका भारतीय जनता पार्टी के साथ समझौता और एक संसदीय दल के रूप में काम के निर्णय से एकता के साथ-साथ विघटन की शुरुआत भी हुई है। उनके इस निर्णय से काफी संख्या में लोग लोकदल छोड़ जनता पार्टी में शामिल हो गए हैं। बिहार में तो इससे लोकदल की शक्ति नगण्य हो गई है। उत्तर प्रदेश में जरूर लोकदल-भाजपा गठजोड़ से चुनाव परिणामों पर काफी प्रभाव पड़ेगा।

लेकिन प्रश्न है, जिस तरह के जोड़-तोड़ विपक्षी दलों में हो रहे हैं और जैसी कटुता इन दलों के नेताओं के बीच पैदा हो रही है, उसमें विपक्षी दलों की कोई वैकल्पिक शक्ति बन पाएगी?

इसमें कोई सन्देह नहीं कि चरण सिंह ने जिस तरह बिना संगठन की राय लिए भाजपा से गठजोड़ का निर्णय लिया है, वह दलीय लोकतंत्र के विपरीत है, लेकिन जिस तत्परता से लोकदल के लोग जनता पार्टी में बिना अपने दल में कोई विवाद उठाए शामिल हो गए हैं, वह बतलाता है कि ये लोग जनता पार्टी में शामिल होने के लिए सिर्फ मौके की तलाश में थे। बिहार में इनमें काफी लोग ऐसे हैं जो पहले संसोपा में थे और चरण सिंह के साथ इनका बहुत दिनों तक टिक पाना एक असाधारण बात होती। उन लोगों के लिए कर्पूरी ठाकुर के साथ रहना ज्यादा स्वाभाविक था और मौका मिलते ही उन्होंने दल बदल दिया।

लेकिन जो कारण लोकदल छोड़ने के दिए गए हैं—यानी भारतीय जनता पार्टी के साथ चरण सिंह का गठजोड़—वह अगर भाजपा को छूत माननेवाली नीति की पुनरावृत्ति का पूर्वाभास है तो विपक्ष की राजनीति के लिए दुर्भाग्यपूर्ण बात है। विपक्ष के दलों की स्थिति ऐसी नहीं है कि आज वे एक सीमा से अधिक छूत-अछूत की नीति बरतकर कोई वैकल्पिक सरकार केन्द्र में या एक-दो राज्यों को छोड़कर राज्यों में भी बना सकते हों। अगर विकल्प की सरकार के लिए विपक्षी दलों में एकता होना है तो उस बात पर जोर देने की जरूरत है जिस पर एकता की वार्ताओं में सबसे कम जोर दिया जाता है यानी जोर इस बात पर दिया जाना चाहिए कि कोई निश्चित पाँच-साला कार्यक्रम वैकल्पिक सरकार के लिए तय किया जाए और उस पर सहमति बनाई जाए।

विपक्षी दलों की टूट के पीछे कुछ हद तक सत्ता की जवाबदेही से कतराने की मानसिकता भी रही है। जो आकर्षण सत्ता का है, वह उसके सुख के लिए है, किसी सामाजिक आदर्श की पूर्ति के लिए नहीं। इसीलिए सुविधाओं के बँटवारे में जरा-सा मतभेद होते ही वे टूटने के बहाने ढूँढ़ने लगते हैं।

['रविवार', 16-24 सितम्बर, 1983]

भारतीय राजनीति की दिशा क्या हो

राजनीति में व्यक्तियों का सत्ता के लिए संघर्ष का अपना महत्त्व है, लेकिन अक्सर ऐसे संघर्ष के पीछे सामाजिक शक्तियाँ भी अदृश्य रूप से काम करती रहती हैं और इस संघर्ष को ऐसा मोड़ दे जाती हैं जो संघर्ष से सीधे रूप से जुड़े लोगों के लिए भी अप्रत्याशित होता है, लेकिन जहाँ स्थिति को साफ तौर से समझना और खोलकर लोगों के सामने रख देना आम लोगों के हित में होता है, वहीं ऐसे स्वार्थ भी हैं जिनकी हितरक्षा लोगों की निगाहों को सतह पर अटकाए रखने में होती है। इसमें 'लोकप्रिय' पत्रकारिता का भी अपना स्थान है जो ऐसे संघर्षों को भी जो करोड़ों लोगों के लिए जीवन-मरण की समस्या से जुड़े हैं, एक मनोरंजक अखाड़ेबाजी बना देती है। यह एक तरह से अफीम का काम करती है जो लोगों की संवेदनशीलता और विश्लेषणात्मक शक्ति को कुंठित कर उन्हें सामाजिक दृष्टि से पंगु बना देती है। खूबी यह है कि समस्याओं की अनभिज्ञता से लोग एक आनन्ददायक आत्मतुष्टि का अनुभव करने लगते हैं। लोग सोचने लगते हैं, अगर राजनीति के सारे संघर्ष नेताओं के व्यक्तिगत स्वार्थ और सत्ता के लिए हैं तो फिर वे इसमें क्यों पड़ें? हालाँकि यह तर्क लोकतंत्र की मूल मान्यताओं के विपरीत है, फिर भी आज हर तरफ से लोगों के इस भ्रम की पुष्टि की जा रही है।

जनता पार्टी के भीतर चल रहा आज का सत्ता संघर्ष ऊपर से शुद्ध रूप से वैयक्तिक महत्त्वाकांक्षा का संघर्ष दिखाई देते हुए भी अपने भीतर कई सामाजिक शक्तियों के संघर्ष को छिपाए चल रहा है, लेकिन इस संघर्ष के परिणाम सामाजिक रूप से तब तक निरर्थक होते रहेंगे जब तक कि असलियत को खोलकर जनता के सामने नहीं रखा जाता और सही परिप्रेक्ष्य में आम लोग इस संघर्ष में शामिल नहीं होते।

यह कहा जा सकता है कि अपनी तमाम विकृतियों के बावजूद आज जनता पार्टी के भीतर का संघर्ष दो विभिन्न दृष्टियों एवं दो विपरीत स्वार्थों से बँधे समूहों का संघर्ष है। आचरण के स्तर पर इस संघर्ष में लगे किसी समूह को विशुद्ध नैतिकता का खिताब नहीं दिया जा सकता। न तो चौधरी चरण सिंह और राजनारायण ने, न ही मोरारजी देसाई और चन्द्रशेखर ने सहनशीलता और शालीनता का कोई बड़ा आदर्श स्थापित किया है। दोनों ही पक्षों ने समय-समय पर संकीर्णता एवं

वैमनस्य दिखलाया है और नीचले दर्जे की राजनीतिक सौदेबाजी की है, लेकिन जब इन बातों को किनारे रख हम गहराई में उतरेंगे तो पाएँगे कि किसी-न-किसी रूप में आज चौधरी चरण सिंह नगरों के वर्चस्व के विरुद्ध गाँवों के स्वार्थ के प्रतीक बन गए हैं।

इसके विपरीत इनके विरोधी खेमे में वे लोग हैं जो किसी-न-किसी रूप में शहरी स्वार्थ से बँधे हैं : चाहे वे स्वार्थ उद्योगपतियों के हों या नगरों के बड़े उद्योगों में काम करनेवाले मजदूरों या अन्य शहरी मध्यम वर्ग के। इस दृष्टि से यह बात काफी महत्त्व की है कि पीलू मोदी और बीजू पटनायक, जो दोनों ही चौधरी चरण सिंह के साथ भारतीय लोकदल में थे, जनता पार्टी के आन्तरिक संघर्ष में उनसे अलग हो गए। उनके साथ उनके अपने लोगों के अलावा संसोपा का वह भाग ही रह गया, जो बिहार और उत्तर प्रदेश में ग्रामीण क्षेत्रों से जुड़ा हुआ है। लगभग वे सारे समाजवादी जो पश्चिमी ढंग का आधुनिकीकरण चाहते हैं या बड़े उद्योगों में ट्रेड यूनियन संगठनों से सम्बद्ध हैं, चौधरी चरण सिंह के कट्टर विरोधी बन गए।

यह महज संयोग की बात नहीं है कि चौधरी चरण सिंह ने गाँवों की प्राथमिकता के साथ बड़े औद्योगिक प्रतिष्ठानों और बहुद्देशीय विदेशी कम्पनियों और विदेशी पूँजी के विरोध को जोड़ने की कोशिश की है। इस मामले में उनकी दृष्टि स्पष्ट नहीं है कि बड़े उद्योगों का क्या होगा; खासकर उन क्षेत्रों में, जहाँ छोटे पैमाने पर उद्योग नहीं चलाए जा सकते। लेकिन ग्रामीण क्षेत्रों की समस्याओं से जुड़े होने से उन्हें इस बात का अहसास जरूर है कि वर्तमान औद्योगीकरण की प्रक्रिया में गाँव दिन-पर-दिन गरीब होते जा रहे हैं और शहरों में एक तबके का वैभव और अभिजात्य बढ़ता जा रहा है। इसलिए उनके भीतर इस स्थिति को बदलने की जलन जरूर है, हालाँकि यह बात सत्ता की राजनीति के गँदले पानी में स्पष्ट नहीं हो पाती। यह भावना अक्सर उनकी असमर्थता से पैदा हुई खीझ में प्रकट होती है।

चौधरी साहब की विवशता का एक और भी कारण है। आधुनिक उद्योग और नगरों की सम्पन्नता की उपज आज का प्रशासनिक ढाँचा भी ताम-झाम के इस शहरी साँचे में ढल चुका है और इसके माध्यम से कोई ऐसी अर्थनीति चलाना जो आज तक की विकास की दिशा को मोड़ सके, कोई आसान काम नहीं। यह सिर्फ सरकारी नीतियों का मामला नहीं है क्योंकि बदलाव की ऐसी नीतियाँ प्रशासन द्वारा डाली गई अदृश्य बाधाओं और दबावों में समाप्त हो जाएँगी। ऐसी नीतियों को चलाने के लिए तो ऐसी जनचेतना और जनशक्ति को पैदा करना होगा जो प्रशासन के बावजूद उन्हें लागू करा सके। जे.पी. की लोकप्रियता की बात किसी स्वप्नदृष्टा की कल्पना भर नहीं है, बल्कि ग्रामोन्मुख अर्थव्यवस्था की न्यूनतम आवश्यकता है, लेकिन चौधरी चरण सिंह किसी जनान्दोलन से सम्बद्ध नहीं रहे हैं, इससे अपनी बेबसी की स्थिति में भी इस बात को नहीं देख पाते। इसलिए उनकी

दृष्टि सत्ता के माध्यम से ही कुछ कर डालने की होती है और इसमें वह ऐसा उलझ जाते हैं कि उनके अपने ही राजनीतिक अस्तित्व का संकट पैदा हो जाता है।

लेकिन चौधरी चरण सिंह की अपनी कमजोरियों के बावजूद जो दिशा उन्होंने अपनाई है और जिसका प्रभाव जनता पार्टी के चुनाव घोषणापत्र पर स्पष्ट रूप से था, उससे अलग भारत के लिए कोई भविष्य नहीं। तीसरी दुनिया का जो रूप पिछले तीन दशकों में उभरा है, वह करीब एक जैसा है। पश्चिमी देशों के सम्पर्क और उनकी साझेदारी से कुछ आधुनिक औद्योगिक और व्यावसायिक केन्द्र और इसके साथ-साथ कुछ बड़े नगरों का विकास होता है।

इसमें पश्चिमी अनुकरण से एक वर्णसंकर संस्कृति पैदा होती है और खर्चीले रहन-सहन की होड़ लग जाती है। इससे विकसित देशों से आयात पर निर्भरता बढ़ती है। शहर के साज-सिंगार का आधार गाँवों का शोषण होता है। इस तरह शहर दोहरे शोषण का केन्द्र बन जाते हैं। एक तरफ तो ये गाँवों का शोषण करते हैं, दूसरी ओर प्रसाधनों या विलासिला की अन्य वस्तुओं या उनको बनानेवाली मशीनों एवं दक्षता के आयात पर बड़ी मात्रा में देश का धन विदेशों को भेजते हैं। उधर गाँवों की बढ़ती विपन्नता के विशाल जनसमूह में क्रयशक्ति का अभाव होता है। इससे देश के उद्योग-धन्धों को यथेष्ट बाजार उपलब्ध नहीं होता तथा औद्योगिक विकास रुक जाता है। देश में पूँजी संचय के सबसे बड़े स्रोत श्रम शक्ति का उपयोग नहीं हो पाता और आम आर्थिक ह्रास चालू रहता है। इन देशों में असली समस्या इस पूरी प्रक्रिया को बदल डालने की है।

कृषि की प्राथमिकता एवं जहाँ भी सम्भव हो, कम पूँजी और अधिक श्रम पर आधारित उद्योगों के विकास का परिणाम लोगों को बड़े पैमाने पर रोजगार देकर क्रयशक्ति बढ़ाने का होगा। यह प्रक्रिया एक बार आरम्भ हो जाए तो उपभोग की वस्तुओं की माँग बढ़ते जाने से उत्तरोत्तर और अधिक उद्योगों के लिए प्रोत्साहन मिलेगा। इस तरह वर्तमान गतिरोध टूट सकता है, लेकिन इसकी शुरुआत नगरों में आधारित विलासिता पर रोक लगाकर ही हो सकती है।

लेकिन फिर वही समस्या आती है। इस तरह की नीति कौन चलाएगा? लेनिन ने रूस की क्रान्ति के बाद समाजवाद की व्यवस्था की थी—'सोवियत विद्युतीकरण' भारतीय जननिर्माण का सूत्र होगा—'लोकशक्ति और ग्रामोन्मुख अर्थनीति' गतिरोध टूटेगा नई लोकशक्ति से ही, चाहे इसके निर्माण की चुनौती जो स्वीकारे।

लेकिन लोकशक्ति और ग्रामोन्मुख अर्थनीति, दोनों ही एक महत्त्वपूर्ण प्रश्न खड़ा कर देती हैं। लोक कौन होंगे? अभी तो गाँव का समाज स्वयं बँटा है, जैसे भू-स्वामियों और श्रमिकों में। फिर जमीन के मालिकों में भी छोटे और बड़े एवं सम्पन्न किसानों का फर्क है। निश्चित ही लोकशक्ति के निर्माण के लिए गाँव के सभी तबकों को, चाहे वे जमीन वाले हों या बेजमीन, इकट्ठा करना होगा। कुछ

मुद्दों पर उनको भी साथ लेना होगा, जिनके खिलाफ गरीब किसानों की शोषण के खिलाफ लड़ाई है। गाँव के सबसे गरीब खेत मजदूर की लड़ाई को पूरे ग्रामीण क्षेत्र की आम आर्थिक बेहतरी की लड़ाई के साथ जोड़ना होगा, नहीं तो गाँव के किसान और मजदूर आपस में लड़ते रहेंगे और ग्रामीण समाज का आम शोषण चलता रहेगा।

इस दृष्टि से जो बड़ी विकृति आई है वह यह है कि चौधरी चरण सिंह नवोदित मध्यम जातियों के नेता के रूप में उभर रहे हैं। किसी भी जातीय संगठन की लाजिमी प्रतिक्रिया होती है, इसके विरोध में अन्य जातियों का संगठित होना। इसमें जातियों के संघर्ष की सम्भावना भी निहित रहती है। इसलिए जहाँ एक तरफ मध्यम जातियों की राजनीतिक प्रक्रिया में साझेदारी स्वागत के योग्य है और इस बात का प्रमाण है कि लोकतंत्र की जड़ें गहरी होती जा रही हैं, वहीं जाति के नाम पर इस शक्ति के गठन से जाति संघर्ष और खासकर सबसे उपेक्षित और गरीब जातियों के साथ ज्यादतियों का खतरा भी पैदा होता है। अगर ऐसे संघर्ष बढ़े तो गाँवों की लोकशक्ति आपसी झगड़ों में ही चुक जाएगी। फिर भी जाति संगठन का मोह बड़ा बलवान होता है क्योंकि इसमें समर्थन बिना किसी ठोस काम या गुण के मिलता है। इसीलिए यह खतरनाक भी है क्योंकि इससे कोई विधायक शक्ति नहीं पैदा हो सकती। यह दूसरी जातियों के विरोध पर ही पलता है। इसलिए नई नीति को जातीयता के घेरे से मुक्त करना होगा।

बहुधा जातियों के संघर्ष भी भूमिहीन और भूमिपतियों के संघर्ष के विकृत रूप होते हैं। अगर लोगों का ध्यान ऐसे तथ्यों पर रहे तो फिर इन संघर्षों को भी एक सही और विधायक रूप दिया जा सकता है। इसके लिए जातियों के बीच सहयोग और आर्थिक विषमता के विरुद्ध संघर्ष को बल देना होगा। ऊपर के मूल उद्देश्यों को सामने रखकर नीति-निर्धारण से ही भारत आगे बढ़ सकता है और लोकतंत्र की रक्षा भी हो सकती है।

['दिनमान', 13-19 अगस्त, 1978]

हमारी राजनीतिक संस्कृति

लोगों को आशा थी कि इमरजेंसी हटने के बाद जनता पार्टी के शासन में लोकतांत्रिक मूल्यों के प्रति आस्था बढ़ेगी और लोकतंत्र का आधार टिकाऊ हो जाएगा। हालाँकि लोकतंत्र का बाहरी ढाँचा, जिसे इन्दिरा गांधी ने बहुत हद तक तोड़ दिया था, फिर वैसा बरकरार हो गया है, किन्तु इसके स्थायित्व के विषय में फिर से सन्देह होने लगा है। जनता पार्टी का आपसी विग्रह, जनता सरकार की गतिशून्यता और इन्दिरा गांधी का फिर उभरकर राजनीति में आना, ये सब यह प्रश्न पैदा कर रहे हैं : हमारा लोकतंत्र टिकाऊ रह पाएगा क्या?

अगर हम इस प्रश्न पर थोड़ी गहराई से विचार करें तो पाएँगे कि लोकतंत्र के संकट का कोई भी सीधा सम्बन्ध न तो जनता पार्टी के आपसी मतभेद से है और न इसकी असफलता से। लोकतंत्र के भीतर पार्टियाँ बनती हैं, टूटती हैं और समाप्त हो जाती हैं। एक पार्टी चली जाती है और दूसरी पार्टी या पार्टियाँ उसकी जगह ले लेती हैं, पर लोकतंत्र चलता रहता है। जनता पार्टी के आपसी झगड़ों से कम झगड़े कांग्रेस के भीतर नहीं होते थे, और 1969 में तो इस झगड़े में कांग्रेस पार्टी टूट ही गई थी। फिर भी हम स्थिति को झेल गए और लोकतंत्र नहीं टूटा। अमेरिका में हैमिल्टन और जेफर्सन जैसे गणराज्य के जन्मदाताओं की पार्टियाँ क्रमशः फेडरलिस्ट और रिपब्लिकन का अस्तित्व समाप्त हो गया और एक लम्बी प्रक्रिया में फिर से वहाँ की दो वर्तमान पार्टियाँ, डेमोक्रेटिक और रिपब्लिकन अस्तित्व में आईं पर अमेरिका का लोकतंत्र उत्तरोत्तर अधिक स्थायी बना। स्वयं ग्रेट ब्रिटेन में लिबरल पार्टी बीसवीं सदी के प्रारम्भ में कमजोर होते-होते एक छोटी पार्टी बन गई और लेबर पार्टी ने इसका स्थान ले लिया। आज फिर वहाँ यह स्थिति है कि किसी एक पार्टी का बहुमत नहीं है, लेकिन किसी को इस बात की आशंका नहीं है कि वहाँ लोकतंत्र खत्म होनेवाला है। दुनिया में अधिकांश स्थायी लोकतंत्र बहुदलीय है जहाँ मिली-जुली सरकारें काम करती हैं और पार्टियों के गठजोड़ में हमेशा अदल-बदल होते रहते हैं।

अगर हमारे लोकतंत्र के टिकाऊपन के बारे में हमारे मन में बार-बार सन्देह पैदा होता है तो उसका असली कारण है, इसका कमजोर सामाजिक सांस्कृतिक आधार।

किसी राजनीतिक व्यवस्था के पीछे आधार रूप से उसकी राजनीतिक संस्कृति और फिर उपसंस्कृतियाँ होती हैं, जिनसे बहुत हद तक राजनीतिक व्यवस्था के चरित्र का निर्धारण होता है। यह कोई जरूरी नहीं कि राजनीति का ऊपरी ढाँचा ठीक-ठीक राजनीतिक संस्कृति को प्रतिबिम्बित करे। फिर भी दोनों का एक-दूसरे से गहरा सम्बन्ध होता है। हालाँकि संस्कृति निर्णायक होती है, फिर भी दोनों एक-दूसरे को प्रभावित करते हैं और इस प्रक्रिया में राजनीतिक संस्कृति में भी बदलाव आता है, लेकिन जहाँ राजनीतिक व्यवस्था और राजनीतिक संस्कृति, दोनों की मूल मान्यताएँ एक-दूसरे से विपरीत पड़ें वहाँ राजनीतिक व्यवस्था पर राजनीतिक संस्कृति के अनुसार बदलने का भारी दबाव पड़ता है।

राजनीतिक संस्कृति के स्वरूप निर्धारण में अर्थव्यवस्था का एक महत्त्वपूर्ण स्थान है—जैसे सामन्ती अर्थव्यवस्था का लोकतांत्रिक संस्कृति से विरोधाभास—लेकिन वही अकेले इसके लिए सब कुछ नहीं है। इसमें आम लोगों की धार्मिक मान्यताएँ, सामाजिक मान्यताएँ और अपनी सम्पूर्ण स्थिति के बारे में व्याप्त अवधारणाएँ भी महत्त्वपूर्ण भूमिका अदा करती हैं। इसकी मूल मान्यता है सभी व्यक्तियों की समता क्योंकि बिना इस बात को कबूल किए मतदान के बराबरी के अधिकार को नहीं माना जा सकता। इसी से मिली दूसरी मान्यता है विचार की स्वतंत्रता, क्योंकि जिसका अपना मत नहीं (अपना मत तो स्वतंत्र मत ही हो सकता है), वह मतदान क्या करेगा? अब अगर आर्थिक ढाँचा ऐसा हो कि एक व्यक्ति अपनी आजीविका के लिए दूसरे पर पूर्ण रूप से निर्भर हो तो वह स्वतंत्र मत के अपने अधिकार का स्वच्छन्दतापूर्वक उपयोग नहीं कर पाएगा। इसी तरह अगर समाज ऐसी वैचारिक रूढ़ियों से ग्रस्त हो या ऐसे दबावों से आक्रान्त हो, जिसमें परम्परागत सम्बन्धों या सरकार द्वारा आरोपित सम्बन्धों को निर्विवाद रूप से मान लिया जाता हो तो फिर स्वतंत्र मतदान की बात निरर्थक हो जाएगी।

इन मान्यताओं से लोकतांत्रिक प्रक्रिया के लिए कई नतीजे निकलते हैं। चूँकि मतदान स्वतंत्र है, मत परिवर्तन के लिए खुले विवाद की आवश्यकता होगी। अत: समाज के नीचे से ऊपर तक हर, स्तर के बीच निर्बाध सम्प्रेषण की सम्भावना होनी चाहिए, न सिर्फ नागरिकों के बीच बल्कि नागरिकों और प्रशासन के बीच भी, ऐसे विवाद से ठोस राजनीतिक नतीजे निकलें, इसके लिए यह जरूरी है कि लोगों की आकांक्षाओं का वैकल्पिक नीतियों में रूपान्तर सम्भव हो और मंजूर नीतियों पर अमल हो, जिससे इसका अप्रत्यक्ष प्रभाव लोगों के जीवन पर हो। अन्तिम दो प्रक्रियाओं से लोकतंत्र एक अमली रूप में लोगों के सामने आता है और इस पर लोगों की आस्था मजबूत होती है। इसके विपरीत, अगर ठोस नीतियों की जगह भावना उभारनेवाले नारों की प्रमुखता रही तो ठोस नतीजों के अभाव में लोग लोकतंत्र से निराश हो जाएँगे।

ऊपर बतलाई गई लोकतंत्र की कुछ मूलभूत आवश्यकताओं को ध्यान में रखकर अगर हम अपने लोकतंत्र पर विचार करें तो पाएँगे कि हमें अपने इतिहास से दो विपरीत स्थितियाँ मिली हैं। एक तरफ तो स्वतंत्रता संग्राम के क्रम में कुछ नागरिक अधिकार मिले और स्वतंत्रता के बाद राजनीति का एक लोकतांत्रिक ढाँचा भी मिला। संविधान में हमें कुछ मूलभूत नागरिक अधिकार प्राप्त हुए। बालिग मतदान का अधिकार मिला, एक हद तक स्वतंत्र प्रेस मिला और सिद्धान्त रूप में निष्पक्ष न्यायिक और प्रशासनिक ढाँचा भी। ये सब महत्त्वपूर्ण उपलब्धियाँ थीं जिन्हें प्राप्त करने में अनेक देशों को सदियों संघर्ष करना पड़ा था और आज भी दुनिया के तीन चौथाई से अधिक देशों में ये अधिकार उपलब्ध नहीं हैं।

लेकिन इस लोकतांत्रिक आकार की सांस्कृतिक पीठिका में लोकतंत्र विरोधी तत्त्व ज्यादा सशक्त रहे हैं। जात-पाँत के भेदभाव की जकड़, जो लोकतंत्र की बुनियादी मानव के बराबरी के सिद्धान्त को ही नामंजूर करती हैं, आज भी देश में मजबूत है। इससे समाज का एक बड़ा हिस्सा, जिसे दलित के नाम से जाना जाता है, समाज की मूलधारा से कटा रहा है। इससे देश की एक संस्कृति बनने के बजाय जातियों की संस्कृतियाँ बनी हैं जो एक-दूसरे को जाति व्यवस्था द्वारा निर्धारित मात्र कुछ बिन्दुओं पर छूती हैं। लोगों की मूल वफादारी भी अपनी जातियों के प्रति अधिक है और उन मान्यताओं के प्रति कम जो सारे समाज को एक सूत्र में बाँधती हैं और लोकतंत्र की आधार हैं।

लेकिन पुराने जातिभेद के अलावा एक और तरह का जातिभेद अंग्रेजी शासन के परिणामस्वरूप देश में पैदा हुआ है। अंग्रेजों ने अपना शासन चलाने के लिए भारतीय समाज में एक ऐसा वर्ग पैदा किया, जिसने अंग्रेजी भाषा और अंग्रेजियत के मूल्यों को पूरी तरह अंगीकार कर लिया। उसकी दृष्टि में अंग्रेजी भाषा-भूषा, रहन-सहन का ढंग और पश्चिमी सभ्यता के मूल्य सभी श्रेष्ठ थे। इस वर्ग की एक अलग वर्णसंकर संस्कृति बनी। इसमें से ही लोगों को ऊँची आमदनी वाली सरकारी या गैर-सरकारी नौकरियों और पेशों में स्थान मिलना था जिससे इनका जीवन स्तर ऊँचा रहा और रहन-सहन का ढंग अंग्रेजों के अनुकरण पर आधारित होता रहा। इस वर्ग में भी भारतीय समाज के ऊपरी स्तरों के लोग पहले शामिल हुए। इस तरह इस नये अभिजात वर्ग और आम लोगों के बीच एक गहरी खाई पैदा हो गई। चूँकि प्रशासन और राजनीति के ऊँचे स्तरों पर अधिकांश लोग इसी अभिजात वर्ग से आते हैं, अत: राज्य व्यवस्था चलानेवालों की दृष्टि में आम लोग उपेक्षित रहे। जो थोड़े-से लोग निचले स्तर से भी इस वर्ग में भर्ती होते हैं, वे भी अभिजात्यता के मूल्यों को अंगीकार कर अपने पिछले परिवेश से कट जाते हैं।

इससे एक तो सम्प्रेषण का संकट पैदा होता है क्योंकि सम्प्रेषण के लिए एक संस्कृति और भाषा का होना जरूरी है। दूसरे, जनतांत्रिक व्यवस्था और प्रशासन

में विरोध पैदा होता है। कारण यह कि जनतंत्र का दबाव गैरबराबरी को मिटाने की दिशा में होता है क्योंकि यह बहुसंख्यक लोगों के हित में है, जिनके हाथ में बहुमत की ताकत है। अत: कोई भी राजनीतिक पार्टी, जिसे चुनाव जीतना है, अधिक काल तक बहुमत की भावनाओं की उपेक्षा नहीं कर सकती, लेकिन प्रशासन, जिसमें अभिजातों की प्रधानता है और जिनके सम्बन्ध समाज के अन्य सम्पन्न वर्गों से बन जाते हैं, ऐसे दबाव को अपनी सुविधाओं पर खतरा के रूप में देखता है। इस तरह कदम-कदम पर लोक और तंत्र का टकराव होता रहता है।

अंग्रेजों से ही मिली विरासत यह भी है कि प्रशासनिक ढाँचा अतिकेन्द्रित है, जिसमें कलेक्टर का अधिकार जिले के स्तर पर किसी भी लोक प्रतिनिधि से अधिक होता है। यहाँ तक कि संघीय सेवा का अंग होने के कारण राज्य सरकारों का नियंत्रण भी इन पर आंशिक ही होता है। फिर पुलिस सेवा अंग्रेजों के जमाने से ही दमन का अंग होने के कारण न्यायपालिका के बजाय कार्यपालिका की अंग है और अपराधों को रोकने में इनका उपयोग तो यदा-कदा ही होता है। मुख्य रूप से इनका उपयोग जन आन्दोलनों से निपटने में होता है। आजादी के बाद प्रशासन और पुलिस के इस चरित्र में कोई तब्दीली नहीं आई है। इससे भी एक राजनीतिक संस्कृति बनती है।

भावनात्मक स्तर पर राज्य व्यवस्था के प्रति लोगों का दृष्टिकोण नागरिक और प्रतिनिधि सरकार के बजाय शासित और शासक का होता है। इससे लोगों पर राज्य व्यवस्था का आतंक मिश्रित रोष बना रहता है और राज्य व्यवस्था उस स्वाभाविक जनसमर्थन से वंचित हो जाती है जो हर संकट के समय लोकतंत्र का सबसे बड़ा आधार है। जनता सरकार की स्थापना के बाद भी बार-बार, बल्कि पहले से भी अधिक बार, पुलिस द्वारा गोली चलाया जाना जनता और सरकार के बीच की चौड़ी खाई के प्रत्यक्ष प्रमाण हैं। यह कह देना कि भीड़ बार-बार ऐसी स्थिति पैदा कर देती है कि पुलिस को गोली चलानी होती है, कोई दलील नहीं है। अगर जनता और सरकार के बीच तादात्म्य हो, जोड़नेवाली कड़ी हो और निर्बाध सम्प्रेषण हो तो ऐसी स्थिति पैदा ही नहीं होगी।

सरकार को स्वयं जनता पर आस्था नहीं है, इसका एक सबूत कई राज्य सरकारों द्वारा निवारक नजरबन्दी कानून का सहारा लेना है, जबकि केन्द्र से इसे खत्म कर दिया गया है। इससे यह भी पता चलता है कि जनता पार्टी के नेताओं में भी कानून के राज्य में आस्था नहीं, जो जनतंत्र का आधार है।

ऊपर की स्थिति से भी लोकतंत्र के नष्ट होने का खतरा है। जैसे-जैसे सरकार से जनता भावनात्मक स्तर पर कटती जाएगी वैसे-वैसे असन्तोष आन्दोलन का रूप लेगा जिसे सरकार दमन से दबाएगी, जिसके फलस्वरूप जनता का दुराव और भी बढ़ेगा। इस तरह एक स्थिति आ सकती है कि प्रशासन जनता के अधिकारों को

समाप्त करना ही जन आन्दोलन से बचने का एकमात्र उपाय मानने लगे। इन्दिरा गांधी की इमरजेंसी के पीछे कुछ इसी तरह का घटना-क्रम था।

राजनीति में धर्म और जाति की प्रधानता से भी राजनीतिक संस्कृति खंडित होती है और लोकतंत्र का आधार कमजोर होता है। हमने ऊपर चर्चा की है कि लोकतंत्र में लोगों की आकांक्षाओं का वैकल्पिक नीतियों में रूपान्तरित होना लोकतांत्रिक व्यवस्था के लिए जरूरी है। अब अगर राजनीति में ऐसी नीतियों को प्रश्रय मिलने लगे जो भावनात्मक स्तर पर बड़े समूहों को बिलकुल अमान्य हो तो सहिष्णुता का वातावरण खत्म होने लगेगा और विवेकपूर्ण विवाद की बुनियाद कट जाएगी। जाति-धर्म के मसले ऐसे ही हैं। सबको अपने धर्म के पालन का अधिकार हो यह तो लोकतंत्र का अनिवार्य अंग होगा, लेकिन किसी एक धर्म की मान्यताएँ दूसरों पर किसी रूप में थोपी जाएँ, यह अमान्य होगा। इसी तरह अगर राजनीतिक में जातियों को आधार मान लिया जाए तो विवाद की जगह परम्परागत पूर्वग्रह ले लेंगे और कोई ऐसी नीति चलाना मुश्किल होगा जो एक से अधिक जातियों को मान्य हो।

अत: लोकतांत्रिक व्यवस्था के लिए ऐसी राजनीतिक संस्कृति की जरूरत होगी, जो राजनीति को उन्हीं मुद्दों पर सीमित करती हो, जो सभी जाति और धर्म के लोगों को समान रूप से प्रभावित करते हों। इसमें लोगों के राजनीतिक अधिकार और आर्थिक समस्याएँ शामिल होंगी। लोगों के जीवन स्तर की समस्या, आर्थिक वर्गों की समस्या, शिक्षा की सुविधा और इसके अधिकार, आजीविका का अधिकार आदि ऐसे मुद्दे हैं जिन पर सभी धर्म और जातियों के लोग, जो समान आर्थिक स्थिति में हैं, इकट्ठे हो सकते हैं। इन मसलों पर वर्गों के आधार पर विभाजन हो सकता है, लेकिन समाज खंडित नहीं होगा क्योंकि मनुष्य का वर्ग उसकी कोई स्थायी स्थिति नहीं। एक व्यक्ति जो आज अमीर है, कल गरीब हो जाता है और अपनी स्थिति को कबूल कर लेता है। अत: समाज भी अपनी अखंडता पर बिना कोई आघात किए बहुमत के हित में ऐसे परिवर्तन कर सकता है, जिससे कुछ सम्पन्न लोगों की सम्पन्नता सीमित हो। ये सब ऐसे मुद्दे हैं जिन पर बुद्धि-संगत ठोस नीतियाँ बन सकती हैं।

भारत का दुर्भाग्य रहा है कि आर्थिक क्षेत्र में कुछ कर पाने की असमर्थता को छिपाने के लिए राजनीतिक नेता प्राय: सुविधा का रास्ता अख्तियार करते हैं और जाति-धर्म की परम्परागत भावनाओं को उभारकर जन समर्थन प्राप्त करते हैं। चूँकि अन्ततोगत्वा इस तरह की नीति से कोई राहत लोगों को नहीं मिल पाती, राजनीति और लोकतांत्रिक प्रक्रिया से लोगों का विश्वास उठने लगता है। लोग यह सोचने का कष्ट नहीं करते कि मतदान तो उन्होंने जाति या धर्म के आधार पर किया था, फिर किसी अनुकूल अर्थनीति के निकलने की अपेक्षा उन्हें क्यों करनी चाहिए।

भारत में लोकतंत्र को दीर्घकाल के लिए स्थायी बनाने के लिए असल प्रयास इसके अनुकूल राजनीतिक संस्कृति पैदा करने की दिशा में ही हो सकता है। अगर

लोकतंत्र का ढाँचा काफी दिनों तक कायम रह गया तो इसका प्रभाव भी अपने अनुकूल संस्कृति बनाने में होगा। धीरे-धीरे लोगों की अपेक्षाएँ और प्रतिक्रिया राजनीतिक प्रक्रिया में हिस्सा लेते-लेते बदलने लगेंगी। लेकिन आज हमारा लोकतंत्र जिस डगमग आधार पर खड़ा है, किसी साधारण संकट में भी यह झटके से टूट सकता है। इसलिए सिर्फ इस प्रक्रिया के भरोसे बैठना खतरनाक है। आवश्यकता है राजनीतिक संस्कृति को बदलने की, जो काम वही लोग कर सकते हैं जो राजनीति के प्रति सजग होते हुए भी महज सत्ता की राजनीति के चक्कर में नहीं हैं।

राजनीतिक सत्ता अपने आप में कोई सामाजिक लक्ष्य नहीं हो सकता। जो लोग इसे ही लक्ष्य मान लेते हैं, इसकी परवाह नहीं करते कि उनके कामों से लोकतांत्रिक ढाँचा कमजोर होगा। उन्हें हर कीमत पर सत्ता चाहिए। इसके लिए वे लोकतंत्र विरोधी सांस्कृतिक परिवेश को अपने स्वार्थवश मजबूत करते हैं। इस सम्भावना को रोकना हमारे लोकतंत्र की असली समस्या है।

कुल मिलाकर हमारा लोकतंत्र एक सांस्कृतिक क्रान्ति के जरिये ही स्थायी होगा, जिसमें प्रशासनिक ढाँचा, वर्ग सम्बन्ध और जाति-धर्म आदि से बँधे पूर्वग्रह आदि सभी में बदलाव होंगे। यह एक व्यापक आन्दोलन के जरिये ही हो सकता है। देश का पुराना नेतृवर्ग जो सत्ता की राजनीति में बुरी तरह उलझ गया है, ऐसे आन्दोलन की अगुवाई में अक्षम है। कुछ छोटी जमातें, जैसे छात्र युवा संघर्ष वाहिनी, ऐसे आन्दोलन में समर्पण के भाव से लगी हैं, लेकिन समस्या के आकार को देखते हुए उनकी शक्ति छोटी है। नई पीढ़ी अगर बड़ी शक्ति लेकर ऐसे आन्दोलनों में आगे आए तो ही देश का लोकतंत्र चिरकाल के लिए सुरक्षित हो पाएगा।

['दिनमान', 21-27 जनवरी, 1979]

गठबन्धन ही राजनीति

गठबन्धन-1

1

1984 के आम चुनाव के लिए मतदान के पूर्व कुछ बेचैनी पैदा करनेवाली खबरें आईं, जो देश के स्वास्थ्य की स्थिति को बताती थीं। चुनाव की सरगर्मी जब अपनी चरम सीमा पर पहुँचने जा रही थी, उस वक्त भी देश में विभिन्न भागों से सैकड़ों (वास्तव में हजारों) लोगों के ठंड से मरने के समाचार प्रकाशित हुए। वस्तुत: जाड़े की ये मौतें भोजन एवं वस्त्र और आवास के अभाव के कारण थीं। किसी के भी दिमाग में इसे मुद्दा बनाने का खयाल नहीं आया क्योंकि एक या कुछ व्यक्तियों को महिमा-मंडित करने के लिए अरबों रुपये उलीचे जा रहे थे जबकि उसके छोटे हिस्से की राशि भी हजारों की जिन्दगी बचा सकती थी। यह स्थिति भारतीय राजनीति की वर्तमान दशा का भली-भाँति संकेत करती है। अच्छी फसल के गर्भ में, जिसे कांग्रेस (इ) ने अपने प्रचार-अभियान का मुद्दा भी बनाया था, ये मौतें सरकार द्वारा जनता की घोर उपेक्षा की द्योतक थीं। खर्चीले चुनाव अभियान के दौरान ही महाराष्ट्र के विदर्भ क्षेत्र के सूखा-ग्रस्त होने के कारण लोग घोर कष्ट से गुजर रहे थे। उन सबके ऊपर, भोपाल की यूनियन कार्बाइड कीटनाशक कारखाने में जहरीली गैस के रिसाव के कारण हजारों की मौत हुई थी और लाखों के स्वास्थ्य की गम्भीर क्षति हुई है। यह घटना आम जनता की जिन्दगी के प्रति कांग्रेस (इ) की सरकार की उदासीनता का प्रत्यक्ष परिणाम थी। जनता के स्वास्थ्य के सम्बन्ध में थोड़ी भी चिन्ता रखनेवाली किसी भी सरकार ने उत्पादन के क्रम में गैस का भंडार रखने और इस्तेमाल करनेवाले कारखाने को बड़ी आबादी वाले इलाके में रखे जाने की अनुमति नहीं दी होती। बहुराष्ट्रीय कम्पनियाँ आदमी की जान की परवाह नहीं करने के मामले में बदनाम रही हैं, खास तौर पर तीसरी दुनिया के देशों में और जहाँ मुनाफे की बात रही हो, परन्तु भारत सरकार तथा मध्य प्रदेश सरकार की अनुमति के बिना यूनियन कार्बाइड कारखाना स्थापित ही नहीं किया जा सकता था। अत: जिन लोगों पर मुकदमा चला, उनके अतिरिक्त, बहुराष्ट्रीय कम्पनियों के प्रति उनके रुख और भोपाल कीटनाशक कारखाने के स्थान की अनुमति देने के कारण केन्द्र तथा राज्य के शासक दल के नेताओं को भी कठघरे में खड़ा किया जाना चाहिए था। राजनीतिक स्तर पर भी सरकार की अक्षमता इस

बात से बिलकुल साफ-साफ उजागर हुई थी कि भारत के दो राज्यों—असम और पंजाब—में कटुतापूर्ण असन्तोष तथा कानून और व्यवस्था की जबर्दस्त गिरावट के कारण चुनाव नहीं कराए जा रहे थे।

परन्तु कांग्रेस (इ) के कामों तथा जनता के जीवन और कल्याण के प्रति उसके रुख के इस विवादास्पद रिकॉर्ड के बावजूद कांग्रेस (इ) ने सम्पूर्ण हिन्दी क्षेत्र में पूरी बाजी मार ली। यही नहीं, बल्कि मध्य प्रदेश में, जिसकी राजधानी में गैस रिसाव की यह भयंकर त्रासदी घटित हुई थी, उसको उन सभी सीटों पर जीत हासिल हुई जिन पर चुनाव हुए थे। कांग्रेस को मिले इस जबर्दस्त जनादेश को यदि उसकी लोकप्रियता का परिणाम मानें तो हम यह स्वीकार करने को बाध्य होंगे कि गरीब लोग आत्मपीड़न-रति की मानसिकता से ग्रस्त होकर अपने उत्पीड़क से प्यार करते हैं। यह स्थिति की अत्यधिक अविश्वसनीय व्यवस्था होगी। इसकी अपेक्षा यह व्याख्या अधिक सार्थक होगी कि सामान्य लोग राजनीतिक व्यवस्था के प्रति उदासीन हो गए हैं और सीधे-सीधे उन लोगों को वोट देते हैं जिनमें गोलबन्दी की अधिक क्षमता है, या नहीं तो फिर वे अपने मताधिकार का इस्तेमाल ही नहीं करते हैं। जनता जब अपनी दशा को राजनीतिक सहभागिता के द्वारा सुधारने की आशा खो देती है तब वह जीवन में एक के बाद एक आनेवाले दुखों को अपनी नियति के रूप में स्वीकार कर बैठती है और किसी खास पर दोष लगाने या जवाबदेह लोगों को दंडित करने की चिन्ता नहीं करती है।

भारतीय मतदाता के क्षणभंगुर व्यवहार को उदासीनता तथा निराशा के ठोस सन्दर्भ में ही समझा जा सकता है। बहुचर्चित लहर और झुकाव मध्यम वर्गों तक ही सीमित है, जिनकी राजनीति में अपेक्षाकृत अधिक सहभागिता है और जो सामान्य मतदाता को इस या उस दिशा में गोलबन्द करने में सहायक होते हैं। कभी-कभी जब परम्परागत जीवन-पद्धति तथा विकास से जुड़ा कोई पुराना तार बज उठता है तब सम्भव है कि सामान्य जनता का एक बड़ा हिस्सा थोड़ी देर के लिए जाग उठे और गोलबन्दी की ताकतों को जबर्दस्त मदद पहुँचा दे। 1975-77 के आपातकाल के दौरान उत्तर भारत में परिवार नियोजन के मामले में हुई ज्यादतियों के नतीजे के तौर पर ऐसा हुआ था, और ऐसा लगता है कि 1984 के आम चुनाव में भी, जो पंजाब के सवाल पर भारतीय राजनीति को दो वर्षों से कुछ अधिक तक साम्प्रदायिक रूप देने के सतत प्रयास के बाद आया था, इसकी थोड़ी भूमिका थी। इस बाद वाले मामले में इन्दिरा गांधी की हत्या केन्द्रीय मुद्दा बन गई, जिसने साम्प्रदायिक भावना को उन्माद में बदल दिया। स्थानीय पैमाने पर यही वह कारक है जो जाति, धर्म और क्षेत्र से जुड़ी भावना को सशक्त राजनीतिक सवाल बना देता है, परन्तु ऐसी भावनाएँ स्थायी राजनीतिक व्यवहार या संगठनात्मक आधार का व्यवहार्य कारक नहीं बन सकती हैं, क्योंकि समाज में उपलब्ध भौतिक सम्पदा और संसाधनों

का उनके विभिन्न दावेदारों के बीच आवंटन ही राजनीति का मुख्य मामला रहा है। यह विभिन्न वर्गों या अन्य आर्थिक हितों के बीच की सौदेबाजी या संघर्ष के आधार और सीमाओं का स्पष्ट निर्धारण करता है। यही राजनीति में तर्कसंगतता का समावेश करता है तथा इसके संयत संचालन की व्यवस्था करता है। भारतीय राजनीति का संकट इस तथ्य से पैदा हुआ है कि देश की गरीब जनता का विशाल बहुमत अपनी माँगों को मुखरित करने में या राजनीतिक व्यवस्था के माध्यम से उनका हल निकाल सकने में विफल रहा है। अत: तर्कसंगतता के स्तर पर ये लोग राजनीतिक प्रक्रिया से कट-छँट गए हैं। फलत: भावनात्मक प्रतिक्रिया ने तर्क पर आधारित गणना की जगह ले ली है।

ऐसा नहीं है कि राजनीतिक व्यवहार में अटपटापन भारतीय मतदाता की ही विशेषता हो। सर्वाधिक उन्नत लोकतंत्रों में भी मूल धर्म, क्षेत्र तथा भाषा से सम्बन्धित तत्त्व पूर्णत: अनुपस्थित नहीं हैं, परन्तु उन स्थितियों को छोड़कर,जहाँ वे खुलकर पृथकतावादी आन्दोलन पैदा करनेवाली राबद्ध समस्याओं के समूह के अंग हैं, उनकी अभिव्यक्ति संयत रूप में और तर्क पर आधारित गणनाओं के अधीन होती है। उन समाजों में उन प्रभावी प्रतिक्रियाओं को, जैसी हाल के लोकसभा चुनाव में देखी गईं, स्वस्थ नहीं समझा जाएगा। उसकी तुलना तीस के दशक में हिटलर को जर्मन जाति द्वारा राष्ट्रवाद तथा यहूदी-विरोध के आधार पर दिए गए समर्थन से की जा सकती है। दूसरी ओर, हम एक ऐसी वास्तविकता का सामना कर रहे हैं कि लगता है कि हमारी प्राथमिकताएँ उलटी हो गई हैं। इसका कारण है कि व्यवस्था दुर्भेद्य हो गई है। बहुत बड़ी बहुसंख्यक आबादी की तर्कसंगत माँगें उसको भेद नहीं पाती हैं और उनकी प्रतिक्रियाएँ अत्यन्त अधिक भावनात्मक बेतुके सवालों तक सीमित रह जाती हैं।

जहाँ तक सामान्य जन के प्रति व्यवस्था की उदासीनता का प्रश्न है, वह इस तथ्य से पैदा होती है कि सभी राजनीतिक दलों का नेतृत्व अंग्रेजी शैक्षिक और प्रशासनिक व्यवस्था द्वारा पैदा हुए समान सांस्कृतिक सन्दर्भ की उपज है। इस मुद्दे की विवेचना बाद में की जाएगी, परन्तु तत्काल हमें इसे ध्यान में रखना है। नतीजा है कि विभिन्न राजनीतिक दलों के नेताओं का झुकाव उन प्राथमिकताओं की उपेक्षा करने का है जो सामान्य लोगों के लिए जीवन-मरण का प्रश्न हैं। और उन नेताओं का मुख्य ध्यान उन प्राथमिकताओं पर है जो उस अल्पसंख्यक सुविधाभोगी वर्ग के दिमाग पर छाई हैं, जिस वर्ग से ये नेता आते हैं या जिस वर्ग में प्रवेश पाने की आकांक्षा रखते हैं।

इन बातों को ध्यान में रखने पर हम जनता के मतदान-व्यवहार को आसानी से समझ सकते हैं। विभिन्न दलों और अक्सर दल बदलनेवाले नेताओं के बारे में उसका जो सीमित अनुभव है, उससे जनता जानती है कि उनमें से किसी एक को

चुनने का कोई खास आधार नहीं है। सामान्य जनता से जिसे भी भेंट होती रही है, उसे मालूम है कि वह सभी राजनीतिज्ञों को एक ही जैसा (कोई बहुत नेक नहीं) समझती है। वामपंथी दलों की उन क्षेत्रों में, जहाँ वे जनता के साथ घनिष्ठ सम्बन्ध कायम करने में सफल हो सके हैं, थोड़ी भिन्न छवि है। पर वे भी राष्ट्रीय पैमाने पर भिन्न छवि दिखा पाने में सफल नहीं हुए हैं। इससे उन्हें अपने छोटे प्रभाव-क्षेत्रों से बाहर निकलकर राष्ट्रीय विकल्प के रूप में बढ़ने में बाधा पहुँची है। इन परिस्थितियों में जनता को उन प्रत्याशियों में से चुनना पड़ता है जो व्यावहारिक रूप में समान हों। सत्तारूढ़ कांग्रेस पार्टी को आजादी के बाद के अधिकांश समय में सत्ता में रहने का लाभ प्राप्त रहा है। इसके फलस्वरूप इसने सत्ता से मिलनेवाले लाभ के सूत्र से बँधे सक्रिय कार्यकर्ताओं का एक व्यापक तंत्र बना लिया है। हाँ, तब इसका सन्ताप यह भी है कि सरकार की सभी प्रकार की असफलताओं के दोष इसके मत्थे ही मढ़े जाते हैं।

विरोध पक्ष को आलोचक की भूमिका निभाने का लाभ मिलता है, जो उसे जनता के करीब लाती है, परन्तु इसके पास कांग्रेस से सर्वथा भिन्न किसी कार्यक्रम का अभाव है और इसके पास संसाधन या आदमी नहीं है जिनको लेकर यह कांग्रेस के मुकाबले संगठन खड़ा कर सके। कुल मिलाकर स्पष्टत: सत्ताधारी पार्टी को ही लाभ प्राप्त है, परन्तु वह लाभ इतना बड़ा नहीं है कि अक्सर इसकी विफलताओं के चलते इसको जनता की जो नाराजगी मिलती है, उसका प्रतिकार हो सके। अत: इसे विभिन्न प्रकार के संकीर्ण आधारों पर अपील करना होता है। जनाधार बनाने के लिए विरोधी दलों को भी ऐसी अपीलों पर निर्भर होना पड़ता है। इस प्रकार जातिवाद और सम्प्रदायवाद का भारतीय राजनीति में महत्त्व बढ़ता जा रहा है और कांग्रेस तथा विरोध पक्ष, दोनों ही इनकी दुहाई देते हैं। पर इस खेल को कमोबेश सफलता के साथ सब ही खेल सकते हैं, अत: किसी एक दल को इससे निर्णायक लाभ नहीं मिलता है। जिस दल के पास अधिक वित्तीय संसाधन है, वही महत्त्वपूर्ण भूमिका अदा करने लगा है। हाल के चुनावों में पार्टियों के चुनाव कोष में काला धन बड़े पैमाने पर प्रवेश पा गया है। यहाँ शासक दल के रूप में कांग्रेस को दूसरों की तुलना में स्पष्ट लाभ है।

इस दृष्टि से इन्दिरा गांधी ने 1971 के बाद से लोकसभा और विधान सभा चुनावों को एक-दूसरे से अलग कराके एक चाल चली। इससे सबसे ज्यादा पैसे वाली पार्टी को अन्य दलों पर अतिरिक्त और निर्णायक लाभ मिला। जब लोकसभा के चुनाव विधान सभाओं के साथ ही होते थे, तब असल तैयारी और प्रचार का काम विधान सभा के उम्मीदवार या विधान सभा चुनावों के कार्यकर्ता किया करते थे। लोकसभा उम्मीदवार को अधिकांश जगहों में उसके क्षेत्र के उस विधान सभा खंड में उतना ही वोट मिलता था जितना उस विधान सभा क्षेत्र के उम्मीदवार

को। इस प्रकार लोकसभा उम्मीदवार को बिना विशेष प्रयास किए समर्थन का एक व्यापक तंत्र प्राप्त हो जाता था। विधान सभा क्षेत्र लोकसभा क्षेत्र का छठा या पाँचवाँ भाग होता है और उसके उम्मीदवार सामान्यत: स्थानीय होते हैं और जनता उन्हें जानती है, अत: वे समर्थकों का समूह जुटा लेने में सक्षम होते हैं। स्थानीय समर्थन के आधार पर गरीब उम्मीदवार को भी अपने प्रचार अभियान के क्रम में सभी मतदाताओं तक पहुँच पाने की गुंजाइश रहती है।

दोनों चुनावों को एक-दूसरे से अलग कर देने से लोकसभा उम्मीदवारों को मतदाताओं तक पहुँचने या मात्र अपने क्षेत्र के सैकड़ों मतदान केन्द्रों के लिए कार्यकर्ता दे सकने के लिए बड़े पैमाने पर संसाधन जुटाने की दरकार होती है। इस बहुत बड़े काम को कारगर तौर पर वही पार्टी अंजाम दे सकती है, जिसके पास पूरे देश में फैला हुआ कार्यकर्ताओं का सघन तंत्र हो या जिसके इतने साधन हों कि वह पैसे पर कार्यकर्ता रख सके और उन्हें क्षेत्र में घूमने के लिए वाहनों की पर्याप्त सुविधा मुहैया कर सके। चूँकि विरोधी दल संगठन या वित्तीय संसाधनों के मामले में कांग्रेस के पासंग में भी नहीं थे, उन्हें विशेष परिस्थितियों में ही जीत का मौका मिल सकता था। इसके अपवाद के तौर पर थीं कम्युनिस्ट पार्टियाँ तथा एन.टी. रामाराव; इनमें से एक के पास पार्टी काडरों का व्यापक तंत्र था और दूसरे के पास सभी प्रकार के वित्तीय साधन थे।

1977 का चुनाव एक जबर्दस्त अपवाद था, जो वास्तव में सामान्य अर्थ में चुनाव नहीं बल्कि इंकलाब था क्योंकि इस चुनाव के लिए मुख्यत: स्वयं जनता ने कार्यकर्ता और पैसे जुटाए थे। इस कारक की अधिकांश टिप्पणीकारों ने अवहेलना की है क्योंकि वे अन्य कारकों, जैसे राष्ट्रीय एकता के हित में जनता की विलक्षण दूरदर्शिता एवं जन उभार, युवा नेतृत्व आदि के आधार पर इसकी व्याख्या करने की जल्दबाजी में थे। साम्प्रदायिक उत्तेजना की निश्चय ही भूमिका थी, जिस कारण से भारतीय जनता पार्टी राष्ट्रीय स्वयंसेवक संघ के समर्थन से वंचित हुई और इसे पूरी हार का अपयश मिला, परन्तु वास्तविकता यह थी कि कांग्रेस के पास अत्यन्त विशाल कोष था, जिसकी मदद से उसने पूरे देश को पोस्टरों और प्रचार सामग्री से भर दिया, उसके कार्यकर्ता देश के कोने-कोने में छा गए और अन्य दल साफ-साफ निरर्थक बन गए। चूँकि सामान्य जनता की कोई खास पसन्दगी नहीं थी, उसने सर्वाधिक व्यवहार्य दल को वोट देने के लिए अपने को फुसलाया जाना पसन्द किया। परन्तु बंगाल में, जहाँ माकपा का मजबूत संगठन था, कांग्रेस की उपलब्धि अपेक्षाकृत छोटी थी, और वह भी पश्चिम बंगाल में वाम मोर्चा सरकार की बढ़ रही अलोकप्रियता का परिणाम थी। आन्ध्र प्रदेश में, जहाँ रामाराव को लोकप्रिय अपील के साथ-साथ बराबरी के संसाधन उपलब्ध थे, तथाकथित सहानुभूति लहर बिखरकर रह गई। कश्मीर घाटी में जहाँ फारुख अब्दुल्ला को अपना सांगठनिक

आधार था और जहाँ का साम्प्रदायिक वोट नगण्य जैसा था, कांग्रेस को कोई सफलता नहीं मिली।

एक बात और भी है। लोकसभा के चुनाव-क्षेत्र का रकबा बहुत बड़ा होता है, जिसकी वजह से जाति पर आधारित पार्टियाँ अपेक्षाकृत कम कारगर होती हैं। किसी विधान सभा क्षेत्र में कोई एक जाति या जातियों का समुच्चय संख्या में इतना भारी पड़ जा सकता है कि केवल उस आधार पर भरोसा कर कोई पार्टी जीत हासिल कर सकती है, परन्तु लोकसभा चुनाव-क्षेत्र के एक खंड में यदि एक जाति की प्रबलता है तो वह दूसरे खंड में दूसरी जाति की प्रबलता से रद्द हो जा सकती है। अत: जाति के आधार का लाभ अधिकांशत: शून्य हो जाता है। सम्भवत: उत्तर प्रदेश तथा बिहार में दमकिपा के पराभव का यही कारण रहा हो, विशेषत: बिहार में जहाँ कर्पूरी ठाकुर ने मध्य जातियों का वोट बैंक बनाने की कोशिश की थी। जाति के आधार पर गोलबन्दी के लिए संसाधन चाहिए और इस मामले में कांग्रेस दूसरों से भारी पड़ती है। दो महीने बाद ही राज्यों में हुए चुनावों में कांग्रेस का जो अपेक्षाकृत अति सामान्य प्रदर्शन रहा, उससे उपर्युक्त विश्लेषण की पुष्टि होती है। यद्यपि सम्भव है कि कांग्रेस की लोकप्रियता में कुछ कमी आई हो, पर इतने कम समय के अन्तराल में दोनों नतीजों का जो अन्तर है उसकी व्याख्या उसमें नहीं होती है।

परन्तु इन सब कारकों के अलावा शासक दल के उम्मीदवारों को बड़े पैमाने पर सरकारी अधिकारियों के पक्षपात का लाभ मिला। सरकार द्वारा नियंत्रित रेडियो और टेलीविजन द्वारा लगातार चलनेवाला प्रचार तथा स्थानीय पदाधिकारियों का पक्षपातपूर्ण रवैया, जिसने बहुतेरे निर्वाचन क्षेत्रों में व्यापक धाँधली में मदद पहुँचाई, इनकी भी इसमें भूमिका थी। इन्हीं कारकों का नतीजा था वह करिश्मा जो चुनाव के बाद संचार माध्यमों की संगीत-धुन बन गया।

शपथ-ग्रहण के बाद से ही मध्यम वर्ग और ऊपर के सभी सुविधा-प्राप्त शहरी और ग्रामीण वर्गों का राजीव गांधी के प्रति समर्थन का रुख था। इस शान्तिपूर्ण संक्रमण के प्रति स्वागत के समूहगान के बाद, जो मध्य युग के राज्याभिषेक समारोह की याद दिलाता था, धन्ना सेठों द्वारा नियंत्रित प्रेस की ओर से एक व्यापक अभियान चलाया गया एक नौसिखुए को सत्ता में बैठाने का यह जो जुआ खेला गया था, उस पर टाटा तथा अन्य उद्योगपतियों ने खुलकर अपने समर्थन की मुहर लगाई। जनमत को ढालने में इसकी भी भूमिका थी और कांग्रेस (इ) के द्वारा चुनाव अभियान में जो विस्मय पैदा करनेवाला बेशुमार खर्च किया जा रहा था, वह निश्चित तौर पर इसके द्वारा सम्भव हुआ था। इस पुरजोश समर्थन के पीछे एक बहुत सीधा कारण था। इस देश के धनी लोग इस तथ्य से अवगत हैं कि उनकी सम्पन्नता अत्यन्त ही कमजोर आधार पर टिकी है क्योंकि यह अथाह

दरिद्रता से घिरी हुई है। उन्हें डर है कि व्यवस्था की कोई अस्थिरता इस आधार को उलट-पुलट सकती है और अनगिनत दरिद्रों की जमात को आगे बढ़ने के लिए उद्यत कर सकता है, जो उनके लिए अनर्थकारी हो सकता है। निम्न मध्यम वर्ग का आदमी, जो निरन्तर बढ़ी कीमतों से त्रस्त है तथा अपने सयाने हो रहे बच्चों को बेरोजगारी से गिरफ्त होते देखकर चिन्ताग्रस्त है, वह भी टीवी, रेडियो या अन्य उपभोग की वस्तुओं का वरदान पाने की उम्मीद में है। वह इस सीमित वरदान को उस अनिश्चितता के एवज में छोड़ने को तैयार नहीं है, जो उसे चतुर्दिक व्याप्त दरिद्रता के गर्त में डुबो दे सकती है।

यही वह भय था, जिसकी वजह से उच्च एवं मध्यम वर्ग के लोगों के बीच निरन्तरता के लिए वोट देने की भगदड़ मची। यद्यपि उसका अर्थ था, वर्षों के लिए गतिहीनता एवं जड़ता। उन लोगों ने विरोध पक्ष को चुना होता, यदि उन्हें लगता कि उसमें किंचित संगति है और उसके बने रहने की सम्भावना है। उनके लिए मूल परिवर्तनवादी घोषणाओं का कोई आकर्षण नहीं था। जिसको वे कतई बर्दाश्त नहीं करते थे, वह थी अस्थिरता। इस प्रकार निरन्तरता, स्थायित्व एवं राष्ट्रीय एकता, जो उनके लिए समान अर्थ रखती थी, एक साथ जुड़ गई तथा वंश के अन्दर ही सत्ता-परिवर्तन की इच्छा पैदा हुई। माँ की नीतियों की निरन्तरता का आश्वासन बेटे से बढ़कर और कौन दे सकता था? सामान्य लोगों का विशाल बहुमत 'राष्ट्रीय एकता खतरे में' के हौए से आतंटित हो गया। केवल उन देशों को छोड़कर जो विदेशी प्रभुत्व के अन्दर हैं, इस प्रकार की राष्ट्रीयतावादी अपील का नारे के तौर पर इस्तेमाल उन कट्टर प्रतिक्रियावादियों द्वारा सामान्यत: किया जाता रहा है, जो जनता का ध्यान अपने कुकर्मों से हटाना चाहते हैं। चूँकि यह पशु-जगत में पाई जानेवाली क्षेत्रीयता की प्रवृत्तिगत भावना के नाम की गई अपील होती है, लोग अचेतन रूप से इसका स्वागत करते हैं। नकली साहचर्य स्थापित कर इस भावना का गलत लाभ उठाया गया। उस नकली साहचर्य का पर्दाफाश किया जाना चाहिए था, परन्तु विरोध पक्ष जाल में फँस गया और वही राग अलापता रहा, मानो वह भी उसी भीड़ का हिस्सा हो।

कांग्रेस (इ) की वजह से पैदा हुए बड़े अनर्थों को भी, जैसे असम और पंजाब के महानाश तथा पिछले वर्षों में नागरिक अधिकारों पर पड़े गहरे आघात जिनसे मध्यम वर्ग भी प्रभावित हो रहा था, जनता ने नजरअन्दाज कर दिया। सारी दुनिया में सुविधाभोगी वर्गों का जो चरित्र है, वह उसके सर्वथा अनुरूप था। सुविधा-प्राप्त लोगों को जब सुविधा तथा स्वतंत्रता के बीच चुनाव होता है तो वे बराबर ही सुविधा को चुनते हैं। उन्नीसवीं शताब्दी के मध्य वर्षों में जर्मनी में उन लोगों ने स्वतंत्रता का त्याग कर अपने आर्थिक हितों की हिफाजत के एवज में तानाशाही को स्वीकार किया था, जिस कृत्य के लिए मार्क्स ने उनकी जमकर फजीहत की। इस शताब्दी

के बीस और तीस के दशकों में यूरोप के पूँजीपति वर्ग ने मजदूर वर्ग की बढ़ रही शक्ति को परास्त करने के लिए फासीवाद को ला दिया। भारत में, जहाँ सुविधा-प्राप्त वर्गों का आर्थिक आधार अपेक्षाकृत कमजोर है, उनसे बिलकुल स्वाभाविक तौर पर यह अपेक्षा की जा सकती है कि अस्थिरता का छोटा भी लक्षण जैसे ही उनकी नजर से गुजरेगा, वे मध्ययुगीनता में फिसल जाएँगे। विचित्र बात तो यह है कि एक से अधिक अर्थों में मध्ययुगीन व्यवहार में यह जो पुनरावर्तन हो रहा है, (हम संक्रमण के बाद पैदा हुए खूँरेजी वाले साम्प्रदायिक उन्माद को ही ध्यान में रख सकते हैं) उसका इक्कीसवीं सदी में प्रवेश की शुभ सूचना के रूप में स्वागत किया जा रहा है मानो आधुनिकता तथा मध्ययुगीनता का अन्तर मात्र कम्प्यूटर जैसे कुछ यंत्रों को लेकर ही है। इस हिसाब से यह माना जाएगा कि अपने हरम और पूरे ताम-झाम के साथ अरब शेख इक्कीसवीं सदी में प्रवेश कर चुके हैं, क्योंकि उनके महलों में सभी प्रकार के अद्यतित यंत्र लगे हुए हैं। इस बात को आनन्दपूर्वक विस्मृत कर दिया जाता है कि आधुनिकता सम्बन्धों का समुच्चय है जो कतिपय ऐसे मूल्यों के इर्द-गिर्द केन्द्रित है, जो योग्यता और उपलब्धि पर जोर देते हैं न कि जन्म और खानदान पर। कम्प्यूटर इसके लिए आनुषंगिक हैं। तथापि सुविधा-प्राप्त वर्ग की अपनी ही सलामती के लिए संयुक्त मोर्चे की सरकार भरोसा पैदा करनेवाला विकल्प नहीं था, अत: उनके लिए यह जरूरी था कि वे नये पदधारी के चतुर्दिक एक मिथक का निर्माण करें।

तथापि, जनता के बीच संयुक्त मोर्चे में भरोसे की कमी के लिए गैर-कांग्रेस पार्टियाँ भी अंशत: जवाबदेह थीं। उनका व्यवहार यह बताता था कि वे स्वयं केन्द्र में इसकी व्यवहार्यता के बारे में आश्वस्त नहीं हैं। विरोध पक्ष की प्रमुख पार्टियों के नेताओं का यह दावा कि केवल वे ही एकमात्र विकल्प हैं और अन्य केवल सहायक हैं, इस तथ्य को स्पष्टत: प्रदर्शित करते हैं। चरण सिंह ने प्रारम्भ से ही मोर्चा गठित करने या सीटों के समझौते की जगह पार्टियों के विलयन की माँग रखी। बिलकुल अन्त में जब भविष्य साफ नजर आने लगा और जब कल्पना की छलाँग लगाकर भी कोई दल अपनी ताकत पर सरकार बनाने लायक स्थान पाने की उम्मीद खो चुका, तब ही नेताओं ने चुनाव के बाद के गठजोड़ की चर्चा शुरू की, परन्तु आम लोगों के प्रबल समर्थन से स्थापित जनता पार्टी का बिखरना देख चुके लोग अन्तिम चरण में की गई घोषणा से आश्वस्त होनेवाले नहीं थे। आखिर, विरोधी दलों के नेता वे ही तो थे जिनके द्वारा सत्ता के लिए किए गए तिकड़म से ही वह पार्टी ध्वस्त हुई थी। इसके अतिरिक्त उन्होंने ब्रिटिश और अमेरिकी मॉडल से ही लोकतंत्र की धारणा को ग्रहण किया था। अत: वे द्विदलीय व्यवस्था को ही लोकतंत्र का एकमात्र रूप मानते थे। वे हठपूर्वक इस तथ्य की अवहेलना करते थे कि अंग्रेजी-भाषी दुनिया के बाहर अधिकांश अन्य

सफल लोकतांत्रिक व्यवस्थाएँ बहुदलीय व्यवस्थाएँ रही हैं, जिनका संयुक्त मोर्चे का लम्बा इतिहास रहा है। इस बात की अवहेलना करने के इस हठ के कारण भी बहुदलीय व्यवस्था एक हद तक असम्भवनीय प्रतीत होती थी। इसके अतिरिक्त राजनीतिक गठजोड़ को बराबर ही अत्यन्त संकीर्ण अर्थ में, अर्थात् सरकार में पार्टियों के संयुक्त मोर्चे के अर्थ में, समझा गया। इससे यह तथ्य धूमिल हो जाता है कि स्वयं पार्टियाँ भी विविध स्वार्थों का मोर्चा हो सकती हैं और यह महज संयोग ही है कि कुछ देशों में पार्टियाँ ही संयुक्त मोर्चे का गठन करती हैं जबकि कुछ अन्य देशों में स्वयं पार्टी ही विभिन्न हितों का प्रतिनिधित्व करती हैं। बातों को इस रूप में नहीं समझने के कारण बहुतों ने तो संयुक्त मोर्चे को अभिशाप के रूप में देखा, परन्तु समुचित समझदारी के लिए संयुक्त मोर्चे के सवाल को इस रोशनी में देखा जाना चाहिए और हमारी जो विशिष्ट स्थिति है, उसमें इसका परीक्षण किया जाना चाहिए।

आधुनिक राष्ट्र के अन्तर्गत इतने विविध तत्त्व होते हैं कि महज दो या एक पार्टी के प्रतिनिधित्व का नतीजा यह होगा कि विभिन्न तत्त्वों में से बहुत सारे सरकार में प्रतिनिधित्व या सुनवाई से वंचित रह जाएँगे। अत: लोकतांत्रिक व्यवस्था के लिए किसी-न-किसी रूप में संयुक्त मोर्चा अनिवार्य है जो विभिन्न हितों के एकीकरण के माध्यम से इसे व्यवहार्य बना सके अन्यथा एकदलीय व्यवस्था, जो अन्ततोगत्वा एक व्यक्ति की स्वेच्छाचारिता में परिणति हो जाती है, अपरिहार्य हो जाएगी। यह प्रवृत्ति अभी से दिखाई दे रही है। राजीव गांधी ने प्रधानमंत्री पद के साथ अपनी पार्टी अध्यक्षता भी ग्रहण कर ली है।

विरोधी दलों के आज के आकस्मिक ह्रास से संसदीय व्यवस्था के समुचित संचालन में औपचारिक तौर पर एक अभाव पैदा हो गया है, जिसकी पूर्ति अभी से सम्भव है। यदि राजनीतिक गठजोड़ की संकल्पना को स्वीकृति मिल जाए। हाल के भविष्य में देश के स्तर पर एक विकल्प की सम्भावना नहीं दिखाई दे रही है, परन्तु इससे भी हटकर एक दूसरी अधिक मौलिक समस्या एक ऐसे विरोध पक्ष के निर्माण की है जो आबादी के दरिद्रतम हिस्सों को चुनाव की व्यवस्था से जोड़कर जीवन सहभागिता सुनिश्चित करे। अभी ये हिस्से चुनाव की व्यवस्था से हाशिये पर ही तथा अनियमित और असंगत ढंग से सम्बद्ध हैं। लोकतांत्रिक व्यवस्था के साथ करीब बहुसंख्यक हिस्से का कमजोर धागे का यह जो बन्धन है, वह न केवल गरीबों को कारगर राजनीतिक सहभागिता से वंचित करता है बल्कि लोकतंत्र को भी व्यापक आधार से पृथक करता है और फलस्वरूप इसे कमजोर बनाता है।

लोकतांत्रिक व्यवस्था के अन्तर्गत वर्तमान शासक दल तथा वर्तमान व्यवस्था का व्यवहार्य विकल्प प्रस्तुत करने के प्रश्न को इसी व्यापक सन्दर्भ में देखा जाना

चाहिए। कोई भी राष्ट्र कभी भी समस्याओं पर नये सिरे से विचार कर सकता है और नई शुरुआत कर सकता है। इससे विलम्ब का सवाल नहीं उठता है। अत: व्यवहार्य एवं बेहतर व्यवस्था की खोज जारी रहनी चाहिए। कांग्रेस (इ) को जमकर वोट देनेवालों की आशाएँ झूठी साबित होंगी। चूँकि नये सत्ताधारियों के पास कोई नया विचार नहीं है, वे शीघ्र ही पुरानी उदासीनता के गर्त में गिर जाएँगे और तब किसी नये चिन्तन की खोज हो सकती है। उसी क्षण के लिए खुशफहमी भरे उद्गारों की जगह सन्तुलित जाँच की जरूरत है। इसी प्रकार के प्रयास से राष्ट्र वास्तविक समस्याओं को सुलझा सकता है।

2

भारत में 'राजनीतिक गठजोड़' या 'संयुक्त मोर्चा' एक गन्दा शब्द बन गया है। ऐसा नहीं है कि संयुक्त मोर्चा हमारी राजनीति में बिलकुल नदारद रहे हैं। वस्तुत: राज्यों के स्तर पर चुनावी गणित ने राजनीतिक दलों को अक्सर संयुक्त मोर्चा के गठन के लिए बाध्य किया है। केरल और पश्चिम बंगाल में तो यह शासन की सामान्य विशेषता बन गया है। परन्तु राष्ट्रीय मानस का क़ुछ खास अनोखापन है (इसके कारण का विवेचन पहले किया गया), जिसके फलस्वरूप गठजोड़ को पूर्ण गरिमा प्राप्त नहीं हो पाई है और इसे आज भी अपवित्र और नाजायज समझा जाता है। ऐसी सोच इस हद तक है कि केन्द्र में संयुक्त मोर्चे के नाम से ही बहुत-से लोग घबड़ा उठते हैं। बहुत-से लोग इसकी सम्भावना को ही विरोध पक्ष की अभी की घोर पराजय का कारण मानते हैं। एकदलीय शासन के सिद्धान्त का राज्य जैसे निचले स्तरों पर जो यदा-कदा उल्लंघन होता है, वह केन्द्र की एकदलीय शासन उनकी बहुप्रचारित शुद्धता से ढक जाता है। केन्द्र की शासक पार्टी अनदेखी की जाती है क्योंकि बाहर से देखने पर सरकार और पार्टी किसी-न-किसी निर्विवाद नेता के नेतृत्व में सदा एक रही है।

यह दृष्टिकोण एक हद तक हमारे राष्ट्रीय स्वतंत्रता-आन्दोलन के अनुभव की खुमारी है। सामान्य भारतीय के सम्मुख उस आन्दोलन को एकमात्र दल के व्यतिक्रमहीन प्रयास के रूप में चित्रित किया जाता है, जो 1885 में शुरू होकर अखंडित रूप से बढ़ता गया और जिसकी परिणति अगस्त 1947 में अंग्रेजी राज की समाप्ति में हुई। घटनाएँ जैसे-जैसे अतीत में दूर से दूरतर होती जाती हैं, उस लड़ाई की उठा-पटक उस आन्दोलन को गठित करनेवाली विभिन्न धाराएँ, ऐसी शक्तियों के साथ किए गए समझौते जो शक्तियाँ प्रत्यक्षत: कांग्रेस के हिस्से नहीं थे—ये सब काल की दूरी में धुँधले पड़ते जाते हैं और हम महाभारत जैसे युद्ध में एक-दूसरे से स्पष्ट तौर पर भिड़ी हुई दो शक्तियों, साम्राज्यवाद और राष्ट्रवाद, के बीच के संघर्ष को ही देख पाते हैं। आजादी के बाद बहुत लोगों की दृष्टि में कांग्रेस का शासन पुराने संकल्प की ही निरन्तरता का प्रतीक था। उस पार्टी को हटाने की बात जब सोची गई तब भी चिन्तन की वही एकत्ववादी दृष्टि बनी

रही। यह बात शायद ही किसी को सूझती है कि भारतीय राष्ट्रीय कांग्रेस स्वयं ही विविध शक्तियों तथा हितों का गठजोड़ एक व्यापक मोर्चा था। अक्सर नीतिविषयक प्रश्नों पर बड़े मतभेद उठते थे, जिनके फलस्वरूप रास्ते अलग हो जाते थे तथा पृथक संगठन बन जाते थे, जो फिर विचारों की एकता हो जाने पर मूल संगठन में वापस हो जाते थे।

स्वराज पार्टी ऐसे समूह का उदाहरण था। 1922 के अन्त में जब 'सविनय अवज्ञा आन्दोलन' बन्द हो चुका था, पर असहयोग की नीति बनी हुई थी, चित्तरंजन दास तथा मोतीलाल नेहरू के नेतृत्व ने 1919 के भारत सरकार अधिनियम के अन्तर्गत होनेवाले विधायिकाओं के चुनाव में हिस्सा लेना पसन्द किया। अत: कांग्रेस के तत्कालीन अध्यक्ष चित्तरंजन दास ने 1 जनवरी, 1923 को अध्यक्षता से त्यागपत्र दिया और कांग्रेस के चन्द नरमदली नेतओं को लेकर कांग्रेस खिलाफत स्वराज पार्टी का गठन किया, जिसे आम तौर पर स्वराज पार्टी कहा जाता है, परन्तु इन दोनों पक्षों ने एक-दूसरे के काम में बाधा नहीं डालने का फैसला किया और काल-क्रम में फिर एक साथ हो भी गए, पर ये दो दृष्टिकोण इनके जनाधार को भी प्रतिबिम्बित करते हैं। गांधी के नेतृत्व में कांग्रेस देहाती जनता तथा शहरी मजदूर वर्गों के बीच अपने क्षेत्र का विस्तार कर रही थी। स्वराज पार्टी वाले मुख्यत: शहरों के कुलीन थे। कांग्रेस तब से ही आबादी के इन दो संस्तरों का गठबन्धन बन गया। बाद में, तीस के दशक के मध्य से कांग्रेस सोशलिस्ट और कम्युनिस्ट, जिनका ट्रेड यूनियनों एवं किसान सभा में जनाधार था, कांग्रेस में शामिल हुए। भारत शासन अधिनियम 1935 की व्यवस्था के अन्तर्गत जब कांग्रेस 1937 के बाद कई प्रान्तों में सत्ता में आई, सोशलिस्टों और कम्युनिस्टों ने विरोध पक्ष की भूमिका अदा की और कांग्रेस की कई नीतियों के विरुद्ध जन-आन्दोलनों का नेतृत्व किया।

इन तथ्यों के बावजूद सामान्यत: एक ऐसी टकराहट का चित्र उभरा, जिसमें एक ओर भारतीय राष्ट्रीय कांग्रेस थी जो अंग्रेजी हुकूमत से लोहा ले रही थी और दूसरी ओर इसके विरोधी वे दल थे जो प्रत्यक्ष या अप्रत्यक्ष रूप से कांग्रेस के स्वराज पाने के प्रयासों में बाधा डाल रहे थे। इस विरासत ने जनमानस में एकत्ववादी पूर्वग्रह पैदा कर दिया है; सत्ताधारी दल की एकता को भ्रमवश राष्ट्र की एकता और सुरक्षा के रूप में समझा जाने लगा है। इसके फलस्वरूप हम यह विश्वास कर बैठते हैं कि राष्ट्रीय स्तर पर पार्टियों का गठजोड़, जिसमें एक हद तक राजनीतिक सत्ता का विखंडन निहित है, राष्ट्र की एकात्मता को कमजोर बनाता है। यह दृष्टिकोण अपने चरम रूप में एक व्यक्ति के शासन की पसन्द को भी जन्म देता है; जैसे ही यह एहसास होता है कि एक पार्टी भी आन्तरिक विरोधों से मुक्त नहीं है और विभिन्न समूह तथा व्यक्ति अपने-अपने स्वार्थों को नीतियों के आगे बढ़ाने में जोर लगा रहे हैं, एकदलीय शासन के माध्यम से भी एकता कायम होने की छवि विलीन हो

जाती है। अत: राजनीतिक एकता की भावना से अभिभूत लोगों की दृष्टि में अगला तर्कसंगत कदम एक व्यक्ति का शासन ही होता है, जोकि विखंडन की सम्भावना से परे है। इस प्रकार केन्द्र बिन्दु दल से हटकर एक दल और एक नेता पर चला जाता है। एक व्यक्ति को कैसे राष्ट्र से अभिन्न बनाने की कोशिश की गई, उसे हम सब जानते हैं।

इस प्रकार नेक इरादा रखनेवाले ऐसे लोग हैं जो वैयक्तिक तानाशाही या राजतंत्र के प्रति अपनी किसी तरह की पसन्द होने से इनकार करते हैं, पर व्यवहारत: संयुक्त मोर्चे की राजनीति की बाबत आशंका के कारण वे ठीक इस तरह की राजनीति की ओर आकृष्ट होते हैं।

यह दृष्टिकोण अंशत: हिन्दू की खंडित मानसिकता के अन्तर्गत पैदा होता है। एक ओर वेदान्त दर्शन है, जिसने सृष्टि के सूक्ष्म अणु में भी सर्वव्यापी ब्रह्म को व्याप्त देखा और दूसरी ओर भारत की वास्तविकता है कि सैकड़ों वर्षों से जाति व्यवस्था पर आधारित निष्ठुर तथा विकृत विभाजन को बर्दाश्त किया गया। सम्भवत: यही यह द्विभागीकरण है, जिसके फलस्वरूप भारतीय मानस एक ही समय एक-दूसरे से असम्बद्ध दो स्तरों—उच्चतम आदर्शवाद का स्तर तथा घिनौनी सांसारिकता का स्तर—पर बसे रहने को अभ्यस्त हो गया है। इन्दिरा गांधी की हत्या के बाद के दंगों से यह तथ्य पूरी स्पष्टता के साथ उभरकर सामने आता है। क्षात्र धर्म के उच्च आदर्शों की पृष्ठभूमि में सिखों के विरुद्ध प्रदर्शित हुआ था वह दृश्य, जिसमें हिन्दू इतिहास के एक हिंसात्मक नंगे नाच में शरीक हुए थे और उन्होंने जान-बूझकर सैकड़ों सिखों को जिन्दा जलाया था। इससे बड़े पैमाने पर घटित हत्याकांडों के उदाहरण हैं और आधुनिक युद्ध में आगे भी लोग ऐसी यंत्रणा एवं अपमान के शिकार हो सकते हैं, परन्तु इतने बड़े पैमाने पर जिन्दा जलाकर अधिकतम यंत्रणा देते हुए मार देना शायद हिन्दुओं के लिए ही सम्भव है, जो अपने आदर्शों तथा आचरणों को इस पूर्णता के साथ एक-दूसरे से अलग करने में सक्षम हैं।

इस प्रकार उस समय भी जब हम व्यवहारत: सुस्वादु भोजन और अश्लील दृश्यों पर लार टपकाते होते हैं और सत्ता के लिए ललचते होते हैं, यह भुलावा देते हैं कि आध्यात्मिक उपलब्धि ही हमारा लक्ष्य है और हम उसकी प्राप्ति के लिए ही प्रयासरत हैं। अत: हम अपने से तथा दुनिया से झूठ बोलते हुए अपने कर्मों के लिए लगातार बहाना ढूँढ़ते होते हैं क्योंकि हम सदा अपने असम्भव लक्ष्य के विपरीत आचरण करते हैं। इस कारणवश हमारे राजनीतिज्ञ अपनी मसीही उद्घोषणाओं के बन्दी हो गए हैं। बावजूद कि उन्हें रोज-ब-रोज समझौता करना पड़ता है। वे सदा विश्वास करते हैं कि वे राज्यतंत्र के शुद्धतम रूप की प्राप्ति में लगे हैं। उदाहरण के लिए, मोरारजी देसाई को बराबर यह विश्वास था कि वे ईश्वर की प्रत्यक्ष प्रेरणा के अन्तर्गत काम करते हैं, चरण सिंह को विश्वास था

कि वह गांधीवादी जीवन पद्धति के एकमात्र वारिस हैं, और चन्द्रशेखर गांधी और जयप्रकाश, दोनों के आदर्शों के गुरु बोझ को इकट्ठे ढोते दिखाई देते थे। हमारे सभी नेता विशुद्ध स्थितियों को प्राप्त करना चाहते हैं। अत: इन आदर्शों के भड़कीले प्रदर्शन की पृष्ठभूमि से देखने पर संयुक्त मोर्चे के गुटों के बीच ठोस नीतियों के प्रश्न पर उठनेवाले क्षुद्र 'तू-तू मैं-मैं' सचमुच हीनता पैदा करनेवाले प्रतीत होते हैं। इन पूर्वग्रहों का नतीजा होता है कि जब परिस्थितियाँ दलों का गठबन्धन करने और मोर्चा बनाने के लिए मजबूर करती हैं, तब हम यह साबित करने की भरसक कोशिश करते हैं कि सचमुच कोई नया बदलाव नहीं आया है। लोकसभा में विरोध पक्ष की जो करीब-करीब समाप्त हो गई है, उसका राजनीतिक समीक्षाकारों ने भी इस आधार पर स्वागत किया है कि वह सरकार को गुटों के दबाव से मुक्त करती है। वे स्पष्ट तौर पर यह भूल बैठे कि प्रतिनिध्यात्मक शासन का आधार ही यही है कि उसे लोक दबाव के प्रति अनुकूल होना चाहिए। जो भी हो, राजनीति में हमारे पंडितों की यही सामान्य भावधारा है।

इन सबने संयुक्त मोर्चे के विरुद्ध देश में प्रचलित पूर्वग्रह को और भी पुष्ट किया है। फलस्वरूप, लोग अपनी इस धारणा पर डटे रहते हैं कि राजनीतिक गठजोड़ सर्वथा खतरनाक और विभाजनकारी नहीं भी हो, घटिया दर्जे की व्यवस्था तो है ही। भारत की विभिन्नता में एकता की घिसी-पिटी चर्चा अवश्य होती है, पर राजनीति में इसी विभिन्नता में एकता को अस्वीकार किया जाता है और एकीकरण के मॉडल को लादने का प्रयास किया जाता है। यह अपेक्षा की जाती है कि समाज के विविध खंड इसे स्वीकार कर लेंगे। यदि वे ऐसा नहीं करते तो वे सन्देह के पात्र या विश्वासघाती समझे जाने लगते हैं। उनके दृष्टिकोण की या तो उपेक्षा की जाती है या उसे दबा दिया जाता है। एक टिप्पणी कोई हवाई कल्पना नहीं है बल्कि राष्ट्रीय राज्यतंत्र की वास्तविकता को प्रतिबिम्बित करती है। केन्द्रीय सरकार के गठन पर ध्यान देने पर इसे प्रमाणित किया जा सकता है।

यह वास्तविकता है कि राष्ट्र के अनेक बड़े खंड जिनकी अपनी विशिष्ट पहचान है, विभिन्न केन्द्रीय सरकारों में लम्बे-लम्बे अरसे तक बिना प्रतिनिधित्व के रहे। उदाहरण के लिए, जब से तमिलनाडु में कांग्रेस प्रभावहीन हो गई और द्रमुक तथा द्रमुक जैसे क्षेत्रीय दल उभरकर आए, तमिल जनता केन्द्रीय सरकार में बिना प्रतिनिधित्व के रही है। इसी प्रकार लम्बी अवधि तक कश्मीर का प्रतिनिधित्व नहीं रहा है। पश्चिम बंगाल का भी केन्द्र में प्रतिनिधित्व नहीं ही रहा है। यदि हुआ है तो एक छोटे अल्पसंख्यक हिस्से के माध्यम से। यही नियति रही है उत्तर-पूर्व की विभिन्न जातियों की भी, जहाँ क्षेत्रीय दल अक्सर तथाकथित राष्ट्रीय दलों से आगे रहे हैं। तेलुगू देशम तथा असम गण परिषद के उभर जाने के बाद से क्रमश: आन्ध्र प्रदेश तथा असम की जनता की भी वही स्थिति है। आन्ध्र प्रदेश नई प्रकृति

का अग्रदूत है और अब के बाद अपने-अपने क्षेत्रों में शासक दल के वर्चस्व को चुनौती देनेवाले अधिक-से-अधिक क्षेत्रीय दलों का उभार हो सकता है। यदि क्षेत्रीय दलों को शामिल करनेवाले संयुक्त मोर्चे नहीं बने तो उनके अभाव में यह स्थिति आ सकती है कि विभिन्न राज्यों की बहुसंख्यक जनता केन्द्र में प्रतिनिधित्व के बिना रहे और तथाकथित राष्ट्रीय दल, जिन्हें हिन्दी क्षेत्र—उत्तर प्रदेश, बिहार, हरियाणा, राजस्थान एवं मध्यप्रदेश—में व्यापक समर्थन प्राप्त हो, केन्द्र में सत्तारूढ़ हों तथा राष्ट्र का प्रतिनिधित्व करने का दावा करें। ऐसी सरकार पूर्णत: संविधान-सम्मत सरकार होगी, पर इसे किसी रूप में राष्ट्रीय सरकार नहीं कहा जा सकता है क्योंकि यह भारतीय जनता के व्यापक हिस्सों के, बल्कि बहुमत के भी, विचारों का प्रतिनिधित्व नहीं कर पाएगी। जिन राज्यों में विशिष्ट पहचान की भावना मौजूद नहीं है, वहाँ के लिए यह बहुत महत्त्व की बात नहीं है कि केन्द्रीय सरकार में उनका प्रतिनिधित्व एक छोटे अल्पसंख्यक हिस्से के माध्यम से ही हो रहा है, परन्तु जहाँ राज्य की जनता में विशिष्ट पहचान की निश्चित भावना मौजूद है वहाँ इस बात का अत्यन्त महत्त्व है कि जनता के विशेष हितों एवं भावनाओं का प्रतिनिधित्व करनेवाले दल को सरकार में प्रतिनिधित्व प्राप्त हो। यह संयुक्त मोर्चे के अन्तर्गत ही हो सकता है, जिसमें विभिन्न क्षेत्रों के विचारों का प्रतिनिधित्व करनेवाले क्षेत्रीय दलों का भी प्रतिनिधित्व होता है। अमेरिका में क्षेत्रीय हितों का प्रतिनिधित्व वहाँ के दोनों राष्ट्रीय दलों के माध्यम से होता है, जो स्वयं विभिन्न हितसमूहों एवं क्षेत्रीय हितों के संयुक्त मोर्चे की तरह होते हैं। भारत में तथाकथित राष्ट्रीय दल भी मूलत: क्षेत्रीय (हिन्दीभाषी क्षेत्र से सम्बन्ध रखनेवाले) हैं, और वे विविध क्षेत्रीय हितों को अपने में समेटने में विफल रहे हैं।

यह अपेक्षा करना वाजिब है कि कालान्तर में राष्ट्रीय राजनीति में क्षेत्रों एवं खंडों के हितों का सारा दायरा विस्तृत होता जाएगा। अन्य देशों में जहाँ-जहाँ मताधिकार का विस्तार हुआ है, बराबर ही ऐसा हुआ है। यद्यपि भारत में संविधान के लागू होने से सम्पूर्ण वयस्क आबादी तक मताधिकार का विस्तार हुआ, परन्तु प्रारम्भिक चरणों में सीमित मताधिकार की परम्परा के कारण मताधिकार का सीमित होना अनिवार्य था। उससे उच्च शिक्षित वर्गों तथा जातियों को लाभ मिला क्योंकि उन्होंने अपने कुछ समान हित विकसित कर लिए थे। जैसे-जैसे अधिक संख्या में लोग अपने संविधान-प्रदत्त अधिकारों के प्रति जागरूक हुए, वे नई माँगें रखने को प्रवृत्त हुए। ये विशेष किस्म की माँगें थीं जो खास क्षेत्र व संस्कृति का जातिसमूह के लोगों को प्रभावित करती थीं और ये कभी उनके ठोस हितों को और कभी मात्र उनकी भावनाओं को प्रतिबिम्बित करती थीं। निश्चय ही इससे राजनीतिक समस्याओं की व्यापकता में थोड़ी कमी आती है और इस रुझान के तब तक बने रहने की सम्भावना रहती है जब तक विशेष माँगें चुक नहीं जातीं और व्यापकता की ओर

बढ़ने का मार्ग प्रशस्त नहीं हो जाता है। जब तक इन समस्याओं पर ध्यान नहीं दिया जाता, ये फूट पैदा करेंगी। इसी प्रकार की माँगों पर संयुक्त मोर्चे में सर्वाधिक बेहतर ढंग से ध्यान दिया जाता है।

यदि राज्यों तथा क्षेत्रीय प्रशासकों को अपेक्षाकृत अधिक स्वायत्तता प्राप्त हो तो ऐसे समूहों की बहुत सारी माँगों की पूर्ति की जा सकती है। यद्यपि राष्ट्र के अन्तर्गत स्वायत्तता का अर्थपूर्ण आत्मनिर्भर शासन नहीं होता है, परन्तु राज्य और क्षेत्र केन्द्रीय स्तर पर सहभागिता के माध्यम से सम्पूर्ण राष्ट्र के राज्यतंत्र को प्रभावित करना पसन्द कर सकते हैं। केन्द्र की नीति राज्यों की स्थिति पर महत्त्वपूर्ण प्रभाव डालती है अत: यह स्वाभाविक होगा कि वे अपने हित में इस प्रकार की सहभागिता की इच्छा रखें। और यदि इस इच्छा की पूर्ति होती है तो इससे क्षेत्रों और राष्ट्र के बीच के सम्बन्ध भी मजबूत होंगे।

परन्तु ऐसा भी नहीं है कि विशेष हितों का स्वरूप बराबर क्षेत्रीय ही हो। 'भारत का हृदय-क्षेत्र' कहे जानेवाले क्षेत्र में भी आबादी में ऐसे खंड हैं जिन्हें संविधान के पहले मताधिकार प्राप्त नहीं था; मताधिकार पा लेने के बाद भी वे उपेक्षित बने हुए हैं। अनुसूचित जनजातियाँ इसी प्रकार के हिस्से हैं। अपनी विशेष जरूरतों के सम्बन्ध में उनकी तीव्र भावना हो सकती है तथा अपनी माँगों को कारगर तौर पर मनवाने के लिए वे अपने स्वतंत्र संगठन बनाने का प्रयास कर सकती हैं। राजनीतिक व्यवस्था के लिए यह आवश्यक है कि वह उन हिस्सों को अपने में कारगर ढंग से समाविष्ट करे। तभी गम्भीर दरारों के पैदा होने को रोका जा सकता है। अपने को एक व्यवहार्य राजनीतिक शक्ति बनाने के लिए ये उपेक्षित हिस्से स्वयं भी समरूप हितों के साथ गठबन्धन कर सकते हैं। इन उपेक्षित हिस्सों के भी हित समान नहीं होते। अत: उनके द्वारा गठित दल भी एक संगठन में ढीले-ढीले तौर पर जुड़े हुए विभिन्न हित-समूहों के गठजोड़ या संयुक्त मोर्चे का रूप ग्रहण कर ले सकता है जो एक व्यापक आम सहमति पर आधारित हो।

राष्ट्रीय आन्दोलन के प्रति दोषपूर्ण दृष्टि रखने से एक भ्रान्ति पैदा हुई, जिसकी विवेचना इस अध्याय के प्रारम्भ में की गई। इसके साथ एक और भ्रान्ति जुड़ गई जिसे क्रान्तिकारी पार्टी के मिथक ने पैदा किया। प्रधानतया कम्युनिस्ट आन्दोलन के प्रभाव के अन्तर्गत जो स्टालिन युग में एक रूप बन गया था, आमूल परिवर्तनवादी राजनीतिज्ञों का यह विश्वास है कि क्रान्तिकारी सरकार और दल यदि समाज का रूपान्तर करना चाहते हैं तो सत्ता पर अखंडित अधिकार होना चाहिए तथा सर्वोच्च सत्ता में अन्य समूहों को हिस्सेदार नहीं बनाया जाना चाहिए। यदि कोई गठबन्धन बनाया जाना हो तो वहीं बनाया जाए जहाँ कम्युनिस्टों की शक्ति अत्यन्त प्रबल हो और वे अपने मोर्चे के साझीदारों से अपनी नीति मनवा सकते हों। कम्युनिस्टों की विशिष्ट शब्दावली में इसे पार्टी या 'सर्वहारा' के वर्चस्व के अन्तर्गत गठित गठजोड़

कहा जाता है। इसके अतिरिक्त, मौलिक परिवर्तन चाहनेवालों की दृष्टि में संयुक्त मोर्चे की राजनीति किसी-न-किसी प्रकार के दोष से भी जुड़ती है।

परन्तु वास्तविक स्थितियाँ शायद ही स्वप्नद्रष्टाओं और शुद्धतावादियों द्वारा परिकल्पित आदर्शीकृत स्थितियों के अनुरूप होती हैं। इतिहास के किसी भी बिन्दु पर ऐसा नहीं होता है कि इतिहास की शुरुआत बिलकुल नये सिरे से होती हो। ऐसा नहीं है कि नये विचार एवं संगठन अपने प्रारम्भिक चरण में अतीत से अपने को सर्वथा काट लें। वे पुरातन विचारों या समाज के गर्भ में स्थित भ्रूण की भाँति होते हैं, जो धीरे-धीरे अपना स्वतंत्र रूप एवं अस्तित्व ग्रहण करने का प्रयास करता हुआ भी उसी गर्भ से पोषण प्राप्त करता है। सैद्धान्तिक तथा विश्लेषणात्मक उद्देश्यों की दृष्टि से किसी के लिए यह सदा ही उचित है कि वह आकस्मिक, मृत या मृतप्राय: सत्ताओं के जंजाल में लिपटी अनिवार्य एवं विकासमान सत्ताओं को उससे पृथक करे, परन्तु इस प्रकार के प्रयासों के बाद जो वास्तविकता उभरती है, वह एक अमूर्त कल्पना मात्र होती है। परन्तु जब व्यक्ति समाज में कार्य करता है तब उसे अमूर्त प्रत्ययों से नहीं बल्कि साकार वस्तुओं, संस्थाओं और व्यक्तियों से जूझना होता है। लेनिन के इस कथन का कि 'सिद्धान्त धुँधला होता है, पर जीवन का वृक्ष सदा हरा होता है' यही तात्पर्य है। ठोस वास्तविकता के बीच किसी के लिए जबर्दस्ती अपनी राह बनाना सम्भव नहीं है बल्कि उसे इस तरह अपना रास्ता निकालना है कि इस क्रम में दूसरे बहुत सारे लोगों के पाँव में ठोकर देना जरूरी नहीं हो। चाहे जैसी भी स्थिति हो, कुछ लोगों की भावनाओं पर तो आघात पहुँचेगा ही, पर कारगर कार्रवाई के लिए यह आवश्यक है कि ये आघात वाजिब हद के भीतर ही हों। यहीं पर गठबन्धन की जरूरत होती है। मित्रों को अपनी पसन्द के अनुसार चुनना होगा और उनके साथ एकता कायम करनी होगी ताकि अपनाई जानेवाली नीति से जिनके हितों को हानि पहुँचती हो, उनके विरोध को निष्प्रभाव किया जा सके। जहाँ लोग लोकतांत्रिक राजनीति से प्रतिबद्ध हैं, वहाँ इस रास्ते का दोहरा औचित्य है। इसी प्रकार की राजनीतिक बाध्यता के नतीजे के तौर पर अधिकांश लोकतंत्रों में स्पष्टत: संयुक्त मोर्चे की सरकारों का गठन हुआ है या व्यापक आधार वाले ऐसे दो दल—जैसे अमेरिका में—उभरे हैं, जो स्वयं विविध हित-समूहों का प्रतिनिधित्व करते हैं।

परन्तु संयुक्त मोर्चे का एक और भी आयाम है, जो ऊपर बताए गए पूर्वग्रहों के कारण उपेक्षित रहा है और जिसकी छानबीन की दरकार है। माकपा समेत सभी वामपंथी दल अपने चरम पर पहुँच गए हैं। नये क्षेत्रों में उनका विस्तार नहीं हो रहा है। इसका सम्भव कारण यह है कि वे ऐसी नई शक्तियों के गठजोड़ के रूप में उभरना सीख नहीं पाए हैं, जिन शक्तियों के साथ के गठजोड़ पर पश्चिमी यूरोप के समाजवादी आन्दोलनों के स्रोत में विचार नहीं किया गया था। सम्भवत: 1917 में

बोल्शेविकों की सफलता का रहस्य उनमें विविध विचारों के प्रति उनके खुलापन तथा प्रयोग में निहित था, जो अक्टूबर में पूर्व के दिनों के उनके अपने भीतर चले सैद्धान्तिक बहस-मुबाहसों के स्वरूप से स्पष्ट होता है। आज ऐसा लगता है कि भारत में वामदलों द्वारा किसानों और मजदूरों, विशेषत: मजदूरों, का प्रतिनिधित्व किए जाने का सिद्धान्त अन्तिम तौर पर निर्धारित हो चुका है। तथापि भारत की स्थितियों में समाज के दरिद्रतम खंडों का प्रतिनिधित्व करनेवाले कई ऐसे अन्य हित हैं जो हमारा ध्यान आकृष्ट कर रहे हैं, परन्तु वाम आन्दोलन में इनका समावेश अधूरे तौर पर ही हो पाया है। जनजातियाँ, दलित तथा ग्रामीण समाज के व्यापक हिस्सों का प्रतिनिधित्व करनेवाले किसान भी उस कोटि में आते हैं। ऐसे हिस्सों को किसी वामदल में समेटने का कोई प्रयास नहीं हुआ है, जो दल उन्हें किताबी किस्म के सर्वहारा, जो अस्तित्व में नहीं है, के समकक्ष दर्जा दे सके। यह उस विचारधारा की विफलता है जो एक काल्पनिक सर्वहारा को केन्द्रीय महत्त्व प्रदान करती है। यदि इन अन्य उत्पीड़ित हिस्सों को समेटने का प्रयास किया जाए, तो एक व्यापक आधार वाला वामदल उभर सकता है, जिसमें मौजूदा वामदलों की अपेक्षा अधिक विस्तार की सम्भावना होगी, परतु ऐसा तभी किया जा सकेगा जब चिन्तन में पड़ी परम्परागत गाँठ को खोला जाए।

3

महाकाव्यकारों की कल्पना या क्रान्ति के सिद्धान्तकारों के अमूर्त चिन्तन के बाहर राजनीति कभी भी वैसा रणक्षेत्र नहीं रहा है, जिसमें अच्छाई और बुराई की शक्तियाँ स्पष्ट तौर पर एक-दूसरे के विरुद्ध मरने-मारने को कटिबद्ध हों। यद्यपि यदा-कदा सचमुच समाज में अच्छाई और बुराई के बीच बहुत बड़ा विभाजन पैदा हो जाता है, पर सुविचारित ढंग से परीक्षण करने पर हम बराबर ही देख पाएँगे कि राजनीतिक संघर्षों के प्रतिद्वन्द्वियों के बीच हितों और विचारों का काफी हद तक घालमेल मौजूद है। विरोधी शक्तियों में से प्रत्येक का राजनीति में कुल मिलाकर जो रूप उभरता है, वह उनके अन्दर के ही विविध और प्राय: परस्परविरोधी झटकों और दबावों द्वारा निर्धारित होता है। सभी बड़े राजनेताओं ने किसी विशेष समाज के उन सभी तत्त्वों को, जिन्हें वे अपने मनोनुकूल लक्ष्य की प्राप्ति में जोड़ सकें, पहचानने के मामले में विलक्षण अन्तर्दृष्टि प्रदर्शित की है। उन्हें अपने इन सभी उद्देश्यों को प्राप्त करने में सफलता मिलती है या नहीं, यह कई बातों पर निर्भर करता है, जिनमें कुछ पर उनका वश नहीं है। इन तत्त्वों को एकताबद्ध करने के इस प्रयास में नेता पर यह दायित्व आ जाता है कि वह उन विविध शक्तियों, जिन्हें वह एकता के पुंज में बाँधना चाहता है, के अन्तर्द्वन्द्व को समाप्त करे, उनके रूखेपन को दूर करे या उन पर पर्दा डाले।

माओ त्से तुंग का अन्तर्विरोध का सिद्धान्त इस प्रकार के विचारधारात्मक प्रतिपादन का श्रेष्ठ उदाहरण है। वे मार्क्सवादी कम्युनिस्ट थे तथा इस मान्यता से पूर्णत: प्रतिबद्ध थे कि समाजवादी क्रान्ति औद्योगिक मजदूर वर्ग के नेतृत्व में ही सम्पन्न हो सकती है, पर चीन, जहाँ क्रान्ति को लाने के कार्य में वे लगे थे, आधुनिक औद्योगिक राज्य था ही नहीं। 1925 से स्वयं उस पर किसानों के बीच अपना आधार-क्षेत्र बनाने का दायित्व था। इसके अलावा, तीस के दशक के प्रारम्भ से जापानी साम्राज्यवाद के विरुद्ध संघर्ष मुख्य लड़ाई बन गई थी। उस आदर्श सन्दर्भ से, जिसमें विभिन्न देशों के मजदूर सबके सामूहिक वर्ग शत्रु के लड़ते, यह सर्वथा भिन्न सन्दर्भ था। यह सन्दर्भ सम्भवत: कई वर्गों से—जैसे धनी किसानों और कतिपय सामन्ती तत्त्वों से भी—जो मूलत: समाजवाद-विरोधी थे समर्थन लेने

की अपेक्षा रखते थे। अपने अन्तर्विरोध के सिद्धान्त का दक्षता के साथ इस्तेमाल करते हुए तथा अपनी मूल स्थापनाओं का खुलकर खंडन किए बिना उन्होंने इन परस्पर-विरोधी वर्ग-शक्तियों को एकत्र करने की राह निकाली।

इस सिद्धान्त के अनुसार कुछ अन्तर्विरोध होते हैं और कुछ अशत्रुतापूर्ण। माओ ने तर्क दिया कि किसी भी समय वैसी शक्तियाँ, जिनके बीच अशत्रुतापूर्ण अन्तर्विरोध है, शत्रुतापूर्ण अन्तर्विरोध का प्रतिनिधित्व करनेवाली शक्तियों के विरुद्ध एकताबद्ध हो सकती हैं। इस प्रकार प्रारम्भिक चरणों में जापानी साम्राज्यवाद शत्रुतापूर्ण अन्तर्विरोध का प्रतिनिधित्व करता था। उसके विरुद्ध सभी चीनियों को—सामन्ती तत्त्वों को भी—एक किया जा सकता था, परन्तु ऐतिहासिक स्थिति स्थिर नहीं होती है। उदाहरण के लिए, जापानियों की हार के बाद स्थिति में बदलाव आया और लड़ाकू सामन्त एवं सामन्ती तत्त्व मुख्य शत्रु बन गए। इस प्रकार एक के बाद एक शत्रु को निर्मूल करते हुए माओ आन्दोलन के विभिन्न चरणों के माध्यम से सभी शत्रु-शक्तियों को निर्मूल कर सके।

यूरोपीय सन्दर्भ में भी, अर्थात् रूस में, जहाँ औद्योगिक मजदूर अल्पसंख्यक थे, लेनिन को शक्ति प्राप्त करने और उस पर कब्जा बनाए रखने के लिए सन्धि की ऐसी ही नीति प्रतिपादित करनी थी। उसने 1905 में ही मजदूर-किसान मोर्चे की नीति प्रतिपादित की थी। इस नीति का सफल कार्यान्वयन 1917 में हुआ; बोल्शेविकों को सोवियत कांग्रेस में सोवियतों की ओर से शक्ति हथियाने के लिए बहुमत समर्थन इसलिए ही प्राप्त हो सका कि वे वाम सामाजिक क्रान्तिकारियों के साथ, जिन्हें कृषक-सोवियतों का अच्छा समर्थन प्राप्त था, मोर्चा बनाने में सक्षम हो सके थे। यद्यपि वाम सामाजिक क्रान्तिकारी दल के साथ का समझौता अधिक दिनों तक नहीं चल सका, किसान वर्ग के साथ सन्धि की नीति दस वर्षों तक चली। 1924 में लेनिन की मृत्यु के बाद बोल्शेविक नेतृत्व के बीच इसके लिए दबाव था कि किसान वर्ग के विरुद्ध कड़ा रुख अपनाया जाए। 1928 के बाद स्टालिन के द्वारा जबरिया सामूहिकीकरण की नीति शुरू किए जाने के बाद ही इस सन्धि का अन्त हुआ, पर इससे ही सोवियत राज्य के लोकतंत्र की ओर बढ़ने की सम्भावना भी नष्ट हो गई क्योंकि ऐसा राज्य, जिसने बहुसंख्यक हिस्से के साथ युद्ध छेड़ रखा हो, लोकतांत्रिक ढंग से शासन नहीं चला सकता था।

परन्तु माओवादी या बोल्शेविक सन्धियाँ सार्वदेशिक पैटर्न का प्रतिनिधित्व नहीं करती हैं। भिन्न परिस्थितियों के अन्तर्गत भिन्न किस्म की सन्धियाँ या मोर्चे विकसित हो सकते हैं, जिनमें सहयोगियों को चरणबद्ध ढंग से नष्ट करने की बात निहित नहीं हो, बल्कि मतभेदों को चरणबद्ध तौर पर दूर करने की बात हो। भारतीय राजनीति में गांधी का प्रयास सर्वथा भिन्न स्थिति में तथा भिन्न वैचारिक लक्ष्य की पूर्ति लिये राजनीतिक शक्तियों का एक भिन्न किस्म के मोर्चे का निर्माण का प्रयास था।

भारत में अंग्रेजी राज देश के भीतर की फूट के आधार पर कायम हुआ था, और 1857 में पूरे देश पर ब्रिटिश साम्राज्य के स्थापित हो जाने के बाद से यह 'फूट डालो और राज करो' की नीति पर आधारित था। पहले इसने मुसलमानों को दबाने की कोशिश की क्योंकि मुस्लिम शासक-समूह, जिन्हें अंग्रेजों ने सत्ता से हटाया था, अंग्रेजी राज के प्रति आबादी के अन्य हिस्सों की तुलना में अधिक शत्रुभाव रखते थे, परन्तु भारतीय राष्ट्रीय कांग्रेस की स्थापना के बाद हिन्दू अंग्रेजी प्रशासन व्यवस्था के विरुद्ध अधिक मुखर हो गए थे। फिर बीसवीं शताब्दी के प्रारम्भिक वर्षों से अंग्रेजी सरकार ने हिन्दू नेताओं के प्रभुत्व में संचालित राष्ट्रीय आन्दोलन के विरुद्ध मुसलमानों को प्रोत्साहन देने की नीति अपनाई। अंग्रेजी शासन के प्रारम्भिक वर्षों में अंग्रेजी शासन के प्रति क्रोध में चोट खाने की भावना से उन्होंने अंग्रेजी शिक्षा से अपने को अलग रखा था। इसके फलस्वरूप प्रशासनिक नौकरियों और अंग्रेजी शिक्षा पर आधारित पेशों की स्पर्द्धा में वे हिन्दुओं से पिछड़ गए थे। अंग्रेजों से प्रोत्साहन पाकर वे अब अंग्रेजी शिक्षा से मिलनेवाले फायदों के बारे में एकाएक जागरूक हुए और उनके बीच के प्रभुतासम्पन्न हिस्सों ने ब्रिटिश सत्ता के प्रति अधिक वफादारी का रुख अपनाने की हालत में अपने लिए भविष्य की बेहतर सम्भावना देखी।

इस प्रकार 30 दिसम्बर, 1906 में ढाका में आयोजित मुस्लिम सम्मेलन में देश के विभिन्न भागों से आए मुसलमान नेताओं ने अखिल भारतीय मुस्लिम लीग की स्थापना की। यह महत्त्व की बात है कि इस नवगठित संगठन द्वारा पहला लक्ष्य 'अंग्रेजी शासन के प्रति वफादारी की भावना को प्रोत्साहित करना तथा सरकार द्वारा की गई कार्रवाइयों के सम्बन्ध में उठनेवाली सम्भावित गलतफहमियों को दूर करना' रखा गया। 1905 में अंग्रेजी सरकार ने बंगाल के विभाजन का निर्णय किया था, जिसके विरोध में भारत में उत्तेजना थी और ब्रिटिश सामानों का बायकॉट चल रहा था। नवगठित मुस्लिम लीग ने बंगाल के विभाजन का समर्थन किया और बायकॉट का विरोध किया। इस प्रकार हिन्दुओं और मुसलमानों के बीच अभी से एक दरार पैदा हो गई। अपनी नीति को लागू करने के क्रम में अंग्रेजी सरकार ने 1909 के सुधारों के अन्तर्गत मुसलमानों को पृथक मताधिकार दे दिया। इस प्रकार हर स्तर पर भारत के दोनों प्रमुख समुदायों, हिन्दुओं और मुसलमानों के बीच ऐसी खाई पैदा करने का प्रयास किया गया जिसे पाटा नहीं जा सके।

भारत के रंगमंच पर गांधी का प्रवेश ऐसे मौके पर हुआ जब यह खाई और अधिक चौड़ी होती जा रही थी। राजनीति का आदर्श रूप तो यह होता कि साम्प्रदायिक विभाजन की परवाह किए बिना इस आशा में ब्रिटिश सरकार के विरुद्ध मुठभेड़ की नीति अपनाई जाती कि राष्ट्रीयता का आग्रह सम्प्रदायवाद को कमजोर बना देगा, परन्तु सामाजिक समस्याओं का निदान ऐसे अति सरल

समाधानों से नहीं होता है। मुसलमानों की भावनाओं की उपेक्षा से उनके बीच राष्ट्रीय आन्दोलन के इरादों की बाबत सन्देह और भी अधिक गहरा होता तथा वे ब्रिटिश साम्राज्यवाद के खेमे में और भी अधिक दूर तक प्रविष्ट हो जाते। इस परिस्थिति में हिन्दुओं और मुसलमानों के बीच किसी-न-किसी प्रकार का समझौता कायम किए बिना एक मजबूत साम्राज्यवाद-विरोधी आन्दोलन गठित करने की बात सोची नहीं जा सकती थी। इसके अतिरिक्त गांधी के पास दक्षिण अफ्रीका में अंग्रेजों के विरुद्ध संघर्ष के लिए हिन्दुओं और मुसलमानों को एक प्रकार के मोर्चे में एकता के सूत्र में जोड़ने का अनुभव था, और उनकी यह दृढ़ आस्था थी कि भारत में भी यदि कोई सार्थक संघर्ष होना है तो दोनों को एक होना होगा। 'खिलाफत आन्दोलन' में उन्हें ऐसा एक अवसर मिला। गांधी ने तुरन्त इसे पकड़ा और इस समान लक्ष्य में दोनों समुदायों को एक साथ जोड़ने को कारगर हथियार बनाया।

प्रथम विश्व युद्ध में तुर्की ब्रिटेन के विरुद्ध लड़ाई में शामिल था। खिलाफत का सम्बन्ध उन शर्तों से था जो युद्ध की समाप्ति पर तुर्की पर लादे गए थे। उस समय तुर्की में खलीफा की शासन-व्यवस्था 'खिलाफत' थी, जिसके साथ अंग्रेजी सरकार द्वारा किए गए व्यवहार को भारत समेत सभी जगह के मुसलमानों ने अन्यायपूर्ण समझा और उससे उन सबको नाराजगी थी। बिना मुसलमान हुए ही गांधीजी ने मुसलमानों के इस सवाल को बेशर्त अपना बना लिया। अपने दृष्टिकोण के औचित्य को ठहराने के लिए दिया गया उनका बयान साफ तौर पर यह दिखाता है कि वे भारत के विभिन्न समुदायों के बीच सच्चे विश्वास पर, अंग्रेज जिसे खंडित करना चाहते थे, आधारित सम्बन्ध कायम करने को कितना अधिक उत्सुक थे। उन्होंने कहा, "मुसीबत में मदद ही मित्रता की कसौटी है। हिन्दू, पारसी, ईसाई या यहूदी, हम चाहे जो भी हों, यदि हम एक राष्ट्र के रूप में जीना चाहते हैं तो निश्चय ही हममें से एक का हित सबका हित होना चाहिए..., हम हिन्दू-मुस्लिम एकता की बात करते हैं। जब मुसलमानों का अत्यावश्यक हित दाँव पर हो, उस समय यदि हिन्दू उनसे तटस्थ बने रहें तो एकता की बात खोखला नारा बनकर रह जाती है।"

23 नवम्बर, 1919 को दिल्ली में आयोजित 'अखिल भारतीय खिलाफत सम्मेलन' में गांधीजी अध्यक्ष चुने गए। 'खिलाफत आन्दोलन' और कांग्रेस के बीच के बढ़ते हुए सहयोग के प्रमाण स्वरूप अमृतसर में कांग्रेस के सत्र के तुरन्त बाद वहाँ 'अखिल भारतीय खिलाफत सम्मेलन' आयोजित हुआ। सम्मेलन ने वायसरॉय के पास एक शिष्टमंडल भेजने का निर्णय किया। इस शिष्टमंडल में शीर्षस्थ कांग्रेस नेता, जिनमें कुछ रूढ़िवादी हिन्दू भी थे, शामिल थे। इनमें महात्मा गांधी, स्वामी श्रद्धानन्द, पंडित मोतीलाल नेहरू और पंडित मदनमोहन मालवीय

शामिल थे। शिष्टमंडल द्वारा पेश किए गए निवेदन-पत्र में कहा गया कि हिन्दू और मुसलमान एकताबद्ध हैं और यदि मुसलमानों की जायज माँगें पूरी नहीं की गईं तो दोनों ही समान रूप से आहत महसूस करेंगे, परन्तु इससे भी बढ़कर महत्त्व की बात यह थी कि अखिल भारतीय कांग्रेस समिति ने 30 मई, 1920 को हुई बैठक में सविनय अवज्ञा के औचित्य का आधार तय करते हुए खिलाफत के सवाल को जालियाँवाला बाग हत्याकांड के समकक्ष स्थान दिया। प्रस्ताव के व्यावहारिक अंश की भाषा निम्नलिखित थी :

3. "पार्लियामेंट के नाम आवेदन पत्र देकर अनुरोध किया जाए कि 1919 के अप्रैल-मई महीने में अमृतसर, गुजराँवाला, कसूर तथा पंजाब की अन्य जगहों में निर्दयतापूर्ण कृत्यों के लिए सर ओ' डायर पर महाभियोग चलाने या अन्यथा उन्हें न्याय के कटघरे के सामने लाने के लिए तत्काल कार्रवाई शुरू की जाए तथा जनरल डायर, कर्नल जॉनसन, कर्नल ओ' ब्रायन और बोसवर्थ स्मिथ के विरुद्ध इंग्लैंड के न्यायालय में मुकदमा चलाने के लिए तत्काल कदम उठाया जाए। राय साहब श्री राम सूद और मलिक खाँ को बर्खास्त कर उन पर मुकदमा चलाया जाए।
4. रौलट ऐक्ट को निरसित किया जाए।
5. वायसरॉय को वापस बुला लिया जाए।
6. अखिल भारतीय कांग्रेस समिति की दृढ़ धारणा है कि तुर्की के समक्ष शान्ति की जो शर्तें रखी गई हैं, वे ब्रिटेन की सरकार द्वारा दिए गए पवित्र वचनों का घोर उल्लंघन करती हैं और मित्र राष्ट्रों द्वारा स्वीकार किए गए राष्ट्रीय आत्मनिर्णय के सिद्धान्त तथा भारत के मुसलमानों की धार्मिक भावनाओं की पूर्णत: अवहेलना करती हैं। अखिल भारतीय कांग्रेस समिति जोर देकर अनुरोध करती है कि भारत में शान्ति एवं सन्तोष के हित में तुर्की की शर्तों में संशोधन लाया जाए।"

यही नहीं, गांधी ने अन्य समुदायों के साथ भी ऐसा सहयोग-सूत्र जोड़ने का प्रयास किया और इसके लिए उनकी जायज माँगों को भी कांग्रेस का समर्थन प्रदान कराया। उदाहरण के लिए, अकालियों तथा 'शिरोमणि गुरुद्वारा प्रबन्धक समिति' के नेतृत्व में सिखों ने जब सिख धर्मस्थानों के सरकार-परस्त भ्रष्ट महन्तों एवं सरवरों के विरुद्ध संघर्ष छेड़ा तब कांग्रेस ने इस सवाल पर उन्हें पूर्ण समर्थन प्रदान किया। सरदार खड़कसिंह और मास्टर तारा सिंह जैसे शिरोमणि गुरुद्वारा प्रबंधन समितियों के अनेक नेता महत्त्वपूर्ण कांग्रेसी भी थे। खड़कसिंह 'शिरोमणि गुरुद्वारा प्रबन्धन समिति' तथा 'प्रान्तीय कांग्रेस समिति' दोनों के ही अध्यक्ष थे।

भारतीय राजनीति में फूट पैदा करनेवाला एक अन्य कारण था, सवर्ण हिन्दुओं द्वारा खास तौर पर अछूतों पर किया जानेवाला अत्याचार। गांधी ने अछूतों की समस्याओं पर ध्यान दिया और उनकी अक्षमताओं को दूर करने की दिशा में लगातार काम किया। उन्होंने उन्हें 'हरिजन' नाम दिया और सामान्यत: उनके साथ ही यथासम्भव हरिजन कॉलोनी में ही ठहरने का सिलसिला चलाया। उन्होंने मन्दिरों में उनके अबाध प्रवेश के प्रश्न को लिया और सभी प्रकार की छुआछूत के विरुद्ध जिहाद छेड़ा।

साम्प्रदायिक एवं जातीय विभेदों को मिटाने के प्रयासों के अतिरिक्त उन्होंने अपनी आर्थिक नीतियों को भी ऐसा रूप दिया कि आबादी के सबसे बड़े हिस्सों को राष्ट्रीय आन्दोलन के दायरे में एक साथ लाया जा सके। स्वदेशी और चर्खे की हिमायत कर उन्होंने भारत के लाखों दस्तकारों, विशेषत: बुनकरों को अपनी ओर आकृष्ट किया। ये वे लोग थे जो अर्थतंत्र में विदेशी और कारखाने में बने सामानों के प्रवेश के कारण अपने पेशे और जीविका के अपने साधन से वंचित होते जा रहे थे। इसी नीति के, तथा बुनकरों को, जो मुख्यत: मुसलमान ही थे, मिलनेवाली मदद के कारण ही मुसलमान दस्तकारों का बहुत बड़ा हिस्सा हिन्दू-मुसलमान वैमनस्य की सर्वाधिक अंधियाली घड़ियों में भी राष्ट्रीय आन्दोलन के प्रति निष्ठावान बना रहा तथा मुस्लिम लीग एवं पाकिस्तान के उसके नारे से प्रभावित नहीं हुआ। इसी प्रकार चम्पारण के किसानों पर अंग्रेज निलहों द्वारा किए जा रहे शोषण के विरुद्ध अपने संघर्ष के द्वारा वह गरीब किसानों के श्रद्धापात्र बन गए। उन्होंने औद्योगिक मजदूरों को ट्रेड यूनियनों में संगठित करने का प्रयास किया, यद्यपि उन्होंने अशमनीय वर्ग युद्ध का दर्शन स्वीकार नहीं किया। इस प्रकार जिस संयुक्त मोर्चे को गठित करने का उनका जो प्रयास था, उसमें भारत के सभी बहुसंख्यक समुदाय और वर्ग शामिल थे। उन्होंने इन प्रयासों का साधन नहीं मानकर उसे अपने आप में साध्य के रूप में स्वीकार कर सम्पूर्ण कार्यक्रम को गरिमा प्रदान की। संयुक्त मोर्चे के गठन के मामले में गांधी एवं कम्युनिस्टों के प्रयासों में बहुत बड़ा अन्तर था। कम्युनिस्ट उन वर्गों के क्रमिक उन्मूलन का लक्ष्य रखते थे जो प्रारम्भिक लड़ाई में यद्यपि मित्र रहे, पर जिनके बारे में बाद की अवधि में समझा गया कि वे विरोधी हैं तथा उन्हें रास्ते से हटा दिया जाना चाहिए। इसके विपरीत, गांधी ने अपने मित्र इस ढंग से बनाए कि भावी समाज में वे एक दूसरे के कल्याण के लिए आवश्यक बन सकें।

जिस संयुक्त मोर्चे की उन्होंने परिकल्पना की थी उसके सामान्य ढाँचे का 1924 के बेलगाम कांग्रेस में, जिसमें गांधी अध्यक्ष बने थे, खुलासा किया गया। इस अधिवेशन के पहले दो घटनाएँ घटी थीं; इनमें से एक से कांग्रेस की एकता को खतरा था और दूसरी से हिन्दू-मुसलमान एकता को खतरा था जिसे उन्होंने

इतने जतन से बनाया था। पहली घटना थी, कौंसिल में प्रवेश के पक्षधरों द्वारा स्वराज पार्टी का गठन। इसका उल्लेख पहले किया गया। दूसरी घटना थी, साम्प्रदायिक हिंसा का उभार, जिसमें सबसे गम्भीर घटना पंजाब के कोहाट में हुई थी। इनसे हिन्दू-मुसलमान एकता को गहरा धक्का लगा था। कांग्रेस के इतिहासकार पट्टभिसीतारमय्या के अनुसार, "उन्होंने (गांधी ने) कौंसिलों में उनके (स्वराज पार्टी वालों के) काम करने के बारे में अपनी सहमति दी। तब उन्होंने कोहाट दंगों की भर्त्सना की, अकालियों के प्रति (जो गुरुद्वारा सुधार के सवाल पर अहिंसक लड़ाई लड़ रहे थे) अपनी हमदर्दी जताई, छुआछूत के प्रश्न पर तथा स्वराज की योजना पर विचार प्रस्तुत किए, "चरखा, हिन्दू-मुस्लिम एकता और छुआछूत का निवारण-साधन है। मेरे लिए साधन को जान लेना ही काफी है; मेरे जीवन-दर्शन में साधन और साध्य परस्पर परिवर्तनीय हैं।"

इन नीतिगत सूत्रों में उन शक्तियों का, जिन्हें वे एकताबद्ध करना चाहते थे तथा साथ ही एकता के चरम लक्ष्य का प्रतिपादन किया गया। यह सही है कि वे जैसा गठजोड़ बनाना चाहते थे, उसे वे पूर्णत: तार्किक परिणति तक नहीं पहुँचा सके, परन्तु इसके पीछे जो कारण थे, उन पर उनका वश नहीं था। अंग्रेज विभिन्न धार्मिक समुदायों के बीच वैमनस्य पैदा करने में सफल हो सके। 1920 के दशक में बार-बार दंगे कराए गए। उनसे केवल यही हुआ कि साम्प्रदायिक वैमनस्य की भावना और गहरी हुई। अपने देशवासियों के मन की जिस दुर्भावना की परिणति दंगों में हुई थी, उसके प्रायश्चित्त-स्वरूप गांधी ने 21 दिनों का उपवास भी किया, परन्तु उससे स्थिति में कोई सुधार नहीं आया। बहुत सारे हिन्दू नेता थे जो गांधी को स्वीकार करने को तैयार नहीं थे और मुस्लिम लीग के नेता इस शंका से अपने को मुक्त नहीं कर पाए कि अंग्रेजों के चले जाने के बाद हिन्दू समुदाय उनके साथ दूसरे दर्जे के नागरिक का व्यवहार नहीं करेगा। इसी प्रकार के भय की भावना की परिणति पाकिस्तान के निर्माण में हुई। इस भावना को अंग्रेजों ने मजबूत किया और इसे धर्मान्ध हिन्दुओं के व्यवहार से प्रोत्साहन मिला। यही पाकिस्तान के जन्म का कारण बना।

इसी प्रकार 1932 में पृथक निर्वाचक मंडल बनाकर सवर्ण हिन्दुओं और अछूतों को स्थायी तौर पर पृथक इकाई के रूप में एक-दूसरे से विभाजित करने की कोशिश हुई। भारत में अछूतों की स्थिति अमानवीय थी और स्वाभाविक रूप से उनकी यह इच्छा थी कि स्वराज मिलने के बाद उन्हें कोई ऐसा संरक्षण मिले, जिससे बहुसंख्यक सवर्ण हिन्दुओं के अत्याचार से हिफाजत हो सके, परन्तु इस सवाल पर गांधी की भावना इतनी तीव्र थी कि उन्होंने 20 सितम्बर, 1932 से आमरण अनशन शुरू कर दिया। उन्हें इस बात की उतनी चिन्ता नहीं थी कि अछूत अलग हो जाएँगे। यद्यपि इससे भी उन्हें तकलीफ होती, पर उनकी चिन्ता यह थी कि इस

प्रकार के विभाजन से छुआछूत का कोढ़ और कलंक हिन्दू समाज में स्थायी तौर पर बना रहेगा और अछूत कभी भी सामाजिक जीवन में वह स्तर नहीं पा सकेंगे जो सवर्ण हिन्दुओं को प्राप्त है। जब 13 नवम्बर 1931 को गोलमेज सम्मेलन में यह प्रश्न उठा था तो अपने भाषण में गांधी ने, अन्य बातों के साथ, यह कहा था :

> "...सिख, मुसलमान या यूरोपवासी निरन्तर अपने-अपने रूप में बने रहें, पर क्या अछूत भी निरन्तर अछूत बने रहेंगे? मेरी तो धारणा है कि अछूत अछूत के रूप में बने रहें, उससे कहीं अच्छा है कि हिन्दू धर्म ही समाप्त हो जाए।" उनके अनशन का तात्कालिक प्रभाव यह हुआ कि देश में भी मन्दिरों के द्वार अछूतों के लिए खोले जाने लगे। 'पूना समझौते' के नाम से जाने जानेवाले इस समझौते के अनुसार उन्हें सुरक्षित सीटों की सहूलियत दी गई और पृथक निर्वाचक मंडल की माँग अन्तिम रूप से छोड़ दी गई।

यद्यपि गांधी अस्पृश्यता के निवारण में या दलितों के मन से बेगानापन की भावना को दूर करने में पूर्णत: सफल नहीं हो सके, परन्तु वे राष्ट्रीय राजनीति की मुख्य धारा में दलितों के एक बड़े समूह को ला सके और उन्होंने उनमें आत्म-सम्मान का भाव जगाया जिससे समान पद पाने के लिए अनवरत संघर्ष चलाने की उन्हें प्रेरणा मिली।

इस बात के बावजूद कि गांधी अपने लक्ष्य से बहुत पीछे रहे, कांग्रेस का राष्ट्रीय स्वतंत्रता के लिए लड़नेवाले संगठन का जो रूप उभरा, वह मुख्यत: गांधी के प्रयासों की उपज थी, जिसे उन्होंने देश की विविध शक्तियों के व्यापक मोर्चे के गठन के लिए किया था।

इसके पूर्व के अध्याय में राजनीति एवं राजनीतिक दलों के सम्बन्ध में जो मूल मान्यताएँ रखी गईं, उन्हीं को पुष्ट करने के लिए ये कुछ उदाहरण प्रस्तुत किए गए। शायद ही ऐसी पार्टी है कि कोई राजनीतिक दल सर्वथा नये विचार लेकर और भविष्य पर मजबूती से केन्द्रित दृष्टि रखते हुए अस्तित्व में आए। इस ढंग से उभरनेवाले दल विचारधारात्मक संगठन बनकर ही रह जाते हैं। ये नये विचारों के महत्त्वपूर्ण प्रवर्तक हो सकते हैं। ये विचार दूसरों के द्वारा ग्रहण किए जा सकते हैं और समाज में महत्त्वपूर्ण भूमिका अदा कर सकते हैं, परन्तु अपने आप में ये दल राजनीतिक तौर पर तभी महत्त्वपूर्ण बन पाते हैं जब कोई जन-आन्दोलन उन्हें अपना लेता है। परन्तु इस प्रकार के जन-आन्दोलन का अपना इतिहास होता है, कई प्रकार के अच्छे-बुरे तत्त्व उससे जुड़े होते हैं, जिनको पूर्णता छोड़ा नहीं जा सकता है। एक प्रतिभा-सम्पन्न राजनेता बराबर ही इस स्थिति में होता है कि वह इन संगठनों को ऐसे रूप में अपनाए कि वे अतीत के कतिपय कुत्सित सम्बन्धों को छोड़ने को और उन नये विचारों से जुड़ने को बाध्य हो सकें जिन पर नेता बल दे रहा हो। कभी-कभी

यह किसी संगठन में प्रत्यक्ष तौर पर समाविष्ट करने के द्वारा और कभी-कभी इन संगठनों के साथ गठजोड़ बनाने के द्वारा सम्भव होता है। हम लोगों ने देखा है कि लेनिन, माओ और गांधी वैसे नेता थे, जिन्हें कुछ विशेष परिस्थिति विरासत के तौर पर मिली और बाद में उन्होंने उस परिस्थिति को इस ढंग से सँभाला कि वे मौजूदा लोकप्रिय प्रेरणाओं का लाभ उठा सके और इतिहास को ऐसी दिशा दे सके, जिसके फलस्वरूप उनके अपने आदर्शों की पूर्ति सम्भव हो सकी।

इन आधारों पर परिकल्पित राजनीतिक दल किसी सपाट पैटर्न को मानने पर बल नहीं देगा। इसके अन्तर्गत विशेष खंडीय या क्षेत्रीय हितों का प्रतिनिधित्व करनेवाले अनेक उभार होंगे और यह संगठन एकीकृत करनेवाले अमूर्त मानदंडों से हटकर चलेगा। जो दल लोकतांत्रिक प्रक्रिया के माध्यम से सामाजिक परिवर्तन चाहता हो, उसे इस प्रकार की स्थिति को स्वीकार कर चलना होगा। सर्वसत्तात्मक व्यवस्था के अन्तर्गत ही समाज या दल पर आदर्श मानदंड का पूर्ण अनुपालन लादा जा सकता है, यद्यपि इन व्यवस्थाओं को भी सत्ता पर अपनी पकड़ बनाए रखने के लिए अनेक समझौते करने पड़ते हैं।

इस मामले में लोकतांत्रिक एवं सत्तात्मक राज्यतंत्रों के बीच एक मौलिक अन्तर है। लोकतांत्रिक राज्यतंत्रों में दलों को व्यक्तियों एवं समूहों के हितों की भूल-भुलैया के बीच से होशियारी के साथ राह निकालनी होती है ताकि उनमें से बहुत अधिकों पर चोट नहीं पहुँचानी पड़े। जहाँ समाज में मूलभूत दरारें हैं, वहीं परिवर्तन से प्रतिबद्ध दल को कुछ हितों को बढ़ाने के लिए कुछ अन्य हितों पर चोट पहुँचाने के कदम उठाए बिना कोई चारा नहीं है, परन्तु सत्ता में बने रहने की बाध्यता के कारण इन कदमों को स्वीकार-योग्य सीमा के अन्दर रखना होता है, पर यहाँ यह ध्यान रखना होता है कि कुल मिलाकर समाज के लिए लाभ का सन्तुलन सकारात्मक रहे और उठाए गए कदम इस हद तक नहीं ले जाए जाएँ कि आबादी का कोई महत्त्वपूर्ण हिस्सा लोकतांत्रिक व्यवस्था से अपने को अलग कर लेने के लिए भड़क उठो। सत्तावादी नियंत्रण वाला दल ऐसे तर्कों से बाधित नहीं होता है और बहुसंख्यक जनता को भी पैरों तले रौंद दे सकता है, यद्यपि ऐसे दल को भी सत्ता पर अपनी पकड़ बनाए रखने के लिए विभिन्न हिस्सों को सन्तुष्ट करना होता है।

देश में किस प्रकार का दल या शासन हो, इस पर सोचते समय लोकतांत्रिक व्यवस्था को स्वीकार करनेवाले सबके सम्मुख यह विचार का प्रमुख मुद्दा होता है। समाज से मौलिक परिवर्तन चाहनेवाले दल के लिए यह आवश्यक होता है कि वह एक ऐसा संगठनात्मक ढाँचा खड़ा करे जो अपने मूल सिद्धान्तों के साथ समझौता किए बिना इन सजातीय हितों को जो अनिवार्यत: अभिन्न नहीं भी हो सकते हैं, अपने में समाविष्ट करे।

4

आज के समाजों में प्राचीन नगर-राज्यों की अपेक्षा शासन के अत्यधिक विस्तार होने तथा विभिन्न प्रकार के वर्गीय हितों की बहुलता के कारण प्रत्यक्ष सहभागिता वाला लोकतंत्र व्यवहार्य नहीं है। इस सन्दर्भ में राजनीतिक दल संयोजनात्मक शक्ति के रूप में काम करते हैं। लोकतंत्र के अनेक प्रारम्भिक हिमायतियों के मन में राजनीतिक दलों को लेकर चाहे जो भी आशंका रही हो, आज वे अनिवार्य हो गए हैं। दलगत राजनीति के सम्बन्ध में थामस जेफरसन जैसे लोकतंत्रवादी नेता की भी शुरू में अच्छी राय न थी। वे इसे समाज में फूट और गुटबाजी का स्रोत मानते थे, परन्तु संघर्षवादियों से उनके मतभेद के मुद्दे इतने मौलिक थे कि पार्टी का विभाजन हुआ और डेमोक्रेटिक पार्टी अस्तित्व में आई, जिससे उनका नाम भी जुड़ गया। उसके बारे में अमेरिकी राजनीति पर दो पार्टियों—डेमोक्रेटिक और फेडरलिस्ट छाई रही हैं। फेडरल पार्टी में ह्विग पार्टी शामिल हुई और बाद में रिपब्लिकन पार्टी अस्तित्व में आई, परन्तु पहचान के इन दो चिह्नों के अन्दर इन पार्टियों का मुख्य कार्य उन विभिन्न हित-समूहों को जोड़ना रहा है जो सदा ही परिवर्तन की स्थिति में रहे हैं और अक्सर इन दो पार्टियों की विभाजन-रेखा को पार कर इधर से उधर जाते रहे हैं। इस तरह के समझौते के माध्यम से राजनीतिक दल अपनी समन्वित भूमिका अदा करते हैं। यह प्रक्रिया असल में गठबन्धन या मोर्चे की प्रक्रिया है। यह संयुक्त मोर्चा राजनीतिक दलों के भीतर और उनके बीच भी, या किसी दल और हितसमूह के बीच, गठित होता है। वस्तुत: संयुक्त मोर्चे की अवधारणा और इस शब्द का पहले-पहल प्रतिपादन अमेरिका की स्थापना के बाद जेम्स मेडिसन द्वारा 'फेडरलिस्ट पेपर्स' में किया गया। उसने इसे एक ऐसी पद्धति के रूप में देखा, जिसके माध्यम से विभिन्न परस्पर विरोधी हितसमूह अपने हितों की टकराहट का समाधान स्वतंत्रता एवं न्याय के आधार को नष्ट किए बिना निकाल सकें। उसने लिखा :

> "...संयुक्त राज्यों के विस्तारित गणतंत्र में, तथा इसमें समाविष्ट अत्यन्त विविध हितों, दलों तथा सम्प्रदायों के बीच सम्पूर्ण समाज के बहुमत का गठजोड़ न्याय एवं सामान्य हित के आधार पर ही गठित हो सकता है।"

(फेडरलिस्ट पेपर्स, सं. 51)

किसी दल विशेष के अन्तर्गत हितों के संयुक्त मोर्चे तथा किसी सरकार में पार्टियों के संयुक्त मोर्चे के बीच मौलिक अन्तर होता है। इनमें से पहले को ऐसे समूहों को जोड़ना पड़ता है जो दृष्टिकोण में निकटतर है, (यह अमेरिका के बाबत पूरा सही नहीं है, जहाँ दल निर्माण इतना ढीला-ढाला है कि दृष्टिकोण का अन्तर साफ-साफ बताया नहीं जा सकता है) और जो स्पष्टत: प्रतिकूल हितों का प्रतिनिधित्व नहीं करते हों। जहाँ तक पार्टियों के संयुक्त मोर्चे का सवाल है, इसमें परस्पर-विरोधी हित भी रह सकते हैं, बशर्ते किसी विशेष समय में कोई ऐसा प्रतिपक्षी हो जिसके विरुद्ध अस्थायी तौर पर सम्बद्ध होना उनके लिए जरूरी हो। यही कारण है कि ऐसे संयुक्त मोर्चे में अक्सर ऐसे दल होते हैं जो चुनावों में एक-दूसरे का विरोध करते हैं, परन्तु संयुक्त मोर्चे की राजनीति को स्थायित्व प्राप्त हो जाने के बाद सामान्य स्थिति में अधिक स्थायी साझेदारी उभर सकती है।

इस प्रकार संयुक्त मोर्चे दो स्तरों पर पाए जाते हैं : दल के स्तर पर तथा सरकार के स्तर पर। दोनों मिलकर समाज के एकीकरण की दिशा में काम करते हैं। आधुनिक समाज में बड़ी संख्या में विविध आर्थिक, जातीय, धार्मिक तथा निम्नवर्गीय समूह होते हैं, जिनके हित एक-दूसरे के विरोधी हो सकते हैं। यह कोई आवश्यक नहीं कि इन मतभेदों के बीच कोई सामान्य आधार हो जिससे उनके बीच सीधे तौर पर निर्णय किया जा सके। उदाहरण के लिए, जातीय विभाजन आर्थिक विभाजन की रेखा को और इसी प्रकार धार्मिक विभाजन की रेखाएँ जातीय और आर्थिक विभाजन की रेखाओं को खंडित कर सकती हैं। सम्भव है कि पद-सम्मान और आर्थिक वर्ग एक-दूसरे से मेल नहीं खाएँ या फिर कतिपय ऐसे तात्कालिक सवाल उठ खड़े हो सकते हैं, जो किसी एक वर्ग को किसी खास समय में उत्तेजित कर दें। यदि इन सभी हितों को खुली छूट हो तो नीति के निर्धारण का कोई सामान्य ढाँचा विकसित नहीं किया जा सकता है। यदि किसी छोटे क्षेत्र या आबादी, जैसे कोई खास गाँव से सम्बन्धित राजनीति का प्रश्न हो तो वहाँ आपेक्षिक समरूपता होगी और स्थानीय तौर पर नीति का किसी प्रकार का सामान्य ढाँचा विकसित किया जा सकता है, परन्तु ये हित-समूह राष्ट्र के स्तर पर अपना दावा रख रहे हों तो बात दूसरी होती है। अक्सर ऐसा होता है कि एक इलाके के समूह दूसरे इलाके के समूहों से बिलकुल भिन्न हों, या एक-दूसरे से अनजान भी हों। इन स्थितियों में स्वत: समायोजन सम्भव नहीं है। राजनीतिक दल इन्हें अपने अन्दर समाविष्ट करने के पहले किसी-न-किसी रूप में इन हितों को परखते हैं और उनमें से छँटाई करते हैं। इस प्रकार इन विविध हितों को किसी दल विशेष के अन्दर संयुक्त करने का सामान्य आधार तैयार किया जाता है।

संयुक्त मोर्चा सरकार भी एक भिन्न स्तर पर ऐसी ही भूमिका सम्पादित करती है। पंजाब संकट के दरम्यान अकाली दल के जिस उदाहरण को इसके दोहरे मानदंड के सबूत के तौर पर प्रस्तुत किया गया, वह वास्तव में मतभेद-समाधान की इस प्रक्रिया की प्रभावकारिता का सबूत है। कांग्रेस (इ) द्वारा यह आरोप लगाया गया कि जब जनता पार्टी सत्ता में थी, उस समय अकालियों ने अपनी माँगों पर कभी मजबूती से जोर नहीं दिया। इस आरोप में कुछ सचाई भी है, परन्तु दृष्टिकोण का अन्तर मात्र इसलिए पैदा हुआ था कि अकाली दल जनता सरकार के साथ संयुक्त मोर्चे में था और उस कारण से परस्पर विश्वास और लेन-देन की भावना पैदा हुई थी। गठजोड़ की राजनीति की यह एक आवश्यक शर्त है। इसमें मतभेदों को सीमित करने तथा सहमति के दायरे को विस्तृत बनाने का रुझान होता है। इसे आधुनिक बहुतंत्रात्मक राज्य के अन्तर्गत संयुक्त मोर्चे के शुभ प्रभाव के रूप में समझा जाना चाहिए। ऐसे राज्य में विविध वर्गीय, जातीय, भाषायी एवं अन्य प्रकार के हितों को एक-दूसरे के साथ अनिवार्यत: क्रिया-अनुक्रिया की प्रक्रिया चलानी चाहिए ताकि एक सुसंगत राजनीतिक प्रक्रिया का निर्माण हो सके।

रूसी और चीनी कम्युनिस्ट आन्दोलनों में राष्ट्रवादी और वर्गीय हितों के संयुक्त मोर्चे की भूमिका का उल्लेख किया जा चुका है। इन आन्दोलनों ने सफलतापूर्वक हिंसात्मक क्रान्तियाँ सम्पन्न की थीं। इटली तथा फ्रांस की कम्युनिस्ट पार्टियों पर विचार करना उपयोगी हो सकता है। संसदीय लोकतांत्रिक ढाँचे के अन्दर इन पार्टियों का व्यापक जनाधार है। विचारणीय है कि ये पार्टियाँ किस ढंग से समर्थन प्राप्त करती हैं। फ्रांस और इटली, दोनों में ही काफी अच्छी ग्रामीण आबादी थी। कम्युनिस्टों या सोशलिस्टों को सत्ता के निकट पहुँचने के लिए इस आबादी को ध्यान में रखना था। यह बात इसलिए भी महत्त्वपूर्ण है क्योंकि सारे औद्योगिक मजदूर वामदलों को ही वोट नहीं देते। इन देशों के दो-तिहाई मजदूर अगर मार्क्सवाद से प्रेरित समाजवादियों और साम्यवादियों को वोट देते हैं तो एक-तिहाई दूसरों को भी देते हैं। इसलिए पार्टियों को सत्ता में आने के लिए अन्य वर्गों का समर्थन भी माँगना होता है। जैसा सिद्धान्त में लगता है, उस तरह से वर्गों का समर्थन एकदम ठोस रूप में नहीं मिला करता है। इस सदी के पचास के दशक में फ्रांस और इटली की कम्युनिस्ट पार्टियों को मजदूर वर्ग का क्रमश: चालीस और पचास फीसदी ही मिलता रहा है। इटली में क्रिश्चियन डेमोक्रेटिक पार्टी को आधा से अधिक ग्रामीण वोट मिलता था जबकि यहाँ का एक-तिहाई वोट वामदलों को जाता था। क्रिश्चियन डेमोक्रेटिक पार्टी को मिलनेवाले किसानों के वोट में भी अधिकांश छोटे और मझोले किसानों का होता था। कम्युनिस्ट और सोशलिस्ट पार्टियों को खेतिहर मजदूरों और बटाईदारों का वोट मिलता था।

फ्रांस में स्थिति कुछ अलग थी क्योंकि वहाँ बटाई पर जोत करनेवाले चर्च के प्रभाव में थे। इसलिए वे कम्युनिस्ट पार्टियों को वोट नहीं देते थे। पूर्वोत्तर फ्रांस के बड़े फार्मों पर काम करनेवाले मजदूर जरूर कम्युनिस्टों को वोट देते थे, पर अन्य इलाकों में छोटे-छोटे जोत वाले किसान थे और उनके खेतों में काम करनेवाले उनसे ज्यादा घुल-मिल जाते हैं और उनके साथ ही वोट भी देते हैं। वे भी प्राय: वामदलों को वोट नहीं देते थे। इस प्रकार वामदलों और दक्षिणपंथी दलों का समर्थन आधार अलग-अलग कारणों से बनता है और सीधे-सीधे वाम और दक्षिण में बने-बनाए विभाजन के हिसाब से नहीं चलता। (यह राय मत्तेई दगान के अध्ययन पर आधारित है। यह सेमोर लिप्सेट और स्टेन रोक्कान सम्पादित पुस्तक में शामिल है। सी. इलियर मैकमिलन लि. लन्दन, 1967)

इन सभी समर्थक समूहों की माँग और आकांक्षाओं को ध्यान में रखकर ही किसी राजनीतिक दल को अपना वैचारिक स्वरूप निर्धारित करना होता है। मत्तेई दगान का मानना है कि सोशलिस्ट और कम्युनिस्ट पार्टियाँ ग्रामीण और शहरी हित समूहों का ध्यान रखने के लिए दोहरा रवैया अपनाती हैं। इसीलिए वे दो समाजवाद और दो साम्यवाद की बात करते हैं। वे लिखते हैं, "दो कम्युनिज्म हैं—एक गाँव के लिए, दूसरा शहर के लिए। फेरारा के बटाईदारों और तुरीन के मेटल मजदूरों के लिए एक ही नजरिया काम नहीं करता। क्रेउजे के छोटे किसानों और पेरिस के निचले स्तर के बाबुओं के बारे में भी एक नजरिए से काम नहीं चलता। उसे बड़ी कम्पनियों के राष्ट्रीयकरण के साथ किसानों की जमीन की सुरक्षा और सामूहिक खेती की वकालत भी करनी होती है। मध्य इटली फ्रांस के मासिक सेंट्रल इलाके के किसानों की स्थिति एक समान है। दोनों व्यवस्थाएँ विरोधी और चर्च के प्रभाव से मुक्त हैं, पर मिलान ऐर पेरिस के उप नगरों में रहनेवाले मजदूर अलग ही तरह के हैं। इटली में दो तरह का समाजवाद ही नहीं है, 1964 में तीन पार्टियाँ खुद को समाजवादी कहती थीं, यह नेताओं की प्रतिद्वन्द्विता के साथ समर्थन के अलग-अलग आधार के चलते भी था। कम्युनिस्टों के लिए भी ग्रामीण और शहरी समाजवाद में फर्क करना जरूरी है। फ्रांस में खदान मजदूर और शराब के अंगूर बागानों में काम करनेवाले, दोनों ही समाजवादियों को वोट देते हैं। खनिकों को तो अच्छी तनख्वाह और सुविधाएँ मिलती हैं, पर बागान मजदूर गरीब और असंगठित हैं। उनके लिए समाजवाद का गतलब थोड़ा भिन्न है। फिएट कम्पनी के मजदूरों और मटेरा के बेरोजगारों में भी अन्तर है।"

विकसित औद्योगिक समाजों में भी सर्वहारा और बुर्जुआ जैसा साफ विभाजन नहीं दिखता और न ही पूँजीवाद और समाजवाद के पक्ष में दोतरफा ध्रुवीकरण दिखता है। इसलिए कम्युनिस्ट पार्टियों को एक बड़े वैचारिक ढाँचे के अन्दर जटिल गठजोड़ों का ढाँचा खड़ा करके एक वैकल्पिक राजनीतिक शक्ति का

निर्माण करना होता है। पर इसके लिए वैचारिक ढाँचा भी जरूरी होता है जो सबकी उम्मीदों को जगाने के साथ सभी समर्थक जमातों को सन्तुष्ट करे।

किसी भी राजनीतिक व्यवस्था में सत्ता तक पहुँच बनाकर या सत्ता में बैठे लोगों पर दबाव बनाकर ही कोई समूह अपने हितों की रखवाली कर पाता है, इसलिए जिन देशों में वामदल अप्रभावी हैं या ऐतिहासिक वजहों से अप्रभावी रह गए हैं वहाँ वामदलों की तरफ आकर्षित रहनेवाले समूहों में किसी-न-किसी गैर-वामपंथी दल को अपनाया है। सो, ऐसे देशों के मजदूर और कमजोर लोग किसी-न-किसी उदारवादी दल का दामन पकड़े हुए हैं। इस किस्म का गठजोड़ अदलता-बदलता भी रहता है, पर पार्टी संगठन का ढाँचा वैसा ही रहता है। अमेरिका में उनका समर्थन डेमोक्रेटिक पार्टी को रहता है। ऐसा डेमोक्रेट और फेडरलिस्ट विभाजन के समय से ही हुआ है। कमजोर और गरीब जमातों के प्रति उसका नजरिया सहानुभूति का है। समय बीतते जाने के बाद अन्य ऐसे समूह भी उससे जुड़ गए हैं। कैथोलिक और यहूदी जमातें जब अमेरिका पहुँचीं तब उनका झुकाव भी इसी दल की तरफ हुआ। 1861 के गृहयुद्ध के समय उसकी इस छवि को धक्का लगा। तब नीग्रो लोगों की गुलामी दूर करने और यूनियन की लड़ाई रिपब्लिकनों ने लड़ी। इसके बाद उत्तरी हिस्से पर रिपब्लिकनों का प्रभाव ज्यादा हुआ तो दक्षिणी हिस्से पर डेमोक्रेटों का। यह जरूर हुआ कि गृहयुद्ध के बाद अमेरिका की समस्याओं का निपटारा हुआ, पर यह कोई बहुत सुगमता से नहीं हुआ। 1896 की पोपुलिस्ट सरकार के बाद डेमोक्रेट किसानों का समर्थन जीत पाए तब भी पश्चिम में रिपब्लिकनों का प्रभाव बना रहा। तीस के दशक की महामन्दी और न्यू डील के दौरान वामपंथी रुझान बढ़ाने और अनेक बड़े कदम उठाने के बाद डेमोक्रेटिक पार्टी को अश्वेतों, मजदूरों, बौद्धिकों और कमजोर समूहों का समर्थन हासिल हो पाया। अब आम तौर पर मजदूर संघ उन्हीं का समर्थन करते हैं, पर अलग-अलग मुद्दों पर अभी भी विभिन्न हित समूह साथ आते हैं—छिटकते हैं और हितों का गठबन्धन न तो कभी अन्तिम होता है न पूरा। अब वामपंथी हित डेमोक्रेटिक पार्टी को प्रभावित करने की कोशिश करते हैं। वह कई बार इन मुद्दों को हाथ में लेता है और राष्ट्रपति चुनाव के समय इन्हें उठाकर उनको राष्ट्रीय स्वरूप भी देता है। उसके ऐसा करने से अमेरिका में वामपंथी पार्टी के उभरने में खासी दिक्कत रही है और आकार-असर में छोटा होने के चलते उनके पास भी आन्दोलन के अलावा कोई रास्ता नहीं है। वे सोचते हैं कि उनके हंगामा मचाने से दो बड़ी पार्टियों में से कोई उनके मुद्दे को उठाएगी, पर ऐसा करने में व्यवस्था से नाराज जमातों को उलटा रास्ता भी दिख जाता है—सीधे व्यवस्था से जुड़कर अपना काम कराने का। उनका आक्रोश व्यवस्था बदलने की तरफ जाने की जगह थोड़ी रियायत पाकर उसी के अन्दर रास्ता पा जाता है। इस

प्रकार व्यवस्था तो अपने हिसाब से चलती है, पर उसके अन्दर भी कुछ बदलाव वाली बातों को खपा लेने की गुंजाइश रहती है, खासकर तब जबकि ऐसी माँगों से जबर्दस्त जनमत बनने का अन्देशा दिखने लगे।

लेकिन यह बात भी ध्यान में रखनी होगी कि अमेरिकी व्यवस्था का मतलब सार्वदेशिक व्यवस्था नहीं है। जिस समाज में भरपूर समृद्धि हो और बहुत थोड़े से गरीब लोग हों, उसकी बातों को पूरी दुनिया पर लागू नहीं किया जा सकता। हमारे मुल्क समेत अधिकांश समाजों में अमीर तो गिनती के हैं जबकि गरीबों की संख्या बहुत ज्यादा है। इन समाजों में गरीब समूहों का गठजोड़ एक ऐसी व्यवस्था बनाने की तरफ बढ़ेगा जो काफी कुछ बराबरी वाली होगी।

जिन देशों में तरह-तरह के हित समूह हैं, वहाँ गठजोड़ की जरूरत और ज्यादा है। वहाँ की पार्टियाँ सुधारवादी हैं, अनुदार हैं या क्रान्तिकारी, इससे ज्यादा फर्क नहीं पड़ेगा। फिर यह गठबन्धन चुनाव के माध्यम से बदलाव करेगा या गृहयुद्ध से या फिर बगावत से, यह चीज ऐतिहासिक परिस्थितियों पर निर्भर करेगी और इसका निर्धारण इसके प्रमुख सूत्रधार भी नहीं कर पाएँगे, पर दोनों ही स्थितियों में सफलता के लिए विभिन्न जमातों के लोगों के बीच गठजोड़ जरूरी है। लेनिन और माओ को भी इसकी उतनी ही जरूरत पड़े जितनी फ्रांस और इटली के कम्युनिस्ट नेताओं को लोकतांत्रिक व्यवस्था के तहत काम करते हुए पड़ती है। हाँ, जो आतंकवादी और केन्द्रीकृत फौजी अनुशासन से चलनेवाली पार्टी समाज से अपनी मर्जी मनवाना चाहती है, वह जरूर विभिन्न समूहों का समर्थन पाना और बनाए रखने की जरूरत महसूस नहीं करती। इंग्लैंड, फ्रांस या और कहीं, सभी लोकतांत्रिक व्यवस्थाओं में मजदूर वर्ग के मतदान का रुझान बताता है कि सभी वामदलों को ही वोट नहीं देते। मध्यमार्गी या दक्षिणपंथी पार्टियों को वोट देनेवाले मजदूरों की संख्या भी कम नहीं है। क्रान्ति के समय भी ऐसा ही व्यवहार देखने को मिलता है। रूस की क्रान्ति के समय भी सारे मजदूरों और नाविकों ने बोल्शेविकों का साथ नहीं दिया था। मोंशेविकों के साथ भी काफी मजदूर रहे और वे सत्ता पर कब्जा करने की बोल्शेविकों की योजना का समर्थन नहीं करते थे। सो, अगर रूस में मजदूर बहुमत में होते तब भी बोल्शेविकों को मजबूरन दूसरी जमातों का समर्थन हासिल करना होता।

जिन समाजों की राजनीति पारम्परिक रूप से जाति, मजहब, कबीलों और क्षेत्रीय आधार पर गोलबन्द हुई होती है, वहाँ के लिए गठबन्धन और भी ज्यादा जरूरी हो जाता है। वहाँ की विभाजनकारी रेखाओं को मिटाने और राजनीतिक बिखराव को रोकने के लिए भी ऐसा करनी जरूरी होता है। जहाँ पार्टियाँ जाति या और किसी पारम्परिक आधार पर बनी हों, वहाँ अगर एक पार्टी शासन में आ जाए तो और जुल्म हो जाएगा। फिर तो दूसरे जमातों की बातों की सुनवाई ही नहीं

होगी। वे अपनी चलाएँगे और दूसरे जमातों को अलग-थलग कर देंगे। अफ्रीका में कबायली बँटवारे वाली पार्टियों के साथ कई बार ऐसा हो चुका है, जिसका नतीजा गृहयुद्ध और तख्ता-पलट में दिखता है। ऐसी स्थिति में अगर गठबन्धन बनता है तो वह ऐसे बँटवारे को काफी हद तक थाम लेता है और विभिन्न समूहों के बीच संवाद और संवेदनशीलता विकसित करता है। भारत में भी ऐसा गठबन्धन क्षेत्रीय, अल्पसंख्यक और आदिवासी समूहों की नाराजगी को काफी कम कर सकता है, जो अभी खुद को उपेक्षित महसूस करते हैं।

गठबन्धन-2

5

भारत की राजनीतिक वास्तविकता में दो ऐसे महत्त्वपूर्ण कारक हैं जिनके कारण अधिकांश अन्य देशों की तुलना में इसका सामाजिक और राजनीतिक विकास भिन्न होता है। इनमें से एक है जाति-प्रथा। यह सर्वाधिक महत्त्वपूर्ण तत्त्व तथा भारतीय सामाजिक यथार्थ की खास विशेषता है। यह भारत के सामाजिक विभाजन को अन्य देशों के सामाजिक विभाजन से सर्वथा भिन्न रूप देती है। इसके फलस्वरूप इस देश में प्राथमिक निष्ठा व्यक्ति की जाति से निर्धारित होती है। राजनीतिक निष्ठा भी इसके ही अनुकूल होती है। व्यक्ति की आर्थिक स्थिति और अर्जित पद-प्रतिष्ठा व्यक्ति के जीवन काल में या पीढ़ियों के बदलाव के साथ बदल सकती है। अत: इनकी तुलना में जन्म से निर्धारित होनेवाली जाति उसकी पहचान का अधिक मजबूत चिह्न है। यह धार्मिक, कबीलाई और मूल से सम्बन्धित पहचान से भी अधिक कठोर है क्योंकि इन समूहों के बाहर वैवाहिक सम्बन्ध स्थापित किए जा सकते हैं और धर्मान्तरण सम्भव है। जाति व्यवस्था कम-से-कम सैद्धान्तिक स्तर पर जाति के बाहर के विवाहों को प्रतिबन्धित करती है। व्यक्ति अपनी जाति नहीं बदल सकता है, वह केवल जाति-च्युत हो सकता है। जन्म के समय जाति के सदस्य ही इससे सम्बन्धित अनुष्ठानों में भाग लेते हैं। यज्ञोपवीत, विवाह और मृत्यु के मौकों पर भी ऐसा ही होता है। व्यक्ति के सामने अपनी जाति के भीतर ही जीवन-संगी खोजने की सीमा है। अत: भारतीय सम्बन्धों का सम्पूर्ण तत्त्व जाति व्यवस्था के भीतर मजबूती से बँधा है और अन्य समूहों से अनन्य है। इस प्रकार इस व्यवस्था के अन्तर्गत अधिक व्यापक सामाजिक-आर्थिक लक्ष्यों की पूर्ति के लिए वृहत्तर मानवीय समुदायों और संघों के बिखराव के बीज निहित हैं। तथापि एक ऐसा तत्त्व है जो कतिपय जातियों को वृहत्तर गठजोड़ों में समेटने में सहायक हो सकता है। निम्नतर जाति और निम्नतर वर्ग स्थितियों के बीच जो ऊँचे दर्जे का सह-सम्बन्ध है, उसी से यह बात निकलती है। इस प्रकार आर्थिक तौर पर वंचित हिस्सों या सामान्य शोषितों का यदि कोई संयुक्त मोर्चा गठित होता है तो जाति-पदानुक्रम के निचले स्तरों पर अवस्थित जातियाँ इस प्रकार के गठजोड़ का हिस्सा बन सकता था। हमने अमेरिका के बाद अप्रवासियों के सन्दर्भ में उल्लेख किया है, शोषित-दलित

श्रेणी में आनेवाले अनेक सामाजिक समूहों का व्यवस्था में समाविष्ट होना सम्भव है, भले वे एक दूसरे से काफी भिन्न हैं। इस समस्या पर अगले अध्याय में अधिक विस्तार से विचार किया जाएगा।

दूसरा कारक है, औपनिवेशिक इलीट वर्ग। यह अंग्रेजी शासन की उपज है और इसी के माध्यम से अंग्रेजों ने भारत में अपना राज चलाया। यह भारतीयों का ऐसा वर्ग है, जिसे औपनिवेशिक शिक्षा-व्यवस्था के द्वारा औपनिवेशिक प्रशासन संचालित करने का, और वकील, डॉक्टर, उद्योग-व्यापार के मैनेजर आदि विभिन्न पेशों में काम करने का प्रशिक्षण मिला। इस वर्ग पर विदेशी शासकों के मूल्यों का गहरा रंग चढ़ा हुआ था और ये अक्सर बिलकुल साहबों जैसा व्यवहार करते थे। यद्यपि चमड़े का रंग नहीं बदल सकने की सीमा के कारण ये भूरे साहब ही थे (पर इसका यह अर्थ नहीं कि इनमें रंगभेद की भावना नहीं थी। हल्के भूरे रंग को गाढ़े भूरे रंग से ऊँचा और काले से तो और भी ऊँचा माना जाता था)। अंग्रेजों के भारत छोड़ने के बाद यह वर्ग देश का शासकीय विशिष्ट वर्ग बन गया और सभी राजनीतिक दलों को, चाहे वे दक्षिण पंथ के हों या वाम पंथ के, इस वर्ग से ही नेता प्राप्त हुए। यह सम्पूर्ण वर्ग अंग्रेज औपनिवेशिक शासकों की मूल्य-व्यवस्था का साझीदार रहा है। अत: दलों के बीच सतही मतभेदों और यदा-कदा एक-दूसरे पर गाली-गलौज की बौछारों के बावजूद, व्यवस्था के भीतर सुविधाएँ प्राप्त करने के मामले में यह वर्ग एकताबद्ध रहा है। इस विशिष्ट वर्ग के सदस्यों के बीच यह भी समानता है कि भारतीय स्थिति की विवेचनाओं के क्रम में इन्होंने सामाजिक विभाजन के लेबलों और श्रेणियों को पश्चिमी समाजों से उधार लिया है। सामाजिक संघटनों को ये हू-ब-हू पश्चिमी सामाजिक व्यवस्थाओं की प्रतिकृति मानते रहे हैं या फिर कोई ऐसी चीज, जो फिर उसी जैसी किसी व्यवस्था में विकसित होने के क्रम में हो। अत: यद्यपि पूँजीपतियों, सामन्ती प्रभुओं, नव-उपनिवेशवादियों आदि के बारे में प्रेस में या मंच पर कटुतापूर्ण विवाद उठते हैं, पर निचले स्तर पर लड़ाई का फैसला जाति और धर्म, खास तौर पर जाति, के नाम पर की गई अपील के आधार पर ही होता है। यदि आम चुनावों के समय समाचार-पत्रों में प्रकाशित मतदाता-व्यवहार के विश्लेषणों का अध्ययन करें तो हम देखेंगे कि नेताओं के भाषणों में तथा समाचार-पत्रों के सम्पादकीय लेखों में राष्ट्रीय एकता और सुरक्षा तथा आर्थिक क्षेत्रों के चमत्कारों या अनर्थों की चर्चा तो है, पर विभिन्न मतदान-क्षेत्रों के जमीनी सर्वेक्षणों में विभिन्न जातियों तथा धर्मों के मतदाताओं की गिनती कराई गई है और उसके आधार पर ही जीत-हार के सम्बन्ध में अटकलें लगाई गई हैं। आश्चर्य नहीं कि 1977 के आपातकाल जैसे मौकों को छोड़कर जब कोई अत्यन्त महत्त्वपूर्ण सवाल जनमानस पर छा गया था, अधिकांश दूसरे अवसरों पर जनता राजनीतिज्ञों के कथनों को गम्भीरता से ग्रहण नहीं करती है।

औपनिवेशिक विशिष्ट वर्ग के रूप में देश को मिली इस विरासत को आन्तरिक औपनिवेशिक व्यवस्था ने मजबूत किया है। यह व्यवस्था भी ब्रिटिश औपनिवेशिक व्यवस्था तथा उसके अर्थतंत्र की देन है। कुल मिलाकर ये ही भारतीय राजनीतिक व्यवस्था की आधार-भूत संरचना का गठन करते हैं।

भारत की राजनीतिक एवं आर्थिक व्यवस्था की मूलभूत विशेषताओं को तभी समझा जा सकता है, जब हम इसे औपनिवेशिक अतीत से घनिष्ठ रूप से जुड़ी आन्तरिक औपनिवेशिक व्यवस्था के विकास की अभिव्यक्ति के रूप में देखें। जैसाकि पहले चर्चा की गई है, औपनिवेशिक व्यवस्था ने औपनिवेशिक विशिष्ट वर्ग तथा पूँजीवादी उपभोक्तावादी लोकाचार को पैदा किया। औपनिवेशिक विशिष्ट वर्ग का सृजन प्रशासन एवं प्रबन्धकीय आवश्यकताओं की पूर्ति के लिए किया गया था; साम्राज्यवादी शासकों के लिए स्वयं समस्त प्रशासन एवं प्रबन्ध पर ध्यान देना सम्भव नहीं था। इसी प्रकार देशी पूँजीपति भी उभरे। शुरू में ये ब्रिटिश व्यावसायिक प्रतिष्ठानों की विभिन्न जरूरतों की पूर्ति करनेवाले जूनियर पार्टनर के तौर पर थे; बाद में इन्होंने पूँजीवादी व्यवस्था के मानदंडों को पूर्णत: ग्रहण कर लिया और स्वतंत्र पूँजीपति के रूप में सामने आए, परन्तु देशी पूँजीपतियों की बाहरी पूँजीपतियों पर जो आरम्भ की निर्भरता थी, उससे वे पूरे तौर पर मुक्त नहीं हो सके। विदेशी पूँजीपति पहले की तरह ही नेतृत्व देते रहे और यह तय करते रहे कि भारतीय पूँजीपति किस दिशा में उत्पादन करेंगे। यहाँ के पूँजीपतियों के बीच विदेशी कम्पनियों के साथ सहयोग के लिए तथा विशिष्ट वर्ग के बीच विदेशी सामानों के लिए जो ललक है, उसमें इस प्रवृत्ति की स्पष्ट अभिव्यक्ति होती है। इसके फलस्वरूप देश में बहुराष्ट्रीय निगमों के द्वारा प्रत्यक्ष और अप्रत्यक्ष शोषणों का दरवाजा खुल गया है और उन्हें भारत में अपनी शाखाएँ खोलने या देशी पूँजीपतियों के सहयोग से उत्पादन करने की छूट मिली हुई है। इस पराधीनता का सबसे दुखद उदाहरण तो यह है कि इन्हें ऐसी वस्तुओं के उत्पादन का भी लाइसेंस मिलता है, जिनका उत्पादन उनके अपने देशों में जनस्वास्थ्य तथा जीवन पर पड़नेवाले उनके खतरों के कारण प्रतिबन्धित है। भोपाल त्रासदी इस तथ्य की दुखद यादगार है।

औपनिवेशिक विशिष्ट वर्ग का जन्म जिन परिस्थितियों में हुआ है, उनकी वजह से वह स्वयं ही विदेशी मूल्यव्यवस्था के अधीन रहा है। स्वतंत्रता के बाद जब देश के राजनीतिक एवं सामाजिक जीवन पर इसका वर्चस्व कायम हुआ, तब भी इसकी यही कोशिश रही कि वह अपने लिए ये सब वस्तुएँ और सेवाएँ प्राप्त कर ले, जिनका उपभोग समृद्ध पश्चिमी समाजों के उसके जोड़ीदार करते हैं। देशी पूँजीपतियों तथा देशी विशिष्ट वर्ग, दोनों ने यही समझा कि उनका हित तथा उनकी आकांक्षाओं की पूर्ति औद्योगिक विकास के पश्चिमी मॉडल के अनुसरण में ही है, परन्तु इसमें एक अड़चन थी। पश्चिम में पूँजीवादी व्यवस्था का विकास पूरी दुनिया

में फैले विशाल औपनिवेशिक साम्राज्य के बीच ऐसे समय में हुआ था जब निर्मम पूँजीवादी शोषण के विरुद्ध नाममात्र का प्रतिरोध था। भारत के पूँजीपतियों के लिए इस प्रकार के बाह्य औपनिवेशिक विस्तार की सम्भावना नहीं रह गई थी और न यह प्रारम्भिक उन्नीसवीं शताब्दी के उन मानदंडों की ओर वापस जा सकता था, जिसके हिसाब से मजदूरों को—औरतों और बच्चों को भी—प्रतिदिन सोलह-सोलह घंटे भुखमरी वाली मजदूरी देकर खटवाया जा सकता था। इसके अतिरिक्त इस विशिष्ट वर्ग को उत्पादन की प्राथमिकता तय करने की भी पूरी छूट नहीं थी। इसकी अपनी आकांक्षाएँ भी विशाल आबादी और जीवन की बुनियादी जरूरतों के लिए कुलीनों की फैली माँगों से टकराती थीं। अत: भारत के स्वातंत्र्योत्तर विकास में विभिन्न प्रकार के द्वन्द्व जुड़े हैं तथा चतुर्दिक असन्तोष व्याप्त है। सभी वर्तमान राजनीतिक दलों का समान स्रोत होने और इनके समान मूल्यों से अनुप्राणित होने के कारण व्यवस्था अन्धी गली में पहुँच गई है और जनता के लिए विभिन्न राजनीतिक दलों के बीच अन्तर करना कठिन हो गया है। सामान्य जनता में व्याप्त गहरी उदासीनता के पीछे यही कारण है, जिसका उल्लेख इस पुस्तक के पहले अध्याय में किया गया।

इस परिस्थिति में विकास की समस्या का समाधान आन्तरिक औपनिवेशिक व्यवस्था के विकास के माध्यम से किया जा रहा है। इसके अनुसार, पश्चिमी किस्म के आधुनिक उद्योगों एवं जीवन शैली के विकास को आगे बढ़ाने के लिए बाहर में उपनिवेश बनाने की जगह आन्तरिक उपनिवेश बनाया जा रहा है। इस प्रकार देश के ही चन्द चुने गए महानगरों और औद्योगिक केन्द्रों को देश के समस्त अन्य भागों को हानि पहुँचाकर विकसित किया जाता है; यह शेष भाग विशाल औपनिवेशिक पश्च प्रदेश (हिंटरलैंड) की भूमिका अदा करता है। इस प्रकार के विकास के तहत कुछ चुने क्षेत्रों का, जिन्हें ऐतिहासिक कारणों से कुछ सुविधा प्राप्त थी, त्वरित विकास होता है और देश के शेष भाग के संसाधनों का दोहन होता है और उन्हें क्षय होने के लिए छोड़ दिया जाता है। इन चुने केन्द्रों की समृद्धि उनके निकटस्थ क्षेत्रों में छितरा सकती है। इस प्रकार इन केन्द्रों के निकट के पड़ोस में समृद्धि का क्षेत्र बन जाता है जबकि उसके बाहर चतुर्दिक उदासी का अँधियारा होता है।

इस आन्तरिक औपनिवेशिक शोषण के दो रूप होते हैं—भौगोलिक क्षेत्र से सम्बन्धित तथा अर्थतंत्र के खंडों से सम्बन्धित। भौगोलिक शोषण के अन्तर्गत बिहार, उड़ीसा, असम, मध्य प्रदेश, पूर्वी उत्तर प्रदेश, उत्तराखंड, उत्तर बंगाल आदि आते हैं। जनजातीय इलाके सर्वाधिक शोषण के क्षेत्र हैं जहाँ स्थानीय खनिजों और वन संसाधनों पर आधारित समृद्ध कारखानों के होने के बावजूद स्थानीय जनजातीय आबादी की हालत बिगड़ती जा रही है। इस तरह के इलाके पूरे देश में बिखरे हैं, पर इनमें से सबसे बड़े इलाके बिहार के छोटानागपुर में तथा उड़ीसा, उत्तर-पूर्व तथा मध्य प्रदेश के विभिन्न इलाकों में अवस्थित हैं। इन सभी इलाकों में स्थानीय

खनिजों और वन या कृषि-उत्पादकों को किसी दूरस्थ शहरी औद्योगिक हितों के लाभ से जोड़ दिया जाता है। इन अर्द्ध विकसित इलाकों से ही विकसित क्षेत्रों एवं खंडों की आवश्यकताएँ पूरी करने के लिए कम दाम पर अकुशल मजदूरों की आपूर्ति होती है।

औपनिवेशिक शोषण की दूसरी श्रेणी कृषि की है। कृषि को बुनियादी संरचनाओं की सहूलियत से नितान्त वंचित रखा जाता है, जो श्रम और भूमि की अल्प उत्पादकता का कारण होता है। इसके अतिरिक्त कृषि-उत्पादों की कम कीमत मिलती है और उन्हें औद्योगिक सामानों के लिए ऊँची कीमत देनी होती है। इससे ग्रामीण क्षेत्र में सामान्य तौर पर गरीबी आती है। ग्रामीण जनशक्ति का शहरों में पलायन के द्वारा भी एक प्रकार का शोषण होता है। इस प्रक्रिया के अन्तर्गत कृषि-क्षेत्र बचपन से इस जनशक्ति के पालन-पोषण का बोझ उठाता है, पर उसका लाभ शहरी एवं औद्योगिक क्षेत्रों को मिलता है। परन्तु इस प्रकार का पलायन उस स्थिति में अन्तर्निहित है जहाँ ग्रामीण क्षेत्रों के सभी संसाधनों का दोहन कर लिया गया है, जिस कारण से रोजगार के अवसर तथा जीवन की अन्य सुविधाओं से, जो शहर के आदमी को प्राप्त हैं, ये वंचित कर दिए गए हैं। इसकी परिणति नगरीय विस्फोट में तथा अधिकांश नगरीय क्षेत्रों में बेशुमार गन्दी बस्तियों और झुग्गी-झोपड़ियों के उभरने में हुई है। सम्पन्न शहरी क्षेत्र इन झुग्गी-झोपड़ियों के निवासियों का शोषण करता है और उन्हें मानवीय स्थिति में रखने की दिशा में कोई खर्च नहीं उठाता है, परन्तु स्थिति की विडम्बना है कि आन्तरिक औपनिवेशिक व्यवस्था ने इतनी अधिक बेरोजगारी पैदा कर रखी है कि नगरों की ओर बड़े पैमाने पर पलायन के बावजूद कृषि-क्षेत्र का बोझ कम नहीं होता है। इससे तीव्र बेरोजगारी और अल्प रोजगार की स्थिति पैदा होती है। मालिकों से बेहतर सेवा-शर्त तथा मर्यादापूर्ण व्यवहार पाने की मजदूरों की क्षमता घटती है क्योंकि वे मालिकों का मुँह जोहने को मजबूर होते हैं। इस प्रकार अतीत से विरासत के तौर पर 'सामन्ती' शोषण के जो भी रूप प्राप्त हुए थे, वे अनेक कानूनों के बावज़ूद अक्षुण्ण बने हुए हैं।

आज का हमारा समाज मूलत: आन्तरिक औपनिवेशिक समाज है; हमारी असल लड़ाई इसी औपनिवेशिक शोषण के विरुद्ध चलनी चाहिए। मौजूदा राजनीतिक दल इस कारण से ही निरर्थक हो गई हैं कि वे उन सवालों को पहचानने और उनको लेकर संघर्ष करने में विफल रहे हैं जो इस प्रकार के शोषण की शिकार जनता को सबसे ज्यादा प्रभावित करते हैं। जब राष्ट्रीयता के नाम पर इन हिस्सों की माँगों की निन्दा की जाती है, तब समस्याएँ गड्ड-मड्ड हो जाती हैं। वर्तमान शोषण से जिन्हें लाभ हैं, वे अन्य जगहों के प्रबल वर्गों की तरह अपने को राष्ट्र के साथ जोड़ते हैं और इस प्रकार के राष्ट्रवाद को सम्पूर्ण देश पर थोपने की चेष्टा करते हैं, परन्तु व्यवस्था से कष्ट पानेवाले अपने दमन के प्रति इस हद तक जागरूक होते हैं कि

वे इससे लड़े बिना नहीं रह सकते हैं। चूँकि बड़ी राजनीतिक पार्टियों ने इनकी समस्याओं की अनदेखी की है, ये लोग इन पार्टियों की उपेक्षा करते हैं और अब तक इन लोगों ने अपने को सभी राजनीतिक संगठनों से अलग रखा है।

हाल के दिनों में आन्तरिक औपनिवेशिक व्यवस्था के भुक्तभोगियों के तीन प्रकार के संघर्ष उभरे हैं। एक तो असमी लोगों का संघर्ष था। यद्यपि प्रारम्भ में उनकी समस्या विदेशी आप्रवासियों के सवाल से आक्रान्त थी, इन आन्दोलन के मूल में स्थानीय संसाधनों एवं जनता का शोषण तथा स्थानीय लोगों को आर्थिक एवं सांस्कृतिक विकास के समुचित अवसर से वंचित करना था। असम आन्दोलन के बाद के कतिपय प्रकाशनों में आन्तरिक औपनिवेशिक शोषण के सवालों को उठाया जाने लगा था। बाहरी लोगों के द्वारा शोषण के विरुद्ध उत्तर बंगाल की अनुसूचित जातियों और जनजातियों का आन्दोलन भी इसी प्रकार का आन्दोलन रहा है। उनमें इस बात का तीव्र अहसास है कि कलकत्ता और नई दिल्ली, दोनों ही उनके साथ उपनिवेश जैसा बर्ताव करते हैं।

दूसरे प्रकार का आन्दोलन देश के विभिन्न हिस्सों की जनजातियों का है। यह उन बाहरी तत्त्वों के विरुद्ध है, जिन्होंने न केवल जनजातियों से उनकी जमीन छीनी है बल्कि सदियों से उन्हें पोषण प्रदान करनेवाले उनके पर्यावरण को भी नष्ट कर रहे हैं। यह सब इसलिए किया जा रहा है कि वे मुख्यत: वन तथा खनिज के क्षेत्र में बसे हुए हैं और ये दोनों चीजें विभिन्न उद्योगों को विकसित करने में सबसे अधिक महत्त्वपूर्ण तत्त्व हैं, परन्तु इन उद्योगों का लाभ दूसरे लोगों को मिलता है। जनजातीय अनन्यता एवं एकजुटता की भावना के कारण यह आन्दोलन आश्चर्यजनक तौर पर तेज हुआ है।

तीसरे प्रकार का संघर्ष किसानों का है, जिसके उभार को तमिलनाडु एवं कर्नाटक में देखा गया। इनके लक्ष्यों में व्यापकता रही है—महाराष्ट्र की तरह वाजिब मूल्यों की माँग, तमिलनाडु में भूमिकर की बन्दी की माँग से लेकर कर्नाटक में ग्रामीण-शहरी सम्बन्धों की पुनर्रचना की माँग तक। परन्तु इन सबमें एक लक्ष्य समान रहा है—शहरी औद्योगिक अर्थ-क्षेत्र के द्वारा किए जा रहे ग्रामीण अर्थ-क्षेत्र के शोषण का अन्त।

परन्तु जब तक समाज के पुनर्गठन की व्यापक राजनीतिक विचारधारा के तहत इन माँगों को राजनीतिक तौर पर मुखरित नहीं किया जाता है, तब तक इनके संकीर्ण और नकारात्मक आन्दोलन के रूप में विकृत हो जाने का खतरा है। उदाहरण के लिए, अकाली आन्दोलन प्रारम्भ में अप्रत्यक्ष रूप से सिख किसानों की गैर-सिख व्यापारियों के प्रति असन्तोष की अभिव्यक्ति था। अकालियों ने अतीत में बराबर ही किसानों के हितों की, खास तौर पर कृषि-मूल्यों के सवाल पर, हिमायत की थी। इसी तरह नहरी पानी के बँटवारे से जुड़ी माँगें भी पंजाब के किसानों के हितों को

प्रतिबिम्बित करती थीं। एक ऐसी पार्टी के द्वारा जो किसी विशेष धर्म से पहचानी जाती है, इन माँगों का उठाया जाना आशंका पैदा करता है, परन्तु जब देश के अन्य दलों ने इन समस्याओं की लगातार अनदेखी कर दी थी तो अकालियों को इन माँगों के उठाने के लिए दोषी नहीं ठहराया जा सकता है। दूसरे दलों का यह रुख ही इस आन्दोलन के सही रास्ते से हटकर पुरातनतावादी राह पकड़ने का, भिंडरांवाले के उभरने तथा पंजाब में दुखान्त घटनाओं—सैनिक कार्रवाइयों से लेकर इन्दिरा गांधी की हत्या और उस क्रम में सिखों के जघन्य हत्याकांड के सिलसिले के कारण बना।

असम में भी इस बात का खतरा रहा है कि यह आन्दोलन सभी गैर-असमियों के प्रति विद्वेष की भावना का, जो परजाति के प्रति भय की कुंठा से पैदा होती है, विकृत रूप ले लेगा। असम गण परिषद के सत्तारूढ़ होने से यह प्रक्रिया रुक सकती है। इसी प्रकार जनजातियों की अनन्यता की भावना को भी यदि राष्ट्रीय राजनीतिक लक्ष्यों के ढाँचे में समाविष्ट नहीं किया गया तो उसकी परिणति पृथकतावाद में हो सकती है।

अभी ही इन आन्दोलनों के प्रति प्रमुख दलों की संवेदनहीनता इन आन्दोलनों के कतिपय हिस्सों को विध्वंसकारी उग्रवादी की ओर ठेल रही है।

ऊपर किए गए विश्लेषण से इस सम्बन्ध में कुछ निष्कर्ष निकलते हैं कि भारतीय समाज में बुनियादी बदलाव लाने के लिए सामाजिक गतिविधियों में से किन शक्तियों और क्षेत्रों को चुना जाए? इस विश्लेषण से यह स्पष्ट है कि भारत में प्रौद्योगिकी पर आधारित अर्थतंत्र के संगठित क्षेत्रों का औद्योगिक मजदूर वर्ग एक सुविधाभोगी वर्ग है, जिसकी सम्पन्नता शहरी औद्योगिक अर्थतंत्र से जुड़ी हुई है और फलत: जो अर्थतंत्र के ग्रामीण हिस्से की जरूरतों के प्रति उदासीन हैं। आन्तरिक उपनिवेश के साथ उसका वैसा ही सम्बन्ध है जैसा साम्राज्यवादी देशों के मजदूर वर्ग का औपनिवेशिक दुनिया के लोगों के साथ रहा था। इस औद्योगिक मजदूर वर्ग के साथ यह भी दिक्कत है कि यह गम्भीर असुरक्षा की भावना से ग्रस्त है क्योंकि इसकी सुविधा वाली स्थिति अर्थतंत्र के केवल सम्पन्न क्षेत्र में मिले रोजगार पर निर्भर है; उसके सदस्यों के लिए रोजगार छिन जाने का मतलब होगा कि वे शहरों की गन्दी बस्तियों या आस-पास की गैर-शहरी कॉलोनियों के अंग बन जा सकते हैं। अत: इसमें क्रान्तिकारिता की भावना का या जोखिम उठाने की इच्छा का अभाव है। शहरी क्षेत्रों में आमूल परिवर्तन चाहनेवाले एकमात्र तत्त्व वे अनियत और अकुशल और अर्धकुशल मजदूर हैं जिनके सरोकार गाँवों से बने हुए हैं और जो शहरी सन्दर्भ में अपने लिए कोई सुरक्षित जगह नहीं बना पाए हैं। वे निरन्तर गाँव और शहर के बीच काम पाने और बेरोजगारों के बीच झूल रहे हैं। काम पर या काम से बाहर उन्हें अमानवीय व्यवहार का सामना करना पड़ता है। वे लोग वर्तमान व्यवस्था को बदलने के किए खड़ा किए गए किसी आन्दोलन में भर्ती हो सकते हैं।

परन्तु किसी भी ऐसे आन्दोलन का मुख्य आधार होंगे खेत मजदूर और किसान, खानों और बागानों के मजदूर तथा पूरे देश में बिखरी छोटी दस्तकारियों तथा अल्पविकसित उद्योगों में लगे करोड़ों मजदूर, जो आन्तरिक औपनिवेशिक व्यवस्था से प्रत्यक्षत: पीड़ित हो रहे हैं। प्रारम्भिक चरणों में कृषक समुदाय तथा पिछड़े क्षेत्रों के अपेक्षाकृत सम्पन्न हिस्से भी परिवर्तन के यंत्र बन सकते हैं क्योंकि वे भी आन्तरिक औपनिवेशिक सम्बन्धों को अपनी बेहतरी की सम्भावना की राह में रोड़ा बना देखते हैं। उदाहरण के लिए, बड़े किसान को भी शहरी मध्यम वर्ग को मिली शिक्षा की गुंजाइश तथा अन्य सुविधाओं पर ईर्ष्या होती है। इसी तरह, आन्तरिक औपनिवेशिक क्षेत्र का छोटा उद्यमी देखता है कि बड़े औद्योगिक घरानों और उनके द्वारा उत्पादित सामानों के सामने उसका और उसके सामानों का भविष्य प्रारम्भ से ही अन्धकारमय है। किसी प्रकार का संरक्षण या मूल्य-समर्थन की किसी प्रकार की व्यवस्था मिलने पर ही वह टिक सकता है। वस्तुत: आन्तरिक औपनिवेशिक व्यवस्था के ये हिस्से ही अपनी माँगों को उठाने में सबसे आगे आ सकते हैं, जैसा कि देखा भी गया है, परन्तु धीरे-धीरे आन्दोलन को व्यापक समर्थन प्राप्त होगा क्योंकि गरीब हिस्सों को ही व्यवस्था में अन्तर्निहित अन्याय का अधिकतम फल भोगना होता है।

आन्तरिक औपनिवेशिक व्यवस्था के प्रभाव को ध्यान में रखे बिना मजदूरों और पूँजीपतियों या किसानों और खेत-मजदूरों के बीच के अन्तर्विरोध की चर्चा करना वैसा ही है जैसा कोई औपनिवेशिक प्रभुत्व के युग में साम्राज्यवादी प्रभुत्व की वास्तविकता की उपेक्षा करते हुए केवल वर्ग-संघर्ष की चर्चा करे।

अपेक्षाकृत अधिक क्षेत्रीय स्वायत्तता, स्थानीय संसाधनों पर अधिकतम स्वायत्तता एवं नियंत्रण पाने का जनजातियों के अधिकार के साथ ही आर्थिक शक्ति को शहरी औद्योगिक क्षेत्रों से हटाकर गाँवों की ओर ले जाने के आन्दोलन की आर्थिक एवं राजनीतिक विकेन्द्रीकरण के साथ अच्छी संगति बैठती है; सही किस्म की लोकतांत्रिक व्यवस्था के लिए ये अनिवार्य हैं। सम्पूर्ण इतिहास में नगर ही विशाल क्षेत्रों पर साम्राज्यवादी प्रभुत्व के केन्द्र रहे हैं। आधुनिक युग में भी नगरों ने ही विशाल औद्योगिक साम्राज्यों को तथा राष्ट्रीय एवं बहुराष्ट्रीय निगमों के द्वारा विश्वव्यापी प्रभुत्व को जन्म दिया है। यदि ग्रामीण क्षेत्र पर अधिक जोर देते हुए क्षेत्रीय स्वायत्तता की नीति अपनाई जाए तो इससे उद्योग अपने आकार को छोटा बनाने को बाध्य होंगे क्योंकि उन्हें एक छोटा स्थानीय बाजार ही मिलेगा और उन्हें मुख्यत: स्थानीय पैमाने पर उपलब्ध संसाधनों पर ही निर्भर रहना पड़ेगा। ग्रामीण क्षेत्र की ओर झुकाव ही मुख्य कारक बनेगा। ऐसा नहीं होने पर छोटे क्षेत्रों में अन्तर्राष्ट्रीय बाजार की जरूरतों को पूरा करनेवाले अत्यन्त बड़े उद्योग उभर सकते हैं जैसाकि कतिपय छोटे यूरोपीय देशों में हुआ। इस झुकाव के फलस्वरूप उपभोक्तावाद-विरोधी तथा समुदायोन्मुख सामाजिक विकास की प्रक्रिया शुरू हो

सकती है। जैसे ही उद्योग स्थानीय संसाधनों का इस्तेमाल करते हुए स्थानीय जरूरतों की ओर झुकेंगे, अनिवार्यत: श्रम-सघन प्रौद्योगिकी को अनिवार्यत: अपनाया जाएगा और रोजगार की सम्भावना में अपूर्व वृद्धि होगी।

उपर्युक्त तथ्यों को ध्यान में रखते हुए समाज को बदलने की कोशिश करनेवालों को चाहिए कि वे पिछले कुछ वर्षों से चल रहे बड़े जन-आन्दोलनों के लक्ष्यों को समेटते हुए राजनीतिक मंच का गठन करें और आन्तरिक औपनिवेशिक व्यवस्था के विरुद्ध उसी प्रकार जिहाद छेड़ें जैसा उनके पूर्वजों ने विदेशी औपनिवेशिक व्यवस्था के विरुद्ध छेड़ा था।

सम्पन्नता के छोटे खंडों और घोर दरिद्रता का जीवन जीनेवाले इलाकों और आबादियों के बीच के द्वन्द्व ने विद्रोह की भावना पैदा कर दी है, जो प्रत्यक्ष या अप्रत्यक्ष रूप में सामने आती है। ऐसी स्थिति से मुठभेड़ होने पर राजनीतिक सत्ता पर नियंत्रण करनेवाले, जनता के आन्दोलनों को कुचलने के लिए निरंकुश तरीके अपनाते हैं। लोकतंत्र के बिखराव की इस प्रक्रिया में सभी राजनीतिक दल अप्रत्यक्षत: दोषी हैं। भले ही सरकार द्वारा पूरे देश में या क्षेत्र-विशेष में जन-अधिकारों को छीनने के लिए ठोस कानून सामने लाए जाने पर ये दल विरोध करते हैं, पर वस्तुत: वे सरकार की इस अर्थ में मदद करते हैं कि वे देश में संकट की मानसिकता बना देते हैं, जिसके अन्तर्गत जनता सरकार के कदमों को स्वीकार कर लेती है। असम और पंजाब के आन्दोलनों की कतिपय विरोधी दलों ने कांग्रेस (इ) से भी अधिक तीखी आलोचना की। अचरज नहीं कि विरोधी दलों ने अपनी विश्वसनीयता खो दी।

आन्तरिक औपनिवेशिक व्यवस्था की पूर्ण समाप्ति के बाद ही भारतीय लोकतंत्र का टिकाऊ आधार बन सकता है। मौजूदा राजनीतिक दल इस कार्य को सम्पन्न नहीं कर सकते हैं। इसके लिए नये राजनीतिक संगठन की जरूरत होगी। यह राजनीतिक संगठन पिछले कुछ वर्षों से चल रहे विभिन्न जन-आन्दोलनों के गठजोड़ के माध्यम से उभर सकता है; साथ ही, प्रयास करना होगा कि जन-आन्दोलनों के अनुभव को एक राजनीतिक विचारधारा के अन्तर्गत सामान्यीकरण हो तथा उन्हें ऐसा रूप दिया जाए जो इस विचारधारा का भारतीय जनता के शोषित-दलित जनता के हितों से जोड़ सके। इस प्रकार के संयुक्त मोर्चे के सवाल पर अन्तिम अध्याय में थोड़े विस्तार के साथ विचार किया गया है।

6

पिछले अध्याय में हमने भारत की सामाजिक-आर्थिक स्थिति की विशिष्टताओं पर ध्यान दिया है, परन्तु इन विशिष्टताओं की अनदेखी करते हुए राजनीतिक सवालों और गठबन्धनों पर इस ढंग से विचार किया जाता रहा है मानो हमारी व्यवस्था पश्चिमी व्यवस्थाओं का हू-ब-हू प्रतिरूप हो। दो शताब्दियों के दौरान पश्चिम की व्यवस्थाओं को जो वर्तमान रूप प्राप्त हुआ, लोगों में उसकी नकल करने का रुझान रहा है। परन्तु आज आजादी के पहले के दिनों से चली आ रही समस्याओं और संगठनों की जो विरासत हमें मिली है, वह इस नये अपनाए गए पैटर्न से मेल नहीं खाती है। सोचा यह गया था कि पुरानी विरासत जल्द ही समाप्त हो जाएगी। उदाहरण के लिए, मुस्लिम लीग देश के विभाजन के बाद भी बनी रही। इसने मुसलमानों के हितों की रक्षा करने का दावा किया। इसी तरह अकालियों ने सिखों के हितों के प्रतिनिधित्व का दावा किया। इसी तरह का संगठन अनुसूचित जाति संघ है, जिसका अनुसूचित जातियों के हितों के प्रतिनिधित्व का दावा है। द्रविड़ जाति के हितों के प्रतिनिधि का दावा प्रस्तुत करते हुए द्रविड़ कषगम अस्तित्व में आया, जिसका विश्वास था कि दक्षिण भारत की गैर-ब्राह्मण आबादी ही द्रविड़ जाति है। इन सबके अलावा धर्मतंत्रीय हिन्दू राष्ट्र चाहनेवाले राष्ट्रीय स्वयंसेवक संघ के धर्मान्ध हिन्दू उग्रवादी थे, जिन्हें आजादी के पहले और बाद के साम्प्रदायिक उन्माद के दौर में प्रमुखता मिल गई थी। इसी तरह जनजातियों की अपनी अस्मिताएँ एवं अपने संगठन हैं।

यद्यपि ये हिस्से हमारी आबादी के बड़े हिस्से का प्रतिनिधित्व करते हैं, परन्तु इन्हें राजनीति की मुख्य धारा का अंग नहीं माना गया। कांग्रेस, सोशलिस्ट पार्टी, कम्युनिस्ट पार्टी जैसे राजनीतिक दल तथा किसानों, मजदूरों, छात्रों और महिलाओं के संगठन ही मुख्यधारा के समूह ही जायज समूह माने गए। संक्षेपत:, ऐसे संगठन जो जाति, जनजाति, धर्म या नस्ल से सम्बन्धित किसी प्रकार की पारम्परिक वफादारी में विश्वास नहीं रखते हैं।

तथापि राष्ट्रीय राजनीति के शीर्षस्थ लोगों की आशाओं के विपरीत पारम्परिक वफादारियों में कमी आने के बजाय बढ़ोतरी ही हुई। सच तो यह है कि वयस्क

मताधिकार के लागू होने के साथ आबादी के नये हिस्सों में जागरण आया और परम्परागत समूहों के अन्दर से व्यवस्था पर माँगों का दबाव बढ़ा। उत्तर भारत में जहाँ स्वतंत्रता आन्दोलन में जाति की भूमिका गौण रही थी, अब एकाएक उसकी मौजूदगी महसूस की जाने लगी। दक्षिण भारत में द्रमुक के उत्कर्ष से उत्तर की मध्य जातियों को प्रेरणा मिली। इसके पहले भी जातियों के गठबन्धन बनाने के प्रयास हुए थे, जैसे उत्तर प्रदेश में अजगर (अहीर, जाट, गूजर और राजपूत) तथा त्रिवेणी संघ (यादव, कुर्मी और कोइरी); इनका उद्देश्य जाने-माने राजनीतिक दलों के भीतर संस्तर बनकर विभिन्न जातियों के हितों को आगे बढ़ाना था। तीस के दशक के प्रारम्भिक वर्षों में 'त्रिवेणी संघ' ने कांग्रेस से प्रतिस्पर्द्धा करने का प्रयास किया। पर 1937 के चुनाव में यह ध्वस्त हो गया। इसका मुख्य लक्ष्य कांग्रेस पर कब्जा करना था। आजादी के बाद के प्रारम्भिक वर्षों में कांग्रेस ही सत्ता में आने का माध्यम था और इस पर मुख्यत: ऊँची जातियों का नियंत्रण था। दूसरे जातीय समूह भी शासक दल में अपनी जातियों के लोगों के लिए स्थान दिलाने के मामले में बिना औपचारिक संगठन बनाए हुए सक्रिय थे। समय बीतने के साथ जैसे-जैसे अन्य दलों के भी सत्ता में आने की सम्भावना सामने आई, जातीय समूहों ने भी उनके बीच प्रवेश कर जगह बनाने की कोशिश की।

यह उल्लेखनीय है कि 1952 के पहले आम चुनाव में उत्तर भारत का मतदान-व्यवहार बाद के चुनाव के मतदान-व्यवहार की तुलना में जाति की भावना से अपेक्षाकृत कम प्रभावित था। किसान संगठन, ट्रेड यूनियन एवं आर्थिक माँगें वामपंथी दलों की मुख्य आधारशिला थी जबकि कांग्रेस की अपील का मुख्य आधार था, स्वतंत्रता आन्दोलन में निभाई गई इसकी भूमिका। परन्तु वयस्क मताधिकार के लागू होने के बाद चुनावी राजनीति के संघन होने के साथ समाज के वे हिस्से जो राजनीतिक जागरूकता से हीन थे, जैसे-जैसे राजनीति के अखाड़े में उतरने लगे, वैसे-वैसे पारम्परिक निष्ठाओं पर आधारित अपील की भूमिका बढ़ने लगी। नया प्रवेश करनेवाले ये वे हिस्से थे जिन्हें न तो राष्ट्रीय आन्दोलन ने जगाया था और न आजादी के तुरन्त बाद के व्यापक किसान-मजदूर आन्दोलनों ने। यह ठीक है कि राजनीतिक दलों के झंडे-पताकाओं पर जाति का स्पष्ट उल्लेख नहीं किया गया था, पर उम्मीदवारों के चयन में तथा समर्थन पाने के लिए किए गए प्रचार में अनौपचारिक स्तर पर इसकी स्पष्ट भूमिका थी।

1962 के आम चुनाव में यह झुकाव सर्वथा स्पष्ट हो गया। भाषाधारित राज्य बन जाने के बाद महाराष्ट्र में मराठे कांग्रेस नेतृत्व से ब्राह्मणों को हटा देने में सक्षम हो गए। इससे पूर्व संयुक्त बम्बई राज्य में कांग्रेस की राजनीति में वे प्रबल नहीं हो पाए थे। इस कारण से मराठों का झुकाव किसान-मजदूर पार्टी (पेजेंट्स एंड वर्कर्स पार्टी) की ओर हुआ था, जो एक गैर-ब्राह्मण नेतृत्व वाली वामपंथी पार्टी

थी। कम्युनिस्ट पार्टी को पसन्द नहीं किया गया क्योंकि इसके नेता ब्राह्मण थे। इसी प्रकार ब्राह्मण नेतृत्व वाली सोशलिस्ट पार्टी भी आगे नहीं बढ़ सकी, यद्यपि सतारा में, जहाँ की आबादी में मराठा किसानों का बाहुल्य है, इसका नाम पत्री सरकार ('भारत छोड़ो आन्दोलन' के क्रम में बनी समानान्तर सरकार) से घनिष्ठ रूप से जुड़ा हुआ था। केवल मुम्बई के मजदूरों के बीच ही सोशलिस्ट पार्टी का गढ़ था। यशवन्त राव चव्हाण के महाराष्ट्र के मुख्यमंत्री बन जाने के बाद कांग्रेस पर मराठों के बढ़े प्रभाव के साथ शेतकरी-कामगार पार्टी का महाराष्ट्र की राजनीति में महत्त्व कम हो गया। 'मराठा' एक व्यापक समूह है, जिसमें महाराष्ट्र की सभी मध्य जातियाँ शामिल हैं। अत: सत्ता का संक्रमण बहुत आसानी से सम्पन्न हो गया क्योंकि ब्राह्मण मात्र पाँच प्रतिशत वाला अल्पसंख्यक समूह है, परन्तु मराठों के प्रभुत्व से अनुसूचित जातियों का असन्तोष बना रहा क्योंकि उन्हें सरकार में समुचित प्रतिनिधित्व प्राप्त नहीं हुआ। परन्तु इसका विशेष कारण यह था कि अनुसूचित जातियों के अन्तर्गत खेत मजदूर और आबादी के अन्य दरिद्रतम हिस्से आते थे, जिनकी समस्याओं के निदान के लिए सामाजिक-आर्थिक सम्बन्धों में बुनियादी परिवर्तन की दरकार थी। मराठों के सत्ता में आने से उनकी अक्षमताएँ स्वत: दूर हो जानेवाली नहीं थीं।

उन लोगों ने रिपब्लिकन पार्टी के माध्यम से अपनी स्वतंत्र राजनीतिक स्थिति बनाने का प्रयास किया, परन्तु आबादी के अल्पसंख्यक हिस्से का प्रतिनिधित्व कर विशेष चुनावी सफलता हासिल करना सम्भव नहीं था। अत: इसकी शक्ति में ह्रास आया। इसके अलावा इसमें एक फूट आई, जिससे भी इसे जबर्दस्त झटका लगा। हताशा की इस स्थिति में एक अपेक्षया अधिक जुझारू आन्दोलन उभरकर सामने आया, जिसने स्पष्टत: अमेरिका के 'ब्लैक पैंथर आन्दोलन' के तर्ज पर अपने को 'दलित पैंथर' नाम दिया, परन्तु इससे अधिक-से-अधिक एक प्रतिवाद आन्दोलन बनने की ही आशा की जा सकती है। यद्यपि वह दलितों की कतिपय ज्वलन्त समस्याओं की ओर ध्यान आकृष्ट कर सकता है, पर यह भी सम्भव है कि यह चुनावी राजनीति के द्वारा राजनीतिक निर्णय-निर्माण में भाग लेने से दलितों को विमुख कर दे।

महाराष्ट्र की तरह ही कर्नाटक और आन्ध्र में भी मध्य जातियों ने सत्ताधारी कांग्रेस पार्टी पर नियंत्रण के द्वारा ही राजनीतिक शक्ति प्राप्त करने का प्रयास किया है। कर्नाटक में वोक्कलिगा और लिंगायतों के बीच वर्चस्व के लिए होड़ रही है। बाद में इस होड़ में गौड़ा लोग शामिल हुए। सत्ता के इस संघर्ष से ब्राह्मण बाहर कर दिए गए। सत्तर के दशक में देवराज अर्स जब सत्ता में थे तो उन्होंने उन अन्य पिछड़ी जातियों को प्रमुखता देने का प्रयास किया जो आर्थिक तौर पर और संख्या में काफी पीछे थीं। जहाँ तक भूमिहीन तथा दरिद्रतम दलित हिस्से का प्रश्न था, वे

अपने को अन्य जातियों द्वारा उपेक्षित तथा शोषित मानते थे; उन्होंने अपना स्वतंत्र आन्दोलन विकसित किया। तथापि उनकी अभिव्यक्ति प्रतिवाद आन्दोलनों के रूप में ही हुई और उन्होंने कन्नड़ साहित्य में एक सशक्त आन्दोलन को जन्म दिया है। उन्होंने एक दलित संघर्ष समिति का भी निर्माण किया है, परन्तु उनकी आवाज को विधानमंडलों में समुचित प्रतिनिधित्व मिल सके, यह सम्भव नहीं हो पाया है। अभी भी उन्हें इसके लिए राह ढूँढ़नी है।

आन्ध्र में भी सत्ता संघर्ष जाति के आधार पर चला। वहाँ कम्पा और रेड्डी मुख्य प्रतिस्पर्द्धी रहे हैं। कांग्रेस में नेतृत्व रेड्डियों के हाथ में था जबकि तेलंगाना के बाहर कम्युनिस्ट पार्टी का नेतृत्व कम्माओं के हाथ में था। दलित और जनजातियाँ जो आबादी के एक बड़े हिस्से के रूप में थीं, इस सत्ता-संघर्ष से बाहर थीं। परन्तु तेलंगाना क्षेत्र में एक मजबूत किसान आन्दोलन का इतिहास रहा था, जिसके फलस्वरूप इनकी अभिव्यक्ति विशेषकर तेलंगाना के आदिवासी इलाके में विभिन्न नक्सली समूहों द्वारा हिंसक आन्दोलन के माध्यम से हुई। तेलंगाना आन्दोलन के बिखर जाने तथा जाति की राजनीति के उत्कर्ष के कारण कम्युनिस्ट पार्टी का ह्रास हो गया। इसमें पार्टी के विभाजन की भी भूमिका थी।

उत्तर प्रदेश, मध्य प्रदेश, राजस्थान तथा बिहार में मध्य जातियों ने सोशलिस्ट पार्टी तथा बाद में संयुक्त सोशलिस्ट पार्टी के माध्यम से सत्ता पर नेतृत्व का दखल प्रस्तुत किया। 1962 के आम चुनाव के बाद ये जातियाँ सोशलिस्ट पार्टी की ओर आकृष्ट हुईं। इस पार्टी ने इसके पहले ही ऊँची नौकरियों के लिए दलितों को लेकर मध्य जातियों के लिए भी आरक्षण की नीति स्वीकार कर रखी थी। इस नीति के तहत पिछली जातियों—जिसके अन्तर्गत दलित, अनुसूचित जनजातियों, हिन्दुओं और मुसलमानों की पिछड़ी जातियों तथा महिलाओं को शामिल किया गया था, के लिए साठ प्रतिशत आरक्षण की माँग की गई थी। इसके बाद सोशलिस्ट पार्टी में बड़ी संख्या में यादव, जाट, कुर्मी और कोइरी जातियों के नेता उभरे। 1967 के चुनाव में इस पार्टी को इसका चुनावी लाभ प्राप्त हुआ जब पिछड़ी जातियों ने बड़े पैमाने पर कांग्रेस से अपना समर्थन हटा लिया, पर अन्य जगहों की तरह मध्य जातियों की गोलबन्दी की दलितों की दृष्टि में उनकी समस्याओं के मामले में कोई सार्थकता नहीं थी क्योंकि उन्हें आरक्षण का लाभ पहले ही मिल चुका था। इसके अतिरिक्त मध्य जातियाँ भी भूमिधारी और सम्पत्तिधारी जातियाँ थीं जबकि अनुसूचित जातियाँ मोटा-मोटी भूमिहीन थीं। उनके बीच हितों का एका कायम होने में यह भी बाधा थी। यह ठीक है कि कुछ ऊँची और विशेषत: मध्य जातियों में भी व्यापक भूमिहीनता व्याप्त थी, परन्तु भूमिहीनता और निम्न जातीय स्थिति के बीच का सह-सम्बन्ध दलितों के मामले में ही सबके द्वारा स्वीकार किया गया है।

परन्तु किसान और मजदूर संगठनों के बीच इसके स्वतंत्र जनाधार के तथा सामाजिक एवं आर्थिक नीतियों के आधार पर इसकी अपील के कमजोर हो जाने के कारण अब सोशलिस्ट पार्टी इस स्थिति में नहीं रह गई कि यह अपने विचाराधारात्मक ढाँचे के अन्दर नये प्रवेश करनेवालों को समाविष्ट कर सके। इस प्रकार, जातीय अपील ने सोशलिस्ट पार्टी के अन्य सब तत्त्वों को ढक दिया। 1967 में पहली बार हिन्दी क्षेत्र के कई राज्यों में कांग्रेस पराजित हुई। उसके बाद राजनीतिक दलों में अस्त-व्यस्तता आई। इनमें से कुछ नये ही उभरे थे; कुछ कांग्रेस से हटकर बने थे। स्वयं चरण सिंह ने 1967 के आम चुनाव के बाद कांग्रेस को छोड़कर जन कांग्रेस का गठन किया था और उसके बाद वे संयुक्त विधायक दल के नेता बने। बाद के दौर में वे जाटों के सर्वाधिक महत्त्वपूर्ण नेता के रूप में उभरे तथा यादव, कुर्मी और कतिपय अन्य मध्य जातियों का समर्थन पाने में सफल हुए। इस प्रक्रिया में आगे आनेवाले दिनों में जातीय वफादारी ही राजनीति में विशिष्ट महत्त्वपूर्ण कारक के तौर पर उभरी। राजनीतिक दलों के एक-दूसरे से हटने और जुटने की प्रक्रिया के अन्तर्गत एक महागठबन्धन का उदय हुआ, कई दलों का जनता पार्टी में विलय हुआ, केन्द्र में जनता पार्टी की सरकार बनी, अन्ततः वह विघटित हुई और इन्दिरा गांधी की फिर से वापसी हुई। इस क्रम में यादव, जाट, कोइरी, कुर्मी, लोध, मीणा, माली और मेव (मुसलमान) को लेकर मध्य जातियों का एक दल—लोकदल—उभरकर सामने आया, जिसके चरण सिंह सर्वप्रमुख नेता थे, परन्तु मध्य जातियों के अभ्युदय तथा हिन्दी-क्षेत्र में लोकदल के गठन में इसकी परिणति से जाति की राजनीति की सीमाएँ भी सामने आईं।

राजनीति को तर्क-सम्मत आधार देनेवाले राजनेताओं को पिछड़ी जातियों की आकांक्षाओं की उपेक्षा नहीं करनी चाहिए थी। ऐसा करना यथार्थ की अनदेखी थी। उन जातियों के सदस्यों को प्रतिष्ठा से, तथा सत्ता और अनेक ऊँचे पदों से वंचित कर दिया गया था। जिस हद तक उनसे भेदभाव का यह तथ्य उसकी सामाजिक स्थिति से जुड़ा हुआ था, उस हद तक जातीय अस्मिता और उससे सम्बन्धित अक्षमता की भावना का उनकी मानसिकता में सर्वोपरि स्थान पर प्रतिष्ठित हो जाना सर्वाधिक स्वाभाविक बात थी। लोकतंत्र के आ जाने के साथ यह भी स्वाभाविक था कि वे अपने संख्या-बल से शक्ति-सन्तुलन को अपने पक्ष में लाने का प्रयास करते, परन्तु प्रत्यक्ष या अप्रत्यक्ष रूप से, पिछड़ी जातियों के राजनीतिक सत्ता में प्रबल बन जाने के फलस्वरूप लम्बे दौर के सन्दर्भ में जातीय राजनीति की व्यवहार्यता पर भी गम्भीर प्रश्न चिह्न लग गया है। इसका सीधा कारण यह है कि 'पिछड़ों' की जातीय राजनीति की सार्थकता वहीं तक थी, जहाँ विभिन्न पदों को पाने के रास्ते की विभिन्न राजनीतिक बाधाओं को दूर करने का सवाल था। एक बार इन बाधाओं के हट जाने पर या उनके हाशिए

पर ला दिए जाने के बाद उस आधार पर गोलबन्दी का कोई विशेष अर्थ नहीं रह जाता है। समाज द्वारा सामाजिक और राजनीतिक जीवन में उनके समुचित महत्त्व की स्वीकृति और उन्हें समानता मिल जाने के बाद उनके लिए कहीं कोई अन्य मुकाम रह नहीं जाता, जहाँ वे उस रास्ते से पहुँचें। कुछ समय के बाद पद-प्राप्ति का प्रश्न एक सन्तुलन-बिन्दु पर पहुँच जाता है, और तब विभिन्न जातियों के बीच प्रतिस्पर्धा कम होती है बल्कि जातियों या जाति-समूहों के अपने भीतर अधिक होती है।

सत्तर के दशक के बाद पिछड़ी जातियों के राजनेताओं के एक पार्टी से दूसरी में बड़ी संख्या में जो दल-बदल हुए, वे इसी स्थिति को प्रतिबिम्बित करते हैं। शुरू में छोटी जातियों के समूहों को प्रतिष्ठा और पहचान न मिलने का कष्ट था, पर उनके आगे आने के बाद जातियों के नेताओं के निजी मान-सम्मान तक ही बात सिमटती गई। इसके अलावा एक और बात हुई। जब तक अगड़ी जातियों की बराबरी पाने की लड़ाई थी तब तक तो पिछड़ी एकता दिखी, लेकिन जब यह लक्ष्य हासिल होता लगा तब पिछड़ों के अपने अन्दर विभिन्न जातियों के बीच प्रतिद्वन्द्विता तेज हुई। इसी के साथ पिछड़ी जातियों की गोलबन्दी बिखरने लगी। इसका परिणाम एक दल से दूसरे दल में बड़े पैमाने पर दल-बदल के रूप में सामने आया। विभिन्न जाति समूहों के नेता अपने समर्थकों के साथ ज्यादा बड़ा पद, ज्यादा लाभ की कुर्सी के लिए इस दल से उस दल भागने लगे। इससे कुछ समय के लिए राजनीतिक अस्थिरता का माहौल बना पर हमारे यहाँ जातियों में भेदभाव का जो रिश्ता रहा है, उसमें ऐसा होना अनिवार्य भी था बल्कि यह हलचल जितनी जल्दी दिखी, वह अच्छा ही रहा। ऐसा न होता तो यह रह-रहकर सिर उठाता। अब यह प्रक्रिया पूरी नहीं हुई है, पर यह अपनी समाप्ति जैसी स्थिति में है। हम बड़े मजे से अस्सी तक के चुनावों और अब के चुनाव की तुलना करके इस चीज को समझ सकते हैं। आरक्षण का सवाल किस तरह पूरी हिन्दी पट्टी की राजनीति को उलट-पलट देता था, यह बहुत पहले की बात नहीं है। जातिगत दंगे तक हुए, पर आरक्षण से न तो एक समूह आसमान पर पहुँचा न दूसरा रसातल में गया। हाँ, इतना जरूर हुआ कि समाज के बड़े हिस्से की उपेक्षा वाला दौर खत्म हो गया और उनकी नाराजगी काफी कम हो गई है। इससे यह भी साफ हुआ कि बेरोजगारी की बड़ी समस्या का निदान सीमित नौकरियों की लड़ाई नहीं है। इसके लिए पढ़े-लिखे बेरोजगारों के लिए ढेर सारे अवसर पैदा करने होंगे, और यह आर्थिक नीति का सवाल है, जाति का नहीं। कई बार अगड़ों की तरफ से आरक्षण खत्म करने की बात भी उठती है जो घड़ी को उलटी दिशा में चलाने का प्रयास लगता है और स्वाभाविक ढंग से उसका व्यापक विरोध होता है जैसाकि 1985 में गुजरात में हुआ था।

एक अन्य चीज है जो राजनीति के जाति की राजनीति को बहुत आगे नहीं जाने दे सकती। जाति समूहों के बिखराव और उनकी आपसी प्रतिद्वन्द्विता के चलते किसी एक या दो जाति द्वारा किसी राज्य विधान सभा या लोकसभा की अधिकांश सीटों पर कब्जा कर लेने की सम्भावना नहीं है। जाति का जोर किसी एक छोटे इलाके या चुनाव क्षेत्र तक ही चल पाता है, पर लोग वोट के जरिए अपनी समस्याओं का समाधान चाहते हैं, अपनी जाति/बिरादरी की एकता और ताकत का प्रदर्शन नहीं। और जब उन्हें लग जाता है कि बिरादरी के नाम पर वे ठगे जा रहे हैं और जाति का नेता उनका भला नहीं कर पा रहा है तो वे उसे बदल देते हैं। मध्य जातियों की पार्टी लोकदल का दलित मजदूर किसान पार्टी में बदलना इसका अच्छा उदाहरण है। चरण सिंह को जल्दी हो सकता है, पर अनुसूचित जातियों वगैरह को इस तरह से जोड़ना मुश्किल है क्योंकि उनको सिर्फ सामाजिक भेदभाव और गैर-बराबरी ही नहीं, जबर्दस्त आर्थिक गैर-बराबरी भी झेलनी होती है। सो, किसी भी पारम्परिक राजनीतिक दल में उनके साथ बराबरी का व्यवहार हो, उनके नेता को बराबरी का दर्जा मिले यह स्थिति आने में बहुत वक्त लगेगा। यही स्थिति अनुसूचित जनजातियों की भी है। इन समूहों ने अपने दल बनाकर उसके सहारे सरकार को प्रभावित करने की कोशिश की है, पर ये समूह आर्थिक रूप से भी काफी कमजोर हैं। इसलिए जो दल ऐसे समूहों को, कमजोर जमातों को प्राथमिकता देते हैं, उनके साथ का जुड़ाव इन समूहों के लिए ज्यादा उपयोगी होगा। अनुसूचित जातियों और जनजातियों की कमजोर आर्थिक हैसियत उनकी कमजोर सामाजिक हैसियत से भी जुड़ी है। इसलिए जब तक आर्थिक नीतियों और सरकारी कार्यक्रमों के जरिए उनकी आर्थिक स्थिति में सुधार नहीं होगा, उनकी सामाजिक हैसियत में भी बदलाव नहीं हो पाएगा। सो उनका संघर्ष मुख्यत: आर्थिक ही होगा, लेकिन संख्या में कम होने के चलते वे अपने दम भर से नीतियों में बदलाव नहीं ला पाएँगे। अपनी इस कमजोर स्थिति का एहसास उन्हें उस राजनीतिक संगठन से जुड़ने की तरफ ले जाएगा, जो समाज में अधिकतम आर्थिक समता लानेवाली नीतियों के पक्ष में होगा। अभी तक भी दलित संगठन झूठे आर्थिक आश्वासनों पर इस दल से उस दल की तरफ आते-जाते रहे हैं। उन्होंने समाजवादियों, कम्युनिस्टों के साथ ही ज्यादा समय कांग्रेस का समर्थन किया है जो सत्ता में होने के चलते उनके लिए कुछ कर सकने की स्थिति में रही है, पर वायदे पूरे न होने से वे जस की तस स्थिति में हैं। जिस दल में उनका नियंत्रण होगा, वह निश्चित रूप से उनके हित में काम करने, उनकी स्थिति बदलनेवाले फैसले लेने की स्थिति में होगी। उनके हाथ में सत्ता आने पर ही जो बदलाव होंगे उसी से उनकी तकलीफों के साथ समाज के अन्य कमजोर जमातों की मुश्किलों का निपटारा भी होगा।

जातियों से जुड़े संगठनों के विपरीत धर्म से जुड़े संगठनों की हमारी धर्मनिरपेक्ष राजनीति में अपनी पहचान बनाने की सम्भावना ज्यादा नहीं है। मुसलमान, सिख और ईसाई समुदाय के लोग एक आर्थिक वर्ग के सदस्य नहीं हैं, जिससे उनका कोई एक साझा आर्थिक हित बने। उनमें सबसे गरीब से लेकर करोड़पति-अरबपति भी हैं। इसलिए वे आर्थिक आधार पर किसी एक राजनीतिक संगठन का हिस्सा नहीं हो सकते। फिर अल्पसंख्यक होने के चलते उनमें बहुसंख्यक हिन्दुओं से पहचान गँवाने का डर भी है। मुसलमानों और सिखों में हाल के वर्षों में जो पुनरुत्थानवादी रुझान आया है, वह इस डर से भी है। उन्हें अपनी पहचान बनाए रखने की जिद है क्योंकि उनको लगता है कि इससे उनकी सुरक्षा बनी हुई है। इसलिए इन समुदायों की अपनी पारम्परिक पार्टियाँ खत्म नहीं होनेवाली हैं, पर इन समुदायों के काफी सारे लोग अन्य राजनीतिक दलों में भी शामिल होते हैं। अगर देश में उदार माहौल बना तो इन पारम्परिक मजहबी पार्टियों की ताकत कम होती जाएगी या फिर यह भी हो सकता है कि उदारता बढ़ने से इनका तंग नजरिया भी उदार हो। अकाली दल के साथ कुछ ऐसा ही होता दिखता है, पर भिंडरांवाले को बढ़ावा देकर कांग्रेस ने पंजाब की राजनीति को उलटी दिशा में मोड़ दिया। सो, अब अकालियों की हालत यह है कि वे न तो पूरी तरह सेक्युलर राजनीति में खप पाए हैं न लोगों द्वारा खारिज किए गए हैं।

हमने पहले आन्तरिक उपनिवेश प्रणाली की चर्चा की थी। इसका अनुसूचित जातियों और जनजातियों के जीवन पर सीधा असर पड़ रहा है। चूँकि वे ग्रामीण आबादी का सबसे कमजोर और निचला हिस्सा हैं, इसलिए जैसे-जैसे गाँव की अर्थव्यवस्था पिछड़ती गई है, उनको ही सबसे ज्यादा नुकसान उठाना पड़ा है। जब शहरी और औद्योगिक जमात के हाथों किसान पिटता है तो वह अपना बोझ खेतिहर मजदूरों के मत्थे डाल देता है। छोटे किसान अगर मध्य जातियों के हैं तो खेतिहर मजदूरों में ज्यादातर दलित और ओबीसी ही हैं। इसलिए अर्थव्यवस्था में बदलाव से अगर गाँव पिछड़े हैं तो सबसे पहली मार दलितों पर पड़ती है। छोटे किसान जमीन बेचकर अपना जीवन बचाते हैं। फिर शहरी औद्योगिक उत्पाद गाँव के कारीगरों द्वारा बनाई जानेवाली छोटी दस्तकारी की चीजों की जगह लेकर उन्हें बेकार बनाते जा रहे हैं।

जैसाकि पहले बताया जा चुका है, आदिवासी अपने इलाके में उद्योग लगने, खनन की गतिविधियाँ बढ़ने का सीधा शिकार होते हैं। उन्हें अपनी जमीन, मकान और पेशे से हाथ धोना पड़ता है जबकि बाहरी लोग उनको लग गया कि कुछ जातियों के आधार पर देश की कौन कहे, उत्तर प्रदेश की सत्ता भी हाथ नहीं आ सकती तो उन्होंने इस दिशा में पहल की। उनका अपना आधार जाटों में है, पर वे इधर लगातार जाति की राजनीति के खिलाफ बोल रहे हैं। इसी तरह बिहार के बड़े यादव नेता रामलखन सिंह यादव भी कांग्रेस में लौट गए हैं।

तमिलनाडु में द्रमुक ने मध्य जातियों के सत्ता में आने का रास्ता बनाया, पर उससे ही निकले अन्नाद्रमुक ने न सिर्फ जातियों का नया समूह बनाया बल्कि उसे सत्ता से बेदखल करके खुद सत्ता हथिया ली, पर जातियों का गठजोड़ और अदला-बदली के साथ राज्य की राजनीति दूसरे बड़े मुद्दों की तरफ मुड़ी। आर्थिक-राजनीतिक समस्याओं को दूर करने की बात प्रमुख हो गई। महाराष्ट्र में जाति का सवाल पीछे हो चुका है और सबसे बड़ी संख्या वाली मराठा जाति के अन्दर ही बिखराव दिखता है। काफी सारे मराठा नेता कांग्रेस में हैं तो एक बड़े हिस्से को लेकर शरद पवार अपनी अलग पार्टी चला रहे हैं। शरद जोशी के नेतृत्व में किसानों का सशक्त दखल शुरू हुआ है और यह संगठन जाति के आधार पर नहीं चलता। सिर्फ दलित जाति संगठन की प्रासंगिकता बनाए हुए हैं। इसका कारण मराठों और अन्य अगड़ी जातियों और दलितों के बीच मानसिक खाई बने रहना है।

हैरानी की बात है कि उत्तर भारत के अधिकांश इलाकों में दलित कांग्रेस का वोट बैंक रहे हैं। यह भी एक खास ऐतिहासिक परिस्थितियों का नतीजा है। महात्मा गांधी की अगुवायी में कांग्रेस ने दलितों/अछूतों के लिए कई अभियान चलाए। अब आजादी के बाद उसने ऐसा कुछ भी नहीं किया है तब भी दलितों की स्मृति में वह चीज बनी रही है बल्कि वामपंथी दलों ने उनसे जुड़े मुद्दों पर अच्छी लड़ाई लड़ी है, पर उनका कांग्रेस जैसा असर नहीं बन पाया है। संविधान से मिले कुछ अधिकारों से उन्हें जरूर सहारा मिला है और वक्त बीतने के साथ कुछ और बदलाव उनकी स्थिति बदल रहे हैं। चूँकि कांग्रेस सत्ता में रही है तो वही इन सबका श्रेय लेती रही है। नौकरियों में मिले आरक्षण से भी कुछ फर्क पड़ा है, भले ही उसका दायरा कितना भी सीमित क्यों न हो। सीलिंग से ज्यादा जमीन के बँटवारे में दलितों का हिस्सा अलग देने का प्रावधान है, पर उस दिशा में बहुत कम काम हुआ है। पर इन्हीं छोटी-छोटी चीजों के आधार पर कांग्रेस उनके वोट पर दावा करती रही है। दलितों को प्रभावित करनेवाले मुद्दों में अभी भी भारतीय राजनीति को प्रभावित करने की क्षमता है, पर ऐसा कब होगा, कहना मुश्किल है।

लेकिन यह कहने का मतलब नहीं है कि निकट भविष्य में भारतीय राजनीति पर से जाति का प्रभाव खत्म हो जाएगा। जातिगत निष्ठाएँ इतनी गहरी हैं कि वे आसानी से गायब नहीं हो सकतीं, पर दूसरे बड़े मुद्दे केन्द्र में आ जाएँगे और जाति का सवाल किनारे होता जाएगा। किसी-किसी निर्वाचन क्षेत्र में कुछ उम्मीदवारों को जाति का अतिरिक्त लाभ मिल सकता है। पर अन्य विकसित लोकतांत्रिक देशों में कबीलाई, धार्मिक, क्षेत्रीय और दूसरी निष्ठाएँ जिस तरह चुनाव में असर डालती हैं उस तरह जाति भी हमारे यहाँ एक कारक रहेगी। जिन पार्टियों का जातिगत आधार नहीं है वे भी जातियों का समर्थन पाने का जतन करते हैं। पश्चिम बंगाल

में दलितों के अलावा अन्य जातियों की पहचान प्रमुख नहीं रही है और वामदल खुद को जातियों से ऊपर बताते हैं पर वे भी इलाके-इलाके में कुछ खास-खास जातियों का समर्थन पाने का जतन करते ही हैं।

जब जाति के नाम से राष्ट्रीय और प्रदेश के स्तर पर भी ज्यादा फायदा ले पाना सम्भव नहीं रहेगा और जातिगत भावनाओं से अधिक प्रभाव नहीं पड़ेगा तब राजनीतिक दल जातियों की राजनीति छोड़ेंगे और यह भी सम्भव है कि यह नाम लेने से उन्हें नुकसान होने लगे। इससे जातिवादी नेताओं का महत्त्व कम होगा जो कभी राजनीति के लिए तुरुप का पत्ता बने हुए हैं। इससे दल-बदल का खेल भी कम होगा जो आज 'आयाराम-गयाराम' जैसे मजाक का विषय बन गया है। इस स्थिति के आने में कितना वक्त लगेगा, यह भविष्यवाणी करना मुश्किल है, पर निश्चित रूप से बदलाव की दिशा यही है। यह कहना इसलिए भी आसान है कि जिस दल-बदलू में अपने साथ वोट भी ले जाने की क्षमता नहीं है, उसका मोल घटता ही गया है। राजनारायण इसके सबसे बड़े उदाहरण रहे हैं। कर्पूरी ठाकुर का जनाधार काफी था, पर 1984 में खुद उन्हें अपनी सीट से भी पराजय इसी चलते मिली।

भारतीय राजनीति में जाति एक प्रमुख कारक है और इसका प्रभाव अभी कुछ और समय तक बना रहेगा। इस चीज को स्वीकार करने के साथ ही हमें इसकी सीमाओं के बारे में भी सचेत रहना चाहिए। इसे अप्रासंगिक बताए बिना भी राजनीतिक दलों को अधिक तार्किक मुद्दे उठाने होंगे। पर इसमें कमजोर जातियों का सवाल जोड़ा जो जमीन और खनिज सम्पदा पर फलते-फूलते हैं। इस प्रकार आन्तरिक उपनिवेश की प्रक्रिया दलितों और आदिवासियों के लिए ज्यादा मुश्किल होती है।

दलितों और आदिवासियों के विभिन्न तरह के विरोध आन्दोलन यह बताते हैं कि चुनावी राजनीति में उनकी बात ज्यादा आ नहीं पा रही है। उनके अपने राजनीतिक दल हैं, पर रिपब्लिकन पार्टी समेत ज्यादातर ऐसे दल दलितों का वोट भी पाने में सफल नहीं हुए हैं। उत्तर प्रदेश में बसपा जरूर एक बड़ा अपवाद रही। आदिवासी दलों में सिर्फ झारखंड मुक्ति मोर्चा जरूर टिकी हुई है, पर इन कमजोर जमातों के आन्दोलन इस वजह से कम नहीं हुए हैं। आन्दोलन जोरदार ढंग से उठे और कई बार हिंसक रूप भी लेते हैं। पर संसद और विधान सभाओं में जोरदार मौजूदगी न होने से उनकी शिकायतों का ढंग से निराकरण नहीं हो पाता। यह जमात हमारी राजनीतिक व्यवस्था से बाहर छूटा हुआ हिस्सा है, जिसे राजनीति की मुख्यधारा में शामिल किया जाना है।

हमारे यहाँ हिन्दू अतिवादी भी हाशिए की शक्ति ही रहे हैं क्योंकि बहुसंख्यक समुदाय पर राष्ट्रीय आन्दोलन का गहरा असर रहा है और इसकी मुख्य प्रेरणा राष्ट्रीय

एकता थी। विभाजन ने इस भावना को चोट पहुँचाई और आरएसएस अचानक महत्त्वपूर्ण हो उठा। पर एक अतिवादी हिन्दू द्वारा महात्मा गांधी की हत्या करने से देश को यह प्रत्यक्ष अनुभव हुआ कि साम्प्रदायिकता का क्या मतलब है। इससे कुछ समय के लिए संघ का काम-काज प्रभावित हुआ। बाद में इसने जनसंघ की स्थापना के साथ राजनीतिक काम शुरू किया। शुरू में लगे दाग के चलते यह पार्टी भी लम्बे समय तक कुछ खास न कर पाई, पर राष्ट्रीय आन्दोलन के मूल्यों का ह्रास होते जाने से इसे भी हिन्दू समाज में समर्थन मिलने लगा। फिर यह कहाँ तक पहुँची, यह बताने की जरूरत नहीं है। पर इतना जरूर है कि हमारे बीच जो पारम्परिक ताकतें काम कर रही हैं, उनको ध्यान में रखते हुए नये राजनीतिक समीकरण बनाने की जरूरत आज ज्यादा हो गई है।

7

देश की विशालता के कारण ही क्षेत्रीयता का तत्त्व हमारी राजनीति के लिए अत्यन्त महत्त्वपूर्ण बन गया है। भौगोलिक सीमाओं के अन्तर्गत न केवल जमीन, मिट्टी एवं जलवायु में बल्कि मूल, भाषा, अर्थव्यवस्था, रीति-रिवाजों, विश्वासों तथा परम्पराओं में भी अत्यधिक अन्तर है। हिमालय की उत्तरी सीमाओं से लगे उत्तर-पूर्व के साथ-साथ पहाड़ी एवं वन-क्षेत्रों में, पूरब से पश्चिम और उत्तर से दक्षिण तक, सैकड़ों ऐसी जनजातियाँ हैं, जिनकी पृथक जीवन-पद्धति है और जिनकी अलग अर्थव्यवस्थाएँ हैं। कुछ बसी हुई खेतिहर जातियाँ हैं तो कुछ अभी शिकार तथा आहार-संचय के स्तर पर हैं। परन्तु उनमें से अधिकांश औद्योगिक एवं कृषि-क्षेत्रों की सीमा रेखा पर जीने का प्रयास करते हुए जोखिम उठाकर इकट्ठा की गई लकड़ी या अन्य वन्य-उत्पादों की अदला बदली कर या गैर-जनजातियों के यहाँ खुदरा काम कर कष्टसाध्य जीवन जी रही हैं। उनमें कुछ उद्योगों या खदानों के क्षेत्र में नियमित धन्धे में हैं, और कुछ—जिनकी संख्या अत्यन्त सीमित है—अच्छे और सम्मानजनक पद पा चुके हैं, परन्तु उनकी आजीविका के तरीके चाहे जो भी हों, वे अपनी विशिष्ट आदिवासी पहचान के साथ डटे हुए हैं। पहचान की यह भावना उन्हें गैर-जनजातियों से पृथक करती है। यह पृथकता न केवल उन समूहों के बीच पाई जाती है जो व्यापक भौगोलिक कारणों से पृथक हैं (ऐसा होना स्वाभाविक है) बल्कि यह अलगाव समीपवर्ती समूहों के बीच भी पाया जाता है। अपने विशिष्ट रीति-रिवाजों एवं परम्पराओं के मामले में ये जनजातीय समूह इतने संवेदनशील होते हैं कि किसी बाहरी के द्वारा किसी प्रकार के हस्तक्षेप पर उन्हें गहरी नाराजगी होती है। जो भी प्रशासनिक व्यवस्था प्रत्येक क्षेत्र की इन जनजातीय समूहों की विशिष्टता को ध्यान में रखने में विफल होगी, उसे ये जनजातियाँ स्वेच्छा से स्वीकार नहीं करेंगी। उनकी परम्पराओं के निकटस्थ स्वशासी स्वायत्त निकाय ही जनजातियों के लिए सन्तोषजनक होते हैं। अतएव जनजातीय इलाकों में राजनीतिक व्यवस्था को भी उन्हीं मुद्दों में दिलचस्पी लेनी चाहिए जो जनजातियों की अपनी आवश्यकताओं तथा गैर-जनजातीय समाज के साथ उनके सरोकार से सम्बन्धित हों। उत्तर पूर्वी क्षेत्र का बहुत कुछ संकट या उसके विद्रोह का कारण यह था कि नई दिल्ली के

सत्ताधारी यह समझने में अक्षम रहे कि दिल्ली के नौकरशाहों द्वारा तैयार की गई कोई भी प्रणाली जनजातियों के लिए सन्तोषजनक नहीं हो सकती, और कि राष्ट्र के साथ उन्हें एकीकृत करने का सबसे अच्छा उपाय यही है कि उन्हें अपने इलाके में अधिकतम स्वायत्तता प्रदान की जाए।

पूर्वांचल के लोगों, विशेषकर यहाँ के जनजातीय समूहों की शिकायत दो बातों को लेकर रही है। एक, मौजूदा विकास के क्रम में उनकी प्राकृतिक सम्पदा का दोहन बाहरी तत्त्वों (देशी-विदेशी कम्पनियों तथा व्यापारियों एवं अफसरों) के हित में होता रहा है—जैसे चाय-बागानों की आय का, जंगल की लकड़ियों की अवैध कटाई और निकासी का तथा पेट्रोलियम एवं अन्य खनिजों का। दूसरा, आधुनिक विकास के क्रम में व्यापार और व्यवसाय के लिए भारी संख्या में बाहरी लोग इन क्षेत्रों में बसते जा रहे हैं और इससे जनसंख्या में अपने घटते अनुपात से यहाँ के मूल निवासी अस्मिता का संकट अनुभव करते हैं। हाल में अलगाववाद का जो उग्र रूप दिखाई देता है, उसके पीछे इस भावना का बड़ा हाथ है। क्षेत्रीय स्वायत्तता से इस भावना को काफी हद तक निर्मूल किया जा सकता है।

कहना नहीं होगा कि जनजातीय क्षेत्र में स्थानीय पहल पर संगठित राजनीतिक दल भिन्न किस्म के होंगे, और स्थानीय जन-समस्याओं में अधिक रुचि लेंगे। अन्य राजनीतिक समस्याओं को भी जनजातीय हितों की दृष्टि से देखा जाएगा। इन क्षेत्रों में गठित हुए राष्ट्रीय राजनीतिक दल जनजातियों के बीच सहज या स्थायी स्वीकृति प्राप्त करने में विफल रहे। इसका मुख्य कारण यह था कि ये दल जिन मुद्दों पर बहस चलाते थे, वे जनजातियों को प्रत्यक्षत: सार्थक नहीं प्रतीत होते थे। राष्ट्रीय दलों का उनकी दृष्टि में महत्त्व तभी होता जब ये दल उनके बीच से ही उभरते या जनजातियों के विशिष्ट नजरिए से राष्ट्रीय सवालों को उछालते। ऐसे दल के अभाव में सबसे अच्छी बात यह होगी कि राष्ट्रीय दलों को उन पर थोपकर उनकी जीवन पद्धति को खंडित करने से बचा जाए तथा स्थानीय जनजातीय दलों को ही जनजातीय जनता का प्रतिनिधि स्वर माना जाए। जहाँ तक जनजातियों एवं गैर-जातियों के बीच अपेक्षाकृत घनिस्ट एकीकरण का प्रश्न है, उसे उस सहज प्रक्रिया पर छोड़ा जाए, जिसे ये दोनों समूह पारस्परिक सद्भाव द्वारा सम्पोषित करेंगे। यदि उनकी जीवन-पद्धति को अतिक्रमण से मुक्त रखा जाए और उन्हें गैर-जनजातीय लोगों की लूटपाट से सुरक्षा प्रदान करने की नीति अपनाई जाए तो इस प्रकार का सद्भाव निश्चित रूप से पैदा होगा। फिर, यदि पूर्णत: जनजातीय पार्टियाँ हों, वे ही संसद और विधान सभाओं में अपने प्रतिनिधि भेजें और सरकार में सक्रिय सहभागी बनें तो लगाव की भावना निश्चित तौर पर पैदा होगी और गहरी होगी।

जहाँ तक देश के विभिन्न भागों में बसे भारत के गैर-जनजातीय जनसमूहों का प्रश्न है, वे अपनी जीवन-पद्धति में एक-दूसरे से उतने भिन्न नहीं हैं जितने वे

जनजातियों से भिन्न हैं। फिर भी उनके बीच भी महत्त्वपूर्ण अन्तर है। सैकड़ों स्थानीय बोलियों के अतिरिक्त देश में राष्ट्रीय भाषा के रूप में मान्यता-प्राप्त एक दर्जन से अधिक भाषाएँ हैं। ये क्षेत्रों के अनुसार बँटी हुई हैं तथा संचार में अवरोध पैदा कर जनता को एक-दूसरे से अलग करती हैं। भाषा के अन्तर के कारण निकटवर्ती समूहों के बीच नगण्य संचार सम्भव हो पाता है, अत: संस्कृतियों में भी भिन्नता आ जाती है क्योंकि भाषा के माध्यम से ही जीवन के विभिन्न अनुभव सांस्कृतिक वातावरण में समाहित होते हैं और भाषा ही दो संस्कृतियों के बीच सीमा-रेखा का काम करती है। इस प्रकार कई उप-संस्कृतियाँ पैदा हो जाती हैं, जो मुख्यत: भाषाई सीमाओं के हिसाब से ही होती हैं। धीरे-धीरे एक ही राष्ट्र के भीतर, राष्ट्रीय पहचान को मिटाए बिना, एक क्षेत्रीय पहचान या एक ऐसी भावना पैदा हो जाती है जो एक तेलुगू को तेलुगू, एक तमिलभाषी को तमिल और बंगाली को बंगाली बना देती है। यह भारतीय होने के भाव से अनन्य नहीं है परन्तु यह एक विशिष्ट भाषाई और सांस्कृतिक समूह से जुड़े होने की एक विशिष्ट अस्मिता का भाव प्रदान करती है।

यह एक ऐसी बात है जिसे हमारी राजनीतिक प्रणाली के विकास के क्रम में पूरा-पूरा ध्यान में नहीं रखा गया है। महात्मा गांधी के नेतृत्व में कांग्रेस ने आजादी के बहुत पहले भाषावार प्रान्तों की आवश्यकता को स्वीकार किया था। प्रान्तों के प्रशासन को प्रान्तीय भाषाओं के माध्यम से चलाने की बात थी। यद्यपि बम्बई, मद्रास, बंगाल आदि कई बड़े प्रान्त थे, जिनमें एकाधिक भाषाई क्षेत्र थे, फिर भी कांग्रेस की नीति के अनुसार कांग्रेस का संगठन भाषावार प्रान्तों के अनुसार था। आजादी की लड़ाई के दौरान देश की एकता पर बल देना स्वाभाविक था और स्वतंत्रता के समय इस प्रवृत्ति को और भी मजबूत किया गया। इसके कारण भी भाषाई आधार पर राज्यों के पुनर्गठन में विलम्ब हुआ, परन्तु भाषाई आधार पर पुनर्गठन सर्वाधिक तर्क-सम्मत बात थी न केवल कांग्रेस की परम्परा की दृष्टि से बल्कि प्रशासनिक दक्षता की दृष्टि से भी।

इस विलम्ब से अनावश्यक खून-खराबा हुआ और पड़ोसी राज्यों के लोगों के बीच वैमनस्य पैदा हुआ, जिससे बचा जा सकता था। राज्यों का पुनर्गठन इस ढंग से किया जाना कि जनता अपनी मातृभाषा के माध्यम से प्रशासन कैसे संचालित करने में सक्षम हो सके, राष्ट्रीय लोकतांत्रिक क्रान्ति की अनिवार्य परिणति होती है, परन्तु इसे तुरन्त स्वीकार करने में टालमटोल करने से हमें बड़ी कीमत चुकानी पड़ी है जैसा कि पंजाब की त्रासद घटनाओं से स्पष्ट होता है। हमें यह साफ-साफ समझना होगा कि वास्तविक लोकप्रिय प्रशासन जनता की अपनी ही भाषा के माध्यम से संचालित किया जा सकता है।

आजादी के बाद देश के शासकों की चाहे जो भी अनिच्छा रही हो, प्रान्तों तथा उनकी भाषाओं और संस्कृतियों की अस्मिता की अधिक दिनों तक उपेक्षा

नहीं की जा सकती थी। उनके कृषि-सम्बन्धों, संसाधन के आधारों, भूमि-व्यक्ति अनुपात, साक्षरता के स्तर, शहरीकरण एवं उद्योगों के स्वरूप तथा विभिन्न राज्यों की अर्थव्यवस्था में उनकी हिस्सेदारी में बहुत अधिक अन्तर था। इनके अतिरिक्त, जैसाकि पहले बताया गया, उनकी संस्कृतियाँ—या कहें, उपसंस्कृतियाँ—एक-दूसरे से भिन्न थीं। यह आसानी से समझा जा सकता है कि इस प्रकार की विभिन्नताओं वाले जनसमूहों के लिए किसी एक तथा दूरस्थ केन्द्र से कोई सार्थक योजना नहीं बनाई जा सकती। विभिन्न क्षेत्रों की जनसंख्या, साक्षरता तथा सामाजिक एवं संरचनात्मक स्थिति की विशिष्टताओं को ध्यान में रखे बिना संसाधनों के आवंटन एवं भौतिक लक्ष्यों के निर्धारण की परिणति बर्बादी तथा असन्तोष में ही हो सकती है। इस प्रकार की योजना-पद्धति में जनता की आवश्यक तथा विशिष्ट जरूरतें लुप्त हो जाएँगी।

और सचमुच ऐसा ही हो रहा है। बड़ी-बड़ी योजनाएँ कागज पर तैयार की गईं, पर सामान्य जीवन को बेहतर बनाने की दिशा में कुछ भी ठोस नहीं हुआ। प्रशासनिक तंत्र में प्रचुर वृद्धि हुई है। इससे प्रशासन के खर्च में बढ़ोतरी हुई और फलस्वरूप, सामान्य जन को लाभ पहुँचानेवाली योजनाओं के लिए निर्धारित सीमित संसाधनों में कटौती हुई है।

बहुत दिनों तक जनता उम्मीद पर बैठी रही। तब उसमें कुछ-कुछ बेचैनी पैदा हुई, पर उसे पता नहीं था कि किसे दोषी माना जाए—राज्य सरकार को या केन्द्र सरकार को? बहुत-से राज्यों में वही दल सत्ता में था जो केन्द्र में था। स्वभावत: दोष केन्द्र का था क्योंकि राज्य-प्रशासन से सम्बन्धित मामलों में भी लगाम उसी के हाथ थी, परन्तु काफी समय के बाद ही राज्यों की जनता यह महसूस कर सकी कि उसके प्रतिनिधियों ने केन्द्र सरकार के क्षत्रप की हैसियत से ही काम किया है, न कि जनता के प्रवक्ता के रूप में। परन्तु इससे भी अधिकार महत्त्वपूर्ण समझदारी यह आई कि यदि राज्यों को शासन के मामले में और अधिक मिलें तो समस्याओं का बेहतर निदान हो सकता है। अहिन्दी क्षेत्रों के राज्यों में यह भावना भी आई कि उनकी सांस्कृतिक आकांक्षाओं की समुचित अभिव्यक्ति केन्द्रीय सरकार के प्रयासों के द्वारा सम्भव नहीं है क्योंकि उस पर विशाल जनसंख्या वाले हिन्दी-क्षेत्र के प्रतिनिधियों का प्रभाव ज्यादा है। अत: उन्होंने यह महसूस किया कि उनके लक्ष्य की पूर्ति तभी बेहतर ढंग से हो सकती है जब अधिक संसाधनों तक उनकी पहुँच हो और वे आत्मनिर्भर हों।

परन्तु ऐसा नहीं है कि क्षेत्रीयता की भावना का विकास सभी क्षेत्रों में समान हद तक तथा समान समस्याओं को लेकर हुआ हो। यह क्षेत्रगत अन्तर यदा-कदा क्षेत्र की राजनीति के स्वरूप में अन्तर के रूप में अभिव्यक्त हुआ। उदाहरण के लिए, पश्चिम बंगाल और केरल में राजनीति का स्वरूप अपेक्षया वामोन्मुख है,

जो इन राज्यों की राजनीति को अन्य राज्यों की राजनीति से पृथक करता है। असम में विशिष्ट राजनीतिक अस्मिता की भावना सेवाओं में बंगालियों की प्रबलता और असमिया भाषा की उपेक्षा के विरुद्ध नाराजगी से जुड़ी हुई है। इसकी अस्मिता या कहें सांस्कृतिक अस्मिता, तब और भी संकटापन्न हुई जब पड़ोसी बंग्लादेश से बड़े पैमाने पर आकर लोग बसने लगे और उन्हें लगा कि इससे वे सांस्कृतिक तौर पर हाशिए पर चले जाएँगे तथा आर्थिक रूप से दरिद्र हो जाएँगे। तमिलनाडु में यह प्रारम्भ से ही तमिल जाति और तमिल भाषा की स्वतंत्र स्थिति स्थापित करने का आन्दोलन था, यह उस प्रभुत्व के विरुद्ध प्रतिक्रिया थी, जिसे आर्य या ब्राह्मण प्रभुत्व के रूप में जाना जाता था। इसकी अभिव्यक्ति तमिल भाषा से संस्कृत-प्रभाव को और सांस्कृतिक जीवन से ब्राह्मण-प्रभाव को निर्मूल करने के प्रयास के रूप में हुई। यह ध्यान देने की बात है कि तमिलनाडु की द्रमुक सरकार ने ही पहले-पहल राजमन्नार समिति की नियुक्ति कर केन्द्र-राज्य सम्बन्धों की समीक्षा का प्रयास किया। आन्ध्र प्रदेश में तेलुगु जाति की अस्मिता पर जोर देने की भावना जनमानस में स्थानीय कांग्रेसी नेताओं के द्वारा दिल्ली के हुक्मनामे पर पूर्ण मातहती कबूल करने की प्रवृत्ति के विरुद्ध आई। एन.टी. रामाराव ने इस प्रतिक्रिया का लाभ उठाया और 'तेलुगू देशम' की स्थापना की, जो आज तेलुगू जनता के आत्मसम्मान की भावना का प्रतीक बन गया है, परन्तु इसके अतिरिक्त यह दल तेलुगू जनता के साथ नये सम्पर्क-सूत्र भी जोड़ रहा है और इस बात की सम्भावना है कि राजनीति में यह एक महत्त्वपूर्ण शक्ति बना रहेगा। लोकसभा के 1984 के आम चुनाव में इसकी शानदार उपलब्धि, जो विधान सभा चुनाव में भी दुहराई गई, यह बताती है कि यह क्षणिक उपलब्धि नहीं थी बल्कि भारतीय राजनीति में इसकी बढ़ती हुई भूमिका निश्चित है।

पंजाब में पंजाबी अस्मिता का दावा आर्य समाज के प्रभाव में चलनेवाले हिन्दू कट्टरपंथियों के रुख के कारण खंडित हुआ और केवल सिखों को ही मातृभाषा पंजाबी की तथा भाषा पर आधारित पंजाबी सूबे की माँग की हिमायत करनी पड़ी। भाषा पर आधारित राज्य की माँग बहुत ही टालमटोल के बाद अत्यन्त विलम्ब से मानी गई, यद्यपि सिद्धान्त रूप में यह बहुत पहले मान्य हो चुकी थी।

पंजाब की जनता के एक हिस्से के बीच भाषाई एवं क्षेत्रीय अस्मिता की खोज को हम धार्मिक पहचान की भावना से जुड़ा पाते हैं। इस तथ्य ने अन्य स्थानों की तुलना में क्षेत्रीय स्वायत्तता के प्रश्न को अधिक उत्तेजना और उन्माद का रूप दे दिया है। एक समय तमिलनाडु में भी ऐसी ही स्थिति थी; वहाँ क्षेत्रीय अस्मिता की ललक नस्ल एवं भाषा के प्रश्न से मिल गई थी क्योंकि स्वायत्तता का सवाल द्रविड़ जाति की महान परम्परा एवं उसकी संस्कृति से जुड़ गया था, परन्तु उसकी अस्मिता की वाजिब स्वीकृति मिल जाने के साथ यह क्षोभ और उत्तेजना का विषय

नहीं रह गया है। जब शेष भारत के लोग, विशेषत: हिन्दू, सिखों की भावनाओं की मदद करने लगेंगे तब पंजाब में भी स्थिति सामान्य हो जाएगी और धर्म फूट का साधन नहीं रह जाएगा।

पंजाब के सिखों की आजादी की लड़ाई में अहम भूमिका रही है। जलियाँवाला बाग और सरदार भगत सिंह की शहादत को कौन भुला सकता है? वहाँ हिन्दुओं और सिखों में कभी बैर-भाव नहीं रहा। यहाँ तक कि अनेक हिन्दू परिवारों में एक लड़के को सिख बनाने की परम्परा थी, लेकिन आगे चलकर पंजाब के हिन्दुओं ने अपने को पंजाबी भाषा की विरासत से, जिस पर स्वाभाविक रूप से सिखों को फख्र था, अलग करना शुरू किया। यही कारण था कि पंजाब के कुछ हिस्सों के हिन्दू अपने को पंजाबीभाषी के बजाय हिन्दीभाषी बतलाने लगे। इसी बात को लेकर पंजाब के अबोहर और फाजिल्का को हरियाणा में शामिल करने की माँग की जाने लगी। अकालियों को मात देने के लिए इन्दिरा गांधी ने इस विलगाव को खूब हवा दी। साथ ही, कांग्रेस ने भिंडरांवाले जैसे कट्टरपंथियों को भी उभाड़ा, जिसके दबाव में अकालियों को भी अतिवादी रुख अख्तियार करना पड़ा। आनन्दपुर साहिब प्रस्ताव, जो पंजाब के लिए अधिक स्वायत्तता की माँग करता था, को अलगाववादी बतलाकर अकालियों पर दमन शुरू हुआ। नतीजा यह हुआ कि सिखों का एक समूह सचमुच में अलगाववाद का समर्थक बन गया। सिखों के दमन और फिर इन्दिरा गांधी की हत्या के बाद के सिख-विरोधी दंगों ने उनके मन को अत्यधिक आहत किया। जब हिन्दू सिखों की आहत भावनाओं का आदर करने लगेंगे और सिखों को यह एहसास दिला सकेंगे कि जो कुछ हुआ, वह एक विशेष शासनतंत्र का षड्यंत्र था और आम हिन्दू उन ज्यादतियों के लिए पश्चात्ताप करते हैं तो सिखों व हिन्दुओं का पुराना सौहार्द लौट सकता है।

यदि हम पंजाब में अकालियों की चुनावी उपलब्धि पर ध्यान दें तो यह देख सकते हैं कि पंजाब की वर्तमान अशान्ति कृत्रिम तौर पर पैदा की हुई है और यह पंजाब के सवाल के साथ गलत ढंग से छेड़छाड़ का नतीजा है। अतीत में वे कभी भी अपनी ताकत पर पंजाब में सरकार बनाने की स्थिति में नहीं आ सके। केवल 1967 में वे जनसंघ के साथ संयुक्त सरकार बना पाए, जिसको समाजवादियों एवं कम्युनिस्टों ने समर्थन दिया था। 1977 की जनता लहर में भी जनता पार्टी के एक मित्र दल के रूप में अकाली दल को केवल 31.41 प्रतिशत वोट मिल सका और 117 में से उसे 58 सीटें प्राप्त हुईं। 1980 में इसके मतों का प्रतिशत गिरकर 26.14 प्रतिशत हो गया और वह कुल 37 सीटें प्राप्त कर सका, यद्यपि इसका जनता पार्टी से गठजोड़ था। अकालियों द्वारा प्राप्त वोटों का निम्न प्रतिशत यह दिखलाता है कि पंजाब में, जहाँ सिख बहुमत में हैं, इन्हें सिखों के एक बड़े हिस्से का समर्थन प्राप्त नहीं था। अकाली दल जैसे दल को, जो वोट से सत्ता प्राप्त करना चाहता हो,

अपने अस्तित्व के लिए गैर-सिखों का समर्थन प्राप्त करना एक अनिवार्यता थी। धार्मिक आधार पर वहाँ जो ध्रुवीकरण हुआ था, वह कांग्रेस (इ) के द्वारा अतिवादी धार्मिक गुटों को अकालियों के विरुद्ध प्रोत्साहित कर उनका उच्छेद करने के लिए किए गए प्रयासों का परिणाम था, परन्तु चूँकि अकाली 1920 के दशक में स्वतंत्रता-आन्दोलन के एक निर्णायक दौर में उभरे थे, उनकी मजबूत परम्परागत जड़ है, जिसे आसानी से हिलाया नहीं जा सकता। इसके अतिरिक्त उनकी शक्ति इसलिए भी पुष्ट हुई थी कि एकमात्र वे ही पंजाबी भाषा एवं पंजाबी सूबे की माँग की हिमायत करते थे। अतएव उनके अस्तित्व को उचित स्वीकृति मिलनी चाहिए। उन्हें समाप्त करने के प्रयास का अर्थ होगा कि उनके खाली स्थान को धर्मान्ध तत्त्व भर देंगे। अभी अकालियों को पंजाब की बदली परिस्थितियों में इन तत्त्वों के विरुद्ध अपनी ताकत बनाए रखने में कठिनाई हो रही है।

हिन्दीभाषी राज्यों में इस प्रकार की क्षेत्रीयता की भावना विकसित नहीं हो पाई है। इसका मुख्य कारण यह है कि केन्द्र में प्रधान राजनीतिक शक्ति होने के कारण वे भ्रम में हैं। आर्थिक और शैक्षणिक मामले में हिन्दीभाषी राज्य सामान्यत: अन्य राज्यों से पीछे हैं (दिल्ली के अत्यन्त निकट होने और पूर्व में पंजाब का हिस्सा होने के कारण हरियाणा एक अपवाद है)। इन राज्यों में बिहार सबसे गरीब है। इसके फलस्वरूप उत्तर प्रदेश और बिहार में क्षेत्रीय आन्दोलन पैदा हुए हैं। यहाँ जनता के ऐसे हिस्से जो समझते हैं कि राज्य की गरीबी के मुख्य शिकार वे ही हैं, पृथक राज्य चाहते हैं। उत्तर प्रदेश में पृथक उत्तराखंड, ब्रज और पूर्वी उत्तर प्रदेश की तथा बिहार में झारखंड की माँग है। इन क्षेत्रों की जनता में उत्तर प्रदेश और बिहार से अलग होने के प्रश्न पर पर्याप्त जागरण आया लगता है। क्षेत्रीयता के सवाल जैसे ही ठोस रूप ग्रहण करते हैं, क्षेत्रीय दल उभर सकते हैं और महत्त्व पा सकते हैं; अभी ये केवल सम्भावना के तौर पर हैं।

कुल मिलाकर, भारत के विस्तार एवं विविधता को ध्यान में रखते हुए यह कहा जा सकता है कि क्षेत्रीय दलों का महत्त्व गिरेगा नहीं, बढ़ेगा ही। आजादी के तुरन्त बाद जो राजनीतिक दल मौजूद थे वे ब्रिटिश शासन के दौरान ही गठित हुए थे। सोशलिस्ट पार्टी की तरह के दल, जो बाद में उभरे, वस्तुत: कांग्रेस के भीतर ही पैदा हुए थे, परन्तु समय बीतने के साथ अनेक दल अस्तित्व में आते रहे हैं। इनमें से कुछ तो समाप्त हो जाते हैं, कुछ दूसरे बचे रहते हैं। यह अपेक्षा की जा सकती है कि संक्रमण के दौर में अनेक गठजोड़, विलयन और विभाजन होंगे, परन्तु अन्तत: राजनीति में स्थायित्व आने पर (अभी वह स्थिति दूर है) अनेक नये दल, जिनमें कुछ स्पष्ट क्षेत्रीय रुझान वाले दल होंगे, अस्तित्व में आएँगे और टिकेंगे। कुछ पुरानी पार्टियों के, जिनमें इतने लम्बे समय तक शासन करनेवाली कांग्रेस भी शामिल है, विघटन की सम्भावना से इनकार नहीं किया जा सकता। जो राष्ट्रीय दल

बचे भी रहेंगे वे नाम के लिए ही राष्ट्रीय होंगे। कुछ क्षेत्रों में उनका प्रभाव सघन होगा तो कुछ क्षेत्रों में विरल।

जब हम भारत के राष्ट्रीय और क्षेत्रीय दलों की बात करें तो दूसरे देशों से इनकी तुलना नहीं करनी चाहिए। आबादी और क्षेत्र में भारत इतना विशाल है कि इसके अनेक राज्य दुनिया के अधिकांश राष्ट्रों से बड़े हैं। अमेरिका तथा कनाडा क्षेत्र में भारत से बड़े हैं, पर वे औद्योगिक रूप से भारत से विकसित हैं जिससे वहाँ त्वरित गतिशीलता है और क्षेत्रीय विशिष्टताएँ हल्की पड़ी जाती हैं। फिर भी, मतदान-व्यवहार में क्षेत्रीय अन्तर एवं विशिष्टताएँ वहाँ भी विलीन नहीं हुई हैं। भारत बड़ा है, पर इसे तेज यातायात तथा संचार के द्वारा पैदा होनेवाली गतिशीलता का लाभ प्राप्त नहीं है। अत: यहाँ क्षेत्रीय अन्तर एक प्रमुख विशेषता के रूप में बना रहेगा। तथापि कोई कारण नहीं है कि क्षेत्रीय अन्तरों को हीन समझा जाए। क्षेत्रीय दल स्थानीय स्थिति के अधिक अनुरूप होते हैं। इससे प्रत्येक क्षेत्र में विकास के अपेक्षाकृत अधिक तर्कसंगत पैटर्न के उभरने में भी सहायता मिलेगी। यदि इन दलों को लोकसभा में अपने प्रतिनिधि भेजने और केन्द्र में राष्ट्रीय संयुक्त मोर्चा का हिस्सा बनने का अवसर मिलता है तो केन्द्र की नीतियाँ भी विभिन्न क्षेत्रों की आवश्यकताओं के प्रति अधिक संवेदनशील बनेंगी।

8

पूर्व पृष्ठों में यह बताया गया है कि संयुक्त मोर्चा न केवल सरकार बनाने की दृष्टि से गठित दलों का गठजोड़ है बल्कि यह वर्गों या अन्य हित-समूहों का और राजनीतिक दल के भीतर के विभिन्न किस्म के गुटों का भी गठजोड़ होता है। बताया गया है कि द्विदलीय व्यवस्था के आदर्श देश अमेरिका में वहाँ के दोनों ही दल विविध हित-समूहों के गठजोड़ हैं। अत: हमें अपने दिमाग से यह आशंका दूर कर लेनी चाहिए कि गठजोड़ किसी भी रूप में राज्यतंत्र का विखंडन है। सचाई इससे सर्वथा प्रतिकूल है। गठजोड़ ही एकमात्र तरीका है, जिसके माध्यम से किसी आधुनिक अनेकवादी समाज में एक-दूसरे को प्रभावित करनेवाले विविध हित राजनीतिक प्रणाली में संयुक्त किए जाते हैं और इसके विभिन्न अंगों का टूटकर गिरना रुकता है। सत्तावादी व्यवस्थाओं को भी विभिन्न हित-समूहों का गठजोड़ बनाने को बाध्य होना पड़ता है, खास तौर पर ऐसे समूहों का, जो उनकी सत्ता को चुनौती दे सकते हैं, जैसे सैन्य बलों का अफसर वर्ग, अधिकारीतंत्र तथा निजी उद्यमों की प्रधानता वाले देशों में, प्रधान व्यापारिक हित और ट्रेड यूनियन।

एक अन्य तथ्य पर भी बल दिया गया है। हम कैसे दलों को पनपने देंगे या बर्दाश्त करेंगे, इस मामले में हमें कोई खास छूट नहीं है। इसका निर्धारण हमारी ऐतिहासिक परिस्थितियाँ करती हैं, जिन्हें नकार देना हमारी इच्छा पर निर्भर नहीं है। हमारे वश में यही है कि हम ऐसे समूहों या दलों से बिलकुल अलग हो जाएँ, जो लोकतांत्रिक व्यवस्था के विरुद्ध हैं और जो हमारे संवैधानिक अधिकारों को कमजोर बनाने के लिए खुलकर काम करते हैं। जहाँ तक अन्य दलों का सवाल है, हमें उनके साथ कामचलाऊ रिश्ता बनाना होगा या उनके प्रति सह-अस्तित्व की नीति अपनानी होगी। युक्तिसंगत सिद्धान्तों पर पूर्णत: आधारित तथा परिचालित राजनीतिक पार्टी का जो हमारा आदर्श है, उससे ये पार्टियाँ बहुत पीछे पड़ती हैं। परन्तु हमें इनको बर्दाश्त करना होगा क्योंकि इनसे भागने से खाली जगह पैदा होती है और उससे उत्पन्न अस्त-व्यस्तता के फलस्वरूप राजनीतिक प्रणाली की परिणति सत्तावाद में हो जा सकती है। उदाहरण के लिए, हमारे यहाँ की जो परिस्थिति है उसमें हम इंडियन मुस्लिम लीग और केरल की ऑल इंडिया मुस्लिम लीग,

अकाली दल, राष्ट्रीय स्वयंसेवक संघ से सरोकार रखनेवाली भारतीय जनता पार्टी, मध्यम जातियों का आधार एवं पूर्वग्रह वाले लोकदल जैसे दलों को प्रतिबन्धित करने की बात नहीं सोच सकते हैं। ये हमारी राजनीतिक विरासत के भाग बन गए हैं। सहिष्णु लोकतांत्रिक संस्कृति के निर्माण के द्वारा ही हम उनके संकीर्ण तथा साम्प्रदायिक पूर्वग्रहों को दूर कर सकते हैं और उसके द्वारा ही उनके संकीर्ण दृष्टिकोण और भय को व्यर्थ बनाया जा सकता है। इससे वे अपनी जातीय तथा साम्प्रदायिक छाप के बावजूद सही अर्थ में धर्मनिरपेक्ष पार्टी बन जा सकती हैं। इस प्रकार के वातावरण में वे अपने को बदलने को बाध्य होंगी या उनकी सहज मौत हो जाएगी। यह स्थिति की बाध्यता है; बेईमान या प्रभावहीन बने बिना इससे कोई छुटकारा नहीं है।

इस प्रकार की विरासत का प्रतिरूप हम चन्द अत्यधिक औद्योगीकरण वाले देशों में भी पा सकते हैं। उदाहरण के लिए, हॉलैंड में कुछ राजनीतिक दल प्रत्यक्षत: साम्प्रदायिक आधार पर गठित हैं जबकि कुछ दलों की वामपंथी या कोई अन्य पहचान है। इटली और जर्मनी, दोनों ही देशों में क्रिश्चियन डेमोक्रेटिक पार्टियाँ हैं। इटली में वे खुलेआम अपने समर्थन के लिए आबादी के एक हिस्से की धार्मिक रूढ़िवादिता पर निर्भर हैं। जर्मनी में द्वितीय विश्वयुद्ध की समाप्ति पर प्रोटेस्टेंट और कैथोलिक राजनीतिक शक्ति के रूप में उभर गए थे क्योंकि युद्ध के आखिरी चरण में इन लोगों ने हिटलर का विरोध किया था। इन दोनों को मिलाकर क्रिश्यिचन डेमोक्रेटिक पार्टी का जन्म हुआ। यही, और सोशल डेमोक्रेटिक पार्टी जर्मनी की दो प्रबलतम पार्टियाँ हैं, जो एक के बाद एक सत्ता में आती रहती हैं। धर्म से जुड़े अपने नाम के बावजूद इटली और जर्मनी, दोनों की ही क्रिश्चियन डेमोक्रेटिक पार्टियाँ धर्मनिरपेक्ष राज्यतंत्र के नियम-कायदों का पालन करती रही हैं। इस प्रकार अन्तत: समग्र राजनीतिक संस्कृति ही महत्त्व रखती है न कि किसी दल का पूर्वचरित या उसका नाम।

उदाहरण के लिए, केरल में माकपा ऑल इंडिया मुस्लिम लीग के साथ एक मोर्चे में है और कांग्रेस इंडियन यूनियन मुस्लिम लीग के साथ। केरल की नेशनल डेमोक्रेटिक पार्टी खुल्लम-खुल्ला नैयर सर्विस सोसायटी की राजनीतिक शाखा है, जो प्रकटत: एक जातीय संगठन है। कांग्रेस (इ) की इससे मैत्री रही है। पंजाब में माकपा का अकालियों के साथ घनिष्ठ सम्बन्ध रहा है। वास्तविकता यह है कि वामपंथी और दक्षिणपंथी, दोनों ही का विभिन्न राज्यों में मजबूत जातीय आधार है, यद्यपि वे इसे खुलकर स्वीकार नहीं करते हैं। अत: एक पक्ष के दूसरे पर अक्सर लगाए जानेवाले आरोप-प्रत्यारोप अर्थहीन हो जाते हैं। इसे भी याद किया जाना चाहिए कि 1967 के आम चुनावों में कई राज्यों में कांग्रेस की पराजय के बाद माकपा बिहार और उत्तर प्रदेश में बने संयुक्त विधायक दल का हिस्सा था। ऐसा

नहीं कि यह शुद्ध अवसरवाद था, बल्कि सवाल इस रूप में उभरकर सामने आया था कि साम्प्रदायिक पहचान पीछे पड़ गई थी।

यह सब कहने का अर्थ इसे इनकार करना नहीं है कि स्थिति निन्दनीय है और राज्यतंत्र को इस परम्परागत सन्दर्भ से उबारने के लिए धीरे-धीरे प्रयास किया जाना चाहिए, परन्तु वास्तविक स्थिति को देखने के मामले में हमारी दृष्टि साफ होनी चाहिए।

विभिन्न दलों के लेबलों से धोखा खाए बिना अपनी राजनीति को स्पष्ट रूप से देखने पर हम अपने अधिकांश दलों में जाति और समुदाय पर आधारित किसी-न-किसी किस्म के गठजोड़ को पहचान सकते हैं। इस समझदारी से हमें राजनीतिक प्रणाली के स्थायित्व के सवाल को सही परिप्रेक्ष्य में देखने में मदद मिलेगी। एक सवाल अक्सर उठाया जाता है कि क्या संयुक्त मोर्चा सरकार स्थायित्व प्रदान कर सकती है? अपने ही देश के अनुभवों के आधार पर बिना हिचक निश्चित तौर पर 'हाँ' कहा जा सकता है, कम-से-कम उस हद तक जिस तक एकदलीय शासन स्थायित्व दे सका हो। असलियत यह है कि कांग्रेस शासन भी देश में उतना ही कम स्थायी रहा है जितना कोई अन्य शासन। यदि हम एकरूप दल की अवधारणा को लें तो बात दूसरी है, अन्यथा संयुक्त मोर्चे के भागीदारों में जैसे मतभेद पैदा होते हैं, वैसे किसी सत्तारूढ़ एकल पार्टी में ही उठ सकते हैं। हमने दो अवसरों पर—1969 में कांग्रेस में और 1978 में जनता पार्टी में विभाजन हो जाने पर—केन्द्र की सत्ताधारी पार्टी को अल्पमत में पहुँच जाते देखा है। दोनों ही मौकों पर शासक दल का संकट इस कारणवश पैदा हुआ कि आपस में लड़नेवाले नेता अपने मतभेदों को पार्टी के भीतर सीमित रख पाने में विफल हुए। ऐसा भविष्य में भी हो सकता है जब एक दल के हाथ में ही सत्ता हो। हाँ, यदि कोई दल एक पार्टी, एक नेता और एक कार्यक्रम के नारे को स्वीकार कर ले तो बात दूसरी है।

मतभेदों को लेकर लोकतांत्रिक पार्टी में होनेवाले विभाजनों के अनेक उदाहरण हैं, परन्तु भारत की वास्तविकता यह है कि यहाँ पार्टी का विभाजन सदा नीतिगत सवालों पर नहीं होता। अक्सर जातीय निष्ठा गुटबाजी का आधार होती है। जनता पार्टी के विभाजन में भी इसकी भूमिका थी। राज्यों के स्तर पर सत्ताधारी कांग्रेस पार्टी में गुटबाजी की बहुत बड़ी भूमिका रही है बल्कि राज्यों में कांग्रेसी शासन की यह स्थायी विशेषता बन गई है। अधिकांश मंत्रिमंडलों के परिवर्तन तथा राज्यों पर राष्ट्रपति शासन के अक्सर लादे जाने के पीछे आन्तरिक मतभेद या एक दल से दूसरे दल में दल-बदल ही कारण रहे हैं। उदाहरण के लिए, 1961 के मध्यावधि चुनाव और 1967 के आम चुनाव के बीच उड़ीसा में जब कांग्रेस सत्ता में थी, तीन बार मंत्रिमंडल में फेर-बदल हुए। इस अवधि में पटनायक, वीरेन मित्रा तथा सदाशिव त्रिपाठी—ये तीन मुख्यमंत्री थे। इनके बाद आर.एन. सिंहदेव की संयुक्त

मोर्चा सरकार सत्ता में आई, जो काफी टिकाऊ रही। 1966 से 1977 के बीच जब इन्दिरा गांधी केन्द्र में सत्ता में थीं और अधिकांश राज्यों में उनके दल का ही शासन था, 31 मौकों पर राष्ट्रपति शासन लागू किया गया, कभी-कभी तो इसलिए ही कि आपस में झगड़ रहे कांग्रेस के गुटों को थोड़ा अवकाश मिल सके और वे मुख्यमंत्रित्व के सवाल को आपस में निपटा सकें। यह सब तब हुआ जब राज्यों और केन्द्र में एक ही दल का शासन था और 1971 के बाद इन्दिरा गांधी कांग्रेस की निर्विवाद नेत्री बन गई थीं। इसे राजनीतिक स्थायित्व तो नहीं ही कहा जा सकता है।

सचाई यह है कि औपचारिक तौर पर कांग्रेस भले ही एक संयुक्त दल रहा है, वास्तव में यह आपस में झगड़नेवाले ऐसे गुटों का गठजोड़ था, जो सिद्धान्त पर आधारित नहीं होकर जाति और समुदाय पर, या अन्य संकीर्ण आधारों पर आधारित थे। इसकी तुलना में ऐसा संयुक्त मोर्चा शायद अधिक सन्तोषजनक और टिकाऊ साबित हो सकता है, जिसमें हर सहभागी का क्षेत्र और भूमिका स्पष्टत: निर्धारित हो। इस मामले में केरल और पश्चिम बंगाल की संयुक्त मोर्चा सरकारों की भूमिका निश्चय ही प्रशंसनीय रही है।

सम्भवत: 1977 में बनी जनता सरकार कहीं सम्भवत: अधिक टिकाऊ होती यदि यह उन दलों का संयुक्त मोर्चा होता, जिनके विलयन के फलस्वरूप जनता पार्टी अस्तित्व में आई थी। ऐसे संयुक्त मोर्चे में विभिन्न घटकों की आपेक्षिक शक्ति विधायिका में उनकी संख्या में स्पष्टत: प्रतिबिम्बित होती है। नेता या प्रधानमंत्री कौन बने, यह बात भी विधायिका में पार्टी के सदस्यों की संख्या से निर्धारित होती है। इसके विपरीत, जनता पार्टी में यह बात बराबर अस्पष्ट रही कि प्रधानमंत्री पद के किस दावेदार की कितनी शक्ति है? इसके अतिरिक्त, जनता पार्टी एक पार्टी थी और इसने उस आधार पर ही चुनाव लड़ा था, अत: नेता के चुनाव के सवाल पर घटकों की संख्या से हटकर अन्य आधार प्रविष्ट हो गए, जिनके आधार पर विभिन्न दावों के औचित्य को कभी भी तय नहीं किया जा सकता था। अत: सभी दावेदार प्रधानमंत्री पद के लिए लगातार दाँव-पेंच चलाते रहे। कहना नहीं कि यही विवाद अन्तत: जनता सरकार के पतन का कारण बना। पश्चिम बंगाल या केरल में, जहाँ लम्बे अरसे से संयुक्त मोर्चे रहे हैं, चुनाव में सफलता के आधार पर एक दल की श्रेष्ठता स्वीकार है और नेतृत्व का सवाल उसी हिसाब से तय होता है। मंत्रिमंडल में जगहों की संख्या या विभागों के सवाल पर मतभेद उठते हैं, पर उनके निर्धारण में भी सम्बद्ध दल की सदस्य-संख्या निर्णायक होती है। फलत: गम्भीर मतभेद कभी-कभी ही उभरते हैं।

संयुक्त मोर्चे का एक और भी लाभ है, जिससे जनता पार्टी ने अपने को वंचित रखा। जब दलों का स्वतंत्र अस्तित्व रहता है तो संयुक्त मोर्चे में बने रहने के बावजूद उनमें से प्रत्येक दल आनेवाले चुनावों में अपनी स्थिति को बेहतर बनाने

की कोशिश करता है। अत: मोर्चे के घटकों के बीच अपने जनाधार को बढ़ाने के मामले में स्वस्थ स्पर्द्धा होती है। इसके विपरीत, जनता पार्टी में विलय होनेवाले दलों का अस्तित्व समाप्त हो गया था, अत: संयुक्त जनता पार्टी में इन दलों का प्रतिनिधित्व करनेवाले गुट जनता के बीच समर्थन पाने के लिए काम करने के बजाय पार्टी के अन्दर ही लाभ पाने की दृष्टि से एक-दूसरे से स्पर्द्धा रखते थे। नतीजा यह हुआ एक ओर जबकि पार्टी में पद पाने के लिए अन्दरूनी कलह उभरी, दूसरी ओर बाहर की जनता के साथ पार्टी कार्यकर्ताओं के सम्पर्क में कमी आई।

अस्थायित्व के सवाल को ठोस धरातल पर देखा जाना चाहिए न कि इस शब्द से उभरनेवाली देश के विघटन का भय पैदा करनेवाली छवि की दृष्टि से। इस सम्बन्ध में दो बातों पर ध्यान देना चाहिए : (1) हमारे संविधान के प्रावधान के अन्तर्गत केन्द्र में रिक्त स्थान की गुंजाइश नहीं है; राष्ट्रपति द्वारा किसी-न-किसी को सरकार बनाने के लिए आमंत्रित किया जाना है। जनता सरकार के टूटने के बाद चरण सिंह को अपना बहुमत सिद्ध किए बिना सरकार बनाने के लिए बुलाया गया; और (2) हमारे यहाँ स्थायी अधिकारी-तंत्र की व्यवस्था है जोकि अमेरिका की तरह हर सरकार के परिवर्तन के साथ बदलती नहीं है। बदतर-से-बदतर हालत में यही होगा कि जब पार्टियाँ पर्याप्त अवधि तक एक साथ काम करने में विफल होती हैं तो केन्द्र में सरकारें बार-बार बदलेंगी, परन्तु इसका अर्थ प्रशासन या अर्थतंत्र का ध्वंस नहीं, इसका अर्थ यही होगा कि चुनी हुई सरकार अपने जनादेश के मुताबिक नीति को लागू करने में पहल नहीं कर सकेंगी, परन्तु प्रशासन अपने कार्यों का सम्पादन रुटीनी ढंग से करता रहेगा। नई पहल के अभाव में नौकरशाही पूर्व से ही तय की गई नीतियों को लेकर चलती रहेगी। इस स्थिति में निष्क्रियता या जड़ता की सम्भावना हो सकती है, पर अस्थिरता या ध्वंस की नहीं, जैसी कल्पना की जाती है। सीधी भाषा में, यह नौकरशाही वाली सरकार होगी।

तथापि, यदि हम पिछले दशक की सरकार के कार्यचालन पर ध्यान दें तो ऐसा नहीं पाएँगे कि इसमें बहुत अधिक पेशकदमियाँ ली गई हों। यद्यपि इन्दिरा गांधी के पास सारी शक्तियाँ थीं और उनकी पार्टी का केन्द्र में तथा अधिकांश राज्यों में शासन था, पर यह शासन वस्तुत: नौकरशाहों के लिए स्वर्ग था। इसका सीधा कारण यह था कि सत्ता के अपने एकाधिकार के कारण शासक दल में आत्मसन्तुष्टि पैदा हो गई थी और विरोध पक्ष इतना मजबूत नहीं था कि वह इसे थोड़ा भी धक्का देकर आगे बढ़ा सके। जिस जनता पर उसका शासन था, उसकी ओर से इसे कोई कारगर पुनर्निवेश प्राप्त नहीं हो रहा था। नतीजतन, सरकार द्वारा पहल किए जाने की कोई प्रेरणा नहीं थी; परियोजनाओं तथा रिपोर्टों का ब्यूरो में संकलन होता था और नीतियाँ अफसरों द्वारा बनाई जाती थीं जिन्हें थोड़े-बहुत संशोधनों के साथ मंत्रियों तथा संसद की स्वीकृति हो जाती थी। केन्द्र में प्रभावकारी

विपक्ष के अभाव में मोटा-मोटी ऐसी स्थिति बनी रहेगी। परन्तु आज की स्थिति में संयुक्त मोर्चे के द्वारा ही प्रभावकारी विरोध पक्ष खड़ा किया जा सकता है। प्रभावकारी विरोध पक्ष से तात्पर्य है ऐसा विपक्ष, जो सत्ताधारी दल या संयुक्त मोर्चे को अपदस्थ करने में सक्षम हो। विडम्बना यह है कि अजेय बहुमत वाली सरकारों में भी नौकरशाही वाली वही ढिलाई रहती है, जिसके पैदा होने का भय अस्थायी और बार-बार बदलनेवाली सरकारों में होता है।

इस सन्दर्भ में देखने पर अस्थायी गठजोड़ की सरकारें निश्चय भी सुखकर नहीं होंगी। भारत गरीबी, निरक्षरता, बेरोजगारी आदि से ग्रस्त है; यहाँ तेजी से परिवर्तन लाने के लिए अभीष्ट जैसे निर्भीक पहल की दरकार है, उसका सर्वथा अभाव रहा है। यदि भविष्य की गठजोड़ व्यवस्था में भी इसका अभाव हो तो यह भले दुखद बात होगी, परन्तु वर्तमान स्थिति के बने रहने की तुलना में राष्ट्र के लिए कोई अधिक बड़े अनर्थ की बात नहीं होगी।

परन्तु गठजोड़ की सरकार यदि चल निकले तो इस मामले में यह हमारी स्थिति में चमत्कारिक बदलाव ला सकती है। संयुक्त मोर्चे के घटक विरोध पक्ष की पार्टियों तथा स्वयं अपनी सहयोगी पार्टियों के सन्दर्भ में अपनी शक्ति को बरकरार रखने के मामले अधिक दबाव में रहेंगे। इसकी वजह से वे निरन्तर चौकस बने रहेंगे (पश्चिम बंगाल के वाम मोर्चे के घटकों के बीच जो अक्सर मुठभेड़ होती रहती है उसका कारण यही है कि उनमें से हरेक अपने प्रभाव-क्षेत्र को विस्तृत करने की कोशिश में रहता है।) उन्हें जनता के करीब रहना होगा और अपने अस्तित्व को उचित ठहराने के लिए पेशकदमी प्रदर्शित करने को वे बाध्य होंगे। इससे हमारी वर्तमान राजनीतिक प्रणाली में किंचित गतिशीलता आ सकती है; प्रणाली न केवल सुस्त हो गई है, बल्कि इसे मतदाताओं की भी परवाह नहीं है।

व्यापक गठजोड़ का यह भी लाभ होगा कि यह समाज के उन हिस्सों की समस्याओं से केन्द्रीय प्रशासन को अवगत कराएगा जो एकदलीय शासन में अछूती रही हैं। क्षेत्रीय पार्टियाँ, विशेषत: वे जो सुदूर इलाकों की हैं, उन क्षेत्रों की अपनी जमीनी जानकारी और उनकी प्रत्यक्षत: अनुभूत आवश्यकताओं को मंत्रिमंडल के विचार-विमर्श में प्रस्तुत करेंगी और इस प्रकार सरकार को टोहका लगा सकती हैं ताकि सम्बन्धित जनता के लिए अधिक कारगर कार्यक्रम चलाए जा सकें। अक्सर समाज के महत्त्वपूर्ण हिस्सों की आवश्यकताओं की अनदेखी का कारण उनके प्रति द्वेष-भाव नहीं बल्कि समानुभूति का और उस तीव्र भावना का अभाव होता है जो भावना विशेष परिस्थिति में प्रत्यक्ष कष्ट भोगनेवाले में ही पाई जाती है। इस मामले में महत्त्व की बात यह नहीं है कि प्रतिनिधि किस विशेष क्षेत्र से आता है बल्कि यह कि वह उस क्षेत्र का सचमुच प्रतिनिधि हो। अक्सर कोई राष्ट्रीय पार्टी अपने मनोनीत उम्मीदवार को जनजातीय या अन्य क्षेत्रों से निर्वाचित करा लेती है,

परन्तु ऐसे प्रतिनिधि सामान्यत: बड़ी पार्टी के दृष्टिकोण को ग्रहण कर लेते हैं और जनता के बीच अपनी पहचान खो बैठते हैं। ऐसे प्रतिनिधि समर्थन जुटाने के लिए प्रदर्शन की वस्तु होते हैं, न कि अपनी जनता के सच्चे प्रवक्ता।

असल में अस्थिरता और उसके साथ हमारे मूल्यों के ह्रास का डर केन्द्र के सम्भावित संयुक्त मोर्चे से नहीं बल्कि दल-बदल से है। हमारा राज्यतंत्र अभी भी इस बीमारी से ग्रस्त है तथा इसने हमारी प्रतिनिधि व्यवस्था को एक माल बना दिया है। हमारे निर्वाचनों का उद्‌देश्य केवल यह नहीं कि लोगों को विधान सभा या लोकसभा के उम्मीदवारों के बीच से किसी एक को—बल्कि विभिन्न नीतियों और कार्यक्रमों के बीच से भी किसी एक को—चुनने का मौका मिले। जब निर्वाचित प्रतिनिधि बार-बार एक दल छोड़कर दूसरे में जाते हैं और इससे दूसरे खेमे में उन्हें जगह मिलती है तो ऐसी स्थिति में पूरी प्रतिनिधि-व्यवस्था दूषित होती है। प्रारम्भ में ऐसे दल-बदल विरले ही होते थे, अब वे प्राय: रोजमर्रा की चीज बन गए हैं। दल-बदल का इतना अधिक प्रचलन हो जाने पर कोई भी सरकार, चाहे वह एक दल की हो या संयुक्त मोर्चे की, कारगर ढंग से काम नहीं कर सकती है या अधिक दिनों तक टिक भी नहीं सकती है। इससे भी बुरी बात यह है कि यह प्रतिनिधि संस्थाओं और प्रतिनिधियों के प्रति लोगों की आस्था को कमजोर बना रहा है। दल-बदल के फलस्वरूप लोकतंत्र की संस्था और राजनीति के पेशे के प्रति अनास्था पैदा हो गई है। यह एक वास्तविक खतरा है; यदि लोकतंत्र को बचाना है तो इसे निर्ममतापूर्वक निर्मूल किया जाना चाहिए। अनेक त्रुटियों के बावजूद दल-बदल विरोधी कानून एक स्वागत-योग्य कदम है, परन्तु इस रोग का चरम निदान जनता की अपेक्षाकृत अधिक सतर्कता और राजनीति को जनता के करीब ले जाना ही है।

इन सारे तथ्यों पर विचार करते हुए हमें ध्यान में यह रखना होगा कि जनता को सबसे अधिक जरूरत स्थायित्व की नहीं बल्कि इसकी है कि सरकार में संवेदनशीलता हो। जो सरकार दल-बदल से जैसे-तैसे टिकने में सक्षम हो जाती है, वह जनता के प्रति निष्ठुर बन जा सकती है। वस्तुत: सरकारें जनता की समस्याओं पर ध्यान देने के लिए तभी अधिक तत्परता दिखाती हैं, जब समझती हैं कि उनकी समस्याओं की उपेक्षा करने से उनके अस्तित्व पर खतरा पैदा हो सकता है। मजबूत विरोध पक्ष की आवश्यकता का एक आधार यही है कि उस स्थिति में ही सरकार लोगों की जरूरतों के प्रति जागरूक रहती है। एक-दलीय सरकार की अपेक्षा संयुक्त मोर्चे की सरकार के अधिक संवेदनशील होने का कारण यह होता है कि इस सरकार पर अनेक दिशाओं से दबाव रहता है। दल-बदल सर्वथा भिन्न प्रकार के राजनीतिक व्यवहार की कोटि में आते हैं। ये स्वयं आवश्यक तौर पर अस्थायित्व पैदा नहीं करते हैं, परन्तु उनकी परिणति स्वयं प्रातिनिधिक व्यवस्था की संस्थाओं

के विघटन में होती है बल्कि अतीत में दल-बदल का इस्तेमाल ऐसी सरकार को टिकाने के लिए किया जाता रहा है, जिनके बहुमत खो जाने का खतरा हो। परन्तु इस प्रकार का स्थायित्व जनता का उपहास है क्योंकि यह उन्हें बताता है उनके द्वारा चुने प्रतिनिधि को खरीद लिया जा सकता है और इस प्रकार उनके द्वारा लिए गए निर्णय को खारिज किया जा सकता है। संयुक्त मोर्चा सरकारों के अस्थायित्व के प्रति आशंका इस कारण से पैदा हुई है कि अतीत में संयुक्त मोर्चा सरकारें तथा जनता पार्टी की सरकार भी, दल-बदल के कारण गिर गई। इस प्रकार दल-बदल जनमानस में संयुक्त मोर्चे के साथ जुड़ गया है। यह व्यापक आशंका का एक बड़ा कारण है, यद्यपि जनता पार्टी की सरकार को तकनीकी अर्थ में संयुक्त मोर्चा नहीं कहा जा सकता है। इस अन्तर को समझा जाना चाहिए।

9

केन्द्र में एक दल का शासन स्थापित हो या किसी संयुक्त मोर्चे का, वर्तमान राजनीतिक दलों के चरित्र को ध्यान में रखते हुए यह कहा जा सकता है कि वे मूलभूत सामाजिक परिवर्तन के माध्यम नहीं हो सकते। ऐसा इसलिए है कि इससे न तो इनके नेतृत्व के स्वरूप में और न इनके जनाधार में कोई बदलाव आ सकता है। पार्टियों के बिल्ले में अन्तर के बावजूद ये अभी भी औपनिवेशिक बनी हुई हैं। वोट पाने या संगठन को बढ़ाने के अपने कार्यक्रम में ये दल आबादी के उन हिस्सों पर कतई ध्यान नहीं देते, जो हिस्से आन्तरिक औपनिवेशिक व्यवस्था से क्षतिग्रस्त हुए हैं। समाज के मुखर हिस्से—आधुनिक संगठित क्षेत्रों के अन्तर्गत शहरी मध्यम वर्ग, निम्न मध्यम वर्ग, औद्योगिक मजदूर और सम्पन्न किसान—राजनीतिक दलों का ध्यान पहले ही आकर्षित कर लेते हैं।

सामान्यत: अनुसूचित जातियों और अत्यधिक पिछड़ी जातियों से आनेवाले भूमिहीन मजदूरों, छोटे और सीमान्त किसानों, परम्परागत कारीगरों तथा सेवाक्षेत्र में कार्यरत कम मजदूरी पानेवालों की बहुत बड़ी श्रेणी को राजनीति शायद ही छू पाती है। यही बात सम्पूर्ण देश की जनजातीय जनता के साथ भी लागू है। जिस प्रकार का आर्थिक विकास चल रहा है, उसमें इन हिस्सों को सीमान्त पर अवस्थित माना जाता है और फलस्वरूप, राजनीति के लिए भी वे सीमान्त पर स्थित बन गए हैं। जब उनके साथ घटी किसी किस्म की सनसनीखेज ज्यादती की घटना प्रकाश में आती है या जब उनका कोई हिस्सा किसी घोर अन्याय की घटना पर विद्रोह कर बैठता है, तब राजनीतिक व्यवस्था उनके अस्तित्व के प्रति सजग होती है, तब उन्हें कोई अस्थायी राहत दी जाती है और फिर उन्हें भूल जाया जाता है। शहरी क्षेत्रों में गन्दी बस्तियों या झुग्गियों में रहनेवालों के साथ भी ऐसा ही सलूक किया जाता है। इस श्रेणी में उद्योगों के अनियत मजदूर, घरेलू नौकर, ठठेरे, फेरी लगानेवाले, रिक्शा चालक, खोमचा लगानेवाले, विभिन्न व्यवसायों तथा उद्योगों में सिर या पीठ पर बोझ उठानेवाले कुली आते हैं। ये लोग शहरी क्षेत्र में निवास करते हुए भी शहर के अभिन्न अंग नहीं होते।

असल में, इस आबादी का बहुत बड़ा भाग शहरों में देहाती गरीब तबके का ही विस्तार है, अर्थात् ये ऐसे लोग हैं जिन्हें रोजगार और भोजन के अभाव में गाँव

से बाहर ठेल दिया गया है और जो शहरों में जैसे-तैसे जी सकने की कोशिश में लगे हैं। ये लोग ग्रामीण क्षेत्र के शहरी क्षेत्र द्वारा हो रहे शोषण की उपज हैं। गाँवों के दरिद्रतम हिस्से को इस शोषण का मुख्य आघात सहना होता है। शहरों को सस्ते श्रम के रूप में इन मजदूरों की जरूरत तो है, पर विकास और कल्याण की उनकी योजना में इनके लिए कोई स्थान नहीं है। अधिक-से-अधिक यही किया जाता है कि उनमें से कुछ को शहर की सीमा पर फूस की झुग्गी-झोपड़ियों और चालों में बसा दिया जाता है ताकि शहर साफ-सुथरा बना रहे। सारा प्रशासन आबादी के एक छोटे हिस्से—ग्रामीण और शहरी—की जरूरतों को पूरा करने में लगा है।

सम्पूर्ण राजनीतिक नेतृत्व, चाहे उसका बिल्ला जो भी हो, मनोवैज्ञानिक तौर पर थोड़े-से खुशहाल लोगों की दुनिया में अपने को समेटे हुए है, यों समय-समय पर वह गरीबों के लिए अपनी चिन्ता को अभिव्यक्ति देता है। नतीजतन, भारत की राजनीति में गतिरोध एक विशेषता बन गया है। राजनीति को समृद्धि के साथ-सुथरे घेरे से बाहर निकालकर उन करोड़ों लोगों के जीवन की ओर, जो उम्मीद खोकर महज जी सकने की कोशिश में लगे हैं, उन्मुख करने का शायद ही कोई प्रयास होता है। जैसा कि प्रारम्भ में ही बताया गया, चुनाव के दौरान खर्चीले पोस्टर-युद्ध और अद्यतित संचार माध्यमों की चालबाजी के बीच ही देश के विभिन्न भागों के लोगों के ठंड से मरने की खबरें समाचार-पत्रों में छपी थीं, परन्तु इन पर किसी का ध्यान नहीं गया। यह चुनावी मामला नहीं था क्योंकि मरनेवाले समाज के उस हिस्से से आते थे जिसे आधा पेट ही भोजन मिल पाता है, जिसकी देह पर पर्याप्त वस्त्र नहीं हैं, जिसे समुचित आवास नहीं है और चुनाव प्रचार के दौरान खलबली मचानेवाले राजनेताओं तक जिसकी पहुँच नहीं है। ऐसा इसलिए है कि उनके ऊपर के जो थोड़े-से लोग हैं, वे ही उनकी ओर से राज-नेताओं से बात करते हैं और नेताओं के इस या उस पक्ष के लिए वोट बटोरते हैं, और यह बिना समझे होता है कि यह हल्ला-हंगामा आखिर किसलिए? अपने वोटों के लिए होनेवाली छीना-झपटी से ये गरीब समझते हैं कि उनके वोटों का बहुत महत्त्व है, पर वे इसके महत्त्व के बारे में थोड़े चक्कर में रहते हैं और यह नहीं जानते कि कैसे इन वोटों को अपने हित में प्रभावकारी बनाएँ? इसका मतलब हुआ कि वे कोई ऐसी पार्टी न तो पा सके हैं न बना पाए हैं, जिसे ये सचमुच अपनी समझ सकें। यही भारत के राजनीतिक गतिरोध की जड़ में है। वर्तमान व्यवस्था का केन्द्र निर्जीव हो गया है। यदि व्यवस्था को इस स्थिति से उबरना है तो भारत की आबादी के इस हिस्से को, जो बहुसंख्या का गठन भी करती है, व्यवस्था के केन्द्र के पास प्रतिष्ठित करना होगा।

यदा-कदा, जब जीवन असहनीय हो जाता है या इनके शोषक इनके घोर अपमान का कृत्य कर बैठते हैं, तब ये गरीब विद्रोह कर बैठते हैं, पर ये विद्रोह

छिट-पुट होते हैं और आहत भावनाएँ जैसे ही तत्काल के लिए शान्त हो जाती हैं, ये या तो दबा दिए जाते हैं, या स्वत: शान्त हो जाते हैं। ये कुछ बदल नहीं पाते हैं। ये तभी प्रभावकारी हो सकते हैं जब ऐसे सभी तिरस्कृत समूहों की आकांक्षाएँ जुड़कर एक निश्चित दिशा का संकेत देनेवाली विचारधारा का रूप ले लें। जैसाकि पहले उल्लेख किया गया है, दलितों और जन-जातियों के आन्दोलन पहले भी हुए हैं और उन लोगों ने अपने को क्रमश: रिपब्लिकन पार्टी और झारखंड मुक्ति मोर्चा जैसी पार्टियों में संगठित करने का प्रयास किया है, परन्तु जैसाकि हमने पहले देखा है, ये पार्टियाँ दलितों या जनजातियों के बहुमत का समर्थन प्राप्त करने में भी विफल रही हैं। बिहार का झारखंड मुक्ति मोर्चा भी, जिसे प्रारम्भ में अन्य जनजातीय संगठनों की तुलना में अधिक सफलता मिली थी, एक छोटी क्षेत्रीय पार्टी बनकर रह गया है। राष्ट्रीय राजनीति की बात तो छोड़ ही दें, राज्य की राजनीति को भी प्रभावित करने में अक्षम रहा है। तमिलनाडु और महाराष्ट्र के किसान आन्दोलनों का यद्यपि व्यापक आधार था, पर वे भी राजनीति पर कुछ अधिक प्रभाव डालने में विफल रहे हैं। लोकसभा में अपना प्रतिनिधि भेजने के मामले में तमिलनाडु के किसान आन्दोलन को तब गहरा धक्का लगा जब इसका उम्मीदवार बुरी तरह हार गया। बेहतर दृष्टि और संगठन वाला कर्नाटक रैयत संघ भी चुनावी राजनीति में प्रभावकारी तौर पर प्रवेश करने में विफल रहा, जब इसने सात लोकसभा क्षेत्रों में सात जन-उम्मीदवारों को समर्थन दिया।

इन सब बातों से एक सबक मिलता है। समाज के विशेष हितों के इर्द-गिर्द चलनेवाले आन्दोलन चाहे जितने भी मजबूत क्यों न हों, जनता के बीच यह विश्वास पैदा नहीं कर पाते हैं कि वे सामाजिक समस्याओं का समाधान करने में सक्षम हैं। जनता ठीक ही समझती है कि समस्याएँ बहुआयामी हैं। जनता के ये सब हिस्से अन्तर्सम्बन्धों की उस जटिल प्रणाली के अंश हैं जिसका अन्य दूसरे हिस्सों से भी सरोकार है। अत: आबादी के किसी अंश—किसान, दलित या जनजाति—को अपनी समस्याओं का निदान सम्पूर्ण सामाजिक व्यवस्था के सन्दर्भ में ढूँढ़ना होता है। अत: उन्हें अपनी समस्याओं का समाधान अलगाव में नहीं बल्कि समाज की सम्पूर्ण संरचना के परिवर्तन के माध्यम से खोजना है। ऐसे प्रयास के साथ समय की बात भी जुड़ी हुई है। जनता अन्तर्बोध से यह बात जानती है कि समाज के आमूल परिवर्तन में लम्बा समय लगता है, कभी-कभी तो कई पीढ़ियाँ लग जाती हैं। जब तक कोई संगठन अपनी विचारधारा द्वारा समय-क्रम में निरन्तरता का बोध नहीं करा पाता, उसे गम्भीरता से ग्रहण नहीं किया जाता। यहीं हमें इस बात का उत्तर मिल सकता है कि जनता क्यों इन आंशिक प्रतिनिधित्व वाले संगठनों को चुनाव के मौके पर समर्थन नहीं देती, जबकि खास सवालों पर आन्दोलनों में इनका समर्थन करती है।

जनता जिस प्रकार का बदलाव चाहती है, वह समता और बन्धुत्व के मूल्यों पर आधारित विचारधारा के द्वारा ही सम्भव है। मौजूदा पार्टियाँ, विशेषत: वामपंथी पार्टियाँ भी नारे के रूप में इन मूल्यों की हिमायत करती हैं, परन्तु उनकी जड़ें अपेक्षाकृत समृद्ध हिस्सों में हैं, अत: इन नारों का वास्तविक महत्त्व लुप्त हो गया है। समता की आकांक्षा उन हिस्सों को, जो सचमुच पददलित हैं, छूने से रह जाती है। उनकी समस्याओं की बाबत केवल विकास के अस्पष्ट वादे किए जाते हैं, जो दूरस्थ भविष्य में पूरे होंगे।

इसकी विचारधारात्मक अभिव्यक्ति केन्द्रीय आयोजन के दर्शन से होती है, जिसके साथ आधुनिकीकरण का आग्रह जुड़ा होता है। इस दर्शन के अनुसार, उत्पादन की शक्तियों का आधुनिकीकरण और विस्तार ही सर्वाधिक महत्त्वपूर्ण बात है; वितरण की व्यवस्था किंचित बेहतर बना दी जाए, या हो सके तो स्वामित्व की पूँजीवादी व्यवस्था को समाप्त कर दिया जाए तो उत्पादन की यह आधुनिकीकृत व्यवस्था जनता के जीवन में स्वत: सुधार ला देगी। इस प्रस्ताव से कुछ सार्थक सवाल उठते हैं, जिन पर शायद ही विचार किया जाता है। उदाहरण के लिए, यह नहीं बताया जाता है कि हमारे कमजोर औद्योगिक आधार के मद्देजन इस औद्योगीकरण में कितना समय लगेगा? यदि हमें अद्यतन टेक्नोलॉजी अपनानी है, तब हमारी विशाल जन-शक्ति का, जो बेरोजगार है और तेजी से बढ़ रही है, क्या हश्र होगा? विकास की इस पद्धति के तहत आमदनी के पुनर्वितरण का लाभ उच्च प्रौद्योगिकी के क्षेत्र में बहाल मुट्ठी-भर मजदूरों तक ही पहुँच सकता है। उस स्थिति में दरिद्रतम हिस्सों—गन्दी बस्तियों में रहनेवाले, खेत मजदूर, सीमान्त किसान, विपन्न जनजातियाँ, बेरोजगार, दलित आदि—का क्या होगा? उच्च प्रौद्योगिकी वाले उद्योग इस बात के लिए कुख्यात हैं कि वे बहुत कम रोजगार प्रदान करते हैं। चूँकि इनकी उत्पादकता बहुत अधिक है, इनमें काम पर जानेवाले अपेक्षया समृद्ध बन जाते हैं, परन्तु इससे केवल उसी संकीर्ण या संकीर्ण बनते जा रहे हिस्से के लिए अधिक धन पैदा होता है, जिसकी चर्चा पहले की गई।

स्पष्ट है कि आबादी के बहिष्कृत हिस्सों को विकास एवं आयोजन के एक भिन्न पैटर्न को लेकर काम करना होगा। इसकी प्राथमिकता होगी, कल्याण के दायरे का विस्तार करना ताकि अन्तिम व्यक्ति को भी समेट लिया जा सके। इस विचारधारा का ठीक-ठीक स्वरूप विकास के क्रम में ही स्पष्ट होगा, परन्तु इतना निश्चित है कि समाज के वंचित हिस्से एक नई विचारधारा के अन्तर्गत ही अपनी समस्याओं का हल पा सकते हैं और इस क्रम में हमारे समाज में गतिशीलता भी ला सकते हैं। इसकी जो दिशा होगी, उसके कुछ बिन्दुओं को अंकित किया जा सकता है।

इस विचारधारा को स्थानीय योजनाओं पर बल देना होगा, जो यथासम्भव स्थानीय संस्थाओं तथा स्थानीय जनशक्ति से पूरी की जाएगी। उदाहरण के लिए,

आज की केन्द्रित योजनाओं को छोड़ देना होगा, जो मुनाफा कमानेवाले निर्वैयक्तिक बड़े उद्यमों के लिए जनजातियों या ग्रामीण जनता के पर्यावरण को नष्ट कर देती हैं। उनका स्थान स्थानीय पहल कर तैयार की गई योजनाएँ ग्रहण करेंगी। ये विज्ञान के नवीनतम ज्ञान को स्थानीय तौरपर उपलब्ध सामग्रियों पर आधारित परम्परागत तरीकों के साथ संयुक्त करेंगी ताकि सामाजिक जीवन का ऐसा रूप उभर सके, जो न तो मानव समाज को और न मानव एवं प्रकृति के सामंजस्य को नष्ट करेंगी। आज नई दिल्ली के दूरस्थ कार्यालयों में या राज्यों की राजधानियों में तैयार की गई योजनाएँ मुनाफा कमानेवाले फर्म के हित की दृष्टि से अनुप्राणित होती हैं और उन गम्भीर संकटों के लिए जवाबदेह हैं जिनसे जनता और उसका पर्यावरण ग्रस्त है। इमारती लकड़ी तथा कागज उद्योग को बढ़ाने के लिए वनों का विनाश, पर्यावरण पर पड़नेवाले दूरगामी प्रभाव का आकलन किए बिना मानवीय बस्तियों समेत विशाल भूखंडों का जलप्लावन और विशाल जलाशयों का निर्माण, विकिरण या प्रदूषण से उत्पन्न स्वास्थ्य पर जोखिम से बेखबर रहकर नाभिकीय शक्ति-प्रतिष्ठानों या घातक रसायनों को पैदा करनेवाले या उनका इस्तेमाल करनेवाले संयंत्रों का स्थापन—ये सब केवल मानव के स्वास्थ्य एवं जीवन को ही नहीं बल्कि धरती की जीवन-सम्पोषिणी क्षमता को भी नष्ट कर रहे हैं। वनों का नाश वनवासी जनता के जीवन-यापन की व्यवस्था को नष्ट करता है तथा साथ ही बाढ़ का और उर्वर भूमि के क्षरण का कारण बनता है। बड़े संयंत्रों से स्थानीय लोगों को जहरीला धुआँ मिलता है जबकि नौकरियाँ, खासकर बड़ी नौकरियाँ तथा मुनाफा, बाहरी लोगों को प्राप्त होता हैं। अक्सर ऐसा होता है कि नये बसे औद्योगिक शहरी क्षेत्र में इससे लाभान्वित होनेवालों के लिए महँगी जीवन-पद्धति बन जाती है और स्थानीय लोग, जो पहले गरीब होने के बावजूद स्वाभिमानी थे, सापेक्ष रूप से वंचित हो जाने की भावना के कारण एकाएक दयनीय बन जाते हैं। आबादी के निचले स्तर के लोगों को ही बराबर इस प्रकार की योजना का घाटा उठाना पड़ता है जबकि ऊँचे वर्ग के लोग इसका लाभ उठाते हैं।

यह अचरज की बात नहीं है कि इस विकास को आधुनिकता एवं प्रगति के रूप में देखा जाता है। जहाँ तक गरीबों का सवाल है, उनके लिए इसका अर्थ है—विस्थापन एवं दुर्दशा। जहाँ उन्हें इन उद्योगों में रोजगार भी मिल पाता है, वहाँ भी इसकी कीमत चुकानी पड़ती है। इस शहरी परिवेश में उनका पहले का सामुदायिक जीवन नष्ट हो जाता है।

पश्चिम के ढर्रे के औद्योगीकरण का जो आकर्षण था, वह उन देशों में भी अब फीका पड़ता जा रहा है। तीसरी दुनिया के लिए तो वह अनर्थकारी सिद्ध हो ही रहा है। शोषित जनता का जो संगठन बनेगा, उसे भोगवाद के धन-अर्जन की लिप्सा पर आधारित वर्तमान श्रेणीभेद की संरचना एवं विकास के स्थान पर विकास की

नई दृष्टि विकसित करनी होगी। वैसा ही अर्थतंत्र जो विकास की अपनी योजना में असमानताओं को दृढ़तापूर्वक दूर रखता है, इन लोगों के कल्याण के लिए उपयुक्त बन सकता है।

आन्तरिक औपनिवेशिक व्यवस्था से पीड़ित लोगों के लिए यह जरूरी होगा कि अपनी नई विचारधारा को लेकर वे एक नई पार्टी के अन्दर नये गठबन्धन का निर्माण करें। इस नये संयुक्त मोर्चे के साझीदार कौन-कौन होंगे? इस प्रश्न के उत्तर में स्पष्ट तौर पर जनता के वे हिस्से आते हैं जो आज आन्तरिक औपनिवेशिक व्यवस्था से पीड़ित हैं, अर्थात् वे लोग जो पिछड़े क्षेत्रों के हैं और जिनकी प्राकृतिक सम्पदा का शोषण चन्द औद्योगिक घरानों को या सार्वजनिक क्षेत्र के केन्द्रीय अधिकारी तंत्रों को लाभ पहुँचाने के लिए किया जा रहा है। यह मोर्चा आबादी के बहुसंख्यकों को लेकर बनेगा। इसमें पिछड़े क्षेत्रों के सभी लोग शामिल होंगे, केवल मुट्ठी-भर उन लोगों को छोड़कर जो स्थानीय धन के निकास में एजेंट का काम करते हैं और प्रत्यक्ष या अप्रत्यक्ष रूप में व्यवस्था के लाभ-भोगी हैं। पूँजीवादी किसानों को छोड़कर, जो व्यक्तिगत लाभ के लिए ग्रामीण जीवन के परम्परागत ढाँचे को नष्ट करने के यंत्र हैं, इस मोर्चे में सम्पूर्ण कृषक या ग्रामीण जनता का समावेश हो सकता है, परन्तु संगठन का सर्वाधिक भरोसेमन्द आधार इन दोनों श्रेणियों के बीच के दरिद्रतम लोग ही हो सकते हैं : जनजातियों के गरीब लोग, भूमिहीन मजदूर, खदानों और बागानों के मजदूर, विभिन्न कोटि के कारीगर, गन्दी बस्तियों में रहनेवाले तथा शहरों के अनियमित एवं अल्प आय पानेवाले औद्योगिक मजदूर जो वस्तुत: गाँवों के निरुपाय कर दिए गए लोगों के ही विस्तार और उनके वंशज हैं—संक्षेप में, ऐसी श्रेणियाँ जिन्हें असमानता से कोई लाभ मिलनेवाला नहीं है बल्कि ये ही वे लोग हैं जो पिछले दशकों के योजनाबद्ध विकास से और हमारे देश द्वारा की गई महान प्रगति के दम्भपूर्ण दावों से अछूते रहे हैं।

इन श्रेणियों के कुछ लोगों ने अपने संगठन बनाए हैं। कर्नाटक के रैयत संघ ने 1984 के आम चुनाव में अपने कुछ जन-उम्मीदवारों को खड़ा भी किया था, जिसका उल्लेख पहले किया जा चुका है। उत्तर बंग तपशीली जाति और आदिवासी संगठन ने यद्यपि किसी चुनाव में अपना उम्मीदवार खड़ा नहीं किया है, पर इसे व्यापक एवं मजबूत जनाधार प्राप्त है। 1983 के अन्त और 1984 के प्रारम्भ के महीनों में अपनी शिकायतों को मुखरित करने के इरादे से गिरफ्तारी देने के लिए 35,000 स्वयंसेवक भेज सकने में यह संगठन सक्षम हुआ। उत्तर बंग का यह संगठन महसूस करता है कि मौजूदा पार्टियाँ निरर्थक हो गई हैं। और भी कई दलित एवं जनजातीय संगठन हैं जो अपने अधिकारों के लिए तथा विभिन्न प्रकार के अत्याचारों के विरुद्ध लड़ाइयाँ लड़ते रहे हैं। मौजूदा राजनीतिक दलों के प्रति जैसे-जैसे असन्तोष बढ़ेगा तथा यह एहसास उभरेगा कि एक नई विचारधारा के तहत बनी हुई उनकी अपनी

पार्टी ही उन्हें स्थायी लाभ दिला सकती है, वे आगे के दिनों में एक साथ जुटने की जरूरत समझ सकते हैं।

घटना-क्रम के इस प्रकार के विकास का दुहरा लाभ होगा। एक तो देश के वंचित हिस्सों के हाथ में उनकी शिकायतों को दूर करने का एक मजबूत अस्त्र मिलेगा; दूसरे, यह जनता के बड़े हिस्से को लोकतांत्रिक व्यवस्था से, जिससे वे अब तक अपने को बेगाना महसूस करते रहते हैं, जोड़ने का काम करेगा। स्वतंत्र शक्ति के रूप में इन हिस्सों का प्रवेश हमारी निश्चित राजनीतिक व्यवस्था में, जो अतीत में प्रधानमंत्री पद के उत्तराधिकार जैसे सवालों के दलदल में फँसी रही है, एक नये किस्म की गतिशीलता पैदा करेगा। और कुछ न भी हो, इस प्रकार के दल की मौजूदगी से कम-से-कम इतना होगा कि दूसरे दल उपेक्षित हिस्सों की जरूरतों पर ध्यान देने को बाध्य होंगे।

अभी राजनीतिक दलों को एक-दूसरे से भिन्न बतानेवाले नामों के जो बिल्ले हैं, वे मुख्यत: कृत्रिम हैं; अक्सर उनके बीच के अन्तर जाति या समुदाय के जनाधार के अन्तर पर आधारित हैं, न कि विचारधारा या आर्थिक नीतियों पर। संयुक्त मोर्चे की राजनीति के सन्दर्भ में विभिन्न दलों की विचारधारात्मक स्थितियों में सफाई आएगी। खास नीतियों पर निर्णय लेने का सवाल उठने पर वामपंथी, दक्षिणपंथी, मध्यपंथी जैसे बिल्लों को निश्चितता प्राप्त होगी। जिस प्रकार के गठबन्धन की चर्चा हमने की है, वह यदि पार्टी का रूप ग्रहण करता है तो यह वामपंथी पार्टियों के बाएँ बाजू पर स्थित होगी। समय आने पर यह अन्य वामपंथी तत्त्वों को साथ लेकर बने वृहत्तर संयुक्त मोर्चे का हिस्सा बन सकती है ताकि अपने बुनियादी लक्ष्य को पूरा करने का काम कर सके।

वस्तुत: वंचितों और उपेक्षितों को ही आगे बढ़कर आगामी शताब्दी पर अपना दावा ठोंकना चाहिए। इस शोषणमूलक व्यवस्था के प्रबन्धकों ने अतीत पर कब्जा कर रखा था, पर अब इसकी साख चुक गई है। अब उन्हें भविष्य को हथियाने से रोकना होगा। पददलितों को कुछ खोना नहीं है; वे ही आज के सत्तासीनों के वास्तविक विरोधी हैं और उन्हें अपनी वाजिब जगह लेने के लिए आगे बढ़ना होगा। जो शताब्दियों से कष्ट भोगते रहे हैं, उनमें नये संगठन बनाने का धीरज हो सकता है ताकि उनके वंशजों को विरासत के रूप में एक बेहतर दुनिया हासिल हो सके। युगों-युगों की विपदा ने उन्हें धैर्य तथा सहनशीलता की शिक्षा दी है, जिससे उन्हें अपने नये प्रयास में सहायता मिलेगी।

विरोध पक्ष की तथाकथित राष्ट्रीय पार्टियों का ह्रास हुआ है और उनकी जगह द्रमुक और अन्नाद्रमुक जैसी क्षेत्रीय पार्टियों ने ले ली है। इससे ये पार्टियाँ उन तथाकथित राष्ट्रीय पार्टियों की बराबरी में आ सकती हैं, जिनको भी हिन्दी-क्षेत्र में आधारित होने के कारण ही 'राष्ट्रीय' कहा जाता रहा है। इससे अन्य उभरती पार्टियों

को भी औचित्य प्राप्त हो सकता है। अब तक इस प्रकार की पार्टियों को कभी भी मुख्यधारा का अंग नहीं माना जाता रहा है।

क्षेत्रीय पार्टियों के अभ्युदय का केन्द्र-राज्य सम्बन्धों पर प्रभाव पड़ना अनिवार्य है। काल-क्रम में सत्ता के विकेन्द्रीकरण के लिए प्रभावकारी दबाव पड़ेगा। विकेन्द्रीकरण हुए बिना आन्तरिक औपनिवेशिक व्यवस्था के पीड़ित लोग बड़े शहरी औद्योगिक और व्यापारिक हितों के फंदे से कदापि मुक्त नहीं हो सकेंगे। जिस प्रकार अमेरिका के बहुराष्ट्रीय निगमों को समुद्र पार के उनके क्रियाकलापों में अमेरिका की सेनाओं और सीआईए का समर्थन एवं संरक्षण प्राप्त होता है, उसी तरह भारत के इन शहरी औद्योगिक एवं व्यापारिक हितों को अब केन्द्रीय सरकार का समर्थन-संरक्षण प्राप्त होता है। पददलितों के इस नये गठबन्धन को सत्ता के अपेक्षया अधिक विकेन्द्रीकरण के लिए इन क्षेत्रीय पार्टियों के साथ एकता बनानी होगी। अभी जो क्षेत्रीय दल अस्तित्व में हैं और जो आनेवाले हैं, वे इनके सहज मित्र होंगे। ये क्षेत्रीय दल जनता से किए गए अपने सीमित वायदों को भी तब तक पूरा नहीं कर सकेंगे, जब तक अपने क्षेत्र के संसाधनों पर उन्हें अपेक्षाकृत अधिक नियंत्रण प्राप्त नहीं हो जाता। अत: उन्हें इसके लिए संघर्ष करने को बाध्य होना पड़ेगा और इसके लिए उन्हें सबके समर्थन की जरूरत होगी। यह घटनाक्रम भारतीय राजनीति में एक सर्वथा नई स्थिति और नया अवसर पैदा करने जा रहा है। इस अर्थ में हम सचमुच एक नये युग में प्रवेश करने जा रहे हैं।

10

भारतीय राज्यतंत्र के सम्बन्ध में दो दशक पूर्व लिखे गए इन अध्यायों में जो पूर्वानुमान किए गए थे, वे आज सही साबित होते दीख रहे हैं। इनमें सर्वाधिक आश्चर्यजनक है, कांग्रेस का एक छोटे दल के रूप में परिवर्तित हो जाना। अब यह राष्ट्रीय-दल होने का दावा नहीं कर सकती है और इसमें कोई आश्चर्य भी नहीं है। उल्लेखनीय बात तो यह है कि स्वतंत्रता के पचास वर्ष बाद भी यह टिकी रही है, भले स्वतंत्रता सेनानियों के रूप में न रहकर सत्ता के दलालों के गिरोह बनकर ही सही। इस परिदृश्य को समझने से हमारे राज्यतंत्र में एक आवश्यक पहलू पर रोशनी मिलेगी। हमें इसकी किंचित अधिक छानबीन करनी चाहिए।

सामाजिक संरचनाओं में स्वाभाविक तरलता होती है। वे भौतिक वस्तुओं के समान नहीं होती हैं, जिनमें से अधिकांश की सुस्पष्ट रूप-रेखा एवं आकृति हो। मानवीय बुद्धि द्वारा वर्गीकरणों की परिभाषा में बाँधे जाने के बाद ही सामाजिक संरचनाएँ पहचानने योग्य रूप ग्रहण करती हैं। चाहे जो भी समाज हो, उसमें मात्र कुछ ढीली-ढाली संरचनाएँ होती हैं, जिनमें किसी-न-किसी रूप में औरतों के विनिमय तथा सामानों एवं सेवाओं के संचरण की प्रक्रिया के माध्यम से सामाजिक सरोकारों की व्यवस्था बनी रहती है। इनके परिणाम के तौर पर बननेवाले सामाजिक समूह अनगिनत रूप ग्रहण करते हैं, जो विशिष्ट परिस्थितियों पर निर्भर होते हैं। किसी-न-किसी विचारधारा के रचनात्मक सम्पर्क में आने पर ही ये आकृतियाँ पहचानने योग्य सामाजिक प्रणाली के रूप में विकसित होती हैं। अमूर्तता के काल्पनिक जगत में जो ढीले-ढाले सूत्र होते हैं, उन्हें या तो सफाई से बाँध दिया जाता है या उनकी अनदेखी कर दी जाती है ताकि एक सुसंगत रूप प्रस्तुत किया जा सके। इसका अनिवार्य नतीजा यह होता है कि हम सम्पूर्ण प्रणाली को देखना शुरू कर देते हैं जबकि वास्तव में वहाँ प्रणाली के कुछ खंडित अंश ही दिखाई देते हैं, और वे भी अस्पष्ट तौर पर ही। पूँजीवाद, सामन्तवाद, जाति-प्रथा आदि ही वे सब श्रेणियाँ हैं जो ऐसी विचारधाराओं द्वारा सृजित की गई हैं। ये विचारधाराएँ अपने देवों और देवताओं के साथ-साथ अपने असुरों और दैत्यों को भी पैदा करती हैं। इनके प्रभाव के अन्तर्गत हम बुर्जुआ शोषकों, सामन्ती उत्पीड़कों और सामाजिक विषमताओं

के ब्राह्मणवादी कर्ताओं के विरुद्ध निन्दा का अभियान चलाने लग जाते हैं। हमारा सामाजिक एवं राजनीतिक दृष्टिकोण इन विचारधाराओं पर निर्भर होता है। अक्सर हम उन सामाजिक वास्तविकताओं की अनदेखी कर देते हैं जो हमारे विचारधारात्मक ढाँचे में ठीक नहीं बैठती हैं। हमारी राजनीतिक प्रणाली के विकास में आँखों पर पड़े इस प्रकार के विचारधारात्मक पदों की बहुत बड़ी भूमिका होती है।

आजादी के बाद कांग्रेस की सत्ता को सबसे पहली चुनौती सोशलिस्टों और कम्युनिस्टों की ओर से मिली, जो भी स्वतंत्रता आन्दोलन के आखिरी दौर में इससे जुड़ गए थे। यों पूँजीवाद, सामन्तवाद, समाजवाद आदि संकल्पनाओं की उनकी जो विचारधारात्मक दृष्टि थी, उसका स्रोत यूरोपीय था। यहाँ प्रसंगवश यह भी उल्लेखनीय है कि इन विचारधाराओं को भौतिक आदान-प्रदान करनेवाली सामाजिक संरचनाएँ भी भारत में यूरोपीय शक्तियों द्वारा लाई गई थीं। उदाहरण के लिए, चन्द आधुनिक उद्योग तथा ब्रिटिश साम्राज्यवादी प्रशासन द्वारा लाई गई काश्तकारी व्यवस्था के साथ-साथ सामन्तवाद की कतिपय विशेषताएँ। फलत: ऐसा लगा कि वामपंथी दलों द्वारा अपनाई गई पश्चिमी विचारधारा ठोस तथ्यों पर आधारित है, जबकि वास्तविकता यह थी कि ये तथ्य बाहर से लाई गई प्रणालियों पर आधारित थे; अपने देश की परम्पराओं एवं विकास की प्रक्रिया में उनकी जड़ें गहरी नहीं थीं।

अपनी-अपनी समाजवादी विचारधाराओं से निर्देशित होकर सोशलिस्ट और कम्युनिस्ट पार्टियाँ किसानों तथा औद्योगिक मजदूरों को संगठित करने के कार्य में लगीं। आजादी के पहले तथा बाद के वर्षों में औद्योगिक मजदूरों तथा किसानों से सम्बन्धित इनकी गतिविधियों में तेजी आई। पृथक और संयुक्त रूप से बड़ी-बड़ी ट्रेड यूनियनें तथा किसान संगठन अस्तित्व में आए। औद्योगिक मजदूरों की बड़ी-बड़ी हड़तालें हुईं तथा किसानों के विभिन्न प्रकार के आन्दोलन हुए। कुल मिलाकर ऐसा लगा कि भारतीय समाज में विक्षोभ है तथा बड़े परिवर्तन आनेवाले हैं, परन्तु पहले आम चुनाव ने यह स्पष्ट कर दिया कि ये सब आन्दोलन भारतीय समाज की ऊपरी त्वचा की फुरहरी हैं। समाज का परम्परागत हृदय-प्रदेश अनछुआ था। कांग्रेस ने भी विशेषत: जवाहरलाल नेहरू के प्रभाव के अन्तर्गत बुद्धिजीवी वर्ग को आकर्षित करने की दृष्टि से एक सीमा तक समाजवादी रुख अपनाया और बुद्धिजीवी वर्ग कुछ समय के लिए वामपंथी विचारधाराओं की ओर झुकता दिखाई दिया, परन्तु वस्तुत: पार्टी का भरोसा मुख्य तौर पर परम्परागत निष्ठाओं के नाम की गई अपील पर ही था। इसे मुसलमानों के बीच समर्थन प्राप्त हुआ। विभाजन के बाद मुसलमान अपराध-बोध तथा भय की भावना से ग्रस्त थे और कांग्रेस से संरक्षण पाने की उम्मीद करते थे।

जैसाकि पहले बताया गया, कांग्रेस अनुसूचित जातियों एवं जनजातियों के बीच कुछ-कुछ लाभ वितरित कर उनका समर्थन पाने में सक्षम हुई थी; प्रबल प्रधान

जातियों का, जिनके बीच से इसका अधिकांश नेतृत्व वर्ग उभरा था, समर्थन तो बरकरार था ही। वामपंथी दलों के पास उत्तेजक राजनीतिक तकनीकों के पर्याप्त लटके थे—शानदार रैलियाँ, जत्थे और घेराव। परन्तु जब ठोस राजनीतिक वास्तविकता सामने आती थी तो जनता जाति और सम्प्रदाय की अपनी परम्परागत वफादारियों के प्रभाव में निर्णय लेती थी। 1952 से 1962 तक के आम चुनावों में कांग्रेस को ही इसका मुख्य लाभ मिला। कांग्रेस को मिलनेवाले समर्थन के आधार में वास्तविक दरार तब आई जब द्रमुक ने एक दल के रूप में उभरकर द्रविड़ भावना को उभारा, और बाद में जब हिन्दी हृदय-क्षेत्र में कतिपय मध्य-जातियों ने बगावत की, जिसकी चर्चा छठे अध्याय में की गई है।

सोशलिस्ट नेता राममनोहर लोहिया पहले वामपंथी नेता थे, जिन्होंने समझा कि जाति-विभाजन देश में सर्वाधिक व्याप्त सामाजिक असमानता है तथा यह राजनीतिक एवं आर्थिक सवालों पर भारतीयों के रुख को प्रभावित करनेवाला सर्वाधिक महत्त्वपूर्ण कारक है। इस हिसाब से अपनी पार्टी की जाति-नीति के माध्यम से उन्होंने शक्ति के उस विशाल स्रोत को काम में लोने का प्रयास किया, जो पिछड़ी जातियों में व्यवस्था द्वारा आहत किए जाने की भावना से पैदा होती थी। उन्होंने समझा कि इसका इस्तेमाल जाति-व्यवस्था को समाप्त करने के काम में हथियार के रूप में किया जा सकता है, परन्तु सभी परम्परागत निष्ठाओं की तरह जाति के प्रति निष्ठा में भी तर्कहीनता तथा एकान्तिकता की प्रवृत्ति होती है। फलत: यह तुरन्त ही घोर जातिवादियों का हथियार बन गया; जातिप्रथा को नष्ट करने की कोशिश तो दूर रही, इन लोगों ने जातिवादी भावना को और भी सघन बनाया। जहाँ तक कांग्रेस का सवाल है, यह अपना जनाधार खोती गई है, पहले पिछड़ी जातियों के बीच और बाद में दलितों के बीच; और आज इसकी त्रिशंकु वाली स्थिति हो गई है। परन्तु इस संक्रमण के अनुरूप सुसंगत वैचारिक विवेचन प्रतिपादित नहीं हो पाया है जो हमारे राज्यतंत्र को सकारात्मक दिशा दे सके।

इस अध्ययन में यह परिकल्पना की गई है कि पिछड़ी जातियों के बाद दलित ही राजनीतिक प्रणाली में अपना वाजिब स्थान पाने की होड़ में आगे आएँगे। सचमुच दलित देश के कुछ भागों में अपनी मौजूदगी का एहसास कराने के लिए, भले ही विकृत रूप में, सामने आए हैं। बहुजन समाज पार्टी इसका उदाहरण है। उत्तर प्रदेश में यह दल एक महत्त्वपूर्ण शक्ति के रूप में उभरा है और देश के अनेक हिस्सों में भी इसके प्रभाव के क्षेत्र हैं, परन्तु इस आशा की पूर्ति के आसार दिखाई नहीं दे रहे हैं कि वर्तमान आर्थिक व्यवस्था के अन्तर्गत सबसे अधिक पीड़ित होने के कारण वे उस आन्दोलन का हिस्सा बनेंगे जो वर्तमान विकास की सम्पूर्ण दिशा को बदलने के प्रयास में हैं। बहुजन समाज की राजनीतिक दृष्टि पूर्णत: अवसरवादी रही है तथा इसे इस बात से कोई मतलब नहीं है कि देश के अर्थतंत्र का क्या स्वरूप बने?

इसने बारी-बारी से मुलायम सिंह यादव की सोशलिस्ट पार्टी का, कांग्रेस का तथा भारतीय जनता पार्टी का समर्थन पाने का प्रयास किया है, केवल इसलिए कि उत्तर प्रदेश में इसके मनोनीत लोग सत्ता में बने रह सकें। तथाकथित उदारवाद की नई आर्थिक नीति की बाबत—जो कृषि, उद्योग और सेवा के क्षेत्रों में बेरोजगारी पैदा कर दलितों को और भी अधिक हाशिये पर ला देगी—इस दल की पूरी चुप्पी यह सन्देह पैदा करती है कि बसपा के नेता अपनी वैयक्तिक तरक्की के लिए ही अपने दलित समर्थकों की वफादारी का नाजायज लाभ उठाते हैं और आश्रित वोट-बैंक के रूप में उनका इस्तेमाल करते हैं। किसी दलित का मुख्यमंत्री या प्रधानमंत्री बन जाने का अनिवार्य अर्थ वर्ग के रूप में दलितों का सामाजिक और आर्थिक तौर पर उन्नयन नहीं होता है। अतीत में राज्यों के बहुतेरे दलित मुख्यमंत्री बने, पर दलितों की स्थिति में कोई खास बदलाव नहीं आया। दलित मुख्यमंत्री या प्रधानमंत्री का महत्त्व तभी है जब वह सामाजिक और आर्थिक असमानता से मुक्त व्यवस्था के निर्माण की दिशा में संघर्षरत पूरे समाज के नेता के रूप में इन पदों पर प्रतिष्ठित हो। यह कोई असम्भव कार्य नहीं है। सामाजिक और आर्थिक तौर पर सर्वाधिक शोषित वर्ग के नेता की हैसियत से दलित नेता समाज को ऐसी व्यवस्था की ओर आगे ले जाने के लिए अग्रदूत बनने का प्रयास कर सकते हैं जो हर प्रकार के शोषण से मुक्त हो। अपने जीवन के अन्तिम चरण में भीमराव अम्बेडकर इस कार्य को सम्पादित करने की स्थिति में प्राय: पहुँच गए थे, जब वे हमारे संविधान के प्रमुख निर्माता बने थे, परन्तु उस समय तक समाज का आर्थिक ध्रुवीकरण इतना तीव्र नहीं हो पाया था कि वह सामाजिक विभाजनों को ढक ले। अत: उस चरण में उनकी भूमिका संविधान-निर्माण के कार्य से आगे नहीं जा सकती थी। इसके विपरीत, आज के घटना-क्रम से वह स्थिति पैदा हो गई है जिसमें दलित सम्पूर्ण समाज को नेतृत्व देने की भूमिका अदा कर सकते हैं।

आन्तरिक औपनिवेशिक व्यवस्था से संयुक्त भारतीय समाज के विकास की चर्चा पूर्व अध्यायों में की गई है। इस विकास के फलस्वरूप एक ऐसी स्थिति पैदा हो गई है, जिसमें न केवल दलित या पिछड़ी जातियों के बल्कि ऊँची जातियों के लोग भी कंगाल बनते जा रहे हैं। कंगाल बनाए जाने की यह प्रक्रिया बहुत बड़े पैमाने पर चल रही है। इन जातियों की बड़ी आबादी गरीबी के कारण अपने गाँवों से ढकेले जाकर आजीविका की खोज में शहरों में पहुँचती है और वहाँ की गन्दी बस्तियों में या फुटपाथ पर शरण लेने को मजबूर होती है। इस प्रकार नये पैदा हुए उपेक्षित वर्ग की संख्या पूरी जनसंख्या में निरन्तर बढ़ती जा रही है; इसके बीच जाति की पहचान मिटती जा रही है और यह एक विशाल कंगाल मानव-समूह में विलीन होती जा रही है। ऊँची जातियों के वे लोग जिनमें अभी भी जातिगत श्रेष्ठता का भाव बचा हुआ है, अपनी इस नई स्थिति पर और अधिक कटुता से कुढ़ते हैं।

इस वर्ग का एक छोटा हिस्सा जो 'लुम्पेन' बन गया है, शिवसेना या बजरंग दल जैसे फासिस्ट गिरोहों में शरीक होता है, परन्तु अधिकांश दूसरों के लिए बेहतर समाज बनाने की दृष्टि से अन्य वंचित हिस्सों का साथ देने के सिवा कोई विकल्प नहीं है। हर प्रकार की असमानता के विरुद्ध बड़ा अभियान छेड़ने के उद्देश्य को लेकर दलित नेतृत्व अन्य वंचित हिस्सों का समर्थन प्राप्त करने के लिए इस अवसर का लाभ उठा सकता है। विकास का यह एक सम्भव रास्ता है, जिसे समाज के उत्पीड़ित हिस्सों के किसी भी नेता ने अब तक नहीं अपनाया है।

किसी भी बड़े राजनीतिक दल ने विकास के वैकल्पिक मॉडल के सवाल को नहीं उठाया है बल्कि उन पार्टियों ने भी प्रबल आर्थिक हितों के दबाव के आगे घुटने टेक दिए जिन्होंने पहले की कांग्रेस सरकार की इस आधार पर कटु आलोचना की थी कि उसने विश्व बैंक और अन्तर्राष्ट्रीय मुद्रा कोष के दबाव में आकर गैट समझौते पर हस्ताक्षर किए, जिसकी परिणति विश्व व्यापार संगठन की स्थापना में हुई। केन्द्र में स्थापित देवगौड़ा की संयुक्त मोर्चा सरकार के साझेदार की हैसियत से उन्होंने कांग्रेस की आर्थिक नीति के प्रति पूरी सहमति व्यक्त की है, जिसे वित्त मंत्री मनमोहन सिंह ने रूप दिया था। संयुक्त मोर्चे के घटकों तथा उसके सहयोगियों ने जो सामान्य न्यूनतम कार्यक्रम निर्धारित किया है, उसमें कांग्रेस सरकार के कार्यक्रम से उसे भिन्न करनेवाला कोई भी मुद्दा नहीं है। साझा सरकार के वित्त-मंत्री वैश्वीकरण के, जिसका यह सुन्दर नाम शब्दाडम्बर है, पर जो वास्तव में बहुराष्ट्रीय कम्पनियों के प्रति वशवर्तिता की नीति है, कट्टर समर्थक के रूप में जाने जाते रहे हैं। इस नीति ने अभी साम्राज्यवादी शक्तियों और बड़े निगमों के लिए देश में मैदान खाली छोड़ दिया है। जैसे-जैसे इस नीति के आयाम खुल रहे हैं, बढ़ते यंत्रीकरण और कम्प्यूटरीकरण के फलस्वरूप बहुत से उद्योगों में नौकरियाँ घटती जा रही हैं। विदेशी कम्पनियों को बृहत् परियोजनाएँ लगाने के लिए बहुत मुनाफा कमाने की गारंटी देकर बड़े पैमाने पर आमंत्रित किया जा रहा है।

राष्ट्रीय स्वयंसेवक संघ के स्वदेशी जागरण मंच ने महाराष्ट्र के एनरॉन योजना के प्रवेश पर पहले बवेला मचाया था, पर शीघ्र ही उसकी कलई खुल गई और वह एक तमाशा बनकर रह गया। अल्पावधि के लिए आई भाजपा की सरकार द्वारा सत्ता में आने पर जो पहला बड़ा काम किया गया, वह था एनरॉन कम्पनी को केन्द्र की प्रति-गारंटी प्रदान करना, जो निर्णय लोकसभा में विश्वासमत पर चल रही बहस के दौरान मध्यावकाश में लिया गया। इन विद्युत परियोजनाओं में से कुछ से पर्यावरण के लिए गम्भीर खतरे की सम्भावना है। शुरू में आनेवाली एनरॉन और कोजेंट्रिक्स जैसी परियोजनाओं ने अभी ही गम्भीर विवाद पैदा कर रखा है। कुछ राज्य सरकारों ने भूमि-धारण की उच्चतम सीमा से सम्बन्धित प्रावधानों को शिथिल करने के प्रयास शुरू कर दिए हैं ताकि बड़ी कम्पनियों को खेती की जमीन अर्जित कर सकने की छूट

दी जा सके। इससे परिवार पर आधारित छोटी जोतें समाप्त होंगी और बड़े पूँजीवादी व्यावसायिक कृषि-फार्म अस्तित्व में आएँगे और ग्रामीण बेरोजगारी में वृद्धि होगी। यह विकास देश के प्राकृतिक संसाधनों का भी क्षय कर रहा है और जनजातियों तथा खेतिहरों के जीवन-निर्वाह व्यवस्था पर खतरा पैदा कर रहा है।

सम्भवत: इस परिदृश्य का एकमात्र सकारात्मक पक्ष यह है कि कुल मिलाकर राजनीतिक दलों की अकर्मण्यता के बावजूद इस घटनाक्रम ने जनता के बीच रोष पैदा किया है; इन सवालों पर जनान्दोलन पैदा हुए हैं। सरदार सरोवर बाँध से मध्य प्रदेश, गुजरात और महाराष्ट्र में विस्थापित हो चुके या होनेवाले लोगों का आन्दोलन वर्षों से चलता रहा है। उत्तर प्रदेश के टिहरी बाँध के विरुद्ध भी ऐसा ही आन्दोलन है। वनों एवं काश्त के बड़े भूखंडों को तथा उन इलाकों के लोगों को जलमग्न कर देनेवाले बड़े बाँधों के विरुद्ध देश के अनेक हिस्सों में आन्दोलन उठ रहे हैं। इसी तरह, तटीय क्षेत्रों में मछुआरा समुदाय मछली पकड़नेवाले बड़े जलपोतों के प्रवेश का विरोध कर रहा है क्योंकि ये छोटे मछुआरों को उनकी जीविका से वंचित कर देंगे। झींगा-पालन के विरुद्ध भी आन्दोलन की शुरुआत दिखाई दे रही है क्योंकि बंगाल की खाड़ी के आस-पास के इलाकों में इसकी वजह से धान के खेत बर्बाद हो रहे हैं। जनजातियों के लोग तथा अन्य किसान पर्यावरण एवं जीविका को खतरे में डालनेवाली खनन कार्रवाइयों के विरुद्ध भी आवाज उठा रहे हैं। हाल के दिनों में इन आन्दोलनों को एक झंडे और एक व्यापक छतरी संगठन—नेशनल एलायंस ऑफ पीपुल्स मूवमेंट्स (एनयेपीएम)—के तले लाने का प्रयास किया गया है। यह संगठन क्रमिक तौर पर इस निष्कर्ष पर पहुँचा है कि जिस जनता के हितों का वह समर्थक है, उसका भविष्य सरकारों द्वारा चलाई जानेवाली विकास नीति से घनिष्ठ रूप में जुड़ा हुआ है। नेशनल एलायंस ने अपनी इस समझदारी को घोषित भी किया है। परन्तु अभी तक यह इस अनिवार्य निष्कर्ष पर नहीं पहुँच पाया है कि इसकी अपनी राजनीतिक पार्टी ही इस नीति को कारगर तौर पर बदल सकती है, या तो काल-क्रम में सत्ता की बागडोर अपने हाथ में लेकर या अपनी विधायी कार्रवाइयों से परिवर्तन के लिए पर्याप्त दबाव पैदा कर। ऐसी पार्टी के अभाव में इन आन्दोलनों से हल्ला तो मचा, पर अन्तत: इनसे कोई खास नतीजा नहीं निकला। कुछ हद तक निकट दृष्टिदोष के कारण ये आन्दोलन देश के भाग्य-निर्माण में राजनीतिक सत्ता और पार्टियों की केन्द्रीय भूमिका के महत्त्व को नहीं देख पाए और कुछ हद तक इन्हें यह डर सताता रहा कि कहीं अपरिचित सहयात्रियों की संगति में कार्यकलापों को अनजाने क्षेत्र में चलाने के क्रम में वे अपनी पहचान न खो बैठें। फलत: जब अन्त में छलाँग लगाने की घड़ी आई तो ये पीछे हट गए।

जैसाकि देखा गया असम गण परिषद, तेलुगू देशम और द्रमुक जैसी कुछ पार्टियाँ केन्द्र में संयुक्त मोर्चे में शरीक हुई हैं। देश की दक्षिणी और उत्तर-पूर्वी परिधि

पर अवस्थित राज्यों की पार्टियों की ही आज निर्णायक भूमिका है। कर्नाटक के जनता दल को और माकपा को भी इसी सूची में रखा जा सकता है क्योंकि मूलत: राष्ट्रीय होने के दावे के बावजूद ये क्षेत्रीय हैं। यह विकास-क्रम उन दूरस्थ क्षेत्रों को राष्ट्र के साथ मजबूती से बाँधने का काम करेगा, जो पहले केन्द्रापसारी झोंके के अनुभव से गुजर चुके हैं। उत्तर-पूर्व क्षेत्र से आनेवाले सदस्य का लोकसभा का अध्यक्ष चुना जाना राष्ट्र के साथ इस क्षेत्र के सम्बन्धों को, जो पहले कोई खास मजबूत नहीं रहे हैं, मजबूत बनाएगा। इस प्रकार केन्द्र में गठित यह संयुक्त मोर्चा राष्ट्रीय एकता के हित में महत्त्वपूर्ण योगदान कर सकता है।

परन्तु क्षेत्रीय दलों को केन्द्र में बने संयुक्त मोर्चे में शामिल किए जाने के बावजूद कुछ क्षेत्रों में अनबन के बीज पूर्णत: निर्मूल नहीं किए जा सके हैं। कुछ क्षेत्रीय दलों ने केन्द्र में सत्ता से जुड़ने का स्वाद पहले-पहल चखा है; उनकी आत्माभिव्यक्ति पड़ोसी राज्यों के बीच मतभेद पैदा कर मोर्चे को तनावग्रस्त कर सकती है। जहाँ तक बाद वाली समस्या का सवाल है, ऐसा लगता है कि इसे यथार्थवादिता और किंचित होशियारी के साथ हल किया गया है, भले ही इसके साथ जनता को सन्तोष देने के लिए थोड़ा गुल-गपाड़ा मचाया गया, जैसाकि कर्नाटक और आन्ध्र के बीच नदी-जल के बँटवारे के सवाल पर देखा गया, परन्तु उत्तर-पूर्व की समस्याओं का कोई उपशमन नहीं हुआ है। इसका मुख्य कारण है कि सरकार अभी भी उसी नीति पर कायम है जो उस क्षेत्र के असन्तोष के मूल में है।

अंग्रेजी शासन तथा आधुनिक व्यापार एवं उद्योग के आगमन के पूर्व विभिन्न जनजातीय तथा गैर-जनजातीय समुदाय अर्थतंत्र के विभिन्न स्तरों पर अलग-बगल अवस्थित थे और उनके बीच कोई ईर्ष्या या कटुता नहीं थी। यदा-कदा एक समूह द्वारा दूसरे के क्षेत्र में अतिक्रमण को लेकर उनके बीच मतभेद उभरते थे; थोड़े-बहुत शक्ति प्रदर्शन के साथ वैसे मतभेद सुलझा लिए जाते थे, परन्तु इलाके में आधुनिक व्यापार के प्रवेश तथा बड़े पैमाने पर देशान्तरण के फलस्वरूप जनजातियों तथा गैर-जनजातियों के बीच के सम्बन्धों ने एक नया रूप ग्रहण कर लिया। आधुनिक व्यापार एवं उपभोग के पैटर्न ने विभिन्न समुदायों के बीच तुलना का नया मानदंड स्थापित कर दिया। इर्द-गिर्द की वस्तुओं तथा क्रियाकलापों के मौद्रीकरण के साथ अब पैसे के हिसाब से या उपभोग की वस्तुओं के हिसाब से तुलना करना सम्भव हो गया। जब यह समझदारी बनी कि पड़ोस का समुदाय तुलनीय आर्थिक मानदंड के हिसाब से समृद्ध है तो ईर्ष्या एवं असन्तोष का उभरना स्वाभाविक था। आधुनिक औद्योगीकरण से इस प्रक्रिया को अत्यधिक बढ़ावा मिला। चाय बागान, इमारती लकड़ी तथा पेट्रोलियम-खनन जैसे कुछ उद्योगों ने सम्पन्नता के ऐसे छोटे केन्द्र स्थापित कर दिए, जिनकी पहले कभी कल्पना भी नहीं की गई थी, परन्तु सम्पन्नता की इस बढ़ोतरी के साथ सबसे अधिक असहनीय यह बात थी कि इस सम्पन्नता

का उपभोग मुख्यत: बाहरी तत्त्वों के द्वारा किया जा रहा था, जो भिन्न मूल के थे। औद्योगीकरण और वाणिज्यीकरण तथा बाहर के लोगों के बढ़ते प्रव्रजन की प्रक्रिया जैसे-जैसे तेज हुई, असन्तोष ने जन-द्वेष का रूप धारण कर लिया। विभेदजनक विकास आधुनिक औद्योगीकरण का अन्तर्निहित तत्त्व है; अत: न केवल बाहरी तत्त्वों, जिन्होंने व्यापार तथा उद्योग में पूँजी लगाई थी और जिनके पास उद्योगों की जानकारी थी तथा स्थानीय तत्त्वों के आय एवं जीवन स्तर का अन्तर बढ़ा बल्कि स्थानीय जनजातीय समूहों एवं अन्य समुदायों के बीच के अन्तर में भी वृद्धि हुई। फलस्वरूप, न केवल स्थानीय समुदायों एवं बाहरी समूहों—जैसे असम में मारवाड़ी, बंगाली, बांग्लादेशी—के बीच बल्कि स्वयं जनजातियों के बीच भी मतभेद पैदा हुए, उदाहरण के लिए नागाओं के बीच, असम के उत्तरी मैदानों में बसनेवाले असमियों एवं बोडो जनजातियों के बीच।

इस समस्या के समाधान के लिए जो भी गम्भीर प्रयास किए जाएँ, उसे औद्योगीकरण—विशेषत: वैश्वीकरण—की आज की प्रवृत्ति से जूझना होगा। यह प्रवृत्ति आज देश के कोने-कोने को पूँजी के प्रवेश के लिए उस पूँजी का स्रोत चाहे जो भी हो, उन्मुक्त करने के प्रयास में लगी है। देश के किसी भी राजनेता ने अभी तक पृथकतावादी आन्दोलन के इस पहलू पर ध्यान नहीं दिया है। यों असम गण परिषद को केन्द्रीय सरकार में स्थान मिला है, परन्तु जिन समस्याओं को मुखरित करने के क्रम में अगप को राजनीतिक प्रसिद्धि मिली, उन पर उसका ध्यान नहीं है। नतीजा है कि संयुक्त मोर्चे के गठन और अगप के उसमें शामिल होने के बाद से उल्फा की शान्त पड़ी गतिविधियाँ फिर से चालू हुई हैं और उसकी बगावती गतिविधियों में बढ़ोतरी हुई है। धर्म, नस्ल, जाति और वर्ग की विविधता वाले समाज के लिए राजनीतिक गठजोड़ शासन का एक अनिवार्य रूप है, परन्तु यह अपने आप में उस समाज की सभी समस्याओं का निदान नहीं है। विशेष स्थितियों के अनुसार इन समस्याओं पर ध्यान देने की जरूरत होती है। स्पष्ट है कि केन्द्र में पहले-पहल बने संयुक्त मोर्चे ने अभी लीक से हटने का तथा नई दृष्टि लेकर नया कार्यक्रम बनाने का प्रयास भी नहीं किया है।

भाजपा का जो द्रुत विकास हुआ है, उसका अन्दाजा नहीं लगाया गया था। इस घटना-क्रम के तथा संयुक्त मोर्चे के लिए इसके निहितार्थों के किंचित विश्लेषण की दरकार है। अपने शासन के अन्तिम चरण में अपनी नीतियों में सूक्ष्म बदलाव लाकर इन्दिरा गांधी ने भाजपा के साम्प्रदायिक वोट बैंक को मोटे तौर पर हथिया लिया था। 1984 के आम चुनाव में राजीव गांधी को इस बदलाव का जबर्दस्त लाभ मिला और उसने भाजपा के अनेक परम्परागत गढ़ों पर पूरा-पूरा कब्जा कायम कर लिया। भाजपा ने हताशा की मन:स्थिति में उस समय एक असंगत भावनात्मक सवाल को पकड़ रखा था और लगता था कि उसी को लेकर वह भारत के धर्मनिरपेक्ष राज्य

पर चोट कर सकेगा। वह था, बाबरी मस्जिद का विवाद। छद्म इतिहासकारों की एक मंडली ने ऐतिहासिक तथ्यों के बीच से साम्प्रदायिक मिथकों को ढूँढ़ लिया था। इनसे तथा भोली जनता के उत्तेजनापूर्ण अभियानों की मदद से भाजपा ने इस सवाल को जगाए रखा था। राजीव गांधी की टाल-मटोल से भी उसकी राजनीति को मदद पहुँची। जब राजीव गांधी की सरकार बोफोर्स तोप सौदे में भ्रष्टाचार के आरोपों के सवाल पर मध्यावधि में ही गिर गई तब भाजपा को मौका मिला। नये चुनावों में भाजपा ने जनता दल का साथ दिया और बाद में जनता दल की सरकार के बनने में उसका समर्थन किया। चूँकि केन्द्र की सरकार कमजोर थी और भाजपा के समर्थन पर निर्भर थी, भाजपा ने अपने जनाधार को व्यापक बनाने की दृष्टि से देश-भर में बाबरी मस्जिद के सवाल को केन्द्र में रखकर एक व्यापक अभियान चलाया।

प्राय: इसी बीच जनता दल में कुछ ऐसा घटना चक्र चला, जिसका भाजपा को अप्रत्याशित लाभ मिला। जनता दल में नेतृत्व के प्रश्न पर कलह की शुरुआत हो गई। देवीलाल किसानों और पिछड़ी जातियों के लोकप्रिय नेता के रूप में उभरे थे। उन्हें वश में रखना प्रधानमंत्री विश्वनाथ प्रताप सिंह के लिए कठिन साबित हो रहा था। उन्हें ही दरकिनार करने की दृष्टि से विश्वनाथ प्रताप सिंह ने एकाएक मंडल कमीशन के आरक्षण से सम्बन्धित सुझावों को, जो वर्षों से आलमारी में बन्द थे, लागू करने का निर्णय ले लिया। वे रातोंरात पिछड़ों के मसीहा बन गए। यद्यपि इस नीति का जबर्दस्त औचित्य था, पर जान-बूझकर न तो इस औचित्य को जनता के सम्मुख प्रस्तुत किया गया और न आरक्षण से बाहर की जातियों के आँसू पोंछने का प्रयास किया गया। असलियत यह थी कि आरक्षण बहुत कम लोगों पर अच्छा या बुरा प्रभाव डाल रहा था; यह नौकरियों के उपलब्ध अवसरों के मामले में विभिन्न श्रेणियों के लोगों के बीच समानता लाने का एक प्रतीकात्मक संकल्प भर था। ऊँची जातियों का युवा वर्ग अपने को संकटग्रस्त समझ रहा था; उसकी भावनाओं को शान्त करने के मामले में जान-बूझकर उपेक्षा की नीति अपनाई गई। विवेकहीन हिंसा का जो विस्फोट हुआ, उससे अपेक्षित नतीजा निकलना ही था। सम्पूर्ण समाज में थोड़े समय के लिए पूरा-पूरा ध्रुवीकरण हो गया—अगड़े और पिछड़े, मंडल और कमंडल के बीच। जनता दल को एकबारगी पिछड़ों का समर्थन प्राप्त हो गया, पर इसके फलस्वरूप अगड़ी जातियों का एक बड़ा हिस्सा भाजपा के खेमे में पहुँच गया।

यह युक्तिहीन ध्रुवीकरण जनता दल की तुलना में भाजपा के लिए अधिक लाभप्रद सिद्ध हुआ। देश में सैकड़ों जातियाँ हैं; आरक्षण विवाद की गहमा-गहमी में भले ये एक साथ आ गई थीं, परन्तु उनमें से प्रत्येक द्वारा राजनीति में स्थान के लिए तथा उपलब्ध नौकरियों के लिए प्रतिस्पर्द्धा चलनी ही थी और उनके बीच विभाजन होना ही था। यह विभाजन आया ही; उत्तर प्रदेश और बिहार में कई पिछड़ी जातियाँ, जो पहले लोकदल में थीं, भाजपा के साथ आईं। इसके विपरीत धार्मिक समुदाय की

निष्ठा ढीली-ढाली भले हो, अधिक व्यापक होती है और जाति या नस्लों के घेरे के बाहर जाकर लोगों को जोड़ती है। अतएव परम्परागत निष्ठाओं पर राजनीति के स्थिर होने की स्थिति में कुल मिलाकर भाजपा को लाभ मिलता है क्योंकि उसके समर्थन के आधार पर आसानी से विखंडन नहीं होता है, परन्तु जिन क्षेत्रों में उसका सांगठनिक आधार कई जातियों को लेकर निर्मित होता है, वहाँ पार्टी के भीतर सत्ता की स्पर्द्धा के क्रम में जातिगत वफादारी को उभरकर आना ही है। गुजरात और उत्तर प्रदेश में यह रुझान अभी ही दिखाई दे रहा है। सत्ता के हाथ में आ जाने पर इसका परम्परावाद ही इस प्रकार के विभाजन को अधिक स्पष्टता के साथ उभारेगा।

भाजपा और शिवसेना छह राज्यों में एक प्रमुख दल के रूप में उभरी है, जिससे गठजोड़ की राजनीति के लिए कठिनाई पैदा हुई है। भाजपा और शिवसेना, विशेषत: बाबरी मस्जिद के ध्वस्त किए जाने के बाद, अधिकांश राजनीतिक दलों के लिए अस्पृश्य बन गए हैं। अत: संयुक्त मोर्चे की स्थायी सरकार का गठन कठिन हो गया है। बसपा को छोड़कर कोई भी दल भाजपा का साथ देने को इच्छुक नहीं है, परन्तु कांग्रेस और भाजपा, दोनों को ही बहिष्कृत करते हुए अन्य दल अपनी मौजूदा ताकत को लेकर मोर्चा सरकार नहीं बना सकते हैं। यह एक गम्भीर सवाल है, जिसे हल किया जाना है। कांग्रेस के विघटन से, जो एक दूर की सम्भावना है, संयुक्त मोर्चे के अन्य दल मजबूत बन सकते हैं और मोर्चे को अधिक सुदृढ़ता प्राप्त हो सकती है। पर दूसरी ओर, यदि वैसे राज्यों में, जहाँ कांग्रेस का केवल भाजपा से ही मुकाबला है, कांग्रेस के विघटन का लाभ भाजपा को मिला तो यह लोकतंत्र के लिए घातक सिद्ध होगा। इसके विकल्प के रूप में यदि हमारी राजनीति अधिक तर्कमूलकता अपनाते हुए जाति और धर्म के भावनात्मक सवालों को छोड़कर जनता के ठोस सवालों के समाधान में अपने को संलग्न करे तो हमारा राज्यतंत्र एक नई ऊँचाई ग्रहण करेगा और नये मूल्यों एवं प्रश्नों पर जोर देनेवाले नये राजनीतिक दल उभरेंगे। यहाँ हमारे सामने वही दुविधा खड़ी है जो राज्यतंत्रों के सम्मुख शाश्वत काल से रही है : भावनात्मक सवालों और परम्परागत निष्ठाओं से किसी आन्दोलन को अधिकतम ऊर्जा एवं गति मिलती है, पर तर्कमूलकता ही वह तत्त्व है जो किसी प्रणाली को संगति एवं स्थायित्व प्रदान करता है। हम इन दोनों को कैसे सन्तुलित कर पाते हैं, इस पर ही हमारी नियति निर्भर है।

सच्चिदानन्द सिन्हा रचनावली

खंड-5

जाति, जातिवाद और साम्प्रदायिकता

सच्चिदानन्द सिन्हा रचनावली

खंड-5

जाति, जातिवाद और साम्प्रदायिकता

सम्पादक

अरविन्द मोहन

राजकमल प्रकाशन

ISBN : 978-93-90971-52-7

मूल्य : ₹4000
(8 खंडों का सम्पूर्ण सेट)

पहला संस्करण : 2021

प्रकाशक : राजकमल प्रकाशन प्रा. लि.
1-बी, नेताजी सुभाष मार्ग, दरियागंज
नई दिल्ली-110 002
शाखाएँ : अशोक राजपथ, साइंस कॉलेज के सामने, पटना-800 006
पहली मंजिल, दरबारी बिल्डिंग, महात्मा गांधी मार्ग, प्रयागराज-211 001
36 ए, शेक्सपियर सरणी, कोलकाता-700 017
वेबसाइट : www.rajkamalprakashan.com
ई-मेल : info@rajkamalprakashan.com

मुद्रक : बी.के. ऑफसेट
नवीन शाहदरा, दिल्ली-110 032

SACHCHIDANAND SINHA RACHANAWALI : Vol. 5
Edited by Arvind Mohan

सम्पादक की ओर से

चिन्तक और विचारक सच्चिदानन्द सिन्हा के लेखन का यह खंड जाति, जातिवाद, सम्प्रदायवाद, आरक्षण और नए किस्म के राष्ट्रवाद के मुद्दों पर केन्द्रित है। और जिन लोगों की सोच समाजवादियों को जातिवाद बढ़ाने का दोष देने की रही है उनको यह लेखन जरूर पढ़ना चाहिए। साथ ही भारतीय समाज में वैश्विक दिलचस्पी के सबसे बड़े विषय जाति का अध्ययन करनेवालों को भी उनका यह लेखन देखना चाहिए। साम्प्रदायिकता तथा नकली राष्ट्रवाद की राजनीति से ऊबे लोगों को भी इसमें अपनी समझ को व्यवस्थित करने लायक काफी कुछ मिलेगा। पर शायद उससे भी ज्यादा कुछ आरक्षण के नाम पर जातिवाद फैलानेवालों और दलित के नाम पर द्विज राजनीति की नकल करनेवालों के लिए यहाँ सामग्री है। और आरक्षण की राजनीति पर उनका लिखा एकाध आलेख तो ऐसा है जैसे वे इससे आजिज हो गए हों। असल में यह एक किस्म की वास्तविक नाराजगी भी है उसके प्रति, जो समाजवादी धारा की पूरी राजनीति को चौपट कर रहा है और उसके आर्थिक-राजनैतिक और जेंडर से लेकर दूसरे सवालों को सामने आने ही नहीं दे रहा है। जिन आर्थिक नीतियों से दलित आदिवासी और पिछड़े सबसे ज्यादा प्रभावित हो रहे हैं उनकी चर्चा इस डिस्कोर्स में है ही नहीं।

और शायद जातिवाद की व्यर्थता बताने के लिए ही उन्होंने जाति व्यवस्था का जो अध्ययन शुरू किया वह इस सम्पादक की नजर में उनकी एक श्रेष्ठ किताब बन गया। जाति व्यवस्था पर भारतीय और विदेशी विद्वानों ने कम नहीं लिखा है। बल्कि भारतीय समाज के बारे में लिखते-पढ़ते हुए सभी का सबसे ज्यादा ध्यान इसी पर गया है। लेकिन सच्चिदा जी बहुत साफ नतीजा बताते हैं कि जाति व्यवस्था में एक तरह की गतिशीलता हाल तक रही है और अंगरेजी हुकूमत के दौर में जाति व्यवस्था अपने मौजूदा स्वरूप में आई है जिसे चुनाव की हमारी व्यवस्था ने और बदरूप किया है। वे अपना उदाहरण देकर ही बताते हैं कि हमारे इलाके में सैकड़ों साल जिन राजवंशों का शासन रहा है उनमें से कोई भी क्षत्रिय नहीं रहा है। वे यह मानते हैं कि वर्ण व्यवस्था एक सोपानवत क्रम निर्धारित कर देती है लेकिन लोग और समाज के हिस्से अपने-अपने पुरुषार्थ से इसमें ऊपर-नीचे आते-जाते रहे हैं।

दलितों की स्थिति और खास तौर से छुआछूत को बहुत बड़ी बुराई मानते हुए भी उनका कहना है कि जाति व्यवस्था दासता की व्यवस्था नहीं रही है। भारत में गुलामी की बात विदेशी दासता के पहले कभी नहीं रही है। पर सोपानवत व्यवस्था में ऊँच और नीच का हिसाब रहा है। यह सामाजिक-आर्थिक पुरुषार्थ के साथ काफी सारी चीजों पर निर्भर करता था और इन्हीं कारकों से एक तरह की गतिशीलता बनाए रखता था। यह सत्ता, विशेषाधिकार और श्रम के बँटवारे से लेकर अलग-अलग कबायली पहचान मिटाकर एक भारतीय पहचान बनाने का आधार भी रही है और लाख बुराइयों के बावजूद आज भी यह उद्देश्य पूरा कर रही है।

पर ये बातें कहने के पहले सच्चिदा जी ने जाति व्यवस्था नामक इस किताब के पहले अध्याय में अभी तक प्रतिपादित सिद्धान्तों की समीक्षा की है। सबसे पहले तो आर्य लोगों के बाहर से आने और अपनी नस्ली शुद्धता बचाए रखने के लिए जाति व्यवस्था बनाने का सिद्धान्त ही है और वे साफ साबित करते हैं (जिसके उदाहरण उन्होंने आगे के अध्यायों में थोक रूप से दिए हैं) कि नस्ल की शुद्धता वाली बात बकवास है। सभी जातियों में हर रंग-रूप और आकर-प्रकार के लोग हैं जो सदियों से होनेवाले मेलजोल का सबसे पुख्ता और वैज्ञानिक प्रमाण है। यह बात नृजातीय अध्ययनों से भी साबित हुई है। पेशे से जाति को जुड़ा माननेवाला सिद्धान्त तो और पोला है—खासकर समाजिक सोपान वाली गिनती के हिसाब में। इसमें आज तक ब्राह्मण श्रेष्ठ या क्षत्रिय श्रेष्ठ का विवाद ही नहीं सुलझा है, भूमिहार, जाट और त्यागी, मोहिवाल और इस तरह की जातियों के दावे की तो बात ही अलग है। सूर्यवंशी और चन्द्रवंशी कुल का हिसाब अलग है और दुनिया के सभी समाजों में पुजारियों और गुनियों का जो स्थान रहा है, भारत के ब्राह्मण उनकी तुलना में बहुत ऊँचे माने गए हों, ज्यादा सुख-सम्पदा पा गए हों ऐसा भी नहीं है। बल्कि उनके ज्यादा किस्से ज्ञान और परम्पराओं की रक्षा के लिए कष्ट सहने के ही हैं। पर वे सबसे ज्यादा चीरफाड़ जाति के वर्ग वाले सिद्धान्त की करते हैं जिसके अगुआ इतिहासकार रामशरण शर्मा हैं। अगर सम्पत्ति की परवाह जाति व्यवस्था का आधार होती तो ज्यादातर ब्राह्मण विपन्न न होते और मध्य जातियों के ही नहीं दलित और अछूत मानी जानेवाली जातियों के पास राज न होते, जो अभी हाल तक थे।

यहाँ आकर वे जाति के सवाल को जिस दिशा में मोड़ते हैं वह विलक्षण है और भारतीय समाज की समझ का एक नया ही अध्याय खोलता है। सच्चिदा जी ने अपने गाँव के दुसाध भगत से लम्बी बातचीत के बाद ऐसे अन्य जानकारों से चर्चा करके जो बातें प्रस्तुत की हैं वे नस्ली शुद्धता के दावों की पोल तो खोलती ही हैं समाज की बनावट और उसमें जाति की भूमिका का एक नया पक्ष सामने लाती हैं। दुनिया भर के समाजों में कबीलाई निष्ठा काफी प्रबल रहा करती है और यूरोप के राष्ट्र-राज्य तो कबीलाई सत्ता का विस्तार हैं। इसमें अपने कुल और कबीले

के प्रति ज्यादा स्नेह-भाव और दूसरे कबीले के प्रति शत्रु भाव ही सबसे प्रधान गुण रहता है। आज भी अफ्रीका समेत दुनिया के ज्यादातर कबीलाई समाजों का कार्यव्यापार मुख्यत: इसी मानसिकता से चलता है। भारतीय समाज भी कबीलों से बना होगा यह हमारी कल्पना में भी नहीं आता। और शासन चाहे जिसका रहा हो, जितना बड़ा रहा हो लेकिन बाकी समाज के प्रति शत्रु-भाव प्राय: नहीं दिखता। कभी भी तीर्थ-स्थलों की यात्रा, त्योहार मनाने ही नहीं ज्ञान प्राप्ति के लिए प्रवारा जैसी चीजों पर कोई रोकटोक नहीं रही। इसमें जाति ने एक भूमिका निभाई है— विभिन्न कबीलों के पुरोहित वर्ग, शासक वर्ग और कार्यव्यापार चलानेवाले मुख्य वर्ग के बीच एकता बनाकर। सिर्फ पराजित जमात ही सबसे निचले पायदान पर जीवन जीने को मजबूर हुआ लेकिन वह भी पश्चिमी समाजों के युद्ध-दासों वाला हाल न था। सो यह भी हुआ कि एक ही कुल या कबीले के लोग जाति व्यवस्था में अलग अलग पायदान पर चले गए। सच्चिदा जी ने अपने कुल और कुलदेवता का नाम लेकर यह साफ किया है कि उसी समूह के लोग भूमिहार ब्राह्मण भी हैं, अहीर भी और दुसाध भी। अब बहुत लम्बे समय के बाद पूजा वगैरह में कुछ बदलाव हुआ है—जैसे कुलदेवता को सूअर चढ़ाने की जगह भूमिहार लोग शक्कर से बना सूअर चढ़ाने लगे हैं जबकि दुसाध समाज अभी भी गोरेया देवता को सूअर चढ़ाता है।

और यहाँ आकर वे भारतीय समाज और जाति व्यवस्था को कुलदेवी और कुलदेवता से पहचानने का बिलकुल विलक्षण तरीका बताते हैं। फिर यह समझना मुश्किल है कि अभी तक के समाजशास्त्रियों को यह पक्ष क्यों नहीं सूझ रहा था। और वे यह बात भी ध्यान दिलाते हैं कि हमारे हिन्दू समाज में हर घर में किसी भी बड़े त्योहार और अवसर पर सबसे पहले पहले कुलदेवता या कुलदेवी की पूजा होती थी। आज भी जन्म, मरण और शादी जैसे महत्त्वपूर्ण पारिवारिक अवसरों पर ही नहीं राम, कृष्ण और शिव के नाम पर होनेवाले पर्व-त्योहारों के समय भी गृहणी जब घर से निकलती है तो सबसे पहले गृहदेवता/गृहदेवी की पूजा करके ही निकलती है। यह चीज भारतीय समाज और जाति व्यवस्था को समझने की नई कुंजी है जो सच्चिदानन्द सिन्हा पेश करते हैं। और इस सम्पादक की नजर में उनका यह बहुत बड़ा बौद्धिक कर्म है। और इससे ज्याति व्यवस्था से जुड़ी भ्रांतियाँ तो समाप्त होती ही हैं, जिसके लिए यह किताब लिखी गई है, यह हिन्दुस्तानी समाज को बनाने और इसके कार्यव्यापार में सर्वाधिक प्रभाव रखनेवाली जाति व्यवस्था की सही समझ बनाने में भी मदद करती है।

पर जाति-व्यवस्था के प्रति सन्तुलित और ज्ञानवान नजरिया रखनेवाले सच्चिदा बाबू जातिवाद और साम्प्रदायिकता पर चोट करने का कोई अवसर नहीं चूकते बल्कि इन सवालों को उठाने से राजनीति के असली और दूरगामी मसलों के छिप जाने से चिन्तित भी हैं। वे आरक्षण को उपयोगी मानते हैं, पर लोहिया की तरह ही शासन

और संगठन के उच्च पदों पर ही जिससे पिछड़े समाज की सदियों की जडता टूटे और महत्त्वाकांक्षा जगे। वे दलित और आदिवासी राजनीति से सबसे ज्यादा उम्मीद रखते हैं और मानते हैं कि मात्र लोकतंत्र के सहारे भी जब इनका राज होगा तभी समाज में बड़े बदलावों की पहल होगी। पर वे दलित ताकत के प्रतिनिधि होने का दावा करनेवालों के भूमंडलीकरण के पैरोकार होने और साम्प्रदायिक ताकतों से हाथ मिलाने से भी दुखी होते हैं। और मंडल आयोग की रिपोर्ट के कुछ उद्धरणों और मंडल मुहिम के एक नायक रामविलास पासवान के कुछ बयानों के आधार पर यह साबित करते हैं कि आरक्षण का यह तर्क असल में फासीवाद के दार्शनिकों मोस्का और पैरोटे के तर्कों को ही पुष्ट करता है और इससे किसी जाति तोड़ने या पिछड़ों की स्थिति में क्रान्तिकारी बदलाव की उम्मीद नहीं कर सकते। यह पिछड़ों के एक बहुत छोटे समूह को ऊपरी वर्ग में लाने भर का काम कर सकता है जैसाकि हुआ भी है। पर वे मंडल के बाद राजनीति में हुए पिछड़ा उभार को शुभ मानते हैं।

—अरविन्द मोहन

28 जुलाई, 2021
दिल्ली

क्रम

जाति व्यवस्था : मिथक, वास्तविकता और चुनौतियाँ

प्राक्कथन

यह अध्ययन देश में चलनेवाली सामाजिक मारकाट, खासकर जातीय दंगों और आदिवासी समूहों के आन्दोलनों के कारणों को समझने की कोशिश में शुरू हुआ। ये आन्दोलन जितने समय से चल रहे हैं उससे यह मान्यता भी खंडित हुई है कि ये सामाजिक जीवन के बुलबुलों की तरह हैं और क्षण-भर में फूटकर खत्म हो जाएँगे। इसलिए यह कोशिश की गई है कि समस्या की जड़ों तक पहुँचा जाए जिससे पता चले कि ऐसे आन्दोलन को असली खुराक कहाँ से मिलती है। इन समस्याओं को अलग-अलग या अलग-अलग ढंग से देखने की जगह पूरी दुनिया में उभरे संकीर्णतावाद और सामाजिक समूहों के टकराव की आम प्रवृत्ति के सन्दर्भ में देखने की कोशिश की गई है। इस परिप्रेक्ष्य में यह अध्ययन मुख्यत: जाति व्यवस्था की उत्पत्ति और उसकी वास्तविकता पर ही मुख्य ध्यान देता है। फिर इसमें अन्दरूनी सामाजिक सम्बन्धों का जो जाल दिखता है उससे हमारे राष्ट्र की उत्पत्ति पर ही प्रकाश नहीं पड़ता बल्कि यह बात भी समझ आती है कि कुछ खास क्षेत्रों के वे क्या तथ्य हैं जो राष्ट्रीय एकता के लिए परेशानी पैदा कर रहे हैं।

यह अध्ययन प्रमुख समाजशास्त्रीय सिद्धान्तों के ऊपर भी गम्भीर सवाल खड़े करता है जो सामाजिक यथार्थ के तार्किक और कार्यकारी पहलुओं पर जरूरत से ज्यादा जोर देते हैं। ये सिद्धान्त मुख्य रूप से एक छोटे दौर के यूरोपीय अनुभव पर आधारित हैं। बीती घटनाओं का कोई भी अध्ययन यही बताएगा कि मनुष्य तार्किक प्राणी न होकर तर्कशील प्राणी है। वह अपने सामाजिक कामकाज में सिर्फ अपनी तर्कबुद्धि का ही इस्तेमाल नहीं करता बल्कि वह अपने एकांगी पूर्वाग्रहों और मान्यताओं में बह जाता है और फिर तर्क का उपयोग अपने भावों और फैसलों को न्यायोचित बताने के लिए करता है। इसलिए समस्या का अध्ययन समूहों के अन्तर-सम्बन्धों या सम्बन्धों के आदान-प्रदान में जो अविवेकशीलता आती है उसे ही ध्यान में रखकर किया गया है। फिर इन सिद्धान्तों के सीमित यूरोपीय सन्दर्भों से हटकर व्यापक परिप्रेक्ष्य में चीजों को देखना एक अनिवार्यता भी थी। जाति व्यवस्था जैसे अध्ययन ही सिद्धान्तों और नजरिए में जरूरी बदलाव की शुरुआत कर सकते हैं।

इस अध्ययन का सबसे बड़ा हिस्सा जाति व्यवस्था की वास्तविकता की जाँच-पड़ताल वाला है। यह महसूस किया गया है कि जाति के सन्दर्भ में जिन बातों को वास्तविक मान लिया जाता है उनका काफी बड़ा हिस्सा काल्पनिक ही है और इससे गलत धारणा बनती है, गलत निष्कर्ष तक पहुँचा जाता है। अध्याय 3 का जाति : पूर्वाग्रह और पराक्रम शीर्षकवाला अध्ययन इस मामले में कुछ बातों को बहुत खुले ढंग से बताता है। और एक अर्थ में यही इस अध्ययन का सबसे महत्त्वपूर्ण हिसा है जिससे अन्य निष्कर्ष भी निकाले जाने चाहिए। इस अध्याय का अध्ययन करनेवाला कोई भी व्यक्ति यह निश्चित राय बना सकता है कि पौराणिक ग्रन्थों या आम मान्यता में जाति का जो रूप है वह भारत में कभी नहीं रहा है। बल्कि ऐतिहासिक अध्ययनों, लोक-परम्पराओं, शिलालेखों-पुरालेखों और गैर-ब्राह्मणवादी साहित्य में जब इतने सारे तथ्य बिखरे पड़े हैं और जिनसे एकदम अलग तसवीर उभरती है तो लोग जाति व्यवस्था के मिथों पर इतना विश्वास कैसे करते आए हैं। इस अध्ययन में जिन कुछ तथ्यों के आधार पर आम धारणाओं का प्रतिकार किया गया है वे किसी भी ऐतिहासिक प्रमाण की तरह ही पक्के हैं। कुछ अन्य प्रमाण परिस्थितिजन्य हैं। लेकिन उनकी संख्या इतनी बड़ी है कि अगर हम गलतियों के लिए गुंजाइश रखें तब भी ये परिस्थितिजन्य प्रमाण उन दो बुनियादी मान्यताओं पर सन्देह तो पैदा कर ही देते हैं जिन पर यह जाति व्यवस्था टिकी है। पहली मान्यता है कि जातियाँ सदियों से वैवाहिक सम्बन्धों के मामले में अपवादों को छोड़कर एक बन्द व्यवस्था रही हैं, इसलिए उनके खून में मिलावट नहीं है। दूसरी मान्यता है कि अलग-अलग जाति के लोगों को वर्णाश्रम धर्म के अनुरूप ही अलग-अलग पेशे दिए गए हैं और वे उन्हीं को चलाती आ रही हैं। जहाँ तक पहली मान्यता की बात है इतिहास के पक्के प्रमाण ही जाति से परे वैवाहिक सम्बन्धों के इतने प्रमाणों से भरे हैं कि ब्राह्मणवादी दावे और उनकी रची काल्पनिक दुनिया एकदम उलट-पलट जाती है।

इस अध्ययन को सही परिप्रेक्ष्य में रखने के लिए जाति व्यवस्था से सम्बन्धित कुछ महत्त्वपूर्ण सिद्धान्तों की भी परीक्षा की गई है। होमो-हायरार्किकस वाले सिद्धान्त की कुछ ज्यादा विस्तार से चर्चा की गई है क्योंकि इससे इस विनाशकारी दृष्टि को बल मिल सकता है कि जाति व्यवस्था भारतीय मानस में व्याप्त स्वाभाविक भेदभाव का ही एक प्रतिफल है। इससे इस मान्यता को भी बल मिल सकता है कि भारतीय और यूरोपीय मानस ने समान स्थितियों में एकदम अलग-अलग किस्म का व्यवहार किया। जाति व्यवस्था के कुछ पारम्परिक किस्म के पक्षधरों के लिए यह नजरिया जाति व्यवस्था की पवित्रता या मान्यता को बरकरार रखता है।

यह उम्मीद की गई थी कि गम्भीर अध्येताओं द्वारा जाति व्यवस्था की असलियत के अध्ययन से हर जाति में विशिष्टताबोध के पीछे काम करनेवाले नजरिए की

सच्चाई सामने आएगी क्योंकि यह विशिष्टता-बोध सभी समूहों में है। यह सही है कि लोग आसानी से तथ्यों पर भरोसा नहीं कर लेते। फिर भी जातीय पूर्वाग्रहों को तोड़ने के लिए हमें तथ्य ढूँढ़कर सामने लाने ही होंगे।

लेखक उन सारे लोगों का आभारी है जिनसे की गई बातचीत इस व्यवस्था को समझने में बहुत उपयोगी साबित हुई। इनमें से काफी सारे लोग पिछड़े और दलित वर्गों के थे और उनसे बात करके लेखक को जाति व्यवस्था के बारे में उनके नजरिए को जानने का अवसर मिला। पर ऐसे लोगों की संख्या इतनी बड़ी है कि नाम लेकर आभार प्रकट करना भी सम्भव नहीं है। लेकिन वह दुसाधों के भक्त, यदु भगत और बुजुर्ग खखन माझी का खास आभारी है। यदु भगत ने बड़े धीरज के साथ दुसाधों की परम्पराओं और पूजा-पाठ के विशिष्ट तौर-तरीकों तथा देवी-देवताओं के बारे में विस्तार से बताया तो खखन माझी ने मुसहरों के बारे में काफी कुछ बताया। दरअसल मुसहरों से लेखक के नजदीकी सम्पर्क ने ही जाति के कबीलाई पक्ष की ओर ध्यान देने की प्रेरणा दी जो इस अध्ययन का बुनियादी दृष्टिकोण है। लेखक भारतीय इतिहास अनुसन्धान परिषद पुस्तकालय और नेहरू स्मारक पुस्तकालय एवं संग्रहालय के पुस्तकालयाध्यक्षों और कर्मचारियों के प्रति धन्यवाद ज्ञापित करना चाहता है जिन्होंने इन पुस्तकालयों की सुविधाएँ उसे उपलब्ध कराईं।

भूमिका

हाल की घटनाओं ने मानव व्यवहार से सम्बन्धित कुछ बहुत ही मान्य समाजशास्त्रीय सिद्धान्तों को गड़बड़ा दिया है। निश्चित रूप से समाजशास्त्र के दिग्गज लोग बड़े जतन से खड़े किए गए अपने सैद्धान्तिक मॉडलों को बचाने के लिए नित नए भाष्य पेश करते रहेंगे। लेकिन यह सम्भव नहीं लगता कि समाजशास्त्रियों द्वारा दी जानेवाली व्याख्या के किसी भी खाँचे में ये घटनाएँ समा जाएँगी। अभी भी घटनाओं के सन्दर्भ में जब हम इन सिद्धान्तों को देखते हैं तो पाते हैं कि वास्तविकता और सिद्धान्त के बीच कोई मेल नहीं बैठता। आज पश्चिमी जगत में समाजशास्त्र की जिस धारा संरचनावादी-व्यवहारवादी का झंडा बुलन्द है उसकी बुनियादी मान्यता है कि लोगों का अनुकूलन समुदाय से समाज की ओर हो रहा है अर्थात् वे संकीर्ण स्थानीयता छोड़कर वैश्विकता की तरफ बढ़ रहे हैं। इस मूल्यांकन के मुख्य कारक, जिन्हें पार्सन्स विन्यास परिवर्ती (पैटर्न वैरिएबल्स) कहते हैं, इस प्रकार माने जाते हैं :

सामुदायिक रुझान (स्थानीय)	**सामाजिक रुझान (वैश्विक)**
1. विशिष्टवाद	वैश्विकता
2. प्रभावक्षमता	प्रभावी तटस्थता
3. विसरणशीलता	विशिष्टता
4. आरोपण	कार्यसम्पादन
5. सामुदायिक अनुकूलन	आत्मकेन्द्रीकरण

उपरोक्त बातों का मतलब यह है कि समाज के विकास के साथ ही पारम्परिक रूप से तय भूमिकाओं से आगे बढ़कर तार्किक रूप से तय लक्ष्य अपनाए जाते हैं और इस गति या क्रम को उलटा नहीं जा सकता। हाँ, बीच के दौर में, दोनों व्यवस्थाओं का कम-ज्यादा मिश्रित असर रह सकता है। इसका यह भी मतलब है कि लोग समुदाय और जाति के भावनात्मक रिश्तों की जगह अपने फायदे की समझ-बूझ भरी दृष्टि से काम करेंगे। यह सही है कि इस चीज को खुले तौर पर नहीं कहा गया है पर टालकॉट पार्सन्स की यह पूरी प्रणाली क्रान्ति की सम्भावनाओं को

टालने के लिए ही बनी थी। लेकिन सामंजस्य और सन्तुलन पर उनका जोर होने के बावजूद विकास की सम्भावना से पूरी तरह इनकार नहीं किया जा सकता क्योंकि यह साफ दिखते तथ्यों से मुँह चुराना होगा। इसलिए इस चीज को बहुत हल्के और अप्रकट रूप में ही स्वीकार किया गया। जैसे, टालकॉट पार्सन्स लिखते हैं :

> "लेकिन इस तथ्य (विज्ञान के अलावा स्वतंत्र परिवर्तनीयता—लेखक) के दूर होते ही हम सामाजिक व्यवस्था में बदलाव के सामान्य दिशापरक तत्त्व को तार्किकता प्रदान करने की प्रक्रिया के बारे में पर्याप्त भरोसे से बोल रहे होंगे।"

ऐसे व्यवहार का आदर्श उदाहरण वह स्थिति होगी जिसमें कोई व्यक्ति अपने लिए अधिकतम उपलब्धियाँ पाने का प्रयास करता है जिससे उसका दर्जा भी सुधरे और उसके आर्थिक लाभ भी बढ़ें। इस काम में वह अपने समुदाय के अन्य सदस्यों से सहयोग लेने को उनके साथ एका बनाने की जगह उन सदस्यों को अपना प्रतिद्वन्द्वी मानता है। यह सब वह उन लक्ष्यों को पाने के नाम पर करता है जिन्हें वह तार्किक रूप से तय हुआ मानता है। इसलिए ऐसे में जो समाज बनेगा वह सिकी भी किस्म के व्यक्तिगत और पारिवारिक बन्धनों से मुक्त व्यक्तियों से बना होगा जो तार्किक ढंग से तय कुछ लक्ष्यों को पाने के लिए बिना दया-माया के एक-दूसरे से मुकाबला करते हैं। परिवार और कुलवाले पुराने सामाजिक रिश्तों के मरते जाने के साथ ही समाज को जोड़ने के लिए वर्गीकरण, बाजार और मुद्रा तथा नौकरशाही जैसे नए कारक आ जाते हैं। काफी हद तक ये चीजें विकसित औद्योगिक समाजों के बनने का प्रमाण हैं। और फिर ये इतनी प्रसिद्ध हो गई होती हैं कि जो समाज इस ओर बढ़ रहे होते हैं या बढ़ना चाहते हैं उनके यहाँ भी इन चीजों की माँग होने लगती है। यह प्रक्रिया निरन्तर आगे ही बढ़ते जानेवाली है—निम्नतर तार्किकता से उच्चतर तार्किकता की ओर—और इसे पलटा नहीं जा सकता।

दूसरा प्रभावशाली समाजशास्त्रीय सिद्धान्त मार्क्सवाद ने पेश किया। इस सिद्धान्त के अनुसार उत्पादक शक्तियों का विकास और उनके अनुसार उत्पादन सम्बन्धों में बदलाव ही इतिहास की निर्धारक शक्ति है। इन्हीं चीजों के आधार पर ऊपरी चीजें—सुपर स्ट्रक्चर, खड़ी होती है जिनमें न्यायिक, राजनीतिक, दार्शनिक और अन्य विचार शामिल हैं। संक्षेप में कहें तो इसी आर्थिक बुनियाद पर समाज की बाकी सारी विचारधाराएँ बनती हैं। लेकिन इस सिद्धान्त के अनुसार भी आर्थिक सम्बन्ध ही सबसे प्रमुख बन जाते हैं और उत्पादन पद्धति और उत्पादन सम्बन्धों में बदलाव के साथ ही अन्य चीजें भी तेजी से और अनिवार्यत: उसी के अनुरूप अपना बदलाव करती हैं। यह तर्क भी एक अन्य तरीके से यही कहता है कि आधुनिक औद्योगिक प्रणाली अपने आपमें सब कुछ समेट लेनेवाली चीज है और जब यह आती है तो

पूँजीवाद या औद्योगीकरण के पहलेवाले सारे सामाजिक और पारिवारिक सम्बन्ध इसमें घुल-मिलकर खत्म हो जाते हैं। यहाँ व्यक्तियों की स्थिति या महत्त्व के अन्तर को माना जाता है पर यहाँ भी व्यक्ति, चाहे वह पूँजीपति हो या मजदूर, अपने उद्यम से अपनी कमाई या सम्पत्ति बढ़ाने में व्यक्तिगत रुचि लेता है। पूँजीपति को दिन-रात अपनी पूँजी और संसाधन बढ़ाने की चिन्ता रहती है तो मजदूर को अधिक कमाई और बेहतर काम की। यहाँ भी व्यक्ति को बाकी सारे सम्बन्धों, मूल्यों से मुक्त मान लिया गया और अगर दूसरे लोगों से वह जुड़ता भी है तो पैसों के माध्यम से जिसे कार्लाइल 'कैश नेक्सस' कहते हैं और मार्क्स ने भी इसे पूँजीवादी व्यवस्था में लोगों के बीच के सम्बन्ध को बताने के लिए उपयुक्त शब्द माना। मार्क्स ने इसे पूँजीवादी व्यवस्था में पैदा होनेवाला विरक्ति भाव या उदासीनता माना।

लेकिन मार्क्सवादी सिद्धान्त में तब भी बचने लायक कुछ ठौर-ठिकाने हैं। यहाँ माना गया है कि अपने परिवार और समुदाय से कटे मजदूर के लिए अपने साथ के उन मजदूरों के साथ मैत्रीभाव बढ़ाने, एकता कायम करने का रास्ता रहता है जो उसी पूँजीवादी नियोक्ता द्वारा उसके साथ काम करने के लिए उसी जगह पर जमा कर दिए गए होते हैं। इस समाज में सिर्फ एक किस्म की एकता होती है—वर्गवाली एकता। कुल, परिवार, जाति और राष्ट्र में बाकी सारे रिश्ते पूँजीवाद की भारी-भरकम कीमियागिरी में गल-खप जाते हैं।

इसलिए हम चाहे जिस रास्ते चलें, बात तार्किकतावाले अन्त पर ही पहुँचती है। पूँजीवाद और समाजशास्त्र में दोनों ही प्रमुख सिद्धान्त हमें बताते हैं कि परिवार, कुल और कबीले वगैरह के सम्बन्ध बाबा आदम के जमाने की चीजें हैं और अब समाप्ति की राह पर हैं और अब लोग सिर्फ भौतिक कारणों से ही गतिविधियाँ करेंगे और ये भौतिक हित भी बहुत सीमित आर्थिक अर्थों में परिभाषित होते हैं।

पर क्या वास्तविकता इन सिद्धान्तों से मेल खाती है? जब ये सिद्धान्त प्रतिपादित हुए हैं उसके बाद से हम हर रोज एक अलग किस्म की वास्तविकताओं से रूबरू होते हैं और जिनका इन सिद्धान्तों द्वारा बताई कार्यपद्धति से कोई लेना-देना नहीं है। अंध राष्ट्रवाद, कबीलाई संघर्ष, जातीय लड़ाइयाँ और जातिसंहार की मानसिकता से भड़की हिंसक घटनाएँ ही पिछले कुछ समय की सबसे प्रकट और ताकतवर किस्म की सामाजिक हलचलें रही हैं।

आजादी हासिल करने के बाद भारत ने भी खुद को आधुनिक बनाने की कोशिश की। अधिकांश दलों ने धर्मनिरपेक्षता और लोकतंत्र को अपना आदर्श बनाया जिसमें बाद में समाजवाद को भी जोड़ा गया। हमारे पहले प्रधानमंत्री ने नए युग की शुरुआत को रेखांकित करने के लिए यह घोषणा भी कर दी कि बड़े औद्योगिक कारखाने और राष्ट्र की सिंचाई और बिजली की क्षमताओं को प्रयोग में लाने के लिए बननेवाले बड़े-बड़े बाँध हमारे नए पूजास्थल हैं—तीर्थस्थल हैं और

विज्ञान तथा तकनीक श्रद्धाभाव रखने की नई चीजें हैं। कुछ समय के लिए पूरा देश भी उनकी इन बातों और भावों को प्रतिध्वनित करता लगा। छुआछूत कानूनी रूप से अपराध बन गया; जाति व्यवस्था को दकियानूसी मानकर समाप्त किया जाना था; और सभी किस्म के कबीलाई भावों और संकीर्णताओं को छोड़कर तार्किक और आधुनिक वैज्ञानिक व्यवस्था लाने की बात थी। ऐसा ही सबने सोचा भी था।

पर वास्तविकता में हमें एकदम अलग प्रवृत्ति दिखाई देती है। जिस जातिवाद को सदा के लिए विदा होना था उसे असल में सिर्फ परदे की ओट में छिपा दिया गया था और अब राजनीतिक हलके में यह सबसे बड़े पहलवान के रूप में विराजमान है। तमिलनाडु की राजनीति में यह सबसे पहले प्रभावी हुआ और इसने बाकी सारे मुद्दों को पीछे छोड़ दिया। केरल में वाम और दक्षिण पंथ, दोनों जमातों की राजनीतिक पार्टियों ने बहुत साफ पहचाने जा सकनेवाले जातीय और साम्प्रदायिक गठबन्धन किए। महाराष्ट्र में भी बहुत साफ जातीय पहचानों के इर्द-गिर्द ही प्रभावी राजनीतिक समूहों का उदय हुआ। कर्नाटक और आन्ध्र प्रदेश की कहानी भी यही है। उत्तर की बारी बाद में आई और राष्ट्रीय आन्दोलन के प्रभाव से ही ऐसा हुआ। राष्ट्रीय आन्दोलन जातिवादी भावना को काफी समय तक दबाए रखने में सफल रहा, पर अब चुनावी राजनीति हो या सामाजिक जीवन के टकराव, दोनों ही में जातिवाद ने उत्तर भारत को भी अपनी पूरी जकड़न में ले लिया है। पश्चिम और दक्षिण में जिस तरह से मराठों, रेड्डियों, वोक्कालिगों और गौडाओं का प्रभुत्व है, उत्तर में यादवों, जाटों और कुर्मियों ने भी वैसी ही स्थिति बनाने की कोशिश की है। और इस बीच अगर अनुसूचित जाति के लोगों ने अपने लिए कोई अलग जगह बनाने की कोशिश की है तो उन पर चारों ओर से मार पड़ रही है। बिहार में बेहतर मजदूरी की माँग या अन्य मामलों में सम्मानजनक या बराबरी के व्यवहार की उपेक्षा करने के मामले, उनको मारने, उनकी बस्तियाँ जलाने की घटनाएँ आम हैं। महाराष्ट्र में एक विश्वविद्यालय का नाम भीमराव आंबेडकर के नाम पर रखने की प्रतिक्रिया कुछ वर्ष पहले सबने देखी ही है जबकि बाबा साहब आंबेडकर के लिए दलितों के मन में अपार सम्मान का भाव है।

ये उन असंख्य घटनाओं में से कुछ ही हैं जो लगभग नियमित रूप से घटने लगी हैं। दिलचस्प बात यह है कि भारत के सबसे बड़े और आधुनिक औद्योगिक नगर मुम्बई समेत सभी जगहों पर महारों के बीच, जिस अनुसूचित जाति के डॉ. आंबेडकर भी थे, जबर्दस्त जातीय एकता है। मुम्बई के औद्योगिक मजदूरों में उनका एक अलग ही समूह है और उनकी जातीय एकता वर्गवाली लक्ष्मण रेखा को भी काटती है।

बिहार के भोजपुर जैसी जगहों पर भी, जहाँ लड़ाई विशुद्ध रूप से आर्थिक मुद्दों पर लड़ी जा रही है वहाँ भी लड़ाई की अन्तिम तैयारी खालिस जातिगत

आधार पर होती दिखती है। भोजपुर में नक्सलियों ने भूमिहीन मजदूरों को संगठित करने का प्रयास किया है। मोटे तौर पर भूमिहीनों की श्रेणी में अनुसूचित जातियों के लोग ही आते हैं। जब लड़ाई ने तीखा रूप लिया तो सवर्णों के खिलाफ दलित जातियों का जमावड़ा हुआ। अक्सर सवर्णों में भी ज्यादातर छोटे किसान और खेती से किसी तरह जीवन बसर कर लेनेवाले लोग ही हैं और उनका जीवनस्तर भी भूमिहीन मजदूरों के लगभग बराबर ही होता है। लेकिन इस साफ दिखते तथ्य से भी लड़ाई और ध्रुवीकरण में कोई बहुत अन्तर नहीं आता।

एक अन्य महत्त्वपूर्ण बात है जातीय ध्रुवीकरण का उन इलाकों से बाहर निकलकर फैलते जाना जहाँ इसकी शुरुआत हुई थी। एक गाँव या एक क्षेत्र में हुआ ऐसा ध्रुवीकरण पूरे प्रदेश में और अक्सर प्रदेश की सीमाओं को लाँघकर कई प्रदेशों को अपने दायरे में ले लेता है। अक्सर जातियों के राष्ट्रीय संगठन बनाने के प्रयास भी हुए हैं जिनमें अलग-अलग प्रान्तों के एक ही जाति के लोग अपनी जाति की एकजुटता की कसमें खाते हैं, ये अपनी जाति की माँगें आगे रखते हैं। जहाँ एक प्रदेश से आगे निकलनेवाला औपचारिक संगठन नहीं हो तो ऐसा संगठन बनाया जाता है और अपने जाति-भाई लोगों से सम्पर्क बनाया जाता है। ऐसी एकता आम तौर पर राष्ट्रीय रूप लेती है और फिर इन्हें 'पिछड़ों' या 'दलितों' की एकता जैसी बड़ी छतरी के नीचे समेटने की कोशिश होती है। पर यह बादवाली एकता या एकता का प्रदर्शन टिकाऊ रूप नहीं लेता और आम तौर पर किसी तात्कालिक मुद्दे को लेकर ही बनती है।

हाँ, एक खास क्षेत्र से निकलकर सभी क्षेत्र के एक जाति के लोगों को जोड़ने का प्रयास इनसे ज्यादा टिकाऊ होता है क्योंकि उसमें जातिवाले मूल्यों के साथ एक कबीलाई जुड़ाव भी रहता है।

पिछले कुछ वर्षों से आदिवासियों के आन्दोलन भी जोर पकड़ रहे हैं। इन आन्दोलनों के दो स्वरूप सामने आ रहे हैं। पूर्वोत्तर क्षेत्र के सीमावर्ती क्षेत्रों में बसे कबीलों की तरफ से, जिनके कबीले के ही कुछ लोग सीमा के उस तरफ भी रहते हैं, अलग राष्ट्र की माँगें उठ रही हैं। मिजोरम और नागालैंड की स्थिति ऐसी ही है। और जो आदिवासी इलाके गैर-आदिवासी इलाकों के बीच आ गए हैं उनमें भारतीय संघ के अन्दर ही आदिवासी-बहुल राज्य की माँग उठती रही है और झारखंड समेत कुछ इलाकों में उसमें सफलता भी मिली है। यहाँ भी अलग-अलग जगहों पर बिखरी आदिवासी जमातों में एकता कायम करने की प्रवृत्ति रही है।

जैसे, अलग प्रदेश बनाने के लिए 30 जून, 1980 को आल इंडिया झारखंड पार्टी ने जो माँग रखी थी उसमें पश्चिम बंगाल, बिहार, ओड़िशा और मध्य प्रदेश के आदिवासी इलाकों को मिलाकर झारखंड राज्य बनाने की बात थी। वैसे तो आदिवासी लोगों में भी मुंडा, उराँव और सन्थाल जैसे अनेक समूह हैं पर उन सभी के ऊपर

जिस तरह से गैर-आदिवासी संस्कृति का दबाव चारों ओर से पड़ने लगता है उसमें वे अपनी सांस्कृतिक पहचान को बचाने के लिए, अभी तो सबको साथ लेकर चल रहे हैं, पर यह भी उल्लेखनीय है कि सदियों के साथ-साथ रहने के बावजूद न तो आदिवासियों-गैरआदिवासियों के बीच ज्यादा मेलमिलाप हुआ है, न स्वयं आदिवासी समूहों का आपस में विलय होकर उनकी कबीलाई पहचान ही समाप्त हुई है। यहाँ यह भी उल्लेखनीय है कि पश्चिम बंगाल में पहले भी कोई बड़ा आदिवासी आन्दोलन नहीं था पर वाममोर्चा सरकार बनने के बाद इसने जोर पकड़ा। मिदनापुर, बाँकुड़ा, पुरुलिया और वीरभूम में अस्सी के दशक के शुरू में काफी बड़े आन्दोलन हुए और इनमें हुआ ध्रुवीकरण स्पष्ट रूप से आदिवासी पहचान के साथ था। सभी पारम्परिक शासकों की तरह निकट-दृष्टि रखनेवाली वाममोर्चा सरकार को आदिवासी आन्दोलन के पीछे काल्पनिक हाथ नजर आया। उसने आदिवासियों के असन्तोष के लिए ईसाई मिशनों को जिम्मेदार ठहराया। पर आदिवासी आन्दोलन, जो रोज ज्यादा दमदार बनता गया है, की इस व्याख्या से कौन सहमत होगा।

मार्क्सवादी कम्युनिस्ट पार्टी के शासनवाले एक अन्य राज्य, त्रिपुरा में भी पार्टी ने आदिवासियों के सवाल पर बहुत अजीब किस्म का आचरण किया। वहाँ भी अस्सी के दशक के शुरू से अपनी पहचान बचाने का आन्दोलन आदिवासी लोग चला रहे हैं। पास-पड़ोस के इलाकों से रोज आकर त्रिपुरा में बसनेवाली बंगाली आबादी ने आदिवासियों को उनके घर में ही अल्पसंख्यक बना दिया है और हर क्षेत्र में बंगालियों का ही प्रभुत्व है। हालाँकि माकपा सरकार ने आदिवासियों को शान्त करने के लिए कुछ प्रशासनिक प्रबन्ध किए, किन्तु वह घुसपैठिया बंगालियों के विरुद्ध आदिवासियों की भावना के ज्वार को रोकने में असफल रही। आदिवासियों और बंगालियों के बीच हिंसक झड़पें हुईं। 'आमरा बंगाली' नामक एक उग्र और दकियानूस सोचवाला बंगाली संगठन भी उभर आया। इस किस्से को बताने का सीधा और छोटा सा मकसद यह है कि दुनिया के मजदूर तो एक नहीं ही होते, पास-पास के इलाकों और दो तरह की सांस्कृतिक पहचानवाले श्रमजीवी भी टकराते हैं—एकता नहीं रख पाते। माकपा ने यहाँ भी हर समस्या के पीछे विदेशी हाथ देखना जारी रखा।

पूर्वोत्तर भारत के अन्य इलाकों में भी भारी हलचल चलती रही है। आजादी के काफी समय बाद तक शान्त रहनेवाले ये इलाके भी अस्सी के दशक की शुरुआत से आन्दोलित हुए हैं। सबसे पहले असम में 'बहिरागतों' को प्रदेश से निकालने का आन्दोलन और मारकाट चली। मुख्यत: बांग्लादेशी लोगों की घुसपैठ से असमिया लोगों की सांस्कृतिक पहचान खतरे में पड़ गई थी। पर मामला सिर्फ सांस्कृतिक पहचान का ही नहीं था—असल में बंगालियों द्वारा आर्थिक समेत हर क्षेत्र में प्रभुत्व बना लेने का डर था। नागालैंड, मणिपुर, मिजोरम, मेघालय जैसे सभी राज्यों में

कबीलाई पहचान सुदृढ़ करने, बाहरी प्रभावों को नकारने, बाहरी प्रभावों के डर ने आन्दोलन खड़े किए। कई जगहों पर तो 250 वर्ष से प्रभावी वैष्णव हिन्दुत्व के खिलाफ भी मुहिम चली और उसे गुलामी का प्रतीक बताया गया। विद्रोह और हिंसा का क्रम निरन्तर जारी है और इस पूरे इलाके में चल रहा है।

जो तथ्य सामने आ रहे हैं उनसे साफ है कि जातीय ध्रुवीकरण और उग्र आदिवासी आन्दोलनों जैसे सामूहिक व्यवहार को समाजशास्त्र के मौजूदा उपकरणों से ढंग से नहीं समझा जा सकता। साथ ही यह भी साफ लगता है कि राष्ट्रीय एकता पर आदिवासी इलाकों से ज्यादा दबाव पड़ रहा है। यह सही है कि कभी तमिलनाडु में द्रविड़िस्तान और पंजाब में खालिस्तान की माँग कुछ अतिवादी समूहों ने की थी। लेकिन सख्ती और जवाबी रणनीति ने इस आन्दोलन को बहुत कम समय में इतिहास की चीज बना दिया। दूसरी ओर आदिवासी विद्रोह में भले ही बहुत ज्यादा संख्या में लोगों की भागीदारी न होकर उनका स्वर एकदम अलग रहा है और उनको दबाया नहीं जा सका है। निश्चित रूप से इसका सीधा रिश्ता हमारे राष्ट्र के बनने की प्रक्रिया से है और भारतीय राष्ट्र से आदिवासियों की विरक्ति के सवाल को बहुत ही समझबूझ के साथ देखना और हल करना होगा। इन सबके लिए विदेशी शक्तियों को या 'मुट्ठी-भर' लोगों को जिम्मेवार बता देना असल में शुतुरमुर्ग की तरह अपना सिर रेत में घुसाने जैसा काम ही होगा।

हमने देखा है कि जाति हो या कबीलाई आन्दोलन, दोनों में क्षेत्रीय सीमाएँ लाँघकर क्षैतिज सम्बन्ध बनाने की प्रवृत्ति साफ है। यह पहलू हमें जाति की उत्पत्ति को समझने में मदद कर सकता है।

लेकिन जब हम इस समस्या पर विचार करना शुरू करते हैं तो पाते हैं कि विभिन्न जातीय, भाषायी और धार्मिक समूहों का एक-दूसरे के प्रति यह द्वेष-भाव सिर्फ भारत में ही नहीं है पूरी दुनिया में ऐसा है और सामाजिक तथा आर्थिक तनाव की स्थितियों में दूसरे समूह को दबाने—नाश करने की प्रवृत्ति उभरने लगती है। अगर हम आज की दुनिया को देखें तो हमें बहुत ही विरोधाभासपूर्ण स्थिति दिखेगी। दुनिया में काफी समय तक दो ध्रुव दिखते रहे, आज एक ध्रुव की बात कही जा रही है पर सारी लड़ाइयाँ जातीय समूहों और कबीलाई पहचानों के आधार पर लड़ी जा रही हैं जो आतंकवाद, बगावत या जवाबी बगावत के रूप में सामने आ रही हैं। 75 साल कम्युनिस्ट शासन में रहने के बाद जब सोवियत संघ के इलाके बिखरे तो विशुद्ध कबीलाई पहचान के आधार पर बँटे। अफ्रीकी देशों की लड़ाई तो कबीलाई है ही, अपने आसपास के देशों—पाकिस्तान, श्रीलंका, बर्मा और ईरान में भी कबीलाई या जातीय पहचानवाले समूह भयंकर लड़ाई लड़ रहे हैं। श्रीलंका के तमिलों की लड़ाई तो तमिल पहचान बनाने और अलग तमिल प्रान्त बनाने की है। औद्योगिक देशों में जातीय समूहों के खिलाफ भेदभाव थोड़े अप्रकट ढंग से होता

है। जैसे, वहाँ अकुशल मजदूरी का काम बाहर से आए लोगों को दिया जाता है जो काम अब वहाँ के लोग नहीं करते या नहीं करना चाहते। पर जब मन्दी हो या बेरोजगारी का दबाव, छँटनी का कुल्हाड़ा प्रवासी कामगारों की गर्दन पर ही पड़ता है। अब तो विकसित देशों में रंगीन चमड़ीवाले मजदूरों का आना भी बहुत आसान नहीं रह गया है। उन्हें आसानी से वीसा ही नहीं मिलता।

सबसे आधुनिक समाजों में गिने जानेवाले अमेरिका में भी, जिसे विभिन्न राष्ट्रीयताओं के लोगों का 'मेल्टिंग पॉट' (मिलन पात्र) ही कहा जाता है, नस्ल और जातीय पहचान के आधार पर विभाजन बहुत खुल गए हैं। दर्शनशास्त्र के अमेरिकी प्रोफेसर माइकेल नोवाक की निम्नलिखित टिप्पणी इस बात की जबर्दस्त वकालत करती है कि अलग तरह से समाजशास्त्रीय चिन्तन की जरूरत है। उनकी मान्यता भी कुछ वैसी ही है जैसी चर्चा हमने पहले की है। अमेरिका के जातीय सम्बन्धों के बारे में वे निम्नलिखित बातें लिखते हैं :

> "पाँचवाँ, सुधारवादी नौकरशाही ने जातीय विविधता की अनदेखी की है। (उसने माना कि यह स्वत: समाप्त हो जाएगी।) जातीय विविधता की राजनीतिक ताकत को नहीं समझा गया। अश्वेत, शिकानो और इंडियन लोगों के चेतन होने और एक हद तक सुगठित होने से बाकी जातीय समूह मनोवैज्ञानिक रूप से भ्रमित हो गया है। वे 'वास्प' (WASP) बनने में सक्षम नहीं हैं। उनका अपने आप पर से भरोसा उठता जा रहा है।
>
> "सातवाँ, समाज की बहुत ही मशीनी समझ और छवि के चलते विशेषज्ञ भी सामाजिक जीवन को चलानेवाली वास्तविक शक्तियों की तरफ से आँखें मूँदे रहे। विशेषज्ञों की भाषा में 'प्रोग्राम', 'फंक्शन', 'मशीन', 'इनपुट', 'वर्कशॉप', 'फ्लड इन' जैसे मदों की भरमार हो गई मानो समाज कोई जीती-जागती चीज न होकर मशीन हो। अश्वेतों और जातीय समूहों के बीच में जो सबसे प्रमुख चीज़ें हैं—परिवार, पास-पड़ोस और स्थानीय समुदाय, उनकी इन विशेषज्ञों ने कोई खास कीमत नहीं समझी। सारी बातें कल्पना के आधार पर करना तो लाट साहबी है। इससे जीवन्त चिन्तन भी पंगु बन जाता है।
>
> "आठवाँ, हर जातीय समूह के साथ सामाजिक मुद्दा भी अलग-अलग बन जाता है क्योंकि हर समूह की व्यक्ति, परिवार, समाज, राजनीतिक कामकाज और नैतिकता के बारे में अलग-अलग राय है।"

समाज में बँटवारा करनेवाली सबसे साफ लाइन आर्थिक नहीं है। हमें विवाद के स्रोत को समझना होगा। जैसे, यह जानना होगा कि आदिवासियों के सहयोग के पीछे क्या मानसिकता काम करती है, क्या जाति व्यवस्था और कबीलाई जीवन

शैली में कोई समानता है जिससे कि जातियों में भी उन्हीं के समान विशिष्ट किस्म का एकता-बोध होता है? इन सभी बातों पर हमें विचार करना चाहिए।

अपने मुख्य मुद्दे, भारतीय जाति व्यवस्था पर बात करें तो पाएँगे कि विभिन्न जातियों के बीच परस्पर नफरत और बैर का जो भाव है उसके पीछे दो मिथों अर्थात् काल्पनिक सत्यों का सबसे बड़ा हाथ है। एक तरफ तो वर्ण-व्यवस्था का ब्राह्मणवादी सिद्धान्त है जिसके अनुसार कुछ लोग जन्म से ही श्रेष्ठ हैं और यह श्रेष्ठता उच्च जाति में पैदा होने से ही मिल जाती है। इस विचार का कहना है कि ऐसे बड़े लोगों को फिर बड़े या ऊँचे दर्जे के ही काम करने चाहिए जिनमें श्लोक पढ़ना, पूजा-पाठ करना या हथियार लेकर लड़ना और दूसरों को मारने का काम शामिल है। और अगर इसकी परम्परा के थोड़े पुराने और आदिम रूप की तरफ देखें तो पाएँगे कि उच्च वर्ण में जन्म लेनेवालों का सबसे प्रधान काम था—यज्ञ में बलि चढ़ाना और इसमें भी घोड़ों और बड़े पालतू पशुओं की बलि को ज्यादा महत्त्व दिया जाता था। पर वैदिक यज्ञवाले दिनों की तुलना में अब बहुत दरिद्र हो चुकी इस जमात ने ऐसी बलि को या तो बन्द कर दिया है या फिर बकरी और भेड़ जैसे छोटे पशुओं की बलि दी जाती है। ऐसे कामों से बनी श्रेष्ठता और युद्ध के आधार पर उच्च जातियों के लोग अन्य जातियों और दलितों से किसी तरह का सम्पर्क रखने से बचते थे। यह आम तौर पर माना जाता है कि इस तरह से उन्होंने अपनी 'शुद्धता' सदियों तक बनाए रखी और अगर किसी नीची जाति की स्त्री या पुरुष के सम्पर्क में आने पर सन्तान पैदा हुई तो उसे अपने वर्ण में न लेकर वर्ण-संकर घोषित किया गया। और आज जो असंख्य जातियाँ दिखती हैं उनमें कई की उत्पत्ति ऐसी ही है।

इस नजरिए को सिर्फ पारम्परिक बातों से ही नहीं धर्मशास्त्रों का समर्थन भी मिलता जिनकी रचना और संग्रह ब्राह्मणों ने स्वयं किया।

जहाँ तक वर्ण-व्यवस्था की उत्पत्ति की बात है तो इसे मनुष्य जाति की उत्पत्ति के साथ ही आई माना जाता है। इसकी उत्पत्ति उस काल्पनिक पुरुष के विभिन्न अंगों से हुई बताते हैं—ब्राह्मण मुख से पैदा हुए, क्षत्रिय भुजाओं से, वैश्य जाँघों से और शूद्र पैरों से। और वर्ण-व्यवस्था की इस उत्पत्ति के साथ विभिन्न वर्णों के काम भी तय कर दिए गए—ब्राह्मणों के जिम्मे पूजा-पाठ और अध्ययन का काम आया तो क्षत्रियों के जिम्मे लड़ने-भिड़ने और शासन करने का, वैश्यों के जिम्मे खेती और व्यापार आया तो शूद्रों के जिम्मे तीनों वर्णों की सेवा का। पहले तीन वर्णों को द्विज अर्थात् दो बार जन्मनेवाला कहा जाता है। माना जाता है कि उनका दूसरा जन्म उपनयन संस्कार के समय होता है।

जाति व्यवस्था से जुड़ा दूसरा मिथक शूद्रों और अन्त्यजों की तरफ से है। इस मिथक के अनुसार पिछड़ी जातियाँ ब्राह्मणों की सोची-समझी रणनीति या साजिश का शिकार बनी हैं। यह साजिश उन्हें नीचा करने की थी। इस नजरिए के अनुसार

शूद्र सदा से इसी स्थिति में नहीं थे पर उनकी मौजूदा स्थिति पाँच हजार वर्ष से चल रही है और द्विजों तथा शूद्रों के बीच बँटवारे की लाइन इस दौरान बहुत ही जड़ और कठोर बनी रही है और द्विजों, खासकर ब्राह्मणों के झूठ के आधार पर ही टिकी रही है।

शूद्रों की स्थिति सुधारने सम्बन्धी आन्दोलन के एक प्रमुख नेता भीमराव आंबेडकर इस बारे में अपने विद्वत्तापूर्ण नजरिए को रखते हैं जिससे अन्दाजा लगता है कि यह सब कैसे हुआ होगा। अपनी किताब 'हू वेयर द शूद्राज' (शूद्र कौन थे?) में वे अपने तर्क को इस तरह प्रस्तुत करते हैं :

1. "शूद्र आर्य समुदाय के सूर्यवंश के लोग थे।"
2. "कभी ऐसा समय भी था जब आर्य समाज सिर्फ तीन वर्णों—ब्राह्मण, क्षत्रिय और वैश्य को ही मान्यता देता था।"
3. "शूद्र कोई अलग वर्ण नहीं था। हिन्दू आर्य समाज में उनके क्षत्रिय वर्ण का हिस्सा ही माना जाता था।"
4. "शूद्र राजाओं और ब्राह्मणों के बीच लगातार ठनी रहती थी जिसमें ब्राह्मणों पर तरह-तरह के अत्याचार हुए और उनका अपमान हुआ।"
5. "इसलिए ब्राह्मणों के मन में शूद्रों के प्रति नफरत पैदा हुई। वे उन्हें अपना शोषक और दमनकारी मानते थे। परिणामस्वरूप ब्राह्मणों ने शूद्रों का उपनयन कराना बन्द कर दिया।"
6. "जब उपनयन होना बन्द हो गया तो क्षत्रिय श्रेणी में रहे शूद्रों का सामाजिक दर्जा नीचे आ गया और वे वैश्यों से भी नीचे आ गए और इस प्रकार चौथा वर्ण बना।"

वर्ण-व्यवस्था में अपने खोए दर्जे के भाव से जुड़ा यह नजरिया ही ब्राह्मणों के प्रति शूद्रों के मन में बैठी कड़वाहट का एक प्रमुख कारण है। इसमें यह भाव जुड़ा हुआ है कि उसके सामाजिक दर्जे में गिरावट के लिए ब्राह्मण ही दोषी रहे हैं। आगे अपने अध्ययन के क्रम में हम देखेंगे कि पूरे ज्ञात इतिहास में समाज के सभी वर्णों में क्षत्रिय का दर्जा पाने की बेचैनी रही है। इस नजरिए का मेल आज की स्थिति से भी होता है कि ब्राह्मण ही छोटी जाति के लोगों को समाज में उचित स्थान नहीं लेने दे रहे हैं। अपने दोष या शिकायतों को दूसरों के मत्थे मढ़ने के लिए जिन्हें किसी बहाने भर की जरूरत होती है वे दूसरी ऐतिहासिकता की पुष्टि करने का सिरदर्द मोल नहीं लेते। इसलिए यह मिथक न सिर्फ बना रहा है बल्कि मजबूत होता गया है।

ये दोनों ही दृष्टिकोण और मिथक दोनों सम्बन्धित समूहों की एक-दूसरे के प्रति राय और बैर-भाव दोनों में वृद्धि करते हैं और संघर्ष जारी रखने में निश्चय को

दृढ़ करते हैं। पहला समूह जन्मजात श्रेष्ठता के दावे को चलाए रखना चाहता है तो दूसरा लादे गए छोटे दर्जे को हटाना चाहता है। और दोनों ही समूह इसके लिए लड़ने-भिड़ने को तैयार हैं।

निस्सन्देह यह सब कुछ सार्वजनिक रूप में न कहा जाता है, न इसके अनुरूप खुली तैयारी होती है—खासकर द्विजों की तरफ से तो अपनी श्रेष्ठता की बात सार्वजनिक रूप से शायद ही कभी कही जाती हो। लेकिन गैर पारम्परिक कामों, पदों और अधिकारों से लैस शूद्रों के काम में खोट निकालने और आलोचना करने के पीछे यह साफ मंशा रहती है कि शूद्र लोग इन पदों या श्रेष्ठ स्थानों के लिए कितने अयोग्य हैं। इसी मिथक के अनुसार आराम से खुले टकराव भी दिखते हैं—और चौथे वर्ण के लोगों के खिलाफ इस या उस बहाने, प्रत्यक्ष या परोक्ष रूप से भेदभाव होता दिखता है। और शूद्र अपने तर्क को मजबूत करने या सही साबित करने के लिए मन से इन सवालों को उठाते हैं और पर्याप्त जोरदार ढंग से भी उठाते हैं।

इन शक्तिशाली और प्रभावी मिथकों के अलावा भी जाति व्यवस्था की सम्भावित उत्पत्ति और विकास पर गम्भीर और सावधानीपूर्ण अध्ययन समाजशास्त्रियों, इतिहासकारों और नृशास्त्रियों की तरफ से हुए हैं। जिन लोगों ने ये अध्ययन किए हैं उनकी जाति व्यवस्था में सीधी भागीदारी नहीं थी या उनकी इन विचारों में कोई दिलचस्पी नहीं थी पर कई बार लगता है कि वे भी इन दो प्रचलित मिथकों में से किसी-न-किसी के पक्ष को लेकर आगे बढ़े हैं। इसके अलावा, ये अध्ययन कुछ खास पहलुओं को ही लेकर हुए हैं और जाति को ध्यान में रखकर सामाजिक-राजनीतिक स्थिति की समग्र तसवीर पेश करने की कोशिशें नहीं हुई हैं। विशुद्ध वैज्ञानिक नजरिए से देखें तो ये गलतियाँ टाली नहीं जा सकती थीं। लेकिन इससे इन क्षेत्रों के व्यावहारिक अध्ययन इन प्रभावी मिथकों को बगैर छुए निकल जाते हैं। इसलिए हमें लोगों के नजरिए और इन अध्ययनों के निष्कर्ष के आधार पर एक पूरी तसवीर बनानी चाहिए। इसी से इन पारम्परिक मिथकों का प्रभाव टूटेगा—एक-दूसरे के प्रति शत्रुभाव में कमी आएगी। पर यह करने से पहले विशेषज्ञों के विभिन्न विचारों का भी मूल्यांकन करना जरूरी हो जाता है। जातीय सम्बन्धों की वास्तविकता के विविध तथ्यों को जाँचने से पहले तक कुछ प्रमुख सिद्धान्तों की चर्चा करेंगे जिससे इस अध्ययन को एक स्पष्ट परिप्रेक्ष्य में रखा जा सकेगा।

1

हमारी सामाजिक संस्थाओं को तार्किक ढंग से समझने की सबसे प्रारम्भिक कोशिशें यूरोपीय लोगों ने कीं जो अपने समाजों के बारे में उनकी जानकारी से एकदम भिन्न थीं और जिन्हें देखकर वे हैरान से थे। और इस व्यवस्था का हिस्सा न होने के चलते वे इन संस्थाओं के बारे में अपेक्षाकृत बेलाग नजरिया भी अपना सकते थे। लेकिन अपेक्षाकृत बेलाग ही, क्योंकि इन संस्थाओं के बारे में भले ही भारतीय लोगों के कुछ पूर्वाग्रह हों, पर इन यूरोपीय लोगों के भी अपने पूर्वाग्रह कम नहीं थे।

शुरुआती सारे अध्ययनों पर आर्य नस्लवाली अवधारणा का रंग बहुत गहरा चढ़ा हुआ था। तभी हुए अध्ययनों से यह संकेत मिले थे कि यूरोप, ईरान और भारत की संस्कृत मूल की कई भाषाओं का विकास साझा भारोपीय भाषा परिवार से हुआ था और इसी आधार पर एक आर्य नस्लवाली अवधारणा बनी थी। यह माना गया था कि जब एक आर्य जाति थी जो अपने साथ कुछ मूल सांस्कृतिक प्रवृत्तियों के साथ इस भाषा को भी लेकर दुनिया के अलग-अलग हिस्सों में पहुँची थी। इसी सोच के तहत जब मैक्स मूलर ने शतपथ ब्राह्मण का अनुवाद प्रकाशित कराया तो उसकी भूमिका में लिखा :

> "उत्तरोत्तर दौर की साहित्यिक रचनाओं से हम देख सकते हैं कि आर्य संस्कृति का केन्द्र सिन्धु क्षेत्र से बदलकर यमुना और गंगा हो गया था। चूँकि नए जीते गए क्षेत्रों में मुख्यत: आदिम कबीलों के लोग थे, जो विजेता आर्यों के आगे पराजय कबूल कर चुके थे या आर्यों ने उन्हें शूद्र या गुलामों की श्रेणी में रखा था, इसलिए ब्राह्मणवादी आस्थाओं और रीति-रिवाजों को आदिम प्रजा के मूर्तिपूजक रस्मो-रिवाज के दुष्प्रभावों से बचाने के लिए आर्य लोगों और गुलाम जनता के बीच अभेद्य दीवार खड़ी करने का सुझाव ब्राह्मण ग्रन्थों में ही दिया गया था। चूँकि इस तरह के वर्ग विभेद भले ही मुख्यत: धार्मिक हितों के चलते बने हों पर धीरे-धीरे समाज के सभी वर्णों के आपसी रिश्तों के निर्धारण का आधार बनते गए और धर्म-सूत्रवाले काल तक आते-आते इन्होंने नियमों या कानूनों का रूप ले लिया। यही धर्म-सूत्र आगे चलकर हिन्दू कोड का आधार बने।"[1]

इस प्रकार यह माना गया कि आदिम कबीलों के मूर्तिपूजक रस्मो-रिवाज से आर्य मान्यताओं को बचाने की आर्यों की कोशिशों ने ही बाद में जाति व्यवस्था का रूप लिया। इसी नस्लवादी मान्यता पर आधारित एक और सिद्धान्त सेनार्ट ने दिया। उसने भारतीय जाति संगठनों और यूनानी तथा रोमन समाजों के वर्गीकरणों के बीच समानता देखी। किसी नई व्यवस्था को अपनी ज्ञात चीजों या व्यवस्था से जोड़कर या उसी सन्दर्भ में देखना बहुत स्वाभाविक भी है। वे लिखते हैं :

> "रोम के जीन्स, क्यूरा और ट्राइब, यूनान के फेमिली, फ्रेट्रिया और फाइले तथा भारत के परिवार, गोत्र और जाति के बीच काफी समानता है। ये समानताएँ तो शुरू से ही हैरान करनेवाली हैं ही, असली समानता अन्य बारीकियों में भी है। 'क्लैन' (कुल) और ट्राइब (कबीला) में तथा समूह और जाति में जो बारीक फर्क है वह शादियों के मामले में उनके नजरिए का है। कुल-गोत्र के बाहर शादी करनेवाला समूह अधिक सीमित है जबकि इस बन्धन को न जाननेवाले समूह बड़े हैं।"[2]

उन्होंने आगे लिखा है :

> "पुराने किसी भी प्रमाण से साबित नहीं होता कि भारोपीय लोगों ने हाथ से करनेवाले कामों और पेशों को बहुत पसन्द किया हो। यूनानियों और रोमनों ने ये काम गुलामों या मध्यवर्ती समूहों के लिए छोड़ दिए थे। आर्य जब गाँवों में बसे और पूरी तरह पशुचारी जीवन अपनाया तो उन्हें अन्य किसी भी जगह की तुलना में भारत में हाथ से काम करने की और भी कम जरूरत थी। आम तौर पर हाथ के काम आदिम कबीलाई लोगों या मिश्रित या अस्पष्ट नस्लवालों के लिए थे जिनको कि सामाजिक दृष्टि से उसी स्तर पर रखा गया था।
>
> "किसानी अपनाने के क्रम में इन दोनों जमातों ने अपने पारम्परिक कौशलों को तो जारी रखा पर साथ ही अपने से उन्नत नस्ल के समतुल्य संगठन को अपने ऊपर उतारने की इच्छा भी रखी। अपवित्रता के डर से आर्यों ने खुद को अनेक पेशों से दूर रखा; यह डर बाकी लोगों में भी फैला और बाहर से आए आर्यों और उनके पुजारियों के धार्मिक प्रभाव में रहनेवाले निम्न समूहों के लोगों में आम हो गया।"[3]

और यहाँ यह निष्कर्ष निकालने में कोई हर्ज नहीं है कि इस तरह के सिद्धान्तों और विचारों ने सवर्ण हिन्दुओं के मन में बैठी स्वाभाविक श्रेष्ठता के भाव को ही प्रबल किया। 'आर्य' शब्द भारतीय साहित्य में एक आदरपूर्ण सम्बोधन से अधिक भाव नहीं रखता था। पर इन व्याख्याओं से वह अचानक नया महत्त्व, नया वजन

पाने लगा। अंग्रेजी पढ़े-लिखे सवर्ण लोगों के मन में इसने नया गर्व भरा कि वे भी इसी मूल के हैं जिससे उनके अंग्रेज मालिक पैदा हुए हैं और अब इनके मूल्यों और रंग-ढंग की नकल करने में उन्हें भले कितनी भी मेहनत करनी पड़ती हो, पर यह करने में कोई नैतिक बाधा नहीं है। शारीरिक श्रम न करने की उनकी अपनी इच्छा को भी सेनार्ट के नजरिए से मदद मिलती थी। निश्चित रूप से आर्य नस्लवाली, पूरी की पूरी अवधारणा ही सन्दिग्ध है। अत: कहने का सबसे बड़ा आधार तो यह है कि अनेक कबीले एक भाषा बोलते-समझते हैं पर इससे वे एक नस्ल के नहीं हो जाते। अक्सर एक भाषा अपने क्षेत्र का विस्तार करती हुई अलग-अलग जातीय समूहों तक पहुँच जाती है। इसमें ऐसी जातियों-नस्लों के लोग भी होते हैं जो इस भाषा के उद्गमवाले समूह से अलग होते हैं जैसे आज अमेरिकी नीग्रो और भारतीय लोगों द्वारा अंग्रेजी बोलना। भारतीय उपमहाद्वीप को ही देखें तो बलूचिस्तान के ब्रहुई लोग, जिन्हें रिज़्ले तुर्क-ईरानी शारीरिक श्रेणी में रखते हैं, द्रविड़ मूल की भाषा बोलते हैं। भाषा और नस्ल के बीच शायद ही कोई सम्बन्ध है लेकिन ये सारे सिद्धान्त इसे ही आधार मानकर आगे बढ़ते हैं।

नस्लवादी मूल के विचार को आगे बढ़ाने के लिए एच.एच. रिज़्ले ने इस उपमहाद्वीप के अलग-अलग लोगों की भौतिक बनावट का एक अनुभवसिद्ध अध्ययन प्रस्तुत किया। उन्होंने मुख्यत: माथे और नाक की बनावट को अपना आधार बनाया और माना कि लोगों की नस्ल सम्बन्धी जानकारी के लिए सबसे अच्छे पैमाने यही हैं। उनके दिशा-निर्देश के तहत लोगों की शारीरिक बनावट, नाक और माथे के आकार की माप सम्बन्धी व्यापक अध्ययन हुए और इनसे जाति और नस्ल के अन्तर-सम्बन्धों को स्थापित करने की कोशिश की गई। उनके अनुसार इन अध्ययनों से जो मुख्य श्रेणियाँ उभरीं वे इस प्रकार थीं :

1. "तुर्क—ईरानी। मुख्यत: बलूचिस्तान और पश्चिमोत्तर सीमा प्रान्त के बलोच, ब्रहुई और अफगान। औसत से ऊपर की कद-काठी, रंग गोरा, आँखें प्राय: काली लेकिन कभी-कभार भूरी भी, चेहरे पर काफी बाल, माथा चौड़ा, नाक सामान्यत: लम्बी, पतली और उठी हुई।"
2. "भारतीय। पंजाब, राजपूताना और कश्मीर के मुख्यत: राजपूत, खत्री और जाट। इस श्रेणी के लोग आसानी से तुर्क-ईरानी लोगों से अलग दिखते हैं और भारत में आए पारम्परिक आर्य विजेताओं के ज्यादा करीब दिखते हैं। लम्बी कद-काठी, गोरा रंग, काली आँखें, चेहरे पर काफी बाल, लम्बा सिर, पतली और उभरी हुई नाक लेकिन ज्यादा लम्बी नहीं।"
3. "शक-द्रविड़। पश्चिम भारत के मराठा ब्राह्मण, कुनबी और कूर्ग। सम्भवत: शक और द्रविड़ तत्त्वों के मिलन से पैदा हुई श्रेणी। छोटे

कद, लम्बे सिर, चौड़ी नासिका, छोटी नाक के चलते तुर्क-ईरानी श्रेणी से एकदम भिन्न। चौड़ी नाक के अलावा बाकी गुण सम्भवत: द्रविड़ तत्त्वों के आपसी मेल से आए। इसके उच्चतर समूहों में संकर तत्त्व कम लेकिन निचले समूहों में द्रविड़ तत्त्वों की भरमार।"

4. "आर्य-द्रविड़ या हिन्दुस्तानी। संयुक्त प्रान्त, राजपूताना के कुछ हिस्सों; और बिहार के निवासी और हिन्दुस्तानी ब्राह्मणों के सबसे ऊपरी समूह से लेकर सबसे निचले चमारों तक में प्रतिनिधित्व। इस श्रेणी की उत्पत्ति सम्भवत: भारोपीय और द्रविड़ श्रेणियों के अलग-अलग स्तर के संगम से हुई है। बड़ा सिर, जो निरन्तर मझोले की दिशा में अग्रसर लगता है, गेहुआँ से लेकर काला तक रंग, मध्यम से लेकर चौड़ी नासिका, भारोपीय श्रेणी से कद-काठी में छोटे और सदा औसत से छोटे आकार के। इस श्रेणी के उच्चतर समूह भारोपीय श्रेणी के ज्यादा करीब जबकि निचले समूह अनेक मामलों में द्रविड़ों से ज्यादा अलग नहीं हैं...।"
5. "मंगोल-द्रविड़ या बंगाली। बंगाल और ओड़िशा के बंगाली ब्राह्मण और कायस्थ, पूर्वी बंगाल के मुसलमान और भारत के इस हिस्से के अन्य विशिष्ट समूह। सम्भवत: द्रविड़ और मंगोल तत्त्वों के मिलन से उत्पन्न श्रेणी जिसके उच्चतर समूहों में भारोपीय खून का आधिक्य। चौड़ा माथा, श्याम वर्ण, चेहरे पर काफी बाल, मध्यम कद-काठी, मध्यम ऊँचाईवाली और चौड़ी होती नाक।"
6. "मंगोल। हिमालय क्षेत्र, नेपाल, असम, बर्मा के निवासी जिनका प्रतिनिधित्व लाहुल और कुलू के केनेत, दार्जिलिंग और सिक्किम के लेप्चा, नेपाल के लिम्बू, मुर्मी और गुरुंग, असम के बोडो और बर्मी करते हैं। चौड़ा माथा, पीलापन लिये हुए श्याम वर्ण, चेहरे पर बहुत कम बाल, छोटी या औसत से कम कद-काठी, चेहरा सपाट, छोटी और सपाट नाक, कम बरौनियोंवाली आँखें।"
7. "द्रविड़। लंका (सीलोन) से लेकर गंगा घाटी तक के इलाके के लोग जिसमें मद्रास, हैदराबाद, मध्य प्रान्त, अधिकांश मध्य भारत के छोटानागपुर शामिल हैं...छोटे या औसत से छोटी कद-काठी, बहुत ही श्याम वर्ण, भरपूर बाल जो कई बार घुँघराले भी होते हैं। काली आँखें, लम्बा सिर, चौड़ी पर चेहरे को सपाट नहीं होने देनेवाली नाकवाले लोग..."[4]

उपरोक्त लम्बे विवरण में सबसे महत्त्वपूर्ण बात यह है कि ये सारे गुण क्षेत्रीय आधार पर तय किए गए हैं, किसी इलाके में किसी एक खास गुण को भले ही प्रमुख

बनाया गया हो लेकिन शारीरिक गुणों में भारी घालमेल है और इनमें शायद ही कहीं जातीय आधार पर अन्तर दिखता है या दिखाया गया है। और यह चीज स्पष्टत: इस सिद्धान्त की हवा निकाल देती है कि ब्राह्मण और क्षत्रिय ही मूलत: आर्य हैं। इस अध्ययन-सर्वेक्षण से यह बात निस्सन्देह रूप से साबित हो जाती है कि सारे ही लोगों की शारीरिक बनावट बहुत ही मिश्रित ढंग की है। निश्चित रूप से अलग-अलग जातियों के लोगों के बीच बनावट के मामले में बहुत हल्की भिन्नता है लेकिन इसके लिए एकदम अलग कारण जिम्मेवार हो सकते हैं। भारतीय जातियों के बाहर विवाह की बहुत सख्त मनाही की व्यवस्था को देखते हुए हम कह सकते हैं कि अगर खून की शुद्धता किसी भी हद तक बरकरार रहती तो निश्चित रूप से कुछ 'अति शुद्ध' जातियों के लोगों की शारीरिक बनावट तो एक जैसी रहती। पर असलियत यही है कि किसी भी बड़ी जाति के एक ही परिवार में हर तरह की शारीरिक बनावटवाले लोग मौजूद मिलेंगे। और यह चीज उस जाति की कुछेक 'पथभ्रष्ट' कन्याओं के निचली जातिवालों के संसर्ग में आने भर से नहीं आ गई होगी। इतनी विविधता आने का साफ मतलब है कि काफी बड़ी संख्या में उच्च और निम्न जाति के स्त्री-पुरुषों के बीच व्यापक संसर्ग रहा होगा। रिज़ले ने भी इस चीज की अनदेखी नहीं की है। इसलिए जाति के उद्भव का अपना सिद्धान्त पेश करते हुए वे लिखते हैं :

> "...विश्व इतिहास में जब कभी भी एक जाति के लोगों ने दूसरों को दबा दिया है, चाहे आक्रमण और युद्ध के द्वारा या धीरे-धीरे उनके क्षेत्र पर कब्जा करते हुए, तो सबसे पहले उन्होंने वहाँ की औरतों को रखैल या पत्नी के रूप में अपने साथ कर लिया लेकिन अपनी बेटियों की शादियाँ अपने समूह में ही कीं। हमलावर और पराजित लोग एक ही नस्ल के हों या अलग-अलग, शादियों या सम्बन्धों में इस भेद का दौरा जल्दी ही समाप्त हो जाता है और फिर पूरा मेल-मिलाप हो जाता है। जिन मामलों में नस्लों का भेद बहुत बड़ा होता है और ताकतवर समूह बाद तक अपनी ही नस्ल के युवकों-पुरुषों को अपनी जमात में शामिल करता है वहाँ यह मेल एक अन्य स्तर पर होता है। ऐसी स्थितियों में उच्चतर नस्ल के पुरुषों और निम्नतर नस्ल की महिलाओं से पैदा सन्तानों का एक अलग अर्द्धवर्ण बनता है; वे आपस में शादी-ब्याह करते हैं और यह सारा कुछ काफी हद तक एक नई जाति की तरह हो जाता है।"[5]

वैसे तो यह व्याख्या पुराणों और धर्मशास्त्रों के उन ब्योरों से काफी मेल खाती है जिनमें अनेक जातियों के होने की चर्चा है लेकिन यह व्याख्या भी उच्च जाति के लोगों के बीच भी अलग-अलग तरह की शारीरिक बनावट का स्पष्टीकरण नहीं देती जो निश्चित रूप से रिज़ले की 'अर्द्धजाति' की श्रेणी में तो नहीं ही आती है। इतना

ही नहीं अगर ये अर्द्धजातियाँ भी एक दौर और दो स्पष्ट नस्लों का संकर होतीं तो इनके लोग भी रंग-रूप, कद-काठी में एक जैसे होते। लेकिन जाति समाज की सबसे निचले पायदानवालों में ही हमें एक हद तक समानता दिखाई देती है। इससे तो यह निष्कर्ष निकाला जा सकता है कि आज के ऊपरी जातिवालों में बीती सदियों में काफी घालमेल हुआ है जबकि सबसे नीचेवाले ही अपेक्षाकृत अलग-थलग रहे हैं।

बम्बई प्रेसिडेंसी के लोगों सम्बन्धी सर्वेक्षण के माथे और नासिका सम्बन्धी सूचकांकवाली श्रेणियाँ ही रिज़्ले के सिद्धान्त को पूरी तरह उलट देती हैं। नीचे दिया यह सूचकांक और इसमें जुटी आर.ई. एन्थोवेन की टिप्पणियाँ इस सिद्धान्त को पूरी तरह गलत बातती हैं।

"बम्बई प्रान्त के लोगों की नाक और माथे की बनावट की मापवाली रिज़्ले की सारणी कुछ इस प्रकार है :

माथे की माप	नासिका का आकार
1. देशस्थ ब्राह्मण	1. देशस्थ ब्राह्मण
2. महार	2. नागर ब्राह्मण
3. चितपावन ब्राह्मण	3. शेनवी ब्राह्मण
4. कुनबी	4. बनिया
5. कोली	5. प्रभु
6. मराठा	6. कोली
7. शेनवी ब्राह्मण	7. चितपावन ब्राह्मण
8. बनिया	8. कुनबी
9. नागर ब्राह्मण	9. मराठा
10. प्रभु	10. महार

"यह देखा जा सकता है कि माथे की मापवाली श्रेणी में महार, जो इस प्रेसिडेंसी की सबसे निचली जातियों में एक है, देशस्थ और चितपावन ब्राह्मणों के बीच बैठते हैं। कम-से-कम यह तो बहुत अजीब चीज है।"[6]

वे आगे कहते हैं :

"...अगर रिज़्ले द्वारा तैयार कराई श्रेणियों के आधार पर कोई सिद्धान्त बनाना ही हो तो वह यही होगा कि बम्बई प्रेसिडेंसी की जातियों और कबीलों के बीच बहुत स्पष्ट आपसी सम्बन्ध है जो नस्ल के रूप में सबसे ऊपरी जाति को सबसे निचली जाति से जोड़ता है जबकि हमारा इतिहास, परम्पराएँ, रीति-रिवाज और रंग-रूप अभी तक हमें कुछ और ही बातों पर भरोसा करने को कहते रहे हैं।"[7]

वैसे तो जी.एस. घुर्ये भी जाति का उद्गम नस्ल से जुड़ा मानते थे लेकिन वे रिज़्ले की इस बात से असहमत थे कि बाहर से लोगों के दो रेले भारत में आए और दूसरे ने ही यहाँ आकर वर्ण-व्यवस्था बनाई। देश के विभिन्न भागों के लोगों की शारीरिक बनावट के आधार पर घुर्ये द्वारा की गई व्याख्या का खंडन करने के बाद उन्होंने एक नई व्याख्या दी। वे लिखते हैं :

"हिन्दुस्तान से बाहर हम पाते हैं कि एक भाषायी क्षेत्र के लोगों की शारीरिक बनावट मिश्रित किस्म की होती है और विभिन्न जातियों के अनुसार उनकी अलग-अलग श्रेणियाँ होने की पुष्टि नहीं करती। ब्राह्मणों की बनावट अन्य जातियों से कोई इतनी भिन्न नहीं होती कि वे सबसे विशिष्ट दिखें और शारीरिक आधार पर बननेवाली श्रेणी में सबसे ऊपर होने योग्य लगें। इसके विपरीत अपने सामाजिक दर्जे के हिसाब से सभी नीचे मानी जानेवाली कुछ जातियाँ शारीरिक बनावट के हिसाब से उच्च वर्णवालों से बेहतर ही लगती हैं। इसी तरह हिन्दुस्तान में शारीरिक बनावट के हिसाब से ब्राह्मण से लेकर मुसहर तक की शारीरिक बनावट हिन्दुस्तानी समाज की जाति व्यवस्था की श्रेणियों के ही काफी अनुकूल है। यह चीज तभी सम्भव है जब ब्राह्मणों का रक्त का सम्बन्ध स्थानीय आबादी के मध्य नहीं बनने दिया गया हो लेकिन अन्य समूहों में विभिन्न अनुपात में यह सम्बन्ध बनने दिया गया हो...हमने यह भी देखा है कि प्रत्येक भाषायी क्षेत्र के ब्राह्मणों की शारीरिक बनावट अन्य क्षेत्र के तथा हिन्दुस्तान के ब्राह्मणों की तुलना में अपने इलाके की अन्य जातियों से ज्यादा मेल खाती है। इससे यह स्पष्ट है कि अपनी ही बिरादरी में सम्बन्ध सीमित रखने की शुरुआत हिन्दुस्तान में हुई और फिर यह अन्य इलाके के ब्राह्मणों में भी पहुँचाहिन्दुस्तानी ब्राह्मणों का रेला उधर नहीं गया।"[8]

घुर्ये हमें यह नहीं बताते कि यह तर्क सिर्फ ब्राह्मणों तक ही क्यों सीमित रहना चाहिए और अन्य द्विज जातियों पर क्यों लागू नहीं होता। और यह तर्क हमें इस बात की भी जानकारी नहीं देता कि अन्य भाषायी क्षेत्रों के ब्राह्मण कौन थे। दरअसल वे खुद ही कहते हैं कि हिन्दुस्तान के ब्राह्मण और पंजाब के चुहड़ा के बीच शारीरिक बनावट में ज्यादा मेल है, हिन्दुस्तानी ब्राह्मण और अन्य हिन्दुस्तानी उच्च जातियों के बीच उतनी समानता नहीं है।[9] अगर हम घुर्ये के नजरिए से सहमत हों तो भारत के, खासकर उत्तर प्रदेश के बाहर के अधिकांश ब्राह्मण और अन्य सारी बड़ी जातियाँ विशुद्ध द्विज होने का दावा करने लायक नहीं बचतीं। और पंजाब का चुहड़ा! निश्चित रूप से वह भी शुद्ध रक्त का है और हिन्दुस्तान के ब्राह्मणों की तरह ब्राह्मणत्व का हकदार है।

इन साफ दिखते विरोधाभासों के बावजूद नस्लवादी सिद्धान्त का प्रभुत्व

बरकरार रहा क्योंकि वह धर्मशास्त्रों और पुराणों, जो हिन्दुओं के सामाजिक मसलों में प्रामाणिक माने जाते थे, की परम्परा की पुष्टि करता था।

दरअसल यह नजरिया मनुस्मृति के काफी करीब लगता है जिसका कहना है :

5. "ब्राह्मण, क्षत्रिय, वैश्य जातियाँ (वर्ण) द्विज हैं लेकिन चौथी, शूद्र एक बार ही जन्मती है, इनके अलावा कोई पाँचवीं जाति नहीं है।"
6. "ब्राह्मण पुरुष और वैश्य कन्या से उत्पन्न पुत्र अम्बष्ट कहलाता है, शूद्र कन्या से उत्पन्न पुत्र निशाद कहलाता है जिसे परसाव भी कहा जाता है।"
9. "क्षेत्रीय पुरुष और शूद्र कन्या से पैदा पुत्र उग्र कहलाता है जिसमें क्षत्रिय और शूद्र दोनों के गुण आते हैं, जो अपने तौर-तरीकों में डरावना और क्रूरता में आनन्द लेता है।"

"क्षत्रिय पुरुष और ब्राह्मण कन्या से उत्पन्न पुत्र की जाति सुत होती है; वैश्य पुरुष और क्षत्रिय कन्या से उत्पन्न पुत्र मागध और वैश्य पुरुष और ब्राह्मण कन्या से उत्पन्न पुत्र वैदेह कहलाता है।"[10]

जातियों और अन्य उपजातियों की उत्पत्ति की व्याख्या ऐसे की जाती है। चार वर्णों के अलावा अन्य जातियों की उत्पत्ति के बारे में ऐसा ही वर्णन पुराणों और महाभारत में भी आता है। हालाँकि इन विवरणों में थोड़ा अन्तर है कि किस-किस वर्ण के संग से किस-किस जाति की पैदाइश होती है।

पेशे से जुड़ाववाला सिद्धान्त

जातियों की उत्पत्ति के बारे में तार्किक व्याख्या प्रस्तुत करने का एक अन्य सिद्धान्त इन्हें श्रम के विभाजन या समाज के विभिन्न कामों की विशेषज्ञता से जोड़ता है। यह सिद्धान्त एक झटके में इस व्यवस्था में अतार्किकता की कालिख धो देता है और कुछ समूहों के लोगों में इस व्यवस्था से ऊपर न उठ पाने की व्याख्या इस 'पुरानी' अच्छी व्यवस्था में आ गई बुराइयों के रूप में करता है। इस सिद्धान्त को जे.सी. नेसफील्ड ने रखा और जल्दी ही इसे उन सभी लोगों की स्वीकृति मिल गई जो इस पुरानी व्यवस्था द्वारा आधुनिक जन के लिए पैदा की जानेवाली परेशानियों से परेशान थे।

नेसफील्ड के अनुसार, जाति व्यवस्था विभिन्न पेशों पर आधारित है और यह पेशा सभ्यता के जिस स्तर या श्रेणी से जुड़ा है, उसे अपनाने या करनेवाली जाति का सामाजिक दर्जा भी उतना ही ऊँचा या नीचा होता है। सबसे पुराना पेशा शिकार करना है और पासी, भर, बहेलिया जैसी जातियाँ, जो अभी भी इस काम में लगी हैं, जातियों की श्रेणी में सबसे नीचे आती हैं। इसके बाद मछली पकड़ने के धन्धे

से जुड़ी जातियों का दर्जा है क्योंकि इस काम को शिकार करने से थोड़ा अच्छा माना जाता है। इनके ऊपर पशुपालक जातियों और फिर खेतिहर जातियों का नम्बर आता है। इन सबके ऊपर इन सबकी संरक्षक, क्षत्रिय जाति आती है और सबसे ऊपर पुजारी और आध्यात्मिक गुरु ब्राह्मण होते हैं। इसी प्रकार दस्तकार जातियाँ दो श्रेणियों में बँटी हैं। पहली श्रेणी धातु युग से पहले की जातियों की है जिनमें चमार, मोची, कोरी, तेली, कलाल आदि शामिल हैं। दूसरी श्रेणी धातु युग के बाद की जातियों की है जिनमें पत्थर, लकड़ी, धातु का काम करनेवाली या गहने, बर्तन और अन्य धातु के औजार बनानेवाली जातियाँ शामिल हैं। पहले वाली श्रेणी को निचला दर्जा मिला जबकि बाद वाली को ऊँचा।[11]

इस सन्दर्भ में अक्सर जातियों की तुलना मध्यकाल में यूरोप में प्रचलित विभिन्न शिल्पी संघों से की जाती है। इस बात को इस तथ्य से भी थोड़ी मदद मिली कि भारत में भी अक्सर शिल्प की श्रेणियों की चर्चा की जाती है; और चूँकि जाति की पहचान अक्सर पेशों से जुड़ी है, यह माना जा सकता था कि जातियों की उत्पत्ति ऐसे ही पेशेवर संगठनों से हुई होगी। कई बार होता है कि किसी जाति की उपजातिवाले एक ही तरह का काम करते हैं और वे शादी-ब्याह भी बाहर नहीं करते। लेकिन ये सारी चीजें जाति व्यवस्था के मजबूत ढाँचे के अन्दर ही चलती हैं जो ऐसे अलगाव/विखंडन को बढ़ावा देता है। लेकिन पूरी जाति प्रणाली ऐसे ही नहीं बनी होगी यह बात कुछ अन्य तथ्यों से भी स्पष्ट लगती है।

सबसे पहली बात तो यह है कि जातियों की श्रेणी हर जगह नेसफील्ड के सिद्धान्त या सोचने के अनुरूप ही नहीं है। अक्सर धातु का काम करनेवाले, खासतौर से लोहे के उपकरण बनानेवाले जो धातु से जुड़े पेशों में भी काफी बाद में आए लोग हैं, जातियों की पाँत में काफी नीचे आते हैं। और शिकार को कभी भी पिछड़ा काम नहीं माना जाता और क्षत्रियों का तो यह प्रिय कर्म रहा है, खासकर मनोरंजन के लिए। इसके अलावा, दुसाध, मुसहर जैसी न जाने कितनी जातियाँ हैं जिन्हें किसी पेशेवाली श्रेणी में नहीं डाला जा सकता। लेकिन इस सिद्धान्त के खिलाफ सबसे महत्त्वपूर्ण तथ्य यह जाता है कि शिल्प और दस्तकारी तो खेती के काफी बाद आई हैं लेकिन भारत में सदा खेती को ही सभी पेशों में उत्तम माना गया है।

होमो-हायरार्किकस मनुष्य

जाति के बारे में सबसे नया सिद्धान्त लुई डुमांट का है जो इस व्यवस्था के पक्ष में बहुत मजबूत तर्क देता है। वे इन भारतीयों के लिए बहुत प्राकृतिक या स्वाभाविक व्यवस्था बना देते हैं। वे रिज़्ले के नस्लवादी सिद्धान्त को ठुकराते हैं। सेलेस्टिन बोग्ले के अनुसार वे इन मुद्दों से बात शुरू करते हैं, "जाति की भावना इन तीन

प्रवृत्तियों—विकर्षण, वर्गीकरण और दास योग्यता, को एक साथ जोड़ती है और जो कोई जाति व्यवस्था की परिभाषा देने की कोशिश करता है उसे यह बात जरूर ध्यान में रखनी चाहिए।"[12] सो इस सिद्धान्त की बात करने के क्रम में शुरू से यह जान लेना चाहिए कि इस व्यवस्थित सैद्धान्तिक ढाँचे का यही सार-तत्त्व है।

बोग्ले इस श्रेणी व्यवस्था और इसकी शुरुआत के बारे में भी लगभग नेसफील्ड जैसी राय ही रखते हैं। वे लिखते हैं :

> "हमें जातियों को उनके सम्मान के हिसाब से, नेसफील्ड की तरह सत्ता देने की जरूरत है और फिर कोई भी यह बता सकता है कि उत्पादन और औद्योगिक सम्बन्धों के हिसाब से जो श्रेणी बनती है लगभग वैसी ही श्रेणी सामाजिक भी है। इस श्रेणी में सबसे नीचे मानक इतिहास के प्रारम्भिक दौर वाले पेशों को—जैसे मछली पकड़नेवाले मल्लाह और शिकारी—अभी तक अपनाए रखनेवाले हैं। धातु युग के पहले सबसे आसान कौशल के साथ काम करनेवाले लोग, जैसे टोकरी बुननेवाले, कुम्हार और तेली धातु का काम करनेवाले से नीचे की श्रेणी में हैं जबकि उन लोगों का ज्यादा सम्मान है।"[13]

लेकिन इस मुद्दे पर मौलिक रूप से अलग राय रखते हुए डुमांट बताते हैं कि जाति का पूरा ढाँचा एक निश्चित वैचारिक रुझान पर टिका है और उनका कहना है कि यह भावना धार्मिक है। वे शुरुआत इस बात से करते हैं कि "आधुनिक पश्चिमी परिवेश के अलावा मनुष्य को एक पूरे ढाँचे में दूसरों के साथ एक छोटे हिस्से भर के रूप में देखा जा सकता है,...ध्वनिग्राम की तरह ही, यह अपने आप में कुछ नहीं है, सिर्फ दूसरों से अलग कुछ है, और उनके चलते ही इसका महत्त्व है।"[14]

वे सोचते हैं कि पारम्परिक समाजों को आधुनिक मानसिकता से नहीं समझा जा सकता क्योंकि आधुनिक नजरिया मानता है कि कोई भी व्यवस्था विभिन्न वस्तुओं से बनती है और हर चीज का अपना मतलब होता है जो उपरोक्त धारणा से एकदम उलट है। पर वे भी जोर देकर कहते हैं कि जाति एकदम विशिष्ट तरह की संस्था है और कहीं कोई एकाध चीज का मेल हो जाने भर से इसकी तुलना किसी और व्यवस्था से नहीं की जानी चाहिए। डुमांट के अनुसार जाति व्यवस्था की विशिष्टता सामाजिक दर्जे और सत्ता को एकदम अलग-अलग रखना है।

उनकी मान्यता है कि श्रेणीबद्धता अर्थात् ऊँच-नीच और असमानता मनुष्य के अन्दर प्राकृतिक रूप से है। पर यूरोपीय समाज ने कम-से-कम सैद्धान्तिक रूप से ही, असमानता को अस्वीकार किया है और समानता को एक बुनियादी मूल्य माना है। उनका मानना है कि अमेरिका में रंगभेद तभी उभरा जब नीग्रो लोगों की गुलामी का सवाल, जो उनकी नजर में जीवन की सच्चाई है, अमेरिका के समानतावाले प्रभावी

मूल्य से टकराया। इस प्रकार मनुष्यों की समानता की अवधारणा के समानान्तर ही नस्लों की असमानता की अवधारणा भी चलती है जिसके अनुसार नीग्रो लोगों को नीचे का दर्जा देना तर्कसंगत है, और भारतीय जाति व्यवस्था के बारे में उनका मानना था कि भारतीय समाज ने सोच-समझकर यह दूसरा मूल्यबोध अपनाया है और इसी के चलते सामाजिक दर्जे के आधार पर यह श्रेणी निर्धारित हुई है। वे मानते हैं कि ऐसा मानव समाज के बारे में परमाणुवादी नजरिए की जगह साकल्यवादी नजरिया अपनाने के चलते हुआ है। हिन्दू समाज में सम्पूर्ण को प्राथमिकता दी गई है और यह सम्पूर्ण श्रेणियों के आधार पर बना है। चूँकि यह विचार उनके पूरे विश्लेषण में सूत्र जैसी भूमिका निभाता है इसलिए पहले उनके ही शब्दों में उनकी यह राय जान लेना उपयोगी होगा। वे लिखते हैं :

> "...अगर जरूरी ही हो तो असमानता का सामान्य सिद्धान्त उन समाजों पर केन्द्रित होना चाहिए जो इसे एक अर्थ प्रदान करते हैं, न कि उन समाजों पर जो इसे नहीं मानते या इससे मुकर जाते हैं। श्रेणीबद्धता के इस सिद्धान्त को पूरे मूल्यांकित या सीधे और प्रत्यक्ष रूप में होने के साथ ही अमूल्यांकित या अवमूल्यांकित या जटिल, मिश्रित, अप्रकट रूप में भी होना चाहिए। (यहाँ हमें टॉलकोट पार्सन्स की इस उक्ति को याद करना चाहिए कि ऐसा सिद्धान्त एक पूर्ण सामाजिक व्यवस्था पर विचार करने का एक विशिष्ट तरीका है।) ऐसा करते हुए निश्चित रूप से कोई भी एक समाज के मूल्य को दूसरे पर नहीं थोपेगा। हाँ, वह विभिन्न तरह के समाज के परिप्रेक्ष्य में इनको रखने का काम कर सकता है। वह किसी समाज को सिर्फ उसके मूल्यों के साथ दूसरों के मूल्यों के सन्दर्भ में भी देखने का प्रयास करेगा..."[15]

श्रेणीबद्धता के इस विचार के पक्ष में वे टॉलकोट पार्सन्स की इन पंक्तियों को अपनी स्वीकृति के साथ पेश करते हैं :

> "हम विभिन्न लक्ष्यों को पाने के लिए उनके अनुरूप प्रयत्न या उद्यमों की कल्पना करते हैं अर्थात् लक्ष्य के हिसाब से ही उसे पाने की प्रक्रिया का चुनाव करते हैं, सो लक्ष्य के सन्दर्भ में प्रयत्न या उद्यम से जुड़ी प्रक्रिया में भी बदलाव और विकास सम्भव है...और जब यह विकास सामाजिक व्यवस्था की जीवन्त प्रक्रिया से जुड़ा हो तब इसके दो बुनियादी निहितार्थ होते हैं—पहला, व्यवस्थाओं की इकाइयों को चाहे वे बुनियादी इकाइयाँ हों या भूमिकाएँ, समूह हों या व्यक्तित्व, विकास की प्रकृति के अनुरूप होना चाहिए...लेकिन विकास प्रक्रिया के हिसाब से यही सम्भावना बनती है कि ये चीजें विभिन्न इकाइयों को एक श्रेणी में रखने का आधार बनें, उनकी श्रेणीयुक्त पहचान का आधार बन जाएँ..."[16]

पर डुमांट द्वारा श्रेणियों पर इतना जोर देना कि व्यक्तियों की पहचान ही मिट जाए या धूमिल हो जाए, बात को कुछ ज्यादा आगे बढ़ाना ही लगता है। समाज के किसी व्यक्ति की तुलना ध्वनिग्राम से करना उचित नहीं है। यह सही है कि मनुष्य की कल्पना समाज से बाहर, अन्य लोगों के सम्बन्धों और समाज में उसकी भूमिका से अलग करके नहीं की जा सकती। लेकिन जिस तरह उसके अन्दर सामाजिकता के प्रति सहज और सघन झुकाव है उसी तरह उसके अन्दर अपनी पहचान और निजता को लेकर भी बहुत स्पष्ट और गहरा भाव मौजूद रहता है। और ऐसा सिर्फ मनुष्यों में ही नहीं है—अन्य सामाजिक पशुओं में भी यह भाव है और उनके व्यवहार की व्याख्या करते हुए हमें इस बात को ध्यान में रखना ही चाहिए। किसी भी समूह के लोगों की निजता को भुलाकर हम उनके साहस को श्रेणीबद्ध नहीं कर सकते। प्रत्येक प्रजाति अपने-अपने ढंग से विकसित मानदंडों के अनुरूप ही जब प्रत्येक अकेले व्यक्ति के दावों की जाँच करके साहस और बहादुरी की श्रेणी तय करती है और फिर अपने सरदार का चुनाव करती है। मजबूत व्यक्ति को नेतृत्व देना और औरतों पर अधिकार देना भले ही पूरे समूह की सुरक्षा के लिए जरूरी हो पर समूह में बाकी सभी लोगों द्वारा सरदार की अधीनता सिर्फ सुरक्षा के लिए ही स्वीकार की जाती है, इससे उनकी निजता समाप्त नहीं हो जाती। पशु के अन्दर भी साहस और बल की श्रेणी का निर्धारण स्थायी नहीं होता। अगर चुनौती देनेवाला कोई आए तो इस श्रेणी में बदलाव हो सकता है। अगर निजता की भावना, उसका वजूद और उसकी शक्ति नहीं होती तो यह बदलाव कैसे हो सकता है। इसके अलावा खुद इस श्रेणीबद्धता में अलग-अलग लोगों के जिम्मे अलग-अलग स्थान और काम तय होते हैं। इसका साफ मतलब है कि यह व्यवस्था भी लोगों की निजता को मानती है, सम्मान देती है। संक्षेप में कहा जा सकता है कि साहस, बल या उपयोगिता की यह श्रेणीबद्धता भी व्यक्ति की पहचान के भाव को और उजागर करती है। यह बात मानव समाज समेत सभी पर लागू होती है। नेतृत्व की भूमिका और सामाजिक दर्जे की श्रेणियों को बहुत सीमित अर्थों में ही स्वीकार किया जाता है। लेकिन इसका यह मतलब नहीं है कि अन्य लोगों की निजता को स्वीकार ही न किया जाता हो। नेता पर इस बात की जवाबदेही रहती है कि वह अपने समूह के अन्य सदस्यों की सुरक्षा की देखभाल करे। मनुष्य के अन्दर परोपकार की भावना भी रहती है और निजता या व्यक्ति की अपनी पहचान के सवाल के सन्दर्भ में इसका भी ध्यान रखा जाना चाहिए।

इसके अलावा मनुष्य बेहतर ढंग से अपनी बात दूसरों तक पहुँचा सकता है और इसके चलते दूसरों से तदनुभूति रखता है। बात को बेहतर और ज्यादा तरीकों से दूसरों तक पहुँचा सकने के चलते मनुष्य के अन्दर भावनाओं का साझा भी होता है और इसके चलते एक-दूसरे के प्रति सहानुभूति और समानता की भावना भी

जगती है। इसलिए समता की भावना को यूँ ही आई हुई चीज नहीं मानना चाहिए, यह मनुष्य जाति के अस्तित्व का एक अनिवार्य अंग है। इसीलिए जब कभी कोई मनुष्य दूसरे मनुष्यों के प्रति भेदभाव बरतता है तो उसे अपने व्यवहार को उचित बताने के लिए रंग, शारीरिक बनावट, संस्कृति या धर्म जैसी चीजों में अन्तर होने का बहाना खड़ा करना पड़ता है।

उसे जब भी अपनी जाति के दूसरे सदस्य को अपना गुलाम या अधीनस्थ बनाना होता है तो उसके अन्दर अपराधबोध आता ही है और इसी के चलते वह ऐसे बहाने ढूँढ़ता है।

लेकिन लोगों के विभिन्न समूहों की श्रेणीबद्धता की तुलना हम एक ही समाज के विभिन्न समूहों के लोगों की श्रेणीबद्धता से नहीं कर सकते। किसी एक समूह में कोई एक व्यक्ति अगुवा या सरदार बने और धीरे-धीरे उसका वंश ही सरदार की जगह ले ले, यह बात तो समझ में आ सकती है लेकिन यह चीज समझ से परे है कि एक पूरा-का-पूरा समूह ही नेतृत्व ले ले और पीढ़ी-दर-पीढ़ी उसी समूह के लोग ही सरदारी करते रहें क्योंकि किसी खास समूह में कोई खास गुण जन्म से ही नहीं आ जाते। समाज जरूर ऐसा कर लेता है। और जहाँ कहीं भी समूहों के अन्दर भी उन समूहों की भूमिका एकदम तय हो वहाँ प्रभुत्व और अधीनता को समझना मुश्किल नहीं है और यह चीज पुराने समय, पुरानी स्थितियों में हुए विवाद और संघर्षों से ही निर्धारित हुई होती है। सम्भव है कि टोलकोट पार्सन्स हमारे समय के कुछ जटिल समाजों के अनुभवों का सामान्यीकरण कर रहे हों लेकिन इन सीमित अनुभवों के आधार पर हमें यह निष्कर्ष नहीं निकाल लेना चाहिए कि वर्गीकरण और श्रेणियाँ सामाजिक वजूद के लिए स्वाभाविक और जरूरी चीजें हैं। भारत में भी, जहाँ वर्ण-व्यवस्था काफी पक्का रूप ले चुका है, बड़े-बड़े उथल-पुथल हुए हैं पर उन्होंने जो बड़ा राजनीतिक रूप अख्तियार कर लिया उसमें सामाजिक वास्तविकताएँ छुप गईं या गौण मान ली गईं। हमारे अध्ययन से यह बात स्पष्ट हो जाएगी।

डुमांट असमानताओं से भरे सामाजिक सम्बन्धोंवाली सामाजिक व्यवस्था में कोई प्रणाली ढूँढ़ने या देखने के लिए विचारधारा पर बहुत जोर देते हैं। लेकिन सम्भवत: यह मान लेने के चलते कि ये भावनाएँ कुछ लोगों में स्वाभाविक रूप से अन्तर्निहित हैं, वे उन वस्तुगत स्थितियों की तलाश करने का सिरदर्द नहीं लेते जिन्होंने इस विचारधारा को आधार प्रदान किया होगा। जैसा कि एक लेख में वे लिखते हैं :

> "मेरा मानना है कि कोई भी सामान्य सामाजिक विचारधारा किसी भी समाज में प्रभुत्व बनानेवाली विचारधारा अपनी प्रकृति में वैश्विक है, सबको समेटनेवाली है। यह बात जाति के दर्शन पर भी लागू होती है, हमारे मुख्यत: आर्थिक, बुनियादी दर्शन पर भी लागू होती है। अक्सर यह स्वीकार किया जाता है कि आधुनिक उदार समाज में कोई एक प्रभावी दर्शन नहीं है लेकिन यह

> बात कहने का कोई खास मतलब नहीं है क्योंकि इसमें व्यक्ति की निजता, समानता और स्वतंत्रता पर जोर दिया गया है और आर्थिक कामकाज को सामाजिक गतिविधियों की सबसे प्रमुख शाखा माना जाता है। उदार समाज सम्भवत: मूल रूप से ऐसा समाज है जिसमें मुख्यत: अतार्किक सोच से चलनेवाले मनुष्य की निजता को बेलगाम छोड़ दिया गया है या उसे अधिकतम सम्भव आजादी दी गई है। प्रत्येक चीज को प्रभुत्वकारी विचारधारा की भाषा में बताने की प्रवृत्ति आ गई है। जैसे सेजाने नामक पेंटिंग की नीलामी को, उसकी लाखों पाउंड की कीमत को आगे करके बताया जाता है। लेकिन ये विचारधाराएँ सिर्फ भाषा नहीं हैं क्योंकि अर्थव्यवस्था निश्चित रूप से आधुनिक समाज का एक वजनदार तथ्य बन गई है लेकिन हम बराबर इस बात पर हैरान हो सकते हैं कि समाज में भारत की जातियों की तरह विचारधारा से अलग भी कुछ चीजें हैं और उसके साथ मिलकर उसी के अनुसार संस्थाएँ बनी हैं, काम होते हैं..."[17]

अपने प्रभाव और कार्यक्षेत्र में विचारधारा लोगों के ऊपर क्या और कैसा प्रभाव रखती है, इस बारे में उनका कहना सम्भवत: सही है। लेकिन न तो ये विचारधाराएँ आसमान से टपकती हैं ना ही इन्हें कोई व्यक्ति या समूह महज शौक के लिए या खिलवाड़ के लिए गढ़ता है। कुछ निश्चित समस्याओं को निपटाने या कुछ टिकाऊ बन गई व्यवस्थाओं और चीजों का तर्क ढूँढ़ने के लिए विचारधाराएँ पैदा होती हैं या गढ़ी जाती हैं। अक्सर इनका आविष्कार असमानतावाले सम्बन्धों के चलते दिमाग में पैदा होनेवाली बेचैनी को शान्त करने के लिए भी किया जाता है जैसाकि पहले बताया गया है। लेकिन डुमांट इन समस्याओं की तह में जाकर पर्याप्त छानबीन नहीं करते और बहुत ही चलताऊ ढंग से कुछ सामान्य किस्म के निष्कर्षों के आधार पर पूरी समस्या को खारिज कर देते हैं। जाति व्यवस्था की मुख्य विशेषताओं और उत्पत्ति के बारे में वे लिखते हैं :

> "इतना ही नहीं, यहाँ जिस श्रेणीबद्ध विलगाव पर विचार किया जा रहा है खुद वही इस प्रणाली की अनेक विशेषताओं की व्याख्या करता लगता है—भले ही इस मामले में यह व्याख्या अनौपचारिक किस्म की हो। इस व्यवस्था की ऐतिहासिक स्थापना का निर्णायक कदम सम्भवत: वह था जब राजाओं के विपरीत ब्राह्मणों को धार्मिक कर्मकांडों और आयोजनों पर एकाधिकार दे दिया गया। इससे दो बुनियादी तथ्य अस्तित्व में आए और श्रेणीबद्धता में सत्ता के साथ किसी किस्म की मिलावट या घालमेल नहीं रह गया तथा शुद्ध और अशुद्ध के बीच भी कोई घालमेल होना बन्द हो गया। इस आखिरी मुद्दे को अधिक स्पष्ट करने के लिए यह बताना जरूरी है कि पुजारियों के प्रभुत्व ने कर्मकांड को बढ़ावा दिया और इसी से

> शुद्ध-अशुद्ध, छूत-अछूत का भाव पैदा किया, अछूत या अपवित्र पद को प्रभावी किया। इस प्रकार आदर्श किस्म की श्रेणीबद्धता में विशुद्धता का विरोध एक जरूरी वैचारिक रूप ले लेता है।"[18]

वे आगे कहते हैं :

> "हम यह करने का जोखिम उठा सकते हैं कि इसके बाद सारी स्थितियाँ इस व्यवस्था की ऐतिहासिक उत्पत्ति के बारे में एक नजरिया विकसित करती हैं। यह माना जा सकता है कि आर्यों के आगमन के पूर्व के भारत में होकार्ट शैली की सरदारी व्यवस्था थी जो अलग-अलग कामों और सेवाओं से जुड़ी थी। दर्जा और सत्ता के बीच के अन्तर, जो कुल मिलाकर भारोपीय चीज थी, ने होकार्टवादी व्यवस्था को जाति व्यवस्था में बदल दिया..."[19]

इस ब्योरे से यह स्पष्ट नहीं है कि राजा और पुजारी के कामकाज के बहुत स्पष्ट बँटवारे से शुद्ध-अशुद्ध वाला विचार निकल सकता है। दरअसल क्षत्रिय और बाद के दिनों में खुद की क्षत्रिय के रूप में पहचान करानेवाली जातियों को कभी भी अशुद्ध या संकर नहीं माना जाता था। दरअसल जब कभी अशुद्धता या छुआछूत की बात आई है तो यह शूद्रों या जाति-निष्कासितों या विधर्मियों के लिए थी। बल्कि विधर्मियों और जाति-निष्कासित लोगों में पुजारी भी, जो वैसे तो ग्रामदेवता वगैरह की पूजा कराते थे, अशुद्ध माने जाते थे। अगर धार्मिक कर्मकांड कराना ही शुद्धता का एकमात्र आधार होता तो जाति-बहिष्कृत समुदाय के पुजारियों को ब्राह्मण का दर्जा या फिर अन्य बहिष्कृतों से ऊँचा दर्जा मिलना ही चाहिए था। इसके विपरीत ये उदाहरण भारत भर में मिलेंगे कि ब्राह्मणों की कुछ श्रेणियों के लोग अनेक दूसरी जातियों के लोगों से नीचे दर्जे के माने जाते हैं। जैसे श्राद्ध के समय मुख्य पुरोहित की भूमिका निभानेवाले महापात्र समूहों को दूसरी जाति के हिन्दू भी अपने से नीचा मानते हैं।

इसका मतलब हुआ कि ब्राह्मण से लेकर सबसे निचली जाति तक की कोई बहुत स्पष्ट श्रेणी नहीं है। और मध्यवर्ती जातियों में कौन ऊपर है, कौन नीचे, इसका तो कोई मान्य क्रम निश्चित रूप से नहीं है। अक्सर विभिन्न जातियों की तरफ से खुद को ऊँचा बताने का दावा किया जाता है जिसे अन्य जातियाँ मानने से इनकार करती हैं। जैसे यादव (अहीर), कुर्मी (कुनबी) और कोइरी के बीच या राजपूत और भूमिहर या दुसाध और चमार के बीच कोई श्रेणीवाला सम्बन्ध नहीं है। इन तीन समूहों की जातियाँ अक्सर आपस में बराबर का दर्जा पाने या खुद को दूसरों से ऊँचा बताने के विवाद में लगी रहती हैं। डुमांट भी इन चीजों से वाकिफ हैं पर इस मुश्किल से यह कहते हुए बचकर निकल जाते हैं कि ऐसे आयामों में शुद्ध-अशुद्ध वाले विलगाव से काम चलाना चाहिए। लेकिन यह कहने का मतलब इस विवाद को समझाना या इसको विस्तार से बताना नहीं है। पुजारी का दर्जा राजपुत्र से ऊपर

है यह बात भी सभी जगहों पर और हर अवसर पर लागू नहीं होती। डुमांट की मान्यताओं को रिचर्ड बर्गहर्ट ने चुनौती दी जिन्होंने एकमात्र हिन्दू देश, नेपाल, जहाँ आज तक हिन्दू धार्मिक परम्पराओं का आदर और आचरण होता है, की जातीय श्रेणीबद्धता का अध्ययन किया था और अपनी मान्यताओं को उसी पर आधारित किया था। उनके अध्ययन के निष्कर्ष में यह कहा गया है :

> "एफ.जी. बार्बी का एकदम बन्द सामाजिक वर्गीकरण का सिद्धान्त और लुई डुमांट की श्रेणीबद्धता का सिद्धान्त, दोनों ही हिन्दू समाज को एकरूप और एकजुट मानने की अवधारणा पर टिके हैं और इन दोनों ने इन सिद्धान्तों को हिन्दू समाज को समझने में खास उपयोगी होना माना था। पर नेपाल राजवंश के अठारहवीं और उन्नीसवीं सदी की शुरुआत के दस्तावेजी प्रमाण हिन्दू समाज के ऐसे सरलीकृत मॉडेलों को सही नहीं ठहराते और बताते हैं कि ब्राह्मण, संन्यासी और राजा, तीनों हिन्दू समाज में श्रेष्ठता का अपना-अपना क्रम मानते हैं जिसमें तीनों ही खुद को समाज में सर्वश्रेष्ठ और ऊँचा बताते हैं।"[20]

जहाँ तक पुरोहित कर्म का सवाल है उसमें धार्मिक कर्मकांडों में ब्राह्मण को शुद्ध और वैयों को अशुद्ध नहीं माना जाता। सिर्फ शूद्रों को यज्ञ करने की अनुमति नहीं है और उन्हें दूसरों से अलग रखा गया है। जैसे शतपथ ब्राह्मण भी कहता है :

9. "प्रत्येक व्यक्ति का इसमें प्रवेश नहीं होता लेकिन सिर्फ ब्राह्मण, राजन्य या वैश्य यज्ञ और बलि का अधिकारी है।
10. "उसे हर किसी से मेल-जोल नहीं करने दो; क्योंकि जो समर्पित और पवित्रीकृत है वह देवताओं के निकट पहुँच जाता है और स्वयं पूजनीय बन जाता है। पर देवता तो हर किसी से मेल-जोल नहीं रखते, सिर्फ ब्राह्मण, राजन्य या वैश्य से सम्बन्ध रखते हैं क्योंकि वही लोग बलि देने और यज्ञ करने में सक्षम हैं। अगर उसे कभी शूद्र से बात करने की मजबूरी हो तो उसी के माध्यम से बाकी को सन्देश भिजवा देना चाहिए कि 'फलाँ-फलाँ को यह बात कह आओ', यह पवित्रीकृत लोगों के आचरण का नियम है।"[21] (III कांड, I अध, I ब्रा)

इन उद्धरणों से यह स्पष्ट है कि शुद्धता के मामले में क्षत्रिय और वैश्यों को भी ब्राह्मणों के बराबर माना जाता था।

अगर हम सत्ता और दर्जे को सिर्फ भौतिक शक्ति के रूप में न देखें तो ब्राह्मणों द्वारा पूरे धार्मिक कर्मकांडों की पुरोहिती का एकमात्र हकदार बन जाने के बाद सत्ता के बँटवारे और दर्जे पर सवाल नहीं उठाया जा सकता, सैद्धान्तिक रूप में ही सही, पर ब्राह्मण ही समाज के नियम-कानून बनाने का दावा करते थे। और नियमों से ही

सारी सत्ता चलती थी, राज्याभिषेक में भी ब्राह्मणों की स्वीकृति जरूरी थी। ब्राह्मणों द्वारा तय नियम-मर्यादाओं का उल्लंघन करने पर ब्राह्मण राजा की सत्ता को भी चुनौती दे सकते थे और उसे सत्ता से हटा भी सकते थे जैसाकि राजा वेण के प्रकरण से ज्ञात होता है। कम-से-कम शास्त्र और पुराण, भले ही वे ब्राह्मणों की रचनाएँ ही हों, तो यही कहते हैं। लेकिन यह वर्णों की आदर्श स्थिति थी और डुमांट को विचारधारा के आधार पर फैसला करने की जगह इन तथ्यों को ध्यान में रखना चाहिए था।

पर शाब्दिक रूप में भी तय नियमों की व्याख्या करें तो यह मतलब नहीं निकलता कि ब्राह्मणों और क्षत्रियों के बीच काम और अधिकार के विभाजन में यह बात शामिल नहीं है कि ब्राह्मण अस्त्र-शस्त्र का प्रयोग ही नहीं कर सकते। पुराण और पौराणिक कथाएँ बताती हैं कि ब्राह्मणों को भी खास तौर से अस्त्र-शस्त्र की शिक्षा दी जाती थी और वे भी क्षत्रियों की तरह ही नहीं, उनसे ज्यादा बहादुर भी हो सकते थे। पुराण के लेखकों के अनुसार परशुराम द्वारा 21 बार क्षत्रियों का नाश करने की कहानी इसी चीज को बताती है। इसी प्रकार रावण भी ब्राह्मण था जिसे धरती के सभी राजा-महाराजा मिलकर भी नहीं हरा सकते थे। वह देवताओं से भी युद्ध में नहीं हारनेवाला था पर आखिर में क्षत्रिय राजा राम ने उसको मारा। इसी प्रकार ब्राह्मण द्रोणाचार्य ने न सिर्फ पांडवों और कौरवों को अस्त्र-शस्त्र की शिक्षा देने के लिए कुरु वंश के यहाँ गुरु-पद स्वीकार किया बल्कि खुद भी महाभारत में दुर्योधन के साथ युद्ध में भाग लिया। पांडवों ने उन्हें पराजित करके मारा और इससे इस मान्यता का भी खंडन होता है कि ब्राह्मण को किसी भी स्थिति में न मारने की धारणा गलत है। यह बात सामान्यत: समझ में भी आ सकती है कि दुर्योधन के राज में सेवा करने और उसके अधीन युद्ध करनेवाले द्रोणाचार्य को उनके नियोक्ता और स्वामी से ऊँचा दर्जा हासिल नहीं रहा होगा—अगर यह दर्जा बहुत ही खास किस्म का न हो तो फिर देवराज शुन:सेफ, जिसे राजा अम्बरीश ने उसके पिता ऋषि ऋचीक से गायों के बदले बलि देने के लिए खरीदा था, की कथा राजा की तुलना में गरीब ब्राह्मण जो ऋषि भी था, के दर्जे के बारे में बहुत अच्छी राय नहीं बनने देती। बौद्ध साहित्य में तो क्षत्रिय ही ब्राह्मण से श्रेष्ठ स्थिति में लगते हैं।

इतिहास में तो ब्राह्मणों द्वारा राजा के मंत्री, सेनापति और अन्य पदों पर काम करने के इतने उदाहरण भरे पड़े हैं कि जाति से कर्तव्यों और कामों के बँटवारे की पूरी अवधारणा ही अवास्तविक लगने लगती है। ब्राह्मणों के लिए सिर्फ पूजा-पाठ से जुड़ी जिम्मेदारियाँ ही आरक्षित थीं। लेकिन ब्राह्मणों के अलावा अन्य द्विज लोग बिना ब्राह्मणों की मदद के भी अपना दैनिक पूजा-पाठ कर सकते थे। हाँ, विवाह, उपनयन, श्राद्ध और विशेष यज्ञ वगैरह में ब्राह्मण पुरोहितों की जरूरत रहती थी, पर ऐसे खास अवसरों के लिए तो दुनिया के हर मजहब और समाज में मौलवी, पुजारी, पादरी जैसी व्यवस्थाएँ हैं ही और अकेले इन्हीं जिम्मेवारियों का निर्वाह करने के चलते ब्राह्मणों को

समाज में विशेष दर्जा नहीं मिल सकता था। असलियत यही है कि भारतीय इतिहास के ज्यादातर भाग में ब्राह्मण अपने गुणों और विद्वत्ता के जरिए सम्मान हासिल करने के अलावा कोई बहुत खास दर्जा नहीं रखते रहे हैं। यह बात पुराणों के लेखकों के प्रलापों से भी पुष्ट होती है कि कलियुग में ब्राह्मणों की स्थिति बहुत खराब हो जाएगी और खुद इन लेखकों की गिनती के अनुसार वे भी कलियुग में ही थे।

सन् 399 से 414 के बीच भारत की यात्रा करनेवाले फाहियान के विवरणों से हमें समाज में चांडालों की बदहाली की बदहाली का तो पता चलता है लेकिन वह ब्राह्मणों और वैश्यों को एक ही श्रेणी में रखते हुए बताता है कि ये दोनों बौद्ध भिक्षुओं को दान दिया करते थे। यह बात ध्यान में रखने की है कि यह काल अवधि फिर से उभरते हिन्दुत्व के चरमोत्कर्ष वाली है। वह लिखता है :

> "पूरे देश में लोग किसी भी जीव की हत्या नहीं करते; नशीले पेय का सेवन नहीं करते; लहसुन, प्याज भी नहीं खाते। अपवाद में सिर्फ चांडाल हैं। यह नाम उन दुष्ट लोगों का है जो दूसरों से अलग रहते हैं। जब वे नगरद्वार पर या बाजार के द्वार पर आते हैं तो लकड़ी बजाकर या पटककर अपने आने की सूचना देते हैं जिससे लोग जान जाएँ और उनके सम्पर्क में आने से बचें। उस देश में लोग सूअर और मुर्गियाँ नहीं रखते और जीवित पशुओं को नहीं बेचते; बाजारों में कसाइयों की दूकानें नहीं हैं, न ही नशीले पेयों की दूकानें हैं—सिर्फ चांडल ही मछुआरे और कसाई हैं और मांस-मछली का धन्धा करते हैं।"[22]

यह मथुरा के आसपास के इलाके का विवरण है। एक अन्य स्थान पर वह लिखता है :

> "...जब भिक्षु लोग अनाज की पैदावार में से अपना वार्षिक अंश पा लेते हैं तब वैश्यों और ब्राह्मणों के प्रमुख लोग भिक्षुओं की जरूरत के वस्त्र और अन्य चीजें ले आते हैं और उनमें वितरित करते हैं।"[23]

दो शताब्दी बाद (सन् 624 से 645) भारत की यात्रा पर आया ह्वेनसांग बौद्ध भिक्षुओं का सम्मान करनेवाले एक ब्राह्मण राजा का विवरण देता है। वह कामरूप के बारे में लिखता है :

> "...यहाँ का शासक जाति से ब्राह्मण और नारायण देव का वंशज भास्कर वर्मा (सूर्य-कवच) है। उसका दूसरा नाम कुमार (युवक) है और इस वंश का यहाँ 1000 पीढ़ियों से राज है। राजा ज्ञान और कला का मर्मज्ञ है और उसकी प्रजा उसका अनुसरण करती है; यहाँ दूर-दूर से सक्षम और विद्वान लोग अध्ययन के लिए आते हैं। राजा बौद्ध नहीं है लेकिन वह योग्य श्रमणों का आदर करता है।"[24]

वैसे तो राजपूत खुद के क्षत्रिय होने का दावा करते हैं, पर दूसरे पेशों में रहने के उनके उदाहरण ज्यादा हैं। यह सही है कि वर्गवाले मिथक के चलते दूसरा काम करने से उनकी प्रतिष्ठा कुछ कम जरूर हो जाती है। सत्रहवीं सदी के उत्तरार्द्ध में आए यूरोपीय यात्री थेवेनॉट ने जो विवरण दिया है उससे राजपूतों और अन्य जातियों की सामाजिक स्थिति पर कुछ प्रकाश पड़ता है। इस विवरण की खास चीज है शूद्रों में मानी जानेवाली जाति कुर्मी को वैश्यों, अर्थात् बनियों से ऊपर दर्जे का बताना। वह लिखता है :

> "...दूसरे नम्बर पर (अर्थात् ब्राह्मणों के बाद—लेखक) क्षत्रियों या राजपूतों का दर्जा आता है जिनका काम हथियारों से जुड़ा है। उनके बच्चे भी यही करते हैं या उन्हें भी यही करना होता है क्योंकि वे सब खुद को मूर्तिपूजकों (जेंटाइल्स) की राजकुमारी का वंशज मानते हैं। मुल्तान, लाहौर और सिन्ध प्रान्त में उनमें से काफी लोग व्यापारी, नहीं तो बुनकर हैं और भले ही उनका दर्जा घटा नहीं है पर उनका सम्मान नहीं है। तीसरी श्रेणी शूद्र अथवा कुर्मी की है जो जमीन पर काम करते हैं। इनमें से कुछ लोग हथियार भी रखते हैं और यह ऊँची जाति का सम्मानित काम है तब भी उनका दर्जा बढ़ा नहीं है... चौथी श्रेणी बनियों की है और वे सभी व्यापार, पैसे के लेन-देन या दलाल हैं और कुछ भी करके पैसा बनाने में माहिर हैं।"[25]

उनका विवरण यह भी बताता है कि कुछ जातियाँ अछूत थीं और यह चीज ऐसे सारे विवरणों में जरूर मिलती है। वे कहते हैं :

> "सभी चौरासी जातियों में सबसे नीचे है पाडिया और ढेंढ अर्थात् हलालखोर, क्योंकि इन्हें सबसे बदमाश माना जाता है और जो लोग इन्हें छू देते हैं वे अपवित्र हो जाते हैं। पाडिया मरे हुए जानवरों को ढोकर ले जाने और उनकी खाल उतारने का काम और उनमें से कुछ चमड़े का काम भी करते हैं। हलालखोर शहर की सफाई करते हैं, निजी और सार्वजनिक मकानों को साफ करते हैं और उनको मासिक वेतन मिलता है...वे सभी तरह का मांस, निषिद्ध या प्रचलित, खाते हैं।"[26]

दिलचस्प तथ्य यह है कि कुर्मी अर्थात् शूद्र वैश्यों से ऊपर थे, यह सूचना इब्न-ए-खुरेदाद्बा भी देता है जो दसवीं सदी के करीब भारत आया था। वह भी शासक परिवार के लोगों को सर्वोच्च स्थान पर, ब्राह्मणों से भी ऊपर, रखता है। मोहम्मद हबीब उसके कथन को उद्धृत करते हैं :

> "हिन्दुओं में सात वर्ग हैं। इनमें सब्काफ्रिया सबसे ऊँची जाति के होते हैं और इनमें से ही राजा का चुनाव होता है। अन्य छह वर्गों के लोग इस

> वर्ग का आदर करते हैं और सिर्फ इसी के आगे नत होते हैं। दूसरा वर्ग ब्राह्मणों का है जो शराब और अन्य नशीले पेयों से दूर रहता है। तीसरा वर्ग कटारिया (क्षत्रिय) लोगों का है जो तीन प्याले से अधिक शराब नहीं पीते। इस वर्ग के लोगों के बेटों को ब्राह्मण अपनी लड़कियाँ नहीं ब्याहते पर ब्राह्मण इनकी लड़कियों को बहू बनाते हैं। चौथे सुदारिया (शूद्र) हैं जो पेशे से खेतिहर हैं। पाँचवें, बैसुरिया (वैश्य) काश्तकार और कारीगर हैं। छठे सांडाल (चांडाल) हैं जो दासकर्म करते हैं। सातवें लाहुद (बाजीगर और संगीतकार) हैं जिनकी औरतों को सजना-सँवरना पसन्द है और मर्दों को मनोरंजक खेल और बाजीगरी।"[27]

ग्यारहवीं सदी के शुरू में आए अलबेरूनी वैश्यों को शूद्रों से ऊपर बताते हैं। यह फर्क इस बात से आया हो सकता है कि दोनों ने अलग-अलग इलाके में प्रचलित वर्णक्रम को देखा होगा। हो सकता है कि मूलत: विद्वान अलबेरूनी ने सिर्फ लिखित स्रोतों के आधार पर अपनी राय बनाई हो और अक्सर लिखत-पढ़त में अधिक पारम्परिक नजरिया ही मौजूद होता है। यह भी सम्भव है कि खेती का दर्जा ऊपर मानने के चलते, जैसा कि अभी तक है, मुख्यत: खेतिहर जाति, कुर्मी का दर्जा भी ऊँचा हो गया हो। लेकिन सबसे दिलचस्प बात है कि शासक परिवारों का दर्जा आम तौर पर ब्राह्मणों से भी ऊपर था। ब्राह्मणवादी परम्परा भले ही कुछ और कहती हो पर यह वास्तविक स्थिति लगती है क्योंकि पूरे ज्ञात इतिहास में ब्राह्मणों द्वारा शासकवाली सत्ता पाने और क्षत्रिय का दर्जा हासिल करने के प्रयासों के विवरण मिलते हैं और इस क्रम में अक्सर वे खुद को ब्राह्मण-क्षत्रिय कहते थे या क्षत्रियों की उपाधियाँ धारण कर लेते थे।

उपरोक्त तथ्य डुमांट के पक्की श्रेणियोंवाले सिद्धान्त को तो काटते ही हैं जातियों का दर्जा सदा-सदा के लिए स्थिर रहनेवाले नजरिए को भी गलत बताते हैं। वास्तविकता में हम पाते हैं कि समय और स्थितियों के हिसाब से आदर्श मॉडलों में बदलाव आता रहा है।

पाँचवाँ वर्ण, अर्थात् अछूतों का मामला एकदम अलग है और वास्तविकता में यह चतुर्वर्ण व्यवस्था के ढाँचे के बाहर ही है।

यह सभव है कि चांडालों के सामाजिक दर्जे में बौद्ध और जैन मतों के प्रचार-प्रसार के साथ ही गिरावट आई होगी क्योंकि जैन धर्म में मांस-मछली खाने की एकदम सख्त मनाही है। प्रारम्भिक वैदिक साहित्य में पशु-बलि की महत्ता बहुत है और ऐसे में यह तार्किक नहीं लगता कि वैदिक धर्म के अनुयायी चांडालों से बहुत नफरत नहीं करते होंगे। शतपथ ब्राह्मण में, जो बाद की रचना मानी जाती है और गंगा-यमुना प्रदेश में बसावट के दौर में रची गई थी, इस बदलाव का संकेत मिलता है कि तब तक पशु-बलि की जगह अन्न से तैयार विशिष्ट पकवानों का

भोग लगाने का चलन शुरू होने लगा था। जैसाकि शतपथ ब्राह्मण कहता है, "अब इस पकवान का भोग ही पशु-बलि है।"[28]

सम्भव है कि यह बदलाव आदिम निवासियों के दबाव में हुआ हो क्योंकि वे लोग खेतिहर थे और उनको पशुओं की जरूरत थी और वे पशुओं का बहुत सम्मान भी करते थे। इस बारे में हम आगे विस्तार से चर्चा करेंगे।

बौद्ध और जैन धर्म, दोनों का ही अभ्युदय ब्राह्मणवादी प्रभाव वाले इलाके से बाहर हुआ और सम्भव है कि यह पशुचारी घुसपैठियों के धार्मिक कार्यों में दी जानेवाली बलि-प्रथा के खिलाफ हुआ हो सकता है। इन घुसपैठियों का धर्म वैदिक ऋचाओं में वर्णित है। पर यह जुगुप्सा जगानेवाला काम जंगलों और नदियों के सहारे जीवन जीनेवाले स्थानीय लोग भी करते थे जिनके लिए जानवरों और मछलियों का शिकार और भक्षण सामान्य जीवन का अंग थे।

समाज के कुछ वर्गों के लोगों को जाति-बहिष्कृत करने का कुछ रिश्ता बौद्ध मत से हो सकता है, इस तर्क के पक्ष में यह प्रमाण भी जाता है कि बर्मा और जापान में जाति-बहिष्कृत लोग हैं जबकि ये इलाके कभी भी ब्राह्मण मत के प्रभाव में नहीं आए हैं, जबकि यहाँ बौद्ध मत की धूम मची रही थी। हटन ने बर्मा में अछूत या जाति-बहिष्कृत लोगों के सात वर्ग बताए हैं जिन्हें संडाल कहा जाता है।[29] इनमें पगोडा, गुलाम, भिखमंगे, जल्लाद (फाँसी देनेवाले), जेलर और पुलिस, कोढ़ी और अपंग, शवपेटिका बनानेवाले तथा पगोड़ा गुलामोंवाले वर्ग से ही आनेवाले सरकारी गुलाम हैं। वे बताते हैं कि पगोडा गुलाम आम तौर पर युद्धबन्दियों में से चुने जाते हैं। जापान के जाति-बहिष्कृत एता लोगों के बारे में वे लिखते हैं :

> "बर्मा के संडालों की तरह ही जापान के एता हैं। इसमें शक नहीं कि उनका छुआछूत का विचार पुरानी मान्यताओं से जुड़ा है लेकिन इसमें सम्भवत: बौद्ध मत के आगमन और इसमें जीव-हत्या की सख्त मनाही तथा इसके साथ ही भारतीय जाति व्यवस्था के सीधे प्रभाव का भी हाथ है। इन अछूत एता लोगों की संख्या दस लाख मानी जाती है और ये जापानी समाज के हाशिए पर ही जीवन व्यतीत करते हैं। इनके खिलाफ पूर्वाग्रह इतना कठोर है कि एता शब्द भी फुसफुसाकर ही बोलना होता है। यह नाम भी सबसे पहले सन् 700 के आसपास ही आया लगता है और बौद्ध मत के आगमन के साथ ही जुड़ा है। अछूत जाति के पेशों में जल्लाद, कसाई, चर्मकार, फेरीवाले, बाजीगर, कब्र खोदनेवाले, दाइयाँ, छाता और लालटेन बनानेवाले, जूता बनानेवाले, अभिनेता, टोकरी और मिट्टी के बर्तन बनानेवाले आते हैं। भारत में बौद्ध काल में भी अछूत समूह में यही वर्ग थे।"[30]

यह स्पष्ट है कि हिन्दू धर्म इस बदलाव या विकास में कोई भूमिका नहीं निभा सकता था। अगर उसकी कोई भूमिका होती तो हिन्दू धर्म से जुड़ी अन्य विशेषताएँ या दुर्गुण भी आए होते। और यह मानने के पर्याप्त आधार उपलब्ध हैं कि बौद्ध मत ने चांडालों से परिहार को और बढ़ाया ही होगा। वैसे तो बौद्ध मत ने शूद्रों के साथ किसी तरह का भेदभाव-भरा बर्ताव नहीं किया लेकिन चांडालों के साथ उनका व्यवहार परिहार का था। सम्भवत: कर्म के सिद्धान्त का आधार यही था और इसके अनुसार चांडाल अपने पूर्व जन्म के कर्मों का ही यह फल भोग रहे होते हैं। के.ए. नीलकंठ शास्त्री का भी यही मानना है और अपने नजरिए के पक्ष में वे पहली सदी में संगृहीत बौद्ध कहानियों के संग्रह अवदनासा, जो जातक कथाओं जैसा ही है, की एक कहानी को पेश करते हैं। कहानी है कि चांडाल कन्या प्रकृति बुद्ध के प्रिय शिष्य आनन्द से प्रेम कर बैठती है और उनसे विवाह का प्रस्ताव करती है। बुद्ध यह सुझाव देते हैं कि उसके लिए सर्वश्रेष्ठ मार्ग आनन्द की तरह भिक्षु बन जाना ही है जिसे वह मान लेती है। लेकिन 'शुद्धि' के बाद ही उसे भिक्षु व्यवस्था में शामिल माना जाता है।

नीलकंठ शास्त्री लिखते हैं :

> "निम्न कुल में जन्म के चलते उसके अन्दर पाप और अशुद्धियों के जितने लक्षण थे, बुद्ध ने उन्हें दूर किया और इस प्रकार शुद्धिकरण के बाद ही उसे भिक्षुणी (नन) बनाया। यह बयान पर्याप्त स्पष्ट ढंग से बताता है कि समाज सुधारक के अनुसार भी चांडाल कन्या साधना के योग्य नहीं थी और यह करने के पूर्व उसे पास और अज्ञान की स्थिति से मुक्त कराया गया।"[31]

बौद्ध काल के बाद फिर से उभरे हिन्दुत्व ने जब बौद्ध मत के अनेक गुण-दोषों को अपनाया तो सम्भव है जाति व्यवस्था में इस एक अतिरिक्त दुर्गुण को भी जोड़ लिया, जो तभी उभर ही रहा था। इस नजरिए से देखने पर डुमांट का यह कथन अपने आप में एक पराकाष्ठा ही लगता है कि जाति की श्रेणीबद्धता पराकाष्ठाओं पर ही सबसे स्पष्ट ढंग से दिखती है। साफ लगता है कि वे मूल जाति व्यवस्था से बाहर के स्रोतों से अपने निष्कर्ष निकाल रहे हैं।

छुआछूत और दूषणवाला यह पहले इतना छुतहा/प्रसरणशील है कि एक ही जाति के लोग भी आपस में ऐसा आचरण कर सकते हैं। अलबेरूनी हमें बताता है कि एक ही जाति के लोग एक थाली में खाना नहीं खा सकते थे और कई बार जाति-भोजों के समय लोग पाँत में ही तख्ता लगाकर या रेखा खींचकर दूसरों से खुद को अलग रखते थे। दूषित हो जानेवाले इस नजरिए से किया जानेवाला मत व्यवहार सम्भव है कि बौद्ध और हिन्दू मतों के भी पहले आदिम समाजों में चलता रहा हो।

डुमांट यह बात नहीं देख पाते कि जाति व्यवस्था सदियों के दौरान विकसित हुई है और इसमें अनेक नई बातें नए सामाजिक और आदर्शीकरण के दबावों के

चलते आई हैं। और यह न देख पाने के चलते ही वे मूलत: धार्मिक ग्रन्थों, ब्राह्मणों द्वारा प्रतिपादित एक खास नजरिए पर ही पूरा सिद्धान्त खड़ा कर देते हैं। लेकिन हम भारतीय वास्तविकताओं के काफी बड़े हिस्से से नजर फेरकर ही इस नजरिए से सहमत हो सकते हैं।

मार्क्सवाद का यांत्रिक प्रयोग

जाति की उत्पत्ति की आर्थिक व्याख्या इसके पहले की मान्यताओं के विपरीत है और डी.डी. कोसाम्बी तथा आर.एस. शर्मा जैसे कुछ मार्क्सवादी विद्वान इसे आगे लाते हैं। लेकिन मार्क्सवाद की उनकी समझ और भारतीय समाज पर इसे लागू करने का प्रयास काफी कुछ यांत्रिक-सा ही है। अपने बने बनाए सैद्धान्तिक ढाँचे में बातों को फिट करने के प्रयास में ऐसे अध्ययन जाति व्यवस्था की बुनियादी बातों को भी दरकिनार कर देते हैं। वे इस धारणा के आधार पर सभी चीजों को साबित करना चाहते हैं कि आर्य कबीले के लोग वर्गों में बँटे और इसी क्रम में किसी तरह से उनका जातियों में विभाजन हो गया। इसी लाइन पर काम करते हुए जब आर.एस. शर्मा बहुत स्पष्ट व्याख्या नहीं तलाश पाते तो वे सेनार्ट के वर्गवाले बँटवारे को ही जाति व्यवस्था के सन्दर्भ में लागू करते हैं। वे लिखते हैं :

> "फिर, ऐसा लगता है कि शुरू में उपनयन सारे कबीले के लोगों का होता था लेकिन जब कबीला वर्गों में बिखर गया तो यह समूह और समाज में ऊँचा स्थान रखनेवाले वर्ग का सम्मानसूचक वैशिष्ट्य बन गया और इसके जरिए वे कमोबेश एक विशिष्ट समूह, जो कई बार गोपनीय ढंग से काम करता था, का हिस्सा बन जाते थे। सेनार्ट के इस विचार के अनुसार आगे बढ़ते हुए कुल द्वारा बाहर की शादी करने और कबीले द्वारा अपने अन्दर ही शादी करने के चलन ने बाद में जाति व्यवस्था का रूप लिया। यह तर्क दिया जा सकता है कि आदिवासी समाज की दीक्षा या प्रवेशन की रस्म आगे चलकर तीन वर्णों के लिए उपनयन के रूप में सामने आई और परिणाम यह हुआ कि शूद्रों का सामाजिक दर्जा और अधिक नीचे चला गया।"[32]

यह बहुत ही सरलीकृत और हल्की व्याख्या है। अगर उपनयन सिर्फ समृद्धि से हासिल किया जानेवाला सम्मानसूचक वैशिष्ट्य था तो हमें बाद में उपनयन के चलते बँटे समाज में सम्पत्ति को ही विभाजक रेखा का रूप लेते देखना चाहिए था। पर वास्तविकता में तो हम यही पाते हैं कि जातीय विभाजन का सबसे स्पष्ट चरित्र सम्पत्ति या समृद्धि को ध्यान में न रखना ही है। कोई कितना अमीर या गरीब हो, इससे उसकी जाति का निर्धारण नहीं होता। एक अन्य जगह पर वे कहते हैं कि शूद्र पराजित कबीले के लोग थे। लेकिन यहाँ वे जो बात कह रहे हैं वह पहलेवाले तर्क को काटती

है और उसका मतलब साफ है कि गरीबी के चलते ही उनको उपनयन का अधिकार नहीं दिया गया था। यह बात आंबेडकर के नजरिए के करीब लगती है कि शूद्रों का सामाजिक दर्जा उपनयन का अधिकार न मिलने के चलते और नीचे हुआ—हालाँकि आंबेडकर मानते हैं कि ब्राह्मणों ने बदले की भावना से ऐसा नहीं होने दिया जबकि शर्माजी मानते हैं कि ऐसा उनके गरीब होने के चलते हुआ होगा। आर.एस. शर्मा एक इतिहासकार हैं फिर भी वे इस मामले में भारी लापरवाही दिखाते हैं और अपने सिद्धान्त के पक्ष में ऐतिहासिक प्रमाण रखने का प्रयास नहीं करते। विभिन्न जातियों के लोगों की आर्थिक स्थिति में भारी बदलाव के बावजूद जातीय बँटवारा जितना पक्का बना रहता है वह किसी के मन में भी इस सिद्धान्त को लेकर शक पैदा करने के लिए काफी है।

लेकिन इसका यह मतलब भी नहीं है कि जाति के सामाजिक दर्जे का सबकी आर्थिक स्थिति से कोई लेना-देना ही नहीं है। सामूहिक रूप से देखने पर यह साफ लगता है कि जातियों की आर्थिक स्थिति और इसकी सामाजिक स्थिति के बीच निश्चित रूप से सम्बन्ध है। लेकिन इससे यह निष्कर्ष निकालने की बजाय कि जाति व्यवस्था आर्थिक कारणों से पैदा हुई है, यह कहना उचित ही होगा कि जाति व्यवस्था का उदय कबीलों को पराजित और दमित करने को हुआ और जो लोग विजेता या मालिक के रूप में उभरे उन्होंने पराजित लोगों के लिए कुछ आर्थिक बाधाएँ और परेशानियाँ भी जोड़ दीं। और यह हम आज के अपने सभ्य दौर में भी विजेता और पराजित लोगों के बीच देखते हैं। अगर जाति व्यवस्था के आर्थिक कारणों से पैदा होने का तर्क सही है तो फिर हमें निचली जाति में सिर्फ गरीब-ही-गरीब मिलते—अपवादस्वरूप कोई भी समृद्ध नहीं मिलता। तब जाति और वर्ग के विभाजनवाली लाइनें आपस में टकरा जातीं और यह जाति व्यवस्था रह ही नहीं जाती। लेकिन यह विभाजन जिन आधारों पर हुआ है इसलिए किसी व्यक्ति विशेष की आर्थिक स्थिति में आनेवाला बदलाव उसकी जातीय स्थिति पर कोई प्रभाव नहीं डालता।

यह आर्थिक आधारवाला सिद्धान्त जातियों की वास्तविक स्थिति के मद्देनजर इतना बेमतलब है कि यह इन जातियों के बीच की दुश्मनियाँ और बैरभाव जैसी चीजों को समझाने और इनमें पैदा होनेवाले संशय भाव को हटाने में जरा भी मदद नहीं करता। पिछड़े और दबे लोगों में इस चेतना से जो यह निराशा का भाव पैदा होता है कि वे सालों से गुलामी झेलते रहे हैं, यह इस तथ्य से और गहराता है कि लोग भावनात्मक रूप से अपने ही समूह से जुड़े रहते हैं।

हम लोग जाति व्यवस्था की उत्पत्तिवाले सवाल पर आगे विस्तार से चर्चा करेंगे। अगले अध्याय में हम मानवीय व्यवहार में कठोरता के कुछ सम्भावित स्रोतों की जाँच-पड़ताल करेंगे क्योंकि यह जातियों के मामले में सबसे साफ रूप से दिखाई देती है।

2

खास सन्दर्भों और सीमित दायरे में ही मार्क्सवादी और व्यवहारवादी खेमे की बातें सही बैठती हैं। दुनिया-भर के लोगों के व्यवहार में जो मूल्य सबसे ज्यादा प्रभावी दिखते हैं वे काफी हद तक कबीलाई, धार्मिक और क्षेत्रीय निष्ठा से जुड़े लगते हैं। हम इनमें से कुछ के अभिव्यक्त होने के मसले पर भूमिका में चर्चा कर चुके हैं। पर सवाल उठता है कि ऐसा होता क्यों है? सम्भावित कारण तो इसका आत्मकेन्द्रीकरण ही लगता है : यह भ्रम भी इसकी केन्द्रीय भूमिका में है और इस चीज को रॉबर्ट आर्द्रे ने बहुत ही दिलचस्प ढंग से वर्णित किया है। वे मानते हैं कि यह मनुष्य का स्वाभाविक विचार है। यह पूरी तरह गैर-आर्थिक भ्रम है और यह न तो आर्थिक हिसाब-किताब से चलता है, न वस्तुगत विचार-विमर्श से। इस विचार के अनुसार मनुष्य अपने समूह को, जो एक कबीलाई समूह हो या राष्ट्र, दूसरों के लिए उदाहरण बन सकने लायक मानता है। आर्द्रे लिखते हैं :

> "...लेकिन यह भ्रम साथ ही एक सामाजिक व्यामोह का रूप ले सकता है, जिसके बारे में हम बहुत कम जानते हैं, और जो इस समूह की चालाकी और हिंसा को उन लोगों के खिलाफ आक्रोश भड़काने का काम कर सकता है जो इसके केन्द्रीय दावे को मानें।
>
> "ऐसे में यह भले ही लगे कि यह दर्जन-भर या बीसेक या सौ पगलाए लोगों का छोटा समूह है पर वही एक बेचैनी भरे जुनून से सारी मानव जाति को अपने समूह के भ्रम को मनवाने का प्रयास कर सकता है। या यह भी सम्भव है कि यह व्यामोह पाँच करोड़ लोगोंवाले एक राष्ट्र को हो जो अपनी श्रेष्ठता के दावे के बारे में उतना ही एकजुट हो और मनुष्य जाति के 'कल्याण' के नाम पर ही सबके ऊपर अपना प्रभुत्व कायम करने के लिए हिंसा पर भी उतर आए। ऐसे सामाजिक व्यामोह का भ्रम दुर्लभ ही है जो सबसे खराब आचरण और हिंस्र व्यवहार के लिए भी कोई (कु) तर्क न ढूँढ़ ले।"[1]

बचपन में खास सामाजिक व्यवहार या रीति-रिवाजों से मन पर जो छाप पड़ती है, यह भ्रम उसी आधार पर विकसित हो सकता है। बच्चे पर अपनी संस्कृति के

विशेष मूल्यों, प्रतीक और संकेतों की गहरी छाप होती है और वह इससे बँधा होता है। जब वह बड़ा हो जाता है और अपनी बुद्धि, विवेक और तर्क का प्रयोग करने लगता है, तब भी वह बचपन में मन में बैठी बातों के भावनात्मक प्रवाहों से बँधा होता है। बचपन में मन में बैठे प्रतीकों और संकेतों के प्रति खास तरह का आचरण वह सोच-समझकर नहीं, नैसर्गिक ढंग से करता है। और यहाँ उसकी बुद्धि और विवेक का काम आचरण और व्यवहार सम्बन्धी गड़बड़ियों को दूर करना न होकर उनके लिए तर्क ढूँढ़ना हो जाता है।

हम ही केन्द्रीय भूमिकाओं में हैं, यह भ्रम या धारणा बाद में ईश्वर द्वारा हम ही चुने गए हैं, श्रेष्ठ जाति होने, बेहतर नस्ल होने या उच्चतर वर्ग का होने जैसी अवधारणाओं का रूप लेता है और उसी पर अपने तर्क खड़े कर लेती है। टॉयनबी एक अलग सन्दर्भ में इसी तरह का दम्भ धार्मिक परम्पराओं में भी देखते हैं। वे लिखते हैं :

> "इस प्रकार यहूदी समाज अपने को ही सबसे सही मानने की मानवीय प्रवृत्ति को कुछ और आगे बढ़ाकर यह दावा करते हैं कि उन्हें ही ईश्वर का आशीर्वाद हासिल है जो न सिर्फ सर्वशक्तिमान है बल्कि बुद्धिमान और सब कुछ ठीक करनेवाला भी है। यह आत्मकेन्द्रीयता की बुराई को और भारी रूप देना है और इसमें यह खयाल शामिल है कि वही चुने हुए लोग हैं और उन्हें तथा उनके कबीलेवाले लोगों को ही यह 'आशीर्वाद' प्राप्त है। और इस भ्रम या व्यामोह का उपयोग मसीहाओं की तरह ऊपर उठने के लिए, किसी मिशन को पूरा करने की धारणा को आगे बढ़ाने के लिए नहीं किया जाता। वे यह बस मान सकते हैं कि उनका चुनाव विशेष किस्म की शक्ति, समृद्धि और गौरव को भोगने की जगह खास किस्म की जिम्मेवारियाँ उठाने, खास तरह के काम करने, ईश्वर की इच्छा को पूरा करने में खास तरह के उथल-पुथल को झेलने के लिए हुआ है लेकिन ऐसी स्थिति में भी अपनी विशिष्टता का बोध उन्हें खुद को केन्द्र में रखने को प्रेरित करता है और यह विशिष्ट दर्जा देनेवाला ईश्वर भी इस मामले में केन्द्र में नहीं रह पाता। और साम्यवाद हो या नेशनल सोशलिज्म, इस तरह की बाद की पश्चिमी विचारधाराओं में भी यह नैतिक प्रभाव रहा है कि वे ही 'चुने हुए लोग' हैं और यहूदी मत के उस प्रारम्भिक हिस्से को भुला दिया गया कि सर्वशक्तिमान ईश्वर का अस्तित्व है।"[2]

ऐसा दम्भ संयोग मात्र नहीं है बल्कि यह जन्मजात दुर्गुण या गुण है। यह बात मानव व्यवहार और पशु व्यवहार के अध्ययनों से भी स्पष्ट हुई है।

मानव व्यवहार से यह संकेत मिलता है कि बाहरी चीजों के प्रति एक खास तरह से प्रतिक्रिया करने के कुछ निश्चित गुण लेकर ही मनुष्य का जन्म होता है। मनुष्य की बाद की भौतिक और सामाजिक स्थितियों के अनुसार इनमें बदलाव होता है, पर स्वयं को इन स्थितियों के अनुकूल बनाने भर के लिए। सीखने की प्रक्रिया इन आन्तरिक गुणों में हल्का बदलाव लाती है या उनको ही पुष्ट करती है—उनको समाप्त नहीं करती। जब कभी वे संस्कृति के द्वारा दबा दिए जाते हैं, तब वे अवसर की ताक में बैठे होते हैं। पहला अवसर पाते ही, जो अक्सर परेशानीवाला होता है, वे उभर आते हैं और भावनात्मक तनाव पैदा करते हैं। ये बुनियादी गुण उस साँचे जैसा व्यवहार करते हैं जिसमें व्यक्ति का सामाजिक सम्बन्ध बनता या ढलता है। लेकिन ये साँचे स्वयं बहुत कठोर या पक्के नहीं हैं, उनमें बदलाव होता है, लाया जा सकता है—हाँ, कुछ बुनियादी चीजें सदा विद्यमान रहती हैं। ये सामाजिक सम्बन्ध क्या ठोस रूप लेंगे यह अन्य मानव समूहों और लोगों से अन्तर्सम्बन्धों के साथ-साथ भौतिक स्थितियों के हिसाब से भी तय होता है। इसलिए किसी भी सामाजिक सम्बन्ध को किसी एक विचारधारा के हिसाब से पूरी तरह नहीं समझा जा सकता क्योंकि विचारधाराओं को ठोस वास्तविकताओं की ही व्याख्या करनी होती है। इसी प्रकार उन्हें विशुद्ध भौतिक आधार पर भी नहीं समझा या समझाया जा सकता क्योंकि भौतिक स्थितियाँ मनुष्यों के आदर्शों और विचारों के अनुरूप ढलती हैं और ये आदर्श और विचार मनुष्य के आन्तरिक गुणों और आकांक्षाओं के अनुरूप बनते हैं।

पर इस तथ्य में परेशान करनेवाली चीज यह है कि मानव व्यवहार का एक बुनियादी गुण/दुर्गुण अपने समूह से बाहरवालों के प्रति बैरभाव है। दरअसल लोगों के बीच एकता और आपसी तालमेल भी सीधे-सीधे दूसरे समूह के लोगों के प्रति उनके सामूहिक बैरभाव के अनुपात में सीधे बढ़ता-घटता है। यह पाया गया है कि परिवार, कुल और कबीले के बीच आपस में लड़ाई होती रहती है पर जैसे ही दूसरे कबीले और कुल के लोगों से टकराव की स्थिति होती है ये आपसी भेद और मनमुटाव दब जाते हैं। जैसाकि कोनर्ड लॉरेंज ने बताया है, मनुष्य का यह गुण झुंड में रहनेवाले पशुओं की कुछ प्रजातियों में भी पाया जाता है।[3] अक्सर मानव व्यवहार की इस विकृति को दबाने में मनुष्य की तर्कबुद्धि का उपयोग होता है।

दूसरी तरफ जिस समूह के प्रति ऐसी निष्ठा होती है वह स्वयं भी लोगों को बाहर न जाने देने के लिए अपना आधार व्यापक करता है, अपने अन्दर बदलाव करता जाता है। इस बदलाव या विस्तार का एक उदाहरण संस्कृति के बारे में यूनान की अवधारणा है। आर्नल्ड टॉयनबी बताते हैं :

> "पाँचवीं सदी ईसा पूर्व के तीसरे चतुर्थांश में लिखते हुए हेरीडोटस एथेंसवासियों के मुँह से 479 ई.पू. में कहलाता है कि किसी एथेंसवासी के लिए यह कल्पना करना भी मुश्किल है कि वह एक नस्ल (जाति) और भाषा से एक

> बने यूनानी समुदाय से दगा करेगा। यह एकता साझा तीर्थों और रीति-रिवाजों या एक जीवन पद्धति से भी बनी है। हेरोडोटस ने यहाँ यूनानी की परिभाषा में जो-जो चीजें जरूरी मानी हैं उनमें से एक नस्ल और एक भाषा को अभी भी इसका प्रमुख तत्त्व माना जाता है जबकि साझा संस्कृति को और जोड़ दिया जाता है। दूसरी ओर 380 ई.पू. में प्रकाशित पांगिरिकस में इसोक्रेटिस यह उल्लेख करता है कि यूनानी संस्कृति के विकास के साथ ही एथेंसवासियों ने यूनानीपने को मात्र सामाजिक अर्थ की जगह एक आध्यात्मिक अर्थ भी दिया है। एक एथेनियन संस्कृति में साझा करनेवाले लोग अब सामान्य भौतिक बनावट में साझा करने की जगह 'यूनानी' नाम के साथ ज्यादा जरूरी और मजबूत पहचान का अनुभव करते हैं।"[4]

यह बहुत ही सूक्ष्म और चालाकी भरा बदलाव है जो पुराने अहंकार और दम्भ पर आभिजात्य की हल्की चादर चढ़ा देता है। हमारे लोग सही करें या गलत, हमारे हैं और सबसे ऊपर रहेंगे, यह कहने की जगह अब यह जोर दिया गया कि हमारे लोगों को दूसरों से ऊँची कुर्सी मिलनी चाहिए क्योंकि वे 'सुसंस्कृत' होने के चलते इसके हकदार हैं। सामूहिक व्यवहार में तर्कसम्मति का यह सबसे सामान्य तरीका है। 'आर्य जाति' की श्रेष्ठता, मिडल किंगडम का सबसे श्रेष्ठ होने, 'श्वेत जाति की जवाबदेही', 'समाजवादी पितृभूमि' जैसी सारी अवधारणाएँ असल में लोगों के अन्दर बैठे आदिम अहंकार को सन्तुष्ट करने या इस समूह की हिंस्र मंशा को और उकसाने के लिए ही सामने लाई गई हैं। लेकिन इससे भी महत्त्वपूर्ण चीज है कि इन तरीकों का इस्तेमाल करके एक समूह के अन्दरवाली निष्ठा का अधिक व्यापक दायरे में प्रसार करना, अलग-अलग कबीलोंवाले तत्त्वों को समेटकर एक बड़े समूह को उभारना या राष्ट्रों का उद्भव कराना। लेकिन किसी भी समूह का चाहे जितना भी विस्तार हो जाए अपना और पराया अर्थात् समूह के अन्दरवाले और बाहरवाले का भाव बरकरार रहता है और दायरा चाहे जैसा बनाए, उसके बाहर माने जानेवालों को अलग ही रखने की प्रवृत्ति रहती है। ऐसे लोगों को उन सभी अधिकारों और लाभों से वंचित रखने की प्रवृत्ति रहती है जिन्हें समूह के अन्दर के लोग अपना हक मानते हैं।

इसके अलावा मनुष्य भी अन्य सामूहिक जीवन जीनेवाले प्राणियों की तरह अपना अलग दर्जा, प्रतिष्ठा चाहनेवाला प्राणी है। जब तक मानव समूह एक-दूसरे से अपेक्षाकृत अलग-अलग रहते हैं—सिर्फ कोई वस्तु लेने-देने या शादी-ब्याह जैसा ही सम्बन्ध रखते हैं तब तक यह श्रेणी या दर्जेवाला हिसाब भी अस्पष्ट-सा, बेमानी-सा बना रहता है। जब समूह काफी दूरी पर रहते हैं और एक-दूसरे की जरूरी प्राकृतिक सम्पदा में दखल नहीं देते, छेड़छाड़ नहीं करते तब तक ऐसा बना भी रहता है। लेकिन जैसे ही दुनिया की आबादी बढ़ती गई या दूसरे कारणों से विभिन्न समूहों के बीच सम्बन्धों में टकराव बढ़ता गया कबीलाई जीवन में युद्ध

बहुत आम होता गया। फिर शारीरिक और बौद्धिक क्षमता और महत्त्वाकांक्षा में ऊपर रहनेवाले लोग कबीलों के मुखिया और प्रधान बनने लगे। इन लड़ाइयों के चलते कबीले खुद भी किसी के अधीन रहने और किसी को अधीन बनाकर रखने जैसी स्थितियों के अभ्यस्त होते गए। इस प्रकार जातिनाश के डर और श्रेष्ठता की चाह से मानव समूहों में एक ऐसा रिश्ता विकसित हुआ जिसमें मनुष्य द्वारा मनुष्य को अधीन रखना, एक समूह द्वारा दूसरे को अपने अधीन रखना आम होता गया। और लोगों ने माना कि इस तरह के दर्जे और श्रेष्ठता की स्थिति का लाभ अन्य भौतिक मामलों में भी लिया जा सकता है। जो लोग नेतृत्व में थे उनके लिए यह और भी ज्यादा लाभ की स्थिति हो गई।

सामाजिक व्यवहार का तीसरा पहलू, जो विचारधारा को इतना महत्त्वपूर्ण बनाता है, सामाजिक सम्बन्धों के सारे पक्षों का एक व्यापक मिथ के साथ जुड़ा होना, और मिथक गढ़ना भी मनुष्य के अन्दर से पैदा होनेवाली एक अनिवार्यता है। इस प्रकार किसी भी रिश्ते या घटना को इस व्यापक अवधारणा का हिस्सा माना जाता है। ऐसे में यदि कोई नितान्त निजी लाभ का काम करता है तो वह भी उस खास विचारधारा द्वारा निर्धारित किसी सिद्धान्त के अनुसार होनेवाला काम लगता है और इसमें जघन्य कामों को भी व्यक्ति, परिवार, कबीले, जाति या राष्ट्र की शान की रक्षा के लिए की गई बहादुरी माना जा सकता है लेकिन इस खोखली व्यवस्था के काफी पीछे छुपकर बैठे जो स्वार्थ होते हैं उन्हें ये विचारधाराएँ छुपाने का प्रयास करती हैं।

और इसी प्रकार इतिहास को विकास के हिसाब से चार चरणों में बाँट दिया गया जो उत्पादन पद्धति के विकास के स्तर से जुड़े हैं। इसकी शुरुआत आदिम साम्यवाद से होती है और यह दास प्रथा, सामन्ती प्रथा से होते हुए पूँजीवाद तक आता है।

आइए, सबसे पहले दास प्रथावाले समाज को देखें। इस उत्पादन सम्बन्ध को किसी खास उत्पादन प्रणाली से जुड़ा मान पाना कठिन है। दास प्रथा के रूप तो अफ्रीका के शिकारी समाज, मंगोलिया और अरब जगत के चरवाहा समाज, यूनान और रोम के कृषक और व्यापारी समाज तथा उन्नीसवीं सदी के अमेरिका के आधुनिक औद्योगिक समाज जैसे भिन्न-भिन्न तरह के भौतिक आधार पर काम करनेवाले समाजों में मिल जाते हैं। इन सबमें दास प्रथा की एक ही चीज समान है—दास या गुलाम बनाने का तरीका। समुद्री डाकों और युद्ध के माध्यम से दास बनाने का काम हुआ और बाद में यह बढ़कर बाजाप्ता दासों की खरीद-फरोख्त तक गया। समय-समय पर इस मंडी में, जंगों में बनाए गए गुलामों की बड़ी संख्या आती रही लेकिन नियमित स्रोत बहुत ही व्यवस्थित ढंग से छापे मारकर गुलाम पकड़ना-बनाना ही था जो दास व्यापार की व्यवस्थित प्रणाली के साथ जुड़ गया।

और इस मामले में पूरे इतिहास में ईसाई और विधर्मी, दोनों ही खुले दिमाग से काम करते रहे और अपनी धार्मिक अवस्थाओं को अपने अनुयायियों के इस

कारोबार में दखल नहीं देने दिया। और इसके लिए सिर्फ इस बात की जरूरत थी कि अन्दरूनी विवेक की आँखें बन्द कर दी जाएँ या कोई ऐसा पर्दा डाल दिया जाए जिससे अपने समुदाय के बाहर के सारे लोगों को अलग मानने में हर्ज न हो। उन्हें सीधे जंगली या बर्बर कह दिया जाता था या अधिक परिष्कृत अमेरिकी ईसाई इन्हें विधर्मी या म्लेच्छ करार देते थे जिनके प्रति कोई मानवीय करुणा दिखाने की जरूरत नहीं थी। लेकिन जब उन्हें ईसाई धर्म का बपतिस्मा दे दिया गया तब भी उनके बन्धन नहीं टूटे और उनकी चमड़ी का काला रंग उन्हें अलग ही नहीं करता था, उन्हें सामान्य लोगों के समुदाय के हाशिए पर ही रखता रहा।

प्राचीन काल के लोगों का नजरिया भी अलग नहीं था। तब की दुनिया के नजरिए के बारे में एम.आई. फिनले बताते हैं :

> "लेकिन यूनानियों और रोमनों की दृष्टि में अधिकांश गुलाम सदा असभ्य ही रहे। सिद्धान्त रूप में गुलाम बाहरी आदमी हैं, बर्बर और असभ्य हैं और यही चीज उन्हें इतिहास में ज्ञात स्वैच्छिक श्रम के अन्य तरीकों से अलग करती है। ऐसे अस्वैच्छिक कामों में मिस्र के किसानों को जबरिया फौज में भर्ती करके पिरामिडों का निर्माण कराना, रोम में मुवक्किल, कर्ज के चलते बंधुआ बननेवाले या चपरासी का काम आदि शामिल हैं..."[5]

दासों की नियमित आपूर्ति के तरीके के बारे में वह लिखते हैं :

> "इसका जवाब यह है कि ई.पू. 500 में ही बर्बरों-असभ्यों को उनके सरदारों से खरीदने-बेचने का नियमित व्यापार शुरू हो गया था। अपने युद्धों के दौरान पकड़े गए बच्चे, दंड या कर के रूप में लिये गए लोग वगैरह दास थे—ठीक हमारे आधुनिक काल में खरीदे-बेचे जानेवाले नीग्रो गुलामों की तरह, उनके व्यापार का यूनानी या रोमन सैनिक गतिविधियों या समुद्री डाकों से कोई लेना-देना न था। यह विशुद्ध रूप से व्यापारियों का अपना धन्धा था जो यूनानी-रोमन दुनिया के बाहर के अनेक हिस्सों से दास मँगाते थे।"[6]

अमेरिका में श्वेत और नीग्रो दोनों को ही शुरू में अनुबन्धित मजदूर माना जाता था जो करारवाली अवधि के बाद मुक्त कर दिए जाते थे। लेकिन अलग मूल और रंग का होने के चलते बाद में नीग्रो लोगों को पूरी उम्र की गुलामी करनी पड़ी। यहाँ भी हम पाते हैं कि विभिन्न मानव समुदायों के बीच सीमा रेखा खींची गई। इस बदलाव के बारे में विलियम लॉरेन काट्ज लिखते हैं :

> "जेम्स टाउन में मजदूरों की कमी को दूर करने के लिए जहाज भर अफ्रीकी लोग खरीदे गए। उसी वर्ष, उसी उद्देश्य से लंदन से एक सौ नवयुवक भी लाए गए। मजदूरी के अनुबन्धवाला समय बीतने के बाद नीग्रो और श्वेत,

> दोनों ही समूह के लोगों को आजाद कर दिया गया—क्योंकि वे गुलाम नहीं गिरमिटिया मजदूर थे...
>
> "लेकिन दो पीढ़ी बाद हाउस ऑफ बर्गेसेज ने कानून बना दिया कि हाल ही में आए अफ्रीकी और उनकी सन्तानें उम्र-भर के लिए गुलाम माने जाएँगे। उनको गुलाम बनाने के पक्ष में यह तर्क दिया गया कि वे न तो ईसाई थे, न ही श्वेत। लेकिन जैसे ही उनमें से कुछ ने बपतिस्मा ले लिया वर्जीनिया ने यह कानून बना दिया कि बपतिस्मा दासों को दासता से मुक्ति नहीं दिला सकता।"[7]

इसी प्रकार, सामन्तवाद को भी हम एक खास उत्पादन पद्धति से जुड़ा नहीं मान सकते। न तो यह पूरे विश्व में समान था, न ही यह उत्पादकता में वृद्धि के किसी खास स्तर को सीधे दिखाता था। लेकिन, सामन्तवाद में भी जो चीज सबसे खास दिखती है वह है यूरोप के किसानों और सातवीं और आठवीं सदी में लूटमार करनेवाले सशस्त्र गिरोह से अपनी रखवाली करनेवालों के सामने अपने कुछ अधिकार समर्पित करना और उनकी कुछ शर्तों को कबूल करना। तब के कैथोलिक यूरोप में इस तरह की रखवाली कर सकने का वचन बहुत कम ही योद्धा सरदार से पाते थे। इंग्लैंड में यह जर्मनों की जीत से सीधे जुड़ा है। जीत के बाद जर्मन लोग सामन्त/लॉर्ड बन गए और स्थानीय लोग गुलामों की हैसियत में आ गए। यह व्यवस्था बहुत अजीबोगरीब स्थिति में उभरी जब खेतिहर लोग सीधे-सीधे खरीद-फरोख्तवाली रकम जैसी चीज में बदल गए या फिर लुटेरों के हमलों से बचने के लिए किसी एक मजबूत दिखते लुटेरा सरदार के अधीन ही आ गए जो बाद में लॉर्ड या सामन्त के रूप में उभरा।

सुदूर ब्राजील में भी इसी तरह के घटनाक्रम और विकास का ब्योरा क्लार लेवी-स्ट्रास देते हैं जबकि वहाँ की उत्पादन प्रणाली और सामन्त काल के यूरोप की उत्पादन प्रणाली में कोई मेल ही नहीं दिखता। म्बाया-गुआकुरु के ऐसे ही एक समाज के बारे में वे लिखते हैं :

> "इन इंडियनों के अपने महाराजा-महारानी थे...बड़े सामन्त और उनकी बेगमें बड़े आयोजनों पर पधारते थे। लेकिन सारे छोटे और घरेलू काम गुआन लोग करते थे जिनकी भाषा और संस्कृति अलग थी और जो इस क्षेत्र में पहले से बसे हुए थे...गुआन खेती करते थे और पैदावार का एक हिस्सा म्बाया सामन्तों को देते थे जो सशस्त्र घुड़सवार हमलावरों और लुटेरों से उनकी रखवाली करते थे। सोलहवीं सदी में आया एक जर्मन मध्य यूरोप के सामन्तों और गुलामों के इन दो समूहों के लोगों की तुलना करने से खुद को नहीं रोक पाता।"[8]

निस्सन्देह गुलाम समाज या सामन्ती समाज में वर्गों का वही मतलब नहीं रहता जो पूँजीवाद में रहता है। यूनानी या रोमन सभ्यता के या सामन्त काल के यूरोप के वर्ग विभाजन और पूँजीवादी यूरोप में वर्ग सम्बन्धों में तुलना करना एकदम बेमानी है। दोनों पुरानी व्यवस्थाओं में शोषण साफ नजर न आनेवाली शक्तियों पर आधारित था। दरअसल ये व्यवस्थाएँ तभी अस्तित्व में आईं जब कुछ समूहों या कबीलों ने दूसरे समूहों या कबीलों को अपने अधीन कर लिया और तलवार के जोर पर उनके श्रम से पैदा चीजों का काफी बड़ा हिस्सा जबरन ले लिया।

यह ताकत का जोर था जिसने तब मौजूद उत्पादक शक्तियों से बनी व्यवस्था के बेहतर और शान्तिपूर्ण बदलाव को असम्भव बना दिया और मार्क्स भी इस तथ्य से पूरी तरह परिचित थे। अब गुलामों की मुक्ति इस सम्बन्ध को पूरी तरह नष्ट किए बगैर सम्भव ही नहीं थी और इससे उत्पादन की प्रक्रिया भी नष्ट होनी थी। रोमन युग में गुलामों के अनेक भीषण और हिंसक विद्रोह हुए। इसी प्रकार सामन्तकालीन यूरोप में भी जैक्वेरी विद्रोह हुए जिनमें विद्रोही किसान सामन्त के महल वगैरह सब कुछ फूँकते जाते थे। यह सब इसके चलते हुआ कि उत्पादक शक्तियाँ हथियार या शारीरिक बल के इतनी पास थीं कि उत्पादन की व्यवस्था को आतंक और डर की व्यवस्था से दूर रख पाना सम्भव नहीं रह गया था।

लेकिन प्रभुत्व और गुलामीवाले सभी समाजों में निश्चित रूप से एक चीज साझी थी जो सामाजिक विकास की मार्क्सवादी व्याख्या में सही बैठती है। इन सभी समाजों में दबे या निचले समूहों—चाहे वे गुलाम हों या दास, शूद्र हों या अछूत—के श्रम से होनेवाले उत्पादन का अतिरिक्त या छीना हुआ हिस्सा प्रभुत्ववाले समूहों के पास ही जाता था। इस प्रकार यह विभाजन या दर्जा भौतिक लाभ-घाटे से जुड़ा था। लेकिन प्रभु वर्ग ने हरदम अपने असली चरित्र को गैर-आर्थिक कारणों या बहानों के पर्दे में छुपाए रखा और इस विभाजन के पक्ष में दर्शन और सिद्धान्तों का पाठ करता रहा। इस प्रकार विचारधारा सिर्फ आर्थिक या उत्पादन सम्बन्धों की अभिव्यक्ति नहीं है जो इसमें बदलाव लाती हो बल्कि यह एक व्यवस्था में रहनेवाले सभी लोगों को उसके मूल्यों के प्रति अनुकूल बनाने या उनकी पुष्टि करने को बाध्य करनेवाली एक अनुकूलन शक्ति है। भले ही यह उसी व्यवस्था के उत्पादन सम्बन्धों से वजूद में आती हो और अपना रंग-रूप ग्रहण करती हो। अक्सर यह तब भी मौजूद रहती है जब इसको पैदा करनेवाली स्थितियाँ वजूद में नहीं रह गई हों।

विशुद्ध आर्थिक हिसाब से वास्तविक वर्ग विभाजन पूँजीवाद के तहत ही होता है। पर यहाँ भी बहुत ज्यादा समृद्धिवाले छोटे-छोटे दौरों को छोड़ दें तो यह व्यवस्था भी बलपूर्वक ही बरकरार रखी गई है। इसके अलावा व्यवस्था सामाजिक विभाजन की पुरानी प्रणालियों से भी कुछ चीजें अघोषित रूप से लेती है और उन्हें जीवित

करती है। ऐसा सिर्फ हाशिएवाले मूल्यों में ही नहीं, सबसे प्रमुख और प्रभावकारी मुद्दों में भी होता है।

इसी प्रकार प्रकार्यवाद हमारे ऐतिहासिक अनुभव के लम्बे हिस्से की व्याख्या कर पाने में सक्षम नहीं है। युद्ध और डाकों तथा लूट में अगर हम इनसे लाभ पानेवालों का पक्ष भुला दें तो इनकी व्यावहारिक प्रासंगिकता को समझना मुश्किल हो जाएगा जबकि इतिहास में इसकी भरमार है। व्यावहारिक या प्रकार्यवाले सम्बन्ध सिर्फ कुछ अपवाद जैसे या अलग-अलग मामलों में या फिर जीवन की एकदम जमी-जमाई स्थितियों में ही काम करते हैं। पर किसी बन रहे, नया आकार ले रहे, और वह भी अन्य समाजों से अक्सर हिंसक मुठभेड़ करते हुए, समाज को समझने के मामले में ये बातें बहुत लाभकर नहीं हो सकतीं।

चूँकि शायद ही कोई मानव समूह बाकी सबसे अलग-थलग होकर चलता है, इसलिए सामाजिक व्यवस्था को समझने का पक्का और अच्छा तरीका उससे रिश्ता रखने और आदान-प्रदान करनेवाले विभिन्न समूहों के सन्दर्भ में ही उसका अध्ययन करना है। मनुष्य के बुनियादी गुणों और विचारधारा से उसके रिश्तों को समझने के साथ उसके रंग-रूप का एक मोटा अन्दाजा लगाया जा सकता है। लेकिन उत्पादन पद्धति में बदलाव के साथ ही लोगों के जीवन की स्थिति ही नहीं, दूसरे लोगों के साथ उनके व्यवहार और आचरण की वास्तविक स्थितियाँ भी बदल जाती हैं। जैसे दो शिकारी कबीलों का रिश्ता वह नहीं होगा जो एक शिकारी और दूसरे चरवाहा कबीले के बीच या चरवाहा और खेतिहर समूह का होगा। मनुष्य चरित्र के बुनियादी गुणों के साथ ही आर्थिक जीवन में ये रूप भी मनुष्यों के आपसी रिश्तों और इस प्रकार सामाजिक विकास की वास्तविक दिशा का निर्धारण करते हैं।

बहुत थोड़े से बुनियादी रुझानों के साथ मनुष्य या मानव समूह आपसी व्यवहार और रिश्ते बनाता है जो अलग अलग स्थितियों में एकदम अलग-अलग रूप ले लेते हैं। फिर बननेवाले सम्बन्धों को एक सैद्धान्तिक जामा पहना दिया जाता है। यह सिद्धान्त या विचारधारा इस बात की व्याख्या का आधार भी बन जाता है कि कौन-सी चीज क्यों उस रूप में सामने आई है और फिर यह उस समूह के लोगों के भविष्य के व्यवहार के लिए दिशा-निर्देश भी बन जाता है। यह विचारधारा सबको प्रभावित करनेवाले विभिन्न कामों और उद्देश्यों से जुड़े मूल्यों का पैमाना भी तय करती है। चूँकि समूह की बुनियादी जरूरतों के ऊपर ही उसका बचे रह पाना निर्भर करता है इसलिए आर्थिक कारकों की तो अनदेखी नहीं की जा सकती लेकिन आर्थिक गतिविधियों को शायद ही कभी पूरी तरह स्वतंत्र क्रियाकलाप माना जाता है। इसे हरदम एक बड़ी सामाजिक जिम्मेवारी के हिस्से के तौर पर देखा जाता है जो अक्सर रीति-रिवाजों का रूप ले चुके होते हैं। परिवार के सदस्यों के बीच हो या एक समाज का निर्माण करनेवाले विभिन्न समूहों के बीच की कड़ी,

यही रीति-रिवाज बनते हैं। हो सकता है कि सामाजिक जिम्मेवारियों के निर्धारणवाली प्रणाली ऐसी बना दी जाए कि वह एक समूह को दूसरे की कीमत पर लाभ की स्थिति में रखे (जैसे, हमारे भारतीय गाँवों के रिश्ते हैं) लेकिन विचारधारा इसे ही सारे ब्रह्मांड की स्वाभाविक या प्राकृतिक व्यवस्था के तौर पर मान्यता देती है। बुर्जुआ समाज के अलावा, इस आर्थिक सम्बन्ध को बाकी सभी समाज वैयक्तिक और सामाजिक बन्धनों के जटिल तंत्र से पूरी तरह ढककर रखा जाता है और एक तरह के सम्बन्धों को दूसरों से अलग करके देखना बहुत मुश्किल होता है। सम्भव है कि मुश्किल स्थितियों में परस्पर बन्धन या एहसानोंवाले रिश्तों की ऊपरी चिकनी सतह में भी दरारें उभरें और यह भी सम्भव है कि बेचैनी का भाव पैदा हो लेकिन कुल मिलाकर यह भ्रान्ति या माया बनी रहती है।

किसी बाहरी व्यक्ति के लिए किसी समाज का अध्ययन करने के क्रम में उसके बुनियादी गुणों तक पहुँचने में यह मुखौटा एक बड़ी बाधा बन जाता है और उसे गलत निष्कर्ष की तरफ ले जा सकता है। जैसे डुमांट लिखते हैं :

> "...सबसे पहले तो सिर्फ हमारा सामाजिक अध्ययन केन्द्रित नजरिए से सामाजिक-पारिवारिक सम्बन्धों की जगह आर्थिक मसलों को महत्त्व देने की जरूरत है। बल्कि अधिक रचनात्मक नजरिया यह होगा कि हम यह स्वीकार करके बात शुरू करें कि किसी विदेशी समाज से जुड़े सामाजिक तथ्यों की सच्चाई तक पहुँचने में दुविधा या दोहरापन एक वास्तविकता है। अगर हम स्थानीय सोच के अनुसार चलें या उनके विचारों को छोड़कर विशुद्ध अपने नजरिए से देखें, दोनों में ही परेशानी है। अगर हम उनके नजरिए से देखें और घटनाक्रम को जाना चाहें तब भी मुश्किल होती है और हमें उनकी व्याख्या अपूर्ण लगती है।"[9]

लेकिन यह बहुत ही निराशावादी नजरिया है। दरअसल तथ्यों के ऊपर चढ़ा मुखौटा बाहरी लोगों की तुलना में स्थानीय लोगों के लिए ज्यादा परेशानी पैदा करता है। किसी भी सामाजिक व्यवस्था को देखने का वस्तुगत नजरिया प्रेक्षक द्वारा अपनी समाजशास्त्र-केन्द्रित दृष्टि को बदलना होना चाहिए। और इसके लिए सबसे पहले तो यह बात मन में बिठानी होगी कि मनुष्य-प्रकृति एकसमान है और हरेक जगह मनुष्य बुनियादी रूप से समान मनोवृत्तियों से काम करता है—संचालित होता है। इस मान्यता के बाद विचारों का एक ऐसा उपकरण विकसित हो सकता है जो विभिन्न सामाजिक व्यवस्थाओं की व्याख्या कर सकता है। और यह किसी भी स्थिति में आदर्श होना चाहिए।

वैसे तो मानव समाज अलग-अलग स्थितियों में अलग-अलग ढंग से विकसित हुआ है और इसने कुछ हद तक लोगों के सोच-विचार और रहन-सहन में फर्क

डाला है पर मनुष्य मूलत: एक है। उसका विकास अलग-अलग ढंग से नहीं हुआ है। यह सोचना कि भारतीय लोग अलग हैं और मूलत: धार्मिक और समग्रतावादी नजरिए के हैं—गलत है। डुमांट यही गलती करते हैं। दरअसल यह एक किस्म के सामाजिक अहंमात्रवाद में फँसना है जिसकी खुद डुमांट ने अन्यत्र निन्दा की है। भारतीय मानस के धार्मिक और समग्रतावादी होने की बात मानकर ही वे जजमानी व्यवस्था को धार्मिक मानते हैं।[10] जजमानी व्यवस्था में कुछ कर्मकांड थे पर उसे धार्मिक मान लेना गलत है। ये कर्मकांड भी असल में आर्थिक सम्बन्धों को मजबूत बनाने का आवरण भर थे जो गाँव की अर्थव्यवस्था को टिकाऊ बनाने के लिए जरूरी थे। डुमांट इस चीज को मान सकते थे। पर इन सबमें यह बात खासी महत्त्वपूर्ण है कि ये सारी चीजें अपेक्षाकृत ज्यादा आराम का जीवन जीनेवाली ऊँची जातियों के हक में थीं और इसकी व्याख्या जाति व्यवस्था बनने के इतिहास को देखकर ही की जा सकती है। जैसे—लोहार, बढ़ई, धोबी, नाई, तम्बोली, हलवाहे सभी को अपने तय पारिश्रमिक अर्थात् हर किसान की उपज के एक छोटे हिस्से के लिए गाँव-भर का काम करना होता है। अगर यह व्यवस्था श्रम करनेवालों के हक में होती अर्थात् उत्पादन का बँटवारा ज्यादा न्यायसंगत होता तो यह बहुत ही विकसित सहकारी व्यवस्था लगती और श्रम के स्वैच्छिक बँटवारे का अद्भुत उदाहरण बनती।

दरअसल यहाँ हम उन दोनों कारकों को, जिनका जिक्र ऊपर हुआ है, काम करते देख सकते हैं। इतिहास के किसी दौर में विभिन्न समूहों के बीच बने कामकाजी सम्बन्ध इस व्यवस्था के रूप में अपनी सारी असमानताओं के साथ स्थापित हो गए और चलते जा रहे हैं। यह आपसी सम्बन्धों या मेल-जोल की विशेष परिस्थितियों की पैदाइश हो सकते हैं। (हम बाद में इस पर ज्यादा विस्तार से चर्चा करेंगे।) लेकिन यह सारा कर्मकांड, सारी व्यवस्था इस तरह भी बनी कि सभी लोगों की जरूरतें पूरी हों। दरअसल कर्मकांडों ने ही आगे चलकर इन सम्बन्धों को टिकाऊ रूप दिया। कुछ कर्मकांड या चलन विशुद्ध रूप से धार्मिक कार्यव्यापार से आए होंगे लेकिन सारे कार्यव्यापार को कर्मकांडों के दायरे में लाने की बात तब आसानी से समझी जा सकती है जब हम धार्मिक स्वीकृति को वैचारिक समावेश या घेराबन्दी का एक और तथा प्रभावी तरीका मानें और यह चीज दुनिया के सभी समाजों में रही है।

जाति व्यवस्था का एक महत्त्वपूर्ण गुण है—जमीन की मिल्कियत मुख्यत: प्रबल जातियों के हाथ में रहना और यह चीज ठीक सामन्ती व्यवस्था में प्रबल वर्गों के हाथ में जमीन होने की तरह है। निचली जातियों के लोगों को खेतों में या अन्य कामों में शारीरिक श्रम करने भर के लिए मजबूर कर दिया जाता है। और इसी से इस तथ्य को समझा जा सकता है कि क्यों देश-भर में अनुसूचित जातियों के ज्यादातर लोग भूमिहीन हैं। वे गरीबी के चलते जाति या सामाजिक दर्जे में नीचे नहीं गए हैं बल्कि सामाजिक रूप से दबाए जाने के चलते उन्हें जो निचला दर्जा

मिला है उसी के चलते वे सम्पत्ति से भी वंचित हैं। सबसे निचली जातियों के लोगों के पास जमीन न होना इस बात से भी जुड़ा हो सकता है कि वे लोग पहले शिकार या पशुपालन पर आधारित जीवन जीते होंगे और बाद में अकेले उसी से काम न चलने से खेतिहर समुदाय का हिस्सा बन गए होंगे। स्वाभाविक रूप से उनके पास न तो अपनी जमीन होगी न ही उनको किसी ने अपनी खेती की जमीन सौंपी होगी। इन लोगों को तीन आधार पर अपना दर्जा कम करना पड़ा होगा—1. बाहरी होने के चलते; 2. शारीरिक श्रम को घृणित काम माननेवाले समाज में शारीरिक श्रम करनेवाला होने से; और 3. जमीन न होने से जो कि इस समाज में हैसियत तय करने का एक बड़ा आधार था।

स्पष्टत: भारतीय जाति व्यवस्था में सत्ता, सामाजिक हैसियत और आर्थिक लाभ, तीनों ही समाज के उच्च वर्णों की तरफ ही केन्द्रित थे। अंग्रेजों के आने से पहले सदियों तक ये चीजें बरकरार रहीं। जैसाकि बुकानन ने 19वीं सदी के प्रारम्भिक काल वाले पूर्णिया (बिहार) जिले के ग्रामीण समाज सम्बन्धी अपने विवरण में स्पष्ट रूप से दिखाया है। वे लिखते हैं :

> "इस जिले में खेतों का आकार-प्रकार जोतकारों की सामाजिक हैसियत के अनुसार है। सभी उच्च या शुद्ध नस्लों जैसे ब्राह्मण, राजपूत, कायस्थ, सैयद, पठान और मुगलों को अपने घर या बाग-बगीचे के लिए जितनी चाहिए उतनी लगान-मुक्त जमीन रखने का हक है। बैरागी, संन्यासी, वैष्णव और फकीरों जैसे दोनों धर्मों के धार्मिक लोगों को भी यही अधिकार है।"[11]

और वे आगे लिखते हैं :

> "बटाईदारी और खेती के काम की मजदूरी का विवरण मनुस्मृति और अर्थशास्त्र में आने से यह अन्दाजा लगता है कि जमीन की मिल्कियत ऊँची जाति के लोगों में ही है और खेती का वास्तविक काम भारत के अधिकांश हिस्सों में काफी हद तक निचली जातियों के लोग करते रहे हैं।"[12]

जनजातीय और जातीय समूहों के ऐसे सम्बन्धों में उनका आपस में विलय तो नहीं ही होता बल्कि अलग-अलग पहचान बनाए रखने की प्रवृत्ति ही मजबूत होती है या चेतना में यह बात बनी रहती है, यह चीज अत्याधुनिक पश्चिमी समाजों में भी दिखाई देती है। 'एनकाउंटर' नामक प्रसिद्ध पत्रिका में स्टीफन टॉलमिन के लेख 'यू नॉर्मन, मी सैक्सन' (तुम नार्मन, मैं सैक्सन) पर उठी प्रतिक्रिया में यह बात स्पष्ट देखी जा सकती है। टॉलमिन के अनुसार, इंग्लैंड में वर्ग विभेद की खटास को सिर्फ आर्थिक हिसाब से नहीं समझा जा सकता। इसकी जड़ें नॉर्मन विजय और

इसके बाद के सामन्ती समाज के भेद में निहित हैं। अपने आलोचकों को जवाब देते हुए उन्होंने लिखा :

> "मेरे तर्क संक्षेप में इस प्रकार हैं :
>
> "(1) इंग्लैंड के मजदूर-प्रबन्धन सम्बन्धों में जो कड़वाहट और असंगति है वह किसी भी अन्य औद्योगिक समाज में आज नहीं है। अगर किसी अन्य देश में ऐसा होगा तो सिर्फ वहीं जहाँ विदेशी कब्जा रहा हो।
>
> "(2) और शायद यह इसलिए है कि दोनों समूहों की भावनाएँ हैं। जैसे : प्रबन्धन स्वयं को 'नॉर्मन विजेता' वाली भावना से चलाते हैं तो मजदूरों को 'पराजित सैक्सन' मानते हैं। तो क्या इंग्लैंड में प्रबन्धन और मजदूरों ने 19वीं सदी में इसमें पहले के समाज में मौजूद सामन्त और मजदूरोंवाले सम्बन्धों और भावनाओंवाले सामाजिक विद्वेष भाव को नहीं अपना लिया है जो ज्यादा नहीं तो कम-से-कम 1066 ईस्वी से तो चली ही आ रही है।
>
> "(3) और अगर ऐसा है तो एंजेल्स ने मैनचेस्टर के मजदूरों के नजरिए को पढ़ने की गलती की। उन्होंने इंग्लैंड के सामाजिक विद्वेष से पैदा बैर-भाव को वैश्विक माना और इसे 'वर्ग संघर्ष' का गलत नाम दे दिया और दुनिया भर में आर्थिक असमानता से पैदा नाराजगी और ईर्ष्या भाव से इसे जोड़ दिया।"[13]

सम्भवत: यहाँ इस मामले पर कुछ ज्यादा ही विस्तार से चर्चा हो रही है। लेकिन निश्चित रूप से विभिन्न मानव समूहों के बीच आर्थिक विवाद से पैदा बैर-भाव उनके आपसी सम्बन्धों की खास स्थितियों से निकलनेवाले संकेतों से और गहराते हैं। आर्थिक सम्बन्ध कोई बहुत जड़ या ठोस नहीं होते और हर समय कुछ लोग वर्ग-विभाजनवाली रेखा को लाँघते या उससे नीचे आते रहते हैं। इससे यह रेखा भी धुँधली होती है, बैर-भाव की तीव्रता भी कम-ज्यादा होती रहती है। इसके अलावा आर्थिक श्रेणी में भी ऊपर-नीचे होने का क्रम चलता रहता है। वर्ग श्रेष्ठता या विशिष्टतावाले अन्य मनोवैज्ञानिक कारण भी निश्चित रूप से होंगे ही।

इस समस्या पर नजदीकी ढंग से विचार करनेवाले जॉर्ज ऑरवेल ने वर्ग चेतना के बारे में कुछ बहुत ही ग्रहणशील बातें कही हैं जिनकी विशुद्ध आर्थिक पैमाने से व्याख्या कर पाना मुश्किल होता। इंग्लैंड के बारे में उन्होंने कुछ इस प्रकार कहा है :

> "फिर भी, ब्रिटिश वर्ग व्यवस्था के बारे में यह एक महत्त्वपूर्ण मुद्दा है कि आप इसे सिर्फ पैसे के हिसाब से नहीं समझ सकते। मोटे तौर पर तो यह आर्थिक श्रेणीकरण है पर इसे एक हल्की या अस्पष्ट किस्म की

> जाति व्यवस्था से भी समझा जा सकता है—भूत-प्रेत का वास बन गए रद्दी सामान से बने आधुनिक बँगले की तरह। और इसी से इस तथ्य की व्याख्या हो सकती है कि 300 पाउंड तक सालाना आमदनी वाले को तो उच्च मध्य वर्ग में मान लिया जाता है जबकि बिना बड़े होने का दिखावा करनेवाले मध्य वर्ग के लोग इससे काफी ज्यादा आमदनी पाकर भी उधर ही बने रहते हैं।"[14]

मध्य वर्ग में इतनी विविधता है लेकिन मजदूरों से व्यवहार के मामले में वर्ग वैशिष्ट्य का बोध भारी परेशानी पैदा करता है—प्रदूषण की विभीषिका की तरह। अन्यत्र ऑरवेल लिखते हैं :

> "यहाँ आप पश्चिम में वर्ग विशिष्टता के असली रहस्य को देखते हैं—इसी से आप यह समझ सकते हैं कि बुर्जुआ परिवार में पला-बढ़ा-पैदा हुआ यूरोपीय भले ही खुद को कम्युनिस्ट कहे, पर वह बहुत प्रयास करने पर भी मजदूर को अपने बराबर नहीं मानता। ऐसा सोचनेवाला गिने-चुने ही होंगे। बाकी निचले वर्ग के लोगों को देखकर नाक बन्द करते हैं।
>
> "हमें यही बताया-सिखाया गया है—निचले वर्ग के लोग बदबू मारते हैं। और यहाँ आप स्पष्टत: एक लक्ष्मण रेखा से घिर जाते हैं। हमारे लिए पसन्द-नापसन्द का भाव भौतिक भावना की तरह मौलिक बन चुका है। नस्लवाली नफरत, शिक्षा का अन्तर, मानसिकता-बौद्धिकता स्तर और नैतिक मान्यताओं तक को बदला जा सकता है लेकिन भौतिक विकर्षण को नहीं खत्म किया जा सकता।"[15]

ऐसा लगता है कि लोग किसी भी किस्म के विशेषाधिकार को न्यायोचित बताने के लिए ऐसी लक्ष्मण-रेखाएँ बनाते रहते हैं या फिर अपनी कुंठाओं को दूसरों पर उतारकर उनको छोटा दिखाने में लगे रहते हैं। आर्थिक मन्दी के दौर में अमेरिका में गरीब श्वेतों और नीग्रो लोगों के खिलाफ की गई हिंसा यह बताती है कि आर्थिक तंगी में भी मनुष्य अपने जैसों से वर्ग एकता कायम करने की जगह किसी भी अलग बतानेवाली चीज को विशिष्टता का बोझ न मानकर खुद को औरों से अलग बताता है और अपने को बेहतर मानकर सन्तुष्ट होता है। इसी चीज के चलते मूल, संस्कृति और शारीरिक बनावट के अन्तरवाला कोई भी वास्तविक या काल्पनिक इतिहास सबसे घटिया किस्म के लोभ से मुक्त नहीं हो पाता। यही भावना नस्लभेद की जड़ में भी है।

हाल के वर्षों में इंग्लैंड में जो जातीय दंगे हुए हैं उनमें भी यही दुखद सच्चाई सामने आई है। ब्रिटेन के आर्थिक और राजनीतिक प्रभुत्व में कमी आते जाने के साथ ही वहाँ के गोरों के जीवन-स्तर और आत्मसम्मान या श्रेष्ठताबोध में कमी

आती गई है और वे फिर अपना गुस्सा उनके देश में बसे अश्वेतों पर उतारते हैं। वे लोग मुकाबला करने की स्थिति में भी नहीं होते। ऐसी स्थिति में गोरी ब्रिटिश पुलिस की निष्पक्षता और कानून के प्रति पूरी वफादारी भी डाँवाँडोल हो जाती है। 23 अप्रैल, 1979 को साउथाल में जो प्रदर्शन हुआ था उस पर पुलिस लाठीचार्ज हुआ और यह आरोप लगा कि पुलिस ने अश्वेतों के साथ बहुत हिंसक व्यवहार किया। उसके बाद से ऐसे आरोप कई बार लग चुके हैं।

सामाजिक व्यवस्थाओं और सम्बन्धों को देखने का अर्थवादी और व्यवहारवादी, दोनों ही दृष्टिकोण तार्किक रूप से परिभाषित लक्ष्यों के हिसाब से विकसित हुए हैं। लेकिन जैसाकि पहले की चर्चा में जाहिर है ये बहुत ही एकांगी या भोलेपनवाले दृष्टिकोण हैं। यह सामाजिक सम्बन्धों के विकास को किसी बहुत ही व्यापक या जटिल विचारधारा या धार्मिक विचारों से ही निकलनेवाली बात भी इतनी ही अवांछित है। यहाँ तो सबसे महत्त्वपूर्ण चीज है इस विचारधारा के मूल की ही तलाश करना।

जाति व्यवस्था के विवरणों पर बारीकी से गौर करने पर इसकी विचारधारा के उत्स का पता भी चलता है। नए और निर्णायक साक्ष्यों के अभाव के चलते उत्सवाली बात तो सिर्फ कल्पना और अन्दाज पर ही निर्भर करती है। पर वास्तविकता के करीब पहुँचनेवाले अनुमान तो लगाने ही होंगे लेकिन यह सन्देह है कि जाति व्यवस्था की वास्तविकता को लेकर काफी बातें यूँ ही तय भी मान ली जाती हैं और ऐतिहासिक तथ्यों की उत्पत्ति के बारे में ठोस तथ्यों के आधार पर अनुमान भी नहीं लगाए गए हैं। इसलिए सब कुछ साफ दिखते तथ्यों के आधार पर इस व्यवस्था के सदियों से चलने और टिके रहने पर गौर करना होगा, इससे ही हमें समाज में वास्तविक बँटवारे की प्रकृति को समझने के सूत्र हाथ लगेंगे और सम्भव है इससे कुछ भ्रान्तियों का निवारण भी हो।

3

जब हम जाति के इतिहास पर थोड़ी बारीकी से गौर करना शुरू करते हैं तो यह देखकर हैरान रह जाते हैं कि जाति व्यवस्था के बारे में जो अधिकांश सिद्धान्त बनाए गए हैं वे या तो हाल में विकसित कुछ प्रवृत्तियों को आधार बनाकर गढ़े गए हैं या फिर धर्मशास्त्रों और पौराणिक ग्रन्थों के कुछ सूत्रों या धर्मादेशों को आधार बनाकर, जबकि तत्कालीन राजनीतिक और सामाजिक व्यवस्था में उनके सही महत्त्व या वजन का हमें कुछ भी अन्दाजा नहीं है। हमें सिर्फ यह अन्दाजा है कि सम्भव है वे इतने बड़े मुल्क के एक छोटे हिस्से में कुछ समय के लिए प्रभावी होंगे या फिर सिर्फ पुरोहित-पंडित जमात की एक कामना मात्र होंगे और निरन्तर धार्मिक-राजनीतिक, उथल-पुथलवाले समाज में उनको प्रभावी ढंग से व्यवहार में उतारना असम्भव होगा। बौद्ध मत के प्रभावी होने के बाद से ऐसी उथल-पुथल निरन्तर चलती रही है। लेकिन बीती शताब्दियों में जातीय सम्बन्धों, की वास्तविक स्थिति के हिसाब-किताब पर नजर डालने से पूर्व हम उन बुनियादी स्थापनाओं पर गौर करेंगे जिन पर जाति व्यवस्था आधारित है।

वंश और रक्त की शुद्धता

यह सबसे प्रचलित स्थापना या अवधारणा है कि विभिन्न जातियों या वर्णोंवाले समूहों में नस्ल और रक्त का भेद है। इस स्थापना पर आधारित कुछ सिद्धान्तों की चर्चा हम पहले कर चुके हैं।

विभिन्न जातियों की उत्पत्ति का आधार अलग-अलग स्रोत बतानेवाले पुरुष सूक्त के अलावा शतपथ ब्राह्मण में भी ऐसे कई प्रसंग हैं जिनमें जातियों की अलग-अलग उत्पत्ति की बात कही गई है। निस्सन्देह इस बात का कोई वैज्ञानिक आधार नहीं है लेकिन जो लोग धार्मिक आस्था वाले या परम्परावादी हैं उनके लिए ये चीजें इस मिथक को भ्रष्ट करनेवाली हैं। शतपथ ब्राह्मण कहता है :

> "12. प्रजापति ने 'भू:' से ब्राह्मण पैदा किए; 'भुवह' से क्षत्रिय; 'स्व:' से सामान्यजन।"[1]

ब्राह्मण ग्रन्थों में इस मसले पर इतने तरह की बातें कही गई हैं कि कोई भी यह मानने को विवश हो सकता है कि ये सभी चीजें स्पष्टत: अतार्किक लगनेवाली एक व्यवस्था का सामाजिक बँटवारे के लिए कोई तर्क ढूँढ़ने का प्रयास भर है लेकिन जिन लोगों ने जाति व्यवस्था की मार सही है उनके लिए ये बातें एक दुर्बोध भय की तरह हैं क्योंकि ये उच्च वर्ग द्वारा अपने लाभवाली सामाजिक व्यवस्था को मुख्य रूप देने के लिए कही गई थीं। रक्त की शुद्धता की बात भी जाति व्यवस्था से जुड़ी है क्योंकि इसमें निचली जाति में शादी की स्पष्ट मनाही है। जो लोग नस्लों में अन्तरवाली बात को मानते हैं उनमें कुछेक ऐसे भी हैं जो मानते हैं कि अलग-अलग नस्लें असल में प्रजातियाँ हैं। इस नस्लवादी नजरिए पर विचार करने की जरूरत है क्योंकि जैसा हमने पहले देखा है कि जाति सम्बन्धी कुछ सिद्धान्तों में नस्लवाली बात पर जोर दिया गया है। इसलिए भारतीय जाति व्यवस्था में शामिल तत्त्वों से नस्ल को एकदम अलग साबित करना भी जरूरी है। आज प्रचलित मान्यता के अनुसार वर्ण की अवधारणा में कहीं-न-कहीं रंगवाला पहलू है पर असलियत यही है कि जाति और चमड़ी के रंग में कोई रिश्ता नहीं है।

ऐसे पूर्वाग्रह उन लोगों को भी प्रभावित कर सकते हैं जो स्पष्टत: विज्ञान के क्षेत्र में ही काम कर रहे हैं लेकिन जिनका कोई स्वार्थ इस पहलू से जुड़ा हो। तभी जमैका के इतिहासकार एडवर्ड लांग कह सकते थे, "एक होटेनटोट महिला के लिए एक ओरांग उटांग पति शर्मिन्दगी की चीज नहीं हो सकता।"[2] यह विचार 1774 में व्यक्त किया गया था। 1863 में ये एंथ्रोपोलॉजिकल सोसाइटी ऑफ लंदन के लिए अध्यक्षीय भाषण देते हुए डॉ. जेम्स हंट यह जोर देकर कह सकते थे कि नीग्रो और यूरोपीय के बीच गोरिल्ला और चिम्पांजी से भी ज्यादा अन्तर है, और यूरोपीय तथा वनमानुष के बीच जितनी समानता है उससे ज्यादा समानता वनमानुष और नीग्रो के बीच है।"[3]

इन दोनों में से पहला कथन नीग्रो दास व्यापार के चरम पर होनेवाले दिनों का है और सम्भव है कि इससे गुलाम बनानेवालों को अपने धन्धे के लिए अतिरिक्त तर्क मिला हो। दूसरा कथन डार्विन की युगान्तकारी खोज के बाद का है। यह उल्लेखनीय है कि दूसरा कथन तब का है जब अमेरिका में नीग्रो दास प्रथा समाप्त होने ही वाली थी और वहाँ के गृहयुद्ध में भी यह एक बड़ा मुद्दा बना हुआ था।

अपने पूर्वाग्रहों के चलते वैज्ञानिक प्रशिक्षणवाले लोग भी कुछ स्पष्ट तथ्यों को भूल जाते थे। जैसे यह तथ्य कि आम तौर पर अलग-अलग प्रजातियाँ आपस में शारीरिक सम्बन्ध बनाकर सन्तान उत्पन्न नहीं करतीं और अगर अपवादस्वरूप ऐसा होता भी है तो उनसे पैदा सन्तानें नपुंसक या अनुर्वर होती हैं और एक बीच की नस्ल नहीं तैयार होती। और बारीकी से जाँच करने पर हम पाते हैं

कि नस्लवाली पूरी अवधारणा बहुत ही भ्रामक है और कुछ ऊपरी तथा मोटी पहचान के आधार पर लोगों को वर्गीकृत करने के अलावा और कुछ भी नहीं है। नस्लवाले बँटवारे के बारे में फिलिप मैसन लिखते हैं :

> "लेकिन ये तीन मुख्य श्रेणियाँ न सिर्फ असंगत हैं बल्कि आबादी का काफी बड़ा हिस्सा इससे बाहर रह जाता है। अमेरिकी इंडियन निश्चित रूप से किसी अन्य की तुलना में मंगोलियाई लोगों के ज्यादा निकट हैं लेकिन इनको उस श्रेणी में रखा जाएगा इस पर सन्देह है। लेकिन अफ्रीका में बुशमैन, होटेनटोट और पिग्मी लोगों को नीग्रोवाली श्रेणी में नहीं डाला जा सकता, ना ही प्रशान्त क्षेत्र के मेलांसी लोगों को, जो शक्ल सूरत में उनकी तरह के दिखते हैं। दक्षिण भारत में वेडोइट लोग हैं जो आसानी से किसी श्रेणी में फिट नहीं बैठते। फिर आस्ट्रेलिया के मूल निवासी हैं जिन्हें कुछ लोग 'आर्चेइक व्हाइट' श्रेणी में रखेंगे। जातीय सम्बन्धों और समानताओं को ढूँढ़ा जा सकता है लेकिन इसमें किसी भी एक तरह का निष्कर्ष निकालना गलत होगा और फिर यह मानना ही होगा कि कोई भी शुद्ध नस्ल नहीं है और इस पद का सच्चा मतलब क्या है यह जानना मुश्किल है। मनुष्य जाति को श्रेणियों में बाँटने का कोई स्पष्ट पैमाना नहीं है, जो आधार बताए जा रहे हैं उन सबमें अपवादों और सीमा के बीच खड़े लोगों की संख्या बहुत बड़ी है।"[4]

संयोग से दूसरा और ज्यादा प्रचलित सिद्धान्त रक्त की शुद्धता के पक्ष में और भी कुछ नहीं है। अभी तक खून का एक ही स्पष्ट वर्गीकरण ज्ञात है : ए, बी और एबी या ओ समूहों का। दुनिया-भर के सारे लोगों का खून इन्हीं समूहों में से एक का होता है। यह सम्भव है कि किसी खास जन-समुदाय में एक खास ग्रुप के रक्तवालों की बहुतायत हो पर ऐसा कोई जन-समुदाय नहीं हो सकता जिसमें सिर्फ एक ही समूह के रक्तवाले हों। यह बहुत आम है कि किसी श्वेत व्यक्ति का रक्त समूह किसी नीग्रो से मेल खाए पर अपने ही परिवार के व्यक्ति से अलग हो। इसी प्रकार किसी ब्राह्मण को बड़े आराम से मोची का खून चढ़ाया जा सकता है, अगर वह उसी रक्त समूह का हो तो लेकिन उसके अपने चचेरे भाई का भी खून नहीं चढ़ाया जा सकता अगर वह दूसरे रक्त समूह का हो। कम-से-कम इस मामले में प्रकृति ने यह बात जोरदार ढंग से स्थापित की है कि चमड़ी का रंग और बाहरी फर्क सिर्फ ऊपरी चीजें हैं। इसके अन्दर मनुष्य शारीरिक रूप से एक ही है। यह बात जीन के अध्ययन से भी स्थापित हो चुकी है कि सभी मनुष्य मूलत: एक ही हैं और सिर्फ बाह्य कारणों से उनका रंग-रूप अलग है। ऊपरी विशेषताएँ सिर्फ ऊपरी हैं और मौसम तथा जलवायु के अन्य

प्रभावों के चलते बनी हैं। और इस एकता को रक्त की शुद्धतावाले तर्क से नहीं तोड़ा जा सकता, भले ही कोई समूह शादीवाले सम्बन्धों में कितनी भी बन्दिशें रखे। सभी मनुष्यों के खून का रंग एक ही होता है—लाल; किसी का खून दूसरे रंग—जैसे नीला—का नहीं होता।

जन्म से जुड़ी विशिष्टताओं पर जोर देनेवाले यह कह सकते हैं कि खून का मतलब शब्दश: खून ही नहीं होता बल्कि किसी खानदान या वंश में पैदा होने से मिलनेवाली विशिष्टताएँ हैं। इन आनुवंशिक गुणों को बचाना जरूरी है क्योंकि निचले दर्जे के खानदान से मिलने पर ये नष्ट हो जाते हैं। उनके अनुसार खास चयन प्रक्रिया से कुछ समूहों के अच्छे जीन्स आ जाते हैं और उनकी हिफाजत जरूरी है। पर इतिहास इस बात का एक भी प्रमाण नहीं देता कि किसी खास समूह के नाम कोई विशिष्ट गुण रहे हों। इतिहास भारी उथल-पुथल से भरा रहा है और महान सभ्यताएँ उभरीं तथा रसातल में चली गईं और नई सभ्यताएँ सामने आईं। अक्सर नई सभ्यताएँ एकदम नए लोगों ने खड़ी कीं। अगर सभ्यताओं के उदय में वहाँ के लोगों के खानदानी गुणों का ही हाथ होता तो बार-बार एक ही इलाके के और एक ही समूह के लोगोंवाली समस्याएँ ही ऊपर आतीं। पर इतिहास में ऐसा कुछ भी नहीं दिखता और इतिहास इस तर्क को काटता भी है। और जीवविज्ञान तो ऐसे किसी दावे को समर्थन नहीं ही देता है। इस समस्या पर विचार करनेवाले डब्ल्यू. जे.एम. मैकेंजी इस निष्कर्ष पर पहुँचते हैं :

> "अब शायद ही कोई मानव इतिहास में जीन्सवाली विशिष्टता को कोई प्रभावी कारण मानता है। निस्सन्देह रूप से जीन्स सम्बन्धी अन्तर है। इस अन्तर को देखने के लिए हमें खुद पर और अपने नाते-रिश्तेदारों पर ही गौर करना चाहिए। लेकिन पिछले 100,000 वर्षों में मनुष्य की जैविक सफलता का मुख्य सूत्र अतिमानव पैदा करना न होकर सामाजिक रूप से खुद को बदलते जाने का इतिहास है, मानव जीन का भंडार बहुत समृद्ध है; इसमें हममें से कोई भी दो आदमी समान नहीं हैं। (अपवाद जुड़वाँ लोगों में कुछ हो सकते हैं) या एक सामान्य दायरे के अन्तरों के साथ भी सभी मनुष्य जीन्स के हिसाब से एक हैं। यह बात अब वैज्ञानिक रूप में स्थापित और पुरानी हो चुकी है और यह अच्छे विज्ञान का उदाहरण भी है तथा इसे और अच्छे रूप में सामने लाने की जरूरत है। दूसरी ओर नस्लवादी लोग जो एक खास किस्म का सामाजिक डार्विनवाद अपना रहे थे उसके लिए कोई वैज्ञानिक आधार नहीं है।"[5]

हाल में कुछ मनोवैज्ञानिकों ने यह साबित करने का प्रयास किया है कि श्वेत और नीग्रो लोगों की बुद्धिमत्ता में एक फर्क रहता है। लेकिन वे भी मानते हैं कि

अगर एक श्वेत परिवार के प्रत्येक व्यक्ति की अलग-अलग जाँच की जाए तो उनके बीच बुद्धिमत्ता का अन्तर और भी ज्यादा दिखता है। और यह चीज एक पूरे समुदाय की प्रतिभा को जाँचने के मामले में इस पूरे अध्ययन को स्वयं काफी कमजोर बना देती है। और फिर, यह पूरा-का-पूरा अध्ययन और इसके निष्कर्ष अपने आप में विवादास्पद हैं।

जैसाकि उपरोक्त चर्चा से जाहिर है नस्ल, रक्त की शुद्धता या किसी समूह की विशिष्टतावाली बात में कोई सैद्धान्तिक दम नहीं है। पर इसके साथ अपने पूर्वाग्रहों के साथ चलनेवाले लोग अभी तक उनको पाले हुए चलते रहे हैं और आगे भी ये पूर्वाग्रह अपने समूह की शुद्धता को बचाए रखने के नाम पर बने रह सकते हैं। पर यह देखना भी उपयोगी होगा कि क्या ऐसे लोगों के पूर्वज भी ऐसे ही भोंदू थे जैसा उन्हें बताया जाता है। भारतीय सन्दर्भ में हमें यह देखना है कि क्या भारत की मौजूदा जातियों में रक्त की शुद्धतावाला पहलू है भी या नहीं, भले ही जीवविज्ञान की दृष्टि से इसका कोई मतलब नहीं रह जाता हो।

वंशावली का जादू

पुराणों के अनुसार परशुराम (एक ब्राह्मण) ने इक्कीस बार क्षत्रियों का नाश किया था। इस पुराकथा के अनुसार चूँकि कोई क्षत्रिय पुरुष बचा ही नहीं था इसलिए ब्राह्मणों ने ही क्षत्रिय महिलाओं के संसर्ग से सन्तानें पैदा की थीं। अब इस कथा से यह स्पष्ट नहीं होता कि ऐसे विलोम संसर्ग से पैदा सन्तानें क्षत्रिय कैसे हुईं। मान्य परम्पराओं के अनुसार ऐसी सन्तानें या तो पिता की जाति में शामिल मानी जाती हैं या फिर वर्णसंकर और मनुस्मृति की व्यवस्था के अनुसार निचली जातियों में धकेल दी जाती हैं। अब यहाँ हम इस प्रकरण से जुड़े नैतिकतावाले सवालों को भी नहीं उठाएँगे कि ब्राह्मणों ने अपने मृत दुश्मनों की पत्नियों को अपने कब्जे में क्यों लिया।

खैर, जो भी हो, ब्राह्मण पुरुषों और क्षत्रिय महिलाओं की इन 'संकर' सन्तानों को क्षत्रिय मान लिया गया। शायद यह पूरी कथा ही काल्पनिक है और पंडितों और समाज के लड़ाकू वर्गों के बीच किसी पुरानी दुश्मनी को बताती है और यह कथा भी नाराज पंडितों की तरफ से ही आई लगती है। इसके पीछे यह बताने की मंशा हो सकती है कि अगर ब्राह्मण हथियार उठा ले तो उसमें भी सबसे आगे जा सकता है। यह कथा रामायण की इस कहानी से सन्तुलित हो जाती है कि परशुराम राम के आगे नत हो जाते हैं। ये सारी बातें पौराणिक युग की हैं और ऐतिहासिकता की जगह ब्राह्मणवादी हिन्दुत्व के सबसे पहले दौर में समाज में चलनेवाली गिरोहबाजी या सामूहिक टकरावों का आभास भर देती हैं।

ज्ञात ऐतिहासिक दौर में हम किसी क्षत्रिय जाति का वजूद नहीं देखते हैं। हाल के वर्षों में क्षत्रिय के रूप में जो एक जाति ज्ञात हुई है वह कच्छ (गुजरात) में रंगसाजी और छापे का काम करनेवालों की है। सिकन्दर के हमले के समय बहुत छोटे-छोटे इलाकों का स्वामित्व रखनेवाले क्षत्रिय सरदारों का जिक्र भी मिलता है। उस दौर में क्षत्रिय थे पर वे कबीलों के रूप में थे, जाति के रूप में नहीं। पर तब शूद्र और अम्बष्ट भी कबीले ही थे।[6]

प्राचीन यूनानी और रोमन इतिहासकारों का लेखन भी यही बताता है। ए. एरियन के अनुसार, "...उसके (सिकन्दर के) साथ तीस पतवारोंवाली डोंगियों और व्यापारवाले भांडों, जिनका निर्माण क्षत्रियों ने कराया था, वाला समूह भी आ गया। स्वतंत्र कबीलोंवाले क्षत्रियों ने उससे पराजय स्वीकार कर ली थी।"[7] इसी प्रकार भारत में सिकन्दर के सैन्य अभियान में शामिल रहे डियोडोरस सिकुलस ने लिखा, "...इसके बाद वह सोद्राई (शूद्र) और मासोनाई (?) जातियों के इलाके की तरफ बढ़ा जो दरिया के दोनों तरफ रहा करते थे..."[8]

दरअसल यह मान लेना एक आदत-सी बन गई कि जिस किसी के पास भी सत्ता थी वह क्षत्रिय ही था। और शासन में आए परिवारों ने भी खुद को क्षत्रिय कुल का होने का दावा करके इस मान्यता को मजबूत ही किया। और असल में यह हुआ हो सकता है कि जब ब्राह्मणवादी व्यवस्था अपनी जड़ें जमा रही होगी तब विभिन्न क्षत्रिय वंशों के लोग ही अधिकांश जगहों पर सत्ता के शीर्ष पर होंगे और इसी के चलते राजा या राजन का मतलब क्षत्रिय मान लिया गया, इस जाति को योद्धा मान लिया गया।

लेकिन हमें जो ऐतिहासिक विवरण मिलते हैं उनसे पता चलता है कि योद्धा और विजेता होने की गौरवशाली स्थिति काल्पनिक ही ज्यादा है। वास्तव में क्षत्रियों को बार-बार संकटों का सामना करना पड़ा, बार-बार उजड़ना और बर्बाद होना पड़ा। राधाकुमुद मुखर्जी के अनुसार :

> "पुराण नन्द-वंश के संस्थापक का अधिक विश्वसनीय विवरण देते हैं जिन्हें वे महापद्म कहते हैं। उन्हें दूसरा परशुराम (पूरी क्षत्रिय जाति का संहारक) कहा गया है और जिन्होंने खुद को इस देश का एकमात्र शासक बनाया और पूरे क्षेत्र को एक ऐसी छतरी के नीचे ले आए जिसकी सत्ता को चुनौती नहीं दी जा सकती थी। तब जिन क्षत्रिय वंशों की पराजय हुई उनमें इक्ष्वाकु, पांचाल, कासी, हैहय, कलिंग, अस्माक, कुरु, मिथिला, सूरसेन और व्रतिहोत्र शामिल हैं। महापद्मनन्द द्वारा असंख्य क्षत्रिय रजवाड़ों को समाप्त करके साम्राज्य का निर्माण करने के पौराणिक विवरण ऐतिहासिक रूप में सही माने जा सकते हैं।

> "इस प्रकार महापद्मनन्द उत्तर भारत का पहला महान ऐतिहासिक सम्राट था। छोटे कुल में उसकी उत्पत्ति के बाद भी उसकी यह सफलता क्षत्रियों की राजनीतिक प्रभुता की पुरानी परम्परा के अन्त का सूचक थी।"[9]

इसलिए जब इतिहास और पुराकथाओं के बीच का धुँधलका था ही, तभी क्षत्रिय शासक राजनीतिक मंच से विदा होकर पुराकथाओं में जाने लगे थे। महापद्मनन्द के वंश का शासन समाप्त करके चन्द्रगुप्त मौर्य ने अपने वंश का शासन कायम किया जिसके छोटे कुल में पैदा होने की बात तो सभी स्वीकार करते हैं। इस काल के बाद में हम क्षत्रिय राजाओं के बारे में ज्यादा कुछ नहीं सुनते। मौर्य वंश के शासन का अन्त उसके ब्राह्मण सेनापति ने सम्राट की हत्या करके किया। स्पष्ट है कि तब ब्राह्मणों को छोटे कुल के सम्राट के अधीन काम करने में कोई संकोच न था। और फिर ऐसे शासक की हत्या करने, उसकी गद्‌दी पर दखल करने में और भी किसी किस्म की झिझक न थी।

मौर्य वंश के बाद आए शुंग वंश का शासन समाप्त होने के पश्चात् कुछ समय तक उत्तर भारत में कोई बड़ा साम्राज्य सामने नहीं आया। पर हम इसके बाद भावी राजनीति से इतना तो जानते ही हैं कि इस दौर में भी क्षत्रिय की शासक जमात के रूप में वापसी नहीं हुई। पर इस दौरान भी क्षत्रिय और शासनवाला मिथक जरूर बरकरार रहा और जो भी जाति या कबीला शासन में आया उसने खुद के क्षत्रिय होने का दावा किया।

अगला जो सबसे महत्त्वपूर्ण साम्राज्य उभरकर आया वह गुप्तों का था। हमको उनकी जाति के बारे में बहुत कुछ मालूम नहीं। पर यह भी उल्लेखनीय है कि उन्होंने अपनी जाति के बारे में कोई बड़े दावे नहीं किए हैं जिससे दो चीजों का अन्दाजा होता है, उनकी छोटे कुल में उत्पत्ति और दूसरे, इस दौर के क्षत्रियों के बारे में निम्न राय का होना। सत्ता जाने के बाद यह राय बनी थी। और जब तक इन पुराकथाओं पर पड़ी समय की परत उनकी योद्धावाली छवि को एक नई आभा दे पाती तब तक सारे शासक वह दर्जा पाने की इच्छा नहीं रखते थे।

हमारे पास उस दौर के कुछ ऐतिहासिक विवरण भी उपलब्ध हैं जो साफ बताते हैं कि राजपरिवारों की शादियों में वर्ण और जाति का खयाल नहीं रखा जाता था। चूँकि उन दिनों सभी राजपरिवार आपस में मजबूत पारिवारिक सम्बन्ध रखते थे, चूँकि अधिकांश महत्त्वपूर्ण सैनिक जिम्मेवारियों का निर्वाह परिवार के लोग ही करते थे इसलिए यह माना जा सकता था कि रजवाड़ों की शादियों में जाति या वर्ण को आधार नहीं बनाया जाता था और अन्तर-जाति या अन्तर-वर्ण शादियाँ आम थीं।

हम जानते हैं कि वाकातकों, जो ब्राह्मण थे, और गुप्तों के बीच वैवाहिक सम्बन्ध था।

वाकातकों के शिलालेखों के आधार पर वी.वी. मिराशी लिखते हैं :

> "...इसके अलावा उनके (वाकातक महाराज पृथ्वीसेन प्रथम के) बेटे रुद्रसेन द्वितीय का गुप्त वंश के शासक चन्द्रगुप्त द्वितीय विक्रमादित्य (380-413 ई.) से सम्बन्ध था। उसकी शादी चन्द्रगुप्त द्वितीय की बेटी प्रभावती गुप्त से हुई थी। विंसेंट स्मिथ की यह मान्यता काफी हद तक विश्वसनीय लगती है कि गुप्त वंश और वाकातकों के बीच यह वैवाहिक सम्बन्ध उस समय हुआ जब चन्द्रगुप्त द्वितीय ने गुजरात और सौराष्ट के शक क्षत्रपों पर हमला किया था जो 395 ई. के आसपास हुआ था।"[10]

गुप्तकालीन अन्य शिलालेखों[11] से हम यह भी जानते हैं कि इस राजवंश के लोगों के लिच्छिवियों और मौखरियों से भी वैवाहिक सम्बन्ध थे जो क्षत्रिय होने का दावा करते थे।

सम्बन्धों का यह ब्योरा धर्मशास्त्रों के हिसाब से भले ही उपयुक्त न हो पर इससे यह तो पता चलता ही है कि शादियों का यह गड्डमड्ड अभी भी वर्ण-व्यवस्था वाले वृहत्तर दायरे में था। पर जब हम बहुत ऊँचा होने का दावा करनेवाले आर्यों और म्लेच्छ घोषित हूणों की लड़कियों का सम्बन्ध होते देखते हैं तो मामला आसानी से समझने लायक नहीं रहता। इतना ही नहीं ब्राह्मणों ने इन म्लेच्छ लड़कियों का गौरवगान भी किया है। यहाँ हैहय राजवंश के क्षत्रिय, केदी राजा यश:कर्णदेव के ताम्रपत्र शिलालेख (सन् 1122) से बातों को विस्तार से उद्धृत करना उचित होगा :

> "(5) हैहय राजकुमारों वाले प्रतापी परिवार के कार्त्रिवीर्य, जिन्हें किसी चीज की कमी नहीं थी और जो हर प्रकार के अस्त्र-शस्त्र चलाने में निपुण थे और जो चन्द्रमा के प्रतापवाला राजशीर्ष धारण करने के योग्य थे।
>
> "(6) पर्वतराज हिमालय की तरह दिखनेवाले इस राजा ने कालचूरि वंश की स्थापना की और जिसे बाद के शासकों ने अपने बेदाग आचरण से और भी यशस्वी और मोती जैसा धवल बनाया।
>
> "(14) उन्होंने कर्णावती नामक करुणा स्तम्भ बनवाया, ज्ञान का सर्वोच्च संस्थान बनवाया, प्रतिभाओं को फलने-फूलने का अवसर दिया। उन्होंने वेदों का ज्ञान देने की व्यवस्था की।
>
> "(15) कालचूरि महाराज ने हूण वंश के सागर से पैदा हुई लक्ष्मी, प्रसिद्ध राजकुमारी अवल्लदेवी से विवाह किया। प्रतापी महाराज यश:कर्णदेव का यश दूध के सागर की तरह था जो उनके उठने से उठता था और यह भ्रम पैदा करता था कि वे उभरते चन्द्रमा हैं।"[12]

यह ध्यान रखना जरूरी है कि हूणों को ब्राह्मणवादी हिन्दुत्व म्लेच्छ मानता था और उनकी निन्दा करना बहुत आम था। फिर भी हम पाते हैं कि उनकी एक बेटी की तुलना सीधे-सीधे भगवान विष्णु की संगिनी लक्ष्मी से की गई है। यह चीज भारत में ब्राह्मणों के नाम और कार्यपद्धति का एक बहुत ठोस और अच्छा उदाहरण है। स्पष्टत: वे सत्ता और धनवाले किसी भी व्यक्ति को खुश करने और उसके पक्ष में कुछ भी बोल देने के लिए तैयार रहते थे। वे किसी को भी सामाजिक श्रेणी में ऊँचा उठा सकते थे।

यह चीज वर्ण-व्यवस्था के मिथ के सदियों तक टिके रहने की भी एक हद तक व्याख्या करती है जबकि हर आदमी इसके वजूद और असली होने पर ही शक करता रहा है। वर्ण का मिथ इस कारण से भी जगाए रखा गया कि इसमें थोड़े या अज्ञात कुलशील के लोगों को सत्ता और धन के बल पर अपने को ऊँची श्रेणी में ले जाने की व्यवस्था थी। वे इसके सहारे सामाजिक वर्गीकरण में ऊपर आने का दावा कर और मनवा सकते थे। बाद में शासक होने के लिए खुद को क्षत्रिय मनवाना भी जरूरी-सा हो गया, इससे ब्राह्मणों की स्थिति लगातार सर्वोच्च बने रहने का रहस्य भी समझ आता है जबकि बड़े-बड़े वंश आए, शीर्श पर गए और फिर नीचे गिरकर ध्वस्त हो गए और उनका कोई नामलेवा नहीं बचा। ब्राह्मण बहुत ही लचीले रुखवाले थे और जो कोई भी उन्हें अपनी सत्ता, समृद्धि या धन से प्रभावित कर सकता था उसे वे उसकी क्षमता या चाहत वाली श्रेणी में डाल देते थे, प्रतापी वंशावली से जोड़ देते थे और समाज के लोगों से भी उनकी बदली स्थिति को कबूल करवा लेते थे।

शासकों को सूरज और चन्द्रमा या किसी और ही वंश परम्परा से जोड़नेवाली यह ब्राह्मणवादी परम्परा दक्षिण-पूर्व एशिया तक गई, जहाँ तक हिन्दू धर्म का प्रसार हुआ। जावा (आधुनिक बर्मा) के राजा इरलंग्गा की वंशावली के बारे में संस्कृत शिलालेख पर टिप्पणी करते हुए सी.सी. बर्ग लिखते हैं :

> "अनेक दूसरे तर्कों से भी हम इसी निष्कर्ष पर पहुँचते हैं कि इरलंग्गा की वंशावली झूठी है और उसने इसे जबर्दस्ती हासिल करके सिंहासन पर अपने कब्जे को मजबूत किया था। पुरोहितों ने उसे प्रतापी राजवंश का उत्तराधिकारी बताकर गद्दी पर उसके कब्जे को उचित बता दिया था।"[13]

यह तरीका बहुत आसान था। वंशावली शुरू होती है चन्द्रमा, सूरज या किसी बहुत ही महान पौराणिक पात्र से और कई सौ वर्षों का फासला छोड़ने के बाद शासक के किसी थोड़े ज्ञात पूर्वज से फिर शुरू होती है। कई बार तो शासक के दादा या पिता से ही नई गिनती की शुरुआत होती है तो कई बार दस-बारह पीढ़ी

पहले से। अगर कोई इन बीच के सैकड़ों वर्षों की कड़ियों की न सोचे तो फिर यह वंशावली बहुत ही प्रतापी लगने लगती है। ज्ञान के एकमात्र ठेकेदार या दावेदार पुरोहित जब शासक वर्ग की उत्पत्ति के बारे में स्वयं शासक की सत्ता से हाथ मिला ले तो उसकी बातों का वजन वैसे ही ज्यादा हो जाता है।

ईसाई सम्वत की पहली सहस्राब्दी की शुरुआत वाले दौर में तो ब्राह्मणों द्वारा शासक वर्ग को उच्च कुल का बताने, उन्हें वर्ण-व्यवस्था में ऊँचा दर्जा देने और ब्राह्मणवादी व्यवस्था से बाहरवाले लोगों को भी धार्मिक तमगा देने के तमाम प्रमाण बिखरे पड़े हैं।

कनखेड़ा (351-52 ई.) के शिलालेख में शक राजकुमार श्रीधरवर्मन का काफी गुणगान हुआ है और उन्हें ऊँचा दर्जा दिया गया है। शिलालेख में लिखा गया है :

> "विजय...जब तक सूर्य और चन्द्रमा हैं तब तक रहे। इस शिलालेख की स्थापना न्यायपूर्ण विजेता शक नन्द के पुत्र महादंडनायक (क्षत्रप) शक श्रीधरवर्मन ने कराई जिन्होंने देवताओं के सेनापति महासेन (कार्तिकेय) की उपासना की, जिनकी सेना कभी परास्त नहीं हुई और जिन्होंने अपनी दैवी शक्तियों से सदा जीत हासिल की।"[14]

यह लगता है कि गुप्त काल से या उसके पहले से भी समाज में एक किस्म की खलबली चलती रही जिसमें हर तरह के कारीगर और उद्यमशील लोग समृद्ध होने के साथ ही दान देकर, मन्दिर बनवाकर या कल्याण और यश के और काम करके अपना सामाजिक दर्जा बढ़ाने का प्रयास कर रहे थे तथा ब्राह्मण भी उनको आशीर्वाद देकर और उनको बड़े वंश का बताकर उनकी नई स्थिति को मान्यता देने को तैयार रहते थे। निश्चित रूप से इस अवधि में अनेक कबीलों और समूहों के लोग वर्ण-व्यवस्था में अपनी छोटी या कमजोर सामाजिक हैसियत से ऊपर उठे होंगे। 1048-49 ई. का रीवा का शिलालेख कायस्थों की उत्पत्ति के बारे में जानकारी देता है। अन्य बातों के अलावा इसमें लिखा गया है :

> "(श्लोक-35) (अ. 35) वास्तव में...दोषरहित त्रिनेत्र से पवित्र जन्म लेनेवाला कचरा नामक व्यक्ति था—जो ऋषियों में सर्वश्रेष्ठ था और जिसने कुलांचण नगर को तीनों लोक का आभूषण बना दिया था।
>
> "(श्लोक-36) उनसे, जो आत्मज्ञाताओं में श्रेष्ठ थे, चौथे (वर्ण) कुल के एक बालक ने उस स्वर्ग से आई नदी के किनारे जन्म लिया जो पूरी दुनिया में पूजनीय है।
>
> "(श्लोक-37) पृथ्वी पर ईश्वर जैसे लोगों (ब्राह्मणों) के चरणों की धूल पानेवाले आपको यशस्वी और कर्मठ सन्तान की प्राप्ति हो और यह बालक स्वर्ग के स्वामी के मंत्री (बृहस्पति) जैसा हो।

> "(श्लोक-38) चूँकि आप स्वयं असंख्य गुणों से भरी काया में स्थित हैं इसलिए आप कायस्थ नामक जाति में जाते हैं।"

इस शिलालेख में यह कोई भी देख सकता है कि ब्राह्मण किस आसानी से शूद्र की श्रेणी से कायस्थों को ऊपर उठा सकते थे।

बुनकरों के संघों, महावतों और दूसरे काम करनेवालों द्वारा दिए दान से सम्बन्धित अनेक ऐसे शिलालेख हैं जिनमें ब्राह्मणों द्वारा उनका यशगान हुआ है और यह भी उल्लेखनीय है कि वही लोग ऐसे श्लोकों की रचना कर सकते थे। 1415 ई. का खलारी का शिलालेख ब्रह्मदेव के शासन में एक मोची द्वारा मन्दिर निर्माण कराने से सम्बन्धित है। अन्य बातों के अलावा इस शिलालेख में कहा गया है :

> "(श्लोक-9) यहाँ देदीप्यमान हैं देवपाल, जो अपने नाम के अनुरूप यशस्वी पिता शिवदास के पुत्र और जासन नामक चर्मकार के पौत्र हैं और जिनका सौन्दर्य चन्द्रमा के समान है और जिनकी कीर्ति चहुँ ओर है। जो अपने काम में कुशल हैं, जो अपनी अच्छाई में ब्राह्मणों के अनुगामी हैं और पवित्र कार्यों में जिनकी बहुत रुचि है और जिनका तेज नारायण के स्मरण से और निखरता जाता है।
>
> "(श्लोक-10) अपनी क्षमता और महान भक्ति भावना से उन्होंने कमंडल समेत नारायण का मन्दिर बनवाया। हरि इनकी इहलोक और परलोक की सदा कामनाएँ पूरी करें।
>
> "(श्लोक-11) हरि के कमलनुमा चरणों से टकरानेवाले अमृत के सागर में गोते लगानेवाले दामोदर मिश्र ने इस प्रशस्ति की रचना की जो अन्य कवियों के मस्तिष्क में भी आनन्द का संचार करती है।
>
> "(श्लोक-12) जब तक गंगा सूरज की बेटी यमुना के साथ इस संसार में प्रवाहित है, जब तक सितारों के स्वामी चन्द्रमा के साथ सूरज आसमान में चमक रहा है तब तक चर्मकार देवपाल का यश नारायण के इस मन्दिर के माध्यम से बना रहेगा।
>
> "(श्लोक-13) प्रसिद्ध वास्तव्य परिवार, जो विद्वानों में अग्रणी रहा है, के रामदास ने अपनी सुन्दर हस्तलिपि में इस प्रशस्ति को लिखा है।
>
> "प्रस्तर में इसकी खुदाई सूत्रधार रणदेव ने की है।"[15]

इस शिलालेख को थोड़ा विस्तार से उद्धृत किया गया है क्योंकि इससे उस समय के सामाजिक माहौल और ब्राह्मणों के लोभ का बहुत अच्छी तरह से पता चलता है।

निश्चित रूप से इसे ब्राह्मणों की कम-से-कम इस एक मामले में समान दृष्टि का प्रमाण माना जा सकता है कि वे दान और इनाम देनेवाले की प्रशंसा करने

में भेद नहीं करते थे, भले ही वह व्यक्ति शक्तिशाली राजा हो या मोची। इस चीज का एक और तार्किक पहलू है विशुद्ध रूप से आर्थिक मंशा से काम करना। पर ब्राह्मण अपने जजमान को वर्ण-व्यवस्था में तभी ऊपर उठाते थे जब वे शासक हों। अन्य मामलों में वे उनका यशगान करने और उनकी प्रशस्ति में कुछ लिख देने का काम ही करते थे या फिर उन पर लगी पाबन्दियाँ उठा देते थे। शूद्रों के धर्मशास्त्रों का अध्ययन करने सम्बन्धी रोक उठाने का जिक्र भी कुछ इस तरह आया है जैसे भला कोई बड़ी बात न हो। वराह काल (1495-96 ई.) के रतनपुर शिलालेख में कहा गया है :

> "(श्लोक-1) सूत्रधारों में कोकस कुल का छिटकू भी है जो शिल्प-शास्त्रों के ज्ञान और अपने हृदय की करुणा के लिए प्रसिद्ध है।
>
> "(श्लोक-2) ईश्वर और पुरखों की अनुकम्पा से वह पाँच विज्ञानों का सागर है—प्रतिभा, कौशल और सच्चाई के गुण तो नारायण ने दिए ही हैं।
>
> "(श्लोक-3) सूत्रधार छिटकू काष्ठ और प्रस्तर के साथ ही सोने के काम में भी कुशल है। उसके पास कलपुर्जों के विज्ञान की भी भारी जानकारी है।
>
> "(श्लोक-4) सूत्रधार छिटकू को वाँका और त्रिवाँका का ज्ञान है, वह लताएँ और पत्तियाँ उकेर सकता है। वह त्रिताल और सप्तताल भी जानता है।
>
> "(श्लोक-5) मन्मथ का सुयोग्य पुत्र सूत्रधार छिटकू विज्ञान का पूर्ण ज्ञाता है और उसने अपना हृदय केशव के साथ जोड़ रखा है।
>
> "(श्लोक-6) मंडन उसका अनुज है जो तीन देवी-देवताओं का भक्त है और धर्मग्रन्थों का पाठ करता है।
>
> "(श्लोक-7) वह ब्राह्मणों का भक्त है। ज्योतिष के ज्ञान समेत मंडन का सारा ज्ञान विश्वकर्मा के आशीर्वाद से ही मिला है।
>
> "(श्लोक-8) इसका लेखक दित्याणा है जो बहुत अनुशासित और अपने भाई के प्रति श्रद्धानत है। वह विज्ञान के उसके ज्ञान और अन्य प्रतिभाओं से भी प्रभावित है।
>
> "परम आनन्द रहे। रमरणीय वर्ष 1552 में निर्मित।"[16]

यह संक्षिप्त ब्योरा इस बात के प्रति ध्यान आकर्षित करने के लिए दिया गया है कि धर्मशास्त्रों के अध्ययन पर प्रतिबन्ध का व्यवहार में कहीं असर न था। निचले वर्ण के लोगों को भी ज्ञान और सम्पत्ति अर्जित करने का अधिकार तो था ही, ब्राह्मणों के सहयोग से वे वर्ण-व्यवस्था में ऊपर भी जा सकते थे

जैसा कि हमने कायस्थों के मामले में देखा है। यह सब कुछ ब्राह्मणों द्वारा दिए जानेवाले स्तुतिगान और घोषित वंशावली से हो सकता था और ब्राह्मण दान-दक्षिणा लेकर यह कर सकते थे। लेकिन सामाजिक दर्जा बदलवा सकने का सबसे शक्तिशाली इंजन थी राजनीतिक सत्ता। इसे हासिल कर लेने के बाद कोई भी सामाजिक दर्जा पाया जा सकता था, बशर्ते कि ब्राह्मणों और उनकी परम्परा की श्रेष्ठता मानें। बल्कि ब्राह्मणों के सहयोग से वर्ण-व्यवस्था में अपना दर्जा ऊपर करा लेना इतना आसान था कि इस व्यवस्था को चुनौती दे सकने में सक्षम लोगों में शायद ही किसी का ध्यान इस ओर भी गया। इसमें उन्हें कोई लाभ नहीं दिखा। उल्टे नया बना शासन कई नई तरह की सामाजिक जटिलताओं में उलझ सकता था। उल्टे इस व्यवस्था को मान लेने और ब्राह्मणों से अपनी वंशावली घोषित करा लेने से नए शासक को उस समाज में वैधता मिल जाती थी जो शासन पर क्षत्रियों का अधिकार मानता था और इसे ब्राह्मणों से मान्यता मिलने पर स्वीकार करता था। यूरोप में भी इस किस्म की मान्यता की जरूरत होती थी और यहाँ हमें नेपोलियन, जो छोटे कुल का था, द्वारा चर्च के साथ समझौता करने, अपना राज्याभिषेक कराने और शाही राजवंशों से वैवाहिक सम्बन्ध बनाने का उदाहरण दे सकते हैं।

इसलिए वर्ण-व्यवस्था को चुनौती देने की जगह सक्षम शासक स्वयं को उसमें ऊपर स्थापित करते थे और इससे अक्सर उन्हें यह शक्ति भी मिल जाती थी कि वे नई जाति बना लें, किसी को जाति से निष्कासित कर दें। और यह अधिकार उन्हें स्वयं ब्राह्मणों को भी जाति से निकालने में सक्षम बना देता था। विरंचिपुरम के निकट मिले शक सम्वत् 1347 के शिलालेख से जातिगत मामलों में शासक के अधिकारों का उल्लेख मिलता है। इसमें कहा गया है :

> "दहेज और बहू लेनेवाले लड़के के पिता और लड़की के पिता, दोनों को राजा की तरफ से दंड और जाति निष्कासन की सजा मिलनी चाहिए।"[17]

वर्ण-व्यवस्था की शक्ति और उसमें बदलाव

राजनीतिक सत्ता के साथ उभरनेवाले कबीलों और कुलों के राजाओं को राजपूत नाम से क्षत्रिय वर्ण में रखने के मामले सबसे स्पष्ट और ज्यादा संख्या में भारत के पश्चिमी भाग में दिखते हैं। वैसे भारी-भरकम नाम देते हुए शासकों को क्षत्रिय घोषित करने का काम पूरे देश में ही हुआ। जेम्स टॉड द्वारा राजस्थान के शासक कुलों की सूची नीचे दी जा रही है। टॉड के अनुसार वंशावलियाँ रखनेवालों (जिनकी सूचियों को देखकर टॉड ने अपनी सूची बनाई थी) के अनुसार यह सूची तब मौजूद किसी भी अन्य सूची से बढ़िया थी।

सूची[18]

	इच्छाका, काकूस्थ, या सूर्य।	
	उन्वे, इन्दु, सोम, या चाँद	
	ग्रहिलोते या गहलोते	24 साचे
	यदु	4
	एस. तुआर	17
	राठौर	13
	कुशवाहा या कच्छवाहा	
	परमार	35
	चहुमान या चोहान	26
10	चालुक या सोलंकी	16
	पुरिहार	12
	चवुरा	अकेला
	टाक, टौक या तक्षक	
	जिट, या गेते	
15	हूण या हुण	
	बल्ला	
	झाल्ला	2
20	गोहिल	
	सरवाया	
	सिलार	
	डाबी	
	गोर	5
15	डोडा या डोर	
	घेरवाल	
	बिर्गुजुर	
	सेंगर	अकेला
	सैकरवाल	दो
30	बाइसे	
36	दहिमा	अकेला
	एक्स्ट्रा	
	हूल	
	दहिरया	

इस सूची में जिट या जाट, टाक या तक्षक जिनके पूर्वजों और जाटों के पूर्वजों में समानता मानी जाती है—और हूणों का आना तत्काल इस नतीजे पर पहुँचा देता है कि भले ही सभी राजपूत राजवंश क्षत्रिय होने या मूल का दावा करें पर इन सबका शुरुआती क्षत्रिय वर्ण से कोई मतलब नहीं है। टॉड के अनुसार इस बात की अधिक सम्भावना है कि जाट या जिट उन सिशियन हमलावरों के वंशज हैं जो देश के उत्तर-पश्चिमी भाग में बस गए थे। वर्तमान में उनको राजपूतों में शामिल नहीं जाना जाता क्योंकि भरतपुर से बाहर रहनेवाले सभी जाट बिना किसी शाही दावे के सामान्य किसानों वाली स्थिति में आ गए हैं। लेकिन कुछ शासक जातियों द्वारा क्षत्रिय होने के दर्जे का दावा करना स्पष्टत: सन्दिग्ध लगता है इसलिए दूसरों के दावों पर भी सवाल उठाए जा सकते हैं। जैसाकि राजपूत नाम से ही ध्वनित होता है, इसका मतलब राजा या शासक का पुत्र है। और इसकी सबसे अच्छी सम्भावित व्याख्या यही हो सकती है कि राजनीतिक सत्ता की लड़ाई और उथल-पुथल में जो नए कुल और कबीले ऊपर आए, जिन्होंने सत्ता हासिल की उन्होंने खुद को क्षत्रिय बताते हुए कुछ इलाकों में राजपूत कहना शुरू किया और इस दावे को पंडितों-पुरोहितों ने भी मान्यता दे दी थी। सम्भव है कि अनेक मामलों में ये ब्राह्मण उसी कबीले या कुल के पुरोहित रहे हों और फिर उन्हें अपने इन पूर्व जजमानों को उच्च वर्ण का दर्जा देने में कोई परेशानी नहीं हुई होगी। बल्कि ऐसा करने में स्वयं उनका दर्जा भी बढ़ गया होगा।

बाद के दौर में लिखते हुए और अधिक विश्वस्त ऐतिहासिक तथ्यों का सहारा लेते हुए विंसेंट स्मिथ ने कुछ प्रमुख राजपूत कुलों की उत्पत्ति के बारे में कुछ ऐसा लिखा है :

> "यह बात स्पष्टत: स्थापित होती लगती है कि हूण कबीलों या झुंडों ने राजपूताना और पंजाब को अपने काम का प्रमुख क्षेत्र बनाया। हूणों के बाद समूह में सबसे महत्त्वपूर्ण थे गुर्जर जो आज बोलचाल में गूजर कहलाते हैं और उत्तर-पश्चिमी भारत की एक प्रमुख मध्यवर्ग जाति है। मूलत: पशुपालन करनेवाले, अधिकांश गूजर अन्य सभी भारतीय जातियों की तरह अब मुख्यत: खेतिहर हैं। जाट या जटों में खेती करनेवालों का अनुपात अधिक है और आम तौर पर उन्हें गूजरों के समकक्ष ही माना जाता है, भले ही इन दोनों के सम्बन्धों को परिभाषित करना असम्भव है। न तो जाटों को और न ही गूजरों को राजपूतों या क्षत्रियों की श्रेणी में गिना जाता है लेकिन पंजाब के अधिकांश जाट राजपूतों के वंशज होने का दावा करते हैं।
>
> "पूर्व मध्य काल में गुर्जर राजाओं के अधीन बड़े-बड़े राज थे। यह बात अभी हाल में मालूम हुई है। पुरातत्त्ववेता काफी समय से भड़ौच

> (बड़ौच) के पास एक छोटे गुर्जर रजवाड़े और राजपूताना के बड़े राज्य की बात जानते थे पर कन्नौज के राजा भोज और वहाँ के नौवीं, दसवीं और ग्यारहवीं सदी के राजा भी गुर्जर थे यह बात हाल में ही मालूम हुई है। यह बात अब स्थापित हो चुकी है कि भोज (सन् 840-90), उनके पूर्ववर्ती और बाद के शासक गुर्जर जाति के कुल प्रतिहार (परिहार) से सम्बन्ध रखते थे। अत: सुप्रसिद्ध कुल परिहार राजपूत, गुर्जरों या गूजरों के वंश की ही एक शाखा है।"[19]

हाल में प्रकाशित अपने अध्ययन में जयनारायण असोपा ने कुछ राजपूत वंशों को निम्न मूल का होने के आरोप से बचाने की बहुत कोशिश की है। उन्होंने यह दिखाने का प्रयास किया कि कुछ जातियों की वंशावली सूर्य या चन्द्र वंश के लोगों से जुड़ती है। लेकिन यह सब कुछ कई-कई सौ वर्षों के फासले को भरने में अपर्याप्त रहा। इनसे बाद में इन वंशों का उन ज्ञात पूर्वजों से रिश्ता जुड़ता नहीं लगता। दरअसल शुरुआत में ही वे जो कुछ बातें कहते हैं वही उनके सारे प्रयासों को बेमानी बताती हैं। जैसे वे लिखते हैं :

> "सभी शासक राजा और उनके सगे-सम्बन्धी राजपूत कहलाते थे। इस प्रकार असल में यह जरूरी नहीं था कि राजपूत और क्षत्रिय एक ही हैं। कई मामलों में राजपूत विदेशी मूल के भी थे जैसे यूनानी, शक और हूण तथा कई बार स्थानीय मूल के भी, जैसे क्षत्रिय, ब्राह्मण और अन्य लोग। हम यह भी जानते हैं कि राजपूतों में अन्तर-विवाह होते थे जैसे यूनानी सेल्युकस ने अपनी बेटी की शादी चन्द्रगुप्त मौर्य से कर दी थी। शक रुद्रदमन ने अपनी बेटी की शादी सातवाहन राजकुमार से की थी और स्वयंवरों में जाकर खुद भी अनेक राजकुमारियों से विवाह किया। मन्दौर के हरिश्चन्द्र प्रतिहार, जो द्विज थे, ने क्षत्रिय भद्रा से शादी की थी।[20]
>
> अल्तेकर के अनुसार राष्ट्रकूट राजवंश कन्नडिगा लोगों का था लेकिन उत्तर भारत के राजपूतों से उनके वैवाहिक सम्बन्ध थे। मेवाड़ के राजा अल्लाता ने हूण हरिया देवी से विवाह किया था। इस विषय पर बारीकी से अध्ययन किया जाए तो और भी काफी कुछ उदाहरण जुटाए जा सकते हैं। इससे साबित होता है कि शासक वर्ग का आपस में विलय हो रहा था और इसके साथ ही दूसरे पेशे अपनानेवाले लोग भी अपना एक वर्ग और एक जाति बना रहे थे और इसीलिए हमें विभिन्न समुदायों में राजपूतों के चौहान, परमार और अन्य उपनाम मिलते हैं।"[21]

लोग सत्ता और जाति की श्रेणी में किस तरह ऊपर चढ़ते थे, यह चीज अकबर को हिन्दुस्तान की सीमा से बाहर करने के लिए बनी हिन्दू और मुस्लिम राजाओं की संयुक्त फौज की अगुवाई करनेवाले हेमू के उदाहरण से सबसे बढ़िया ढंग से होती है। उसके उत्थान के बारे में अबुल फजल बताते हैं :

> "जहाँ तक परिवार की बात है वह धूसर कबीले का था जो भारत में फेरी लगाकर सामान बेचनेवालों में सबसे छोटे लोग होते हैं।
>
> "वह गलियों में शोरा बेचता फिरता था—इस क्रम में वह सलीम खाँ के अधीन सरकारी फेरीवाला बनने के पहले तक हजारों तरह के अपमान सह चुका था।"[22]

वे आगे लिखते हैं :

> "कुछ समय उसने अपने नाम में राय पदवी लगाई और फिर उसने अपने आपको राजा कहना शुरू कर दिया और राजा बिक्रमजीत की उपाधि धारण की। इस प्रकार उसने मूर्खतापूर्ण ढंग से ही अपने बड़े-बड़े नाम रख लिए। या उसने आदमी की सार्वभौमिकता बचाए रखने की दूरदर्शिता दिखाई और बड़ी-बड़ी लड़ाइयाँ लड़ीं। अपने साहस और पराक्रम से वह विजेता बना और उसने बड़े-बड़े काम किए। अपनी दिलेरी और क्षमताओं के लिए उसकी प्रसिद्धि बन गई।"[23]

हम उसकी छोटे कुलवाली पृष्ठभूमि की बात मुख्यत: अबुल फजल के कारण ही जानते हैं जो अपने स्वामी अकबर के विरोधियों के प्रति बहुत सख्त नफरत का भाव रखता था। अगर दुर्भाग्यवश हेमू को पानीपत की जीती हुई लड़ाई के अन्त में एक तीर आँख में नहीं लगता और वह इससे विजेता बनकर आता तो निश्चित रूप से उसे सबसे ऊँचे दर्जे का क्षत्रिय मान लिया गया होता और ब्राह्मण पुरोहित उसे भी सूर्य या चन्द्रवंश से जुड़ा बता देते।

राजा स्वयं भी जाति-अनुक्रम तय करने या स्थापित करने का अधिकार रखते थे, यह बात 12वीं सदी में गौड़ (आधुनिक पश्चिम बंगाल में) के शासक रहे बल्लाल सेन द्वारा कुलीनवाद स्थापित करने से साबित होती है। हालाँकि उसने ऐसे अधिकार का प्रयोग किया लेकिन सेन शासकों के वंश को लेकर कुछ सन्देह है। बंगाल के शिलालेखों के आधार पर ही आर. मुखर्जी और एस.के. मैती लिखते हैं :

> "बंगाल के प्रसिद्ध सेन वंश के शासकों के पूर्वज मूलत: कर्नाटक क्षेत्र से आए थे। उनके कुल के दस्तावेजों में उन्हें चन्द्र-वंश का ब्राह्म-क्षत्रिय कहा

> गया है। लेकिन पुरानी वंशावलियों में उन्हें वैद्य बताया गया है और कुछ विद्वान उन्हें कायस्थ बताते हैं..."[24]

'ब्राह्म-क्षत्रिय' नामकरण अपने आपमें एक आविष्कार है क्योंकि वर्ण-व्यवस्था में ऐसी कोई श्रेणी नहीं है और सम्भवत: यह नामकरण किसी छोटे कुल की उत्पत्ति पर पर्दा डालने के लिए किया गया होगा। मूल चाहे जो हो, एक बार शासक बन जाने के बाद लोगों को जाति का वर्गीकरण तय करने का अधिकार मिल जाता था जिसमें स्वयं ब्राह्मणों की स्थिति तय करने का अधिकार भी शामिल है। यही लेखक आगे लिखते हैं :

> "उसका (बल्लाल सेन का—लेखक) शासन जाति व्यवस्था का पुनर्गठन करने और ब्राह्मण, वैद्यों और कायस्थों में 'कुलीनवाद' शुरू करने के लिए प्रसिद्ध है। वह ब्राह्मणवादी हिन्दुत्व पर आचरण करता था और धर्म के तांत्रिक रूप को प्रोत्साहन देता था।"[25]

जिस दौर में लोग बड़े पैमाने पर देश के एक हिस्से से दूसरे हिस्से में जा रहे थे उसमें शायद ही कोई हर समूह के कुल-गोत्र की जानकारी रख सकता था। उनके कुल-गोत्र या जाति की पहचान पुरोहितों द्वारा तय होती थी या वही ढूँढ़कर ये सूचनाएँ देते थे। पुरोहित भी शासकों के हठ या दुराग्रह के आगे बहुत कुछ करने-कहने की स्थिति में नहीं होते थे और वे उनकी इच्छा के अनुसार भारी-भरकम कुल और वर्ण से उनका सम्बन्ध घोषित कर देते थे। इसमें लोभ-लालच का भी अपना हाथ होता था जिसके लिए पुरोहित आज भी कुख्यात हैं लेकिन यह काम मुख्यत: राजा के आतंक से किया जाता था क्योंकि उसका क्रोध महँगा पड़ सकता था। अगर पुरोहितों का एक समूह राजा के मन लायक घोषणाएँ नहीं करता था तो दूसरे समूह को, वह भी अक्सर दूर-दराज के इलाके से बुला लिया जाता था। और फिर पुरोहित पद जाने के खतरे को शायद ही कोई ब्राह्मण अनदेखा कर सकता था।

ईस्वी सन् की शुरुआत के बाद से असंख्य गैर-क्षत्रिय या गैर-द्विज राजाओं के उदित होने और अपने राज्य का विस्तार करने के उदाहरण भरे पड़े हैं। इनमें कुछ तो बहुत बड़े शासक बने और उन्होंने क्षत्रिय या ब्राह्मण कुल का होने के दावे किए। लेकिन इस दौर की सामान्य प्रवृत्ति के अनुसार इनमें से अधिकांश दावे झूठे थे। यह शक इस बात से भी पुष्ट होता है कि अधिकांश वंशावलियाँ आदिम काल से शुरू होती थीं और फिर बीच में किसी विख्यात शासक या सम्राट के पूर्वजों से जुड़ती हुई नए शासक तक आती थीं और यह सब पुरोहितों की कल्पना की उड़ान भर लगती हैं।

इस चीज का बहुत अच्छा उदाहरण छठी सदी में दक्षिण भारत में शक्तिशाली साम्राज्य स्थापित करनेवाले पल्लव राजा हैं। कांचीपुरम शिलालेख में उनकी वंशावली कुछ इस प्रकार दी गई है :

ब्रह्मा[26]
अंगीरस
बृहस्पति
साम्य
भारद्वाज
द्रोण
अश्वत्थामा

इसके बाद शिलालेख कहता है, "इसी वंश में आगे चलकर महाराज उग्रदंड का जन्म हुआ जिन्होंने रणरासिका के नगर को ध्वस्त किया...

अमरावती के नम्बर 31 बुद्ध गुफा मन्दिर में स्थित शिलालेख[27] में पल्लवों की उत्पत्ति का कुछ और ब्योरा है। इस शिलालेख के अनुसार अश्वत्थामा (महाभारत का) ने मन्दिनी से विवाह किया जो एक अप्सरा थी और जिससे उत्पन्न पुत्र को पल्लवों से ढककर रखा गया था, इसी के चलते इस कुल का नाम पल्लव पड़ा। इस बच्चे का नाम महेन्द्रवर्धन था।

पल्लवों के समकालीन चालुक्यों की वंशावली और भी विस्तृत है और इसकी शुरुआत भगवान विष्णु की नाभि से निकले कमल से बताई गई थी। वहाँ यह वंशावली पुरुरवा और भरत से होते हुए महाभारत के नायक अर्जुन तक आती है और फिर अचानक ऐतिहासिक दौर में आ जाती है। इसमें कहा गया है :

> "(पंक्ति 14) अर्जुन से अभिमन्यु, उनसे परीक्षित, उनसे जनमेजय, उनसे क्षम्मक, उनसे नरवाहन, उनसे शत्रुका, उनसे उदयन की उत्पत्ति हुई। इस वंश के उनसठ शासकों के बाद शासन का क्रम टूटा था। पर इस वंश के विजयादित्य फिर से अयोध्या के सिंहासन पर बैठे। वे दिग्विजय के लिए दखन (दक्षिण पथ) गए और त्रिलोचन पल्लव के राज पर आक्रमण किया। लेकिन दुर्भाग्य से वे परलोक सिधार गए। इस युद्ध के दौरान उनकी महारानी गर्भवती थीं, वे परिवार के पुरोहित और मुदिवेणु नामक वृद्ध मंत्री, जो अग्रहार था, को साथ लेकर वहाँ पहुँच गईं। वहाँ रहनेवाले महान संन्यासी विष्णुभट्ट सोमायाजिन ने पुत्री की तरह उनकी देख-रेख की और वहीं उन्होंने विष्णुवर्द्धन नामक पुत्र को जन्म दिया।... उन्होंने कदम्ब, गंगा और अन्य राजाओं को पराजित किया और दक्कन पर शासन किया...।"[28]

इस वंशावली या विवरण से हम सिर्फ यही अन्दाजा लगा सकते हैं कि विजयादित्य जोखिम ले सकनेवाले थे और उनकी महारानी सामान्य औरत। जब विष्णुवर्धन राजा बन गए थे, उनका दर्जा भी महारानी का होना ही था क्योंकि महाराज की माँ सामान्य औरत कैसे हो सकती थी। पर इस वंशावली से हमें चालुक्यों के सामाजिक दर्जे का पता नहीं चलता। वैसे बाद में उनके पल्लवों के साथ वैवाहिक सम्बन्ध हुए जो ख़ुद को ब्राह्मण मूल का बताते थे।

अगर राजनीतिक सत्ता के साथ क्षत्रिय या ब्राह्मण का दर्जा पा लेना सम्भव था तो सत्ता गँवाने के साथ दर्जा गँवा देना भी, खासकर तब जबकि दरिद्रता आ जाए। कभी ब्राह्मण का दर्जा पा लेनेवाले पल्लवों के बारे में कहा जाता है कि बाद में वे निचली जाति के माने गए और अब कुरुबा जाति में शामिल माने जाते हैं। एल.के. अनन्त कृष्ण अय्यर लिखते हैं :

> "जैसाकि कहा गया है कुरुबा प्राचीन पल्लवों के आधुनिक प्रतिनिधि हैं। वे कभी दक्षिण भारत में बहुत ही शक्तिशाली हुआ करते थे। पर सत्ता से हटाए जाने के बाद वे मालबार, नीलगिरि, कोयम्बटूर और मैसूर जिले के मैदानी और जंगली इलाकों में बिखर गए। अभी वे सामाजिक स्तर पर कई श्रेणियों में पाए जाते हैं। मैदानी इलाकों में रहनेवाले लोगों ने शूद्रों के रस्म-रिवाज और तौर-तरीके अपना लिये हैं जिनके बीच वे रहते हैं, जबकि पहाड़ी स्थानों में रहनेवाले अब भी अपने को ऊँचा मानते हैं और वैसा संस्कार बनाए रखने की कोशिश करते हैं।"[29]

पल्लवों की उत्पत्ति के बारे में इतिहासकार रमाशंकर त्रिपाठी कहते हैं :

> "पल्लवों की उत्पत्ति प्राचीन भारतीय इतिहास का सबसे जटिल सवाल है। दक्षिण भारत की तीन पारम्परिक शक्तियों—चेरों, पांड्यों और चोलों में उनका कोई दर्जा नहीं है। यही देखकर कुछ विद्वान मानते हैं कि वे विदेशी आक्रमणकारी थे...।"[30]

लेकिन वे आगे कहते हैं :

> "दूसरी मान्यता यह है कि पल्लव कुरुम्बों, कल्लारों, मरासिनों और अन्य आदिम कबीलों की जमीन से जुड़े लोग थे।"[31]

दरअसल आर.एस. त्रिपाठी यहीं नहीं रुकते और इस निष्कर्ष पर पहुँचते हैं कि चेर, पांड्य और चोल सभी समान आदिवासी मूल के थे।

वे लिखते हैं :

> "नामों की उत्पत्ति को लेकर दिए गए सुझावों का चाहे जितना वजन हो इस बात में कोई शक नहीं कि पांड्यों और चेरों की तरह चोल भी दक्षिण के ही लोग थे, भले ही बाद के साहित्य और शिलालेखों में उनको सूर्य का वंशज बना दिया गया है।"[32]

पल्लवों के मूल और नाम की गुत्थी शायद तब बहुत आसानी से सुलझ जाएगी जब हम उनकी उत्पत्ति को लेकर गढ़ी गई कथाओं से अपना ध्यान हटाएँ और दूसरी चीजों पर ध्यान दें। इन कथाओं को गढ़ने के पीछे यह बुनियादी मानसिकता काम करती रही है कि प्राचीन काल में राजाओं की उत्पत्ति उच्च कुल में ही हुई होगी। पर यह सम्भव है कि पल्लवों की उत्पत्ति आबादी के कमजोर और दबे समूहों के बीच से हुई होगी। सम्भवत: पल्लव देश के उन मूल निवासियों में से आए थे जो ब्राह्मणवाद के विस्तार के दायरे से तब बाहर थे। गुस्ताव ओप्पर्ट जिन कबीलों को द्रविड़ लोगों के तौर पर गिनते हैं, सम्भवत: पल्लव भी उनमें से एक थे। उनकी बनाई सूची इस प्रकार है :

> "मैं जिन लोगों को द्रविड़ मानता हूँ उनके नाम या तो मल या उससे मिलती-जुलती ध्वनिवाले शब्द से निकले हैं और जो मल्लों या पालोंवाली नस्ल के ही हैं...और ऐसे समूहों के प्रतिनिधि के तौर पर मैं मार (म्हार, महार, महरा या मल), मारी, मारवार, परियाह, पर्जस, परवार, परवान, परतास, परदास, पर्हिया, बार (भर, बप्पई), ब्रहुई, मल्ल (मल्ली), माले (मेर्रा, मार), माल, अड़यार, मालाकार, मल्लाली, मालवा (मल्वा), मलारी (मलेर या पहाड़ी), मल्लार या पल्लार, पल्लैयार, पोलैयार, पुलायार, होलियार, पंडा, पुंड्रा, पल्ली, पाल, पाली, पल्लव (पहवा, पहलव, पहनवा, प्लावा), पांड्य, बल्लार, भल्ला, भील (बिल्ला), भिल्लाल, वेलाम, वल्लभ, वल्लमबाम, वल्लूवार वगैरह शामिल हैं।"[33]

उपरोक्त सूची से लगता है कि पल्लव उन कबीलाई लोगों में से थे जो बाद में आबादी के वंचित समूहों का हिस्सा बने। यह सम्भव है कि पल्लव शासक भी इन्हीं लोगों में से निकले हों। उनकी छोटे मूल को छुपाने के लिए ही मिथकीय कहानी गढ़ी गई होगी और ऐसा करना भारत में तब बहुत आम था। चूँकि पल्लवों को सत्ता मिलने के साथ पूरे कबीले का सामाजिक दर्जा नहीं बढ़ाया जा सकता था इसलिए अधिकांश उसी नीची श्रेणी में रहे। और जब पल्लवों की राजनीतिक सत्ता जाती रही तो उन्हें अपने पुराने समाज के साथ ही बेटी-रोटी का सम्बन्ध रखने और उन्हीं के तौर-तरीके अपनाने को मजबूर किया गया होगा। तब तक शासक कुल का

अपने पुराने समुदाय से रिश्ता पूरी तरह टूटा भी नहीं होगा। उनके नाम और काम में सामाजिक दर्जे के नीचे खिसकने की यह अधिक उपयुक्त व्याख्या लगती है।

लेकिन इरा व्याख्या गें एक पाठ भी छुपा हुआ है। लोगों की वर्तमान जाति के आधार पर हम उनकी पुरानी सामाजिक हैसियत या सम्बन्धों और उनके कुल के दर्जों के ऊपर-नीचे होने की स्थिति का अन्दाजा नहीं लगा सकते—इस बारे में कोई फैसला नहीं कर सकते।

सेन वंश के बाद शासन में आए शक्तिशाली पाल वंश की उत्पत्ति का भी कोई निश्चित पता नहीं है। मुखर्जी और मैती, जिनका उद्धरण हमने पहले भी दिया है, पाल वंश के संस्थापक के बारे में कुछ इस प्रकार कहते हैं :

> "भयावह अराजक स्थिति को समाप्त करने के लिए बंगाल के लोगों ने एक अनौपचारिक किस्म की बैठक की। वहाँ उन्होंने गोपाला नामक अपने मुखिया को अपना राजा चुना। इस प्रकार बंगाल के प्रसिद्ध पाल वंश की स्थापना सन् 750 में हुई।
>
> "हमें गोपाला के पारिवारिक इतिहास का कोई ब्योरा नहीं मालूम है। पाल पुरालेखों से पता चलता है कि उसके दादा दायित विष्णु और पिता बाप्यता योद्धा थे....।"[34]

बौद्ध होने के चलते पाल राजाओं ने अपनी वंशावलियाँ बनवाने और उन्हें यशस्वी राजवंशों से जुड़वाने के लिए ब्राह्मणों, पुरोहितों की सेवाएँ लेने की शायद जरूरत महसूस नहीं की। लेकिन इस बात की सम्भावना है कि पाल कैवर्त थे। (संयोग से ओप्पर्ट की आदिवासी द्रविड़ लोगोंवाली सूची में पाल भी शामिल हैं जिसे हम पहले दे चुके हैं।) बंगाल के सेन शासक बल्लाल सेन के बारे में लिखते हुए विंसेंट स्मिथ ने यह पाद-टिप्पणी लिखी है :

> "महामहोपाध्याय हरप्रसाद शास्त्री के अनुसार बल्लाल सेन ने कैवर्तों की मदद से उत्तरी बंगाल को जीता और उसने इनकी जाति को सुधारने और उसका दर्जा सुधारने की भरपूर कोशिश की...महष्यि या चासी कैवर्त इसे नामंजूर करते हैं और दावा करते हैं कि शुरू से ही वे पवित्र जाति के हैं। वे अपने को केवटों (जालिया-कैवर्त) से एकदम अलग बताते हैं और कहते हैं कि पाल राजा उनकी ही जाति के थे।"[35]

उस काल के अन्य प्रमाणों से यह साफ है कि देश के पूर्वी भाग में सत्ता सदा शूद्रों के पास रही। अगर उनके बारे में बहुत कुछ ज्ञात नहीं है तो इसका कारण पुराणों के लेखकों द्वारा छोटी जातियों के उत्थान को बहुत अच्छा न मानना होगा। पर जब उन्होंने पाया कि इस उत्थान को मान्यता न देना स्वयं ब्राह्मणों और

उनके चहेतों के लिए बर्बादी को न्योता देने जैसा होगा तब उन्होंने इनके बारे में लिखना शुरू किया। ऐतिहासिक प्रमाणों से पता चलता है कि एक अन्य पाल राजा महिपाल के शासन काल में वारेन्द्र क्षेत्र के लोगों ने एक कैवर्त दिव्यक के नेतृत्व में विद्रोह कर दिया था। दिव्यक का पुत्र भीम वीरेन्द्र को पाल शासन से आजाद कराने में सक्षम था। बाद में भीम एक अन्य पाल राजा रामपाल के खिलाफ युद्ध करता हुआ मारा गया।[36]

पाल वंश के पहले बंगाल में शशांक नामक शक्तिशाली शासक हुआ था जिसने कन्नौज के शक्तिशाली शासक हर्षवर्द्धन की सत्ता को चुनौती दी थी। शशांक के बारे में मुखर्जी और मैती लिखते हैं :

> "शेकिया-फांग-ची आगे बताते हैं कि महाराज कुमारराजा (कामरूप के भास्कर बर्मन) ने विधर्मी राजा शशांक को, उसकी सेना को और उसके अनुयायियों को तहस-नहस कर दिया। आर्य मंजुश्री मूलकल्प में भी महाराज (हर्ष) और सोम (शशांक) के बीच हुई लड़ाइयों का वर्णन है। सोम पराजित हुआ और उसके देश से बाहर जाने पर रोक लग गई।"[37]

पूरे देश के ज्ञात ऐतिहासिक काल में हर जगह शूद्रों के राज्य और साम्राज्य मौजूद रहे हैं। इनमें से कुछ को क्षत्रिय या ब्राह्मण का दर्जा मिल गया जबकि अन्य अपने पुराने सामाजिक दर्जे पर ही बने रहे।

अभीरों ने, जिन्हें पुराणों में शूद्रों के लूटमार करनेवाले कबीले के रूप में चित्रित किया गया है, तीसरी सदी में अपना साम्राज्य खड़ा कर लिया। महाभारत के अनुसार जब श्रीकृष्ण के परिवार की महिलाओं को लेकर महाभारत के नायक अर्जुन द्वारिका से जा रहे थे तो अभीरों ने जबर्दस्ती इन औरतों को छीन लिया था। उनके शासक ईश्वरसेन के राज्यारोहण के वर्ष सन् 248 से कालचूरि युग की शुरुआत मानी जाती है। 'इंस्क्रिप्शन ऑफ कालचूरि-चेरी एरा' नामक किताब की भूमिका में वी.वी. मिराशी लिखते हैं :

> "उनके शासनकाल के विस्तार के मद्देनजर यह लगता है कि ईश्वरसेन ने एक विशाल इलाके पर शासन किया जिसमें गुजरात, कोंकण और महाराष्ट्र शामिल था...अभीरों का शासन 167 वर्ष चला लगता है और सन् 415 में उनके विरोधी त्राई कुन्तकों ने उनकी सत्ता उखाड़ फेंकी।"[38]

वे आगे लिखते हैं :

> "अभीर वंश के छोटे राजाओं ने 13वीं सदी तक खानदेश पर शासन किया। हैदराबाद राज्य के अम्बे स्थित शिलालेख में बताया गया है कि यादव

शासक सिंहना के सेनापति खोलेलेश्वर ने भंभागिरि के शासक लक्ष्मीदेव, जो अभीर वंश के थे, का नाश किया।"[39]

अभीरों की सामाजिक स्थिति के बारे में वे लिखते हैं :

"अभीर एक बहुत पुरानी जाति थी और महाभारत, हरिवंश और पुराणों के अनुसार इनका क्षेत्र भारत का पश्चिमी इलाका था जो उत्तर में पंजाब से लेकर दक्षिण में महाराष्ट्र तक फैला था। अनेक स्थानों पर उनकी तुलना शूद्रों से की गई है। वे ऐसी भाषा बोलते थे जिसे दंडी के काव्यादर्श में अपभ्रंश कहा गया है। महाभारत और वायुपुराण उन्हें म्लेच्छ कहते हैं। पतंजलि के अनुसार इस शब्द का अर्थ है आर्य भाषा को सही ढंग से उच्चारित न कर पानेवाले लोग। इसलिए शूद्रों की तरह अभीर भी सम्भवत: देश के मूल निवासियों में थे जो धीरे-धीरे ही हिन्दू समाज के दायरे में शामिल हुए।"[40]

अभीर देश के काफी बड़े हिस्से में फैलते हुए और बाद में उनको अहीर कहा जाने लगा। लेकिन एक स्थान से दूसरे स्थान जाने के क्रम में उनके समाज के दूसरे समूहों और कबीलों के लोगों से सम्बन्ध भी बने। जिन-जिन इलाकों में ये लोग गए वहाँ की स्थानीय आबादी की धाराएँ भी इसमें समाहित हुईं। इस विलय के बारे में आर.वी. रसेल लिखते हैं :

"हालाँकि अहीर जाति का नाम अभीर जाति से निकला है और सम्भवत: कुछ अंश तक यह अभीर जाति की वंशज है लेकिन इस बात में सन्देह नहीं कि यह जो अब हैं और यह सदियों से एक पूर्णत: पेशेवर जाति रही है जिसमें ज्यादातर लोग स्थानीय कबीलों से आए हैं। इस प्रकार बंगाल के कर्नल डाल्टन लिखते हैं कि मथुरावाले ग्वालों का डीलडौल ऊँचा, चेहरे की बनावट तीखी और सुन्दर रही है और वे भूरे रंग के होते हैं। या इन्हीं की मागध उपजाति के लोग मोटे, नाक-नक्श के बदसूरत होते हैं। उनका रंग काला होता है और उनके हाथ-पैर मोटे-मोटे होते हैं। उनका रंग-रूप काफी कुछ सिंहभूम के लोगों से मिलता-जुलता है और उन दोनों में फर्क करना मुश्किल है। यह बात सन्देह से परे है कि खून का मिश्रण खूब हुआ है। इसी प्रकार मध्य प्रान्त में अहीरों में ज्यादातर गोंड और दूसरे कबीलों के लोग आए हैं। चाँदा के गोवारी अहीरों और गोंडों के मेल से निकले माने जाते हैं और उनकी एक उपजाति गोंड-गोवारी को तो अक्सर गोंडों के साथ गिन लिया जाता है। इसी प्रकार मंडला क्षेत्र के कौनारा अहीरों की उत्पत्ति अहीरों और गोंडों या कावरों के मेल से हुई है और सम्भवत: इनमें

> से बहुत से विशुद्ध गोंड ही हैं। वे गोंड कुलनाम भी रखते हैं और सूअर का मांस खाते हैं। उनकी एक उपजाति गोंड कौनारा के लोगों में गोंडों का पानी चलता है और उनसे निचली श्रेणी के कौनारा लोगों से वे पानी और खाना दोनों ही लेते हैं।"[41]

बाद में अहीरों ने भी दावा किया कि वे क्षत्रियों के यादव कुल के हैं। उन्होंने यह पहचान महाभारत के यादव नायक श्रीकृष्ण और मथुरा के श्रीकृष्ण की पहचान जोड़कर की, जिनका जन्म अगर गोपों में नहीं हुआ था तो पालन-पोषण तो निश्चित रूप से वृन्दावन के गोपों के बीच ही हुआ था। चूँकि गोपों और यादवों का पेशा एक ही है—गोपालन, इसलिए दोनों को एक मान लिया गया। इस प्रकार अहीर खुद को कृष्ण का वंशज और यादव कहने लगे। लेकिन अभीर और अहीर अगर एक-दूसरे से जुड़े लोग हैं, जैसाकि लगता भी है, तो उनके इस दावे पर सन्देह पैदा हो सकता है क्योंकि पुराकथा के अनुसार कृष्ण के परिवार की औरतों का अभीरों ने अपहरण कर लिया था। लेकिन जाति सम्बन्धी दावे अक्सर तर्क या तथ्यों पर ही आधारित नहीं होते। अगर वे थोड़ा बाद के दिनों में, जब क्षत्रिय होने का दावा करना प्रचलन में आ गया था, एक मजबूत साम्राज्य खड़ा करने में सफल हो गए होते तो सम्भवत: क्षत्रिय मूल का उनका दावा भी मान लिया गया होता और उसको कोई चुनौती न देता।

खैर, यह किस्सा जो भी हो ग्यारहवीं सदी के शुरू तक, जब अलबेरूनी भारत आया था, यह मान्यता काफी आम थी कि कृष्ण, जिनका दूसरा नाम वासुदेव भी था, छोटे कुल में जन्मे थे। अलबेरूनी लिखता है :

> "हिन्दुओं में इस बात पर काफी मतभेद है कि इन जातियों में से किसे मुक्ति या स्वर्ग की प्राप्ति सम्भव है; कुछ लोगों का मानना है कि चूँकि सिर्फ ब्राह्मण और क्षत्रिय ही वेद पढ़-जान सकते हैं इसलिए वही मुक्ति पा सकते हैं दूसरे नहीं, जबकि हिन्दू दार्शनिकों के अनुसार सभी जातियों के लोग मुक्ति पा सकते हैं...यह विचार सभी लोगों के बीच व्याप्त है और इस तथ्य पर आधारित है कि वासुदेव तो एक शूद्र परिवार में ही जन्मे थे।"[42]

यह बात ध्यान देने योग्य है कि स्वयं कृष्ण को गैर-क्षत्रिय मूल का माना जाता था।

अभीरों का उत्थान देश-भर में होनेवाली उन असंख्य गतिविधियों में से एक था जिसमें आदिवासी और मूल निवासियों को वर्ण व्यवस्था के निचले पायदान पर जगह दी जा रही थी। और यहाँ आने के बाद वे सैन्य बल और राजनीतिक

सत्ता पाकर उभरते थे। इनमें से अनेक को वर्ण-व्यवस्था में ऊँचा स्थान भी मिल गया, पर अनेक सत्ता गँवाने के साथ फिर से बहुत निचले दर्जे में पहुँच गए। कुछ मामलों में ऐसे समूहों का एक हिस्सा तो उच्च दर्जे में चला गया जबकि बाकी नीचे ही रह गए। यह प्रक्रिया सदियों तक चलती रही और उन्नीसवीं सदी तक देश के विभिन्न हिस्सों में जारी थी। इतिहास की किताबों में सिर्फ उन्हीं हलचलों का जिक्र है जब इस प्रक्रिया से किसी बड़े राजवंश का उदय होता है। पुराण आम तौर पर ऐसी उथल-पुथल की अनदेखी करते हैं और 'छोटे लोगों' की ऐसी महत्त्वाकांक्षाओं पर पानी ही डालने का काम करते हैं। इससे यह मान्यता ही पुष्ट होती गई कि आज जो लोग नीचे हैं वे पूरे इतिहास भर नीचे ही रहे हैं और जो ऊपर हैं वे सदा से ऊपर ही रहते आए हैं। लेकिन यह बात वास्तविकता से, वास्तविक घटनाक्रम से मेल नहीं खाती।

जहाँ तक देश के पूर्वी भाग का सवाल है, जैसाकि हमने देखा है क्षत्रिय योद्धाओं का बहुत छोटे समय ही राज रहा और बाकी सारे समय दूसरों की राजनीतिक सत्ता ही रही। महापद्मनन्द के समय से ही ऐसा दिखता है। मौर्य, गुप्त, पाल और सेन जैसे सभी बड़े राजवंश गैर-क्षत्रिय ही थे। इनके अलावा जिन छोटे रजवाड़ों और रियासतों ने अपनी ताकत जमा करके महत्त्वाकांक्षा से या बड़े शासकों की अत्याचारी नीति के खिलाफ विद्रोह किया वे सभी उन्हीं जातियों की थी जिन्हें वर्ण-व्यवस्था में काफी नीचा माना जाता है। देश के अन्य हिस्सों में भी बहुत शक्तिवान और उपलब्धियोंवाले ऐसे राजा हुए हैं जिनकी जाति छोटी मानी जाती है, इतिहास और पुराणों में उनके बारे में ज्यादा कुछ नहीं कहा गया है पर पुरातात्विक प्रमाणों और उनसे जुड़ी परम्पराओं से यह एहसास होता है कि देश के विभिन्न हिस्सों में सत्ता रखनेवाले ऐसे काफी सारे शासक आदिवासी कबीलों से आए थे। यह सही है कि मौखिक कहानियोंवाली परम्परा पूरा या सच्चा इतिहास नहीं बताती लेकिन पुराणों की तरह उनकी भी अपनी प्रामाणिकता है। आखिर पुराणों को भी तो सुनी-सुनाई बातों के आधार पर ब्राह्मणों ने लिखा था और इनमें स्वयं उनका पक्षपात बहुत साफ दिखता भी है। सम्भवत: न्यस्त स्वार्थ से भले पंडित-पुरोहितों पर विश्वास न करके अपनी कहानी मौखिक रखने की परम्परा पुराणों से ज्यादा विश्वसनीय है। इन मौखिक कथाओं और परम्पराओं को आम आदमी का पुराण माना जा सकता है और फिर उनका उपयोग ऐतिहासिक प्रमाणों के साथ किया जा सकता है। अगर ये प्रमाण बताते हैं कि 'छोटी' जाति के राजाओं के साथ बड़ी ताकत और समृद्धि थी तो उनके बारे में प्रचलित कथाओं के विवरणों को इन प्रमाणों से जोड़कर उनका असली इतिहास जाना-समझा जा सकता है।

निश्चित रूप से ऐसे शासक कुल में चेरों भी थे। इस बात के पक्के प्रमाण हैं कि उन्होंने बिहार के कुछ हिस्सों और पूर्वी उत्तर प्रदेश में शासन किया था। सम्भव

है कि एक दौर में बिहार के काफी बड़े हिस्से उनके प्रभाव में आ गए थे लेकिन इस बात को पक्के तौर पर साबित करना मुश्किल है। उनके बनवाए अनेक स्मारक और मन्दिर अभी भी हैं। ऐसा ही एक मन्दिर देव-मरकंडा का है जिसके बारे में ए. कनिंघम लिखते हैं :

> "यह मन्दिर फूलचन्द या पुष्पचन्द्र, जो चेरानी या चेरो राजा थे, को समर्पित है और कहा जाता है कि वे विक्रमादित्य के थोड़े ही पहले हुए थे। लेकिन इस इलाके की करीब-करीब सभी पुरानी इमारतों को चेरों द्वारा बनवाया गया कहा जाता है जिन्हें आम सहमति से करुषादेश का शुरुआती राजा बनाया गया था। दक्षिण के पहाड़ी इलाकों में अभी भी काफी संख्या में चेरो रहते हैं और अकबर के समय में भी एक चेरो सरदार का जिले (शाहाबाद) के प्रमुख शहर चैनपुर पर कब्जा था। लेकिन चेरो राजा की शक्ति निश्चित रूप से पाल वंश के उदय के पूर्व समाप्त हो गई थी क्योंकि पाल वंश के शिलालेखों से पता चलता है कि उन्होंने आदित्य सेन को पराजित करके सत्ता पाई थी...लेकिन देव-मरकंडा का मन्दिर उन्होंने ही बनवाया इस बात पर शक करने का कोई आधार मैं नहीं ढूँढ़ पाता हूँ क्योंकि निश्चित रूप से यह मन्दिर देव-बर्नारक के मन्दिर के पहले का है। जीवित गुप्त ने माना आठवीं सदी के मध्य के आसपास ही शासन किया होगा और इस आधार पर मेरा अनुमान है कि देव मरकंडा का मन्दिर छठी या सातवीं सदी में बना होगा जब चेरो राजा सम्भवत: करुषादेश के शासक थे।"[43]

आठवीं सदी में देव बर्नारक स्थित मन्दिर, जहाँ सूर्य ही मुख्य आराध्य है, का निर्माण भी चेरों ने कराया और उनके बारे में कनिंघम लिखते हैं :

> "इन स्मारकों का बुकानन ने संक्षेप में जिक्र किया है और कहा है कि यह निष्कर्ष बहुत आसानी से निकाला जा सकता है कि इनमें से ज्यादातर चेरों के हैं। यही धारणा लोगों की है जो एक सुर में राजा वरुण को चेरो बताते हैं।"[44]

सूर्य उपासना के बारे में वे लिखते हैं :

> "हर साल दो तिथियों, चैत्र सुदी षष्ठी और कार्तिक सुदी षष्ठी को सूर्य की पूजा होती है, जब बड़ी संख्या में भक्त सूर्य देवता के इस प्राचीन स्थान पर जुटते हैं।"[45]

यह उल्लेखनीय है कि बिहार और पूर्वी उत्तर प्रदेश में इन्हीं तिथियों पर सूर्य की पूजा (छठ पूजा) होती है जिसमें सभी जातियों के लोगों की व्यापक भागीदारी

होती है। और तो और कुछ जगहों पर मुसलमान भी इसमें भागीदारी करते हैं। षष्ठी से बने छठी पूजा में हर गाँव, हर शहर में सूर्य की पूजा होती है और इसके लिए नदी या तालाब के पास का स्थान चुना जाता है। यह महत्त्वपूर्ण है कि यह पर्व प्रधानत: बिहार और उत्तर प्रदेश के उन्हीं पूर्वी हिस्सों में मनाया जाता है जो कभी चेरों के अधीन आते थे। इसकी दूसरी कोई व्याख्या नहीं की जा सकती। वैसे तो अब ब्राह्मण भी यह पर्व मनाते हैं पर इसमें उनकी भागीदारी पंचांग देखकर तिथि बताने से ज्यादा नहीं होती। इससे अन्दाजा लगता है कि यह पूजा मूलत: गैर-ब्राह्मणों की थी। इस प्रकार यह लगता है कि बिहार और पूर्वी उत्तर प्रदेश के लोग अपने सामाजिक-धार्मिक जीवन की सबसे महत्त्वपूर्ण पूजा के लिए चेरों के आभारी हैं जिनकी गिनती आज अत्यन्त पिछड़ी जाति के रूप में की जाती है।

लेकिन जिन थोड़े से चेरों ने कुछ सत्ता बनाए रखी या जिन्होंने अपना कोई छोटा भी राज बना लिया उन्होंने अपना सामाजिक दर्जा ठीक उसी शैली में बढ़वा लिया जिसकी चर्चा राजपूतों की उत्पत्तिवाले प्रकरण में विस्तार से की जा चुकी है। ऐसा बिहार के डाल्टनगंज इलाके में हुआ। चेरो परम्परा के अनुसार चेरो सहबल के पुत्र भागवत राय ने, जो जहाँगीर का समकालीन था, दक्षिण-पश्चिम बिहार के पलामू में सन् 1613 में चेरो शासन कायम किया। इस रजवाड़े के चलते ही शासक खानदान के चेरों का सामाजिक दर्जा बदल गया। सच्चिदानन्द के अनुसार :

> "चेरो डाल्टनगंज, लातेहर और पाटन थानों में (पलामू के) हैं। इनके दो हिस्से हैं बाराहजारी और तेराहजारी या बीरबन्धी। पहली कोटि को ऊँचा माना जाता है और इसी में पलामू के शासक परिवार के वंशज भी आते हैं। उनके और तेराहजारी के अमीर परिवारों का स्थानीय राजपूत परिवारों से शादी-ब्याह का रिश्ता चलता है और वे अब अपने को चौहान राजपूत कहते हैं।"[46]

कभी उत्तर पूर्वी उत्तर प्रदेश और उत्तर पश्चिमी बिहार के बड़े इलाके पर शासन करनेवाले थारु लोगों की कहानी भी कुछ ऐसी ही है। कभी शासक रहे ये लोग धीरे-धीरे एकदम कमजोर स्थिति में आ गए और अब इन्हें शूद्रों से भी छोटा माना जाता है। पूर्वी भारत के लोगों की परम्पराओं और स्मारकों का पहला विश्वसनीय रिकॉर्ड (1807 से 1814 के बीच) तैयार करनेवाले फ्रांसिस बुकानन ने गोरखपुर के थारुओं के बारे में लिखा है :

> "लगता है कि गोरखों को थारुओं ने इस जिले से बहुत जल्दी ही खदेड़ दिया। कहा जाता है कि थारु पहाड़ों से नीचे गए थे और बहुत जल्द ही उन्होंने कम-से-कम घाघरा तक के मैदानी इलाके पर तो अपना कब्जा

बना ही लिया था। इन लोगों के अनेक स्मारक इस इलाके में हैं। और उनसे साफ लगता है कि ये बहुत ही दमदार और उद्यमी लोग थे। ईंटों से बनी जो बड़ी-बड़ी इमारतें उन्होंने छोड़ी हैं, बहुत महत्त्वपूर्ण हैं। उनकी किसी भी इमारत या बस्ती के बाहर चारदीवारी नहीं है जो सुरक्षा को लेकर उनकी निश्चिन्तता को दर्शाता है। थारु खुद को असली सूर्यवंशी मानते थे और अपने राज्य से गोरखों को बाहर खदेड़ने और इस काम के लिए पहाड़ों से उतरकर नीचे आने के उनके उद्यम से उनके इस दावे को बल मिलता है..."[47]

ये आगे लिखते हैं :

"उनके निर्माणों और कामों की प्रकृति से साफ लगता है कि थारुओं का इस इलाके पर काफी समय तक राज था। बाद में उनके राज्य के एक हिस्से पर राजपूतों ने कब्जा कर लिया। राजपूतों को इस काल में हथियार धारण करनेवाले ब्राह्मणों ने, जो मुख्यत: डोमकटार कबीले से थे, मदद की जिन्होंने सबसे पहले थारुओं के राज्य के कुछ हिस्से को अपने प्रभाव में लिया। राज्य के ज्यादा बड़े हिस्से पर भरों का प्रभुत्व कायम हुआ।"[48]

बुकानन ने हथियार धारण करनेवाले ब्राह्मण (मिलिटरी ब्राह्मण) के रूप में जिन लोगों को चिह्नित किया है उन्हें आम तौर पर भूमिहार या भूमिहार ब्राह्मण कहा जाता है। हम आगे उनके और भरों के बारे में ज्यादा विस्तार से बात करेंगे।

ए.सी.एल. कार्लाइल तो यह अटकल भी लगाते हैं कि थारु लोग शाक्यों के वंशज हो सकते हैं जिनमें बुद्ध का जन्म हुआ था। वे लिखते हैं :

"इसके अलावा खासा और मागर लोगों के करीबी पड़ोसी थारुओं का दावा है कि उन्होंने भुइला का निर्माण कराया था जिसकी पहचान मैंने कपिलवस्तु के मूल स्थल के रूप में की है। लोगों के बीच यह मान्यता है कि इन्हीं थारुओं ने बस्ती और गोंडा जिले के अनेक प्राचीन स्मारकों और स्थलों का निर्माण किया था। थारु खुद भी कहते हैं कि भुइला उनकी प्राचीन राजधानी है। दरअसल थारु इस इलाके के पुराने लोग हैं और लोग मानते हैं कि इस इलाके के लगभग सभी प्राचीन स्थल उनके ही विकसित किए हुए हैं। जैसाकि मैंने कहा है, थारु खासा या खासिया और मागरों के निकट पड़ोसी हैं लेकिन अगर थारु भुइला के निर्माता थे और भुइला ही असली कपिलवस्तु की जगह है तो इसका साफ मतलब होता है कि थारु शाक्यों के वंशज ही हैं।"[49]

उन्होंने थारुओं की अपनी परम्परा के बारे में निम्नलिखित पंक्तियों में जो कुछ लिखा है वह उन लोगों की बहुत-सी परम्पराओं से मिलता-जुलता है जो दावा करते हैं कि वे राजपूतों के वंशज हैं। वे लिखते हैं :

> "थारु परम्पराओं के अनुसार वे चित्तौड़ से आए थे और इसके पक्ष में वे तैमूल या पट्टा का हवाला देते हैं। वे कहते हैं कि उन्हें उनके घरों से भगा दिया गया था और वे यहाँ बस गए...इस सन्दर्भ से अन्दाजा लगता है कि चित्तौड़ पर तीसरा आक्रमण सन् 1560 के करीब हुआ था। उनका दावा है कि वे मूलत: राजपूत हैं और बताते हैं कि उनके पूर्वजों के शराब पीने और मुर्गा खाने के चलते उनकी जाति चली गई। मैंने उनसे कभी भी गोरखा या पहाड़ी मूल का होने की बात या इशारा भी नहीं सुना है जबकि उनके नाक-नक्श से इसका आभास होता है।"[50]

अब वे राजपूत या शाक्य थे या नहीं, पर एक बात पक्की है कि वे एक दौर में ताकतवर थे और उनका सामाजिक दर्जा ऊँचा था। जाति व्यवस्था में उनका दर्जा गिरना पूरी तरह उनके राजनीतिक शक्ति गँवाने से ही जुड़ा हुआ है। इससे उनके पहले दौर की सम्मानजनक जीवनशैली में भी बदलाव आया। कार्लाइल के अनुसार ब्राह्मणों ने उनको अपवित्र घोषित किया था क्योंकि वे बौद्ध थे।

इस क्षेत्र के दूसरे लोगों डोमकटारों (डोमों) के बारे में फ्रांसिस बुकानन लिखते हैं :

> "उनकी (डोमों की) संख्या बहुत कम (76 परिवार) है, अनेक लोगों का दावा है कि वे कभी देश-भर के मालिक थे और हथियार धारण करनेवाले ब्राह्मणों का डोमकटार समुदाय सचमुच उनसे अलग नहीं है लेकिन उन लोगों ने जब महानन्द की फौज में दाखिला ले लिया तब उनकी अपवित्रता को त्याग दिया गया।"[51]

आम तौर पर ए.सी.एल. कार्लाइल भी इसी नजरिए का समर्थन करते हैं, भले ही महानन्द का हवाला मात्र अटकल की तरह ही दिया गया हो। डोमनगढ़ के पुरातात्विक स्थल के बारे में वे लिखते हैं :

> "इन सभी में सबसे ज्यादा ध्यान देने लायक चीज है डोमनगढ़ का विशाल और ऊँचा टीला जो गोरखपुर से डेढ़ मील उत्तर-पश्चिम में स्थित है और जहाँ प्राचीन किले के भग्नावशेष दबे पड़े हैं।
>
> "कहा जाता है कि डोमनगढ़ की स्थापना डोमकटार नामक शासक कुल या कबीले के लोगों ने की थी और उनके नाम पर ही इसका भी नाम पड़ा। वे लोग क्षत्रिय या राजपूत माने जाते थे। डोमकटार नाम से

> एक बार तो यह धारणा बनती है कि वे डोमों को काटनेवाले या इसी तरह के कुछ थे। लेकिन डोमनगढ़ के प्राचीन किले के नाम से ध्वनित है कि यह डोमों का गढ़ था। कुछ लोगों का कहना है कि डोमकटार डोमों के राजा थे लेकिन मुझे सन्देह है कि यह असली सच्चाई है। मुझे लगता है कि यह भी उन असंख्य उदाहरणों में से एक है जिनमें छोटे कुल या छोटी जाति के लोगों के शासन में जाने के बाद से राजपूत जाति का दर्जा पाने की प्रवृत्ति देखने में आती है। यह चीज हम डोम और डोमकटारों, भर और राजभरों तथा गूजर और बड़-गूजरों में देखते हैं। यह आखिरी नाम आम तौर पर बड़-गूजर ही कहा जाता है लेकिन राजपूताना के मचारी में मैंने उनके जो अभिलेख देखे थे उनमें साफ-साफ बड़ा-गूजर लिखा था जिसका मतलब महान या श्रेष्ठ गूजर है। इसके अलावा वे बड़ा-गूजर या बड़-गूजर तो राजपूत कहलाते और माने जाते हैं लेकिन गूजर नहीं। अगर ये तथ्य छोटी जाति के ताकतवर शासक परिवारों के क्षत्रिय श्रेणी में दाखिल होने की कुछ पुरानी घटनाओं की पुष्टि नहीं करते तो और क्या प्रमाण चाहिए।"[52]

वे आगे लिखते हैं :

> "लगता है प्राचीन डोम या डोमकटार सरदारों या डोमनगढ़ के राजा ने एक समय, जिसे अब गोरखपुर जिला कहा जाता है, उसके अधिकांश हिस्से पर नियंत्रण कर लिया था। इस जिले में ऐसे अनेक स्थान हैं जिनके नाम डोम से निकले हैं, जैसे—डोमनगढ़, डोमरी (एक बहुत आम नाम), डोमार, डार, डोम-कैचा, डोमरा हाता, डोमरिया (एक बहुत आम नाम), डोमाठ आदि। इतना ही नहीं हम सिर्फ गोरखपुर जिले में ही वास्तविक जंगली डोमों को पाते हैं जो अभी भी घुमन्तू और एकदम स्वच्छन्द जीवन जीते हैं।"[53]

अब डोमकटारों का एक समूह तो राजपूत हो गया जबकि दूसरा डोमकटार भूमिहार बना। यहाँ भी हम चेरों की तरह ही बँटवारा देखते हैं। एक ही समाज के जिस हिस्से की सत्ता छिन गई वह पराजित होकर जंगलों में चला गया, बदहाल जीवन जीता है, चोरी और अपराध करके गुजर करता है जबकि दूसरा हिस्सा सत्ता पाकर ऊपरी श्रेणी में चला जाता है और राजपूतों और भूमिहारों में गिना जाने लगता है। जब डोमों की सत्ता अपने चरम पर होगी तो निश्चित रूप से उन्होंने उच्च सामाजिक दर्जा भी हासिल कर लिया होगा और कार्लाइन द्वारा दर्ज की गई पारम्परिक कहानी के अनुसार उनकी सत्ता उनके ब्राह्मण मंत्री और राजपूत अधिकारियों की दगाबाजी से गई। इसका मतलब हुआ कि इतना पहले भी उच्च

वर्ण के लोगों को डोम राजा के अधीन काम करने में अपनी प्रतिष्ठा घटती नहीं लगती थी, न ही दगाबाजी या विश्वासघात करना कोई बहुत भर्त्सना योग्य काम।

जहाँ तक भूमिहर ब्राह्मणों की बात है, आम तौर पर उनका दावा है कि वे ऐसे ब्राह्मण हैं जिन्होंने पुरोहिती छोड़कर कृषिकार्य को अपना लिया था। लेकिन जैसा हर जाति द्वारा उच्च जाति का दर्जा पाने के लिए किए जानेवाले दावों के पक्ष में मिथकीय कहानियाँ पेश करने के मामले में होता है, इस दावे को भी संशय के साथ ही देखना-परखना चाहिए। भूमिहारों के बारे में फ्रांसिस बुकानन लिखते हैं :

> "मुझे लगता है कि इस बात में कोई शक है कि पूरे मिथिला पर पाल राजाओं का नियंत्रण था और किरातों को उनके पहाड़ी क्षेत्रों में ही सीमित रख दिया गया था। खेतिहर आबादी में मगध के ब्राह्मणों (भूमिहारों) का बहुत बड़ा हिस्सा था और भले ही पाल राजाओं द्वारा कराए गए कार्यों के प्रमाण न हों पर अनेक कामों का श्रेय ब्राह्मणों को दिया जाता है जो सम्भवत: पाल राजाओं के दरबारियों के वंशज थे और जिनमें से कुछ ने बाद तक अपनी स्वतंत्रता बरकरार रखी थी, और आदिसुर के राजवंश की सत्ता समाप्त होने के बाद इन लोगों ने उसकी अधिकांश सत्ता को हासिल कर लिया था।"[54]

अगर जो कुछ कहा जा रहा है उसमें कुछ भी सच्चाई है तो उस सबका निष्कर्ष यही निकलता है कि पाल राजा बौद्ध थे और उनका परिवार समाज के विभिन्न समूहों से बना था। एक अन्य जगह बुकानन ने भूमिहारों का मूल ब्रचमानी कबीले से बताया है। लेकिन पुराने जानकार लेखक ब्रचमानी और ब्राह्मण का प्रयोग एक ही अर्थ में करते हैं और बुकानन के इस विचार के पक्ष में और तर्क जुटा पाना मुश्किल है। फिर स्वयं वे ही दूसरी जगह कहते हैं कि हथियार धारण करनेवाले ब्राह्मण महानन्द की फौज के योद्धा हो सकते हैं जिन्होंने क्षत्रियों का नाश किया था। इन योद्धाओं को स्थानीय कबीलों से चुना गया था और बाद में सम्राट ने उनको ऊँची जाति का घोषित किया। यह व्याख्या ज्यादा विश्वसनीय लगती है। एक चीज निश्चित लगती है कि इस जाति की उत्पत्ति विभिन्न स्रोतों से हुई।

उदाहरण के लिए भूमिहारों के एक समूह को जेठरिया कहा जाता है और आम तौर पर माना जाता है कि इसके आदिपुरुष रांते राउत थे जो एक ग्वाला (अहीर) थे और किसी समय उत्तर बिहार के रति परगना के प्रमुख थे। बिहार के कई राजा, जिनमें बेतिया के राजा भी शामिल थे, भूमिहारों के इसी उपसमूह के थे पर ऐसा लगता है कि बुकानन भूमिहारों और भुइयाँ जाति के बीच भी कुछ सम्बन्ध का अनुमान करते हैं जो मगध के दक्षिणी हिस्से में काफी बड़ी संख्या में थे। मगध क्षेत्र

में भूमिहारों की आबादी बहुत है और लगभग दो मिलते-जुलते नामवाले समूहों का आसपास के इलाकों में रहना भी किसी-न-किसी तरह के सम्बन्ध की तरफ इशारा करता है क्योंकि ऐसा महज संयोग नहीं हो सकता। भूमिहार ब्राह्मणों का सम्बन्ध अनेक दूसरे कबीलाई समूहों से भी है इस तथ्य से भी भूमिहार और भुइयाँ के बीच सम्बन्ध की सम्भावना को बल मिलता है।

भूमिहारों के एक समूह के बारे में एम.ए. शेरिंग कहते हैं :

> "ये ब्राह्मण पूरी तरह नहीं तो मुख्यत: कनौजिया कबीले की सरवारिया शाखा के हैं।
>
> "ब्राह्मणों के रूप में उनकी शुद्धता को लेकर कुछ सन्देह व्यक्त किए गए हैं। यह कहा जाता रहा है कि वे क्षत्रिय या राजपूत ब्राह्मण हैं या अंशत: राजपूत और अंशत: दूसरी जाति के हैं; या वे संकर ब्राह्मणों की जमात हैं।"[55]

एक अन्य जगह वे लिखते हैं कि "किनवार भूमिहार लोग किनवार राजपूतों से जुड़े हैं और सकरवार भूमिहार सकरवार राजपूतों से और यह बात सकरवार कबीले के अपने किस्सों में बताई गई है।"[56]

सकरवारों के बारे में विलियम कुक लिखते हैं :

> "ऐसा लगता है कि श्रीनेतों के पहले उत्तरी गोरखपुर पर उनका कब्जा था। किनवार भूमिहारों को छोड़ दें तो गाजीपुर में सबसे ज्यादा जमीन रखनेवाले हिन्दू वही लोग हैं। उनका दावा है कि वे लोग मूलत: फतेहपुर-सीकरी के मिश्र ब्राह्मण थे। यहाँ वे राजपूत और भूमिहारों में बँट गए और उनमें से कुछ मुसलमान भी हो गए। आजमगढ़ में राजपूत लोग भूमिहार शाखा को अपने में नहीं गिनते लेकिन भूमिहारों का दावा है कि वे उन्हीं के वंशज हैं, जिसे सामान्यत: मान लिया गया है।
>
> "यह कहा जाता है कि सकरवार लोग भारद्वाज, ढकरा, गहलौत, कछवाहा, पवार और परिहार कुल से बहू ले आते हैं या उन्हें अपनी बेटियाँ देते हैं।"[57]

दोनवारों के बारे में शेरिंग लिखते हैं :

> "सर एच. इलियट मानते हैं कि यह कुल ब्राह्मणों और राजपूतों का मिश्रित कुल है और परिस्थितियों के अनुसार ही कुछ खुद को राजपूत कहते हैं तो कुछ भूमिहार। इनमें से राजपूत, ब्राह्मणों से निश्चित रूप से भिन्न जाति है पर भूमिहार, ब्राह्मण भी हो सकते हैं या राजपूत भी। वे यह भी कहते हैं कि दोनवार कभी काफी शक्तिशाली थे और पश्चिमी तिरहुत

के कोसी क्षेत्र में उन्होंने अपनी रियासत भी बना ली थी। इस इलाके में आज तक मौजूद स्मारक दोनवार राजा कर्णदेव की शक्ति और समृद्धि की कहानी कहते हैं।"[58]

इसकी एक अधिक तार्किक व्याख्या कुछ इस तरह की जा सकती है। किनवार, सकरवार और दोनवार पहले अलग-अलग कबीले थे जिनका सामाजिक दर्जा काफी नीचा था। सत्ता पाने के बाद उन्होंने अपना सामाजिक दर्जा ऊँचा किया। इनमें से कुछ राजपूत या क्षत्रिय वर्ण में गए और कुछ ब्राह्मण वर्ण में। बिहार में, जहाँ पहले से ही गैर-पुरोहिती वाले ब्राह्मणों, भूमिहारों की उपस्थिति थी, कबीलों से ऊपर उठकर आनेवालों के लिए उनके साथ अपनी पहचान जोड़ना आसान था। इसलिए कम-से-कम भूमिहारों के मामले में यह सम्भव है कि एक तरफ उनकी कुछ जमातों का मूल डोमों और भुइयाँ लोगों में देखा जाए तो कुछ का सीधे ब्राह्मणों में। भूमिहारों और गैथिल ब्राह्मणों के बीच ऐसे दोगमिया लोगों के माध्यम से वैवाहिक सम्बन्ध हाल तक चलते रहे हैं जो अपनी बेटियों की शादी मैथिल ब्राह्मणों में करते थे तो बेटों की शादी भूमिहारों में।

जहाँ तक भरों की बात है और जिनकी हल्की चर्चा पहले की गई है, उनका कभी उत्तर प्रदेश के काफी बड़े हिस्से पर कब्जा था। उनके बारे में गुस्ताव ओप्पर्ट लिखते हैं :

"हमारे पास भरों के पुराने इतिहास की सूचनाएँ प्राय: नहीं हैं। पुराकथाओं के हिसाब से तो उनका नाम सबसे पुराने आर्य नायकों अर्थात् राम और उनके पुत्रों के साथ ही जुड़ता है। लेकिन उसके बाद से अचानक उनका जिक्र आना बन्द हो जाता है और दोबारा उनका नाम भारत पर मुसलमानों के हमले के समय ही आता है और निश्चित रूप से तब इनके पास काफी बड़ा इलाका था और यही जमीन के वास्तविक मालिक थे।"[59]

कुछ पुरातात्त्विक खोजों से भी इस बात का संकेत मिलता है कि यह दावा सही हो सकता है। बस्ती के कुछ भग्नावशेषों के बारे में ए.सी.एल. कार्लाइल लिखते हैं :

"यह कहा जाता है कि नजरखास और पोखना तथा आम तौर पर चन्दो ताल के करीब की सारी जमीन भरों के कब्जे में थी जिन्होंने सम्भवत: आसपास के कुछ प्राचीन स्थलों और स्मारकों का विकास किया होगा।"[60]

फिर एक अन्य जगह पर वे लिखते हैं :

"पास के गाँव महुआ दबार के कल्हन राजपूतों का कहना है कि जब वे पहली बार इस इलाके में आए तो अत्रोहा भरों के कब्जे में था। दरअसल

> मैंने जो एक दूसरी पारम्परिक कथा सुनी है उसके अनुसार ऐसा लगता है कि कल्हन राजपूतों के पूर्वज भर राजा के दरबार में नौकरी करते थे। इस कथा में यह भी कहा जाता है कि एक शादी के भोज में जब भरों ने खूब शराब पी थी तब कल्हनों और उनके समर्थकों ने सारे भरों को मार डाला और उनकी सम्पत्ति पर कब्जा कर लिया।"[61]

और यह एक अन्य तथ्य है कि मुस्लिम शासन कायम होने तक भरों का राज चलता रहा था। हम डब्ल्यू.सी. बेनेट का एक लम्बा उद्धरण यहाँ दे रहे हैं जो शक्तिशाली सरदार चांडाल भोर के बारे में है और जिसे वे भर मानते हैं :

> "मैं अल उत्बी के 'चांडाल भोर' का शाब्दिक अर्थ बताना चाहता हूँ 'जाति बहिष्कृत भवर' (भवर-भर, वी. लार्सन, इंड ऐंट 1448 नोट) और यह अनुमान लगाना चाहता हूँ कि महमूद की जीत के समय भी एक भर सरदार ने कन्नौज के दक्षिण में अपने अभियानों का प्रदर्शन किया था। हमें बताया गया है कि चांडाल भवर स्थानीय हिन्दुओं से निरन्तर युद्ध करता रहता था।"

लार्सन आगे कहते हैं कि उन्हें चन्देल वंश के संस्थापक के रूप में परमाल ब्राह्मण और मलिका की पहचान करने में कोई हिचक नहीं है। समकालिकता और नामों की एकरूपता पहचान को उचित ठहराने का आधार बन सकती हैं।

यह बात उपरोक्त प्रमाण से भी निष्कर्ष स्वरूप निकाली जा सकती है—मोहम्मद गोरी की जीत के समय कन्नौज के पास ही एक आदिवासी सरदार का किले पर कब्जा था और उस सदी के अन्त के आसपास उसी कबीले से एक सरदार ने कालिंजर पर कब्जा कर लिया और शक्तिशाली राज्य की स्थापना की जो मालवा में मिर्जापुर और खर्रा तक फैला हुआ था। भर राजा ने वही किया जो उसकी जाति के आदिवासी और अन्य निवासी सदा से करते आए हैं। उसने खुद को हिन्दू जाति व्यवस्था में कायस्थ घोषित कराया। उसके वंश ने डेढ़ सौ साल तक शासन किया और सन् 1247 में उनकी सत्ता समाप्त हुई। उसके वंशजों को वर्ण-व्यवस्था में क्षत्रिय का दर्जा मिला और उन्हें चन्देलों के रूप में जाना जाता है। मूल निवासी कबीलों के ऊपर उठने के ऐसे ही उदाहरण समकालीन कश्मीर के इतिहास में भी हैं।[62]

काफी बाद में लिखते हुए विंसेंट स्मिथ भी मूल निवासी कबीलों की वर्ण-व्यवस्था में ऊपर उठने की आम प्रवृत्ति का जिक्र करते हैं। वे राजपूत वंशों के बारे में लिखते हैं :

> "और दक्षिण के कुछ प्रमुख वंश अलग-अलग स्रोतों से उभरकर आए थे और स्पष्टत: वे तथाकथित आदिवासी कबीलों जैसे गोंड, भर और कोल वगैरह के वंशज हैं...चन्देलों और गोंडों जिनका स्वयं भरों के साथ बहुत

> गहरा सम्बन्ध है, के बीच खास तौर से मजबूत रिश्ता दिखता है और यह निष्कर्ष सही है कि चन्देल राजपूत मूलत: हिन्दू व्यवस्था में आए भर और गोंड या दोनों हैं और जब उन्होंने सत्ता हासिल कर ली और क्षत्रियोंवाला काम करने लगे तो उन्होंने क्षत्रिय या राजपूतों के रूप में मान्यता पा ली। इसी प्रकार गहरवार ही भरों से सम्बन्धित हैं और बुन्देला और उत्तरी राठौर गहरवारों से ही निकले हैं।"[63]

उच्च जाति के अनेक कुल भरों से उभरे हैं, यह मानने के ठोस आधार हैं। विलियम कुक, जिनको हमने पहले एक निम्न सन्दर्भ में उद्धृत किया था, रायबरेली के सोमवंशी राजपूतों के बारे में बेनेट का यह उद्धरण प्रस्तुत करते हैं :

> "यहाँ दो टिप्पणियाँ की जा सकती हैं। पहली यह कि अपने पूर्वजों के मानस की पूजा सभी सोमवंशी और उनके आसपड़ोस की अनेक छोटी जातियों के लोग करते हैं। ये सभी बड़े पुरुख (पुरुष) और कारे देव (साँप) की पूजा करते हैं जिनका साथी सियाम (सियार) है। यह पूजा घर में होती है। दूसरी चीज है कि अधिकांश प्राचीन परम्पराओं से पता चलता है कि सोमवंशी गंगा के उत्तरी इलाके में और इतिहास के बाद वाले दौर में दक्षिणी तट पर रहे हैं। मध्यवर्ती परम्पराओं से पता चलता है और इसकी पुष्टि एक खास किस्म के किलों के अवशेष भी करते हैं कि क्षत्रियों का कब्जा होने के पहले और बाद में भी इस क्षेत्र पर भरों का राज था। नई वंशावली की शुरुआत कुछ ऐतिहासिक उठापटक के साथ हुई जैसाकि आम तौर पर होता आया है...।"[64]

और बुकानन ने शाहाबाद से सम्बन्धित अपनी टिप्पणी में यह लिखा है :

> "परमराकस के निष्कासन के बाद जिन कबीलों ने राज्य (शाहाबाद) पर कब्जा कर लिया उनमें भर भी थे। आगे उनके कब्जे में इसका काफी बड़ा हिस्सा और आया। आज भी उनके पास काफी इलाका है। इधर वे लोग अपनी कबीलाई पहचान को लेकर काफी परेशान रहते हैं और परिहार राजपूत के अलावा कुछ भी कहने पर बुरा मान जाते हैं जबकि सन् 1801 (सम्वत 1858) के एक अभिलेख में कुल के मुखिया ने सीधे-सीधे भर होने की बात स्वीकार की है।
>
> "भर कबीले के दो अपेक्षाकृत नए किलों रघुबीरगढ़ और श्यामलगढ़ बाहर से देखने पर काफी कुछ यूरोपीय महलों की तरह लगते हैं। रघुबीरगढ़ कम ऊँचाईवाले पथरीले इलाके पर बना है जो पतेश्वर गाँव से पश्चिम में है...।"[65]

लेकिन एक तरह तो वे चन्देल जैसी सम्मानजनक श्रेणी में पहुँचे तो दूसरी ओर उनके काफी सारे लोग निम्न सामाजिक स्तर पर ही बने रहे। उनकी निम्न सामाजिक स्थिति के बारे में आर.वी. रसेल यह विवरण देते हैं :

> "इस बात में कोई सन्देह नहीं कि भरों को भरिया कहना वैसा ही अपमानजनक है जैसा कि तेली को तेलिया या जोगी को जोगिया, और फिर भरिया तो उस महान भर कबीले का हिस्सा हैं जिनका कभी संयुक्त प्रान्त के पूरे पूर्वी इलाके पर प्रभुत्व था। लेकिन अब वे सामाजिक हैसियत में सबसे नीचे हैं और उनसे सत्ता छीननेवाले लोग उनको काफी बदतर स्थिति में धकेल चुके हैं। भरिया महोबा या बांधवगढ़ को भी अपना घर मानते हैं और वे स्थान भी भरों के राज्य में आते थे। परम्परा के अनुसार दहाल, जो जबलपुर का पुराना नाम है, के पहले राजा कर्णदेव भर थे और सम्भव है कि जबलपुर इलाके में भरों का आना उसी दौर अर्थात् सन् 1040 से 1080 तक, में शुरू हुआ होगा...।"[66]

चूँकि हमने बिहार और पूर्वी उत्तर प्रदेश के कुछ ऐसे आदिवासी समूहों की चर्चा कर ली है जो सामाजिक श्रेणी में ऊपर आ गए थे इसलिए अब हम एक और ऐसे समूह की चर्चा करेंगे जो भले ही चेरों या भरों की तरह ताकतवर न हो पर जिसके अधीन भी काफी बड़ा इलाका था और जिसके कुछ लोग भी खुद को क्षत्रिय घोषित कराने में सफल रहे थे। ये लोग खरवार कहे जाते हैं। फ्रांसिस बुकानन का उनके बारे में कुछ इस तरह का कहना था :

> "जिले के पहाड़ी लोगों में से कुछ प्रमुख लोग तो सात्विक जीवन जीने लगे हैं पर ज्यादातर लोग भैंसा, सूअर और मुर्गे का मांस खाते हैं और मुझे पूरा भरोसा है कि हर तीन साल पर महाबलि दी जाती है जो भैंसा, सूअर और मुर्गे में से एक की होती है। ये लोग खुद को सूर्यवंशी कहते हैं। लेकिन ऐसा लगता है कि युगों से उनकी पहाड़ियों से लगे पश्चिमी और दक्षिणी इलाके में अधिकांश हिस्से इसी कबीले के लोगों की सम्पत्ति रहे हैं। बैलोंजिया या बेलोंजा के राजा भूपनाथ भर ने मुझे बताया कि रायगढ़, कुंडा और तोरी के राजा दरअसल खरवार हैं, भले ही वे खुद को सूर्यवंशी राजपूत कहते हैं। वैसे उसने राजपूतों की उपाधि धारण कर ली है और किसी के द्वारा खुद को खरवारी कहे जाने पर नाराज होता है या उसकी रियासत में न रहनेवाला या उस पर आश्रित न रहनेवाला हर आदमी उसके दावों पर हँसता ही है। फिर उसकी जाति के प्रमाण के तौर पर इस तथ्य का उल्लेख किया

जाता है कि उसके बेटों की शादी सिंगरौला के सरदार की बेटी से हुई है और उनको अपने आपको खरवार कहने में शर्म नहीं आती। उसने अपने नाम के आगे 'लाल' लगाना भी नहीं छोड़ा है। मुझे यह बात जिले के खरवारों में से खुद को राजा की उपाधि से जोड़नेवाले तोरल मल्ल ने बताई है। इस शादी के बाद सिंगरौला के सरदार ने अपने नाम के आगे राजा जोड़ लिया है और सम्भवत: उसके बेटे खुद को राजपूत कहेंगे। पहाड़ी इलाके के सारे खरवार अपनी बेटियों की शादी अपने कबीले के अन्दर ही करते हैं जबकि राजपूतों में ऐसा नहीं होता। और उपरोक्त शादी के विवरण से लगेगा कि रायगढ़ के सरदार भी ऐसा ही करते हैं। पर पठार के खरबारों ने इन सभी सरदारों और मैदानी इलाके में पालकी ढोनेवालों (खरवारों का एक और समूह—लेखक) से सभी तरह का सम्पर्क छोड़ दिया है।"

मिर्जापुर के खरबारों के बारे में विलियम कुक लिखते हैं :

"मिर्जापुर के विभिन्न इलाकों में इस समूह के लोगों का आन्तरिक संगठन अलग-अलग किस्म का है। ऐसा लगता है कि उन्होंने कबीलाई और कुल की पहचानवाली पुरानी विस्तृत व्यवस्था को त्याग दिया है जो अभी तक बंगाल में बरकरार है। सोन नदी के उत्तर में इनकी चार उपजातियाँ और एक उपजाति है। चार उपजातियाँ हैं :

"(1) सूर्यवंशी, जो राजपूत समूह की तरह खुद को सूर्य का वंशज मानते हैं। यह भी उल्लेखनीय है कि बंगाल के बिरहोर यह मानते हैं कि वे और खरवार एक ही कुल के हैं और सूर्यवंशी हैं। यह समूह अब राजपूत घोषित होने की प्रक्रिया में है। यह प्रक्रिया बंगाल में भी चल रही है जहाँ रायगढ़ और जसपुर के राजा आर्य परिवारों से बेटी-रोटी का रिश्ता बनाकर अपनी तूरानी पृष्ठभूमि को पीछे छोड़ने में करीब-करीब सफल हो चुके हैं।

"(4) बेनवंशी; इस नाम की उत्पत्ति के बारे में दो विवरण प्रचलित हैं। एक विवरण यह है कि इस उपजाति की उत्पत्ति वेन उर्फ बाँस से हुई थी और इसको कुछ लोग गलत नहीं मानते। दूसरा समूह मानता है कि यह नाम राजा वेन से आया है जो ऋषियों द्वारा स्थापित धर्म का अक्खड़ विरोधी था। इस उप-समूह ने तेजी से प्रगति करते हुए राजपूतों का दर्जा हासिल कर लिया है। मिर्जापुर के सिंगरौली के राजा इनके सरदार हैं और वे अपने को बेनवंशी राजपूत कहते हैं। कहा जाता है कि एक या दो पीढ़ी पहले तक

> जब दुधि खरवारों के यहाँ मौत होती थी तो इस परिवार के लोग भी अपना सिर मुँडवा लेते थे। अब उनके यहाँ हिन्दू पुजारी रहते हैं। वे स्वयं जनेऊ पहनते हैं और उन्होंने चन्देलों जैसी सुप्रसिद्ध वंशों में शादियों का रिश्ता बनाने में सफलता पाई है।"[67]

अगर इस विवरण को बुकानन के अस्सी वर्ष से ज्यादा पहले के सिंगरौला (लगता है कि सिंगरौली और सिंगरौला एक ही हैं) के विवरण से मिलाएँ तो उनकी काफी सारी भविष्यवाणियाँ सही हो गई लगती हैं। वे यहाँ के राजाओं को सीधे-सीधे खरवार बताते हैं जबकि बाद के विवरण में उनको सम्मानित राजपूत और चन्देल राजपूतों का सम्बन्धी बताया गया है। अब यह अलग मसला है कि खुद चन्देलों का भी राजपूत का दर्जा पाने का अपना यही रास्ता है। पर इतिहास की धूल कई चीजों को खुद ही छुपा लेती है।

इस प्रकार हम पाते हैं कि उसी कबीले के कुछ लोग शाहाबाद के मैदानी इलाकों में तो पालकी ढोनेवाली निम्न जाति में हैं, पहाड़ी इलाकों में आदिवासी हैं पर एक तीसरी जगह अपना राज कायम करके वे सूर्यवंशी और बेनवंशी राजपूत बनकर क्षत्रिय होने के दावेदार हैं।

बिहार का एक और समूह या कबीला, जिसने ऊँचा दर्जा पाने का प्रयास किया पर जल्दी ही राजनीतिक सत्ता हाथ से चले जाने के चलते सफल नहीं हो पाया, वह है खेतौरी। परशुराम की पौराणिक कथा से खुद को जोड़ने के चलते इसने अपना दर्जा कुछ बढ़वा लिया था। बुकानन लिखते हैं :

> "खेतौरी खुद को लड़ाकू मानते हैं और काफी समय तक जिले का काफी बड़ा हिस्सा उनके अधीन था। उनके इस दावे को आम तौर पर मान लिया गया है कि अनेक जगहों पर उनको राजपूतों के बाद स्थान दिया जाता है। जिले के पश्चिमी हिस्सों में तो खेतौरी लोगों को मटियामेट कर दिया गया पर मध्य हिस्से में वे अभी भी हैं। उनके अभी 3000 से ज्यादा परिवार हैं और बाँका मंडल के चार लोगों ने राजा की उपाधि भी ले रखी है। यह उपाधि उन्होंने मनिहारी, हेम्म्रव, बैकोप और परसन्द से ली है। खेतौरियों का मानना है कि जब परशुराम ने क्षत्रियों का संहार किया तो उनमें से दो लोग भागकर कलाकारों के देवता विश्वकर्मा की शरण में गए। परशुराम वहाँ भी उनको मारने पहुँच गए तो विश्वकर्मा जी ने कहा कि ये क्षत्रिय नहीं खेतौरी (किसान) हैं। इस पर परशुराम ने पूछा कि इनके पास खेत जोतने के क्या प्रमाण हैं? इन लोगों ने अपनी जान बचाने के लिए वह प्रमाण भी देने का वादा किया। उनके वंशज तभी से खेतौरी कहे जाते हैं और कुछ कम मानवाले हो गए।

> "खेतौरियों के बारे में एक और कथा यह है कि वे मूलत: मछुआरों की चांडाल नामक निम्न जाति के थे। उनका महत्त्व तब बढ़ गया जब उनमें से एक राम का कृपापात्र हुआ। वे चाहे जंगल-निवासी हों या मछुआरे, पर मेरे मन में जरा भी शक नहीं है कि वे उन कबीलाई समूहों में से एक थे जिन्हें राजा रिपुंजय ने अपनी फौज में भर्ती किया था। और जब वे ब्राह्मणों के अनुयायी बन गए, तो ब्राह्मणों ने उनके लिए पौराणिक कहानी गढ़ ली। अब उन्होंने पूरी तरह राजपूतों के रंग-ढंग, संस्कार अपना लिए हैं और उनमें से जितने लोगों के लिए सम्भव हो पाता है, वे खेतों में अपने हाथों से काम नहीं करते। पर अभी भी यह है कि जो लोग हल जोतते हैं उनको समाज से अलग नहीं माना जाता...।"[68]

खेतौरी लोगों से जुड़े सन् 1646-47 के अभिलेख और स्थानीय परम्पराओं की जानकारी के आधार पर कयामुद्दीन अहमद लिखते हैं :

> "जिला गजेटियर, मुंगेर (ओ. माली, गजेटियर ऑफ मुंगेर, 1909) में परम्पराओं का हवाला देते हुए कहा गया है कि खड़गपुर और उसके आसपास के इलाकों पर खेतौरी नामक स्थानीय मूल निवासी कबीले के लोगों का राज था और उनके 52 सरदारों ने शासन किया था। दंडू राय, बासदेव राय और महेन्द्र राय नामक तीन राजपूत भाइयों ने मुंगेर से दस मील पूरब में स्थित छोटे रजवाड़े खरही के खेतौरी सरदार, राजा शशांक के यहाँ नौकरी की। धीरे-धीरे उन्होंने शशांक के यहाँ और राजपूतों की भर्ती कराके अपनी संख्या बढ़ा ली और फिर एक दिन उसका तख्ता पलटकर उसकी हत्या कर दी। फिर दंडू राय की सरदारी में उन्होंने दूसरे 51 खेतौरी सरदारों को अपने अधीन किया और पूरे इलाके को अपने नियंत्रण में ले लिया। दंडू राय अकबर के समयकालीन संग्राम सिंह के पिता थे।"

अकबर के समय इस इलाके पर एक तेली राजा का कब्जा था। सन् 1574 के सैन्य अभियान के बारे में अबुल फजल लिखते हैं :

> "...मुल्क के काश्तकारों ने कहा कि तेली राजा के राज्य से होकर एक पवित्र रास्ता गुजरता है।"[69]

अकबरनामा के अनुवादक ने इस राज्य का इलाका वही बताया है जिसका जिक्र बुकानन करते हैं। इससे निश्चित संकेत मिलता है कि वहाँ का शासक निम्न जाति का था।

क्षत्रिय होने का दावा करनेवाली जातियों में परशुरामवाली कहानी बहुत आम है। लेकिन अक्सर वे इस कोशिश में काफी परेशान होती थीं और अपने मूल निम्न श्रेणी और क्षत्रिय के दर्जे के बीच ही कहीं अटक जाती थीं। खत्रियों के बारे में भी ऐसी ही कहानी है। इस कहानी के अनुसार एक गर्भवती क्षत्रिय महिला परशुराम की कुल्हाड़ी से बचकर भागी और एक ब्राह्मण की रसोई में जाकर छुप गई। परशुराम वहाँ भी पहुँच गए। उन्होंने जब गृहस्वामी से पूछा तो उसने कह दिया कि यह महिला क्षत्रिय नहीं खतौरी (रसोइया) है। इसीलिए उसके वंशज खत्री कहलाए।

लेकिन कुछ ऐसे कबीले, जो बिना ऊँचा सामाजिक दर्जा पाए ही सत्ता से हटा दिए गए, वे बहुत निम्न जाति में चले गए। बिहार के दुसाध, जिन्हें अभी अनुसूचित जाति में गिना जाता है, एक दौर में काफी शक्तिशाली रहे लगते हैं, जिनका अपना एक राज्य भी था। उनके एक नायक, सलेस को तो देवताओं की तरह पूजा जाता है। इस देवता की पूजा पूरे उत्तर बिहार और नेपाल तराई के दुसाध करते हैं। उनके नाम के साथ मोरांग, जो अभी नेपाल का एक जिला है और जिसमें विराटनगर भी शामिल है, का नाम विशेष रूप से जुड़ा है और वहाँ उनकी और उनके साथियों की मूर्तियोंवाला एक छोटा-सा मन्दिर भी है जो बहुत पुराना नहीं है। उनकी इतनी बड़ी मूर्तियाँ और कहीं नहीं पाई जातीं। निस्सन्देह यह स्थान अब दुसाधों से ही जाना जाता है।

प्रचलित कथाओं के अनुसार सलेस का जन्म तिरहुत के पकड़िया राज्य की नेत्रहीन रानी के गर्भ से हुआ था। उनकी शादी मोरांग के राजा हुड़हू की बेटी समरुधानी से हुई। पर मोरांग में ही जन्मी कुसुमा मालिन, जो पूर्व जन्म में इन्द्र दरबार की अप्सरा (नर्तकी) थी, सलेस से प्रेम करती थी। इसलिए सलेस ने पकड़िया का राज-काज समरुधानी के हवाले किया और मोरांग चले गए जहाँ से कभी वापस नहीं आए। इस कहानी में वीरगाथावाले तत्त्व हैं जिसमें देवता और मनुष्य साथ-साथ अपनी भूमिकाओं का निर्वाह करते हैं और जिसकी ऐतिहासिकता संदिग्ध हो सकती है। लेकिन यह कथा जितने बड़े इलाके के लोगों के बीच प्रसिद्ध है और एक समूह के जितने लोगों का इससे गहरा भावनात्मक जुड़ाव है उससे लगता है कि इस इलाके में कभी दुसाधों की महत्त्वपूर्ण स्थिति रही ही होगी।

एक और प्रचलित कथा है जो इस विचार को मजबूती देती है। यह कथा चूहड़ और रेशमा की है। चूहड़ दुसाध राजकुमार थे जिनकी दोस्ती अजब सिंह नामक राजपूत राजकुमार के साथ थी। रेशमा अजब सिंह की बहन थी। वह चूहड़ से प्रेम करती थी। लेकिन वह दोस्त की बहन थी इसलिए चूहड़ ने उसे अपनी बहन मानकर उससे शादी करने से इनकार कर दिया। इस सवाल पर चूहड़ और अजब सिंह की लड़ाई हुई जिसमें चूहड़ मारा गया। यह कथा आज भी लोक नाट्य का एक लोकप्रिय विषय है।

दुसाध मानते हैं कि एक समय वे इस जमीन के मालिक थे और प्रमाण के तौर पर वे कहते हैं कि सभी दूसरी जातियों के स्पष्ट रूप में नियत पेशे हैं पर दुसाधों का कोई पेशा नहीं है। आजकल वे मुख्यत: खेतिहर मजदूर हैं या ताड़ी निकालने का काम करते हैं।

कनिंघम और गैरिक भी सलेस की प्रचलित कहानी का हवाला देते हैं लेकिन दोनों के विवरण अलग-अलग हैं। वे कहानी का जो रूप लेते हैं उसके अनुसार सलेस के दो और दुसाध साथी थे—हरवा और बरवा, और ये तीनों लोरिक से, जो अहीर जाति का एक दूसरा पौराणिक नायक है, लड़ते हुए परास्त हुए। कहानी का यह अन्तर समय के लम्बे अन्तराल के कारण भी आ सकता है। या यह भी सम्भव है कि पहला रूप तो बिहार के पूर्वोत्तर क्षेत्र में प्रचलित हो और दूसरा उत्तर-पश्चिम में। पूर्वोत्तर में ही इस कहानी के कई रूप प्रचलित हैं। कुछ स्मारक भी हैं जो बताते हैं कि दुसाध कभी शासक रहे होंगे, भले ही उनका राज्य बहुत बड़ा नहीं रहा हो। ऐसे ही स्मारक का हवाला देते हुए कनिंघम और गैरिक लिखते हैं :

> "सरोनगढ़ या सरवनगढ़ मोतिहारी से 5 मील उत्तर-पूर्व में बूढ़ी गंडक के उत्तरी तट पर बना पुराना किला है। इसे नोनाचौरगढ़ या नोनाचौर का किला भी कहते हैं जो एक दुसाध नोनाचौर के नाम पर है। माना जाता है कि इस दुसाध राजा ने यहाँ शासन किया था। यह टीला बहुत ऊँचा है और पुरानी ईंटों और जंगल से भरा है। ईंट की दीवार के कुछ हिस्से अभी तक खड़े हैं।
>
> "दुसाध नोनाचौर, सुबाहीगढ़ की कथा का भी नायक है और अगर यह वही व्यक्ति है जो सरोनगढ़ वाला और राजकुमारी सुबाही का प्रेमी है तो निश्चित रूप से वह सुन्दर सरदार रहा होगा, भले ही छोटी जाति का था...।"[70]

वैसे तो दुसाध जाति व्यवस्था में कभी ऊपर नहीं आए पर जब वे शासक कबीला थे तब निश्चित रूप से समृद्ध और सामाजिक सम्मान पानेवाले लोग थे। वे राजपूतों की तरह उच्चतर जाति का दर्जा क्यों नहीं पा सके इसकी एक सम्भावित व्याख्या यह हो सकती है कि मजबूती के दौर में भी वे हिन्दू पुरोहितों की पौराणिक व्याख्या के अनुसार फिट बैठने के लिए अपने देवी-देवताओं को त्यागने को तैयार नहीं हुए। वे अभी भी खुद को बाली और राहु जैसे 'राक्षसों' का वंशज कहते हैं। वे अभी भी राहु की पूजा करते हैं। समुद्र मन्थन की पौराणिक कथा का उनका अपना रूप उनमें प्रचलित है जिसके अनुसार अमृत देवों और राक्षसों के संयुक्त प्रयास से निकला था और अमृत मन्थन में राहु ने बहुत महत्त्वपूर्ण भूमिका निभाई थी जबकि अमृत के बँटवारे में उसके साथ छल किया गया। सम्भवत: उनके आत्मसम्मान के भाव ने उनको ब्राह्मणोंवाली प्रचलित पौराणिक कथा को मानने से

रोका। इसने उन्हें बहुत ही अजीबोगरीब स्थिति में ला दिया है। ब्राह्मणवादी हिन्दुत्व मानने के चलते वे ब्राह्मणवादी देवी-देवताओं को पूजते हैं पर वे सार्वजनिक रूप से राहु की पूजा करने से भी नहीं चूकते जिससे हिन्दू नफरत करते हैं। वैसे आम हिन्दू भी डर के मारे हर धार्मिक आयोजन से पूर्व राहु की पूजा करते हैं। ग्रहण के समय जब और सभी हिन्दू पूजा-पाठ और डोमों को दान देकर चन्द्रमा और सूर्य को राहु-केतु के नाम से मुक्ति की कामना करते हैं तब राहु के वंशज दुसाध ऐसा कुछ नहीं करते। इसी प्रकार आधा-अधूरा हिन्दूपन असम के बोडो लोगों में भी दिखता है। उन्होंने हिन्दू धर्म को स्वीकार कर लिया है पर वे बकासुर (पौराणिक कथाओं के अनुसार श्रीकृष्ण का दुश्मन) के प्रशंसक हैं और उसे अपना पूर्वज मानते हैं। दुसाधों और ब्राह्मणवादी हिन्दुत्व में मेल या दूरी दोतरफा है। अन्य स्थानीय कबीलों या सामाजिक समूहों के देवी-देवताओं को ब्राह्मणवादी हिन्दुत्व के देवी-देवताओं की पाँत में जगह दी गई है पर दुसाधों के साथ ऐसा नहीं हुआ है। सम्भवत: इसी आंशिक समावेशीकरण के चलते दुसाध सामाजिक रूप से सबसे निचले पायदान पर रह गए जबकि कभी धर्मनिरपेक्ष हैसियत के हिसाब से वे काफी ऊपर उठ गए थे।

चूँकि हमने थारुओं की स्थिति पर चर्चा कर ली है इसलिए अब हम उनके पड़ोसी और प्रतिद्वन्द्वी खासा और मागरों पर गौर करेंगे जो गोरखों के बीच अपनी स्थिति को ऊँचा उठा चुके हैं और यही नेपाल के शासक बने। खासा लोगों के बारे में कार्लाइल लिखते हैं :

> "अब हिमालय के खासा या खासिया दो अन्य पहाड़ी कबीलों मागरों और थारुओं के निकट पड़ोसी हैं...और अब यह बात आम तौर पर मानी जाती है कि नेपाल के गोरखे या तो मागरों से निकले हैं या खासा या खासिया से। और निस्सन्देह रूप से हम इसे एक स्थापित सत्य के तौर पर रख सकते हैं। लेकिन गोरखे खुद को मेवाड़ के सिसोदिया गुहिता या गहिलोत कुल का बताते हैं।"[71]

जॉन पेम्बले के अनुसार गोरखा न तो एक कबीला है, न जाति बल्कि यह कई कबीलों और जातियों की एक छोटी राष्ट्रीयता है। उनके बीच सिर्फ गुरखालि भाषा की समानता है। वे एक गोरखा राज्य के अधीन रहे हैं यह चीज भी उन्हें जोड़ती है। इसके गठन में जिस एक समूह ने अग्रणी भूमिका निभाई है वह है छेत्री और यह नाम क्षत्रिय से बना लगता है। जॉन पेम्बले लिखते हैं :

> "जातीय रूप से तो छेत्री पूर्वोत्तर भारत के खासा या खासी लोगों से सम्बन्धित हैं। अपने इतिहास के शुरुआती दौर में खासा पलायन करके पंजाब के पहाड़ी इलाकों और मध्य हिमालय क्षेत्र में पहुँचे। ऐसा लगता

है कि पूर्वोत्तर भारत में बसनेवाले मूल भारोपीय वाशिन्दों में वे भी थे और कथाओं के अनुसार वे पांडु के पाँच पुत्रों से सम्बन्धित हैं। निस्सन्देह ऐसे दावे में सच्चाई का पुट है। आधुनिक खासा लोगों के लिए भी बहुपति प्रथा एक महत्त्वपूर्ण सामाजिक व्यवस्था है और यह निश्चित रूप से उन्होंने उत्तर भारत के मूल निवासियों के सम्पर्क में आने के शुरुआती दिनों में ही अपना ली थी। एकदम अलग तरह की इस प्रथा की जानकारी महाभारत के कवि को थी क्योंकि उसने भी पांडु के सभी पाँच बेटों की शादी एक ही पत्नी से होने की कहानी लिखी है। यह भी एक तथ्य है कि जब मनुस्मृति का स्वरूप तय हो रहा था (ई.पू. 200 से सन् 200 तक) तब तक खासा लोगों का सामाजिक दर्जा नीचे आ गया था। उनको वृशला अर्थात् जाति बहिष्कृत लोगों में गिना गया है। ऐसे क्षत्रियों के रूप में जो ब्राह्मणों का सम्पर्क न रहने के चलते अपनी श्रेष्ठता खो चुके थे।"[72]

मागरों के बारे में वे लिखते हैं :

"गोरखा इलाके में, नेपाल के उत्तर-पश्चिम में मंगोलियाई मूल के मागर रहते हैं। ब्राह्मणों और राजपूतों के इस इलाके में आने पर इनकी प्रतिक्रिया भी खासा लोगों की तरह ही हुई। इनमें से काफी सारे लोगों ने हिन्दू धर्म अपना लिया और इनकी अनेक महिलाओं ने प्रवासियों की सन्तानों को जन्म दिया। धर्म में नवदीक्षितों और वर्णसंकर सन्तानों, दोनों को नई जाति में स्वीकार कर लिया गया। इस इलाके में मागर नामों (बुड़ाथोकी, घरती, थापा) के साथ-साथ खासा, राजपूत और ब्राह्मणों को भी इसमें शामिल कर लिया गया।"[73]

अब हम एक और आदिवासी जाति के बारे में बात करेंगे जो सामाजिक वर्गीकरण में सबसे नीचे दर्जे से उठकर सबसे ऊपर पहुँची। यह समूह है भुइयाँ लोगों का। मध्य प्रदेश, ओड़िशा से बिहार और बंगाल तक इनकी काफी आबादी है। लेकिन अलग-अलग जगहों पर उन्होंने अपना अलग-अलग नाम रखा है और उनकी सामाजिक हैसियत भी भिन्न-भिन्न है। मध्य प्रान्तों के आदिवासी कबीलों और जातियों का विवरण देते हुए आर.वी. रसेल ने इन कबीलों के बारे में विस्तार से बताया है और इससे इसके उत्थान-पतन की पूरी कहानी पर कुछ रोशनी पड़ती है। संस्कृत में भुइयाँ शब्द का मतलब होता है जमीन के लोग और इससे संकेत मिलता है कि वे तब मूल निवासी या इस इलाके के पुराने मालिक थे, जब संस्कृत बोलनेवाली जमातें इस इलाके में बसने पहुँचीं। फिर तो भुइयाँ लोग इसी नाम से जाने-पहचाने गए और उनके मूल नाम का कोई अता-पता भी नहीं है। लेकिन माना जाता है कि वे कोल समूह के आदिवासियों से आए हैं जिन्हें अनेक लोग

भारत में रहनेवाले सबसे पुराने कबीलों में से मानते हैं। रसेल के अनुसार भुइयाँ लोगों का मुख्य ठिकाना छोटानागपुर पठार का दक्षिणी इलाका था जिसमें गंगपुर, बोनाई, क्योंझर और बामड़ा राज्य शामिल थे। सारे उपलब्ध प्रमाणों के अनुसार इन रजवाड़ों के प्रमुख भुइयाँ थे हालाँकि वे खुद को राजपूत बताते थे। इसके बारे में रसेल कर्नल डाल्टन को उद्धृत करते हैं :

> "इन रियासतों के प्रमुख खुद को राजपूत कहते हैं और अगर उनका ऐसा दावा है तो निश्चित रूप से वे छिटपुट राजपूत परिवारों से ही आते होंगे। इन राज्यों का अधिकांश हिस्सा तो भुइयाँ लोगों का है। वे विशेषाधिकार प्राप्त लोग हैं। उनके पास जमीन के साथ ही शासन के महत्त्वपूर्ण पद हैं और वे लड़ाकू जमात की तरह संगठित हैं। जब तक इन भुइयाँ वस्सालों की तरफ से तिलक के रूप में थोड़ी-सी चीजें मिलती रहती हैं तब तक राजा उनके खिलाफ कुछ नहीं कर सकता। राजाओं की स्थिति उनके राजपूत होने के दावे को सन्देहास्पद बना देती है और उनके पद पाने के किस्से भी भरोसेमन्द नहीं लगते। इस बात में सन्देह नहीं कि ये सभी मूलत: भुइयाँ ही थे और उनका डीलडौल और नाक-नक्श भी राजपूतों की तरह का नहीं लगता।"[74]

लेकिन ओड़िशा में अपने उच्चतर धर्मनिरपेक्ष स्थान के चलते भुइयाँ लोगों के लिए जाति व्यवस्था में आने पर बिहार की तुलना में बेहतर स्थान पाना सम्भव हो गया। आर.वी. रसेल लिखते हैं :

> "खंडैत या तलवारधारी एक ओंडिया जाति है जो सैन्य सेवा से पैदा हुई है और इसके अधिकांश सदस्य गैर आर्य भुइयाँ कबीले से आए हैं।"[75]

ओड़िशा में भुइयाँ लोगों की गिनती खंडैतों के रूप में होती है और वे उच्च सामाजिक हैसियत में हैं और श्रेष्ठ खंडैतों को तो सामाजिक दर्जे में राजपूतों के ठीक बाद माना जाता है।

बिहार में, खासकर जब वे उत्तर की तरफ बढ़ते गए तब उनके पास जमीन की मिल्कियत नहीं थी। और ऐसे में जब उनको ब्राह्मणवादी हिन्दुत्व में दाखिल होना पड़ा तब उनको किसी भी किस्म का मानवीय सम्मान हासिल नहीं हुआ और उन्हें जाति व्यवस्था में सबसे नीचे दर्जे की जगह मिली और उन्हें मुसहर कहा गया। उनमें अभी भी जो कबीलाई गुण बचे हैं उनमें लड़ने-भिड़नेवाली मानसिकता और आपसी एकता का भाव प्रमुख है। लेकिन समाज में प्रभावी समूहों से जुड़ाव न होने के चलते वे दिन-ब-दिन और नीचे ही गिरते गए। निरक्षरता और दरिद्रता के चलते अपने खाने-पीने की जरूरतें पूरी करने के लिए उनके सामने लोमड़ी और सियार

वगैरह को मारकर खाने की स्थिति आ गई। उनकी औरतें फसल कटने के बाद खेत-खलिहानों में गिरे दानों को जमा करती फिरती हैं। वे गाँवों के किनारे बसी छोटी बस्तियों में रहते हैं। आदत और दरिद्रता के चलते वे गाँवों में सबसे कम कपड़ों में गुजर करनेवाले लोग भी बन गए हैं। वे अपनी पुरानी परम्पराओं को भी भूल गए हैं और कुछ अजीबोगरीब जनकथाओं भर की याद रखे हुए हैं।

छोटानागपुर से ठीक उत्तर में रहनेवाले भुइयाँ लोगों की स्थिति भी कोई बहुत अच्छी नहीं है। उनमें भी ज्यादातर भूमिहीन मजदूर ही हैं जो भारी दरिद्रता में जीवन बसर करते हैं। लेकिन इन लोगों के अन्दर से कबीलाई भाव पूरी तरह समाप्त नहीं हुआ है। कुछ जगहों पर उनके देवी-देवताओं की गिनती हिन्दुओं और जैनों ने अपने देवी-देवताओं में कर ली है लेकिन वे इस पर नाराजगी रखते हैं और अपने देवी-देवताओं की याद रखे हुए हैं। बिहार में पारसनाथ के निकट पहाड़ियों के ठीक नीचे एक स्थान है मधुबन। यहीं से पारसनाथ शिखर की चढ़ाई शुरू होती है। वहाँ भुइयाँ भगवान का एक जैन मन्दिर है। स्थानीय भुइयाँ लोगों का दावा है कि ये मूलत: उनके देवता थे लेकिन समृद्ध जैनों ने उनको अपने कब्जे में ले लिया। पहले वे लोग इस देवता को बलि चढ़ाते थे। लेकिन जैन देवता बनने के बाद वे शाकाहारी बन गए हैं और उनके लिए बलि नहीं चढ़ाई जा सकती। इसलिए भुइयाँ लोगों ने उनकी पूजा ही छोड़ दी है।

इस बात के कुछ संकेत हैं कि दक्षिण-पूर्वी बिहार में किसी दौर में भुइयाँ लोगों में से कुछ का प्रवेश भूमिहार ब्राह्मणों में हुआ था और ऐसा लगता है कि यह नाम भी उन्हीं से आया है। लेकिन अब सामाजिक-आर्थिक हैसियत में इतना ज्यादा अन्तर आ गया है कि भूमिहार इस सम्बन्ध की बात पर हंगामा खड़ा कर देंगे और इसे स्वीकार नहीं करेंगे। रिज़्ले और क्रुक, दोनों ही इस सम्बन्ध की बात को नहीं मानते और एकदम अलग राय रखते हैं। उनके अनुसार भूमिहार का मतलब सिर्फ जमींदार है। लेकिन किसी भी विचार या सम्भावना से खुद को जोड़े बिना रसेल बी.सी. मजूमदार के इस तर्क को उद्धृत करते हैं जिसमें भुइयाँ और भूमिहारों के बीच कुछ सम्बन्धों की बात कही गई है :

> "श्री मजूमदार (श्री बी.सी. मजूमदार, वकील, सम्बलपुर) बताते हैं कि बँगला में भुइयाँ को कभी भी जमींदार के अर्थ में प्रयोग नहीं किया जाता। वे मानते हैं कि भूमिहार और पूर्वी बंगाल तथा असम में बारह बड़े भू-सामन्तोंवाला समूह अर्थात् बड़ा भूमिहार भुइयाँ कबीले के ही हैं, वे सर ई. गैट्स के 'हिस्ट्री ऑफ असम' का हवाला देते हुए बताते हैं कि तेरहवीं सदी में अहोमों की असम विजय के पूर्व उस देश में चुटिया और भुइयाँ ही प्रभावशाली थे। वे यह भी मानते हैं कि चुटिया नाम से ही छोटानागपुर बना है।"[76]

अगर बिहार के पूर्वी इलाके में भुइयाँ शक्तिशाली थे तो यह सम्भव है कि अन्य कबीलों द्वारा दूसरी अनेक जगहों पर किए गए व्यवहार की तरह वे भी पुरोहिती न करनेवाले ब्राह्मणों की श्रेणी तक ऊपर आए और इस प्रकार इस नई जाति का नाम भी दिया। इस हिसाब से देखें तो भूमिहार और बड़ा-भूमिहार नाम खास तौर से खुद ही सन्देह को न्योता देते हैं। बिहार की कई अन्य जातियों में भी अपना दर्जा ऊपर कराने की परम्परा रही है और उसे देखते हुए यह बात कुछ भरोसेमन्द भी लगने लगती है। उत्तर-पश्चिम बिहार के बारे में लिखते हुए फ्रांसिस बुकानन भी इस तरफ संकेत करते हैं :

> "कुछ ऐसे भूमिहार राजपूत हैं जो सम्भवत: भूमिहार ब्राह्मणों वाले मूल के ही हैं। इनमें से कुछ तो गुमनाम जीवन बसर करते हैं जबकि कुछ एक-दूसरे की उपाधियाँ ले लेते हैं। अनेक लोग इस कबीले के लिए इन दोनों ही उपनामों को खारिज करते हैं और इसके सदस्यों को सिर्फ भूमिहार कहते हैं और ऐसा चलन भागलपुर जिले में आम है।"[77]

इस प्रकार हम भुइयाँ लोगों के मामले में देखते हैं कि इस कबीले की उपधाराएँ जाति व्यवस्था में सबसे नीचे गिने जानेवाले मुसहरों से लेकर खंडैतों के माध्यम से राजपूतों और सम्भवत: भूमिहारों तक गई है। चूँकि पूरा कबीला एक समान सामाजिक दर्जा नहीं पा सका इसलिए उससे जुड़ाववाली कड़ियों को तोड़ लिया गया। सामाजिक श्रेणी में ऊपर आनेवाले अपने पुराने 'छोटेपन' को जाहिर नहीं होने देना चाहते, इसलिए कबीले से सम्बन्धोंवाले हर संकेत को दबा देना चाहते हैं। इसी के चलते इस जुड़ाव से इनकार की बात भी बहुत जोर-जोर से कही जाती है। नए क्षत्रिय या ब्राह्मण दूसरी सभी जातियों के प्रति वैसा ही व्यवहार करते हैं जैसा 'असली और पुराने' क्षत्रियों या ब्राह्मणों से करने की अपेक्षा की जाती है। नई स्थिति में अपनी योग्यता साबित करने के लिए उन्हें ऐसा करना ही होता है।

अक्सर कबीले के एक समूह का सामाजिक दर्जा इसलिए भी बढ़ जाता है क्योंकि उसके पास काफी जमीन-जायदाद है। मध्य प्रदेश में ऐसे अनेक कबीले हैं जिन्हें पंडित स्पष्ट रूप से अनार्य बताते हैं पर जो जमीन रखने के चलते उच्च जाति का दर्जा पाने की आकांक्षा रखते हैं। इनमें से कुछ के बारे में आर.वी. रसेल लिखते हैं :

> "अन्य स्थानीय कबीलों में, जिनमें से अनेक के पास मध्य प्रान्त में खेती और जंगल की काफी जमीन है, जमीन रखनेवालों की एक अलग उपजाति उभर आई है। गोंडों में से राजगोंड, बैगाओं में से बिंझाल और बिलासपुर की कावर से उभरी तावर उपजाति ऐसी ही है और ये सभी जमींदार हैं। तावड़ तो अब नाम में समानता भर के चलते खुद को तोमर राजपूत कहने

> लगे हैं। अब इन समूहों को अच्छी खेतिहर जातियों के समान माना जाता है और कई ब्राह्मण उनका पानी भी पीने लगे हैं।"[78]

इन आदिवासियों में सबसे महत्त्वपूर्ण गोंड हैं जो कभी काफी ताकतवर थे और पन्द्रहवीं से लेकर उन्नीसवीं सदी तक मध्य प्रान्त के ज्यादातर हिस्सों के स्वामी थे। बैतूल के खेरला, छिंदवाड़ा के देवगढ़, जबलपुर के गढ़-मांडला और चाँदा में उनके रजवाड़ों की राजधानियाँ थीं। गढ़-मांडला की रानी दुर्गावती जबलपुर का विशाल जलाशय बनवाने के लिए प्रसिद्ध है। अंग्रेजों द्वारा भारत की सत्ता छोड़ने के बाद तक अनेक गोंड रजवाड़े कायम थे। लेकिन अधिकांश गोंडों ने अपनी आदिवासी संस्कृति को बचाए रखा। फिर भी एक ऐसा दौर था जब राजपूतों और गोंडों के बीच वैवाहिक सम्बन्ध बने। ऐसे एक सम्बन्ध का तो ऐतिहासिक विवरण भी उपलब्ध है। कैम्ब्रिज हिस्ट्री ऑफ इंडिया में लिखा है :

> "उन्होंने (गोंड राजा संग्राम शाह—ले.) चौरागढ़ का किला बनवाया। खूबसूरत इमारतों से अपनी राजधानी को समृद्ध किया और महोबा के चन्देल राजा की सुन्दर बेटी दुर्गावती से अपने बेटे दलपत की शादी कराई..."[79]

अबुल फजल इस विवाह की पृष्ठभूमि के बारे में कुछ बातें विस्तार से बताते हैं। दुर्गावती के बारे में जिसकी क्षमताओं और हिम्मत के वे बड़े प्रशंसक थे, वे लिखते हैं :

> "वह महोबा और राठा के राजा सालवाहन, जो चन्देल जाति के थे, की बेटी थी। राजा ने अमन दास के पुत्र दलपत से उसकी शादी करके उसे विदा कर दिया। वह बहुत अच्छे परिवार का नहीं था लेकिन अमीर था और राजा सालवाहन भी बुरे वक्त से गुजर रहे थे, इसलिए वह यह विवाह करने को विवश हो गए। चूँकि अमन दास ने रायसिन की जीत में गुजरात के सुल्तान बहादुर की काफी मदद की थी इसलिए उन्होंने उसे संग्राम शाह की पदवी दे दी..."[80]

हमने चन्देलों के बारे में जो कुछ जाना है उसकी रोशनी में यह सम्बन्ध ऊँचे से नीचे गिरानेवाला नहीं लगेगा पर स्वयं चन्देलों को, जो अपने बारे में अलग ढंग से सोचते हैं, यह थोड़ा नीचे उतरनेवाली चीज लग सकती है।

यह सम्बन्ध खास दिलचस्पी की चीज है क्योंकि हिन्दुओं की रक्त शुद्धतावाली बात गोंडों के साथ भी लागू होती है और वे अपने घेरे को जल्दी नहीं तोड़ते। राजगोंडों में भी, जो उच्च जाति के हिन्दुओं में अपना नाम गिनवाने का प्रयास कर रहे हैं, काफी सारे ऐसे हैं जो अपनी जीवन पद्धति और पूजा पद्धति में बदलाव

करने को तैयार नहीं हैं। आदिलाबाद के राजगोंडों के बारे में क्रिस्टोफ वॉन फ्यूरर-हैमेनडॉर्फ लिखते हैं :

> "यहाँ राजगोंड हिन्दू समाज का अंग बनने और ऊँचा दर्जा पाने की आकांक्षा रखने की जगह खुद को गोंड संस्कृति और भाषा के साथ ही पारम्परिक गोंड धर्म के सच्चे अनुयायी और रक्षक मानते हैं। उनके धार्मिक रीति-रिवाजों में कुल देवता के आगे गाय की बलि देने की परम्परा भी है..."[81]

वैसे तो प्राचीनकाल में ब्राह्मणों[82] द्वारा गोमांस खाने का चलन था लेकिन मध्यकाल में यह एक घृणित कृत्य माना जाने लगा, जब यह वैवाहिक सम्बन्ध बना था। इससे यह भी स्पष्ट होता है कि रजवाड़ों में सामाजिक रीति-रिवाजों और खाने-पीने के तौर-तरीकों में बड़ा फर्क होने के बावजूद वैवाहिक सम्बन्ध होते थे। इस बात की सम्भावना से इनकार नहीं किया जा सकता कि जिस दौर में अनेक जगहों पर गोंड रियासतों का गठन हो रहा था तब अनेक ऐसी शादियाँ हुई होंगी और काफी सारे गोंड राजपूतों की श्रेणी में गिने जाने लगे होंगे। लेकिन जिन इलाकों में गोंड आदिवासी परम्पराओं के साथ ही रहते होंगे और वहाँ परम्पराएँ भी मजबूत होंगी सो उनके लिए हिन्दू धर्म को पूरी तरह मारना सम्भव नहीं होगा। इसलिए राजगोंडों का बड़ा हिस्सा राजपूत नहीं बन पाया। चूँकि उनके क्षेत्र और जीवन में हिन्दुत्व का असर बढ़ता जा रहा था इसलिए वे जाति व्यवस्था में उच्चतर स्थान का दावा करने लगे। जमीन के मालिक होने के चलते उनको मध्य जातियों में स्थान मिल भी गया।

अन्य राजवंशों द्वारा खुद को क्षत्रिय घोषित कराने के तरीके से ही एक अन्य निम्न कबीले ने अपने आपको राजपूत बनवाने की मुहिम चलाई थी, वह है कोच। लेकिन यह कोशिश उस आखिरी दौर में की गई जब इतने लोगों के ऊपर उठने के लिए माहौल एकदम अनुकूल नहीं रह गया था। माना जाता है कि कोच तिब्बती-बर्मी समूह का कबीला है। करीब एक शताब्दी पूर्व जी.एच. डमांट ने कोचों के बारे में ये बातें लिखी थीं :

> "कोच और पाली या पालिया एक खास तरह के लोग हैं जो दिनाजपुर, रंगपुर, पर्मिया, कोचबिहार और मालदा वगैरह जिलों में रहते हैं...
>
> "अपने चौड़े चेहरे, चिपटी नाक, गालों की उभरी हड्डियों के साथ ही चौकस शरीर और अलग तरह की वेशभूषा के चलते वे अन्य बंगालियों से एकदम अलग दिखते हैं। वे खुद को हिन्दू कहते हैं और मुख्यत: हिन्दू धर्म को मानते भी हैं पर साथ ही वे मुसलमानों और दूसरों के कुछ त्योहार भी मनाते हैं। और यह पुराने अन्धविश्वासों और पूर्वाग्रहों के अवशेष जैसे हैं।"[83]

एक अन्य लेख में वे[84] ऐसे शब्दों की सूची देते हैं जो उनके अनुसार संस्कृत, बँगला या हिन्दी से नहीं आए हैं और उनका मानना है कि ये किसी पुरानी बोली के शब्द हैं जिसे अब वे लोग भी भूल चुके हैं। कोच लोग मानते हैं कि आज भी उनकी भाषा सामान्य बँगला से स्पष्टत: अलग है। लेकिन हिन्दू बनने के क्रम में इस कबीले ने अपनी उत्पत्ति के बारे में बिलकुल नई तरह की कहानी गढ़ ली।

कोच परम्परा के अनुसार उनके आदिपुरुष का जन्म हाजो की अविवाहित बेटी हीरा और शिव के संयोग से हुआ था। चूँकि हीरा ने बिना विवाह इस सन्तान (बेटे) को जन्म दिया था इसलिए लोकलाज से उसने उसे कुश घास के घेरे (कोच) से ढक दिया। इसी से उसका नाम कोच पड़ा, आगे चलकर कोच लोग बहुत शक्तिशाली बने और जिस इलाके पर उन्होंने शासन किया उसे कोचबिहार कहा गया। कभी उत्तर बंगाल के ज्यादातर हिस्सों और कामरूप समेत असम के अनेक हिस्सों पर भी उनका कब्जा था। लेकिन वहाँ से अहोम लोगों ने जो बर्मा के शान कबीले के थे, उन्हें खदेड़ दिया। बाद में उनका वही सीमित इलाका रह गया जिसे कोचबिहार कहते हैं। जब हिन्दू प्रभाव बढ़ा तब यह महसूस किया गया कि एक शासक जाति के वंशजों के लिए 'कोच' उपाधि उचित नहीं है। इसलिए उन्होंने खुद को राजवंशी कहना शुरू किया जिस नाम से वे आज तक जाने जाते हैं। किन्तु उन्होंने कोच रीति-रिवाजों और परम्पराओं से अपना नाता नहीं तोड़ा। उनके बारे में फ्रांसिस बुकानन लिखते हैं :

> "इसी बहाने कोचों ने या कम से कम इस समूह के प्राय: सभी लोगों ने हिन्दू धर्म अपनाया। अपने अपवित्र तौर-तरीके बदले, राजवंशी अर्थात् राजा के वंश वाले नाम रखे। कामरूप और चिन के कोच और हजोंज जैसे असभ्य कबीलों ने भी उनका अनुसरण किया और हिन्दू धर्म अपनाने के साथ ही राजवंशी नाम भी अपना लिया।"[85]

जैसाकि क्षत्रिय का दर्जा पानेवाले अन्य कबीलाई समूहों के साथ हुआ था, इन लोगों ने भी परशुराम की उस पौराणिक कथा से खुद को जोड़ा जिसमें कहा गया है कि उन्होंने 21 बार भारत से क्षत्रियों का सफाया किया था। यह कहा जाता है कि अपने इसी अभियान के क्रम में वे कोचबिहार आए तो राजा और राजवंशी लोग हाथ में डंडा लिये उनसे मुकाबला करने पहुँचे। लेकिन वे साधारण योद्धा न थे और उनके पास फरसा भी था। सिर्फ डंडों से लड़ने आए राजवंशी उनके सामने टिक नहीं पाए और कुछ लोग तीस्ता नदी को तैरकर भागे तो कुछ दौड़कर। राजा ने परशुराम को कहा कि वे क्षत्रिय नहीं कोच हैं—इसलिए उनके वंशज कोच कहलाए। जो लोग पलायन कर गए उनका नाम पल्लै या पाली पड़ा।[86]

यह भी ध्यान देने की चीज है कि राजपूत और राजवंशी शब्द का मतलब करीब-करीब एक ही है। राजपूत मतलब राजा के पुत्र और राजवंशी मतलब राजा

के वंशज अर्थात् राजा के परिवार के लोग। चूँकि पूर्वोत्तर में रोज होनेवाली कबीलाई लड़ाई में नित नए समूह ताकतवर होकर उभर रहे थे और काफी नए कबीलों के लोग बाहर से भी आ रहे थे इसलिए ब्राह्मणों को उन्हें अपने धर्म में, अपनी सामाजिक व्यवस्था में खपाना जरूरी लगा। उनका जीवन-बसर तो समृद्ध और ताकतवर लोगों के दान और चढ़ावे से ही चलता था। इसीलिए वे ताकतवर होकर उभरनेवाले नए समूहों की उपेक्षा नहीं कर सकते थे। इसलिए जो अनेक शासक कुल खुद को राजवंशी कहते थे, सभी को क्षत्रिय का दर्जा दे दिया गया। इसके बाद तुर्क और अफगानों के हमलों से इस बात की जरूरत भी महसूस की गई होगी कि ब्राह्मणवादी व्यवस्था को बचाने के लिए नई योद्धा जाति बनानी जरूरी है। और हम पूर्वोत्तर में अनेक राजपूत राजवंशों का उदय मध्यकाल के शुरुआती दिनों में ही देखते हैं। दक्षिण में राजा खुद को क्षत्रिय बताते थे लेकिन सभी राजवंशों को एक ही साझे नाम से समेटनेवाली जाति वहाँ नहीं दिखती। जैसाकि हम पहले ही देख चुके हैं राजपरिवारों में आपस में वैवाहिक सम्बन्ध स्थापित करने में कोई भी चीज बाधक नहीं बनती थी। इसलिए सम्भव है कि तुर्क और अफगानों के हमलों और धर्मान्तरण ने पूर्वोत्तर के सभी शासक कबीलों को एक ही राजपूत जाति में जाने और क्षत्रिय होने की दावेदारी करने का अवसर दिया हो या ऐसा करने की मजबूरी पैदा की हो। और इसी जरूरत ने सिर्फ राजपरिवारों को ही नहीं पूरे कुनबे को, जो असल में लड़ाई लड़ते थे, नया ऊँचा आसन पाने का रास्ता भी आसान कर दिया। क्षत्रिय का दर्जा मिलने से शासकों को शासन की वैधता तो मिली ही, उनकी तरफ से लड़नेवाले उनके कुनबे के लोगों का एक खास मिशन भी मिल गया—समाज का रक्षक होने का फर्ज निभाने का।

वर्ण-व्यवस्था के मिथ को इस खास परिस्थिति से ताकत मिली हो सकती है क्योंकि बौद्ध धर्म के हाथों उसकी काफी धुनाई हो चुकी थी। कई बार सुसुप्त या दबी विचारधारा भी असामान्य स्थितियों का लाभ लेकर फिर से जीवित हो उठती है। एक शोधपत्र में इस सम्भावना को व्यक्त करनेवाले फिलिप कार्ल शुल्जमैन कहते हैं कि "वंशानुक्रम वाली विचारधाराएँ अक्सर चलती हैं, भले ही सामाजिक चलन उनके अनुरूप न हो या वे इस चलन के अनुरूप न बैठती हों। जब स्थितियाँ या माहौल बदलने से अवसर बनता है तो ऐसी विचारधाराओं को नया जीवन मिल जाता है।"[87]

इस बात को विस्तार से बताते हुए वे लिखते हैं :

> "प्रभावपूर्ण विचारधाराओं के साथ अक्सर औपचारिक और विशालकाय संगठन का जुड़ना अनिवार्य हो जाता है जिसमें बहुत ही स्पष्ट ढंग से बँटे समूह और अमूर्त किस्म के सिद्धान्त या सम्बन्ध होते ही हैं। इस तरह के सांगठनिक ढाँचे कर्ता के सीधे अनुभव के दायरे से बाहर होते हैं तथा वह

> इसका इस्तेमाल नहीं कर पाता। प्रत्यक्ष सम्बन्धों और कार्यकारी रिश्तों या प्रत्यक्ष उपभोग से विकसित दिलचस्पी के चलते ये बड़ी औपचारिक प्रणालियाँ विकसित नहीं हो सकतीं। दरअसल विश्वास और दिलचस्पी वाली बात तो आम तौर पर कबीलाई समाज की छोटी प्राथमिक इकाइयों और उनके समूहों में ही होती है और यह बड़े औपचारिक ढाँचे के प्रतिकूल पड़ती है। इसलिए बदलती स्थितियों के अनुरूप ऐसी प्रणाली बनाने की कामचलाऊ कोशिशें बहुत मुश्किल से हो सकती हैं। प्रभावपूर्ण और न्यायपूर्ण प्रतीक व्यवस्था और वह भी निरन्तर चलनेवाले सांगठनिक ढाँचे के रूप में संरक्षित रहेगी जो उपयुक्त माहौल में फिर से जीवन्त बन सकती है।"[88]

ऊपर जिन स्थितियों का वर्णन किया गया है वे वैसे तो अलग तरह की हैं पर इनसे एक वैचारिक ढाँचे का अन्दाजा तो लगता ही है कि रोज-ब-रोज के अनुभवों को झुठलानेवाला यह ढाँचा भी किस तरह नई चुनौतियों के बरक्स उपयोगी बन जाता है। वर्ण-व्यवस्था ने आबादी के कुछ हिस्सों का मतलब साधा हो सकता है जिन्होंने इसका उपयोग फिर से कर लिया।

ऐसा मतलब राजपूतों द्वारा साधा गया लगता है। कोच लोगों ने राजपूतों की तरह ही खुद को भी क्षत्रिय कहलावाना चाहा। लेकिन यह उद्देश्य आंशिक तौर पर ही पूरा हो पाया। सम्भवत: पूर्वी इलाके में एक लड़ाकू जाति को खड़ा करने के लिए उतना ज्यादा दबाव या जरूरत नहीं थी। इसके अलावा यह भी उल्लेखनीय है कि योद्धा जाति का इस इलाके में कभी कोई बहुत गौरवमय इतिहास नहीं रहा है। लेकिन इन सबसे बढ़कर यह बात थी कि कोच लोगों ने जल्दी से अपनी जीवन शैली नहीं बदली और न ही अपने आदिवासी तौर-तरीकों को छोड़ा, खासकर उत्तर-पश्चिमी हिस्से के लोगों ने। लेकिन इसके सफल न होने का शायद सबसे बड़ा कारण यह था कि यह कोशिश बहुत देर से तब की गई जब ब्रिटिश हुकूमत ने अपनी लगाम छोटी रियासतों पर कसी और फिर उन राजाओं के लिए प्रजा के बीच अपनी अलग और ऊपरी श्रेणी लायक सम्मानजनक स्थान बना पाना मुश्किल हो गया। फिर तब तक लोग पर्याप्त सचेत हो गए थे और सूचनाओं का खुलापन भी इतना हो गया था कि इन शासकों के लिए अपने या कुल के पुराने जीवन के विवरणों को पर्दे के पीछे दबा देना मुश्किल था। इसके अलावा यह परिघटना तब उतनी आम न थी जितनी कि 'अग्निकुला' पुराकथा।

इसके बावजूद काफी सारे रजवाड़ों ने राजपूत परिवारों से वैवाहिक सम्बन्ध बनाकर अपना सामाजिक दर्जा राजपूतों के रूप में बनाया। कोचबिहार के राजपरिवार के निकट रहे नरेन्द्र दास के अनुसार यहाँ के कोच राजा जीतेन्द्र नारायण ने गायकवाड़ परिवार की लड़की से शादी की थी। उनकी तीन बेटियाँ तीन राजपूत रजवाड़ों में

ब्याही गई थीं। सबसे बड़ी इला देवी की शादी त्रिपुरा राजपरिवार में, दूसरी गायित्री देवी की शादी जयपुर राजघराने में और तीसरी मेनका देवी की शादी देवास के राजा से हुई थी। इस तरह राजा की ही नहीं, उनकी तीनों बेटियों की शादी खुद को क्षत्रिय कहनेवाले परिवारों में हुई थी। लेकिन बदली स्थितियों के चलते राजपरिवार के लोगों को भी राजा की तरह नई और ऊँची जाति का दर्जा नहीं मिल सका। इसलिए राजवंशियों की स्थिति पहले जैसी ही रही। और जब राज्य का भारतीय संघ में विलय हो गया तो पुलिस, सशस्त्र बलों या अन्य नौकरियों की भर्ती में कोचों को मिलनेवाली विशेष रियायतें भी जाती रहीं। आज राजवंशी गरीब और दबे हुए लोग हैं जिनकी गिनती मुख्यत: अनुसूचित जाति के रूप में होती है।

यह एक बहुत ही दिलचस्प मामला है कि कोचों के सिर्फ एक परिवार को ही राजपूत जाति का दर्जा मिला जबकि बाकी सभी निम्न जाति में गिने जाते रहे। कम-से-कम इस प्रकरण में किसी पौराणिक या दन्तकथा के चलते रिश्तों में बाधा नहीं आई। यह सारा कुछ हमारी आँखों के सामने हुआ है। हम स्पष्ट रूप से देख सकते हैं कि जातिगत सम्बन्धों में खून की प्रासंगिकता या भूमिका क्या है।

कोचबिहार जैसी ही स्थिति मणिपुर और त्रिपुरा में थी। त्रिपुरा के राजा ने, जो त्रिपुरी कबीलों का सरदार था, 1870 में हिन्दू धर्म अपनाया। राजा ने इस अवसर पर काशी के पंडितों को बुलवाया था और उन्होंने उसे चन्द्रवंशी क्षत्रिय घोषित किया। इससे पहले राजा की उपाधि 'मणि' थी पर अब उसने अपने नाम के साथ 'बर्मन' लगाना शुरू किया जो इस इलाके के क्षत्रियों की पदवी थी। लेकिन त्रिपुरी लोगों में से मुट्ठी-भर को ही यह नया सामाजिक दर्जा मिल पाया।

मणिपुर के राजा को पहले वैष्णव हिन्दू बनाया गया और फिर उनके यहाँ जाति व्यवस्था लागू हुई। आम तौर पर उन सभी लोगों को अछूत बना दिया गया जिन्होंने नए मत की दीक्षा नहीं ली। लेकिन वे सभी एक ही सांस्कृतिक और जातीय समूह के थे। लेकिन एकदम आदिवासी-बहुल मणिपुर में जाति व्यवस्था आदिवासियों की तरफ से पूरी वैधता हासिल नहीं कर सकी। यह मैदानी इलाकों में रहनेवाले आदिवासियों तक ही सीमित रह गई। भले ही महाभारत में यह कहा गया हो कि अर्जुन ने मणिपुर की नाग राजकुमारी से विवाह किया था लेकिन अन्य जगहों के उच्च जाति के लोगों ने भी मणिपुरी लोगों के उच्च जातिवाले दावे को पूरी तरह स्वीकार नहीं किया। पर अब तो उल्टी धारा बह रही है। अब मणिपुर में आदिवासी धर्म और पहचान को वापस लाने का आन्दोलन उभरता लग रहा है।

जिस इलाके में जाति व्यवस्था आदिवासियों के बीच घुसने और जगह बनाने की कोशिश ही शुरू कर रही थी उसके उदाहरणों से सम्भवत: इस चीज पर रोशनी पड़ेगी कि अन्य इलाकों में इसने किस तरह अपने पाँव पसारे।

अब पश्चिम की तरफ बढ़ते हुए, उस क्षेत्र में राजपूतों की भूमि से दक्षिण में

स्थित है, हम पाते हैं कि एक और समूह, मराठे, क्षत्रिय होने का दावा करते हैं। इस मामले में पूरा कबीला या कोई एक कुनबा क्षत्रिय होने का दावा नहीं करता, न हासिल करता है। यहाँ भी गुरखों की तरह हथियारों और युद्ध के काम में लगनेवाली अनेक निम्न जातियों और कबीलों की संयुक्त जमात एक जाति का रूप लेती है और क्षत्रिय होने का दावा पेश करती है। इनमें सबसे महत्त्वपूर्ण है कुनबी (कुर्मी) और कोली लेकिन और भी अनेक जातियाँ हैं। भाषा के मामले में इतनी विविधता कुनबियों के मामले में ही है।

गोरखपुर के बारे में अपनी टिप्पणी में बुकानन कुनबियों (कुर्मियों) के बारे में लिखते हैं :

> "अहीरों के बाद कुर्मी सबसे ऊँचा स्थान रखते हैं और पडरौना में उन्होंने सारी सम्पत्ति हासिल कर ली, भले ही वे राजा की पदवी हासिल नहीं कर पाए। पर मरहूम आसफुद्दौला ने यह पदवी भी दे दी लेकिन इससे राजपूत बहुत नाराज हुए तो इसे समाप्त कर दिया गया। वे परिवार जो पडरौना के प्रमुख और कुछ परगनाओं के चौधरियों के अति निकट सम्बन्धी हैं वे अशरफ कहलाते हैं और हल जोतने को तुच्छ समझते हैं। इसके साथ ही सैतवार और पाटनवार-कुल के अनेक लोग कुर्मी शब्द से शर्म महसूस करते हैं और अपने नामों के साथ इसके जुड़ाव को अस्वीकार करते हैं जबकि यह बात जगजाहिर है कि वे कुर्मी ही हैं पर उनमें अनेक ऐसे भी हैं जिन्हें इन नामों से कोई शर्म नहीं आती। सरयू के दाहिनी तरफ इस कबीले के लोगों को कुर्मी या कुनबी कहते हैं और कैमूर का विवरण देते हुए मैंने इन्हें कुन्नबी कहा था क्योंकि यह भारत में सबसे ज्यादा संख्या वाले और सबसे ज्यादा बिखरे कबीलों में से एक है। मालवा में उज्जैन के शासक सिन्धिया के हाथ में जाने से इसकी शक्ति में भारी वृद्धि हुई है। यह आदमी कुर्मी था लेकिन मुझे बताया गया कि उसकी राजधानी में कुर्मियों को राजपूत माना जाता है। अगर वे लोग इधर होते तो पडरौना राजपरिवार भी थोड़ा शक्तिशाली हो गया होता।"[89]

आर.वी. रसेल मानते हैं कि कुनबी खुद ही विभिन्न कबीलाई समूहों के मिलने से बनी मिश्रित जाति है। वे लिखते हैं :

> "कुर्मी नाम सम्भवत: काम करने या खेती करने से आया है। कुनबी का मतलब कुनबा वाला अर्थात् गृहस्थ हो सकता है। जो भी हो ऐसा लगता है कि अलग-अलग मूल वाले समूह इस साझा नाम के तले आकर आपस में मिल गए हैं। इस प्रकार कुनबी की एक उपजाति बंजारिया (भारिकों) से

आई है तो दूसरी धांगड़ों अर्थात् गड़ेरियों से और तीसरी आदिवासी मानस कबीले से। बम्बई में यह माना जाता है कि अधिकांश कुनबी और आर्य या मूल निवासी कबीलों से आए हैं और सम्भवत: इसी के चलते मराठा ब्राह्मण उनके हाथ का पानी इस्तेमाल नहीं करते..."[90]

रिज़ले ने बिहार के कुर्मियों के बारे में ऐसी ही राय दी है जबकि उत्तर के लोगों के नाक-नक्श तथाकथित आर्यों की तरह के माने जाते हैं और दक्षिण में उन्हें द्रविड़ या कोलार जैसा कह दिया जाता है। लेकिन आज ये दोनों एक ही कुर्मी जाति से हैं। कुनबी और मराठों के सम्बन्ध के बारे में आर.ई. एंथोवेन लिखते हैं :

"जमीन रखनेवालों और लड़ाकू वर्ग के बीच मूल या संभवत: कोई बड़ा अन्तर नहीं है अर्थात् शुद्ध मराठों और जमीनवाले कुनबी मराठों तथा अनेक स्थानीय पेशेवाली जातियों, जैसे मराठा वानी, सोनारों, सुतारों, परबों वगैरह में सामान्य तौर पर इसमें आपस में शादी-ब्याह नहीं होते पर दूर-दराज के इलाकों में मराठे, कुनबी परिवार की लड़कियों से शादी कर लेते हैं। और कुनबी भी कोलियों से ही निकले हैं। जो कोली खेती से जुड़कर किसान (कुनबी) बन गया उसे कुनबी कहा गया। सत्रहवीं सदी में मराठा शक्ति के उदय से ऐसी योद्धा जाति (भू-स्वामी) उभरी जिसने क्षत्रिय होने का दावा किया और विधवा विवाह की प्रथा को हतोत्साहित किया। मुख्यत: इसी आधार पर वे खुद को कुनबियों से श्रेष्ठ कहते हैं। लेकिन अगर मूल पर जाएँ तो मराठों और कुनबी मराठों तथा दक्षिण की कुछ अन्य पेशेवर जातियों का मूल एक ही है।"[91]

और मराठों को क्षत्रिय की श्रेणी मिलने के बारे में वे लिखते हैं :

"शिवाजी भोंसले (1627-1680) के उदय के साथ ही मराठों की प्रमुखता बनी जिन्होंने बीजापुर राजवंश के खिलाफ सफल बगावत करके मराठा साम्राज्य की नींव डाली। 1668 में कोंकण और दक्कन के शासक के तौर पर रायगढ़ में उनका राज्याभिषेक हुआ। तभी उनको क्षत्रिय के तौर पर यज्ञोपवीत किया गया और उदयपुर से ऐसे दस्तावेज मँगवाए गए जिनसे भोंसलों का सम्बन्ध सिसोदिया राजपूतों से बताया गया। उसके बाद इन दस्तावेजों को लेकर विवाद हुआ। लेकिन मराठे खुद को द्विज कहते हैं और राजपूतों वाले अनेक रीति-रिवाजों को मानते हैं। यह स्पष्ट है कि पुणे, नागपुर, इन्दौर, ग्वालियर और बड़ौदा जैसे केन्द्रों के मराठा शक्ति की छतरी के नीचे आ जाने से इस लड़ाकू और जमींदार जाति के लोगों का सामाजिक रुतबा काफी बढ़ गया।"[92]

वे कहते हैं कि मूलत: एक ही मराठा जाति होने की सम्भावना लगती है लेकिन आगे चलकर यह तीन समूहों में बँट गई। इनमें पहला तो दक्कन और कोंकण के लड़ाके और जमींदार मराठे हैं जो खुद को क्षत्रिय बताते हैं। दूसरी धारा कुनबी या कुलावदी की है और तीसरी श्रेणी में भंडारी, चित्रकादी, गोबांदी, कुम्हार, लोहार, माली जैसी अनेक पेशेवर जातियाँ हैं।[93]

गुस्ताव ओप्पर्ट के अनुसार मैसूर (कर्नाटक) की सम्मानित और शक्तिशाली खेतिहर जाति, ओक्कालिगा और कुनबी मूलत: एक ही हैं। उनका कहना है कि ये दोनों ही भारत के सबसे मूल आदिवासी कबीलों में से एक से निकले हैं जिसके कब्जे में दक्षिण में कर्नाटक से लेकर महाराष्ट्र, और उत्तर में बिहार तथा उत्तर प्रदेश तक बड़े इलाके थे।[94]

इस प्रकार हम कुर्मियों के मामले में भी पाते हैं कि मिश्रित मूलवाला एक विशाल कबीला मुल्क के काफी बड़े इलाके में बिखर जाता है और देश के अलग-अलग हिस्सों में अलग-अलग नाम और सामाजिक दर्जा पाता है और इस चीज में उसकी अपनी सत्ता या ताकत ही मुख्य कारक बनती है। कुछ जगहों पर यह क्षत्रिय का दर्जा पा लेता है तो कुछ जगह मध्य जातियों में रहता है। बाकी जगहों पर यह अछूतों से ऊपर लेकिन सामाजिक दर्जे में काफी नीचे रहता है।

इससे पहले की चर्चा में हमने देखा था कि अलग-अलग पड़े किसी कबीले या किसी निचली जाति का दर्जा ऊपर कराने में निर्णायक कारक धर्मनिरपेक्ष सत्ता या ताकत है। इससे अधिक-से-अधिक लोगों के क्षत्रिय बनते जाने की हवा ही चल पड़ी। भले ही सत्ता सबसे निर्णायक कारक रही हो पर एकमात्र कारक कभी नहीं थी। पर जाति की स्थिति के बारे में विश्लेषण में यह सबसे महत्त्वपूर्ण चीज थी और नई स्थिति को राजनीतिक सत्ता से भी मंजूरी मिलनी जरूरी थी। अक्सर समृद्धि आने और जमीन-जायदाद हो जाने पर निचली जाति के लोगों को भी अपेक्षाकृत ऊँचा सामाजिक दर्जा मिल जाता था। अहीरों और कुर्मियों के मामले में यह चीज पहले ही रेखांकित की जा चुकी है।

रिज़्ले के तर्क पर ही अपनी बातों को आधारित करते हुए आर.वी. रसेल कहते हैं कि ओड़िशा में, जहाँ जाति व्यवस्था अपेक्षाकृत अधिक ढीली थी (सम्भवत: समाज में आदिवासी तत्त्वों की मजबूत स्थिति और निरन्तर आदिवासियों के जाति व्यवस्था के दायरे में आते जाने के चलते) सिर्फ जमीन का मालिक होने से भी कुछ समय में आपकी जाति की स्थिति ऊँची हो सकती थी। जमीन का मालिक होना इसलिए भी बहुत महत्त्वपूर्ण हो गया कि, जैसाकि हम आगे देखेंगे, जब आदिवासी समूह स्थिर होकर या एक जगह जमकर जीवनयापन करने लगे और खेती के नामों से जुड़े विभिन्न पेशेवर जातियों में जाने लगे तब जमीन और खेती ही आर्थिक-सामाजिक जीवन की धुरी बन गई थी। जैसाकि वे बताते हैं गैर-आर्य

मूल के चासा लोग भी जमीन रखने और खेती करने के चलते कुर्मियों के बराबर हैसियतवाली जाति में गिने जाने लगे। फिर जिन अमीर चासों ने अपने हाथ से हल चलाना छोड़ दिया और सम्मानजनक महन्ती उपाधि धारण कर ली उन्हें बाद में निम्न श्रेणी का कायस्थ मान लिया गया।[95]

तमिलनाडु की सबसे बड़ी खेतिहर जाति बेल्लालों, जिन्हें तमिल शूद्रों में सबसे ऊँचा दर्जा दिया गया है, के बारे में वे 1901 की मद्रास जनगणना रिपोर्ट का जिक्र करके बताते हैं कि किस तरह अन्य पिछड़ी दबी जातियों ने खुद को बेल्लाल के दर्जे तक ऊपर उठाया।

> "अनेक दूसरी जातियों के लोगों ने खुद को वेल्लाल और उनकी श्रेणी का बताया। इनमें शामिल हैं पुलुवान जिन्होंने खुद को वेत्तुरा वेल्लाल बताया, करैयर जिन्होंने खुद को ईलम वेल्लाल बताया, बेलीजा जिन्होंने खुद को कुरु कमताई वेल्लाल बताया, मेम्बादावर जिन्होंने खुद को गुहा (राम का मल्लाह) वल्लाल बताया और वन्नाम, जिन्होंने खुद को इरकुली वेल्लाल बताया। नाचनेवाली महिलाओं के बच्चे, जो अक्सर खुद को मुदालि कहते हैं, वे भी अपने को वेल्लाल कहने लगे हैं। और तो और परैयनों ने भी पिल्लै उपाधि लगानी शुरू कर दी है और इसके चलते उनको भी आखिरकार इसी जाति में गिन लिया गया है।"[96]

यह जुड़ाव, मजबूती और फिर सामाजिक वर्गीकरण में ऊपर आने की प्रवृत्ति हर कहीं दिखाई दे रही है। अछूत और शूद्र जातियाँ कुम्बी और वेल्लाल जैसी सम्मानजनक शूद्र जातियों में दाखिल हो रही हैं तो राजनीतिक उथल-पुथल के दौर में यही जातियाँ क्षत्रिय का दर्जा पा लेती हैं और अपने साथ बिरादरी के सारे लोगों को ऊपर ले आती हैं।

जो लोग मध्य जातियों तक उठकर पहुँचे उनमें असम के कलिता भी शामिल हैं जो सम्भवत: मूल से तिब्बती-बर्मी समूह के हैं। काफी नीची हैसियत से धीरे-धीरे उठते हुए वे कायस्थों की श्रेणी में गिने जाने लगे हैं। उनके बारे में बुकानन लिखते हैं :

> "कलियाहोर के पश्चिम में दो सबसे ज्यादा जनसंख्यावाले कबीले हैं कलिता और कोच, जो करीब-करीब बराबर संख्या में हैं। ठीक असम में भी कलिता बहुत बड़ी संख्या में हैं। जो लोग पढ़े-लिखे हैं वे कायस्थ कहे जाते हैं और अधिकांश दूसरों को धार्मिक मामलों में रास्ता बताते हैं जिनमें बहुत से कोच भी शामिल हैं। दूसरे व्यापार और विभिन्न पेशों के सभी तौर-तरीकों को मानते हैं। कोचों और उनके बीच शादी-ब्याह का सम्बन्ध भी चलता है। उस इलाके के ब्राह्मण उनको शुद्ध शूद्र मानते हैं।"[97]

बुकानन जब असम गए थे तब जातीय बँटवारे और बनावट ने बहुत ठोस या जड़ रूप नहीं लिया था। यहाँ भी आदिवासी तत्त्वों की बहुलता थी। सम्भव है तब यहाँ की स्थिति देश में बाकी हिस्सों के उस दौरवाली स्थिति जैसी होगी। जब वहाँ भी जाति व्यवस्था अपनी जड़ें जमाने लगी होगी तब विभिन्न जातियों या कबीले के लोगों के बीच वैवाहिक सम्बन्ध बनना या किसी जाति में दाखिल हो जाना आसान होगा। सम्भव है कि यही अस्पष्टता मिटाने या ठोस जातीय बनावट तैयार करने के लिए बंगाल के बल्लाल सेन ने उत्तरी बंगाल में कुलीनवाद चलाया था। तब ब्राह्मण इस मामले में कुछ खास न कर पा रहे होंगे कि नित नए लोगों को जातिगत ढाँचे में समेटते जाने के लिए उन्हें खुद अपने अन्दर बदलाव करने पड़े होंगे। ब्राह्मणों के एक धड़े के बारे में बुकानन का यह निष्कर्ष उनकी तब की मानसिक स्थिति या नैतिकता के बारे में कुछ संकेत दे सकता है :

> "ब्राह्मणों की महिलाओं को काफी स्वच्छन्दता रहती है और अगर उनका पति मर जाए, कोढ़ी हो जाए, व्यभिचारी हो जाए या संन्यास ले ले तो उनको किसी और की रखैल या उपपत्नी बन जाने का अधिकार भी होता है।"[98] इससे कोई यह मान सकता है कि यह व्यवस्था औरतों के प्रति काफी न्यायपूर्ण है। पर जाति-व्यवस्था के रखवाले इस चीज को ऐसा नहीं मानते थे। पूरब के ब्राह्मणों द्वारा कान्यकुब्ज या दूसरी पश्चिमी जगहों से आने की बात अपनी जगह, पर ऐसी स्वतंत्रता का होना यह बताता है कि अधिकांश जगहों पर ब्राह्मण भी स्थानीय कबीलों से ही आए हैं—खासकर इन कबीलों के पुरोहित परिवारों से। ब्राह्मणों और बाहर की जातियों के संसर्ग से उत्पन्न सन्तानों की गिनती भी ब्राह्मणों के रूप में हुई होगी। और इन नए ब्राह्मणों के लिए एक बार में या अचानक बाहरी लोगों की पूरी जीवन शैली और रस्मो-रिवाज को अपना लेना सम्भव नहीं होगा। बुकानन कहते हैं कि उस इलाके के कुछ हिन्दू गारो जनजाति में धर्मान्तरित हुए थे, इनमें लकीदौर के राजा भी शामिल थे।[99] गारो समाज स्त्री प्रधान है और सम्भव है कि इलाके के अन्य लोगों में भी इसका कुछ अंश आ गया होगा। और इसी समाज से आए ब्राह्मणों में उसके कुछ मूल्य आएँ यह काफी सम्भव है।

प्राचीन भारत की लिखित और मौखिक परम्पराओं के लेखक या वाहक ब्राह्मणों ने अपने पुरोहित बनने या जातिगत श्रेष्ठता हासिल करने के पूरे ब्योरे को पर्दे की ओट में ही रहने दिया, और फिर सामाजिक-राजनीतिक गतिविधियों के केन्द्र में रहने के चलते राजाओं और सरदारों की पृष्ठभूमि या अन्य गतिविधियों पर सबकी नजरें लगी रहीं। ब्राह्मण सदा से पर्दे के पीछे ही रहकर जाति व्यवस्था

की डोर खींचते रहे। लेकिन उनके तौर-तरीके, उनके नैतिक मानदंड और उनके नाक-नक्श से यह जाहिर नहीं होता कि वे इस समाज से एकदम अलग लोग हैं जिसकी पुरोहिती वे करते हैं। अगर कोई आदिवासी राजा अपने को हिन्दू और क्षत्रिय घोषित कराने के लिए बाहर के ब्राह्मणों को बुलवाता है तब भले ही वे एकदम अलग समूह का अंश लगते हों लेकिन जहाँ कबीलाई लोगों ने ताकत के बल पर सत्ता हथियाई और ऊँचा सामाजिक दर्जा हासिल किया वहाँ उनके अपने पुरोहितों का भी दर्जा ऊँचा हो ही जाता था। और फिर जो ब्राह्मण पहले नखरे दिखाते थे वही अब दया और कृपा के पात्र बन जाते थे और नए पुरोहितों को भी अपने दायरे में ले लेते थे।

बुकानन ने जाति व्यवस्था में जिस एक अजीबोगरीब स्थिति का विवरण दिया है उससे भी इसी नजरिए की पुष्टि होती है। वे लिखते हैं :

> "यह ध्यान देने की बात है कि कैवर्तों के (असम में) ब्राह्मणों को जिन्हें बंगाल में व्यासक्त कहा जाता है, यहाँ के वोर्नों में कोई नहीं पूछता। कैवर्तों को तो बल्लाल सेन ने द्विज का दर्जा दे दिया था पर उनका आदेश कामरूप तक प्रभावी नहीं होता। पर जैसाकि बंगाल में होता है, कैवर्ती का पानी सभी हिन्दुओं के यहाँ भी चलता है। उन्हें भी शुद्ध माना जाता है। इससे एक अजीब हालत बन गई है। यहाँ उनके पुरोहितों की तुलना में स्वयं उनका दर्जा ही ऊँचा माना जाता है। यहाँ के ब्राह्मण भी कैवर्त का पानी पी लेते हैं पर उनके ब्राह्मणों (पुरोहितों) का पानी हज्जाम भी नहीं छूता।"[100]

भागलपुर के अपने विवरण में भी बुकानन कुछ पौराणिक कथाओं का हवाला देते हैं जो यह स्वीकार करते हैं कि पूर्वी भारत के ब्राह्मण छोटी जाति या कबीलों से आए हैं। वे लिखते हैं :

> "यह विद्वान अधिकारी (विलफोर्ड) पौराणिकों के हवाले से बताता है कि रिपुंजय ने ब्राह्मणों को खदेड़ दिया और सबसे निचले कबीलों, कैवर्तों, मल्लाहों और मछुआरों, पातुओं, पुलिन्दों और माद्रकों को पुजारी बना दिया; लेकिन ये नए ब्राह्मण म्लेच्छों और नीच लोगों से बेहतर न थे। मछली पर ही जीवन बसर करनेवाले मल्लाह और मछुआरे पुजारी बनकर भी कहाँ मछली छोड़नेवाले थे। वही नहीं उनके वंशज आज के बंगाली ब्राह्मण भी अभी तक मछली खाते हैं। विष्णु पुराण में भी इन्हीं स्थितियों का जिक्र किया गया है।"[101]

वैसे तो वैदिक हिन्दुत्व में मांस या मछली खाने का निषेध न था पर बौद्ध धर्म के आने और प्रभावी होने के बाद मांस-मछली के साथ अपवित्रता का भाव जुड़

गया और यह हैरान करनेवाली चीज है कि मैथिल और बंगाली ब्राह्मणों पर यह रोक नहीं रही। इस बारे में सिर्फ दो सम्भावनाएँ ही व्यक्त की जा सकती हैं—या तो वे ब्राह्मण प्रधानत: स्थानीय कबीलों और लोगों में से ही आए थे (बाहर से बहुत कम लोग होंगे) और उन्होंने अपने खाने-पीने की पुरानी आदतें नहीं छोड़ीं या फिर ब्राह्मणों ने उस इलाके में मौजूद आदतों को अपनाया और खाने-पीने की अपनी आदतें बदल लीं। धार्मिक मामलों में ब्राह्मणों में जितनी कट्टरता रही है उसे देखते हुए दूसरी सम्भावना तो बहुत कम लगती है। और जहाँ तक मछली की बात है वह सामान्य दिनों में तो खाई ही जाती है, खास आयोजनों में उसे खाना जरूरी भी माना जाता है।

और फिर यह चीज स्वाभाविक भी लगती है कि नए राजा अपने साथ पुराने पुरोहित को भी नई व्यवस्था में ले आए। अगर नए क्षत्रिय आए तो उनके साथ नए ब्राह्मण भी आए।

पदोन्नतियों के तौर-तरीके और नैतिकता

मध्यकाल तक जाति की बाधाएँ लोगों के रास्ते में नहीं आती थीं यह बात एक विश्वस्त सूत्र से पुष्ट होती है। यह स्रोत है कल्हण की किताब राजतरंगिनी जो एक भारतीय द्वारा लिखी गई इतिहास की सम्भवत: पहली और एकमात्र किताब है। यह बारहवीं सदी के मध्य में लिखी गई थी और इसमें कश्मीर का, मुख्यत: शासक परिवार का, इतिहास लिखा गया है। इसके लेखक के अपने पूर्वाग्रह हैं लेकिन पुराणों की तरह इसमें तथ्यों और घटनाओं की अनदेखी नहीं की गई है। इस किताब में ब्राह्मणों की घूसखोरी और लालच के किस्से भरे पड़े हैं जो अपने भौतिक लाभ के लिए कुछ भी अजीबोगरीब कर सकते थे और किसी भी चीज को अनैतिक घोषित कर सकते थे। पर ये बातें सम्भवत: ब्राह्मणों के प्रति हमारी कुछ ज्यादा ही कठोरता को दिखाती हैं। शायद हम अपने समय की जाति व्यवस्था की नैतिकता को उस दौर पर लाद रहे हैं और फिर हम उनका बड़े पैमाने पर उल्लंघन होता देख रहे हैं। सम्भव है कि उस दौर में ये चीजें सामान्य हों।

धर्मशास्त्रों के अलावा अन्य स्रोतों के माध्यम से हमने जो कुछ देखा है उसके हिसाब से जातियों के प्रति एक अधिक उदार या सहिष्णु नजरिया आम लगता है। यह चीज ब्राह्मणों के हिसाब से भी ठीक बैठती है क्योंकि काफी बड़ी आबादी का जाति से गिरने का मतलब उनके लिए जजमानों की संख्या में कमी आना भी था। इसलिए जब जाति व्यवस्था के नियमों का उल्लंघन हो रहा हो तो उनके लिए भी उसकी तरफ से आँखें बन्द कर लेना स्वाभाविक था। इसमें उनका भौतिक फायदा भी था। नैतिकता के मामले में ब्राह्मणों का यह उदार नजरिया आज भी देखा जा

सकता है। हर नियम तोड़ने के अपराध से मुक्ति के लिए दान-पुण्य की जो व्यवस्था है वह ब्राह्मणों की जेब भरने का भी काम करती है। ब्राह्मणों के होते हुए जाति से निष्कासन जैसा फैसला तो कभी-कभार ही होता है वरना जहाँ तक सम्भव होता है ब्राह्मण दोष निवारण का कोई-न-कोई रास्ता निकाल ही लेते हैं। जहाँ सिर्फ जाति पंचायत के पास ही मसला जाता है वहीं जाति से निष्कासन का फैसला होता है। ब्राह्मणों में स्थितियों के अनुरूप खुद को ढालने की क्षमता न होती तो हम कश्मीर के इतिहासवाले ब्योरों जैसी स्थिति नहीं देखते। इसलिए हमें यह स्वीकार करना पड़ेगा कि मध्यकाल में भारत में समाज ऐसे ही चलता था। तात्कालिक प्रचलित मूल्यों और व्यवहारों को दर्शाने के लिए कल्हण की किताब से कुछ उदाहरण नीचे दिए जा रहे हैं :

महाराज चन्द्रपीड़ कश्मीर के बहुत ही धार्मिक राजा थे। उनकी माँ पहले रौहितका के नोना नामक बनिया की पत्नी रही थीं। महाराज दुर्लभ प्रजापादित्य द्वितीय, जो नोना के मित्र थे, को इस महिला से प्रेम हो गया। महाराज को प्रसन्न करने के लिए उनके मित्र नोना ने अपनी पत्नी को तलाक दे दिया। फिर महाराज ने इस तलाकशुदा महिला से विवाह किया और इनके संयोग से धार्मिक राजा चन्द्रपीड़ का जन्म हुआ।[102]

फिर हमें महाराज किप्पाल-जयपीड़, जिन्हें बृहस्पति के रूप में भी जाना जाता है, के बारे में ये तथ्य पता चलते हैं। उनके पिता महाराज ललितपीड़ को जया देवी से प्रेम हो गया। जया देवी दरबार नर्तकी थी और अक्कुवा गाँव के शराब बनानेवाले उप्पा की बेटी थी। महाराज ने उन्हें अपनी उपपत्नी (रखैल) के तौर पर रखा था और उनके गर्भ से ही किप्पाल-जयपीड़ का जन्म हुआ था। किप्पाल-जयपीड़ के पिता की मृत्यु तभी हो गई थी जब वे बहुत कम उम्र के थे। सो उनके मामा लोग, जो पेशे से शराब निकालने का काम करते थे, ही शासन के उच्च पदों पर आए और शासन चलाया। उन्होंने अपने नाम पर मन्दिर और शहर बनवाए और यश तथा पुण्य कमाया।[103]

एक अन्य विवरण महाराज चक्रवर्मन के बारे में है जिन्होंने दो डोम लड़कियों को दरबार नर्तकी के तौर पर रखा और बाद में उन्हें प्रधान महारानियाँ बना लिया। सारे दरबारी इन दोनों की खुशामद करते थे क्योंकि उनके माध्यम से आसानी से वे अपने पद और पैसे में बढ़ोतरी पा सकते थे। ऊँची जाति, ऊँचे कुल और ऊँचे पदों पर बैठे अधिकारी भी डोम रानियों का जूठन तक खा लेते थे जिससे राजा प्रसन्न हों। और इन सबमें किसी को कुछ भी खास आपत्तिजनक नहीं लगा क्योंकि राजा का शासन बहुत शान्तिपूर्ण ढंग से चला। हाँ, धार्मिक ब्राह्मण को एक प्राचीन राजा का यह सब करना जरूर बहुत प्रिय नहीं लगा और उसकी नाराजगी उसके ब्योरे से भी झलकती है।

आगे बढ़ने पर हमें प्रसिद्ध रानी दीद्दा के बारे में भी पता चलता है। वह एक विधवा थी और एक के बाद एक प्रेमी बदलती गई और इस क्रम में उसने कभी प्रेमियों की जाति और धर्म की परवाह नहीं की। उसका सबसे प्रिय प्रेमी था सिद्धू जो कहार कुय्या का बेटा था। उसे कोष प्रमुख का पद दे दिया गया। रानी को अपनी सत्ता और प्रेमियों की इतनी चाहत थी कि उसने अपने बेटों तक को मरवा दिया जिससे वे गद्दी के दावेदार न बन जाएँ। उसका शासन उलझनों से भरा था। और वह हर उलझन से बाहर आ गई और अक्सर इन कामों में उसे अपने राज्य के सबसे सम्मानित लोगों का समर्थन और मदद मिली।

अगर जाति के बारे में ब्राह्मणों और आम लोगों, दोनों का ही ऐसा नजरिया था तो यह बात समझने में परेशानी नहीं होती कि किस तरह एक के बाद एक कबीले, जिनमें कुछ को म्लेच्छ भी समझा जाता था, के लोगों का सामाजिक दर्जा बढ़ा और अगर उनमें पर्याप्त शक्ति हुई तो उनको अन्तिम क्षत्रिय भी मान लिया गया।

मध्यकाल की जातिगत नैतिकताओं के मामले में इस उदार नजरिए में कुछ भी नया नहीं था। यह उदारता हमारे इतिहास के सबसे पहले दौर से थे। भले ही ब्राह्मण लेखकों ने वास्तविक स्थिति के बारे में हमें बहुत कुछ जानने नहीं दिया है। धर्मशास्त्रों ने हमें जातिगत गुणों और अन्तरों के बारे में जितनी जानकारियाँ मिलती हैं उसके ठीक उल्टा चित्र हमें जातक कथाओं जैसे बौद्ध साहित्य से मिलता है। सी.ए.एफ. डेविड्स लिखते हैं :

> "दूसरी तरफ जातकों और अन्य उपदेशात्मक किताबों से काफी सारे उद्धरण यह दिखाने के लिए दिए जा सकते हैं कि चार 'वर्णों' वाली बात 'लॉड्स या कामन्स' या वर्ण-व्यवस्थाओं या उच्च मध्य वर्ग, निम्न वर्ग जैसे हमारे समय के बँटवारे से अलग नहीं थी। अगर माँ-बाप दोनों ही पक्ष से ब्राह्मण होने पर ही ब्राह्मण पैदा होने का दावा सही है तो अपेक्षाकृत नीच सम्भोग से जन्मे अनेक सारे ब्राह्मणों की गिनती कहाँ होगी। कुश जातक में कथा है कि एक ब्राह्मण ने एक राजा की पटरानी, जो नि:सन्तान थी, से विवाह किया और ऐसा करने पर भी उसकी जाति नहीं गई। जातक कथाओं में ऐसे काफी उदाहरण हैं जब राजा ब्राह्मण और मंत्रियों का दोस्त बताया गया है। उनके बच्चे साथ-साथ एक ही पाठशाला में जाते हैं, साथ खाते-पीते हैं, आपस में शादी-ब्याह करते हैं पर उनकी जाति बनी रहती है और उनके इन आचरणों का न तो कोई बुरा मानता है ना ही उनके खिलाफ ऐसा करने पर कोई कार्रवाई होती है। ऐसे कुछ उदाहरण हैं : "एक राजकुमार, जो कुलवान है, अपना राजभार अपनी बहन के हवाले करता है, व्यापार करने लगता है और कारवाँ लेकर व्यापार के लिए निकल पड़ता है। (जातक IV 84)। एक राजकुमारी की पत्नी गुस्सा

> होकर अपने मायके चली जाती है। उसे मनाने के लिए यह राजकुमार उसके पिता के यहाँ पहुँचकर नौकरी करता है और कुम्हार, माली या रसोइए का काम करते हुए उस तक पहुँच जाता है और यह सब करने से उसकी कोई सामाजिक अमर्यादा नहीं होती (जातक V 290)। एक समृद्ध और पवित्र ब्राह्मण और उदारता में दान दे सकने के लिए अधिक धन कमाने की इच्छा से वणिक हो जाता है (जातक V 224-71) और ब्राह्मण भी तीरन्दाज, तीरन्दाज का नौकर, बुनकर, ताड़ी निकालनेवाले और भार ढोनेवाले जैसे निम्न जातिवाले काम भी इतनी आसानी से कर लेते थे (जातक III 2119, जातक V 1279, जातक i 356 एफ, जातक II 200 170 एफ)।[101]
>
> बुद्धघोष की नीति कथाओं (410-432 ई. में लिखित) से भी पता चलता है कि उन शुरुआती दिनों में सामाजिक पहचान बहुत कठोर जातीय आधार पर नहीं थी। महाराज उदेन और वासवदत्ता की कहानी की नायिका कन्दपोग्गोता की बेटी थी जो पहले गुलाम रहे थे। एक अन्य कथा के अनुसार ब्राह्मण कुल में जन्मी मगनदिया की शादी महाराज उदेन से हुई थी।"[105]

जातकों की कुछ अन्य कथाओं से साफ लगेगा कि ब्राह्मणों और गृहपतियों (वैश्यों) जैसे द्विजों का खान-पान अन्य लोगों से बहुत अलग नहीं था। इसी से विभिन्न जाति के लोगों के बीच आपसी खान-पान के सम्बन्धों के बहुत सामान्य होने की स्थिति का भी पता चलता है। सोमदत्त जातक की कथा कुछ इस प्रकार है :

> "एक समय जब ब्रह्मदत्त बनारस के राजा थे, तो बोधिसत्व ने काशी राज्य के एक ब्राह्मण परिवार में जन्म लिया था। जब उनकी आयु हुई तो उन्हें पढ़ने के लिए तक्षशिला भेजा गया। जब वे पढ़कर बनारस आए तो पाया कि उनका परिवार दरिद्र हो चुका था। फिर उन्होंने यह कहते हुए परिवारवालों से विदा ली कि 'मैं अपने कमजोर हो गए परिवार को फिर से जमाऊँगा,' और बनारस चले गए।
>
> "बनारस जाकर वे राजा के अनुचर बन गए और धीरे-धीरे उनके प्रिय पात्र भी होते गए।
>
> "अब उनके पिता हल जोतकर किसी तरह गुजर करते थे। उनके पास सिर्फ एक जोड़ी बैल थे और इनमें से भी एक मर गया। फिर वे अपने मित्र बोधिसत्व के पास पहुँचे और कहा, 'बेटा मेरा एक बैल मर गया है, अब एक से हल नहीं चलता। राजा से कहो कि तुम्हें एक बैल दे दे।"[106]

एक अन्य कथा है :

> "उस वक्त सारा अनाज बरसात के समय बाहर ले जाया गया था और अकाल पड़ गया था लेकिन तभी मक्के के पौधे निकले थे और सारे गाँववाले मिलकर अपने मुखिया के पास पहुँचे और मदद माँगते हुए बोले, 'अब से दो महीने बाद जब हम फसल काटेंगे तब आपको अनाज देकर कीमत चुका देंगे।' आगे फिर मुखिया ने उन्हें अपना पुराना बैल दे दिया। जिसे वे लोग खाकर जिन्दा रहे।"[107]

ब्राह्मण के रूप में बोधिसत्व के जन्म की यह एक और कहानी है :

> "अपने परिवारवालों से यह कहते हुए वे जंगल में चले गए कि गृहस्थ जीवन के प्रति उनके मन में कोई आकर्षण नहीं है। वहाँ उन्होंने एक संन्यासी के यज्ञ की अग्नि को प्रज्वलित रखने में उसकी मदद की। पास के गाँव से उन्हें एक दिन दान में एक बछड़ा मिला। जब वे इसे लेकर आश्रम आए तो उनके मन में विचार आया कि इसे अग्नि देव को भेंट चढ़ा दें। पर तब उनके पास नमक नहीं था और उन्हें लगा कि देवता बिना नमक के उनके इस मांस के चढ़ावे को नहीं खा सकते तो उन्होंने वापस गाँव जाकर नमक लाने का फैसला किया।
>
> "जब वे गाँव की तरफ चले गए तो शिकारियों का एक दल आया और बछड़े को देखकर उन्होंने उसे मार दिया और रात के भोजन में उसे खा गए।"[108]

उपरोक्त उदाहरण से साफ हो जाता है कि जातियों की स्थिति, उनके खान-पान और तौर-तरीकों में आज की स्थिति की अपेक्षा काफी अन्तर था और ब्राह्मणवादी साहित्य जो आदर्शवादी तसवीर पेश करता है, असलियत उससे एकदम अलग थी। ज्यादा सम्भावना इसी बात की है कि शास्त्रों में जो भारी-भरकम नैतिक उपदेश दिए गए हैं वे थोड़े से परेशान और कुंठित पुजारियों की कल्पना भर की चीजें थीं जिन्हें इहलोक की स्थितियाँ तो मुश्किल लगती थीं और इसीलिए उन्होंने शास्त्रों के माध्यम से ब्राह्मणवादी आदेशों से चलनेवाली काल्पनिक व्यवस्था बनाने की सोची। उनके व्यवहार में भोज खानेवाली चीज ही सदा से एक जैसी स्थिति में चलती आती दिखती है। विनय की इन पंक्तियों से भी इस चीज की पुष्टि होती है :

> "लोग नाराज हुए, भुनभुनाए और यह कहते हुए फट पड़े कि, अजीब से अधोवस्त्र और ऊपरी वस्त्र पहने शाक्यपुत्ति या सामन भी किस तरह दान माँगने निकल सकते हैं? वे भोजन कक्ष में इतना शोरगुल कैसे मचा सकते हैं? वे तो भोज में शोर करनेवाले ब्राह्मणों की तरह व्यवहार कर रहे हैं।"[109]

यह राजसी जाति के लोगों का व्यवहार नहीं हो सकता था। यह तो अभावग्रस्त और भुक्खड़ लोगों का ही व्यवहार हो सकता है जो भोज के समय मिले अवसर का ज्यादा-से-ज्यादा लाभ उठा लेना चाहते हैं और आज के दरिद्र ब्राह्मणों की भी यही स्थिति है। यह सम्भव है कि पुराणों के बाद से ब्राह्मणों को वास्तव में सिर्फ कलियुग का ही पता था और दरिद्रता और जरूरत के चलते राजाओं की चापलूसी करना उनके लिए जरूरी हो गया था। बाकी जो बातें उन्होंने कहीं वे उनकी कल्पना की उड़ानें ही थीं। महाराष्ट्र के कुछ इलाकों में अभी हाल में समृद्धि हासिल करने के बाद उन्होंने राजनीतिक सत्ता भी पाई और फिर उनके व्यवहार में भी अमीरों और रजवाड़ों जैसा आक्रामक भाव आया। बाकी अधिकांश जगहों पर वे समृद्ध गृहस्थों के आगे नत रहनेवाली सहयोगी जाति के रूप में ही दिखते हैं।

स्थानिक देवी-देवताओं का उभार

किसी अलग-थलग या दबे पड़े कबीले या पिछड़ी जाति के ऊपर उठने में वैसे तो राजनीतिक सत्ता ने महत्त्वपूर्ण भूमिका निभाई और उन्हें ब्राह्मण या क्षत्रिय का दर्जा दिलवा भी दिया लेकिन इसके साथ-साथ लोगों के स्तर पर भी आपस में जुड़ने और मिलने की प्रक्रिया चल रही थी और अक्सर राजनीतिक सत्ता ने इस प्रक्रिया या समाज द्वारा मान्य हो चुकी व्यवस्था पर मोहर लगाने भर का काम किया। स्थानिक देवी-देवताओं से ऋग्वैदिक लोगों के देवी-देवताओं के मेल-जोल के रूप में हम इस चीज का एक बहुत ही महत्त्वपूर्ण संकेत देखते हैं। हिन्दुओं के दो प्रमुख आराध्य, शिव और शक्ति तो निश्चित रूप से स्थानीय देवी-देवताओं में से आए हैं जिन पर बाद में ऋग्वैदिक देवी-देवताओं के गुण भी जोड़ दिए गए और जिनकी गिनती उनके साथ ही की जाने लगी। अनेक लोग मानते हैं कि सिन्धु घाटी की सभ्यता के लोग भी शिव की पूजा करते थे। मोहनजोदड़ो की एक मोहर पर योगी के रूप में बैठे एक व्यक्ति की तसवीर मिली है जिसे पशुपति अर्थात् शिव माना जाता है। ऋग्वेद के अलावा इस बात के अनेक प्रमाण हैं कि स्थानीय मूलवासी शिश्नदेव अर्थात् लिंग की पूजा करते थे। शिव की पूजा लिंग के रूप में करने का चलन निश्चित रूप से ऐसी ही स्थानीय परम्पराओं से विकसित हुआ होगा। इस बात के साहित्यिक प्रमाण हैं कि वैदिक देव रुद्र-ऋग्वेद के बादवाले काल में भूतपति (शिव का एक और रूप) के रूप में पूजे गए। ए.बी. कीथ लिखते हैं :

> "ऐतरेय हमें बताता है कि जब प्रजापति ने अपनी पुत्री के साथ ही संसर्ग किया तब देवता बहुत नाराज हुए और उन्होंने डरावने रूप में भूतपति भी प्रकट किया; समस्त जीवों के स्वामी जो रुद्रों की गतिविधियों के एक रूप का ही प्रतिनिधित्व करते थे। उन्होंने प्रजापति को भेदकर मार डाला और

> सभी पशुओं का स्वामित्व ले लिया। यहाँ हमें यह मान लेने की जरूरत नहीं है कि ब्राह्मण किसी नए देवता की उत्पत्ति करा रहे थे। असल में वे लोगों के एक बड़े और प्रिय देवता को अपनी परिधि में अपना रहे थे। लेकिन इस दौर के रुद्र को ऋग्वेद के रुद्र का निवास भर नहीं माना जा सकता। इसी बात की ज्यादा सम्भावना लगती है कि रुद्र और वनस्पति जगत के उस स्थानीय देवता के रूप को मिला दिया गया जो घुमन्तू या चरवाहा जीवन शैली से जुड़ा था।"[110]

ऐसे मेल-मिलाप का स्पष्ट संकेत शतपथ ब्राह्मण में भी मिलता है जहाँ रुद्र को ऐसे देवताओं में जोड़ भर लिया गया है जिन्हें मूलत: बलि दी जाती थी। उन्हें उसी देवता का नया रूप भी बताया गया है। शतपथ ब्राह्मण कहता है :

> "7. फिर अध्यार्वु विधिवत रूप से देवताओं को क्रम से चढ़ावा चढ़ाता है और उनसे एक और स्थान पर चढ़ावा चढ़ाने के लिए अतिरिक्त स्थान भी माँगता चलता है। (ऐसा पशुओं के देवता की इस माँग पर किया जाता है कि उसे पूजा में न छोड़ा जाए) और फिर बलि में से एक-एक अंश काटकर अलग भी करता जाता है। यही कारण है कि उन्हें (रुद्र को) वास्तव्य भी कहा जाता है—चढ़ावे का शेष (वास्तु) उन्हें दिया जाता है और इसी के चलते चाहे जिन्न देवता को चढ़ावा चढ़े उसका एक हिस्सा स्विस्थानित (अग्नि, प्रसाद को तैयार करनेवाले) का निश्चित रूप से चढ़ाया जाता है क्योंकि स्वयं देवता भी उन्हें अपने चढ़ावे में से हिस्सा देते।
>
> "8. यह चढ़ावा निश्चित रूप से अग्नि को चढ़ता है क्योंकि वे भी देवता हैं; उनके ही नाम हैं सर्व, जैसा कि पूरब के लोग कहते हैं, भव बाहिका, पशुनामपति (पशुओं के देवता, पशुपति), रुद्र और अग्नि।"[111]

पाद-टिप्पणी में सम्पादक यह मत जोड़ते हैं कि यहाँ विशिष्ट और स्थानीय वैदिक देव रुद्र को अग्नि से जोड़ा गया है और इसी से शिव की अवधारणा की उत्पत्ति का रास्ता भी निकलता है जो वैदिक युग के बाद सर्वेश्वरवादी दृष्टि का प्रतिफल है।

यह देखना बहुत मुश्किल नहीं है कि पहले दौर के भूतपति और बाद के दौर के पशुपति में बहुत अन्तर नहीं है और दोनों ही शिव के रूप हैं। और फिर यह मानने के भी पर्याप्त तार्किक आधार हैं कि यह स्थानीय पशुपालक लोगों या पशु रखनेवाले खेतिहर लोगों की माँग का नतीजा था। इसका यह मतलब भी निकल सकता है कि तब तक स्थानीय कबीलों और समूहों के लोग समाज में अपनी चलती चलाने के लिए दबाव बनाने में समाज में सफल हो जाएँगे और बाद में वैदिक देवी-देवताओं का स्थानीय देवी-देवताओं में मिल जाना स्थानीय लोगों के बढ़ते प्रभाव के स्वीकार

का भी प्रमाण है। उन्होंने स्थानीय या बाहर से आए कबीले के लोगों को भी अपने दायरे में लिया था, तब यह उसी प्रक्रिया का नतीजा था। स्थानीय लोगों के जीवन में शायद इनसे भी ज्यादा महत्त्वपूर्ण स्थान था मातृ-देवी का और यह पूरे देश में अलग-अलग रूपों में पूजित थीं। ऋग्वेद में ऐसी कोई देवी नहीं हैं जिनकी छवि को मातृदेवी से मिलाया जा सके। इसलिए मातृदेवी के सभी रूपों को शक्ति के रूप में सामान्यीकृत करने का प्रयास हुआ और इन्हें भी शिव का ही दूसरा रूप माना गया। दरअसल इस देवी का 'माहात्म्य' इतना था कि यह महायान बौद्धों में तारा के रूप में दिखती हैं और सम्भव है कि हिन्दुत्व में आई शक्ति का पूर्ववर्ती रूप वही है। महायान बौद्ध मत के पहले हिन्दू धर्म में एक निजी आराध्य देव-देवी या छवि पूजा की अवधारणा नहीं थी; और स्थानीय लोगों से ज्यादा जुड़ाव के चलते बौद्ध धर्म में विभिन्न विश्वासों का समन्वय करनेवाली प्रक्रिया में उत्प्रेरक का काम किया हो सकता है। इस सम्बन्ध के बारे में टॉयनबी लिखते हैं :

> "एक तरफ अगर हम बौद्ध मत के काम वाले हिन्दुत्व के दार्शनिक पक्ष पर विचार करें और देखें कि किस तरह हिन्दुओं के बीच, जो खुद को सबसे बड़ा विशेषज्ञ मानते हैं, हिन्दुत्व के इस पहलू ने बाकी सभी चीजों को पीछे धकेल दिया है, तब शायद हम यह देख सकते हैं कि हिन्दुत्व में यह आर्यत्ववाले दौर के मूल्यों की वापसी न होकर बौद्ध दर्शन की नकल है। लेकिन हमें भगवान और भक्त के बीच व्यक्तिगत सम्बन्ध के बारे में कोई टिप्पणी नहीं करनी चाहिए। भक्त और भगवान के बीच सीधे सम्बन्ध वाली यह अवधारणा बौद्ध मत के उभरने के पहलेवाले हिन्दुत्व के चरित्र से अलग और बोधिसत्व के महायान आराधना पद्धति और मिस्र में आइसिस पूजा से मिलती-जुलती है। हिन्दुओं में भी विष्णु और शिव की पूजा का रूप वैसा ही हो गया है।"[112]

ब्राह्मणवादी हिन्दुत्व के धार्मिक दृष्टिकोण में वैदिक रूप से हुए इस बदलाव की व्याख्या पहचान में बदलाव या धर्म में नए आनेवाले कबीलाई समूहों का प्रमुख बनने के रूप में ही की जा सकती है। वे या तो नए समूहों के बीच पूरी तरह खप गए या अपने सांस्कृतिक मूल्यों को गँवा बैठे और स्थानीय लोगों की लोकप्रिय संस्कृति के प्रभाव में आ गए। ये स्थानीय लोग (मुख्यत: गंगा और यमुना के मैदानी इलाकों के) जो मुख्यत: खेतिहर थे, प्रभावी रहे या उन्होंने बाहर से आए घुमन्तू लोगों के रीति-रिवाज और संस्कृति को पूरी तरह अपने में समा लिया और फिर जो परम्परा सामने आई उसमें खेती का स्थान सर्वोपरि था। ऋग्वैदिक 'आर्य' निश्चित रूप से घुमन्तू और पशुपालन के मुख्य कारोबार वाले थे और यह परम्परा सिर्फ देसी खेतिहर लोगों में ही उभर सकती थी।

लेकिन यह बदलाव एक बार में नहीं हुआ। यह सदियों तक चलनेवाली बहुत लम्बी प्रक्रिया थी और अभी तक हमारे यहाँ चल रही है क्योंकि भारत में आदिवासियों के जमात और उनके प्रभाव क्षेत्र कभी भी पूरी तरह समाप्त नहीं हुए हैं। नित नए आदिवासी तत्त्व हिन्दू शासन या संचालन प्रणाली में आते गए और उनके देवी-देवता भी हिन्दू देवी-देवताओं की पाँत में शामिल होकर उनमें से ही किसी का अवतार या रूप बनते रहे। हिन्दू समाज में आए नए समूह की शक्ति और हैसियत के हिसाब से ही देवी-देवताओं के बीच भी उनके देवी-देवताओं को स्थान मिलता रहा। कुछ मामलों में इन्हें सार्वदेशिक-सार्वकालिक देवी-देवता मान लिया गया तो कुछ में इन्हें स्थानीय देवी-देवता का स्थान ही मिला और वे इस इलाके या स्थान पर ही पूजे गए। कुछ अन्य मामलों में एकदम अलग किस्म की चीज देखने में आई। कुछ ऐतिहासिक कारणों से कई बार नए आए आदिवासी समूह को काफी ऊँचा स्थान दे दिया गया। यह उत्थान इतना अचानक था कि उन्हें अपने साथ ही हिन्दू व्यवस्था में अपने देवी-देवताओं को भी उतना ही ऊँचा स्थान दिलवाने का होश नहीं रहा। या उनके देवी-देवताओं की पहचान हिन्दू देवी-देवताओं के साथ मिलने का क्रम ही नहीं बना। ऐसी स्थिति में देवताओं की भी दो श्रेणियाँ रह गईं। सार्वजनिक देवी-देवता तो सार्वजनिक तौर पर पूजा की चीज रहे जिससे ब्राह्मण पुरोहिती करते थे जबकि कबीलाई देवी-देवता कुल-देवता के रूप में रहे जिनकी पूजा घर के अन्दर ही और सिर्फ परिवार के लोग ही करते थे।

स्थानीय और सार्वजनिक देवी-देवताओं के समन्वय का एक उदाहरण जगन्नाथ पूजकों का समूह है। इस मेल-मिलाप और बदलाव की प्रक्रिया का अध्ययन जर्मन और भारतीय विद्वानों की एक टोली ने बहुत सावधानी से किया था। जगन्नाथ पूजा के नवकलेवर की रस्म, जिसमें जगन्नाथ की काष्ठ प्रतिमा को समय-समय पर नया रूप दिया जाता है, और ओड़िशा के खोंड और दूमल जैसे आदिवासी समूहों के कुलदेवता और देवी से जुड़ी ऐसी ही रस्मों का अध्ययन करके एंचार्लोट ईशमैन बताती हैं कि इन दोनों में काफी समानता है।[113] एक अन्य जगह वे बताती हैं कि आदिवासियों द्वारा पूजित एक लकड़ी का खम्भा किस तरह बाद में हिन्दू देवी स्तम्भेश्वरी या खम्भेश्वरी के रूप में परिवर्तित हो जाता है और देवी दुर्गा का ही एक रूप मान लिया जाता है। आदिवासी से हिन्दू बने समूहों के आयोजनों में हिन्दू और पारम्परिक पुजारी, दोनों ही मौजूद रहते हैं और कर्मकांड संचालित करते हैं। इस हिन्दूकरण के बारे में वे लिखती हैं :

> "स्तम्भेश्वरी ऐसे सम्बन्धों को स्वीकार करने का एक बहुत बढ़िया उदाहरण तो है ही, यह हिन्दूकरण और क्षेत्रीय परम्पराओं के बीच दोहरे सम्बन्धों को भी बताती है। यह देवी ओड़िशा में करीब सन् 500 से पूजी जाती है और सल्की तथा भौज राजवंशों की इष्टदेवी थी...और पश्चिमी ओड़िशा

में अभी भी इनकी बड़े पैमाने पर पूजा होती है। इनका नाम स्तम्भेश्वरी (और ओड़िशा में खम्भेश्वरी) ही इस बात का प्रमाण है कि मात्र एक स्तम्भ के रूप में पूजी जानेवाली देवी का नाम रखने में हिन्दू धर्मतंत्र कितनी परेशानी महसूस करता था...।

"हिन्दूकरण की प्रक्रिया में निर्णायक कदम है ग्राम देवी-देवता के स्थान से सम्बन्धित पूजा-पाठ और कर्मकांडों में बदलाव। उन्हें सबसे पहले तो मूर्ति माना जाता है जो हिन्दू मानस में बैठी चीज है और फिर उनकी निरन्तर पूजा की जाती है। गन्ध, पुष्प, धूप, दीप और स्नान ये पाँच उपचार अगर रोज न भी हों तो नियमित रूप से होने शुरू हो जाते हैं।"[114]

कबीलाई या छोटे कुल के देवी-देवताओं को हिन्दू देवी-देवता के रूप में मानने का काम नए शासनों के उभरने के साथ ही होता है और अपने देवी-देवता या कुल के इष्टदेव को सम्मान दिलवाकर यह नया शासक अपने कबीले या कुल के लोगों के बीच अपनी प्रतिष्ठा बढ़वाना चाहता है। ओड़िशा में राजवंशों के उभार पर खास अध्ययन करनेवाले हरमैन कुल्के लिखते हैं :

"उन्नीसवीं सदी की शुरुआत तक इन अधिकांश स्थानीय गढ़जट राजाओं की अपने आदिवासी प्रभाव क्षेत्र में वैधता मुख्यत: आदिवासी ठाकुरानी के पंथ के अन्दर उनकी स्थिति पर ही आधारित हुआ करती थी और आम तौर पर यही देवता उन राज्यों के राष्ट्रदेवता बन जाते थे (जैसे भट्टरिका बरम्बा राज्य की और मणिनागेश्वरी रणपुर राज्य की राष्ट्रदेवी थी) यह ठाकुरानी गढ़जट राजाओं या सरदारों और उस कबीले के लोगों के बीच प्रत्यक्ष सम्बन्ध बनाती थी। इन शक्तिशाली देवियों के संरक्षण से राजाओं को अपने कबीले के लोगों का समर्थन मिल जाता था और यह उनके राज्य की सुरक्षा और शक्ति की सबसे बड़ी गारंटी थी क्योंकि राजाओं की लड़ाई में उनके कुल या कबीले के लोगों का भरोसा ही सबसे मजबूत आधार हुआ करता था।"[115]

यहाँ यह बात स्पष्ट तौर पर नहीं बताई गई है कि गढ़जट राजा भले ही क्षत्रिय होने का दिखावा करें पर वे खुद भी आदिवासी ही थे और क्षत्रिय घोषित होने की आकांक्षा रखते थे। अगर ऐसा नहीं होता तो यह बात सामान्य बुद्धि में कैसे समाती कि जिस क्षेत्र की आबादी का हिन्दूकरण नाम मात्र का हो या न हो वहाँ ये क्षत्रिय राजा कैसे सत्ता पा गए। कुल्के की किताब के इसी पन्ने पर इस बात के हल्के संकेत हैं कि ये राजा आदिवासी थे। वे लिखते हैं :

"ब्रिटेन का राज कायम होने (सन् 1803 में) के बाद जब पड़ोसियों में तात्कालिक खतरा कम हो गया तो गढ़जट राजाओं के कामकाज और

> सोच से आदिवासी देवी-देवताओं का केन्द्रीय महत्त्व धीरे-धीरे कम होता गया। जब अपने कबीले या कुनबे के लोगों के स्वैच्छिक समर्थन पर ही आश्रित रहने की जरूरत नहीं रही तब इन राजाओं के लिए अपने कबीले के लोगों से अपनी पहचान जोड़ना एक 'बोझ' लगने लगा और वे इसे ब्रिटिश दरबार से खुद को राजा मनवाने और देश-भर के हिन्दू राजे-रजवाड़ों में अपनी गिनती भी करवाने के रास्ते में बाधा मानने लगे।"[116]

ये राजा सचमुच आदिवासी थे जो क्षत्रियों की श्रेणी में दाखिल कर लिए गए। लेकिन ब्रिटिश हुकूमत कायम होने से राजा के रूप में उन्हें अपनी सत्ता बढ़ाने का अवसर समाप्त हो गया। और सामाजिक रूप से ऊपर आने की प्रक्रिया बीच रास्ते में ही रुक गई। राजाओं को तो क्षत्रिय मान लिया गया पर उनके कबीले या कुनबे आदिवासी ही बने रहे। ऐसे में जब राजाओं को यह खतरा लगा कि कहीं उन्हें फिर से आदिवासी न मान लिया जाए इसलिए उन्होंने अपनी क्षत्रिय की श्रेणी को बचाने के लिए खुद को आदिवासियों से अलग करना शुरू किया। बाद में जब इन कबीलों या कुनबों को भी हिन्दू धर्म के दायरे में ले लिया गया तब उनके लिए क्षत्रिय का दर्जा पाना सम्भव नहीं रहा और वे जातीय वर्गीकरण में निचली श्रेणियों में ही रहे। यह स्थिति कूचबिहार की तरह की ही थी जहाँ राजा तो क्षत्रिय हो गया पर उसके सजातीय, राजवंशी निम्न जाति में ही गिने जाते रहे।

हरमैन कुल्के अपनी किताब में बर्टन स्टेन के इस दिलचस्प सूत्र का उल्लेख करते हैं जिसे वे 'न्यूक्लियर एरियाज ऑफ कॉर्पोरेट इंस्टीट्यूशंस' (नियमित संस्थानों के केन्द्रीय इलाके) कहते हैं। वैसे तो स्टेन दक्षिण के अध्ययन पर ही अपनी बात केन्द्रित करते हैं पर गैर-खेतिहर क्षेत्रों से आनेवाले आदिवासी तत्त्वों के जाति व्यवस्था में दाखिल होने की प्रक्रिया तो देश के काफी सारे इलाकों में चलती रही है। वे स्टेन के सूत्र के बारे में लिखते हैं :

> "केन्द्रीय इलाके अपने चार गुणों के चलते पहचाने जाते थे। वे (i) मूलत: स्वतंत्र थे और अपना शासन आप चलाते थे; (ii) सांस्कृतिक रूप से भी स्वायत्त क्षेत्र; (iii) सामाजिक और (iv) आर्थिक हिसाब से भी वे हिन्दू सभ्यता के केन्द्र थे। इन केन्द्रीय इलाकों के दायरे भी काफी व्यवस्थित थे और दक्षिण भारत में खेती पर जीवन-बसर करनेवाले गाँवों का क्षेत्र कोरोमंडल तट की तीन नदियों के तराई क्षेत्र से मिला हुआ था और इनका धीरे-धीरे होनेवाला विस्तार कबीलाई व्यवस्था वाले चरवाहा और शिकारी समाजों और जंगलों और पहाड़ी इलाकों में ठेलता गया और इनकी जगह जाति व्यवस्था वाले ग्राम-आधारित समाज बसते गए।"[117]

अगर विकास का यही ढर्रा रहा तो जातियों के आधार पर बँटे कामोंवाले हिन्दू गाँववाले ढाँचे को जाँचा-परखा माना गया और हर कहीं उसे ही आजमाया गया मान लेना चाहिए। हर जगह जाति व्यवस्था में विभिन्न स्तर पर पुराने समाज की शक्ति के आधार पर लोगों को नई जातियों में बाँट दिया गया। ऐसे में फिर इस तरह के विस्तार और नए इलाकों में हिन्दुत्व को जगाने के लिए बाहर से ब्राह्मण या दूसरों के आने की जरूरत ही नहीं रह जाती। तथाकथित आर्य समूह तो संख्या के हिसाब से इतना छोटा पड़ जाता कि इतने विशाल इलाके तक पहुँचने के लिए उनके लोग पूरे नहीं पड़ते। इतने कम से अधिक-से-अधिक यही कर सकते थे कि नए सम्पर्क बनाएँ, नई बस्तियों की जगह तलाशें, उन्हें बनाएँ जिससे कि बाद में दूसरे लोग आकर बस सकें। ऐसी स्थिति में उत्तर-पश्चिम के ब्राह्मणों और अन्य जातियों तथा दक्षिण के ब्राह्मणों और अन्य जातियों के बीच कोई वास्तविक सम्बन्ध नहीं होता। यह सिर्फ संस्कृति का बिखराव भर करता, बड़े पैमाने पर लोगों को एक जगह से दूसरी जगह ले जाने का माध्यम नहीं बनता। और अगर शारीरिक बनावट या नाक-नक्श का लोगों की नस्ल या जाति से कोई सम्बन्ध है तो नॉर्डिक लोगों के नाक-नक्श पर दक्षिण के ब्राह्मणों का दावा उत्तर के ब्राह्मणों से भी कम है।

इस तर्क से ऋषि अगस्त्य की बहुचर्चित परम्परा को ऐतिहासिक सच्चाई का दर्जा मिल जाता। कहा जाता है कि दक्षिण में आर्यत्व का प्रचार करने के लिए उन्होंने विन्ध्य पर्वतमाला लाँघी थी। सम्भव है कि उन्होंने उत्तर के सामाजिक संगठन के आदर्शों के अनुरूप दक्षिण में कुछ छोटी बस्तियाँ बसाकर वहाँ के लिए मॉडल पेश किया होगा। अगर उत्तर के ब्राह्मणों का दक्षिण में यही भर योगदान था तो दक्षिण भारत के लोगों में वास्तविक सामाजिक विभाजन या वर्गीकरण नहीं हुआ होता। तब तो अकेले वही एक बँटवारा रहता जो हिन्दूकरण की प्रक्रिया के पहले था।

अगर केन्द्रीय इलाके सचमुच इस प्रकार उभरी बड़ी राजनीतिक सत्ता से स्वतंत्र हों तो कुछ और तरह के बदलाव और विकास की कल्पना की जा सकती है। इस तरह के अनेक इलाकों के मिलने से अगर एक बड़ी राजनीतिक इकाई उभरती तो एक आदिवासी राज्य भी सामने आया होता क्योंकि इस क्षेत्र के अधिकांश लोग आदिवासी ही थे। अगर वे शक्तिशाली होते तो तत्कालीन बड़ी राजनीतिक सत्ता को चुनौती देते और उनकी जगह ले लेते जैसाकि अक्सर हुआ है। फिर अचानक अनेक स्थानीय राजवंशों का उदय वैसे ही हुआ रहता जैसाकि कुछ राजवंशों के उदय की चर्चा हमने की है। ऐसी स्थिति में राजा या सरदार खुद के क्षत्रिय या ब्राह्मण होने का दावा करते और उनके इष्ट देवी-देवताओं को भी कुछ प्रतिष्ठा मिलती और उन्हें हिन्दू देवी-देवताओं की पाँत में जगह मिलती। सारी दुनिया में राजा का धर्म ही प्रजा का धर्म होता है। इसी तरह यहाँ भी उत्तर कबीलाई सरदार सत्ता हथियाते तो अपने आराध्य देव या देवी को अपने क्षेत्र का इष्टदेव बनाते। लेकिन मध्यकालीन

भारत में चूँकि हिन्दुत्व सर्वमान्य हो चुका था और शिव, विष्णु तथा शक्ति को सबसे शक्तिशाली देवी-देवता मान लिया गया इसलिए कबीलाई या आदिवासी देवी-देवताओं को हिन्दू देवी-देवताओं के अवतार के रूप में स्थापित कराने के ही प्रयास हुए। जहाँ पूरे कबीले को क्षत्रिय वर्ण में दाखिला नहीं मिलता वहाँ उसके पुजारी को भी ब्राह्मण का दर्जा नहीं दिया जा सकता था और फिर उसके जिम्मे हिन्दू परम्परा से जोड़ लिए गए अपने आराध्य देवी-देवता की पारम्परिक किस्म की पूजा और कर्मकांड कराने का काम ही रह जाता।

ओड़िशा में यह स्थिति वास्तविक भी लगती है जहाँ आदिवासी पुजारियों-गुनियों के जिम्मे पूजा-पाठ या अपने देवी-देवताओं से जुड़े कर्मकांड के बहुत सीमित काम रह गए। जैसाकि कुल्के के पिछले उद्धरण ने स्पष्ट किया था कि ब्रिटेन की हुकूमत सबके ऊपर कायम होते ही आदिवासी राजाओं की अपने पुराने देवी-देवताओं के प्रति चिन्ता या स्मरण में कमी आती गई। फिर यह भी हुआ कि कबीलों के लोगों का ऊपरी जाति में दाखिल होना भी रुक गया। इसलिए कहा जा सकता है कि ब्रिटिश काल में वर्ण-व्यवस्था ने स्थिरता हासिल कर ली।

कुलदेवता का स्थान

ईसा पूर्व पहली सहस्राब्दी से ही सभ्यता का केन्द्र रहे उत्तरी और मध्य बिहार में आदिवासियों का जाति व्यवस्था में शामिल होना भी काफी पहले हो गया। सम्भवत: वैदिक हिन्दुत्व ने कभी वहाँ बहुत मजबूत जड़ें नहीं पकड़ीं। शतपथ ब्राह्मण के अनुसार अग्नि ने कभी भी गंडक को पार नहीं किया और इसलिए नदी के पूरब के इलाके में शुरू के दौर में ब्राह्मण नहीं रहते थे। इस ग्रन्थ में कहा गया है :

> "14. विदेह मठवा, उस समय सरस्वती (नदी) पर थे। वह (अग्नि) इस पृथ्वी को जलाते हुए पूरब की तरफ पहुँचे; और वह जैसे-जैसे आगे बढ़ते गए, गौतम रघुगण और विदेह मठवा पीछे-पीछे चलते गए। उन्होंने सभी नदियों को जला (सुखा) दिया। अब वे जिसे नहीं पार कर सके उसे 'सदानीरा' (यह नदी गंडकी या कुरथी हो सकती है—सम्पा.) कहते हैं और यह उत्तर के पहाड़ों (हिमालय) से निकलती थी और उसे अग्नि वैश्वानर द्वारा न जलाया देखकर वे इसके पार नहीं गए।
>
> "15. लेकिन आजकल इस नदी के पूरब में भी काफी ब्राह्मण रहते हैं। उस समय यह (सदानीरा के पूरब की जमीन) खेती लायक बिलकुल न थी। और चूँकि अग्नि वैश्वानर ने इसका स्वाद नहीं लिया था इसलिए यह बहुत दलदली थी।
>
> "16. लेकिन आजकल यहाँ खूब अच्छी खेती होती है क्योंकि ब्राह्मणों ने यज्ञ करके अग्नि को इसका स्वाद चखा दिया है।"[118]

उपरोक्त विवरण से यह निष्कर्ष निकाला जा सकता है कि अग्नि को भेंट अर्थात् होम चढ़ाने का कर्मकांड, जो वैदिक हिन्दुत्व का सबसे जरूरी अंग था, बिहार में बौद्ध मत के उभरने के थोड़ा ही पहले पहुँचा था। पर बौद्ध धर्म के उभार के साथ ही यह प्रभाव भी धुल गया। महायान सम्प्रदाय के उभार के बाद फिर से उभरे हिन्दुत्व में ही भक्त और भगवान के सीधे रिश्ते का दर्शन आया और फिर हर किसी के आराध्य देवतावाली धारणा यहाँ फल-फूल सकी। स्थानीय मूल निवासियों या आदिवासियों के लिए इस तरह के हिन्दुत्व को स्वीकार करना आसान था। लेकिन यह काम उन्होंने अपने इष्टदेव को छोड़े बिना किया। सम्भवत: इस नए हिन्दुत्व और कबीलाई पूजा-पाठ की पद्धति में कभी टकराव हुआ ही नहीं। इसलिए जब इन मूलवासियों को वर्ण-व्यवस्था में ऊँचा स्थान दिया गया तो पूजा-पाठ की दोहरी प्रणाली चलती रही और अघोषित रूप से इसी के माध्यम से उनके कबीलाई इतिहास (बीते दिनों) की कहानी भी संरक्षित रही। सार्वजनिक रूप से तो शिव, विष्णु और शक्ति जैसे सार्वजनिक देवी-देवताओं की पूजा हुई और इस पूजा-पाठ का संचालन ब्राह्मणों ने किया। लेकिन अपने घर की ड्योढ़ी के अन्दर, सबसे सुरक्षित और अच्छी जगह पर लोग अपने प्राचीन देवी-देवताओं की पूजा भी करते रहे। इस पूजा में ब्राह्मण पंडितों की कोई भूमिका न थी। अक्सर महिलाएँ और कभी-कभार घर के पुरुष ही यह सब पूजा-पाठ कर लेते थे। कई बार ऐसे देवी-देवताओं के उस तरह के भी भक्त होते थे जैसा आदिवासी देवी-देवता का कोई खास भक्त होता है जो उसकी पूजा करता है।

ओड़िशा के अनुभव के विपरीत, पूजा की इस दोहरी व्यवस्था ने इन स्थानीय देवी-देवताओं की गिनती आर्य हिन्दू देवी-देवताओं में कराने या उनके अवतार के रूप में गिनवाने की जरूरत ही नहीं रहने दी। सिर्फ दुसाध जैसी कुछ जातियों के लोगों—जिन्हें अछूत का दर्जा दे दिया गया, ने अपने देवी-देवताओं की सार्वजनिक पूजा जारी रखी जिसमें उनके भक्त लोग ही सारा कर्मकांड और पूजा कराते थे।

यह बात खास ध्यान देने की है कि गृहदेवी या देवता की पूजा की पद्धति आदिवासी देवी-देवताओं की पूजा जैसी ही है। इन देवी-देवताओं की पूजा कुछ खास अवसरों पर ही की जाती है और सामान्यत: यह अवसर साल में एक बार ही आता है। उस समय होनेवाली पूजा या पूरे कर्मकांड की जानकारी महिलाओं को रहती है और सारा चढ़ावा स्थानीय संसाधनों से ही आता है। जैसे एक कुलदेवता, सोखा का मुख्य चढ़ावा 'झाँप' है जिसे 'टोप' भी कहते हैं। वे भूमिहारों और कान्यकुब्ज ब्राह्मण, दोनों के आराध्य हैं। यह झाँप बाँस की कमान पर कागज चिपकाकर बनाया जाता है और चौकोना मुकुट की तरह का दिखता है जो धागे के सहारे छत से लटका रहता है। यह झाँप खास अवसरों पर या साल में होनेवाली पूजा के समय बदल जाता है। यह भी ध्यान देने लायक चीज है कि सोखा और सलेस, दोनों को झाँप चढ़ाया जाता है। सलेस दुसाधों के देवता हैं। इस काम में कोई पुजारी नहीं

होता, ना ही पुजारी को आने दिया जाता है। इनमें से कुछ देवी-देवताओं की पूजा करने की अनुमति सिर्फ 'भक्ता' को है। लेकिन कुलदेवता के पूजा का स्थान सबसे ऊँचा है और इसे ही सर्वाधिक महत्त्व दिया जाता है।

गोरैया, बन्नी और आदि भगवती भी ऐसे ही कुलदेवता या कुलदेवी हैं। गोरैया और बन्नी अनेक जातियों के कुलदेवता हैं। गोरैया की पूजा मुसहर, अहीर और भूमिहार करते हैं। परम्परा के अनुसार गोरैया को साल में एक बार सूअर चढ़ाया जाता था। लेकिन अब भूमिहार, जो खुद के ब्राह्मण होने का दावा करते हैं और कई जगहों पर अहीर (यादव) भी इस रस्म को समाप्त कर रहे हैं। लेकिन एक बुजुर्ग यादव ने इस लेखक को बताया कि जब वह युवा था, असली सूअर की जगह आटे से बना सुअर चढ़ाया जाता था। लेकिन अब इसे भी छोड़ दिया गया है। अब सिर्फ मुसहर ही गोरैया को सूअर की भेंट चढ़ाते हैं।

ब्राह्मणवादी हिन्दुत्व की तरह इन देवी-देवताओं की कोई मूर्ति या परिभाषित रंग-रूप नहीं है (अपवाद सिर्फ सलेस हैं जो असल में एक मृत नायक हैं और सार्वजनिक पूजा के पात्र बन गए हैं)। इनकी पूजा के स्थान पर मिट्टी का एक छोटा स्तूप बना दिया जाता है या दीवार में काठ की छोटी खूँटी गाड़ दी जाती है जिस पर 'आँचर' या 'भगवा' कहे जानेवाला कपड़े का टुकड़ा टँगा रहता है।

मैथिल ब्राह्मणों में आम तौर पर आदि भगवती ही कुलदेवी हैं। इस देवी की पूजा भी वैसे ही होती है जैसे सभी कुलदेवी या देवताओं की। सम्भवत: आदि भगवती उस प्राचीन देवी का नया नामकरण है जिसे आदिवासी ब्राह्मणवादी हिन्दुत्व में दाखिल होने के पहले पूजा करते थे। अब यह चलन भी बढ़ रहा है कि बन्नी और सोखा को भगवती और शिव के रूप में बताया जाए। पर भगवती और दुर्गा भी असल में ऋग्वेद-पूर्व के भारतवासियों की मातृदेवी के विभिन्न रूपों का समन्वित रूप ही है। तब यह पूजा सभी जगहों पर अलग-अलग रूप में होती थी।

आदि भगवती किसी पुरानी मातृदेवी का ही नाम है इस बात का अनुमान इस तथ्य से भी होता है कि ऐसे मैथिल ब्राह्मण परिवार भी काफी सारे हैं जिनके कुलदेवता का नाम अभी भी स्पष्टत: आदिवासी मूल का लगता है। जैसे कुछ मैथिल ब्राह्मणों के कुलदेवता हैं 'कारिख'। पर यदु भगत के अनुसार जो दुसाधों के एक भक्ता थे, कारिख ज्योतिष दुसाध के बेटे थे। उनकी माँ का नाम अपरा था। दरअसल 'कारिख' बिहार में अनेक पिछड़ी जातियों, जिनमें तेली भी शामिल हैं, के लोगों के कुलदेवता हैं। मैथिल ब्राह्मण वैसे तो स्वयं ब्राह्मण हैं पर कुलदेवता की पूजा में उनके यहाँ भी ब्राह्मण पंडित की कोई भूमिका नहीं होती। उनके घरों में भी खुद देवता का प्रतिनिधित्व दीवार में गड़ी काठ की खूँटी ही करती है जिससे आँचल झूलता रहता है। ब्राह्मणवादी देवी-देवताओं की तरह इनकी पूजा रोज नहीं होती, बल्कि विशेष अवसरों पर या साल में एक खास दिन जैसाकि सभी कुलदेवताओं की पूजा में होता है।

कुछ मैथिल ब्राह्मणों के कुलदेवता हैं धर्मराज लेकिन यह नाम भी बाद में ब्राह्मणवादी हिन्दुत्व से लिया गया लगता है क्योंकि इनकी पूजा की पद्धति भी विशुद्ध कबीलाई ही है। खास आयोजनों पर या नवरात्र पूजा (दशहरा के पहले नौ दिन) के दौरान एक भक्त देवता को जगाता है और फिर देवता उसके ऊपर आते हैं। तब उस पर चढ़ावा चढ़ाया जाता है जो उसके माध्यम से देवता तक जाता हुआ माना जाता है। यह पूरी तरह कबीलाई पूजा-पद्धति है और इसमें ब्राह्मणवादी पूजा-पद्धति का अंश मात्र भी नहीं है।

आदि भगवती समेत ये सभी कुलदेवी और कुलदेवता कबीलाई हैं, इसका इशारा एक अन्य तथ्य बड़ी मजबूती से करता है। 'देवास' के दौरान इन सभी को बुलाया जाता है। दुर्गा की पूजा के नौ दिनों (नवरात्र) में भक्ता इन सभी देवी-देवताओं और आत्माओं को जगाता है। नौ दिनों तक गाँव-भर के लोग किसी एक स्थान पर जुटते हैं और भक्ता पर अलग-अलग देवी-देवता या आत्माएँ आती हैं। लोग उनके आगे अपनी समस्याएँ रखते हैं और भक्ता के मुँह से बोलते हुए वे देवी-देवता उनकी समस्याओं का समाधान पेश करते हैं। आम तौर पर ये 'भक्ता' निचली जातियों के ही होते हैं—अनिवार्यत: पिछड़े ही हों यह जरूरी नहीं है। इस अवसर पर सभी जातियों के लोग जमा होते हैं। जो देवी-देवता मांस-मदिरा का भोग लगाते हैं वे बकरे की बलि माँगते हैं और यह भेंट चढ़ाई जाती है। वैसे तो अब 'देवास' का चलन धीरे-धीरे समाप्त-सा है पर इससे यह पता तो चलता ही है कि कुलदेवता या ग्रामदेवता-देवी की पूजा का कितना ज्यादा महत्त्व अभी तक रहा है।

अनेक जगहों पर 'भक्ता' को कुलदेवता की पूजा के लिए घर के अन्दर भी बुलाया जाता है और वह यहाँ भी आकर देवता को जगाता है और फिर गृहस्वामी भक्ता के माध्यम से देवता की तरफ से आई माँग का चढ़ावा चढ़ाता है।

इस बात की काफी सम्भावना भी है कि ये गृहदेवी और गृहदेवता पहले अलग-अलग नामों से भारत के काफी बड़े इलाके के लोगों द्वारा पूजित थे और बाद में ब्राह्मणवादी हिन्दुत्व के प्रभुत्व ने उनको घरों के अन्दर पूजने पर मजबूर कर दिया होगा। ये देवी-देवता किसी स्थानीय कबीलाई या जातियों के नायकों से ही बने हैं, इस बात की सम्भावना बहुत कम मामलों में ही लगती है। जैसे गोरैया का उदाहरण ही लें जिसे पी.सी. राय चौधरी बहुत छोटे दायरे का एक बागी मर्द नायक मानते हैं। वे लिखते हैं :

> "गोरैया को एक नायक माना जाता है जो असल में डाकू सरदार था और कुछ अनुयायियों के साथ दिल्ली से आया था। वह बिहार में रोबिनहुड जैसा था। अनेक मुठभेड़ों के बाद गोरैया पटना जिले के शेरपुर के पास मेहनावन में मारा गया। उस जगह पर उसकी समाधि भी बनी हुई है। गोरैया की पूजा पटना से शुरू हुई किन्तु पूरे प्रान्त में फैल गई।"[119]

अगर यह कहानी सच है तो हम एक ऐसी परिघटना को यहाँ देख रहे हैं कि जहाँ दो देवता समान नाम या समान कामों के चलते आपस में घुल-मिलकर एक बन गए हैं। जो उपरोक्त विवरण है उस तरह की पृष्ठभूमिवाले देवता की पूजा सभी जातियों में इतने व्यापक स्तर पर नहीं हो सकती। पर इस नजरिए का खंडन इस बात से भी होता है कि गोरैया की पूजा सिर्फ बिहार भर में ही नहीं होती। आर.वी. रसेल उसकी पूजा मध्य प्रदेश में भी होने का हवाला देते हैं :

> "गोरैया देव ऐसे देवता हैं जो पशुशालाओं में रहते हैं और वर्ष में एक बार उनकी पूजा होती है। एक व्यक्ति हाथ में अंडा लेकर उस पर जल चढ़ाते हुए पूरी पशुशाला में घूम जाता है और एक गोल फेरा बना देता है। फिर अंडे को देवता की समाधि के नीचे गाड़ दिया जाता है।"[120]

निस्सन्देह पूजा की पद्धति में कुछ अन्तर यहाँ है लेकिन देवता अभी भी मांसाहारी प्रकृति के ही माने गए हैं—भले ही उन्हें सूअर की जगह अंडे का चढ़ावा दिया जाने लगा हो। पर पूजा के इलाकों में जितनी दूरी है उस हिसाब से यह अन्तर बहुत ज्यादा नहीं लगता।

कुलदेवता को जितना और जैसा महत्त्व दिया जाता है उससे यह लगता है कि वही आराधना-पूजा की मूल वस्तु थे। और इससे इस विचार की भी पुष्टि होती लगती है कि इनकी पूजा करनेवाले अ-हिन्दू कबीलाई लोग थे जिनका बाद में हिन्दूकरण हुआ। एक खास इलाके के लोगों द्वारा अलग-अलग जाति में होकर भी एक ही कुलदेवता को पूजने से यह लगता है कि काफी पहले ये सभी लोग या तो एक ही कबीले के या कुनबे के थे या फिर एक ही इलाके में रहनेवाले उन अलग-अलग कबीलों के वंशज हैं जिनके बहुत से देवी-देवता साझा रहे थे। अक्सर एक खास कबीले के लोग एक खास देवता की पूजा अनेक कबीलों की तरफ से करते हैं। यह चलन अनेक कबीलाई लोगों में आज भी है। जैसे, आदिलाबाद के गोंडों के बीच रहनेवाले गैर-गोंड कबीले कोलम के बारे में क्रिस्टोफ वॉन फ्यूरर-हैमेनडॉर्फ लिखते हैं :

> "कोलम लोग सगुन विद्या और स्थानीय देवी-देवताओं की तरफ से झाड़-फूँक करने के लिए विख्यात रहे हैं। यह ख्याति मैकल पहाड़ियों में रहनेवाले गोंडों के बीच बैगाओं की ख्याति की तरह ही है। और इसी प्रसिद्धि के चलते गोंडों ने कुछ स्थानीय देवी-देवताओं, खासकर वन देवियों की पूजा-पाठ का जिम्मा पास के कोलम गाँव के पुजारियों के हवाले कर दिया और उनको ही काम भी दे दिया है जो पारम्परिक तौर पर उनके अपने पुजारियों और गुनियों के होते थे। जिन जगहों पर कोलम अभी भी अपने पुरखों की

> जमीन पर रहते हैं और ग्रामदेवता की पूजा करने के लिए बुलाए जाते हैं वहीं कोई-कोई कोलम पुजारी देवारी बनकर गोंडों के कर्मकांड कराता है जबकि दोनों समुदाय अपने वार्षिक भोज और अन्य आयोजन अलग-अलग ही करते हैं।"[121]

उत्तर बिहार में ही पशुओं के संरक्षण के लिए की जानेवाली 'भुइयाँ पूजा' में अहीर भक्ता मुख्य पूजा करता है लेकिन मल्लाह (मछुआरे), मुसहर और दुसाध जाति के तीन भक्ता भी अपनी-अपनी जाति के कुलदेवता की अलग-अलग पूजा करते हैं। भुइयाँ पूजा चाहे जो करता है उसे तीन अन्य जातियों के कुलदेवता की पूजा कराने की व्यवस्था करनी होती है। भुइयाँ शब्द का मतलब ही है जमीन या पृथ्वी और यह भी इसी बात का संकेत करता है कि यह पूजा आदिम और स्थानीय देवता की ही है। इन कुलदेवताओं के अलग-अलग नाम हैं और मुख्य देवता का नाम है बख्तोर, जो अहीरों के एक मृत नायक हैं और जिन पर उनके पशु जान छिड़कते थे।

उपरोक्त चर्चा से हमारी इस मान्यता को काफी बल मिलता है कि कुछ कबीलों ने काफी समय पहले राजनीतिक सत्ता पाकर भी ब्राह्मणवादी हिन्दुत्व को अपनाकर वर्ण-व्यवस्था में ऊँचा स्थान हासिल कर लिया था। कबीलों ने तो अलग-अलग जाति का दर्जा पाया लेकिन उनके कुलदेवता पुराने ही रहे। उच्च जातियों के हिन्दुओं में कुलदेवता-कुलदेवी का जितना ज्यादा सम्मान है उसकी दूसरी व्याख्या नहीं हो सकती जबकि विष्णु और शिव जैसे मुख्य हिन्दू देवताओं की पूजा ब्राह्मणों के माध्यम से होती है। अगर हम इस चीज पर परम्परा और जाति के ऊपर उठने के ऐतिहासिक प्रमाणों के साथ गौर करें तो हम यह विश्वास करने को मजबूर हो जाते हैं कि बिहार की उच्च जातियों के लोग मुख्यत: स्थानीय कबीलों से ही आए हैं। निश्चित रूप से पश्चिम की तरफ से आए लोगों से उनके खून का मिलान हुआ है। बाहर से आनेवाले ये लोग भी खुद के उच्च वर्ण का होने का दावा करते थे। अपने आपको और दूसरों को भी अपनी श्रेष्ठता का बोध कराने के लिए अपने पूर्वजों के पश्चिम से आने की कहानी गढ़ी गई।

रक्त की शुद्धता का कोई मतलब नहीं था जैसाकि हमने पहले देखा है। और अगर इस शब्द का कोई सापेक्षिक अर्थ है तब भी कम-से-कम बड़ी जातियों के लोग तो इसका दावा नहीं ही कर सकते। यह चीज सिर्फ उन्हीं कबीलों में एक हद तक बची हो सकती है जो पहाड़ों और जंगलों में अलग-थलग ढंग से जीवन बसर करते हैं। सम्भव है कि जाति व्यवस्था के सबसे निचले पायदान पर रहनेवालों में भी यह चीज कुछ बची हो जो सबसे बाद में इस व्यवस्था में दाखिल हुए थे।

धर्मशास्त्रों को ब्रिटिश संरक्षण

यह अजीब विडम्बना है कि जाति व्यवस्था की पूरी जड़ता और उसमें किसी भी तरह की गतिशीलता न होने की अवधारणा तभी मजबूत हुई जब पूरे मुल्क पर ब्रिटिश हुकूमत कायम हो गई। ऐसा होने से स्थानीय राजाओं और सरदारों में अधिक बड़ी सत्ता पाने की लालसा समाप्त हो गई जो उच्चतर सामाजिक दर्जा हासिल करने का मुख्य साधन थी। सामाजिक मामलों में दखल देकर लोगों को नाराज न करने की मंशा से अंग्रेजों ने न्यूनतम प्रतिरोध की नीति ही अपनाई। शुरू में उन्होंने आपराधिक कानूनों के मामले में पूरी आबादी के लिए एक ही कानून बनाया जो उनसे पहले के मुस्लिम शासकों की नीतियों पर ही आधारित था। लेकिन नागरिक कानूनों के मामले में उन्होंने हिन्दुओं और मुसलमानों के लिए अलग-अलग कानून रखे। अलग-अलग क्षेत्रों में अलग-अलग जातियों के बीच इतने विविध तरह के चलन थे कि अंग्रेजों के लिए विस्तृत अध्ययन पर आधारित और सबको समेटते हुए एक साझा कानून बना पाना सम्भव नहीं था। खैर, उन्होंने इसका आसान समाधान ढूँढ़ा और सीधे-सीधे ब्राह्मण धर्मग्रन्थों के आधार पर एक कानून बनाकर लागू कर दिया। इस ब्रिटिश नीति के बारे में डी.ई. स्मिथ लिखते हैं :

> "1772 में वारेन हेस्टिंग्स द्वारा स्थापित दीवानी अदालत को नागरिक कानून लागू करने थे। आपराधिक मामलों के कानून से उलट यहाँ हेस्टिंग्स ने व्यवस्था दी कि 'शादी, पैतृक जायदाद लेने के हक वगैरह के मामले में मुसलमानों के लिए कुरान का कानून लागू होगा तो 'गेंटुज' (हिन्दुओं) के लिए शास्त्रों के नियम।' आपराधिक, मामलों में तो सबके लिए मुस्लिम फौजदारी कानून ही लागू हुआ। हेस्टिंग्स की योजना सफल रही और जल्दी ही अदालतों में अंग्रेज अधिकारियों की मदद के लिए ब्राह्मण पंडित और काजी नियुक्त होने लगे जो धर्मग्रन्थों और कुरान की व्याख्या करके उनके काम में मदद करते थे।"[122]

दरअसल यह पहला उदाहरण होगा जब ब्राह्मणों द्वारा बनाए कानून का देश में इतने बड़े पैमाने पर लागू किया गया होगा। इसी व्यवस्था में चलते हुए आखिर में उत्तर भारत के लिए मनुस्मृति और दक्षिण भारत के लिए मिताक्षरा को आधिकारिक हिन्दू कोड मान लिया गया। इससे यह धारणा बनी कि सामाजिक और आर्थिक मामलों में सदियों से मनुस्मृति ही प्रभावी कानून रहा है। लेकिन इतिहास से जो तथ्य हम जानते हैं जब मनुस्मृति को उसका यह रूप दिया जा रहा था तब यह ग्रन्थ उसके रचनाकारों के दिमाग की उपज भर था। यह माना जाता है कि मनुस्मृति की रचना ईसा पूर्व द्वितीय शताब्दी से लेकर द्वितीय शताब्दी तक के बीच हुई है। यह दौर भारी उथल-पुथल का था और उत्तर तथा मध्य भारत के काफी बड़े हिस्से

पर आक्रमण हुए थे। उत्तर-पश्चिम से आए विदेशी हमलावरों ने इस क्षेत्र के काफी बड़े हिस्से पर कब्जा कर लिया था। थोड़े समय के शुंग वंश के शासन के अलावा किसी भी स्थानीय राजवंश ने स्थायी राजा नहीं चलाया। इसलिए यह सम्भव नहीं लगता कि ऐसे दौर में इस कानून या संहिता को कहीं लागू किया जा सका होगा। यह ग्रन्थ सिर्फ जहाँ-तहाँ पढ़ा गया, दबा-छुपाकर रखा गया होगा। सम्भव है कुछ ब्राह्मणवादी छोटे राजाओं ने, इसे अपने इलाके में कुछ हद तक लागू करने के प्रयास किए होंगे। यही स्थिति अंग्रेजों के आने तक चली होगी। इसीलिए यही लगता है कि पूरे भारत पर यह लागू करके अंग्रेजी हुकूमत ने ही इसे सबसे बड़ी वैधता प्रदान की। अंग्रेजों के इस कदम से अगड़ों और पिछड़ों के बीच निश्चित रूप से कड़वाहट भी आई होगी या बढ़ी होगी। अंग्रेजों को हिन्दुओं के बीच की यह दरार बनाए रखने या बढ़ाने में अपना न्यस्त स्वार्थ दिखा हो सकता है क्योंकि एकजुट होकर हिन्दू समाज स्वशासन की बात उठा सकता था। एम.एन. श्रीनिवास तो यह भी सोचते हैं कि वर्ण-व्यवस्था अंग्रेजी दौर में अधिक लोकप्रिय हुई क्योंकि अंग्रेजों ने अपने काम-काज में इसे प्रचारित-प्रसारित किया और अदालती काम में पंडितों की नियुक्ति ऐसा ही एक काम था जिसकी चर्चा पहले की जा चुकी है। वे लिखते हैं :

> "...यह मेरा अनुमान है कि वर्ण-व्यवस्था अंग्रेजों के दौर में अनेक तरह की शक्तियों के काम करने से ज्यादा लोकप्रिय हुई। 1864 तक अदालतों में ब्राह्मणों की नियुक्ति, हर शहर में ऐसे पश्चिमी शिक्षित वकीलों की उपस्थिति जो अभी हिन्दुओं पर ब्राह्मणवादी कानून लागू करते थे, धार्मिक संस्कृत साहित्य के एक बहुत बड़े भाग का अंग्रेजी में अनुवाद, हर जगह जाति सभाओं की मौजूदगी जो अपनी जाति के लोगों के जीवन को सुधारने के लिए संस्कृतिकरण की प्रक्रिया चलाते थे और उग्र ब्राह्मण विरोधी आन्दोलन ने वर्ण व्यवस्था को मजबूती दी। ऐसे आन्दोलन ब्राह्मणों को सत्ता और प्रभाव के पदों से हटाने की कोशिश थे।"[123]

श्रीनिवास जिन कारकों की चर्चा कर रहे हैं सम्भवत: उन्होंने वर्ण-व्यवस्था को ज्यादा लोकप्रिय नहीं बनाया। हमने अपनी पहले की चर्चा में देखा है कि अधिकांश मामलों में वर्ण-व्यवस्था के नए शासक परिवार सामाजिक सम्बन्धों के प्रतिमान के रूप में काम करते हैं। लेकिन ब्रिटिश शासन कायम होने पर समाज और शासन में जो कारक प्रभावी भूमिका में आ गए उन्होंने इस नए सम्बन्ध को ज्यादा महत्त्व दिला दिया तथा अब तक बने सम्बन्धों को वहीं का वहीं जड़ रूप दे दिया। जब जाति व्यवस्था से जुड़ी कोई भी चीज कानूनी विवाद का मसला बन जाएगी तब कानून के आगे परम्पराओं और चलन का महत्त्व कहाँ रह जाएगा। उनकी तो उपेक्षा होगी ही और धर्मशास्त्रों को ही असली प्रमाण माना जाएगा। जब यह कानून ऐसा रूप

ले चुका तो इसमें बदलाव करने में एकमात्र सक्षम अंग्रेजी हुकूमत को भी हिन्दुओं के सामाजिक मसलों में छेड़छाड़ करना घातक लगा क्योंकि इससे हिन्दुओं का प्रभावी तबका शासन से नाराज हो सकता था। जब कुछ सुधार के प्रयास हुए भी तो तब तक काफी देर हो चुकी थी क्योंकि इस बीच मनु के कानून शाश्वत व्यवस्था जैसा आभा-मंडल धारण कर चुके थे।

निचली जाति के लोगों द्वारा ऊँची जाति में अपनी गिनती कराने का आन्दोलन, जिसे श्रीनिवास संस्कृतिकरण का नाम देते हैं, मुख्यत: अंग्रेजी शासन कायम होने के बाद की परिघटना है। लेकिन ये आन्दोलन इसके चलते प्रभावी नहीं हुए या भारी बदलाव करने में सक्षम नहीं हुए क्योंकि अपनी जाति को उच्च वर्ण में गिनवा सकनेवाला हथियार अर्थात् राजनीतिक सत्ता उनके हाथ में नहीं थी या उसके आने की भी गुंजाइश तब नहीं थी। कई जगह यह हुआ हो सकता है कि जब एक निचली जाति के लोगों ने अपने खान-पान की आदतें बदलीं और उच्च वर्ण के लोगों जैसी जीवनशैली अपनाई तो ऊँची जाति के लोगों ने उनके हाथ का पानी पीना शुरू कर दिया हो। पर इससे न जाति बदल सकती थी, न वर्ण और न ही ऊँची जाति से वैवाहिक सम्बन्ध बनने का रास्ता खुलता था। शायद इसी स्थिति को देखकर डुमांट कहते हैं कि ब्राह्मणों और अछूतों की स्थिति तो एकदम तय है और सिर्फ मध्य जातियों की स्थिति में ही हल्की-फुल्की गतिशीलता दिखाई देती है। लेकिन जैसाकि हमने देखा है, पहले काफी बड़े और तेज बदलाव हुए हैं जबकि बदलाव की कोई तय प्रक्रिया या तरीका न था और यह राजनीतिक ताकत से ही संचालित होती थी।

दरअसल संस्कृतिकरण से पिछड़ों की सामाजिक स्थिति में बदलाव नहीं होता, उनके आत्मसम्मान में या अपने मूल्यांकन में जरूर बदलाव हो जाता है। पिछड़ी जाति और हरिजनों में से निकले कबीरपंथियों की तरह की अनेक जमातें संस्कृतिकरण के जरिए ही द्विजों से ज्यादा साफ-सुथरा जीवन जीती हैं लेकिन इस साफ-सुथरी जीवन शैली ने उन्हें उच्च जातियों के बीच बराबरी का दर्जा दिलाने या उनका दर्जा बढ़ाने का काम नहीं किया है। इसलिए संस्कृतिकरण की प्रक्रिया के बावजूद जाति व्यवस्था जड़ और समाज को बाँटनेवाली बनी हुई है और इसमें एक-दूसरे के प्रति अपमान और नफरत का भाव भरा है और इसने इतिहास की उस स्मृति को भी भुलवा दिया कि वे सभी एक ही सामाजिक समूह से निकले हो सकते हैं या यह भी सम्भव है कि उन सबके पुरखे एक ही हों।

4

कुछ लोगों को इस बात पर हैरानी हो सकती है कि जब विभिन्न समूहों के अन्दर हैसियत या दर्जे का इतना बदलाव होता रहा है तब वर्ण और वर्णक्रम का एक बना-बनाया ढाँचा किस तरह से सदियों से मौजूद है। लेकिन इसकी व्याख्या करना कोई मुश्किल काम नहीं है। मनुष्य नई चीजें तलाशता रहता है। यह बात सही है पर वह स्थिरता भी चाहता है, सुरक्षा का खयाल भी उसके मन में रहता है और जब वह किसी व्यवस्था को उपयोगी पाता है तब वह बनी-बनाई लकीर का फकीर भी बन जाता है। यह चीज उसे ऐसे नए आविष्कारों या खोजों की बनिस्बत ज्यादा सुरक्षित या सुविधाजनक लगती है जिसमें कोई खास नया लाभ होनेवाला नहीं है। यह बात सिर्फ वर्ण-व्यवस्था पर ही लागू नहीं होती, सभी व्यवस्थाओं पर लागू होती है। अन्तर सिर्फ उन मूल्यों का होता है जिनके इर्द-गिर्द विभिन्न समाज खुद को संगठित करते हैं। एक बार जब मूल्य स्थापित हो जाते हैं तो उस समाज के लोग खुद को इनके अनुसार ढालने का प्रयत्न करते हैं। जैसे पूँजीवादी व्यवस्था में व्यक्ति का धन या पूँजी ही उसके दर्जे को तय कराती है। इस व्यवस्था के तहत रहनेवाले अधिकांश लोग इसे मानते हैं और तभी इस पर शक भी करते हैं जब गम्भीर संकट इस विश्वास को ध्वस्त कर देता है। लेकिन इस बड़े ढाँचे के अन्दर भी व्यक्तियों और परिवारों के धन तथा भौतिक साधनों की स्थिति में उतार-चढ़ाव होता रहता है। लेकिन इस तरह के बदलाव उस व्यवस्था को ही नहीं बदल देते। और जो लोग इस व्यवस्था में एक हैसियत पाना चाहते हैं वे भले ही इस समाज के मूल्यों को स्वीकार करें या न करें, उन्हें सम्पत्ति या पूँजी जुटाकर ही इसे हासिल करना होता है। इसलिए इस बात में कुछ भी हैरानी की चीज नहीं है कि भारत में लोग सदा से वर्ण-व्यवस्था को मानते आए हैं क्योंकि समाज की यह वह व्यवस्था रही है जिसके तहत कोई व्यक्ति अपनी स्थिति में बदलाव कर सकता था या कोई ऊँचा दर्जा हासिल कर सकता था।

यह व्यवस्था दूसरी व्यवस्थाओं की अपेक्षा इस कारण बहुत लम्बे समय तक चल पाई क्योंकि इसमें बदलावों को अपने अन्दर सँभाल लेने या खुद को उनके अनुरूप ढाल लेने की सबसे ज्यादा क्षमता रही है और इसके चलते व्यवस्था को

बदलने की जरूरत ही नहीं पड़ी। जिस व्यवस्था में इतनी जड़ता का पहलू है वह अपने अन्दर बदलाव करती रही हो या बदलावों को बर्दाश्त करने में सक्षम हो यह चीज ऊपर से देखने में विरोधाभासी लगती है। लेकिन ऐसा ही हुआ है। और यही प्रक्रिया रही है। कबीलाई समाज से इसमें आनेवाला व्यक्ति या समूह पहले इस व्यवस्था में सबसे नीचे के पायदान पर ही जगह पाएगा लेकिन समय बीतते जाने के साथ सत्ता में अपनी हैसियत बढ़ाने के साथ ही वह इस सामाजिक सीढ़ी पर भी ऊपर चढ़ता जा सकता था। पिछले अध्याय में हमने इसके काफी सारे उदाहरण देखे हैं। इसलिए इस व्यवस्था को ही समाप्त कर देने की कोई बहुत जरूरत समाज को महसूस नहीं हुई।

भारत में पूँजीवाद के आ जाने के बाद भी इस व्यवस्था के टिके रह जाने के कुछ अन्य कारण भी होंगे। यूरोप में सामन्तवाद आर्थिक और राजनीतिक, दोनों तरह का था। ऐसे में पूँजीवाद को अपने विकास में जरूरी सारे उत्पादक तत्त्वों को आजाद करने के लिए सामन्तवाद का खात्मा करना जरूरी था। दूसरी ओर वर्ण-व्यवस्था, जिसकी शुरुआत में उच्च वर्ण के साथ आर्थिक विशेषाधिकार भी जुड़े ही हुए थे पर बाद में इसने अपने अन्दर यह लचीलापन ला दिया कि शूद्र वर्ण का भी कोई व्यक्ति धन और समृद्धि हासिल कर सकता है। वर्ण और समृद्धि के मामले को अलग-अलग रखने की यह व्यवस्था कई बार यह धारणा पैदा कर सकने तक गई, जैसाकि हम डुमांट वाले मामले में देखते हैं। वर्ण-व्यवस्था में सामाजिक दर्जा और सत्ता तथा परिणामस्वरूप विशेषाधिकार भी एकदम अलग-अलग हो गए। इस बदलाव में यह व्यवस्था राजनीतिक सत्ता के अदलने-बदलने तथा लोगों की आर्थिक स्थिति में उतार-चढ़ाव में भी बने रहने की स्थिति आ गई। लेकिन समाज के सबसे निचले पायदान पर रहनेवालों की स्थिति में बदलाव नहीं हुआ क्योंकि उनके मामले में जाति और आर्थिक स्थिति, दोनों का दर्जा निचला ही बना रहा। देश के अधिकांश हिस्सों में अनुसूचित जातियों की यही स्थिति है और बनी रही है।

अंग्रेजी शासन के कायम होने से न सिर्फ लोगों का जातीय दर्जा जस-का-तस रुक गया बल्कि नए शासन ने वर्ण-व्यवस्था पर किसी किस्म के हमले को निरुत्साहित भी किया। अंग्रेजों ने शिक्षा, शासन और आर्थिक नीतियोंवाली जो व्यवस्था कायम की उसमें ऊपरी तौर पर लगता रहा कि इसके बाद वर्ण-व्यवस्था का कोई मतलब ही नहीं रह जाएगा। सैद्धान्तिक रूप से यह सम्भव भी था कि कोई किसी भी वर्ण का हो, सबसे ऊँची शिक्षा हासिल कर सकता था। इसी प्रकार उसके लिए प्रशासन या उद्योग के क्षेत्र में भी उसके जन्म की जाति का विचार किए बिना जा पाना सम्भव था। इससे यह भ्रम फैल गया कि जाति व्यवस्था मरती जा रही है या अब लोगों के जीवन पर इसका कोई प्रभाव नहीं रह गया है। लेकिन सच्चाई यही रही कि शिक्षा और प्रशासन मुख्यत: उन्हीं लोगों के हाथ आए जिनको इससे पहले के

समाज में विशेषाधिकार प्राप्त था और अपवादस्वरूप किसी आधुनिक कारखाने में ब्राह्मण द्वारा शूद्र जैसा काम करने या शूद्र द्वारा ब्राह्मण की भूमिका अपनाने को छोड़ दें तो मोटे तौर पर जाति व्यवस्था और वर्ण प्रणाली अक्षुण्ण रहे और इनमें कोई गतिशीलता नहीं आई।

इसका मुख्य कारण था—सामाजिक जीवन पर नए उद्योग का असर पूरी तरह ऋणात्मक रहना। उन्होंने आधुनिक उद्योग तंत्र का विकास तो नहीं किया, उल्टे भारत के पारम्परिक उद्योगों को चौंका भर दिया, जिससे बड़ी संख्या में लोग बेरोजगार हुए। गाँवों में इस बदलाव की सबसे ज्यादा मार कारीगरों और शिल्पियों पर पड़ी जो मुख्यत: शूद्र जातियों से आते थे। अपने पारम्परिक क्षेत्रों से हाथ धोने के बाद ये भूमिहीन मजदूर बन गए और इस प्रकार ग्रामीण समाज में उनका दर्जा और नीचे चला गया।

इसलिए नए उद्योगों के आने से जहाँ शहरों में जाति व्यवस्था का रूप हल्के तौर पर मद्धिम पड़ा वहीं गाँवों में छोटी जाति के भूमिहीन मजदूरों की ऊँची जातिवाले जमींदारों पर ज्यादा निर्भरता ने जातीय दमन को बढ़ा दिया। इस प्रकार जाति व्यवस्था को एक नया जीवन मिल गया। दरअसल इस दौर में बढ़े उत्पीड़न ने जातियों के बीच एक नए किस्म की कड़ुवाहट पैदा की जो पहले नहीं थी। इसके लिए दो कारण जिम्मेवार हैं। कारीगर और काश्तकारों के दरिद्र होने तथा सबसे निचली जातियों में भूमिहीनों की संख्या बढ़ने से अनेक जगहों पर जाति और वर्ण का गड्डमड्ड पैदा हो गया। जाति व्यवस्था की असमानता ने वर्ण व्यवस्था की असमानता से हाथ मिलाकर चौगुना मारक असर किया। दूसरी चीज हुई बाहरी दुनिया से सम्पर्क के चलते मानवीय एकता और मानव अधिकारों सम्बन्धी विचारों का फैलाव जिसने लोगों की आकांक्षाओं को बढ़ाया पर स्थितियों ने कुंठा ही पैदा की। इससे समाज में नाराजगी बढ़ी। इसलिए जाति व्यवस्था तो रही ही, जातीय नफरत का भाव और बढ़ गया। इस चीज को समझा भी जा सकता है। लेकिन यह बात समझ नहीं आती कि वर्ण का मिथक कैसे मजबूत हुआ। इसलिए जिन टकराव की स्थितियों में यह बढ़ा उनकी तरफ भी नजर डालनी चाहिए।

ऐसे भी कुछ लोग हैं जो मानते हैं कि वर्ण-व्यवस्था विदेशों से आई है। वे मिस्र और ईरान में ऐसी व्यवस्था होने की तरफ इशारा भी करते हैं। इस मत के समर्थन में हर्बर्ट रिज़्ले लिखते हैं :

> "इन दो प्रणालियों के बीच इतनी जबर्दस्त समानता है कि यह नहीं कहा जा सकता कि भारत में यह चीज बस यूँ ही आ गई या किसी दुर्घटनावश पैदा हो गई। भारतीय सिद्धान्त निश्चित रूप से ईरानी व्यवस्था के अनुरूप ही विकसित हुआ है। दोनों में बहुत अन्तर दिखता है तो उसका कारण यह है कि भारत और फारस के समाज के बुनियादी स्वरूप में फर्क था—भारत

> में भारोपीय परिवार के लोगों के अलावा काफी बड़ी जनसंख्या मूल निवासियों की थी जो भारोपीय लोगों से शारीरिक रंग-रूप में तो अलग थे ही, उनके पूजा-पाठ और धार्मिक रीति-रिवाज भी अलग थे। इन सारे लोगों को अपने दायरे में किसी-न-किसी तरह लेना था। और यह काम उन सभी को सीधे-सीधे शूद्र वर्ग में डालकर किया गया जो द्विजों से काफी नीचे तो थे ही, ईरान में कारीगर समूहों को मिले दर्जे से भी काफी नीचे था। इस प्रकार चार वर्णों अर्थात् रंगों का भारतीय मिथ कायम हुआ जो फारस और मिस्र में कारीगरों के समूहवाली पहचान और आधुनिक भारत में बहुत ही कठोर रूप से परिभाषित जाति व्यवस्था के बीच की चीज लगती है।"[1]

वे वहीं पर यह भी जोड़ते हैं कि ईरानी व्यवस्था में सिर्फ सर्वोच्च समूह वाले अर्थवान ही सजीय विवाह करते थे और मिस्र में सूअर पालन वाले समूह को छोड़कर पेशेवर समूहों की विभिन्न श्रेणियों के बीच अन्तर्जातीय विवाहों पर कोई रोक न थी।

लेकिन यहाँ आकर भी हम पाते हैं कि यह सबसे महत्त्वपूर्ण सवाल अनुत्तरित ही रह जाता है कि यह व्यवस्था किसी भी जगह आखिर किस तरह पैदा हुई। कोई भी समाज कोई बहुत सोची-समझी योजना के अनुसार एक दिन अचानक बनकर तैयार नहीं हो जाता। कोई भी सामाजिक ढाँचा काफी समय लेकर और कुछ खास परिस्थितियों में अपना आकार ग्रहण करता है। एक निश्चित स्तर पर, जब यह सुपरिभाषित रूप ले लेता है, आकर ही वह अपने पुरावशेष से अपनी सत्ता या प्रभुत्व बनाता है और जब इसका मूल मिथकों और पुराकथाओं के ढेर में कहीं दब-छुप जाता है तब यह तर्कसम्मत प्रणाली का रूप लेने लगता है। अगर कोई प्रणाली मिस्र और फारस में कुछ खास स्थितियों में पैदा होती है तो यह उन्हीं स्थितियों में भारत में भी उठ खड़ी हो सकती है। लेकिन हमारी वर्ण-व्यवस्था की सबसे महत्त्वपूर्ण और खास बात है इसके चौथे वर्ण अर्थात् शूद्रों की स्थिति जिसे रिज़्ले विशेष परिस्थितियों में आई गड़बड़ी भर मानते हैं। चौथे वर्ण के साथ भेदभावपूर्ण और अलग तरह के व्यवहारवाली बात के न रहने पर वर्ण-व्यवस्था असल में वर्ण-व्यवस्था रह ही नहीं जाती और फिर सामाजिक परिघटना के रूप में इसे जानने-परखने की दिलचस्पी खासा हो जाती है। फिर यह श्रम विभाजन की किसी भी अन्य सामाजिक व्यवस्था की तरह ही रह जाता है।

इस अजीबोगरीब व्यवहार या सम्बन्ध की जो सबसे सम्भावित व्याख्या है वह यही कि यह एकदम अलग सांस्कृतिक पृष्ठभूमि से आए लोगों के टकराव और नए लोगों के दावों से पैदा समस्या को समायोजित करने का प्रतिफल है। ऐसी व्यवस्था में अनिवार्यत: सम्बद्ध समूहों की सापेक्षिक शक्ति और विशिष्ट क्षमताओं का अपना हिसाब-किसाब भी शामिल रहा है।

फारस में मागी नाम से जाने जानेवाले पुजारी मेडिया के बाहर से आए और सजातीय शादी-ब्याह करनेवाली एक अलग जाति के लोग थे। एक प्रचलित मान्यता के अनुसार मेडिया पर फारसी सम्राट साइरस का कब्जा होने के बाद मागी लोगों को फारस में बतौर पुजारी लाया गया। जेंड अवेस्ता के अपने अनुवाद की भूमिका में जेम्स डार्म्स्टेटर लिखते हैं :

> "अब हम यह समझने में सक्षम हैं कि फारसी लोगों का धार्मिक ग्रन्थ गैर-फारसी लिपि में लिखा गया था। यह इसके रचनाकारों, मागी लोगों की भाषा में लिखा गया था जो फारस के नहीं थे। पुजारियों और आम लोगों के बीच सिर्फ जुबान का अन्तर ही न था बल्कि वे अलग-अलग नस्ल के भी थे और पुजारी वर्ग गैर-फारसी इलाके से आया था...।
>
> "हेरोडोटस से लेकर एम्मियनस तक जैसे सभी शास्त्रीय लेखक मेडिया को मामियों का निवास-स्थान और जन्मस्थान मानने पर सहमत हैं।"[2]

और वे मार्सेलिनस (चौथी सदी) के लेखन से यह उद्धरण देते हैं :

> "मेडिया मागी लोगों के लिए उर्वर भूमि है...(महाशय हिस्टास्पेस को जादू-टोना पढ़ाने के चलते) उनको काफी सारी सम्पत्ति मिली, और इस प्रकार हिस्टास्पेस से लेकर अब तक उनका परिवार भरा-पूरा और विशाल बन चुका है और वंशानुगत रूप से वे ईश्वर की पूजा-आराधना में लगे रहते हैं..."[3]

आगे उनकी टिप्पणी है :

> "उनकी उत्पत्ति सम्बन्धी दन्तकथाओं के विवरण को दरकिनार करते हुए हम इस विवरण पर गौर करें तो साफ लगता है कि मार्सेलिनस के समय तक भी मेडिया में मागी नामक कबीले या कुल के लोग थे जिनके पास ईरानी लोगों को पूजा-पाठ कराने का विशेषाधिकार था।"[4]

पिछले अध्याय में हमने देखा है कि अगर एक ही क्षेत्र में कई कबीलों या कुल के लोग रहते थे तो किसी एक कुल या कबीले के लोग पूजा-पाठ या धार्मिक अनुष्ठान कराने का पेशा करते थे और अन्य लोगों के आयोजनों को सम्पन्न कराते थे। हमारे लिए फारस की यह बात खास दिलचस्पी रखती है कि सामाजिक वर्गीकरण में सबसे विशिष्ट जाति बाहरी लोगों की ही थी। पहले हम यह भी देख चुके हैं कि जब सिकन्दर ने भारत पर हमला किया था, इसके पश्चिमी हिस्से में क्षत्रिय और शूद्र नाम के कुछ कबीले थे। इन सब जानकारियों से इतना स्पष्ट लगता है कि भारत में किसी बने-बनाए बाहरी ढाँचे को लागू करके जाति व्यवस्था अस्तित्व में नहीं आई।

वर्ण-व्यवस्था यहीं से उधार ली गई हो या बाहर से आई हो इस सम्भावना को ऋग्वेद भी खारिज करता है जो आर्यों का सबसे प्राचीन धर्मग्रन्थ है और उसमें इसके बारे में कुछ भी नहीं कहा गया है। बाद में हिन्दुओं की तुलना में ऋग्वैदिक युग के आर्यों का फारस के लोगों और उनके माध्यम से मिस्री लोगों से ज्यादा निकट सम्बन्ध रहा होगा। अगर कोई यह मान ले कि ईरान अर्थात् फारस में जाति व्यवस्था ऋग्वेद के काल के बाद आई होगी और फिर भारत में भी उसके बाद ही आई हो तो इसे पहले लागू करने का इलाका तो बलूचिस्तान और अफगानिस्तान से लगे क्षेत्रोंवाला ही होना चाहिए जो ईरान से ज्यादा पास पड़ते। लेकिन हम पाते हैं कि जाति व्यवस्था तो गंगा-जमुना के मैदानी इलाके में फली-फूली।

दरअसल जो कोई भी यह कहे कि कोई सामाजिक व्यवस्था किसी राजा, किसी पुरोहित या थोड़े से लोगों ने सचेत ढंग से बनाई उसकी बात को थोड़े शक की निगाह से देखना चाहिए। इसी श्रेणी में यह सिद्धान्त भी आता है कि वर्ण-व्यवस्था सामाजिक श्रम के विभाजन में बँटी विभिन्न जिम्मेवारियों को बेहतर ढंग से संचालित करने के लिए बनी थी। डुमांट श्रम विभाजनवाली बात को जरूरत से ज्यादा महत्त्व देते हुए वर्ण-व्यवस्था की उत्पत्ति को आनुष्ठानिक रूप दे देते हैं। इसी से उनकी राय में वर्ण-व्यवस्था काम की श्रेणीबद्धता का स्पष्ट बँटवारा है। पर समाज में ऐसा आर्थिक ढाँचा या फॉर्मूला शायद ही कभी चलता है। अगर वर्ण-व्यवस्था में श्रम का बँटवारा तार्किक होता तो फिर आबादी का कौन-सा हिस्सा स्वेच्छा से सारे मुश्किल और श्रमसाध्य कार्यों को करना स्वीकार करता। इसलिए इस व्यवस्था की उत्पत्ति के स्रोत पंडितों और पुरोहितों की भक्ति भावना और दूरदर्शी नजरिए में न देखकर उन परिस्थितियों में देखने होंगे। भारतीय व्यवस्था में श्रम के बँटवारे की बात को अधिक तार्किक ढंग से बताया और समझाया जा सकता है। उसके लिए जाति व्यवस्था को श्रेय देने की जरूरत नहीं है।

श्रम का विभाजन और जजमानी व्यवस्था

यह सामान्य जानकारी की चीज है कि विभिन्न कबीले भी एक-दूसरे से एकदम अलग-थलग या कट-छुपकर नहीं रहते। एक-दूसरे से संवाद करने की उत्कंठा इतनी प्रबल हो सकती है कि उससे लम्बी दूरी को भरने के लिए भी जटिल सम्बन्धों की कड़ी बना ली जाए। जैसे दक्षिणी सागर में न्यू गुयाना के पूरब में स्थित टापुओं पर रहनेवाले ट्रोबियांड आइलैंडर 'कुला' के माध्यम से आपस में संवाद करते हैं। दूर-दूर बिखरे इन टापुओं पर रहनेवाले ये लोग छोटी नौकाओं के सहारे सम्बन्ध रखते हैं। इन नौकाओं में उपहार भेजकर यह सम्बन्ध और संवाद चलता है पर यह उपहार प्रणाली भी एक किस्म के लेन-देनवाली है—जिस टापू पर जो कुछ

होता या मिलता है उसे वे दूसरों के यहाँ भेजते हैं। बदले में दूसरे टापुओं की चीजें उन तक आती हैं। दुनिया में हर कहीं कबीले आपस में इस किस्म का सम्बन्ध, लेन-देन करते हैं। शिकारी, पशु चरानेवाली या खेती करनेवाली, सभी जमातें इस किस्म का सम्बन्ध बनाती और चलाती हैं और धीरे-धीरे उनकी जीवनशैली से जो चीज ज्यादा अच्छी तरह मेल खाती है उसके उत्पादन की विशेषज्ञता और कौशल विकसित कर लेती हैं। इस प्रकार आसपास के इलाकों में रहनेवाले कबीलों के लोग एक जीवन सम्बन्ध विकसित कर लेते हैं। गुंथर डी. सोंतहाइमर खेतिहर माली और कुनबी तथा चरवाहा जीवन जीनेवाले धांगड़ों के जीवन्त सम्बन्धों का उदाहरण देते हैं। वे लिखते हैं :

> "इस प्रकार धांगड़ लोग मालियों और कुनबियों की भेड़ों को पालते हैं जबकि वे खुद धांगड़ों की जमीन पर खेती किया करते हैं। वादी-अ और वादी-ब (गाँवों के काल्पनिक नाम) के कुछ धांगड़ों के पास अपनी जमीनें हैं जिन पर कुशल खेतिहर माली जाति के लोग खेती करते हैं। उन्हें खेती करने के एवज में आधा उत्पाद मिलता है।"[5]

जजमानी व्यवस्था में हर पेशे के लोग खेती की पैदावार में एक हिस्से के बदले अपनी खास किस्म की पारम्परिक सेवा या उत्पाद किसानों को देते हैं। माना जाता है कि यह व्यवस्था कर्मकांड से जन्मी है पर व्यवहारत: इसी तरह के आदान-प्रदान से बनी हो सकती है।

जंगल में रहनेवाले आदिवासियों और खेतिहर लोगों के बीच ऐसे आदान-प्रदान का जिक्र एन.के. बोस करते हैं। वे लिखते हैं :

> "छोटानागपुर के बिरहोरों की तरह ओड़िशा के मकरखिया कुल्हा कबीले के लोग जंगली लताओं से रस्सी और फन्देवाले बैग बनाते हैं और साप्ताहिक हाटों में बेचते हैं। मयूरभंज में खड़िया लोग जंगल में गोंद, मोम, शहद वगैरह जमा करते हैं और गाँव व हाट में व्यापारियों को थोड़ी कीमत में बेच देते हैं। ढेंकनाल शहर के पास के गाँवों में जुआंग आदिवासी अन्य समुदाय के लोगों को जंगल से लाकर जलावन की लकड़ी बेचते हैं और पाल लाहरा के पास वे बाँस से बनाई चीजें बेचकर कुछ पैसे बना लेते हैं। इनमें से प्रत्येक मामले में हम देखते हैं कि एक समुदाय के लोगों ने एक खास किस्म का काम अपना लिया है। स्थानीय स्थितियों की भिन्नता के हिसाब से इन्हीं गैर-आर्य समुदायों के लोगों को ओड़िशा में अलग-अलग हिस्सों में अलग-अलग तरह के काम मजबूरी में शुरू करने पड़े होंगे। जब एक समुदाय के लोग एक खास पेशे पर एकाधिकार-सा बना लेते हैं तो दूसरे समुदाय के लोग उन क्षेत्रों में जाने से बचते हैं...।"[6]

उपरोक्त सम्बन्ध पूरी तरह लेन-देन वाले नहीं हैं क्योंकि अध्ययनवाले दौर तक मौद्रिक व्यवस्था उस पर प्रभुत्व कायम कर चुकी थी लेकिन इससे लगता है कि इस तरह का बँटवारा और विशिष्टता लेन-देन वाली प्रणाली के तहत ही शुरू हुई जो धीरे-धीरे मुद्रा के लेन-देन तक चली गई।

विभिन्न तरह के कौशल और काम में विशेषज्ञता, जिसमें लेन-देन या अदला-बदली शामिल होती है, वाली धारा को हम भारत में प्रागैतिहासिक काल से ही देख सकते हैं। पुरातत्त्ववेत्ता इस बात की पुष्टि करते हैं कि प्रागैतिहासिक काल में भी गंगा घाटी और ओड़िशा के पर्वतीय इलाके के शिकारी लोग धातु का सामान और हथियार बनाने में कुशल थे। कुछ पुरातात्विक खोजों का हवाला देते हुए मोर्टिमर व्हीलर लिखते हैं :

> "जैसा कि प्रमाणों से जाहिर होता है, हम 1000 ई. पूर्व के आसपास ही गंगा घाटी और ओड़िशा के पर्वतीय हिस्सों में धातु कर्म का कौशल उन लोगों के द्वारा विकसित हो पाते हैं जो मुख्यत: शिकारी थे और जो सम्भवत: जंगल को साफ करके बनाए अस्थायी गाँवों में रहते थे। (वैसे यह उल्लेखनीय है कि जिन व्यक्तियों का यहाँ जिक्र है वे उन लोगों के समकालीन होंगे जो नींव डालकर घर बनाते थे और जिनके अवशेष मिले हैं)। विशेषज्ञों को रख पाने या विशेषज्ञता विकसित कराने का अवसर दे पाने में सक्षम इन समूहों के लोग अपने कौशल का साझा करते थे, यह बात दोनों जगहों पर दिखनेवाली अनेक समानताओं से जाहिर होती है।"[7]

इन लोगों में वस्तुओं और कौशल का आदान-प्रदान होता था। इस बात की पुष्टि एक अन्य पुरातत्त्ववेत्ता करते हैं। मैसूर के इलाके में ऐसे लेन-देन के बारे में आलचिंस लिखते हैं :

> "...भारतीय सन्दर्भ में इस बात की अधिक सम्भावना है कि शिकारियों ने अपने शिकार का एक हिस्सा देकर उत्तर पाषाण युग के वाशिन्दों से पत्थर के हथियार लिए हैं। जो भी हो ऐसा आदान-प्रदान उत्तर पाषाण युग के अन्तिम दौर में हुआ होगा जब बसनेवाले लोग नए इलाकों में गए। टोकरी, महुआ और शहद जैसी चीजें, जिन्हें आज भी आदिवासी लोग आसपास के गाँवों के लोगों को देकर उनसे खाने-पीने की चीजें या कपड़े लेते हैं, इस शुरुआती दौर में आपसी लेन-देन का आधार बनी होंगी।"[8]

आदिवासी या कबीलाई लोग जिन चीजों का आदान-प्रदान करते थे उनकी सूची काफी बड़ी हो सकती है। पर धीरे-धीरे इनमें से कुछ काम और चीजें एक-एक जाति की विशेषज्ञता और विशेषाधिकार के दायरे में आती गईं। सम्भव है कि शुरू के सारे काम और सेवाएँ आदिवासियों की विशेषज्ञता का ही हिस्सा हों।

उत्तर प्रदेश के लोढ़ा लोगों का नाम लोढ़ नामक पेड़ की खोल से जुड़ा है जिसे छील और सुखाकर वे बेचते थे। इससे रंग निकलता था। अगरिया उपजाति के लोग गोंडों से निकले हैं और ये लोहा गलाने और निकालने में विशेषज्ञ बन गए। ऐसे ही पेशे से जुड़ी एक जाति है गाड़िया लोहार जो दिल्ली और मेरठ के आसपास बड़ी संख्या में है। इस जाति के लोग एक गाड़ी के साथ ही चलते हैं और पूरे परिवार का सामान उसी गाड़ी पर होता है। जहाँ उनको अपने काम की, अपने उत्पाद की बिक्री की सम्भावना दिखती है, वहाँ वे सड़क के किनारे डेरा डाल देते हैं। लोहे का काम करने में वे बहुत कुशल हैं। वे घुमन्तू लोग हैं और कहा जाता है कि वे मूलत: दक्षिण के हैं। गाँव के लोहारों का भी मूल ऐसा हो सकता है लेकिन वे ग्रामीण समुदाय के साथ बस गए और जजमानी व्यवस्था का अंग बन गए।

कर्मकांडवाले हिसाब से मल्लाहों या केवटों के काम का कोई विवरण नहीं दिया जा सकता। उनका काम नाव खेना और मछली पकड़ना है। लेकिन आदिवासी निषाद से, जिसने राम की नाव खेकर उनको नदी पार कराई, उनका सीधा सम्बन्ध है, यह पौराणिक कथाओं से अनुप्रमाणित है।

इसी प्रकार डोमों का काम है जिनके उत्तर भारत के प्रत्येक गाँव में एक या दो घर होंगे। वे बाँस से बनी टोकरी, सूप, चलनी बगैरह बनाकर बेचते हैं। पूर्वोत्तर में इनकी बड़ी बस्तियाँ भी हैं और वहाँ उन्हें डोम या नादियाल कहा जाता है। बाँस के काम में इनका कोई जोड़ नहीं है और वे बाँस से बनी विभिन्न चीजों को बेचकर ही गुजर करते हैं। बिहार में डोमों की अर्द्धघुमन्तू जमातें भी हैं जो एक स्थान से उठकर दूसरी जगह जाती हैं। गाँव में डोमों के एकाध घर वाली स्थिति को अगर कोई ऊपरी तौर पर जाने-देखे तो उसे लगेगा कि गाँव की क्या अद्भुत व्यवस्था है और डोम उसका अभिन्न अंग है। यह व्याख्या भी की जा सकती है, जो ज्यादा विश्वसनीय लगती है कि खेती और खेतिहारों का जोर बढ़ने के साथ ही शिकारी और चरवाहा समुदाय के लोग उस पर निर्भर होते गए और बाद में उसी व्यवस्था में अपनी जगह बनाते गए जो सामाजिक श्रेणी के नीचे आए। इन खेतिहर लोगों की बस्तियों के आसपास रहनेवाले आदिवासी लोग बाद में इनकी कुछ जरूरतों के हिसाब से अपने कौशल और जंगली चीजों का सामान इनको उपलब्ध कराके अपना जीवन बसर करने लगे। इनमें से कुछ यही पारम्परिक काम करते हुए गाँवों में बस गए। यह काम उन्हें मजबूरी में भी करना पड़ा हो सकता है क्योंकि खेती और खेतिहरों का प्रभाव बढ़ने से उनके शिकार और चराई के क्षेत्र सिकुड़ते गए होंगे। चूँकि उन्होंने गाँववालों की जरूरतों को पूरा किया इसलिए उनको गाँव के अन्दर तो जल्दी से जगह दे दी गई पर वे बाहरी और 'छोटी' संस्कृतिवाले माने गए इसलिए उनको सामाजिक वर्गीकरण में निचला स्थान दिया गया। उन्हें मूलवासियों के बराबर दर्जा नहीं मिला। बाद में जो भी समुदाय स्थिर जीवन जीने आए उनकी

यही स्थिति दुनिया-भर में रही, उस अमेरिका में भी जो खुद को समान अवसर प्रदान करनेवाला देश कहता है। अलग-अलग पेशों के लोग गाँव के अलग-अलग टोलों में बसे और बाद में आए और निचली जाति में गिने गए लोग गाँव के किनारे बसे, भारतीय गाँवों का यह आम नक्शा शिकारी और चरवाहा समुदाय के लोगों के बाद में बसने और खेतिहर व्यवस्था का अंग बनने के चलते बना है। पर डोमों की सामाजिक या कुछ अन्य ऐसी जातियों की खराब सामाजिक स्थिति को जाननेवाला आदमी जाति व्यवस्था में पैदा होने की कर्मकांडी व्याख्या से सहमत नहीं होगा, जिनका काम और जिनकी सेवाएँ समाज के लिए बहुत उपयोगी हैं।

समय बीतते जाने के साथ यह चीज एक साँचे का रूप ले चुकी होगी। फिर जंगल का जीवन छोड़कर जो कोई गाँवों में बसने आया या जब जंगल को साफ करके गाँव बसे तो सभी जगह इसी साँचे के अनुरूप व्यवस्था बनती गई और देर से आनेवाला नुकसान में रहा या सामाजिक वर्गीकरण के निचले पायदान पर डाल दिया गया। नया पेशा लेकर आया समूह एक नई जाति का दर्जा पा जाता था क्योंकि इसी प्रकार पूरा ग्रामीण समाज बना था। इसी तरह जजमानी व्यवस्था भी बनी और उभरी होगी जिसमें वस्तुओं और सेवाओं का आदान-प्रदान ज्यादा व्यवस्थित और स्थायी ढंग से होना शुरू हुआ होगा और चलता आया है।

लेकिन उत्पादक समूहों के खिलाफ भेदभाव और अनेक बार उनसे बहुत ही अपमानजनक व्यवहार यह बताता है कि इस पूरी व्यवस्था में शारीरिक श्रम को बहुत ही छोटा या नीच काम माना जाता था। और यह चीज वर्ण-व्यवस्था से आई थी जिसमें द्विजों के जिम्मे तो दूसरे काम थे पर शारीरिक श्रम का सारा बोझ शूद्रों पर डाल दिया गया था।

वर्ण के मिथक की उत्पत्ति

वर्ण-व्यवस्था के मिथक की उत्पत्ति के लिए हम न तो बाहरी प्रभाव को जिम्मेवार मान सकते हैं, न कर्मकांडी व्याख्या को। इस व्यवस्था के चलते जितना स्पष्ट और तीखा सामाजिक बँटवारा है उसी से यह एहसास होता है कि प्रभुत्व और अधीनता के सम्बन्धों ने ही इस कड़वाहट और टकराहट को पैदा किया है। भारत के मूल निवासियों और उत्तर पश्चिम से आए हमलावरों के बीच लम्बी लड़ाई चली, इस बात की गवाही ऋग्वेद की ऋचाएँ भी देती हैं जो चारों वेदों में सबसे पुराना माना जाता है। अधिकांश जानकार मानते हैं कि इन्हीं चार वेदों के रचयिता इंडो-ईरानी लोगों ने तीसरी सहस्राब्दी ई.पू. के आखिरी दिनों में भारत पर हमला किया था। इन ऋचाओं में भी साफ है कि ये हमलावर पशुपालक और चरवाहे थे तथा स्थानीय लोग एक जगह बसकर खेती करनेवाले तथा अधिक सभ्य थे। वे इन्द्र के उपासक

थे जो नगरों और बस्तियों को समाप्त करनेवाले माने जाते थे। भले ही सभ्य लोगों को काफी कीमत चुकाने के बाद सुरक्षा और सैन्य संसाधनों का महत्त्व समझ में आया, तो भी सैन्यकाम मूलत: एक बर्बर और असभ्यता की चीज ही है। इस प्रकार भारत के शान्तिप्रिय लोग, जिन्होंने विभिन्न कामों में विशेषज्ञता हासिल कर ली थी और जिन्होंने व्यवस्थित नागरिक जीवन जीना शुरू कर दिया था इन बर्बर दस्तों का शिकार बन गए जिन्हें आम तौर पर आर्य माना जाता है। ऋग्वेद में नगरों के भग्नावशेष की जो चर्चा है उससे यह अन्दाजा लगता है कि भारतवासियों की सभ्यता तब तक प्राकृतिक कारणों से या कुछ सामाजिक विवादों के चलते पतन की राह पर थी। सम्भव है कि इस गिरावट के चलते वे बर्बर हमलावरों के आगे और भी कमजोर पड़ गए होंगे। हमलावरों और मूल निवासियों के बीच रंग-रूप का भी अन्तर हो सकता है क्योंकि ऋग्वेद में मूल निवासियों को कृष्ण (श्याम रंग का) कहा गया है। इन लोगों को 'दासा' भी कहा गया है। इस शब्द का मतलब जिस तरह आगे चलकर गुलाम हो गया, उससे यह लगता है कि इन लोगों को बाद में गुलाम या दास बनाया भी गया। लेकिन भारत की उत्पादन प्रणाली में कभी भी दास प्रथा ने प्रभावी भूमिका नहीं निभाई, इसलिए यह सम्भव है कि यह दौर बहुत लम्बा नहीं चला होगा। पर घरेलू काम के लिए रखे जानेवाले आदमी को दास पुकारने से यह शायद इतना प्रचलित और एक खास स्थिति को बतानेवाला भी बना रहा।

वैदिक ऋचाओं जैसी लिखित परम्पराओं से मिली जानकारियों और पुरातात्विक अवशेषों के अध्ययन के आधार पर आलचिंस इस शुरुआती टकराव के बारे में लिखते हैं :

> "वेदों में ही यह बात स्पष्ट होती है कि आर्य जिस क्षेत्र को सप्तसैन्धव कहते हैं वहाँ के वे अकेले वाशिन्दे नहीं थे...और शुरू के दिनों में उनका प्रवास बहुत शान्तिपूर्ण भी नहीं था। हम दासा या दस्यु नामक लोगों का विवरण भी पाते हैं जिनका रंग काला था, जिनकी नाकें चौड़ी थीं जो शिश्न देवता के उपासक थे। उनके पास काफी जानवर थे और वे पुरा के निवासी थे जिनकी दीवारें अभेद्य थीं। हमें पाणि नामक एक अन्य समुदाय के लोगों का भी पता चलता है जिनके पास काफी पशु और धन था। हमें नर्मिणी नामक नगर का भी पता चलता है जो आग में जलकर स्वाहा हो गया था। हमें रावी के तट पर हरियुपिया (जिसे अनेक भारतविद् बड़े विश्वास के साथ हड़प्पा कहते हैं) नामक स्थान पर युद्ध होने का भी पता चलता है। ऋग्वेद में असंख्य विशाल टीलों की मौजूदगी की चर्चा है जिन्हें आर्य इस क्षेत्र के पूर्ववर्ती लोगों की बस्तियों के अवशेष के रूप में याद करते थे...ऋग्वेद द्वारा प्रस्तुत संक्षिप्त तसवीर देने के साथ ही दो पर्याप्त भरोसेमन्द 'पदों की जानकारी भी देता है—1750 ई.पू. तक हड़प्पा सभ्यता के नगरों का उच्छेद हो जाना और 1050 ई.पू. के आसपास लोहे का चलन में आना।"[9]

ऋग्वैदिक लोगों के आगमन के साथ काफी लड़ाई चली और उसमें वे विजयी हुए, स्थानीय लोगों को अधीनता माननी पड़ी, ये बातें इस सबसे प्राचीन ग्रन्थ से निकलती हैं पर इसमें कहीं भी वर्ण-व्यवस्था की चर्चा नहीं है। इसमें ब्राह्मण शब्द तो आया है पर वह वर्ण या जाति का सूचक न होकर पुजारी के लिए प्रयुक्त हुआ लगता है। पुराणों में विश्वामित्र को क्षत्रिय कहा गया है पर वे भी ब्राह्मण वशिष्ठ की तरह पुरोहित या पुजारी हो सकते थे। दो अन्य वर्णों—वैश्य और शूद्र का उल्लेख नहीं हुआ है। एक चीज निश्चित लगती है कि स्थानीय लोगों की जमीन और पशु छीन लिए गए। पशुओं को छीन लेने का उल्लेख विशेष रूप से कई स्थानों पर किया गया है; और चूँकि इलाके पर उनका कब्जा हो गया था इसलिए वे जमीन के स्वामी भी हो ही गए होंगे।

यह भी निश्चित लगता है कि खेती से जुड़े अनेक काम, शिल्प और कौशल इन घुमन्तू और योद्धा पशुपालकों के लिए मुश्किल लगे होंगे। इसलिए उन्होंने यह होशियारी भरा फैसला किया होगा कि इन कामों को स्थानीय और पारम्परिक तौर पर यही काम करनेवालों के लिए ही छोड़ दिया जाए और सिर्फ यही हिसाब रखा जाए कि उनके श्रम का फल हमें भी मिले। ये नए और मुश्किल काम करने की जगह वे अपना वक्त पशुपालन, लड़ाई लड़ने का अभ्यास करने और यज्ञ करने में लगाते और उन देवताओं के लिए बलि चढ़ाने में लगाते थे जिन्होंने उनको इतना लाभप्रद जीतें दिलवा दी थीं। चूँकि इन हमलावरों के पास बेहतर अस्त्र-शस्त्र थे इसलिए श्रम और कामों के ऐसे बँटवारे को चुनौती देने का साहस शायद ही कोई कर सकता था। इस मामले में वे आज तक दिख रहे मानवीय व्यवहार से अलग नहीं लगते। जैसे यह मान लेना कि शक्ति हाथ में आने से उन्हें सबके लिए फैसले करने का अधिकार मिल गया है। और अपने अन्तिम रूप में ये चीजें वैचारिक जामा पहनकर श्रम के विभाजन, सामाजिक वर्गीकरण या काम के तर्कपूर्ण बँटवारे जैसे तर्कों के अनुरूप भी बैठने लगती हैं।

लोगों की इस विभिन्न किस्म की टकराहट और इससे बननेवाले सम्बन्धों के अन्दर ही हमें वर्ण-व्यवस्था का मूल खोजना है। पहले तीन काम—पशुपालन, युद्ध करना और देवताओं को बलि या अर्घ्य चढ़ाना तीनों ऊपरी वर्णों—वैश्यों, क्षत्रियों और ब्राह्मणों के तय कर्तव्यों से मेल खाते हैं। बाकी काम स्थानीय निवासियों के लिए छोड़ दिए गए। हमलावरों को सुखी-सम्पन्न रखने का सबसे उपयोगी और श्रमसाध्य काम करनेवाले सारे स्थानीय लोगों को शूद्रों की श्रेणी में डाल दिया गया हो सकता है। हमने देखा है कि प्राचीन काल में पंजाब में शूद्र नामक कबीला भी था। सम्भव है कि सबसे पहले अधीन बनाए गए लोगों में यह कबीला भी होगा और हमलावरों की सेवा या उनके लिए उत्पादन करने के लिए अधीनस्थ बसे सभी लोगों का नाम इसी कबीले के नाम पर पड़ गया होगा। एक

अन्य सन्दर्भ में गुस्ताव ओप्पर्ट ने जो विचार व्यक्त किए हैं वे यहाँ प्रासंगिक लगते हैं। वे लिखते हैं :

"मैं पाडिया लोगों को प्राचीन द्रविड़ आबादी का प्रतिनिधि मानता हूँ और इन लोगों को भी समाज के सबसे निचली श्रेणी के लोगों को अपना नाम देने के लिए वैसे ही विवश किया गया होगा जैसाकि प्राचीन शूद्रों को सभी शूद्र जातियों को अपना नाम देने के लिए।"[10]

यह सुप्रसिद्ध है कि 'स्लाव' लोगों ने उन सब युद्धबन्दियों को अपना नाम दिया जो यूनानी और रोमन सभ्यताओं को अपना श्रम देते थे, यद्यपि वे उस तरह बनाए गए दास नहीं थे।

भारत की तरह ही अफ्रीका में भी चरवाहा समुदाय के लोगों ने खेतिहर समुदाय के लोगों पर जीत हासिल की और वहाँ भी काफी कुछ भारतीय वर्ण-व्यवस्था की तरह ही भेदभावपूर्ण सामाजिक व्यवस्था बनी, भले ही वह पूरी तरह हमारी जाति व्यवस्था जैसी न हो। रवांडा के टुट्सी, हुतु और त्वा जातियों या कबीलों का रिश्ता जाति व्यवस्था जैसा ही है। चरवाहों और पशुपालकों का टुट्सी समूह खेतिहर हुतु पर भारी पड़ता है और शिकारी त्वा लोगों के साथ ठीक उसी तरह व्यवहार करता है जैसाकि हिन्दुओं द्वारा चांडालों के साथ किया जाता है। आई.एम. लेविस ने रवांडा की स्थिति का वर्णन कुछ इस प्रकार किया है :

> "इस देश में तीन स्तरीय जाति व्यवस्था पारम्परिक रूप से रही है जो कबीलाई या जातीय पहचान पर आधारित थी और हम देखेंगे कि यहाँ बहुत साफ दिखनेवाली शारीरिक बनावट के अन्तर से भी मेल खाती थी। सबसे ऊपरी तो तगड़े डील-डौलवाले टुट्सी हैं जो विशिष्ट और अलग संस्कृतिवाले पशुपालकों का समूह हैं और जिनकी पारम्परिक कथाओं और रिकॉर्ड के अनुसार इन लोगों ने रवांडा को जीता था और स्थानीय हुतु खेतिहरों के ऊपर अपना शासन कायम किया था। वैसे इनकी संख्या कुल आबादी का 15 फीसदी ही है पर इन पशुपालक और तगड़े लोगों ने अपने युद्ध कौशल और युद्ध की बेहतर तकनीक के सहारे दब्बू हुतु खेतिहरों पर अपनी सत्ता कायम कर ली जो आबादी के शेष 85 फीसदी हिस्से में बहुमत में थे। सबसे छोटा और अन्तिम समूह था त्वा लोगों का, जो शरीर और संख्या दोनों हिसाब से एकदम बौने थे, उन्हें काला बौना कहा भी जाता था। यह समाज वैसे तो विविधतापूर्ण था पर जातीय आधार पर बँटा हुआ था। शासक टुट्सी सामन्त खुद को हुतु और त्वा समूह का मालिक और संरक्षक मानते थे। हुतु लोग उनके लिए अनाज तो उगाते ही थे, उनके पशुओं की देखरेख भी करते थे...जहाँ हुतु लोग अनाज पैदा करने, लाने और पशुओं की देखरेख में लगे थे वहीं शासक टुट्सी जमात मुख्यत: लड़ने-भिड़ने या युद्ध के अभ्यास में लगी रहती थी।"[11]

मार्गरेट पेइल इस जातीय सम्बन्ध की अन्य विशेषताओं या पहलुओं के बारे में लिखती हैं :

> "दोनों ही रेयामगोंबे पंथ के हैं पर अलग-अलग तरह के आयोजन करते हैं। काम और सेवा वाला रिश्ता रखने के बावजूद जातिगत अलगाव बना रहा और हुतु तथा टुट्सी कभी भी साथ खाने या सामाजिक मेलजोल की स्थिति में नहीं आए। जहाँ कहीं अन्तरजातीय विवाह हुए भी तो उनसे पैदा सन्तान की जाति इस आधार पर तय होती थी कि वह कैसी है या उसके माँ-बाप के आचरण को कैसा माना जाता है। सुन्दर हुतु स्त्री को ऊपरी दर्जा मिल जाता था जबकि अपने पशु या राजा का विश्वास गँवानेवाले टुट्सी व्यक्ति को या अपना कौमार्य गँवानेवाली टुट्सी लड़की को निचली श्रेणी में ही रखा जाता था।"[12]

भारतीय जाति व्यवस्था और रवांडा की व्यवस्था में कुछ स्पष्ट समानताएँ हैं पर यहाँ ऊँची और नीची जाति के बीच शादी की सम्भावना खुली रहने से भारत जैसी जड़ता नहीं है। लेकिन सम्भव है कि भारत में भी जब वर्ण-व्यवस्था बन रही होगी तब ऐसी ही स्थिति रही होगी। भारत में भी मिश्रित खून या नस्ल की उपस्थिति निश्चित रूप से इस सम्भावना की तरफ इशारा करती है। इसके अलावा, जैसाकि हमने पिछले अध्याय में देखा है, इस बात के काफी सारे ऐतिहासिक प्रमाण हैं कि यहाँ भी इस तरह की शादियाँ बहुत आम थीं। अब हम जो अन्तर देखते हैं वह काम के हिसाब के चलते भी हो सकता है।

शुरुआती दौर में उभरे तीन वर्णों के काम का बँटवारा भी जन्म पर आधारित नहीं लगता। लेकिन नए आए समूह के स्थानीय लोगों से मेल-मिलाप, जो उनके सप्तसैन्धव वाली भूमि से पूरब की तरफ बढ़ने के चलते बना था, के परिणामस्वरूप जो नई संश्लिष्ट संस्कृति बनी उसमें इस तरह का विभाजन ज्यादा स्पष्ट होता गया। जैसाकि हम शतपथ ब्राह्मण में पाते हैं, अब बलि और यज्ञ की व्यवस्था बहुत ही विस्तृत और व्यापक बन गई थी और जो लोग इस कार्य के लिए विशेष तौर पर दीक्षित नहीं थे वे इन्हें नहीं कर सकते थे। अत:, धीरे-धीरे पुजारियों का एक वर्ग उभरने लगा जो बलि और अन्य धार्मिक-सामाजिक आयोजनों से सम्बन्धित कर्मकांडों में खास विशिष्टता रखता था। धीरे-धीरे पुजारी का यह काम वंशानुगत होने लगा जैसाकि औद्योगिक समाज बनने के पहलेवाले दौर में सभी समाजों में हुआ था। ऐसे ही कारणों से युद्ध और हथियारों के काम में विशेषज्ञता रखनेवालों की भी अलग श्रेणी बनी और फिर यह काम भी वंशानुगत बन गया। नए लोग जब पूरब की तरफ बढ़े तब उनको ऐसी लड़ने-भिड़नेवाली जमात की जरूरत भी पड़ी क्योंकि नए और अपने प्रति द्वेष रखनेवाले लोगों के बीच कब कहाँ से

हमला हो जाए इसका भरोसा न था। और फिर उन्हें जीती जमीन के विस्तार, नए इलाकों में जाने के लिए भी योद्धा समूह की जरूरत रहती होगी। और यह काम तभी सबसे अच्छी तरह हो सकता था जब आबादी के एक हिस्से को स्थायी रूप से लड़ने-भिड़ने या हथियारों के प्रशिक्षण में शुरू से ही लगा दिया जाए। इस प्रकार अगर पूजा-पाठ और कर्मकांड तथा लड़ने-भिड़ने की जरूरतों के लिए समाज के दो हिस्से निकल गए तो स्वाभाविक रूप से बाकी लोगों के जिम्मे उत्पादक काम आ गए होंगे। जब वैश्य 'गृहपति' होने की तरफ मुड़े, जो बाद में उनका नाम ही बन गया, तो वैदिक काल के बादवाले दौर में तीन द्विजोंवाली वर्ण-व्यवस्था अपना रूप लेती दिखती है। यही इसकी उत्पत्ति हो सकती है। ए.बी. कीथ भी वर्ण के बारे में, जिसे वे जाति ही कहते हैं, ऐसी ही राय व्यक्त करते हैं। वे लिखते हैं :

> "जाति व्यवस्था के विकास को आर्यों के पंजाब से निकलकर पूरब की तरफ बढ़ने से आई परेशानियों वाले जीवन से जोड़ा जाता है। छोटे कबीलों के लोगों ने भूस्वामियों की ठोस शक्ति को पराजित करने के लिए खुद को एक केन्द्रीकृत राज्य में बदलना जरूरी माना। फिर इन छोटे कबीलों के सरदारों ने अपनी राजसी पदवी तो गँवा दी लेकिन सुरक्षित फौज का हिस्सा बन जाने को अधिक लाभ का और स्थायी काम माना और उनके जिम्मे मूलवासियों की सम्भावित बगावत पर नजर रखना और उनका प्रतिरोध करने भर का काम था। दूसरी तरफ युद्ध लड़नेवाले वर्ग का संरक्षण पाकर कारीगर और किसान लोगों ने हथियारों का प्रयोग छोड़ दिया और सारा ध्यान अपने कामों पर लगाया। राज्य का आकार बढ़ने और सभ्यता की जटिलताओं में वृद्धि के साथ ही शुरू के दौर के सरल कर्मकांड, जिनमें राजा अपने लोगों की तरफ से बलि या दान दे सकता था, भी बदले और ठोस हुए तथा समाज में कर्मकांडों को ठीक-ठीक सम्पन्न कराने और विश्वस्त ढंग से पूरा कराने के प्रति आग्रह भी बढ़ा और परम्परा के संरक्षण की बात भी मजबूत हुई। इसी के परिणामस्वरूप पुजारी वर्ग, योद्धा वर्ग और वैश्य वर्ग का तीसरा समूह उभरा जिनके काम एकदम स्पष्ट रूप से अलग थे और ये काम अब पूरी तरह वंशानुगत हो गए थे।"[13]

तीन वर्णों में बँटवारे का अन्दाजा तो हो जाता है लेकिन इस समय तक बँटवारे में इतना तीखापन नहीं लगता कि आपस में खान-पान या अन्तर-वर्ण विवाह पर रोक लग गई हो। जैसाकि हमने देखा है, प्राचीन काल का बौद्ध साहित्य और पौराणिक ग्रन्थ भी इस बात का संकेत नहीं करते कि तब कोई इतना कठोर या जड़ बँटवारा था। सुविधा और कौशल के हिसाब से अनेक पेशे

वैसे तो वंशानुगत हो चुके थे पर शुरुआत में यह विभाजन पेशों का वर्गीकरण जैसा ही था और काफी समय तक यही स्थिति बनी रही। कठोर जाति व्यवस्था बाद की चीज है।

यह मानने में खास हर्ज नहीं है कि नए आकर बसनेवाले लोगों ने स्थानीय खेतिहर समूहों से पर्याप्त मेल-जोल बनाए बिना खेती को नहीं अपनाया होगा क्योंकि वे लोग मुख्यत: पशुपालक और घुमन्तू थे। चूँकि खेती के काम में आनेवालों का सीधे-सीधे वैश्यों से पाला पड़ता होगा और उनके साथ उनकी पहचान भी जुड़ती गई होगी इसलिए वर्ण-व्यवस्था में उनका दर्जा कुछ नीचा हो गया होगा। स्थानीय मूल निवासियों से निकट रिश्ता बनाने की वैश्यों को यह कीमत चुकानी पड़ी होगी। समाज में उनके ऊँचे स्थान से एक अन्य चीज ने भी प्रभावित किया होगा। शारीरिक श्रमवाले सभी उत्पादक काम चूँकि अधीनस्थ आए लोगों, जिन्हें शूद्र कहा गया, को दिए गए थे इसलिए जिस किसी भी काम में मेहनत करनी पड़े उसे कमतर माना जाने लगा। इसके चलते द्विज वैश्य भी पुजारियों और योद्धाओं से नीचे माने जाने लगे। इस चीज में हमें तत्काल पश्चिमी यूरोप में अकुशल कारीगरों के तौर पर काम करनेवाले प्रवासी मजदूरों की स्थिति की याद हो आती है। उनके साथ समानता का संस्कार रखने का दावा करनेवाले लोग छुआछूत वाला व्यवहार तो नहीं करते पर सामाजिक सम्बन्धों के मामले में उनकी स्थिति शूद्रों या पाड़िया लोगों से भिन्न नहीं है। ऐसा लगता है कि मानव समाज विभिन्न समूहों या विभिन्न व्यक्तियों के बीच सम्बन्धों के मामले में कुछ खास तरह से ही व्यवहार करता है, अगर स्थितियाँ समान हों तब।

जाति व्यवस्था के पूरे इतिहास में ब्राह्मण और क्षत्रिय का सापेक्षिक दर्जा लगातार अस्पष्ट-सा ही रहा है। धर्मशास्त्र चाहे जो कहें, इन दोनों के बीच बेटी-रोटी के रिश्ते समेत आपसी सम्बन्धों में एक खास किस्म का जुड़ाव और टकराव चलता रहा है। धार्मिक और कर्मकांडवाले मसलों में तो ब्राह्मण बेहतर स्थिति में रहे हैं पर अन्य सभी मामलों में क्षत्रिय राजा की ही सबसे ज्यादा चलती रही है और कई बार तो धार्मिक मामलों में भी, खासकर विभिन्न धार्मिक पंथों के दावे निपटाने में, राजा की ही सर्वोच्च स्थिति रही है।

वर्णों का नामकरण भी उनके बनने की खास स्थितियों से निकला हो सकता है। ब्राह्मण वर्ण बनने के पहले भी जो पुजारी धार्मिक अनुष्ठान करते थे उन्हें ब्राह्मण ही कहा जाता था। अनेक जगहों पर तो अभी भी जाति व्यवस्था के बाहर रहनेवाले लोगों के पुजारी भी ब्राह्मण कहे जाते हैं। क्षत्रिय वर्ण का नाम सम्भवत: अलग तरह से पड़ा होगा।

भारत पर हमला करनेवाले सारे इंडो-इरानियन लोग न तो एक ही कबीले के थे, न ही एक ही साथ एक ही समय भारत आए थे। यह हो सकता है कि जब

वर्ण-व्यवस्था अस्तित्व में आ रही थी तब दोआब क्षेत्र पर जिन कबीलों का प्रभुत्व रहा होगा उनको आम तौर पर क्षत्रिय के रूप में जाना जाता था। जिस प्रकार सभी गुलाम बने या अधीनस्थ मूल निवासियों को एक कबीले के नाम पर शूद्र पुकारा जाने लगा उसी तरह क्षत्रिय सभी शासक कबीलों या वर्गों का नाम पड़ गया होगा। यह शूद्रों की तरह का एक वर्गीकरण भर रहा होगा। और जैसे ही हम इस सम्भावना को स्वीकार करते हैं हमें तत्काल यह समझ में आने लगता है कि क्यों हमारे इतिहास में सैकड़ों वर्ष तक शासक कुल के लोग क्षत्रिय होने का दावा करते थे और उनके दावे को बड़ी आसानी से मान भी लिया जाता था।

वैश्य नाम 'विस' से बना है जिसका प्रयोग सभी आम लोगों के लिए होता था। जब ब्राह्मण और क्षत्रिय को अलग क्षेत्रों में रख लिया गया तो सिर्फ सामान्य लोग ही बचे और उनको लेकर वैश्य वर्ण बन गया।

यह सारा बँटवारा कुछ बाहरी लोगों के हमले, जीत और फिर एक नई संस्कृति और लोगों के धीरे-धीरे मिलने की खास स्थिति की पैदाइश है। जाति व्यवस्था की उत्पत्ति की बहुत भारी-भरकम कहानी (ब्रह्मा के अंगों से) सिर्फ ब्राह्मणों के दिमाग की खूबसूरत कल्पना-भर है। ऐसा सिर्फ भारत में ही नहीं हुआ है। सभी समाजों में लोग अपनी संस्थाओं के पक्ष में आदर्शों का एक जाल बुनते हैं और फिर हिन्दू ही क्यों अपवाद बनते। लेकिन इस कथा को वास्तविकता मानने का भी कोई आधार नहीं है जो कि जाति व्यवस्था की उत्पत्ति को कर्मकांड से जोड़नेवाले लोग करते हैं। जैसे इस व्यवस्था की उत्पत्ति के बारे में नीचे जो कथा दी जा रही है उसे ठीक उसी रूप में कोई भी स्वीकार नहीं कर सकता जबकि यह वर्ण-व्यवस्था की उत्पत्ति सम्बन्धी धर्मग्रन्थों के अनेक सिद्धान्तों में से एक भर है :

> "जब जीवन चलाने के संसाधनों की व्यवस्था हो गई तो स्वयंभू ने लोगों की प्रवृत्तियों के अनुरूप उनका विभाजन कर दिया (161)। जो लोभी और तोड़-फोड़ करनेवाले थे उन्हें दूसरों का संरक्षक अर्थात् क्षत्रिय बना दिया गया (162)। सत्य बोलने का साहस करनेवालों और ज्ञान की बात को सँभालकर रखनेवालों को ब्राह्मण बनाया गया (163)। इनके अलावा जो लोग पहले दीनहीन थे, पशुवध का काम करते थे, खेतिहर थे और जमीन से सक्रिय रूप से जुड़े थे उन्हें वैश्य किसान कहा गया (165)। सोचान्ताह (चिन्ता करनेवाले—शोक करनेवाले) और द्रवेन्ताह (दौड़-दौड़कर काम करनेवाले) लोगों को, जो शारीरिक काम के आदी थे, जिनका व्यक्तित्व गौरवशाली न होकर अदना माना गया, उन्हें शूद्र बना दिया..."[14]

निश्चित रूप से यह बाद में गढ़ी गई कहानी है जो तब मौजूद संस्थाओं के गुण-दोष को ध्यान में रखकर बनी थी।

शूद्रों के ख़िलाफ ब्राह्मणवादी चिढ़

उपरोक्त सारे घटनाक्रम में कुछ भी बहुत असामान्य नहीं था। लेकिन वर्ण आधारित सामाजिक विभाजन की असली असामान्य चीज थी चौथे वर्ण अर्थात् शूद्रों को अन्य वर्णों से एकदम अलग-थलग रखने के प्रयास और एक हद तक अन्य तीनों वर्णों में भी कठोर बँटवारा हो जाना। यह अलगाव पाँचवीं श्रेणी अर्थात् अन्त्यजों से अलगाव से एकदम अलग प्रवृत्ति की थी।

अन्त्यजों से अपने को अलग रखने के प्रयास के तर्क को समझना मुश्किल नहीं है। जब विदेशी हमलावर, जो यहाँ आकर बस गए; विभिन्न चरणों में भारत आए तो भारत के मूल निवासी सांस्कृतिक या आर्थिक विभाग के हिसाब से एक स्तर पर नहीं थे। कुछ हिस्सों में लोग नगरों में रहते थे, बहुत सभ्य ढंग से रहते थे और ये शहर उन्नत खेती के आर्थिक आधार पर टिके थे। लेकिन आबादी का काफी बड़ा हिस्सा अभी भी शिकार करके या फल-फूल चुनकर जीवन बसर करता था और खेतिहर आबादी से उनका व्यावसायिक सम्बन्ध बहुत ही कम था जैसाकि आज तक कुछ हिस्सों में चलता आ रहा है। वे पहाड़ी इलाकों और जंगलों में रहा करते थे और उनकी जीवन शैली आदिम थी। ऐसे लोग सदा से बसकर खेती करनेवाले समाज के दायरे से बाहर ही थे। पशुपालक और योद्धा हमलावरों को अपने लिए शहरों की कोई उपयोगिता नहीं लगी क्योंकि उन्हें इस जीवन शैली का पता ही न था, सो उन्होंने शहरों को मटियामेट कर दिया। चूँकि वर्ण-व्यवस्था उस दौर में आई जब हमलावर लोग ही खेतिहर जीवन अपनाते हुए यहाँ बस गए थे इसलिए पुराने खेतिहर लोगों से उनका मेल हो गया। पहाड़ों और जंगलों में जीवन बितानेवाले आदिवासी लोग अलग-थलग ही जीवन जीते रहे और कभी भी वर्ण-व्यवस्था का अंग नहीं बने। और यही लोग जब जंगल के संसाधनों और भोज्य पदार्थों की कमी होने से गाँवों में बसने को मजबूर हुए तो उन्हें अन्त्यज जातियों की श्रेणी में डाल दिया गया। खेती करनेवालों से एकदम अलग जीवन शैली और आदतों के चलते उनको कमतर माना भी जाता था। उनको गाँव के एक किनारे अलग-थलग ढंग से बसाया भी जाता था। लेकिन अपने खास तरह के काम में विशेषज्ञता के चलते उनको पेशेवर जाति के रूप में मान्यता भी मिली जैसाकि हमने पहले देखा है। यह बात उल्लेखनीय है कि अधिकांश अन्त्यज जातियों के पेशेवाले काम ऐसे ही थे जिनके चलते उनको प्राय: गाँव से बाहर ही रहना पड़ता था। इनमें शिकार करना, मछली पकड़ना, नाव चलाना, जड़ी-बूटियाँ या शहद जमा करना, तमाशा दिखाना वगैरह शामिल था। बौद्ध और जैन मतों के उभार और शाकाहार का जोर बढ़ने के साथ ही सम्भवत: उनको खासकर शिकारियों, मांस और चमड़े का कारोबार करनेवालों और मछली पकड़नेवालों को अछूत घोषित कर दिया गया हो। इसी

मूल का होने के चलते अन्त्यजों से न सिर्फ तीन ऊपरी वर्णों के लोग घृणा करते थे बल्कि शूद्र भी ऐसा ही व्यवहार करते थे।

अलबेरूनी के विवरणों से पता चलता है कि ग्यारहवीं शताब्दी के शुरू तक भी अन्त्यज जातियों के लोग अधिकांश ऐसे ही काम करते थे जो गाँवों में बसी खेतिहर आबादी के दायरे से बाहर के थे। सिर्फ सफाई करनेवाले और कसाई का काम करनेवाले लोग ही अपवाद थे जिनके पेशे नगरों के उभर आने के बाद जरूरी हो गए थे। अलबेरूनी लिखते हैं :

> "शूद्रों के बाद अंत्यजों का नम्बर आता है जो अनेक तरह के ऐसे काम करते हैं जिनका जिम्मा किसी जाति पर नहीं है। इनको भी किसी जाति में नहीं गिना जाता और उनके पेशों से ही उनकी पहचान जुड़ी हुई है। इनके आठ समूह हैं जो, तीन समूहों को छोड़कर, बहुत आसानी से आपस में शादी-विवाह भी करते हैं। ऐसा न करनेवाले तीन समूह हैं धोबी, चमार और बुनकर, जो इन लोगों से खास मतलब नहीं रखते। ये आठ पेशेगत समूह हैं चमार, धोबी, मदारी, टोकरी और ढाल बनानेवाले, मल्लाह, मछुआरे, बहेलिये और बुनकर। चार जातियों (वर्णों) के लोग इनके साथ और एक ही जगह पर नहीं रह सकते। इन पेशोंवाले लोग इन चार वर्णों के लोगोंवाले गाँवों और शहरों के किनारे परन्तु उनसे थोड़ी दूरी रखकर बसते हैं।
>
> "हाड़े, डोम (डोम्ब), चंडाल और बढ़ाताऊ कहे जानेवाले लोगों की गिनती किसी जाति में नहीं होती, न ही इनके साथ खास पेशे जुड़े हैं। उनके जिम्मे गाँव की सफाई और इसी तरह के गन्दे काम दिए गए हैं।"[15]

उपरोक्त सूची में बुनकर और धोबियों को बाहर रखनेवाली बात आसानी से समझ में नहीं आनेवाली है। यह सम्भव है कि उस वक्त उनके काम से कुछ ऐसी चीजें जुड़ी हों—काम में प्रयोग लाई जानेवाली ऐसी चीजें हों जिन्हें तब अशुद्ध माना जाता हो।

शूद्रों से भेदभाव और अलगाववाला जो व्यवहार होता था उसमें कुछ पहलू तो एक अलग स्थिति बनने के बाद उभरे लगते हैं।

यह स्थिति शूद्रों द्वारा सत्ता और समृद्धि हासिल करने और तीन ऊपरी वर्णों के बराबर दर्जा पाने का प्रयास करने से पैदा हुई हो सकती है। पारम्परिक रूप से खेती और अन्य शिल्पों का विशेषज्ञ होने के चलते वे समाज पर प्रभावी घुमन्तू और पशुपालक समूह से ज्यादा कुशल रहे होंगे। उनके कौशल और श्रम को दबाने का काम द्विज जातियों ने लगातार किया या इसके सहारे ही वे समृद्ध हुए होंगे और यह बात ऐतिहासिक काल की शुरुआत में ही कारीगरों को अनुदान और पदों के देने के प्रमाणों से भी पुष्ट होती है। इसके साथ ही बौद्ध धर्म के उभार ने, जो सभी मनुष्यों

के समान होने का सन्देश देता था, भी ऊपरी दो वर्णों के श्रेष्ठताबोध को झकझोरा होगा। और इसी बात की सारी सम्भावना लगती है कि अपनी पोजीशन में और ज्यादा गिरावट को रोकने के लिए ही शूद्रों पर नई बन्दिशें थोपी गई होंगी, अब वे कितनी प्रभावी हुईं यह अलग बात है। लेकिन इस बात में सन्देह नहीं कि उत्तर पौराणिक लेखकों ने जब कभी भी कलियुग, जिसमें वे स्वयं रह रहे थे, के बारे में लिखा तो भारी निराशा का वातावरण बताया और अब विनाश आने की भविष्यवाणी की। उन्होंने ब्राह्मणों के पतन का रोना रोया जिन्होंने अमीर शूद्रों से दान पाने के चक्कर में खुद को क्षुद्र बना लिया है। ये ब्राह्मण शूद्रों का भोजन भी करते थे, इसकी भी आलोचना हुई है। अपने दोषी बंधुओं के प्रति उनके आक्रोश में एक खास किस्म का नपुंसक क्रोध है। तब की स्थिति का यह विवरण काफी कुछ बता देता है :

> "राजा के मूर्ख शूद्र अधिकारी ब्राह्मणों से उनका आसन जबरन छुड़वाते हैं और उनके साथ मारपीट भी करते हैं। यह घोर कलियुग है तभी तो राजा ब्राह्मणों का अनादर करते हैं और शूद्र भी ब्राह्मणों के बीच बैठते हैं। वेदों का कम ज्ञान रखनेवाले, कम भाग्यशाली और कमजोर ब्राह्मण फूल, फल और अन्य सजावटी चीजों के साथ शूद्रों का अभिषेक करते हैं। ऐसा सम्मान पाकर शूद्र ब्राह्मणों की तरफ नजर भी नहीं करते। ब्राह्मण शूद्रों के महल में प्रवेश करने की हिम्मत नहीं कर सकते लेकिन उनको आशीर्वाद देने, उनका अभिनन्दन करने के लिए उनके दरवाजे पर खड़े रहते हैं। शूद्रों के दान पर गुजर करनेवाले ब्राह्मण उन्हें खुश रखने के लिए, उन्हें वेदों की शिक्षा देने के लिए उनके वाहन को चारों ओर से घेरे रहते हैं।"[16]

निश्चित रूप से यह स्थिति रही होगी और मोची के सम्मान में कही बातों का जो उद्धरण हमने पहले दिया है वह इससे जुड़ता है, इसकी पुष्टि करता है।

इन स्थितियों की प्रतिक्रिया में और अपनी श्रेष्ठता को बचाने के लिए ही ब्राह्मणों ने शूद्रों को उनके 'उचित स्थान' पर रखने का फैसला किया होगा—अगर सम्भव हो तो इसके लिए कायदे-कानून लागू किए जाएँ, वरना उनके खिलाफ मन की भड़ास तो निकाल ही ली जाए। यह काम संहिताओं में शूद्रों के खिलाफ तमाम सारी व्यवस्थाएँ बनाकर किया गया क्योंकि संहिताएँ बनाने का एकाधिकार तो ब्राह्मणों का ही था। इस बात की पूरी सम्भावना लगती है कि धर्मशास्त्रों की रचना इसी मानसिकता के तहत हुई होगी। अब ऐसे कानून बनते और लागू होते हैं या नहीं इस बात से ब्राह्मणों को सीधे तौर पर कुछ लेना-देना न था। यह काम समाज के विवेकवान लोगों या भविष्य के शासकों के ऊपर छोड़ दिया गया जो इन बातों के प्रति सचेत होते या नहीं, इसका कोई अन्दाजा न था। पर इतिहास से हमें जो जानकारी मिलती है उससे यही लगता है कि शायद ही कहीं इन कानूनों को लागू

किया गया। ब्राह्मण लोगों के वश में सिर्फ इतना ही था कि वे स्वयं को अपवित्र होने से बचाने के लिए शूद्रों के सम्पर्क में आने से बचें और उन्होंने यह किया भी।

इससे सम्भवत: इस बात की भी व्याख्या होती है कि जातीय भेदभाव विन्ध्य से दक्षिण के इलाके में क्यों ज्यादा था जबकि वर्ण-व्यवस्था तो सम्भवत: विन्ध्य के उत्तर में ही उभरी थी। उत्तर में धर्मशास्त्रों के माध्यम से शूद्रों के खिलाफ कही गई बातें मुख्यत: ब्राह्मणों के मन की भड़ास हैं जो अपनी सामाजिक हैसियत गिरने के चलते नाराज थे। शूद्रों को अपनी कल्पना के हिसाब से एकदम नीच स्थान देने की बात करके वे अपनी नाराजगी को ही निकाल रहे थे। पर धर्मशास्त्रों की भूमि से दूर के लोग, अर्थात् विन्ध्य के दक्षिण के लोगों ने इन बातों को शब्दश: लेने का प्रयास किया क्योंकि वे इस नई व्यवस्था में नए-नए आए थे और उन्होंने धर्मशास्त्रों में कही गई भेदभाववाली व्यवस्था को लागू करने का ज्यादा प्रभावी प्रयास किया। हर धर्म और पंथ के नवदीक्षितों में यह अति उत्साह विद्यमान रहता है। ये बातें सिर्फ अनुमान भरे हैं पर अभी बहुत दिन नहीं हुए जब महाराष्ट्र के कुछ ब्राह्मण शासकों ने धर्मशास्त्रों के कुछ हिस्सों को अपने यहाँ के कानून का हिस्सा बनाया था। अठारहवीं सदी में लागू इन कानूनों की कुछ गड़बड़ियों के बारे में जी.एस. घुर्ये लिखते हैं :

> "सवाई माधव राव के जीवनकाल में पेशवा सरकार ने आदेश दिया था कि अति शूद्र अर्थात् शूद्रों से भी नीच होने के चलते ब्राह्मण पंडित महारों की शादी नहीं करवा सकते। महारों से कहा गया कि वे अपनी शादियाँ अपनी जाति के पंडितों—मेढ़े-महारों से ही कराएँ। पवित्र शूद्रों के हाथ से ही ब्राह्मण दान ले सकते हैं। ऐसी ही एक उच्च जाति मराठा प्रान्त में थी—प्रभु। बाद में पेशवा राज में इस जाति के लोगों पर भी वैदिक रीति से अपने पवित्र संस्कार कराने पर रोक लगने लगी थी और उन्हें अपने अधिकारों को बचाए रखने की लड़ाई लड़नी पड़ी।"[17]

इसी किताब में एक अन्य स्थान पर वे लिखते हैं :

> "पेशवा शासन में अपराध की प्रकृति की जगह अपराधी की जाति ही सजा का मुख्य आधार बनती थी। सश्रम कारावास और फाँसी की सजा तो आम तौर पर सिर्फ छोटी जाति के अपराधियों को मिलती थी।"[18]

धर्मशास्त्रों पर आधारित इस किस्म की भेदभावपूर्ण न्याय व्यवस्था की उम्मीद सिर्फ ब्राह्मण शासकों से की जा सकती थी। लेकिन सम्भव है कि ब्राह्मण पुजारियों और सिर्फ उन्हीं के हाथों चढ़े भोग को स्वीकार करनेवाले भगवान की नजरों में खुद को श्रेष्ठ साबित करने के लिए दक्षिण के गैर-ब्राह्मण शासकों ने भी इसका अनुसरण किया होगा।

इस व्यवस्था की तुलना अमेरिका और दक्षिण अफ्रीका में चमड़ी के रंग के आधार पर काले लोगों के साथ भेदभावपूर्ण व्यवस्था से ही की जा सकती है। अमेरिका में इस व्यवस्था की जड़ें गुलाम प्रथा में हैं। गुलाम व्यापार में शुरू में तो काले नीग्रो लोगों पर बहुत ही जुल्म ढाए गए पर उनके शरीर से हाथ या सामान के छू जाने से अपवित्रतावाला हिसाब न था। नीग्रो न सिर्फ बागानों में काम करते थे बल्कि श्वेत मालिकों के घर के भी सारे काम करते थे। अक्सर वे घर के सदस्य की तरह का स्नेह भी पाने लगते थे। 1861 के गृहयुद्ध के बाद स्थिति बदली जब सभी गुलामों को मुक्त कर दिया गया और दास प्रथा पर कानूनी रोक लगा दी गई। इसके बाद पुनर्निर्माण का दौर शुरू हुआ जिसमें नीग्रो लोगों के पुनर्वास की कोशिश हुई जिससे वे अमेरिका के नागरिक के तौर पर समान अधिकार पा सकें। लेकिन यह प्रयास श्वेत लोगों के बड़े हिस्से की नाराजगी के चलते सफल नहीं हो पाया। यह विरोध खास तौर से दक्षिणी हिस्से के श्वेतों की तरफ से हुआ जो पुराने दिनों में दासों के स्वामी थे और जिन्हें इस बदलाव से अपनी स्थिति को खतरा लगा। लेकिन नीग्रो लोगों को समान अधिकार देने से श्वेत लोगों के एक हिस्से को इतनी नाराजगी हुई कि उन्होंने नीग्रो लोगों पर आतंकवादी हमले तक शुरू कर दिए और अमेरिका के दक्षिणी प्रान्तों में कू क्लक्स क्लान जैसे आतंकवादी गिरोह उभर आए।

इसके बाद भी जब श्वेत लोगों को अपना दर्जा गिरता लगा तभी नीग्रो लोगों के सम्पर्क में आने से किसी किस्म से प्रदूषित हो जाने या नीग्रो जाति के कमतर होने के सिद्धान्त गढ़े जाने लगे। इन्हीं सिद्धान्तों के आधार पर नीग्रो लोगों के रेस्तराँ और अन्य सार्वजनिक जगहों पर प्रवेश पर रोक लगी जहाँ वे दूसरे लोगों के सम्पर्क में आ सकते थे। स्कूलों में या बसों में नीग्रो श्वेत लोगों के साथ नहीं बैठ सकते थे। बीती सदी के तीसवाले दशक की शुरुआत में आई महामन्दी या ऐसी मुश्किलोंवाले दौर में नीग्रो लोगों के खिलाफ हमले तेज हो गए। निश्चित रूप से इस बदहाली का इन हमलों से रिश्ता था। बेकार हुए श्वेत युवक खुद को असुरक्षित महसूस करते थे पर नीग्रो लोगों पर आक्रमण करके वे अपनी श्रेष्ठता के भ्रम को बचाए रख सकते थे। अगर किसी के पास अपनी श्रेष्ठता बताने का और कोई तरीका नहीं रहता तो मन में दूसरे को आँख तो दिखा ही सकता है, वह भी तब ज्यादा आसानी से जब दूसरी तरफ से आँख दिलाने पर जवाब मिलने की स्थिति न हो।

जब बीते दशकों में अमेरिका की संघीय सरकारों ने सभी सरकारी स्कूलों में श्वेत-अश्वेत का भेद मिटाने के लिए कानून लागू कराने की कोशिशें कीं, तब श्वेत नस्लवादियों ने सिर्फ श्वेत बच्चों के लिए प्राइवेट स्कूल चलाने की कोशिश की, भले ही उनका शैक्षिक स्तर काफी कमजोर हो। यह चीज ब्राह्मणों की प्रतिक्रिया की तरह ही लगती है जिन्होंने अपनी कुंठा को आत्मसम्मान की रक्षा का उपकरण बनाने का प्रयास किया। धर्मशास्त्रों में बनाए उनके कानूनों को लागू करने का अधिकार

उनको नहीं था, तब भी शूद्रों के खिलाफ अपनी नाराजगी को उन्होंने यह रूप दिया।

दक्षिण अफ्रीका में यह प्रक्रिया और भी साफ ढंग से दिखाई देती है। दक्षिण अफ्रीका में आकर बसनेवाले श्वेत लोग विजेता की हैसियत में आए और उन्होंने स्थानीय लोगों से मालिकों और अधीनस्थोंवाला सम्बन्ध रखा। जब तक इस सम्बन्ध को अश्वेत लोग मानते रहे तब तक सब कुछ सामान्य ढंग से चलता नजर आया। लेकिन सारी दुनिया में आजादी की लड़ाई चल रही थी और इनके जरिए अनेक जगहों पर अश्वेत या चमड़ी के दूसरे रंगोंवाले लोगों ने भी आजादी और अपना मुल्क हासिल किया। दक्षिण अफ्रीका में ही अधिक समानतावाले सामाजिक सम्बन्धों के लिए आन्दोलन चले। तभी यहाँ रंगभेद की नीति लागू की जाने लगी जिसके सहारे गोरों और स्थानीय अफ्रीकी लोगों के बीच मेल-जोल बढ़ने पर रोक लगाई जा सके। यह ध्यान देने की बात है कि दक्षिण अफ्रीका में सबसे घटिया किस्म की रंगभेद नीति दूसरे विश्वयुद्ध के बाद तब लागू हुई जब संयुक्त राष्ट्र ने सभी लोगों के आत्मनिर्णय के अधिकार को मंजूरी दी और रंगीन चमड़ीवाले लोगों की मुक्ति के आन्दोलन बहुत बड़े पैमाने पर शुरू हो गए। डी.डी. रूनी और ई. हैल्लाडे रंगभेद नीति के विकास के बारे में लिखते हैं :

> "अपने प्रिय ग्रामीण चुनाव क्षेत्रों में मजबूत पकड़ रखनेवाली नेशनलिस्ट पार्टी 1948 में सत्ता में आई। नई सरकार ने विभिन्न नस्लों को अलग-अलग रखने के लिए खासकर सामाजिक स्तर पर, कानून लाकर यूरोपीय मूल के लोगों पर प्रभुत्व बनाए रखने के पक्के इरादे से काम शुरू किया और पूरी शैक्षिक व्यवस्था में भारी बदलाव करके इस सामाजिक अलगाव को स्थायी रूप देने का प्रयास किया। रंगभेद नीति की शुरुआत मिश्रित विवाह निषेध कानून 1949 लाने से हुई जिसमें यूरोपीय और दूसरी नस्लों के लोगों के बीच वैवाहिक सम्बन्ध होने पर रोक की व्यवस्था थी। तब जो ऐसी शादियाँ थीं उन्हें भी इस कानून ने अमान्य कर दिया। अगले साल अनैतिकता संशोधन कानून लाकर इसके दायरे को बढ़ाया गया और यूरोपीय मूल के लोगों द्वारा दूसरी नस्लों के लोगों से शारीरिक सम्बन्ध बनाने को अपराध घोषित कर दिया गया।"[19]

वे आगे लिखते हैं :

> "एक मंत्री ने (1954 के बाद) अफ्रीकी बच्चों को समाज में उनकी स्थिति के अनुरूप शिक्षा देने की व्यवस्था कायम करने की मंशा जताई जिसमें अकादमिक की जगह व्यावहारिक शिक्षा पर जोर रखने की बात थी। दो साल बाद केपटाउन और वाटरस्रैंड विश्वविद्यालय ने दुनिया भर के छात्रों के विरोध और हंगामे के बावजूद अपने यहाँ गैर-यूरोपीय छात्रों के प्रवेश पर रोक लगा दी।"[20]

शूद्रों को वेदों के अध्ययन से रोकने की ब्राह्मणवादी व्यवस्था और दक्षिण अफ्रीकी श्वेत शासकों की इस व्यवस्था में जबर्दस्त समानताएँ हैं।

दक्षिण अफ्रीका में यह बदलाव लाने के पीछे काम करनेवाली मानसिकता को मोनिका हंटर ने बहुत साफ ढंग से बताया है :

> "जहाँ तक डॉ. मोलेमा की टिप्पणियों का सम्बन्ध है, शिक्षित बंटुओं को ही नस्लवादी भावनाओं की असली मार झेलनी पड़ती है क्योंकि उनमें से ही ज्यादातर लोगों का पाला यूरोपीय लोगों से पड़ता है। बिना नौकर या गुलाम हुए बंटु लोगों की इस नजदीकी पर श्वेतों का व्यवहार सबसे उग्र होता है। अगर कोई स्थानीय आदमी नौकर हो, श्वेत परिवार के बच्चों की देखरेख करे, खाना बनाए, घर में घुसे, उनकी गाड़ी पर बैठे, उनके साथ यात्रा करे तो इसमें यूरोपीय लोगों को उतनी आपत्ति नहीं होती... लेकिन जैसे ही वह स्वतंत्र होता है यूरोपीय उसे अपमानित करने का अवसर नहीं गँवाते हैं।"[21]

जिस तरह मनु के कानून में एक ही अपराध के लिए अलग-अलग वर्ण के लोगों के लिए अलग-अलग सजा का प्रावधान था उसी तरह दक्षिण अफ्रीका के कानून में भी अलग-अलग तरह की सजा बनी। अगर अश्वेत आदमी श्वेत महिला पर हमला करे तो उसे फाँसी की सजा दी जाती थी लेकिन श्वेत पुरुष अगर अश्वेत महिला पर हमला करे तो उसे थोड़े दिनों की कैद ही मिलती थी। पर मनु का कानून कभी और कहीं लागू भी हुआ इसे लेकर तो विवाद है पर दक्षिण अफ्रीका के कानून तो सारी दुनिया के सामने लागू हुए।

जब हम अमेरिका में नस्ल और चमड़ी के रंगों के आधार पर बने कानूनों और विशेष किस्म के निषेधों पर गौर करते हैं तो वहाँ की जाति व्यवस्था और भारत की जाति व्यवस्था में अन्तर नजर नहीं आता। गुन्नार मिरडल लिखते हैं :

> "अमेरिका के 30 प्रान्तों के कानून नीग्रो और श्वेत लोगों की शादी की मनाही करते हैं और जहाँ ऐसा कानून नहीं है वहाँ भी श्वेत समुदाय की तरफ से ऐसे काम की इतनी निन्दा और विरोध होता है कि ऐसे सम्बन्ध बहुत कम ही बन पाते हैं। अपवादों को छोड़कर पूरे अमेरिका में लगी शादियों पर रोक इस बात की अभिव्यक्ति है कि यह समाज अभी भी जन्म के आधार पर व्यक्ति का दर्जा तय करता है। भले ही धन के लिहाज से कोई किसी वर्ग में चला जाए पर नीग्रो या श्वेत परिवार में जन्म लेनेवाला व्यक्ति इस स्थिति में किसी किस्म का बदलाव नहीं कर सकता। इस महत्त्वपूर्ण हिसाब से अभी भी अमेरिकी जाति व्यवस्था बहुत कठोर और जड़ है जबकि वर्ग व्यवस्था खुली प्रगतिशील है..."[22]

वे आगे लिखते हैं :

> " 'कंसेप्ट कास्ट' को लेकर उठा विवाद काफी हद तक दुर्भाग्यपूर्ण है और यह जातिगत सम्बन्धों और जातीय विभाजक लाइन के भेद को न समझने से पैदा हुआ है। अमेरिकी जाति व्यवस्था में जो भी बदलाव या रूपान्तरण दिखता है वह सिर्फ जातीय सम्बन्धों तक ही सीमित है, जातीय बँटवारे की लक्ष्मण रेखा को नहीं लाँघता। वह तो साफ और सुदृढ़ है। यह तभी टूटेगा जब किसी भी नस्ल या परिवार में जन्मा व्यक्ति ऊपर तक पहुँचने को आजाद होगा। अमेरिका में उन सभी लोगों को नीग्रो की परिभाषा में ही समेट लिया जाता है जिनके पूर्वजों में कभी कोई नीग्रो रहा होगा और यह परिभाषा ही यहाँ के जातीय विभाजन की रेखा के एकदम पुख्ता होने का सबूत है।"[23]

लेकिन गुन्नार मिरडल इस परिघटना की अलग ढंग से व्याख्या करते हैं। वे मानते हैं कि नस्लवाद का उभार अमेरिकी समानतावादी विचारधारा और नीग्रो लोगों की गुलामी की वास्तविकता के केन्द्र में उभरा है। इसी किताब में वे लिखते हैं :

> "एक तरह से जातीय असमानता के विचार को इसी बौद्धिक श्रेष्ठता का एक अजीबोगरीब फल मानना चाहिए। नस्ल या जाति शब्द ही वास्तव में दो सौ वर्ष से ज्यादा पुराना नहीं है। जिस समाज ने सभी लोगों की आजादी और सबके लिए समान अवसर जैसे सर्वोच्च आदर्श सिद्धान्तों की जोरदार ढंग से घोषणा कर रखी हो उसमें इस भेदभाव की वैचारिक व्याख्या के लिए जैविक विचारों का तो उपयोग करना ही होगा, वहाँ काफी समय तक चली दास प्रथा के लिए नैतिक माफीनामेवाले भाव को भी याद करना होगा।
>
> "अगर यहाँ के लोग अवसर की समानता और पूर्ण आजादीवाले आदर्शों के अनुरूप जीवन जीने को तैयार नहीं हैं तो जातीय पूर्वाग्रह ही उनके बचाव का रास्ता लगता है। इस पूर्वाग्रह की जरूरत इसी के चलते है। यह अमेरिकी लोगों का अपने राष्ट्रीय विचारों, अपने उच्च आदर्शों से अपने बचाव का एक उपकरण है। इस तरह यह जातीय भेदभाव समानता की तरफ बढ़ने का ही एक पड़ाव है—उसी का एक विकृत रूप है।"[24]

दरअसल लुई डुमांट, जिनकी चर्चा हम पहले विस्तार से कर चुके हैं, भारतीय जातिगत मूल्यों और अमेरिकी नस्लवाद में भेद करके मिरडलवाले तर्कों पर ही बात बढ़ा चुके हैं। मिरडल के कहे अनुसार ही अपनी बात रखते हुए वे कहते हैं कि अमेरिका में नस्लवाद समानता के दर्शन के आधार पर उभरा है जबकि भारत में श्रेणीबद्धता को हिन्दू दर्शन की मान्यता प्रदान करता है। यह सोच हिन्दू मान्यता का अभिन्न अंग है। लेकिन तथ्यों में आगे मिरडल का यह तर्क ठहर

नहीं सकता। अगर उनके तर्क के अनुसार यह समानता के दर्जे के प्रति अमेरिकी वचनबद्धता की पैदाइश है तो दक्षिण अफ्रीका में तो ऐसी कोई बात न थी फिर वहाँ क्यों नस्लवाद या अमेरिका से भी बदतर नस्लवाद उभरा। वहाँ बसे श्वेत लोगों का तो समानता के प्रति कोई जुड़ाव या वचनबद्धता नहीं थी। पर इस तर्क या सिद्धान्त को सबसे निर्णायक ढंग से वे स्थितियाँ काटती हैं जिनमें अमेरिका में नस्लभेद और विभिन्न नस्लों के लोगों के बीच अलगाव रखने की शुरुआत हुई, अगर बराबरी का दर्शन माननेवाले समाज में दास प्रथा को लेकर कोई मानसिक परेशानी थी तो यह नस्लवादी विचार उसी समय प्रकट हुए होते जब अमेरिकी लोगों को दास प्रथा की अमानुषिक गलतियाँ दिखने लगी थीं लेकिन हम पाते हैं कि श्वेत अमेरिकी लोग नीग्रो लोगों के प्रति तभी सबसे ज्यादा उग्र हुए जब दास प्रथा को खत्म किया जा रहा था और अमेरिकी समानतावाली प्रणाली से इस बड़ी गड़बड़ी को दूर किया जा रहा था।

कू क्लक्स क्लान जैसे संगठनों का उभार या नीग्रो लोगों पर हमले की वारदातें तभी हुईं जब दास प्रथा को समाप्त किया जा रहा था और नीग्रो लोगों को सम्मानजनक स्थिति में लाने के लिए उनके पुनर्वास का इन्तजाम किया जा रहा था। यह सीधे-सीधे दासों के पुराने स्वामियों और गुलामोंवाले इलाके में रहनेवाले गोरों की प्रतिक्रिया थी जो दास-प्रथा की समाप्ति से अपनी श्रेष्ठता जाने की भावना समाप्त होने से परेशान थे। इस मसले पर हम अमेरिका, दक्षिण अफ्रीका और प्राचीन भारत में एक समानता देखते हैं। इन सभी जगहों पर कभी बनी श्रेष्ठता या बेहतर सामाजिक स्थिति को नए घटनाक्रमों और विज्ञान ने चुनौती दी थी और फिर पुराने उच्च वर्ग की प्रतिक्रिया एक जैसी ही थी। तीनों ही जगहों पर जन्म या चमड़ी के रंग की श्रेष्ठता माननेवालों ने नए बदलाव और विकास को रोकने के लिए कृत्रिम बाधाएँ खड़ी करने की कोशिशें कीं।

पूरे मानव इतिहास में जब एक समूह ने दूसरे को पराजित किया, गुलाम बनाया तो चमड़ी के रंग, भाषा, तौर-तरीकों का भेद रहा है और शासक समूह उन पर जोर भी देता रहा है। सम्भवत: यह अपनी जाति के लोगों को ही अपना गुलाम बनाने की बुरी मनोवृत्ति का ही प्रतिफल था। पर ऊपरी अन्तर के बावजूद सारे मनुष्य एक हैं, यह मूल भावना पूरे इतिहास में रही है। और दूसरे व्यक्ति या समूह को अपना गुलाम या अपने कामों के लिए उपकरण बनाने में कहीं-न-कहीं अपराधबोध काम करता रहा है—यह पुराने यूनान से लेकर अभी तक के दौर में रहा है जिसकी चर्चा हम कर चुके हैं। लेकिन जातिगत भेदभाव या अलगाव एकदम अलग तरह की चीज है और इसकी थोड़ी समानता अमेरिका और दक्षिण अफ्रीका में चलनेवाली नस्लभेद की नीतियों से है। पर यह उल्लेखनीय है कि जाति व्यवस्था में नस्लों सम्बन्धी कोई अन्तर शामिल नहीं है।

लेकिन एक सामाजिक संस्था के रूप में जाति की व्याख्या उसकी उत्पत्ति के एक सिद्धान्त के आधार पर ही नहीं की जा सकती। जाति व्यवस्था के इर्द-गिर्द ही कई किस्मों के और भी विकास के घटनाक्रम चलते रहे हैं। चरवाहा और योद्धा हमलावरों तथा एक जगह बसकर खेती करनेवालों के सम्पर्क में आने, आपस में कुछ मेल-मिलाप होनेवाली स्थिति से वर्ण-व्यवस्था की उत्पत्ति हुई और इसमें विचारों का समन्वय, पुजारी, योद्धा, गृहस्थ और शूद्रों के बीच श्रम का विभाजन भी शामिल रहा है और इससे विजेता हमलावरों और स्थानीय लोगों की सापेक्षिक शक्ति और सामाजिक स्थिति का अन्दाजा भी लगता है। जब चौथे वर्ण के लोगों ने अपनी स्थिति सुधारी तब उनको अलग-थलग करने की कोशिशें हुईं जिनकी चर्चा इसी अध्याय में पहले हो चुकी है। यह तो एक तरह का घटनाक्रम या विकास था। इसके साथ-साथ यह भी हुआ कि अलग-अलग शिल्पों या कौशलों में विशेषज्ञता रखनेवाले कबीलाई समूह भी खेतिहर समाज का अंग बनते गए और अलग-अलग पेशोंवाली जाति के रूप में उनके साथ आते गए।

यह सम्भव है कि उत्तरी हमलावर कबीलों के आने से पहले ही भारत में इस किस्म का सामाजिक विभाजन मौजूद था। हड़प्पा और मोहनजोदड़ो में जिस उन्नत सभ्यता के दर्शन होते हैं उनको चलाने के लिए खेती और काश्तकारी के दूसरे पेशों का भी उन्नत रूप में होना जरूरी था और ऐसी उत्पादक प्रणाली ग्रामीण खेतिहर व्यवस्था के इर्द-गिर्द ही बन सकती थी। जब इंडो-ईरानी हमलावर आए होंगे तब सम्भव है कि इस काम के बँटवारेवाली व्यवस्था में कुछ कठोरता आई होगी। जब इन हमलावरों ने जीत दर्ज कर ली तो उन्होंने उत्पादन प्रणाली और पेशों के बँटवारे में ज्यादा दखल दिए बिना पूरे समुदाय को अपने प्रभाव के दायरे में ले लिया और एक खेमे में रख दिया होगा। इसलिए स्थानीय लोगों की पूरी आबादी भले ही वर्ण-व्यवस्था के चौखटे में सिर्फ शूद्र मान ली गई पर उनके अन्दर विभिन्न तरह के पेशोंवाली जातियाँ बनी रहीं।

इस प्रकार जहाँ वर्ण-व्यवस्था एक ऊपरी किस्म का बँटवारा करती थी, जहाँ एक पेशे या कुल से ज्यादा के लोग एक ही वर्ण में आ सकते थे वहीं जातिगत विभाजन अधिक ठोस और पक्के थे तथा हर पेशे के लिए जातियाँ थीं जो न आसानी से जाति बदल सकती थीं, न पेशा। इस जाति व्यवस्था का तीसरा तत्त्व है छुआछूत या अपवित्र होनेवाला भाव, इसमें शूद्रों के उत्थान और ब्राह्मणों की बदहाली से पैदा बदली स्थिति में ब्राह्मणों की प्रतिक्रिया का भी हाथ हो सकता है। लेकिन इससे चौथे वर्ण के लोगों को अपमानित करनेवाला पहलू एकमात्र या सबसे प्रभावी चीज नहीं था। यह चौथे वर्ण को नीचा बतानेवाली चीज को दोहराना भर था। लेकिन इससे छुआछूत या प्रदूषित हो जानेवाला पहलू नहीं जुड़ता। इससे अशुद्ध हो जानेवाले भाव में वृद्धि हो सकती है। जैसाकि हटन बताते हैं, यह चीज भारत और बर्मा के

लोगों की इस प्रबल भावना से जुड़ी हो सकती है कि आदमी जैसा कर्म करता है, इस जन्म में या अगले जन्म में, उसे वैसा ही फल मिलता है। इसी से यह मान्यता बनी कि अभी इस जन्म में हम जो भोग रहे हैं वह किसी पिछले जन्म के बुरे कर्मों का फल हो सकता है, और यह कि बुरे कामों का असर रहता है और यह दूसरों को भी अपने दायरे में ले सकता है।

निस्सन्देह, भारतीय लोगों में कर्मवाद पर काफी भरोसा है। हटन को लगता है कि यह सोच-समझ की कुछ स्थानीय अवस्था है और भारत तथा बर्मा में यह हिन्दुत्व और बौद्ध मतों[25] के संग ही आई है। इस बात की भी काफी सम्भावना है कि बौद्ध धर्म के लोगों ने स्थानीय निवासियों की कुछ पुरानी मान्यताओं को ही आध्यात्मिक रूप देने की कोशिश की हो। सिर्फ निम्न जाति के लोगों के प्रति ही छुआछूत का भाव नहीं है बल्कि खास स्थितियों में ऊँची जाति और स्वयं अपनी जाति के लोगों के स्पर्श से भी बचा जाता था और इसका जाति व्यवस्था से कोई खास लेना-देना नहीं है बल्कि इस तरह की अस्पृश्यता तो परिवार के लोगों के अन्दर भी कुछ खास स्थितियों में बरती जाती है। जैसे अगर किसी का कोई निकट सम्बन्धी मरा हो और वह मृत्यु से जुड़े कर्मों का कर्ता हो तो उसके परिवारवाले भी उसके सम्पर्क में आने से बचते हैं। रजस्वला औरत या खास तरह के धार्मिक अनुष्ठान में लगे व्यक्ति के स्पर्श से भी बचा जाता है। यह चीज लोगों के किसी आदिम और शुरुआती विश्वास से आई होगी। लेकिन बाद में जब यह चीज जाति व्यवस्था से जुड़ गई तब इसने एकदम अलग ही आयाम ले लिया। दरअसल हम तीन अलग-अलग तरह की प्रवृत्तियों या विकासक्रम को जाति व्यवस्था से घुल-मिल जाते देखते हैं।

मोर्टन क्लास ने पिछले दिनों प्रकाशित अपने अध्ययन[26] में सैद्धान्तिक बातों को छोड़कर ऐसा सम्भावित प्रतिमान खड़ा करने की कोशिश की जो उनके हिसाब से जाति व्यवस्था के सम्भावित विकासक्रम को दर्शाता है। उन्होंने लेवी स्ट्रास के टोटेमवादी कुलों-कबीलों के बीच ध्रुवीय सम्बन्धोंवाले विचार को उधार लेकर उसे जाति पर लागू करना चाहा है। टोटेमवादी कुलों में वस्तुओं का लेन-देन नहीं होता, शादी-ब्याह का सम्बन्ध बन जाता है जबकि जाति व्यवस्था में वस्तुओं का आदान-प्रदान तो होता है पर शादी-ब्याह पूरी तरह जाति के अन्दर ही होता है। इस बात की व्याख्या करते हुए वे कहते हैं कि किसी भी देश की अपनी अलग तरह की पारिस्थितिक-प्रणाली हो सकती है और उसके तहत विभिन्न मानक समूह मौलिक रूप से अलग-अलग तरह की जीवन-शैली अपना सकते हैं और इसमें वे ज्यादा मेल-मिलाप या मिलावट से बचते हैं और इसी क्रम में वे बाहर के समूहों के साथ औरतों की बदला-बदली नहीं कर सकते। इसलिए वे छोटे-छोटे दायरे बनाते हैं जिनके अन्दर ही शादी-ब्याह होते हैं। फिर वे आगे कहते हैं कि भारत में आदिवासी

समूहों में श्रेणीबद्धता या वर्गीकरण नहीं हुआ है और वे ज्यादा समानतावाले हैं। और इन सभी विचारों को मिलाकर वे यह निष्कर्ष निकालते हैं :

> "हम मानते हैं कि पहले दौर में जो समाज बने उनमें समानतावादी मानव समूह उभरे थे और हर समूह की सदस्यता की कुछ विशेषताएँ थीं और चूँकि हर समूह को आर्थिक कामकाज में हर किस्म की विशेषज्ञता नहीं थी इसलिए वे आपस में वस्तुओं और सेवाओं का आदान-प्रदान करते थे। ऐसी व्यवस्था के बाद अतिरिक्त उत्पादनवाली व्यवस्था आने पर ऐसे समूहों की एक नई व्यवस्था विकसित हुई जिसमें सामाजिक रूप से तो वे अलग-अलग रहे पर आर्थिक रूप से उनमें समानतावाली चीज गायब हो गई। इस दौर में एक या एकाधिक समूहों का बुनियादी संसाधनों पर नियंत्रण रहा या उनकी ही पहुँच इन संसाधनों तक रही और इन संसाधनों में हिस्सा पाने या इन तक पहुँचने के लिए बाकी समूहों की इन कुछेक या एक समूह को अपनी सेवाएँ देनी होती थीं। वस्तुओं और सेवाओं के मामले में इस तरह एक गतिशीलता आई या जमीन और फसलों पर नियंत्रण रखनेवाले समूहों, जिनका आपस में विवाह का सम्बन्ध था, में खुलापन आया और फसलों, वस्तुओं और सेवाओं का बाकी लोगों के बीच भी वितरण हुआ।"[27]

यह व्याख्या बहुत सरलीकृत, साफ-सुथरी है। सम्भव है कि चीजों का आदान-प्रदान का एक तरीका यह भी रहा होगा। हमने भी खेतिहर समूहों और पशुपालक और शिकारी समूहों के बीच वस्तुओं के लेन-देन की चर्चा की है। लेकिन खेती के उत्पादनवाली व्यवस्था की जटिलताओं को इस परिकल्पना में एकदम भुला दिया गया है। खेतों पर काम करनेवाले लोग सदा उसके स्वामी ही नहीं होते। खेती की पैदाइश में ऊपरी दो वर्णों के लोगों का हिस्सा बहुत ज्यादा हो सकता है क्योंकि जमीन के मालिक वे हैं—भले ही उन्होंने उत्पादन में उस अनुपात में श्रम नहीं किया हो। और जमीन पर एकाधिकार यूँ ही नहीं बन गया होगा—यह काम शान्तिपूर्ण ढंग से हो गया हो, यह सम्भव नहीं है। अब ये रिकॉर्ड भले ही बहुत बिखरे हों पर इतना स्पष्ट है कि यह कब्जा शक्ति से ही हुआ होगा। यह भी स्पष्ट है कि कबीलाई जीवन जीने के अभ्यस्त हमलावर दस्ते भले ही समानता से ही शुरुआत करें पर जब उनकी मुठभेड़ स्थानीय लोगों से हुई और वे जीते तो उन्होंने बहुत ही असमानता के रिश्तोंवाला समाज बनाया। निश्चित रूप से इसी टकराव के दरम्यान वर्ण-व्यवस्था उभरी और इसमें समानता ढूँढ़े नहीं मिल सकती।

इस विकासक्रम में कुछ भी अस्वाभाविक नहीं है। इस बात को स्वीकार करने में हिचक का एकमात्र कारण यही है कि अभी तक यह माना जाता था कि समाज में वर्गीकरण या श्रेणीबद्धता एक शान्तिपूर्ण विकास के क्रम में ही बनी है। लेकिन

सच्चाई यही है कि जहाँ कहीं लोगों के एक समूह को दूसरे समूह की सेवा में लगाया गया, चाहे वह दास प्रथा हो या सामन्तवाद, इस काम में बल-प्रयोग हुआ। अब हाल में जाकर पूँजीवाद के तहत यह हुआ है कि इस काम के लिए सीधे बल-प्रयोग की जगह अदृश्य किस्म के सामाजिक-आर्थिक दबाव काम करने लगे हैं।

भले ही क्लास की धारणा जाति के एक छोटे से गुण—अपने ही दायरे में शादी-ब्याह का सम्बन्ध रखना—को समझने में मदद करती हो लेकिन इसके विकास के इतिहास की अनदेखी करने से वास्तविकता को समझने में यह उपयोगी नहीं लगती।

ऊपर जिन कारणों की चर्चा हुई है उनके अलावा भी कुछ स्थानीय कारक हो सकते हैं जो अलग-अलग जगहों पर आए बदलावों या विशिष्टताओं के लिए जिम्मेवार होंगे। सदियों में विकसित हुई ऐसी संश्लिष्ट प्रणाली के लिए बहुत सरलीकृत पर सुविधाजनक व्याख्या नहीं हो सकती। बल्कि जाति व्यवस्था के बारे में सरल सिद्धान्त ढूँढ़ने के उत्साह में ऐसे विद्वान लोग एक स्थान पर प्रचलित बातों या जाति के एक ही पहलू पर सारा ध्यान केन्द्रित कर देते हैं और हर जगह और हर तरह की विविधता की अनदेखी हो जाती है। पर इस व्यवस्था को समझने के लिए इसके ऐतिहासिक विकासक्रम को ध्यान में रखें, तभी इससे पैदा समस्याओं के समाधान की तरफ बढ़ा जा सकता है।

धर्मशास्त्रों की बातों पर जरूरत से ज्यादा जोर देना भी इस व्यवस्था को सरलीकृत ढंग से समझने की कोशिश का ही हिस्सा है जबकि असल में यह व्यवस्था तरह-तरह के विरोधाभासों से भरी हुई है। पर इस संश्लिष्ट प्रणाली को समझने के लिए कम-से-कम तीन लड़ियों को गूँथते हुए आगे बढ़ने पर मदद मिलती है—इस प्रक्रिया की चर्चा हम पहले कर चुके हैं—1. मुख्य किसानीवाले हिस्से और पशुपालक तथा शिकारी हिस्से के बीच लेन-देन का रिश्ता है; 2. वर्ण-व्यवस्था का मिथ विजेता पशुपालक हमलावरों और व्यवस्थित रूप से बसकर खेती करनेवाले स्थानीय लोगों के टकराव से पैदा हुआ है; और 3. छुआछूत की भवना जो पहले तो कर्म के दर्शन से आई थी पर बाद में बौद्ध मत के उभरने के बाद प्रमुखता पाती गई।

5

जाति व्यवस्था की एक उल्लेखनीय विशेषता है—यह लोगों को अपने दायरे में लेते और बाँटते हुए भी उनके पिछले समाज के कबीलाई तत्त्वों को अपेक्षाकृत सुरक्षित ही रहने देती है। कुछ मामलों में तो यह अपने अनुसार बदलाव करती है, यह बाकी काफी सारी पुरानी चीजों और व्यवस्थाओं को चलने देती है। इसी चीज के चलते भारतीय जाति व्यवस्था उन अधिकांश दूसरी व्यवस्थाओं से एकदम अलग बन जाती है जो शोषण पर आधारित रही हैं। जिन समाजों में गुलाम प्रथा प्रभावी रही वहाँ सक्षम लोगों को उनके कबीले और परिवार से छीनकर अगल किया जाता था और गुलाम बाजार की विक्रय योग्य चीज बना दिया जाता था। अब उनका सम्बन्ध सिर्फ उनके स्वामी से रहता था। सामन्तवाद में भी दासों का सम्बन्ध सिर्फ उनके सामन्त से होता था जिसकी जमीन पर वे काम करते थे। जब यह जमीन बिककर दूसरे सामन्त के पास चली जाती थी तब वे भी दूसरे सामन्त के दास बन जाते थे। पर इस व्यवस्था में उसे अपने परिवार से सम्बन्ध रखने दिया जाता था। लेकिन जाति व्यवस्था में उसे अपने पुराने कबीलाई सम्बन्धों को बनाए रखने की आजादी होती थी। यहाँ पूरा-का-पूरा कबीला अधीनस्थ बनता था और फिर उसे प्रभावी कबीले की सेवा करनी होती थी। अक्सर, अधीनस्थ कबीले के लोगों को, अगर वे किसी खास काम में विशेषज्ञता रखते हों तब, उनका पुराना काम करने दिया जाता था, भले ही यह काम वे अपने नए प्रभुओं के लिए करें और बदले में सिर्फ गुजर-बसर करने लायक मूल्य ही पा सकें। अगर उनमें ऐसा कोई विशेष हुनर न हो तो उन्हें मुख्यत: प्रभावी जातियों के खेतों में काम करना पड़ता था और बदले में थोड़ी मजूदरी या उपज का एक हिस्सा मिलता था। कुछ मामलों में उनसे मुश्किल किस्म के काम भी कराए जाते थे—ठीक उसी तरह जैसा गुलामों या दासों के साथ अन्य जगहों पर होता था। लेकिन भारतीय जाति व्यवस्था में एक ही 'अच्छी' चीज रही कि इसने कबीले के व्यक्ति को उससे अलग करके उसके विश्वासों और जीवन शैली को पूरी तरह नहीं बदला। जो कोई कबीला जाति व्यवस्था के अन्दर आया वह भी पुराने सम्बन्धों को बनाए रख सकता था और उसने अपनी पुरानी पूजा पद्धति को भी चलाया। इसका यह मतलब नहीं है कि प्रभावी और अधीनस्थ कबीलों के बीच किसी किस्म के सम्बन्ध

नहीं बने या उनमें किसी किस्म का आदान-प्रदान नहीं हुआ। बल्कि इस प्रक्रिया ने हमलावर और विजेता कबीलों में ज्यादा बदलाव किया और न सिर्फ उनकी जीवन शैली बदली और उनके विश्वास बदलाव बल्कि वे स्थानीय आबादी में मिल-खप गए। लेकिन इस सारे मेल-मिलाप में कबीलाई पहचान या विशेषताएँ नहीं मरीं और अलग-अलग जगह से आए तत्त्वों के मेल से नया कबीला उभर आया जो समय बीतने के साथ नई जाति के रूप में स्वीकार कर लिया गया।

कबीलों की जीवन शैली में ज्यादा दखल न देने के जाति व्यवस्था के गुण ने इस व्यवस्था को अधिक बड़े इलाके तक शान्तिपूर्ण ढंग से विस्तार करने का अवसर दिया और कहीं से भी वैसा प्रतिरोध या गुत्थमगुत्था होने का प्रमाण नहीं मिलता जैसाकि ऋग्वेदवाले दौर में हुआ था। कबीलों को जाति के रूप में बदलनेवाले इस विकास के बावजूद भारत में नए आदिवासी कबीलों या नए इलाकों की कमी नहीं पड़ी। और सच कहें तो यह कमी आज तक भी नहीं पड़ी है। सो, यह व्यवस्था नए-नए इलाकों तक पहुँचती रही, नए-नए आदिवासी तत्त्व इस व्यवस्था में जुड़ते गए, नई जातियाँ बनीं और उनको एक सामाजिक दर्जा और स्थान मिला। इन्हीं सबके बीच अफगानिस्तान और बलूचिस्तान होकर उत्तर-पश्चिम में तथा तिब्बत और बर्मा होकर पूर्वोत्तर से नए कबीलों का आना भी जारी रहा। पूर्वोत्तर से तो यह क्रम उन्नीसवीं सदी तक जारी था और छिटपुट ढंग से अभी तक चल रहा है। बाहरी लोगों के आने से अन्दर भी हलचल हुई और देश के अन्दर भी लोगों का एक स्थान से उठकर दूसरी जगह जाने और बसने का क्रम चलता रहा। इस कबीलाई पलायन और स्थान बदलने के बारे में एक चीज उल्लेखनीय है कि एक जगह जमकर बस गए कबीले या समूह के लोगों को शायद ही कभी उनके स्थान से ठेलकर कहीं भगाया गया होगा—देशनिकाला देने जैसी बात के तो प्रमाण भी नहीं हैं। बल्कि एक के ऊपर एक कबीले के लोग बसते गए—अर्थात् एक ही क्षेत्र में नए समूह भी आए और पुराने भी बने रहे। जाति व्यवस्था एक खाँचे की तरह रही और लोग जिस क्रम से बसते गए उसी क्रम से उनका सामाजिक दर्जा भी तय होता गया। पुराने और ताकतवर लोग जातिगत सीढ़ी के ऊपरी पायदानों पर रहे। इस प्रकार जाति व्यवस्था ने कबीलाई लोगों के जमते जाने और एक बड़े समाज का हिस्सा बनने की प्रक्रिया में भी मदद की।

इस प्रक्रिया में कोई भी कबीला पूरे मुल्क तक में नहीं पसर पाया, भले ही कुछ लोग काफी बड़े इलाके तक में फैल गए होंगे। और एक कबीले के लोगों के विस्तार का क्षेत्र आसानी से दूसरे कबीले के विस्तार के इलाके तक गया। इस प्रकार सदियों से चली इस प्रक्रिया ने मुल्क में हर कहीं कई-कई कबीलों के लोगों की मौजूदगी की स्थिति बना दी। और इसी क्रम में यह भी हुआ कि एक ही कबीले के लोग एक जगह अलग सामाजिक हैसियत में हैं तो दूसरी जगह एकदम भिन्न स्थिति में। कहीं उन्होंने राजनीतिक सत्ता और समृद्धि हासिल करके सबसे ऊपरी जगह पा

ली और उन्हें क्षत्रिय या ब्राह्मण मान भी लिया गया। पर दूसरी जगह पहुँचे उनके ही बंधु-बांधव इतने प्रभावशाली नहीं रहे और जाति व्यवस्था में कहीं नीचे पड़े रहे। हमने पहले के उदाहरणों में यह चीज देखी है और यह भी देखा है कि किस तरह एक ही कबीले के कुछ लोगों को जो राजा बनकर क्षत्रिय मान लिए गए, अपने ही कबीले के लोगों से सम्बन्ध रखने या उन्हें अपना बताने में परेशानी होने लगती है। अगर एक ही कबीले के कुछ लोग जाति व्यवस्था में आ गए और बाकी बाहर छूट गए हों तब भी ऐसा ही हो सकता था। इससे कबीले में फूट पड़ जाती थी। जाति व्यवस्था में आ गए लोगों को नया नाम, नया सामाजिक दर्जा मिल जाता था। पर इस बदलाव और अन्तर के बावजूद उनके रीति-रिवाज, देवी-देवता और परम्पराएँ समान रहती थीं जिनसे एक तरह का जुड़ाव तो बना ही होता था। जो कबीले एक ही स्थिति या पेशे से जुड़े होते थे, जैसे अभीर (जिन्हें अब अहीर या यादव कहा जाता है), उनमें यह एकता अधिक रहती थी लेकिन उनके अन्दर भी बाहरी तत्त्व आ जाते थे। लेकिन जब कबीलों को जाति के रूप में मान्यता मिल जाती थी तब भी अपनी उपजाति के अन्दर एक कबीलाई भाव विद्यमान रहा करता था। जिस प्रकार तरह-तरह के समूहों को जोड़कर एक कबीला बनाया जा सकता था उसी प्रकार जाति भी बनती थी और वह काफी कुछ नए या सौतेले कबीले की तरह ही होती थी।

कबीलाई समूहों के विस्तार और एक-दूसरे के इलाके में बसने-खपने की इसी निरन्तरता के चलते भारत में एकता की भावना बनी रही है वरना यहाँ जितनी भाषाएँ हैं, जितने तरह के लोग हैं, जितने रीति-रिवाज हैं उन सभी के बीच बुनियादी एकता के आधार को समझ पाना मुश्किल होता। देश के अधिकांश हिस्सों तक हुआ इसी किस्म का कबीलाई मेल-मिलाप ही सांस्कृतिक एकता के सूत्र बनाता-गूँथता है। इसी कबीलाई परम्परा के माध्यम से बनी इस भावनात्मक एकता ने ही सदियों से लोगों को लम्बी और मुश्किल तीर्थयात्राएँ करने की प्रेरणा दी है। इसी प्रेरणा से लोग हिमालय से लेकर कन्याकुमारी और असम की पहाड़ियों से लेकर काठियावाड़ के तट तक की तीर्थयात्रा में नदियों-पहाड़ों को भी लाँघते हुए चल देते थे। पूरे मुल्क में बिखरी अपनी कुछ अघोषित-परिभाषित-सी पहचान, अपनी गुम-सी धरोहर की तलाश उन्हें हर कहीं जाने, हर किसी के बीच उठने-बैठने, उपदेश देने-सुनने की प्रेरणा देती थी और इससे देश के एक होने का भाव मजबूत होता था। राष्ट्र की यह भावना किसी साम्राज्यवादी महत्त्वाकांक्षा पर आधारित न होकर अपनी पहचान की तलाश से जुड़ी है। हर भारतीय को लगता है कि उसे उन स्थानों को जाकर देखना चाहिए जो इसके घुमन्तू पूर्वजों ने छुए थे, उन लोगों से मिलना चाहिए जो उनके अपने बड़े कुल का अंग हो सकते हैं। यह बात इस तथ्य से भी पुष्ट होती है कि भारत में शायद ही कुछ अवसरों पर राजनीतिक एकता देखने में आई हो पर सदियों से यहाँ एक राष्ट्र होने की भावना विद्यमान रही है और इसमें राजनीतिक बिखराव की ठोस वास्तविकता

भी आड़े नहीं आई है। जाति व्यवस्था में आकर भी कबीलाई लोग अपनी पुरानी पहचान को सुरक्षित पाते हैं और अपने पुराने देवी-देवताओं का रूपान्तरण भी पाते हैं। उनके पूर्वजों के देवी-देवता ब्राह्मणवादी देवी-देवताओं का अवतार घोषित हो जाते हैं और इसी के चलते तीर्थस्थल उनके लिए दोहरे आकर्षण की चीज बन जाते हैं और तीर्थयात्रा हर हिन्दू के जीवन की एक बड़ी चाहत बन जाती है।

कबीलों के जाति व्यवस्था में समाहित होने से भारतीय राजनीतिक व्यवस्था ने यूरोप और दुनिया के अन्य भागों की तुलना में एकदम अलग ही तरीके से विकास किया है। यूरोप में भी चौथी सदी के अन्त से लेकर सातवीं सदी के शुरू तक लोगों का बड़े पैमाने पर आना-जाना लगा रहा। इसकी शुरुआत की खानाबदोश लोगों ने जो स्लाव लोगों के इलाके में घुस गए। फिर हूण, बुल्गार, अवार, चेजार, मैग्यार, पात्जिनाक, क्यूमान और मंगोल आए। इसी बीच जर्मेनिक लोग पश्चिम की तरह बढ़े और दूसरे जर्मेनिक लोगों के इलाकों में पसर गए और आखिरकार उस इलाके में पहुँचे जो तब तक रोमन साम्राज्य के अधीन ही आता था। दो सदियों तक गुत्थमगुत्था होने और यहाँ-से-वहाँ भटकते रहने तथा रोमन साम्राज्य के प्रताप को ध्वस्त करने के बाद ये कबीले अलग-अलग इलाकों में जा बसे और लगभग सभी ने अपने-अपने इलाके के पुराने वाशिन्दों को वहाँ से खदेड़ दिया था।

स्टेम्पे के खानाबदोश लोगों की यह आदत थी कि वे जहाँ बसते थे वहाँ से लोगों को उजाड़कर अपने से कुछ दूरी पर बसा देते थे जिससे उनके बीच थोड़ा सुरक्षित फासला रहे और बाहर से हमला होने की स्थिति में उनको तैयार होने का अवसर मिल जाए। इसी हिसाब से अवार खगन सरदार बाइयान ने जर्मेनिक-अल्ताइक स्लावोनिक लोगों की मिश्रित जमात को अपने इलाके की पश्चिमी सीमा पर बसाया था जिससे वे जर्मेनिक लोगों की तरफ से ढाल का काम कर सकें। इसी प्रक्रिया में क्रोएट, रार्ब, बुल्गार और मैग्यार जैसे कबीलों के लोग पूर्वी यूरोप में फैल गए और हर कबीले ने अपने प्रभाव से इलाके में अपना राज्य बनाया या एक बड़े राज्य के अन्दर अपनी-अपनी राष्ट्रीयता विकसित की।

अपने पुराने इलाकों से खदेड़े गए और नए इलाकों में बसे जर्मेनिक लोगों ने भी समय बीतते जाने के बाद नई राष्ट्रीयताओं को जन्म दिया। इस नई बसावट वाले क्षेत्र में उनकी आबादी बहुत ही व्यवस्थित ढंग से बसी थी क्योंकि स्लावों और थोड़े से दूसरे लोगों के अलावा यहाँ के सभी पुराने वाशिन्दे को खदेड़ दिया गया था। हमलावर और विजेता कबीलों के बीच शायद ही कभी पुराने वाशिन्दों या पराजित कबीले के लोगों को रहने दिया जाता था। अगर कहीं ऐसे लोग रहे भी तो सामाजिक और आर्थिक रूप से एकदम दबी या निचली स्थिति में।

इस प्रक्रिया में एंगल, सैक्सन और जूट लोग समुद्र पार करके इंग्लैंड में जा बसे। वहाँ के पुराने वाशिन्दों, ब्रिटनों को पश्चिम की तरफ खदेड़ दिया गया और

वे अधीनस्थ बना लिए गए। ब्रिटनों का एक हिस्सा इंग्लिश चैनल लाँघकर गॉल पहुँचा और उसने अपनी अलग सांस्कृतिक पहचान बनाई जिसे बाद में ब्रिटानी कहा गया। विसिगोथ इबेरियाई प्रायद्वीप में बसे और आगे चलकर उन्होंने जिस राष्ट्र का निर्माण किया उसे स्पेन कहा गया। सेबियन फ्रैंक शीन और राइन के इलाके में बसे और क्लोविस के नेतृत्व में इन्होंने शक्तिशाली साम्राज्य की नींव रखी जो आगे चलकर फ्रांसीसी राज्य के रूप में सामने आया। अलेमानी, बावेरियाई और फ्रैंक लोग स्विट्जरलैंड से लेकर जर्मनी तक के इलाके में अलग-अलग जगहों पर बसे और बाद में एकजुट होकर इन्होंने स्विस और जर्मन राष्ट्र बनाए। लोम्बार्ड भागकर इटली के इलाके में बसे और बाद में इतावली राष्ट्र के सबसे महत्त्वपूर्ण हिस्सा बने।

भारत में आदिवासियों की आवाजाही और इन कबीलों के स्थान बदलने में एक बड़ा अन्दर है। यहाँ एक कबीला बाकी सभी को खदेड़कर एक खास इलाके पर जम जाता था। इससे इन क्षेत्रों में एक ही तरह के रीति-रिवाज, कानून और संस्कृति रही। लेकिन इसकी सबसे खास बात थी कि यहाँ लोगों के राजनीतिक और सामाजिक रूप से जुड़ाव की दिशा ऊपर-से-नीचे या नीचे-से-ऊपर अर्थात् ऊर्ध्वाधर ही रही। पुराने वाशिन्दों में से कुछेक बचे-खुचे लोगों को छोड़ दें तो समाज में ऊपर से लेकर नीचे तक एक ही समूह के लोग मौजूद रहे। इससे क्षेत्रीय आधार पर राजनीतिक एकता बनाने में काफी मदद मिली। समय बीतते जाने के साथ ही वहाँ के कबीलाई कानून उस इलाके में कानून बन गए। चूँकि वहाँ की आबादी में काफी एकरूपता थी इसलिए समान कानून सभी को आसानी से मंजूर भी हो गया। अधिकांश जर्मेनिक लोगों द्वारा ईसाई मत स्वीकार कर लेने से भी समान नागरिक संहिता बनाने में सुविधा हुई क्योंकि इससे चर्च भी इन कानूनों को बनाने में बड़ी भूमिका निभाने लगा।

पर जहाँ एक से ज्यादा कबीले के लोग रहे वहाँ स्थानीय कबीलाई रीति-रिवाज भी काफी हद तक प्रभावी रहे, जैसाकि मेरोविंजियन साम्राज्य में। इस बारे में क्रिस्टियन फिस्टर लिखते हैं :

> "मेरोविंजियन गाउल के सभी कबीले एक कानून में नहीं चलते थे। हर कबीले या नस्ल के लोगों के अपने कानून थे और व्यवस्था या सिद्धान्त किसी भी व्यक्ति की नस्ल और कबीले के अनुसार लागू होता था। गालो-रोमन लोगों पर अब भी रोमन कानून चलते थे; विजियोथ लोगों के कानून आसान थे तो ब्रेविरियम एलारिकी किसी और तरह के कानून को मानते थे। लोइरे के दक्षिण के इलाके में गालो-रोमन का पूरा एकाधिकार था और यहाँ दूसरे लोग बहुत ही कम संख्या में थे। और एक्विटेन में सबसे आखिर तक रोमन कानून चलता था। बर्गंडियन और विजिगोथ लोगों के राजा को जब फ्रैंक्स ने उखाड़ फेंका तब उनकी अपनी कानून व्यवस्था चलती थी

> और मेरोविंजियन दौर में भी इन कबीलों के लोगों पर वही कानून लागू होता रहा। मेरोविंजियन शासक ने यह व्यवस्था बना दी कि अन्य समूहों के कानून लिखित रूप में रखे जाएँ।"[1]

जिन इलाकों में एक ही कबीले का प्रभुत्व-सा था वहाँ उनके बसकर जीवन शुरू करने के साथ सत्ता के केन्द्रीकरण की स्थितियाँ भी बनीं और यह सत्ता राजा के हाथ में आई जो कबीलाई एकता का प्रतीक भी था। इसलिए भले ही कबीलाई तत्त्व धीरे-धीरे दबते-छुपते गए पर यह व्यवस्था बन जाने से कबीले और इलाके की राजनीतिक सत्ता के बीच सीधे टकराव की गुंजाइश भी धीरे-धीरे समाप्त होती गई। एल.एम. हार्टमैन ने इटली के लोम्बार्डों में राज्य की क्षेत्रीय सत्ता के उभरने का जो विवरण दिया है वह इस बात का उदाहरण बन सकता है। वे लिखते हैं :

> "लोगों के बसाव के तरीके और तथ्य ने ही संवैधानिक विकास ओर संस्कृति की रूप-रेखा तय कर दी थी। क्षेत्रीय राज्य बिखराववाली शक्तियों से लड़नेवाला एक केन्द्रीय सत्ता बन सकने योग्य शासक को उभारता है और जर्मन आजादी के बुनियादी आधार इसी में छुप जाते हैं। एक जगह बस जाने के चलते कबीले के अन्दरवाले कुलों के स्वतंत्र आर्थिक आधार समाप्त हो गए थे और हमें लोम्बार्डों में सेंटेना की पहचान कर पाना मुश्किल हो जाता है। राजनीतिक रूप से भी ऐसे घरानों की हैसियत घटी पर अधिकारों के मामले में राज्य धीरे-धीरे ही इनके ऊपर प्रभावी हुआ। रोठरी के कानून ऐसे बड़े कुलों के सामन्ती अधिकारों पर रोक लगाने के प्रयास करते हैं और इसके लिए भारी जुर्माने के प्रावधान किए गए। उनके पास कई तरह के विशेषाधिकार पहले से थे जिनमें अविवाहित औरत के परिवार के निकट रिश्तेदार न होने की स्थिति में उसकी सारी जायदाद पर इनका अधिकार हो जाना शामिल था। इन बड़े कुलवालों के विशेषाधिकार का बोझ ढोनेवालों को इसके विपरीत अपनी अन्तिम इच्छा पूरी करने का अवसर भी काफी देर से और अपवादस्वरूप ही मिलता था जबकि वे भी कभी एक ही बड़े कुनबे का, परिवार का हिस्सा रहे थे। नेशनल असेम्बली अभी भी थी पर यह भी लोम्बार्डों की एकता की उसी तरह प्रतिनिधित्व करती थी जिस तरह राजा करता था। लेकिन उच्च कुलोंवाला आधार खोने के बाद इस असेम्बली को भी क्षेत्रीय सरकार ने एकदम बदल डाला क्योंकि अब सामन्तों और योद्धाओं भर की सभा का चल पाना सम्भव न था क्योंकि सारे इलाके पर तो राजा का नियंत्रण हो गया था।"[2]

बाहर तो इस किस्म के विकास हुए पर भारत में कबीले जाति के दायरे में आते गए और भले ही स्वाभाविक रूप से उनके तौर-तरीके में स्थानीय स्तर पर भेद रहे

पर वे भी धीरे-धीरे जातिगत व्यवस्थाओं के दायरे में आए, उनके जीवन में भी यह मूल्य प्रमुख हुए और इन्हीं के आधार पर उनके दूसरी जाति के लोगों से सम्बन्ध बने। यह ध्यान देने योग्य चीज है कि जातीय कायदे-कानून और जातीय सत्ता, जो काफी कुछ कबीलाई सत्ता की तरह ही है, का जोर मुख्यत: गैर-द्विज जातियों में ही है। द्विजों का मुख्य कारोबार इधर धर्मशास्त्रों से चलता है। सम्भव है कि पहले वे भी मुख्यत: जातीय कायदे-कानूनों के आधार पर ही चलते हों, खासकर वे लोग तो जरूर जो वर्ण-व्यवस्था में ऊँची हैसियत पर नहीं आए होंगे।

ऐसा क्यों चलता था यह समझ पाना बहुत मुश्किल नहीं है। जैसाकि हमने देखा, वर्ण-व्यवस्था के पहले तीन वर्ण तो एक ही प्रभावी कबीले, आर्यों से बने हैं। इसलिए अगर उसी कबीले के कायदे-कानून हों तो तीनों में उन्हें मानने का रुझान होना स्वाभाविक है। दूसरी ओर अन्य कबीले अपने-अपने पुराने कायदे-कानून से निर्देशित हो सकते थे। और ठोस रूप में देखें तो जाति के रूप में जीवन जीते हुए वे अपनी जाति पंचायत और उसके प्रभुत्व से ही संचालित होते रहे। केरल के नायर जाति के रूप में आने के बाद भी अपनी मातृ-प्रधान व्यवस्था चलाते रहे और नम्बूदरी ब्राह्मण के सबसे छोटे बेटे की शादी नायर लड़की से होती रही। ब्राह्मणवादी हिन्दुत्व की व्यवस्था तो पूरी तरह पुरुष-प्रधान है।

ग्राम पंचायतों का गुणगान होता है, उनको ग्राम प्रशासन की राजनीतिक व्यवस्था बताने जैसी बातें कही जाती हैं और कही जाती रहेंगी पर भारत में पंचायत असलियत में जाति या कबीला पंचायत ही रही है। पंचायत के इस गुण को डुमांट ने भी रेखांकित किया है, भले ही उन्होंने इसके आधार पर जरूरी निष्कर्ष नहीं निकाले हैं। यह खास गुण है जाति पंचायत का वर्ण-व्यवस्थावाली श्रेणीबद्धता से काफी हद तक आजाद होकर काम करना। हर जाति की पंचायत लगभग स्वतंत्र ढंग से काम करती है और यह उस समय से चली आ रही आजादी का ही जारी रहना है जब वे लोग एक कबीले में थे। डुमांट लिखते हैं :

> "भारतीय ग्रामीण समाज के बारे में यही पश्चिमी विचार यहाँ कानून व्यवस्था (पंचायती राज) की हाल की असफलताओं के लिए जिम्मेदार रहे हैं। स्थानीय चुनी हुई पंचायतों और नगरपालिकाओं को यह सोचकर कुछ न्यायिक अधिकार दिए गए थे कि वे छोटे-मोटे विवाद निपटा सकें। पंचायत शासन असल में पुरानी जाति पंचायतों से लिया गया था। और अब इस शब्द के सहारे ही उन्होंने इस संस्था को एक जाति समूह की जगह सभी जातियोंवाली गाँवों की प्रतिनिधि संस्था बनाना चाहा। हमारी धारणा है जो अन्य जगहों से (पूरे उत्तर प्रदेश में) मिल रही रिपोर्टों से पुष्ट भी होती है कि सारा प्रयास यूँ ही बेमतलब पड़ा है क्योंकि चुने हुए पंचों की इसमें कोई दिलचस्पी नहीं है। जाति पंचायत की व्यवस्था जातिगत एकता पर

> टिकी है जो कुछ खास तरह की गलतियों और गड़बड़ियों को लेकर बहुत संवेदनशील रहा करती है। जबकि ग्राम पंचायत के पीछे गाँव की एकता नामक कोई चीज दिखाई नहीं देती।"[3]

वे इस बात पर विचार नहीं करते कि जातीय एकता कैसे बनी। श्रेणीबद्धता को प्राकृतिक मानने के उनके नजरिए को मानें तो सामाजिक सम्बन्धों में ऊपर से नीचे और नीचे से ऊपर की तरफ अर्थात् ऊर्ध्वाधर सम्बन्ध ही प्रमुखता से बनने चाहिए। पश्चिमी समाजों में, जहाँ क्षेत्रीय सत्ता ही प्रभावी होती है, संस्थाओं में एक किस्म की श्रेणीबद्धता का सम्बन्ध होता है और इनके माध्यम से व्यक्ति उस क्षेत्रीय सत्ता से बँधता है। दूसरी तरफ हम भारत में पाते हैं कि मानव समूह एक के ऊपर एक होकर पड़े हैं पर इनका ऊपर से नीचे अर्थात् ऊर्ध्वाधर सम्बन्ध बहुत ही कम है। इन विभिन्न परतों के बीच कैसे सम्बन्ध हों इसके बारे में कुछ नियम हो सकते हैं। लेकिन कर्तव्य और जिम्मेवारीवाली चीज सिर्फ जाति के मामले में ही होती है। इससे यह संकेत मिल सकता है कि अन्तर-जाति सम्बन्ध कुछ ऐतिहासिक स्थितियों में संयोगवश ही बनते हैं, जबकि कबीलाई सम्बन्ध केन्द्रीय संचालक शक्ति की भूमिका में बने हुए हैं, भले ही कबीले स्वयं जातियों में बदल गए हों। हाँ, धर्म ने इस अन्तर-जाति अलगाव को और मजबूत किया है। पश्चिमी समाजों में समान नागरिक संहिता विकसित करने में ईसाई मत ने एक अनिवार्य और महत्त्वपूर्ण भूमिका निभाई है जबकि हमारे धर्मशास्त्र जातिगत भेद पर जोर देने के चलते विभिन्न कबीलाई तत्त्वों के बीच ऐसा फासला बनाते हैं जिसे भरा नहीं जा सकता।

जी.एस. घुर्ये भी जाति के सदस्यों की अनेक तरह की गतिविधियों के बारे में जाति पंचायत की अर्द्ध-स्वायत्त भूमिका रेखांकित करते हैं। वे लिखते हैं :

> "जाति की संचालक संस्था को पंचायत कहते हैं। इसमें जिन अपराधों और गलतियों पर विचार और फैसला होता है उनमें; (i) किसी ऐसी जाति के खाने-पीने और इसी तरह के सम्बन्ध रखने के मामलों में जिसके साथ सामाजिक सम्बन्ध रखने की मनाही हो; (ii) किसी अन्य जाति की महिला को रखैल के तौर पर रखने पर; (iii) विवाहित महिला से अवैध सम्बन्ध रखना या सम्बन्ध बनाने का प्रयास करना; (iv) व्यभिचार; (v) शादी के वचन से मुकरना; (vi) पति के पास पत्नी को भेजने से इनकार करना; (vii) कर्ज न लौटाना; (viii) मारपीट; (ix) जातिगत पेशे के कायदे को तोड़ना; (x) दूसरे के ग्राहक तोड़ना और कीमतों में वृद्धि या कमी करना; (xi) गाय या किसी के पवित्र पशु की हत्या करना; (xii) ब्राह्मण का अपमान करना; (xiii) भोज वगैरह देने सम्बन्धी जाति के रिवाज को तोड़ना इत्यादि। यह सूची देखने पर स्पष्ट हो जाता है कि जाति पंचायत कुछ ऐसे अपराधों का निपटारा भी

> करती थी जो आम तौर पर राज्य व्यवस्था की न्यायपालिका किया करती है। इस प्रकार जाति अपने सदस्यों को न्याय देने के लिए एक समूह के तौर पर अपना अलग इन्तजाम रखे हुए थी और वह पूरे गाँव, जिसका वह भी एक हिस्सा है, के लिए बनी व्यवस्था में भी भागीदार थी। जाहिर है वहाँ दिलचस्पी इतनी नहीं रह जाती। वहाँ वे अपने समूह की मान्यताओं, फैसलों से निर्देशित होते हैं—पूरे समुदाय का हिस्सा बनना उन्हें गवारा नहीं होता। दिलचस्प बात यह है कि आपराधिक मामलों में अदालत से सजा मिलने के बाद भी जातीय पंचायतें मामले पर फिर से विचार करने को तैयार रहती हैं।"[4]

वैसे तो घुर्ये ने अपनी किताब में किसी और स्थान पर यह बात जोर देकर कही है कि गाँव के लोग अक्सर एकजुट होकर काम करते हैं पर उपरोक्त उद्धरण स्पष्ट रूप से जाति को एक अलग पहचान के रूप में रेखांकित करता है। उसके अर्द्ध-कानूनी काम, यूरोप में क्षेत्रीय राज्यों के उभरने के पहले वहाँ के कबीलों के कार्य-व्यापार से काफी मेल खाते हैं। पर यह हैरानी की बात है कि जाति का अध्ययन करनेवाले समाजशास्त्रियों ने इससे बहुत ही स्पष्ट दिखते निष्कर्ष नहीं निकाले हैं।

जाति का यह कबीलाई गुण इतना प्रभावी है कि उन जातियों के लोग भी, जो कबीलों से निकलकर जाति व्यवस्था में नहीं आए हैं (निश्चित रूप से अनेक ऐसी जातियाँ हैं जो वर्तमान जातियों के टूटने या विभिन्न जातियों के बीच बेमेल वैवाहिक सम्बन्धों से पैदा हुई हैं) वे भी कबीलाई एकता और कायदे-कानून विकसित करने को ललचाते हैं। जिस समाज में सामाजिक सम्बन्ध व्यक्तिगत आधार की जगह समूची जाति के आधार पर स्थापित होते हैं, वहाँ कबीलों जैसी जातीय एकता निश्चित रूप से लाभदायक रहा करती है। लेकिन यह एकता उन्हीं जातियों में सबसे प्रमुखता से दिखाई देती है जिनकी कबीलाई उत्पत्ति बहुत स्पष्ट है—जैसे अहीर, जाट, मुसहर, गूजर, कुर्मी वगैरह। राजपूतों के विभिन्न समूह भी जो वैसे तो द्विजों की श्रेणी में आ गए हैं पर अपने कबीलाई मूल के चलते अक्सर ऐसी ही कबीलाई एकता का प्रदर्शन करते हैं। इस प्रकार हम पाते हैं कि जाति व्यवस्था ने आर्थिक विकास के विभिन्न चरणों से गुजरते हुए भी समाज के कबीलाई गुणों को बचाए रखा है। इसने देसी और विदेशी विशाल क्षेत्रीय शासनों, जो खेती पर आधारित थे, के प्रभाव को भी झेल लिया। ऐसा इसलिए भी सम्भव हुआ क्योंकि जाति व्यवस्था भी खेती के इर्द-गिर्द ही विकसित हुई है। लेकिन इसने आधुनिक औद्योगीकरण के प्रभाव को भी झेल लिया है जबकि इस प्रभाव ने पूरी दुनिया में प्राक्-औद्योगिक सम्बन्धों को बदलने में बड़ी भूमिका निभाई है।

इस सामान्य प्रवृत्ति से उलट हम भारत में देखते हैं कि औद्योगिक समाज बनने के दौर में जाति और ज्यादा सुगठित होती जा रही है। आर्थिक और राजनीतिक विकास, रोजगार की अनिश्चितता और इस जैसे अनेक नए तनावों के बीच जाति व्यवस्था ही अपने सदस्यों को सबसे ज्यादा सुरक्षा का अहसास कराती लगती है।

व्यक्ति पर पड़नेवाले इन तनावों, दबावों के चलते भी वह जाति के सुरक्षा कवच में जाना आरामदेह मानता है। अन्य संगठनों को खड़ा होने में वक्त लगता है पर जाति अपने सदस्यों की हर माँग में अपना मदद का हाथ बढ़ाने को सदा तैयार रहती है। इसलिए जाति के तौर पर संगठित रहना सबसे कम सरदर्दी का काम है। उन राजनीतिक संगठनों में भी यह चीज दिखाई देती है जो तर्क और वैश्विक मूल्यों की बातें करते हैं पर असलियत की जमीन पर जातिगत जोड़-तोड़ करना ज्यादा उपयोगी मानते हैं। इससे लोगों को राजनीतिक और आर्थिक व्यवस्था में ऊर्ध्वाधर रूप में जोड़नेवाले व्यवस्थित संगठन के विकास में बाधा आती है।

इस प्रकार हमारे राष्ट्रीय राजनीतिक कार्यकलाप में जाति ने दो परस्पर विरोधी भूमिकाएँ निभाई हैं। एक ओर इसने आदिवासी या कबीलाई समूहों में एक किस्म की क्षैतिज एकता को मजबूत किया, उन्हें जाति के रूप में बदला और उस महाद्वीप के अधिकांश (पूरा नहीं) हिस्से का लोगों के मानसिक धरातल पर एक राष्ट्र का रूप देने में मदद की। दूसरी ओर इसने समाज में ऊपर से नीचे अर्थात् ऊर्ध्वाधर सम्बन्ध बन पाना बहुत ही मुश्किल कर दिया जो आधुनिक दुनिया में टिक सकनेवाले आर्थिक और राजनीतिक संगठन के लिए बहुत जरूरी चीज है।

इस विकासक्रम के धनात्मक पहलू का अन्दाजा हमें तब ज्यादा अच्छी तरह लगता है कि जब हम पूर्वोत्तर भाग में निरन्तर चलनेवाली गड़बड़ या मुख्य भूमि से उसके असामान्य रिश्तों और बंगाल, बिहार, ओड़िशा और मध्य प्रदेश वगैरह से एकदम अलग तरह के सम्बन्धों को देखते हैं। उल्लेखनीय है कि पूर्वोत्तर में आदिवासियों का मुख्य भूमि से वैसा जुड़ाव नहीं बना है जबकि बाद के प्रदेश भी मुख्यत: कबीलाई क्षेत्र थे पर इनके कबीले जाति व्यवस्था के दायरे में आ गए हैं।

हमें ऋग्वेद के पहलेवाले दौर में भारतीय उपमहाद्वीप में लोगों की गतिशीलता या एक स्थान से दूसरे स्थान तक जाने के बारे में बहुत पता नहीं है। लेकिन ऋग्वेद काल के बाद से इस इलाके में उत्तर-पश्चिम, पूरब और उत्तर-पूर्व के बाहरी लोगों का आना निरन्तर जारी रहा। जाति व्यवस्था के सबसे प्रमुख गुण उत्तर-पश्चिम से आए लोगों के प्रभाव में ही पैदा हुए। निश्चित रूप से वर्ण का मिथ तो उनकी ओर से ही आया है और गंगा-यमुना की भूमि के लोगों से उनके सम्पर्क के बाद रचे साहित्य से ही हमें सबसे पहले वर्ण-व्यवस्था के बारे में पता चलता है। और इसी वर्ण-व्यवस्था के बृहतर दायरे में जाति व्यवस्था ने अपने बहुमुखी और बहुपक्षीय रिश्तों की प्रणाली विकसित की।

उर्वर सिन्धु-गंगा के मैदानी इलाके में जड़ें जमाने के बाद यह प्रणाली मुख्यत: शान्तिपूर्ण ढंग से ही पूरब और दक्षिण की दिशा में हाथ-पाँव फैलाती गई। धीरे-धीरे इसने देश के सभी उर्वर नदी घाटी क्षेत्रों को अपने प्रभाव में ले लिया। लेकिन जंगली और पहाड़ी इलाकों में रहनेवाले लोगों ने इस प्रणाली का प्रतिरोध किया और अपनी

पुरानी कबीलाई व्यवस्था को ही चलाते रहे। कुछ पशुपालक, घुमन्तू समूहों ने भी ऐसा ही किया। बाढ़ के पानी की तरह यह धारा उत्तर और दक्षिण के मैदानी इलाकों में फैली, पहाड़ी इलाकों के चारों ओर घूमी और असम-मणिपुर के मैदानी इलाकों में चक्कर काटती रही। और यह प्रक्रिया तीन हजार वर्ष से चलती आई है। असम और मणिपुर में काफी बाद में आकर कबीलाई समूह जाति व्यवस्था के दायरे में आए हैं।

पूरब और उत्तर-पूर्व से आनेवाले कबीलाई लोगों ने एक अलग किस्म का प्रभाव डाला। यहाँ गतिशीलता काफी कुछ यूरोप की तरह रही और एक कबीले ने आकर दूसरे को खदेड़ दिया या खाली इलाके में बस गया। आपसी सम्पर्क में आए कबीलों की जीवन-शैली में भी समानता थी। वे आपस में वस्तुओं का आदान-प्रदान तो करते थे पर कई बार आपस में लड़ते भी रहे लेकिन लोगों को एक नई सामाजिक व्यवस्था से जोड़ने के प्रयास नहीं हुए। इसलिए अधिकांश आदिवासी समूह पास-पास रहते हुए भी अपना अलग-अलग अस्तित्व और विशिष्टता बनाए रहे। इससे उनके अन्दर अपने विशिष्ट होने का बोध तो बना ही रहा, उनकी प्रकृति स्वायत्त रहने की रही। चूँकि बर्मा और तिब्बत में कबीलाई लोगों का आना बीती शताब्दी तक जारी रहा। इसलिए आदिवासी मूल्यों को निरन्तर नई खुराक भी मिलती रही, दूसरी ओर जाति व्यवस्था ने जुड़ाववाली भावना को चाहे जितना मजबूत किया हो पर इसकी भेदभाव और ऊँच-नीचवाले मूल्य जल्दी ही आजादी और स्वायत्ततावाले कबीलाई भावों से टकराने लगे। इसलिए अंग्रेजों के आने के बाद अगर आदिवासियों को अपनी इच्छा से धर्म चुनना हुआ तो उन्होंने ईसाई धर्म को चुना जिसमें अपेक्षाकृत ज्यादा समानता की भावना होती है। इस धर्मान्तरण में ब्रिटिश हुकूमत की तरफ से मिलनेवाले संरक्षण और लाभ का लोभ भी अपनी भूमिका निभा रहा था।

देश के इस खास किस्म के सामाजिक विकास ने क्षेत्रीय और राजनीतिक रूप से राजनीतिक व्यवस्था को एकरूपता देने के प्रयासों पर दोहरे किस्म का दबाव पैदा किया है। क्षेत्रीय रूप से पूर्वोत्तर के आदिवासी, जो जाति व्यवस्था के तहत आ गए आदिवासियों में आई समन्वय या जुड़ाव की भावना से दूर हैं, शेष मुल्क से अपना जुड़ाव महसूस नहीं करते। उनके अन्दर कबीलाई भाव इतना प्रबल है कि पूरे मुल्क की कौन कहे अपने पड़ोस के दूसरे आदिवासी समूहों की उनको खास परवाह नहीं है। यह स्थिति इस तथ्य से और भी उलझनपूर्ण लगती है कि अंग्रेजों के आने से पहले ये आदिवासी कभी भी किसी सभ्य भारतीय साम्राज्य के अधीन नहीं रहे थे। असम का भी काफी बड़ा हिस्सा पहले अहोमों के पास था जिनसे इस प्रदेश का नाम पड़ा है। फिर बर्मी लोगों ने 1812 में असम के बड़े हिस्से पर कब्जा कर लिया। 1826 में अंग्रेजों के हाथों बर्मा की पराजय के बाद असम ब्रिटिश भारतीय साम्राज्य का हिस्सा बना। जहाँ तक पूर्वोत्तर के कबीलों का सवाल है, अंग्रेजों ने उनके मामलों में न्यूनतम दखल की नीति पर ही अमल किया। कबीलाई लोग मैदानी

इलाके में, जो अब ब्रिटिश राज के अधीन थे, आए भी, तब भी अंग्रेजी शासन और आदिवासी लोगों के बीच बहुत कम अवसर पर ही टकराव हुआ। अंग्रेजों ने उनके खिलाफ कुछ दंडात्मक कदम उठाए और उनको उनके ही इलाकों तक सीमित रखने में सफल हुए। लेकिन कुल मिलाकर अंग्रेज आदिवासियों की जीवन-शैली या उनके आन्तरिक मामलों में दखल देने से बचते ही रहे। यह स्वाभाविक भी था कि आदिवासी लोग अपने मामलों में, जिन्हें वे अपनी नाज करने योग्य विशिष्टता मानते थे, भारतीय प्रशासन के दखल पर नाराजगी दिखाते। चूँकि वे अन्य लोगों की तरह कभी भी इस राष्ट्र से घनिष्ठ रूप से नहीं जुड़ पाए थे इसलिए उन्हें यह दखल बाहरी हस्तक्षेप ही लगता। उन्हें अभी तक सिर्फ अपने या दूसरे आदिवासी संगठनों के तौर-तरीकों का ही पता था इसलिए यह नया प्रशासनिक महत्त्व उनके लिए एकदम पराई या बाहरी चीज ही थी। इससे नाराजगी और टकराव पैदा होता है।

ऐसी ही स्थिति, लेकिन पूरी तरह मेल न खानेवाली, देश की मुख्य भूमि के अन्दर रहे आदिवासी लोगों के साथ भी थी जो हिन्दू समाज के सागर के मध्य छोटे टापुओं की तरह बसे हैं। इन इलाकों में उन्होंने अपने पुराने जीवन की, पुरानी संस्कृति की कुछ चीजें तो बचाकर रखी हैं पर आर्थिक जीवन की जरूरतों ने उन्हें पूरी तरह हिन्दू समाज पर आश्रित कर दिया है। इस तरह की स्थिति में उन्हें दोहरा नुकसान उठाना पड़ता है। पहला नुकसान तो यह हुआ है कि उनको कबीलाई स्वायत्तता, जिसमें उस इलाके की जमीन पर मिल्कियत भी शामिल है, अब नहीं है; और दूसरे शेष समाज से अलग-थलग रहने के चलते उनको आधुनिक आर्थिक विकास के फायदे भी नहीं मिलते। बाहरी लोगों के तेज-तर्रार ढंग और बढ़ते दबाव ने उनको खेती और शिकार की जगहों से भी वंचित कर दिया है। इसके चलते वे एकदम बदहाल जीवन जीते हैं। इसलिए उनके मन में गैर-आदिवासियों के प्रति भारी नफरत है जो हाल के वर्षों में जब-तब फूटती भी रही है। वे पूर्वोत्तर के आदिवासियों से भी ज्यादा बदतर हालत में हैं और उनकी तरह अलग प्रदेशों की माँग भी नहीं उठा सकते। यह सचमुच बहुत मुश्किल स्थिति है और इससे उनमें कुंठा तथा गैर-आदिवासियों के प्रति नफरत पैदा हो रही है।

एक दूसरी मुश्किल जातियों के ध्रुवीकरण और एकता से पैदा हो रही है जो आम तौर पर दूसरी जातियों के प्रति उग्रता लिये होती है। शुरू में इसने जाति आधारित भेदभाव के खिलाफ विद्रोह का रूप लिया था। शुरू में मन्दिर प्रवेश और छुआछूत हटाने जैसी माँगें प्रमुख थीं। लेकिन धीरे-धीरे इसने ज्यादा व्यापक सामाजिक और आर्थिक मसलों को समेटना शुरू किया।

जिस प्रकार जाति व्यवस्था एक कबीलाई समूह को दबाने या अधीनस्थ बनाने और फिर उससे नीचे किसी और को ले आनेवाले सम्बन्धों से ही उभरी है वैसे ही नवगठित जाति समाज के आर्थिक सम्बन्ध भी भेदभावपूर्ण हैं और इसमें

अधीनस्थ और निचली जातियों के लोग नुकसान की स्थिति में ही होते हैं। वैसे तो अक्सर श्रम और उद्यमशीलता के बल पर निचले लोग भी इस असन्तुलित सम्बन्ध को उलट सकने में सक्षम होते हैं लेकिन वे उच्च जातियों के आर्थिक लाभ या विशेषाधिकार वाली स्थिति को बदल सकने में सक्षम नहीं होते। जब यह जाति प्रणाली नए इलाके में जाती है तो वहाँ के लोग जो ऐतिहासिक कारणों से उत्पादन के मुख्य स्रोत जमीन से वंचित होते हैं, प्राय: जाति व्यवस्था के निचले पायदान पर ही जगह पाते हैं। इसलिए देश के अधिकांश हिस्सों में सामाजिक पिछड़ापन और आर्थिक दरिद्रता साथ-साथ चलते हैं। इसका यह मतलब नहीं है कि उच्च जाति के सारे लोग अमीर ही हैं। उनमें भी अधिकांश गरीब हैं। लेकिन अधिकांश अमीर लोग उच्च जातियों से हैं और अमीरों में शायद ही अपवादस्वरूप कोई-कोई आदमी पिछड़ी जाति का है। इस प्रकार अमीर और गरीब का संघर्ष, जैसाकि सारी दुनिया में होता है और जिसका एक तार्किक आधार भी है, के जल्दी ही जातीय संघर्ष का रूप लेने का खतरा रहता है जो एकदम अतार्किक चीज है। इस अतार्किकता का असली आधार तो यही है कि भले ही अधिकांश पिछड़े गरीब हों पर उनमें से कुछ अमीर भी हैं। और अगड़ों में अधिकांश लोग गरीब हैं, भले ही अगड़ों में पिछड़ों के अनुपात में ज्यादा अमीर लोग हों। इस प्रकार इस संघर्ष के जातिगत रूप लेने में आर्थिक सम्पदा के सापेक्षित हिस्सेवाली बात पीछे छूट जाती है, उनके बँटवारे में कुछ समस्या के सुलझने की बात कहीं दब जाती है और कुछ काल्पनिक शिकवे-शिकायतें आगे हो जाती हैं जिनकी जड़ें असल में पहले हुए कुछ अन्यायों में या मौजूदा सामाजिक विभाजन में होती हैं। जब पिछड़े लोग अगड़ों के खिलाफ आन्दोलन शुरू करते हैं तो हिंसक प्रतिक्रिया होती है। पिछड़ों के आन्दोलन के मद्देनजर उच्च जाति के गरीब कुछ ज्यादा ही परेशानी महसूस करते हैं और फिर उन्हें कबीलाई निष्ठाओंवाले पुराने दिनों की याद आने लगती है जो काफी पहले ही इतिहास की चीज बन चुके होते हैं। इस प्रकार फिर से वही पुराने कबीलाई विवाद, वही गिरोहबन्दी शुरू होती है जो अक्सर हिंसक टकरावों के रूप में सामने आते हैं। यह चीज न सिर्फ लोकतांत्रिक व्यवस्था के लिए सबसे गम्भीर खतरा पैदा कर रही है बल्कि सभ्य जीवन के बुनियादी मूल्यों पर भी चोट कर रही है। अनेक दूसरे समाजों की तरह हम भी जो समस्या भुगत रहे हैं वह है 'दुश्मन' के प्रति बेरोक हिंसा और नफरत। और इस दुश्मन को कभी भी कोई मानवीय ढंग से सुधारने या अवसर देने की बात ही नहीं आती। इस समस्या को कुछ खास तरह की नीतियाँ या कानून बनाकर नहीं सुलझाया जा सकता। इसे सभी सामाजिक मसलों में मूल्यों और दृष्टिकोणों का बदलाव करके ही सुलझाया जा सकता है।

6

जाति व्यवस्था की उत्पत्ति चाहे जैसी हो, जो हो इसने बीती शताब्दियों पर असली अमंगलकारी परछाईं डाली है और देश के भविष्य को भी अन्धकारमय बनाने का खतरा पैदा कर रही है। इसके विभिन्न किस्म के रूपान्तरण या कार्यप्रणाली के चलते इसके अन्दर समा गए कबीले भी अपनी पुरानी पहचान और कबीलाई निष्ठाओं को अक्षुण्ण रखे हुए हैं। एक ही इलाके में अन्य कबीलों (जो जाति व्यवस्था में आ चुके हों) के साथ रहने की जरूरतें और अपनी पहचान बनाए रखने की चिन्ता ने जातियों को अपने इर्द-गिर्द कुछ खास किस्म की लक्ष्मण-रेखाएँ खींचने की मजबूरी पैदा कर दी। यह एक चीज उन्हें आदिवासी समूहों से अलग बनाती है। वे सामाजिक सम्बन्धों और अदला-बदली—खासकर शादी-ब्याह के मामलों में ज्यादा खुले होते हैं। इतिहास में जाति व्यवस्था ने देश की एकता बनाने में चाहे जो भूमिका निभाई हो, आज यह समाज में बिखराव पैदा करनेवाली एक मुख्य शक्ति बन गई है। सामाजिक व्यवस्थाओं में तर्क ढूँढ़नेवाले व्यवहारवादी इसके समन्वयवादी और कार्यकारी चरित्र पर ही बात करते हैं और अप्रिय पहलुओं की अनदेखी करते हैं जो पूरे समाज के लिए ज्यादा प्रासंगिक हो सकते हैं।

पर इस बात को नजरअन्दाज करना इतिहास से आँखें चुराना होगा कि समूहों के टकरावों ने ही सामाजिक जीवन का आकार देने में बड़ी भूमिका निभाई है। सभ्य लोगों के दो बुनियादी कामों—युद्ध और डाकों का आम तौर पर व्यावहारिक लाभ आसानी से नहीं दिखता, खासकर उनको जो युद्ध में पराजित हुए हों या जिन पर डाके पड़े हों। सम्भवत: यही कारण है कि व्यवहारवादी लोग व्यवस्थाओं की उत्पत्ति पर गौर नहीं करते। लेकिन सारी व्यवस्थाएँ बदलती रहती हैं और वे जो अन्तिम रूप लेती हैं उनसे पता नहीं चलता कि इस प्रक्रिया में कितनी बर्बादी हुई है, कितने तरह के कष्ट हुए हैं और कितनी तबाही मची है। वे यह भी विचार नहीं करते कि किसी सामाजिक व्यवस्था के हिस्से अपने जिम्मे आए कामों को तो पूरा करते जाते हैं पर उनका काम व्यवस्था द्वारा अपनाए या तय किए मूल्यों के अनुरूप ही होता है। और ये मूल्य भी उस व्यवस्था के पूर्ववर्ती दौर के शासक समूह के हितों से ही निकले होते हैं। इसलिए जैसे ही आप किसी व्यवस्था के मूल्यों पर

सवाल उठाने लगते हैं यह व्यवस्था ही भरभराकर गिरने लगती है। इसलिए अगर हम व्यवहारवादियों की बातों पर ही अटके रहे तो व्यवस्था के मूल्य अनछुए ही रह जाएँगे। यह व्यवस्था वैसे समाजशास्त्रियों की वैज्ञानिक उत्सकता का तो अच्छा तरीका बन सकती है जो समाज को कुछ दूरी पर खड़े होकर देखते हैं पर व्यवस्था के अन्दर का आदमी तो उसे इस तरह से नहीं देख सकता। उनके लिए तो समाज उनकी जरूरतें और आकांक्षाएँ पूरी करने का माध्यम है और वे समाज के कामकाज को इसी परिप्रेक्ष्य में निरन्तर देखते-जाँचते रहते हैं। इस हिसाब से देखें तो जाति व्यवस्था में पहले भी काफी कमियाँ थीं और आज के समानतावादी आदर्शों के दौर में तो यह एकदम ही अनुपयुक्त है। यह कहने से काम नहीं चलेगा कि भारत के लोग ऊँच-नीचवाली श्रेणीबद्धता के मूल्यों, जिसका जीवित रूप जाति व्यवस्था है, के साथ जिए हैं और उनको इसके साथ ही जीना चाहिए।

जैसाकि हमने देखा है, यह मानना भी गलत है और यह सुझाव तो विनाशकारी ही है। मानव विकास के शुरुआती चरण में मौजूद अन्य अधिकांश व्यवस्थाओं की तरह यह भी दमनकारी व्यवस्था थी और उन व्यवस्थाओं की तरह इसे भी विदा हो जाना चाहिए। लेकिन जब-जब इसे समाप्त करने की बात करते हैं तभी हमें अपने रास्ते में अनेक अकल्पनीय मुश्किल उभरती दिखती हैं।

जाति व्यवस्था बहुत स्पष्ट तथा आर्थिक भूमिकाएँ और पुरस्कार-दंड व्यवस्था से लैस एक उसी तरह का उत्पादक सम्बन्ध है जैसा कि पूँजीवाद में है या किसी हद तक सामन्तवाद में था। इसमें आर्थिक कामकाज और अच्छे काम का पुरस्कार तो जाति के आधार पर बँटता है पर यहाँ आर्थिक पक्ष पीछे रह जाता है। इस व्यवस्था के लोगों की हैसियत उनके भौतिक साधनों या कमाई से तय नहीं होती उन्हें अपनी जाति के हिसाब से खुद को ऊँचा या नीचा मानना होता है। इससे जाति को समाप्त करने का काम बहुत ही मुश्किल और जटिल बन जाता है।

अगर जाति व्यवस्था मुख्यत: आर्थिक सम्बन्ध वाली होती तो इसे समाप्त करना आर्थिक वर्गों का मिटाने जितना आसान होता। किसी एक वर्ग की भौतिक सम्पदा को दूसरा वर्ग ले या छीन सकता है, पुनर्वितरित कर सकता है। वेतन और कमाई के ढाँचे को पुनर्गठित करके कमाई को बराबर बनाया जा सकता है। सैद्धान्तिक रूप से तो यह चीज हरदम सम्भव है और जहाँ सम्पदा कुछ ही हाथों में सिमटी हो वहाँ पुनर्वितरण और भी आसान है। इसके लिए गरीबों को आन्दोलित करके आर्थिक नीतियों में बदलाव के लिए दबाव बनाने की जरूरत होती है। यह बहुत तार्किक कार्य व्यापार है और जो चीजें छीनी जाती हैं वे बाहरी ही हैं जिनके रहने और न रहने से ही कोई समाज में अमीर या गरीब बनता है। यही बात वर्ग संघर्ष और गरीबों को लामबन्द करने तक जाती है जिससे वांछित बदलाव किया जा सके। लेकिन जाति व्यवस्था एकदम ही अलग तरह की चीज है। यहाँ बड़ा और छोटा होने की मानसिकता ही

असली फर्क लानेवाली चीज है। एक दरिद्र ब्राह्मण भी 'छोटी' जाति के लोगों के प्रति ठीक वैसा ही व्यवहार करेगा जैसा कि अमीर ब्राह्मण। बल्कि अमीर के पास तो अपनी श्रेष्ठता बताने का दूसरा तरीका भी है इसलिए गरीब ब्राह्मण उससे भी ज्यादा घटिया किस्म का व्यवहार करेगा, खुद को बड़ा बनाने का अधिक प्रयास करेगा। इससे ही हम जाति व्यवस्था में अमीरी और गरीबीवाले ध्रुव को तलाशने के रास्ते में आनेवाली परेशानियों का अन्दाजा लगा सकते हैं। गरीब ब्राह्मण को (गरीब श्वेत की तरह ही) अपनी जातीय श्रेष्ठता का अहसास अमीर ब्राह्मण से भी ज्यादा होता है और वह ऐसे किसी आन्दोलन में हिस्सा नहीं लेगा जो उससे यह श्रेष्ठताबोध छीन ले। इसलिए जाति-नाश की लड़ाई के लिए की जानेवाली किसी भी कोशिश में सबसे पहले द्विज जातियाँ एकजुट हो जाती हैं और उस वक्त उनमें अमीर-गरीब का भेद भी नहीं रहता। तब पुरानी कबीलाई निष्ठाएँ जाग जाती हैं और जातियों के बीच फासले और गहरे हो जाते हैं। देश के अनेक हिस्सों में हाल में ठीक यही चीज हुई। पिछड़ी जातियों या हरिजनों को एकजुट करके जाति की लड़ाई लड़ने की हर कोशिश का उन जातियों ने एकजुट होकर जवाब दिया जिनके खिलाफ यह लड़ाई लड़ी जानी थी और अक्सर इस विवाद ने हिंसक रूप भी लिया। ऐसे टकरावों और अफ्रीकी समाजों में हुई कबीलाई टकरावों में कई तरह की समानताएँ भी रही हैं।

जाति संघर्ष और वर्ग संघर्ष में समानता मानते हुए जो लोग जाति संघर्ष का आह्वान करते हैं वे इन दोनों के बीच बुनियादी अन्तरों को भूल जाते हैं। वर्ग तो बाहरी सम्पत्ति के आधार पर बनते हैं जबकि जाति दिमाग के अन्दर बसे पूर्वाग्रहों, विशिष्ट पहचान और श्रेष्ठताबोध के आधार पर फलती-फूलती है। जातियों के बीच दुश्मनी या उग्रता का भाव इन पूर्वाग्रहों को और पुख्ता बनाता है और इसके बीच अलगाव बनानेवाली शक्तियों को ही मजबूत करता है। जब दो समूहों में टकराव हो तो सदा दोनों के बीच अन्तर पर ही जोर दिया जाता है। जातियों में जोर-जबर्दस्ती से बदलाव भी नहीं किया जा सकता जैसाकि कई बार धर्मान्तरण हो जाता है। जातीय या नस्लवाली पहचान की तरह, जिससे जाति बहुत हद तक मेल भी खाती है, जाति की भावना साझा उत्पत्ति और विशिष्ट सामाजिक स्थिति के बोध में ही निहित होती है, जैसाकि कबीलों के मामले में होता है अगर कोई जाति विभिन्न समूहों को मिलाकर बनती है तब भी उनके साझा पूर्वजों और जाति की शुद्धता के मिथक गढ़ लिए जाते हैं। और जाति चाहे ऊँची हो या नीची, सभी पर यह बात लागू होती है। इसलिए जब कोई व्यक्ति अपना धर्म बदल लेता है तब भी समूहवाली उसकी पहचान नहीं मरती। भारत में इसका एक अलग ही रूप देखने को मिला है और धर्म बदलने पर भी जाति वही बनी रहती है। इस्लाम और इसाई जैसे मत भी, जिनमें समानता ही बुनियादी चीज है, जाति को दबा नहीं पाते। शेख और सय्यद जैसा उच्च जाति का मुसलमान मोमिनों के यहाँ शादी करने की हामी नहीं भरेगा। केरल के ईसाइयों

में भी ऐसा ही जातिगत बँटवारा है। वहाँ सीरियन ईसाई खुद को नायरों के बराबर और कई बार नम्बूदरी ब्राह्मणों के बराबर मानते हैं। वे आम तौर पर लैटिन ईसाई से शादी नहीं करते। ऐसी शादी नायरों द्वारा हरिजनों से शादी करना मानी जाएगी।

इस दुविधा या उलझन को देखते हुए जाति संघर्ष के पक्षधरों ने यह कोशिश भी कि आर्थिक प्रकृति की शिकायतों को भी जातिगत विभाजन के हिसाब से इकट्ठा करके पेश किया जाए। चूँकि जातिगत और वर्ग विभाजन हर मामले में साथ नहीं दिखते और आर्थिक समस्याओं के समाधान आर्थिक सुधार के रास्ते आते हैं, इसलिए यह तर्क भी दमदार नहीं बन पाया। पर एक नारे या युद्धघोष के तौर पर यह चीज चल पड़ी, पर इसमें हिटलर द्वारा जर्मनी के सारे मर्जों का कारण यहूदियों को बतानेवाले तर्क की झलक दिखाई देती है। यह सही है कि तब कुछ आर्थिक और बौद्धिक क्षेत्र में यहूदियों की प्रमुख भूमिका थी लेकिन समाज के अगवा की भूमिका में जर्मन भी थे और नेतृत्व में उनका ज्यादा ही बड़ा हिस्सा था। लेकिन भारी परेशानी झेल रहे और बलि का बकरा ढूँढ़ रहे लोगों के लिए हिटलर की इस बात के आगे प्रमाण लाने और विचारने की सुध नहीं थी। इसलिए व्यवस्था में सुधार करके अपनी बदहाली दूर करने की जगह यहूदियों को मारने-समाप्त करने में ही समाज के सारे तनाव और कुंठा को निकलने दिया गया।

अगर जाति युद्ध को भी अपनी तार्किक परिणति तक ले जाया गया तो यह भी उसी तरह के 'समाधान' पर पहुँचेगा। अपने सारे भौतिक संसाधनों से वंचित होकर भी उच्च जाति में जन्मा व्यक्ति इस अहसास को नहीं जाने देता कि वह फलाँ कुल में, फलाँ जाति में जन्मा है इसलिए श्रेष्ठ है। ऐसे में किसी भी समूह को आलोचना का पात्र बनाते हुए वह तो अलग होगा ही, सभी उसके खिलाफ हो जाएँगे। और फिर जिन लोगों को यह सब झेलना पड़ेगा, निश्चित रूप से वे भी बदले की कार्रवाई करेंगे ही। और इस प्रकार बात बढ़ते-बढ़ते यहूदी दमनवाले दौर के गैस चैम्बरों और फाँसी के तख्तों तक पहुँच जाएगी। और असल में अधिकांश मामलों में किसी भी जाति के चुनिन्दा लोगों को छोड़कर किसी से भी कुछ ठोस भौतिक चीज पा सकने की स्थिति ही नहीं रहेगी। दूसरी ओर इस तरह सताए जाने से जातियों के पूर्वाग्रह और बढ़ेंगे—और जाति व्यवस्था की भी यही नींव है। हिटलर के साम्यवाद विरोधी आन्दोलन से उग्र जियोनिज्म वाली शक्तियों को ही बल मिला। इसी प्रकार जातीय संघर्ष और परिणामस्वरूप बड़ी जातियों के प्रति घृणा ऊँची जाति के लोगों में कट-मर जाने की भावना भरेगी। और यह चीज फिलिस्तीनी-यहूदी संघर्ष की तरह स्थायी युद्ध का रूप ले लेगी—बल्कि उससे भी बदतर क्योंकि यहाँ तो सिर्फ फिलिस्तीन और इजरायल बनाने से काम नहीं चलेगा—यदि अलग-अलग जातियों के मुल्क बँटे तो बँटने को जमीन ही न होगी। यदि सचमुच ऐसा हुआ तो हमारी जनता के लिए इससे बदतर स्थिति की तो कल्पना भी नहीं की जा सकती।

ऊपरी तौर पर जिस लड़ाई को द्विज और शूद्र जातियों के बीच मान लिया जाता है वह गम्भीरता से देखने पर बहुत ही जटिल किस्म की जातीय लड़ाई में बदलती दिखती है। जातियाँ तीन मोटी श्रेणियों में बँटी हैं—1. द्विज, 2. शूद्र, और 3. अछूत या जाति-बहिष्कृत। आज मध्य जातियाँ कही जानेवाली शूद्र जातियाँ अछूतों से द्विजों से भी ज्यादा दूरी महसूस करती हैं। शादी को छोड़कर द्विजों और इन मध्य जातियों के बीच हर तरह के सामाजिक सम्बन्ध अब आम हैं और मान्य हैं। लेकिन मध्य जातियों के लोग द्विज ब्राह्मणों की तरह ही अछूतों से दूरी रखते हैं। फिर इन तीनों मोटी श्रेणियों के अन्दर भी काफी गहरे बँटवारे हैं। एक समूह की जातियाँ दूसरे समूह की जातियों के खिलाफ कमर कसती हैं। ऐसे अवसरों पर एक व्यापक मोर्चा बनाने, एक-दूसरे को गले लगाने (और इसमें कहीं भी आपसी अलगाव को भरने की मंशा नहीं रहती) की कोशिशें की जाती हैं। जब मोर्चे पर जानेवाली यह भावना समाप्त हो जाती है तो हर जाति वापस अपने-अपने दायरे में चली जाती है और फिर आपसी नफरत और रंजिशें चलने लगती हैं।

इस विभाजन के भी तीन स्तर हैं—वर्ण के स्तर पर विभाजन, वर्णों के अन्दर जातिगत विभाजन और जातियों के अन्दर उप-जातियों वाले विभाजन। और किसी भी व्यक्ति की असली निष्ठा उसकी उपजाति में होती है। इसलिए जाति संघर्ष तार्किक रूप से उपजातियों की छोटी-छोटी घेराबन्दी और फिर उनके गठजोड़-प्रति गठजोड़ तक जाएगा। यह परिदृश्य काफी कुछ जंगल के कानून से चलते समाज का है—वास्तविक अर्थों में। और फिर इन समूहों की संख्या इतनी ज्यादा होगी कि इसमें हिटलरवाला अन्तिम समाधान भी सम्भव नहीं रह जाएगा।

यह बात निश्चित नहीं है कि जाति युद्ध के पक्षधरों को अपने इस कथन की तार्किक परिणति का अन्दाजा होगा। अगर ऐसा हो तब भी इस 'शॉर्ट कट' उपाय के 'लाभ' इतने हैं कि इससे वे अपनी आँखों पर पट्टी बाँध लेते हैं। शिकायतों का सारा पुलिन्दा रखनेवाले भी अपनी करनी में दीर्घकालिक परिणामों की परवाह नहीं करते। वे तो बस सामने दिख रहे दुश्मन पर ही सारी परेशानी उताार देंगे। और हमारी भारतीय स्थितियों में सबसे स्पष्ट दुश्मन तो सामाजिक श्रेणी में एक पायदान ऊपर बैठा व्यक्ति ही है। इसमें कोई भेदभाव नहीं है और इस चीज को समर्थन मिलता भी रहा है। राजनीतिक खेल में जिन लोगों को बाकी मुद्दों को दरकिनार करके भावनात्मक समर्थन की दरकार होती है वे इन भेदभावों और बँटवारे का मसला छेड़ देते हैं और फिर उन्हें उन सभी लोगों के समर्थन का भरोसा हो जाता है जो इस तरह के बँटवारे या भेदभाव से खुद को त्रस्त मानते हैं। और दूसरा पक्ष भी शान्त नहीं रहता। उसकी तरफ से भी तत्काल और उतनी ही जोरदार गिरोहबन्दी होती है। और फिर इस स्थिति का लाभ अपनी राजनीति चमकाने के लिए उठानेवाले ऐसे नेताओं की कोई कमी है ही नहीं जो ऐसे अवसरों की ताक में बैठे रहते हैं। इस प्रकार

सत्ता का अपना खेल चलने लगता है जिसमें जाति सबसे लाभदायक उपकरण बन जाती है। सारे गड़े मुर्दे उखाड़कर भावनाएँ भड़काई जाती हैं। जैसाकि हमने पिछले दिनों देखा है कि आदमी-आदमी के बीच अन्तर की बात—जोकि जाति व्यवस्था की बुनियादी पहचान है—उस मानवीय संवेदना को ही नष्ट करने के लिए उठाई गई जो एक मनुष्य द्वारा दूसरे मनुष्य पर किए जानेवाले जुल्म में एक किस्म के भावनात्मक रोष का काम करती है। इसी का परिणाम है कि अन्तर-जाति टकरावों में क्रूरतम उपाय अपनाए गए।

क्रूरता फूटने की ये वारदातें तब और डरावनी लगती हैं जब हम उस परिप्रेक्ष्य पर नजर डालते हैं जिसमें ये घटनाएँ हो रही हैं। यह किसी किस्म के अस्वाभाविक गुस्से या पागलपन का फूटना नहीं है जो समय के साथ ही विदा हो जाएगा। अगर हम आज की दुनिया पर नजर डालें तो पाएँगे कि इस तरह के व्यवहार आम चलन बनते जा रहे हैं—चाहे वह जातीय मसले हों या क्षेत्रीय, धार्मिक विवाद हों या नस्लवादी। आतंकवाद वास्तविक या काल्पनिक अत्याचारों को दूर करने का, उनका बदला लेने का व्यापक तरीका बन गया है। अक्सर आतंक का शिकार एकदम निर्दोष और भले स्त्री-पुरुष बनते हैं जिनके खिलाफ आतंकवादियों के मन में भी कोई गुस्सा नहीं होता। लेकिन वे आतंकवादियों के वास्तविक निशाने या 'दुश्मन' लोगों से किसी तरह जुड़े हो सकते हैं, उस इलाके में रहे या गए हो सकते हैं, उनको मारने से 'दुश्मन' किसी तरह प्रभावित हो सकता है। अब जैसे आतंकवादी विमान अपहृत करते हैं या स्कूलों पर बम फेंकते हैं तो ऐसा दुनिया का ध्यान खींचने या खास तरह का दबाव बनाने के लिए ही करते हैं। और इन सबमें सबसे बड़ी चिन्ता की बात है मनुष्य का बतौर मनुष्य मोल खत्म होते जाना। कोई व्यक्ति जिस समूह का हो वही केन्द्रीय बन जाता है और उसके लिए बाकी सारे लोग बाहरी हो जाते हैं। पर यह बाहरीपन या परायापन बाकी सभी को मनुष्य न मानने तक पहुँच जाता है और उनका 'उपयोग' अपने लिए या अपने समूह के लिए करने में हर्ज नहीं लगता। पर इस स्थिति की विडम्बना है कि सारे समूह इसी तरह सोचते हैं।

आधुनिक युग के सैन्यवाद और युद्ध ने भी मानव जीवन के प्रति नजरिए में बदलाव किया है और उसका मोल घटाया है। इस तरह की लड़ाई में जान की परवाह तो रहती ही नहीं। यह सिर्फ सैनिकों के बीच सीमित नहीं रहती। इसमें आराम से आम आदमी को भी निशाना बनाया जाता है और नागरिक ठिकानों पर बमबारी करने में कोई हिचक नहीं रहती। यह बात जगजाहिर है कि सैनिकों को उकसाया जाता है, धन का लोभ देकर प्रोत्साहित किया जाता है कि वे आम लोगों का संहार करें जिससे समझौता बातचीत में उनके पक्षवालों को अपना हाथ ऊपर रखने में मदद मिले। कहना न होगा कि लड़ने, मरने-कटनेवाले और होते हैं और वातानुकूलित होटलों या सभागृहों में समझौता और शान्तिवार्ता करनेवाले और। मोटे—थुलथुल

राजनेताओं को अपनी नाक या मूँछ ऊपर रखने की चिन्ता रहती है। इस चीज की सभी निन्दा करते हैं। पर इन्हीं बातों को ध्यान में रखने और अपने मकसद को ही सबसे सही मानने के चलते जब फौजी या आतंकवादी बच्चों के स्कूल पर बम फेंकता है या किसी निर्दोष को निशाना बनाता है तो उसे कोई अपराधबोध नहीं होता। उसे नहीं लगता कि मरनेवाले ने किसी खास इलाके, खास कुल या नस्ल में जन्म लेकर क्या अपराध कर दिया है।

यह चीज पूरी दुनिया में हो रही है, हमारे कथित पिछड़े महादेश से लेकर गोरों की ईसाई भूमि या विकसित इलाके तक में। अरब, यहूदी, तुर्क, इतालवी, जर्मन, अमेरिकी, कोई भी नहीं बचा है जो एक 'पवित्र' उद्देश्य के लिए बम की दीक्षा लेने को गलत मानता हो। हर खेमा अपने उद्देश्य और पक्ष को एकदम सही मानता है और दूसरे के नजरिए या सोच के प्रति आँखें मूँदे रहता है, इसलिए इस टकराव में तब तक अन्त आता नजर नहीं आता जब तक हर समूह थोड़ी देर के लिए अपने पक्ष को भूलकर खुद को दूसरे की स्थिति में रखकर पूरी स्थिति पर गुनर्विचार न करे, सबको समान मनुष्य न माने और मानव जीवन को सर्वोच्च स्थान न दे।

इसी पृष्ठभूमि में भारत में होनेवाले जातीय टकराव उन सभी लोगों के लिए चिन्ता का विषय बनने चाहिए जो मानव व्यवहार के सभ्य तौर-तरीकों को बचाने की चिन्ता करते हों।

जब तक जातीय टकराव के पीछे की मानसिकता को समझने और अज्ञानता के चलते इन न्यस्त स्वार्थी तत्त्वों द्वारा उभारे गए टकराव के मुद्दों को दबाने का प्रयास नहीं किया जाता, हम भारी मुश्किल में फँसेंगे ही। हम उसी ओर बढ़ते जा रहे हैं। जो लोग ऐसे टकराव से लाभ में रहेंगे या लाभ ले रहे हैं उन्हें भी यह सोचना होगा कि वे कहाँ जा रहे हैं और आज मिलनेवाले छोटे लाभ क्या कल उन्हीं को और पूरे समाज के लिए भारी नहीं पड़ेंगे।

जाति आधारित बिखराव इतना व्यापक है कि अगर लोग अपने आधिकारिक पद की जिम्मेदारियों की जगह जातिगत निष्ठाओं को रखने लगें तो कोई भी प्रशासन काम कर पाएगा? ऐसी स्थिति में व्यवस्था बैठ जाएगी। हाल में उभरे जातिवाद के नए दौर और टकरावों ने लोकतांत्रिक संस्थाओं और प्रशासनिक कुशलता पर गम्भीर चोट की है। अगर नियुक्ति, पदस्थापन और तबादला, सभी में काबलियत और कामकाज को आधार बनाने की जगह व्यक्ति की जाति के आधार पर फैसले लिए जाने लगें तो कोई भी प्रशासनिक व्यवस्था कैसे काम कर सकती है।

राजनीति आधुनिक समाज में एकता लानेवाली एक बड़ी शक्ति है, खासकर लोकतांत्रिक राजनीति। आज का समाज भी पहले के किसी भी समाज से ज्यादा बिखरा हुआ है। पिछली शताब्दियों में लोगों की आवाजाही, दूरदराज के इलाकों तक धर्म के फैलाव और परिवहन के बढ़ते साधनों ने अब हर मुल्क की

एकरूपता या समरूपता को तोड़ा है। आज अधिकांश देशों में मिश्रित आबादी है जहाँ अलग-अलग जातीय समूहों, राष्ट्रीयताओं, धार्मिक मान्यताओं और भाषायी समूहों के लोग साथ-साथ रहते हैं। किसी भी आधुनिक मुल्क की राजनीति इन तरह-तरह के स्वार्थों को एक तार्किक खाँचे में फिट करती है और इस खाँचे को बनाने में इस बात का खास ध्यान रखा जाता है कि कोई भी समूह खुद भी एकदम अलग-थलग महसूस न करे। और इसी विशेष चिन्ता के चलते समाज में एकता कायम की जाती है या बनती है। लेकिन इस भूमिका को निभा सकने में सक्षम होने के लिए राजनीतिक दलों को इस बात से बचना होता है कि वे किसी एक ही गैर-आर्थिक और गैर-तार्किक समूह के साथ खुद को नत्थी न कर दें। अगर वे किसी एक समूह के साथ पूरी तरह जुड़ जाते हैं तो फिर देश में एकता बनाने की अपनी असली भूमिका नहीं निभा सकते। और अगर राजनीतिक दल ही ऐसे समूहों के अनुरूप खुद ही संगठित हों तो समाज की तरह राजनीतिक व्यवस्था भी बिखराव की शिकार हो जाएगी और समाज को एकजुट करनेवाली कोई शक्ति ही नहीं रह जाएगी। ऐसी स्थिति में राजनीतिक समूहों का उद्‌देश्य परस्पर विरोधी हितों को आगे बढ़ाना होगा और अन्ततः राजनीतिक व्यवस्था में सिर्फ बड़े समूहों के पक्षधर ही बचेंगे और उस पर एक बड़े समूह की तानाशाही कायम हो जाएगी। यह तानाशाही जैसी स्थिति अन्य समूहों, खासकर छोटे समूहों की जरूरतों को नजरअन्दाज करेगी और ऐसे समूहों को दबाने का प्रयास भी करेगी। अगर प्रभुत्व की लड़ाईवाले समूहों की ताकत कमोबेश समान होगी तो धीरे-धीरे गृहयुद्ध की स्थिति आ जाएगी और अगर दूसरे समूह बहुत कमजोर हुए तो वे आतंकवाद का सहारा लेंगे।

जातिगत भेदों या अन्तरों को बढ़ा-चढ़ाकर बताने और राजनीति में जाति का मुद्‌दा बनाने से लोकतांत्रिक राजनीति का बंटाधार हो जाएगा। और इस चीज को न देख पाना सब कुछ जानकर आँखों पर पट्टी बाँध लेना ही होगा।

लेकिन यह सब कहने का यह मतलब भी नहीं निकाला जाना चाहिए कि सामाजिक अन्याय के लम्बे समय से पड़े मसलों पर ध्यान ही न दिया जाए। ऐसा करने से सम्भव है कि ये विवाद कुछ समय के लिए टल जाएँ पर इस बात की ज्यादा गुंजाइश हो जाती है कि बाद में ये और विस्फोटक रूप लेकर सामने आएँ। ऐसे में जरूरत है कि समस्या को किसी एक छोटे हिस्से की समस्या मानने की जगह पूरे समाज की समस्या मानकर सामाजिक न्याय के हिसाब से निपटाएँ। जातिगत पिछड़ेपन और अक्षमता के मसले को जब सामाजिक न्याय के नजरिए से सुलझाते हैं तब समाज को जोड़नेवाली शक्तियाँ ताकतवर होती हैं और समानता और निष्पक्षता जैसे कुछ बुनियादी मूल्यों के इर्द-गिर्द समाज के सभी समूहों को एकजुट करती हैं। इससे पुराने पूर्वाग्रहों को उभरने का अवसर नहीं मिलता। अगर

यह समझ रहे कि क्या समस्या है तो जातिगत टकराव के अनेक जटिल और उलझे मसलों के भी अनेक समाधान निकाले जा सकते हैं। निश्चित रूप से इससे उन लोगों को खास लाभ होगा जो सामाजिक रूप से वंचित रहे हैं और वे पहले की कमी को भी पूरा कर सकते हैं। लेकिन जहाँ तक सम्भव हो इसके साथ ही ऊपरी जाति के गरीब लोगों के लिए भी बदले में कुछ कदम उठाने होंगे जिससे किसी के मन में यह दुर्भावना न फैले कि उन्हें बिना किसी उनकी गलती के ही सजा दी जा रही है या उनके साथ कोई भेदभाव हो रहा है। अधिकांश मामलों में तो पिछड़े और खासकर दलित जातियों के लोग ही सबसे ज्यादा गरीब हैं। ऐसे में यह बेहतर विकल्प हो जाता है कि सिर्फ आर्थिक कदम उठाने की जगह पिछड़ी जातियों की आर्थिक स्थिति को बेहतर किया जाए। जातिगत भेदभाव दूर करने का यह तरीका किसी भी जाति में नाराजगी नहीं पैदा करेगा और जहाँ तक सम्भव हो इसे ही बढ़ावा दिया जाना चाहिए। अक्सर वंचित जाति के लोगों का अपमान उनकी दरिद्रता के चलते कई गुना बढ़ जाता है। दरिद्रता के चलते वे बहुत साफ-सुथरा नहीं रह पाते और फिर यही चीज बड़ी जातियों के लिए एक हथियार बन जाती है कि वे पिछड़ों को, दलितों को गन्दा बनाकर अपने से दूर ही रखें। हाँ, अगर बड़ी जाति का आदमी साफ-सफाई नहीं रखता तो इस बात की अनदेखी कर दी जाती है। अगर पिछड़ी जातियों की दरिद्रता दूर कर दी जाए तो उनकी तरफ से नाक फेरने का बहाना भी खत्म हो जाएगा।

हमने ऊपर कहा है कि राजनीति हमारे समय के मिश्रित समाजों में एकता पैदा करनेवाली शक्ति के रूप में काम करती है। यह बात एकदम सही है बशर्ते राजनीति निजी या एक छोटे समूह के लिए सत्ता पाने की मंशा से न की जाए। यह बात तभी सच होती है जब राजनीति समाज के वृहत्तर हितों का खयाल रखती है और राजनीतिक दल कुछ बातों को न उठाने-छेड़ने पर सहमति रखें। उन्हें समाज के नुकसान पहुँचानेवाले वैसे क्षुद्र प्रयासों का मोह छोड़ना होगा। इन सबका सीधा-सा मतलब यह है कि राजनीति कायदे से चले, मूल्यों पर आधारित हो। इनके बिना तो राजनीति विखंडनवादी शक्तियों का उत्प्रेरक बन जाती है। और हर आधुनिक समाज में ऐसी शक्तियाँ दबी-छुपी रहती हैं। भारत में मर्यादित व्यवहारवाली राजनीति बहुत नहीं चली है। इस चीज ने जातिवाद, सम्प्रदायवाद और हर किस्म के क्षेत्रवाद जैसी विभाजनकारी शक्तियों को आगे ला दिया है।

इस स्थिति से निकलने का रास्ता न बना पाने की हमारी अक्षमता राजनीति के सीमित नजरिए से भी आई है और यह तंग दृष्टिकोण पश्चिम के राजनीतिक सोच पर चलने के चलते बना है। हम जिस पश्चिमी सैद्धान्तिक ढाँचे के तहत चलते-सोचते रहे हैं उससे अपने समाज के आज के टकरावों और संघर्षों को सही परिप्रेक्ष्य में नहीं समझ सकते। पिछले डेढ़ सौ वर्ष की सभी प्रमुख राजनीतिक

और समाजशास्त्रीय अवधारणाएँ यूरोप के अनुभव पर आधारित रही हैं जो काफी कुछ एक समान आबादीवाले देशों का समाज है। प्रमुख राजनीतिक, विचारक और समाजशास्त्रीय लोगों की जो मुख्य चिन्ताएँ रही हैं वे भी अलग-अलग पसन्द या सोचवाली रही हैं अर्थात् बाहरी कारकों से तय हुई हैं। मार्क्सवादियों के लिए पूँजीवाद के तहत उत्पादन और वितरण व्यवस्था की अराजकता चिन्तन का मुख्य मुद्दा थी और वे योजनाबद्ध अर्थव्यवस्था की तार्किकता लाकर इसे सुधारना चाहते थे। पश्चिमी समाजशास्त्र को बहुत ज्यादा प्रभावित करनेवाले मैक्स वेबर के लिए जीवन और विचारों की पारम्परिक शैली की अतार्किकता सबसे बड़ा मुद्दा थी और वे मानते थे कि समाज इस पर जीत हासिल करने और एक तार्किक व्यवस्था लाने का प्रयास कर रहा है। वैसे तो पैराटो ने सामाजिक व्यवहार की अतार्किकता पर जोर दिया पर यह अतार्किकता भी समाज के अन्दर से आती थी और समाज की समानतावादी संस्कृति के चलते सीमित ही रहती थी।

इन सबने जिन प्रणालियों की बात की उनके मूल्यों में एक समानता थी। मार्क्स तक में प्रभावी वर्ग की विचारधारा, जिसमें उसके मूल्य भी समाहित थे, पूरे समाज की विचारधारा बन जाती है। जब एक नया वर्ग सत्ता हासिल करता है तो फिर उसके मूल्य सारे समाज के लिए सार्वजनिक बन जाते हैं।

दूसरी ओर हम आज के अधिकांश समाजों में यह स्थिति देखते हैं कि विभिन्न जातीय, धार्मिक और अन्य समूहों के अपने-अपने कुछ बुनियादी मूल्य, पहचान और निष्ठाएँ हैं जो पूरे समाज के हितों का प्रतिनिधित्व करनेवाले मूल्यों के भी ऊपर गिनी जाने लगती हैं और इसमें भी और चिन्ता की बात यह है कि अगर विभिन्न समूहों के बीच बैर या उग्रता का भाव है तो गुटों के प्रति निष्ठा और तेजी से बढ़ती जाती है।

पश्चिमी जगत में यही स्थिति तब थी जब सिकन्दर की विजयों के साथ यूनानी साम्राज्य विस्तृत होता गया था या जब रोमन साम्राज्य बहुत बड़ा हो गया था और अनेक मूल और विश्वासोंवाले लोग एक ही राजनीतिक व्यवस्था की छतरी के नीचे आ गए थे। यह पहला साम्राज्य तो इतना लम्बा चला ही नहीं कि उसे अपने अन्दर के इतने तरह के लोगों को सँभालने के लिए पर्याप्त प्रणाली विकसित करने का अवसर मिलता। रोमन साम्राज्य में भी कोई समानतावादी दर्शन या आदर्श से तो काम नहीं हुआ पर वहाँ छोटे समूहों—जिन्हें बारबेरियन अर्थात् बर्बर और असभ्य माना जाता था—के विश्वासों और सन्देहों की परवाह किए बिना रोमन कानून लागू किए गए और उनके अनुरूप ही सबसे आचरण कराके शान्ति रखी गई। लेकिन साम्राज्य के बाद के दिनों में जब यही 'बारबेरियन' लोग साम्राज्य के कामकाज में प्रमुख भूमिका निभाने लगे तब पुरानी व्यवस्था गम्भीर दबावों में आ गई। लेकिन राजा और प्रजा सभी के ईसाई धर्म में दीक्षित हो जाने से राहत मिली और समाज अराजकता की गिरफ्त में आने से बच गया। इससे सशक्त कबीलों को अवसर मिला

और उन्होंने अपने-अपने क्षेत्रीय राज्य स्थापित किए जिनमें काफी हद तक सामंजस्य और समानता रही। इसके बाद उनसे सम्बन्धित जो भी राजनीतिक व्यवस्थाएँ और विचार आए वे वैसे ही मुल्कों की शासन प्रणाली को ध्यान में रखकर विकसित हुए थे। यह वह पृष्ठभूमि है जिसमें राजनीतिक व्यवस्था की तार्किकता का विचार फतवे जैसी हैसियत में आ गया। पर जब फासीवाद का उदय हुआ तब शीशे का यह महल चकनाचूर हो गया। तब यह लगने लगा कि समाज के अन्दर कुछ ऐसी बेलगाम शक्तियाँ भी सुप्तावस्था में पड़ी हैं जो जागकर लोगों के सिर पर जुनून की तरह छा सकती हैं। इससे फ्रायड के अध्ययन और मानव मन की अतार्किक शक्तियों के अध्ययन में दिलचस्पी जगी। लेकिन विश्वयुद्धों के बाद भी समृद्धि ने लोगों को इन सभी चीजों को भुलाने की प्रेरणा दी। उसके बाद से ये चीजें जहाँ-तहाँ सिर उठा रही हैं लेकिन यूरोपीय लोगों की निश्चिन्तता में खलल नहीं डाल पातीं। इसलिए वे अभी भी सन्तुलन के अपने सिद्धान्तों के साथ ही चल रहे हैं, उन्हीं के लिए तर्क, कुतर्क और प्रमाण इकट्ठे करते जा रहे हैं।

दूसरी तरफ भारत अपने ऐतिहासिक दौर के शुरू से ही विभिन्न तरह के लोगों की विविधता को समेटकर एक शासन प्रणाली विकसित करने की जद्दोजहद में लगा रहा है। कुछ खास तरह से जाति व्यवस्था ने इस काम को एक हद तक पूरा भी किया है। लेकिन इसकी जड़ों में ही वैमनस्य के बीज पड़े हैं जो कुछ लोगों को श्रेष्ठ बताते हैं तो कुछ को नीच। लेकिन यह व्यवस्था दो 'सेफ्टीवाल्वों' के मौजूद होने से चलती रही। पहली चीज तो थी कठोर वैचारिक ढाँचे के बावजूद सत्ता या तलवार के जोर पर पिछड़ों के लिए अगड़ी पाँत में बैठने की गुंजाइश। यह तब हुआ जब किसी पिछड़े नायक ने हथियारों के बल पर अपना राज्य स्थापित किया और शासक जाति का दर्जा पा लिया। दूसरी चीज थी पूरी व्यवस्था द्वारा भौतिक सुखों का त्याग करने को मनुष्य का सबसे बड़ा उद्देश्य बताना। इस व्यवस्था के चलते समाज में सबसे ज्यादा सम्मान का हकदार वही होगा जो सब कुछ त्याग दे—यह हिन्दू संन्यासी या बौद्ध भिक्खू ही हो सकता था। और संन्यासी या भिक्खू बनना हर किसी के लिए सम्भव न था, इसलिए निचले तबकों या जमातों में पैदा तनाव कभी भी पूरी व्यवस्था को ठप्प करने या बाधित करने की स्थिति तक नहीं पहुँचा।

एक वास्तविक समानतावादी समाज इससे भी ज्यादा प्रभावी ढंग से सामाजिक तनावों को दूर कर सकता है। भौतिक सम्पत्ति और दर्जे का मोल घटना इसका सबसे आसान तरीका हो सकता है क्योंकि इन्हीं के लिए व्यक्ति और समूह अन्ध प्रतिद्वन्द्विता करते हैं और इनको लेकर ही उनके अन्दर सबसे ज्यादा राग-द्वेष होता है। लेकिन जब तक जरूरतों पर अंकुश न लगाया जाए तब तक समानता के आदर्श को हासिल कर पाना सम्भव नहीं है। अत्यधिक सम्पत्ति का स्वामी बनने की भूख के साथ अगर जातिगत मूल्यों से पैदा हताशा को जोड़ लें तो भारत में जातियों के

बीच टकराव को कौन टाल सकता है। पिछले दिनों हुई घटनाएँ इस बड़ी आपदा की चेतावनी भर हैं। जातिगत सम्बन्धों में कोई तार्किकता नहीं है, न हो सकती है। इसलिए खुद के बचाने का एकमात्र तरीका है कि हम अपने मूल्यों को बदलें और उन्हें अधिक-से-अधिक समानतावादी होने की तरफ मोड़ें।

मूल्यों की बात करना राजनीति का उपदेश-कला बनाना लग सकता है। लेकिन अन्तिम विश्लेषण में भी राजनीति की वैधता तभी है जब वह राजनीति या शासन में तात्कालिक लक्ष्यों को लाँघकर ऊपर उठती है। राजनीतिक सत्ता पाने के लिए जरूरी जनमत जुटाने के काम में जुटे राजनेता भी हरदम ऐसी अपील करते हैं। पर इस सम्पर्क में सिर्फ एक ही पहलू पर गौर करना चाहिए कि यह अपील एक कबीलाई एकता के कुछ अन्तर्निहित भावों को छेड़कर उसे कौन-सी दिशा देती है। यह अक्सर एक समूह में दूसरे समूहों के प्रति विद्वेष भाव को उकसाती है, यह सार्वजनिक मूल्यों के प्रति विद्वेष पैदा करती है।

जब से विभिन्न जातीय या सांस्कृतिक पृष्ठभूमि के लोगों का मेल-जोल होना शुरू हुआ है, तभी से पूरे समाज के लिए कोई ऐसी नैतिक शक्ति पैदा करने की कोशिशें चलती रही हैं जो सबके बीच एकता बनाए, उसे मजबूत करे। कबीलाई धर्म को सार्वजनिक धर्म में बदलना इस दिशा में सबसे महत्त्वपूर्ण प्रयास है। बौद्ध, इस्लाम और ईसाई जैसे धर्मों ने लोगों में बंधुत्व पर जोर दिया है। इन सभी धर्मों के बारे में यह खास बात है कि ये शुरुआत में ही समानतावादी रहे हैं। सभी मनुष्य भाई-भाई हैं, जैसी अवधारणा के साथ समानता की बात अनिवार्यतः जुड़ती है। जब तक भौतिक सुख-साधनों को ऊँचा स्थान मिलता रहेगा, मनुष्य का मोल उसी अनुपात में कम होता जाएगा जिस अनुपात में कुछेक लोगों के हाथ में ही सम्पत्ति सिमटती जाएगी। पर भौतिक सुख-साधनों का लालच बहुत बड़ा है और इन्हें जमा करते जाने की मनुष्य की भूख ने महान धर्मों की तरफ से भी उसकी आँखों पर पर्दा डाल दिया। और वह उसी में पड़ा रहा। और फिर जिन लोगों की धर्म में आस्था बनी रही वे थोड़े से ही रह गए। उन लोगों के मन में भी यह धारणा बैठ गई कि वे ईश्वर द्वारा चुने हुए लोग हैं और विशिष्ट हैं इसलिए उन्होंने अपने धर्म के ही थोड़े से लोगों के साथ बंधुत्व रखते हुए छोटे-छोटे समूह बना लिए।

इसलिए अब सभी धर्मों के अन्दर भी बड़ी-बड़ी मूर्तियाँ लगाने, वर्गीकरण करने और भौतिक साधन जुटाने की होड़-सी लगी है।

समाजवाद ने भी उसी वक्त एक मत या अलग सम्प्रदाय का रूप ले लिया जब उपभोगवाद आर्थिक गतिविधियों के जाल में पूरे विश्व को समेट रहा था और इस प्रकार नए टकरावों की स्थिति पैदा कर रहा था। समाजवाद ने दुनिया के सारे वंचितों के एकजुट होने का आह्वान किया। पर इसकी शुरुआती तेजी को समाजवादी आन्दोलन के उन कुछ धड़ों ने ही भोथरा किया, जिन्होंने संग्रहशील (सम्पत्ति जमा

करनेवाला) समाज के उन मूल्यों को स्वीकार किया जिन पर कभी समाजवाद ने चोट करने की शुरुआत की थी।

जब असमानताएँ बहुत ही बड़ी हो जाती हैं तो लोग मतभेदों या अलगाववाले कारकों की तलाश करते हैं। अक्सर उन मतभेदों को भी खोदकर निकाला जाता है जिन्हें काफी पहले दफना दिया गया होता है क्योंकि अपने कष्टों के लिए दूसरों को जिम्मेवार ठहराने में इन मतभेदों या अन्तरों का सहारा आसानी से लिया जा सकता है। हैरानी की बात यह है कि व्यक्तिगत हितों को आगे बढ़ाने, सम्पत्ति जमा करने और अपनी हैसियत के अनुरूप समाज में जगह बनाने की होड़वाले दौर में जिन अतार्किक अपीलों और निष्ठाओं को मृत या समाप्त मान लिया गया था, अब अनौपचारिक रूप से सामने आ रही हैं।

आज दुनिया जिस रूप में है उसे देखते हुए नहीं लगता कि जब तक लोग अपनी आकांक्षाओं को नीचे लाने को तैयार नहीं होंगे, दूसरे लोगों की जरूरतों के अनुरूप अपने उपभोग की आदतों में बदलाव नहीं करेंगे तब तक ये पुराने पिशाच फिर से वापस डाल पर जाएँगे। जातिगत विभाजन के सन्दर्भ में यह बात अधिक दमदार रूप से हम पर भी लागू होती है। आज जो लोग सामाजिक दृष्टि से लाभ की स्थिति में हैं वे अगर बाकी लोगों को साथ लेने या उनको भी खपाने की भावना से काम नहीं करेंगे तो यह समस्या समाप्त होनेवाली नहीं है। पुस्तक में पहले जो विस्तृत चर्चा हुई है उससे जाति की परम्परा में विशिष्टता का बोध समाप्त करने में कुछ मदद मिल सकती है और सम्भव है कि इससे लोग यह भी देख सकेंगे कि अभी भी जो अन्तर या असमानताएँ हों, असल में हिन्दुस्तान के सभी लोग एक ही तरह के मूलवाले हैं और अलग-अलग तरफ से आकर वे एक बड़े समाज का हिस्सा बनते गए हैं। सम्भव है इससे कुछ रिश्ते का भाव बने, जिसके बिना हमारा कोई भविष्य नहीं है।

सन्दर्भ और टिप्पणियाँ

1. आर्य उत्पत्तिवाले सिद्धान्त

1. शतपथ ब्राह्मण, भाग i, जुलियस एगेलिंग का अनुवाद, प्रधान सम्पादक : मैक्समूलर, मोतीलाल बनारसीदास, दिल्ली, 1963, (पहला संस्करण, 1882), पृ. xii-xiii
2. सेनार्ट, एमिले, कास्ट इन इंडिया, द फैक्ट एंड द सिस्टम, ई. डेनिसन रोज का अनुवाद, एस पब्लिकेशंस, दिल्ली, 1975, पृ. 189
3. पूर्वोक्त, पृ. 202
4. एच.एच. रिज़्ले, जॉर्ज ए. ग्रियर्सन और विलियम क्रुक, द एन्थोलॉजी एंड लैंग्वेज, लिटरेचर एंड रिलीजंस ऑफ इंडिया, द एकेडेमिक प्रेस, गुड़गाँव, दिल्ली 1975 (सबसे पहले इम्पीरियल गजट ऑफ इंडिया 1907-09 में प्रकाशित), पृ. 11-14
5. एच.एच. रिज़्ले, द पीपुल्स ऑफ इंडिया, ओरिएंटल बुक रिप्रिंट कॉर्पोरेशन बुक पब्लिशर्स, दिल्ली, 1969 (पहला संस्करण, 1915), पृ. 273-274
6. आर.ई. एन्थोबेन, द ट्राइब्स एंड कास्ट्स ऑफ बॉम्बे, खंड i, कॉस्मो पब्लिकेशंस, दिल्ली, 1975 (सबसे पहले 1920 में प्रकाशित), पृ. xiv-xv
7. पूर्वोक्त, xvi
8. जी.एस. घुर्ये, कास्ट एंड क्लास इन इंडिया, पॉपुलर बुक डिपो, बॉम्बे, 1951 (सबसे पहले 1932 में कास्ट एंड रेस इन इंडिया नाम से प्रकाशित), पृ. 126
9. पूर्वोक्त, पृ. 120
10. द लॉज ऑफ मनु, जी. वूलर का अनुवाद, सम्पादक : मैक्समूलर, मोतीलाल बनारसीदास, दिल्ली, 1964, पृ. 402
11. आर.वी. रसेल द्वारा 'ट्राइब्स एंड कास्ट्स ऑफ सेंट्रल प्रोविंसेज' में दिए गए निष्कर्ष पर आधारित, खंड i, कॉस्मो पब्लिकेशंस, दिल्ली, 1975
12. सेलेस्टीन बोग्ले, एसेज ऑन द कास्ट सिस्टम, कैम्ब्रिज यूनिवर्सिटी प्रेस, 1971, डी.एफ. पोकॉक द्वारा भूमिका के साथ अनूदित (सबसे पहला प्रकाशन 1917), पृ. 10
13. पूर्वोक्त, पृ. 32
14. लुई डुमांट, होमो हायरार्किकस, द कास्ट सिस्टम एंड इट्स इम्प्लीकेशंस, मार्क सैंसवरी द्वारा अनूदित, विकास पब्लिकेशंस, दिल्ली, प्रथम संस्करण 1966, पृ. 39-40
15. पूर्वोक्त, परिशिष्ट, 'कास्ट, रेसिज्म एंड स्ट्रेटिफिकेशन', पृ. 258
16. लुई डुमांट द्वारा होमो हायरार्किकस में उद्धृत।
17. लुई डुमांट, ए फंडामेंटल प्रॉब्लेम इन द सोशियोलॉजी ऑफ कास्ट, मोटन पब्लिशर्स, पेरिस हेग द्वारा प्रकाशित 'रिलीजन, पॉलिटिक्स एंड हिस्ट्री ऑफ इंडिया' नामक आलेख संग्रह में, 1970, पृ. 154-55

18. लुई डुमांट, होमो हायरार्किकस, पृ. 213-14
19. पूर्वोक्त, पृ. 213-14
20. रिचर्ड वर्गहर्ट, हायरार्किकल मॉडेल्स ऑफ हिन्दू सोशल सिस्टम, मैन, खंड 13, अंक 4, दिसम्बर 1978, पृ. 519
21. शतपथ ब्राह्मण ii, बुक iii और iv, जुलियस एगेलिंग का अनुवाद, मुख्य सम्पादक : मैक्समूलर, मोतीलाल बनारसीदास, पटना, 1963, (सबसे पहले 1883 में प्रकाशित), पृ. 4
22. द ट्रेवेल्स ऑफ फाहियान, जेम्स लेगे का अनुवाद, ओरिएंटल पब्लिशर्स, दिल्ली-6, पृ. 42-43
23. पूर्वोक्त, पृ. 46-47
24. ह्वेनसांग की भारत यात्रा (सन् 629-645) सम्बन्धी थॉमस वाल्टर्स का विश्लेषण। उनकी मौत के बाद टी.डब्ल्यू. राइज डेविड्स और एस.डब्ल्यू. वुशेल द्वारा सम्पादित, मुंशीराम मनोहरलाल पब्लिशर्स, प्रा. लि., दिल्ली, 1973, पृ. 185-86
25. थेवेनॉट का 'ट्रेवेल्स ऑफ थेवेनॉट एंड करेई' में आलेख। सम्पादक—सुरेन्द्रनाथ सेन, भारतीय राष्ट्रीय अभिलेखागार, नई दिल्ली, 1949, पृ. 88
26. पूर्वोक्त, पृ. 89
27. पॉलिटिक्स एंड सोसाइटी ड्यूरिंग द अर्ली मीडिएवल पीरियड से उद्धृत। प्रो. मोहम्मद हबीब का कलेक्टेड वर्क्स। पीपुल्स पब्लिशिंग हाउस, दिल्ली, 1975, पृ. 202-03
28. शतपथ ब्राह्मण, खंड i, पृ. 49
29. जे.एच. हटन, कास्ट इन इंडिया, ऑक्सफोर्ड यूनिवर्सिटी प्रेस, बम्बई, 1947, (सबसे पहले 1946 में प्रकाशित)
30. पूर्वोक्त, पृ. 147
31. के.ए. नीलकंठ शास्त्री, आस्पेक्ट्स ऑफ इंडियन हिस्ट्री एंड कल्चर, ऑरिएंटल पब्लिशर्स, दिल्ली, 1974, पृ. 61-62
32. आर.एस. शर्मा, शूद्राज इन एंशिएंट इंडिया, मोतीलाल बनारसीदास, 1958, पृ. 69

2. हम विभाजित क्यों हैं

1. रॉबर्ट आर्द्रे, द हंटिंग हायपोथेसिस, फौंटाना/कॉलिंस, 1977, पृ. 185-86
2. आर्नल्ड टॉयनबी, एन हिस्टोरिन'स एप्रोच टू रिलीजन, ऑक्सफोर्ड यूनिवर्सिटी सीरीज, 1979, पृ. 11
3. कोनराड लॉरेंज, ऑन एग्रेसन, मार्जरी केर विल्सन का अनुवाद, बैंटम, 1967
4. आर्नल्ड टॉयनबी, सम प्रोब्लेम्स ऑफ ग्रीक हिस्ट्री, ऑक्सफोर्ड यूनिवर्सिटी प्रेस, लंदन, 1969, पृ. 50
5. एम.आई. फिनले, आस्पेक्ट्स ऑफ एंटीक्यूटी, पेलिकन, 1972, पृ. 157
6. फिनले, पूर्वोक्त, पृ. 163
7. विलियम लॉरेन काट्ज, आई विट्नेस : द नीग्रोज इन अमेरिकन हिस्ट्री, पिट्समैन पब्लिशिंग कॉर्पोरेशन, न्यूयार्क, टोरंटो, 1967, पृ. 20-21
8. क्लाटे लेवी-स्ट्रॉस, त्रिस्ते ट्रोपिक, फ्रेंच से अनुवाद : जॉन एवं डोरीन बिटमैन, कंगारू बुक, न्यूयार्क, 1977, पृ. 186-87
9. लुई डुमांट, ए फंडामेंटल प्रॉब्लेम इन सोशियोलॉजी ऑफ कास्ट, रिलीजन पॉलिटिक्स एंड हिस्ट्री इन इंडिया में संकलित, मॉटन पब्लिशर्स, पेरिस/हेग, 1970, पृ. 55

10. लुई डुमांट, पूर्वोक्त, पृ. 155
11. फ्रांसिस बुकानन, मोंटगोमेरी मार्टिन सम्पा., ईस्टर्न इंडिया, नं. 14, पूर्णिया में लेख। कॉस्मोस पब्लिकेशंस, दिल्ली, 1974, पृ. 281
12. पूर्वोक्त, पृ. 282
13. स्टीफन टॉलमिन, एनकाउंटर, अगस्त, 1979
14. जॉर्ज ऑरवेल, द रोड टू ए विजन पियर, पेंग्विन, 1977, पृ. 107
15. पूर्वोक्त, पृ. 182

3. जाति : पूर्वाग्रह और पराक्रम

1. शतपथ ब्राह्मण, बुक-1, पृ. 296 (ii कांड, i अध, 4 ब्रा.)
2. फिलिप मैसन द्वारा 'रेस रिलेशंस' में उद्धृत। ऑक्सफोर्ड यूनिवर्सिटी प्रेस, लन्दन, पृ. 22।
3. पूर्वोक्त, पृ. 22 पर उद्धृत।
4. पूर्वोक्त, पृ. 13।
5. डब्ल्यू.जे.एम. मैकेंजी, बायोलॉजिकल आइडियाज इन पॉलिटिक्स, मैनचेस्टर यूनिवर्सिटी, प्रेस, मैनचेस्टर, 1979, पृ. 38।
6. डी.पी. खक्खड़, कास्ट एंड ट्राइब्स इन कच्छ, इंडियन एंटीक्यूरी, भाग v, 1876, इंडोलॉजिकल बुक हाउस, दिल्ली, 1971, पृ. 171।
7. आर.सी. मजूमदार सम्पा., 'क्लासिकल एकाउंट्स ऑफ इंडिया' में ए. एरियान का लेख, फिर्मा के.एल. मुखोपाध्याय, कलकत्ता, 1960, पृ. 75-76।
8. डियोडोरस सिकुलस का लेख, पूर्वोक्त किताब में, पृ. 181।
9. राधा कुमुद मुखर्जी, 'राइज ऑफ मगधन इम्पीरियलिज्म', आर.सी. मजूमदार द्वारा सम्पादित किताब 'हिस्ट्री एंड कल्चर ऑफ द इंडियन पीपुल' में छपा लेख, भारतीय विद्या भवन, बम्बई, 1968, पृ. 32-33।
10. कॉर्पस इंस्क्रिप्शन इंडिकेरम, खंड-v इंस्क्रिप्शंस ऑफ बाकाटक, सम्पा. वासुदेव विष्णु मिराशी, गवर्नमेंट इपिग्राफिस्ट्स फॉर इंडिया, ऊँटी, 1973।
11. कॉर्पस इंस्क्रिप्शन इंडिकेरम खंड iii, इंस्क्रिप्शंस ऑफ द गुप्ता किंग्स एंड देयर सक्सेसर्स, जॉन फिथफुल फ्लीट, इंडोलॉजिकल बुक हाउस, वाराणसी, 1970।
12. इपिग्राफिका इंडिका, द कॉर्पस इंस्क्रिप्शन इंडिका ऑफ द आर्कियोलॉजिकल सर्वे खंड ii, सम्पा. जैस बर्गेस, मोतीलाल बनारसीदास, दिल्ली, 1970, पृ. 5-6।
13. सी.सी. बर्ग का लेख, जावानीज हिस्टोरियोग्राफी—ए सिनाप्सिस ऑफ इट्स इवोल्यूशन इन हिस्टोरियंस ऑफ साउथ ईस्ट एशिया में। सम्पा. डी.जी.ई. हाल, ऑक्सफोर्ड यूनिवर्सिटी प्रेस, न्यूयार्क, 1963, पृ. 86।
14. इंस्क्रिप्शंस ऑफ द कालचुरी—चेरी एरा, पार्ट i कॉर्पस इंडिक्रिप्शंस इंडिकेरम खंड iv, सम्पा. वासुदेव विष्णु मिराशी, गवर्नमेंट इपिग्राफिस्ट फॉर इंडिया, ऊँटी, 1955, नं. 5 प्लेट iii ए।
15. इपिग्राफिका इंडिका, द कॉर्पस इंस्क्रिप्टिमम इंडिकेरम ऑफ द आर्कियोलॉजिकल सर्वे, सम्पा. जैस बर्गेस, खंड ii, मोतीलाल बनारसीदास, दिल्ली, 1970, पृ. 579।
16. पूर्वोक्त, पृ. 557।
17. आर्कियोलॉजिकल सर्वे ऑफ इंडिया, साउथ इंडियन इंस्क्रिप्शन, अनुवाद और सम्पादन ई. हुल्तजोक, खंड i, इंडोलॉजिकल बुक हाउस, दिल्ली, 1972, पृ. 83।

18. जेम्स टॉड, एनल्स एंड एंटीक्यूटीज ऑफ राजस्थान, खंड i, रूटलेज एंड कीगन पॉल लिमि. लन्दन, 1960, पृ. 68-69।
19. विंसेंट ए. स्मिथ, द अर्ली हिस्ट्री ऑफ इंडिया, ऑक्सफोर्ड, 1962 (पहला संस्करण 1924), पृ. 427।
20. जय नारायण असोपा, ओरिजिंस ऑफ राजपूत्स, भारतीय पब्लिशिंग हाउस, दिल्ली, वाराणसी, कलकत्ता, 1976।
21. गूर्वोक्त, गृ. 6-7।
22. अबुल फजल, अकबरनामा, फारसी से अनुवाद : एच. बेवरीज, रेपर बुक्स, दिल्ली, 1972 (सबसे पहले एशियाटिक सोसाइटी ऑफ बेंगाल द्वारा प्रकाशित), पृ. 612।
23. पूर्वोक्त, पृ. 618।
24. रामरंजन मुखर्जी और शचीन्द्र कुमार मैती, कॉर्पस ऑफ बेंगाल इंस्क्रिप्शंस बियरिंग आन हिस्ट्री एंड सिविलाइजेशन ऑफ बेंगाल, फिर्मा के.एल. मुखोपाध्याय, कलकत्ता, 1967, पृ. 32-33।
25. पूर्वोक्त, पृ. 35
26. साउथ इंडियन इंस्क्रिप्शंस तमिल एंड संस्कृत, आर्कियोलॉजिकल सर्वे आफ इंडिया, अनु. और सम्पादक ई. हुल्तजोक, खंड i, इंडोलॉजिकल बुक हाउस, दिल्ली, 1979, पृ. 9। अभिलेख संख्या 24 से 30।
27. पूर्वोक्त।
28. पूर्वोक्त, पृ. 57, अभिलेख संख्या 30।
29. दीवान बहादुर, एल.के. अनन्त कृष्ण अय्यर, मैसूर ट्राइब्स एंड कास्ट्स, मैसूर विश्वविद्यालय मैसूर, 1955, पृ. 63।
30. रमाशंकर त्रिपाठी, हिस्ट्री ऑफ एंशिएंट इंडिया, मोतीलाल बनारसीदास, दिल्ली, वाराणसी, पटना, 1960, पृ. 441-42।
31. पूर्वोक्त, पृ. 442।
32. पूर्वोक्त, पृ. 456-457।
33. गुस्ताव ओप्पर्ट, द ओरिजनल इनहैबिटैंट्स ऑफ भारतवर्ष ऑर इंडिया, ओरिएंटल पब्लिशर्स, दिल्ली 1972, (सबसे पहले 1893 में प्रकाशित), पृ. 14।
34. रामरंजन मुखर्जी और शचीन्द्र कुमार मैती, फिर्मा के.एल. मुखोपाध्याय, कलकत्ता, 1967, पृ. ii।
35. विंसेंट ए स्मिथ, द अर्ली हिस्ट्री ऑफ इंडिया, ऑक्सफोर्ड, 1962, पृ. 419 पर पाद-टिप्पणी।
36. मुखर्जी और मैती, पृ. 19-20।
37. मुखर्जी और मैती, पृ. 9-10।
38. इंस्क्रिपशंस ऑफ द कालचुरी—चेरी एरा, पार्ट i, कॉर्पस इंस्क्रिप्टोनिज्म इंडिकेरम, खंड iv, सम्पादक वासुदेव विष्णु मिराशी, गवर्नमेंट इपिग्राफिस्ट फॉर इंडिया, ऊँटी, 1955, पृ. xxxiv.
39. पूर्वोक्त, पृ. xxxiv.
40. पूर्वोक्त, पृ. xxxi.
41. आर.वी. रसेल और हीरालाल, ट्राइब एंड कास्ट ऑफ सेंट्रल प्रोविंसेज ऑफ इंडिया, खंड ii, भाग ii, कॉस्मोस पब्लिकेशंस, दिल्ली, 1975, पृ. 23-24।
42. अलबेरूनीज इंडिया, सम्पा. एडवर्ड सी. सचान, एस. चाँद एंड कम्पनी दिल्ली, 1964, पृ. 104।
43. मेजर जनरल ए. कनिंघम और एच.वी.डब्ल्यू. जैरिक, रिपोर्ट्स ऑफ टूर्स इन नॉर्थ एंड साउथ बिहार इन 1880-81, आर्कियोलॉजिकल सर्वे ऑफ इंडिया, खंड xvi, इंडोलॉजिकल बुक हाउस, पृ. 60।

44. पूर्वोक्त, पृ. 71-72।
45. पूर्वोक्त, पृ. 72।
46. सच्चिदानन्द, रेसेस, ट्राइब्ज एंड लैंग्वेजेज ऑफ बिहार, 'कंप्रिहेंसिव हिस्ट्री ऑफ बिहार', खंड i, भाग i, सम्पा. डॉ. विन्देश्वरी प्रसाद सिन्हा, काशी प्रसाद जायसवाल इंस्टीट्यूट, पटना, 1974, पृ. 78।
47. फ्रांसिस बुकानन इन ईस्टर्न इंडिया, मोंटगोमेरी मार्टिन, नम्बर-12, कॉस्मोस पब्लिकेशंस, दिल्ली, 1970, (पहली बार 1838 में प्रकाशित), पृ. 341-343।
48. पूर्वोक्त, पृ. 343।
49. टुअर्स इन सेंट्रल दोआब एंड गोरखपुर इन 1874-75, 1875-76 वाई ए.सी.एल. कार्लाइल आर्कियोलॉजिकल सर्वे ऑफ इंडिया, खंड xii, इंडोलॉजिकल बुक हाउस, वाराणसी, 1970, पृ. 132-133।
50. पूर्वोक्त, पृ. 141।
51. फ्रांसिस बुकानन, मोंटगोमेरी मार्टिन के ईस्टर्न इंडिया नम्बर-12 में, पृ. 471।
52. ए.सी.एल. कार्लाइल, रिपोर्ट्स ऑफ टुअर्स इन गोरखपुर, सारन एंड गाजीपुर इन 1877-78, 79-80, आर्कियोलॉजिकल सर्वे ऑफ इंडिया, खंड xxii, इंडोलॉजिकल बुक हाउस, वाराणसी, 1966, पृ. 65-66।
53. पूर्वोक्त, पृ. 67-68।
54. फ्रांसिस बुकानन, ईस्टर्न इंडिया नम्बर-14, पूर्णिया, मोंटगोमेरी मार्टिन, कॉस्मोस पब्लिकेशंस, दिल्ली, 1966, पृ. 42।
55. एम.ए. शेरिंग, हिन्दू ट्राइब्स एंड कास्ट्स : एज रिप्रेजेंटेड इन बनारस खंड i, कॉस्मोस पब्लिकेशंस, दिल्ली 1974 (पहली बार 1872 में प्रकाशित), पृ. 39।
56. पूर्वोक्त, पृ. 42।
57. विलियम क्रुक, द ट्राइब्स एंड कास्ट्स ऑफ द नॉर्थ वेस्टर्न इंडिया खंड vi, कॉस्मोस पब्लिकेशंस, दिल्ली 1975 (कलकत्ता-1876), पृ. 264।
58. एम.ए. शेरिंग, पृ. 238।
59. गुस्ताव ओप्पर्ट, द ओरिजनल इनहैबिटेंट्स ऑफ भारतवर्ष और इंडिया, ओरिएंटल पब्लिकेशंस, दिल्ली, (सबसे पहले 1893 में प्रकाशित), पृ. 39।
60. ए.सी.एल. कार्लाइल, टुअर्स इन द सेंट्रल दोआब एंड गोरखपुर, 1874-75-76, पृ. 89।
61. पूर्वोक्त, पृ. 152
62. डब्ल्यू.सी. बेनेट, बी.सी.एम. गोंडा, ऑन द भर किंग्स ऑफ ईस्टर्न अवध, इंडियन एंटिक्यूरी, खंड i, 1872, सम्पादक जैस बर्गेस, इंडोलॉजिकल बुक रिप्रिंट कॉर्पोरेशन, दिल्ली, 1971, पृ. 260।
63. विंसेंट ए. स्मिथ, द अर्ली हिस्ट्री ऑफ इंडिया, ऑक्सफोर्ड, 1962, पृ. 429।
64. विलियम क्रुक, द ट्राइब्स एंड कास्ट्स ऑफ द नॉर्थ वेस्टर्न इंडिया, खंड vi, पृ. 324।
65. फ्रांसिस बुकानन, ईस्टर्न इंडिया नम्बर ii, शाहाबाद, मोंटगोमेरी मार्टिन, पृ. 468-69।
66. आर.वी. रसेल और हीरालाल, ट्राइब्स एंड कास्ट्स ऑफ दि सेंट्रल प्रोविंसेज ऑफ इंडिया, भाग ii, खंड ii, कॉस्मो पब्लिकेशंस, दिल्ली, 1975, पृ. 243।
67. विलियम क्रुक, द ट्राइब्स एंड कास्ट्स ऑफ द नॉर्थ वेस्टर्न इंडिया, खंड iii, कॉस्मो पब्लिकेशंस, दिल्ली, 1975 (कलकत्ता, 1896)।
68. फ्रांसिस बुकानन, ईस्टर्न इंडिया, भागलपुर, मोंटगोमेरी मार्टिन, पृ. 121-122।

69. अबुल फजल का अकबरनामा, खंड iii, अनुवाद एच. बेवरीज, रेयर बुक्स, दिल्ली, 1972, पृ. 151।
70. ए. कनिंघम और एच.वी.डब्ल्यू. जैरिक, रिपोर्ट्स ऑन टुअर्स इन नॉर्थ एंड साउथ बिहार इन 1880-81, आर्कियोलॉजिकल सर्वे ऑफ इंडिया, खंड xvi, इंडोलॉजिकल बुक हाउस, पृ. 26।
71. ए.सी.एल. कार्लाइल, टुअर्स इन दि सेंट्रल दोआब एंड गोरखपुर इन 1874-75, ऑर्कियोलॉजिकल सर्वे ऑफ इंडिया, खंड ii, इंडोलॉजिकल बुक हाउस, वाराणसी, 1970, पृ. 131।
72. जॉन पेम्बले, द इनवैजन ऑफ नेपाल, क्लेरेंडन प्रेस, ऑक्सफोर्ड, 1971, पृ. 71।
73. पूर्वोक्त, पृ. 81।
74. आर.वी. रसेल द्वारा उद्धृत, ट्राइब्स एंड कास्ट्स ऑफ सेंट्रल प्रोविंसेज, पार्ट ii, खंड ii, कॉस्मो पब्लिकेशंस दिल्ली, 1975, पृ. 306-307।
75. पूर्वोक्त, खंड i, पृ. 37।
76. पूर्वोक्त, पार्ट ii, खंड ii, पृ. 303-306।
77. मोंटगोमेरी मार्टिन, ईस्टर्न इंडिया, नम्बर-12, भागलपुर और गोरखपुर, कॉस्मो पब्लिकेशंस, दिल्ली, पृ. 463।
78. आर.वी. रसेल, कास्ट्स एंड ट्राइब्स ऑफ सेंट्रल प्रोविंसेज ऑफ इंडिया, खंड i, पृ. 38।
79. सर वॉल्सले हेंग, द नेटिव स्टेट्स ऑफ नॉर्दन इंडिया फ्रॉम ए.डी. 1000 टू 1526। कैम्ब्रिज हिस्ट्री ऑफ इंडिया, खंड iii, एस. चाँद, दिल्ली, 1965, पृ. 535-536।
80. अबुल फजल का अकबरनामा, खंड ii, अनुवाद एच. बेवरिज, रेयर बुक्स, दिल्ली, 1977, पृ. 325।
81. क्रिस्टोफ वॉन फ्यूरेर-हैमेनडोर्फ, द गोंड्स ऑफ आन्ध्र प्रदेश, विकास पब्लिशिंग हाउस प्रा.लि., दिल्ली, 1979, पृ. 4।
82. बछड़े के नर्म मांस के प्रति टपकती लार को रोकना ब्राह्मणों के लिए भी मुश्किल था, यह बात गाय की बलि पर रोक के सन्दर्भ में याज्ञवल्क्य की प्रतिक्रिया से भी जाहिर होती है। यह प्रतिक्रिया शतपथ ब्राह्मण में है जिसका अनुवाद ज़ूलियस इगेलिंग ने किया है। प्रकाशक मोतीलाल बनारसी दास, दिल्ली, 1963, पृ. ii, iii, खंड, एडीटी 2, बीआर 21।
83. जी.एच. डमांट, सम एकाउंट ऑफ पालीज ऑफ दिनाजपुर, इंडियन एंटीक्वेरी, खंड i, 1872, जैस वर्गेस द्वारा सम्पादित, इंडोलॉजिकल बुक्स, रिप्रिंट कॉर्पोरेशन, दिल्ली, 1971, पृ. 336-337।
84. इंडियन एंटीक्वेरी, खंड ii, 1873, पृ. 101-102।
85. मोंटगोमेरी मार्टिन, ईस्टर्न इंडियन नम्बर 15, रंगपुर और असम, कॉस्मो पब्लिकेशन, पृ. 415।
86. जी.एच. डमांट, इंडियन एंटीक्वेरी, खंड i, 1872, पृ. 336-337।
87. फिलिप कार्ल सुल्जमैन, आइडियोलॉजी एंड चेंज इन मिडिल ईस्टर्न ट्राइबल सोसाइटीज, मैन खंड 13, नवम्बर 4, दिसम्बर, 1978, पृ. 618।
88. पूर्वोक्त, पृ. 623-624।
89. फ्रांसिस बुकानन मोंटगोमेरी मार्टिन के ईस्टर्न इंडिया नम्बर-12 में, भागलपुर और गोरखपुर, पृ. 468।

90. आर.वी. रसेल, द ट्राइब्स एंड कास्ट्स ऑफ द सेंट्रल प्रोविंसेस ऑफ इंडिया, खंड i, कॉस्मो पब्लिकेशंस, दिल्ली, 1975, पृ. 34।
91. आर.ई. एंथोवेन, द ट्राइब्स एंड कास्ट्स ऑफ बॉम्बे, खंड i, कॉस्मो पब्लिकेशंस, दिल्ली, 1975 (सबसे पहले 1920 में प्रकाशित), पृ. xvii-xviii।
92. पूर्वोक्त, खंड, पृ. 7-8।
93. पूर्वोक्त, पृ. 8।
94. गुस्ताव ओप्पर्ट, द ऑरिजनल इनहैबिटेंट्स ऑफ भारतवर्ष और इंडिया, पृ. 261।
95. आर.वी. रसेल, द ट्राइब्स एंड कास्ट्स ऑफ सेंट्रल प्रोविंसेस ऑफ इंडिया, खंड i, पृ. 34।
96. आर.वी. रसेल द्वारा उद्धृत, पूर्वोक्त, पृ. 35।
97. फ्रांसिस बुकानन, ईस्टर्न इंडिया नम्बर-15, रंगपुर और असम, मोंटगोमेरी मार्टिन, कॉस्मो पब्लिकेशंस, दिल्ली, पृ. 676।
98. फ्रांसिस बुकानन, पूर्वोक्त, पृ. 518-519।
99. पूर्वोक्त, पृ. 619-620।
100. पूर्वोक्त, पृ. 520।
101. पूर्वोक्त, नम्बर-12, भागलपुर और गोरखपुर, पृ. 118-119।
102. कल्हण, राजतरंगिनी, रंजीत सीताराम पंडित का अनुवाद, साहित्य अकादमी, नई दिल्ली, 1968, पृ. 117।
103. पूर्वोक्त, पृ. 179-181।
104. श्रीमती सी.ए.एफ. राइज डेविड्स का इकॉनामिक कंडीशंस एकॉर्डिंग टू अर्ली बुद्धिस्ट लिटरेचर शीर्षक वाला लेख, कैम्ब्रिज हिस्ट्री ऑफ इंडिया, खंड i, सम्पा. ई.जे. पेप्रोन, एस. चाँद एंड कम्पनी, 1968, पृ. 186-187।
105. बुद्धघोष की नीति कथाएँ, बर्मी से अंग्रेजी अनुवाद—कैप्टन टी. रोजर। पाली से अनुवाद—एफ. मैक्स मूलर, आलोक पब्लिकेशंस, नई दिल्ली (पहली बार 1870 में प्रकाशित), पृ. 47।
106. जातक, खंड ii, पाली से अनुवाद : रॉबर्ट चैम्बर्स, सम्पा. ई.बी. कोवेल, कॉस्मो पब्लिकेशंस, दिल्ली, 1973, (पहली बार 1895 में प्रकाशित), पृ. 115।
107. पूर्वोक्त।
108. जातक, खंड i, पूर्वोक्त, पृ. 308।
109. विनय टैक्स्ट, भाग i, टी. डब्ल्यू. राइस डेविड्स और हरमैन ओल्डेमबर्ग द्वारा अनूदित, मोतीलाल बनारसीदास, दिल्ली, 1965, (पहली बार 1881 में प्रकाशित), पृ. 152।
110. ए.वी. कीथ का लेख 'द पीरियड ऑफ द लेट संहिताज' जो कैम्ब्रिज हिस्ट्री ऑफ इंडिया, खंड i, में है। सम्पा. ई.जे. रैप्सन, एस. चाँद एंड कम्पनी, दिल्ली, 1968, पृ. 129।
111. शतपथ ब्राह्मण, पुस्तक i, अनुवाद जुइस इग्मेलिंग, प्रधान सम्पादक—मैक्स मूलर, मोतीलाल बनारसीदास, दिल्ली, 1963, पृ. 201।
112. आर्नोल्ड टॉयनबी, ए स्टडी ऑफ हिस्ट्री, खंड 5, ऑक्सफोर्ड, लन्दन, 1962, पृ. 138।
113. एनचार्लोट ईशमैन का प्रोटोटाइप्स ऑफ द नवकलेवर रिचुअल एंड देअर रिलेशन टू द जगन्नाथ कल्ट शीर्षक वाला लेख जो ए. ईशमैन, हरमैन कुल्के और जी.सी. त्रिपाठी द्वारा सम्पादित पुस्तक 'कल्ट ऑफ जगन्नाथ एंड द रीजनल ट्रेडिशन इन ओरिसा' में है। मनोहर पब्लिकेशंस, नई दिल्ली, 1978, पृ. 264।
114. ए. ईशमैन, पूर्वोक्त किताब का लेख 'हिन्दुआइजेशन ऑफ ट्राइबल डाइटीज इन ओरिसा', पृ. 86।

115. हरमैन कुल्के का लेख 'क्षत्रियाइजेशन एंड सोशल चेंज इन पोस्ट मेडिवल ओरिसा,' का लेख 'जर्मन स्कालर्स ऑन इंडिया' खंड ii, में है। सम्पादन : जर्मनी के दूतावास का सांस्कृतिक विभाग, नचिकेता पब्लिकेशंस लि. बम्बई, 1976, पृ. 152।
116. पूर्वोक्त, पृ. 152।
117. हरमैन कुल्के, 'रायल टेम्पल पालिसी एंड स्ट्रक्चर ऑफ मेडिवल हिन्दू किंगडम' शीर्षक लेख जो 'कल्ट ऑफ जगन्नाथ एंड दीनानाथ ट्रेडिशंस ऑफ ओरिसा' में है, पृ. 126।
118. शतपथ ब्राह्मण, बुक i, अनुवाद : जुलियस एग्गेलिंग, सम्पादन : मैक्स मूलर, मोतीलाल बनारसीदास, दिल्ली, 1963, पृ. 104-106।
119. पी.सी. राय चौधरी, इनसाइड बिहार, बुकलैंड प्रा. लि. कलकत्ता, इलाहाबाद, पटना, 1962, पृ. 213।
120. आर.सी. रसेल और हीरालाल, ट्राइब्स एंड कास्ट्स ऑफ द सेंट्रल प्रोविंसेस ऑफ इंडिया, 1975, पृ. 31।
121. क्रिस्टोफ वॉन फ्यूरर-हैमेनडार्फ, द गोंड ऑफ आन्ध्र प्रदेश, विकास पब्लिशिंग हाउस, प्रा. लि., दिल्ली, 1979, पृ. 20।
122. डोनाल्ड यूजेन स्मिथ, इंडिया एज ए सेकुलर स्टेट, प्रिंसटन यूनिवर्सिटी प्रेस, लन्दन और बम्बई, 1963, पृ. 273।
123. एम.एन. श्रीनिवास, सोशल चेंज इन मॉडर्न इंडिया, ओरिएंट लोंगमैन, नई दिल्ली, 1972, पृ. 6।

4. जाति : एक संश्लिष्ट व्यवस्था

1. हरबर्ट रिज़्ले, द पीपुल्स ऑफ इंडिया, दूसरा संस्करण, सम्पादक, डब्ल्यू. क्रुक, ओरिएंटल बुक रिप्रिंट कॉर्पोरेशन बुक पब्लिशर्स, दिल्ली, 1969, पृ. 262, (सबसे पहले 1915 में प्रकाशित)।
2. जेम्स डार्म्सटेटर, जेंड, अवेस्ता के अनुवाद की भूमिका, मुख्य सम्पादक मैक्स म्यूलर, मोतीलाल बनारसीदास, दिल्ली, 1965, पृ. xlv-xlvii.
3. पूर्वोक्त, पृ. xlvi-xlvii.
4. पूर्वोक्त, पृ. xlvi-xlvii.
5. गुंथर डी, सोंतहाइमर, द धांगर्स, ए नोमेडिक पास्चरल कम्युनिटी इन ए डेवलपिंग एग्रिकल्चरल इंवार्नमेंट, स्क्रिफ्तेंरिह देस सुदासिएन इंस्टीट्यूट दास यूनिवर्सिटेट हाइडरलबर्ग, पृ. 167।
6. एन.के. बोस, द स्ट्रक्चर ऑफ हिन्दू सोसाइटी, ओरिएंट लांगमैन, दिल्ली, 1975, पृ. 39।
7. मोर्टिमर व्हीलर, अर्ली इंडिया एंड पाकिस्तान टू अशोका, थॉमस एंड हडसन, लन्दन (संशो.), 1968, पृ. 127।
8. ब्रिगेटन और रेमंड आलचिन, द बर्थ ऑफ इंडियन सिविलाइजेशन : इंडिया एंड पाकिस्तान बिफोर 500 बी.सी., पेलिकन ऑरिजनल, 1968, पृ. 257।
9. पूर्वोक्त, पृ. 154।
10. गुस्ताव ओप्पर्ट, द ऑरिजनल इनहैबिटेंट्स ऑफ इंडिया, ओरिएंटल पब्लिशर्स, दिल्ली, 1972, पृ. 32।
11. आई.एस. लेविस, सोशल एंथोपोलॉजी इन पर्सपेक्टिव, पेलिकन, 1977, पृ. 189-90।

12. मागरिट पेइल, कंसेसस एंड कंफ्लिक्ट इन अफ्रीकन सोसाइटीज, लांगमैन लन्दन, 1977, पृ. 90-91।
13. ए. बेरिएडेल कीथ, द एज ऑफ ऋग्वेद, इन द कैम्ब्रिज हिस्ट्री ऑफ इंडिया खंड i का आलेख, सम्पादक ए.जे. रैपन, एस. चाँद एंड कम्पनी, दिल्ली, 1968, पृ. 83 (पहला प्रकाशन 1921)।
14. वायु पुराण, जे. मुइर द्वारा उद्धृत पुस्तक—ऑन द ऑरिजिन एंड हिस्ट्री ऑफ द प्यूपिल ऑफ इंडिया, देयर रिलीजन एंड इंस्टीट्यूशन, ओरिएंटल पब्लिशर्स, नई दिल्ली, 1976, पृ. 97।
15. अलबेरूनी का भारत, सम्पा.—डॉ. एडवर्ड सी. सचान, एस. चाँद एंड कम्पनी, दिल्ली, 1964, पृ. 100-101।
16. कर्म पुराण में आर.एस. शर्मा द्वारा उद्धृत, शूद्राज इन एंशिएंट इंडिया, मोतीलाल बनारसीदास, 1958, पृ. 212।
17. जी.एस. घुर्ये, कास्ट एंड क्लास इन इंडिया, पोपुलर बुक डिपो, बम्बई, 1957, पृ. 13।
18. पूर्वोक्त, पृ. 12।
19. डी.डी. रूनी और ई. हैल्लाडे, द बिल्डिंग ऑफ मॉडर्न अफ्रीका, जॉर्ज जी. हैरप एंड कम्पनी लि., लन्दन, 1967, पृ. 208-209।
20. पूर्वोक्त, पृ. 208-209।
21. मोनिका हंटर, रिएक्शन टू कंक्वेस्ट, ऑक्सफोर्ड यूनिवर्सिटी प्रेस, 1961, पृ. 560।
22. गुन्नार मिरडल, ए अमेरिकन डाइलेम्मा, खंड ii, पैंथियन बुक, न्यूयार्क, 1972 (हार्पर एंड रो, 1944), पृ. 668।
23. पूर्वोक्त, पृ. 668।
24. गुन्नार मिरडल, द अमेरिकन डाइलेम्मा, खंड i, पैंथियन बुक, न्यूयार्क, 1972, पृ. 89।
25. हटन, कास्ट इन इंडिया, ऑक्सफोर्ड यूनिवर्सिटी प्रेस, 1977, पृ. 146।
26. मोर्टन क्लास, कास्ट : द इमर्जेंस ऑफ साउथ एशियन सोशल सिस्टम, इंस्टीट्यूट फॉर द स्टडी ऑफ ह्यूमन इश्यूज, फिलाडेल्फिया, 1980।
27. पूर्वोक्त।

5. परत दर परत आदिवासी जमाव

1. क्रिस्टियन फिस्टर, गाउल अंडर द मेरोविंजियन फ्रैंक्स, कैम्ब्रिज मेडिवल हिस्ट्री ii में आलेख, कैम्ब्रिज, 1976, पृ. 138।
2. एल.एम. हार्टमैन, इटली अंडर द लोम्बाड्‌र्स, कैम्ब्रिज मेडिवल हिस्ट्री ii में आलेख, कैम्ब्रिज, 1976, पृ. 207-208।
3. लुई डुमांट, रिलीजन, पॉलिसीज एंड हिस्ट्री इन इंडिया, कलेक्टेड पेपर्स इन इंडियन सोशियालॉजी, मॉटन पब्लिशर्स, पेरिस/हेज, 1970, पृ. 14-15।
4. जी.एस. घुर्ये, कास्ट एंड क्लास इन इंडिया, पोपुलर बुक डिपो, बम्बई, 1957, पृ. 3-41, (1932 में पहली बार 'कास्ट एंड रेस इन इंडिया' नाम से प्रकाशित)।

दलित राजनीति

सामाजिक बदलाव में दलितों की भूमिका

दलित नेतृत्व का सवाल इस ऐतिहासिक परिप्रेक्ष्य में उठाया जा रहा है कि किसी विभाजित समाज में जहाँ लोग वर्ग, जाति, मूल, भाषा आदि में किन्हीं आधार पर विभाजित हैं वहाँ कोई भी उन्नयन का कार्यक्रम, चाहे वह शिक्षा प्रसार का हो चाहे राजनीतिक और आर्थिक अधिकारों का, सभी समूहों को एक ही साथ समान रूप से लाभान्वित या प्रभावित नहीं करता। इसमें जो सबसे आगे बढ़ा हुआ समाज होता है वही अगुआ बन सामने आता है और शुरू में सबसे अधिक लाभान्वित भी होता है। प्रजातांत्रिक क्रान्ति की अगुवाई यूरोप में उस समय के बुर्जुआ कहे जानेवाले मध्यम वर्ग ने की, जो बाद में पूँजीपति वर्ग के रूप में विकसित हुआ। कार्ल मार्क्स के सामने इतिहास की प्रक्रिया की यही जटिलता रही होगी जिस कारण उसने एक सरलीकृत स्थिति की कल्पना की, जहाँ मुट्‍ठी-भर पूँजीपतियों को छोड़ बाकी सारे-के-सारे लोग सर्वस्वहीन सर्वहारा बन जाते हैं और उनका उद्धार सारे संसार का उद्धार बन जाता है। हकीकत ने वह काल्पनिक रूप कभी धारण नहीं किया और पूँजीपति वर्ग के विरुद्ध वैसी भेदभावहीन सार्विक निर्धनता की स्थिति समाज में नहीं बन पाई जिसमें सर्वहारा ही अकेले बचे हों। समाज अनेक तरह के आन्तरिक विभाजनों से ग्रस्त रहा। यह भी एक कारण था कि कार्ल मार्क्स के अनुयायियों ने जब अपनी कल्पना के अनुरूप नया समाज गढ़ने की कोशिश की तो वे ऐसे अन्तर्विरोधों से घिर गए कि उन्हें मिटाने के लिए घोर अधिनायकवादी नीतियों को अपनाना पड़ा और विनायक की मूर्ति गढ़ते-गढ़ते हो गई गोबर गणेश की निर्मिति।

पूँजीपति और मजदूर को छोड़ समाज में जो दूसरे अनेक विभाजन थे उन्हें नष्ट करने का स्टीम रौलर मार्क्स की कल्पना में पूँजीपति वर्ग ही था। 'कम्युनिस्ट मैनिफेस्टो' में मार्क्स ने अत्यन्त प्रशंसा-भाव से पूँजीपतियों की इस क्रान्तिकारी भूमिका की चर्चा की थी। लेकिन जिस प्रक्रिया को मार्क्स ने अपनी कल्पना में सार्विक मान लिया था वह दूसरे देशों और महादेशों में तो दूर, स्वयं यूरोप में भी कभी सम्पूर्णत: कारगर नहीं हुई। यूरोप में सिर्फ मूल, धर्म और राष्ट्रीयताओं के विभाजन और वफादारियाँ ही कायम नहीं रहीं बल्कि आर्थिक क्षेत्र में भी पूँजीपतियों और 'सर्वहारा' के बीच में अनेक मध्यवर्ती समूह उभरते गए और यूरोप के भी अधिकांश हिस्सों में छोटे किसान

अपनी छोटी जोतों पर अलग-अलग खेती करते रहे। इससे समाजवादी आन्दोलन पर यूरोप में जो प्रभाव पड़ा उसकी चर्चा हम यहाँ नहीं करेंगे। यहाँ हम भारत के सन्दर्भ में इस तरह के सामाजिक विभाजनों की जटिलताओं से राष्ट्रीय आजादी एवं लोकतंत्र और फिर समाजवादी आन्दोलन के सामने क्या समस्याएँ आईं और उनसे जूझने में विविध समूहों की भूमिका क्या रही है या हो सकती है, इसी की पड़ताल करेंगे।

भारत में अंग्रेजी शासन कायम होने के बाद यहाँ के लोगों के सामने सबसे बड़ी समस्या राष्ट्रीय आजादी की थी। लेकिन उन्नीसवीं शताब्दी के अन्तिम चरण में राष्ट्रीय आजादी का अर्थ वही नहीं हो सकता था जो 1857 में था। 1857 का आन्दोलन अंग्रेजों को हटाकर प्रतीक रूप में मुगल शासन को दिल्ली में बहाल करना था। इसमें विद्रोही सिपाहियों के अलावा देशी राजे-महाराजाओं की खास भूमिका थी। लेकिन उन्नीसवीं शताब्दी का अन्त होते-होते दुनिया में वैचारिक स्तर पर समता एवं लोकतंत्र की अभिलाषा जग गई थी और पश्चिमी दुनिया के साथ सम्पर्क ने भारत में भी उस अभिलाषा को बल देने में खास भूमिका निभाई थी। इससे अंग्रेजी शासन से मुक्ति के आन्दोलन के समानान्तर भारत के पारम्परिक शोषण और उत्पीड़न से मुक्त होने की आकांक्षा भी मुखर होने लगी।

भारत का सबसे महत्त्वपूर्ण सामाजिक विभाजन और अनेक तरह के शोषण का स्रोत यहाँ की वर्ण व्यवस्था थी जिसके तहत हजारों जातियाँ वर्गीकृत थीं। लोगों की सामाजिक स्थिति जन्म से निर्धारित होती थी, हालाँकि निर्गुण सिद्धान्त में वर्ण को कर्म आधारित माना जाता था। इसमें सबसे दयनीय स्थिति अन्त्यज या अछूत मानी जानेवाली जातियों की थी। अतीत में अनेक बार यत्र-तत्र शक्ति सम्पन्न होने पर शूद्र एवं बहिष्कृत जातियाँ अपने को ऊपरी वर्णों में शामिल करती रही हैं लेकिन गैर-बराबरी की जो व्यवस्था कायम थी, पूर्ववत जारी रही—यानी कुछ समूह ऊपरी वर्णों में शामिल हो गए, पर वर्ण-व्यवस्था ऊँच-नीच के भेद के साथ कायम रही।

चौदहवीं शताब्दी से भक्ति आन्दोलन ने वर्ण एवं जाति-व्यवस्था के वैचारिक आधार और मान्यताओं को गहरी चोट पहुँचाई। इस काल के ज्यादातर भक्त कवि अद्विज जातियों के थे और कुछ तो अन्त्यज थे, जैसे महाराष्ट्र में चोखामेला (महार)। ऐसे ही रैदास चमार, कबीर जुलाहा और नामदेव दर्जी थे। इन्होंने सिद्धान्त रूप में यह बात सबों से मनवा ली कि ईश्वर के सामने सब बराबर हैं और यह भी कि ईश्वर संस्कृत के अलावा दूसरी भाषाएँ भी जानता है। इन कवियों ने कई क्षेत्रीय भाषाओं को समृद्ध साहित्य का माध्यम बनाया। लेकिन काम का बँटवारा और सामाजिक ढाँचे का लौह आवरण इतना जड़ और मजबूत था कि इस संसार में शूद्रों और अन्त्यजों की स्थिति में कोई फर्क नहीं हुआ। वे भगवान के दरबार में तो प्रवेश पा सकते थे लेकिन द्विजों की देहरी से दूर ही रखे जाते थे। ये अब भी पूर्ववत समाज के सबसे तिरस्कृत और दूषित माने जानेवाले कामों को करने के लिए बाध्य थे।

लोकतंत्र की हवा ने इनमें भी समान मनुष्य की हैसियत से अपना अधिकार ढूँढ़ने की प्रेरणा जगाई। इनके लिये आजादी का अर्थ अंग्रेजों से आजादी नहीं था बल्कि द्विज जातियों द्वारा आरोपित विषमता और शोषण से मुक्ति था। नए उद्योग-धन्धों और फौज में भर्ती का अवसर देकर अंग्रेजों ने कुछ क्षेत्रों में बराबरी का स्तर हासिल करने का मौका दिया था। स्वयं डॉ. आंबेडकर के पिता और पितामह दोनों ही अंग्रेजी फौज में रह चुके थे। इस स्थिति और गायकवाड़ के स्कॉलरशिप से अमेरिका की शिक्षा ने आंबेडकर को यह मौका दिया था कि वे हिन्दुओं की पारम्परिक सोच-प्रक्रिया से बाहर जाकर 'अछूत' मानी जानेवाली जातियों की स्थिति पर विचार कर सकें।

पूरे परिप्रेक्ष्य में उन्हें हिन्दुओं के वर्चस्व के आजाद भारत से अंग्रेजी हुकूमत बेहतर लगती थी। इसीलिए डॉ. आंबेडकर ने राष्ट्रीय आजादी की किसी पहल में दलितों के अधिकारों की गारंटी को पूर्व शर्त के रूप में पेश करने की कोशिश की। और जाहिर है, तत्कालीन स्थिति में ऐसा सिर्फ अंग्रेज ही सुनिश्चित कर सकते थे। इस तरह एक स्थिति बनी जिसमें डॉ. आंबेडकर अंग्रेजों के सहयोगी की भूमिका में दिखाई पड़े। अंग्रेजों ने इस स्थिति का यथासम्भव फायदा उठाया।

बुनियादी बात यह थी कि वे अतीत में द्विजों द्वारा किए गए अत्याचारों से इतना आहत थे कि हिन्दू समाज से कोई सम्बन्ध रखना नहीं चाहते थे और अन्ततः अपने अनुयायियों के साथ उन्होंने हिन्दू धर्म का परित्याग कर बौद्ध धर्म कबूल किया। हिन्दुओं के प्रति इसी नफरत का नतीजा था कि 1932 में जब गांधीजी ने अछूतों के लिए अलग मतदान की व्यवस्था के खिलाफ आमरण अनशन किया तो आंबेडकर ने इसे नाटक (स्टंट) कहा और उनकी मृत्यु की सम्भावना से बिलकुल निरपेक्ष रहे। अपनी ही शर्त पर उन्होंने पूना समझौते पर हस्ताक्षर किए, जिससे महात्मा गांधी का अनशन टूटा।

महात्मा गांधी 'अछूतों' पर होनेवाले अत्याचारों के शुरू से ही घोर विरोधी थे और बाद में अछूतों को 'हरिजन', ईश्वर का प्रिय कहते थे। इनके लिये अलग मतदान की व्यवस्था के उनके विरोध का एक कारण यह भी था कि अलग मतदान की व्यवस्था से वे सदा एक बहिष्कृत की श्रेणी में डाल दिए जाते, जो गांधीजी के समग्र भारत को एक परिवार के रूप में देखने के सपने से बिलकुल विपरीत था। इन बातों का जिक्र करना इसलिए जरूरी लगा कि देश की कोई नीति बनाते समय इस भावनात्मक दरार की समझ हमें होनी चाहिए।

महात्मा गांधी के सुझाव पर ही डॉ. आंबेडकर जवाहरलाल नेहरू की अन्तरिम सरकार में मंत्री बनाए गए और बाद में उन्होंने देश का संविधान बनाने में अत्यन्त महत्त्वपूर्ण भूमिका निभाई। आजाद भारत में संविधान और कानून के प्रावधानों ने कानूनी दृष्टि से दलितों को बराबरी का दर्जा दे दिया है और उन्हें अनेक तरह के

अपमानजनक व्यवहारों से भी मुक्त किया है। लेकिन भावनात्मक स्तर पर दलितों का दूसरे लोगों से अलगाव कायम रहा। बाद में वोट की राजनीति ने इस खाई को पाटने की बजाय और गहराया ही है।

इसमें दलितों के इलीट (अभिजात) की भी अहम भूमिका रही है क्योंकि इस भावनात्मक विभाजन का फायदा लेकर, एक राजनीतिक आधार बनाकर वह अपनी शक्ति और सुविधाओं में इजाफा कर सकता है और अगड़ी जातियों के सुविधा-सम्पन्न लोगों की बराबरी कर सकता है। जैसे, दूसरे युद्धों के मुनाफाखोर (वार प्रोफिटियर्स) होते हैं वैसे जाति-युद्धों के भी; और राजनीति में ये मुनाफाखोर विभाजन रेखा के दोनों ओर होते हैं—दलितों और शूद्रों में भी, और द्विजों में भी। दोनों ही ओर जाति की भावनात्मक अपील से अपनी राजनीतिक स्थिति मजबूत की जाती है : लगभग सदा समाज के हितों की बलि देकर।

ऊपर की बातों को पृष्ठभूमि में रखने से हमें समतामूलक समाज के निर्माण की रणनीति का निर्धारण करने में सुविधा होगी। पश्चिमी देशों में समाज का विभाजन अपेक्षाकृत सरल था। यह मूलत: आर्थिक था; हालाँकि मार्क्स की मान्यता के विपरीत विभाजन मजदूर और पूँजीपतियों के बीच दो ध्रुवीय नहीं था और बीच में अनेक मध्यमवर्गीय समाज जुड़ गए थे, जिनमें कुछ परम्परा से आए थे और कुछ नई व्यवस्था में पैदा हुए थे। भारत में नव विकसित पूँजीपति वर्ग और अंग्रेजों द्वारा पैदा किए गए जमींदार और सामन्तों के अलावा पारम्परिक व्यवस्था से पैदा हजारों जातियाँ थीं जिन्हें चार वर्णों और पाँचवाँ अन्त्यज में रखा गया था। ये जातियाँ पेशे तथा आर्थिक स्थितियों में भी एक-दूसरे से भिन्न थीं। समाजवाद का अर्थ इनके लिए सिर्फ आर्थिक रूप से समान दर्जा हासिल करना नहीं था। इन्हें पारम्परिक वर्जनाओं और भेदभाव से भी मुक्ति की कामना थी।

आर्थिक मोर्चे पर समता के संघर्ष के लिए जातीय आधार पर विभाजन व आर्थिक दृष्टि से विपन्न लोगों को एकजुट करने की समस्या सामने आई जिसका समाधान तब तक सम्भव नहीं था जब तक समता के संघर्ष को जातीय भेदभाव मिटाने के संघर्ष के साथ नहीं जोड़ा जाता। जिस तरह महात्मा गांधी को राष्ट्रीय एकता के लिए समाज को जातीय भेदभाव से मुक्त रखना अपरिहार्य लगता था वैसे ही समाजवादियों के लिए शोषण-मुक्त समाज के लिए आर्थिक के साथ-साथ सामाजिक स्तर पर भी सभी तरह के भेदभाव को मिटाना एक अपरिहार्य आवश्यकता लगती थी। बिहार में जहाँ समाजवादियों का संगठन काफी फैला था, शुरू से ही शूद्र और दलित जातियों में आधार था और हमारे यहाँ सोशलिस्ट पार्टी को प्राय: 'सोलकनवां पार्टी' कहा जाता था। 'सोलकन' शब्द बिहार में आम तौर से मिलेजुले रूप में शूद्रों और दलितों के लिए प्रयोग में आता था। अत: जाति व्यवस्था खत्म करने की दिशा में दलित संगठनों से तालमेल के भी प्रयास हुए।

इस दिशा में एक महत्त्वपूर्ण पहल 1952 के आम चुनाव के समय सोशलिस्ट पार्टी का डॉ. आंबेडकर के शेडुल्ड कास्ट फेडरेशन के साथ चुनावी समझौता था जिसमें दोनों पार्टियाँ एक-दूसरे के प्रत्याशियों को सहायता देने पर राजी हो गईं। इसी नीति के तहत मुम्बई में नायगाँव-वर्ली क्षेत्र में अशोक मेहता और डॉ. आंबेडकर सम्मिलित रूप से चुनाव मैदान में आए। यह ज्ञातव्य है कि 1952 के आम चुनाव में कुछ द्वि-सदस्यीय चुनाव क्षेत्र होते थे जिसमें एक स्थान आम प्रत्याशी के लिए होता था और दूसरा आरक्षित स्थान के प्रत्याशी के लिए, और मतदाता दो मत दिया करते थे। हालाँकि डॉ. आंबेडकर और अशोक मेहता दोनों ही लोकसभा की सीट थोड़े मतों से हार गए, आपसी सहयोग के कारण कुछ विधानसभा सीटों पर सफलता मिली। इससे भी बढ़कर निचले स्तरों पर सोशलिस्ट और आंबेडकरवादी दलित कार्यकर्ताओं को एक-दूसरे के करीब आने का मौका मिला। लेकिन यह प्रयोग ज्यादा दिन चल नहीं पाया। इस चुनाव के सालभर के बाद स्वयं सोशलिस्ट पार्टी का विलय किसान मजदूर प्रजा पार्टी से हुआ जिससे प्रजा सोशलिस्ट पार्टी अस्तित्व में आई। अन्तर्विरोधों के कारण इस पार्टी में भी विभाजन हुआ और 1956 से डॉ. राममनोहर लोहिया के नेतृत्व में अलग सोशलिस्ट पार्टी अस्तित्व में आई।

इस बीच ब्राह्मणवाद के विरोध में दक्षिण में द्रविड़ आन्दोलन का उभार हो रहा था और इससे प्राप्त ऊर्जा से गैर-द्विज जातियाँ राजनीति के शिखर पर आ रही थीं। कुछ पुराने अनुभवों और कुछ दक्षिण के अनुभ्भव से डॉ. लोहिया पिछड़ी जातियों की शक्ति को समाजवादी आन्दोलन को ऊर्जा देने की दृष्टि से अपनी राजनीति से जोड़ना चाहते थे। इसी का परिणाम सोशलिस्ट पार्टी की जाति नीति थी। डॉ. लोहिया का कहना था कि सदियों से राजनीति, शिक्षा आदि के क्षेत्रों में शीर्ष स्थानों से बहिष्कृत होने से 'पिछड़ी जातियों' (इसमें वे शूद्र, अन्त्यज एवं महिला सभी को शामिल करते थे) में ऊँचे स्थानों पर पहुँचने की आकांक्षा और योग्यता दोनों का क्षय हो गया है। इससे वे बराबर की स्पर्धा में ब्राह्मण, बनिया या राजपूतों का मुकाबला नहीं कर सकते। इसलिए उनकी आकांक्षा को जगाने के लिए उन्हें अफसरी और नेतागिरी के ऊँचे स्थानों पर 60 प्रतिशत आरक्षण देना जरूरी है। पिछड़ों की श्रेणी में वे औरतों को भी रखते थे क्योंकि उनकी दृष्टि में औरतें, चाहे वे किसी भी वर्ग या जाति से आती हों, पारम्परिक रूप से दबाकर रखी जाती रही हैं।

चूँकि दलितों को आरक्षण का लाभ पहले से मिल रहा था, उनमें तो बहुत उत्साह नहीं जागा लेकिन मध्य जातियों में, जिन्हें शूद्र माना जाता था, काफी उत्साह जगा। स्वयं सोशलिस्ट पार्टी के सभी स्तर की कार्यकारिणियों में साठ फीसदी आरक्षण का प्रावधान पार्टी विधान में किया गया। वैसे तो पहले भी सोशलिस्ट आन्दोलन से दलित और शूद्र जातियों के ही लोग बड़ी संख्या में जुड़े थे क्योंकि गाँवों के गरीब, जिनके बीच सोशलिस्ट काम करते थे, मुख्य रूप से इन्हीं जातियों से आते

थे। लेकिन इस नई नीति से शूद्र जातियों से बड़ी संख्या में नए लोग जुड़े, खासकर नेतृत्व में उनकी प्रधानता हो गई। यह जरूर हुआ कि ऐसे लोगों में काफी ऐसे लोग भी थे जिनकी दिलचस्पी समाजवाद में कम थी और इसमें वैयक्तिक महत्त्वाकांक्षा हासिल करने का अवसर ही ज्यादा आकर्षक लगता था। बाद में इसके दुष्परिणाम भी सामने आए। लेकिन तत्काल एक बड़ी शक्ति समाजवादी पार्टी से जुड़ी।

1967 के आम चुनाव में गैर-कांग्रेसवाद की रणनीति के काल में संयुक्त सोशलिस्ट पार्टी की कई राज्यों में सफलता के पीछे पिछड़ी जातियों की भावना के उभार का भी खास हाथ था। नौकरियों और नेतृत्व में आरक्षण के विचार के तेजी से फैलने और इसके समर्थन का अत्यन्त ही उग्र रूप और कहीं-कहीं उतना ही तीव्र हिंसक विरोध, दोनों के पीछे मुख्य कारण यह था कि पिछड़ों और सवर्णों दोनों के अपेक्षाकृत सम्पन्न और मुखर तबके को इसमें सीधा लाभ या नुकसान दिखाई देता था। पिछड़ों के इस तबके के लोगों को आरक्षण से उन नौकरियों में प्रवेश का रास्ता सहज होता दिखाई देता था जिनमें खुली स्पर्धा में पहुँचना उन ऐतिहासिक कारणों से कठिन था जिनकी चर्चा पहले हो चुकी है। दूसरी ओर, द्विज जातियों के उस तबके को इसमें सीधा नुकसान दिखाई देता था जो अपनी संख्या के अनुपात में कहीं अधिक स्थानों पर काबिज थे।

लेकिन दोनों की उत्तेजना के पीछे था घोर असुरक्षा का भाव, जो आजादी के बाद से चलाई जा रही अर्थनीति का परिणाम था जिससे चारों ओर बेरोजगारी बढ़ रही थी। चूँकि पिछड़ों और अगड़ों, दोनों में नौकरी के लिए बेहाल पढ़ा-लिखा तबका ही मुखर था और राजनीति को प्रभावित करता था, इस सवाल पर त्वरित रूप से राजनैतिक गोलबन्दी शुरू हुई। इन्दिरा गांधी ने इसकी चुनावी सम्भावनाओं को देखते हुए कर्नाटक में देवराज अर्स के मुख्यमंत्रित्व में सबसे अधिक आरक्षण का प्रावधान कराया। बिहार में कर्पूरी ठाकुर ने अपनी ही पार्टी के भीतरी विरोध को झेलते हुए 1978 में पिछड़ों के लिए आरक्षण का प्रावधान किया। इससे वे एक लोकप्रिय नेता के रूप में उभरकर सामने आए। इसके बाद से बिहार के सभी पिछड़े नेता सामाजिक न्याय के नाम पर इसे एक या दूसरे रूप में उछालते रहे हैं।

लेकिन इस नीति के इर्दगिर्द सबसे तीव्र संघर्ष तब हुआ जब विश्वनाथ प्रताप सिंह ने देवीलाल को राजनीतिक शिकस्त देने की रणनीति के तहत इसे केन्द्र में यकायक लागू कर दिया। चूँकि जाटों को इसके दायरे से बाहर रखा गया था—दिल्ली, हरियाणा आदि में इसके विरोध ने अत्यन्त ही हिंसक रूप ग्रहण किया। दिल्ली में तो कई आत्मदाह तक की घटनाएँ अखबारी सुर्खियों में थीं।

लेकिन जैसी सामाजिक क्रान्ति की तसवीर लोगों के सामने पेश की गई थी वैसी कुछ हुई नहीं। सबसे बड़ा कारण तो यह था कि दलितों को आरक्षण का लाभ पहले से ही मिल रहा था और जिन दूसरी जातियों को सबसे अधिक लाभ मिला

वे यादव एवं कुर्मी जैसी जातियों के लोग थे जिनका अपनी संख्या के हिसाब से नौकरियों में अनुपात जरूर काफी कम था लेकिन वे बहिष्कृत कभी नहीं थे। परन्तु यह सामाजिक न्याय कुछ ज्यादा ही कम साबित हुआ क्योंकि पिछड़ों में जो सबसे अधिक पिछड़े थे यानी 'अति पिछड़ी जातियाँ', वे यादवों या कुर्मियों से उन्हीं कारणों से स्पर्धा में बराबरी नहीं कर सकती थीं जिन कारणों से यादव या कुर्मी ब्राह्मणों तथा बनियों से। ये लोग आरक्षण के लाभ से वंचित ही रहे।

डॉ. लोहिया इस खतरे को देखते थे और उन्होंने बराबर चेताया था कि आरक्षण का फायदा 'अहीरों' और 'चमारों' को ही नहीं हथिया लेना चाहिए। लेकिन अपने से दबे-पिछड़े लोगों के लिए उदारता एक विरल चीज होती है, और इसलिए आरक्षण से लाभान्वित होनेवाले लोग प्राय: न सिर्फ पिछड़ों में अगड़े थे बल्कि इनमें भी वैसे परिवारों के थे जिन्हें शैक्षणिक या दूसरी सुविधाएँ उपलब्ध थीं और कुछ तो ऐसे थे जिन्हें बाद में 'क्रीमी लेयर' बतलाया गया। इस स्थिति से आरक्षण के भीतर आरक्षण की माँग अति पिछड़े समूहों द्वारा होने लगी। हाल में उत्तर प्रदेश में भारतीय जनता पार्टी ने इसे अपना चुनावी हथियार बनाने का प्रयास किया है। कर्पूरी ठाकुर ने ज्यादा तर्कसंगत ढंग से आरक्षण को तीन हिस्सों में बाँट दिया था।

लेकिन जहाँ सैकड़ों जातियाँ सीमित नौकरियों के लिए अपना दावा पेश कर रही हों वहाँ लोगों को इस रास्ते सन्तुष्ट करना असम्भव है। इससे राजनीति अधिक खंडित हुई है। प्रारम्भ में आरक्षण के सवाल पर मुख्य विभाजन 'अगड़ों' और 'पिछड़ों' में था। अब जाति के आधार पर पिछड़े कई हिस्सों में बँट गए हैं और प्रत्येक हिस्से का कोई नेता इन्हें आधार बनाकर वोट की राजनीति में अपने लिए स्थान बनाने में लगा हुआ है। आरक्षण में पहले छूट गई जाट जैसी जातियाँ फिर इसके दायरे में शामिल हो रही हैं।

अब यह समाज के पिछड़े समूहों को आगे लाने की कम, और राजनीतिक सौदेबाजी की मुहिम ज्यादा दिखाई देती है। इससे उभरे नेता कबायली सरदारों जैसे लगते हैं। दुसाधों के नेता रामविलास पासवान, जाटवों की नेता मायावती, यादवों के नेता बिहार में लालू प्रसाद यादव और उत्तर प्रदेश में मुलायम सिंह यादव, लोधों के नेता कल्याण सिंह तथा जाटों के नेता अजित सिंह, आदि। कबायली सरदारों की तरह मान्यता के लिए साजसज्जा और तामझाम जरूरी है। इसलिए ऐसे स्रोतों से पैसा पाकर जो प्राय: अज्ञात होते हैं, रहन-सहन, शादी-ब्याह आदि में इस तरह के नेता शहरी ठाटबाट का प्रदर्शन करते देखे जा सकते हैं। उत्तर भारत की राजनीति काफी हद तक इन सरदारों के तोड़-जोड़ पर आश्रित हो गई है। सम्पन्न वर्गों के लोग इनमें एक या दूसरे को धन मुहैया कराते हैं और इनसे राजनीतिक लाभ उठाते हैं। निजी उपलब्धियों के जश्न में ये जातीय नेता व्यापक सामाजिक न्याय के आदर्शों को पूरी तरह भुला चुके हैं। इससे राजनीति जड़ हो गई है।

जब भारत में सामाजिक न्याय की बात होती है तो इसके दो मुख्य पहलू होते हैं : एक सामाजिक सममिति का, और दूसरा आर्थिक समता का। समाजवाद का सम्बन्ध, खासकर यूरोप में, दूसरी तरह की समता से ही था। भारत के सामाजिक विभाजन के परिप्रेक्ष्य में यह अपर्याप्त था। इसी से जाति व्यवस्था को नष्ट करने का लक्ष्य समाजवादी आन्दोलन ने अपनाया। लेकिन आर्थिक समता तो मूल आधार है जिसके बिना सामाजिक समरसता स्थापित की ही नहीं जा सकती। एक ही जाति के किसी धनाढ्य व्यक्ति और उस पर आश्रित उसी की जाति के गरीब मजदूर के बीच एक जाति का होने के बावजूद रहन-सहन, मान-मर्यादा, निर्भरता, सामाजिक अधिकार इन सबमें बहुत फर्क होता है। यह फर्क बिना आर्थिक गैर-बराबरी मिटाए खत्म नहीं हो सकता।

भारतीय सन्दर्भ में समता और सममिति का फर्क समझना जरूरी है। व्यापक गरीबी और आर्थिक गैर-बराबरी के कारण गरीबी की मार सवर्ण, पिछड़े और दलित सभी समूहों के बहुसंख्य लोगों पर पड़ती है। यह जरूर है कि जहाँ दलितों में लगभग सभी सम्पत्तिहीन और गरीब हैं वहाँ शूद्र जातियों में एक हिस्सा अपेक्षाकृत खुशहाल और एक अत्यन्त ही छोटा हिस्सा धनाढ्य भी है। अगड़ी जातियों में भी यही स्थिति है, हालाँकि खुशहाल और धनाढ्य लोगों की संख्या का अनुपात शूद्रों की अपेक्षा कुछ अधिक है। लेकिन नौकरियों के मामले में, खासकर ऊँची नौकरियों में, अगड़ी जातियाँ पूरी तरह छाई हुई हैं। दलितों को तो आरक्षण के कारण उनकी आबादी के अनुपात के लगभग बहाली की सम्भावना दिखाई देने लगी है। लेकिन पिछड़े इस मामले में संख्या के हिसाब से काफी पीछे हैं।

यही असममिति (एसिमेट्री) की स्थिति है। सममिति की स्थिति वह होगी जिसमें सभी जातियों के लोगों को मोटामोटी अपनी आबादी के अनुपात में नौकरियों में स्थान मिलने लगे। आरक्षण के प्रावधानों का मूल उद्देश्य यह सममिति स्थापित करना ही था। लेकिन आरक्षण के बावजूद अभी भी पहले से बहाल लोगों के कारण अगड़े और पिछड़ों के बीच संख्या के अनुपात में नौकरियों में स्थान नहीं दिलाया जा सका है। पर इससे भी जटिल समस्या विभिन्न पिछड़ी जातियों के बीच नौकरियों का सन्तुलन स्थापित करना है क्योंकि इन जातियों की स्थितियों में काफी फर्क है, जिससे, जैसा पहले बतलाया गया है, आरक्षित स्थानों में कुछ खास पिछड़ी जाति के लोगों का ही वर्चस्व हो जाता है। इससे कुछ लोग यह माँग करने लगे हैं कि सभी जातियों के लोगों को उनकी आबादी के अनुपात में नौकरियों में आरक्षण मिलना चाहिए।

लेकिन यह एक असम्भव माँग है क्योंकि प्राय: नौकरियों में नई बहाली की संख्या सीमित होती है और जातियों की संख्या हजारों में है। इससे बहाली में जातियों के बीच सन्तुलन कायम करना लगभग असम्भव होगा। अब जब सरकारी और सार्वजनिक क्षेत्रों में नौकरियों में बहाली कम छँटनी ज्यादा हो रही है, यह गणित बैठाना और भी मुश्किल होगा। इससे यह माँग उठ रही है कि निजी क्षेत्र में भी आरक्षण की नीति लागू

की जाए। इसे इस अधार पर खारिज कर दिया जाएगा कि घोर व्यापारिक प्रतिस्पर्धा के माहौल में निजी कम्पनियाँ आरक्षण से आ रहे 'कम सक्षम' मजदूरों को बहाल कर अपना कारोबार चौपट करने का जोखिम नहीं उठा सकतीं। सार्वजनिक क्षेत्र तो सदा से सामाजिक लक्ष्यों को सामने रख बहुत-सी ऐसी कल्याणकारी नीतियाँ अपनाते रहे हैं जिससे प्रतिष्ठानों की प्रतिस्पर्धा की क्षमता पर विपरीत प्रभाव पड़ता है। इसी तथ्य को सार्वजनिक क्षेत्र के निजीकरण का बहाना भी बनाया जाता रहा है।

लेकिन इस दुश्चक्र से निकलने के लिए समाज के पूरे आर्थिक ढाँचे को बदलने की बात किसी के जेहन में नहीं आती। न तो किसी राजनेता में यह हिम्मत है कि यह कह सके कि आरक्षण लोगों की मूल समस्याओं का समाधान नहीं, सिर्फ पहले के घावों पर मलहम भर है। ऐसा कहने का अर्थ होगा उम्मीदों से भरी जातियों का कोपभाजन बनना और विकल्प तलाशने की चुनौती का सामना करना।

बुनियादी बात यह है कि आरक्षण के विवाद में तल्खी और इसके पीछे विस्फोटक ऊर्जा संचय का कारण प्रत्येक जाति के छोटे लेकिन मुखर समूह के अपने स्वार्थ का आरक्षण के साथ जुड़ा होना है। यह समूह अपने सीमित स्वार्थ को अपने पूरे जातीय समूह के स्वार्थ के रूप में पेश करता रहता है। लेकिन जिस हकीकत पर इस जोरदार विवाद से पर्दा पड़ जाता है वह यह है कि किसी भी जाति के बहुसंख्य लोगों की स्थिति में इस बात से रत्ती भर भी फर्क नहीं पड़ता कि उनकी जाति के दो-चार फीसदी व्यक्तियों को ऊँचे पद मिल जाएँ और कमाई आम लोगों से सौ या दो सौ गुना अधिक हो जाए।

आधी शताब्दी के आरक्षण के बावजूद आज दलितों की आर्थिक स्थिति, खासकर ग्रामीण क्षेत्रों में लगभग वही है जो पचास साल पहले थी। जो इक्के-दुक्के लोग नौकरियाँ पाकर थोड़ा समृद्ध हुए हैं, उलटे अपने समूह से कटकर बाबू लोगों के ऊपरी समुदाय में शामिल होने की कोशिश करते हैं। इनमें वैसे लोग, जो राजनीति में नेतागिरी करते हैं, यदाकदा जातीय वफादारी की याद दिलाने इनके बीच आ जाते हैं। इसी सीमित उद्देश्य के लिए विविध जातीय सेनाओं की बाढ़-सी पिछले कुछ वर्षों में आ गई है।

लेकिन इससे आर्थिक दृष्टि से अत्यन्त ही गरीब विशाल जन समुदाय को आर्थिक समता की किसी व्यापक राजनीति के इर्दगिर्द इकट्ठा करने की सम्भावना दिनोंदिन कमजोर होती गई है। उत्तर भारत में तो राजनीति लगभग पूरी तरह इन जातीय गिरोहों की जोड़तोड़ से निर्धारित होने लगी है। इससे सामाजिक स्तर पर जहाँ पारम्परिक जातीय भेदभाव कमजोर होने लगा है, राजनीति के स्तर पर ज्यादा रूढ़ और कटुतापूर्ण हो गया है। यथास्थितिवाद का शिकंजा मजबूत होते जाने की पृष्ठभूमि में यह जरूर लगता है कि मूलभूत सामाजिक बदलाव की दृष्टि से विगत नीतियों का मूल्यांकन किया जाए।

संविधान और कानूनों के प्रावधानों से डॉ. आंबेडकर का एक मुख्य लक्ष्य तो पूरा होता दिखाई देता है। अब दलितों की सामाजिक स्थिति में काफी बदलाव आया है और जो बाकी भेदभाव हैं, कालक्रम में वह भी निश्चित रूप से समाप्त होगा। इसमें सवर्णों की सोच में बदलाव भी एक कारक है। लेकिन ज्यादा महत्त्वपूर्ण यह है कि दलित अब अपने को सवर्णों से हेय समझने के लिए तैयार नहीं हैं और अपने प्रतिरोध में उन्हें लोकतांत्रिक चुनाव, संविधान और कानून सबकी सहायता प्राप्त है। फिर भी सैकड़ों वर्षों से रूढ़ हुए भेदभावपूर्ण व्यवहारों को यकायक तो बदला नहीं जा सकता इसलिए इन्हें पूरी तरह समाप्त होने में एक-दो दशक और लग सकते हैं। इस प्रक्रिया को अब उलटा नहीं जा सकता।

लेकिन दलितों की बदहाली का जो सबसे बड़ा कारण है वह है उनकी आर्थिक विपन्नता। बिना अपवाद के वे देश के सभी भागों में भूमिहीन हैं और लगभग सभी जगह सम्पत्तिहीन भी। इसलिए वे आजीविका के लिए किसी-न-किसी तरह की मजदूरी पर निर्भर करते हैं। शिक्षा के क्षेत्र में पिछड़ेपन के कारण वे प्राय: अकुशल मजदूर होते हैं और उनकी आय बहुत कम होती है। ग्रामीण क्षेत्रों में कृषि के अलाभकर होते जाने या कम आय देने से इसमें काम करनेवाले मजदूरों—जिनमें ज्यादा संख्या दलितों या अत्यन्त पिछड़ों की है—की आय न सिर्फ कम है बल्कि अनिश्चित भी है। इससे इनमें अधिकांश भुखमरी के कगार पर रहते हैं और आजीविका की तलाश में महानगरों के फुटपाथों और झुग्गी-झोपड़ियों की शरण लेते हैं। दूसरे पास-पड़ोस के कस्बाई शहरों में दिहाड़ी मजदूरी की तलाश में भटकते रहते हैं।

पैसेवालों के प्रभुत्व में चलनेवाले वर्तमान पूँजीवादी समाज में ऐसे विपन्न लोगों को कोई सामाजिक सम्मान नहीं मिलता। एक फर्क जरूर हुआ है। नगरों की झुग्गियाँ और फुटपाथ एक अर्थ में समता के स्कूल बनते जा रहे हैं। वहाँ पर न सिर्फ दलित और पिछड़े पनाह पाते हैं बल्कि आर्थिक मार से विस्थापित हुए गाँव के सवर्ण भी। जीवन का यह आधार ऐसा है जहाँ बिना जातीय भेदभाव के सभी गरीब समान धरातल पर डाल दिए जाते हैं। यह एक ऐसी पाठशाला बन सकती है जहाँ लोग यह सीख सकें कि सभी मनुष्य समान हैं। इस समझ, एकता और सहयोग के आधार पर ही किसी मानवीय समाज का निर्माण हो सकता है।

डॉ. आंबेडकर ने भविष्य के समाज की कोई समग्र रूपरेखा प्रस्तुत की हो इसकी मुझे जानकारी नहीं है। दलित भी तो शून्य में या अपने आप में सम्पूर्ण समाज में रह नहीं सकते। इसलिए अपेक्षा थी कि वे इस सम्बन्ध में कुछ विचार देते। ऐसा कुछ हो नहीं पाया। एक व्यक्ति के लिए सारे मोर्चे सँभालना सम्भव भी नहीं होता है। लेकिन वे भारतीय ग्रामीण व्यवस्था को जातीय भेदभाव और जहालत की जड़ मानते थे और दलितों का उद्धार वर्तमान औद्योगिक विकास और शहरी सभ्यता के विकास में देखते थे।

यह ठीक है कि वर्तमान औद्योगिक समाज ने जिस तरह की विषमता और प्रदूषण की समस्या पैदा की है वह आज से आधी शताब्दी पहले तक लोगों की निगाह में नहीं थी। लेकिन यह तो उस समय भी देखा जा सकता था कि भारतीय नगरों में जातीय भेदभाव समाप्त नहीं हो रहे थे, और ऐतिहासिक कारणों से, जिसका जिक्र पहले हुआ है, अधिकांश दलित नगरों और महानगरों के निम्न स्तर पर ही स्थान पाते थे। नगरों में भी एक तरह का आवासीय विभाजन जातीय आधार पर हो रहा था, जिसके मूल में आर्थिक विभाजन था।

इसका मेरा निजी अनुभव मुम्बई का है, जब 1952 के चुनाव में मैं डॉ. आंबेडकर के लिए वर्ली-नायगाँव के लोकसभा निर्वाचन क्षेत्र में काम कर रहा था। मैं वर्ली-परेल के मजदूर क्षेत्र में एक सोशलिस्ट कार्यकर्ता था। चूँकि, जैसा पहले कहा गया है, सोशलिस्टों का डॉ. आंबेडकर से समझौता था, इसलिए उनके लिए काम कर रहा था। वर्ली में बड़ी संख्या में मजदूरों के लिए आवासीय ब्लॉक बने थे, जिन्हें चाल कहा जाता था। इनमें कम आय वाले अकुशल मजदूर रहते थे और इनमें कुछ चालों में तो पूरे-के-पूरे महार—जो आंबेडकर की अपनी जाति के लोग थे—रहते थे। इन लोगों में चुनाव के समय काम करते हुए यह देखने को मिला कि महारों में विलक्षण एकता थी। लेकिन यह एकता जातीय थी। हालाँकि तात्कालिक चुनावी समझौते के कारण वे दिल से समाजवादियों के लिए वोट दिलाने का काम कर रहे थे लेकिन जातीय भावना से ऊपर उठ सभी मजदूरों की एकता की समझ, जो आधुनिक उद्योगों के विकास से अपेक्षित थी, नहीं दिखाई देती थी। इस तरह की भावना वैसे इलाकों में जरूर थी जहाँ डॉ. आंबेडकर के प्रभाव की बजाय मजदूर सोशलिस्टों के प्रभाव से यूनियनों से जुड़े थे। लेकिन यहाँ भी श्रमिक और दूसरे कामों में लगे लोग अपनी पारम्परिक जातीय चेतना से मुक्त नहीं थे।

फिर, बाद में मुम्बई में शिवसेना के बढ़ते प्रभाव और अहमदाबाद में जातीय और साम्प्रदायिक विभाजन ने डॉ. आंबेडकर की उस उम्मीद को अति आशावादी सिद्ध कर दिया है जिसके अनुसार, औद्योगिक नगरों के विकास से जातीय मानसिकता से मुक्ति मिल सकती है। संयोग से मार्क्सवादियों का चिन्तन भी इस प्रश्न पर डॉ. आंबेडकर से मिलता-जुलता था। उन्हें भी औद्योगिक पूँजीवाद के स्टीम रॉलर की पिछले सारे सम्बन्धों को सपाट कर देने की क्षमता में गहरा विश्वास था। लेकिन पूँजीवादी उद्योगीकरण के तहत न भारत में और न दुनिया में पारम्परिक ऊबड़-खाबड़ के समतलीकरण की प्रक्रिया दिखाई पड़ती है। यूरोप के सबसे विकसित औद्योगिक देशों में ही गैर-यूरोपीय मूल के लोगों से सबसे अधिक भेदभाव है।

वर्तमान उद्योगीकरण का असली प्रभाव यह हुआ है कि अमीरों और गरीबों के बीच की खाई ज्यादा चौड़ी हुई है और दिनोदिन ज्यादा-से-ज्यादा लोग बेरोजगारी के शिकार बनाकर समाज के हाशिए पर डाल दिए जा रहे हैं। हाशिए पर धकेल दिए

गए लोगों में विशाल बहुमत शूद्रों और दलितों का ही है। इसलिए दलितों और पिछड़ों के लिए मानवीय समाज रचना की सम्भावना को अन्ततोगत्वा ग्रामीण और विकेन्द्रित व्यवस्थाओं के भीतर ही ढूँढ़ना होगा। वर्तमान पूँजीवादी समाज का एकमात्र देवता सफलता और धन संचय है। यह अपने अभियान में रौंदे गए लोगों की ओर मुड़कर नहीं देखता। डॉ. राममनोहर लोहिया का विकेन्द्रित व्यवस्था पर बल, जिसमें छोटी मशीनों को प्राथमिकता होगी, किसी भी भावी मानवीय व्यवस्था के लिए आज ज्यादा प्रासंगिक लगता है। हाल के औद्योगिक विकास के परिणामों को अगर हम भविष्य का संकेत मान लें तो गाँव से विस्थापित गरीबों और विशेषकर दलितों का स्थान नगरों के नरकों में ही होने की सम्भावना है—इक्के-दुक्के अपवादों को छोड़ दें तो।

यहाँ इस बात की ओर ध्यान दिलाना आवश्यक लगता है कि आधुनिक उद्योगीकरण की चक्की में जो समूह आंशिक सुरक्षा पा सके हैं वे पारम्परिक उद्योगों और पेशों से जुड़े हैं। जैसे बढ़ई, लोहार, सोनार, बुनकर, दर्जी, जूते बनानेवाले चमार, मछुआरे, नाई आदि। इनमें सभी शूद्र या दलित जातियों के हैं, या कुछ पिछड़े मुसलमान, जैसे जुलाहे। इन जातियों ने आधुनिक औद्योगिक व्यवस्था की आवश्यकता के अनुसार अपने पारम्परिक काम को थोड़ा-सा आवश्यक मोड़ दे दिया है। जैसे सोनारों ने अन्तर्राष्ट्रीय व्यापार के हिसाब से जेवर बनाने का काम, आगरे के जाटवों ने आधुनिक ढंग के जूते बनाने का काम, नाइयों ने कस्बों और नगरों में सैलून खोलकर और दर्जियों ने अन्तर्राष्ट्रीय बाजार के अनुसार सिले कपड़े तैयार करने का काम शुरू कर दिया है। ये और दूसरे ऐसे ही शिल्प आज दुनिया में भारत में विदेशी मुद्रा के सबसे महत्त्वपूर्ण स्रोत हैं। हकीकत यह है कि इनमें उत्पादन के अधिकांश क्षेत्र ऐसे हैं कि जिनमें 'मास प्रोडक्शन' के आधुनिक उद्योग समान व्यय के भीतर इन पारम्परिक उद्योगों का मुकाबला नहीं कर सकते।

चूँकि यह विषयान्तर होगा इसलिए यहाँ भविष्य में इन उद्योगों की भूमिका पर ज्यादा कुछ नहीं कहा जाएगा। लेकिन आधुनिक उद्योगों में बेगानेपन की जो समस्या पैदा हो गई है, उसका समाधान ऐसे ही उद्योगों के विकास में दिखता है जो उद्योग के साथ-साथ निर्माता की भावना से जुड़ा कला-कर्म भी है, जैसा हस्तकला या शिल्पकला उद्योग नाम से भी ज्ञात होता है। समता और सहयोग पर आधारित भविष्य के किसी समाजवादी समाज से ऐसे उद्योगों का स्वाभाविक रिश्ता बनता है।

डॉ. लोहिया की जाति-नीति ने एक समय तो पिछड़े समूहों को समाजवादी राजनीति से जोड़ा। लेकिन आगे चलकर, जैसा ऊपर जिक्र हो चुका है, यह एकता छोटे जातीय गिरोहों में बँटकर बिखर गई। एक कारण तो यह था कि इसके सामने कुछ स्थानों पर दावेदारी को छोड़ कोई बड़ा सामाजिक लक्ष्य नहीं रह गया था।

मूलभूत सामाजिक बदलाव पर सोचते हुए यह सवाल फिर खड़ा हो जाता है कि अगर विकेन्द्रीकरण का ही लक्ष्य मान लें तो नई तरह के उद्योगों के आधार

पर समतावादी व्यवस्था खड़ी करने में समाज का कौन-सा हिस्सा अगुआ बनेगा। एक बात तो सहज ही समझ में आती है कि नए समाज के निर्माण में उन्हीं समूहों की विशेष भागीदारी होगी जिन्हें वर्तमान समाज के ढाँचे में कोई सम्मानजनक स्थान पाने की गुंजाइश नहीं दिखाई देती—यानी जो सबसे नीचे का वंचित समाज है। हालाँकि इतिहास के रुझानों के अध्ययन में मार्क्स ने अपनी आशावादिता में इसकी प्रक्रियाओं को अति सरलीकृत कर दिया था, फिर भी उसकी यह मान्यता बुनियादी रूप में सच थी कि समाज का उद्धार इसके उसी वर्ग द्वारा हो सकता है जो सम्पूर्णतया वंचित हो। जब नीचे का धरातल ऊपर उठेगा तो पूरा समाज उसके साथ ऊपर आएगा। यह उसका 'सर्वहारा' वर्ग था।

एक तरह से महात्मा गांधी का समाज के सम्बन्ध में कोई भी नीति बनाने के समय अपने सामने अन्तिम व्यक्ति की तसवीर रखने की सलाह का भी तात्पर्य यही था। यह तर्क, कि मार्क्स ने तो सर्वहारा द्वारा स्वयं क्रान्ति की अगुआई की बात की थी, महज बहस का मुद्‌दा है। लेनिन या दूसरे मार्क्सवादियों ने, जिन्होंने समाज परिवर्तन की प्रक्रिया को चलाया, दरअसल सर्वहारा के प्रति प्रतिबद्ध समाजवादी बुद्धिजीवियों की भूमिका को ही महत्त्व दिया। साथ ही इन समाजवादी बुद्धिजीवियों को अपने को वर्गच्युत करने की हिदायत दी गई और सर्वहारा में आधार स्थापित करने को प्रेरित किया गया। यहाँ हम इस बहस में नहीं पड़ेंगे कि मार्क्सवादियों ने अपने आदर्शों के प्रति कितनी ईमानदारी निभाई या कितना सफल हुए। एक बात साफ है कि भारतीय समाज में क्रान्ति और समाज के नवनिर्माण की ऊर्जा का स्रोत और आधार वर्तमान औद्योगिक व्यवस्था द्वारा बनाए गए नए सर्वहारा ही होंगे। ये सर्वहारा संगठित औद्योगिक क्षेत्र के मजदूर नहीं हैं बल्कि इस औद्योगिक व्यवस्था के विकास के क्रम में निचोड़कर अवशिष्ट रूप में समाज के हाशिए पर फेंके गए लोग हैं। ये नगरों की गन्दी बस्तियों, झुग्गियों और फुटपाथ पर फेंके गए लोग भी हैं और गाँवों में दम तोड़ती खेती में लगे छोटे किसान, खेत मजदूर और मर रहे पारम्परिक उद्यमों से किसी तरह गुजर करते कारीगर आदि भी हैं।

एक सरसरी निगाह से भी हम देख सकते हैं कि इन समूहों में अपनी आबादी के अनुपात में सबसे अधिक दलित हैं। हालाँकि यह भी सच्चाई है कि वर्णों का लिहाज किए बगैर यह व्यवस्था बड़ी संख्या में द्विजों को भी इन नव दलितों में शामिल कर रही है। गाँव के पंडित-कुल के किशोर भी नगरों में किसी दलित राजमिस्त्री की निगरानी में सड़क पर बालू और गिट्टी फैलाने का काम करते देखे जा सकते हैं। पूँजीवादी औद्योगिक समाज अपने इर्द-गिर्द और दूरदराज के गाँवों में मजबूरियों की भट्ठी में विविध सामाजिक समूहों को दरिद्रता के नए साँचे में ढाल रहा है। इस तरह संगठित औद्योगिक पूँजीवादी समाज अपने बाहर और अपने समानान्तर एक भयावह और प्रतिवादी समाज खड़ा कर रहा है। वर्तमान औद्योगिक पूँजीवाद को

नष्ट कर, इससे बाहर नए समतामूलक समाज निर्माण की ऊर्जा इस नए बहिष्कृत समाज से ही मिलेगी।

ऊपर की बातों में शायद मार्क्स के उस चिन्तन की अनुगूँज सुनाई देगी जिसमें उसने पूँजीवाद को स्वयं को नष्ट करनेवाले सर्वहारा वर्ग का जनक कहा था और इसी के माध्यम से समाजवादी समाज के निर्माण की कल्पना की थी। लेकिन यहाँ प्रस्तुत की गई दृष्टि और मार्क्स की दृष्टि में एक बुनियादी भेद है। मार्क्स ने माना था कि पूँजीवाद अपने विकास-क्रम में उन उत्पादन-साधनों का विकास कर रहा है जिसके आधार पर भविष्य का समाजवादी समाज बनेगा। डेढ़ सौ साल के अनुभवों और समाजवाद स्थापित करने के दो साहसपूर्ण प्रयोगों—सोवियत संघ एवं कम्युनिस्ट चीन के प्रयोग—ने यह सिद्ध कर दिया है कि पूँजीवाद द्वारा विकसित तकनीक का ढाँचा समाजवादी प्रयोगों के लिए माफिक नहीं बैठता, और इस तकनीक को अपनाने के प्रयास में दोनों देशों की व्यवस्थाएँ ध्वस्त हो गईं और पूर्ण रोजगार देने की अपनी प्रतिबद्धता को छोड़ उन्होंने पूँजीवाद के उन्मुक्त बाजार और प्रतिस्पर्धा की व्यवस्था के सामने घुटने टेक दिए।

दूसरी ओर, भारत सहित तीसरी दुनिया के विकासशील कहे जानेवाले तमाम देशों में वर्तमान तकनीक और स्पर्धा पर आधारित पूँजीवाद के विकास का परिणाम अनिवार्य रूप से नगरों में गन्दी बस्तियों और झुग्गियों के विस्तार और गाँवों तथा कस्बों में बेरोजगारी और विस्थापन के विस्तार के रूप में हो रहा है। इसलिए आज की स्थिति में किसी समतावादी समाज या समाजवाद की स्थापना के लिए नई तरह की तकनीक का और उत्पादन के लिए मनुष्यों के बीच नई तरह के सहयोग का आधार ढूँढ़ना होगा।

आधुनिक पूँजीवादी तकनीक के भीतर लोगों की स्थितियों में बराबरी और सहयोग की कोई गुंजाइश नहीं है। इस तकनीक में उत्पादन और विपणन दोनों का ढाँचा अनिवार्य रूप से सोपानवत (हाइरार्किक) होता है जिसमें ऊपर से नीचे तक लोगों का सम्बन्ध वर्चस्व एवं दबाव जनित संयोजन का होता है। इसीलिए अब चारों ओर 'जब चाहो बहाल करो और जब चाहो निकाल दो' के दर्शन को दुबारा स्थापित करने की कोशिश हो रही है जिसे कभी मजदूर आन्दोलन के दबाव में नियंत्रण में रखा गया था। यह उत्पादकों के पारस्परिक सहयोग पर आधारित उत्पादन व्यवस्था का प्रतिलोम है।

ऐसे नए समाज की दिशा में परिवर्तन का नेतृत्व किस समूह के हाथों में होगा इसका थोड़ा अन्दाज देश की राजनीति के क्रमिक विकास के परिप्रेक्ष्य में किया जा सकता है। प्रारम्भ में राष्ट्रीय आन्दोलन और समाजवादी आन्दोलन (कम्युनिस्ट आन्दोलन समेत) का नेतृत्व मूलत: द्विजों के हाथ में था। हालाँकि इसने राष्ट्रीय और सामाजिक उद्‌देश्यों के लिए अपने साथ समाज के सभी वर्गों की भावनाओं और प्रयासों को जोड़ा था। आजादी के बाद के काल में पिछड़ी या मध्य जातियों का

वर्चस्व देश की राजनीति में कायम रहा है। फिलहाल हम लोग इसी दौर से गुजर रहे हैं। हालाँकि मध्य जातियों में सवर्णों की अपेक्षा पूँजीपति या दूसरे सम्पन्न वर्ग कम हैं, फिर भी इनकी संख्या काफी है। इन वर्गों का नेतृत्व इन जातियों में सहज ही कायम हो जाता है। अत: मध्य जातियों के वर्चस्व में चलनेवाली लगभग सभी राजनीतिक पार्टियाँ उन्मुक्त बाजार और भूमंडलीकरण की समर्थक हैं। इन जातियों के सम्पन्न नेताओं और आर्थिक सहयोग देनेवाले दूसरे लोगों को भूमंडलीकरण की अर्थनीति में अपना स्थान सुरक्षित लगता है। इसी से एक के बाद एक मध्य जातियों का पूरा नेतृवर्ग वर्तमान पूँजीवादी व्यवस्था के समर्थकों द्वारा को-ऑप्ट कर लिया गया है।

भारत के समाज में अकेला एक समूह ऐसा है जो पूरे देश में भूमिहीन और सम्पत्तिहीन है। यह दलितों का समूह है, भले ही इसके इक्के-दुक्के नेता सफेदपोश बन जाएँ और किसी ऊँचे पद पर पहुँचकर वर्तमान व्यवस्था के समर्थक बन जाएँ। लेकिन वे अपने समूह को इस व्यवस्था से बाँध नहीं सकते क्योंकि इस समूह को इस व्यवस्था में सब कुछ गँवाना ही है, कुछ पाना नहीं।

दलितों का यह समूह सामाजिक परिवर्तन के अगुआ के रूप में जब आगे आएगा तब उन सभी लोगों को अपने साथ समेटकर ही, जो इस व्यवस्था से पीड़ित हैं। ऐसी व्यापक एकता के बिना पूँजीवाद के ढाँचे को तोड़ना सम्भव नहीं। और, जैसा ऊपर कहा गया है, देश का ज्यादा-से-ज्यादा हिस्सा धीरे-धीरे औद्योगिक पूँजीवादी समाज के हाशिए पर डाला जा रहा है। इसलिए यह सम्भावना बनती है कि एक नया सामाजिक गठजोड़ समाज में बुनियादी परिवर्तन के लिए बनेगा जिसमें दलित धुरी या आधार की भूमिका निभाएँगे।

जब दलित अपने व्यक्तिवादी नेताओं की नीतियों की सीमाओं को पहचानकर मूलभूत सामाजिक बदलाव और पूँजीवाद के विरोध में विकेन्द्रित समाजवादी समाज की नीति अपनाएँगे तो ये पूँजीवाद के द्वारा दूसरे वर्णों से भर्ती किए जा रहे नए दलितों के विशाल जन समूह को भी अपने साथ जोड़ सकेंगे। आज भारत समेत विश्व के लिए भविष्य की यही एकमात्र सम्भावना है क्योंकि वर्तमान पूँजीवाद संसार को अनिवार्य रूप से पर्यावरण के क्षय और धरती के विनाश की ओर ले जा रहा है। अमेरिका और यूरोप के लोग पूँजीवाद की नई उपभोक्तावादी संस्कृति के ऐसे गुलाम बन चुके हैं कि वे इस व्यवस्था के व्यूह से निकलने में असमर्थ हैं। विकल्प की सम्भावना आज भारत जैसे गैर-औद्योगिक गरीब मुल्कों में ही है।

सामयिक वार्ता, अक्टूबर, 2002

(यह लेख 5 सितम्बर 2002 को दिल्ली विश्वविद्यालय में दीपक सिन्हा स्मृति व्याख्यान के तौर पर पढ़ा गया था)

जातीय राजनीति की सीमाएँ

दलित, पिछड़े और अति पिछड़े फिर राजनैतिक विमर्श के केन्द्र में आने लगे हैं। यहाँ आदिवासियों को भी दलितों की श्रेणी में रखा गया है। उद्योगों और खनिजों के लिए भूमि अधिग्रहण की खातिर आदिवासी खास तौर से निशाने पर हैं क्योंकि वन ही इनका पारम्परिक परिवेश रहा है, जिस पर वनोपजों और खनिजों के दोहन और पर्यटन के उद्योग को प्रोत्साहित करने के लिए अभयारण्य बनाने के क्रम में शासक समूहों की नजर लगी रहती है। इन समूहों की मुक्ति और उन्नयन का एकमात्र नुस्खा अब तक आरक्षण रहा है। चूँकि आरक्षण से मुट्ठी-भर लोगों को ही लाभान्वित किया जा सकता है, आरक्षण की सीमित सुविधाओं के लिए इन समूहों में विखंडन और आपसी विद्वेष तेजी से उभर रहे हैं। गुर्जरों को अनुसूचित जनजाति में शुमार करने की माँग को लेकर मीणा समूहों से खूनी संघर्ष या पिछड़ों और अति पिछड़ों के बीच फैसला वैमनस्य इसी का परिणाम है।

अब पिछड़ों में सभी जातियों के लोग आरक्षण के भीतर अपनी हिस्सेदारी सुनिश्चित करने के लिए अलग-अलग जातीय टोलियाँ बनाने लगे हैं। नतीजतन, वोट बैंकों का विस्तार हुआ है, जिनका समायोजन चुनावी जंग में सहायक होगा। इसी का एक हास्यास्पद पहलू पिछले दिनों अगड़ी जातियों के लिए आरक्षण की माँग है जिसकी न तो संविधान की दृष्टि से वैधता है और न सामाजिक परिवर्तन की दृष्टि से कोई औचित्य। ध्यान रखने की बात है कि संविधान के जिस प्रावधान के तहत आरक्षण दिया जाता है, उसमें स्पष्ट रूप से सामाजिक और शैक्षिक दृष्टि से पिछड़े समूहों की बात है। हकीकत यह है कि आरक्षण की नीति अपनी सीमा से रूबरू है जिसमें दलितों और पिछड़ों में एक मलाईदार तबका तो पैदा हो गया है और मायावती और मुलायम सिंह यादव जैसे गिने-चुने व्यक्ति करोड़पतियों की श्रेणी में आ गए हैं लेकिन इन श्रेणियों में आनेवाला विशाल जनसमूह गरीबी और दरिद्रता के दलदल में जहाँ-का-तहाँ है। यह स्थिति आरक्षण नीति की सीमाओं में अन्तर्निहित थी। कुल मिलाकर इसका परिणाम उन आमूलचूल आर्थिक परिवर्तन की नीतियों को टाले रखने का हुआ है जिसके बिना पिछड़ों और खासकर दलितों की स्थिति को सुधारा नहीं जा सकता।

आदिवासी समूहों को छोड़ दें (जिनकी प्राकृतिक परिवेश में अब भी आदिम जीवन पद्धति है) तो सारे देश में दलित, भूमिहीन और सम्पत्तिहीन हैं। अन्य पिछड़ों में वे शिल्पी जातियाँ भी आती हैं, जिन्हें औद्योगिक क्रान्ति के बाद के नए निजाम में उनके पारम्परिक शिल्पों को नष्ट कर हाशिए पर डाल दिया गया है और वे प्राय: भूमिहीन मजदूर बन गए हैं। ऐसी कुछ जातियाँ हैं—बढ़ई, कुम्हार, लोहार, तेली, तांती (तंतवा), बुनकर, धुनकर, सुनार, नुनियाँ आदि। इनकी संख्या इतनी अधिक है कि चन्द लोगों को आरक्षण दे देने से समूह के रूप में इनकी स्थिति में कोई परिवर्तन नहीं हो सकता। दलितों और इन दूसरी भूमिहीन जातियों की स्थिति में सुधार तो समाज के आर्थिक आधार में आमूलचूल परिवर्तन से ही सम्भव है। ऐसे ही परिवर्तन से सवर्णों के करोड़ों गरीब लोगों को भी मानवीय जीवन प्रदान किया जा सकता है।

आरक्षण की नीति ने दलित और पिछड़े समूहों में उन्नयन की एक आशा जरूर जगाई है और ऊपर वर्णित स्थिति से चूँकि इस आशा की पूर्ति होती नहीं दिखती तो सीमित लाभ के लिए हिंसा और जातीय गिरोहबन्दी शुरू हो जाती है। यह सारी कवायद आखिरकार कुछ वोट बैंकों के गठन में जाकर समाप्त हो जाती है।

अपना स्वार्थ सिद्ध करनेवाले नेता ही नहीं, अनेक नेक इरादा रखनेवाले परिवर्तनकामी लोग भी भ्रम के तहत इस नीति के शिकार हुए हैं। मार्क्सवाद के प्रभाव में वामपक्षी विचार के लोग इतिहास में परिवर्तन को आम तौर पर दो विपरीत हितों या वर्गों के टकराव के परिणाम के रूप में देखने के आदी रहे हैं। मार्क्स ने स्वयं जब इतिहास को वर्ग संघर्षों का इतिहास बताया तो इतिहास के विभिन्न स्तरों में चिह्नित संघर्षों में समतुल्यता (सिमेट्री) के अभाव को नजरअन्दाज कर दिया। मसलन, यह बात गौण हो गई कि गुलामों और उनके मालिकों, या कृषि दासों और सामन्तों के बीच का संघर्ष वैसा ही नहीं था, जैसा पूँजीपति और आधुनिक उद्यमों के मजदूरों के बीच का संघर्ष। इसलिए जब जातिभेद के सवाल पर आन्दोलन शुरू हुए तो वर्ग संघर्ष की तर्ज पर जाति संघर्ष की भावना व्यापक हो गई।

दिलचस्प बात यह है कि जातीय विषमता के मुद्दे पर लोगों के विचारों को सबसे अधिक प्रभावित करनेवाले दो नेता भीमराम आंबेडकर और राममनोहर लोहिया दोनों ही जातीय विषमता को दूर करने के सवाल को बिलकुल अलग तरह से देखते थे। उनके लिए यह मूल रूप से आर्थिक हितों के द्वन्द्व का नहीं बल्कि समाज के सांस्कृतिक और संरचनात्मक परिवेश को बदलने का सवाल था। आंबेडकर को लगता था कि जाति व्यवस्था हिन्दू धर्म का ऐसा अभिन्न अंग बन गई है कि इस धर्म के भीतर जातीय विषमता मिट नहीं सकती। दरअसल, पूजन विधि और इष्ट देवों की भिन्नता को देखते हुए किसी भी आदमी को हिन्दू धर्म को रेखांकित करनेवाला सबसे महत्त्वपूर्ण तत्त्व जाति व्यवस्था ही दिखाई देती थी।

इसलिए आंबेडकर को इस विषमता को मिटाने का एकमात्र उपाय धर्म परिवर्तन दिखाई देता था। बाकी सामाजिक स्थितियों को मिटाने का रास्ता संविधान के जरिये वंचित समूहों का सशक्तीकरण लगता था जो एक संक्रमणकालीन समाधान था। इसकी खातिर संविधान में अनुसूचित जातियों के लिए प्रतिनिधि सभाओं में आरक्षण का प्रावधान किया गया। आंबेडकर की संविधान निर्माण में महत्त्वपूर्ण भूमिका थी। वे इस संक्रमणकालीन प्रावधान की उपादेयता के प्रति इतने आश्वस्त थे कि इसे चालीस वर्षों तक लागू करने को पर्याप्त माना। लेकिन न तो दलितों के बौद्ध बन जाने से और न संविधान या अन्य क्षेत्रों में दलितों के आरक्षण से उनकी सामाजिक स्थिति में आमूलचूल परिवर्तन हो पाया है।

लोहिया, जो जाति व्यवस्था को भारतीय समाज की सबसे बड़ी विकृति और इतिहास में भारत की बार-बार होनेवाली पराजय का भी कारण मानते थे, इसे बड़ी नौकरियों और नेतागिरी में आरक्षण, सहभोज और अन्तर्जातीय विवाहों के सम्मिलित अभियान से मिटाना चाहते थे। आरक्षण को वे पिछड़ों (जिसमें वे औरतों को भी शामिल करते थे) की आकांक्षाओं को जगाने का माध्यम मानते थे, जिसके बिना वे जीवन के विभिन्न क्षेत्रों में बराबरी हासिल नहीं कर सकते।

दोनों तरह के आरक्षण कमोबेश दलितों और पिछड़ों में एक मलाईदार तबका (क्रीमी लेयर) तो जरूर उभरा है लेकिन दोनों वर्गों की विशाल आबादी की गरीबी और बदहाली में कोई खास फर्क नहीं पड़ा है। साथ खाने-पीने के मामले में जरूर थोड़ा फर्क हुआ है। मगर गरीब लोगों के लिए, जिनमें सवर्ण गरीब भी शामिल हैं, सम्पन्न लोगों की पंक्ति में, मसलन पाँच सितारा होटलों में प्रवेश पहले से भी अधिक कठिन हो गया है। यह अलग बात है कि पहले के वैष्णव होटलों की तरह किसी की जाति नहीं पूछी जाती लेकिन पैसे और लिबास के अभाव में गरीब लोग दूर से ही वर्जित हो जाते हैं।

आज गाँव और नगर में हर जगह अगर दलित दूसरे लोगों से अलग-थलग दिखते हैं तो इसका एकमात्र कारण उनकी गरीबी और इससे पैदा रहन-सहन और लिबास का फर्क है। आखिरकार यह मामला समाज के आर्थिक ढाँचे का है जिसमें एक अल्पसंख्यक समूह ऐशो-आराम की जिन्दगी बिताता है और बाकी लोग मुश्किल से अपनी आजीविका का साधन जुटा पाते हैं। हमारे समय में इस गैर-बराबरी के आधार में है पूँजीवादी व्यवस्था, जो दिनोंदिन गरीबी और अमीरी के बीच की खाई को चौड़ा करती चलती है। या तो समझ के अभाव से या साहस के अभाव से राजनीतिक दलों के नेता इस व्यवस्था से टकराने को तैयार नहीं हैं।

समाजवादी होने के नाते लोहिया जाति नीति की सीमाओं को समझते थे और इसे व्यापक आर्थिक नीतियों के परिप्रेक्ष्य में ही रखते थे। उनके लिए यह किसानों को उपज का वाजिब मूल्य दिलाने, उद्योगों में तकनीकी बदलाव और

पूँजीवाद की जगह एक समाजवादी व्यवस्था को कायम करने के लिए व्यापक उद्देश्य का ही अंग था। आर्थिक बदलाव की नीति लागू नहीं हो पाती तो लोग इसकी जवाबदेही कुछ जातियों के ऊपर डालेंगे और इससे जातीय तनाव और हिंसा फैलेगी। पिछले दिनों के हिसंक जातीय टकराव के पीछे ऐसा ही भ्रम रहा है।

आज सारे संसार में गैर-बराबरी और शोषण का आधार पूँजीवादी व्यवस्था है। वह अमेरिका जैसे सम्पन्न देश से लेकर भारत जैसे गरीब देश तक सब जगह विषमता का आधार है। इस व्यवस्था के कारण ही संसाधनों की लूट के लिए आदिवासियों और किसानों की जमीन छीनी जा रही है। यह जरूर है कि ऐतिहासिक कारणों से मूल, जाति, नस्ल आदि के आधार पर तय होता आया है कि अलग-अलग जाति या नस्ल के लोग किस अनुपात में गरीबी और अमीरी की विभाजन रेखा के दोनों ओर अवस्थित होंगे। जहाँ अमेरिका में यह विभाजन श्वेत-अश्वेत के फर्क को रेखांकित करता है, वहीं भारत में सवर्ण-अवर्ण को। लेकिन इस अनुपात को उलट भी दिया जाए तो पूँजीवादी व्यवस्था के भीतर यह विषमता बनी रहेगी। आज भी इक्का-दुक्का अश्वेत अमेरिका में सम्पन्न बन सकते हैं और भारत में भी पिछड़ों में कुछ करोड़पति होने लगे हैं। लेकिन इससे व्यवस्था का शोषक चरित्र नहीं बदलता।

आज देश की राजनीति दिशाहीन इसीलिए हो गई है क्योंकि इस मूल बीमारी का इलाज करने की तरफ किसी भी राजनीतिक दल का ध्यान नहीं है। उलटे माकपा, भाकपा जैसी पार्टियाँ भी, जो कभी पूँजीवादी व्यवस्था को नष्ट करना अपना लक्ष्य मानती थीं, तथाकथित विकास या औद्योगिक विकास के विभ्रम में पूँजीवाद की समर्थक बन गई हैं। यह समर्थन किस हद तक जन विरोधी हो सकता है इसका नमूना पश्चिम बंगाल के नन्दीग्राम और सिंगूर के घटनाक्रम में सामने आ गया है।

वर्तमान औद्योगिक विकास में प्रभुता के निर्बाध विस्तार की मरीचिका सभी तरह के महत्त्वाकांक्षी लोगों को आकर्षित करती है और चूँकि अब तक पूँजीवादी मॉडल ही इस विकास-प्रक्रिया से संगत सिद्ध हुआ है, कम्युनिस्ट नामधारी चीन की व्यवस्था आज संसार में पूँजीवाद का सबसे निर्मम प्रतिपादक बन गई है। स्पेशल इकोनॉमिक जोन यानी विशेष आर्थिक क्षेत्र, जिसने अपना खूनी पंजा भारत में फैलाना शुरू किया है, इसके पहले चीन में ही चारों ओर अपनी विजय पताका फहरा चुका था। लेकिन विषमता आधारित होने के कारण इसके नाश का बीज भी इसी में निहित है और अपने सबसे शक्तिशाली केन्द्र अमेरिका से ही आज यह ध्वस्त होने के कगार पर है।

वर्तमान राजनीतिक पार्टियाँ मौजूदा व्यवस्था का विकल्प बनाने में अक्षम हैं क्योंकि वे मूल बीमारी से टकराने को तैयार नहीं। आज देश की माँग एक नए

समाजवादी विकल्प की है जो सभी तरह की विषमता के खिलाफ नवनिर्माण की पहल कर सके। पूँजीवादी व्यवस्था के रहते न तो मायावती दलितों का उत्थान कर सकती हैं न मुलायम सिंह यादव पिछड़ों का। इनके लिए जातिवादी राजनीति एक ऐसी चीज है जिसमें मतदाताओं को फँसाकर ये सत्ता में पहुँचते हैं। इनके शासन में पिछड़ों और दलितों की क्या स्थिति है, यह जगजाहिर हो चुका है। आज सभी तरह के शोषित को समाहित करनेवाली एक नई राजनीति की देश को दरकार है।

जनसत्ता, 11 अक्टूबर, 2008

दलित राजनीति का दर्द

मायावती सरकार का पतन जिन स्थितियों में हुआ है और इसके पीछे बहुजन समाज पार्टी की राजनीति की जो दिशा रही है, वह देश की दलित राजनीति के लिए एक त्रासदी ही है। यह स्थिति उन लोगों के लिए विशेष रूप से त्रासद है, जो देश को पारम्परिक भेदभाव और वर्तमान में गहराती आर्थिक विषमता से निकालने में दलितों की भूमिका बहुत महत्त्वपूर्ण मानते हैं। कोई भी समाज गतिशील तभी होता है, जब उसके सबसे दबे-कुचले समूह स्वयं को राजनैतिक गतिविधियों के केन्द्र में स्थापित करने में प्रयत्नशील होते हैं। इंग्लैंड में 17वीं शताब्दी की संसदीय क्रान्ति में 'लेवलर्स' व 'डिगर्स' और मोटा-मोटी 'डिसेंटर्स' कहे जानेवाले समूह से और फ्रांस की 1781 की क्रान्ति को पेरिस के सबसे गरीब समूह 'सांकुलौत' से, जिनका प्रतिनिधित्व जैकोबिन करते थे, ऐसी ही ऊर्जा मिली थी। भारत को, जहाँ न सिर्फ आर्थिक विषमता है बल्कि विरासत में मिली सामाजिक जड़ता भी गम्भीर है, झकझोरकर इनसे निकालने में सामाजिक रूप से सर्वाधिक महत्त्वपूर्ण होगी। यह सबसे पिछड़े दलित समूहों की भूमिका निश्चित रूप से दुर्भाग्यपूर्ण है कि दलित राजनीति इस दायित्व के प्रति लापरवाह रही है। मायावती फिलहाल इसी भटकाव की शिकार बनी हैं।

दलित न सिर्फ सामाजिक रूप से देश के सबसे पिछड़े समूह हैं, बल्कि आर्थिक रूप से भी लगभग बिना अपवाद के देश-भर में भूमि और सम्पत्तिहीन हैं। आरक्षण के कारण इसका एक अत्यन्त छोटा वर्ग मध्यवर्ग में शामिल हो रहा है लेकिन आम दलितों की आर्थिक और सामाजिक स्थिति इतनी खराब है कि यह मध्यवर्ग प्राय: अपने बाकी समूह से कट जाता है। यह भी दलित राजनीति को प्रभावित करता रहा है। दलित नेता, जो इसी मध्यवर्ग से आते हैं, अपने समाज की समस्याओं की चिन्ता छोड़ प्राय: मध्यवर्गीय सुविधाओं और तामझाम की तलाश में लग जाते हैं। इससे उनकी राजनीति परिवर्तनवादी होने के बजाय सत्तावादी हो जाती है क्योंकि सत्ता के साथ देश में तमाम सुविधाएँ जुड़ी हैं। यह नेतृवर्ग किसी दूसरे नेतृवर्ग की तरह ही इस वहम का शिकार बन गया है कि इसकी अपनी सत्ता आम दलितों की सत्ता है और इसके लिए हर तरह का जोड़तोड़ वांछनीय है। दलित राजनीति का सबसे सफल प्रयोग करनेवाली बसपा पिछले दशकों में ऐसी ही राजनीति करती रही है।

उत्तर प्रदेश में इसे जो झटका लगा है—जिससे लगभग आधे विधायक इससे टूट गए हैं—उससे सबक लेकर इसे अपनी राजनीति का फिर से मूल्यांकन करना चाहिए।

दरअसल, बसपा की 'बहुजन समाज' की अवधारणा ही गलत आधार पर खड़ी है और इसी में इसके विघटन के बीज भी छिपे हैं। बहुजन समाज में दलितों, जनजातियों, अल्पसंख्यकों और शूद्रों सबको शामिल किया गया, और मान लिया गया है कि ये सब मिलकर देश का भारी बहुमत बनाते हैं। इसमें इनकी भिन्नताओं को नजरअन्दाज कर दिया गया। सामाजिक आधार पर ही अल्पसंख्यकों में सिख, ईसाई, मुसलमान सबमें अपने-अपने दलित हैं, जिनके साथ भेदभाव होता है। शूद्र जातियों की भिन्नता दलितों से लगभग वैसे ही है, जैसे सवर्ण जातियों से, भले ही इसमें मात्रा का फर्क हो। इसके अलावा ईसाई, मुसलमान और शूद्र सबमें सम्पन्न वर्ग हैं, जो दलितों से ही नहीं अपने समूह के गरीबों से भी दूरी बनाए रखते हैं। सबसे महत्त्वपूर्ण बात यह है कि इन सबकी भिन्नता जन्म और जाति आधारित है, जो उनकी चेतना में इतनी गहरे पैठी होती है कि राजनैतिक जोड़-तोड़ से उसे मिटाया नहीं जा सकता।

यह विलक्षण है कि एकता के एकमात्र आधार को, जो दलितों को सभी जातियों और धर्मों के लोगों से जोड़ सकता है, यानी आर्थिक आधार—उसे बसपा ने कभी कोई महत्त्व नहीं दिया। दरअसल, दलित अपने को इसी आधार पर सभी जातियों और धर्मों के विशाल बहुमत से जोड़ सकते हैं। देश का असली बहुजन तो इसका गरीब वर्ग है, जिसका विस्तार बिना भेदभाव के सभी जातियों और धर्मों में है और पूरा दलित समाज इस वर्ग में आता है। देश का असली बहुजन यही है, जिसके उत्थान में पूरे समाज का उत्थान निहित है।

जातियों के आधार पर कोई व्यापक एकता नहीं बनाई जा सकती। यह तो बहुजन समाज पार्टी के अपने आधार पर नजर डालने से भी दिखाई देता है। अक्सर बसपा के अपने ठोस वोट बैंक की बात होती है, जिसे दलितों पर आधारित माना जाता है। यह आधार भी कितना अविच्छिन्न है? दलितों में भी इस अविच्छिन्नता की बात उत्तर भारत के जाटवों और महाराष्ट्र के महारों के सम्बन्ध में ही कही जा सकती है। वाल्मीकि, दुसाध और अनेक छोटी संख्या वाली दलित जातियाँ इस दायरे से बाहर पड़ती हैं। टिकट बँटवारे या आरक्षण में हिस्सेदारी आदि सवालों पर जातियों के झगड़े उभर आते हैं। यह तो हो नहीं सकता कि राजनीति में सवर्णों के खिलाफ जाति आधार को अपनाया जाए और आपसी सम्बन्धों में जाति चेतना मिट जाए। आवश्यकता जाति चेतना को नष्ट करने की है ताकि जाति श्रेष्ठता का भ्रम भी मिटे और सभी तरह से जाति भेदभाव भी। यह तो एक व्यापक समतावादी मानवीय दृष्टि अपनाने से ही सम्भव है, जिसमें वैसी सभी रूढ़ियों को नष्ट करने का संकल्प हो जो आदमी से आदमी के भेद को रेखांकित करती है।

लोकतंत्र में सत्ता की राजनीति के साथ संख्या की राजनीति अनिवार्य रूप से जुड़ी होती है। जाति आधार अपनाने पर संख्या का गणित दलित राजनीति के अनुकूल नहीं है। अगर दलित वोट बैंक के आधार पर बसपा को खड़ा रहना है तो कहीं भी इसे बीस से पच्चीस प्रतिशत लोगों से अधिक का समर्थन नहीं मिल सकता। इस आधार पर तो अपने बूते यह कहीं कोई विधानसभा या लोकसभा सीट नहीं जीत सकती। यही मजबूरी है जो इसे तरह-तरह के अवसरवादी गठबन्धन की ओर ले जाती है। इसकी सत्ता की भूख ऐसी रही है कि यह गठबन्धन किसके साथ करे, इसे इस बात का कभी परहेज नहीं रहा। इसी का नतीजा है ब्राह्मणवाद और मनुवाद के विरोध को आधार बनाकर चलनेवाली पार्टी देश की सबसे अधिक मनुवादी पार्टी भाजपा के साथ गठबन्धन बनाकर सत्ता हथियाने से भी पीछे नहीं हटी। ऐसी गठबन्धन सरकार का कोई सैद्धान्तिक आधार नहीं हो सकता। सामाजिक लक्ष्यों से भटके नेता अनिवार्य रूप से अपनी और अपने परिजनों की भलाई में लग जाते हैं या फिर सत्ता से जुड़े तामझाम और शक्ति प्रदर्शन में। समाज बदलने में असमर्थ नेता की ऊर्जा अफसरों के तबादले में लगने लगती है, जो निजी शौर्य प्रदर्शन से अधिक कुछ नहीं होता।

दलितों की स्वाभाविक राजनीति समाजवादी राजनीति ही हो सकती है। मुलायम सिंह यादव की समाजवादी राजनीति नहीं, जिसकी अगली पंक्ति में अमर सिंह और अम्बानी हों। वैसे, समाजवाद नाम भी अपनी सोहबतों से काफी बदनाम हो चुका है लेकिन सभी मुलम्मों से मुक्त इसका सीधा-सीधा अर्थ है एक ऐसे समाज की स्थापना जहाँ जन्म और सम्पत्ति से जुड़ी कोई विषमता न हो और समाज का आधार पारस्परिक सहयोग हो। दलित समाज, जो जाति और सम्पत्ति दोनों ही दृष्टि से समाज के सबसे निचले सोपान पर है, ऐसे ही समाज की कामना कर सकता है। लेकिन दलित नेतृत्व ने साफ तौर से कभी ऐसे समाज की स्थापना का लक्ष्य अपने सामने नहीं रखा। इसने सवर्णों की हेठी और दुष्टता पर आधारित जाति भेदभाव के बरक्स इससे आहत लोगों की जलन को दूसरी तरह से जाति भेदभाव का ही आधार बनाया। इससे भावनात्मक स्तर पर जाति भेद की सीमा रेखाओं को तोड़ सभी सम्पत्तिहीन लोगों को समाज परिवर्तन की मुहिम से जोड़ने में बाधा आती रही है। सत्ता की राजनीति ने इस जाति विभाजन को और कठोर बनाने का काम किया है। दरअसल भारत में समाजवाद के आन्दोलन का अगुआ दलित समूह ही हो सकता था लेकिन इसके नेतृत्व ने इसे अब तक इस दायित्व से दूर रखा है।

राजनीति में अपनी प्राथमिकताएँ तय करने में दलित नेतृत्व का गांधी विरोधी पूर्वग्रह भी एक हद तक दोषी रहा है। नई पीढ़ी के दलित नेताओं के लिए, जिनमें अधिकतर ने गांधीजी को कभी देखा भी नहीं होगा, इस विरोध का कोई सीधा कारण नहीं हो सकता। इस पूर्वग्रह का एकमात्र आधार डॉ. आंबेडकर और गांधीजी के

राजनैतिक मतभेद हैं, जो दूर अतीत की बात है। हालाँकि यह भी सच्चाई है कि अपनी दृष्टि की भिन्नता के बावजूद गांधीजी के जीवन के अन्तिम दिनों में दोनों के बीच की दूरियाँ कम होती गई थीं। जो हो, अतीत के विवादों के आधार पर वर्तमान की नीतियों का निर्धारण प्राय: बाँझ या खतरनाक सिद्ध होता है। हम अतीत की घटनाओं को बदल नहीं सकते, अत: ऐतिहासिक घटनाएँ जड़ हो जाती हैं जबकि समाज सदा गतिशील रहता है। इसलिए आज हमें गांधी और आंबेडकर के मतभेदों की बजाय उनके विचारों में, जो हमारे लिए सार्थक हैं उसे लेकर चलने की कोशिश करनी चाहिए।

इस दृष्टि से महात्मा गांधी की अन्तिम आदमी को अपनी सोच के केन्द्र में रखने की सलाह दूसरों के साथ-साथ स्वयं दलित नेताओं के लिए भी प्रासंगिक है। गांधीजी ने अपने विचारों के केन्द्र में अन्तिम आदमी को रखने की सलाह भर ही नहीं दी, अपने को स्वयं जीवन में उसके करीब रखने की कोशिश की। दलित नेताओं के लिए ऐसा करना अधिक आसान है क्योंकि अन्तिम आदमी उनके लिए दूर से देखे गए आदमी का बिम्ब नहीं है बल्कि उसी समूह का आदमी है जिससे वे निकले हैं। बाहरी तामझाम से उनसे अलग हैसियत बनाने की बजाय उनके जीवन के करीब रहकर उनकी हालत सुधारने की कोशिश करना एक दलित नेता के लिए दूसरे लोगों की तुलना में कहीं अधिक आसान है। लेकिन दलित नेताओं के रहन-सहन में आम दलितों के समीप आने का रुझान दिखाई नहीं देता। शायद इसका एक कारण गांधी विरोध भी है। यह हीनभावना के कारण भी हो सकता है, जिससे उबरना नेतृत्व देने की क्षमता के लिए जरूरी है।

मायावती सरकार का पतन दलित राजनीति की दुर्दशा की दर्दनाक घटना है लेकिन इसे अप्रत्याशित नहीं कहा जा सकता। बसपा पिछले वर्षों में जैसी राजनैतिक कलाबाजियाँ करती रही है, उसमें ऐसी स्थिति आनी ही थी। अगर दलित नेतृत्व इससे सबक ले तो देश की राजनीति में एक सकारात्मक बदलाव आ सकता है। स्वयं मायावती दूसरे दलों के नेताओं की तुलना में काफी कम उम्र की हैं और वे स्वयं भी अपनी राजनीति को एक नई दिशा देकर इस बदलाव का शुभारम्भ कर सकती हैं।

सामयिक वार्ता, सितम्बर-अक्टूबर, 2003

दलित राजनीति की चुनौतियाँ

आज देश की दलित राजनीति एक दोराहे पर खड़ी है। मायावती के नेतृत्व में बहुजन समाज पार्टी का दलितों की सबसे बड़ी पार्टी के रूप में उभरना, पिछले चुनावों में इसकी हैसियत का उतार-चढ़ाव और महाराष्ट्र के चुनाव में लगा झटका, ये सारे परिप्रेक्ष्य के पुनर्परीक्षण की माँग करते हैं। महाराष्ट्र के चुनाव ने बहुत कुछ बसपा की सीमाओं को उजागर कर दिया है। एक बात स्पष्ट है कि दलित अकेले अपनी संख्या के बल विधानसभा या लोकसभा की कोई सीट नहीं जीत सकते। महाराष्ट्र के कुछ क्षेत्रों में दलित मतदाता राष्ट्रीय औसत से अधिक तीस प्रतिशत तक थे। इसके बावजूद बसपा किसी भी सीट पर विजयी नहीं हो पाई। महाराष्ट्र के चुनावों से पहले मायावती इतनी आशावान थीं कि उन्होंने बार-बार यह कहा था कि महाराष्ट्र में उनके समर्थन के बगैर कोई भी सरकार नहीं बन सकती। फिर भी बसपा का एक भी सीट नहीं ले पाना अरचज में डालनेवाली बात नहीं है।

तीस या चालीस फीसदी तक मतदाता के समर्थन से कोई दल तभी जीत सकता है जब बाकी दलों के साठ या सत्तर फीसदी मतदाता कई छोटे हिस्सों में बिखरे हों। ऐसा संयोग बिरले ही होता है और ऐसे ही संयोग से बसपा सिर्फ दलितों के वोट से जीतती है। अगर उत्तर प्रदेश या दूसरी जगहों पर बसपा बड़ी संख्या में जीतती रही है तो उसका कारण दूसरी जातियों और अल्पसंख्यकों का समर्थन जुटा पाना रहा है। दलित समाज की जगह 'बहुजन समाज' का नारा ऐसा ही व्यापक वोट बैंक तैयार करने की दृष्टि से अपनाया गया था। लेकिन गैर-दलितों का वोट प्राय: तात्कालिक या स्थानीय स्थितियों के कारण मिलता है और इन्हीं कारणों से खिसक भी जाता है। मायावती ने इसी मजबूरी के कारण महाराष्ट्र में कई सवर्णों को पार्टी का टिकट दिया था। यह दलील देते हुए कि वे सिर्फ मनुवादी सवर्णों के विरुद्ध हैं। अगर यही है तो बसपा और कई वामपंथी दलों का भेद समाप्त हो जाएगा जो घोषित रूप से मनुवाद के विरोधी हैं। फिर बसपा का बहुजन समाज इनसे भिन्न कैसे है?

बसपा की दुविधा इस हकीकत से पैदा होती है कि अगर आप जातीय आधार पर अपना वोट बैंक बनाना चाहते हैं तो जातीय व्यवस्था को तोड़नेवाली नीतियों को किसी प्रतिबद्धता से लेकर नहीं चल सकते। किसी वर्ण और जाति विहीन समाज में

बहुजन समाज का अर्थ होगा वह पूरा बहुसंख्य समाज जो आर्थिक दृष्टि से शोषित और गरीब है। आज भी दरअसल, बहुजन समाज यही है लेकिन जाति व्यवस्था के कारण यह खंडित है इसलिए राजनीति में इसे जातीय उन्माद में फँसाकर वैसे दलों के साथ बाँध दिया जाता है जो सम्पन्न वर्गों का हित साधते हैं।

जातीय विभाजन की इस फाँस को दलित ही तोड़ सकते हैं अगर उसके नेतृत्व में इसके लिए संकल्प हो। सवर्ण जातियों में भी बहुसंख्य गरीब ही हैं, पर इनका एक खासा हिस्सा अमीर भी है। ये अमीर लोग अपने वर्ग हित में जातीय विभाजन को बरकरार रखना चाहे हैं ताकि राजनीति में अपनी जाति के गरीब लोगों का समर्थन बनाए रख सकें। इसका सबसे स्पष्ट उदाहरण बिहार के नक्सली आन्दोलन के कुछ नतीजों में देखा जा सकता है। दरअसल यह आन्दोलन भूमिहीनों की जमीन की भूख को केन्द्र में रखकर भूमिपतियों के खिलाफ संघर्ष के रूप में शुरू हुआ। लेकिन जमीनी हकीकत यह भी है कि सारे भारत में दलित लगभग बिना अपवाद के भूमिहीन हैं। इसलिए भूमि पर अधिकार का कोई भी संघर्ष दलितों का, और कुछ सवर्ण भूमिपतियों के खिलाफ दिखाई देता है।

चूँकि नक्सली संघर्ष का चरित्र हिंसक है, भूमिपति जो प्राय: सवर्ण हैं, संघर्ष में मारे जाते हैं (सवर्ण में यहाँ दलित को छोड़ अगड़े-पिछड़े सभी जाति के लोगों को रखा गया है)। इसके बाद संघर्ष का स्वरूप भूमिपति और भूमिहीन का होने की बजाय विशेष जाति के सवर्णों और दलितों के बीच का बन जाता है। इस तरह कुर्मी बहुल इलाकों में जहाँ कुर्मी सवर्णों के खिलाफ संघर्ष शुरू हुआ किसान सेना के नाम से कुर्मी लोग नक्सलियों के खिलाफ संगठित हो गए। जहाँ यादवों से संघर्ष हुआ लोरिक सेना बन गई। इसी तरह भूमिहारों की ब्रह्मर्षि सेना या रणवीर सेना और राजपूतों की कुँवर सेना बन गई। चूँकि नक्सली आन्दोलन भी अपने आक्रमण में बिना भेदभाव के पूरे के पूरे गाँव के सभी किसानों को समेटने लगा था, इन जातीय सेनाओं को जाति के अधिकतर सदस्यों का समर्थन मिला। इसीलिए इन संघर्षों में प्राय: जाति विशेष के पूरे के पूरे गाँव के सफाए का अभियान दिखाई देता है। प्रतिशोध के रूप में दलितों के गाँवों पर सवर्णों का आक्रमण होता है। इस तरह आर्थिक संघर्ष का रूपान्तरण जातीय संघर्ष में हो जाता है।

उन्नीस सौ चालीस और पचास के दशक में कम्युनिस्ट पार्टी की किसान सभा और सोशलिस्ट पार्टी की किसान पंचायत और खेत मजदूर पंचायत के संघर्षों में भी ज्यादातर लोग दलित और पिछड़े ही थे। ये संघर्ष भी पूरी तरह अहिंसक नहीं थे (लेकिन ये घोषित रूप से हिंसक नहीं थे और इनमें वैयक्तिक हत्याओं का बोध था)। इसलिए इन आन्दोलनों के क्रम में जातीय विभाजन कमजोर भी पड़ा क्योंकि सभी जाति के किसान कार्यकर्ता साथ उठने-बैठने, खाने-पीने लगे। अगर संघर्ष ऐसे आर्थिक मुद्दों पर होता है जिनमें आर्थिक समूह एक जातीय समूह के रूप

में चिह्नित नहीं हो तो यह सम्भावना बन सकती है कि जातीय विभाजन धूमिल हो जाएगा। औद्योगिक क्षेत्रों में आर्थिक मुद्दों पर संघर्षों में जैसे ट्रेड यूनियनों के संघर्षों में श्रमिकों का जातीय विभाजन शायद ही दिखाई देता है। मिले-जुले संघर्ष के ऐसे दूसरे क्षेत्र भी तलाशे जा सकते हैं जहाँ आर्थिक मुद्दे पर मिले-जुले संघर्षों में जातीय विभाजन गौण हो जाए।

राज्य व्यवस्था की आर्थिक नीतियों में तो इसकी भरपूर गुंजाइश है कि बिना भेदभाव के सभी जातियों के गरीब लोगों की हालत सुधारी जा सके। इस तरह की नीति सभी लोगों को रोजगार देने की, सभी लोगों के लिए अच्छी शिक्षा और स्वास्थ्य सेवा उपलब्ध कराने आदि की हो सकती है। आज शिक्षा और स्वास्थ्य सेवाओं की यह स्थिति है कि गरीब लोग चाहे किसी भी जाति के हों अच्छी शिक्षा और उचित उपचार से वंचित रहते हैं।

कानून के जरिए दलितों को भेदभाव से बचाने के जो प्रावधान किए गए हैं उनसे आगे बढ़कर कुछ करने की बहुत गुंजाइश नहीं। असली समस्या इन कानूनों को सभी जगह लागू करने की है और उससे भी बढ़कर सवर्णों के वैसे सोच और व्यवहार में परिवर्तन करने की है जो परम्पराओं के चलते रूढ़ हो गया है। व्यवहार में भेदभाव बनाए रखने में एक बड़ा कारण दलितों की घोर दरिद्रता है। यह भाव कि दलित हीन हैं, उनकी दयनीय आर्थिक स्थिति से सबल होती है। गरीबी के कारण उनके लिबास फटे और गन्दे होंगे, प्राय: घर की जगह झोंपड़ी होगी। भोजन ऐसा होगा जो सम्पन्न वर्ग अपने पशुओं को खिलाते हैं। इन सबसे परम्परा से मिला यह भाव मजबूत होता है कि दलित वास्तव में औरों से हेय हैं।

इसी की प्रतिक्रिया है कि जिस भी दलित के लिए सम्भव होता है अपनी आर्थिक हैसियत के हिसाब से ज्यादा कीमती लिबास धारण करने की कोशिश करता है। ऐसा करना बुद्धिसंगत है क्योंकि इससे कोई देखकर यह नहीं कह सकता कि वह दलित है। दलित नेताओं में ताम-झाम की प्रवृत्ति भी यह दिखाने के लिए होती है कि वह सवर्ण नेताओं से किसी अर्थ में कम नहीं है। अब स्थिति यह है कि जब तक बहुसंख्य दलित आर्थिक दृष्टि से समाज के हाशिये पर होंगे उन्हें समाज में न्यायपूर्ण दर्जा दिलाना मुश्किल है। इसीलिए आम दलितों को वाजिब सम्मान दिलाने के लिए उनकी आर्थिक स्थिति को इस स्तर तक लाना होगा कि उनमें और दूसरे सवर्णों में कोई फर्क न हो।

इसलिए दलितों को उचित सम्मान दिलाने का रास्ता उनका आर्थिक उन्नयन ही है। यह विचार कुछ दलित बुद्धिजीवियों के इस सोच से बिलकुल अलग है कि दलितों की समाज में दूसरों से बराबरी का अर्थ है थोड़े से दलितों का पूँजीपति हो जाना और उनके पास भी साज-समान, बंगले और दरबान का हो जाना है। खुलकर यह बात वे भले ही न कहते हों लेकिन व्यवहार में देश के अधिकतर दलित नेता

रहन-सहन में सवर्णों के सम्पन्न लोगों की नकल करने की कोशिश करते हैं। शायद ही कोई दलित नेता हो जो यह संकल्प लेता हो कि उपलब्ध होने पर भी रहन-सहन में वह तब तक उन सुविधाओं को नहीं अपनाएगा जब तक उसका पूरा समाज वैसी सुविधाएँ प्राप्त नहीं कर लेता।

यहाँ पर एक बात स्पष्ट हो जाती है। आर्थिक सुधार से दलितों को पूरे समाज से काटकर ऊपर नहीं लाया जा सकता। उनकी हैसियत में यह परिवर्तन तभी होगा जब समाज के दूसरी जातियों के गरीबों के साथ मिलकर वे समाज के पूरे ढाँचे को बदलने के लिए तैयार हों। अब भारत की स्थिति को देखते हुए यह दावे के साथ कहा जा सकता है कि समाज के आर्थिक ढाँचे में ऐसा बदलाव कि गरीब-अमीर का भेद खत्म कर सभी को एक श्रेष्ठ मानवीय जीवन दिया जा सके, सिर्फ दलितों के नेतृत्व में सम्भव है। देश का दलित समाज ही वर्गीय दृष्टि से समाज के उस धरातल पर खड़ा है जहाँ समाज के आमूल परिवर्तन में उसे कुछ भी गँवाना नहीं और कार्ल मार्क्स के सर्वहारा की तरह सम्पूर्ण संसार उसके विजय अभियान के लिए खुला है। इस अभियान में वह अपने साथ सवर्णों के गरीबों को भी शामिल करेगा जिनकी हालत भी मौजूदा व्यवस्था में बद से बदतर होती जा रही है।

शुरू में कहा गया था कि दलित राजनीति एक दोराहे पर खड़ी है। इसका आशय यह दिखाना था कि चाहे तो दलितों को जैसा ऊपर कहा गया है, देश के तमाम गरीब लोगों को साथ लेकर समाज के आर्थिक ढाँचे को बदलने में अपनी शक्ति लगानी होगी या दलित नेता दलितों की शक्ति के सहारे विभिन्न राजनीतिक समूहों के सत्ता के खेल में एक या दूसरे के पलड़े को भारी करने में पासंग की भूमिका अदा करेंगे। इस सहायता के लिए ये राजनीतिक समूह या दल इन नेताओं को समय-समय पर गद्दी में हिस्सेदारी दिलाते रहेंगे।

मगर आम दलितों की स्थिति में कोई परिवर्तन नहीं होगा क्योंकि ऐसे राजनीतिक समूहों के पास समाज परिवर्तन की कोई ऐसी दृष्टि नहीं जिससे गरीबों की स्थिति में तेजी से परिवर्तन हो। उत्तर प्रदेश में बसपा की राजनीतिक पैंतरेबाजी का कुल नतीजा दलितों की दृष्टि से शून्य ही रहा है। यह आज दलितों के लिए भी चुनौती है। उन्होंने पिछले दिनों देश के चर्चित दलित नेताओं का रवैया देख लिया है। उन्हें इन नेताओं पर दबाव बनाना होगा कि वे समाज के आर्थिक ढाँचे को बदलने की दिशा में पहल करें। सवर्णों द्वारा अतीत में किए गए अन्याय की व्यथा-कथा कहकर भावनाओं को उभारने से न तो आज का भेदभाव मिटनेवाला है और न उनकी स्थिति बेहतर होनेवाली है।

जनसत्ता, 10 अप्रैल, 2004

जातिवादी राजनीति

एक छद्म विवाद से मुक्ति जरूरी

बिहार के मुख्यमंत्री लालू प्रसाद यादव के अनुसार बुद्ध के बाद, आरक्षण लागू कर, विश्वनाथ प्रताप सिंह ने सबसे बड़ी सामाजिक क्रान्ति की और 'करोड़ों वर्षों' के जातीय उत्पीड़न पर चोट की। दूसरी तरफ अगड़ी जातियों के युवक और युवतियों की निगाहों में आरक्षण इतना घोर अन्याय है कि इसके विरोध में सैकड़ों युवक-युवतियों ने आत्मदाह तक किया या दूसरी तरह से आत्महत्या का प्रयास किया है। जहाँ भावनाओं का अतिरेक लोगों को एक ही मुद्दे पर विपरीत ध्रुवों पर इस हद तक विभाजित कर रहा हो, वहाँ सन्तुलन की अपील करना दोनों ओर से ईंट-पत्थर आमंत्रित करना है। इससे भी बढ़कर वैसे लोगों की शत्रुता मोल लेना है, जो इस भावना को वोटों में बदलकर अडिग सत्ता के सपने देख रहे हों। फिर भी चूँकि भावनाओं के बुखार की स्थिति स्थायी नहीं हो सकती, देर-सबेर लोगों को इस मुद्दे पर वस्तुपरक दृष्टि से विचार करना होगा और इसलिए इस समस्या को इसके असली रूप और वजन के साथ प्रस्तुत करना जरूरी है।

हरेक का किसी लक्ष्य का साधन होता है। आरक्षण नीति का अगर कोई आकर्षक पहलू है तो यह विश्वास कि यह समतावादी समाज की स्थापना की दिशा में एक कदम है। फिर भी आरक्षण का रोल इस दिशा में इतना कम है कि इसे नगण्य ही कहा जा सकता है। खासकर मंडल आयोग की दृष्टि इस सम्बन्ध में यही है और इसने अपनी दृष्टि साफ शब्दों में रख दी है। आयोग का कहना है : 'आरक्षण का मनोवैज्ञानिक असर विलक्षण है। वह पूरा पिछड़ा समुदाय, जिसका व्यक्ति पद पाता है उन्नत महसूस करता है। हालाँकि कोई ठोस लाभ पूरे समुदाय को नहीं होता, फिर भी इस समुदाय का मनोबल यह सोचकर ऊँचा उठता है कि सत्ता के गलियारे में इसका भी कोई आदमी मौजूद है।' और आगे कहा गया है : 'सुधार के सभी उपचारों को अल्प मात्रा में सीढ़ी-दर-सीढ़ी सुधार की स्थिति का सामना करना पड़ता है। सामाजिक सुधार में कोई छलाँग नहीं होती। खासकर इसलिए कि मनुष्य स्वभाव ही ऐसा है कि वर्गविहीन समाज में भी अन्ततोगत्वा एक नया वर्ग पैदा हो ही जाता है।'

अब जरा हम ऊपर की इन बातों पर विचार करें जो मंडल आयोग के मूल दर्शन की अभिव्यक्ति है। सबसे पहले तो हमें यह मान लेने को कहा गया है कि गैर-बराबरी

मानव स्वभाव का गुण है और इसलिए आयोग का आग्रह गैर-बराबरी मिटाना नहीं है। सीढ़ी-दर-सीढ़ी क्रमिक सुधार की बात इस सन्दर्भ में की गई है कि तीन हजार से अधिक पिछड़ी जातियाँ, जिन्हें आरक्षण के दायरे में लाया गया है, वे सब एक ही सामाजिक शैक्षिक स्थिति में नहीं हैं और इसलिए यह आशंका व्यक्त की जाती रही है कि पिछड़ों में जो आगे हैं, उन्हें ही आरक्षण का लाभ मिल सकेगा। इस तरह मंडल आयोग पिछड़ों की विभिन्न जातियों के बीच की गैर-बराबरी बढ़ने की सम्भावना को कबूल करके चलता है। इस तरह आयोग के प्रावधान अवसरों के विस्तार को भी तत्काल केवल उन्हीं पिछड़ों के लिए सीमित करता है, जो पिछड़ों में अगड़े हैं।

इसलिए कुल मिलाकर मंडल आयोग के लागू होने का ठोस परिणाम यही होगा कि पिछड़ी जातियों का भी एक छोटा हिस्सा अगड़ी जातियों के एक छोटे हिस्से की तरह सत्ता के गलियारे में स्थान पा लेगा और इन जातियों के लोगों को यह एहसास होगा कि सत्ता में उनकी भी हिस्सेदारी है। व्यवस्था के स्थायित्व के लिए यह बात स्वागत योग्य हो सकती है लेकिन इसको समता के सिद्धान्त से कुछ लेना-देना नहीं है और न आम लोगों के जीवन स्तर को सुधारने से।

आरक्षण का मुद्दा हमारे सामने वह बुनियादी विवाद ला खड़ा करता है जो पिछले सौ साल के भीतर राजनीतिक उथल-पुथल के केन्द्र में रहा है। इसमें एक विचार यह रहा है कि समाज में यथासम्भव समता होनी चाहिए क्योंकि हर मनुष्य की बुनियादी आवश्यकताएँ एक तरह की होती हैं। इस विचार का लक्ष्य वर्गविहीन समाज की स्थापना रहा है। विभिन्न तरह के समाजवादी आन्दोलन इस विचार का प्रतिपादन करते रहे हैं।

इस शताब्दी के प्रारम्भ से इस विचार को जबर्दस्त चुनौती दो समाजशास्त्रियों पैरेटो और मोस्का ने दी, जो यह मानते थे कि समाज सदा एक शासक अभिजात वर्ग (एलीट) और आम लोगों में बँटा रहता है और क्रान्तियाँ सिर्फ शासक वर्ग में बदलाव लाती हैं। राजनीतिक स्तर पर मुसोलिनी, हिटलर आदि फासीवादी नेताओं ने भी शासक वर्ग सम्बन्धी इस अवधारणा को अपनी व्यवस्थाओं में प्रस्थापित करने की कोशिश की। पैरेटो ने तो अभिजात वर्ग (एलीट) के बदलाव का सामाजिक सिद्धान्त ही प्रतिपादित किया। इसके मुताबिक जब शासन करने की कुछ खास योग्यताओं का ह्रास शासक वर्ग में होने लगता है और आम लोगों में इस गुण से युक्त लोगों की संख्या बढ़ने लगती है, तब सामाजिक उथल-पुथल होती है और पुराने शासक वर्ग की जगह नया शासक वर्ग सत्ता में आ जाता है। इस स्थिति से उबरने का उपाय यह है कि या तो आम लोगों में इन योग्यताओं से सम्पन्न लोगों को खत्म कर दिया जाए या उन्हें अभिजात वर्ग में शामिल कर लिया जाए। मंडल आयोग के दर्शन में स्पष्ट रूप से इस दूसरे विचार की झलक हम देख सकते हैं। जिसके मुताबिक शासक वर्ग में निचले समूहों से लोगों को भर्ती करना जरूरी है।

अगर हम अनुसूचित जातियों और अनुसूचित जनजातियों को छोड़ दें, जिनमें सम्पन्न कहे जा सकनेवाले लोगों की संख्या नगण्य है तो बाकी पिछड़ी जातियों में भी वर्ग विभाजन उसी तरह है जैसा अगड़ी जातियों में। इसलिए गैर-बराबरी मिटाने की दिशा में आरक्षण का कोई रोल नहीं है, बल्कि पिछड़ों में यह भ्रम पैदा कर कि वे भी व्यवस्था में हिस्सेदार हैं, गैर-बराबरी की अर्थव्यवस्था का राजनीतिक आधार इससे मजबूत ही होता है।

एक ही तर्क आरक्षण के पक्ष में जबर्दस्त है—वह है, सीमित रूप से ही सही, अफसरी में स्थान पाने से, शासन में हिस्सेदारी। इसका महत्त्व इसलिए है क्योंकि भारत के सामाजिक इतिहास में जातियों का उच्च वर्णों में उन्नयन, राजनीति में इनके प्रभाव से गहरे रूप से जुड़ा रहा है। इसलिए पिछड़ी जातियों के सामाजिक उन्नयन में राजनीतिक सत्ता पर उनके प्रभाव का निश्चय ही एक रोल रहेगा। लेकिन जब हम यह बात कहते हैं, तब हमें यह भी ध्यान में रखना चाहिए कि इस उन्नयन की सीमा भी नहीं है, जो नौकरशाही की सीमा है। प्रशासन हमेशा शासन के नीचे रहनेवाली व्यवस्था है और प्रशासन के अपने मानदंड होते हैं, जो इसके सदस्यों को शासन द्वारा निर्धारित नियम-कानून के दायरे के बाहर अभिक्रम में पंगु बना देते हैं। इसलिए इस दृष्टि से जातियों की तुलनात्मक स्थिति को सुधारने में यह प्राय: अक्षम होती है।

उल्टा होता यह है कि गैर-बराबरी की समाज व्यवस्था में नौकरशाही की अपनी मर्यादाएँ ऐसी होती हैं कि विभिन्न जातियों से चुने गए इसके सदस्य अपने आचार-विचार में लगभग एक बनते चले जाते हैं। नौकरशाही के सदस्यों की प्रतिबद्धता अपनी व्यवस्था के नियम-कानून और आचारों के प्रति होती है, जो उनके सुचारु रूप से काम करने के लिए जरूरी है। अगर उनकी प्रतिबद्धता अपनी जाति या अपने धर्म के प्रति होने लगी तो प्रशासनिक व्यवस्था ध्वस्त हो जाएगी। सच तो यह है कि एक ऐसे समाज में जहाँ अफसरों की आय और सुविधाएँ बहुत अधिक हैं और आम लोग अत्यधिक गरीब हैं, जो इक्के-दुक्के लोग अनुसूचित जातियों से बड़े पदों पर पहुँच जाते हैं, अपने परिवेश से कट जाते हैं।

इस दृष्टि से जातियों के सामाजिक उन्नयन में सबसे बड़ा योगदान लोकतांत्रिक व्यवस्था का और समतावादी आन्दोलन का रहा है। आज देश के कई राज्यों में पिछड़ी जाति के मुख्यमंत्री हैं और इसका कारण यह है कि पिछड़ी जातियाँ अपनी संख्या के बल से भारी संख्या में विधान सभाओं और लोकसभा में या तो अपनी जाति के सदस्यों को भेज पाती हैं या ऐसे सदस्यों को, जो उनकी भावनाओं का आदर करते हैं। सच तो यह है कि लोकतंत्र में छोटे-से-छोटे समूह की भावनाओं को भी नजरअन्दाज नहीं किया जा सकता। क्योंकि सत्ता का पलड़ा एक तरफ झुकाने के लिए कम वजन के समूह भी महत्त्वपूर्ण बन जाते हैं, जब प्रतिद्वन्द्वियों का पलड़ा बराबर पड़ने लगता है। इसी कारण आज कोई भी राजनीतिक दल

दलितों, आदिवासियों या अन्य अल्पसंख्यक समूहों की भावना को भी नजरअन्दाज नहीं कर सकता।

आज अनुसूचित जातियों या पिछड़ों के बढ़ते हुए आत्मविश्वास के पीछे सबसे बड़ा कारण यही है, न कि मुट्ठी-भर लोगों का अफसरी में स्थान पा लेना। अफसर तो शासन के स्थापित मूल्यों को लेकर चलते हैं। इसलिए अंग्रेजी शासन काल में अंग्रेजी प्रशासनिक सेवा में भारतीय अफसर भी अंग्रेजी हुकूमत के मूल्यों को ही ढोते थे। एक ऐसे समाज में जहाँ शासन का स्थापित मूल्य विषमतामूलक है, प्रशासनिक सेवाओं में 'दलित समूहों' के अफसरों की उपस्थिति से दलितों का उद्धार नहीं हो सकता।

समता के मूल्यों पर आधारित सोशलिस्ट और कम्युनिस्ट आन्दोलनों के दबाव में जो आर्थिक सुधार हुए, आम पिछड़ों और दलितों की सामाजिक स्थिति सुधारने में उनका महत्त्वपूर्ण योगदान रहा है। जमींदारी उन्मूलन ने कई पिछड़ी (मध्य जातियों) को रैयतों की कोटि से स्वतंत्र, किसानों का दर्जा देकर सामाजिक प्रतिष्ठा दिलाई। इसी तरह भूमि वितरण, आवासीय भूमि पर अधिकार जैसे कानूनों से अनुसूचित जतियों और पिछड़ी जातियों के भूमिहीनों की सामाजिक स्थिति में महत्त्वपूर्ण सुधार हुए हैं। इन सुधारों का प्रभाव अनुसूचित जातियों और पिछड़ों के तमाम गरीब लोगों की जिन्दगी पर हुआ है। हाल के वर्षों में नक्सली आन्दोलन ने भी अनेक क्षेत्रों में पिछड़ी और अनुसूचित जातियों की सामाजिक प्रतिष्ठा को आगे बढ़ाया है। आगे भी पिछड़ी जातियों के आम लोगों की स्थिति में सुधार समता के लिए होनेवाले आन्दोलनों से ही सम्भव है, इन समूहों के मुट्ठी-भर लोगों को सुविधाओं के स्वर्ग में पहुँचाने से नहीं।

नौकरियों में आरक्षित स्थान सदा इतने कम होंगे कि पिछड़ों में अपेक्षाकृत साधन सम्पन्न लोगों को ही इनमें स्थान मिल पाएगा और इससे पिछड़ों में वर्ग भेद बढ़ेगा। मेधावी और चरित्रवान लालदेव पासवान गरीबी के कारण मैट्रिक पास करने के बाद अपनी पढ़ाई जारी नहीं रख पाया। कई तरह की ट्रेनिंग लेने के बाद सरकारी फार्म पर हलवाहे के आरक्षित पद के लिए आवेदन देता है। लेकिन बहाली के लिए अनुसूचित जाति का अफसर हजारों रुपए घूस में माँगता है और इसलिए उसे बहाल नहीं किया जाता। लालदेव पासवान का कहना है कि जब भी आरक्षित स्थानों पर बहाली होती है, अनुसूचितों में शहरों के सम्पन्न घरों के लड़के ही आरक्षित स्थानों पर भी बहाल हो जाते हैं। उसके साथ के गाँव के दर्जनों प्रत्याशियों में अब तक किसी की भी बहाली नहीं हो पाई है। एक अनुसूचित केन्द्रीय मंत्री में, जो साहबी शान से एल्सेशियन कुत्ता रखता है और सामन्ती शान से कई बीवियाँ, और लालदेव में क्या समानता है? कौन-सा सम्पर्क सूत्र है? कुछ इसी तरह का फर्क पिछड़ों में ऊँची नौकरियों में पहुँचनेवाला और उनकी अपनी ही जाति के आम लोगों के बीच कायम रहता है। दरअसल आरक्षण की असली लड़ाई अगली जातियों के एक

प्रतिशत सुविधा सम्पन्न लोगों और पिछड़ी जातियों के ऐसे ही एक प्रतिशत ऊपरी तबका के बीच है और वे ही अपने स्वार्थ के लिए अपनी जातियों के गरीब लोगों की जातीय भावना को उभारकर अपना उल्लू सीधा करते हैं।

एक सवाल उठता है कि सामाजिक परिवर्तन के लिए इतना कम महत्त्व का होते हुए भी आरक्षण के पक्ष और विपक्ष दोनों में इतना भावनात्मक उभार क्यों आता है इसका कारण यह है कि आरक्षण से उस छोटे समूह का स्वार्थ सीधा जुड़ा हुआ है, जो पढ़ा-लिखा और मुखर है। उसकी रुचि समता के लिए किसी सामाजिक क्रान्ति में नहीं है। वह यथास्थिति का समर्थक है और इसी व्यवस्था में सुविधाओं का आग्रही है। इस समूह के अगली जातियों के लोग अफसरी आदि के सुविधा सम्पन्न स्थानों पर संख्या के अनुपात से कहीं बढ़कर हावी हैं और इसमें कुछ गँवाना नहीं चाहते हैं। दूसरी ओर पिछड़ों के मुखर समूह के लोग ऐसी सुविधा के स्थानों में अपनी संख्या के अनुपात में पहले से अधिक स्थान हासिल करना चाहते हैं। चूँकि अगड़ों और पिछड़ों दोनों के ये समूह पढ़े-लिखे और सक्षम हैं और प्रचार माध्यमों का उपयोग अपने स्वार्थों को आगे बढ़ाने के लिए कर सकते हैं, ये अपने स्वार्थ के संघर्ष को सामाजिक न्याय की लड़ाई के रूप में पेश कर आम लोगों की भावना को उभारने में सफल हो जाते हैं। अगड़े 'समान अवसर' के सिद्धान्त का झंडा उठाते हैं तो पिछड़े नौकरियों में 'समान हक' पाने का झंडा उठाते हैं। पूरे सामाजिक सन्दर्भ पर अगर विचार नहीं किया जाए तो अपनी जगह पर दोनों न्यायसंगत लगेंगे। इस तरह आम लोगों के जीवन की बुनियादी समस्याओं को अछूता छोड़ चलनेवाला यही विवाद सर्वोपरि महत्त्व का दिखाई पड़ने लगता है। गैर-बराबरी के खिलाफ आन्दोलन इससे दर किनार रह जाता है।

अब सवाल उठता है कि एक ऐसे आन्दोलन के प्रति जो लोगों की भावनाओं को इतना उभारता है, समतावादी मूल्यों को लेकर चलनेवालों का रुख क्या होना चाहिए? इसका सीधा जवाब है : आरक्षण की नीति को बिना अवरोध और विवाद के जल्दी-से-जल्दी लागू करने देना चाहिए, इसलिए नहीं कि इससे बड़ा परिवर्तन होगा, बल्कि इसलिए कि आरक्षण नीति के क्रान्तिकारी दावे का पर्दाफाश जल्द-से-जल्द हो सके और पिछड़े लोग जिनमें गरीबों की संख्या ज्यादा है, इस नीति की असलियत को जानकर समस्या की वैकल्पिक नीति की तलाश में लग सकें। आरक्षण लागू होने में जितनी ही देरी होती है बदलाव की अन्य नीतियों की तरफ लोगों का ध्यान खींचना उतना ही मुश्किल होता है। इस छद्म विवाद से मुक्ति के लिए आरक्षण का जल्दी से लागू होना जरूरी है।

सामयिक वार्ता, 1990

सामाजिक न्याय का अर्थ और अनर्थ

सामाजिक न्याय की मूल अवधारणा हमें यूरोप में प्रचलित शब्द सोशल जस्टिस से मिली है। सामाजिक न्याय का मूल उद्देश्य एक मनुष्य और दूसरे मनुष्य के बीच की विषमता मिटाना था। इसी से वहाँ समाजवाद तथा समतावाद के सिद्धान्तों का आविर्भाव हुआ लेकिन वहाँ समतावाद के दो अलग-अलग अर्थ लगाए गए। एक विचार के अनुसार समाज में व्याप्त गैर-बराबरी को मिटाने की बजाय सबों को अपने विकास का समान अवसर देना जरूरी है और लोग अपनी क्षमता के अनुसार स्वयं अपना विकास करेंगे। दूसरा विचार यह था कि विषमतामूलक समाज में ढाँचागत विषमता के कारण सबों को समान अवसर मिल नहीं सकता। उदाहरण के लिए पूँजीवादी समाज में एक पूँजीपति के बच्चे को अपनी क्षमता के विकास का जो मौका मिलता है वह एक मजदूर के बच्चे को मिल ही नहीं सकता। इसलिए वे समाज के ढाँचे में आमूल बदलाव चाहते थे। ऐसा बदलाव जिसमें विषमता की गुंजाइश ही नहीं रहे। चूँकि पूँजीवादी व्यवस्था में गैर-बराबरी का मूल रूप आर्थिक था। इसी से उन्नीसवीं शताब्दी के मध्य से बीसवीं शताब्दी के मध्य तथा पूँजीवाद की जगह समाजवादी समाज की स्थापना सभी समतावादी समूहों की प्रेरणा का स्रोत रही। इससे उद्देश्य की पूर्ति के लिए प्रछन्न या प्रत्यक्ष रूप से वर्ग संघर्ष को साधन माना गया।

भारत की समाज व्यवस्था उन्नीसवीं और बीसवीं शताब्दी के प्रारम्भिक वर्षों तक में यूरोप से बिलकुल भिन्न थी। अंग्रेजी शासन कायम होने से यहाँ भी पूँजीवादी व्यवस्था का विकास शुरू हो गया था लेकिन आर्थिक क्षेत्र में पारम्परिक कृषि और ग्रामीण उद्योगों पर आधारित अर्थ व्यवस्था पूरी तरह नष्ट नहीं हुई थी। चारों ओर स्पष्ट रूप से दिखाई देनेवाली विषमता जाति व्यवस्था और वर्ण व्यवस्था पर आधारित थी। देश में फैली हजारों जातियों के बीच अन्तर्जातीय विवाह वर्जित था और अछूत मानी जानेवाली अनेक जातियों के साथ उठना-बैठना या उनके हाथ का भोजन और पानी भी अन्य जातियों के लिए वर्जित था। उनके लिए मन्दिरों में प्रवेश या उन कुओं से पानी निकालना जहाँ से अन्य वर्गों के लोग पानी निकालते थे, वर्जित था।

भक्ति आन्दोलन, सुधार आन्दोलन, पश्चिमी देशों से सम्पर्क, महात्मा फुले के प्रयास, बाबा साहब आंबेडकर के प्रखर नेतृत्व में दलित आन्दोलन और महात्मा गांधी के नैतिक प्रभाव से जाति व्यवस्था कुछ ढीली तो जरूर हुई और साथ उठने-बैठने और खान-पान का भेद काफी कम हुआ। लेकिन आज भी सामाजिक सम्बन्धों में यह भेद तुरन्त दिखाई दे जाता है।

स्वाभाविक है कि भारत में सामाजिक न्याय की अवधारणा में जातीय विषगता को मिटाने पर विशेष बल दिया जाए। हालाँकि जातीय विषमता के कुछ आर्थिक और भौतिक पहलू भी हैं लेकिन मूलत: यह परम्परा से प्राप्त कुसंस्कारों से जन्मी भावनाओं पर टिकी है। पूँजी या उत्पादन के साधन छीनकर जैसे पूँजीवादी शोषण का आधार नष्ट करने की बात यूरोप में सोची गई वैसा कोई भौतिक वैभव वर्ण व्यवस्था के तहत उच्च वर्ण के साथ नहीं जुड़ा है जिसे छीनकर उनका वर्चस्व खत्म कर दिया जाए। लेकिन वर्ग विशेष के समानान्तर वर्ण संघर्ष की अवधारणा से ऐसा ही भ्रम पैदा होता है। इसके विपरीत जातीय विभाजन का अन्त वर्ण सम्बन्धी पारम्परिक अन्धविश्वासों के नाश एवं पारस्परिक समझदारी एवं सद्भाव से ही सम्भव होगा जिसमें लोग बेहिचक एक-दूसरे से बेटी-रोटी का सम्बन्ध कायम कर सके।

लेकिन पिछड़ी और दलित जातियों में श्रेणी संघर्षवाले नमूने के प्रति आकर्षण बिलकुल अकारण नहीं है, भले ही इसका औचित्य या इसकी उपादेयता सीमित हो। इसका कारण यह है कि अंग्रेजी शासन आने के बाद से जिस औद्योगिक और प्रशासनिक व्यवस्था का विकास हुआ वह बहुत कुछ यूरोप की तर्ज पर ही था। अंग्रेजी प्रशासन और उद्योग-धन्धों में जिन जातियों के लोग अग्रिम पंक्ति में रहे वे प्राय: वही थे जिन्हें पारम्परिक समाज में शिक्षा पाने का अवसर था। हालाँकि इन ओहदों की शिक्षा बिलकुल अलग तरह की थी और परम्परागत रूप से शिक्षित पंडित और पुरोहित नई शिक्षा प्राप्त लोगों को धर्म विमुख ही मानते थे फिर भी सत्ता की सुविधाएँ ऐसी थीं कि बड़ी संख्या में ब्राह्मण, बनिया, कायस्थ, जिनका वर्ण व्यवस्था में निम्न स्थान ही था, आदि नई शिक्षा की ओर मुड़े और नौकरी व्यवस्था एवं व्यापार आदि में स्थान बनाने लगे। इस प्रक्रिया से देश के अधिकांश भागों में शूद्र कही जानेवाली जातियाँ पिछड़ गईं और परम्परागत वर्जनाओं से अभिशप्त दलित तो काफी पीछे छूट गए।

इससे दो तरह का विभाजन देश में पैदा हुआ। एक विभाजन तो पारम्परिक जातियोंवाला और दूसरा विभाजन अंग्रेजों के साथ आई औद्योगिक प्रशासनिक व्यवस्था में आय और ओहदों का। जिसमें कुछ लोग ऊँची आयवाले ओहदों पर पहुँच गए और बाकी लोग पारम्परिक रोजगार में रहे या उनसे भी वंचित हो गरीबी का जीवन बिताने लगे। इससे ऐसा दिखाई देने लगा कि अगड़ी जातियों के लोग सम्पन्न हैं और पिछड़ी जातियों के लोग गरीब। समय के साथ खाने-पीने, उठने-बैठने सम्बन्धी

पारम्परिक भेद तो घटता आया है लेकिन प्रशासनिक या नए उद्यमों में हिस्सेदारी का भेद बढ़ता गया है। यही चीज है जो पिछड़े और दलितों के उदीयमान अभिजात समूह (इलीट) को विशेष रूप से सालती है। इनके लिए अपनी हिस्सेदारी को बढ़ने के प्रयास में अपने जातीय समूहों को एकजुट करने में वर्ण संघर्ष के शब्दकोश से नारों को उधार लेना सहायक सिद्ध होता है क्योंकि इससे आय एवं ओहदा जैसी ठोस चीजों की ओर लोगों का ध्यान खींचा जा सकता है। इस विषमता को मिटाने के लिए आरक्षण जैसे सिद्धान्त को अपनाया गया क्योंकि ऊँचे पदों के लिए प्रतिस्पर्धा की स्थितियाँ सभी जातियों के लिए समान नहीं रह गई थीं।

जातियों के बीच का भेद, जो पारम्परिक समाज में गैर-बराबरी था आज आर्थिक दृष्टि से गैर बराबरी का नहीं कहा जा सकता क्योंकि सभी जातियों में बहुसंख्य लोग अत्यधिक गरीब हैं और कमोबेश सभी जातियों में कुछ लोग बहुत ही धनवान हैं। अपवाद रूप में दलित हैं जो लगभग सारे-के-सारे गरीब हैं। अर्थात् जहाँ अगड़ी जातियों का अनुपात ऊपरी आय और ओहदों में काफी अधिक है वहाँ पिछड़ी जातियों का अपेक्षातया काफी कम। असमानता (इनइक्वैलिटी) और असममिति (एसिमेट्री) का यह भेद ध्यान में रखना जरूरी है। असममिति को मिटाने का अर्थ है आर्थिक प्रशासनिक पिरामिड की हर ऊँचाई पर पिछड़े समूह को आनुपातिक प्रतिनिधित्व दिलाना लेकिन सभी जातियों के नब्बे प्रतिशत लोगों का जीवन तो दूसरे तरह की विषमता से अभिशप्त है।

इस विषमता को मिटाना देश की सबसे बड़ी चुनौती है लेकिन पिछड़ों के नेतृत्व वर्ग ने अपनी जातियों और देश के तमाम दरिद्रतम लोगों की मूल समस्या को नजरअन्दाज कर अ-सममिति के विरुद्ध अपने संघर्ष को ही सामाजिक न्याय के संघर्ष के रूप में पेश किया है। चूँकि देश के गरीबों में पिछड़ों की ही संख्या सबसे ज्यादा है। अपनी इस नीति से वे पिछड़ों का ध्यान उन्हें आक्रान्त करनेवाली मूल समस्या से हटाकर यथास्थिति का पोषक सिद्ध हो रहे हैं। सामाजिक न्याय का असली मतलब पूरी अर्थ व्यवस्था को पिरामिडनुमा की बजाय समतामूलक बनाना ही हो सकता है ताकि लोगों के जीवन की स्थितियों में कम-से-कम फर्क रहे। पिछड़े और दलितों के गिने-चुने लोगों की अभिजात वर्गों में भर्ती से आम पिछड़ों और दलितों की स्थिति में कोई सुधार नहीं हो सकता। दलितों को आधी शताब्दी तक आरक्षण मिलने के बावजूद आम दलितों में व्याप्त गरीबी और बदहाली इस सच्चाई का स्पष्ट सबूत है।

असल में पिछड़ों के नेतृत्व वर्ग में समता के प्रति कोई प्रतिबद्धता नहीं दिखाई देती। वे सिर्फ सममिति स्थापित कर अपने लिए सुविधाजनक स्थान बनाना चाहते हैं। सच तो यह है कि आरक्षण के प्रावधान से वे अपने लिए स्थान तो बनाना चाहते हैं लेकिन सुविधाओं को फैलाने की इसकी आत्मा उन्हें कबूल नहीं। सर्वोच्च

न्यायालय में क्रीमी लेयर सम्बन्धी फैसले का जिस जोरदार ढंग से पिछड़ों के नेताओं ने विरोध किया है वह इसका सबूत है। इसी से पिछड़ों के नेतृत्व में समाज को गतिशील करनेवाली ऊर्जा का अभाव है। जब देश के सर्वाधिक पिछड़ों और गरीब वर्ग के नेता गरीबी और गैर-बराबरी की समस्या पर विचार करना बन्द कर दें तो वैचारिक गतिरोध पैदा होना स्वाभाविक है। कांग्रेस की वर्तमान आर्थिक नीति पर कांग्रेस की पराजय के बाद लगभग सर्वानुमति का होना इस वैचारिक गतिरोध का प्रबल प्रमाण है। जब तक लोग सामाजिक न्याय जैसे शब्दों की माया को भेद इसके असली अर्थ को नहीं पहचानते, यह गतिरोध जारी रहेगा।

हिन्दुस्तान, 29 जून, 1996

जातीय राजनीति की आत्यांतिक सीमा

बिहार और झारखंड में फरवरी महीने के विधानसभा चुनावों के बाद सरकार गठन की किसी सामान्य प्रक्रिया की गैरहाजिरी दरअसल राजनीति को आधार प्रदान करनेवाले घटकों की जड़ता का परिणाम है। लोकतांत्रिक राजनीति में दलों की स्थिति में उतार-चढ़ाव काफी कुछ समाज के प्रमुख आर्थिक समूहों जैसे उद्योगपति, व्यापारी, किसान, औद्योगिक मजदूर, दफ्तरों में कार्यरत कर्मचारी, खेतों या दूसरे दिहाड़ी काम में लगे असंगठित क्षेत्रों के मजदूर, अपना धन्धा चलानेवाले छोटे दस्तकार आदि के समर्थन पर निर्भर करता है। समाज की आर्थिक और राज्य की नीतियों से इन समूहों की आर्थिक हालत पर सीधा प्रभाव पड़ता है और चूँकि आर्थिक स्थितियाँ परिवर्तनीय होती हैं और राज्य की नीतियों से प्रभावित होती रहती हैं सत्ता से जुड़े दलों के प्रति समर्थन या विरोध का एक तर्कसंगत आधार उनकी नीतियों से बनता है। यानी जिन समूहों को इन दलों से फायदा होता है वे समर्थक और जिन्हें नुकसान होता है वे विरोधी हो जाते हैं। अगर दलों के समर्थन का आधार मूलबद्ध धारणाओं से बँधे समूह जैसे जाति, सम्प्रदाय या मूल हों तो राजनीति में स्थितियों को प्रतिबिम्बित करनेवाले लोच का अभाव होता है और एक जड़ता पैदा होती है जिसमें समाज में होनेवाले परिवर्तनों के अनुरूप लोकतांत्रिक सरकार का गठन करना मुश्किल और कभी-कभी असम्भव बन जाता है। हम बिहार और झारखंड दोनों में कुछ दूसरे तरह की स्थिति से रू-ब-रू हैं।

बिहार तथा देश के कई दूसरे हिस्सों में राजनीति की वर्तमान जड़ता के पीछे सामाजिक न्याय की एक विकृत अवधारणा की पकड़ मजबूत होना भी है। इसका सीधा सम्बन्ध 'आरक्षण की राजनीति' से है जो स्वयं किसी दीर्घकालीन नीति के अभाव का परिणाम है। यहाँ 'आरक्षण की नीति' और 'आरक्षण की राजनीति' में भेद करना जरूरी है। आरक्षण की नीति के पीछे एक तर्कसंगत आधार था। भारत के परम्परागत सामाजिक ढाँचे में जातियों की स्थितियाँ विषमतापूर्ण थीं। खास तौर से ऊँची नौकरियों में कुछ सवर्ण जातियों का वर्चस्व था। वही स्थिति राजनीति के शीर्ष पर उपस्थित नेतागिरी में भी थी। सामाजिक समरसता के लिए इस स्थिति में बदलाव जरूरी था। इसीलिए इस असमानता को दूर करने के लिए 'विशेष

अवसर' यानी आरक्षण का प्रावधान कुछ वंचित समूहों के लिए करने की गुंजाइश भारतीय संविधान में थी। यह ध्यान देने की बात है कि संविधान के 15वें और 16वें अनुच्छेद में विशेष अवसर देने का प्रावधान सभी नागरिकों के समान अधिकारों को सुनिश्चित करनेवाली इन धाराओं में अपवाद के रूप में उल्लिखित किए गए थे। देश के जिन नेताओं ने, मसलन डॉ. राममनोहर लोहिया ने, आरक्षण का समर्थन किया था, वे इसे एक तात्कालिक व्यवस्था मानते थे जिसका उद्देश्य जातिभेद और अन्तत: जाति व्यवस्था को नष्ट करना था। डॉ. लोहिया ने जाति व्यवस्था को मिटाने के लिए एक तीन सूत्री सुझाव दिया था : (1) आरक्षण, (2) सहयोग और (3) अन्तर्जातीय विवाह। जाति व्यवस्था को बिलकुल नष्ट करने का सबसे कारगर तरीका बड़े पैमाने पर अन्तर्जातीय विवाह ही हो सकता है। इस मुकाम तक पहुँचने के लिए आपसी व्यवहार में जातियों के बीच दूरियाँ मिटानेवाली नीतियों को प्रोत्साहित करना जरूरी था।

आर्थिक नीति वह धरातल है जिस पर अपनी आर्थिक स्थितियों की समस्तरीयता के आधार पर विभिन्न जातियों के लोग एकजुट हो सकते हैं। चूँकि बहुसंख्यक लोग गरीब या निम्नमध्य वर्ग के हैं वैसी नीतियों के आधार पर इन्हें एक-दूसरे के करीब लाया जा सकता है जिससे गरीब और निम्न मध्यवर्ग के लोगों के जीवनस्तर को तेजी से सुधारा जा सके। इस तरह की नीतियों के केन्द्र में होगा सभी के लिए रोजगार सुनिश्चित करना और श्रमिकों के जीवनयापन के लिए उचित और मानवीय मजदूरी सुनिश्चित करना। इस उद्देश्य की पूर्ति में सभी जाति, धर्म और मूल के लोगों का समर्थन बिना भेदभाव के जुटाया जा सकता था। इसके लिए समता के मूल्य पर एक हद तक सहमति भी चाहिए। लेकिन जैसे-जैसे समता का उद्देश्य, जिसे मोटा-मोटी समाजवाद के उद्देश्य के साथ जोड़ा जाता था, धूमिल होने लगा, राजनीति दिशाहीन होने लगी। इसके कुछ राष्ट्रीय पर विशेषकर वैश्विक कारण थे। समाजवाद के सबसे बड़े प्रयोग स्थल सोवियत संघ में पनपी विकृतियाँ और अन्तत: इसका विघटन, और उदारीकरण के नाम पर अमेरिका के नेतृत्व में वैश्विक पूँजीवाद के निर्मम और निर्बाध अभियान ने ऐसा चकाचौंध पैदा किया कि समता की बात देश के नेताओं ने न सिर्फ भुला दी बल्कि इसे हास्यास्पद मानने लगे। पार्टियों के नाम के साथ सोशलिस्ट, कम्युनिस्ट, मार्क्सवादी आदि बिल्ले तो अब भी लगे थे लेकिन किसी समतामूलक समाज की स्थापना का संकल्प नदारद था। ऐसी स्थिति में जो होता है वही हुआ। वर्तमान व्यवस्था के भीतर ही अपने लिए और अपने समूहों के लिए जिस किसी तरकीब से भी हो समर्थन जुटाने का प्रयास होता रहा ताकि राजनीति से उपलब्ध सुविधाओं का यथासम्भव लाभ उठाया जा सके। इसी का एक परिणाम है कि विभिन्न स्तरों पर राज्य व्यवस्था से जुड़े प्रतिनिधियों की सुविधाओं को इस कदर बढ़ाया जाता रहा है कि देश के आम लोगों के जीवन

स्तर से, जिनका प्रतिनिधित्व होता है, इसका कोई तारतम्य नहीं बैठता। 'आरक्षण की राजनीति' भी, जिसकी ऊपर चर्चा हुई है, इसी प्रक्रिया का एक आयाम है।

जनप्रतिनिधित्व के लिए लोगों में आकर्षण पैदा करने का सबसे प्रमुख मुद्दा आर्थिक ही हो सकता है क्योंकि आय से आदमी के जीवन की सारी जरूरतें जुड़ी होती हैं। बजट प्रस्तुति का दिन इसीलिए सभी लोगों के ध्यान में होता है। लेकिन तथाकथित उदारीकरण पर डेढ़ दशक से भी मुख्यधारा के दलों की आम सहमति लोगों की आर्थिक स्थिति में किसी बड़े बदलाव की सम्भावना के आड़े आती है। इसके पहले कम-से-कम सिद्धान्त रूप में आमूलचूल आर्थिक बदलाव की बात की जाती थी। अब सिद्धान्तों की चर्चा भी नहीं होती। इसी पृष्ठभूमि में आरक्षण का मुद्दा लोगों का समर्थन जुटाने की दृष्टि से एक कारगर राजनीतिक औजार के रूप में मिल गया। जातिगत वफादारी हमारे समाज में सभी लोगों को परम्परा में मिली है इसलिए हर मौके पर जाति या परम्परा से प्राप्त ऐसी ही मूल या धर्म की वफादारियों का फायदा बिना विशेष प्रयास के मिल जाता है।

जब विश्वनाथ प्रताप सिंह ने पिछड़ों (ओबीसी) के लिए आरक्षण लागू किया तो जातीय वफादारियों ने एक जुनून का रूप ले लिया। जिन्हें इसके दायरे में शामिल किया गया उन्होंने कुछ पाने की आशा में और जो इससे बाहर रहे कुछ गँवाने की आशंका से इसके समर्थन या विरोध में गोलबन्द हो सड़कों पर आ गए और कुछ समय तक आरक्षण विरोधियों ने तोड़-फोड़ समेत सभी तरह का विरोध प्रदर्शित किया। उन्माद के अनुपात में इससे होनेवाले नफा या नुकसान बहुत कम थे। लेकिन जातीय आधार पर राजनीति का ध्रुवीकरण मुकम्मल हो गया। प्रारम्भ में एक-दूसरे के विरोध में एक तरह की एकता अगड़ों और पिछड़ों में दिखी। लेकिन 'अगड़े' या 'पिछड़े' जैसा विभाजन जातीय शब्दकोश से बाहर है। जातियाँ हजारों हैं और इनमें प्रत्येक अपने में वैवाहिक सम्बन्धों के ताने-बाने से मजबूती से गुम्फित हैं। इसलिए जब शासकीय प्रशसनिक सुविधाओं की बात सामने आने लगी तो सभी लोग अपनी जातियों के नाल अपना हिस्सा खोजने लगे। हिन्दुओं के पिछड़ों में पहले पिछड़े और अतिपिछड़े का विवाद सामने आया और फिर इनमें प्रत्येक जाति का विभाजन। मुसलमानों में शेख, सैयद के खिलाफ पिछड़े जुलाहे आदि और फिर बाद में पसमान्दा मुसलमान अपना हिस्सा माँगने निकले। बिहार जैसे राज्य में जहाँ पिछले दो सौ साल से लगातार बढ़ते हुए पिछड़ापन ने आजीविका के साधनों को अत्यन्त ही सीमित कर दिया है जो कुछ भी सामने आता है उसी में कुछ-कुछ बाँटकर पा लेने की तमन्ना परवान चढ़ी है। इसी का सीधा परिणाम है राजनीति में अतिवादी उन्माद को आधार बनाना। आज स्थिति यह है कि खुले प्रचार में भले ही धर्मनिरपेक्षता और विकास की बात की जाती हो, असली चुनावी मुहिम जातीय तोड़-जोड़ पर आधारित होती है।

यह बात इतनी साफ दिखाई देती है कि चुनावों के बाद चुनाव के नतीजों का विश्लेषण पत्रकार भी विभिन्न जातियों के प्रत्याशियों की जीत-हार के रूप में पेश करते हैं। लालू प्रसाद यादव की सफलता का राज यह था कि पन्द्रह वर्षों तक उन्होंने अपने समर्थकों की महत्त्वाकांक्षाओं को नियंत्रित रखने में सफलता पाई थी। लेकिन यह व्यक्ति महत्त्वाकांक्षा ही सब कुछ हो वहाँ अपनी निजी महत्त्वाकांक्षा को लेकर उन जातीय नेताओं की महत्त्वाकांक्षा को कहाँ तक नियंत्रित किया जा सकता था। इसका नतीजा था कि इस बार अनेक क्षेत्रों में राष्ट्रीय जनता दल के यादव प्रत्याशियों को यादवों से ही मुकाबला कई क्षेत्रों में करना पड़ा। इस तरह राज्य स्तरीय जातीय समीकरण भी टूटने लगे हैं। इसलिए पार्टी कोई भी हो चुनाव परिणाम क्षेत्रीय जोड़-तोड़ और प्रत्याशियों की निजी सामर्थ्य पर निर्भर थे। यहीं पर बाहुबलियों का महत्त्व भी उजागर हुआ है, जिनमें वे निर्दलीय उम्मीदवार के रूप में जीते हैं और कुछ दलीय उम्मीदवार के रूप में भी। प्राय: बाहुबल के पीछे जातिबल भी जुड़ जाता है। असलियत यह है कि नीतिविहीन राजनीति में जातीय नेता प्राय: वही होता है जो पैसे या बाहुबल से अपनी हैसियत कायम कर चुका होता है। पहले जनसेवा था जनता की समस्याओं से जुड़े आन्दोलनों से उभरे नेता लोगों की निगाह में आते थे। अब पैसे का बाहुबल से या दोनों की सम्मिलित शक्ति से कोई लोगों की निगाह में आता है। बिहार की राजनीति में फिलहाल एक दर्जन से अधिक लोगों की राजकीय हैसियत ऐसी ही है। ऐसे विविध तरह के लोगों को जिन्हें बाँधनेवाला कोई विचार नहीं, सरकार बनाने के लिए एकत्र करना मेंढकों को तराजू पर तौलने जैसा ही काम है। इसमें जातीय राजनीति की सीमा भी उजागर हो जाती है।

बाहरी अराजकता के माहौल में शासकीय अराजकता की यह सम्भावना बिहार के लिए घोर चिन्ता का विषय है। इससे निकलने का कोई शॉर्टकट भी नहीं है। विचारों से लैस हो लोगों के बीच निष्ठा के साथ काम करने की तैयारी से ही कोई राह निकल सकती है। यह कोई असम्भव काम नहीं, यह माकपा (माले) लिबरेशन की 6 स्थानों पर विजय बतलाती है। अनेक भटकावों के बीच से निकल प्रतिबद्धता के साथ लोगों की समस्याओं से जुड़े रहने का ही यह परिणाम है। दूसरे लोग भी धीरज के साथ अपनी प्रतिबद्धताओं के साथ काम कर ऐसा नतीजा हासिल कर सकते हैं।

समता चाहिए या सममिति

आज देश की राजनीति में एक स्पष्ट विरोधाभास दिखाई देता है। छोटे दायरों और समूहों में चाहे वे क्षेत्रीय हों चाहे जातीय, ऐसी सक्रियता और आक्रामकता दिखाई देती है जैसे पहले कभी नहीं देखी गई। लेकिन बुनियादी राष्ट्रीय समस्याओं के समाधान की दिशा में इसके ठीक उलटे उदासीनता और गतिहीनता दिखाई देती है। ऐसा क्यों है, इसका कोई वस्तुपरक विश्लेषण करना भी अभी हाल तक जातीय और क्षेत्रीय उन्माद के व्यापक वातावरण में जोखिम का काम बन गया था। आपके नतीजे चाहे जो होते, आलोचना का आधार यह नहीं होता कि आप गलत हैं या सही, बल्कि यह कि आपके इरादे पाक हैं कि नापाक। और फिर कहीं-न-कहीं से निषेध का शोरगुल आपकी नींद हराम कर देता। मंडल आयोग की अनुशंसाओं पर देश के सर्वोच्च न्यायालय के निर्णय ने आपसी विरोध के सबसे व्यापक मुद्दे पर तनाव को सीमित करने की दिशा में महत्त्वपूर्ण भूमिका निभाई है। आशा की जा सकती है कि अगले पाँच से दस वर्ष के भीतर न्यायालय के फैसले के अनुरूप इन अनुशंसाओं को लागू कर दिया जाएगा और लोग भावनात्मक धुन्ध से निकलकर असलियत को साफ-साफ देख पाएँगे।

अगर इस मामले का सम्बन्ध गरीब वर्गों के आम लोगों की आकांक्षाओं से हो तो नतीजे नगण्य होंगे यह पहले से ही देखा जा सकता था। अनुसूचित जातियों और अनुसूचित जनजातियों के बहुसंख्य लोगों के जीवन में आरक्षण से पिछले चालीस वर्षों में क्या परिवर्तन हुए हैं, उस पर नजर डालना इसके लिए एक अच्छा सूचक साबित होता। उनकी जिन्दगी में आरक्षण का इतना भर योगदान हुआ है कि नौकरियाँ पा उनका एक छोटा-सा हिस्सा देश के सम्पन्न कुलीन वर्ग में शामिल हो गया है। अन्य पिछड़े वर्गों को आरक्षण की सुविधा देने से इनके एक तबके की भी ऐसी ही प्रोन्नति हो जाएगी, यह निर्विवाद रूप से कहा जा सकता है। मतलब यह कि अनुसूचित जाति एवं जनजाति की तरह ही अन्य पिछड़ों के भी एलीट (अभिजात समूह) शैक्षिक और सरकारी नौकरियों में अपना प्रतिनिधित्व बढ़ा लेंगे। यह भी बेहिचक कहा जा सकता है कि आम पिछड़ों की जिन्दगी पर इसका कोई असर नहीं होगा। ऐसा कहना अब सिर्फ अनुमान की बात नहीं है, यह तथ्यों के आधार पर भी कहा जा सकता

है। नौकरियों में केन्द्र की अपेक्षा राज्य सरकारों के तहत कई गुना अधिक बहाली होती है। बिहार में 1978 से ही अन्य पिछड़े वर्गों के लिए 26 प्रतिशत आरक्षण रहा है—कुछ वैसा ही जैसा सर्वोच्च न्यायालय के फैसले में है। लेकिन इन चौदह वर्षों में अन्य लोगों के साथ-साथ पिछड़ों की जिन्दगी में भी लगातार गिरावट आई है।

इस गिरावट का कारण आरक्षण नहीं है। लेकिन यह जरूर कहा जा सकता है कि जब चारों ओर आर्थिक और प्रशासनिक गिरावट आ रही हो, जब ऐसी गलत अर्थनीतियाँ चलाई जा रही हों जो थोड़े से लोगों को लाभ पहुँचानेवाली हों तो आरक्षण पिछड़े समूहों के बहुसंख्य लोगों को कोई सुरक्षा नहीं प्रदान कर सकता। सिर्फ अगली जातियों के मुट्ठी-भर जब अभिजात लोगों की तरह पिछड़ों के अभिजात लोगों की सुविधा बढ़ा सकता है। साथ ही पिछड़ों के अभिजात और उन्हीं के साधारण लोगों के बीच की खाई को गहरा बना सकता है। आरक्षण विवाद की आश्चर्यजनक तल्खी के पीछे अगली और पिछड़ी जातियों के अभिजात वर्गों की देश के साधनों की लूट में हिस्सेदारी की होड़ ही थी, जो लूट देश की व्यापक गैर-बराबरी में निहित है। देश का जो वर्तमान आर्थिक और सरकारी तंत्र है उसमें कमजोर जमात के लोग सरकारी या गैर सरकारी प्रतिष्ठानों में स्थान पा लेते हैं, एक दरिद्र समाज में अचानक वैभव का दरवाजा खुल जाता है। चूँकि अगली और पिछड़ी दोनों जातियों का यह वर्ग मुखर है, अपने स्वार्थ को अपने-अपने पूरे समूह के स्वार्थ के रूप में प्रचारित कर उन्माद पैदा करने में सफल होता और आम लोग इस युद्ध के पीछे भी असलियत को नहीं देख पाते।

अगर हम इस समस्या पर थोड़ी गहराई से विचार करेंगे तो पाएँगे कि पिछड़े समूहों के इस संघर्ष के पीछे मुद्दा समता के बजाय सममिति (सिमेट्री) स्थापित करने का बन गया है। यानी पिछड़े समूहों का नेतृवर्ग समाज से गैरबराबरी मिटाने की जगह यह चाहता है कि अपने लिए भी वैसी सुविधाएँ हासिल कर ले जैसी सुविधाएँ अगले समूहों के नेतृवर्ग ने अपने लिए हासिल कर ली हैं। इस तरह ये अगले समूहों के समानान्तर पिछड़े समूहों में भी सुविधाभोगी वंचित का वैसा ही ध्रुवीकरण चाहते हैं। इससे विभिन्न समूहों के बीच एक तरह की समरूपता या सममिति स्थापित हो सकेगी। मंडल आयोग इस विचार के पक्ष में यह तर्क उपस्थित करता है कि समाज से गैरबराबरी मिटाना सम्भव नहीं है लेकिन सामान्य पिछड़े इस बात से गर्व अनुभव करेंगे कि उनके समूह के भी कुछ लोग सत्ता के गलियारे में है। जाति व्यवस्था के सन्दर्भ में पिछड़ी जातियों के अन्य प्रबुद्ध नेता इसी विचार को इस सिद्धान्त में अभिव्यक्त करते हैं कि भारत में समतामूलक समाज की स्थापना के लिए पहले जाति विभाजन का स्थान वर्ग विभाजन द्वारा ले लेना आवश्यक हैं।

समता के सिद्धान्त से सममिति के सिद्धान्त की ओर संक्रमण के ऐतिहासिक कारण हैं। समता का वर्तमान सिद्धान्त पिछले तीन सौ वर्षों में यूरोपीय समाज के सन्दर्भ में

विकसित हुआ है। यही काल है, जिसमें यूरोप पारम्परिक सामन्ती समाज से आधुनिक औद्योगिक समाज की ओर बढ़ रहा था। देश और समाज के छोटे-छोटे दायरे टूट रहे थे और औद्योगिक व्यवस्था मोटे तौर से समाज को पूँजीपति और मजदूर दो वर्गों में बाँट रही थी। इसमें समता के सिद्धान्त का सहज रूप था—धनी-गरीब यानी पूँजीपति और मजदूर का भेद मिटा देना। मूल, धर्म, राष्ट्र आदि के भेद खत्म नहीं हुए थे पर सतह के नीचे दब गए थे क्योंकि सबसे प्रभावशाली विभाजन मालिक और मजदूर के बीच उभर रहा था। इस विचार को इस बात से भी बल मिल रहा था कि औद्योगिक समाज उत्पादन को अप्रत्याशित रूप से विकसित कर रहा था और यह माना जाता था कि उत्पादन की प्रचुरता से किसी के लिए भी अभाव में रहना अनावश्यक हो गया है। चूँकि विचारकों का सन्दर्भ यूरोप था यह बात सबों को समाधानकारी लगती थी। दुनिया की दूसरी आबादियों पर इस विकास के प्रभाव का आकलन उनके लिए अनावश्यक था। इसी पृष्ठभूमि में समाजवाद के विभिन्न सिद्धान्त पैदा हुए, जिनमें समता स्थापित करने की आवश्यकता स्वयंसिद्ध मान ली जाती थी।

ऑस्ट्रिया-हंगरी साम्राज्य के भीतर, जिसमें विभिन्न मूलों के लोग जर्मन और माड्यार आधिपत्य में रखे गए थे और सभी स्तरों पर भेदभाव के शिकार थे, मूलों का फर्क प्रथम विश्व युद्ध तक जरूर महत्त्वपूर्ण बना हुआ था। लेकिन प्रथम विश्व युद्ध ने इस साम्राज्य को छिन्न-भिन्न कर दिया और कई राष्ट्रों में बाँट दिया। इसके बाद से पूरे यूरोपीय समाज में विभाजन का प्रतिमान पूँजीपति और मजदूर के बीच का विभाजन ही बना रहा। इस तरह समता का एक ही और सहज आदर्श स्थापित हो गया। इसमें सभी मनुष्यों को बिना भेदभाव के समान मानने की प्रवृत्ति चारों ओर फैली।

लेकिन तीसरी दुनिया में साम्राज्यवादी सम्पर्क के कारण समता के सिद्धान्त को एक दूसरा ही रूप मिला। साम्राज्यवादी प्रशासन तत्त्व और पश्चिमी देशों से आई औद्योगिक व्यवस्था ने तीसरी दुनिया के लिए कुछ 'विशिष्ट' व्यवस्था को जन्म दिया। अक्सर इस अभिजात वर्ग में इन समाजों के पहले के अभिजात वर्ग के लोग शामिल हुए थे। इसने अचानक परम्परागत विभाजन को और गहरा बना दिया। उदाहरण के लिए भारत में अंग्रेजी व्यवस्था द्वारा विकसित अभिजात वर्ग में प्राय: जातीय व्यवस्था के ऊपरी वर्णों के लोग ही शामिल हुए। कालान्तर में आजादी के आन्दोलन में भी मुसलमानों के अलावा इन्हीं जातियों, जैसे ब्राह्मण, बनिया, कायस्थ, कुर्मी, यादव, राजपूत जाति के लोग नेतृत्व में आए। इस नेतृवर्ग की आकांक्षाएँ अपने देश को आजाद कर साम्राज्यवादी देशों के समकक्ष लाने की थीं। इनके लिए समता का अर्थ राष्ट्रों के बीच समता स्थापित करना था और अचेतन रूप से यह भी मान लिया जाता था कि नए राष्ट्र में इस नेतृवर्ग का ही वर्चस्व कायम रहेगा। इसी से समाज के सबसे पिछड़े समूहों, विशेषकर दलितों में यह भय फैला कि आजाद देश में उनकी स्थिति में कोई परिवर्तन नहीं होगा।

अंग्रेजों ने, 'विभाजन करो और राज करो' की नीति के तहत इस भावना को हवा दे प्रज्वलित करने का प्रयास जारी रखा। इसी से बाद में दलितों के लिए अलग मतदान आदि की माँग पेश हुई। इस क्रम में हुए पूना समझौते और फिर आरक्षण की मान्यता आदि की बातें आम जानकारी की हैं।

आजादी के बाद शासन और प्रशासन से जुड़ी सुविधाओं और उद्योगों से प्राप्त सम्पन्नता और सुविधाओं दोनों का अप्रत्याशित फैलाव हुआ। लेकिन भारत का समाज समजातीय नहीं था। इसमें विभिन्न समूह थे, जिनका विकास विषय था। सुविधाओं के फैलाव के साथ-साथ समूहों के बीच भी विषमता साफ-साफ नजर आने लगी। हालाँकि नई सुविधाएँ इतनी कम थीं कि थोड़े से लोगों को ही उपलब्ध हो सकती थीं, इनमें कुछ समूहों की भागीदारी अन्य समूहों से कहीं अधिक थी।

भारत में भी आजादी के आन्दोलन के काल में और आजादी के प्रारम्भिक वर्षों में समतावादी सिद्धान्तों की ओर लोगों का काफी रुझान था। इसी काल में सोशलिस्ट, कम्युनिस्ट आदि संगठन तेजी से फैले। लेकिन धीरे-धीरे पहले दक्षिण भारत और फिर उत्तर भारत की राजनीति में पिछड़ी जातियों का वर्चस्व कायम होने लगा। इस काल में पिछड़ी जातियों के नेतृवर्ग ने समता के सिद्धान्त के स्थान पर सुविधाओं में जातीय सममिति के सिद्धान्त का प्रतिपादन करना शुरू किया। पश्चिमी दुनिया में जहाँ समता की जगह समान अवसर का सिद्धान्त प्रतिपादित किया गया था, वहीं पिछड़े समूहों की स्थिति को ध्यान में रखते हुए भारत में विशेष अवसर (आरक्षण) के सिद्धान्त का प्रतिपादन हुआ। दोनों सिद्धान्त अन्तत: अभिजात्य और गैरबराबरी को स्थायित्व प्रदान करनेवाले हैं, हालाँकि भारत की जातीय विषमता की पृष्ठभूमि में एक सीमित अर्थ में यह क्रान्तिकारी दिखाई देता है। इस नए रुझान का असर यह हुआ है कि तमिलनाडु में द्रमुक और अन्नाद्रमुक तथा आन्ध्र एवं कर्नाटक में कांग्रेस का आधार जातीय समर्थन से मजबूत हुआ है। बिहार और उत्तर प्रदेश में इससे जनता दल का आधार फैला है। चूँकि किसी भी विचार को फैलाने में समाज के प्रबुद्ध लोगों की खास हिस्सेदारी होती है, पिछड़े समूहों के एलीट के सममिति के विचार की ओर आकर्षण ने वामपंथ के नेतृत्व के आधार को खोखला बना दिया है। इन स्थानों पर वामपंथी दल हाशिए पर डाल दिए गए हैं। अब आरक्षण नीति समान रूप से देश-भर में लागू हो जाने के बाद शायद यह सत्य लोगों के सामने उजागर हो कि आम लोगों को मानवीय जीवन प्रदान करने के लिए समाज के ढाँचे को समतामूलक बनाना जरूरी है और पिछड़े समूहों के मुट्ठी-भर लोगों को सुविधाओं के स्वर्ग में बैठा देने से उनकी हालत में कोई सुधार नहीं होगा।

नवभारत टाइम्स, 16 दिसम्बर, 1992

जातिवाद ने नाव डुबोई

मकड़ी के जाल में फँसे जीव की तरह हम जातिवाद के जाल से निकलने का जितना ही प्रयास करते दिखाई देते हैं, उतना ही और उलझते जाते हैं। फर्क यह है कि यह जाल किसी और का बुना नहीं, इसे स्वयं हमने अपने भीतर जहर से बुना है। इसका अन्त भी अन्ततोगत्वा अपने संकुचित विचारों पर काबू पाकर ही हो सकेगा।

अभी तक इस समस्या को उलझाए रखने में मानव स्वभाव और भारतीय इतिहास के बारे में समाज-सुधारकों का अज्ञान और राजनेताओं की अन्धी सत्ता-लिप्सा का बड़ा हाथ रहा है।

'नोबल सैवेज' (उदात्त जंगली) की रूसो की अवधारणा से लेकर आज तक समाज-सुधारकों और क्रान्तिकारियों की यह मान्यता रही है कि स्वभाव से मनुष्य पूर्णत: नेक जीव है। यह समाज की बुराई ही है—खासकर, वह जो इसके आर्थिक और राजनीतिक ढाँचे से जुड़ी है—जिसकी वजह से आदमी का चरित्र विकृत हो जाता है। यह मान लिया जाता है कि आदमी का मष्तिष्क एक सादा कागज है और समाज की स्थितियाँ इस पर अंकित होकर मानव चरित्र का निर्माण करती हैं। लेकिन पशु-व्यवहार के अध्ययन, मनोविज्ञान, भाषाविज्ञान और मानवशास्त्र, ज्ञान के विभिन्न क्षेत्रों में इस मान्यता को चुनौती दी जा रही है। धीरे-धीरे अब यह बात मानी जाने लगी है कि मानव मस्तिष्क और स्वभाव में कुछ अन्तर्भूत गुण है, जिससे बाहरी आवेगों के प्रति उसकी प्रतिक्रियाएँ निर्णीत होती हैं। मौजूदा सन्दर्भ में इसमें ध्यान देने की बात यह है कि मानव-समूह आत्मकेन्द्रित होते हैं और मनुष्यों में अपने समूह के प्रति वफादारी, दूसरे समूहों के प्रति आक्रामकता से बढ़ती है। जब एक बार ऐसी वफादारी का केन्द्रबिन्दु निश्चित हो जाता है, चाहे वह कबीले पर आधारित हो या जाति अथवा धर्म पर, तो इसका विघटन बड़ा कठिन होता है। बाहरी आक्रामकता इसे और मजबूत बनाती है।

इस समझदारी के अभाव में सुधारकों की रणनीति समाज के ढाँचे, खासकर आर्थिक ढाँचे मात्र को बदलने की रही है। वे मानते रहे हैं कि बुनियादी संघर्ष आर्थिक है और इसे दुरुस्त कर देने से बाकी सब ठीक हो जाएगा। लेकिन अगर हम दुनिया की ओर एक निगाह दौड़ाएँ तो पाएँगे कि आज दुनिया के अधिकांश

विवादों और संघर्षों का आधार, जिनमें सभी स्थापित मर्यादाओं का उल्लंघन हो रहा है, आर्थिक होने के बजाय कबाइली, धार्मिक, कल्पित नस्लभेद या राष्ट्रभेद हैं। अफ्रीका के विभिन्न देशों में फैले आन्तरिक या अन्तर्राष्ट्रीय झगड़े या पश्चिम एशिया में अरब और यहूदियों के झगड़े सब इसी कोटि के हैं। इन सबके पीछे परम्परागत अविश्वास और वैमनस्य का तत्त्व है।

इन बातों की ओर इसलिए ध्यान खींचा गया क्योंकि अतिसरलीकरण से यह मान लिया जाता है कि कुछ आर्थिक सुविधाएँ दे देने से जातिवाद ढीला होकर समाप्त हो जाएगा। ऐसे सुधारक अपने पूर्वाग्रहों से इतने आक्रान्त हैं कि इस तथ्य से भी आँखें बन्द कर लेते हैं कि जातिगत विद्वेष द्विजों या सवर्णों की विभिन्न जातियों, जैसे ब्राह्मण, ठाकुर, जाट आदि के बीच भी उतनी ही कटुतापूर्ण है, जितनी सवर्णों और अवर्णों के बीच, जबकि सवर्णों के बीच कोई वैसी आर्थिक या सामाजिक खाई नहीं है। वैमनस्य की इस मानसिकता को समझे बगैर इस समस्या का कोई स्थायी समाधान नहीं हो सकता।

दूसरे तरह के पूर्वाग्रह इतिहास सम्बन्धी हैं, जिनका तथ्यों से कोई सम्बन्ध नहीं और जो अलगाव के भाव को मजबूत बनाते हैं। एक आम धारणा यह है कि वर्तमान ब्राह्मण, क्षत्रिय वगैरह के पूर्वज ब्राह्मण, क्षत्रिय वगैरह थे। इसी से लहू और वंश की पवित्रता की भावना पैदा होती है। परन्तु वास्तव में इस विश्वास का ऐतिहासिक तथ्यों से कोई रिश्ता नहीं। प्रागैतिहासिक काल में कभी कोई घटना अवश्य हुई, जिससे उस समय वर्णों में विभाजन की अवधारणा बनी। लेकिन ऐतिहासिक काल में वर्ण-विभाजन वर्गीकरण का एक माध्यम मात्र रहा।

सामाजिक असलियत वर्णों की नहीं, जातियों की थी और इन जातियों की सामर्थ्य के अनुसार इन्हें ऊपर या नीचे के वर्ण में प्रतिष्ठित किया जाता था। यह इतिहास के किसी भी विद्यार्थी को ज्ञात है कि राजसता प्राप्त करनेवाले अनेक देशी-विदेशी समुदाय और जातियाँ क्षत्रियों में शामिल मान ली गईं। इन्हीं के पुरोहित ब्राह्मण हुए और ब्राह्मणों के प्रभाव का एक प्रमुख आधार यह था कि ये अपने सत्ताधारी यजमानों के लिए अति कुलीन पूर्वजों का आविष्कार करते थे। इस तरह म्लेच्छ, शूद्र, अतिशूद्र, आदिवासी सभी समूहों से आए लोग, जो राजसत्ता प्राप्त कर राजवंश के बन गए, चन्द्रवंशी, सूर्यवंशी या अन्य उच्च वंश के क्षत्रिय मान लिए गए। यह प्रक्रिया हाल तक चलती रही है। उन्नीसवीं सदी के उत्तरार्द्ध में त्रिपुरा के आदिवासी राजा काशी के पंडितों के द्वारा क्षत्रिय घोषित किए गए। उनके वंश के सारे लोग क्षत्रिय बन गए। सबने 'बर्मन' उपनाम धारण किया।

जहाँ ऐतिहासिक सत्य यह है कि आज के द्विजों और अपृश्यों के पूर्वज एक थे, वहाँ सारे झगड़ों और विवादों के पीछे यह मान्यता है कि हजारों वर्षों से द्विज और अद्विज अपने वंशों की 'पवित्रता' को बनाए आ रहे हैं।

इस मिथ्या धारणा से द्विजों को ऐसा लगता है कि जाति-व्यवस्था पर हमला उनकी पवित्रता को नष्ट करने का कुत्सित प्रयास है और वे शूरता और पवित्रता की कपोलकल्पित गाथाओं में आज की असलियत से पलायन ढूँढ़ते हैं। दूसरी ओर, अद्विजों और अस्पृश्यों में यह धारणा है कि हजारों साल से उनकी स्थिति ऐसी ही रही है और यह जुल्म ब्राह्मण एक पूर्वनियोजित योजना के अनुसार ढाते रहे हैं। इससे उनमें द्विजों के प्रति एक कटुता पैदा होती है और जाति-व्यवस्था से अधिक आक्रोश विशेष जाति-समूहों के प्रति पैदा होता है।

लेकिन जाति-व्यवस्था के विरोधियों ने कभी भी भारत की विभिन्न जातियों की इस बुनियादी एकता के तथ्य की ओर लोगों का ध्यान नहीं खींचा। उन्होंने कभी यह नहीं बतलाया कि भारत का विशाल जन-समूह विभिन्न मानव-समूहों के मिश्रण से बना है जिसमें नेग्रिटो, कोलारियन और द्रविड़ से लेकर मंगोल एवं तथाकथित आर्य, सभी शामिल हैं। और इसी विशाल एवं मिश्रित जन-समुदाय से भारत की विभिन्न जातियाँ फूटी हैं तथा विशेष आर्थिक, सामाजिक स्थितियों के दबाव में पृथक अस्तित्व लेकर चलती रही हैं। अलग-अलग समय में ये अपनी राजनीतिक एवं आर्थिक हैसियत के आधार पर वर्ण-व्यवस्था में स्थान पाती रही हैं। समाज-सुधारक भी इस बुनियादी एकता के बजाय यूरोपियनों द्वारा पिछली दो शताब्दी से चलाई गई आर्य-अनार्य विभाजनवाली बेबुनियाद बातों को ही मानते रहे हैं। इससे अकारण भिन्नता के बोध को बल मिलता रहा है।

लेकिन इससे भी महत्त्वपूर्ण कारण, जिससे जातिगत वैमनस्य और दूरी को बढ़ावा मिला है, वह है राजनेताओं की दायित्वहीन सत्ता-लिप्सा। सत्ता में पहुँचने का मार्ग कौन-सा होगा, यह बहुत कुछ इस पर निर्भर करता है कि सत्ता में पहुँचने का उद्देश्य क्या है। अगर उद्देश्य समाज में विषमता मिटाना और इसका नवनिर्माण करना हो तो राजनीतिक दल इन उद्देश्यों के अनुरूप जनमत तैयार करेगा तथा जनता को उस दिशा में सक्रिय हस्तक्षेप के लिए भी तैयार करेगा, जिसमें सरकारी नीतियों के पीछे जनमत का दबाव बना रहे। स्वाभाविक है कि इस प्रक्रिया में दल का भाग्य भी जनता को अपनी नीतियों के अनुकूल बना सकने की उनकी क्षमता से जुड़ा होगा। इसके विपरीत अगर किसी तरह सत्ता में पहुँचना ही लक्ष्य हो तो लोगों की तात्कालिक या परम्परागत भावनाओं को उभारकर उनका समर्थन प्राप्त करने का प्रयास होगा।

स्वतंत्रता के बाद देश की राजनीति पर तात्कालिकता का दर्शन हावी हो गया है। इसलिए राजनेता जन-संगठन और लोकशिक्षण का कष्ट उठाने के बजाय लोगों में व्याप्त अन्धविश्वास, भय, सीमित गिरोहों की संकुचित वफादारी आदि का सहारा लेकर सत्ता में पहुँचने का प्रयास करने लगे हैं। इस उद्देश्य की प्राप्ति में जातीय संगठन और उनकी परम्परागत वफादारी एक ऐसी शक्ति है, जिसका समर्थन कम-

से-कम प्रयत्न से प्राप्त किया जा सकता है। इसलिए सवालों को इस ढंग से उठाया जाता है कि जातियों के बीच वैमनस्य उभरे, वैमनस्य के इस वातावरण में जातियों का आन्तरिक विभाजन समाप्त हो जाता है और जातीय नेताओं को अपनी-अपनी जातियों का पूरा समर्थन मिल जाता है। पिछड़ी जाति के नेताओं का भी जाति-विभेद में एक निहित स्वार्थ बन गया है। इससे उन्हें पिछड़ों में एक स्थायी सुरक्षित चुनाव क्षेत्र मिल जाता है।

जाति-भेद मिटाने के लिए वर्ग संघर्ष के समानान्तर जाति संघर्ष की बात भी की जाती है। लेकिन जाति-विभाजन और वर्ग-विभाजन एक-दूसरे से भिन्न हैं। वर्गों का विभाजन बाहरी वस्तुओं (जमीन, सम्पत्ति, पूँजी आदि) पर अधिकार से सम्बद्ध है। इसके विपरीत जातीय विभाजन कुछ भावनात्मक मान्यताओं पर आधारित है, हालाँकि इसके साथ कुछ आर्थिक तथा अन्य तरह के शोषण भी जुड़े हो सकते हैं। इसीलिए सवर्ण और अवर्ण दोनों में अनेक जातीय विभाजन हैं। जाति-भेद को मिटाने के लिए संघर्ष की रणनीति भावनात्मक विद्वेष को और भी बल दे सकती है। अत: जाति-व्यवस्था और जाति-भेद को मिटाने का प्रयास मूलत: बौद्धिक और भावनात्मक धरातल पर ही सम्भव है।

इसके साथ-साथ विशेष अवसर आदि के द्वारा आर्थिक, शैक्षणिक आदि क्षेत्रों में भी उन जातियों को आगे लाना होगा, जो जाति-भेद से जुड़े ऐतिहासिक कारणों से अभी समान प्रतिस्पर्धा में आगे आने में तत्काल अक्षम हैं। लेकिन यह मामला बहुत ही नाजुक है और इस सवाल को संघर्ष के दायरे से निकालकर सहमति के दायरे में लाना होगा। एक राष्ट्रीय सहमति बनाने की जरूरत है ताकि यह सामाजिक न्याय का एक मुद्दा बन सके। यह न्याय दिलाने की जवाबदेही पूरे समाज की होनी चाहिए। देश के उच्चवर्गीय लोगों को अपनी संस्कृति की उदारता का बड़ा घमंड है। यह एक क्षेत्र है, जहाँ इस उदारता के लिए एक सबसे बड़ी चुनौती है और उन्हें इसे स्वीकार करना चाहिए। ऐसी दृष्टि के अभाव में बिहार और गुजरात जैसे जातीय दंगों में न सिर्फ हमारी राष्ट्रीयता, बल्कि संस्कृति भी नष्ट हो जाएगी।

धर्मयुग, 8 अगस्त, 1982

राजनीति में आरक्षण का पासा

सवर्णों को आरक्षण देने की माँग के साथ आरक्षण की नीति उस स्थिति में पहुँच गई है जिसे अंग्रेजी में 'लॉजिकल एबसर्डिटी' (तार्किक अन्धी गली) कहा जाता है। आरक्षण की नीति की मूल भावना की अवहेलना कर जिस तरह इसे सत्ता के खेल का मोहरा बनाया गया है उसमें इसका हास्यास्पद स्थिति में पहुँचना अवश्यम्भावी था। यह ध्यान में रखने की बात है कि नौकरियों में आरक्षण संविधान के उन अनुच्छेदों (14 और 16) के तहत आता है जिनमें नागरिकों के बीच भेदभाव मिटाने के प्रावधान थे और ये अपवाद के रूप में अपनाए गए थे। देश की सामाजिक विषमताओं को ध्यान में रखते हुए संविधान निर्माताओं ने महसूस किया था कि कुछ सामाजिक रूप से पिछड़े समूहों को जब तक कुछ विशेष अवसर नहीं दिए जाते उनके लिए समाज के शीर्ष स्थानों में पहुँचने की सम्भावना नगण्य रहेगी और इसीलिए आरक्षण को एक सकारात्मक भेदभाव की नीति के रूप में अपनाया गया, जो एक सीमा के भीतर नागरिकों के बीच भेदभाव को कबूल करना था। देश की आर्थिक और राजनीतिक समस्याओं के समाधान का संकल्प जैसे-जैसे खत्म होने लगा आरक्षण की नीति को जड़ता की सुरक्षा की ढाल बना लिया गया। सही नीतियों के अभाव और किसी भी नीति को मुस्तैदी से लागू करने की अक्षमता से आम लोगों की बदहाली दिनोंदिन बढ़ती गई है।

इसी स्थिति में किसी सन्तोषप्रद भविष्य की आशा के बदले पारम्परिक वफादारियों को जन-समर्थन का आधार बनाने की मजबूरी भारतीय राजनीति पर हावी हो गई। देश के कई राज्यों में ऐसे नेता आगे आ गए हैं जिनके पास जातियों का जमावड़ा बनाने के अलावा न तो कोई नीति है और न किसी तरह की नैतिकता। इसीलिए हम उस हास्यास्पद और दयनीय स्थिति में पहुँच गए हैं कि देश में निर्वाचित, प्रभुतासम्पन्न संसद और संवैधानिक मान्यता प्राप्त न्यायालयों के रहते हुए शंकराचार्यों और मुस्लिम पर्सनल लॉ बोर्ड जैसे अनिर्वाचित और क्रमश: हिन्दुओं और मुसलमानों के स्वघोषित प्रतिनिधियों के बाबरी मस्जिद जैसे विवाद में हस्तक्षेप को बर्दाश्त कर रहे हैं। वे ही लोग जो सत्ता की राजनीति में ऐसे मुद्दों को उभार रहे थे अब उसके नतीजों का सामना करने से कतरा रहे हैं और असंवैधानिक सत्ता-केन्द्रों के हाथ देश के महत्त्वपूर्ण मसलों के निर्णय का

अधिकार सौंपने की कोशिश कर रहे हैं। सवर्णों को आरक्षण देने की माँग भी दूसरी तरह से देश की मूल समस्याओं से भागने की नीति की ही तार्किक परिणति है।

प्रशासनिक सेवाओं में ब्राह्मणों के एकाधिकार के खिलाफ जस्टिस पार्टी के नेतृत्व में आरक्षण का मुद्दा दक्षिण भारत में बीसवीं शताब्दी के दूसरे दशक में उठाया गया था। धीरे-धीरे वहाँ यह मुद्दा शक्तिशाली द्रविड़ आन्दोलन के साथ जुड़ गया। डॉ. राममनोहर लोहिया ने इसमें पिछड़ों की शक्ति को समाजवादी आन्दोलन से जोड़ने की सम्भावना देखी और इसके औचित्य का एक कायल करनेवाला तर्क प्रस्तुत किया। उनके अनुसार भारतीय जाति व्यवस्था ने ऐसे जातीय संस्कार पैदा किए हैं कि पिछड़ी जातियों में उच्च स्थानों पर पहुँचने की आकांक्षा भी मर चुकी है। उनमें यह आकांक्षा जगाने के लिए जरूरी हो गया है कि उन्हें अफसरी, नेतागिरी आदि क्षेत्रों में साठ प्रतिशत आरक्षण दिया जाए। पिछड़ों में वे शूद्र, दलित और औरत सभी को शामिल करते थे। वे शिक्षा में आरक्षण के विरुद्ध थे और मानते थे कि सभी लोगों को उच्च शिक्षा का अवसर मिलना चाहिए और अगर इसके लिए स्थान कम है तो स्थान बढ़ाना चाहिए। यह ध्यान देने की बात है कि डॉ. लोहिया ने सभी नौकरियों में आरक्षण की बात नहीं की। सिर्फ ऊँचे पदों और नेतागिरी में आरक्षण की बात की। जाति व्यवस्था और देश की पूरी आबादी की आवश्यकता के सन्दर्भ में उनकी बातों को समझना आसान है।

जाति व्यवस्था से जो अक्षमता शूद्रों में पैदा हुई थी वह ऊँचे पदों पर पहुँचने में ही थी। किसी कारखाने में चतुर्थ श्रेणी का काम, जिसमें शारीरिक श्रम की जरूरत होती है, वह तो वर्ण व्यवस्था के तहत पहले से ही शूद्रों के लिए आरक्षित था। इसमें काम करने के संस्कार का अभाव कहीं था तो सवर्णों में। फिर भी अगर सभी तरह की नौकरियों में आरक्षण का प्रावधान किया गया तो इसका एक ही कारण था—देश के नेताओं ने यह मान लिया था कि देश के हर व्यक्ति को रोजगार देना उनकी जवाबदेही नहीं, और मोटा-मोटी देश के लोगों को स्थायी बेरोजगारी की स्थिति को कबूल कर लेना चाहिए। उपलब्ध रोजगारों में आरक्षण का प्रावधान कर वे इससे लाभान्वित होनेवाले समूहों में अपने लिए सिर्फ समर्थन का आधार बनाना चाहते थे। इसका एक अनिवार्य पहलू था जातियों के बीच विद्वेष पैदा होना। अगर समाज की समस्याओं का समाधान आरक्षण से ही होना था तो समाज का दो हिस्सों में बँटना भी अपरिहार्य था—आरक्षण से लाभान्वित होनेवाले और इसके लाभ से वंचित होनेवालों के बीच। बेरोजगारी के कारण घोर असुरक्षा के बीच रहनेवाले युवजनों में इस विभाजन से विभाजन रेखा के दूसरी ओर रहनेवालों के खिलाफ गहरा क्षोभ और संवादहीनता पैदा हुई।

इस माहौल में साथ बैठकर देश और समाज की अनेक समस्याओं पर विचार करने की बात तो सोची भी नहीं जा सकती थी। जिन लोगों के लिए आरक्षण वोट

बैंक बनाने का जरिया था उनके लिए यह संवादहीनता वरदान थी। दोस्त और दुश्मन के बीच चुनाव करना आसान था। इसलिए जातीय विद्वेष को यथासम्भव हवा देने की कोशिश हुई और कई जगह जातीय दंगे भी हुए। अगर 'अगड़े' और 'पिछड़े' भेदभावहीन समेकित समूह होते तो यहूदियों और फिलिस्तीनियों की तरह इनका विभाजन स्थायी होता और वोट बैंक में दरार पड़ने की कोई आशंका नहीं होती। कठिनाई यह थी कि अगड़े, पिछड़े और दलित स्वयं सैकड़ों हिस्सों में बँटे थे और उनकी अलग और अविभाज्य पहचान सिर्फ दूसरों के विरोध में ही प्रकट होती थी। इस विरोध के हटते ही अगड़े, पिछड़े और दलित इनमें प्रत्येक दर्जनों या सहस्रों खंडों में बँट गए थे।

किसी सुविचारित अर्थनीति के अभाव में जीवन के अवसर दिनोंदिन संकुचित होते गए हैं और इनका लाभ उठानेवाले समूहों की संख्या बढ़ती गई है। इसलिए पिछड़ों में अति पिछड़ों के लिए अलग आरक्षण की माँग बढ़ी और दलितों में भी जातियों का विभाजन होने लगा और क्षेत्रीय आधार पर सीमित स्थानों के लिए लड़ाई शुरू हुई। इसी से अल्पसंख्यकों को पिछड़ों और दलितों की तरह आरक्षण देने की बात शुरू हुई और अब गरीब सवर्णों को आरक्षण देने की हास्यास्पद माँग शुरू हुई है जिसके लिए न तो कोई संवैधानिक आधार है न कोई दूसरा तर्क। इस मोटी-सी बात को नजरअन्दाज किया जा रहा है कि इस देश की विशाल जनसंख्या गरीब या अति गरीब है और उसकी स्थिति को समाज के आर्थिक ढाँचे के आमूलचूल परिवर्तन से ही सुधारा जा सकता है, मुट्ठी-भर लोगों को आरक्षण देकर।

गरीब सवर्णों को आरक्षण देने की बात करके यह भ्रम भी फैलाया जा रहा है कि सवर्णों में गरीबों की संख्या छोटी है और इसे आरक्षण से लाभ पहुँचाया जा सकता है जबकि हकीकत यह है कि सवर्णों का भारी बहुमत अति गरीब और दरिद्र है, भले ही इसका एक छोटा-सा हिस्सा पूँजी और नौकरियों में अपने वर्चस्व से दुनिया के अमीरों की श्रेणी में पहुँच गया हो। इन गरीब सवर्णों की तकदीर देश के बाकी गरीबों के साथ बँधी है। उनके साथ मिलकर समाज परिवर्तन के संघर्ष में शामिल होकर ही ये अपनी हालत सुधार सकते हैं। आरक्षण विवाद से देश के संकल्प को खंडित कर राजनीतिक लाभ उठाने का जो सिलसिला शुरू हुआ था उसी की एक परिणति सवर्णों के लिए आरक्षण की माँग के रूप में सामने आई है।

आरक्षण विवाद ने देश की अर्थनीति और राजनीति पर दूसरे गंभीर विवादों को नष्ट किया है। देश की प्रशासनिक गिरावट में भी इसका बड़ा योगदान है। आरक्षण के पक्ष में अक्सर यह तर्क भी दिया जाता था कि नौकरियों में सवर्णों के वर्चस्व से पिछड़ों और दलितों के हित में प्रशासन काम नहीं करता है और आरक्षण से यह स्थिति बदल जाएगी। इसी तर्क को बढ़ाकर न्यायपालिका में भी आरक्षण का समर्थन किया जाता रहा है। इसमें सन्देह नहीं कि कहीं-कहीं ऐसा पक्षपात होता रहा

है। लेकिन आरक्षण से यह बीमारी मिटाई नहीं जा सकती। इसका एकमात्र हल है प्रशासन पर ऐसा दबाव बनाए रखना कि यह बिना भेदभाव के नियम-कानून का शत-प्रतिशत पालन करे। अंग्रेजों के शासन काल में और उसके बाद के कुछ वर्षों में भी ऐसी परम्परा चली। लेकिन इसके बाद से प्रशासन में मंत्रियों और विधायकों का हस्तक्षेप बढ़ा और इसमें जात-पाँत के कारण लोगों की पहुँच शासकों और प्रशासकों तक आसानी से होने लगी, जो पहले वर्जित था। प्राय: अफसरों की प्रतिनियुक्तियाँ जात-पाँत के आधार पर होने लगीं। इसमें प्रशासनिक तटस्थता और कर्तव्य के प्रति निष्ठा का नष्ट होना अवश्यम्भावी था। सीढ़ी-दर-सीढ़ी भ्रष्टाचार का पदार्पण होता रहा—पहले जाति, फिर रिश्तेदारी और फिर सीधा रिश्वत!

जातीय अपील के आधार पर चुने गए विधायकों और मंत्रियों के लिए प्रशासनिक मामलों में जाति की बात को अनसुना करना असम्भव था। एक बार जब प्रशासनिक मर्यादा खत्म हो गई तो वह सबसे आसान गली अपनाने लगी है। रिश्वत की गली। अब कार्यालयों के बाबुओं से लेकर मंत्रियों तक भ्रष्टाचार का राजमार्ग खुल गया है। जो बेचारे इक्के-दुक्के ईमानदार अफसर रह गए हैं, घुटन महसूस करते हैं। अपराध तंत्र के अक्षुण्ण रहने के पीछे भी जातीय संरक्षण का बड़ा हाथ है। अपराधी गिरोहों और जातीय नेताओं के बीच गहरे रिश्ते विकसित हो गए हैं।

अगर जातियों के आधार पर होनेवाली राजनीति के खिलाफ अभियान नहीं चला तो देश का बेड़ा गर्क ही है। अभी भी ऐसे सदाशयी बुद्धिजीवियों की कमी नहीं है जो जमीनी हकीकत से दूर महानगरों के बन्द कमरों से मंडल कमीशन और आरक्षण की महिमा का बखान करते रहते हैं। वे यह नहीं देख पाते कि उस नीति की एक सीमित उपयोगिता थी लेकिन उसका ऑब्सैसन राष्ट्र के विवेक को ही नष्ट कर रहा है। राजनेता आश्वस्त हैं कि वे कुछ करें या न करें—लोग कितने ही बदहाल हों, वोट तो देंगे जातीय समीकरण के हिसाब से और इसमें जीत उन्हीं की होगी जो जातियों के जोड़ में माहिर होंगे। सवर्णों के आरक्षण का शिगूफा आगामी चुनाव के पहले उस विवाद को दबा देने का प्रयास है जिससे लोग यह पहचान आसानी से कर सकें कि उनकी जाति का दोस्त और दुश्मन कौन है। इससे सवर्णों को आरक्षण मिले या न मिले इस विवाद को उठानेवालों के जातीय वोट तो आरक्षित हो ही जाएँगे।

गाँठों में उलझा लोकतंत्र

आम चुनाव के बाद साम्प्रदायिक फासीवाद के उभार से तो मोहलत मिल गई है लेकिन अभी तक देश के आंम लोगों की समस्याओं के समाधान की दिशा में विजयी समूहों से किसी स्पष्ट नीति का संकेत नहीं मिलता। दरअसल, चुनाव के नतीजे स्वयं देश की मन:स्थिति की एक अस्पष्ट तसवीर ही पेश करते हैं। मोटा-मोटी तौर से यह तो दिखाई देता है कि गरीबी में रह रहे आम लोग उच्च वर्गों के तामझाम और उनकी ताकत बढ़ानेवाली राजनीति के प्रति शंकालु हैं लेकिन उन्होंने राष्ट्रीय स्तर पर वैसे राजनीतिक समूहों को चिह्नित नहीं किया है जिनकी कार्य-सूची के प्रति वे पूरी तरह आश्वस्त हों। अभिजात वर्गीय अर्थतंत्र के प्रति सार्वभौतिक संशय को छोड़ दें तो चुनाव के नतीजे मूलत: देश के राज्यों और अंचलों के स्थानीय, जातीय, जनजातीय और साम्प्रदायिक हित सम्बन्धों के टकराव और तालमेल से ही निर्धारित हुए हैं।

यही वजह है कि बिहार, उत्तर प्रदेश और आन्ध्र प्रदेश जैसे राज्यों के नतीजे कर्नाटक, ओड़िशा या मध्य प्रदेश के नतीजों से बिलकुल उलटे दिखाई देते हैं। इसमें राजनीतिक जड़ता का भी संकेत है भले ही पहली नजर में पारम्परिक जाति-सम्बन्धों का ढाँचा टूटता दिखाई दे। राजनीति में जिस अनुपात में जातीय और दूसरी पारम्परिक वफादारियाँ मजबूत हुई हैं उसी अनुपात में आर्थिक नीतियों को गतिशील करनेवाले मुद्दे हाशिए पर चले गए हैं। इससे साम्राज्यवादी शक्तियों और उनकी समर्थक देश की भीतरी यथास्थितिवादी शक्तियों के विकल्प में कोई राजनीति नहीं उभर पाती। लोकतंत्र के आन्तरिक दबावों के सन्दर्भ में ही हम अपनी राजनीति के उन रुझानों को समझ सकते हैं।

प्रजातंत्र की हमारी अवधारणा पूरी तरह पश्चिमी देशों के लोकतंत्र के विकास और वहाँ के सोच पर आधारित है। प्राचीन यूरोप में इसका चर्चित नमूना यूनान के एथेंस का जनतंत्र था जिसके नागरिक अपनी छोटी संख्या के कारण राजनीतिक निर्णयों में सीधे हिस्सेदार होते थे। बाद में रूसो की प्रत्यक्ष जनतंत्र की अवधारणा एक आदर्श के रूप में यूरोपीय मानस पर छाई रही। इसमें प्रतिनिधित्व द्वारा अप्रत्यक्ष लोकतंत्र का निषेध था। बड़े राज्य में इसकी सीमा फ्रांस की 1789 की

क्रान्ति के समय उजागर हुई। जब पेरिस की उन्मादी भीड़ द्वारा ही क्रान्ति की दिशा निर्धारित होने लगी। इस घटना का पटाक्षेप अन्ततः नेपोलियन के सैनिक हस्तक्षेप और साम्राज्य की स्थापना में हुआ। इसके बाद से लोकतंत्र कई स्तरीय प्रतिनिधित्व पर आधारित होता गया लेकिन रूसो की जन इच्छा (जनरल विल) की अवधारणा अब भी जनादेश (पॉपुलर मैंडेट) के नाम से राष्ट्रीय चुनावों के नतीजों में ढूँढ़ी जाती है।

अगर इसके नकारात्मक पहलू—सत्ताधारी के विरोध में मत—को छोड़ दें तो यह जनादेश राजनीतिशास्त्रियों की कल्पना और इच्छा के बाहर कहीं अस्तित्व में नहीं होता। अपनी सुविधा के अनुसार राजनेता ऐसे विविधार्थक 'जनादेश' का अर्थ निकालते रहते हैं। जब पश्चिम के बड़े राज्यों में 'जनता द्वारा जनता के शासन' के मिथक की असलियत राजनीतिशास्त्रियों को दिखाई देने लगी तो इसके प्रति दो विपरीत दृष्टियाँ अपनाई गईं। कुछ राजनीतिशास्त्री इसमें दबावमूलक समूहों (प्रेशर ग्रुप) द्वारा लोकतंत्र को सीमित करने का प्रयास देखने लगे। इसमें उन्हें लोकतंत्र का अधूरापन दिखाई देता था। इसका निहितार्थ यह भी था कि लोकतंत्र को सीमित करनेवाले इन प्रयत्नों को विफल किया जाए। दूसरी ओर ऐसे राजनीतिशास्त्री हैं जो लोकतंत्र को भी बाजार का खेल भर मानते हैं और मतदाता को रिझा-बझाकर उसके मतों का प्रयोग मुद्रा की भाँति करके राजनीति में हिस्सेदारी खरीदने को जायज समझते हैं।

बाजारवाद के युग में राजनीति का यह दूसरा प्रतिमान ही जनमानस पर हावी होता जा रहा है—यानी मीडिया द्वारा दलों को किसी दूसरी बिक्री की वस्तु की तरह विज्ञापित कर इसके पक्ष में मत जुटाने भर का लक्ष्य या आदर्श। इससे लोकतांत्रिक संस्थाओं पर मीडिया को नियंत्रित करनेवाले सम्पन्न समूहों का प्रभुत्व बढ़ा है। हमारे देश के पिछड़े ग्रामीण इलाकों में जहाँ मीडिया की पैठ सीमित है, यह काम सूचना को सम्प्रेषित करनेवाले पारम्परिक माध्यमों जैसे आपसी बातचीत, कानाफूसी और जातीय पंचायतों के फरमान आदि से होता है। ये माध्यम अभी भी सशक्त हैं और चुनाव परिणामों पर स्थानीयता की छाप इसी का परिणाम है। इससे प्रारम्भिक दिनों में लोकतंत्र का प्रयोग जिस तरह समाज के आर्थिक ढाँचे को बदलने की दिशा में होता था वह रुक गया और लोकतंत्र को यथास्थिति को बरकरार रखने का माध्यम बनाया जाने लगा।

इसी से यह धारणा भी मजबूत हुई कि लोकतंत्र दरअसल अभिजात समूहों के बीच—इनमें जातियों का नेतृवर्ग भी शामिल हो गया है—सत्ता हस्तान्तरण का खेल भर है जिसमें आम मतदाता सिर्फ मोहरा बनकर रह सकते हैं। परिणामस्वरूप चरमपंथी क्रान्तिकारी समूहों में लोकतांत्रिक व्यवस्था को ध्वस्त करने की प्रवृत्ति भी पैदा हुई। उनकी दृष्टि में जिस तंत्र में आम लोगों के हितों का प्रतिनिधित्व ही

न हो सके उस तंत्र को जीवित रखने का कोई अर्थ नहीं है। लेकिन विकल्प उनके पास भी नहीं है—उनके लिए बन्दूक की नली से जो निकल आए वही क्रान्ति है। यहाँ सवाल अनुत्तरित ही रह जाता है कि बन्दूक की नली से 'जन इच्छा' निकलेगी कि बन्दूकधारियों की इच्छा। जो हो, फिलहाल तो लोकतंत्र को जनता के हितों के समीप लाने और अभिजातीय या पारम्परिक जातीय गाँठों से मुक्त करने का विकल्प ही हमारे सामने बचा रहता है।

जब हम पारम्परिक गाँठों से लोकतंत्र को मुक्त करने की बात सोचते हैं तो एक विडम्बनापूर्ण स्थिति दिखाई देती है। जाति व्यवस्था के कारण भारतीय समाज में बौद्धिक ज्ञान और व्यवस्था चलाने का कौशल द्विज जातियों में सिमट गया था। अंग्रेजी शिक्षा का लाभ भी प्राय: उन्हीं जातियों को मिला जो पारम्परिक शिक्षा हासिल करती रही थीं। इससे समाज में एक घोर असम स्थिति पैदा हो गई थी जिसमें राजनीति और आर्थिक व्यवस्था दोनों में नेतृत्व ब्राह्मण-बनिया की विविध जातियों के हाथ में सिमटा था। स्वाभाविक था कि भारत के लोकतांत्रिक संविधान में इस असममिति को मिटाने के प्रावधान हों।

इसी के लिए नौकरियों और शैक्षणिक संस्थाओं में भी आरक्षण का प्रावधान किया गया। इसके पीछे मूल उद्देश्य पारम्परिक जाति व्यवस्था को मिटाकर एक समान नागरिकता स्थापित करना था। चूँकि नौकरियों में अफसरी के ओहदे कभी भी आबादी के हिसाब से दो-चार प्रतिशत से ज्यादा नहीं हो सकते थे, पिछड़ी और दलित जातियों और द्विज जातियों के भारी बहुमत की स्थिति को सुधारने के लिए भी समाज के आर्थिक ढाँचे में आमूलचूल परिवर्तन ही एकमात्र उपाय था। आजादी के प्रारम्भिक दिनों में इस आवश्यकता के अनुरूप देश में वामपंथी विचार और संगठन में उभार आया। लेकिन पिछड़ी और दलित जातियों का छोटा-सा तबका, जो शिक्षा और नौकरियों में स्थान पा रहा था, अपने वृहद समाज के उत्थान के प्रति लापरवाह होता गया और उसकी सारी राजनीति आरक्षण के इर्द-गिर्द सिमट गई।

चूँकि आरक्षित पद कभी भी बहुत थोड़े ही हो सकते थे और जातियाँ अनेक थीं, इन पदों में हिस्सेदारी के लिए पिछड़ी और दलित जातियों के अलग-अलग धड़े जातीय आधार पर संगठित होने लगे। आरक्षण के प्रावधान के पहले भी अगड़ी जातियों में सरकारी और शिक्षण संस्थानों में स्थान के लिए गिरोहबन्दी चलती थी। लेकिन आजादी के आन्दोलन और वामपंथ के उदय में काल में बड़े उद्देश्यों के आगे आने से इस पर एक हद का विराम लग गया था। अब धीरे-धीरे आरक्षण-समर्थन और आरक्षण-विरोध के इर्द-गिर्द जातीय भावनाओं का उभार फिर इन जातियों में आया। इसकी परिणति हाल में द्विज जातियों के लिए आरक्षण की हास्यास्पद माँग में दिखाई देती है। इस तरह, वैसे आन्दोलन का स्थान, जिसमें

आर्थिक अभाव में रह रहे समाज के विशाल बहुमत को मानवीय जीवन दिया जा सके, हाशिए पर चला गया और राजनीति जातियों के इर्द-गिर्द सिमटने लगी।

सभी जातियों और सम्प्रदायों के वोट बैंक बन गए जिन्हें सिर्फ पारम्परिक अपील से चुनावी मुहिम में जोड़ा जा सकता है। जब पिछड़ी और दलित जातियों की गरिमा की तलाश उनके जीवन स्तर को उठाने की दिशा में नहीं होती बल्कि इसमें होती है कि उनके नेता सामन्ती तामझाम में अगड़ी जातियों के नेताओं से कितना आगे निकल जाते हैं। बीबीसी की एक रपट के अनुसार लालू प्रसाद यादव की बड़ी बेटी की शादी अपनी शान-शौकत में सौ साल में बेमिसाल बतलाई जाती है। अखबारों में प्रकाशित रपट के अनुसार उत्तर प्रदेश में चुनाव के समय नामांकन पत्र में सम्पत्ति के जो विवरण दिए गए थे उसमें मायावती दहाई में करोड़ के आँकड़े के साथ सबसे अव्वल और मुलायम सिंह यादव इकाई में करोड़ के आँकड़े से दूसरे नम्बर पर थे। इसमें पहली दलितों की नेता हैं और दूसरे पिछड़ों के रहनुमा।

दिलचस्प बात यह है कि विरोधियों ने इसकी ओर उँगली भले ही उठाई हो, इन नेताओं के समर्थकों में इससे किसी तरह का संशय नहीं पैदा हुआ। यह जातीय वफादारी इतनी जबर्दस्त है कि ये नेता बिना किसी हिचक के देश के सबसे बड़े पूँजीपतियों और सम्पन्न मनुवादियों से साँठगाँठ कर सकते हैं और ऐसी व्यवस्था को मजबूत बना सकते हैं जो गरीब दलितों और पिछड़ों को सदा भुखमरी के कगार पर रखती है। अपनी पकड़ बनाए रखने के लिए इन्हें साफ अपनी जातीय गरिमा या उत्पीड़न के मिथकों और प्रतीकों को जिलाए रखना भर जरूरी होता है।

जनमत बनाए रखने में मिथक यथार्थ से कहीं अधिक सबल साबित हो रहे हैं। लोकतंत्र की सफलता के लिए मनुष्यों के बीच आवश्यक संवाद में ये गाँठें बड़ी बाधा हैं। इस जड़ता को तोड़ने में शिक्षितों की नई पीढ़ी की भूमिका हो सकती थी। लेकिन वैसी शिक्षा जो समाज और निसर्ग से आदमी के सम्बन्धों को समझने और इन सम्बन्धों को बदलने की प्रेरणा देती थी स्वयं संकटग्रस्त है। अब शिक्षा का अर्थ पेशे की शिक्षा हो गई है जिसमें आईआईएम जैसी संस्थाओं से मुनीम तैयार करने को प्राथमिकता दी जाती है क्योंकि सारे संसार को बाजार के रूप में तब्दील करने पर जोर है। इसमें थोड़े से उत्पादक होते हैं और बाकी लोग वस्तुओं और सेवाओं के खुदरा या थोक विक्रेता या क्रय-बिक्री केन्द्रों के प्रबन्धक। मानवीय सरोकार वहीं तक प्रासंगिक है जहाँ तक व्यवस्था को 'मानव संसाधन' जुटाने या इनकी कटौती की जरूरत होती है। बराबरी-गैर-बराबरी, न्याय-अन्याय जैसे शब्द इस व्यवस्था की शब्दावली से गायब होते जा रहे हैं। एक ही कसौटी रह गई है, नफा और घाटे की कसौटी।

स्थिति शायद तब बदले जब वे लोग जिनकी स्थिति असह्य होती जा रही है, प्रबन्धन की शब्दावली के घटाटोप से बाहर निकलकर न्याय-अन्याय जैसे शब्दों को अपने जीवन के अनुभवों से पुन: परिभाषित करेंगे और इस व्यवस्था की बुनियाद पर हमला करेंगे। तब या तो लोकतांत्रिक व्यवस्था अपनी गाँठों से मुक्त हो अपने को इस नई चुनौती के अनुरूप बदलेगी या सारी व्यवस्था कोलाहल और विघटन में समाप्त हो जाएगी।

विखंडन न बने विविधता

आदमी जब आदर्शों से मुक्त हो जाता है तब उसे अपने सभी कामों के लिए तर्क या कुतर्क का सहारा मिलने लगता है। शब्द मनमाने और ऐसे अर्थ ग्रहण करने लगते हैं जो इसका प्रयोग करनेवालों के अनुकूल हों। फिलहाल देश की सत्ता राजनीति में 'सामाजिक न्याय' एक ऐसा ही शब्द है जिसका अर्थ हर प्रयोगकर्ता के लिए अलग-अलग है। देश की विविधता के कारण वैसे ही राजनीति में उद्देश्यों की अनेकता है। लेकिन जैसे अर्थ 'सामाजिक न्याय' को दिए जा रहे हैं उससे राजनैतिक विविधता विखंडन में बदलती जा रही है। देश की राजनीति में अभी कई महत्त्वपूर्ण दल सामाजिक न्याय के ध्वजवाहक हैं। बहुजन समाज पार्टी, बहुजन महासंघ, रिपब्लिकन पार्टी और जनता दल की अनेक शाखाएँ-उपशाखाएँ इनमें से कुछ हैं। इन सभी दलों का केन्द्रीय मूल्य है सवर्ण विरोध, जो पिछड़े और दलित बहुल समाज में एक विशाल राजनैतिक जनाधार प्रदान कर सकता है। किसी के विरोध में लोगों की एकजुटता त्वरित होती है और रचनात्मक कामों के लिए कठिनाई से। इस कारण निषेध का मार्ग अपनाना सुविधाजनक राजनीति होती है। आम तौर से सामाजिक न्याय दलितों और पिछड़ों को आरक्षण देने की नीति का पर्याय बन गया है। सतही तौर पर यह समाजवाद के प्रचलित 'समता' के आदर्श के विकल्प में एक कारगर नारा लगता था और भारतीय सन्दर्भ में विशेष तौर से प्रासंगिक था। लेकिन गहराई से विचार करने पर इसकी सीमाएँ दिखाई देने लगती हैं और यह भी अनुभव होता है कि इसमें सामाजिक विखंडन के बीज भी हैं जिससे हमारी राजनीति पीड़ित है।

वैसे तो सामाजिक न्याय के आग्रही यह कहते हैं कि उनकी नीति आरक्षण तक ही सीमित नहीं है और वे तमाम दूसरे समतामूलक आर्थिक सुधारों के भी पक्षधर हैं। लेकिन ऐसे आर्थिक सुधारों के प्रति उन्होंने कभी कोई आग्रह नहीं दिखाया है जिससे यह अन्दाज हो कि यह उनकी प्राथमिक प्रतिबद्धता है। इसका एक कारण तो यह है कि समतावादी आर्थिक सुधारों का दायरा व्यापक होगा और इससे सभी जातियों और धर्मों के लोगों का स्वार्थ जुड़ा होगा। इससे सवर्ण निषेध की भावना से जो ऊर्जा पिछड़ों में पैदा होती है वह नहीं पैदा होगी। इसके अलावा पिछड़ों के एक हिस्से को भी—उसी हिस्से को जो मुखर और नेतृत्व के स्थान पर है—काफी

कुछ गँवाना पड़ सकता है। इसलिए अगर कुछ ऐसे सुधारों की कार्ययोजना है तो उसे दस्तावेजों में पड़े रहने देना ही राजनैतिक चतुराई है।

इसका यह अर्थ नहीं कि आरक्षण की नीति निरर्थक है। इसकी सार्थकता व्यवस्था के उस असन्तुलन को खत्म करने में है जिसे हम अ-सममिति (ए-सिमिट्री) कह सकते हैं। जहाँ विविध मूलों, जातियों और धर्मों के लोग समाज में हों वहाँ इस तरह की असममिति होने की सम्भावना होती है। ऐसे समाजों में दो तरह की विषमता होती है। एक विषमता तो आर्थिक गैर-बराबरी की होती है जो सर्वव्यापी है। यानी सभी जातियों, मूलों और धर्मों के लोगों में अपने भीतर ही आर्थिक गैर-बराबरी देखी जा सकती है। इनमें प्रत्येक में कुछ लोग आर्थिक दृष्टि से सम्पन्न होते हैं और बाकी लोग निर्धन होते हैं। जब समता स्थापित करने की बात होती है तो बिना भेदभाव के सभी समूहों में निर्धन और धनवान का भेद मिटाने का आग्रह होता है। समाजवादी आन्दोलन में जब समता की बात की जाती थी तो इसका यही अर्थ होता था। इसके स्वरूप और पैमाने को लेकर समाजवादी चिन्तकों में भिन्नता जरूर थी। मार्क्सवादियों की प्रारम्भिक मान्यता थी कि बिना भेदभाव सभी लोगों को अपनी क्षमता के हिसाब से काम करना चाहिए और सभी लोगों की जरूरतों की आपूर्ति समाज से होनी चाहिए। लेकिन यह आदर्श प्राप्त करना शायद असम्भव लगा, इसलिए भारतीय समाजवादी आन्दोलन ने तत्काल व्यावहारिक रूप से सभी आय श्रेणियों को एक और दस के दायरे में लाने का संकल्प किया था।

असममिति विभिन्न समूहों के बीच के असन्तुलन को दर्शाती है। यह पाया गया है कि ऐसे समाजों में जहाँ विविध मूल्यों, धर्मों और जातियों के लोग रहते हैं, व्यवस्था और शिक्षण के शीर्ष स्थानों पर कुछ समूहों का प्रतिनिधित्व दूसरों की अपेक्षा कहीं अधिक होता है। आरक्षण की नीति के पीछे यह सोच है कि इसके जरिए धीरे-धीरे विविध समूहों के लोगों की भागीदारी शीर्ष स्थानों में समान की जा सकती है और इन स्थानों पर पहुँचने की विभिन्न समूहों के बीच की योग्यताओं के भेद को भी मिटाया जा सकता है। दक्षिण भारत में ब्राह्मणों का वर्चस्व शिक्षा और व्यवस्था के शीर्ष स्थानों पर लगभग पूरा था, इसीलिए सबसे पहले अंग्रेजी जमाने में ही जस्टिस पार्टी के प्रयासों से दक्षिण में आरक्षण की नीति अपनाई गई थी। इस मान्यता के आधार पर धीरे-धीरे देश के दूसरे भागों में भी आरक्षण की नीति अपनाई गई। समाज में पूरी तरह आर्थिक समता स्थापित करने की नीति की तुलना में इस नीति को जोरदार समर्थन इसलिए मिला कि इसमें विभिन्न समूहों के अपेक्षाकृत सम्पन्न, पढ़े-लिखे लोगों को तत्काल लाभ मिलता था। वे ही लोग अपने-अपने समूहों के नेता भी थे। इसमें समूह के हित और व्यक्तिगत हित का पूर्ण समन्वय था। एक विशेष कारण से इसे सवर्ण जातियों के सबसे सम्पन्न और दूरदृष्टि रखनेवाले लोगों का भी समर्थन मिला।

याद रखने की बात है कि केन्द्र में अन्य पिछड़ों (ओबीसी) के लिए आरक्षण लागू करने का श्रेय विश्वनाथ प्रताप सिंह को है जो आर्थिक क्षेत्र में पूँजीवादी व्यवस्था के समर्थक हैं और उदारीकरण की वर्तमान आर्थिक नीति लागू करने में अग्रणी थे। इसके पीछे तर्क यह था कि पिछड़ों को व्यवस्था में समुचित साझेदारी देने से वर्तमान व्यवस्था का आधार विस्तृत होता है और इसे ज्यादा टिकाऊ बनाया जा सकता है। ऐसे नेताओं ने अपने वर्ग की हित रक्षा के लिए जाति के थोड़े से अभिजात लोगों के हित को नजरअन्दाज करना जरूरी माना। पिछले दशकों में समाजवादी आन्दोलन का बिखराव और राजनीति में जातीय समीकरण का उभार इस नीति की सफलता के स्पष्ट प्रमाण लगते हैं। अगर आरक्षण लागू कर देने तक बात रह जाती तो इससे लोकतंत्र भी ज्यादा टिकाऊ बनता क्योंकि राज व्यवस्था में समाज के सभी तबकों की भागीदारी सुनिश्चित हो जाती। लेकिन बात यहीं तक सीमित नहीं रही और राजनीति में अपना जनाधार बढ़ाने के लिए राजनैतिक दलों में जातीय आधार पाने के लिए होड़-सी लग गई। पर जातियाँ हजारों हैं। इससे राजनीति में विघटनकारी प्रवृत्ति का उदय हुआ।

राजनीति में जातीय, कबाइली, धार्मिक या दूसरे पारम्परिक आधार पर समर्थन पाना सदा आसान होता है क्योंकि जन्म से ही विविध संस्कारों, कर्मकांडों और दूसरे समूहों से सम्पर्कों में 'हम' और 'वे' के बीच अपने समूह के साथ तादात्म्य गहराता जाता है। इसके विपरीत वर्गों में विभाजन सदा व्यक्तियों की निजी स्थिति से जुड़ा होता है। कोई व्यक्ति जो आज गरीब है, कल मध्य वर्ग में और बाद में सम्पन्न वर्ग में भी शामिल हो सकता है। इसी तरह कोई सम्पन्न आदमी आगे चलकर गरीब हो सकता है। हालाँकि गरीब से धनी बनने की घटना कम ही होती है, पर कुछ-न-कुछ ऐसा संक्रमण लोगों की नजर के सामने होता रहता है। इस कारण अपने आर्थिक वर्ग के साथ भावनात्मक रूप से जुड़ना आसान नहीं होता। इस जुड़ाव के लिए समाज और उसकी आर्थिक संरचना की एक हद की समझदारी जरूरी होती है।

ज्ञातव्य है कि स्वयं कार्ल मार्क्स ने किसी समूह का वर्ग के रूप में शुमार किए जाने के लिए वर्गीय चेतना को एक महत्त्वपूर्ण कारक माना था। इसलिए जहाँ समाज जाति-धर्म आदि के आधार पर बँटा होता है, विविध समूहों के वंचित लोगों को आर्थिक बदलाव के लिए साथ लाना सतत और दीर्घकालीन प्रयास की माँग करता है। इसके लिए दूरदृष्टि और टिकाऊ प्रतिबद्धता की जरूरत होती है। चूँकि आज देश की राजनीति में जल्दी कुछ पा लेने की होड़ लगी है, यह जहमत उठाने के लिए बहुत थोड़े-से लोग तैयार हैं। नतीजा है कि ऐसे लोग भी जो समाज में आमूल परिवर्तन की बात करते हैं, थोड़ी असफलता होते ही आसानी का रास्ता ढूँढ़ने लगते हैं और किसी पारम्परिक वफादारी को आधार बनाने की कोशिश करते हैं। आज देश की राजनीति इसी बीमारी से पीड़ित है।

इससे एक दुष्चक्र बन गया है। चूँकि आर्थिक बदलाव के लिए कोई सार्थक प्रयास नहीं होता, आम लोगों की हालत दिनोंदिन खराब होती जाती है और उनमें असन्तोष पैदा होता है। फिर इस असन्तोष को किसी जातीय या धार्मिक समूह के विरुद्ध मोड़ने की कोशिश होती है। इससे जनशक्ति का और अधिक बिखराव होता है और बुनियादी परिवर्तन की ऊर्जा का क्षय होता है। लेकिन राजनीति के लिए कोई आधार तो चाहिए ही, इसलिए वफादारियों का दायरा उत्तरोत्तर संकीर्ण होता है। पहले आरक्षण के मुद्दे के इर्द-गिर्द द्विज-शूद्र और अगड़े-पिछड़ों का विवाद उभरा। लेकिन अगड़े और पिछड़े समूह स्वयं खंडित हैं। नौकरी की सम्भावना, जिसके लिए आरक्षण की नीति अपनाई गई थी, इतनी कम हैं कि नगण्य संख्या में ही पिछड़ों और दलितों को आरक्षण देने से भी नौकरी मिल सकती है। इससे इन सीमित स्थानों के लिए उनमें आपस में भी संघर्ष शुरू हुआ। पिछड़ों में अति पिछड़ों का एक अलग समूह अपनी माँगों को लेकर सामने आया है। वैसे ही दलितों में भी कुछ समूह, जैसे जाटव या दुसाध, आरक्षण की सुविधाओं का लाभ पूरी तरह हथियाने लगे। इससे दलितों में वाल्मीकि और अनेक दूसरे समूहों में जलन पैदा हुई। मुम्बई में तो उत्तर प्रदेश से आकर कई पीढ़ी से बसे दलित परिवारों को आरक्षण से बाहर रखा जा रहा है जिसे लेकर विवाद चल रहा है। वहाँ महार लोग विशेष रूप से लाभान्वित हुए हैं।

एक बड़ा कारण यह भी है कि दलित सारे देश में लगभग बिना अपवाद के गरीब हैं और ऐसी शिक्षा से वंचित हैं जिससे नौकरियों के लिए न्यूनतम योग्यता प्राप्त कर सकें। नतीजा होता है कि आरक्षण का लाभ प्राय: ऐसे परिवारों में सिमट जाता है जिन्हें कभी आरक्षण की सुविधा प्राप्त हो चुकी है। इसी तरह बिहार में पिछड़ों में आगे यादवों, कुर्मियों और कोइरियों के बीच अपने वर्चस्व के लिए संघर्ष शुरू हो गया है। अभी राजद और समता पार्टी का मुख्य जनाधार क्रमश: यादवों और कुर्मियों में है जिसमें दूसरी जातियाँ सुविधा के अनुसार जोड़ी जाती हैं। रामविलास पासवान की लोक जनशक्ति पार्टी दुसाधों और कुछ अति पिछड़ी जातियों को अपना आधार बना रही है। इस तरह जोड़ी गई पार्टियों में भी लगातार अलग-अलग जातीय नेताओं का संघर्ष जारी रहता है। हिन्दुत्व के नाम पर सभी हिन्दुओं को इकट्ठा करने की कोशिश कर रही भाजपा में अब पिछड़ों का एक खेमा उमा भारती जैसी नेताओं के इर्द-गिर्द उभर रहा है। इस तरह देश में जातियों के आधार पर बनी पार्टियों और गुटों की संख्या बढ़ती जा रही है।

इसके साथ ही दलों के भीतर जाति और धर्म के नाम पर गिरोह खड़े हो रहे हैं। इनके पीछे कुछ नेताओं का अपना वर्चस्व कायम करने के अलावा कोई दूसरा उद्देश्य नहीं होता। ऊपर जनता दल के जिस संकट की चर्चा की गई है वह पूरी तरह इसी प्रक्रिया का परिणाम है। इससे दलीय राजनीति का ही नहीं, देश

के राजनैतिक विघटन का भी संकट पैदा हो गया है। अफ्रीका के कबीलाई संघर्षों की दहलानेवाली घटनाएँ हमें दूर देश की आपदा लगती हैं। लेकिन 'अफ्रीका' अरब सागर के पार नहीं है, हमारे अपने पड़ोसियों के दिल में ही कुनबापरस्ती के विविध रूपों में मौजूद है। आज हमारे उत्तर-पूर्वी और उत्तर-पश्चिमी भाग में ही रवांडा-बुरुंडी और कांगो घटित हो रहा है। फिलहाल जो कुछ बिहार में हो रहा है वह भी कुछ और नहीं है, भले ही लहू की लकीरों में कुछ लोगों को मार्क्स और लेनिन की तसवीर उभरती दिखाई देती हो। इस स्थिति से उबरने का एक ही मार्ग है—सुविधा की राजनीति को त्याग देश की वास्तविक समस्याओं के समाधान की नीतियों को लेकर जाति-धर्म की अपील से ऊपर उठकर नई राजनीति शुरू करना। यह कठिन चुनाव है। आज हम जिस तरह विघटन की ओर बढ़ रहे हैं, ऐसे कठोर निर्णयों के अलावा उसे रोकने का दूसरा उपाय भी नहीं है।

जनसत्ता, 9 फरवरी, 2001

आरक्षण और बेरोजगारी

अभी देश में साथ-साथ दो विपरीत धाराएँ चल रही हैं। एक धारा है आरक्षण विवाद की जो तीव्र से तीव्रतर होती जा रही है तथा विवाद की सीमा पार कर मारपीट और दंगों में बदल रही है। दूसरी है बेरोजगारी की समस्या पर देश में घनघोर चुप्पी की। इसका अर्थ यह नहीं कि बेकारी की समस्या का समाधान हो गया है। उलटा असलियत यह है कि यह समस्या दिनोंदिन अधिक विकराल होती जा रही है। तो इस चुप्पी का एक ही अर्थ हो सकता है वह यह कि हमारे देश के राजनेता यह मान बैठे हैं कि अब इस समस्या का कोई समाधान नहीं और इसलिए इस पर बहस चलाना बेकार है। लेकिन आरक्षण विवाद की तेजी और बेरोजगारी पर चुप्पी एक-दूसरे से असम्बद्ध नहीं है बल्कि आरक्षण विवाद का वहशीपन असल में बेरोजगारी के सवाल पर फैली हताशा का ही परिणाम है।

जीवन की सम्भावनाओं की सिकुड़न सदा हताशा और फिर आन्तरिक कलह को जन्म देती है। रोजगार का होना किसी भी समाज में अन्य उपलब्धियों की कुंजी है। अत: जब-जब बेरोजगारी बढ़ती है तब-तब लोग बेरोजगारी से पैदा खीझ उतारने के लिए अपने आसपास काल्पनिक दुश्मनों का ईजाद करते हैं और उन पर खीझ उतारते हैं। 1930 के आसपास के मन्दी के समय अमेरिका के श्वेत वहाँ के अश्वेतों पर अपनी खीझ उतार रहे थे। उन दिनों कुक्लक्स क्लैन जैसे अश्वेत-विरोधी हिंसक गिरोहों की गतिविधियाँ बढ़ गई थीं और नीग्रो लोगों को श्वेत भीड़ तरह-तरह की यातनाएँ देती थी और अनेक लोगों की हत्याएँ भी की गईं। इसी काल में जर्मनी में नाजियों का उदय हुआ और जर्मन लोगों का गुस्सा यहूदियों के खिलाफ मोड़ दिया गया। इस काल में यूरोप में नस्लभेद की भावना आम तौर से व्यापक बन गई थी। अभी ब्रिटेन में रंगीन लोगों के खिलाफ बढ़ रहा भाव और हिंसा तथा उन्हें निष्कासित करने का दबाव भी वहाँ की बढ़ती बेरोजगारी का ही परिणाम है। अभी सितम्बर महीने में बर्मिंघम में जो दंगा एशियाई और अफ्रीकी-वेस्ट इंडियन के बीच हुआ, बेरोजगारी से बढ़ते तनाव का परिणाम है। भारत में भी आरक्षण के सवाल पर बढ़ रहे जातीय विद्वेष का कारण मूलत: देश में बढ़ रही बेरोजगारी और इसके निराकरण में व्यवस्था की बेबसी है।

आरक्षण की नीति राष्ट्र की उदात्त भावनाओं की प्रतीक थी जिसमें सभी ने स्वेच्छा से यह नीति अख्तियार की थी कि ऐतिहासिक कारणों से राष्ट्र के जो हिस्से शैक्षणिक, व्यावसायिक और आर्थिक दृष्टि से पिछड़ गए हैं उन्हें विशेष अवसर देकर जल्दी-से-जल्दी औरों के समकक्ष बनाएँ ताकि देश में फैली निरक्षरता, पिछड़ापन और गरीबी की खाइयों को पाट सम्यक विकास की शुरुआत हो। इसके लिए उन स्थानों पर आरक्षण की व्यवस्था थी जहाँ अपने पिछड़ेपन के कारण आदिवासी तथा विशेष जाति समूह के लोग परम्परागत पिछड़ेपन के कारण खुली प्रतिद्वन्द्विता में नहीं आ सकते थे। दुनिया के विकसित देशों की तरह सिद्धान्त रूप में यह मान लिया गया था कि रोजगार की सुरक्षा सबों की होगी। अत: आरक्षण का सम्बन्ध सिर्फ अफसरी, नेतागिरी आदि से था। मोटे तौर पर यह भी मान लिया गया था कि शिक्षा की न्यूनतम आवश्यक योग्यता हासिल कर लेने पर उच्च शिक्षा का अवसर सबको मिलेगा। लेकिन बढ़ती बेरोजगारी और इसके निपटने की सरकारी अक्षमता ने स्थिति को एकदम बदल दिया है। बेरोजगारी युवजनों में और रोजगार के लिए तैयार हो रहे युवजनों में और रोजगार, खासकर शिक्षा प्राप्त कर रहे लोगों में यह भय व्याप्त है कि उनके एक अति लघु अंश के लिए ही रोजगार उपलब्ध होगा।

इसके दो नतीजे हो रहे हैं। एक तो यह कि प्रतिद्वन्द्विता खासकर शिक्षितों के पेशों में दिनोंदिन कठोर होती जा रही है। जो सक्षम हैं इस प्रतिद्वन्द्विता में आगे निकलने के लिए सभी तरह के उपलब्ध साधनों का उपयोग कर रहे हैं। इस तरह जो साधन-सम्पन्न नहीं हैं और विशेष तरह के स्कूलों में शिक्षा पाने या कोचिंग लेने में असमर्थ हैं उनके लिए रोजगार का दरवाजा बन्द हो रहा है। इसी का एक दूसरा पहलू यह कि ऐसी शिक्षा संस्थाएँ जैसे मेडिकल, इन्जीनियरिंग या बिजनेस मैनेजमेंट, जिसमें प्रशिक्षित होने से रोजगार की एक हद की सुरक्षा है, भारी भीड़ आकर्षित कर रही हैं। इस कारण इन शिक्षण संस्थाओं में भी आरक्षण की माँग जोर पकड़ती जा रही है। कारण साफ है, इन संस्थाओं में दाखिला इनकी विशेष तरह की शिक्षा के लिए नहीं खोजा जा रहा है बल्कि इसलिए खोजा जा रहा है क्योंकि इनमें दाखिला एक खास तरह की नौकरी की गारंटी की तरह है। बाकी ऊँची शिक्षा की संस्थाओं में भीड़ इसलिए है क्योंकि अगर नौकरी की कोई आशा नहीं तो कुछ और समय विश्वविद्यालयों-महाविद्यालयों में काटा जा सके, और अगर इससे कुछ अतिरिक्त योग्यता प्राप्त हो गई तो प्रतिद्वन्द्विता में काम दे जाएगी। इसीलिए चपरासी और जूनियर क्लर्क के काम के लिए भी एम.ए. और पी-एच. डी. तक आवेदक बन जाते हैं।

दूसरा नतीजा यह है कि आरक्षण अब सभी तरह से रोजगार में, यहाँ तक कि चतुर्थ श्रेणी में भी, माँगा जा रहा है जिसके लिए असल में किसी विशेष योग्यता की जरूरत नहीं होती। इसके पीछे एक ही सोच है वह यह कि अगर रोजगार की

आम असुरक्षा है तो कुछ सुरक्षित दायरे ढूँढ़ निकालने चाहिए जिसमें प्रतिद्वन्द्विता सीमित की जा सके। यही कारण है कि एक तरफ तो आरक्षण की माँग नए-नए 'पिछड़े' समूहों द्वारा हो रही है और दूसरी ओर आरक्षण के बाहर की जातियों या समूहों द्वारा इसके लिए सिरतोड़ कोशिश की जा रही है कि गैर-आरक्षित जगहों का अनुपात कम नहीं हो क्योंकि इससे इनके लिए प्रतिद्वन्द्विता कठोर से कठोरतम होती चली जाएगी। सुरक्षित जगहों की तलाश का ही यह नतीजा है कि लोकदल के रामविलास पासवान ने यहाँ तक माँग कर दी है कि आरक्षण जातियों की जनसंख्या के अनुपात में कर दिया जाए। जाहिर है कि इस तरह की माँग के पीछे कोई विवेक नहीं है सिर्फ असुरक्षा की भावना है क्योंकि इस देश में हजारों जातियाँ हैं और सीमित रिक्त जगहों पर आबादी के अनुपात में स्थान देना असम्भव होगा। लेकिन ऐसी बातें भी कबूल कर ली जाती हैं क्योंकि रोजगार की व्यापक असुरक्षा के माहौल में रोजगार के एक छोटे असुरक्षित कोने पर दावा भी आकर्षक लगता है। इस विवाद में लोग यह भी नजरअन्दाज कर देते हैं कि ऐसे किसी भी आवंटन में विभिन्न जातियों के एक अति न्यून समूह को ही स्थान मिलेगा, आम पिछड़ों और अगड़ों को कुछ भी नहीं मिलेगा।

इस तरह द्वन्द्व तेज हो रहा है और तब जातीय दंगे गृहयुद्ध का रूप धारण कर लेते हैं। इससे एक दुष्चक्र बन गया है। आरक्षण विवाद के कारण बेरोजगारी के खिलाफ सभी तबके के नौजवानों को इकट्ठा कर कोई बड़ा आन्दोलन नहीं खड़ा हो पाता। और जब तक बेरोजगारी खत्म या कम नहीं की जाती आरक्षण विवाद और तेज होगा क्योंकि इससे किसी समस्या का समाधान तो होगा नहीं और जितना ही असन्तोष बढ़ेगा उतनी ही तू-तू मैं-मैं बढ़ेगी। राजनीतिक दल समस्या का बुनियादी हल ढूँढ़ने के बजाय जातीय झगड़े में सुविधा के अनुसार एक या दूसरा पक्ष लेकर इस प्रयास में लग जाते हैं कि एक जातीय वोट बैंक बना लें। सत्ताधारी दल ऐसे झगड़ों को बढ़ाता है क्योंकि इस दल में सभी खेमों के समर्थक हैं और किसी-न-किसी रूप में इसको जातीय वोटों का एक बड़ा हिस्सा मिल जाता है। लेकिन इसको सबसे बड़ा लाभ इस बात से होता है कि आरक्षण विवाद के कारण बेरोजगारी की विस्फोटक समस्या से छुटकारा मिल जाता है।

इस दुष्चक्र को तोड़ने का एक ही तरीका है, वह है बेरोजगारी के सवाल पर आन्दोलन खड़ा करने की कोशिश। लेकिन इस आन्दोलन के प्रति विश्वसनीयता पैदा करने के लिए यह बतलाना होगा कि देश में बेरोजगारी की समस्या ऐसी नहीं है कि इसका कोई उपाय नहीं हो। अगर आज कोई दल शक्ति से इस सवाल पर बोल नहीं रहा है तो इसलिए कि किसी के पास विकास की दिशा की साफ दृष्टि नहीं है। इस सन्दर्भ में हमें विकास की उन गलत नीतियों का पर्दाफाश करना होगा जिसके कारण बेरोजगारी बढ़ रही है। इसका मूल कारण है विकास की वह दिशा

जो सीमित लोगों के लिए असीमित शान-शौकत और ठाटबाट निर्माण करने की महत्त्वाकांक्षा रखती है।

अगर नीचे से निर्माण का कार्य हो तो देश में इतना काम पड़ा है कि दशकों तक काम करनेवालों की कमी होगी, अगर इन कामों को हाथ में लिया जाए। देश के लाखों गाँवों में लोगों को पेयजल की व्यवस्था करने, सिंचाई की व्यवस्था करने, स्कूल-रोड-अस्पताल का निर्माण करने एवं आवासों का निर्माण करने में लगाया जा सकता है। इसमें कहीं विदेशी पूँजी या ऊँची तकनीकी, मशीनरी की जरूरत नहीं होगी। इसमें अधिकांश काम गाँवों में उपलब्ध साधन, श्रम और कौशल से हो सकता है। जरूरत सिर्फ इस बात की होगी कि काम करनेवालों के लिए न्यूनतम आवश्यक वस्तुएँ जैसे भोजन, वस्त्र और सिर पर छप्पर की व्यवस्था हो। तत्काल देश में इतना अन्न उपलब्ध हो सकता है अगर हम प्राथमिकता बाढ़ नियंत्रण, सिंचाई आदि कामों को दें जिससे तमाम श्रमिकों को भोजन दिया जा सके। जो सूती मिल आज बाजार के अभाव में बन्द हो रहे हैं उन्हें चालू कर लोगों को वस्त्र दिए जा सकते हैं, और सिर पर छप्पर की व्यवस्था तो इस निर्माण कार्य का ही अंग होगा। एक बार ऐसी योजना शुरू करने पर पढ़े-लिखे क्लर्कों, स्कूल के शिक्षकों, निर्माण कार्य के लिए इन्जीनियरों और इलाज के लिए डॉक्टरों सबकी जरूरत फैलती जाएगी। लेकिन इस सबकी आपूर्ति एक ही शर्त पर हो सकती है। ऊँची तनख्वाहों और सुविधाओं में भारी कटौती, जिसमें कम सुविधाओं पर गाँवों में जरूरत भर पारिश्रमिक पाकर करोड़ों लोग निर्माण कार्यों में खुशी-खुशी लग सकें।

सयुस, पिपरिया द्वारा प्रकाशित

जाति ऐसे टूटेगी

जाति व्यवस्था के दो पहलू हैं। पहला, जातियों के बीच विभाजन रेखा और दूसरा, जातिगत विषमता। अक्सर दोनों एक दूसरे को पुष्ट करते हैं। दलित आम तौर पर अत्यधिक गरीब होते हैं और उनकी गरीबी उनके खान-पान, उनके रहन-सहन को काफी प्रभावित करती है। उनके रहन-सहन की हीनता सवर्णों के लिए यह तर्क प्रदान करती है कि हरिजन अखाद्य वस्तुएँ खाते-पीते हैं और गन्दा रहते हैं, इसलिए उनके साथ खाने-पीने या शादी-सम्बन्ध से सवर्ण भी 'संस्कारहीन' हो जाएँगे। इस तरह अवर्णों (यानी जो सवर्ण नहीं हैं) की गरीबी जातियों के बीच विभाजन रेखा को पुष्ट करती है। दूसरी ओर, अवर्ण, जो देश के सबसे गरीब तबके के हैं, खासकर खेत मजदूर जब अपनी आर्थिक स्थिति सुधारने के लिए उचित मजदूरी के लिए या भूमि की उचित हदबन्दी और वितरण के लिए संघर्ष करते हैं तो सवर्ण भूमिपति जाति विभाजन का फायदा उठाकर गरीब सवर्णों को भी अपने साथ मिला लेते हैं और उनकी बड़ी संख्या का उपयोग कर अवर्ण भूमिहीन मजदूरों का दमन करते हैं। पिछले कुछ वर्षों में बिहार के भोजपुर, पटना तथा गया जिलों के कुछ इलाकों में तथाकथित नक्सलवादियों और भूमिपतियों के बीच के संघर्ष का यही रूप रहा है।

इन दोनों के परस्पर पूरक होने के कारण अक्सर लोग यह समझ बैठते हैं कि आर्थिक गैर-बराबरी तथा अन्य तरह की विषमताएँ ही जाति व्यवस्था का आधार हैं और अगर आर्थिक गैर-बराबरी खत्म हो जाए तो जाति व्यवस्था स्वत: खत्म हो जाएगी। इस तरह का भ्रम कल-कारखानों में काम करनेवाले दलित श्रमिकों को देखकर भी होता है। इन कारखानों में मजदूरी की दर इतनी अवश्य होती है कि काम करनेवाले श्रमिक एक न्यूनतम जीवन स्तर निभा सकें या साफ-सुथरा रह सकें। इसके अलावा कैंटीन या रेस्तरां में हर जाति के श्रमिक साथ-साथ बैठकर चाय पीते हैं या खाना खाते हैं। इससे ऐसा लगता है कि जातियों का भेद मिट रहा है। लेकिन वास्तव में यह सब जातियों के बीच की विभाजन रेखा का मिटना नहीं है। यह तो महज जातिगत विषमता का एक हद तक मिटना या कम होना है।

एक उदाहरण से जातीय विषमता और विभाजन रेखा का फर्क स्पष्ट हो जाएगा। अवर्णों और सवर्णों में अनेक जातियाँ हैं। दलितों में अधिकांश जातियों के लोगों का

जीवन स्तर एक-सा है। सभी अत्यधिक गरीब हैं तथा सबसे कठिन या गन्दे और अकुशल काम करते हैं। अवर्ण जातियों के बीच कोई आर्थिक विषमता नहीं है। लेकिन समाज के इस स्तर पर भी जातियों का विभाजन उतना ही कठोर है, जितना सवर्ण और अवर्ण के बीच। कोई जाटव अपने लड़के या लड़की की शादी किसी दुसाध या वाल्मीकि की लड़की या लड़के से नहीं करेगा। इतना ही नहीं, गाँवों में उनके बीच आपस में भी खान-पान का कठोर बन्धन है। ठीक इसी प्रकार की विभाजन रेखा सवर्णों में भी है। एक ब्राह्मण अपनी लड़की की शादी किसी राजपूत या कायस्थ के लड़के से नहीं करना चाहेगा। हालाँकि इन जातियों की आर्थिक, शैक्षणिक या सामाजिक स्थितियों में कोई उल्लेखनीय फर्क नहीं है। गाँवों में सवर्णों के बीच आपस में कच्चे और पक्के भोजन का फर्क अभी तक मौजूद है। ब्राह्मण एक यादव या राजपूत के घर पुए और कचौड़ियाँ तो खा लेगा, लेकिन भात-दाल नहीं। अवर्णों और सवर्णों दोनों में ही ये विभाजन रेखाएँ इतनी मजबूत हैं कि इनका उल्लंघन करने से जातीय बहिष्कार की सजा मिलती है यानी ऐसा करनेवाले को भोज-भात से काट दिया जाता है या उसका हुक्का-पानी बन्द हो जाता है। स्पष्ट है कि जातियों के बीच की विभाजन रेखा मात्र आर्थिक नहीं है और सिर्फ आर्थिक बराबरी हो जाने से जात-पाँत का भेदभाव नहीं मिट सकता। अगर ऐसा होना होता तो देश में आज दो ही जातियाँ होतीं—एक, सभी गरीबों एवं अवर्णों की और दूसरी, सम्पन्न सवर्णों की।

जाति विभाजन कैसे हुआ, इस प्रश्न का अलग-अलग चिन्तकों ने अलग-अलग उत्तर दिया है। लेकिन एक बात सर्वविदित है कि इसकी शुरुआत चाहे जैसे भी हुई हो, सैकड़ों वर्षों से शादी-ब्याह और खानपान में भी यह भेद बरता जाता रहा है। बराबर ऐसा भी हुआ है कि विशेष जातियों ने विभाजन रेखा को पार कर अपने को दूसरी जातियों या वर्ण में शामिल कर लिया है। लेकिन ऐसा करते ही फिर इनके चारों ओर दूसरी विभाजन रेखाएँ खिंच गई हैं और फिर जातियाँ नई जातियों के दायरे में घिर गई हैं। वस्तुत: जाति व्यवस्था के टूटने का असली मतलब इन विभाजन रेखाओं का मिटना ही है।

भारतीय समाज व्यवस्था में हर व्यक्ति का जीवन उसकी जाति से आवृत्त है। जन्म के बाद छठी के संस्कार से लेकर मृत्यु के बाद श्मशान तक के संस्कार में जाति के लोगों की प्रमुख भूमिका होती है। अत: बचपन से ही एक जाति-संस्कार, जिसमें यह भाव होता है कि अपनी जाति के लोग स्वजन हैं और बाकी लोग परजन, लोगों के मन में पैदा हो जाता है। लोगों का उठना-बैठना, आपस में मिलना जुलना, शादी-ब्याह आदि सब जाति पर आधारित होते हैं और इन सबके इर्द-गिर्द एक जातीय परम्परा बनती है, जिसमें अपनी जाति के गुणों और दूसरी जातियों के अवगुणों से सम्बद्ध मिथक बनते हैं। हर भारतीय इन्हीं सम्बन्धों, मिथकों और परम्पराओं के बीच जीता है। उसकी सारी चेतना में यह जाति भाव व्याप्त होता है।

जब तक लोगों को इस पूरे जातीय माहौल से बाहर निकालकर यह संस्कार नहीं मिटाया जाता, जातियों के बीच की विभाजन रेखाएँ नहीं मिट सकतीं। इसके लिए आधुनिक उद्योगों का विकास या आर्थिक स्तर का ऊपर उठना ही काफी नहीं है, हालाँकि ये जातीय विभेद को मिटाने की प्रक्रिया में सहायक हो सकते हैं। इस माहौल को तोड़ने के लिए समाज में एक बौद्धिक और सांस्कृतिक क्रान्ति की जरूरत है। बौद्धिक क्रान्ति का काम होगा उन झूठे मिथकों को ध्वस्त करना, जो जातीय मतभेदों को बढ़ावा देते हैं। सांस्कृतिक स्तर पर ऐसे संगठनों को जन्म देना होगा, जो जाति भेद के दायरे के बाहर से व्यक्तियों के जीवन की उन सामाजिक आवश्यकताओं की पूर्ति करें, जो अब तक जातियाँ करती रही हैं।

एक और बात ध्यान देने की है। जातीय संस्कार जातीय संगठनों के माध्यम से नहीं टूट सकते। इस संस्कार को तोड़ने के लिए ऐसे संगठनों का निर्माण करना होगा, जो स्वयं जातीय भेद से ऊपर उठकर काम करते हों। सामाजिक उत्पीड़न एक अमानवीय स्थिति है और इसका विरोध करना हर वैसे आदमी का काम है, जो दुनिया में मानवीय स्थिति की स्थापना की कामना करता है। अगर एक दलित पर सवर्णों द्वारा अत्याचार होता है तो इसके प्रतिकार की जवाबदेही सभी भारतीय नागरिकों की है क्योंकि यह मूल मानव अधिकारों का अपहरण है और देश के एक अंग के साथ होनेवाले ऐसे अन्याय का असर अन्ततोगत्वा सारे समाज के अधिकारों की समाप्ति की दिशा में होगा क्योंकि ऐसे अत्याचारों के प्रति तटस्थता से सारे समाज की संवेदनशीलता का क्षय होता है। दलितों द्वारा संगठित प्रतिकार से उनके ऊपर होनेवाला अन्याय तो शायद खत्म हो जाए लेकिन इस संघर्ष में जातीय विभाजन रेखा के मजबूत बनने की भी सम्भावना है और तब जातियों के बीच कटुता और बढ़ेगी। इससे पुन: भविष्य में जातीय संघर्ष की भूमिका बनेगी। इस तरह झगड़े बढ़ेंगे और जातीय विभाजन को मिटाने का सपना कभी पूरा नहीं होगा। जिन पर अत्याचार होता है, वे तो प्रतिकार करेंगे ही लेकिन यह औरों की जवाबदेही है कि वे इस प्रतिकार को जातीय झगड़ा बनने देने के बजाय मानव मर्यादा का संघर्ष बनाकर जाति व्यवस्था पर चोट करें।

स्थायी तौर से जातीय विभाजन को मिटाने के लिए दो नीतियाँ साथ-साथ लेकर चलना होगा : (1) हर सामाजिक अन्याय का प्रतिकार, चाहे उसके लिए कठोर-से-कठोर संघर्ष करना पड़े और (2) एक ऐसी सांस्कृतिक क्रान्ति की शुरुआत, जो विशिष्ट जाति का होने के भाव को नष्ट कर दे। तभी जाति टूटेगी।

रविवार, 25-31 जुलाई, 1982

साम्प्रदायिक राजनीति

भाजपा की रणनीति और उसका प्रभाव

दसवीं लोकसभा के लिए हुए चुनावों में भाजपा को मिली सफलता निस्सन्देह अभूतपूर्वक व चौंकानेवाली थी। पत्र-पत्रिकाओं ने इन नतीजों को काफी बढ़ा-चढ़ाकर प्रस्तुत किया और इससे लोगों पर इन नतीजों का दबदबा और भी बढ़ गया।

निहित स्वार्थों के नियंत्रण में चलनेवाली देश की पत्र-पत्रिकाओं का भाजपा-प्रेम आसानी से समझा जा सकता है। चुनाव के नतीजों से स्पष्ट है कि जनता दल का भविष्य अन्धकारमय है। अब सम्भावना इसके और क्षरण की है और आनेवाले दिनों में यह पुराने लोकदल का लघु संस्करण बनकर जातीय आधार पर कुछ सीमित इलाकों की क्षेत्रीय पार्टी के रूप में ही बच जाएगा। इसलिए निहित स्वार्थों के अखबार भाजपा को कांग्रेस के बाद यथास्थितिवाद को बचाए रखने के लिए दूसरी रक्षा पंक्ति के रूप में खड़ा करना चाहते हैं। इनके लिए अपने स्वार्थों की रक्षा सर्वोपरि है भले ही इसके लिए सहिष्णुता की भारतीय परम्परा और संविधान की मूल मान्यताओं, यानी धर्मनिरपेक्षता की बलि देनी पड़े। लेकिन देश के बाकी लोगों के लिए इन चुनाव परिणामों का असली अर्थ समझना जरूरी है ताकि इनमें निहित चुनौती का मुकाबला किया जा सके।

एक बात इस चुनाव में राष्ट्रव्यापी पैमाने पर दिखाई देती है। सारे देश में एक हद तक भाजपा के पक्ष में सतह से समर्थन उठा है। जैसे असम में शून्य से इसका मत 8.6 प्रतिशत, पश्चिम बंगाल में 1.7 से 9.5 प्रतिशत, उड़ीसा में 1.3 ये 9.7 प्रतिशत और आन्ध्र में 2 से 8.8 प्रतिशत बढ़ा है। इसी तरह इसके परम्परागत प्रभाव क्षेत्रों में भी इसके समर्थन के पीछे राम मन्दिर के नाम पर समाज के उन वर्गों की सक्रियता है जो आम तौर से पहले गैर-राजनीतिक थे और राजनीति से पूरी तरह अनभिज्ञ।

राजनीति में इन वर्गों की हिस्सेदारी के महत्त्व को समझना जरूरी है।

सुप्रसिद्ध राजनीति वैज्ञानिक और खासकर जनता के चुनाव तथा अन्य आन्दोलनों में व्यवहारों के विशेषज्ञ सिमूर मार्टिन लिपसेट के विचार इस सम्बन्ध में ध्यान देने योग्य हैं। उसका मानना है कि समाज के तलछट के जन समूह की

राजनीति में यकायक बढ़ती हुई भागीदारी लोकतंत्र के लिए कल्याणकारी होने के बजाय संकट पैदा करनेवाली ही होती है। आम तौर से राजनीतिक संवाद से वंचित यह वर्ग किसी उत्तेजना के कारण राजनीति में हिस्सेदारी करता है और ऐसी शक्तियों के हाथ का कठपुतला बन सकता है जो लोकतांत्रिक मर्यादाओं का बन्धन नहीं मानते और समाज के विभिन्न समूहों के लोकतांत्रिक अधिकारों के खिलाफ अधिनायकवादी अतिक्रमण के लिए तैयार रहते हैं। यह वह वर्ग नहीं है जिसे आम तौर से समाज में शोषित वर्ग कहा जाता है और जो आदतन अपने हक के लिए राजनीति में सक्रिय रहता है। इससे अलग पश्चिमी देशों में ऊपर बतलाए गए इस वर्ग को 'लुंपेन' कहा जाता है और यह वर्ग वहाँ के संगठित आर्थिक ढाँचे के हाशिए पर होता है। भारतवर्ष में इस वर्ग में निचले तथा मध्यम वर्गों से आए अपराधी तत्त्व आते हैं जिनकी संख्या बेरोजगारी के चलते दिनोंदिन बढ़ती जा रही है। इसी वर्ग में गेरुआ वस्त्रधारी वह विशाल समूह है जो किसी उत्पादक काम में नहीं रहता, भीख माँगकर या मठों और महन्थों के आश्रय पर जीता है और समाज की समस्याओं के प्रति बिलकुल लापरवाह है। इनमें अनेक अपने को साधु भी कहते हैं लेकिन असल में इन्हें आध्यात्म या ज्ञान से कोई मतलब नहीं होता।

साम्प्रदायिक तनाव या दंगों के माहौल में ऐसे तत्त्व राजनीति में सक्रिय होने लगते हैं और इसे काफी हद तक प्रभावित करते हैं। 1984 में इन्दिरा गांधी की हत्या के बाद के सिख विरोधी दंगों में इस वर्ग का खास हाथ था। अयोध्या मन्दिर-मस्जिद विवाद के सन्दर्भ में जो मुहिम चलाई गई उसमें और खासकर आडवाणी की रथयात्रा के काल में बजरंग दल जैसे समूहों के पीछे इस वर्ग की सक्रियता स्पष्ट रूप से देखी जा सकती थी। राजनीति से अनभिज्ञ पर धर्मान्ध लोगों की 8 से 10 प्रतिशत आबादी निश्चित रूप से सारे देश में धर्म के नाम पर फैलाई गई इस उत्तेजना का शिकार बन भाजपा का समर्थक बन गई थी। देश के विभिन्न भागों में जहाँ पहले भाजपा का कोई संगठन भी नहीं था इसी कारण कुछ मतदान भाजपा के पक्ष में हुआ।

जर्मनी में हिटलर को तथा इटली में मुसोलिनी को सत्ता में लाने और वहाँ लोकतंत्र को नष्ट करने में ऐसे तत्त्वों का खास हाथ था। इसलिए ऐसे तत्त्वों की राजनीति में बढ़ती हिस्सेदारी लोकतंत्र के लिए खतरे का संकेत है। चिन्ता की बात यह है कि उपभोक्तावादी संस्कृति के दबाव में युवकों में बढ़ती आकांक्षा और बढ़ती बेरोजगारी से जीवन की घटती सम्भावनाओं से पैदा हताशा से इस तरह के तत्त्वों की संख्या बढ़ रही है।

अब हम जरा उन विभिन्न राज्यों में भाजपा के चुनाव परिणामों पर विचार करें जिनमें या तो वह पहले से एक बड़ी शक्ति थी या जहाँ उसे इस बार विशेष सफलता मिली है।

इनमें पहले हम हिमाचल प्रदेश, मध्यप्रदेश और राजस्थान को लें जहाँ भाजपा की सरकारें थीं। इन तीनों राज्यों में भाजपा के वोटों में तो कुछ इजाफा ही हुआ है लेकिन सीटें काफी कम मिली हैं। हिमाचल में कांग्रेस और भाजपा दोनों को दो-दो सीटें मिली हैं और बाकी दलों को कोई सीट नहीं। मध्यप्रदेश में इसके प्राप्त मत 1989 में 39.7 प्रतिशत की जगह 42 प्रतिशत थे लेकिन कांग्रेस को 45.3 प्रतिशत गत गर 27 सीटें मिलीं जबकि भाजपा को कुल 12 सीट ही। इसी तरह राजस्थान में जहाँ 1989 में इसे 29.6 प्रतिशत मत मिले थे इस बार 41 प्रतिशत मत प्राप्त हुए पर 44.1 प्रतिशत मत प्राप्त कर कांग्रेस को 13 और भाजपा को 12 सीटें मिलीं। मध्यप्रदेश और राजस्थान में अन्य दलों को कोई भी सीट नहीं मिली। हिमाचल, मध्यप्रदेश और राजस्थान तीनों में मुकाबला सीधा भाजपा और कांग्रेस के बीच था और भाजपा विरोधी वोटों का विभाजन नहीं हुआ था। उत्तर प्रदेश में स्थिति इसके ठीक विपरीत थी। यहाँ भाजपा का केवल 33 प्रतिशत यानी कुल मतों का मात्र एक-तिहाई मत प्राप्त हुए लेकिन इसे लोकसभा के 50 स्थान प्राप्त हुए और विधानसभा चुनावों में बहुमत प्राप्त कर यह सत्ताधारी पार्टी बन गई। इन नतीजों पर विचार करने से यह साफ जाहिर होता है कि अगर भाजपा विरोधी वोटों का विभाजन उत्तर प्रदेश में जनता दल, समाजवादी जनता पार्टी और कांग्रेस के बीच नहीं हुआ होता तो भाजपा को उत्तर प्रदेश में सफलता नहीं मिलती।

कर्नाटक में भाजपा को अप्रत्याशित सफलता के पीछे, जहाँ इसे 28.8 प्रतिशत वोट और चार लोकसभा सीटें मिली हैं, विशेष स्थानीय परिस्थितियों ने इसकी सहायता की है। कुछ प्रेक्षकों के अनुसार इसका सबसे प्रमुख कारण कर्नाटक की शक्तिशाली वोक्कलिगा और लिंगायत जातियों का इसकी ओर झुकाव था। ये जातियाँ पहले जनता दल का आधार थीं। इस बार मंडल आयोग के विवाद के कारण ये जातियाँ जनता दल से अलग हुईं। लेकिन पिछड़ी जातियों पर जनता दल का कोई प्रभाव इसलिए नहीं पड़ा क्योंकि इसका नेतृवर्ग वोक्कलिगा और लिंगायत जातियों से ही आता है। दूसरा कारण यह था कि कर्नाटक में 68 प्रतिशत आरक्षण पिछड़ों को काफी पहले देवराज अर्स के कांग्रेसी सरकार ने प्रदान किया था और इससे उनकी वफादारी कांग्रेस के साथ कायम रही। दलित संघर्ष समिति के साथ गठजोड़ से भी दलितों में जनता दल के प्रति कोई आकर्षण नहीं पैदा हो सका। इस तरह जनता दल के समर्थन का आधार तत्काल भाजपा को मिल गया। लेकिन यह नहीं कहा जा सकता कि यह समर्थन स्थायी रहेगा।

भाजपा की सबसे महत्त्वपूर्ण सफलता गुजरात में हुई है। यहाँ इसे 51.4 प्रतिशत मत प्राप्त हुआ है और 25 में से 20 लोकसभा की सीटें मिली हैं। इस सफलता के पीछे एक बुनियादी कारण है। इधर कई वर्षों से गुजरात साम्प्रदायिक दंगों का क्षेत्र बन गया था और अहमदाबाद, बड़ौदा, सूरत तथा अन्य स्थानों पर

लगातार साम्प्रदायिक दंगे होते रहते थे। इससे राज्य में एक व्यापक अमानवीयता का माहौल बन जाना स्वाभाविक है। जहाँ लोग बिना हिचक असहाय और निरस्त्र औरत, बच्चों और बूढ़ों की हत्या धर्म के नाम पर कर सकते हों वहाँ लोकतंत्र या मानव अधिकारों के प्रति आम तिरस्कार का भाव पैदा होना स्वाभाविक है। ऐसा माहौल सिर्फ निर्मम तानाशाही में विश्वास करनेवाले दल के लिए ही अनुकूल हो सकता है। कोई अचरज नहीं कि भाजपा को अपनी जड़ जमाने के लिए आदर्श जमीन मिली है। यह विडम्बना ही है कि महात्मा गांधी की जन्मभूमि गुजरात और स्वयं पोरबन्दर में उस विचारधारा को प्रश्रय मिल रहा है जिसने महात्मा गांधी की हत्या की थी लेकिन यह सारे भारत के लिए एक चेतावनी भी है। अगर बर्बरता का दर्शन गांधीजी की जन्मभूमि और कर्मभूमि गुजरात में फल-फूल सकता है तो भारत के अन्य भागों में बसनेवाले लोग अपने भविष्य के बारे में निश्चित नहीं रह सकते।

अब जरा हम बाबरी मस्जिद को तोड़कर वहाँ राम मन्दिर बनाने के उस जनादेश पर विचार करें जिसके नाम पर उत्तर प्रदेश के भाजपाई मुख्यमंत्री कल्याण सिंह अपने मंत्रिपरिषद के सदस्यों के साथ अयोध्या में शपथ खाने गये थे। भाजपा को उत्तर प्रदेश में 33 प्रतिशत मत प्राप्त हुए हैं और सारे भारत में 19.9 प्रतिशत। यानी उत्तर प्रदेश की दो-तिहाई जनता ने भाजपा के विरुद्ध मत दिया और भारत की अस्सी प्रतिशत से अधिक जनता ने भाजपा के खिलाफ वोट दिया। अल्पमत से सरकार चलाना अलग बात है, और उत्तर प्रदेश की अभी की विशेष परिस्थिति में भाजपा को सरकार चलाने का पूरा अधिकार है। चन्द्रशेखर ने तो केन्द्र में इससे भी कम मतों के आधार पर चार महीने शासन किया। लेकिन एक-तिहाई उत्तर प्रदेश की जनता के समर्थन के आधार पर और राष्ट्रीय स्तर पर बीस प्रतिशत से भी कम लोगों के समर्थन पर भाजपा को देश के संविधान और न्यायपालिका को चुनौती देने का कोई अधिकार नहीं है। बाबरी मस्जिद को तोड़ने का अर्थ संविधान की धज्जियाँ उड़ाना है, धर्मनिरपेक्षता जिसका मूल आधार है।

झूठ को सत्य का आवरण प्रदान करने की इसकी क्षमता अयोध्या के राम जन्मभूमि विवाद में भी देखी जा सकती है। पहले ये ऐतिहासिक साक्ष्य की बात करते थे। अब इन्हें तथ्यों के आधार पर अपनी बात को साबित करना मुश्किल लगा तब ये हिन्दुओं के विश्वास की बात करने लगे। यह नया तर्क बिलकुल धोखाधड़ी और चालाकी पर आधारित है। यह सही है कि हिन्दुओं का यह विश्वास है कि राम अयोध्या में पैदा हुए थे, या सच कहा जाए तो प्रकट हुए थे लेकिन यह अयोध्या महाकाव्यों में उल्लिखित त्रेता युग का अयोध्या था। आम हिन्दुओं का यही विश्वास है। यह बात कि राम उस स्थान पर पैदा हुए थे जहाँ आज बाबरी मस्जिद है, मात्र अयोध्या के उन महन्थों का दावा है जिनका बाबरी मस्जिद के

अधिकारियों के साथ वहाँ की जमीन को लेकर कानूनी विवाद चल रहा था। दस वर्ष पहले तक इस देश के आम हिन्दुओं को तो यह पता तक नहीं था कि रामजन्मभूमि को लेकर कोई विवाद है। हाँ, अब विहिप और भाजपा जरूर यह विश्वास फैलाने की कोशिश कर रही है, और हिटलर के प्रचार मंत्री गोएबल्स के इस सिद्धान्त के मुताबिक कि 'सौ बार दुहराने से झूठ भी सच बन जाता है', काफी हद तक इस विश्वास को फैलाने में सफल हुई है।

इस तरह से 'जनादेश' के मिथक को 'आम हिन्दुओं के विश्वास' के मिथक के साथ जोड़कर राजनीतिक सत्ता हथियाने का शक्तिशाली अभियान चलाने में सफल हुए हैं। तत्काल भाजपा का आक्रमण मुस्लिम तथा अन्य धर्म माननेवालों के खिलाफ या तथाकथित धर्मनिरपेक्ष लोगों के खिलाफ है। लेकिन एक बार सम्पूर्ण सत्ता हासिल कर लेने के बाद उनका आक्रमण उन तमाम हिन्दुओं के खिलाफ होगा जो अपने विश्वास के अनुसार उपासना करेंगे क्योंकि उनके सारे आन्दोलन के पीछे सत्ता का उन्माद है और आध्यात्मिक रुझान नहीं।

—सामयिक वार्ता

प्रभात खबर, 6 अगस्त, 1991

भाजपा का मुखौटा और जनतंत्र

भाजपा नेता गोविन्दाचार्य के ब्रिटिश राजनयिकों के साथ वार्तालाप का जो विवरण प्रकाश में आया है, वह सभी भारतीयों के लिए गम्भीर चिन्ता का विषय है। इसका सम्बन्ध भाजपा की अन्दरूनी राजनीति भर से नहीं है। इसका सम्बन्ध राजनीति की पारदर्शिता से है, जो लोकतंत्र की आत्मा है। इस पारदर्शिता की आधारशिला होती है राजनीति में आनेवाली शब्दावली की पवित्रता। विश्वविख्यात अंग्रेज साहित्यकार जॉर्ज ऑरवेल ने यूरोप में फैलती तानाशाही की प्रवृत्तियों की पृष्ठभूमि में एक लेख 'अंग्रेजी भाषा और रणनीति' में भाषा और राजनीति के सम्बन्धों को बड़ी स्पष्टता से उपस्थित किया था। उसने उस लेख में बतलाया था कि जब शब्द स्थितियों को साफ तौर से अभिव्यक्त करने की बजाय बर्फ के फाहों की तरह वैचारिक विविधता की लकीरों को ढककर सब कुछ गड्ड-मड्ड करने लगते हैं, तब लोकतंत्र पर खतरा उपस्थित होने लगता है। इसी विचार की अभिव्यक्ति उसके अतिचर्चित उपन्यास 'उन्नीस सौ चौरासी' में हुई थी जिसमें 'सच' का अर्थ 'झूठ' और 'शान्ति' का अर्थ 'युद्ध' बन गया था। शब्दों के अर्थ को बदल लोगों की स्थितियों को परखने की बुद्धि को कुन्द कर उन पर मनमानी व्यवस्था लादना ऑरवेल के प्रति यूटोपिया में सम्भव बन गया था। यह आधुनिक तानाशाही के मूल चरित्र की परख थी।

गोविन्दाचार्य ने अटल बिहारी वाजपेयी को पार्टी का मुखौटा बतलाया था और कहा था कि इसके असली नेता तो दूसरे लोग हैं जिनमें सबसे शक्तिशाली लालकृष्ण आडवाणी हैं। मुख और मुखौटे की इस बहस को अत्यधिक महत्त्व दिया गया और कई दिनों तक यह विवाद देश के अखबारों में छाया रहा। लेकिन यह पूछा जा सकता है कि क्या सचमुच में यह विवाद देश के लिए कोई महत्त्व रखता है? दरअसल यह भाजपा और संघ परिवार का आन्तरिक मामला है जिससे बाकी देश को कुछ लेना-देना नहीं। जब तक भाजपा की नीतियों पर नेताओं के परिवर्तन का कोई असर नहीं पड़ता, तब तक देश इनके आन्तरिक विवादों को नजरअन्दाज कर सकता है। और अब तक भाजपा का जो रवैया रहा है उसे देखते हुए यह कहा जा सकता है कि इसके नेताओं ने स्वरों की

भिन्नता के बावजूद कभी भी देश की राजनीति को अलग-अलग दिशा में मोड़ने का प्रयास नहीं किया है।

लेकिन इस वार्तालाप में पूरी भाजपा का जो मुखौटा सामने आया है वही देश की मूल चिन्ता का विषय होना चाहिए। दुर्भाग्य से कम ही लोगों ने इस ओर ध्यान दिया है। गोविन्दाचार्य ने ब्रिटिश राजनयिकों को बड़े ही स्पष्ट रूप से आश्वस्त किया कि भाजपा की स्वदेशी की बात सिर्फ इस देश के लोगों की स्वदेशी की भावना की तुष्टि के लिए है, भाजपा की प्रतिबद्धता नहीं है। उनके अनुसार भाजपा की असली प्रतिबद्धता उदारीकरण और विश्वव्यवस्था से देश को जोड़ने की है। इससे बढ़कर दोमुँही नीति का नमूना ढूँढ़ना मुश्किल है। ऐसा नहीं कि भाजपा के राजनीतिक व्यवहारों में यह विरोधाभास ढूँढ़ना मुश्किल है। लेकिन गोविन्दाचार्य एक विदेशी अफसर से जिस सहजता से अपने दिल की बात कह सकते हैं वैसी सहजता से भाजपा के नेता अपने देशवासियों से अपनी बात नहीं कह सकते क्योंकि इससे भाजपा का देशभक्ति का मुखौटा उतर जाता है। इसलिए भाजपा के नेता राष्ट्रभक्ति और स्वदेशी की बात हर मंच से दोहराते रहते हैं।

लेकिन भाजपा नेताओं के कार्यकलापों पर गौर करने पर किसी को भी उनकी कथनी और करनी का अन्तर दिखाई पड़ सकता है। एक ताजा उदाहरण अमेरिकी कम्पनी एनरॉन की दाभोल बिजली परियोजना है। इस परियोजना के नकारात्मक पहलू इतने स्पष्ट हैं कि प्रारम्भ से ही महाराष्ट्र के लोगों में और विशेषकर कोंकण के लोगों में, जहाँ यह विद्युत प्रकल्प बनना है, इसके विरोध की भावना रही। प्रारम्भ में भाजपा के नेताओं ने भी इसका विरोध किया और स्वदेशी जागरण मंच, जो संघ परिवार का एक मोर्चा है, इसके विरोध में उभरते आन्दोलन के साथ जुड़ा रहा। लेकिन महाराष्ट्र की भाजपा-शिवसेना सरकार ने सत्ता में आने के बाद कुछ फेरबदल के साथ इस परियोजना को अपनी मंजूरी दे दी।

लेकिन अचम्भे में डालनेवाली बात तो तब देखने को मिली जब अटल बिहारी वाजपेयी 13 दिनों के लिए भारत के प्रधानमंत्री बने। जब भाजपा सरकार के विश्वास प्रस्ताव पर लोकसभा में बहस चल रही थी और लगभग यह निश्चित हो गया था कि भाजपा सरकार अल्पमत में है उसी समय भोजन के अवकाश काल में कैबिनेट की बैठक में एनरॉन को केन्द्र सरकार की 'काउंटर गारंटी' देने का निर्णय लिया गया, जिसको एनरॉन के साथ समझौते का एक महत्त्वपूर्ण अंग माना जाता था। इससे एनरॉन का मुनाफा उस स्थिति में सुरक्षित रखा जा सकता था जब राज्य सरकार असमर्थ साबित होती।

यह जल्दबाजी ही यह जाहिर करती है कि भाजपा सरकार विदेशी कम्पनी की हितरक्षा को सर्वाधिक महत्त्व देती है। अपने अल्पकालिक शासन के समय अटल बहारी वाजपेयी ने यह स्पष्ट कर दिया था कि उनकी अर्थनीति मूलत: मनमोहन

सिंह द्वारा अपनाई दिशा में ही चलेगी। उस समय किसी भी भाजपाई नेता ने, उन्होंने भी जो वाजपेयी को मुखौटा मानते हैं, इस नीति से कोई विरोध नहीं जताया। फिर स्वदेशी और देशभक्ति का इन नेताओं के लिए क्या अर्थ?

इस तरह का अन्तर्विरोध इसकी अन्य नीतियों में देखा जा सकता है। हमारा संविधान कहता है कि भारत एक धर्मनिरपेक्ष समाजवादी जनतंत्र है। यह भाजपा जैसी पार्टियों के लिए एक गम्भीर समस्या पैदा करता है। धर्मनिरपेक्षता में आस्था व्यक्त किए बिना यह कायदे से भारत की लोकतांत्रिक प्रक्रियाओं में शामिल नहीं हो सकती। इस स्थिति से उबरने के लिए इसने देश के धर्मनिरपेक्ष दलों को 'तथाकथित धर्मनिरपेक्ष' कहना शुरू कर दिया है। लेकिन कोई भी व्यक्ति यह देख सकता है कि भाजपा को धर्मनिरपेक्षता से कुछ भी लेना-देना नहीं है। किसी भी धर्मनिरपेक्ष व्यक्ति के लिए अयोध्या का मन्दिर-मस्जिद विवाद या ऐसे ही काशी एवं मथुरा के विवाद राजनीति के दायरे के बाहर होंगे।

लेकिन वैसे लोगों को छोड़ जो हकीकत को देखने में बिलकुल असमर्थ हैं, कोई भी यह देख सकता है कि भाजपा के नेता इन विवादों को अपने समर्थन का आधार बनाने में सतत् सक्रिय हैं। बाबरी मस्जिद को ढहाने के आरोप तो उत्तर प्रदेश के वर्तमान मुख्यमंत्री कल्याण सिंह समेत भाजपा के कई शीर्ष के नेताओं पर अदालत के सामने आ गए हैं। इस मामले में तो भाजपा ऑरवेल द्वारा इंगित उसी प्रक्रिया में संलग्न है, जिसमें सच को झूठ और झूठ को सत्य बतला जनता को दिग्भ्रमित किया जाता है।

धर्मनिरपेक्षता की एक सहज कसौटी है जो बाइबल में वर्णित ईसा मसीह की इस उक्ति में निहित है, "जो सम्राट का है उसे सम्राट को दो और जो ईश्वर का है, उसे ईश्वर को दो।" यह बात तब कही गई थी जब सम्राट का सिपाही कर लेने वहाँ पहुँचा, जहाँ ईसा मसीह अपने शिष्यों के साथ थे। अपने शिष्यों की परेशानी देख ईसा मसीह ने एक सिक्का लिया और शिष्यों से पूछा कि इस पर किसकी तसवीर है? जब शिष्यों ने कहा कि सम्राट की, तब ईसा ने यह उपदेश दिया था। यह साफ जाहिर करता है कि इस दुनिया की भौतिक समस्याएँ राजा या राजनीति के क्षेत्र हैं और आध्यात्मिक विश्वास या आस्थाएँ मनुष्य के धर्म के क्षेत्र। दोनों को बिलकुल अलग कर रखना ही लोक-कल्याण की नीति हो सकती है।

इस नियम का उल्लंघन करने के चलते दुनिया में अनेक तरह की ज्यादतियाँ शासकों द्वारा अल्पसंख्यक और भिन्न धार्मिक विश्वासवाले समूहों के विरुद्ध होती रही हैं। इन्हीं अनुभवों के आलोक में धर्मनिरपेक्षता की नीति उन लोकतंत्रों द्वारा अपनायी गई जो लोगों के धर्म और आस्थाओं की स्वतंत्रता में विश्वास रखता है। यह समझना मुश्किल है कि भाजपा अपनी वर्तमान नीतियों और तेवर के साथ भारतीय संविधान के तहत कैसे काम कर सकती है।

लेकिन भाजपा की दोमुँही नीतियों पर विचार करते समय हम देश के अन्य राजनीतिक दलों के अन्तर्विरोधों को भी नजरअन्दाज नहीं कर सकते। एक सबसे बड़ी विसंगति तो वर्तमान भूमंडलीकरण की नीति की संविधान की इस घोषणा से है कि भारत एक 'समाजवादी' जनतंत्र है। ऐसा नहीं लगता कि देश के किसी नेता ने राजनीति के इस अन्तर्विरोध पर विचार किया है। यह शब्दों के अर्थों के प्रति अक्षम लापरवाही है।

इस स्थिति में चुनावी वादे या दलों की भिन्नताएँ सभी निरर्थक बन जाती हैं क्योंकि नेता कुछ भी कह सकता है और वादों के विपरीत कुछ भी कर सकता है। भाजपा में उठे विवाद के सन्दर्भ में हमें अपनी राजनीति की तमाम विकृतियों पर विचार करने की जरूरत है। ऐसा नहीं करने से लोगों में राजनीति के प्रति फैला निषेध भाव और भी मजबूत होगा, जो लोकतंत्र को नष्ट कर देगा।

हिन्दुस्तान, 3 नवम्बर, 1997

भारत का तालिबानीकरण

यों तो भाजपा के नेतृत्ववाली राष्ट्रीय जनतांत्रिक गठबन्धन सरकार के अनेक कुप्रभावों को गिनाया जा सकता है—जैसे हाल के वर्षों में कृषि उत्पादन की गिरावट, औद्योगिक विकास दर में गिरावट आदि, और सबसे बढ़कर अमेरिकी नीतियों के सामने हर पल घुटने टेकने की प्रवृत्ति। लेकिन ये सब तात्कालिक प्रभाव हैं जिन्हें सरकार के बदल जाने पर कमोबेश निरस्त किया जा सकता है। दरअसल इन क्षेत्रों में सत्ता की दावेदारी दूसरी पार्टियों की नीतियाँ भी आश्वस्त करनेवाली नहीं हैं। सभी कमोबेश उन्मुक्त बाजार और वैश्विक व्यवस्था से जुड़ने की पक्षधर हैं जो अन्तत: देश की हालत को बदतर बनाएँगी। भाजपा ने जो असली संकट देश के सामने उपस्थित किया है, वह दीर्घकालिक है जिससे देश अन्धकार युग में प्रवेश करने जा रहा है। यह है उसकी शिक्षा और संस्कृति नीति।

भाजपा शिक्षा और मानव संसाधन मंत्रालयों के माध्यम से अन्धविश्वासों और वैचारिक पूर्वग्रहों को शिक्षा और संस्कृति के केन्द्र में प्रस्थापित करने की कोशिश कर रही है जो शिक्षा और शोध को अन्तत: जादू-टोने और तंत्र-मंत्र की कोटि में ला देगा। यह जीवन में ऊर्जा के स्रोत—तथ्यपरक ज्ञान और अनुसन्धान—की जड़ को दीमक की तरह खोखला कर भविष्य में विकास की सम्भावनाओं को नष्ट कर देगा। देश यह देख स्तम्भित है कि अब विज्ञान के साथ-साथ अन्धविश्वास को भी विद्यालयों और विश्वविद्यालयों के पाठ्यक्रम का हिस्सा बनाया जा रहा है। अब फलित ज्योतिष (ऐस्ट्रोलॉजी) को भी भौतिकी के साथ-साथ विभिन्न वर्गों में पढ़ाया जाएगा। शिक्षा मंत्रालय और विश्वविद्यालय अनुदान आयोग ऐसी शिक्षा पर अनुदान दिया करेंगे। वस्तुपरक इतिहास-लेखन और प्रकाशन पर विराम लगाने के प्रयास को लेकर देश के इतिहासकारों द्वारा पहले से ही खासी चिन्ता जताई जाती रही है।

लोकतंत्र में किसी व्यक्ति का यह अधिकार तो है ही कि वह जादू-टोने में या लोगों की तकदीर पर ग्रहों के प्रभाव पर विश्वास रखे और उसके शमन के लिए यज्ञ-जाप आदि करे। अगर मुरली मनोहर जोशी हर रोज अपना कार्यक्रम बनाने के पहले निजी ज्योतिषियों से मुहूर्त दिखाएँ और उसके अनुसार ही काम करें तो किसी को एतराज नहीं होगा क्योंकि यह उनके निजी विश्वास का मामला है।

लेकिन अगर वे अपने विश्वास (या अन्धविश्वास) को सार्विक रूप देने लगें और इस पर सरकारी पैसे खर्च करें तो यह न सिर्फ निन्दनीय है बल्कि जनता के पैसे का दुरुपयोग भी है। अगर यह नीति सिर्फ मुरली मनोहर जोशी तक सीमित होती तो कहा जा सकता था कि यह पारिवारिक पक्षपात की मामूली-सी अभिव्यक्ति है। जन्म कुंडली देखनेवले ज्योतिषियों को बहुत जगह 'जोषी' भी कहा जाता है। सम्भव है 'जोशी' और 'जोषी' एक ही शब्द हो और जोशी जी को फलित ज्योतिष से विशेष लगाव हों। लेकिन इन नीतियों को एक व्यक्तिगत भटकाव मानकर चलना नीति की गम्भीरता को बहुत कम करके देखना होगा। दरअसल भाजपा सरकार का यह कदम विज्ञान के विकास की प्रक्रिया को उलट देने की मुहिम का एक हिस्सा है क्योंकि 'हिन्दुत्व' के दर्शन का पूरा आधार विज्ञान विरोधी है।

मनुष्य के शैशवकाल में फलित ज्योतिष की तरफ रुझान मनुष्य के जीवन को प्रभावित करनेवाले बाहरी कारकों की तलाश का ही हिस्सा था। ईसा पूर्व की सहस्राब्दी में ही काल्डिया और असीरिया में तारों और नक्षत्रों की गति का अध्ययन इस विश्वास के साथ शुरू हुआ था कि संसार एक नियम से संचालित होता है जिसमें सूर्य, चन्द्र, नक्षत्रादि भी मानव जीवन को प्रभावित करते हैं। धीरे-धीरे यह विश्वास पश्चिम एशिया से लेकर भारत, चीन आदि तक फैल गया क्योंकि मनुष्य की प्रबल इच्छा अपनी तकदीर और भविष्य को जानने की रही है। जैसे-जैसे ज्योतिष का विकास हुआ, जो विज्ञान का प्राचीनतम क्षेत्र था, वैसे-वैसे फलित ज्योतिष भी फैला।

प्रारम्भ में यह रुझान अवैज्ञानिक भी नहीं कहा जा सकता था। यह विज्ञान के कार्य-कारण सम्बन्ध को समझने के लक्ष्य का ही एक स्वरूप था। इस काल में कार्य-कारण सम्बन्ध प्राय: हर क्षेत्र में इतने अनिश्चित थे कि विविध क्षेत्रों में अटकलबाजियों का औचित्य दिखाई देता था। एक तरह से यह निश्चित ज्ञान की तलाश के लिए टटोलने की प्रक्रिया थी। लेकिन जैसे-जैसे ज्योतिष शास्त्र का विकास हुआ और निश्चित गणना और फिर प्रयोगों के आधार पर अवधारणाओं को सिद्ध करने की दिशा में प्रगति हुई, फलित ज्योतिष विज्ञान के मुख्य क्षेत्र से हटकर लोगों के निजी विश्वास के क्षेत्र में सिमटता गया। कोपरनिकस, गैलीलियो, न्यूटन आदि के अध्ययनों का निर्णायक प्रभाव इस दिशा में पड़ा। हालाँकि प्रारम्भ में ज्यादातर वैज्ञानिक निजी तौर से इसमें विश्वास करते थे पर उन्होंने अपने शोधों से इसका घालमेल नहीं होने दिया क्योंकि वे विज्ञान को निश्चित ज्ञान की तलाश का क्षेत्र मानते थे और फलित ज्योतिष पूरी तरह अटकलों पर आधारित था।

यूरोप में फलित ज्योतिष पर आक्रमण एक दूसरी दिशा से हुआ। वहाँ ईसाई धर्म के प्रचार से यह विश्वास फैला कि मनुष्य की इच्छा स्वतंत्र है और संसार और जीवन पर ईश्वरीय हस्तक्षेप का भी निर्णायक प्रभाव हो सकता है। इस विश्वास को फलित ज्योतिष की इस अवधारणा से बुनियादी विरोध था कि आदमी के जीवन का

प्रत्येक पल नक्षत्रों के प्रभाव से पूर्व निर्धारित है। इस कारण फलित ज्योतिष और इससे जुड़ी भविष्य बतलाने की दूसरी विधियों को भी प्रतिबन्धित करने की कोशिश ईसाई धर्म संस्थाओं की ओर से की गई। लेकिन मनुष्य सदा अन्तर्विरोधों के बीच जीने का आदी रहा है और ज्यादातर धार्मिक लोग भगवद् इच्छा की अटलनीयता और भविष्य के पूर्व निर्धारित होने का विश्वास दोनों को साथ-साथ लेकर जीते रहे हैं। इसलिए लोगों के निजी जीवन से फलित ज्योतिष को निकालने की बात नहीं की जा सकी। बुरे दिनों में यह अच्छे दिनों की भविष्यवाणी कर जीने का सहारा देती रही।

लेकिन जब इसे 'ज्योतिर्विज्ञान' के नाम से शैक्षणिक और वैज्ञानिक शोध संस्थाओं में स्थापित करने की कोशिश होती है तो सदियों के अनुभवों से वैज्ञानिक अनुसन्धान और सिद्धान्तों की जो परम्परा बनी है, उसके नष्ट होने का खतरा पैदा हो जाता है। विज्ञान के सिद्धान्त परवर्तियों के बीच निश्चित और निरपवाद सम्बन्ध स्थापित करते हैं और इसी कारण परवर्तियों की संख्या को न्यूनतम रखने की कोशिश होती है ताकि उनके सम्बन्ध किसी तरह के संशय से परे हों। इसके विपरीत फलित ज्योतिष में भविष्यवाणियों की न तो कोई निश्चितता होती है और न भाषायी स्पष्टता। खतरा यह है कि 'ज्योतिर्विज्ञान' की विज्ञान के रूप में पढ़ाई से भारती शिक्षा संस्थानों में वैज्ञानिक शिक्षा का अनुशासन भी ढीला होता जाएगा और वैज्ञानिक शोध संस्थान झूठे और अतिरंजित उपलब्धियों का ढिंढोरा पीटनेवाले प्रतिष्ठान बन जाएँगे।

कभी-कभी ऐसे दावे प्रस्तुत भी किए जाते रहे हैं—जैसे एक बार किसी के द्वारा पेड़-पौधों से पेट्रोलियम बनाने का दावा पेश किया गया था। लेकिन चूँकि फिलहाल वैज्ञानिक सोच जिन्दा है इसलिए ऐसे दावों का पर्दाफाश होता रहा है। एक बार जब फलित ज्योतिष विज्ञान के रूप में प्रतिष्ठित हो जाएगा उसके बाद यह वैज्ञानिक कसौटी भी नष्ट हो जाएगी जिससे ठोस वैज्ञानिक उपलब्धियों और ढपोरशंखी करामातों का फर्क मालूम हो सके। यह कुछ विश्वास के साथ कहा जा सकता है कि अपनी महान वैज्ञानिक उपलब्धियों के बाद भारत का वैज्ञानिक दृष्टि से अन्धकार युग में प्रवेश निश्चित रूप से ज्योतिर्विज्ञान के प्रभाव में ही हुआ होगा। यह ज्ञातव्य है कि आर्यभट ने, कोपरनिकस से लगभग आठ शताब्दी पहले अपनी ज्यामितीय गणना से धरती के सूर्य की परिक्रमा करने का सिद्धान्त प्रतिपादित किया था। लेकिन हम बढ़े नहीं। अलबरूनी ने, जो स्वयं गणितज्ञ और ज्योतिष शास्त्री था, भारत के अपने वर्णन में लिखा है कि भारत का ज्योतिष शास्त्र यूनान से अधिक विकसित था, पर उस समय चारों ओर अन्धविश्वास दिखाई देता था। यह अनुमान किया जा सकता है कि अन्धविश्वास से उसका अभिप्राय फलित ज्योतिष शास्त्र के प्रसार से ही रहा होगा। यह सर्वविदित है कि सातवीं शताब्दी से बारहवीं शताब्दी तक का काल भारतीय इतिहास का अन्धकार युग ही है।

भारतीय संस्कृति के खिलाफ भाजपा का प्रहार बहुमुखी है। यह सिर्फ उच्च शिक्षा संस्थानों में विज्ञान या इतिहास को नष्ट करने की दिशा में नहीं है। शिशुओं और स्कूली बच्चों की पाठ्यपुस्तकों में भी ऐसे परिवर्तन किए जा रहे हैं जिससे बच्चों की दृष्टि पर एक खास तरह का पूर्वग्रह छा जाए। कुल मिलाकर भाजपा की नीति भारत के तालिबानीकरण की दिशा में है। फर्क सिर्फ इतना है कि तालिबान अफगानिस्तान को इस्लाम की उनकी समझ के अनुसार ढालने की कोशिश कर रहे हैं और भाजपा हिन्दुत्व की अपनी समझ के अनुसार भारत को। दोनों की दृष्टियाँ इस अर्थ में समान हैं कि वे उस सारे ज्ञान और उन सारी परम्पराओं को नष्ट कर देना चाहती हैं जो उनके अपने धर्म के दायरे में नहीं आतीं।

इसमें तालिबान का काम आसान है। अफगानिस्तान एक छोटा-सा देश है और अनेक संस्कृतियों के प्रभाव के बावजूद अपने मूल कबायली चरित्र के कारण धार्मिक विश्वासों को उनके आदिम रूढ़ अर्थों में ग्रहण करने का आदी बन चुका है। इसलिए वह इस्लामी कट्टरपंथ के साथ किसी तरह का रिश्ता बनाकर चल सकता है। हालाँकि इसकी यातनाएँ वहाँ भी जीवन के लिए कठिन बनती जा रही हैं। भाजपा का काम अधिक कठिन है। कट्टरता के कुछ छोटे कालखंडों को छोड़ दें तो भाजपा का इतिहास वैचारिक और जीवन पद्धतियों की विविधता के प्रति सहिष्णुता का रहा है। यहाँ विविध कबायली, नागरी और धार्मिक संस्कृतियाँ सद्भाव के वातावरण में अस्तित्व में रही हैं। इसी कारण यहाँ की संस्कृति को प्राय: सामासिक संस्कृति का नाम दिया जाता है। इसी सामासिक संस्कृति से इसकी राष्ट्रीयता का निर्माण हुआ है। इस सामासिकता का नष्ट होना एक राष्ट्र के रूप में भारत के अस्तित्व का समाप्त हो जाना भी है। इस सामासिकता के नाश के बाद भारत एक-दूसरे से अनजान और भयभीत समूहों का जमघट भर रह जाएगा जिसको बन्दूकों के बल पर किसी तरह समेटे रखने के प्रयास होते रहेंगे जैसा कुछ अंचलों में अभी हो रहा है। बौद्धिक रूप से इतिहास को एकात्मक रूप देने का प्रयास, जो अनिवार्य रूप से दूसरों के अवदान से इनकार करता है, इसी बेगानेपन का पैगाम लेकर पेश हो रहा है। अगर यह प्रयास सफल हुआ तो भारत अनेक अर्थों में एक अन्धकार युग में प्रवेश करेगा।

जनसत्ता, 20 सितम्बर, 2001

भाजपा और लोकतंत्र का अन्तर्द्वन्द्व

आम चुनाव से पहले जो स्थितियाँ उभरती दीखती हैं, उससे चुनाव के बाद कोई सरकार आसानी से बन पाएगी, ऐसा दिखाई नहीं देता। भाजपा के बढ़े-चढ़े दावों और मीडिया द्वारा इसके पक्ष में उभार दर्शाने के बावजूद भाजपा अकेले बहुमत में आ पाएगी, यह कोरी कल्पना ही है। यह अपने सहयोगी दलों के साथ मिलकर भी बहुमत पाएगी, यह भी खयाली पुलाव ही लगता है।

छोटी-मोटी क्षेत्रीय पार्टियों के साथ साँठगाँठ की भाजपा की नीयत से जाहिर है कि इसका अपने बूते सत्ता में आने का अपना विश्वास भी डोल गया है। कांग्रेस की सोनिया लहर भी लोगों के माथे के ऊपर से निकलती नजर आती है, जो जमीनी हकीकत को बदलने में असमर्थ है। संयुक्त मोर्चे की स्थिति भी पूर्ववत् ही है बल्कि इसका एक घटक जनता दल सभी राज्यों में संकट की स्थिति से गुजर रहा है। इस परिदृश्य पर विचार करने पर यह समझना मुश्किल हो रहा है कि अकेले या मिल-जुलकर ये दल सरकार का गठन कैसे करेंगे।

इसमें सन्देह नहीं कि हमारे लोकतंत्र के सामने एक तरह का गतिरोध उपस्थित हो गया है। लेकिन यह गतिरोध इसलिए नहीं पैदा हुआ है क्योंकि देश में कोई एक या दो दल बहुमत पाने की स्थिति में नहीं हैं। यह गतिरोध इसलिए पैदा हुआ है क्योंकि कम-से-कम एक शक्तिशाली दल इस देश में ऐसा है, जिसे देश के ज्यादातर दल अछूत मानते हैं क्योंकि यह दल लोकतंत्र की मूलभूत मर्यादाओं का पालन करने को तैयार नहीं और संविधान की मूल स्थापनाओं को भी सिर्फ मौखिक रूप से तो कबूल करता है। यह दल है भाजपा।

लोकतंत्र सिर्फ बहुमत का शासन नहीं होता है। इसकी आत्मा होती है सहिष्णुता, जिसमें छोटी-से-छोटी जमात को या अकेले एक व्यक्ति को भी बहुमत द्वारा मान्य नीतियों के खिलाफ बोलने और अपने पक्ष में जनमत बनाने की आजादी होती है। इसीलिए अल्पसंख्यकों की आजादी और सुरक्षा न सिर्फ लोकतंत्र की बुनियादी मान्यता है बल्कि संयुक्त राष्ट्र के मानवाधिकार की घोषणा का अंग भी बन गया है, जिस पर भारत ने भी अपनी सहमति की मुहर लगाई है। इसी भावना को मद्देनजर रख हमारे संविधान में अल्पसंख्यकों के अधिकारों के अलग से प्रावधान किए गए

हैं। यह हमारे संविधान के मूल चरित्र का अभिन्न अंग है। भारत का धर्मनिरपेक्ष गणतंत्र होना संविधान के इसी चरित्र की प्रतिध्वनि है।

लोकतंत्र के मूलचरित्र और भारतीय संविधान की मूलध्वनि के आलोक में भाजपा की उपस्थिति हमारे लोकतंत्र के लिए एक स्थायी विसंगति है। संघ परिवार जो भाजपा का आधार है, किसी भी कीमत पर हमारे संविधान की इन मान्यताओं को कबूल करने को तैयार नहीं। देश की सभी समस्याओं को यह मात्र हिन्दू सम्प्रदायवादी दृष्टि से देखता है। यही कारण है कि भाजपा अयोध्या, काशी या मथुरा में मन्दिर-मस्जिद समस्या को उभारने से बाज नहीं आती। कश्मीर का मामला भी इसके लिए देश की एकता का मामला नहीं है, हिन्दू और मुसलमानों का मामला है। ऐसे साम्प्रदायिक कट्टरपंथी लोकतंत्र से सामंजस्य कैसे बैठा पाएँगे, समझना मुश्किल है। ऐसी ही सम्भावनाओं की आशंका से जर्मनी में नात्सी पार्टी (जो हिटलर की पार्टी थी) प्रतिबन्धित है।

जब तक भाजपा एक छोटी पार्टी थी और सत्ता में पहुँचने की इसकी सम्भावना नगण्य थी, तब तक इसे नजरअन्दाज कर भी दूसरे दलों का आपसी विरोध और सरकार बनाने के लिए तालमेल बिना परेशानी के चल सकता था। लेकिन आज स्थिति ऐसी बन गई है कि चाहे तो सभी लोकतांत्रिक दल मिल-जुलकर सरकार बनाएँ या कोई सरकार बने ही नहीं। लेकिन सभी गैर-भाजपायी दलों की सरकार का बनना भी जनता के हितों के प्रतिकूल होगा। क्योंकि विभिन्न पार्टियाँ प्रत्यक्ष या परोक्ष रूप से विभिन्न समूहों के हितों का प्रतिनिधित्व करती हैं और पार्टियों का आपसी विरोध कमोबेश इन हितों की टकराहट को प्रतिबिम्बित करता है। इनके मिल-जुलकर सरकार बनाने से एक अनैतिक घालमेल होगा और अब तक उपेक्षित समूहों की बातें सरकार या संसद में पहुँच नहीं पाएँगी। ऐसा शासन स्थायी रूप से चल नहीं सकता। चूँकि भाजपा एक बड़ी पार्टी बन गई है, अस्थिरता से भयभीत छोटे दलों को प्रलोभन दे उनके सहयोग से सरकार बनाने की स्थिति में भी आ सकती है। उत्तर प्रदेश में तो यह साफ दिखाई दिया, जहाँ अनैतिक तरह से पदों का प्रलोभन दे इसने दलों को तोड़ा और दल-बदल कानून के प्रावधानों को भी महीनों से निलम्बन की स्थिति में रख सरकार चला रही है।

अपने लोकतंत्र के प्रति हमारी आशंका काफी बढ़ जाती है जब हम उन देशों की स्थितियों पर विचार करते हैं, जहाँ धार्मिक कट्टरपंथी जमातों का प्रभाव लोगों पर हावी है। ऐसे सभी देशों में लोकतंत्र की स्थिति काफी नाजुक है, या लोकतंत्र है ही नहीं। यह हम पश्चिम एशिया या उत्तरी अफ्रीका के देशों में देख सकते हैं, जहाँ इस्लामी कट्टरपंथ का बोलबाला है। ईराक में खोमिनी के सत्ता में आने के बाद से यही स्थिति है। सऊदी अरब तो शुद्ध रूप से आधुनिकतम सजधज में मध्ययुगीन मान्यताओं पर आधारित राजतंत्र है। मिस्र के लोकतंत्र पर लगातार कट्टरपंथियों का

दबाव बना हुआ है। अल्जीरिया में मतदान में कट्टरपंथियों के सत्ता में आने की सम्भावना से लोकतांत्रिक व्यवस्था को ही खत्म कर दिया गया और अब सैनिक तंत्र कायम है। नतीजतन कट्टरपंथियों के हथियारबन्द दस्ते विरोधियों की बड़े पैमाने पर हत्या कर रहे हैं। पिछले कुछ वर्षों में हजारों लोगों की हत्याएँ इसी तरह हुई हैं। तुर्की में इस्लामी कट्टरपंथी 'वेलफेयर पार्टी' वहाँ की संसद में सबसे बड़ी पार्टी के रूप में आ गई है। लेकिन उनके चरित्र का मेल वहाँ के संविधान से नहीं बैठता। इससे वहाँ के सर्वोच्च न्यायालय ने इस पार्टी को अवैध घोषित कर दिया है। इससे वहाँ एक गहरा संवैधानिक संकट पैदा हो गया है।

कुछ लोग यह कहकर कांग्रेस तथा अन्य दलों को छोड़ भाजपा में शामिल हो रहे हैं कि भाजपा ही देश में स्थायी शासन देने की स्थिति में है। यह साफ है कि यह मात्र एक बहाना अपनी अवसरवादिता को छिपाने के लिए है। हकीकत में अधिकांश दलों के लिए अछूत बनी भाजपा मिली-जुली सरकार बनाने के रास्ते में बाधा ही है। अगर भाजपा जैसी कट्टरपंथी पार्टी सत्ता में आ जाती है तो इससे न सिर्फ अस्थिरता आएगी बल्कि लोकतांत्रिक व्यवस्था ही खतरे में पड़ सकती है जैसाकि ऊपर के विवरण में इस्लामी कट्टरपंथियों की शक्ति बढ़ने से पश्चिम एशिया और अफ्रीका के कुछ देशों में देखने को मिलता है। भाजपा के कुछ चोटी के नेता यह घोषणा भी कर चुके हैं कि सत्ता में आने पर वे भारत का संविधान बदल डालेंगे।

उन सीमाओं के बावजूद जिनमें भारतीय संविधान का निर्माण हुआ, इसके मूल में कुछ उदात्त तत्त्व हैं, जैसे अल्पसंख्यकों को पूरी सुरक्षा और विकास की सुविधा प्रदान करना और परम्परा से पीड़ित पिछड़े और दलित समूहों के उन्नयन के लिए विशेष अवसरों का प्रावधान—जैसे संविधान की धारा 15 (4) एवं 16 (4) से परम्परावादी अनुदारवादी तत्त्वों के लिए सदा दुखदायी रहे हैं। इसकी जगह एक कट्टर साम्प्रदायिक पार्टी भारत का कैसा संविधान बनाएगी, यह सहज ही अनुमान किया जा सकता है। इसके उदात्त तत्त्वों को निकालने का आग्रह संघ परिवार का सदा से रहा है। फिर भी भाजपा तत्काल इतनी बड़ी ताकत लेकर संसद में नहीं आएगी जिससे संविधान बदल सके। लेकिन सत्ता में रहते हुए देश में साम्प्रदायिक उन्माद पैदा कर संविधान के मुताबिक व्यवस्था का चलना तो असम्भव बना ही सकती है, जैसा उन्माद पैदा कर इसने उत्तर प्रदेश में बाबरी मस्जिद को ढहवाया था।

जब तक भाजपा का शासन सिर्फ राज्यों में रहता है ऐसी हरकतों के खिलाफ केन्द्रीय हस्तक्षेप की सम्भावना बनी रहती है। लेकिन जब स्वयं केन्द्र की सरकार इसके हाथ में होगी तो बेरोक-टोक वह देश में ऐसा माहौल खड़ा कर सभी तरह की लोकतांत्रिक मर्यादाओं को नष्ट कर सकती है। तुर्की की न्यायपालिका ने 'वेलफेयर पार्टी' के साथ जो किया, उसी तर्ज पर एक सीमा के बाद भारतीय न्यायपालिका भी इसके क्रिया-कलापों को अवैध घोषित कर सकती है। लेकिन ऐसा सचमुच में

हो पाएगा या नहीं, यह तो विधि-विशेषज्ञ ही बताएँगे। लेकिन अगर ऐसा हो भी तो इससे लोकतंत्र की आत्मा की रक्षा नहीं होती। जन-समर्थन पर आधारित एक बड़े दल को लोकतांत्रिक प्रक्रियाओं से बाहर रखना स्वयं लोकतंत्र को बहुत सीमित करना होगा।

इस संकट से भारतीय लोकतंत्र की रक्षा दो तरह से हो सकती है। एक रास्ता तो यह हो सकता है कि भाजपा स्वयं अपने को बदले। इसका अर्थ यह होगा कि यह राष्ट्रीय स्वयं सेवक संघ से अपने को पूरी तरह काटकर अलग कर ले। दोहरी सदस्यता को लेकर ऐसा ही विवाद जनता पार्टी में उठा था जब जनसंघ से आए सदस्यों को राष्ट्रीय स्वयं सेवक संघ से अलग होने को कहा गया था। इसी कारण जनता दल में विभाजन हुआ था। आज स्वयं भाजपा के सामने यह समस्या खड़ी हो गई है। जब वह मौजूदा संविधान के तहत देश का शासन लेने की आकांक्षी है। इसका दूसरा विकल्प है कि जनता स्वयं भाजपा को हाशिए पर डाल दे ताकि देश की राजनीति में इसका हस्तक्षेप नगण्य हो जाए। इस चुनाव के नतीजे चाहे जो भी हों, भाजपा की उपस्थिति से भारतीय लोकतंत्र का यह अन्तर्द्वंद्व बना रहेगा। भाजपा को बहुमत में आने से स्थायित्व नहीं आएगा बल्कि स्थायित्व का संकट सीधा उभरकर सामने आएगा।

हिन्दुस्तान, 23 फरवरी, 1998

भाजपा का ताली समीकरण

आम चुनाव के जो परिणाम अन्तिम रूप से आए हैं, इसमें कुछ फेरबदल के साथ पिछली निशंकु स्थिति अभी भी बनी हुई है। लेकिन इस बार लोकसभा में पहुँचनेवाले दलों की तुलनात्मक स्थिति और मानसिकता में कुछ बदलाव जरूर आया है। कांग्रेस और संयुक्त मोर्चे के आन्तरिक विवाद के कारण चूँकि विकल्प में दूसरी सरकार बनने की सम्भावना भी क्षीण हो गई, तुरन्त फिर चुनाव लादे जाने से भयभीत और थके सांसद तत्काल कम-से-कम कुछ महीनों के लिए अल्पमत की भाजपा और इसके सहयोगी दलों की सरकार को चलने देंगे। लेकिन यह लोकसभा अपने पूरे कार्यकाल तक चल पाएगी इसकी सम्भावना कम ही है।

स्थिति में जिस बदलाव की चर्चा की गई है उसमें एक यह है कि इस बार भाजपा ने अपने पुराने घेरे को तोड़कर कुछ क्षेत्रीय दलों से तालमेल किया था। इनमें पंजाब का अकाली दल, तमिलनाडु में अन्नाद्रमुक, पश्चिम बंगाल में ममता बनर्जी की तृणमूल कांग्रेस, कर्नाटक में रामकृष्ण हेगड़े की लोकशक्ति, उड़ीसा का बीजू जनता दल आदि प्रमुख हैं। इन दलों के कंधों पर सवार हो इसने अपने सांसदों की संख्या भी उन इलाकों में बढ़ाई है जहाँ से पहले इसका कोई प्रतिनिधित्व नहीं था। दूसरी ओर इसे राजस्थान और महाराष्ट्र में भारी पराजय का सामना करना पड़ा जहाँ इसकी अपनी या शिवसेना के साथ मिलीजुली सरकारें थीं। कुल मिलाकर इसे थोड़ी सीटों का लाभ हुआ है।

इन दलों से भाजपा का महज चुनावी तालमेल था और इनके साथ यह तालमेल किसी वैचारिक आधार पर नहीं हुआ था। लोगों के मन पर प्रभाव डालने में तो इसका लाभ हुआ लेकिन भाजपा की अपनी खास नीतियों को लागू करने की क्षमता के हिसाब से इससे इसे कोई लाभ नहीं हुआ। उलटा, इससे भाजपा के अपने चरित्र में, इस गठजोड़ से धीरे-धीरे बदलाव आ सकता है जो देश के लिए शुभ और भाजपा के पीछे की शक्ति संघ परिवार के लिए अत्यन्त ही अशुभ बात होगी। जिस तरह के बदलाव की सम्भावना है उससे भाजपा के अलग अस्तित्व के औचित्य पर ही प्रश्नचिह्न लग सकता है।

ऐसी सम्भावनाओं का खास महत्त्व भाजपा और राष्ट्रीय स्वयंसेवक संघ के विशेष तरह के सम्बन्ध के कारण है। हालाँकि अब जन समर्थन प्राप्त कर एवं नए समूहों से सदस्यों की भर्ती कर भाजपा एक बड़ी पार्टी बन गई है फिर भी अभी तक राष्ट्रीय

स्वयंसेवक संघ ही इसे हिलाता-डुलाता रहा है। नए दायरे में प्रवेश से इसके रिश्ते में भारी तनाव पैदा होगा। लोकतांत्रिक व्यवस्था में काम करने की विवशता से जो स्थिति भाजपा के सामने आ गई है, उसमें तनाव कहाँ पैदा होगा इसकी दिशा दिखाई देने लगी है।

सबसे महत्त्वपूर्ण फर्क तो यह हुआ है कि इसकी कार्यसूची से वे मुद्दे ही जिनसे भाजपा की अलग पहचान बनती थी...जैसे अयोध्या में राम मन्दिर निर्माण, संविधान से अनुच्छेद 370 को खत्म करना, समान नागरिक कानून लागू करना—निकाल दिए गए हैं। इस तरह हिन्दुत्व के मुद्दे से मुक्त दुमकटी भाजपा अब नीतियों के मामले में कांग्रेस की धुँधली छाया बनकर रह गई है।

जो भी हो भारत की जनता ने भाजपा को शासन करने का एक मौका जरूर दिया है। लेकिन इस मौके के साथ जनता का एक व्यंग्य भाव भी जुड़ा हुआ है। जनता ने मौका तो दिया लेकिन यह मौका इतना नपा-तुला और बन्धनकारी है कि भाजपा की सरकार देश की संवैधानिक मान्यताओं के बाहर एक डग भी इधर-उधर नहीं भटक सकती। सबसे विडम्बनापूर्ण स्थिति तो यह है कि भाजपा को ऐसे दलों के समर्थन पर शासन करना पड़ रहा है जो इसके शक्तिशाली केन्द्र और एकात्मकता की सारी मान्यताओं को नकारनेवाले हैं। अन्नाद्रमुक जिस परम्परा से आता है वह 'हिन्दू, हिन्दी, हिन्दुस्तान' की कल्पना से कोसों दूर है और इसके पीछे स्वतंत्र द्रविड़ देश के आन्दोलन की विरासत है जिसने कभी अपनी पृथकता जताने के लिए तमिल भाषा से चुन-चुनकर संस्कृत शब्दों को निकाला था। अकालियों का आनन्दपुर साहिब प्रस्ताव शक्तिशाली केन्द्र के हिमायती भाजपाइयों को निगलने में कितना कष्ट हुआ होगा यह सहज ही अनुमान किया जा सकता है जिसके अनुसार प्रतिरक्षा और विदेशी सम्बन्ध छोड़ बाकी सारे अधिकार राज्यों के हवाले करने की माँग थी।

ये सब स्वागतयोग्य स्थितियाँ हैं जिनके अनुशासन में कुछ वर्ष रहकर भाजपा एक संकीर्ण सम्प्रदायवादी कट्टरपंथी जमात की जगह सही अर्थ में राष्ट्रीय पार्टी के रूप में परिवर्तित होकर निकल सकती है। यह भी एक रास्ता है जिससे भाजपा के कट्टरपंथ से भारतीय लोकतंत्र के अन्तर्द्वन्द्व—जिसकी चर्चा इससे पहले की गई थी—समाप्त हो सकता है। लोकतंत्र में यह शक्ति होती है कि अगर इसे निर्बाध विकसित होने दिया जाए तो यह स्वयं दलों और समूहों के अनुदारवादी पूर्वाग्रहों को रगड़कर मिटा देता है और उन्हें लोकतांत्रिक मर्यादाओं के अनुरूप बनाता है। जनता ने भाजपा को लोकतंत्र की ऐसी ही पाठशाला में कड़ी निगरानी के भीतर दाखिल किया है। अब देखना है कि भाजपा इस स्थिति को झेल सुधरती है या फिर भागकर अपने संकीर्ण सम्प्रदायवादी खोल में समा जाती है।

भाजपा के सत्ता में आने से काफी लोगों में इसके फासीवादी अतीत के कारण आशंकाएँ भी हैं। यह सर्वविदित है कि राष्ट्रीय स्वयंसेवक संघ के नेता इसके प्रारम्भिक दिनों में हिटलर के प्रबल प्रशंसक थे और हिटलर के 'स्टॉर्म ट्रुपर्स' और

मुसोलिनी के 'ब्लैक शर्ट्स' की तर्ज पर ही काली टोपीधारी सैनिक दस्ते के रूप में राष्ट्रीय स्वयंसेवक संघ का गठन किया गया था। हिटलर भी 1933 में मिलीजुली सरकार में ही चांसलर (प्रधानमंत्री) बना था। लेकिन कुछ ही महीने में उसने हिंसा और आतंक का ऐसा माहौल पैदा किया कि उसे अगले चुनाव में पूर्ण बहुमत प्राप्त हो गया और उसने जर्मनी के वाइमर संविधान की धज्जियाँ उड़ा दीं। भाजपा के मुख्यमंत्री कल्याण सिंह ने अयोध्या प्रकरण में जिस तरह अपनी सरकार और दंगाई लम्पट तत्त्वों के मिले-जुले प्रयासों से बाबरी मस्जिद को ढहवाया था उससे ऐसी आशंकाओं को बल मिलना स्वाभाविक है।

लेकिन स्थितियों की कुछ बुनियादी भिन्नताएँ भी हैं जिससे ऐसी आशंका निर्मूल लगती है। एक महत्त्वपूर्ण फर्क तो तंत्रों का लगता है। भले ही भाजपा के चोटी के नेता अब भी खास अवसरों पर अपने तोंदल शरीरों पर ढीली-ढाली खाकी वर्दी और काली टोपी लगा लेते हों लेकिन इसमें मुट्ठी तने 'हैल हिटलर' का ओज नहीं होता। यह बहुत कुछ रस्मी बन गया है।

इसके अलावा भाजपा की विशालता और विविधता भी ऐसे प्रयासों के रास्ते में बाधा है। हिटलर ने अपने हाथ में पूर्ण सत्ता लेने के पहले जर्मनी के स्वायत्तता प्राप्त राज्यों की सरकारों को बर्खास्त किया था। भारत में स्वायत्तता के ऐसे समर्थक दलों पर भाजपा की शक्ति टिकी है कि ऐसे कदम एक सीमा के बाद सम्भव नहीं। जयललिता द्वारा द्रमुक सरकार को बर्खास्त करने की माँग पूरे परिदृश्य में एक भटकाव ही लगेगा। आज की स्थिति में केन्द्र में तानाशाही लाने का कोई भी प्रयास गृहयुद्ध और विघटन को ही जन्म देगा। जिस जनता ने आपातकाल लादने के लिए बंगलादेश में पाकिस्तान के विरुद्ध युद्ध की विजेता इन्दिरा गांधी को नहीं बख्शा वह भाजपा को भी ऐसी हरकतों के लिए नहीं बख्शेगी।

इसलिए फिलहाल भाजपा के शासन से आतंकित होने का कोई कारण नहीं। इस नए अनुभव के बाद राष्ट्रीय स्वयंसेवक संघ के नियंत्रण से मुक्त भाजपा कुछ साम्प्रदायिक रुझानवाले एक दक्षिणपंथी दल के रूप में ही उभरेगी। इसके शासन से इसके स्वदेशी प्रेम की भी परीक्षा हो जाएगी। समता पार्टी नेता जॉर्ज फर्नांडीस को भी देश को बतलाना पड़ेगा कि भाजपा के साथ चलकर बहुराष्ट्रीय कम्पनियों को निकालने की उनकी कार्यसूची के पीछे वास्तविक प्रतिबद्धता थी या यह सिर्फ खोखला नारा था। देश को सबसे बड़ा फायदा यह होगा कि इस मिथक का अन्त हो जाएगा कि भाजपा वास्तव में एक बेहतर विकल्प है। चूँकि दलों का अस्तित्व वे क्या हैं इससे अधिक उनके सम्बन्ध में मिथक क्या है इस पर निर्भर करता है, इसलिए भाजपा के सत्ता में कुछ अवधि के नियंत्रित अस्तित्व से एक आवश्यक मोह भंग होगा।

हिन्दुस्तान, 20 मार्च, 1998

भाजपा के निर्णय के क्षण

गुजरात में बड़ा दिन के त्योहार के दिन से ईसाइयों के खिलाफ हिन्दू जागरण मंच द्वारा आक्रमण, कर्नाटक के सूरतकल, मैंगलोर तथा कुछ अन्य स्थानों पर साम्प्रदायिक दंगे, लगभग उसी समय जबकि बंगलोर में भाजपा की राष्ट्रीय कार्यसमिति की बैठक हो रही थी और पटना में ठीक इसी समय भारतीय मजदूर संघ की राष्ट्रीय सभा में भाजपा सरकार द्वारा बीमा क्षेत्र को निजी क्षेत्र एवं विदेशी निवेश के लिए खोलने तथा पेटेंट विधेयक पारित कराने के प्रयासों की कटु आलोचना स्पष्ट संकेत हैं कि भाजपा और संघ परिवार से जुड़े दूसरे संगठनों की सोच बिलकुल अलग-अलग और विपरीत दिशा में चल रही है। अब भाजपा के लिए अपने सत्य से साक्षात्कार का समय आ गया है। इसे स्पष्ट रूप से यह निर्णय करना है कि यह है क्या।

जब पिछली फरवरी में भाजपा सत्ता के समीप दिखाई दे रही थी तो लेखक ने इस स्तम्भ में यह विचार व्यक्त किया था कि भाजपा को सचमुच में एक धर्मनिरपेक्ष लोकतांत्रिक पद्धति अपनाने के लिए राष्ट्रीय स्वयंसेवक संघ की विरासत से नाता तोड़ना होगा और इसके भीतर कुछ वैसे ही विवाद पैदा होंगे जैसा जनता पार्टी के भीतर राष्ट्रीय स्वयंसेवक संघ की सदस्यता को लेकर उठा था। असल में भावनात्मक मुद्दों जैसे धर्म, जाति, मूल, नस्ल आदि के विवाद को उभारकर सत्ता में पहुँचने के प्रयास में सदा ऐसे अन्तर्विरोध पैदा होते हैं। ऐसे भावनात्मक मुद्दों पर सत्ता में पहुँचने के प्रयास इससे उत्पन्न अन्तर्विरोधों से अधिनायकवाद की ओर ले जाते हैं।

सत्ता से लोगों की अपेक्षाएँ मूलत: जीवन की आवश्यकताओं—जैसे रोजगार, रोटी या जीवन के लिए जरूरी दूसरी वस्तुओं की आपूर्ति की होती है लेकिन भावनाओं को उभारकर सत्ता में पहुँचनेवाले समूहों की चूँकि ऐसी नीतियों के लिए कोई गम्भीर वैचारिक तैयारी नहीं होती इसलिए सत्ता में पहुँचने पर ऐसे समूह आम लोगों को सदा निराश करते हैं। फिर जब लोग विरोध करना शुरू करते हैं तो उन्हें दबाने की कोशिश होती है। इस तरह अधिनायकवाद की तरफ संक्रमण का आधार तैयार होता है। धर्म, जाति, नस्ल या राष्ट्रीय उन्माद में इन समूहों के भीतर के अन्तर्विरोध तात्कालिक रूप से दब जाते हैं, लेकिन जब उन्माद का माहौल समाप्त होता है तब आपसी संघर्ष पैदा होता है क्योंकि धर्म या राष्ट्र सुविधा सम्पन्न और

वंचित समूहों या गरीब-अमीर के विभाजन को अपने भीतर बनाए रखता है। सत्ता को इन विभिन्न वर्गों के दावों के बीच मध्यस्थता करने की जरूरत होती है जो इसके अपने रुझानों पर निर्भर करती है।

राष्ट्रीय स्वयंसेवक संघ का आदर्श इसके प्रारम्भिक दिनों में हिटलर का, जिसका जर्मनी की सत्ता पर काबिज होना ऐसे ही भीतरी संघर्षों से भरा था। भाजपा के आन्तरिक संघर्ष को समझने के लिए इन संघर्षों का परिप्रेक्ष्य काफी सहायक होगा। हालाँकि दो ऐतिहासिक घटनाक्रम बिलकुल समान नहीं होते फिर भी इनकी कार्य प्रणालियों की समानता इनके पीछे के बुनियादी दबावों को समझने में कुछ सहायक हो सकती है।

हिटलर ने अपनी राजनीति का आधार जर्मन राष्ट्रवाद को बनाया था। इस राष्ट्रवाद का केन्द्र उसने नस्ल की शुद्धता और यहूदी विरोध को बनाया। ज्ञातव्य है कि संघ परिवार ने इसी तरह अपने राष्ट्रवाद का आधार भारत के गैर-हिन्दू समुदायों यथा मुसलमानों एवं ईसाइयों का विरोध बनाया है। गोलवलकर ने स्पष्ट रूप से लिखा था कि भारत के नागरिक तो सिर्फ हिन्दू ही हो सकते हैं, ईसाई या मुसलमान मेहमान के रूप में भले ही रहें।

लेकिन ऐसी जमातें नीति के मामले में पूरी तरह अवसरवादी होती हैं और लोकप्रियता हासिल करने के लिए समय के हिसाब से नीतियाँ बनाती या बदलती हैं। तीस के दशक में आर्थिक मन्दी के कारण जर्मनी में बेरोजगारी की समस्या गम्भीर हो गई थी। मजदूरों और निम्न-मध्यम वर्ग में व्यापक असन्तोष था। मजदूरों को आकर्षित करने के लिए दल का नाम नेशनल सोशलिस्ट (नॉत्सी पार्टी) रखा गया था और झंडे का रंग भी लाल था। हालाँकि बीच में स्वस्तिक का निशान रखा गया था। गरीबों को संगठित करने में ऑट्टो स्ट्रासर नामक व्यक्ति का सहयोग महत्त्वपूर्ण सिद्ध हुआ। बेरोजगारों को लेकर ही एस.ए. (स्टॉर्म ट्रुपर्स) का गठन किया गया जो अर्द्धसैनिक दस्ता था और बाद में इसका इस्तेमाल विरोधियों को आतंकित करने के लिए किया गया। दरअसल राष्ट्रीय स्वयंसेवक संघ का मॉडेल यही था। इसका संगठन रॉह्म नामक कुशल संगठक ने किया था। इसके प्रारम्भिक नारे पूँजीपतियों के विरोध के थे।

जब 1933 में हिटलर सत्ता में आ गया तब इसके लिए ये संगठन बोझ बनने लगे क्योंकि सत्ता में पहुँचने के लिए इसने गठजोड़ मूलत: दक्षिणपंथी समूहों एवं फौजी अफसरों से किया था। साथ ही अपने कम्युनिस्ट और सोशलिस्ट विरोध के कारण पूँजीपतियों से भरपूर समर्थन इसे मिलने लगा था। इधर रॉह्म पूँजीपतियों के खिलाफ 'दूसरी क्रान्ति' की बात कर रहा था और स्ट्रासर मजदूरों के संघर्षों का समर्थन करने लगा था जो हिटलर के कारपोरेट स्टेट, जिसमें मजदूर और मालिक दोनों को राज्य के निर्देशों पर काम करने की बाध्यता थी, के विचारों के विपरीत

पड़ता था। इन परेशानियों से छुटकारा के लिए 1934 के जून में हिटलर ने ऑटो स्ट्रासर, रॉह्म तथा अनेक दूसरे नात्सी नेताओं की हत्या करा दी। इस काम में उसने एक नए दस्ते की सहायता ली जो बाद में यहूदियों की सामूहिक हत्या कराने में कुख्यात हो गया। हिटलर ने 'सुस्त स्टाफेल' यानी 'सुरक्षा दस्ता' नाम से एक अधिक अनुशासित जत्था संगठित किया था जिसका इस्तेमाल इस काम के लिए किया गया। सत्ता पर अधिकार और अपने दल के भीतर के विरोधियों को समाप्त कर उसने फौज के उन अफसरों को निकालना शुरू किया जो उसकी योजनाओं से सहमत नहीं थे। इस तरह सर्वसत्ता की स्थापना हुई।

जब हम जर्मनी की स्थिति से आज के भाजपा शासन की तुलना करते हैं तो आज के भारत और 1933-34 के जर्मनी की बुनियादी भिन्नताओं को भी ध्यान में रखना चाहिए। जर्मनी के विपरीत भारत एक विविधतापूर्ण विशाल देश है। तत्कालीन जर्मनी तो भारत के कई राज्यों से भी छोटा था। हालाँकि जर्मनी में एक बड़ी यहूदी आबादी थी जिसने जर्मनी की संस्कृति और समृद्धि को गौरवशाली बनाने में प्रमुख भूमिका निभाई थी, भाषा और मूल की दृष्टि से जर्मन बहुत समान थे जो उन्हें यहूदियों से भिन्न दिखाते थे। इसके अलावा यूरोप में प्रतीक भी है इन दो जीवन दृष्टियों के मूल विरोध का।

संगठनों के विकास में भी एक बुनियादी विरोध है। जहाँ जर्मनी में एस.ए. और एस.एस. नात्सी पार्टी द्वारा खड़े किए गए थे वहीं भारत में भाजपा, विश्व हिन्दू परिषद, भारतीय मजदूर संघ, बजरंग दल एवं विद्यार्थी परिषद ये सभी राष्ट्रीय स्वयंसेवक संघ द्वारा निर्मित किए गए मंच हैं। अब स्थिति यह है कि राष्ट्रीय स्वयंसेवक संघ एक समेकित संगठन नहीं रह गया है और अलग-अलग मंचों के लोग अपनी विशेष स्थितियों और कार्यक्रमों के कारण अलग-अलग तरह का चरित्र विकसित करते गए हैं। जहाँ विश्व हिन्दू परिषद और बजरंग दल दंगा-फसाद और तोड़-फोड़ करने में अग्रणी ऐसा छाता बन गया है जिसमें संघ परिवार के असंख्य छोटे-बड़े संगठन आड़ पाते हैं। जर्मन समाज में यहूदियों के खिलाफ भेदभाव का एक लम्बा इतिहास था। इसलिए हिटलर का यहूदी विरोध एक पारम्परिक खाँचे में फिट बैठता था।

इसके विपरीत भारत एक ऐसा महासमुद्र रहा है जिसमें विभिन्न मूलों और विश्वासों के लोग नदियों के जल की तरह विलीन होते गए हैं। इसके अलावा जर्मनी में राष्ट्र-राज्य और शक्ति पूजा की एक जबर्दस्त परम्परा रही है जिसे लोक मानस में बिठाने में हिरोल, नीत्से, वैग्नर जैसे दार्शनिक और कलाकारों का खास योगदान रहा है। इसके विपरीत भारत—हालाँकि प्रत्यक्ष व्यवहार में हम भारतीय आज इस परम्परा को भूलने लगे हैं—गौतम बुद्ध, महावीर, अशोक और अपने समय में महात्मा गांधी का देश रहा है जिन्होंने अहिंसा और परोपकार को जीवन का आदर्श

माना। एक हिन्दुत्ववादी द्वारा महात्मा गांधी की हत्या के लम्पट तत्त्वों को संरक्षण मिल सके वहीं भाजपा सत्ताधारी या सत्ता का दावेदार होने के नाते अधिक शालीन तसवीर उपस्थित करने की कोशिश करती है।

लेकिन अभी तक सत्ता के लिए अपना सुरक्षित आधार बनाने की अक्षमता के कारण भाजपा इनमें किसी तत्त्व के साथ रिश्ता तोड़ने की स्थिति में नहीं है। इसका स्थापित नेतृत्व व्यक्तियों और संगठनों के घालमेल के कारण विश्व हिन्दू परिषद या बजरंग दल को समाप्त करने की कोशिश भी नहीं कर सकता। स्वयं सरकार के मंत्री लालकृष्ण आडवाणी और अटल बिहारी वाजपेयी की दृष्टियाँ समान नहीं हैं। अटल बिहारी वाजपेयी को इसी कारण सदा दो जुबान से बात करनी होती है।

एक तरफ वे जहाँ ईसाइयों पर हुए हमले की निन्दा करते हैं वहीं जो बात सभी सूत्रों से पुष्ट होती है उसे कबूल करने को तैयार नहीं—यानी गुजरात की घटनाएँ वहाँ की सरकार की मिलीभगत के बगैर सम्भव नहीं थीं। एक तरफ विश्व हिन्दू परिषद के लोग इन घटनाओं से किसी तरह के सम्बन्ध से इनकार करते हैं तो वहीं इसके नेता यह धमकी भी दे डालते हैं, "अगर हिन्दुओं का धर्मान्तरण रुका नहीं तो ईसाई मिशनरियों को मुँहतोड़ जवाब दिया जाएगा।" केशुभाई पटेल ने भी यह बात कह ही दी कि धर्मान्तरण को लेकर लोगों में क्षोभ है। इसी तरह की दोहरी बातें बाबरी मस्जिद के ढहाने के समय की गई थीं। अगर ईसाई मिशनरी शिक्षा, चिकित्सा आदि के क्षेत्र में गरीब लोगों की सेवा कर रही है तो इसके लिए हमें उनके प्रति कृतज्ञ होना चाहिए। जिन्हें इससे धर्मान्तरण का भय है उनका कर्तव्य बनता है कि वे भी ऐसे कल्याणकारी कार्यों के लिए हिन्दू धर्म संस्थाओं को प्रेरित करें।

अभी तक भारत में उच्च स्तर पर नेताओं की हत्या कर दलों में शक्ति समीकरण की परम्परा नहीं बनी है, हालाँकि निचले स्तरों पर ऐसी हत्याएँ, आम बात हो गई हैं। दीनदयाल उपाध्याय द्वारा गोलवलकर के हिन्दू राष्ट्र की बजाय भारत राष्ट्र की अवधारणा के आग्रह से उपजे विवाद के बाद जब दीनदयाल उपाध्याय की चलती रेलगाड़ी में रहस्यमय ढंग से हत्या हो गई तो उस समय यह सन्देह राजनीतिक हलकों में जरूर व्यक्त किया गया कि इस हत्या के पीछे स्वयं संघ का भीतरी विवाद था। खैर, उस सीमा तक नहीं पहुँचा है। इसमें भारतीय परम्परा भी आड़े आती है क्योंकि छुटभैयों की ऐसी हरकतों को तो लोग अपराधी तत्त्वों के घुसपैठ का परिणाम बता देते हैं लेकिन शीर्ष नेताओं की हत्या की तीव्र प्रतिक्रियाएँ हो सकती हैं। दलों के शीर्ष के नेता अभी विवादों के हल के लिए हिंसा का प्रयोग करने की उस स्थिति में नहीं पहुँचे हैं जहाँ हिटलर पहुँचा था।

लेकिन स्वदेशी जागरण मंच ने एक समस्या भाजपा नेताओं के सामने जरूर पैदा कर दी है। परोक्ष रूप से दत्तोपन्त ठेंगड़ी ने यह कह ही दिया है कि अटल बिहारी वाजपेयी विदेशों द्वारा खरीदे गए नौकरशाहों से घिरे हैं और उन्हीं की नीतियाँ

चला रहे हैं। इसके बाद जिस आपाधापी में 5 जनवरी की सन्ध्या को विवादित पेटेंट कानून को अध्यादेश द्वारा लागू किया गया वह सरकार की जल्दबाजी और घबराहट दोनों जाहिर करती है।

अभी बीमा क्षेत्र को निजी एवं विदेशी निवेशकों के लिए खोलने का फैसला भी संघ परिवार में घोर विवाद का विषय बन गया है। भाजपा के मध्यवर्गी और व्यापारी वर्ग के समर्थक चाहते हैं कि निजीकरण और विदेशी व्यापार के लिए देश को खोलने की नीति को जल्दी लागू किया जाए। इसका तर्क सीधा है। देश के व्यापारियों के लिए स्वदेशी कोई जज्बाती मुद्दा नहीं है। वे तो रोज विदेशी कम्पनियों के सहयोग से अपना कारोबार बढ़ा रहे हैं, अपनी कम्पनियों को विदेशी कम्पनियों के हाथ बेच रहे हैं। व्यापार का अपना तर्क होता है। मजदूरों का कोई देश हो या न हो पूँजीपतियों का अपना देश नहीं होता। वे सही अर्थ में 'वसुधैव कुटुम्बकम' में विश्वास करते हैं। ठेंगड़ी ने 'होल वर्ल्ड इज ए मार्केट' की जगह 'होल वर्ल्ड इज ए फैमिली' की बात की है। दरअसल दोनों एक ही बात हुई। बहु-राष्ट्रीय पूँजीपतियों के लिए सारा संसार परिवार क्यों नहीं? अगर हम पूँजीवादी व्यवस्था को कबूल करते हैं तो उसके सारे तर्क को कबूल करना चाहिए। इस व्यवस्था का मूल आधार मुनाफा कमाना है। इसमें स्वदेशी विदेशी विभाजन नहीं होता। ये तो महज आकर्षक लेबल होते हैं—जैसे " 'मारुति' इसलिए चाहिए क्योंकि इसमें अद्यतन 'फॉरेन टेक्नालॉजी' है और 'टाटा इंडिका' इसलिए कि यह खालिस स्वदेशी" है। भाजपा नेताओं को आपस में बैठकर सुनिश्चित कर लेना चाहिए कि वे कौन-सा लेबल लेकर चलेंगे।

हिन्दुस्तान, 20 जनवरी, 1999

देशभक्ति किसकी

वन्दे मातरम् गान को लेकर जब देशभक्ति की बहस चल ही निकली है तो इसे मुकम्मल करने की जरूरत है। देशभक्ति की आधी-अधूरी समझदारी देश के हित-अहित के प्रति न सिर्फ अन्धी होती है, बल्कि कभी-कभी भयंकर रूप से खौफनाक भी। भूलना नहीं चाहिए कि हिटलर भी एक तरह का देशभक्त था और वर्तमान अमेरिकी राष्ट्रपति जॉर्ज डब्ल्यू बुश भी किसी तरह के देशभक्ति ही हैं। आज दुनिया ऐसे देशभक्तों से अटी पड़ी है और देशभक्तों के इस जंगल में उतनी ही सावधानी से पाँव बढ़ाने की जरूरत है, जैसे युद्ध क्षेत्र में लैंडमाइनों से सावधान होने की जरूरत होती है।

वन्दे मातरम् गान को सात सितम्बर के दिन स्कूली बच्चों के लिए अनिवार्य करने का जो फरमान निकला और उस पर जिस तरह की बहस चली उससे लगता है कि हमने देशभक्ति की असली कसौटी पा ली है और इस पर खरा निकलने मात्र से हम देश की शान को आसमान तक पहुँचा देंगे। कुछ हिन्दुत्ववादी तत्त्वों, मसलन विश्व हिन्दू परिषद ने फतवा दिया है कि जो वन्दे मातरम् का पाठ नहीं करते उन्हें देश में रहने का अधिकार नहीं। यानी अपनी हरकतों से देश के आर्थिक आधार को खोखला करनेवाले, भोजन की सामग्री और दवा में मिलावट से देश के स्वास्थ्य को बिगाड़नेवाले, शिक्षा माफिया चलाकर देश की विद्या और बौद्धिक प्रतिभा को नष्ट करनेवाले, कार्यालयों में कामचोरी और घूसखोरी से प्रशासनिक व्यवस्था को चौपट करनेवाले—ये सब देशद्रोही नहीं, देशद्रोही सिर्फ वे बच्चे और उनके अभिभावक हैं जो अपने धार्मिक विश्वास, अन्धविश्वास या नासमझी से इस वन्दना में शामिल नहीं हुए।

थोड़ा विचार करने पर हम पाएँगे कि वन्दे मातरम् गान के प्रारम्भिक पद जिन्हें आजादी के आन्दोलन के दौर में राष्ट्रगीत के रूप में अपनाया गया था, अपने परिवेश की विलक्षणता का गायन भर है। 'सुजलां सुफलां मलयज शीतलाम् शस्य श्यामलाम्' परिवेश की वैसी ही गुण गाथा है जैसी इकबाल का 'पर्वत वो सबसे ऊँचा हमसाया आसमां का, वह सन्तरी हमारा वह पासबां हमारा।' कोई अचरज नहीं कि आजादी की लड़ाई के पूरे काल में वे दोनों गान साथ-साथ एक ही मंच से गाए जाते रहे।

यह परिवेश उस सारे भूभाग का है जिसमें आज बांग्लादेश, भारत और पाकिस्तान तीन अलग-अलग देश बन चुके हैं। यह बुनियादी सच्चाई को और इस हकीकत को

जाहिर करता है कि तीन अलग देश बनने के बावजूद हमारा राष्ट्रीय परिवेश एक है और एक बुनियादी अर्थ में हम तीनों की एक ही सांस्कृतिक विरासत है—हम ऐसे भाई-बहन हैं जो एक ही पालने में पले हैं। पाकिस्तान की सीमा के थोड़ा-सा खुलने से जिस तरह परिवार के बिछुड़े लोगों के भावपूर्ण मिलन हुए या बांग्लादेश और भारत के राजनीतिक विभाजन रेखाओं के बन्दिशों को तोड़कर जीवन की जरूरतों के दबाव में लोग जिस तरह सीमा पार करते रहे हैं—यह सब हमारे स्वाभाविक परिवेश की और बुनियादी एकता की याद दिलाते हैं। यह गान कुछ हद तक हमें याद दिलाता है कि भारत, बांग्लादेश और पाकिस्तान स्वाभाविक दुश्मन नहीं, सगे भाई हैं। हमें मिल-जुलकर अपनी तरक्की के रास्ते पर चलना है। इस विवाद को एक साम्प्रदायिक साँचे में ढालने के सारे प्रयास विकृत मानसिकता की ही उपज हो सकते हैं और हमारी स्वाभाविक एकता को तोड़ते हैं।

जो विचार करने की बात है वह यह कि हम आज उस परिवेश के साथ जिसकी वन्दना कर रहे हैं, कैसा व्यवहार कर रहे हैं? अगर हम इस परिवेश को नष्ट कर रहे हैं तो असली देशद्रोह यही है। सुजला सुफला इस भूमि में बांग्लादेश, भारत और पाकिस्तान अलग-अलग तरह से तीनों ही जल संकट और अन्न संकट से जूझ रहे हैं। ये दुनिया के उन देशों में हैं जहाँ सिंचाई और पीने के पानी का अभाव बढ़ता जा रहा है और जहाँ कुपोषण से पीड़ित दुनिया की सबसे बड़ी आबादी रहती है। असली तलाश उन देशद्रोहियों की होनी चाहिए जो इस स्थिति के लिए जिम्मेदार हैं। 'मलयज शीतला' इस देश के नगर तो दमघोंटू प्रदूषण के शिकार हैं ही, हवा और नदियों के द्वारा लाए गए औद्योगिक नगरों के कूड़े-कचरे और धुएँ के प्रभाव से गाँव की हवा भी प्रदूषित और दुर्गन्धपूर्ण बन रही है। इन दुर्गन्धों से युक्त हमारा परिवेश अब वन्दनीय रह गया है क्या? इसे प्रदूषण से मुक्त करना राष्ट्रभक्ति का तकाजा है क्या? अगर हाँ तो तलाश करनी होगी उनकी, जो इस प्रदूषण के लिए जिम्मेदार हैं। इस तलाश में वैसे अनेक दिग्गज पकड़े जाएँगे जो देशभक्ति का तमगा बाँट रहे हैं।

इसके लिए सबसे पहले तो जिम्मेदार वे सारे राजनेता हैं जिन्होंने विकास का वह मॉडल पश्चिमी देशों से अपनाया जो अनिवार्य रूप से दुनिया के पर्यावरण को नष्ट करनेवाला था। महात्मा गांधी ने 1909 में भारत में विकास की एक वैकल्पिक दिशा देने की कोशिश की थी। 1946 में जब देश आजादी की दहलीज पर था तो उन्होंने फिर एक बार इस सवाल को उठाया था। पर पंडित जवाहरलाल नेहरू ने इस विवाद को टाल दिया। साल भर बाद जब अंग्रेजी हुकूमत से मुक्ति मिली तो फिर इस सवाल पर कभी विचार नहीं किया गया।

महात्मा गांधी उन 'देशभक्तों' की गोली से सुला दिए गए जो वन्दे मातरम् के सबसे बड़े हिमायती हैं। संयोग से ये देशभक्त 1940 में हिटलर को 'रोल मॉडल'

बनाकर उसके 'स्टार्म ट्रुपर्स' की तर्ज पर अपना संगठन खड़ा कर रहे थे। इसके बाद देश के कई राज्यों और केन्द्र में भी इनके स्वयंसेवक एक राजनीतिक दल भाजपा के जरिये शासन कर चुके हैं। देश की सुजला सुफला छवि को नष्ट करने में इनकी विशेष भूमिका रही है। वन्दे मातरम् गाने का फरमान जारी करनेवाली कांग्रेस पार्टी और इसे नहीं गाने पर देश निकाले का फतवा जारी करनेवाले हिन्दुत्ववादी—दोनों समान रूप से इस देश की उस तसवीर को नष्ट करने के लिए जिम्मेदार हैं जिसकी वन्दना को देशभक्ति की कसौटी बनाया जा रहा है।

देश की एक दूसरी गंगा नर्मदा की उन्मुक्त धारा के बाँधों से बाधित होने से इसकी घाटी में बसे लाखों लोगों के परिवेश जब उजड़ने लगे तब उन्होंने शान्तिपूर्ण ढंग से इसका विरोध किया। अपनी अस्तित्व रक्षा और सुजलां सुफलां के आदर्शों की रक्षा में लगे इन भोले-भाले आदिवासियों के खिलाफ इन देशभक्त हिन्दुत्ववादियों ने सरकारी और गैर-सरकारी हर तरह का हिंसक रवैया अख्तियार किया। इस बिन्दु पर सत्ताधारी कांग्रेस और सत्ताधारी भाजपाइयों में कोई मतभेद नहीं था। सुजला सुफला भूमि के असली दावेदार लाखों आदिवासियों को उनके घर, परिवेश से उजाड़ने में दोनों की साझेदारी रही। इकबाल ने गाया था—'हम बुलबुले हैं इसके ये गुलिस्तां हमारा।' लुटियन की भव्य दिल्ली को देखकर इससे आतंकित राष्ट्रकवि दिनकर ने लिखा था, 'छिना घोंसला बुलबुल फिरता वन-वन लिए चोंच में तिनका।' नर्मदा घाटी, उड़ीसा और देश के दूसरे अंचलों से उजाड़े जा रहे आदिवासी और किसान वे ही बुलबुले तो हैं जो तिनका लिए दिल्ली, मुम्बई और दूसरे महानगरों के फुटपाथों पर ठौर-ठिकाने की तलाश में भटक रहे हैं। और इस सबके पीछे हैं देश की तरक्की के लिए अपनाई गई योजनाएँ। इस हकीकत पर विचार करने पर यह सवाल उठने लगता है कि यह किसका देश है? और वन्दे मातरम् गाकर हम किस देशभक्ति का इजहार कर रहे हैं?

जब हम इन बातों पर विचार करते हैं तो पाते हैं कि हमारा देश कोई एक देश रहा नहीं। शायद एक देश सैकड़ों वर्षों में नहीं रहा। लेकिन आज यह विभाजन इतना साफ है कि हर तरफ दिखाई देता है। चौथी-पाँचवीं शताब्दी के ईसाई संत अगस्टाइन ने दो नगरों की बात की थी—एक धरती के नगर और दूसरे स्वर्गीय नगर की। कुछ वैसा ही विभाजन वर्तमान व्यवस्था ने राष्ट्रों के भीतर कर दिया है—एक राष्ट्र उन लोगों का है जो शानदार इमारतों में रहते हैं, वायुयानों और वातानुकूलित गाड़ियों में चलते हैं, संसार की सभी उपभोग की वस्तुएँ उनके चाहने भर से उपलब्ध हो जाती हैं। उनके वाहनों और वातानुकूलन के लिए ऊर्जा के सभी स्रोत उपलब्ध हैं। इसके लिए संसार भर के तेल और गैस उपलब्ध हैं, नदियों और झरनों की स्वाभाविक धारा को बड़े बाँधों से बाधित कर—बिना इसका विचार किए कि कितने लोगों की जिन्दगी इससे तबाह हो जाएगी—पनचक्कियों से बिजली उपलब्ध करा दी जाती

है। इन्हीं लोगों की निजी और व्यापारिक सुविधा के लिए स्वर्ण चतुर्भुज योजना जैसी चार या छह लेन की गाड़ियों की सड़कें बनती हैं जबकि आज की उपलब्ध सड़कों पर भी साधारण घरों की औरतें गोद में बच्चा और सिर पर गठरी लिए मीलों पैदल चलने के लिए मजबूर हैं।

ये सब सुविधाएँ शून्य से नहीं आतीं। इन सुविधाओं के लिए कारखानों और विकास क्षेत्रों के निर्माण तथा कारखानों के लिए ईंधनों और अयस्कों की आपूर्ति के लिए किसानों और वनवासियों का विस्थापन होता है। 'शस्य श्यामला' भूमि कूड़े में तब्दील हो जाती है; ज्योत्स्ना शुभ्र होने की जगह धूम्र और कलुषित अन्धकार में विलुप्त हो जाती है। इससे देश की बड़ी आबादी भी दरद्रिता के कारण भीतरी और बाहरी दोनों तरह के अन्धकार में रहने को अभिशप्त होती है। फिर जो लोग इन हालात के लिए जिम्मेदार हैं वे ही वन्दे मातरम् गान को बच्चों के लिए अनिवार्य करते हैं।

यह एक ऐसी स्थिति की वन्दना है जो कभी हकीकत में थी लेकिन जिसे नियोजित ढंग से नष्ट किया गया है। नई पीढ़ी, जिसके देशप्रेम का आधार यह झूठ होगा किन आस्थाओं को लेकर आगे बढ़ेगी। आज यह जरूरी हो गया है कि राष्ट्रगान को अनिवार्य करने के पहले ईमानदारी से लोगों को बतलाया जाए कि हमारे देश की हकीकत क्या है और देश की तरक्की का क्या अर्थ है और इसे किनके लिए होना चाहिए। गन्दी बस्तियों और उसके वास्तविक परिवेश से निकले बच्चों को देश की झूठी तसवीर की वन्दना करने को मजबूर करना झूठ पर समाज की नींव खड़ा करना होगा। इसके नतीजे भयावह हो सकते हैं।

जनसत्ता, 17 सितम्बर, 2006

दोषी आप हैं संविधान नहीं

लगता है, भारतीय संविधान की धर्मनिरपेक्षतावादी और मानवाधिकारवादी मूल भावनाएँ दिल में चुभी कील की तरह भाजपाई नेताओं को सदा सालती रहती हैं। इस चुभन की बेचैनी से कुछ अन्तराल पर भाजपा नेता संविधान को बदलने का सुझाव बार-बार देते रहे हैं। इस बार गणतंत्र दिवस पर ही प्रधानमंत्री अटलबिहारी वाजपेयी ने फिर संविधान समीक्षा की बात उठाई जबकि राष्ट्रपति ने संविधान की भावना के प्रति निष्ठा व्यक्त करते हुए ऐसी समीक्षा को अनावश्यक बतलाया। बल्कि उन्होंने यहाँ तक कह दिया कि व्यवस्था में जो कमियाँ दिखाई देती हैं वे कार्यान्वयन की अक्षमता के कारण हैं। एक तरह से राष्ट्रपति का भाषण 'नाच न आवे आँगन टेढ़' वाली बात कह उनकी अक्षमता की ओर इशारा कर रहा था जो देश का शासन चलाते रहे हैं।

भाजपा नेताओं में आज जो बेचैनी है वह इस कारण भी है कि वे उन्हीं मोर्चों पर सबसे ज्यादा निकम्मे साबित हो रहे हैं जिन पर नाकामयाबी के लिए वे पूर्व की सभी गैर-भाजपाई सरकारों को कोसते रहते थे। उनका दावा था कि सत्ता में आते ही वे कश्मीर और अन्य भागों में चल रहे अलगाववादी आन्दोलनों को समाप्त कर देश में शान्ति कायम कर देंगे। लेकिन हुआ उलटा ही। उनके सत्ता में आने के बाद अलगाववादी हिंसा गर्म तवे पर लावे की तरह सारे देश में फूटने लगी है। उत्तर-पश्चिम और उत्तर-पूर्व में ही नहीं, सारे देश में हिंसक वारदातें उबाल पर हैं। किसी भी तटस्थ दृष्टा को भाजपा की शासकीय दृष्टि का इस उबाल से सीधा रिश्ता दिखाई देगा।

कुछ हिंसक वारदातें तो संघ परिवार की आक्रामक लम्पट संस्कृति का सीधा परिणाम होती हैं—जैसी वाराणसी में फिल्म 'वाटर' की शूटिंग को लेकर हुई। कुछ दूसरी इसके आतंकवादी तेवर के प्रतिरोध में होती हैं। इस तरह एक दुष्चक्र बन रहा है जिसमें हिंसा और प्रतिहिंसा एक-दूसरे की जनक बन रही है। प्रारम्भ से ही हिंसा के स्कूल में प्रशिक्षित भाजपा के नेताओं को ऐसा लगता है कि अगर उनके हाथ में कुछ अधिक संवैधानिक और कानूनी अधिकार हों तो वे बलपूर्वक स्थिति पर काबू पा लेंगे। यह वहम सभी अधिनायकवादी शासकों को होता है। यह वहम इन्दिरा गांधी को 1975 में हुआ था जब उन्होंने आपातकाल लागू किया था।

इधर कुछ दिन से भाजपा फिर अपने पुराने 'हिन्दुत्ववादी' कार्यक्रमों को तरजीह देने लगी है : केन्द्र की बजाय राज्यों में। गुजरात में राष्ट्रीय स्वयंसेवक संघ की सदस्यता पर लगी रोक को सरकारी कर्मचारियों के लिए हटाया जाना इसका एक उदाहरण है। यह प्रशासन के भगवाकरण की पहल है। अयोध्या में मन्दिर के निर्माण के सवाल पर उत्तर प्रदेश के मुख्यमंत्री की परस्पर विरोधी घोषणाओं से मन्दिर पर आमादा संघियों का मन फिर बढ़ने लगा है। राज्यों के स्तर पर भाजपा के हिन्दुत्ववादी तेवर में इजाफा और केन्द्र में संविधान को तोड़ने-मरोड़ने की दिशा में पहल बताते हैं कि अब भाजपा यह महसूस करने लगी है कि वह अपने सहयोगी दलों को उँगली पर नचा सकती है। द्रविड़ मुनेत्र कषगम और तेलुगू देशम ने तो समय-समय पर भाजपा की हिन्दुत्ववादी हरकतों के खिलाफ आवाज उठाई है लेकिन समता पार्टी और जनता दल (एकी) के नेता, जिनमें अधिकांश भूतपूर्व समाजवादी हैं, चुप्पी लगाए रहे हैं। उधर संविधान समीक्षा पर तेलुगू देशम ने भी समर्थन दे दिया है। शायद इन बातों ने भाजपा के मनोबल को बढ़ाया है।

इन मुद्दों पर समता और जनता दल (एकी) के भूतपूर्व समाजवादियों की चुप्पी लोगों को अचरज में डालती है क्योंकि धर्मनिरपेक्षता का समाजवादी राजनीति के समतामूलक विचारों के साथ अनिवार्य रिश्ता है। इन पूर्व समाजवादियों की मानसिकता को समझने के लिए पिछले चार दशक के इतिहास पर नजर डालनी होगी। इनमें अधिकांश डॉ. राममनोहर लोहिया की प्रेरणा से सातवें दशक में या उसके बाद समाजवादी आन्दोलन से जुड़े। यही काल था जब गैर-कांग्रेसवाद के नारे के तहत जनसंघ (जो भाजपा का पिछला अवतार था) के साथ गठजोड़ की नीति अपनाई गई थी। स्वयं डॉ. राममनोहर लोहिया पहली बार एक उप-चुनाव में जनसंघ का समर्थन लेकर लोकसभा के लिए चुने गए थे। जनसंघ के डॉ. रघुवीर ने उनके चुनाव अभियान में सक्रिय भागीदारी की थी। डॉ. लोहिया को अपनी तात्कालिक रणनीति को एक सैद्धान्तिक जामा पहनाने की विलक्षण क्षमता थी। उन्होंने जनसंघ से सहयोग की नीति के समर्थन में दो सिद्धान्त प्रतिपादित किए : एक तो यह कि कांग्रेस की रंच मात्र की साम्प्रदायिकता जनसंघ की बहुत बड़ी साम्प्रदायिकता से अधिक खतरनाक है, दूसरा यह कि जनसंघ साम्प्रदायिक नहीं उग्र राष्ट्रवादी पार्टी है।

पहली बात इस अर्थ में ठीक थी कि सत्ताधारी दल की साम्प्रदायिकता में अनर्थ की अधिक गुंजाइश होती है। यह बात राजीव गांधी के सत्ता में आने के ठीक बाद सिख विरोधी दंगों के विकराल रूप से पूरी तरह सिद्ध हुई। इसी से यह निष्कर्ष भी निकलता है कि सत्ताधारी भाजपा की छोटी साम्प्रदायिकता भी देश को घोर आफत में डाल सकती है। दूसरी बात के निहितार्थ और ज्यादा खतरनाक हैं। इससे जनसंघ को वह प्रतिष्ठा मिली जो उसे इसके पहले कभी नहीं मिली थी। इसके पहले आजादी के आन्दोलन काल में राष्ट्रीय स्वयंसेवक संघ की नकारात्मक

भूमिका और महात्मा गांधी की हत्या के पीछे की राजनीति से इसकी संलग्नता के कारण राष्ट्रवादी लोगों में यह अछूत ही बना हुआ था। इसके बाद की गैर-कांग्रेसी सरकारों में इसकी साझेदारी से समाजवादियों में इसकी साम्प्रदायिकता को लेकर जो निषेध भाव था, वह खत्म होता गया। लेकिन जो दूसरी खतरनाक ध्वनि इससे निकलती है वह यह है कि उग्र राष्ट्रवाद निषेध की वस्तु नहीं।

इतिहास का अनुभव बतलाता है कि उग्र राष्ट्रवाद अनिवार्य रूप से अधिनायकवाद और फासीवाद की ओर ले जाता है। उग्र राष्ट्रवाद के साथ सदा राष्ट्र की एक विशेष अवधारणा जुड़ी होती है और वैसे सभी लोग जो इस अवधारणा को कबूल नहीं करते, राष्ट्रद्रोही या राष्ट्र के लिए खतरनाक दिखाई देते लगते हैं। राष्ट्र की इस अवधारणा का किसी धर्म, सम्प्रदाय या नस्ल पर आधारित होना भी जरूरी नहीं। उदाहरण के लिए, अमेरिका में छठे दशक में 'मैकार्थीवाद' के रूप में एक अधिनायकवादी विचार उभरा था जिसका आधार तथाकथित अमेरिकी जीवन पद्धति की रक्षा था। उस काल में सभी वामपंथी, शान्तिवादी और उदारवादी विचारधाराओं को अन-अमेरिकन (गैर-अमेरिकी) करार दिया जाता था। अनेक लोगों के कार्यकलापों पर जाँच बैठाई गई थी और अगर उनके विचारों में कोई प्रगतिशील रुझान दिखाई देता था तो उन्हें व्यवस्था के लिए खतरनाक बताया जाता था और महत्त्वपूर्ण स्थानों से निकाल दिया जाता था। इसी काल में अमेरिका के सबसे बड़े भौतिकशास्त्री और अमेरिका में परमाणु बम बनाने को सम्भव करनेवाले ओपेनहाइमर को अमेरिका की सुरक्षा के लिए खतरनाक घोषित कर वहाँ के एटॉमिक एनर्जी कमीशन के अध्यक्ष पद से हटा दिया गया क्योंकि वे बाद में हाइड्रोजन बम बनाने और इनके प्रयोग के खिलाफ हो गए थे। लोगों को वामपंथी और कम्युनिस्ट घोषित करना इतना आम हो गया था कि विख्यात फिल्म निर्माता और अभिनेता चार्ली चैप्लिन ने व्यंग्य से कहा था कि अमेरिका में अगर कोई बायाँ पैर उठाकर चले तो उसे वामपंथी घोषित कर दिया जाएगा।

हिटलर के फासीवाद के साथ नस्लवाद जुड़ा था लेकिन इटली में मुसोलिनी के फासीवाद के साथ किसी नस्ल की अवधारणा नहीं थी। वहाँ फासीवाद के साथ अतीत को गरिमामंडित करने और देश की सीमा और साम्राज्य के विस्तार की अभिलाषा जुड़ी थी। उग्र राष्ट्रवाद में भीतरी और बाहरी विरोधी शक्तियों (प्राय: कल्पित) को नष्ट करने का उन्माद निहित होता है। इसलिए अगर उग्र राष्ट्रवाद का आधार साम्प्रदायिक न हो तो भी वह खतरनाक अवधारणा ही है।

डॉ. लोहिया के विचारों को सही ढंग से समझा गया हो या नहीं, ऊपर चर्चित अवधि में उनके प्रभाव में समाजवादी आन्दोलन में आए लोगों में सम्प्रदायवाद या उग्र राष्ट्रवाद के निषेध की कोई स्पष्ट चेतना नहीं थी। ऐसा सोचने का एक कारण यह भी है कि प्रजा सोशलिस्ट पार्टी की परम्परा से जुड़े समाजवादियों में,

जो इस काल में लोहिया के विरोधी थे, भाजपा के निषेध का भाव जबर्दस्त रहा है। ये दूसरे ध्रुव पर थे और कांग्रेस के साथ गठजोड़ करना सुविधाजनक मानते थे। यह विडम्बना ही है कि जॉर्ज फर्नांडीस जो अभी भाजपा के काफी करीब हैं, प्रारम्भ में जनसंघ से गठजोड़ की डॉ. लोहिया की नीति से काफी असन्तुष्ट थे। जब लोहिया गैर-कांग्रेसवाद की नीति के तहत जनसंघ से तालमेल की बात कर रहे थे तो जॉर्ज ने टिप्पणी की थी कि यह नीति लेकर हम लोग मुँह में कालिख लगाकर लौटेंगे। ऐसा लगता है कि जॉर्ज साम्प्रदायिक हो गए हैं। वे स्वयं हिन्दू भी नहीं हैं कि हिन्दुत्व की दुहाई दें लेकिन शायद उनके लिए भी उग्र राष्ट्रवाद की अपील है। पोकरण परमाणु विस्फोट के बाद चीन के सम्बन्ध में जिस तरह के विवादास्पद बयान उन्होंने दिए उसमें ऐसे आक्रामक राष्ट्रवादी तेवर की झलक मिलती है कि कुल मिलाकर जनता दल (एकी) ने भाजपा की नीतियों को इस हद तक कबूल करना शुरू कर दिया है कि वह अपनी किसी भी नीति को इनसे कबूल करा सकती है, ऐसा भाजपा समझने लगी है।

हाल के वर्षों में दुनिया में जैसी उथल-पुथल हो रही है, उसके सन्दर्भ में उग्र राष्ट्रवाद के खतरों से देश को सावधान रहना है। जिस तरह के संवैधानिक बदलाव भाजपा नेताओं की दृष्टि में हैं, वे उनकी उग्र राष्ट्रवादी प्रवृत्तियों के अनुरूप ही होंगे। इसका अर्थ होगा केन्द्र सरकार को इतना प्रभुतासम्पन्न करना कि आंचलिक स्वायत्तता की उठती हुई भावना को सख्ती से दबाया जा सके। भाजपा नेता यह देख नहीं पाते कि कश्मीर, नगालैंड या असम आदि में जिस तरह की समस्या पैदा हुई है, उसका कोई भी सैनिक समाधान नहीं हो सकता और न केन्द्र की वैसी विकास योजनाओं से उनका समाधान हो सकता है जैसी कि हाल में उत्तर-पूर्व के लिए अटल बिहारी वाजपेयी की पहल पर तैयार की गई हैं।

यह जरूरी नहीं कि जो विकास योजनाएँ दिल्ली की सरकार द्वारा बनाई जाती हैं, वे इन क्षेत्र के लोगों को भी उनकी समस्याओं के लिए समाधानकारी लगें। उदाहरण के लिए, आवागमन की सुविधाओं का विस्तार उस क्षेत्र के मूल निवासियों को अपने जीवन में अतिक्रमण का माध्यम भी दिखाई पड़ सकता है। अब तक प्राय: यही हुआ है कि बाहरी लोगों के भारी संख्या में प्रवेश से उनकी पारम्परिक जीवन पद्धति पर प्रतिकूल प्रभाव पड़ा है और उनके असन्तोष का कारण बना है। दरअसल जो समाधान भाजपा के नेताओं के दिमाग में हैं, वही समस्या की जड़ में हैं क्योंकि इसमें इस देश की विविधता के प्रति एकात्मतावादी संवेदनहीनता है। स्वायत्तता के आन्दोलनों को दबाने के जितने प्रयास होंगे वहाँ के लोगों में उतना ही बेगानापन बढ़ेगा।

हाल में इंडोनेशिया के पूर्वी तिमूर, यूगोस्लाविया के कोसोवो या रूसी गणराज्य में चेचेन्या आदि में जिस तरह की स्थितियाँ पैदा हुई हैं, उससे भिन्न स्थिति भारत में

नहीं होगी, अगर बलप्रयोग की नीति अपनाई गई। संविधान में दिए गए सारे नागरिक और मानवाधिकारों का हनन करके ही कोई बड़ा दमनकारी अभियान चल सकता है। आज भाजपा की मंशा ऐतिहासिक संवैधानिक परिवर्तन करने की है। इसीलिए जनता के सामने वह क्या परिवर्तन चाहती है, इसे खोलकर रखने की बजाय सिर्फ परिवर्तन की बात करती है। संविधान के ऐसे सम्भावित प्रावधानों का इस्तेमाल सिर्फ उनके खिलाफ नहीं होगा जिन्हें भाजपा आईएसआई का एजेंट कहती है बल्कि धीरे-धीरे सभी नागरिकों के दमन के लिए होगा।

हिन्दुस्तान, 16 फरवरी, 2000

भारतीय लोकतंत्र का भीतरी संकट

गुजरात का राज्य प्रायोजित कत्लेआम, एवं पुलिस धाँधली के खिलाफ उत्तर प्रदेश और फिर पटना (बिहार) के आम लोगों के आक्रोश का जो ज्वालामुखी फूटा है वह संकेत है कि भारतीय गणतंत्र गम्भीर रूप से बीमार है। अन्दर से जर्जर हो रही व्यवस्था की कमजोरी को युद्ध आयुधों और सैनिकों की परेड से ढका नहीं जा सकता। लोकतंत्र का कोई अर्थ नहीं रह जाता अगर जनमानस या राजनेताओं में उन मर्यादाओं का लोप हो जाए जो लोकतंत्र और गणतंत्र की आत्मा होती हैं। शासकों और प्रशासकों की अक्षमता और राजनेताओं द्वारा राजनीतिक लाभ के लिए विविध समूहों को एक-दूसरे के खिलाफ लड़ाने की रणनीति ने आम लोगों में भी संवेदनहीनता को बढ़ावा दिया है। पुलिस की निष्क्रियता और भ्रष्ट आचरण के चलते अब लोग अपराधियों को दंडित करने के लिए पुलिस के हवाले करने की बजाय स्वयं दंडित करने लगे हैं। उन्हें भरोसा नहीं होता कि पुलिस अपराधियों को न्यायिक प्रक्रिया से दंडित कराने में कोई दिलचस्पी लेगी। इस तरह ऐसी अनेक वारदातें होती हैं जिनमें सन्देह पर भीड़ निर्दोष लोगों को पीट-पीटकर मार डालती है। इसी तर्ज पर पुलिसवाले भी फर्जी मुठभेड़ों में वैसे लोगों को, जिनसे उनका किसी कारण बैर होता है या जिन पर सन्देह होता है, मार डालते हैं। आम लोग भी लम्बी और कभी-कभी अविश्वसनीय लगनेवाली न्यायिक प्रक्रिया की बजाय ऐसे त्वरित दंड को समर्थन देने लगते हैं। कुछ वर्ष पहले बिहार के भागलपुर में कुछ अपराधियों को पुलिस ने हिरासत में ले अन्धा कर दिया था। लोगों को अपराधियों पर इतना गुस्सा था कि जब इन पुलिसकर्मियों पर ऐसे गैर-कानूनी काम के लिए कार्रवाई हुई तो आम लोग इन पुलिसकर्मियों के समर्थन में सड़कों पर आ गए। लोग भूल गए कि कानूनी बन्धनों से मुक्त कर वे पुलिस को अपराधी में तब्दील कर रहे हैं।

गुजरात में जो कुछ हुआ दरअसल उसी मानसिकता का एक भयावह रूप था। गोधरा की घटना एक जघन्य अपराध थी जिसके लिए अपराधियों का पता लगा दंडित करना प्रशासन का काम था। इसकी बजाय वहाँ के शासक दल और प्रशासन ने स्वयं जनभावना को उभारकर भीषण दंगा कराया जिसमें हजार से अधिक निर्दोष

लोग मारे गए। गुजरात के शासक दल ने शर्मसार होने की बजाय इसी पृष्ठभूमि में गुजरात गौरवयात्रा का आयोजन किया। लोगों के उन्माद को हवा देने का पूरा लाभ गुजरात की भाजपा को मिला और चुनाव में दो-तिहाई बहुमत ले वह सत्ता में आई। यह जरूर हुआ कि गौरवशाली और शर्मनाक शब्दों के अर्थ बदल गए। भाजपा के नेताओं को इस बात की कतई परवाह नहीं थी कि इस तरह की नीति से वे गणतंत्र की बुनियाद को खोखला कर रहे हैं, जिससे देश अन्तत: आपसी कलह और गृहयुद्ध में बिखर जाएगा।

देश का प्रधानमंत्री अपने शासनकाल में देश का प्रवक्ता होता है लेकिन गुजरात के दंगों पर और फिर धर्मनिरपेक्षता के प्रश्न पर जिस तरह हर दिन उनके बयान परस्पर विरोधी होते रहे हैं लोगों के लिए यह तय करना मुश्किल है कि प्रधानमंत्री का आशय क्या है? धर्मनिरपेक्षता को बराबर छद्म धर्मनिरपेक्षता बतलाकर वे यह सिद्ध करने की कोशिश कर रहे हैं कि 'हिन्दुत्व' यानि राष्ट्रीय स्वयंसेवक संघ का धुर सम्प्रदायवाद ही धर्मनिरपेक्षता है। जब प्रधानमंत्री घुमा-फिराकर गुजरात की उपलब्धि को अगले निर्वाचनों में दुहराने का आह्वान करते हैं उसका क्या अर्थ लगाया जा सकता है? इसका सीधा अर्थ तो एक ही निकलता है दंगों से उपजे उन्माद और साम्प्रदायिक विभाजन के बल वोट बटोरने की रणनीति।

राजनीति में शब्दों के अर्थ की निश्चितता लोकतंत्र की बुनियाद होती है। इसके स्खलन से लोकतंत्र का आधार खिसकने लगता है। जॉर्ज ऑरवेल ने अंग्रेजी भाषा और राजनीति पर लिखे गए एक निबन्ध में यह दिखलाने की कोशिश की थी कि जब शब्द सीमा रेखाओं पर गिरनेवाले बर्फ के फाहे की तरह धीरे-धीरे अर्थों की स्पष्टता को धूमिल करने लगते हैं तो अधिनायकवाद के लिए जमीन तैयार होने लगती है। इसी बात को उसने अपने प्रसिद्ध उपन्यास उन्नीस सौ चौरासी में 'डबल टॉक' (दुहरी शब्दावली) के रूप में अभिव्यक्त किया था जिसमें 'युद्ध और शान्ति' जैसे शब्दों के अर्थ बिलकुल उलट गए थे। ऐसी स्थिति में शासित लोग शासकों को उनकी घोषणाओं से बाँध नहीं पाते जो निर्वाचकों और निर्वाचितों के बीच सम्बन्ध का आधार होना चाहिए यानी कथनी और करनी के भेद को दिखलानेवाली कसौटी का ही लोप हो जाता है।

यह विडम्बनापूर्ण स्थिति सबसे ज्यादा हमारे संविधान की घोषित बुनियाद और सत्ता की नीतियों में साफ तौर से उभरकर सामने आने लगी है। संविधान कहता है कि भारत एक धर्मनिरपेक्ष समाजवादी जनतांत्रिक गणतंत्र है। संविधान की शपथ लेकर सत्ता में आए लोग जिस तरह धर्मनिरपेक्षता का मखौल उड़ा रहे हैं वह तो कम से कम लोगों में विवाद का विषय बना हुआ है। लेकिन इस संविधान की बुनियाद के घोषित समाजवादी चरित्र के ठीक उलट जो नीति चलाई जा रही है इस पर तो सत्ता पक्ष या विपक्ष से कोई सवाल ही नहीं खड़ा किया जा रहा है।

यह जानने के लिए राजनीति का पंडित होना जरूरी नहीं कि समाजवादी चरित्र का मतलब होता है आर्थिक मामलों में सार्वजनिक क्षेत्र की प्रधानता और इसका उत्तरोत्तर विस्तार। आज देश की पूरी अर्थनीति सार्वजनिक क्षेत्र को निजीकरण की है और दशकों के प्रयास से खड़े किए गए सार्वजनिक क्षेत्र के उपक्रमों के त्वरित विनिवेश को एक बड़ी उपलब्धि के रूप में गिनाया जा रहा है। इसकी तफसील को लेकर जब-तब विवाद होते रहे हैं लेकिन कभी किसी प्रमुख राजनीतिक दल ने इसकी संवैधानिक वैधता या सामाजिक औचित्य पर सवाल खड़ा नहीं किया है। संविधान के आधार को बिना बदले ऐसा करने का सीधा अर्थ है कि जिस संविधान की शपथ ले शासन चलाया जा रहा है उस संविधान की मूल भावना का शासकों के लिए कोई अर्थ नहीं रह गया है।

शब्दों के अर्थ के जैसे छीजन की बात ऑरवेल ने की थी उसका इससे सटीक उदाहरण और क्या हो सकता है। यह साफ संकेत है कि हमारा लोकतंत्र गहरे संकट में है। संविधान की बुनियाद को खोखला करने के इस प्रयत्न के सामने सैकड़ों आतंकवादी समूहों के प्रयास नगण्य हैं जिनके खिलाफ अभियान चलाया जा रहा है।

संविधान या अन्य आस्थाओं से मुक्त राजनेताओं का स्वाभाविक रुझान राजनीति का उपयोग वैयक्तिक और पारिवारिक आकांक्षाओं की पूर्ति करने की तरफ होता है। इससे राजनीति में खानदानशाही की तरफ झुकाव लगातार बढ़ रहा है। कांग्रेस में इन्दिरा गांधी के समय से यह रुझान स्पष्ट रूप से दिखाई देने लगा था। कुछ कांग्रेसी नेता तो खुल्लमखुल्ला यह वकालत करने लगे थे कि परिवार आधारित हो जाने से व्यवस्था में स्थायित्व बढ़ सकता है। राजीव गांधी की हत्या के बाद केन्द्र सरकार में तत्काल खानदानी शासन का अन्त हो गया। लेकिन सत्ता में परिवारवाद का अन्त भले ही हो गया हो दलों में परिवारवाद लगातार बढ़ रहा है। कांग्रेस में सोनिया गांधी की नेता के रूप में स्थापना और उनके पुत्र-पुत्री को राजनीति में घसीटने के प्रयास यही बतलाते हैं।

लेकिन यह मर्ज कांग्रेस पार्टी तक ही सीमित नहीं है। दूसरी पार्टियाँ भी इसी परम्परा पर चलने की कोशिश कर रही हैं। फिलहाल भाजपा में खानदानशाही थोड़ा कम है। एक बड़ा कारण यह है कि उसके आदर्श चाहे कितने भयावह क्यों न हों राष्ट्रीय स्वयंसेवक संघ एक प्रतिबद्ध जमात है जो अपने विविध माध्यमों से भाजपा नेतृत्व पर अपना शिकंजा कसे रहता है। दूसरा अटल बिहारी वाजपेयी का कोई अपना परिवार उस अर्थ में नहीं है जिस अर्थ में लोग मानते हैं। लेकिन राजग के घटकों और विपक्ष के दूसरे दलों में खानदानशाही काफी हद तक स्थापित हो चुकी है। अजित सिंह राजनीति में अपने पिता चौधरी चरण सिंह के स्थान को लेने की कोशिश कर रहे हैं और उनकी पार्टी इसी परम्परा की अनुगामी मात्र है। चन्द्रबाबू नायडू एक पारिवारिक युद्ध के बाद एन.टी. रामाराव की गद्दी के दावेदार बने

हुए हैं। उड़ीसा में बीजू पटनायक का खानदानी वर्चस्व नवीन पटनायक के रूप में कायम है। हरियाणा में देवीलाल के पुत्र ओमप्रकाश चौटाला उनकी विरासत ढो रहे हैं। समता और यूनाइटड जनता दल में नेतृत्व का संघर्ष चालू है जिससे अभी कुछ भी निश्चित होना बाकी है। बिहार में लालू प्रसाद यादव का परिवार ही राजद में सर्वेसर्वा है। वैसे ही उत्तर प्रदेश में समाजवादी पार्टी एक व्यक्ति मुलायम सिंह यादव की धरोहर है और उनके पुत्र को एक-एक सीढ़ी आगे बढ़ाया जा रहा है। यह सहज ही देखा जा सकता है कि गणतंत्र के तहत राज्यों में राजनीति धीरे-धीरे राजतंत्र के साँचे में ढल रही है—ऐसा राजतंत्र जिसे समय-समय पर चुनावों से स्वीकृति प्राप्त करनी होती है।

दलों में बढ़ रहे राजतंत्र (परिवारवाद) का असर यह हुआ है कि इनके भीतर दरबारीपन का माहौल है और कार्यक्रम तथा नीति सम्बन्धी निर्णयों की कोई वस्तुपरक कसौटी नहीं होती बल्कि सर्वोच्च नेता की मर्जी ही निर्णायक होती है। इस दरबारीपन के माहौल में प्रशासनिक प्रक्रिया भी प्रभावित होती है। आधुनिक प्रशासनिक व्यवस्था या नौकरशाही का आधार भी लीगल-रैशनल (तर्क नियम आधारित) नहीं रह पाता। इसमें लगातार नेता या उनके हिमायतियों द्वारा हस्तक्षेप होते रहते हैं। भाजपा के नेताओं के परिवार का हस्तक्षेप प्रशासन में अगर कुछ कम है तो संघ परिवार का हस्तक्षेप इतना अधिक है कि यह लगभग एक समानान्तर व्यवस्था बन गई है।

यह स्थिति कमोबेश राज्य सरकारों और केन्द्र सरकार दोनों के प्रशासनिक ढाँचे में फैली है। इसका सीधा असर यह हुआ है कि प्रशासनिक और पुलिस व्यवस्था दिनोंदिन अक्षम होती जा रही है। कोई भी आधुनिक प्रशासन नियम-कानून के निर्वैयक्तिक पालन से ही चल सकता है। यह इसके ढाँचे का अन्तर्निहित गुण है। पुलिस और प्रशासन के जिस पक्षपातपूर्ण और भ्रष्ट आचरण की चर्चा प्रारम्भ में की गई है उसका उत्स यही है। आधुनिक गणतंत्र जो किसी राजा या सर्वशक्तिमान तानाशाह की हैसियत को नकारता है अपना चरित्र तभी बरकरार रख सकता है जब शासन और प्रशासन में सभी स्तर पर निर्वैयक्तिकता और निष्पक्ष बना रहे।

जो स्थितियाँ बन गई हैं उसमें गणतंत्र के अस्तित्व पर गम्भीर खतरा उपस्थित हो गया है। यह कोई बाहरी चुनौती नहीं है। इससे मुकाबला सभी नागरिकों और राजनेताओं को अपने भीतर अपने व्यवहारों को अनुशासित करके करना होगा।

एक वक्तव्य के मन्तव्य

गृहमंत्री लालकृष्ण आडवाणी का लोकसभा में दिया गया यह वक्तव्य वर्ष के सबसे महत्त्वपूर्ण वक्तव्यों में एक है कि भारत कभी भी हिन्दू राष्ट्र नहीं बन सकता। इस बयान का निहितार्थ देश की राजनीति को पटरी पर लाने में अहम भूमिका निभा सकता है। इसके महत्त्व का क़ुछ अन्दाज तो इसी से लगाया जा सकता है कि देश-भर के हिन्दुत्ववादी खेमे में इस बयान से हड़कम्प-सा मच गया। जहाँ राष्ट्रीय स्वयंसेवक संघ और विश्व हिन्दू परिषद के कुछ नेताओं द्वारा यह कहा गया कि आडवाणी हिन्दुत्व का अर्थ नहीं समझते, वहीं शिवसेना प्रमुख बाल ठाकरे ने इसे देश की पीठ में छुरा घोंपना बताया। दूसरी ओर भाजपा के कुछ नेता यह साबित करने की दिमागी कसरत में लगे हैं कि आडवाणी ने जो कुछ कहा है उसका कोई विरोध हिन्दुत्व की विचारधारा से नहीं है। राष्ट्रीय स्वयंसेवक संघ के सरसंघचालक केसी सुदर्शन ने तो यहाँ तक घोषित कर दिया कि भारत एक हिन्दू राष्ट्र (आज भी) है। इतना ही नहीं, उन्होंने इसे एक शाश्वत सत्य तक कहा।

आडवाणी भारतीय राजनीति में अब तक हिन्दुत्ववादियों के प्रतीक पुरुष माने जाते रहे हैं। जब ऐसे लोगों में, जो हिन्दू राष्ट्र के नारे के नीचे पूरी जिन्दगी शारीरिक और दिमागी कवायद करते रहे हैं, हिन्दू राष्ट्र का मतलब क्या है, इस पर इतना गहरा मतभेद है तो यह निष्कर्ष निकालना गलत नहीं होगा कि इस शब्द का कोई निश्चित अर्थ है ही नहीं और अपने संगठन के साम्प्रदायिक तत्त्वों की ताकत को जोड़ने के लिए इसका इस्तेमाल वैसे ही किया जाता रहा है जैसे किसी भारी वस्तु को खींचने या ढकेलने के समय मजदूर 'जोड़ लगा के हैया' जैसे उद्घोष करते हैं।

इस बयान के सन्दर्भ में एक बार फिर संघ परिवार वालों की ओर से यह तर्क दुहराया जाने लगा है कि हिन्दू शब्द का प्रयोग तो सिन्धु नदी के देश में रहनेवाले तमाम लोगों के लिए किया गया था और जब वे हिन्दू शब्द का प्रयोग करते हैं तो इसी अर्थ में। इसी अर्थ में भारत एक हिन्दू राष्ट्र है। हकीकत पर विचार करने से इस कथन में कोई दम नहीं दिखाई देता है। शब्दों के अर्थ आम सहमति से निर्धारित

होते हैं और इनका मुख्य काम होता है सम्बद्ध समूह के भीतर सम्प्रेषण सम्भव बनाना। अर्थ के बारे में जब तक ऐसी आम सहमति नहीं बनती, शब्द संवाद सम्भव बनाने के अपने मूल उद्देश्य से भटक जाते हैं। यह ठीक है कि प्राचीन काल में भारत के उत्तर-पश्चिम में रहनेवाले लोगों ने कभी-कभी यहाँ के निवासियों के बारे में हिन्दू (सिन्धु का फारसी में बदला हुआ उच्चारण) शब्द का प्रयोग किया है। लेकिन स्वयं भारतीयों ने अपने लिए इस शब्द का प्रयोग नहीं किया। उन्होंने भारत, आर्यावर्त या जम्बूद्वीप जैसे शब्दों का प्रयोग जरूर किया। न तो प्राचीन काल में देशी या विदेशी किसी ने यहाँ के धर्म को ही हिन्दू धर्म कहा। यहाँ के धार्मिक मतों में शैव, शाक्त, वैष्णव, भागवत, बौद्ध, जैन जैसे धर्मों का उल्लेख जरूर हुआ है लेकिन हिन्दू धर्म का नहीं।

इसके अलावा विभिन्न जनजातीय समूहों के अपने-अपने धर्म थे। एक मोटा-मोटी विभाजन आस्तिक और नास्तिक के बीच जरूर था। लेकिन आस्तिकों में भी पदार्थवादी वैशेषिकों से लेकर, जो संसार की उत्पत्ति के लिए ईश्वर की भूमिका या अस्तित्व को नकारते थे, वेदान्तवादी तक शामिल थे जो मात्र एक परमात्मा के अस्तित्व को कबूल करते थे। नास्तिक वे ही माने गए जो वेदों को अमान्य करते थे। इस तरह यहाँ अपने विश्वासों और पूजन विधि की भिन्नता वाले अनेक पंथ थे। इस्लाम को माननेवाले लोगों ने तो सभी गैर-इस्लामी लोगों को काफिर कहा। हिन्दू शब्द भारत के कुछ धार्मिक समूहों के लिए कब से प्रयोग में आने लगा कहना मुश्किल है लेकिन इस शब्द से कभी भारत के पारम्परिक धार्मिक विश्वासों का सही बोध नहीं हुआ। दक्षिण भारत के गैर-ब्राह्मणों को, जो अपने को द्रविड़ कहते हैं, हिन्दू कहे जाने पर सख्त एतराज होगा।

सच तो यह है कि जब संघ परिवार के लोग हिन्दू शब्द का प्रयोग करते हैं तो उनका अर्थ होता है ब्राह्मणवादी परम्पराओं की स्वीकृति। अगर ऐसा नहीं है तो उन्हें मन्दिर-मस्जिद जैसे विवादों में पड़ने की जरूरत क्यों हुई? जब चुनावी राजनीति के चलते वे भले ही दलितों और जनजातीय समूहों को समेटने की कोशिश करते हों लेकिन प्रारम्भ से संघ परिवार की परम्परा आर्यों और संस्कृत की श्रेष्ठता को आधार बनाए रखने की रही है। अगर ऐसा नहीं है तो उनका ऐसे विवादों में पड़ने का क्या अर्थ है कि आर्य भारत के मूल निवासी हैं या वे बाहर से आए। अब इतिहास लेखन में भी इस विवादास्पद बात को लादने की कोशिश हो रही है कि आर्य इसी देश के मूल निवासी थे। यह सही भी हो तो इससे इस हकीकत पर कोई असर नहीं पड़ता कि इस देश की आबादी का बहुत बड़ा हिस्सा वैसे लोगों का है जो 'गैर-आर्य' हैं।

स्वयं आर्य शब्द का अर्थ भी विवादित ही है। दरअसल मूल निवासी वाली बात सापेक्ष ही हो सकती है क्योंकि यह अब लगभग निर्विवाद रूप से माना जाने

लगा है कि संसार के सभी मनुष्य किसी एक आदि मानव समूह के वंशज हैं और फैलते-फैलते सारे संसार में बस गए हैं। अधिकतर नृशास्त्री यह भी मानने लगे हैं कि इनका आदि स्थान अफ्रीका था—भारत का नाम तो इस चर्चा में आया ही नहीं। इस तरह की बहस में पड़ हिन्दुत्ववादी अनजाने ही अपने ब्राह्मणवादी पूर्वग्रहों को उजागर कर देते हैं। भारत की एकता को स्वीकार करने का अर्थ है इस तथ्य को स्वीकारना कि इस देश में हजारों वर्ष से अनेक मानव समूहों और मूलों के लोग आकर अपनी भाषा, भूषा और विश्वासों के साथ बसते और निवास करते रहे हैं। वे सभी इस देश की नागरिकता के समान अधिकारी हैं। संघ परिवार के लोग चाहे जो कहें हिन्दुत्व शब्द आज इस एकता को खंडित कर देश को हिन्दू और गैर-हिन्दू में विभाजित करता है। इसी अर्थ में एक समेकित भारत राष्ट्र हिन्दू राष्ट्र नहीं हो सकता।

अब जब लालकृष्ण आडवाणी इस सच्चाई को व्यक्त कर रहे हैं तो मानना होगा कि वे अपने राजकीय और प्रशासनिक अनुभवों के आधार पर ही इस निष्कर्ष पर पहुँचे हैं। भारत की विविधता में किसी एक धार्मिक समूह को केन्द्र में रखकर व्यवस्था चला पाना असम्भव है, यह बात भारत के गृहमंत्री के लिए आत्मसात करना स्वाभाविक था। उनके सामने सिर्फ कश्मीर का अनुभव नहीं है जहाँ क्षेत्रीय स्वायत्तता का मामला इस्लामी चरमपंथ, कश्मीरी पंडितों के विस्थापन और लद्दाख के बौद्धों की अलग पहचान की माँग के साथ बुरी तरह उलझ गया है। उनके सामने उत्तर-पूर्वी सीमा के अलगाववादी आन्दोलनों का नक्शा भी है—नागालैंड, मिजोरम और मणिपुर में मूल के साथ ईसाई धर्म और मेत्ताई धर्म का उलझना, बोडो लोगों की अलग राज्य की माँग और अब उत्तर बंगाल में गोरखालैंड और कामतापुरी राज्य की माँग—ये सब हिन्दुत्व की अवधारणा में कहीं फिट होते नहीं दिखाई देते। किसी भी गम्भीर व्यक्ति के लिए इन अनुभवों से कुछ नतीजा निकालना लाजिमी है। और भारत के गृहमंत्री ने स्वाभाविक नतीजा निकाला है कि इस देश की एकता के लिए यहाँ के लोगों की विविधता और उनके विश्वासों और जीवन पद्धतियों को आदरपूर्वक स्वीकार करना ही होगा। इसी से एकता और स्थायी शान्ति स्थापित की जा सकती है।

जिस नतीजे पर भारत के गृहमंत्री आज पहुँचे हैं उस पर इस देश पर शासन करनेवाले बड़े सम्राट काफी पहले पहुँच चुके थे। बाबर ने अपनी वसीयत में अपने पुत्र हुमायूँ को यह नसीहत दी थी कि चूँकि इस देश में अलग-अलग मजहब के लोग रहते हैं इसलिए उनकी भावना का आदर कर इनके धर्मस्थलों को नुकसान नहीं पहुँचाना। उसने यह सलाह भी दी थी कि चूँकि इस देश के लोग गाय की इज्जत करते हैं वह गाय का मांस न खाए। मुगलों के महान शासक अकबर ने तो देश के लोगों को एक भावनात्मक सूत्र में जोड़ने के लिए विविध धर्मों की मूल शिक्षा को

समेटते हुए एक नया धर्म 'दीन-ए-इलाही' चलाने का प्रयास भी किया था। राज्य की एकता और शान्ति के लिए राज्य को धार्मिक विवादों से ऊपर रखना इतना अपरिहार्य दिखा कि कट्टर माने जानेवाले मुगल शासक औरंगजेब ने भी अपने शासन में इस सिद्धान्त को लेकर चलने की कोशिश की। निजी मामलों में उसकी धार्मिक आस्था कितनी ही कट्टर क्यों न रही हो, जहाँ राजकाज का मामला आता था वह अपनी सीमा को समझता था। जिस बादशाह का प्रधान सेनापति जसवंत सिंह और बड़ी संख्या में दूसरे सेनापति राजपूत हों वह हिन्दू धर्म का विरोधी कैसे हो सकता था। इसलिए अपनी धार्मिक मान्यताओं के बावजूद उसने अपने सरकारी कोष से अनेक हिन्दू मन्दिरों और बौद्ध संस्थाओं के लिए नियमित अनुदान की व्यवस्था की थी। इसके सबूत में दस्तावेज उपलब्ध हैं। लेकिन इन औपचारिक प्रावधानों के बावजूद उसकी भेदभावपूर्ण दृष्टि और अपने हाथ में सत्ता केन्द्रित करने की तानाशाही प्रवृत्ति का परिणाम हुआ कि उसके जीवन काल में ही अनेक विद्रोह शुरू हुए जिससे उसके मरने पर मुगल शासन सिकुड़ता हुआ केवल दिल्ली के आसपास के इलाकों तक में रह गया। यह वर्तमान भारत के शासकों के लिए भी एक सबक छोड़ जाता है।

लेकिन आडवाणी की स्थिति दुविधापूर्ण है। एक तरफ राष्ट्रीय एकता और प्रशासनिक दक्षता बनाए रखने के लिए 'हिन्दू राष्ट्र' वाले पूर्वग्रह से मुक्त होना जरूरी है, जिस सोच की अभिव्यक्ति उनके हाल के बयान में होती है। दूसरी ओर सत्ता की राजनीति का विपरीत दबाव उनके दल पर है। भाजपा की शक्ति का आधार राष्ट्रीय स्वयंसेवक संघ है जिसने विश्व हिन्दू परिषद, बजरंग दल जैसे हिन्दुत्व आधारित कई कट्टरपंथी साम्प्रदायिक संगठन खड़े कर लिए हैं। गुजरात के मुख्यमंत्री नरेन्द्र मोदी तो पूरी तरह इस अन्ध साम्प्रदायिकता के प्रवक्ता हैं। ऐसे लोगों को गुजरात में हुए नरसंहार गौरव की चीज लगते हैं। अटल बिहारी वाजपेयी भी इन्हीं दो दबावों के बीच झूल रहे हैं। गुजरात और गोवा में गुजरात के दंगों पर दिए गए उनके परस्पर विरोधी बयान इसी अन्तर्विरोध को जाहिर करते थे। इन नेताओं के सामने राष्ट्रीय एकता और अपनी निजी सत्ता के बीच चुनाव करने की चुनौती आ गई है। अगर वे राष्ट्रीय एकता के पक्ष में काम करने का संकल्प करते हैं तो उन्हें कई महत्त्वपूर्ण कदम उठाने होंगे। सबसे पहले तो राष्ट्रीय स्वयंसेवक संघ द्वारा चलाई जानेवाली शाखाओं और प्रशिक्षण संस्थाओं को बन्द करना होगा या उसके द्वारा प्रचारित उन सारे विचारों पर रोक लगानी होगी जो स्पष्ट रूप से राष्ट्र विरोधी हैं।

एक तरफ हमारा संविधान भारत को धर्मनिरपेक्ष घोषित करता है। दूसरी ओर हर दिन सुबह या शाम पाँच वर्ष से लेकर किशोरावस्था तक के बच्चों को देश-भर में फैली हजारों शाखाओं में भगवा झंडे को हिन्दू राष्ट्र के ध्वज के रूप में सलाम

करने की सीख दी जाती है और इन अबोध बच्चों को यह बताया जाता है कि सिर्फ हिन्दू ही इस राष्ट्र के असली नागरिक हैं। दूसरे धर्म वालों के खिलाफ नफरत भरी जाती है। इकबाल के गीत में कहा गया है कि 'हम बुलबुले हैं इसकी यह गुलिस्तां हमारा'। इन शाखाओं में प्रचलित इसी तर्ज के एक गाने में कहा गया है, 'उन बुलबुलों को कह दो कहीं और चमन ढूँढ़ें'। यह स्पष्ट रूप से गैर-हिन्दुओं को देश छोड़ने को कहना है। अगर देश के करोड़ों बच्चों के मन में इस बात का जहर भर दिया गया तो हमारा राष्ट्र क्या बनेगा? आडवाणी को राष्ट्र के सम्बन्ध में दिए गए वक्तव्य से आगे बढ़कर इन समस्याओं से भी निपटना होगा।

यह हिटलर का रास्ता है

जो लोग हाल तक भाजपा नेताओं की इस उक्ति के अभ्यस्त हो चुके थे कि राजग से अलग भाजपा का कोई एजेंडा नहीं है उन्हें अब आँख मलकर इस हकीकत को समझने के लिए अपने को तैयार करना होगा कि भाजपा अपनी जुनूनी जड़ों पर फिर वापस आ गई है। अब अयोध्या में मन्दिर निर्माण, कश्मीर के मामले में संविधान की धारा 370 को हटाना और समान नागरिक संहिता जैसे सवाल इसके मूल मन्तव्य बन गए हैं। लालकृष्ण आडवाणी, जो कुछ समय पहले यह कह रहे थे कि भारत कभी हिन्दू राष्ट्र नहीं बन सकता, अब कह रहे हैं कि भाजपा का उद्देश्य तो हिन्दुत्व की कार्यसूची लागू करना ही है, राजग की नीतियाँ तो महज कामचलाऊ रही हैं। दो जीभ से बात करने की इससे अच्छी मिसाल कहाँ मिलेगी जो अधिनायकवादी राजनीति का आधार होता है। भाजपा की नीतियों या घोषित नीतियों में आया यह बदलाव अकारण नहीं है। देश जिस कठिन दौर से गुजरने जा रहा है उसका मुकाबला करने के लिए भाजपा की नई रणनीति की पृष्ठभूमि को समझना जरूरी है।

जिस वैश्विक अर्थव्यवस्था से भाजपा भारत को पूरी प्रतिबद्धता से जोड़ रही है उसकी स्थिति नाजुक होती जा रही है। दुनिया न सिर्फ मन्दी के दौर से गुजर रही है बल्कि वैश्वीकरण और उदारीकरण के जो नतीजे सामने आए हैं वे हताश करनेवाले हैं। अन्तर्राष्ट्रीय श्रम संगठन के ताजा आँकड़ों के अनुसार फिलहाल दुनिया में अट्ठारह करोड़ श्रमिक बेरोजगार हो गए हैं और तिहत्तर करोड़ कामकाजी और बेरोजगार लोग गरीबी-रेखा के नीचे रह रहे हैं। संगठन के अनुसार पिछले पचास वर्ष में कभी भी दुनिया की स्थिति इतनी खराब नहीं थी। यह ध्यान में रखने की बात है कि अन्तर्राष्ट्रीय श्रम संगठन के आँकड़े जो स्थिति बतलाते हैं वे हकीकत से कुछ अच्छे रहते हैं क्योंकि वे उन समाजों पर निर्भर करते हैं जो अधिक व्यवस्थित हैं और जहाँ से कुछ विश्वसनीय आँकड़े उपलब्ध हो जाते हैं जो विशाल क्षेत्र 'सभ्यता' की रोशनी से वंचित एक खास धरातल से नीचे अन्धकार में रहने को अभिशप्त है उसके सम्बन्ध में किसी विश्वसनीय आँकड़े की बात फिलहाल नहीं सोची जा सकती। भारत का काफी हिस्सा इसी कोटि में आता है।

यह जानकारी भी दिलचस्प है कि श्रमिक संगठन के अनुसार बेरोजगारी और बदहाली सबसे अधिक लातिनी अमेरिका के देशों में है—यानी उन देशों में जहाँ नई वैश्विक व्यवस्था के चरण सबसे पहले पड़े थे। इसी बदहाली का नतीजा है कि विश्व व्यापार संगठन की मार झेलनेवाले लातिनी अमेरिका के देश—मैक्सिको, ब्राजील, वेनेजुएला और अर्जेन्टीना—पिछले वर्षों में उथल-पुथल और राजनीतिक बदलाव के दौर से गुजर रहे हैं। वेनेजुएला का संकट तो अपनी सरहद पार कर वैश्विक तेल संकट में इजाफा कर रहा है। वैश्विक व्यवस्था के एक कोने में सिकुड़े खड़े भाजपा शासित भारत की स्थिति दयनीय होती जा रही है। सारी आर्थिक हकीकत को नजरअन्दाज कर आठ फीसदी राष्ट्रीय आय की बढ़ोतरी की प्रधानमंत्री अटलबिहारी वाजपेयी की घोषणा अर्थशास्त्रियों के बीच महज उपहास का विषय बनी हुई है। इन अर्थशास्त्रियों में जो आशावान हैं वे इसके आधे से कुछ अधिक यानी पाँच से साढ़े पाँच प्रतिशत को सम्भव मानते थे पर ये 4.4 फीसदी तक ही पहुँच सकी है। लेकिन राष्ट्रीय आय की बढ़त के थोक आँकड़े प्राय: हकीकत पर पर्दा डालनेवाले होते हैं।

पिछले वर्षों में सारे संसार की आय में लगातार इजाफा हो रहा है। लेकिन इसी अवधि में देशों के बीच और देशों के भीतर सम्पन्न और निम्न आय वालों के बीच गैर-बराबरी बढ़ती गई है जो संयुक्त राष्ट्र और विश्व व्यापार संगठन के अध्ययनों से जाहिर होता रहा है। अत: अगर राष्ट्रीय आय में बढ़ोतरी होती भी है तो भी देसी और विदेशी पूँजीपतियों के पक्ष में जैसी नीतियाँ चलाई जा रही हैं उससे आम लोगों में बेरोजगारी और गरीबी बढ़ेगी ही। जिस विदेशी निवेश की आशा में भाजपा सरकार विदेशी पूँजी को तरह-तरह की सुविधाएँ दे रही थी वह भी मेहरबान नहीं दिखाई देती। पड़ोसी चीन में जहाँ पिछले साल बावन अरब डालर का विदेशी निवेश हुआ वहाँ भारत का आँकड़ा इसके दसवें भाग से भी कम यानी चार अरब डालर के इर्द-गिर्द ही रह गया। कुल मिलाकर भाजपा की आर्थिक नीतियाँ असफल रही हैं जिससे देश पर विदेशी पूँजी का प्रभाव तो बढ़ा है लेकिन पूँजी का इजाफा नगण्य रहा है। चारों तरफ लोग बेरोजगार हो रहे हैं और किसान आर्थिक संकट के कारण आत्महत्या के लिए विवश हो रहे हैं। भाजपा की नीति में बदलाव को इसी पृष्ठभूमि में समझा जा सकता है। अब लोगों को आर्थिक नीतियों से लुभाने के बदले भाजपा उनमें उन्माद पैदा कर विशेष दिशा में हाँकने की राजनीति अपना रही है।

ऊपर वर्णित स्थितियाँ ऐसी हैं जिनमें फासीवाद के लिए जमीन तैयार होती है। बेरोजगारों की बढ़ती फौज और उनका असन्तोष, विकल्प का अभाव या अनिश्चितता और इससे किसी भावनात्मक मुद्दे पर उन्माद पैदा कर सकने की सम्भावना। फासीवाद के दो क्लासिकी उदाहरण इटली और जर्मनी में अलग-अलग तरह से ऐसी ही स्थितियाँ क्रमश: मुसोलिनी और हिटलर को सत्ता में लाई थीं।

इटली में इस बात का असन्तोष था कि उसे प्रथम विश्वयुद्ध में मित्र राष्ट्रों द्वारा उन भूभागों पर कब्जा नहीं दिया गया था जिनके वे अपने को हकदार मानते थे—यानी अतृप्त विस्तारवादी आकांक्षा। एक विवाद का मुद्दा फ्यूम पर अनधिकृत कब्जा था। 1920 में मजदूरों की लम्बी हड़ताल और फिर कारखानों को स्वयं अपने हाथ में लेने का अभियान आर्थिक कारणों से विफल रहा। इससे समाजवादी नेतृत्व से भरोसा टूटने लगा था। ज्ञातव्य है कि मुसोलिनी स्वयं पहले समाजवादी था और बाद में युद्ध का समर्थक बन गया था। इसी माहौल में उसने लम्पट तत्त्वों को लेकर 'ब्लैक शर्ट' नामक निजी सेना का गठन किया जिनका उपयोग मजदूरों के खिलाफ दंगा और आतंक फैलाने में होता था। इनकी मदद से अराजकता फैलाकर अन्ततः उसने इटली के राजा को उसे सरकार बनाने के लिए आमंत्रित करने को मजबूर किया। इसके बाद धीरे-धीरे इटली को पूरी तरह एक फासीवादी तानाशाही में बदल दिया गया। लोगों को प्राचीन रोम की यशगाथा से सैन्य शक्ति बढ़ाने की ओर मुखातिब किया गया।

जर्मनी में भी प्रथम विश्व युद्ध की पराजय और फ्रांस, ब्रिटेन आदि द्वारा लादी गई शर्तों के खिलाफ गहरा असन्तोष था। अर्थव्यवस्था चौपट हो गई थी और युद्ध से लौटे नौजवानों के पास कोई काम नहीं था। स्वयं हिटलर युद्ध का कौरपोरल रह चुका था। इनमें जर्मन साम्राज्य को फैलाने का सपना जीवित था। 1930 की मन्दी ने स्थिति को और भी कठिन बना दिया था। हिटलर ने युद्ध से लौटे जवानों को लेकर अपना निजी सैनिक दस्ता 'स्टॉर्म ट्रुपर्स' बनाया। यही राष्ट्रीय स्वयंसेवक संघ के गुरु गोलवलकर का प्रेरणा स्रोत था जिसके मॉडल पर उन्होंने अपने राष्ट्रीय स्वयंसेवक संघ का निर्माण किया। हिटलर ने यहूदियों और 'गैर आर्य' नस्लों के खिलाफ जर्मन लोगों में नफरत फैला उनके सफाए की नीति अपनाई जिसे गोलवलकर ने अपनी पुस्तक 'वी और आवर नेशनहुड डिफाइंड' में आदर्श के रूप में चिह्नित किया था। जर्मनी के सोशलिस्टों और कम्युनिस्टों की आपसी लड़ाई और बार-बार होनेवाले सत्ता परिवर्तनों के बीच—जो अक्षम साबित हो रहे थे—हिटलर पहली बार अल्पमत में होते हुए भी सत्ता में आया। धीरे-धीरे सहयोगियों का सफाया कर उसने सत्ता को पूरी तरह अपने हाथ में ले लिया। इसके बाद से सरकारी दमन और अपने स्वयंसेवकों यानी 'स्टॉर्म ट्रुपर्स' के बल पर आतंक का राज्य फैला नात्सी तानाशाही कायम की।

अब भाजपा कुछ ऐसी ही नीति की तरफ आ रही है जिसमें लोगों के जीवन की बुनियादी जरूरतों की पूर्ति करने में अक्षम उसकी सरकार राष्ट्रीय गौरव, जिसे वह हिन्दुत्व से जोड़ती है, के यशगान और पड़ोसियों से संघर्ष की ओर लोगों का ध्यान केन्द्रित कर सके। इसके पीछे इसका भीतरी सांगठनिक संकट भी है। अटल बिहारी वाजपेयी का स्वास्थ्य काफी खराब हो चुका है जो साफ दिखाई देता है, भले

ही भाजपा नेता इस तथ्य से बार-बार इनकार करते हों। इसमें सन्देह है कि अगले लोकसभा चुनाव के बाद भाजपा का नेतृत्व सँभालने की स्थिति में वाजपेयी रहेंगे।

यह भी संदिग्ध है कि भाजपा का कोई दूसरा नेता राजग के विविध नीति वाले या नीतिहीन दलों को इकट्ठा कर सरकार जोड़ पाएगा। इससे गठजोड़ सरकार की सम्भावना काफी कमजोर दिखती है। इससे भाजपा को अपने पुराने फासीवादी एजेंडे को लेकर साम्प्रदायिक विभाजन करा जनमत अपने पक्ष में करना ज्यादा भरोसेमन्द लगता है। इसी सन्दर्भ में दंगाई माहौल फैला गुजरात के चुनाव में दो-तिहाई बहुमत प्राप्त करने और नरेन्द्र मोदी के एक सशक्त नेता के रूप में उभरने से संघ परिवार की आशा जगी है। अब वे हिन्दुत्व के मुद्दे पर ढुलमुल नीति वाले नेताओं को लीक पर लाने में सफल हो सकते हैं। आडवाणी 'भारत हिन्दू राष्ट्र नहीं हो सकता' वाले अपने वक्तव्य पर संघ परिवार की गालियाँ और डाँट सुनने के बाद अब रास्ते पर आ गए हैं। अब संघ परिवार तब तक जब तक वे प्रासंगिक लगेंगे, उनका इस्तेमाल बेहिचक कर सकता है।

भाजपा की असली समस्या यह होगी कि क्या वह अगले विधानसभा चुनावों और फिर लोकसभा चुनावों के पहले देश में इतना दंगा-फसाद करा सकेगी जिससे गुजरात की तर्ज पर साम्प्रदायिक ध्रुवीकरण हो सके? आम भारतीयों की सहिष्णुता के मद्देनजर यह आसान नहीं लगता। गुजरात की सफलता के पीछे संघ परिवार की दशकों की तैयारी और वहाँ बार-बार होनेवाले जातीय और साम्प्रदायिक दंगों के इतिहास का महत्त्वपूर्ण हाथ था।

उत्तर प्रदेश, जो उनका पारम्परिक गढ़ था, मायावती से गठजोड़ के कारण उनके हाथ से खिसकता नजर आता है। ओड़ीशा, असम, बंगाल और दक्षिण के राज्यों में भाजपा या संघ परिवार की कोई हैसियत नहीं है। बिहार और झारखंड में भी उन्हें समता या जनता दल-यू के समर्थन पर निर्भर रहना पड़ता है। बचा मध्यप्रदेश और राजस्थान जहाँ वे अकेले कांग्रेस के मुकाबले खड़े हैं। इन राज्यों में भाजपा अपनी दंगाई रणनीति को आगे बढ़ाने का प्रयास कर सकती है। लेकिन सफलता अनिश्चित है। इसकी एक सुविधा यह जरूर है कि इसके सहयोगी दल व्यक्ति आधारित हैं चाहे बिहार में जॉर्ज फर्नांडीस या नीतीश कुमार हों, ओडिशा में नवीन पटनायक, पश्चिम बंगाल में ममता बनर्जी, आन्ध्र में चन्द्रबाबू नायडू और उत्तर प्रदेश में मायावती। इन दलों को सरकारी नीतियों या धर्म-निरपेक्षता के मूल्यों से कुछ लेना-देना नहीं है। इन्हें मंत्री पद या कुछ दूसरे अधिकार देकर चुप किया जा सकता है।

इसके बावजूद तत्काल कुछ समय तक भाजपा को मिली-जुली सरकारों की नीति पर चलने की मजबूरी होगी—तब तक जब तक जनता से कटे नीतिविहीन इन सहयोगी दलों के समर्थन के आधार पर भाजपा अपना कब्जा नहीं जमाती। यह

समय लेनेवाली लम्बी प्रक्रिया होगी। इस बीच देश की आर्थिक स्थिति इतनी खराब होती जा रही है कि किसी केन्द्रित तानाशाही सत्ता की स्थापना की बजाय भारत दंगे और गृहयुद्ध के माहौल से विघटन की तरफ बढ़ता जाएगा।

इसका विकल्प होगा लोकतांत्रिक और धर्मनिरपेक्ष आस्थाओं को मजबूत कर एकता और सहिष्णुता के माहौल में देश को वर्तमान आर्थिक संकट से निकालने का गम्भीर प्रयत्न करना। लेकिन यह विकल्प भाजपा और संघ परिवार की सत्ता महत्त्वाकांक्षा के विपरीत पड़ता है। भाजपा के विपक्ष में खड़े दल भी मूलत: सत्ता केन्द्रित हैं और अपने दलीय हित और राष्ट्रीय हित के बीच कोई समन्वय स्थापित नहीं कर पाए हैं। इससे उनका भाजपा विरोध अक्सर बिखर जाता है। लेकिन सबसे बड़ी कमजोरी यह है कि आर्थिक नीतियों के मामले में वे भी मोटा-मोटी वैश्वीकरण को कबूल करते हैं। ऐसी स्थिति में वैकल्पिक राष्ट्रीय आर्थिक नीति अपनाने में वे अक्षम दिखते हैं। यह सब देश को एक घोर अनिश्चितता के दौर में ले जा रहा है। एक तरफ आक्रामक फासीवाद है तो दूसरी ओर अनिर्णय की स्थिति में खड़ा लोकतांत्रिक विकल्प।

भारतीय राष्ट्रीयता और साम्प्रदायिकता

1

भारतीय सन्दर्भ में 'उप-राष्ट्रीयता' जैसे शब्द के प्रयोग के विरोध में कहा जाता है कि यह शब्द पश्चिम के 'सब-नेशनलिज्म' जैसे शब्दों का अनुवाद है, और इसका परिवेश विदेशी है। इसलिए भारत के सन्दर्भ में इसका प्रयोग एक ऐसी स्थिति को आरोपित करता है जो हमारे यहाँ मौजूद नहीं थी। यह एतराज बिलकुल ठीक है। राष्ट्रीयता शब्द भी इसी तरह पश्चिम के 'नेशनलिज्म' के पर्यायवाची के रूप में आरोपित है जो भारत की ऐतिहासिक असलियत को अभिव्यक्त नहीं करता।

भारत में राष्ट्रीयता की कल्पना पश्चिमी कल्पना से बिलकुल भिन्न रही है। यह बात दोनों की ऐतिहासिक पृष्ठभूमि की भिन्नता पर विचार करने से साफ हो जाएगी।

पश्चिम में राष्ट्रों का उदय विभिन्न कबीलों के इर्द-गिर्द हुआ है हालाँकि इनको अपने वर्तमान रूप में आते-आते सदियों लग गए। इस प्रक्रिया की शुरुआत चौथी से सातवीं सदी के बीच हुई, जब यूरोप में कबाइली समूह बड़े पैमाने पर एक से दूसरी जगह गए जिसे यूरोपीय इतिहास में 'फोल्केर वांडरुंग' कहा गया है। पहली कबाइली लहर तब उठी जब 'स्टेपीज' के मैदानी इलाकों के लोग यूरोप की ओर बढ़े। इस क्रम में हूण, बुलार, क्रोट, आग्वार, चजार, माग्यार पन्सिनाक, कूमन, मंगोल आदि कबाइली जमातें स्लाव लोगों की भूमि में आ गए। लगभग इसी समय जर्मन कहे जानेवाले कबाइली समूह पश्चिम की ओर बढ़े और रोमन साम्राज्य के इलाकों में फैल गए। इनमें ज्यादातर समूह अलग-अलग इलाकों में जाकर बसे। उदाहरण के लिए ऐंगेल्स, सैक्सन और जूट समुद्र पार कर आधुनिक ब्रिटेन के इलाकों में बसे और इस प्रक्रिया में वहाँ के आदिवासी ब्रिटन लोग वेल्स और स्काटलैंड की ओर खदेड़ दिए गए। थोड़े से ब्रिटन समुद्र पार कर तत्कालीन गॉल (अब के, फ्रांस के इलाके) में जाकर बस गए, और इनके वासगीत का इलाका बाद में ब्रिटानी कहलाया।

ऐंगेल्स एवं सैक्सनों ने कालान्तर में इंग्लैंड राष्ट्र को जन्म दिया। ब्रिटन लोग आज भी वेल्स राष्ट्रीयता के आधार बने हुए हैं। एक कबाइली जमात विसीगोथ आइबेरिया के अन्तरीप में बसी। इसी से बाद में आज का स्पेन राष्ट्र बना। फ्रैंक कबाइली समूह तत्कालीन गॉल के इलाकों में बसा। राजा क्लोबिस के मातहत ने

बाद में एक बड़ा साम्राज्य कायम किया जो आगे चलकर फ्रांस राष्ट्र का आधार बना। अलेमानी, बैवेरियन और फ्रैंक लोग स्विट्जरलैंड से लेकर आधुनिक जर्मनी तक के विभिन्न हिस्सों में बसे जिससे बाद में जाकर स्विट्जरलैंड, ऑस्ट्रिया और जर्मनी राष्ट्र बने। इन कबाइली जमातों की खासियत यह थी कि इनमें अपने अलग अस्तित्व का बोध बना रहा और जहाँ भी वे गए वहाँ की दूसरी कबाइली जमातों को या तो खदेड़ दिया या उन्हें अपने भीतर पचा लिया।

इन कबाइली जमातों में अपनी अलग पहचान बनाए रखने का आग्रह इतना जबर्दस्त था कि खुद जर्मनी में बैवेरिया के राज्य में आज तक अपना अलगपन बरकरार रखते हैं। इसी तरह ब्रिटन लोग बर्तानियों के वेल्स में अपनी अलग राष्ट्रीयता का बोध रखते हैं। स्लाव इलाकों में भी क्रोट, माग्यार (हंगरी), बूल्गर (बूल्गेरिया) आदि अपनी अलग पहचान बनाए रहे हालाँकि इसमें लगभग सभी कभी न कभी किसी बड़े साम्राज्य के अंग थे जैसे हंगरी ऑस्ट्रिया-हंगरी साम्राज्य का। इनमें कुछ तो बाजाप्ता राष्ट्र बन गए और कुछ जैसे क्रोट स्वायत्तता के लिए प्रयत्नशील एक राष्ट्रीय जमात के रूप में है।

हालाँकि कबाइली जमातें अपनी अलग पहचान बनाए रहीं और यही कबाइली आत्मबोध बाद में चलकर राष्ट्रीय बोध बना, शुरू में राष्ट्र या राष्ट्रीयता नाम की कोई चीज इनके सामने नहीं थी। यूरोप के विभिन्न भागों में फैले ये कबीले लगभग दो सदियों तक कार्लमेग्न द्वारा स्थापित साम्राज्य और बाद में मेरोबिंग साम्राज्य के अंग रहे। इन साम्राज्यों के पतन के बाद यूरोप में कोई केन्द्रीय शासन व्यवस्था नहीं बची और वहाँ के विभिन्न समुदायों को बाँधे रखनेवाला एक मात्र सूत्र रोमन कैथोलिक चर्च था। आठवीं-नवीं सदी से फ्यूडल व्यवस्था का उदय हुआ और स्थानीय तौर पर लोगों का आर्थिक एवं राजनीतिक जीवन इसी व्यवस्था से जुड़ा था। लोगों की वफादारी भी अक्सर अपने लॉर्ड के प्रति होती थी और उसी से उनकी कल्पना का क्षितिज भी निर्धारित होता था। 15वीं शताब्दी तक राष्ट्रीयता नाम की कोई चीज यूरोप में नहीं थी।

सच तो यह है कि कैथोलिक यूरोप की निगाह में राष्ट्रीयता जैसी संकीर्ण वफादारी अपधर्म (हेरेसी) माना जाता था। हाँ कुछ राजाओं का उदय जरूर हो गया था जो फ्यूडल लार्डों के समर्थन पर आश्रित थे और समय-समय पर अपने राज्य को बढ़ाते रहते थे। लेकिन इनके राज्यों की सीमा का राष्ट्रीय सीमा से कोई अनिवार्य सम्बन्ध नहीं था। ये खास घरानों के राज्य थे जो कई ऐसे इलाकों को अपने अन्दर शामिल कर सकते थे जो एक नहीं कई राष्ट्रों के अंग कहे जा सकते थे। राजाओं के पारिवारिक सम्बन्धों में एक देश का भूभाग दूसरे राज्य का भाग बन जाता था।

सोलहवीं शताब्दी से यूरोप की यह हालत बदलने लगी। प्रोटेस्टेंट मत के उदय से कैथोलिक धर्म की सर्व-व्यापकता को चुनौती मिली और धर्म का स्थानीय

रूप होने लगा जिसकी परिधि कबाइली राष्ट्रीयता से बनने लगी। इस प्रक्रिया को महत्त्वाकांक्षी राजाओं और सबसे बढ़कर नए व्यापारी वर्ग का समर्थन मिला। व्यापारी वर्ग जैसे-जैसे शक्तिशाली होने लगा वैसे-वैसे वह फ्यूडल प्रथा के छोटे स्थानीय घेरों से अपने को आजाद करने के लिए छटपटाने लगा। इसने राजाओं से समझौता कर फ्यूडल सामन्तों की शक्ति तोड़ने और बड़े दायरे का राज्य कायम करने की कोशिश की। अक्सर इससे बने राज्य कबाइली दायरे से एकाकार हो गए। इसी तरह यूरोप के आधुनिक राष्ट्र भी बने।

कबाइली जमाने में कबीले से जो परम्परागत वफादारी थी वह अब नए राष्ट्र के साथ जुड़ने लगी और इस तरह एक राष्ट्रीय आस्था का निर्माण हुआ। यूरोप के राष्ट्र, राजाओं की सक्रिय हिस्सेदारी और उनकी सीमा-विस्तार की महत्त्वाकांक्षा से पैदा हुए थे। इसलिए राष्ट्रभाव, जो कबाइली था, राष्ट्रीय सीमा और राज्य सत्ता के साथ जुड़ गया। इस तरह राष्ट्रों का उदय न सिर्फ एक भावनात्मक इकाई के रूप में हुआ बल्कि एक राजकीय व्यवस्था के रूप में भी हुआ जिसे 'नेशन स्टेट' कहा गया। राष्ट्र यानी नेशन का अर्थ एक ऐसा तादात्म्य बोध हुआ जो न सिर्फ एक खास मानव समूह से ही बल्कि एक भौगोलिक सीमा और उस पर स्थित अपनी जमात की सत्ता से भी एकाकार है। इसी कारण फ्रांस की क्रान्ति एवं लोकतंत्र के विकास से राष्ट्रवाद की भावना ज्यादा मजबूत हुई क्योंकि राजाओं के लिए उसी कबीले का होना जो राष्ट्र के आधार थे जरूरी नहीं था और अक्सर वे इस अर्थ में विजातीय होते थे।

भारत में राष्ट्रवाद का विकास इससे अलग तरह से हुआ। यहाँ भी अनेक कबाइली जमातें आईं। तथाकथित आर्य, यूनानी, शक, हूण, शिथियन, तुर्क, अफगान, मंगोल और दूसरी कितनी ही कबाइली जमातें भारत में आती गईं। लेकिन यहाँ यह नहीं हुआ कि एक जमात ने बाकी को खदेड़ कर किसी खास इलाके में अपने को स्थापित कर लिया हो। ज्यादातर जगहों पर अलग-अलग कबीलों के लोग साथ-साथ और अगल-बगल ही बस गए। उत्तर-पूर्व और दूसरे भागों के कुछ पहाड़ी और जंगली अंचलों को छोड़ दें तो बाकी जगह कबाइली समूह जाति व्यवस्था के माध्यम से एक खास तरह की सामूहिकता में बँध गए। इसलिए किसी खास कबीले के किसी खास अंचल से जुड़कर राज्य बनने की प्रक्रिया यहाँ नहीं चल पाई। इसका अपवाद वे ही कबाइली पॉकेट हैं जनका जिक्र ऊपर किया गया है—जैसे नगालैंड, मिजोरम आदि। कुल मिलाकर भारत में बसे ज्यादातर कबीलों के लोग पूरे देश के साथ अपने को जोड़ने लगे। इससे एक खास तरह की एकता का बोध पैदा हुआ। प्रतीकात्मक रूप से इस एकता की अभिव्यक्ति यहीं के पर्वत, नदियों, सागर आदि से जुड़े श्लोक, गीत, कविता, लोकगाथा और तीर्थ स्थानों से हुई और सबसे बढ़कर रहने की हजारों साल की परम्परा और उससे पैदा सर्वव्यापी

संस्कारों से स्थानीय संस्कार भी बना जिनकी अपनी खासियत भारतीयों को औरों से अलग करती है।

भारत के विशेष इतिहास और यहाँ की विशेष परम्परा ने एक राष्ट्र या एक जन होने का बोध पैदा किया लेकिन एक राजकीय इकाई को जन्म नहीं दिया। हमारी राष्ट्रीय चेतना राजकीय नहीं सांस्कृतिक रही है। हमारे लिए राष्ट्र का अर्थ कभी भी 'नेशन स्टेट' नहीं हुआ।

अगर हमारी राष्ट्रीयता का आधार राजकीय होता तो हमारा राष्ट्रबोध कब का समाप्त हो गया होता क्योंकि पिछले ढाई हजार साल के इतिहास में कभी भी ऐसा मौका नहीं हुआ है जब सारे भारत पर एक राजकीय सत्ता कायम रही हो। कभी-कभी जरूर ऐसा हुआ है, जैसा अशोक के समय, जबकि देश के ज्यादातर हिस्से में सम्राट की मातहती कबूल कर ली गई हो; पर ऐसा कभी नहीं हुआ कि देश के वे सभी भाग जिन्हें हम भारत कहते हैं या भारतीय उप-महादेश कहते हैं किसी एक 'भारत-राज्य' के हिस्से रहे हों।

नौकरशाही पर आधारित मौर्य साम्राज्य या बाद के मुगल साम्राज्य जैसे कुछ अपवादों को छोड़ दें तो देश में हमेशा अनेक छोटे-छोटे राज्य रहे जिनमें कुछ में गणतंत्र और कुछ में राजतंत्र थे। इनमें से ज्यादा में स्वायत्तता बनाए रखने का आग्रह था। इस स्थानीय स्वायत्तता बोध की आधारशिला यहाँ का आत्म-निर्भर ग्रामीण समाज था जो ऊपर से फैली राजकीय व्यवस्था को एक सीमित दायरे के बाहर अप्रासंगिक बना देता था। राजा चाहे वह स्थानीय हो या सम्राट, टैक्स के रूप में उत्पादन के एक हिस्से का अधिकारी था और बदले में सिंचाई व्यवस्था, यातायात व्यवस्था और कुछ हद तक सुरक्षा व्यवस्था कायम रखता था। बाकी सब लोगों के जिम्मे था। इसलिए जिन लोगों में भारतीय राष्ट्रीयता बोध की तीव्र अनुभूति रही है उनके लिए राजकीय ढाँचा या आकार महत्त्वहीन रहा है।

लोगों की दृष्टि में राष्ट्रीयता का अर्थ उन मूल्यों को कायम रखना था जो सांस्कृतिक राष्ट्रबोध के आधार में है। चूँकि हमारा राष्ट्रबोध ही संस्कृति बोध है इसलिए भौगोलिक अर्थ में अगर हम राष्ट्रव्यापी राज्य कायम भी कर लें तब भी हमारे अस्तित्व का लोप हो जाएगा, अगर हमारा अपना संस्कृति बोध समाप्त हो जाए। इसी अनुभूति के कारण महात्मा गांधी ने यहाँ तक कह दिया था कि अगर अंग्रेजियत यहाँ से चली जाए तो उन्हें इस देश में अंग्रेजों का बना रहना मंजूर था। इसलिए गांधी के स्वराज की कल्पना वैसे ग्रामीण गणतंत्रों की थी जिन्हें एक सूत्र में बाँधने के लिए लोगों का एकात्मबोध ही काफी था। कोई वृहत् राजकीय ढाँचा नहीं।

जिस अर्थ में हमारे सन्दर्भ में 'नेशन' अप्रासंगिक है, उसी अर्थ में 'नेशनैलिटी' भी। सिर्फ कुछ कबाइली समूह, जिनकी अलग अस्तित्व की चेतना, अलग जीवन पद्धति और खास अंचलों में आबादी की एकरूपता वर्तमान है, यूरोपीय अर्थ में

'नेशनैलिटी' कहे जा सकते हैं। अगर हमारी राष्ट्रीयता सांस्कृतिक है तो यह राजकीय सीमाओं से परे है और कई राज्यों में बँटकर भी हम एक राष्ट्र हैं और रह सकते हैं। एक राज्य के ढाँचे में इस राष्ट्र को कसने का आग्रह वास्तव में उस वर्ग का है जो पश्चिमी पूँजीवादी-नौकरशाही स्वार्थों का भी प्रतिनिधित्व करता है और जो केन्द्रीकृत औद्योगिक और राजनीतिक ढाँचे में ही फल-फूल सकता है। इसलिए इस देश में अपनी परम्परा के अनुसार राष्ट्रीयता के विकास का आधार एक वैकल्पिक आर्थिक और राजनीतिक ढाँचा ही हो सकता है जिसमें ग्रामीण स्तर पर इकाइयों में अधिक-से-अधिक आत्मनिर्भरता और राजनीतिक स्वायत्तता हो। ऐसी समाज व्यवस्था की प्रेरक शक्ति भी आर्थिक लाभ और निजी अधिकार का विस्तार नहीं हो सकती जो पूँजीवादी-उपभोक्तावादी सभ्यता के मूल में है। इसका आधार जीवन की आवश्यकताओं को जरूरी वस्तुओं तक सीमित कर चेतन मानव का विकास ही हो सकता है। यह दृष्टि हमारी तमाम बुराइयों के बावजूद हमारी चेतना में कहीं-न-कहीं जीवित है और इसी के आधार पर हम अपनी राष्ट्रीयता की रक्षा कर सकते हैं।

2

पिछले कुछ वर्षों से, देश में एक भावनात्मक टूट का वातावरण बना है और इसमें अनेक लोगों को राष्ट्रीय विघटन के आसार दिखाई देते हैं। लेकिन जो उपाय इस टूट को रोकने के लिए सुझाए जा रहे हैं वे अति सरल मानसिकता की उपज हैं और उसके लिए न तो अपने इतिहास से सबक लिया गया है और न दुनिया के अनुभवों से। सरल भौतिकी अनुभव में बिखराव के अपकेन्द्री दबाव की विरोधी शक्ति अभिकेन्द्री होती है इसलिए तुरन्त यह नतीजा निकाल लिया जाता है कि केन्द्र का अधिकार बढ़ा देने से इस खतरे का निराकरण हो जाएगा। कम्प्यूटरों की सर्वज्ञता में विश्वास रखनेवाले हमारे उदीयमान नेतृत्व में यह सरल भौतिकी समाधान अगर लोकप्रिय बन रहा हो तो कोई आश्चर्य नहीं। लेकिन दिक्कत यह है कि मानव समाज सरल भौतिकी नियमों से नियमित नहीं होता, और अक्सर भौतिकी कसौटी पर कसने पर इसके नतीजे बिलकुल विपरीत दिखाई पड़ते हैं।

दो उदाहरण हमारे अपने इतिहास के हैं।

मुगल बादशाह औरंगजेब वीर था। उसके पास मुगल साम्राज्य की सबसे शक्तिशाली सेना थी। उसमें अनेक गुण थे और निजी जीवन में उसे संत कहा जा सकता था। लेकिन अविच्छिन्न सत्ता की भूख और असहिष्णुता के कारण वह मुगल साम्राज्य जिसका उसके शासन में ही अधिकतम विस्तार हुआ था, उसके जीवन में ही बिखरने लगा। चारों ओर विद्रोह होने लगे। महाराष्ट्र में महाराठों की शक्ति खड़ी हो गई, जाटों का विद्रोह शुरू हुआ, सिखों ने हथियार उठा लिए और राठौर राजपूत बागी बन गए। विभिन्न क्षेत्रों में लोग शासन के दबाव से इतने त्रस्त थे कि मुक्त होने के लिए बेचैन हो गए। इससे जो विघटनकारी दबाव बना उससे औरंगजेब के मरते-मरते मुगल साम्राज्य का विघटन शुरू हो गया। इसी विघटन की प्रक्रिया के बीच पश्चिमी देशों की घुसपैठ शुरू हुई जिससे भारत में अंग्रेजी राज की नींव पड़ी।

ठीक इसके विपरीत उदाहरण अशोक का है। कलिंग विजय के बाद सम्राट अशोक ने हथियार की ताकत छोड़कर प्रेम और दया के बल पर राज करने का संकल्प किया और अशोक की मृत्यु के समय मगध साम्राज्य भारत का सबसे

विस्तृत साम्राज्य रहा है, जो दक्षिण में तमिलनाडु से उत्तर में अफगानिस्तान तक और पूरब में बंगाल से लेकर पश्चिम में सागर तट के सारे भूभाग पर फैला था। इस विशाल भूभाग में अटूट शान्ति का राज्य था।

लेकिन भारत में राष्ट्र की परिकल्पना राज्यों की सीमा पर नहीं बल्कि भावनात्मक एकता पर टिकी रही है जिससे राज्यों की परिधि पार कर भारतीयता का राष्ट्र बोध कायम रहा है। इस भावनात्मक एकता का आधार रही है यहाँ की कला, दर्शन और साहित्य में व्याप्त एक विशिष्ट प्रेरणा की निरन्तरता और सर्वव्यापकता। स्थानीय विविधताओं के बावजूद भारत के सभी भागों की कलाओं में कुछ रहा है जो उन्हें एक दूसरे से बाँधता रहा है और दुनिया की और जगह की कलाओं से उन्हें भिन्न बनाता है। चाहे हम दूसरी सदी ईसा पूर्व के बिहार के दीदारगंज की यक्षी को लें, साँची के स्तूप के द्वार की लगभग इसी काल की यक्षी को, दक्षिण में छठी-सातवीं शताब्दी के महाबलिपुरम की नारी प्रतिमाओं या दसवीं शताब्दी की भुवनेश्वर की नारी प्रतिमाओं को, सभी के भाव और आकार में कुछ है जो उन्हें एक-दूसरे से जोड़ता है। यही बात हम भारत के विभिन्न काल और भाग में फैली बुद्ध प्रतिमाओं के बारे में कह सकते हैं। अगर हम इनकी तुलना, तुर्किस्तान, चीन और जापान की बुद्ध प्रतिमाओं से करें जो सभी एक ही धार्मिक प्रेरणा से पैदा हुई हैं तो हमें भारतीय बोध की विशिष्टता को समझने में जरा भी देर नहीं लगेगी।

आगे चलकर चित्रकला में यहाँ के प्रसिद्ध 'मिनियेचर' चित्रों में हम वैसी ही विशिष्टता पाते हैं। सोलहवीं शताब्दी से अठारहवीं शताब्दी तक भारत के विभिन्न भागों में फैली इस विधा में भी हम प्रेरणा की एकता देख सकते हैं। राजस्थानी, पहाड़ी, मुगल, दक्षिणी, बिहारी इन तमाम चित्रों में स्थानीय भिन्नता के बावजूद शिल्प और अभिव्यक्ति दोनों के स्तर पर उस भारतीय विशिष्टता की छाप है जो इसकी सभी कला विधाओं में रही है। अकबर की सहिष्णुता ने इनमें धार्मिक भेद को नहीं आने दिया। इस कारण मुगलकाल में फारसी में लिखी रामायण और महाभारत की ऐसी प्रतियाँ तैयार हुईं जो पूरी तरह इस कला विधा में चित्रित थीं।

इसी तरह की एकता और निरन्तरता हमारे संगीत में भी रही है। मध्ययुग से लेकर आज तक की हमारी संगीत शैलियाँ चाहे वे दक्षिण की हों या उत्तर की, शास्त्रीय संगीत की हों, गजल हों, भजन की हों या हलके फिल्मी संगीत की, सभी का अन्तर स्वर हमारे प्राचीन संगीत का है। इसका मतलब यह नहीं कि हमारी कलाओं पर बाहरी कलाओं का असर नहीं पड़ा है। यह असर पड़ा है लेकिन उसे पचाकर सदा उसको एक देशी स्वरूप दिया गया है।

धर्म-दर्शन में भी हमारी कुछ मूल स्थापनाएँ रही हैं। जब मत-मतान्तरों के छोटे दायरों और जाति व्यवस्था की विषमता से भारतीय समाज भावनात्मक रूप से खंडित हो रहा था तो चौदहवीं सदी से संत कवियों ने फिर उस एकता के दार्शनिक सूत्र

को जीवित किया। इसमें इस्लाम को माननेवाले सूफी संतों एवं अछूत रविदास और चोखामेला से लेकर फरीद, कबीर, नानक, मीरा, सूर, तुलसी आदि सभी शामिल थे। भक्ति आन्दोलन ने फिर एक बार कश्मीर से लेकर कन्याकुमारी तक और मणिपुर से लेकर महाराष्ट्र तक सारे देश को एक भावनात्मक सूत्र में बाँधा—उस समय जब राजकीय स्तर पर देश टूट रहा था और मुगलों का आक्रमण देश पर हो रहा था।

यही वह असली एकात्मता बोध है जो हमें राज्यों की स्थायी या अस्थायी सीमाओं से परे जाकर एक सूत्र में बाँधती है। हमारी एकता पर असली आघात तभी लगता है जब हम दर्शन, कला, साहित्य, संगीत आदि की प्रेरणाओं से कटकर उन चीजों के पीछे पड़ जाते हैं जो बिलकुल बाहरी हैं और महज उपभोग की वस्तुएँ, जिनका इतना भर महत्त्व है कि हम उनका उपयोग कर कबाड़ में डाल दें। जब हम अपने आन्तरिक भावों से कटते हैं तो उस अन्तरंग संवाद सूत्र से भी कट जाते हैं जो हमें अपने देशवासियों से बाँधता है। इससे कट जाने के बाद बन्दूकों के बल खड़ी की गई सीमा रेखाओं से घिरकर हम कब तक एक रह सकते हैं? ये सीमा रेखाएँ हमें कैद कर सकती हैं, एक नहीं कर सकतीं।

राष्ट्रीय संस्कृति की प्रेरक शक्ति दर्शन, कला, साहित्य, संगत आदि के विकास की बुनियादी आवश्यकता है उन्मुक्त वातावरण जो अतिकेन्द्रित कठोर शासन से सदा कुंठित होता है। बौद्धिक उन्मुक्तता का सर्वश्रेष्ठ उदाहरण हम गुप्त काल में पाते हैं जब भारतीय संस्कृति, धर्मों और राजकीय सीमाओं की परिधि पार करके सारे भारत को एक कला बोध देने लगी। इस काल से भारत की सर्वश्रेष्ठ कलाओं का उदय होता है जिनका प्रभाव अफगानिस्तान से लेकर सुदूर दक्षिणी तटीय प्रदेशों तक फैलता है, हालाँकि गुप्त साम्राज्य मूल रूप से उत्तर और पूर्वी भारत तक ही सीमित था। इस सांस्कृतिक उत्थान की ऊर्जा उस उदारता से आई जो अक्सर भारत के सभी राज्यों में व्याप्त थी और हर्ष के समय तक इस उदारता के स्पष्ट प्रमाण हैं। दूसरी शताब्दी से सातवीं शताब्दी तक इसी सांस्कृतिक माहौल में अजन्ता, एलोरा, भरहुत एलिफैंटा आदि की महान कलाकृतियाँ विकसित हुईं।

जिस हद तक राज्य केन्द्रित होता है उसी हद तक देश को स्वाभाविक रूप से बाँधनेवाली प्रेरक शक्तियों के स्रोत भी सूखते जाते हैं। जर्मनी के अनुभव इस बात के साक्षी हैं। पुराने समय में यूरोप में यह कहावत प्रचलित थी कि दुनिया के बँटवारे में जल का राज्य बर्तानिया को मिला, थल का फ्रांस को, और बादलों का राज्य जर्मनी को। यानी माना जाता था कि जर्मनीवासी दर्शन, गणित, संगीत और दूसरी कलाओं के वायवीय लोक में निवास करते हैं। बिस्मार्क ने पहले-पहल उन्नीसवीं सदी के मध्य से जर्मनी को सैनिकतंत्र और केन्द्रीकरण की दिशा में मोड़ना शुरू किया। इसकी परिणति हिटलर के जर्मनी में हुई जहाँ बड़े पैमाने पर साहित्य की होली जलाई गई और सच्चे कलाकार, दार्शनिक और साहित्यकार भाग चले या

मौन हो गए। इस तरह जर्मनी की मूल संस्कृति को नष्ट कर शैतानी राष्ट्र की पूजा की संस्कृति लादी गई।

जर्मनी की सैनिक शक्ति अजेय लगती थी। लाखों लाख लोग पाँव से पाँव मिलाकर परेड करते थे और अटूट एकता का भ्रम पैदा करते थे। लेकिन भीतर-भीतर लोग एक-दूसरे से शंकित और भयभीत थे क्योंकि उनको एक करनेवाली स्वाभाविक 'वायवीय' शक्ति को दबाकर उसकी जगह गेस्टापो की निगरानी में सभी जर्मनवासियों को यांत्रिक ढंग से राज्यसत्ता से बाँधा जा रहा था। सबके मानस पर कंसट्रेशन कैम्प और यातना शिविरों की छाया थी। इसके साथ एकतरफा प्रचार से एक युद्ध उन्माद पैदा किया गया जिसके नशे में जर्मनीवासी अपनी खोई मानवीय परम्पराओं को भूल जाएँ। इसके अन्तिम नतीजों से हम परिचित हैं। आज तक जर्मनीवासी नात्शी आघात के उन नतीजों से पूरी तरह मुक्त नहीं हो पाए हैं जिसने उनके जीवन की आदि प्रेरणा को नष्ट कर दिया था।

इस सन्दर्भ में यह भी याद दिलाना जरूरी है कि जर्मनी में सत्ता की फासीवादी केन्द्रीकरण की शुरुआत राज्यों की स्वायत्तता को नष्ट करने से हुई जो तत्कालीन संघीय विधान का महत्त्वपूर्ण अंग था।

अब दुनिया के लोकतांत्रिक देशों में अनुभव किया जा रहा है कि राष्ट्रीय एकता के लिए सत्ता का विकेन्द्रीकरण जरूरी है। मतदाता प्रणाली के विस्तार का एक असर यह हुआ है कि अनेक स्थानीय हित जिन्हें पहले दबाकर रखा गया था नए मतदाताओं के माध्यम से अभिव्यक्ति ढूँढ़ने लगे हैं। केन्द्रीय शासन को ऐसी स्थानीय समस्याओं के बोझ से मुक्त करने तथा स्थानीय भावना की तुष्टि के लिए स्थानीय स्वायत्तता देने के अलावा कोई दूसरा सन्तोषजनक उपाय नहीं है। इसीलिए ब्रिटेन में भी (जो आबादी में उत्तर प्रदेश से बड़ा नहीं है) अब वेल्स और स्कॉटलैंड के लिए अलग से विधानसभा की व्यवस्था कर दी गई है जबकि अभी तक पार्लियामेंट के द्वारा ही पूरे देश का शासन चलाया जाता था। जिन देशों ने स्थानीय स्वायत्तता की माँग को दबाने की कोशिश की है वहाँ विद्रोह या आतंकवाद की भूमिका बनी है। इसके उदाहरण स्पेन में बास्क राष्ट्रीयतावादी लोगों का आतंक या हमारे पड़ोस में श्रीलंका के तमिलों का आतंकवादी विद्रोह है।

अब हम अपने ही देश को ले लें। वैसे तो हमारा संविधान संघीय है लेकिन इसमें केन्द्र के अधिकार इतने अधिक हैं कि कुल मिलाकर यह एकात्मक बन गया है। सत्ता के केन्द्रीकरण की इस प्रक्रिया को इस बात से भी बल मिला है कि एक छोटे अन्तराल को छोड़ लगातार केन्द्र और अधिकांश राज्यों में भी एक ही दल की सरकारें रही हैं। इस केन्द्रीकरण के नतीजे क्या हुए हैं? देश के हर अंचल में असन्तोष व्याप्त है। 1956 में नगा लोगों का विद्रोह शुरू हुआ, इसके बाद मिजोरम में, फिर त्रिपुरा और मणिपुर में भी जहाँ ऐसे विद्रोह की कोई कल्पना भी नहीं कर

सकता था। असम में अभी अलगाववादी शक्ति नगण्य हैं लेकिन जिस तरह से केन्द्र वहाँ के लोगों की भावनाओं का निरादर करता रहा है वह भी अलगाववादी बन सकता है। पंजाब में अकालियों की माँग अलगाववादी नहीं थी। लेकिन उन्हें मार-मारकर अलगाववादी खेमे में भेजा जा रहा है।

केन्द्रीकरण की प्रवृत्ति के कारण उन सभी आन्दोलनों को, जो सत्ता का विकेन्द्रीकरण चाहते हैं, अलगाववादी करार दिया जाता है और उनके दमन की प्रक्रिया में उन्हें सचमुच अलगाववादी बना दिया जाता है। अगर केन्द्रीकरण की यह प्रक्रिया चलती रही तो धीरे-धीरे दूसरे राज्य भी अलगाववादी घोषित किए जाएँगे। अगर इस तरह देश का बहुत-सा भाग अलगाववादी हो गया तो देश का अर्थ क्या होगा?

देश की अखंडता के लिए जरूरी है कि राज्यों और नीचे की दूसरी इकाइयों की स्वायत्तता के अधिकारों का विस्तार हो और केन्द्र में ऐसा शासन बने जिसमें उन समूहों एवं राज्यों के लोगों को समुचित प्रतिनिधित्व मिले जो आज बहिष्कृत अनुभव करते हैं। तात्कालिक रूप से यह टूटती भावनात्मक एकता पर मलहम का काम करेगा। लेकिन स्थायी रूप से भारत में भावनात्मक एकता तभी आएगी जब सैनिकतंत्र और उपभोक्तावादी संस्कृति की नकली आधुनिकता के पाश को तोड़ हम ऐसी समाज रचना की ओर बढ़ें जो राष्ट्र को अपने भावनात्मक उत्स से जोड़ती है। इस समाज की दिशा वही होगी जिसका आह्वान स्वाधीनता संग्राम के दौरान गांधीजी ने किया था—यानी गाँवों की ओर अभिमुख विकेन्द्रित समाज।

3

विकेन्द्रीकरण की आवश्यकता इसलिए महसूस की जाती है क्योंकि केन्द्रीकरण समतामूलक समाज की स्थापना में बाधक है और इससे स्वशासन के लोकतांत्रिक उद्देश्य की पूर्ति भी पूरी तरह नहीं हो पाती। इसके अलावा केन्द्रीकरण में तानाशाही के बीज भी मौजूद होते हैं जो प्रतिकूल परिस्थितियों में लोकतांत्रिक ढाँचे को नष्ट कर देते हैं। ऐसी आशंकाओं के कारण क्या हैं इस पर हम थोड़ा विचार करेंगे।

उन्नीसवीं शताब्दी में समाजवाद और समतामूलक समाज की विभिन्न अवधारणाएँ यूरोपीय समाज में जन्मीं। उस समय उसके सामने केन्द्रीकरण के दुष्परिणामों का कोई नमूना नहीं था और न विशाल केन्द्रित शासन का कोई प्रतिमान था। जिस सामन्ती व्यवस्था के खिलाफ प्रजातांत्रिक क्रान्तियों का सूत्रपात फ्रांस की क्रान्ति से हुआ वह काफी विकेन्द्रित था और राजा की सत्ता कई स्तरों पर एक के ऊपर एक अवस्थित सामन्तों के समर्थन पर निर्भर थी। फ्रांस की क्रान्ति के पहले वहाँ राजा द्वारा केन्द्रीकरण की प्रक्रिया की शुरुआत जरूर हो चुकी थी लेकिन वह अभी प्रारम्भिक अवस्था में ही थी। एशिया और अफ्रीका की नौकरशाही पर आधारित विशाल केन्द्रित शासनों का इतिहास यूरोपीय चिन्तकों के सामने जरूर था लेकिन वे इसे बिना यथेष्ट अध्ययन या विश्लेषण के एशियाई अधिनायकवादी (एशियाटिक डेस्पोटिज्म) कहकर खारिज कर देते थे।

अराजकवादी बाकुनिन से लेकर मार्क्स तक का यह विश्वास था कि एक बार पूँजीवादी सत्ता को समाप्त कर देने पर स्वत: आम लोगों (सर्वहारा और किसानों) का स्वायत्त शासन कायम हो जाएगा जिसमें केन्द्रित शासन या नौकरशाही की कोई जरूरत नहीं होगी। बाकुनिन को अधिनायकवाद का खतरा राज्य के अस्तित्व से ही दिखाई देता था, केन्द्रीकरण से नहीं। 1871 में जब कुछ सप्ताह के लिए पेरिस के मजदूरों ने जर्मन हमले से बिखरी फ्रांसीसी राज्य व्यवस्था के परिवेश में सत्ता अपने हाथ में ले ली तो समाजवादियों का यह विश्वास और भी दृढ़ हो गया। मजदूरों का यह अल्पकालीन राज्य, जिसे पेरिस कम्युन कहा जाता है, पूरी तरह विकेन्द्रित था। इसमें न कोई स्थायी फौज थी, न स्थायी नौकरशाही। फौज सशस्त्र जनता की थी और व्यवस्था सम्बन्धी सभी काम जनता द्वारा चुने गए ऐसे प्रतिनिधियों द्वारा किए

जाते थे जो कभी भी निर्वाचकों द्वारा वापस बुलाए जा सकते थे। पेरिस के अलावा फ्रांस के अन्य नगरों में भी जहाँ मजदूरों ने सत्ता अपने हाथ में ले ली, इसी आधार पर शासन चलाया जाता था और अपने क्षेत्र में सभी इकाइयाँ स्वशासी थीं।

लेकिन उन्नीसवीं सदी से ही आर्थिक और राजनीतिक दोनों तरह के केन्द्रीकरण की प्रक्रिया तेज हो रही थी और बीसवीं सदी के प्रारम्भ में कुछ विचारकों ने इसकी ओर ध्यान खींचने की कोशिश की थी। सामन्तवाद के खत्म होने के बाद जो राज्य सत्ता बनी, चाहे वह राजा की रही हो या प्रजातांत्रिक, अधिक केन्द्रित थी और प्रजातंत्र में भी जनता प्रत्यक्ष नियंत्रण से दूर थी। सभी देशों में विस्तृत नौकरशाही का जन्म हो रहा था जो ऊपर से आरोपित नियमों से बँधी थी और स्थानीय लोगों का उस पर कोई नियंत्रण नहीं था। लोकतंत्र और राजतंत्र या अधिनायकवादी शासन में इतना फर्क जरूर था कि लोकतंत्र में जनता अप्रत्यक्ष ढंग से अपने प्रतिनिधियों के माध्यम से थोड़ा-बहुत नियंत्रण नौकरशाही या फौज की व्यवस्था पर रख सकती थी। लेकिन चूँकि केन्द्रित शासन स्वभाव से ही जनता से दूर होता है, यह नियंत्रण नाम मात्र का ही हो सकता था।

इतना ही नहीं, यह भी पाया गया कि मजदूरों के अपने संगठन भी, जैसे ट्रेड यूनियन या सहकारी संस्थाएँ जिन्हें मजदूरों ने अपनी हित रक्षा के लिए बनाया था, केन्द्रीकरण के शिकार हो रहे थे और उनमें एक ऐसा नेतृत्ववर्ग पैदा हो रहा था जिसने अपने को मजदूरों के नियंत्रण से मुक्त कर लिया था। इस वर्ग ने अपने पदों का फायदा उठाकर अपनी जकड़ संगठन पर मजबूत कर ली थी और एक सुविधा प्राप्त वर्ग बन रहा था। जर्मनी के समाजवादी आन्दोलन की अति संवेदनशील नेता रोजा लक्जमबर्ग को इन विकृतियों का एहसास हो रहा था, हालाँकि वह इसे सोशल डेमोक्रेटिक पार्टी की सुधारवादी नीतियों का परिणाम समझ रही थीं। उन्होंने लिखा था : "सैद्धान्तिक झुकावों से अभिन्न रूप से जुड़ा एक परिवर्तन जनता और नेताओं के पारस्परिक सम्बन्ध में हो रहा है। स्थानीय समितियों के बंधुभाव पर आधारित नेतृत्व, जिसकी अपनी कमजोरियाँ हैं, की जगह पेशेवर ट्रेड यूनियन अफसर ले रहे हैं। इस तरह कोई पहल शुरू करने या निर्णय लेने का काम पेशेवर विशेषज्ञों के हाथ आ गया है। यह निर्विवाद रूप से कहा जा सकता है कि अफसरशाही का यह पहलू दल के लिए भारी खतरा बन गया है।"

लेकिन जर्मनी के ट्रेड यूनियन आन्दोलन और सोशल डेमोक्रेटिक पार्टी के केन्द्रीकरण से पैदा नेतृत्व की विकृतियों के आधार पर एक समाजशास्त्री रौबर्ट मिशेल्स ने, जिसकी क्रान्ति से कोई सहानुभूति नहीं थी, दूरगामी नतीजे निकाले। उन्होंने इन तथ्यों के आधार पर यह नतीजा निकाला कि जहाँ भी बड़ा संगठन बनेगा वहाँ एक ऐसे छोटे समूह का जन्म होना अवश्यम्भावी है जो जनता के नाम पर स्वयं अपने हित में सत्ता और सुविधा समेटेगा। उसने इसे छोटे समूहों द्वारा शासन

का लौह नियम कहा (आयरन लॉ ऑफ औलिगार्की)। उसने लिखा, 'संगठन' ही वह माध्यम है जो निर्वाचकों के ऊपर निर्वाचितों का, आदेश देनेवालों का आदेश के वाहकों पर और जिनका प्रतिनिधित्व होता है उन पर प्रतिनिधित्वों का प्रभुत्व कायम करता है, (जो भी संगठन की बात करता है असल में छोटे समूहों के वर्चस्व की बात करता है)। जब मिशेल्स सभी संगठनों को छोटे समूह के शासन-जनक कहते हैं वहाँ तो उनकी बात अतिवादी है लेकिन सभी जगह के अनुभव बतलाते हैं कि जहाँ भी संगठन इतना बड़ा हो जाए कि आम सदस्यों और नेताओं या प्रतिनिधियों का सम्बन्ध प्रत्यक्ष सम्पर्क पर आधारित नहीं हो सके, वहाँ किसी भी विषय में निर्णय लेने का अधिकार जरूर सिमटकर एक छोटे समूह या एक व्यक्ति के हाथ में आ जाता है। सबसे स्पष्ट उदाहरण उद्योगों के शेयर होल्डरों का है जो प्राय: सम्पन्न तथा अपने हितों को पूरी तरह समझनेवाले होते हैं। फिर भी इन कम्पनियों की तकदीर जिनमें इनका शेयर होता है, एक बहुत ही छोटे समूह के हाथ में होती है जो इन्हें जहाँ ले जाना चाहे ले जा सकता है। मजदूर आन्दोलन के जो अनुभव बाद में हुए हैं उससे मिशेल्स के अनुमान की सत्यता ही सिद्ध हुई है और वैसे लोग, जो जनता की सत्ता और समता में विश्वास रख्ते हैं, इन नतीजों को नजरअन्दाज नहीं कर सकते।

इसी तरह नौकरशाही के चरित्र के सम्बन्ध में दूसरे समाजशास्त्री मैक्सवेबर का यह विचार इतिहास और आधुनिक अनुभव दोनों से सच साबित हो रहा है कि किसी भी बड़े संगठन के लिए चाहे वह राज्य हो, कोई दल हो या उद्योग, नौकरशाही का आधार जरूरी हो जाता है। ऐसे संगठनों का जितना ही अधिक विस्तार होगा, इनकी नौकरशाही लोगों की जरूरतों के प्रति उतनी ही संवेदनहीन होगी। नौकरशाही की एकमात्र वफादारी उन नियमों के पालन की होती है जिनके तहत वे काम करते हैं, और नौकरशाही विस्तृत है तो लोकतंत्र के होते हुए भी उसके पास लोगों की बात काफी विलम्ब के बाद ही पहुँच सकती है। उदाहरण के लिए अगर बिहार, उड़ीसा या उत्तर बंग के लोग कुछ खास तरह की नीतियाँ लागू करवाना चाहते हैं जिन पर निर्णय दिल्ली में होना है तो या तो उनकी बात दिल्ली पहुँचेगी ही नहीं और अगर पहुँच भी गई तो उस पर पहल होते-होते महीनों या साल लग जाएँगे, जबकि लोगों के जीवन में अक्सर ऐसी स्थितियाँ पैदा होती हैं जिन पर तत्काल पहल की जरूरत होती है। लेकिन नौकरशाही का चरित्र ही ऐसा है कि वह नियमों की छाल ओढ़े तब तक निष्पन्द बैठी रहेगी जब तक ऊपर से आवश्यक आदेश नहीं आते या नियम नहीं बदलते। इस तरह लोकतांत्रिक ढाँचे के रहते हुए भी आधुनिक, विशाल और केन्द्रित व्यवस्था में लोगों के सक्रिय या सक्षम हस्तक्षेप की गुंजाइश प्राय: समाप्त हो जाती है।

चूँकि विशाल राज्य में सक्षम रूप से हिस्सेदारी के लिए दलों का भी विशाल और अति साधन सम्पन्न होना जरूरी हो जाता है, इन दलों पर भी आम लोगों का

नियंत्रण नहीं रह पाता और बड़े आर्थिक स्वार्थ या दबावमूलक बड़ी जमातें इन पर हावी हो जाती हैं। इसके अलावा मिशेल द्वारा बतलाई गई प्रक्रिया जिसका जिक्र ऊपर किया गया है, जिसमें मुट्ठी-भर लोग संगठन पर हावी हो जाते हैं, अपना प्रभाव डालती है। इस तरह आम लोगों को दो या तीन विशाल दलों में जिनके भेद कुछ सीमित मुद्दों पर होते हैं, चुनाव करना पड़ता है। इन दलों को ये लोग प्रभावित भी नहीं कर सकते। लोगों की स्थानीय या विशेष तरह की समस्याओं को इन बड़ी पार्टियों में शायद ही कोई स्थान मिल पाता है। तथाकथित राष्ट्रीय समस्याओं की प्राथमिकता के नाम पर उन मुद्दों को जो आम लोगों को सबसे अधिक प्रभावित करते हैं, नजरअन्दाज कर दिया जाता है। इससे विकास की रूपरेखा का निर्धारण ओर सरकारी बजट में धन का आवंटन प्रभावी स्वार्थों के हित में ही होता है। आम लोगों को सन्तुष्ट रखने के लिए क्योंकि उनसे वोट लेना होता है, कुछ टुकड़े फेंक दिए जाते हैं। उदाहरण के लिए बाढ़ या सूखे के प्रभाव को स्थायी रूप से समाप्त करने के बदले समय-समय पर इससे त्रस्त लोगों के लिए कुछ राहत कार्य कर दिए जाते हैं।

ऐसा इसलिए किया जाता है क्योंकि इन समस्याओं के स्थायी हल पर एक साथ भारी रकम खर्च करने की जरूरत होती है और इससे प्रभावशाली औद्योगिक या शहरी क्षेत्र के सम्पन्न लोगों के लिए खर्च की जानेवाली रकम में कटौती करनी पड़ सकती है। इस तरह प्रभावी लोकतांत्रिक व्यवस्था और बड़े केन्द्रित राज्य में एक अन्तर्विरोध है जिसका अन्त नीचे की इकाइयों को अधिक-से-अधिक स्वायत्तता देकर ही हो सकता है ताकि लोग अपने आर्थिक तथा अन्य मामलों की देखभाल खुद कर सकें। सत्ता के केन्द्रीकरण से इससे जुड़े चोटी के लोगों एवं नौकरशाही का एक सुविधा प्राप्त वर्ग का जन्म होता है और इससे आर्थिक प्राथमिकताएँ भी उन्हीं वस्तुओं के उत्पादन की होती है जो इस सुविधा प्राप्त वर्ग की आवश्यकताओं की पूर्ति करती है। सत्ता के केन्द्र के आस-पास आबादी की बाढ़ से उपभोक्ता उद्योगों का विकास होता है। इस तरह सुविधाओं का भौगोलिक केन्द्रीकरण भी होता है।

इन प्रक्रियाओं का सबसे भयंकर परिणाम रूस में देखने को मिला जहाँ मजदूर और किसानों की क्रान्ति से पैदा शासन व्यवस्था दुनिया की सबसे सक्षम तानाशाही व्यवस्था बन गई तथा राज्य एवं अर्थ-व्यवस्था से जुड़े लोगों का एक ऐसा सुविधा प्राप्त वर्ग पैदा हुआ जो पूँजीवादी समाज की गैर-बराबरी को भी मात करता है।

औद्योगिक केन्द्रीकरण ने राजनीतिक केन्द्रीकरण की प्रक्रिया को तेज कर लोकतंत्र की सम्भावनाओं को और भी सीमित कर दिया है। आधुनिक उद्योगों का स्वरूप और आकार इतना बड़ा हो गया है कि उन पर स्थानीय लोगों या उनमें काम करनेवाले श्रमिकों का नियंत्रण लगभग असम्भव हो गया है। इन उद्योगों का आधार अन्तर्राष्ट्रीय श्रम विभाजन होता है। उदाहरण के लिए एक कपड़ा तैयार करनेवाले

कारखाने में मशीन या इसके कुछ पुर्जे इंग्लैंड से आएँगे, कपास मिस्र से आएगा, रंग जर्मनी से, अगर कारखाना तेल से चलता है तो तेल किसी अरब देश से आएगा और स्वयं अपने देश के अनेक कारखाने इसकी मशीनों के पार्ट-पुर्जे तैयार करेंगे। उसमें काम करनेवाले लोगों में विभिन्न तरह की कुशलता की जरूरत होगी और कुछ ऊँचे दर्जे के प्रशिक्षित तकनीकी विशेषज्ञ और इन्जीनियर उसमें लगेंगे। ये सब लोग भी दूरदराज स्थानों से प्रशिक्षित होकर आएँगे।

इस तरह के उद्योगों को स्थापित करने की अनिवार्यता है कि वह ऐसे स्थान पर हो जहाँ उसे यातायात के जरिये दुनिया के उन सभी भागों से जोड़ा जा सके जहाँ से इसके लिए आवश्यक सामान आता है और जहाँ के बाजार में उसमें उत्पादित माल भेजा जाएगा। फिर उसके माल की बिक्री बढ़ाने के लिए व्यावसायिक संस्थाओं का एक जाल होना चाहिए जिनमें भी व्यापारिक विशेषज्ञों की जरूरत होगी। इस तरह के संगठन के राष्ट्रीय या अन्तर्राष्ट्रीय जाल की व्यवस्था करने का काम मुट्ठी-भर विशेषज्ञों के हाथों में ही हो सकता है। स्थानीय लोग या कारखाने में काम करनेवाले मजदूर ऐसी व्यवस्था चलाने के लिए प्रशिक्षित नहीं होते तथा रोजाना के काम में इतने उलझे होते हैं कि उन्हें इतना अवकाश भी नहीं होता कि आधुनिक औद्योगिक व्यवस्था की सारी जटिलताओं को समझ सकें। इस तरह एक तरफ तो उद्योगों का नियंत्रण मुट्ठी-भर विशेषज्ञों के हाथों में होता है, दूसरी ओर उनके देश के 'महत्त्व' के अनुसार उन्हें विशेष सुविधाएँ और ऊँची तनख्वाहें देने की भी व्यवस्था होती है। इस तरह जहाँ व्यवस्था में मजदूरों की साझेदारी का प्रावधान है, वहाँ भी मजदूरों का असली हस्तक्षेप उनकी अपनी सुरक्षा व्यवस्था और सुविधाओं की निगरानी ही तक सीमित रहता है। इस दृष्टि से इसमें कोई फर्क नहीं होता कि उद्योग निजी क्षेत्र में है या सरकारी क्षेत्र में। इन उद्योगों की उत्पादन पद्धति से मजदूरों में बेगानापन का भाव भी बढ़ता है।

चूँकि ये उद्योग अर्थतंत्र में सर्वाधिक महत्त्व के होते हैं या प्रभावी होते हैं, राज्य का ढाँचा भी इन्हीं के हितों को ध्यान में रखकर विकसित होता है। चूँकि इन उद्योगों के लिए कच्चे माल और बाजार की आवश्यकता की पूर्ति एक विशाल क्षेत्र से होती है, ये उद्योग चाहते हैं कि केन्द्रीय सत्ता इतनी सक्षम हो कि इस सारे क्षेत्र में इनकी सुविधा और सुरक्षा की व्यवस्था कर सके। यहाँ जो उद्योग अन्तर्राष्ट्रीय स्तर के हैं—जैसे बहुराष्ट्रीय कम्पनियाँ ये राष्ट्रीय सरकारों को अन्य देशों में इनकी हित रक्षा के लिए हस्तक्षेप करने को बाध्य करते हैं, जिससे सैनिकतंत्र को भी बढ़ावा मिलता है। इस तरह यह जरूरी हो जाता है कि वहाँ भी जहाँ देश में स्वायत्तता प्राप्त राज्य जैसी इकाइयाँ हैं, प्रभावी सत्ता केन्द्रीय सरकार के हाथ में हो। इस तरह इन बड़े औद्योगिक स्वार्थों की रक्षा के लिए आर्थिक और राजनीतिक शक्ति का केन्द्रीकरण होता जाता है।

लोगों के जीवन को ये उद्योग कितना प्रभावित कर सकते हैं, यह तो प्रत्यक्ष ही है। दो या तीन बड़े बिजलीघरों की सप्लाई बन्द होने से पूरा-का-पूरा प्रदेश अन्धकार में डूब सकता है। अगर रेलवे सेवा बन्द हो जाए तो सारे देश के लोगों का व्यवसाय ठप्प हो जाए। अत: जिनका इन साधनों पर नियंत्रण होता है वे अत्यन्त शक्तिशाली बन जाते हैं।

दूसरी ओर ऐसे उद्योगों के विकास से बहुत स्थानीय वस्तुएँ और कौशल जो परम्परागत उद्योगों के लिए महत्त्वपूर्ण थे, बेकार हो जाते हैं और स्थानीय आर्थिक स्वायत्तता का ढाँचा टूट जाता है। इसके अलावा स्थानीय कच्चे माल, श्रमिकों आदि को दूर नगरों या देशों में भेजने और फिर दूर-दूर से उत्पादित वस्तुओं को आयातित करने में ऊर्जा की खपत बेशुमार बढ़ जाती है। यातायात की दूरी बढ़ जाने से ढुलाई के पारम्परिक ऊर्जा के स्रोत बैल, घोड़े, गधे, ऊँट आदि बेकार हो जाते हैं जो पूरी तरह स्थानीय साधनों से पाए जा सकते हैं। और इनकी जगह ऐसे ऊर्जा के स्रोतों की खपत निरन्तर बढ़ती जाती है जिनका नवीकरण नहीं हो सकता जैसे पेट्रोलियम, कोयला आदि। इस तरह उपलब्ध परम्परागत साधनों का नाश होता है और वैसे बाहरी साधनों पर निर्भरता बढ़ती जाती है जिनकी उपलब्धि सीमित है।

आधुनिक औद्योगिक विकास से राज्यों के आर्थिक साधनों का केन्द्रीकरण कितनी तेजी से होता है इसका सबसे अच्छा उदाहरण अमेरिका है। प्रारम्भिक दिनों में अमेरिका के राज्य और स्थानीय निकास अपनी स्वायत्तता और आर्थिक हितों की रक्षा करने के लिए सदा तत्पर रहते थे। लेकिन अमेरिका विशाल उद्योगों के आधार पर तेज औद्योगीकरण का क्षेत्र भी था। अत: राज्य की चौकसी के बावजूद संघ की आर्थिक शक्ति बढ़ी और इसके साथ-साथ इसका राजनीतिक महत्त्व बढ़ता चला गया। नीचे की तालिका से पता चलेगा कि अमेरिका में आर्थिक शक्ति का केन्द्रीकरण कितनी तेजी से हुआ है।

संघ, राज्य और स्थानीय निकायों के खर्च
1902 से 1962 तक के खास वर्षों के लिए पूरे व्यय का प्रतिशत

वर्ष	संघ	राज्य	स्थानीय निकाय
1902	34.5	10.8	54.8
1922	40.5	13.6	46.0
1943	49.3	22.3	28.6
1952	71.7	13.4	15.0
1962	64.3	16.7	18.9

1. थियोडोर हितान की पुस्तक 'स्टेट एंड लोकल गवर्नमेंट : पौलिटिक्स एंड प्रोसेस' से

इसमें 1940 और 1952 के बीच संघ के खर्चे में युद्ध और उसके बाद अमेरिका की विदेशी मामलों की बढ़ी हुई हिस्सेदारी के कारण अत्यधिक वृद्धि हुई। लेकिन 1962 में सामान्य स्थिति होने पर भी खर्चे का अनुपात प्रारम्भिक दिनों की तरह नहीं हुआ।

ऊपर की बातों पर विचार करने से यह जाहिर होता है कि राजनीतिक और आर्थिक केन्द्रीकरण एक-दूसरे को बढ़ानेवाले होते हैं।

इस आर्थिक और राजनीतिक केन्द्रीकरण को समाप्त करने का एकमात्र उपाय है असली सत्ता को उन निचले स्तरों पर स्थानान्तरित करना जहाँ लोग आर्थिक और राजनीतिक व्यवस्थाओं पर सीधी निगरानी रख सकें। इससे नौकरशाही के फैलाव का खतरा और मुट्ठी-भर लोगों के हाथ शक्ति सिमटने का खतरा (औलिगार्की) दोनों स्वत: बहुत कम हो जाते हैं। हमारे देश में सत्ता की ऐसी इकाइयाँ गाँव की पंचायतें या स्थानीय निकाय ही हो सकते हैं। बुनियादी आर्थिक नियोजन का काम गाँव पंचायत के स्तर पर ही होना चाहिए ताकि गाँव में उपलब्ध साधनों तथा श्रमशक्ति सबके समुचित उपयोग की योजना बन सके। ऐसी योजनाओं के आधार पर पता चल सकता है कि उनकी जरूरतों के लिए बाहर से किन वस्तुओं को लाने की जरूरत होगी या कौन-सी वस्तुएँ उनकी जरूरत से अधिक हैं जिन्हें बाहर निर्यात करना होगा।

प्रखंड के भीतर आनेवाले गाँवों के आधार पर प्रखंड स्तर की योजनाएँ बनेंगी और फिर इनके आधार पर जिले या राज्य की योजनाएँ। केन्द्रीय योजना महज विदेशी सम्बन्ध, सुरक्षा, मुद्रा, राष्ट्रीय यातायात और संचार से सम्बद्ध होगी। इस तरह नियोजन को जो आज सिर के बल खड़ा है, पैर के बल खड़ा करना होगा ताकि वे गाँव तथा निचले स्तरों की ठोस जरूरतों के आधार पर हों।

देश में विकास की अनेक विकृतियाँ तथा आम लोगों की यातनाएँ चोटी की ऐसी ही योजनाओं के परिणाम हैं। चोटी की योजनाएँ निचले स्तरों की ठोस जरूरतों को ध्यान में रख या उन पर होनेवाले परिणामों पर विचार किए बगैर उत्पादन और निर्माण के मोटे-मोटे लक्ष्यों की पूर्ति के लिए बनाई जाती है। उदाहरण के लिए बिजली उत्पादन का एक लक्ष्य, सिंचाई का एक लक्ष्य या इस्पात उत्पादन का एक लक्ष्य तय कर लिया जाता है और राजनीतिक कारणों या दबाव डालनेवाले समूहों के प्रभाव के हिसाब से स्थान या उत्पादन से लाभ पानेवाले समूहों का चुनाव कर लिया जाता है। इस तरह की योजना में अक्सर पिछड़े इलाके के लोगों, जंगली इलाकों तथा खनिज बहुल पहाड़ी इलाकों में रहनेवाले आदिवासियों आदि पर प्रलयकारी प्रभाव पड़ता है। अक्सर बिजली, सिंचाई या बड़े कारखाने के लिए बाँध बनाने या निर्माण कार्य के लिए हजारों गाँवों को विस्थापित कर दिया जाता है और वहाँ के निवासी रोजी-रोटी की तलाश में दर-दर भटकते रहते हैं जबकि इन परियोजनाओं का फायदा दूरस्थ और अधिकतर सम्पन्न समूहों को होता है।

इस तरह की योजनाओं में इनके तहत उत्पादित वस्तुओं का महत्त्व मनुष्य से ऊँचा बन जाता है क्योंकि योजना का आधार ही हाड़-मांस के आदमी की ठोस जरूरत के बजाय कुछ कथित 'राष्ट्रीय' लक्ष्य होते हैं। इसी का नतीजा होता है कि वैसे कारखाने भी घनी आबादी के बीच या उसके आसपास बनाए जाते हैं जिनसे प्रदूषण फैलता है और कभी-कभी जहरीली गैसों से अनेक लोगों की जानें जाती हैं। इन केन्द्रित योजनाओं का आदमी अर्थशास्त्रियों की सांख्यिकी का काल्पनिक आदमी होता है जो सिर्फ आँकड़ों में अवस्थित होता है। इन आदमियों को कहीं से काटकर कहीं जोड़ देना महज कागजी खेल है। इसके पीछे के असली आदमी की यातनाएँ आँखों से ओझल होती हैं। अनेक आदिवासी एवं पिछड़े इलाकों में फैले व्यापक असन्तोष के पीछे ऐसी ही योजनाएँ हैं जो बिना रुचिकर विकल्प दिए, उनकी परम्परागत जीवन शैली को नष्ट कर रही हैं। निचले स्तर से होनेवाले नियोजन में मनुष्य केन्द्र में रहेगा और वैसी योजनाओं का इसमें कोई स्थान नहीं होगा जो लोगों को बेजरूरत उजाड़ते हैं या विषाक्त वातावरण में रहने को मजबूर करते हैं।

लेकिन आर्थिक शक्ति और नियोजन के अधिकार को निचले स्तरों पर एकाएक नहीं लाया जा सकता। इसमें सबसे बड़ी बाधा संविधान के भीतर शक्ति का वर्तमान बँटवारा है। वर्तमान संवैधानिक ढाँचे के भीतर गाँव, प्रखंड, जिला आदि की अस्मिता और उनके अधिकार तो गौण ही हैं, राज्यों के अधिकार भी अति सीमित हैं। इसलिए सबसे पहले केन्द्र और राज्यों के सम्बन्ध को बुनियादी तौर से बदलना होगा और राज्यों के अधिकार क्षेत्र को भी सीमित करके निर्णायक आर्थिक और राजनीतिक सत्ता निचली इकाइयों को देनी होगी। लेकिन यह बात कहना जितना आसान है करना उतना ही मुश्किल। देश में फैले लाखों गाँव बिखरे हैं और इनका कोई राजनीतिक अस्तित्व नहीं बन पाया है जिसमें वे अपने अधिकारों के लिए कोई दबाव पैदा कर सकें। प्रखंडों और जिलों की भी यही स्थिति है। अभी तक राज्यों को ही संविधान से मान्यता है और उनकी अस्मिता भी बन गई है। राज्य से नीचे जहाँ-तहाँ कुछ-कुछ अंचलों की अलग-अलग पहचान बनी है और वे अपनी स्वायत्तता के लिए दबाव डाल रहे हैं। इनमें कई आदिवासी क्षेत्र हैं। इसलिए तत्काल आर्थिक और राजनीतिक शक्ति के नए बँटवारे के लिए आन्दोलन की शुरुआत राज्यस्तरीय संगठनों से ही, और कुछ हद तक आंचलिक संगठनों से हो सकती है। हमें इसके लिए आन्दोलन खड़ा करना होगा। दक्षिण में तमिलनाडु, आन्ध्र और एक हद तक कर्नाटक में भी इसकी सम्भावना बन गई है। पंजाब में अकालियों के आन्दोलन का सबसे प्रमुख मुद्दा यही था। इस तरह सत्ता के विकेन्द्रीकरण के लिए राज्यों के स्तर पर और कुछ अंचलों में आंचलिक स्तर पर भी आवाज उठ रही है। तत्काल हमें ऐसे आन्दोलनों को पूरा समर्थन देना चाहिए क्योंकि इनमें यह सम्भावना है कि केन्द्र की शक्ति को सीमित करा सकें।

पंचायत स्तर तक सत्ता को विकेन्द्रित करने की बात को आज हम सिर्फ सिद्धान्त के तौर पर ही प्रचारित कर सकते हैं। इस पर तत्काल कोई आन्दोलन बन पाएगा इसकी कोई सम्भावना नहीं क्योंकि अभी तो सारी आर्थिक शक्ति केन्द्र में सीमित हैं। राज्यों के हाथ में आर्थिक शक्ति आने के बाद इनके केन्द्रीकरण की विकृतियाँ लोगों के सामने प्रकट होंगी और तब ऐसा माहौल बनेगा जिसमें लोग सत्ता को निचले स्तरों पर विकेन्द्रित करने की माँग करेंगे। तत्काल हम ऐसे विकेन्द्रीकरण के लिए बौद्धिक वातावरण तैयार कर सकते हैं।

निचले स्तरों पर सत्ता के विकेन्द्रीकरण की बात से काफी लोगों में यह अन्देशा पैदा होता है कि इससे सामाजिक और आर्थिक बिखराव पैदा होगा। ऐसे लोग भारत की विशालता को नजरअन्दाज कर देते हैं। भारत के कुछ राज्यों जैसे उत्तर प्रदेश और बिहार की जनसंख्या वाले देश दुनिया में मुश्किल से दर्जन भर होंगे। दुनिया के राष्ट्रों में ज्यादातर इतने छोटे हैं कि उनकी आबादी उत्तर प्रदेश या बिहार के जिलों या प्रखंडों से अधिक नहीं है। इनमें कुछ अति समृद्ध हैं। यूरोप का सबसे सम्पन्न देश स्विट्जरलैंड है लेकिन इसकी आबादी 70 लाख के आसपास ही है और यह 22 पूर्ण स्वायत्तता प्राप्त राज्यों (कैंटन और अर्द्ध कैंटन) में बँटा है। इनमें कुछ अर्द्ध-कैंटनों में मतदाताओं की तादाद हमारी पंचायतों के मतदाताओं की तादाद से अधिक नहीं है। इसके बावजूद स्विट्जरलैंड के लोगों को अपने उद्योग-धन्धों को दक्षता से चलाने में कोई बाधा नहीं होती। इस सन्दर्भ में हमें यह भी ध्यान रखना चाहिए कि स्विट्जरलैंड के कुछ उद्योगों में राष्ट्रीय ही नहीं अन्तर्राष्ट्रीय स्तर की बहुर्राष्ट्रीय कम्पनियाँ भी हैं। इसके बावजूद कोई समस्या नहीं पैदा होती। चूँकि हम आर्थिक विकेन्द्रीकरण भी साथ-साथ चलाएँगे इसलिए हमारे यहाँ छोटे दायरे की राजनीतिक सत्ता और भी कम असुविधा पैदा करेगी।

चूँकि भारत की परम्परागत अर्थव्यवस्था और कुछ मामलों को छोड़कर बाकी में राज्य व्यवस्था भी विकेन्द्रित थी, हमारे लिए अन्य देशों की अपेक्षा ऐसे विकेन्द्रीकरण की ओर कदम बढ़ाना सरल होगा। सच तो यह है कि हमारी परम्परागत जीवन शैली और लय से प्रतिकूल पड़ने के कारण भी वर्तमान की राजनीति और आर्थिक ढाँचा अधिकांश मामलों में लचर साबित हो रहा है। परम्परा के कारण गाँवों की सत्ता अपना स्वाभाविक स्तर पाकर अधिक सक्षम होगी, और आम लोगों में निहित ऊर्जा का पूरा उपयोग समाज निर्माण में हो सकेगा। स्थानीय वित्त, कृषि, अधिकांश उद्योग, लघु सिंचाई योजना और ऊर्जा निर्माण के कार्य (इसमें स्थिति के अनुसार बायो ऊर्जा, हवा से प्राप्त ऊर्जा, छोटे जलस्रोतों की ऊर्जा आदि आ सकते हैं), सहयोगी संस्थाएँ, सड़क, भवन निर्माण कार्य, चिकित्सा, पुलिस व्यवस्था, स्थानीय शाखाओं की व्यवस्था, पंचायत क्षेत्र के भीतर की सम्पत्ति सम्बन्धी सभी दीवानी और एक सीमा के भीतर फौजदारी मामलों की न्याय व्यवस्था आदि पंचायतों के

हाथ में होगी। विकास की बुनियादी योजनाएँ पंचायतों द्वारा बनाई जाएँगी और इसी के आधार पर और इनका समन्वय करने की दृष्टि से ऊपरी स्तरों की (जैसे प्रखंड, जिला और राज्य की योजनाएँ) बनेंगी। केन्द्र का सम्बन्ध सिर्फ उसके तहत आनेवाले विभागों की योजनाओं से होगा और राज्यों को वैसी योजनाओं को समन्वित करने से होगा जिसमें कई राज्यों और केन्द्र का सम्बन्ध हो, जैसे अन्तर्राज्यीय परिवहन, सिंचाई योजना या विद्युत योजना आदि। लेकिन राज्यों के कामों के समन्वय के लिए भी प्रमुख भूमिका अन्तर्राज्यीय कौंसिलों की होगी जो इनसे सम्बद्ध विवादों का निपटारा करेंगी। ये सब सुझाव आखिरी नहीं हैं बल्कि विकेन्द्रीकरण की दिशा क्या हो सकती है इसकी ओर इशारा भर है। मोटा-मोटी दिशा निर्धारण हो जाने पर इनका ठोस रूप विधि के जानकार लोगों की सलाह पर किया जाएगा।

लेकिन विकेन्द्रीकरण की नीति सचमुच में लागू हो सके इसके लिए यह जरूरी होगा कि देश के राजनीतिक दलों का स्वरूप भी विकेन्द्रित हो। भारत में संघीय संविधान में रहते हुए भी सत्ता का केन्द्र में सिमट जाने का एक कारण यह भी है कि देश के अधिकांश राज्यों और केन्द्र में भी आजादी के शुरू के दिनों में एक ऐसी पार्टी का राज्य रहा जो न सिर्फ केन्द्रित थी बल्कि एक व्यक्ति के नियंत्रण में चलती रही। इससे राज्यों के मुख्यमंत्रियों की हैसियत दिल्ली के जागीरदारों की सी हो गई जिन्हें मनमाने ढंग से बहाल किया या निकाला जा सकता था। इससे राज्यों की सरकारें सिर्फ केन्द्रीय सरकार की नीतियों पर मुहर लगाने का काम करती थीं। राजनीतिक दलों के विकेन्द्रीकरण से स्थानीय दल स्थानीय स्थिति और भावना के मुताबिक काम करेंगे और सत्ता के विकेन्द्रीकरण का असली उद्देश्य लोगों की पसन्द के अनुसार काम करनेवाली सरकार की स्थापना हो पाएगी।

4

पिछले कुछ दिनों से देश के सामने लगातार राष्ट्र के विघटन का हौआ खड़ा करने की कोशिश हो रही है। इस भय का माहौल बनाने में सत्तारूढ़ दल की प्रमुख भूमिका तो है ही, विरोधी दल भी अक्सर 'विघटन की शक्तियों' के विरुद्ध शोर मचाकर अपनी राष्ट्रभक्ति का इजहार करने से बाज नहीं आते। लेकिन सत्तारूढ़ दल या विपक्ष दोनों का यह नेतृवर्ग, जो राष्ट्र की अखंडता के लिए बढ़-चढ़कर बातें करता है, मुख्य रूप से भारत के हिन्दी भाषी क्षेत्रों में केन्द्रित है, हालाँकि कभी-कभी कुछ अन्य इलाकों के लोग भी इस राग में शामिल हो जाते हैं। हिन्दी-भाषी क्षेत्र के अधिकांश लोगों का यह वहम है। देश के अन्य भागों के लोगों के प्रति खासकर सीमावर्ती क्षेत्रों के लोगों के बारे में एक अविश्वास का भाव हिन्दी क्षेत्र में व्याप्त है।

कुछ हद तक इस भावना के पीछे दिल्ली शासन की लम्बी परम्परा रही है। खासकर 12वीं शताब्दी के बाद से भारतीय शासन का अर्थ दिल्ली का शासन हो गया, हालाँकि अक्सर यह शासन सिमटकर दिल्ली के आसपास के हलकों तक ही सीमित रहा। दिल्ली शासन की यह परम्परा थी कि वह अपने साम्राज्य के विभिन्न भागों को फौजी निगरानी के जरिए अपने मातहत रखता था। स्वाभाविक ही था कि जब-जब दिल्ली शासन कमजोर पड़ा, प्रदेशों ने बगावत का झंडा उठाया। अक्सर इस कशमकश में साम्राज्य बिखर जाता था और भारत खुदसर राज्यों का जखीरा बन जाता था। इससे यह अवधारणा बनी कि जब भी भारत का केन्द्रीय शासन कमजोर हुआ तो देश का विघटन हुआ। लोग यह भूल जाते हैं कि विघटन देश का नहीं, साम्राज्य का हुआ। यह तथ्य भी लोग नजरअन्दाज कर जाते हैं कि जब 15वीं-16वीं शताब्दी में दिल्ली का शासन टूट रहा था और मुगलों का हमला शुरू हुआ, उसी काल में भक्ति आन्दोलन भारत को गहरी सांस्कृतिक अनुभूति से एक सूत्र में बाँध रहा था। माणिपुर से महाराष्ट्र तक और कश्मीर से कन्याकुमारी तक एक तरह की अनुभूति व्याप्त हो रही थी। देश और दिल्ली शासन के इस भेद को सदा नजरअन्दाज किया जाता रहा है।

इस गलतफहमी के कारण आज भी भावनात्मक स्तर पर लोग संघीय राष्ट्र भारत और मुगल अथवा अंग्रेजी साम्राज्य के भारत के बीच फर्क नहीं कर पाते।

लेकिन दुनिया भर का अनुभव हमें यह बतलाता है कि आधुनिक दुनिया में स्थायी तौर से किसी भी क्षेत्र को किसी देश का अंग बनाकर नहीं रखा जा सकता, अगर वहाँ के लोग उस दिशा में रहने को तैयार नहीं हों। भारत की अखंडता अन्ततोगत्वा उसके विभिन्न भागों में बसे लोगों के एक राष्ट्र का होने के बोध पर ही कायम रह सकती है। अत: देश की अखंडता के लिए जरूरी है कि भारत के हिन्दी क्षेत्र के लोग साम्राज्य बोध से ऊपर उठ राष्ट्र-बोध की दृष्टि रखें और दूसरे क्षेत्र के लोगों के प्रति समभाव अपनाएँ। इस दृष्टि के अभाव में अन्य क्षेत्रों के लोगों को हिन्दी भाषी क्षेत्र के लोग अविश्वास की दृष्टि से देखते हैं, और मानव स्वभाव ऐसा है कि जिनको हम लगातार अविश्वास की दृष्टि से देखेंगे, वे धीरे-धीरे अविश्वसनीय होते जाएँगे।

जिन पर हम अविश्वास करते हैं, उन्हें हम किसी राष्ट्रीय दायित्व से वंचित रखते हैं। इससे उनमें राष्ट्र के प्रति दायित्व-बोध घटता जाता है। इस दायित्वहीनता के कारण हम उन्हें महत्त्वपूर्ण निर्णय में साझीदार का हकदार नहीं मानते। इस तरह सारे निर्णय उन पर आरोपित होते हैं। इस स्थिति के कारण उनमें बाहर से शासित होने का भाव पैदा होता है और अपनेपन के भाव का लोप हो जाता है। फिर हम उनकी वफादारी के प्रति शंकालु होते हैं और उन्हें नियंत्रित करने का प्रयास करते हैं। इस प्रक्रिया में इससे प्रभावित अंचलों में प्रशासनिक अति और अत्याचारों के प्रति देश लापरवाह हो जाता है। धीरे-धीरे इन अंचलों में यह भाव पुष्ट हो जाता है कि वे बाहरी लोगों से शासित हैं। फिर इस शासन से मुक्त होने का विचार उनके दिमाग में आता है। इस तरह काल्पनिक खतरा वास्तविक बनता जाता है। यही कारण है कि आजादी के बाद से उत्तरोत्तर नए अंचलों में अलगाववादी तत्त्व उभरे हैं। हमारी प्रशासनिक सेवा, जो पूरी तरह अंग्रेजी साम्राज्य की परम्परा में ढली है, अपने को राष्ट्रीय शासन के अनुरूप ढालने में अक्षम रही है और इस तरह विविध संस्कृतियों के इस देश में खासकर नगालैंड, मणिपुर, मिजोरम जैसे अंचलों में उसने अपने को बिलकुल विदेशी शासकों की भूमिका में पेश किया है। दिल्ली शासन की दृष्टि भी ऐसी ही दम्भ भरी रही और इस अंचल की समस्याओं का समाधान जिस संवेदनशीलता से ढूँढ़ना चाहिए उसे नहीं ढूँढ़ा गया। इससे स्थिति दिनोंदिन बिगड़ती गई।

इन अनुभवों से यह स्पष्ट है कि देश की अखंडता को बनाए रखने के लिए साम्राज्य-भाव का परित्याग कर सही अर्थ में राष्ट्रीय भाव लाना होगा, जिसके मूल में यह मान्यता होगी कि भारत के सभी हिस्सों के नागरिक समान रूप से भारतीय हैं और देश की अखंडता सबों की जिम्मेदारी है। अभी तक केन्द्र के शासक दल का रवैया ठीक इसके विपरीत मानस बनाने का रहा है। जब भी किसी क्षेत्र में किसी आंचलिक, आर्थिक या राजनीतिक मुद्दे को लेकर लोग आन्दोलन करते हैं, तब

यह शोर मचाया जाता है कि विघटनकारी तत्त्व सक्रिय हो रहे हैं। शासक दल इस भ्रम का शिकार हैं कि गद्दी पर खतरे का मतलब देश की अखंडता पर खतरा है और यह भ्रम वह लोगों में फैलता है। इससे लोगों को किसी भी क्षेत्रीय आन्दोलन के प्रति वस्तुपरक दृष्टि अपनाने में कठिनाई होती है और राष्ट्रीय अखंडता के नाम पर दमन के लिए संविधान और कानून की अवहेलना की पूरी छूट प्रशासन को मिल जाती है। इससे जैसा कि ऊपर कहा गया है, अलगाववादी प्रवृत्तियों को तो बढ़ावा मिलता ही है, पूरे देश के पैमाने पर संविधान और कानून के प्रशासनिक अतिक्रमण के विरुद्ध सजगता घटती है और लोग ऐसे अतिक्रमण को राजनीतिक जीवन का सामान्य अंग मानने लगते हैं।

हमें इस असलियत को कबूल करना होगा कि देश की एकता केन्द्र की ऑक्टोपस की तरह फैली प्रशासनिक बाँहों से कसकर नहीं कायम की जा सकती है। जैसे मंडप के चारों ओर से खम्भों के सहारे खड़ाकर स्थायित्व और आकार दिया जाता है, वैसे ही राष्ट्रीय एकता देश की सीमा पर स्थित सभी अंचलों के समर्थन पर ही निर्मित की जा सकती है। अभी हाल की घटनाओं से इस दूसरी तरह की प्रक्रिया के प्रारम्भ के कुछ आसार नजर आ रहे हैं। तेलुगू देशम की जीत और उसके द्वारा केन्द्र में विकल्प की शक्ति निर्माण के लिए पहल में, देश को बाँधने की इच्छा का कुछ ऐसा ही संकेत मिलता है।

5

जिन शब्दों को लोग आसानी से अक्सर दुहराते रहते हैं वे सबसे कम अर्थ-राजगता के साथ बोले जाते हैं। ये सिर्फ एक तरह की भराई के। यानी अन्तराल को भरने का काम करते हैं या फिर बातचीत के किसी खास तौर-तरीके के प्रति रुझान को जाहिर करते हैं। हमारी राजनीतिक बातचीत में आज ऐसी ही एक रस्म बन गई है—साम्प्रदायिकता की भर्त्सना करना और सेकुलरिज्म (पंथ-निरपेक्षता) को स्वीकार करना। हर एक इन शब्दों का प्रयोग करता है, पर अपने विशेष अभियान के साथ या कि फिर उनके किसी भी अर्थ की चिन्ता किए बगैर ही। लेकिन सामान्यत: यह विश्वास किया जाता है कि किसी व्यक्ति द्वारा किसी धर्ममत में आस्था रखने पर ही साम्प्रदायिकता उपज सकती है और सेकुलरिज्म एक ऐसी बौद्धिक प्रवृत्ति है जो कि सभी धार्मिक आस्थाओं से अपना सम्बन्ध विच्छेद कर लेती है। सभी लोग इस दृष्टि को नहीं मानते। लेकिन स्वयं को वामपंथी विचारधाराओं से सम्बद्ध माननेवाले बौद्धिकों के एक मुखर तबके की यही दृष्टि है। इस प्रकार एक प्रवृत्ति पनप गई है कि साम्प्रदायिक झगड़े के लिए लोगों की धार्मिक आस्थाओं को कारण माना जाए। इसका निहितार्थ यह है कि जब लोग नास्तिक या कि अज्ञेयवादी (ईश्वर को अज्ञेय माननेवाले) हो जाएँगे तो साम्प्रदायिक झगड़े समाप्त हो जाएँगे।

किन्तु यह दृष्टि स्पष्टत: अनैतिहासिक है। सावधानी से परखने पर दिखेगा कि जिसे हम भारत में साम्प्रदायिकता कहते-मानते हैं, वह मनुष्यों में व्याप्त एक सामान्य प्रवृत्ति की ही एक विशेष अभिव्यक्ति भर है। वह मानवीय प्रवृत्ति है अपने समूह-विशेष के साथ गहराई से अपनत्व का अनुभव करना और दूसरे समूहों की तुलना में अपने उस समूह के प्रति पक्षपात का भाव रखना। इस अपनत्व का अनुभव सिर्फ अपने समूह-विशेष के सदस्यों के ही प्रति नहीं होता, वरन् उस समूह के अपने विधिक प्रतीकों के प्रति भी होता है। खास वेशभूषा, साज-सज्जा, अभिवादन आदि के खास तरीके, भाषा विशेष आदि के प्रति उससे सम्बद्ध समूह—सदस्यगण एकात्मकता की भावना रख सकते हैं। ऐसा समूह कोई कबीला-विशेष हो सकता है, कोई एथनिक (नृजातीय) समूह, जाति या भाषायी समूह अथवा 'कौम' या नस्ल-

विशेष हो सकता है, राष्ट्र की तरह की कोई भौगोलिक क्षेत्रीय सत्ता हो सकता है या कि कोई धार्मिक समूह हो सकता है।

प्रमुख नृजाति-विज्ञानी कौनराड लारेत्ज का तो यह मानना है कि अनेक समूहशील प्राणियों जैसे कि चूहों की कुछेक प्रजातियों के साथ ही, मनुष्यों के भीतर भी अपनी ही प्रजाति के दूसरे समूहों के प्रति आक्रामक भाव अपने समूह के भीतर एकात्मकता की एक जरूरी शर्त हो सकती है। समूह की यह आन्तरिक एकात्मकता अन्य समूहों के प्रति आक्रामकता के ही अनुपात में होती हो, यह भी सम्भावना है। इसी से, मानव-समाज में ऐसा भी हो सकता है कि किसी अन्य समूह के प्रति आक्रामकता के भीतरी भाव को छिपाने के लिए ही अपने समूह के सदस्यों के प्रति अत्यधिक लगाव दिखाया जाए। इस प्रकार ऐसा अतिरेकी लगाव बिलकुल नकली भी हो सकता है। एक ऐसा हिन्दू व्यापारी, जो खाद्य पदार्थों या दवाओं में मिलावट करके अपने समस्त हिन्दू-पड़ोसियों को जहर खिलाने में हिचकता नहीं और जिसकी अन्तश्चेतना ऐसे पाप से शंकित नहीं होती, वही व्यापारी अक्सर हिन्दू धर्म का वाचाल समर्थक भी बना दिखता है। इसके जरिए वह हिन्दुओं को अन्य धार्मिक समुदायों के विरुद्ध भड़काना चाहता है। पर समूह से झूठी एकात्मकता की यह प्रवृत्ति ऊपर वर्णित किसी भी प्रकार के समूह के किन्हीं सदस्यों में देखी जा सकती है।

केवल धार्मिक समूह ही ऐसी समूह नहीं होते, जिनमें कि आपसी एकात्मकता के भाव के जरिए दूसरे समूहों के प्रति हमलावर रुख अपनाया जाता हो। इस तथ्य की पुष्टि के लिए कहीं दूर जाने की जरूरत नहीं है। भारत में हम एक जाति समूह द्वारा दूसरे पर घातक आक्रमण करते देखते हैं। इसी प्रकार विभिन्न वनवासी कबीलों के मध्य और विविध भाषायी समूहों के बीच दंगे छिड़ते रहते हैं। अक्सर, देश के भिन्न-भिन्न भागों में ये तीनों तरह के दंगे साथ-साथ होते दिखते हैं। इन तथ्यों के प्रकाश में सिर्फ धर्ममत को ही शान्ति का एक मात्र खलनायक बताते रहना नितान्त अवास्तविक है।

धार्मिक आस्था के साथ ही साम्प्रदायिक व्यवहार को आसानी से जोड़ देने का एक कारण वह भाषा है, जो कि कोई समूह अपने समूह प्रतीकों की रक्षा के लिए या कि दूसरे समूहों पर आक्रमण के लिए काम में लाता है। मसलन, हम अपनी सीमाओं की रक्षा अपना पवित्र कर्तव्य घोषित करते हैं, अथवा यदि राष्ट्रगीत या राष्ट्रध्वज के प्रति समुचित सम्मान न व्यक्त किया जाए तो हम इसे अधर्म कृत्य घोषित कर देते हैं। इन राष्ट्रीय प्रतीकों में कुछ भी धार्मिक भाव नहीं है। किन्तु परम्परागत संस्कारों के कारण अथवा किन्हीं अवसरों से कतिपय व्यवहारों को सम्बद्ध मान लेने के अभ्यास के कारण हम ऐसी स्थितियों में विवेकपूर्वक नहीं, भावनापूर्वक प्रतिक्रिया करना शुरू कर देते हैं और जब भी, तर्क को दबाते हुए भावनात्मक स्तर

पर कोई कार्य किया जाने लगता है, तभी हमारी बुद्धि में 'पवित्र' और 'अपवित्र' वाली अवधारणाएँ छाने लगती हैं। केरल में एक सम्प्रदाय के थोड़े से स्कूली बच्चों ने जब राष्ट्रगीत के प्रति रस्मी आदरभाव दिखाने से इनकार कर दिया तब देश-भर में रोष-क्षोभ की जो अतिशय आवेग भरी भावना उभर उठी, वह वैसे ही धार्मिक दुराग्रह अथवा तर्कबुद्धिविहीनता की अभिव्यक्ति है, जिसे कि हम साम्प्रदायिकता से सम्बन्धित मानते हैं। यद्यपि ऐसी अयुक्तियुक्त प्रतिक्रियाएँ व्यापक स्तर पर होती रहती हैं, तथापि लोग पवित्र और अपवित्र की विचार-कोटियों को सहजता से और स्थायी रूप में सिर्फ धर्ममत से ही जुड़ा मानते हैं।

हम बहुधा किसी कट्टरपंथी को किसी जाति या नृवंश-समूह के गौरव का हनन किए जाने के बारे में बोलते सुनते हैं। ऐसे उद्गारों में हिंसा शब्द का प्रयोग पूरी तरह कानूनी अर्थ में नहीं होता और इसलिए वहाँ किसी कानूनी उपाय की अपेक्षा भी नहीं होती। अपितु वहाँ हिंसा से आशय कुछ अपवित्रीकरण जैसा होता है और इसलिए सौम्य तथा अनुकूल व्यवहार द्वारा ही उसके प्रतिकार की अपेक्षा होती है।

हिटलर उन सबका प्रतिनिधि था, जिन्हें गैर-धार्मिक या धर्म-विरोधी कहा जा सकता है। तथापि 'सर्वत्र जर्मन आधिपत्य' (ड्वाशलांड ओवराले) की अवधारणा से वही अभिप्राय व्यक्त होता था, जोकि आराध्यदेव (गॉड) या पवित्र गाय की अवधारणा से होता है। उसने न सिर्फ यहूदियों और 'हीनतर नस्लों' का विनाश किया, वरन कैथलिक और प्रोटेस्टेंट ईसाइयों को भी सताया, उत्पीड़ित किया।

पश्चिम में सेकुलर प्रवृत्ति एक ऐसी प्रवृत्ति के रूप में विचारपूर्वक अपनाई गई थी जिसमें इस विवेकहीन व्यवहार को अस्वीकार किया जाए और नए तथा अनजाने-अपरिचित विचारों के प्रति, जीवन रूपों एवं सांस्कृतिक प्रभावों के प्रति खुलापन रहे। पवित्र और अपवित्र (या दूषित) विचार कोटियाँ त्यागी गईं तो उसमें यह भी निहित था कि किसी भी चीज को स्वयं में ही इस तरह पवित्र, परमपावन न माना जाए कि उस पर तर्क-वितर्क की अनुमति ही न हो। सेकुलर बुद्धि प्रत्येक विषयवस्तु को तर्क-वितर्क पर परखने के बाद ही स्वीकार योग्य मानती है। निश्चय ही 'सेकुलरिज्म' शब्द में एक धर्म विरोधी या गैर-धार्मिक व्यंजना थी। क्योंकि यूरोपीय पुनर्जागरण (रेनेसां) के समय से मनुष्य को केन्द्रीय स्थान दिया गया था तथा पर-लोक के विचार के विरोध में यह हुआ था। तब भी, रेनेसां स्वभावत: (या प्रकृति से ही) धर्मविरोधी नहीं था। वहाँ 'स्पिरिचुअलिटी' यानी अभौतिकता या अलौकिकता को भी मानवीय रूपाकार में निरूपित करने का प्रयास था। 'रेनेसां' काल की कला में तथा उसके बाद के काल की कला में वहाँ यह स्पष्ट है, जहाँ यीशु मसीह और फरिश्ते भी उत्कृष्ट रूप में मानवीय पहलुओं से सम्पन्न दिखाए गए। अत: इस 'सेकुलराइजेशन' या लौकिकीकरण में धार्मिकता की अस्वीकृति की अपेक्षा नहीं है। रेनेसां कला का बहुलांश धार्मिक है और उन कला चित्रों में से

अनेक श्रेष्ठतम चित्र गिरिजाघरों की इमारतों में उकेरे गए या प्रदर्शित किए गए तथा बिशपों और पोपों द्वारा कलाकारों को ये काम करने को कहा गया।

'कम्युनल' शब्द को साम्प्रदायिक अर्थ में तथा धर्ममत समूहों से जोड़कर प्रयुक्त करना विशेषत: आधुनिक भारतीय प्रवृत्ति है। साधारणत: तो यह शब्द समुदाय से सम्बन्धित है और विशेष समाजशास्त्रीय वर्गीकरण के अन्तर्गत 'कम्युनल' यानी साम्प्रदायिकता का अर्थ है—सामाजिक अर्थात् आधुनिक प्रतिमानों और व्यवहारों के विपरीत परम्परागत व्यवहारों और प्रतिमानों से जुड़े रहने की मनोदशा एवं आचरण। भारत में इस 'कम्युनल' शब्द के प्रयोग का तथा इसे विशिष्ट अभिप्राय से जोड़ने का काम अंग्रेजों ने किया। शायद यहाँ इस शब्द को यह विशेष अर्थ मिला, 'कम्युनल अवार्ड' की स्थापना से। अंग्रेजों ने भारत के विभिन्न समुदायों को अलग-अलग प्रतिनिधित्व प्रदान करने के लिए एक 'कम्युनल अवार्ड' बनाया। इस तरह एक मानसिक विभाजन को स्थायित्व दिया गया। वर्तमान के अनुरूप ही अतीत को भी देखने की एक प्रवृत्ति भी पनपी।

आज भारत में 'कम्युनलिज्म' यानी सामुदायिकता को साम्प्रदायिकता के जिस विशेष अर्थ में समझा जाता है, वह सीधे-सीधे अंग्रेजों द्वारा हमारे भीतर प्रविष्ट की गई समझ है। अंग्रेजों समेत यूरोपीय लोगों के यहाँ धार्मिक समूहों के शान्तिपूर्ण सह-जीवन का कोई इतिहास नहीं रहा है। ईसाइयत का शुरू का इतिहास यह रहा कि रोम साम्राज्य के दिनों में रोम के मूर्तिपूजक (पैगन) सम्राटों ने ईसाइयों को उत्पीड़ित किया। बाद में ईसाइयत रोम साम्राज्य का धर्ममत बन गई। तब उसमें परस्पर विखंडन और विभेद की प्रबलता छा गई तथा विविध ईसाई सम्प्रदाय आपस में खूब लड़े। फिर, इनक्विजीशन का दौर आया, जिसमें दूसरों की धर्मनिष्ठा की जाँच का धन्धा तथा गिरिजाघर के स्वीकृत मताग्रह से तनिक सा भी मतभेद रखनेवाले लोगों को बहुत बड़ी संख्या में यंत्रणाएँ दी गईं तथा जिन्दा जलाया गया। जब प्रोटेस्टेंट मत का उदय हुआ, तब रोमन कैथलिकों और प्रोटेस्टेंटों के बीच हिंसक संघर्ष हुए, जिनकी परिणति कई बार युद्धों के रूप में हुई।

इसलिए अंग्रेजों के लिए भारत के विभिन्न धार्मिक समूहों में झगड़े की स्थिति के सिवाय और कोई स्थिति देख पाना अकल्पनीय था। अंशत: तो इस गलत समझ के कारण और अंशत: साम्राज्यवादी योजना के कारण अंग्रेजों ने हिन्दुओं एवं मुसलमानों के मध्य बैर-विद्वेष को बढ़ावा दिया। क्योंकि धार्मिक आधार पर लोगों में विभाजन रहे तो 'बाँटो और राज करो' की ब्रिटिश राजनीति सबसे सफल रूप में जारी रखी जा सकती थी। भारत का निरूपित इतिहास मुख्यत: ब्रिटिश एवं यूरोपीय इतिहासकारों का किया-रचा था। ये इतिहासकार भारतीय अतीत की अनेक घटनाओं की अपने यहाँ के ऐतिहासिक अनुभवों के प्रकाश में व्याख्या करते थे। अत: हिन्दू और मुस्लिम शासकों के मध्य संघर्षों की, सत्ता और सीमा सम्बन्धी

ऐसी टकराहटों भर के रूप में व्याख्या नहीं की गई जो कि दो अलग-अलग धार्मिक आस्थाओं वाले शासकों में हुई हो। अपितु इनकी व्याख्या इस रूप में की गई मानो दो धार्मिक समूह ही प्रभुत्व के लिए लड़ रहे हों।

प्रारम्भिक कालखंड में यानी चौदहवीं शताब्दी ईसवी तक जबकि इस्लाम एक विस्तारशील धर्ममत था और पूर्व तथा पश्चिम की सर्वोत्तम बौद्धिक परम्परा का भंडार बना हुआ था, तब भारतीय मुसलमानों में यह प्रवृत्ति थी कि वे गैर-धर्मवालों से, जिन्हें वे काफिर कहते थे, खुद को बिलकुल अलग तरह के लोग मानें। मुसलमान शासक अक्सर युद्ध के समय मुसलमान सैनिकों की लामबन्दी के लिए अथवा उन्हें उत्साहित करने के लिए आसान तरीका यह देखते थे कि उनकी विशिष्ट धार्मिक पहचान का आह्वान करें। पर वे यह तरीका वक्त पड़ने पर उसी तरह अपनाते थे, जैसे कि वे समर्थन पाने के लिए कोई भी अन्य युक्ति काम में ला सकते थे। फिर यह भी सिर्फ प्रारम्भिक समय के लिए सच है। किन्तु धार्मिक उत्पीड़न का तब भी कोई प्रयास नहीं था तथा धार्मिक विषयों पर परस्पर मेल-जोल और विचार-विनिमय ऐसे स्तर पर होता था, जिसकी आज कल्पना भी नहीं हो पाती। कभी-कभी किसी मुसलमान शासक ने राजस्व कोष की वृद्धि के अपने लालच को जजिया की शक्ल में पेश करना आसान पाया। जजिया गैर मुसलमानों पर लगाया जानेवाला कर है। किन्तु कुल मिलाकर धार्मिक सहिष्णुता की भारतीय परम्परा भारत के मुसलमान शासनकाल में कायम रही। बादशाह अकबर ने तो विविध धर्ममतों की शिक्षाओं को मिलाकर एक नया धर्ममत 'दीन इलाही' चलाने की कोशिश की और उसकी मुसलमान प्रजा ने इसका उल्लेखनीय प्रतिरोध नहीं किया। न जो उसका धर्म बहिष्कार किया गया, न ही उसके विरुद्ध इस मुद्दे पर कोई विद्रोह भड़का।

किन्तु इस धार्मिक सहिष्णुता की सच्ची तसवीर मुख्य भौतिक लक्ष्यों से प्रेरित राजाओं और बादशाहों के कार्यों से नहीं उभर सकती। अपितु उन लोगों के व्यवहार और परस्पर क्रियाओं से ही सामने आ सकती है, जो कि उस अवधि में मुख्यत: धार्मिक और आत्मिक क्षेत्रों से जुड़े रहे। उन पर दृष्टि डालने पर हम पाते हैं कि वह एक ऐसा समय था, जब धार्मिक उत्पीड़न और एक धर्ममत को दूसरे पर थोपने के बजाय, इस्लाम का हिन्दुत्व के विविध सम्प्रदायों और दार्शनिक धाराओं से एक अन्तर्वेधन हो रहा था और उनके सायुज्य/मेलजोल से एक सशक्त भक्ति आन्दोलन उभरा। उल्लेखनीय यह है कि यह सायुज्य या समेकन न सिर्फ आस्था और उपसना-विधि के स्तर पर हो रहा था, अपितु समग्र सांस्कृतिक स्तर पर हो रहा था। जनगण के दर्शन, भाषा, कला—रूप, वेशभूषा सभी में पिघलाव की एक प्रक्रिया चल रही थी और स्थानीय हिन्दू संस्कृति का बाहर से आए इस्लामी प्रभाव से मेल-मिलाप हो रहा था।

यह दिलचस्प है कि सूफी मत ने, जोकि अपने जन्म-स्थान में इस्लाम के एक कट्टरपंथी आन्दोलन के रूप में शुरू हुआ, भारत आने पर अपने केन्द्रीय आस्था को वेदान्त दर्शन के इतना निकट पाया कि उपासना इबादत के बाहरी रूपों के अतिरिक्त अन्य रूपों में अनेक हिन्दू धर्म पंथों से इस्लाम का फर्क मिट सा चला।

यह ध्यान में रखना चाहिए कि हिन्दुत्व हमेशा ही विविध दार्शनिक धाराओं और पंथों तथा विभिन्न जनजातीय धार्मिक प्रथाओं का एक समुच्चय रहा है। भारत में इस्लाम के विस्तार के ही दौर में भक्ति आन्दोलन फैला और उसने एक सूफी फकीर तथा एक हिन्दू संत के बीच का भेद ही मिटा दिया। दोनों में इतना अधिक सादृश्य था कि कई लोगों ने भक्ति आन्दोलन का मूल सूफी मत में ढूँढ़ा। पहले भक्ति आन्दोलन उभरा या कि सूफी पंथ, यह मुद्दा तो अन्तहीन विद्धत्तपूर्ण विवाद का विषय बना रह सकता है। महत्त्वपूर्ण तथ्य यह है कि सूफी फकीरों और हिन्दू संतों दोनों का हिन्दू तथा मुसलमान जनगण में तथा शासकों में भी समान आदर किया जाता रहा। दरअसल तेरहवीं से उन्नीसवीं शताब्दी ईस्वी तक उभरे अनेक संत कवियों के बारे में यह तय कर पाना मुश्किल था कि वे हिन्दू हैं या मुसलमान। सिर्फ जन्म के आधार पर ही यह जाना जा सकता था। उदाहरण के लिए, कबीर जन्म से मुसलमान थे, किन्तु वे उन रामानन्द से प्रेरित-दीक्षित हुए, जोकि रामानुज के वेदान्त-मत से सम्बद्ध थे। रसखान शाही घराने से ताल्लुक रखनेवाले एक मुसलमान पठान थे किन्तु वे एक महान कृष्ण भक्त हुए और ब्रजभाषा में कृष्ण के जीवन पर चिरस्मरणीय कविताएँ लिखीं। इसी तरह, अब्दुल रहीम खानखाना अकबर के सेनापति बैरम खाँ के बेटे थे और अकबर तथा जहाँगीर के शासनकाल में ऊँचे ओहदे पर रहे। उन्होंने मुसलमान होते हुए कृष्ण की प्रशंसा में अनेक भक्तिगीत रचे। वे हिन्दू संत कवियों के एक बड़े संरक्षक भी थे, जिनमें कि तुलसीदास का भी समावेश होता है।

अमीर खुसरो जरा अलग तरह के हैं। वे सूफी फकीर निजामुद्दीन औलिया के भक्त थे। अपने ऐतिहासिक लेखन में वे एक कट्टरपंथी मुसलमान दिखते हैं; क्योंकि अपने संरक्षक बादशाही घरानों खिलजी और तुगलक वंशों के शासकों को खुश करने की अवसरवादी लालसा से वे प्रेरित थे। किन्तु अपनी धार्मिक अभिव्यक्तियों में उन्होंने भारतीय धार्मिक परम्परा के रूपक प्रयुक्त किए हैं,जैसे कि मृत्यु की तुलना, पिता के घर से चार लोगों के कंधों पर रखी डोली पर सवार दुलहन की विदाई से करना। ऐसी विदाई एक सामान्य हिन्दू प्रथा है। साथ ही शव को श्मशान घाट तक भी चार लोगों के कंधों पर ले जाया जाता है। यह रूपक बाद में कबीर ने भी अपनी कविताओं में दुहराया है और शायद यह भारत में व्यापक रूप में प्रचलित एक विचार प्रकरण की प्रतिध्वनि है, जोकि आज भी उत्तर भारत के गाँवों में बहुत लोकप्रिय है। इस रूपक का उद्गम देहान्तरण (पुनर्जन्म) की प्राचीन भारतीय धारणा

में से हुआ दिखता है जिसमें कि पृथ्वी का जीवन मात्र अस्थायी है। अन्ततः आत्मा का परमात्मा में ही अन्तिम आवास है।

तथापि, महत्त्व की बात यह है कि फारसी का बहुत बड़ा विद्वान होते हुए भी खुसरो ने अपने धार्मिक विचारों की अभिव्यक्ति का माध्यम स्थानीय बोली को बनाया और इस प्रकार सम्भवतः हिन्दी भाषा के प्रवर्तकों में से एक बना। वह सम्पूर्ण सांस्कृतिक समेकन की एक प्रकिया थी, जिसमें एक एकात्मक आस्था अभिव्यक्ति के लिए एक सादी भाषा की खोज रही थी। इस प्रक्रिया ने ही संस्कृत और फारसी दोनों को दरकिनार कर दिया। ये दोनों भाषाएँ राजकीय भाषाएँ थीं। अतः राजकीय संरक्षण इन्हें प्राप्त था। नई प्रक्रिया में उभरी भाषा ने स्थानीय बोलियों को अपनाया, जोकि अपने क्षेत्र के हिन्दू-मुसलमान सभी निवासियों की साझी सम्पत्ति होती थी। इसके विपरीत, आज तथाकथित प्रबद्ध युग में लोग विशेषतः शिक्षित लोग, बेशर्मी से भाषा को धर्म से एकरूप करके देखते हैं। यह स्थिति उस साम्प्रदायिक क्षय का ही संकेत चिह्न है, जिससे हमारा बौद्धिक जीवन ब्रिटिश-राज के समय से ग्रस्त है।

संतों के जिन नामों की चर्चा ऊपर हुई है, वे कोई अपवाद या अलग-थलग मामले नहीं हैं। सम्पूर्ण आन्दोलन ऐसे नामों से भरा हुआ है। सूफी संत फरीद ने पंजाबी में लिखा और कृष्ण के कुछ हिन्दू भक्तों की तरह ही खुद को अपने प्रिय परमेश्वर की उप-पत्नी माना। संत रज्जब, लतीफ शाह, बजिन्दजी, वश्नाजी तथा अनेक अन्य मुसलमान संत राम भक्त थे, यद्यपि राम हिन्दू देवता माने जाते हैं। इसमें से कुछ तो हिन्दू संत दादू के अनुयायी थे। यहाँ भी राम को हिन्दू देवता बताना भ्रामक ही होगा। वस्तुतः इन मुस्लिम संतों के लिए जैसे कि कबीर के लिए भी, राम अयोध्या के राजा और दशरथ के बेटे नहीं थे, वरन् उस सर्वव्यापी सत्ता का ही एक और नाम भर थे, जो सत्ता उनके लिए प्रेम की ही सर्वोच्च अभिव्यक्ति थी। यदि हम अपनी आधुनिक साम्प्रदायिकता का ऐनक उतार लें और भक्तिकाल के लोगों की बुद्धि से विचार करें तो हमें राम में और सूफियों की आराध्य सर्वोच्च सत्ता में कोई भी भेद नहीं भासेगा। इसी रतौंधी ने हमारे आधुनिक बौद्धिकों को अन्धा कर रखा था, जिससे वे राम और रामराज्य का वह अर्थ नहीं देख-समझ पाए, जो कि गांधीजी को अभिप्रेत था। उस समय के ऐसे परिवेश और संस्कार का ही नतीजा था कि हिन्दू लोग सहज ही मुसलमान संतों-फकीरों के भक्त बन सकते थे और मुसलमान लोग सहज ही राम और कृष्ण के भक्त बन सकते थे।

आज इस्लामी आस्था को जिस रूप में समझा-बताया जाता है, उस हिसाब से रहीम या कबीर ने इस्लामी आस्था का जबर्दस्त उल्लंघन किया था। पर किसी ने उन दिनों उनके इस 'कुफ्र' को लेकर हो-हल्ला मचाने का विचार तक नहीं किया। ज्यादा-से-ज्यादा यह हुआ कि उनके प्रतिपादनों से दार्शनिक वाद-विवाद की एक तेज सरगर्मी शुरू हो गई। तेरहवीं चौदहवीं सदी में मुसलमान लोग अपने मजहब

के मर्म को पहचानते थे और उससे जुड़े थे तथा सांस्कृतिक विकास में अग्रसर थे, अत: हिन्दू धर्म के केन्द्रीय स्वभाव के भी निकट थे। इसी प्रकार, हिन्दुत्व, उन दिनों यद्यपि विकारग्रस्त होकर गिरावट के दौर में था, तथापि वह निष्प्राण कर्मकांडों की वैसी गतिहीन राशि या ढेर नहीं बना था, जैसाकि आज बन चुका है। इसी से वह सूफीमत के आन्तरिक सौन्दर्य को सरलता से देख पाता था। सिक्ख पंथ जो इस्लाम की चुनौती तथा अत्याचार के मुकाबले के लिए उभरा, को आज हिन्दुत्व का प्रखर लड़ाकू रूप बताया जाता है। किन्तु गुरु ग्रंथ साहिब में सभी संत कवियों को सम्मानपूर्वक स्थान दिया गया है, फिर वे फरीद जैसे मुसलमान संत हों अथवा नामदेव जैसे हिन्दू सन्त।

13वीं से 18वीं शताब्दी ईस्वी के इस कालखंड को देखने पर हमें उस रतौंधी के प्रति बड़ा अचरज हो जाता है, जिससे अंग्रेजों ने हमें ग्रस्त कर दिया। उनके द्वारा फैलाई गई दृष्टिहीनता के प्रभाव से आज हमारे लिए यह समझ पाना असम्भव हो गया है कि हिन्दू और मुसलमान, दोनों ने अपनी अलग-अलग पहचान के दायरे को बाँधा और उस साझे भक्ति-प्रवाह में साथ-साथ भीगे-तैरे, डुबकियाँ लीं, जिससे कि सारा देश रसमय हो गया था।

यह भी कहा जा सकता है कि भारत में आज जो साम्प्रदायिकता है, वह निरक्षर हिन्दुओं और मुसलमानों के व्यापक समूहों की प्रकृति में निहित साम्प्रदायिकता नहीं है, अपितु शिक्षा की ब्रिटिश पद्धति से मानसिक रूप से दास बन चुके बौद्धिकों की करतूत है। मुख्यत: शहरी इलाकों में पल रहा यह वर्ग ही, अंग्रेजों की परम्परा में भारत के जनगण में साम्प्रदायिकता को फैलाता उभारता है ताकि इस समूह के राजनीतिक लक्ष्य सिद्ध होते रहें। इस वर्ग के सदस्य जिन आस्थाओं वाला स्वयं को बताते हैं, उन आस्थाओं के प्रति उनमें वास्तविक अनुराग नहीं है। यह स्मरणीय है कि भारत में इस्लामी साम्प्रदायिकता का नेता जिन्ना था—एक दाढ़ी-मूँछ रहित स्वादलोलुप शराब प्रेमी, और ब्रिटिश शिक्षा प्राप्त बैरिस्टर। इसी तरह, हिन्दू महासभा, राष्ट्रीय स्वयंसेवक संघ, शिवसेना अथवा भारतीय जनता पार्टी जैसे तमाम हिन्दू साम्प्रदायिक संगठनों का एक भी ऐसा नेता नहीं है जिसमें गहरी आध्यात्मिक संवेदना और जिज्ञासा हो। इन संगठनों के नेता तो बस राजनीतिक दस्यु हैं, जो सत्ता राजनीति की अपनी महत्त्वाकांक्षा की पूर्ति के लिए व्यापक हिन्दू समाज की धार्मिक भावनाओं को उभारना, भड़काना आसान मानकर इस रास्ते पर हैं। ब्रिटिश राज में अंग्रेज लोग भारतीय राष्ट्रीय कांग्रेस का प्रभाव कम करने या उसे दबाने के लिए हिन्दू महासभा और मुस्लिम लीग दोनों को तब से बढ़ावा देने लगे थे जबसे कि कांग्रेस ब्रिटिश हुकूमत के लिए एक चुनौती दिखने लगी।

कई बार भारत में साम्प्रदायिक हलचलों के ताजा उभार की तुलना कुछेक पश्चिमी एशियाई देशों के पुनरुत्थानवादी आन्दोलन से की जाती है। यह भारी भ्रान्ति

है। पुनरुत्थानवाद किसी धर्ममत-विशेष की आदिकालीन शुद्धता की पुन: प्राप्ति का प्रयास है, भले ही उसमें धर्मोत्साही भटकन कितनी भी आ जाए। पश्चिमी एशिया में, विशेषत: ईरान में तो उसका जो रूप रहा, उसे जनगण का विद्रोह भी कहा जा सकता है। यह तो एक विश्वव्यापी अनुभव है कि धनी लोग धार्मिक आस्थाएँ त्यागकर दुनियाबी मौज-मस्ती में इस कदर लिथड़ जाते हैं, जिसे कि अधिकांश धर्ममत अनुचित मानते हैं। मौज की हवस में धनी लोग ऐसे काम भी करने लगते हैं जोकि उनके धर्म में निषिद्ध होते हैं। इस प्रकार, ईश्वर से डरनेवाले गरीब जनगणों और अपने धर्म का उल्लंघन करने में न झिझकनेवाले मुट्ठी-भर दौलतमन्दों के बीच दरार पड़ जाती है। इस स्थिति में या तो गरीबों का एक नया धर्मपंथ उभरता है या फिर ऐसे पुनरुत्थान का आग्रह उभरता है, जिसे कि गरीब लोग अपने प्राचीन धर्म का शुद्ध रूप मानते हैं। पश्चिम एशिया में पुनरुत्थानवाद उस क्षेत्र में पश्चिमी उपभोक्तावादी संस्कृति की घुसपैठ से घनिष्टता से सम्बद्ध है। तेल की कीमतों की उछाल के बाद से उस इलाके में एक पश्चिमीकृत मध्यवर्ग की समृद्धि अभूतपूर्व तेजी से बढ़ी। इस नवधनाढ्य वर्ग ने पश्चिमी जीवनशैली की नकल की कोशिश की। स्वभावत: इससे इस मध्यवर्ग और यहाँ के जनसाधारण की जीवनशैली में साफ-साफ फाँक आ गई।

इस फाँक के कारण धनी लोग सदाचार के उस रास्ते से साफ-साफ अलग जा पड़े दिखने लगे जिस सदाचार का सम्बन्ध जनसाधारण पुरानी जीवन शैली से जुड़ा मानते रहे हैं। नए के प्रति सन्देह, अपनी तुलनात्मक गरीबी में वृद्धि से रोष-क्षोभ तथा धनियों के प्रति ईर्ष्या, सबने घुल-मिलकर एक ऐसे भाव को जन्म दिया, जिसमें काफिर धनियों के प्रति भर्त्सना प्रबल थी। गरीब लोग एक तरह की सन्तुलित हैसियत में तभी आ सकते थे और अपनी श्रेष्ठता की भावना का एहसास तभी कर सकते थे जबकि पुराना धार्मिक वातावरण पुन: स्थापित हो। तब धनियों की सही-सही हैसियत तय की जा सकती थी। इसी से पुनरुत्थानवाद उभरा। यह धार्मिक पुनरुत्थानवाद स्वभावत: प्रत्येक विदेशी, परायी चीज के विरुद्ध था। अत: पूँजीवाद और कम्युनिज्म दोनों को शैतानी एवं इस्लाम के लिए पराया कहकर धिक्कारा गया क्योंकि पुनरुत्थानवादी लोग इस्लाम के जिस सार तत्त्व को मानते थे, उसके लिए ये विदेशी (परकीय) चीजें थीं। इस प्रकार यह अन्य धर्ममतों के विरुद्ध उभरा आन्दोलन नहीं है, अपितु मुख्यत: अपने ही मजहब के लोगों को शुद्ध करने, सही राह पर लाने के लिए है। निश्चय ही यह आन्दोलन उस अर्थ में सेकुलर नहीं हो सकता जिस अर्थ में इस आलेख में शुरू में विचार हो चुका है। वह तो प्रत्येक बाहरी और परायी चीज के प्रति शंका का भाव रखेगा ही।

भारतीय साम्प्रदायिकता का ऐसा कोई झुकाव नहीं है। इसकी तो मुख्य दिशा ही छोटे-छोटे अभिजात समूहों के लिए (जोकि भिन्न-भिन्न धर्ममतों से सम्बन्धित

है) सत्ता का आधार रचना है। इस पर धनियों का आधिपत्य है और कुल मिलाकर यह उन आन्दोलनों को रोकने के लिए उभरा है, जो सामाजिक न्याय के लिए तथा आर्थिक विषमता के विरुद्ध चल रहे हैं। भारत में केवल भिंडरांवाला प्रकरण को सचमुच पुनरुत्थानवादी कहा जा सकता है। यह भी पंजाब में असन्तुलित समृद्धि बढ़ने पर उभरा। इस समृद्धि ने सम्पन्न सिखों की जीवन शैली को प्रभावित किया था।

भिंडरांवाला कैंचियों के सख्त खिलाफ था क्योंकि नई जीवनशैली का बिलकुल प्रकट लक्ष्य यही कि सिख लोग बाल कटाने तथा दाढ़ी बनवाने लगे थे। यह तो बाद की बात है कि आन्दोलन कांग्रेस और अकाली दल की राजनीति में लिथड़ गया तथा अन्ततः खालिस्तानवादियों के हाथों का औजार बन गया। किन्तु ये सिख उग्रवादी कतई पुनरुत्थानवादी नहीं हैं। वे तो सिख पहचान का इस्तेमाल राजनीति का खेल खेलने में कर रहे हैं। पुनरुत्थानवादी आन्दोलन तो अपने-अपने धर्म के प्राचीन सिद्धान्तों-आदर्शों के पालन पर बल देते हैं और उस आधार पर देखें तो आतंकवादियों के कारनामे सिख पंथ के किसी भी सिद्धान्त के अनुरूप नहीं हैं।

भारतीय अर्थ में साम्प्रदायिकता धर्म से जुड़ी नहीं है। अपितु दूसरे समूह के विरुद्ध आक्रामकता को उभारते हुए अपने समूह की एकता की खोज करने के तरीकों से एक है। यह प्रवृत्ति हमारी विशेष स्थिति के कारण इन दिनों बढ़ रही है। समृद्ध औद्योगिक संस्कृति से हमारे परिचय ने लोगों में भौतिक उपलब्धियों की तेज इच्छाएँ भर दी हैं। हमारे बीच इस संस्कृति के कुछ स्पर्श प्रभाव मौजूद हैं, जिससे कि इच्छाएँ और बल पकड़ती हैं। किन्तु इस औद्योगिक संस्कृति का लाभ तो एक छोटे से (यानी अल्पसंख्यक) समूह को ही मिल रहा है। अतः चारों तरफ व्यापक विक्षोभ और कुंठा फैली है। विविध समूहों में होड़ मची है कि जो भी नई उपभोग वस्तुएँ उपलब्ध हो सकें, पाओ। यह पा सकें, इसके लिए सत्ता शक्ति एक महत्त्वपूर्ण साधन है। अतः वैसी राजनीतिक सत्ता पाने की कोशिश होती है। उसके लिए लोगों को जुटाने की कोशिश की जाती है। फलतः समूह विशेष की पहचान को इस रूप में उभारने की कोशिश होती है। यह पहचान जन्म के आधार पर आसानी से होती है। आर्थिक हैसियत तो हमेशा बदलती रहती है क्योंकि आर्थिक समृद्धि आती-जाती रहती है। अतः उस आधार पर पर्याप्त स्थायी पहचान नहीं बन पाती। जन्म, जाति, नृजाति समूह या धर्ममत के आधार पर तात्कालिक स्पष्ट पहचान सम्भव है। अतः ऐसी पहचान को राजनीतिक शक्ति संग्रह के लिए उकसाया जाता है। भारत में साम्प्रदायिकता ऐसे ही खेलों में से एक है।

6

देश फिलहाल साम्प्रदायिकता और पृथकतावादी दौर से गुजर रहा है। अविश्वास भरे माहौल में लोग जीने को विवश हैं, पंजाब तो पहले से ही आतंक के साए में जी रहा था, देश के अन्य भाग भी साम्प्रदायिकता की आग में जलने लगे हैं। पहले जहाँ हिन्दू और मुसलमान एक-दूसरे के पर्वों में खुले दिल और दिमाग से हिस्सा लिया करते थे, वहीं अब धार्मिक जुलूस और जलसे लोगों के बीच की दूरी को बढ़ाने के सबल हथियार बन रहे हैं। कारण क्या है? क्या धर्म की तीव्र अनुभूति के कारण ऐसा हो रहा है? महज पूजन प्रणाली के अन्तर के आधार पर आदमी-आदमी के बीच दुराव को बढ़ावा देना ही धर्म की भूमिका है? इन प्रश्नों के उत्तर की तलाश ही साम्प्रदायिकता की दिशा में उठाया गया सही कदम होगा।

कुछ लोग, खासकर कुछ वामपंथी समूह मानते हैं कि साम्प्रदायिकता की जड़ में धर्म ही है और जब तक धर्म रहेगा साम्प्रदायिकता भी रहेगी। वे मानते हैं कि धर्म का काम लोगों को सम्मोहित कर उन्हें इतना जड़ बना देना है कि वे अपने शोषण का प्रतिकार भी न कर सकें। इस तरह उनकी दृष्टि में धर्म शोषकों का हथियार है और समस्या का असली समाधान धर्मों का उन्मूलन है। लेकिन धर्म के सम्बन्ध में सही वस्तुस्थिति ऐसी नहीं है। इसी तरह धर्मों के उन्मूलन की बात भी व्यावहारिक नहीं मालूम पड़ती। समाजवादी कहे जानेवाले देश रूस और चीन में ऐसे प्रयासों के नतीजे उत्साहवर्द्धक नहीं रहे हैं। सत्तर वर्ष के कम्युनिस्ट प्रयासों के बावजूद आज पूर्वी यूरोप में जिस तरह ईसाई मत फिर से लोगों को आकृष्ट कर रहा है या सोवियत संघ के पुराने गणराज्यों में जिस तरह धार्मिक कट्टरता बढ़ी है, उस पर विचार करने से धर्मों को नष्ट करने का समाधान ढूँढ़ना व्यावहारिक नहीं लगता।

ऐसे प्रयासों की असफलता का कारण यह है कि धर्म के सम्बन्ध में कम्युनिस्ट विचार बुनियादी तौर पर गलत है। किसी भी समाज में कुछ मूल्य अनिवार्य रूप से धुरी का काम करते हैं, जिनके इर्द-गिर्द उस समाज के लोगां के सामाजिक और निजी व्यवहार नियंत्रित होते हैं; और ये मूल्य किसी-न-किसी रूप में धार्मिक मान्यताओं के अंग होते हैं।

इसके अलावा इतिहास बतलाता है कि अत्याचार और उत्पीड़न के खिलाफ आन्दोलन अक्सर धर्म द्वारा स्थापित मूल्यों के आधार पर ही होते रहे हैं। यूरोप में किसान आन्दोलन के पीछे, और बहुत कुछ समाजवादी आन्दोलन के पीछे भी, ईसाई धर्म द्वारा प्रतिपादित समता और बंधुत्व के मूल्य काम कर सके। कुछ धार्मिक मठाधीशों द्वारा शोषण का समर्थन यह सिद्ध नहीं करता कि धर्म हर हालत में शोषकों के माध्यम हैं। सच तो यह है कि धर्म का हठपूर्ण दुराग्रह उसकी आत्मा के क्षरणकाल में ही शुरू होता है और तभी साम्प्रदायिकता जन्म लेती है।

अपने व्यवहार में मनुष्य मूलत: आवेगों का दास होता है। धर्म का मुख्य काम मनुष्य के स्वभावगत आवेगों को नियंत्रित कर उनके विनाशकारी नतीजों से बचाना है। अब यह बात लगभग मानी जाने लगी है कि पशुओं और मनुष्यों में अपनी प्रजाति के अन्य सदस्यों के खिलाफ पाया जानेवाला आक्रामक संवेग उनका आनुवंशिक गुण है। लेकिन पशुओं के चरित्र में कुछ ऐसी प्रक्रियाएँ होती हैं, जिससे उनकी आक्रामकता पर स्वत: आन्तरिक अवरोध लग जाता है, और उनकी आक्रामकता अन्य सदस्यों की हत्या या उन्हें गम्भीर रूप से जख्मी करने की हद तक नहीं जाती, वहीं मनुष्य के चरित्र में आक्रामकता पर कोई अन्तर्निहित अवरोध नहीं लगाता। मनुष्य में यह अवरोध उनकी संस्कृति और धर्म के जरिए आता है जो उन्हें अपनी प्रजाति के अन्य सदस्यों पर घातक प्रहार करने से रोकता है। लेकिन चूँकि धर्म और संस्कृति पर अनेक तरह के विपरीत दबाव पड़ते रहते हैं इसलिए इतिहास व्यक्तिगत या सामूहिक रूप से मनुष्यों द्वारा अन्य मनुष्यों की संहारलीला से भरा पड़ा है। फिर भी आदमी को धर्मों द्वारा प्रतिपादित उदात्त मूल्यों को लेकर चलने की ऊर्जा भी परोपकार के आनुवंशिक गुण से ही प्राप्त होती है। यही परोपकार भाव, यानी दूसरे मनुष्यों के हित के लिए अपना उत्सर्ग करना धर्म का प्राण होता है।

लेकिन आनुवंशिकी से प्राप्त यह परोपकार भाव बिलकुल दोषमुक्त नहीं होता। आचारशास्त्री कौनरॉड लोरेत्ज के अनुसार मनुष्य या पशु में अपने समूह के प्रति यह परोपकार भाव उसी अनुपात में तीव्र होता है, जिस अनुपात में दूसरे समूहों के खिलाफ आक्रामकता का भाव तेज होता है। मानव स्वभाव में इन दो विपरीत गुणों का जोड़ा होना बड़ा ही अनर्थकारी सिद्ध होता है। धर्म-भाव, जो सम्पूर्ण मानव समाज के कल्याण को लेकर चलता है जब अपने को छोटे समुदायों के साथ एकाकार कर चलने लगता है, तभी दूसरे धार्मिक या अन्य मानव समुदायों के खिलाफ आक्रामक हो जाता है। यही भावना साम्प्रदायिकता की जड़ में है। इसलिए सम्प्रदायवाद की स्थिति अत्यधिक विरोधाभास की होती है। इसका जन्म धर्मभाव से होता है, जिसका लक्ष्य सम्पूर्ण मानवतंत्र का कल्याण है लेकिन यह अपने को एक छोटे समूह के साथ जोड़कर दूसरे धार्मिक समूहों के प्रति इतना आक्रामक हो जाता है कि अपने धर्म की मूल मान्यताओं को तिलांजलि दे देता है, और अपने समूह के 'हित' में

अन्य मानव समूहों को समूल नष्ट करने की आकांक्षा से भी पीछे नहीं हटता। इस कमजोरी को समझ कुछ लोग इस भाव का अपने स्वार्थ में उपयोग करते हैं। इसी का नतीजा है कि इतिहास धर्मयुद्धों तथा एक धर्म के अनुयायियों द्वारा दूसरे धर्म के अनुयायियों के उत्पीड़न की घटनाओं से भरा पड़ा है।

इस तरह साम्प्रदायिकता धर्मभाव से पैदा होती है, लेकिन इसका आचरण धर्मभाव के ठीक विपरीत होता है। यानी जहाँ धर्म का मूल उद्देश्य होता है, मनुष्यों के बीच से वैमनस्य दूर कर प्रेम-भाव पैदा करना, वहाँ साम्प्रदायवाद प्रेमभाव को अपने समुदाय तक सीमित रखता है और इस प्रेमभाव की कीमत वह दूसरे धर्मावलम्बियों के खिलाफ अनियंत्रित हिंसा को बढ़ावा देकर वसूलता है। इसी का नतीजा है कि अठारहवीं शताब्दी तक ईसाइयों के विभिन्न समुदाय एक-दूसरे के खिलाफ हिंसा मचाते रहे हैं, और 'इंक्वीजिशन' के काल में तो छोटे-मोटे मतभेदों के लिए लोगों को जिन्दा जलाया जाता रहा। इस तरह हिन्दू धर्म के अनुयायी, जिनके धर्म में अबला, बच्चे और निरस्त्र दुश्मनों तक पर हमला करना निषिद्ध है, साम्प्रदायिक दंगों में निरपराध और निहत्थे औरतों, बच्चों या अन्य लोगों की हत्या करने या उन पर दूसरे तरह का अत्याचार करने से बाज नहीं आते। यही हाल इस्लाम का भी है, जिसमें वैसे दुश्मनों पर भी हमला करना निषिद्ध है, जो पहले हमला नहीं करें। फिर भी दंगों में प्राय: निरपराध लोगों पर ही हमला किया जाता है। इस तरह सम्प्रदायवाद से सबसे पहले उन धार्मिक सिद्धान्तों की ही बलि होती है, जिनकी रक्षा का दावा साम्प्रदायिक समूह करते हैं।

लेकिन अगर मानव प्रजाति में अपने समूह के लिए आत्मोत्सर्ग का भाव मनुष्यों के ही दूसरे समूहों के प्रति आक्रामकता से जुड़ा है, जैसाकि अचारशास्त्री बतलाते हैं तथा जैसा कि मानव समूहों के व्यवहार से भी ज्ञात होता है तो धर्म को मिटाकर भी साम्प्रदायिकता की समस्या खत्म नहीं होगी। तब ऐसी आक्रामकता धार्मिक जमातों की जगह दूसरी जमातों की ओर मुड़ेगी, जिन्हें बाहरी समझा जाता है। इतिहास का अनुभव यही बतलाता है कि कहीं यह आक्रामकता वैसे दूसरे मूल या नस्ल के खिलाफ, कहीं दूसरी जाति के खिलाफ, कहीं वैसी दूसरी भाषा या राष्ट्रीय जमातों के खिलाफ मोड़ दी जाती है, जिन्हें बाहरी समझा जाता है। अमेरिका में नीग्रो लोगों के खिलाफ सफेद लोगों की आक्रामकता ऐसा ही है क्योंकि सफेद और रंगीन दोनों प्राय: ईसाई हैं, सोवियत संघ में विभिन्न राष्ट्रीय समूहों के बीच जो संघर्ष उभरे वे भी ऐसे ही हैं। अफ्रीका के देशों—जैसे नाइजीरिया, सूडान आदि में ऐसे ही संघर्ष विभिन्न कबीलों के बीच चल रहे हैं। भारतीय में जातीय संघर्षों के पीछे भी ऐसी ही आक्रामकता काम करती है।

ऊपर की बातों से साफ है कि धर्म का उन्मूलन साम्प्रदायिक भावना को रोकने का उपाय नहीं हो सकता। असल में धर्म से जुड़ी साम्प्रदायिकता को मिटाने का

एक उपाय धर्म की सच्ची समझदारी फैलाना हो सकता है। चाहे वह ईसाई, इस्लाम, बौद्ध या हिन्दू धर्म हो, उनके केन्द्र में समस्त मानव वंश के कल्याण की कामना है। अगर इन धर्मों के अनुयायी अपने धर्मों की मूल भावना को समझने लगें तो धर्म और साम्प्रदायिकता का भेद उन्हें दिखाई देने लगेगा। इसलिए साम्प्रदायिक तनाव खत्म करने का एक उपाय तो लोगों को धर्म और साम्प्रदायिकता का भेद साफ तौर पर बतलाना हो सकता है।

लेकिन सिर्फ उपदेश ही काफी नहीं है। धर्मानुयायियों को सम्प्रदायों में बाँधनेवाले कुछ बाहरी प्रतीक और अनुष्ठान होते हैं, जिनसे धार्मिक समूहों का अलग अस्तित्व बना है। अपने आप में यह कोई बुरी चीज नहीं है। लेकिन अगर समाज में ऐसे दूसरे प्रतीक या अनुष्ठान न हों, जो लोगों में समूचे विश्व के प्रति नैसर्गिक तादात्म्य भाव स्फुरित कर सकें तो लोग अपने-अपने सम्प्रदायों और समूहों में सिमटने लगते हैं और सम्प्रेषण छीजने लगता है, इससे दूसरों पर सन्देह और निर्मूल आशंका पैदा होती है। अलगाव से सम्प्रेषण घटता है इसलिए सुनियोजित ढंग से ऐसे प्रयास होने चाहिए, जिसमें मिले-जुले कामों का दायरा बढ़ता रहे और लोग दूसरे समूह को दूसरे समूह के सदस्यों के बजाय एक इनसान के रूप में पहचान सकें। स्थायी रूप से साम्प्रदायिक या अन्य सामूहिक झगड़ों को मिटाने में ऐसे ही उपाय कारगर हो सकते हैं।

7

पिछले कई दशकों में दुनिया के कई हिस्सों में पुनरुत्थानवाद का दौर चल पड़ा है। पश्चिमी एशिया और पड़ोसी पाकिस्तान में इस्लाम को उसकी सारी परम्परागत रूढ़ियों के साथ समाज-व्यवस्था पर लादने का प्रयास हो रहा है। पंजाब में इसी तरह सिखों में धर्म को राजनीति का आधार बनाने का आग्रह फिर बढ़ रहा है। अब इसकी देखा-देखी हिन्दुओं के एक समूह ने भी हिन्दू पुनरुत्थानवाद की बातें शुरू कर दी हैं, हालाँकि वे इसे रेनेसां (नवजागरण) का नाम दे रहे हैं। विराट हिन्दू समाज के अध्यक्ष कर्ण सिंह ने कुछ ही दिनों पहले हिन्दू रेनेसां की जबर्दस्त वकालत की। हालाँकि उन्होंने इस बात से इनकार किया कि उनका प्रयास अन्य धर्मों में दिखाई पड़ रहे पुनरुत्थानवाद की प्रक्रिया है। पर यह बात एक खास दौर में आई है इसलिए उनकी बातों पर यकीन करना कठिन है।

इस सन्दर्भ में सबसे बुनियादी बात यह है कि पुनरुत्थानवाद की वर्तमान धारा की तुलना किसी भी तरह यूरोप के रेनेसां से नहीं की जा सकती। सर्वप्रथम तो रेनेसां धार्मिक नहीं बल्कि शुद्ध रूप से सांस्कृतिक आन्दोलन था। यह ईसाई यूरोप में ईसाइयों द्वारा यूनान की गैर-ईसाई संस्कृति के मूल्यों को पुनर्जीवित करने का प्रयास था। इसमें वैचारिक क्षेत्र में सुकरात के पहले के यूनानी दार्शनिकों की विज्ञानवादी एवं ईहलोकवादी दृष्टि को महत्त्व दिया गया और मनुष्य, खासकर व्यक्ति को, केन्द्र में रखा गया। ये सब ऐसे विचार थे, जो मध्ययुगीन ईसाई धर्म की कट्टर धार्मिकता, इस दुनिया को क्षणभंगुर समझने तथा मानव आकांक्षाओं एवं शरीर के प्रति उपेक्षा की धारणाओं के सर्वथा विपरीत पड़ते थे। रेनेसां ने ईसाई धर्म को चुनौती नहीं दी बल्कि ईसाई धर्म को माननेवाले यूरोपवासियों के अन्दर एक नई चेतना पैदा की, जिससे वे धर्मगुरुओं के संकीर्ण वैचारिक दायरे से निकलकर प्राचीन एवं तत्कालीन सभी संस्कृतियों के सर्जनात्मक तत्त्वों को अपना सकते थे और अपने को उनसे जोड़ सकते थे।

यह कोई अचरज की बात नहीं कि यूरोप में रेनेसां की प्रेरणा यरूशलम को लेकर हुए धर्मयुद्धों (क्रुसेड) से मिली, जिनके कारण यूरोप के लोगों को गैर-यूरोपीय और गैर-ईसाई संस्कृतियों के सम्पर्क में आने का मौका मिला। इस सम्पर्क में न

सिर्फ बाहरी दुनिया बल्कि स्वयं अपने अतीत के द्वारा भी उनके सामने खोल दिए। इस सम्पर्क से उन्हें पता चला कि अरब और इस्लाम की दुनिया सांस्कृतिक दृष्टि से कहीं आगे बढ़ी हुई थी। यूनान के दर्शन का बड़ा भाग, जो ईसाई धर्मगुरुओं की संकीर्णता के कारण यूरोप में अनजान पड़ा हुआ था, अरबी अनुवादों में उपलब्ध था। इसी सम्पर्क से उनकी जिज्ञासा प्राचीन यूनान और रोम को जानने के लिए जगी और उनकेक पुरातत्त्व और साहित्य में रुचि एक फैशन बन गई। यूरोपीय रेनेसां इन्हीं सम्पर्कों का परिणाम था। अरब देशों के सम्पर्क से उन्हें यह भी पता चला कि अरब और इस्लाम की दुनिया से आगे भी दुनिया है, जिसमें अनेक समृद्ध संस्कृतियाँ रही हैं। इस जानकारी से एक बौद्धिक फैलाव आया। इस तरह मूल रूप से रेनेसां परम्परा के घेरे को तोड़कर बाहर फैलने तथा अन्य मानव संस्कृतियों से जुड़ने की प्रक्रिया थी।

पूर्ववर्ती परम्परा से रेनेसां का अलगाव सबसे अधिक कला के क्षेत्र में देखने को मिलता है। जहाँ बैजेंटाइन, रोमानैस्क और गोथिक कलाएँ, जो रेनेसां की पूर्ववर्ती थी, पार्थिव सुन्दरता को नकारते हुए उसे जीर्ण और सम्पूर्ण रूप से प्रतीकात्मक एवं परलोकमुखी बनाती हैं, वहाँ रेनेसां-कला इस दुनिया को भरे पूरे रूप से उतारने की कोशिश करती है। सबसे बढ़कर वह मानव शरीर के सौन्दर्य की उपासना करती थी, जो कट्टर ईसाइयों के लिए घोर अधर्म था। इससे रेनेसां कला में न सिर्फ ईसा मसीह ही मानव रूप में मानव संवेदना को चरम बिन्दु तक ले जाते हैं बल्कि देवदूत भी सुन्दर मानव शिशुओं का रूप ग्रहण कर मानव बन जाते हैं। विषयों के चुनाव में भी रेनेसां-कला यूरोपीय मानव को अनेक कलाकृतियों के केन्द्र में रखते हैं, वहीं वे दूसरी तरफ यूनान के देवी-देवताओं को भी बराबर का महत्त्व देते हैं। वीनस, अपोलो, पालास, एथेनी आदि भी रेनेसां-कलाकृतियों के मुख्य विषय बन जाते हैं। इसी तरह ईसाई धर्म की कथाओं की तरह प्राचीन यूनान और रोम के मिथक भी रेनेसां-कला की विषय-वस्तु हैं। इतना ही नहीं, जहाँ पूर्ववर्ती कला में मनुष्य और उसके जीवन के विभिन्न आयाम नगण्य हैं, वहीं रेनेसां-कला में मनुष्य अपनी सम्पूर्ण गरिमा में देवताओं का मुकाबला करता है: सच तो यह है कि देवताओं के भी मॉडल (प्रतिरूप) मनुष्य ही हैं और कला में देवताओं का मानवीकरण होता है। रेनेसां-कला की मूल चेतना का केन्द्र मनुष्य और व्यक्ति था।

कलाकारों द्वारा सर्जनात्मक आजादी के इस्तेमाल के कारण गिरिजाघर के अधिकारियों को बार-बार धर्मसंकट का सामना करना पड़ा क्योंकि रेनेसां-कलाकारों के संरक्षक-ग्राहक अधिकांश वे स्वयं ही थे। लेकिन ऐसे मौके कम आए, जब गिरिजाघर ने कलाकार की स्वतंत्रता को मानने से साफ इनकार कर दिया हो। इस तरह रेनेसां-कला ने गिरिजाघर को भी ज्यादा उदार बनने पर मजबूर किया और

आम चेतना को भी उदारवादी बनाया। रेनेसां-कला का दूसरा गुण यह था कि उसने गिरिजाघर द्वारा मान्य कला के नियमों को अपनाने के बजाय प्रयोग पर जोर दिया। इससे कला के विकास के अनेक मार्ग खुल गए।

इसके विपरीत आज जितनी भी पुनरुत्थानवादी धाराएँ हैं, वे लोगों को धर्मान्धता की ओर ढकेलती हैं। कारण यह है कि रेनेसां का जन्म बाहरी दुनिया से साक्षात्कार में पैदा ग्रहणशील वातावरण में हुआ, जिसमें फैलकर दुनिया के सभी ज्ञान-विज्ञान का आत्मसात करने की आकांक्षा थी। इसके विपरीत आज का पुनरुत्थानवाद एक सुरक्षात्मक प्रतिक्रिया है, जिसमें बाहरी दुनिया या अपने धर्म-सम्प्रदाय के बाहर के लोगों को भय और संशय से देखने की प्रवृत्ति है। इस प्रक्रिया को पश्चिमी एशिया के इस्लामी पुनरुत्थान पर नजर टालने रो आसानी से समझा जा सकता है।

पश्चिमी एशिया काफी अरसे तक ब्रिटेन के प्रभाव में रहा। इस दौर में उसका भारी शोषण होता रहा। द्वितीय विश्वयुद्ध के बाद ब्रिटेन का प्रभाव तो खत्म हुआ, पर अमेरिकी प्रभाव बढ़ा और जीवन के हर क्षेत्र में अमेरिकी हावी होने लगे। तेल से समृद्धि तो आई लेकिन सारा उद्योग बाहरी कम्पनियों के सहारे चलता रहा। आम लोगों की हालत में कोई खास तरक्की नहीं हुई लेकिन सेनापति शेखों और तेल की अर्थ-व्यवस्था से पैदा नए मध्य वर्ग का जीवन पश्चिमी ढंग से ऐयाशी और ठाटबाट के चलते आम लोगों में चकाचौंध पैदा करने लगा। स्वाभाविक था कि परम्परा के साँचे में ढले आम लोगों में यह जलन और नफरत पैदा करता। एक विकल्प समाजवादी हो सकता था जो नई सम्पन्नता का बँटवारा कर आम लोगों का जीवन स्तर ऊपर उठाता। समाजवादी-साम्यवादी दलों का विकास भी इस क्षेत्र में हुआ लेकिन रूस के पड़ोस में होने के कारण और उसकी विस्तारवादी नीति से, साम्यवाद के प्रति भी एक संशय लोगों के मन में बना रहा। सोवियत संघ के एशियाई राज्यों में, जहाँ की आबादी मुस्लिम है, ऐसा कुछ नहीं हुआ, जिससे रूस की सदाशयता में आस्था पैदा होती। इन देशों में परम्परावादी समाज कायम था और लोगों में धर्म के प्रति गहरी निष्ठा थी। इस कारण भी रूस द्वारा लादे जा रहे अनीश्वरवाद से इन देशों के लोग भयभीत थे। अत: वे अपने आसपास फैली दो प्रमुख विचारधाराओं और समाज व्यवस्थाओं—पूँजीवाद और साम्यवाद में किसी में भी अपने लिए कोई प्रासंगिकता नहीं पा रहे थे। इधर अपने शक्ति-विस्तार की रणनीति में अमेरिका और रूस इन देशों की आन्तरिक राजनीति में अनेक तरह से हस्तक्षेप कर रहे थे। दोनों में किसी विकल्प को कबूल करने का मतलब था एक या दूसरी महाशक्ति की कठपुतली बन जाना। पश्चिमी एशिया के इन देशों में कोई ऐसी आधुनिक विचारधारा भी नहीं विकसित हो पाई थी, जिससे समय की इन चुनौतियों का सामना कर पाते। इन्हीं स्थितियों में अपनी

स्वायत्तता और विशिष्टता की रक्षा के लिए इन देशों ने इस्लाम के प्राचीन मूल्यों को उनके अपरिवर्तित रूप में लागू करने का प्रयास किया। इसी कड़ी में अपने अस्तित्व की विशिष्टता बतलाने का प्रयास लगातार इन देशों में चल रहा है। इस विशिष्टता को साबित करने का सुलभ उपाय है, बाहर से प्राप्त तमाम उदार एवं आधुनिक मूल्यों को अस्वीकार करना।

ईरान में यह धारा सबसे सफल हुई है। लेकिन इसके परिणामस्रूप सैकड़ों साल से चले आ रहे उदारवादी मूल्यों का लोप हो रहा है। संकुचित सोचवाले काजी-मुल्लाओं का राज्य कायम हो गया है। यह स्मरणीय है कि सदियों से ईरान इस्लामी मुल्कों में सबसे उदार था। दुर्भाग्यवश उदारवादी मूल्यों का प्रभाव खासकर उच्च एवं मध्यम वर्ग के लोगों तक ही सीमित था और उनकी संख्या ज्यादा नहीं थी। इसके विपरीत आम गरीब लोगों की एकमात्र निधि उनकी धार्मिक निष्ठा थी। अत: वे लोग जल्दी ही अन्ध-धार्मिकता के शिकार हो गए। इससे गरीबों की स्थिति जरूर कुछ सुधरी है लेकिन कितनी बड़ी कीमत चुकाकर? सिखों में भी पुनरुत्थानवादी तत्त्व अनुदारवादी पूर्वाग्रहों को उभारकर उन्हीं को धर्म का आधार बनाने के प्रयास में लगे हैं। उनका भी आग्रह है कि अपनी विशिष्टता सिद्ध करने के लिए अन्य धर्मों से प्राप्त तत्त्वों के अस्तित्व को या उनसे अपने सम्बन्धों से इनकार किया जाए।

असल में किसी समूह को पुनरुत्थानवाद का सहारा तब लेना पड़ता है, जब उसमें आन्तरिक नवीकरण की प्रक्रिया बन्द हो जाती है और परिस्थितियों के अनुकूल अपने को ढालने के लिए जो लोच चाहिए, उसका अभाव हो जाता है। यह बाहरी चुनौतियों का खुले में मुकाबला करने के बजाय परम्परा से प्राप्त वैचारिक कवच में कछुए-सी सिमट जाने की प्रवृति है। इससे बहुत दिनों के लिए गतिहीन जीवन की सम्भावना बन जाती है। पुनरुत्थान काल में धर्म न तो दूसरे विश्वास वालों को कुछ दे सकता है और न तो दूसरों से ग्रहण कर सकता है। यह पूर्ण रूप से जड़ जीवन की स्थिति है। लेकिन यह स्थिति भी बहुत दिनों तक कायम नहीं रह सकती क्योंकि बदलती दुनिया में एक जड़ समूह के लिए उन उपादानों को प्राप्त करना भी धीरे-धीरे मुश्किल होता जाता है, जिनके सहारे वह अपनी आवश्यकताओं की पूर्ति करता है। इससे समाज में अन्ततोगत्वा सड़न और विघटन की प्रक्रिया शुरू होती है।

सच तो यह है कि आज की दुनिया में जहाँ विभिन्न विश्वासों के लोगों का सह-अस्तित्व स्वीकार करना अपरिहार्य है, किसी भी समाज के लिए धर्म के आधार पर अपनी समस्याओं का समाधान सम्भव नहीं। आज धर्म को निजी विश्वासों तक सीमित कर वैसे मूल्यों के सहारे ही समाज की समस्याओं का समाधान हो सकता है जो सर्वग्राह्य हों और जो सभी विश्वास वाले मनुष्यों की भावनाओं

के प्रति आदर भाव रखते हों। चूँकि पुनरुत्थानवाद अपने धर्म की विशिष्टता की तलाश करता है और उसमें अन्य धर्मों को हेय मानने का भाव अन्तर्निहित होता है, अत: आधुनिक जीवन की समस्याओं के समाधान में यह हमेशा अक्षम रहेगा और इस अक्षमता को दूसरे विश्वासों के लोगों के विरुद्ध आक्रामकता से छिपाने का प्रयास करता रहेगा।

हिन्दू पुनरुत्थानवादी उपनिषदों के दर्शन के कुछ उदात्त भावों का उद्धरण दे इसकी उदारता और विश्व के प्रति समभाव को साबित करना चाहते हैं। लेकिन विश्व में शायद ही कोई धर्म हो, जिसमें ऐसे उदात्त तत्त्वों का सर्वथा अभाव हो। सही समझ के लिए एक धार्मिक समुदाय को उसके गिने-चुने निर्गुण तत्त्वों से ही नहीं, उसके सामाजिक व्यवहार और संस्कारों से ही आँका जा सकता है। अगर धार्मिक समूहों के व्यवहार पूरी तरह उनके निर्गुण आदर्शों से निर्धारित होते तो शायद दुनिया में चिरकाल से धर्म के नाम पर जो नरसंहार होते आए हैं, नहीं होते। हिन्दू धर्म को भी सही ढंग से आँकने के लिए इसे व्यवहार की कसौटी पर कसना होगा। हिन्दू धर्म के लिए तो यह बात अन्य धर्मों से अधिक आवश्यक है क्योंकि इस धर्म में दर्शन और व्यवहार को सदा दो अलग कोटरों में बन्द कर रखा गया। एक में समदर्शी भाव और दूसरे में कठोर जाति विभाजन साथ-साथ चलते रहे। इस दर्शन ने कभी हिन्दू समाज के विभाजन का निषेध नहीं किया। बल्कि सबों के लिए अपने-अपने जातीय कर्तव्य पालन से मोक्ष प्राप्ति का रास्ता बतलाकर उसे स्थायित्व प्रदान कर दिया।

समाज में व्याप्त जाति प्रथा से जुड़े होने के कारण बहिष्कार भाव हिन्दू धर्म में अन्य धर्मों से अधिक रहा है। इसीलिए बाहरी तत्त्वों को जज्ब करने की क्षमता का इसमें सर्वथा अभाव रहा। अपने यहाँ की जाति-व्यवस्था के अनुरूप ही हिन्दू समाज ने दूसरे धार्मिक सम्प्रदायों से भी, जो बाहर से आए, बेटी-रोटी का सम्बन्ध वर्जित करके रखा। सिर्फ शक्ति-सम्पन्न राजघरानों के लोग अपनी शक्ति के बल पर इसका उल्लंघन करते रहे। लेकिन इस तरह के सम्बन्धों को समाज ने गढ़ लिया और ऐसे सम्बन्ध अपवाद बनकर रह गए। इस तरह अगर कहीं दार्शनिक आधार पर कुछ बिन्दुओं पर मिलन की भूमिका बनती भी थी तो सामाजिक स्तर के कठोर विभाजन के कारण मिलन असम्भव बन जाता था।

हिन्दू धर्म में अपने को लगातार बदलते रहने की क्षमता के सबूत में बौद्ध धर्म, जैन धर्म एवं भक्ति आन्दोलन के विकास का हवाला दिया जाता है। लेकिन इन उदाहरणों से तो उलटी ही बात साबित होती है। हिन्दू धर्म ने कभी इन सुधारवादी आन्दोलनों को पचाकर अपनी मूल धारा का अंग नहीं बनने दिया। बौद्ध धर्म को देश निकाला मिल गया और विदेशों में यह फैला नहीं होता तो हम जान भी नहीं पाते कि इस देश में वह कभी इतना व्यापक धर्म रहा होगा। जैन धर्म एक छोटा-सा

सम्प्रदाय बनकर रह गया और बहिष्कृत इसलिए नहीं हुआ क्योंकि इसके माननेवाले आर्थिक दृष्टि से सम्पन्न वर्ग के हैं।

लेकिन भक्ति आन्दोलन को, जो बौद्ध काल के बाद सबसे व्यापक प्रभाव वाला आन्दोलन था, हिन्दू धर्म ने किस हद तक पचाया? इसने उन तत्त्वों को तो जरूर पचा लिया जो पुराणों, रामायण-महाभारत और स्मृतियों के अनुकूल पड़ते थे लेकिन भक्ति आन्दोलन के उन तत्त्वों को, जो इसकी परम्परागत रूढ़ियों पर आघात करते थे, जैसे कबीर, चोखामेला, रैदास, नानक आदि के विचारों को अछूत बना दिया गया, धर्म बाहर कर दिया गया। कबीर, रैदास, चोखामेला आदि मात्र दलित जातियों के संत रह गए और इन संतों से प्रभावित जो सम्प्रदाय बने उनके सदस्य अधिकांश अस्पृश्य हैं और इनके विचारों को हिन्दू धर्म ने न तो कबूल किया और न ये हिन्दू धर्म की मूल धारा में रह पाए। नानक के अनुयायी तो एक अलग ही धर्म बना बैठे।

स्पष्ट है कि इन विचारों से हिन्दू धर्म का नवीकरण नहीं हो पाया। वास्तव में हिन्दू धर्म का सामाजिक स्वरूप इतना जड़ था कि इससे सिर्फ विद्रोह और फिर बहिष्कार की ही सम्भावना बनती थी। गांधीजी ने जब अछूतों के लिए मन्दिरों का द्वार खुलवाना चाहा तो उन्हें पत्थर मारे गए, और जब उन्होंने मुसलमानों के साथ भाई की तरह रहने की बात की तो उन्हें गोली मारी दी गई। हिन्दू धर्म की उदारता पर इससे बड़ी टिप्पणी क्या हो सकती है।

वैचारिक क्षेत्र में जरूर एक हद की उदारता दिखाई देती है और विभिन्न तरह के दर्शनों को न सिर्फ मुक्त रूप से प्रचार का अवसर रहा है बल्कि उनमें से अनेक को धर्म के भीतर ही स्थान भी मिल गया है जबकि उनके बीच काफी विरोधाभास रहे हैं। लेकिन इस उदारता में एक थकी बौद्धिकता का आलस्य भी दिखाई देता है, जो विचारों को तराशकर और अन्तर्विरोध से मुक्त कर तीक्ष्णता प्रदान करने की परेशानी से बचना चाहता है। इससे हिन्दू-विचार कभी-कभी एक कूड़े के ढेर-सा दिखाई देता है, जिसमें धूल, राख तथा चमकते हीरे सब एक जगह बेतरतीब इकट्ठा हो गए हैं। यह स्थिति उसके भीतर सर्जन शक्ति के अभाव की भी परिचायक है। सर्जन शक्ति अनेक बिखरे तत्त्वों को एक खास श्रृंखला में बाँधकर आकार प्रदान करती है। यह प्रक्रिया समेटी भी है और बेकार तत्त्वों को काटती-छाँटती भी है। सभी तत्त्वों को जैसे-जैसे समेटते जाना सर्जनशीलता का अभाव ही है।

हिन्दू धर्म या किसी धर्म से रेनेसां की आशा करना बेमतलब है। जो धर्म सैकड़ों वर्ष में अपने समुदाय का नवीकरण नहीं कर पाया, उससे समाज के नवीकरण की आशा रखना बेकार है। भारतीय समाज का नवनिर्माण उन सामाजिक मूल्यों के आधार पर ही हो सकता है, जो धर्मों के संकुचित दायरे से बाहर पैदा

होंगे और जिनके केन्द्र में मनुष्य होगा, बिना इसका विचार किए कि उसका धर्म या सम्प्रदाय क्या है। सभी मनुष्यों के प्रति संवेदनशीलता और कठोर वस्तुपरक दृष्टि, जो धार्मिक ग्रन्थियों से मुक्त हो समाज की असलियत को तटस्थ भाव से आँक सके, उस विचारधारा के आधार होंगे जिससे भारतीय समाज का नवनिर्माण होगा। जिनकी अपने धर्म में आस्था है, उन्हें ऐसी आस्था रखने का पूरा हक है लेकिन वे अपना और अपने धर्म का भला उसकी जड़ता को समाप्त करके ही कर सकते हैं। उसकी विशिष्टता साबित कर उसको फैलाने के प्रयास में उसकी जड़ता और भी घनीभूत हो जाएगी जैसाकि अन्य धार्मिक पुनरुत्थानों की प्रक्रिया में होता रहा है।

8

धर्म की तीन स्थितियाँ होती हैं—जीवन में उदात्त भावों के प्रस्फुटन की, उनको प्रतिष्ठित करने की और विग्रह व वितंडावाद की। पहली स्थिति में जीवन में चरम सत्यों एवं सामाजिक जीवन को आदर्श रूप में बाँधनेवाले मूल्यों की तलाश होती है। इससे प्रचलित लोकाचार के छोटे-मोटे घेरों को तोड़ सारे संसार को समाहित करनेवाले जीवन दर्शन का जन्म होता है। दूसरी, इस दर्शन के अनुरूप जीवन को गठित करने और इस अनुप्राणित भावना को कला, साहित्य, स्थापत्य आदि में रूपायित करने की प्रवृत्ति होती है। तीसरी स्थिति इसके मूल प्रेरणा स्रोतों के सूख जाने की होती है, जब बाहरी आडम्बर एवं विधि-विधान की जड़ता ही मूल्य बन जाता हैं और विधि-विधानों के पालन को लेकर आन्तरिक कलह और अन्य धर्मवालों से झगड़े-लड़ाई की शुरुआत होती है। उपनिषदों की प्रांजल तार्किक प्रणाली और समदर्शी जीवन दर्शन की चाहे जितनी ऊँची उपलब्धि रही हो अथवा भक्त कवियों ने संसार को एक देखनेवाली जीवन दृष्टि को पुनर्जीवित करने के चाहे जो भगीरथ प्रयत्न किए हों लेकिन वह धर्म जिसे हम आज हिन्दू धर्म के नाम से जानते हैं अन्धविश्वासों के कबाड़ख़ाने से अधिक कुछ नहीं बच गया है।

एक प्राचीन धर्म होने के कारण इसकी तीसरी स्थिति काफी पहले आ गई हो तो आश्चर्य की बात नहीं। 11वीं शताब्दी में अलबरूनी ने भारत के ज्योतिष और दर्शन के बारे में लिखता था कि वे महान उपलब्धियाँ हैं। उसने इन्हें यूनान व अन्य देशों से अधिक विकसित बताया था। लेकिन उसने यह भी लिखा था कि ये उपलब्धियाँ काफी पहले की हैं और अब इस देश में अन्धविश्वासों का राज है। 14वीं से 17वीं शताब्दी तक में भक्त कवियों ने जरूर एक बार फिर आलोक फैलाया। लेकिन हमारे कबाड़ में आलोक को सोख लेने की विलक्षण शक्ति है जिससे अन्धविश्वासों का अम्बार बढ़ता ही गया है। 19वीं-20वीं सदी में आर्यसमाज के प्रयास भी बिना खरोंच लगाए समाप्त हो गए। अगर अन्धविश्वासों का सबसे ताजा प्रमाण ढूँढ़ना हो तो वह तथाकथित राम जन्मभूमि मुक्ति आन्दोलन के पीछे आँख मूँदकर चलनेवाले भारी हिन्दू हुजूम में पाया जा सकता है।

राम जन्मभूमि की असलियत जानने के लिए एक बार अयोध्या की यात्रा जरूरी है। यों तो वहाँ हजारों मन्दिर हैं लेकिन दर्जनों ऐसे हैं, जिन्हें पंडे राम की लीला से जोड़कर तीर्थ यात्रियों से पैसे ऐंठते हैं—किसी स्थान को कौशल्या का निवास बताते हैं तो किसी को कैकेयी का कोप भवन। ऐतिहासिक स्थलों के पर्यटक गाइड की तरह ये पंडे विभिन्न मन्दिरों से रामायण की घटनाओं को जोड़ते हैं और यात्रियों से चढ़ावा चढ़वाते हैं। यह निर्विवाद रूप से कहा जा सकता है कि तथाकथित राम जन्मभूमि का राम की असली जन्मभूमि से बस इतना ही रिश्ता है कि उसके जरिए पंडों को चढ़ावा प्राप्त हो सकता है। इतिहास का कोई भी विद्यार्थी यह जानता है कि अभी तक राम की नगरी अयोध्या कहाँ थी, इसका ही पता पुरातत्त्ववेत्ताओं को नहीं हो पाया है, राम के जन्म के निश्चित स्थान की बात तो बहुत दूर की है। ऐसे में यह आन्दोलन या तो किसी मसखरे ने हिन्दुओं के अन्धेपन को दुनिया के सामने खोलकर मजाक उड़ाने के लिए किया है या ऐसे धर्मान्ध मूर्खें ने जिन्हें लोकोक्ति और इतिहास का फर्क नहीं मालूम।

इतिहास के विकास के क्रम में विभिन्न मानव समुदायों और संस्कृतियों का लोप होता रहा है। उनके नगर और गाँव मानवीय या प्राकृतिक कोप से ध्वस्त होते गए और उनके ऊपर नए मानव समूहों ने अपने नगर या गाँव बनाए। इस तरह एक ही जगह कई स्तरों में विभिन्न मानव समूहों और संस्कृतियों के अवशेष पाए जा सकते हैं। दिल्ली में पुराने किले (हुमायूं द्वारा निर्मित) के नीचे से गुप्तकाल या और पहले के भग्नावशेष प्राप्त हुए हैं। जब रोमनों ने यूनान पर आधिपत्य जमाया तो उन्होंने अपने नगरों को न सिर्फ यूनान की कलाकृतियों से सजाया बल्कि उनके मन्दिरों और महलों के अवशेषों का भी अपने निर्माण कार्य में सीधा उपयोग किया। अब अगर ऐतिहासिक प्रमाणों के आधार पर विभिन्न मानव समूह इन पुराने अवशेषों से अपनी विरासत ढूँढ़ने लगे तो एक असम्भव स्थिति पैदा हो जाएगी। भारतीय इतिहासकारों का एक ऐसा भी समूह है जो कुतुबमीनार, ताजमहल आदि सबको हिन्दू स्थापत्य की विरासत से जोड़ता है। इस तरह के तर्क से तो हमें देश की अधिकांश ऐतिहासिक इमारतों को तोड़कर उनकी भूमि विभिन्न समुदायों को सौंप देनी होगी। ऐसा काम तो कोई हिन्दू नादिरशाह ही कर सकता है, ऐसा हिन्दू नहीं, जिसे मानव सभ्यता के प्रति कोई मोह है।

यह बात कि हिन्दू समाज के भीतर से इस तरह की माँग बीसवीं शताब्दी के अन्तिम चरण में उठ रही है, इस समाज की संस्कृति और सहिष्णुता के दावे पर खासी रोशनी डालती है।

अब जरा हम ऐतिहासिक तथ्यों को छोड़ हिन्दुओं की अपनी ही धार्मिकता की कसौटी पर राम जन्मभूमिवाले जिहाद को जाँचें। यह कहा जा रहा है कि बाबर ने राम जन्मभूमि पर स्थित मन्दिर को तोड़ वहाँ मस्जिद खड़ी की और इससे रामभक्थ्तों के

दिल पर इतनी चोट लगी कि सदियों से वे उसे मुत करने के प्रयास में हैं। कोई भी जिसे हिन्दू दर्शन की मूल मान्यताओं का जरा भी ज्ञान है, राम को किसी स्थान से नहीं बाँधेगा क्योंकि वह तो सर्वव्यापी हैं। अगर वह सभी में व्याप्त हैं तो हर आदमी का कार्यक्षेत्र राम की लीलास्थली है। लीलाभूमि तो महज थियेटर का स्टेज होता है, जिसे कभी भी बदला जा सकता है। फिर इस तथाकथित जन्मभूमि के लिए यह मोह क्यों? सच पूछा जाए तो इस भूमि पर अधिकार पाने का दुराग्रह सांसारिकता से जुड़ा है राम की श्रद्धा से नहीं।

हम यह जानते हैं कि तुलसीदास अकबर और जहांगीर के समकालीन थे। लेकिन उनकी कृतियों में कहीं राम जन्मभूमि की दुर्दशा पर कुछ नहीं कहा गया है। राम के अनन्य भक्त और अति संवेदनशील कवि की राम जन्मभूमि के प्रति पूर्ण उदासीनता यह बतलाती है कि राम जन्मभूमि के सम्बन्ध में प्रचारित कथा बिलकुल गनगढ़ंत है। या फिर यह कि 'सियाराम मय सब जग जानी' की भावना से आश्वस्त तुलसीदास के लिए अयोध्या धाम के मन्दिरों का कोई महत्त्व नहीं था। आधुनिक रामभक्त यह नहीं देख पा रहे हैं कि वे अपने कार्यकलाप से तुलसीदास की रामभक्ति पर भी लाँछन लगा रहे हैं।

असल में इस मुहिम के जरिए राजनीतिक बिखराव और दलों के प्रति अविश्वास के माहौल का फायदा उठा राजे-महाराजे, महन्त, पंडे आदि जिन्हें इतिहास कूड़े की टोकरी में डालता जा रहा था, फिर राजनीति में अपना स्थान बनाने की कोशिश कर रहे हैं। इसी के साथ राजनीति में गौण हो रहे धर्म को राजनीति पर हावी करने की कोशिश हो रही है। अम्बाला के एक स्वामी अवधेश ने अयोध्या की सभा में कहा कि राजसत्ता पर धर्मसत्ता का हमेशा अंकुश रहा है। यह कथन एक तरह से लोकसत्ता की जगह धर्मसत्ता स्थापित करने के इरादे की खुली घोषणा थी। इस आन्दोलन के सबसे सक्रिय आयोजकों में दाऊदयाल खन्ना और महन्त अवैद्यनाथ थे। दोनों वर्षों से राजनीति में रहे हैं और संसद के लिए उम्मीदवार रह चुके थे। इन्हें सफलता नहीं मिली। राम जन्मभूमि का चाहे जो हो, इनको आशा कि जो साम्प्रदायिक माहौल बनेगा उसके बल ये लोकसभा या विधानसभा में दाखिला पा लेंगे, हुआ भी वही।

लेकिन सवाल यह है कि आज लाखों लोग अत्यन्त ही संकीर्ण बातों को लेकर धर्म गुरुओं की ओर क्यों आकर्षित हो रहे हैं? इसका जो सबसे सीधा जवाब दिखाई देता है, वह यह है कि सामान्य सामाजिक-राजनीतिक प्रक्रियाओं से जीवन की समस्याओं के हल की सम्भावना से लोगों का विश्वास उठ रहा है। इससे राजनीतिक जीवन से उस स्फूर्ति का लोप होता जा रहा है, जिससे लोग आत्मविश्वास के साथ अपनी स्थिति को बदलने के लिए पहल करते हैं, विचारों की टकराहट होती है एवं विचारधाराओं के प्रति प्रतिबद्धता आती है। इसकी जगह निराश लोग 'होइहैं

सोई जो राम रचि राखा' मानकर भाग्य के भरोसे सब कुछ छोड़ देने की मुद्रा में आ रहे हैं। इस मानसिक स्थिति में धर्म का भरोसा थोड़ा-बहुत सुरक्षा का भाव भी पैदा करता है, जो हताश लोगों के लिए बहुत बड़ी राहत है : 'हारे को हरिनाम'।

आदमी हमेशा तीन में से किसी एक ही स्थिति में रह सकता है—भविष्य के सपने देखे और उनकी प्रेरणा से वर्तमान को बदलने की कोशिश करे या अगर वर्तमान सुखदायी है तो रोजमर्रा के काम में दत्त-चित्त हो उसी में सन्तोष पाए। तीसरी स्थिति वह होती है, जहाँ वर्तमान दुखदायी हो और भविष्य की आशाएँ भी धूमिल हो चुकी हों। तीसरी स्थिति में आदमी अतीत, धर्म, परम्परा आदि की दुनिया से वर्तमान जीवन की तकलीफदेह स्थितियों और चुनौतियों से भागकर राहत ढूँढ़ता है। धार्मिक पुनरुत्थान के आन्दोलन हर जगह इसी स्थिति से पैदा होते हैं। लेकिन अपेक्षाकृत नए धर्मों में जिनमें जीवन के कुछ प्रतिमान स्पष्ट और प्रेरक हैं, परम्परा से कल्पित जीवन की रूपरेखा भी भविष्य का मॉडल बन जाती है एवं एक आक्रामक ऊर्जा को जन्म देती है। फिलहाल इस्लाम और सिख धर्म में भिंडरांवाले के अनुयायियों में हम इस तरह की प्रेरणा देख सकते हैं।

इसमें पुराने धर्मादेशों के मुताबिक भविष्य में जीवन को ढालने का एक संकल्प है। लेकिन अन्ततोगत्वा इस तरह के आन्दोलन हमेशा अन्धी गली में ले जानेवाले और आत्मघाती सिद्ध होंगे। इसका कारण यह है कि कोई धर्म धर्म कितना ही महान क्यों न हो, उसके सामाजिक मूल्य (आध्यात्मिक मूल्यों की स्थिति भिन्न हो सकती है) अपने समय के विशेष सामाजिक परिवेश में पैदा समस्याओं का ही समाधान देते हैं। वे सर्वकालिक नहीं हो सकते। इसीलिए धर्मों के अन्दर सुधारवादी पहल से इन मूल्यों का नवीकरण होता है या वे अप्रासंगिक बन जाते हैं और समय के अनुरूप अन्य धर्मों का आविर्भाव होता है। चूँकि पुरानी स्थितियाँ फिर वापस नहीं लाई जा सकतीं, पुराने प्रतिमानों पर समाज निर्माण के प्रयास की वर्तमान जीवन की आवश्यकताओं से निरन्तर टहराहट होती रहेगी। इन प्रतिमानों को लागू करने के लिए लोगों को उनकी इच्छा के विरुद्ध एक खास साँचे में ढालना होगा। चूँकि धर्म के आदेश ईशवाणी एवं शाश्वत माने जाते हैं लोकमत के अनुकूल इनमें परिवर्तन करने की गुंजाइश नहीं हो सकती। इस तरह प्राचीन धर्म पर आधारित समाज कठोर वर्जनाओं से अभिशप्त बर्बर तानाशाही ही हो सकता है। खुमैनी के ईरान में अभी जो कुछ हो रहा है, यह इसका प्रत्यक्ष नमूना है।

लेकिन हिन्दू धर्म की स्थिति ऐसी है कि इसके सामने धर्म राज्य का भी कोई प्रतिमान नहीं है, जिसे लेकर कोई पुनरुत्थानवादी व्यापक आन्दोलन की नींव डाल सके। अभी राम जन्मभूमि मुक्ति आन्दोलन के सन्दर्भ में राम राज्य की भी चर्चा हुई है। लेकिन यह राम राज्य क्या होगा, इसकी भी तसवीर किसी के सामने साफ नहीं है। राम राज्य की एक तसवीर गांधीजी के सामने थी, जिसमें ऊँच-नीच, छूत-अछूत

आदि का कोई भेद नहीं होगा। राम राज्य की एक दूसरी तसवीर भी है, जिसमें कठोर वर्ण व्यवस्था लागू करने का दुराग्रह है और जिसके अनुसार शम्बूक का वध राम को करना होता है। यह कहा जा सकता है कि राम जन्मभूमि आन्दोलन से जुड़े तोंदल महनतों और धर्माचार्यों के राम राज्य की कल्पना दूसरी तरह की ही होगी। लेकिन शूद्रबहल इस देश में कितने लोगों को इस तरह का राम राज्य कबूल होगा? कम-से-कम लोकतंत्र के रहते तो यह कायम नहीं हो सकता।

हिन्दू धर्म को संकुचित घेरे में बाँधने का दुराग्रह सदा से रहा है और देश के भावनात्मक विघटन में इसकी बड़ी भूमिका है। लेकिन भारत की विविधता इतनी व्यापक और मोहक रही है कि धर्माचार्यों के बावजूद देश ने कभी पूरी तरह संकीर्ण कठघरों में अपने को बाँधना कबूल नहीं किया। ऐसे धर्म, सम्प्रदाय और आन्दोलन पैदा होते रहे जो संकीर्णता को चुनौती दे सकें। ऐसा ही महान आन्दोलन भक्ति आन्दोलन था, जिसने धार्मिक घेरों को तोड़कर सारे देश को कुछ काल के लिए एक भावनात्मक सूत्र में बाँध दिया।

इस सन्दर्भ में एक और बात ध्यान देने की है। हिन्दुओं में संकीर्णता का फैलाव अन्य सम्प्रदायों की संकीर्णता से कहीं अधिक खतरनाक होगा। देश के अल्पसंख्यक समुदाय अपनी संकीर्णता से, जो मूलत: उनके अपने हितों का ही आत्मनिष्कासन होती है, देश को सीमित दायरे में नुकसान पहुँचाएँगे। लेकिन अगर हिन्दुओं में संकीर्णता फैली तो सारा राष्ट्र ही नष्ट हो जाएगा क्योंकि बहुसंख्यक होने के कारण इनकी संकीर्णता राज्य व्यवस्था के आधार पर बदल सकती है। अपनी संकीर्णता से हिन्दू आत्म निष्कासित नहीं होंगे बल्कि अन्य अल्पसंख्यकों को राष्ट्र और समाज की जिन्दगी से निष्कासित करेंगे। इसका सीधा नतीजा राष्ट्र का विघटन होगा।

अन्तिम नतीजे जो भी हों राम जन्मभूमि मुक्ति जैसे आन्दोलन देश का अहित ही करेंगे। सम्भव है कि इससे जहाँ-तहाँ दंगे भड़क उठे जो आयोजकों का लक्ष्य भी हो सकता है। उन लोगों का स्वार्थ इसी में सधता है। इस आन्दोलन की आड़ में वे अपने चुनावी दाँव बैठा रहे हैं।

चुनाव की महत्त्वाकांक्षा रखनेवाले बहुत से लोगों को आई.सी.एस. के.के. नैयर की सफलता से प्रेरणा मिलती होगी। नैयर अयोध्या के फसाद के जनक माने जाते हैं। जब वे जिलाधीश थे तब उनकी शह पर ही विवादास्पद भूमि पर राम मन्दिर का निर्माण और राम की मूर्ति की स्थापना हुई थी। इस घोटाले के लिए उन्हें नौकरी से इस्तीफा देना पड़ा था। लेकिन इससे वे हिन्दुओं में इतने लोकप्रिय हुए कि लगातार विधानसभा और लोकसभा के चुनाव न सिर्फ स्वयं जीतते रहे हैं बल्कि अपनी पत्नी और ड्राइवर तक को जितवा सके। इस नमूने के बाद राजनीतिक महत्त्वाकांक्षावाले बहुत से लोगों को साम्प्रदायिकता के माध्यम से चुनाव जीतना सहज दिखाई पड़े तो कोई आश्चर्य नहीं।

तत्काल जो स्थिति है उससे किसी हिन्दू पुनरुत्थानवाद के जन्म के आसार तो नहीं दिखाई देते। कुछ छोटे-मोटे दंगे उभारकर कुछ सीटों की हेराफेरी ही इस मुक्ति आन्दोलन के कर्णधारों का असली मकसद दिखाई देता है। राम जन्मभूमि की मुक्ति हो या न हो कुछ लोगों को इस आन्दोलन से राजनीतिक वनवास से मुक्ति जरूर मिल जाएगी। साथ ही कुछ साधु-संत सत्ता के गलियारों में चक्कर काटते और राजनीतिक गोटीबाजी में हिस्सेदारी करते दिखाई देंगे। जब राजनीति बड़े सामाजिक लक्ष्यों से कट जाती है तब जोगी-जोगड़ों और बटमारों के पल्ले पड़ जाती है। राम जन्मभूमि यज्ञ वास्तव में ऐसे ही तत्त्वों का विजयोत्सव है।

पुनश्च: दुर्भाग्यवश राम जन्मभूमि आन्दोलन के परिणामों के सम्बन्ध में इस लेख में जो आशंका व्यक्त की गई थी, वह बिलकुल सही साबित हो रही है। इस आन्दोलन ने देश को साम्प्रदायिक आधार पर ही दो फाड़ करने की भूमिका निभाई है और जगह-जगह हिन्दू मुस्लिम दंगे भी कराए हैं। सत्ताधारी दल की नीतिहीनता या परोक्ष शह के कारण धर्म के अधार्मिक ठेकेदारों का मनोबल बढ़ा है और अब वे अन्य स्थानों पर भी 'कैदी ईश्वरों को' मुक्त करने के लिए दंगाई माहौल बनाना चाहते हैं। प्रतिक्रिया में मुस्लिम सम्प्रदायवाद भी मैदान में उतर रहा है। कुल मिलाकर राष्ट्रीय विघटन की भूमिका तैयार हो रही है, जहाँ कोई भारतीय नहीं बचेगा, सभी संकीर्ण सम्प्रदाय और जातियों के प्रति वफादार होंगे। अगर इस प्रक्रिया को पूरी शक्ति लगाकर रोका नहीं गया तो देश के विभिन्न नगरों और कस्बों की हालत वर्तमान बेरूत जैसी हो जाएगी, और अन्तहीन दंगों और गृहयुद्धों में देश की सारी शक्ति चुक जाएगी, तब हम सभ्य कहे जाने के लायक भी नहीं रह जाएंगे। आज भारतीय राष्ट्र और हमारी सभ्यता के अस्तित्व के लिए यह सबसे बड़ी चुनौती है।

9

अतिशय भय और उन्माद की स्थिति किसी भी देश के स्वस्थ विकास में बाधक होती है, और अगर देश में विघटन का वातावरण दिखाई दे रहा है तो इसका एक बड़ा कारण निश्चय ही देश में व्याप्त काल्पनिक भय-युक्त उन्माद है। इसके बजाय कि एक वस्तुपरक ऐतिहासिक परिप्रेक्ष्य विकसित कर हम इस उन्माद से मुक्त हों, हम सत्ता राजनीति के संकीर्ण स्वार्थों के लिए ऐसे उन्माद को शह देने की ही कोशिश कर रहे हैं। इस तरह हम टूट के काल्पनिक खतरे का हौआ खड़ा कर टूट के असली खतरे की ओर अग्रसर होते जा रहे हैं।

ऐसा इसलिए हो रहा है क्योंकि हम अपने देश की विविधता को स्वीकार कर उसके अनुसार ऐसी नीतियों को अपनाने को तैयार नहीं जो इसमें फैले अनेक छोटे-बड़े समूहों को अधिक-से-अधिक सन्तुष्ट दे सकें। इस संवेदनहीनता का सबसे बड़ा कारण यह है कि हम अंग्रेजों से प्राप्त विरासत के कारण अपने राष्ट्र को एक प्रशासनिक इकाई के रूप में ही देखने के आदी हो गए हैं। प्रशासनिक दृष्टि बुनियादी तौर से जड़ होती है जो समस्याओं को पूर्व-निर्धारित सीमा रेखाओं, सांख्यिकी और नियम कानून की ही पृष्ठभूमि में देखती है। जबकि मानव-सम्बन्ध परम्पराओं, भावनात्मक लगावों और लोगों की आस्थाओं से निर्धारित होते हैं। इनकी पृष्ठभूमि में लोगों के आर्थिक स्वार्थ भी जुड़े होते हैं लेकिन इन स्वार्थों की अभिव्यक्ति भी कहीं-न-कहीं भावनात्मक धरातल ही ढूँढ़ती है। इसलिए जब हम ऐसी समस्याओं का हल, जिनके पीछे लोगों का गहरा भावनात्मक लगाव होता है, सिर्फ प्रशासनिक दृष्टि से करना चाहते हैं तो तीव्र प्रतिक्रियाएँ होती हैं और संघर्ष की भूमिका तैयार होती है।

कुछ उदाहरणों से बात साफ हो जाएगी। अंग्रेजों ने अपनी सुविधा के अनुसार देश को विभिन्न प्रशासनिक इकाइयों में बाँटा था। इस विभाजन में लोगों के जीवन की समरसता तथा भाषा, मूल आदि की एकता का कोई खयाल नहीं किया गया था। बम्बई प्रेसिडेंसी में सिन्ध, गुजरात, महाराष्ट्र तथा कन्नड़ भाषी अनेक क्षेत्रों को एक प्रशासनिक प्रान्तीय इकाई में डाल दिया गया था। इसी तरह बंगाल प्रेसिडेंसी में बंगाल, बिहार, उड़ीसा एवं असम के हिस्से तथा मद्रास प्रेसिडेंसी में आन्ध्र,

तमिलनाडु और कन्नड़ भाषा के इलाके जोड़ दिए गए थे। इसके अलावा मध्य प्रदेश (सेंट्रल प्रोविंस) में एक तरफ अनेक देशी रजवाड़ों का स्वतंत्र अस्तित्व था तो दूसरी ओर नागपुर समेत मराठी भाषा क्षेत्रों का एक बड़ा हिस्सा जोड़ दिया गया था। पंजाब में वर्तमान हरियाणा समेत—वर्तमान पंजाब, हिमाचल और पंजाब का वह हिस्सा था जो अब पाकिस्तान में है। सीमावर्ती क्षेत्रों में अनेक कबाइली क्षेत्रों को इकट्ठा कर नार्थ-वेस्ट फ्रंटियर एजेंसी और नार्थ-ईस्ट फ्रंटियर एजेंसी की प्रशासनिक इकाइयाँ कायम कर दी गई थीं। यह अपेक्षा थी कि आजादी के बाद भाषा, परम्परा, मूल वगैरह के अनुसार देश का प्रशासनिक विभाजन ऐसे बुद्धिसंगत ढंग से होगा ताकि लोगों की सदियों से दबी स्वायत्तता की इच्छा की पूर्ति हो सके।

लेकिन आजादी के बाद देश के नेतृवर्ग ने देश की समस्याओं के समाधान के लिए औपनिवेशिक प्रशासनिक दृष्टि को ही अपनाया। इस कारण भाषायी आधार पर राज्यों के निर्माण की भी नीति नहीं अपनाई जा सकी जबकि आजादी की लड़ाई के काल में कांग्रेस ने स्पष्ट रूप से भाषायी राज्य की नीति कबूल की थी। इस कारण आन्ध्र प्रदेश मद्रास से तब अलग किया गया जब श्रीराममुलु ने अनशन कर प्राण त्यागे और वहाँ व्यापक जन आन्दोलन छिड़ गया। इसी तरह महाराष्ट्र और गुजरात को अलग राज्यों का दर्जा तब दिया गया जब उन राज्यों में व्यापक आन्दोलन हुए जिनमें सैकड़ों लोगों की जानें गईं। पंजाबी सूबा और हरियाणा भी तभी अस्तित्व में आए जब इनके लिए आन्दोलन हुए। लेकिन भारत इतना विशाल देश है कि इसकी विविधता को देखते हुए अभी भी यह नहीं कहा जा सकता कि देश की प्रशासनिक इकाइयों की स्थापना बुद्धिसंगत ढंग से हो गई है। अभी भी भाषायी तथा मूलों के अनेक समूह हैं जो बहुमत वाले बड़े समूहों के बीच उपेक्षित और शोषित महसूस करते हैं। देश की स्थायी शक्ति शान्ति के लिए जरूरी है कि उनकी समस्याओं पर संजीदगी से विचार हो। लेकिन ऐसा नहीं हुआ और उनके प्रति संवेदनहीनता के कारण देश के अनेक भागों में विस्फोटक स्थितियाँ पैदा हो गई हैं।

खेद की बात यह है कि हमारे देश के नेता किसी भी समस्या पर ध्यान तब देते हैं जब लोगों की भावनाओं को इतनी ठोस पहुँच गई होती है कि फिर उनमें सौहार्द्र स्थापित करना कठिन हो जाता है। पंजाब में यही हुआ। अकालियों की शान्तिपूर्ण और संवैधानिक माँगों के लिए किए गए आन्दोलन को इस हद तक दबाया गया कि अन्ततोगत्वा सिखों का एक बड़ा समूह, खासकर युवा वर्ग का एक हिस्सा, खालिस्तान का हिमायती बन गया। पंजाब समझौते के तहत अकालियों की माँगों को तब माना गया जब भावनात्मक दरार पड़ चुकी थी।

ऐसी ही स्थिति पश्चिम बंगाल के दार्जिलिंग जिले में पैदा हो रही है। दार्जिलिंग में बसनेवाले बहुसंख्यक गोरखों में यह भाव व्याप्त है कि पश्चिम बंगाल के भीतर

उनके साथ न्याय नहीं हो रहा है। सच तो यह है कि पूरे उत्तर बंगाल में यह भावना व्याप्त है और इसको लेकर उत्तर बंगाल तफशीली व आदिवासी संगठन कई वर्षों से आन्दोलन करता रहा है। इधर कुछ दिनों से दार्जिलिंग में गोरखालैंड लिबरेशन फ्रंट नामक गोरखों के एक संगठन ने यह माँग करना शुरू किया है कि दार्जिलिंग और उसके पास के गोरखा बहुल इलाकों को मिलाकर एक अलग राज्य बनाया जाए। यह राज्य भारत का ही एक अंग होगा। इसमें कहीं कुछ राष्ट्र विरोधी नहीं है। इस तरह के कई आन्दोलन देश के विभिन्न हिस्सों में चल रहे हैं। बिहार के आदिवासी क्षेत्रों में झारखंड राज्य की माँग की जा रही थी। कुछ दिनों पहले उत्तर प्रदेश को राज्य बनाने की मांग चल रही थी।

ये सभी ऐसी मांगें हैं जिन पर गम्भीरता से विचार कर लोगों की शिकायतों के निराकरण की जरूरत है।

लेकिन प. बंगाल की सत्ताधारी मार्क्सवादी कम्युनिस्ट पार्टी, इंका और अब टीएमसी और भाजपा दोनों ही गोरखालैंड की समस्या को अपनी सत्ता राजनीति का मोहरा बना रहे हैं। जिससे धीरे-धीरे स्थिति विस्फोटक रूप ले लेगी। प. बंगाल की सरकार ने गोरखों का दमन और उनके विरुद्ध प्रचार—दोनों हथियारों का इस्तेमाल जोर-शोर से करना शुरू किया है। बंगाली भावना को यह बतलाकर अपनी ओर मोड़ने की कोशिश हो रही है कि माकपा, टीएमसी प. बंगाल की एकता को बचाए रखने के प्रयास में है (जिसकी बंगाली मध्यम वर्ग में जबर्दस्त अपील है)। दूसरी ओर देश के दूसरे भागों के लोगों को यह बतलाया जा रहा है कि इस आन्दोलन के पीछे इंका, भाजपा का हाथ है। इस सत्ता राजनीति के दावपेच में गोरखालैंड की समस्या उपेक्षित होती रहेगी और दमन होता रहेगा। अन्ततोगत्वा इस दमन के फलस्वरूप गोरखालैंड आन्दोलन जो घोषित रूप से अहिंसात्मक है, हिंसात्मक रूप ले लेगा और दार्जिलिंग के जंगल और पहाड़ छापामार युद्ध के अखाड़े बनेंगे।

दिलचस्प बात यह है कि माकपा अपनी सत्ता राजनीति में इस कदर उलझी हुई थी कि अल्पसंख्यक राष्ट्रीय जमातों के सम्बन्ध में लेनिन की नीतियों को भी, जिसके नाम पर वह हमेशा कसम खाती है, नजरअन्दाज कर देती थी। शायद रूस की बोल्शेविक पार्टी दुनिया की अकेली पार्टी थी जिसने 1917 की क्रान्ति के बाद रूस की विभिन्न राष्ट्रीय जमातों को यह अधिकार दिया था कि वे चाहें तो रूस से अलग स्वतंत्र राष्ट्र बनकर रह सकते हैं। माकपा गोरखालैंड की माँग के सन्दर्भ में (जो अलगाववादी भी नहीं हैं) जिस तरह राष्ट्रीय अखंडता की कसम खा रही है उससे तो भारतीय जनता पार्टी के कट्टर और अनुदान राष्ट्रीयतावादी भी मात खा जाएँगे। लेकिन माकपा की नीति कोई अपवाद नहीं। यह देश की वर्तमान राजनीति की विशिष्टता है जिसके चलते किसी विवाद का हल नहीं हो पाता।

औपनिवेशिक परम्परा से हमारी मुक्ति का एक आयाम यह भी है कि छोटी-से-छोटी जमातों की शिकायतों पर भी संवेदनशीलता से विचार करें। चूँकि देश में केन्द्रीय शासन की कोई परम्परा नहीं रही है, यहाँ बहुत स्थानीय विभिन्नताएँ हैं। इनको अफसरी निगाह से नजरअन्दाज करना न केवल लोकतंत्र को नष्ट कर देगा बल्कि देश में विघटन भी लाएगा। देश की अखंडता शक्ति-प्रदर्शन से नहीं, आम लोगों की भावनात्मक एकता से ही सम्भव है।

10

इकबाल के मशहूर गीत 'सारे जहां से अच्छा...' में, जो एक समय देश-भर में सभी की जबान पर था, इस बात की याद दिलाई गई है कि यूनान, मिस्र और रोम दुनिया से मिट गए, पर हमारे यहाँ कुछ ऐसा रहा है जिससे हमारी हस्ती नहीं मिटती। यही 'कुछ' भारतीयता है, और अगर हम इसी 'कुछ' का अर्थ निकाल पाए और मौजूदा स्थिति का लेखा-जोखा कर पाए तो यह भी जान लेंगे कि भारतीयता का भविष्य क्या है।

इसमें सन्देह नहीं कि मिस्र की उपलब्धियाँ सिंचाई व्यवस्था तथा स्थापत्य में अद्वितीय थी। ईसा के तीन हजार वर्ष पूर्व मिस्र ने स्थापत्य, शौर्य और शृंगार के जो प्रतिमान स्थापित किए थे, वे आज भी आश्चर्य में डालनेवाले हैं। इसी तरह यूनान ने मूर्तिकला और चित्रकला में ऐसी ऊँचाई हासिल की, जहाँ पहुँचना आज भी कलाकारों को दुर्गम लगता है; यूनान की सभ्यता और संस्कृति रेनेसां (यूरोपीय पुनर्जागरण काल) से लेकर आज तक किसी-न-किसी रूप में यूरोपीय कला के लिए प्रेरणा का स्रोत रही है। इतनी ही नहीं, विज्ञान, गणित, दर्शन, राजनीतिशास्त्र, इतिहास लेखन आदि की नींव इस सभ्यता ने डाली लेकिन जिस कारण सुदूर एशिया और अफ्रीका तक यूनान अथवा हेलैनिक सभ्यता का प्रभाव फैला, वह थी सिकन्दर की बहादुरी तथा सैनिक दक्षता। सिकन्दर ने अल्प काल में ही मिस्र और रोम के विशाल साम्राज्यों को रौंद डाला और भारत तक आ गया। रोम की उपलब्धि अलग किस्म की थी। और वह अपने ढंग की अनोखी थी। अपने समय के हिसाब से नगर-निर्माण योजना, जल निकासी की योजना, सड़क-निर्माण तथा भव्य एंफीथियेटरों का निर्माण कर रोमनों ने अपूर्व इंजीनियरी दक्षता का परिचय दिया। पर सबसे बढ़कर थी उनकी फौज 'लेजनों' की संगठित और अनुशासित शक्ति, जिसके सामने लगभग पाँच सौ वर्षों तक कोई भी शक्ति टिक नहीं सकी। एक अपवाद हानिबाल का जरूर था। लेकिन अन्ततोगत्वा अपनी रणनीति से रोमनों ने उसे भी परास्त किया। इनके अलावा जिस चीज की अमिट छाप उन्होंने यूरोपीय सभ्यता पर और यूरोपीय साम्राज्य के माध्यम से दुनिया भर पर छोड़ी, वह थी उनकी कानून व्यवस्था जो यूरोप के सभी परवर्ती कानूनों का आधार रही है।

लेकिन मिस्र, यूनान और रोम तीनों में ही उनकी प्राचीन सभ्यताओं की निरन्तरता कायम नहीं रह पाई। मिस्र पहले हेलैनिक (यूनानी) बना, फिर रोमन और बाद में अरब-इस्लामी और यूरोपीय सभ्यता के रंग में रँग गया। यही हाल यूनान का भी हुआ, जो अब पश्चिमी यूरोप की नई संस्कृति की जूठन पर और उसकी मदद से जी रहा है। रोम भी आधुनिक पश्चिमी सभ्यता का एक पिछड़ा हुआ हिस्सा बनकर रह गया है। उसका जो भी अपना और महान था, वह अब पुरातत्त्ववेत्ताओं और इतिहासकारों की विवेचना का विषय-भर बनकर रह गया है। प्राचीन सभ्यताओं वाले देशों में भारत ही अकेला है, जिसके जीवन पर आज भी उसकी पुरानी संस्कृति की छाप मौजूद है। शायद आज भी भारत के गाँवों में दो हजार वर्ष पूर्व वर्णित जीवन पद्धति के कुछ जीवित रूप दिख जाएँगे। आज भी भारतीय मनीषा के गहरे तल में उसके प्राचीन संस्कार किसी-न-किसी रूप में बैठे हैं। इस तरह भारत में एक सांस्कृतिक निरन्तरता बनी रही है, जिससे उसका प्राचीन अस्तित्व-बोध आज भी कायम है।

इस निरन्तरता के दो ही कारण रहे हैं। एक तो भारत में अनेक मानव समुदायों के विशेष तरह के पारस्परिक सम्बन्ध और दूसरा उन आदर्शों का चुनाव, जो भारतीय जीवन को संचालित करते रहे। पहले कारण में विभिन्न कबाइली समूहों के आपसी सम्बन्ध शामिल हैं। भारत में यह सम्बन्ध यूरोप तथा दुनिया के अन्य कई भागों में भिन्न था। यूरोप में जब एक कबाइली समूह एक जगह से दूसरी जगह गया तो उसने वहाँ के प्राचीन बाशिन्दों को या तो वहाँ से भगा दिया या खत्म कर दिया। इसके विपरीत भारत में हजारों बरस से विभिन्न कबाइली समूह आते रहे और पुराने कबीलों के साथ अक्सर एक खास तरह की जातीय व्यवस्था कायम कर बस गए। इस क्रम में कोल, द्रविड़, आर्य, हूण, पठान, तुर्क, अरब, सिथियन आदि अनेक मूल के कबीले भारत आए और भारत की जीवन धारा में मिलकर विलीन हो गए। इससे एक-दूसरे के रीति-रिवाजों, पूजा-पाठ, देवी-देवताओं आदि को बर्दाश्त करने और समझने की परम्परा बनी। यही वह सामाजिक आधार है जिस पर भारतीय विश्वासों की पारस्परिक सहिष्णुता कायम हुई है। आगे चलकर इससे वह परम्परा बनी, जिसमें धार्मिक मतभेदों को खत्म करने के लिए तलवार के बजाय विवादों और शास्त्रार्थों का सहारा लिया जाने लगा। भारतीयता का यह सर्वाधिक महत्त्वपूर्ण अंग है। इसी सहन करने और जज्ब करने की शक्ति से भारत, भारत बना रहा और हर नए मानव समूह के आने पर रंग बदलकर वैसा नहीं बन गया, जैसे मिस्र या रोम बन गए।

भारत की अस्मिता बनाए रखने में दूसरी महत्त्वपूर्ण चीज थी, जीवन के आदर्शों का चुनाव। भारतीय आदर्शों में बाहरी वस्तुओं के बजाय आन्तरिक उपलब्धियों पर अधिक जोर दिया गया। इससे भारत के दर्शन और धर्म में सन्तोष, आत्म-नियंत्रण, नि:स्वार्थ सेवा, अपरिग्रह आदि केन्द्रीय मूल बन गए। परोपकार को तो सभी धर्मों

का सार 0331230. +*- 0ही मान लिया गया था। इस तरह के विचार उपनिषदों, पुराणों तथा बौद्ध, जैन आदि सभी धर्मों में प्रधान हैं। कालान्तर में इस्लाम के आने के बाद जब इस्लाम का भारतीयकरण हुआ और भारतीय धर्मों तथा इस्लाम के पारस्परिक प्रभाव से और उनके आपसी विभेदों को मिटाती हुई संत कवियों की एक परम्परा चली तो उसमें भी इन्हीं तत्त्वों को प्रधानता मिली। उदाहरण के लिए सूफी संत फरीद (13वीं सदी) की इन पंक्तियों में इसी भावना की अभिव्यक्ति होती है—

'रुक्खी-सुक्खी खाय के ठंढा पानी पीव।
फरीदा देखि पराई चोपड़ी न तरसावे जीव।'

या

'फरीदा काले मैड़े कापड़े, काला मैला वेसु।
गुनही भरिया मैं फिरा, लोकु कहै दरवेसु।'

इसी तरह दूसरे सूफी संत दाता गंजबख्श (11वीं सदी) कहते हैं—ए मुरीदो! त्याग और परोपकार ही फकीरी की कुंजी है। दूसरों को सुख पहुँचाने के लिए कष्ट उठाना और दूसरों के लाभ के लिए अपने नुकसान की ओर ध्यान न जाना चाहिए, स्वार्थ को त्याग देना ही धर्म है।

किसी देश के वास्तविक चरित्र और उसकी प्रेरक शक्ति की अभिव्यक्ति उसके आदर्श पुरुष (कल्चर हीरो) के चुनाव में होती है। मिस्र की महानता उसके पुरोहित सम्राटों (फरोहा) की उपलब्धियों में देखी जाती है। यूनान की ख्याति सिकन्दर महान की उपलब्धियों में देखी जाती है। रोम की गरिमा की परिणति जूलियर सीजर के विजय अभियानों में होती है। इन सबकी उपलब्धियाँ युद्ध-क्षेत्र में विजय या सम्पदा को बढ़ाने में रही है। ये दोनों तरह की उपलब्धियाँ बाहरी स्थितियों पर निर्भर करती हैं और इसलिए अस्थायी हैं। देश की सैनिक शक्ति कमजोर पड़ सकती है और विजेता विजित और पराजित हो सकता है। कई पीढ़ियों से अर्जित सम्पत्ति एकाएक नष्ट हो सकती है और आज की स्थापत्य की महान उपलब्धियाँ कल की नुमाइश भर रह जा सकती हैं—जैसे मिस्र के पिरामिड या चीन की दीवार। इसलिए इन सभ्यताओं की गरिमा कुछ ही काल में पुच्छल तारे की तरह आई, पर एक बार शक्ति का पराभव हुआ तो उतनी ही जल्दी बिना कोई विरासत छोड़े विलीन भी हो गई, यूनान और रोम की सभ्यताओं में जो उदात्त तत्त्व थे, उनकी रक्षा या अभिव्यक्ति बाद में ईसाई धर्म के माध्यम से ही हो पाई।

भारत की स्थिति बिलकुल अलग थी। हमारा आदर्श पुरुष कोई योद्धा नहीं रहा। शिवि, दधीचि, बुद्ध और अशोक रहे। शिवि और दधीचि ने अपना मांसहाड़ देकर भी शरणागतों की रक्षा की और बुद्ध ने सम्पूर्ण जीव जगत के प्रति दया का पाठ सिखाया। अशोक ने हथियारों का परित्याग कर प्रेम और अहिंसा के बल पर संसार का हृदय जीतने में अपना जीवन लगा दिया। अगर हम अपने धर्मशास्त्रों पर

नजर डालें तो देवताओं का राजा इन्द्र एक कामुक, कपटी और कायर व्यक्ति के रूप में उभरता है, जो सदा अपने सिंहासन के लिए शंकित रहता है और असुरों के आक्रमण के भय से बार-बार विष्णु और शिव की शरण में जाता है। पुराणों को पढ़ने से जो एक स्पष्ट छाप मन पर पड़ती है, वह यह कि युद्ध की क्षमता मूलत: आसुरी है और देवता तथा मनुष्य इसमें बार-बार पराजित होते हैं। भारतीय मानस पर इन्द्र स्वर्गीय सुख की कामना और उन्माद के अवश्यम्भावी परिणामों के प्रतीक के रूप में चित्रित होता है। इसीलिए भारतीय धर्मों में स्वर्ग की प्राप्ति कभी सर्वोच्च लक्ष्य नहीं रहा क्योंकि कामनाओं का दास इन्द्र और स्वर्ग कामनाओं के अवांछित पर अनिवार्य फलों के भोगी बन जाते हैं। मोक्ष की भारतीय कल्पना सभी इच्छाओं से परे जाने की रही है। यही भारतीय चेतना का केन्द्र बिन्दु रहा है, चाहे हम इसे ईश्वरवादी परम्परा में देखें या बौद्ध धर्म जैसी अनीश्वरवादी परम्परा में।

जड़ वस्तुओं के प्रति यह दृष्टि हम भारतीय कलाओं में भी पाते हैं। सुप्रसिद्ध पश्चिमी कला दार्शनिक बोरिंगर ने कला-अभिव्यक्ति को दो ध्रुवों में बाँटते हुए भारतीय कला का अनुकृति के विपरीत उस ध्रुव का विशिष्ट नमूना माना, जो सांसारिक कोलाहलों से दूर अमूर्तन की ओर जाता है। भारतीय कला में चाहे हम मूर्तिकला लें, भित्तिचित्र लें या मिनियेचर (लघु चित्र), सभी में हम यही रुझान पाते हैं, प्राचीन मूर्तिकला और अजन्ता के भित्तिचित्रों में आदर्शों का यह रुझान तो दिखाई देता ही है, बाद की राजपूत, पहाड़ी और मुगल कला के मिनियेचर में भी हम यही पाते हैं। कोई भी व्यक्ति जो मुगलकालीन कलाकृतियों की तुलना इसी काल के पश्चिम के पोस्ट रेनेसां (उत्तर-पुनर्जागरण काल) के चित्रों से करेगा, दोनों के बीच स्तम्भित करनेवाले फर्क से प्रभावित हुए बगैर नहीं रह सकेगा। जहाँ रेनेसां कला अभिव्यक्ति के तरह-तरह के 'कोड' (संकेत) इसलिए विकसित करती हैं ताकि चित्रों में चित्रित वस्तु को देखने का भ्रम पैदा हो, वहाँ राजपूत और मुगल कला रेखाओं और रंगों के सरलीकरण की ओर ले जाते हैं, जहाँ रंग अपनी शुद्धता में दर्शकों पर एक स्वतंत्र स्थिति की अपनी छाप छोड़ सकें। यह भारतीय कला अभिव्यक्ति यहाँ के लोगों की सम्पूर्ण चेतना से जुड़ी हुई है।

जिस चेतना की अभिव्यक्ति दर्शन, धर्म और कला में हो, उसको जीवन में नहीं हो, ऐसा हो नहीं सकता। हम इस चेतना की अभिव्यक्ति सामाजिक जीवन की बनावट और जीवन के प्रति आम लोगों की दृष्टि में भी देख सकते हैं, सामाजिक जीवन के गठन में इस दृष्टि का असर यह हुआ है कि भारत मूलत: गाँवों का देश रहा। जब लोगों की जरूरतें सीमित हों और उनमें नई वस्तुओं को पाने की ललक नहीं हो तो व्यापार पर भी सीमा लग जाती है। जब व्यापार न्यूनतम हो और लोग अपनी जरूरत की चीजें स्थानीय रूप से पैदा करने लगें, तो नगरों का विकास कठिन हो जाता है। ऐसा नहीं कि भारत में नगर हुए नहीं। पराक्रमी राजाओं की

राजधानी में, महत्त्वपूर्ण धर्मस्थलों और विश्वविद्यालयों के इर्द-गिर्द नगरों का विकास हुआ। लेकिन इनका देश के जीवन पर वह महत्त्व कभी नहीं रहा, जो रोम, पेरिस या लंदन का अपने देशों में था। एक दिलचस्प बात यह है कि परम्परा के अनुसार भारत में भव्य नगर-निर्माण भी दानवों और राक्षसों के साथ जुड़ा। रावण की सोने की लंका या स्वर्ग तक सीढ़ी लगाने की आकांक्षा तथा मय दानव द्वारा इन्द्रप्रस्थ का निर्माण, जिससे जल, स्थल का और स्थल, जल का भ्रम पैदा करते थे, दानवों की चमत्कारी बुद्धि के परिणाम माने जाते थे।

आवश्यकताओं के सीमित होने का एक और महत्त्वपूर्ण असर हुआ, हालाँकि भारत में जाति-व्यवस्था के कारण एक खास तरह की विषमता रही और अस्पृश्यों के साथ तो सदियों से अमानुषिक व्यवहार होता रहा लेकिन आर्थिक दृष्टि से वैसी विषमता कभी नहीं रही, जैसी हम पश्चिमी समाज में प्राचीन काल से पाते हैं और आधुनिक काल में उससे भी बढ़कर भारत में पाते हैं। व्यापार और आधुनिक उद्योगों के विकास से सम्पत्ति का अत्यधिक केन्द्रीकरण होता है और इससे आर्थिक विषमता भी बढ़ती है। मूलतः ग्रामीण संस्कृति होने के कारण हमारे यहाँ कोई राष्ट्रव्यापी केन्द्रित व्यवस्था नहीं बन पाई। केन्द्रीकरण में महानगरों की महत्त्वपूर्ण भूमिका होती है, जो 'आक्टोपस' (अष्टभुज) की तरह सारे समाज को अपने चंगुल में दबोचे रहते हैं। सिर्फ मुगलकाल में जो अर्द्ध फौज शासन था, हम राजधानी के फैलते प्रभाव को देख सकते हैं। लेकिन यह अल्पकालिक था। चूँकि राज्य विकेन्द्रित था और नगरों का प्रभाव सीमित था, ज्ञान-विज्ञान के उत्स गाँव या ऋषियों के आश्रम ही थे, इससे सत्ता, सम्पत्ति और ज्ञान के केन्द्र अलग-अलग रहे और प्राचीन भारत उस आधुनिक बीमारी से बचा रहा, जहाँ सत्ता, सम्पत्ति और सूचना ('ज्ञान' शब्द इस सन्दर्भ में अनुचित है) एक जगह केन्द्रित हो जाते हैं। आधुनिक सभ्यता में ये इस हद तक एक-दूसरे से जुड़ गए हैं कि हैराल्ड लासवेल जैसे राजनीति शास्त्री ने यह सिद्धान्त ही प्रतिपादित कर दिया है कि सत्ता से सुविधा, धन, ओहदा आदि सारी चीजें उपलब्ध हो जाती हैं और सत्ता (पावर) पाने के उद्देश्य भी उससे जुड़ी सुविधाओं को प्राप्त करना है। इसके विपरीत पुराणों और जातक कथाओं में वर्णित स्थितियों से ऐसा नहीं लगता कि सचमुच सामाजिक सम्बन्ध इन आदर्शों पर पूरी तरह आधारित रहे हों लेकिन इस तरह सत्ता, सम्पत्ति और प्रतिष्ठा के विभाजन का तत्त्व जन-मानस में होना स्वयं इनके केन्द्रीकरण के विपरीत माहौल बनाने में सहायक हो सकता है।

अगर हम ऊपर कही गई बातों पर विचार करेंगे तो इस निष्कर्ष पर पहुँचेंगे कि भारतीयता, शारीरिक-भौतिक उपलब्धियों की जगह, जो हमारे विकास-क्रम में हमारे बंधु, पशुओं के करीब लाती हैं, उन आध्यात्मिक उपलब्धियों की तरफ का रुझान है, जो हमें पशुओं से अलग करता है। अगर आप धार्मिक प्रवृत्ति के हैं तो इसका

अर्थ निवृत्ति मार्ग मान सकते हैं, अगर धर्म में रुचि नहीं है तो यह ज्ञान-विज्ञान, कला, संगीत आदि की तलाश हो सकती है। दोनों ही हालत में इससे उपभोक्तावादी और हथियारवादी संस्कृति के विपरीत हमें चेतना के जीवन की तरफ बढ़ने की ओर प्रेरणा मिलती है। जीवित रहने के लिए भौतिक उपकरणों का होना अनिवार्य है लेकिन भौतिक उपकरणों को ही जीवन का केन्द्र मान पशुवत बन जाना है। यही भारतीयता का मूलपाठ रहा है। इस दृष्टि से देश में उपभोक्ता संस्कृति की ओर बढ़ रहा रुझान और राष्ट्रीय स्वयंसेवक संघ की लाठी संस्कृति या शिव सेना की त्रिशूली संस्कृति भारतीयता के आदर्शों के एकदम विपरीत है, उनकी विरोधी है।

भारतीयता क्या है, इसकी पहचान होने से हम उन परिस्थितियों का अनुमान लगा सकते हैं, जिनमें भारतीयता जीवित रह सकती है या खत्म हो सकती है। भारतीयता उपभोक्तावादी संस्कृति के विपरीत सरल स्वस्थ जीवन की आकांक्षा है। अगर यह हथियारी होड़ के विपरीत शान्ति और बंधुत्व का सन्देश है तो इसका भविष्य इस बात पर निर्भर करेगा कि यह किस हद तक उपभोक्तावादी संस्कृति और हथियारों की होड़ के विश्वव्यापी प्रभावों से अपने को मुक्त रख सकती है।

आजादी के बाद से भारत जिस राह पर चल रहा है, वह उसे इन दोनों विजातीय प्रभावों की गिरफ्त में ला रही है। यह राह न केवल भारतीयता के विपरीत है बल्कि आजादी के आन्दोलनकाल में देश में जो स्वदेशी और स्वावलम्बन का संकल्प बना था, उसे भी खंडित कर रही है, भारतीयता के मूल तत्त्व तो दूर, अब तो स्वभाषा को भी, जो किसी भी स्वतंत्र राष्ट्र की प्रतिष्ठा का प्रतीक है, दूसरे दर्जे पर रख दिया गया है, अभी भी अंग्रेजी राज-काज और शिक्षा के क्षेत्र में सर्वोच्च गौरव के स्थान पर है। राष्ट्रीय भाषाएँ आज भी उपेक्षित हैं। इससे बढ़कर शर्मनाक बात क्या हो सकती है कि भारतीय तकनीकी संस्थान जैसी शिक्षण संस्थाओं में राष्ट्रभाषा में लिखे गए शोधपत्रों को मान्यता नहीं मिलती। लेकिन अगर भाषा बदल भी जाए तो इन संस्थाओं में प्रशिक्षण का ढाँचा और उद्देश्य दोनों ऐसे हैं जिन्हें देश परिवेश या उसकी असली समस्याओं से कुछ लेना-देना नहीं। इसी का नतीजा है कि इनमें प्रशिक्षित तकनीकी विशेषज्ञ देश में अपने को बेकार पाते हैं और बड़ी संख्या में विदेशों में या देश की गैर-तकनीकी व्यवस्था में नौकरी करते हैं।

इसी तरह विकास के क्षेत्र में पश्चिमी देशों का अन्धानुकरण बिना यह सोचे-समझे हो रहा है कि यह हमारे लिए उपयोगी है या गलत। यह दृष्टि उस उपभोक्तावादी संस्कृति में निहित है जो पश्चिम द्वारा प्रचारित हर उपभोग की वस्तु को आवश्यक मानने लगती है और अपने देश में उपलब्ध बेहतर वस्तुओं को घटिया। चूँकि ऐसी वस्तुएँ या तो पश्चिम से आयातित होती हैं या पश्चिम की आयातित तकनीकी और मशीनों से निर्मित होती हैं, हमारी निर्भरता पश्चिमी देशों पर बढ़ती जा रही है। उपभोक्तावादी संस्कृति की जकड़ इतनी जबर्दस्त होती है कि हम धीरे-धीरे उपयोगी

तथा अनुपयोगी, स्वास्थ्यप्रद तथा जहरीली वस्तुओं में फर्क करने का विवेक खोते चले जाते हैं और बाहर से आयातित जहरों के आदी हो जाते हैं।

एक उदाहरण सिगरेट है। सिगरेट जहर है लेकिन लेटेस्ट फैशन है : इसलिए हम इसकी आदत जरूर डालेंगे। टी.वी. से आँखें खराब होती हैं तथा छोटे बच्चे गँवार हो जाते हैं लेकिन हम घर में टी.वी. जरूर रखेंगे क्योंकि यह भी लेटेस्ट है। आधुनिक ढंग के औद्योगिक विकास से प्रदूषण फैलता है और देश में बेरोजगारी फैलती है लेकिन हम ऐसे ही उद्योग खड़ा करेंगे क्योंकि हमारी आयातित लतें इनके बिना पूरी नहीं हो सकतीं। हम ऐसी बहुमंजिली इमारतें खड़ी करेंगे जिनमें रोशनी और हवा प्रवेश नहीं पा सकें और फिर भारी खर्च कर रोशनी और हवा के लिए बिजली के बल्ब और पंखे लगाएँगे। ऐसा इसलिए क्योंकि यूरोप की जलवायु में खुले घर, रोशनी और धूप के बजाय ठंड को न्योतते हैं और इसलिए वहाँ के लोग ऐसे घर बनाने को मजबूर हैं, जो प्रकृति को बाहर रख सकें। अगर अमेरिका में पहनावे में क्रान्ति नहीं हुई होती और हिप्पियों का प्रभाव नहीं होता तो हमारे सम्पन्न लोग भी गर्मियों में थ्री पीस ऊलेन सूट पहनकर रहते। लेकिन उसकी जगह अब जींस और स्टोनवाश ले रहे हैं। जो चीज कायम है, वह है हमारी उधार मानसिकता।

इसी तरह का अन्धानुकरण हथियारों को भी जमा करने में हो रहा है। हम जानते हैं कि जो हमें हथियार देते हैं, वे अपने सबसे अच्छे हथियार हमें नहीं देते और इन दिए गए हथियारों की कमजोरियाँ भी जानते हैं; इसलिए कभी भी हम युद्ध में इन दाताओं का मुकाबला नहीं कर सकते और न इनकी मर्जी के बगैर अपने कमजोर पड़ोसियों से भी कोई निर्णायक लड़ाई लड़ सकते हैं। फिर भी हम उन बच्चों की तरह, जिनमें हर नए खिलौने के प्रति ललक होती है, नए हथियारों के लिए बेचैन रहते हैं। इनकी खरीदगी में हम कर्ज में इतना डूबते जाते हैं कि वह आजादी जिसकी रक्षा हथियारों से करना चाहते हैं, पहले गिरवी पड़ जाती है।

यह सब नतीजे हैं, अपनी अस्मिता न पहचानने के, अगर हमने अपनी अस्मिता की तलाश की होती और उस भारतीयता को समझने की कोशिश करते जिसने हमें यूनान, रोम और मिस्र के हश्र से बचाया है तो हम अपनी समस्याओं का कोई दूसरा ही समाधान ढूँढ़ते।

प्रश्न है, क्या हम अपने विनाश के इतने करीब पहुँच गए हैं कि बचने का कोई उपाय नहीं? अगर हम वर्तमान, ढंग के विकास के रास्ते पर चलते रहे तो इसमें कोई सन्देह नहीं कि हमारा रोग असाध्य हो जाएगा, हम पश्चिमी दुनिया के ढंग की दसवें या बीसवें दर्जे (पहला, दूसरा या तीसरा दर्जा आदि की बात हम नहीं सोच सकते) की एक सभ्यता बनकर रह जाएँगे। समय के साथ हमारे देश में कुछ और महानगर खड़े हो जाएँगे जिनमें झुग्गियों में रहनेवालों का अनुपात उत्तरोतर बढ़ता हुआ 90-95 प्रतिशत हो जाएगा और गाँव बिखरे बंजर बन जाएँगे। जिस तरह

के दंगे आज जगह-जगह भड़क रहे हैं, उस तरह के दंगे हर गली-कूचे में जीवन के नियमित और स्थायी अंग बन जाएँगे। लोग छोटी-से-छोटी सुविधाओं के लिए आवारा कुत्तों-सा एक-दूसरे पर झपटते रहेंगे (दिल्ली में बसों में जगह पाने के लिए होनेवाली मारधाड़ इससे कहीं अधिक भयानक होती है) और इस लूट-खसोट के बीच कहीं दूर-दराज में से टी.वी. और वीडियो देखते हुए 'हम आधुनिक और सम्पन्न हैं' इसका भ्रम पैदा करते रहेंगे। पश्चिमी ढंग के विकास की हमारी यही परिणति 21वीं सदी में पहुँचते-पहुँचते होनेवाली है। यह राष्ट्रीय अस्मिता के लोप की राह है।

लेकिन एक दूसरी सम्भावना भी है, जो वर्तमान निराशा के घोर अन्धकार में कौंध जाती है। चूँकि वर्तमान विकास की नियति अधिकतम लोगों को इसके वांछित फलों से बहिष्कृत करने की है, इसका घोर प्रतिरोध भी इसी में निहित है। वे असंख्य लोग जो दिनोंदिन इस विकास के नाम पर पहले प्राप्त सुविधाओं में भी वंचित होते रहे, कब तक बर्दाश्त करेंगे? वे लोग, जो विशाल योजनाओं के लिए गाँवों से निष्कासित हो रहे हैं, वे जिनके जीवन के आधार वन नष्ट किए जा रहे हैं, वे ग्रामीण जो भूमिहीन हैं और जिनके लिए रोजगार की कोई व्यवस्था नहीं, इस विकास की व्यर्थता समझे बिना नहीं रह सकते। खुशकिस्मती से ऐसे लोगों का ही देश में विशाल बहुमत है। अगर इस विकास की असलियत उनकी समझ में आ गई तो फिर वे इसका चक्का जाम करने को कटिबद्ध हो जाएँगे। जहाँ-तहाँ छिटपुट ढंग से लोगों का प्रतिरोध जग रहा है। अगर यह प्रतिरोध व्यापक हुआ तो प्रबुद्ध लोगों को जो अब तक अपनी सारी प्रतिभा अन्धी गली में ले जानेवाले वर्तमान विकास की प्रशस्ति में लगा रहे हैं, बाहरी संसाधनों की सिकुड़ती सीमाओं के बीच विकल्प के लिए फिर विकास के लक्ष्यों पर नए सिरे से विचार करना होगा। ऊर्जा संकट, विश्व युद्ध से संहार की सम्भावना, पर्यावरण का संकट : इन सबके परिप्रेक्ष्य में विचार करने पर उन्हें लगेगा कि हमारे पूर्वजों ने जिन मूल्यों के आधार पर लोक जीवन को गठित करने की कोशिश की थी, वे आज सिर्फ हमारे लिए ही नहीं, सारी दुनिया के लिए प्रासंगिक बन गए हैं। अगर यह चेतना पैदा हुई तो भारतीयता ही हमारा और औरों का भी भविष्य होगी।

सच्चिदानन्द सिन्हा रचनावली

खंड-6

नया समाजवाद, पुराना समाजवाद

सच्चिदानन्द सिन्हा रचनावली

खंड-6

नया समाजवाद, पुराना समाजवाद

सम्पादक

अरविन्द मोहन

राजकमल प्रकाशन

ISBN : 978-93-90971-52-7

मूल्य : ₹4000
(8 खंडों का सम्पूर्ण सेट)

पहला संस्करण : 2021

प्रकाशक : राजकमल प्रकाशन प्रा. लि.
1-बी, नेताजी सुभाष मार्ग, दरियागंज
नई दिल्ली-110 002
शाखाएँ : अशोक राजपथ, साइंस कॉलेज के सामने, पटना-800 006
पहली मंजिल, दरबारी बिल्डिंग, महात्मा गांधी मार्ग, प्रयागराज-211 001
36 ए, शेक्सपियर सरणी, कोलकाता-700 017
वेबसाइट : www.rajkamalprakashan.com
ई-मेल : info@rajkamalprakashan.com

मुद्रक : बी.के. ऑफसेट
नवीन शाहदरा, दिल्ली-110 032

SACHCHIDANAND SINHA RACHANAWALI : Vol. 6
Edited by Arvind Mohan

सम्पादक की ओर से

सच्चिदानन्द सिन्हा ने अपने जीवन के सत्तर-पचहत्तर साल जिस समाजवाद को ओढ़ने-बिछाने और जिसकी सैद्धान्तिकी गढ़ने में लगा दिया उससे सम्बन्धित सबसे महत्त्वपूर्ण लेखन से बना उनकी रचनावली का यह खंड अगर पर्याप्त भारी-भरकम है तो यह स्वाभाविक भी है। और दुनिया में जिस दौर में समाजवाद ही नहीं विचारों और इतिहास के अन्त की घोषणा भी की जाने लगी है उसमें हमारे जैसे लोगों को यह खंड ही नहीं इसमें आई पहली छोटी पुस्तिका जरूर पढ़नी चाहिए 'नया समाजवाद क्या'। यह आपमें सिर्फ एक नया उत्साह ही नहीं भरेगा, बल्कि एक नई दृष्टि भी देगा। वैसे तो यह पूरा खंड ही समाजवाद की चर्चा, उसके इतिहास-भूगोल और नागरिकशास्त्र की समीक्षा और दुनिया के अनुभवों से भी पहले बताई गई भविष्यवाणी को बताता है। और इसमें भारतीय समाजवादियों द्वारा की गई चूकों और कमजोरियों की तो चर्चा की ही गई है लेकिन कई रंग वाले कम्युनिस्ट आन्दोलन की ऐतिहासिक भूलों और नजरिए की सख्त आलोचना हुई है। यह बताने में हर्ज नहीं है कि सच्चिदा जी ने सत्तर के दशक के शुरू में सोवियत संघ के बिखराव की भविष्यवाणी की थी तो अपने कम्युनिस्टों के संघर्ष और गरीबों की लड़ाई की प्रशंसा करते हुए भी उनके रूस और चीन का पिछलग्गू होने और भारतीय स्थितियों की अनदेखी करके बाहरी मॉडल को ही लागू करने की जिद को सबसे बड़ा दोष माना है।

उनकी पहली किताब समाजवाद के बढ़ते चरण अपने ट्रेड यूनियन के दिनों के स्टडी सर्किल के लिए नोट्स के आधार पर बनी है और यह पूरी दुनिया में समाजवादी विचार और आन्दोलन की प्रगति को बहुत बढ़िया ढंग से एक साथ उपस्थित करता है। कहना न होगा कि यह मुख्य रूप से ब्योरे और तथ्यों वाली किताब है लेकिन इसमें समीक्षा वाला अंश भी है। और इसी चिन्ता के चलते साठ के दशक के अन्त में छपी इस किताब के बाद के संस्करण में सोवियत संघ और चीन के बदलावों की चर्चा जोड़ी गई है। पर इसमें भारतीय समाजवादी और कम्युनिस्ट धारा के विकास और बिखराव की कहानी भी साथ दी गई है। और एक दिलचस्प उद्धरण देने का मन करता है जो भारतीय कम्युनिस्टों और कामरेड

स्टालिन से जुड़े एक तथ्य को बताता है। वे दूसरे विश्वयुद्ध के समय उभरे रूसी कम्युनिस्ट पार्टी के दोहरे चरित्र का जिक्र करते और भारतीय कम्युनिस्टों द्वारा रूस का अन्धानुकरण का किस्सा बताते हुए वे कहते हैं कि भारत छोड़ो आन्दोलन के समय तब काफी कमजोर हो चुके चियांग काई शेक ने भारत की आजादी का समर्थन किया था, 'पूँजीवादी' अमेरिकी राष्ट्रपति रूजवेल्ट ने भारत के आत्मनिर्णय का समर्थन किया था लेकिन कामरेड स्टालिन ने युद्ध खत्म होने तक भारत के बारे में कोई बात नहीं की।

लेकिन सच्चिदा जी की 'असली पढ़ाई और चिन्तन' वाली किताब सोशलिज्म एंड पावर में इस तरह के किस्सों और विवरणों से परहेज-सा ही किया है क्योंकि वे सोवियत संघ में स्टालिन के उदय के साथ ही दिखाई देने लगे बदलावों को लेकर काफी उद्विग्न थे। ऐसी बेचैनी अकेले उनकी ही नहीं थी, जेपी और लोहिया से लेकर दुनिया भर में काफी लोग इस बेचैनी को महसूस करनेवाले थे। सोवियत बदलाव की खिल्ली उड़ानेवाले या उसकी गिरावट की कल्पना से खुश होनेवाले जमात की बात नहीं करें तब भी खुद को मार्क्स की धारा में माननेवाले जेपी और नरेन्द्र देव जी जैसे लोग भी लोकतंत्र की कमी के बगैर समाजवाद अधूरा है, जैसी बातें काफी पहले से कहने लगे थे। पर सच्चिदा जी को लगा कि बात अकेले लोकतंत्र न होने की ही नहीं है। मार्क्स की कल्पना और लिखी बातों में भी कुछ दोष रहे (जिन्हें वे बदल सकते थे)। और बाद की स्थितियों में जिन लोगों ने बदलाव की बात उठाई उन्हें संशोधनवादी करार देकर मौत तक की सजा दी गई और शासन में आए कम्युनिस्टों ने मार्क्स-एंगिल्स की धारा में मनमाने बदलाव कर लिए। फिर सच्चिदा जी को यह भी लगा कि मार्क्स के चिन्तन में एक यूरोपीय केन्द्रित खयाल ही प्रमुख रहा। और फिर मार्क्सवाद ने मानवीय भावना, सत्ता के व्यवहार, विशेषाधिकार, कुलीन तंत्र का व्यवहार और दीर्घकालिक क्रान्ति के लक्ष्यों को लेकर कोई लकीर नहीं खींची थी जिससे भी स्टालिन और दूसरे कम्युनिस्ट तानाशाहों को मनमानी की छूट हो गई। और मार्क्सवाद की कई केन्द्रीय मान्यताओं में भी व्यवहार के बाद खोट दिखे जिन्हें प्रत्यक्ष अनुभवों के बाद समय रहते दूर नहीं किया गया।

पर जब सच्चिदा जी अपने इष्ट पर ही कलम चलाते हैं (जिसे वे मार्क्स के कन्धे पर सवार होकर ज्यादा कुछ नया देखना ही मानते हैं) तो पूरी तैयारी से यह काम करते हैं। पहले तो मार्क्स द्वारा सूत्र रूप में कही कुछ बातों और लगभग भविष्यवाणी के रूप में समाजवाद के निश्चित आगमन की घोषणा पर असहमति जताई गई है, लेकिन ऐसा बहुत लोगों ने किया। सच्चिदा जी ने मार्क्सवादी सर्वसत्तावाद तथा धुर और धुर भौतिकवादी नजरिए की बारीक पड़ताल करते हुए उसमें गम्भीर दोष निकाले हैं। वे उनको गलती नहीं अपूर्ण और अव्यावहारिक मानते हैं। वे मनोविज्ञान, कला, जीवविज्ञान के पुराने ज्ञान और नई खोजों को आधार बनाकर यह बताने की कोशिश

करते हैं कि व्यक्ति और समाज के बीच तो सन्तुलित रिश्ता रहता है, मार्क्सवादी सोच में वह सन्तुलन नहीं है। कुछ नैसर्गिक और आनुवंशिक गुण और व्यवहार आज सभी मानते हैं जिसकी तरफ यहाँ ध्यान ही नहीं दिया गया है। और सिर्फ मनुष्य की भौतिक आवश्यकताओं भर को महत्त्व दिया गया है जबकि मनुष्य एक से एक बारीक चीजों से प्रभावित होता है और प्रभावित करता है। संकेत देना-लेना, ज्ञान के प्रभाव को ग्रहण करना और दूसरों तक पहुँचाना, प्रतीकों का इस्तेमाल करना जैसी बहुत बुनियादी चीजों को नजरअन्दाज कर दिया गया है। और कहना न होगा कि राजनीति और आर्थिक कार्यव्यापार का भी सारा अनुभव यूरोपीय ही रखा गया है। यही कारण है कि जरा सा बाहर आते ही नई स्थितियों में आपके पास हैरान होने के अलावा कुछ बचता नहीं। सच्चिदा जी व्यक्ति और समूहों की खास जरूरतों, उनकी स्वायत्तता, नैसर्गिक और अर्जित प्रेरणा से हासिल चीजों के महत्त्व के साथ ही कल्पना पर उसके प्रभाव और हमारे मन के अन्दर बैठने की प्रवृत्ति की चर्चा करते हैं। वे कहते हैं कि राष्ट्रगान या राष्ट्रध्वज हमारे मन पर किसी सामान्य गीत या कपड़े के एक टुकड़े की तरह का ही असर नहीं करता।

फिर वे सोवियत रूस में दिखी 'बीमारियों' की चर्चा करते हैं। संसदवाद की सीमाओं को याद करते हुए भी वे लोकतांत्रिक प्रक्रियाओं के पक्ष में खड़े होते हैं और बहुत ही दिलचस्प नतीजा निकालकर हैरान करते हैं कि मार्क्सवाद अनिवार्यत: सत्ता का दर्शन नहीं था। और जब लेनिन और उससे भी ज्यादा स्टालिन तथा बाद में माओ ने सत्ता का दर्शन बनाने के लिए कुछ बदलाव किए या जोड़-घटाव किया उसमें अर्थ का अनर्थ हो गया। एक तो खेतिहर समाजों का क्या करना है यह पूरे दर्शन में व्यवस्थित ढंग से चर्चा ही नहीं हुई है जिसके चलते लेनिन और माओ भी किसानों को लेकर चकराए रहे लेकिन स्टालिन और चीन के बाद के शासकों ने किसानों को समाप्त ही करने की डरावनी नीति चलाई। और वर्ग शत्रु के सफाए का भूत जरा सी भी शक्ति वाले कम्युनिस्ट नेता पर ऐसा सवार हुआ कि वह हिटलर से ज्यादा लोगों को मरवाने से लेकर गाँव के पाँच एकड़ जोत वाले किसान को खत्म करने से नहीं हिचकता। सच्चिदा जी सत्ता के खास चरित्र, उसके दुर्गुणों को रोकने की कोई व्यवस्था (या चिन्तन) न होने, नौकरशाही के बगैर काम न चलनेवाली शासन व्यवस्था की सीमाएँ और नेतृत्व द्वारा विशेषाधिकारों का इस्तेमाल करने की प्रवृत्ति की भी विस्तार से समीक्षा करते हैं। दिलचस्प है कि यहाँ आकर वे भारत की जाति व्यवस्था और उसके सोपानवत बंटवारे तथा ऊँची जातियों के 'विशेषाधिकारों' की चर्चा करते हैं और यह निष्कर्ष निकालते हैं कि यहाँ का भेदभाव सोवियत व्यवस्था की तुलना में कम रहा है।

सच्चिदा जी मार्क्सवाद की कई बुनियादी स्थापनाओं और आधार वाक्यों पर सवालिया निशान लगाने के साथ सिर्फ पार्टी नेताओं के विशेषाधिकार जैसी बीमारियों

तक नहीं रुकते। वे हिंसा के सवाल को सेना और सैनिक ताकत के निर्माण और होड़ तक ले जाते हैं और इनको भी असन्तुलन की एक बड़ी वजह गिनाते हैं। वे साफ कहते हैं कि सत्ता बदलना आसान है, समाजवाद लाना मुश्किल और काफी समय तथा जतन लगानेवाला काम है। यहाँ वे एक अद्‌भुत तर्क प्रस्तुत करते हैं जो अहिंसा के उनके मुख्य स्वर से कुछ अलग है। वे कहते हैं कि समाजवादी आन्दोलन अगर अल्पकालिक और द्रुतगामी हो तो सीमित हिंसा के उपयोग में कोई गलती नहीं होगी। साथ ही वे यह भी गिनवा देते हैं कि मार्क्सवादी कम्युनिस्ट लोग दुनिया में एक भी जगह शास्त्रीय मार्क्सवादी शैली में आन्दोलन करने में विफल रहे हैं और दूसरे आन्दोलनों से उलझन में पड़े हैं। इसमें वे फैनन, चे ग्वेरा और मार्क्यूस के तर्कों को भी जोड़ते हैं। वे निरस्त्रीकरण और अहिंसा के भी प्रशिक्षण का तर्क देते हैं जो मूलत: गांधी की बात है।

एक और दिलचस्प काम के साथ सच्चिदा जी ने अपना बड़ा लेखन पूरा किया है, जिसे इस खंड के आखिर में रखा गया है। यह काम है मार्क्स के महान ग्रंथ 'पूँजी' के चौथे खंड को लिखने की कोशिश। हम जानते हैं कि अपनी राजनीतिक व्यस्तता के बीच भी मार्क्स ने जबरदस्त पढ़ाई और लिखाई की थी और यही चीज उसे समाजवादी धारा के पहले के और बाकी दार्शनिकों से ऊपर ले जाती है। पूँजी का एक खंड ही उन्होंने प्रकाशित कराया था। उनका लिखा सब प्रकाशित भी नहीं हुआ था। उनकी मौत के बाद उनके मित्र एंगिल्स ने पूँजी के दो खंड प्रकाशित कराए। उनकी योजना चार खंड की थी। सो सच्चिदा जी ने अभी तक के अनुभव और मार्क्स के तर्क को पूरा करने के खयाल से चौथा खंड लिखा है। यह पढ़ना जितना दिलचस्प है उतना ही भारी भी। याद रखने की बात यह भी है कि मार्क्स का लेखन भी हल्का नहीं है।

29 जुलाई, 2021
दिल्ली

—अरविन्द मोहन

क्रम

भावी समाजवाद

1

वैश्विक मन्दी ने अपने मूल संकट से उबरने की पूँजीवाद की अक्षमताओं को फिर एक बार उजागर किया है। इस बार इस संकट का दोहरा चरित्र भी साफ-साफ उजागर हो रहा है। हम आज सिर्फ उत्पादन विपणन के संकट से रू-ब-रू नहीं हैं बल्कि पर्यावरण के संकट से भी घिर गए हैं जिससे मनुष्य और सारे जीव-जगत का अस्तित्व ही खतरे में पड़ता दिखाई देता है। 'ग्लोबल वार्मिंग' की पृष्ठभूमि में मन्दी से निकल जब उत्पादन प्रक्रिया में उबाल आता है तो पर्यावरण के क्षय की रफ्तार और तेज हो जाती है। इन दोनों संकटों की जड़ में है, पूँजीवादी व्यवस्था का मूल रुझान। इससे उबरने का एकमात्र उपाय पूँजीवादी व्यवस्था की जगह समाज में किसी बुद्धिसंगत व्यवस्था की स्थापना ही है। चिन्ता की बात यह है कि जिस समाजवाद को कभी पूँजीवाद के विकल्प के रूप में प्रतिपादित किया गया था, वह स्वयं पूँजीवादी व्यवस्था की चकाचौंध से दिशाहीन हो बिखरता दिखाई देता है। इसका अपना उद्देश्य गौण होता गया है और यह पूँजीवाद के गलियारे में ही इसी की तर्ज पर और इसी की मर्जी पर कुछ छोटे-मोटे प्रयोग करने की कोशिश कर रहा है, जिसका कोई बड़ा असर होनेवाला नहीं।

आज जब दुनिया भर में समाजवाद या साम्यवाद के नाम से जुड़े आन्दोलन गतिरोध और भटकाव की स्थिति में हैं, हमारा फर्ज बनता है कि इसकी शुरुआत से लेकर आज तक की स्थिति का आकलन करें और ढूँढ़ने की कोशिश करें कि इस भटकाव के पीछे क्या कारण रहे हैं? इस आकलन के आलोक में नये समाज के निर्माण के लिए नई नीतियाँ बनानी पड़ेंगी।

समाजवादी आन्दोलन की पृष्ठभूमि में (1) यूरोप के जागरण काल (इनलाइटेनमेंट) की विचार प्रक्रिया, न्यूटन, देकार्त एवं बेकन की वस्तुपरक तर्क आधारित चिन्तन विधि और फिर आगे चलकर (2) औद्योगिक क्रान्ति से पैदा लोगों के जीवन का उथल-पुथल था। औद्योगिक क्रान्ति से लोगों के जीवन में भूचाल आ गया। इसमें बृहत् पैमाने पर लोगों का गाँव और कृषि से विस्थापन हुआ और नगरों में नये तरह के औद्योगिक केन्द्रों का विकास हुआ। गाँवों से आए मर्द, औरत और बच्चे, सबों को अमानवीय स्थितियों में लम्बे समय तक (हर रोज प्राय: 18

से 20 घंटे तक) काम करना पड़ता था। सामाजिक सुधार के जो भी प्रयास शुरू में हुए, उनके उद्देश्य श्रमिकों को इन नये तरह के उद्योगों में अधिक मानवीय जीवन प्रदान करने के थे। इसमें रॉबर्ट ओवन जैसे सुधारकों ने उद्योगों और उनके इर्द-गिर्द ऐसी औद्योगिक कॉलोनियाँ विकसित करने की कोशिश की, जिनमें श्रमिक अधिक मानवीय जीवन व्यतीत कर सकें।

उसने उद्योगों के अलावा श्रमिकों की सहयोगी संस्थाएँ भी विकसित कीं जो उस समय के लिए नई चीज थी। बाद में उद्योगपतियों में स्वेच्छा से मजदूरों का जीवन सुधारने की अनिच्छा को देखते हुए उसने मजदूरों की ट्रेड यूनियन बनाने का प्रयास किया। फ्रांस के 1848-50 के क्रान्तिकाल में और फिर 1871 के बाद लुई ब्लॉ जैसे कुछ समाजवादी नेताओं ने सत्ता का उपयोग कर मजदूरों के जीवन को सुधारने की दिशा में कुछ प्रयत्न किए, लेकिन ये सभी प्रयास राज्य व्यवस्था के स्थापित दायरे के भीतर ही सीमित थे। इन प्रयासों से भिन्न एक धारा समाजवाद को समाज के विकास की एक अनिवार्य परिणति के रूप में देखने की थी। इसमें कार्ल मार्क्स के विचार अग्रणी थे। इस विचार से समाजवादी आन्दोलन को अद्भुत ऊर्जा मिली, लेकिन इसी में बाद की कई समस्याओं के बीज भी थे।

उन्नीसवीं सदी के समाजवादी आन्दोलन में, विशेषकर इसकी सबसे शक्तिशाली धारा, मार्क्स के चिन्तन में ऊपर उल्लिखित दोनों प्रभावों का अभिसार देखा जा सकता है। समाज के सम्बन्ध में जागरण (इनलाइटेनमेंट) काल की यह अवधारणा इस सोच में केन्द्रीय थी कि समाज के कार्य कारण क्रम की भी एक अनिवार्य प्रक्रिया है जिसे वैज्ञानिक नियम की तरह समझा जा सकता है। मार्क्स-एंगेल्स ने समाजवाद को वैज्ञानिक बता इस रुझान को चिह्नित किया। कार्ल मार्क्स की सोच में यह हीगेल के प्रभास से, इतिहास को द्वन्द्वात्मक विकास के सिद्धान्त के रूप में आया। अब साम्यवाद को, समाज को गति देनेवाले वर्ग संघर्ष की शृंखला की अन्तिम कड़ी के रूप में देखा गया। इस सिद्धान्त में पूँजीवाद व्यवस्था में चलनेवाले पूँजीपति और सर्वहारा के संघर्ष से पूँजीवाद में समाज में यह औद्योगिक और आर्थिक आधार तैयार कर रहा है जिस पर साम्यवाद की इमारत खड़ी होगी। इसमें तकनीकि नियतिवाद की अघोषित मान्यता और पूँजीवादी व्यवस्था को इस तकनीकि विकास का अनिवार्य वाहक मान लिया गया। इस मान्यता के कारण ही पिछली सदी में समाजवादी आन्दोलन ने अपने उदात्त आदर्शों का एक-एक कर समर्पण कर दिया है।

कुछ आदर्शों के आधार पर समतामूलक समाज का निर्माण करने के पिछले सभी प्रयासों को यूटोपियन (स्वप्नवादी) बतला खारिज कर दिया गया। साम्यवादियों का कर्तव्य इतना ही भर रह गया कि उपरोक्त वर्ग संघर्ष में योगदान कर इस प्रक्रिया को तेजी से अपने गन्तव्य तक पहुँचा दे। समाजवाद की विभिन्न धाराओं के विवादों

और भटकावों को इसी परिप्रेक्ष्य में समझा जा सकता है। पूँजीवाद द्वारा विकसित तकनीक की अनिवार्यता के भ्रम में बीसवीं सदी के तमाम आन्दोलनों पर अपनी छाप छोड़ी है।

बीसवीं सदी के चौथे दशक से संसार भर में जो राष्ट्रीय मुक्ति के आन्दोलन हुए उनमें भी राष्ट्रों के आर्थिक विकास के आदर्श भी कुछ ऐसे ही तकनीकि नियतिवाद के साँच में कल्पित थे। इस काल में कई राष्ट्रों के मुक्ति आन्दोलन, कम्युनिस्ट या सोशलिस्ट नेतृत्व में हुए और सभी में आजाद राष्ट्र की कल्पना में पूँजीवाद द्वारा विकसित किए जा रहे ऐसे ही नये उद्योगों के आधार को चारों तरफ फैलाने की ललक थी। भारत की आजादी का आन्दोलन इस अर्थ में थोड़ा भिन्न था कि महात्मा गांधी आजाद भारत के आर्थिक आधार को कुछ भिन्न रूप देना चाहते थे। लेकिन जवाहरलाल नेहरू समेत बाकी सारे दिग्गज नेता पश्चिम के नये औद्योगिक विकास से अभिभूत थे। भारत तथा दुनिया के दूसरे आजाद हो रहे मुल्कों में विवाद का मुद्दा सिर्फ यही था कि यह विकास पश्चिमी यूरोप और अमेरिका की तरह पूँजीवादी ढाँचे को भीतर हो या सोवियत संघ में स्थापित तथाकथित समाजवादी ढाँचे के भीतर जहाँ निजी पूँजी की बजाय सार्वजनिक यानी सरकारी क्षेत्र में उद्योग-धन्धों का विकास हो रहा था और समूहीकरण के तहत राज्य के नियंत्रण में स्वयं कृषि का विकास हो रहा था।

चीन, वियतनाम आदि में जहाँ कम्युनिस्ट पार्टियों के नेतृत्व में ही राष्ट्रीय मुक्ति के आन्दोलन हुए और व्यवस्थाएँ सीधा राजकीय क्षेत्र के केन्द्रीयता में विकसित हुई, राष्ट्रीय मुक्ति का लक्ष्य अन्तत: कम्युनिस्ट व्यवस्था में परिणत होने का हो गया। बाकी देशों में जहाँ राष्ट्रीय पूँजीपति वर्ग तो था पर कमजोर था, मिश्रित अर्थव्यवस्था का लक्ष्य रखा गया जिसमें सार्वजनिक और निजी दोनों ही क्षेत्र विकास के सहयोगी माने गए। लेकिन विकास का मॉडल और आधार नये तरह के उद्योग-धन्धे और इस पर आधारित पश्चिमी ढंग की जीवन पद्धति ही रही। भारत इस दूसरे तरह के विकास का नमूना बना। लेकिन अनुभव बतलाता है कि ऐसे औद्योगिक विकास का पूँजीवाद के साथ चोली-दामन का सम्बन्ध है और इसमें पूँजी संचय और पूँजी के विस्तार के लिए प्राकृतिक सम्पदा और आबादी का उत्तरोत्तर दोहन निहित है। न सिर्फ पूँजी का प्राथमिक संचय जिसका विस्तृत विवरण मार्क्स ने अपनी विख्यात पुस्तक पूँजी में दिया था बल्कि इसका विस्तार वैश्विक और आन्तरिक औपनिवेश शोषण पर निर्भर था। सच तो यह है कि इस व्यवस्था के तहत विकास इस शोषण को उत्तरोत्तर त्वरण प्रदान करता है।

निजी और सार्वजनिक दोनों ही तरह की पूँजी का प्रसार वस्तुओं के अधिक-से-अधिक उत्पादन और विपणन पर निर्भर करता है बिना इस भेद के कि विस्तार किस व्यवस्था के तहत हो रहा है। उत्पादन प्रक्रिया में मुनाफे का सीधा सम्बन्ध

उत्पादित वस्तुओं की खपत से है। इसमें यह विचार नजरअन्दाज किया जाता है कि व्यवस्थाओं की स्पर्धा में शुद्ध रूप से निजी लाभ पर आधारित पूँजीवादी व्यवस्था सामाजिक दायित्वों से एक हद तक नियंत्रित क्षेत्र की व्यवस्था से अधिक सफल सिद्ध होती है। इसलिए इन दोनों तरह की व्यवस्थाओं की प्रतिस्पर्धा में पूँजीवादी व्यवस्था आगे निकल जाती है। बीसवीं सदी का उत्तरार्द्ध इन दोनों तरह की व्यवस्थाओं के बीच प्रतिस्पर्धा का रहा है, और चूँकि उद्योगों के आधार और मूल मानक पूँजीवादी थे, लगभग बिना अपवाद के, संसार भर में पूँजीवादी व्यवस्था इस स्पर्धा में आगे निकल गई। आज का चीन 'समाजवाद' से पूँजीवादी अर्थव्यवस्था की ओर संक्रमण का क्लासिक उदाहरण है। पश्चिमी यूरोप—जहाँ सोशल डेमोक्रेसी के प्रभाव में जनकल्याणकारी राज्य का आदर्श अपनाया गया—पूरी तरह से पूँजीवाद के शिकंजे में आ गया है।

क्यूबा इस प्रक्रिया का एकमात्र अपवाद दिखाई देता है। इसका कारण यह है कि प्रारम्भ में सोवियत संघ और अमेरिका की प्रतिस्पर्धा के चलते सोवियत संघ से इसे तेल के रूप में भारी सहायता मिलती रही। जब यह सहायता बन्द हो गई तो क्यूबा ने लघुता का रास्ता अख्तियार किया और प्रतिस्पर्धा के वैश्विक पूँजीवादी आदर्श की जगह लोक हितकारी आदर्शों की ओर मुखातिब रहा है जिसकी वजह से चिकित्सा सेवा के क्षेत्र में यह दुनिया के अग्रणी देशों में है। छोटे आकार के कारण भी क्यूबा में यह संक्रमण आसान था। फिर भी क्यूबा के विकास पर अभी इतिहास का निर्णय होना बाकी है। अभी तक यह सिर्फ पूँजीवाद से अलग तरह का रुझान भर है। यह देखना है कि उद्योग और विकास के सम्बन्ध में अन्तिम रूप से यह क्या दृष्टि अपनाता है।

पूँजीवाद के तहत विकसित हुए इस तकनीक का मुख्य आकर्षण यह है कि मानव एवं पशु की ऊर्जा के बहकने के रुझान, जल एवं वायु का मानव इच्छा को नजरअन्दाज करता स्वाभाविक प्रवाह और सूरज की सारे जीव-जगत को अनियंत्रित और अनिमेष गतिशील करनेवाली ऊर्जा की जगह नई उत्पादन प्रक्रिया और इसके बढ़ते दायरे को मनुष्य नियंत्रित कर सकता है। ऊर्जा के नये स्रोत कोयला, तेल, परमाणु ऊर्जा और विशाल बाँधों द्वारा नियंत्रित स्वयं जल का प्रवाह मनुष्य के वश में होता है। वह इन ऊर्जा स्रोतों की दिशा, स्थान और मात्रा, सभी को नियंत्रित कर सकता है। सभी ऊर्जा का स्रोत सूरज पर उसका नियंत्रण तो नहीं हो सकता, लेकिन यह विश्वास है कि इसके प्रकाश को घेरे में ला ऊर्जा को इच्छित रूप देने को मजबूर किया जा सकता है। इससे मनुष्य में संसार का नियंता होने का भ्रम पैदा होता है और वह इस बात को नजरअन्दाज करने लगा है कि प्राकृतिक संसाधन और वह स्वयं भी जो मानव संसाधन भर बनता जा रहा है—उसके नियंत्रण से बाहर है, अपने इस रुख के कारण सबको विनाश की ओर ले जा रहा है।

विकास का अर्थ फिलहाल आदमी की आवश्यकताओं की पूर्ति की जगह उत्तरोत्तर अनावश्यक उपभोग की वस्तुओं की विविधता और मात्रा का विस्तार है। इसमें स्थानीय परिवेश के साथ मनुष्य के पारम्परिक आदान-प्रदान का वह रिश्ता टूटता गया है जिसमें मनुष्य प्रकृति से अपनी आवश्यकता की वस्तुएँ ग्रहण करता था और अपनी समझ और क्षमता के अनुसार प्रकृति के अवदान की भरपाई करने की कोशिश करता था—यह प्राय: भावनात्मक होती थी और मनुष्य द्वारा पहुँचाई गई क्षति इतनी नगण्य होती थी कि छोटे-मोटे घाव जल्द ही भर जाते थे और प्रकृति मनुष्य की झोली में आवश्यक वस्तुएँ डालने के लिए सदा प्रस्तुत रहती थी। मनुष्य की संख्या भी प्रकृति की विशालता के सामने नगण्य थी।

नव प्रस्तर युग और नगरी विकास के साथ आदमी की संख्या में अचानक भारी विस्तार हुआ। अब जरूरत इस बात की पैदा हुई कि आदमी प्रकृति के साथ अपने बिगड़ते सन्तुलन को दुरुस्त करे, पर उलटा हुआ यह कि उत्पादन के विकास से विशेषकर औद्योगिक क्रान्ति के बाद से—आदमी की आवश्यकताओं में बाढ़ आ गई। इसके साथ पल्लवित पूँजीवादी व्यवस्था का विस्तार और नवोदित पूँजीपति वर्ग का मुनाफा सीधा लोगों की वस्तुओं की खरीदगी से जुड़ गया। इसके लिए उत्पादक यंत्रों के साथ-साथ आवश्यकताओं का आविष्कार और प्रसार भी अर्थतंत्र का अनिवार्य अंग बन गया। हमें आवृत करनेवाला विज्ञापनों का घटाटोप इसका सीधा नतीजा है, इससे प्रकृति से असन्तुलन और बढ़ा।

जैसा ऊपर कहा गया है, पूँजीवादी व्यवस्था में दो विपरीत रुझानों का समागम है—(1) प्राकृतिक सम्पदा का अतिशय दोहन एवं अपव्यय और (2) कुछ हाथों में निजी धन का संचय, जो पूँजी के रूप में प्रकृति के विस्तारित दोहन का जरिया बन जाता है। जिसे आज विकास माना जाता है, वह इस प्रक्रिया का दिन दूना रात चौगुना (exponential) फैलाव है। इससे धरती के सीमित साधनों के द्वारा और प्रदूषण से मानव जीवन का संकोच और क्षय अटलनीय बनता जा रहा है। भौतिकी के कंजर्वेशन नियम—यानी यह अटल नियम कि संसार के कुल द्रव्य और ऊर्जा की मात्रा घट-बढ़ नहीं सकती—को निरस्त करने का उपाय अब तक पूँजीवादी व्यवस्था के लिए अप्राप्य रहा है। यह मनुष्य की दानवी आकांक्षा पर उल्लंघ्य सीमा है।

समाजवादी आन्दोलन का यह प्रारम्भिक विश्वास कि निजी स्वामित्व को खत्म कर राजकीय या तथाकथित सार्वजनिक स्वामित्व कर देने भर से पूँजीवादी शोषण और विषमता खत्म हो जाएगी—जैसा ऊपर बतलाया गया है—एक भ्रम सिद्ध हुआ है। सार्वजनिक क्षेत्र में भी व्यवस्था पूरी तरह एक नौकरशाही के हाथों में होती है, जो स्वयं जड़ता और शोषण का आधार बन जाता है, खासकर बड़ी व्यवस्था, चाहे वह राजकीय हो चाहे निजी क्षेत्र की, इसके दायरे में आनेवाले आम

लोगों के नियंत्रण से मुक्त हो जाती है और इसमें सदा एक छोटे व्यवस्थापक एवं नौकरशाही समूह के हित में काम होता है, जिनकी सुविधाएँ बढ़ती रहती हैं और आम आदमी हाशिये पर ढकेल दिया जाता है। पश्चिमी देशों में सोशल डेमोक्रेटिक पार्टियों के नेतृत्व में बनी सरकारें भी श्रमिकों और प्रतिष्ठानों के शीर्ष पर स्थापित लोगों के बीच का संचालित-संचालक विभाजन और इससे जुड़ी सुविधाओं और वंचनाओं के भेद को मिटाने में अक्षम सिद्ध हुई हैं। बड़े संस्थानों की बनावट और कार्यप्रणाली में ही ऐसी विषमता के बीज हैं। अर्थतंत्र के केन्द्रीकरण के समानान्तर राजकीय व्यवस्था भी जितनी ही विशाल होती जाती है, लोकतंत्र के ढाँचे के भीतर ही वह आम मतदाता के नियंत्रण से मुक्त शक्तिशाली समूहों का सेवक बनती जाती है। इसमें जनप्रतिनिधि भी आमजन के शोषण पर आधारित सुविधाभोगी समूह का हिस्सा बन जाते हैं। धीरे-धीरे लोकतांत्रिक संस्थाओं पर सम्पन्न वर्गों एवं नवोदित अभिजातों का शिकंजा मजबूत होता जाता है। हमारी भारतीय संसद में यह स्थिति पिछले निर्वाचन के बाद स्पष्ट रूप से उजागर हुई है।

'नेशनल इलेक्शन वाच' नामक समूह के अध्ययन से यह तसवीर साफ है। इसके अनुसार, 2009 के लोकसभा चुनाव में 3,437 प्रत्याशी ऐसे थे जिनकी सम्पत्ति दस लाख रुपए से कम थी। इनमें सिर्फ 15 (0.44 प्रतिशत) लोकसभा में पहुँच पाए, लेकिन प्रत्याशियों के जीतने की उम्मीद उसकी सम्पत्ति के हिसाब से बढ़ती जाती है। 1,785 ऐसे उम्मीदवारों में से—जिनकी हैसियत दस लाख से पचास लाख के बीच थी—116 (06 प्रतिशत) जीते। यह अनुपात 50 लाख से 5 करोड़ की सम्पत्तिवालों के मामले में 19 प्रतिशत हो गया। और उन 322 ऐसे प्रत्याशियों में जिनकी हैसियत पाँच करोड़ से अधिक-से-अधिक थी, 106 (33 प्रतिशत) जीत गए। यह भी पाया गया है कि निर्वाचित होने के बाद से सांसदों की आर्थिक हैसियत बढ़ती गई है। सम्पत्ति की विषमता के माहौल में सांसदों का रुझान अपनी हैसियत का फायदा उठा अपने को तरह-तरह से लाभान्वित करने का हो गया है। भारत में ही नहीं, संसदों की माता कहलानेवाली ब्रिटिश पार्लियामेंट के सदस्यों की लिप्सा भी स्कैंडलों के रूप में उजागर होने लगी है।

आज के बड़े राष्ट्र-राज्यों में संसदीय प्रणाली में भी आर्थिक शक्ति का इतना केन्द्रीकरण हो गया है कि सांसदों के लिए अपनी शक्ति का दुरुपयोग कर सुविधाएँ हासिल करना दुर्निवार हो गया है। ऐसे समाज में यह रुझान स्वाभाविक है जहाँ मनुष्य की हैसियत उसकी सम्पत्ति और इससे जुड़े ताम-झाम से आँकी जाती है। एक दलित महिला, मायावती का उत्तर प्रदेश जैसे बड़े राज्य में मुख्यमंत्री बनना अपने आप में देश के लिए गौरव की बात हो सकती थी, लेकिन सम्पत्ति के साथ गरिमा का ऐसा गठजोड़ हो गया है कि यहाँ भी हम एक त्रासदी से रू-ब-रू हैं। यह त्रासदी है, मायावती का सम्पत्तिवालों के उस समूह में शामिल होने को लालायित

होना जिसके कारण देश के करोड़ों दलित शोषण और उत्पीड़न के शिकार हैं, लेकिन यहाँ किसी व्यक्ति को दोष देना बेकार है। सम्पत्ति और राजसत्ता का गठबन्धन सभी वर्ग विभाजित समाजों गें रहा है और इससे निजात पाने के लिए आर्थिक विषमता के साथ केन्द्रीय राज्य सत्ता को तोड़ना भी जरूरी है।

यहाँ हम एक दुश्चक्र के शिकार हैं। भारत जैसे बड़े राज्यों में जब तक किसी आन्तरिक कारण से राज्य का विघटन नहीं हो जाता, केन्द्रीकृत संवैधानिक ढाँचे को संवैधानिक तरीके से तोड़ विकेन्द्रित करना मुश्किल लगता है। जैसाकि ऊपर बतलाया गया है, इस जनतंत्र पर धनतंत्र पूरी तरह हावी है। इस ढाँचे के भीतर सफलता के लिए सिर्फ चुनावी पहल—जो दिनोंदिन खर्चीली होती जा रही है—और इसका आयोजन अपर्याप्त है। दूसरी ओर इस व्यवस्था को तोड़ने के हिंसक तरीके राज्य के हिंसक औजारों को और भी मजबूत बनाते हैं। इसके लिए सैन्य शक्ति पर ज्यादा-से-ज्यादा निवेश होता है और दगनकारी नीतियों से राज्य अधिनायकवादी बनता जाता है। फिलहाल भारत में यही हो रहा है। पोटा जैसे अधिनायकवादी कानूनों का बनना और आतंकवाद से लड़ने के नाम पर निर्दोष नागरिकों की हत्याएँ होती हैं या 'विजिलांते' समूह का गठन होता है जो कानूनी दायरे के बाहर हिंसक तरीके से लोगों को आतंकित करते हैं—जैसे छत्तीसगढ़ में सलवा जुडूम द्वारा हो रहा है। इससे आम लोगों की और लोकतंत्र की शक्ति और भी कमजोर होती है। रूस, चीन आदि में जो बड़ी हिंसक क्रान्तियाँ हुईं, उनके नतीजे सामने हैं। ये सब अन्ततः केन्द्रीकृत अधिनायकवादी सत्ता के जनक बने और शक्तिशाली राज्य बनने की प्रक्रिया में पूँजीवादी औद्योगिक व्यवस्था पर ही लौट आए।

पिछले अनुभवों के आलोक में पारिवारिक या छोटे सहयोगी समूहों द्वारा चलाए जा रहे ऐसे छोटे उद्योग अति लघु राजकीय इकाइयों—गांधी जी के आदर्श ग्राम गणतंत्र की तर्ज पर—के गठन को लक्ष्य बना राजनीतिक पहल ही समाज के निर्माण की दिशा में व्यावहारिक कदम हो सकता है। ऐसी ही व्यवस्था में समता और स्वशासन, दोनों आम लोगों की पहुँच में हो पाएँगे। ऐसी ही व्यवस्था में बेगानेपन से मुक्त लोगों की भावनात्मक तुष्टि भी सम्भव है। आज के विशाल नगरी समाजों में भी अन्ततः लोगों के निजी सम्बन्धों का ताना-बाना उसी संख्या के भीतर सीमित होता है जो उनके प्रारम्भिक कबीलों के थे। चूँकि यह उसके आनुवंशिकी (जीन) में अंकित है। इसी छोटे समूह गें उसे अन्तरंगता का बोध होता है। एथोलॉजिस्ट डेरगौंड मौटिस ने भी अपनी चर्चित पुस्तक 'द ह्यूमन जू' में इस रुझान को चिह्नित किया है। मार्क्स ने आधुनिक उद्योगों की कार्यप्रणाली में श्रमिकों के जैसे बेगानेपन की बात की है वह आर्थिक सम्बन्धों से बाहर वर्तमान औद्योगिक समाज के सामाजिक सम्बन्धों में भी बनी रहती है, जिससे छुटकारे के लिए आदमी छोटे सामूहिक दायरों का निर्माण करता रहता है। इसका आकार

उसके आदिम कबीलों जैसा बन जाता है। विख्यात समाजशास्त्री मैक्स वेबर ने भी आधुनिक औद्योगिक व्यवस्था में, जिसे वे 'लीगल रेशनल' कहते हैं, इस भावशून्यता (डिसइंवेंटमेंट) को रेखांकित किया है। अन्ततः मनुष्य अपने जीवन में सन्तुष्टि और पूर्णता की तलाश करता है। वह किसी यांत्रिकता के पाश में बँधे अत्याधुनिक समाजों में भी वह साहित्य, कला, संगीत आदि में—जो कभी जीवन के स्वाभाविक विस्तार थे—पलायन ढूँढ़ता है, लेकिन आज की व्यावसायिक संस्कृति हरसम्भव तरीके से इन कलात्मक विधाओं को भी यांत्रिक और बाजारू उपभोग की वस्तु बनाने की कोशिश करती है। इस प्रक्रिया में कलाकार स्वयं क्रय-विक्रय के ताने-बाने में उलझकर उस भावनात्मक मुक्ति से वंचित हो जाता है जिसकी तलाश उसे कला की ओर खींचती है। आदिम समाजों की सामूहिक कलात्मक अभिव्यक्ति में ही मनुष्य दूसरे मनुष्यों और परिवेश के नदी, पहाड़, पेड़-पौधों और विभिन्न जीवों के साथ लय बाँधने में सक्षम होता था और जीवन में एक हद की आन्तरिकता और पूर्णता का अनुभव करता था। जन्म, जरा, रोग, मृत्यु जीवन की अपरिहार्य स्थितियाँ हैं, लेकिन आदिम समाजों या आधुनिकता से अछूते आज के ग्रामीण, ग्रामीण समाजों में भी लोग इन स्थितियों को (रिचुअल) अनुष्ठानों के लय में बाँध 'अगम' संसार के छोर एकाकीपन के भाव से उबर जाते हैं। आधुनिक समाज में इन स्थितियों से कोई भावनात्मक पनाह नहीं। अब बुढ़ापे और बीमारी में भी मानव सम्पर्क विरल होता जा रहा है और वृद्धों के लिए निर्मित आरामगाह और अस्पताल भी यंत्रों का ताना-बाना बनते जा रहे हैं, जहाँ आदमी मानवीय सम्पर्क के लिए तरसता है।

आधुनिक सभ्यता में सम्पन्न लोग इस यांत्रिक संस्कृति के बेगानेपन से मुक्ति के लिए आदिम स्थितियों के अवशेष, गिने-चुने स्थानों में टूरिस्ट रिसॉर्ट बनाते हैं और जीवन के रूखेपन से कुछ समय के लिए मुक्ति पाते हैं, लेकिन इस प्रयास में इन स्थानों को भी होटलों, अत्याधुनिक यातायात के साधनों, गाइडों और व्यवस्थापकों की फौज से वैसा ही बना डालते हैं जैसे परिवेश से पनाह खोजते हैं। वे भूल जाते हैं कि जीवन के स्वाभाविक लय को नष्ट कर कहीं बाहर इसे नहीं पाया जा सकता। मनुष्य को पूर्ण रूप से मानव बनने के लिए फिर वैसा मानवीय परिवेश निर्मित करना होगा जिसे वह विगत शताब्दियों में नष्ट करता रहा है।

मार्क्स ने हीगेल की प्रत्ययवादी विश्वदृष्टि को दुरुस्त करने के अपने दावे में यह कहा था कि हीगेल की दुनिया सिर के बल खड़ी थी। उसे उसने अपने भौतिकवादी दृष्टि से पैर के बल खड़ा कर दिया, लेकिन सर्वहारा क्रान्ति की मार्क्स की कल्पना भी एक अलग अर्थ में व्यवस्था को सिर के बल खड़ा करने का प्रयत्न साबित हुआ। मार्क्स की दृष्टि में सर्वहारा क्रान्ति उस बिन्दु पर होगी जहाँ पूँजीवाद अपने विकास में हासिल कर सारी व्यवस्था को अपनी मुट्ठी में ले लेगा। पूर्णता के शीर्ष

बिन्दु पर पूँजीवाद कैसे पहुँचेगा, इसका सिर्फ कुछ संकेत भर था जबकि शीर्ष पर पहुँचने की एक व्यथा-कथा थी।

दरअसल, विशाल यंत्रों पर आधारित बड़े उद्योगों का विकास समतामूलक व्यवस्था के भीतर हो नहीं सकता। यही कारण है कि अपनी क्रान्तियों की सफलता के बाद रूस और चीन, दोनों ही पूँजीवाद की ओर लौट आए। मार्क्स ने स्वयं तथ्यों के आधार पर पूँजी प्रथम भाग में प्राथमिक पूँजी संचय की प्रक्रिया का जो विवरण दिया है, उस पर नजर डालने पर यह समझना मुश्किल है कि समतामूलक समाज में भारी मशीनों के निर्माण के साधन कैसे उपलब्ध होंगे। पूँजीवाद के प्रारम्भ में तो यह इसलिए सम्भव था क्योंकि लोगों के जीवन पर पूँजीवादी व्यवस्था का पूर्ण नियंत्रण था। किसानों का विस्थापन और कारखानों में काम करने के लिए उनका सर्वहाराकरण सम्भव था। प्रारम्भिक वर्षों में रूस और चीन, दोनों में क्रान्ति के नाम पर औद्योगीकरण के लिए किसानों और मजदूरों को आत्म-बलिदान के लिए प्रेरित किया गया, लेकिन उत्तरोत्तर और दीर्घकालीन विकास के लिए स्वेच्छा से लोग इसके लिए तैयार नहीं हो सकते थे।

पूँजीवाद ने जो जबरिया पूँजी संचय एवं विकास का मॉडल प्रस्तुत किया था वह अन्तत: ज्यादा माफिक लगा। व्यवस्था के शीर्ष पर जो थे, उनको बाद में अपनी सुविधाओं को स्थायी करने में पूँजीवादी व्यवस्था ज्यादा माफिक और स्वाभाविक लगी। इसी का परिणाम था कि रूस, चीन, वियतनाम आदि सभी पूर्व की कम्युनिस्ट व्यवस्थाएँ जो विशाल औद्योगिकता को अपना ईश्वर मानती थीं, आसानी से पूँजीवादी व्यवस्था में बदल गईं। चीन में तो सत्ताधारी पार्टी का नाम भी 'कम्युनिस्ट' ही रखा गया। बड़े औद्योगीकरण की प्रक्रिया में ही पूँजीवादी विषमता के बीज हैं। विशाल मात्रा में पूँजी संचय ऐच्छिक और सहज प्रक्रिया कभी नहीं हो सकती। छोटी मशीनें और घरेलू उद्योग ही समतामूलक और सहयोगी समाज के आधार हो सकते हैं, जिसमें लोग अपनी छोटी आय और सीमित संसाधनों से उद्योग और दूसरे उद्यम शुरू कर सकते हैं।

इस मूल तथ्य को मार्क्स ने नजरअन्दाज कर दिया था कि पूँजीवाद का विकास सदा बाहरी क्षेत्रों के संसाधनों के दोहन पर निर्भर करता है और इसकी विकास यात्रा उत्तरोत्तर संसाधनों के दोहन के लिए नये क्षेत्रों की तलाश में होती है। इसका शीर्ष बिन्दु वहीं होगा जहाँ संसार के सारे क्षेत्र इस दोहन से सारहीन अवशिष्ट मात्र रह जाएँगे और यह अपने अवशेष के उस खँडहर पर ही नष्ट होगा जिसके आगे जीव-जगत की मौत पसरी होगी। संसार की यह भौतिक हकीकत आज इतना स्पष्ट हो गई है कि तात्कालिक ऐश्वर्य के उन्माद से अन्धा होकर ही कोई इससे इनकार कर सकता है। पश्चिम के विकसित देश अपनी अर्थव्यवस्था के प्रसार के लिए दो-दो विश्वयुद्धों को जन्म दे चुके हैं और आज पश्चिम एशिया, लातिनी अमेरिका

और अफ्रीका आदि में परोक्ष युद्ध (प्रॉक्सी वार) चला रहे हैं। भारत जैसे पूर्व के उपनिवेश भी ऐसे विकास के लिए पहले अपने भू-भागों को आन्तरिक उप निवेश बनाते हैं और अब अफ्रीका, पश्चिम एशिया के संसाधनों के दोहन पर पश्चिमी देशों की साझेदारी में अपनी निगाह लगाए हुए हैं।

अब जब नई औद्योगिक व्यवस्था भूमंडलीकृत हो गई है, दुनिया के हर कोने में संसाधनों पर नियंत्रण के लिए होड़ लगी है। जिन देशों में पूँजीवाद का विकास पहले हुआ था, वे इस होड़ में अधिक सक्षम हो रहे हैं, लेकिन चीन और भारत जैसे देशों के औद्योगिक प्रतिष्ठानों की प्रतिस्पर्धा से चिन्तित भी हैं। भविष्य में टकराहट की आशंका से इनमें सभी राष्ट्र हथियारों पर बेशुमार खर्च कर रहे हैं—भारत और चीन जैसे देश भी, जहाँ अब भी बड़ी आबादी जीवन की मूलभूत आवश्यकता की वस्तुओं के लिए भी मोहताज है। भारत का प्रतिरक्षा पर हो रहा विशाल खर्च इसका नमूना है, जिसमें दुनिया के विकसित देशों के सामरिक कचरे (कबाड़ बन चुके आयुधों) को खरीदना भी शामिल है या तीन दशक से ज्यादा लगा परमाणु चालित पनडुब्बी का निर्माण। इस शक्ति प्रदर्शन में विभिन्न जन्तुओं में प्रतिस्पर्धी को पैंतरेबाजी से डराने की कवायद की हास्यास्पद झलक दिखाई देती है। ऐसे युद्ध आयुधों पर खर्च से पूँजीवाद में बाजार के संकट से उबरने का भी एक जरिया निकल आता है और युद्ध की स्थायी अर्थव्यवस्था पूँजीवाद को एक हद तक स्थायी बाजार उपलब्ध कराती है। यह बात अब अधिकांश अर्थशास्त्री भी मानने लगे हैं कि 1929-30 की आर्थिक मन्दी से अमेरिका को 'न्यू डील' से राहत तो मिली थी, लेकिन वहाँ की अर्थव्यवस्था पूरी तरह से उबरी कि तभी तब द्वितीय विश्वयुद्ध ने आयुधों के उत्पादन और युद्ध से सम्बद्ध दूसरे खर्चों को अचानक बड़े पैमाने पर बढ़ा दिया।

स्थायी युद्ध की अर्थव्यवस्था पूँजीवाद को एक हद तक स्थायी बाजार उपलब्ध कराती है, लेकिन नियंत्रण से बाहर हो रहा पर्यावरण संकट संकेत दे रहा है कि पूँजीवादी अर्थव्यवस्था के शीर्ष बिन्दु पर सिर्फ मौत है, किसी क्रान्ति की सम्भावना नहीं। इसलिए क्रान्तिकारी परिवर्तन की तलाश पूँजीवाद के शीर्ष पर नहीं हो सकती। इसके विकल्प में एक-दूसरे तरह की व्यवस्था आज और भी ढूँढ़नी होगी। यह व्यवस्था भी पूँजीवाद की गिरफ्त में नहीं आए इसके लिए, ऐसा विकल्प सीमित उपभोग के लिए लघु उद्योगों पर आधारित स्वायत्त और आत्मनिर्भर छोटी राजकीय इकाइयाँ हो सकती हैं—गांधी जी के ग्राम गणतंत्र की कल्पना के समीप। यह पारम्परिक सहयोग की भावना पर आधारित वैसी व्यवस्था ही होगी जहाँ निचली इकाइयाँ अपनी जरूरत की ज्यादा-से-ज्यादा वस्तुओं का उत्पादन करेंगी, लेकिन गाँव के छोटे दायरे में सभी जरूरतों की पूर्ति सम्भव नहीं होगी। इसलिए गाँवों के सहयोग के विभिन्न स्तरों के बड़े परिसर बनेंगे। आवश्यकता के अनुसार इनसे विनिमय होगा। ऐसी व्यवस्था को बाजार विशेषज्ञ गजानन खातू ने परिसराविमुख

विपणन व्यवस्था के रूप में परिकल्पित किया है। जो वस्तुएँ निचले परिसर में उपलब्ध नहीं होंगी, उनके लिए ऊपर के परिसर से सम्पर्क साधना होगा। प्राचीन ग्रामीण व्यवस्थाओं में विनिमय का कुछ ऐसा ही रूप था। ऊर्जा के लिए छोटी जल विद्युत परियोजनाएँ, पवनचक्की से प्राप्त ऊर्जा, जैव पदार्थों से प्राप्त ऊर्जा और सौर ऊर्जा के ऐसे संयंत्र विकसित किए जाएँगे जिनमें खर्चीली और विरल धातुओं की खपत कम-से-कम हो। कोयला, तेल आदि से परिचालित यंत्र एवं मशीनों की संख्या नगण्य होगी। अर्थव्यवस्था की स्थानीयता परिवहन पर खर्च को लघुतम मात्रा में सीमित कर देगी। कृषि पूरी तरह जैविक बन जाएगी, जिसमें लगभग पूरी तरह स्थानीय रूप से उपलब्ध खाद एवं जल आपूर्ति के उपक्रमों का प्रयोग होगा। जुताई के लिए घोड़े-बैल आदि का उपयोग होगा या ऐसी मशीनों का जो पूरी तरह प्रदूषण रहित हों। यह भ्रम अब टूटने लगा है कि रासायनिक उर्वरक खेती में अधिक उपज देने के लिए अपरिहार्य हैं। दरअसल, जिसे आधुनिक खेती कहा जाता है और जो उर्वरकों और मशीनों पर निर्भर है, अलाभकारी सिद्ध हो रही है और 'डिमिनिशिंग रिटर्न' यानी उत्तरोत्तर लागत के हिसाब से कम पैदावार देनेवाली बन गई है। इसीलिए औद्योगिक देशों की खेती भारी अनुदानों पर आधारित है। विश्व व्यापार के असन्तुलन और गतिरोध का मुख्य कारण सम्पन्न औद्योगिक देशों का कृषि अनुदान ही है।

नए समतामूलक समाज में कृषि उत्पादन का एक ऐसा चक्र विकसित होगा जो कृषि के लिए मिट्टी में आवश्यक उर्वरा शक्ति प्रदान करनेवाले कीटाणुओं एवं केंचुओं आदि को स्वयं विकसित करेगा। अभी यह प्रायोगिक स्तर पर जहाँ-तहाँ हो रहा है। धीरे-धीरे यह कृषि में आम व्यवहार बन जाएगा।

भविष्य का समाज क्या बनेगा, इसकी सम्पूर्ण रूपरेखा बनाने का प्रयास तो सर्वज्ञता और भविष्य का निर्धारक बनने का हास्यास्पद दावा होगा, लेकिन यह आशा की जा सकती है कि स्वाभाविक प्रतिभावों को बाँझ बनानेवाली नौकरशाही के बृहत् जाल से मुक्त हो लोग अपनी सूझ-बूझ से स्वयं आवश्यक सांगठनिक ढाँचा और कार्य संस्कृति विकसित करेंगे, जैसा वे पहले सदियों से करते आए थे। इसी में आदमी अपनी मनुष्यता और पास-पड़ोस के बीच जगत एवं पर्यावरण की रक्षा कर उनसे साहचर्य स्थापित कर पाएगा।

इतिहास पर नजर डालने से यह ज्ञात होता है कि सभ्यताएँ भी जीवों के विकास की तर्ज पर उपलब्ध संसाधनों के आधार पर ही आकार ग्रहण करती हैं। जीवाश्मों के आधार पर अध्ययनों से जैविक विकास के अध्येता बतलाते हैं कि लगभग 5 से 20 करोड़ साल पहले धरती पर डायनासोर जैसे विशाल संसृपों का साम्राज्य था, लेकिन अचानक विशाल उल्कापात या किसी अन्य कारणों से (जो फिलहाल विवाद का विषय है) धरती पर अँधेरा छा गया और वृक्षों के विशाल

जंगल जो इनके पोषण के आधार थे, नष्ट हो गए। इससे ये प्रजातियाँ अचानक विलुप्त हो गईं। इन संसृपों के अति लघु संस्करण ही बचे रह सके। फिर रंग-बिरंगे फल-फूल, कीट-पतंग तुलनात्मक दृष्टि से छोटे स्तनपायी जीवों का विकास हुआ। इन परिप्रेक्ष्य में विचार करने पर यह देखा जा सकता है कि अठारहवीं शताब्दी से वर्तमान काल तक अचानक विशाल मात्रा में जीवाश्म ऊर्जा के स्रोत कोयला, तेल एवं गैस आदि की उपलब्धि एवं इनसे चलनेवाले यंत्रों के विकास से बड़े उद्योग और इन पर आधारित विशालता की सभ्यता का उदय हुआ। पूँजीवाद के विकास का प्रमुख सन्दर्भ यही था। आदमी आदतों का गुलाम होता है। विशालता और प्रचुरता के जीवन से अभ्यस्त हो जाने पर वह सहज में उपलब्ध हो सके, ऐसे संसाधनों के अभाव में भी सभी दूसरे संसाधनों से पुरानी जीवन पद्धति को लेकर चलने की कोशिश करता है, लेकिन ऐसे संसाधन सीमित होते हैं। यह जीवन पद्धति असम्भव बनने लगती है। फिलहाल दुनिया इसी संकट से रू-ब-रू है और देर-सवेर इसे जीवन की किसी वैकल्पिक व्यवस्था की ओर लौटना ही होगा—वैसी वैकल्पिक व्यवस्था की ओर, जो विशाल मात्रा में संसाधनों को गटकनेवाली न हो।

जैविक विकास की तर्ज पर सांस्कृतिक विकास को भी इस सीमान्त स्थितियों का सामना करना ही होगा और इसके अनुसार जीवन को बदलना होगा। यह संक्रमण काल संघर्षपूर्ण और दुखदायी होगा—जैसे कुछ-कुछ आज हो रहा है। अनेक सभ्यताएँ—जैसे यूनान, रोम, मिस्र, बेबिलोन, इंका, एजटेक आदि परिवेश की ऐसी ही सीमा के कारण कुछ समय तक अपना गौरव बिखेरकर समाप्त हो गईं। अपने अन्तिम दौर में इन सबने साम्राज्य फैला एवं पास-पड़ोस के मनुष्यों को गुलाम बना और उनके परिवेश का शोषण कर अपने ऐश्वर्य को बनाए रखने की कोशिश की, लेकिन संसाधनों और तकनीक की सीमा ने इन्हें परास्त कर दिया और वे नष्ट हो गईं। वर्तमान पूँजीवादी सभ्यता का आयाम इन सबसे विशाल है और आज जब इस पर संसाधन और पर्यावरण, दोनों की सीमाओं से संकट है तो इस संकट का फलक भी पूर्व की सभ्यताओं से विशाल—लगभग—सार्विक है। विकल्प में समाजवाद के प्रस्तावित प्रयोग को इस वैश्विक ऐतिहासिक परिप्रेक्ष्य को ध्यान में रखना होगा। अन्तरिक्ष में हमारी उड़ानों से कल्पना को भले ही पर लग गए हों, पर मिस्र, यूनान या रोम के साम्राज्य की तर्ज पर इससे कुछ अतिरिक्त संसाधन हाथ नहीं लगनेवाले। हर प्रक्षेपण में हम अपनी धरती का कुछ पदार्थ और कुछ ऊर्जा गँवाते ही हैं। हमें यह सन्तोष करना होगा कि ये सिर्फ हमारे ज्ञानवर्द्धन के उपक्रम भर हैं। अन्तरिक्ष के अन्तहीन बियाबान में जीवन को आधार दे सकें, ऐसे साधनों की तलाश आकाश-कुसुम की ही खोज है।

नए तरह के परिवर्तन के लिए सबसे बुद्धिसंगत उपाय तो यही हो सकता है कि जहाँ लोकतांत्रिक व्यवस्था कायम है वहाँ संवैधानिक रास्ते से—जिसमें

शान्तिमय संघर्ष भी शामिल है, धीरे-धीरे केन्द्र की सत्ता को विकेन्द्रित किया जाए और असली सत्ता स्वशासित गाँवों को हस्तान्तरित की जाए, लेकिन केन्द्रीय सत्ता के साथ इतने तरह के निहित स्वार्थ जुड़े हैं और चुनावी प्रक्रिया पर भी इनकी ऐसी पकड़ है कि इस पहल को सफल बनाना मुश्किल है, हालाँकि असम्भव नहीं, लेकिन वर्तमान औद्योगिक व्यवस्था, संसाधनों को लूटने के क्रम में स्थानीय आदिवासी और ग्रामीण इलाकों का ऐसा शोषण करती है कि जगह-जगह प्रतिरोध की आवाज उठ रही है। जिसे आज अलगाववाद या विघटनकारी आन्दोलन कहा जा रहा है, दरअसल केन्द्रीकरण से पसरते दरिद्रीकरण के खिलाफ आत्मरक्षा के लिए स्वायतत्ता की भावना का ही उभार है। परम्परा से प्राप्त मूल और मजहब का आधार सुविधाजनक होने के कारण अपनाए जाते हैं। समाजवादी आन्दोलन केन्द्रीकरण के खिलाफ उभरते इन प्रतिरोधों को अहिंसक और रचनात्मक रूप दे सार्थक दिशा प्रदान कर सकता है। सबसे कारगर तरीका इन दोनों तरह के रास्ते को स्थिति के अनुसार अपनाना होगा। हिंसक आन्दोलनों का परित्याग इसलिए जरूरी है क्योंकि संसार भर के अनुभव यही बतलाते हैं कि हिंसक आन्दोलन एक नये तरह के केन्द्रीकृत तानाशाही को ही जन्म देते हैं और समाज फिर शोषण की उन्हीं स्थितियों में वापस आ जाता है जिनसे निकलना अभीष्ट है। ऐसी केन्द्रित तानाशाही को फिर वैसे उपकरणों और नौकरशाही को विकसित करने की जरूरत हो जाती है जिनसे निजात पाना आन्दोलन का प्रारम्भिक उद्देश्य रहा होता है।

2

पूँजीवाद और सोशलिज्म अब एक-दूसरे के विकल्प नहीं रह गए हैं। उनका रूप भले ही कुछ भी क्यों न हो, दोनों ही समाज को उन्हीं दबावों, निषेधों और मानदंडों के मुताबिक गढ़ना चाहते हैं, जो औद्योगिक व्यवस्था ने पिछली तीन शताब्दियों में अपने विकास के दौरान हमारी दुनिया पर थोपे हैं। इसके चलते पूँजीवाद और सोशलिज्म, दोनों ही उत्पादन और वितरण की कमोबेश एक जैसी पद्धति अपनाने को बाध्य होते हैं। रिफॉर्मेशन या प्रोटेस्टेंट आन्दोलन के बाद यूरोपीय समाज पर जो मूल्य हावी रहे, उन्हें इस औद्योगिक व्यवस्था ने आत्मसात् कर लिया है।

शुरुआती दौर में यूरोपीय समाज पर कालविनिस्ट नीतिशास्त्र हावी रहा। हम सब यह जानते हैं कि कालविनिस्ट नीतिशास्त्र ने सांसारिक सफलता (इसमें व्यापार और उद्योग में सफलता को अत्यधिक महत्त्व दिया गया) को दैवीकृपा का प्रमाण बताकर उसे औदात्य प्रदान किया। कालविनिज्म ने किफायत, उद्यम, संयम और दायित्वबोध का गुणगान करते हुए पृथ्वी पर ईश्वर का राज्य कायम करने के लिए उन्हें आवश्यक बताया। इस नीतिशास्त्र के तहत सांसारिक सफलता दैवी आशीर्वाद और अनुकम्पा है और उसे प्राप्त करने के लिए प्रतियोगिता व प्रतिस्पर्धा जायज हैं।

19वीं सदी के उत्तरार्द्ध में इस कालविनिस्ट मूल्य व्यवस्था पर चार्ल्स डार्विन के विकासवादी विचारों से उद्भूत इहलौकिक (सेक्यूलर) मूल्यों की एक नई व्यवस्था का आरोपण हुआ। अपने चरम रूप में डार्विन के विचार सामाजिक डार्विनवाद के रूप में अभिव्यक्त हुए और यह माना गया कि योग्यतम ही जीवित रहता है या रह सकता है (सर्वाइवल ऑफ द फिटेस्ट)। डार्विनवाद ने भी प्रतियोगिता और प्रतिस्पर्धा का ही गुणगान किया और यह माना गया कि जो प्रतियोगिता में सफल होते हैं वे ही मानव जाति के श्रेष्ठ व बेहतर लोग हैं। यह नीतिशास्त्र 19वीं शताब्दी से पश्चिमी समाज पर जिस भौतिकवादी लोकाचार (एथोस) का अत्यधिक प्रभाव पड़ा था, उसके बहुत अनुकूल था। इसके आर्थिक और नृजातीय (नस्ली) निहितार्थ भी थे।

इस दृष्टिकोण के अनुसार सिर्फ समाज में ही निम्न वर्ग नहीं होते, प्रकृति में भी निम्न मनुष्य होते हैं। जिस तरह निम्न वर्ग का शोषण उचित है उसी तरह उच्च या श्रेष्ठ जातियों या नस्लों द्वारा निम्न जातियों या नस्लों को गुलाम बनाना और

उन पर आधिपत्य कायम करना उचित और प्राकृतिक है। यही सृष्टि का नियम है। इस दृष्टिकोण का नतीजा यह हुआ कि समाज में यह विचार गहरा पैठा दिया कि वनस्पति और प्राणिजगत के सोपानवत क्रम (हायरार्की) के समानान्तर मानव जगत में भी सोपानवत क्रम होता है (और होना चाहिए)। इसका यह मतलब बना कि असमानता केवल एक अनिवार्य और अवश्यम्भावी वस्तु नहीं है वरन् सामाजिक विकास की एक आवश्यक प्रेरक शक्ति है।

इससे श्वेत लोगों द्वारा अश्वेत लोगों का विनाश व उन्मूलन करने और उन्हें गुलाम बनाने को जायज ठहराया जा सका। यहाँ यह याद रखना चाहिए कि कोलम्बस के अमेरिका की खोज करने के बाद से ही अश्वेतों को गुलाम बनाने और उन्हें विनष्ट करने का सिलसिला चल पड़ा और इसी के चलते यूरोप और अमेरिका में औद्योगिक क्रान्ति का आधार खड़ा हो पाया। हिटलर पश्चिमी समाज की इसी मूल्य व्यवस्था का स्वाभाविक वारिस था। उसने तो यहाँ तक कह डाला कि सभ्यता के विकास और निर्माण के लिए मनुष्य ने पहले चरण में पशुओं का इस्तेमाल करना सीखने के पूर्व हीन मनुष्यों को गुलामों के रूप में इस्तेमाल करना सीखा था। अभी यूरोप और अमेरिका में काम करने के लिए आए हुए गैर यूरोपीय लोगों के खिलाफ जो हिंसा बढ़ रही है, वह इसी मनोवृत्ति और नस्लवादी मूल्यों की ही एक और अभिव्यक्ति है।

आधुनिक औद्योगिक व्यवस्था और इसके इर्द-गिर्द सभ्यता के जो आदर्श विकसित हुए हैं, वे इन मूल्यों की परम्परा से अलग और असम्पृक्त नहीं हैं। ये मूल्य पश्चिमी टेक्नोलॉजी और औद्योगिक प्रबन्धन (मैनेजमेंट) की संरचना में घुले-मिले हुए हैं। यह औद्योगिक व्यवस्था भी यह मानती है कि जो सफलता की नृशंस होड़ में पीछे रह जाते हैं, उनकी ओर ध्यान देने की कोई जरूरत नहीं; वे त्याज्य माल हैं।

1880 के दशक में फ्रेडरिक विनस्लो टेलर के अध्ययन और सिद्धान्तों के चलते औद्योगिक प्रबन्धन और उद्योगों के संगठन में एक भारी बदलाव आया। अमेरिका के गृहयुद्ध के बाद प्रतियोगिता और प्रतिस्पर्धा का बढ़ना इस बदलाव का एक बड़ा कारण था। विनस्लो टेलर ने अधिकाधिक उत्पादन करने के उद्देश्य से काम के दौरान मजदूरों के बीच-बीच में काम छोड़कर सुस्ताने और इधर-उधर टहलने की स्वाभाविक प्रवृत्तियों को समाप्त करने के लिए समय और गतिशक्ति (मोशन) का अध्ययन किया और इस अध्ययन के निष्कर्षों के मुताबिक कारखाने में काम करने की एक नई पद्धति इस्तेमाल की जाने लगी। इससे मजदूरों को उत्पादन का पुर्जा मात्र बना दिया गया।

नई पद्धति यह थी कि मजदूरों के काम को इस तरह बाँटा या विभाजित कर दिया गया कि उसकी जटिलता समाप्त हो गई और वह टुकड़ों-टुकड़ों में एक अत्यन्त सरल काम बना दिया गया। इस तरह मजदूर अलग-अलग औजारों से एक

सरल काम को बार-बार करनेवाले पुर्जे बन गए। निर्माण प्रक्रिया के अलग-अलग हिस्सों में बँट जाने के बाद उनके मेल (एसेम्बली) से वस्तु का निर्माण किया जाने लगा। प्रक्रिया के सरल और आसान किए जाने का नतीजा यह हुआ कि जो काम मनुष्य करते आए थे, वही काम मशीनों से लिए जाने लायक हो गया और इस तरह बड़ी तादाद में मजदूरों को हटाकर उनकी जगह मशीनें काम में लाई जाने लगीं। मजदूरों को हटाने की यह प्रक्रिया अब रोबोटों और कम्प्यूटरों के आविष्कार से अपनी परिणति पर पहुँच गई है।

सोवियत संघ में भी स्टालिन ने जब पंचवर्षीय योजनाओं के तहत बड़े पैमाने पर औद्योगीकरण शुरू किया तो उत्पादन में तेजी लाने के लिए इसी तरह की प्रक्रिया चलाई; यह प्रक्रिया 'स्टैखानोविज्म' के नाम से जानी जाती है। पूँजीवादी व्यवस्था में आधुनिक औद्योगिक प्रबन्धन के माध्यम से बड़ी सूक्ष्मता से मशीनों को मजदूरों को हटाकर नियुक्त किया जाता है, लेकिन स्टालिन ने सीधे-सीधे बल-प्रयोग और जबर्दस्ती का इस्तेमाल किया। इस तरह पूँजीवादी और सोशलिस्ट, दोनों ही व्यवस्थाओं में औद्योगिक विकास की टेक्नोलॉजी और ऊर्जा (डायनैमिक्स) एक जैसी रही।

इस तरह उत्पादन बढ़ाने और कार्य की चुस्ती को अधिक करने के लिए इस्तेमाल की जानेवाली टेक्नोलॉजी की प्रक्रियाएँ क्रमश: अधिक जटिल होती गईं और जो काम मनुष्य पहले करते थे, उन्हें विभिन्न मशीनों के तालमेलवाली पेचीदा व्यवस्था द्वारा किया जाने लगा। इसके परिणामस्वरूप विभिन्न स्तरों की दक्षता और तकनीकी ज्ञानवाले मजदूरों और टेक्नीशियनों की नियुक्ति करना आवश्यक होता गया। इन मजदूरों और टेक्नीशियनों का मुख्य काम मशीनों की देखरेख और संचालन करना भर था। इस तरह उद्योगों के एक अत्यन्त सोपानवत (हायरार्किक) संगठन का जन्म हुआ, जिसमें उच्च श्रेणी और पद में प्रोन्नति और वेतन-स्तर में वृद्धि दीर्घकालीन तकनीकी शिक्षा और दूसरों से बेहतर काम कर दिखाने पर निर्भर होती गई। इससे मजदूरों में प्रतियोगिता का जो भाव बढ़ा, वह उस प्रतियोगितात्मक वातावरण का ही प्रतिबिम्ब था जिसके तहत उद्योगों को चलना पड़ता था। प्रत्येक उद्योग अपनी टेक्नोलॉजी को लगातार आधुनिक व ज्यादा उच्चस्तरीय बनाने में लग गया ताकि वह प्रतियोगिता में कामयाबी हासिल कर सके।

किसी भी उद्योग की क्षमता या प्रतियोगिता करने की कूवत का अन्तत: यही मतलब होता गया कि उसका ज्यादा-से-ज्यादा मशीनीकरण, हो जिससे मशीनें ज्यादा-से-ज्यादा आदमियों का स्थान ले सकें। इस तरह टेक्नोलॉजी के लगातार उच्चतर होने का अर्थ ही यह होता गया कि उससे ज्यादा-से-ज्यादा आदमियों को काम से हटाया (वंचित किया) जा सके। सेवा और संचार क्षेत्र के प्रसार से भी यह प्रक्रिया रुकती नहीं क्योंकि इन क्षेत्रों में भी नई टेक्नोलॉजी का अर्थ होता है,

ज्यादा-से-ज्यादा स्वचालन (ऑटोमेशन) और कम-से-कम मनुष्य-श्रम का इस्तेमाल यानी कम-से-कम मनुष्यों का काम।

इस प्रकार की टेक्नोलॉजी में मजदूरों का उपभोग स्तर बढ़ाकर ऑटोमेशन और मशीनीकरण से फालतू और बेरोजगार हुए मजदूरों को नये उद्योग खोलकर काम पर लगाए रखने की जो बात यूरोपीय सोशलिस्टों ने पहले सोची थी, वह कारगर नहीं हो सकी। इसका बहुत ही सीधा-सादा कारण यह है कि बेरोजगार हुए मजदूरों को वह अतिरिक्त क्रय शक्ति प्रदान नहीं की जा सकती कि वे नये उद्योगों द्वारा निर्मित वस्तुओं को खरीद सकें—नए उद्योगों की वस्तुओं को खरीदना तो दूर रहा है, पहले से चले आ रहे उद्योगों द्वारा निर्मित वस्तुओं तक को खरीदना उनके लिए सम्भव नहीं हो सकता। इसलिए फालतू या बेरोजगार हुए मजदूरों को रोजगार या काम उपलब्ध करवाने के लिए नये उद्योग विकसित करने की यह एक आवश्यक शर्त है कि बन्द अर्थव्यवस्था के बाहर बाजार प्राप्त करने की होड़ मचे, लेकिन जब अन्य औद्योगिक अर्थव्यवस्थाएँ भी इसी दिशा में (बेरोजगार मजदूरों को काम उपलब्ध करवाना) सचेष्ट हों तो गतिरोध का पैदा होना अवश्यम्भावी है।

आज दुनिया में यही स्थिति है और अमेरिका, यूरोपीय और जापानी अर्थव्यवस्थाएँ नये बाजार प्राप्त करने की होड़ कर रही हैं। जब कोई अर्थव्यवस्था जितना आयात करती है, उससे ज्यादा निर्यात करने लगे तो वह अन्य अर्थव्यवस्थाओं को बेरोजगारी का भी निर्यात करती होती है। अभी हम ऐसी ही स्थिति का सामना कर रहे हैं जिसमें सारे औद्योगिक जगत में मन्दी आई हुई है और प्रमुख अर्थव्यवस्थाओं में से कोई भी जब इस मन्दी की गिरफ्त से बाहर निकलने की कोशिश करती है तो वह अन्य अर्थव्यवस्थाओं के लिए संकट पैदा कर देती है।

मन्दी दूर करने के लिए एक अस्थायी और तात्कालिक हल के रूप में ऐसे नये इलाकों की तलाश की जाती है, जहाँ मशीनों और औद्योगिक माल, दोनों का ही निर्यात किया जा सके। इसमें परिवहन और संचार के क्षेत्रों में नई टेक्नोलॉजी का इस्तेमाल करनेवाली आधुनिक सेवाओं का निर्यात भी शामिल है। ये नये इलाके तथाकथित विकासशील अर्थव्यवस्थाओं वाले इलाके होते हैं। औद्योगिक अर्थव्यवस्थाएँ जिन-जिन वस्तुओं और मशीनों के लिए नये इलाकों में बाजार तलाशती हैं, वे उन इलाकों में तभी खप सकती हैं जबकि उनमें (इलाकों में) उच्च आय वाला एक आधुनिक क्षेत्र विकसित किया जाए जिससे नई औद्योगिक वस्तुओं, मशीनों और आधुनिक सेवाओं की माँग बढ़ाई जा सके।

लेकिन परम्परागत अर्थव्यवस्थाओं में एक आधुनिक क्षेत्र का विकास वहाँ परम्परागत उद्योगों और जीवन पद्धति को नष्ट करके ही किया जा सकता है। परम्परागत अर्थव्यवस्थाओं पर नई टेक्नोलॉजी का प्रभाव डरावना होता है। नई टेक्नोलॉजी जिन इलाकों में आती है उनमें उसका प्रभाव इतना भयंकर नहीं होता क्योंकि उनसे वह

किसी रूप में जुड़ी होती है, लेकिन परम्परागत अर्थव्यवस्थाओं को तो वह छीज ही डालती है। इस प्रक्रिया में परम्परागत अर्थव्यवस्थाओं में बहुसंख्यक जनता का जीवन-क्रम और जीवन धारण करने की सारी व्यवस्था, जो बहुत सारी परम्परागत चीजों तथा प्रकृति व वनस्पति से जुड़ी रहती है, नष्ट होने लगती है और आधुनिक उत्पादन व्यवस्था के छोटे-छोटे द्वीप बनने लगते हैं।

इस प्रकार आधुनिक टेक्नोलॉजी का प्रसार, औद्योगिक उत्पादन-व्यवस्थाओं को मन्दी से उबरने का सिर्फ एक तात्कालिक और अस्थायी साधन ही प्रदान करता है; परम्परागत अर्थव्यवस्थाओं को तो भयंकर नुकसान पहुँचाता है, उनमें बेरोजगारी, तबाही और कंगाली को बढ़ाता है। इसके अलावा इस प्रकार का विकास परम्परागत अर्थव्यवस्थाओं और तथाकथित विकासशील अर्थव्यवस्थाओं की पूँजी और माल के मामले में औद्योगिक अर्थव्यवस्थाओं पर पूरी तरह निर्भर बना डालता है।

सोशलिस्ट व्यवस्था का चरमराकर ढह पड़ना उस द्वन्द्व और संघर्ष में अन्तर्निहित था, जो औद्योगिक आचार-व्यवहार और प्रकृति की सोशलिस्ट परम्परा को समतावादी और मानवीय आकांक्षाओं के बीच है। औद्योगिक आचार-व्यवहार और प्रकृति का सोशलिस्ट परम्परा की समतावादी और मानवीय आकांक्षाओं से मेल नहीं बैठाया जा सका। इस मेल के अभाव में सोशलिस्ट व्यवस्था कायम नहीं रह सकती थी। सोवियत संघ ने सोशलिस्ट परम्परा की समतावादी और मानवीय आकांक्षाओं को धता बताकर एक प्रतियोगितात्मक औद्योगिक संस्कृति को अपने यहाँ पनपाने की चेष्टा जरूर की, पर वह औद्योगिक कार्य-कुशलता और क्षमता की माँगों के अनुरूप नहीं हो सकी; इन माँगों को पूरा करने के लिए जिस स्तर तक पहुँचना आवश्यक था, वह सोवियत संघ में सम्भव नहीं हो पाया।

यह दलील दी जा सकती है कि अगर विकासशील दुनिया को औद्योगिक विकास के लिए पर्याप्त समय मिले तो वह भी औद्योगिक अर्थव्यवस्थाओं के समकक्ष हो सकती है; उनके जैसा स्तर प्राप्त कर सकती है, लेकिन यह सम्भव नहीं क्योंकि आधुनिकीकरण की प्रक्रिया की प्रवृत्ति और प्रकृति ही ऐसी है कि वह यह नहीं होने देगी। विकासशील दुनिया को औद्योगिक व्यवस्थाओं के समकक्ष होने के लिए बाजार और कच्चे माल के लिए और भी बड़े इलाकों में अपना जाल बिछाना होगा।

लेकिन बाजार और माल कहाँ से आएँगे? हमारी इस पृथ्वी पर वे उपलब्ध ही नहीं हैं। इसके अलावा एक और भयंकर बाधा है, जिससे पार पाया ही नहीं जा सकता। वह बाधा यह है कि इस तरह का विकास होने पर जो भारी उत्पादक-शक्ति उत्पन्न होगी, उसकी माँग को पूरा करने के लिए उतने प्राकृतिक साधन होंगे ही नहीं। आज हमारी दुनिया की 30 प्रतिशत से भी कम आबादी विकसित औद्योगिक अर्थव्यवस्थाओं में रहती है और दुनिया के प्राय: सारे प्राकृतिक साधनों पर उसका

आधिपत्य है। इससे अभी ही हमारी दुनिया के पेट्रोलियम संसाधन प्राय: चूक रहे हैं—वे अगली शताब्दी में 25 वर्षों से आगे नहीं खिंच सकते, समाप्त हो जाएँगे। कोयले का भंडार शायद कुछ देर और बना रहे,लेकिन पेट्रोलियम के चूक जाने पर उसके भी समाप्त होने की रफ्तार बढ़ जाएगी। अन्य विरल संसाधन, जिनमें जल भी शामिल है, बड़ी तेजी से चूक रहे हैं। इसके साथ औद्योगिक गैस और औद्योगिक कचरे ने पर्यावरण को इतना प्रदूषित कर डाला है कि जीवमंडल (बायोस्फेयर) का ही अस्तित्व विपन्न हो गया है।

अब हम इस बात की सहज ही कल्पना कर सकते हैं कि अगर इस प्रक्रिया की रफ्तार चौगुनी हो गई तो प्राकृतिक साधनों और पर्यावरण की क्या दशा होगी? अगर तीसरी दुनिया की आबादी मौजूदा विकास की पद्धति को अपनाने और उसके मार्ग पर चलने लगे तो क्या नतीजा होगा? इन कारणों को यदि ध्यान में रखें तो भारत का विकसित औद्योगिक अर्थव्यवस्थाओं के अनुरूप विकास होने की कोई सम्भावना ही नजर नहीं आती। हम आज यह देख पा रहे हैं कि विकसित औद्योगिक अर्थव्यवस्थाओं के अनुरूप विकास करने के प्रयत्नों से समृद्धि के छोटे-छोटे टापू तो भले ही पैदा हो जाएँगे, पर बहुसंख्यक जनता के जीवन-धारण की व्यवस्था तहस-नहस हो जाएगी, उसका अस्तित्व ही संकट में पड़ जाएगा।

यह सब हम वनों, खदान के इलाकों और बड़े-बड़े बाँधों के निर्माण स्थलों में पश्चिमी मॉडल पर विकास परियोजनाओं के चलाने के परिणामस्वरूप आदिवासियों और अन्य लोगों के विस्थापन और कंगालीकरण के रूप में होता देख रहे हैं। इसके अलावा हम देहातों में सर्वत्र कंगालीकरण की प्रक्रिया को तेज होते देख रहे हैं क्योंकि उद्योगों को बढ़ाने के लिए किसानों के साथ अन्यायपूर्ण व्यवहार हो रहा है—उन्हें एक ऐसे व्यापार में जबर्दस्ती भागीदार बनाया जा रहा है, जिसमें उन्हें घाटी ही घाटा सहना पड़ता है। विकास चाहे सरकारी क्षेत्र के तहत हो या निजी क्षेत्र के तहत, स्थिति में कोई फर्क नहीं पड़ता। सरकारी क्षेत्र की विकास परियोजनाओं के क्या परिणाम होते हैं, उसके गन्धमार्दन की बॉक्साइट खनन परियोजना और सरदार सरोवर परियोजना उदाकरण हैं। सोवियत संघ में बलात् सामूहिकीकरण (कलेक्टिवाइजेशन) और राज्य द्वारा उत्प्रेरित औद्योगिक विकास की तेज रफ्तार के चलते 1930 के दशक में क्या हुआ था, यह हम जानते हैं। 1930 के दशक में सोवियत संघ में अकालों में प्राय: डेढ़ करोड़ लोग अकाल मृत्यु के शिकार हुए।

इस आधुनिक औद्योगिक विकास का एक अन्य पहलू अनदेखा कर दिया जाता है, पर वह ध्यान देने योग्य है। समृद्धि के आधार को संकुचित करने और व्यापक रूप से असमानताएँ और विषमता पैदा करने के कारण यह विकास अंचलों, जातियों और समुदायों के बीच वैमनस्य और विरोध को बढ़ाता है। विकास के लाभ कुछ अंचल और मुट्ठी भर लोग हथिया लेते हैं। इससे उन अंचलों और जातियों

और समुदायों के लोगों में, जिन्हें समान अनुपात में विकास का लाभ नहीं मिलता, असन्तोष और द्वेष पैदा होता है।

ऐसे में व्यवस्था में अन्तर्निहित असमान और अन्यायपूर्ण वितरण की पद्धति को दोषी ठहराने के बजाय अंचलों, जातियों और समुदायों को अपराधी करार दिया जाने लगता है। वंचित अंचलों, जातियों और समुदायों का विशिष्ट वर्ग, जो लाभ के सुअवसर जुटाने की आकांक्षा पालता रहता है, अपने अंचल, जातियों और समुदायों को लाभ में ज्यादा हिस्सेदारी प्राप्त करने की माँग से प्रेरित कर एकजुट करता है। इस तरह एक विडम्बनापूर्ण स्थिति पैदा हो गई है, जिसमें उद्योगों के अत्यधिक आधुनिक क्षेत्रों तक में जातीय और सामुदायिक आधार पर ध्रुवीकरण हो रहा है, जबकि एक समय यह उम्मीद की जाती थी कि आधुनिकीकरण संकीर्णता भरी और भावनात्मक जातीय और सामुदायिक वफादारी को समाप्त कर वर्ग-चेतना और एकता लाएगा।

ऊपर हमने जो लिखा, उसका उद्देश्य हमारी व्यवस्था के बुनियादी दोष और मूल रोग की ओर ध्यान दिलाना है। एक नये राजनीतिक आन्दोलन या पार्टी का निर्माण करने की इच्छा के पीछे जो सबसे महत्त्वपूर्ण बात है, वह यह है कि आज की सभी मुख्य पार्टियाँ एक प्रकार की ही टेक्नोलॉजी पर आधारित एक ही प्रकार के आर्थिक विकास की पक्षधर हैं। आज सबसे ज्यादा जरूरत इस बात की है कि विकास का एकदम नया मॉडल तलाशा जाए जो पूर्ण रूप से अलग किस्म के मूल्यों से पुष्ट हो और जिसे सुचारु रूप से अमल में लाया जा सके और कायम भी रखा जा सके। ये मूल्य एक नई सभ्यता का उन्मेष करें।

विकास के नये मूल्य प्रतियोगिता के स्थान पर सहयोग को, सोपानवत क्रम के स्थान पर समानता को स्थान दें, प्रकृति पर आधिपत्य कायम करने के बजाय उसके प्रति मैत्री और उसे सुरक्षा प्रदान करने के भाव को प्रधानता दें; अपने से अलग मत और अगल धर्मवाले लोगों और संस्थानों के प्रति सहिष्णुता विकसित करें ताकि सौहार्द, समझदारी और भाई-चारे की आवश्यकता को देखते हुए लोगों के बीच आदान-प्रदान और सम्प्रेषण हो सके। इसके साथ ही हमें अति मानव शक्तियों की फॉस्टियन तलाश (जो आधुनिक सभ्यता का सबस बड़ा आकर्षण है) को, जो तेज से तेज रफ्तार, ऊँची से ऊँची उड़ान और प्राकृतिक तत्त्वों को हमारी इच्छा के वशीभूत करने की ज्यादा-से-ज्यादा शक्ति अर्जित करने की इच्छाओं और तलाश के रूप में अभिव्यक्त होती है, त्यागना होगा।

अन्त में इच्छाएँ और तलाश निरर्थक ही तो मालूम पड़ती हैं। ये मनुष्य की मानवीयता और श्रेष्ठता की अभिव्यक्ति तथा उसके दैहिक व आध्यात्मिक कल्याण के लिए सहायक नहीं हैं। चीता तेज-से-तेज धावक से ज्यादा रफ्तार से दौड़ सकता है, हाथी में मनुष्य से कहीं ज्यादा बल होता है और गिद्ध आकाश में बहुत ऊँचा उड़ सकता है, लेकिन उनके ये गुण उन्हें मनुष्य से श्रेष्ठ नहीं बनाते। मनुष्य को प्रकृति

की जो सबसे बड़ी देन मिली है वह है उसकी चिन्तन-मनन की क्षमता जिससे वह दर्शन, विज्ञान और कलाओं के लोकोत्तर मूल्यों की तलाश में जीवन व्यतीत कर सके। आधुनिक सभ्यता ने रफ्तार की तलाश और दिक् और काल पर विजय प्राप्त करने की कोशिश में मनुष्य के जीवन को हड़बड़ी और जल्दीबाजी का शिकार बना दिया है। उसे तेज दौड़ना और दूर भागना पड़ता है ताकि वह अपनी जीविका चला सके और कारखाने या दफ्तर में जो काम का उच्चावच क्रम बना हुआ है, उसमें अपने स्थान से च्युत न हो जाए।

उसके पास चिन्तन-मनन करने के लिए अवकाश ही नहीं है। हड़बड़ी और जल्दीबाजी की जिन्दगी में जो थोड़ा-बहुत समय यदि मिल भी जाता है तो वह चिन्ता और असुरक्षा की भावना से आक्रान्त समय होता है। शराब, नशीले पदार्थ और तम्बाकू यातनामय और कष्टप्रद जीवन में राहत हासिल करने के लिए आवश्यक हो गए हैं। ये पलटकर मनुष्य की तरह-तरह के रोगों के शिकंजे में कसते जाते हैं तो फिर रोग-मुक्ति की छटपटाहट शुरू हो जाती है। आधुनिक सभ्य मानव का यही तो जीवन है। यही तो उसके जीवन का चक्कर और क्रम है।

जीवन के इस चक्कर और क्रम की गुलामी से मुक्त होने के लिए हमें विकास का एक एकदम अलग मकसद मानना होगा—विकास की आज जो मान्यता है, उससे बिलकुल भिन्न, लेकिन यह विकास कैसा होगा? यह सिर्फ एक आदर्श ही नहीं होगा बल्कि व्यवहार-योग्य भी होगा यानी जिसे हासिल करना हमारे बूते की बात हो, जिसे हम अपने साधनों के दायरे में ही हासिल कर पाएँ। वैकल्पिक राजनीति को अगर सार्थक होना है तो उसे इस मकसद की दिशा में उन्मुख होना होगा; अन्य चीजों की इस मकसद को पूरा करने के लिए सिर्फ सहायक भूमिका ही हो सकती है। ठोस और व्यावहारिक रूप में हम यह कह सकते हैं कि यह राजनीति विकास के एक वैकल्पिक मॉडल के लिए किया जानेवाला आन्दोलन होगी जिसमें उपयुक्त टेक्नोलॉजी की तलाश होगी। एक ऐसे विकास का मॉडल, जिसका सिर्फ प्रकृति के साथ ही मेल नहीं होगा, वरन् जो ऊर्जा और कच्चे माल के ऐसे संसाधनों के इस्तेमाल से, जो नष्ट या समाप्त नहीं होते, प्रगति करते रहने की एक सहज रफ्तार भी कायम रख सकेगा यानी जिसमें प्रदूषण, संसाधनों के क्षय का संकट पैदा न हो और सधे ढंग से विकास होता रहे।

लेकिन असाधारण परिस्थितियों को छोड़कर लोग किसी नये आदर्श और उसे हासिल करने के लिए सचेष्ट संगठनों से इस तरह आकृष्ट नहीं होते कि उनको अपनाने को एकदम आतुर हो जाएँ। हालाँकि हम जिन परिस्थितियों और समय से गुजर रहे हैं, वे सिर्फ हमारे अस्तित्व के लिए ही नहीं, सारी सभ्यता के लिए असाधारण और भीषण हैं, पर लोगों को इसका बहुत हल्का ही आभास है। और किसी भी संगठन के लिए अन्ततः सबसे अहम् प्रश्न तो लोगों की चेतना का है

क्योंकि किसी भी संगठन के प्रसार और प्रचार के लिए अन्तत: लोगों की चेतना ही सबसे ज्यादा महत्त्व रखती है। अभी भी जो लोग जनमत तैयार करते हैं या जिनके कारण जनमत बनता है, वे आधुनिकता की नकली सुनहली चमक-दमक से इतने ज्यादा मोहित हैं कि वे उससे बिना किसी ठोस आधार के भी चिपके रहना चाहते हैं। इसका एक कारण निश्चय ही यह है कि ऐसे लोग भयावह गरीबी के महासमुद्र में मौजूदा सभ्यता के फायदे उठते हैं और वास्तविकता को न देखने में ही उनका हित है। ऐसी स्थिति में एक वैकल्पिक व्यवस्था के लिए संगठन खड़ा करने के वास्ते बहुत धीरज रखना होगा—दीर्घकाल तक लोगों को समझा-बुझाकर ही स्थापित सत्ता के अभेद्य गढ़ में दरार डाली जा सकती है।

लेकिन और भी समस्याएँ हैं। नये संगठन को एक ऐसे वातावरण में काम करना होगा, जिसमें विभिन्न पार्टियों ने अलग-अलग किस्म की भावनात्मक अपीलों द्वारा अपने प्रति वफादार समूह पैदा कर लिये हैं। इससे भ्रान्ति और आत्मविस्मृति की जो एक आम स्थिति बनी है, उसमें परिवर्तन के प्रति एक प्रकार के निषेध का भाव है।

यहाँ संक्षेप में इस बात को जानना अच्छा रहेगा कि अभी जो स्थिति बनी है, वह आखिर कैसे बनी?

आजादी के बाद दो दशकों तक कांग्रेस पार्टी आजादी की लड़ाई में अपनी भूमिका के बूते पर मजे से अपनी नाव खेती चली गई, हालाँकि पचास के दशक से कम्युनिस्ट और सोशलिस्ट सामाजिक-आर्थिक परिवर्तन के मसले उठाते रहे। इसके साथ ही आंचलिक आन्दोलन भी उभरने लगे। इन आन्दोलनों में कभी-कभी अलगाववादी रुझान भी प्रकट होते थे। तमिलनाडु का द्रविड़ आन्दोलन, कश्मीर में जनमत संग्रह का आन्दोलन और नागालैंड व मिजोरम में भारत से अलग राष्ट्र बनाने की माँग करनेवाले आन्दोलन ऐसे आन्दोलनों में गिने आ सकते हैं। यह समय वह समय भी था जब गैर ब्राह्मण मध्यजातियों ने दक्षिण में राजनीति और प्रशासन में ब्राह्मणों के वर्चस्व को काफी सफलता के साथ चुनौती दी। इसके परिणामस्वरूप, तमिलनाडु में कांग्रेस एकदम नेपथ्य में चली गई, लेकिन महाराष्ट्र, आन्ध्र प्रदेश और कर्नाटक में कांग्रेस ने मराठा, रेड्डी और वोक्कालिंगा आदि जैसी नई शक्ति अर्जित करनेवाली मध्यजातियों के साथ अपने को जोड़कर अपना वर्चस्व बनाए रखा। मुसलमान असुरक्षा के भाव के कारण मोटे तौर पर कांग्रेस के साथ रहे क्योंकि वही सत्ता में थी। दलितों में जो अधिक जागरूक और शिक्षित थे उन्होंने खासकर महाराष्ट्र में डॉ. अम्बेडकर के नेतृत्व में शेड्यूल्ड कास्ट फेडरेशन (बाद में रिपब्लिकन पार्टी) के तहत अपने को संगठित किया और कुछ दिनों तक सोशलिस्ट पार्टी से गठबन्धन करने की भी कोशिश की, लेकिन अपनी अल्पसंख्या के कारण दलित राजनीतिक सत्ता में हिस्सा प्राप्त करने में असफल रहे।

आबादी में दरिद्रतम होने के कारण उन्हें अक्सर सरकारी सहायता की जरूरत पड़ती थी। कांग्रेसी सरकार उन्हें सरकारी खजाने से जो भी लाभ दिलाती, उसका फायदा उठाकर इनका समर्थन प्राप्त करने की कोशिश करती। इसके साथ कांग्रेसी राज के जमाने में धीरे-धीरे दलितों के साथ जो परम्परागत निषेध दूर हुए, उनका श्रेय कांग्रेस ने प्राप्त किया।

इस तरह अनुसूचित जनजातियों के लोग आमतौर पर चुनाव में कांग्रेस के पक्ष में मतदान करते रहे, हालाँकि सब इलाकों के बारे में ऐसा नहीं कहा जा सकता। स्थानीय कारणों से कहीं-कहीं वे कांग्रेस के खिलाफ भी रहे। दक्षिण में खासकर कर्नाटक में कांग्रेस ने ऐसी पिछड़ी जातियों को, जो अनुसूचित जातियों की सूची में शामिल नहीं थीं, सरकारी नौकरियों में आरक्षण प्रदान कर पिछड़ों के बीच अपनी स्थिति और मजबूत कर ली। इस तरह कांग्रेस ने अपनी लोकप्रियता के ह्रास से होनेवाले नुकसान को नये आरक्षण से लाभ प्राप्त करनेवालों को अपनी ओर आकर्षित कर पूरा किया।

इसके अलावा कांग्रेस ने सोशलिस्टों और कम्युनिस्टों के कुछ नारे और कार्यक्रम हड़पकर उनके प्रचार और विरोध की हवा निकाल दी। ऐसे नारे और कार्यक्रमों में समाजवादी समाज (सोशलिस्टिक पैटर्न ऑफ सोसाइटी) स्थापित करने और सरकारी या सार्वजनिक क्षेत्र को प्रधानता देनेवाले नारे और कार्यक्रम थे। दूसरी पंचवर्षीय योजना के तहत कांग्रेस ने सरकारी या सार्वजनिक क्षेत्र को प्रधानता दी और 1969 में इन्दिरा गांधी के नेतृत्व में बैंकों और खदानों का राष्ट्रीयकरण किया। पर कांग्रेस जातीय और साम्प्रदायिक गठबन्धन के जोर पर भी चुनाव जीतती रही—अनुसूचित जातियों, मुसलमानों, पिछड़ों और ब्राह्मणों का व्यापक गठबन्धन ही इसका आधार रहा।

लेकिन उत्तर भारत में पिछड़ी जातियों ने बिहार में संयुक्त सोशलिस्ट पार्टी और उत्तर प्रदेश में चरणसिंह के भारतीय क्रान्ति दल की तरफ मुखातिब होना शुरू किया। उत्तर प्रदेश में अनुसूचित जातियों की जाटों से तनातनी के चलते कांग्रेस का उन पर (अनुसूचित जातियों पर) प्रभाव बना रहा। बिहार में सोशलिस्ट और कम्युनिस्ट अनुसूचित जातियों के बीच कांग्रेस के प्रभाव को कुछ कम करने में कामयाब जरूर रहे, पर यह एकदम समाप्त नहीं हुआ। बाद में उत्तर प्रदेश में अनुसूचित जातियों का समर्थन कांग्रेस के बजाय कांशीराम को मिला और बिहार में ब्राह्मण आधिपत्यवाले कांग्रेस के नेतृत्व की अक्षमता और निकम्मेपन के चलते अनुसूचित जातियाँ जनता दल की तरफ मुखातिब हुईं—बिहार का जनता दल एक तरह से संयुक्त सोशलिस्ट पार्टी का वारिस बन गया। हिमाचल प्रदेश, राजस्थान और मध्य प्रदेश जैसे अन्य हिन्दी राज्यों में कांग्रेस को अभी भी पिछड़ी जातियों का खासा समर्थन प्राप्त है, लेकिन 1980 से इन्दिरा गांधी के नेतृत्व में कांग्रेस ने

बहुसंख्यकों (हिन्दू) की साम्प्रदायिकता को शह देने की कोशिश की। इससे उत्तर भारत में उसके प्रति मुसलमानों का समर्थन कम होने लगा और अयोध्या कांड के बाद तो वह एकदम ही समाप्त है, लेकिन कांग्रेस, इधर भाजपा के अपने को हिन्दुत्व का खुल्लमखुल्ला पक्षधर घोषित करने के कारण सवर्ण हिन्दुओं के बीच अपना समर्थन काफी गँवा चुकी है। गुजरात में तो साम्प्रदायिक दंगों के चलते भाजपा सबसे महत्त्वपूर्ण राजनीतिक शक्ति बन गई है।

राजनीति में जातीय और साम्प्रदायिक भावनाओं के प्रचंड उभार ने समाज में बुनियादी सामाजिक परिवर्तनों की प्रेरणा को एकदम मन्द कर दिया है, जिससे राजनीतिक परिदृश्य गतिहीन और सड़ता नजर आता है। हालाँकि अन्य पिछड़ी जातियों के लिए 27 प्रतिशत आरक्षण की दुहाई देकर 'सामाजिक न्याय' का बड़ा शोर मचाया जा रहा है, पर असलियत में यह समाज में सड़न की ताकतों को ही टिकाऊ बनाने में मददगार साबित हो रहा है। कैसे? बहुत ही सीधा-सादा कारण है। जातीय आधार पर आरक्षण की माँग समानता के बजाय सममिति और सन्तुलन (सीमेट्री) पर आधारित है। यह समाज में असमानताओं को दूर करने की चेष्टा नहीं करती वरन् अगड़ी जातियों के बीच जो सोपानवत क्रम (हायरार्की) है उसी के समानान्तर पिछड़ों के बीच सोपानवत क्रम स्थापित करना चाहती है। इससे पिछड़ों में जो सम्भ्रान्त हैं, उन्हें अगड़ों के सम्भ्रान्त लोगों के प्रशासन और सेवाओं में बराबरी हासिल हो सकती है, इसका नतीजा यह हो सकता है कि मौजूदा सामाजिक और राजनीतिक व्यवस्था को स्थायित्व प्राप्त हो जाए।

कुछ क्षेत्रों में यह सिद्धान्त भी प्रतिपादित किया जा रहा है कि समाज में समानता हासिल करने के पहले मौजूदा भारतीय समाज को मुख्यतया वर्गों के आधार पर विभाजित होना आवश्यक है। सर्वोच्च न्यायालय द्वारा मंडल आयोग की सिफारिशों को मंजूर करने और उन पर स्वीकृति की मुहर लगा देने के बाद इस मसले का प्राय: निपटारा हो गया है, लेकिन मंडल आयोग के समर्थक ज्यादा-से-ज्यादा राजनीतिक फायदा उठाने की गरज से इसे जीवित रखना चाह रहे हैं ताकि पिछड़ों के बीच उनका आधार बना रहे। अब मंडल आयोगवाले आन्दोलन में सिर्फ यही सम्भावना बची रह गई है कि पिछड़ों में जो विभिन्न जातियाँ हैं, वे पिछड़ों में जो अगड़े हैं उनसे बराबरी कायम करने के लिए संघर्ष करें। यह होड़ शुरू हो गई है और विभिन्न जातियाँ एकजुट और संगठित हो रही हैं। इस तरह परम्परागत वफादारियाँ फिर से सक्रिय हो उठी हैं और उनके शिथिल होने में काफी समय लग सकता है—उफान खत्म होने पर ही वे शिथिल पड़ेंगी।

इसी के समानान्तर विभिन्न आदिवासी समूह, जो नई नीतियों के चलते विषम विकास के कारण पहले से भी ज्यादा वंचित और उत्पीड़ित हो रहे हैं, आंचलिक माँगें उठा रहे हैं। इन माँगों में स्वायत्तता की भी एम माँग है। उनके नेता काफी समर्थन

जुटा पाने में भी कामयाब हो रहे हैं। इन नेताओं में किसी प्रकार का आदर्शवादी रुझान नहीं है और वास्तविक समस्या की भी उन्हें कोई स्पष्ट पहचान नहीं है। वे सामाजिक-आर्थिक व्यवस्था में बुनियादी परिवर्तन लाने की चेष्टा नहीं कर रहे हैं, वे तो सिर्फ राजनीतिक सत्ता का प्रशासन में ज्यादा हिस्सा चाह रहे हैं।

तो यह राजनीतिक परिदृश्य है, जिसमें हमें एक नई राजनीतिक पार्टी के निर्माण के लिए परिस्थितियाँ पैदा करनी हैं। हमें अक्सर इस तरह के नेतृत्ववाले या इस तरह के नेतृत्व के प्रति वफादार लोगों को अपनी तरफ आकर्षित करने के लिए संघर्ष करना पड़ेगा। एक ठोस और अच्छी बात यह है कि उभरती हुई औद्योगिक व्यवस्था को मुनाफा दिलाने के लिए अपने शोषण के खिलाफ किसानों ने आन्दोलन छेड़े हैं तो कुछ इलाकों में आदिवासियों ने पर्यावरण को प्रदूषित करने और उन्हें अपनी जमीन और गाँवों से उजाड़ने के खिलाफ। इस प्रकार के जनान्दोलन की लहर एक सकारात्मक स्थिति का भी संकेत करती है। ये आन्दोलन सिर्फ बिखरे हुए ही नहीं हैं, इनके सामने बहुत सारी समस्याएँ भी हैं। इन समस्याओं का हल विकास के एक अलग किस्म के मॉडल के तहत ही सम्भव है।

हमारे देश में जमीन की उपलब्धि बड़ी असम है—एक राज्य में स्थिति कुछ तो दूसरे में कुछ और। कुछ राज्यों में जमीन की मिल्कियत भी बड़ी असमान है। इसी का एक नतीजा यह है कि राज्यों में किसान आन्दोलन की स्थिति में बड़ा फर्क है। महाराष्ट्र, कर्नाटक, पश्चिमी उत्तर प्रदेश में आर्थिक रूप से खेती से अच्छी तरह जीविका निर्वाह करनेवाले किसानों के साथ समृद्ध किसान भी हैं। इसलिए इन राज्यों में किसानों के आन्दोलन ज्यादा सुसंगठित और मुखर हैं। कुछ प्रयत्न करने पर ये एक राजनीतिक पार्टी का आधार बन सकते हैं, यद्यपि इस बात को किसी प्रकार की निश्चितता के साथ नहीं कहा जा सकता कि वे अपने वर्तमान स्वरूप में समग्र ग्रामीण समाज या भूमिहीन मजदूरों का प्रतिनिधित्व करने में सक्षम हो सकेंगे। बिहार जैसे राज्य में जहाँ जमीन की भारी कमी है और उसके वितरण में भारी असमाना है, किसानों का आन्दोलन बहुत कमजोर है। इसकी खास वजह यह भी है कि वामपंथी पार्टियों ने भूमिहीन मजदूरों के बीच ही अपना आधार बनाने की चेष्टा की है—जमीनवाले लोगों के खिलाफ संघर्ष को ही अत्यधिक प्रमुखता दी गई है। इस प्रकार का संघर्ष एक अन्धी गली में ले जाता है, कुछ भी परिवर्तन लाने में अक्षम साबित होता है। इसका कारण यह है कि ऐसे आन्दोलन भूमिहीनों में जमीन प्राप्त करने की भूख तो पैदा कर देते हैं, पर जमीन की कमी के कारण उसे मिटाने में अक्षम रहते हैं। कुछ जमीदारों द्वारा सीलिंग कानूनों को धता बताकर गैरकानूनी ढंग से रखी गई जमीन को मुक्त कर या सीलिंग को कम कर कुछ अतिरिक्त जमीन हासिल कर थोड़ी-बहुत ही जमीन वितरित की जा सकती है, लेकिन यह तो सागर में एक बूँद जैसी होगी। इसलिए

समस्या को हल करने के लिए एक अलग किस्म के औद्योगीकरण और विकास के माध्यम से भूमिहीन लोगों के लिए वैकल्पिक रोजगार तलाशने होंगे, लेकिन अभी भी वातावरण है और कुछ राजनीतिक पार्टियों के समस्या को जीवित रखने में निहित स्वार्थ को देखते हुए निकट भविष्य में एक ताकतवर किसान आन्दोलन के पनपने की बहुत ज्यादा उम्मीद नहीं दिखाई पड़ती।

हमारे देश में राज्यों और राज्यों की परिस्थितियों में बड़ा फर्क है। इसलिए राजनीतिक और आर्थिक प्रश्नों पर एक समान दृष्टिकोण और सिद्धान्त तो हो सकते हैं, लेकिन हर मामले में स्थानीय परिस्थितियों को देखते हुए नीतियाँ बनाई जा सकती हैं। समान लक्ष्य कभी ओझल न रहे, पर आंचलिक फर्क और विशेषताओं को हमेशा ध्यान में रखना पड़ेगा। इसलिए नई पार्टी की आंचलिक पार्टियों के एक ढीले-ढाले फेडरेशन (महासंघ) के रूप में ही कल्पना की जा सकती है। पार्टी को यह भ्रम नहीं होना चाहिए कि उसे तुरत-फुरत सफलता हासिल हो सकती है। पुरानी वफादारियों को समाप्त होने में देर लगती है और सैद्धान्तिक व आदर्शगत और व्यक्तिगत रिश्ते इतने ज्यादा आड़े-तिरछे और घुले-मिले होते हैं कि नये राजनीतिक विचारों के तुरन्त और अचानक प्रभावी हो जाने की उम्मीद नहीं की जा सकती।

'जसस' शिविर के लिए लिखा परचा, 2000

3

पूरे समाजवादी आन्दोलन में एक बुनियादी संकट हुआ है, दृष्टिकोण है, स्थितियों को समझने की कमी रही है, जिसकी वजह से पूरा वामपंथ सिकुड़ रहा है और जब तक उस बीमारी की पहचान हम नहीं करेंगे तब तक हम लोग कोई सही दिशा भी निर्धारित नहीं कर सकते हैं, साथ ही कोई सक्षम हस्तक्षेप भी नहीं कर सकते हैं। मुझे लगता है कि अभी जिस दशा से हम गुजर रहे हैं, उसमें समाजवाद के बारे में आज तक जो प्रचलित धारणा थी, उसको अस्वीकार (Reject) करना होगा, उसको छोड़ना पड़ेगा।

जो कम्युनिस्ट विचारधारा थी, मार्क्सवादी विचारधारा थी और भारत में भी जबसे कांग्रेस सोशलिस्ट पार्टी की अगुवाई में समाजवादी आन्दोलन की शुरुआत हुई, तब से एक आम धारणा यह थी कि आधुनिक औद्योगिक सभ्यता में दुनिया भर में बहुत ज्यादा उद्योग-धन्धों का विकास होगा और उसमें एक बिन्दु (चरम बिन्दु) आएगा, जहाँ पर कि समाज का बँटवारा मुट्ठी भर पूँजीपतियों में और लाखों मजदूरों के बीच होगा। पूँजीपतियों को मजदूर हटा देंगे, उसके बाद समाज में समाजवाद आ जाएगा। इसी धारणा को लेकर दुनिया भर में सारा समाजवादी आन्दोलन चला। सन् 1917 में रूस की क्रान्ति हुई, उसके बाद से जो कम्युनिस्ट आन्दोलन चला या जिसे समाजवादी आन्दोलन कहिए, इसमें जो परिवर्तन हुआ, जो गलतियाँ हुईं या जो नुकसान हुआ, उसको समझने के बाद ही हम समझ सकते हैं कि क्यों हमारी ऐसी स्थिति बनी?

जब सन् 1917 में रूस में अक्टूबर क्रान्ति हुई तो ऐसा लगता था कि एक शुरुआत है और दुनिया भर में हर जगह क्रान्ति होगी और क्रान्ति के बाद मजदूर वर्ग सत्ता में आ जाएगा। ऐसा हुआ भी, रूस के बाद चीन में क्रान्ति हुई, वियतनाम में हुआ, इसमें बहुत सारे आन्दोलन सफल नहीं हुए, तब भी इंडोनेशिया में, लातिन अमेरिका में हर जगह क्रान्ति हुई। वहाँ अन्त में जा करके समाजवाद की जीत नहीं हुई बल्कि पूँजीवादी व्यवस्था फिर से हावी हो गई। रूस के अन्दर प्रतिक्रान्ति हुई। सन् 1990 आते-आते रूस की क्रान्ति धराशायी हो गई। चीन, जहाँ माओ त्से तुंग का जादू दुनिया भर में छाया था, बदल गया है। अपने यहाँ भी जिसे 'नया नक्सली

आन्दोलन' कहा जाता है, माओ की लाल किताब लेकर के आन्दोलन (क्रान्ति) करते थे और कहते थे कि यह बिलकुल नई क्रान्ति है। रूस में यदि नुकसान हुआ, यदि हम गलत रास्ते पर गए तो चीन एक नया रास्ता दिखला रहा है। उसके बाद लाल किताब ले करके दुनिया भर में क्रान्ति का सिलसिला शुरू हुआ। अपने यहाँ लाखों नौजवान इसमें आए, लेकिन क्या हुआ?

आज दुनिया की सबसे शक्तिशाली पूँजीवादी व्यवस्था चीन में है। अमेरिका तो शुरू से पूँजीवादी देश है। वियतनाम खत्म हो गया। सारे के सारे देश पूँजीवादी व्यवस्था, जिसको उदार पूँजीवादी व्यवस्था (Liberal Capitalist System) कहते हैं, की तरफ बढ़ते जा रहे हैं। तो अब यह सोचना होगा कि ऐसा क्यों हो रहा है? मैं समझता हूँ कि इसका कारण यह है कि आज जो औद्योगिक सभ्यता है, जो विकास की धारा है, वह बुनियादी रूप से समाज व समता विरोधी है।

अत: इस विचारधारा को ले करके कि समाज में बहुत ज्यादा औद्योगिक विकास होगा और उसके आधार पर समतामूलक समाज बनेगा, बुनियादी रूप से गलत है। इसलिए आप थोड़ा ध्यान दीजिए कि यह जो औद्योगिक व्यवस्था है वह कैसे विकसित हो रही है? एक उदाहरणस्वरूप; जैसे हमारे यहाँ टाटा इस्पात का कारखाना है तो उसके लिए दूर-दराज से कहीं कोयला जमीन से निकाला जाता है, कहीं लौह अयस्क निकाला जाता है, कहीं चूने का पत्थर निकाला जाता है। ऐसे में धरती को नष्ट किया जा रहा है। लोग उजाड़े जाते हैं, उनके घरों को उजाड़ा जाता है। कोयला झरिया, धनबाद से आता है, जहाँ पर आदिवासी गाँव-घर थे, उनको उजाड़ा गया। इसी प्रकार पनबिजली के लिए सरदार सरोवर जैसी परियोजना स्थापित की गई, जिसके लिए नर्मदा पर बाँध बनाने के लिए लाखों लोगों को विस्थापित किया गया। तो पूरे विकास की जो वर्तमान प्रक्रिया है, वह प्रकृति विरोधी है, मानव विरोधी है। अत: इस विकास के आधार पर आप समतामूलक समाज कैसे बना सकते हैं?

बुनियादी तौर पर यही कारण मालूम होता है कि हर जगह जहाँ भी औद्योगिक पूँजीवाद का विकास हुआ, वह शोषण पर आधारित विकास था, जिसमें समतामूलक समाज का निर्माण नहीं हो सका। आप रूस के अन्दर देखें कि मार्क्सवादी लोग कहते थे कि समाजवाद लाने के लिए काफी तेजी से औद्योगिक विकास होना चाहिए। तो इस उद्देश्य की पूर्ति के लिए किसानों से खेत छीन लिए और बड़े-बड़े सामूहिक खेत (कलेक्टिव फार्म) बना दिए गए जहाँ बड़े-बड़े ट्रैक्टरों से खेती होती थी। साइबेरिया इत्यादि जगहों पर जहाँ खनिज मिलता था, लागों को विस्थापित किया गया। बाँध बने, उसमें लोगों को विस्थापित किया गया। यह सब कैसे हो सकता था? तो जो आमजन था, किसान था, मजदूर था, उसका दमन करके हुआ, लेकिन रूस में आवश्यक वस्तुओं का बहुत अभाव होने लगा। जो कलेक्टिव फार्म था, उसमें ठीक से पैदावार नहीं हो रही थी। मजदूरों में असन्तोष हुआ, जिसको दबाने की कोशिश

हुई तो मजदूरों की एक बड़ी सभा हुई, जिसमें विवाद शुरू हुआ कि मजदूरों को दबाया जा रहा है। नया समाज बनाना है तो मजदूरों को कैसे दबाया जा सकता है?

उस समय ट्रॉटस्की रूस में क्रान्ति के बहुत बड़े नेता थे, जिन्हें लेनिन के बाद सबसे महत्त्वपूर्ण नेता माना जाता था। उसने तो बिलकुल खुल करके कह कि ये जो विकास प्रक्रिया है, जिसके बारे में आप कहते हैं कि इसमें मजदूरों का शोषण हो रहा है तो इसके लिए (विकास के लिए) मजदूरों का शोषण होना जरूरी है। इस बात को कार्ल मार्क्स ने बताया कि कैसे-कैसे मजदूरों का शोषण होता था। आगे उसने बताया कि शोषण का शिकार मजदूर जब काम से भागने की कोशिश करता था तो कैसे उनको अमानवीय ढंग से दाग दिया जाता था। प्राथमिक पूँजी संचय की यही प्रक्रिया थी, जिससे कि पूँजी का संचय हुआ तो ट्रॉटस्की ने जवाब दिया कि जो प्राथमिक पूँजी का संचय हुआ है, वह इसी तरह से हुआ है (मजदूरों के शोषण से) और आप इससे बच नहीं सकते हैं और फिर कहा कि हम लोग यह ईमानदारी से कबूल करते हैं कि हम यह करेंगे, दमन करेंगे और उसी के आधार पर विकास होगा। यह तो पूरे समाजवाद की कल्पना थी, विकास की कल्पना थी, वह शुरू से मानव-विरोधी था। वे यह मानकर चलते थे कि मानव का शोषण करके औद्योगिक ढाँचे को खड़ा किया जाएगा।

मुझे लगता है कि दुनिया भर में समाजवादी आन्दोलन आज पीछे जा रहा है या खत्म हो रहा है और जिसका खमियाजा हम लोग भुगत रहे हैं, उसका मूल कारण यही है कि समाजवाद की जो कल्पना थी, वह गलत थी। हम समाजवादी जन परिषद के लोगों की कोशिश है कि समाजवाद के उस रास्ते से अलग हटकर मानवतावादी विकास की बात की जाए। इस चीज ने हमको गांधी के बहुत नजदीक किया है। शुरू में जब मैं समाजवादी बना था तो बहुत फैशन था; गांधी की आलोचना करना। जे.सी. कुमारप्पा ने एक लेख लिखा था ग्राम उद्योग वगैरह पर, उस पर जे.पी. ने 'समाजवाद बनाम ग्रामीण उद्योग संघ' (Socialism V/s Village Industry Association) नाम की एक पुस्तिका निकाली थी, जिसमें जे.पी. ने कुमारप्पा के लेख का माखौल उड़ाया था। तो सारे के सारे लोग ऐसा सोचते थे।

लेकिन दुनिया भर के नतीजों को देखते हुए जब समाजवादी जन परिषद की स्थापना हो रही थी तो हम लोगों की यह कोशिश थी कि समाजवाद की जो परिकल्पना थी, उससे अलग हट करके कुछ किया जाए। उसके बाद दुनिया भर के अनुभवों ने आश्वस्त (confirm) किया है कि पुराने समाजवाद के रास्ते से कुछ भी हासिल नहीं हो सकता है और हम लोगों को नये ढंग से समाजवाद के बारे में जानना है, नया रास्ता बनाना है और नये रास्ते पर चलने का मतलब है कि हमको बड़े उद्योगों इत्यादि से अलग हट करके सबसे ज्यादा गाँवों की ओर ध्यान केन्द्रित करना होगा और गाँवों में शुरुआत खेती-बाड़ी से करनी होगी। आज गाँव भी धीरे-धीरे

आश्रित होते जा रहे हैं। आज गाँव भी खाद, बीज इत्यादि के लिए बड़ी कम्पनियों और कारखानों पर आश्रित हो गया है। तो हम समझते हैं कि हमारे आन्दोलन की शुरुआत वहाँ से हो सकती है कि गाँव के अन्दर कहीं-कहीं पर लोगों ने प्राकृतिक खेती को जिन्दा करने की कोशिश प्रारम्भ की है, उस पर हमको ज्यादा ध्यान देना होगा। साथ ही, और भी बहुत सारे प्रयोग इस तरह के करने होंगे।

हो सकता है, तत्काल बहुत सारे लोग आपका मजाक उड़ाएँगे कि ये पीछे जाने की बात कर रहे हैं। लेकिन यदि समाजवाद की दिशा में चलना है, समता के दिशा में हमको आगे बढ़ना है तो हमें इसी रास्ते से चलना होगा। औद्योगिक विकास के आधार पर जहाँ-जहाँ समाजवाद लाने के प्रयास हुए, पूर्णत: असफल रहे हैं, उलटा परिणाम निकला, शत-प्रतिशत असफल (Total Failure) होने की बात कह सकते हैं। चीन जहाँ माओ का पूरे देश में प्रताप था, आज दुनिया का सबसे शक्तिशाली पूँजीवादी देश है तो उस व्यवस्था, उस विचार के बारे में आप क्या कहेंगे, जिसने अपने उद्‌देश्य के ठीक उलटा काम किया। तो हम लोगों को अलग ढंग से सोचना होगा। आज हमको कुछ असफलता होती है तो उससे हमको घबराना नहीं चाहिए क्योंकि अभी पूरे मीडिया के ऊपर पूँजीवादी प्रतिष्ठानों का कब्जा है और सबके दिमाग में वही चीज छाई हुई है। उसका असर गाँव के नौजवानों में भी है। आज किसी गाँव का नौजवान या मैं जिस गाँव में रहता हूँ, उसका नौजवान, जिसमें मैं 50-60 वर्षों से रह रहा हूँ, का अनुभव है कि पहले गाँव के अच्छे से अच्छे किसान सिर पर टोकरी लेकर, कुदाल लेकर खेत में जाते थे, आज उनका एक भी लड़का खेत में दिखाई नहीं देता है उसके बदले में सभी सड़कों पर दौड़ लगाते हैं, फौज में सिपाही की भर्ती के लिए। तो इस पूरी मानसिकता को बदलने की जरूरत है।

आज हमको असफलताएँ मिल रही हैं। इसलिए कि जो पुरानी मानसिकता है, उसके खिलाफ हम नये ढंग से खड़े होने की कोशिश कर रहे हैं, लेकिन इन नई असफलताओं से हमें घबराना नहीं चाहिए। यह तो बिलकुल वैचारिक क्रान्ति की शुरुआत है तो इसमें परेशानी भी होगी। कुछ लोग मखौल भी उड़ाएँगे, उसे सुनते हुए भी हमें डटे रहना होगा, अन्तत: हमें सफलता मिलेगी ही।

2

यह कुछ अजीब लगेगा कि अस्तित्व में आने के 17 साल बाद किसी राजनीतिक पार्टी को अपना परिचय देना जरूरी लगे। इसका एक बड़ा कारण यह है कि आम तौर से पार्टियों की पहचान बनती है संसद या विधानसभाओं में उपस्थिति से, इनमें उनकी संख्या से या इनकी बहसों में भागीदारी से। समाजवादी जन परिषद अभी

तक जनता की प्रतिनिधि सभाओं में अपनी उपस्थिति दर्ज नहीं करा पाया है, न उसने सार्वजनिक बहसों में ऐसा योगदान किया है, जिससे उसकी दलीय पहचान बन सके। फिर भी स्थानीय रूप से उसके सदस्य कई जगहों के जन आन्दोलनों में सक्रिय रहे हैं और कई जगह तो—जैसे मध्य प्रदेश के होशंगाबाद, हरदा आदि में, उत्तर बंगाल के कुछ स्थानों पर दलित एवं आदिवासियों की समस्याओं पर, ओडिशा में जल, जंगल और जमीन के सवाल पर उनका प्रभावी हस्तक्षेप रहा है। इसी तरह दक्षिण बिहार में रोहतास में किसानों के कई महत्त्वपूर्ण सवालों पर उन्होंने प्रभावी आन्दोलन चलाया है। इस कारण और कभी-कभी दल के नाम से भी लोगों में यह गलतफहमी पैदा हो जाती है कि समाजवादी जन परिषद एक गैर-राजनीतिक समाजसेवी संगठन यानी एन.जी.ओ. है।

लोग यह भी पूछते हैं कि अगर यह समाजवादी पार्टी है तो फिर समाजवादी या सोशलिस्ट नाम से चिह्नित दूसरी पार्टियों से इसके अलग अस्तित्व का क्या मतलब है? इस संक्षिप्त परिचय से यह बात स्पष्ट हो जाएगी कि अपने को समाजवादी कहनेवाली पार्टियों से समाजवादी जन परिषद कैसे भिन्न है? यहाँ इतना ही कहना काफी है कि अतीत में समाजवादी या साम्यवादी नाम इतने कुख्यात और गैर-समाजवादी चरित्रवाले समूहों के साथ जुड़ता रहा है कि सम्पूर्ण कार्यविधि और उद्देश्यों के विवरण के बगैर किसी समूह पर यह नाम चस्पां कर देने का कोई निश्चित अर्थ नहीं निकलता।

कुछ उदाहरणों से बात स्पष्ट हो जाएगी। स्टालिन की अमानवीय तानाशाही के अन्दर सोवियत संघ को समाजवादी गणतंत्र (यूनियन ऑफ सोशलिस्ट सोवियत रिपब्लिक्स) कहा जाता था। स्वयं हिटलर की पार्टी का 'नाम नेशनल सोशलिस्ट पार्टी' था। आज चीन की शक्तिशाली पूँजीवादी व्यवस्था का निर्माण और संचालन एक ऐसी पार्टी करती है जिसका नाम 'कम्युनिस्ट पार्टी' है। यूरोप की पूँजीवादी साम्राज्यवादी व्यवस्थाओं में कई का शासन सोशल डेमोक्रेटिक पार्टियों (यानी सोशलिस्ट पार्टियों) के हाथ में रहा है। वे फ्रांस, जर्मनी, ब्रिटेन, स्वीडन आदि में सत्ता में रही हैं—तब भी जब इनकी व्यवस्थाएँ पूँजीवादी और साम्राज्यवादी रही हैं। भारत में कम्युनिस्ट पार्टी (मार्क्सवादी) यानी माकपा बिना किसी हिचक के स्टालिनवादी है। लगभग सभी नक्सली समूह और सोशलिस्ट यूनिटी सेंटर जैसी पार्टियाँ स्टालिन भक्त हैं—यानी अधिनायकवाद से इन्हें परहेज नहीं है और सभी अपने को सोशलिस्ट या कम्युनिस्ट कहते हैं। मुलायम सिंह यादव की समाजवादी पार्टी जो उत्तर प्रदेश में सत्ताधारी है और केन्द्र की सत्ता में भी हिस्सेदार रही है, ने कभी यह घोषित नहीं किया कि वर्तमान में या भविष्य के लिए इसकी नीति में समाजवादी तत्त्व कौन से हैं? इसलिए समाजवादी जन परिषद इन सबसे भिन्न अपनी पहचान वर्तमान और भविष्य सम्बन्धी अपनी ठोस नीतियों के आधार पर ही बना सकती है।

अन्तरराष्ट्रीय कम्युनिस्ट आन्दोलन (कौमिंटर्न और बाद में कौमिनफार्म) पूरी तरह सोवियत संघ की शासक कम्युनिस्ट पार्टी के नियंत्रण में चलता था। वैसे यह अन्तरराष्ट्रीय स्तर पर अपने को मार्क्सवाद यानी 'वैज्ञानिक समाजवाद' की परम्परा से जोड़ता था, पर हकीकत में यह मार्क्स-लेनिन-स्टालिन की त्रिमूर्ति की अन्धभक्ति पर आधारित था और उससे भी ज्यादा एक तरह का रूसी राष्ट्रवाद और उसका पिछलग्गू बन गया था। सोवियत संघ के विशाल संसाधनों से इसे पर्याप्त सहायता मिलती थी और इससे इस अन्धभक्ति में इजाफा होता था। भारत में मार्क्स के विचारों से ही प्रभावित पर कांग्रेस के भीतर और राष्ट्रीय आजादी के आन्दोलन के प्रति समर्पित एक समाजवादी दल का जन्म 1934 में हुआ, जिसके साथ समाजवादी आन्दोलन के विख्यात नायक और सिद्धान्तकार आचार्य नरेन्द्र देव, जयप्रकाश नारायण, यूसुफ मेहरअली और डॉ. राममनोहर लोहिया जैसे नेताओं के नाम जुड़े थे। पहले, कांग्रेस सोशलिस्ट पार्टी, के नाम से कांग्रेस के भीतर और आजादी के बाद से स्वतंत्र रूप से 'सोशलिस्ट पार्टी' के नाम से यह दल भारतीय राजनीति में सक्रिय हुआ।

1952 के आम चुनाव के बाद अपने संगठन के विस्तार के लिए इसने 'किसान मजदूर प्रजा पार्टी' नामक कांग्रेस से अलग हुए एक-दूसरे दल और कुछ अन्य राजनीतिक समूहों के विलय से 'प्रजा सोशलिस्ट पार्टी' की स्थापना की। आजादी के बाद के दिनों में वैचारिक और वैयक्तिक कारणों से समाजवादी आन्दोलन के कई बड़े नेता दलीय राजनीति से अलग हो गए। इनमें सबसे बड़ा नाम जयप्रकाश नारायण का था जो समाजवादी आन्दोलन के सबसे प्रभावी नेता थे। 1955 में सत्तारूढ़ कांग्रेस के प्रति रुख में बुनियादी मतभेद के कारण, पर तात्कालिक रूप से केरल में 'प्रजा सोशलिस्ट पार्टी' की सरकार के तहत गोलीकांड को लेकर उठे विवाद के कारण, 'प्रजा सोशलिस्ट पार्टी' से अलग हो डॉ. लोहिया ने 'सोशलिस्ट पार्टी' के नाम से एक नई पार्टी का गठन किया। यह दल सत्तारूढ़ कांग्रेस के साथ किसी भी समझौतावादी नीति का विरोध करता था।

प्रजा सोशलिस्ट पार्टी और नई सोशलिस्ट पार्टी में जाति-व्यवस्था कैसे मिटे, इस सवाल पर गहरा मतभेद था। मार्क्सवाद से मिली विरासत के कारण कम्युनिस्ट और सोशलिस्ट, दोनों ही आर्थिक विषमता और वर्ग विभाजन को मिटाना अपनी नीति के केन्द्र में रखते थे और मानते थे कि वर्ग-संघर्ष के क्रम में वर्णभेद स्वयं मिट जाएगा। सामाजिक विभाजन पर सरसरी निगाह डालने पर यह दिखाई भी देता था कि पिछड़ी जातियों और विशेषकर दलीय जातियों के लोग प्राय: भूमिहीन श्रमिक थे और आशा जगती थी कि इनके आर्थिक उत्थान से इन्हें सामाजिक सम्मान स्वत: मिलने लगेगा, लेकिन इस सोच में वह बौद्धिक जड़ता नजरअन्दाज हो जाती थी जो आर्थिक बेहतरी के बावजूद जाति विभाजन की रेखाओं को मिटने

नहीं देती थी। डॉ. लोहिया ने अपनी जाति-नीति में इस विभाजन के खिलाफ तीन सूत्री कार्यक्रम दिया—(1) सहभोज, (2) ऊँची नौकरियों और नेतृत्व में आरक्षण एवं (3) अन्तर्जातीय विवाह। आरक्षण के पक्ष में उनका तर्क था कि सदियों से समाज की निचली पायदान पर रहते-रहते पिछड़ों की ऊपर की जगहों पर उठने की आकांक्षा मर चुकी थी और यह आकांक्षा तभी जगेगी जब आरक्षण से इन वर्णों के कुछ लोग ऊँचे ओहदों पर पहुँचने लगेंगे।

लेकिन तमाम प्रयासों के बावजूद 'सोशलिस्ट पार्टी' और 'प्रजा सोशलिस्ट पार्टी' के समर्थन का आधार सिकुड़ता ही जा रहा था। 1962 के आम निर्वाचन में दोनों पार्टियों का प्रदर्शन बहुत ही खराब रहा। इस बीच ज्यादातर समाजवादी नेता सक्रिय राजनीति से बाहर हो गए थे। आचार्य नरेन्द्र देव का निधन 1956 में हो गया था। जे.पी. दलीय राजनीति से अलग हो 'भूदान आन्दोलन' से जुड़ गए थे। अच्युत पटवर्धन और रामनन्दन मिश्र अध्यात्म की ओर मुड़ गए। अशोक मेहता कांग्रेस में चले गए।

जब फिर दोनों पार्टियों के विलय की बात चली तो राममनोहर लोहिया सहज ही सर्वमान्य नेता के रूप में उभरे। 'प्रजा सोशलिस्ट पार्टी' में कुछ लोग पहले के विवादों के कारण लोहिया के नेतृत्व को कबूल करने को तैयार नहीं थे, लेकिन 'प्रजा सोशलिस्ट पार्टी' के तत्कालीन अध्यक्ष और समाजवादियों में लगभग विवाद से परे एस.एस. जोशी ने पूरी शक्ति से इस विलय का समर्थन किया। 'सोशलिस्ट पार्टी' में ज्यादातर लोग लोहिया को नई पार्टी का नेता और उनकी जाति-नीति को मानने की शर्त पर अड़े थे। इन शर्तों को अन्ततः स्वीकार किया गया और इस विलय से 'संयुक्त सोशलिस्ट पार्टी' बनी, लेकिन 'प्रजा सोशलिस्ट पार्टी' का एक हिस्सा इससे बाहर पुराने नाम से काम करता रहा।

इसके बाद लोहिया के प्रखर नेतृत्व और उनकी गैर कांग्रेसवाद की नीति से समाजवादियों की शक्ति में एक बार उछाल आया। दरअसल, कांग्रेस की अविराम सत्ता से देश में एक तरह की हताशा और नियतिवाद आ गया था जिस कारण कांग्रेस और नेहरू परिवार को देश की तकदीर की तरह कबूल किया जाने लगा था। लोहिया देश में व्याप्त इस भाग्यवादी मानसिकता को तोड़ना चाहते थे, जिसके बगैर नई नीतियों और नई दिशाओं की तलाश असम्भव लगती थी। इसी कारण गैर-कांग्रेसवाद का नारा दिया गया। लोहिया के व्यक्तित्व का चमत्कार था कि गैर-कांग्रेसवाद के नारे के तहत बिहार जैसे राज्य में 1967 के निर्वाचन के बाद एक ही सरकार में कम्युनिस्ट और जनसंघ, दोनों साथ मिलकर सरकार चला रहे थे।

लेकिन लोहिया की दृष्टि में यह राजनीति का अन्तिम पड़ाव नहीं था। वे चाहते थे कि कुछ तात्कालिक पर महत्त्वपूर्ण नीतियाँ—जैसे किसानों को उनकी उपज का वाजिब मूल्य (जिसे वे दामों की लूट को रोकने की 'दाम बाँधों' नीति कहते थे) देने

की नीति, भूमिहीनों को बासगती की जमीन, पिछड़ों को आरक्षण—अविलम्ब लागू हो। इन नीतियों के अमल से परिवर्तन की भूख जगती और लोग दूसरे परिवर्तनों की ओर अग्रसर होते। यह अलग बात है कि जिस गति से लोहिया परिवर्तन लाना चाहते थे, उसके लिए उनकी अपनी पार्टी पूरी तरह तैयार नहीं थी। यह भी विडम्बना ही है कि आज कांग्रेसी और किसानों को पैदावार का अधिक मूल्य देने को 'कुलकों' का तुष्टीकरण कहनेवाले कम्युनिस्ट भी अब परिस्थितियों के दबाव में किसानों को उनकी उपज का अधिक मूल्य देने पर सहमत हो गए हैं।

एक नई शुरुआत हुई ही थी कि इन नीतियों के प्रणेता डॉ. राममनोहर लोहिया की 1967 में एक मामूली ऑपरेशन के दौरान मृत्यु हो गई। इसके पीछे षड्यंत्र की आशंका में जो भी सच्चाई रही हो, इसके बाद समाजवादी आन्दोलन लगभग पतवारहीन हो गया। संयुक्त सोशलिस्ट पार्टी के दो बड़े नेताओं, राजनारायण और मधु लिमये में नेतृत्व के लिए संघर्ष शुरू हो गया।

पार्टी में राजनारायण के साथ बिहार और उत्तर प्रदेश के ग्रामीण इलाकों के कार्यकर्ता और पिछड़ी जातियों के नेता थे। मधु लिमये के साथ शहरी मध्यवर्ग और ट्रेड यूनियन के कार्यकर्ता अधिक थे। कुल मिलाकर राजनारायण का पलड़ा भारी पड़ता था। इस सन्तुलन को बदलने के लिए मधु लिमये ने 'प्रजा सोशलिस्ट पार्टी' के बचे धड़े के साथ जो संसोपा में शामिल नहीं हुआ था, दूसरा विलय कर सोशलिस्ट पार्टी बनाई, लेकिन आपसी विवाद से फिर विभाजन हुआ और राजनारायण के समर्थक अलग से संयुक्त सोशलिस्ट पार्टी के नाम से काम करते रहे, लेकिन इनमें कोई भी संगठन बढ़ नहीं रहा था। बाद में संयुक्त सोशलिस्ट पार्टी ने अगस्त 1973 में महामाया प्रसाद और चरण सिंह की पार्टी भारतीय क्रान्तिदल, स्वतंत्र पार्टी, उत्कल कांग्रेस और पहले के जनसंघ नेता बलराज मधोक के साथ मिलकर भारतीय लोकदल बनाया। जिन समूहों को लेकर यह पार्टी बनी थी, उसका कोई वैचारिक आधार हो नहीं सकता था क्योंकि इसमें एक तरफ उन्मुक्त पूँजीवाद की समर्थक स्वतंत्र पार्टी और पहले के जनसंघी थे, वहीं पहले के समाजवादी भी थे।

जिस समय समाजवादी वैचारिक आधार को छोड़ इन्हीं तोड़-जोड़ की स्थिति से गुजर रहे थे, इन्दिरा गांधी ने जून 1975 में आपातकाल की घोषणा कर दी। इस काल में सबों के सामने सिर्फ आपातकाल से उपजी तानाशाही से लड़ने का विकल्प बच गया था। इसी बीच जब फरवरी 1977 में आम चुनाव की घोषणा हुई, जे.पी. के दबाव में आपातकाल में ही जब इन दलों के अधिकांश नेता जेल में थे, इन दलों के साथ सोशलिस्ट पार्टी और मोरारजी देसाई के संगठन कांग्रेस के विलय से एक पार्टी, जनता पार्टी बनाने का निर्णय हुआ। बाद में इस पार्टी में जगजीवन राम भी शामिल हो गए और कांग्रेस के युवा तुर्क कहे जानेवाले चन्द्रशेखर, मोहन धारिया आदि भी, जिन्हें आपातकाल में जेल में डाल दिया गया था।

जब 1977 के आम चुनाव में इन्दिरा गांधी और कांग्रेस पार्टी की भारी पराजय हुई तो जनता पार्टी की सरकार मोरारजी देसाई के नेतृत्व में बनी और लगभग सभी समाजवादी गुटों के लोग इसमें शामिल हो गए। इससे देश में समाजवाद की कोई पार्टी नहीं बची, लेकिन समाजवाद की दिशा में परिवर्तन की चाहत, विशेषकर युवाओं में मरी नहीं थी। इसलिए समाज परिवर्तन के लिए किसी दल की जरूरत शिद्दत से महसूस होने लगी। इसमें कुछ पहले के समाजवादी, दिल्ली विश्वविद्यालय और जवाहरलाल नेहरू विश्वविद्यालय के कुछ छात्र जो समाजवादी छात्र संगठनों से जुड़े थे और आपातकाल के विरुद्ध सक्रिय थे, पहले सोशलिस्ट जो लोहिया विचार मंच से जुड़े थे, जैसे—रमा मित्र, इन्दुमति केलकर, रामइकबाल बरसी, दिनेश दास गुप्त, किशन पटनायक आदि नये संगठन के निर्माण की पहल से जुड़ गए। इन लोगों को कर्नाटक राज्य रैयत संघ के प्रभावी नेता नंजुदा स्वामी और रवि वर्मा कुमार से पूरा सहयोग मिला और उनके ही सहयोग से 1980 में बंगलोर में एक नया समाजवादी संगठन खड़ा करने के लिए सम्मेलन हुआ। इस सम्मेलन में तत्काल बाजाब्ता पार्टी बनाने की बजाय एक ऐसे राजनीतिक संगठन को खड़ा करने का फैसला हुआ जो समाजवाद की पार्टी के निर्माण में पहल करे। इस तरह 'समता संगठन' अस्तित्व में आया।

स्वाभाविक था कि यह नया संगठन समाजवादी आन्दोलन के पिछले बिखराव और कम्युनिस्ट रूस के विकास की जो दिशा दिखाई दे रही थी, उन सबके आलोक में अपनी मूल दृष्टि विकसित करता। कम्युनिस्ट रूस के पतन और तानाशाही में बदलने से तो सबक लेना ही था, जिसकी आलोचना चारों तरफ हो रही थी, लेकिन आधुनिक औद्योगिक विकास के सम्बन्ध में भी प्रचलित दृष्टि दोषपूर्ण साबित हो रही थी। अब यह साफ दिखाई दे रहा था कि पश्चिम और विशेषकर अमेरिका की व्यवस्था के विरोध के बावजूद औद्योगिक प्रगति में अमेरिका के समकक्ष पहुँचना या उससे आगे निकल जाना ही रूस का मुख्य लक्ष्य बन गया था। इस तरह वह अपनी औद्योगिक संरचना, उत्पादन पद्धति और उसके प्रबन्धन के क्षेत्र में लगातार अमेरिकी मानकों को अपना रहा था, जिसका केन्दीय मूल्य था, उद्योग और कृषि (जो विशाल सामूहिक फार्मों पर आधारित थी) के श्रमिकों और प्राकृतिक संसाधनों के अति दोहन से ज्यादा-से-ज्यादा उत्पादन का लक्ष्य हासिल करना। इस क्रम में साधारण श्रमिकों और नये व्यवस्थापक एवं नेतृवर्ग के जीवन स्तर और सुविधाओं का फर्क इतना ज्यादा हो गया था कि समता के सारे समाजवादी मूल्य खत्म हो गए। अन्तत: समाजवादी मूल्यों और सोवियत व्यवस्था द्वारा अपनाई गई औद्योगिक प्रौद्योगिकी के मूल्यों एवं इनसे जुड़े सत्ता समूहों की टकराहट इतनी गम्भीर हो गई कि सोवियत व्यवस्था ही विघटित हो गई।

लेकिन 1980 में अभी इस व्यवस्था का पूँजीवादी व्यवस्था से सिर्फ साम्य ही दृष्टिगोचर हो रहा था। 'समता संगठन' ने इस रुझान को, जिसमें सोवियत और

पूँजीवादी व्यवस्थाएँ एक बिन्दु पर आ रही थीं, रेखांकित किया। इससे औद्योगीकरण के सम्बन्ध में नई सोच की शुरुआत हुई।

इस विश्लेषण के कुछ निहितार्थ थे। पूर्ववर्ती समाजवादी और कम्युनिस्ट पार्टियाँ, सभी वर्तमान औद्योगिक विकास की दिशा को कबूल करती रही थी। डॉ. लोहिया ने बड़ी मशीनों की जगह छोटी मशीनों को अपनाने की बात जरूर की थी लेकिन डीजल और बिजली की केन्द्रीयता को नहीं नकारा था। दरअसल वर्तमान औद्योगिक सभ्यता के नकारात्मक पहलू अभी उजागर हो ही रहे थे। इसके बहुत सारे दुर्गुण पूँजीवादी व्यवस्था की देन मान लिए जाते थे। 'समता संगठन' ने अपने विश्लेषण में एक अलग तकनीक और विकास प्रक्रिया का आभास दिया और गांधी को अपनी परम्परा में शामिल करने पर विशेष जोर दिया। यही वह बिन्दु है जहाँ से पारम्परिक वामपंथी समूहों (जिसमें पुरानी सोशलिस्ट पार्टी के अवशेष भी जैसे राष्ट्रीय जनता दल, समाजवादी पार्टी, जनता दल यूनाइटेड आदि शामिल हैं) से इसकी भिन्नता स्पष्ट दिखाई देती है।

जनता पार्टी में इसके विघटन तक जिन पार्टियों का फेंट-फाँट हुआ था, उनमें पहले के समाजवादियों की बची-खुची प्रतिबद्धताएँ खत्म हो गईं और वे शुद्ध रूप से सत्तावादी पार्टियाँ बन गईं। परवर्ती सरकारों के गठजोड़ों से सत्ता में जाने के लिए जरूरी तालमेल ही उनकी रणनीति का आधार हो गया। अब यह आम जानकारी की बात हो गई है और इसकी तफसील में जाने की जरूरत नहीं है।

समाजवादी आन्दोलन की जो प्रारम्भिक धाराएँ थीं—यूटोपिआई समाजवादियों से लेकर अराजकवादियों और मार्क्सवादियों तक की, वे सभी नये समाज के लक्ष्य को सिर्फ कुछ राजनीतिक और आर्थिक बदलाव तक सीमित रखने की बजाय इसे सभ्यता के सभी पहलुओं के आमूलचूल परिवर्तन तक ले जाना चाहती थीं। उस समय ऐसा बदलाव उनके समतावादी रुझानों की परिणति लगता था। आज की स्थिति में वर्तमान औद्योगिक और पूँजीवादी सभ्यता ने जिस तरह का पारिस्थितीय संकट पैदा किया है, उससे तकनीक से लेकर दूसरे अनेक तरह के मानव सम्बन्धों को, जो हमें इस सभ्यता से मिले हैं, बदलने की जरूरत पैदा हो गई है, 'समता संगठन' से शुरू हो 'समाजवादी जन परिषद' के गठन की प्रक्रिया में लक्ष्य उन उद्देश्यों और कार्यपद्धतियों को विकसित करना रहा है जिससे इन विकृतियों से मुक्त समाज निर्माण की दिशा में बढ़ना सम्भव हो सके।

भारत के सन्दर्भ में समता का अर्थ महज आर्थिक समता नहीं हो सकता बल्कि सदियों से भेदभाव और दमन को झेलनेवाले दलित और आदिवासी समुदायों को समाज में बराबरी और सम्मान का दर्जा दिलाना भी है, और सबसे बढ़कर सभ्यता के प्रारम्भ से ही उपेक्षा और उत्पीड़न को झेल रही महिलाओं को बराबरी का हक दिलाना भी है। इस तरह 'समता संगठन' दलितों, आदिवासियों और महिलाओं के

अधिकारों के लिए संघर्षरत संगठनों को भी अपनी सांगठनिक पहल में जोड़ने का प्रयास करता रहा। इन प्रयासों में कर्नाटक की दलित संघर्ष समिति के लोगों का, उत्तर बंगाल में उत्तजास जैसे संगठन का, महाराष्ट्र में बाबा साहेब अम्बेडकर के विचारों से जुड़े संगठनों एवं नारी सशक्तीकरण के लिए प्रतिबद्ध कार्यकर्ताओं का भी समर्थन मिला। इन संगठनों के सहयोग से और काफी विचार मंथन के बाद 1995 में महाराष्ट्र के ठाणे में एक सम्मेलन का आयोजन हुआ, जहाँ एक नई पार्टी 'समाजवादी जन परिषद' की स्थापना हुई।

जनता पार्टी में विलय से उसमें शामिल हुए समाजवादी गुटों का समाजवादी संस्कार धीरे-धीरे नष्ट हो गया। इसके बाद जनता पार्टी के टूटने से इन समाजवादियों को लेकर जो अलग-अलग दल बने, चाहे वह उत्तर प्रदेश की समाजवादी पार्टी, चाहे राष्ट्रीय जनता दल या जनता दल यूनाइटेड—ये मूलत: सत्तावादी पार्टियाँ हैं और जनता का समर्थन पाने के लिए तात्कालिक रूप से कुछ लोकलुभावन नारों के आगे इनके सामने समाज व्यवस्था और अर्थव्यवस्था के नव-निर्माण की कोई रूपरेखा नहीं है जबकि आज दुनिया के सामने सबसे बड़ी चुनौती वर्तमान औद्योगिक व्यवस्था और इसके द्वारा पैदा किया गया पर्यावरण संकट है।

आज वन प्रदेशों में हजारों साल से रहते आए आदिवासियों और किसानों की भूमि का अधिग्रहण और वनों और कृषि भूमि को खनिजों और औद्योगिक प्रतिष्ठानों के निर्माण के लिए नष्ट करना इस औद्योगिक व्यवस्था का अनिवार्य हिस्सा है। इस लूट और विस्थापन को हम तथाकथित औद्योगिक विकास से अलग नहीं कर सकते। इस औद्योगिक व्यवस्था का समर्थन करना और साथ ही विस्थापन का विरोध करना एक पाखंड है जिसके दोषी सत्ता में शामिल सभी दल हैं। इसी से जुड़ी है दिनोंदिन बढ़ती हुई गैर-बराबरी और लोगों की भावनाओं से असम्पृक्त विशाल नौकरशाही का ताना-बाना। इससे निजात पाने के लिए अब न सिर्फ आधुनिक औद्योगिक व्यवस्था का विकल्प खोजने की जरूरत है बल्कि ऐसी लघु राजनीतिक और आर्थिक इकाइयों की तरफ संक्रमण की भी जरूरत है जो आम लोगों को 'स्वराज' और आत्मसम्मान मुहैया करा सके। समाजवादी जन परिषद इन्हीं लक्ष्यों के प्रति प्रतिबद्ध है।

अभी राज्य और अर्थजगत की संस्थाओं का ढाँचा और इनके संसाधन इतने विशाल हो गए हैं कि इनमें पैठ से निजी सुविधाएँ पाने की सम्भावना पहले के किसी समाज से ज्यादा बढ़ गई है। अत: राजनीति में सुविधाओं को पाने का प्रलोभन भी बहुत बढ़ गया है। इससे भ्रष्टाचार चरम सीमा पर पहुँच गया है। भ्रष्टाचार के खिलाफ व्यापक जनभावना का यही कारण है, लेकिन यह समस्याओं के मूल में जाने की बजाय उनके परिणामों से उलझना भर है। इस दायरे से ऊपर उठ समाज के वंचित लोगों और सबसे बढ़कर धरती की स्थायी सम्पदा जल, जंगल और जमीन पर आए संकट के प्रति लोगों को संवेदनशील बना उनके हितों की रक्षा के लिए संघर्ष को

प्रोत्साहित करना सबसे जरूरी, लेकिन कठिन काम है। समाजवादी जन परिषद की छोटी-सी जमात राजनीति में आज इसी बुनियादी उद्देश्य की पूर्ति के लिए प्रयत्नशील है। यही इसे समाजवाद का नारा लगानेवाले दूसरे दलों और समूहों से अलग करता है और सिर्फ भ्रष्टाचार को मुद्दा बनानेवाले संगठनों से भी अलग करता है।

3

बीसवीं शताब्दी के अन्त में आज हम संक्रमण के जिस गहरे दौर से गुजर रहे हैं, उसमें मानवीय जीवन का हर पहलू बड़ी तेजी से बदल रहा है। पिछले कुछ सालों की नाटकीय घटनाओं के साथ एक राजनीतिक युग खत्म हो गया है, नया युग अभी अस्पष्टता के कुहासों में ढका है। एक नई अन्तरराष्ट्रीय आर्थिक व्यवस्था का साँचा तैयार हो चुका है। वैचारिक धरातल पर संक्रमण उतना प्रत्यक्ष और नाटकीय नहीं है, लेकिन पिछले युग के अनेक आधारभूत विचार धीरे-धीरे लुप्त होते जा रहे हैं, कुछ नये विचार जन्म ले रहे हैं। इतिहास का यह दौर अनिश्चिय, असमंजस और दुविधा से भरा है, खासतौर पर उस जमात के लिए जिसकी आज भी समाजवाद में आस्था है, जिसने समतामूलक क्रान्ति का सपना पाला है, जिसने आज के माहौल में एक नई आदर्शवादी राजनीति करने का बीड़ा उठाया है। इस जमात का पहला दायित्व है कि वह नये युग में क्रान्तिधर्म को परिभाषित करे।

यह काम आसान नहीं है। खासतौर पर आज जबकि भारत और विश्व भर में ऐसा माहौल है मानो प्रतिक्रान्ति का उत्सव चल रहा हो। कल तक दुनिया भर में वैकल्पिक सभ्यता का प्रतीक मानी जानेवाली सोवियत व्यवस्था ढह चुकी है। बेरोजगारी, प्रदूषण, प्राकृतिक साधनों के विनाश और अनेक सामाजिक-सांस्कृतिक विकृतियों का स्रोत होने के बावजूद आधुनिक पूँजीवादी व्यवस्था का एकच्छत्र राज है। इसके पैरवीकार ऐसा दम्भ भर रहे हैं कि यही सारी दुनिया की नियति है। इसके एक प्रकार के विरोधियों में हताशा और पराजय का बोध है। इतिहास में सच और शुभ की विजय हो सकती है, समाज में आमूलचूल परिवर्तन किए जा सकते हैं, यह विश्वास अनेक लोगों के मन में डगमगाने लगा है।

इस दौर की पीड़ा भारत में और भी गहरी है। आधारभूत सामाजिक परिवर्तन की राजनीति के लिए वामपंथियों सहित सभी राजनीतिक दल अप्रासंगिक हो चुके हैं। इस शून्य का फायदा उठाकर सत्ताधारी वर्ग 'उदारीकरण' के नाम पर एक ऐसे बेरहम पूँजीवाद का निर्माण कर रहा है, जिसमें आम जनता को पूरी तरह भुला दिया जाएगा। विश्व के साथ एकीकरण के नाम पर राष्ट्रीय आर्थिक सम्प्रभुता को गिरवी रखने के प्रयास सफल होते दिखाई दे रहे हैं। एक ओर बौद्धिक-सांस्कृतिक गुलामी का शिकंजा कस रहा है, तो दूसरी ओर साम्प्रदायिकता व खोखले राष्ट्रवाद

का खतरनाक उभार हुआ है। ऐसा लगता है कि जिन अरमानों को लेकर आजादी हासिल की गई थी, वे हमसे दिन-ब-दिन दूर खिसकते जा रहे हैं।

लेकिन निराशा की इस घड़ी में यह निष्कर्ष निकालना बिलकुल गलत होगा कि नये युग में समता और क्रान्ति के मूल्य प्रासंगिक नहीं हैं, क्रान्तिधर्म की गुंजाइश नहीं है। इतिहास के इसी दौर में सार्वजनिक जीवन के जनतंत्रीकरण की प्रक्रिया गहरी हुई है, जिसका क्रान्तीकरण अनिवार्य है। स्थापित व्यवस्था से लड़ने के वैचारिक-सांस्कृतिक औजार और भी पैने हुए हैं। भारत में स्थापित राजनीति के तौर-तरीकों से ही सही, दलित-शूद्र चेतना का अभूतपूर्व जागरण हुआ है, आम लोगों की जनतांत्रिक आकांक्षाओं का विस्फोट हुआ है। साथ ही, स्थापित राजनीति को चुनौती देनेवाले जनान्दोलनों का उभार भी हुआ है। संक्रमण के इस दौर में यह स्वाभाविक है कि सबका ध्यान उस पर केन्द्रित होगा, जो टूट रहा है, जो खंडित हो चुका है, न कि उस पर जो बच गया है, जो जन्म ले रहा है। किन्तु जैसे-जैसे प्रतिक्रान्ति के उत्सव से उठा ग़ुबार छँट रहा है, वैसे-वैसे यह स्पष्ट होता जा रहा है कि एक नये क्रान्तिधर्म के अनेक सूत्र आज हमारे सामने हैं। इन सूत्रों के जरिये क्रान्तिधर्म को परिष्कृत करने और उसे भारतीय सन्दर्भ में पुन: परिभाषित करने का एक अभूतपूर्व अवसर हमारे हाथ में हैं।

इन सूत्रों का पहला स्रोत पिछले युग की क्रान्तिकारी विचारधारा व राजनीति की समृद्ध विरासत का है। समाजवादी आन्दोलन और वैचारिक परम्परा की विभिन्न धाराओं ने एक सामाजिक संवेदनशीलता का निर्माण किया, जिसने अन्य विचारधाराओं और आन्दोलनों को गहरे तौर पर प्रभावित किया। यह संवेदनशीलता आज भी प्रासंगिक है। नये सन्दर्भ में इसके सगुण स्वरूप को नये सिरे से निरूपित करने पर यह नई क्रान्तिकारिता का आधार बन सकती है। दूसरा प्रमुख स्रोत है, समाजवादी राजनीतिक परम्परा के बाहर पैदा हुए उन विचारों का, जिनका पिछले कुछ दशकों में राजनीतिकरण और क्रान्तीकरण हुआ है। इनमें से नारी मुक्ति आन्दोलन की वैचारिक विरासत, पर्यावरण रक्षा के सिद्धान्त, गांधी विचार और फुले-अम्बेडकर की वैचारिक परम्परा का जिक्र करना जरूरी है।

तीसरा प्रमुख स्रोत है, पिछले दशकों में जनान्दोलनों के अनुभवों से मिली वैचारिक पूँजी का। स्थापित राजनीति के दायरे से बाहर जन्मे इन जनान्दोलनों ने आम लोगों की जनतांत्रिक माँगों को मुखरित किया, उसमें अन्तर्निहित क्रान्तिकारी चेतना का आदर किया, उनमें जीवन्त अनुभवों के आधार पर अपने सिद्धान्त बनाए। जाहिर है, इन जनान्दोलनों से उपजा विचार-पुंज किसी शास्त्रीय विचारधारा की तरह सुव्यवस्थित नहीं है, लेकिन इसी कारण से इसमें एक खुलापन है। अनुभवजन्य आदर्शों, सिद्धान्तों व कार्यक्रमों के उदय को हम नये युग में क्रान्तिधर्म का सबसे महत्त्वपूर्ण स्रोत मानते हैं।

उन सब सूत्रों को गूँथकर नये क्रान्तिधर्म को परिभाषित किया जा सकता है। किन्तु यह प्रक्रिया केवल वैचारिक नहीं होगी। क्रान्ति के सिद्धान्त क्रान्तिकारी राजनीति

करते हुए ही गढ़े जा सकते हैं। इसमें काफी समय भी लग सकता है। किताबी सिद्धान्तों और बनी-बनाई विचारधारा का मोह छोड़कर अनिश्चय और अधूरेपन के साथ आगे बढ़ना होगा। नया क्रान्तिधर्म महज एक दस्तावेज में नहीं सिमट सकता। यह एक सतत वैचारिक प्रक्रिया है। नये क्रान्तिधर्म को स्वीकार करने का अर्थ है, इस प्रक्रिया से निकले विचारों को स्वीकार करना और इसे आगे भी ईमानदारी व प्रतिबद्धता से चलाते जाना।

आज भी समाजवाद का आदर्श व ज्योतिपुंज है जिसके प्रकाश में हम एक नये क्रान्तिधर्म की खोज शुरू कर सकते हैं, किन्तु इस खोज को आगे बढ़ाने के लिए हमें इस आदर्श की नये सिरे से व्याख्या करनी होगी, समता की अवधारणा की पुन: परिभाषा करनी होगी, इससे जुड़ी अनेक प्रचलित मान्यताओं को बदलना होगा, समतामूलक समाज के मूर्त स्वरूप को नये सिरे से निरूपित करना होगा, क्रान्ति की पुनर्व्याख्या करनी होगी और उसके मार्ग व औजारों पर पुनर्विचार करना होगा।

समता की अवधारणा को अक्सर आधुनिक सभ्यता के सन्दर्भ में परिभाषित किया गया है। इस प्रचलित समझ के अनुसार समता का अर्थ है, गरीबी हटाना या सभी व्यक्तियों में आर्थिक बराबरी कायम करना, और इसके लिए जरूरी है सारे समाज की सुख-सुविधाओं में निरन्तर बढ़ोतरी। इस संकुचित अर्थ में समता आज के क्रान्तिधर्म का आदर्शमूल नहीं हो सकती है। जीवन की भौतिक सुख-सुविधाओं में गैरबराबरी को खत्म करना बेशक जरूरी है। कई मायनों में यह जीवन के अन्य पक्षों में समता की स्थापना के लिए अनिवार्य शर्त भी है, लेकिन अपने आप में यह अपर्याप्त है। आज समता को एक व्यापक और गहरे अर्थ में समझना होगा। दुनिया में प्रचलित हर तरह की अन्यायपूर्ण गैरबराबरी—चाहे वह नर-नारी के बीच हो या गोरे-काले के बीच, जाति पर आधारित हो अथवा नस्ल या सम्प्रदाय पर, राष्ट्र के भीतर हो या राष्ट्रों के बीच, को मिटाना समता के आदर्श का अभिन्न अंग है, लेकिन सब तरह के शोषण समाप्त हो जाने पर भी एक आदर्श समतामूलक समाज की स्थापना नहीं हो पाएगी।

अपने व्यापक अर्थ में समता एक सांस्कृतिक मूल्य है, एक जीवनदृष्टि है। इसके मूल में समदृष्टि, यानी अपने समान ही दूसरों को समझना, सबके स्वत्व का आदर और सबके लिए स्नेहभाव इसमें निहित है। स्वयं अपने आचार-विचार को संयमित, स्थिर व सन्तुलित रखना भी इसी आदर्श की माँग है यानी समता के आदर्श में एक समग्रता है जिसमें समानता, समत्व, समदृष्टि, सम्मान व सम्मति अन्तर्निहित है। इस तरह देखने पर समता और स्वतंत्रता या समता और बन्धुत्व एक ही सिक्के के दो पहलू हैं। समता न्याय का मूल है और स्वार्थ का विलोम। केवल अपना हित साधने के लिए दूसरों के विरुद्ध आक्रामकता समता विरुद्ध है। उपभोक्तावादी सभ्यता द्वारा असीमित इच्छाओं की पूर्ति की अन्धी दौड़, समृद्धि की आधुनिक अवधारणाएँ और उन पर आधारित आर्थिक विकास के मॉडल भी समता विरोधी हैं।

समता और आधुनिकता को जोड़कर देखने के कारण अतीत के हर पहलू या परम्परा के विरोध को क्रान्तिकारिता माना जाता रहा है। 'प्रगति' की यूरोपीय अवधारणा को समता का अनिवार्य अंग मान लेने से यह पूर्वग्रह और भी मजबूत हुआ। एक नये युग का क्रान्तिधर्म समझने के लिए इस पूर्वग्रह से मुक्त होना जरूरी है। मानव समाज सदैव परम्पराओं में जीता है। आधुनिकता स्वयं एक परम्परा है। परम्परा कभी एक स्वर में मुखरित नहीं होती। इसकी सदैव एक से अधिक धाराएँ होती हैं। बेशक वर्तमान समाज के अधिकांश समता-विरोधी आचार-विचार की बुनियाद में हमारी परम्पराएँ हैं, लेकिन उनका विरोध करने के प्रेरणा-सूत्र भी हमें परम्परा में मिलते हैं। सम्पूर्ण परम्परा-समर्थन की तरह सम्पूर्ण परम्परा-विरोध भी एक विकृति है जो हमें अपने अतीत से स्वस्थ सम्बन्ध नहीं बनाने देती। इसी तरह आधुनिक पश्चिमी सभ्यता का वर्तमान-केन्द्रित दर्शन सुदूर भविष्य से भी स्वस्थ सम्बन्ध बनाने में बाधक है। आनेवाली पीढ़ियों की कीमत पर 'विकास' करने की प्रवृत्ति का उदाहरण है। समतामूलक समाज की स्थापना के लिए जरूरी है कि हम अतीत से सीखें और भविष्य का संरक्षण करें।

इसी से जुड़ा एक और आधुनिक पूर्वग्रह है। उन्नीसवीं शताब्दी के समाजवादी चिन्तन ने इस विचारधारा को सर्वदेशीय स्वरूप में प्रस्तुत किया और इसे अन्तरराष्ट्रीयवाद के आदर्श से जोड़ा, लेकिन इस आग्रह के चलते स्थानीयता के किसी भी स्वरूप को संकीर्णता का प्रतीक मानकर उसे समता और मानवीय एकता का विरोधी समझा जाने लगा। यह पूर्वग्रह आज भी कायम है और यह तीसरी दुनिया में क्रान्तिकारिता की सम्भावनाएँ चिह्नित करने में एक प्रमुख बाधा है। वास्तव में गाँव, समुदाय या राष्ट्र जैसी एक छोटी इकाई के प्रति लगाव अपने आप में संकीर्णता नहीं है और एक बड़ी इकाई के प्रति निष्ठा अपने आप में उदारता का द्योतक नहीं है। असली बात इकाई का बड़ा या छोटा होना नहीं है, मन का बड़ा या छोटा होना है। निष्ठा का स्वरूप संकीर्ण या उदार होना है। स्थानीयता अपने आप में समता-विरोधी नहीं है। स्वाभिमान और आत्मविश्वास से उपजी स्थानीयता के जरिए ही समता के आदर्श को मूर्त स्वरूप दिया जा सकता है।

अन्तरराष्ट्रीय एक अनुकरणीय आदर्श है, किन्तु सच्ची अन्तरराष्ट्रीयता सभी छोटी इकाइयों से लगाव और उनकी अस्मिता मिटाकर नहीं बल्कि उन्हीं अस्मिताओं के सहज विस्तार के जरिए आएगी। आज के विश्व में अन्तरराष्ट्रीयता के नाम पर समरूपता लाने के प्रयास समता-विरोधी हैं। जब तक अन्तरराष्ट्रीय स्तर पर गैरबराबरी रहेगी, राष्ट्रवाद एक सकारात्मक राजनीतिक शक्ति और विचार के रूप में प्रासंगिक रहेगा, लेकिन राष्ट्रवाद के नाम पर राष्ट्र के भीतर विविधताओं को खत्म कर समरूपीकरण के प्रयास भी समता-विरोधी हैं। शक्तिहीन समूहों द्वारा स्थानीय पहचान व सामुदायिक सम्मान के लिए चलाए जा रहे संघर्ष समतामूलक आन्दोलन का ही एक स्वरूप है।

समता के आदर्श की पुनर्व्याख्या के साथ-साथ इस आदर्श तक पहुँचने के रास्ते और औजारों पर भी पुनर्चिन्तन करना जरूरी है। इसके लिए क्रान्ति की स्थापित अवधारणा को बदलना जरूरी है। क्रान्ति के मूल में गति और उत्कर्ष का विचार है। सामाजिक सन्दर्भ में क्रान्ति का अर्थ है—समाज में गतिशीलता को बढ़ावा देकर उसमें आधारभूत परिवर्तन। किन्तु इस परिवर्तन के लिए हिंसक विप्लव अनिवार्य नहीं है। दरअसल, बीसवीं शताब्दी का इतिहास साफ तौर पर यह दर्शाता है कि हिंसक विप्लव के द्वारा लाए गए परिवर्तन अस्थायी और दिग्भ्रमित होते हैं। उनसे यह गलतफहमी फैलती है कि सत्ता परिवर्तन ही क्रान्ति है, जनता के विचार-परिवर्तन के प्रयास की उपेक्षा होती है और अन्तत: हिंसा नई व्यवस्था का अनिवार्य अंग बन जाती है। गहरे और स्थायी परिवर्तन गैर हथियारबन्द तरीकों से ही लाए जा सकते हैं, विशेषत: भारत जैसे समाज में, जहाँ लोकतांत्रिक व्यवस्था मौजूद है। समाज में आधारभूत परिवर्तन एकाएक नहीं हो सकते। इसलिए क्रान्ति की कल्पना हमेशा एक बड़ी घटना के रूप में करना गलत होगा। क्रान्ति मानव जीवन की सामुदायिक सम्भावनाओं में विस्तार की प्रक्रिया का नाम है।

क्रान्तिकारी रास्तों और औजारों के बारे में सोचते वक्त यह जान लिया जाता है कि वे परम्परागत अर्थ में राजनीतिक होंगे। इसलिए क्रान्तिकारी समूह, चाहे वह हिंसा में विश्वास करें या अहिंसा में, सत्ता की ओर उन्मुख राजनीति को अपना प्रमुख काम मानते हैं। आज इस मान्यता को भी बदलने की जरूरत है। केवल शक्ति या सत्ता-उन्मुख राजनीति के जरिए समाज में क्रान्तिकारी परिवर्तन नहीं लाए जा सकते। हम राजनीति को एक व्यापक अर्थ में परिभाषित करना जरूरी समझते हैं। इस अर्थ में क्रान्तिकारी राजनीति का मतलब सरकार या राज्य के विरुद्ध संघर्ष चलाकर उसी राज्यसत्ता को हासिल करना भी नहीं हो सकता। सत्ता की चुनावी राजनीति की अपनी अहमियत है। कोई भी क्रान्तिकारी समूह इसे पूरी तरह नजरअन्दाज नहीं कर सकता, लेकिन हिंसक विप्लव की तरह चुनावी परिवर्तन भी अस्थायी और छिछले होते हैं। केवल चुनावी राजनीति करने से भी क्रान्तिकारी समूह दिग्भ्रमित होते हैं और जनमानस की उपेक्षा करते हैं। इसलिए हम यह समझते हैं कि सत्ता की राजनीति तभी सार्थक हो पाएगी जब इसे व्यापक सामाजिक-सांस्कृतिक परिवर्तन के संघर्ष और रचनात्मक कर्म से जोड़ा जाए। आज के युग में क्रान्तिकारी राजनीति को धर्म-संस्कृति और ज्ञान-विज्ञान से जीवन्त और सृजनात्मक सम्बन्ध बनाए रखना होगा। इस व्यापक अर्थ में क्रान्तिकारी राजनीति करके ही हम समता के समग्र आदर्श तक पहुँच सकते हैं।

[2017 में सजग द्वारा तैयार परचा]

समाजवाद और सत्ता

प्राक्कथन

वर्तमान अध्ययन समाजवाद या सत्ता पर एक सामाजिक कार्यकर्ता के द्वारा उन विचारों का पुनर्मूल्यांकन करने का प्रयास है जिन्होंने अभी तक समाजवादी आन्दोलन को रूप और आकार दिए हैं। केवल सीधे-सादे या कृतघ्न लोग ही इस बात को अस्वीकार करेंगे कि वर्तमान में समाजवादी आन्दोलन (अपने सभी रूपान्तरों सहित) काफी उलझाव से गुजर रहा है। इस आन्दोलन की मुख्य प्रेरणा एक सदी से भी पहले मार्क्सवाद से मिली थी, लेकिन इस विचार की इतनी ज्यादा परस्पर-विरोधी व्याख्याएँ हुई हैं कि इनसे यह मत या विचार अपना उतना ही ज्यादा अर्थ खो रहा है। साथ ही, इस केन्द्रीय विषय के गिर्द विभिन्न सामाजिक घटनाओं की व्याख्या करने हेतु इतने ज्यादा अधिचक्र बुन दिए गए हैं कि यह सिद्धान्त स्वयं सन्देहास्पद बन जाता है। निस्सन्देह इस उलझाव का अर्थ यह नहीं है कि मार्क्सवाद की पकड़ ढीली पड़ती जा रही है। मार्क्सवाद आज पहले से कहीं ज्यादा लोकप्रिय है। यह उलझाव और पकड़, दोनों ही स्पष्टीकरण की माँग करते हैं।

मार्क्स ने अपनी किताब 'क्रिटिक ऑफ पॉलिटिकल इकोनॉमी' को हीगेल का हिसाब चुकता करने का एक प्रयास माना था। उसी तरह इस लेखक के लिए यह वर्तमान अध्ययन मार्क्सवादी ज्ञान का हिसाब चुकता करने का एक प्रयास है। वह जो समाजवादी आन्दोलन के प्रति नये झुकाव का प्रयास करता है, उसके लिए मार्क्सवाद के विभिन्न पहलुओं में से एक पर ही विचार करना पर्याप्त नहीं है। अतएव, यह आवश्यक हो गया है कि इस अध्ययन को हल्के तौर पर व्यापक क्षेत्र में प्रसारित किया जाए। इसी कारण से सामाजिक घटनाओं को देखने के सम्भव वैकल्पिक तरीकों का अनुमोदन किया गया है। चूँकि सत्ता राजनीतिक आन्दोलनों की मुख्य चिन्ता है, चाहे उनके लक्ष्य जो भी हों, सत्ता और समाजवादी आन्दोलन से इसके रिश्ते के अध्ययन ने विशेष ध्यान ग्रहण किया है।

यहाँ सबको समेटनेवाला वैकल्पिक सिद्धान्त प्रतिपादित करने का प्रयास नहीं है। वस्तुत: प्रत्येक सामाजिक घटना में इतने ज्यादा तत्त्व गुँथे होते हैं कि इस तरह का कोई भी सिद्धान्त यथार्थ को विरूपित ही करेगा। हालाँकि सभी सामाजिक कार्यों में मानवीय चेतना रहती है। इसलिए मानव मन जिस तरह से विभिन्न स्थितियों के

प्रति प्रतिक्रिया करता है, इसका अध्ययन ठोस सामाजिक घटना के घटित होने की व्याख्या करने में उपयोगी हो सकता है। यही वर्तमान अध्ययन की सोच रहा है। यह कह देना जरूरी है कि सामाजिक घटनाओं की आदर्शवादी व्याख्या को पुनर्जीवित करने का कोई प्रयास नहीं किया गया है। यद्यपि मानवीय शरीर और मन महत्त्वपूर्ण है, मनुष्य अपनी चेतना से ही घिरा होता है। यद्यपि मानवीय मन मनुष्य के शारीरिक अस्तित्व की एक अवस्था है, फिर भी अपने मन के जरिए ही मनुष्य अपने अस्तित्व और अपनी चारों तरफ की दुनिया के अस्तित्व से अवगत होता है। निश्चेतन शरीर को समूचे शारीरिक सम्पर्क की जानकारी रुक जाती है क्योंकि मन को शरीर की जानकारी मिलनी बन्द हो जाती है। इसलिए आदर्शवाद का आश्रय लिये बगैर कोई व्यक्ति निश्चित प्रदत्त स्थितियों के प्रति मन की प्रतिक्रिया के शब्दों में सामाजिक घटना को समझने के प्रयास में न्यायसंगत हो सकता है। यह फलदायक हो सकता है क्योंकि उनमें से मनोवैज्ञानिक विशेषताओं में ही आपेक्षिक स्थायित्व रहता है जबकि अन्य सामाजिक प्रसंग दिक् और काल में सदा परिवर्तनशील रहते हैं। यह सोच स्वाभाविक रूप से विकास के सामान्य नियम एवं इतिहास के सामान्य दर्शन को अस्वीकार करती है। इसका अर्थ उस आशावाद का त्याग करना भी है जिसे कसकर थामे रखा जाता है और तब भी यह स्वयं को न्यायसंगत ठहरा पाने में विफल हो जाता है।

इस विचार से समाजवाद ठोस स्थितियों और अभिवृत्तियों के अध्ययन के आलोक में ज्यादातर उन लक्ष्यों को प्राप्त करने की योजना का मामला है जिसे पहले ही अच्छी तरह साफ-साफ कह दिया गया है। एक बार समाजवाद का किलास्मवादी विचार भ्रान्ति के तौर पर अस्वीकार कर दिया जाता है तो समाजवादी लक्ष्य को प्राप्त करने का उपयुक्त माध्यम का विचार अत्यन्त महत्त्वपूर्ण बन जाता है। अन्त में इस प्रश्न का संक्षिप्त विवेचन सत्ता से सम्बन्धित प्रमुख विवेचन के आलोक में किया गया है।

इस अध्ययन के लिए प्रोत्साहित करने व इसमें मदद करने के लिए मैं अपने मित्रों एस. वेंकटराम, कमलेश और रामचन्द्र प्रधान का आभारी हूँ। विशेषकर मैं अपने छोटे भाई प्रभाकर सिन्हा का ऋणी हूँ, जिनकी मदद के बगैर मैं यह अध्ययन शुरू नहीं कर सकता था। मैं इंडियन काउंसिल ऑफ वर्ल्ड अफेयर्स लाइब्रेरी, सप्रू हाउस के लाइब्रेरियन के प्रति धन्यवाद ज्ञापित करता हूँ जिन्होंने लाइब्रेरी की सुविधाएँ मुझे उपलब्ध कराईं। सबसे बढ़कर मैं समाजवादी आन्दोलन के उन सैकड़ों साथी कार्यकर्ताओं का ऋणी हूँ जिनके नि:स्वार्थ समर्पण ने मुझमें यह विश्वास बनाए रखा है कि स्वतंत्र और समतावादी समाज सम्भव है, यद्यपि प्रकृति में इस लक्ष्य तक ले जाने की कोई शानदार रूपरेखा दिखाई नहीं देती है।

नवम्बर, 1973

1

‘धर्मयुद्ध’

संकल्पन और
सर्जन के बीच
भावना और
प्रतिक्रिया के बीच
पड़ती है, छाया

—टी.एस. इलियट

एक सदी से आदर्शवाद का मजाक उड़ाकर और यथार्थवाद की खोज में ज्यादातर समस्याओं को घाल-मेलकर हम आज उस स्थिति में पहुँच गए हैं जहाँ शीघ्र ही हम उस कहावत को जिएँगे कि ‘नरक का मार्ग व्यावहारिक ज्ञान से दिखाई देता है।’ इस बुर्जुआ समाज के बुद्धिमान व्यक्तियों ने जिस तरह से युद्ध और शान्ति तथा ‘समृद्ध समाज’ की समस्याओं का समाधान किया है, इसके लिए उन्हें डाँटना-फटकारना निरर्थक है। उनकी असफलता इतनी दयनीय है कि उसका विस्तार करने की जरूरत नहीं है। ऐसा उन युवाओं के सामने हो रहा है जो नफरत और हताशा में अपनी समूची सभ्यता से विमुख हो रहे हैं, लेकिन बुर्जुआ समाज की इस असफलता में समाजवादी आन्दोलन की सदोषता भी निहित है। सबके बावजूद समाजवादी आन्दोलन की पूरी रणनीति तभी बनाई गई थी जब बुर्जुआ समाज अन्तर्विरोधों से बदहाल हो गया था। हालाँकि यह अवसर गलत लक्ष्यों तक नहीं मुड़ा क्योंकि ‘व्यावहारिक ज्ञान’ ने इस कार्य में मार्गदर्शन किया था, लेकिन व्यावहारिकता के चक्कर में समाजवादियों ने समाजवादी मूल्यों का और अन्तत: स्वयं लक्ष्य का, त्याग कर दिया है। समाजवादी आन्दोलन किस लक्ष्य को प्राप्त करने चला था और वस्तुत: इसने क्या प्राप्त किया है, इसका एक संक्षिप्त सर्वेक्षण इस चीज को साफ कर देगा।

इतिहास में वैसी कोई निश्चित तारीख या घटना नहीं है जिसके आधार पर यह कहा जा सके कि उक्त तिथि से या उक्त घटना से ही समाजवादी आन्दोलन पैदा हुआ है। उसी तरह, ऐसा कोई एक शानदार विचार नहीं है जिसके बारे में

यह कहा जा सके कि समाजवादी आन्दोलन को इसी से प्रेरणा मिली थी। मुख्यत: 16वीं और 17वीं सदी से अनेक प्रकार के विचार 19वीं सदी में उस विचार और यूटोपिया को आगे बढ़ाने के लिए एक साथ हो गए जिसे समाजवाद के नाम से जाना गया, लेकिन समाजवाद के बारे में इसके अन्दर अनेक तरह के विचार थे, इसलिए परिवर्तन की दिशा की बाबत एक आम राय थी। समाजवादी उद्देश्यों को व्यापक रूप से फ्रांस की क्रान्ति के नारों के रूप में परिभाषित किया गया—समानता, स्वतंत्रता और बन्धुत्व। इन नारों के अन्दर 'सबसे गरीब' और 'सबसे अधिक' शब्द भी शामिल था।

इंग्लैंड के इंडिपेंडेंट्स (स्वतंत्रतावादियों) ने राजा के विरुद्ध संसद की लड़ाई लड़ी थी। इन्हीं के बीच से जिरार्ड विंसटेनसे के नेतृत्व में डिगर्स (कृषकों) की जमात बनी। इसने सभी के लिए समान नागरिक अधिकारों के साथ-साथ समान सम्पत्ति अधिकारों की माँग की। सम्भवत: यह पहला आन्दोलनकारी समूह था जिसने पूर्ण आर्थिक समानता और भूमि सामुदायिक स्वामित्व की वकालत की। फ्रांस की क्रान्ति के दौरान इससे बबूविस्टों के प्रचंड समानतावाद का जुड़ाव हो गया। उनकी तरफ से जारी समतावादियों का घोषणापत्र निम्नलिखित था—"फ्रांसीसी आन्दोलन और कुछ नहीं, बल्कि एक दूसरी क्रान्ति का पूर्वगामी है, वह दूसरी क्रान्ति और ज्यादा आम, और ज्यादा विधिवत और अन्तिम क्रान्ति होगी...बड़े उपायों का क्षण आ गया है। बुराई अपने शीर्ष पर है और यह अपनी अधिकतम सीमा पार कर चुकी है और धरती के चेहरे को ढक रही है। राजनीति के नाम पर अराजकता ने इस पर काफी लम्बे समय तक शासन किया है। प्रत्येक चीज का आदेश होने दीजिए और उसे अपना उचित स्थान ग्रहण करने दीजिए... सामान्य पुन:स्थापना के दिन आ गए हैं। रोते-बिलखते परिवार आते हैं और उस सार्वजनिक टेबुल पर आपको बैठा देते हैं जिसे अपने सभी बच्चों के लिए प्रकृति ने प्रदान किया है।"[1]

यह लगभग ईसाइयत के आरम्भिक धर्मगुरुओं के उस सहस्र वर्षीय सपने की तरह था जहाँ कमजोर लोग दुनिया के मालिक बननेवाले थे। आगे, नेशनल ग्रैंड इकोनॉमी के विषय का परिष्कार करने में बबूविस्टों ने यह कहकर इस समतावादी सिद्धान्त पर जोर दिया कि जो कुछ सभी को सम्प्रेषणीय नहीं है, उसे सख्ती से छाँट दिया जाए तथा यह भी कि औसत सामान्यता ही चलेगी। बेबूफ ने कहा कि एक व्यक्ति को अपनी आवश्यकताओं के लिए जितना पर्याप्त है उससे ज्यादा देने का तर्क न्यायसंगत नहीं है। सेंट साइमन को इसका पूर्वानुमान था। उसने ऐसे तंत्र का हवाला दिया था जिसमें सबको अपनी आवश्यकताओं के अनुसार प्रदान किया जाता है। इसी विषय को मार्क्स ने साम्यवाद के लक्ष्य के रूप में स्वीकार कर लिया।

मार्क्स धन और निर्धनता की सापेक्षता के प्रति पूरा सचेत था। उसने मजदूर और पूँजी में इस तरफ इशारा किया था—"घर बड़ा या छोटा हो सकता है; जब तक आसपास के घर समान रूप से छोटे हैं, यह उनमें रहने की सभी सामाजिक माँगों को सन्तुष्ट करता है, लेकिन यदि छोटे घर के बगल में महल बन जाए तो छोटा घर सिकुड़कर झोंपड़ी जैसा लगने लगता है।" यह स्पष्ट था कि धन और गरीबी के आपेक्षिक स्वभाव के उस स्पष्ट शोध के साथ वह पूर्ण आर्थिक समानता के पक्ष में खड़ा होगा। यह कोई आश्चर्यजनक नहीं था कि मार्क्स और एंगेल्स, दोनों में पेरिस कम्यून के उन मजदूरों के लिए बहुत श्रद्धा थी जिन्होंने मजदूरी और वेतन का समानीकरण किया था और नौकरीवाले किसी व्यक्ति को एक कुशल मजदूर के पारिश्रमिक से ज्यादा वेतन या पारिश्रमिक लेने की इजाजत नहीं थी। वस्तुत: फ्रेडरिक एंगेल्स ने पेरिस कम्यून के बारे में सर्वहारा की तानाशाही और मजदूर-राज्य के आद्यप्ररूप के रूप में सोचा था। फिर भी, मार्क्स आगे बढ़ गया। वह न केवल मनुष्यों के बीच पूर्ण आर्थिक समानता चाहता था बल्कि अपनी जीविका के लिए काम करने की अनिवार्यता से मनुष्य की पूर्ण मुक्ति भी चाहता था। इस तरह वह मानवीय समानता के विषय को मानवीय सर्जनात्मकता के ऊँचे स्तर उठाता है। उसके लिए "प्रत्येक को उसकी आवश्यकताओं के अनुसार" तथा "प्रत्येक से उसकी योग्यता के अनुसार" का मतलब ठीक यही था। वह एक ऐसे तंत्र के बारे में सोचता था जहाँ सभी तरह का श्रम प्रेम का श्रम या सृजनात्मक श्रम हो।

काम और मजदूरी के प्रति यह व्यवहार उद्योग में श्रम के विभाजन सम्बन्धी उसके विचार से प्राप्त किया गया था। यद्यपि मार्क्स उत्पादकता के विचार से श्रम विभाजन के मूल्य के प्रति जीवित था, वह तत्काल इसे अमानवीयकरण करनेवाली प्रक्रिया मान बैठा। उसके अनुसार यह मनुष्य के बेगानापन की जड़ में था। उसने यह सवाल रखा :

"तब किस चीज से श्रम का बेगानापन पैदा होता है?"

और आगे इसका जवाब देता है—"अव्वल तो यह एक तथ्य है कि श्रम मजदूर की बाहरी चीज है अर्थात् यह उसके आवश्यक अस्तित्व से जुड़ा नहीं होता है; कि अपने काम में, इसलिए वह स्वयं को स्वीकार नहीं करता है बल्कि अस्वीकार करता है, सन्तुष्ट महसूस नहीं करता है बल्कि असन्तुष्ट रहता है, स्वतंत्र रूप से अपनी शारीरिक और मानसिक ऊर्जा को विकसित नहीं करता है बल्कि अपने शरीर को निष्प्राण बना देता है और अपने मन को नष्ट कर देता है। यह मजदूर इसलिए स्वयं को केवल अपने काम से बाहर महसूस करता है और अपने काम में स्वयं को बाहर पाता है...इसलिए उसका श्रम स्वेच्छया नहीं है बल्कि बलात् है; यह अपनी बाह्य आवश्यकताओं को सन्तुष्ट करने का महज एक साधन है। इसका

बेगाना चरित्र स्पष्टत: इसमें उभरकर सामने आता है कि ज्योंही कोई शारीरिक या अन्य बाह्यता नहीं रहती है, श्रम प्लेग के समान दूर रहता है।"[2]

यह महज किसी युवा ही हीगेलवादी की बेसिर-पैर की बात नहीं है बल्कि जीवन भर का गहरा दृढ़ विश्वास है। यह 'कैपिटल' में मार्क्स द्वारा उद्योग में श्रम विभाजन के किए गए मूल्यांकन से स्पष्ट है—"मन और शरीर की कुछ अपंगता सम्पूर्ण समाज में श्रम विभाजन से भी अलग-अलग यहीं होनेवाली नहीं है। चूँकि उत्पादन श्रम की शाखाओं के इस सामाजिक अलगाव को बहुत आगे तक ले जाता है और इसका विशिष्ट विभाजन कर व्यक्ति की जड़ों पर हमला करता है, औद्योगिक रोग विज्ञान को कच्चा माल और शुरुआत देनेवाला यह पहला कदम है।"

"किसी मनुष्य का उपविभाजन करना यदि वह सजा का पात्र है तो उसे फाँसी देना है, यदि वह सजा का पात्र नहीं है तो उसकी हत्या करना है। श्रम का उपविभाजन एक व्यक्ति की हत्या है।"[3]

मार्क्स के विचार से एक साम्यवादी समाज को किस तरह दिखना चाहिए, इसका रेखांकन करने में यद्यपि मार्क्स ने एक अस्थायी रुचि दिखाई थी, लेकिन अपने एक शुरुआती लेख में उसने अपने विचार की एक झलक दी है जो मनुष्य के बेगानेपन के उसके विचार का सीधा अनुसरण करती है। वह लिखता है—"... ज्योंही श्रम का विभाजन होता है (अर्थात् ज्योंही श्रम का विभाजन विकसित होता है), प्रत्येक मनुष्य के पास एक खास गतिविधि का एकान्तिक क्षेत्र होता है जो उस पर जबर्दस्ती आरोपित कर दिया गया होता है और वह उससे भाग नहीं सकता है। वह एक शिकारी होता है, मछुआरा होता है, गडरिया होता है या गम्भीर आलोचक होता है; और यदि वह अपनी जीविका का साधन गँवाना नहीं चाहता है तो उसे यहीं बने रहना पड़ता है; जबकि एक साम्यवादी समाज में किसी भी व्यक्ति के पास गतिविधि का कोई एकान्तिक क्षेत्र नहीं होता है और प्रत्येक व्यक्ति उस क्षेत्र में कुशल होता है जिसकी उसे इच्छा होती है, समाज ही सामान्य उत्पादन का नियमन करता है और इस तरह मेरे लिए यह सम्भव बना देता है कि एक चीज को आज करें और दूसरी चीज को कल; सदा के लिए शिकारी, मछुआरा, गड़रिया या आलोचक बने बगैर मैं जो चाहे वह करूँ, सुबह में शिकार करूँ; दोपहर में मछली मारूँ, शाम में मवेशी चराऊँ, दिन का भोजन करने के बाद आलोचना करूँ।"[4]

इस तरह अपने मार्क्सवादी निरूपणता (और प्रथमत: हमारा सरोकार मार्क्स से ही है क्योंकि उनके विचार समाजवादी आन्दोलन में प्रबल हो चुके हैं) समानता के इस विचार ने एक ऐसे समाज के बारे में सोचा जहाँ सामाजिक उत्पादों से हर कोई अपनी कल्पना के अनुसार अपनी आवश्यकताओं को पूरा करने का हकदार होता है। उससे इस चीज की परवाह नहीं की जाती है कि समाज के लिए वह क्या करना

चाहता है। इस तरह इस विचार ने पेशे की पसन्द की पूँजी स्वतंत्रता को समानता की सबसे ऊँची कल्पनीय डिग्री के साथ मिला दिया। समानता की इस अभिवृत्ति के निश्चित दूरगामी निहितार्थ थे। इसने यांत्रिक समानता की वैधता को अस्वीकार कर दिया। ऐसी सम्पन्नता अन्ततः यह कमजोर लोगों के लिए हानिकर हो सकती है और उन्हें विशेष सुरक्षा की जरूरत पड़ सकती है। यह 'अवसर की समानता' के उस विचार का भी विशेष रूप से विरोधी था जो केवल 'योग्यतम' की अन्तर्जीविता को सुनिश्चित करता है। दूसरी तरफ यह एक दृष्टिकोण था जिसने गड़बड़ और भद्दे व्यक्ति को भी जीवन का पूर्ण आनन्द सुनिश्चित किया तथा उसको संरक्षित किया। यह मानव प्राणियों के अपने रवैये में नीत्शे और नाजीवाद के बिलकुल विपरीत भी था। इसमें शक्तिहीन और स्वप्नदर्शी के सिर निर्बाध चिन्ता अन्तर्निहित थी। और यह अन्तिम चिन्ता न केवल गहरे अन्तर्निहित ईसाई पूर्वग्रह की एक गूँज है बल्कि आधुनिक सभ्यता के सबसे उच्च मूल्यों की चिन्ता है। अन्ततोगत्वा विज्ञान अपने स्वप्नदर्शियों के कारण पाकशास्त्र (जैसा हक्सले के ब्रेव न्यू वर्ल्ड में) बनने से बच गया है। उसी प्रकार ये स्वप्नदर्शी ही हैं जो कला को अश्मीभूत रूपों का आवर्ती भंडार बनने से बचाव करते हैं।

यद्यपि साम्यवादी शब्दावली में 'आजादी' सामान्यतः बुर्जुआ से सम्बद्ध होने के कारण बहुत ज्यादा दूषित शब्द हो गया है, वस्तुतः यह एक वास्तविक अकुलीन मूल से उत्पन्न हुआ शब्द है। साथ ही, वैज्ञानिक समाजवाद के प्रवर्तकों ने उसी सिद्धान्त की सेवा के लिए राजनीति में अपना प्रथम प्रयास किया। यह इतिहास की विडम्बनाओं में शामिल है कि साम्यवादी और पूँजीपति, दोनों अपने पारस्परिक लाभ के लिए यह दिखलाने का प्रयास करते हैं कि आजादी बुर्जुआ सम्पत्ति से अवियोज्य है। हालाँकि समानता के मामले की तरह ही यहाँ हम आजादी के आधुनिक सिद्धान्त के लिए क्रॉमबेल सेना में विद्यमान इंडिपेंडेंस के ऋणी हैं। जिस तरह राजा की तानाशाही से जनता के संघर्ष ने स्वयं को प्रसारित कर लिया था, उसी तरह सामान्य कानून के ज्ञाताओं के प्रयास के जरिए इंग्लैंड में 'जीवन, स्वतंत्रता और सम्पत्ति' के अधिकारों को पहचान मिली। हालाँकि आजादी के सिद्धान्त को विस्तारित किया गया और इसमें उन इंडिपेंडेंस और मिल्टन के प्रयासों के जरिए विश्वास की स्वतंत्रता और अभिव्यक्ति की स्वतंत्रता को शामिल कर लिया गया। व्यक्ति के अधिकार सम्बन्धी सिद्धान्त के लिए भी हम लेबलर्स के ऋणी हैं। उन्हीं लोगों के जोर से जनता के अधिकार को व्यक्ति के अधिकार में परिवर्तित किया गया। वस्तुतः पाइम और हैम्पडेन की प्रतिनिधित्ववाली संसदीय पार्टी का बुर्जुआ समूह अपने वर्ग के अधिकारों, खासकर सम्पत्ति के अधिकार से सन्तुष्ट था। हालाँकि इंडिपेंडेंस की मौलिक इच्छा से स्वातंत्र्यवादी नारों को स्वीकार करने के लिए दबाव दिया गया क्योंकि राजा के विरुद्ध संघर्ष की गम्भीरता के कारण संघर्ष की स्थिति बन गई थी।

स्वतंत्रता के विचार के आगे 17वीं सदी से प्राकृतिक विज्ञान की द्रुत प्रगति से सुदृढ़ किया गया। यह बहुत अधिक स्पष्ट होता जा रहा था कि विज्ञान का विकास अधिकांशत: उन रूढ़िवादी तत्त्वों से अपनी आजादी पर निर्भर था जिनका प्रतिनिधित्व परम्परानिष्ठ चर्च करता था। यह स्वाभाविक था इसलिए कि फ्रांसीसी क्रान्ति जो विवेक के युग का उद्‌घाटन करना चाहती थी, इसने आजादी को एक उच्चाधार पर रख दिया, लेकिन ज्यादा उमंग में आ जाने के कारण यह उस वक्त गम्भीर विपथन का शिकार हो गया जब इसने 'आजादी की तानाशाही' स्थापित करने का प्रयास किया। हालाँकि इस अस्थायी क्षति ने भावी पीढ़ी के पक्ष में उस मूल्य को विरूपित नहीं किया जिसे कि मनुष्य ने अर्जित किया था। कम-से-कम उस युवा मार्क्स पर इसका जादू कायम रहा जो जर्मनी के अन्य युवाओं के साथ प्रजातांत्रिक जर्मनी का सपना देख रहा था। इस तरह हम उसे रिनेशे जेइटुंग में प्रेस की आजादी और प्रेस पर प्रतिबन्ध के बारे में लिखता हुआ पाते हैं—"प्रतिबन्धित प्रेस अच्छी सामग्रियों को भी प्रकाशित करे, तब भी बुरा ही होता है, प्रतिबन्धित प्रेस के अन्तर्गत अच्छी सामग्रियाँ यदि स्वतंत्र प्रेस का प्रतिनिधित्व करती हैं तभी अच्छी होती हैं क्योंकि वे उस चरित्र का हिस्सा नहीं होती हैं कि प्रतिबन्धित प्रेस के उत्पाद बन जाए। स्वतंत्र प्रेस यदि बुरी चीजों का प्रकाशन करता है तो भी अच्छा होता है क्योंकि ये चीजें स्वतंत्र प्रेस के चरित्र में पक्ष-त्यागी होती है। हिजड़े के पास अच्छी आवाज हो तब भी वह एक बुरा व्यक्ति ही होता है। प्रकृति पूर्ण घात प्रकट करने पर भी अच्छी ही रहती है।"[5]

प्रेस की आजादी की और ज्यादा बेशर्त सुरक्षा ढूँढ़ पाना कठिन है। हम ऊपर में उपर्युक्त में देख चुके हैं कि मार्क्स के अनुसार प्रेस स्वतंत्रता बुरे विचारों के प्रकाशन करने के बावजूद अच्छी थी जबकि प्रतिबन्धित प्रेस अच्छे विचारों का प्रकाशन करने के बाद भी बुरा था। मार्क्स ने प्रेस पर प्रतिबन्ध जैसे प्रयास को पूरी तरह अस्वीकार किया और यह कोई उनकी जुबान की फिसलन नहीं थी। उन्होंने निर्भीकता से आजादी के इस प्रेम की कीमत चुकाई। उन्हें तत्काल अपना देश छोड़ना पड़ा और वह लगभग जीवन भर निर्वासित रहे तथा तानाशाही के विरुद्ध लड़ते रहे। आजादी के इस प्रेम को उनकी राज्य और नौकरशाही के प्रति अरुचि में भी देखा जा सकता है। यद्यपि अराजकतावादियों से वह इस बात पर सहमत नहीं था कि समाजवादी आन्दोलन के प्रथम कार्य के रूप में राज्य को खत्म कर दिया जाना चाहिए, लेकिन इस बात पर सन्देह नहीं था कि राज्य अन्तत: एक समाजवादी समाज के तहत निश्चित रूप से खत्म हो जाएगा। इसलिए यह देखना आश्चर्यजनक नहीं है कि मार्क्स और एंगेल्स ने पूरे जोश में पेरिस कम्यून को अपना लिया। उन्हें इसमें भविष्य के मजदूर राज्य के बीज दिखाई पड़े—एक ऐसा राज्य, जो सेना और नौकरशाही से रहित हो। बाद में जब लेनिन ने सुधारवादी समाजवादियों के

साथ मजदूर राज्य की प्रकृति से सम्बन्धित विषय को लिया तो उसने मार्क्स और एंगेल्स के इस विचार के आधार पर 'सशस्त्र जनता का राज्य' के अपने सिद्धान्त को न्यायसंगत बतलाया। 'सर्वहारा की तानाशाही' शब्द, जिसका प्रयोग 'क्रिटिक और गोथा प्रोग्राम' में हुआ था, का प्रयोग असली तानाशाही को इंगित करने की बजाय प्रतीकात्मक तौर पर किया गया था।

बन्धुत्व का विचार जो फ्रांसीसी क्रान्ति के दौरान केवल उसी राज्य की जनता तक सीमित था, आगे चलकर फैला और पूरी दुनिया के लोगों को गले से लगाया। समाजवादी लक्ष्य के इस पहलू पर जोर देने के लिए 'कम्युनिस्ट घोषणापत्र' इस आह्वान के साथ समाप्त होता है कि दुनिया के मजदूरों एक हो। समाजवादी आन्दोलन ने सभी मनुष्यों के भाईचारे को साम्राज्यवादी प्रभुत्व से विभिन्न राष्ट्रों की आजादी के साथ मिला देने का प्रयास किया। यह महत्त्वपूर्ण है कि मजदूरों ने पूरे यूरोप में रूस द्वारा पोलैंड के किए गए अधीनीकरण का जबर्दस्त विरोध किया। वस्तुत: यह इस घटना के प्रभाव से हुआ था कि वर्ष 1864 में अन्तरराष्ट्रीय मजदूर संघ की स्थापना हो गई थी। अपने आरम्भिक वर्षों में सोशलिस्ट इंटरनेशनल जितना अमेरिका के नीग्रो दासों के भाग्य के बारे में लेकर चिन्तित था उतना ही यूरोपीय सर्वहारा के भाग्य को लेकर चिन्तित था, इस तरह समाजवादी भाईचारे ने विभिन्न संस्कृतियों और नस्लों से आनेवाले सभी मनुष्यों को समान रूप में गले लगाया।

यह स्वीकार किया जा सकता है कि आदर्श सामान्यतया जरा ऊँचे टँगे होते हैं और वास्तविक जीवन में केवल इसके नजदीक पहुँचने की आशा की जा सकती है, लेकिन क्या समाजवादी आन्दोलन कहीं भी अपने मूल लक्ष्यों के करीब पहुँचा है? क्या इसने कभी वह दिशा पकड़ी है जो वहाँ इसका नेतृत्व कर सके? इस दिशा में समाजवादी आन्दोलन की उपलब्धियों के संक्षिप्त सर्वेक्षण को हाथ में लेना प्रासंगिक है।

यह काम करने के लिए हम साम्यवादी आन्दोलन, सुधारवादी समाजवाद और अविकसित दुनिया में प्रकट हो रहे समाजवाद के सिद्धान्त की भी जाँच करेंगे और देखेंगे कि कहाँ तक के समाजवादी आन्दोलन के मूल आदर्शों के नजदीक आते हैं, लेकिन इसको करने के पहले विचार में उस प्रक्रिया को रखना आवश्यक होगा जिसका विचार मार्क्स और एंगेल्स ने दिया था, जिसे समाजवादी आन्दोलन ने औद्योगिक बुर्जुआ समाज के विकास के साथ अपना लिया था। अन्य समाजवादियों से भिन्न मार्क्स और एंगेल्स ने, जिन्होंने अपने समाजवाद को वैज्ञानिक बताया, भलमनसाहत के सिद्धान्त को अस्वीकार कर दिया अर्थात् उस विश्वास को कि समाजवादी अपनी सदिच्छा और निजी प्रयासों से पूर्वकल्पित योजना पर आधारित समाज की रचना कर सकते हैं। दूसरी तरफ उन्होंने इस चीज में विश्वास किया कि बुर्जुआ समाज अपने निजी गतिविधियों के कारण खत्म हो जाएगा। उन्होंने अपने

अध्ययनों के आधार पर यह अनुमान लगाया कि पूँजीवाद का विकास निम्न बुर्जुआ उत्पादकों के समाज के मध्यवर्ग की प्रगतिशील समाप्ति में फलित होगा। इस तरह समाज अन्ततः दो वर्गों में विभक्त हो जाएगा—पहले वर्ग में मुट्ठी भर पूँजीपति रहेंगे तथा दूसरे वर्ग में काफी संख्या में सर्वहारा होंगे। उन्होंने यह भी बतलाया कि सर्वहारा से अधिकतम अतिरिक्त मूल्य निचोड़ने के अभियान के कारण सर्वहारा की दयनीयता दिनोदिन बढ़ती जाएगी। इस तरह सर्वहारा जैसे-जैसे उनके अन्दर वर्ग चेतना आती जाएगी, वे स्वयं को आत्मसुरक्षा में संगठित करते जाएँगे। आगे उन्होंने इशारा किया कि मुनाफा के लुढ़क जाने की स्वाभाविक प्रकृति के कारण जिस तरह से पूँजी का घटक जिसका प्रतिनिधित्व मशीनरी वगैरह करती है, उस घटक के सम्बन्ध में जिसका प्रतिनिधित्व श्रम करता है, विकसित होता है, यह काल्पनिक होता है। तंत्र स्वयं देर-सबेर आधे पर आ जाता है। साथ ही उपभोग पर उत्पादन का अधिशेष विशाल मजदूर संख्या के दरिद्रीकरण तथा स्वयं बुर्जुआ उत्पादन के अराजकतावादी स्वभाव के फलस्वरूप पूँजीवादी व्यवस्था अत्यधिक उत्पादन के आवधिक संकटों के अधीन हो जाएगी और इससे पूँजीवादी अर्थव्यवस्था की पूरी प्रणाली ठप्प पड़ जाएगी। इसलिए अपने पूर्वानुमान के अनुसार उस उन्नत औद्योगिक समाजों के सर्वहारा, जहाँ ऐसी अवस्थाएँ पहले ही परिपक्व हो गई थीं, राजनीतिक सत्ता को जब्त कर लेंगे, पूँजीपतियों को बेदखल कर देंगे और समाजवादी दिशा में समाज को संगठित करेंगे।

हालाँकि वास्तविक घटनाएँ थोड़ा भिन्न तरीके से घटित हुईं जिनसे समाजवादी आन्दोलन में गम्भीर समस्याएँ और वाद-विवाद पैदा हो गए। यूरोप में इस पूर्वानुमान के विपरीत दो प्रवृत्तियाँ विकसित हो गईं। पहली प्रवृत्ति यह कि मध्यवर्ग के बारे में सोचा गया था कि यह गायब हो जाएगा, लेकिन गायब नहीं हुआ। वस्तुतः एक नया मध्यवर्ग जिसमें खुशहाल मजदूर, दुकान में काम करनेवाले, पेशेवर लोग वगैरह शामिल थे, पैदा हो गया। दूसरी प्रवृत्ति यह कि विकास कर रहे औद्योगीकरण से सर्वहारा का उत्सर्जन नहीं हुआ। शोषण की उस तीव्रता के कारण सर्वहारा के द्वारा बराबर के उपाय किए जाने लगे। इस तरह उन्होंने अपनी स्थिति में सुधार हेतु संघर्ष करने के लिए शक्तिशाली ट्रेड यूनियनों का गठन कर लिया। उन्होंने मताधिकार के लिए भी संघर्ष किया और अनेक औद्योगिक राष्ट्रों में इसे प्राप्त कर लिया। इस तरह वे पूँजीपति वर्ग से निश्चित छूट लेने के लिए राजनीतिक सत्ता का इस्तेमाल करने के योग्य बन गए। इस तरह कुल मिलाकर उनकी भौतिक स्थितियाँ खराब होने की बजाय अच्छी हो गईं।

19वीं सदी की लगभग समाप्ति के समय इन बदलावों के आलोक में सोशल डेमोक्रेसी के बर्नस्टीन ने मार्क्स के मूल सिद्धान्त में संशोधन का प्रस्ताव दिया। उसमें बतलाया कि चूँकि मजदूर वर्ग की हालत खराब होने के बदले अच्छी हो

रही है, इसलिए इसमें कुछ आन्दोलनकारी सरगर्मी कम होती जा रही है और इसे आन्दोलनकारी मार्ग पर चलने के लिए प्रेरित नहीं किया जा सकता है। उसने आगे यह भी कहा कि राज्य नग्न वर्ग शासन का उपकरण बनने के बदले मजदूर वर्ग के दबाव का सहज अनुगामी साबित हो रहा है और मजदूर वर्ग के कल्याण हेतु अनेक लाभदायक उपायों के लिए जवाबदेह है। इसलिए उसने एक विकासात्मक समाजवाद के लिए आन्दोलनकारी विचार का परित्याग कर देने की सलाह दी जिसमें प्राथमिक जोर संसदीय राजनीति में भागीदारी एवं राज्य पर मजदूर संगठन के दबाव के माध्यम से मजदूर वर्ग की हालत में सुधार पर दिया गया था।

उस वक्त इस सुझाव को सोशल डेमोक्रेसी के लगभग समूचे नेतृत्व द्वारा और तब के यूरोपीय मार्क्सवाद के मान्य नेता कार्ल कौटस्की द्वारा भी—विरोध के कोरस के रूप में लिया गया, लेकिन दो दशकों से कम अवधि के भीतर ही यह साबित हो गया कि संशोधनवाद ने समाजवादी आन्दोलन में इतना ज्यादा काट-छाँट कर दिया था कि इसकी प्रकट अभिव्यक्ति से इन्हें नापा नहीं जा सकता था। इसकी गम्भीर जाँच प्रथम विश्वयुद्ध से हो गई। इस अवसर पर रूस के बोल्शेविकों और इधर-उधर छितराए कुछेक समाजवादियों को छोड़कर समाजवादी आन्दोलन के सभी नेता जो अपने पूर्व के निर्णय के बावजूद हर साल यह दुहराते रहे कि सर्वहारा के सहयोजित कार्य से ही युद्ध की शीघ्र समाप्ति हो सकती है, उग्र राष्ट्रीयता के शक्तिशाली उभार के समक्ष झुक गए। मजदूर अधिकांश अपने समाजवादी नेताओं के आशीर्वाद से पारस्परिक वध हेतु लड़ाई के रास्ते पर चल दिए।

युद्धोत्तर वर्षों में समाजवादी प्रजातंत्र का रिकॉर्ड और भी खराब हो गया। इस अवधि में जिन संकटों ने यूरोप को घेरा हुआ था, उन संकटों के समक्ष उनकी झुक जानेवाली नीति ने 1923 में इटली में फासीवाद तथा इसके दस वर्ष बाद जर्मनी में नाजीवाद के समक्ष उन्हें झुक जाने को मजबूर कर दिया। इस तरह उनका निर्बाध और शान्तिपूर्ण प्रगति का सपना बन्दी शिविरों और धरती के वृहत्तर भाग पर जैकबूट के पदचाप के दुःस्वप्न में बदल गया। और इन विकासों के परिणाम के तौर पर हमें द्वितीय विश्वयुद्ध भी देखने को मिला। इसने पूरी दुनिया को बर्बरता के किनारे ला दिया। अकेले स्वीडन में, जो इस युद्ध की तबाही से बच गया था, समाजवादी प्रजातंत्र (सोशल डेमोक्रेसी) का करीब चालीस वर्षों तक निर्बाध रूप से शासन रहा। इस दरम्यान निस्सन्देह उन्होंने मेहनतकश लोगों के जीवन में काफी सुधार लाया है, लेकिन इस प्रक्रिया में समाज में मौलिक परिवर्तन लाने की उनकी भूख पूर्णतया समाप्त हो चुकी है। इस तरह मजदूर वर्ग और इसके नेतागण पूँजीवादी अर्थव्यवस्था की समृद्धि में खुशी-खुशी हाथ बँटाते हैं। इस पूँजीवादी अर्थव्यवस्था को मजबूत करने में उनका काफी योगदान रहा है। द्वितीय विश्वयुद्ध के बाद समाजवादियों ने उस सुधारवाद की औपचारिकता निभाने का प्रयास किया जिसका अभ्यास वे करीब

आधी सदी से कर रहे हैं। उन्होंने पूँजीवादी उपक्रम का भार लेने के विचार का लगभग खंडन किया है। इंग्लैंड में ही, जहाँ राष्ट्रीयकरण के विचार को अभी भी पूरी तरह से छोड़ा नहीं गया है, सी.ए.आर. क्रॉसलैंड ने कम्युनिस्ट घोषणापत्र की आरम्भिक पंक्ति की हँसी उड़ाते हुए जोश के साथ यह उद्घोषित किया—"एक प्रेत यूरोप के पीछे पड़ गया है और वह प्रेत संशोधनवाद का प्रेत है", जबकि वह अपनी समझ के समाजवाद के भविष्य के लिए अपनी नीतियों का अनुमोदन कर रहा था।

उनकी सोच के पीछे का तर्क यह है कि पूँजीपति वर्ग को बेदखल किए बिना ही सम्पत्ति मालिकों की आय को इस तरह से बाँटना सम्भव है कि वह लोगों की जीवन दशाओं में काफी समानता पैदा कर सके। इसलिए वे समाजीकरण उपायों को समाजवादी आन्दोलन के लिए अत्यन्त अनावश्यक समझते हैं। हालाँकि यद्यपि हम सम्पत्ति मालिकों एवं श्रम शक्ति के विक्रेताओं के बीच के मौलिक मनोवैज्ञानिक अन्तरों की उपेक्षा करते हैं, यह दावा कि राजनीतिक दबाव और सामूहिक मोल-तोल महत्त्वपूर्ण ढंग से राष्ट्रीय आय के वितरण के अनुपात को बदल सकता है, जाँच भी बर्दाश्त नहीं करता है। कोल और पोस्टगेट ने एक अध्ययन में दिखाया है कि कम-से-कम वर्ष 1946 तक श्रमिक वर्ग के पक्ष में राष्ट्रीय आय के अंश में कोई मूल्यांकन बदलाव नहीं हुआ है। वे लिखते हैं—"उनके भिन्न तिथियों के प्राक्कथनों के अनुसार, मजदूरी बिल स्पष्टत: राष्ट्रीय आय का नियत अनुपात बना रहता है। यह 1911 में 38.5 प्रतिशत, 1924 में 39.5 प्रतिशत, 1929 में 37 प्रतिशत तथा 1939 में 40 प्रतिशत दिखाया गया है...1938 में यह आधिकाधिक रूप से 37.5 प्रतिशत दिखाया गया है। किराए के साथ मुनाफा और सूद—अर्थात् सम्पत्ति से आय—का आकलन 1911 में मोटे तौर पर 51 प्रतिशत, 1924 में 40 प्रतिशत, 1929 में 42 प्रतिशत, 1931 में 36 प्रतिशत और 1938 में 37 प्रतिशत किया गया है, लेकिन ये आँकड़े तब तक गड़बड़ हैं जब तक कि इन्हें वेतन से आय में वृद्धि के साथ नहीं लिया जाता है—1911 में कुल के 10.5 प्रतिशत से लेकर 1924 में 20.5 प्रतिशत, 1929 में 21 प्रतिशत, 1931 में 23.5 प्रतिशत और 1938 में 24 प्रतिशत। चूँकि वेतन में यह असाधारण अभिवृद्धि काफी हद तक संयुक्त स्टॉक संगठन के विकास का परिणाम है जो निजी मुनाफाखोरों को वेतनभोगी निदेशकों और प्रबन्धकों में रूपान्तरित कर रहा है।"[6]

और वे आगे लिखते हैं—"किराया, सूद और मुनाफा वस्तुत: उद्योग के उत्पाद के अनुपात को 1938 की तुलना में 1946 में ज्यादा प्रस्तुत करता था (37.3 प्रतिशत के विरुद्ध 37.7 प्रतिशत)"[7]

इंग्लैंड में लेबर पार्टी और कंजर्वेटिव पार्टी की सरकारें बारी-बारी से बनती रही हैं, लेकिन तभी से लेबर सरकार ने इस अंश में बड़ा बदलाव लाने के लिए कुछ नहीं किया है। मजदूरी, वेतन इत्यादि के मौलिक सम्बन्ध कमोबेश अबाधित रहते हैं, लेकिन इन समाजवादी पार्टियों की नीतियाँ शस्त्रीकरण, उपनिवेश और

अविकसित राष्ट्रों के प्रति रवैये जैसे सवालों पर काफी दयनीय रही हैं। इन सभी मामलों पर वे पूरी तरह अतीत की पूँजीवादी-साम्राज्यवादी नीतियों की विरासत ढोती हैं। इन विषयों पर उन्होंने जो कुछ भी थोड़ी सी रियासतें दी हैं वे अनिच्छुक ढंग से परिस्थितियों के दबाव के अन्तर्गत हुई हैं।

हालाँकि इन सुधारवादी समाजवादियों के पक्ष में कहा जा सकता है कि आजादी के प्रति उन्होंने थोड़ा सम्मान प्रदर्शित किया है, लेकिन यह सरोकार भी बेशर्त नहीं रहा है। यह उनके द्वारा शासित और औपनिवेशिक लोगों के प्रति उनके रवैये से दृष्टिगोचर हुआ है। यह कह पाना कठिन है कि आजादी के प्रति उनका यह लगाव इंग्लैंड और स्वीडन जैसे देशों की विशेष स्थितियों के द्वारा प्राप्त किया गया है या इसके प्रति उनकी अपनी प्रतिबद्धता के द्वारा प्राप्त किया गया है।

सुधारवादी इस पथभ्रष्टता को तीन तरह से न्यायसंगत ठहराते हैं। पहले स्थान पर यह कहा जाता है कि चूँकि मध्यवर्ग आबादी का एक महत्त्वपूर्ण समूह बन गया है इसलिए चुनाव में इन लोगों का समर्थन लिए बगैर सत्ता में आना सम्भव नहीं है। अतएव मध्यवर्ग को अपील करनेवाली योजना तैयार की जाती है और इस प्रकार की योजना क्रान्तिकारी नहीं हो सकती है। दूसरी चीज यह कि श्रमिक वर्ग के एक समूह ने स्वयं समृद्धि के माध्यम से एक हैसियत का बोध प्राप्त कर लिया है और वह स्वयं को निम्नवर्ग के साथ पहचानना नहीं चाहेगा और इसलिए वह किसी आन्दोलनकारी नीति का समर्थन नहीं करेगा। और अन्तत: यह कि बुर्जुआ एक निश्चित बिन्दु से आगे का दबाव बर्दाश्त नहीं करेंगे और पूर्णतया बेदखली का कोई भी प्रयास एवं गृहयुद्ध को औंधे मुँह गिराने का कारण बन जाएगा—इस कीमत को वे भविष्य के किसी 'यूटोपियन' लक्ष्य हेतु सम्मान्य नहीं समझते हैं। इस तरह योजनाओं के प्रकटीकरण का जो भय समाजवादियों के अन्दर व्याप्त था, उसने इस पहल को बुर्जुआ के पाले में कर दिया है। एक परिणाम के तौर पर समाजवाद से समाजवादी आन्दोलन में बहुत पीछे हो गया है। इस तरह इंग्लैंड में भी जहाँ श्रमिक वर्ग के लिए सबसे ज्यादा अनुकूल स्थिति है, लेबर और कंजर्वेटिव पार्टियों का अन्तर सीमान्त हो गया है। समाजवाद वोट लेने के लिए श्रमिकों की पारम्परिक वफादारी को जगाने का केवल एक मंत्र प्रयोग बन गया है।

मार्क्स और एंगेल्स ने सोचा था कि समाजवादी आन्दोलन पहले विकसित औद्योगिक राष्ट्रों में ही शुरू होगा, लेकिन उनकी आशाओं के विपरीत क्रान्तिवाद का भार बोल्शेविकों के नेतृत्व में पिछड़े रूस के श्रमिक वर्ग पर आया। बस रूसी क्रान्ति से कुछ समय पहले लेनिन ने 'राज्य और क्रान्ति' पुस्तक लिखी थी जिसमें उसने एक कम्यून राज्य के विचार की वकालत की थी—अर्थात् सशस्त्र जनता का राज्य। अक्टूबर क्रान्ति की पूर्व सन्ध्या पर भी उसने इस विचार को अपनी 'अप्रैल थीसिस' में भी दुहराया था।

जार सेना के सिपाही अपने बल पर मताधिकार का प्रयोग करना सीख चुके थे, लेकिन लेनिन के नेतृत्व में बोल्शेविकों ने इस जार सेना को चकनाचूर कर दिया। इससे सोवियतों में संगठित आन्दोलनकारी सेना को एक सशस्त्र जनता का चरित्र अवश्य मिला। सोवियतों में स्वत:स्फूर्त स्वयं को संगठित करनेवाले मजदूर, किसान और सिपाही, अत्यल्प आपूर्ति ही सही लेकिन सभी वस्तुओं (तथाकथित युद्ध साम्यवाद के अन्तर्गत) के वितरण में लगभग समानता, जार शासन की अधीनता भी लम्बे समय तक रही राष्ट्रीयताओं को स्वयं की स्वतंत्र घोषित करने का अधिकार, इन सारी चीजों ने क्रान्ति के सपने के एक पहलू को साकार किया, लेकिन अधिकांश लोग जो उत्फुल्लित हो रही क्रान्ति के दिलचस्प नजारे से प्रभावित होकर क्रान्ति से जुड़े थे, उस विकार को देख पाने में असफल रहे जो इस क्रान्ति के केन्द्र में पनप रहा था। जरझिंस्की एक धुँधले कोने में पहले से ही उस उपकरण को तेज कर रहा था जिसने विभिन्न नामों से आज तक सोवियत नागरिकों के जीवन पर धमकी भरे ढंग से अस्पष्ट दिखाई दिया है—वोगारिक यानी चेक, लेकिन स्वयं में उसे एक धमकी साबित नहीं होना चाहिए था। सबके बावजूद रूसी जनता जारवादी ओखराना को चुनौती दे चुकी थी और हर चीज सही दिशा में जा रही थी। चेक उस खुफिया संगठन जो अपना मकसद पूरा कर समाप्त हो जाती है, से बड़ा नहीं रहा होगा।

परन्तु घटनाओं और विचारों, दोनों ने मिलकर आन्दोलन को स्वयं को ही पराजित करनेवाली दिशाओं में धकेलने का षड्यंत्र रचा। लम्बे समय तक चलनेवाले गृहयुद्ध से परेशानी उत्पन्न हुई क्योंकि प्रभुत्वशाली यूरोपीय सत्ताएँ खुल्लमखुल्ला प्रतिक्रान्तिकारी तत्त्वों के समर्थन में आ प्रकट हुईं। इस तरह की स्थिति से चिपके सन्देह और असहिष्णुता के साथी उन बोल्शेविकों का मसीही आत्मविश्वास जोड़ दिया गया जो स्वयं को सर्वहारा की क्रान्ति के इतिहास द्वारा चयनित उपकरण मानते थे।

इस विश्वास में वे मार्क्स और एंगेल्स के सिद्धान्तों से लैस थे जिनका मानना था कि मानव इतिहास परिवर्तन की एक अनूठी निर्धारित प्रक्रिया है जिसमें महत्त्वपूर्ण कारक नींव हैं। इन कारकों के अनुरूप विभिन्न सामाजिक सम्बन्ध पैदा हुए जिन्होंने विचारों और विचारधाराओं को निर्धारित किया। मानव इतिहास को मोटे तौर पर चार चरणों में बाँटा गया। सबसे पहला चरण आदिम साम्यवाद का था अर्थात् एक ऐसा समाज जिसमें वर्ग विभाजन नहीं था। इसके बाद दासता का युग आया जिसमें समाज दास और दास-स्वामियों के बीच बँटा हुआ था। इससे सामन्ती व्यवस्था पैदा हुई जिसमें बुनियादी सामाजिक विभाजन सामन्त मालिकों और दासों के बीच था। अन्तत: बुर्जुआ समाज अस्तित्व में आया जहाँ समाज मुट्ठी भर पूँजीपतियों और विशाल संख्यावाले सर्वहाराओं के बीच विभक्त था। इसे उन लोगों ने समाज का आखिरी चरण माना जिसमें कि वर्ग प्रतिरोध व्याप्त था। इसका अनुसरण

सर्वहारा समाजवादी आन्दोलन ने किया जहाँ सारे वर्ग विभाजन गायब हो गए तथा एक साम्यवादी समाज की स्थापना हुई। मार्क्स और एंगेल्स ने अपने समाजवाद को वैज्ञानिक कहा था क्योंकि उनकी सोच थी कि उन्होंने समाज के विकास का वैज्ञानिक नियम ढूँढ़ लिया है। इस नियम से जैसाकि उनका विश्वास था, उन्होंने उस अपरिहार्य मार्ग को ढूँढ़ लिया है जिसका मानव इतिहास अनुसरण करता है। उसी नियम ने उनको विश्वास दिलाया कि एक बार जब बुर्जुआ का सम्पत्ति सम्बन्ध समाप्त हो जाए तो साम्यवाद को आवश्यकता का अनुसरण करना चाहिए। उन्होंने इससे अनुमान लगाया कि सरसरी नजर में वह एक जो आनुषंगिक दिखता है, वह अन्तत: इतिहास की आकस्मिक कड़ी का एक जुड़ाव है। इस तरह स्वतंत्रता का मतलब था, आवश्यकता का मूल्यांकन। इसका अर्थ हुआ, स्वतंत्रता मात्र उन तत्त्वों की जानकारी है जो मनुष्य को एक खास दिशा में जाने के लिए प्रेरित करते हैं। मानव इतिहास के मार्ग को बदलनेवाला कुछ भी नहीं था। यह पहले ही भौतिक स्थितियों द्वारा निर्धारित हो चुका था। यहीं उन विचारों का मोटा-मोटी खाका था जिनके तहत बोल्शेविक नेताओं ने अपने भारी काम का बीड़ा उठाया।

शुरू के कुछ महीनों तक जब आन्दोलन को जनता के विभिन्न तबकों का स्वत:स्फूर्त समर्थन मिल रहा था तो किसी दमनकारी कदम की न तो जरूरत थी, न ही उसका सहारा लिया गया, लेकिन गृहयुद्ध, दुर्भिक्ष और पश्चिम में क्रान्तिकारियों की असफलता, इन सबने जोश खट्टा कर दिए। चूँकि सभी मार्क्सवादियों का यह एक सामान्य विश्वास था कि समाजवादी आन्दोलन सबसे पहले औद्योगिक रूप से विकसित देशों में ही घटित होगा, रूसी क्रान्ति के तथ्य को भी पश्चिम के अत्यधिक विकसित देशों में समाजवादी आन्दोलन की वैश्विक यात्रा का केवल एक मध्यवर्ती माना गया। ट्रॉटस्की के स्थायी आन्दोलन के सिद्धान्त की सारी रणनीति इसी अपेक्षा पर आधारित थी। इस तरह यह आशा की गई कि ज्यादा विकसित देशों की क्रान्ति के प्रसंग में रूस की बुर्जुआ लोकतांत्रिक पार्टी के अधिकांश अन्य नेतागण इसी प्रकार का विचार रखते थे।

पश्चिम में आन्दोलन असफल हो जाने से रूस में कठिनाइयाँ बढ़ गईं। क्रान्तिकारी रूस को अपने बुर्जुआ पड़ोसियों से जो आशा थी, युद्ध में हस्तक्षेप ने उसे कटु बना दिया। इसके आगे सभी काम साम्राज्यवादी घेराबन्दी की धमकी देनेवाली चेतना के तहत हुए। अधिकांश लोकतांत्रिक परम्पराएँ भी इस तरह के भय के मनोविज्ञान के तहत लड़खड़ा गईं। फरवरी क्रान्ति की संक्षिप्त अवधि को छोड़ दें तो रूस को पहले किसी जनतांत्रिक आजादियों की परम्परा का ज्ञान नहीं था। बोल्शेविकों का यह विश्वास है कि वे अकेले क्रान्तिकारी सर्वहारा की इच्छा का प्रतिनिधित्व करते हैं, क्रान्तिकारी अवधि के दौरान हासिल की गई हल्की आजादी को भी प्रोत्साहित करने या उसका बचाव करने में अक्षम था। इसलिए जैसे ही बोल्शेविक शासन ने

अपनी सत्ता को साकार किया, रूस पुराने अधिनायकवादी ढाँचे में फिर से स्थापित हो गया। यह जार शासन से भी भारी निर्दयतावाला था, लेकिन आगे और बुरा हुआ। धीरे-धीरे उन स्थितियों का जो युद्ध और दुर्भिक्ष के दबावों में सोवियत समाज पर लाद दी गई थीं, मार्क्सवाद के उच्च सिद्धान्तों के तहत गुणगान और समाजवादी बताकर मान्यता देना शुरू हो गया।

एक के बाद एक आलोचना के सुरों को दबा दिया गया। पहले तो मोंशेविकों को दबा दिया गया, इसके बाद अराजकतावादियों और सामाजिक क्रान्तिकारियों को दबाया गया। ये सब मूलत: आन्दोलन के साथी थे। क्रॉन्सताद नाविक अक्टूबर क्रान्ति के अग्रणी थे। इन सबों ने मजदूरों और किसानों और अपने सोतिगतों की स्वतंत्रता की माँग करते हुए विद्रोह का झंडा उठा लिया, लेकिन लेनिन और ट्रॉटस्की के इशारे पर इस विद्रोह को दबा दिया गया। इस विद्रोह से रूसी जनता की स्वतंत्रता की अन्तिम आशा समाप्त हो गई। शीघ्र ही बोल्शेविक पार्टी के भीतर गुटबाजी पर प्रतिबन्ध लगा दिया गया। यह प्रक्रिया अपरिहार्य रूप से जोसेफ स्टालिन के एक व्यक्ति के शासन के रूप में समाप्त हुई।

परन्तु लेनिन और बोल्शेविक पार्टी के अनेक अन्य नेता समाजवादी समाज के आरम्भिक लक्ष्यों से इस प्रस्थान के समय तक जिन्दा थे। इस तरह लेनिन ने रूसी राज्य को 'नौकरशाही सम्बन्धी विरूपणोंवाला एक मजदूर राज्य' के रूप में विश्लेषित किया था, लेकिन अद्य:पतन की यह प्रक्रिया तेजी से आगे बढ़ रही थी जिसे लेनिन ने आक्रोश के साथ अपने जीवन के अन्तिम क्षणों में देखा था। रूस की राष्ट्रीयताओं की स्वायत्तता के बचाव में लिखे गए अपने अन्तिम आलेख में उसने अपनी विशिष्ट सुबुद्धि से राज्य नौकरशाही पर प्रहार किया था क्योंकि रूसी राष्ट्रीयताएँ स्टालिन के इशारे पर पाशविक दमन की शिकार थीं। उसने इशारा किया था कि जिस सोवियत राज्य के नाम पर राष्ट्रीयताओं को अपनी स्वायत्तता त्याग देने को कहा जा रहा है, वह सोवियत राज्य केवल पुरानी जार नौकरशाही का प्रतिनिधित्व करता है, इस पर केवल हल्का सोवियत रंग चढ़ाया गया है, लेकिन लेनिन इतना कमजोर हो गए थे कि वह इस विषय को केन्द्रीय समिति के समक्ष नहीं रख सकते थे। उसने ट्रॉटस्की से कहा कि वह उसकी तरफ से इस विषय को उठाए। पार्टी एकता के मिथ के कारण ट्रॉटस्की उस दस्तावेज को केन्द्रीय समिति के समक्ष नहीं रख सका। इस बीच लेनिन का निधन हो गया। इसके बाद लेनिन के उस आलेख (दस्तावेज) को स्टालिन ने तेजी से दबा दिया।

धीरे-धीरे सोवियत राज्य ने उस प्रत्येक चीज को नकार दिया जिसके लिए समाजवादी आन्दोलन जाना जाता था। युद्ध साम्यवाद के आरम्भिक वर्षों की समानता की जगह धीरे-धीरे मजदूरों और तकनीकी एवं प्रबन्धकीय कर्मचारियों के वेतनों में अन्तर आने लगा। अपने समतावादी अतीत के अवरोधों पर विजय प्राप्त करने के लिए स्टालिन

अन्ततः तीस के आरम्भिक वर्षों में समानता के त्याग के साथ प्रकट हुआ। उसने कहा था—"हम उस स्थिति को बर्दाश्त नहीं कर सकते जहाँ इस्पात मिल में काम करनेवाला मजदूर एक सफाईकर्मी से ज्यादा नहीं कमाता हो। हम उस स्थिति को बर्दाश्त नहीं कर सकते जहाँ रेलइंजन के चालक की कमाई प्रतिलिपि तैयार करनेवाले किरानी की कमाई के बराबर हो। मार्क्स और लेनिन ने कहा था कि समाजवाद के तहत वर्गों की समाप्ति के बाद भी कुशल और अकुशल श्रमिकों के बीच अन्तर रहेगा।"[8]

परन्तु कुशल और अकुशल श्रमिकों की बात उन राजनीतिक नेताओं, प्रबन्धकों, लेखकों, वैज्ञानिकों और अन्य लोगों को विशेष विशेषाधिकार प्रदान करने के असली इरादे को ढकने का महज एक पर्दा थी, जिन्होंने शासन में महत्त्वपूर्ण भूमिका निभाई थी। इस तरह स्टालिन के जीवन के अन्त तक सामाजिक श्रेणीक्रम में एक साधारण मजदूर का मासिक वेतन 300 रूबल था जबकि उच्च पदों पर काम करनेवाले लोगों के वेतन हजारों रूबल हो गए थे। उच्च शिक्षा की ऊँची लागत हो जाने के कारण गरीबों के बच्चे जब तक मेधावी नहीं होते थे, उन्हें सामाजिक क्रमों में प्रोन्नति से वंचित कर दिया जाता था। यद्यपि ख्रुश्चेव ने और साफ दिखने लगी सामाजिक असमानताओं के सन्दर्भ में कुछ हल्के परिवर्तन किए, लेकिन अर्थव्यवस्था में महत्त्वपूर्ण समतावादी परिवर्तन लाने के निमित्त कुछ नहीं किया गया।

आजादी तुरन्त सोवियत शासन के लिए अभिशाप बन गई। 'मजदूर राज्य' में मजदूरों को वे अधिकार भी नहीं मिले जो उन्हें अनेक बुर्जुआ राज्यों में मिले हुए थे। उन्हें आपस में संगठित होने या अपना विचार प्रकट करने का अधिकार प्राप्त नहीं था। इसी तरह हड़ताल करने का उन्हें अधिकार प्राप्त नहीं था। निवास या रोजगार का स्थान बदलने की उनकी आजादी आन्तरिक पासपोर्टों को लागू कर गम्भीरता से सीमित कर दी गई। ट्रेड यूनियन अब श्रमिकों के हित की रक्षा का उपकरण नहीं रहा। ये उस राज्य के एक-दूसरे अंग बन गए जिसमें उनकी आवाज का कोई असर नहीं था और उनका काम पार्टी के उच्च स्तर पर लिए गए निर्णयों को लागू करना था। इससे शुरुआती वर्षों में मजदूरों के पास अपने कारखानों के प्रबन्धन में जो हल्की आवाज थी, वह भी समाप्त हो गई। प्रबन्धकों को निर्णय लेने का परम अधिकार प्राप्त था और वे अपने क्षेत्राधिकार में पड़नेवाले उद्योगों के सुचारू संचालन हेतु व्यक्तिगत रूप से जवाबदेह थे। पीस रेट का काम और श्रमिकवाद को श्रमिकों से अधिकतम कार्य करवाने के लिए इस्तेमाल किया गया। वे जो शासन से टकराए, उनके लिए ज्यादा मुश्किलें आईं। उन्हें लेबर कैम्प में अत्यधिक अस्वास्थ्यकर स्थितियों में बगैर पूर्ण भोजन या आश्रय के काम करने के लिए भेजा जा सकता था। उनमें से ज्यादातर लोग वहीं खत्म हो गए।

इस तरह से खत्म हो जानेवाले लोगों में वे लाखों किसान थे जिन्हें समूहीकरण को सुगम बनाने हेतु गाँवों से निर्वासित किया गया था। इस प्रक्रिया में लाखों किसान

मर गए। वे जो समूहीकृत फार्मों की देखभाल करने के लिए छोड़ दिए गए, उनका हाल कुछ बेहतर था। वे कम-से-कम जीवित रहने के लिए पर्याप्त भत्ता प्राप्त कर सकते थे। उन्होंने जो पैदा किया, उसका अधिकांश औद्योगिक अर्थव्यवस्था को सहारा देने में लग गया। वह जो शेष बच गया, अपर्याप्त था। और तब उसी उत्पाद में से उन्हें उन फार्म प्रबन्धकों और पार्टी नेताओं के अपेक्षाकृत आरामदायक जीवन का समर्थन करना पड़ा जिन्हें मजदूर वर्ग के इन 'मित्रों' को प्रेरित करने का काम मिला था। इस सबको ढकने के लिए उन्हें शुरू से ही द्वितीय वर्ग का नागरिक माना गया। यह साम्यवादी पूर्वग्रह का हिस्सा था कि औद्योगिक सर्वहारा क्रान्तिकारी वर्ग है जबकि पेटी-बुर्जुआ कृषक वर्ग प्रतिक्रियावादी वर्ग है। इस तरह कृषक वर्ग को समान अधिकार देने का कोई सवाल नहीं हो सकता था क्योंकि इसने अपनी जबर्दस्त संख्या से क्रान्तिकारी सर्वहारा वर्ग को सहज रूप से अभिभूत कर दिया था। इसलिए किसान आज तक असंख्य आर्थिक और राजनीतिक अपंगताओं के तहत कष्ट सहते आ रहे हैं।

शुरू में बोल्शेविकों ने केवल उस अन्तरराष्ट्रीयवादी पार्टी का प्रतिनिधत्व किया था जो उग्र राष्ट्रीयता के तत्त्वों के विरुद्ध श्रमिक वर्ग के क्रान्तिकारी बन्धुत्व को स्थापित करने में अपने अस्तित्व को दाँव पर लगाने के लिए तैयार थी, लेकिन लेनिन के मरने और स्टालिन द्वारा ट्रॉटस्की एवं बोल्शेविक पार्टी के अन्य अन्तरराष्ट्रीयवादी नेताओं को परास्त करने के साथ ही 'एक देश में समाजवाद' का सिद्धान्त सोवियत साम्यवाद के सर्वाव्यसिद्धान्त में प्रतिष्ठापित कर दिया गया। इसके बाद कम्युनिस्ट इंटरनेशनल का एकमात्र उद्‌देश्य सोवियत विदेश नीति के लक्ष्यों को आगे बढ़ाने के लिए अन्य देशों के समाजवादी आन्दोलन का उपयोग करना रहा है। इस लक्ष्य के लिए उन लोगों ने मजदूर वर्ग के क्रान्तिकारी आन्दोलन को उस समय तोड़-फोड़ दिया जब वे लगभग लक्ष्य के करीब थे। इस लक्ष्य के लिए उन्होंने समाजवादी आन्दोलनों में ऐसी फूटें भी डाल दी कि फासीवाद ने अनेक यूरोपीय देशों में सत्ता हासिल कर ली। और इस उग्र राष्ट्रीयता के भाव को पूरी अभिव्यक्ति उस वक्त मिली जब द्वितीय विश्वयुद्ध की समाप्ति पर स्टालिन ने पश्चिमी सत्ताओं की सहमति से पूर्वी यूरोप में रूस का साम्राज्य स्थापित करने में सफलता अर्जित कर ली, लेकिन रूस के तथाकथित सुधारवादी नेताओं ने अपने मानवदोष और सत्ता की सनक में स्टालिन को भी तब पीछे छोड़ दिया और उन्होंने अपनी भयानक शक्ति से 1956 में रूसी आधिपत्य के विरुद्ध हंगरीवासियों एवं 1968 में चोकोस्लोवाकिया की जनता के विद्रोह को दबाने के लिए हस्तक्षेप किया। सोवियत विदेश नीति का एकमात्र लक्ष्य दुनिया को अमेरिका के साथ प्रभाव के क्षेत्रों में बाँटने का और इसके बाद उन पर आधिपत्य जमाने का रहा।

परन्तु जिस वक्त सोवियत संघ में मार्क्स के सभी आदर्शों को नकार दिया गया, दुनिया के मजदूरों और खासकर अल्प विकसित देशों के श्रमिकों के लिए वह प्रेरणा

बना रहा। इस घटना के लिए तीन कारक जिम्मेवार हैं। पहला, दूसरे देशों के लोग सोवियत संघ की वास्तविक स्थिति के बारे में कभी पूरी तरह अवगत नहीं थे। सोवियत प्रचार तंत्र हमेशा लोगों को सोवियत संघ की स्थिति के बारे में सही जानकारी नहीं देता था। इससे लोगों के मन में बुर्जुआ प्रेस के बारे में सन्देह से सहायता मिली। इस तरह सोवियत संघ के बारे में जो भी प्रतिकूल सूचना प्रकाश में आई, उसे सोवियत नेताओं ने बुर्जुआ प्रचार कहकर खारिज किया और लोग उस पर विश्वास करते रहे। दूसरा कारण उत्पीड़ित जनता का मनोविज्ञान था, जो जैसाकि मार्क्स ने बतलाया था, धार्मिक विश्वासों के अन्दर विश्व की एक उलटी छवि सृजित कर रहा था। इसलिए सोवियत संघ पूरी दुनिया की पीड़ित जनता के लिए धरती पर स्वर्ग बन गया जहाँ पीड़ित लोग उन्हीं की तरह दुनिया के मालिक थे। लोगों की इस खयाली दुनियावाली बेहोशी को इसके विपरीत का कोई भी साक्ष्य तोड़ नहीं सकता था। इस अनुभूति का लोगों को वह लाल तारा प्रदान करने में सकारात्मक भूमिका थी जिससे वे अपनी क्रान्तिकारी यात्रा में अपनी चौपहिया गाड़ी को जोड़ ले सकते थे।

दूसरा कारक वह दृढ़ विश्वास था जिसके लिए मार्क्स और एंगेल्स स्वयं उत्तरदायी थे, कि सारा उत्पीड़न निजी सम्पत्ति पर आधारित है। चूँकि सोवियत संघ में निजी सम्पत्ति को खत्म किया जा चुका था, सो यह विश्वास करना कठिन हो गया कि सोवियत संघ में उत्पीड़न हो सकता है। यदि तथ्य अन्यथा सिद्ध हो गया तो यह तथ्य के लिए बहुत बुरा था। उन्हें या तो समाजवाद के दुश्मनों द्वारा फैलाया गया झूठ माना गया या सर्वहारा की तानाशाही में अपरिहार्य कहकर तर्कसंगत बताया गया, और उन्हें प्रतिक्रान्तिकारी शक्तियों का बचा-खुचा प्रभाव माना गया। एक स्पष्ट विवेक के साथ उस तथ्य के प्रति अपनी आँखें बन्द कर ले सकते थे कि शासन ने मजदूर और किसान लगायत सारी जनता को रौंद डाला है।

तीसरा कारक औद्योगीकरण की वह द्रुतगति थी जो सोवियत संघ में 1930 के दशक की उस अवधि में दृष्टिगोचर हो रह थी जब समूचा पूँजीवादी विश्व अवसादग्रस्त हो चला था। चूँकि इतिहास की मार्क्सवादी व्याख्या के अनुसार उत्पादकता समाज के आन्तरिक साहचर्य या विरोध को प्रतिबिम्बित करती है, पूँजीवादी और 'समाजवादी' तंत्रों के बीच इस मौलिक अन्तर को स्पष्ट रूप से दुनिया के सामने अवलोकनार्थ रख दिया गया। इस विचार के अनुसार जिस समय पूँजीवादी दुनिया अपने अन्तर्विरोध के बोझ तले दम तोड़ रही थी, जैसाकि मन्दी से प्रतिबिम्बित हो रहा था, समाजवादी तंत्र अपनी वृद्धिशील उत्पादकता में प्रतिबिम्बित आन्तरिक साहचर्य को प्रदर्शित कर रहा था। यह सन्देहास्पद है कि तथ्य कभी विश्वास का स्थान ले लेता है, लेकिन ऐसा हुआ और आगे जब अपने समय में युद्ध स्तर पर बिना किसी साम्राज्य और अर्थव्यवस्था के पश्चिमी जर्मनी और जापान का विकास हुआ तब तक सोवियत मिथ बन चुका था। इसलिए अल्पविकसित दुनिया के क्रान्तिकारी जो आजादी,

औद्योगिक विकास और समृद्धि की इच्छा पाले हुए थे, सोवियत संघ को आदर्श और मार्गदर्शक तथा सलाहकार, दोनों रूपों में देख रहे थे।

इस सन्दर्भ में हम चीन, उत्तरी वियतनाम और क्यूबा के साम्यवादी आन्दोलन तथा अल्पविकसित दुनिया के वाममार्गी राष्ट्रवादी आन्दोलनों के विकास को ज्यादा अच्छे ढंग से समझ सकते हैं। यह इन सभी आन्दोलनों के प्रमुख रूपकों में प्रतिबिम्बित होता है। पहला, ये सभी आन्दोलन स्वयं को मार्क्सवादी कहते हैं या ये कम-से-कम राज्य नियंत्रणवादी हैं अर्थात् जिनका उत्पादन और वितरण के सभी साधनों पर राज्य नियंत्रण में विश्वास है। चीन, क्यूबा और उत्तरी वियतनाम, इन तीन साम्यवादी देशों में उत्पादन के साधन के राष्ट्रीयकरण का कार्यक्रम पूरी तरह से लागू किया गया है। दूसरा, ये सभी आन्दोलन गहन रूप से राष्ट्रवादी हैं। वस्तुत: यह कहा जा सकता है कि यह राष्ट्रवादी आन्दोलन ही था जिसने धीरे-धीरे मार्क्सवाद को गले लगाया क्योंकि अकेले इसी ने राष्ट्रवादी आन्दोलन में ज्यादा-से-ज्यादा लोगों को लाने और तेज आधुनिकीकरण का वादा किया था। और तीसरा, इन सबका नेतृत्व बुद्धिजीवी करते हैं और वे सभी प्राथमिक रूप से कृषकों के बड़े समूह पर आधारित होते हैं।

इस नई स्थिति से समाजवादी आन्दोलन की पूरी अवधारणा ही बदल गई। कृषकों के बिखरे जनसमूहों पर आधारित विद्रोह की उन अवधारणाओं को जिसमें मजदूरों की सामान्य हड़तालें एक विद्रोह में बदल जाती हैं, जिसे आबादी के अन्य तबकों का समर्थन प्राप्त रहता है, त्यागना पड़ा। इसका स्थान गुरिल्ला युद्ध ने लिया। इसे कृषकों के व्यापक जनसमूह का संरक्षण प्राप्त हो रहा था। अपनी प्रकृति के अनुसार इसने अत्यधिक केन्दीकृत सैन्य जनरल स्टाफ को खड़ा किया जिसका काम गुरिल्ला गतिविधियों के जाल को निर्देशित और संयोजित करना था। यद्यपि खेतिहर जनसमूहों की निष्ठा को उनके बीच जमीन बाँटकर आश्वस्त कर लिया गया, शासन की नीतियों में उनके सक्रिय हस्तक्षेप की न तो माँग की गई, न ही इसकी आशा की जा सकती थी। स्वाभाविक रूप से इतने अत्यधिक केन्द्रीकृत सैन्यवादी शासन को पैदा कर दिया जिसके बारे में सामान्य जन के पास कहने के लिए कुछ नहीं था और वे पूरी तरह क्रान्ति के नेताओं की सदाशयता पर निर्भर थे। इन देशों में आन्दोलन अभी भी संक्रमणकालीन अवस्था में हैं, इसलिए इनके सम्भावित अन्तिम आकार के बारे में अभी कुछ नहीं कहा जा सकता है, लेकिन इस अवस्था में भी कुछ निश्चित आकार समझाने लायक हैं जो वस्तुओं के आकार के सूचक हो सकते हैं—ये केन्द्रिकतावादी और सैन्यवादी है। ये आला दर्जे के उग्र राष्ट्रवादी हैं तथा इनकी वर्तमान सोच में समानता और स्वतंत्रता के सिद्धान्त शामिल नहीं हैं। माओ का सांस्कृतिक आन्दोलन ही एकमात्र आन्दोलन रहा है जो मूल समाजवादी लक्ष्य की जानकारी को सूचित करता है। यह लगता है, बढ़ रहे

नौकरशाहवाद और सैन्य शासन की शक्ति को तोड़ने का प्रयास हो जो कि किसी सैनिक केन्द्रिकतावादी शासन से अविभाज्य है, पर सम्भवत: यह एक चौंध जैसा रहा है (आगे के अध्याय में हम इस सवाल पर फिर वापस लौटेंगे)।

परन्तु इन स्वयंभू समाजवादियों ने राज्य और समाज की जो प्रकृति गढ़ी है, उसके अतिरिक्त ये घटनाएँ एक-दूसरे मौलिक तरीके से मार्क्सवाद का खंडन करती हैं। वह यह साबित करती है कि क्रान्ति की विचारधाराओं को अनोखी भौतिक स्थितियों (समाजवाद की तरह औद्योगिक सर्वहारा की विचारधारा) से पैदा नहीं किया जाता है। वस्तुओं के उन क्षेत्रों में लोगों की कल्पना को पकड़ सकती हैं जो भौतिक विकास के निम्न स्तर का प्रतिनिधित्व करते हैं। इसने यह भी साबित किया कि ऐसे विचारों की पकड़ लोगों को उनके निजी प्रयासों से वैसी स्थितियाँ पैदा करने के लिए प्रेरित कर सकती है जिन्हें इन विचारों (औद्योगीकरण पैदा करने में सहायक समाजवाद का विचार) का पूर्ववर्ती माना जाता है।

उसने केवल इस प्रवृत्ति की सबसे पक्की अभिव्यक्ति की विवेचना की है जिसका प्रतिनिधित्व अल्पविकसित देशों में साम्यवादी करते हैं, लेकिन ये विषय विभेद भी हैं जो राष्ट्रों की उन स्थितियों के अन्तर पर निर्भर करते हैं जिनमें राष्ट्रवाद की शक्तियाँ पैदा हुई थीं, लेकिन अनेक अन्य अल्पविकसित देशों में राष्ट्रीय अर्थव्यवस्था की केन्द्रीकृत दिशा, अर्थव्यवस्था के महत्त्वपूर्ण सेक्टरों का राष्ट्रीयकरण और नौकरशाह आधारित तानाशाही या अर्द्ध तानाशाही शासनों में बड़ी प्रवृत्ति दृष्टिगोचर होती है। इस प्रकार के शासनों में चियांग-काई-शेक के अधीन ताइवान (अर्थव्यवस्था का लगभग पूर्ण राष्ट्रीयकरण), ने विन के अधीन बर्मा, नासिर के अधीन मिस्र आदि शामिल हैं।

इस युग में समाजवादी कहे जानेवाले इन आन्दोलनों की एक खास विशेषता यह है कि इनमें से सभी समता और निजी आजादी का खंडन करते हैं। चेकोस्लोवाकिया का ओटा सिक, जो साम्यवादी जगत में उदार प्रवृत्ति का प्रतिनिधित्व करता था, कमाई में समानता का खंडन किया।

उन्होंने लिखा था—"मजदूरों के पारिश्रमिक (जहाँ श्रम की उत्पादकता बढ़ाने में पारिश्रमिक वृद्धि एक अनिवार्य प्रोत्साहन है) से ज्यादा अधिक सीमा तक तकनीशियनों, शिक्षकों, वैज्ञानिकों, चिकित्सा अधिकारियों आदि के वेतन में आवश्यक वृद्धि निश्चिन्त करने हेतु वित्तीय स्रोतों का प्रतिबन्ध था। इस तरह वर्षों से खासकर 1959 से आय को बराबर करने की बहुत ज्यादा खतरनाक प्रवृत्ति रही है जिसने वैज्ञानिक और तकनीकी विकास को बाधित किया है।"[9]

यह सत्य है कि ओटा सिक अपने अध्ययन में प्रथमत: चेकोस्लोवाकिया की अर्थव्यवस्था के ढलान से चिन्तित था, लेकिन वस्तुत: जो महत्त्वपूर्ण है, वह यह रास्ता है जिसमें 'समाजवाद' के अन्दर असमानता को पक्के तौर पर लिया जाता है। दूसरी महत्त्वपूर्ण चीज वह महत्त्व है जो 'समाजवाद' के अन्दर वेतन पर दिया जाता है।

यदि हम सोवियत संघ जैसे देशों के पारिश्रमिक अन्तरों को एक सूचकांक के तौर पर लें तो यह उन्नत पूँजीवादी देशों से भी ज्यादा है। इस तरह इन सभी साम्यवादी देशों में बुर्जुआ नहीं हैं, लेकिन बुर्जुआ विशेषाधिकार और इससे भी बड़े अधिकार कायम हैं। प्रच्छन्न-साम्यवादी शासन भी इसी प्रक्रिया की नकल करते हैं या उन्हीं की तरह बन जाने की इच्छा रखते हैं, लेकिन समाजवादी लक्ष्य का यह अस्वीकार अनेक साम्यवादी या समाजवादी पार्टियों को भी अपने समाजवादी विश्वास का हिंसक विरोध करने से नहीं रोकता है। माना गया कि सत्ता समाजवाद की तरफ से जाने का एक माध्यम है, लेकिन इसने खुद लक्ष्य का स्थान ग्रहण कर लिया है। यह लक्ष्य बन गया है क्योंकि सत्ता के जरिए ही आधुनिक समाजों में अनेक तरह के विशेषाधिकार उपलब्ध हैं। इस तरह हम उस स्थिति में आ पहुँचे हैं जहाँ जो सत्ता से बाहर हैं उन्हें सत्ता में लक्ष्य की प्राप्ति होती है जबकि वे जो सत्ता में होते हैं, उन्हें बिलकुल किसी लक्ष्य की जरूरत नहीं पड़ती है। सत्ताधारी व्यक्ति महज उस माध्यम के नियंत्रण से स्वयं का निर्वाह करने का प्रयास करते हैं जो या तो उपलब्ध होता है या जिसका वे निर्माण कर सकते हैं।

परन्तु ये विकास जिस संकट की तरफ ले जा रहे हैं, उसका आर्थिक पदों या विशुद्ध राजनीतिक पदों में भी गुण विवेचन नहीं किया जा सकता है। यह मानवीय जीवन से सभी गुण और अर्थ को निकाल फेंकने की धमकी देता है। मनुष्य के उस पराएपन को समाप्त करने के बदले जो मार्क्स के मुताबिक अकेला साम्यवाद का अभिप्राय हो सकता था, वर्तमान प्रवृत्ति अपने उपकरणों के द्वारा मनुष्य के पूर्ण अवशोषण की तरफ ले जा रही है। मार्क्स चाहता था कि मनुष्य एक शिकारी, मछुआरा या गम्भीर आलोचक बनने की जगह एक सुसन्तुलित व्यक्तिगत मानव प्राणी बने। इसके बदले मजदूर अपनी छवि के अन्तर्गत तथा अपने नाम से उस बदतर भाग्य की ओर अभिमुख हो रहे हैं जिसे वह अपने समय में देख चुका था। मजदूर गुमनाम हो रहा है, एक जनसमूहवाले समाज में। इसमें वह उस विद्रोह अंश को भी खो रहा है जिसे कम-से-कम मार्क्स के जमाने में अपने विकृत अहं से बचा लिया गया था। आज उसकी करतल ध्वनि और चिल्लाहट राज्य की ढपोरशंखी नीति की सेवा में महज एक सुव्यवस्थित योजना की अनुगूँज है। यदि यह प्रक्रिया चालू होती है तो शीघ्र ही केवल शराब और अखाड़े के लिए जिन्दा रहनेवाले प्राचीन रोम के निम्नवर्ग की तरह आधुनिक सर्वहारा वर्ग इन शासनों के तहत जानबूझकर अपना जीवन जीने एवं अपने विचारों के बारे में सोचने के अधिकार को अनुशासित जीवन की निष्प्राण सुविधाओं से अदल-बदल कर लेगा।

मनुष्य आदतों का गुलाम प्राणी है और जब तक कोई नया विचार दिमाग में ताजा विक्षोभ पैदा करने नहीं आ जाता है, उसे हर स्थिति स्वीकार्य हो सकती है, लेकिन आज के समाज का रुझान मौजूद प्रचारतंत्र के जरिए 'खतरनाक'

विचारों को रोकना एवं नियंत्रणीय क्षेत्र में विवादों को सीमित करने का है, लेकिन सामान्य आधुनिक समाजों के बारे में जो सत्य है, वह विशेषकर साम्यवादी देशों में खतरनाक बन जाता है जहाँ उपरोक्त विधि के अतिरिक्त विरोधी विचारों को खत्म करने के लिए और ज्यादा प्रत्यक्ष और क्रूर तरीके अपनाए जाते हैं। चूँकि इन देशों में उत्पादकता बढ़ती है इसलिए संरूप होने की प्रवृत्ति को उस असह्य गरीबीवाले क्षेत्रों को समाप्त कर सुदृढ़ किया जा सकता है क्योंकि ये विरोध की उत्पादक भूमि बन जा सकते हैं और किसी को यह बात अविश्वसनीय लगे तो उसे भारतीय समाज की निम्न जातियों को देखना चाहिए जो सदियों से निम्नतम पदावनति को स्वीकार-सा कर चुकी हैं।

निस्सन्देह इस तकनीकी क्रान्ति और आम समाज का निर्माण साम्यवादियों या समाजवादियों ने नहीं किया है, लेकिन वर्तमान सन्दर्भ में बुर्जुआ समाज के बुनियादी मूल्यों में उनकी मौन स्वीकृति से इसके प्रभाव खतरनाक ढंग से व्यापक बन गए हैं। एक बार प्रतिस्पर्द्धात्मकता, कुशलता और सफलता के इसके बुनियादी मूल्यों को स्वीकार कर लिया जाता है तो ऐसा कुछ नहीं है जो इसे मनुष्यों में उस प्रत्येक चीज को जिसे मानवीय समझते हैं, मसलने से रोक सकता है। व्यापार में हो या राजनीति में, संगठनात्मक सफलता सदैव सत्ता श्रेणीक्रम की सफलता होती है और इसे प्राप्त करने के लिए व्यक्ति को इसके नियमों के अनुसार निश्चित रूप से खेल खेलना चाहिए—जो संगठन और सख्त निर्वैयक्तिकता के लक्ष्यों के साथ पहचान करनेवाले होते हैं। कैसे कोई इस उन्मत स्पर्द्धा में पराजित हो जाने के खतरे के बगैर अपने संगठन के लक्ष्यों को चुनौती देने या बदलने का प्रयास कर सकता है। इस तरह अनुरूपता संगठनात्मक मनुष्य की स्वाभाविक प्रतिक्रिया बन जाती है क्योंकि संगठन ज्यादा-से-ज्यादा सुव्यवस्थित बन जाता है। राष्ट्र राज्य के साथ अन्तिम विश्लेषण में, सभी अन्य संगठनों को राजनीतिक सत्ता की इकाई के तौर पर राज्य द्वारा अपनाए गए सामान्य उद्देश्यों के प्रति काम करना पड़ता है, और यह उद्देश्य केवल महत्तम सैन्य सत्ता का अर्जन है। अन्ततः एक मूल्य अन्य सभी मूल्यों की जगह ले लेता है अर्थात् सफलता। एक लक्ष्य सभी लक्ष्यों की जगह ले लेता है—सत्ता का लक्ष्य। अल्पविकसित दुनिया में औद्योगीकरण की प्रतिष्ठा तथा इसके लिए बेचैनी इस मूल्यांकन पर आधारित है कि औद्योगिक विकास का अभिप्राय होता है, महत्तम सत्ता का अर्जन। यह आयुध उद्योग के बृहत् अंश में प्रतिबिम्बित होता है, विशेषकर उन देशों में, जो उपभोग के लिए अन्य औद्योगिक सामग्रियों के मोहताज हैं। यदि 19वीं सदी का उद्देश्य 'लाभ' था तो वर्तमान 20वीं सदी का उद्देश्य निश्चित रूप से 'सत्ता' है।

यद्यपि मार्क्स वर्तमान दुनिया के अपने अनुयायियों के कार्य सम्पादन से भयभीत हो गए होते, लेकिन वह कम-से-कम राज्य के प्रति समाजवादी आन्दोलन

की जिम्मेवारी की भूमिका से भाग नहीं सकते हैं। समाजवादी उद्देश्य की व्यापक गलतफहमी के जीवाणुओं को उनके अपने विचारों एवं सन्दिग्धताओं में रेखांकित किया जा सकता है। निस्सन्देह उनको अपनी अपूर्णताओं के लिए दोषी ठहराना न्यायोचित नहीं होगा क्योंकि कोई भी प्रतिभाशाली व्यक्ति पूर्ण नहीं होता है, लेकिन उनकी प्रतिभा की उस विराटता ने ही उनकी कमियों को बढ़ा दिया है।

मार्क्स स्वयं उन दो विचारों के लिए जवाबदेह थे जिसने समाजवादी रवैये के बदलाव में महत्त्वपूर्ण भूमिका अदा की थी। पहला यह कि मार्क्स ने इतिहास के अपने भौतिकवादी विचार के निश्चयवादी पहलू पर बहुत अधिक जोर दिया, लेकिन यह काम उन्होंने अपने सामान्य श्रमसाध्य तरीके से शुरू में या आगे चलकर इस आधार वाक्य की जाँच में पर्याप्त समय दिए बिना कर लिया था। इस तरह इस सिद्धान्त ने इतिहास से बाहर मनुष्य के किसी भाग को नहीं छोड़ा—यह इतिहास स्वयं एक कारक मात्र से निर्धारित होता था अर्थात् उत्पादन सम्बन्ध से। इस प्रकार, इस सम्बन्ध ने अनोखे ढंग से मनुष्य की वैयक्तिकता के दोनों, सक्रिय और काल्पनिक पक्षों का निर्धारण कर दिया। वह न तो दर्शनशास्त्र में भाग सकता था, न ही कविता में, न ही आत्मदया में। उसकी स्थिति के बोध का अर्थ था, कार्य करने के उस मार्ग के प्रति प्रतिबद्धता, जो पहले से ही उसकी वर्गस्थिति द्वारा निर्धारित है। इस तरह मनुष्य इस विचारधारा के अनुसार पूर्व से ही एक दयाशून्य प्रारब्ध से जुड़ा हुआ था। इस दर्शन को स्वीकार कर लेनेवालों के लिए आधुनिक तकनीकी सभ्यता, काम पर लगे और फुर्सत में भी बैठे मनुष्य से अपनी सर्वआलिंगनकारी माँगों के साथ, महज इतिहास के इस दर्शन की एक स्वीकारोक्ति थी। इसने नियतिवाद का एक बोध भी पैदा किया जिसके अन्तर्गत मनुष्य और कुछ तो नहीं कर सकता था, लेकिन तकनीक के आदेश के साथ शान्ति कायम कर सकता था।

दूसरी पुन: ऐतिहासिक भौतिकवाद का एक अंश, मानवता के भविष्य के बारे में आशावाद का एक झूठा बोध था। उसने एक मान्यता गढ़ी कि मनुष्य जाति इसके समक्ष तब तक कोई समस्या खड़ी नहीं करती है जब तक कि यह उस समस्या का निदान करने की स्थिति में न आ जाए। यह मान्यता पूरी तरह दिखावटी थी क्योंकि यह किसी ऐतिहासिक साक्ष्य पर आधारित नहीं थी। यह इतिहास पर कामना का एक विशुद्ध प्रक्षेपण था। एंगेल्स अपनी 'डायलेक्टिक्स ऑफ नेचर' में काफी दूर तक इस आशावादी विचार के तहत जाते हैं और कहते हैं कि प्रकृति अत्यधिक निश्चितता के साथ जैसे ही इस उपग्रह पर मानवजाति समाप्त होगी, भिन्न उपग्रह पर मानवजाति का सृजन कर देगी। इस आशावाद के कारण वे सोचने लगे कि बुर्जुआ सम्पत्ति एक बार समाप्त हो जाए तो समाजवादी व्यवस्था स्वत: आ जाएगी। इसने उनको संक्रमण की समस्याओं की कुछ और ज्यादा विस्तार से जाँच करने से रोक दिया। इसलिए उन्होंने उस सांत्वनादायक विश्वास के परे

उन्होंने स्वयं सत्ता की प्रकृति और समस्या की उपेक्षा कर दी कि राज्य और इससे जुड़ी समस्त सख्त सत्ता समाजवादी आन्दोलन के एक बार सफल होते ही समाप्त हो जाएगी। यह वैसे समय में एक गम्भीर चूक थी जब प्रशा राज्य की तरह सत्ता की ऐसी विशिष्टता उनके समक्ष पहले से मौजूद थी, जहाँ राज्य बुर्जुआ वर्ग को राजनीतिक अधिकारों से वंचित करने के लिए हर चीज कर रहा था, जबकि इस वर्ग के लिए आर्थिक आधार का निर्माण करने हेतु हर चीज हो रही थी। इस चूक ने समाजवादियों को उत्पीड़न के अन्य रूपों का परीक्षण करने से रोक दिया है जो कि सम्पत्ति के सम्बन्धों से ज्यादा सत्ता के सम्बन्धों से सम्बन्धित है। इस तरह एक गम्भीर मूल्यांकन में आज समाजवादियों के पास राज्यवादी अर्थव्यवस्थाओं का अभाव है जो सभी साक्ष्यों के आधार पर काफी उत्पीड़क है।

हालिया इतिहास ने मार्क्सवाद को काफी नाजुक स्थिति में डाल दिया है। यूरोप में फासीवाद और नाजीवाद का उदय, चीन, क्यूबा और वियतनाम जैसे अल्पविकसित देशों में साम्यवादी आन्दोलन का विकास और इसकी विजय; उन्नत पूँजीवादी देशों के संगठित मजदूरों द्वारा क्रान्तिकारी मार्ग या समाजवाद का वर्ग विभाजन के विपरीत खंडन; नस्लवादी, भाषावादी, जनजातीय और राष्ट्रीयतावादी भावनाओं का अत्यधिक शक्तिशाली राजनीतिक कारकों के रूप में प्रस्फुटन, ये सभी घटनाएँ इतिहास और समाजवाद से सम्बन्धित समाजवादियों के विचारों की कटाई-छँटाई की माँग करती हैं, लेकिन सबसे बढ़कर निश्चित सामान्य यांत्रिकी पर आधारित रहनेवाली बहुत भिन्न सामाजिक निर्मितियों (एक तरफ स्टालिन, दूसरी तरफ हिटलर, मुसोलिनी और पेरो) में तानाशाही सत्ता के विकास की ये सभी घटनाएँ समाज में—सत्ता के स्थान—इसकी उत्पत्ति, गतिकी और भूमिका—के पुनर्मूल्यांकन की माँग करती हैं। इस सन्दर्भ में भी ऐसी घटनाओं को छात्र शक्ति आन्दोलन तथा स्वायत्तता की समस्या इत्यादि के रूप में समझना प्रासंगिक है। पारम्परिक मार्क्सवाद इन विभिन्न क्रान्तियों का मूल्यांकन करने की कोई सन्तोषप्रद विधि उपलब्ध नहीं कराता है। अतएव, इन घटनाओं की बाबत एक स्पष्टीकरण प्राप्त करने का प्रयास किया जाएगा। साथ ही, समाजवाद की नींव को धमकानेवाली इन समस्याओं में से कुछेक के समाधान की सम्भावना को जाँचने का भी प्रयास किया जाएगा।

2

मानवी स्वभाव समाज के राजनीतिक और सामाजिक संगठन को प्रभावित करता है। राजनीतिक दार्शनिकों ने इसका अनुभव आरम्भिक काल से ही किया था। इस तरह प्लेटो सामन्तशाही से लेकर क्रूर शासन तक के अद्य:पतन और परिवर्तन के पूरे प्रभाव क्षेत्र को अपने आदर्श राज्य से शासक वर्ग के मानसिक गुणों में आए ह्रास के पदों में स्पष्ट करते हैं। यद्यपि अरस्तू ने राजनीतिक संघटन के रूप में, ज्यादातर समाज में स्थापित 'सम्पत्ति सम्बन्धों' के पद में अर्थात् धनी और गरीब के विवाद पर, इन परिवर्तनों को स्पष्ट किया था तथापि उसने अपने युग के समाज के बड़े विभाजन को अर्थात् दासों और दास स्वामियों के बीच के विभाजन को, उनके मानसिक गुणों की महानता या हीनता के आधार पर स्पष्ट किया था। मैक्यावेली का भी राजनीतिक सिद्धान्त अविवेक, ईमानदारी का प्रेम आकांक्षा और आजादी का प्रेम सरीखे मानसिक गुणों की एक पूरी सूची पर आधारित था। हॉब्स के अनुसार, विवाद के स्रोत थे—प्रतिस्पर्धा, आत्मसंशय और गौरव प्रेम, लेकिन उनके अनुसार मनुष्य में सत्ता के प्रति प्रेम का एक प्रभावशाली भाव था। अपने तर्क को मानवीय स्वभाव के इन अपरिवर्तनीय गुणों पर आधारित कर या तो राज्य की प्रकृति की व्याख्या करने का प्रयास करते हैं या राजनीतिक कार्य की रणनीति को विकसित करने का प्रयास करते हैं।

इस विचार के विरुद्ध एक दूसरा समादृत प्राचीनता का विचार व्याप्त हो गया है। इसने मानवीय मन को अनुभव से अप्रभावित उस युवा के रूप में सिखाया जो सामाजिक व्यवस्था, जिसमें मनुष्य विकसित होता है, की छाप को प्राप्त करने के लिए तैयार रहता है। प्लेटो में भी हम इस विचार को देखते हैं। उसने जिस वक्त सामाजिक अद्य:पतन को मानसिक अद्य:पतन के रूप में व्याख्यायित किया, इस बात पर भरोसा भी किया कि समाज और शिक्षा के उचित संगठन से मनुष्य की प्रकृति को सुधारना सम्भव है। इस तरह उनका ग्रंथ 'रिपब्लिक' असंख्य यूटोपिया का अग्रदूत बन गया जिसने मनुष्यों एवं उनके सम्बन्धों को उचित तरीके से समाज का सँभलकर सुधारने का प्रयास किया था।

आगे चलकर इस समस्या की सारी समझ इस आदर्शवादी-भौतिकवादी विवाद से बिगड़ गई। एंगेल ने आदर्शवादी विचार का सारांश निकाला था। उसने सम्पूर्ण

इतिहास और सामाजिक विकास को 'परम विचार' के प्रकटीकरण के पदों में स्पष्ट करने का प्रयास किया। इससे उनके अनुयायियों में प्रतिक्रिया हुई और मार्क्स का महत्त्वपूर्ण सिद्धान्त—इतिहास का भौतिकवादी बोध प्रकाश में आया, लेकिन युवा हीगेलवादी (मार्क्स और फायरबाख समेत अन्य युवा हीगेलवादी) एकबारगी इस विचार पर नहीं पहुँचे। हीगेल की पहली बड़ी आलोचना फायरबाख ने की। उसने घोषणा की कि हीगेल का 'परम विचार' धर्मशास्त्र की मृत आत्मा से अधिक कुछ नहीं है और इसके विरुद्ध उसने देखा कि दर्शनशास्त्र के सभी रहस्यों का निराकरण मानवता और प्रकृति के चिन्तन स्तर में होता है। उसने जिन उत्कृष्ट चीजों की सर्जना करता है, वे केवल उनका अपना अवास्तविक प्रतिबिम्ब है।

परन्तु मार्क्स मानवीय प्रकृति के फायरबाख द्वारा किए गए विश्लेषण से सन्तुष्ट नहीं थे। उन्होंने अपनी थीसिस ऑन फायरबाख में स्पष्ट रूप से इस बिन्दु पर अपने विचारों और मतभेदों को प्रतिज्ञापित किया। उन्होंने लिखा—"फायरबाख धार्मिक सार को मानवीय सार में रूपान्तरित कर देते हैं, लेकिन मानवीय सार प्रत्येक मनुष्य का जन्मजात कोई सार नहीं है। यह अपनी वास्तविकता में सामाजिक सम्बन्धों का समुच्चय है। फलस्वरूप, फायरबाख जो इस वास्तविक सार की आलोचना नहीं करते हैं, निम्नलिखित कार्यों के लिए बाध्य हैं :

(1) ऐतिहासिक प्रक्रिया से निष्कर्ष निकालने के लिए और कुछ चीज के रूप में स्वयं से धार्मिक को निर्धारित करने के लिए तथा एक सार को विलग मानवीय व्यक्ति का पूर्वानुमान करने के लिए।

(2) इसलिए मानवीय सार का केवल एक वंश के रूप में उसके साथ समझा जा सकता है, आन्तरिक मूक व्यापकता के रूप में समझा जा सकता है जो स्वाभाविक रूप से अनेक व्यक्तियों को एकबद्ध करती है। फलत: फायरबाख यह नहीं देखते हैं कि 'धार्मिक भावना' स्वयं एक सामाजिक उत्पाद होती है और यह कि अमूर्त व्यक्ति जिसका वह विश्लेषण करते हैं, वास्तविकता में समाज के विशिष्ट रूप से सम्बन्धित होता है।"

यहाँ हम पुन: इस मानवीय प्रकृति की स्वायत्तता और इसके सामाजिक नियतत्ववाद के बीच पुराना विवाद पैदा होता हुआ देखते हैं। मार्क्स की यह सोच निस्सन्देह सही थी कि समाज के बाहर एक पूर्ण विकसित मानवीय प्रकृति को कोई समझ नहीं सकता है। हाल की मानवविज्ञानी जाँच[1] ने इसे प्रचुर रूप में प्रदर्शित किया है, लेकिन इस सही धारणा से वे दो गलत मान्यताओं पर पहुँच गए—प्रथम, यह कि मानव मन केवल एक दर्पण होता है जो समाज के नियमों व विवादों (एक त्रुटि जिसका अपने युग में त्याग करना मुश्किल था) को प्रतिबिम्बित करता है। 18वीं सदी के होलबाक और हेलवेटियस सरीले भौतिकवादियों का मार्क्स पर गहरा प्रभाव था। उन दोनों ने एक ही तरह के विचार दिए। होलबाक के लिए सत्य चीजों

की प्रकृति के साथ विचारों की अनुरूपता था और दूसरी (एक अत्यधिक त्याज्य त्रुटि) यह कि तत्कालीन बुर्जुआ समाज में एक मनुष्य सभी समाजों में व्यक्तियों का आद्यप्रारूप था। यद्यपि मार्क्स ने स्वीकार नहीं किया कि उसी ने यह बाद वाली धारणा बनाई है, यह उसके मौलिक समाजविज्ञानी आधारवाक्य से स्पष्ट है कि लाभोद्देश्य एवं भौतिक सम्पत्ति के आग्रह ने इतिहास के सभी समाजों में सामाजिक विभाजन के आधार का निर्माण किया था।

लेकिन यह तथ्य ज्यादा महत्त्वपूर्ण था कि मानवीय मन और समाज के बीच परस्पर किस तरह अन्योन्य क्रिया होती है, इसकी ठीक ढंग से जाँच करने का प्रयास करने के बदले सम्पूर्ण विवाद को यह साबित करने की तरफ मोड़ दिया गया कि सभी चिन्तनात्मक गतिविधियों का निर्धारण भौतिक दशाओं से होता है तथा भौतिक दशाओं का निर्धारण चिन्तनात्मक गतिविधियों से होता है। इस द्विभाजन ने विचार के इन दोनों पाठशालाओं के लिए अनेक सामाजिक घटनाओं की समझ में इतनी रिक्तता पैदा कर दी कि उसे जोड़ा नहीं जा सकता था, लेकिन यह कठिनाई उनके लिए काफी गम्भीर थी जो भौतिकवादी पक्ष से इस समस्या को देखते थे क्योंकि भौतिकवादी हमेशा एक अन्तिम आश्रय के रूप में, आत्मवाद के पीछे शरण ले सकते थे।

मार्क्स के लिए यह परेशानी दो अन्य कारकों से अजेय बन गई। पहला कारक तो यह था कि मार्क्स के समय में विज्ञान की दुनिया पर न्यूटन एवं यांत्रिक भौतिकवाद का प्रभाव था। दूसरा कारक, यांत्रिक बोध का आर्थिक नियतिवाद में संकुचन था। इस तरह मार्क्स ने संरचनाओं और अधिरचनाओं से पूर्ण अपना ऐतिहासिक भौतिकवाद का प्रसिद्ध सिद्धान्त एक विशिष्ट यांत्रिक ढंग से प्रकाशित किया। 'प्रीफेस टू दी क्रिटिक ऑफ पॉलिटिक्स इकोनॉमी' में उल्लेखित यह सिद्धान्त निम्नलिखित है—"अपने जीवन के सामाजिक उत्पादन में मनुष्य अपरिहार्य और अपनी इच्छा के मुफ्त निश्चित सम्बन्धों से जुड़ता है। उत्पादन के सम्बन्ध अपने भौतिक उत्पादात्मक शक्तियों के विकास के एक निश्चित चरण के अनुरूप होते हैं। उत्पादन के इन सम्बन्धों का समस्त योग समाज की आर्थिक संरचना अर्थात् वास्तविक नींव का निर्माण करता है जिस पर विधिक और राजनीतिक अधिरचना खड़ी होती है तथा सामाजिक चेतना के निश्चित रूप इसके अनुरूप होते हैं। भौतिक जीवन के उत्पादन का यह तरीका सामान्य सामाजिक, राजनीतिक और बौद्धिक जीवन प्रक्रिया को अनुकूलित करता है। यह मनुष्यों की चेतना नहीं है जो उनके अस्तित्व का निर्धारण करती है। इसके विपरीत यह मनुष्यों का सामाजिक अस्तित्व है जो उनकी चेतना का निर्धारण करता है।...उत्पादात्मक शक्तियों के विकास के रूपों से ये सम्बन्ध उनकी बेड़ियों में तब्दील हो जाते हैं। इसके बाद सामाजिक क्रान्तियों के एक युग का आरम्भ होता है। आर्थिक नींव के परिवर्तन से सम्पूर्ण विशाल अधिरचना कमोबेश तेजी से परिवर्तित हो जाती है। ऐसे परिवर्तनों को समझने

में हमेशा उत्पादन की आर्थिक दशाओं के भौतिक परिवर्तन, जिसका प्राकृतिक विज्ञान की परिशुद्धता से निर्धारण किया जा सकता है तथा विधिक, राजनीतिक, धार्मिक, सौन्दर्यशास्त्रीय या दर्शनशास्त्रीय—संक्षेप में, वे विचारधारात्मक रूप, जिनमें मनुष्य इस विवाद से सचेत रहता है तथा लड़ाई द्वारा फैसला कर लेता है, के बीच अन्तर किया जाना चाहिए?"

इस तरह की यांत्रिक योजना अपूर्ण थी। यह अपूर्णता मार्क्स द्वारा किए गए अपने समय के अनेक महत्त्वपूर्ण राजनीतिक विकासों के विवेचनों में साफ दिखाई देती है। मार्क्स की वस्तुनिष्ठता की दाद देनी होगी कि मार्क्स ने अपने सिद्धान्त में तथ्यों को उपयुक्त ढंग से रखने के लिए कभी उन तथ्यों को तोड़ने-मरोड़ने का प्रयास नहीं किया और जब भी उन्होंने किसी खास सामाजिक घटना का विवेचन किया, हमेशा आर्थिक कारक के अलावा सभी अन्य कारकों को ध्यान में रखा। अपनी 'एटींथ ब्रूमायर ऑफ लुईस बोनापार्ट' में उन्होंने स्पष्टत: परम्परा की विशाल सत्ता को स्वीकार किया था। उन्होंने लिखा था—"सभी मृत पीढ़ियों की परम्परा सजीव प्राणियों के दिमाग पर दु:स्वप्न की तरह विचरती है। और ठीक जब वे चीजों और स्वयं को आन्दोलित करने में व्यस्त मालूम पड़ते हैं, कुछ वैसा बनाने में, जिसका कभी अस्तित्व नहीं रहा है, क्रान्तिकारी संकट की ठीक ऐसी घड़ी में वे बेचैनी के साथ अतीत की प्रेतच्छाया का जादू कर देते हैं..."

निस्सन्देह मार्क्स ने पूरी तरह बदल चुकी भौतिक अवस्थाओं के सामने परम्परा के इस स्वायत्त अस्तित्व को स्पष्ट करने का कभी प्रयास नहीं किया।

आर्थिक नियतिवाद के इस सिद्धान्त की कमियों की आलोचना जैसे-जैसे ज्यादा होने लगी, फ्रेडरिक एंगेल्स के लिए अपने कुछेक पत्रों में यह स्वीकरना जरूरी हो गया कि अन्य कारक ऐतिहासिक प्रक्रियाओं को प्रभावित भी कर सकते हैं और उसने मार्क्सवाद के अति उत्साही अनुयायियों को सुझाव दिया कि मार्क्सवादी सिद्धान्त द्वारा दी गई स्वच्छ योजना से चिपकने की अपेक्षा वस्तुनिष्ठ तथ्यों का विस्तृत अध्ययन करो। जे. ब्लॉक को लिखे अपने पत्र (21-22 सितम्बर, 1890) में उसने लिखा था—"न्यायिक रूप और उसके बाद प्रतिभागियों के दिमाग में उन सभी वास्तविक संघर्षों के प्रतिबिम्ब, राजनीतिक, न्यायशास्त्रीय, दर्शनशास्त्रीय सिद्धान्त, धार्मिक विचार और उनका आगे उपदेश के तंत्रों में विकास—ये सभी ऐतिहासिक संघर्षों के मार्ग पर अपना प्रभाव भी डालते हैं तथा अनेक मामलों में ये अपना रूप निर्धारण करने में भारी पड़ जाते हैं..."

किन्तु यह एक गम्भीर स्वीकारोक्ति थी। यह समाज और इतिहास की मार्क्सवादी कारणात्मक एकत्ववाद सम्बन्धी समझ की प्रकृति के विरुद्ध हो गई। यह बहु-कारणता में एक छूट थी, जहाँ ऐतिहासिक संघर्षों का निर्धारण राजनीतिक, दर्शनशास्त्रीय और न्यायशास्त्रीय सिद्धान्तों से तथा धार्मिक रहस्यों और परम्परा से भी किया गया।

किन्तु इस आन्तरिक विरोध का सामना करते हुए उसने एक अन्तिम कारण सिद्धान्त के वाक्छल का सहारा ले लिया। इस विचार के अनुसार, किसी काल विशेष के इतिहास के एक भाग पर नजर दौड़ाते अन्य कारक कुछ अन्तिम उपाय के रूप में निर्णायक हो सकते हैं। हम जब पूरे मानवीय इतिहास पर गौर करते हैं तो ये विविध तत्त्व संयोग सरीखे लगते हैं और उनकी अन्योन्यक्रिया से ऐसे परिणाम निकलते हैं जहाँ आर्थिक कारक अतिश्रेष्ठ रूप में प्रकट होते हैं। साधारण भाषा में यह उसी पुराने सवालों को रख रहा था कि पहले मुर्गी या अंडा? इतिहास के अध्ययन का यह तरीका बिना किसी परिणाम के केवल अन्तहीन वापसी की ओर ले जा सकता था। अपनी स्थिति की इस स्वाभाविक कमजोरी के कारण मार्क्सवादी आगे आर्थिक नियतिवाद के दृढ़ ढाँचे के मुताबिक इतिहास की व्याख्या करने के लिए बाध्य हो गए। हमें यहाँ गम्भीर मार्क्सवादी सिद्धान्तकारों द्वारा की गई वैज्ञानिक सिद्धान्तों और कलात्मक सृजन की अनूठी व्याख्याओं में जाने की जरूरत नहीं है, लेकिन यह स्पष्ट है कि इस सिद्धान्त ने समाज के सभी अध्ययनों को एक अन्धी गली में पहुँचा दिया।

इस नजरिए में एक दूसरी कमी भी थी। यह समाज को एक एकल कारक से एक बन्द-सी प्रणाली के रूप में देखती थी और वह कारक था, उत्पादन का तरीका तथा हर चीज को निर्धारित करनेवाले इसके परिवर्तन, लेकिन हम जानते हैं कि कोई भी ज्ञात समाज बाहरी प्रभावों से पूरी तरह अछूता नहीं रहता है। संस्कृति के बारे में लेस्ली ए. ह्वाईट का उसी तरह का विचार था (अर्थात् एक त्रिस्तरीय प्रणाली, जिसमें तकनीकी कारक आधार का निर्माण करते थे, समाजशास्त्रीय कारक मध्य का निर्माण करते थे और मनोविज्ञानीय कारक ऊपरी स्तर का निर्माण करते थे, ऊपरी स्तर के परिवर्तन तकनीकी आधार के परिवर्तनों के अनुरूप होते थे)। उसकी एक आलोचना में उस बात को दर्शाया गया है कि संस्कृति 'एक खुली या अनुकूल प्रणाली' है। अनुकूलन दोनों को ही अर्थात् प्रकृति के साथ एक अन्य सांस्कृतिक प्रणालियों के साथ के सम्बन्ध को गले लगाता है।"[2] आगे यह दर्शाया गया है कि—"एक एशियाई समाज एक जर्मन दार्शनिक के नारों के साथ आन्दोलन बुद्धिजीवियों द्वारा प्रेरित आन्दोलन का अनुभव कर सकता है, और तभी एक राष्ट्र के रूप में साकार हो सकता है, इसके बाद उद्योग को विकसित करेगा जो इसकी बौद्धिक और राजनीतिक हैसियत का समर्थन कर सकता है।"[3]

संस्कृति के बारे में जो लेस्ली सिद्धान्त के सन्दर्भ में कहा गया है, वही चीज समान वैधता के साथ सामाजिक विकास के मार्क्सवादी सिद्धान्त के बारे में कही जा सकती है। आगे हम इस विशेष घटना का एक स्पष्टीकरण ढूँढ़ने का प्रयास करेंगे।

उपर्युक्त नजरिए में परेशानी इसलिए आई क्योंकि इसने गलत छोर से इस समस्या का समाधान करने का प्रयास किया था। परिणामस्वरूप, यह अव्याख्येय प्रतिवादों में खड़ा हो गया। मनुष्य एक 'आर्थिक मनुष्य' नहीं है जैसाकि माना गया

है, न ही उसका विचार उसके जीवन की सामाजिक-आर्थिक स्थितियों का महज प्रतिबिम्ब होता है। मार्क्स ने अपने समय के प्रचलित विचार से 'आर्थिक मनुष्य' का बना-बनाया विचार ग्रहण किया था। इस धारणा का सामान्यीकरण करते हुए उसने यह दिखलाने का प्रयास किया कि लिखित इतिहास के सभी संघर्ष मानवीय श्रम के अधिशेष उत्पादों के स्वामित्व को लेकर हुए हैं। सभी मानवीय संस्कृतियाँ भौतिक उत्पादन और इसके वितरण के केन्द्रीय तथ्यों की चारों तरफ की एक सजावट रही हैं। बाद में यह मान लिया गया कि मनुष्य में एक अर्जनशील नैसर्गिक वृत्ति होती है, इसलिए सभी मनुष्यों का प्रयास आर्थिक लाभ के लिए होता है। हालाँकि जैसाकि जे.ए.सी. ब्राउन बतलाते हैं, यह विचार पूरी तरह गलत है। वह इस तथ्य की तरफ ध्यान आकृष्ट करते हैं कि पुगेट साउंड के क्वाकितुल इंडियन समुदाय में मुख्य समस्या यह है कि धन से कैसे छुटकारा पाया जाए। समुदाय में पैसे को जलाकर या उसे टुकड़े-टुकड़े कर प्रतिष्ठा अर्जित की जाती है।[4] लेकिन इस विचार की असत्यता को देखने के लिए किसी को जनजातीय समाजों में जाने की आवश्यकता नहीं है। मनुष्य जिस तत्परता से राष्ट्र, धर्म, स्नेह और सम्मान सरीखी अमूर्त चीजों के लिए न केवल अपने धन का त्याग करता है बल्कि अपने जीवन को भी न्योछावर करता है, यह उस तत्परता की व्याख्या करने में असफल हो जाता है। यह ऐसी घटना है, जिससे हमारा मुठभेड़ अपने जीवन में प्रतिदिन होता है।

मानसिक गतिविधियों के सवाल पर आकर, मानवीय मशीन से मानवीय विचार प्राप्त करने का कोई भी प्रयास देकार्त की पहेली 'मशीन के अन्दर प्रेत' तक पहुँचा देने के लिए बाध्य था। और यह साफ था कि इस तरह का प्रेत, इसे विचार कहें या आप जो नाम दें, मनुष्यों का समाज और मशीन चलाने में एकदम अक्षम था क्योंकि यह पूरी तरह से निर्धारित था और इसमें घटनाओं को नया मार्ग बतलाने की सहजता का अभाव था। मार्क्स ने अक्सर यांत्रिक विरासत की सीमाओं से उत्पन्न परेशानी से बाहर निकलने का प्रयास किया और इसके लिए उसने द्वन्द्वात्मक तर्क का, जो एक ड्यू एक्स मशीन के रूप में आया था, उन चीजों की व्याख्या करने में इस्तेमाल किया जिनका उसके आधार-वाक्यों से तार्किक निष्कर्ष नहीं निकला था। उनके निजी रुख के विपरीत जहाँ तक उनके विचार का सम्बन्ध है, मार्क्सवादियों का रुख इतना हठधर्मी हो गया है कि उसके बाद से इस सन्दर्भ में उनके विचारों को नई शक्ल देने का कोई भी प्रयास नहीं किया गया है, यद्यपि मनोविज्ञान और जीवविज्ञान के नये विकास इसे अपेक्षाकृत एक आसान चीज बना देते हैं।

यद्यपि डार्विन और मार्क्स समकालीन थे, मार्क्स को उनके सिद्धान्तों के लिए वर्ष 1861 में जाना गया। साथ ही, जीवविज्ञान और मनोविज्ञान में डार्विन के सिद्धान्त के पूर्ण निहितार्थ को हमने अपने समय में महसूस किया है। इस विचार से मनुष्य महज उस प्राणी जगत की एक दूसरी प्रजाति है जो 'प्राकृतिक चयन'

की प्रक्रिया में परीक्षा देने के लिए संघर्ष कर रहा है जहाँ असफलता की कीमत खुद उस प्रजाति की समाप्ति होती है। परिणामस्वरूप, उसकी सारी गतिविधियाँ, दोनों शारीरिक और मानसिक भी, मूलत: या तो प्रकृति के प्रति या समाज के प्रति अनुकूल होती हैं और यह भी जवाब में, उसके भौतिक वातावरण के प्रति अनुकूलन के माध्यम के तौर पर विकसित हुआ है। जब हम मनुष्य के इस विचार को लेते हैं तो पाते हैं कि उसका विचार कोई रिक्त पूँजी नहीं है बल्कि यह उसके दूसरे अंगों की तरह अनुकूलन का एक सक्रिय उपकरण है। इसे एक अनुकूली उपकरण के तौर पर देखते हुए यह कहना ज्यादा सही है कि न तो विचार, न ही बिम्ब बल्कि यह विचार-बिम्ब अविच्छिन्नक है जो मनो-भौतिक जगत के साथ अन्योन्य क्रिया करता है। भौतिक की जगह 'मनो-भौतिक' शब्द का प्रयोग हुआ है क्योंकि विचार-बिम्ब अविच्छिन्नक को न केवल भौतिक स्थितियों के अनुकूलन करना है बल्कि मनोवैज्ञानिक स्थितियों से भी अनुकूलन करना है। और सबसे बड़ी भौतिक स्थितियाँ मनोवैज्ञानिक स्थितियाँ भी होती हैं।

ऐसा न हो कि यह वह प्रभाव पैदा कर दे कि संज्ञान की प्रक्रिया की समझ की वास्तविक कठिनाई को एक सुविधाजनक पदावली से घेर दिया गया है, इसलिए प्रक्रिया की पूरी व्याख्या करना आवश्यक है। विचार और भौतिक स्थिति के द्वन्द्व का प्रयोग करना उपयुक्त जान पड़ता है क्योंकि प्रेरणा से शुरू होनेवाली तथा जीवों के प्रत्युत्तर से समाप्त होनेवाली समूची संज्ञानात्मक प्रक्रिया में कोई बिन्दु नहीं है जहाँ यह कहा जा सके कि भौतिक प्रक्रियाएँ यहाँ खत्म होती हैं और मानसिक प्रक्रियाएँ शुरू होती हैं। न ही चेतना महज कोई उपोत्पाद है। वस्तुत: एक उच्च स्तर पर चेतना प्रत्युत्तर की प्रकृति का निर्धारण करने में वही भूमिका अदा करती है जो भूमिका निम्न स्तर पर प्रतिक्रियात्मक चाप में नये गुच्छिका अदा करती है। उनके कार्य मानसिक प्रक्रिया के श्रेणीक्रम की विभिन्न श्रेणियों का केवल प्रतिनिधित्व करते हैं। जब हम किसी जलती हुई वस्तु का स्पर्श करते हैं तो स्वत: हम अपनी अँगुली उठा लेते हैं। यह एक परावर्तन क्रिया है जो नये गुच्छिकाओं की मध्यस्थता में सम्पन्न होती है, लेकिन घर में आग लगी हो और हम घिर गए हों तो हम इस परावर्तन क्रिया पर भरोसा नहीं करते हैं। यहाँ हमें मस्तिष्क के उच्च केन्द्र घर से निकल भागने का मार्ग ढूँढ़ने का निर्णय लेने में हमारी मध्यस्थता करते हैं। मस्तिष्क की क्रियाविधियों पर शोध कर रहे शोधकर्ता वैद्युत-प्रमस्तिष्कारेख की सहायता से आगे इस विचार को सम्पुष्ट करते हैं कि विचार प्रक्रियाएँ मस्तिष्क के अन्दर विशिष्ट मनोवैज्ञानिक प्रक्रियाओं से सम्बद्ध होती हैं। वैद्युत-प्रमास्तिष्कारेख पर आधारित कुछेक शोधों का सार प्रस्तुत करते हुए डब्लू. ग्रे वाल्टर लिखते हैं—" ...हम ई.ई.जी. रूपों में से कुछ का संक्षेप में सार प्रस्तुत कर सकते हैं, जिसे आसानी से मानसिक अवस्थाओं से सम्बन्धित होना, दर्शाया जा सकना—यद्यपि एक नकारात्मक फैशन में—और इसी

तरह ज्ञान से सम्बन्धित होना भी बतलाया जा सकता है। अल्फा लय निश्चित रूप से विचारों के रूपों से सम्बद्ध होती है, चिन्तनशील मस्तिष्क द्वारा निर्धारित छवियों की प्रकृति से सम्बद्ध होती है। हाल के प्रयोग और सांख्यिकी सम्बन्धी अध्ययनों ने पहलेवाले दावों को सम्पुष्ट कर दिया है कि दृश्य कल्पना और अल्फा लय परस्पर अपवर्जक होती हैं। इसी तरह का सहसम्बन्ध थीटा लय और आनन्द के बीच होता है। अनेक सामान्य वयस्कों और अधिकांश बच्चों और मनोरोगियों में आनन्ददायक अनुभूति की समाप्ति थीटा गतिविधि से सम्बद्ध होती है। अनेक मामलों में यह एक अत्यन्त घिसे-पिटे रूप में होती है—यहाँ बीटा लयों से जाना जाता है, ये तनाव में अपनी सुलभता के लिए सर्वविदित हैं, चाहे यह तनाव तेज हो या दीर्घकालिक दुश्चिन्ता की अवस्थाओं के रूप में हो।"[5]

इस तरह मनोवैज्ञानिक और शरीर वैज्ञानिक (और इसलिए शारीरिक) प्रक्रियाओं के बीच कोई तेज विभाजक रेखा नहीं है इसलिए ये दोनों एक-दूसरे के अन्दर इधर-उधर परिप्रेक्ष्य और गिनती के तरीके के कारण दिखाई पड़नेवाले अन्तरों को हस्तान्तरित करते हैं। उपर्युक्त उदाहरण में जब हम किसी जल रही वस्तु को छूते हैं, हम कहते हैं कि हमें जलने की अनुभूति होती है। यह तब होता है, जब हम घटना को एक मानसिक प्रक्रिया के रूप में देखते हैं, लेकिन ठीक वही प्रक्रिया संवेदनशील नसों से होकर मस्तिष्क तक तथा मोटर नसों से लेकर अँगुली और हाथ तक जो वापस ले लिए जाते हैं, से गुजरनेवाले आवेगों के रूप में भी देखी जा सकती है। हम कह सकते हैं कि दोनों तरीके उस प्रक्रिया को वस्तुनिष्ठ ढंग से और विषयनिष्ठ ढंग से देखने के तरीके हैं, लेकिन यहाँ वस्तु और विषय स्वतंत्र चीजें नहीं हैं बल्कि दोनों जानकारी रखनेवाले एक व्यक्ति में एक साथ मिल जाते हैं। यह विरोध करना कि इस मामले में विषय भौतिक व्यक्ति नहीं हो सकता है, यह बिना किसी वैध आधार के भौतिक या सांसारिक चीजों को निश्चित गुणों से इनकार करना है। हम यह दावा नहीं कर सकते हैं कि हमने भौतिक चीजों के सभी सम्भव गुणों का पता लगा लिया है और मन या आत्मा सरीखी एक पृथक् चीज के पारम्परिक सिद्धान्त से प्राप्त एक पूर्वग्रह के कारण स्पष्ट रूप से समझने योग्य मानसिक प्रक्रियाओं से भौतिक यथार्थ का इनकार करने की जरूरत नहीं है।

अब एक दृष्टान्त बतलाएगा कि हम मनो-भौतिक स्थिति से क्या समझते हैं। मान लीजिए, हमारी मुठभेड़ वैसे बैनरों और झंडोंवाले एक जुलूस से होती है जो न निश्चित विचारों को प्रतीक के तौर पर प्रकट करते हैं, जिन्हें हम प्रिय मानते हैं। यद्यपि इस मामले में जुलूस की उपस्थिति एक भौतिक तथ्य है, स्वयं में यह हमारे लिए बहुत अधिक महत्त्व का नहीं है, लेकिन एक मनोवैज्ञानिक घटना के रूप में यह दूरगामी परिणामों के साथ विचार की गाड़ी को गतिशील बना दे सकता है। वस्तुतः जुलूसों का आयोजन सुस्पष्ट रूप से इसी उद्देश्य के लिए किया जाता

है। उसी प्रकार जुलूस की भौतिक उपस्थिति के पीछे विचारों और आकांक्षाओं का सम्पूर्ण इतिहास रहता है। आइए, पुन: दो स्थितियों पर विचार करें। पहली, जिसमें हमारा मुठभेड़ जंगल में एक शेर से होता है तथा दूसरी, जिसमें हम पिंजड़े में बन्द एक शेर को देखते हैं। दोनों मामलों में हम शेर को काफी नजदीक से देखते हैं, लेकिन पहलेवाले मामले में स्थिति दहशत की है जबकि बादवाले मामले में जंगल के राजा के प्रताप का गुणगान कर रहे होंगे। प्रसंग में हल्के परिवर्तन से वैसा ही वस्तुनिष्ठ तथ्य हमारे लिए सम्पूर्णत: भिन्न आयात लाता है। अनुभूति की दुनिया के पीछे की दुनिया की प्रकृति पर विचार किए बिना हम अपनी उस प्रकृति से उसकी केवल उस रूप के तहत कल्पना करते हैं जिसमें यह हमें अपने ज्ञानेन्द्रियों और मनोवैज्ञानिक व्यवस्था के जरिए प्रस्तुत किया जाता है। इस तरह से देखा गया, यह कदापि 'स्वयं में कोई दुनिया', एक उदासीन दुनिया नहीं है बल्कि सदैव हमारे काम की एक दुनिया है और अपनी ज्ञानेन्द्रियों की मध्यस्थता के जरिए इसके द्वारा की गई प्रेरणाएँ हमारी मनोवैज्ञानिक प्रक्रियाओं के आँकड़े में परिवर्तित हो जाती हैं। इन मनोवैज्ञानिक प्रक्रियाओं से हम इसकी महत्ता प्राप्त करते हैं।

लेकिन मानवीय मन या विचार का एक अनोखा रूप भी है जो इसे अनुकूलन के महज एक उपकरण से ज्यादा कुछ बना देता है। मन के इस उपकरण सम्बन्धी कार्य को हम मछली और घिनौने व्यक्ति सहित जानवरों की दूसरी प्रजातियों में भी देख सकते हैं, लेकिन जीव-जगत में मनुष्य अकेला प्राणी है जिसमें संकल्पना करने तथा प्रतीक के रूप में किसी चीज को प्रस्तुत करने की क्षमता है। यह गुण यद्यपि उसकी जटिल संस्कृति के लिए आवश्यक नहीं है। यह क्षमता अनुकूलन के सहज मानसिक कार्य से जटिलताओं को जोड़ देती है और अनेक उन लक्षणों को पैदा भी करती है जो उनके अतिजीवन मूल्य के पदों में अव्याख्येय बन जाते हैं। चूँकि सामाजिक घटनाओं की समझ बनाने में इसकी महत्त्वपूर्ण भूमिका होती है, इसलिए हम कुछ विस्तार से इस चीज का वर्णन करेंगे कि मानवीय मन किस तरह से काम करता है तथा किस तरह से हमारे सामाजिक अस्तित्व को प्रभावित करता है।

हमारी पहली मनोवैज्ञानिक या मानसिक प्रक्रियाएँ संवेदना से शुरू होती हैं। हम बाहरी प्रेरणा प्राप्त करनेवाली आँख, कान, त्वचा इत्यादि जैसी अपनी ज्ञानेन्द्रियों के जरिए बाहरी दुनिया से अवगत होते हैं। प्रेरणा या उद्दीपन की यह दुनिया साथ में ऊष्मा और शीत, ध्वनि और प्रकाश की बगैर किसी महत्त्व के एक विशृंखलता है, लेकिन चयन प्रक्रिया इसी चरण से शुरू होती है। सामान्यतया हम ध्वनिक तरंगों आवृत्तियों के निश्चित क्षेत्र के अन्तर्गत ही ध्वनि को सुन सकते हैं, हमारी आँखें केवल निश्चित तरंगदैर्घ्यों की प्रकाश तरंगों को ही देख सकती हैं और दोनों, शीत और ऊष्मा, ताप के एक निश्चित क्षेत्र के बाहर हमारी त्वचा को जला देंगे, इसलिए इन चरम सीमाओं का स्वत: परिवर्जन होता है। यहाँ एक दहलीज भी होती है जो हमारे बोध की एक

न्यूनतम सीमा का निर्धारण करती है और ध्वनि, प्रकाश या ऊष्मा जिसमें इस दहलीज से नीचे की तीव्रता होती है, हमारी चेतना की पकड़ से बाहर रह जाते हैं।

प्रकाश, ऊष्मा या ध्वनि की वह गड्ड-मड्ड दुनिया, जिसके बारे में अभी मैंने चर्चा की है, केवल काल्पनिक चीज है। वस्तुत: हम संवेदनशील दुनिया से केवल बोध के जरिए अवगत होते हैं जिसमें उत्प्रेरणाओं की पहले की रचना और सुव्यवस्था की जाती हैं। यह बोध ही है जिसके जरिए हम वस्तुओं और वस्तुनिष्ठ तथ्यों से अवगत होते हैं। हमें चयनात्मकता की एक प्रक्रिया के द्वारा ही बोध हो पाता है। हम एक ही समय बहुत सारी उत्प्रेरणाओं को प्राप्त करते हैं, लेकिन सीमित संख्या में ही उनका चयन होता है और उन्हें हमारे बोध में प्रस्तुत किया जाता है। यह चयन दो चीजों पर आधारित होता है—पहली चीज है सौन्दर्यपरकता, दूसरी चीज है, रुचि या अभिप्राय।

हमारे बोध को मोटे तौर पर अनुकूलित करनेवाले कलात्मक तत्त्वों में एकता, सममिति, लय और सामंजस्य शामिल हैं। ये तत्त्व मनुष्य में जन्मजात हैं या अनुभव से प्राप्त होते हैं, यह हमारी चिन्ता के लिए द्वितीयक महत्त्व की चीज है, लेकिन वर्तमान संकेत के आधार पर लगता है कि बोध प्राप्त करने के मानवीय तरीकों में से कुछेक जन्मजात हैं। क्या रूप का बोध नैसर्गिक है? इसका पता लगानेवाले प्रयोगों ने सकारात्मक परिणाम दिया है। रॉबर्ट एल. फांज ने एक से पन्द्रह सप्ताह की आयुवाले बच्चों पर सावधानी से प्रयोग कर दिखाया है कि रूप या आकार का बोध किसी ज्ञान के पहले मौजूद है। इन्होंने प्रयोगों में साँढ की आँख और पट्टियों के बीच तथा शतरंज फलक और चौकोर के बीच स्पष्ट प्राथमिकता को दिखाया। फांज लिखता है—"स्पष्ट रूप से आकार बोध का कुछ अंश नैसर्गिक होता है। हालाँकि यह दृश्य व्यवहार के आगे के विकास में ज्ञान या मनोवैज्ञानिक विकास की भूमिका का निष्पादन नहीं करता है..."[6]

अन्य जाँचकर्ताओं ने दिखाया है कि जन्म के बाद जानवरों को एक अवधि के लिए अनुकृत दृश्य प्रेरणाओं से वंचित करना उनके बादवाले दृश्य कार्य को, विशेषकर आकार बोध में बिगाड़ देता है...।[7]

स्पष्टत: कलात्मक तत्त्व जीव की प्रभाविता को विस्तारित करते प्रतीत होते हैं और इस तरह चयन की प्रक्रिया में विकसित हो गए होंगे। दो कारक हैं जो कलात्मक तत्त्वों के विकास का समर्थन करते प्रतीत होते हैं—अर्थव्यवस्था और दक्षता को प्रस्तुत करने में इसकी भूमिका; तथा मानवीय अनुभव में दृढ़ रूप से पूरे जीवन में लयात्मक नमूनों और सममिति की उपस्थिति।

अब कलात्मक कारकों में से प्रत्येक का वर्णन करने के सिलसिले में शुरुआत हम एकता से कर सकते हैं। उदाहरण स्वरूप—(1) बिन्दुओं के एक समूह में जहाँ बिन्दु एक-दूसरे के नजदीक होते हैं, आसानी से वे एक समूह में बँध जाते हैं;

(2) सदृश बिन्दु (रंग या आकार में) आसानी से एक समूह में बँध जाते हैं। बिन्दुओं के किसी संग्रह में यदि बिन्दु दो आकारों या रंगों के हैं तो वे दो समुच्चयों में विभक्त हो जाते हैं। पुन: बिन्दु यदि किसी सीधी रेखा के साथ-साथ या किसी नियमित वक्ररेखा के साथ-साथ हैं तो वे उस सीधी रेखा या वक्ररेखा के साथ-साथ संयोजित हो जाते हैं। यह कारक श्रव्य में और दृश्य क्षेत्र में भी काम करता है। समय अनुक्रम में एक-दूसरे से नजदीक ढोल की तीन आवाजें एक समूह जैसी सुनाई देती हैं। आगे यह देखा जाएगा कि उन बिन्दुओं या चिह्नों को, जो क्रमश: आकृति या लय के परिचित पैटर्न के नजदीक होते हैं, चुन लिया जाता है और उन्हें इस तरह के एक आकार में संयोजित कर लिया जाता है। यह कारण भी है कि हम अपने मन में उस परिचित लय की पुनर्रचना करते हैं जिसका स्रोत इतना दूर होता है कि हम केवल इसके टुकड़ों को ही सुन सकते हैं। ये वही कारक हैं जिसने हमारे पूर्वजों को तारों के उस समूह को अलग करने और उनका नाम रखने के लिए प्रेरित किया जिसने आकाश को जगमगानेवाले असंख्य अन्य तारों से तारामंडल का निर्माण किया था। तत्त्वों को समूहों में बाँधने की प्रक्रिया का लाभ यह है कि यह ध्यान केन्द्रित करने में मदद करता है और इस तरह ऊर्जा के क्षय को रोकता है।

हमारा स्वाभाविक झुकाव सममिति की तरफ होता है। यह इस तथ्य से जाहिर होता है कि एक सममितीय आकृति को देखा जाता है और आकृति यदि अनियमित ढंग की है तो उसे अनदेखा कर दिया जाता है। अगले तथ्य से यह जाहिर होता है कि असममितियाँ एवं अन्य त्रुटियाँ यदि अत्यन्त चमकीली नहीं हैं तो वे उपेक्षा के योग्य होती हैं। उसी तरह सौहार्द सामंजस्य का अनुराग संगीत और आकृति, दोनों में ही सामंजस्य से उस हल्के विचलन को नजरअन्दाज कर देने की प्रवृत्ति में देखा जा सकता है। लय के बारे में डब्ल्यू. ग्रे. वाल्टर लय से हमारी स्वाभाविक नजदीकी को दिखाने के लिए एक बहुत साधारण उदाहरण प्रस्तुत करता है। वह लिखता है—"पाठक मस्तिष्क की सुझावग्राहिता और लय से इसकी बन्धुता या नजदीकी की जाँच कर सकता है। किसी घड़ी की नियमित टिकटिकाहट को सुनो और ध्यान दो कि दो, तीन या चार टिकटिकों के समूह में स्वयं को रखने के लिए यह कितना समय अनभ्यस्त अनुक्रम हेतु लेना है। लय के प्रति यह आकर्षण, ध्वनि के बाह्य नमूनों तथा मस्तिष्क के भीतर के नमूनों के बीच का नजदीकी सहसम्बन्ध, इसका एक कारण सुझाता है कि क्यों श्रवण, जिसके लिए कोई दूसरी इन्द्रियाँ प्रतिनियुक्ति नहीं हो सकती हैं, के क्षय को बर्दाश्त करना इतना कठिन है।"[8]

सामंजस्य और पैटर्न, चाहे यह सममिति हो या लय, तलाशने की प्रवृत्ति का लाभ बिलकुल साफ है। यदि हम अपना ध्यान उस वस्तु की ओर लगाए होते जो इसके देशिक या कालिक स्वरूपों में बारम्बार अनियमित छलांगों से चिह्नित हों तो हम अत्यधिक घूमने से थक गए होते और बेचैन अनुभव करते। यह समझना

आसान है कि क्यों कलाकृतियों (जिनमें एकता और सामंजस्य के गुण विद्यमान होते हैं) का हम पर आनन्ददायक असर होता है?

सूचना सिद्धान्त के शब्दों में बोधात्मक क्षेत्र की नियमित आकृतियाँ सूचना अतिरिक्तता के एक मानक को प्रस्तुत कर जीव की निपुणता को बढ़ा देती हैं। मस्कट इंस्टीट्यूट ऑफ टेक्नोलॉजी के मनोवैज्ञानिकों ने इस चीज की गणना की है कि एक मनुष्य अपने जीवनकाल में अधिकतम 50 अरब सूचना-अंशों को सँभाल सकता है, लेकिन मनुष्य को एक अल्प समय में भी जो सूचना मिलती है, उसकी वास्तविक मात्रा अनन्त होती है। यह सहज रूप से मनुष्य की क्षमता से परे होता है कि उसे जितनी सूचनाएँ प्राप्त होती हैं, उन सूचना-अंशों को अपने मस्तिष्क में सहेजकर रखे, लेकिन नियमित और पारिवारिक पैटर्नों को प्रस्तुत कर, इसके तहत बहुत सारी सूचना को शामिल कर तथा अधिकाधिक को बाहर छोड़कर मनुष्य अपने पास की दुनिया के साथ सन्तोषप्रद ढंग से बर्ताव करने लायक हो जाता है। इस क्रम में उसे अपनी सीमित क्षमता के सुसंगत सूचना की एक यथेष्ट छोटी मात्रा को पकड़ना पड़ता है। इस तरह, उदाहरण के तौर पर, रेखा तैयार करनेवाले असंख्य बिन्दुओं को देखने के बदले वह केवल रेखा को ही इसके विशेष रूपों के साथ देखता है। अर्थव्यवस्था की यह जरूरत हमारी पूरी बोधात्मक प्राथमिकताओं को अनुकूलित करता जान पड़ती है और हम अपने अस्तित्व के प्रत्येक तल पर लय, सममिति, पैटर्न, नियमितता और पारिवारिकता को तलाशने की ओर प्रवृत्त होते हैं। निस्सन्देह, निपुणता या दक्षता का अभिप्राय यहाँ सूचना की बड़ी मात्रा का उपयोग नहीं होता है बल्कि पर्यावरण के साथ सामंजस्य स्थापित करने में मानवीय क्षमता का बहुत ही किफायती उपयोग होता है।

सममिति और लय, दोनों ही हमारे जीवन में सदा मौजूद रहनेवाले रूप हैं। मानवीय आकृति स्वयं सममिति की उत्कृष्ट रचना है, कम-से-कम अपने बाह्य रूप में, जो फौरन दिखाई पड़ती है। साथ ही, अधिकांश पशु जगत, पादप, पत्ती और पुष्प या तो पार्श्व सममिति या अरीय सममिति की प्रदर्शित करते हैं। उसी तरह लय का मामला है। हमारे जन्म लेने के क्षण से जीवन के अन्तिम क्षण तक हमारा हृदय अपना लयात्मक स्पन्दन जारी रखता है। हमारी साँस लेने की क्रिया एक दूसरी लयात्मक गति है जो पूरे जीवन-भर जारी रहती है। इसके बाद बाह्य तौर पर दिन और रात की लय है, ऋतुओं की लय है, पत्तियों की फड़फड़ाहट है तथा हवाओं में तरंगों की लयात्मक गति है। लय की दुनिया में जन्म लेने के कारण यह आश्चर्यजनक नहीं है कि हमारा मन वह अनुभव ज्यादा आसानी से प्राप्त कर लेता है जो कि एक लयात्मक रूप में प्रस्तुत होते हैं।

कलात्मक कारक चयन प्रक्रिया को केवल प्राथमिक स्तर पर ही प्रभावित करते हैं, लेकिन इस चयन प्रक्रिया में अभिरुचि और अभिप्राय अत्यधिक महत्त्वपूर्ण होते

हैं जिन्हें हम प्रेरकों के एक निश्चित वर्ग या समुच्चय से संयोजित कर देते हैं। यह या तो हमारे पूर्व के अनुभवों पर आधारित आदतों पर निर्भर होता है या वर्तमान अभिरुचि पर निर्भर होता है। इस अपने सामने आनेवाले असंख्य प्रेरकों में से केवल उन्हीं को चुनते हैं जो हमारी अभिरुचि के होते हैं, और शेष को नजरअन्दाज कर देते हैं। इसे मनोवैज्ञानिक 'चयनात्मकता' और 'विन्यास' कहते हैं। इसी के अनुसार किसी भी क्षण हम केवल उत्प्रेरकों के विशेष समूह को ग्रहण करने के लिए तैयार रहते हैं और इसके अनुरूप विशेष प्रत्युत्तर से इसका निष्पादन कर देते हैं। इस तरह हम अपरिचित रूपों या आकारों के घालमेल से परिचित रूपों या आकारों का चयन करने के लिए तैयार रहते हैं। अक्षरों के एक समूह में जहाँ कुछ सार्थक शेष निरर्थक हों, हम सदैव सार्थक अक्षरों पर गौर करते हैं। उसी तरह विभिन्न भाषाओं के लिखित या बोले गए शब्दों के समूह में हमारा ध्यान स्वत: उस भाषा के शब्दों पर केन्द्रित हो जाता है जिनसे कि हम परिचित रहते हैं।

पिछले विमर्श का आशय यह बतलाना है कि हमारी प्राथमिक मानसिक गतिविधियों का सरोकार बाह्य दुनिया से प्राप्त होनेवाले अविभेदित संवेदी आँकड़े को तैयार करने से होता है। इसके बाद ही यह आँकड़ा हमारे लिए अर्थवान बनता है। यह उसी प्रक्रिया के समान है जिस प्रक्रिया के तहत जीवन अपना भोजन आत्मसात् करता है। इस स्वांगीकरण के पहले वह खाने को उलट-पलट लेता है और चुने हुए खाद्य पदार्थ के अणुओं को तोड़ देता है और इस टूटे हुए भाग से नये अणुओं का निर्माण होता है जो स्वांगीकृत होते हैं। उसी तरह संरचना और चयन की प्रक्रिया के बाद शारीरिक उत्प्रेरक अपनी मनोवैज्ञानिक प्रक्रियाओं के तत्त्व बन जाते हैं। उदाहरणस्वरूप, असंख्य उत्प्रेरकों में से चयन के बाद हमें उस रंग और आकार के नमूनों के साथ प्रस्तुत किया जाता है जो हमें एक गुलाब की मौजूदगी का एहसास कराते हैं।

कलात्मक तत्त्व पर आधारित, गतिबोधक ज्ञान का तत्त्व (जिसके कारण एक लम्बवत् रेखा एक क्षैतिज रेखा से लम्बी दिखती है क्योंकि उद्रेग तल के साथ आँखों की गति अधिकतम मांसल प्रयासों की माँग करती है), अतीत के अनुभव और वर्तमान अभिप्रेरण मन बाहरी दुनिया की एक तसवीर तैयार करता है जो एक प्रारूपकार के प्रारूप से ज्यादा एक कलाकार की चित्रकृति की मानिन्द होती है। यह प्रातिनिधिक से ज्यादा सर्जनात्मक होती है। डब्ल्यू.एच. इटेलसन और एफ.पी. किलपैट्रिक बोध या ज्ञान पर किए गए अपने प्रयासों से एक ऐसे निष्कर्ष पर पहुँचे हैं जो इस विचार को सम्पुष्ट करता प्रतीत होता है। वे लिखते हैं—"हमने जिस प्रदर्शन का वर्णन किया है, उससे विकसित ज्ञान या बोध के नये सिद्धान्त के अनुसार, प्रत्यक्ष ज्ञान कार्य, अनुभव और सम्भावना पर आधारित एक कार्यात्मक कार्य है। अनुभूत चीज अनुभव करने के कार्य का एक अविभाज्य हिस्सा है जो प्रत्यावर्तन में, जीन

की सम्पूर्ण प्रक्रिया के सभी पहलुओं को शामिल कर लेती है। यह विचार पुराने प्रतिस्पर्द्धी सिद्धान्तों से भिन्न होता है—अनुभूत चीज न तो ठीक मन की कल्पना होती है, न ही वैसे किसी यथार्थ का नैसर्गिक रूप से निर्धारित चरम प्रकटीकरण है जिसके बारे में माना गया था कि इसका अस्तित्व अनुभव करनेवाले जीव से अलग होता है। वस्तु और बोध एक ही चीज के अंग हैं।"[9]

वस्तुत: मन अनेक क्लेशकारी समस्याओं से हमारी रक्षा करने के लिए हमारे अनुभव या बोध में अद्भुत विरूपण ला देता है। उदाहरण के तौर पर, उस औरत की घबराहट को समझें जो प्रांगण में अपने पति को अपनी गोद के बच्चे से भी छोटा देखती है, लेकिन यह ठीक वैसा ही है कि उसने चीजों को कैसे देखा। यदि उसका अनुभव सख्त रूप से दिक् के अन्दर के शारीरिक विन्यास पर आधारित था क्योंकि किसी प्रतिबिम्ब का आकार सीधे इसके द्वारा बनाए गए आँख की रेटिना पर के कोण से सम्बन्धित होता है। बहरहाल, एक व्यक्ति किसी दूसरे के समीप पहुँचता है तो उसकी छवि दूसरे की आँखों में बड़ी बनती जाती है और वह पीछे वापस होने लगता है तो छवि पुन: छोटी होने लगती है, लेकिन मन एक दृश्य स्थायित्व-सा देता है ताकि उपर्युक्त तरह की परेशानी से बचा जाए और एक उपयुक्त दूरी तक किसी व्यक्ति के आकार में कोई बदलाव दिखाई नहीं पड़े। यह तथ्य मूल्लर-लायर भ्रम और पोंजो भ्रम सरीखे अनेक दृष्टि-भ्रमों के लिए जवाबदेह है।

बोध की प्रकृति का वर्णन कर अब हम अपनी चिन्तन प्रक्रिया के साथ इसके सम्बन्धों की ज्यादा ठोस ढंग से चर्चा करेंगे। इस भूमिका में अनुभव या बोध एक ऐसी प्रक्रिया है जिसमें एक जीव अपना अभिप्राय बतलाने के लिए उत्प्रेरणाओं का संकेतों के रूप में इस्तेमाल करता है। एक उदाहरण इस चीज को स्पष्ट कर देगा। जब हम यह कहते हैं कि 'हमारे सामने एक उजला गुलाब है', तो हम केवल उन उत्प्रेरणाओं के अभिप्राय को अभिव्यक्त कर रहे होते हैं जो उस अनुभूत सफेद गुलाब से पैदा होता है। मान लीजिए, अब हम अपनी आँखों और उस गुलाब के बीच एक लाल शीशा रख देते हैं। अब हम कहेंगे कि 'हम एक लाल गुलाब देख रहे हैं।' गुलाब वैसा ही रहता है, लेकिन आँख की रेटिना पर की उत्प्रेरणाएँ बदल गई हैं और इसलिए उत्प्रेरणाओं का मानी हमारे लिए बदल गया है। दृष्टि की विभिन्न क्षमताओं से सम्पन्न, या यूँ कहें एक्स-रे आँखवाले व्यक्ति को वह गुलाब पूर्णरूपेण भिन्न नजर आएगा, बिलकुल कंकालीय। इस तरह बाहरी वस्तुएँ महज उद्दीपन या उत्प्रेरण के स्रोत होती हैं। बोधात्मक अभिप्राय सब हमारा निजी होता है और यह हमारे सम्पूर्ण अनुभव के सन्दर्भ में अनुभव करने के हमारे तरीके पर निर्भर करता है। उत्प्रेरणाएँ दिमाग में केवल निश्चित वैद्युत-रासायनिक परिवर्तनों को प्रस्तुत करती हैं जो बोध में प्रतिफलित हो जाते हैं। दिमाग व्याख्याकार होता है जो उत्प्रेरणाओं के सांकेतिक सन्देश का कूटवाचन करता है। किसी बाह्य बिम्ब की

प्रत्यक्ष जानकारी की कोई सम्भावना नहीं है। यही कारण है कि संकेत की व्याख्या अर्थात् इसका अभिप्राय हमारे पूर्व के अनुभवों पर ज्यादा निर्भर करता है।

संकेत दो तरह के होते हैं। वे संकेतकों और प्रतीकों के तौर पर जाने जाते हैं। संकेतक संकेतित वस्तु के साथ एक अपरिहार्य फौरन सम्बन्ध बना लेते हैं। उदाहरणस्वरूप, धुआँ आग के होने का संकेतक है, गर्जन इस बात का संकेतक है कि आकाश में बिजली चमकी है। निस्सन्देह ये सभी अनुभव करनेवाले जीव के लिए संकेतक और अभिप्राय हैं। स्वयं प्रकृति में ये सभी उसी प्रक्रिया के भाग हैं। वस्तुत: बिजली और गर्जन एक ही चीज हैं जिसका भिन्न तरह से बोध होता है। उपर्युक्त उदाहरण प्रकृति के अन्दर की घटनाओं से लिए गए हैं जो इस तरह से आपस में सम्बन्धित हैं कि एक घटना दूसरी घटना का संकेतक बन जाती है, लेकिन हम अपने दैनिक जीवन में कृत्रिम संकेतकों की एक अन्तहीन संख्या का इस्तेमाल करते हैं। हम टेलीफोन की घंटी बजने पर टेलीफोन का चोंगा उठा लेते हैं, क्रॉसिंग पर लाल बत्ती देखकर रुक जाते हैं, इंजन के सीटी बजाते ही हम रेल डिब्बे में घुस जाते हैं। ये सभी विशिष्ट संकेतकों के प्रति अनुक्रिया के निर्धारित पैटर्न हैं।

संकेतकों के उपयोग में हम उन अन्य जीवों के सदृश हैं जो अपने दैनिक जीवन में संकेतकों की व्याख्या कर अपना कार्य साधते हैं। निश्चित ध्वनि और गति का अभिप्राय भोजन हो सकता है, दूसरी गति और ध्वनि का अभिप्राय खतरा हो सकता है और पशु उपयुक्त तरीके से या तो पहलेवाले मामले में भोजन की इच्छा दिखाकर या आगवाले मामले में पलायन कर प्रत्युत्तर देते हैं। सुसेन के. लैंगर के शब्दों में—"इसकी क्रियाविधि को अनुकूलित प्रतिक्रियात्मक चाप के एक परिष्कार के रूप में समझा जा सकता है जहाँ मस्तिष्क स्विचबोर्ड की तरह काम करता है तथा उन ज्ञानेन्द्रियों के लिए सही या गलत संख्या को प्राप्त करता है जिसने पेशी विन्यास का स्मरण किया था तथा परिवर्तन संवेद के रूप में एक उत्तर की अपेक्षा करता है।"[10]

संकेतों के साथ हम बाह्य दुनिया के प्रति जीवों के सम्बन्ध के भिन्न तल पर पहुँच जाते हैं। एक उदाहरण इस अन्तर को स्पष्ट कर देगा। हम कोई हॉर्न सुनते ही अपना सिर घुमाकर उस कार को खोजने लगते हैं। यहाँ हॉर्न एक संकेतक है जो इस बात की जानकारी देता है कि आसपास में कोई कार है (हमने त्रुटि के अवसरों को छोड़ दिया है जो एक गलत संकेतक की स्थिति में घट सकती है)। अब हमें एक भिन्न स्थिति पर विचार करना चाहिए। किसी वार्तालाप के क्रम में कोई व्यक्ति 'कार' शब्द का उल्लेख करता है तो यहाँ हम अपना सिर उठाकर उस कार को नहीं ढूँढ़ते हैं। इस मामले में 'कार' शब्द एक प्रतीक है, जिसका अर्थ वास्तविक वस्तु कार है। उस वार्तालाप में (जिसमें 'कार' शब्द आता है) हमारी रुचि किसी खास किस्म की कार में हो सकती है अथवा कार से यात्रा करने के

लाभ या नुकसान पर चर्चा कर सकते हैं। संक्षेप में 'कार' शब्द उस समझ का प्रतीक है जो अंग्रेजी भाषा में प्रयोगों के माध्यम से वस्तु कार से सम्बद्ध होने का सार प्रस्तुत करता है। ठोस घटना का यह संक्षिप्त रूप उस घटना की समझ बन जाता है। इस तरह हम जब 'कुर्सी' कहते हैं तो हमारा मतलब किसी खास कुर्सी से नहीं होता है बल्कि उन निश्चित संक्षिप्त रूपों से होता है जो सभी वास्तविक कुर्सियों में पाए जाते हैं। प्रतीक इन्हीं धारणाओं को संकेतित करते हैं (हम बाद में पुन: विस्तार से इस सप्रत्यय निर्माण के विषय पर वापस लौटेंगे)।

भाषा, जो हमारे ज्यादातर विचारों और सन्देशों का माध्यम होती है, संकेतों की एक धारावाहिकता है। भाषा में शब्द वस्तुओं (समझ की तरह) या उनके सम्बन्धों, क्रियाविधियों इत्यादि के सूचक ठीक उसी तरह से होते हैं जैसे प्रतीक होते हैं। भाषा की संरचना जो हम इसके व्याकरण से सीखते हैं, शब्दों को एक साथ एक सार्थक धारावाहिकता में बाँध देती है। कुछ मामले में भाषा में वाक्य की संरचना संसूचित स्थितियों के अनुरूप होती हैं। इन्हें शामिल करनेवाले वाक्य या पाठ्य हमें उक्त वर्णित स्थिति की समझ प्रदान करते हैं।

हमारी सोचने-विचारने की सारी प्रक्रियाएँ प्रतीकों के जोड़-तोड़ पर निर्भर करती हैं, जहाँ इस उद्देश्य हेतु भाषा प्रतीकों की अत्यन्त प्रभावशाली होती है। लैंगर की इस अभिव्यक्ति का यहाँ प्रयोग करें कि 'मस्तिष्क के महा स्विचबोर्ड में प्रतीक या संकेत प्लग होते हैं'[11] तो इसकी सहायता से विभिन्न धारणाओं को एक विचार गढ़ने हेतु एक-दूसरे के साथ के सम्बन्ध में प्रस्तुत किया जाता है। इन प्रतीकों का चयन मनमाने ढंग से किया जाता है, लेकिन इन्हें निश्चित धारणाओं से जोड़ दिया जाता है जैसा कि हमने 'कार'वाले मामले में देखा है, लेकिन हमारी दैनिक भाषा अनेक संकल्पनाओं की अभिव्यक्ति दे पाने में असमर्थ होती है। इसलिए ऐसे मामलों में हम रेखाचित्रों, मानचित्रों, सांगीतिक स्वरलिपियों आदि सरीखे अन्य संकेतों का इस्तेमाल जटिल संकल्पनाओं या विशेष प्रकार की संकल्पनाओं की व्याख्या करने के लिए करते हैं। हमारी रोजाना की भाषा के साथ एक दूसरी परेशानी भी है। हमारी भाषा में प्रयुक्त अनेक शब्द ऐसे होते हैं जो साधारण तथ्यों का वर्णन करते प्रतीत होते हैं और वे सम्बन्ध के जरिए भावनात्मक रूप से आवेशित हो जाते हैं। इसकी प्रवृत्ति वस्तुनिष्ठता को नष्ट कर देने की होती है। इस आधार पर तथा अपने व्यवहार के तरीके की महाजटिलता के कारण भी वैज्ञानिकों में यह जबर्दस्त प्रवृत्ति बन रही है कि वे अपनी शब्दावली से सामान्य प्रयोग के शब्दों को हटाकर उनकी जगह ऐसे शब्दों को रख दें जो सक्रियात्मक रूप से परिभाषित हैं तथा ऐसे प्रतीकों को रेख देते हैं जो मनमाने ढंग से चयनित हैं।

संकेतकों के बदले संकेतों का इस्तेमाल करने का लाभ होता है। वास्तव में यह क्षमता ही है जिसने मनुष्यों और अन्य काफी जीवों के बीच ऐसी खाई तैयार

कर दी है जबकि दोनों अपनी वंशावली में काफी निकट के सम्बन्धी हैं। लाभ यह है—संकेतकों पर निर्भर रहनेवाले जानवर उस पूर्वज्ञान से वंचित होते हैं जो मनुष्यों को सुलभ है। वे जब संकेत प्राप्त करते हैं तो उन्हें तत्काल कार्य करना पड़ता है। दूसरी तरफ, संकेतों से हम केवल एक निश्चित संकल्पना से अवगत हो जाते हैं। हम इस संकल्पना को अपनी समृति में पड़ी अन्य संकल्पनाओं के साथ सम्बन्ध जोड़ने के लिए स्वतंत्र होते हैं और इसके अनुसार अभी या भविष्य में या कभी नहीं कार्य करने का निर्णय लेते हैं। साथ ही कोई बाहरी संकेत उपलब्ध नहीं हो तब भी अपने मन की धारणाओं का सम्बन्ध जोड़ना एवं उसका स्मरण करना सम्भव है। संकेतों में जोड़-तोड़ करने की यह क्षमता विज्ञान की जटिल गणितीय बनावट और भविष्य कथन योग्यता की नींव है। यह अधिकांश कलात्मक सर्जना की भी कुंजी होती है।

वस्तुत: 'इच्छा की स्वतंत्रता' का पूरा विचार ही मनुष्य की मानसिक गतिविधियों के इस पहलू से जुड़ा होता है। अपने पर्यावरण के प्रत्युत्तर में संकेतों में जोड़-तोड़ करने की क्षमता मनुष्य को उस 'आवश्यकता' से मुक्त करती है जिसके अधीन निष्प्राण वस्तु और काफी हद तक अन्य संकेतों का इस्तेमाल करनेवाले जानवर होते हैं। जानवरों के कार्यों से भिन्न, जिन्हें कि फौरन एक निर्धारित तरके से (या एक विक्षिप्त के बाध्यकारी व्यवहार) किसी संकेत का अनिवार्यत: जवाब देना पड़ता है, एक स्वस्थ मानवीय मन असंख्य सम्भव तरीकों में से किसी एक का चुनाव कर संकल्पनाओं का इस्तेमाल करने के योग्य होता है। उसके कार्य मनमाने नहीं होते हैं क्योंकि उसे पूर्व के अनुभवों और वर्तमान आवश्यकताओं आदि के आलोक में निर्णय लेना पड़ता है, फिर भी वह वर्तमान स्थिति का स्वामी होता है, यहाँ तक कि विभिन्न सम्भावनाओं के बीच की पसन्द उसकी अपनी होती है। यदि वह अन्य जानवरों की तरह संकेतों पर कार्य करता तो उसके प्रत्युत्तर मानवीय मन की यांत्रिक संकल्पनाओं द्वारा कल्पित तरीके से अनोखे रूप में निर्धारित हुए होते। उस स्थिति में स्वतंत्र इच्छा की संकल्पना स्वत: समाप्त हो गई होती।

अभी तक हमने अपनी मानसिक प्रक्रियाओं का केवल उनके परिज्ञानशील कार्य के अन्तर्गत वर्णन किया है, यद्यपि यह संकेत दिया गया है कि यह परिज्ञानशील कार्य सम्पूर्णतया वस्तुनिष्ठ नहीं है और यह हमारे उद्देश्यों से प्रभावित होते हैं।

अब हम मनुष्यों के कार्यों और इरादों को आकार देनेवाले अनेक उद्देश्यों और प्रेरक शक्तियों की उत्पत्ति और प्रकृति का वर्णन करेंगे। इन प्रयोजनों में से कुछेक का मूल मनुष्यों के भीतर ही नैसर्गिक प्रेरक शक्तियों में होता है। अन्य प्रयोजनों का विकास सांस्कृतिक रूप से होता है। नैसर्गिक प्रयोजनों में शामिल हैं, भूख, प्यास, सेक्स, मातृवत प्रेम इत्यादि। भय मनुष्य की एक दूसरी नैसर्गिक विशेषता है जिसे वह चिम्पांजियों और चूहों जैसे प्राणियों के साथ साझा करता है। इन नैसर्गिक प्रयोजनों की बाबत पता लगाई गई सबसे रोचक चीज यह थी कि आपेक्षिक शक्ति में मातृक

प्रयोजन उस अहंवादी सिद्धान्त को, कि समस्त अस्तित्व का महालक्ष्य स्वार्थ होता है, गलत साबित करते हुए सूची में सबसे ऊपर हो गया। निस्सन्देह यह प्रयोग सन् 1931 में वार्डेन ने चूहों पर किया था, लेकिन चूँकि मानव शिशुओं को परिपक्व होने में लम्बा समय लगता है, इसलिए अपनी माता पर उनकी निर्भरता बहुत बड़ी होती है। अतएव इस सन्दर्भ में मानव माताओं का चूहों से कमतर होना सम्भव नहीं है। युवाओं के बीच स्नेह की पारस्परिक आवश्यकता भी विद्यमान रहती है। 1958 ई. में युवा बन्दरों पर प्रयोग करते हुए एच.एफ. हार्लो ने निष्कर्षत: यह बतलाया कि स्नेह की जरूरत को सीखा नहीं जाता है बल्कि यह एक नैसर्गिक चीज है। हार्लो के प्रायोगिक परिणामों का सार प्रस्तुत करते हुए क्लिफोर्ड टी. मॉर्गन लिखता है—"...यह प्रेरकशक्ति एक बच्चे के जीवन में अपेक्षाकृत बहुत पहले प्रकट हो जाती है। यह सीखी नहीं जाती है बल्कि यह परिपक्व होने के सामान्य क्रम में प्रकट हो जाती है। यह अनिवार्यत: भोजन कराने या भौतिक जरूरतों की संतुष्टि से सम्बद्ध नहीं होती है। यह सम्पर्क सुख प्रदान करनेवाली कुछेक चीजों के नजदीक होने या उनसे सम्पर्क स्थापित करने की एक प्रेरकशक्ति है...स्नेहात्मक वस्तु विचित्र स्थितियों में सुरक्षा का भाव देकर भय को कम करती है तथा यह जिज्ञासा संचालन का समर्थन करती है।"[12]

असीखे भय की बाबत एक रोचक चीज यह है कि यह सामान्यतया अनजानी चीजों का भय होता है। जरशील्ड और अन्य लोगों ने 1933 ई. में 2 वर्ष से कम उम्रवाले छोटे बच्चों और युवा चिम्पांजियों पर प्रयोग कर यह बतलाया कि दोनों के समक्ष जब कोई अनजानी वस्तु प्रस्तुत की गई तो दोनों ने ही भय प्रदर्शित किया। चार्ल्स डार्विन ने भी इस अनजाने से भय का उल्लेख किया था। वह लिखता है—"अब, जब हम किसी हठात् ध्वनि या नजारे पर शुरू करते हैं, शरीर की लगभग सभी मांसपेशियों में अनैच्छिक रूप से जबर्दस्त हरकत होने लगती है और यह हरकत उस खतरे से कूद भागने या उससे स्वयं को बचाने के लिए हो सकती है जिसे हम आदतन किसी अप्रत्याशित चीज से सम्बद्ध कर देते हैं...

...मि. वैलेस इस बात की तस्दीक करते हैं कि हमारे जंगली पूर्वजों के बीच स्वयं या अन्य के खतरे को प्राय: विस्मय के कारण से जोड़ दिया जाता था, और यह कि खुला मुँह, जैसाकि यह था, प्रोत्साहन या संत्रास की चीख का प्रारम्भिक ज्ञान था..."[13]

पराए और अनजाने के इस भय से स्थितियाँ अभ्यस्तता की शक्ति को पैदा कर दे सकती थीं। अभ्यास के जरिए हम सदा अपने पर्यावरण या काम करने के तरीके का नये सिरे से अनुसन्धान करने की आवश्यकता से मुक्त हो जाते हैं। अभ्यास निर्माण के इस नैसर्गिक गुण के बिना हमारी ज्ञान प्रक्रिया बहुत कठिन हो जाती। प्रसिद्ध जीवविज्ञानी कोनराड लॉरेंज, जिनसे अनेक अन्य समस्याओं में हमारा सरोकार रहेगा, अभ्यस्तता पर विचार करते हुए इसे मनुष्यों एवं अनेक पशुओं में नैसर्गिक रूप से अन्तर्निहित मानते हैं तथा वह इससे मानवीय मन पर परम्परा की पकड़ या

नियंत्रण का पता लगाते हैं। उन्होंने लिखा है—"जब एक मानव प्राणी किसी निश्चित अभ्यास के विशुद्ध आकस्मिक मूल से अवगत हो तथा यह जानता भी हो कि इसे तोड़ने से खतरे की पूर्वसूचना नहीं मिलती है, तब भी एक अकाट्य दुश्चिन्ता उसे इसको ध्यान से देखने के लिए प्रेरित करती है, और धीरे-धीरे वह अन्तर्निहित व्यवहार एक रीति-रिवाज बन जाता है। अभी तक मनुष्यों में जैसी स्थिति है ठीक वही स्थिति पशुओं में है। हालाँकि एक नया महत्त्वपूर्ण नोट उस क्षण से निकलता है जब मानव प्राणी अपने लिए उस आदत या अभ्यास को काफी समय तक अर्जित नहीं करता है बल्कि इसे सांस्कृतिक संरचण द्वारा अपने माँ-बाप से सीखता है। प्रथम, वह काफी समय तक इस विशेष व्यवहार निर्देश की उत्पत्ति के कारण को नहीं जानता है...द्वितीय, कानून निर्माता की आदरणीय पितृ-छवि का काफी समय बाद, जैसाकि मिथकों में होता है, दैवीकरण हो जाता है और वे अपने सभी नियमों को ऐसा बना देते हैं कि वे दैवी जान पड़ते हैं और उनका उल्लंघन पाप माना जाता है।"[14]

एक-दूसरे स्थान पर उन्होंने लिखा है—"एक अनिवार्य तत्त्व जो साधारण पशु परम्पराओं में मनुष्य की सर्वोच्च सांस्कृतिक परम्पराओं की तरह ही विद्यमान होता है, वह है अभ्यास। असन्दिग्ध रूप से यह अभ्यास ही है जो पहले से अर्जित पर अपनी दृढ़ पकड़ में, संस्कृति में उसी तरह की भूमिका अदा करता है जैसीकि धार्मिक कृत्यों की जातिवृत्तीय उत्पत्ति में आनुवंशिकता करती है...।"[15]

ये प्रेरक शक्तियाँ विलग व्यक्तियों में जन्मजात होती हैं। इन प्रेरक शक्तियों के अलावा मनुष्य के पास समाज में अपने जीवन के लिए अनिवार्य निश्चित सामाजिक आवश्यकताएँ भी होती हैं। वस्तुत: केवल समाज में ही मनुष्यों की वैयक्तिक प्रेरक शक्तियाँ भी अपनी सन्तुष्टि करती हैं तथा प्रभावशाली रूप में परिपक्व होती हैं। चूँकि मनुष्य समाज से बाहर नहीं रह सकता है, उसकी सामाजिक आवश्यकताएँ सुदृढ़ हैं, लेकिन एक व्यक्ति के जीवन से सम्बद्ध आवश्यकताओं से ज्यादा सुदृढ़ नहीं हैं। ये आवश्यकताएँ सम्बद्धता, सामाजिक स्वीकृति, प्रतिष्ठा, सुरक्षा और उपलब्धि की आवश्यकताएँ हैं। एक दूसरा व्यवहार आक्रमण का है जो मनुष्यों और पशुओं, दोनों में ही समान रूप से विद्यमान है। इसकी उत्पत्ति और समाज में इसकी भूमिका हमारे समय के सर्वाधिक विवादास्पद विषयों में से एक है। चूँकि यह हमारे आज के समाज के लिए सर्वाधिक चिन्ता का विषय है, इसलिए हम इस पर पूरी तरह से थोड़ी और चर्चा करेंगे।

आधुनिक दुनिया के भीतर व्यक्तिगत और सामाजिक व्यवहार में इसकी शाश्वतता से फ्रायड इतना प्रभावित थे कि अपने जीवन की अन्तिम घड़ी में वह उस जीवन शक्ति (इरोस) के साथ, जिसको वह पहले ही मान चुके थे, मौत प्रवृत्ति (थानाटोस) की उपस्थिति को स्वीकार करने निकले थे, लेकिन मौत प्रवृत्ति के इस विचार को सामान्यतया स्वीकार नहीं किया जाता है, मनो-विश्लेषकों द्वारा भी नहीं।

एरिक फ्रॉम मानवीय आक्रामक व्यवहार का ज्यादा पता कुछ कीमती वस्तुओं के बचाव में प्रतिक्रिया या हताशा से लगाते हैं।[16] लेकिन बहुत से ऐसे दूसरे मनोवैज्ञानिक और समाजशास्त्री हैं जिनका इस बात में विश्वास है कि मनुष्य के आक्रामकता जन्मजात है। कुछ दूसरे ऐसे भी हैं जो यह मानते हैं कि मनुष्य के भीतर निश्चित आक्रमणशील व्यवस्थाएँ होती हैं जो केवल उपयुक्त प्रेरणा के आने पर ही काम करती हैं। उदाहरणस्वरूप, एंथोनी स्टोर्र मानते हैं कि आक्रमणशील कार्य की जरूरत ठीक यौन सम्बन्धी प्रेरणा की तरह है, दोनों का जोश के एक अंश की जरूरत होती है।[17] हालाँकि मनुष्यों एवं जानवरों, दोनों में ही आक्रमण की समस्या का अत्यन्त विस्तृत व विश्वसनीय विमर्श कोनराड लॉरेंज की पुस्तक 'ऑन एग्रेशन' में मिलता है। वह इस विचार को स्वीकार करते हैं कि आक्रामकता एक सहज प्रवृत्ति है। हालाँकि वह 'सहज प्रवृत्ति' शब्द का प्रयोग इसमें और इसके पहलेवाले लक्ष्यों में अन्तर बताने के लिए एक बहुत विशेष अर्थ में करते हैं। वह आक्रामक हरकत को पशुओं में जन्मजात अनेक विरोधाभासी प्रेरणाओं की जातिवृत्तीय रूप से धार्मिक अनुष्ठान का रूप दी गई अभिव्यक्ति के रूप में देखते हैं। इस तरह, वह बन्धन और आक्रामकता की आवश्यकताओं के एक समुच्चय ग्रे-लैग गूज (हंस) के विजयोत्सव की व्याख्या करते हैं।

लॉरेंज के अनुसार, अन्त:विशिष्ट आक्रामकता से अर्थात् समान प्रजातियों के सदस्यों के प्रति आक्रामकता से प्रजातियों के तीन उद्देश्यों की पूर्ति होती है। पहला तो यह उनके बीच उचित फासले को इस ढंग से सुगम बना देती है कि नये क्षेत्रों की ओर सदस्यों का नियमित बिखराव या फैलाव होने लगता है, इससे भोजन का अभाव पैदा नहीं होता है। दूसरा, सेक्स सम्बन्धी प्रक्रिया के माध्यम से नरों में जो सबसे बलिष्ठ होता है, उसे ही बच्चा पैदा करने की अनुमति मिलती है। इससे बलशाली सन्तान पैदा होती है और वह पूरी प्रजाति का दुश्मनों से बचाव करती है। और अन्तिम उद्देश्य के रूप में, यह प्रजातियों के समाज की संरचना को दृढ़ता प्रदान करती है।

लेकिन सबसे महत्त्वपूर्ण चीज जिसकी तरफ वह हमारा ध्यान आकृष्ट करते हैं, वह तथ्य है कि आक्रामकता व्यक्तिगत बन्धन की अनिवार्य सहगामिनी होती है। पशु समूहों में बाहरी समूह के प्रति आक्रामक व्यवहार समूह एकता की एक आवश्यक शर्त है। इस सन्दर्भ में वह मनुष्यों और चूहों की निश्चित प्रजातियों के व्यवहार में बहुत अधिक समानता देखते हैं। ये चूहे अपने समूह के सदस्यों के लिए चिन्तित होते हैं, लेकिन समान प्रजाति के ही बाहरी चूहों के प्रति हिंसक रूप से आक्रामक होते हैं। ये चूहे बाहरी चूहों के अपनी विशिष्ट गन्ध से पहचान जाते हैं।

हालाँकि जहाँ तक पशुओं का सम्बन्ध है, यह आक्रामक व्यवहार कभी विध्वंसक नहीं होता है। लॉरेंज के अनुसार (इस विषय में अनेक अन्य जन्तुविज्ञानी

उनका समर्थन करते हैं), इन लड़ाइयों में पशु विरले गम्भीर रूप से घायल होते हैं। आक्रामकता का उद्देश्य कभी विरोधी को नष्ट कर देना नहीं होता है। यह आक्रमण वहीं खत्म हो जाता है जहाँ चयन या अन्तरण का लक्ष्य पूरा हो जाता है। कुछ मामलों में तो यह आक्रामक व्यवहार केवल कर्मकांडीय होता है। इस सन्दर्भ में उनका अध्ययन उन लोगों का एक स्पष्ट खंडन है जो दाँत और पंजे के लिए प्रकृति पर गुस्सा करते हैं। वस्तुत: लॉरेंज यह बतलाते हैं कि जानवरों के पास शक्तिशाली मारक अंग होते हैं, लेकिन अपने सम्बन्धियों के विरुद्ध इन अस्त्रों का प्रयोग करने का उनमें नैसर्गिक निषेध भी रहता है। यह तो मनुष्य सरीखी प्रजातियाँ हैं जिनके पास किसी को जान से मारने की क्षमतावाला कोई अंग नहीं है इसलिए आक्रमण के विरुद्ध निषेध उतनी मजबूती से विकसित नहीं है, लेकिन वह बतलाते हैं, मनुष्य में भी क्रोध के दौरान किसी को जान से मारने की बजाय केवल पीटने या नीचा दिखाने की अन्त:प्रेरणा रहती है, लेकिन ऐसे समय में किसी को चाकू दे दिया जाए तो यह कत्ल में भी परिणत हो जा सकता है। यहीं पर हथियारों से लैस मनुष्य अपनी प्रजातियों के लिए खतरा बन जाता है।

इसका मूल जो भी हो, अब यह सभी जगहों पर स्वीकार्य हो चुका है कि मनुष्य के अन्दर एक आक्रामक व्यवस्था है जो उपयुक्त समय पर सक्रिय हो जा सकती है। यद्यपि कुछ मानवीय समूह हैं जो अनाक्रामक दिखते हैं, लेकिन संस्कृति समूहों का एक बड़ा भाग विभिन्न अंशों में अपनी आक्रामकता का प्रदर्शन करता है।

प्रतिष्ठा या हैसियत की प्रेरणा नैसर्गिक है या सीखी हुई चीज है, इस प्रश्न को लेकर भी उसी तरह का एक विवाद है। इस विवाद को किनारे कर हमारे लिए यह जानना ज्यादा लाभदायक होगा कि यह कैसे शुरू होता है तथा इसकी क्या भूमिका होती है? पशुओं में हैसियत पदानुक्रम, इसे पहली दफा स्जेदेरप-एब्ब ने मुर्गियों में देखा जिन्होंने अपने बीच एक पैकिंग क्रम स्थापित कर लिया था। तब से प्रेक्षकों ने चिड़ियों और पशुओं की प्रजातियों की काफी संख्या में पदानुक्रम क्रमों को देखा है जिनमें पशु अपने ही समूह के सदस्यों से लड़ाई करते हैं। लियोनार्द बर्कोविट्ज इस घटना को निम्नलिखित शब्दों में व्यक्त करते हैं—"...जब काफी संख्या में एक-दूसरे से अपरिचित जीवों का साथ-साथ कोई समूह बनता है तो इन प्रजातियों में से अनेक में सक्रिय लड़ाई की एक अवधि होती है और इसमें जो विजेता होता है, उसका प्रभुत्व कायम हो जाता है तथा परास्त होनेवाले उसके अधीनस्थ हो जाते हैं। इसके बाद जीवों में सम्बन्ध संरचना के साथ शान्ति कायम हो जाती है; किसी सशक्त प्रतिस्पर्द्धा में जो प्रभुत्वशाली होता है, वह लड़ाई करता है या आक्रामक व्यवहार का प्रदर्शन करता है जबकि अन्य सुरक्षात्मक व्यवहार या भागने के प्रयास को प्रदर्शित करते हैं। ऐसा सम्बन्ध एक बार स्थापित हो जाता है तो महत्त्वपूर्ण ढंग से यह काफी स्थायी होता है (कॉलिन्स, 1944) लेकिन

इनकी शिक्षा ली जाती है और ये शिक्षाएँ नियमित सिद्धान्तों का अनुसरण करती हैं (स्कॉट और फ्रेडिक्शन, 1951)..."[18]

इस सन्दर्भ में भी कोनराड लॉरेंज एक व्याख्या प्रस्तुत करते हैं। यह स्पष्टत: सन्तोषप्रद मालूम पड़ती है। उनकी व्याख्या है कि यह हैसियत सम्बन्ध समाज के सदस्यों के बीच की लड़ाई को सीमित कर देती है तथा शिक्षा में मदद करती है। वह लिखते हैं—"कौओं में, और अनेक अन्य सामाजिक पक्षियों में, पदानुक्रम सीधे कमजोर सदस्यों की रक्षा के लिए होता है। सभी सामाजिक प्राणी हैसियत की तलाश में रहते हैं, इसलिए हमेशा खासकर उन प्राणियों के बीच ज्यादा तनाव रहता है जो श्रेणीक्रम में ठीक समीपस्थ होते हैं; इस समस्या का समाधान बातचीत या मेल-मिलाप से कर लिया जाता है। चूँकि श्रेणीक्रम में जो कौए सबसे ऊपर होते हैं, वे नर होते हैं और वे अपने अधीनस्थ कौओं के बीच के प्रत्येक झगड़े में हस्तक्षेप करते हैं, सामाजिक तनाव के इस सोपान का सुखद प्रभाव यह होता है कि उच्च श्रेणी की चिड़ियाँ हमेशा हारनेवाले दल के पक्ष में बीच-बचाव करती हैं।"[19]

वह दूसरा लाभ यह बतलाते हैं कि प्राणियों की उच्च प्रजातियों में यह उन विशेषताओं के तहत सीखने की प्रक्रिया में मदद करती हैं जो जातिवृत्तीय रूप से संचरित नहीं होते हैं। केवल वही पक्षी श्रेणीबद्धता में ऊपर होता है जिनका आपात स्थिति में मार्गदर्शन करने के लिए आदर किया जाता है। प्रजाति के बड़े सदस्यों का व्यवहार देखकर वे विभिन्न स्थितियों का उपयुक्त तरीके से जवाब देने सीखते हैं। सयाने सदस्य का कोई भी अनियत व्यवहार दूसरे सदस्यों को कुछ नई स्थिति या संकट को खोजने की चेतावनी देता है जबकि बहुत छोटे सदस्यों पर इस तरह के व्यवहार का कोई असर नहीं होता है। चूँकि एक सामाजिक समूह में सदस्यगण अपने जन्म से इस श्रेणीबद्धता के अधीन रहते हैं। ऐसे में प्रतिष्ठा-प्रेरणा को सीखा गया गुण समाज में एक व्यक्ति के वास्तविक व्यवहार में कोई बड़ा अन्तर ला ही दे, यह जरूरी नहीं है।

मनुष्य के साथ उन प्रेरणाओं और व्यवस्थाओं जिनकी ऊपर में चर्चा की गई है, में निहित शक्तियों से भरा एक थैला होता है जिससे वह सामाजिक और भौतिक यथार्थ का सामना करता है।

मनुष्य के पास दुनिया का जो प्रथम परिज्ञान है, वह अपनी इच्छाओं की तुष्टि के एक उद्देश्य की तरह है। आत्म-तुष्टि की प्रेरणा से विफलताएँ और परिणामत: कुंठाएँ और आतंक भी सम्बद्ध होते हैं। इस तरह यह दुनिया या तो सन्तोष देनेवाली, सुख देनेवाली है या निष्फल करनेवाली व आतंकित करनेवाली है। उसके परिज्ञानशील विभागों को अवशोषित करनेवाला कोई स्वतंत्र उद्देश्य नहीं होगा। अब आगे मानवीय मन एक युद्धक्षेत्र बन जाता है जहाँ एक तरफ वस्तुनिष्ठ तथ्य और दूसरी तरफ मानवी इच्छाएँ और मूर्खतापूर्ण भय अपनी वफादारी बनाए रखने के लिए जीवन भर आपस में एक उतार-चढ़ाववाला युद्ध करते रहते हैं। दोनों

यह युद्ध जीतने के लिए अपने पारस्परिक चिह्नों को क्रमबद्ध लगाते हैं और इसका समर्थन करते हैं। एक तरफ स्वर्ग ओर धरती पर आत्म-तुष्टि की योजना के तहत जैसाकि ऑडेन इन प्रासंगिक पंक्तियों में वर्णन करते हैं, अवैध अधिकार कर लेने की मानवीय इच्छा होती है—

हम क्या जान सकते हैं
लेकिन, जब तक हम जानते हैं
हम दहशत और सनक जानते हैं
हमारी भयानक भूख को चाहिए,
एक दुनिया
इसके क्रम, मूल और उद्देश्य होंगे
हमारी इच्छा की धाराप्रवाही सन्तुष्टि?

(कैन्जोन से)

दूसरी तरफ जीवन की कठिन वास्तविकताएँ होती हैं जो हमेशा ऐसे सभी संघर्षों को धूल में मिला देती हैं। बाल्यावस्था की कल्पना, स्वप्न और दिवास्वप्न में यह मानवीय इच्छा ही है जो मन पर प्रभाव रखती है तथा आंशिक रूप से तुष्ट करनेवाले विश्वचित्र की रचना अस्थायी रूप से इसे यथार्थ की सीमाओं से मुक्त करते हुए, करती है। सिजोफ्रेनिया सरीखे मानसिक रोगों में यथार्थ से सम्पर्क को पूरी तरह झपट लिया जाता है और व्यक्ति कल्पना की एक स्वायत्त दुनिया में रहता है। इसके विपरीत, यदि हमें जिन्दा रहना होता है तो दुनिया के अन्दर की अपनी जाग्रत जिन्दगी और गतिविधियों में इस यथार्थ सिद्धान्त को निश्चित रूप से स्वयं अपना दावा करना पड़ता है।

नैसर्गिक प्रेरणाओं और बाँझ यथार्थ के बीच मध्यस्थ के रूप में चैतन्य स्वार्थ या अहम प्रकट होता है। यह अहम समाज की माँगों के प्रति काफी संवेदनशील होता है, यह अपनी स्वीकृति और इसके साथ अखंडता की तलाश करता है। लुईस पी. थोर्पे इस स्वार्थ की जरूरत को अहम आवश्यकता कहते हैं। वह लिखते हैं—"एक मूल्यवाले तथा व्यक्तिगत स्वायत्तता का आनन्द लेनेवाले व्यक्ति के रूप में देखे जाने की पहचान, प्रतिक्रिया की आवश्यकताएँ व्यक्ति अहम आवश्यकताओं की अभिव्यक्तियों के रूप में ली जाती हैं। व्यक्ति सभी स्थितियों में यथेष्ट का अनुभव करने, कम-से-कम अलगाव की किंचित् मात्रा को प्राप्त करने का प्रयास करता है।"[20]

मनुष्य अपने पूर्णत: सचेत जाग्रत जीवन में भी कभी पूर्ण रूप से अपनी इच्छाओं की पकड़ से मुक्त नहीं होता है और उसका परिज्ञान इन इच्छाओं द्वारा सुदृढ़ता से रँग दिया जाता है। फ्रायड ने जबसे अचेत तत्त्वों की महत्ता को बतलाया, मनोवैज्ञानिक

मानवीय सोच को रँगने में अचेत की भूमिका को और ज्यादा मान्यता देने लगे हैं। दमन, औचित्य स्थापन, प्रक्षेपण और प्रतिपूर्ति इत्यादि सरीखे अनेक तत्त्व मनुष्य के आत्मिक जीवन से सम्बद्ध होने लगे हैं। आदिकालीन लोगों में यथार्थ की दुनिया और कल्पना की दुनिया स्पष्टत: अनेक अभिव्यंजक रूपों में, उनके धार्मिक कृत्यों, धर्म और मिथकों में मिली हुई होती हैं, लेकिन आधुनिक 'सभ्य' मनुष्यों में भी ऐसे धार्मिक कृत्य और मिथक पूरी तरह से गायब नहीं हुए हैं और ऐसी स्थिति कभी आएगी भी नहीं जब ये पूरी तरह से गायब हो जाएँ।

अनेक आवश्यकताएँ और प्रेरणाएँ एक अपरिवर्तित रूप में सतह तक जल्दबाजी में नहीं आती हैं। विवादास्पद प्रेरणाएँ एक-दूसरे को सन्तुलित और परिवर्तित करती हैं और केवल प्रभावशाली प्रेरणाओं को ही सतह तक आने की स्वीकृति मिलती है। अथवा जो ज्यादा सम्भव है, वह यह है कि व्यवहार का एक सम्पूर्णत: प्रच्छन्न कर्मकांडीय पैटर्न बीच में विवादास्पद प्रेरणाओं की जगह अंशत: स्थानापन्न के लिए आ टपकता है। वस्तुत: समाज में हर प्रेरणा प्रकट होती है और एक औपचारिक तरीके से तुष्ट होती है, चाहे वह सेक्स के इर्द-गिर्द का परिष्कृत कर्मकांड हो या भोजन करते वक्त का टेबुल का तौर-तरीका। जैसा कि फ्रायड ने बतलाया था, सपनों में भी, जहाँ 'असामाजिक' प्रेरणाएँ प्रतिबन्धों के नियंत्रण से ढीली हो जाती हैं, नाटक और विस्थापन की कुछ मात्रा आवश्यक हो जाती है। इसके चलते व्यक्ति यह अनुमान करने लगता है कि मानवीय मन केवल तभी शान्त रहता है जब यह खुरदुरे किनारों को रगड़कर तथा समन्वय का कुछ रूप गढ़कर स्वयं को प्रस्तुत किए गए परिज्ञानशील और क्रियात्मक तत्त्वों से एक पैटर्न रचता हो।

हम जिस तरह से ज्ञान की एक परिवर्तनशील अधिकता के अधीन होते हैं, ठीक उसी तरह से हमारा मन उन संकल्पनाओं की अधिकता के अधीन होता है जो इसे इसके जाग्रत जीवन और नींद, दोनों में ही व्यस्त रखती हैं। यदि हमारे ऊपर जमा होनेवाली इन अनुभूतियों और संकल्पनाओं के सम्बन्धित भागों को छाँटकर अलग करने की कोई यंत्रावली नहीं होती तो हम सहज ढंग से विकर्षण से मर जाते। इसलिए प्रेरणाओं के इस अकुंचन से मन कुछ का चयन करता है और उन पर अपेक्षाकृत स्थायी और सार्थक रूपों को निर्धारित कर देता है। ये वही तत्त्व हैं जो हमारी अनुभूतियों के उपच्छाया सम्बन्धी क्षेत्र में आधार और हृदतंत्री छोड़कर हमारे ध्यान को किसी चित्रकृति की एक तसवीर या संगीत में राग की तरफ मोड़ने में हमारी मदद करते हैं। उसी तरह हमारी संकल्पनाओं के मामले में अवरोध, चयन और संयोजन की एक प्रक्रिया जारी रहती है। यह ज्यादातर हमारी इच्छाओं से निर्धारित होती है। कभी-कभी यह प्रक्रिया इतनी शक्तिशाली होती है कि हम विचार से परमावश्यक संकल्पनाओं का आना रोक देते हैं क्योंकि हम उन्हें नहीं चाहते हैं। जहाँ यह प्रक्रिया दूर तलक जाती है, हमारा चिन्तन वह हो

जाता है जिसे कि हम 'मंगलकारी' कहते हैं। यह एक दूसरी अति है जो जीवन के लिए खतरनाक हो सकती है क्योंकि यह वस्तुनिष्ठता को नष्ट कर देने की धमकी देती है।

एक दूसरी यंत्रावली अनुभूतियों और संकल्पनाओं को पैटर्नों में आत्मसात् करने की है। वस्तुत: हमारी सामाजिक और मानसिक दुनिया पैटर्नों से आप्लावित होती है। उदाहरणस्वरूप, भाषा में हमारे पास शब्दों का एक पैटर्न होता है। इस तरह ऐसा है कि शब्दों के उस घालमेल के बदले जो हर कदम पर हमें एक अनुमान करनेवाले खेल में डाल दे सकता था, हमारे पास वाक्य होते हैं जो रूप की अनुरूपता तथा एक निश्चित पैटर्न को दर्शाते हैं। संगीत में हमारे पास ध्वनि के पैटर्न होते हैं, चित्रकला में रेखा, रंग व स्थान के पैटर्न होते हैं और मूर्तिकला में रेखा, रंग व पिंडों के पैटर्न होते हैं, लेकिन चित्रकला और मूर्तिकला के कलात्मक कार्यों में भौतिक तत्त्वों के पैटर्न में एकबद्ध करने का गुण भी होने के साथ-साथ विचारों और भावनाओं को उपयुक्त संकल्पनात्मक पैटर्न में एकबद्ध करने का गुण भी होता है अन्यथा वे बह निकल जा सकते हैं और मन के साधक कार्य को रोक दे सकते हैं। किसी कलाकृति का यही वह पहलू है जो इसे कलाकार हेतु उदात्तीकरण तथा सामान्यजन हेतु शुद्धीकरण का एक माध्यम बना देता है।

विज्ञान भी हमारे अनुभवों से एक पैटर्न की रचना करने का एक दूसरा तरीका है। दुनिया में हमारे इर्द-गिर्द विशाल संख्या में घटनाएँ घटित होती हैं। ये घटनाएँ अनियमित लगती हैं, लेकिन इन घटनाओं से वैज्ञानिक निश्चित एकबद्धकारी सिद्धान्तों, जिन्हें वे भौतिक नियम कहते हैं, के साथ सार्थक पैटर्नों की रचना करते हैं। विज्ञान के प्रारम्भिक चरणों में वैज्ञानिक का काम भी छाँटकर अलग करने और वर्गीकृत करने का ही होता है। जैसे-जैसे अनुभूति या ज्ञान का क्षेत्र बढ़ता जाता है, ये नियम एक नये पैटर्न के अन्दर नये तथ्यों को प्रस्तुत करने के लिए बदल जाते हैं। वस्तुत: भौतिकी के क्षेत्र में भौतिकविज्ञानियों की मुख्य उपलब्धि नई घटनाओं, जो अनवरत जमा होती रहती हैं, को ज्ञान के वर्द्धनशील क्षेत्र से सह-सम्बन्धित करने के लिए ललित गणितीय मॉडलों का निर्माण करना रही है। वैज्ञानिक नियम इस चीज के बारे में एक विचार देता है कि इस नियम के कार्यक्षेत्र के अन्तर्गत आनेवाले तथ्यों के एक दिए गए सहविन्यास से क्या आशा की जाए। इस सन्दर्भ में वैज्ञानिक चिन्तन को हमारे सोच में प्रतीकों के कार्य के एक विस्तार के रूप में देखा जा सकता है। प्रथम दृष्टान्त में प्रतीकों के जरिए ही हम किसी संकल्पना को अपने मन में मोड़ सकते हैं और इसका सम्बन्ध समय और स्थान की भिन्न आकृतियों का प्रतिनिधित्व करनेवाली अन्य संकल्पनाओं से जोड़कर एक सम्भव स्थिति की संकल्पना करते हैं जो पैदा हो सकती है। विज्ञान इस पूर्वानुमेयता को अपार रूप से विस्तारित करता है।

इसके अतिरिक्त, विज्ञान हमें उस दुनिया के पैटर्न की तसवीर भी दिखाता है (या कम-से-कम यहाँ ऐसा किया करता था), जिसमें हम रहते हैं। इस तरीके से यह हमें एक हद तक निश्चितता के साथ दुनिया में हमारी स्थिति निर्धारण करता है। वस्तुत: यथार्थवादी अनुकूलन पशु अस्तित्व की एक न्यूनतम जरूरत है। जीवन के निम्नतम रूप में, जैसाकि अमीबा में होता है कि कूटपादों ने दुनिया के प्रति इस आवश्यक अनुकूलन की व्यवस्था कर दी। उच्चतम स्तर पर (यदि हमें अपनी प्रजातियों के लिए उच्चतम शब्द प्रयोग करने की स्वीकृति मिलती है) यह विज्ञान ही है जो भौतिक ब्रह्मांड के सम्बन्ध में मनुष्य के लिए यह कार्य करता है, लेकिन विज्ञान हाल का विकास है और वहाँ एक अपरिचित दुनिया में अनुकूलन की आवश्यकता हमेशा रही है। इस तरह हम इस सन्दर्भ में संगीत, मिथक और धर्म में अस्तित्व के एक आदिम स्तर पर इसके पूर्वगामी को देखते हैं।

मिथकों में हम प्रेक्षित तथ्यों तथा अनुभव और परम्परा से प्राप्त मंगलकारी सिद्धान्तों को सार्थक पैटर्नों में सहक्रियाशील पाते हैं। ये मिथक उस समय पैदा होते हैं जब मनुष्य के मंगलकारी सोच में जड़ जमाए, उसके नीरस दैनिक कार्यों में सुलेखित, परी कथा की संकल्पनाओं को सृष्टि सम्बन्धी मुकाबले के एक वीरोचित स्तर तक उठाया जाता है। अभी भी एक ज्यादा विकास रूप में, वीरगाथाओं में, ये सोच संस्कृति नायकों के कारनामों में अभिव्यक्त होते हैं जिनका कार्यक्षेत्र पूरा ब्रह्मांड होता है। सूर्य, चाँद, धरती और प्रकृति के अन्य शक्तिशाली तत्त्व, सभी की इस विशाल नाटक में अपनी-अपनी भूमिका सुनिर्धारित है। यह आदिम मनुष्यों का प्रयास है कि वह जिस दुनिया में रहता है, उसकी शर्तों को मान लेता है। जादू में हम प्रकृति के अन्दर कारणता सम्बन्धों को पाने के आदिम मनुष्यों के प्रयास को समझ जाते हैं। आगे मार्ग में, मनुष्य की अपनी विवादास्पद प्रेरणाओं को कर्मकांडों में सुसंगत बना दिया जाता है, प्रत्येक प्रेरणा को व्यवहार के सम्पूर्ण पैटर्न में अपना निश्चित स्थान सौंपा गया होता है।

कर्मकांडों की इस सुसंगत बनानेवाली भूमिका का कोनराड लॉरेंज ने जिक्र किया है, जिसको पहले ही उद्धृत किया जा चुका है। इस सन्दर्भ में वह पशुओं के जातिवृत्तीय रूप से विकसित कर्मकांडों की तुलना मनुष्यों के सांस्कृतिक रूप से विकसित कर्मकांडों से करते हैं। वह लिखते हैं—"दोनों प्रकरणों में, नये कार्य के चयन सम्बन्धी दबाव ने औपचारिक रूप में गैर-कर्मकांडी व्यवहार का सदृश परिवर्तन ला दिया है। यह बिलकुल स्पष्ट तौर पर सम्प्रेषण में सन्दिग्धता के उस अवसर को कम कर देता है, कि स्वतंत्र रूप से परिवर्तनीय पैटर्नों की सुदृढ़ शृंखला को एक अनिवार्य अनुक्रम में जोड़ देना चाहिए।"[21]

आगे वह लिखते हैं—"सांस्कृतिक कर्मकांडीकरण सम्प्रेषण से लेकर आक्रमणकता के नियंत्रण तक तथा आक्रामकता के नियंत्रण से लेकर एक बन्धन

के निर्माण तक का नेतृत्व करनेवाले विकास के ये दो चरण सहज प्रवृत्ति सम्बन्धी कर्मकांडों के विकास में आश्चर्यजनक ढंग से उनके सदृश होते हैं जो घटित होते हैं...समूह के भीतर दमनकारी संघर्ष का यह तिहरा कार्य, समूह को एक साथ बनाए रखने का, और अन्य, सदृश इकाइयों के विरुद्ध, एक स्वतंत्र अस्तित्व के रूप में इसे सजाने का, सराहनीय गहन विचार के सदृश एक ज्यादा सख्त तरीके से सावधानीपूर्वक विकसित कर्मकांड के द्वारा किया जाता है।"[22]

धार्मिक प्रथाओं में मिथक धार्मिक कृत्यों से जुड़े होते हैं तथा मूल्यों की एक प्रथा से हुई होती है जिसमें आदेश और निषेध शामिल होते हैं। इस तरह भौतिक क्रम को एक नैतिक क्रम में मिला लिया जाता है। इसलिए धार्मिक प्रथाओं के चरण में मानव जीवन के विभिन्न आयामों को एक सर्वआलिंगनकारी पैटर्न में सुसंगत बना लिया जाता है। धार्मिक व्याख्या के बाद हम इस दुनिया की आध्यात्मिक या दार्शनिक व्याख्या पर आते हैं। यहाँ हम तर्क की एक प्रणाली के साथ ज्ञात दुनिया से एक तर्कसंगत पैटर्न की रचना करने का एक प्रयास देखते हैं। इस तरह हमारे मन का वर्णन अनवरत रचनात्मक के द्वारा किया जाता है। एक रचनात्मकता जो धार्मिक कृत्यों, मिथकों और भाषा से लेकर विज्ञान, गणित और कला की सबसे बड़ी उपलब्धियों तक मन के संचालन के सम्पूर्ण क्षेत्र पर पैटर्नों को अंकित करती है। प्रत्येक पैटर्न रचनात्मकता के पूरे क्षेत्र का प्रतिनिधित्व करनेवाले पटल पर एक स्थान ग्रहण करता है। जैसाकि हम आगे सत्ता की अन्त:प्रेरणा को इसकी सबसे सशक्त अभिव्यक्ति में दिखाने का प्रयास करेंगे, यह पुन: हर चीज को क्रम और पैटर्न में बदल देने की हमारी आन्तरिक प्रेरणा से ही सम्बन्धित है।

जहाँ तक मन की सर्जनात्मकता का सम्बन्ध है, एक औसत मनुष्य का मन प्रतिभाशाली व्यक्ति के मन से भिन्न होता है। एक औसत मनुष्य के स्वप्न और दिवास्वप्न यह बतानेवाले पर्याप्त साक्ष्य की व्यवस्था करते हैं कि मन की रचनात्मकता मनुष्य जाति के सबसे निम्नतम व्यक्ति में भी मौजूद रहती है, लेकिन प्रतिभाशाली व्यक्ति जिस पैटर्न की जटिलता की रचना करता है, उसमें वह औसत मनुष्य से भिन्न होता है। औसत मनुष्य साधारण पैटर्नों या प्रणालियों के प्रति आदर भाव रखता है जबकि प्रतिभाशाली व्यक्ति अपने पैटर्नों में अनेक तरह के तत्त्वों को जोड़ता है। प्रतिभाशाली व्यक्ति से सम्बन्धित इस तथ्य को मनोवैज्ञानिक जाँचों से प्रदर्शित किया गया है, लेकिन दुनिया सहज नहीं होती है। इसलिए औसत मनुष्य की रचनात्मकता जो सामान्य चीजों को हीरे में बदलने की माँगें पूरी नहीं कर सकती है, रचनात्मक कार्य में फलित नहीं हो सकती है।

ब्रह्मांड में एक अर्थपूर्ण पैटर्न की रचना करने के मनुष्य के प्रयासों के आलोक में अवलोकित, उसके बारे में उसने जो ज्ञान अर्जित किया है उससे, विकास सचमुच में मानवीय इतिहास के कॉम्टे के वर्गीकरण को धार्मिक, आध्यात्मिक और

वस्तुनिष्ठता में फिट तो करता ही है। उसने हालाँकि ऐसा मानकर गलती की कि मानवीय सोच पूरी तरह चिन्तनशील या आध्यात्मिक सिद्धान्त और प्रणाली निर्माण से मुक्त हो सकता है। ज्ञानात्मक सत्यापन से परे रहनेवाली अभिधारणाओं में से एक न्यूनतम के समर्थन के बिना (जैसे आधुनिक भौतिकी के उप-परमाणु कण या इलेक्ट्रॉन भी) विशुद्ध भौतिक विज्ञान भी बहुत दूर नहीं जा सकता है, लेकिन यदि यह सम्भव भी होता तो तुष्टकारी नहीं होता क्योंकि मनुष्य एक बोधशील और सम्पूर्ण चित्र चाहता है। एक वैज्ञानिक के रूप में भी वह केवल इन्द्रियगोचर आँकड़ों के संग्रहण या वर्गीकरण से या 'ब्लैक बॉक्स' के निवेश और बहिर्वेश को अभिलेखित करने, उसकी तुलना करने और उसका सहसम्बन्ध बनाने से सन्तुष्ट नहीं होता। इसके बदले वह 'ब्लैक बॉक्स' के अन्दर होनेवाली चीजों के बारे में कुछ कल्पना करना चाहता, यद्यपि इसके भीतर झाँकना तथा 'यथार्थ' से अपने विचारों की तुलना करना हमेशा उसकी सामर्थ्य से बाहर हो सकता है।

पश्चिम के समृद्ध समाजों में युवा और संवेदनशील मनुष्यों की असन्तुष्टि के कारणों में से एक कारण समानुगत विश्व चित्र का भंग होना हो सकता है, फलस्वरूप आधुनिक विज्ञान का तेज विकास हुआ। अनुभव या ज्ञान का क्षेत्र आधुनिक विज्ञान और तकनीक से प्रतिदिन विस्तारित हो रहा है, जबकि कोई भी दर्शनशास्त्र जो स्पष्ट संकल्पनात्मक शब्दों में अनेक विज्ञानों के परिणामों की व्याख्या कर सकता है और सामाजिक मूल्यों के साथ अपने सम्बन्धों को दर्शा सकता है, नजर में नहीं है। दर्शनशास्त्र के अभाव में जोकि एक तुष्ट करनेवाली प्रणाली के अन्तर्गत वैज्ञानिक अन्तर्दृष्टि और सम्बन्धित मूल्य जरूरतों को शामिल कर सकता है, उन्नत समाजों में मनुष्य स्वयं को एक विशृंखलित दुनिया में पाता है। उसके पास सारी सूचना होती है, फिर भी बगैर किसी दिशाबोध के छूट जाता है। मानवीय जीवन बगैर किसी अर्थ के हो सकता है (सम्भवत: सत्य यह है कि इसका कोई अर्थ नहीं है), लेकिन यह जीवन और ब्रह्मांड में अर्थ की खोज है—जो उसकी अवस्थिति की खोज की केवल एक सामान्यीकृत रूप है—जो उसे अपने अत्योन्नत के (और अधिक भूताविष्ट भी) धन्धों में लगाए रखता है।

सामन्तवाद और कैथोलिकवाद द्वारा अभिव्यक्त पुराने क्रम के ध्वंस के साथ कमोबेश एक स्थायी यूरोपीय क्रम को अभिव्यक्त करते हुए महाद्वीप पर एक विशृंखलन उत्पन्न हो गया था। ऐसा इस चुनौती के अन्तर्गत हुआ था कि विचारधाराओं का विकास हुआ था जो फिर से मनुष्य को दिशा की खोई हुई चेतना को सुनिश्चित कर सकता था। अठारहवीं सदी के अन्त से लेकर मौजूद सदी (20वीं) के आधे समय तक मनुष्यों का जीवन विचारधारा के एक युग में बीता है। अब धनी समाजों में से कुछ ने विचारधारा के युग अन्त की घोषणा कर दी है। ये समाज सुनिश्चित ढंग से वैसे समाज हैं तो वर्तमान में नैतिक और भावनात्मक अराजकता में फँसे

हुए प्रतीत होते हैं। यह संयोग ठीक आकस्मिक नहीं जान पड़ता है। रहस्यवाद और चिन्तन के माध्यम से जीवन के कुछ गहन अर्थ की खोज में पूरब की तरफ इन देशों के युवाओं की भीड़ यह बताती है कि ये दो घटनाएँ सम्बन्धित हैं। एलएसडी और मैरिजुआना का पंथ देखकर किसी का यह विश्वास करना चाहिए कि यही वे लक्ष्य हैं जिनका अनुसरण किया गया था। वे केवल उन मनुष्यों की आन्तरिक हताशा को मारनेवाली चीज हैं, जिसकी मानसिक दुनिया में बेचैनी भरी है। इसका स्वयं को कायल बनाने के लिए व्यक्ति को प्रेम और पुष्प शक्ति के शिष्ट प्रतिपादक हिप्पियों में मारक पंथ के प्रकटन को देखना होता है। पूर्व विमुखन से उपजी यह नैतिक उदासीनता और उकताहट मन की एक अवस्था है जिसे अन्ततः अनिवार्य रूप से व्यक्ति का उत्तेजना में पलायन ढूँढ़ने के लिए नेतृत्व करना चाहिए, चाहे यह दवा द्वारा हो या हत्या द्वारा।

चलिए, पूर्व के विमर्श का सारांश प्रस्तुत करते हैं। हमने देखा है कि मन कोई निष्क्रिय उदासीन पंजीबद्ध करनेवाला उपकरण नहीं है। ठीक ज्ञान के स्तर पर यह ज्ञान प्रभावों पर एक रूप लागू करता है। ये प्रभाव एक अन्तहीन यात्रा में दिखते और खत्म हो जाते हैं। आगे हमने वर्णन किया था कि जीव कैसे अनेक उद्दीपनों के अभिप्राय समझने हेतु उन्हें संकेतों के रूप में लेते हैं। हमने यह भी देखा कि मनुष्य के पास दूसरे जानवरों की तरह संकेतों के बदले प्रतीकों का इस्तेमाल करने की विशेष क्षमता होती है, और इस तरह वह आवश्यकता से एक स्वायत्तता प्राप्त कर लेता है जिसके अधीन अन्य सभी वस्तुएँ और प्राणी होते हैं। इसके बाद हमने पाया कि मानव इस दुनिया तक इसकी इच्छाओं की एक वस्तु के रूप में पहुँचता है। निश्चित नैसर्गिक और अन्य अर्जित प्रेरणाएँ होती हैं जो अपनी तुष्टि की तलाश करती हैं और इस प्रक्रिया में मानवीय कल्पना पर प्रभाव बनाने का प्रयास करती हैं। परिणामस्वरूप, इस दुनिया में मनुष्य के विचार मजबूती से उसके अभिप्रेरणों द्वारा रंग दिए जाते हैं। और अन्ततः हमने देखा कि मानवीय मन अनेक अनुभूतियों और प्रेरणाओं को परिष्कृत पैटर्नों में बाँध देने का प्रयास करता है। यह भी पता चला कि विज्ञान, मिथक, धार्मिक और दर्शनशास्त्रीय प्रणालियाँ सभी इस पैटर्न-निर्माण के उत्पाद हैं, जिसके जरिए मनुष्य इस दुनिया में एक अवस्थिति की तलाश करता है। अवस्थिति की यह खोज अपने उच्च रूप में स्वयं को जीवन के अभिप्राय की खोज में प्रकट करती है।

संकल्पनाओं की उत्पत्ति और समाज में प्रतीकों की भूमिकाएँ

पूर्व में हमने वस्तुओं की संकल्पनाओं का अर्थ बतानेवाले प्रतीकों के बारे में चर्चा की है, लेकिन इस चीज को विस्तार नहीं दिया है कि ये संकल्पनाएँ कैसे

उत्पन्न होती हैं। इस चरण में हम उसको विस्तार से समझने का प्रयास करेंगे। दर्शनशास्त्रीय साहित्य में संकल्पना की रचना अमूर्तन के विचार से सम्बन्धित है। इसका अर्थ क्या होता है, इसे हम एक उदाहरण से समझेंगे। हम लाल गुलाब, एक लाल किताब, एक लाल रौशनी और एक लाल झंडा देखते हैं। हालाँकि ये सभी चीजें एक-दूसरे से भिन्न हैं, लेकिन इनमें एक चीज सामान्य है और वह है इनकी लाल। उसी तरह हम कुम्हार का चाक, सूर्य, पूर्ण चाँद तथा कार का पहिया इत्यादि देखते हैं। ये सभी एक-दूसरे से भिन्न हैं, लेकिन इनमें एक गुण सामान्य है और वह है इनका गोलापन। यहाँ लाल और गोलापन सामान्य गुणों के तौर पर अलग किया गया है। इस तरह गोलाई या गोलापन एक वर्ग है जिससे सभी गोल वस्तुएँ सम्बन्धित होती हैं। वे एक निश्चित वर्ग की वस्तुओं की संकल्पनाएँ हैं, लेकिन ये दोनों गुण साथ-साथ देखे जा सकते हैं, जैसाकि एक लाल चक्के में देखा जाता है। अब लाल चक्के की संकल्पना एक वर्ग बन जाती है जिससे सभी गोल और लाल वस्तुएँ सम्बन्धित होती हैं। वास्तविक जीवन में हमें विरले केवल कुछ गुणों का एक सरल समुच्चय मिल पाता है। वह लाल चक्का भी परेशानी उत्पन्न कर देता है। यह लकड़ी का बना हो सकता है, लोहे का या किसी अन्य धातु का हो सकता है। यह बड़ा या छोटा हो सकता है, गर्म या ठंडा हो सकता है। वस्तुत: यह काफी दूर अवस्थित चाँद की तरह एक वास्तविक गोला हो सकता है और इसलिए एक चक्र की तरह दिखाई देता है, लेकिन ऐसा तभी होता है जब हमारा सरोकार इनसे ठोस चीजों के रूप में होता है। संकल्पना निर्माण में हालाँकि यदि जटिल रूपोंवाली वस्तुएँ हमारे समक्ष जब भी प्रस्तुत की जाती हैं और वे हमारे भीतर एक सदृश प्रत्युत्तर का आह्वान करती हैं तो हम कह सकते हैं कि वे एक ही वर्ग से आती हैं। उस वस्तु के वे सामान्य रूप हमारे लिए इसकी संकल्पना होंगे। उदाहरण के तौर पर 'कुत्ता' शब्द को लें। हम उजला कुत्ता, काला कुत्ता, बुलडॉग, अल्सेशियन कुत्ता, बड़ा या छोटा कुत्ता, बैठा या दौड़ता कुत्ता देखे होंगे। इनमें से प्रत्येक कुत्ता हमें एक भिन्न बोध देता है, लेकिन ये कुत्ते निश्चित सामान्य रूपों को भी प्रस्तुत करते हैं। इस तरह हम इन भिन्न प्रस्तुतियों से 'कुत्तेपन' की एक निश्चित संकल्पना को निकालते हैं। अब हमें यह देखना है कि कैसे ये संकल्पनाएँ निर्माण मानवीय मस्तिष्क में घटित होती हैं।

रोयर ने संकल्पना रचना को इस तरह परिभाषित किया—"ज्ञान की प्रक्रिया की तरह एक परिवर्तनीय प्रेरणा सन्दर्भ में आवर्ती मनोवैज्ञानिकत: अपरिवर्तनीय प्रेरणा-रूपों के प्रति एक विशिष्ट प्रत्युत्तर। प्रतीकात्मक रूप से आवर्त प्रेरक स्थितियों में अपरिवर्तनीय घटक (a) तथा परिवर्तनीय घटक (x, y, z) होता है; जीव आवर्त को परिवर्तनीय घटनाओं (Sa, x; Sa, y, Sa, z) से प्रत्युत्तर देना सीखता है।"[23]

अनातोल पिकास, जिसकी किताब से उपर्युक्त परिभाषा उद्धृत की गई है, आगे प्रक्रिया के लिए रोयर का नमूना प्रस्तुत करता है तथा इसकी खामियों को बतलाता है। उक्त नमूना यथा निम्नलिखित है—

Sa, x   Rs'
Sa, y   Ry'
Sa, z   Rz'
Sa (n)   Ra

हालाँकि अनतोल पिकास दिखलाता है कि प्रक्रिया को समझानेवाले रोयर के नमूने में प्रतिक्रिया Ra कहीं समय अनुक्रम में प्रकट होती है और इसके साथ विकास की व्याख्या करने का कोई कारण नहीं होता है। इस आलोचना के बाद संकल्पना निर्माण का हिसाब लगाने के लिए पिकास अपनी निजी परिकल्पना देता है जो समस्या का समाधान करने में काफी दूर तक चलते दिखाई देती है। वह रटन ज्ञान और संकल्पना ज्ञान के बीच के अन्तर से शुरू करता है। वह कहता है कि रटन ज्ञान एक मूल प्रेरणा के प्रति जीवों का प्रथम प्रत्युत्तर के समान होता है, जिसे वह 'प्राथमिक संहिता' कहता है। उसके अनुसार, प्राथमिक संहिता मूल संवेदन निवेशों के स्मृति मार्गों को दर्शाती है। जीव के अन्दर मूल प्रेरणा और इसकी संहिता अविभेदित समष्टियाँ होती हैं। इसके बाद मूल प्रेरणा का एक भेदभाव शुरू होता है और अंगों की नई संहिताएँ दर्ज होती हैं। जब ये प्राथमिक संहिताएँ एक साथ जोड़ दी जाती हैं तो हमें मूल प्रेरणा की एक संकल्पना प्राप्त होती है। इसके बाद की प्रक्रिया में अंगों की संहिताओं का एक पूर्ण वस्तु या समष्टि में मिल जाना होता है, इसे वह 'संहिताओं का एक साथ गलना' कहता है। वह लिखता है, "इस एक साथ जुड़ने, गलने या सम्पर्क में आने में सम्पूर्ण प्रेरणा की प्रथम प्राथमिक संहिता सहायक और निर्णायक हो सकती है, और यह वह प्रकरण भी बन जाता है जब हम बाद में उस पूर्ण वस्तु को देखते हैं।" इस प्रक्रिया को वह 'अभिलेखन की प्रक्रिया' कहता है। अपनी परिकल्पना के समर्थन में वह निश्चित अन्य मनोवैज्ञानिक घटनाओं की तरफ इशारा करता है जिनका नई तथ्यों, सरलीकरण और शेलीकरण के सामने पुरानी संकल्पना के बदलने का लोगों द्वारा किए जानेवाले प्रतिरोध को समझने में बड़ा महत्त्व होता है। वह लिखता है—"परिकल्पना दर्ज करने के पक्ष में दो सम्भव संकेतों की तरफ इशारा करना सम्भव था। पहला संकेत संकल्पना का आपेक्षिक प्रतिरोध था, नये प्रभाव के विरुद्ध यह एक बार स्थापित हुआ तो गलत सूचना पुनर्निवेश जाँचों में प्रतिबिम्बित हो गई थी। किसी संकल्पना के स्थायित्व को यह कहकर स्पष्ट किया जा सकता था कि एक स्वतंत्र अभिलेखन किया गया था। दूसरा संकेत संकल्पना विरचन में आशा सम्बन्धी पुनर्निवेश अन्तरालों तथा सूचनात्मक पुनर्निवेश में विलम्ब का महत्त्व था। संकल्पना विचरन को एक निश्चित समय चाहिए। इसे अभिलेखन हेतु

आवश्यक माना जाता है। यह दर्शनशास्त्र के अन्य प्रभाव क्षेत्रों से जो स्पष्टत: संकल्पना निर्माण को नहीं बतलाते हैं, संकेतों से एक निश्चित समर्थन भी प्राप्त कर सकते हैं, उदाहरणार्थ, स्मृति में 'सामान्यीकरण' और 'सरलीकरण' के रूप में ऐसी घटनाएँ जो स्वायत्त प्रक्रियाओं को निर्दिष्ट करती हैं जिनका वर्णन मॉडल को पुन: संहिताबद्ध किया जा सकता है।"[24]

पुन: संहिता बनाने से उपजी यह अमूर्त संकल्पना अविभाज्य है, लेकिन ठोस नहीं है। यह तथ्य अमूर्तन को एक सर्जनात्मक सम्भाव्यता की स्वीकृति देती है जो सम्भव नहीं होती यदि यह एक ठोस तथ्य का सीधा प्रकटीकरण होती।

मनोवैज्ञानिकों ने सामान्यत: संकल्पना निर्माण के आवर्ती अनुभव से लेकर समाज के भीतर की वास्तविक संकल्पना निर्माण में अत्यधिक महत्त्वपूर्ण रहनेवाले अन्य तत्त्वों की उपेक्षा तक, अमूर्तन के इस तत्त्व पर ज्यादा जोर दिया है। वस्तुत: इस विचार में निश्चित गम्भीर परेशानियाँ हैं जिनका कि समाधान नहीं हुआ है। यदि संकल्पनाएँ ज्ञान से संक्षेपण या अमूर्तन में उत्पन्न होनेवाली होतीं तो हम 'पशु' की तरह संकल्पनाओं का हिसाब कैसे कर सकते थे? ऐसा कुछ नहीं है जो एक पशु के बोध का अर्थ हो सके, यद्यपि हमें एक कुत्ते या बिल्ली का बोध हो सकता है। अर्थविज्ञानी यह सुझाव देते हैं कि इसका विवरण देने के लिए हमें निश्चित रूप से यह मानना चाहिए कि कुछ प्रेरणाओं के तहत मस्तिष्क अज्ञात नये तथ्यों को जोड़ रहा है और सृजित कर रहा है जिनसे 'पशु' की तरह—अमूर्तन का दूसरा अंश उभरकर सामने आता है, लेकिन चूँकि अनुभव में कुछ नहीं है जो इस संकल्पना के अनुरूप हो, इसके दिग्दर्शक को निश्चित रूप से भाषायी होना चाहिए। मस्तिष्क की ऐसी आन्तरिक प्रक्रियाओं के बगैर हम वैसी संकल्पनाओं की व्याख्या नहीं कर सकते हैं जो हमारे स्वप्नों में आती हैं, जिनके पास कोई अनुभवजन्य दिग्दर्शन नहीं हो सकते हैं।

यदि हम विज्ञान और तर्कशास्त्र में विकसित सूत्रीकरण का क्षेत्र छोड़ देते हैं तो बहुत कम लोग अपने जीवन में आवर्त अनुभवों से निचोड़ निकालकर अपनी संकल्पनाओं की रचना करते हैं। यह एक उदाहरण से स्पष्ट होगा। हम एक चिड़ियाघर में जाते हैं और पहली बार वहाँ एक ध्रुवीय भालू देखते हैं। हो सकता है कि हमने पहले इसके बारे में सुना या पढ़ा नहीं हो या सम्भवत: आगे कोई ध्रुवीय भालू नहीं देख पाएँ, लेकिन हम नाम पढ़ते हैं, पशु को देखते हैं और एक ध्रुवीय भालू की संकल्पना बन जाती है। जब तक हमारी याददाश्त बनी रहती है, जब कभी कोई किसी पशु को उद्धृत करता है, हम इस संकल्पना का स्मरण कर ले सकते हैं। यह आसानी से परिकल्पना पुनराभिलेखन द्वारा व्याख्यायित किया जा सकता है जो प्रेरणा रूपों के आवर्तन की आवश्यकता पर विचार नहीं करता है। वस्तुत: इसी तरीके से अधिकांश बच्चे अपनी संकल्पनाओं का अर्जन करते हैं। वे एक चीज

देखते हैं और कोई इसका नाम रख देता है। उस चीज से पहली बार सामना होने के समय उसके बारे में जो संकल्पना बनती है, यह नाम उसी से सम्बद्ध हो जाता है।

संकल्पना निर्माण में एक सम्बन्धित घटना उस 'स्थानान्तरण' की होती है। यहाँ ज्ञान संकल्पनाओं के समुच्चय को एक नई वस्तु की संकल्पनाएँ रचने हेतु दूसरी संकल्पनाओं से सम्बन्धित और स्थानान्तरित किया जा सकता है। उदाहरणार्थ, हम एक बच्चे को एक बाघ की संकल्पना यह कहकर सुझाते हैं कि बाघ बिल्ली की तरह होता है, उसका आकार बड़ा होता है, वह पीले रंग का होता है तथा शरीर पर काली पट्टियाँ होती हैं,या एक जेबरा घोड़े की तरह होता है जिसके शरीर पर काली पट्टियाँ होती हैं। सामान्यत: हमारे मस्तिष्क में पहले से जो पुरानी संकल्पनाएँ होती हैं, उन्हीं की शब्दावली में हम नई संकल्पनाओं का सृजन करने का प्रयास करते हैं। दरियाई घोड़ा या समुद्री घोड़ा जैसे नाम स्पष्टत: इस सहज प्रवृत्ति की उपस्थिति को पुष्ट करते हैं। न तो दरियाई घोड़ा न ही समुद्री घोड़ा, किसी तरह का कोई घोड़ा होता है, लेकिन जिस किसी ने उन्हें पहली बार देखा, इस तरह के परिचित पुराने खाँचे में इनके बारे में एक नई संकल्पना को अपना लिया। शायद अपनी आरम्भिक बाल्यावस्था में या अपने अनुभव में पुन: घटित होनेवाली पसन्दीदा वस्तुओं के महत्त्वपूर्ण रूपों को देखने से उत्पन्न करनेवाली केवल संकल्पनाओं की सीमित संख्या से लैस होते हैं। बाद की संकल्पनाएँ इन संकल्पनाओं का विस्तार करने और संयोजित करने से बनती हैं।

हाल तक प्राकृतिक विज्ञान की संकल्पनाएँ भी इसी तरीके से प्राप्त की गईं। एक रोचक उदाहरण परमाणु की परिभाषा है। आरम्भ में परमाणु को किसी पदार्थ के सूक्ष्मतम अविभाज्य कण के रूप में परिभाषित किया गया था। जब दूसरे कणों का पता चला तो इस परिभाषा से उनकी व्याख्या नहीं हो सकती थी। तब इसे सौरमंडल के मॉडल से परिभाषित किया गया जिसमें घनात्मक नाभिक (प्रोटॉन) के गिर्द ऋणावेशित कण (इलेक्ट्रॉन) चक्कर लगाते हैं। इसके बाद कणों में निश्चित तरंग जैसे गुणों को पाया गया जिन्हें तरंगों की एक प्रणाली से परिभाषित किया गया, लेकिन अन्य मामलों में इलेक्ट्रॉन और प्रोटॉन कणों जैसा व्यवहार भी करते थे। अन्तत: संकल्पनात्मक चित्र पूरी तरह चकनाचूर हो गया और भौतिकविज्ञानियों ने गणितीय सूत्रीकरणों से स्वयं का तर्क दिया। विज्ञान के क्षेत्र में भी मॉडलों की पसन्द यह दर्शाती है कि हम पुरानी संकल्पनाओं के साँचे में नये तथ्यों को आत्मसात् करना ज्यादा पसन्द करते हैं।

हमारी अधिकांश संकल्पनाएँ वास्तविक रूप में पहले से बनी संकल्पनाओं के संयोजन से प्राप्त होती हैं और ठोस उदाहरण केवल संकल्पनाओं को सुस्पष्ट और उनके विचित्र रूपों के बोध से सुदृढ़ बना देते हैं। ये उन चालाकियों की जड़ में निहित होती हैं जो कल्पना हमारे साथ करती है। हम अपने रोजाना के अनुभव

से नर, नारी, गाय, घोड़ा, छिपकली और आग इत्यादि की संकल्पनाओं की रचना करते हैं, लेकिन एक से दूसरे रूपों के अन्तरण और संयोजन की प्रक्रिया के जरिए हम एक श्रृंगी जीव (सींगवाला घोड़ा), ड्रेगन (आग थूकती बड़ी छिपकली), सेंटौर (आधा मनुष्य आधा घोड़ा), स्फिंक्स (औरत का सिरवाला शेर) इत्यादि जैसी विलक्षण हस्तियों की संकल्पना करता है। ये सभी मानवीय कल्पना की सर्जनाएँ हैं और इनका कोई भौतिक अस्तित्व नहीं है, लेकिन चूँकि ये एक जाति की निश्चित भावनात्मक स्थितियों में उत्पन्न होती हैं, इन संकल्पनाओं की विभिन्न समय में विभिन्न संस्कृतियों से सम्बन्ध रखनेवाले लोगों की कल्पना पर गहरी पकड़ होती है। ये संकल्पनाएँ काफी बारीक तरीके से मन की तुलनात्मक रूप से वस्तुनिष्ठ रुचि के साथ हमारी अपनी सभ्यता में भी एक महत्त्वपूर्ण भूमिका अदा करती हैं।

हम यह भी देखते हैं कि संकल्पनाएँ जो स्पर्शी संवेदनाओं को प्रकट करती हैं, दृष्टि के क्षेत्र में स्थानान्तरित हो सकती हैं तथा दृष्टि के क्षेत्र को प्रकट करती हैं तो स्पर्शी संवेदनाओं में स्थानान्तरित हो सकती हैं, अथवा संकल्पनाएँ जो एक ज्ञानेन्द्रि में संवेदन को प्रकट करती हैं, भिन्न ज्ञानेन्द्रियों से सम्बन्धित संवेदन को प्रकट करने हेतु स्थानान्तरित हो सकती हैं या एक पूर्णत: भिन्न स्थिति में स्थानान्तरित हो सकती हैं। इस तरह हम अपनी अत्यधिक परिष्कृत भाषा में गर्म रंग, ठंडा स्वागत, कटु सत्य, मधुर संगीत, भिंगा जोश जैसी अभिव्यक्तियाँ गढ़ते हैं। स्पष्टत: वे एक शाब्दिक अर्थ में किसी इन्द्रियजन्य अनुभव या तथ्यों का संकेत नहीं करते हैं, लेकिन वे जो व्यक्त करते हैं उसे हम जानते हैं। दुर्लभ मामलों में सहसंवेदिता के कुछ रूप घटित तो होते हैं, लेकिन वे इन अभिव्यक्तियों के तत्त्व नहीं होते हैं।

वाक्यों के स्तर पर संकल्पनाओं को मिलाने की सम्भावना बिना सीमा के बढ़ जाती है। बर्ट्रेंड रसेल इस तरह की भाषायी सम्भावनाओं और अर्थ से उनके सम्बन्ध का विश्लेषण करते हुए लिखते हैं—"...हम कह सकते हैं कि एक महत्त्वपूर्ण वाक्य द्वारा जो कुछ कहा जाता है, उसमें एक निश्चित तरह की सम्भावना होती है। मैं इसको 'वाक्य विचार सम्बन्धी' सम्भावना के रूप में परिभाषित करूँगा। यह शायद तार्किक सम्भावना से ज्यादा संकीर्ण है, लेकिन निश्चित रूप से भौतिक सम्भावना से ज्यादा विस्तृत है। 'चाँद हरे पनीर से बना है', यह वाक्य रचनात्मक रूप से सम्भव है, लेकिन भौतिक रूप से नहीं।"[25]

परन्तु अपने वास्तविक जीवन में हम वस्तुत: वाक्य रचना सम्बन्धी सम्भावना को भौतिक सम्भावना के रूप में लेकर कार्य करते हैं। चूँकि रसेल द्वारा उद्धृत वाक्य हमारे लिए भावनात्मक रूप से उदासीन है, हम झट-से सहमत हो जाते हैं कि यह भौतिक सम्भावना से परे होता है, लेकिन हमारे दैनिक वार्तालाप में बहुत-से सदृश वाक्य वस्तुनिष्ठ वक्तव्यों के रूप में आते-जाते रहते हैं जिनके वैषम्य पर हम ध्यान नहीं देते हैं। उदाहरण के तौर पर, अधिकांश लोगों के इस विश्वास की वस्तुनिष्ठता

को कौन चुनौती दे सकता है कि एक राष्ट्र का सम्मान एक रंगीन कपड़े (जिसे राष्ट्रीय झंडा कहा जाता है) या निश्चित वाद्यवृन्दीय संगीत (राष्ट्रगान) से बना होता है। जब हम किसी व्यक्ति को दूसरे के सामने गाली देते हैं और उसे 'गधा' या 'जी हुजूरिया' कहकर बुलाते हैं और 'दुनिया का मालिक' कहकर बुलाते हैं, हम उसी तरह से वाक्य रचना सम्बन्धी सम्भावना की दुनिया में होते हैं।

परोपकारी कार्यों से अमूर्तता के जरिए हम परोपकार की संकल्पना प्राप्त करते हैं, निर्दयी कार्यों से निर्दयता की संकल्पना प्राप्त करते हैं, साहसिक कार्यों से साहस की संकल्पना प्राप्त करते हैं इत्यादि, लेकिन संयोजन और अन्तरण के जरिए भी इन अमूर्त संकल्पनाओं को ठोस वस्तुओं से संकेतित किया जा सकता है। इसका संस्कृति के द्वारा व्यापक तौर पर अनुकूलन किया जाता है। इस तरह साँड़ शक्ति का प्रतीक बन जाता है। [हम इसे अभी भी इस्तेमाल करते हैं जब शेयर बाजार में बुलिश ट्रेंड (तेजी का रुख) की बाबत बात करते हैं], गाय (हिन्दुओं में) मातृस्नेह का प्रतीक बन जाती है, सूअर (मुसलमानों में) अशुद्धता का प्रतीक बन जाता है और जैतून शाखा (यूरोपियनों में) शान्ति का प्रतीक बन जाती है। जब वस्तु के अत्यधिक प्रमुख रूपों में से एक रूप जो इससे जुड़ा होता है, प्राकृतिक रूप से या किसी खास जन के जीवन और धार्मिक कृत्यों में निर्दिष्ट होता है तथा सांकेतिक रूप से उस वस्तु से जुड़ा होता है, यह उत्पन्न हो सकता है, लेकिन दूसरे समय में एक वस्तु का यह प्रतीकात्मक मूल्य महज अक्सर संयोजन के जरिए उत्पन्न हो सकता है।

यह संकेतीकरण विभिन्न समाजों के लिए आदर का पात्र रहनेवाले गणचिह्नों और वर्जनाओं की जड़ में भी होता है। ये गणचिह्न और वर्जनाएँ लगभग सभी समाजों और संस्कृतियों में एक या दूसरे रूप में पाई जाती हैं। चूँकि इन संकेतों को पारम्परिक रूप से प्राप्त किया जाता है, ये उक्त परम्परा से सम्बन्ध रखनेवाले मनुष्यों के मन पर प्रचुर भावनात्मक पकड़ का इस्तेमाल करते हैं। एक कलाकृति की अधिकांश प्रबोधक शक्ति इन संकेतों से सम्बन्ध रखती है जिन्हें दक्षता से सर्वोत्कृष्ट कलात्मक उत्पादों के अन्य औपचारिक तत्त्वों के साथ मिलाया जाता है। सांकेतिक प्रतिरूपों की तरह दिखनेवाले परिकथाओं और महागाथाओं के चरित्र और घटनाएँ वस्तुत: मनुष्य की अपनी इच्छाओं और जुगुप्साओं तथा उस संस्कृति के मूल्यों जिससे वीरगाथा का सम्बन्ध होता है, को प्रदर्शित करती हैं। हालाँकि मिथक और महाकाव्य हम जिस दुनिया में रहते हैं, उसकी प्रकृति की व्याख्या करने का अपना काम खो चुके हैं लेकिन उनके सांकेतिक कार्य अभी भी कमोबेश अक्षुण्ण हैं। वे अभी भी कला, साहित्य और स्वप्न सरीखे भावनात्मक जीवन के प्रकटीकरणों (जैसाकि मनो-विश्लेषण से प्रदर्शित हुआ है) में अभिव्यक्ति की गाड़ी बने हुए हैं।

संकल्पनाओं को स्थानान्तरित करने की प्रक्रिया हमें रूपकों में अपनी सबसे कीमत उपज देती है जो हमारी अभिव्यंजक क्षमता को काफी बढ़ा देती है। रूपकों

में हम एक चीज से सम्बद्ध एक संकेत का इस्तेमाल एक दूसरी पूर्णतया असम्बन्धित वस्तु या घटना के अभिप्राय के रूप में करते हैं। इस तरह समादृत वीरपुरुष एक शेर बन जाता है, होनहार युवक एक 'उदीयमान तारा' बन जाता है, एक औरत एक 'चंडी', एक 'तितली' या एक 'देवदूत' बन जाती है। संक्षेप में संकल्पनाओं के इस्तेमाल करने की सारी सम्भावनाओं के साथ मानवीय अभिव्यंजकता असीम हो जाती है। हम इस संकल्पनात्मक उपकरण से स्वर्ग या नरक के किसी क्रम की रचना करने में सक्षम हैं।

अतियथार्थवादी या अस्तित्ववादी जब अपनी पूर्ण आजादी की घोषणा करते हैं तो वे केवल असीम सृजनात्मक सम्भावनाओं के बोध को अभिव्यक्ति प्रदान करते हैं जो मनुष्यों के लिए संकल्पन के इस अनोखे संकाय के जरिए खुली होती हैं, लेकिन इस अभिवृत्ति में अभिव्यंजक सम्भावना को वस्तुनिष्ठ सम्भावना के रूप में लेने की भ्रान्ति भी अन्तर्निहित होती है। मनुष्य स्वयं भगवान बन जाने की कल्पना कर सकता है, लेकिन केवल इतने ही से वह संक्षेप में भगवान नहीं बन जाता है। कामू इस अनुभूति तक पहुँचे तथा अपनी 'रिबेल' में उसने मानवीय आकांक्षाओं की सीमाओं को बताने का प्रयास भी किया जबकि मनुष्य के लिए अपने वास्तविक जीवन की भौतिक स्थितियों द्वारा निर्धारित सीमाओं को लाँघना सम्भव नहीं है, संकेत में हेर-फेर करने की उसकी योग्यता कम-से-कम उसे वास्तविक आजादी का एक बोध प्रदान करती है। यद्यपि वह इस भौतिक (मानवीय सहित) दुनिया को अपनी इच्छा के वश में नहीं कर सकता है, वह कम-से-कम स्वयं का मालिक हो सकता है अर्थात् वह दबाव में काम करने से इनकार कर सकता है तथा मौत के सामने भी अपनी आजादी का दावा कर सकता है। संकेतों का प्रयोग मनुष्य की मौत के आसार के साथ-साथ जीवन के अन्य मूल्यों का सामना करने में तथा इन अन्य मूल्यों के मुकाबले जीवन के मूल्य को तौलने में मदद करता है। इस अर्थ में मनुष्य की आजादी केवल 'आवश्यकता का गुण-विवेचन' नहीं रह जाती है बल्कि उस सर्वोच्च दंड के सामने उसकी इच्छा की वास्तविक दृढ़ोक्ति होती है। सुकरात भावी सन्तति के पक्ष में यह साबित कर चुके थे कि मनुष्य के पास आजादी की इच्छा करने का साहस हो तो वह आजाद हो सकता है।

अभी तक हमने उन 'संकेतों' का प्रयोग किया है जो अपेक्षाकृत सरल संकल्पनाओं को प्रदर्शित करते हैं, लेकिन अपनी भाषा में जो हमारे विचार और अभिव्यक्ति का सबसे प्रभावशाली और व्यापक वाहन है, हमें कुछ बहुत जटिल संकल्पनाओं के साथ काम करना पड़ता है। जब हम 'कुत्ता' शब्द का प्रयोग करते हैं तो हम अपने अभिप्राय के बारे में बहुत निश्चित होते हैं। यदि इस पर किसी को सन्देह होता है तो हम सीधे कुत्ते की ओर इशारा करते हैं और कहते हैं, 'देखो, वह कुत्ता है', और बात वहीं खत्म हो जाती है, लेकिन यह उस समय इतना आसान

नहीं होता है जब हम 'समाज', 'आजादी', 'राष्ट्र' या 'पूँजीवाद' जैसे शब्दों का प्रयोग करते हैं। यहाँ वैसा कुछ नहीं है जिसकी तरफ हम बात को समझाने के लिए इशारा कर सकें। वस्तुत: ऐसे शब्दों के प्रयोग में हमेशा ही अनेकार्थता का एक तत्त्व रहता है और हमारा सम्प्रेषण पर्याप्त नहीं हो पाता है। हालाँकि ठीक-ठीक इन्हीं शब्दों के साथ हमें अपने सामाजिक और राजनीतिक जीवन में दखल देना होता है।

इस प्रकृति के एक शब्द के अर्थ (अर्थ सूची) के बारे में सहमति के अंश का पता लगानेवाले अध्ययनों में यह देखा गया है कि सहमति अत्यन्त लचर है। वह विधि जो प्रयोग में लाई गई, ऐसे शब्दों का एक वर्ग की तरह 'उदार' जैसा प्रयोग करने की विधि थी और बाद में इस वर्गीकरण के बारे में विभिन्न लोगों की राय जानने के लिए व्यक्ति को इस वर्ग के एक उदाहरण के तौर पर रखा जाता था। वस्तुत: 1944 में जॉनसन द्वारा किए गए एक अध्ययन में यह पाया गया कि 100 में केवल 24 ही इस बात पर सहमत हुए कि फ्रैंकलिन डी. रूजवेल्ट को 'उदार' वर्ग में रखा जाए।

शब्दों के अर्थ की आंशिक परेशानी का समाधान शब्दों के प्रसंग से हो जाता है। 'प्रसंग' शब्द का अर्थ निर्धारित करने में मदद करता है, लेकिन फिर भी इससे राजनीतिक शब्दावली के प्रमुख शब्दों के बारे में परेशानियाँ पैदा हो जाती हैं। यह परेशानी इस तथ्य से पैदा होती है कि राजनीतिक शब्दों के पास कोई स्थायी अनुभवजन्य प्रसंग नहीं होता है। मसलन, हमारे दैनिक जीवन में प्रयुक्त होनेवाले इन वाक्यों को देखें—'पानी से साफ करो', 'पानी पीओ', 'पानी बहाओ', 'जलप्रपात देखो'—शब्दों का अनुभवजन्य प्रसंग यहाँ 'पानी' शब्द के बारे में कोई अनेकार्थता नहीं पैदा करता, लेकिन 'प्रजातंत्र', 'उदारवाद', 'समाजवाद', 'अधिकार', 'न्याय', 'आजादी', 'समानता' जैसे शब्दों के पास ऐसे परिवर्तनशील प्रसंग होते हैं कि इन शब्दों का ठीक अर्थ निर्धारित कर पाना लगभग असम्भव है।

एक उदाहरण लें—अमेरिकी दावा करते हैं कि उनके यहाँ प्रजातंत्र है। चीनी उनसे भी अच्छा बनते हैं और अपने यहाँ 'जनता का जनतंत्र' होने का दावा करते हैं। इसके अतिरिक्त नियंत्रित प्रजातंत्र और मौलिक प्रजातंत्र भी होते हैं। स्पष्टत: इन भिन्न-भिन्न मामलों में प्रजातंत्र का एक ही अर्थ में प्रयोग नहीं हो रहा है। इन सभी तंत्रों में कोई सामान्य अपरिवर्तनीय मूल नहीं है जो इन्हें एक साथ एक संकल्पना के भीतर रख सके। खुद 1789 ई. की फ्रांसीसी क्रान्ति के दौरान जिरोन्दिनवादी, जैकोबिनवादी, बिबॉवादी तथा डायरेक्टरी, सभी प्रजातंत्र के नाम से जाने जाते थे, लेकिन इनमें से प्रत्येक के पास प्रजातंत्र की भिन्न-भिन्न संकल्पना थी। वस्तुत: अन्तर इतना प्रखर था कि किसी ने दूसरे विचार के प्रतिपादकों को भौतिक रूप से भी जिन्दा रहने की मंजूरी देना समीचीन नहीं समझा।

यदि कोई भी दो व्यक्ति एक शब्द को समान अर्थ देने पर सहमत नहीं होते हैं तो यह सरलता से अस्तित्व से बाहर आ जाएगा क्योंकि यह अपना केवल उद्देश्य

सम्प्रेषण खोता है। हालाँकि 'प्रजातंत्र' शब्द हमारे अपने समय में खूब फला-फूला है। इसका मतलब इसका निश्चित अर्थ होता था। हालाँकि अर्थ एक ही नहीं था, लेकिन उक्त सभी समूहों के लिए इस शब्द का एक निश्चित अर्थ था यह अर्थ प्रत्येक समूह के लिए वस्तुनिष्ठ प्रसंग में नहीं बल्कि विचारधारात्मक प्रसंग में निर्धारित था। यहाँ 'विचारधारा' शब्द का प्रयोग एक बहुत बड़े अर्थ में किया गया है—यह एक समावेशी पैटर्न है जिसमें समूह के तथ्यों (अंशत: विचारधारा रखनेवाले समूह द्वारा दिए गए विचार), इच्छाओं, परम्पराओं और मूल्यों के अलावा एक लक्ष्य की तरफ पूर्वाभिमुखता भी शामिल रहती हैं। यह न केवल 18वीं सदी के अन्त में देत्स दे ट्रासी के समय से जानी जानेवाली विचारधाराओं को बल्कि उन प्राचीन प्रथाओं को भी, जिन्होंने निश्चित सामाजिक व्यवस्था शुरू करने और लागू करने का प्रयास किया था, शामिल करेगी। 'न्याय' और 'सद्गुण' जैसे शब्दों के अर्थ पर विवाद प्राचीनकाल से चला आता है। एक व्यक्ति को यह तथ्य स्वीकार करने के लिए केवल थ्रैसिमाचस द्वारा दी गई 'बलशाली के हित जैसा न्याय' की परिभाषा को याद करना होता है जिसके साथ प्लेटो के रिपब्लिक में संवाद शुरू होता है। स्पष्टत: अर्थ का निर्धारण तब भी विचारधारात्मक प्रसंग से ही ज्यादा हुआ था जैसाकि अभी होता है।

हम जिस प्रकार की संकल्पना का वर्णन करते आ रहे हैं, उसके निर्माण में जो तथ्य हमारी पसन्द के नहीं होते हैं, उन्हें अनजाने तौर पर नजरअन्दाज कर देने तथा जो वस्तुनिष्ठ वास्तविकता के भाग नहीं होते हैं, वैसी अनेक अन्य चीजों को जोड़ लेने की सुदृढ़ सहज प्रवृत्ति (पूर्व में वर्णित मनोवैज्ञानिक तत्त्वों के कारण) होती है। फलस्वरूप ये संकल्पनाएँ कभी वस्तुनिष्ठ नहीं होती हैं और जिस समूह या संस्कृति के लिए यह संकल्पना अच्छी होती है, उस समूह या संस्कृति से सम्बन्ध रखनेवालों के लिए ये संकल्पनाएँ भावनात्मक रूप से काफी आवेशित होती हैं। वस्तुत: यह कहा जा सकता है कि एक संकल्पना की भावनात्मक अपील अपनी वस्तुनिष्ठ सत्यापनीयता से प्रतिलोमत: जुड़ी होती हैं क्योंकि ऐसी संकल्पनाएँ न केवल संस्कृति या समूह के भावनात्मक अधिस्वरक को साथ ले चलती हैं बल्कि अपनी अनेकार्थता के कारण प्रत्येक व्यक्ति उन्हें अपनी विशेष इच्छाएँ और शिकायतें प्रदान करने के योग्य होता है। प्रत्येक विचार या संकल्पना जिसने लोगों में आन्दोलनकारी जोश भर दिया है, बहुविषयक अभिप्रेरणाओं का ऐसा ही एक विस्फोटक मिश्रण रहा है। हम केवल दो सर्वाधिक महत्त्वपूर्ण आन्दोलनों का हवाला देंगे—उदाहरण के रूप में फ्रांसीसी और रूसी। फ्रांसीसी क्रान्ति में मध्यवर्ग, कृषक, शहरी और बुद्धिजीवी, प्रत्येक ने भिन्न-भिन्न अर्थ देखा था, लेकिन चूँकि आन्दोलन ने जनता के भिन्न-भिन्न तबकों को ठीक-ठाक भिन्न-भिन्न चीजें दी थीं, एक शक्तिशाली विस्फोट करने के लिए सभी एकजुट हो गए। उसी तरह रूसी क्रान्ति में निर्णायक समय पर किसान,

मजदूर और सिपाही (जो युद्ध से मुक्ति चाहते थे) सभी अलग-अलग कारणों से बोल्शेविक आन्दोलन में एकजुट हो गए। यह तथ्य अत्यन्त त्रासद ढंग से उस वक्त प्रकाश में आता है जब क्रान्ति का आरम्भिक लक्ष्य पूरा हो जाता है। इसके बाद क्रान्तिकारी सरगर्मी शीघ्र ही एक मतभेद समर्थक तकरार में विघटित हो जाती है।

जबकि सामाजिक सन्दर्भ हर रोज बदलता रहता है, एक समूह द्वारा ऐसी संकल्पनाओं से सम्बद्ध किए गए शब्दों में कोई बदलाव नहीं होता है, वे ज्यों का त्यों बने रहते हैं। कालान्तर में वे शब्द परम्परा का अंश बन जाते हैं और उनकी भावनात्मक पकड़ अपेक्षाकृत और सुदृढ़ हो जाती है। इस तरह लोग उस वास्तविकता का खयाल किए बगैर जिसे यह इंगित कर सकता है, शब्द पर प्रतिक्रिया करते रहते हैं। इस मनोवैज्ञानिक घटना का, जो लोगों को एक काल्पनिक दुनिया में रखती है, सर्वप्रथम कोर्जिब्स्की ने स्पष्ट रूप से विश्लेषण किया था। उसने बतलाया था कि लोग यह दिखलाने के लिए इस तरीके से व्यवहार करते हैं कि वे शब्दों को वस्तुओं से पहचानते हैं। शब्द महज संकेत या लेबल हैं जो किसी वस्तु या स्थिति का अभिप्राय बताते हैं, लेकिन अधिकांश लोग लेबलों पर प्रतिक्रिया दिखाते हैं। इस तरह मि. सुलेमान को एक मुसलमान के रूप में, मि. रवीन्द्र बनर्जी को एक बंगाली के रूप में तथा मि. स्मिथ को एक ईसाई के रूप में देखा जा सकता है और वे अपने व्यक्तिगत मानवीय गुणों की बजाय इन्हीं नामों/लेबलों से पहचाने जाने के लिए प्रवृत्त होते हैं। विचारधाराएँ अपने आग्रह से कुंजी संकेतों को जारी रखने में सामाजिक मनोभावों को जमा देने तथा संकल्पनाओं को अपरिवर्तनीय बनाए रखने के लिए प्रवृत्त भी होती हैं। चूँकि विचारधारा दुनिया के बारे में किसी समूह की समझ के सम्पूर्ण पैटर्न को दर्शाती है, इसलिए कुंजी संकेत के अर्थ का बदलाव, समूह और उसकी संस्थाओं को एक साथ रखनेवाली उस समूची विचारधारा की पुनर्संरचना की माँग करेगी। दूसरी तरफ संकेतों की पारम्परिक पकड़ विचारधारा में हेर-फेर का निषेध करती है। इस तरह दोनों संकेत और विचारधारा, एक-दूसरे पर रूढ़िवादी प्रभाव बनाते हैं। यह वही तत्त्व है जो संस्थाओं को किसी समाज में स्थायी बनाए रखता है क्योंकि एक हिस्से का बदलाव सामाजिक सम्बन्धों के समूचे पैटर्न को खतरे में डाल देता है। यह वही रूढ़िवाद है जिसका उद्धरण शुमपीटर देता है, जब वह यह कहता है—"सामाजिक संरचनाएँ, प्रकार और अभिवृत्तियाँ वे सिक्के हैं जो आसानी से नहीं गलते हैं..."[26]

यह संरचनात्मक अन्तर्सम्बन्ध प्राचीन समाज में भी देखा गया है, वहाँ भी संकेत, मिथक और धार्मिक कृत्य समाज को एक साथ बनाए रखता है। जे.ए.सी. ब्राउन ने एक भिन्न प्रसंग में सामाजिक जीवन में पैटर्न के महत्त्व की तरफ ध्यान आकृष्ट किया है। वह लिखता है—"सामाजिक संगठन का एक पहलू जो न केवल लोक-परिकल्पना की असत्यता को दर्शाता है बल्कि इस पर जोर दिए जाने की

माँग करता है...वह तथ्य है कि किसी भी समाज की जीवनशैली और संस्कृति एक अभिरचित समष्टि है जिसे असम्बन्धित तत्त्वों की एक पैबन्दयुक्त रजाई की तरह कभी नहीं लिया जा सकता है...यह कि यह ऐसा ही है, इसे जब समाजों की संस्कृति में कोई नई विशेषता ठूँसने का प्रयास किया जाता है, चाहे वह विशेषता कोई नई आस्था हो, कोई नया उपकरण या आविष्कार हो या कोई नया रिवाज हो तो समाज जिस तरीके से प्रतिक्रिया करते हैं, उसी तरीके से दर्शाया जाता है।"[27]

वह चार तरीकों को सूचीबद्ध करता है जिसमें कि संस्कृति नई तत्त्व की प्रस्तावना पर प्रतिक्रिया जाहिर करती है। (1) यदि यह पैटर्न के अनुकूल होता है तो इसे स्वीकार कर लिया जाता है; (2) यदि यह पैटर्न से विवाद करता है तो इसे अस्वीकार कर लिया जाता है; (3) यदि परिवर्तित रूप में यह पैटर्न के अनुकूल हो जाता है तो इसमें परिवर्तन किया जा सकता है और परिवर्तित रूप में इसे स्वीकार किया जा सकता है; (4) (सर्वाधिक महत्त्वपूर्ण तथ्य) यदि कोई विशेषता जो बुनियादी रूप से संस्कृति पैटर्न से झगड़ती है, इस पर दबाव के किसी रूप के तहत दी जाती है तो संस्कृति खंडित हो जाती है। यह तथ्य आगे हमारी आरम्भिक मान्यता को सम्पुष्ट करता है कि मानवीय मन पैटर्नों से केवल सामंजस्य बिठा सकता है। पैटर्न का यह अनुराग रूढ़िवाद की प्रवृत्ति और परम्परा की शक्ति को मजबूत करता है। हम देख चुके हैं कि ये दोनों चीजें मानवीय मन की एक दूसरी मौलिक विशेषता से प्राप्त होती हैं।

एक समूह के सदस्यों की तरह मनुष्यों के लिए शब्दों का अर्थ या तो परम्परा द्वारा (यदि वे एक कमोबेश अखंड पारम्परिक समाज में रहते हैं) या विचारधारा द्वारा जिससे कि वे चिपके होते हैं, निर्धारित होता है। मनुष्य इस विचारधारात्मक रूप से प्राप्त दुनिया में ठीक उसी तरह से काम करता है जिस तरह से वह एक वस्तुनिष्ठ दुनिया में काम करता था। वस्तुत: वह पहलेवाले मामले में अपेक्षाकृत ज्यादा शक्ति से काम करता है क्योंकि विचारधारा द्वारा दी गई तसवीर दोनों होती हैं, अत्यधिक समानुगत (यथार्थ का प्रत्येक पहलू दबाए जाने के कारण इसके विसंगत होता है) और आशा जगानेवाली क्योंकि लक्ष्य न केवल उत्कट इच्छाओं के सुसंगत होता है बल्कि यह आसान पहुँच के अन्दर दिखाया भी जाता है।

जब एक विचारधारा के अन्दर सम्बन्धित संकल्पनाओं का एक बड़ा समूह यथार्थ से विवाद करना शुरू कर देता है तो यह बहुत क्रमिक रूप से होता है कि पुरानी संकल्पनाओं को फैलाना या खत्म किया जाना शुरू हो जाता है। ऐसी स्थिति में एक नये विचारधारात्मक खाँचे में नये विचार पैदा होने लगते हैं। पुराने विचार लोगों की बहुसंख्या में आधार खो सकते हैं, लेकिन पुरानी विचारधारा के साथ यह तब भी एक छोटे सम्प्रदाय में बने रह सकता है या नये के साथ क्षेत्रों को बाँट दे सकता है। ऐसा सह-अस्तित्व बारम्बार द्रष्टव्य है। धार्मिक तल पर भारत के हिन्दू अभी भी सूर्य

और चाँद की पूजा देवताओं के रूप में करते हैं, लेकिन शिक्षा के क्षेत्र में विज्ञान प्राप्त दूसरे विचारों को स्वीकार किया जाता है तथा छात्रों को वही समझाया जाता है।

सामाजिक कार्यों के लिए सन्दर्भ का खाँचा वस्तुनिष्ठ दुनिया नहीं है बल्कि विचारधारात्मक दुनिया है, लेकिन यह दोनों दुनिया उनके अनुकूल होती हैं तथा एक-दूसरे को परस्पर अतिच्छादित करती हैं कि विचारधारात्मक विश्वचित्र को वस्तुनिष्ठ यथार्थ की एक झलक दे सके। यह तथ्य सबसे बढ़िया उन संकेतों में प्रतिबिम्बित होता है जिन पर सामाजिक समूह प्रतिक्रिया व्यक्त करता है। ये संकेत वस्तुनिष्ठ दिखते हैं, लेकिन वस्तुत: इनमें एक मजबूत प्रेरणात्मक सन्तुष्टि होती है तथा इनके अर्थ होते हैं जो भिन्न प्रसंगों में बदल जाते हैं एवं जब विचारधारात्मक प्रसंगों से बाहर कर दिया जाता है तो ये अपना अर्थ खो देते हैं। लोगों में 'गरीबी', 'विशेषाधिकार', 'हैसियत', 'हीनता', 'श्रेष्ठता' इत्यादि पर प्रतिक्रिया होती है। वे 'यथोचित', 'मजदूरी', 'समानता' तथा 'शोषण' और 'वर्गों' की समाप्ति के लिए संघर्ष करते हैं और 'सम्मान' तथा 'समान अवसर' की माँग करते हैं। ये शब्द वस्तुनिष्ठ जैसा मालूम तो होते हैं, लेकिन वास्तव में ये काफी भावोत्तेजक संकेत होते हैं जिनका अलग-अलग सन्दर्भों में अलग-अलग अर्थ होता है।

उदाहरण के तौर पर 'गरीबी' को लें। अमेरिका में एक व्यक्ति के पास केवल एक कार है तो वह 'गरीब' है। भारत में जिस व्यक्ति के पास एक कार है वह निश्चित रूप से धनी होता है। दोनों मामलों में केवल यह वस्तुनिष्ठ तथ्य 'कार का स्वामित्व' व्यक्ति के धनी होने का पता लगाने में द्वितीयक महत्त्व का हो जाता है। प्राचीन भारत में बौद्धधर्म के स्वर्णयुग में एक बौद्ध भिक्षुक के पास अपना कुछ भी नहीं था। इसका मतलब यह नहीं था कि वह एक गरीब व्यक्ति था। अमेरिका में वहाँ के लोगों की कल्पना पर निश्चित अन्य संकेतों की पकड़ के कारण केवल एक ही कार के स्वामित्व के विरुद्ध रोष व्याप्त है—ये 'प्रजातंत्र', 'समानता' और 'समृद्ध समाज' सरीखे संकेत हैं। इनमें से प्रथम दो को परम्परा से प्राप्त किया जाता है और अन्तिमवाले को तकनीकी संस्कृति की विचारधारा से प्राप्त किया जाता है। ये संकेत एक साथ एक अमेरिकी के लिए जो उपयुक्त जीवन हो सकता है, उसके चित्र का जादू करते हैं। इससे 'उदीयमान आशा का आन्दोलन' तथा इसकी सहवर्ती कुंठाओं का जन्म हुआ है। यह स्वत्वहरण करनेवालों का स्वत्वहरण करने के लिए एक शक्तिशाली लहर में उठ रहे अधभूखे और हताश सर्वहारा की मार्क्सवादी संकल्पना से दूर की बात है।

इस चित्र के विरुद्ध हमारे पास भारत में कुपोषण, भुखमरी तथा सुस्पष्ट सामाजिक और आर्थिक असमानताओं का चित्र है, लेकिन परम्परा द्वारा दिए गए इन तुलनीय संकेतों के अभाव के कारण जो लोगों को जगा सकते हैं तथा उन अन्य पारम्परिक संकेतों के कारण भी जिन्हें हैसियत का अन्तर स्वीकार होता है तथा जो सन्तोष

का व्यादेश करते हैं एवं ईश्वरीय पूर्व निर्धारण के सिद्धान्त का गुणगान करते हैं, हमें निष्क्रिय जनसमूह दिखाई देता है जिसे पश्चिमीकृत बौद्धिकता (जिसने पश्चिम से नये संकेतों को अपनाया है) से हल्के सुधारों की माँग करने के लिए भी चुभोने की जरूरत होती है। इस तरह वे जो भारत जैसे देशों में समानता की माँग को इस तर्क पर अस्वीकार करते हैं कि यह गरीबी का वितरण होगा, स्पष्टत: अनर्गल बात कर रहे हैं क्योंकि वे भारत के बारे में बात करते वक्त पश्चिम के समृद्ध समाजों से सम्पत्ति और गरीबी के सिद्धान्त को आयात करते हैं।

यह स्पष्ट है कि डॉलरों या रुपयों की शब्दावली में भौतिक तत्त्वों की समाज में प्रेरक बलों के रूप में प्रासंगिकता बहुत कम है। यह तब तक कम रहती है जब तक कि अनुकूलन और परम्परा के जरिए उनका रूपान्तरण उपयुक्त प्रेरक संकेतों में नहीं हो जाता है। इस सिलसिले में चिम्पांजियों पर वोल्फ का प्रयोग (1936) मानवीय व्यवहार पर पर्याप्त प्रकाश डालता है। पोकर चिप्स की अदला-बदली में पारितोषिक के रूप में अंगूर और किशमिश देकर वह चिम्पांजियों को खुद पोकर चिप्स के लिए काम करने और महत्त्व देने की शिक्षा देने में सफल हो गया। पैसे के प्रति मनुष्य का प्रेम उसी तरह से एक द्वितीयक अनुमानित लक्ष्य है। जब तक पैसे का अभाव का अर्थ भोजन और आश्रय सरीखी मनुष्य की प्राथमिक आवश्यकताओं में से कुछ से वंचन है या जब किसी समाज की विशिष्टता के कारण यह दूसरे प्रेरक संकेतों से जुड़ जाता है, तभी पैसा एक शक्तिशाली प्रेरणात्मक तत्त्व होगा। वस्तुत: पैसे की यह दूसरी भूमिका सर्वाधिक आधुनिक समाजों में दिखाई देती है। पैसा और इसका अभाव जीवन की दशाओं में प्रतिबिम्बित हो सकता है और इस तरह मनुष्य की सामाजिक हैसियत में प्रतिबिम्बित हो सकता है और हैसियत एक उपयुक्त संकेत है जिस पर मनुष्य में प्रतिक्रिया होती है। एक समाज में जहाँ आराम और विलासिता को महत्त्व दिया जाता है, पैसे का अर्थ आराम और विलासिता हो सकता है, और इस तरह पैसा वह चीज बन जाता है जिसकी ओर मनुष्य का अनुकूलत: झुकाव हो जाता है, लेकिन इसका सबसे अधिक प्रभाव बुर्जुआ समाज में ही होगा जहाँ पैसे का मतलब हैसियत और हर चीज है, लेकिन यदि पैसे के अलावा कोई दूसरे तत्त्व हैं जो हैसियत के बोध को प्रभावित करते हैं तो पैसे का प्रभाव या ज्यादा सामान्य शब्दावली में कहें तो 'आर्थिक कारक' का प्रभाव बहुत कम हो जाएगा।

आधुनिक नगर के एक अध्ययन से पता चला था कि बुर्जुआ समाज में भी वर्ग स्थिति की गणना विशुद्ध रूप से मौद्रिक शब्दावली में नहीं होती है। उदाहरणस्वरूप अमेरिका के यांकी नगर के एक अध्ययन में लोगों ने यह प्रकट किया था कि वे किसी व्यक्ति के वर्ग का निर्णय करने के लिए अनेक कसौटियों का इस्तेमाल करते थे। इनमें धन्धे की प्रकृति, आय का प्रकार (वेतन, कमीशन, लाभांश या इसी तरह

के और कुछ), नैतिक स्थिति, जन्म और परिवार वंशावली, सामाजिक सम्बन्ध और संगठन और आवासीय क्षेत्र का प्रकार शामिल थे। हमारे इस विचार को कि मुद्रा को प्रथमत: सामाजिक रूप से महत्त्वपूर्ण बनने के पहले संकेतों को प्रकाश में लाते हुए निश्चित रूप से भावना में रूपान्तरित होना चाहिए, अमेरिका में वर्ग सम्बन्धों पर दिए गए वार्नर के अध्ययन से समर्थन प्राप्त होता है। वह लिखता है—"...मुद्रा को निश्चित तौर पर सामाजिक रूप से स्वीकृत व्यवहार और स्वामित्वों में रूपान्तरित हो जाना चाहिए तथा उन्हें प्रत्यावर्तन में श्रेष्ठ वर्ग के सदस्यों की स्वीकृति और गहरी भागीदारी में रूपान्तरित हो जानी चाहिए।"[28]

इसके बाद वह उच्च वर्ग क्लब में शामिल होने के मि. स्मिथ के प्रयास की कहानी का वर्णन कर लिखता है—"मि. स्मिथ ने अपनी मुद्रा को लोकोपकार में बदल दिया जो प्रबल वर्ग को स्वीकार्य था, उसने उनकी प्रायोजकता प्राप्त की तथा अन्तत: वह क्लब का भागीदार बन गया। 'सही' तरह का घर, 'सही' पड़ोसी, 'सही' फर्नीचर, 'उचित' व्यवहार—ये सभी वे संकेत हैं जिनका रूपान्तरण उन लोगों के द्वारा सामाजिक स्वीकृति में किया जा सकता है जिनके पास वर्तमान स्तर से उच्च स्तरों की लालसा करने के लिए पर्याप्त पैसे हैं।"[29]

किन्तु जब आर्थिक स्थिति समाज में हैसियत से सम्बन्धित संकेतों में रूपान्तरण की जल्दी मंजूरी नहीं देती है तो अन्य हैसियत संकेतों जो उपलब्ध होते हैं, को ढूँढ़ा जाता है तथा उनका इस्तेमाल व्यक्ति के अहम को सहारा देने के लिए किया जाता है। इस स्थिति को एक उदाहरण से स्पष्ट किया जा सकता है। अमेरिका के दक्षिणी राज्यों में किए गए अध्ययनों से पता चलता है कि मन्दी के दौरान बिना सामान्य कानूनी कार्रवाई किए नीग्रो लोगों को प्राणदंड देने की संख्या में बेतहाशा वृद्धि हो गई थी। यह भी पता चलता है कि धनी गोरे लोगों की तुलना में गरीब गोरों में नीग्रो लोगों के प्रति शत्रुता का भाव ज्यादा रहता है। यदि मनुष्यों का मार्गदर्शन केवल भौतिक वास्तविक विचार से हुआ होता तो गरीब का बुद्धिमानी वाला काम यह होता कि वे नीग्रो के साथ एक हो जाते जोकि लगभग समान रूप से गरीब थे तथा बेहतर रोजगार के अवसर और सभी गरीबों के लिए बेहतर आर्थिक व्यवहार हेतु संघर्ष करते, लेकिन हैसियत की चिन्ता जो मन्दी के वर्षों में तेज हो जाती है, गरीब गोरों को नीग्रो जनों के साथ एक नहीं होने देती है या उनकी एकता की सम्भावना को मुश्किल बना देती है। कानूनी कार्रवाई किए बिना प्राणदंड देने के मनोविज्ञान का वर्णन करते हुए हेडली कैंट्रीट लिखता है—"गरीब गोरा काश्तकार कृषक अपने रंग को श्रेष्ठता के चिह्न के रूप में देख भी सकता है, लेकिन यह एहसास करता है कि यह अपनी बची हुई हैसियत के कुछ बचे हुए चिह्नों में से एक है, और इस तरह वह नीग्रो के किसी कृपालु व्यवहार, नीग्रो की स्थिति में किसी सुधार या उसके साथ किसी तरह के साहचर्य का विरोध करता है।"[30]

गरीब गोरों की एक समझदार रुख अपनाने की क्षमता का तब भी इस स्थिति की स्वाभाविक हताशा मुश्किल कर देती है जो उपयुक्त अनुकूलन करने में जवाब की दृढ़ता (एक सुविदित मनोवैज्ञानिक घटना) में प्रतिफलित होती है। इस तरह पतनशील आर्थिक हैसियत के सामने गरीब गोरे लोग नीग्रो के प्रति शत्रुता का हाव-भाव अपनाते हैं तथा उन पर हमला कर वे श्रेष्ठता के बोध में आ जाते हैं। इस तरीके से आर्थिक स्थिति में ह्रास की क्षतिपूर्ति सामाजिक हैसियत के वायदे से होती है।

इसी तरह की घटना भारत में विभिन्न जातियों के रिश्ते में घटित हुई है। जिस वक्त परम्परा की पकड़ (जिसका जातिप्रथा सर्वाधिक ज्वलन्त उदाहरण है) को शहरीकरण और विज्ञान व तकनीक से खत्म किया जा रहा था, भारत के राजनीतिक जीवन में जातीय विरोध हिंसक रूप में पैदा हो गया। इसका कारण बुनियादी तौर पर वही है जिसका वर्णन ऊपर के मामले में किया गया है। आजादी ने शिक्षित और आशान्वित युवा पीढ़ी की एक बड़ी तादाद के लिए केवल भारी आर्थिक असुरक्षा और बेरोजगारी दी है। इससे व्यापक कुंठा पैदा हुई है। आर्थिक लक्ष्यों को प्राप्त करने के एक पूर्ण चैनल को प्राप्त करने में असफल निराश युवक समझदारीपूर्वक प्रतिष्ठा और सामाजिक हैसियत के भ्रामक बोध की अपने जातीय समूह से पहचान कर तथा इसके लिए राजनीतिक जीवन में एक प्रमुख स्थान का निर्माण करने में मददगार तलाश करता है।

पूर्व के विमर्श से यह स्पष्ट हो गया कि इतिहास की भौतिकवादी व्याख्या पूरी तरह गलत नहीं है बल्कि यह अपूर्ण और अपर्याप्त है। हम अपने विमर्श में जीव के बाहर की वास्तविक भौतिक दशाओं में पैदा होनेवाली उत्तेजना से चिह्नों, संकेतों और जटिल विचार निर्माणों तक कदम दर कदम आगे बढ़े हैं। हमने इन विचारों को मनुष्य के अन्दर के नैसर्गिक अभियानों से जोड़ा है तथा देखा है कि कैसे भौतिक तत्त्व हमारी मानसिक दुनिया में प्रवेश कर जाते हैं तथा प्रोत्साहन के मजबूत तत्त्व बन जाते हैं। इस अनुकूल अवस्थिति से देखकर भौतिकवादी विचार को आसानी से नई योजना के अन्दर शामिल किया जा सकता है, लेकिन इस पहुँच के साथ हमें उन अन्य सामाजिक घटनाओं की, जहाँ वैचारिक तत्त्वों और परम्पराओं में एक निर्णायक दोलन होता मालूम पड़ता है, व्याख्या करने का अतिरिक्त लाभ मिलता है।

ज्योंही हम अपनी चिन्तन प्रक्रिया में संकेतों की मध्यस्थता करनेवाली भूमिका को पहचान लेते हैं, बहुत सारी घबराहट साफ हो जाती है। जैसाकि हम देख चुके हैं, जब एक बार के वास्तविक अनुभव (इसमें तथ्यों के अलावा भावनाएँ भी शामिल होती हैं) से विचारों या संकल्पनाओं की उत्पत्ति होती है तो उनके पास उनका अपना अर्धस्वतंत्र अस्तित्व हो जाता है। हस्तान्तरण और संयोजन के जरिए वे व्यापक असर के साथ एक मानसिक दुनिया का निर्माण करते हैं। साथ ही, यद्यपि प्रायोगिक सन्दर्भ जिसमें विचार उत्पन्न होता है, लगातार बदल रहा है,

विचार सापेक्षत: स्थायी होता है। जब इन विचारों से सम्बद्ध प्रतीक परम्परा का भाग बन जाते हैं तो मनोवैज्ञानिक तत्त्वों के कारण उनकी पकड़ काफी मजबूत हो जाती है। इसकी चर्चा हमने पूर्व में की है। इस तरह वे भौतिक स्थिति से स्वतंत्र समाज में मानवीय व्यवहार को आकार देने में महत्त्वपूर्ण भूमिका अदा करते हैं। इसका महत्त्वपूर्ण प्रभाव होता है कि जब समाज का भौतिक आधार बदलता है तो यह केवल सामाजिक सोच में अंशत: प्रतिबिम्बित होता है। ऐसा केवल कुछ समय बाद और अनिच्छा से होता है कि लोग नई स्थिति को अभिव्यक्ति देने के लिए नये विचारों का विकास करना शुरू कर देते हैं या बल्कि नये तथ्यों का समंजन करने के लिए पुराने विचारों में हेर-फेर करना शुरू कर देते हैं। कम-से-कम इस सन्दर्भ में हीगेल सही थे जब उसने यह कहा कि "जब साँझ होने लगी है तो मिनर्वा का उल्लू उड़ने लगा है।" सचमुच में हम केवल तभी सामाजिक स्थिति का वास्तविक मूल्यांकन कर पाने की स्थिति में होते हैं जब स्थिति को हमारी सक्रिय अभिरुचि के क्षेत्र से पहले ही वापस ले लिया गया हो।

यह उस घटना को स्पष्ट करेगा जिस पर मार्क्स ने बिना स्पष्टीकरण के ध्यान दिया था। अतीत के प्रेत पर जादू करनेवाली लोगों की घटनाएँ ठीक वैसे वक्त होती हैं, जब वे 'स्वयं को और चीजों को आन्दोलित कर रहे' हैं। सन्त जस्ट का सिकन्दर और सीजर की भूमिका अदा करते हुए बारी-बारी से स्वयं को ब्रुट्स और नेपोलियन की भूमिका सौंपना, बेबफ का कामिल नाम धारण करना, फिर बाद में ग्रेशस नाम रखना और अपनी 'ट्रिब्यून डे पिपुल' प्रकाशित करना, ये सभी जीवन के नये तथ्यों को मिला लेने के लिए पुराने विचारों को फैलाने की प्रवृत्ति को प्रतिबिम्बित करते हैं और इस तरह अपने कार्यों को वैध बनाते हैं। हाल के इतिहास में रोजा लक्जमबर्ग का 'स्पार्टकस लीग' का गठन करना, इंग्लैंड में 'फेबियन' समाज का जन्म या स्तालिनवाद के उदय की थर्मीडोर (फ्रांसीसी क्रान्ति पंचांग का ग्यारहवाँ महीना) के रूप में ट्रॉटस्की द्वारा भर्त्सना, ये सभी पुराने परिचित लाल गेरुओं के तहत नये तथ्यों को प्रस्तुत करने के एक तरह के प्रयास हैं। इस मोर्चाबन्दी की दूसरी तरफ, मुसोलिनी का इटलीवासियों को साम्राज्यिक रोम के गौरव की याद दिलाना और हिटलर का वाइकिंग और वोटन के मत को फिर से जिन्दा करने का प्रयास, उसी समय लाल झंडे और समाजवाद के जादू को चुराना, ये सभी एक ही मानसिक प्रक्रियाओं के संकेतक हैं।

हमारे अध्ययन से यह स्पष्ट हो जाएगा कि नया विचार बगैर अनुभव के आधार के अपने-आप उत्पन्न नहीं हो सकता है, लेकिन यह यह भी बतलाता है कि लोगों द्वारा धारित विचारों का उनके जीवन की तात्कालिक अवस्थाओं का प्रतिबिम्बन होना जरूरी नहीं है। वास्तविक अवस्थाओं से उत्पन्न होनेवाली स्थिति और प्रेरणाओं की प्रकृति पर निर्भर रहते हुए धारित विचारों को परम्पराओं के जरिए अतीत से प्राप्त

किया जा सकता है तथा इस पर अतीत का नियंत्रण हो सकता है या संचार और सम्पर्क के जरिए बाहरी स्त्रोतों से प्राप्त किए गए विचारों का नियंत्रण हो सकता है।

क्रान्तिकारी शक्तियों से सन्नद्ध ये विचार तब पैदा होते हैं जब विद्यमान विचारों को अनुकूलन की मानवीय खोज के साथ अपना लिया जाता है और इस तरह वे विचार के एक पैटर्न का हिस्सा बन जाते हैं जो न केवल वर्तमान अनुभव सम्बन्धी दुनिया और अतीत की परम्पराओं को मिलाता है बल्कि भविष्य की सम्भावना के बारे में एक परिकल्पना को भी मिला लेता है। विज्ञान के क्षेत्र में परिकल्पना की जाँच पुष्टि के लिए की जाती है। समाज में परिकल्पना एक परियोजना होती है जिसकी ओर मानवीय कार्य का दिशा-निर्देशन होता है। इस चीज को समझने के लिए हम मार्क्स और एंगेल्स द्वारा बताए गए साम्यवाद के विचार को लेते हैं। चूँकि यह विचार उनके समय में साकार नहीं हुआ था, इसलिए तब तक यह एक बड़े अर्थ में परिकल्पना ही थी, लेकिन वास्तव में यह उनके लिए एक परिकल्पना से बड़ी चीज थी। यह एक लक्ष्य बन गया जिसके लिए उनकी सारी ऊर्जा लग गई। यह स्पष्ट है कि एक वस्तुनिष्ठ सम्भावना के रूप में प्रस्तुत की गई इस परिकल्पना की अपनी बनावट में ही इच्छा का एक मजबूत तत्त्व रहता है।

अल्पविकसित दुनिया में मार्क्सवाद की यह पकड़ स्वयं पश्चिमी दुनिया के साथ सम्पर्क और संचार से पैदा हुई है। इन देशों में मार्क्सवाद के कट्टर समर्थक कोई सर्वहारा नहीं है बल्कि बुद्धिजीवी हैं। तात्कालिक उत्तेजना और प्रेरणा एक असमान आधार पर पश्चिम के साथ सम्पर्क से प्राप्त किया जाता है, अक्सर शासक और प्रजा के रिश्ते के तहत। यह सम्पर्क उस बड़े परिवर्तन की जानकारी देता है जो औद्योगीकरण ने पश्चिमी देशों में लाया है। विरोध में बुद्धिजीवियों के अपने देश की गरीबी और पिछड़ापन विचार में रहता है। इस अपमान के साथ विदेशी से व्यक्तिगत सम्पर्कों में शासक और शासित के हैसियत अन्तरों के कारण मिले अपमान को जोड़ दिया जाता है। इस सम्पर्क स्थिति से दोनों, राष्ट्रवाद और द्रुत गति से और औद्योगीकरण करने की प्रेरणा जगती है। और यह प्रेरणा पश्चिम को पीछे छोड़ देने के खयाल से आती है। इस स्थिति में रूस की उपलब्धियाँ परिवर्तन की नई सम्भावना के द्वार खोलती हैं। पिछड़ा हुआ रूस ऊपर उठ जाता है तथा एक छोटी अवधि में ही स्वयं को एक शक्तिशाली औद्योगिक शक्ति बना लेता है। बुद्धिजीवी अपने प्रयासों में मार्गदर्शन के लिए मार्क्सवाद की तरफ देखते हैं। इस तरह वह विचारधारा जिसका विकास मूलत: पश्चिमी जगत के औद्योगिक सर्वहारा को उसके भाग्य और मिशन की जानकारी देने के लिए हुआ था, अल्पविकसित राष्ट्रों में परिवर्तन का एक हथियार बन गई।

किन्तु दूसरे मामलों में उसी सम्पर्क ने नई चुनौती का सामना करने के लिए बुद्धिजीवियों पर विचार और प्रेरणा हेतु अपने अतीत में झाँकने का भी दबाव बनाया।

भारत में गांधी ने अतीत से लिए गए प्रतीकों का इस्तेमाल करते हुए इस आन्दोलन का नेतृत्व किया। उनका आदर्श रामराज्य था, जिसका अभिप्राय ठोस शब्दों में उनके लिए विकेन्द्रित ग्राम्य अर्थव्यवस्था तथा सत्य और अहिंसा पर आधारित समाज था, लेकिन शिद्दत से महसूस की जा रही औद्योगीकरण की आवश्यकता ने भविष्य के दो आदर्शों के बीच विवाद पैदा कर दिया है और आदर्शों की यह लड़ाई भारत में अभी समाप्त नहीं हुई है। चीन ने मार्क्सवाद के लिए अच्छा कार्य किया है, लेकिन चीन में भी मार्क्सवाद निर्लज्ज ढंग से साम्राज्यिक चीन और इन जाति के गुणगान के साथ दिखावा करता है। चीन में मार्क्सवाद का संक्रमण तथा कृषक विद्रोह का दर्शन चीन के अपने अतीत और विद्रोह की परम्परा के कारण आसान हो गया था। माओ का कृषक आन्दोलन एक सदी पहले के ताईपिंग विद्रोह के नक्शे कदम पर चला। ताईपिंग विद्रोह भी चीनी इतिहास में हुए असंख्य कृषक विद्रोहों के मार्ग का अनुसरण कर हुआ था। इनमें से कुछेक विद्रोहों के कारण नये वंशों का उदय भी हुआ था। इस तरह चीन में मार्क्सवाद मार्क्सवादी बुद्धिजीवी वर्ग के नेतृत्व में कृषक आन्दोलन का एक हथियार बन गया।

वास्तव में यदि हम उन यूटोपिया (आदर्श राज्यों) को देखते हैं जिन्होंने लोगों को अपना समाज बदलने के लिए प्रेरित किया था, तो पाते हैं कि वे एक खोये हुए स्वर्ण युग के भविष्य में एक प्रक्षेपण हैं। उदाहरण के तौर पर, रूसो की सारी शक्ति 'अभिजात बर्बर मनुष्य' को उसकी आदिम आजादी वापस कर देने की अन्त:प्रेरणा से प्राप्त हुई थी। मार्क्स इस खतरे से अवगत थे, इसीलिए समाजवाद के तहत पैदा होनेवाली चीजों के अन्तिम रूप के बारे में कुछ भी कहने से परहेज किया, किन्तु मनुष्य के अन्दर उसके बेगाने आत्म को लौटाने का विचार उसके सभी कार्यों को जोड़नेवाला सूत्र है। पूँजीवाद के तहत उसका आम बिक्री का सामान बन गया था। साम्यवाद के तहत सर्वहारा बुर्जुआ जगत की महज एक वस्तु से समग्र मानव प्राणी में तब्दील होकर अपने तथा पूरी दुनिया के भाग्य का मालिक बननेवाला था। और एंगेल्स में हम स्पष्ट रूप से भविष्य के समाजवादी समाज में प्राचीन साम्यवाद से प्राप्त की गई तसवीर को प्रक्षेपित करने की पूर्वाभिरुचि देखते हैं। समाजवाद, इस दृष्टि से, उस प्राचीन साम्यवाद का उसके उच्चतर स्तर पर एक पुन:स्थापन हो जाता जो निजी सम्पत्ति और परिवार की उत्पत्ति के साथ विखंडित हो गया था। यह 'प्रतिवाद का प्रतिवाद' की द्वन्द्वात्मक प्रक्रिया का अन्तिम उत्पाद भी बन जाता, जब प्रतिवादित बीज एक उदार पैदावार में फिर से प्रकट होता।

मार्क्स ने जिस मूल प्रेरक तत्त्व से प्रभावित होकर क्रान्तिकारी जीवन को अपनाया, वह बाद में साम्यवाद की अगुवाई करनेवाली ऐतिहासिक प्रक्रिया की अपरिहार्यता को साबित करने के पूर्वग्रह से ढक गया और इसलिए यह मानवीय

मनोविकारों की तुच्छता तथा मनुष्यों द्वारा धारित मूल्यों को साबित करने का पूर्वग्रह था। इस तरह के मूल मनोविकार के बगैर मार्क्स का मजदूर वर्ग के आन्दोलन में गहरे उलझाव तथा इस आन्दोलन के कारण के अवलम्बन की शक्ति की व्याख्या कर पाना असम्भव है। 1844 का उनका आरम्भिक लेखन बुर्जुआ समाज में पदावनत व्यक्ति मनुष्य के बारे में उनकी चिन्ता को दर्शाता है। इस तरह हम उन्हें यह कहते हुए देखते हैं—"मौलिक बनना चीजों की जड़ों तक जाना है, लेकिन मनुष्य के लिए जड़ मनुष्य स्वयं है...उन सारे रिश्तों को छोड़ देना चाहिए जिनके तहत मनुष्य को नीचे गिरा दिया जाता है, गुलाम बनाया जाता है, त्याग दिया जाता है, तुच्छ समझा जाता है..."

और आगे—"साम्यवाद निजी सम्पत्ति की सकारात्मक उत्कृष्टता के रूप में, मानवीय आत्म-विरक्ति के रूप में, और इसलिए मनुष्य के द्वारा और मनुष्य के लिए मानवीय सार के वास्तविक विनियोजन के रूप में; साम्यवाद इसलिए सामाजिक (अर्थात् मानवीय) जीव के रूप में स्वयं में मनुष्य की पूर्ण वापसी के तौर पर—वापसी चेतना बन जाता है और गत विकास की सम्पूर्ण सम्पत्ति के अन्दर पूरी हो जाती है। यह साम्यवाद पूर्ण विकसित प्रकृतिवाद के तौर पर मानवतावाद के बराबर होता है और पूर्ण विकसित मानवतावाद के तौर पर प्रकृतिवाद के बराबर होता है, यह मनुष्य और प्रकृति के बीच तथा मनुष्य और मनुष्य के बीच के विवाद का एक सही प्रस्ताव है—व्यक्ति और प्रजातियों के बीच, स्वतंत्रता और आवश्यकता के बीच, विषयीकरण और आत्म-पुष्टि के बीच, सार और सार के बीच के संघर्ष का सच्चा प्रस्ताव।"[31]

उपर्युक्त पंक्तियों में मनुष्य के पराएपन तथा व्यक्तित्व में उसकी वापसी की आशाओं का विरोध अपनी आरम्भिक हीगलवादी शैली से लँगड़ाहट के जरिए स्पष्ट होता है। मार्क्स का यह पहलू ही है जिसने पश्चिमी जगत में, विलम्ब से ही सही युवाओं के उदयों को चमका दिया है।

वस्तुत: यदि हम मौजूदा विश्व को देखते हैं तो पाते हैं कि मार्क्सवाद अब जीवन्त क्रान्तिकारी मत नहीं रहा, खासकर पश्चिम के उन औद्योगिक मजदूरों के लिए, जिनके बारे में यह मूल रूप से सोचता था। वे मजदूर अभी भी इससे दिखावटी प्रेम कर सकते हैं, लेकिन वह केवल इसके आगे झुकने की जरूरत तथा परम्परा की शक्ति का एक दूसरा प्रमाण है। दूसरी तरफ इसकी अपील अधिकांशत: आबादी के उन भिन्न तबकों के लिए होती है जो पराएपन के बोध से पीड़ित है—अर्थात् विकसित देशों के बुद्धिजीवी और युवा तथा अल्पविकसित देशों के बुद्धिजीवी और किसान। इसकी अपील उन लोगों में है जो धरती पर अपनी जगह बनाने के लिए तेज गति से औद्योगीकरण करना चाहते हैं और फिर उन लोगों में है जो आधुनिक औद्योगिक समाज से प्रतिफलित अतिसंस्थानीकरण

के विरुद्ध आन्दोलन कर रहे हैं। इस स्पेक्ट्रम के एक छोर पर हमारे पास माओ हैं तो दूसरे छोर पर मार्क्यूस हैं।

यह मानना सही है कि मार्क्सवाद को आरम्भिक चरण में जिस चीज ने यूरोपीय समाज के औद्योगिक सर्वहारा के लिए स्वीकार्य बनाया, वह नये औद्योगिक समाज के लिए इसके सिद्धान्त की प्रासंगिकता नई थी बल्कि विद्रोह का इसका सन्देश था क्योंकि उस समय जब मार्क्सवाद यूरोपीय सर्वहारा का नया सिद्धान्त बन रहा था तो यह उस तरह का एक विचार भी था जिसकी आगे की यात्रा के अन्तर्गत उद्योगवाद लोगों को पहलेवाली जीवनशैली से अलग कर रहा था तथा उन्हें औद्योगिक श्रमिक सेना में भर्ती कर रहा था। बेगानेपन और जड़ से कटने का यह बोध, औद्योगिक स्थापना की अवैयक्तिक दुनिया से अपेक्षाकृत ज्यादा अन्तरंग दुनिया में लौटने का अतीत-प्रेम, उनमें निश्चित रूप काफी प्रबल था। उनका जोश अभी पूरी तरह से इतना ठंडा नहीं पड़ा था कि वे जीवन की नई दिनचर्या में ठीक से फिट हो जाएँ। साम्यवाद एक विरोध था जिसमें औद्योगीकरण ने लोगों को गैर-औद्योगिक जीवन के विभिन्न क्षेत्रों से लाकर रख दिया था। एस.एम. लिपसेट बतलाते हैं—

"...जब भी औद्योगीकरण तेजी से हुआ, अल्प अतिवादी मजदूर वर्ग से अधिक प्राक्-औद्योगिक और औद्योगिक स्थिति के बीच तीव्र विच्छिन्नताओं को प्रस्तुत करनेवाले आन्दोलनों का जन्म हुआ। उदाहरणस्वरूप, स्कैंडिनेविया में डेनमार्क, स्वीडन और नार्वे के समाजवादी आन्दोलन के भीतर के परिवर्तनों को लेखा-जोखा बड़े पैमाने पर औद्योगीकरण के विभिन्न समय और कदम द्वारा किया जा सकता है..."[32]

इस विचार के समर्थन में वह यह बतलाते हैं कि डेनिश सोशल डेमोक्रेटिक आन्दोलन और मजदूर संघ अपेक्षाकृत मध्यमार्गी और सुधारवादी रहे हैं। ऐसा इसलिए हुआ है क्योंकि डेनमार्क में औद्योगीकरण धीमी गति से विकसित हुआ था। शहरीकरण का विकास भी धीमी गति से हुआ था। परिणामस्वरूप, घर के भीतर की हालत भी अच्छी थी। दूसरी तरफ स्वीडन में वर्ष 1900 से 1914 के बीच उद्योगों का विकास तेजी से हुआ। परिणामस्वरूप, ग्रामीण क्षेत्रों से आनेवाले अकुशल मजदूरों की संख्या में अचानक वृद्धि हो गई और उद्योगों में उन्हीं लोगों की भर्ती की गई। इसके चलते मजदूर आन्दोलन और सोशल डेमोक्रेटिक पार्टी, दोनों में ही वामपंथी धारा का उदय हुआ जो इन दलों की पारम्परिक मध्यमार्गी नीतियों की विरोधी थी। इस अवधि में यहाँ एक शक्तिशाली अराजक-सिंडीकेटवादी (एनार्को-सिंडीकेलिस्ट) आन्दोलन भी पनपा। नार्वे में औद्योगिक विकास अपेक्षाकृत तेज गति से हुआ था तथा 1905 और 1920 के बीच दुगुणा हो चुके औद्योगिक मजदूरों में अधिकांशत: ग्रामीण क्षेत्रों से आते थे। इस तरह श्रमिक संघ और मजदूर दल (लेबर पार्टी) के

अन्दर शक्तिशाली वामपंथी धारा का उदय हुआ, जिसका इन दोनों ही संगठनों पर प्रथम विश्वयुद्ध की समाप्ति तक कब्जा हो गया। पश्चिमी यूरोप में अकेले नार्वे की लेबर पार्टी इस अतिसुधारवाद के परिणामस्वरूप कमिंटर्न से अविकल जुड़ गई।

पूँजीवाद की अमानवीय प्रक्रियाओं की मार्क्सवादी विवेचना ने इसकी यूरोप के नये विकासशील औद्योगिक समाज के सर्वहारा के निजी जीवन की छवि के साथ तुलना की तथा उसके हृदय के एक प्रतिक्रियात्मक तार को स्पर्श किया। दरअसल विद्रोह की अगुआई करनेवाला तत्त्व ठीक वैसा ही है, जिसकी हमने पूर्व में चर्चा की है। अभ्यास के जरिए अनौद्योगिक समाज के लोगों की आजमाइश मूल्यों और विचारों के सम्पूर्ण क्षेत्र के साथ एक अलग रफ्तार और जीवन की परम्परा पर होती है। जब उनका स्थानान्तरण एक शहरी औद्योगिक क्षेत्र में हो जाता है तो वे उस दुनिया की जड़ से उखड़ जाते हैं जिसमें अकेला उन्हें घर में रहने का अनुभव होता है। इसलिए जो चीज अपेक्षाकृत अच्छा होने का वादा करती है, उसके लिए वे इस वर्तमान जीवन को बदल देने की हमेशा इच्छा करते हैं। पश्चिम में उस आधुनिक मजदूर के लिए जो नये औद्योगिक समाज में पैदा हुआ है तथा इसकी आपेक्षिक सुविधाओं में भाग लेता है, विद्रोह के सन्देश की बहुत अल्प प्रासंगिकता है। मैरी मेटोसियन मार्क्सवाद के तहत कृषक विद्रोह की इस घटना की पुरातनता का एक रूप कहती हैं। मेटोसियन लिखती हैं—"पुरातनता मार्क्सवाद सरीखी भविष्यवाद सम्बन्धी विचारधारा में फिसल जा सकती है और एक असन्दिग्धता पैदा कर दे सकती है। आदम उलम ने यह अनुमोदन किया है कि मार्क्सवाद की सबसे बड़ी अपील उन अर्द्ध-सर्वहाराकृतों या जड़ से उखड़े हुए किसानों के लिए है जो 'अच्छे पुराने दिनों' के लिए गृहातुर दिखते हैं, उस वक्त जब उनके कार्यों का नियंत्रण अपेक्षाकृत कम सहानुभूति रखनेवाले कारखाना मालिक और राज्य के बदले प्रकृति, ग्रामीण बुजुर्गों, परिवार प्रधान और धार्मिक अधिकारियों द्वारा होता था। जड़ से उखड़े हुए किसान को मार्क्सवाद पुरातनता का एक सुखदायक तनाव देता है—अर्थात् यह एक आदर्श राज्य (यूटोपिया) की कल्पना करता है जिसमें राज्य और कारखाना, अवपीड़क संस्थाओं के रूप में समाप्त हो गए हैं।"[33]

आरोही कुंडली

जिस तरीके से मानवीय मन और भौतिक तत्त्व सामाजिक व्यवहार में अन्तर्सम्बन्धित होते हैं, उस तरीके के अपने विवेचन के अन्त में हम यह रख पाने की स्थिति में हैं कि मनुष्य की मूल मनोवैज्ञानिक विशेषताएँ सापेक्षत: अपरिवर्तनीय होती हैं। दूसरी तरफ अपने जीवन की दशा में लगातार सुधार करने के मानवीय प्रयासों के जरिए भौतिक तत्त्व हमेशा बदलते रहते हैं। मानवीय मस्तिष्क की रचना भी बदलती है,

लेकिन बदलाव इतना धीमे होता है कि सामाजिक परिवर्तनों के सन्दर्भ में इसे नियत रूप में लिया जा सकता है। यह सन्देहास्पद है कि मनुष्य की मानसिक क्षमता में प्लेटो के जमाने से ही कोई महत्त्वपूर्ण ढंग से बदलाव हुआ है, लेकिन उसी अवधि में भौतिक अवस्थाएँ पहचान के बाहर बदल गई हैं। मानव मस्तिष्क में किसी भी तरह के हुए मनोवैज्ञानिक बदलाव को अपने प्रभाव का अनुभव कराने में सैकड़ों हजार वर्ष लग जाते हैं। वस्तुत: सांस्कृतिक तत्त्वों के कारण मानवीय समाज काफी संख्या में विचलित होनेवाले चिह्नों को बने रहने की मंजूरी देता है। उसी वक्त यह उन पर रोक लगा देता है जिनके पास तेजी से शेष पर प्रभावी हो जाने तथा उनका चयन की प्रक्रिया के जरिए समाप्त कर देने हेतु सामान्य चिह्नों के ऊपर निश्चित लाभ प्राप्त रहता है। सामाजिक रूढ़िवाद निश्चित रूप से चयन की प्रक्रिया को और इसलिए मानवीय मस्तिष्क के मनोवैज्ञानिक विन्यास के बदलाव की प्रक्रिया को बहुत धीमा कर देता है। यह स्वाभाविक है कि मूल मानवीय अभियान समाजों की जीवनावधि की पदावली में कमोबेश स्थिर हो चुके हैं।

मनुष्य के इस द्वितीयक अभियानों के मुकाबले चूँकि वे सामाजिक रूप से अनुकूलित होते हैं इसलिए बिलकुल लचीले हो सकते हैं, लेकिन चूँकि समाज स्वयं एक अन्तर्सम्बन्धित अंगों की प्रणाली होते हैं, इसलिए सारे अभ्यास इसके अंगों में से प्रत्येक पर एक स्थिर करनेवाला प्रयास होते हैं और इसलिए द्वितीयक अभियान भी लम्बे समय तक अपरिवर्तनीय रह सकते हैं। पैसा अर्जन और जमा करने की प्रवृत्ति अभिप्रेरण की इस बादवाली श्रेणी से सम्बन्धित होती है। जैसाकि हमने देखा है, यह प्राथमिक नहीं है। हालाँकि उसी समय स्पष्टत: काफी लम्बे समय तक यह प्रेरक हेतु एक समान ढंग से डटा हुआ है। इसने मार्क्स को यह सोचने के लिए प्रेरित किया कि आर्थिक प्रयोजन बुनियादी और स्थायी है। वस्तुत: जब से मानवी समाज में मुद्रा का चलन शुरू हुआ है, इसकी पकड़ दृढ़ बनती गई है। मैक्स वेबर मुद्रा के समाजशास्त्रीय पहलू से जुड़े हुए थे। वह इसकी विशेषताओं में समाज में ग्रहणशील क्षेत्र के विस्तारण को भी शामिल करते हैं जिसे इसने निश्चित रूप से किया है। मुद्रा की यह पकड़ इस तथ्य से ज्यादा गणनीय है कि इसका रूपान्तरण उन वस्तुओं में हो सकता है जो भूख से लेकर हैसियत तक, मनुष्यों के अधिकांश अन्य अभियानों को सन्तुष्ट कर सकता है, लेकिन मुद्रा द्वारा अर्जित महत्त्व की पहचान करते वक्त हमें इसकी सीमाओं को भी समझना चाहिए। हमें यह तथ्य हमेशा दिमाग में रखना चाहिए कि आदमी का शिकार करनेवाले समाजों में नर मुंडों की संख्या उसी तरह से प्रतिष्ठाजनक है जिस तरह से हमारे अपने समय में पैसे की मात्रा प्रतिष्ठाजनक है; और यह भी कि हमारा अपना समाज उन लोगों के प्रयासों के जरिए ज्यादा आगे बढ़ता है जो पैसा अर्जन की बजाय दूसरे मूल्यों के लिए काम करते हैं।

हमने भौतिक तत्त्वों का विकास शब्द का इस्तेमाल सांसारिक पैमाने पर एक रैखिक बोध के तहत किया है। इस तरह, समय पर प्रत्येक उत्तरवर्ती चरण शिल्पकृति और श्रम की उत्पादकता (निस्सन्देह अभिमत आपदाओं की उपेक्षा और बाहरी तत्त्वों के कारण क्षति) के शब्दों में पहलेवाले चरण पर एक विकास होता है, लेकिन प्रत्येक चरण में ठीक समय पर भौतिक स्तर से स्वतंत्र तत्त्व होते हैं जो समाज में मनुष्य के सम्बन्धों को अनुकूलित करते हैं। इन्हें हम पार्श्व-तत्त्व कहेंगे। ये मनुष्यों के मनोवैज्ञानिक विन्यास पर—उनके अभियानों और अभिप्रेरणों पर आधारित होते हैं। इस तरह हैसियत सम्बन्ध को दोनों में ही, शिकार करनेवाले समाज तथा काफी विकसित बुर्जुआ समाज में, देखा जा सकता है। इसी तरह का मामला भूख, सेक्स और सम्बन्धन इत्यादि जैसे अन्य अभियानों के साथ भी है। सामाजिक सम्बन्ध ज्यादातर एक खास समाज में रहनेवाले विभिन्न मनुष्यों के इन अभियानों के परिवर्तित समायोजनों पर आधारित होते हैं। भौतिक अवस्थाओं में परिवर्तन और अन्य समाजों से सम्पर्क भी तथा प्राकृतिक पर्यावरण में कुछ बड़ा बदलाव सामाजिक सम्बन्धों की साम्यावस्था को परेशान करते हैं, लेकिन जल्द ही समाज की पुनर्संरचना विविध अभियानों के नये समायोजनों के साथ हो जाती है, लेकिन साम्यावस्था में बाधा डालनेवाले तत्त्वों के बीच केवल भौतिक तत्त्व ही ऐसा होता है जो दोनों होता है, समाज में अन्तर्निहित तथा प्रत्येक समाज में निर्बाध रूप से सक्रिय, लेकिन जबकि यह साम्यावस्था में बाधा डाल सकता है, यह किसी भी तरह उन मूल अभियानों को नष्ट नहीं कर सकता है जो अपनी पूर्ति चाहते हैं तथा नये समायोजनों की रचना करते रहते हैं। इस तरह वास्तविक सामाजिक विकास को दिए गए चित्र के अनुसार एक आरोही कुंडली के द्वारा प्रस्तुत कर सकते हैं—

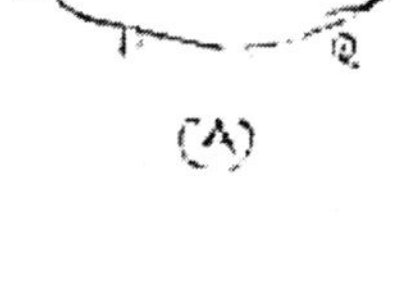

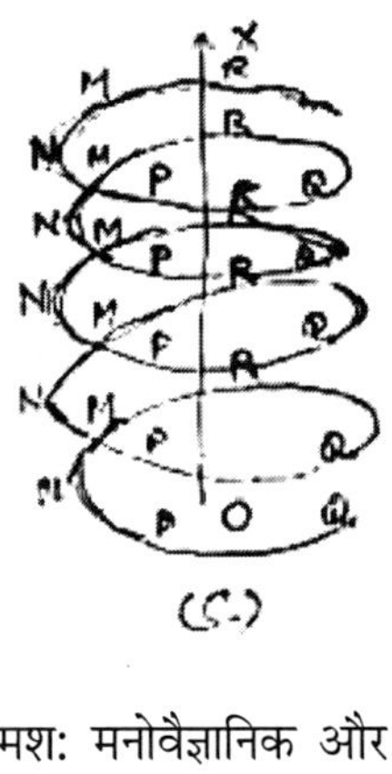

उपर्युक्त चित्र में (A) और (B) स्वतंत्र रूप से क्रमशः मनोवैज्ञानिक और भौतिक तत्त्वों को प्रस्तुत करता है। इन चित्रों में O एक समय बिन्दु को इंगित करता

है। चित्र (A) समय बिन्दु O के संगत है। इसमें साम्य की एक निश्चित अवस्था में वक्रपृष्ठ MNPQ पर विभिन्न अभियान MNQPR हैं। चित्र (B) में OX रैखिक समय पैमाने को दर्शाता है जिसके साथ X की ओर भौतिक विकास घटित होते हैं। इस तरह चित्र (A) और (B) में मनोवैज्ञानिक और भौतिक तत्त्वों को एक-दूसरे से मुक्त रूप में दर्शाया गया है, लेकिन ऐसा कोई भी चित्रण केवल कल्पित होता है। वस्तुत: प्रत्येक समाज में ये दोनों गुँथे हुए होते हैं तथा साम्य या सन्तुलन की मनोवैज्ञानिक माँगों को सदा उपलब्ध भौतिक तत्त्वों के जरिए सुलझा लिया जाता है। इस तरह, उपर्युक्त विचार के अनुसार वास्तविक सामाजिक विकास का सबसे नजदीकी चित्रण चित्र (C) होगा। इसमें वक्र रेखा समय पैमाना OX के साथ-साथ ऊपर की ओर लपेटती जाती है। इस तरह समय पैमाना OX पर प्रत्येक बिन्दु के अनुरूप चित्र (A) में स्वतंत्र रूप से दिखाई गई मनोवैज्ञानिक प्रेरणाओं का एक समायोजन होगा अर्थात् प्रत्येक बिन्दु पर MNPQR किसी तरह समायोजित हो जाते हैं।

यहाँ हमने मुख्यत: तकनीकी विकास से सम्बन्ध रखनेवाले भौतिक तत्त्वों के बारे में चर्चा की है। भौतिक तत्त्वों से भिन्न आर्थिक तत्त्व चित्र में एक-दूसरे तरीके से प्रवेश करता है। जैसाकि हमने पहले बतलाया है, जिन समाजों में मुद्रा की अर्थव्यवस्था का विकास बहुत ज्यादा हुआ है, वहाँ पर विभिन्न प्राथमिक प्रेरणाओं को सन्तुष्ट कर देनेवाली चीजों में अपनी परिवर्तनीयता के कारण पैसे का अर्जन स्वयं में एक लक्ष्य बन गया है। इस तरह के समाजों में पैसे का अर्जन चित्र (A) में प्रदर्शित प्रेरणाओं के भीतर भी प्रवेश कर जाता है, लेकिन पैसे का लोभ एक प्रेरणा की तरह ही आता है, लेकिन वर्तमान के बुर्जुआ समाज की तरह के निश्चित समाजों में पैसे की यह लिप्सा अन्य सभी प्रेरणाओं का केन्द्रीय बिन्दु बन जा सकती है और सभी प्रेरणाओं पर हावी हो सकती है क्योंकि इसमें उनके लिए स्थानापन्न के रूप में कार्य करने की प्रवृत्ति होती है। उदाहरणस्वरूप, पैसे समाज में जहाँ शादी, सुरक्षा, मेलजोल एवं हैसियत सभी पैसे के स्वामित्व पर निर्भर होते हैं, पैसा अर्जित करने की प्रेरणा में जीवन का एकमात्र सरोकार बन जाने की प्रवृत्ति होती है, लेकिन धीरे-धीरे वह लक्ष्य जिसके लिए धन अर्जित किया जाता है, नजर से ओझल हो जाता है तथा धन पैदा करने की एक परम्परा बन जाती है जिसकी मानवीय मन पर पूरी पकड़ होती है। इस तरह ऐसे समाज में धनार्जन की विफलता जीवन की विफलता के रूप में दिखाई देती है जिसमें वे तमाम तरह के संकटपूर्ण परिणाम होते हैं जिनके लिए विफलता जानी जाती है।

किन्तु मुद्रा की यह विशेष भूमिका भौतिक विकास की एक आवश्यक सहवर्ती नहीं है। भारत, चीन और इटली के नगर राज्यों में अर्थव्यवस्था में पैसे का बड़ा स्थान था और यह प्रचुर भी था, लेकिन इसने पूँजीवाद को पैदा नहीं किया। इसके बदले में पैसे के स्वामित्व को अनुत्पादक हैसियत सम्बन्धी प्रतीकों में बदल दिया

गया—सुदृढ़ दुर्गों, सुन्दर महलों और स्मारकों तथा अमर कलाकृतियों में, जिन्हें संरक्षण प्रदान किया गया।

सामाजिक विकास के उपर्युक्त मॉडल से हमने भौतिक विकास के विभिन्न स्तरों पर उसी तरह के सामाजिक व्यवहार की आवृत्ति की आशा की थी, यद्यपि परिवर्तनशील भौतिक सन्दर्भ के कारण पहले की स्थिति की पुनरावृत्ति को खारिज कर दिया जाता है। यह मान्यता सही है, इसे प्राचीन विश्व में प्लेटो और अरस्तू द्वारा दिए गए जननेता या लोकप्रिय नेता या निरंकुश शासन के उदय और स्थिति के वर्णन से दो हजार वर्षों से भी अधिक समय के अन्तराल वाले अपने समय के तानाशाहों के व्यवहार के साथ तुलना कर देखा जा सकता है। एक लोकप्रिय नेता के बारे में प्लेटो लिखते हैं—"वही चीज उस लोकप्रिय नेता के साथ होती है। जनसमूह वही काम करता है जो वह उससे करने के लिए कहता है और उसमें भाई का खून बहाने का लालच बहुत ज्यादा होता है। वह उसके विरुद्ध सामान्य अनुचित आरोप लगाता है, उसे न्यायालय तक ले जाता है और उसकी हत्या कर देता है, और इस तरह एक मानवीय जीवन का अन्त कर अपने साथियों के खून का गन्दा स्वाद लेता है। देश निकाला, फाँसी, कर्ज माफी और भूमि के पुनर्वितरण के संकेतों का अनुसरण तब तक किया जाता है जब तक उनका उकसानेवाला बढ़े तौर पर या तो शत्रुओं द्वारा समाप्त कर दिए जाने या मनुष्य से भेड़िये में तब्दील होकर स्वयं को निरंकुश बना लेने के लिए बाध्य होता है।"[34]

आगे—"लेकिन मैं सोचता हूँ, हम देखेंगे कि जब उसने सन्धि या विध्वंस के जरिए अपने विदेशी शत्रुओं का निपटारा कर लिया है और उसे आगे उनसे भय खाने की कोई बात नहीं है तो भी बाहर व्यवस्था में परेशानी उत्पन्न करता रहेगा कि जनता के लिए एक नेता की जरूरत बनी रहे..."[35]

और अरस्तू में हम एक जननेता और निरंकुश शासनों के तरीकों का लम्बा वर्णन देखते हैं। जननेताओं के बारे में वह लिखते हैं—"जननेता लोगों के निर्णयों को कानून पर प्रभावी बना देता है और सभी चीजों को लोकप्रिय सभा में भेज देता है। और इसलिए जनता महान बन जाती है क्योंकि सभी चीजें लोगों के पास अपने हाथों में होती हैं और उनके हाथों में उन लोगों के वोट होते हैं जो उन्हें सुनने के लिए ज्यादा तैयार रहते हैं। आगे लोगों के पास मजिस्ट्रेटों के विरुद्ध कोई शिकायत रहती है तो वे कहते हैं, 'जनता को न्यायाधीश बन जाने दो'—जनता यह आमंत्रण स्वीकार कर बहुत खुश होती है; और इस तरह प्रत्येक विभाग के अधिकारी की जड़ खोद दी जाती है।"[36]

और आगे वह लिखते हैं—"पुराने जमाने में जननेता एक जनरल भी होता था और इस तरह प्रजातांत्रिक शासन निरंकुश शासनों में बदल गया। अधिकांश प्राचीन तानाशाह मूलत: जननेता ही थे।"[37]

और वह निम्नलिखित पंक्तियों में तानाशाही, शासनों के संरक्षण के तरीकों का वर्णन करते हैं—"...तानाशाह को चाहिए कि जो ऊँचा है, उसे काट दे; जो जिन्दादिल मनुष्य है, उसे मौत के घाट उतार दे—सामान्य भोजन, क्लब, शिक्षा जैसी चीजों की स्वीकृति न दे; अपनी प्रजा में साइंस या विश्वास की प्रेरणा देनेवाली चीजों से सावधान रहे; एक-दूसरे को जानने के लिए बुलाई गई साहित्यिक सभाओं या अन्य सभाओं पर रोक लगा दे (क्योंकि परिचय से पारस्परिक विश्वास पैदा होता है)... एक तानाशाह को यह भी चाहिए कि उसका प्रत्येक नागरिक क्या कहता या करता है, उसको जानने का प्रयास करे, और सायराक्यूज में नियुक्त महिला जासूसों की तरह जासूसों को नियुक्त करे, और सैरगाह या सभा के स्थल पर कनसुनवा भेजने की उसकी आदत थी...तानाशाह को इसलिए भी युद्ध करना पसन्द होता है कि उसके नागरिकों को करने के लिए कुछ मिल जा सकता है और हमेशा वे एक नेता के अभाव में हो सकते हैं।"[38]

विधान में एक या अन्य बिन्दु का अनुसरण जननेताओं और तानाशाहों द्वारा यूनानियों के समय से ही सीजर और नेपोलियन होते हुए आज तक किया गया है। जूलियस सीजर जब 59 ई.पू. में काउंसिल बना, अपने हथियार क्लोडियस जो कि एक लोकप्रिय नेता था, के माध्यम से रोमन जनता का समर्थन हासिल करने के लिए उनके बीच मुक्त मक्का वितरित करवाया। क्लोडियस ने इसे यह भी दिखाया कि सीजर के विरोधी उनके किराए के नौकरों से जन प्रहार का निशाना बन गए हैं। सीनेटरों का श्रेय खत्म करने के लिए उसने सीनेट की कार्रवाइयों को सार्वजनिक कराया जिसमें सीनेटरों ने उसके लोकप्रिय प्रयासों का विरोध किया था। इसके बाद उसने गॉल के सैन्य अभियानों को अपने हाथ में लिया ताकि रोमन की प्रजा पर इसका यथेष्ट प्रभाव पड़े। नेपोलियन का जनता का मूल्यांकन और सत्ता में बने रहने का कूटचाल कोई अलग चीज नहीं थी बल्कि ऐसा ही था। उसने अपने विचारों को वाक्पटुता के साथ इन शब्दों में अभिव्यक्त किया—"कुशाग्र बुद्धिवाले लोग जिन्होंने दुनिया को बदल दिया है, वे हरगिज ऐसा नेताओं को प्रभावित कर नहीं किए हैं, बल्कि लोगों में हरकत पैदा किए हैं। वह जो राजकुमारों को प्रभावित करता है, केवल एक षड्यंत्रकारी होता है और उसके परिणाम दोयम दर्जे के होते हैं लेकिन वह जो जनता को प्रेरित करता है, धरती का चेहरा बदल देता है।"

दूसरी जगह वह बूरीन पर विश्वास जताता है—"...शान्ति मेरे हितों की विरोधी है। यदि शान्ति मजबूती से कायम हो गई होती और मैं सेना प्रमुख नहीं रहा होता तो मैंने जो सत्ता या शक्ति और ओहदा हासिल किया है, उसे छोड़ देना पड़ता और लक्जमबर्ग में वकीलों को श्रद्धांजलि देनी पड़ती।"

हमारे अपने समय में हिटलर ने इस स्थिति को इन शब्दों में विश्लेषित किया—"सत्ता, जिसने सदैव इतिहास में सबसे बड़े धर्म और राजनीतिक अवघावों

को शुद्ध किया है, आदिकाल से ही बोले गए शब्दों की जादुई शक्ति रही है और अकेली जादुई शक्ति।

जनता के बृहत्तर समूह को केवल भाषण की शक्ति से ही प्रेरित किया जा सकता है। सभी महान क्रान्तियाँ लोकप्रिय क्रान्तियाँ होती हैं, मानवीय भावातिरेकों, भावनात्मक भावनाओं का ज्वालामुखी विस्फोट होती हैं। ये या तो दुख की निर्दयी देवी द्वारा आलोड़ित होती हैं या जनता में बोले गए शब्दों की मशाल से जगाई गई होती हैं।"

इस प्रकार यूनान और रोम से लेकर 18वीं सदी के यूरोप तक और हमारे अपने समय तक भी हम मानवीय व्यवहार का एक सामान्य मूल्यांकन देखते हैं जिस पर सफल तानाशाहों ने अपनी शक्ति का निर्माण किया था।

उसी तरीके से ऊपर में वर्णित सभी समाजों में हैसियत सम्बन्ध से लगाव को जान सकते हैं। रोम में सीनेट की सदस्यता इसी तरह का एक प्रतीक थी, यद्यपि कालान्तर में सीनेट ने अपनी सारी प्रभाविता और भूमिका खो दी थी। फ्रांसीसी क्रान्ति सभी पुराने दर्जे और हैसियत प्रतीकों को खत्म कर चुकी थी। इसलिए जब नेपोलियन सत्ता में आया तो उसे नये हैसियत प्रतीकों को गढ़ना पड़ा। इस तरह उसने 'लीजन ऑफ ऑनर' की उपाधि को प्रस्तुत किया। बोल्शेविकों की तरह ही इस तरह का महत्वाकांक्षी क्रान्तिकारी आन्दोलन भी अन्ततः दिखावटी हैसियत सम्बन्धों एवं 'ऑर्डर ऑफ लेनिन' जैसे अलंकरणों का भी प्रस्तुत कर समाप्त हो गया।

भौतिक विकास के विभिन्न स्तरों पर सदृश व्यवहार की पुनरावृत्ति के तथ्य का समाज के लिए बहुत महत्त्व है। इस सन्दर्भ में प्रगति के विचार को केवल जीवन के भौतिक साधन की उत्पादकता के सन्दर्भ में लिया जा सकता है। सामाजिक सम्बन्धों की प्रकृति अधिकांशतः इस चीज पर निर्भर होती है कि मनुष्य अपनी विभिन्न प्रेरणाओं का समंजन किस तरह से करता है। इस सन्दर्भ में जो थोड़ी प्रगति दिखाई देती है, वह पूरी तरह से संस्कृति की निरन्तरता के कारण है जो परम्पराओं के रूप में पीढ़ी दर पीढ़ी उपयोगी सामाजिक सम्बन्ध को परम्परागत कर सकती है, लेकिन कोई भी बड़ा संकट इस निरन्तरता को गम्भीरता से तोड़ सकता है एवं हमारा सामना एक सांस्कृतिक वाचाघात से हो जाता है। इस तरह तोड़ी गई मूल्य व्यवस्था को फिर से कायम करने के लिए बार-बार समाज बाध्य रहता है। हालाँकि अक्सर पुनर्निर्माण की इस प्रक्रिया में कुछ नया और लाभप्रद चीजें तो मिलती हैं, अन्य मूल्यवान चीजें गायब भी हो जा सकती हैं। यह वर्तमान समय की बर्बरता की पुनरावृत्ति को आशा और आशावाद के सन्दर्भ में आन्दोलनों से स्पष्ट करता है जिसने अपनी बाल्यावस्था में मनुष्यों के उच्च आदर्शों के उषाकाल की भविष्यवाणी की थी।

इस विचार का एक सम्भव विरोध यह है कि उद्धृत मानवीय व्यवहार के प्रकार की पुनरावृत्ति मानवीय इतिहास का सार नहीं है। वह मानवीय इतिहास प्रथमतः

अपनी पशु पूर्वज-परम्परा से ऊपर उठने का मानवीय प्रयास है और यह मुख्यत: अपनी तकनीकी उपलब्धियों से सम्बन्धित होता है तथा यह जिस मनुष्यों के बीच के सम्बन्ध को शामिल करता है, उससे सम्बन्धित होता है और यह सम्बन्ध वर्ग सम्बन्ध होता है। अन्य सभी चीजें मानवीय इतिहास की शक्तिशाली धारा में भँवर की तरह होती हैं। इस विचार से वर्तमान समय में जीवन के बुनियादी तथ्य आधुनिक तकनीक और बुर्जुआ तथा दुनिया पर हावी होने के लिए साथ-साथ प्रतिस्पर्द्धा करनेवाले उत्पादन के 'समाजवादी' सम्बन्ध हैं, लेकिन यह विचार उस मानवीय नाटक के बाहर मनुष्य को छोड़ देने के लिए प्रवृत्त होता है जो सामाजिक यथार्थ है। इस विचार से चर्चिल के नेतृत्ववाले इंग्लैंड और हिटलर के नेतृत्ववाले जर्मनी में कोई बुनियादी फर्क नहीं हो सकता है—दोनों लगभग एक ही तकनीकी स्तर और बुनियादी वर्ग संरचना को प्रस्तुत करते हैं। डचन, ऑश्विट्ज और अन्य यातना शिविरों के भीतर अनगणित मनुष्यों की मौत और अपमान बिलकुल क्षणिक सन्दर्भ के मामले हैं। लाखों लोग जो 'महायुद्ध' में मारे गए तथा हजारों लोग जो अभी भी वियतनाम में मर रहे हैं और अन्य छोटे-छोटे युद्ध, ये सभी केवल एक नये समाज के जन्म दर्द को प्रस्तुत करते हैं। सैकड़ों हजार अन्य निर्दोष लोग जो 'समाजवादी देशों' में समष्टीकरण और साम्यवादीकरण की प्रक्रिया में खत्म हो जाते हैं, मात्र एक नई व्यवस्था के लिए खाद का काम करते हैं—इस विचार से ताप-नाभिकीय युद्ध के आतंक को भी मौत के क्षण केवल बुर्जुआ वर्ग के आतंक के रूप में ही व्याख्यायित किया जा सकता है क्योंकि बहुत गम्भीर मार्क्सवादी दार्शनिकों द्वारा ऊष्मागतिक के दूसरे नियम को ऐसा ही समझा गया था। इन विचारों पर कोई विवाद नहीं कर सकता है क्योंकि उनके लिए वैयक्तिक मनुष्य स्वयं में कोई लक्ष्य नहीं है बल्कि मात्र सबको ठीक कर देनेवाले किसी रामबाण, चाहे वह 'हजार वर्षीय राईख' हो या 'साम्यवाद' हो, के महान गौरव का एक माध्यम है।

3

बिलकुल मजबूत है जो
उसका निर्माण कर पाने में
अक्षम मनुष्य ने
वह चीज बना ली है,
जो अब मजबूत है।

—पास्कल

पिछले अध्याय में हमने देखा है कि समाजवादी आन्दोलन दुनिया के लगभग हर भाग में, लाल हो या गुलाबी इसका विचार किए बिना, बलपूर्वक सत्ता हथियाने और उसे पकड़े रखने का एक वाहन बन गया है। यह राजनीतिक सत्ता के स्वभाव तथा राज्य के बारे में समाजवादियों के विचार की दृष्टि से आश्चर्यजनक नहीं है। समाजवादी विचार के अनुसार राज्य कुछ नहीं बल्कि वर्ग शासन का साधन होता है। मार्क्सवादियों ने इसे शोषण के एक सक्रिय उपकरण के रूप में नहीं देखा बल्कि यह माना कि यह शोषित जनता के प्रतिरोध के विरुद्ध शासक वर्ग जोकि हमेशा अल्पसंख्यक होते हैं, की रक्षा करने के लिए—सेना, जेल, न्यायालय और पुलिस की टुकड़ी—बलप्रयोग के अपने अंगों के साथ चौकसी बरतता है। समाजवादियों का काम साधारण था, अर्थात् सम्पत्ति के मालिकों का स्वत्वहरण तथा राज्य तंत्र पर कब्जा कर सर्वहारा को शासक वर्ग के स्तर तक उठाना। निस्सन्देह इस विचार को स्थायी रूप से स्वीकार नहीं किया गया। अराजकतावादियों ने राज्य के प्रत्येक रूप को शत्रु समझा और इसके बदले जोर-जबर्दस्ती का कोई दूसरा उपकरण सुझाए बगैर हमेशा के लिए राज्य तंत्र को तोड़ देने की शुरुआत करने का प्रस्ताव दिया। चूँकि उन्होंने क्रान्तिकारी कार्यक्रम को कार्यान्वित करने का कोई वैकल्पिक उपकरण नहीं सुझाया, इसलिए समाजवादी आन्दोलन के भीतर इस विचार को ज्यादा समर्थन नहीं मिला। इसलिए जिन लोगों ने राज्य सत्ता के उपयोग का समर्थन किया, आन्दोलन का बड़ा हिस्सा उनके साथ रहा।

किन्तु मार्क्स ने खुद शासन को केवल बल-प्रयोग के एक उपकरण के तौर पर देखा और ज्यादा-से-ज्यादा आन्दोलन के प्रथम चरण हेतु इसे एक अनिवार्य शत्रु के

रूप में मौजूद रहना आवश्यक समझा और कहा कि जैसे ही बुर्जुआ सम्पत्ति दब जाएगी, यह स्वयमेव खत्म हो जाएगा। उसके विचार के अनुसार सर्वहारा शासन द्वारा पूँजीपति वर्ग का स्वत्वहरण राज्य के रूप में इसका अन्तिम कार्य भी होगा और इसके तुरन्त बाद राज्य की समाप्ति शुरू हो जाएगी। द्वितीय अन्तरराष्ट्रीय से अराजकतावादियों के बहिष्करण के बाद, जब द्वितीय अन्तरराष्ट्रीय का गठन हुआ था, समाजवादी आन्दोलन के बड़े हिस्से ने बिना शर्त इस विचार को स्वीकार कर लिया कि समाजवादी आन्दोलन को पूरा करने के लिए राज्य का उपयोग अपरिहार्य है। अब विवाद राज्य के रूप से सम्बन्धित सवाल पर केन्द्रित हो गया कि कौन-सा रूप शोषित जनता की आवश्यकताओं और इसके अन्तिम विघटन के लक्ष्य के अनुकूल होगा। कुछेक ने कम्यून स्टेट को सबसे ज्यादा अनुकूल बताया जिसका एक मोटा-मोटी विचार 1871 के पेरिस कम्यून से लिया गया था। कुछेक ने बुर्जुआ लोकतांत्रिक राज्य का विचार दिया कि इसके लोकतांत्रिक रूप के तहत भी समाजवादी परिवर्तन को साकार किया जा सकता है। शासन के प्रति उनके मनोभावों का यह अन्तर पनढाल बन गया जिसने अन्ततः मार्क्सवादियों को दो खेमों में बाँट दिया। एक खेमा सुधारवादी समाजवाद का हो गया, जिसका प्रतिनिधित्व यूरोपियन सोशल डेमोक्रेसी करती थी और दूसरा खेमा विद्रोहात्मक शाखा का हो गया, जिसका प्रतिनिधित्व बोल्शेविक करते थे। बोल्शेविकों ने बाद में कम्युनिस्ट इंटरनेशनल का आयोजन किया।

संसदवाद की खाई

चूँकि सोशल डेमोक्रेटों ने बुर्जुआ लोकतांत्रिक संसदीय संस्थाओं का काम करने को अपना लक्ष्य बना लिया, इसलिए उनके विचारों में पहले वाले मार्क्सवादी विश्वास से मौलिक परिवर्तन आ गया। उन्होंने इस विचार को त्याग दिया कि शासन बल-प्रयोग और वर्ग प्रभुत्व का एक हथियार है। इस तरह से उन्होंने संसदीय राजनीति के खेल के नियमों को स्वीकार कर लिया गया तथा कुछ देशों में इसे अद्‌भुत चतुराई के साथ खेला। इसने समाजवादी कार्यक्रमों को इस ढंग से बढ़ाना अनिवार्य कर दिया कि ये उस मध्यवर्ग को जिसके वोट भी अपरिहार्य थे, अलग किए बिना निर्धनतम तबकों के लिए एक प्रलोभन के तौर पर काम कर सके, लेकिन इस परिवर्तन का अधिकांश महत्त्वपूर्ण हिस्सा लोगों के प्रति सीधी अपील से दबाव समूहों के प्रति अपील में अन्तरण से साकार हुआ था। चूँकि एक आधुनिक 'जन' समाज में व्यक्तिगत मनुष्य जब तक असंख्य संस्थाओं में से एक का हिस्सा नहीं बन जाता है, वह अपने साथी मनुष्यों के विचार को प्रभावित करने में अक्षम रहता है। इन संस्थाओं में कुछ तो ट्रेड यूनियनों और नियोक्ता संघों की तरह वर्गों पर

आधारित होती हैं तथा अन्य संस्थाएँ दूसरे क्षेत्रीय, भाषायी, धार्मिक या कुछ अन्य विशेष हितों को लेकर बनी होती हैं। राजनीतिक दलों के लिए इन दबाव समूहों का समर्थन हासिल करना अनिवार्य होता है। इस तरह अपने निजी रास्ते से चलने की जगह समाजवादियों को जोर देनेवाले दबाव समूहों के उलझाव के माध्यम से, विरोधाभासी माँग करते हुए, सावधानी से अपने रास्ते का चुनाव करना होता है। ये समूह अपनी तात्कालिक समस्याओं के सिवाय किसी भी चीज से सम्बन्धित नहीं होते हैं। हाशिये पर के वैसे मतदाता जो इन दबाव समूहों के सीधे प्रभाव में नहीं होते हैं, को अपने प्रभाव में लाने के लिए विशेष प्रचार प्रयासों की जरूरत पड़ती है।

साथ ही बुर्जुआ वर्ग की सम्पत्ति छीनने के विचार को छोड़ देना पड़ा क्योंकि बुर्जुआ वर्ग इसे ईमानदारी का खेल नहीं मानता था। जैसाकि कार्ल कौट्स्की सहित अनेक समाजवादियों ने यह बतलाया था कि संसदीय लोकतंत्र में बुर्जुआ वर्ग का विश्वास संस्था पर समाजवादी प्रभाव की वृद्धि के साथ घटता है। इसलिए जहाँ क्रान्तिकारी उपाय आजमाए जा रहे थे, वहाँ पर सदा संसदीय संस्था के विरुद्ध तख्ता पलट का खतरा बना हुआ था। इस तरह संसदीय समाजवाद को बुर्जुआ सम्पत्ति के बारे में अपने नजरिए को नरम बनाना पड़ा।

आधुनिक चुनाव अभियान की प्रक्रिया सरल है। इसमें महत्त्वपूर्ण दबाव समूह अपने प्रचार या आन्दोलन के जरिए अपनी माँगों का अनुभव कराते हैं। राजनीतिक दल अपनी निजी परम्परा तथा परम्परागत अनुयायियों (जिसका विरोध वे नहीं कर सकते हैं) के आलोक में उन दबाव समूहों के बारे में एक पसन्द बनाते हैं जिन्हें वे अपने प्रभाव में लाना चाहते हैं। वे अपने मूल्यांकनों के आलोक में अपना चुनाव प्लेटफॉर्म तैयार करते हैं। इसके बाद वे इस प्लेटफॉर्म के साथ चुनावी जंग में उतरते हैं। यह मेल-जोल का काफी बड़ा सार्वजनिक रूप है, लेकिन पर्दे के पीछे भी व्यक्तिगत और समिति स्तर पर मेल-जोल जारी रहता है। चुनाव के बाद संसद का मंच मुख्य रूप से आगामी चुनाव के उद्देश्य से इस्तेमाल होता है। संसद की अवधि के दौरान जैसे-जैसे स्थिति बदलती है, नई गोलबन्दियाँ तैयार होती हैं।

इस प्रणाली में बड़े बदलाव की पहल राजनीतिक दलों की तरफ से नहीं होती है। बदलाव का दबाव मुख्य रूप से प्रणाली के बाहर के तत्त्वों से उत्पन्न होता है। ये घटनाएँ ही हैं जो लोकमत में व्यापक अन्तरण लाती हैं—मन्दी, युद्ध या कुछ बड़ी राष्ट्रीय आपदा जैसे तत्त्व, जिसका सामना निश्चित परिवर्तनों हेतु जन आन्दोलन के प्रस्फुटन या प्रचलित नीतियों के खाँचे के अन्दर किया जा सकता है। आरम्भिक तीस के दशक की महामन्दी के बाद अमेरिका में लोक उपक्रमों के पक्ष में लोकमत में ऐसा ही अन्तरण हुआ था। इसने ग्रेट ब्रिटेन में द्वितीय विश्वयुद्ध के बाद श्रमिक के पास में अन्तरण या नई व्यापार नीतियों को लागू कराया। इसी तरह की एक घटना भारत में भी हुई है जहाँ समाजवादियों के आन्दोलन ने सत्तापक्ष को

कम-से-कम समाजवाद के नारे को अपनाने के लिए बाध्य किया है, और एक या दो अपवादों को छोड़कर सभी पार्टियाँ समाजवाद के किसी-न-किसी रूप का प्रतिनिधित्व करने का दावा करती हैं। संयुक्त राज्य की सरकार का विपृथक्करण प्रस्तुत करने का प्रयास अमेरिका में नीग्रो लोगों के आन्दोलन तथा अन्तरराष्ट्रीय परिदृश्य पर काले लोगों की नई कौम का स्वार्थ में उद्‌गमन का ही सीधा परिणाम है। यहाँ आबादी का एक उपेक्षित तबका स्थायी ध्यान की माँग करते हुए अखाड़े में कूद चुका है और नीति का बदलाव आवश्यक हो गया है।

लेकिन जब यह बदलाव होता है, सभी राजनीतिक पार्टियाँ अपेक्षाकृत अधिक मौलिक कार्यक्रम अपनाती हैं, लेकिन चुनाव अभियान में लगी समाजवादी पार्टी अपने अभ्यस्त समर्थकों से बैरभाव मोल लेने के भय से स्वयं उस तरह का आन्दोलन शुरू करने का साहस नहीं करती है, जो ऐसे क्रान्तिकारी बदलाव को पूरा करते हैं। दूसरी तरफ, उस अल्पविकसित जगत में जहाँ संसदीय संस्थाएँ तो मौजूद हों लेकिन संसदीय राजनीति अभी स्थायी नहीं बन पाई हो, वाम पार्टियाँ ऐसे स्थायी सम्बन्धों पर विश्वास नहीं कर सकती हैं। जब वे विरोधी होती हैं तो उन्हें चुनाव में अपने अवसरों को बेहतर बनाने हेतु नया जनान्दोलन करना पड़ता है। और जब सत्ता में होती हैं तो बदलाव हेतु जनमत का एक अनुकूल माहौल बनाने के उद्‌देश्य से उन्हें जनान्दोलनों की शुरुआत करनी पड़ती है, लेकिन कुल मिलाकर जब संसदीय प्रणाली स्थायी बन जाती है तो बड़ी राजनीतिक पार्टियाँ मौलिक जन आन्दोलनों से बचती हैं। फ्रांसीसी कम्युनिस्ट पार्टी इसका अनोखा उदाहरण है। इस पार्टी की स्थापना मुख्य रूप से सोशल डेमोक्रेसी की संशोधनवादी और संसदवादी नीतियों के विरुद्ध एक प्रतिक्रिया की वजह से हुई थी, लेकिन आज यह अपनी संसदीय भूमिका में इतनी मजबूत हो गई है कि फ्रांसीसी समाज के परिवर्तनवादी तत्त्वों के लिए यह रूढ़िवाद का एक बेचैन करनेवाला स्मारक बन गया है। ऐसा प्रतीत होता है कि एक समाजवादी पार्टी जितना ज्यादा समय तक सत्ता की राजनीति का संसदीय खेल खेलती है, यह उतना ही अधिक रूढ़िवादी बनती जाती है। पहले तो यह अपनी मौलिक नीतियों को छोड़ती है, और इसके बाद अपनी मौलिक स्थिति को भी छोड़ देती है। दबाव समूहों पर निर्भरता के कारण यह घटनाक्रम को महत्त्वपूर्ण रूप से प्रभावित करने हेतु अत्यधिक सत्ता का उपभोग भी नहीं कर सकती है। इस तरह हम देखते हैं कि इंग्लैंड और जर्मनी जैसे देशों में वे अपनी नीतियों को बिना किसी वास्तविक सत्ता के सहवर्द्धन को छोड़ चुकी हैं।

तत्क्षण जो सवाल उठता है, वह यह है कि इस तरह के समाज में सत्ता का नियंत्रण कौन करता है? इसका उत्तर है, इसका नियंत्रण किसी एक समूह या व्यक्ति द्वारा नहीं किया जाता है। राजनीतिक दलों और दबाव समूहों द्वारा इसका साझा नियंत्रण होता है जिसमें उनकी अलग-अलग साझेदारी होती है या यूँ कहें

कि इसका नियंत्रण उन तंत्रों द्वारा होता है जोकि इन संगठनों को नियंत्रित करते हैं। समाजवादी दलों में या ट्रेड यूनियन संगठनों में नीतियों और नियंत्रणों के ऊपर जन साधारण द्वारा सीधा नियंत्रण नहीं किया जाता है। जन साधारण का नियंत्रण बहुत अप्रत्यक्ष ढंग से होता है। सामान्यत: मुट्ठी भर लोग ही इन संगठनों के कार्यालयों में एकान्तरित होते रहते हैं तथा अपने बीच संगठनों द्वारा अनुसरण की जानेवाली नीतियों का निर्णय करते हैं। इसका जिम्मा संगठन का विशाल आकार उठाता है। कभी-कभी प्रतिनिधित्व का तरीका भी इसका जिम्मा लेता है। उदाहरणार्थ, ब्रिटिश लेबर पार्टी में कार्ड के आधार पर मतदान करने की एक प्रथा है, जहाँ कुछ कार्डधारक प्रतिनिधिगण लाखों मजदूरों के मत का लेन-देन कर सकते हैं। मसलन, 1947 में 73 मजदूर संघों (ट्रेड यूनियनों) ने ब्रिटिश लेबर पार्टी को 43,86,074 लोगों की सदस्यता दी, जिसके लिए 877 कार्डधारक प्रतिनिधि बोल सकते थे अर्थात् किसी महासम्मेलन में एक कार्ड 50,000 मजदूरों के वोट का प्रतिनिधित्व करता था।

रॉबर्ट मिशेल ने यूरोप के मजदूर संघों, खासकर जर्मनी की सोशल डेमोक्रेटिक पार्टी, का अध्ययन किया था और वह इस तथ्य से इतना प्रभावित हुआ था कि उसने इस प्रवृत्ति को 'जनतंत्र का लौह कानून' कहा। अपनी किताब 'पॉलिटिकल पार्टीज' में वह इस तरफ इशारा करते हैं कि सभी श्रमिक संगठनों, भले वे श्रमिक संघ हो, सहकारी या सोशल डेमोक्रेटिक पार्टी हो, का नियंत्रण मुट्ठी भर लोग ही करते थे जो इन संगठनों के साधारण सदस्यों के नियंत्रण से बाहर थे। रोजा लक्जमबर्ग ने भी इस घटना का जिक्र किया था तथा इस पर अफसोस जाहिर किया था। उन्होंने लिखा था—"सैद्धान्तिक प्रवृत्तियों से प्रगाढ़ लगाव में नेताओं और जनता के बीच के सम्बन्ध में एक बदलाव प्रतिफलित होता है। अपनी तमाम अकाट्य बुराइयों के साथ स्थानीय कमेटियों के याराना नेतृत्व की जगह मजदूर यूनियन अधिकारियों का पेशेवर नेतृत्व प्रतिस्थापित होता है। इस तरह निर्णय की पहल और क्षमता पेशेवर विशेषता बन जाती है जबकि जनसाधारण के लिए अनुशासन का निष्क्रिय गुण बच जाता है। इसमें कोई सन्देह नहीं है कि अफसरशाही के इस अँधेरे पहलू में पार्टी के लिए गम्भीर खतरा निहित रहता है।"[1]

आगे के अनुभव ने दिखा दिया है कि यह रुझान सार्वभौतिक है और लगभग पूरी दुनिया में जहाँ भी बड़े-बड़े और स्थायी संगठन वजूद में आए, इसे देखा जा सकता है। न केवल कामगार बल्कि बड़े-बड़े निगमों के शेयरधारक और कामगारों के पूँजीपति शोषक भी उसी समस्या से ग्रस्त होते हैं। प्रबन्धकीय अल्पतंत्र जो इन निगमों को चलाते हैं, इसने स्वामियों, शेयरधारकों के मामले में समूची सत्ता पर अपना एकाधिकार जमा लिया।

मिशेल्स मजदूर वर्ग के आन्दोलन में अल्पतंत्रों के विकास के अनेक कारण गिनाते हैं। सबसे बड़ा कारण वह यह बताते हैं कि ज्यादातर लोग अपने निजी हितों

को लोक कार्यों से जोड़ने में अक्षम होते हैं और इस तरह वे राजनीतिक विषयों से अलग-थलग रहते हैं। वह इस बादवाले विचार पर स्टायरनर से सहमति दिखाते हैं कि केवल स्वार्थ ही लोगों को जनकार्यों में रुचि लेने के लिए प्रोत्साहित कर सकता है। दूसरे कारक के तौर पर वह विषय वास्ते नेता के त्याग और समर्पण के लिए जनता की कृतज्ञता को गिनाते हैं। इसके बाद वह नेताओं का लम्बे समय तक अपने पदों पर बने रहने को अल्पतंत्र के विकास का एक दूसरा सहायक कारण बतलाते हैं।

इसके बाद मिशेल्स उन कुछेक विधियों को गिनाते चलते हैं जिनका इस्तेमाल संगठनों पर पकड़ बनाए रखने के लिए किया जाता है। इनमें एक नेता के वित्तीय संसाधन शामिल होते हैं जिनके माध्यम से वह संगठन से एक अंश आजादी हासिल कर लेता है तथा कुछ मामले में नियंत्रण भी। इसके बाद प्रेस का उपयोग आता है। पार्टी प्रेस पर नियंत्रण के माध्यम से पार्टी के जनसाधारण के मन पर आसानी से पकड़ बनाई जा सकती है। संसद की सदस्यता भी विशेष प्रतिष्ठा और समूचे सांगठनिक नियंत्रण से एक अंश आजादी दे सकती है। इस संसद सदस्यता का इस्तेमाल जनता में अपनी उन व्यक्तिगत कहानियों को उकसाकर अपना कद बढ़ाने के लिए किया जा सकता है जो सामान्य जन के लिए वित्त और योजना जैसे जटिल विषयों की रपट की तुलना में कहीं ज्यादा रोचक और आसानी से समझ में आ जानेवाली होती हैं। इसके बाद वह सांगठनिक नियंत्रण के तरीकों में त्यागपत्र की धमकी का प्रमाण देते हैं। यह तरीका भारत में काफी प्रचलित है। पंडित जवाहरलाल नेहरू अपनी अनिवार्यता को साबित करने के लिए इस तरीके का धड़ल्ले से इस्तेमाल करते थे और इस तरह पार्टी के अन्दर अपनी जगह पक्की कर लेते थे। उन्होंने यह परम्परा दूसरे दल के नेताओं को भी वसीयत कर दी।

मिशेल्स ने अपने अध्ययन के आधार पर एक समाजशास्त्रीय सूत्र गढ़ा जो निम्नलिखित शब्दों में संगठन और अल्पतंत्रों के अन्तर सम्बन्ध को दर्शाता है—"संगठन ही निर्वाचकों पर निर्वाचितों के, आदेशकों पर आज्ञासूचकों के, प्रतिनिधि भेजनेवालों पर प्रतिनिधियों के प्रभुत्व को जन्म देता है। (कौन संगठन कहता है, अल्पतंत्र कहिए।[2])

एक प्रश्न स्वाभाविक रूप से उठता है कि जो राजनीतिक आन्दोलन ऐसे महान लक्ष्यों को लेकर शुरू हुआ था, क्यों खुद ऐसी अलोकतांत्रिक भूमिकाओं से चैन हो जाता है। एक जवाब तो यह है कि जो राजनीतिक स्थितियाँ हैं जिनका कि उन्हें अपना महान साहसिक कार्य शुरू करते वक्त भान नहीं था कि वे जिस छोटी-सी सत्ता को हासिल करने के काबिल रहे हैं, उसे बिना क्षति पहुँचाए दूसरा कुछ कर भी नहीं सकते हैं, लेकिन तब दूसरा सवाल उठता है, कुछ अलग काम के लिए वे क्यों नहीं संसदीय लड़ाई का त्याग कर देते हैं? पहले स्थान पर वे जिस किसी रास्ते

का चुनाव करें, संगठन की आवश्यकता से भाग नहीं सकते हैं, लेकिन एक समय संसदीय राजनीति की संस्थाओं में काम करने के कारण ही वे इसमें निश्चित स्वार्थ बढ़ा लेते हैं। वे उस चीज को हासिल करते हैं जिसे हेरॉल्ड लास्सवेल आभिजात्य कलह के मूल्य—आदर, आय, सुरक्षा कहते हैं। यह निस्सन्देह सही है कि मजदूरों की जो आय है और उन्हें जो आदर मिलता है, उनसे कई गुना ज्यादा आदर और आय मजदूर संगठन तथा राजनीतिक नेताओं को मिलते हैं। निस्सन्देह इन स्थितियों में कमतर सुरक्षा है। वे इस तथ्य को जीवन के दूसरे क्षेत्रों में उच्च कार्यपालक पदों पर आसीन व्यक्तियों से साझा करते हैं, लेकिन इससे मजदूर संगठनों या राजनीतिक संगठनों के पदधारकों की घटना भी शुरू होती है जहाँ पदधारक स्वयं को लम्बी अवधि तक और कभी-कभी जीवनभर के लिए स्थायी बना लेते हैं। भारत में जहाँ पद से हटना अक्सर गरीबी और विस्मृति में एक डुबकी है, अधिकांश राजनेता अपने जीवन के अन्तिम क्षण तक अपने पद से चिपके रहने का प्रयास करते हैं। पंडित नेहरू और उनके अधिकांश सहकर्मी, जैसे सरदार वल्लभ भाई पटेल, मौलाना आजाद, पंडित गोविन्द वल्लभ पन्त आदि अपने जीवन के अन्तिम क्षण तक पद पर बने रहे। नेहरू स्वयं अपने प्रधानमंत्रित्व के अन्तिम वर्षों में गम्भीर रूप से बीमार और लाचार हो गए थे। स्थायी रूप से जिस नियम का पालन किया गया, वह निम्नलिखित-सा प्रतीत होता है—

> "यदि पहले से तय कर लिया है कि देर से मरना है
> तो मन बना लो कि पद पर रहते हुए मरें।"

इसके अतिरिक्त भारत में यह परिघटना भी शुरू हो गई है कि मशहूर माँ-बाप के बेटे और बेटियाँ अपने माँ-बाप के रिक्त स्थानों को भर रहे हैं। यदि ऐसा सम्भव नहीं है तो उन्हें लाभ के अन्य महत्त्वपूर्ण पद दिए जा रहे हैं। पंडित नेहरू ने अपनी बेटी इन्दिरा गांधी को इस तरह से तैयार किया कि वह उनके बाद प्रधानमंत्री की कुर्सी सँभाल सके और उनके मर जाने के बाद वह छोटे-छोटे अन्तरालों पर इस कुर्सी को सँभालती रहती हैं। सरदार पटेल के पुत्र दयाभाई पटेल सांसद थे, इसी तरह लाल बहादुर शास्त्री के पुत्र भी सांसद थे। ये कुछ उदाहरण हैं उस व्यापक घटना के जो पूरे देश में—केन्द्र और राज्यों में भी व्याप्त हैं।

मजदूर वर्ग के आन्दोलन में एक बार परिवर्तनकारी सम्भावना और दृष्टि समाप्त हो जाती है तो यह रुझान ज्यादा आसानी से पैदा हो सकता है। जब तक लोगों में उनके सामने एक बड़ी दृष्टि रहती है, वे इसके लिए कोई भी त्याग कर सकते हैं, लेकिन जब वीरोचित प्रयास की जगह सामान्य नियम ले लेता है तो प्राणी सुख की माँग होने लगती है क्योंकि धनी लोगों के बेटों से भिन्न मजदूरों के बेटों का पुराने परिवेश में लौटना बहुत ही दर्दनाक अनुभव है। वे न केवल अपना प्रभाव गँवाते हैं

बल्कि अपना आर्थिक सहारा भी गँवा देते हैं। पद पर बने रहने के लिए जीवन की उच्च शैली के बाद ऐसा होना किसी आपदा से कम नहीं होता है।

विवाद : अल्पतंत्र शासन और सामान्य स्रोत

अल्पतंत्रीय प्रवृत्ति की सफलता से लास्सवेल की तरह मोस्का और पैराटो के पदचिह्नों का अनुसरण कर यह निष्कर्ष निकालना गलत होगा कि अल्पतंत्र कुलीनों और साधारण जनों में समाजों के स्थायी विभाजन का प्रकटीकरण है। यह सिद्धान्त लास्सवेल द्वारा वर्गों में सामाजिक विभाजन के मार्क्सवादी सिद्धान्त की जगह प्रतिस्थापित किया हुआ है, लेकिन जैसाकि इस मामले में साफ है, अल्पतंत्र बुनियादी सामाजिक विभाजन की जगह नहीं लेता है बल्कि यह केवल वर्ग विभाजन का परिणाम है। चूँकि मजदूर वर्ग को पूँजीपतियों के विरुद्ध लड़ने के लिए एक संगठन की जरूरत होती है, इसलिए मजदूर संघों या मजदूरों के राजनीतिक दलों के अन्दर अल्पतंत्रों का विकास होता है।

वस्तुत: ये अल्पतंत्र मौजूदा बड़े समाजों द्वारा निर्मित नई स्थितियों का एक उत्पाद हैं। यहाँ 'बड़ा या बृहत् समाज' शब्द का इस्तेमाल किसी निन्दात्मक अर्थ में नहीं हुआ है बल्कि एक प्रशंसात्मक अर्थ में हुआ है। ऐसा इस तथ्य को रेखांकित करने के लिए किया गया है कि प्राक्-औद्योगिक समाज का पुराना घनिष्ठ समूह अब मृत हो गया है या तेजी से मर रहा है। इसकी जगह शहरी औद्योगिक क्षेत्रों में मनुष्यों का भारी जमावड़ा हो रहा है जहाँ वे एक-दूसरे से समूहों से भिन्न हैं (जहाँ प्रत्येक व्यक्ति के लिए एक सुनिर्धारित जगह और भूमिका होती थी। अधिकांश संकट समय जो भीतर से पैदा होते थे, उसकी जानकारी रहती थी। इसी तरह उसके उपचार की भी जानकारी रहती थी) इन क्षेत्रों के मजदूरों ने नियोक्ताओं के उत्पीड़न का प्रतिरोध करना अनिवार्य समझा। यह काम करने के लिए उनके पास एक ही उपाय था, संगठित होना। ऐसा वर्ग संघर्ष की इस अनिवार्यता के तहत हुआ कि मजदूर संगठन, सहकारिताएँ और समाजवादी लोकतांत्रिक पार्टियाँ खड़ी हुईं, लेकिन वे संगठन इतने बड़े थे कि वे पुराने समूह जैसे नहीं हो सकते थे। साथ ही, इन संगठनों के अन्दर ज्यादा-से-ज्यादा फैलाव करने की प्रवृत्ति थी ताकि नियोक्ताओं के विशाल संगठनों से बराबरी की जा सके। कारखाने के स्तर पर मजदूरों के लिए यह सम्भव है कि वे अपने कारखाने स्तर के संघ के जरिए नियोक्ताओं से बात कर सकते हैं, लेकिन रेलवे, उड्डयन, समुद्री जहाज और अन्य उद्योगों जैसे उत्पादन संघों या विशाल सिंडिकेटों द्वारा संचालित राष्ट्रीय और अन्तरराष्ट्रीय औद्योगिक संगठनों के उदय के साथ स्थानीय कारखाना स्तर पर बात करना असम्भव था। परिणामस्वरूप, विशालकाय औद्योगिक संगठनों की

बराबरी करने के लिए मजदूरों को भी विशाल मजदूर संघों और मजदूर संघों के महासंघों को संगठित करना पड़ा।

जाहिर है, इन संगठनों के नये कार्यों को अंशकालीन मजदूरों से नहीं किया जा सकता था। इसके अलावा संघों को नियोक्ताओं के अर्थशास्त्रियों के काफी पढ़े-लिखे प्रतिनिधियों से बात करनी पड़ती है जो चतुराई से उन्हें उद्योग के लाभ को क्षति के रूप में समझा सकते हैं—वकील उन्हें यह समझा दे सकते हैं कि आपका पक्ष गलत और गैरकानूनी है। इसी तरह तकनीशियन यह समझा दे सकते हैं कि समूचा लाभ मशीन से आता है और इसमें मजदूरों का योगदान शून्य या कमतर है। इस तरह के विशेषज्ञों से मिलने और उसके झाँसे को पकड़ने के लिए मजदूरों को भी अपने आन्दोलन के नेतृत्ववर्ग में वैसे लोगों को रखना पड़ता है जो अपने आधार पर उन विशेषज्ञों से मिल सकता हो। हालाँकि मजदूर वर्ग कभी-कभी अपनी पंक्तियों से बिलकुल सक्षम नेताओं का त्याग कर देता है, प्राय: मजदूरों के बच्चों की उच्च शिक्षा के रास्ते में असुविधाओं के कारण इन नेताओं को अन्य वर्गों से स्वयंसेवक बनना पड़ता है। किसी भी मामले में जब तक सांगठनिक कार्य की जटिलताएँ साधारण मजदूरों के लिए अगम्य रहती हैं, नेता के मनोविज्ञान पर इसका कोई अन्तर नहीं होता, चाहे वह मजदूर वर्ग से आए या बुद्धिजीवी वर्ग से। नेतृत्व की योग्यता के लिए विशिष्टीकरण की माँग से जुड़ी चीजों की जरूरत होती है। इन मजदूर संगठनों को लड़ाकू भी होना पड़ता है क्योंकि नियोक्ताओं से मिलनेवाली हर रियायतें केवल लड़ाई की धमकी या वास्तविक लड़ाई से ही हासिल होती हैं। इसके लिए दूरगामी रणनीति बनाने की क्षमता तथा साथ ही संघर्ष के समय मजदूरों का नैतिक बल ऊँचा बनाए रखने की क्षमता होनी चाहिए। यह काम अक्सर दीर्घकालीन और श्रमसाध्य होता है। राजनीतिक संगठन के स्तर पर कौशल और दूरगामी राजनीतिक परिप्रेक्ष्य की अनिवार्यताएँ काफी महत्त्वपूर्ण हो जाती हैं। ये सारी चीजें एक साथ मिलकर मजदूर वर्ग आन्दोलन के नेतृत्व को ऊँचा दर्जा दे देती हैं। राजनेता जब तक ऊँचे आदर्शवाद और समानता की नई व्यवस्था से प्रेरित नहीं होते हैं, केवल उनको अपनी परेशानी के लिए भरपूर पारितोषिक मिलता रहे तो वह अपना श्रम जारी रख सकते हैं। निस्सन्देह विशुद्ध मौद्रिक पारितोषिक के लिए कोई मजदूर वर्ग आन्दोलन की ओर आकृष्ट नहीं होगा। वे बेहतर परिणाम के लिए दूसरे क्षेत्रों की तरफ जा सकते हैं, लेकिन एक चीज जिसकी वे निश्चित रूप से सर्वप्रथम माँग करते हैं, वह है आदर अर्थात् सदस्यता पर शक्ति का एक अंश। सत्ता में एक बार आ जाए तो दूसरी तरह से भी उनके अवसर का दायरा बढ़ जाता है। रेमसे मैक्डोनाल्ड ने जब प्रधानमंत्री बनने के लिए अपनी ब्रिटिश लेबर पार्टी को छोड़ दिया तो उसने कहा था, "जिसके पास सत्ता है उसके पास अवसर है।" यही सब ज्यादा सच है, लेकिन जैसा कि उसने खुद साबित कर

दिया कि इस सत्ता का मुख्य रूप से इस्तेमाल व्यक्तिगत फायदे के लिए होता है, हमेशा मजदूर वर्ग के हितों का विचार किए बगैर।

फर्डिनोड लेस्साल वो पहला व्यक्ति था जिसने जर्मनी में मजदूर वर्ग को सक्रिय संसदीय राजनीति के अखाड़े में लाने का काम किया था। वह अक्सर प्रशा के प्रधानमंत्री बिस्मार्क के साथ राजनीति के गूढ़ खेल में व्यस्त रहता था। उसने उस आदर की माँग के आदर्श को स्थापित किया। लड़ाकू तत्त्व को अपनी क्षमता और मंगलकामना में उपलक्षित विश्वास के साथ अपने कमांडर की आज्ञा का पालन करना चाहिए, इसी तरह उसने सोचा कि श्रम आन्दोलन के लड़ाकू संगठन के मजदूरों को भी बेहिचक अपने कमांडर की आज्ञा का पालन करना चाहिए। उसका विश्वास था कि मजदूर संगठन को अपने नेता के हाथ में हथौड़े की तरह होना चाहिए ताकि नेता उस हथौड़े से अपने विरोधियों को चकनाचूर कर सके। यद्यपि मजदूरों ने अपने संगठनों में आलोचना के अपने अधिकार को कभी पूरी तरह से छोड़ा नहीं है, काफी संख्या में मजदूर वर्ग के नेताओं ने गुप्त रूप से या खुले तौर पर नेता और मजदूरों के बीच के इस आदर्श सम्बन्ध को बनाए रखा है।

मजदूर वर्ग के नेता के विशेष ज्ञान और दक्षता की चारों तरफ फैली चमत्कारिक आभा के कारण मजदूर नेता के अबाध अधिकारों पर सामान्यत: तब तक कोई सवाल नहीं उठाया जाता जब तक कि वे कोई गम्भीर गलती नहीं करते हैं, लेकिन बहुत से मामलों में प्रतिष्ठा की शक्ति को अपेक्षाकृत अधिक सवाल किए जाने योग्य उपकरणों से भी उन लोगों का मुँह बन्द करने के लिए पूरित किया जाता है जो नेता के अधिकार को चुनौती देने का साहस करते हैं। अपनी नेतागीरी को स्थायी बनाने के इस प्रयास में मजदूर आन्दोलन के नेता उन निश्चित तत्त्वों से लैस होते हैं जो सभी बड़े संगठनों में पाए जाते हैं और हर जगह अल्पतंत्रीय रुझानों की मदद करते हैं। ये तत्त्व होते हैं—(1) सभी प्रासंगिक सूचनाओं तक पहुँच; (2) दल या मजदूर संगठन की पत्रिकाओं, विशेष बुलेटिनों इत्यादि की तरह संचार के सभी माध्यमों का नियंत्रण; (3) संगठन के वित्त पर नियंत्रण; (4) सम्मेलन इत्यादि के लिए स्थान और समय का निर्धारण करने का अनन्य अधिकार; और सबसे बढ़कर (5) संगठन को पूरा समय देने के लिए दूसरे कामों से मुक्ति। संगठन के एक साधारण सदस्य के पास न तो समय रहता है (क्योंकि अपने निर्वाह के लिए उसे कोई दूसरा काम करना पड़ता है), न ही सूचना और कोष रहता है कि उससे वह विपक्ष को संगठित कर सके और नेताओं का विरोध कर पाए। ये सारे तत्त्व नेताओं के हाथ मजबूत करते हैं जिनसे वे संगठन के मुख्य पदों पर अपने विश्वस्त व्यक्तियों को बैठाते हैं तथा उनके माध्यम से अपने लाभ का चीजों में जोड़-तोड़ करते हैं। सूचना के माध्यम पर नियंत्रण के जरिए वह वैसे तथ्यों को जुटा सकता है जो उसके विरोधियों के खिलाफ हों तथा ऐसी सूचनाओं को प्रचारित

करने के लिए पत्रिकाओं का इस्तेमाल कर उनके विश्वास को खत्म कर सकता है। जब तक कोई संगठन के भीतर उस नेता के समानान्तर एक संगठन बनाने की स्थिति में नहीं होता है, तब तक उस नेता को हटा पाना लगभग असम्भव है। इसलिए पद के वास्तविक स्पर्द्धी उसी प्रकार की पृष्ठभूमि के लोग हो जाते हैं और उसी तरह के संसाधनों पर नियंत्रण रखते हैं। इसलिए जब नेतृत्व में परिवर्तन भी होता है तो संगठन के स्वभाव में खुद कोई गुणात्मक परिवर्तन नहीं होता है। शिकायतों के कुछ कारण बदलाव की इस प्रक्रिया में दूर हो सकते हैं लेकिन नेता और मजदूर के बीच का सम्बन्ध मूल रूप से नहीं बदलता है। जनसाधारण जिस तरह से पहले पुराने पदधारियों पर नजर रखा करता था उसी तरह से वह नये पदधारियों पर भी नजर रखता है।

पोपवाद के उदय को भी समान तत्त्वों से चिह्नित किया जा सकता है। जब तक ईसाई संगठन कुछ अलग-थलग किए गए और स्वायत्त समूहों तक सीमित था, इसने लोकतांत्रिक आचरण का पालन किया, लेकिन ज्योंही इसने खुद को बड़े पैमाने पर एक मजदूर और एकीकृत तत्त्व के रूप में संगठित करने का प्रयास किया, उसी तरह की अल्पतांत्रिक प्रवृत्ति पैदा हो गई और इससे रोम में पोप के राज्य की स्थापना हुई। गिब्बन इस क्रमिक विकास की पूरी तसवीर प्रस्तुत करते हैं। उसने लिखा है—"शुरुआती पादरियों को केवल उनके बराबरीवालों में अव्वल तथा एक आजाद जाति के सम्मानित सेवक के रूप में देखा जाता था। जब कभी बिशप सम्बन्धी कुर्सी निधन से खाली होती थी, पादरियों के बीच से समूची सभा के मत द्वारा नये सभापति का चुनाव होता था, उस सभा का प्रत्येक सदस्य स्वयं को पवित्र और पुरोहितवादी चरित्र से आच्छादित मानता था।

इस तरह का कोमल और समान संविधान था जिसके द्वारा धर्मोपदेशकों के निधन के बाद सौ वर्षों से भी ज्यादा समय तक ईसाइयों पर शासन किया गया।"[3]

इस चरण में कोई प्रधान शक्ति या विधानसभा नहीं थी। इसके बाद उन्होंने इन बिखरे समूहों के बीच नजदीकी एकता लाना शुरू कर दिया। इस प्रक्रिया से यथा निम्नवर्णित काफी केन्द्रीकृत सत्तावादी संगठन कायम हो गया—"यह शीघ्र ही एक रीति के रूप में और एक नियम के रूप में स्थापित कर दिया गया था कि स्वतंत्र गिरजाघरों के पादरियों को वसन्त और पतझड़ की कथित अवधियों में प्रदेशों की राजधानी में मिलना चाहिए। उनके सोच-विचार को कुछ प्रतिष्ठित पादरियों की राय से मदद पहुँचाई गई तथा सुननेवाले जनसमूह की उपस्थिति से मर्यादित किया गया। उनके आदेशों को गिरजाघर के नियमों का रूप दिया गया, और उसने विश्वास और अनुशासन के प्रत्येक महत्त्वपूर्ण विवाद का नियम किया...चूँकि विशेष गिरजाघरों के विधायी अधिकार को परिषदों के इस्तेमाल से बेखबर ढंग से अधिक्रमित कर लिया गया था, बिशपों ने अपने गठबन्धन से कार्यपालक और मनमानी शक्ति में

काफी ज्यादा हिस्सा ले लिया; और तुरन्त जैसे ही उनका जुड़ाव उनके सामान्य हित के होश-हवास से किया गया, वे एकीकृत शक्ति से हमला करने के योग्य बना दिए गए।"[4]

मौजूदा या अतीत के अन्य सत्ता श्रेणीक्रमों के विकास पर नजर दौड़ाएँ तो यह स्पष्ट ढंग से प्रदर्शित होता है कि इस घटना को निश्चित रूप से राज्य सत्ता के विकास की जड़ में भी रखा जाना चाहिए। बाहरी और नई चुनौतियों के लिए न केवल विशेष कौशल की जरूरत पड़ती है बल्कि अपने को पूरी तरह नये कार्य में लगाने के लिए मनुष्यों के स्थायी निकाय की भी जरूरत पड़ती है। मनुष्यों को जब इस बाहरी और नई चुनौती का सामना करने के लिए अपने सीमित आमने-सामने के समूहों और सम्प्रदायों से बाहर निकलना पड़ता है तो दबाव के समय जिस तरह से साधन समाज विकसित होता है, केवल उसी तरह से राज्य के विकास को कायदे से समझा जा सकता है। इस तरह की पहली और सबसे महत्त्वपूर्ण चुनौती प्राचीनकाल के अन्तर्जनजातीय युद्धों के समय पैदा हुई थी। यह चुनौती जब एक जनजाति किसी नई जनजाति के आमने-सामने हुई होगी तो अपरिचित और अज्ञात के भय के कारण उत्पन्न हुई होगी। यह भय बाहरियों के विरुद्ध जैसा कि अक्सर होता है, शत्रुता में बदल गया होगा। यह चुनौती चरागाह या शिकार के क्षेत्र के अभाव के कारण भी पैदा हुई होगी क्योंकि जनजातीय आबादी का घनत्व बढ़ने से बसावट का क्षेत्र कम पड़ गया था। जैसे-जैसे जनजातियों का फैलाव हुआ, वे दूसरे जनजातियों के चरागाह या शिकार क्षेत्र में घुसने लगे जिससे विवाद उत्पन्न हुआ। जब इस तरह का अन्तर्जनजातीय युद्ध अक्सर होने लगा तो एक नायक की जरूरत पड़ी जो इन युद्धों में जनजातियों का नेतृत्व कर सके। इससे काफी संख्या में लोग अपने को युद्ध से सम्बन्धित समस्याओं के लिए अनन्य रूप से तैयार किए। कालान्तर में ये नेता या नायक राजा या प्रमुख बन गए। इस तरह से राजशाही की जो संस्था कायम हुई, वह भावी राज्य का नायक बन गई।

भारत में राजशाही निश्चित रूप से इस तरीके से पैदा हुई प्रतीत होती है। काशी प्रसाद जायसवाल भारत में शासन व्यवस्था की उत्पत्ति की जड़ में कुछ ऐसी ही प्रक्रिया को उद्धृत करते हैं। वह लिखते हैं—"वैदिक सिद्धान्त 'ऐतरेय ब्राह्मण' में मिलता है। यह कहता है कि देवों अर्थात् इनके पुजारियों, हिन्दुओं के पास मूलत: कोई राजा नहीं था। असुरों के विरुद्ध अपने संघर्ष में (यह 'देवासुर संग्राम' से ज्ञात प्राचीन जनजातीय युद्धों का हवाला देता है जो भारत में कथित आर्यों के व्यवस्थित होने के काल में घटित हुआ था)—जब देवों ने यह देखा कि वे बार-बार हार रहे हैं तो वे इस निष्कर्ष पर पहुँचे कि असुरों के पास उनका नेतृत्व करने के लिए एक राजा था इसलिए वे सफल रहे। अत: देवों ने उसी प्रयोग को आजमाने का निर्णय लिया और वे एक राजा चुनने के लिए सहमत हो गए।"[5]

अरस्तू भी राजशाही की उत्पत्ति का कुछ वैसा ही कारण बताते हैं। उन्होंने लिखा है—"राजा का पद वस्तुत: एक प्रकार का सेनापतित्व है, गैर-जिम्मेवार तथा स्थायी। युद्ध की अवधि को छोड़ दें तो राजा के पास जीवन और मौत की शक्ति नहीं होती है।"[6]

दूसरी जगह वह स्पार्टा में एडमिरल के पद की आलोचना करते हैं। वह यह बतलाते हैं कि चूँकि राजा स्थायी जनरल होते हैं, एडमिरल का यह पद एक-दूसरे राजा को खड़ा कर रहा था जो विरोध का एक स्रोत बन गया। यह पुन: बतलाता है कि राजा का पद युद्ध की आवश्यकताओं से गहरे सम्बद्ध था।

वर्ग युद्ध हो या जनजातियों के बीच का युद्ध हो, तेज विवाद के इन सभी मामलों में विध्वंस से अपने-अपने समूहों के संगठित जीवन की रक्षा करने का एकमात्र तरीका युद्ध की देखरेख करने के लिए यह काम और अधिकार भी किसी चयनित जनसमूह को सौंप देना है ताकि शेष लोग स्वयं को अपने सामान्य घरेलू कामों में लगा सकें, लेकिन इस विशेष मानव समूह की शक्ति के विकास में प्रतिफलित होना चाहिए जिस पर समूचे समुदाय की सुरक्षा निर्भर रहती है।

रोम में भी इस गणराज्य के पतन और सीजरवाद के उदय में वही तत्त्व देखते हैं। मुख्य सेनानायक जो बाद में सम्राट बन गया, उसे गणराज्य के आरम्भिक जीवन में सिपाहियों द्वारा विजयमान रोमन जनरल प्रदान किए गए, लेकिन धीरे-धीरे सेनानायक सम्राट बन गया। प्यूनिख युद्धों ने विदेशी विजयों के लिए जनरलों की भूख को बढ़ा दिया था। जैसे-जैसे विदेशी अभियानों की अगुआई करनेवाले जनरलों का गौरव बढ़ता गया, सीनेट और नागरिकों का गौरव डूबता गया। जूलियस सीजर अपने विदेशी अभियानों द्वारा सम्भव बनाई गई घूसखोरी तथा सिपाहियों की निष्ठा से समर्थित अभित्रास के संयोजन के माध्यम से अपने आदेश को मनवाने के लिए जनसाधारण को डराने में सफल हो गया। यद्यपि वह खुद मारा गया, उसने नागरिकों की आजादी की जड़ पहले ही खोद दिया था। आगस्टस सीजर ने इसके तुरन्त बाद गणराज्य को अन्तिम रूप से दफन कर दिया।

राज्य की उत्पत्ति को कुछ बाहरी प्रेरणाओं से उत्पन्न होनेवाली किसी जनजातीय समाज के कार्यों के विभेदन से पता लगा सकते हैं। जैसा कि हमने पूर्व के अध्याय में उल्लेख किया है, स्वभावत: मनुष्य नवीनता की अपेक्षा पुराने रास्ते को ही पसन्द करता है। यह उसे सुरक्षा बोध प्रदान करता है जो उसकी बुनियादी खोजों में से एक है। इससे दो परिणाम सामने आते हैं। पहला, कोई भी विकास जो समुदाय या जनजाति के जीवन के स्थापित पैटर्न के बाहर होता है, केवल एक शक्तिशाली नई प्रेरणा से आता है जो समुदाय के जीवन को बर्बाद कर देने की धमकी देता है। दूसरा, समुदाय ऐसी परिस्थितियों में नेतृत्व का काम एक व्यक्ति या कुछ व्यक्तियों को जिन पर यह विश्वास करता है, दे देता है ताकि यह अपने दैनिक कार्यों को दिनचर्या की

भाँति कर सके। ऐसी चुनौतियाँ कुछ बड़ी प्राकृतिक आपदा, अन्तर्जनजातीय युद्ध या वाष्प और विद्युत के साथ आई तकनीकी क्रान्ति की तरह की तकनीकी क्रान्ति से पैदा हो सकती हैं। उत्पादन की विधियों में छोटी-छोटी क्रान्तियाँ समुदाय की संरचना को विघटित करने तथा नई सामाजिक संरचना को खड़ा करने हेतु पर्याप्त प्रेरणाएँ नहीं हैं। अनेक जनजातीय समाजों ने बगैर किसी गम्भीर विघटन के सैकड़ों वर्षों से अपने सामाजिक संगठन को बनाए रखा है, यद्यपि इस अवधि में उन्होंने बाहर की अनेक नई तकनीकों को आत्मसात् कर लिया है।

फ्रेडरिक एंगेल्स भी विश्वासोत्पादक ढंग से आर्थिक वर्गों के विकास से राज्य की उत्पत्ति का पता लगाने में विकल हो जाता है। यह धारणा मात्र वह निस्सन्देह यह दिखाता है कि काफी मामलों में राज्य की सत्ता का इस्तेमाल प्रश्रयप्राप्ति के लिए होता है, लेकिन यह विरोधी दृष्टिकोण से भी व्याख्यायित हो सकता है। उदाहरणार्थ यह तर्क दिया जा सकता है कि वे जो समाज में सत्ता धारण करते हैं, आर्थिक विशेषाधिकारों पर एकाधिकार बनाने में सफल भी हुए हैं। वस्तुत: एंगेल्स खुद जनजातीय समाजों के विखंडन की प्रक्रिया का वर्णन करता है जो यह दर्शाता है कि इस प्रक्रिया में युद्धों ने निर्णायक भूमिका अदा की है। वह लिखता है : "जाति के रक्त बन्धन का तीव्र लोप इस तथ्य के कारण था कि जनजाति और समूची जाति में इसके अवयव विजय के फलस्वरूप अपभ्रष्ट भी हो चुके थे। हम जानते हैं कि पराधीन लोगों पर शासन जेंटाइल सम्बन्धी आदेश के असंगत है...रोमन प्रदेशों के मालिक जर्मन लोगों को अपनी विजय को संगठित करना था, लेकिन कोई रोमन जनता को जेंटाइल निकायों में अवशोषित नहीं कर सकता था, न ही जेंटाइल निकायों की मदद से उन पर शासन कर सकता था। रोमन राज्य के एक स्थानापन्न को रोमन स्थानीय प्रशासनिक निकायों के शीर्ष पर रखा जाना चाहिए था...और यह स्थानापन्न केवल एक दूसरा राज्य ही हो सकता था, इस तरह जेंटाइल संविधान के अवयव को राज्य के अवयवों में रूपान्तरित किया गया था।[7]

एक दूसरी जगह वह लिखता है : "फिरंगियों की राजशाही को लीजिए। यहाँ न केवल रोमन राज्य का व्यापक आधिपत्य है बल्कि जमीन के वे तमाम बड़े क्षेत्र भी जो बड़ी और छोटी सूचना को सौंप नहीं गए थे तथा मार्क समुदाय, विशेषत: सभी बड़े जंगल, विजेता परदेसी लोगों के हाथों में उनके बेरोक-टोक स्वामित्व की तरह चले गए। साधारण सैनिक कमांडर से वास्तविक राजा में रूपान्तरित राजा ने जो पहली चीज थी, वह चीज थी जनता की इस सम्पत्ति को राजकीय जायदाद में बदलना, इसे जनता से चुराना तथा जागीर में इसे अपने प्रतिधारकों को दे देना।"[8]

यहाँ हम न केवल राजा को देखते हैं बल्कि युद्ध संग्राम की अत्यावश्यकता के चलते पैदा होनेवाली जनजातीय लोगों की सरदारी से उत्पन्न निजी राजसी सम्पत्ति को भी देखते हैं। यह आश्चर्यजनक है कि एंगेल्स इस एकमात्र निष्कर्ष पर नहीं

पहुँच पाया जो ऐसे तथ्यों से प्रमाणित है। यह कि राज्य की उत्पत्ति की ज्यादा सहज ढंग से व्याख्या बादशाहत के उदय से हो सकती है जो पूरे विश्व में जनजातियों के बीच के युद्धों के चलते अपरिहार्य बन गया था। इस तरह यही एकमात्र चीज है कि जमीन या खान में बगैर किसी निजी सम्पत्ति के मिस्र में फराओं के शक्तिशाली साम्राज्यों की व्याख्या करना सम्भव है। यही जमीन या खान उत्पादन या भारत में शक्तिशाली मौर्य साम्राज्य के मुख्य स्रोत थे। जो पुन: ज्यादातर उत्पादन के अधिकांश साधनों के राज्य स्वामित्व पर आधारित थे। जैसे-जैसे नये विकासशील प्रधानों या राजाओं ने युद्ध के अन्दर किए गए अपने वीरतापूर्ण कार्यों से सतत, प्रतिष्ठा और विशेषाधिकार प्राप्त किया वैसे-वैसे उन्होंने युद्ध में निहित स्वार्थ विकसित किया। इस तरह जब भी कोई शक्तिशाली राजा पैदा हुआ, उसने अपने प्रभुत्व को फैलाने का प्रयास किया। प्रभुत्व का प्रसार होने से राजा और प्रजा के बीच जिनसे कि वह निकला था, दूरी काफी बढ़ती गई, कभी-कभी प्रभुत्व का यह प्रसार राजा के दैवीकरण में प्रतिफलित हुआ।

राज्य का तमाम शाखाओं-उपशाखाओं में बँटना, नौकरशाही का उदय तथा विभिन्न प्रकारों की प्रतिनिधि सभाओं का उभार भी, इन सबों का राजसी सत्ता के विकास से पता लगाया जा सकता है क्योंकि राजसी सत्ता ने अपने शासन के तहत अपने विवर्धन से सम्बन्धित एवं लोगों के जीवन और अच्छाइयों से भी सम्बन्धित प्रशासन की विभिन्न समस्याओं का समाधान आने का प्रयास किया था। राज्य नौकरशाही उन साम्राज्यों में पैदा हुई जो अपने क्षेत्राधिकारों में ज्यादातर सिंचाई, सड़क निर्माण, संरक्षात्मक मोर्चाबन्दी और स्मारक निर्माण जैसे लोक कार्यों के सिलसिले में प्रशासन के विस्तृत कार्य में व्यस्त रहते थे। उन राज्य और निजी सम्पत्ति के अपने सिद्धान्त में फिर बैठाने की कठिनाई के कारण मार्क्स और एंगेल्स ने एशियाई समाजों की श्रेणी के तहत जो जमा किया, वह इसी श्रेणी का था। वस्तुत: एंगेल्स उन्हें 'सिंचाई सभ्यता' भी कहता है लेकिन उनके साथ अत्यन्त औपचारिक और अवमानी तरीके से व्यवहार करता है। मार्क्स को लिखे पत्र दिनांक 6 जून, 1883 में उसने लिखा था—"किन्तु यह कैसे होता है कि एशियावासी जमीनी सम्पत्ति से इसके सामन्ती रूप में भी सम्मान प्राप्त नहीं करते हैं? मेरी समझ से यह मुख्यत: जलवायु के कारण साथ ही मिट्टी की प्रकृति, विशेष रूप से रेगिस्तान के बड़े फैलावों के कारण होता है। यह रेगिस्तान सहारा से होकर अरब, फारस, भारत और टारटरी होते हुए सबसे ऊँची एशियाई पठारी तक फैला हुआ है। कृत्रिम सिंचाई यहाँ खेती की पहली शर्त है तथा यह मामला या तो कम्यूनों, प्रदेशों के लिए है या केन्द्रीय सरकार के लिए। और पुरबिया सरकार के पास तीन विभागों से ज्यादा विभाग कभी नहीं था—वित्त (घर में लूट), युद्ध (घर में और बाहर में लूट) तथा लोककार्य (उत्पादन का प्रावधान)।"[9]

एंगेल्स इस पत्र में न केवल उन एशियाई समाजों के बारे में गहरी अज्ञानता प्रकट करता है, जो काफी विकसित थे तथा जिनका राज्य संगठन काफी विविधतापूर्ण तथा विकसित था (वस्तुत: औद्योगिक क्रान्ति से पहले यूरोपीय समाज भारतीय और चीनी समाजों की तुलना में हर मामले में पिछड़े हुए थे) बल्कि सही में राज्य और निजी सम्पत्ति के अपने सम्पूर्ण सिद्धान्त को हास्यास्पद स्थिति में प्रस्तुत करता है। जहाँ उत्पादन के प्रमुख साधन जमीन में कोई निजी सम्पत्ति नहीं थी, वह कैसे अपने इस सिद्धान्त का मेल-मिलाप शक्तिशाली राज्यों के अस्तित्व से करा सकते थे कि राज्य निजी सम्पत्ति के स्वामित्व पर आधारित एक वर्ग का दूसरे वर्ग पर वर्ग शासन का प्रकटीकरण है।

एक बार राज्य अस्तित्व में आ जाता है तो यह निस्सन्देह, निजी सम्पत्ति के स्वामियों को नजरअन्दाज नहीं कर सकता है। यह जहाँ भी अस्तित्व में आया है, इसने निजी सम्पत्ति की उपेक्षा नहीं की है तथा अक्सर इसका पक्ष लिया है। वस्तुत: राज्य और सम्पत्ति के सम्बन्ध अत्यन्त जटिल होते हैं और ये दोनों अक्सर जटिल ढंग से अन्तर्ग्रंथित होते हैं, लेकिन ये दोनों अनिवार्यत: उस तरीके से सम्बन्धित नहीं होते हैं जिस तरीके से मार्क्स और एंगेल्स ने सोचा था अर्थात् राज्य निजी सम्पत्ति का नाश नहीं करता है।

इस विश्वास के कारण कि राज्य वर्गशासन का ही प्रकटीकरण है, मार्क्स ने लुई बोनापार्ट के शासन के अपने विश्लेषण में स्वयं को उसी तरह की परेशानी में देखा। मार्क्स के अनुसार न केवल उत्पादन के साधन का समान सम्बन्ध बल्कि राजनीतिक रूप से संगठित करने या होने की योग्यता तथा अपनी वर्ग स्थिति और एकता का ज्ञान भी वर्ग को परिभाषित करने की आवश्यक शर्तें हैं। वर्ग के इस विचार से लुई बोनापार्ट के राज्य ने इसका वर्गीकरण किए जाने के हर प्रयास को चुनौती दी। मार्क्स अपनी पुस्तक 'एटींथ ब्रूमायर ऑफ लुई बोनापार्ट' में लिखता है—"यहाँ तक कि लाखों परिवार अस्तित्व की आर्थिक स्थितियों के अन्तर्गत रहते हैं जो अन्य वर्गों के लोगों से उनकी जीवनशैली, उनके हितों और उनकी संस्कृति को अलग करती है तथा उन्हें उक्त वर्गों का विरोधी बना देती है, वे एक वर्ग का निर्माण कर लेते हैं। यहाँ तक कि इन छोटे किसानों के बीच महज एक स्थानीय अन्तर्सम्बन्ध होता है और उनके हितों की पहचान उनके बीच कोई समुदाय, कोई राष्ट्रीय बन्धन और कोई राष्ट्रीय संगठन को नहीं करती है, वे अपने किसी वर्ग का निर्माण नहीं करते हैं। परिणामत: वे अपने नाम पर संसद या सम्मेलन के जरिए वर्ग हितों को लागू करने में अक्षम होते हैं। वे स्वयं का प्रतिनिधित्व नहीं कर सकते हैं, उनका प्रतिनिधित्व किया जाता है। बहरहाल, उनके प्रतिनिधि को उनके मालिक के तौर पर दिखना चाहिए, उनके अधिकारी के तौर पर दिखना चाहिए, असीमित सरकारी शक्ति के तौर पर दिखना चाहिए तो अन्य वर्गों के विरुद्ध उनकी रक्षा करती है तथा ऊपर से उन्हें बारिश और सूर्य की चमक

भेजती है। इसलिए छोटे कृषकों का राजनीतिक प्रभाव कार्यपालक शक्ति के रूप में प्रकट होता है जो समाज को स्वयं के अधीन कर लेती है।"[10]

इस परिच्छेद गें हम राज्य का मार्क्सवादी सिद्धान्त तथा वर्गों से इसके सम्बन्ध से सम्बन्धित तमाम तरह का प्रतिवाद देखते हैं। यदि किसान वर्ग को लुई बोनापार्ट के राज्य के जरिए प्रतिरूपित शासक वर्ग के रूप में पहचाना जाता है तो राज्य का सारा मार्क्सीय सिद्धान्त ढह जाता है। तब यह मानना अनिवार्य होगा कि किसान वर्ग का स्वतंत्र राज्य सर्वहारा के नेतृत्व के बिना सम्भव है। साथ ही यह स्पष्ट करना पड़ेगा कि जहाँ शासन करनेवाला किसान वर्ग अभी भी शोषण के प्रत्येक रूप के अधीन था, कराधान की ऊँची घटना सहित स्थिति का अन्तर्विरोध, मार्क्स के अनुसार, नौकरशाही की उस भारी-भरकम सेना को पालने के लिए आवश्यक हो गया था जिसे बोनापार्ट ने अपने शासन के पीछे ही प्रस्तुत किया था। दूसरी तरफ, यदि हम यह इनकार करते हैं कि बोनापार्ट के राज्य ने किसान वर्ग के वर्ग हित का प्रतिनिधित्व किया था तो तुरन्त हमारे सामने यह सवाल आ जाता है—तब उसने किस वर्गहित का प्रतिनिधित्व किया था? मार्क्स का जवाब है कि उसने किसी वर्ग का प्रतिनिधित्व नहीं किया था। वह लिखता है—"सम्पोषित और सुसज्जित, भारी-भरकम नौकरशाही 'नेपोलियनवादी विचार' है जो द्वितीय बोनापार्ट के लिए सबसे ज्यादा अनुकूल है। यह देखना कैसे अन्यथा हो सकता है कि समाज के वास्तविक वर्गों के साथ-साथ उस पर एक कृत्रिम जाति की रचना करने का दबाव होता है जिसके लिए अपनी शासन प्रणाली की देखरेख जीविका का प्रश्न बन जाती है?"

मार्क्स द्वारा वर्णित इस राज्य नौकरशाही को आसानी से प्राचीन मिस्र और चीन में विकसित या हमारे अपने समय की अविकसित दुनिया में विकसित हो रही राज्य नौकरशाहियों के साथ एक वर्ग में रखा जा सकता है। मार्क्स को कम-से-कम समाजवादी कहलानेवाले कुछ अविकसित देशों में, जिन्हें किसान वर्ग में सम्पोषण और सम्मान प्राप्त होता है, राज्य नौकरशाहियों को पहचानने में कोई परेशानी नहीं हुई होगी। उसने उन्नीसवीं सदी के मध्य में नौकरशाही-सम्बन्धी जाति की प्रतिकृति के रूप में फ्रांस की काफी भर्त्सना की थी।

एक बार अन्य लोगों को वश में करने की दिशा में पहला कदम उठा लिया गया है तो स्थायी सेना सदृश जोर-जबर्दस्ती के अन्य उपकरण स्वाभाविक रूप से पैदा हो जाते हैं। ऐसी सेना का सम्पोषण पराभूत लोगों के विद्रोह के प्रयासों को दबाने के लिए अनिवार्य हो जाता है। आबादी, जिस पर ऐसा प्रभुत्व रखा जाता है वह जितनी अधिक विजातीय होती है, उनके प्रतिरोध को रोकने के लिए सेना को तैयार रखने की आवश्यकता उतनी ही अधिक गम्भीर होती है। एक बार यह उपकरण प्रत्यक्ष लोकप्रिय नियंत्रण से पर्याप्त स्वतंत्रता हासिल कर लेता है तो यह अपने लोगों को भी वश में करने का उपकरण बन जाता है।

इसी तरह राज्य का दूसरा तत्त्व यह है कि इसका भूभाग एक शासक द्वारा जीते गए भूभाग के समान होता है। इस तरह के भूभाग यदि एक लम्बे समय तक बने रहते हैं तो उनकी सीमाएँ पारम्परिक सीमाएँ बन जाती हैं। काफी संख्या में आधुनिक राज्यों ने ऐसी जीत से अपनी सीमाएँ हासिल की थीं। यह केवल हाल के समय, ज्यादातर प्रथम विश्वयुद्ध के समय से हुआ है कि आत्मनिर्धारण के आधार पर विशिष्ट संस्कृति, परम्परा, भाषा वगैरह के आधार को माना जाए। इन परम्पराओं को भी एक समय या दूसरे समय पर ज्यादातर उन क्षेत्रों में जिनकी सीमाओं का निर्धारण किसी विजेता की तलवार से किया गया होता है, विकसित होना चाहिए था।

सामन्ती सत्ता में पूर्व रूप में ऐसी क्या चीजें थीं कि यह राष्ट्रीय सीमाओं का निर्धारण नहीं कर सका है। दूसरी तरफ बुर्जुआ हित में जब खुद के लिए अस्थायी बनने से ससुख न चाहने की प्रकृति रही है कि राष्ट्रीय सीमाओं से बाहर हो जाए। इसलिए इन वर्गों में किसी एक वर्ग का प्रभुत्व विभिन्न राजाओं के भूभागीय सीमाओं को स्पष्ट नहीं कर सकता था। बुर्जुआ वर्ग के बारे यही कहा जा सकता है कि इसने निश्चित पारम्परिक सीमाओं को वहीं संघटित करने का प्रयास किया जहाँ उसकी सुरक्षा के लिए यह जरूरी थी।

राज्य के दूसरे रूप और अंग समाज के विविध हितवाले वर्गों और राजसी सत्ता के बीच की अन्त:क्रिया के फलस्वरूप विकसित हुए। संसदों की जननी, ब्रिटिश संसदीय प्रणाली और यूरोप के प्रातिनिधिक निकाय भी उसी ढंग से पैदा हुए। यह सब इसलिए सम्भव हो पाया कि कुछ अलग तरह के विकास के कारण यूरोप में रोमन साम्राज्य के काल को छोड़ दिया जाए तो कभी कोई सुदृढ़ नौकरशाही विकसित नहीं हुई। यह यूरोप में राज्यसत्ता के विकास की कुछ अलग स्थितियों के द्वारा जवाबदेह है।

यूनान के राज्य जो यूरोप के अन्दर बननेवाले प्रथम राज्यों में से थे, अपनी विशेष भौगोलिक स्थिति के कारण वह रूप कभी ग्रहण नहीं कर सके जो एशिया और अफ्रीका के शक्तिशाली साम्राज्यों ने ग्रहण कर लिया था। समुद्र और घाटियों के बीच फँसी जमीन की संकीर्ण पट्टी तक सीमित जिसने स्थापित कृषि जीवन के लिए पर्याप्त सम्पोषण नहीं दिया। सो, यूनान वासी शुरू से ही अपनी जीविका के लिए व्यापार और खेती से अनुपूरित, समुद्री डाके और लूटपाट पर निर्भर थे। इस तरह काफी संख्या में लोग ऊपर की ओर चढ़ा दिए गए जो इन साहसिक अभियानों का नेतृत्व ले सकते थे। ऐसे लोग शिक्षणीय विषय बनने में अक्षम होते हैं। इस तरह किसी सर्वशक्तिशाली नेता जिसके प्रति दूसरे लोग वफादारी की कसम खा सकते थे, के बदले काफी संख्या में लोग अपनी व्यक्तिगत आकांक्षा से इन राज्यों में उठ खड़े हुए। यह एक व्यक्ति के निरंकुश शासन को आगे बढ़ाने की स्थिति नहीं हो सकती थी। इन प्राचीन यूनानियों में देखते हैं, 'प्राच्य निरंकुशता' के लिए अवहेलना

इस स्थिति का एक प्रदर्शन थी। वहाँ निरंकुशता तो पैदा हुई, लेकिन निरंकुश शासकों को जनसाधारण का मत जीतना होता था इसलिए उन्हें एक जनप्रिय नेता के रूप में शुरू करना पड़ता था। यह सच है, रोमन गणराज्य एक साम्राज्य बनकर अपभ्रष्ट हो गया, लेकिन यह एशिया और अफ्रीका की पुरानी दुनिया के साम्राज्यों में से कुछ साम्राज्यों के तरीके से एक स्थापित वंशानुगत राजतंत्र कभी नहीं बन पाया। इसलिए यूरोप में केन्द्रीकृत नौकरशाही सम्बन्धी राज्य की पटरी कभी विकसित नहीं हो पाई। इस तरह जब रोम का उत्तराधिकारी कैटोलिंजियन साम्राज्य, अपने जागरण में एक सम्पूर्ण अराजकता छोड़कर ध्वस्त हुआ तो इसकी बर्बादी पर एक नई प्रथा विकसित हुई—सामन्ती प्रथा। परभक्षी समूहों का प्रधान, जिसके लिए यह काल स्वर्ण युग था, यूरोप के बृहत्तर भागों के किसानों पर दबाव डाला कि वे अपनी आजादी को त्याग दें और बदले में अपनी सुरक्षा के लिए इन योद्धा मालिकों के पास आ जाएँ।

फिर भी, सामन्ती यूरोप में बादशाहत बनी रही, लेकिन यह एक भिन्न प्रकृति की बादशाहत थी। राजा स्वयं एक सामन्त स्वामी होता था जिसका स्थान जागीर धारक असामियों और स्वामियों के श्रेणीक्रम के शीर्ष पर होता था। इंग्लैंड में विजय के फलस्वरूप नॉर्मन राजाओं का स्थान बड़ा शक्तिशाली था क्योंकि वे जीत हासिल करनेवाली सेना के शीर्ष पर होते थे। वे सामन्ती बैटन समुदाय के राजनीतिक बहानों को रोक पाने में सक्षम थे। यूरोप में भी राजा धीरे-धीरे सामन्त स्वामियों की आजादी को रोक पाने में सफल हो गया। उसका स्थान दो कारणों से हासिल किया गया, बारूद और धनलोलुप सेना के प्रवेश से। धनलोलुप सेना ने उसे सामन्त स्वामियों द्वारा दिए जानेवाले करों पर की निर्भरता से मुक्त कर दिया। और बारूद ने उनकी मोर्चाबन्दी को चकनाचूर करने में उसकी मदद की जिससे मालिकों का दुर्ग कायम हुआ था। यहाँ पुन: हमें राज्यसत्ता (अर्थात् राजा की सत्ता) की घटना दिखाई देती है जो सामन्ती प्रथा का प्रतिनिधित्व शहरी लोगों के उस पराए वर्ग की मदद से उक्त प्रथा को खत्म कर देने की योजना बना रही थी जो अभी-अभी पैदा हो रहा था तथा जिसे राजा सामन्त स्वामियों के विरुद्ध उकसा रहे थे। इस तरह पुन: राज्य के वर्ग सिद्धान्त के दृष्टिकोण से स्थिति विरोधाभासी हो जाती है। यह कहना काफी नहीं है कि सामन्ती प्रथा की कोई उपयोगिता नहीं रह गई थी, काफी पुरानी हो चुकी थी और उसे जाना ही था। पहले स्थान पर सामन्तवाद के खात्मे के बहुत पहले राष्ट्रीय राजतंत्र प्रबल हो चुका था, लेकिन यद्यपि सामन्ती प्रथा अपनी उपयोगिता खो चुकी थी, सामन्ती राज्य की, जिसका प्रतिनिधित्व राजसी सत्ता करती थी, इस पर आक्रमण करने के बदले इसकी रक्षा करनी चाहिए थी।

संसदीय रूपों के मूल तत्त्वों का प्रकट होना केवल तभी शुरू हुआ जब राजा राज्य के रूप में प्रकट हो रहा था और राजा और स्वामियों के बीच विशेष सम्बन्ध कायम हो रहा था। फ्रांस का स्टेट्स-जनरल और इंग्लैंड की संसद, ये दोनों तेरहवीं

सदी में अस्तित्व में आए और इनकी मंशा शाही प्रशासन में नये तत्त्वों को शामिल करने की थी। ब्रिटिश संसद का विकास 1215 के मैग्नाकार्टा का परिणाम था जो राजा जॉन की ज्यादतियों से आजिज आकर लाया गया था। 'संसद' शब्द स्वयं उस समय व्यवहृत नहीं होता था, लेकिन चार्टर की माँग थी कि क्षेत्र के सामान्य परिषद अर्थात् धर्माध्यक्षों, बैटनों और मुख्य काश्तकारों की सभा की सहमति के सिवाय सम्राट कोई असाधारण टैक्स नहीं लगा सकते हैं। बाद में इस परिषद को संसद के रूप में जाना गया। एड्वर्ड प्रथम के शासनकाल में यह लोककार्य के सम्पादन की एक स्थापित संस्था बन गई। इस चरण में हालाँकि यह महज एक कुलीन निकाय थी जिसका इरादा राजा की निरंकुश प्रवृत्तियों पर रोक लगाने का था, लेकिन धीरे-धीरे संसद का दायरा इसे सारे लोगों का प्रतिनिधित्व बनाने के लिए बढ़ गया। सम्प्रभुता की धारणा वस्तुत: राजा के साथ पैदा हुई और जैसे-जैसे राज्य को प्रभावित करनेवाले निर्णयों में आबादी की भागीदारी ने जनता की सम्प्रभुता की धारणा को फैलाया, यह निहितार्थ से पैदा हुई।

इस कल्पित अधिकार (सम्प्रभुता का) का सबसे पहले किसी व्यक्ति ने दावा किया और बाद में इसका इस्तेमाल कुछ या अनेक लोगों द्वारा सारे समाज पर अपनी निजी इच्छा लादने के लिए किए जाने का प्रयास होने लगा। राज्य ठीक वैसे ही प्रयास का विविध आविर्भाव रहा है।

फ्रांस में स्टेट्स-जनरल का विकास राजा और सामन्त स्वामियों के बीच के किसी बड़े विवाद के कारण नहीं हुआ था। वस्तुत: फ्रांस में सामन्तों ने लम्बे समय तक इंग्लैंड के अपने प्रतिरूपों की तुलना में सत्ता का ज्यादा सुख भोग किया, लेकिन राजा ने महत्त्वपूर्ण मामलों पर सलाह के लिए तीन महत्त्वपूर्ण क्रमों—अभिजात, पादरी और बर्जेस अर्थात् शहरी प्रतिनिधियों को बुलाना समीचीन समझा। अपने जातीय स्वभाव के कारण यह कोई बहुत सक्रिय निकाय नहीं था और बिरले इसकी बैठक हो पाई। हालाँकि विस्मरण का शिकार होने के चलते इसने अच्छी तरह से पुरानी व्यवस्था के ध्वंस के साथ अपने उद्देश्य की पूर्ति की, जब 1789 की फ्रांसीसी क्रान्ति के दौरान इसके गर्भ से नेशनल एसेम्बली की पैदाइश हुई।

इस तरह सारे संकेत इस विचार का समर्थन करते हैं कि राज्य का विकास राजाओं के एक व्यक्ति के शासन से विकसित हुआ था और राजाओं के पद जनजातीय समाजों के विवाद से उत्पन्न हुआ था। इस अर्थ में फ्रांसीसी राजा ने जब यह कहा, 'मैं ही राज्य हूँ' तो भले वह कहने का समय गलत था, लेकिन वह केवल सत्य का इजहार कर रहा था। बहरहाल इसका आधार धीरे-धीरे ही बढ़ा था। चूँकि राज्य अपने विविध अंगों को आदमियों से भरनेवाली आदमियों की एक संगठित संस्था होता है इसलिए यह अपने निहित स्वार्थों को ऐसे वर्गों और गतिविधियों में जो अपनी आवश्यकताओं का प्रावधान करते हैं विकसित करने के लिए बाध्य होते हैं। इसलिए

यह आश्चर्यजनक नहीं है कि यह समृद्ध वर्गों का विशेष खयाल रखता है तथा उनसे प्रभावित रहता है, लेकिन दूसरे समय यह उनकी चिह्नित आजादी को प्रदर्शित कर सकता है। राज्य चलाना लहरों की सवारी खेल जैसा है। प्रभुत्वशाली व्यक्ति जानता है कि लहर और कहाँ पैदा हो रही है तथा हमेशा सबसे मजबूत तरंग के शीर्ष पर होने की व्यवस्था करता है। राजनीतिक सत्ता धारण करनेवाले व्यक्ति जन और धन की आपेक्षित शक्ति को तौलते हैं और सामान्यत: जो ज्यादा ताकतवर होता है, उसका समर्थन हासिल करने का प्रयास करते हैं। अधिकांश पूर्ववर्ती समाजों में धन को एक सुरक्षित मित्र माना जा चुका था। अब जनता एक ऊँचा स्थान ग्रहण करना चाहती है।

राज्यों के विकास पर दृष्टिपात करते हुए यह कहा जा सकता है कि इतिहास के पहिए ने हमारे युग में फिर से एक दोलन किया है। वर्ग न्यस्त संस्थाओं और धर्मों के अनेक प्रकार के विवादों के कारण आजकल का रुझान राज्यों के पक्ष में है कि वह लोकतंत्र से क़ुलतंत्र के जरिए एक व्यक्ति में निहित तानाशाही की तरफ प्रस्थान करे।

लेकिन राज्य संगठन का एक पहलू ज्यादा स्थायी हो रहा है—अर्थात् नौकरशाही का उदय। जैसे-जैसे राज्य का क्षेत्र और कार्य बढ़ता गया है और जटिल होता गया है, राज्य नौकरशाही की अनेक शाखाओंवाली प्रथा इसके गिर्द पैदा होती गई है। इस नौकरशाही को औद्योगिक नौकरशाहियों के समान विकास नेटवर्क के द्वारा भी समान्तर किया जाता है। ये दोनों नौकरशाही सम्बन्धी संरचनाएँ आधुनिक समाजों में गहन रूप से गुँथी होती हैं। इसका लिहाज किए बिना कि 'सम्प्रभुता' एक व्यक्ति में निहित रहती है या अनेक व्यक्तियों में, यह राजतंत्र है, एक व्यक्ति की तानाशाही है, इसकी तानाशाही है या लोकतंत्र है, यह नौकरशाही सम्बन्धी प्रथा प्रत्येक जगह समान रूप से प्रभावशाली हो गई है।

नौकरशाही की इस सर्वव्यापकता से कोई सोच सकता है कि यह एक स्वतंत्र सत्ता बन रही है या पहले ही बन चुकी है। हालाँकि यह एक गलत विचार होगा। नौकरशाहियाँ अपनी तमाम श्रमसाध्यता (या इसके कारण) के साथ ऐसी भूमिका के लिए अक्षम होती हैं। वे कुख्यात रूप से सत्ता का एक आवश्यक अंग होती हैं जो पहल लेने में अक्षम होती हैं। वस्तुत: नौकरशाही का गठन इस भूमिका के लिए बिलकुल ही नहीं होता है। उसका निर्माण तो उस सत्ता की नीतियों को विश्वासी ढंग से ले चलने के लिए होता है जिसके वे अधीन होती हैं। सत्ता का फोकस हमेशा इन नौकरशाही के बाहर होता है। मैक्स वेबर ने नौकरशाहियों का गहन अध्ययन किया था। वह भी बताता है कि नौकरशाही अपनी सत्ता चमत्कारिक या पारम्परिक या कानूनी सत्ता से प्राप्त करती है। वे लोग जो सत्ता (वे एक हों, थोड़े हों या अनेक हों) धारण करते हैं, हमेशा नौकरशाही सम्बन्धी संगठन से बाहर होते हैं। नौकरशाही में अवशोषित हो जाना सत्ता का एकमात्र आकर्षण खोना है अर्थात् जिस तरह

से चाहे किसी की चीजों को बदलने की योग्यता। नौकरशाही न्यैत्यिकीकरण को प्रदर्शित करती है, न्यैत्यिकीकरण शब्द फिर वेबर से उधार लिया गया है। जबकि वे जो सत्ता का प्रयोग करना चाहते हैं, स्वयं तंत्र के बाहर खड़ा होने और वहाँ से अपने तमाम निजी उपकरणों से इसके मार्ग को निर्देशित करने की कल्पना करते हैं। हालाँकि नौकरशाही को जिन सिद्धान्तों पर संगठित किया गया होता है, उन सिद्धान्तों पर निर्भर नीति को यह नौकरशाही धीमा या तेज करके सन्तुलित कर सकती है।

उपर्युक्त विमर्श में हमने देखा कि समाजवादी आन्दोलन ने समाज को संसदों पर कब्जा जमाकर तथा मजदूर संघ और सहकारिता जैसे अन्य संगठनों का उपयोग कर राजनीतिक सत्ता के जरिए प्रयास किया, लेकिन हमने यह भी देखा कि इस प्रक्रिया में मजदूर संगठनों में और दल के भी अन्दर, दोनों में कुलतंत्रवाली प्रवृत्ति आ गई। हम अपने विमर्श में थोड़ा विषयान्तरित भी हो गए, और यह देखा कि जब कभी एक संघर्ष के प्रसंग में इस तरह के संगठन विकसित हुए जो एक सम्प्रदाय या जनजाति के आमने-सामनेवाले वर्ग से परे हो गए, तो इस नये कार्यों में जिन लोगों ने प्रमुख भूमिकाएँ ले रखी थीं उन्होंने उस समाज से आजादी की माप तथा उस पर नियंत्रण प्राप्त कर लिए जिससे कि वे प्रकट हुए थे। इस तरह कुलतंत्र के अनेक रूप समाने आ गए और खुद राज्य प्रकट हो गया। यह विषयान्तर अपने को सामाजिक संगठनों के निश्चित सामान्य लक्षणों के आमने-सामने लाने हेतु सुविचारित था। इन लक्षणों या रूपों का जिक्र कर हम उस दुविधा तक पहुँच जाते हैं जिसका सामना समाजवादी आन्दोलन राजनीतिक सत्ता के साथ अपने सम्बन्धों के अन्दर करता है। हम अब यहाँ सत्ता की प्रकृति का एक अध्ययन शुरू करेंगे।

सत्ता के संसाधन और तकनीक

सत्ता में इच्छित दिशाओं में व्यक्तिगत या सामाजिक व्यवहार को प्रभावित करनेवाली क्षमता होती है। स्वयं में सत्ता के बारे में कुछ भी शैतानी/क्रूर नहीं है। वस्तुत: कुछ अंश जो सत्ता का इस्तेमाल समस्त सामाजिक गतिविधियों में हो रहा है। माँ-बाप अपने प्रभाव का एक अंश अपने बच्चों के ऊपर इस्तेमाल करते हैं, शिक्षक अपने शिष्यों पर इस्तेमाल करते हैं इत्यादि।

दूसरे लोगों के आचरण को प्रभावित करने के लिए संसाधनों की आवश्यकता होती है। ये संसाधन अनेक तरह के हो सकते हैं। वे एक तरफ बहुत बड़ी सत्ता से लेकर दूसरी तरफ प्रत्यक्ष बलपूर्वक आदर नैतिक या पारम्परिक हैसियत, शिक्षा, पारिवारिक पृष्ठभूमि, सम्पत्ति और वे चीजें जिनके मूल्य होते हैं, उनकी विशेषज्ञता इत्यादि। इन संसाधनों की प्रभावोत्पादकता स्थिति दर स्थिति बदलती रहती है। राजनीतिक सत्ता ज्यादातर स्वभाव से जोर-जबर्दस्ती करनेवाली होती है, भले वह

प्रत्यक्ष हो या अप्रत्यक्ष। सम्प्रभुता का मिथ ही ऐसे कायम किया गया है कि सत्ता के इस्तेमाल पर एकाधिपत्य रहे और राजनीतिक प्राधिकार द्वारा की गई जोर-जबर्दस्ती को वैध ठहराया जा सके। चूँकि इसमें बल का इस्तेमाल अन्तर्निहित होता है, जनता का समर्थन स्वाभाविक रूप से राजनीति में सबसे शक्तिशाली संसाधन बन गया है। राजनीति में आज तक जनसमूह को सुनिश्चितता और कार्यक्रम के साथ संघर्ष में मोड़ पाने की काबिलियत काफी प्रभावशाली साबित हुई है।

लेकिन मनुष्य पत्थर नहीं है। इसलिए मनुष्यों को प्रभावित करने के लिए विषयों या मुद्दों का चयन करने के साथ-साथ मानवीय व्यवहार के कानून और किसी खास समय पर प्रचलित स्वभाव पर विचार करते हुए संगठनों का निर्माण करना पड़ता है। इस तरह जनता को संगठित करनेवाले लोगों के पास जनता को संचालित करने के विशेष कौशल का कुछ अंश तक ज्ञान होना जरूरी है। और सक्रियता हेतु लोगों को संगठित करना संगठनकर्ता पर संचालन का, एक निश्चित तरीका जोकि सफलता के लिए जरूरी होता है, दबाव डालता है। यह उस मूल लक्ष्य में हेर-फेर कर देता है जिस लक्ष्य के लिए संगठन का निर्माण हुआ था। संसदीय संस्थाओं का अपनी लक्ष्य प्राप्ति में समाजवादी लोकतंत्रवादियों द्वारा उपयोग किए जाने के प्रयास में हमने इस लक्ष्य विस्थापन का एक दृष्टान्त देखा है। दूसरा प्रभाव हम पहले ही देख चुके हैं। दूसरा प्रभाव वैसे लोगों का एक समूह तैयार करना है जो संगठन में निहित स्वार्थ को बढ़ावा देते हैं तथा संगठन के जनसाधारण की स्वतंत्रता का एक मानक तैयार करते हैं। इस तरह समाजवादियों द्वारा समाज में परिवर्तन लाने के लिए सत्ता का उपयोग करने के प्रयास की मंशा ही होती है कि उन्हें सत्ता के उस संजाल में फँसा दिया जाए तो उन्हें मूल्य लक्ष्य से दूर कर देता है।

कोई जितना ज्यादा समग्र रूप से और जल्दीबाजी में डरावनी सत्ता का इस्तेमाल कर समाज बदलने की इच्छा करता है, उतना ही ज्यादा समग्र रूप से यह व्यक्ति उन तत्त्वों का उपयोग करने के लिए बाध्य होगा जिनसे सत्ता हासिल होती है। समाजवादी लोकतंत्रवादियों ने बहुत अधिक नंगी सत्ता का इस्तेमाल नहीं किया क्योंकि उन्होंने सत्ता के तर्क के परिणामों से डरकर उग्र सुधारवाद को छोड़ दिया था, लेकिन अन्य समाजवादियों ने विशेषकर साम्यवादियों ने समाज को अपेक्षाकृत अत्यधिक सम्पूर्ण तरीके से समाज को बदलने के लिए सत्ता पर सम्पूर्ण नियंत्रण बनाए रखने का प्रयास किया है। वे सत्ता संघर्ष की सत्ता की सभी यांत्रिकियों का इस्तेमाल करने की जरूरत से बाध्य हो गए थे। इस प्रक्रिया में उन्हें अपने बुनियादी सिद्धान्त से बहुत दूर चले जाना पड़ा, लेकिन उनकी तकनीक के विश्लेषण पर आने से पूर्व हम यह देखेंगे कि सत्ता की इन तकनीकों में से मुख्य कौन-कौन से हैं।

जैसा कि ऊपर में कहा जा चुका है, जनता को आन्दोलित करना सत्ता के उपकरणों का सबसे प्रभावशाली हथियार है। इसलिए हमें अपना अध्ययन उस मानव

भागीदारी के अध्ययन के साथ शुरू करना चाहिए जो सामाजिक अन्त:क्रिया की बुनियादी इकाई होती है। इस सामाजिक अन्त:क्रिया की इकाई व्यक्तिगत मानवीय अहम होती है जिसके बारे में हम पूर्व में चर्चा कर चुके हैं कि यह मानवीय व्यक्तित्व के भीतर नैसर्गिक इच्छाओं और वस्तुनिष्ठ स्थितियों के बीच मध्यस्थ की भूमिका अदा करती है, लेकिन मनुष्य के पास समाज के अन्दर ही रहकर मानवीय बन सकता है, उसके लिए सामाजिक स्थिति सबसे ज्यादा महत्त्वपूर्ण स्थिति बन जाती है। बुनियादी आग्रहों की सन्तुष्टि जैसे सुरक्षा का आग्रह सम्बद्धता का आग्रह और समाज में स्थान का आग्रह, व्यक्तिगत अहम को उसके निकट के सामाजिक समूहों के साथ एकता की तरफ ले जाती है। इससे दो तथ्य सामने आते हैं—(1) इन समूहों के साथ अहम की पहचान; और (2) समूहों के मूल्यों के प्रति केन्द्रित अनुरूपता, जिसके साथ इसकी पहचान होती है। व्यक्ति की पहचान (सुविधा के खयाल से हम 'व्यक्तिगत अहम' के बदले 'व्यक्ति' का इस्तेमाल करेंगे क्योंकि वास्तविक सामाजिक संसर्ग में हमें केवल वैयक्तिक मानव प्राणी से मतलब रहता है। व्यक्तित्व का अलगाव केवल वहीं प्रासंगिक होता है जहाँ हम वैयक्तिक मनोविज्ञान का अध्ययन करते हैं) उसके सामाजिक समूहों के साथ उन सामाजिक समूहों के श्रेणीक्रम के अनुरूप तीव्रता का एक पैमाना तैयार करती है जिनसे कि वह सम्बन्धित होता है। सामाजिक समूह जितना करीब होता है, इसके साथ व्यक्ति का लगाव या पहचान उतनी ही अधिक गहरी होती है। उदाहरणस्वरूप, वह अपने वर्ग या जाति की तुलना में अपने परिवार के नजदीक ज्यादा होगा, अपने राष्ट्र की तुलना में अपनी जाति के नजदीक ज्यादा होगा इत्यादि। यह ज्यादातर व्यक्ति के अनुभव पर आधारित समूह के अस्तित्व की वास्तविकता और प्रासंगिकता पर निर्भर होगा। व्यक्ति के समक्ष अपने संकेतों के जरिए इन समूहों की नियत उपस्थिति ही पहचान की इस समझ को गहरा बनाती है। सामान्यत: नजदीकी समूह की ही उपस्थिति को ज्यादा स्थायी तौर पर महसूस किया जाता है, लेकिन संकेतों के उचित प्रबन्धन से सुदूर समूह की मौजूदगी को वैयक्तिक मन के लिए अपेक्षाकृत ज्यादा प्रासंगिक और आवर्ती बनाना सम्भव हो सकता है, और समूची स्थिति बदल जा सकती है। आधुनिक समाजों में प्राथमिक सामाजिक समूहों के ध्वस्त होने से 'राष्ट्र' सरीखे सामाजिक तत्त्व आसानी से वह चीज बन जा सकते हैं जिसके साथ पहचान का गहरा अनुभव होता है।

परन्तु दोनों अहम पहचान और समाज के नियमों के प्रति अनुरूपता वैसी घटना हैं जो केवल सांख्यिकीय भाव में सही है। व्यक्तिगत रूप से अन्य मनोवैज्ञानिक विशेषताओं जैसे जानकारी या निराशा की जिज्ञासा और खोज को लेने पर ये मनुष्य से सामाजिक नियमों को चुनौती दिलवा सकती है और हमें विरोधी मनुष्य और निराशाजनक स्थिति एवं विलगाववादी व्यक्ति मिलते हैं। इसके साथ ही व्यक्तिगत

विकस के अन्तर से लोग अलग-अलग समूहों के साथ स्वयं को पहचान सकते हैं, कुछ नजदीकी समूह के साथ होना पसन्द करेंगे तो कुछ दूर के समूहों के साथ। यह घटना सभी समाजों में निश्चित रूप से घटनी चाहिए, लेकिन ऐसा केवल आधुनिकीकृत तरह के अत्यधिक अनुज्ञात्मक समाज में ही होता है कि उन्हें अलग-अलग करना और खोज निकालना सम्भव होता है। ऐसे मनुष्यों को कहीं भी आसानी से दबा दिया या खत्म कर दिया जाएगा। हालाँकि जब हम मानीवीय समाजों को देखते हैं तो विरोधियों का खयाल न कर हम सफाई से सामान्य मानवीय व्यवहार को छोड़ दे सकते हैं।

अहम पहचान का यह तत्त्व जनान्दोलनों के अन्दर बहुत महत्त्वपूर्ण होता है। मनुष्य जब पूरी तरह से किसी संकेत के साथ पहचाना जाए तो केवल इसी स्थिति में ही ऐसा होता है कि वे महानतम आत्म-त्याग की माँगों का जवाब दे सकते हैं। पहचान का वह संकेत 'राष्ट्र' या 'वर्ग' जैसा हो सकता है। ऐसी किसी पहचान के बाद संकेत पर किसी तरह प्रहार या इसके प्रति दिखाया गया असम्मान, व्यक्ति पर किया गया प्रहार या असम्मान बन जाता है; और ऐसी स्थिति में उसकी प्रतिक्रिया ठीक उसी तरह की होती है जैसी वह व्यक्तिगत रूप से प्रहार के अन्तर्गत प्रतिक्रिया करता है। यह प्रतिक्रिया स्वाभाविक रूप से उस प्रतिक्रिया से ज्यादा मजबूत होती है जो पैसे के उसके लोभ की अपील से निकलती है। पूर्व के अध्याय में हम देख चुके हैं, चूँकि पैसा कुछ समाजों में हैसियत दिला दे सकता है इसलिए सम्पत्ति की रक्षा भी जोरदार प्रतिक्रिया दे सकती है। कुछ लोगों के साथ सम्पत्ति भी व्यक्तित्व का एक विस्तार है और सम्पत्ति को छीन लेना स्व के अंगोच्छेदन जैसा लग सकता है। यह अक्सर दोनों ही स्थितियों में होता है, सम्पत्ति पैतृक हो और बचपन से ही यह किसी के सामान्य अस्तित्व का हिस्सा बन गई हो या किसी ने अपना सारा जीवन इस सम्पत्ति के अर्जन में लगा दिया उसके लिए इसकी रक्षा एक जीवन कार्य बन जाता हो। सम्पत्ति पर हमले से गहरा रोष पैदा हो सकता है और इसके कारण से लोग भावप्रवणता से जाग उठ सकते हैं।

पूर्व के अध्याय में हमने एक-दूसरे तत्त्व की चर्चा की है। वह तत्त्व है, परम्परा से लगाव तथा नयेपन से सामंजस्य स्थापित करने में कठिनाई। अन्य मनोवैज्ञानिक विशेषताएँ जो सत्ता सम्बन्धों में महत्त्वपूर्ण होती हैं, जनजोश और जनस्मृति की क्षणभंगुरता हैं। किसी विषय पर शुरुआती जोश के बाद लोग अभ्यदत दिनचर्या में फिर से फिट हो जाने के लिए प्रवण होते हैं। वस्तुत: भावनात्मक स्तर पर जारी जोश एक भौतिक असम्भावना होता है। यह केवल उद्देश्य की जानकारी के साथ ही एक बौद्धिक स्तर पर दीर्घकाल तक बना रह सकता है, लेकिन ज्यादातर लोग जिनकी प्रतिक्रियाएँ सामान्यत: भावुक होती हैं, उन्हें अपना जोश बनाए रखने के लिए लगातार प्रेरित करते रहने की जरूरत होती है। उसी

तरह लोग अपने साथ किए गए भले और बुरे को बहुत जल्दी भूल जाते हैं, इस कारण से भावनाओं को भी तेजी से खत्म हो जाना चाहिए। इन्हीं तत्त्वों से जुड़े भय, ईर्ष्या, लालच इत्यादि के सामान्य तत्त्व हैं जिनके साथ सत्ता को चलानेवाले मनुष्यों का सम्बन्ध होता है।

यह मानव पदार्थ साधारण शैली में व्यवहार नहीं करता है। मार्क्स की परिकल्पना थी कि मानव पदार्थ साधारण शैली में व्यवहार करता है। यह स्पष्ट है कि उपरोक्त मनोवैज्ञानिक गुणों से सम्पन्न मनुष्य उसकी तुलना में कहीं ज्यादा जटिल शैली में व्यवहार करेगा जिसके अनुसार मनुष्यों को उनके कार्यों के लिए भौतिक लाभ के साधारण विचारों से या वर्ग एकता के विचार से प्रेरित किया जाएगा, फिर भौतिक प्रयोजनों से प्रेरित किया जाएगा। इस मानव पदार्थ को ठीक से चलाए जाने के लिए मानव मनोविज्ञान में बहुत ज्यादा अन्तर्दृष्टि और बहुत ज्यादा कौशल की जरूरत होती है। इसके अतिरिक्त समाजवादी जो सीधे सत्ता की राजनीति के खेल में उलझे थे, उस दुनिया से बिलकुल एक भिन्न दुनिया में रहते थे जिसकी कल्पना मार्क्स ने की थी।

मार्क्स और एंगेल्स ने दो ही स्थितियों को देखा था जिनके अन्तर्गत मजदूर वर्ग सत्ता पर काबिज हो सकता था। एक का उल्लेख कम्युनिस्ट घोषणापत्र में था जहाँ उन्होंने प्रजातंत्र की लड़ाई जीतनेवाले सर्वहारा के बारे में चर्चा की थी। एंगेल्स द्वारा विषय पर बाद में किए गए विमर्श से यह साफ है कि तब उन्होंने एक प्रजातांत्रिक व्यवस्था को उत्पन्न होते देखा था और उस प्रजातांत्रिक व्यवस्था में संसदीय संस्था के किसी रूप पर कब्जा जमानेवाले मजदूरों के बारे में सोचा था। अन्य रूप के तौर पर पेरिस कानून का उन पर प्रभाव था। इसमें वैसी स्थिति की कल्पना थी जहाँ बगावत के जरिए मजदूर तमाम विद्यमान बुर्जुआ संस्थाओं को ध्वस्त कर देगा और इसकी जगह सशस्त्र लोगों का राज्य निर्मित करेगा। उन्होंने आशा की थी कि सत्ता पर काबिज होने के इन तरीकों में से किसी एक को अपनाए रखने से अर्थव्यवस्था का विकास होगा जिसमें मजदूर वर्ग समाज का प्रभावी बहुमत के रूप में उभरेगा और पूरी तरह वर्ग चेतना से भरा होगा। ऐसी स्थिति में मजदूर वर्ग अपने लिए एक बार मताधिकार पा जाए तो यह स्वाभाविक रूप से सरकार के संसदीय प्रारूप पर दबदबा बना लेगा। उसी तरह बगावत को विगत सभी बगावतों के आलोक में एक छोटा और साधारण कार्य समझा गया था, लेकिन जैसे ही स्थिति ने स्वयं को सुलझा लिया, यह स्पष्ट हो गया कि दशाएँ उस दिशा में विकसित नहीं हुईं। जैसाकि हमने संसदीय राजनीति के साथ सोशल डेमोक्रेटों के संक्षिप्त विमर्श में देखा है, न तो समाज के स्तर पर, न ही वर्गों के आधार पर ऐसा कोई साधारण ध्रुवीकरण कभी सम्भव हुआ। इसके बदले संसदीय राजनीति का क्षेत्र अनेक वर्गीय हितों के साथ बार-बार काटा गया, अक्सर वर्ग

आधारों को पार कर और यह दबाव समूहों के जरिए अभिव्यक्त हुआ। इसके बाद खुद श्रमिक आन्दोलन में जटिल संगठन की जरूरत से कुलीनतंत्रों (अल्पतंत्रों) का विकास हुआ। बगावती राजनीति की लड़ाई कम कठिनाई से नहीं लड़ी गई। राज्य संगठन 19वीं सदी की तुलना में काफी जटिल और केन्द्रीकृत हो चुका था। साथ ही, अन्तरराष्ट्रीय गठबन्धनों के अनेक रूपों ने अति असम्भाव्य विद्रोह के तहत शासन को शीघ्र ही गिरा दिया। रूसी आन्दोलन के दौरान जैसा देखा गया था, पूरी तरह से बिखर चुके शासन ने भी, जिसकी सरकार छिन्न-भिन्न हो गई थी और सेना सहजता से गायब हो चुकी थी, करीब चार वर्षों तक विदेशी समर्थन के बल पर पुराने आदेश के अवशेषों की लामबन्दी करते हुए लड़ाई जारी रखा था। इस तरह एक विद्रोही दल को गृहयुद्ध में लम्बी और तेज लड़ाई को कार्यान्वित करने के लिए बहुत सावधानी से संगठित होना पड़ता था। आवश्यकतावश, इसके संगठन को शीर्ष पर एक अनुभवी क्रान्तिकारी 'जनरल स्टाफ' के साथ सेना की तरह तैयार करना पड़ता था। जिन लोगों ने समाजवादियों के बीच के संसदवादियों से भिन्न सत्ता पर पूर्ण कब्जा कासिल करने का प्रयास किया था, उन लोगों ने ठीक इसी तरह के राजनीतिक दल के बारे में विचार किया। इस तरह के दल और नई राजनीति को चलाने के लिए मार्क्स की बजाय दूसरे नेताओं की जरूरत थी। वस्तुत: वैसे लोगों की तकनीक जो सत्ता पर कब्जा वस्तुत: सत्ता हासिल करने या सत्ता को बरकरार रख पाने में जिन लोगों ने सफलता हासिल की है, उनके द्वारा इस्तेमाल में लाई गई तकनीकें जाने या अनजाने में मैकियावेली से ली गई हैं। वे मैकियावेली के सिद्धान्त का ही परिष्कृत और उन्नत रूप हैं। निस्सन्देह ये नई तनकीकें वर्तमान की जनसमूह की राजनीति की माँगों के अनुरूप ज्यादा थीं।

हालाँकि शुरू से ही मैकियावेली के राजनीतिक सिद्धान्तों को अपनानेवाले समाजवादियों के बीच एक कठिनाई थी। सत्ता हासिल करने के उद्देश्य के सिवाय मैकियावेली के सिद्धान्त में किसी अन्य उद्देश्य के प्रति कोई नैतिक पूर्वग्रह या संकोच नहीं था। उनके तंत्र के अन्दर सत्ता हासिल करने की चाह रखनेवाले अपने अवसरों का उपयोग बेहतरीन सम्भव प्रभाव के लिए कर सकते हैं और इस मामले में उन्हें कोई आदर्श या नैतिक संकोच डिगा नहीं सकता है। इस तरह जिन लोगों ने उच्च मानवीय विचार के साथ शुरू किया था, उनके समक्ष इसे एक बड़ी बाधा साबित होनी चाहिए थी, लेकिन एक बार समाजवादी आन्दोलन का लक्ष्य सम्पूर्ण सत्ता बन गया तो अन्य सभी विचार किनारे कर दिए गए। हालाँकि यह देखा जाएगा कि कम्युनिस्ट आन्दोलन ने सत्ता हासिल करने उसे बराकर रखने में जो सफलता हासिल की है, वह उनके इसी नीतिगत बदलाव के कारण है, न कि उनके उस मार्क्सवाद के कारण जिसके पास इस सन्दर्भ में पेश करने के लिए कुछ नहीं था।

विशेषकर मैकियावेली के एक उपदेश को उन समाजवादियों द्वारा दृढ़ता से पकड़ लिया गया है जिनका सत्ता प्राप्त करने का लक्ष्य अन्य लोगों के सत्ता प्राप्त करने के लक्ष्य से जैसा ही है। यह उस सवाल से सम्बन्धित है कि क्या जो क्रान्ति लाना चाहता है, उसे लोगों के स्वैच्छिक समर्थन पर निर्भर रहना चाहिए या उसे इस चीज को लोगों की इच्छा के विरुद्ध भी उन पर लाद देना चाहिए? मैकियावेली का जवाब था कि जनप्रिय समर्थन पर निर्भरता अविश्वसनीय होती है। साम्यवादियों की भी सोच उसी तरह की है। एक समकालीन मार्क्सवादी ने स्तालिन के शासन में रूसी अनुभव के बाद इस चीज को क्रान्ति के सिद्धान्त में उठाया। वह प्रश्नगत मार्क्सवादी आइजक दयोत्से था। उसने लियोन ट्रॉटस्की की तीन खंडों में आत्मकथा लिखी और मैकियावेली का प्रतिपाद्य विषय लेकर उसका नाम रखा—सशस्त्र पैगम्बर, निहत्था पैगम्बर और कुजात पैगम्बर। मैकियावेली का विचार साम्यवादी आन्दोलन के सोच में एक महत्त्वपूर्ण भूमिका निभाता है, इसलिए मैकियावेली के उस विचार को यहाँ उद्धृत करना आवश्यक है जो निम्नलिखित है—

"यदि हम इस विषय का समग्रता में वर्णन करना चाहते हैं तो इस बात की जाँच कर लेनी जरूरी होगी कि क्या ऐसी क्रान्तियाँ या नवीनताएँ उन्हीं पर निर्भर होती हैं या वे दूसरों पर विश्वास कर चलते हैं; अर्थात् यह कहें कि क्या उन्हें अपनी योजनाओं को कार्यरूप देने के उद्‌देश्य से अनुनय-विनय का सहारा लेना होता है अथवा क्या वे इन्हें बलपूर्वक पूरा कर ले सकते हैं? पहले मामले में वे हमेशा बुरी तरह सफल होते हैं और किसी चीज को निष्कर्ष तक पहुँचाने में असफल होते हैं; लेकिन जब वे अपनी शक्ति पर निर्भर रहकर अपनी क्रान्तियों को इसके जरिए कार्यरूप देते हैं तो उन्हें कोई खतरा नहीं रहता है। उसी कारण से ऐसा हुआ कि जो पैगम्बर हाथ में हथियार लेकर आए, वे सफल रहे और जो हथियार लेकर नहीं आए, नष्ट हो गए। उपर्युक्त काल के अलावा यह भी है कि जनता का मिजाज बदलता रहता है; उन्हें किसी चीज के लिए राजी कर लेना आसान है, लेकिन उन्हें उक्त विश्वास के लिए पक्का कर पाना मुश्किल है। इसलिए अगर जनता अधिक दिनों तक विश्वास नहीं करेगी तो पैगम्बर को उस विश्वास के लिए उन्हें बलपूर्वक बाध्य करने हेतु तैयार रहना चाहिए।"[11]

यह मनोभाव दृढ़ता से सभी प्रासंगिक तत्त्वों को हाथ में रखने तथा जनता और अपने नियंत्रण के बाहर की सम्भावनाओं पर कभी विश्वास नहीं करने से सम्बन्धित मैकियावेली के सामान्य मनोभाव का ही अंश था। उदाहरणस्वरूप, प्रेम और भय के बीच की पसन्द के बारे में वह लिखते हैं—"...जब आपको प्रेम और भय में से किसी एक को चुनना है तो प्रेम की अपेक्षा भय खाना ज्यादा सुरक्षित है।"[12]

और आगे—"इसके अतिरिक्त, मनुष्यों को जो व्यक्ति खुद को भयभीत रखता है की अपेक्षा जो व्यक्ति खुद को प्रिय बनाता है, को नाराज करने में थोड़ी कम

हिचक होती है; क्योंकि प्रेम जिम्मेदारी के एक बन्धन से जकड़ा होता है और चूँकि मानव जाति ही बुरी होती है, इसलिए यह प्रेम हर उस मौके पर टूट जाता है जब अनुगृहीत दल के हित में इसका टूटना जरूरी होता है, लेकिन भय सजा की आशंका से जकड़ा होता है जो मनुष्यों को कभी छोड़ता नहीं है।"[13]

मुसोलिनी लगभग समान शब्दों में इस विचार को प्रतिध्वनित करता है। एमिल लुडविग ने उससे सवाल किया था—"तो सबके बावजूद एक तानाशाह से प्रेम किया जा सकता है?"

मुसोलिनी ने जवाब दिया—"हाँ, बशर्ते कि साथ-साथ जनता उससे भय खाए। भीड़ एक शक्तिशाली व्यक्ति से प्रेम करती है। भीड़ एक औरत की तरह होती है।"[14]

और आगे उसने कहा—"जनता जबकि असंगठित है, वह मेरे लिए भेड़ के एक झुंड समान है। मैं किसी भी तरह उनका विरोधी नहीं हूँ। मैं केवल इस बात को अस्वीकार करता हूँ कि वे खुद पर शासन करने में सक्षम हैं।"[15]

यद्यपि लेनिन ने खुले तौर पर इस विचार का समर्थन नहीं किया। पार्टी संगठन से सम्बन्धित अपने विचारों में वह उसी तरह के रुझान को प्रकट करता है। 'क्या करना है?' नामक संगठन से सम्बन्धित अपनी पुस्तिका में वह जनता की पूजा पर तीखा प्रहार करता है। वह खुले रूप से इस चीज को स्वीकार करता है कि समाजवादी विचार स्वयं ही मजदूर वर्ग के लोगों में पैदा नहीं हो सकता है, और यह कि समाजवादी विचारों को बाहर से उनके अन्दर अन्य वर्ग से आनेवाले समाजवादी बुद्धिजीवियों द्वारा डाला जाना है। वह यह भी कहता है कि ज्यादातर मजदूर मध्यवर्ग की प्रचलित विचारधाराओं में डूबा हुआ है और इस तरह वे विचार जो स्वत: उनके बीच पैदा हुए थे, मध्यवर्गीय विचारधाराओं से काफी बिगड़ जाएँगे। इससे उसने यह निष्कर्ष निकाला कि एक समाजवादी दल मजदूरों का दल नहीं हो सकता है। इसके बदले इसे अपने खास वर्ग रुझान से पूरी तरह मुक्त पेशेवर आन्दोलनकारियों का एक दल बनना था जो आन्दोलनकारी विचारधारा के भाव में निमग्न था। आगे वह इस विचार का समर्थन करता है कि इस संगठन का नेतृत्व थोड़े-से मेधावी लोगों द्वारा किया जाना चाहिए। इस सन्दर्भ में वह कुलीनतंत्र के आरोपों के विरुद्ध जर्मन सोशल डेमोक्रेटिक पार्टी का बचाव करता है और इस कुलीनतंत्र को अपरिहार्य मानता है। वह लिखता है—"जर्मनों के राजनीतिक विचार पूर्व से ही पर्याप्त रूप में विकसित हो चुके हैं और इसने काफी राजनीतिक अनुभव हासिल कर लिया है जो जर्मनों को यह समझने के योग्य बना देता है कि 'दर्जनभर परीक्षित' और मेधावी नेताओं (और मेधावी लोग सैकड़ों की संख्या में पैदा नहीं होते हैं), पेशेवर रूप से प्रशिक्षित, लम्बे अनुभव से शिक्षित तथा पूर्ण सौहार्द में कार्यरत के बगैर आधुनिक समाज का कोई भी वर्ग एक निर्धारित संघर्ष का संचालन कर पाने में सक्षम नहीं है।"[16]

अगला कदम तर्कसंगत ढंग से इसी से निकला। यदि मजदूर और किसान क्रान्तिकारियों को सत्ता में लाकर पेशेवर क्रान्तिकारियों का अनुसरण करने के लिए निरुत्साहित रहना शुरू कर दें तो क्रान्तिकारी क्या करेंगे? यही वह सवाल था जो रूस की अक्टूबर क्रान्ति के बाद के वर्षों में बना रहा। चुनाव दो ही चीजों के बीच करना था; या तो मजदूरों और किसानों के विशाल बहुमत की माँग के आगे झुक जाया जाए या उनके नियंत्रण में रहने को स्वीकार कर लें। दूसरा तरीका था, मजदूरों के विरोध को अपनी उन नीतियों से दबा देना, जिन्हें वे जारी रखना चाहते थे और वे जिसे क्रान्तिकारी नीति समझते थे उसके साथ आगे बढ़ते जाएँ। यदि संगठन से सम्बन्धित लेनिन के विचार को स्वीकार कर लिया गया तो यह निष्कर्ष निकालना तर्कसंगत ही था कि मजदूरों को अपने हितों की जानकारी नहीं थी और उनके हितों को बढ़ाने के लिए उन्हें बलपूर्वक समझाने की जरूरत थी। वस्तुत: यही तरीका अपनाया गया। जनता को अपनी 'अनभिज्ञता' जाहिर करने की मंजूरी नहीं थी। यह सवाल दूसरी मर्तबा 1928 में कृषि के सामूहिकीकरण के सवाल पर उठाया गया। स्टालिन ने मैकियावेली का भूत बनकर इसका जवाब दिया, और ग्रामीण रूस का सामूहिकीकरण हो गया।

इस बात का उल्लेख करना रोचक है कि हमारे समय के एक-दूसरे शक्तिशाली आन्दोलन के मसीहा हिटलर ने 'मसीहा' और जनता के बीच के सम्बन्ध से सम्बन्धित सवाल का वैसा ही जवाब दिया था। उसने लिखा था—"इस दुनिया में प्रतिभाशाली व्यक्ति का सृजनात्मक काम हमेशा जनता की जड़ता के खिलाफ विरोध ही नहीं होता है? यदि राजनेता संसदीय बहुमत को अपनी नीति के पक्ष में असहमति देने हेतु फुसला पाने में असफल रहता है तो वह क्या करेगा? क्या वह किसी तरह के विचार वास्ते उस सहमति को खरीदेगा? या अपने सभी नागरिकों की अड़ियल मूर्खता से सामना होने के वक्त क्या उसे उन उपायों को आगे बढ़ाने से परहेज करना चाहिए जिन्हें वह राष्ट्र के जीवन के लिए परम आवश्यकता समझते हैं? क्या उसे अवकाश प्राप्त कर लेना चाहिए या सत्ता में बने रहना चाहिए?"[17]

स्पष्टत: लेनिन और स्टालिन के जवाब की तरह हिटलर का जवाब ऐसी स्थिति में सत्ता में बने रहने का था। इस मनोभाव की यह समानता अपने बारे में सोचने की जनता की क्षमता से बने समान अनुमानों से पैदा होती है। हम नीचे उस सवाल पर हिटलर का विचार उद्धृत कर रहे हैं जिसमें जनता के सवाल पर लेनिन का विचार प्रतिध्वनित होता है। उसने लिखा था—"'जनता की राय' शब्द की चाह जो भी परिभाषा दी जाए, केवल इसका एक छोटा सा अंश ही व्यक्तिगत अनुभव या व्यक्तिगत अन्तर्दृष्टि से पैदा होता है। इसका बड़ा भाग तो उस तरीके से प्रतिफलित होता है जिसमें लोक मामलों को जनता के समक्ष 'सूचना' के अत्यधिक प्रभावशाली और स्थायी तंत्र के जरिए प्रस्तुत किया गया है।[18]

गठबन्धन के अन्य दलों और समूहों पर किसी के अपने दल के दबदबे का विचार भी उसी समझ-विचार से पैदा होता है। वहीं सम्बन्ध जो सजग नेतागण और भोली भाली जनता के बीच रहता है, 'हरावल' दल और गठबन्धन के अन्य सहयोगियों के बीच भी होना चाहिए क्योंकि उसी तर्क के अनुसार उन पर विश्वास नहीं किया जा सकता है कि वे आन्दोलन को सही लक्ष्य तक पहुँचा देंगे। इसलिए जब गठबन्धन के घटकों ने हरावल दल का स्थान ग्रहण करने में मदद की है, वे अधीनस्थ कर लिए गए हैं या खत्म कर दिए गए हैं। गठबन्धन के सहयोगी दलों के विश्वास के दुरुपयोग से उपजी किसी भी परेशानी को हटाने के लिए मैकियावेली पुन: एक उत्कृष्ट सिद्धान्त देता है। उसने लिखा है—"एक दूरदर्शी राजा का अपना अवलोकन जब उसकी रुचि और हित के विरुद्ध हो तो वह अपने वचनों को पूरा नहीं कर सकता है और न करना चाहिए और जब वे विषय जिसने उसे वचन देने के लिए प्रेरित किया था, प्रतिकूल लगें तो उसका विश्वास ज्यादा देर तक कायम नहीं रहता है...लेकिन जैसाकि मनुष्य स्वभावत: बुरा होता है, और वह आपके प्रति अपने विश्वास का अवलोकन नहीं करेगा, आपको भी उसी तरीके से उनके प्रति अपने विश्वास का अवलोकन करना चाहिए; और किसी राजा को अभी तक कभी वैध कारणों का अभाव नहीं हुआ जिनसे कि वह अपनी सुविश्वास की कमी को बढ़ा-चढ़ाकर कहे।"[19]

इस लाभदायक परामर्श का व्यवहार करते हुए रूस में बोल्शेविक सहयोगी बतौर सामाजिक आन्दोलनकारियों और अराजकतावादियों से अक्टूबर क्रान्ति के लिए हाथ मिलाने में और बाद में उन्हें प्रतिक्रान्तिकारी के रूप में परित्याग कर खत्म कर देने में सक्षम थे। उसी तरह आन्दोलन के दौरान एक वर्ग के रूप में किसान एक सहयोगी घटक था और बाद में 'समाजवाद का शत्रु' कहकर उसका परित्याग कर दिया गया और सामूहिकीकरण के दौरान उसे खत्म कर दिया गया। भारत में कम्युनिस्ट पार्टी (मार्क्सवादी) ने 1968 ई. में अनेक राजनीतिक दलों को मिलाकर एक एकीकृत मोर्चा बनाया तथा चुनाव बाद गठबन्धन के सहारे सत्ता में आई, लेकिन एक बार सत्ता में आई तो शीघ्र ही गठबन्धन के अन्य सहयोगियों को हत्या और भय-संत्रास के माध्यम से खत्म करना शुरू कर दी। हालाँकि वह अपने इस मुहिम में सफल नहीं हो कसी क्योंकि पार्टी के हाथ बँधे हुए थे। वह भारत के संघीय ढाँचे में काम करनेवाले राज्य की सत्ता पर काबिज थी जिसकी अपनी सीमाएँ थीं अन्यथा वह अपने तरीके में त्रुटि तथा इस काम को करने में सरगर्मी की कमी के कारण विफल नहीं हुई। इस तरह वह अपने काम को पूरा करती, इसके पहले ही उसे सत्ता छोड़नी पड़ी। अपने सहयोगियों के साथ उसका व्यवहार ठीक उसी तरह का था जैसा हिटलर और मुसोलिनी का होता था।

मुसोलिनी दृढ़ता से ठीक उसी जुगत से जुड़ गया था। 1921 के चुनावों में वह जियोलिटी और अन्य जैसे उदारवादियों के गठबन्धन से जुड़ा, लेकिन उदारवादी

इतालवी संसद के भीतर सभी दलों की सहभागिता में विश्वास करते थे जबकि मुसोलिनी का एक अलग ही नजरिया था और उसने इसे बिलकुल साफ कर दिया।

"उसने जियोलिटी के इस भ्रम का उपहास किया कि वह फासीवाद का उपयोग कर सकता है और यह वादा किया कि विटोरियो विनेतो पीढ़ी की युवा ताकतें जल्द ही पुरानी इटली और इसके थके-मादे शासक वर्ग को पोंछ डालेंगी। फासीवाद 'अस्तित्वमान उदारवादी राज्य से हिसाब बराबर करने की तैयारी में' राज्य के अन्दर बोल्शेविक राज्य को तहस-नहस कर रहे थे।"[20]

मुसोलिनी ने बाद में यह साबित कर दिया कि वह अपने शब्दों के समान 'खरा' था तथा वह अपनी पार्टी को छोड़कर अन्य सभी पार्टियों को खत्म कर देने में सफल रहा। इसी तरह की विधि हिटलर ने भी अपनाई और उसने न केवल सत्ता और पुरानी सेना की आजादी तथा नौकरशाही, जिसने सत्ता हासिल करने में मदद की थी, को तहस-नहस किया बल्कि स्टॉर्म ट्रूपर रोएन के प्रधान की तरह अपने कुछ घनिष्ठ सहकर्मियों की भी हत्या कर दी। हिटलर को जब लगा कि वह अपनी उपयोगिता खो चुका है तथा उसका प्रतिद्वन्द्वी बन जा सकता है तो उसने उसकी हत्या कर दी। स्टालिन ने भी ठीक ऐसा ही अपने अधिकांश पुराने सहकर्मियों के साथ किया और ऐसा करके अपनी सत्ता को मजबूत किया।

इस सोच का लाभ इस तथ्य में निहित रहता है कि इस तरह के गठबन्धनों में पहल हमेशा पार्टी के हाथों में रहती है जो अत्यन्त एकल दिमाग से सत्ता पर एकाधिकार जमाने का यह काम करती है। ऐसा इसलिए होता है कि इस तरह के दल को अपने आक्रमण के लिए किसी कारण की जरूरत नहीं होती है। कारण तब ढूँढ़ा जाता है जब उसे अपने सहयोगियों को खत्म करने के लिए यह लाभदायक और सामयिक जान पड़ता है। दूसरी तरफ दूसरे सहभागी अनभिज्ञ रहते हैं क्योंकि उन्होंने इस तरह के आक्रमण की पात्रता हेतु कुछ नहीं किया है। इस तरीके से इस तरह की एक निश्चित पार्टी हमेशा इन गठबन्धनों से मजबूत होती जाती है जबकि दूसरे दल धीरे-धीरे नष्ट हो जाते हैं।

कम्युनिस्टों ने इस विधि को पूर्ण विकसित किया है और यह विधि अब कम्युनिस्टों के साथ एक सूत्र बन गई है। ये सब इस प्रक्रिया के विभिन्न चरण हैं। पहले वे एक सामान्य शत्रु का चयन करते हैं तथा इस तरह से चयनित शत्रु का सामान्य विरोध करनेवाले ज्यादा-से-ज्यादा समूहों और वर्गों के साथ गठबन्धन तैयार करते हैं। इसके बाद निर्मूलन की प्रक्रिया शुरू होती है। एक के बाद एक जैसे-जैसे स्थिति बनती जाती है, जब तक कम्युनिस्टों के हाथ में सत्ता का नियंत्रण रहता है, शत्रु के सहकर्मी और अभिकर्ता के तौर पर विभिन्न वर्गों और समूहों का परित्याग होते रहता है। इस प्रक्रिया में जब कम्युनिस्टों द्वारा सुरक्षित ढंग से सत्ता हथिया लिया गया है, वे वर्ग या समूह जिनका व्यापक आधार होता है उन्हें सबसे

अन्त में अधीन में किया जाता है। वे समूह जो अपेक्षाकृत ज्यादा सुदृढ़ होते हैं और इस आधार पर अन्य समूहों की ईर्ष्या और शत्रुता को बढ़ाते हैं, ऐसे समूहों को सबसे पहले खत्म किया जाता है। इसे व्यक्तियों के इस वर्ग की संख्यात्मक हीनता के आधार पर और आसान बनाया जाता है।

आनुषंगिक रूप से एक ही समय पर एक दुश्मन को खत्म करने की नीति एक दूसरी रणनीति के भी अनुकूल होती है अर्थात् शत्रुओं के एक खंड की तरफ जनता का ध्यान मोड़ने की रणनीति के। पुन: यह एक नीति है जो हिटलर और कम्युनिस्टों, दोनों के लिए सामान्य है। हिटलर ने हमें इस रणनीति के समर्थन में एक बिलकुल तर्कसंगत व्याख्या दी है। उसने लिखा है—"...अकेले मनोवैज्ञानिक कारणों से, जनता के समक्ष विरोधियों के दो या उससे ज्यादा समूहों को रखना समीचीन नहीं होता है क्योंकि यह जनता की लड़ाकू शक्ति का पूर्ण विखंडन कर देता है..."[21]

और आगे—"...किसी नेता के अनुगमन के कमजोर और डगमगानेवाले गुण, यदि उन्हें अनेक दुश्मनों का सामना करना पड़े तो आसानी से अपने विषय के न्याय की बाबत सन्दिग्ध होना शुरू हो जाते हैं। ज्यों ही डगमगानेवाली जनता स्वयं को शत्रुओं के विभिन्न समूहों से बने विरोध का सामना करती हुई देखती है, कार्य-विषयता का उनका ज्ञान जाग्रत हो जाता है और जनता सवाल करती है यह कैसे हो सकता है कि तमाम दूसरे लोग गलत हों तथा वह खुद और उसका आन्दोलन अकेले सही हो।"[22]

हिटलर अपने सभी शत्रुओं को अपने पसन्दीदा बलि के बकरे यहूदियों से इकट्ठा करने का उपाय ढूँढ़ चुका था—मार्क्सवाद यहूदी सम्प्रदाय था, सोशल डेमोक्रेसी यहूदी सम्प्रदाय थी, 'अन्तरराष्ट्रीय वित्त पूँजी' यहूदी-सम्प्रदाय का प्रकटीकरण था और प्रथम विश्वयुद्ध में जर्मनी की पराजय यहूदी षड्यंत्र का नतीजा थी। इस तरह वह जनमानस को सभी जगह इस कथित धमकी के अनगिनत प्रकटीकरणों पर आन्दोलित किए रहा। उसी तरह स्टालिन के अधीन रूसी कम्युनिस्टों ने अपने सभी विरोधियों को साम्राज्य-समर्थकों से घेर दिया। उनकी सभी विफलताएँ तथा पार्टी के भीतर स्टालिन का विरोध भी साम्राज्यवादी षड्यंत्र का एक उत्पाद बन गईं। इस तरीके से, इस मतप्रचार ने हिंसा के साथ साझा किया और स्टालिन के जीवन के अन्त तक लोकमन को शान्त बनाए रखा। वर्तमान समय में साम्यवाद का सामान्य दुश्मन पूँजीवाद या साधारण साम्राज्यवाद नहीं है बल्कि 'अमेरिकी साम्राज्यवादियों का नेतृत्ववाला विश्व साम्राज्यवाद' है। प्रत्येक राष्ट्र में उनके विरोधी शासक वर्ग 'अमेरिकी साम्राज्यवाद' की सामन्ती-एकाधिकारी-कठपुतलियाँ बन जाते हैं। इस तरह का प्रचार जनता को बुद्धू बनाए रखने में प्रभावी साबित हुआ है। इस तरह से एक भयानक खतरे की छवि का जादू दिखाकर लोगों को उत्तेजित बनाए रखा जाता है। यह संसूच्यता की एक अनुकूल मनोवैज्ञानिक स्थिति है। लोग जब तक इस तरह

की आशंका के तहत श्रम करते हैं, वे बहुत-सी व्यर्थ की बातों पर विश्वास करने के लिए प्रवृत्त होते हैं जोकि शान्ति के क्षणों में उपहासजनक लगेंगे।

एक सन्दर्भ में सत्ता के आधुनिक इंजीनियरों को मैकियावेली के समकालीनों का जिस स्थिति में सत्ता चलानी पड़ती थी, उससे बहुत ही भिन्न स्थिति में सत्ता का संचालन करना पड़ता है। यद्यपि मैकियावेली के जमाने में भी राजनीति भी एक खेल ही थी जिसका निर्धारण विरोधियों की सेनाओं और राजाओं के काफी गुप्त षड्यंत्रों के द्वारा होता था, वर्तमान समय की राजनीति ज्यादातर जनसाधारण के प्रबन्ध से निर्णीत या निर्धारित होती है। परिणामस्वरूप, आधुनिक विश्व में श्रमिक वर्ग की जोड़-तोड़ ने, विशेषकर वर्ग तत्त्वों के नाजुक सन्तुलन ने सर्वोच्च महत्त्व का स्थान ग्रहण कर लिया है। ऐसा नहीं है कि मैकियावेली का जमाना पूरी तरह से वर्ग तत्त्वों के प्रभाव और सत्ता ग्रहण करनेवालों के लिए वर्ग तत्त्वों के महत्त्व से मुक्त था। नगर राज्यों की इटली में रहते हुए मैकियावेली को सीमित पैमाने पर ही सही राजाओं का भाग्य बनाने और बिगाड़ने में श्रमिक वर्ग के प्रभाव को देखने का अवसर तो मिला ही था। यद्यपि वह आधुनिक जननेताओं की चतुराई को हासिल नहीं कर सकते थे, फिर भी अपने समय के प्रतिस्पर्द्धी वर्गों के सिलसिले में राजाओं को कैसा व्यवहार करना चाहिए, इस बारे में उनके पास कहने के लिए कुछ था। इस तरह वह लिखते हैं—"तब, मैं कहता हूँ कि ऐसे राज्यों को या तो जनता के समर्थन से या फिर अभिजात लोगों के समर्थन से प्राप्त किया जाता है; क्योंकि प्रत्येक राज्य में दो भिन्न प्रवृत्तियाँ होंगी जो इस तथ्य से प्रतिफलित होती हैं कि जनता अभिजात लोगों से शासित होना और सताया जाना नापसन्द करती है जबकि अभिजात जन जनता को सताने और उस पर शासन करने का प्रयास करते हैं... एक राज्य या तो जनता की इच्छा से या उन अभिजातों से प्रतिफलित होता है, और जनता और अभिजात में से कोई एक प्रचलित होता है तथा उसी के पास अवसर रहता है...वह जो अभिजात व्यक्तियों के सहयोग से राजा बनता है, उसे स्वयं को बनाए रखने में अत्यधिक परेशानी होती है। वह व्यक्ति जो जनता के सहयोग से इस उच्च पद पर आरूढ़ होता है, उसे इसकी तुलना में कम परेशानी होती है क्योंकि पहलेवाला स्वयं को उन अनेक लोगों से घिरा होता है जो अपने विचार में स्वयं को उसक बराबर समझते हैं और इसके चलते वह अपने तरीके से न तो उनको नियंत्रित कर सकता है न ही उनका प्रबन्ध कर सकता है..."[23]

इस तरह हम इस प्रारम्भिक तिथि में भी राजाओं के लिए जनता के समर्थन पर विश्वास करने की सलाह देखते हैं। वस्तुत: यूरोपीय पुरातनता में भी, यूनानी और रोमन जगत में, तानाशाही के उम्मीदवारों ने सदा जनसाधारण के समर्थन पर विश्वास किया था। हमारे अपने समय में जब राज्यों का विकास विशाल भूक्षेत्रों पर हुआ है तथा जनता का जीवन एक-दूसरे से काफी अलग रहनेवाले मनुष्यों

की गतिविधियों पर निर्भर है, राज्य के स्थायित्व में जनता का सक्रिय या निष्क्रिय समर्थन एक आवश्यक तत्त्व बन गया है। इसलिए न केवल लोकतंत्रों के तहत जहाँ कि लोगों को नीतियों पर अपने विचार देने की मंजूरी मिली रहती है बल्कि तानाशाही शासनों के तहत भी लोगों को एक या दूसरे उपकरण से शान्त करने के लिए नियत ढंग से प्रयास करना होता है।

राजनीति में जनसाधारण के असीम मूल्य के कारण समाजवादी, साम्यवादी और फासीवादी, सभी ने अपने-अपने उद्‌देश्य के लिए जनसाधारण को लामबन्द करने का प्रयास किया है। कभी-कभी जनसाधारण के वे वर्ग जिनसे उन्होंने अपील की हैं, भिन्न-भिन्न रहे हैं, लेकिन हमेशा ऐसा नहीं होता है। कभी-कभी वे सब के सब आबादी के एक ही वर्ग को अपने पक्ष में करने का प्रयास करते हुए दिख जाते हैं। जिन दलों ने समाज में बदलाव लाने का प्रयास किया है, उन दलों ने विशेष रूप से जनसाधारण के सक्रिय हस्तक्षेप को ज्यादा वजन दिया है। इस तरह हिटलर निम्नलिखित शब्दों में जनसाधारण को प्रसन्न करता है—"महान लक्ष्य करनेवाले आन्दोलन को अधिसंख्य जनता के सम्पर्क में रहना चाहिए और जनता से सम्पर्क भंग होने के खतरे से अपनी रक्षा करनी चाहिए। सामने आई समस्या की सबसे पहले इस दृष्टिकोण से जाँच होनी चाहिए और लिया जानेवाला निर्णय हमेशा इस सिद्धान्त के सुसंगत होना चाहिए। आन्दोलन को उस प्रत्येक चीज से दूर रहना चाहिए जो जनसाधारण को प्रभावित करने की इसकी शक्ति को कम या कमजोर करती है; जनोत्तेजक उद्‌देश्य से नहीं बल्कि इस साधारण तथ्य के कारण कि कोई भी बड़ा विचार, चाहे वह कितना भी उन्नत और उदात्त क्यों न लगे, बगैर प्रभावशाली शक्ति के व्यवहार में महसूस नहीं हो सकता है और यह प्रभावशाली शक्ति जनसाधारण में निवास करती है।"[24]

जनसाधारण की भूमिका से सम्बन्धित इस बयान पर कुछ साम्यवादी सुधार कर सकते थे। वस्तुत: यह माओ के उस विचार से तुलनीय है कि आन्दोलनकारियों के लिए जनसाधारण उसी तरह से होता है जिस तरह से मछली के लिए पानी होता है।

परन्तु 'जनसाधारण' जनता के किसी सजातीय समूह का प्रतिनिधित्व नहीं करता है। यह जनसाधारण अनेक तरह से बँटे हुए होते हैं—वर्ग, राष्ट्रीयता, धर्म या अन्य हितों के अनुसार। क्रान्तिकारी (या प्रतिक्रान्तिकारी) दल जनसाधारण के उस समूह का इस्तेमाल करते हैं जो समूह उनके हित का सबसे ज्यादा खयाल करते हैं। जनसाधारण का विद्रोह बवंडर की भाँति होता है जिससे आन्दोलनकारी दल अपनी नाव सजाकर अपनी सत्ता की मंजिल तक पहुँच जाते हैं। ऐसा हमेशा नहीं होता है कि पार्टियाँ उन वर्गों के आधार पर नियंत्रण करने का प्रयास करती हैं जिनके लक्ष्य उनके अपने लक्ष्यों के सदृश होते हैं। दूसरी तरफ, जनसाधारण सहित जनता के अनेक वर्गों को अस्थायी रूप से अनुकूल बनाने के क्रम में सिद्धान्तों पर बहुत

ज्यादा समझौता होता है। उदाहरण के तौर पर, लेनिन ने रूसी आन्दोलन के दौरान जब भूमि पर बलपूर्वक कब्जे तथा उसका किसानों द्वारा विभाजन करने को वैध ठहराने का निर्णय किया था तो यह इसलिए नहीं किया था कि यह एक समूहवादी अर्थव्यवस्था के लक्ष्यों के अनुरूप था, लेकिन यही वह एकमात्र रास्ता था जिसके द्वारा नये शासन के पक्ष में किसानों की निष्ठा को प्राप्त किया जा सकता था। माओ त्से तुंग एक कदम और आगे बढ़ गया और उसने अपने समूचे आन्दोलन को ग्रामीण आबादी पर आधारित कर दिया जिसमें धनी और गरीब किसान तथा भू-स्वामियों का एक वर्ग भी शामिल था। केवल उतना ही नहीं, मार्क्स और एंगेल्स ने उस बहुसंख्यक जनसाधारण की इतनी उपेक्षा की कि परिवर्तनकारी आन्दोलन में निम्न वर्ग को जोत दिया गया। इस सवाल पर एंगेल्स और माओ के विचारों की तुलना करना रोचक रहेगा। फ्रेडरिक एंगेल्स लिखता है—"यह निम्न वर्ग सभी वर्गों के चरित्र भ्रष्ट तत्त्वों का झाग है। इसका मुख्यालय बड़े-बड़े शहरों में होता है। यह सभी सम्भव मित्रों में सबसे बुरा है। यह काफी घूसखोर और निर्लज्ज है। फ्रांसीसी मजदूरों ने यदि प्रत्येक आन्दोलन में घरों पर यह लिखा—चोरों को मौत! तथा इनमें से कुछ को मार दिया तो धन के प्रति आदर के कारण ऐसा नहीं किया बल्कि वे सबसे पहले इस गिरोह से मुक्ति पाना आवश्यक समझते थे जो सही था और इसी कारण से किया। मजदूरों का वह प्रत्येक नेता जो इन गुंडों का रक्षक के तौर पर इस्तेमाल करता है या समर्थन के लिए उन पर निर्भर रहता है, स्वयं को केवल इसी करनी से आन्दोलन द्रोही साबित करता है।"[25]

लेकिन इस वर्ग के प्रति माओ की भिन्न सोच थी। वह 1928 में चीन की कम्युनिस्ट पार्टी की केन्द्रीय समिति के समक्ष प्रस्तुत की गई अपनी रपट में कहता है—"लाल सेना की रचना में एक तरफ मजदूर और किसान हैं तो दूसरी तरफ निम्न वर्ग है। निस्सन्देह निम्न वर्ग को भारी अनुपात में रखना उचित नहीं है, लेकिन लड़ाई रोज चल रही है और भारी संख्या में मौतें हो रही हैं, इस निम्न वर्ग का प्रतिस्थापन करना आसान काम नहीं है। हालाँकि ये अच्छे लड़ाका हैं। इन परिस्थितियों में एक ही काम करना है और वह काम है, राजनीतिक प्रशिक्षण को तेज करना।"[26]

वर्गों के प्रति इन दो विचारों के बीच का यह मौलिक अन्तर वैज्ञानिक समाजवाद के संस्थापकों तथा उनके साम्यवादी अनुयायियों के सोच में बुनियादी अन्तर से पैदा होता है। मार्क्स मूलत: एक समाजवादी चिन्तक थे जिसने निश्चित नियमों के अनुरूप सामाजिक विकास को देखा था। उनको लगा कि उन्होंने इन निश्चित नियमों की खोज की है। उनके इस विचार के अनुसार क्रान्ति के बाद एक नया समाज वर्ग के रूप में विकसित है जो क्रान्ति की अगुआई करता है। और हमारे अपने युग में यह भूमिका औद्योगिक सर्वहारा को निभानी थी। मार्क्स स्वयं हमेशा 'जनसाधारण', 'जनता' इत्यादि जैसे अस्पष्ट शब्दों के इस्तेमाल को परिवर्तनकारी आन्दोलनों का

विश्लेषण करने के प्रसंग में अनुचित समझते थे। उन्होंने हमेशा 'बुर्जुआ', 'सर्वहारा', 'निम्न बुर्जुआ', 'किसान' इत्यादि जैसे शब्दों का इस्तेमाल किया, जिनके स्पष्ट वर्ग लक्ष्यार्थ होते हैं, लेकिन शब्दों के इस्तेमाल का यह अन्तर वास्तव में सामाजिक घटना के प्रति विभिन्न भावों को प्रतिबिम्बित करता है। मार्क्स स्पष्टता ढूँढ़ रहे थे जबकि उनके साम्यवादी अनुयायियों का लक्ष्य सत्ता रही है। इस दृष्टिकोण से देखने पर 'जनसाधारण' और 'जनता' जैसे शब्द काफी परिवर्तनशील हैं और इस तरह राजनीतिक पैंतरेबाजी के लिए आवश्यक लचीलापन प्रदान करते हैं। इस तरह लोगों के उसी जमावड़े को मामूली बदलाव के साथ साम्यवादी आन्दोलन की अवस्थिति के अनुसार, 'लोकतांत्रिक जन', 'राष्ट्र भक्त लोग', 'मेहनतकश जनता' इत्यादि कहा जा सकता है। इसके उलट सर्वहारा सर्वहारा ही होता है, किसान किसान ही होता है और बुर्जुआ बुर्जुआ ही होता है। जहाँ इन शब्दों का राजनीतिक पैंतरेबाजी के लिए इस्तेमाल करने का प्रयास किया गया है, 'राष्ट्रभक्त बुर्जुआ' और 'नौकरशाही बुर्जुआ' जैसे अनोखे शब्द पैदा हुए हैं जिन्हें समझा नहीं जा सकता है, आर्थिक श्रेणियों में रखा नहीं जा सकता है। यह केवल राजनीतिक पैंतरेबाजी की कठिनाई को प्रतिबिम्बित करता है जो शब्दों का स्पष्ट ढंग से विशेषीकृत संकेतों के साथ इस्तेमाल करने से प्रतिफलित हो सकता है। शब्दों की अनेकार्थता सीधे राजनीतिक पैंतरेबाजी की योग्यता को बढ़ाती है।

शब्दों के अर्थ के प्रति इस व्यवहार को हम्पटी-डम्पटी के द्वारा एक आकर्षक अन्दाज में प्रतिपादित किया गया है—हम्पटी-डम्पटी ने कहा, 'जब मैं एक शब्द का वस्तुत: तिरस्कारात्मक स्वर में इस्तेमाल करता हूँ तो इसका मतलब होता है कि मैं—न कम न ज्यादा—का अर्थ बताने के खयाल से इसका चयन करता हूँ' एलिस ने कहा, 'सवाल यह है कि क्या आप शब्दों से अनेक अलग-अलग चीजों का अर्थ निकलवा दे सकते हैं।' हम्पटी-डम्पटी ने कहा, 'सवाल है, उसी चीज की प्रवीणता हासिल करनी है, यही सब कुछ है।'

यह एक गहन अवलोकन था। जैसा कि ऑरवेल ने अपनी रचनाओं में बतलाया था, शब्दों की अनेकार्थता बहुत प्रत्यक्ष तौर पर निरंकुश सत्ता के अभियान से जुड़ी हुई होती है। निश्चित शब्दों के बदले अनिश्चित शब्दों का इस्तेमाल करने तथा कभी-कभी एक समान शब्दों का बिलकुल भिन्न अर्थों के लिए इस्तेमाल करने से वास्तविक स्थिति के बारे में चकराहट पैदा हो जाती है। ऐसी किंकर्तव्यविमूढ़ता की स्थिति में निश्चित समूहों द्वारा मनुष्यों को पथभ्रष्ट किया जा सकता है जिन्हें मालूम होता है कि किधर जा रहे हैं।

साम्यवादियों के मामले में जोकि मार्क्सवादी लेखनों में प्रत्येक कॉमा (अल्पविराम) के बारे में अत्यौपचारिक होते हैं, यह बहुत बड़ा विपथन की भूल-चूक नहीं था। बल्कि सत्ता तक की पहुँच को आसान बनाने के लिए यह कुछ बुनियादी

मार्क्सवादी उसूलों पर लगाई गई एक सोची-समझी रोक थी। इस सन्दर्भ में माओ सबसे बड़ा संशोधनवादी रहा है। इसका अनिवार्यत: यह मतलब नहीं है कि वह सत्ता हथियाने के दृष्टिकोण से मार्क्स की अपेक्षा कम सही था।

किन्तु आन्दोलनकारी समूह द्वारा जनान्दोलन इच्छानुसार शुरू नहीं किया जा सकता है। सबसे बढ़कर इसे उचित उद्देश्यपरक स्थितियों की आवश्यकता पड़ती है जिनके तहत ही जनान्दोलन खड़ा हो पाता है। इन आन्दोलनों को एक सफल निष्कर्ष तक ले जाने में दो अन्य तत्त्वों की जरूरत पड़ती है और वे तत्त्व होते हैं—सही संगठन तथा तकनीकों का सही इस्तेमाल।

लेकिन उद्देश्यपरक या वस्तुनिष्ठ स्थितियाँ वे चीज नहीं होती हैं जिन्हें पैदा किया जा सकता है। ऐसी स्थितियाँ तत्त्वों की संसृष्टि का एक उत्पाद होती है। वस्तुनिष्ठ तौर पर यह कहा जा सकता है कि जब लोगों की आशाएँ या कौन-सी स्थिति उचित स्थिति होगी, उनकी यह समझ बुनियादी रूप से एक ही समय की वास्तविक स्थिति टकराती है तो आन्दोलनकारी स्थिति बनी रहती है। दूसरे शब्दों में, जब किसी शासन की वैधता पर आबादी के महत्त्वपूर्ण वर्गों द्वारा सवाल उठाया जाने लगता है तो आन्दोलनकारी स्थिति पैदा होती है। हालाँकि यह वस्तुनिष्ठ स्थिति उस तरह से पैदा नहीं होती है जैसी कि मार्क्सवाद ने कल्पना की थी।

यद्यपि मार्क्स ने उस महत्त्वपूर्ण तत्त्व की ओर ध्यान आकृष्ट किया था जो उपेक्षित था, इस सन्दर्भ में उसका विचार अतिसरलीकृत जान पड़ता है। हम यह पहले ही देख चुके हैं कि यह विचार ऐसा है कि वस्तुनिष्ठ स्थितियों में उत्पादक तत्त्वों के विकास के कारण परिवर्तन किया जाता है जिनसे उत्पादन सम्बन्धों में बदलाव आता है। क्रान्तियाँ तभी होती हैं जब उत्पादन के तत्त्वों और उत्पादन के सम्बन्धों के बीच विवाद उत्पन्न होता है। इस विचार से यह उप-सिद्धान्त भी जुड़ जाता है कि कोई सामाजिक व्यवस्था तब तक दम नहीं तोड़ती है जब तक कि सारी सम्भावनाओं को आजमा नहीं लिया जाए। इससे व्यक्ति को इस निष्कर्ष पर पहुँच जाना चाहिए कि प्रतिक्रान्ति एक असम्भावना है। चूँकि क्रान्ति की घटना का मतलब है कि पुरानी व्यवस्था के चालू रहने की सम्भावना पूरी तरह से खाली हो चुकी है। साम्यवादियों द्वारा प्रदर्शित प्रतिक्रान्ति की अत्यधिक चिन्ता स्पष्टत: मार्क्सवादी सिद्धान्त के द्वारा पहलू को गलत साबित करती है। वास्तविक अनुभव ने आगे यह दिखाया है कि कुछ बड़े आन्दोलन जो समाजवादी होने का दावा करते हैं, इस अर्थ में उचित भौतिक अवस्थाओं के वजूद के बगैर घटित हुए हैं। इस तरह के परिवर्तनकारी आन्दोलन रूस से शुरू होकर पूरी दुनिया में फैले हैं और चीन, क्यूबा तथा उत्तरी वियतनाम में इस तरह की भौतिक विकास की विविध स्थितियों के रहते हुए इन आन्दोलनों ने सफलता हासिल की है। स्पष्टत: मार्क्सवादी नजरिए से इन देशों में समाजवादी आन्दोलन के लिए भौतिक स्थितियाँ पकी हुई नहीं थीं,

लेकिन एक भिन्न अर्थ में वस्तुनिष्ठ स्थितियाँ पक चुकी थीं। पूर्ववर्ती शासकों ने आबादी के एक बड़े हिस्से की नजर में अपनी वैधता गँवा दी थी इसलिए इन देशों में उस वर्ग के लोगों ने शासक को पद से हटाने के लिए काम किया।

वस्तुत: वस्तुनिष्ठ अवस्थाएँ मुख्य रूप से विचारधारात्मक होती हैं और परिवर्तनकारी आन्दोलन के लिए निर्णायक नहीं होती हैं (यद्यपि हमने पूर्व के अध्याय में देखा है कि विचारधाराएँ भौतिक अवस्थाओं पर अवश्य ही विचार करती हैं)। प्रत्येक समाज में एक प्रबल विचारधारा होती है जो इसे वैधता और स्थायित्व प्रदान करती है। जब भिन्न-भिन्न कारकों के संचालन के कारण जिसमें कि उत्पादन की परिवर्तित अवस्थाएँ एक महत्त्वपूर्ण चीज हो सकती हैं, लोगों के मन पर नियंत्रण रखने के लिए एक नई विचारधारा पुरानी विचारधारा को चुनौती देना शुरू कर देती है, विवाद शुरू हो जाते हैं। यदि जीवन के पुराने विचार लोगों की नई आकांक्षाओं के अनुरूप नहीं रह जाते हैं तो लोग नई विचारधाराओं की तरफ मुड़ जाते हैं। यदि यह बदलाव तेज और व्यापक होता है तो परिवर्तनकारी स्थितियों के पैदा हो जाने की सम्भावना रहती है। परिवर्तनकारी दल खुद नई विचारधारा की तरफ के इस बदलाव को तेज कर सकता है। इस अर्थ में परिवर्तनकारी दल भी क्रान्ति के लिए वस्तुनिष्ठ अवस्थाओं के सृजन में मदद करता है। लेनिन के जमाने से ही परिवर्तनकारी आन्दोलन की मानसिकता अपने से आन्दोलन की इस अवस्था को पैदा करने की जवाबदेही ले लेने की रही है। अब तो यह उन परिवर्तनकारी आन्दोलनों का लगभग एक बड़ा पूर्वग्रहण बन गया है जिन्हें चे ग्वारा ने प्रेरित किया है।

जनता विशुद्ध आर्थिक माँगों के आधार पर अस्थायी प्रकृति के आन्दोलन में हिस्सा ले सकती है, लेकिन लम्बे समय तक चलनेवाले कष्ट और त्याग, जिसकी एक आन्दोलन माँग करता है, को केवल तभी झेला जा सकता है जब लोग किसी बड़ी दृष्टि से प्रेरित हों। और यह दृष्टि दुनिया में नये दृष्टिकोण से ही आती है, जीवन के सभी पहलुओं को गले लगानेवाले दृष्टिकोण से। लेनिन और हिटलर, दोनों ने इस सच्चाई को समझ लिया था। हम लेनिन के इस आग्रह से पहले से ही परिचित हैं कि जनसाधारण में वैज्ञानिक विचारधारा स्वत:स्फूर्त नहीं आ सकती है, समाजवादी बौद्धिकों को इसे उनके अन्दर डालना पड़ेगा। उसने इस विचार को ठुकरा दिया कि सबको गले लगानेवाली वैज्ञानिक विचारधारा के बगैर मजदूर वर्ग समाजवादी आन्दोलन में हिस्सा लेने के लिए संकीर्ण 'अर्थवाद' से ऊपर उठ सकता है। हिटलर, जिसे जनता के मनोविज्ञान की गहरी समझ थी, का भी उसी तरह का विचार था। उसने लिखा है—"यदि हम वे तत्त्व सही में क्या हैं जो एक राज्य के सृजन और संरक्षण के लिए अनिवार्य हैं, के सवाल पर विचार करें तो हम पाते हैं कि वे तत्त्व हैं—सामान्य कल्याण के लिए त्याग करने की व्यक्ति की क्षमता और तत्परता।

यह कि इन गुणों का अर्थशास्त्र से कोई लेना-देना नहीं है, इसे इस साधारण तथ्य को उद्धृत कर साबित किया जा सकता है कि मनुष्य स्वयं का भौतिक स्वार्थों के लिए त्याग नहीं कर सकता है। दूसरे शब्दों में, वह एक आदर्श के लिए मर जा सकता है, लेकिन किसी कार्य के लिए नहीं।

1914 के युद्ध में जब तक जर्मनवासी यह मानते रहे कि वे आदर्शों के लिए लड़ रहे हैं, वे दृढ़ बने रहे। ज्योंही उन्हें यह बतलाया गया कि वे केवल अपनी रोजी के लिए लड़ रहे हैं, वे संघर्ष छोड़ना शुरू कर दिए।"[27]

इसका कारण साधारण है। मनुष्य के लिए भौतिक स्वामित्व का मूल्य केवल तभी तक रहता है जब तक वह स्वयं जिन्दा रहता है। इस तरह जब कोई मनुष्य भौतिक लाभ के लिए जीवन का त्याग करता है, वह वहीं काम कर उस लाभ को खो भी देता है। इसके विरुद्ध आदर्श को जाना जाता है कि यह मूल्यों का प्रतीक होता है जो व्यक्तिगत मानवीय जीवन से ज्यादा समय तक बने रहते हैं और यह जीवन के त्याग हेतु एक उपयुक्त पुरस्कार हो सकता है। चूँकि ये मूल्य वर्ग, राष्ट्र इत्यादि का कल्याण हो सकते हैं जिनसे व्यक्ति ने खुद को पहचान दी है, वे उतनी ही मात्रा में उत्साह निकलवाएँगे जितनी कि व्यक्ति के कल्याण के आसार। कुछ मामलों में यह उत्साह उच्च क्रम का भी हो सकता है क्योंकि ऐसी पहचान के जरिए व्यक्ति खुद का फैलाव भी करता है। इस तरह दिया गया त्याग अपने संकीर्ण दैनिक स्वार्थ के लिए नहीं होता है बल्कि एक गौरवशाली चीज के लिए होता है, लेकिन अपने कार्य की तरक्की के लिए मनुष्य को उचित विश्वदृष्टि की जरूरत पड़ती है। हिटलर एक दूसरी जगह पर स्पष्टत: उचित विश्वदृष्टि के इस महत्त्व को समझते हुए लिखता है—"मूल्यांकन करते वक्त निम्नलिखित बातों को ध्यान में रखा जाना जरूरी है—यह कि यदि संघर्ष चीजों की सम्पूर्ण नई आध्यात्मिक व्यवस्था की स्थापना हेतु आक्रामक रूप अपनाने में अफल हो जाता है तो अन्त में बलपूर्वक वेल्टांसचुआंग से लड़ने का प्रत्येक प्रयास बेकार हो जाएगा। ऐसा केवल दो वेल्टांसचुआंगों के बीच की लड़ाई में ही होता है कि दृढ़ता और निर्ममता से लगाया गया भौतिक बल अन्तत: पैमाने को अपने पक्ष में कर लेगा..."[28]

पिछले अध्याय में हम मनुष्यों की अपने अनुभव में प्रत्येक घटना को एक सर्व-आलिंगनकारी ढाँचे के अंश के रूप में देखने की मानसिकता की चर्चा कर चुके हैं। मनुष्य में सुरक्षा भाव के लिए यह एक आवश्यक शर्त है। ज्योंहि यह व्यवस्था तय ढाँचे से बाहर मालूम पड़ती है, विश्वास की एक कमी आ जाती है तथा मनुष्य एक मिलती-ज़ुलती नई व्यवस्था की योजना बनाना शुरू कर देता है। विचारों की इस तरह से विकसित यह नई व्यवस्था ही क्रान्तिकारी विचारधारा बन जाती है, लेकिन ऐसा हमेशा नहीं होता है कि परिवर्तनकारी आन्दोलन एक पूर्ण विचारधारात्मक चित्र के साथ ही शुरू होता है। अक्सर एक आन्दोलन किसी एक

मुद्दे पर केन्द्रित विक्षोभ से शुरू होता है तथा धीरे-धीरे इसके गिर्द समान विचारों का एक गुच्छा खड़ा हो जाता है। इन विचारों से जैसे ही आन्दोलन जोर पकड़ता है, एक व्यवस्था खड़ी होती है। अन्तत: आन्दोलन का लक्ष्य स्वयं बदल जाता है। अमेरिकी स्वतंत्रता का कुछ इसी तरह का आन्दोलन था। यह 'प्रतिनिधित्व के बिना करारोपण नहीं' के नारे से शुरू हुआ था। बहुत जल्द आजादी के वे सारे विचार जिन्हें उपनिवेश मातृदेश से लाए थे तथा नई दुनिया की स्वतंत्र और उपजाऊ भूमि पर उनका रोपण किया था, एक साथ नये प्रजातांत्रिक संविधान में डाल दिए गए। जैफर्सन द्वारा तैयार की गई स्वतंत्रता की यह घोषणा खुद को ऐसी नीतियों का हिज्जे बताने तक ही सीमित नहीं रही और नये स्वतंत्र राष्ट्र के तात्कालिक हितों की रक्षा की बल्कि इसने राजनीति और संस्कार के पूर्ण दर्शनशास्त्र को अस्तित्व में लाने का भी प्रयास किया। यह घोषणा कहती है—"हम इन सच्चाइयों को मानते हैं कि ये अपने आप में स्पष्ट हैं कि सभी मनुष्य समान पैदा होते हैं, सभी को उनके सर्जक से अहस्तान्तरणीय अधिकार मिलते हैं, इन अधिकारों में जीवन, आजादी तथा खुशी का अनुसरण शामिल होते हैं। इन अधिकारों को प्राप्त करने के लिए मनुष्यों के बीच सरकारों की नियुक्ति होती है जिन्हें शासित जनता की सहमति से उचित शक्ति दी जाती है।"

यह आवश्यक भी नहीं होता है कि विचारधारा सदा नई ही हो। नई स्थिति की प्रेरणा के तहत जीवन का पुराना विचार भी एक परिवर्तित रूप में स्पष्ट रूप से उच्चरित हो सकता है तथा परिवर्तनकारी आन्दोलन के लिए इकट्ठा होने का बिन्दु बन सकता है। इटली में ऐसा ही मामला घटित हुआ था जब फासीवाद सत्ता में आया था। इटली के युवा, विशेषकर ऐसे युवा जिन्होंने युद्ध में हिस्सा लिया था, सक्रिय सेवा के अपने जीवन में उन्होंने पद और प्रतिष्ठा अर्जित की थी, उसे गँवा बैठे थे। इसके साथ अतिराष्ट्रवादियों द्वारा यह भावना जोड़ दी गई और इसे हवा दी गई कि मित्र राष्ट्रों ने युद्ध की लूट-खसोट में उनके राष्ट्र के साथ छल किया है। इस बकवास में एकमात्र वीरोचित घटना यह निहित है मजदूरों की हड़ताल तथा उनके द्वारा इटली के बड़े भाग के कारखानों पर कब्जा भी विफल साबित हुआ था। इसका अनुसरण करते हुए मजदूर वर्ग का आन्दोलन जिसने जीवन की एक नई दिशा खोलने का वादा किया था, स्वयं मूर्खता की स्थिति में पड़ गया। साम्राज्यिक रोम के सपने को मुसोलिनी का पुनरुज्जीवन इन परिस्थितियों में ऐसे मोहमुक्त व्यक्तियों के लिए एक जीवन्त आशा बन गया। उसी तरह 17वीं सदी में इंग्लैंड में राजा और संसद के बीच की लड़ाई में संसद ने बाइबिल से प्रेरणा हासिल की थी। चर्च की मध्यस्थता करनेवाली भूमिका के अस्वीकार के साथ ईश्वर की इच्छा को सीधे संसदीय सेना के नेताओं को दिखाया गया था और इस प्रकट किए गए हमेशा संसदीय दल के हितों को पूरा करने के लिए विश्वास किया जा सकता था।

यह हम पूर्व में ही देख चुके हैं कि आन्दोलनकारी विचारधारा एक अविकसित दुनिया में शासक साम्राज्यवादी देशों के सम्पर्क से तैयार विशेष स्थिति के कारण उत्पन्न हो सकती है (अध्याय 2)। चीन, क्यूबा और उत्तरी वियतनाम में साम्यवादी आन्दोलन का उदय इसी तत्त्व का एक उत्पाद था। इन देशों में से किसी में भी परिपक्व पूँजीवादी अर्थव्यवस्था का उदय नहीं हुआ था कि वह पारम्परिक मार्क्सवादी तरीके से समाजवादी आन्दोलन की शर्तों को पूरा करता। इस तरह इन देशों में पूर्ण क्लांत औद्योगिक अर्थव्यवस्था के जड़ें जमाने के बहुत पहले ही 'सर्वहारा समाजवादी विचारधारा' अपनी दस्तक दे ही दी। इन सबसे हम इस निष्कर्ष पर पहुँचते हैं कि आन्दोलन की वस्तुनिष्ठ और विषयनिष्ठ स्थितियों के बीच का अन्तर अत्यन्त कृत्रिम होता है। कुल मिलाकर यह कह सकते हैं कि जब आबादी के बहुत ही मजबूत समूह पुरानी व्यवस्था की जगह नई व्यवस्था लाने के लिए तैयार होते हैं तो वहाँ आन्दोलनकारी स्थिति उपस्थित रहती है। हालाँकि यहाँ 'आन्दोलन' शब्द का इस्तेमाल मार्क्सवादी साहित्य में इस्तेमाल इस शब्द से ज्यादा व्यापक सन्दर्भ में किया गया है। यह केवल उन समाजवादी आन्दोलनों तक ही सीमित नहीं है जब समाज में समूचा वर्ग सम्बन्ध बदल जाते हैं बल्कि यह उन तमाम आन्दोलनों या प्रतिआन्दोलनों को शामिल करता है जो किसी एक विचारधारा से सम्बद्ध लोगों के समूह के हाथों से नई विचारधारा के साथ आगे आनेवाले लोगों के समूह के हाथों में राजनीतिक सत्ता सौंपते हैं। यह इस तथ्य के विचार से आवश्यक होता है कि हमारा सम्बन्ध यह सत्ता हासिल करने की तकनीकों से रहा है। जब तक शब्द का दायरा व्यापक नहीं होगा, अनेक बड़े राजनीतिक परिवर्तनों का जिनमें फासीवाद और नाजीवाद का उदय भी शामिल है, लेखा-जोखा नहीं हो पाएगा, इसे छोड़ देना पड़ेगा।

मैकियावेली की भाषा में यह वस्तुनिष्ठ स्थिति 'अवसर' कहलाएगी जिसका उपयोग सत्ता प्राप्त करनेवाला व्यक्ति करता है। मैकियावेली स्वयं अपने विचार को निम्नलिखित शब्दों में प्रकट करते हैं—"हम उनके (वह मोजेस, सायरस, रोमूलस, थेसियस के बारे में बात करते हैं) जीवन और कार्यों की जाँच करने में यह भी पाएँगे कि भाग्य से उन्हें कोई दूसरा समर्थन नहीं था बल्कि अवसर से था जिसने उन्हें वह सामग्री दी जिसको कि वे जो भी रूप सबसे ज्यादा अच्छा लगा, उसमें ढाल सके;...उस समय मोजेस (मूसा) के लिए मिस्र में इजराइल के गुलाम लोगों तथा उन पर मिस्रवासियों द्वारा किए जा रहे अत्याचार का पता लगाना जरूरी था। और इसी तरह सायरस के लिए मेडेस के शासन से असन्तुष्ट फारसियों का पता लगाना जरूरी था, तथा...यदि थेसियस ने एथेंसवासियों को छिन्न-भिन्न स्थिति में नहीं देखा होता तो वह अपने साहस का इजहार नहीं कर पाता।"[29]

हमारे अपने समय में मैकियावेली इसमें अवसर के भेद को कुछ इस तरह रखते—हिटलर के पक्ष में, वर्साय को लेकर जर्मनी में असन्तोष तथा वर्साय से

काफी मानमर्दन; लेनिन के पक्ष में, युद्ध थकान तथा सम्पूर्ण रूसी अर्थव्यवस्था का विघटन एवं असन्तुष्ट कृषक वर्ग; मुसोलिनी के पक्ष में, इटली में मजदूर आन्दोलन से भय तथा इसके विरुद्ध रोष।

एक आन्दोलनकारी संगठन जो जनसाधारण को आन्दोलित करना चाहता है, उसके लिए उसे चार महत्त्वपूर्ण चीजों की जरूरत पड़ती है—(1) इसे अनिवार्यत: दुनिया की एक वैसी सरलीकृत तसवीर प्रस्तुत करनी पड़ती है जो संगठन की तरफ से सभी चीजों को अच्छी और उत्कृष्ट बताती हो तथा विरोधी की तरफ से सभी चीजों को स्याह और चरित्रभ्रष्ट बताती हो। यह विश्वचित्र इस तरह से अभिव्यक्त होना चाहिए कि साधारण बुद्धिवाला व्यक्ति भी इसे आसानी से समझ जाए; (2) इसकी अपील आबादी के बड़े हिस्से तक पहुँचनी चाहिए; (3) इसमें काफी गतिशीलता होनी चाहिए कि यह किसी भी इच्छित दिशा में अपना वजन फेंक सके, यह अनिवार्य रूप से केन्द्रीकृत नेतृत्व को पूर्ण अधिकार के साथ अहस्तान्तरणीय बनाता है; और (4) सबसे बढ़कर, इसकी नीतियों और कार्यों पर कोई सन्देह नहीं होना चाहिए।

उपरोक्त प्रथम और अन्तिम चीज पुन: मानवीय मनोविज्ञान के मूल्यांकन पर आधारित होती है। अधिकांश लोग जटिल विचार की अपेक्षा साधारण विचार को आसानी से समझ जाते हैं क्योंकि जटिल विचार को समझने के लिए कुछ प्रयास करना पड़ता है। ऐसी प्रवृत्ति को इस तथ्य से बल मिलता है कि अधिकांश मनुष्य अपने दैनिक कार्य में इतना अधिक तल्लीन होते हैं कि वे चाहते हैं कि कोई दूसरा उन्हें कैप्सूल आकार में जीवनदृष्टि दे दे जो उनके संकीर्ण कार्यक्षेत्र के अन्दर सीधे नहीं आती है। इस तथ्य का विज्ञापनकर्ताओं द्वारा प्रतिदिन भरपूर उपयोग किया जा रहा है। उसी तरह नीति की बाबत अस्पष्टता या काम में छल-कपट व्यक्ति पर विकल्पों में से चुनाव करने का भार लाद देती है जिसको कि अधिकांश मनुष्य एक ही कारण से टाल देता है। इस तरह आदर्श पार्टी वह है जो स्पष्टत: यह बयान करे कि जनता के समक्ष भिन्न-भिन्न सम्भावनाओं के रखने की जगह क्या किया जाना है। एक राजनीतिक दल, जिसके पास प्रत्येक समस्या का एक साधारण हल रहता है (वह हल बेवकूफीभरा हो सकता है, लेकिन वह सत्याभासी और आकर्षक होगा), स्वाभाविक रूप से जनसाधारण में बहुत बड़ा विश्वास पैदा करता है।

लेनिन की वाक्कला से परिचित व्यक्ति यह जानता है कि लेनिन ने अपने विरोधियों के विरुद्ध हर स्तर पर दर्शन से लेकर दैनिक व्यावहारिक मामलों तक प्रचार युद्ध चलाया था। इन वाक्कलाओं के जरिए लेनिन की मंशा थी कि विरोधियों को शैतानों के अवतार या सबसे बुरे अज्ञानी व्यक्ति के तौर पर जनमानस में बैठा दिया जाए। हिटलर भी उसी तरीके से अपने विरोधियों अर्थात् यहूदी और सोशल डेमोक्रेट्स, जिन्हें वह एक ही खाने में रखता था, को सारी मानवता को नष्ट करने के लिए एक मुसीबत के तौर पर दिखाया। हिटलर के मामले में यह जनता की

आँखों में धूल झोंकने की एक सोची-समझी योजना थी ताकि वह जनता का इस्तेमाल स्वयं को सत्ता तक पहुँचाने में कर सके। वह जनसाधारण का अपना मूल्यांकन प्रस्तुत करता है जो कहीं से सन्तोषप्रद नहीं है। वह लिखता है—"किसी राष्ट्र का भारी बहुमत अपने स्वभाव और विचार में इतना अधिक स्त्रैण होता है कि इसके सोच और आचरण को मर्यादित तर्क की बजाय भावना से शासित किया जाता है। यह भावना हालाँकि जटिल नहीं होती है बल्कि सरल और संगत होती है। इसमें ज्यादा अन्तर नहीं किया जाता है बल्कि इसमें केवल प्रेम और घृणा, सही और गलत, सत्य और असत्य का नकारात्मक और सकारात्मक भाव रहता है। इसके भाव कभी अंशत: यह, अंशत: वह नहीं होते हैं।"[30]

दूसरा और तीसरा कारक किसी आन्दोलन के दो विवादास्पद आवश्यकताओं को जोड़ने के उद्‌देश्य से अर्थात् स्थायी आधार और गतिशीलता को जोड़ने के खयाल से जरूरी है। हालाँकि कोई भी आन्दोलन बगैर जनता के व्यापक समर्थन के सफल नहीं हो सकता है या चल नहीं सकता है, लेकिन जनाधार से अक्सर आन्दोलन में जड़ता आ जाती है। जनान्दोलन को एक सेना की तरह सामरिक लाभ प्राप्त करने हेतु अत्यधिक गतिशीलता व कार्यसाधकता की जरूरत होती है। लेनिन ने खासकर इन दो कारकों को जोड़ने के लिए अपना विशेष संगठनात्मक सिद्धान्त विकसित किया था। यद्यपि लेनिन ने सही समय पर जार के रूस की अनोखी स्थिति का उद्धरण देते हुए अपने केन्द्रवादी सांगठनिक सिद्धान्त को न्यायोचित ठहराया था (रूस में एक परिषद आधारित दल संगठन में पुलिस के प्रवेश की अनुमति देता था), यह समझ पाना कठिन है कि लेनिन अपने समग्र उद्‌देश्य का खयाल करते हुए समाज के एक तुलनात्मक लोकतांत्रिक ढाँचे में भी कैसे भिन्न प्रकार के दल को पसन्द कर सकते थे। उन्होंने संगठन के निम्नलिखित सिद्धान्त दिए—"मैं दावे के साथ कहता हूँ—(1) कि निरन्तरता बरकरार रख पाने में कोई भी आन्दोलन बगैर नेताओं के स्थायी संगठन के टिकाऊ नहीं हो सकता है; (2) कि जनसाधारण जितना ज्यादा व्यापक रूप से संघर्ष से जुड़ता है तथा आन्दोलन का आधार बनता जाता है, इसके लिए उतना ही ज्यादा इस तरह का संगठन अनिवार्य होता जाता है तथा उतना ही ज्यादा इसे स्थायी होना पड़ता है (क्योंकि जननेताओं के लिए जब यह अधिक आसान होता है कि वे जनसाधारण के बीच के अत्यन्त पिछड़े समूहों को बगल की पटरी पर ला सकें); (3) कि संगठन में मुख्यत: वैसे लोग होने चाहिए जिन्होंने पेशे के तौर पर आन्दोलन को अपनाया हो; कि निरंकुश शासनवाले देश में जितना ही अधिक हम आन्दोलन से जुड़े व्यक्तियों की संगठन की सदस्यता पर रोक लगाते हैं...संगठन को पकड़ना उतना ही ज्यादा कठिन हो जाता है।"[31]

हिटलर के विचार में भी उसी तरह की केन्द्रीकृत पार्टी थी। उसने जिस नेशनल सोशलिस्ट पार्टी का प्रस्ताव दिया था। उसके विशेष आकर्षणों में कुछ

यथा निम्नलिखित थे—(क) यह कि शुरू में सारी गतिविधि एक ही शहर—अर्थात् म्यूनिख पर केन्द्रित होनी चाहिए। यह कि विशुद्ध विश्वसनीय अनुयायियों की एक टोली को प्रशिक्षण दिया जाना चाहिए और एक विद्यालय की स्थापना होनी चाहिए जो आगे चलकर आन्दोलन के विचारों को प्रचारित करने में मदद करेंगे; (ख) यह कि म्यूनिख में केन्द्रीय सत्ता की सर्वोच्चता निश्चित रूप से कायम व स्वीकार होने के पहले स्थानीय समूहों की स्थापना नहीं होनी चाहिए; (ग) यह कि जिला स्तरीय, क्षेत्रीय और प्रादेशिक समूहों की स्थापना केवल उनकी बहुत जरूरत महसूस होने तथा म्यूनिख में केन्द्रित सत्ता का प्रभुत्व निश्चित रूप से कायम व स्वीकार होने के बाद ही की जानी चाहिए।[32]

आगे एक दूसरी जगह हिटलर लिखता है—"ध्यान दिया जाना चाहिए कि आन्दोलन का संचालन अनन्य रूप से इस मूल केन्द्र के हाथों किया जा रहा है। इसका अभिप्राय कि केन्द्र को उस प्रचार को दिशा-निर्देश देना चाहिए जिसका लक्ष्य आन्दोलन के निमित्त सामान्य पहचान हासिल करना है...उन तत्त्वों के साथ जिन्होंने मूल रूप से आन्दोलन किया, संगठन को जीते गए उन तमाम महत्त्वपूर्ण पदों पर कब्जा कर लेना चाहिए तथा उन तत्त्वों से सम्पूर्ण निदेशालय का निर्माण होना चाहिए। यह तब तक जारी रहना चाहिए जब तक कि पार्टी का सूत्र और सिद्धान्त नये राज्य की नींव और नीति न बन जाए।"[33]

संगठन के बारे में लेनिन और हिटलर, दोनों के ही विचार में हम नेतृत्व का केन्द्रीकरण करने तथा संगठन को कमजोर होने से या कार्य या विचार में स्वायत्तता के किसी अंश को विकसित करनेवाली इकाइयों को रोकने पर ज्यादा जोर देखते हैं। दोनों के ही विचारों में पार्टी के आदर्शों के प्रति पूर्ण रूप से समर्पित लोगों को सदस्य बनाए जाने से रोकने की एक इच्छा नजर आती है। प्रथम माले में जारवादी रूस में जो स्थिति थी, सदस्यों की तरफ से व्यक्तिगत त्याग करने की इच्छा स्वयं उस स्थिति में अन्तर्निहित थी। हिटलर ने भी पार्टी के विकास के लिए त्याग की भूमिका पर जोर दिया था। वह लिखता है—"क्योंकि बाहर से ऐसी शक्ति के विरुद्ध एक प्रभावी युद्ध करने के उद्देश्य से त्याग का जोश और अगम्य साहस अनिवार्य अस्त्र था। नये विजेता किसी प्रयोजन के लिए की गई महान त्याग की अपील पर उक्त प्रयोजन की तरफ तब तक आकर्षित होते हैं जब तक कि उक्त अगम्य जोश की अन्ततः सफलता से ताजपोशी न हो जाए।"[34]

माओ त्से तुंग ने बिलकुल भिन्न स्थिति में अपना आन्दोलन चलाते हुए भी अपने आन्दोलनकारी युद्ध में इन दो तत्त्वों को जोड़ने की आवश्यकता महसूस की। स्थिति की विलक्षणता ने पहले से ही अन्य सभी बड़ी राजनीतिक प्रवृत्तियों की तरह साम्यवादियों को मुख्य रूप से सशस्त्र बल की ताकत पर निर्भर रहने के लिए बाध्य कर दिया था। इसकी वजह से स्वतः भारी केन्द्रीकरण हो गया क्योंकि पार्टी

का गठन उन सशस्त्र बलों के श्रेणीक्रम के समानान्तर करना पड़ा जिसके साथ इसे प्रत्येक स्तर पर जोड़कर एक कर दिया गया था। माओ ने एक तरकीब निकाली। यह उसकी प्रतिभा को रेखांकित करती है। इस तरकीब से उसने इस केन्द्रीकृत नियंत्रण को जनसाधारण से जोड़ दिया। इस तरह उसने लोगों के बीच उत्तरोत्तर पार्टी व्यवस्था फैलाने तथा फिर उन्हें कार्य हेतु जमा कर लेने की एक तरकीब की रूपरेखा प्रस्तुत की। इसमें भारी केन्द्रीकृत नियंत्रण और संयोजन अन्तर्निहित था। इसके अलावा इस प्रक्रिया ने पार्टी की जनता से नई शक्ति और सक्रियता जुटाते रहने में मदद की। माओ ने स्वयं इस प्रक्रिया का निम्नलिखित शब्दों में वर्णन किया है—"यह तरकीब ठीक मछली पकड़नेवाले जाल की तरह है; हमें इस जाल को दूर तक लगाने या किसी भी समय इसे खींच लेने के काबिल होना चाहिए। हम जनता को अपने पक्ष में करने के लिए इसे दूर तक फैलाते हैं तथा शत्रु से वार्ता करने के लिए इसे खींच लेते हैं। हमने बीते तीन वर्षों में जिन तरकीबों को आजमाया है, वे ऐसी ही हैं।"[35]

क्रान्तिकारी दल में केन्द्रीकरण और गतिशीलता हमारे अपने समय में अति महत्त्वपूर्ण हो गए हैं क्योंकि विद्रोह कभी फौरन निर्णय से समाप्त नहीं होता है बल्कि यह विदेशी शक्तियों के आ जाने से तुरन्त गृहयुद्ध में परिणत हो जाता है। इस प्रकार प्रत्येक विषय को सैन्य विवाद के तल पर निर्धारित करना पड़ता है।

जनाधार और उपयुक्त संगठन के रहते हुए जो चीज एक संगठित समूह को सत्ता हासिल करने में मदद करती है, वह है उपयुक्त तकनीक। जब सत्ता सम्बन्ध शस्त्रों के विवाचन पर निर्भर होते हैं, ऐसी स्थितियों में सशस्त्र लड़ाई की तकनीक के अलावा प्रचार के माध्यम से जनसाधारण का नियंत्रण होती है। निस्सन्देह, इसे उचित भौतिक प्रलोभनों के साथ लागू किया जाता होगा। ऐसे सभी समाजों में जहाँ राजनीति में जनता की गिनती होती है, इस प्रकार की मनोवैज्ञानिक अपील पर आधारित तकनीक के कुछ अंश का उपयोग हुआ है। प्लेटो और अरस्तू, दोनों ही प्राचीन दुनिया के नगर राज्यों के जनसाधारण पर जननेताओं की जो पकड़ होती थी, उससे वाकिफ थे, लेकिन प्राचीन विश्व के जननेताओं की अपीलों में सूक्ष्मता का अभाव रहता था। इसका चलन वर्तमान युग में हुआ है। प्राचीन विश्व में जो अपील होती थी, वह आधुनिक अपील की तुलना में अनगढ़ और सरल होती थी। आधुनिक अपील में 'राष्ट्र', 'स्वतंत्रता', 'समानता' जैसे प्रतीकों का स्थान रहता है जो झंडों और बन्दनवारों के एक प्रभावशाली विन्यास से जोड़े गए होते हैं। हमारे अपने समय में जिस व्यक्ति ने इन प्रचार तकनीकों का बहुत प्रभावशाली ढंग से इस्तेमाल किया तथा जन मनोविज्ञान की समग्र समझ का इस्तेमाल किया, वह हिटलर था। यद्यपि साम्यवादियों ने भी उसी तकनीक का अनुसरण किया था (वस्तुत: हिटलर ने यह तकनीक साम्यवादियों से ही उधार ली थी) लेकिन जन

मनोविज्ञान की उनकी समझ हिटलर की समझ जितनी प्रखर नहीं रही है। यहाँ हिटलर के प्रचार के सिद्धान्तों को उसी के शब्दों में उद्धृत करना सबसे अच्छा रहेगा क्योंकि इस सन्दर्भ में उसने अपने उपदेशों के शाब्दिक अर्थ का अनुसरण किया था। उसके अनुसार—

1. सारा प्रचार एक लोकप्रिय साँचे में प्रस्तुत किया जाना चाहिए और इसका बौद्धिक स्तर इस तरह से निर्धारित होना चाहिए कि यह उन लोगों के सबसे कम बौद्धिक के सिरों के ऊपर न हो जाए जिनके लिए प्रचार होना है।
2. जनसाधारण की संग्राहक शक्तियाँ बहुत बाधित और उनकी समझ बहुत कमजोर होती हैं। दूसरी तरफ वे बहुत जल्दी भूल जाते हैं। ऐसी स्थिति में समस्त प्रभावी प्रचार को मात्र थोड़े अनिवार्य तत्त्वों तक ही सीमित रहना चाहिए और यथासम्भव घिसे-पिटे सूत्रों में अभिव्यक्त होना चाहिए। इन नारों को दृढ़ ढंग से तब तक दोहराते रहना चाहिए जब तक कि वह अन्तिम व्यक्ति उस प्रस्तुत विचार को समझ न जाए।[36]
3. ...लोगों ने उस पहली शर्त को नहीं समझा जिसे हर तरह के प्रचार में पूरा किया जाना है, अर्थात् प्रत्येक समस्या जिससे निपटना होता है, के प्रति एक योजनाबद्ध एकतरफा भाव...[37]
4. प्रचार का लक्ष्य यह नहीं है कि परस्पर विरोधी अधिकारों पर प्रत्येक के साथ न्याय करते हुए निर्णय देने का प्रयास किया जाए बल्कि यह है कि अनन्य रूप से उस अधिकार पर जोर दिया जाए जिसका हम दावा कर रहे हैं। प्रचार को वस्तुनिष्ठ तरीके से सच्चाई की जाँच नहीं करनी चाहिए और यहाँ तक कि यह दूसरे पक्ष के अनुकूल हो, इसे स्वयं को न्याय के सैद्धान्तिक नियमों के अनुसार प्रस्तुत करना चाहिए; लेकिन इसे सच्चाई के केवल उस पहलू को प्रस्तुत करना चाहिए जो इसके अपने पक्ष के अनुकूल हो।[38]
5. जनता का बड़ा भाग राजनयिकों या लोक न्यायशास्त्र के प्राध्यापकों से नहीं बना है, न ही महज उन व्यक्तियों से बना है जो दिए गए मामलों में तर्कसंगत निर्णय देने के काबिल हैं। यह बहुसंख्यक आबादी मानवीय बच्चों की एक परिवर्तनशील भीड़ है जो स्थायी रूप से एक और दूसरे विचार के बीच झूलती रहती है। ज्योंही हमारे अपने प्रचार ने हल्का-सा सुझाव दिया कि शत्रु के पास अपने पक्ष में न्याय की निश्चित मात्रा है, इसके बाद हमने उस आधार को प्रस्तुत किया जिस पर हमारे अपने विषय के न्याय को प्रश्नों के घेरे में लाया जा सकता था।[39]
6. प्रचार को एक ही विषय तक सीमित रहना चाहिए और इसे बार-बार प्रस्तुत किया जाना चाहिए। यहाँ या अनगिनत अन्य मामलों में दृढ़ता सफलता की पहली और सबसे महत्त्वपूर्ण शर्त है।[40]

7. प्रचारवादी सन्देश के विषय में किए जानेवाले प्रत्येक परिवर्तन को सदैव एक तरह के निर्णय पर ही जोर देना चाहिए।[41]
8. सुबह में और दिन की अवधि में ऐसा मालूम पड़ता है कि मानवीय इच्छा की शक्ति अपनी सबसे मजबूत ऊर्जा के साथ उस हर प्रयास के विरुद्ध विद्रोह करती है जो इस पर किसी दूसरे की इच्छा और राय को थोपना चाहता है। दूसरी तरफ शाम में यह वास्तव में एक दृढ़ इच्छा के प्रभुत्व के आगे हार मान लेती है क्योंकि वास्तव में ऐसे जमघटों में दो विपरीत शक्तियों के बीच संघर्ष चलता है। एक देवदूत के बाध्यकारी चरित्रवाले व्यक्ति की श्रेष्ठ वक्तृता सम्बन्धी कला उन व्यक्तियों को जिनके पास अपनी इच्छा और बौद्धिकता सम्बन्धी ऊर्जाओं का पूर्ण स्वामित्व है, बदलने की बजाय उन लोगों के बारे में सोचने के एक नये तरीके का कायल बनाने में सफल हो जाएगी जिनकी प्रतिरोध की शक्तियाँ स्वाभाविक रूप से कमजोर पड़ती जाती हैं।[42]
9. यदि दुकान/दफ्तर या विशाल कारखाने, जिसमें व्यक्ति सचमुच बहुत छोटा महसूस करता है, को छोड़ने पर कोई व्यक्ति पहली बार बड़ी सभा में प्रवेश करे और अपने आसपास उन हजारों-हजार लोगों को देखे जिनके एक ही विचार हों...यदि यह भौतिक सफलता और हजारों व्यक्तियों की आम राय नये उपदेश की सच्चाई और न्याय को सम्पुष्ट करे तथा पहली बार अब तक उसके द्वारा धारित विचारों की सच्चाइयों के बारे में उसके मन में सन्देह उत्पन्न करे—तो वह स्वयं को उस सम्मोहन के अधीन कर देता है जिसे कि हम जन सुझाव कहते हैं।[43]
10. वे सभाएँ जो केवल सुदृढ़ पुलिस बल के संरक्षी सहयोग से ही सम्भव हो पाती हैं, किसी का परिवर्तन नहीं करतीं; क्योंकि जनता के निचले स्तर के लोगों पर विजय प्राप्त करने के उद्देश्य से अपनी तरफ शक्ति का एक दृश्य प्रदर्शन निश्चित रूप से होना चाहिए...[44]

उपर्युक्त दस बिन्दुओं में कोई ऐसा बिन्दु नहीं है जिसका साम्यवादियों या जन संघटन के द्वारा राजनीतिक सत्ता प्राप्त करनेवाले अन्य सदृश समूहों ने लाभ के साथ उपयोग नहीं किया हो। और यह निश्चित रूप से कहा जा सकता है कि उन्होंने सफलता का जो परिणाम हासिल किया है, वह इन प्रचार तकनीकों के उचित इस्तेमाल के कारण हुआ है।

प्रसरणशील प्रवृत्तियाँ सत्ता के निमित्त प्रचार में सहयोग करती हैं और अधिकांश प्रसरणशील प्रवृत्तियों में रूढ़ियों पर विचारना होता है। तीन ही तत्त्व जनमानस पर इसकी पकड़ बनाने में मदद करते हैं। एक तरफ लोगों में वास्तविकता की बजाय ऊपरी लेबलों पर प्रतिक्रिया जाहिर करने की प्रवृत्ति होती है जिसकी चर्चा हमने

पूर्व के अध्यायों में की है। दूसरा तत्त्व अपने आसपास सरलीकृत ढाँचे को ढूँढ़ने की प्रवृत्ति होती है और तीसरा तत्त्व ऐसी विशिष्टताओं का श्रेय अपने उन शत्रुओं को देना है जो सामाजिक रूप से निन्दनीय होते हैं। इन तत्त्वों के आधार पर हमारा विश्वचित्र रूढ़ियों से भरा होता है। जीवन का शायद ही कोई ऐसा क्षेत्र हो जिसके बारे में कोई रूढ़ि गढ़ी नहीं गई हो। यह प्रवृत्ति सत्ता प्राप्त करनेवाले के अपने शत्रु को काले रंग में पोत देने के प्रयासों को ज्यादा सुगम बना देती है। रूढ़िगत विचार वस्तुनिष्ठ निर्णय करने की क्षमता को नष्ट कर देता है तथा उस विषय या दल जिसे नेता अपनाए होता है, का अन्ध अनुसरण कराता है।

यद्यपि 'रूढ़ि' शब्द इस प्रसंग में हाल की उत्पत्ति है जिसका पहली बार वाल्टर लिप्पमैन ने इस्तेमाल किया था, मनोवैज्ञानिक घटना ज्ञात इतिहास जितनी ही पुरानी है। प्राचीनकाल के भारतीयों के लिए सभी बाहर से आनेवाले लोग अवमान्य गुणधर्म के साथ 'म्लेच्छ' थे, यूनानियों के लिए शेष दुनिया में बर्बर लोग रहते थे। आधुनिक युग में यहूदियों और नीग्रो से सम्बन्धित रूढ़ियों ने इतिहास की कुछ महान त्रासदियों को जन्म दिया है। भारत में इसी तरह की रूढ़ियाँ अनेक जातियों की बाबत प्रचलित हैं जहाँ जातीय विवाद अपेक्षाकृत अधिक तेज रहता है। भारत के उत्तरी-पूर्वी राज्य बिहार में, उदाहरणस्वरूप, दूसरी जाति के लोग भूमिहर को स्वार्थी, धूर्त और कंजूस मानते हैं; यादव को मूर्ख, लड़ाका और मजबूत मानते हैं; राजपूत को मूर्ख लेकिन साहसी मानते हैं, ब्राह्मण को लालची और कमजोर मानते हैं, कायस्थ को तेज लेकिन धोखेबाज मानते हैं इत्यादि-इत्यादि। इन रूढ़ियों के इर्द-गिर्द बहुत-सी कहानियाँ और कहावतें गढ़ी गई हैं जिनकी मुक्त रूप से चर्चा होती है। इस तरह की जातिगत रूढ़ियाँ भारत के लगभग सभी हिस्सों में पाई जाती हैं।

हमने पूर्व में बन्धन पर लॉरेन्ज के दृष्टिकोण की चर्चा की है—अर्थात् उस दृष्टिकोण की कि समूह के भीतर समान प्रजातियों के सदस्योंवाले बाहरी समूहों के प्रति आक्रामकता की दिशा से बन्धन मजबूत होता है। यह प्रवृत्ति पुन: एक नेता के शत्रु के विरुद्ध शिकायत इकट्ठा करने तथा इसके विरुद्ध सीधा हमला करने में मदद करती है। इस तरह से कोई समूह जितना ही अधिक आक्रामक होता है उतना ही अधिक आन्तरिक समूह एकता का निर्वहन सम्भव होते जाता है। इस तरह वह दल जो अपने विरोधी के प्रति अपनी आक्रामकता में ज्यादा गैर-समझौतावादी होता है, आन्तरिक विक्षोभ के भय के बगैर अपने लक्ष्य को प्राप्त करने हेतु जनता को लामबन्द करने की सबसे अच्छी स्थिति में होता है। यह तथ्य विरोधी के रूढ़िबद्धकरण से मिलकर आन्दोलन के अन्दर अविवेक की एक अभेद्य दीवार खड़ी करता है और वास्तविक या ढूँढ़ निकाले गए शत्रु के विरुद्ध जनता की भीड़ का तोप के गोले के रूप में इस्तेमाल करना सम्भव बना देता है। वे शत्रु जिन पर इस तरह से हमला किया गया होता है, साथी मानव प्राणी नहीं रह जाते हैं, विचारणीय हो जाते

हैं, लेकिन इसके बदले उनके साथ जो चीज बुरी है, उस सबके अवतार के तौर पर व्यवहार होता है जो एकमात्र नियतिपूर्ण सत्यानाश के लायक होता है। केवल ऐसी मनोवैज्ञानिक स्थिति में ही जर्मनी में यहूदियों की थोक समाप्ति या बड़े पैमाने पर रूस में किसानों की समाप्ति सम्भव हो पाई थी। वैसे लोग जो राजनीतिक सत्ता के लिए उपरोक्त भाव से संघर्ष शुरू करते हैं, उनके पास वैसे लोगों पर जिनका अनुसरण मानवीय दया के विचारों से चकरा जाता है, एक स्पष्ट लाभ रहता है।

एक तीसरा तत्त्व (जिसको हिटलर ने ऊपर के उद्धरण में विस्तारित किया है) समान महत्त्व का है, वह है जनसाधारण की प्रभावनीयता, जिसकी हमने पूर्व में ही संक्षेप में चर्चा की है। यह भी एक नैसर्गिक मनोवैज्ञानिक लक्षण है जिसका आदिकाल से उपयोग होता रहा है। प्राचीन विश्व के सभी जनप्रिय नेताओं ने इसका उपयोग किया था, लेकिन आधुनिक युग में प्रस्तुतकर्ता की कला इसके साथ जुट गई है। इस तरह जनसभा की पृष्ठभूमि प्रभाव पर नजर के साथ उचित ढंग से तैयार होती है। ऊँचाई, प्लेटफॉर्म की सजावट, समय, आरम्भ—सभी का उचित ढंग से विचार किया जाता है। सजावट में मुख्यत: सांकेतिक प्रतीकों और चित्रों को शामिल किया जाता है। इस तरह सभा का प्रत्येक विवरण सुविचारित अन्त की तरफ ले जाता है जो निश्चित रूप से पुन: कुछ साधारण किन्तु महत्त्वपूर्ण घोषणा रहता है।

इसके अतिरिक्त साम्यवादियों ने लोगों को भूमि के पुनर्वितरण सरीखे मुद्दों पर जगाने का प्रयास भी किया है। वास्तविकता में यह जमीन पर कब्जा जमाने हेतु किसानों को प्रोत्साहित करने की एक रणनीति थी जिसे बाद में साम्यवादी सरकारें विधिक स्वीकृति दे देती थीं। एक बार यह पूरा हो जाता है तो इस तरह से लाभान्वित हुए किसानों का एक समूह साम्यवादी सरकार से जुड़ जाता है। भूमि वितरण कार्यक्रम के पीछे अनेक साम्यवादी दलों का यह एकमात्र उद्देश्य रहा है। भूमि वितरण स्वयं में कभी कोई समाजवादी उद्देश्य नहीं रहा है। यह वस्तुत: उन लोगों में जिन्होंने जमीन पर कब्जा जमाया है, व्यक्तिवादी और पूँजीवादी प्रवृत्तियों को प्रोत्साहित करता है। समाजवादी दृष्टिकोण से ज्यादा सही नीति होती है, बड़े-बड़े फार्मों को अक्षुण्ण बनाए रखना तथा उन पर किसी तरह के संयुक्त सहकारी कृषि को लागू करना, लेकिन इस तरकीब की चालाकी से गणना की गई और इसे उन कृषकों का समर्थन नहीं मिला जो जमीन के भूखे थे। इसलिए कृषकों को दृढ़ता से परिवर्तनकारी शासन से जोड़ने के लिए भूमि पुनर्वितरण की नीति को साम्यवादियों ने अपने कार्यक्रम के हिस्से के तौर पर सभी जगह स्वीकार किया है। हालाँकि एक बार सत्ता उनके हाथों में रक्षित हो गई है, उन्हें जहाँ भी किसानों को जमीन से बेदखल करना जरूरी लगा, उनके लिए ऐसा करना सम्भव रहा है। स्टालिन का समूहीकरण (कलेक्टीवाइजेशन) या माओ का कम्यून ठीक इसी तरह का कार्यक्रम था।

दूसरा मनोवैज्ञानिक तत्त्व जनता के मन पर परम्परा की पकड़ है जिसका परिवर्तनकारी आन्दोलनों ने इस्तेमाल करने का प्रयास किया है। हम पिछले अध्याय में यह देख चुके हैं कि सामाजिक स्थिति से उत्पन्न होनेवाली निश्चित नैसर्गिक विशिष्टताएँ और अन्य स्थितियाँ कैसे जनमानस पर परम्परा की मजबूत पकड़ बनाती हैं। मैकियावेली ने अपने पर्यवेक्षण के साथ इस तथ्य का भी उल्लेख किया था तथा एक राजा को परामर्श दिया था कि नये अर्जित प्रदेशों के कानून और परम्परा के साथ छेड़छाड़ नहीं करे। इसी कारणवश उसने राजा को परामर्श दिया था कि यदि नव अर्जित प्रदेश की जनता आत्म-शासन की आदी हो गई हो तो वहाँ की अस्तित्वमान संस्थाओं को पूर्णतया ध्वस्त कर दें क्योंकि मैकियावेली के अनुसार वहाँ की जनता अपनी पूर्व की संस्थाओं के नाम पर विद्रोह कर देगी। हिटलर ने भी 1923 के अपने विफल म्यूनिख तख्ता पलट के बाद इस पाठ को सीखा। इसके बाद उसने राज्य की स्थापित संस्थाओं के विरुद्ध सीधे नहीं जाने का प्रयास किया। इसकी जगह जब वह इन संस्थाओं का इस्तेमाल कर सत्ता में आया तो उसने इन संस्थाओं का भला करने का प्रयास किया। 'मीनकाम्फ' में हिटलर ने ऑस्ट्रिया के डॉ. ल्यूगर की अस्तित्वभान संस्थाओं की सता कदर करने के लिए तारीफ का पुल बाँध दिया। उसने लिखा था—"मानव स्वभाव के उसके गहरे ज्ञान ने उसे अनेक सामाजिक तत्त्वों का सही आकलन करने के काबिल बना दिया था और इसने अस्तित्वमान संस्थाओं की सता को कम आँकने से उसका बचाव किया था। और शायद यही गुण था, जिसने उसे उन संस्थाओं का अपनी नीति का उद्देश्य पूरा करने के एक माध्यम के तौर पर इस्तेमाल करने के काबिल बना दिया था।"[45]

बाद के दिनों में साम्यवादी आन्दोलन ने बुर्जुआ लोकतांत्रिक संस्थाओं को अन्दर से नष्ट करने की वैसी ही नीति को अपना लिया क्योंकि उन्हें यह महसूस हुआ कि उन देशों में जहाँ इन संस्थाओं का वजूद रहा है, इन्होंने एक पारम्परिक सत्ता हासिल कर ली है और लोग आसानी से उनके विरुद्ध लड़ने के लिए सहमत नहीं होते हैं। हालाँकि जहाँ इन संस्थाओं का वजूद नहीं है या ये हाल की एक उत्पत्ति हैं, इन संस्थाओं के विरुद्ध ज्यादा प्रत्यक्ष लड़ाई होती है। प्रत्यक्ष प्रहार के लिए केवल उन्हीं संस्थाओं का चयन होता है जो बहुसंख्यक आबादी की नजर में अपनी वैधता पहले ही खो चुकी होती हैं और केवल मुट्ठी भर लोगों को लाभ पहुँचाती हैं। उसी कारण से साम्यवादियों ने एशिया में अपने मुद्दे को आगे बढ़ाने हेतु राष्ट्रवाद के भाव का उपयोग किया है जबकि वे रूसी प्रभुत्व के तहत पूर्वी यूरोप के देशों में प्रतिक्रान्तिकारी के रूप में राष्ट्रवाद पर जोरदार हमला करते हैं। पूर्वी यूरोप में राष्ट्रवाद पर हमले के मामले में कारण बहुत साधारण है। राष्ट्रवादी भावना की जड़ें गहरी धँसी होती हैं तथा रूसी साम्यवाद इस क्षेत्र में केवल लाल सेना के व्यापक हस्तक्षेप की धमकी से ही अपना प्रभुत्व कायम रख सकता है।

इसके बाद फासीवादियों और साम्यवादियों, दोनों ने उस मूल्य को स्वीकार किया है जिसे हिटलर जनता का समर्थन जीतने और उसे मौन स्वीकृति हेतु डराने के लिए 'भौतिक और आध्यात्मिक संत्रास' कहता था। लेनिन भी बाद में गृहयुद्ध के कठिन दिनों के दौरान इसके लालच में आ गए जबकि शुरू में वह संत्रास का इस्तेमाल करने के पक्ष में नहीं थे। बाद के दिनों में रूस ने मैकियावेली की इस पुरानी राय का कि शासक के लिए सदैव भयभीत रहना प्यार किए जाने से बेहतर है, अनुसरण करते हुए आतंक को अपनी राजनीतिक सत्ता का आधार बना लिया।

उपरोक्त सूची में निस्सन्देह वे सभी तकनीक शामिल नहीं हैं जिनका सत्ता हासिल करने के लिए इस्तेमाल होता है, लेकिन जो तकनीकें बताई गई हैं वे कुछेक बड़े उपकरण हैं जिनका इस्तेमाल किया जाता रहा है। उपर्युक्त विमर्श ने यह दिखलाया कि ये तकनीकें सत्ता सम्बन्धी मार्क्सवादी विचार से कोसों दूर हैं। इसका कारण यह है कि मार्क्सवाद अनिवार्यत: सत्ता का दर्शनशास्त्र नहीं था। यद्यपि इसने सत्ता के सिद्धान्त को विकसित करने का प्रयास किया था। यह इतिहास को बदलने के उद्देश्य से इतिहास को समझने का एक प्रयास था, लेकिन जो सत्ता बदलाव लानेवाली थी, यह प्रयास उस उपकरण (सत्ता) के पूर्ण सिद्धान्त के बगैर शुरू हुआ था, लेकिन समाजवादियों और साम्यवादियों के बीच वास्तविक राजनीतिक कार्यों में जब कठिनाई पेश आई तो वे सत्ता संघर्ष और क्रान्ति के मार्क्सवादी सिद्धान्त से मौलिक प्रस्थान कर गए (वस्तुत: साम्यवादियों ने उन सोशल डेमोक्रेटों से भी जो कि अभी भी हर मामले में अधिकांशत: सुव्यवस्थित औद्योगिक मजदूरों पर विश्वास करने का प्रयास करते हैं, ज्यादा मौलिक प्रस्थान किया है)। अब यद्यपि वे बहुत ज्यादा जोर से अपनी मार्क्सवादी आस्था का ढिंढोरा पीटते हैं (क्योंकि आन्दोलनकारी परम्परा का प्रतिनिधित्व करने का दावा कर उन्हें अपनी वैधता को साबित करने के लिए इसकी जरूरत है), वास्तव में अपना राजनीतिक संचालन उसी तरीके से करते हैं जिस तरीके से विशेषज्ञ मैकियावेली या नाजी का, लेकिन उन्हें मार्क्सवादी प्रतीकों की जरूरत है यद्यपि वे मार्क्सवादी सत्व का त्याग कर चुके हैं। जबसे नई साम्यवादी सत्ताओं ने बहुतेरी पुरानी परम्पराओं को उलटा है, इन्हें अपने निर्मम कार्यों को वैध ठहराने के लिए दूसरी परम्पराओं की जरूरत पड़ी। सत्ता संघर्ष ने उन निर्मम कार्यों को अनिवार्य रूप से अनुक्रमबद्ध कर दिया था। उस आन्दोलन के भीतर जिसके जनसाधारण की देखरेख मार्क्सवादी विचारधारा के अनुसार हुई थी, मार्क्सवाद ही सबसे नजदीक की चीज थी जिसकी ओर वे देख सकते थे।

यह कि उनकी तकनीक मार्क्सवाद से नहीं विकसित थी, यह दो तथ्यों से साबित होती है। पहले, जहाँ औद्योगिक सर्वहारा की अच्छी-खासी संख्या हो गई थी, समाजवादियों या साम्यवादियों की कहीं भी समाज बदलने या सत्ता हथियाने

की विफलता को रखिए। और दूसरे में जर्मनी (जिसके बारे में मार्क्स और एंगेल्स ने सोचा था कि अन्य जगहों से पहले क्रान्ति यहीं होगी), इटली, स्पेन इत्यादि देशों में सत्ता हासिल करने में उन्हीं तकनीकों का इस्तेमाल करते हुए फासीवादी तत्त्वों की सफलता को रखें। साम्यवादी अक्सर यह कहकर इस तथ्य की महत्ता को हल्का करने का प्रयास करते हैं कि नाजीवाद अन्ततः जर्मनी में परास्त हो गया, लेकिन इस तथ्य से कुछ भी साबित नहीं होता है। यह हम पूर्व में ही देख चुके हैं कि नाजीवाद की पराजय युद्ध में पराजय की वजह से हुई थी और इस बाबत कुछ भी अपरिहार्य नहीं था। गठबन्धनों में हल्की-सी हेर-फेर से इसकी बिलकुल भिन्न कहानी हो सकती थी।

हालाँकि वर्ग तत्त्वों का राजनीतिक आन्दोलनों में बहुत बड़ी भूमिका होती है, सत्ता का उत्कर्ष या राजनीतिक आन्दोलन का पराभव भी बहुत हद तक इस बात पर निर्भर करता है कि यह सत्ता की तकनीकों का किस तरह से इस्तेमाल करता है। हिटलर, मुसोलिनी या अनेक देशों में साम्यवादियों के सत्ता में आने का अडेसी वर्ग तत्त्वों के शब्दों में विवरण देना एक खतरनाक नासमझी होगी। यदि हम स्वीकार कर लें, जैसा कि साबित करने का प्रयास करते हैं, कि नाजीवाद का उदय नंगी सत्ता के उपचार से बने रहने का प्रयास करते हुए दम तोड़ते बुर्जुआ समाज की केवल अन्तिम फड़फड़ाहट थी तो पश्चिमी जर्मनी के उत्तरवर्ती शासन की व्याख्या करते हुए हम स्वयं को परेशानी में पाते हैं। यह कैसे हुआ कि बुर्जुआ समाज जो करीब चार दशक पहले अपने खूँटे के छोर तक पहुँच गया था, विध्वंसक युद्ध और साम्राज्य का जो कुछ भी अवशेष रहा हो उसकी पदावनति के बाद, अभी भी स्वयं को फलता-फूलता और उन्नतिशील पाता है? केवल इतना ही नहीं, इसने संसदीय लोकतंत्र की संस्था को फिर से जिन्दा किया है और कुछ सफलता के साथ इसको कायम रखे हुए है। जापान और इटली की स्थिति ठीक इसी तरह की है जो युद्ध के बाद फासीवादी तरह के शासकों के पतन के बाद राजनीति के संसदीय रूप की ओर वापस लौट आए हैं।

अविकसित दुनिया में साम्यवादी आन्दोलन की सफलता मार्क्सवादी रीतिविधान का एक कमतर उत्पाद भी है। ये आन्दोलन इसलिए सफल हुए हैं कि इनमें उपरोक्त तकनीकों के अलावा गुरिल्ला युद्धों में उत्कृष्ट सैन्य कौशल का इस्तेमाल करने की काबिलियत थी। माओ त्से तुंग, जियाप और कास्त्रो, सभी अपनी सफलता का श्रेय सत्ता हासिल करने में विशेष गुरिल्ला तकनीक के अनुप्रयोग को देते हैं। वास्तव में यह सैन्य तकनीक का उन विशेष स्थितियों तक प्रसार था जिनमें उन्हें अपने संघर्ष को कार्यान्वित करना पड़ता था। चूँकि इस तरह के आन्दोलन में सफलतापूर्वक जीत हासिल करनेवाले प्रथम व्यक्ति माओ त्से तुंग थे, हम देखेंगे कि माओ के अनुसार यह विशेष आन्दोलनकारी स्थिति क्या थी? उसने लिखा है—"प्रथम, यह

किसी साम्राज्यवादी देश या प्रत्यक्ष साम्राज्यवादी शासन के अधीन किसी उपनिवेश में नहीं हो सकता है लेकिन यह केवल चीन सरीखे आर्थिक रूप से पिछड़े, अर्द्ध-औपनिवेशिक देश में जोकि अप्रत्यक्ष साम्राज्यवादी शासन के अधीन है, हो सकता है...अर्द्ध-औपनिवेशिक चीन की एक विशिष्टता यह है कि गणराज्य के प्रथम वर्ष से ही पुराने और नये युद्ध स्वामियों के अनेक गुटों ने जिन्हें बाहर से साम्राज्यवाद का तथा घर में कुलीन वर्ग तथा चीनी व्यापार के मध्यस्थ वर्ग का समर्थन प्राप्त रहा है, एक-दूसरे के विरुद्ध युद्ध शुरू कर चुके हैं...आन्दोलन के लिए दो ही चीजें जिम्मेवार हैं अर्थात् स्थानीयकृत कृषि अर्थव्यवस्था (समेकित पूँजीवादी अर्थव्यवस्था के बदले) और प्रभाव के क्षेत्रों में विभाजन। और शोषण की साम्राज्यवादी नीति बनाकर गोरों के शासन के अन्दर लम्बे समय तक चलनेवाली फूट और लड़ाई वह स्थिति मुहैया करती है कि साम्यवादी पार्टी के नेतृत्व में एक या अनेक लघु लाल क्षेत्र तैयार हो सके तथा श्वेत राजनीतिक सत्ता की घेराबन्दी के बीच कायम रह सके।"[46]

यह उस सैन्य स्थिति का एक सरल और वास्तविक मूल्यांकन है जहाँ परिविष्ट लाल शासन का सामना एक विरोधी से होता है जो विभाजित है जिसका कोई उपचार सम्भव नहीं है तथा प्रत्येक गुट एक-दूसरे के विरुद्ध लड़ रहा है। माओ इस स्थिति के अनोखे स्वभाव को जानता है। यह सामान्य मार्क्सवादी साँचे में फिट नहीं बैठता है। इसलिए वह संघर्ष जारी रखने के अपने विशेष तरीके को न्यायोचित ठहराने हेतु विशेष परिस्थितियों पर जोर देता है। इसके बाद वह लाल शासन के अस्तित्व हेतु निम्नलिखित अनिवार्य शर्तों की सूची भी तैयार करता है—" ...इस तरह के सशस्त्र स्वतंत्र शासन के अस्तित्व और विकास के लिए निम्नलिखित शर्तों या स्थितियों का होना जरूरी है—(1) स्वस्थ जनाधार, (2) प्रथम श्रेणी का पार्टी संगठन, (3) पूर्ण शक्तिशाली लाल सेना, (4) सैन्य संचालन हेतु अनुकूल भूभाग, (5) स्वयं समर्थन हेतु पर्याप्त आर्थिक शक्ति।"[47]

शासन के जीवन हेतु अनिवार्य विभिन्न तत्त्वों की यह गणना अभी भी अत्यधिक चौंकानेवाली है। वर्ग गुटबन्दी और वर्ग तत्त्वों के विश्लेषण में भाग लेने का कोई प्रयास नहीं होता है बल्कि समूचे सोच पर सैन्य सांगठनिक विचार का ही प्रभुत्व रहता है। स्वस्थ जनाधार ही एकमात्र कारक हो सकता है जो मार्क्सवाद से इसके सहज सम्बन्ध का समर्थन कर सकता है। हालाँकि हमने पूर्व में चर्चा की है, 'जनसाधारण' शब्द स्वयं मार्क्सवादी वर्ग विचार से काफी अस्पष्ट है। यदि इसका मतलब जनसंख्या के बृहत्तर हिस्से का सक्रिय समर्थन है तो यह मात्र उन अधिकांश गैर-मार्क्सवादियों के विचार का पुनर्कथन है जिन्होंने सत्ता या युद्ध रणनीति का प्रतिपादन किया है। मैकियावेली जब किराए के सैनिकों, सहायक अंगों और नागरिक सेना के आपेक्षिक गुणों का वर्णन करते हैं, तो लगभग वही बात कहते हैं। यद्यपि वह जनाधार की बात नहीं करते हैं लेकिन जब नागरिक सेना की बात करते हैं

तो उनका मतलब वही रहता है। केवल जहाँ शासक को जनता का समर्थन प्राप्त रहता है, वहीं वह नागरिक सेना रख सकता है। वह लिखते हैं—"इस तरह रोम और स्पार्टा ने अपनी निजी सेना रखकर सदियों तक उनकी आजादी को कायम रखा—स्विस सबसे अधिक पूरी तरह से शस्त्रों से लैस हैं, फलस्वरूप सबसे बड़ी स्वतंत्रता और आजादी का लुत्फ उठाते हैं; दूसरी तरफ कार्थेनियन भाड़े का सैनिक बहाल करने के खतरे का एक उदाहरण प्रस्तुत करते हैं क्योंकि रोम से प्रथम युद्ध की समाप्ति के वक्त उनके द्वारा अधीनता में ले लिए जाने के बाद वे बहुत नजदीक आ गए थे..."[48]

जो नये तत्त्व सैन्य संचालन में आगे आए, जैसे नेपोलियन के विरुद्ध स्पेनवासियों का प्रतिरोध, 1813 में प्रशा नागरिक सेनाओं की प्रदर्शित प्रभावोत्पादकता तथा नेपोलियन की अपनी सेनाओं के चमत्कारिक काम जो लोगों से जल्दीबाजी में जमा किए गए थे, इन सब पर विचार करते हुए क्लॉजवित्ज राष्ट्रीय लोकप्रिय सेनाओं के लाभों को दर्शाते हैं। वह लिखते हैं—"...चूँकि इन सभी घटनाओं ने यह दर्शाया है कि राष्ट्र के हृदय और भावनाएँ इसकी राजनीतिक और सैन्य शक्ति के उत्पाद में कितने भारी तत्त्व हो सकते हैं क्योंकि सरकारों ने इन सभी अतिरिक्त सहायताओं का पता लगा लिया है, यह अपेक्षित नहीं है कि वे भविष्य की लड़ाइयों में इन्हें बेकार ही छोड़ देंगे;...यह कि उस युद्ध का आयोजन जोकि प्रत्येक पक्ष की राष्ट्रीय सत्ता के समूचे वजन से लड़ा जाता है, उनके लिए सिद्धान्त में भिन्न रूप से होता है जहाँ हर चीज की गणना एक-दूसरे के प्रति स्थायी सैनिकों के सम्बन्धों के अनुसार होती है..."[49]

वस्तुत: फ्रांसीसी क्रान्ति तथा नेपोलियन के उदय से ही युद्ध की प्रकृति में आमूल बदलाव आ गया है और प्रत्येक राष्ट्र का प्रयास होता है कि युद्ध एवं युद्ध की तैयारी के लिए पूरी आबादी को सक्रिय बना दिया जाए। माओ, जैसा कि प्रसंग से जाहिर है, तैयारी के इस पहलू को एक आन्दोलनकारी युद्ध के लिए उद्धृत कर रहे थे। माओ आगे युद्ध के महत्त्व तथा इसके भीतर के विषयनिष्ठ तत्त्व के महत्त्व पर जोर देते हैं अर्थात् अन्तिम परिणाम में जनरलों की योग्यता पर जोर देते हैं। उन्होंने लिखा है—

युद्ध स्वयं के लिए जीत हासिल करने हेतु युद्ध करनेवाले राष्ट्रों, राज्यों, वर्गों या राजनीतिक समूहों के बीच के संघर्ष का सबसे बड़ा रूप है। युद्ध की सफलता या विफलता मुख्यत: दोनों तरफ की सैन्य, राजनीतिक और आर्थिक स्थितियों से तय होती है, इस तथ्य पर सवाल खड़ा नहीं किया जा सकता, लेकिन सम्पूर्णतया ऐसा नहीं होता है, यह युद्ध का निर्देशन करनेवाले प्रत्येक पक्ष की विषयनिष्ठ योग्यता से भी निर्धारित होती है।[50]

आगे वह युद्ध को आन्दोलनकारी कार्य के सर्वोच्च सिद्धान्त के रूप में ऊपर उठाते हैं तथा जनता की प्रभुता के विचार की जगह बन्दूक की प्रभुता

का सिद्धान्त प्रतिस्थापित करते हैं। इस विचार को प्रकट करनेवाला उनका एक लम्बा कथन निम्नलिखित है—

चीन में संघर्ष का मुख्य रूप युद्ध तथा संगठन का मुख्य रूप सेना है। दूसरे रूप यथा जन संगठन और जन संघर्ष भी अत्यन्त महत्त्वपूर्ण और अपरिहार्य हैं और इनकी अनदेखी नहीं की जा सकती है, लेकिन ये सभी युद्ध के निमित्त ही हैं।[51]

इसके बाद वह राजनीतिक संघर्ष हेतु सेना के महत्त्व को समझ लेने के लिए चियांग-काई-शेक की प्रशंसा करते हैं—

उसने प्रतिक्रान्तिकारी उद्देश्यों के लिए एक विशाल 'केन्द्रीय सेना' का निर्माण किया था। जिस किसी के पास सेना होती है उसके पास शक्ति होती है क्योंकि युद्ध हर चीज का निर्धारण करता है—उसने दृढ़ता से इस निर्णायक बिन्दु को पकड़ लिया है। इस सन्दर्भ में सन-यात-सेन और चियांग-काई-शेक, दोनों हमारे शिक्षक हैं।[52]

और आगे—

प्रत्येक साम्यवादी को यह तथ्य समझ लेना चाहिए—'राजनीतिक सत्ता बन्दूक की नली से निकलती है।' हमारा सिद्धान्त है कि पार्टी बन्दूक को नियंत्रित करती है और बन्दूक को यह इजाजत नहीं मिलनी चाहिए कि वह पार्टी का नियंत्रण करे, लेकिन यह भी सही है कि अपनी व्यवस्था के तहत हम वास्तव में बन्दूक के सहारे पार्टी संगठन खड़ा कर सकते हैं, उत्तरी चीन में आठवीं रूट आर्मी ने एक शक्तिशाली पार्टी संगठन खड़ा कर लिया है। हम कैडरों का भी निर्माण कर सकते हैं और विद्यालय, संस्कृति तथा जनान्दोलनों को खड़ा कर सकते हैं। येनान में हर चीज बन्दूक के सहारे खड़ी कर ली गई है। राज्य के मार्क्सवादी सिद्धान्त के अनुसार, सेना राज्य की राजनीतिक सत्ता का मुख्य घटक होती है और इस सत्ता को बनाए रखने के लिए राज्य के पास अनिवार्यत: एक सुदृढ़ सेना होनी चाहिए। कतिपय लोगों ने 'युद्ध की सर्वशक्तिसत्ता' के हामी के तौर पर हमारा मजाक उड़ाया है। हाँ, हम क्रान्तिकारी युद्ध की सर्वशक्तिसत्ता के हामी हैं जो बिलकुल गलत नहीं है बल्कि अच्छा और मार्क्सवादी है। बन्दूक से रूसी साम्यवादी 'समाजवाद' लाए हैं और हम लोकतांत्रिक गणराज्य लानेवाले हैं।[53]

निश्चित रूप से माओ जब यह कहते हैं कि कैडर और संस्कृति, सब कुछ बन्दूक की नली से निकलता है तो इसे वह मजेदार ढंग से मार्क्सवाद से जोड़ते हैं। रूसी साम्यवादी भी, जिन्होंने बन्दूक का उपयोग करने में हिचकिचाहट नहीं दिखाई, यह नहीं स्वीकार करते कि उन्होंने जादूगर के टोप से निकले खरगोश की तरह अपने संगठन या आन्दोलन को बन्दूक की नली से निकाला है। सम्पूर्ण युद्ध के दार्शनिक क्लॉजवित्जे ने भी सेना को इतना अधिक श्रेय नहीं दिया था। उसने अपनी सीमाओं को निम्नलिखित शब्दों में प्रकट किया है—

सेना के अधीन राजनीतिक दृष्टिकोण का होना सामान्य समझ के विपरीत होगा क्योंकि नीति ने युद्ध की घोषणा की है; यह तेज प्रभाग है, युद्ध केवल उपकरण होता है, यह प्रतिक्रम नहीं होता है। सैन्य दृष्टिकोण का राजनीतिक के अधीन होना ही एकमात्र चीज है जो सम्भव है।[54]

इन दो दृष्टिकोणों का अन्तर समझने लायक है। क्लॉजवित्ज ने यह उस समय लिखा था जब सेनाएँ सीधे स्थापित प्राधिकारों के साथ राज्य के नियंत्रण के अन्तर्गत थीं तथा इस तरह राजनीतिक दिशा के तहत संचालित होती थीं। जब आगे माओ का विचार आया तो उस समय चीनी समाज गम्भीर टूटन की स्थिति में था। अस्त-व्यस्त कृषि अर्थव्यवस्था के ऊपर अनेक युद्ध सामन्तों का राजनीतिक प्रभुत्व अध्यारोपित हो चुका था। राज्य से किसी भी केन्द्रीय प्राधिकार का कोई अस्तित्व नहीं बचा था। ऐसी स्थिति में जो एकमात्र संगठित बल प्रकट हुआ, वह सेना थी। सेना में भी अखंडता और आबादी के अनेक तत्त्वों के संघटन का सिद्धान्त स्वाभाविक था। यह आश्चर्यजनक नहीं है कि ऐसी स्थिति में माओ की कल्पना के मुताबिक, शीघ्र ही सेना राष्ट्र और राज्य, दोनों के लिए प्रतिनियुक्त प्रतिनिधि बन गई और इसने उस प्रत्येक चीज की रचना की जो एक राष्ट्र के विकास के लिए जरूरी थी, लेकिन यह स्पष्टीकरण उन्हें बहुत विशेष स्थितियों के अन्तर्गत उपजे व्यक्तिगत अनुभव को ऊपर उठाकर एक सार्वभौतिक सिद्धान्त का रूप देने तथा इसे मार्क्सवाद के गले मढ़ने के प्रयास के लिए भी उचित साबित नहीं करता है। हालाँकि चीन में जो हो रहा था, उसे विघटन की समस्या से रू-ब-रू अनेक अन्य देशों में होता हुआ देखा जा सकता है। जब कभी राजनीतिक जीवन का विखंडन घटित हुआ है, स्थायी सेना सत्ता हथियाने के लिए आगे बढ़ी है। जहाँ स्थायी सेना भी विखंडन की स्थिति में रही है, संगठित राजनीतिक पार्टी ने, यदि इस तरह की किसी पार्टी का वजूद कायम हो, दोनों का लड़नेवाले बल हेतु कैडर तथा एक राजनीतिक व्यवस्था का निर्माण किया है। हम पूर्व में देख चुके हैं, समाज को कुछ संरचना की जरूरत होती है तथा यह हमेशा स्थायी रूप से विश्रृंखलता की स्थिति में नहीं रह सकता है। कुछ स्थिरता और संरचना एक रूप या दूसरे रूप में उठने के लिए बाध्य होती है। माओ का चीन विखंडन की स्थितिवाले ऐसे समाज का एक उदाहरण है जिससे उन्होंने और उनकी पार्टी और सेना ने एक व्यवस्था का निर्माण किया।

सेना तथा सशस्त्र संघर्ष पर यह गहरी निर्भरता ठीक आकस्मिकता नहीं थी। यह एक राजनीतिक लीक से युक्त थी जो वर्ग सहयोग की नीति पर आधारित थी। चूँकि ये वर्ग तत्त्व या तो उनकी सहायता के लिए स्पष्ट रूप से आगे नहीं आ रहे थे या उन्होंने अपने आन्दोलन को पारम्परिक रूप से साम्यवाद से सम्बद्ध वर्गों पर आधारित करना समीचीन नहीं समझा था, माओ के नेतृत्व में चीनी कम्युनिस्टों ने उस लाल सेना की मदद से सत्ता हासिल करने तक ही स्वयं को सीमित रखा

जिसका गठन अधिकांशत: जापानी युद्ध के विरोध के क्रम में हुआ था। इसलिए माओ ने दृढ़ता से इस विचार का अनुगमन कर लिया कि एक बार सशस्त्र शक्ति हासिल कर ली जाए तो सामाजिक व्यवस्था को मनचाहा रूप दिया जा सकता है।

जापान के विरुद्ध तथा चियांग-काई-शेक के विरुद्ध माओ के संघर्षकाल के दौरान वर्ग सहयोग की एक लीक का एक समान ढंग से अनुगमन किया गया। कुओमिन्तांग की पराजय से माओ के हाथ में पूर्ण सत्ता आ गई जिसे उसने पहले बुर्जुआ के विरुद्ध तथा बाद में किसानों के विरुद्ध मोड़ दिया। यह एक नई सोच थी। इस सोच की बुनियादी चीज थी, उस प्रत्येक तत्त्व का जो आन्दोलनकारी दल की सहायता कर सकते थे, उपयोग करते हुए सत्ता हथियाना तथा बाद में पूर्वआधारित योजना के अनुसार समाज को बदल देना। निम्नलिखित सारांश सशस्त्र संघर्ष की अवधि के दौरान की वर्ग सहयोग लीक के बारे में काफी बयान करता है—"केवल मजदूरों की जीवन स्थितियों में सुधार ला दिया जाए तो जापान से लड़नेवाले मजदूरों का उत्साह बढ़ जाएगा, लेकिन हमें हर तरह से 'वाम' विचलन से दूर रहना चाहिए; हमें मजदूरी बढ़ाकर तथा काम करने की अवधि को घटाकर अति तक नहीं जाना चाहिए...एक बार पूँजी और श्रम के बीच एक संविदा तैयार हो जाए तो मजदूरों को श्रमानुशासन का पालन करना चाहिए तथा पूँजीपतियों को कुछ लाभ कमाने देना चाहिए।[55]

भूमि सम्बन्धी नीति। हमें निश्चित रूप से अपने पार्टी सदस्यों तथा किसानों से यह स्पष्ट करना चाहिए कि अभी समूचे भू-सम्बन्धी आन्दोलन को कार्यान्वित करने का समय नहीं हुआ है तथा यह कि भू-सम्बन्धी आन्दोलन के दौरान किए गए सारे प्रयास वर्तमान स्थिति में लागू किए जाने लायक नहीं हैं। वर्तमान नीति के तहत यह प्रावधान किया जाना चाहिए कि एक तरफ भू-स्वामियों को लगान और सूद को कम कर देना चाहिए ताकि कृषक जनता के बुनियादी समूहों को सक्रिय रूप से जापान का प्रतिरोध करने के लिए जगाया जा सके और दूसरी तरफ यह कमी निश्चित रूप से बहुत अधिक नहीं होनी चाहिए। (नीति के बारे में, दिसम्बर 25, 1940)"[56]

और नवम्बर 1941 में वह उसी विचार को दुहराते हैं—"कृषि सम्बन्धों में हम देखते हैं कि एक तरफ लगान और सूद को कम किया जाता है ताकि किसानों के पास खाने के लिए भोजन हो तथा दूसरी तरफ कम दर पर लगान और सूद भू-स्वामियों को भुगतान किया जाता है ताकि वे भी जिन्दा रह सकें। श्रम और पूँजी के बीच के सम्बन्ध की बाबत हम एक तरफ मजदूरों की सहायता करते हैं ताकि उन्हें रोटी और रोजगार मिल सके तथा दूसरी तरफ विकासशील उद्योगों की नीति का अनुगमन करते हैं ताकि पूँजीपतियों को कुछ लाभ हो सके। इस सबके पीछे हमारा लक्ष्य है जापान का प्रतिरोध करने के लिए पूरे देश में जनता को एकीकृत करना। ऐसी नीतियों को हम 'नए लोकतंत्र की नीतियाँ' कहते हैं।"[57]

उपर्युक्त सारांशों से यह स्पष्ट है कि वर्ग सहयोग की नीति इस हद तक पहुँच गई थी कि जमींदारी उन्मूलन की शालीन माँग को भी अस्वीकार कर दिया गया। यह नीति विश्वव्यापी मार्क्सवाद और साम्यवादी नीति का भी खंडन करती है। साम्यवादियों ने भारत में भारतीय राष्ट्रीय कांग्रेस को फासीवादी संस्था कहकर त्याग दिया था क्योंकि यह एक राष्ट्रीय मोर्चे के तहत जनता के सभी वर्गों को लाने का प्रयास करती थी। तीस के दशक की शुरुआत में साम्यवादियों ने भारत में राष्ट्रीय झंडे को जलाया भी था, यद्यपि कांग्रेस के कराची अधिवेशन के बाद राष्ट्रीय कांग्रेस के पास भूमि सम्बन्धी प्रश्न पर माओ की उपर्युक्त नीति से कहीं ज्यादा मौलिक नीति थी। वस्तुत: यदि हम आन्दोलनकारी इरादे को लपेटनेवाले बाद के परिणाम की कटौती कर दें तो यह नीति उन तमाम चीजों का एक स्पष्ट अस्वीकार थी जो मार्क्सवाद के रूप में जानी जाती है। वस्तुत: माओ की अन्तिम विजय के पहले तक स्टालिन और अन्य साम्यवादी माओ को महा विधर्मी मानते थे। बावजूद इसके, माओ ने न केवल यह साबित किया कि इस सन्दर्भ में मार्क्सवादी सोच गलत थी बल्कि उसने साम्यवादी आन्दोलन में कुल मिलाकर एक नई तकनीक का संचालन किया।

परन्तु क्यूबाई आन्दोलन के बाद वर्ग सम्बन्ध की इस व्यावहारिक सोच को चे ग्वारा द्वारा एक सैद्धान्तिक सूत्र प्रदान किया गया है। उसने अमेरिकी महादेश में आन्दोलन के लिए तीन सिद्धान्तों की रूपरेखा प्रस्तुत की है। वे सिद्धान्त हैं—(1) लोकप्रिय तत्त्व सेना के विरुद्ध जीत सकते हैं, (2) जब तक आन्दोलन की सभी शर्तें अस्तित्व में नहीं आ जाती हैं, प्रतीक्षा करना अनिवार्य नहीं है—विद्रोह उनका निर्माण कर सकता है, (3) अल्प विकसित अमेरिका में देहात सशस्त्र लड़ाई का बुनियादी क्षेत्र है।[58]

उपर्युक्त में से पहली टिप्पणी हेतु अति सामान्य है, लेकिन दूसरा बहुत महत्त्वपूर्ण है। यह स्पष्ट रूप से कहता है कि आन्दोलनकारियों को आन्दोलन के लिए स्थितियों के परिपक्व हो जाने तक का इन्तजार नहीं करना है। यह आन्दोलनकारियों की जिम्मेवारी है कि वे अपनी बगावती गतिविधियों से उद्देश्यपरक स्थितियों का निर्माण करें। यह उस मार्क्सवाद से एक बड़ा प्रस्थान है जिसने उद्देश्यपरक/वस्तुनिष्ठ स्थितियों पर भारी जोर दिया था। आगे चे ग्वारा यह दिखाने का प्रयास करता है कि विद्रोह के नये रूप में अपनी स्थिति के कारण औद्योगिक मजदूर, एक वर्ग के तौर पर, भागीदारी से वंचित हो जाता है। इस तरह परिवर्तनकारी आन्दोलन की नई योजना के तहत आन्दोलन का अधिकेन्द्र औद्योगिक क्षेत्रों से ग्रामीण क्षेत्रों में स्थानान्तरित हो जाता है। इसमें भी उस परम्परा की एक सम्पूर्ण टूट है जो मार्क्स से ट्रॉटस्की तक चलती रही थी। नगर में रहनेवाले औद्योगिक मजदूरों की परेशानियाँ, जिन्हें चे ग्वारा रेखांकित करता

है, कामगार वर्ग के ग्रामीण आन्दोलन के सहायक से ज्यादा होने की सम्भावना को लगभग असंगत साबित करती हैं। ये कामगार वर्ग कभी-कभी हड़ताल वगैरह कर शत्रु प्रशासन के काम को ठप्प कर देते हैं और इस तरह ग्रामीण आन्दोलन के लिए काम करते हैं। चे ग्वारा लिखता है—"...वे जो हठधर्मिता से इस बात का स्वागत करते हैं उनके द्वारा यह ध्यान में रखा जाना चाहिए कि जनता का संघर्ष पूरी तरह से अमेरिका के सभी अल्पविकसित भागों के जीवन में ग्रामीण जनता की भारी भागीदारी को भूलते हुए नगर आन्दोलन में केन्द्रित रहता है। निस्सन्देह संगठित मजदूरों की नगर जनता के संघर्षों को कम नहीं आँकना चाहिए; लेकिन राशस्त्र संघर्ष में लगाने की उनकी वास्तविक सम्भावना का सावधानी से विश्लेषण किया जाना चाहिए, खासकर वहाँ जहाँ संविधान को पारम्परिक रूप से सुशोभित करनेवाली गारंटियाँ निलम्बित या उपेक्षित रहती हैं। इन स्थितियों में अवैध मजदूर आन्दोलन भारी खतरों का सामना करते हैं। उन्हें बिना शस्त्र के गुप्त रूप से काम करना चाहिए। खुले देश की स्थिति इतनी कठिन नहीं है। दमनकारी तत्त्वों की पहुँच से बाहर के स्थानों पर निवासियों का समर्थन सशस्त्र गुरिल्लाओं से किया जा सकता है।"[59]

चूँकि गुरिल्ला युद्ध आन्दोलन में उस चीज से विभिन्न प्रकृति की जनता और कैडर लाता है जिसकी आरम्भिक मार्क्सवादियों ने कल्पना की थी, इसलिए विचारधारा की समझ में भी बदलाव आया है। आरम्भिक समझ यह थी कि विचारधारा से प्रेरित दल के माध्यम से जनसाधारण में वैज्ञानिक रूप से शुद्ध विचारधारा को पहुँचाया जाए। आन्दोलन को जनसाधारण का विचारधारा के साथ अन्तर्वेशन का परिणाम होना था जो वस्तुनिष्ठ स्थितियों के पकने पर संतृप्ति बिन्दु पर पहुँचता। इस नई तकनीक के अन्तर्गत शुरू से ही विचारधारा की जानकारी नहीं दी जाती है बल्कि यह उस संघर्ष के दौरान पनपती है जिसमें गुरिल्ला लड़ाके लोगों के जीवन के करीब आते हैं। वर्ग रेखाएँ भी केवल संघर्ष के दौरान ही स्पष्ट होती हैं। इस तरह ग्वारा लिखता है—"...गुरिल्ला लड़ाके एक तरह के पथप्रदर्शन करनेवाले देवदूत होंगे जो क्षेत्र में प्रवेश कर चुके हैं। ये सदा गरीबों की मदद करनेवाले तथा युद्ध के प्रथम चरण में धनी लोगों को यथासम्भव कम परेशान करनेवाले होंगे, लेकिन यह युद्ध अपने हिसाब से जारी रहेगा, विरोध लगातार रूप से तीव्रतर होगा और समय आएगा जब वैसे अनेक लोग जिन्होंने शुरू में निश्चित सहानुभूति के साथ क्रान्ति का सम्मान किया था, स्वयं को पलटते हुए विरोध के स्थान पर रख देंगे। उस वक्त गुरिल्ला लड़ाके को स्वयं को जनता के हेतु का प्रामाणिक धारक बनाने के लिए कार्य करना चाहिए।"[60]

और पुन:—"गुरिल्ला लड़ाके को एक समाज सुधारक की भाँति न केवल अपने निजी जीवन में एक उदाहरण प्रस्तुत करना चाहिए बल्कि वह जिस चीज

को जानता है तथा जो करने की इच्छा रखता है, उसको स्पष्ट करते हुए उस सही समय पर विचारधारात्मक समस्याओं की ओर नियत ढंग से मोड़ना भी चाहिए। वह जो सीखता है उसका भी इस्तेमाल करेगा क्योंकि युद्ध के महीने या वर्ष उसके आन्दोलनकारी दृढ़ विश्वास को मजबूत करते हैं, उसे अत्यधिक सुधारवादी बना देते हैं क्योंकि शस्त्र की शक्ति का प्रदर्शन होता है, क्योंकि निवासियों का दृष्टिकोण उसके मनोभाव एवं उसके निजी जीवन का एक अंश बन जाता है, और क्योंकि वह उस न्याय तथा बदलाव की शृंखला की अनिवार्य आवश्यकता को समझता है जिसकी सैद्धान्तिक महत्ता उसे पहले प्रतीत हुई थी, लेकिन व्यावहारिक अत्यावश्यकता से रहित।"[61]

क्यूबा का आन्दोलन मात्र भूमि सुधार तथा बतिस्ता की सैन्य तानाशाही के खात्मे के कार्यक्रम से शुरू हुआ था। धीरे-धीरे, हालाँकि अमेरिका के निहित स्वार्थों से अपरिहार्य टकराव के कारण जैसे-जैसे कठिनाई बढ़ती गई, आन्दोलन मौलिक बनता गया। अमेरिका का वस्तुत: क्यूबा की अर्थव्यवस्था के बृहत्तर भाग पर एकाधिकार था। अन्य लातिनी अमेरिकी देशों में भी कास्त्रोवादी आन्दोलन का बुनियादी अभिगम भूमि सुधार लाना तथा अमेरिकी निहित स्वार्थों की एकाधिकारात्मक पकड़ को तोड़ना है। यह पूरी तरह से परिवर्तित परिस्थितियों का एक नया जवाब है तथा समाजवादी आन्दोलन के आरम्भिक सिद्धान्तों से एक चिह्नित प्रस्थान है। इस नये स्कूल के एक-दूसरे मार्क्सवादी रेजिस डिब्रे अपनी किताब 'रिवॉल्यूशन इन दी रिवॉल्यूशन (क्रान्ति में क्रान्ति)' में यह दावे के साथ कहते हैं कि शहरी केन्द्रों से व्युत्पन्न आन्दोलनकारी नेतृत्व का पुराना सिद्धान्त पूरी तरह से त्याग देना है। वह आगे यह भी कहते हैं कि "नगर बुर्जुआ है तथा सिएरा सर्वहारा है" (वह कास्त्रो के अत्यधिक प्रभाववाले अनगढ़ सिएरा मैस्त्रा को स्पष्ट रूप से उद्धृत करते हैं)। इन आन्दोलनों की विजयों के लिए मार्क्सवादी रक्षा कवच को श्रेय देना गलत होगा। दरअसल, यह सत्ता के संघर्ष में पुराने सिद्धान्तों को छोड़ देने की उनकी अनुकूलनता और तत्परता थी जिसने उन्हें सफलता दिलवाई।

अन्ततोगत्वा उनकी सफलता को मार्क्सवाद के किसी योगदान से नहीं (जिसका उन्होंने निश्चित रूप से अपने कार्यों से खंडन किया है) बल्कि इस तथ्य से स्पष्ट किया जा सकता है कि उन्होंने अपनी कृषि सम्बन्धी अनोखी योजना में युद्ध के वैज्ञानिक तरीकों को अपनाया और उसका उपयोग किया था। इस तकनीक का विशेष गुण इस तथ्य में निहित है कि एक निहत्था या अपेक्षाकृत अत्यल्प शस्त्रों से लैस आबादी राज्य की केन्द्रीकृत सेना को अन्तत: पराजित कर देने हेतु सशस्त्र और गुरिल्ला युद्धों के जरिए प्रशिक्षित हो गई है, लेकिन एक बार यह तथ्य शेष का ध्यान करता है तो यह सुपरीक्षित सैन्य नियमावली का अनुसरण करता है। चे ग्वारा शुरू में ही इस तथ्य पर जोर देता है और लिखता है—"यह स्पष्ट है—और

इस विषय के लेखक अनेक बार यह कह चुके हैं कि युद्ध वैज्ञानिक नियमों की निश्चित शृंखला का जवाब देता है; जो कोई इनकी अनदेखी करता है, परास्त होता है। युद्ध के एक चरण के रूप में गुरिल्ला युद्ध इन सबके द्वारा शासित होना चाहिए; लेकिन साथ ही इसके विशेष पहलुओं के कारण, उपसिद्धान्त नियमों की शृंखला को भी इसे आगे बढ़ाने हेतु पहचाना जाना चाहिए।"[62]

ये विशेष पहलू हैं—(1) इसे एक लोकप्रिय कारण को अपनाना चाहिए; (2) इसका एक आधार क्षेत्र होना चाहिए जो शत्रु के लिए आसानी से सुलभ नहीं होता है जहाँ यह लगभग सम्पूर्ण लोकप्रिय समर्थन का उपभोग करता है; (3) इसको अपने शस्त्र हेतु ज्यादातर शत्रु पर निर्भर रहना है; (4) परिणामस्वरूप, आश्चर्य का तत्त्व इसके संचालन में तुलनात्मक रूप से बड़ी भूमिका अदा करता है; (5) एक निश्चित फायर लाइन का अभाव जो स्थापित व्यवस्था के समक्ष दुविधा उत्पन्न करती है; इसके अन्तर्गत सम्पूर्ण क्षेत्र के ऊपर हल्के-से स्वयं को फैलाने के लिए तथा स्वयं को भेद्य बनाने के लिए या कुछ बिन्दुओं पर ध्यान केन्द्रित करने तथा अन्य भागों को बिना चुनौतीवाले गुरिल्ला संचालनों के तहत गिर जाने की मंजूरी देने के लिए इसके ये विशेष पहलू हैं।

माओ त्से तुंग ने गुरिल्ला संचालन के नियमों का बहुत साफ शब्दों में प्रावधान किया था जो अन्य जगहों पर भी गुरिल्ला संचालन के आधार रूप में कायम है। हालाँकि यदि हम उसकी तकनीकों का परीक्षण करें तो हम देखते हैं कि वे अतीत के अच्छे सैन्य अनुभव पर आधारित हैं। वह वस्तुत: ज्यादातर प्राचीन चीनी सैन्य सिद्धान्तकार शनत्जू का अनुसरण करते हैं जो ईसा पूर्व पाँचवीं सदी में पैदा हुए थे। बुनियादी सिद्धान्त गुरिल्ला बल को संरक्षित रखना तथा दुश्मन का सर्वनाश करना है। सारे रणनीतिक और चालाकी भरे विचार इसी बुनियादी सिद्धान्त से संचालित होते हैं। यह इस विचार का सीधा प्रतिफल है कि अन्तत: गुरिल्ला युद्ध को स्थानीय युद्ध में विकसित होना है। यह केवल तभी हो सकता है जब उत्तरोत्तर चरणों के जरिए गुरिल्ला बलों की ताकत बढ़ती रहती है जबकि शत्रु बलों की शक्ति कमजोर होती जाती है। इसी तरह वियतनामी सेना स्रष्टा जनरल जियाप ने सम्पूर्ण विद्रोह को तीन चरणों में विभाजित किया—अर्थात् (1) एक निश्चित स्थिति, (2) एक स्थिति जिसमें विरोधी तत्त्व समान रूप से मेल खाते हैं, और (3) प्रति-आक्रमण की स्थिति।

यह अधिगम बिलकुल अतीत के सैन्य अनुभव के साथ रहने का था। अन्तत: युद्ध का नतीजा गोला-बारूद की शक्ति के सम्बन्ध से निर्धारित होता है तथा इसकी कमी की कोई आन्दोलनकारी उत्साह या प्रतिभा भरपाई नहीं कर सकती है। क्लॉजवित्ज ने कुछ महान जनरलों के कारनामों का विश्लेषण किया है तथा यह दिखलाया है कि उपयोग में लाए जानेवाले शस्त्रों की समानता के बावजूद यदि किसी बल की संख्या बहुत ज्यादा हो तो उसे कम संख्यावाला बल परास्त नहीं कर

सकता है। वह कहता है कि संख्या में दोगुनी या उससे भी ज्यादा संख्या की सेना को कम संख्यावाली सेना द्वारा परास्त किए जाने के दृष्टान्त केवल महान फ्रेडरिक थे। उसने ल्यूथेन में अपने 30,000 सैनिकों से 80,000 सैनिकोंवाले ऑस्ट्रिया को तथा रोजबाक में अपने 25,000 सैनिकों से 50,000 सैनिकोंवाले को परास्त किया। नेपोलियन के अनुसार, उसने ड्रेसडेन में 1,20,000 सैनिकों से 2,20,000 सैनिकों के विरुद्ध विजय हासिल की थी। हालाँकि लेपजिग में नेपोलियन हार गया था। वहाँ उसके पास 2,80,000 सैनिकों के मुकाबले 1,60,000 सैनिक ही थे। ये सब यह बताते हैं कि खुली लड़ाई में एक सीमा होती है जिसके बाहर कोई साहस या त्याग या विज्ञान किसी सेना को जीतने में मदद नहीं कर सकता है। यही विचार गुरिल्ला लड़ाके को प्रेरित करता है कि वे आरम्भिक चरणों में युद्ध से दूर रहें क्योंकि वे राज्य के बलों की न तो संख्या में न ही शस्त्रों में समान होते हैं, लेकिन इस परिहार को सदा एक प्रति-आक्रमण दुश्मन को परास्त करने हेतु फायर शक्ति की सर्वोच्चता प्राप्त करने का माध्यम समझा जाता है। इन्हीं अनिवार्यताओं के तहत माओ त्से तुंग ने अपनी प्रसिद्ध गुरिल्ला युद्धकला को स्पष्ट किया—बलों को जनसाधारण के बीच उन्हें जगाने के लिए छितरा दो तथा बलों को दुश्मन से निबटने हेतु लगा दो। शत्रु आगे बढ़ता है, हम पीछे लौटते हैं; दुश्मन रुकता है, हम परेशान करते हैं; शत्रु थक जाता है, हम आक्रमण करते हैं; दुश्मन पीछे लौटता है, हम पीछा करते हैं। स्थापित भूक्षेत्रवाले एक स्वतंत्र शासन में हम लहरों की श्रृंखला में आगे बढ़ने की नीति अपनाते हैं। जब एक शक्तिशाली दुश्मन पीछा करता है तो हम घूर्णन गति से घेरा बना लेने की नीति अपना लेते हैं। ('ए स्पार्क कैन स्टार्ट ए प्रेअरी फायर' में)

और इसके बाद वह अपने संघर्ष के आरम्भिक वर्षों की आन्दोलनकारी युद्ध की कला और स्थिति का वर्णन करते हैं जो बिलकुल उपरोक्त सैन्य स्थिति के अनुरूप है। वह लिखते हैं—"कियांगसाई में 'घेराबन्दी और संहार' के तीसरे अभियान के विरुद्ध लड़ाई में लाल सेना अन्त्य सीमा तक पीछे हटी थी (आधारक्षेत्र के पिछले भाग में जमा होते हुए), इसके बिना वह शत्रु को परास्त नहीं कर सकती थी क्योंकि 'घेराबन्दी और संहार' की संख्यात्मक शक्ति लालसेना की संख्यात्मक शक्ति के दस गुना से भी अधिक थी। संटजू ने जब यह कहा था, 'शत्रु जब स्फूर्ति से भरा हो तो उससे दूर रहो, तथा थककर शिथिल हो तो उस पर वार करो', तो वह शत्रु की श्रेष्ठता को कम करने हेतु उसको कमजोर करने तथा नीचा दिखाने के एक तरीके को उद्धृत कर रहे थे।"[63]

शत्रु जब संख्या में ज्यादा हो तो अधिक संख्या के साथ सेना के अंश पर आक्रमण कर रहा हो, ऐसी स्थिति में सेना से दूर रहने की यह युद्धकला संख्या में ज्यादा होने के कारण शत्रु को मिलनेवाले लाभ को निष्प्रभावित करती है। वास्तविक

युद्ध में गुरिल्ला बल को ही संख्याओं का लाभ मिलता है, हालाँकि इसके छोटे कुल आकार की तुलना शत्रु के कुल आकार से की जा सकती है। इस लाभ को कमजोर शत्रु स्थलों के विरुद्ध गुरिल्ला बलों को केन्द्रित करने के कौशल से प्राप्त किया जा सकता है। बड़े भूभाग पर अपनी पकड़ बनाए रखने का प्रयास करनेवाले विरोधी अनिवार्यत: इस युद्धकला से परास्त हो जाते हैं।

शत्रु को नियंत्रण लायक आकार में लाने के लिए यह दीर्घकालिक रणनीति शत्रु की शक्ति को कुतरती रहती है। इस तरह माओ अपने विचार की मुख्य पंक्ति को निम्नलिखित शब्दों में व्यक्त करता है—"...किसी मनुष्य की सभी अँगुलियों में घाव देने से ज्यादा प्रभावकारी होता है, उन अँगुलियों में से एक को काट डालना; शत्रुओं के दस डिवीजनों को खोज निकालने से ज्यादा प्रभावकारी होता है, उनमें से एक को पूरी तरह से नष्ट कर देना।"[64]

इन सभी में माओ तथा उनके बाद के गुरिल्ला लड़ाकों की सोच क्लॉजवित्ज द्वारा निर्धारित सैन्य प्राथमिकताओं के अनुरूप रही है। बुनियादी सोच किसी खास क्षेत्र पर कब्जा जमाने की बजाय शत्रु की लड़नेवाली क्षमता को नष्ट करने की थी। सबसे ऊपर गुरिल्ला योद्धा हमेशा नगरों पर कब्जा जमाने से दूर रहे हैं क्योंकि यह बगैर किसी सैन्य रणनीतिक लाभ के असंख्य जवाबदेहियों का भार सेना पर लाद देता है। इस प्रश्न पर क्लॉजवित्ज लिखता है—"इसलिए यदि युद्ध में सैन्य गतिविधि के सारे सूत्र समाप्त हो जाते हैं तो हम जब लड़ाइयों का क्रम निर्धारित करते हैं, उन सबको ग्रहण कर लेते हैं। केवल इसी क्रम और इसके कार्यान्वयन से प्रभाव आगे बढ़ते हैं, न कि सीधे इनके पीछे की स्थितियों से। अब लड़ाई में सारे कार्य शुत्र के नाश के लिए या कहीं उसकी लड़ाकू शक्तियों के नाश के लिए किए जाते हैं, क्योंकि यह युद्ध या लड़ाई की अवधारणा में ही निहित है। अतएव शत्रुओं की मारक शक्तियों का विध्वंस ही हमेशा युद्धोद्‌देश्य को प्राप्त करने का माध्यम होता है।"[65]

आगे वह एक-दूसरे स्थान पर उस स्थिति के पक्ष में लिखता है जो गुरिल्ला बल का सामना करते वक्त की स्थिति सदृश होती है—"...बादवाले मामले में सेना का विध्वंस ही वास्तविक प्रभावशाली कार्य है तथा प्रदेशों के बारे में बात करना केवल इसका एक परिणाम; सेना के परास्त होने के पहले उन्हें ग्रहण करने को हमेशा केवल एक आवश्यक बुराई के तौर पर ही देखा जाएगा।"[66]

आगे पुन: एक श्रेष्ठ बल के विरुद्ध प्रतिरोध की सेना हेतु वह शत्रु को दबाने के लिए लगभग दीर्घकालिक युद्ध की गुरिल्ला तकनीक की अनुशंसा करता है—"यदि इसके बाद नकारात्मक उद्‌देश्य अर्थात् तमाम माध्यमों का विशुद्ध प्रतिरोध की स्थिति पर केन्द्रित होना संघर्ष में श्रेष्ठता प्रदान करता है, और यदि विरोधी के पास की संख्याओं की श्रेष्ठता को सन्तुलित करने के लिए यह लाभ पर्याप्त है तो केवल विरोध की अवधि धीरे-धीरे विरोधी के बल क्षय को एक बिन्दु पर लाने हेतु पर्याप्त

होगी जिस पर कोई राजनीतिक उद्देश्य आगे समतुल्य नहीं हो सकता है, अतएव एक बिन्दु जहाँ उसे संघर्ष छोड़ देना ही होगा। तब हम यह देखते हैं कि माध्यम की इस श्रेणी में, शत्रु के घिसाव में काफी संख्या में वैसे मामले शामिल होते हैं जिनमें कमजोर वर्ग मजबूत का प्रतिरोध करता है।"[67]

प्राचीन रोम में फेबियस द्वारा हन्निबल का किया गया प्रतिरोध आज की साम्यवादी गुरिल्ला युद्धकला से बहुत हद तक मिलता-जुलता था। स्पेनवासियों ने नेपोलियन का जिस तरह से प्रतिरोध किया, वह भी पूरी तरह से तो नहीं लेकिन कुछ हद तक इसी साम्यवादी गुरिल्ला युद्धकला की ही तरह था। इसी तरह, यह युद्धकला कोई नई युद्धकला नहीं है। इस सिलसिले में एक दूसरी महत्त्वपूर्ण चीज यह है कि सफलता के लिए जरूरी नहीं है कि गुरिल्ला युद्ध का मकसद हमेशा परिवर्तनकारी हो। स्पेनवासियों का प्रतिरोध निश्चित रूप से नेपोलियन के अत्यधिक प्रगतिशील विचार के विरुद्ध पुरानी सामन्ती और रूढ़िवादी भावना का प्रतिनिधित्व करता था, लेकिन अपने उद्देश्य के न्याय के प्रति दृढ़ विश्वास स्पेनी सैनिकों में इतना अधिक भरा हुआ था कि यह उन्हें गुरिल्ला युद्ध जारी रखने के लिए प्रेरित करते रहता था।

जहाँ तक गुरिल्ला युद्धों का सम्बन्ध है, उपरोक्त अध्ययन प्राचीनकाल से लेकर आधुनिक काल तक की युद्ध की तकनीक की निरन्तरता को प्रदर्शित करता है। शायद एकमात्र नवीनता जनसाधारण के प्रति वह मनोभाव है जिसमें साम्यवादी सुदृढ़ आधार की तलाश करते हैं, लेकिन यह भी सम्पूर्णत: नया नहीं है। जैसाकि हम पूर्व में देख चुके हैं कि पूर्व में भी सैन्य नेताओं द्वारा जनता के समर्थन की माँग की गई थी, लेकिन अन्तर इस तथ्य में निहित है कि इसने वैसा जोर नहीं दिया तथा इसके पास उन आधुनिक प्रचार उपकरणों की कमी थी जिनका कि साम्यवादी भरपूर इस्तेमाल करते हैं।

चे ग्वारा यह सटीक संकेत देता है कि विद्रोही युद्ध की यह नई तकनीक पूरी तरह से वस्तुनिष्ठ स्थितियों से सीमित नहीं होती है। इस तरह का आन्दोलन शुरू करना सभी अल्पविकसित देशों में सम्भव है और लड़ाई के क्रम में धीरे-धीरे वस्तुनिष्ठ स्थितियाँ आन्दोलन के अनुकूल होती जाती हैं। यद्यपि इस तरह के विकास का अनिवार्यत: अर्थ आन्दोलन की विजय नहीं होती है जहाँ कि वस्तुनिष्ठ स्थिति अर्थात् शुरू करने के लिए जनसाधारण के समर्थन का अभाव होता है, जियाप द्वारा प्रदर्शित तीन चरणों में एक चौथा चरण भी जुड़ जाता है जो उक्त तीन चरणों से पहले आता है। यह आतंकवाद का चरण होता है। आतंकवादी कार्य मूलत: वैसी कुछ व्यक्ति या पदाधिकारी विशेष के विरुद्ध किया जाता है जिनसे कि अधिकांश लोग कमोबेश घृणा करते हैं। प्रत्येक समाज में वैसे कुछ समूह उपस्थित रहते हैं जो सामाजिक तंत्र से नाखुश होते हैं। दरअसल, अल्पविकसित देशों में इस तरह की नाखुशी बहुत व्यापक होती है। आक्रमण हेतु व्यक्तिओं एवं संस्थाओं के सम्यक्

चयन से आबादी के कुछ तबकों की शीघ्र सहानुभूति हासिल कर लेना सम्भव है, लेकिन इस तरह के आतंकवादी आक्रमण अत्यधिक मौलिक तरीके से राज्य की सत्ता की जड़ खोद देते हैं। ऐसी स्थिति में राज्य अपनी शक्ति का इस्तेमाल करता है और कानून का उल्लंघन करनेवाले को सजा देती है। अल्पविकसित देशों में ऐसा लोगों की एक भारी संख्या के विरुद्ध किया जाता है। इन देशों में जहाँ लोकतांत्रिक परम्परा या राज्य की ज्यादतियों पर प्रभावकारी रोक लगाने का अभाव रहता है, राज्य व्यापक पैमाने पर शक्ति और जबर्दस्ती का प्रयोग करता है। इससे भी राज्य अपनी वैधता प्राप्त करता है। एक बार आतंकवादी गतिविधियाँ शुरू हो जाती हैं और आतंकवादियों को कोई सजा नहीं मिलती है तो राज्य की वैधता स्वयं सन्देह में पड़ने लगती है। एक बार ऐसा हो जाता है तो आन्दोलनकारी विचारों को लोगों के एक समूह से स्वीकृति मिलनी शुरू हो जाती है, भले वे अभी तक कितना भी निरर्थक क्यों न लगे हों। इस तरह विद्रोही कारण को अपना प्रथम आधार मिल जाता है। यह 'कार्य से प्रचार' जैसाकि हिटलर ने इसे कहा था, तुरन्त परिवर्तनकारी आन्दोलन के लिए अनुयायियों और संचालन के आधार की भर्ती करता है। यहाँ आगे वस्तुनिष्ठ तत्त्वों और आन्दोलन के संचालन पर निर्भर रहते हुए अन्य चरण विकसित होते हैं।

जिस देश में इस तरह का आन्दोलन बगैर पर्याप्त जनसमर्थन के शुरू होता है, इसका सामाजिक और राजनीतिक परिणाम विध्वंसक होता है। आन्दोलन की सफलता या विफलता इसके प्रभाव के इस पहलू के लिए कोई मायने नहीं रखती है। आतंकवादी कार्यों को व्यापक जनसमर्थन मिलने पर भी मानवीय जीवन को मूल्यहीन करने की सम्भावना से डराया जाता है। जहाँ उस समर्थन का अभाव है, वहाँ पर यह मानवीय जीवन के प्रति और ज्यादा कठोर हो सकता है क्योंकि हिंसा के क्षेत्र को कम करने की इसकी क्षमता इसके प्रति चौतरफा घृणा के कारण काफी कम होती है। एक विरोधी जगत में इसे अक्सर महज आत्मरक्षा में, निर्दोष लोगों को मारना पड़ता है—लोग पहले मारा जाना नहीं चाहते हैं, लेकिन यही सब कुछ नहीं है। इससे चारों तरफ बर्बरता बढ़ती है। इन आन्दोलनों के साथ कानून और व्यवस्था के नियन्ता काफी निर्मम और प्रतिशोधात्मक तरीके से निपटते हैं। इससे राज्य का 'बुर्जुआ' स्वभाव, जैसाकि विद्रोही संज्ञा देते हैं, साबित होता है। चे ग्वारा की हत्या या डिब्रे की सजा जिस तरीके से हुई, निर्ममता के ही उदाहरण हैं। भारत में जहाँ आतंकवाद की उसी तर्ज पर नक्सली गतिविधियाँ शुरू हुई हैं, सरकार उनसे समान बर्बरता के साथ पेश आ रही है। नक्सलियों द्वारा शुरू किया गया आन्दोलन मालूम पड़ता है, स्थापित प्राधिकारों को अपने निजी कानूनों के अवरोध से मुक्त करता हो। सामान्य तौर पर कानूनी किताबों में एक नागरिक को जो कानून का संरक्षण मिला हुआ है, नक्सली या सन्दिग्ध व्यक्ति वह कानून का संरक्षण खो देता है।

ऐसी खबर मिली थी कि आन्ध्र प्रदेश में सैकड़ों लोग नक्सली होने के सन्देह के आधार पर पकड़े गए हैं और पुलिस ने उन्हें मार दिया है। समाचार पत्रों में जब-तब केवल कुछ प्रछन्न टिप्पणियाँ दिख जाती हैं जिनमें पुलिस के साथ मुठभेड़ में मारे गए नक्सलियों की सूचनाएँ रहती हैं। यदि ये खबरें सही हैं तो इस तरह की चीजें अन्य जगहों पर भी हो रही हैं। अपने व्यक्तिगत अनुभव के आधार पर इस लेखक का इन खबरों पर सहज विश्वास है। इस लेखक के गाँव में नक्सलियों के उकसावे पर खेतिहर मजदूरों, जिनमें अधिकांश हरिजन थे, द्वारा एक दफादार (ग्राम पुलिस) की उसकी पिटाई कर दी गई। इस पर एक वरीय दंडाधिकारी के साथ गाँव में काफी संख्या में पुलिस बल आ धमका और उस मजिस्ट्रेट (दंडाधिकारी) की उपस्थिति में इलाके के तीन या चार गाँवों के गरीब हरिजनों की झोंपड़ियाँ उजाड़ दी गईं और जो भी पुरुष पकड़ में आया, पुलिस ने उसकी बेरहमी से पिटाई की, अनेक को गिरफ्तार किया और औरतों पर भी प्रहार किया। दहशत से गरीब लोग गाँव छोड़ भागे और काफी दिनों बाद गाँव वापस आए, लेकिन सभी वापस नहीं लौटे। कुछ तो स्थायी रूप से बाहर ही बस गए और कुछ नक्सली बन गए। इसमें से कुछ भी समाचार पत्र में प्रकाशित नहीं हुआ, सिवाय पुलिस के इस वक्तव्य के कि नक्सलियों द्वारा अत्याचार किया गया है। ऐसी परिस्थितियों में जो भी पक्ष जीते सामाजिक लगाव को कायम रखनेवाले बुनियादी मानवीय मूल्यों, मानवीय जीवन के प्रति सम्मान और शालीनता का नष्ट होना निश्चित है। फलस्वरूप, समाज में एकीकरणवाला एकमात्र तत्त्व तानाशाही शासनों से शासित नग्न तत्त्व रह जाता है, लेकिन यह सत्ता के संघर्ष में खुद तकनीक की प्रभावोत्पादकता को अस्वीकार करना नहीं है।

सत्ता की उत्पत्ति और महत्त्वाकांक्षाएँ

हम यह पूर्व में देख चुके हैं कि जब भी मानव प्राणी मनुष्यों और संगठनों में संलग्न होता है और यह उसे अपने प्रारम्भिक जनजातीय समूह के बाहर ले जाता है तो पुरानी सामाजिक संरचना ध्वस्त हो जाती है, लेकिन मानव प्राणी केवल उसी समाज में सुरक्षा का भाव महसूस करता है जिसके अंगों में एक-दूसरे के साथ एक निश्चित सम्बन्ध हो जोकि प्रत्येक मानवीय कार्य का भविष्य-कथन योग्य परिणाम होता है। इस प्रकार जैसे ही पुरानी संरचना ध्वस्त होती है, नई संरचना अनिवार्य बन जाती है, लेकिन अपनी दैनिक समस्याओं से घिरा एक औसत मनुष्य इस नई स्थिति में स्वयं को खोया हुआ पाता है। परिणामस्वरूप, समाज का यह पुनर्गठन उन व्यक्तियों और समूहों को आगे लाता है जो अनन्य रूप से इस काम में स्वयं को लगा देते हैं। जब समूहों के बीच विवाद हो तो यह प्राय: होता है। इस तरह जैसाकि हम देख चुके हैं, मजदूर वर्ग के संगठनों, व्यापार संगठनों और धार्मिक संस्थाओं अल्पतंत्र

उभर आता है। ऐसे तत्त्व के संचालन के कारण राजशाही और राज्य पैदा हुए हैं। हमने यह भी देखा है कि राज्य न केवल आर्थिक वर्ग के संगठित सख्त संगठन होते हैं, यद्यपि कभी-कभी एक आर्थिक वर्ग द्वारा सत्ता के संसाधनों के संचालन के कारण राज्य एक वर्ग से गठबन्धन करता प्रतीत हो सकता है। हमने आगे यह देखा है कि राजनीतिक सत्ता का नियंत्रण निश्चित वस्तुनिष्ठ स्थितियों के समुचित उपयोग तथा निश्चित तकनीकों के उपयोग पर निर्भर रहता है। दोनों, ऐसी सत्ता की वस्तुनिष्ठ स्थितियाँ तथा तकनीकें भी मनोवैज्ञानिक तत्त्वों पर आधारित होती हैं। यह पुन: एक दूसरी मनोवैज्ञानिक आवश्यकता अर्थात् सुरक्षा के भाव की आवश्यकता के कारण होता है कि मनुष्य प्राणी स्वयं को राज्य के किसी तरह के निग्रहकारी उपकरणों का प्रभुत्व झेलने की मंजूरी दे देता है।

यह आसानी से देखा जा सकता है कि प्रत्येक अव्यवस्थित स्थिति एक अधिनायकवादी राज्य का मार्ग प्रशस्त करती है। जहाँ कुछ समय के लिए अव्यवस्थित स्थिति कायम रह जाती है, लोग वहाँ असुरक्षा के भाव से इतना अधिक ग्रसित हो जाते हैं कि वे उस स्रोत का ध्यान किए बगैर जिससे यह अव्यवस्था उत्पन्न हुई होती है, आसानी से उस सुरक्षा को प्राप्त करने के लिए अपनी आजादी का समर्पण कर देते हैं। विश्रृंखलन की स्थितियों में वह कोई भी समूह जो संगठन और उद्देश्य को प्रदर्शित करता है, समाज में नये निर्माण का प्रस्थान बिन्दु बन जाता है। कालान्तर में इस तरह का संगठन स्वयं एक राज्य बन जाता है। इसी कारण से सामन्ती ढाँचे और कैथोलिक चर्च की धर्मनिरपेक्ष सत्ता का विकास हुआ। सामन्ती व्यवस्था इसलिए उत्पन्न हुई क्योंकि रोमन साम्राज्य और बाद में कैरोलिंगियन साम्राज्य के टूटने से जो अव्यवस्था उत्पन्न हुई थी, उसमें लोगों ने उससे संरक्षण प्राप्त करने की कोशिश की, जिसके पास अपना आदेश मनवाने और संरक्षण देने के लिए एक सशस्त्र सेना थी। बादवाले मामले में एक सामान्य विश्रृंखलन में अकेला कैथोलिक चर्च ही लोगों का एक संगठित निकाय रह गया जो व्यवस्था और मूल्यों के एक स्थायी तंत्र के तौर पर जाना जाता था। इस तरह कैथोलिक चर्च की सत्ता का विकास इस हद तक हो गया कि बाद में अत्यन्त शक्तिशाली रजवाड़ों के उदय के बाद भी उन रजवाड़ों को कैथोलिक चर्च की सर्वोच्च सत्ता का सम्मान करना पड़ा। आधुनिक युग में इसी तरह की स्थिति में बोल्शेविक पार्टी रूस के सोवियत राज्य में उत्पन्न हुई तथा नाजी पार्टी, जिसके पास युद्धोत्तर जर्मनी की अस्थिर राजनीति में मजबूत दाँव लगाने का साहस था, तीसरे राईख की नींव बन गई।

यह थोड़ा आश्चर्य का विषय है कि प्रत्येक जनान्दोलन का इरादा केन्द्रीकृत राज्य की सत्ता को बढ़ाने का होता है। असुरक्षा का भाव स्वाभाविक रूप से उस समय बढ़ जाता है जब कोई आन्दोलन समाज में बदलाव लाना चाहता है। इसमें न केवल लोगों के जीवन के तरीके में बदलाव लाना अन्तर्निहित रहता है बल्कि

दुनिया की बाबत उनके विचार में भी बदलाव लाना अन्तर्निहित होता है। यद्यपि ऐसे प्रत्येक आन्दोलन के लिए कुछ हद तक आधार और मानसिक वातावरण का पहले से ही निर्माण होता है, लेकिन यह बहुत आगे तक नहीं जाता है। यह नया विचार अधिकांशत: आन्दोलन के सूत्रधार तक ही सीमित होता है। अधिकांश लोग केवल कुछेक आकर्षण कार्यक्रमों से ही प्रेरित होते हैं। जब आन्दोलन के बाद वे अपने पिछले विश्वास और जीवनशैली पर आक्रमण होता देखते हैं तो नई स्थिति के साथ सामंजस्य स्थापित करना उन्हें कम आसान लगता है। फलस्वरूप, उनका गुस्सा फूट पड़ता है। तब परिवर्तनकारी शासन को अनिच्छुक आबादी पर अपनी नीतियाँ लागू करनी पड़ती हैं। यह गड्ड-मड्ड स्थिति जो कुछ समय बाद फिर से आन्दोलनकारी स्थिति में अपरिहार्य रूप से छा जाती है, लोगों को किसी तरह की व्यवस्था तलाशने के लिए प्रेरित करती है जो अक्सर अधिनायकवादी व्यवस्था हो जाती है क्योंकि पारम्परिक संरचना और व्यवस्था पहले ही ध्वस्त हो चुकी होती है। यह स्पष्ट है कि परिवर्तनकारी शासन समाज में जितना अधिक मौलिक परिवर्तन लाना चाहता है, इसे उतना ही अधिक निर्गम होना पड़ता है। विकल्प समझाने-बुझाने की एक लम्बी अवधि होगी, इससे परिवर्तन को अधिकांश लोग इतना अधिक चाहने लगते हैं कि समाज आराम से जीवन के पुराने ढर्रे से नये ढर्रे में प्रवेश कर जाता है, लेकिन अभी तक ऐसा कहीं नहीं हुआ है।

उक्त कारण से ही 17वीं सदी के इंग्लैंड में राजा के विरुद्ध लड़ाई से क्रॉमवेल की तानाशाही का मार्ग प्रशस्त हुआ था। फ्रांस में आठवीं सदी के समापन पर जैकोबिन शासन के आतंक के दौरान फैली अव्यवस्था से उपजे सुरक्षा के गहरे भाव से, विशेषकर किसानों में जिन पर शहरी गरीबों को खिलाने के लिए अनाज हेतु आक्रमण होना शुरू हो गया था, नेपोलियन बोनापार्ट की तानाशाही का अभ्युदय हुआ। मौजूदा 20वीं सदी के आरम्भ में प्रथम विश्वयुद्ध से उत्पन्न हुई अव्यवस्था से रूसी आन्दोलन, इटली में फासीवाद और जर्मनी में नाजीवाद का आगाज हुआ। उल्लेखनीय है कि इन सभी आन्दोलनों में जुनून और बदलाव लाने का जोश था। न केवल सामाजिक और राजनीतिक संरचनाओं को बदलने का जोश था बल्कि मानवीय अस्तित्व और सोच के समूचे तरीके को बदलने का जोश था। क्रॉमवेल ने शक्ति से सख्त प्यूरिटनवादी शासन लागू करने का प्रयास किया। रॉब्सपियरे और सन्त जस्ट के तहत जेकोबिंस ने भी उसी तरह से आबादी पर एक गम्भीर गणतंत्रवाद लागू करने का प्रयास किया, जिसका बड़ा उत्सव मनाया गया। दोनों शासनों ने हिंसक प्रतिक्रियाओं को प्रेरित किया। इससे तुरन्त शासन के अत्यधिक कटु स्वरूपों का खात्मा हो गया। यद्यपि मौलिक राजनीतिक परिवर्तन अक्षुण्ण ही रहा। बोल्शेविकों और नाजियों (जो इन सन्दर्भ में सबसे आगे चल गए) के भी मामले में सम्पूर्ण जीवनशैली को बदलने के प्रयास के विरुद्ध प्रतिक्रियाएँ थीं,

लेकिन इन दोनों शासनों ने उनके समाधान हेतु पूर्ण प्रावधान की व्यवस्था कर रखी थी और इतिहास के सबसे अधिक अधिनायकवादी तंत्रों का निर्माण करने में सफल हो चुके थे।

मौजूदा सदी (20वीं) का आधा गुजर जाने के बाद आन्दोलन और तानाशाही ने ऐसी नियमितता के साथ एक-दूसरे का अनुसरण किया है कि एक-दूसरे के लिए वे पर्यायवाची सिद्ध हो रहे हैं। इन आन्दोलनों में से अधिकांश ने समाजों को या तो किसी तरह के प्रजातंत्र से लेकर तानाशाही तक से या एक तरह की तानाशाही से लेकर दूसरे तरह की तानाशाही से बदला है।

जहाँ तानाशाही शासनों की आयु कम दिनों की रही है तथा इनकी जगह अपेक्षाकृत लोकतांत्रिक व्यवस्थाएँ आई हैं, वहाँ भी एक मौलिक रुझान अपरिवर्तनीय रहा प्रतीत होता है अर्थात् व्यक्तिगत नागरिक के ऊपर केन्द्रीकृत राज्य की शक्ति का विकसित होना जारी है, दोनों प्रजातंत्रों और तानाशाही व्यवस्थाओं के अन्तर्गत। इसके साथ ये दो तत्त्व रहे हैं—(1) राज्य के आकार का विकास, और (2) राज्य के कार्य में विकास।

इसका कारण कहीं दूर ढूँढ़ने नहीं जाना है। पहले स्थान पर सामाजिक इकाई, जिसमें व्यक्ति को खुद सामंजस्य स्थापित करना पड़ता है, जितनी बड़ी होती है, उतना ही अधिक वह स्वयं को किंकर्तव्यविमूढ़ महसूस करता है। इस अनखोजे समुद्र में वह स्थायी रूप से चिन्ता में रहता है तथा वह नहीं जानता है कि कौन-सा तूफान शक्ति जुटा रहा होगा, कौन-सी समुद्री चट्टान पोतभंग करने के लिए घात में बैठी होगी। ऐसी स्थिति में नियंत्रण और आज्ञाकारिता के सरल सम्बन्ध के पक्ष में अपना कमजोर निर्णय समर्पित कर देना बड़ी राहत होती है। प्रभुत्व सम्पन्न राज्य ऐसी स्थिति का प्रभुत्व सम्पन्न उपाय बताता है।

दूसरा, एक बड़ा समाज मनुष्य की अपनी पसन्द के अनुसार काम करने की आजादी पर सख्त सीमाएँ आयत कर देता है। पुराने जनजातीय या अत्यधिक घनिष्ठ समाजों में यद्यपि व्यक्ति पर मौजूदा परम्परा और रीति-रिवाज रोक लगाते हैं, परम्पराएँ पहले से ही उसके सोच और कार्य का खाँचा बन चुकी हैं और रीति-रिवाज वाले व्यवहार से गम्भीर विचलन नाममात्र का होता है। इस प्रकार, इन समाजों में मनुष्य के विचार और रुचि सौहार्द के बड़े मापक होते हैं। परिणामस्वरूप, समाज के ऊपर और इसके बाहर खड़े बाहर से लादे गए नियम के अनुरूप होने की माँग करनेवाले किसी बाहरी तत्त्व को कोई जरूरत नहीं होती है, लेकिन आधुनिक राष्ट्र की तरह एक बड़े और मिश्रित समाज में स्थिति पूरी तरह से भिन्न होती है। हमारे पास अपने कार्यों को दिशानिर्देश देने के लिए रीति-रिवाज और परम्पराएँ नहीं होती हैं। चूँकि इन समाजों में स्वत:स्फूर्त एकरूपता का आधार नीचे होता है, समाज चलाने के लिए आवश्यक नियमों में से ज्यादातर नियम शक्ति से लागू किए

जाते हैं। इससे यह आसानी से अनुमान लगाया जा सकता है कि इसके निर्माण के आरम्भिक चरणों में जितना ही बड़ा राज्य होगा, शक्ति की भूमिका उतनी ही बड़ी होगी क्योंकि एक बड़े समाज में विसंगत समूहों और व्यक्तियों की संख्या ज्यादा होगी। राज्य के बलात् उपकरण भी समाज में मौजूद समूहों की सम्पूर्णता से ज्यादा स्वतंत्र होंगे, लेकिन समय बीतने के साथ जैसे ही नये सामाजिक संगठन के स्वरूपों में से अनेक स्वरूप परम्परा का हिस्सा बन जाते हैं, प्रत्येक बल का तत्त्व धीरे-धीरे समाज के बड़े खंडों से समाप्त हो जाता है और इसकी जगह नैतिक अनुमतियाँ और सुशिष्टाचार की माँगें ले लेती हैं।

अतएव, प्रत्येक समाज सेना, पुलिस इत्यादि की तरह प्रत्यक्ष जोर-दबाव के उपकरणों के साथ-साथ धीरे-धीरे लोगों की एक संस्था का भी विकास करता है और ऐसे समाजों के नैतिक मूल्यों को साकार करता है। इनका प्रतिनिधित्व पुरोहिताई से या अकादमिक सदस्यों, पत्रकारों, लेखकों इत्यादि जैसे लोक विचार के अन्य नेताओं से हो सकता है। इनके विचार हालाँकि अभिरुचियों के दमित असंगति के कारण बाहरी वास्तविक या काल्पनिक खतरों के विरुद्ध आक्रामकता के परिवेश में व्यापक रूप से स्वीकार्यता हासिल कर लेते हैं। यह आक्रामकता आन्तरिक सामंजस्य प्रदान करती है और ये नेता और इनके द्वारा प्रक्षेपित मूल्य एकता के नये भाव का प्रतीक बन जाते हैं। उनकी फुसलाहटों के तहत लोग न केवल राज्य की 'सुरक्षा' को स्वीकार करते हैं बल्कि उस सत्ता का गुणगान भी करते हैं जिसने उन्हें पराधीनता में डाल दिया है।

जिस समय अधिसंख्य मनुष्य सुरक्षा के भाव हेतु अपनी आजादी का समर्पण करते हैं उस वक्त सत्ता का इस्तेमाल करनेवालों में सत्ता हासिल करने का एक संवादी प्रयोजन निश्चित रूप से होना चाहिए।

विभिन्न लोगों ने सत्ता के इस अभियान के विभिन्न कारण बतलाए हैं। स्वयं समाजवादी साहित्य में इस समस्या की व्यापक रूप में अनदेखी हुई है क्योंकि इसमें स्वतंत्र सत्ता प्रयोजन नहीं रहता है। इस विचार से राजनीतिक सत्ता के आग्रह को अपना हित हासिल करने की वर्गों की आकांक्षाओं के रूप में व्याख्यायित किया जा सकता है। जब हम तथाकथित समाजवादी राज्यों के बीच के सम्बन्धों का विश्लेषण करते हैं तो इस सोच की सीमा स्पष्ट हो जाती है। चूँकि इन राज्यों के बीच के सम्बन्धों ने ऐसे उपनामों को बिगाड़ दिया है जैसाकि इन राज्यों ने एक-दूसरे के विरुद्ध 'महाशक्ति उग्रराष्ट्रीयता', 'साम्राज्यवाद', 'बड़ा भाई भाव' का विशेष नाम दे दिया है। चूँकि इन देशों के बारे में माना जाता है कि उन्होंने अपने पीछे दृढ़ता से सभी शोषणात्मक आर्थिक सम्बन्धों को लगा दिया है, इसलिए विवाद के स्रोतों को अन्यत्र ढूँढ़ा जाना चाहिए जैसाकि ये विशेष नाम स्वयं यह बतलाते हैं कि स्पष्टीकरण को सत्ता अभिप्रेरणों के रूप में होना चाहिए। हम जब इस प्रयोजन का

विश्लेषण करते हैं तो देखते हैं कि अन्तिम विश्लेषण में सत्ता का यह अभियान पुन: सुरक्षा के भाव की जरूरत से सम्बन्धित हो जाता है, यद्यपि अनेक अन्य द्वितीयत: प्रयोजन भी इससे चिपक जा सकते हैं।

एक तत्त्व सभी सत्ता सम्बन्धों में सामान्य है—जिस विषय पर सत्ता का इस्तेमाल होता है, उस विषय के व्यवहार को प्रभावित करने की इच्छा, लेकिन सामाजिक और राजनीतिक व्यवहार में हम जिस सत्ता को देखते हैं, विभिन्न लोगों ने उस सत्ता के विशेष प्रकटीकरण हेतु विभिन्न तरह के स्पष्टीकरण किए हैं। बर्ट्रेंड रसेल मनुष्य की मौलिक इच्छाओं में सत्ता और गौरव की इच्छा पर विचार करते हैं। उनके अनुसार, समाज विज्ञानों में सत्ता का सिद्धान्त वही स्थान रखता है जो स्थान भौतिक विज्ञान में ऊर्जा का होता है। उनके विचार से ऊर्जा की तरह सत्ता के भी विभिन्न रूप होते हैं। ये रूप आर्थिक सत्ता, सैन्य सत्ता, विचार पर सत्ता इत्यादि के हो सकते हैं। यद्यपि सत्ता की विभिन्न अभिव्यक्तियों के बारे में वह जो कहते हैं, वह हद तक सही है, यह दिखाने के लिए कुछ नहीं है कि सत्ता की इच्छा इस तरह मनुष्य के मौलिक लक्षणों में व्याप्त होती है। वस्तुत: सत्ता की प्रत्येक अभिव्यक्ति अन्य स्रोतों के कार्यों को प्रभावित करने की इच्छा से सम्बद्ध होती है। ऐसा दुर्लभ ही होता है कि सत्ता की कामना अपने लिए की जाती हो। हालाँकि इसमें कोई सन्देह नहीं है कि अनेक ऐसे मामले आते हैं जहाँ व्यक्ति अपने लिए सत्ता की इच्छा करता है और इसका मनमाने ढंग से इसकी अनुभूति प्राप्त करने के लिए इस्तेमाल करता है, लेकिन इस तरह के मामले दुर्लभ ही होते हैं। कैलिगुला को इन्हीं दुर्लभ नमूनों में लिया जा सकता है जो लोगों की हत्या करने में आनन्द उठाता था क्योंकि इससे उसे महाशक्ति की अनुभूति मिलती थी। यहूदियों को खत्म करने में हिटलर की नीतियों के निष्पादकों में से अनेक को इस श्रेणी में रखा जा सकता है, लेकिन इनके कार्यों को अपेक्षाकृत अधिक व्यवस्थित तरीके से सम्बन्धित दूसरे तत्त्वों से भी व्याख्यायित किया जा सकता है। किसी भी तरह से थोड़े-से उदाहरण अपेक्षाकृत अत्यधिक स्थायी घटना का लेखा प्रस्तुत करने का पर्याप्त आधार नहीं हो सकते हैं।

वस्तुत: मनोवैज्ञानिकों ने सत्ता के इस अभियान को घटियापन, आक्रामकता, प्रतिष्ठा प्रेम, परपीड़न रति और स्वपीड़न रति इत्यादि जैसे मानवीय लक्षणों से जोड़ने का प्रयास किया है। जो सम्भव प्रतीत होता है, वह यह है कि सत्ता मानवीय चरित्र के एक विशेष लक्षण की अभिव्यक्ति नहीं होती है। इसके बदले एक 'सत्ता संलक्षण' होता है जहाँ सुरक्षा और अभिमुखता की जरूरत अन्य अभिप्रेरणों के झुंड के साथ जटिल बन जाती है।

समकालीन राजनीतिक सिद्धान्तकारों में से एक हैरॉल्ड लासवेल राजनीतिक नेताओं के व्यक्तित्व के बारे में एक मनो-विश्लेषणात्मक दृष्टिकोण अपनाता है। वह 'अंशत: अवरुद्ध रोष प्रकार' के बीच लिंकन को वर्गीकृत करता है। उसके विचार

से यह उसके अस्थायी परिवेश द्वारा उत्तरदायी बनाया जाता है। उसके बिना प्राय: निष्ठुर और अतिभोगी बने रहते थे। इस तरह प्यार की लालसा बनी रह गई जिसे संकीर्ण पारिवारिक दायरे से बृहत् लोक में स्थानान्तरित कर दिया गया था। यह उसके कार्यों के प्रति लोगों की प्रतिक्रिया के प्रति लिंकन की भारी संवेदनशीलता में झलकता था। इस तरीके से लासवेल अनेक राजनीतिक समस्याओं के प्रति अपने रवैये तथा उत्तर को एक करने के अपने प्रयासों की सफलता में और उतार-चढ़ाव को व्याख्यायित करने का प्रयास करता है। इसी तरह वह नेपोलियन बोनापार्ट के जीवन को माता 'छवि' के उसके आरम्भिक दृष्टिबन्धन तथा बड़े भाई जोसेफ, जिसे वह 'मुकियाते और डसते' रहता था, के साथ की प्रतिद्वन्द्विता को व्याख्यायित करता है। नेपोलियन महज पाँच फीट पाँच इंच लम्बा व्यक्ति था। वह जब ब्रास के सैनिक स्तूप में अपने से लम्बे लड़ाकों से मिला तो उसके अन्दर अपने छोटे कद-काठी को लेकर हीनता भाव पैठ गया। इससे पुन: शासन करने की प्रेरणा पैदा हो गई। इस तरह नेपोलियन वह बन गया जिसे लासवेल 'व्यक्तित्व का दुराग्रही रूप' कहता है जो 'साम्राज्यिक हिंसा' से दुनिया पर शासन करने का प्रयास कर रहा था। 'वह अपने घावभरे अहंकार की सफलता की सुगन्ध चाहता था तथा वह हमेशा के लिए अपनी स्व-दंडित विकलांगता को चाट रहा था।'[68]

इस सिलसिले में यह बात ध्यान में रखनी है, हालाँकि लिंकन ने अपने बचपन में जिस अस्थायी भावनात्मक परिवेश का सामना किया था, वह बहुत सामान्य चीज है। उस तरह के बाल्यावस्था अनुभववाले सैकड़ों-हजारों लोग हो सकते हैं, लेकिन अब्राहम लिंकन इकलौता ही था। उसी प्रकार नेपोलियन को जो हीन ग्रंथि थी, वह हीन ग्रंथि भी बहुत व्यापक है। छोटे कद के प्रत्येक मनुष्य और छोटे भाई को वह हीनताभाव हो सकता है जो नेपोलियन को था, लेकिन इस तरह का विश्लेषण उन विशेष योग्यताओं या मानसिक दुर्बलताओं के बारे में कुछ नहीं कहता जिन्होंने अब्राहम लिंकन या नेपोलियन का निर्माण किया। वस्तुत: लासवेल जिन विशिष्टताओं को इन दोनों शक्लों से जोड़ने का प्रयास करता है, हो सकता है ये विशिष्टताएँ अधिकांश अन्य लोगों से मेल खाती हों अर्थात् सत्ता की प्रेरणावाली विशिष्टता। यह कहना कि इन राजनीतिक नेताओं में अपनी विशेष पृष्ठभूमि के कारण सत्ता की प्रेरणा विद्यमान थी, वस्तुत: यह सुस्पष्ट कह देने का प्रयास है, लेकिन उन्हें या किसी महत्त्वपूर्ण नेता को समझने के लिए उस सुस्पष्ट तथ्य को नहीं समझना होता है बल्कि उन विशेष परिस्थितियों को समझना होता है जिनमें वे पले-बढ़े तथा उनकी विशेष प्रतिभा और विश्व के बारे में उनके नजरिए को समझना होता है जिन्होंने उनको गतिविधि में ला डाला।

वस्तुत: अल्फ्रेड एडलर यह सुझाव देता है कि सत्ता से प्रेम का जोर तथा दूसरे मनुष्यों पर शासन करने की इच्छा अधिकांश मनुष्यों में विद्यमान होती है। वह इस

प्रेरणा को असुरक्षा के भाव से जोड़ता है। वह लिखता है—"हमारी संस्कृति की वास्तविकताओं के सम्बन्ध में बच्चा कितनी सुरक्षा चाहता है, यह उसके जीवन के आरम्भ में जान सकते हैं। सुरक्षा से हमारा आशय केवल खतरे से सुरक्षा से नहीं है, हम आगे के उस सुरक्ष के सहकारी कारण को उद्धृत करते हैं जो अनुकूलतम परिस्थितियों के अन्तर्गत मानवीय संघटना के नियमित अस्तित्व में ठीक उसी तरीके गारंटी देता है जिस तरीके से हम एक योजनाबद्ध मशीन के संचालन में 'सुरक्षा का सहकारी कारण' के बारे में बोलते हैं। सच्ची सुरक्षा के 'अतिरिक्त' तत्त्व की माँगकर सुरक्षा का यह सहकारी कारक हासिल कर लेता है, बृहत्तर सुरक्षा महज उसकी सहज वृत्तियों के सन्तोष हेतु आवश्यक है, बृहत्तर सुरक्षा एक शान्त विकास के लिए आवश्यक है। इस तरह उसके जीवन में एक नया आन्दोलन पैदा होता है। यह नया आन्दोलन स्पष्टत: प्रभुत्व और श्रेष्ठता की एक मनोवृत्ति है।"[69]

इस विचार से शासन करने की अन्त:प्रेरणा पुन: सार्वभौमिक जान पड़ती है। इसे आधुनिक औद्योगिक समाजों में निश्चित रूप से बहुत मजबूत होना चाहिए, जहाँ अत्यधिक बढ़ौती को सफलता मिलती है और यह सफलता साथी मनुष्यों के ऊपर ही हासिल होती है। ऐसे समाज में असुरक्षा का भाव महज काल्पनिक नहीं होता है बल्कि उसकी जड़ें जीवन की वास्तविकताओं में होती हैं। शासन करने में विफल होने का मतलब है, दूसरों के अधीन जाना और दूसरों से शासित होना। इसमें सन्देह है कि इस तरह की सार्वभौमिक अन्त:प्रेरणा को शक्तिशाली राजनीतिक नेताओं तथा प्रभुत्व कायम रखने के उनके आन्दोलनों की सफलता की जड़ में रखा जा सकता है। न ही सम्मान, आय और सुरक्षा जैसे तरह के अन्य मूल्यों जिनका श्रेय लासवेल सत्ता को देता है, की अन्त:प्रेरणा के सभी प्रयासों को व्याख्यायित करने को पर्याप्त है। एक व्यक्ति द्वारा हासिल किए गए ओहदों को व्याख्यायित किया जा सकता है लेकिन सामाजिक जीवन को प्रभावित करनेवाले सत्ता के सबसे प्रभावशाली प्रकटीकरणों को इस तरह व्याख्यायित नहीं किया जा सकता है।

वस्तुत: सत्ता के कुछ रूप अर्थात् लोगों के व्यवहार को प्रभावित करने की क्षमता बिलकुल ही राजनीतिक नहीं होते हैं। इस श्रेणी में मनुष्यों के व्यवहार और दृष्टिकोण को मौलिक रूप से बदलनेवाले महान धार्मिक सुधारों और दार्शनिक विचारों के आन्दोलन आते हैं। उदाहरणस्वरूप, बुद्ध ने अपने जीवनकाल में महान प्रभाव डाला जबकि न तो उनके साथ सशस्त्र लोग थे, न ही अपने विषय से जोड़ने के लिए उनके पास बहुत धन था। उन्होंने एक भिक्षुक का जीवन जिया और अपने अनुयायियों से भी भिक्षुक का जीवन जीने को कहा। वस्तुत: वह अनेक राजाओं और बड़े ओहदेदारों का परिवर्तन करने में सक्षम रहे। सभी ने न केवल उनके विचारों का अनुसरण किया बल्कि अपनी सांसारिक वस्तुओं का त्याग कर बौद्ध भिक्षुक बन गए। सम्मान तो वास्तव में बुद्ध ने अर्जित किया, लेकिन यह अनिवार्यता के

साधन पर नियंत्रण करके अर्जित नहीं किया गया था बल्कि यह उनके विचारों की अपील तथा उनके जीवन की श्रेष्ठता से मिला था। उनके बाद के बौद्ध भिक्षुकों में से एक महान सम्राट अशोक खुद परिवर्तन कराने में सफल रहा। इस शक्तिशाली सम्राट ने सभी को अपनी तलवार के सामने झुका दिया था तथा इसका हिन्दुस्तान के सबसे बड़े साम्राज्य पर आधिपत्य था, यह शक्तिशाली सम्राट ने बाद में अपनी सारी ऊर्जा प्रेम और शान्ति का सन्देश फैलाने में लगा दिया। सत्ता की सबसे शक्तिशाली अभिव्यक्तियाँ दुनिया के बारे में इस तरह की एक नई दृष्टि से सम्बन्धित हैं (यह भले या बुरे के लिए हो सकती है) और इन्हें महज सत्ता की व्यक्तिगत प्रेरणा के शब्दों में व्याख्यायित नहीं किया जा सकता है।

वस्तुत: सत्ता का प्रयास दो भिन्न स्तरों पर कायम है। अपेक्षाकृत अत्यधिक सामान्य स्तरों पर हममें अपने साथी मनुष्यों से आगे हो जाने की अन्त:प्रेरणा होती है जो असुरक्षा के प्रकार से पैदा होती है जिसकी तरफ एडलर ध्यान आकृष्ट करता है या जो अन्य मनोवैज्ञानिकों द्वारा अनेक तरह से व्याख्यायित किया गया है। यह महज उन तात्कालिक परिस्थितियों का स्वामी बन जाने का एक प्रयास है जिनमें मनुष्य रहता है ताकि उसके आसपास के अन्य मनुष्यों की सनक के कारण उसको असुविधाजनक स्थितियों का सामना करना नहीं पड़े। वर्तमान सामाजिक स्थिति में अनिवार्य रूप से इसका मतलब वह स्थान हासिल करना है जहाँ एक व्यक्ति अपने निजी कार्यों में महज कुछ हद तक स्वायत्तता का आनन्द ही नहीं उठाता है बल्कि दूसरे मनुष्यों के कार्यों पर कुछ हद तक नियंत्रण भी करता है। हालाँकि सत्ता का एक दूसरा प्रयास है जिसकी जड़ें मनुष्य की अस्तित्ववादी स्थिति में होती हैं। यह प्रयास ब्रह्मांड में मनुष्य की अनोखी स्थिति से उत्पन्न होता है।

मनुष्य इस ब्रह्मांड का एक छोटा-सा कण है। फिर भी उसके पास कल्पनाशक्ति है और असीम आकांक्षा है। इस तरह शारीरिक क्षमताओं में सीमित एक नश्वर प्राणी होने के बावजूद वह अनन्त परमानन्द का स्वप्न देख सकता है और भयावह नरकवास का दु:स्वप्न झेल सकता है। सत्ता के सबसे शक्तिशाली प्रयासों को मनुष्य की अपनी अनिवार्य मानवीय स्थिति की इन सीमाओं पर फतह करने की अन्त:प्रेरणा ने प्रभावित किया है। यह मनुष्य की उस नियति को बनाने की इच्छा से प्रतिफलित हुआ है जो उसकी अपनी रचना है। सर्वसत्तात्मक सत्ता की प्रवृत्ति, जो एक ह्रास का विकास है, अधिकांशत: मनुष्य की सीमाओं के बारे में जागरूकता तथा उनके विरुद्ध उसके विरोध के तहत पैदा होती है। यह इस तरह का सत्ता प्रयास है जो समाजवादी आन्दोलन को डुबो देना चाहता है तथा मानव जीवन के लिए खतरा पैदा कर रहा है।

सत्ता की पहली किस्म की आकांक्षा आसानी से स्वयं को स्थायी समाजों में नजदीक छोटी-छोटी प्रतिद्वन्द्विताओं तथा दैनिक संघर्ष में खपा देता है। यदि समाज

के अन्दर इस तरह से परिवर्तन होता है कि वह उत्कृष्ट होने की प्रेरणा को हल्का कर दे तो ज्यादातर इस तरह की आकांक्षा अत्यधिकता के कारण दम तोड़ दे सकती है, लेकिन दूसरी किस्त की सत्ता की आकांक्षा को खत्म करना और कठिन है।

लेकिन सत्ता प्राप्त करने के किए गए प्रयासों की उसी प्रकृति के कारण मानवीय आचरण के एक गुण से ज्यादा गुण प्रकट हो जाते हैं। प्राय: सत्ता संघर्ष या प्रयास के साथ परपीड़न, स्वपीड़न रति इत्यादि जैसी मन की विकृतिजन्य स्थितियाँ तथा हैसियत की खोज जैसी इस तरह की अन्य मौलिक प्रेरणाओं को जोड़ा जाता है। इसके साथ तकनीक द्वारा लादी गई उन सीमाओं को जोड़ा जा सकता है जो अभिजात से दूर हैं। इस तरह जब सत्ता के लक्ष्य अभिजात हों तो भी संघर्ष की गमी तथा सत्ता का विश्वास दिखानेवाले उपायों के कार्यान्वयन में अनेक भयानक रूप पैदा होते हैं और प्राय: इनका दृश्य पर दबदबा रहता है। ये उद्‍देश्य की श्रेष्ठता, जो कुछ हो, उसे डुबो देते हैं। मूलत: ऐसा हुआ होगा।

हमने पहले ही दुनिया में मनुष्य के दिशाबोध की आवश्यकता की चर्चा की है। अधिकांश कर्मकांड और मनुष्यों के बौद्धिक प्रयास भी इसी लक्ष्य की ओर होते हैं, लेकिन सुरक्षा के एक पूर्ण भाव हेतु मनुष्य के लिए अपनपी दुनिया को जानना ही हमेशा काफी नहीं होता है। वह इस दुनिया से संवाद स्थापित करना तथा इसका सहयोग प्राप्त करना भी चाहता है। अधिकांश अनुनय धार्मिक कृत्य और जादू-टोना इसी लक्ष्य को केन्द्र में रखकर किए जाते हैं। यह मनुष्य को प्रकृति के तत्त्वों पर कुछ प्रभाव प्रदान करनेवाला प्रतीत हुआ था, लेकिन अपेक्षाकृत एक अत्यधिक ठोस आकार में इसने मनुष्य को अपने साथी मनुष्यों पर शासन करने का स्वाद चखा दिया। जादूगर और पुजारी, जिन्होंने इन कर्मकांडों और जादू टोने में कौशल प्राप्त किया, वे अपने साथी मनुष्यों के लिए श्रद्धा और विस्मय के पात्र बन गए ओर इन्होंने उनके कार्यों पर यथेष्ट प्रभाव बना लिया। इस तरह प्रकृति के तत्त्वों को नियंत्रित करने का प्रयास करते हुए मनुष्य सर्वप्रथम मानवीय सम्बन्धों सत्तों की शक्ति से अवगत हुआ होगा। हालाँकि पुजारियों की प्रकृति के तत्त्वों पर नियंत्रण करने की क्षमता हमेशा सन्देह में रही है, प्राणियों पर उनका नियंत्रण हमेशा सन्देह से परे रहा। यह लगभग सभी आरम्भिक समाजों में जीवन का एक ठोस तथ्य बन गया। पुजारियों की सत्ता के शुरुआती उदय से ही समाज में मनुष्यों के साथ-साथ प्रकृति पर शासन करने की प्रवृत्ति ने धीरे-धीरे तेजी पकड़ ली है।

फ्रांसिस बेकन के समय से ही विज्ञान के प्रति नजरिया सत्ता प्रेरणा को नई शक्ति देने के लिए भी बदल गया है। बेकन ने ज्ञान और सत्ता को बराबर माना। इस तरह यह सोचा जाने लगा कि प्रकृति के बारे में बृहत्तर ज्ञान का मतलब प्रकृति पर बृहत्तर अधिकार। इस प्रस्थान बिन्दु से मानवीय कल्पना ने नई उड़ान भरी। तुरन्त इसके बाद यह विचार कि प्रकृति के बारे में असीम जानकारी हासिल की जा

सकती है तथा यह कि यह प्रकृति के तत्त्वों पर असीम अधिकार दे देगा, ज्यादातर सोच का मूल सिद्धान्त बन गया, लेकिन प्रकृति में मनुष्य और उसका स्वभाव भी शामिल होता है। इसलिए मनुष्य खुद वैज्ञानिक अध्ययन की कोई वस्तु नहीं था तथा उन उद्यमी मनुष्यों का अभाव नहीं था जो मनुष्य के बारे में इस जानकारी को उस पर अधिकार या सत्ता हासिल करने के लिए इस्तेमाल करना चाहते थे। हम यह पूर्व में ही देख चुके हैं कि कैसे मानवीय मनोविज्ञान का ज्ञान समाज पर निगंत्रण प्राप्त करने के लिए सत्ता राजनीतिकों के हाथों का एक मजबूत औजार बन गया है। इसके साथ ही ज्ञान की असीम सम्भावनाओं में विश्वास से लोग अपने नियंत्रण के क्षेत्र के सम्बन्ध में अपनी नजर दौड़ाने लगे हैं।

मनुष्य को नियंत्रित करने की प्रवृत्ति दो कारणों से मजबूत हुई है। एक तरफ अचेतन स्वभाव की तुलना में मनुष्य अपनी असंख्य इच्छाओं तथा जिसे वह स्वतंत्र इच्छा समझता है, के साथ दुनिया की सबसे ज्यादा अबूझ वस्तु है। दूसरी तरफ वह सचेतन भी है तथा संसर्ग के अधीन है। इस तरह वह प्रकृति की दूसरी वस्तुओं की अपेक्षा अनन्त रूप से प्रभाव का ज्यादा सहज अनुगामी भी होता है। हम वज्रपात के सामने शक्तिहीन होते हैं। हम भूकम्प और ज्वालामुखी विस्फोट के प्रति खुद से समझौता कर लेते हैं क्योंकि उन्हें रोक पाना हमारे वश में नहीं होता है। ठीक इसी कारणवश, हम इन प्राकृतिक विपत्तियों के विरुद्ध झाग और धुआँ उठाने की तरफ झुके हुए नहीं होते हैं, लेकिन जब मानव प्राणियों द्वारा हमारी पसन्द के विपरीत कोई चीज की जा रही हो, हम तुरन्त हाथ में उस मुद्दे को ले लेते हैं ओर अपने क्रोध और क्षोभ को प्रकट करते हैं। इस तरह हर किसी के लिए जो स्वच्छ व्यवस्थित दुनिया की रचना करना चाहते हैं, मानव प्राणियों को सख्त नियंत्रण के अधीन करने का बड़ा लालच होता है ताकि वह वैश्विक व्यवस्था को उलट देने की अपनी क्षमता खो दे। हिटलर ने स्पष्ट रूप से अन्य प्राणियों की जगह मानवीय इच्छा के शिक्षणीय उपकरणों के रूप में मनुष्यों का उपयोग करने की अपनी प्राथमिकता को व्यक्त किया था। उसने इस मनोभाव को न्यायसंगत ठहराने के लिए सामाजिक इतिहास के अपने पसन्दीदा सिद्धान्त में अपनी इच्छा को प्रक्षेपित किया था। वह लिखता है—"उच्च कोटि की सभ्यता की स्थापना हेतु निम्न जातियों के सदस्यों ने अत्यन्त आवश्यक पूर्वाकांक्षाओं में से एक का निर्माण किया। वे अकेले यांत्रिक साधन की कमी की आपूर्ति करते थे, जिसके बिना प्रगति सम्भव नहीं है। यह निश्चित है कि मानवीय सभ्यता के प्रथम चरण पालतू जानवरों के उपयोग पर मानव प्राणियों के रोजगार पर जोकि एक निम्न जाति के सदस्य थे, की तरह आधारित नहीं थे।

केवल अधीनस्थ जातियों को गुलाम के रूप में नियुक्त कर लिए जाने के बाद जानवरों-सा भाग्य हो जाता था और उलटा नहीं, जैसा कि कुछ लोग हमें विश्वास दिलाते थे।"[70]

अन्य मानव प्राणियों के प्रति यह मनोभाव व्यक्तियों और मनुष्य के समूहों के बीच संवाद की कमी के कारण सम्भव हो पाता है। होश में संवाद, जिसमें इसका यहाँ उपयोग हुआ है, केवल वहीं सम्भव है जहाँ मनुष्य अधिकार और विचार के एक समूह की रचना करते हैं ताकि बहुत प्रकार के विषयों को ढकनेवाले मुद्दे मनुष्य से उसी तरह की प्रतिक्रिया का आह्वान करते हैं। संवाद का विशेष गुण तदनुभूति का प्रोत्साहन है, अर्थात् दूसरों की अनुभूतियों को साझा करने की योगयता। जहाँ तदनुभूति का तत्त्व नहीं रहता है, संवाद संवाद नहीं रह जाता है और यह महज सूचना का एकमार्गी या द्विमार्गी गलियारा बन जाता है। हम मशीन में सूचना भर दे सकते हैं, लेकिन हम इस मशीन से यह आशा नहीं कर सकते है कि यह हमारी तरह अनुभव भी करे। यद्यपि उसने निश्चित सूचना के प्रभाव के तहत अन्य मानव प्राणी की तरह काम किया था (जैसाकि मनुष्यों के कुछ मॉडलों के मामले में) हम विश्वास नहीं करते हैं कि इसने किसी अनुभूति के तहत काम किया था। प्राय: ऐसा होता है कि मनुष्यों के अपरिचित समूह के प्रति हमारा मनोभाव पूरी तरह सहानुभूतिजनक समझ में गायब रहता है। समाज में व्याप्त रूढ़ियों का एक महत्त्वपूर्ण प्रभाव रहा है व्यक्तियों और समूहों जो साथ-साथ रहते हैं तथा एक समान परिवेश में रहते हैं, के बीच के संवाद को काट देना। रूढ़िबद्ध धारणा के तहत काम करनेवाला व्यक्ति सभी मनुष्यों की मानवता का सत्यानाश करता है। इसमें वह उस समूह या सम्प्रदाय जिसका कि वह खुद सदस्य होता है, छोड़ देता है।

जैसाकि हमने पूर्व में ही कहा है कि रूढ़िबद्ध होना एक प्राचीन घटना है। अरस्तू ने अपने समय की अन्य चीजों के प्रति महत्त्वपूर्ण वस्तुनिष्ठता और विश्लेषणात्मक कौशल प्रदर्शित किया था, लेकिन वह भी अपने समय की सांस्कृतिक रूढ़ि से पैदा हुए जबर्दस्त पूर्वग्रह के तहत थे। उसने गुलामी के प्रश्न पर विचार किया। इस तरह वह गुलामी की संस्था की सफाई में लिखते हैं—"इसके बाद जहाँ इस तरह का अन्तर है जैसाकि आत्मा और शरीर के बीच या मनुष्य और जानवर के बीच रहता है (जैसाकि उनके मामले में जिसका कार्य अपने शरीर का उपयोग करता है, तथा जो कोई बेहतर नहीं कर सकता है) निम्न जाति स्वभाव से गुलाम होती है, और यह उनके और सभी निम्न वर्गवालों के लिए अच्छा है कि उन्हें एक मालिक के अधीन होना चाहिए। और सचमुच में गुलामों और पालतू जानवरों के उपयोग में कोई खास अन्तर नहीं है क्योंकि दोनों अपने शरीर से जीवन की आवश्यकताओं की पूर्ति करते हैं।"[71]

अरस्तू एक दूसरी जगह गुलामों को 'उपकरण' कहते हैं जो बात कर सकता है। अन्य मानव प्राणियों के प्रति यह मनोभाव ही था जो गुलामी की अमानवीता को न्यायोचित ठहराता है। प्राचीन विश्व में जहाँ विभिन्न जनजातियाँ प्राय: एक-दूसरे से अलग-थलग रहा करती थीं, बिलकुल भिन्न जीवन बितानेवाली अन्य जनजातियों

के सदस्यों को मानव से कमतर समझना बिलकुल सम्भव था, लेकिन हमारे अपने युग में भी जब दुनिया के सभी हिस्सों से लोगों को निकट सम्पर्क में लाया जा चुका है, प्रभावशाली संवाद को स्थापित किया गया है। आज यह अलगाव ज्यादातर रूढ़िबद्ध धारणाओं का एक कार्य है, यह या तो अतीत की एक विरासत के रूप में था विवाद के रूप में पैदा होता है जो ठीक ढंग से मनुष्यों के सामीप्य के कारण होता है। यह कार्य विभिन्न परम्पराओं और परस्पर विरोधी अभिरुचियों को प्रस्तुत करता है। तथाकथित निम्न मनुष्यों के बारे में हिटलर से सम्बन्धित एक उदाहरण नस्लीय रूढ़ियों का उत्पाद था, विशेषकर यहूदियों के बारे में तथा पक्षपातयुक्त पांडित्य इसे खुराक देता था। पुन: यह जातियों एवं अन्य धर्मों के मनुष्यों से सम्बद्ध रूढ़ियों के प्रभाव के कारण होता है कि हमें हिन्दू उच्च जातियों द्वारा दलितों पर किए जानेवाले अमानवीय उत्पीड़न तथा साम्प्रदायिक दंगों में मुसलमानों की बड़े पैमाने पर हत्या, जो भारतीय समाज का अशान्तिकारक स्वरूप बन गए हैं, दिखाई देते हैं।

रूढ़ियाँ मनुष्यों की अज्ञानता तथा मानवीय इतिहास के आरम्भिक काल में दूसरे मनुष्यों के प्रति शत्रुता से पैदा हुई थीं। मनुष्यों के रूढ़िबद्ध होने से मानवीय जीवन का मूल्य गिरा है। इसने हमेशा उन लोगों की मदद की है जो मानव प्राणियों का इस्तेमाल कुछ 'महान उद्देश्य' की सेवा में करना चाहते थे। राजा और जनरल जो प्राचीनकाल में उत्पन्न हुए थे, यह समझनेवाले प्रथम व्यक्ति थे कि मानव जाति पूरी तरह अपचेय वस्तु है। शत्रुओं से बारम्बार विवाद की घटना ने उन्हें यह विश्वास दिला दिया था कि उनके अन्दर के सिपाहियों का जीवन शत्रुओं के जीवन की तरह ही मूल्यहीन है। ये सिपाही प्रकट होना शुरू हो गए क्योंकि सत्ता और विजय के खेल में अनेक मुठभेड़ें हो रही थीं। उन्हें और किसी चीज के लिए नहीं बल्कि जनरल के लाभ हेतु व्यवस्थित और संरक्षित करना पड़ा और जब भी जरूरत होती थी, उन्हें उस लक्ष्य के लिए त्याग करना पड़ता था।

परन्तु अपने सिपाहियों के जीवन के प्रति यह अरुचि केवल अपनी निजी विजयों के मूल्य से सम्बन्धित भ्रम के तहत ही पैदा हो सकती थी। इस भ्रम का एक बड़ा कारण वह विश्वास था कि जनरल या राजा के अपने प्रभुत्ववाले क्षेत्र के बाहर भी हर चीज बिगड़ी हुई है। ठीक इसी तरह से समकालीन दुनिया में रूस के शासकों के लिए अपने राज्यक्षेत्र से बाहर की हर चीज गड़बड़ और अव्यवस्थित है तथा क्रान्ति के लिए उपयुक्त है; और अमेरिका के शासकों के लिए अपने प्रभावक्षेत्र से बाहर की सभी चीजें लोकतांत्रिक मूल्यों से रिक्त हैं। इस तरह सिकन्दर ने यह दावा किया कि वह 'गैर यूनानियों' को यूनानी बनाने का माध्यम है तथा सीजर और अन्य रोमन विजेताओं को इस विश्वास पर गर्व था कि उनके द्वारा किए जा रहे व्यापक जनसंहार से असभ्य दुनिया में रोमन शान्ति आनेवाली है। स्पष्टत: इस रोमन शान्ति के मूल्य के बारे में किसी ने भी उस असभ्य दुनिया की राय जानने का कष्ट नहीं किया।

विजय की इस इच्छा को परम्परा ने विजेताओं को जो हैसियत दी थी, उस हैसियत के विचार ने भी तेज किया। दोनों, सिकन्दर एवं सीजर हैसियत के मामले में अन्य सभी मनुष्यों से ऊपर उठने की तीव्र इच्छा रखते थे। इसके लिए विजय सबसे महत्त्वपूर्ण माध्यम थी। प्लूटो अपने जीवन में सिकन्दर के बारे में बतलाते हैं कि सिकन्दर नव दार्शनिक डायोजींस से मिला तो वह इस बात से काफी प्रभावित हुआ कि दार्शनिक को महान विजेता की हैसियत के बारे में कोई रुचि नहीं थी। इस पर उसने कहा कि अगर वह सिकन्दर नहीं होता तो डायोजींस बनना पसन्द करता। इसलिए प्यास अन्य मनुष्यों से श्रेष्ठ बनने की थी और इसमें यह नहीं देखना था कि यह प्यास कैसे बुझती है। इसी तरह जूलियस सीजर में अपनी हैसियत बढ़ाने की भूख इतनी जबर्दस्त थी कि सिकन्दर के इतिहास के कुछ अंशों को पढ़ते हुए वह काफी जोर से चिल्लाने लगा और उससे जब उसका कारण पूछा गया तो उसने जवाब दिया—"क्या तुम यह समझते हो कि मेरे लिए रोने का पर्याप्त कारण नहीं है? मेरी उम्र में सिकन्दर अनेक देशों को जीत चुका था और मैंने अब तक कुछ नहीं किया है।"

हालाँकि पुराने विजेता और सत्ता की लालसा रखनेवाले चाहे वह सीजर हो या सिकन्दर, सभी की महत्त्वाकांक्षाएँ पूर्वजों से मिली परम्पराओं के कारण सीमित ही थीं। सीजर ने सिकन्दर की सत्ता की आकांक्षा की तो सिकन्दर ने अपने पूर्व के विजेताओं, विशेषकर अपने पिता फिलिप जिनसे वह ईर्ष्या करता था, के पदचिह्नों को अपना लक्ष्य बनाया। नेपोलियन जिससे आधुनिक काल की राजनीतिक सत्ता आरम्भ होती है, वह भी मैसेडोनिया वासियों के महाभियानों तथा रोमन सैनिकों के कारनामों से फिर भी मोहित था। उसकी लड़ाइयों और मिस्र सदृश विनाशों में से कुछ प्राचीनता के इन विचारों से बहुत ज्यादा प्रभावित थी। एक हिटलर या एक स्टालिन ने नेपोलियन के तरीकों में से कुछेक को बाल कल्पना माना होता। आधुनिक विजेता और तानाशाह परम्परा से कोई तरीका उधार लेना नहीं चाहते हैं। वे अपना तरीका ईजाद कर उसे दुनिया पर थोपना चाहते हैं। हालाँकि एक सन्दर्भ में वे नेपोलियन की तरह परम्परा का हिस्सा है—अर्थात् जनता को लामबन्द एवं जोड़-तोड़ करने के सन्दर्भ में।

नेपोलियन जानता था कि अपने लिए जनता (जिसके लिए उसके अन्दर केवल अनादर ही था) का समर्थन हासिल करने हेतु कैसे उसकी क्रान्तिकारी भावनाओं का लाभ उठाया जाए। तोपखाने के इस पदाधिकारी ने पूरी दुनिया को एक राजनीतिक तरीका पूरा करने हेतु मनुष्यों का रण में बलि का बकरे के रूप में इस्तेमाल करने की कला बता दी। आधुनिक जनसाधारण की राजनीति इस सन्दर्भ में एक कदम आगे बढ़ गई है। अब जनसाधारण न केवल खर्च किए जानेवाला पदार्थ बन गया है बल्कि उसे सुघट्य पदार्थ के रूप में देखा जाने लगा है जिसे वे जो पूर्व निर्धारित

तरीके से दुनिया को बदलने का प्रयास करते हैं, मनमाफिक आकार दे सकें। मुसोलिनी हमारे समय के अत्यधिक बड़बोले तानाशाहों में से एक था। उसने एमिल लुडविग के साथ दिए गए एक साक्षात्कार में जनसाधारण की इस अवधारणा को बहुत ही साफ शब्दों में व्यक्त किया था—"विश्वास ही पहाड़ों को हिलाता है, तर्क नहीं। तर्क एक उपकरण है, लेकिन यह भीड़ का प्रेरक तत्त्व कभी नहीं हो सकता है, आज हमेशा से कम। आज पहले की तरह लोगों के पास सोचने के लिए उतना समय नहीं है। आधुनिक मनुष्य की विश्वास की क्षमता असीम है, उसे सीमा में नहीं बाँधा जा सकता है। जब जनसाधारण मेरे हाथों में मोम की तरह होता है, जब मैं उसके विश्वास को हिलाता हूँ या जब मैं उसके साथ घुल-मिल जाता हूँ और प्राय: उसके द्वारा कुचला जाता हूँ, मैं स्वयं को उसका हिस्सा अनुभव करता हूँ। फिर भी मेरे भीतर उस तरह की विमुखता की एक निश्चित अनुभूति बनी रहती है जो मूर्तिकार जब मिट्टी की बाबत अनुभव करता है जिसे वह आकार दे रहा होता है। क्या मूर्तिकार कभी-कभी अपने पत्थर पिंड को टुकड़े-टुकड़े नहीं कर देता है, खासकर जब मूर्ति उसके विचारों के अनुरूप नहीं उतरती है? जब तक यह कच्चा पदार्थ सर्जक के विरुद्ध विद्रोह कर देता है![72]

प्रत्येक चीज एक कलाकार की मानिन्द जनसाधारण को नियंत्रित की योग्यता पर निर्भर करती है।"[73]

इस जवाब में मुसोलिनी ने जनसाधारण के प्रति हमारे समय के सभी तानाशाही शासनों और सम्भवत: सभी राजनीतिक नेताओं के रुख के बुनियादी धर्मसार को अत्यन्त वाक्पटु अन्दाज में रखा है। प्रजातंत्र में भी जनसाधारण के प्रति नेताओं का रवैया बहुत भिन्न नहीं है। जो अन्तर है, वह उन सुरक्षा साधनों के कारण है, जिनका प्रजातंत्र में जनता जोर-जबर्दस्ती के विरुद्ध लाभ उठाती है।

सत्ता की अन्त:प्रेरणा और विशेषकर इसकी सबसे ताजा अभिव्यक्ति किसी-न-किसी तरह मानवीय सृजनात्मकता से सम्बन्धित है। मनुष्य एक सृजनात्मक प्राणी है। यह सृजनात्मकता उपकरणों का इस्तेमाल करने की उसकी प्रवृत्ति को भी पीछे छोड़ देती है। हम कैसे उस काल से सम्बन्धित अल्तामिरा के गुफा चित्रों या लॉसेल की वीनस की व्याख्या कर सकते हैं जब मनुष्य को कच्चा पत्थर उपकरणों के इस्तेमाल की जानकारी भी नहीं थी। हम फिर आदिम बुशमैन की महत्त्वपूर्ण कलाकृतियों की व्याख्या कैसे कर सकते हैं? विशुद्ध कलात्मक नजरिए से वैसा कुछ भी नहीं है जो इन सर्जनात्मक कृतियों में न हो। इनमें किसी तरह की कमी नहीं है। जहाँ तक सर्जनात्मक शक्ति का सम्बन्ध है, ये कलाकृतियाँ किसी भी काल की सबसे परिष्कृत कलाकृतियों के मुकाबले अपनी निजता के लिए जानी जाती हैं। आरम्भिक काल से ही मनुष्य प्रकृति प्रदत्त असंख्य अनित्य रूपों से आकर्षित था और ये रूप उसे ललचाते थे। पहली दफा ही उस प्रथम चीज को देखकर उस

पर जो प्रभाव पड़ा, उस प्रथम चीज से ही उसने अपने प्रभाव को बोधगम्य और स्थायी आकार देने का प्रयास किया। उसकी समझ, उसकी अभिरुचियाँ, उसकी इच्छाएँ—सभी इन कलाकृतियों में सर्जनात्मक रूप से प्रकट हुईं। यह सच है कि इस सर्जनात्मकता को तब आज की तरह विषय ढंग से बाँटा गया, लेकिन यह अनिवार्य रूप से एक सर्वव्यापी प्रभाव रहा था। सम्भवत: अन्य मामलों में यह सर्जनात्मकता संगीत और नृत्य सरीखे विशेष नाजुक रूप में अभिव्यक्त हुई, लेकिन इस प्रकार की सर्जनात्मकता के अलावा प्रत्येक मनुष्य के पास यह सर्वोपरि ज्ञान होता है कि कौन-सी वास्तविकता समान है तथा इसे कैसी होनी चाहिए? यह एक ज्ञान या बोध है जो उसे अत्यन्त प्रत्यक्ष ढंग से प्रभावित करता है। इसे आदिम मिथकों या परिष्कृत विचारधाराओं में अभिव्यक्त किया जा सकता है, लेकिन आन्तरिक स्रोत जिससे यह आगे उमड़ता है, वहीं रहता है। यह प्रतीत होता है कि सभी तरह का आधुनिक सर्वसत्तावाद किसी-न-किसी रूप में अपनिहित सर्जनात्मकता की एक विकृत अभिव्यक्ति हैं। यहाँ एक सुघट्य पदार्थ में या कैनवास पर विचार का काम नहीं होता है, लेकिन यह प्रयास होता है कि यह स्वयं समाज पर प्रभाव बनाए। और जैसाकि मुसोलिनी ने कहा था कि अधिसंख्य मनुष्य खुद कलाकार का मोम होते हैं। मनुष्य क्यों अन्य सर्जनात्मक गतिविधियों में व्यस्त रहने से ज्यादा समाज को ढालने के कार्य में लगा रहता है, इसका एक कारण है। एक चित्रकार या मूर्तिकार बनने के लिए व्यक्ति जिस पदार्थ में कार्य करता है, उसकी दक्षता और एक आद्योपान्त समझ हासिल करने में बहुत ज्यादा अध्यवसाय और धैर्य की जरूरत होती है। यह आत्मानुशासन की भी माँग करता है। यह विषय आसानी से मनुष्य के नियंत्रण के समक्ष आत्मसमर्पण नहीं करता है। दूसरी तरफ एक बार मनुष्य की प्रकृति में अन्तर्दृष्टि या उसके ऊपर सत्ता हासिल हो जाती है, वह सबसे ज्यादा आघातवर्ध्य पदार्थ बन जाता है। इसके बाद कलाकार स्वयं को अनुशासित नहीं करता है बल्कि अपनी सनक और कल्पनाओं के अनुसार दूसरों को अनुशासित करता है।

दुनिया को सख्ती से सबको गले लगानेवाली योजना के अनुसार ढालने की यह इच्छा एक ही दिन में पूरी नहीं हुई। जब तक मनुष्य ने पूरी तरह से अपने आत्म-चेतन अस्तित्व की चुनौती का सामना नहीं किया, इसे शताब्दियों तक इन्तजार करना पड़ा। आरम्भिक मनुष्य को अपने सामाजिक जीवन के लिए मूल्यों की एक योजना या प्रणाली का इलाज नहीं करना पड़ा। वह हमेशा से यह महसूस करता था कि योजना पूर्ववर्ती है। यह या तो ईश्वर द्वारा व्यवस्थित या उनके लिए जिनका ईश्वर में विश्वास नहीं है, यह प्रकृति द्वारा व्यवस्थित है (प्रकृति में ईश्वर की सभी विशेषताएँ हैं लेकिन यह मानवीकरण से अलग थी)। इसलिए क्रान्तियाँ और प्रतिक्रान्तियाँ 'प्राकृतिक नियमों' और 'ईश्वरीय नियमों' के बैनर तले ही हो पाईं। उनके लिए जो ईश्वर में विश्वास करते थे, मनुष्य ईश्वर की छवि में बनाया

गया है और इस तरह मनुष्य उनकी अनुकम्पा के अन्तर्गत लगातार जीवन बसर करता है जब तक कि इस विशेषाधिकार का इच्छापूर्वक दुरुपयोग नहीं हो, लेकिन कोपरनिकस के जमाने से इस विश्वास और मनुष्य के अहम का तलोच्छेदन शुरू हो गया। उसने यह खोज की कि धरती ब्रह्मांड का केन्द्र नहीं है इसलिए वह स्वयं इस ब्रह्मांड में सर्व-महत्त्वपूर्ण नहीं हो सकता है। हालाँकि इसके पहले यही माना जाता था कि धरती ब्रह्मांड का केन्द्र है। ज्ञान ही शक्ति है, इस नये विचार के साथ विज्ञान का विकास ब्रह्मांड पर हावी होने की उसकी इच्छा का वर्धन कर रहा था, लेकिन नई जानकारी मिली कि क्षितिज का फैलाव होता है। और क्षितिज के फैलाव के साथ उसकी धरती और वह खुद आकार में सिकुड़ने लगा और ब्रह्मांड के इस विशाल फैलाव में वह ठीक एक बिन्दु समान बन गया।

लेकिन अन्तिम संकट तब तक नहीं आया था। वे भी जिनका ईश्वर में विश्वास नहीं था, आकार में सीमित होने के बावजूद मनुष्य को सर्वश्रेष्ठ रचना मानते थे। तमाम नैतिक गुण जो उसे भिन्न बनाते थे, उसमें नैसर्गिक रूप से मौजूद थे। फिर भी उसने गलती की तो यह इसलिए हुई कि मानवीय कार्य में कारण की गुंजाइश कम रही। कांट ने उनके लिए इन नैतिक उपदेशों (निरपेक्ष आदेशों) का मार्ग ढूँढ़ा था। उन्हें उन तक पहुँचने के लिए केवल अपनी समझदारी का इस्तेमाल करना था। इसलिए यह उन विचारों की शान्त दुनिया थी जिनके अधीन वज्रपात की तरह नैतिक संकट आने के पूर्व मनुष्य रहता था।

उन्नीसवीं सदी में दो बौद्धिक आन्दोलन परिपक्व हुए और इसी ने यह नैतिक संकट पैदा किया। ये मार्क्सवाद और अस्तित्ववाद के आन्दोलन थे। दोनों ने भिन्न दृष्टिकोणों से उन पूर्ववर्ती शाश्वत मूल्यों में विश्वास का तलोच्छेदन किया जिन्हें पुराने विचारों के मुताबिक केवल व्यक्तिगत विवेक या तर्क के जरिए खोजना था। यद्यपि मार्क्सवाद ने सभी नैतिकता को अस्वीकार नहीं किया लेकिन यह दिखाया कि नैतिक गुण सापेक्ष होते हैं और एक वर्ग समाज में केवल वर्ग नैतिकता ही सम्भव है। स्पष्टत: ऐसी नैतिकता में कोई बाध्यकारी तत्त्व नहीं हो सकता था। अस्तित्ववाद विशेषकर इसका सौन्दर्य बोधात्मक भाग, इसके अस्वीकार में अपेक्षाकृत ज्यादा मौलिक है। इसने घोषणा की, "यदि भगवान का अस्तित्व नहीं है तो प्रत्येक चीज स्वीकार्य है। विज्ञान के प्रति इस नये रुख से पैदा हुई सत्ता की अमर्यादित आकांक्षा के साथ यह दर्शन आसानी से सामाजिक, लक्ष्यों की प्राप्ति में की जा रही असीम हिंसा और निर्दयता का एक औचित्य साधन बन गया।"

निस्सन्देह मार्क्सवाद में एक नैतिकता अन्तर्निहित थी जिसके बिना वह सर्वहारा के विषय से सम्बन्धित अपनी प्राथमिकता को व्याख्यायित नहीं कर सकता था, लेकिन नैतिकता सम्भावित रूप से स्वयं एक वर्गविहीन समाज में ही आ सकती थी। इस बीच प्रत्येक कार्य को अन्तिम लक्ष्य के शब्दों में ही उचित ठहराया जाना

था। अपने जनक दर्शन हीगेलवाद की तरह मार्क्सवाद ने भी उन लोगों के भाग्य पर जो इतिहास की अपरिहार्य यात्रा में खत्म हो गए थे, आँसू बहाना बचकाना समझा। इस विचार को बोल्शेविक क्रान्ति के दो वास्तुकारों, लेनिन और ट्रॉटस्की ने ज्यादा स्पष्ट ढंग से दर्शाया था। दोनों ने यह कहा था कि उनके लिए वह अकेला नैतिक है जो आन्दोलन को आगे बढ़ाता है। हालाँकि समाधान की यह सरलता छली थी। वस्तुतः इसने केवल निश्चित प्रश्नों को ही उठाया जिसके जवाब पर साम्यवादी आन्दोलन के बाद का अधिकांश इतिहास निर्भर रहा। यदि आन्दोलन के हित में जो था उसका असन्दिग्ध रूप से पता लगाया लिया गया होता तो यह अभी भी नैतिकता का आधार गढ़ सकता है, लेकिन दिक्कत यह थी कि अपने उसी स्वभाव के चलते निश्चितता के साथ कार्य करने की वह कोई भी दिशा नहीं दर्शाई जा सकी जो आन्दोलन के सबसे बड़े हित में हो। प्रत्येक मोड़ पर आन्दोलनकारी राह की उपयुक्तता को लेकर नेताओं में मतभेद होता था। कौन-सी राह सही और नैतिक है, इसके निर्धारण का एकमात्र तरीका शक्ति परीक्षण ही था। आरम्भिक चरणों में इसका निर्णय पार्टी की शीर्षस्थ कार्यपालक सभा में मतदान के जरिए होता था। बाद में स्टालिन के राज्यारोहण के साथ एक अत्यधिक प्रत्यक्ष शक्ति परीक्षण चलन में आया। अब आगे जिन नीतियों को खुफिया पुलिस और राज्य की बलात् शक्ति का समर्थन हासिल था, वे नीतियाँ आन्दोलन के हित को पोषित करती थीं और इसलिए यह नैतिक था। आन्दोलनकारी तर्क सरल था। चूँकि आन्दोलन को अपने कार्यक्षेत्र में कोई सीमा मंजूर नहीं थी और न ही इसकी कोई सीमा थी कि वह कहाँ तक बल प्रयोग कर सकता है, यह न्याय के साथ प्रत्येक व्यक्ति के विरुद्ध अपने पुलिस यंत्र को लगा दे सकता था। असीम गुण के उस अन्य संकेत 'मानवद्वेषी' की तरह यह कह सकता था, "मैं दुष्ट से घृणा करता हूँ क्योंकि वे दुष्ट हैं और उन सभी से घृणा करते हैं क्योंकि वे दुष्ट से ज्यादा घृणा नहीं करते हैं।" इसलिए पहले बुर्जुआ वर्ग को खत्म किया जाना था और उसके बाद कलाकार, लेखक, कवि इत्यादि लगायत उन अन्य लोगों को जो उस चीज के विरुद्ध जिसे कि राज्य बुर्जुआ मानता था, घृणा के अभियान को पूर्णकालिक पेशा नहीं बना सके थे।

मानवीय कमजोरियों के साथ मानव समाज पर एक पूर्ण आदेश लागू करने में यह सख्ती हमेशा अत्याचारी शासनों के रूप में प्रतिफलित होती है। दोनों कैल्विन का जेनेवा तथा क्रॉमवेल का कॉमनवेल्थ, अपने रचनाकारों की अत्यन्त 'उच्च प्रवृत्ति' के कारण विरूपताओं में बदल गए। ठीक इसी कारण से फ्रांस में रोब्सपियरे और सन्त जस्ट का विवेक बीज जो फ्रांस में जैकोबिन के समय से शासनों से सम्बद्ध हुए थे, एक बुनियादी अन्तर था। चूँकि शुद्धतावादियों ने व्यक्तिगत अन्तर्चेतना पर उच्च मूल्य को रख दिया था, शासन के पास यह शक्ति थी कि व्यक्तियों द्वारा व्याख्यायित धर्मग्रंथ सम्मत उपदेशों की मूल धर्मपरायणता के नाम पर अपनी

ज्यादतियों को दुरुस्त कर ले, लेकिन विवेक या ऐतिहासिक भौतिकवाद के शासन ने जो पुन: एक अमूर्त सिद्धान्त था, मनुष्य के केवल उस भाग का संज्ञान लिया जो इन अमूर्त सिद्धान्तों के अनुरूप था। शेष मनुष्य इतिहास की उस तर्कसंगति के बाहर गिर पड़े और इसलिए उसे कठोरता से नियंत्रित होना पड़ा।

इस तरह सैद्धान्तिक स्तर पर जिसे ढूँढ़ा गया, उसे औद्योगिक क्रान्ति के समय से विकास के द्वारा अभ्यास में ज्यादा सरल किया गया। ग्रामीण पृष्ठभूमि से उखड़े मनुष्यों की भीड़ जैसे-जैसे इन औद्योगिक क्षेत्रों में एकत्र होती गई, पुराना समुदाय तथा समुदाय का बोध पूरी तरह से खत्म होता गया। न केवल इन मनुष्यों और इनके नियोक्ताओं के बीच कोई संवाद नहीं था बल्कि इनके आपस में भी संवाद बहुत कम ही था। नियोक्ताओं के लिए वे महज नियोक्ताओं के फायदे के लिए भाड़े पर लिए जानेवाले तथा आग लगानेवाले अनेक हाथ थे। इन औद्योगिक मजदूरों में संवाद के विकास में बहुत-से अवरोध थे। एक-दूसरे की समस्याओं की सहानुभूति भरी समझ ज्यादा सामान्य पृष्ठभूमि तथा छोटे-छोटे समुदायों के साझा अनुभवों पर निर्भर करती है। बड़े औद्योगिक केन्द्रों में शामिल संख्याओं की वह विशालता पर ऐसे संवाद को असम्भव बना देती है जो विकसित हुए, वे इन मनुष्यों के सामान्य हित की रक्षा करनेवाले बड़े-बड़े संगठन थे। 'जनसमूह' का विचार इस स्थिति का एक प्रत्यक्ष उत्पाद है। ऐसी भीड़ में दूसरे मनुष्य मि. एक्स या मि. वाई जिन्हें लोग जानते हैं, नहीं रहता है बल्कि उन चेहराविहीन इकाइयों में एक होता है जिनमें हजारों या लाखों रहते हैं। इस तरह प्रत्येक मनुष्य जो नहीं है, राजनीतिक अवसरों की गिनती में महज एक गणक बन जाता है। 'जनसमूह' जो नियोक्ताओं (जिन्होंने मनुष्य को श्रम की इकाइयों के रूप में देखा था) की पहली विशेषता थी, के प्रति यह भाव आगे चलकर राजनीतिक नेताओं के चिन्तन से सम्बद्ध हो गया।

इन मजदूरों के बीच बाद में जो एकता आई वह निकट व्यक्तिगत समझ से ज्यादा भौतिक हितों की गणनाओं पर आधारित थी। वैज्ञानिक समाजवाद की गणना में सामूहिक मजदूर वर्ग कार्य के आधार के बारे में सोचा गया कि यह इस सामान्य आर्थिक हित पर निर्भर करता है। इस प्रकार समाजवादी आन्दोलन के बारे में माना गया कि यह बलपूर्वक मजदूरों को संचालित करेगा जिस तरह से बुर्जुआ उनका संचालन कर रहे थे अर्थात् उनके आर्थिक हित की अपील से। यह आर्थिक मनुष्य पहले से ही एक मनुष्य से कमतर था। वह सामाजिक इतिहास के समीकरण में महज एक पैरामीटर था। वैज्ञानिक समाजवाद को इसके अत्यधिक आडम्बरहीन अभिव्यक्तियों में, इस अमूर्तन के द्वारा मांस और रक्त से बने मनुष्य, जिसने जैसी कल्पना की गई थी उस तरह से एक आघात के अन्तर्गत कार्य नहीं किया के साथ लेने की अपेक्षा सम्पूर्णतया इसके अनुमानों में लिया गया लेकिन यह असंख्य आघातों के अधीन था, कुछ गुजर जानेवाले तथा कुछ स्थायी आघात। स्वतंत्र खेल की

मंजूरी की स्थिति में, इस तरह के मनुष्य उस हर तरह के पैटर्न और व्यवस्था को नष्ट करने के लिए बाध्य थे जिसको क्रान्ति ने निश्चित किया था। इसलिए मानवीय स्वभाव में वह हर चीज जो इस पैटर्न के अनुरूप नहीं थी, उसे दबा दिया जाना था।

विज्ञान, तंत्र और सामाजिक नियम का यह अध्यापकीय पूर्वग्रह अपनी इच्छा के मुताबिक मनुष्य और समाज को बदलने की गहरी अन्त:प्रेरणा का महज एक सतही प्रकटीकरण था। यही कारण है कि यह न केवल इस लक्ष्य की महत्त्वाकांक्षा रखनेवाली बोल्शेविक विचारधारा था बल्कि फासीवाद और नाजीवाद के प्रतिद्वन्द्वी सिद्धान्तों में भी यही महत्त्वाकांक्षा थी। फासीवाद और नाजीवाद में मार्क्सवाद के तुलनीय समाज के बारे में विचारों की कोई व्यवस्थित संस्था नहीं थी लेकिन मनुष्य को उनकी व्यवस्थाओं के अनुरूप ढालने की इच्छा और ऊर्जा समान रूप से सुदृढ़ थी। वस्तुत: मार्क्सवाद के अन्दर प्रत्येक छोटा समुदाय समान रूप से स्थायी स्वीकार्यता की आकांक्षा रखता है। यह रूस और चीन के बीच के कटु तर्क के मूल में है, दोनों ही 'साम्यवाद' लाना चाहते हैं लेकिन इसे लागू करने के उनके अलग-अलग मॉडल हैं। क्यूबा भी अपने तरीके से इस दुनिया का नेतृत्व करने की महत्त्वाकांक्षा रखता है। इस घटना को बढ़िया ढंग से उन नारों और बैनरों से नहीं समझा जा सकता है जिनके तहत राजनीतिक आन्दोलनों ने शक्ति अर्जित की है बल्कि उस अस्तित्वपरक स्थिति और संवेगात्मक दबाव से समझा जा सकता है जिसके तहत मनुष्य 19वीं सदी से कार्य करते आ रहा है।

किसी चिन्तक से ज्यादा नीत्शे ने अपवादात्मक संवेदनशीलता के साथ मनुष्य की भावनात्मक स्थिति को चित्रित किया है जो तब से लेकर आज तक कायम है। मनुष्य की जिस दशा का वह चित्रण करता है, वह किसी भी चीज से ज्यादा सत्ता के प्रति आधुनिक मनोग्रसण को व्याख्यायित करती है। उसने इस स्तब्धकारी खोज के अन्तर्गत चक्कर काट रही मानवीय भावनाओं के समूचे प्रभावक्षेत्र की योजना बनाई है कि कोई ईश्वर नहीं है, कोई नियम नहीं है, जीवन में कोई नैतिकता और कोई उद्‌देश्य नहीं है। जरथ्रुष्ट इसे इस तरह कहता है—"आप 'शत्रु' कहें लेकिन 'बदमाश' नहीं; आप 'रोगी' कहें लेकिन 'दुष्ट' नहीं, आप 'नासमझ' कहें लेकिन 'पापी' नहीं।"[74] ऐसा तुरन्त प्रतीत हुआ कि दुनिया से प्रकाश गायब हो गया है। मनुष्य को एक अन्तहीन शून्य में बिना प्रकाश के, बिना किसी मार्गदर्शक के, बिना किसी मार्गपट्ट के तथा बिना किसी नियति के अपनी रक्षा करनी पड़ी। नीत्शे एक दूसरी जगह इस स्थिति का वर्णन करता है—"क्या हम लगातार डूब नहीं रहे हैं? सभी दिशाओं में आगे, पीछे और बगल? क्या कोई ऊपर या नीचे रह गया है? क्या इस तरह हम अनन्त शून्य में भटक नहीं रहे हैं?...ईश्वर मृत है। और हमने उसको जान से मार दिया है। हम हत्यारों का हत्यारे हैं, हम कैसे खुद को आराम पहुँचा सकते हैं? उन सबमें जो पवित्रतम और सबसे ज्यादा उद्‌देश्यपूर्ण था जिसे

दुनिया ने अभी भी अपना रखा है, वह हमारे चाकुओं से लहूलुहान होकर मर गया है। हमारे ऊपर से इस खून को कौन साफ करेगा? हमारे पास कौन-सा पानी खुद को साफ करने के लिए है? हमें प्रायश्चित्त का कौन-सा त्योहार, कौन-सा पवित्र खेल ईजाद करना पड़ेगा? क्या इस कार्य की महानता हमारे लिए महान नहीं है? क्या हमें देवी-देवताओं के योग्य लगने हेतु देवी-देवता नहीं बन जाना चाहिए?...''[75]

इस बेचैन करनेवाली स्थिति का सामना कर मनुष्य ईश्वर का खाली सिंहासन हथियाने के लिए वीरतापूर्ण कदम उठाता है। नीत्शे बहुत अधिक कल्पनाशील नीतिकथा 'दस स्पोक जरथ्रुष्ट' में उन उत्पीड़ित कदमों का पता लगाता है जिन्हें कमजोर तल, जो उसकी विरासत है, पर जरथ्रुष्ट (जो मनुष्य की उस आकांक्षा को मूर्त रूप प्रदान करता है) धीरे-धीरे ढोता है और सिद्धि की एक नई ऊँचाई तक पहुँचाता है, जहाँ वह अपने कानून प्रदाता के रूप में प्रकट होता है तथा अपने प्रकाश से चमकता है, लेकिन इस पूरी प्रक्रिया में टिकाऊ टेक यह है कि अतिमानव के जन्म हेतु मनुष्य पर विजय हासिल करनी है। हर चीज से बढ़कर इस विजय का अर्थ उसकी विशिष्ट मानवीय दुर्बलताओं पर विजय पाना होना चाहिए अर्थात् उसे प्रेम, क्रोध, आँसू, हँसी तथा सभी मानवीय विचारों सरीखी दुर्बलताओं से ऊपर उठना चाहिए। उसे एक ईश्वर की शुष्क निर्वैयक्तित्व के साथ अपने श्रेष्ठ लक्ष्य को ढूँढ़ना चाहिए।

परन्तु नीत्शे का दर्शन पूरी तरह हवाई नहीं है। यह उसके समकाल का केवल एक सही प्रतिबिम्बन था। और इस तरह यह उस गुमनामी के विरुद्ध विरोध भी था जो मनुष्य को जनसमूह में अवशोषित कर लेने की धमकी देती थी। गुमनामी और जनसमूह की संस्कृति का यह भय भीड़ और राज्य के प्रति उसके अनादर में अभिव्यक्त है। भीड़ के बारे में जरथ्रुष्ट कहता है—"और जब मैंने देखा कि वे जिसे अब शासन कहते हैं—वह भीड़ से सत्ता का अदल-बदल और मोल-तोल करना है, मैंने शासकों की तरफ अपनी पीठ कर दी! एक अपंग की तरह जो अन्धा, बहरा और गूँगा हो गया है—इस तरह से एक लम्बे समय तक जिया हूँ, कि मैं सत्ता-भीड़, धुनाई-भीड़ और आनन्द-भीड़ को नहीं जी सकता था।''[76]

और राज्य के बारे में—"राज्य सभी ठंडी विलक्षण वस्तुओं में सबसे ठंडा होता है। शीतश: यह पड़े भी रहता है; और यह प्रवृत्ति इसके मुँह से सरकती है; 'मैं, राज्य, जनता हूँ।'

यह एक झूठ है। यह तो स्रष्टा थे जिन्होंने लोगों की रचना की तथा उन पर एक विश्वास और प्रेम लटका दिया—इस तरह उन्होंने जीवन परोसा।

ये तो विध्वंसक हैं जिन्होंने अनेक के लिए जाल लगाए हैं और इसे राज्य कहते हैं—उन्होंने उन पर एक तलवार और सैकड़ों इच्छाएँ लटका दीं। अनेकानेक पैदा होते हैं—राज्य एक फालतू खोज है!

देखो, कैसे यह उन्हें लुभाता है, अनेकानेक को? कैसे यह उन्हें निगलता है, और उन्हें चबाता है, और फिर से उन्हें चबाता है।"[77]

परन्तु नीत्शे की वैचारिक यात्रा पूरी तरह विचारों के क्षेत्रान्तर्गत थी और वह इस तथ्य से तथा विचारों की दुनिया और यथार्थ की दुनिया के बीच की नहीं भरी जा सकनेवाली खाई से अवगत था। वह जरथ्रुष्ट की इस बात पर ध्यान देने को कहता है—"लेकिन, विचार एक चीज है और कार्य दूसरी चीज और कार्य की छवि भी दूसरी है। कारणता का पहिया उनके बीच से नहीं लुढ़कता है।"[78]

परन्तु जिस समय नीत्शे सरीखी साहित्यिक प्रतिभा अपने साहित्यिक-दार्शनिक रचनाओं के माध्यम से अपने समय के भावनात्मक दबाव से ऊपर उठ गया, गद्यात्मक साँचे के लोग जिन्होंने उसी भावनात्मक दबाव में काम किया था, समाज पर से खुद अपनी अनुभूतियों को हटा लेने का प्रयास करते रहे। यहाँ सत्ता और युद्ध का नीत्शे का उत्कर्ष आसुरी आन्दोलनों के लिए प्रेरणा का स्रोत बन गया। भीड़ के प्रति उसकी घृणा व्यक्तिगत सोच की आजादी और घृति में प्रतिफलित नहीं हुई बल्कि सभी मनुष्यों के एक सामान्य मलिनीकरण में प्रतिफलित हुई ताकि तानाशाहों के फायदे हेतु उनके साथ दब्बू जनसमूह की तरह व्यवहार किया जा सके। हिटलर भीड़ द्वारा अवशोषित कर लिए जाने की सम्भावना से भयभीत भी था (और उसके मामले में यह धमकी बहुत वास्तविक थी), लेकिन उसके पूरे जीवन में यह सभी जर्मनों के कार्यों और विचारों को भीड़ के स्तर तक छोटा कर देनेवाले प्रतीकों और हाव-भावों की कल्पना करने से उसे रोक नहीं पाया। न ही नीत्शे के बाद के तानाशाहों ने राज्य के प्रति उसके अनादर को साझा किया। वे जानते थे कि उन्हें राज्य का इस्तेमाल स्वयं को 'अतिमानव' तक उठा ले जाने के लिए करना है। अतएव लोगों में उन्होंने खुद से जिस राज्य की रचना की थी, उन्हें उसके एक उत्कर्ष का निर्माण करना था, लेकिन यहाँ पहलेवाले समय से एक अन्तर रहा है। फ्रांसीसी सम्राट अपने अहंकार में केवल 'मैं ही राज्य हूँ' ही कह सके। वर्तमान समय का एक तानाशाह अत्यन्त अनौपचारिक रूप से कह सकता है, 'मैं राज्य के ऊपर हूँ'। नये तानाशाहों ने राज्य के लिए नियम बनाया लेकिन वे खुद कभी इन नियमों के अधीन नहीं रहे। इसलिए एक अर्थ में अतिमानव का युग वस्तुत: आ गया है। ये अतिमानव नये तानाशाह हैं जो अपनी कल्पना से एक नई दुनिया रचने का प्रयास कर रहे हैं।

4

सत्ता के निर्बाध अनुसरण के परिणामों की व्यापक रूप से साम्यवादियों द्वारा उपेक्षा क्यों की गई, इसका एक कारण मार्क्स और एंगेल्स द्वारा शोषण और विषमता पैदा करने में निजी सम्पत्ति की भूमिका पर दिया गया अनन्य जोर था। वस्तुत: कम्युनिस्ट घोषणापत्र में वे साम्यवाद का एक लक्ष्य चिह्नित कर गए, निजी सम्पत्ति का खात्मा। वह घोषणापत्र कहता है—"साम्यवाद का विशिष्ट रूप सामान्यत: सम्पत्ति का खात्मा नहीं है बल्कि बुर्जुआ सम्पत्ति का खात्मा है। लेकिन आधुनिक बुर्जुआ निजी सम्पत्ति उत्पादों को उत्पादित और विनियोजित करनेवाली प्रणाली की सबसे पूर्ण और अन्तिम अभिव्यक्ति है; यह वर्ग विरोध पर आधारित है, कुछ लोगों द्वारा बहुत-से लोगों का किए जानेवाले शोषण पर आधारित है।

इस कार्य में, साम्यवादियों के सिद्धान्त को एक वाक्य में कहें तो यह है—'निजी सम्पत्ति की समाप्ति।'

यह स्वाभाविक था कि वे जो मार्क्स का अक्षरश: अनुसरण करते थे, सोचते होंगे कि एक बार निजी सम्पत्ति को समाप्त कर दिया जाता है तो उनका मुख्य लक्ष्य पूरा हो जाएगा। यदि राज्य सम्पत्ति पर आधारित नई प्रणाली ने भी उन्हें जो इस बदलाव में लगे हुए थे, निश्चित विशेष भौतिक लाभ दिए तो समाजवाद के साथ सम्पत्ति के राज्य स्वामित्व को पहचानना सर्वाधिक महत्त्वपूर्ण लगा। ऐसा इस तथ्य के कारण कि साम्यवादी समाजों में व्याप्त भारी विषमता तथा एक सर्वशक्तिमान विशेषाधिकार प्राप्त स्तर के विकास के सामने साम्यवादियों के लिए अपने अन्त:करण का निस्तार करना आसान हो जाता है। वे कम-से-कम असली उस्ताद के शब्दों के अनुरूप सही अनुभव करते हैं, यद्यपि एक समतावादी समाज का उसका सपना सपना ही रह जाता है।

हालाँकि साम्यवादी समाजों में अत्यधिक सुस्पष्ट असमानताओं के सामने साम्यवादियों में से भी कुछ ने अनिच्छापूर्वक यह स्वीकार करना शुरू कर दिया है कि कुछ गलत हुआ होगा, लेकिन निजी सम्पत्ति के साथ शोषण के इस समीकरण के कारण वे विकसित हो रही नई प्रणाली को समझने में पूरी तरह असफल हो जाते हैं और इसके फलस्वरूप उनके पास इसका कोई उपचार नहीं होता है।

मॉरिस डॉब, जिसने लगभग आधी सदी तक रूसी साम्यवादी प्रणाली के विषय का समर्थन किया, अपने विचार को बदलने के लिए बाध्य हो गए हैं। एक लेख में वह स्वीकार करते हैं कि सत्ता के केन्द्रीकरण ने निश्चित अनचाहे प्रभावों का नेतृत्व किया है तथा साम्यवादी समाज में एक विशेषाधिकार प्राप्त सम्भ्रान्त व्यक्ति पैदा हुआ है। वह लिखते हैं—"तीसरे, अनुभव ने यह प्रचुरता से दिखाया है कि निर्णय के केन्द्रीकरण की उच्च सीमा, जिस निर्णय करने की बाबत हम बोलते आ रहे हैं, सरीखे अभ्यास रातोंरात गायब नहीं होते हैं जितना शीघ्र वे विशिष्ट स्थितियाँ जिन्होंने उन्हें अवसर दिया (और उन्हें उचित ठहराया), गायब हो गई हैं। न केवल उनके पास नई और बदली हुई अवधि में मुरझा जाने की कोई स्वचालित प्रवृत्ति नहीं है; वे बदलाव के प्रति एक अड़ियल और रूढ़िवादी प्रतिरोध प्रदर्शित करते हैं। न केवल पुरानी अवधि में वे व्यक्तिगत रुख और आदत अर्जित किए जाते हैं जो काम की नई विधियों के प्रतिरोधी हैं (जैसा कि हम कह चुके हैं), बल्कि सम्पूर्ण प्रशासनिक संरचना में पुरानी और नई प्रशासनिक संरचना की अपनी परम्पराएँ, अभिरुचियाँ, और अपने सम्बन्ध और विशेष प्रकार के कर्मचारी वर्ग हैं जो एक विशेषाधिकार प्राप्त सम्भ्रान्त हो गए भी होंगे।"[1]

स्पष्टत: डॉब इस स्थिति का मार्क्सवादी विश्वास के साथ बेमेलपन को नहीं देखते हैं कि निजी सम्पत्ति के उन्मूलन से ही सभी शोषण और इसके फलस्वरूप विशेषाधिकार सब खत्म हो जाते हैं। वह सही बताते हैं कि नई संरचना ने अपनी परम्पराएँ, अभिरुचियाँ, सम्बन्ध तथा विशेष प्रकार का कर्मचारी वर्ग विकसित कर लिया है। यह विशेष सम्बन्ध उस प्रसंग में है कि यह उनके बीच होता है जो उत्पादन और वितरण के करणत्वों को नियंत्रित और निर्देशित करते हैं तथा मजदूर, जिन्हें उनके अधीन काम करना होता है। उत्पादनात्मक उपकरण से यह सम्बन्ध उनकी विशेष रुचि को पैदा करता है जो उपकरण को नियंत्रित करते हैं। इस नींव पर एक परम्परा के रूप में एक अतिसंरचना खड़ी होती है जो सम्भ्रान्त व्यक्ति के विशेषाधिकारों की रक्षा करती है। मौलिक मनोवैज्ञानिक भाव जो इस प्रणाली के अन्दर मजदूरों के बीच व्याप्त रहता है, किसी भी तरह किसी पूँजीवादी समाज में प्रचलित उस भाव से भिन्न नहीं है अर्थात् उस चौड़ी खाई की अनुभूति के बारे में जो 'हम', मशीन के प्रभुत्व में काम करनेवाले मजदूर तथा 'वे' जो मशीन को निर्देशित करते हैं, को अलग-अलग करती है। अत्यधिक स्वाभाविक प्रश्न—जो डॉब के वर्णन से उत्पन्न होता है, यह है—तब इस तथ्य के सिवाय कि शोषण की पूँजीवादी प्रणाली में उत्पादन के साधन का स्वामित्व निजी हाथों में होता है, इस प्रणाली और शोषण की पूँजीवादी प्रणाली के बीच कौन-सा अन्तर है? (हालाँकि जैसा बर्ली और मींस ने सदी के तीस के दशक में इसे प्रदर्शित किया था और तब से इस विचार को अन्य अध्ययनों ने सम्पुष्ट किया है—बड़े-बड़े कॉरपोरेशनों

में स्वामित्व के भीतर अनिवार्यत: नियंत्रण शामिल नहीं रहता है, वह वास्तव में एक्जीक्यूटिव के हाथों में रहता है जो शेयरधारकों के नियंत्रण से लगभग सम्पूर्ण स्वायत्तता हासिल कर रहा है)। ये दोनों प्रणालियाँ स्पष्टत: दो भिन्न प्रणालियों का प्रतिनिधित्व करती हैं, लेकिन अपने शोषक आचरण में ये दोनों प्रणालियाँ एक हैं, लेकिन सोवियत संघ में कोई निजी पूँजीपति नहीं है, विशेषाधिकार विशेष सम्बन्धों का अनुसरण करता है। यह हमें विशेषाधिकारों तथा असमानताओं की जीवों की एक परीक्षा की तरफ तथा वे किस सम्बन्ध के तहत सत्ता में बने होते हैं, इसका पता लगाने की तरफ ले जाता है।

वस्तुत: रूसी विकास के आलोक में जो सवाल उपजे हैं, इन सवालों का सही उत्तर दे पाने की मार्क्सवादियों की असमर्थता ने मोस्का के निराशावादी सिद्धान्तों में रुचि को पुनर्जीवित कर दिया है जिसने उन्नीसवीं सदी के अन्त में साम्यवाद के भविष्य की बाबत एक सम्भावना व्यक्त की थी जो खलबली पैदा करते हुए सोवियत सामाजिक विकास के काफी नजदीक पहुँच गई है। उसने भविष्यवाणी की थी कि यदि साम्यवादी कभी सत्ता में आए और उत्पादन के साधन के निजी स्वामित्व को समाप्त कर दिया तो भी उनका समूहवादी समाज अधिकारियों का त्याग कर देने में समर्थ नहीं होगा और ये एक नये वर्ग का निर्माण करेंगे। कोई मोस्का के 'शासक वर्ग' के सिद्धान्त से सहमत हो या असहमत, विशेषाधिकारों को प्राप्त करने और असमानताओं को बढ़ावा देने में खुद सत्ता की भूमिका को हल्के में नजरअन्दाज नहीं किया जा सकता है।

असमानताओं की उत्पत्ति

यद्यपि मार्क्स ने समूचे इतिहास को वर्ग संघर्षों के इतिहास के तौर पर देखा था, उसने 'वर्ग' की कोई परिभाषा देने की तरफ ध्यान नहीं दिया कि वह 'वह' वर्ग विभिन्न कालों में होनेवाले सामाजिक विभाजनों के भिन्न रूपों में सटीक बैठ जाए। वस्तुत: वर्गों की उसकी अपनी अवधारणा उसके अपने समय के उस सामाजिक विभाजन का महज एक सामान्यीकरण थी जो बुर्जुआ, जिनके पास उत्पादन का साधन था एवं मजदूर, जिनके पास कोई सम्पत्ति नहीं थी और जो वेतन गुलामी के अधीन थे, के बीच होता है। स्टानिस्लाव ओसावस्की वर्ग संरचना के अपने अध्ययन में इस महत्त्वपूर्ण तथ्य की ओर ध्यान आकृष्ट करता है। वह लिखता है—"अपने कुछ पूर्ववर्तियों की तरह मार्क्स और उनके अनुयायियों ने वर्ग के सिद्धान्त को अन्य लोगों के श्रम के शोषण के सिद्धान्त से जोड़ दिया, लेकिन चूँकि जब पूँजीवाद काफी जोर से विकसित हुआ, उन दिनों में श्रम के बृहत् शोषण का एकमात्र रूप उत्पादन के साधन से उनके सम्बन्ध के शब्दों में परिभाषित किया (कब्जा, गैर-कब्जा, उस

हद तक कब्जा, जो भाड़े के श्रम के नियोजन की मंजूरी देने में अपर्याप्त)। फिर भी इस वर्ग का इस्तेमाल इस तथ्य से परेशान हुए बगैर कि वर्ग पर घटना के संकीर्ण क्षेत्र से सम्बद्ध एक अर्थ का बोझ था, दूसरे 'निर्माणों' की सामाजिक संरचना का वर्णन करने के लिए किया गया।"[2]

वर्गों को उत्पादन के साधन के विकास के भिन्न चरणों से सम्बन्धित करते हुए, संकीर्ण आर्थिक पदों में परिभाषित करने के अलावा मार्क्स असमानताओं और सम्भ्रान्त हैसियत या जाति व्यवस्था पर आधारित विशेषाधिकारों के अन्य रूपों पर विचार करने में भी विफल हो गया। यद्यपि जहाँ तक मानव प्राणी का सम्बन्ध है, उन्हें जो प्रभावित करता है, वह शोषण की कोई प्रणाली नहीं है बल्कि शोषण का तथ्य है। उनके लिए मुक्ति का अर्थ शोषण के सभी रूपों से मुक्ति होना चाहिए और न केवल उससे जो उत्पादन के साधन के निजी स्वामित्व से पैदा होता है। वर्ग विभाजन खुद किसी सरल सम्बन्ध को प्रस्तुत नहीं करता है और बारीक जाँच में यह उन विशिष्टताओं को प्रदर्शित करता है जिनकी सम्पूर्ण व्याख्या आर्थिक शब्दों में नहीं हो सकती है। वस्तुत: वर्ग विभाजन की उत्पत्ति में बल ने बड़ी भूमिका अदा की है। बुर्जुआ समाज में भी वर्ग विभाजन का विकास पूरी तरह बल के तत्त्व के बगैर नहीं होता है।

अब हम दासता को ही लें जो समाज में वर्ग विभाजन के मार्क्सवादी विचार का पहला चरण है। क्या कोई चीज यह बतलानेवाली है कि इस प्रणाली ने उत्पादन के किसी विशिष्ट तरीके का कोई उत्तर दिया? वस्तुत: यह प्रणाली उत्पादन के बिलकुल विभिन्न तरीकों और स्तरों के तहत यूनान, इटली, मिस्र और पूरे प्राचीन पश्चिम एशिया सरीखी जगहों पर विकसित हुई। न केवल इतना ही बल्कि इस प्रणाली को फिर से जिन्दा किया गया और उसे अमेरिकी महादेश में पहुँचाया गया, लगभग उसी समय जब उत्पादन सम्बन्ध का बुर्जुआ रूप अपने से वहाँ प्रवेश कर रहा था। अमेरिका के दक्षिणी राज्यों में यह गृहयुद्ध तक अर्थात् अन्तिम सदी के साठ के दशक में, बनी रही। दूसरी तरफ बल का तत्त्व दासता के मूल में स्थायी रूप से समझने योग्य है। विभिन्न समाजों के अध्ययनों से दासता के उन भिन्न रूपों, कुछ कृषि या शिकार के अत्यन्त प्राचीन चरणों के आदिवासी समाजों में, का पता चला है। भी. डब्ल्यू. टर्नर आदिम कृषि और शिकार पर आधारित अस्तित्व के एक मिश्रित तरीके पर विकसित होनेवाली जनजाति नेम्बू के बीच की दासता का निम्नलिखित वर्णन प्रस्तुत करता है—"ब्रिटिश दखल के पहले नेम्बू में दासता के मुख्य रूप क्या थे? ग्रामीण दासता को व्यावसायिक दासता से अलग किया गया। ग्रामीण दासों का खूनी अदावत खत्म करने, फर्ज निपटाने, नरहत्या की क्षतिपूर्ति करने, उस मुख्य या वरिष्ठ व्यक्ति को जिसके विषैले आप्त वचन ने जादू-टोने के अपराधी व्यक्ति को साफ कर दिया था, भुगतान करने आदि कार्यों हेतु जुर्माने के तौर पर भुगतान किया जाता था...एक समतावादी समाज में उस नेम्बू के समान

दासों को चिह्नित रूप से शोषित नहीं किया गया और वास्तव में उनके साथ सम्पत्ति जैसा नहीं बल्कि सम्बन्धी जैसा ज्यादा बर्ताव किया गया। यदि दास युवा था और उसके स्वामी उम्रदराज तो दास और स्वामी शुरू में एक-दूसरे को पोता-दादा के काल्पनिक रिश्ते में देखते थे।"[3]

इसके विरुद्ध हमारे पास एलेन विनिंगटन का 'नोर्सू' के बारे में एक दूसरा विवरण उपलब्ध है जहाँ हमें जाति सदृश विशिष्टताओं वाला दास समाज मिलता है। उल्लेखनीय है कि 'नोर्सू' एक आदिम दास था जिसने आधुनिक चीन के अभिजात वर्ग पर धावा बोला था। विलिंगटन ने लिखा है—"अभिजातों के इन 5 वंशों को 500 परिवारों में उपविभाजित किया जाता है—प्रत्येक वंश और प्रत्येक परिवार स्वयं के लिए एक कानून, जहाँ तक यह इसे लागू कर सकता है। नोर्सू के बीच कोई केन्द्रीकृत शासी संगठन भी नहीं रहा। इस छोटी-सी जाति के बाहर तथा गोत्र के साथ शादियाँ बिलकुल निषिद्ध थीं। ये दो नियम अभंजनीय हैं, 'काली हड्डी' को शुद्ध रखा जाता है।"[4]

काली हड्डी ब्रिटिश श्रेष्ठता के नीले रक्त के समान नोर्सू हड्डी की शुद्धता की ओर संकेत करती है, लेकिन नोर्सू समाज की सबसे रोचक विशेषता गुलामों को अपना निजी गुलाम रखने का अधिकार है। विलिंगटन लिखता है—"दासों के कब्जे में दास हैं और दासों के दास भी दास रखते हैं।"[5]

नोर्सू समाज अभिजातों और साधारण मनुष्यों की दो अलग-अलग जातियों में विभाजित है जो दासों के वंशज हैं, लेकिन यह जाति विभाजन हमेशा धनी और गरीब के विभाजन से मेल नहीं खाता है। विलिंगटन के अनुसार, "एक अभिजात गरीब और एक साधारण नागरिक धनी हो सकता है। साधारण नागरिक ज्यादा दास रखते हुए अभिजातों की सामान्य चाल से ज्यादा धनी हो सकते हैं।"

यूनानी और रोमन जगत में भी गुलामी ज्यादातर शुरू में जनजातीय युद्धों के कारण तथा राज्यों के बीच युद्धों के कारण आई जहाँ युद्धबन्दियों को दास बना लिया गया। इस समूची प्रक्रिया में आर्थिक विचारों की कोई भूमिका नहीं थी तथा सभी जगहों के अमीर-गरीब मनुष्य युद्ध के भाग्य पर निर्भर रहते हुए दास बन जाने के लिए मजबूर थे। इस स्थिति का स्पष्ट ढंग से क्लाइटेम्नेस्ट्रास ने एस्चिलस के ओरेस्टियन ट्रिलॉजी (तीन नाटकों की शृंखला) में बन्दी कासान्द्र के अपने सम्बोधन में स्पष्ट ढंग से वर्णन किया है। वह निर्देश देती है—"तुम भी, वहाँ कासान्द्र, मुझे सुनो घर के अन्दर चले जाओ।

तुम जूस को धन्यवाद दे सकते हो, महल में तुम्हारे लिए कोई बुरी कामना नहीं है;
तुम हमारे परम वेदी के समीप खड़े होगे, और हिस्सा लोगे,
अनेक दासों के साथ, सफाई के कर्मकांड में।
इसके बाद उस रथ को छोड़ दो; घमंड मत करो, वे कहते हैं
हिराकल्स को एक बार बेच दिया गया और दासों की रोटी खाना सीख लिया।"

यह उस उत्पादन का तरीका नहीं था जिसने दास को अपने दखल में रखनेवाले इन अधिकांश समाजों में गुलामी की संख्या को पैदा किया था। दूसरी तरफ यह गुलामी का ही प्रवेश था जिसने बुनियादी रूप से उत्पादन के तरीके एवं दास स्वामियों के जीवन के तरीके को अनेक समाजों में बदल दिया। रोम में, उदाहरण के तौर पर छोटे किसानों को प्रतिस्थापित करनेवाले बड़े जोतदारों का प्रवेश प्यूनिक युद्धों के बाद रोमन साम्राज्य के विस्तार का अनुसरण करते हुए विशाल दास आबादी के समागम का परिणाम था। इसने पहले जो तगड़ी में मेहनतकश आबादी थी, उसमें आलसी धनी, विलासिता और भ्रष्टाचार का एक वर्ग पैदा कर दिया। उसी तरह, हालिया इतिहास में अमेरिकी दक्षिण के विशाल उपनिवेशों को दास व्यापार और दास श्रम की सस्ती आपूर्ति की सम्भावना के मद्देनजर ही अस्तित्व में लाया गया। इस तरह दास व्यापार ही था जिसके कारण छोटे पैमाने की खेती की जगह बड़े पैमाने की खेती ने ले ली तथा यह कृषि विधि के अन्दर उत्पादन के तरीके में कोई बदलाव नहीं था जो दास व्यापार लाया। वस्तुत: दास अर्थव्यवस्था 19वीं सदी तक इंग्लैंड के वस्त्र उद्योग के साथ एक प्रतीकात्मक सम्बन्ध में रहती थी। अनुमान किया जाता है कि 1840 से 19वीं सदी के आरम्भिक 60 के दशक में अमेरिकी गृहयुद्ध के समय तक इंग्लैंड अपने सूती कपड़े का 4/5वाँ हिस्सा दास रखनेवाले अमेरिका के दक्षिणी राज्यों से आयात करता था। यह वह समय था जब इंग्लैंड औद्योगिक क्रान्ति के शिखर पर चढ़कर सबसे प्रगतिशील अर्थव्यवस्था वाला देश था। जहाँ तक गुलामों का सम्बन्ध है, वे स्वयं खुल रही आर्थिक प्रक्रिया के अप्रतिरोध्य दबाव के शिकार नहीं थे बल्कि प्रत्यक्ष और सबसे कठोर बल के इस्तेमाल से उन्हें हजारों मील दूर ले जाने के लिए अपने घर और जमीन से अलग किया गया। यह इतिहास के सबसे संगठित और अपमानजनक डकैती, दास व्यापार का परिणाम था।

इन दास समाजों, जो दासों के व्यक्तिगत स्वामित्व पर आधारित थे, के अलावा हमारे पास प्राचीन जगत का सबसे बड़ा दास साम्राज्य भी था अर्थात् मिस्र का साम्राज्य दासों का स्वामित्व व्यक्तियों के पास नहीं था बल्कि राज्य के पास था जिसने दासों की बड़ी फौज को खनन और विशाल निर्माण कार्यों में नियोजित किया था जो अभी भी आश्चर्यजनक चीज है। यह समाज उस सिद्धान्त को अमान्य भी करता है कि शोषण उत्पादन के साधन के निजी स्वामित्व पर निर्भर करता है क्योंकि साम्राज्य के अन्दर सारी सम्पत्ति और दास राज्य के स्वामित्व में थे।

यद्यपि यह अब एक ज्ञात तथ्य हो गया है कि दासता ज्यादातर जनजातीय युद्धों या हिंसक युद्धों, विशेषकर इस लक्ष्य से किए गए, पर निर्भर करती थी, दासों की संस्था की उत्पत्ति हमेशा एक अनुमान का विषय ही रहेगी क्योंकि यह

लिखित इतिहास के पूर्व से चली आती है, लेकिन सामन्तवाद के बारे में कुछ भी इतना अस्पष्ट नहीं है। जहाँ तक यूरोपीय सामन्तवाद का सम्बन्ध है, इसकी उत्पत्ति की परिस्थितियाँ स्पष्ट ढंग से ज्ञात हैं। और ये परिस्थितियाँ यह नहीं बतलाती हैं कि यह प्रणाली किसी भी तरह से उत्पादन के विशेष तरीके से सम्बन्धित थी या उत्पादन के साधन में ऐसे किसी बदलाव के आधार पर पैदा हुई थी। तथ्य इस सिद्धान्त को गलत साबित भी करते हैं कि यूरोपीय समाज पूँजीवाद के आगमन के पूर्व सामाजिक वजूद के केवल दो ही तरीकों से वाकिफ था अर्थात् दास समाज और सामन्ती समाज से; दास समाज में कुछ स्वामी और अधिसंख्य दास होते थे जबकि सामन्ती समाज में सामन्त और उनके दास होते थे। वस्तुत: काफी संख्या में स्वतंत्र किसान बलपूर्वक सामन्ती गुलामी को स्वीकार कराए जाने के पहले काफी दिनों तक सामन्ती यूरोप में भी अपना वजूद कायम रखे हुए थे।

इस बिन्दु पर एंगेल्स से बढ़िया प्रमाण कोई नहीं होगा जिसने गार्के (निशान) के अपने अध्ययन में जर्मनी के अन्दर भूमि स्वामित्व की प्रणालियों पर विस्तार से प्रकाश डाला है। वह सामन्तवाद के उदय से पहले जर्मनी के विस्तृत क्षेत्रों पर साम्प्रदायिक और स्वतंत्र वैयक्तिक स्वामित्व के अस्तित्व को प्रमाणित करता है। उसने लिखा था—"पहला आरम्भ से ही खुद जर्मनी में, पहले से वर्णित निकट के गाँवों के साथ-साथ, जमीन पर उनके पूर्ण सामान्य स्वामित्व के साथ, अन्य गाँव जहाँ, वासगीत के साथ ही, खेत भी निशान से बाहर थे, समुदाय की सम्पत्ति थे तथा वैयक्तिक किसानों में अपनी पुश्तैनी सम्पत्ति की तरह बँटे हुए थे। कृषि योग्य भूमि का एक पुनर्विभाजन ऐसे मामलों में सम्भव नहीं था, और इसलिए निशान के तहत जो रह गया था, यह केवल परिवर्ती परती भूमि थी। जब, बाद में तीसरे व्यक्ति को रिहायशी भूमि हस्तान्तरित कर देने का अधिकार एक महत्त्वपूर्ण विचार बन गया तो वे जो अपनी जमीन के स्वतंत्र मालिक थे, अपने आपको लाभ की स्थिति देखे। इन लाभों को प्राप्त करने की इच्छा अनेक गाँवों में भूमि के सामान्य स्वामित्व के साथ विभाजन के रिवाजी तरीके को खत्म हो जाने की तरफ ले गई होगी तथा सदस्यों के वैयक्तिक हिस्से को पुश्तैनी और हस्तान्तरणीय पूर्ण स्वामित्व की सम्पत्ति में रूपान्तरण की तरफ ले गई होगी।"[6]

स्पष्टत: इन पूर्ण स्वामित्व सम्पदाओं के समय इन क्षेत्रों में इतिहास महज वर्ग संघर्षों का इतिहास नहीं हो सकता है, लेकिन हमारे नजरिए से विशेष रुचि की जो चीज है, वह यह तथ्य है कि आर्थिक स्थितियाँ स्वयं न तो सामन्ती व्यवस्था, न ही सामन्ती राज्य को पैदा की थी। दूसरी तरफ एंगेल्स के अपने साक्ष्य के आधार पर इन क्षेत्रों में सीधे बल-प्रयोग से सामन्तवाद को आरोपित किया गया। एंगेल्स के उसी अध्ययन का निम्नलिखित उद्धरण उस प्रक्रिया का पूर्ण वर्णन करता है जिसके जरिए स्वतंत्र कृषि को गुलामी की स्थिति में ला

दिया गया—"आन्तरिक और बाहरी नियत युद्धों का नियमित परिणाम भूमि का अधिग्रहण था, इसने काफी संख्या में किसानों को बर्बाद किया ताकि मेरोविंगियन वंश के दौरान भी, वैसे अनेक स्वतंत्र व्यक्ति थे जिनके पास कोई भूमि नहीं थी। चार्लीमैग्ने के निरन्तर युद्धों ने स्वतंत्र किसानी के सहारे को तोड़ दिया। मूलत: प्रत्येक पूर्ण स्वामी के पास सेवा का स्वामित्व था और न केवल उसे खुद को लैस करना था बल्कि छह महीने तक हथियारों के तहत खुद को निबाहना भी पड़ता था। आश्चर्य नहीं कि चार्लीमैग्ने के समय में भी मुश्किल से पाँच में एक व्यक्ति को वस्तुत: सेवा करने हेतु पाया जा सकता था। अपने उत्तराधिकारियों के कोलाहलपूर्ण शासन में किसानों की स्वतंत्रता फिर भी बड़ी तेजी से बर्बाद हो गई। दूसरी तरफ स्कैंडेनेविया के प्राचीन निवासियों के आक्रमणों के विध्वंसों, राजाओं के बीच के स्थायी युद्धों तथा अभिजातों के बीच के विवादों ने एक के दूसरे स्वतंत्र किसानों को किसी स्वामी का संरक्षण प्राप्त करने के लिए बाध्य कर दिया। दूसरी ओर, इन स्वामियों और गिरजाघर की लिप्सा ने इस प्रक्रिया को तेज कर दिया; उन्होंने छल से, वचनों से, धमकी से, हिंसा से अपनी जोत में लाने के लिए किसानों की भूमि पर जोर लगाया। दोनों ही मामलों में, किसानों की जमीन को स्वामियों की जागीर से जोड़ दिया गया और इसे किसानों को केवल उपहार और सेवा के लिए लौटा देने की शर्त पर ही लौटाया जा सकता था। इस प्रकार किसान भूमि का स्वतंत्र मालिक होने से एक उपहार देनेवाला, सेवा देनेवाला बन गया, कृषि दास में तब्दील हो गया। इस तरह का मामला पश्चिमी फ्रैंकिश राज्य में था, विशेषकर राईन के पश्चिम। राईन के पूरब, दूसरी तरफ काफी संख्या में स्वतंत्र किसान जो अधिकांश भाग में छितराए हुए थे, स्वतंत्र मनुष्यों से बने गाँवों में कभी-कभार एक होने लगे। यहाँ भी हालाँकि दसवीं, ग्यारहवीं और बारहवीं सदियों में अभिजातों एवं गिरजाघर की जबर्दस्त सत्ता नियत ढंग से ज्यादातर किसानों को कृषि दासता में डाल रही थी।"[7]

यहाँ एंगेल्स सामन्तवाद के आगमन को उत्पादक प्रणाली से जोड़ने का भी प्रयास नहीं करता है। वह स्पष्टत: स्वतंत्र कृषकों को कृषिदासों में बदलने की प्रक्रिया में बल के प्रयोग पर जोर देता है। यह कहा जा सकता है कि यद्यपि बल यह परिवर्तन लाने में सहायक था, यह परिवर्तन स्वयं केवल इसलिए सम्भव हो पाया क्योंकि इस प्रणाली के अनुरूप उत्पादकता का एक निश्चित स्तर अस्तित्व में था, लेकिन यह परेशान करनेवाली छूट देना है कि उत्पादकता का स्तर ज्यादा-से-ज्यादा अवस्था था, न कि रूपान्तरण का कारण था जो इसके बाहर का था, लेकिन यह विचार कि उत्पादकता का स्तर महत्त्वपूर्ण नहीं था, यह आगे इस तथ्य से सुदृढ़ होगा कि, जैसा एंगेल्स बताता है, राईन से पूरब के ज्यादा किसान अपना स्वतंत्र अस्तित्व बनाए रख सके। चूँकि एंगेल्स इसके विपरीत नहीं बोलता

है, यह माना जा सकता है कि उत्पादन की विधि में उल्लेखनीय ढंग से इन दोनों क्षेत्रों में कोई अन्तर नहीं आया। अतएव जिस चीज ने यह रूपान्तरण किया, वह थी जनता के ऊपर लादी गई अत्यधिक सत्ता, सशस्त्र स्वामी और गिरजाघर, न कि उत्पादन की कोई प्रणाली। इसका अर्थ यह भी है कि उत्पादकता का स्तर या उत्पादन का तरीका सामाजिक और राजनीतिक सम्बन्ध की किसी अनोखी प्रणाली को अस्तित्व में नहीं लाता है। इसके विपरीत उत्पादन के उसी तरीके के सुसंगत भिन्न उत्पादन सम्बन्धों और राजनीतिक रूपों का दूसरे बाहरी या आन्तरिक तत्त्वों पर निर्भर रहते हुए विकास हो सके जो उपरोक्त मामले में संगठित हिंसा या राजनीतिक सत्ता थी।

सामन्ती प्रणाली के अवशेष यूरोप में फ्रैंकिश साम्राज्य के समय से प्रकट होते हैं। नियमित गृहयुद्धों तथा इसके बाद पाँचवीं और आठवीं सदी के बीच मेरोविंगियन राजाओं में इसके कारण आई कमजोरी ने पूरी तरह से दोनों, जनजातीय संगठन और साम्राज्य की सत्ता और एकता, को नष्ट कर दिया। धीरे-धीरे कर लगाने, न्याय के प्रशासन और सेना हेतु लड़ाके मनुष्यों को तैयार करने की अनिवार्यता जैसे कार्य बड़े जमीन मालिकों के हाथ में आ गए। तुरन्त राजा के नाममात्र के अधिराजत्व के तहत ये लोग राजनीतिक सत्ता के वास्तविक धारक बन गए तथा इस सत्ता का इस्तेमाल कृषकों पर अपने खसोट का क्षेत्र बढ़ाने के लिए किया जिन्होंने धीरे-धीरे अपनी आजादी खो दी। यह प्रक्रिया चार्लीमैग्ने के समय भी नहीं रोकी गई, यद्यपि वह फ्रैंकिश साम्राज्य को नई सजीवता देने में पुन: सफल हो गया था और अपने क्षेत्र का काफी फैलाव कर लिया था। मुख्य कारण यह था कि उसने कभी भी वैतनिक नियमित सेना या नौकरशाही या नगद में देय राजस्व प्रणाली का निर्माण नहीं किया। इस तरह स्थानीय सरकार का एक बड़ा हिस्सा बिशपों और काउंटों के लिए छोड़ देना पड़ा जिन पर राजा प्रत्यक्ष नियंत्रण नहीं रखता था। इस सबका परिणाम यह हुआ कि चार्लीमैग्ने के निधन और उनके साम्राज्य के विघटन के बाद यूरोप में एक सत्ता शून्यता आ गई। इस सत्ता के खालीपन में जमीनवाले पादरी और सशस्त्र स्वामियों ने छलाँग मारना आसान पाया। चूँकि जनजातीय और अन्य साम्प्रदायिक संगठन पहले ही विनष्ट हो गए थे, समाज को एक साथ रखनेवाला एकमात्र संयोजक तत्त्व एक राजनीतिक सत्ता ही हो सकती थी। चूँकि साम्राज्य की बृहतर राजनीतिक व्यवस्था चली गई थी, सामन्तवाद के रूप में छोटी-छोटी राजनीतिक इकाइयाँ इस भूमिका को पूरा करने के लिए विकसित हुईं।

इंग्लैंड में सामन्तवाद लगातार बाहरी आक्रमणों और खुद आक्रान्ताओं के बीच के आन्तरिक युद्धों के कारण अत्यधिक प्रत्यक्ष तरीके से आया। विदेशी आक्रमणकारी तीन शक्तिशाली लहरों में आए। प्रथम आनेवाले वे एंग्लो-सैक्शन थे जिन्होंने स्थानीय

सेल्टिक आबादी को अधीन कर लिया। इसके बाद डेंस आए और सबसे अन्त में नॉर्मंस आए जिन्होंने सामन्ती व्यवस्था जो प्रथम आक्रमणों से विकसित होती आ रही थी, को पूर्ण आकार दिया। आर्थर बर्नी इस प्रक्रिया का निम्नलिखित शब्दों में वर्णन करते हैं—"इन तूफानी सदियों के दौरान उन छोटे स्वतंत्र किसानों का जीवन भयानक रूप से असुरक्षित हो गया जिनके पास अक्सर सुरक्षा के एवज में धनी और मजबूत पड़ोसी के समक्ष अपनी आजादी समर्पित करने के सिवाय कोई संसाधन नहीं था। प्रत्युक्त मुहावरे में, उसने स्वयं को एक शक्तिशाली भू-स्वामी को 'सौंप दिया' तथा उसका 'आदमी' बन गया। प्रथमत: निर्भरता का यह बन्धन विशुद्ध रूप से व्यक्तिगत था। इसने 'सौंपे गए' मनुष्य की भूमि को नहीं लपेटा। यदि वह चाहता तो वह स्वयं को किसी दूसरे स्वमाी को 'सौंप' सकता था और उनके साथ उसकी जमीन ले सकता था, लेकिन पसन्द की यह आजादी ज्यादा समय तक नहीं टिक पाई। बाद के एंग्लो-सैक्शन काल में, एक 'सौंपे हुए' मनुष्य को अपने स्वामी से अपनी भूमि लेकर कब्जा रखने के रूप में देखा गया।"[8]

यहाँ स्पष्टत: यह एक असुरक्षा के बोध के कारण हुआ कि किसान ने संरक्षण के बदले अपनी आजादी का मोल-तोल किया था। उसकी आजादी की बर्बादी जमीन पर स्वामी के स्वामित्व का परिणाम नहीं थी। दूसरी तरफ उसने अपनी आजादी की बर्बादी के बाद अपनी जमीन गँवा दी।

बर्नी के अनुसार, सामन्तवाद के उदय में सहायक दूसरे तत्त्व थे, युद्धों के दौरान भारी करारोपण (विशेषत: डैनिस आक्रान्ताओं के लालच को तुष्ट करनेवाला डेनजेल्ड) जनजातीय समाज का पतन, एक मनुष्य के लिए जवाबदेह बनने के लिए कानून के द्वारा, जनजाति हेतु स्वामी का प्रतिस्थापन, गिरजाघर या राजा के चार्टर के माध्यम से बुक-लैंड का सृजन, लेकिन सबसे बढ़कर यह उस सैन्य सुरक्षा की जरूरत थी जिसने पूर्णकालिक पेशेवरों को अस्तित्व में लाया था जिन्हें सैन्य सेवा और निश्चित प्रशासनिक कर्तव्यों के लिए जमीन दी गई थी। इस तरह समाज को सिपाहियों, गिरजाघर के आदमियों तथा किसानों के तीन वर्गों में विभाजित किया जा रहा था। सिपाहियों और गिरजाघर वालों की सेवा को लोकसेवा माना गया तथा किसानों को उन दोनों की सेवाओं हेतु समर्थन करना था, उनकी भौतिक जरूरतों की व्यवस्था करनी थी। इस तरह एक स्वभावत: सामन्तवाद स्थायी केन्द्रीय सत्ता का अभाव तथा स्थायी आक्रमणों और युद्धों के कारण नॉर्मंस के आगमन के पूर्व इंग्लैंड में विकसित हो रहा था। जब नॉर्मंस आए तो उन्होंने इस व्यवस्था को देश के प्रत्येक कोने में त्वरित और विस्तारित किया। स्पष्टत: बड़े भाग में विजेतागण इस व्यवस्था के लाभुक थे और परास्त स्थानीय लोगों की हैसियत अपनी सभी जमीन और आजादी के वंचन के साथ कृषिदास की हो गई। कम-से-कम इस सामन्ती व्यवस्था के बारे में यह कहा जा सकता

है कि माओ के कथनानुसार बन्दूक की नली से न केवल राजनीतिक सत्ता पैदा होती है बल्कि इससे विशेषाधिकारों पर आधारित समूची सामाजिक व्यवस्था पैदा होती है। केवल यह मार्क्स और एंगेल्स द्वारा विकसित इतिहास की अवधारणा से मेल नहीं खाता है।

बुर्जुआ वर्ग का उदय

सामाजिक सम्बन्धों का मार्क्स का अपना अध्ययन बहुत ज्यादा अपने समय के बुर्जुआ आर्थिक और राजनीतिक सम्बन्धों के अध्ययनों से प्रभावित था जिसका उसने विशद अध्ययन किया था। यद्यपि बुर्जुआ सम्पत्ति सम्बन्धों ने उसके समय में सामाजिक और राजनीतिक सम्बन्धों को आकार देने में एक महत्त्वपूर्ण भूमिका अदा तो की थी, यह नहीं कहा जा सकता है कि बुर्जुआ वर्ग का उदय तथा राजनीतिक संस्थाएँ जो इसके विकास के समानान्तर विकसित हुई थीं, को पूरी तरह से उसके सिद्धान्त के शब्दों में व्याख्यायित किया जा सकता है कि उत्पादन के निश्चित तरीकों का विकास नये सामाजिक सम्बन्धों और नये आर्थिक वर्गों के विकास को पूर्व दिनांकित करता है।

यदि हम यूरोप में बुर्जुआ वर्ग के विकास को देखें तो पाते हैं कि यह विकास उत्पादन के तरीके में किसी नवीनता के सुसंगत नहीं था। नगरीय सौदागरों का नया वर्ग, सम्भावित पूँजीपतियों के पूर्वजों ने बीसवीं सदी से ही जब उत्पादन क्षेत्र में कोई क्रान्ति या नवीनता दिखाई नहीं पड़ती थी, धन और प्रभाव में तेजी से विकास करना शुरू कर दिया था। हेंसिएटिक लीग, इतालवी नगर राज्यों के सौदागरों और लन्दन तथा दूसरे यूरोपीय नगरों के सौदागरों की सत्ता उत्पादन के क्षेत्र में किसी बड़ी क्रान्ति के आधार पर विकसित नहीं हो रही थी बल्कि यूरोप के अनेक राष्ट्रों के बीच व्यापार की मात्रा में स्फुटन के कारण विकसित हो रही थी। कुछ समय तक हेंसिएटिक लीग ने विकासशील राजनीतिक सत्ता, सौदागरों का प्रतिनिधित्व करनेवाली स्वतंत्र राजनीतिक सत्ता के संकेतों को प्रदर्शित किया था, लेकिन यह एक राजनीतिक सत्ता की अनुपस्थिति से उत्पन्न होनेवाली एक चुनौती के जवाब में हुआ था जो उन्हें डकैती और दूसरे तरह के खतरों के विरुद्ध संरक्षण प्रदान करता था। ज्योंही क्षेत्रीय राजाओं के अधीन बृहत् राजनीतिक निर्माण अस्तित्व में आया, उनकी सत्ता को ग्रहण लग गया। दूसरी तरफ इतालवी नगरों के सौदागरों ने उन पर शासन करने के लिए बाहर से मजिस्ट्रेटों, जिन्हें 'पोदेस्ता' कहा जाता था, का आयात करने की सरल तरकीब का आश्रय लिया। सैन्य सेवा से स्वयं को मुक्त करने के लिए उन्होंने 'कॉन्दोत्यरे', सिपाहियों का एक वर्ग, खड़ा किया जिसने पोदेस्ता के साथ मिलकर तुरन्त इन नगर राज्यों पर शासन करना शुरू कर दिया।

इन कान्दोत्यरे की बहाली अधिकांशत: मतवंचित अभिजात वर्ग से होती थी। यह पूर्ण राजनीतिक प्रभुत्व का प्रयोग करने के लिए सौदागर वर्ग की तरफ से कोई बड़ी अन्त:प्रेरणा प्रदर्शित नहीं करता है।

सौदागर वर्ग तथा नगरपालिका की आजादियों की सत्ता का विकास आर्थिक स्थितियों का उत्पाद नहीं था, यहाँ तक कि अपने विकास के स्थान और काल में सुदृढ़ केन्द्रीकृत सत्ता और साम्राज्यों की अनुपस्थिति का उत्पाद नहीं था। भारत जैसे देशों में वाष्प इंजन के आगमन के पहले तक उद्योग यूरोप की तुलना में ज्यादा विकसित था। फिर भी हमारे पास ऐसे शक्तिशाली सौदागर संघ या नगरीय स्वेच्छाचारिता नहीं थी। इन दो स्थितियों में अन्तर यह था कि यूरोपीय स्थिति के मुकाबले भारत में शिल्पों का विकास और विस्तार को सदैव शक्तिशाली और निरंकुश क्षेत्रीय राज्यों और साम्राज्यों के समानान्तर हुआ। इन सबने जीवन के सभी क्षेत्रों, राजनीतिक और आर्थिक भी, पर अपनी मजबूत पकड़ बना ली। वस्तुत: उद्योगों का एक बड़ा हिस्सा साम्राज्यों की आवश्यकताओं को पूरा करता था और सम्राट स्वयं शिल्पकारों की एक फौज रखते थे जो राज्य के कारखानों एवं कार्यशालाओं में काम करती थी।

मोरलैंड अतीत में भारत की उपलब्धियों के प्रशंसक नहीं थे, फिर भी यह स्वीकार करते हैं कि सत्रहवीं सदी में भारत में औद्योगिक उत्पादन व्यवस्था काफी विकसित थी। इसका मतलब, इस तरह की व्यवस्था इंग्लैंड की औद्योगिक क्रान्ति के पूर्व तक बनी हुई थी। उसने लिखा है—"इस काल तक भारत का औद्योगिक उत्पादन बड़ा और मूल्यवान था, लेकिन जहाँ तक मैं देख सकता हूँ, यह पूरी तरह से शिल्पकारों के हाथ में था जिनके लिए सम्भवत: सौदागरों और दलालों के द्वारा पैसे दिए जाते थे, लेकिन स्पष्टत: यह उतना महत्त्व का नहीं था कि उच्च अधिकारियों की शत्रुता या तृष्णा को आकर्षित कर सके।"[9]

इसके बाद वह एक भिन्न स्थान पर राज्यचालित कार्यशालाओं का वर्णन करता है—"बर्नियर हमारे काल के बाद के छह वर्षों के बारे में लिखते हुए दिल्ली के महल में उसने जो देखा, उसका बयान निम्नलिखित शब्दों में किया है, 'अनेक स्थानों पर बड़े-बड़े सभागार दिखाई देते हैं जिन्हें 'कारखाना' कहा जाता है। ये कारखाने कामगारों के लिए बनाए गए हैं। एक कक्ष में कशीदाकारों को नियुक्त किया गया है जिनकी देखरेख एक उस्ताद करता है। दूसरे कक्ष में आप स्वर्णकारों को देख सकते हैं : तीसरे में रँगरेजों को : चौथे में लाह का काम करनेवाले रोगनसाजों को : पाँचवें में खरादियों, लोहारों, दर्जियों और मोचियों को : छठे में रेशम, मलमल और मुस्लिन निर्माताओं को।' ये कार्यशालाएँ सम्भवत: उन कारखानों के बाद के विकास का प्रतिनिधित्व करती हैं जिसका अबुल फजल समय-समय पर जिक्र करते हैं। यद्यपि वह उनके संगठन का विस्तार में वर्णन

नहीं करते हैं। उन्होंने उत्पादन के उस विभिन्न चरण को चिह्नित किया था जिसमें कामगार निदेशानुसार काम करते थे और यह कि माल की आपूर्ति की व्यवस्था अनुमान्यत: प्रभारी-अधिकारियों के द्वारा की जाती थी।"[10]

यह स्पष्ट है कि उत्पादकता के स्तर को यूरोप और भारत के दो भिन्न विकास के तरीकों से कोई मतलब नहीं था। यूरोप में सामन्ती व्यवस्था की तरह व्यापारी वर्ग का भी विकास, संरक्षण हेतु केन्द्रीकृत राज्य पर निर्भरता या उसके नियंत्रण से तुलनात्मक आजादी की एक स्थिति में हुआ था। परिणामस्वरूप, इसने स्वायतत्ता की एक माप स्तर हासिल कर ली तथा स्वतंत्र राजनीतिक संगठन और शक्ति भी हासिल कर ली। इसके मुकाबले भारत की सर्व शक्तिशाली राजनीतिक सत्ता ने न तो किसी स्वतंत्र आर्थिक वर्ग के विकास को, न ही राज्य के प्रशासनिक या सैन्य उच्च श्रेणीक्रम के बाहर निकास तलाशनेवाली किसी महत्त्वाकांक्षा को स्वीकृति दी। सबसे ज्यादा वेतनवाली नौकरियाँ राज्य के द्वारा दी गईं, लेकिन चूँकि राज्य भी अपने पदाधिकारियों का उत्तराधिकारी था, ज्यादा धन इकट्ठा करने और इसे अपनी सन्तान तक पहुँचाने की गुंजाइश कम थी। ऐसी स्थिति में स्वाभाविक प्रवृत्ति सभी पैसे को उच्च रहन-सहन पर खर्च करने की हो गई। इन अन्तरों क साथ रुख में अन्तरों को जोड़ा जाना चाहिए जो यूरोप में सुधार के कारण आए थे।

बर्नी भी बाद के काल के तीसरे एस्टेट या नगरीय सत्ता के विकास हेतु उसी प्रकार की व्याख्या का सुझाव देता है। उसने लिखा है—"मध्य युग में समुदाय की प्रवृत्ति की शक्ति पर अक्सर टीका-टिप्पणी हुई है। यह प्रवृत्ति मजबूत थी क्योंकि सबका सबसे बड़ा समुदाय, राज्य, कमजोर था। मनुष्यों को स्वयं के लिए करने का कुछ साधन ढूँढ़ना पड़ता था जो राज्य अभी तक उनके लिए नहीं कर सका था। अपने हितों का बचाव करने हेतु एक संघ के अन्दर प्रत्येक शहर के सौदागरों की एकता इसलिए एक पूर्ण रूप से स्वाभाविक विकास था। यह सम्भाव्य है कि सौदागर संघ सामान्यत: नगरीय स्वतंत्रता के अनुदान का पूर्ववर्ती बना रहा तथा वह उपकरण था जिससे यह हासिल किया गया, लेकिन हालाँकि यह हो सकता है, संघ और नगरपालिका के बीच के सम्बन्ध सदा काफी घनिष्ठ थे।"[11]

बर्नी के विचार से पुराने कृषक वर्ग से नये सौदागर वर्ग की भर्ती भी नहीं हो सकती थी, व्यापार का साहसिक जीवन शुरू करने हेतु दोनों आपस में काफी बँधे हुए थे। हालाँकि वह अनुमान लगाता है, वे समाज के फैले हुए माल से आए होंगे—बटमारों, डकैतों और किनारा छिन्नक्कड़ों इत्यादि से। मनुष्यों का वर्गीकरण उत्पादक यांत्रिकी के स्वाभाविक विकास के जरिए उत्पन्न नहीं हो सकता था।

न ही पूँजी का बृहत् संचय व्यापार के सामान्य विकास से पैदा हुआ था। यूरोप में व्यापार विशेषकर 15वीं सदी से जब विश्व के भिन्न-भिन्न हिस्सों के

लिए नये मार्ग खोले जाने शुरू हुए, देशों की जनता के बेरोक-टोक लूटपाट और जल दस्युता, जिसके चलते यूरोपीय नाविक सम्पर्क में आए, से अविच्छेद्य बन गया। यह इस प्रकार की सेवा ही थी कि समुद्री डाकुओं का प्रधान सर फ्रांसीस ड्रेक अंग्रेज नायक बन गया तथा रानी एलिजाबेथ ने उसे 'नाइट' की उपाधि से नवाजा। स्पेनवासियों से शुरू होकर जोकि मैक्सिको के समृद्ध लोगों को लूटते और तहस-नहस करते थे, समूची नई दुनिया यूरोप के लुटेरे समूहों के लिए चरागाह बन गई। उसी प्रकार एशिया और अफ्रीका का उनका व्यापार उस विशाल और धनी क्षेत्र पर जीत की भूमिका बन गया। जल्द ही इस लूट में वह उच्च लाभप्रद दास व्यापार जोड़ दिया गया। इंग्लैंड में लिवरपूल की समृद्धि अधिकांशत: इसी व्यापार से ही हुई। इन्हीं स्रोतों से, जैसाकि मार्क्स ने अपनी 'कैपिटल' में लिखा है, यूरोप में पूँजी का इतना भारी 'आदिम संचय' हुआ था। 'वणिकवाद का चरण' नाम से मशहूर पूँजीवाद विकास के इस चरण का एक उल्लेखनीय रूप यह है कि वैयक्तिक उद्यम विवर्धन की एक समग्र राष्ट्रीय रणनीति का हिस्सा था। राज्य ने व्यापार और उद्योग को करों एवं युद्ध से सहायता करने का एक बड़े तरीके से प्रयास किया। इस काल में राजनीतिक और आर्थिक महत्त्वाकांक्षाएँ गहरे गुँथी हुई थीं और एक-दूसरे को थामे हुए थीं। अपने उद्यम के लिए आजादी का प्रयास कर रहा एक स्वायत्त पूँजीवाद वर्ग का सिद्धान्त बहुत बाद का एक विकास था जब राज्य राष्ट्रीय पूँजीवादी अर्थव्यवस्था का एक आधार हासिल कर चुका था।

नई प्रविधिज्ञ संरचना के अन्दर सत्ता

लेकिन आधुनिक तकनीक की उन्नति के साथ एक वर्ग समाज के अन्दर स्वामित्व के मूल्य को हटाकर फिर से अन्य मूल्यों को लाया जा रहा है। अत्यधिक उन्नत पूँजीवादी समाजों में पहले से ही सत्ता अर्थात् नियंत्रण और दिशा-निर्देश की भूमिका स्वामित्व से ज्यादा महत्त्वपूर्ण बन रही है। मशहूर अमेरिकी अर्थशास्त्री गॉलब्रेथ अपने देश के अन्दर हो रहे इस मूल्य परिवर्तन को जोरदार अन्दाज में रेखांकित करता है। उसने लिखा है—"व्यापार की प्रतिष्ठा सत्ता से सम्बद्ध भी होती है। एक व्यापारी की आमदनी उसकी उपलब्धि का मापक कभी नहीं होती है; यह द्वितीयक अभिरुचि का एक आधार बन गई है। व्यापारिक प्रतिष्ठा, जैसाकि एक क्षण का विचार अनुमोदित करेगा, जबर्दस्त ढंग से सरोकार के उस आकार से सम्बद्ध होती है जिसकी अगुआई व्यक्ति करता है। अमेरिकी व्यापार ने उस विक्टोरियाई इंग्लैंड के समान पूर्वता की एक प्रणाली विकसित की है जो उससे तनिक भी कम सख्त नहीं है। यह लगभग अनन्य रूप से कॉरपोरेट

परिसम्पत्तियों पर आधारित है। व्यापार में पीयर वर्ग ड्यूक सम्बन्धी प्रतिष्ठा जनरल मोटर्स, स्टैंडर्ड ऑयल ऑफ न्यू जर्सी, डू पॉण्ट और यूनाइटेड स्टील कॉरपोरेशन से जुड़ी हुई है। अर्ल्स, बैरोनेट्स, नाइट्स और स्क्वायर्स अपने-अपने फर्मों की परिसम्पत्तियों के अनुसार पीछे पड़ गए। हमारे अपने युग में जो व्यक्ति केवल धनी है, कम परिणामवाला है।"[12]

आगे वह कहता है—"...आकार या मात्रा के साथ-साथ नियुक्त व्यक्तियों की भारी संख्या को प्रभावित करनेवाले निर्णयों की अन्तिम जवाबदेही चलती है, यह निर्णय कीमतों से सम्बन्धित होता है जो भारी संख्या में ग्राहकों को प्रभावित करता है, यह निर्णय निवेश नीतियों से सम्बन्धित होता है जो समुदाय की भौतिक परिस्थिति या जीविका, आमदनी में बड़े बदलाव का काम करता है।"[13]

उपर्युक्त विमर्श स्पष्ट रूप से यह दर्शाता है कि वर्ग सम्बन्धों या विशेषाधिकारों की उत्पत्ति उत्पादकता के स्वायत्त विकास के परिणाम के रूप में नहीं हुई है और न ये पूँजी या भूमि के निजी स्वामित्व के समान है बल्कि इनको अप्रच्छन्न बल के जरिए प्राप्त किया गया है। हैसियत और विशेषाधिकार सत्ता का एक कार्य भी हैं। वर्ग विभाजनों और विशेषाधिकारों की रचना करने में बल का योगदान गुलाम और सामन्ती समाजों तक ही सीमित नहीं है बल्कि स्वयं यह विभिन्न तरह से बुर्जुआ समाज तक फैलता है। वस्तुत: सत्ता को विशेषाधिकारों की जननी के रूप में लिया जा सकता है जैसाकि लेंस्की निम्नलिखित पंक्तियों में सुझाव देता है—"यदि हम यह मानते हैं कि महत्त्वपूर्ण निर्णयों में मानवीय कार्य को लगभग समग्र रूप से स्वार्थ या समर्थक वर्गीय हितों से प्रोत्साहित किया जाता है, तथा यदि हम यह मानते हैं कि मनुष्य जिन चीजों को सबसे ज्यादा चाहता है, इनमें से अधिकांश की आपूर्ति कम होती है तो जैसा कि पूर्व में उल्लेख किया गया है, यह अधिशेष अपरिहार्य रूप से इसके नियंत्रण को लक्ष्य बनानेवाले विवादों और संघर्षों को उत्पन्न करेगा। यदि वेबर का अनुसरण करते हुए हम सत्ता को, दूसरों के विरोध की स्थिति में भी, अपनी इच्छा को साकार करनेवाले व्यक्तियों और समूहों की सम्भावना के रूप में परिभाषित करते हैं तो यह समाज के स्वामित्ववाले लगभग सभी अधिशेष का वितरण सत्ता निर्धारित करेगी, इसका अनुसरण करता है।"[14]

और आगे—"...यदि विशेषाधिकार समाज द्वारा उत्पादित अधिशेष के एक भाग के स्वामित्व या नियंत्रण के रूप में परिभाषित होता है तो यह इस चीज का अनुसरण करता है कि विशेषाधिकार अधिकांशत: परोपकारिता का एक कार्य है।"[15]

यदि हम कुछ आदिम समाजों की तरह पादरी वर्ग द्वारा लिए गए विशेषाधिकारों और इसके सदृश आधुनिक कॉरपोरेशनों, व्यापार संघों के अन्दर कार्यपालक के तथा नाजी या साम्यवादी जैसी राजनीतिक पार्टियों के कुलीन तंत्रों के विशेषाधिकारों

और शक्ति को सम्मिलित करते हैं तो हम पाते हैं कि एक अल्पसंख्यक के विशेषाधिकारों को हमेशा किसी कौशल (अनिवार्यत: उपयोगी नहीं, लेकिन अपनी आवश्यकता के मिथक से सम्बद्ध) के एकाधिकार से सम्बद्ध किया गया है जो एक विशेष समय पर जीवन या एक समय सबसे प्रिय लगे मूल्यों की आवश्यकताओं के सुसंगत रहता है। अपनी बारी में ये मूल्य व्याप्त आर्थिक और राजनीतिक स्थितियों से उत्पन्न हो सकते हैं। इस तरह प्राचीन दुनिया में जहाँ जनजातीय युद्ध जीवन के सामान्य हिस्सा थे, जनजातीय मुखिया और उसके सहयोगीगण, जो युद्ध में जनजाति का नेतृत्व कर सकते थे, युद्धों में लूटे गए माल के स्वाभाविक लाभुक बन गए। उसी तरह मध्यकालीन यूरोप में जहाँ राजनीतिक सत्ता के अभाव में सुरक्षा ने सर्वोच्च मूल्य ग्रहण कर लिया था, सशस्त्र स्वामियों ने जो इसकी व्यवस्था कर सकता था, उन लोगों के स्वामी के रूप में प्रकट हुआ जिनको कि वे संरक्षण देते थे। पूँजीवाद के आरम्भिक चरणों में जब व्यापार के लिए ज्यादा साहस और जोखिम के भाव की जरूरत थी, सौदागर दुस्साहसियों का एक वर्ग राजाओं के साथ गठबन्धन बनाकर आगे आया। राजाओं को सामन्ती स्वामियों एवं अपने विदेशी प्रतिद्वन्द्वियों को परास्त करने के अपने प्रयास में इस तरह के गठबन्धन मित्रों की जरूरत थी। आधुनिक औद्योगिक समाजों में प्रबन्धकीय और तकनीकी विशेषज्ञ की बढ़ती महत्ता के साथ-साथ, चूँकि प्रवीणता नया ईश्वर बन जाती है, सत्ता और विशेषाधिकार धीरे-धीरे उन कार्यपालकों के एक वर्ग की तरफ जोकि राजनीतिक, सैन्य या व्यापार से सम्बन्धित बड़े संगठनों का नियंत्रण करते हैं, स्थानान्तरित हो रहे हैं। केवल थोड़े समय के लिए वणिकवाद और आधुनिक तकनीकी क्रान्ति के बीच जब स्वामित्व और उद्यम एक साथ मिल गए थे, जब पूँजी का मालिक स्वयं एक उद्यमी भी होता था—मनुष्य के पास पूँजी जुटाने और उद्योग के विकास को बढ़ाने की योग्यता थी—सम्पत्ति का वह स्वामित्व वास्तव में अपने साथ सारी सत्ता, विशेषाधिकार और प्रतिष्ठा को लेते आया जो एक प्रभुत्ववाले वर्ग के साथ रहता है।

सत्ता का विशेषाधिकार के साथ सम्बन्ध हमेशा बहुत प्रत्यक्ष हो सकता था। वे जिनके हाथों में बन्दूक थी, हमेशा दूसरों को उन अन्य मूल्यों से अलग रहने के लिए बाध्य कर सकते थे जोकि काफी प्रतिष्ठा के साथ उनके अपने विशेष समाज में कायम थे। पहली बार आधुनिक औद्योगिक समाज में उद्योगों के पक्ष में पलड़ा भारी है कि ये बन्दूकों की भी व्यवस्था कर लेते हैं। इसके फलस्वरूप हर जगह उद्योग और युद्ध मशीन के बीच गठबन्धन की मनोवृत्ति छा गई है। इस तरह उद्योग युद्ध मशीन की आवश्यकताओं के अनुसार नरसंहार की तकनीकों में सुधार करते रहता है जबकि युद्ध मशीन उद्योगों की सबसे बड़ी और सुरक्षित ग्राहक बन जाती है।

विशेषाधिकार की प्रकृति

यद्यपि निजी सम्पत्ति स्थायी रूप से वर्ग विभाजनों और विशेषाधिकारों को लाने में सहायक नहीं होती है, अभी तक यह विशेषाधिकारों को अपने वंशज या चहेतों में सम्प्रेषित करने का पता लगाया हुआ सबसे प्रभावशाली माध्यम है। यह कहा जा सकता है कि जहाँ तक विशेषाधिकारों को मूर्त रूप देनेवाले चरण का सम्बन्ध है, निजी सम्पत्ति विशेषाधिकारों के अर्जनशील चरण के अनुरूप उतना ज्यादा नहीं होती है। इस तरह यह चरण जिसमें मूल जीवनशक्ति का अभाव रहता है, जीवन, पोशाक इत्यादि की विशेष शैली विकसित कर उसे प्रदर्शित करने की प्रवृत्ति से विशिष्ट गुणयुक्त किया जाएगा। वही वह तथ्य है जो विशिष्टता की वर्ग संरचनाओं की दृढ़ता प्रदान करता है। यह इस आधार पर भी होता है कि विशेषाधिकार निजी सम्पत्ति से जुड़ने के लिए तुरन्त प्रकट होते हैं।

स्वामित्व के प्रश्न को अलग रखकर वर्ग विभाजन का उन निश्चित तत्त्वों से जैसाकि वोस्सोवस्की ने बताया है, वर्णन किया जा सकता है। वोस्सोवस्की लिखता है—"इस प्रणाली की तीन विशिष्टताएँ हैं, इनमें से प्रत्येक को उस वर्ग सोपान की संरचनात्मक कसौटी के रूप में पहचाना जा सकता है जो सामाजिक हैसियतों की प्रणाली की निरन्तरता को तोड़ती है। वे हैं—(i) वह तथ्य जो ऊपर की ओर की सामाजिक गतिशीलता को उदग्र गैमाने के निश्चित स्तरों पर सांख्यिकीय रूप से प्रकट होने में रोक लगाता है; (ii) वह तथ्य कि हैसियत प्रणाली पैमाने में निश्चित अन्तरालों पर स्पष्ट खाइयाँ प्रदर्शित करती है; और (iii) वह तथ्य कि पैमाने के निश्चित खंड सामाजिक हैसियतों के एक मजबूत प्रदर्शित करते हैं।"[16]

सम्पत्ति के स्वामित्व की कसौटी से न्याय-निर्णय करते समय ऊपर में वर्णित विशेषाधिकारों की प्रणालियों में से कुछ को उपयुक्त ढंग से वर्गीकृत नहीं किया जा सकता है क्योंकि उपर्युक्त मानक के अनुसार उनमें से सभी वर्ग सोपान की एक प्रणाली के अन्दर स्थान पाते हैं। स्पष्टत: 'वर्ग' शब्द को यदि इन प्रणालियों पर लागू किया जाए तो इसका वही अर्थ नहीं होगा जब यह उत्पादन के साधन के स्वामित्व और गैर-स्वामित्व के सम्बन्ध के साथ संयोजित था। हालाँकि विशेषाधिकार की प्रत्येक प्रणाली को वर्ग सम्बन्ध कहने पर जोर देना गलत होगा क्योंकि इस वर्ग सम्बन्ध शब्द ने निश्चित प्रकार के सम्बन्धों से लम्बे जुड़ाव के कारण एक निश्चित गुणार्थ विकसित कर लिया है। यह कहना ज्यादा उपयुक्त है कि असमानता पर आधारित विभिन्न समाजों ने समग्र रूप से विशेषाधिकारों की भिन्न-भिन्न प्रणालियाँ विकसित कर ली हैं और कोई एक शब्द पूर्ण रूप से इनका अर्थ प्रकट नहीं कर सकता है। वस्तुत: वर्ग समाजों के तीन शास्त्रीय उदाहरणों में भी अर्थात् दास, सामन्त और बुर्जुआ। समाजों में वर्ग सम्बन्धों का एक ही अर्थ नहीं होता है। दास समाज में स्वामी की अपने दासों में उसी तरह की अभिरुचि थी जिस तरह की

अभिरुचि किसी को अपने पालतू जानवरों में होती है। कभी-कभी स्वामी अपने दास पर रीझ सकता था और उसे घर के अन्दर उच्च स्थान मिल जा सकता था। तुर्कों में शासक स्वयं ज्यादातर दासों से भर्ती किए जाते थे। सामन्ती व्यवस्था के अन्तर्गत सामन्त स्वामियों ने निस्सन्देह अपने कृषिदासों का शोषण किया। लेकिन स्वामी और कृषिदास के बीच एक बन्ध भी था जिसका सम्पत्ति के स्वामित्व से कोई मतलब नहीं था। स्वामी रक्षक भी होता था और अपने दासों के साथ उसका पितृवत सम्बन्ध होता था। दूसरी तरफ बुर्जुआ समाज में नियोक्ता और नियुक्त व्यक्ति के बीच का सम्बन्ध पूरी तरह से अवयैक्तिक होता है और मजदूर नियोक्ता के लिए दूसरी वस्तु की तरह महज एक वस्तु होता है। हालाँकि वोस्सोवस्की द्वारा दर्शाए कई मानक विशेषाधिकारों पर आधारित अनेक तरह की प्रणालियों में आसानी से फिट हो जा सकते हैं। ये सम्पत्ति पर आधारित वर्ग सम्बन्धों में फिट हो सकते हैं, ये विशेष योग्यताओं पर आधारित विशेषाधिकारों में जैसाकि तथाकथित अभिजातों के मामले में होता है, फिट हो जा सकते हैं तथा अनेक समाजों में विशेषाधिकारों का एक बड़ा क्षेत्र आच्छादित करनेवाले जातीय समाजों में भी ये फिट हो सकते हैं। जातीय समाजों को उन सीमित करनेवाले मामलों की तरह देखा जा सकता है जहाँ सामाजिक गतिशीलता पर रोक निरंकुश है तथा इस तरह से किसी तरह की गतिशीलता पैदा नहीं होती है।

इस तरह से देखने से यह दिखेगा कि जहाँ तक किसी छोटे अल्पसंख्यक के द्वारा सबसे अनुकूल मूल्यों को पूर्ण रूप से अपनाने का सम्बन्ध है, असमानता (अर्थात् सम्भ्रान्त तथा व्यक्तिवादी, वर्गीय और जातीय समाजों) पर आधारित समाज के अनेक रूप मौलिक रूप से भिन्न होते हैं बल्कि वे शोषण और विशेषाधिकार के पैमाने पर विभिन्न स्तरों को छेंक लेते हैं। अवसर की समानता का नारा जो समानता के प्रति प्रस्तुत किया जाता है, उन उपकरणों में से एक है जिसके द्वारा विशेषाधिकार प्राप्त अल्पसंख्यक सही सामाजिक गतिशीलता को रोकने का प्रयास करता है। तथाकथित योग्यतंत्र समानता का उतना ही ज्यादा शत्रु है जितना समाज का कोई वर्ग या जाति। सभी समाजों में जहाँ उच्च पद विशेष कौशल या शिक्षा के अर्जन के जरिए हासिल होता है, प्रवृत्ति वैसी स्थितियाँ बना देने की होती है जहाँ पदाधिकारियों के वंशजों के पास हमेशा वह विशेष कौशल या शिक्षा प्राप्त करने का बेहतर मौका रहता है।

चीन में जहाँ कहीं से भी पहले प्रशासन विशेषत: विद्वज्जन के सुशिक्षित निकाय के हवाले था, बड़े सम्मान और विशेषाधिकार से सम्पन्न नये रंगरूटों के लिए यह प्रवृत्ति थी कि वे मुख्यत: पूर्व पदाधिकारियों के पुत्रों के बीच से आए। वर्ष 1890 से 1911 के बीच चीन के चिंग वंश के तेईस नेताओं की पृष्ठभूमि से जुड़े निम्नलिखित आँकड़े स्पष्ट रूप से इस प्रवृत्ति को प्रदर्शित करते हैं। चीन का यह उदाहरण महत्त्वपूर्ण है क्योंकि चीन का चयन बहुत ही सख्त परीक्षण प्रणाली पर आधारित था।

सारणी[17]

पदाधिकारी की पृष्ठभूमि	*संख्या*
विद्वान-पदाधिकारी परिवार	7
छोटा सरकारी पदाधिकारी (पिता)	3
शाही परिवार (पिता)	3
सौदागार (गिता)	2
सैन्य पदाधिकारी (पिता)	1
कृषक (पिता)	1
विधि बहिष्कृत	1
नामालूम	5
	23

यह देखा जा सकता है कि इन नेताओं में सबसे अधिक पदाधिकारी और विद्वान-पदाधिकारी पृष्ठभूमि के हैं। यह प्रवृत्ति वर्तमान समाज में भी स्पष्ट रूप से दृष्टिगोचर है। सम्भव है, इस लक्ष्य हेतु अनेक तत्त्व काम करें। जहाँ उच्च पदों से उन्हें बहुत बड़ा भौतिक पुरस्कार और अन्य विशेषाधिकार मिल जाते हैं, उच्च पदों पर आसीन इन लोगों के पुत्रों के पास स्वाभाविक रूप से अन्य लोगों के पुत्रों की अपेक्षा बेहतर जीवन की शुरुआत करने का बढ़िया मौका रहता है। यह प्रवृत्ति आगे वक्तृत्व, शिष्टाचार और जीवन की शैली इत्यादि से सुदृढ़ होती है जोकि आगे चलकर चयन का आधार बनने की ओर झुकी होती है। यह लोक विद्यालयों सरीखी विशेष संस्थाओं में भी प्रतिबिम्बित होती है जहाँ केवल विशेषाधिकार प्राप्त व्यक्तियों के पुत्रों की ही पहुँच हो सकती है। जहाँ इन संस्थानों में नामांकन के आधार से आर्थिक विचार हटा दिए जाते हैं और इसकी जगह प्रदर्शन के द्वारा चयन को प्रतिस्थापित किया जाता है, इन संस्थानों में गरीब के पुत्रों के नामांकन की सम्भावना कम ही रहती है। चयन की सख्त विधि उन लोगों के लड़कों के लिए लाभप्रद नहीं होती है जो अपने लड़को को घर पर सही कोचिंग करा पाने की स्थिति में नहीं होते हैं। साथ ही, घर का वातावरण भी बच्चों के समुचित मानसिक विकास में महत्त्वपूर्ण भूमिका अदा करता है। गरीबों का घरेलू वातावरण इस लायक नहीं होता है। इन तत्त्वों के अलावा विशेषाधिकार का स्थायी सहयोगी—भाई-भतीजावाद—हमेशा उन लोगों के पुत्रों के बचाव के लिए आ धमकता है जो अपेक्षाकृत अच्छे ओहदे पर होते हैं। ऐसा वहाँ होता है जहाँ अन्य चीजें विफल हो जाती हैं। ख्रुश्चेव ने सोवियत शिक्षा की असमतावादी प्रणाली के सबसे सख्त पहलुओं में से कुछेक को रोकने के अपने प्रयास में विद्यालयों और विश्वविद्यालयों में प्रभावशाली व्यक्तियों के बच्चों की पक्ष लेनेवाली प्रवृत्ति की सार्वजनिक तौर पर आलोचना की थी। ये तत्त्व

उसी तरह से सामाजिक गतिशीलता को कम करने का काम करते हैं जिस तरह से उत्तराधिकार के जरिए विशेषाधिकार को सम्प्रेषित करने पर होता है।

विशेषाधिकार में चार तत्त्व मिले हो सकते हैं। ये चार तत्त्व हैं—हैसियत, सत्ता, धन (अर्थात् सेवाओं और वस्तुओं पर नियंत्रण) और सुरक्षा। ऐसा अन्तिम तत्त्व अर्थात् सुरक्षा के सम्बन्ध में है, कि निजी सम्पत्ति सबसे उच्च महत्ता धारण कर लेती है। तीन अन्य तत्त्वों को बिना निजी सम्पत्ति के भी रखा जा सकता है। ये तत्त्व सामाजिक श्रेणीक्रम में जिसका जैसा स्थान होता है, उससे सीधे जुड़े होते हैं। वह मनुष्य जो उच्च पद पर आसीन होता है उसके पास उच्च वेतन या अतिरिक्त आयों के माध्यम से हैसियत, सत्ता तथा वस्तुओं और सेवाओं पर नियंत्रण भी रहता है, लेकिन वैध रूप से ये सब तभी तक उपलब्ध रहते हैं जब तक हैसियत कायम रहती है। ज्योंही अवकाश प्राप्ति या अन्य कारणों से यह स्थान (हैसियत) चला जाता है, सब कुछ गायब हो जाता है। इसके अतिरिक्त किसी व्यक्ति द्वारा प्राप्त किए गए विशेषाधिकार को अपने वंशजों या चहेतों को हस्तान्तरित करने का कोई सीधा रास्ता नहीं है। निजी सम्पत्ति और निजी सम्पत्ति के उत्तराधिकार का अधिकार इस सन्दर्भ में एक आदमी को अधिकतम सुरक्षा प्रदान करते हैं। यही कारण है कि विशेषाधिकारों पर आधारित ज्यादातर समाज (यद्यपि सभी नहीं) विशेषाधिकार प्राप्त कार्यालय या सम्पत्ति वंशागत बनाने की ओर झुक गए हैं।

इसलिए विशेषाधिकारों पर आधारित एक समाज में जहाँ उत्पादन के साधनों और अर्थव्यवस्था के दूसरे क्षेत्रों पर राज्य का नियंत्रण रहता है, सम्भव है वहाँ दो प्रवृत्तियों में से एक प्रकट हो जाए। कार्यालयों को स्वयं एक सीमित समूह के अनन्य कब्जे में बदल देने की प्रवृत्ति होगी या राज्यकृत अर्थव्यवस्था के अन्दर वैसे पॉकेटों का निर्माण करने की प्रवृत्ति होगी जहाँ किसी के सक्रिय जीवन के दौरान अर्जित सम्पत्ति का अंश वंशागतिशील निजी स्वामित्व में बदला जा सकता है। जब तक विशेषाधिकार को सम्पूर्ण रूप से खत्म नहीं किया जाता है, सामूहिक सम्पत्ति के अन्दर निजी स्वामित्व की प्रवृत्ति सम्भवत: प्रकट हो सकती है। निस्सन्देह, जब तक विशेषाधिकार प्राप्त हैसियत को घनिष्ठ रूप से बुनी गई अनन्य जाति में बदला नहीं जाता है। सोवियत संघ और दूसरे साम्यवादी देशों में प्रथम प्रवृत्ति पहले से ही दृष्टिगोचर है। वहाँ प्रश्रयप्राप्त लोगों के पास बैंक में ज्यादा पैसा जमा करने का अधिकार है तथा घर, मोटरकार इत्यादि सरीखी निजी सम्पत्ति का भी अधिकार है। इसके साथ-साथ एक घनिष्ठ अल्पतंत्र की प्रवृत्ति भी है जिसमें पार्टी के नेतागण, सेना के नेतागण तथा वैज्ञानिक, साहित्यिक और प्रबन्धकीय पेशा से आनेवाले अभिजात शामिल होते हैं।

यह उसी तरह की परिघटना है जिसके विरुद्ध माओ ने सांस्कृतिक आन्दोलन चलाया था, लेकिन विशेषाधिकारों की समस्या की बाबत दृढ़ मार्क्सवादी सोच से सम्पृक्त रहने के चलते चीनी नेता को पूरी परिघटना की व्याख्या करने हेतु मार्क्सवाद

के एक काफी टेढ़े रूपान्तर की खोज करनी पड़ी। चीनी सांस्कृतिक क्रान्ति के समर्थकों में से एक जॉन रॉबिन्सन निम्नलिखित शब्दों में माओवादी दृष्टिकोण को प्रकट करता है—"चीनी विचार के अनुसार, रूसी अनुभव यह प्रदर्शित करता है कि पूँजीवादी सदृश अतिसंरचना समाजवादी आधार पर ही विकसित हो सकती है। जब उद्योग चलाने और प्रत्यक्ष निवेश के लिए कोई पूँजीपति नहीं होते हैं तो राज्य इन कार्यों को अपने हाथ में लेने के लिए अंगों का विकास करता है और उनके नियंत्रण में डाले गए व्यक्तियों को, समाजवादी आदर्शों के दृष्टिकोण से, आचरण की विरूपता को झेलना पड़ सकता है जो कभी-कभी उन पुराने बुर्जुआ वर्ग की आचरण सम्बन्धी विकृति से भी अत्यधिक अप्रिय होती है।

...लेकिन वे स्टालिन के इस विचार का विरोध करने में स्पष्टत: सही थे कि उत्पादन के साधन में निजी सम्पत्ति को खत्म करना स्वत: एक वर्गविहीन समाज का निर्माण करना है। सोवियत अनुभव यह दिखाता है कि सत्ता, विशेषाधिकार तथा शिक्षा तक पहुँच माँ-बाप से बच्चों तक पहुँचे वर्ग भेदों का आधार निर्माण करते हैं।"[18]

परन्तु ऐसे विशेषाधिकार प्राप्त वर्ग की सत्ता को तोड़ने के माओ के प्रयास विफल हो जाने के लिए बाध्य हैं। चूँकि ये विशेषाधिकार एक अति-केन्द्रीकृत अधिनायकवादी सत्ता के आवश्यक अंग होते हैं, जब तक यह सामाजिक और राजनीतिक संरचना बनी रहती है, अल्पतंत्र नष्ट करने के हर प्रयास के बाद फीनिक्स पक्षी की तरह पुनर्जीवित होता रहेगा। कुल मिलाकर माओ इस तरह के जागरण से जो हासिल कर सकते हैं, वह है पार्टी में अपने प्रतिद्वन्द्वियों और विरोधियों का सफाया करना तथा चीनी समाज के अकेला तानाशाह के रूप में उभरना।

इससे यह निष्कर्ष निकालना गलत होगा कि विशेषाधिकारों पर आधारित समूहवादी समाज निजी पूँजीवाद की वापसी की तरफ बढ़ेगा। यदि उनके विशेषाधिकारों की रक्षा उपर्युक्त तरीके से होती है तो इसका कोई कारण नहीं है कि इन समाजों में विशेषाधिकारों के धारक क्यों निजी पूँजीवादी अर्थव्यवस्था के अव्यवस्थित तरीके की तरफ इसमें निहित तमाम जोखिमों के साथ वापस लौटने का प्रयास करेंगे, लेकिन चूँकि विशेषाधिकार उनके राजनीतिक सत्ता के साथ गहरे जुड़े होते हैं, वे दृढ़ता से तानाशाही साधन के माध्यम से सत्ता के साथ चिपक जाने का प्रयास करेंगे। उदारीकरण की एकमात्र सम्भावना तभी बन सकती है जब विशेषाधिकार प्राप्त वर्ग परम्परा के जरिए वैधता हासिल कर ले तथा यह एक वंशानुगत जाति में बदल जाए। हालाँकि तेजी से परिवर्तनशील तकनीकी सभ्यता में इस सम्भावना को असंगत ठहराया जा सकता है। उपर्युक्त विचार हो यह प्रकट होता है कि बड़ी असमानताओं के साथ-साथ एक समूहवादी अर्थव्यवस्था काफी अस्थायी भी होगी। आधुनिक तकनीक का एक आवश्यक सहगामी नौकरशाही संगठन निर्वैयक्तित्व और संगठन के लक्ष्यों की अनुरूपता की उच्च डिग्री की माँग करता है (वेबर इसे

आधुनिक संगठन की तर्कशक्ति कहता है)। इसका अर्थ भर्ती का आधार बढ़ाना है ताकि अनेक प्रशासनिक नौकरियों के लिए होनेवाला चयन सबसे कुशल व्यक्तियों को उपलब्ध करा सके। चूँकि हालाँकि शासक विशेषाधिकार प्राप्त वर्ग के हित, विशेषकर अपने विशेषाधिकारों को अपने चहेतों और सन्तान में सम्प्रेषित करने के उनके प्रयास इस तर्कशक्ति का विरोध करते हैं, इस तरह की व्यवस्थाएँ स्थायी रूप से आन्तरिक विरोध से गुजरती हैं। साम्यवादी देशों तथा भारत जैसे देशों में जहाँ ज्यादातर सार्वजनिक क्षेत्र काफी ज्यादा विशेषाधिकार प्राप्त व्यक्तियों के साथ सह-अस्तित्व में रहता है, अर्थव्यवस्था की अकुशलता रोग बन गई है। यह अकुशलता अंशत: इस आन्तरिक विरोध का प्रतिबिम्ब हो सकती है। एक 'योग्यतंत्र' अन्तत: प्रणाली की कुशलता को आगे बढ़ाने की जगह इसे कम करने के लिए काम कर सकता है, यदि उपर्युक्त प्रवृत्ति कोई संकेत हो।

व्यापक रूप से सामाजिक सिद्धान्तकारों के बीच समाज के अन्दर वर्ग विभाजनों को लेकर दो तरह के भाव हैं। एक तरफ विरोधी सिद्धान्तकार हैं जो यह मानते हैं कि वर्ग किसी समाज के भीतर अपर्याप्त मूल्यों को कब्जे में रखने की प्रतियोगिता के कारण उत्पन्न होते हैं। दूसरी तरफ क्रियात्मकवादी सिद्धान्तकार हैं, जिनका मानना है कि श्रम का विभाजन समाज के विकास के लिए अनिवार्य है। इस विभाजन के कारण निश्चित व्यक्तियों से अत्यधिक माँग करनेवाले और जवाबदेह कार्यों को करने के लिए कहा जाता है। जब तक ऐसे कार्यों के लिए विशेष ईनाम नहीं दिए जाते हैं, इन कार्यों के लिए सही किस्म के व्यक्ति उपलब्ध नहीं होंगे। इस दृष्टिकोण से वे वर्ग विभाजन को न्यायसंगत ठहराते हैं तथा समाज की प्रगति के लिए अभिजात की अपरिहार्यता के सिद्धान्त को स्वीकार करते हैं। हालाँकि इस सिद्धान्त को उचित ठहराया जा सकता था, केवल यदि यह दर्शा दिया जाता कि विशेषाधिकार प्रत्यक्षत: उस लाभप्रद और अत्यधिक माँग करनेवाले कार्य के अनुरूप होते हैं जिसे कोई व्यक्ति करता है, लेकिन स्पष्टत: यह सही नहीं है। जहाँ यह सही हो सकता है वहाँ भी, जैसाकि उस मनुष्य के मामले में होता है जो अपनी विशेष योग्यता और किसी विशेष कार्य के प्रति समर्पण के कारण उठा है, उसके उत्तराधिकारियों के बारे में जोकि अक्सर समृद्धि में पैदा हुए होते हैं, वही चीज नहीं कही जा सकती है। क्योंकि शासक वर्ग के अधिकांश सदस्यों का किसी ने उपहास किया है, अपने माँ-बाप के चुनने के सिवाय कोई अन्य योग्यता प्रदर्शित नहीं करता है।

मार्क्स ने इन दोनों के बीच का रास्ता अपनाया। जबकि उसने फ्रांसीसी इतिहासकारों से संघर्ष सिद्धान्त को लिया तथा स्वीकार किया, इतिहास की भौतिकवादी व्याख्या के अपने पूर्वग्रह तथा इस विश्वास के कारण कि उत्पादन का विशेष सम्बन्ध उत्पादन के एक निश्चित तरीके का एक अपरिहार्य परिणाम होता है, उसने ऐसे समय तक वर्ग विभाजन की अपरिहार्यता को स्वीकार किया क्योंकि उत्पादनात्मक

विकास समाजवादी क्रान्ति के आधार का निर्माण करता है। इस सिद्धान्त ने सभी पिछले शोषण को इस आधार पर कि वे सभ्यता की प्रगति के लिए अपरिहार्य और आवश्यक चरण थे, उचित ठहराने को प्रवृत्त हुआ है, लेकिन उससे अधिक यह सिद्धान्त साम्यवादी समाजों के विशेषाधिकारायुक्त अभिजात के विकास को इस आधार पर कि समानता के लिए आर्थिक आधार अभी भी तैयार नहीं किया गया है, उचित ठहराने की ओर प्रवृत्त रहता है। निस्सन्देह इस सिद्धान्त के समर्थक, ठीक-ठीक वह आर्थिक स्तर क्या होगा जिस पर इस तरह की नींव डाली जा सके, के बारे में हमें बतलाने की कृपा नहीं करते हैं। यह परेशानी तब और चक्कर में डाल देती है जब किसी को इस तथ्य का स्मरण कराया जाता है कि 1848 में प्रकाशित होनेवाले कम्युनिस्ट घोषणापत्र में तब भी सर्वहारा क्रान्ति के जल्द शुरू होने की बात कही गई थी। इसलिए निश्चित रूप से मार्क्स तब भौतिक स्थितियों में समाजवाद की जरूरतों की अत्यधिक कमी को नहीं देख पाया था। वह उसे समय इस तकनीकी विकास के बारे में कल्पना भी नहीं कर सकता था जो हमारे समय में हुआ है। फिर भी समानता का 'जमीनी कार्य' लगातार हमें चक्कर में डालता है।

क्रियात्मकवादी और कुछ हद तक मार्क्सवादी सिद्धान्तकार इस तथ्य को नजरअन्दाज कर देते हैं कि वर्ग विभाजन अक्सर क्रियात्मक नहीं बल्कि अत्यधिक दुष्क्रियात्मक होते हैं। यदि हम खुद सामन्ती व्यवस्था को लें तो देखते हैं कि आगे बढ़ाने की जगह यह वास्तव में उत्पादकता के विकास को अवरुद्ध करती है। उद्योगों का ज्यादा विकास, जबकि यूरोप इसी व्यवस्था के अन्तर्गत रह गया, उन क्षेत्रों में हुआ जो सामन्ती आहरणों और तबाही से अपेक्षाकृत मुक्त थे। जैसाकि अधिकांश अल्पविकसित दुनिया में यह स्पष्ट है कि अगले वर्गों का सुस्पष्ट उपभोग इन देशों के संसाधनों का अपमय साबित हो रहा है और उत्पादक उद्यम के विकास को अवरुद्ध कर रहा है। संयुक्त राष्ट्र में दक्षिणी भाग औद्योगिक रूप से पिछड़ा रह गया। ऐसा गुलामी की प्रथा के कारण हुआ। इस गुलामी की प्रथा ने नई उत्पादक सक्रियताओं को अपनाने के लिए श्वेत शासक वर्ग की जीवनशक्ति का सार निचोड़ लिया था। सामान्यत: यथास्थिति का सरोकार सभी शासक वर्गों का एक प्रमाण-चिह्न हमेशा हर क्षेत्र की नवीनता में रुकावट डालता है। और यह सामाजिक विकास को अवरुद्ध करता है।

जातियों के विकास की स्थितियाँ

परन्तु जब हमारा सामना जातीय समाजों से होता है तो क्रियात्मकवादी सिद्धान्त पर सम्पूर्ण खतरा आ जाता है। आर्थिक जरूरत या क्रियात्मक सामर्थ्य के दृष्टिकोण से जातीय समाजों को समझना बिलकुल ही सम्भव नहीं है। जातियों के विकास

को केवल हैसियत के किसी सरोकार और आर्थिक तथा सत्ता सम्बन्ध के किसी विशेष विन्यास के शब्दों में ही समझा जा सकता है। भारत में जोकि जातीय समाज का एक उत्कृष्ट उदाहरण रहा है, जातियों में सामाजिक विभाजन पूरी तरह उन कार्यों से असम्बन्धित है जिन्हें अनेक जातियों के सदस्य सम्पादित करते हैं। एक चर्मकार जो पारम्परिक रूप से चमड़े के काम से सम्बद्ध था, आज एक किरानी या कलक्टर बन सकता है, लेकिन यह तथ्य उसके सामाजिक स्थान को नहीं बदलता है, न ही यह उसकी गतिशीलता को किसी भिन्न जाति में मंजूरी देता है। उसी तरह एक ब्राह्मण जूते के कारखाने में काम करता होगा तथा वास्तव में जूता बनाने के लिए बहाल होगा, लेकिन इससे उसकी सामाजिक श्रेष्ठता का स्थान नहीं बदलता है। आर्थिक या क्रियात्मक सिद्धान्त के अनुसार परिवर्तित क्रियात्मक भूमिकाओं को अनेक जातियों के सदस्यों के पक्ष में शीघ्र ही एक परिवर्तित सामाजिक हैसियत में प्रतिबिम्बित होना चाहिए था, लेकिन इस तरह का कुछ नहीं होता है। जाति विभाजन हमेशा की तरह दृढ़ रहता है, यद्यपि कि आधुनिक उद्योगों ने पारम्परिक जातीय पेशों की आवश्यकता को लगभग ध्वस्त कर दिया है।

प्राचीन समय में भी जब जातियाँ कार्यों से जुड़ी हुई थीं, क्रियात्मकवादी सिद्धान्त मुख्यत: गलत साबित होता है। क्रियात्मकवादी सिद्धान्त के अनुसार विशेष ईनाम और विशेषाधिकार के पात्र उन्हें होना चाहिए जो अपेक्षाकृत ज्यादा मेहनत/मुश्किल का काम करते हैं, लेकिन भारत में प्राचीन 'वर्ण' व्यवस्था के अन्तर्गत ठीक इसके विपरीत होता था। निम्नतम 'वर्ण' कहा जानेवाला शूद्र सबसे ज्यादा मुश्किल कार्य करता था। उसके प्रयास से ही समाज के सभी लोगों को भोजन और अन्य जरूरी चीजें सुलभ हो पाती थीं। शिल्प और उद्योग में इस वर्ण के लोग सबसे ज्यादा कुशल भी थे, लेकिन उत्पादक गतिविधियों में उनकी मुख्य भूमिका के बावजूद वे सभी तरह के अपमानों और अयोग्यताओं के अधीनस्थ थे। क्रियात्मकवादी सिद्धान्त के बचाव में यह कहा जा सकता है कि इस सिलसिले में जो महत्त्वपूर्ण है, वस्तुत: यह वह नहीं है जो समाज के भीतर का मुख्य कार्य है बल्कि वह है जिसे इसके अन्दर इस तरह का होने के बारे में सोचा जाता है, लेकिन यदि इन दोनों के बीच व्यापक विसंगति है तो केवल यह कहा जा सकता है कि बादवाला विचार केवल उस समूह का औचित्य स्थापन है जिसने पहले ही अपने विशेषाधिकारों को स्थापित कर लिया है।

उसी तरह की कठिनाई का सामना जातिप्रथा की घटना की व्याख्या को लेकर मार्क्सवादी नजरिए में होता है। जातिगत हैसियत को आर्थिक हालात से जोड़ने के सारे प्रयास विफल हो जाते हैं। भारतीय इतिहास में वैसे काल रहे हैं जिनमें वर्तमान समय भी शामिल है, जब शूद्र एक समान रूप से गरीब नहीं थे तथा इनमें से कुछ तो उच्च वर्णों के अनेक सदस्यों से आर्थिक रूप से बेहतर थे। इस तरह जातियों और वर्गों का सदा सह-अस्तित्व नहीं था।

डी.डी. कोसाम्बी, जिन्होंने भारतीय इतिहास के अध्ययन में मार्क्सवादी सिद्धान्त को आवेदित करने का प्रयास किया था, ने स्वीकार किया कि भारत में गुलामी कभी भी एक बड़ी संस्था के रूप में नहीं थी। जातिप्रथा के बारे में वह निश्चित टिप्पणियाँ करते हैं जो वर्गों में समाज के विभाजन से सम्बन्धित मार्क्सवादी सिद्धान्त को पूरी तरह से उलट देती हैं। उनमें शब्दों के प्रयोग को लेकर भारी सन्दिग्धता भी है। एक जगह वह लिखते हैं—"उत्पादक सम्बन्धों में मुख्य बदलाव विजित दास आबादी से दास वर्ग का निर्माण था; इसके बाद इस शब्द (विजित दास आबादी) का अर्थ किसी तरह का एक दासवर्ग हो गया। जाति से जो दास था उसे पहल करने का अधिकार नहीं था, न ही हथियार रखने का अधिकार था; उसके पास कोई सम्पत्ति नहीं थी, मवेशी की तरह वह खुद आर्य जनजाति की सम्पत्ति था। ऐसी अवस्था में मवेशियों को समूह में चराया जाता था, खेतों की समूह में जुताई होती थी, दास का एक सामान्य जनजातीय सम्पत्ति के रूप में इस्तेमाल बिलकुल तार्किक है।"[19]

उपर्युक्त निष्कर्ष में वह पहले कहते हैं कि दास एक दासवर्ग बन गया और इसके बाद वह अगले ही वाक्य में दास के जाति बन जाने का कोई स्पष्टीकरण दिए बगैर 'जाति से दास' के बारे में बात करते हैं। यह तथ्य भी उल्लेखनीय है कि दास वर्ग विजयों से पैदा होता है तथा विजय का तथ्य, न कि उत्पादक तत्त्वों के उदय का तथ्य एक नये उत्पादन सम्बन्ध को जन्म देता है। तीसरी चीज जो उल्लेखनीय है वह यह है कि वर्ग विभाजन या जाति विभाजन बगैर निजी सम्पत्ति के पैदा होता है और नव अर्जित दासवर्ग पूरा का पूरा जनजाति की सम्पत्ति है। यह सारी परेशानी आर्थिक सिद्धान्त की जाति संस्था की उत्पत्ति की व्याख्या कर पाने की असमर्थता के कारण पैदा होती है।

एक दूसरे मार्क्सवादी इतिहासकार आर.एस. शर्मा, जिन्होंने जातियों के अध्ययन पर काफी मेहनत की है, ने भी आर्थिक सम्बन्धों के आधार पर भारतीय समाज के अन्दर के सामाजिक विभाजन को व्याख्यायित करने का प्रयास किया है, लेकिन इस प्रयास में वह खुद उन तथ्यों को प्रकाश में लाते हैं जो उनके सैद्धान्तिक निरूपण का खंडन करते हैं। उनके अनुसार—"पहले ही ऋग्वैदिक काल में श्रम का विभाजन लम्बे समय तक चला था, लेकिन यद्यपि परिवार के सदस्यों ने पुजारी, चिकित्सक और पीसनहारा के रूप में काम किया था (ऋग. IX 112-13), इसने किसी सामाजिक विभेदन को सम्मिलित नहीं किया। 'अथर्ववेद' के काल की रागाप्ति के आते-आते, हालाँकि कार्यों के विभेदन पद के विभेदनों में विकसित होने की ओर प्रवृत्त हुए, और जनजातियों और कुलों का धीरे-धीरे सामाजिक वर्गों में विभाजन हो गया। ऐसा प्रतीत होता है कि शूद्र जनजाति या आर्यों के समूह जो दास कार्य के लिए नियुक्त थे, चौथे वर्ण के स्थान पर आ गए और इस अर्थ में हमारे वर्णों की सामान्य उत्पत्ति की परम्परा के प्रति सच्चाई का एक तत्त्व रख सकते हैं।"[20]

लेकिन उसी किताब में आगे वह इस विचार पर आते हैं कि यह परम्परा (सामान्य उत्पत्ति की) जो 'ऋग्वेद' में पुरुष सूक्त पर आधारित है, बाद का क्षेपक है। और आगे चलकर वह जब यह साबित करने का प्रयास करते हैं कि चौथे वर्ण को दिया गया नाम 'शूद्र' एक जनजाति के नाम से लिया गया था जिसे आर्यों ने अपने अधीन कर लिया था, अपनी पूरी स्थिति को अमान्य ठहराते हैं। वह लिखते हैं—"कोई भी यह जानना चाहेगा कि चौथे वर्ण को शूद्र क्यों कहा गया? ऐसा प्रतीत होता है कि जिस तरह से सामान्य यूरोपीय शब्द 'स्लेव' और संस्कृत शब्द 'दास' विजीत जनसमूहों के नाम से लिए गए थे, ठीक उसी तरह 'शूद्र' शब्द भी शूद्र नाम की जनजाति से लिया गया था। इसमें कोई सन्देह नहीं है कि शूद्र ई.पू. चौथी सदी में एक जनजाति के तौर पर कायम थे क्योंकि डियोडोरस ने शोद्राई नामक जनजाति के विरुद्ध सिकन्दर की प्रगति को अभिलेखित किया है। एरियन ने शोगदोई का उल्लेख किया है जो गलत हो सकता है। पोलेमी ने भी फिर स्पष्ट ढंग से शिद्रोई लिखा है जोकि आर्कोसिया के केन्द्रीय भाग में निवास करते थे और यह भूक्षेत्र पूर्वोत्तर अफगानिस्तान के महत्त्वपूर्ण हिस्से को आच्छादित करता था तथा इसके पूर्वोत्तर सीमान्त के किनारे-किनारे सिन्धु घूमती थी।"[21]

उपर्युक्त उद्धरण यह दर्शाता है कि शूद्रों का पराधीन वर्ण विजय के बाद ही अस्तित्व में आया होगा। केवल इसी तरह से नाम की व्याख्या हो सकती है। कोसाम्बी की तरह शर्मा भी यह बताते हैं कि शूद्र जनजाति की सामान्य सम्पत्ति थे तथा यह कि उनकी स्थिति को गुलामी या दासता के शब्दों में व्याख्यायित नहीं किया जा सकता था। वह लिखते हैं—"वैदिक काल में शूद्रों की स्थिति को गुलामी या दासता के शब्दों में परिभाषित करना कठिन है। यद्यपि ये सन्दर्भ उनके श्रमशील जनसमूह होने की छाप छोड़ते हैं, सामान्यत: वे ऐसा प्रतीत नहीं होते कि व्यक्तियों के स्वामित्व के तहत गुलाम या दास रहे हैं। स्पष्टत: जिस प्रकार से समुदाय भूमि पर कुछ तरह का नियंत्रण रखता था, ठीक उसी तरह यह भी श्रमिक आबादी पर उसी तरह का नियंत्रण रखता था।"[22]

जातियों के वियोजन की समस्या से सम्बन्धित अपनी सोच में वे इतना अधिक संभ्रमित हैं कि उसी साँस में वह एक आर्थिक व्याख्या दे देते हैं और सिनार्ट के उस विचार का समर्थन भी करते हैं जो जातियों की उत्पत्ति का जनजाति सजातीय विवाह और वंश विजातीय विवाह से पता लगाने का प्रयास करता है। उदाहरणस्वरूप, वह लिखते हैं—"तब ऐसा प्रतीत होता है कि आरम्भ में उपनयन समूची जनजाति का कार्य था, लेकिन जैसे-जैसे जनजाति वर्गों में बँटती गई, यह धन और उच्च सामाजिक स्थिति के माध्यम से प्राप्त किया जानेवाला एक विशेषाधिकार, एक आदरसूचक भेद बन गया जिसने दीक्षित को प्राय: गोपनीय समाजों तक की अनन्य पहुँच प्रदान की। सिनार्ट के इस विचार का अनुसरण करते हुए कि कुल बहिर्विवाह

और जनजाति अन्तर्विवाह ही बाद में जातिप्रथा के रूपों में विकसित हुआ, यह भी सुतर्क दिया जा सकता है कि जनजातीय दीक्षा का ही इस परिणाम के साथ तीन उच्च वर्णों के उपनयन में रूपान्तरण हुआ था कि इसने शूद्रों की सामाजिक पदावनति को लाने में मदद की।"[23]

जिस वक्त वह वर्ग विभाजन की बात करते हैं, वर्ग विभाजन की प्रकृति को नहीं बतलाते हैं, न ही यह बतलाते हैं कि यह कैसे हुआ। वह एक शब्द भी नहीं बताते हैं कि कैसे यह चौथा वर्ण इतनी गहरी दरार के साथ शेष जनजाति से अलग हो गया कि इसे दीक्षांत समारोह से भी बाहर कर दिया गया। जनजाति अन्तर्विवाह और वंश बहिर्विवाह का सिद्धान्त समान रूप से जाति अलगाव की व्याख्या करने में अपूर्ण है। प्रथमत: यह रिवाज उन अनेक जनजातीय समाजों के लिए सामान्य है जहाँ यह जाति पार्थक्य को प्रोत्साहित नहीं करता है। दूसरा, खुद भारत में लगभग हर जाति एक ही गोत्र से आनेवाले सदस्यों के बीच की शादियों पर रोक लगाती हैं। उसके अनुसार सगोत्रों का मतलब एक ही व्यक्ति (अधिकांशत: आचरण से मिथकीय) से पैदा हुआ अर्थात् एक मूल का, लेकिन यह जाति पार्थक्य में प्रतिफलित नहीं होता है। वस्तुत: जबकि समान गोत्रवाले सदस्यों के बीच शादियाँ निषिद्ध हैं, भिन्न गोत्रवाले समान जाति के सदस्यों के बीच की शादियाँ अनिवार्य हैं।

लेकिन जो विचार जातियों की उत्पत्ति को वर्ग विभाजनों से जानने का प्रयास करना है, उसके लिए यह तथ्य घातक है कि जातियों का पार्थक्य 'वर्गों' के बीच के विकासशील आर्थिक अन्तरों के अनुरूप नहीं होता है। इसके विपरीत सामाजिक गतिशीलता और सामाजिक समागम में ह्रास होने लगता है क्योंकि निम्नक्रमों की आर्थिक हालत सुधरने लगती है। इस विचार के समर्थन में हमें शर्मा के निजी अध्ययन में ही उत्कृष्ट साक्ष्य मिलते हैं। कुल मिलाकर उनके सिद्धान्त को उनके द्वारा परोसे गए तथ्य की खंडित करते हैं। उदाहरण के लिए, उनकी सैद्धान्तिक स्थिति निम्नलिखित है—"इस काल (धर्मसूत्रों का काल) में शूद्रों की राजनीतिक विधिक हैसियत उनकी आर्थिक स्थिति का एक प्रतिरूप प्रतीत होती है। बाद की वैदिक राज्य व्यवस्था में उनके महत्त्व के वैषम्य में वे उक्त काल के राजनीतिक संगठन के अन्दर अपना स्थान खो देते हैं। अपास्तम्बा के अनुसार, राजा केवल आर्यों (अर्थात् प्रथम तीन वर्णों के सदस्यों) को ही गाँवों या शहरों के प्रभारी पदाधिकारियों के रूप में नियुक्त कर सकता था। इनके मातहत काम करनेवाले छोटे-छोटे पदाधिकारियों के लिए भी वही योग्यता निर्धारित थी।"[24]

किन्तु उनके सिद्धान्त के विपरीत वस्तुत: वह 600-300 ई.पू. जिस धर्मसूत्र काल की बात करते हैं, उस दौरान शूद्र की हालत सुधरी हुई थी। वह स्वतंत्र शिल्पकारों और खेतिहर मजदूरों का वर्णन देते हैं। स्वतंत्र शिल्पकार यद्यपि किसी भी तरह समृद्ध नहीं थे, आर्थिक संगठन के भीतर महत्त्वपूर्ण स्थान रखते थे। इस तरह वह लिखते

हैं—"शूद्र वर्ण के कारीगर सदस्यों ने मौर्यकाल से पहले की कृषक अर्थव्यवस्था में महत्त्वपूर्ण भूमिका अदा की। धातु के कामगारों ने न केवल कुल्हाड़ी, हथौड़े, आरी और छेनी इत्यादि बढ़इयों और लोहारों के लिए बनाया बल्कि कृषि को हल, कुदाल और इसी तरह के औजार मुहैया कराए, जिससे किसान शहर में रहनेवाले लोगों के लिए अधिशेष भोजन मुहैया करने में सक्षम हो गए। मुख्य शहरों में शिल्पकारों ने गिल्ड बना लिया जिसके प्रधान का राजा के साथ विशेष सम्बन्ध होता था।"[25]

एक दूसरा उल्लेखनीय तथ्य यह है कि इस आरम्भिक काल में भी आर्थिक हालत सीधे वर्णों से सम्बन्धित नहीं थे। गरीबी के कारण न केवल शूद्र बल्कि उच्च क्रम के सदस्य भी गुलाम हो सकते थे। इसका यह भी अर्थ है कि धनी और गरीब सभी वर्णों में हो सकते थे और निस्सन्देह धनी लोगों का अनुपात उच्च वर्णों में अपेक्षाकृत ज्यादा था जैसाकि आज भी है। वह लिखते हैं—"गुलामी अनन्य रूप से न केवल शूद्र वर्ण के सदस्यों तक ही सीमित थी। जमभोजक (गाँव का प्रधान), मंत्री, ब्राह्मण, क्षत्रिय और उच्च क्रम में जन्मे लोग भी गुलाम हो सकते थे।"[26]

हालाँकि सामाजिक स्तर पर गम्भीर अयोग्यताएँ विहित की गई हैं और सम्भवत: लागू भी की गईं। इस तरह हम अध्ययन करते हैं—"गौतम के कानून के अनुसार यदि एक ब्राह्मण एक क्षत्रिय या एक वैश्य को गाली देता था तो उसे जुर्माना भरना पड़ता था, लेकिन यदि वह शूद्र को गाली देता था तो कर मुक्त हो जाता था। आगे यदि कोई शूद्र इरादतन द्विज को गाली देता था या आपराधिक रूप से उस पर प्रहार करता था तो उसका वह अंग विच्छेदित कर दिया जाता था जिससे वह अपराध किया होता था...।"[27]

और आगे—"अवैध यौन से सम्बन्धित कानून में शूद्रों के लिए सजा के सख्त प्रावधान थे। अपास्तम्बा में प्रावधान है कि यदि एक शूद्र एक आर्य के साथ नियोग करता है अर्थात् प्रथम तीन वर्णों की किसी महिला सदस्य के साथ तो उसे मौत की सजा मिलनी चाहिए और यदि उस जारकर्म से उस महिला को कोई सन्तान नहीं होती है तो एक तप से वह शुद्ध हो जा सकती है, लेकिन उसी प्रावधान के अनुसार, यदि कोई आर्य किसी शूद्र महिला के साथ नियोग करता है तो उसे देश निकाला दिया जा सकता था।"[28]

इसके बाद हम मनुस्मृति काल पर आते हैं जो 200 ई.पू. से 200 ई. तक फैला है। इस काल में शूद्रों की आर्थिक हालत में आगे सुधार होता है। इस तरह शर्मा के अनुसार—"यद्यपि मनु में यह विचार बार-बार आता है कि शूद्रों को केवल यदि ऊपर के वर्णों की सीधी सेवा से जीविका चलाने में असफल हो जाते हैं, कारीगर का पेशा अपनाना चाहिए, न केवल कारीगरों की संख्या में विचारणीय वृद्धि हुई प्रतीत होती है बल्कि इस काल के दौरान उनकी स्थिति में कुछ सुधार हुआ भी प्रतीत होता है। यह लोहारों, बाजीगरों, बुनकरों, सोनारों और चर्मकारों के

द्वारा बौद्ध महंथों को बड़ी संख्या में गुफाओं, स्तम्भों, पाषाण पटों, कुंडों आदि के रूप में दिए गए उपहारों से स्पष्ट है। इनके साथ-साथ शिलालेख में रँगरेज, धातु और गजदंत के कारीगर, जौहरी, मत्स्यपालक दाता के रूप में दिखाई पड़ते हैं। बाजीगर और कुछ हद तक लोहार बारम्बार उदार उपासक के तौर पर अंकित हैं और इसलिए वे खूबसूरत काम किए मालूम पड़ते हैं, शायद कारीगरों के अनगिनत समूहों ने ऐसा किया है।"[29]

किन्तु उनकी आर्थिक दशा में इस सुधार का मिलान 'मनुस्मृति' में जाति पार्थक्य को सुदृढ़ करनेवाले प्रयास से किया जाता है। मनु ने वर्ण के अनुसार ब्याज दरों का निर्धारण किया। इसी मुताबिक वर्ण के क्रम के अनुसार मासिक ब्याज दो, तीन, चार या पाँच प्रतिशत होता था। एक प्रयास यह भी है, विभिन्न वर्णों के सदस्यों के बीच यौन सम्भोग के विरुद्ध सख्त प्रतिबन्ध लगाना। इस तरह शर्मा लिखते हैं—"...लेकिन मनु एक ब्राह्मण का एक शूद्र महिला के साथ सम्भोग करने के विचार को जोरदार ढंग से अस्वीकार करते हैं। उनके विचार से इस तरह का व्यक्ति मृत्यु उपरान्त नरक में डूब जाएगा। यदि वह उसके साथ सम्भोग कर बच्चा पैदा करता है तो वह ब्राह्मण का स्तर खो देगा और शूद्र के अलावा सन्तान की कमी से उसका परिवार विनष्ट हो जाएगा। चूँकि एक ब्राह्मण का शूद्र बेटा एक जिन्दा शव होता है, इसलिए पार्शव कहलाता है। उस व्यक्ति के लिए कोई प्रायश्चित्त नहीं हो सकता है जो किसी शूद्र महिला के ओठों का रसास्वादन करता है, उसकी साँसों से दूषित होता है तथा उससे बच्चा पैदा करता है।"[30]

और शूद्रों पर धार्मिक क्षेत्र में दूसरी अयोग्यताएँ लागू की गई थीं। इस तरह हम देखते हैं—"धार्मिक क्षेत्र में शूद्रों का वैदिक बलि के अधिकार से वंचित रहना जारी रहा। यह कहा जाता है कि शूद्रों को अपनी जाति खोने का खतरा नहीं रहता है; वह संस्कार ग्रहण करने के योग्य नहीं होता है तथा आर्यों के धर्म का अनुसरण करने का अधिकार उसके पास नहीं रहता है।"[31]

उत्तर मौर्यकाल में शूद्रों के उत्थान की स्थिति को पुराण लेखकों ने अपने कलियुग के वर्णन में जो क्रन्दन किया है, वह प्रकाश में लाता है। उस स्थिति का इस प्रकार से वर्णन है—"यदि पुराणों में दिए गए कलियुग के वर्णन को उत्तर-मौर्यकाल में व्याप्त स्थितियों के हल्के संकेत के तौर पर भी लिया जाता है तो यह मालूम पड़ेगा कि शूद्रों ने खुलेआम तत्कालीन सामाजिक व्यवस्था को चुनौती दी थी। शूद्रों द्वारा की गई ज्यादतियों का वर्णन 'कूर्म पुराण' में मिलता है—'राजा के मूर्ख शूद्र पदाधिकारीगण ब्राह्मणों पर जगह छोड़ने का दबाव बनाते हैं और उन्हें मारते हैं। राजा परिवर्तनशील समय के आधार पर कलि में ब्राह्मणों का अनादर करता है और शूद्रों को ब्राह्मणों के बीच जगह मिलती है। वैसे ब्राह्मण जिन्हें वेदों का अपेक्षाकृत कम ज्ञान है तथा अपेक्षाकृत कम भाग्य और शक्तिवाले हैं, शूद्रों का सम्मान पुष्पों,

सजावटों और अन्य मांगलिक चीजों से करते हैं। यद्यपि इस तरह से सम्मानित शूद्र ब्राह्मणों पर एक नजर डालते भी नहीं हैं। ब्राह्मण शूद्रों के घर में प्रवेश करने का साहस नहीं करते हैं बल्कि उन्हें सम्मान देने के एक अवसर हेतु द्वार पर खड़ा रहते हैं। ब्राह्मण जो अपनी जीविका हेतु शूद्रों पर निर्भर रहते हैं, उन्हें सवारी में बैठे होने पर भी घेरे रहते हैं और उनकी प्रशंसा करते हैं तथा उन्हें वेद पढ़ाते हैं।' "[32]

लेकिन यद्यपि शूद्रों की आर्थिक हालत अन्य वर्णों की अपेक्षा नियमित रूप से सुधर रही थी, उनकी सामाजिक अयोग्यताएँ बरकरार थीं। बाद में और खासकर गुप्तकाल में अर्थात् पाँचवीं सदी तक शूद्रों की आर्थिक हालत में चौतरफा सुधार हुआ, लेकिन इस काल में भी शूद्रों पर एक दूसरी अयोग्यता लाद दी गई। इसके बाद शूद्रों के हाथों का भोजन उच्च वर्ण के लोगों के लिए प्रतिबन्धित हो गया। कलियुग के उपर्युक्त वर्णन से यह प्रकट होता है कि ब्राह्मण दंड लगाने की क्षमता खो रहे थे और कुछ हद तक शूद्रों के याचक भी बन रहे थे। इस तरह अब जोर दंडों के विस्तारण की बजाय आत्मारोपित अलगाव पर स्थानान्तरित हो जाता है। इस बाद के काल के बारे में शर्मा लिखते हैं—"इस काल का पाठ्य बार-बार कहता है कि एक ब्राह्मण को शूद्र का भोजन स्वीकार नहीं करना चाहिए क्योंकि ऐसा करने से उसकी आध्यात्मिक शक्ति घट जाती है। शान्ति पर्वण ब्राह्मण को बढ़इयों, मोचियों, धोबियों और रँगरेजों का भोजन स्वीकार करने से निषिद्ध करता है। याज्ञवलक्य के अनुसार, शूद्रों और पतितों का भोजन स्नातक के लिए स्वीकार्य नहीं है। वह आगे इसे दर्शाता है कि एक स्नातक को नटकिया, बाँस का काम करनेवाला, सोनार, हथियार बेचनेवाला, कारीगर, दर्जी, रँगरेज, कसाई, धोबी या तेली का भोजन ग्रहण नहीं करना चाहिए। क्षत्रियों के लिए कुछ शूद्रों का भोजन छोड़ देने की एक प्रवृत्ति भी शुरू होती है।"[33]

और आगे—"अनुशासन पर्वण घोषणा करता है कि वह आदमी जो शूद्रों का भोजन ग्रहण करता है, वह धरती पर सबसे घृणित वस्तु को निगलता है, मानवीय शरीर का मल-मूत्र पीता है, और दुनिया का गन्दा खाता है।"[34]

वर्णों की स्थिति का वर्णन करनेवाले उपर्युक्त सभी सारांश शर्मा की पुस्तक से लिए गए हैं जो उनकी इस कल्पना को असन्दिग्ध रूप से गलत साबित करते हैं कि शूद्रों की अयोग्यताएँ उनकी सामाजिक आर्थिक दशा से सम्बन्धित थीं। हालाँकि एक तथ्य स्पष्ट रूप से मन में रहना चाहिए। वह तथ्य यह है कि स्मृतियों की निषेधाज्ञा या पुराणों के वर्णन और निषेधाज्ञा जो वास्तविक स्थितियाँ व्याप्त थीं, को प्रतिबम्बित नहीं कर सकते हैं, लेकिन मात्र उस तरीके को प्रतिबिम्बित किया जिसके जरिए उच्च वर्ण के विचार को प्रस्तुत करनेवाले लेखकों ने स्थिति को देखा था या उस तरीके को जिसके जरिए उन लोगों ने वर्णों के सम्बन्धों को व्यवस्थित करना पसन्द किया था, लेकिन दूसरे सन्दर्भ में शूद्रों की सामाजिक हैसियत में जो कुछ भी बदलाव आया हो, जातियों के बीच अलगाव दृढ़ से दृढ़ होता रहा। यहाँ

तक कि हम अपने समय में भी जातियों को जलरुद्ध उपकक्षों में विभाजित पाते हैं जहाँ किसी भी दो जातियों के बीच गतिशीलता पर निरंकुश पोतावरोध आज्ञा लागू है।

यद्यपि जातियों की उत्पत्ति की एकल परिकल्पना के अन्तर्गत जातिप्रथा के सभी विभिन्न पहलुओं को समेटना सम्भव नहीं है, कम-से-कम तीन उच्च वर्णों और शूद्रों के बीच के मौलिक विभाजन को पूर्ण ढंग से दो भिन्न संस्कृतियों (अनिवार्यत: दो भिन्न नस्ल नहीं) से आनेवाले लोगों के बीच प्रभुत्व और पराधीनता के सम्बन्ध से व्याख्यायित किया जा सकता है। रिज्ले ने सचमुच में एक व्यक्ति पर भिन्न नस्ल/जाति से आनेवाले दूसरे व्यक्ति की विजय के शब्दों में जातियों की व्याख्या करने का प्रयास किया है, लेकिन वह जो विस्तृत प्रक्रिया बतलाता है, वह असन्तोषप्रद है। उसके अनुसार, इस सम्पर्क से अनियमित संयोग के कारण वर्णसंकर पैदा होते हैं और इस प्रक्रिया में अनेक संयोजन भिन्न-भिन्न जातियों में विकसित होते हैं। वह अमेरिका के दक्षिणी राज्यों के अश्वेतों की हैसियत की तरफ इशारा करता है, लेकिन हटन ने उचित ढंग से पता लगाया है, यह अमेरिका के उत्तरी राज्यों के अश्वेतों की स्थिति की व्याख्या करने में विफल हो जाता है क्योंकि उनकी स्थिति दक्षिणी राज्यों के अश्वेतों से बिलकुल भिन्न है। खुद भारत के मामले में प्राचीन धार्मिक पुस्तकों में वर्णित अनियमित विवाहों से अनेक जातियों की उत्पत्ति का सिद्धान्त महज कल्पित है तथा इनका आविष्कार उन विविध जनजातियों को जो धीरे-धीरे भारतीय समाज में आत्मसात् कर ली गई, निश्चित स्थान प्रदान करने के लिए किया गया। अनेक जनजातियाँ जिनकी उत्पत्ति इस तरह से वर्णित है, बिलकुल अभिज्ञेय हैं।

स्वामी और प्रजा का सम्बन्ध और सम्पर्क निस्सन्देह जातियों की उत्पत्ति का मूल है, लेकिन यह सम्बन्ध केवल निश्चित उन्हीं विशेष स्थितियों में जातियों की उत्पत्ति की तरफ ले जाता है जब एक अधीनस्थ जाति जो भिन्न संस्कृति से आती है, निश्चित बाह्य या आन्तरिक विषय के कारण आर्थिक या राजनीतिक शक्ति के रूप में उठना शुरू कर देती है या हलचल की अवस्था में होती है। जातियाँ—स्वामी और प्रजा (अधीनस्थ) के बीच के मूल सम्बन्ध (जो सामान्य रूप में लिया जाता है) को धमकाते हुए पैदा होती हैं अथवा यह तब पैदा होती है जब किसी विषय के चलते शासकों की सुरक्षा और आर्थिक स्थिति कमजोर पड़ने लगती है। दोनों ही प्रसंगों में पूर्ववर्ती स्वामियों के अहं को धमकी मिलती है। ऐसी धमकी के तहत वैसे लोग जो स्वयं को स्वाभाविक शासक समझते हैं, श्रेष्ठता के अपने निजी बोध को अधीनस्थों पर विविध तरह की अयोग्यताएँ लादने का प्रयास कर सहारा देते हैं तथा श्रेष्ठता के अपने निजी बोध के तमगे को ईजाद करते हैं। जब अयोग्यताएँ लागू करने की उनमें शक्ति नहीं रहती है तो वे पूर्ववर्ती अधीनस्थ जाति के सम्पर्क से स्वयं को अलग-थलग रखने का प्रयास करते हुए अपने निजी सामाजिक कवच में वापस डूब जाते हैं। प्रथम प्रसंग में अलगाव अधीनस्थों पर और दूसरे प्रसंग में

यह अलगाव स्वयं पर लादा जाता है। इस सुरक्षा क्रियाविविध का इस्तेमाल कर जबकि एक वस्तुनिष्ठ तरीके से, सामाजिक या आर्थिक रूप से डूब रहा होगा, एक का आत्मसम्मान इस अनुभूति से पुन:स्थापित हो सकता है कि वह एक सन्दर्भ में, कम-से-कम भिन्न है और इसलिए श्रेष्ठ है।

इस परिकल्पना का उपयोग कर भारत में जातियों की घटना को व्याख्यायित करना सम्भव है। इस आधार पर अमेरिका के दक्षिणी राज्यों में और उत्तरी राज्यों भी हुए जाति जैसे विकास की भी व्याख्या हो सकती है। यह परिकल्पना हैसियत और आत्मसम्मान की जरूरत जैसी मौलिक मनोवैज्ञानिक विशेषताओं की भूमिका से सम्बन्धित पूर्व के अध्ययन के परिणामों से भी मेल खाती है।

चूँकि प्राचीन भारत में किसी बड़े पैमाने पर गुलामी के अस्तित्व का कोई साक्ष्य नहीं है, विजेता आर्य जनजातियों और अधीनस्थ जनजातियों के बीच वास्तविक सम्बन्ध उसी तरह का था जो सम्बन्ध केल्टों का ब्रितानी द्वीपों के दासोचित लोगों के साथ अपने आरम्भिक काल में था। बर्नी ने इसका वर्णन किया है अर्थात् जीते गए लोगों की व्यवस्था ज्यादा बाधित नहीं थी बल्कि वे वस्तुओं और सेवाओं के रूप में निश्चित तरह के आहरणों के अधीन थे। आज भी भिन्न-भिन्न जातियों से आनेवाले लोगों के गाँव भारत के अनेक हिस्सों के बृहत्तर गाँव को कब्जा किए हुए हैं। कम-से-कम उनमें से कुछ भिन्न जनजातियों के अलग गाँव के चिह्न होने का आभास देते हैं। आरम्भिक केल्टी लोगों का वर्णन भारत में आरम्भिक सामाजिक जीवन के बारे में हम जो तसवीर जुटाते हैं, उसे दूसरी समरूपता भी प्रदान करता है। बर्नी इस स्थिति का निम्नलिखित वर्णन प्रस्तुत करते हैं—"प्रधानों, अभिजातों और ड्रूइडों की शक्तिशाली पुरोहित जाति ने एक विशेषाधिकार प्राप्त अभिजात तंत्र का निर्माण किया था जबकि स्वतंत्र लोगों के अधीन अस्वतंत्र लोगों का सीधा अधीनीकरण दुर्लभ था। दास श्रम की प्रथा को संगठित करने की कठिनाई जो रोमन लतिफंदिया या बाद में अमेरिका के दक्षिणी उपनिवेशों के वक्त महसूस किया गया, दासवर्ग के अपने निजी गाँवों में उनके अलगाव को बढ़ा दी। इस तरह स्वतंत्र और अस्वतंत्र गाँव साथ-साथ अस्तित्व में आए।"[35]

यह मान लेना तर्कसंगत है कि तीन उच्च वर्णों की उत्पत्ति सामान्य प्रक्रिया से जैसे-जैसे युद्ध बारम्बार और आर्थिक होते गए और सामाजिक जीवन अपेक्षाकृत जटिल होते गए, श्रम विभाजन के कारण हुई थी। कार्य का ऐसा विभाजन और विशेष रूप से पुरोहितीय वर्ग का उदय अधिसंख्य संस्कृतियों के लिए सामान्य है, लेकिन शूद्रों का चौथा वर्ण ऊपर में दिए गए कारणों से पैदा हुआ था।

ऐसा प्रतीत होता है कि पहले शूद्र जनजाति को अधीन में कर स्वामी और प्रजा का एक सम्बन्ध स्थापित किया गया। इस काल में स्वाभाविक रूप से आर्य शासकों के श्रेष्ठ स्थान को अधीनस्थों की तरफ से कोई धमकी नहीं थी। स्वाभाविक रूप

से आर्य शासकों का अधीनस्थ लोगों के प्रति न तो वैर है न ही उनके द्वारा उन्हें स्वयं से दूर रखने का कोई प्रयास होता है। तब आर्यों की स्वाभाविक श्रेष्ठता के बोध की निश्चित कारक जड़ खोदे होंगे। ये ही निश्चित अनार्य वंशों की शक्ति, यूनानियों, शकों, कुषाणों वगैरह जैसे विदेशियों के हमले, ब्राह्मणों के नियम के आधार की जड़ खोदनेवाले बौद्ध सरीखे धर्म का उदय तथा शूद्रों की आर्थिक हालत में सुधार जो सर्वोत्कृष्ट शिल्पकार रहे जान पड़ते हैं, के विकास रहे होंगे। यह उदय अपरिहार्य था क्योंकि गुप्तकाल में व्यापार और उद्योग शीर्ष पर पहुँच रहा था। शर्मा का अध्ययन खुद इस चीज को दर्शाता है कि ये सभी तथ्य काम कर रहे थे।

स्वाभाविक रूप से उच्च वर्णों और विशेषकर पुरोहित ब्राह्मणों ने अपना स्थान नीचे गिरते हुए पाया और इस तथ्य पर क्षोभ प्रकट किया। अपने स्तर को नीचा गिरने से रोकने के लिए उन्होंने विविध निषेधाज्ञाओं, जिनका वर्णन हमने ऊपर में किया है, के माध्यम से शूद्रों पर सामाजिक अयोग्यताओं को लादने का प्रयास किया। आरम्भिक काल में जब उनके पास अभी भी सत्ता थी, उन्होंने अपने आदेशों के उल्लंघन हेतु जुर्माना लगाने का प्रयास किया, लेकिन बाद के काल में उनके लेख एक धमकी के विरुद्ध महज नपुंसक गुस्सा ही थे और उसका सामना कर पाने में वे शक्तिहीन थे। हम स्पष्टत: ऊपर में वर्णित कलियुग के वर्णन में पराभवशील वर्ग का एक निस्सहाय क्रन्दन सुनते हैं। उसी प्रकार अनुशासन पर्वाण से लिए गए उपर्युक्त उद्धरण में हम नपुंसक पुरोहिती की तरफ इसके अपने वर्ग के गरीब बनाए गए सदस्यों के विरुद्ध, जो शूद्रों से मिलनेवाले बढ़िया भोजन के लालच में इसकी निषेधाज्ञाओं की अवहेलना करने तक को प्रवृत्त जान पड़ते हैं, अभिशाप देते हुए देखते हैं। इस भावना का एक प्रतिरूप शूद्रों को साक्षार ज्ञान लेने से रोकने का प्रयास भी था जो उच्च वर्ण के लोगों का एकाधिकार था और यह श्रेष्ठता के उनके अन्तिम दावे के रूप में अब प्रकट हुआ हो सकता है।

यह अब इस बात की व्याख्या करेगा कि क्यों जैसे-जैसे शूद्रों की आर्थिक हालत सुधरती गई, शूद्रों के विरुद्ध नियमन (निस्सन्देह सैद्धान्ति) और ज्यादा क्रूर और सख्त होते चला गया।

अमेरिका के दक्षिणी भागों में हम एक सदृश स्थिति देखते हैं। जब तक श्वेत लोग अश्वेत गुलामों के निर्विवाद मालिक थे, अश्वेतों को अलग करने का कोई प्रयास नहीं था। अश्वेत गुलाम श्वेतजनों के परिवार और खेतीबारी की देखभाल करते थे। वे घर का हिस्सा थे और किसी को श्वेत लोगों द्वारा छोड़ी गई गन्ध के विरुद्ध कोई शिकायत नहीं थी, लेकिन गृहयुद्ध और पुनर्निर्माण के बाद चीजें बदल गईं। गृहयुद्ध ने अश्वेत गुलामी का अन्त कर दिया। पुनर्निर्माण स्वतंत्र नागरिकों की आवश्यकताओं के सुसंगत अश्वेतों के जीवन को पुनर्संगठित करने का एक असफल प्रयास था। इसी समय से अश्वेतों के प्रति वैमनस्य भी बढ़ा। कू क्लक्स

क्लान, रेगुलेटर और जेहॉकर इत्यादि सरीखे गुप्त आतंकवादी संगठन अश्वेतों को 'उनका स्थान' दिलाने के लिए अस्तित्व में आए। इसी काल के बाद अलगाव भी प्रकट हुआ और विकसित होते गया। जॉन होप फ्रैंकलिन इस स्थिति का निम्नलिखित शब्दों में वर्णन करता है—"एक बार अश्वेतों को मताधिकार से वंचित कर दिया गया तो श्वेत श्रेष्ठता के लिए आवश्यक हर चीज की जा सकती थी। श्वेत लोकतांत्रिक प्रारम्भिक निर्वाचनों के उदय के साथ जिससे पार्टी के नियमों के जरिए अश्वेतों को निकाल दिया गया था, श्वेतों ने विधिवत ढंग से नस्लों को पूरी तरह अलग करने हेतु प्रस्ताव पारित कर लिया क्योंकि उनके बीच सामान्य सम्बन्ध नहीं हो सकता था। नस्लीय अलगाव का कानून केवल 1868 में गायब हो जाने हेतु पुनर्निर्माण के दौरान एक संक्षिप्त आभास दिया था। जब कंजर्वेटिवों को सत्ता मिली तो उन्होंने नस्लों के भेदभाव को पुनर्जीवित किया। 1870 में टेनेस्सी में दक्षिणवासियों ने सभी दक्षिणी राज्यों में नस्लों के अन्तर्विवाह के विरुद्ध कानून बनाया, यह शुरुआत थी। पाँच साल बाद टेनेस्सी ने पहले 'जिम क्रो' कानून को अपनाया और इसके बाद शेष दक्षिणी राज्य तेजी से इस मार्ग को अपना लिए। अश्वेत और श्वेत ट्रेनों, बस अड्डों और घाटों पर अलग-अलग रहते थे। सदी के अन्त तक अश्वेतों को श्वेत होटलों, नाई की दुकानों, रेस्तरांओं और थियेटरों से सुप्रीम कोर्ट द्वारा 1883 में सिविल राइट्स एक्ट 1875 को गैरकानूनी घोषित करने के बाद प्रतिबन्धित कर दिया गया। 1885 तक अधिकांश दक्षिणी राज्यों में अलग विद्यालयों की जरूरतवाले कानून बन गए थे।"[36]

हाल में सुप्रीम कोर्ट द्वारा विद्यालयों के पार्थक्य को गैर-कानूनी घोषित किए जाने के बाद अमेरिका के दक्षिणी राज्यों के अनेक क्षेत्रों में श्वेतों के प्रयास रहे हैं कि अपने बच्चों को राज्य से बाहर ले जाकर विशुद्ध निजी श्वेत विद्यालयों में नामांकित कराया जाए। इस तरह सर्व-श्वेत विद्यालय हर जगह फैले हुए थे। अनुमान लगाया जाता है कि भारी आर्थिक बोझ और अध्यापन की सन्तोषप्रद स्थिति नहीं होने के बावजूद 1970 के मध्य तक 300,000 से 400,000 बच्चों को इन सर्व-श्वेत निजी विद्यालयों में भेजा गया। यह ठीक बाद के दिनों के ब्राह्मणों के उस प्रयास की तरह था जब ब्राह्मण शूद्रों पर अयोग्यताएँ आरोपित करने की शक्ति खोने के बाद स्वयं को शूद्रों के सम्पर्क से दूर रखने का प्रयास करने लगे। हमने पहले ही अध्याय-2 में उल्लेख किया है कि कैसे बिना सामान्य कानूनी कार्रवाई के प्राणदंड की सजा देना आर्थिक पीड़ा से उत्पन्न होनेवाले असुरक्षा के बोध से जुड़ा हुआ है।

दक्षिणी अफ्रीका में अपनाई गई रंगभेद की नीति के लिए समान स्पष्टीकरण दिया जा सकता है। वहाँ भी जब तक श्वेतों की श्रेष्ठता को अश्वेतों द्वारा सम्मान दिया गया, नस्लों को पृथक् करने का कोई प्रयास नहीं किया गया, लेकिन लोगों का मानसिक परिवेश तेजी से बदल रहा था। अन्तरराष्ट्रीय फलक पर अश्वेत लोग

अपने मन से दस्तक दे रहे थे। एशिया और अफ्रीका के अनेक अश्वेत राज्यों को आजादी मिल चुकी थी। श्वेत नस्लों की श्रेष्ठता का रहस्य बेपर्दा हो चुका था। खुद दक्षिण अफ्रीका के अश्वेत इन विकासों से बेखबर नहीं रखे जा सकते थे। स्वाभाविक रूप से अधिकारों के लिए शोरगुल हुआ जो अभी तक उन्हें नहीं दिए गए थे। इस चुनौती के बावजूद अश्वेत लोगो के जगने तथा श्वेतों की तरह समान राजनीतिक अधिकारों की माँग करने से ऐसा हुआ कि रंगभेद की नीति को श्वेतों के प्रभुत्व का निर्वाह करने का एकमात्र उपाय समझा गया। मोनिका इंटर दक्षिण अफ्रीका के शासक श्वेत और पराधीन बन्तुसों के बीच के सम्पर्क के फलस्वरूप मनुष्यों के मनोभावों के कुछ साफ उदाहरण प्रस्तुत करती हैं। वह लिखती हैं—"चूँकि क्षेत्रीय और आर्थिक पार्थक्य संघ के भीतर बन्तु के लिए 'अपने निजी मार्गों से विकास वास्ते' असम्भव योजनाएँ हैं, महज एक पवित्र आशा के रूप में रहना चाहिए। अपने सान्निध्य के फलस्वरूप बन्तु और यूरोपीय संस्कृतियों का पहले से ही गहन संशोधन हो गया है...यूरोपीय संस्कृति में सामंजस्य सामाजिक और आर्थिक अश्वेत प्रतिबन्धों, उसके फलस्वरूप समूह के भीतर सामाजिक अन्तरों का दाग, 'काफिर कार्य' और अन्तरात्मक नस्लीय क्षमता के विकास में बहुत ज्यादा स्पष्ट है।"[37]

और आगे शिक्षितों के प्रति दिखाए गए असामान्य तिरस्कार, क्योंकि वे श्वेतों को अपना स्वाभाविक श्रेष्ठ नहीं मान सकते थे और श्वेतों के आत्मसम्मान के लिए एक धमकी गढ़ चुके थे, को उद्धृत करते हुए वह लिखती हैं—"...डॉ. मोलेमा टिप्पणी करते हैं, यह शिक्षित बन्तु ही है जो नस्लीय अनुभूति का आघात सहते हैं क्योंकि उनमें से अनेक लोग यूरोपवासियों का नौकर बने बिना उनके घनिष्ठ सम्पर्क में आ जाते हैं। जब तक अश्वेत व्यक्ति एक नौकर रहता है, वह उनके भोजन, बच्चों की देखभाल कर सकता है, उनके घरों में प्रवेश कर सकता है, उनके साथ पलंग पर बैठ सकता है, एक ही डिब्बे में उनके साथ घूम सकता है—लेकिन जिस क्षण वह स्वतंत्र हो जाता है, यूरोपवासी उसे निर्वासित कर देते हैं।"[38]

आरम्भिक हिन्दू कानून की किताबों की तरह बन्तुओं और यूरोपवालों के लिए समान अपराध के लिए पक्षपातपूर्ण सजा की व्यवस्था है—"एक श्वेत औरत पर प्रहार करने के अपराध में एक अश्वेत को फाँसी दे दी जाती है, एक अश्वेत महिला पर प्रहार करने के जुर्म में एक श्वेत व्यक्ति को अल्पकालीन कारावास मिलता है।"[39]

समय और स्थान के तहत इतना व्यापक पृथक् क्षेत्रों में मनोभावों के ये मिलते-जुलते रूप स्पष्ट रूप से यह दर्शाते हैं कि भारत में जातियों की अनोखी संस्था के निर्माण में वही क्रियाविधि काम करती होगी।

एक बार समाज में बड़ा विभाजन कर दिया गया, नई जनजातियाँ जो इस समाज के सम्पर्क में आई थीं, उनका आत्मसात्‌करण उसी तरह से घटित हुआ होगा। नई जनजातियों ने विकास के अपने निजी स्तर के अनुसार श्रेणीक्रम में स्थान

ग्रहण किया। अपेक्षाकृत अधिक आदिम जनजातियों ने इस श्रेणीक्रम में एक निम्नतर स्थान ग्रहण किया। कुल मिलाकर नये आगन्तुकों को पुराने लोगों की तुलना में घाटा था क्योंकि अपरिचित जीवनशैली के प्रति अनादर और उससे स्वाभाविक भय व्याप्त था। यह घटना आधुनिक अमेरिका में भी पाई जानेवाली है जहाँ हैसियत क्रम परम्परा (अश्वेतों से सम्बन्धित क्रम परम्परा से अलग) की तरह एक जाति विकसित हुई है,जो समय अनुक्रम पर आधारित है जिसमें विभिन्न राष्ट्रीयताओं से सम्बन्धित मनुष्य अमेरिका आए थे। इस घटना के सम्बन्ध में लियोनार्द रेइजमैन लिखता है—"अमेरिका के प्रसंग में वेबर ने यह बतलाया कि कुछ उच्च वर्ण हैसियत समूह प्रवेश हेतु पूर्वापेक्षाओं को स्थापित कर जोकि देर से आनेवालों के लिए सुलभ नहीं थी, जातीय अति की तरफ बढ़ रहे थे। वर्जीनिया के प्रथम परिवार, अमेरिकी क्रान्ति की पुत्रियाँ यो में पुष्प के उत्तराधिधारियों का समाज उक्त प्रवेश हेतु जोकि उपलब्ध नहीं थे, के लिए योग्यताओं का उपयोग करनेवाले हैसियत संगठनों के उदाहरण थे।"[40]

इसके साथ ही उन लोगों की निम्न सामाजिक हैसियत ने, जोकि सभी प्रकार के शारीरिक श्रम में लगे हुए थे, सभी हाथ से काम करने का अनादर किया। वे जो खासकर कष्टसाध्य धन्धों में लगे हुए थे, विशेषकर यदि उनका काम गन्दा था और यदि उसे शवों से जुड़ा काम करना था, अनादर के पात्र बन गए और उनके साथ सम्पर्क प्रतिबन्धित हो गया। यह सम्भव है कि इस तरह का काम अत्यन्त आदिम जनजातियों को सौंपा गया जो गाँव और शहरों के किनारों पर बसते थे। यही चंडालों का मूलस्रोत रहा होगा। हटन बर्मा के अछूतों के एक वर्ग संडाल के अस्तित्व की ओर इशारा करता है जो भारत के चंडाल के निकट समानान्तर है। उसके अनुसार इस वर्ग में ताबूत निर्माता, कब्र खुदाई करनेवाला, कब्रिस्तान या श्मशान में काम करनेवाला और शवों का निपटान करने में शामिल रहता है। वह इस कोटि में जापान के 'एटा' को भी जगह देता है।[41]

इस तरह अनेक अन्य स्वरूप भारतीय समाज को विभाजित करनेवाली एक बड़ी दरार से जुड़े हो सकते हैं।

समाज में मुख्य जाति विभाजनों के लिए विशेष मनोवैज्ञानिक स्थिति को जिम्मेवार ठहराते हुए हम यह पता लगा सकते हैं कि फासीवाद, जोकि खुद भी निश्चित जाति सरीखे स्वरूपों को प्रदर्शित करता है, इसकी भी जड़ें कुछ इसी तरह की मनोवैज्ञानिक स्थितियों में जमी होती हैं। यहाँ एक मध्यवर्ग जिसकी स्थिति उच्च और निम्नवर्ण के सापेक्षतया धमकाई हुई होती है, वह उसी तरीके प्रतिक्रिया करता है तथा सामाजिक सम्बन्धों को खुद के लिए अधिकतम सुरक्षा प्राप्त करने के लिए ठप्प करने का प्रयास करता है। यह मनोवैज्ञानिक स्थिति तब पैदा होती है जब एक तरफ एकाधिकारों का विकास तथा दूसरी तरफ शक्तिशाली श्रमिक संगठनों,

विभागीय भंडारों, सहकारिता इत्यादि के विकास छोटे उद्योगपतियों, दुकानदारों, छोटे किसानों इत्यादि की स्थिति को धमकी देते हैं। यह मध्यवर्ग जो खुद को मजदूरों से श्रेष्ठ समझता है तथा उच्च वर्ग हैसियत की आकांक्षा रखता है, यह पाता है कि एक वर्ग के रूप में यह महाकाय कॉरपोरेशनों और महाकाय मजदूर संगठनों के बीच निचोड़ा जा रहा है। इन प्रवृत्तियों को जामकर यह अपनी स्थिति को सुरक्षित बना सकता है। स्वयं को राष्ट्रवाद और युद्ध के महिमामंडन जैसे आदर्शों के साथ पहचान देकर भी, जिसमें इसकी महत्त्वपूर्ण भूमिका हो सकती है, इसका अपना हैसियत बोध बढ़ता है। यह स्वाभाविक है कि आन्दोलन मजदूर वर्ग की अपेक्षा उन एकाधिकारवादियों के प्रति ज्यादा दुश्मन हो सकता है जो अन्तत: इसके आदर्श रहते हैं। जाति-सदृश विशिष्टता दृढ़ क्रम परम्परा पर फासीवादी जोर में ज्यादा स्पष्ट रूप से दृष्टिगोचर होती है। इस तरह एक वर्ग जो मूलत: निम्न क्रमों में फिसल जाने के खतरे में था, वह जानता है कि वह कहाँ खड़ा है और सुरक्षित अनुभव करता है।

पूर्व का विमर्श यह अनुमोदन करता है कि सामाजिक विभाजनों के विविध रूपों को विशुद्ध आर्थिक शब्दों में नहीं समझा जा सकता है। हालाँकि सभी प्रकार के सामाजिक विभाजन में हैसियत की चिन्ता महत्त्वपूर्ण स्थान ग्रहण कर लेती है। हमने देखा है (अध्याय-2) कि हैसियत का आग्रह मनुष्यों के अन्दर के प्राथमिक आग्रहों में से एक है। यह सामाजिक जीवन में आवश्यक है क्योंकि यह समाज को एक बनाए रखने में मदद करता है। समूह में रहनेवाले मनुष्यों को अपनी विविध गतिविधियों के लिए मार्गदर्शन की प्रत्याशा होती है। उच्च हैसियत के व्यक्ति स्वाभाविक रूप से समाज के अन्य व्यक्तियों के लिए मार्गदर्शक और आदर्श बन जाते हैं, लेकिन हैसियत का अनिवार्यत: मतलब विशेषाधिकार नहीं होता है। वस्तुत: आदिम समाजों में बुजुर्ग या प्रधान भी बहुत-से विशेषाधिकारों का इस्तेमाल नहीं करते हैं। एक विशेष पत्थर, एक पंख या मुखौटा या एक टोगा (रोमन सिनेटरों का) हैसियत के प्रतीक के रूप में पर्याप्त होता है, लेकिन विशेष परिस्थिति में हैसियत के प्रति इस सम्मान को मनुष्यों ने विशेषाधिकारों का ढेर लगाने हेतु इस्तेमाल किया है जिसकी न तो समाज में हैसियत की विशेष भूमिका हेतु, न ही हैसियत के अर्जन हेतु जरूरत होती है।

परन्तु एक बार विशेषाधिकार अर्जित कर लिए जाते हैं तो उन्हें स्थायी बनाए रखने के विशेष प्रयास किए जाते हैं। इन विशेषाधिकारों को स्थायी बनाने का सबसे सामान्य तरीका है, हैसियत के अर्जन हेतु उन मूल्यों के महत्त्व पर जोर देना जो खास विशेषाधिकारों के निर्वहन हेतु लाभप्रद होता है। उदाहरणस्वरूप, एक बुर्जुआ समाज में सम्पत्ति के मूल्य पर सदैव जोर दिया जाता है। आधुनिक औद्योगिक समाज में अभिजात वर्गों की ओर से कार्य कुशलता और मेधा (विशेषाधिकार प्राप्त व्यक्तियों के पक्ष में व्याख्यायित) पर विशेष जोर देने का प्रयास किया जाता है। उसी तरह

सामन्ती व्यवस्था के अन्तर्गत युद्ध सम्बन्धी जोश को बड़े मूल्य की एक वस्तु बना दिया गया। जाति समाज में जन्म पर काफी झट-से यह जोर दिया जाता है कि उसमें यह मूल्य विद्यमान है, लेकिन यथार्थ में यह सब विशेषाधिकार कायम रखने का एक उपकरण है जिसे इसके अपने आधार पर न्यायोचित नहीं ठहराया जा सकता था।

लेकिन वस्तुनिष्ठ रूप से देखने पर ये विशेषाधिकार अर्थव्यवस्था केवल एक अनावश्यक दबाव डालते हैं जिससे गरीबी का बृहत् क्षेत्र अस्तित्व में आ जाता है, वहाँ पर भी जहाँ इनके अस्तित्व की कोई जरूरत नहीं है। भौतिक पुरस्कारों को हैसियत के साथ पहचानने से एक प्रभाव बनता है जिसका वर्णन लेंस्की ने एक-दूसरे सन्दर्भ में निम्नलिखित शब्दों में किया है—"यह मायने नहीं रखता है कि वह कितना अधिक उत्पादन और उपभोग करता है, वह हमेशा ज्यादा की इच्छा रखता है। यह मुख्यत: इसलिए सही है क्योंकि उसके द्वारा उपभोग की जानेवाली वस्तुओं और सेवाओं का एक हैसियत मूल्य है और उपयोगिता सम्बन्धी मूल्य भी। यदि स्वचालित वाहन नियंत्रित करने में सक्षम समाज अन्ततः इस माँग को सन्तुष्ट कर सकता था। हालाँकि स्वचालित वाहन भी हैसियत के प्रतीक होते हैं; इसलिए इनके सुधार की माँग और इनके उत्पादन में व्यवहृत वस्तुओं और सेवाओं की कोई सीमा नहीं है। हैसियत प्रयास का वही स्वभाव इसे अपरिहार्य बना देता है कि माँग आपूर्ति से ज्यादा होती।"[42]

निस्सन्देह यह हैसियत की माँग ही नहीं है बल्कि स्वचालित वाहनों से हैसियत की पहचान है जो इस अभाव तक ले जाती है। जैसाकि हम पूर्व के अध्याय में देख चुके हैं, हैसियत को व्याग से भी पहचाना जा सकता है। बौद्ध भिक्षुक के मामले में इसे देखा जा सकता है। यह पूरी स्थिति को बदल सकता है।

लेकिन विशेषाधिकार एकबारगी पैदा नहीं हुए हैं। इसकी उत्पत्ति जैसाकि हमने पूर्व में देखा है, मानव समूहों के बीच के विवाद में निहित है। इन विवादों के क्रम में जिन लोगों ने सत्ता हथियाई, उन लोगों ने विशेषाधिकार भी अर्जित किए, पहले उनकी कीमत पर जो परास्त थे, और बाद में अनेक तरह से इसको स्थायी बनाने के प्रयास किए। विशेषाधिकार हर स्थिति में पूरी तरह से सत्ता से जुड़ा रहा है। जिनके पास सत्ता होती है, उनकी पहुँच विशेषाधिकारों तक होती है। विशेषाधिकार प्राप्त कर सत्तासीन व्यक्ति इसे हैसियत से जोड़कर देखने का प्रयास करता है।

5

पूर्व का विमर्श उन आधार वाक्यों में से कुछेक पर सवालिया निशान लगाता है जिन पर समाजवादी आन्दोलन (खासकर इसका मार्क्सवादी रूपान्तर) टिका हुआ था। कम-से-कम यह उस आन्दोलन के शुरुआती आशावाद को प्रभावहीन बनाता है। इस धारणा को खत्म करता है कि निश्चित भौतिक अवस्थाएँ स्वत: समाजवादी बदलाव के लिए सभी नैतिक और मनोवैज्ञानिक दशाओं को पैदा करती हैं। हमने यह भी देखा है कि इसे महज शासक वर्ग के एक अंग के रूप में देखनेवाला राज्य की प्रकृति का साधारण सिद्धान्त कहीं से सन्तोषजनक नहीं है। दूसरी तरफ राज्य वर्गों की पर्याप्त स्वतंत्रता का खयाल रखता हुआ प्रतीत होता है और मनुष्यों की उस सभा के विशेषाधिकारों को स्थायी बनाने हेतु जिसके संचालन हेतु मनुष्य ही जवाबदेह होते हैं, वर्ग संघर्ष में जोड़-तोड़ करता है। हमने यह भी देखा कि वे जिनके पास राजनीतिक सत्ता होती है, एक विशेषाधिकारयुक्त वर्ग में विकसित होने के लिए इसका इस्तेमाल कर सकते हैं। हमने जिस दूसरे कारक पर विचार किया, वह था, कुलीन तंत्र का विकास। यह कुलीन तंत्र उस पर जगह विकसित हुआ जहाँ पर बड़े-बड़े संगठन खड़े हुए। यह समाजवादी आन्दोलन के समक्ष एक दूसरी समस्या खड़ी कर देता है। इस संगठनात्मक कुलीनतंत्र से समतावादी आदर्श खत्म हो जा सकते हैं; क्योंकि पूर्व के शासक वर्गों से संघर्ष जितना ही तेज होते जाता है, यह संगठनात्क कुलीन तंत्र उतना ही अधिक शक्तिशाली बनते चला जाता है।

सर्वसत्तावाद की सत्ता प्रेरणा की स्वाभाविक प्रवृत्ति उस आन्दोलन के दूसरे खतरों का पूर्व संकेत देती है जो अपनी शुरुआती सफलता के लिए अत्यधिक केन्द्रीकृत राज्य मशीन पर निर्भर रहता है। चूँकि यह साबित हो चुका है, एक बार ऐसा कोई केन्द्रीकृत राज्य कायम हो जाता है तो सब पर अपना प्रभुत्व जमाने की इच्छा से इसमें ज्यादा-से-ज्यादा शक्ति जुटा लेता लेने की प्रवृत्ति आ जाती है। इससे संघर्ष और युद्ध तैयारी का एक स्थायी राज्य पैदा हो जाता है जो समता और उदारीकरण के विरुद्ध एक तर्क बन जाता है।

हमने यह देख लिया है कि मनुष्य ने खास स्थितियों का आदी बनानेवाला तंत्र (अध्याय-2) और सुरक्षा की खोज सभी सामाजिक निर्माणों में परम्परा और पक्के

रूढ़िवाद की पकड़ को मजबूत बनाती है। यह शीघ्र ही इससे स्पष्ट हो जाएगा कि अरस्तू और अनेक लेखकों का आन्दोलनों को रोकने के उपायों से अत्यधिक सरोकार अनावश्यक था। शासन आसानी से बदला जा सकता है, लेकिन समाज में बुनियादी बदलाव लाना काफी कठिन होता है। अधिकांश मामलों में जो चीज आन्दोलन के रूप में जानी जाती है, वह केवल शासकों के समूह में जनता के जीवन की दशा या तरीके को बदले बगैर एक बदलाव लाती है, लेकिन जहाँ निश्चित दिशाओं में कुछ बड़े बदलाव होते हैं, वहाँ भी नई प्रतिमाओं और अपधर्मों के साथ रूढ़िवादी सिद्धान्तों का एक नया समूह उस नई व्यवस्था के अन्दर कायम हो जाता है।

चूँकि बड़ी क्रान्तियाँ सदियों में केवल एक बार ही हो पाती हैं, इसलिए दो क्रान्तियों के बीच की प्रगति के अवरोधक सामाजिक मलबों के नियमित निष्पादन का कोई प्रभावशाली उपाय नहीं रहता है। यह आवश्यकता से अधिक किसी क्रान्ति को हिंसक बना देता है। यह सर्वसत्तावादी प्रथा को पालता-पोसता भी है क्योंकि जो लोग क्रान्ति करते हैं, वे न केवल क्रान्ति की केन्द्रीय बड़ी समस्या का निपटारा करते हैं बल्कि उन्हें सम्बन्धित रुझानवाले लोगों और पूर्व की प्रथा या व्यवस्था के चारों ओर जमा हुई परम्पराओं का भी निपटारा करना होता है। यह पुन: इस तथ्य से जाहिर होता है कि हमारे समय की कुछेक बड़ी क्रान्तियों का अनुसरण करनेवाले सर्वसत्तावादी शासनों के बावजूद उनके अन्दर की बुनियादी मूल्य प्रथा बदली नहीं है। इस तरह हम देखते हैं कि उन देशों में भी जो बुर्जुआ सम्पत्ति को नष्ट कर देने का दावा करते हैं, पैसे के लिए काम करने की बुर्जुआ प्रवृत्ति पहले की तरह बनी रहती है।

हाल के वर्षों में पूरी दुनिया से प्राप्त अनुभवों के आलोक में दूसरे रहस्य से घृणा करने की जरूरत है। यह किसी क्रान्ति की आवश्यक तर्कसंगतता का रहस्य है—यह विश्वास कि आन्दोलन की आवश्यकता ठीक उस वक्त महसूस होती है, जब यह कोई सामाजिक उद्देश्य पूरा कर रहा होता है और उस वर्ग के द्वारा किया जाता है जो अपनी माली हालत के कारण इस कार्य हेतु विशेष रूप से उपयुक्त हो हैं। समाजवादी आन्दोलन के लिए वर्तमान युग में औद्योगिक सर्वहारा यह भूमिका निभानेवाले थे। मुख्य रूप से इस विश्वास को हाल के वर्षों की घटनाओं ने झुठला दिया है। दूसरी तरफ सुधारवादी आन्दोलन का आवेग उन वर्गों से आ रहा प्रतीत होता है जो नई व्यवस्था से सामंजस्य बैठाने में असफल हो चुके हैं तथा अलग-अलग महसूस करते हैं। हमने पहले ही यह चर्चा की है कि कैसे उन क्षेत्रों में व्यापक आन्दोलनकारी उबाल रहता है जो गैर-औद्योगिक क्षेत्रों से आनेवाली बहुत अधिक आबादी के साथ द्रुत औद्योगिक विकास की प्रक्रिया में (अध्याय-2) होते हैं। इससे यह चीज भी स्पष्ट होती है कि माओ ने क्यों मार्क्स और एंगेल्स की उस घृणा की क्रान्तिकारी ऊर्जा गरीब सर्वहारा को निकाल देने का प्रयास किया था। हाल का अनुभव आगे यह बतलाता है कि अधिकांश सुधारवादी आन्दोलनों का

हरावल स्थापित औद्योगिक मजदूरों की अपेक्षा आबादी का दूसरा समूह रहा है। छात्र, गरीब सर्वहारा, किसान और बुद्धिजीवियों का एक वर्ग इन सबने उस वर्ग से ज्यादा क्रान्तिकारी शक्ति दिखाई है, जिन पर यह लम्बे समय से समर्पित था।

अमेरिका, फ्रांस, इटली तथा पश्चिम के अधिकांश दूसरे देशों में छात्र और अपेक्षाकृत नये अकुशल मजदूर तथा नीग्रो की तरह बाहरी लोगों ने ही क्रान्तिकारी मंच पर मुख्य अभिनेताओं की भूमिका निभाई है। फ्रांस में छात्र और बुद्धिजीवी ही मई 1968 ई. के सुधारवादी आन्दोलन का हरावल बन गए। उनके पास मजदूरों के समर्थन से जिनमें अकुशल और सबसे गरीब व्यक्तियों ने पहली दफा महत्त्वपूर्ण निभाई थी, सब कुछ था लेकिन पहले से कायम व्यवस्था को उलट दिया था, लेकिन फ्रांसीसी कम्युनिस्ट पार्टी, दूसरी तरफ संगठित औद्योगिक मजदूरों का नेतृत्व करती है तथा यह फ्रांस में मार्क्सवादी सुधारवादी समाजवाद का मुख्य प्रवक्ता रही है। इसने निर्णायक घड़ी में निराशा को ही बढ़ाया। फ्रांसीसी कम्युनिस्ट पार्टी के इस रवैये ने ज्यां पाल सार्त्र सरीखे लम्बे समय के सहयोगी को भी पार्टी को फ्रांसीसी राजनीति की सबसे बड़ी रूढ़िवादी शक्ति के रूप में विश्लेषित करने के लिए बाध्य कर दिया। उन्होंने यहाँ तक कह दिया कि फ्रांस में किसी सफल आन्दोलन के लिए इस पार्टी की समाप्ति एक अनिवार्य शर्त है।

ये सभी चीजें समाजवादी आन्दोलन की रणनीति पर स्पष्टीकरण और पुनर्विचार की माँग करती हैं। मार्क्सवासियों में से कुछ लोग स्वयं अपने विचारों को इस यथार्थ के अनुरूप बनाने के इच्छुक हैं, यद्यपि वे अभी तक इस सबके निहितार्थ को कार्यरूप देने के लिए तैयार नहीं हैं। ब्रूस फ्रैंकलिन एक लेख में गरीब सर्वहारा की आन्दोलनकारी भूमिका पर माओ और फ्रेंज फेनन के जोर को उचित ठहराते हुए इस घटना को व्याख्यायित करने का प्रयास करते हैं। वह लिखते हैं—" ... लेकिन हमें इसकी (निर्धन सर्वहारा की) ऐंगल्स की निन्दा को पूर्णतया बेकार और महज खतरनाक के तौर पर अस्वीकार कर देना चाहिए। मार्क्स एक परिच्छेद में एक मुख्य अन्तर्दृष्टि देते हैं जो माओ और फेनन के विश्लेषण का पूर्व संकेत देती है और सीधे वर्तमान सुधारवादी युवा आन्दोलन के विकास से जोड़ती है। वह 'दी क्लास स्ट्रगल इन फ्रांस' में कहते हैं, 'युवा उम्र' में गरीब सर्वहारा 'पूरी तरह आघात वर्घ्य होता है, अधिकांश वीरोचित कार्यों तथा उच्च त्याग करने की क्षमता उसमें होती है जितनी कि घटिया दस्युता और अपवित्र भ्रष्टाचार के लिए जरूरत होती है...।' यदि ऐसा है तो कम-से-कम गरीब सर्वहारा के युवाओं को सुधावादी संघर्ष में अत्यन्त महत्त्वपूर्ण भूमिका अदा करने के योग्य होना चाहिए क्योंकि उनका ही एकमात्र समूह है जो वीरत्व की शक्ति को जीवन जीने के तरीके के रूप में पुलिस से सामना करने तथा भूमिगत गतिविधियों में व्यस्त करने की व्यक्तिगत दैनिक जानकारी के साथ एकजुट कर सकता है..."[1]

उसी लेख में वह दूसरी जगह फेनन के निम्नलिखित शब्दों को समर्थन के साथ उद्धृत करते हैं—"इसलिए भड़ुए, गुंडे, बेरोजगार और छोटे-छोटे अपराधी, पीछे से आगे धकेले गए, स्वयं को तगड़े मजदूरों की तरह आजादी के संघर्ष में झोंक देते हैं। यही वर्गविहीन निकम्मे लोग हिंसक और निर्णायक कार्य से उस रास्ते की खोज करते हैं जो राष्ट्रवाद की तरफ ले जाता है। वे औपनिवेशिक समाज को खुश करने के लिए संशोधित चरित्रवाले व्यक्ति नहीं बन पाए, वे शासकों की नैतिकता के साथ समंजित होते हैं—इसके बिलकुल विपरीत वे हैंड ग्रेनेड और रिवॉल्वर के सिवाय नगर में घुसने की असम्भावना को पहले से मान बैठते हैं। इन मनुष्य से कमतर बेकार लोगों का पुनर्वास इतिहास की आँखों में तथा उनकी अपनी आँखों में होता है। वेश्याएँ भी और नौकरानियाँ..., मानवता की सभी असहाय मैलें, आत्महत्या और पागलपन के बीच के गोल घेरे में घुसनेवाले वे तमाम लोग, एक बार और आगे बढ़ते हैं तथा जाग्रत राष्ट्र के बड़े जुलूस में गर्व से चलते हैं तो उनका सन्तुलन फिर से हासिल हो जाएगा।"

यह जो तसवीर खींची गई है, सम्भवत: यथार्थ के हिसाब से सही है, लेकिन यह नैतिक नवजीवन की तसवीर है जो ईसा के दूसरे आगमन की भाँति किसी महान नैतिक शक्ति के प्रभाव के तहत ली गई है। यह समाज के अन्दर के आर्थिक सम्बन्धों से कोई तर्कसंगत परिणाम नहीं निकालती है। विद्रोही वे नहीं होते हैं जो आर्थिक संगठन में मुख्य भूमिका हासिल कर लेते हैं बल्कि वे होते हैं जिन्हें फालतू सामान की तरह समाज के किनारों पर रख छोड़ा गया होता है, या वे होते हैं जो सामाजिक नियमों के साथ शान्ति बनाए रखने में असफल हो गए होते हैं। इस तरह इन लेखों की आन्दोलनकारी प्रेरणा की व्याख्या किसी समाज की उत्पादनात्मक प्रक्रिया में इनकी मुख्य भूमिका से नहीं की जानी चाहिए, लेकिन इसको स्वीकार करना क्रान्ति के मार्क्सवादी सिद्धान्त को उस ऐतिहासिक निर्धारण से अलग कर देना भी है जिसमें अकेले इसको इससे जुड़ा हुआ समझा गया था।

फ्रैंकलिन स्वाभाविक रूप से इस नई आन्दोलनकारी कोटि में छात्रों को भी रखते हैं। यद्यपि वे जानकार, ऊर्जास्वी और परिश्रमी होते हैं, उनके पास कोई सम्पत्ति नहीं होती है न ही वे किसी चीज का उत्पादन करते हैं। इसलिए उनका मनोभाव अभी भी वर्ग के साँचे में ढला नहीं है। साथ ही, उन्हें भी सभी वर्गों के लोग परजीवी मानते हैं। ये उनके कुछ सक्षम हैं जो गरीब सर्वहारा से मेल खाते हैं।

एक बार हम दृढ़ मार्क्सवादी योजना को छोड़ दें तो इन सब चीजों को समझना आसान हो जाता है। हमने देखा है कि विचारधारा ही किसी शासन को वैधता और स्थायित्व प्रदान करती है, लेकिन युवा खासकर छात्र, जिनके पास अभी भी कोई स्थिर विचार नहीं है और वे भी जो इस प्रणाली के लिए बाहरी हैं और वे भी जो इस प्रणाली के लिए बाहरी हैं और इस वजह से प्रभावशाली विचारधारा द्वारा प्रस्तुत

'प्रसन्नता' की सर्वोपरि तसवीर में फिट नहीं बैठते हैं के लिए इसकी सच्चाइयों को पचा पाना मुश्किल है। सुधारवादी आग्रह या विरोध हमेशा या तो समझे गए यथार्थ और यथार्थ के विचारधारात्मक चित्र के बीच की बड़ी विसंगति से पैदा होता है या भिन्न विचाराधात्मक खेमे से आनेवाले लोग जब किसी समाज का हिस्सा बनते हैं और इससे जो असंगतताएँ उत्पन्न होती हैं, उनसे पैदा होता है। यह कारण भी है कि जातिवाला समाज वर्गवाले समाज की तुलना में ज्यादा स्थायी क्यों होता है। चूँकि वर्गवाले समाज में भारी सामाजिक गतिशीलता के कारण समाज के सन्दर्भ में व्यक्तियों का परिप्रेक्ष्य हमेशा बदलते रहता है और यह उस खेदजनक विचारधारा के बारे में सन्देह उत्पन्न करता है जिसके अन्तर्गत सामाजिक प्रणाली संचालित होती है। इसके मुकाबले जाति आधारित समाज में जातियों की समूची प्रणाली विचारधारात्मक खाँचे के अनुरूप इतनी ज्यादा होती है कि हर किसी को अपना 'उचित' स्थान मिल जाता है और किसी को भी इस प्रथा या प्रणाली को चुनौती देने की जरूरत महसूस नहीं होती है।

कभी-कभी कोई आन्दोलन मौलिक वर्ग सम्बन्धों से कितना असम्बन्धित हो सकता है, इसे इंग्लैंड के प्यूरिटन (शुद्धतावादी) आन्दोलन से समझा जा सकता है। बैरिंगटन मूर एक अध्ययन में इस तथ्य की ओर ध्यान आकृष्ट करते हैं कि यह आन्दोलन जिसे बुर्जुआ की सत्ता के उदय का उत्कृष्ट उदाहरण समझा गया था, केवल बड़ी जमीनवाले अभिजात वर्ग की सत्ता को साकार करने में प्रतिफलित हुआ। इस आन्दोलन ने किसी भी तरह किसान को भी कोई राहत नहीं दी जोकि ब्रितानी समाज में पूरी तरह से एक राजनीतिक तत्त्व के रूप में छोड़ दिया गया था। वह उसी अध्ययन में सत्ता के सम्बन्धों के बारे में लिखते हैं—"इसी बीच में जमीनवाला अमीर वर्ग तथा सामाजिक पैमाने पर इससे ऊपर के लोगों ने राजनीतिक सत्ता के लीवरों पर ठोस पकड़ बनाए रखा। उन्होंने मंत्रिमंडल को भरा ग्रामीण क्षेत्रों के प्रतिनिधित्व पर एकाधिपत्य स्थापित किया और शहरों के भी प्रतिनिधि के तौर पर संसद में बैठ गए। स्थानीय स्तर पर उनका प्रभाव बहुत मजबूत बना रहा। हाल के एक इतिहासकार ने बतलाया है, पुराना शासक वर्ग तथ्य उन्नीसवीं सदी में तब भी दृढ़ नियंत्रण में था।"[2]

इस सन्दर्भ में यह ध्यान में रखी जानेवाली बात है कि 1831 ई. तक बुर्जुआ वर्ग को मताधिकार भी प्राप्त नहीं था। मूर आगे यह सुझाव देते हैं कि गम्भीर और प्रगतिशील दृष्टिकोण भी इस वर्ग का एक योगदान था। वह लिखते हैं—"पाठक को यह याद दिलाना ही पर्याप्त है कि अंग्रेजी संसदीय लोकतंत्र अधिकतर इस वर्ग की ही पैदा की हुई चीज थी। यह वर्ग प्रथम विश्वयुद्ध की पूर्व सन्ध्या तक इसके काम का प्रभारी रहा था और तभी से काफी प्रभावशाली रहा है। जायज सत्ता और खुले समाज की आधुनिक अवधारणा का अधिकांश इस वर्ग के बीच के संघर्ष से

प्राप्त होता है। यह वर्ग कभी एक नहीं रहा और निस्सन्देह राजसी सत्ता से काफी दूर था। इसके बदले में एक विषय पर टिप्पणी करना चाहूँगा। यह विषय शौकिया का आदर्श है। ऐसा इसलिए क्योंकि इस आदर्श का भाग्य यह समझाता है कि एक समय के प्रभुत्ववाले इस वर्ग का आदर्श और तर्कसंगतीकरण कैसे निश्चित परिस्थितियों के तहत मार्क्स का वह गम्भीर और प्रगतिशील सिद्धान्त बन जा सकता है। यह विषय उठाने योग्य है क्योंकि इसके जमीनवाले अभिजात वर्ग के सिवाय निहितार्थ है। जैसाकि कृषकों के विमर्श से यह पुन: जाहिर होता है, ये मरनेवाले वर्ग हो सकते हैं जो एक मुक्त समाज के विचार को निर्णायक मदद पहुँचाते हैं।"[3]

आगे वह यह बतलाते हैं कि स्वतंत्रता, समता और बन्धुत्व की माँग किसानों की तरफ से उठी थी जो इंग्लैंड में मरने के हालत में थे। वह इंग्लैंड के लेवलर्स और डिगर्स का उदाहरण उद्धृत करते हैं जिसने मर रहे कृषक वर्ग की भावनाओं को प्रतिध्वनित किया। कृषक वर्ग का अस्तित्व घिराव और पूँजीवादी कृषि के आ जाने से समाप्त हो रहा था।

ये विचार यद्यपि एक तरफ निराशा पैदा करनेवाले हैं क्योंकि ये आर्थिक कारणों के विकास के जरिए स्वत: आनेवाली सहस्राब्दी के सिद्धान्त में छूट देते हैं, दूसरे सन्दर्भ में आशा भी जगाते हैं। ये वह विश्वास पैदा करते हैं कि आन्दोलन के परिणाम को आकार देते हुए मनुष्य अत्यधिक स्वायत्तता का मजा ले सकता है। इस स्वायत्तता को पारम्परिक मार्क्सवादी सिद्धान्त में प्रस्तुत सख्त आर्थिक निश्चयवाद के तहत पूरी तरह अस्वीकार कर दिया गया।

हालाँकि स्वायत्तता की यह आशा आधुनिक औद्योगिकवाद के साथ पनपे निश्चित विपरीत कारकों से आच्छादित भी हो जाती है। तावने, हर्बर्ट मारक्यूज और जॉन केनेथ गालब्रेथ की तरह अपने रवैये और पूर्वग्रहों में काफी विलग मनुष्य अब यह अनुभव कर रहा है कि आधुनिक तकनीकी सभ्यता की प्रवृत्ति निश्चित अभिवृत्तियों को खतरे में डालने तथा साम्यवाद और पूँजीवाद की बाधाओं को पार करनेवाली कार्यरुचि पर निश्चित सीमाएँ लादने की है। तावने की चिन्ता आधुनिक समाज में संग्रहवृत्ति के माध्यम से अत्यधिक व्यक्तिवाद पर रोक लगाने की है, लेकिन वह महसूस करता है कि यह संग्रहवृत्ति एक विशेष रुख से अपार्थक्य है जो आधुनिक औद्योगिकवाद के उदय से प्रचलन में आया है जिसका इस तरह वर्णन करते हैं—"...औद्योगिकवाद का सार, संक्षेप में उद्योग का कोई विशेष तरीका नहीं है बल्कि उद्योग के महत्त्व का एक विशेष अनुमान है जो इसके विचार बनने के रूप में प्रतिफलित होता है, यही एकमात्र चीज है जो बिलकुल महत्त्वपूर्ण है क्योंकि यह उस अधीनस्थ स्थान से ऊपर उठता है जिसे इसको मानक बनने की मानवीय रुचियों और गतिविधियों के बीच ग्रहण कर लेना चाहिए। इसी मानक से अन्य सभी रुचियों और गतिविधियों की माप होती है।"[4]

और आगे—"...जब प्रेस चिल्लाता है कि इस द्वीप को ढका हुआ बाजार बनाने के लिए जिस एक चीज की जरूरत है, वह है उत्पादकता, और ज्यादा उत्पादकता अर्थात् औद्योगिकवाद। यह साध्य के साथ साधन की संभ्रान्ति है..."[5]

अकादमिक अर्थशास्त्री गालब्रेथ का सरोकार सबसे उन्नत औद्योगिक समाज अर्थात् अमेरिका की टेक्नो-स्ट्रक्चर के विश्लेषण से है। वह है उसी तरह के मूल्यांकन के करीब पहुँचते हैं। उन्होंने यह दिखाया है कि बड़े सुझाव से यह संरचना अपने निजी लक्ष्य को समाज के लक्ष्य की तरह प्रकट करने में सफल हो गई है। वह लिखते हैं—"यह प्रक्रिया हमारे अपने समय में ज्यादा सफल है। सामाजिक रूप से जिसे महत्त्वपूर्ण माना जाता है, इसमें से ज्यादातर वस्तुत: टेक्नो-स्ट्रक्चर की लक्ष्य प्रणाली के प्रति सामाजिक रुखों का अनुकूलन है। यहाँ जो माना जाता है उसी की गिनती होती है। इन सामाजिक लक्ष्यों के बारे में ऐसा विश्वास किया जाता है कि इनमें मूल सामाजिक उद्देश्य होते हैं, यद्यपि ये सामाजिक लक्ष्य वस्तुत: इसी संरचना के लक्ष्यों से हासिल होते हैं।"[6]

और दूसरी जगह पर—"टेक्नो-संरचना के लक्ष्य के तौर पर दृढ़ के विकास को अनुरूपता के सिद्धान्त से तगड़ा समर्थन मिलता है। आर्थिक विकास की अपेक्षा किसी अन्य सामाजिक लक्ष्य को इतनी जबर्दस्त स्वीकृति नहीं मिलती है। सकल राष्ट्रीय उत्पाद की वार्षिक वृद्धि की तरह सामाजिक सफलता की किसी दूसरी जाँच की इतनी सर्वसम्मत स्वीकृति नहीं है। और यह सभी विकसित और अल्पविकसित, साम्यवादी, समाजवादी या पूँजीवादी देशों के बारे में सही है।"[7]

अधिक महत्त्वपूर्ण चीज यह है कि गालब्रेथ अपने अध्ययन में यह दिखाते हैं कि टेक्नो-स्ट्रक्चर के लक्ष्य के साथ सामाजिक लक्ष्य की पहचान की संरचना के अतिजीवन के लिए अनिवार्य है। इस रुख के बगैर दीर्घकालीन योजना और विकास के लिए अनिवार्य बाजार का नियंत्रण और प्रसार वहाँ नहीं हो पाएगा। उनके विश्लेषण के अनुसार, बड़े-बड़े उद्योग बाजार के अनोखे विचार के अधीन नहीं होते हैं बल्कि विज्ञापन के जरिए उत्पादों के लिए अपना बाजार गढ़ते हैं। इन विचारों से बाजार अर्थव्यवस्था में वापस लौट रहे साम्यवादी देशों की किसी सम्भावना को वह असंगत ठहरा देते हैं। दक्षता को सुनिश्चित करने के लिए वे जो कर सकते हैं तथा गालब्रेथ के विचार से उन देशों को जो करना चाहिए, वह है, योजना का अधिकांश केन्द्रीय सत्ता से उद्योगों को हस्तान्तरित करना। यह योजना भारी उद्योगों से अलग किए जाने लायक नहीं है और इन उद्योगों को न केवल अपने उत्पादन की योजना बनानी होती है बल्कि उत्पादों के लोक स्वाद और प्राथमिकताओं की भी योजना बनानी पड़ती है। इसलिए आधुनिक औद्योगिक समाज में विज्ञापन के जरिए जो समझाया जाता है, उसी के अनुसार मनुष्य स्वतंत्र ढंग से उपयोग या मनोरंजन के अनेक तरह सामानों का चयन करता है। गालब्रेथ के अनुसार, यह योजना सम्भव

हो जाती है क्योंकि एक उन्नत औद्योगिक समाज में खरीदारी करने की सूची में ज्यादातर अनावश्यक विलासिता के सामान शामिल होते हैं। इस तरह पसन्द को आसानी से एक सामान से दूसरे सामान तक प्रभावित किया जा सकता है और यदि भोजन सरीखी आवश्यक चीजें मुख्य हों तो यह कभी सम्भव नहीं हो पाएगा।

यह वस्तुत: आधुनिक औद्योगिक समाज के इस पहलू के विरुद्ध है कि हर्बर्ट मार्क्यूस सरीखे व्यक्ति औद्योगिक 'स्वतंत्रता' से अपने सरोकार के साथ विरोध की आवाज उठाते हैं। मार्क्यूस लिखते हैं—"...उत्पादकता के अधिक बिखराव के बावजूद—श्रम की विकासशील उत्पादकता एक वृद्धिशील अधिशेष-उत्पाद को पैदा करती है जो भले निजी या केन्द्रीय रूप से विनियोजित या वितरित हो, वर्द्धित उपभोग को स्वीकार करता है। जब तक यह समूह विद्यमान है, यह आजादी के उपयोग मूल्य को कम करता है; यदि प्रशासित जीवन सुविधाजनक है और 'अच्छा' जीवन भी है तो आत्म-निश्चय पर जोर देने का कोई कारण नहीं है। एक आयामी राजनीतिक व्यवहार के पक्ष में, विरोधियों के एकीकरण का यही तर्कसंगत और भौतिक आधार है। इस आधार पर समाज के अन्दर के ऊपर के राजनीतिक तत्त्व आकर्षित हो जाते हैं और केवल बाहर से एक बदलाव की तरह गुणात्मक परिवर्तन सम्भव प्रतीत होता है।"[8]

पहले की एक पुस्तक में मार्क्यूस पहले ही पश्चिमी पूँजीवाद और औद्योगिक संगठन के सोवियत संघों के बीच की मौलिक समानता का उल्लेख कर चुके थे। यद्यपि वह एक अन्ध मार्क्सवासी थे, फिर भी उन्होंने यह तर्क दिया कि जब तक उद्योग के साथ सोवियत औद्योगिक संगठन से गायब निश्चित अन्य गुणों को जोड़ नहीं दिया जाता है, राष्ट्रीयकरण से उद्योग के पीड़ादायक चरित्र में कोई बदलाव नहीं हो सकता है। इस तरह, उन्होंने लिखा—"पश्चिमी और सोवियत समाज के बीच के अन्तर को आत्मसात्‌करण की मजबूत प्रवृत्ति से समानान्तरित किया जाता है। दोनों व्यवस्थाएँ वर्तमान औद्योगिक सभ्यता के समान गुणों को प्रदर्शित करती हैं—केन्द्रीकरण और सैन्यीकरण व्यक्तिगत साहस और स्वायत्ता का अधिक्रमण करते हैं; प्रतियोगिता आयोजित की जाती है तथा इसे 'तर्कसंगत' बनाया जाता है; आर्थिक और राजनीतिक नौकरशाहियों का संयुक्त शासन रहता है; जनता को संचार, मनोरंजन उद्योग तथा शिक्षा के 'जनसंचार' के जरिए तालमेल में रखा जाता है। यदि ये उपकरण प्रभावशाली साबित होते हैं तो संविधान द्वारा लोकतांत्रिक अधिकार और संस्थाएँ दे दी जा सकती हैं तथा व्यवस्था के विरोध में इनके दुरुपयोग के खतरों के बगैर इन्हें कायम रखा जा सकता है। राष्ट्रीयकरण यानी उत्पादन के साधन से निजी सम्पत्ति की समाप्ति, स्वयं कोई अनिवार्य अन्तर नहीं करता है, जब तक आबादी से ऊपर उत्पादन को केन्द्रीकृत और नियंत्रित बनाए रखा जाता है।"[9]

एक मार्क्सवादी भाष्यकार के रूप में मार्क्यूस की मुख्य चिन्ता ऐसी मालूम पड़ती है कि विवाद की मुख्य जड़ को समाप्त कर अर्थात् आबादी की भौतिक

जरूरतों को तुष्ट कर और प्रचार के जरिए, यथार्थ को बुद्धिसंगत के रूप में प्रक्षेपित करते हुए समाज के अन्दर के उस विरोधाभास को जो उच्च आजादी के विकास की तरफ ले जाता है, कृत्रिम ढंग से दबाया जा सकता है।

यह खतरा बिलकुल वास्तविक है ऐसे समाज में आबादी का बहुत बड़ा हिस्सा सामान्य सन्तुष्टि की अवस्था में जीवन गुजारेगा तथा इसके पास बदलाव की कोई इच्छा नहीं होगी, लेकिन औद्योगिक सभ्यता के साथ पैदा होनेवाला सैन्यीकरण का तत्त्व खुद पूरी तरह से कोई नई चीज नहीं है। वस्तुत: सभी पारम्परिक समाज भी स्थायित्व के लिए सम्मोहन और सैन्यीकरण की प्रक्रिया पर भरोसा किए हैं जोकि जन्म के समय शुद्ध होती है और मरने के साथ खत्म होती है, लेकिन इन सभी समाजों में पैगम्बरों ने जब नई चुनौतियों के समक्ष नये विचारों को वाणी दी तो लोगों से उन्हें तुरन्त जवाब मिला। इन विचारों ने अक्सर एक बवंडर की शक्ति हासिल कर ली तथा लोग पैगम्बरों के समक्ष वशीभूत होने लगे। ऐसा इसलिए होता था कि पैगम्बर और जनता के बीच कोई खाई नहीं थी। आधुनिक औद्योगिक समाजों की विभेदकारी विशेषता यह है कि ये उन बुद्धिजीवियों को एक असफल अल्पसंख्यक में तब्दील कर रही हैं जो मार्क्यूस के शब्दों में कहें तो 'सर्वश्रेष्ठता' की आवश्यकता का अनुभव कर सकते हैं। यह स्थिति उस प्रक्रिया में जन्मजात होती है जिसमें मेधावी लोगों का अवशोषण सीधे तौर पर औद्योगिक संगठन द्वारा या जनसंचार सरीखे इसके सहायकों के जरिए कला, साहित्य, मनोरंजन के माध्यम से व्यापक बहुशाखन के साथ कर लिया जाता है। यह बहुशाखन औद्योगिकवाद के आदर्शों के अनुरूप वातावरण तैयार करने में मदद करता है।

इस तरह इस विचार के अनुसार, सामान्य जन बुद्धिजीवियों के छोटे वर्ग के साथ इस व्यवस्था के रक्षक बन जाते हैं। जो थोड़े-से लोग दूसरे मूल्यों के बारे में सोचते हैं, अलग-थलग रहते हैं। उनके विचार संचार बाधा की दूसरी तरफ लोगों के हृदय में प्रतिध्वनित नहीं होते हैं। यह 'अव्यवसायी के आदर्श' के निधन की भविष्यवाणी करता है। बुद्धिजीवियों के बीच दृष्टिकोण के इस विभाजन के तथ्य को गालब्रेथ ने भी उद्धृत किया है। वह लिखते हैं—"इस तरह यह अन्तर्विरोध अर्थव्यवस्था को सफल होने के लिए संगठित लोक-प्रचार की जरूरत होती है और बौद्धिक रूप से भ्रष्ट होने के रूप में यह इस पर खेद प्रकट करती है। उपसंस्कृति को अपने अस्तित्व के लिए ऐसी अस्पष्टता की जरूरत होती है और इस अपसंस्कृति को ही केवल नफरत से देखा जा सकता है। वह संस्कृति आघात और अपराध के विवेक से जवाब देती है और ज्ञान से जो रोष आता है, उसे इसकी जरूरतें झेलती हैं और इसके अकादमिक आलोचकों को पालती-पोसती हैं।"[10]

इटली के एक नामचीन साम्यवादी सिद्धान्तकार अन्तोनियो ग्राम्शी ने भी दो तरह के बुद्धिजीवियों के बीच के इस अन्तर को स्पष्ट ढंग से देखा था—

(1) वे जिन्होंने स्वयं को वर्तमान आर्थिक संरचना के साथ जोड़कर देखा, तथा (2) वे जिन्होंने स्वयं को एक बौद्धिक परम्परा की निरन्तरता का प्रतिनिधित्व करनेवाला समझा। उन्होंने पहलेवाले को 'जैविक बुद्धिजीवी' तथा बादवाले को। पारम्परिक बुद्धिजीवी कहा था। जॉन एम. कामेट ग्राम्शी के सिद्धान्त का निम्नलिखित नजरिया प्रस्तुत करते हैं—"राजनीतिक दलों का विश्लेषण करते हुए ग्राम्शी ने यह बतलाया था कि वे नागरिक समाज के तत्त्व थे; राजनीतिक तत्त्वों से भिन्न, उन्होंने एक प्रदत्त आर्थिक स्थिति के प्रति स्वतंत्र सहमति हासिल करने का प्रयास किया था। जैविक बुद्धिजीवी प्रभुत्ववाले वर्ग का हिस्सा हैं जो राजनीतिक समाज के जोर-जबर्दस्ती करनेवाले अंगों को कार्यकर्ता मुहैया करते हैं। पारम्परिक बुद्धिजीवियों का नागरिक समाज में महत्त्वपूर्ण स्थान होता है और ये अक्सर लोगों से तर्क-वितर्क करते रहते हैं और एक सामाजिक व्यवस्था के प्रति 'स्वत: स्फूर्त' सहमति प्राप्त करने का प्रयास करते हैं।"[11]

ग्राम्शी का पारम्परिक बुद्धिजीवी ठीक वही नहीं है जो गालब्रेथ का 'अकादमिक आलोचक' है, लेकिन विभिन्न परिप्रेक्ष्यों में उनका एक जैसा व्यवहार होता है। इस नई स्थिति में यह चीज दुखद है कि ग्राम्शी के 'पारम्परिक' बुद्धिजीवी से भिन्न 'अकादमिक आलोचक' स्वयं को तेजी से जनता से कटा हुआ पाता है। 'पारम्परिक' बुद्धिजीवियों का जुड़ाव जनता से होता है। इसीलिए अकादमिक आलोचक शिल्प संरचना पर आक्रमण करते हैं तो उसे खरोंच तक नहीं आती है।

परन्तु सोवियत लेखक अमालरिक (इन पंक्तियों के लिखे जाने के समय जेल में थे) बहुत ही मार्मिक ढंग से उदासीन जनता के सामने मतभेद रखनेवाले बुद्धिजीवियों की त्रासदी को प्रकट करते हैं। सोवियत समाज जो प्रचार के जरिए जोकि सभी तकनीक आधारित समाज की एक सामान्य विशेषता होती है, और ज्यादा प्रत्यक्ष पुलिसिया तरीकों के साथ नियंत्रण को जोड़ता है। सोवियत समाज के भविष्य के अपने मूल्यांकन में अमालरिक पूरी तरह मजदूर वर्ग से निराश हो गए। चीन के साथ बड़े युद्ध के बाद उन्हें केवल टूट की सम्भावना दिखाई देती थी। वे बुद्धिजीवी जो सुधार करना चाहते हैं, दमन का शिकार होकर सुस्त पड़ जाएँगे जबकि जनता अपनी स्थिति से सन्तुष्ट रहेगी। यह विषय ऑरवेल के 'नाइंटीन एटी फोर' की रोमांचक दुनिया की याद दिलाता है। अमालरिक के मामले में हालाँकि निष्कर्ष उस चीज के सीधे व्यक्तिगत अनुभव का एक उत्पाद है, जो एक उन्नत औद्योगिक समाज में तानाशाही के अन्दर एक व्यक्ति को अपने विरोध की कीमत के रूप में अदा करना पड़ता है।

हाल के परिवर्तनकारी आन्दोलनों के पीछे के नये तत्त्वों का चरित्र तथा वे विशेष लक्षण जो नई औद्योगिक व्यवस्था से प्रतिदिन साफ दृष्टिगोचर हो रहे हैं, समाजवादी आन्दोलन का सारा सन्दर्भ बदल देते हैं। पारम्परिक पूँजीवादी समाज तथा पारम्परिक साम्यवादी समाज अपने कटु वाद-विवाद के बावजूद एक संग्रही औद्योगिक समाज

के सामान्य मूल्यों का साझा करते हैं। नये परिवर्तनकारी आन्दोलनों की शैली और माँगों से दोनों घबरा जाते हैं तथा रूष्ट हो जाते हैं। ये परिवर्तनकारी आन्दोलन स्वयं आज भविष्य की स्थितियों के बारे में कल्पना किए बगैर इस व्यवस्था से उत्पन्न अशान्ति को केवल अस्पष्ट ढंग से प्रस्तुत करते हैं। इनके लक्ष्य में स्पष्टता के अभाव को ज्यादा बढ़िया ढंग से वहाँ देखा जा सकता है जब ये उसी स्वतंत्रता पर हमला करते हैं जिसके बारे में इनकी शिकायत रही है कि 'व्यवस्था' आजादी देने से मुकर रही है। इस चरण में इस आन्दोलनों को नई स्थिति के उपयुक्त ठोस आन्दोलनकारी माँगों के मूर्त्त होने से पहले की गड़गड़ाहट के रूप में देखा जा सकता है। वैकल्पिक तौर पर वे महज अन्ध गली की ओर धकेल दिए गए समाज की हताशा को प्रतिबिम्बित कर सकते हैं। इस घटना में सुधारवादी आन्दोलन का कार्य आज पहले से ज्यादा जटिल हो गया है। हम जिन समस्याओं पर विचार कर रहे हैं, उनका कोई सीधा समाधान नहीं है।

संकीर्ण मार्ग

भारत जैसे अर्द्धविकसित देश में किसी को उन समस्याओं से परेशान होने की क्या जरूरत है जो उन्नत औद्योगिक समाजों के लिए खास हैं? यह सवाल सही तरीके से पूछा जा सकता है। इससे ज्यादा निकट की समस्याएँ तो बेरोजगारी, भुखमरी इत्यादि हैं जिस पर ज्यादा उपयोगी ढंग से अपनी ऊर्जा खर्च की जा सकती है। पहले स्थान पर दुनिया के इस भाग में भूख और बेरोजगारी की समस्या विशेषाधिकारों और सुप्रकट उपभोग से गहरे जुड़ी हुई है और इसलिए औद्योगीकरण का सिद्धान्त है। इसके बाद अधिकांश अर्द्धविकसित देशों ने पहले ही जितनी तेजी से हो सके, अपना औद्योगीकरण करना शुरू कर दिया है। इसका मतलब यह है कि ज्यादा उन्नत औद्योगिक राष्ट्र आज इन देशों का भविष्य प्रस्तुत करते हैं। इन अर्द्धविकसित देशों के ज्यादातर लोग अपना मॉडल सोवियत संघ को मानते हैं या अमेरिका को मानते हैं। इनमें से कोई भी देश समता और स्वतंत्रता की समाजवादी तलाश का समाधान कर पाने के योग्य नहीं रहा है और न ही वे उसकी प्राप्ति के लिए ज्यादा आशा ही प्रदान करते हैं। यह ज्ञान उन देशों को अपनी नीतियों पर चलने में मदद कर सकता है। तीसरे स्थान पर यद्यपि ये देश औद्योगिक रूप से पिछड़े होते हैं, फिर भी सत्ता का अत्यधिक केन्द्रीकरण जैसे आधुनिक उद्योगवाद के कुछ सबसे खराब रूप और जनसंचार के जरिए सोचा-समझा गया नियंत्रण पश्चिम की तुलना में इन देशों में ज्यादा हुआ है। वस्तुत: सत्ता की बिना सवाल किए आज्ञा का पालन करने की लम्बी परम्परा के साथ भारत जैसे देश में जनसंचार का नियंत्रण किसी को और कहीं से ज्यादा लोगों के सोच पर नियंत्रण रखने में मदद कर सकता है।

विनम्र पश्चिमी व्यक्ति को यह विचार महत्त्वपूर्ण नहीं लग सकता है क्योंकि वे सोचते हैं कि अर्द्धविकसित देश तानाशाही के कुछ या अन्य रूप के साथ काम करा सकते हैं। उनमें जो सबसे उदार हैं वे इसे पर्याप्त मानते हैं कि इन देशों की जनता को भूख या रोग से मरने से रोका जाए। उनके लिए स्वतंत्रता इत्यादि के विचार इन देशों के सन्दर्भ में पूरी तरह अप्रासंगिक लगते हैं। उनकी एकमात्र चिन्ता यह रहती है कि इन अर्थव्यवस्थाओं में असमानता को उस स्तर तक रखा जाए जिससे कि किसी सुधारवादी क्रान्ति को शुरू होने का मौका नहीं मिले। हालाँकि अर्द्धविकसित दुनिया का एक देशवासी भिन्न तरीके से सोच सकता है। सबके बावजूद विद्युत और परमाणु ऊर्जा हर मानवीय हृदय के रिश्तेदार स्वतंत्रता और समानता, भले यह धरती के किसी हिस्से में व्याप्त हो, के सपने से ज्यादा असली पश्चिमी उत्पाद हैं। साथ ही, जबकि स्वतंत्रता और समानता ज्यादा एक-दूसरे पर निर्भर रहती है, वे सीधे समाज के भौतिक स्तर सम्बन्धित नहीं होते हैं। उन्हें आर्थिक उपलब्धि के अपेक्षाकृत सरल स्तर पर प्रभाव कर लेना तथा बहुत ऊँचे स्तर पर गँवा देना सम्भव है। इसलिए इसका कोई कारण नहीं है क्यों इस सन्दर्भ में अर्द्धविकसित दुनिया के लोग अपना विचार भिन्न रखते हैं।

अब हम सुधारवादी आन्दोलन के कुछ उन वैकल्पिक मार्गों पर विचार करेंगे जो विचार किए गए संकटों में से कुछ का समाधान कर सकते हैं। निस्सन्देह ये प्रस्ताव न तो नये हैं, न ही चौंकानेवाले हैं, लेकिन हमने जिन संकटों पर विचार किया है, उनकी जानकारी उन तरीकों के प्रति गहरे समर्पण का आह्वान करती है जिनका एक या अन्य तरीके से सामाजिक विचारक पूर्व में ही सुझाव दे चुके हैं।

यद्यपि बड़े राज्य अनिवार्यत: स्वभाव से अत्याचारी होते हैं, ऐसा सोचना विशुद्ध यूटोपियन होगा कि यह एक सहसा आक्रमण में समाप्त या उपेक्षित हो जाता है, ज्यादा इसलिए कि काफी लम्बे समय से यह समाज के आवश्यक कार्यों में अपने संचालन के जरिए उलझा रहा है, लेकिन किसी भी प्रगति के लिए सबके बावजूद एक राजनीतिक सत्ता के निर्माण हेतु काम करना जरूरी होता है जोकि सबसे कम अत्याचारी होती है। स्पष्टत: एक प्रजातांत्रिक व्यवस्था ही अकेले इस जरूरत को पूरा करती है। यह राजनीतिक सत्ता का एक रूप है जिसमें कम-से-कम जनता का एक बड़ा हिस्सा विकल्पों (दो या अधिक दलों द्वारा प्रस्तुत) में से किसी अप्रत्यक्ष पसन्द का चुनाव करता है। कभी-कभार जब प्रतिस्पर्द्धी राजनीतिक दलों के बीच सन्तुलन अनिश्चित हो जाता है तो आबादी के अत्यन्त कमजोर तबकों की भी आकांक्षाएँ उस तरह से एक बल का रूप धारण कर लेती हैं, जैसे इस मामले में प्रतिस्पर्द्धी अपने समर्थन हेतु प्रत्येक छोटे समूह का दिल जीतने का प्रयास करते हैं। इसमें लाभों को आबादी के बड़े समूहों में वितरित करने की प्रवृत्ति होती है। चूँकि आबादी के निर्धनतम समूह अधिकांश मामलों में बहुत बड़ा बहुमत होते हैं,

प्रजातांत्रिक व्यवस्था उनके प्रभावों को बढ़ाने के लिए प्रवृत्त होती है। यही एक कारण है कि क्यों निहित स्वार्थों को पूर्ण प्रजातंत्र का विकास सरोकार के साथ दिखाई देता है। यही वह तथ्य है जिसका जिक्र कार्ल कौटस्की और लास्की, दोनों ने किया था। उन्होंने यह बतलाया था कि संसदीय संस्थाओं पर मेहनतकश लोगों का प्रभाव जैसे-जैसे बढ़ने लगता है, उसी अनुपात से इन संस्थाओं से ऊँचे वर्ग के लोगों का विश्वास कम होने लगता है। स्वाभाविक तौर पर वे या तो इन संस्थाओं की शक्ति को कम कर देने या एक साथ उन्हें समाप्त कर देने का प्रयास करते हैं। अन्तिम दम तक लड़ने के रूढ़िवादवाले क्षेत्रों में यह हमला ज्यादा प्रत्यक्ष रहा है, लेकिन मजबूत उदार परम्परावाले देशों में 'चरम' प्रजातंत्र के प्रयासों को उच्च सदन जैसे या सम्पत्ति के अधिकार को मौलिक और अभिन्न बनाकर इसी तरह के उपकरणों से घेर दिया गया है।

वास्तविक दशाओं में प्रजातंत्र को अकेला सभी तरह की असमानताओं और अत्याचारों को खत्म करने में सक्षम होना चाहिए था, लेकिन जैसाकि हमने पूर्व में उल्लेख किया है, बड़े राज्यों में प्रजातंत्र एक बहुत ही अप्रत्यक्ष कार्य है। और अखाड़े में लड़ाई सीधे मजदूरों और पूँजीपतियों के बीच नहीं है बल्कि राजनीतिक दलों के जरिए मजदूरों और नियोक्ता संगठनों के बीच है। ये राजनीतिक दल वर्ग सम्बन्धों से इतर अन्य सम्बन्ध भी बना लेते हैं। इस तरह अन्ततः सभी चीजें उन दबाव समूहों की माँगों के सामंजस्य पर आकर सिमट जाती हैं जिन्होंने खुद मजबूत कुलतंत्र को विकसित कर रखा है। अतएव, समाजवादी आन्दोलन के लक्ष्यों की प्राप्ति के लिए एक प्रजातांत्रिक व्यवस्था के अन्दर सैद्धान्तिक सम्भावना और वास्तविक सम्भावना के बीच बड़ी चौड़ी खाई होती है। यह इस चीज को अनिवार्य बना देती है कि संसदीय राजनीति को मजबूत जन आन्दोलनों से सहारा दिया जाए कि यह लोगों की असली आवाज को कुलतंत्रीय पपड़ी को भेद पाने लायक बनाने में कारगर हो सके।

तानाशाही की तुलना में प्रजातंत्र का एक दूसरा लाभ यह है कि इसके अन्तर्गत परिवर्तन ज्यादा शान्तिपूर्ण और सुगम हो सकता है। वास्तव में तानाशाही शासन, खासकर आधुनिक सर्वसत्तावादी तरीके की तानाशाही, के अन्तर्गत शासकों की इच्छाओं के विरुद्ध कोई भी बदलाव असम्भव हो सकता है। चूँकि तानाशाही आरम्भ में ही किसी आन्दोलन या विचार के विकास को रोक देती है, इसलिए उस आन्दोलन या विचार के लिए जनता का व्यापक समर्थन प्राप्त कर पाना लगभग मुश्किल हो जाता है। बदलाव केवल तभी सम्भव हो पाता है जब एक लम्बे समय के बाद शासन की आन्तरिक पृथक्ता से नियंत्रण कमजोर होता है। हमारे समय की बड़ी तानाशाही व्यवस्थाओं में से किसी ने भी अपने विरुद्ध किसी तरह का जनान्दोलन खड़ा होने नहीं दिया है। हिटलर अपने शासनकाल के दौरान जर्मनी में

प्रत्येक जनान्दोलन को बन्द कर देने में सक्षम था। उसके विरुद्ध एकमात्र षड्यंत्र उन जनरलों द्वारा रचे गए जो सैन्य श्रेणीक्रम में महत्त्वपूर्ण पदों पर आसीन थे। उक्त षड्यंत्रों के बहुत सीमित उद्देश्य थे। जनरल फ्रांको की तानाशाही अपेक्षाकृत शिथिल मानी जाती है, लेकिन वह भी बगैर कोई बड़ा विद्रोह झेले पिछले तीस वर्षों से स्पेन पर शासन कर रहा है। स्टालिन का शासन इतना सख्त था कि उसके मर जाने के बाद भी क्रेमलिन के व्यक्तियों के अन्दर से उसका भय जाने में अनेक वर्ष लग गए। और यद्यपि तब से मृत स्टालिन का उतार-चढ़ाववाला जीवन रहा है, सम्पूर्ण निन्दा से लेकर आंशिक पुनर्निवेशन तक, लेकिन उसने सत्तावाद सम्बन्धी जो कार्यचक्र चला रखा था, वह अभी भी जारी है। वह शासन अभी भी अपने विरोधी वैज्ञानिकों और लेखकों को पागलखाने और दंड सम्बन्धी मजदूर शिविरों में भेज देता है जहाँ उनका हर तरह से उत्पीड़न होता है।

उपरोक्त चर्चा से यह साफ हो चुका है कि यद्यपि प्रजातंत्र का अर्थ विशेषाधिकारों या शोषण की समाप्ति नहीं होता है, लोकप्रिय आन्दोलन के लिए यह न्यूनतम शर्त होती है कि वह समाजवादी लक्ष्य को हासिल करे।

समाजवादी आन्दोलन की कुलीनतंत्र से सम्बद्ध उत्पीड़क दंशों को निकाल बाहर करने के लिए एक लोकतांत्रिक राज्य के रूप में शुरुआत करनी चाहिए जैसाकि वे आज दिखते हैं। साथ ही उसे तुरन्त राज्य की बृहत्तर इकाई को तोड़ने का काम शुरू करना होगा ताकि जनता के अपेक्षाकृत सीधे नियंत्रण के अनुरूप प्रशासन की छोटी इकाइयों की रचना हो सके। ये छोटी इकाइयाँ आज के प्रान्तों की तरह नहीं होंगी जोकि प्रशासनिक सुधारों के लिए गठित हुई हैं बल्कि अपने से सम्बन्धित हर मामले में सचमुच के स्वतंत्र राज्य होंगे। इस तथ्य के आलोक में यह आवश्यक है कि एक बार छोटी इकाइयाँ, जैसाकि अनेक संघीय राज्यों में होता है, सीमित उद्देश्यों के लिए भी केन्द्रीय सत्ता के अधीन हो जाती हैं तो केन्द्र की प्रवृत्ति धीरे-धीरे इकाइयों को सम्पूर्ण निर्भरता में तब्दील कर ज्यादा-से-ज्यादा शक्ति हासिल करने की हो जाती है। इन छोटे-छोटे राज्यों के आकार का निर्धारण संचार के उपलब्ध साधन के अनुरूप राजनीतिक प्रक्रियाओं में अधिकतम लोकप्रिय सहभागिता की सम्भावना से हो सकता है, लेकिन इन छोटे-छोटे राज्यों को भी आगे पर्याप्त शक्तिवाली छोटी-छोटी इकाइयों में अनिवार्य रूप से विभक्त होना पड़ेगा ताकि लोग सीधे इकाई के प्रशासन की देखरेख कर सकें। इन इकाइयों के आकार में अन्तर हो सकता है। ये एक बड़े गाँव से लेकर एक औद्योगिक कॉम्पलेक्स तक के आकार के हो सकते हैं। इस प्रस्ताव के बारे में कुछ भी यूटोपिया सम्बन्धी चीज नहीं है, यह स्विट्जरलैंड (औद्योगिक रूप से बिलकुल एक विकसित राष्ट्र) सरीखे राज्य के अस्तित्व से साफ हो जाता है जहाँ इसके कुछ प्रदेशों में महज कुछ हजार नागरिक ही हैं। वस्तुत: आज दुनिया में ऐसे अनेक राज्य हैं जो जनसंख्या और

क्षेत्रफल के मामले में भारत के एक प्रशासनिक जिले से भी छोटे हैं। आधुनिक उद्योगों को राज्य के आकार से कोई लेना-देना नहीं है। उद्योग को शासन जैसा समविस्तारी होना जरूरी नहीं है। उद्योगों को केवल कुछ एकड़ जमीन चाहिए और समूची दुनिया भी चाहिए। कुछ एकड़ उद्योग स्थापित करने के लिए तथा समूची दुनिया इस उद्योग को व्यक्ति, माल और बाजार देने के लिए चाहिए। इसे जिस चीज की जरूरत पड़ती है, वह है परिवहन और संचार की सुविधाएँ जो अपेक्षाकृत बेरोक-टोक होनी चाहिए।

चूँकि अधिकांश बड़े राज्यों का निर्माण कृत्रिम ढंग से होता है, इसलिए एक बार जब अपेक्षाकृत तर्कसंगत आकार के राज्यों के होने के सिद्धान्त को स्वीकार कर लिया जाता है तो उन्हें छोटी इकाइयों में तोड़ने में थोड़ी कठिनाई होती है। वस्तुत: अधिकांश बड़े राज्यों ने क्षेत्रीय इकाइयों के लिए अपनी स्वायत्तता का दावा करने की प्रवृत्ति रहती है। यह असुविधा का उत्पाद होती है जो दूरस्थ केन्द्र से प्रशासन चलाने की वजह से पैदा होती है। वस्तुत: प्रत्येक बड़े राज्य में अधिकांश इकाइयों का केन्द्रीय प्रशासन से सम्बन्ध, और कम-से-कम अल्प विकसित क्षेत्रों का विकसित क्षेत्रों से सम्बन्ध कमोबेश मातृ देश के उपनिवेश की तरह होता है। इन अविकसित क्षेत्रों के प्राकृतिक संसाधन और मानवशक्ति से प्राप्त होनेवाले लाभ उन लोगों द्वारा उठाए जाते हैं जो दूसरे क्षेत्रों के होते हैं। चूँकि केन्द्रीय प्रशासन बहुत दूरी पर रहता है और उसका झुकाव अपेक्षाकृत विकसित क्षेत्रों की तरफ रहता है (इन क्षेत्रों के मुखर और प्रभावशाली होने के कारण), इसलिए पिछड़े क्षेत्रों के पास अपने शोषण के विरुद्ध कोई उपाय नहीं होता है। शोषण के किसी भी प्रतिरोध की संकीर्ण क्षेत्रवाद के रूप में राष्ट्रभक्ति के नाम पर भर्त्सना होती है और उसे दबा दिया जाता है, लेकिन यह शोषण को सही ठहराना भर है। स्थिति ऐसी हो जाती है कि इन बड़े राज्यों को जोकि कृत्रिक ढंग से एक-दूसरे से जुड़े होते हैं, अलग-अलग कर देने के लिए केवल एक हल्का धक्का दिए जाने की जरूरत होती है।

आरम्भ में बोल्शेविकों ने इस मामले में अक्टूबर क्रान्ति के बाद तब के रूसी साम्राज्य के अंग, विभिन्न राष्ट्रीयताओं के अधिकार को स्वीकार करते हुए न केवल क्षेत्रीय स्वायत्तता देने के लिए बल्कि अलग हो जाने का भी साहसिक निर्णय लिया था। हालाँकि यह आदर्शवाद थोड़े ही दिनों तक रहा। तुरन्त ही अन्ध राष्ट्रभक्ति वाली प्रवृत्ति हो गई। यद्यपि लेनिन अन्त तक सोवियत नीति में आए इस मोड़ के बारे में आशंकित थे तथा उन्होंने अपने जीवन के अन्त तक इसका कड़ा विरोध किया, पर वह इस प्रवृत्ति को रोक नहीं पाए। बहुत जल्द स्वायत्त क्षेत्रों को बलपूर्वक मॉस्को की विशाल रूसी सत्ता के अधीनस्थ कर दिया गया।

यद्यपि उस सम्बन्ध को जिसमें औद्योगिक संगठन इन छोटे राज्यों में कायम होंगे, साफ-साफ देख पाना कठिन है, हालाँकि यह कहा जा सकता है कि औद्योगिक

संगठनों को एक स्वायत्त अस्तित्व देना पड़ेगा। हर जगह लोग इस विचार पर आ रहे हैं कि संगठन और उद्योगों के विकास से सम्बन्धित कार्यों को उन्हीं पर छोड़ दिया जाता है। यह विचार दोनों उद्योगों के बारे में होता है, निजी शेयरधारकों के स्वामित्ववाले उद्योग तथा राष्ट्रीयकृत उद्योग। जब राज्य क्षेत्रफल में अपेक्षाकृत कम विस्तृत होते हैं और औद्योगिक गतिविधियों का दायरा एक बड़े भू-भाग को ढक लेता है तो इस विचार की वैधता काफी बढ़ भी जाती है, लेकिन लोक सम्पत्ति होने के अतिरिक्त कुलीनतंत्रीय प्रवृत्तियों पर अंकुश लगाने हेतु उद्योगों के प्रावधान को मजदूरों के जिम्मे कर देना होगा। यह काम आसानी से हो सकता है, यदि प्रबन्धकीय कार्यकारिणी समितियों में मजदूरों के प्रतिनिधि बहुमत में हों। विशेषज्ञ सदैव अपना सुझाव दे सकते हैं और उन सुझावों को मजदूर के प्रतिनिधियों की स्वीकृति से कार्य दिया जा सकता है। इस तरह की व्यवस्था तकनीकी विशेषज्ञ का उपयोग करते वक्त विशेषज्ञों को प्रबन्धक बनने या उस तरह के कदम उठाने से जोकि मजदूरों के कल्याण के लिए हानिकारक होते हैं, रोकती है। इसके अतिरिक्त ऊपर से नीचे तक का स्टाफ मजदूरों द्वारा चुना जाएगा। एक बार इस तरह की व्यवस्था ठीक से कायम हो जाए तो एक अधिग्रहण के सभी विभागों में संगठन और नेतृत्व विकसित होने लगेगा।

हालाँकि यह बात मानी जा सकती है कि उस स्थिति की तुलना में जब प्रबन्धक स्थिति के पूर्ण स्वामी हों, प्रारम्भिक अवस्था में उद्योग कम कुशलता प्रदर्शित करेंगे, लेकिन इसे बहुत गम्भीर चिन्ता का विषय बनाने की जरूरत नहीं है। इसके विपरीत, दिमाग में यह बैठाए रखना होगा कि इस तरह की व्यवस्था मजदूरों में मनोवैज्ञानिक अच्छाई का भाव लाने जा रही है। किसी मामले में यह अत्यधिक उन्नत औद्योगिक देशों में लोगों की जीविका पर कोई प्रतिकूल प्रभाव डालने नहीं जा रही है क्योंकि इन देशों में उत्पादों का बड़ा हिस्सा अनावश्यक चीजों के उत्पाद को समर्पित होता है। उत्पादन की वस्तुओं में एक हल्का परिवर्तन उन आवश्यक वस्तुओं के घाटे की जो इस नये रूझान से पैदा हो सकते हें, भरपाई कर दे सकता है। निस्सन्देह यह इस चीज की अपेक्षा करता है कि समाजवादियों को बुर्जुआ समाज के मूल्यों का उत्पादों और मुनाफे को बढ़ाते रहने पर इसके जोर के साथ छोड़ना पड़ेगा। बुर्जुआ जगत को स्वाभाविक रूप से इसका मुनाफा पसन्द था और वह उस कीमत का हिसाब नहीं करता था जो मजदूरों को अपने काम की मनोवैज्ञानिक स्थिति हेतु प्रत्यक्ष और परोक्ष, दोनों रूप में चुकाना पड़ता था। अब यह सुज्ञात है कि अनेक पेशागत रोग सीधे उस मनोवैज्ञानिक स्थिति से सम्बन्धित होते हैं जिसमें एक मजदूर को काम करना पड़ता है। समाजवादी समाज को सबसे पहले इन स्थितियों को खत्म करने के लिए काम करना चाहिए। एक बार मजदूर मालिक बन जाए तो उत्पादकता भी बढ़ेगी क्योंकि वह इसकी जरूरत महसूस करेगा।

एक दूसरा विरोध जो विशेषज्ञों के बदले मजदूरों द्वारा प्रभुत्व किया जाता है, वह यह है कि इससे तकनीकी और वैज्ञानिक शोध के सामान्य पतन का मार्ग प्रशस्त होगा। ऐसा विश्वास किया जाता है कि वैज्ञानिक शोध का जोश तकनीक में सुधार करने के लिए उद्योगों के संगठित दबाव द्वारा कायम रखा जाता है जो तकनीकी प्रक्रियाओं की सीमित समझ के साथ मनुष्य एक बार दबदबा बनाए रखने के लिए आ जाए तो खत्म हो जाएगा, लेकिन यह दृष्टिकोण व्यावहारिक नहीं है। औद्योगिक शोध का वैज्ञानिक प्रगति में सीमित योगदान होता है। इस बिन्दु पर विलियम एच. व्हाइट जूनियर ने एक चौंकानेवाले रहस्योद्घाटन की तरफ ध्यान आकृष्ट किया है। वह लिखते हैं—"हम एक बर्बर प्रश्न करते हैं। कॉरपोरेशन के वैज्ञानिक कितने अच्छे हैं? अतीत में उद्योग के पास अनेक तेज-तर्रार लोग थे। मेरे सहकर्मी फ्रांसिस बेलो ने युवा वैज्ञानिकों का एक अध्ययन किया था जिससे कुछ अत्यन्त चौंकानेवाले आँकड़े प्रकट हुए थे। युवा वैज्ञानिकों का एक प्रतिनिधि समूह प्राप्त करने के लिए उन्होंने चालीस साल से कम उम्र के होनहार व्यक्तियों का जो उद्योग और विश्वविद्यालयों में थे, को नामांकित किया। वह पहले न्यासनिधि तथा नवल अनुसन्धान एवं परमाणु ऊर्जा आयोग को कार्यालय जैसी सरकारी एजेंसियों में गए क्योंकि उनका काम श्रेष्ठ स्तर के लोगों को जानना होता है।

नामांकित लोगों के नाम में अनेक दोहराव थे। जब इसे खत्म कर दिया गया तो बेलो के पास 225 युवा वैज्ञानिकों के नाम रह गए। उसने आशा की थी कि ये नामांकन सम्भवत: उद्योग और विश्वविद्यालयों के बीच लगभग आधे-आधे में बँट जाएगा, लेकिन उसे यह देखकर आश्चर्य हुआ कि 225 में मात्र 4 ही उद्योग में थे।"[12]

इसके चलते कोई भी यह स्वीकार कर लेगा कि मौलिक वैज्ञानिक अनुसन्धान को विश्वविद्यालय पर निर्भर होना पड़ेगा और इसका विकास तभी सुनिश्चित हो कसता है जब ज्यादा-से-ज्यादा लोगों के पास अध्ययन के लिए लम्बे समय तक विश्वविद्यालयों में टिके रहने के लिए फुर्सत और साधन हों। इससे भी साबित होता है कि विज्ञान से सम्बन्धित मूल अनुसन्धान का सुविकास तभी हो सकता है जब यह संगठनों द्वारा निर्धारित संकीर्ण लक्ष्यों से मुक्त हो। आनुषंगिक रूप से इससे यह भी जाहिर होता है कि वैज्ञानिक प्रगति के बारे में सामान्यतया जितना माना जाता है, उससे अधिक ही यह सीधे आजादी से जुड़ी होती है।

लेकिन एक विचार यह भी रहा है जो सत्ता के विकेन्द्रीकरण हेतु आधुनिक उद्योगों को एक ही साथ त्याग देना चाहता है। यह प्रस्तावित किया गया है कि छोटे राज्यों की प्रणाली के अन्तर्गत अर्थव्यवस्था के संगठन हेतु सबसे अच्छी चीज होगी, एक आत्म-निर्भर ग्रामीण अर्थव्यवस्था के तहत हस्तशिल्पों के संगठन की ओर लौट जाना। यह प्रस्ताव महात्मा गांधी के द्वारा दिया गया था। यदि इसे अपना लिया जाता तो यह हमारे जीवन के दूसरे पहलुओं पर बिना घातक असर डाले एक विकेन्द्रित

राजनीतिक संगठन के सुसंगत होता। हालाँकि इस सोच की बाबत निश्चित कठिनाइयाँ हैं। पहले तो यह औद्योगीकरण की प्रक्रिया को पूर्णत: उलटना चाहेगा जो आधुनिक उद्योगों से सख्त घृणा करनेवाले गांधी के लिए भी एक असम्भव कार्य होता, लेकिन यदि यह सम्भव भी होता तो क्या इसे पसन्द किया जाता या अपनाया जाता? इस काम का पहला विरोध उस काम से होता जो अनिवार्यत: एक नीरस काम है। शिकार करना व मछली पालना सम्भवत: इसका अपवाद हो। आजादी का एक पहलू इस अनिवार्य नीरस से ज्यादा-से-ज्यादा मुक्ति है। दस्तकारी केवल मनुष्यों को स्थायी रूप से इस नीरस काम से बाँध देती है। गांधी काफी धार्मिक थे और वह दुनिया में मानवीय जीवन को नैतिक परीक्षा की एक संक्षिप्त अवधि के तौर पर लेते थे जिसमें उन्हें अधिकतम आध्यात्किता हासिल करनी थी। इस विचार से छुट्टी या अवकाश का मतलब था, ज्यादा-से-ज्यादा लिप्सा और पाप। वैसे लोगों जो अल्प धार्मिक मानसिकता के हैं, के लिए जरूरी नहीं जीवन के प्रति वैसा ही विचार हो। वे इस जीवन में अपने प्रयासों के लिए पारिश्रमिक प्राप्त करने का प्रयास कर सकते हैं और यह पारिश्रमिक वे जिस चीज को जीवन का सुख मानते हैं उसे प्राप्त करने के लिए ज्यादा-से-ज्यादा सुविधा और अवकाश के रूप में प्राप्त करना चाहेंगे।

इस विचार का तथापि एक दूसरा विरोध है। बढ़ती जनसंख्या के समक्ष कृषि या उद्योग के पुराने तरीके भोजन और अन्य आवश्यकताओं की न्यूनतम पूर्ति भी नहीं कर पाएँगे। ऐसी स्थिति में हमें नैतिक जीवन का उच्च रूप प्राप्त नहीं होगा बल्कि हम अन्तहीन संघर्ष और गिरावट के शिकार हो जाएँगे। इस तरह इसके समाधान को आधुनिक उद्योगों के सन्दर्भ में ढूँढ़ना होगा।

फिर भी, एक दूसरा विचार है जो विज्ञान और तकनीक के लाभों को त्याग बगैर बड़े उद्योगों के स्थान पर उस तरह के छोटे-छोटे उद्योगों को लाना चाहता है जो छोटे-छोटे परिवार द्वारा संचालित हों अथवा जिनमें देश भर में बिखरे पड़े मजदूरों की कम संख्या में भर्ती हो। सिद्धान्तत: इस विचार का विरोध नहीं हो सकता है। उद्योगों के आकार और स्थल का निर्धारण स्थिति की सुविधा के अनुसार किया जाएगा, लेकिन हमारे समक्ष जो समस्या है, उसका यह उपचार नहीं है। एक बार इन मशीनों की आधुनिक तकनीक के इस्तेमाल को अपना लिया जाए तो इन मशीनों के कल-पुर्जे बनानेवाले तथा बिजली, खनिज, धातुकर्म और यातायात से सम्बन्धित मशीनों के पुर्जे बनानेवाले बड़े-बड़े उद्योग भी रहेंगे। इस तरह फिर हमारे समक्ष इन बड़े उद्योगों के संगठन की समस्या बनी रहेगी। इसके अलावा इन उद्योगों के उत्पादन को संयोजित करने तथा बिक्री और आपूर्ति की व्यवस्था करने के लिए भी कुटीर उद्योगों के प्रसार की एक सुविचारित नीति संगठन के विशाल तंत्र की अतिरिक्त समस्या पैदा कर दे सकती है। इससे या तो दलालों की एक बड़ी फौज खड़ी हो जाएगी या विशाल नौकरशाही के निर्माण की जरूरत पड़ जाएगी।

कृषि क्षेत्र के अन्दर प्रत्येक मामले में यह समस्या लम्बे समय तक बनी रहेगी ही। बिखरे और असंगठित होने के कारण कृषि क्षेत्र अर्थव्यवस्था का अपेक्षाकृत कमजोर तबका होगा। यहाँ संरक्षण और प्रोत्साहन की एक सुविचारित नीति को अपनाना होगा। यह भावना यह देखते हुए आसानी से लाई जा सकती है कि राष्ट्रीय अर्थव्यवस्था के समूचे अस्तित्व के लिए कृषि बहुत जरूरी चीज है।

लोग बड़े राज्यों के विकास को प्रोत्साहित करने के इच्छुक हैं। इसका महत्त्वपूर्ण कारण है कि लोग असमान ढंग से सैन्य शक्ति को उच्च मूल्य देते हैं। आज किसी राष्ट्र की आर्थिक और औद्योगिक शक्ति का आकलन उक्त राष्ट्र के अन्दर लोगों के कल्याण को केन्द्र में रखकर नहीं किया जाता है बल्कि उसकी सैन्यशक्ति को केन्द्र में रखकर किया जाता है। यद्यपि रूस औद्योगिक रूप से न केवल अमेरिका से काफी पीछे था बल्कि बहुत-से छोटे-छोटे यूरोपीय राष्ट्रों से भी पीछे, फिर भी 'सुपर पॉवर' था और अमेरिका का एक प्रतिद्वन्द्वी। ऐसा इसलिए कि इसने उन देशों के बराबर या उनसे अधिक अस्त्र-शस्त्र इकट्ठे कर लिए थे। चीन एक विकासशील राष्ट्र है, लेकिन अपनी सामरिक शक्ति और हाइड्रोइजन बम विस्फोट करने तथा उपग्रह स्थापित करने की काबिलियत के आधार पर पहले से 'सुपर पॉवर' बना हुआ है। सैन्यवाद और सैन्य गरिमा के प्रति यह मनोग्रसण स्वायत्तता की अपील के विरुद्ध एक शक्तिशाली बाध्यकारी तत्त्व के रूप में करता है, लेकिन यह आसानी से देखा जा सकता है कि सैन्यशक्ति का यह महिमामंडन सामान्य जन की दृष्टि से अबुद्धिमत्तापूर्ण और खतरनाक, दोनों है।

इतिहास पर सरसरी निगाह डालने से भी इस बात का पता चल जाता है कि सैन्य महिमा जैसा कुछ भी क्षणिक नहीं है। कोई भी राष्ट्र दूसरे राष्ट्रों पर अपनी सैन्य श्रेष्ठता कायम रख पाने में सफल नहीं हुआ है। अतीत में भारत के पास अनेक इलाके थे, इसकी वर्तमान सीमाओं से भी आगे, लेकिन इन विस्तारों की संक्षिप्त अवधियों की तुलना में पूरा इतिहास विदेशी आक्रमणों, पराजयों और मानमर्दन से भरा हुआ है। यूरोप को ही ले लीजिए। एक समय स्पेन बहुत महत्त्वपूर्ण सैन्यशक्ति था। आज सैन्य रूप से यह कोई हस्ती नहीं है। इसी रास्ते पर फ्रांस चला और इसकी शक्ति नेपोलियन बोनापार्ट के अभ्युदय के साथ शीर्ष पर पहुँच गई, लेकिन इसके बाद इसके पतन और पराजय की शुरुआत हो गई। तब तक जर्मनी सोया हुआ था। उसकी नींद देर से खुली और आधी सदी के अन्दर ही उसने अपने अस्त्रों की सर्वोच्चता साबित कर दी और सन 1871 ई. में पेरिस तक पहुँच गया। 20वीं सदी के आधे समय तक जर्मन सैन्यवाद के दु:स्वप्न का दबदबा कायम था। दोनों विश्वयुद्धों में शुरू में इसने अपने शानदार पराक्रम से पूरी दुनिया को स्तब्ध कर दिया था, लेकिन बाद में पराजित हो गया और अन्तत: स्वयं विभाजित और निर्भर हो गया। ग्रेट ब्रिटेन को एक समय इस बात का गुमान था कि पूरी दुनिया

में उसका साम्राज्य फैला हुआ है और वह लहरों पर भी राज करता है, लेकिन वही ग्रेट ब्रिटेन आज एक महाशक्ति बनने की इच्छा तक भी नहीं कर सकता है। कुछ समय तक तो इसकी मुख्य चिन्ता थी कि बाहरी सैन्य प्रतिबद्धताओं से स्वयं को कितनी जल्दी छुटकारा दिलाया जाए ताकि घर की हालत को ठीक किया जा सके। गौरव जब स्वयं भूतकाल में चला जाता है तो कुल मिलाकर सैन्य गौरव का एकमात्र ठोस परिणाम खेद और भ्राँति की विरासत के रूप में सामने आता है। द गॉल का नेतृत्ववाला फ्रांस इस मन:स्थिति का ठेठ उदाहरण था जब इसने कीमत को नजरअन्दाज कर एक नाभिकीय शक्ति बनने पर जोर दिया था। दूसरे राष्ट्रों में नाभिकीय अस्त्रों के फैलाव के साथ ही अब इसमें गौरव नहीं रहा, लेकिन अर्थव्यवस्था को इससे निश्चित रूप से काफी क्षति पहुँची है।

सैन्यवाद से जनसाधारण को कभी कोई लाभ नहीं हुआ है। महत्त्वाकांक्षी सम्राटों और जनरलों के गर्व को यह बढ़ाता जरूर है, लेकिन साधारण लोगों के लिए सदैव यह मौत और अभाव का कष्ट लाता है। युद्धों में सामान्यत: गरीब के बेटे ही मोर्चों पर शहीद होते हैं। इसके बाद उत्पादन को युद्ध सामग्रियों की तरफ मोड़ देने से चीजों की किल्लत पड़ जाती है जिससे सबसे ज्यादा गरीब ही प्रभावित होते हैं। युद्धोत्पादन प्राकृतिक संसाधनों की पूरी तरह से एक बर्बादी है क्योंकि यदि युद्ध हो रहा होता है तो युद्ध के दौरान जो कुछ उत्पादित होता है वह या तो नष्ट हो जाता है या संचित पुंज बन जाता है और अन्तत: उसे अनुपयोगी उच्छिष्ट के रूप में त्याग देना पड़ता है क्योंकि वे पुराने पड़ जाते हैं। एक अविकसित देश में इस तरह की बर्बादी आपराधिक होती है क्योंकि उक्त संसाधनों का इस्तेमाल साधारण मनुष्य की आवश्यक वस्तुओं को पूरा करने में किया जा सकता था, लेकिन समृद्ध अर्थव्यवस्थावाले देशों में भी सैन्यवाद का बराबर बुरा असर होता है, प्रत्येक देश में सैन्यवाद का पहला शिकार लोगों की आजादी होती है जिसे माना जाता है कि सैन्यवाद उसकी रक्षा करेगा, लेकिन होता है इसके उलट। विशाल सेनावाला देश पहले से ही उस सेना की घेराबन्दी में रहता है। इसका पहला असर यह होता है कि राजनीतिक निर्णय से सम्बन्धित अधिकांश अनिवार्य सूचना को जनसुरक्षा के नाम पर जनता तक पहुँचने नहीं दिया जाता है। सरकार की ज्यादातर आलोचना को विश्वासघात समझा जाता है क्योंकि आधुनिक सैन्य स्थापना के लिए असैन्य प्रकृति की गतिविधियों से जुड़ना अनिवार्य होता है। सभी व्यावहारिक उद्देश्यों के लिए राजनय को लोक विमर्श के क्षेत्र से निकाल लिया जाता है क्योंकि विदेशी शक्तियों से गुप्त सौदा करने की बाध्यता रहती है।

सबसे बुरा तो यह होता है कि सैन्यवाद सुरक्षा के सरोकार को इस हद तक बढ़ा देता है कि सार्वजनिक या निजी जीवन का कोई भी क्षेत्र जासूसी से पूरी तरह मुक्त नहीं रहता है। सीआईए और केजीबी तो पहले से ही राजनीतिक शब्दावली

के भयावह शब्द हैं। सभी राष्ट्रों में इनके प्रतिरूप विद्यमान हैं। इन गुप्त सेवाओं का स्वभाव ऐसा होता है कि लोकतंत्र के अन्दर भी लोकप्रिय प्रतिनिधियों की कड़ी निगरानी में इन्हें नहीं रखा जा सकता है। सुदृढ़ लोकतांत्रिक परम्परावाले अमेरिका जैसे देश में भी आजादी की संरचना युद्ध मनोग्रसित और युद्ध अर्थव्यवस्था के बोझ से चकनाचूर हो रही है। वैसे देशों में जहाँ आजादी का ढाँचा अपेक्षाकृत कमजोर व लचर है, वहाँ यह आसानी से ऐसे दबाव में दम तोड़ देती है। युद्ध के दौरान जनता की आजादी लगभग खत्म हो जाती है। ऐसा भारत में भारत-पाकिस्तान युद्ध के दौरान हुआ था। इस अवधि में भारत रक्षा कानून के तहत लोगों के संवैधानिक अधिकार खत्म हो गए थे। यह सच है कि यह एक अस्थायी कार्रवाई थी, लेकिन युद्ध लम्बा चलता तो क्या होता? तनाव की इन अवधियों में जो आदतें बन जाती हैं, वे बमुश्किल जाती हैं बल्कि रह जाती हैं। वैसे लोग जिन्हें लोक नियंत्रण से मुक्त सत्ता का स्वाद लग गया है, इस तरह की सत्ता को बरकरार रखना चाहते हैं। इस आधुनिक दुनिया में जो राष्ट्र सैन्य बल से खुद की रक्षा करने की इच्छा रखता है, वह पहले से ही अंशत: अपनी सेना और नौकरशाही का गुलाम बन चुका है। तर्कसंगत विचार से यदि कहीं रक्षात्मक सैन्यवाद भी कायम है तो वह भी मानवीय आजादी के लिए नुकसानदेह ही है।

युद्ध में लगे या युद्ध अर्थव्यवस्था के अधीन रहनेवाले राष्ट्र के पास ऐसे अनेक लक्षण होते हैं जो कब्जे में कर लिए गए किसी भूक्षेत्र के लक्षण से मिलते-जुलते हैं। राष्ट्र का एक बड़ा भू-भाग एक निषिद्ध भाग की तरह अलग कर दिया जाता है जहाँ नागरिकों की कोई पहुँच नहीं होती है। दैनिक जीवन की अनेक अनिवार्य चीजें उन्हें नहीं मिलती हैं। उनके जीवन पर पुलिस की निगरानी रहती है। कर बढ़ा दिए जाते हैं। चीजों की कीमतें बढ़ जाती हैं। सरकार स्वेच्छाचारी हो जाती है। अनिवार्य सैन्य सेवा अपनी पसन्द के अन्य कार्य में दिए जानेवाले समय को रोक दे सकती है। यदि आक्रमण या वास्तविक युद्ध के भय के तहत इस प्रकार के रवैये जीवन की आदतों में कठोर बन जाते हैं तो इस तरह के जीवन व विदेशी शक्ति की वृत्ति में अन्तर कर पाने के लिए जब तक विदेशी शक्ति अपवादस्वरूप नृशंस नहीं हो, कुछ नहीं रहेगा।

अविकसित देशों में जोकि अभी-अभी विदेशी शासन से निकले हैं, सैन्य गौरव का लोभ अपेक्षतया ज्यादा हो सकता है। अधीनता में लम्बे समय तक रहने के कारण इन देशों में हीनता का भाव आ गया है जिसे ये शानदार सैन्य कारनामों से दूर करने का प्रयास करते हैं। इनके विचार बहुत आसानी से सैन्य गौरव की तरफ मुड़ जाते हैं क्योंकि उत्पादन और सृजन की दिशा में गौरव प्राप्त करना अपेक्षाकृत ज्यादा दुष्कर होता है और इसमें लम्बे समय तक प्रयास करने की जरूरत पड़ती है। सैन्यवाद की पुष्टि इस तथ्य से भी होती है कि प्रत्येक प्रयास की निराशा आक्रामकता

से बाहर निकल जाती है। साथ ही, सभी देशों के राजनेता जनाक्रोश अपनी तरफ से किसी अन्य स्थिति की तरफ जिसे वे अपनी विफलताओं के लिए जिम्मेवार मानते हैं, मोड़ने का प्रयास करते हैं। ये सारे तत्त्व मिलकर सैन्यवाद को उन देशों में अच्छी तरह से लोकप्रिय बनाते हैं जो अपने आर्थिक पिछड़ेपन के कारण इसके लायक नहीं होते हैं। सैन्य शक्ति की यह सनक बृहत्तर क्षेत्र और बृहत्तर जनसंख्या आधार की छीना-झपटी पैदा करती है। यह विजय से या संयोजनों के विभिन्न रूपों से प्राप्त होता है। स्वयं को तहस-नहस करनेवाली इस अयुक्ति के सामने विद्यमान स्थितियों को तोड़ने का कोई भी प्रस्ताव स्वाभाविक रूप से पसन्द नहीं किया जाता। इन अविकसित देशों में निशस्त्रीकरण की बात करना भी पसन्द नहीं किया जाता। लोग इस बात को मानने के लिए तैयार नहीं होते कि औपनिवेशिक शासन से स्वयं को आजाद करने के बाद वे सैन्यवाद को बढ़ावा देकर स्वयं को बेड़ी में डालने की नई जंजीर तैयार कर रहे हैं। हालाँकि यह काफी स्पष्ट है कि सैन्यवाद और आजादी साथ-साथ नहीं चल सकते हैं।

हम पूर्व में ही यह देख चुके हैं कि समाजवादी परिवर्तन केवल लोकतंत्र की स्थितियों में ही सम्भव है, लेकिन परिवर्तनकारी आन्दोलन जिस वास्तविक समस्या का सामना करता है, वह समस्या होती है कैसे उन स्थितियों को बनाया और बरकरार रखा जाए। दुनिया के एक बड़े भाग में लोकतांत्रिक आजादी का लेशमात्र या लोकतांत्रिक रचना की शुरुआत भी नहीं है। इन जगहों पर प्राथमिक काम लोकतांत्रिक संस्थाओं का निर्माण करना होगा। इसके बाद यह खतरा भी रहता है कि प्रश्रयप्राप्त वर्ग जिनके हित लोकतंत्र में प्रभावित होते हैं, वे उन देशों में भी जहाँ लोकतंत्र पहले से स्थापित है, इसे उलट देने का प्रयास करते हैं। इसलिए दूसरी समस्या होगी, लोकतंत्र के आधार को विस्तारित और संरक्षित करना। तीसरी और समान रूप से महत्त्वपूर्ण समस्या होती है आन्दोलनकारी परिवर्तनों के लिए जनदबाव बनाए रखना। हम देख चुके हैं कि इन परिवर्तनों के बिना लोकतंत्र दिनचर्या की बंजर लीक बन जाती है। केवल शक्तिशाली परिवर्तनकारी आन्दोलन ही इसे हासिल कर सकता है।

परन्तु शक्तिशाली जनान्दोलन की जरूरत को एक बार पहचान लिया जाता है तो सत्ता आन्दोलन के सिलसिले में हमने जिन खतरों पर विचार किया है उनसे इसे बचाए रखने का एकमात्र तरीका यह होता है कि आन्दोलन अहिंसक बना रहे। निस्सन्देह नैतिक आधारों पर परिवर्तनकारी आन्दोलन की हिंसा पर रोक लगाने की माँग की कोई वैधता नहीं रहती है। सबके बावजूद अधिकांश लोकतांत्रिक सरकार के प्रयासों में सख्ती का एक तत्त्व अन्तर्निहित होता है। चूँकि हम ऐसी सरकारों के उपयोग को अस्वीकार नहीं करते हैं, इसलिए हम पूरी तरह से हिंसा को शपथ के साथ त्यागने का दावा नहीं कर सकते हैं। हालाँकि जनान्दोलनों के हमारे सभी

विचार यह दृष्टि देते हैं कि यदि आजादी और समता के लक्ष्यों को ही प्राप्त करना है तो हिंसक जनान्दोलन नुकसानदेह साबित होते हैं। समाजवादी आन्दोलन यदि अल्पकालीन और द्रुतगामी हो तो सीमित पैमाने पर हिंसा के उपयोग में कोई गलती नहीं होगी। फ्रांस में हुआ 1968 ई. का विद्रोह इसका एक उदाहरण है। यह आन्दोलन सत्ता हासिल करने में असफल रहा इसलिए यह कह पाना कठिन है कि इसका परिणाम क्या हुआ होता, लेकिन जहाँ निहित स्वार्थों के अन्तरराष्ट्रीय जुड़ाव के कारण इस तरह का विद्रोह अन्तरराष्ट्रीय उलझाव के साथ गृहयुद्ध में प्रतिफलित हो जाता है, स्थिति पूरी तरह से भिन्न हो जाती है। इस तरह का युद्ध चाहे गुरिल्ला स्वभाव का हो या सीधे आमने-सामने का, इससे सत्ता का केन्द्रक प्रोत्साहित होता है जो आन्दोलन के मूल लक्ष्यों की कीमत पर विकसित होता है। इसका अर्थ यह नहीं है कि नये शासक शुरू से ही अलोकप्रिय होते हैं। वस्तुत: आरम्भ में वे काफी लोकप्रिय हो सकते हैं। उन्हें 'करिश्माई' कहा जा सकता है, लेकिन इस तथ्य के कारण वे अपने विशेषाधिकार को नये सामाजिक संरचना में काफी आसानी से मूर्तरूप दे पाने के काबिल होते हैं। कुछ सैन्य विशेषज्ञों ने यह दिखाया है कि लम्बे समय तक चलनेवाले गुरिल्ला युद्ध का इसमें लगे व्यक्तियों के मनोविज्ञान पर बहुत क्षतिकारक असर होता है। मानव जीवन के प्रति संवेदनहीनता उन व्यक्तियों में अपरिहार्य तौर पर रहती है जो अपने सक्रिय जीवन में स्थायी रूप से किसी का शिकार बने होते हैं और बाद में दूसरों का शिकार करते हैं।

यह बात भी दिमाग में रहनी चाहिए कि गुरिल्ला आन्दोलन काफी हद तक लोकप्रिय समर्थन पर टिका होता है। हालाँकि इस समर्थन में कुछ स्वेच्छा से तथा स्वत:स्फूर्त समर्थन रहता है तो कुछ दबाव और भय से भी जुटाया गया होता है। अपना आधार स्थापित कर लेने के बाद इस आन्दोलन को जो समर्थन हासिल होता है, उसे अक्सर विरोध की स्थिति में प्रतिहिंसा के भय का समर्थन मिलता है। धीरे-धीरे लड़ाई ज्यादा दिनों तक चलती है तो छापामार सैनिकों में भय समा जाता है। गुरिल्ला और अहिंसक आन्दोलनों का तुलनात्मक अध्ययन करनेवाले कैप्टन सर बासिल लिडेस लिखते हैं—"हिंसा की आदत नियमित युद्ध की अपेक्षा अनियमित युद्ध में गहरे जड़ जमाए हुए होती है। नियमित लड़ाई में गठित सत्ता के प्रति आज्ञाकारिता की आदत दिखती है जबकि अनियमित लड़ाई में सत्ता को ललकारने तथा नियमों का उल्लंघन करने का गुण होता है। इस तरह की तलोच्छेदित नींव पर किसी देश व स्थायी राज्य का पुनर्निर्माण करना काफी कठिन होता है।"[13]

इस तरह के आन्दोलन के बाद पूर्ण व्यवस्था लाने का एकमात्र रास्ता होता है, निर्मम दमन और निरोध का शासन कायम करना ताकि पूर्ववर्ती गुरिल्ला योद्धा आन्दोलनकारी नियमों का सम्मान करने के लिए बाध्य हो। इस तरह अधिनायकवाद का बीज हिंसक प्रतिरोध के ऐसे आन्दोलनों में स्वाभाविक रूप से रहता है। दिमाग

में रखनेवाली दूसरी बात यह है कि जैसाकि हमने अपने विमर्श (अध्याय-3) में देख लिया है, इन सभी हिंसक संघर्षों में जो पक्ष ज्यादा निर्मम और छली होता है वही जीतता है। इस तरह के संघर्ष में जो परिवर्तनकारी आन्दोलन जीतता होता है, वह इस स्थिति में अपरिहार्य आचरण के अप्रिय बदलाव से बच नहीं सकता है। लम्बे युद्ध द्वारा लादे गए चयन की सश्रम प्रक्रियाओं के जरिए अत्यधिक आक्रामक और उन्मत तत्त्व ही आन्दोलनकारी दल में और के स्तर पर काबिज हो जाता है।

हिंसक आन्दोलन का मामला एक-दूसरे विचार से भी कमजोर हो जाता है। हमने शुरू में ही इस अध्याय में देखा है, इतिहास ने क्रान्ति की भूमिका वर्ग को सौंपी है कि क्रान्ति उसके बीच एक स्वत:स्फूर्त कार्य होगी, नये परिवर्तनकारी आन्दोलनों के अनुभव के आलोक में क्रान्ति के इस पुराने विचार की विश्वसनीयता बहुत कम हो गई है। इस विश्वसनीयता के साथ वह विश्वास भी चला जाता है कि साधन और क्रान्तिकारियों के आचरण का विचार किए बिना अन्तिम लक्ष्य किसी तरह सबसे अधिक खुशहाल हो जाना होता है।

आज विद्रोह उस तरह के मनुष्यों का काम हो गया है जो मौजूदा समाज की गैर-बराबरी से पीड़ित हैं। कुछ मामलों में उत्पीड़ित व्यक्ति स्वयं शिकार है जैसाकि नीग्रो या सर्वहारा के मामले में होता है। दूसरे मामलों में वे बुद्धिजीवी और छात्र होते हैं जो स्वयं तो दमन का शिकार नहीं होते हैं, लेकिन विवेक और ज्ञान के कारण वे उस स्थिति के अनुरूप स्वयं को ढाल नहीं पाते हैं तथा नैतिक आधार पर उसके विरुद्ध लड़ने को तैयार हो जाते हैं। परिवर्तनकारी आन्दोलन के इस नये सन्दर्भ में मनुष्य का नैतिक सूत्र और साधन पूरी तरह से आन्दोलन के नतीजों से अप्रासंगिक नहीं हो सकता है। प्रत्येक लक्ष्य का निर्धारण चेतनता के साथ परिवर्तनकारी आन्दोलनों में सही प्रयासों से किया जाता है।

यह सही है कि मॉस्को से निर्देशित आधिकारिक कम्युनिस्ट आन्दोलन फ्रेंज फेनन, चे ग्वारा और हर्बर्ट मार्क्यूस से लेकर मौलिक छात्र आन्दोलन के नेताओं तक प्रत्येक व्यक्ति में 'परिवर्तनकारी रोमांसवादी' के रूप में नया स्वर भरने का प्रयास करते रहा है, लेकिन तथ्य यह है कि रूसी आन्दोलन के बाद बीती अर्द्ध सदी के दौरान मॉस्कोवादी कम्युनिस्ट शास्त्रीय मार्क्सवादी शैली में एक भी आन्दोलन करने में असफल रहे हैं। दूसरी तरफ इस अवधि के दौरान अधिकांश परिवर्तनकारी आन्दोलनों ने उन्हें उलझन में डाल दिया है और आरम्भिक अस्वीकृति तथा बाद की स्वीकृति के बीच उन्हें पर्याप्त परेशान किया है।

यह तर्क दिया जा सकता है कि अहिंसक आन्दोलन एक बार अपना सांगठनिक ढाँचा विकसित कर ले तो उसमें भी कुलीनतंत्रीय रुझान विकसित हो जा सकता है। यह बिलकुल सही है, किन्तु सशस्त्र कुलीनतंत्र संघर्ष की समाप्ति पर अवपीड़क सशस्त्र शक्ति के साथ असंगठित और निहत्थे व्यक्ति पर अपनी इच्छा लादने के

लिए मुक्त रहता है, लेकिन शस्त्र व्यक्ति विहीन कुलीनतंत्र ऐसा नहीं कर सकता है। यह जनता की इच्छा के सामने झुक जाना होगा। इस तरह कुलीनतंत्रीय प्रवृत्ति के वहाँ होने के बावजूद इसका अहिंसक स्वभाव इसके मनुष्यों के किसी विशेषाधिकार निकाय में ठोस रूप लेने के विरुद्ध सुरक्षा प्रहरी का काम करेगा।

पहली अवस्था को लें अर्थात् उन देशों की स्थिति का जहाँ लोकतांत्रिक आजादी और संविधान नहीं है, वहाँ इन अधिकारों के लिए समाजवादी आन्दोलन को लड़ने की जरूरत है, लेकिन केवल अहिंसक आन्दोलन ही इस इच्छित लक्ष्य तक पहुँचा सकता है। यदि इन देशों में अहिंसक आन्दोलनों को कठिनाई का सामना करना पड़ता है तो हिंसक आन्दोलनों को भी कठिनाई का सामना करना होता है। वस्तुत: अहिंसक आन्दोलन असहयोग और सत्याग्रह जैसे प्रतिरोधों के रूप में हिंसक आन्दोलनों की तुलना में ज्यादा प्रभावशाली ढंग से इन शासनों की जड़ खोद सकते हैं। हिंसक आन्दोलन तो आरम्भिक चरणों में ही प्रत्यक्ष मुठभेड़ को औंधे मुँह गिरा देता है। हर मामले में निर्मम फासीवाद शासन के विरुद्ध केवल वही प्रतिरोध सफल रहा जो अहिंसक था, चाहे उसका उद्देश्य कितना ही सीमित क्यों न रहा हो। नाजी अधिकृत नॉर्वे में जब देशद्रोही शासन ने शिक्षा पर अपना नियंत्रण कायम करने का प्रयास किया तो उसका नॉर्वे के शिक्षकों ने इसी अहिंसक तरीके से विरोध किया था। शिक्षकों ने बहादुरी से वहाँ की सत्ता का प्रतिरोध कर कड़ी चुनौती दी जबकि 14,000 शिक्षकों में से 1,100 शिक्षकों को यातना शिविर में भेजा जा चुका था। अन्तत: वहाँ के शासक को शिक्षा को फासीवादी लाइन पर चलाने के प्रयासों को त्यागना पड़ा।

पूर्वी जर्मनी, चेकोस्लोवाकिया और रूस जैसी साम्यवादी तानाशाही के अन्दर भी सत्ता के विरुद्ध प्रतिरोध का मुख्य रूप से बड़ा तरीका अहिंसक ही रहा है। रूस में आज बुद्धिजीवी वर्ग सोच और विचार की आजादी को प्रोत्साहित करने को आगे बढ़ाने की लड़ाई बिलकुल अहिंसक तरीके से लड़ रहे हैं। उनमें से अधिकांश को मजदूर शिविरों में लम्बे समय का कारावास दिया गया है। उनमें से कुछेक को पागलखाने में रखा गया है जहाँ उन्हें तरह-तरह की यातनाएँ दी जाती हैं। बावजूद इसके, उनका संघर्ष जारी है। यह स्पष्ट रूप से साबित करता है कि अहिंसक आन्दोलन क्रूरतम एकदलीय सत्ता के तहत भी सम्भव है। वस्तुत: सर्वसत्तात्मक या एकदलीय शासन का स्थायित्व बड़े झूठ पर टिका होता है इसलिए यह सत्य के साथ शुरू किए आन्दोलन के लिए बहुत वेध्य होता है।

लोकतंत्र के तहत निस्सन्देह हर आन्दोलन अहिंसक होता है। इस मामले में हिंसक आन्दोलनों का काम प्रजातंत्र के आधार की जड़ खोदना होता है, लेकिन प्रजातंत्र द्वारा जब कोई महत्त्वपूर्ण सुधार लाने का प्रयास किया जाता है तो इसकी सरकार में हिंसक बदलाव आ जाने का खतरा रहता है इसलिए इसका उपचार निश्चित रूप

से होना चाहिए। ऐसी स्थिति में प्रतिरोध के किसी अन्य रूप की अपेक्षा अहिंसक प्रतिरोध ज्यादा कारगर होता है। इस तरह के शासन के साथ सहयोग करने और इसे मानने की जन अस्वीकृति से उत्पन्न एक सामान्य हड़ताल इसका तेजी से अन्त कर दे सकती है। इस तरह के प्रतिरोध का ज्वलन्त उदाहरण है, जर्मनी के मजदूरों की वह सामान्य हड़ताल जिसने प्रथम विश्वयुद्ध के बाद की काप उथल-पुथल को परास्त कर दी थी। चूँकि उथल-पुथल मचानेवाले नेता सामान्यत: सेना का समर्थन जुटाते हैं अथवा उथल-पुथल की घड़ी में सेना की तटस्थता का आश्वासन ले लेते हैं, उनके विरुद्ध सशस्त्र प्रतिरोध अत्यन्त कठिन हो जाता है।

जैसाकि हम देख चुके हैं, सैन्यवाद सभी तरह से स्वतंत्रता और समाजवाद के लिए दुश्मन होता है। इस तरह समाजवादी शासन को त्वरित निशस्त्रीकरण की नीति भी अपनानी पड़ेगी, लेकिन यह इस चीज को भी अनिवार्य बना देता है कि विदेशी आक्रमण के विरुद्ध एक अहिंसक बचाव की रणनीति विकसित की जाए। यह दुर्भाग्य है कि भारत में जहाँ कि भारतीय आजादी को हासिल करने के लिए गांधी ने एक व्यापक सविनय अवज्ञा आन्दोलन खड़ा किया था, अहिंसक बचाव नीति के विकास पर कोई विचार नहीं किया गया है। हालाँकि भारत में सविनय अवज्ञा आन्दोलन की तकनीक किसी-न-किसी रूप में प्रचलन में रही है, बावजूद इसके, यह तकनीक गांधी जहाँ छोड़ गए थे उससे एक कदम भी आगे नहीं बढ़ी है। इस देश में इस आन्दोलन ने जिस दूसरी कठिनाई का सामना किया है, वह इसकी सीमित अपील है। यह सीमित अपील इस वजह से है कि जनमानस में जीन के प्रति गांधी का धार्मिक भाव अभी भी बहुत ज्यादा गड्ड-मड्ड है। अन्त:करण के सिद्धान्त ने अक्सर यह प्रभाव पैदा किया है कि अन्तत: परिणाम किसी दैवी हस्तक्षेप से ही हासिल होगा। इससे उन स्थितियों की जांच नहीं हो पाई है जिनमें शत्रु अन्तत: आत्मसमर्पण करने या अपना विचार बदलने के लिए विवश हो जाता है।

यह कहने की जरूरत नहीं है कि यदि इसे बड़ी मानवीय समस्याओं के समाधान हेतु संघर्ष का मुख्य रूप बनता है तो असहयोग आन्दोलन के तकनीकी और सांगठनिक सिद्धान्तों को उसी चिन्ता के साथ विकसित करना होगा जो हिंसक संघर्षों के संगठन और तकनीक के लिए की जाती है।

भारत में असहयोग आन्दोलन का प्रभाव सही योजना के अभाव में स्वातंत्र्योत्तर दिनों में सीमित रहा हे। (1) अधिसंख्य जनता को आन्दोलन के लक्ष्य और औचित्य को बतानेवाली सूचना का प्रसार अपूर्ण रहा है। (2) अहिंसक संघर्ष के विभिन्न रूपों, जैसे चयनित बिन्दुओं पर सत्ता का असहयोग और अवज्ञा, हड़ताल के बीच हल्का संयोजन रहा है। सत्ता की चुनौती की जवाबदेही संगठित स्वयंसेवकों ने नहीं उठाई है। यह काम असंगठित प्रदर्शनों ने किया है जिसने अक्सर भीड़ की तरह बर्ताव किया है। अन्तिम कमजोरी तो काफी नुकसानदेह रही है। वह जनसमूह जो पहले से

जानता है कि पुलिस और सशस्त्र बल से क्या अपेक्षा रखी जाए तथा भिन्न स्थितियों में कैसे काम किया जाए, एक अनपढ़ भीड़ की अपेक्षा ज्यादा साहस से हिंसा का सामना करता है। अनपढ़ भीड़ यह नहीं जानती है कि अप्रत्याशित आक्रमण का कैसे सामना किया जाए? यह खतरे के सामने पलायन की सहज वृत्ति का रास्ता दिखाती है। इसे आसानी से रोका जा सकता है यदि वे लोग जो सक्रिय चुनौती के लिए संगठित होते हैं, उनको सम्भाव्य घटनाओं का सामना करने का अच्छा अभ्यास हो। सेना की तरह पाँच, सात या कोई अन्य छोटी संख्या के आमने-सामने के समूह की छोटी इकाइयों पर आधारित अहिंसक स्वयंसेवक बल का संगठन भी गम्भीर क्षणों में नैतिक बल बढ़ाने का काम कर सकता है। इसके लिए हर इकाई में एक नेता रहना चाहिए तथा उसका छोटी इकाइयों के साथ बढ़िया तालमेल होना चाहिए। हिंसा के आगे मनुष्य के अन्दर एक स्वाभाविक भय बना रहता है। इस शुरुआती भय के भाव को इकाइयों के बीच एकता कायम कर आसानी से दूर किया जा सकता है। असंगठित ललकार में अक्सर क्या होता है कि ज्योंही पुलिस किसी जुलूस या प्रदर्शन पर हमला शुरू करती है, कुछ लोग भागना शुरू कर देते हैं जिससे अन्य लोगों में दहशत कायम हो जाती है। ऐसे क्षण में उन्हें यह मालूम नहीं होता है कि क्या किया जाए? बावजूद इसके, वे उग्र हो जाते हैं तथा पत्थरबाजी इत्यादि करने लगते हैं और अगली पुलिस हिंसा के लिए क्षमायाचना का मार्ग प्रशस्त कर देते हैं। सही संगठन और राजनीतिक प्रशिक्षण से ऐसे लोगों को बहुत बड़ी पुलिस हिंसा का सामना करने के लायक बनाया जा सकता है।

पश्चिम में कुछ लोग जिनमें कुछ सैन्य विशेषज्ञ भी शामिल हैं, विदेशी आक्रमणों का असैन्य प्रतिरोध करने की बाबत सोचना शुरू कर दिए हैं। वे अनेक देशों के अनुभवों को जोड़ने में लगे हैं। भारत जैसे देशों के लिए यह काफी मूल्यवान होगा कि अतीत के अनुभवों के आलोक में इस तकनीक को विकसित करने का प्रयास किया जाए।

बहरहाल, भारत जैसे देश को अपनी बदहाल सेना को बनाए रखना एक खर्चीली विलासिता है। भारत-चीन युद्ध के दौरान हमने देखा है कि अस्त्रों से लैस चुस्त-दुरुस्त सेना के पहले वार में ही हमारी सेना टूट गई थी। निस्सन्देह इसका मतलब यह नहीं है कि भारतीय सेना चीन सेना से कमतर है। वस्तुतः भारतीय फौज का हर व्यक्ति काफी साहसी और त्याग की भावना से भरा हुआ है। वह अन्य सैनिकों से श्रेष्ठ नहीं है तो समकक्ष जरूर है, लेकिन बुरे साजो-सामान से लैस सेना एक असुविधाजनक फौज है, जो इस आधुनिक दुनिया में किसी डरी भीड़ से बेहतर नहीं होती है। हमेशा यह नई तकनीकों और नये अस्त्रों से किए गए आक्रमणों के समक्ष घुटना टेक देती है। यह दावा कि इस तरह की चुनौतियों का मुकाबला करने के लिए सेना अब अपेक्षाकृत ज्यादा सुसज्जित है, बिलकुल

खोखला दावा है। इस दावे पर केवल हँसा ही जा सकता है। सच्चाई तो यह है कि इस बीच चीनी सेना न केवल नाभिकीय अस्त्रों से लैस हुई है बल्कि इसने कक्षा में उपग्रह स्थापित करने की हद तक अपने प्रक्षेपास्त्र कार्यक्रम को विकसित भी किया है। इस तरह दोनों देशों के सेनाओं के बीच मारक शक्ति में पहले से बहुत ज्यादा अन्तर आ गया है। ऐसे में यह सन्देह से परे नहीं है कि चीनी आक्रमण में हमारी सेना ज्यादा देर तक सीमा पर टिकी रहेगी। अन्ततः चीनी सेना जब मैदानी इलाके में प्रवेश कर जाएगी तो उसका प्रतिरोध छापामार लड़ाई के जरिए किया जाएगा जिस तरह की लड़ाई हर जगह हड़पे गए भू-भाग में चल रही है। ऐसे में क्या यह अच्छा नहीं होगा कि सेना की जगह शुरू से ही लोगों को असैन्य प्रतिरोध के लिए संगठित किया जाए? इस तरह के कदम का नैतिक रूप से देश के अन्दर और बाहर भी, जबर्दस्त प्रभाव होगा।

इस नीति को अपनाने से जनता के कल्याण के विकास हेतु विशाल संसाधन उपलब्ध हो जाएगा जो व्यर्थ के सैन्य उत्पादन और संचित मात्रा में कैद हैं। सबसे महत्त्वपूर्ण तो यह कि इससे अभी सेना में नियुक्त वे सुशिक्षित और अनुशासित नवयुवक असैन्य कार्यों के लिए मुक्त हो जाएँगे जो हर तरह के राष्ट्रीय प्रयासों को अच्छी तरह से आगे बढ़ा सकते हैं। सेना में सबसे अच्छे युवा बहाल होते हैं। सेना को विघटित करने के बदले इन युवाओं को हर तरह के राष्ट्र निर्माण के कार्यों की तरफ मोड़ना होगा। अतीत में सेना को जहाँ भी असैन्य कार्यों में लगाया गया है, उसने काफी प्रशंसनीय काम किया है। इसका कोई कारण नहीं है कि सेना को कोई दीर्घकालीन योजना सौंपी जाए तो वह समान विशिष्टता के साथ नहीं कर पाएगी। यह मार्ग अपनाकर यदि राष्ट्र अपनी जनता के जीवन स्तर में कोई शानदार उपलब्धि हासिल करता है तो पड़ोसी देशों की जनता के मन पर इसका व्यापक असर पड़ेगा। इस तरह के निहत्थे लोगों पर आक्रमण करना आक्रमणकारी राष्ट्र की जनता और सिपाहियों के मनोबल पर विध्वंसक असर डालेगा। निस्सन्देह इस तरह का एकपक्षीय निरस्त्रीकरण का मार्ग अपनानेवाले राष्ट्र को अन्य राष्ट्रों, विशेषकर पड़ोसी राष्ट्रों की जनता को नये परिवर्तनों और उनके महत्त्व से परिचित कराने का विशेष ध्यान रखना पड़ेगा।

यह स्पष्ट है कि एक राज्य जो स्वयं को पूरी तरह से निरस्त्र कर देता है, इस कार्य से वह अल्पमत के दबदबे पर आधारित उत्पीड़न के प्रत्येक रूप के आधार को विनष्ट कर देता है। निहत्था राज्य समूची जनता के मुकाबले किसी विशेषाधिकार के किसी रूप को संरक्षण नहीं दे सकता है। अहिंसक प्रतिरोध उन छोटे-छोटे उत्पीड़नों की समस्या का भी समाधान कर सकते हैं जो धीरे-धीरे एक बहुत बड़ी समस्या बन जाती है। शासन को उखाड़ फेंकने का हिंसक आन्दोलन हर रोज नहीं हो सकता है जबकि सभी तरह की सरकारों के तहत अन्याय के प्रत्येक रूप के विरुद्ध व्यक्तियों

और समूहों के लिए प्रतिरोध का अहिंसक तरीका हर समय खुला रहता है। चूँकि प्रत्येक समाज के अन्दर रूढ़िवाद कायम रहता है, इसलिए समाज को ठहराव से बचाने का एकमात्र रास्ता इसे नियमित रूप से विभिन्न तरह के जनान्दोलनों के जरिए हलचल में बनाए रखना है। अगर आन्दोलन अहिंसक होगा तो समाज ऐसे आन्दोलनों को विघटन के खतरे के बिना मदद कर सकता है। हड़ताल को पहले से ही प्रजातंत्रों के अन्दर वैधता हासिल हो चुकी है। समाज की नियति प्रगति के लिए असैन्य प्रतिरोध के दूसरे रूपों को भी इस तरह की वैधता हासिल करनी होगी।

अन्याय और बुराई के अहिंसक प्रतिरोध की आदत एक बार लोगों के जीवन में बन जाती है तो यह उन अल्पसंख्यकों की हताशा का निवारण भी कर सकता है जिनके पास अपने विषय का समर्थन करने हेतु प्रजातंत्र के अन्दर भी कोई बड़ी राजनीतिक पार्टी बनाने का अत्यधिक प्रभाव नहीं होता है। और यह बात दिमाग में रखनी होगी कि समाज में एक या दो भूमिकाओं को छोड़कर हर व्यक्ति अल्पसंख्यक समुदाय का ही एक सदस्य है। और कुछ मामलों में तो वह ठीक एक की संख्यावाले अल्पसंख्यक का भी सामाजिक मूल्य होता है और सही समय पर इसे निश्चित रूप से प्रबल होना चाहिए।

निस्सन्देह यह दावा नहीं किया जा सकता है कि काम करने का अहिंसक तरीका निश्चित रूप से सफल होगा ही, लेकिन अतीत के अनुभव से एवं मानवीय आवेग और आक्रामकता तथा वे जो रूप अख्तियार करते हैं, के अध्ययन से इतना दावा किया जा सकता है कि हिंसक कार्यों से सत्ता बदली जा सकती है, लेकिन सामाजिक न्याय नहीं हो सकता है। श्रमसाध्य संघर्ष के अन्त में जनता को हमेशा यह देखने को मिलेगा कि उत्पीड़न के एक रूप को दूसरे रूप से हटाया जा रहा है। इससे मानवोचित स्थिति पैदा होती है जिसकी कार्ल फेडर्न ('मैटेरियलिस्ट कंसेप्शन ऑफ हिस्ट्री' में) ने दांते की निम्नलिखित पंक्तियों में व्याख्या की है—"बीमार औरत की तरह वे खुद को देखेंगे, जिसे रात में अपने तकिए पर आराम नहीं मिलता, और तेजी से घूमकर अपना दर्द मिटाना चाहती है।"

इस स्थिति ने दुनिया में विचारणीय निराशावाद को जन्म दिया है तथा यह पैरोटे और मोस्का के विचारों के पुनरुज्जीवन के लिए जवाबदेह रही है जो यह दावा करते हैं कि समतावादी समाज अलभ्य है। अहिंसा की विधि को अभी तक आजमाया नहीं गया है। यदि जनता इसे अपनाती है तो कोई कारण नहीं है कि आन्दोलन की अनेक समस्याओं के निराकरण हेतु इसका विकास नहीं हो। इस चरण में यह हममें बहुत बड़ा आशावाद पैदा नहीं करती है, लेकिन कम-से-कम यह हममें स्वतंत्र और समतावादी समाज के भविष्य के बारे में कुछ आशा का संचार जरूर करती है।

सन्दर्भ और टिप्पणियाँ

1. धर्मयुद्ध

1. जे.एल. टालमन द्वारा उद्धृत इन टोटलिटेरियन डेमोक्रेसी, मर्ककी बुक, लन्दन, 1961, पृ. 187
2. फ्रॉम एसेंशिअल राइटिंग्स ऑफ मार्क्स : सेलेक्टेड एंड विद इंट्रोडक्शन बाई डेविट काउट, मैक. गिब्बन एंड की, 1965, पृ. 56-57
3. वही, पृ. 62—फ्रॉम कैपिटल, वाल्यूम-I, पृ. 363 अबेलिंग टी.आर. लोरेन्स एंड विशर्ट 1961
4. प्रर्टराम डी. वोल्फ, मार्क्सिज्म : 100 इयर्स इन दी, लाइफ ऑफ ए डॉक्टरिन, पृ. 335, डायल प्रेस, न्यूयॉर्क, 1965, टेकेन फ्रॉम जर्मन आइडियोलोग।
5. यूजिन कमेंका, इथिफल फाउंडेशन ऑफ मार्क्सिज्म, रूटलेज एंड केगन पॉल में उद्धृत, लन्दन, 1962, पृ. 27
6. कोल एंड पोस्टगेट : दी कॉमन केपुल 1746-1946, मेथ्यूएन एंड क. लि. फोर्थ एडिशन, 1949, पृ. 648-49
7. वही, पृ. 688
8. जे. इतालिन : प्रॉब्लम्स ऑफ लेनिनिज्म, फॉरेन लैंग्वेज पब्लिशिंग हाउस, मॉस्को, 1947
9. ओटा सिक : प्लान एंड मार्केट अंडर सोशलिज्म, एकेडमिया पब्लिशिंग हाउस ऑफ दी चेकोस्लोवाक एकेडमी ऑफ साइंसेज, प्रेग, 1967, पृ. 54

2. विचार-वस्तु द्विभाजन से परे

1. यह विचार अब व्यापक रूप से मनोवैज्ञानिकों, समाजशास्त्रियों और नृविज्ञानियों द्वारा मान लिया गया है। वे स्वीकार कर चुके हैं कि मानवीय प्रकृति केवल समाज में ही निश्चित आकार ले सकती है। इसे कैसे एक विशेष समाज के द्वारा अनुकूलित किया जाता है, इसे नई गिनी की चाम्बुसी, मंडूगूमर और अरापेश जैसी आदिम जनजातियों के अध्ययन द्वारा प्रचुर मात्रा में प्रदर्शित किया जाता है जबकि अरापेश के सदस्यगण कोई आक्रामक लक्षण प्रदर्शित नहीं करते हैं, मंडूगूमर के सदस्यगण बहुत ज्यादा आक्रामकता और शत्रुता प्रदर्शित करते हैं। दूसरी तरफ चाम्बुली में स्त्री-पुरुष की भूमिका उलट गई है। उनके समाज में महिलाएँ प्रभुत्वशाली, अवैयक्तिक प्रबन्ध साथी होती हैं जबकि पुरुषों के पास जिम्मेवारी कम होती है ओर वे भावनात्मक रूप से आश्रित साथी होते हैं। मनोविज्ञान के पक्ष से भी यह दिखाया गया है कि मानव प्राणी के न केवल युवाओं का विकास बल्कि अनेक सामाजिक प्राणियों का भी विकास, यदि उन्हें सामाजिक सम्पर्क से दूर रखा जाए तो पूरी तरह से अवरुद्ध हो जाता है।

2. मार्शल डी. साइलिन एट.एस., एडिटर्स, इवोल्यूशन एंड कल्चर, यूनिवर्सिटी ऑफ मिशिगन प्रेस, पृ. 47
3. वही, पृ. 48
4. जे.ए.सी. ब्राउन : सोशल साइकोलॉजी ऑफ इंटस्ट्री
5. डब्ल्यू. ग्रे वाल्टर : दी लिविंग ब्रेन, पेलिकन बुक, 1963, पृ. 134-5
6. रॉबर्ट एल. फांज : 'दी ओरिजिन ऑफ परसेप्शन', इन फ्रंटियर्स ऑफ साइकोलॉजिकल रिसर्च, रीडिंग फ्रॉम साइंटिफिक अमेरिका, डब्ल्यू.एच. फ्रीमैन एंड कम्पनी, सेन फ्रांसिस्को एंड लन्दन, मई 1961, पृ. 38
7. वही
8. डब्ल्यू. ग्रे वाल्टर : दी लिविंग ब्रेन, पेलिकन बुक, 1963, पृ. 75
9. डब्ल्यू. एच. इटेलसन एंड एफ.आर. किलपैट्रिक : 'एक्सपेरिमेंट्स इन परसेप्शन' इन फ्रंटियर्स ऑफ साइकोलॉजिकल रिसर्च, डब्ल्यू.एच. फ्रीमैन एंड कम्पनी, सन फ्रांसिस्को एंड लन्दन, अगस्त 1951, पृ. 179
10. सुसेन के. लैंगर : फिलॉसफी इन ए. न्यू की, मेंटर बुक, पृ. 48
11. वही, पृ. 49
12. क्लिफोर्ड टी. मार्गन : इंट्रोडक्शन टू साइकोलॉजी, दी यूनिवर्सिटी ऑफ विस्फोनसिन, 1961, पृ. 84
13. चार्ल्स डार्विन : दी एक्सप्रेशन ऑफ इमोशंस इन मैन एंड एनिमल्स, थिंकर्स लाइब्रेरी, 1948, पृ. 142
14. कोनराड लॉरेन्ज : ऑन एग्रेशन, ट्रांसलेटेड बाई मारजोनाई कर विल्सन, बानटन, 1967, पृ. 67
15. पूर्वोक्त, पृ. 65
16. एरिफ फ्रॉम : दी इर्ट ऑफ मैन, राउटलेज एंड फेगन पॉल लि., 1965
17. एंथोनी स्टोर : ड्यूमैन एग्रेशन, दी पेंग्विन प्रेस, लन्दन, 1968
18. लियोनाई बर्कोयिच : एग्रेशन : ए सोशल साइकोलॉजिकल एनालिसिस, मैक्ग्रॉ-हिस बुक कम्पनी इंक, 1962, पृ. 16
19. कोनराड लॉरेन्ज : ऑन एग्रेशन
20. लुईस पी. थोर्पे, इन साइकोलॉजी ऑफ मेंटल हेल्थ, कोटेड इन 'पर्सनैलिटी, एन इंटर डिसिप्सीनरी अप्रोच' बाई लुईस पी. थोर्पे एंड एलेन एम. एक्समूलर, डी. वान नॉस्ट्रैंड कम्पनी लि., न्यूयॉर्क 1958, पृ. 43
21. कोनराड लॉरेन्ज : ऑन एग्रेशन, पृ. 72
22. वही, पृ. 74
23. कोटेड बाई अनातोल पिकास इन 'अब्सट्रैक्शन एंड कंसेप्ट फॉर्मेशन', हार्वर्ड यूनिवर्सिटी प्रेस, कैम्ब्रिज, मास्कट, 1966
24. अनातोल पिकास : अब्सट्रैक्शन एंड कंसेप्ट फॉर्मेशन, पृ. 154
25. बर्ट्रेंड रासेल : एन इंक्वायरी इनटू मीनिंग एंड ट्रुथ, जॉर्ज एलेन एंड अनविन, लि., लन्दन, 1956, पृ. 170
26. जे.ए. शुमपिटर : कैपिटलिज्म सोशलिज्म, डेमोक्रेसी, लन्दन, अनविन यूनिवर्सिटी बुक्स, 1965, पृ. 12
27. जे.ए.सी. ब्राउन : सोशल साइकोलॉजी ऑफ इंडस्ट्री, पेलिकन बुक, 1956, पृ. 54-55

28. डब्ल्यू. लायड वार्नर : सोशल क्लास इन अमेरिका, हार्पर टॉर्च बुक्स, 1960, पृ. 11
29. पूर्वोक्त, पृ. 22
30. हैडली कैंट्रिल : दी साइकोलॉजी ऑफ सोशल मूवमेंट्स, साइंस एडिशन, 1963, जॉन विले एंड संस, इंक, न्यूयॉर्क, पृ. 111-12
31. बट्रम डी. वोल्फ द्वारा उद्धृत इन मार्क्सिज्म : हंड्रेड इयर्स इन दी लाइफ ऑफ ए डॉक्ट्रीन, दी छायल प्रेस, न्यूयॉर्क, 1965, पृ. 365
32. एस.एम. लिपसेट : दी पॉलिटिकल मैन, उबलडे एंड कम्पनी, इंक, गार्डेन सिटी, न्यूयॉर्क, 1960, पृ. 68-69
33. मैरी मैटोसियन : 'आइडियोलॉजिज ऑफ डिलेड इंडस्ट्रियलाइजेशन' इन पॉलिटिकल डेवलपमेंट एंड सोशल चेंज, एडिटेड बाई. जैसन एल. फिंकल एंड रिचर्ड डब्ल्यू. गेबल, जॉन विली एंड संस इंक, 1968, पृ. 179
34. प्लेटो : दी रिपब्लिक, ट्रांसलेटेड बाई एच.डी.पी.सी., पेंग्विन, 1960, पृ. 339
35. वही, पृ. 340
36. अरस्तू : पॉलिटिक्स, ट्रांसलेटेड बाई बेंजामिन जोवेट, ऑक्सफोर्ड यूनिवर्सिटी प्रेस, 1963, पृ. 156-57
37. वही, पृ. 199
38. वही, पृ. 225-7

3. सत्ता का जाल

1. रॉबर्ट माइकेल्स : पॉलिटिकल पार्टीज, ट्रांसलेटेड बाई इडेन एंड सिदार पॉल द्वारा उद्धृत डोवर पब्लिकेशन, न्यूयॉर्क, 1915, पृ. 31
2. रॉबर्ट माइकेल्स : पॉलिटिकल पार्टीज, पृ. 31
3. एड्वर्ड गिब्बन : द डिक्लाइन एंड फॉल ऑफ रोमन एम्पायर, खंड-I, द मॉर्डन लाइब्रेरी, न्यूयॉर्क, पृ. 420
4. वही, पृ. 421-422
5. के.पी. जायसवाल : हिन्दू पोलिटी, दी बंगलोर प्रिंटिंग एंड पब्लिशिंग कं. लि., 1935, पृ. 184
6. अरस्तू : पॉलिटिक्स, ट्रांसलेडेट बाई बेंजामिन जोवेट, ऑक्सफोर्ड यूनिवर्सिटी प्रेस, 1963, पृ. 133
7. एफ एंगेल्स : 'ओरिजन ऑफ दी फैमिली' : मार्क्स एंगेल्स : सेलेक्टेड वर्क्स, प्रोग्रेस पब्लिकेशंस, मॉस्को, 1958, पृ. 571-72
8. वही, पृ. 572
9. मार्क्स-एंगेल्स : सेलेक्टेड करसपॉन्डेंस, लॉरेंस एंड विशार्ट, पृ. 67
10. कार्ल मार्क्स : 'दी एटीन्थ ब्रूमायर ऑफ लुई बोनापार्ट', मार्क्स-एंगेल्स सेलेक्टेड वर्क्स, प्रोग्रेस पब्लिकेशन, मॉस्को, 1968, पृ. 172
11. मैकियावेली : प्रिंस, वाशिंगटन स्क्वायर प्रेस एडिशन, जून 1963, पृ. 22-23
12. वही, पृ. 72
13. वही, पृ. 73
14. एमिल लुडविग : टॉक्स विद मुसोलिनी, ट्रांसलेटेड बाई एडेन एंड कोडर पॉल जॉर्ज एलेन एंड अनविन लि., लन्दन, 1933, पृ. 61

15. पूर्वोक्त, पृ. 122
16. लेनिन : ह्वाट इज टू बी डन? लेनिन्स सेलेक्टेड वर्क्स, वॉल्यूम-I; न्यूयॉर्क इंटरनेशनल पब्लिशर्स, 1929, पृ. 196
17. हिटलर : मेन काम्फ, टांसलेटेड बाई जेम्स मर्फी, एबीसी पब्लिशिंग हाउस, 1968, पृ. 65
18. वही, पृ. 83
19. मैकियावेली : प्रिंस, पृ. 76-77
20. क्रिस्टोफर सेटन वाटसन : इटली फ्रॉम लिबरलिज्म टू फासिज्म, मेथूएन एंड कं. लि., 1967, पृ. 581
21. हिटलर : मेनकाम्फ, पृ. 109
22. पूर्वोक्त, पृ. 110
23. मैकियावेली : प्रिंस, पृ. 40
24. हिटलर : मेनकाम्फ, पृ. 101
25. एफ. एंगेल्स : पीजेंट वार इन जर्मनी, प्रोग्रेस पब्लिकेशंस, मॉस्को, 1965, पृ. 14
26. माओ त्से तुंग : सेलेक्टेड वर्क्स, लॉरेंस एंड विशार्ट, पीपल्स पब्लिशिंग हाउस, बॉम्बे, वॉल्यूम-I, पृ. 80
27. हिटलर : मेनकाम्फ, पृ. 138
28. वही, पृ. 153
29. मैकियावेली : प्रिंस, पृ. 21-22
30. हिटलर : मेनकाम्फ, पृ. 161
31. लेनिन : ह्वाट इज टू बी डन? सेलेक्टेड वर्क्स, पृ. 198
32. हिटर : मेनकाम्फ, पृ. 292
33. वही, पृ. 277-78
34. वही, पृ. 97
35. माओ त्से तुंग : सेलेक्टेड वर्क्स, वॉल्यूम-I, पृ. 124
36. हिटलर : मेनकाम्फ, पृ. 159
37. वही, पृ. 160
38. वही, पृ. 161
39. वही, पृ. 161
40. वही, पृ. 162
41. वही, पृ. 163
42. वही, पृ. 395
43. वही, पृ. 398
44. वही, पृ. 404
45. वही, पृ. 94 95
46. मैकियावेली : प्रिंस, पृ. 53
47. क्लॉजवित्ज : ऑन वार, पेलिकन क्लासिक्स, 1968, पृ. 295
48. माओ त्से तुंग : सेलेक्टेड वर्क्स, वॉल्यूम-I, पृ. 187
49. वही, वॉल्यूम-II, पृ. 268
50. वही, वॉल्यूम-II, पृ. 271
51. वही, वॉल्यूम-II, पृ. 272

52. क्लॉजवित्ज : ऑन वॉर, पृ. 405
53. माओ त्से तुंग : सेलेक्टेड वर्क्स, वॉल्यूम-III, पृ. 220
54. वही
55. माओ त्से तुंग : सेलेक्टेड वर्क्स, वॉल्यूम-I, पृ. 25
56. चे ग्वारा : गुरिल्ला वारफेयर, पेलिकन बुक, 1969, पृ. 13
57. वही, पृ. 14
58. वही, पृ. 96
59. वही, पृ. 47
60. वही, पृ. 15
61. माओ त्से तुंग : सेलेक्टेड वर्क्स, वॉल्यूम-I, पृ. 124
62. वही, पृ. 217
63. वही, पृ. 252
64. क्लॉजवित्ज : ऑन वार, पृ. 131
65. वही, पृ. 126
66. वही, पृ. 129
67. हेरॉल्ड लास्सवेल : पॉलिटिक्स : डू गेट्स ह्वाट, ह्वेन एंड हाउ, मेरिडिराई बुक्स इंक,
68. अल्फ्रेड एलडर : अंडरस्टैंडिंग ह्यूमैन नेचर, ए प्रीमियर बुक, फॉसेट पब्लिकेशंस इंक, 1957, पृ. 32
69. हिटलर : मेनकॉम्फ, पृ. 247
70. अरस्तू : पॉलिटिक्स, पृ. 34
71. एमिल लोडविग : ऑक्स विद मुसोलिनी, ट्रांसलेटेड बाई एडेन एफ केडार पाल, जॉर्ज एलेन एंड अनविन लि., लन्दन, 1933, पृ. 128
72. वही,
73. नीत्शे : दस स्पोक जरथ्रुस्ट
74. नीत्शे : गे साइंस
75. नीत्शे : दस स्पोक जरथ्रुस्ट
76. वही
77. वही

4. सत्ता और विशेषाधिकार

1. मॉरिस डॉब : 'ह्वाई डिड इट हैपेन'? इन मार्क्सिज्म टुडे, दिसम्बर 1969, पृ. 382
2. स्टैनिस्लाव ओसोविस्की : क्लास स्ट्रक्चर इन सोशल कॉन्शसनेस, ट्रांसलेटेड बाई शेइला पैटर्सन, द इंटरनेशनल लाइब्रेरी ऑफ सोशियोलॉजी एंड सोशल रीकंस्ट्रक्शन, 1963, पृ. 127
3. भी. डब्ल्यू. टर्नर : सिज्म एंड कन्फॉमिटी इन एन अफ्रीकन सोसाइटी; ए स्टडी ऑफ नेम्बू विलेज लाइफ, मैनचेस्टर यूनिवर्सिटी प्रेस, 1957
4. एलेन विलिंगटन : दी स्लेव्स ऑफ दी कूल माउंटेंस, लॉरेन्स एंड विशार्ट लिमिटेड, लन्दन, पृ. 29
5. वही, पृ. 94
6. एफ. एंगेल्स : दी मार्क, अपेंडिक्स टू दी पीजेंट वार इन जर्मनी, प्रोग्रेस पब्लिकेशंस, मॉस्को, 1965, पृ. 135

7. वही, पृ. 135
8. आर्थर बर्नी : एन इकोनॉमिक हिस्ट्री ऑफ दी ब्रिटिश आइजल्स, एफ.एस. क्रॉफ्ट्स एंड कम्पनी, न्यूयॉर्क, 1939, पृ. 26
9. डब्ल्यू. एच. मोरलैंड : इंडिया ऐट दी डेथ ऑफ अकबर, मैकमिलन लि., 1920, पृ. 57
10. वही, पृ. 186
11. बर्नी, नं. 8, पृ. 88-89
12. जॉन केनेथ गॉलब्रेथ : अमेरिकन कैपिटलिज्म, न्यू अमेरिकन लाइब्रेरी, स्पेशल स्टूडेंट एडिशन, पृ. 25
13. वही, पृ. 26
14. जी.ई. लेंस्की : पॉवर एंड प्रिविलेज : ए थ्योरी ऑफ सोशल स्टार्टिफिकेशन, मैक्ग्रा-हिलबुक कं., 1966, पृ. 44
15. वही, पृ. 43
16. एस. ओसोविस्की, नं. 2, पृ. 94
17. टेबल गिव्स इन वर्ल्ड रिवॉल्यूशनरी एलिट, एडिटेड बाई हेरॉल्ड डी. लास्सवेल एंड डेनियल लर्नर, दी एम.आई.टी. प्रेस ऑफ टेक्नोलॉजी, कैम्ब्रिज, 1965, पृ. 322
18. जॉन रॉबिन्सन : दी कल्चरल रिवॉल्यूशन इन चाइना, ए पेलिकन ऑरिजिनल, 1969, पृ. 12
19. डी.डी. कोसम्बी : एन इंट्रोडक्शन टू दी स्टडी ऑफ इंडियन हिस्ट्री, पॉपुलर बुक डिपो, बॉम्बे, दिसम्बर 1956, पृ. 92-93
20. आर.एस. शर्मा : शूद्राज इन एंशियंट इंडिया, मोतीलाल बनारसीदास, 1958, पृ. 29
21. वही, पृ. 30
22. वही, पृ. 48
23. वही, पृ. 69
24. वही, पृ. 103
25. वही, पृ. 88-89
26. वही, पृ. 92
27. वही, पृ. 106
28. वही, पृ. 107
29. वही, पृ. 179
30. वही, पृ. 204
31. वही, पृ. 210
32. वही, पृ. 212
33. वही, पृ. 250
34. वही, पृ. 256
35. बर्नी, नं. 8, पृ. 13
36. जॉन होप फ्रैंकलिन : फ्रॉम स्लेवरी टू फ्रीडम, हिस्ट्री ऑफ नीग्रो अमेरिकंस, एलायड ए. नॉफ, 1967, पृ. 342
37. मोनिका इंटर : रिएक्शन टू कनक्वेस्ट, ऑक्सफोर्ड यूनिवर्सिटी प्रेस, 1961, पृ. 553-54
38. वही, पृ. 560
39. वही, पृ. 559
40. लियोनार्द रेइजमैन : क्लास इन अमेरिकन सोसाइटी, दी फ्री प्रेस ग्लेनको, 1959, पृ. 66

41. जे.एच. हटन : कास्ट इन इंडिया, ऑक्सफोर्ड यूनिवर्सिटी प्रेस, फोर्थ एडिशन, 1963
42. लेंस्की, नं. 14, पृ. 31

5. नई सम्भावना

1. ब्रूस फ्रैंकलिन : दी लुम्पेन प्रोलिटेरिए एंड दी रिवॉल्यूशनरी यूथ मूवमेंट, मंथली रिव्यू, जनवरी 1970, पृ. 14
2. बेरिंगटन मूर जूनियर : सोशल ओरिजिन्स ऑफ डिक्टेटरशिप एंड डेमोक्रेसी, पेरेग्राइन बुक्स, 1969, पृ. 32-33
3. वही, पृ. 487
4. आर.एच. तावने : दी एक्वीजिटिव सोसाइटी, दी फोंटाना लाइब्रेरी, 1964, पृ. 44
5. वही
6. जॉन केनेथ गॉलब्रेथ : दी न्यू इंडस्ट्रियल स्टेट, हैमनिश हेमिल्टन, लन्दन, 1967, पृ. 163
7. वही
8. इर्बर्ट मार्क्यूस : वन डायमेंशंस मैन, स्फेयर बुक लि., 1970, पृ. 53
9. इर्बर्ट मार्क्यूस : सोवियत मार्क्सिज्म, कोलम्बिया यूनिवर्सिटी प्रेस, न्यूयॉर्क, 1958, पृ. 81
10. जॉन केनेथ गॉलब्रेथ : दी न्यू इंडस्ट्रियल स्टेट, पृ. 293-94
11. जॉन एम. कैमेट : अन्तोनियो ग्राम्शी एंड दी ओरिजिंस ऑफ इटालियन कम्युनिज्म, स्टेनफोर्ड यूनिवर्सिटी प्रेस, स्टेनफोर्ड, कैलिफोर्निया, 1967, पृ. 203
12. विलियम एच. व्हाइट जूनियर : दी ऑर्गेनाइजेशन मैन, सिमोनांद सुश्टर, न्यूयॉर्क, 1956, पृ. 207
13. सर बासिल लिडेल हार्ट : लेसन्स फ्रॉम रेसिस्टेंस मूवमेंट्स गुरिल्ला एंड नन वायलेंट—इन सिविलियन रेसिस्टेंसेज एज ए नेशनल डिफेंस, एडीटेड बाई एडम रॉबर्ट्स, पेलिकन बुक, 1969, पृ. 237

समाजवाद के बढ़ते चरण

1

कुछ अर्थों में यह कहा जा सकता है कि समाजवादी आन्दोलन इंग्लैंड और फ्रांस में क्रमश: 17वीं और 18वीं सदी में हुई प्रजातांत्रिक क्रान्ति का प्रसार था, लेकिन यह कुछ ही अर्थों में सही है। इसके अतिरिक्त दो प्रमुख शक्तियाँ थीं जिन्होंने समाजवादी आन्दोलन का स्वरूप निश्चित किया। इनमें एक का सम्बन्ध नैतिकता से और दूसरे का वस्तुस्थिति से था। पहली थी, मनुष्य के हृदय में बसी हुई युगों की न्याय की भावना और दूसरी शक्ति थी, आधुनिक उद्योग का विकास।

क्रॉमवेल के समय में ही जब इंग्लैंड की जनता राजा के निरंकुश शासन का अन्त करने में लगी हुई थी, 'लेवेलर्स' और 'डिगर्स' नाम के समूह इंग्लैंड के सबसे गरीब वर्गों में विकसित हो रहे थे जो मजदूरी को प्रतिष्ठा का स्थान देना चाहते थे और समाज में पूर्ण समता स्थापित करना चाहते थे। फ्रांस की क्रान्ति के समय तो इस तरह के गिरोहों की भरमार हो गई थी, पर समाजवादी विचार के अंकुर तो फ्रांस की क्रान्ति की उन तीन घोषणाओं, 'स्वतंत्रता', 'समता' और 'भाईचारा' में थे जिन्हें फ्रांस की क्रान्ति ने समाज के सामने रखा था।

जब प्रजातंत्रवादी प्रणाली इन देशों में कायम हुई तो लोगों के सामने उनकी प्रारम्भिक कल्पना से भिन्न एक दूसरी ही तसवीर समाज की स्थापित हुई। इन क्रान्तियों से राजनीतिक अधिकार तो लोगों को प्राप्त हुए, पर आर्थिक विषमता के रहते हुए राजनीतिक शक्ति का उपयोग सदा नवोदित पूँजीपति वर्ग के स्वार्थ की रक्षा के लिए होता रहा। मजदूरों के पुराने गिल्डों तथा सर्फों (जमीन पर बँधे भूदासों) को सामन्तों से यह स्वतंत्रता प्राप्त हो गई कि वे जहाँ चाहें स्वतंत्र रूप से अपने श्रम का उपयोग कर सकें, लेकिन उत्पादन के साधनों और पूँजी पर पूँजीपतियों का आधिपत्य रहते यह आजादी सिर्फ अपने श्रम को बेचने की आजादी थी। इस तरह अपनी आवश्यकताओं की पूर्ति के लिए मजदूर पूँजीपतियों की शर्तों पर उनकी गुलामी करने को विवश थे। इस तरह 18वीं सदी के अन्त और 19वीं सदी के प्रारम्भ में ऐसे अनेक विचारक पैदा हुए जिन्होंने समता को और विस्तृत करके आर्थिक क्षेत्र में इसे फैलाने का प्रयत्न किया।

ऐसे विचारकों में, जो फ्रांस की क्रान्ति को इसकी तार्किक सीमा तक पहुँचाना चाहते थे, बैवफ का नाम प्रमुख है। इनका जन्म 1764 ई. में हुआ था और

रॉब्सपिअर के राज्य के खत्म होने पर जो प्रतिक्रिया शुरू हुई, उसके बीच 1797 ई. में इन्हें गिलोटिन पर चढ़ा दिया गया। इन्होंने उस समय की स्थिति को 'कुछ द्वारा अनेक के शोषण' की स्थिति बतलाई और इसे 'एक टुकड़े का सम्पूर्ण के खिलाफ षड्यंत्र' बतलाया।

उनके विचार से उस समय की व्यवस्था को नष्ट करके उससे अच्छी व्यवस्था कायम की जा सकती थी। उनकी दृष्टि में समता पर आधारित समाज की स्थापना व्यक्तिगत सम्पत्ति को नष्ट करके ही की जा सकती है। 'समतावादियों का घोषणापत्र' (ल मेंनिफेस्त द इगोस) द्वारा तैयार किया गया बतलाया जाता है, जिसमें कहा गया था, "फ्रांस की क्रान्ति केवल एक इससे भी बड़ी और महान क्रान्ति की पूर्व सूचना है जो अन्तिम क्रान्ति भी होगी।" इसी घोषणा में दूसरी जगह कहा गया था, "हमारी माँग है, वास्तविक समता या मृत्यु।"

जहाँ एक तरफ इस तरह समाजवादी विचार का जन्म हो रहा था वहीं दूसरी तरफ औद्योगिक क्रान्ति की वजह से सामाजिक असमानता और तेजी से बढ़ती जा रही थी। एक तरफ पूँजीपतियों का एक वर्ग पैदा हो रहा था जो दिन पर दिन अपनी पूँजी बढ़ाकर अत्यधिक धनाढ्य होता जा रहा था, दूसरी ओर ऐसे मजदूर, जिनके पास अपनी श्रम-शक्ति छोड़ कुछ भी नहीं था। गन्दी बस्तियों (स्लम्स) में पशुओं से भी खराब जिन्दगी बिताने पर विवश हो रहे थे। इस नये वर्ग की दयनीय अवस्था ने समाजवादी चिन्तन की प्रक्रिया को और भी तेज कर दिया। इससे दो तरह के आन्दोलनों का सूत्रपात हुआ। एक आन्दोलन का प्रमुख लक्ष्य था, मजदूरों की स्थिति में सुधार करने का, दूसरे का लक्ष्य था, उस व्यवस्था को बदल देने का जिससे मजदूरों की स्थिति पूँजी के गुलामों की सी हो जाती है।

इन समाजवादी चिन्तकों में तीन आदमियों के नाम विशेष उल्लेखनीय हैं जिनकी गिनती मार्क्स और एंगेल्स ने स्वप्नवादी समाजवादियों (यूटोपियन सोशलिस्टों) में की थी। ये थे—सेंट सिमाँ, फूरिये और ओवेन।

सेंट सिमाँ (1760-1825 ई.) ने विज्ञान के पुनर्गठन एवं इतिहास को दर्शन पर आधारित कर भविष्य को एक निर्दिष्ट दिशा में ढालने का सुझाव दिया। उन्होंने धर्म के स्थान पर विज्ञान को प्रतिष्ठित करना चाहा। उन पर न्यूटन का प्रभाव बहुत अधिक पड़ा था और उसने गुरुत्वाकर्षण के सिद्धान्त को सभी तरह की गति की जड़ में रखना चाहा। उनके विचार से फ्रांस एक बड़ा कारखाना बन गया था, पर अभी भी इसकी व्यवस्था पुराने सामन्तवादी ढंग से होती थी। अत: उन्होंने ऐसे लोगों द्वारा इसके पुनर्गठन की आवश्यकता बतलाई जो नये वैज्ञानिक दृष्टिकोण से अवगत हों। वे जन्म पर आधारित अवसर की असमानता के भी खिलाफ थे। सेंट सिमाँ ने 'औद्योगिक राज्य' यानी ऐसे लोगों के राज्य का समर्थन किया जो उत्पादन के कार्य में योगदान देते हों। उन्होंने अपने जीवन के अन्तिम दिनों में

विज्ञान के आधार पर धर्म को नया स्वरूप देने का सुझाव दिया। उन्होंने स्त्रियों की स्वतंत्रता के लिए भी आवाज उठाई। उन्होंने सर्वप्रथम 'राज्य का लोगों पर शासन' की जगह 'वस्तुओं की व्यवस्था' में बदलने का सुझाव दिया जिसे मार्क्स एंगेल्स ने आगे चलकर अपनाया।

चार्ल्स फूरिये (1772-1837 ई.) ने समाज की बुराइयों से बचने का विपरीत रास्ता चुना। जहाँ सेंट सिमाँ औद्योगिक विकास से बहुत ही प्रभावित थे और औद्योगिक पुनर्गठन के आधार पर समाज में परिवर्तन लाना चाहते थे वहाँ फूरिये उद्योगों में काम करनेवाले मजदूरों की दयनीय दशा और व्यवसाय के फरेबों से इतना ऊबे हुए थे कि उन्होंने औद्योगिक जिन्दगी से अलग गाँवों में समता के आधार पर जीवन को संगठित करने का सुझाव दिया। उनका भगवान की अच्छाई में अत्यधिक विश्वास था। उनका कहना था कि ईश्वर चाहता है कि सभी लोग खुशी की जिन्दगी बिताएँ, लेकिन उपयुक्त ढंग से जीवन संगठित करने के ज्ञान के अभाव में समाज में विषमता और शोषण का बोलबाला है। उन्होंने परिवार की प्रथा को दोषमुक्त करने के लिए सैकड़ों लोगों के परिवार की तरह रहने की व्यवस्था करने का सुझाव दिया। इन्हीं लोगों के सहयोग के आधार पर तैयार की गई व्यवस्था 'फैलेंसटेर' का उन्होंने सुझाव दिया, जिसमें गाँवों में लोगों को शोषणमुक्त जीवन व्यतीत करने का अवसर होगा। फूरिये ने पूँजीपतियों को हटाने की माँग नहीं की बल्कि उत्पादन में पूँजी, श्रम और योग्यता के हिस्से को उसने 4/12, 5/12 और 8/12 के अनुपात में बाँटने की सलाह दी। विवाह को वे समाज के विरुद्ध दो व्यक्तियों का गठबन्धन समझते थे। एंगेल्स के अनुसार, उसने सम्पत्ति पर आधारित विवाह पर यह व्यंग्य किया था, "जैसे गणित में दो ऋण मिलकर एक धन हो जाता है वैसे ही विवाह की नैतिकता में दो वेश्यावृति मिलकर एक पुण्य हो जाता है।"

रॉबर्ट ओवेन (1771-1858 ई.) के अनुसार, परिस्थिति मनुष्य को बनाती है। इसी विचार के अनुसार ओवेन ने अपनी सामर्थ्य के अनुसार परिस्थिति को सुधारने का जिन्दगी भर प्रयत्न किया। उन्होंने कई आदर्श साम्यवादी बस्ती बनाने का प्रयत्न किया जिसमें न्यू हार्मोनी विशेष विख्यात है। इसमें उन्होंने पूँजी एकत्र कर उद्योग चलाया और मजदूरों के जीवन के लिए उपयोगी वैसी सब सहूलियतें देने का प्रयत्न किया जो अन्यत्र कल्पनातीत थीं। शुरू में उनका प्रयास काफी सफल रहा और चारों ओर इसकी ख्याति फैल गई, पर बाद में उन्होंने जब पूँजीवाद सम्पत्ति-सम्बन्ध और धर्म तथा विवाह की प्रथा की आलोचना शुरू की तब वे शोषक वर्ग का कोपभाजन बने। इनकी प्रतिष्ठा कम हो गई और सहयोग के अभाव में इनका प्रयोग असफल रहा, लेकिन उन्होंने अपनी साम्यवादी बस्तियों के प्रयोग के बाहर भी कई अन्य तरह के कार्यक्रम अपनाए जिससे उनका प्रभाव मजदूर आन्दोलन के विकास पर

स्थायी रूप से पड़ा। उन्होंने 'ग्रैंड नेशनल कंसोलिडेटेड ट्रेड यूनियंस' की स्थापना करके इंग्लैंड के मजदूर आन्दोलन का पथ प्रदर्शन किया। उन्होंने मुद्रा का वर्तमान स्वरूप बदलने की दृष्टि से 'नेशनल इक्विटेबुल लेबर एक्सचेंज बैंक', जिसमें मुद्रा के स्थान पर श्रम की इकाई की हुंडी का आदान-प्रदान होता था; की स्थापना की, पर यह प्रयोग असफल रहा। उनका विश्वास था कि समाज में अभिलाषित नतीजा गणित के परिणामों की तरह निश्चितता से प्राप्त किया जा सकता है। उन्होंने पहले-पहल बेकारों को काम देने की दृष्टि से पूर्ण आँकड़ा तैयार करने का सुझाव दिया था। उन्हें 'को-ऑपरेटिव सोसाइटी का भी जन्मदाता' कहा जा सकता है। उन्होंने इस बात पर भी लोगों का ध्यान आकृष्ट किया कि मजदूरों को कम मजदूरी देने से समाज की उपभोग की शक्ति घटती है।

इस अन्तिम विचार में वे अपने समकालीन अर्थशास्त्री सिसमंडी के बहुत करीब थे। सिसमंडी ने 1827 ई. में अपनी पुस्तक 'नूवोप्रिंसीप दिकॉनोमी' में उस समय के अर्थशास्त्रियों का ध्यान इस बात की ओर आकृष्ट करने का प्रयत्न किया था कि उस समय की अर्थव्यवस्था इस गलत धारणा पर आधारित है कि उत्पादन का विकास आप-से-आप उपभोग का क्षेत्र विस्तृत कर लेता है। इस विश्वास के कारण मजदूरों की मजदूरी घटती जा रही है। मशीन के कारण मनुष्य काम से हटाए जा रहे हैं और इस तरह उपभोग का क्षेत्र संकीर्ण होता जा रहा है। उसने बतलाया कि 1815 और 1818-19 के आर्थिक संकट कुछ विशेष कारण से न होकर अर्थव्यवस्था के इस बुनियादी दोष के कारण पैदा हो रहे हैं।

इन तथाकथित स्वप्नवादी समाजवादियों (यूटोपियन सोशलिस्ट्स) में हम एक विशेषता पाते हैं। इनमें सबों ने सामाजिक संघर्ष से अलग अपनी कल्पना के आधार पर ऐसी समाज-व्यवस्था को जन्म देने का प्रयत्न किया जिसमें सामाजिक शोषण और असमानता न हो। इसके साथ ही उन्होंने राज्य-व्यवस्था को बिलकुल नजरअन्दाज करने का प्रयत्न किया। इनकी दृष्टि में समाज की नई व्यवस्था बनाने में राज्य का कोई हाथ होना आवश्यक नहीं था और न इनकी दृष्टि में समाज की दी हुई व्यवस्था पर आघात करना ही आवश्यक था। ये समझते थे कि अगर काफी बुद्धिसंगत व्यवस्था की तसवीर लोगों के सामने रख दी जाए तो लोग खुद-ब-खुद उसी मॉडल के अनुरूप अपना सामाजिक संगठन कर लेंगे। अपने प्रयोग में असफल होकर ओवेन ने मजदूर संगठन की ओर विशेष ध्यान दिया, लेकिन अब उनका लक्ष्य बहुत सीमित हो गया था। इसका अर्थ यह नहीं कि ट्रेड यूनियन का महत्त्व समाजवादी आन्दोलन की दृष्टि से कम था। बाद में, जैसाकि हम देखेंगे, इंग्लैंड में समाजवादी आन्दोलन को जन्म देने में वहाँ के ट्रेड यूनियनों ने बहुत ही महत्त्वपूर्ण भूमिका अदा की, पर तत्काल इसका लक्ष्य सिर्फ मजदूरों की जीवन दशा सुधारने का ही था।

इन समाजवादियों के अलावा भी कई प्रमुख व्यक्ति, जैसे फ्रांस में मैब्ली और मोर्ली एवं इंग्लैंड में स्पेन्स, हॉल तथा थॉमसन हो गए थे, जिन्होंने समाजवादी विचारधारा को विभिन्न रूपों में लोगों के सामने रखा था।

एक और विचारक विलियम गॉडविन (1756-1836 ई.) का इन विचारकों में विशेष स्थान है क्योंकि समाजवादी आन्दोलन में अराजकवाद के ये अग्रदूत थे। इनका भी विचार था कि मनुष्य की अच्छाई या बुराई, परिस्थिति के कारण पैदा होती है। वे मनुष्य के बीच की विषमता और वर्ग संघर्ष को खत्म करने का पक्षपाती थे। वे समाज को शुद्ध न्याय पर आधारित करना चाहते थे जहाँ कृतज्ञता और सहानुभूति के लिए कोई स्थान नहीं हो। वे विवाह के विरुद्ध थे क्योंकि वे किसी भी तरह के सहयोग के विरोधी थे। इस तरह वे कट्टर व्यक्तिवादी अराजकवाद के समर्थक थे। आगे चलकर प्रूधाँ, क्रोपोटकिन आदि अराजकवादी नेताओं ने इसके विपरीत सहयोग को समाज की आधारशिला माना। सहयोग की आवश्यकता से बचने के लिए गॉडविन ने ऐसी मशीनें तैयार करने की सलाह दी जो सिर्फ एक आदमी द्वारा चलाई जा सकती हों। वह हर तरह की सरकार के खिलाफ थे। हालाँकि प्रजातांत्रिक प्रणाली को औरों से अच्छा समझते थे, लेकिन वह यह सब परिवर्तन तर्क द्वारा मनुष्य के विचारों को बदलकर लाना चाहते थे। वह हर तरह के विद्रोह और क्रान्ति के विरोधी थे। इस दिशा में इसके विचार स्वप्नवादी समाजवादियों के विचार से बहुत कुछ मिलते-जुलते थे।

2

वैज्ञानिक समाजवाद के प्रणेता कार्ल मार्क्स और फ्रेडरिक एंगेल्स का जन्म क्रमश: 1818 ई. और 1820 ई. में हुआ। इस समय तक सेंट सिमाँ और चार्ल्स फूरिये, दोनों वृद्ध हो चुके थे। रॉबर्ट ओवेन का मजदूरों के लिए एक अलग उपनिवेश बनाने का स्वप्न टूट रहा था। मार्क्स के वयस्क होने के पहले ही ओवेन का न्यू हार्मोनी का प्रयोग असफल रहा और जब मार्क्स 16 वर्ष का था, तभी 1834 ई. में ओवेन ने अपना ध्यान मजदूरों के वर्ग संगठन की ओर लगाकर इंग्लैंड में ग्रैंड नेशनल कंसोलिडेटेड ट्रेड यूनियंस की स्थापना की। इसके पहले इंग्लैंड के मजदूरों ने संघर्ष करके 1799-1800 ई. में लागू किए गए कम्बिनेशन ऐक्ट को, जिसके द्वारा मजदूरों के संगठन पर रोक लग गई थी, 1824-25 ई. में खत्म करवा दिया था। 1831 ई. में लियोंस में प्रथम मजदूर विद्रोह हुआ। 1838 और 1842 ई. के बीच इंग्लैंड के मजदूरों का मतदान के लए प्रथम राष्ट्रव्यापी राजनीतिक आन्दोलन (चार्टिस्ट मूवमेंट) शुरू हुआ। अब समाजवाद थोड़े-से बुद्धिजीवियों की कल्पना के दायरे की चीज न रहकर संगठित मजदूरों के ठोस आन्दोलन में सीमित रूप से व्यक्त होने लगा था। मार्क्स और एंगेल्स का समाजवादी विचार जिसे उन्होंने वैज्ञानिक समाजवाद की उपाधि दी, इन्हीं प्रभावों के बीच विकसित हुआ।

लेकिन जहाँ एक तरफ मार्क्स एंगेल्स के समाजवाद पर मजदूरों के बढ़ते संघर्ष और आन्दोलन का प्रभाव पड़ा वहीं उनके विचार पर जर्मन दर्शन और ब्रिटिश अर्थशास्त्र का प्रभाव पड़ा। शुरू में मार्क्स जर्मन दार्शनिक हीगेल के प्रभाव क्षेत्र में आया जो विचारवादी (आइडियलिस्ट) दार्शनिक था। इसकी विचारधारा द्वन्द्वात्मक थी। यह द्वन्द्वात्मक विचार ग्रीस के दार्शनिक हेराक्लिटस की निरन्तर गति के सिद्धान्त पर आधारित था। इस सिद्धान्त के अनुसार, कोई भी वस्तु किसी भी क्षण स्थिर नहीं है बल्कि आन्तरिक और बाह्य परिवर्तनों से विकसित तथा विस्थापित होती रहती है। हीगेल ने इसी के आधार पर विकासवाद का द्वन्द्वात्मक सिद्धान्त प्रतिपादित किया, लेकिन यह विकासवाद वैचारिक था। इसके अनुसार, प्रत्येक वाद का प्रतिवाद और समन्वयवाद (थीसिस, एंटिथीसिस और सिंथीसिस) होता रहता है और इस क्रम से विचारों का विकास होता है। इसके अतिरिक्त अरस्तू के

तर्क के सिद्धान्त के विपरीत इसने विकास और गति के लिए विपरीतों की एकता (यूनिटी-ऑफ अपोजिट्स) को आवश्यक माना। इस तरह के दर्शन के द्वारा हीगेल ने कांट की उन असंगतियों (एंटिनोमीज) को दूर करने का भी प्रयास किया जिन्हें कांट ने बुद्धि की सीमितता बतलाने के लिए प्रस्तुत किया था। हीगेल ने अपनी नई विचारधारा को मुख्य तौर से इतिहास के अध्ययन में लगाया। इस तरह उसने इतिहास की घटनाओं को एक-दूसरे से असम्बद्ध न देखकर बुद्धि के विकास के क्रम में आवश्यक कड़ी के रूप में देखा और इस क्रम की पराकाष्ठा के रूप में उसने प्रशा की राज्य व्यवस्था को देखा। लेकिन उसके विचार के अनुसार विचार बाह्य जगत का मस्तिष्क में तसवीर न होकर बाह्य जगत ही विचारों की प्रतिमूर्ति है।

अपने समय के अधिकांश जर्मन नौजवानों की तरह मार्क्स भी हीगेल के प्रभाव में आया, लेकिन कुछ अन्य नौजवान हीगेल के अनुयायियों की तरह जो क्रान्तिकारी हीगेलियन कहलाते थे, मार्क्स ने भी हीगेल के इस कथन का कि "जो कुछ बुद्धिसंगत है वास्तविक है" का दूसरा पहलू अपनाया, जिसके अनुसार जो कुछ बुद्धिसंगत नहीं है वह वास्तविक नहीं है। इस तरह वह जर्मन राज्य का आलोचक बन गया। इन्हीं नौजवान हीगेलियनों में फायरबाख ने एक कदम और बढ़कर हीगेल के विचारवाद के स्थान पर भौतिकवादी दृष्टिकोण अपनाने का सुझाव दिया। उसने बतलाया कि उस समय तक का दर्शन सिर्फ लोगों को अन्धविश्वास में रखने का एक जरिया भर है। उसने कहा, "दार्शनिक नकाब में छिपा हुआ पुरोहित है।" फायरबाख के नये दृष्टिकोण का मार्क्स पर बड़ा प्रभाव पड़ा और उसने फायरबाख पर अपनी थीसिस में लिखा, "सामाजिक जीवन प्रधानत: व्यावहारिक है। पौराणिक कथाएँ (मिथ), जो सिद्धान्तों को पथभ्रष्ट कर कल्पना जगत में ले जाती हैं, का बुद्धिसंगत हल मानव व्यवहार में होता है...दार्शनिकों ने विश्व का विभिन्न ढंग से अर्थ लगाने का प्रयत्न किया है जबकि आवश्यकता है इसे बदलने की।" इस तरह मार्क्स ने इतिहास के विकास के सम्बन्ध में हीगेल के विचारवादी दर्शन की जगह भौतिकवादी दर्शन अपनाया, लेकिन उसने हीगेल के द्वन्द्वात्मक विकास के सिद्धान्तों को मानकर अपने दर्शन को द्वन्द्वात्मक भौतिकवाद कहा। इस परिवर्तन के विषय में मार्क्स ने लिखा है कि हीगेल के मत के अनुसार दुनिया सिर के बल चलती थी, लेकिन नई विचारधारा ने इसे पैरों पर खड़ा कर दिया।

अपने 'क्रिटिक ऑफ पॉलिटिकल इकोनॉमी' की भूमिका में मार्क्स ने ऐतिहासिक भौतिकवाद के विचार को इन शब्दों में रखा, "अपने जीविकोपार्जन के लिए सामाजिक उत्पादन में मनुष्य आवश्यक उत्पादन का सम्बन्ध प्रस्थापित करते हैं जो उनकी इच्छाशक्ति में स्वतंत्र हैं, ऐसे उत्पादन का सम्बन्ध जो इनके भौतिक उत्पादन की शक्तियों के विकास के विशिष्ट स्तर से सम्बद्ध रहता है। इन उत्पादन के सम्बन्धों का योग समाज का आर्थिक ढाँचा होता है, वह वास्तविक

आधार जिस पर सम्पत्ति सम्बन्ध और राजनीतिक ऊपरी ढाँचा पैदा होता है और जिससे विशिष्ट सामाजिक बोध सम्बद्ध होता है। जीविकोपार्जन के साधनों के उत्पादन की विधि सामाजिक, राजनीतिक, बौद्धिक जीवन की सारी प्रक्रियाओं को निर्धारित करती है। यह मनुष्य का बोध नहीं है जो उसके अस्तित्व को निर्धारित करता है बल्कि इसके विपरीत, यह उनका सामाजिक अस्तित्व है जो उनके बोध को निर्धारित करता है।"

इस भौतिकवादी दृष्टिकोण को सामने रख मार्क्स ने इतिहास का अध्ययन किया और बतलाया कि यह प्रक्रिया भी द्वन्द्वात्मक है। इस तरह अपनी प्रसिद्ध पुस्तिका 'कम्युनिस्ट मैनिफेस्टो' में जिसे 1846 ई. में मार्क्स-एंगेल्स ने प्रकाशित किया, उन्होंने लिखा, "आज तक का मानव इतिहास वर्ग संघर्षों का इतिहास है।" बाद में फ्रेडरिक एंगेल्स ने अपनी पुस्तक 'परिवार, व्यक्तिगत सम्पत्ति और राज्य की उत्पत्ति' में यह बतलाया कि वास्तव में यह वर्ग-संघर्ष का क्रम प्राक्-ऐतिहासिक काल के लिए नहीं बल्कि ऐतिहासिक काल के लिए ही और वह भी सभ्य संसार के लिए सही है। प्राक्-ऐतिहासिक काल में और अनेक आदिवासियों में व्यक्तिगत सम्पत्ति और वर्गों के विभाजन का चिह्न उसने नहीं पाया।

इस दृष्टि से विचार करने से आदिसमाजवाद (प्रिमिटिव कम्युनिज्म) के बाद मानव समाज का विभाजन उन्होंने तीन महत्त्वपूर्ण स्तरों में किया जिसमें तीन तरह के वर्ग संघर्षों की प्रधानता थी। प्रथम युग ग्रीस और रोम की दुनिया का था जिसमें उनकी ऊँची सभ्यता गुलामों के श्रम पर आधारित थी और उस अर्थव्यवस्था में गुलाम और गुलाम के स्वामियों का संघर्ष निहित था। यह अलग बात है कि इस तरह के संघर्ष बहुत व्यापक विद्रोह का रूप बहुत कम समय जैसे कि स्पार्टकस के समय ले सके। रोम में एक और अन्य तरह का विभाजन भी समाज में था। वह था, प्लेबियन और पैट्रिसियनों का। पैट्रिसियन मुख्य तौर से वे लोग थे जिन्हें कुछ खास परिवारों से सम्बन्ध के कारण रोम में विशेष अधिकार प्राप्त थे। ये जमीन के बड़े भू-भाग के मालिक थे। सूद का कर्ज लगाने का इन्हें ही अधिकार था जिसे ये ऊँचे दर पर लगाकर बड़ी बेरहमी से वसूल करते थे। राज्य के कारोबार में हिस्सा लेने का सिर्फ इन्हें ही अधिकार था। प्लेबियन लोगों ने करीब 300 वर्षों तक पैट्रिसियन लोगों के इन अधिकारों के खिलाफ संघर्ष किया। ईसा से लगभग 494 वर्ष पूर्व बड़ी तादाद में नाराज प्लेबियन रोम छोड़कर बाहर चले गए। इस कदम के बाद पहले-पहल प्लेबियनों को रोम में दो 'ट्रिब्यून' चुनने का अधिकार मिला जिनका काम था, रोम के कमजोर लोगों की रक्षा करना। इन ट्रिब्यूनों के अलावा दो एडील इनकी मदद के लिए चुने जाते थे। ये चारों 'कंसीलियम प्लेबिस' (प्लेबियनों की सभा) द्वारा चुने जाते थे। ईसा के 287 वर्ष पूर्व जाकर कहीं प्लेबियनों को राज्य के मामले में पैट्रिसियनों के समान अधिकार प्राप्त हुए।

और आगे बढ़कर मध्ययुगीन यूरोप में समाज का विभाजन का एक तरफ फ्यूडल लॉर्ड (सामन्त) और सर्फ (जमीन पर बँधे भूदास) के बीच और उद्योग के क्षेत्र में गिल्ड मास्टर और जर्नीमैन के बीच में हुआ। सामन्तों का अपने दासों पर निरंकुश अधिकार था। वे उन्हें जैसे चाहते वैसे रख सकते थे और उनसे अपनी जमीन पर मुफ्त काम लेते थे। उन्हें अपनी जमीन छोड़कर अन्य जगह काम करने का अधिकार नहीं था। इसी तरह के प्रतिबन्ध गिल्डों में भी गिल्ड मास्टर जो दक्ष दस्तकार होते, अपने यहाँ काम करनेवाले नौसिखिये जर्नीमैनों पर लगाते थे। इस तरह इस समय का समाज इन वर्गों के संघर्ष से भरा था। आगे चलकर उत्पादन के तौर-तरीके और उद्योग के विकास से यहीं सर्फ और जर्नीमैन नये मध्यम वर्ग और आगे चलकर पूँजीपति वर्ग के जन्मदाता बने जिनके नेतृत्व में इंग्लैंड और फ्रांस की पूँजीवादी प्रजातांत्रिक क्रान्तियाँ हुईं और पूरे यूरोप में उन्नीसवीं सदी में इस दिशा में क्रान्ति या सुधार के प्रयत्न होते रहे।

मार्क्स और एंगेल्स के अनुसार, पूँजीपतियों और मजदूरों का संघर्ष इस विकास का अन्तिम चरण है। उनकी राय में पूँजीपति वर्ग की यह विशेषता है कि उसने इस संघर्ष को बहुत सरल बना दिया है। अब कई वर्गों का पेचीदा सम्बन्ध न होकर यह सिर्फ दो वर्गों—पूँजीपति और मजदूर वर्ग का सीधा सम्बन्ध है। पूरा समाज अब इन्हीं दो बड़े खेमों में विभक्त हो रहा है। नये बड़े उद्योगों के विकास से पुराने गिल्ड नष्ट हो गए। बड़े उद्योगों के लिए कच्चे माल और बाजार के लिए पहले का सीमित दायरा अब छोटा पड़ने लगा और नया उद्योग अपनी परिधि में दूरस्थ अमेरिका और एशिया के कच्चे सामानों और बाजार पर अपना अधिकार जमाकर अपने क्षेत्र का विस्तार करने लगा। इसके चरण जहाँ पड़े वहाँ का पुराना उद्योग-धन्धा नष्ट हो गया और उत्पादन का नया क्रान्तिकारी तरीका वहाँ हावी हुआ। अब आधुनिक राज्य पर नये पूँजीपति वर्ग का एकाधिकार हुआ और आधुनिक राज्य पूरे पूँजीपति वर्ग के मामलों की देखरेख की एक समिति भर बन गया।

नए उद्योगों की विशेषता है कि मजदूरी के लिए किसी कार्य में शिल्पी-सी दक्षता की आवश्यकता नहीं रह जाती है। अल्प समय में अल्प बुद्धि के उपयोग से मजदूर मशीन पर काम करना सीख जाते हैं। वे बड़ी संख्या में एक औद्योगिक फौज की तरह कारखाने में काम करते हैं। जैसे-जैसे काम के लिए दक्षता अनावश्यक होती है वैसे-वैसे श्रम की कीमत घटकर सिर्फ मजदूरों को जिन्दा रखने भर की मजदूरी हो जाती है। अब मशीन पर काम करने की सरलता से उम्र और औरत-मर्द का फर्क कारखानों में काम करने के लिए समाप्त हो जाता है। बड़ी तादाद में कारखाने में काम की शुरुआत से शोषण का छिपा हुआ रूप खुलकर सामने आ जाता है। सामन्त और उनके गुलामों का पहला आपसी या अन्य व्यक्तिगत सम्बन्ध लुप्त हो जाते हैं और इनकी जगह सबों को बाजार में अन्य खरीद-बिक्री की चीजों की

तरह खरीदा-बेचा जाता है। निम्न मध्यवर्ग, छोटे व्यापारी, छोटे किसान सब के सब धीरे-धीरे विपन्न होकर मजदूरों की श्रेणी में आ जाते हैं। इस तरह अपनी गिरती हुई दशा को सुधारने के लिए मजदूर पहले ट्रेड यूनियन बनाते हैं और फिर राजनीतिक संगठन खड़ाकर इस शोषण का अन्त करने का प्रयत्न करते हैं, लेकिन चूँकि अब समाज प्रमुख रूप से इन दो वर्गों—पूँजीपति और मजदूर के बीच में बँट जाता है और चूँकि मजदूर वर्ग का स्वार्थ किसी दूसरे वर्ग के शोषण में नहीं रहता, इसलिए यह वर्ग शोषण से अपनी मुक्ति के संघर्ष में दुनिया के सभी दलित वर्गों की मुक्ति के लिए संघर्ष करता है। जैसेकि पहले की क्रान्तियों में एक वर्ग के शोषण के अन्त में एक नये वर्ग के शोषण की शुरुआत हुई (उदाहरण के लिए, गुलामों के मालिकों के अन्त के बाद सामन्तों का शोषण। सामन्तों के अन्त के बाद पूँजीवादी शोषण) उस तरह मजदूर वर्ग की क्रान्ति से किसी अन्य तरह के शोषण की शुरुआत नहीं होती है और समाज सदा के लिए हर तरह के शोषण से मुक्त हो जाता है।

अब मार्क्स एंगेल्स ने बतलाया कि यह नया समाज किसी बुद्धिजीवी द्वारा तैयार की गई योजना की वजह से नहीं बनेगा बल्कि समाज अपने आन्तरिक नियम के द्वारा उसी दिशा की ओर अनिवार्य रूप से जा रहा है और नया पूँजीवादी समाज निश्चित रूप से एक सर्वहारा क्रान्ति को इन्हीं नियमों की वजह से जन्म देगा। वैज्ञानिक समाजवादियों का काम नये समाज के लिए कोई खाका खींचने का नहीं बल्कि समाज के विकास के इन्हीं नियमों को खोलकर लोगों के सामने रखना है जो समाज को एक समाजवादी क्रान्ति की ओर खींचकर ले जा रहे हैं। उन्होंने यह भी घोषणा की कि मजदूरों की मुक्ति अन्ततोगत्वा मजदूरों के अपने प्रयत्नों के द्वारा ही हो सकती है।

3

मार्क्स के पूँजीवाद के अध्ययन पर इंग्लैंड के विख्यात अर्थशास्त्री ऐडम स्मिथ और रिकार्डो का बहुत प्रभाव पड़ा। इन दोनों ने यह सिद्धान्त प्रतिपादित किया था कि पण्य (कॉमोडिटी) का मूल्य उसमें लगी श्रम-शक्ति द्वारा निर्धारित होता है। रिकार्डो और माल्थस ने यह भी विचार व्यक्त किया था कि श्रम के लिए जो मूल्य निधार्रित होता है वह मजदूरों को जिन्दा रखने के लिए न्यूनतम आवश्यकता की सामग्री प्रदान करने भर होता है ओर इससे जो ऊँची मजदूरी बढ़ जाती है, उसका फायदा आबादी के बढ़ जाने से पुन: समाप्त हो जाता है। मार्क्स ने इन अर्थशास्त्रियों के सिद्धान्त को और आगे बढ़ाकर 'अतिरिक्त मूल्य' का सिद्धान्त प्रतिपादित किया और अर्थशास्त्र का उपयोग उसने तात्कालिक विनिमय के आधार को समझने के बजाय पूरी पूँजीवादी व्यवस्था के आन्तरिक विकास के निमयों को समझने में लगाया। उसने 'पण्य' (कॉमोडिटी) के विनिमय को मनुष्यों के सम्बन्ध के रूप में देखा।

मार्क्स ने पूँजीवादी व्यवस्था के विकास को पण्य के उत्पादन की विधि और विनिमय के विकास के रूप में देखा। मार्क्स ने यह विचार रखा कि बिना श्रम के विभाजन के पण्य का उत्पादन सम्भव नहीं है। अब अगर हम इतिहास के प्रारम्भिक काल के उत्पादन के ऊपर दृष्टि डालें तो देखेंगे कि लोग अपनी आवश्यकता की अधिकांश सामग्री चाहे तो व्यक्तिगत रूप से या जिन समुदायों में वे रहते थे, उसके भीतर खुद पैदा कर लेते थे। वैसी स्थिति में किसी वस्तु को विनिमय के लिए या पण्य के रूप में ले जाने की आवश्यकता तभी होती थी जब वे अपनी आवश्यकता से अधिक इन चीजों का उत्पादन कर लेते थे, लेकिन जैसे-जैसे समाज का विकास होता है, लोग विनिमय के लिए उपयोग की वस्तुओं का उत्पादन करना शुरू करते हैं, लेकिन प्रारम्भिक काल का विनिगय सरल होता है। लोग वस्तुओं को वस्तुओं से बदलते हैं।

अब मार्क्स ने पण्य के स्वरूप पर विचार किया। पण्य का एक गुण तो यह है कि यह किसी आवश्यकता की पूर्ति करे। जब तक यह किसी आवश्यकता की पूर्ति नहीं करता तब तक विनिमय के लिए इसका कोई उपयोग नहीं हो सकता। यह आवश्यकता की पूर्ति करने का गुण इसका 'उपयोग मूल्य' (यूज वैल्यू) हुआ, लेकिन इस मूल्य के अतिरिक्त भी इसका एक मूल्य है जिससे इसका निर्धारण होता

है कि किसी वस्तु का किसी अन्य वस्तु से कितनी मात्रा या संख्या में विनिमय हो। यह उसका 'विनिमय मूल्य' (एक्सचेंज वैल्यू) हुआ। अब प्रश्न उठता है कि यह मूल्य किसी वस्तु में कहाँ से आया और इस विनिमय के अनुपात का निर्णय कैसे होता है? मार्क्स ने इस पहेली को 'पण्य' के 'फेटिसिस्टिक' चरित्र का परिणाम बतलाया। उसके अनुसार, 'पण्य' इतने विभिन्न स्वरूपों में हमारे सामने आता है कि हम उन सबों में व्याप्त मानव श्रम को नहीं देख पाते हैं जिसकी इकाई में ही हम उसका विनिमय-मूल्य निर्धारित कर सकते हैं। उदाहरण के लिए, जब हम एक कोट का विनिमय दो छाता के साथ करते हैं तो इसका अर्थ होता है कि एक कोट को तैयार करने में उतना ही मानव श्रम लगा है जितना दो छाता में, लेकिन यह श्रम साधारण श्रम नहीं बल्कि समाज के विकास के क्रम में एक विशिष्ट स्तर पर समाज द्वारा निर्धारित श्रम (सोशली नेसेसरी लेबर पॉवर) शक्ति होता है। इसका अर्थ यह हुआ कि एक खास समय में आवश्यकता की वस्तुओं के उत्पादन में लगे सभी श्रम का औसत श्रम, जो किसी एक वस्तु के निर्माण में लगा, लेकिन यह एक ऐसा परिमाण है जिसे किसी एक वस्तु में हम नहीं नाप सकते। यह उस समाज में जहाँ पण्य के अनेक उत्पादक विनिमय के लिए आते हैं, स्वयं निर्धारित हो जाता है। कुशल श्रम को उसने साधारण श्रम का गुणन बतलाया।

प्राचीन समाज में वस्तुओं का विनिमय अदला-बदला (बार्टर) द्वारा होता था, लेकिन जैसे-जैसे समाज का विकास हुआ और लोग मुख्य तौर से वस्तुओं का निर्माण विनिमय के लिए करने लगे वैसे-वैसे अदला-बदली द्वारा विनिमय कठिन होने लगा और लोग ऐसी वस्तुओं की खोज में लग गए जिनके माध्यम से विनिमय को सरल बनाया जा सके। सम्भवत: लोगों ने पहले मवेशी वगैरह का उपयोग, जिन्हें आसानी से एक स्थान से दूसरे स्थान पर ले जाया जा सके और जिनकी संख्या में अन्य वस्तुओं का मूल्य निर्धारण हो, विनिमय के लिए किया होगा, लेकिन इनका छोटे टुकड़ों में विभाजन सम्भव नहीं था जिससे विनिमय में कठिनाई होने से लोगों ने सोना-चाँदी ऐसे धातुओं का उपयोग शुरू किया जिन्हें आसानी से एक जगह से दूसरी जगह ले जाया जा सकता है और मनमाने ढंग से आवश्यकता के अनुसार इनका विभाजन भी हो सकता है, लेकिन पहले विनिमय के लिए इन धातुओं के मूल्य भी अन्य पण्यों की तरह इनमें लगी श्रम-शक्ति द्वारा निर्धारित होती थी। यह विनिमय इस तरह से होता है—

2 कोट		
4 भेड़		
1 तोला सोना	=	6 मन गेहूँ
		50 गज कपड़ा
		30 जोड़ी जूते

इस तरह ये धातुएँ मूल्य के रूप में काम करती हैं, लेकिन इसके साथ-साथ अब इनका एक दूसरा स्वरूप भी विकसित होता है वह 'विनिमय के साधन' के रूप में। इस रूप में इन धातुओं का अपना मूल्य कोई महत्त्व नहीं रखता। इस रूप में यह दो विनिमयों के बीच में क्षणिक रूप में आता है। यह इसके मुद्रा का स्वरूप हुआ। यह विनिमय होता है—पण्य-मुद्रा, मुद्रा-पण्य। इस तरह लोग पण्य के बदले में पण्य विनिगय से पा जाते हैं और मुद्रा फिर अन्य जगह विनिमय में हिस्सा लेने चला जाता है। अब इसका कोई महत्त्व नहीं रह जाता कि खुद मुद्रा का क्या मूल्य है, लेकिन जहाँ तक मूल्य का माप है और इससे अन्य मूल्य पण्य के रूप में खरीद सकते हैं, लोग इसे जमा करने लगते हैं और मुद्रा उपार्जन स्वयं एक साध्य बन जाता है। अब विनिमय का स्वरूप पण्य-मुद्रा-पण्य, इसे मार्क्स ने c-m-c द्वारा व्यक्त किया है, से बदलकर मुद्रा-पण्य-मुद्रा (m-c-m) हो जाता है।

अब चूँकि मुद्रा स्वयं विनिमय के अतिरिक्त किसी उपयोग की वस्तु नहीं है अगर इस विनिमय के अन्त में पहले की मात्रा में ही मुद्रा प्राप्त हो तो यह विनिमय निरर्थक हो जाएगा। इस तरह का विनिमय (m-c-m) लोग तभी करेंगे अगर विनिमय के अन्त में मुद्रा की मात्रा पहले से कुछ अधिक हो जाए। अगर m-c-m के स्थान पर m-c (m+△m), जहाँ △m मुद्रा का बढ़ाव यानी अतिरिक्त मूल्य-प्राप्ति है, इस नगे निनिमय का परिणाम हो तब यह विनिमय लाभदायक सिद्ध होगा। दुनिया में सिर्फ एक पण्य ऐसा है जिस पर मुद्रा खर्च करने से इस तरह के विनिमय का सम्बन्ध स्थापित हो सकता है। वह पण्य है, मानव श्रम। जब मानव श्रम को कोई खरीदता है तो उसके लिए वह उसे इतना मूल्य देता है जिससे श्रमिक जिन्दा रहकर श्रम दे सके। यह उस श्रम का पूर्ण मूल्य हुआ, लेकिन समाज के विकास के एक खास स्तर के बाद मानव श्रम अपने को जिन्दा रखने के लिए आवश्यक मूल्य से अधिक मूल्य पैदा करता है। यही अतिरिक्त मूल्य श्रम-शक्ति पर व्यय करनेवाले का मुनाफा होता है। जिसे मार्क्स ने 's' से व्यक्त किया है। समाज में वर्गों का संघर्ष इसी अतिरिक्त मूल्य को प्राप्त करने के लिए होता आया है।

मार्क्स के मत के अनुसार, पूँजीवादी समाज में पूँजीपतियों का मुनाफा इसी अतिरिक्त मूल्य पर निर्भर करता है। पूँजीपति जितने अधिक मजदूरों को काम पर लगाता है उतना ही अधिक उसका मुनाफा बढ़ता है और पूँजी का प्रसार होता है, लेकिन पूँजीपति मजदूरों को खाली हाथ काम पर नहीं लगाता है। वह उन्हें काम करने के साधन और कच्चा माल देता है, लेकिन मार्क्स के अनुसार ये उत्पादन के साधन और कच्चे माल पहले के श्रम के संचय हैं और नये उत्पादन में ज्यों के त्यों चले जाते हैं और इससे मूल्य में वृद्धि नहीं होती है। इस तरह मार्क्स ने पूँजी को दो भागों में बाँटा, 'अंचल पूँजी' और 'परिवर्तनशील पूँजी' (कॉन्सटेंट और वैरिएबुल कैपिटल) इस तरह मुनाफे की दर s/v द्वारा व्यक्त होती है जहाँ 's' 'अतिरिक्त मूल्य'

और v परिवर्तनशील पूँजी है, लेकिन यह मुनाफे की दर सिर्फ परिवर्तनशील पूँजी के अनुपात में हुई, लेकिन पूँजीपति की सम्पूर्ण पूँजी पर मुनाफे की दर उसके पूँजी की अवयवीय बनावट (ऑर्गेनिक कम्पोजीशन ऑफ कैपिटल) पर निर्भर करेगा। यह पूँजी का अवयवीय बनावट द्वारा व्यक्त होता है जहाँ 'C' अचल और 'V' परिवर्तनशील पूँजी है। इस तरह पूरी पूँजी पर मुनाफे की दर द्वारा व्यक्त की जाती है। इस तरह मार्क्स ने बताया कि जैसे-जैसे सम्पूर्ण पूँजी में अचल पूँजी यानी मशीन आदि पर खर्च किए गए मूल्य में वृद्धि होगी वैसे-वैसे मुनाफे की दर घटती जाएगी।[1]

अब मार्क्स ने बतलाया कि सभी पूँजीपति इस बात का प्रयत्न करते हैं कि वे बाजार की स्पर्द्धा में आगे निकलने के लिए अपने कारखाने की उत्पादक शक्ति बढ़ाएँ। इसके लिए मजबूरी उन्हें अपनी मशीनों में नित्य नये सुधार के लिए अधिक पूँजी व्यय करना पड़ता है। इस तरह पूँजीवादी समाज की होड़ न टाली जा सकनेवाली आवश्यकता के कारण पूँजीवादी समाज इस तरह के सुधार में अनवरत लगा रहता है जिससे पूँजी की अवयवीय बनावट में अचल पूँजी की मात्रा बढ़ती जाती है और इस तरह मुनाफे की दर घटती जाती है। उसने बतलाया कि पूँजीवादी विकास का यह एक आवश्यक नियम है कि मुनाफे की दर घटती जाएगी, लेकिन इसका यह अर्थ नहीं कि मजदूरों का शोषण कम होगा। वास्तव में, मजदूरों का शोषण भी बढ़ेगा क्योंकि मशीन के सुधार से मजदूर अपनी मजदूरी यानी जिन्दा रहने भर का सामान कम समय में पैदा कर लेगा और इस तरह उसके काम के समय का उपेक्षाकृत छोटा हिस्सा ही उसकी मजदूरी के लिए काफी होगा। इस तरह शोषण की दर बढ़ेगी। यह इसलिए भी सम्भव हो सकेगा क्योंकि अच्छी मशीनों के आविष्कार से पहले की अपेक्षा थोड़े मजदूर उद्योगों के लिए आवश्यक होंगे और बेकारों की तादाद बढ़ेगी। इसे मार्क्स ने सुरक्षित औद्योगिक फौज (इंडस्ट्रियल रिजर्व आर्मी) का नाम दिया। इस तरह बेकारों की तादाद बढ़ने से मजदूर कम-से-कम मजदूरी पर काम करने के लिए तैयार हो जाएँगे। अगर

---

1. पूरा समीकरण इस तरह है :

अगर अतिरिक्त मूल्य की दर s' से व्यक्त करें तो $s' = \frac{s}{v}$

अगर पूँजी की अवयवीय बनावट को q से व्यक्त करें तो $q = \frac{c}{c+v}$

अगर मुनाफे की दर को P से व्यक्त करें तो $P = \frac{c}{c+v}$

अब $P = \frac{s}{c+v} = \frac{sv}{v(c+v)} = \frac{sv + sc - sc}{v(c+v)} = \frac{s(s+v) - sc}{v(c+v)} = \frac{s(c+v)}{v(c+v)}$

$$\frac{sc}{v(c+v)} = \frac{s}{v} - \frac{s}{v} \cdot \frac{c}{c+v} = s' - s'q = s'(1-q)$$

इस तरह मुनाफे की दर अतिरिक्त मूल्य की दर और पूँजी की अवयवीय बनावट पर निर्भर करेगी। जैसे-जैसे पूँजी C बढ़ेगी मुनाफे की दर घटेगी जहाँ s' अपरिवर्तित है।

यह बेकारों की सेना नहीं बढ़े तो पूँजी का संचय अधिक हो जाने से (क्योंकि पूँजीपति अपनी आवश्यकताओं के लिए अल्पमात्रा में ही अतिरिक्त मूल्य खर्च करता है और बाकी को पुन: उद्योग में लगाने के लिए संचित करता है) मजदूरों की माँग बढ़ेगी और मजदूरी की रेट भी बढ़ जाएगा और प्रति मजदूर अतिरिक्त मूल्य कम हो जाएगा।

इस तरह एक तरफ मजदूरों में बेकारी बढ़ती जाती है और इससे कारखानों में तैयार किए गए उपभोग की वस्तुओं का बाजार संकुचित होता जाता है और दूसरी ओर मशीनरी में सुधार से उत्पादन तेजी से बढ़ता जाता है और विदेश के बाजार तक इन कारखानों की वस्तुओं को खरीदने में असमर्थ रहते हैं। इस तरह पूँजीवाद के आन्तरिक विरोधाभास के कारण जहाँ एक तरफ बड़ी तादाद में मजदूर बेकार हो जाते हैं वहीं दूसरी तरफ बड़ी तादाद में उत्पादन के साधन और उत्पादित वस्तुएँ बेकार पड़ी रहती हैं और इस तरह पूँजीवाद के संकट शुरू होते हैं जो 1825 से लेकर बराबर समय-समय पर पूँजीवादी व्यवस्था को अस्त-व्यस्त करते रहते हैं। इस संकट में कारखाने बन्द होने लगते हैं और बड़ी मात्रा में उत्पादन के साधन और सामान नष्ट होते हैं और तब कहीं फिर धीरे-धीरे औद्योगिक उत्पादन का कार्य शुरू होता है, पर यह क्रम सदा जारी रहता है।

इस संकट से निकलने के लिए पूँजीपति वर्ग पहले आपसी होड़ को मिटाने का प्रयास करता है। उद्योग बड़े ट्रस्टों में बँधते हैं और इस तरह उद्योगों के एकाधिकार (मोनोपॉली) का जन्म होता है, जिससे शोषण की गति और तीव्र हो जाती है, पर इससे भी उनकी समस्या का समाधान नहीं होता। अब पूँजीपतियों का राज्य पूँजीवादी व्यवस्था को बचाने की दृष्टि से उद्योगों पर राज्य का अधिकार प्रस्थापित करता है और इस तरह स्वामित्व और संचालन एक-दूसरे से बिलकुल अलग हो जाते हैं। इस स्थिति में पूँजीवादी व्यवस्था का खोखलापन बिलकुल स्पष्ट हो जाता है और सर्वहारा वर्ग राज्य शक्ति को अपने हाथ में ले लेता है। अपने इस कार्य से सर्वहारा उत्पादन के साधन के पूँजी का स्वरूप बदल देते हैं और उनके सामाजिक चरित्र को अपने विकास का पूरा अवसर देते हैं। अब एक पूर्व निश्चित योजना के अनुसार उत्पादन सम्भव हो जाता है। आधुनिक सर्वहारा वर्ग का ऐतिहासिक मिशन यही कार्य सम्पन्न करने का है और इस ऐतिहासिक आवश्यकता को भलीभाँति समझना यही वैज्ञानिक समाजवाद का कार्य है।

मार्क्स के बाद बहुत-से अर्थशास्त्रियों ने 'मूल्य के श्रम सिद्धान्त' की आलोचना की है। पर जैसाकि डी.एच. कोल और पॉल स्वीजी ने बताया है, मार्क्स ने पूँजीवादी व्यवस्था के आन्तरिक गति को समझने के लिए इसे एक अनुमान (हाइपोथिसिस) के रूप में माना है। अगर जैसाकि इस सिद्धान्त से हुआ है, पूँजीवाद के विकास को इससे हम भलीभाँति समझ सकें तो एक वैज्ञानिक अनुमान के रूप में यह सफल सिद्धान्त माना जा सकता है।

4

मार्क्स-एंगेल्स ने कम्युनिस्ट मैनिफेस्टो में जो इतिहास का विवरण दिया, वह वास्तव में बहुत सीमित था। यह इतिहास यूनान से शुरू होकर 19वीं सदी के पूँजीवादी यूरोप तक समाप्त हो जाता था। इस इतिहास में एशिया और मिस्र की प्राचीन सभ्यताओं या मध्य और दक्षिणी अमेरिका के माया, एज्टेक और इंका सभ्यताओं पर कोई विचार नहीं किया गया था। इसके दो प्रमुख कारण थे—पहला यह कि मार्क्स का उद्‌देश्य वास्तव में समाज में वर्तमान वर्ग संघर्ष की परिणति सर्वहारा वर्ग के अधिनायकत्व की निश्चितता की ओर लोगों का ध्यान आकृष्ट करने का था। जैसाकि मार्क्स के विख्यात जीवनी लेखक फ्रैंज मेहरिंग ने उसकी जीवनी में लिखा है, मार्क्स ने वर्ग संघर्ष के इतिहास को फ्रांस के कुछ इतिहासकारों से लिया था, जिनमें प्रमुख थे, ग्यिजों और थियरी। मार्क्स की देन इन संघर्षों को उत्पादन के साधन के विकास के ऐतिहासिक स्तरों से जोड़ने भर की थी। दूसरा कारण यह था कि मार्क्स ने यह अनुभव किया था कि यूरोप का पूँजीवाद विकास की अपनी अन्तिम हालत में दुनिया के सभी देशों पर बाजार और कच्चे माल के लिए हावी होगा और इस तरह दुनिया का इतिहास, 19वीं सदी के बाद, पूँजीवाद के विकास से अविच्छिन्न होगा। चाहे व्यावहारिक रूप से यह दृष्टिकोण निर्दोष हो, फिर भी इतिहास को समझने की दृष्टि से यह सच्चाई की खोज में बड़ी बाधा उपस्थित कर सकता है। इसके अतिरिक्त इन दूर देशों के इतिहास में ऐसे नवीन तथ्य प्राप्त हो सकते हैं जो खुद यूरोप के विकास को समझने की दिशा में बहुत-से अन्धकारपूर्ण गह्वरों पर प्रकाश डाल सकें।

अब हमें देखना है कि इतिहास की मार्क्सवादी रूप-रेखा अन्यत्र इतिहास को समझने में कहाँ तक सहायक होती है। ऐतिहासिक भौतिकवाद को हम इसके लिए दो भागों में विभक्त कर सकते हैं। पहले भाग में वह आधारभूत सिद्धान्त होगा जिसमें इतिहास के विकास को उत्पादन के साधन और उत्पादन की शक्तियों के विकास के रूप में देखा गया है। दूसरे भाग में इस विकास के निश्चित रूप वर्ग संघर्ष सम्पत्ति सम्बन्ध आदि का विवरण दिया गया है। जहाँ तक पहले भाग का सवाल है, संसार में कोई ऐसा समाज या विचार नहीं मिलता जिसका उस समय के साधनों के विकास से कोई सम्बन्ध न हो, लेकिन जब हम सामाजिक सम्बन्धों पर

विचार करते हैं तो पाते हैं कि किसी एक तरह के उत्पादन के साधन के विकास से जो समस्याएँ समाज में पैदा होती हैं, उनका हल हर देश और परिस्थिति में मानवों के बिलकुल एक जैसे आपसी सम्बन्ध द्वारा नहीं होता। उत्पादन के साधनों के एक खास स्तर तक विकास के बाद जब मनुष्य अपनी आवश्यकता से अधिक सामान तैयार करने लगता है तब अतिरिक्त मूल्य के लिए हर स्थान पर संघर्ष शुरू हो जाता है। वास्तव में, मनुष्य की अविकसित अवस्था में मानव समाज के विकास के लिए यह आवश्यक भी है कि कुछ लोग अपनी निजी आवश्यकताओं के लिए शारीरिक श्रम से मुक्ति पा जाएँ, जिसमें समाज का बौद्धिक विकास हो सके, लेकिन इस शोषण का स्वरूप हर जगह अलग-अलग होता रहा है।

खुद यूनान में एथेंस और स्पार्टा के दो प्रमुख राज्यों में समाज का संगठन एक-दूसरे से बिलकुल भिन्न था। जहाँ एथेंस में व्यक्तिगत सम्पत्ति की प्रमुखता थी वहाँ स्पार्टा में सामूहिक स्वामित्व था। दोनों व्यवस्थाएँ गुलामी पर आधारित थीं, पर स्पार्टा में एक तरह का 'कम्युनिज्म' फैला हुआ था जिसमें गुलामों को कोई अधिकार नहीं था। यह फर्क इतना महत्त्वपूर्ण था कि सम्भवत: प्लेटो ने बहुत कुछ इसी आदर्श को सामने रखकर अपने 'रिपब्लिक' की तसवीर लोगों के सामने उपस्थित की थी।

इसी तरह अगर हम प्राचीन मिस्र पर दृष्टि डालें तो पाएँगे कि राज्य के स्वामित्व के आधार पर जहाँ व्यक्तिगत सम्पत्ति का अभाव था लोगों का घोर शोषण जारी था। रॉस्टॉव सेफ ने ईसा से तीन हजार पूर्व के मिस्र का इन शब्दों में वर्णन किया है—

"उन (राज्य के पदाधिकारियों) को कोई स्वतंत्रता या स्वयं कुछ नया काम करने का अधिकार नहीं था—पुरोहितों की तरह वे भी केवल राजा और भगवान के निजी एजेंट या नौकर थे। पुरोहित और बड़े पदाधिकारियों के अतिरिक्त क्लर्कों, ओवरसियरों, दस्तकारों और पुलिस आदि लोगों की एक फौज बहाल थी। उन सबों को जीवन-निर्वाह का खर्च राजा से मिलता था और बड़े से छोटे तक, सिद्धान्तत: सभी राजा द्वारा बहाल किए जाते थे यद्यपि वास्तव में राजा सिर्फ प्रमुख को नामजद करता था जो अपने से नीचे के अफसरों की बहाली करते थे, और अन्त में सबके सब राजा के सामने जवाबदेह थे जो अपनी मर्जी के अनुसार उनकी जान और माल का उपयोग करता था।"

"साधारण जनता बिलकुल राजा और उसके पदाधिकारियों की मर्जी पर थी। देश की राजनीतिक जिन्दगी में वह कोई हिस्सा नहीं लेती थी; उसे व्यक्तिगत सम्पत्ति खासतौर से जमीन रखने का अधिकार नहीं था। उनकी जिन्दगी, उनके असबाब और उनका श्रम, सब राजा के हाथ में थे और वह मनमाने ढंग से उनका उपयोग कर सकता था। वह यह तय करता था कि किसी खास साल में किसी खेत में कौन क्या बोएगा, वही यह तय करता था कि किसान उपज का कौन-सा हिस्सा राजा को समर्पित करेगा।" (हिस्ट्री ऑफ दी ऐंशिएंट वर्ल्ड—रॉस्टॉव सेफ)।

इस शोषण की व्यवस्था का आधार थी नील नदी की घाटी की कृषि, जिसमें विकसित सिंचाई का इन्तजाम था। सेनुरसेट तृतीय के समय में 27 मील लम्बी दीवार खड़ी कर फयून बेसिन का जल मोयरिस झील में इकट्ठा कर उसका उपयोग सिंचाई के लिए किया गया था। इस तरह की उन्नत सिंचाई की व्यवस्था उस समय की अविकसित अवस्था में शोषण से विशेष सुविधा प्राप्त नौकरशाही के बिना सम्भव नहीं थी। इस तरह की व्यवस्था उस समय की अविकसित दशा में व्यक्तिगत स्वामित्व के आधार पर भी नहीं हो सकती थी। इस तरह वहाँ की विशेष परिस्थिति के कारण गुलामों और कृषकों के शोषण का संगठन भी एक अलग ढंग से हुआ। खुद स्पार्टा के कम्युनिज्म के आधार में भी वहाँ के सैनिकतंत्र की आवश्यकताएँ थीं। व्यक्तिगत सम्पत्ति को मिटाकर वहाँ पर उन आपसी झगड़ों को खत्म करने का प्रयास किया गया जो सैनिकों की एकनिष्ठता पर आघात पहुँचा सकते थे।

मिस्र में जमीन, कारखाने, खान—सभी का स्वामित्व राज्य के हाथ में था, अत: वहाँ के अधिकारी उत्पादन के साधनों पर स्वामित्व के आधार पर अपनी विशेष सुविधाएँ अपने वंशजों को नहीं दे सकते थे। इस तरफ वहाँ ऊँचे स्थान के अधिकारी शोषण में अपने वंशजों को हिस्सा दिलाने का दूसरा रास्ता ढूँढ़ते हैं और इस तरह की व्यवस्था को जन्म देते हैं जिसमें वे पद जो उनके ऐश्वर्य के कारण हैं, उन्हीं के परिवार और वंशजों तक सीमित रह जाए। इस तरह मिस्र में हम वर्गों में विभाजन के स्थान पर समाज में जातियों का विभाजन पाते हैं। इनमें सर्वोच्च स्थान पुरोहितों का होता है। धीरे-धीरे जैसे-जैसे मन्दिरों की तादाद और सम्पत्ति बढ़ती है, इनकी शक्ति बढ़ती जाती है और खुद फारोआह (मिस्र का राजा) की शक्ति उनके सामने कमजोर होती जाती है। फारोआह इखनाटन का पुराने धर्म के खिलाफ विद्रोह पुरोहित वर्ग की इसी बढ़ती शक्ति के खिलाफ संघर्ष बतलाया जाता है, लेकिन इसके वंशजों को पुरोहितों से सन्धि करनी पड़ी और आगे चलकर ये इतने शक्तिशाली हो गए कि ऐमन का प्रमुख पुरोहित थेबन राज्य का प्रमुख बन गया।

ईरान में भी समाज का बँटवारा बहुत कुछ जातियों में ही हुआ। वहाँ पर भी समाज का बँटवारा सम्पत्ति के आधार पर न होकर काम के आधार पर हुआ। वहाँ का समाज काम के आधार पर ऐसे चार भागों में विभक्त था, (1) पुरोहित, (2) सैनिक, (3) कृषक और (4) व्यापारी। आगे चलकर पुरोहित (जो निश्चय ही सबसे ऊँचे स्थान पर थे) औरों से अलग एक वंश पर आधारित समूह बन गए।

लेकिन जातियों के आधार पर सबसे कठोर विभाजन भारत में हुआ। सम्भवत: जातियों में समाज का विभाजन उन देशों में आवश्यक हो गया जहाँ दासता आर्थिक व्यवस्था का मूल आधार नहीं थी। जहाँ बड़ी संख्या में गुलाम सभी तरह के कठिन कार्य करने के लिए तैयार थे वहाँ अन्य लोगों के लिए अन्य कामों का बँटवारा करना आवश्यक नहीं था। यूनान के लोग अस्त्र-शस्त्र के अभ्यास से लेकर दार्शनिक

तर्क तक बारी-बारी से कर लेते थे, लेकिन जहाँ समाज में कठिन कार्य करने के लिए अलग लोगों का एक बड़ा दल मौजूद नहीं था वहाँ हर तरह के काम का आपस में बँटवारा आवश्यक था। इस तरह सम्पत्ति या गुलामी पर स्वामित्व के जरिए न होकर समाज का बँटवारा काम के आधार पर हुआ। भारत में वर्णव्यवस्था इसी आधार पर हुई। इस तरह यहाँ पर शुरू में समाज का बँटवारा चार वर्णों, (1) ब्राह्मण, (2) क्षत्रिय, (3) वैश्य और (4) शूद्र में हुआ। इसमें ब्राह्मणों का काम उत्पादन के कार्यों से मनुष्य के विकास के प्रारम्भिक काल में मिले-जुले, जप, जाप, पूजा-पाठ करना या इसके अतिरिक्त जन्म, मृत्यु, विवाह आदि के अवसरों पर भी देवताओं या आत्माओं को सन्तुष्ट करने के लिए इनका पूजा-पाठ करना आवश्यक समझा जाता था। क्षत्रियों का काम था समूह को बाहरी दुश्मनों से युद्ध में बचाना। वैश्य और शूद्र आर्थिक दृष्टि से महत्त्वपूर्ण उत्पादन और विनिमय का कार्य करते थे।

लेकिन कहीं भी काम का यह बँटवारा बिना संघर्ष के सम्भव नहीं था। पाश्चात्य दुनिया में गुलामी की व्यवस्था तो स्पष्ट रूप से युद्ध बन्दियों से शुरू हुई। इसी तरह सम्भव है कि भारत जैसे देश में जहाँ अलग-अलग गिरोह के लोग आपस में प्रभुत्व के लिए संघर्ष करते रहे, विजयी गिरोह के लोगों ने पराजित गिरोहों पर उन कामों को लाद दिया जो कठिन और नीचे समझे जाते हों। जैसाकि होता आया है, विजयी लोगों का धर्म विजितों को भी मानना पड़ता है और इस धर्म में इसकी व्यवस्था कर दी गई कि विजितों के वंशज अपने पूर्वजों के पराजय का पाप पुश्त-दर-पुश्त ढोते रहें। जैसे-जैसे जाति प्रथा और कठोर बनती गई वैसे-वैसे इसने भारत के सामाजिक-जीवन में भयंकर जड़ता और बौद्धिक जीवन में घोर कुंठा को स्थापित कर दिया।

यह सामाजिक शोषण तो हजारों वर्षों से कायम रहा ही, पूँजीवादी सम्पत्ति सम्बन्ध और आधुनिक समाज के नये संगठन भी भारत में वर्ण व्यवस्था के साँचे को भेद नहीं सके और इसी के अनुरूप बनते गए। इस तरह आज देश में आर्थिक दृष्टि से सर्वहारा भी प्रमुख रूप से शूद्र ही है, खासतौर से दलित। वैसे ही आधुनिक नौकरशाही व्यवस्था में भी ऊँची जातियों के लोगों की ही प्रमुखता रही है। इस तरह शोषण और वर्गों में विभाजन तो सर्वत्र रहा, लेकिन उनका स्वरूप इतना सरल नहीं रहा जितना मार्क्स के दृष्टिकोण में हम पाते हैं। भारत जैसे देश में वर्ग व्यवस्था के साथ-साथ समाजवादी आन्दोलन को वर्ण व्यवस्था जैसी समस्या का भी सामना करना अनिवार्य हो गया।

5

समाजवादी आन्दोलन को वर्ण-व्यवस्था जैसी समस्या का भी सामना करना अनिवार्य हो गया। समाजवादी आन्दोलन में राज्य के विषय में दो विपरीत धारणाएँ काम करती रहीं। एक तरफ तो वे समाजवादी थे जो राज्य को केवल शोषण का एक यंत्र समझते थे। दूसरी तरफ ऐसे समाजवादी थे जो समझते थे कि राज्य मजदूर वर्ग की मुक्ति का एक महत्त्वपूर्ण अस्त्र है। राज्यवादी समाजवादियों का प्रभाव जर्मनी में विशेष रहा। जैसाकि हम देख चुके हैं हीगेल के दर्शन में, जो 18वीं सदी में एक जबर्दस्त प्रभाव था, राज्य को विचार (आइडिया) के विकास की चरम सीमा के रूप में देखा गया। राज्य के बारे में जर्मनी के विचारकों में अधिकांश का यही दृष्टिकोण रहा। फिख्ते (1762-1814 ई.) ने समाज के संगठन का जो सुझाव दिया, उसमें राज्य के सम्पूर्ण नियंत्रण को मान लिया गया था। उसके मत के अनुसार राज्य का कर्तव्य है कि वह लोगों के आपसी महत्ता को लागू करे और उनके कार्यों पर नियंत्रण रखे। यह भी राज्य का कर्तव्य था कि वह लोगों की सुविधा और सुरक्षा की व्यवस्था करे, लेकिन इसके बदले में राज्य का यह अधिकार था कि लोग इसका नियंत्रण स्वीकार करें और व्यक्तिगत स्वतंत्रता की भावना का परित्याग करें। जर्मनी की राजनीति में राज्य के बारे में यह धारण हर समय अपना प्रभाव डालती रही है और समाजवादी आन्दोलन भी इससे अलग नहीं रह पाया।

जर्मनी के समाजवादियों में रॉडबर्टस (1805-1875 ई.) और लसाल (1825-1864 ई.) का नाम विशेष रूप से उल्लेखनीय है। रॉडबर्टस ने भी इस सिद्धान्त को मान लिया था कि मूल्य श्रम द्वारा पैदा होता है, लेकिन उसका विचार था कि मजदूरों को राष्ट्र की आय में उत्तरोत्तर कम हिस्सा प्राप्त होता है। औद्योगिक विकास के क्रम में अधिक मजदूरों की बहाली से मिला-जुलाकर मजदूरों को मिलनेवाली रकम का परिणाम बढ़ जाता है, लेकिन सम्पूर्ण उत्पादन के प्रसार के कारण उत्पादन में प्राप्त मजदूरों के हिस्से का अनुपात घट जाता है। इस सिद्धान्त के पीछे उसका यह विचार था कि मजदूरों के निर्वाह का खर्च ही केवल मजदूरी से प्राप्त हो सकता है। इस तरह क्रय-शक्ति का ह्रास और उत्पादन की वृद्धि होती है। इसका नतीजा यह होता है कि कल-कारखाने बन्द होने लगते हैं और औद्योगिक संकट पैदा होता

है। रॉडबर्टस के विचार में औद्योगिक संकट का कारण यह है कि समाज के क्षेत्र में 'स्वाभाविक नियम' बेरोक-टोक जारी है जबकि आवश्यकता है 'बुद्धिसंगत नियम' को जारी करने की। रॉडबर्टस की राय में यह परिवर्तन राज्य में दैवी गुण है और वह खुद आवश्यकता के अनुसार अपना विकास करने की क्षमता रखता है। समय आने पर (चूँकि रॉडबर्टस की राय में उसके समय में परिस्थिति इस न्यायपूर्ण परिवर्तन के लिए परिपक्व नहीं थी) राज्य खुद मजदूरों के लिए न्यायोचित प्रबन्ध करेगा। तत्काल उसने काम के घंटे घटाने का सुझाव दिया।

रॉडबर्टस से कुछ मिलता-जुलता विचार लसाल का भी था, हालाँकि इसने मार्क्सवादी अर्थशास्त्र की बहुत-सी बातों को भी कबूल करके उसका लोगों में प्रचार किया। उसने 'मजदूरी के लौह नियम' के सिद्धान्त का प्रतिपादन किया। यह वही सिद्धान्त था जिसे रॉडबर्टस ने रखा था और जिसके अनुसार मजदूरों की मजदूरी में कोई वृद्धि आबादी के बढ़ाव से समाप्त हो जाती है। इस सिद्धान्त के अनुसार मजदूरों को निर्वाह के खर्च से अधिक मजदूरी दिलाने के सभी प्रयत्न असफल होंगे।

क्रान्ति के विषय में लसाल ने यह विचार रखा कि क्रान्ति से नई समाज-व्यवस्था का जन्म नहीं होता बल्कि इससे व्यवस्था में हो चुके परिवर्तनों पर सिर्फ मुहर लग जाती है। इस तरह उसने फ्रांस की 1789 ई. की क्रान्ति को सिर्फ प्रशासन के क्षेत्र में उस क्रान्ति की स्थापना बतलाई जो आर्थिक और सामाजिक क्षेत्र में पहले ही से हो चुकी थी। इसी दृष्टि से 1848 ई. की असफल मजदूर क्रान्ति को उसने राजकीय क्षेत्र में उस समाजवादी क्रान्ति को मान्यता दिलाने का प्रयत्न बतलाया जो आर्थिक क्षेत्र में सफल हो चुकी थी। उस समय की अर्थव्यवस्था के सम्बन्ध में उसने कहा कि जहाँ उत्पादन के क्षेत्र में समाजीकरण हो गया है वहाँ वितरण के क्षेत्र में अभी भी व्यक्तिवादी व्यवस्था कायम है। मजदूरों की मुक्ति के लिए उसने सहयोगी कारखानों का सुझाव दिया जिससे उनके शोषण का अन्त होगा।

पर जहाँ लसाल की दृष्टि में मजदूर स्वयं बिना राज्य की मदद से यह परिवर्तन करने में असमर्थ हैं। अत: राज्य की मदद लेना मजदूरों के लिए आवश्यक है। लसाल की दृष्टि में राज्य केवल अमन-चैन कायम रखने या सम्पत्ति की सुरक्षा का यंत्र नहीं है बल्कि यह मानव के आर्थिक और सांस्कृतिक विकास का एक आवश्यक जरिया है, लेकिन मजदूर इसका उपयोग अपने हित में तभी कर सकते हैं जब वे मतदान के अधिकार का उपयोग करें और अपनी पार्टी बनाकर राज्य सत्ता को अपने प्रभाव में ले आवें।

अपने इस विचार का प्रचार करने में लसाज ने बड़ी कुशलता दिखाई और 19वीं सदी के उत्तरार्द्ध में जर्मनी में मजदूरों के राजनीतिक संगठन का तेज विकास बहुत कुछ लसाल के प्रयत्नों का फल था।

जहाँ जर्मनी में राज्य से परिवर्तन की आशा रखना वहाँ की परम्परा का एक अंग बन गया था वहाँ अन्य समाजवादी भी थे जो समाजवादी परिवर्तन के लिए राज्य को एक आवश्यक जरिया मानते थे। इन विचारकों में लुइ ब्लैंक (1813-82 ई.) का प्रमुख स्थान है। वास्तव में लुई ब्लैंक ने न सिर्फ राज्य के जरिए परिवर्तन का सर्वप्रथम सुझाव दिया बल्कि 1848 ई. फ्रांस की क्रान्ति में सरकार का एक सदस्य बनकर सामाजिक परिवर्तन के लिए प्रयत्न भी किया, लेकिन उस समय की विशेष परिस्थिति और विचारों की अपरिपक्वता ने किसी तरह की सफलता का सेहरा इसके सिर पर नहीं बाँधा। लुई ब्लैंक ने मजदूरों को यह महत्त्वपूर्ण सीख दी थी, "अगर तुम राज्य व्यवस्था का एक हथियार के रूप में उपयोग नहीं करते तब तुम्हें इसका मुकाबला एक बाधा के रूप में करना पड़ेगा।" लुई ब्लैंक का विचार था कि जब पूँजीपति और मजदूर एक-दूसरे का सामना करते हैं, मुकाबला अत्यधिक शक्तिशाली का अत्यधिक कमजोर के साथ होता है। अत: बिना राज्य की मदद के मजदूरों को न्याय नहीं मिल सकता। यह विचार इसके बिलकुल विपरीत है जिसमें यह माना गया कि लुई ब्लैंक एक शक्तिशाली शासन यंत्र का समर्थक था जो पूँजीपति वर्ग के सबल विरोध का सामना कर सके। आर्थिक क्षेत्र में स्थापित करने के लिए उसने राज्य द्वारा संचालित उद्योगों का समर्थन किया जो मुकाबले में निजी क्षेत्र के उद्योगों को परास्त कर पूँजीपतियों को समाजवादी व्यवस्था में शामिल होने के लिए मजबूर करेंगे।

इन विचारकों के लगभग समकालीन दो अन्य समाजवादी विचारक हुए जो सामाजिक क्रान्ति के लिए राज्य की कोई आवश्यकता नहीं समझते थे। वास्तव में ये राज्य को शोषण का एक यंत्र समझते थे और इसलिए ये हर तरह की राज्य व्यवस्था को नष्ट करने के हिमायती थे। ये विचारक थे, प्रूधाँ (1809-1865 ई.) और बाकुनिन (1814-1876 ई.)। प्रूधाँ ने सम्पत्ति को चोरी बतलाया और राज्य को व्यक्तिगत सम्पत्ति को बढ़ानेवाला बतलाया। वह भी मूल्य के श्रम सिद्धान्त को मानता था और इस विचार का था कि मजदूरों को उसके उत्पादन में पूरा हिस्सा मिलना चाहिए। उसने 'श्रम नोट' जनता के बैंक आदि का विचार दिया था जिनमें मुद्रा के स्थान पर 'श्रम' की इकाई का इस्तेमाल करने का सुझाव दिया गया था। इसके प्रमुख सिद्धान्त 'सहयोगवाद का सिद्धान्त' और 'संघ का सिद्धान्त' थे। यह केन्द्रीय शासन के स्थान पर समुदायों या म्युनिसिपैलिटियों (कम्यून) के संघ का समर्थक था।

बाकुनिन मार्क्स से विशेष रूप से प्रभावित था और रूसी भाषा में कम्युनिस्ट मैनिफेस्टो का प्रथम अनुवाद इसी ने किया था। मोटे तौर पर यह कार्ल मार्क्स के आर्थिक सिद्धान्तों को मंजूर करता था, लेकिन यह केन्द्रीय शासन और राज्य व्यवस्था के बिलकुल विरुद्ध था। इसके विचार से स्वतंत्रता अविभाज्य है और अगर इसका

एक अंग काट दिया जाए तो यह बिलकुल समाप्त हो जाएगा। वह राज्य व्यवस्था के साथ-साथ धर्म और भगवान का भी विरोधी था क्योंकि उसकी राय में भगवान की सत्ता कबूल करना मनुष्य की हीनता कबूल करना है और इससे भी उसकी स्वतंत्रता को नष्ट करनेवाली शक्तियों को सहारा मिलता है। उसने राज्य को 'चर्च का छोटा भाई' कहा।

राज्य व्यवस्था के स्थान पर उसने मनुष्य के स्वशासित इकाइयों के संघ का समर्थन किया। यह विचार प्रूधाँ के विचार से मिलता-जुलता था। उसकी दृष्टि में, इन इकाइयों में समाज की निगरानी लोगों को बिना किसी पुलिस व्यवस्था के, समाज-विरोधी कार्यों से अलग रखेगा।

मार्क्स के विचार इन राज्यवादियों और अराजकवादियों के बीच के थे। मार्क्स की दृष्टि में राज्य वास्तव में इतिहास के किसी युग में शोषक वर्ग के हाथ का हथियार था। वह अराजकवादियों की तरह राज्य को शोषण का एक यंत्र नहीं मानता था, लेकिन वह यह मानता था कि किसी भी युग में शोषक अपने शोषण को जारी रखने के लिए और इसके विरोध में होनेवाले विद्रोह को दबाने के लिए ही राज्य सत्ता का उपयोग करता है। यह राज्य सत्ता समाज से पैदा होती है, लेकिन समाज से ऊपर यह एक स्वतंत्र अस्तित्व बनकर शोषितों को दबाने का कार्य करती है, लेकिन जहाँ अराजकवादी शुरू से ही राज्य व्यवस्था को नष्ट करने का विचार रखते हैं वहाँ मार्क्स के विचार से क्रान्ति की अन्तिम सीढ़ी सर्वहारा क्रान्ति में राज्य की आवश्यकता मजदूर वर्ग को पुराने शोषकों को खत्म करने के लिए होगी। उसने पूँजीवादी राज्य को 'पूँजीवादी तानाशाही' कहा था। इसका अर्थ यह कि पूँजीवादी युग में चाहे राज्य का स्वरूप कुछ भी हो, चाहे यह प्रजातांत्रिक प्रणाली ही क्यों न हो, वास्तव में यह शक्ति के द्वारा पूँजीवादी शोषण की व्यवस्था को कायम रखने का कार्य करता है। उसने सर्वहारा वर्ग को 'प्रजातंत्र का युद्ध' जीतने की और इस तरह सत्तारूढ़ वर्ग बनने की सलाह कम्युनिस्ट मैनिफेस्टो में दी थी। इसी स्थिति को, जब सर्वहारा वर्ग राज्यसत्ता पर अधिकार जमा कर पूँजीवादी अर्थव्यवस्था को खत्म करने लगता है, उसने 'सर्वहारा की तानाशाही' (डिक्टेटरशिप ऑफ दी प्रोलेतारियत) कहा था। यहाँ यह ध्यान देने की बात है कि मार्क्स ने 'डिक्टेटरशिप' शब्द का इस्तेमाल एक विशेष अर्थ में किया था। उसने इसका सिर्फ इतना ही अर्थ लगाया था कि मजदूर वर्ग राज्य सत्ता पर अपना अधिकार कर लेगा। जैसे पूँजीवादी प्रजातंत्र (बुर्जुआ डेमोक्रेसी) को उसने 'पूँजीपति वर्ग की डिक्टेटरशिप' कहा था वैसे ही मजदूर वर्ग के प्रजातंत्र के युद्ध को जीतने की स्थिति को जबकि राज्य सत्ता का उपयोग समाजवादी संक्रमण के लिए होगा, मार्क्स ने 'डिक्टेटरशिप ऑफ दि प्रोलेतारियत' कहा था। अब मार्क्स के विचार के अनुसार चूँकि राज्य सत्ता सिर्फ शोषण को जारी रखने का जरिया है, इसलिए सर्वहारा वर्ग जब पूँजीवादी व्यवस्था

को नष्ट करता है तो साथ-साथ वर्ग संघर्ष और उसको जारी रखने के यंत्र राज्य व्यवस्था की आवश्यकता को भी खत्म कर देता है। इस तरह समाजवादी संक्रमण के लिए राज्य का उपयोग राज्य का आखिरी उपयोग होगा और राज्य व्यवस्था बेकार होकर विघटित हो जाएगा। उसने सेंट सिमाँ के विचार, जिसमें कहा गया है कि मनुष्यों पर शासन के स्थान पर वस्तुओं की व्यवस्था कायम होगी, इसके द्वारा इस स्थिति का वर्णन किया है।

जब मार्क्स ने कम्युनिस्ट मैनिफेस्टो लिखा, उस समय राज्य के स्वरूप के सम्बन्ध में उसने साफ-साफ कुछ नहीं लिखा। लेकिन यह बात गौण रूप से मान ली गई थी कि राज्य का स्वरूप करीब-करीब वहीं होगा जो पूँजीवादी व्यवस्था के अन्दर है अर्थात् एक शक्तिशाली केन्द्रीय प्रशासन। एकमात्र फर्क यह होगा कि शासक पूँजीवादी वर्ग की जगह शासक के रूप में संगठित मजदूर होंगे। लेकिन 1871 ई. की फ्रांस की क्रान्ति में जब पेरिस के मजदूरों ने पेरिस में कम्यून के ऊपर आधारित राज्य व्यवस्था कायम की तब मार्क्स ने अपने विचारों में परिवर्तन किया। मार्क्स ने 'इंटरनेशनल वर्किंग मेन्स एसोसिएशन' की जनरल काउंसिल के सामने फ्रांस के गृहयुद्ध पर अपने भाषण में यह बतलाया कि कम्यून की व्यवस्था में स्थायी सेना, नौकरशाही आदि के लिए कोई स्थान नहीं था। पेरिस के कम्यून के ढंग पर गाँवों तक में संगठन खड़ा करना उनका ध्येय था। इनके एसेम्बली पेरिस में अपने प्रतिनिधि भेजते जो कभी भी वापस बुला लिये जा सकते थे। केन्द्र के हाथ में बहुत थोड़े-से काम रहते जो जवाबदेह एजेंटों द्वारा किए जाते थे। पुराने केन्द्रीय शासन की जगह पर इनका उद्देश्य उत्पादकों का स्वशासन कायम करना था।

फ्रेडरिक एंगेल्स ने अपने विचार में इस नये परिवर्तन को मान्यता देने के लिए कम्युनिस्ट मैनिफेस्टो के 1872 ई. के संस्करण की भूमिका में लिखा, "...फरवरी की क्रान्ति और फिर उससे भी अधिक पेरिस कम्यून के व्यावहारिक अनुभव के बाद, जिसमें सर्वहारा वर्ग ने प्रथम बार दो महीने तक राज्य सत्ता को अपने हाथ में रखा, अपने कुछ अंशों में यह प्रोग्राम पुराना पड़ गया है। एक बात कम्यून से खासतौर से सिद्ध हो गई है वह कि सर्वहारा वर्ग बनी-बनाई राज्य व्यवस्था पर अधिकार जमाकर इसे अपने उपयोग में नहीं ला सकता।"

इस तरह पेरिस कम्यून के बाद मार्क्स-एंगेल्स के विचार राज्य के विषय में अराजकवादियों के संघीय शासन से बहुत नजदीक आ गए।

समाजवादी आन्दोलन के विकास के क्रम में राज्य के प्रति ये तीनों विचार किसी खास दल की विरासत नहीं रह पाए। विभिन्न देशों की अलग-अलग परिस्थिति के अनुसार अपने दलों की सीमा रेखा पार कर ये विचार एक-दूसरे को प्रभावित करते रहे। सबसे व्यापक मार्क्सवादी संगठनों में राज्य के विषय में ये तीनों विचार अलग-अलग हिस्सों द्वारा व्यक्त होते रहे।

6

मजदूर आन्दोलन में समाजवादी विचार शुरू से ही नहीं फैले। एक लम्बी अवधि के अनुभवों के बाद मजदूर आन्दोलन ने समाजवादी विचार और राजनीतिक कार्यक्रम के महत्त्व को स्वीकार किया। शुरू में उद्योग-धन्धों के विकास के साथ मजदूरों ने अपना संगठन अपने रोजमर्रे की समस्याओं के समाधान के लिए किया। सर्वप्रथम अमेरिका में फिलाडेल्फिया के बढ़इयों ने 1791 ई. में निम्न मजदूरी के विरुद्ध हड़ताल की। बाद में उन्होंने 12 घंटे प्रतिदिन काम के समय की माँग की। 1792 ई. में फिलाडेल्फिया के जूता मजदूरों ने अपनी यूनियन बनाई। इसी तरह मजदूरों के अन्य संगठन यहाँ खड़े हुए। इन संगठनों की विशेषता यह थी कि ये कुशल मजदूरों के संगठन थे। 1799-1800 ई. में मजदूरों के संगठन पर रोक लगाने की दृष्टि से इंग्लैंड में कम्बिनेशन ऐक्ट लागू किया गया, लेकिन इसको हटाने के लिए इंग्लैंड के मजदूरों ने जबर्दस्त आन्दोलन किया। इस आन्दोलन ने वहाँ के मजदूरों में एक नई चेतना पैदा कर दी। 1824-25 ई. में उनके आन्दोलन के फलस्वरूप इस ऐक्ट को हटाना पड़ा। अब मजदूरों को अपनी शक्ति का अन्दाजा होने लगा था। 1834 ई. में इंग्लैंड के राष्ट्रीय संगठन 'ग्रैंड नेशनल कंसोलिडेटेड ट्रेड यूनियंस' की स्थापना हुई, इसी काल में ओवेन के समाजवादी प्रयोगों का असर मजदूरों की विचारधारा पर पड़ रहा था। इसके बाद मतदान के अधिकार के लिए चार्टिस्ट आन्दोलन का सूत्रपात हुआ, जिसने इंग्लैंड की राजनीति को झकझोर दिया। इसी जागरण के वातावरण में 1844 ई. में रॉकडेल के कुछ मजदूरों ने जिन्हें 'रॉकडेल पायोनियर्स' कहा जाता है, अल्प पूँजी से प्रथम-प्रथम सहयोगी आन्दोलन का सूत्रपात किया। इस तरह इंग्लैंड मजदूर संगठनों का एक बड़ा केन्द्र बन गया।

अमेरिका में मजदूरों का प्रथम केन्द्रित संगठन 1827 ई. में फिलाडेल्फिया में निर्माण मजदूरों के हड़ताल के फलस्वरूप बना। इसे 'मैकेनिक्स यूनियन ऑफ ट्रेड एसोसिएशंस' कहा जाता था। इस यूनियन ने वर्ग संघर्ष को आधार रूप में नहीं अपनाया था। फिर भी यह नगर और राज्य के चुनावों में हिस्सा लेता रहा, लेकिन इसका जल्द ही ह्रास होने लगा और यह संगठन समाप्त हो गया, लेकिन यहीं

1833 ई. में जनरल ट्रेड्स यूनियन की स्थापना हुई, जिसने अपने पूर्व के संगठन के ह्रास का कारण राजनीति में हिस्सा लेना समझकर यह निर्णय लिया कि यह राजनीति में हिस्सा नहीं लेगा। 1834 ई. में न्यूयॉर्क के जनरल ट्रेड्स यूनियन के प्रयत्नों से नेशनल ट्रेड्स यूनियन की स्थापना हुई, लेकिन बाद में इस संगठन ने मजदूरों की हालत सुधारने के लिए संघर्ष का रास्ता छोड़ दिया और फलस्वरूप यह अपने तृतीय सम्मेलन के बाद समाप्त हो गया। 1828 ई. में फिलाडेल्फिया में ही मजदूरों की एक राजनीतिक पार्टी भी बनी जिसका नाम 'वर्किंग मेन्स पार्टी' पड़ा, लेकिन इस पार्टी में मालिकों को भी हिस्सा लेने का मौका दिया जाता था जिसके परिणामस्वरूप अल्पकाल में ही यह संगठन विघटित हो गया। अमेरिका में यूरोप की अपेक्षा मजदूरों में राजनीतिक चेतना का अभाव था और इस तरह काफी दिनों तक ये कोई समाजवादी नीति अपनाने में असमर्थ रहे।

यूरोप के अन्य देशों में इंग्लैंड की तरह आधुनिक उद्योग-धन्धों का विकास नहीं हो पाया था, अत: मजदूर आन्दोलन भी इन देशों में वह संगठित स्वरूप नहीं ग्रहण कर सका जो इंग्लैंड में था। फिर भी यूरोप में विभिन्न तरह के समाजवादी दर्शन का प्रचार जोरों से चल रहा था और इस मामले में वे इंग्लैंड से आगे बढ़े हुए थे। खासतौर से फ्रांस ऐसे विचारों का बड़ा केन्द्र बन गया था।

यूरोप के विभिन्न देशों में मजदूर आन्दोलन को सूत्रबद्ध करने के कई प्रयास उन्नीसवीं सदी के मध्य से हुए। 1846 ई. और 1853 ई. के बीच 'फ्रैटरनल डेमोक्रेट्स' नाम से एक संगठन चलता रहा। 1854-55 ई. में 'इंटरनेशनल कमिटीज' ने यह काम करने का प्रयास किया। इसके अलावा कम्युनिस्ट लीग यूरोप मजदूरों का संगठन करने का प्रयास कर रहा था और 1848 ई. की फ्रांस की क्रान्ति के ठीक पहले 1847 ई. में लन्दन के एक कांग्रेस में इसने कम्युनिस्ट घोषणापत्र प्रकाशित करने का निर्णय लिया, जिसे मार्क्स और एंगेल्स ने कांग्रेस के आदेश पर तैयार किया। यह घोषणापत्र 1848 ई. के प्रारम्भ में फ्रांस की क्रान्ति के ठीक पहले प्रकाशित हुआ। इस क्रान्ति में मजदूरों ने सत्ता ग्रहण करने का प्रयास किया, लेकिन समय परिपक्व नहीं होने के कारण उन्हें कुचल दिया गया। इसके बाद पूरे यूरोप में मजदूर आन्दोलन का जबर्दस्त दमन शुरू हुआ। फिर भी कम्युनिस्ट मैनिफेस्टो के प्रकाशन से मजदूरों की राजनीतिक चेतना बहुत बढ़ गई थी और दमन का प्रभाव स्थायी नहीं हो सका।

इसी नव चेतना के बीच सम्पूर्ण यूरोप के मजदूरों ने 1863 ई. में जारशाही द्वारा पोलैंड के स्वतंत्रता आन्दोलन के दमन के खिलाफ अपनी संगठित आवाज बुलन्द की। अन्तरराष्ट्रीय मजदूर आन्दोलन ने शुरू से ही राष्ट्रीय आजादी के आन्दोलन को बहुत महत्त्व दिया था। राष्ट्रीय स्वतंत्रता को वे अन्तरराष्ट्रीय सहयोग के लिए आधारशिला मानते थे। इस दृष्टि से जारशाही के विरुद्ध पोलैंड के

स्वतंत्रता संग्राम को यूरोप के मजदूर अपने संघर्ष का एक अंग मानते थे। फ्रेडरिक एंगेल्स ने 1892 ई. के कम्युनिस्ट मैनिफेस्टो के पोलैंड के संस्करण की भूमिका में लिखा था—"और एक स्वतंत्र एवं सशक्त पोलैंड की पुनर्स्थापना के प्रश्न से सिर्फ पोलैंडवासियों का ही नहीं हम सबों का सम्बन्ध है। यूरोप के राष्ट्रीय का हार्दिक सहयोग तभी सम्भव है जब ये सब अपने घरों में पूर्ण स्वतंत्र हों।" इस दमन के खिलाफ लन्दन में मजदूरों ने एक सभा की। इसमें फ्रांसीसी मजदूर भी शामिल हुए। इसी के बाद अपने नये अन्तरराष्ट्रीय दायित्व के अनुरूप 1964 ई. में यूरोप के मजदूर नेताओं ने लन्दन में 'इंटरनेशनल वर्किंग मेन्स एसोसिएशन' की स्थापना की, जिसे 'प्रथम अन्तरराष्ट्रीय' भी कहते हैं। इस संगठन ने इस बात को स्पष्ट मान्यता दी कि बिना राजनीतिक सत्ता पर अधिकार प्राप्त किए मजदूर अपने को मुक्त नहीं कर सकते।

इस संगठन की एक विशेषता यह थी कि यह अभी व्यक्तियों का संगठन था, पार्टियों का नहीं। इसका भी कारण स्पष्ट है। अभी यूरोप में मजदूरों की अपनी पार्टियों का संगठन नहीं हो पाया था, अत: मजदूर आन्दोलन से सम्बद्ध व्यक्तियों का ही यह संगठन हो सकता था। इसने अपने को 'सोशलिस्ट' या कम्युनिस्ट अन्तरराष्ट्रीय भी नहीं कहा। 'सोशलिस्ट' नहीं कहने का कारण यह था कि यूरोप में उस समय अनेक ऐसे सम्प्रदाय पैदा हो गए थे जो अपने को सोशलिस्ट कहते थे, पर ये मजदूर आन्दोलन से अलग रह समाज का अनेक तरह का काल्पनिक चित्र पेश करते थे जिसकी तरफ बढ़ने का कोई व्यावहारिक मार्ग नहीं था। 'कम्युनिस्ट' इसलिए नहीं क्योंकि इस संगठन में बहुत-से ऐसे मजदूर नेता शामिल थे जो कम्युनिज्म के सिद्धान्त को नहीं मानते थे। इसलिए इसने राजनीतिक प्रश्नों पर वाद-विवाद के लिए अपना दरवाजा पूर्ण रूप से खुला छोड़ दिया। इस संगठन में मार्क्स, बाकुनिन, प्रूधाँ, वेटलिंग, ब्लैंकी तथा अन्य कई विचार के मजदूर नेता और उनके अनुयायी शामिल थे।

यों तो मजदूरों के राज्य सत्ता पर अधिकार प्राप्त करने के सिद्धान्त को इंटरनेशनल वर्किंगमेन्स एसोसिएशन ने मान लिया था, फिर भी राजनीतिक कार्यक्रम के सम्बन्ध में इस संगठन में गहरा मतभेद रहा। इंग्लैंड और प्रशा के मजदूरों ने संघर्ष करके शहरी मजदूरों के लिए मतदान का अधिकार हासिल कर लिया था। अत: ये लोग संसदीय पद्धति के उपयोग की सम्भावनाओं की ओर अधिक झुकते थे। इसके विपरीत फ्रांस, इटली और स्पेन के मजदूर नेताओं को इस पद्धति में जरा भी विश्वास नहीं था। मार्क्स का विचार था कि मजदूरों को पार्लियामेंट में भाग लेना चाहिए बशर्ते उनकी अपनी पार्टी हो। इसके विपरीत, अराजकवादी नेता बाकुनिन को इस तरह के कार्यक्रम से बुनियादी मतभेद था। इस तरह यह विचारों का द्वन्द्व संगठन के स्तर पर फैल गया। 1871 ई. की पेरिस की घटना

के बाद, जिसमें मजदूरों ने पूरे तीन महीने तक सत्ता को अपने हाथ में रखा था, यह दरार पटने के बजाय और चौड़ी होती गई। पेरिस की घटना की व्याख्या को लेकर आपसी कटुता ने भयंकर रूप धारण कर लिया। इसके फलस्वरूप 1872 ई. में अन्तरराष्ट्रीय टूट गया और बाकुनिन ने एक अलग संगठन खड़ा किया। मार्क्स ने अन्तरराष्ट्रीय को पुनर्जीवित करने का प्रयास किया, लेकिन वह सफल नहीं हो सका।

प्रथम अन्तरराष्ट्रीय के बनने से मजदूरों के संगठन को काफी गति मिली। यह संगठनों के विकास का सिलसिला अन्तरराष्ट्रीय के भंग होने के बाद भी जारी रहा। अन्तरराष्ट्रीय बनने के बाद के चार साल बाद 1868 ई. इंग्लैंड में ट्रेड यूनियन कांग्रेस की स्थापना हुई, जिसमें इंग्लैंड के सभी संगठित मजदूर शामिल हुए। जर्मनी में लसाल के अनुयायियों ने 1863 ई. में 'जनरल जर्मन वर्कर्स एसोसिएशन' कायम किया था और मार्क्स के समर्थक सोशल डेमोक्रेटिक लेबर पार्टी में काम करते थे जिसकी स्थापना 1869 ई. में हुई थी। 1875 ई. में इन दोनों पार्टियों के विलय से सोशल डेमोक्रेटिक पार्टी की स्थापना जर्मनी में हुई। डेनमार्क में सोशल डेमोक्रेटिक पार्टी की स्थापना 1872 ई. में हुई। विएना के चेक अल्पसंख्यकों ने 1876 ई. में अपनी अलग से 'सोशल डेमोक्रेटिक लेबर पार्टी' बनाई। पुर्तगाल में 1875 ई. में सोशलिस्ट पार्टी की स्थापना हुई। इटालियन वर्कर्स पार्टी की स्थापना 1882 ई. में मैलोन के नेतृत्व में हुई। मैलोन पेरिस कम्यून के समय एक मेयर रह चुका था और कम्यून के कुचल दिए जाने के बाद इसने इटली में पनाह ली। इसके विचार बाद में सुधारवादी हो गए थे। इसी तरह स्पेन की सोशलिस्ट पार्टी 1879 ई. में, बेल्जियन लेबर पार्टी 1885 ई. में, ऑस्ट्रियन सोशल डेमोक्रेटिक लेबर पार्टी और स्विट्जरलैंड की पार्टियाँ 1888 ई. में बनीं। स्वीडन के सोशल डेमोक्रेटिक पार्टी की स्थापना 1889 ई. में हुई। इस तरह यूरोप के अधिकांश देशों में एक के बाद एक सोशलिस्ट पार्टियाँ बन रही थीं और मजदूर संगठन खड़े हो रहे थे।

इस बीच अमेरिका के मजदूर आन्दोलन ने एक नया मोड़ लिया। मन्दी के समय मजदूरी में कटौती के विरुद्ध मार्टिंस वर्ग में 1877 ई. की जुलाई में रेलवे मजदूरों की हड़ताल शुरू हुई। गुंडों के गिरोह और सशस्त्र सैनिक इस हड़ताल को दबाने के लिए भेजे गए। यहाँ तो हड़ताल दब गई, पर अब यह अन्य स्थानों में फैलती गई। सैनिकों के आने पर पिट्सबर्ग में रेलवे के साथ ही अन्य कारखानों के मजदूर भी हड़ताल में शामिल हो गए और सैनिकों से खुलकर संघर्ष हुआ। इसमें मजदूर दबा तो दिए गए, लेकिन इस संघर्ष से एक नई चेतना लेकर निकले। 1878 ई. के एक गुप्त सम्मेलन में पहली बार अमेरिका में मजदूरों ने कैदियों के श्रम की समाप्ति की माँग की। कुछ लोग सीधे संघर्ष

का रास्ता छोड़ राजनीतिक कार्यक्रम द्वारा मजदूरों की समस्याओं का हल ढूँढ़ने लगे। इस दृष्टि से ग्रीनबैक पार्टी की स्थापना हुई जो पार्लियामेंट्री रास्ते से या सहकारिता के जरिए मजदूरों की समस्याओं का हल ढूँढ़ना चाहती थी, लेकिन दूसरी ओर मजदूरों के वर्ग संगठन को व्यापक चरित्र देने के भी प्रयत्न होते रहे। 1878 ई. में इंटरनेशनल लेबर यूनियन की स्थापना हुई जो अकुशल मजदूरों का संगठन था। इन लोगों ने अपने सामने पूँजीवाद को समाप्त करने का राजनीतिक लक्ष्य भी रखा, हालाँकि इनके सामने भविष्य के समाज की कोई स्पष्ट रूपरेखा नहीं थी, लेकिन अमेरिका के मजदूर आन्दोलन ने यह स्पष्ट कर दिया कि किस तरह अपनी आर्थिक माँगों के लिए संघर्ष में पूँजीवादी राज्य के दमन के विरुद्ध मजदूर स्वयं पूँजीवाद को समाप्त करने की राजनीतिक माँग की तरफ बढ़ते हैं क्योंकि अमेरिका के मजदूर आन्दोलन पर समाजवादी चिन्तन का कोई विशेष असर नहीं पड़ा था। फिर भी एक स्थिति में जब उनका संघर्ष तीव्र हुआ वे पूँजीवाद के विरोध में बढ़े।

7

मजदूर संगठनों और समाजवादी पार्टियों के विकास ने पुन: एक अन्तरराष्ट्रीय संगठन कायम करने के लिए समाजवादियों को प्रोत्साहित किया। इस तरह 1889 ई. में पेरिस में एक बैठक हुई जिसमें 'द्वितीय अन्तरराष्ट्रीय' का जन्म हुआ। इस सम्मेलन में अराजकवादी भी शामिल हुए, पर मार्क्स के अनुयायियों की इसमें प्रधानता थी। अराजकवादियों को बाद में चलकर 1900 ई. के सम्मेलन के बाद पूर्ण रूप से निष्कासित कर दिया गया जब यह नियम बना कि संसदीय पद्धति में विश्वास करनेवाले लोगों को ही इस अन्तरराष्ट्रीय में रहने का अधिकार होगा। इस अन्तरराष्ट्रीय का नाम 'सोशलिस्ट अन्तरराष्ट्रीय' पड़ा।

प्रथम अन्तरराष्ट्रीय बनने के बाद से सोशलिस्ट संगठनों के विकास का जो क्रम शुरू हुआ था, वह जारी रहा। फेबिअन सोसाइटी के कुछ सदस्यों के प्रयत्न तथा उत्तरी इंग्लैंड और स्कॉटलैंड की कुछ स्थानीय सोशलिस्ट पार्टियों को मिलाकर 1893 ई. में 'इंडिपेंडेंट लेबर पार्टी' की स्थापना हुई। रैम्से मैकडोनाल्ड और फिलिप स्नोडेन भी इसके नेताओं में थे। बाद में ट्रेड यूनियन कांग्रेस ने अपनी राजनीतिक शाखा के रूप में 1900 ई. में 'लेबर रिप्रेजेनटेशन कमिटी' को जन्म दिया जो बाद में 'लेबर पार्टी' के रूप में इंग्लैंड की राजनीति का एक प्रमुख अंग बन गई।

जैसाकि बतलाया जा चुका है 1882 ई. में 'इटालियन वर्कर्स पार्टी' का जन्म हुआ था। यह संगठन बहुत कुछ बाकुनिन के समर्थकों के हाथ में था और राज्य के विषय में इसका वही दृष्टिकोण रहा जो अन्य अराजकवादियों का था। बाद में प्रसिद्ध मार्क्सवादी दार्शनिकों, ऐंटोनियो लैब्रिओला और फिलिपो तुराति ने इटली में मार्क्सवादी विचारधारा का काफी प्रचार किया। इसके बाद मिलान में जो एक औद्योगिक केन्द्र बन रहा था, तुराति के प्रयत्नों के फलस्वरूप 1890-91 में 'मिलानीज सोशलिस्ट लीग' की स्थापना हुई। बाद में 1892 ई. में जेनोआ में अलग-अलग विचार रखनेवाले समाजवादियों का सम्मेलन हुआ और यहाँ पर उन लोगों में जो तत्काल पार्लियामेंट में शामिल होना चाहते थे और उन अराजकवादियों में जो इसके खिलाफ थे, फूट पड़ गई। इसके बाद मार्क्स के अनुयायी समाजवादियों ने 'इटालियन सोशलिस्ट पार्टी' की स्थापना की।

पोलैंड और अर्जेंटीना में सोशलिस्ट पार्टियों की स्थापना 1892 ई. में हुई। आर्मेनिया और उक्रेन में 1890 ई. में ही सोशलिस्ट पार्टी बन चुकी थी। बुल्गारिया में 1893 ई., हॉलैंड और हंगरी में 1894 ई. में और लिथुआनिया में 1896 ई. में सोशलिस्ट पार्टियों की स्थापना हुई। पोलैंड के यहूदियों का मजदूर संगठन जिसे बंड (जनरल जिविस लेबर यूनियन) कहा जाता था, 1897 ई. में बना।

रूस में 'नैरोडनिकी' नामक संगठन, जिसका विश्वास गाँवों में सहयोगी व्यवस्था और उद्योगों में शिल्पियों के समुदायों के संगठन के आधार पर समाज को संगठित करना था, 19वीं सदी के आखिरी दिनों में बहुत व्यापक बन गया था। पर ये लोग अन्य समाजवादियों की तरह जन संघर्षों में विश्वास नहीं करते थे और ये लोग अपना लक्ष्य आतंक के द्वारा प्राप्त करना चाहते थे। 1901 ई. में इसी दल के अवशेष से 'सोशल रिवॉल्यूशनरी पार्टी' का जन्म हुआ। रूस में बाकुनिन के समर्थक भी यत्र-तत्र थे, पर उनका कोई व्यापक संगठन नहीं था। मार्क्सवाद का प्रचार रूस में प्रमुख रूप से जी. प्लेखनोव ने किया जो एक प्रकांड विद्वान और विचारक था। बाद में इसने अन्य बुद्धिजीवियों के साथ मिलकर जिनमें जे.ओ. मार्टोव, पी.बी. ऐक्जेलरोड, वेरा जासुलिच और वी.आई. लेनिन प्रमुख थे, 'सोशल डेमोक्रेटिक लेबर पार्टी' की स्थापना 1898 ई. में की। बाद में 1903 ई. में संगठन के स्वरूप के सवाल को लेकर इस पार्टी में दो दल हो गए, एक का नाम बोल्शेविक (बहुमत) और दूसरे का मेंशेविक (अल्पमत) पड़ा। पहले दल के नेता लेनिन, बोग्दोनोव आदि और दूसरे के नेता मार्टोव और ऐक्जेलरोड थे। ये दोनों पार्टियाँ मार्क्सवादी थीं और द्वितीय अन्तरराष्ट्रीय से सम्बद्ध थीं।

अमेरिका में भी इसी बीच 'सोशलिस्ट लेबर पार्टी' का जन्म हो चुका था और 1895 ई. में उन्होंने एक अलग मजदूर संगठन भी बनाया था जिसका नाम 'सोशलिस्ट ट्रेड एंड लेबर एलायन्स' था, पर यह संगठन आगे नहीं बढ़ पाया।

फिनलैंड और जॉर्जिया में 1899 ई. में सोशलिस्ट पार्टियों की स्थापना हुई। फ्रांस की सोशलिस्ट पार्टी 1905 ई. में बनी।

सोशलिस्ट पार्टियों के साथ-साथ मजदूरों के वर्ग संगठन भी तेजी से यूरोप में बढ़ रहे थे। द्वितीय अन्तरराष्ट्रीय संगठन ने भी मजदूरों की ट्रेड यूनियन माँगों की तरफ ध्यान दिया और उनकी 8 घंटे के दिन की माँग को लेकर पहली मई को मजदूरों का प्रदर्शन किया। मजदूरों का प्रथम अन्तरराष्ट्रीय संगठन चमड़ा मजदूरों का बना। 1889 ई. में उन्होंने अपना एक अन्तरराष्ट्रीय संघ बनाया। 1890 ई. और 1900 ई. के बीच खान मजदूरों, शीशा मजदूरों, कपड़ा मजदूरों, धातु का सामान बनानेवाले मजदूरों और परिवहन मजदूरों के अन्तरराष्ट्रीय संगठन बन गए। 1901 ई. में स्कैंडिनेविया के ट्रेड यूनियन नेताओं के प्रयत्नों के फलस्वरूप इंग्लैंड, जर्मनी तथा कुछ अन्य देशों के मजदूर एक संघ में आ गए। 1913 ई. में ट्रेड यूनियनों

का अन्तरराष्ट्रीय संघ, जिसका नाम था 'इंटरनेशनल फेडरेशन ऑफ ट्रेड यूनियंस' बना। इसमें प्रत्येक देश से सिर्फ एक यूनियन को स्थान दिया जाता था।

मजदूर संगठनों के विकास के साथ-साथ यूरोप में मजदूरों की आर्थिक स्थिति में भी लगातार सुधार होते रहे। मार्क्स ने अपने अर्थशास्त्र के सिद्धान्त में यह बतलाया था कि बेकारों की बढ़ती हुई फौज (इंडस्ट्रियल रिजर्व आर्मी) के कारण मशीनों की तरक्की से मजदूरों की आर्थिक दशा सुधरने के बजाय और नीचे की ओर गिरती जाएगी, लेकिन इसके विपरीत यूरोप के अन्दर मजदूरों की दशा में सुधार होते रहे। इसके दो कारण थे। पहला कारण यह था कि मार्क्स ने विज्ञान के अन्य सिद्धान्तों की तरह पूँजीवाद के आन्तरिक नियमों का एक पृथक्त्व की अवस्था में अध्ययन किया था जिसमें इसे प्रभावित करनेवाली बाह्य शक्तियों को बिसार दिया गया था, लेकिन वास्तविक परिस्थिति में पूँजीवाद समाज से बाहर नहीं विकसित हो सकता, अत: बाहरी प्रभाव भी बहुत हद तक उसके विकास की दिशा को निर्धारित करेंगे। इस तरह मार्क्स का सिद्धान्त वास्तविक जगत में सिर्फ कुछ प्रवृत्तियाँ बतला सकता है। अब मजदूरी की गिरावट की प्रवृत्ति के विरुद्ध दो शक्तियाँ काम करती रहीं। एक तरफ तो मजदूरों के वर्ग संगठन, जैसे ट्रेड यूनियनों, के विकास से पूँजीपति वर्ग बाजार के नियम के अनुसार मजदूरों की मजदूरी को घटा नहीं सकता था। इस तरह के प्रत्येक प्रयत्न का संगठित मजदूर जबर्दस्त विरोध करते थे। दूसरी ओर मजदूरों ने बहुत जगह मतदान का अधिकार हासिल कर लिया था और इस तरह सत्ता में आनेवाले दलों को इनका मत प्राप्त करने के लिए मजबूरी में ऐसा काम करना पड़ता था जिससे इनकी दशा में सुधार हो।

लेकिन इससे भी महत्त्वपूर्ण एक दूसरा कारण था जिसकी वजह से मजदूरों की दशा दिनोंदिन सुधरती गई। यूरोप में पूँजीवाद के विकास का वास्तविक बोझ यूरोप के मजदूरों के बजाय एशिया, अफ्रीका तथा अमेरिका के गैर-पूँजीवादी व्यवस्थाओं पर पड़ा। कहीं व्यापार के जरिए और कहीं खुली शक्ति का उपयोग करके 17वीं सदी से 20वीं सदी के बीच यूरोप की पूँजीवादी व्यवस्था ने इन देशों की परम्परागत अर्थव्यवस्थाओं को नष्ट कर दिया था। इस तरह यूरोप के तैयार माल की जगह पर मनमाने मूल्य पर इन देशों का कच्चा माल, भोजन की सामग्री और कीमती धातु यूरोप के शहरों में आते रहे। इन देशों में रेलगाड़ियों, नहर आदि के विकास में यूरोप के अतिरिक्त पूँजी को प्रसार का नया मैदान मिला, लेकिन आवागमन के इन साधनों के विकास से यूरोप के तैयार माल को इन देशों के आन्तरिक हिस्सों में पहुँचकर वहाँ के उद्योगों को नष्ट करने का और अधिक मौका मिला। इस तरह इन गैर-पूँजीवादी व्यवस्थाओं में पूँजीवाद का प्रत्येक नया कदम आगे के प्रसार के लिए क्षेत्र को प्रशस्त करता रहा। इसका नतीजा यह हुआ कि ये देश कंगाल हो गए और यूरोप थोड़ी ही अवधि में मालामाल हो गया।

इन्हीं औपनिवेशिक और गुलाम मुल्कों से लाए गए धन का एक हिस्सा यूरोप के पूँजीपति अपने यहाँ के मजदूरों को भी दे देते थे और इस तरह यूरोप के मजदूर पूँजीवादी विकास की दमनकारी लीलाओं से वंचित रहे। फ्रेडरिक एंगेल्स ने, जिसका सम्बन्ध इंग्लैंड के मजदूर आन्दोलन पर इस प्रक्रिया के परिणाम के रूप को देखा था और अपने जीवन के अन्तिम दिनों में इंग्लैंड के मजदूर आन्दोलन के सम्बन्ध में उसने अपने एक पत्र में लिखा था कि उपनिवेशों के लूट में साझीदार बनने से इंग्लैंड के मजदूर आन्दोलन की क्रान्तिकारिता खत्म हो गई और यहाँ पर मजदूर नेता सोशलिस्ट के बजाय पूँजीवादी उदारवादी होते जा रहे हैं, लेकिन जिस प्रक्रिया की झलक एंगेल्स ने इंग्लैंड में पाई थी वह वास्तव में पूरे यूरोप में जारी थी। इस तरह जहाँ यूरोप में मजदूर संगठनों का दिनोंदिन विकास हो रहा था वहीं उनकी क्रान्तिकारिता कुंठित होती जा रही थी। इस तरह 19वीं सदी के अन्तिम भाग और 20वीं सदी के प्रथम भाग में सोशलिस्ट आन्दोलन में एक जबर्दस्त विचारधारा फैली जो क्रान्ति के स्थान पर सुधारों की हिमायती थी।

द्वितीय अन्तरराष्ट्रीय में जो सोशलिस्ट पार्टियाँ शामिल हुईं, उनके सम्बन्ध में एक बात ध्यान देने की है। ये पार्टियाँ अपने को 'सोशल डेमोक्रेटिक पार्टी' कहती थीं। इसका कारण यह था कि इन्होंने अपने सामने दो लक्ष्य रखे थे : एक प्रजातांत्रिक क्रान्ति का और दूसरा समाजवादी क्रान्ति का। मार्क्स ने जो इतिहास की व्याख्या की थी उसके अनुसार समाजवाद की तरफ संक्रमण के लिए बीच का स्तर पूँजीवादी प्रजातंत्र आवश्यक था, लेकिन 19वीं सदी के उत्तरार्द्ध में भी यूरोप के सभी देशों में प्रजातांत्रिक क्रान्ति नहीं हो पाई थी। अत: यूरोप के समाजवादी यह मानते थे कि उन्हें पहले इन देशों में प्रजातांत्रिक क्रान्ति को तेजी से लाने में योगदान देना है और तब उन्हें अगली सीढ़ी समाजवादी क्रान्ति की तैयारी करनी है। उन लोगों का यह भी विश्वास था कि इस प्रजातांत्रिक क्रान्ति को सफल बनाने का ऐतिहासिक मिशन पूँजीवादी वर्ग का है, अत: इसमें नेतृत्व उन्हीं का होगा। सोशलिस्ट पार्टियाँ उसमें सहायक का कार्य करेंगी। अपने इन्हीं दो लक्ष्यों को जाहिर करने के लिए ये अपने को 'सोशल डेमोक्रेटिक पार्टी' कहती थीं।

8

जैसाकि हम देख चुके हैं, 1884 ई. में इंग्लैंड में 'फेबियन सोसाइटी' का जन्म हुआ। यह मजदूर वर्ग के लोगों द्वारा नहीं बनाया गया था बल्कि कुछ विद्वान मध्यमवर्गी और अवकाश प्राप्त सिविल सर्वेंट्स ने इसको जन्म दिया था। अत: इनकी दिलचस्पी समता के उन सिद्धान्तों में कम थी जिनका जन्म मजदूर वर्ग की आवश्यकताओं को देखते हुए हुआ था। यह प्रमुख रूप से उन अव्यवस्थाओं को मिटाने के लिए चिन्तित थे जिन्हें पूँजीवाद ने समाज में पैदा किया था। चूँकि इंग्लैंड उपनिवेशों और गुलाम मुल्कों से लूटे गए धन से मालामाल हो रहा था और मजदूर वर्ग भी इस लूट में हिस्सा बँटा रहा था, यहाँ मजदूरों में किसी क्रान्तिकारी विचारधारा के फैलने की गुंजाइश नहीं थी। इस तरह मजदूर आन्दोलन को जो कुछ भी नेतृत्व शुरू में प्राप्त हुआ वह इन्हीं फेबिअनों द्वारा।

ये लोग इस सिद्धान्त को मानते थे कि रेंट चाहे जमीन से प्राप्त हो या किसी अन्य जरिए से, वह समाज को मिलना चाहिए। इसी आवश्यकता की पूर्ति के लिए वे न सिर्फ जमीन के बल्कि हर तरह के व्यक्तिगत स्वामित्व के खिलाफ थे। वे मजदूरी की समता के खिलाफ थे क्योंकि वे इसे क्षमता को घटानेवाला समझते थे। मूल्य को समाज द्वारा पैदा किया गया समझते थे, अत: वे इसके भी खिलाफ थे कि मजदूरों को उनके श्रम का पूरा मूल्य मिले क्योंकि वे श्रम के मूल्य का अस्तित्व ही नहीं मानते थे। वे मोटा-मोटी तौर से इस सिद्धान्त में विश्वास करते थे कि समाज के सभी उत्पादन और वितरण के साधन और श्रमिकों पर राज्य का नियंत्रण होना चाहिए और कार्य को अधिक-से-अधिक सुचारु रूप से चलाने के लिए इनका बुद्धिसंगत उपयोग होना चाहिए। इन्होंने खुलकर संसदीय पद्धति और खासकर मतदान की पद्धति का विरोध तो नहीं किया, पर संसदीय पद्धति में अशिक्षितों के चुने जाने के अधिकार पर कई फेबिअन नेताओं ने व्यंग्यपूर्ण टीका की थी। बाद में चलकर वेब्स (सिडनी और बियेट्रिस) ने अपनी 'सोवियत कम्युनिजम' में जिन खुले शब्दों में रूस के अधिनायकवादी शासन की प्रशंसा की और बर्नार्ड शॉ जिस तरह स्टालिन के प्रशंसक बने रहे, उस पर विचार करने से यह स्पष्ट मालूम होता है कि ये प्रजातंत्र को इंग्लैंड की परिस्थिति में एक न टाली जा सकनेवाली बुराई

मानते थे। ये लोग व्यक्तियों के विकास को एक लक्ष्य न मानकर एक साधन मानते थे और इनका अन्तिम लक्ष्य था, समाज के संगठन में अधिक-से-अधिक योग्यता लाना। इस तरह ये 'समतावादी' न होकर 'क्षमतावादी' कहे जा सकते हैं।

ये राज्य के अधिकारों के क्षेत्र को फैलाने के लिए क्रान्ति की आवश्यकताओं को नहीं मानते थे। ये समाजवाद की तरफ राज्य के क्रमिक विकास में विश्वास करते थे। इनके मत के अनुसार, समाज स्वयं समाजीकरण की दिशा में बढ़ रहा है और इस प्रक्रिया को तेज करने के लिए कोई प्रयत्न करना आवश्यक नहीं है। फेबियन लोगों का काम है, सिर्फ लोगों का ध्यान इस न टाली जा सकनेवाली प्रक्रिया की ओर आकृष्ट करना था। इन लोगों ने अपना नाम रोमन जनरल फेबिअस से लिया था जिसने हैनिबाल के आक्रमण के समय उसका मुकाबला करने के बजाय सीधी भिड़ंत से अपने को हमेशा अलग रखने का प्रयत्न किया। इसी सिद्धान्त के अनुसार फेबियन पूँजीवादी व्यवस्था पर सीधी चोट करना अनावश्यक समझते थे। ये समाजवादी विचारों को लोगों के सामने ऐसे रूप में रखना चाहते थे कि इसे मंजूर करने में किसी को भी हिचक नहीं होने पाए। इस कार्य में ये इतने सफल हुए कि इंग्लैंड में सोशलिस्ट कहलाना एक फैशन हो गया और समाजवाद और पूँजीवादी उदारवाद के बीच कोई फर्क देखना कठिन हो गया। इंग्लैंड की लेबर पार्टी को कंजर्वेटिव पार्टी से अलग एक स्पष्ट स्वरूप रखने में जो कठिनाई हुई उसके पीछे भी फेबियनों के प्रभाव का कुछ कम महत्त्व नहीं है।

फेबियन सोसाइटी में बर्नार्ड शॉ, सिडनी वेब्स, एनी बेसेंट, सिडनी ओलिवियेे तथा ग्राहम वैलेस जैसे विद्वान व्यक्ति सम्मिलित रहे। इससे इसका काम प्रमुख रूप से शैक्षणिक रहा। 1912 ई. में सोसाइटी ने 'फेबियन रिसर्च डिपार्टमेंट' को जन्म दिया जो बाद में 'लेबर रिसर्च डिपार्टमेंट' हो गया। इन लोगों ने इंग्लैंड की अर्थव्यवस्था के अलग-अलग भागों पर महत्त्वपूर्ण अनुसन्धान किए। ये अन्तरराष्ट्रीयता के विरोधी थे और साम्राज्य के सम्बन्ध में इनके विचार अन्य पूँजीवादी साम्राज्यवादियों से भिन्न नहीं थे। इंग्लैंड की विशेष आर्थिक स्थिति, में जिस पर पहले विचार किया गया है, ऐसा होना स्वाभाविक ही था।

महादेशीय यूरोप में जहाँ मार्क्सवादी विचार व्यापक बन गया था, नई परिस्थितियों में मार्क्सवादी लोगों में ही संशोधन की प्रवृत्ति पैदा की। यूरोप की बदली परिस्थिति में, जिसमें मार्क्स की भविष्यवाणी के विपरीत मजदूर वर्ग खुशहाल और क्रान्ति से विमुख हो रहा था, लोगों को मार्क्स के विचारों में परिवर्तन करने की आवश्यकता दिखाई देने लगी। इन संशोधनवादियों में सबसे प्रमुख स्थान है बर्नस्टाइन (1850-1932 ई.) का। इसने स्टुटगार्ट में होनेवाली 'जर्मन सोशल डेमोक्रेटिक पार्टी' की बैठक को 1898 ई. में एक पत्र भेजा जिसमें उसने अपने विचारों को व्यक्त किया। उसने मार्क्स के करीब हर आधारभूत सिद्धान्त पर सन्देह व्यक्त किया। सबसे पहले

उसने यह विचार रखा कि ऐतिहासिक भौतिकवाद का सिद्धान्त, जिसके अनुसार समाज में होनेवाले सभी परिवर्तन आर्थिक परिवर्तनों पर निर्भर करते हैं, गलत है और अन्य शक्तियाँ, जैसे मानसिक और बौद्धिक विकास भी इतिहास की दिशा को निर्धारित करती हैं। इस सम्बन्ध में वास्तव में उसने कोई नई बात नहीं कही थी और खुद एंगेल्स ने 21 सितम्बर, 1890 ई. के अपने एक पत्र में जोसेफ ब्लॉक को लिखा था—

"मार्क्स और मैं कुछ हद तक खुद इस बात के लिए जवाबदेह हैं कि नये लेखक कभी-कभी आर्थिक पहलू पर आवश्यकता से कहीं अधिक जोर देते हैं। हम लोगों ने इस प्रमुख सिद्धान्त पर अपने प्रतिद्वन्द्वियों के खिलाफ जो इससे इनकार करते थे, कुछ अधिक जोर दिया और हम लोगों को सदा स्थान, समय या मौका नहीं मिल सका जिसमें एक-दूसरे को प्रभावित करनेवाले अन्य तत्त्वों को समुचित स्थान दे सकें।" लेकिन बर्नस्टीन का असली उद्देश्य कुछ दूर स्थित दार्शनिक सवालों पर चर्चा करने का नहीं था बल्कि व्यावहारिक रूप में नई परिस्थिति में समाजवादी आन्दोलन के उद्देश्यों में परिवर्तन करने का था।

अत: उसने मार्क्स के विचार के अन्य व्यावहारिक पहलुओं पर पुनर्विचार करने की सलाह दी। उसने इस बात की ओर लोगों का ध्यान आकृष्ट किया कि मार्क्स की भविष्यवाणी के विपरीत मजदूर वर्ग विपन्न होने के बजाय और सम्पन्न होता जा रहा है। मध्यमवर्ग, जिसके सम्बन्ध में मार्क्स ने यह कहा था कि यह धीरे-धीरे समाप्त हो जाएगा, वास्तव में और अधिक विस्तृत हो रहा है, हालाँकि इसके स्वरूप में कुछ परिवर्तन हो गया है। मार्क्स की भविष्यवाणी के विपरीत पूँजी थोड़े-से हाथों में केन्द्रित होने के बजाय अपना आधार विस्तृत कर रही है। आर्थिक संकट पहले की अपेक्षा कम हो रहे हैं। मजदूर वर्ग के अन्दर खुद कई स्तर पैदा हो रहे हैं और एकता की भावना कमजोर पड़ती जा रही है। इन बातों से बर्नस्टीन ने यह निष्कर्ष निकाला कि सामाजिक उथल-पुथल और क्रान्ति की सम्भावना अब कम हो गई है और मजदूर वर्ग केवल प्रजातांत्रिक राजनीतिक पद्धति का उपयोग कर अपनी स्थिति में उत्तरोत्तर सुधार भर करने की क्षमता रखता है। चूँकि मजदूर वर्ग बहुमत में नहीं है और न अन्य वर्गों के नष्ट हो जाने से ऐसा होने की सम्भावना है, मजदूरों को अन्य वर्गों के साथ मिलकर प्रजातांत्रिक प्रणाली का पूरा उपयोग अपनी हालत को सुधारने के लिए करना चाहिए। चूँकि मजदूर राज्य सत्ता का उपयोग अन्य वर्गों के साथ मिलकर अपनी हालत में सुधार लाने के लिए कर सकते हैं, इसलिए राज्य को शोषण का यंत्र मानना गलत है। इसी तर्क से बर्नस्टीन इस नतीजे पर पहुँचा कि एक राज्य जो मजदूरों के लिए कल्याणकारी कार्य कर सकता है वह मजदूरों का अन्य वर्गों के साथ-साथ हितैषी है। अत: कम्युनिस्ट मैनिफेस्टो में व्यक्त किया गया विचार कि मजदूरों का कोई अपना देश नहीं है, गलत है। इस तरह वह मजदूरों की

अन्तरराष्ट्रीयता के विरुद्ध था। इस तरह बर्नस्टीन ने मार्क्स के समाजवादी क्रान्ति के एक-एक सिद्धान्त को छोड़ दिया और उसकी जगह विकासवादी सुधारवाद को स्वीकार किया।

बर्नस्टीन के संशोधनवादी विचारों का जबर्दस्त विरोध हुआ। रोजा लक्जमबर्ग ने 1899 ई. में अपनी पुस्तिका 'रिफॉर्म और रिवॉल्यूशन' (सुधार या क्रान्ति) में बर्नस्टीन की कटु आलोचना की। रोजा लक्जमबर्ग की दृष्टि में पूँजीवादी व्यवस्था के अपने संकटों के बीच रहने की बात सोचना मूर्खतापूर्ण था। रोजा लक्जमबर्ग का निश्चित विश्वास था कि पूँजीवादी व्यवस्था के भीतर की समृद्धि सिर्फ क्षणिक और बाहरी थी। जैसाकि बाद में 1913 ई. में अपनी प्रसिद्ध पुस्तक 'एक्युमुलेशन ऑफ कैपिटल' में इसने दिखाया (इस सम्बन्ध में यह मार्क्स से थोड़ा भिन्न विचार रखती थीं) विस्तृत-पुनर्उत्पादन (इनलार्ज्ड रिप्रोडक्शन) पूँजीवादी व्यवस्था के दायरे के भीतर असम्भव है। अत: उसकी राय में पूँजीपतियों को अपनी पूँजी के विस्तार के लिए हमेशा गैर-पूँजीवादी व्यवस्थाओं पर निर्भर करना पड़ेगा, चाहे वे पूँजीवादी देश के किसान हों या उपनिवेशों की अर्थव्यवस्था। अत: उसकी दृष्टि में पूँजीवादी देशों में पूँजीवादी व्यवस्था का क्षणिक स्थायित्व वास्तव में एक भंयकर उथल-पुथल की पूर्व सूचना थी।

इससे मिलता-जुलता लेकिन अर्थव्यवस्था के विश्लेषण में कुछ भिन्न विचार करीब 15 साल बाद लेनिन ने अपनी पुस्तक 'साम्राज्यवाद' में दिया। लेनिन के अनुसार, पूँजीवाद वास्तव में एक अन्तरराष्ट्रीय स्वरूप धारण कर रहा है और अन्तरराष्ट्रीय कार्टेल, ट्रस्ट आदि के द्वारा पूरी दुनिया को अपनी परिधि में बाँध रहा है, लेकिन इससे पूँजीवाद का संकट खत्म नहीं हो जाता बल्कि एक और भी भयंकर विस्फोट के लिए तत्काल टल रहा है। उसने साफ शब्दों में यह बतलाया कि पूँजीवाद ने अन्तरराष्ट्रीय स्तर पर लूट-खसोट में साझेदार बनाकर मजदूर वर्ग के एक हिस्से को भ्रष्ट कर दिया है। यूरोप में सुधारवाद मजदूरों के इसी भ्रष्ट तबके का प्रतिनिधित्व करता है। उसने साम्राज्यवादी युद्ध को पूँजीवाद के इसी आखिरी संकट का प्रतीक बतलाया।

लेकिन लेनिन के विचार अभी दूर थे। तत्काल जर्मन सोशल डेमोक्रेसी का नेता कार्ल कॉट्स्की खुद संशोधनवाद का कट्टर विरोधी था, लेकिन संशोधनवाद का विरोध वास्तव में ऊपरी था। असल में, यूरोप की सोशलिस्ट पार्टियाँ संसदीय पद्धति और राष्ट्रीय सरकार के चमत्कार से इतनी प्रभावित थीं कि मौका आने पर कुछ इने-गिने लोगों को छोड़कर सभी सोशलिस्ट राष्ट्रभूमि के भक्त साबित हुए और मजदूरों की अन्तरराष्ट्रीयता समाप्त हो गई। सच तो यह है कि उस समय यूरोप के मजदूरों के जीवन स्तर में जो सुधार हुआ था, उसके रहते बिना युद्ध की क्रान्तिकारी परिस्थिति भी पैदा नहीं हो सकती थी।

9

राज्यवादी समाजवादियों के बढ़ते प्रभाव का ही नतीजा था कि द्वितीय अन्तरराष्ट्रीय से अराजकवादियों को निकाल दिया गया। कोई व्यवस्थित राजनीतिक प्रोग्राम नहीं रहने के कारण अराजकवादी, मार्क्सवादी सोशलिस्टों की तरह स्थायी और व्यापक संगठन नहीं बना सके। इसके लिए कुछ हद तक संगठन के सम्बन्ध में अराजकवादियों का दृष्टिकोण भी जवाबदेह था। वे किसी केन्द्रित संगठन और कड़े अनुशासन के विरुद्ध थे। क्रान्ति के लिए वे ठोस संगठन से अधिक जनता की स्वयंस्फूर्त क्रान्तिकारी भावना पर निर्भर करते थे, लेकिन ठोस संगठन नहीं होने पर भी अराजकवादी विचार और परम्परा जबर्दस्त रूप से समाजवादी चिन्तन को प्रभावित करती रही।

जिन लोगों ने अराजकवादी विचार को एक व्यवस्थित स्वरूप देने का प्रयत्न किया, उनमें प्रिंस क्रोपाटकिन (1842-1921 ई.) का महत्त्वपूर्ण स्थान है। क्रोपाटकिन ने मजदूरी के उस सिद्धान्त का विरोध किया जिसे मार्क्सवादी मानते थे। 'पेरिस कम्यून' के बाद मार्क्स-एंगेल्स ने भी मजदूरी के बराबरी का सिद्धान्त मान लिया था, जिसके अनुसार राज्य के बड़े-से-बड़े अधिकारी को एक कुशल मजदूर से अधिक वेतन नहीं दिया जा सकता था, लेकिन क्रोपाटकिन ने किसी भी मजदूरी के सिद्धान्त को दोषपूर्ण बतलाया। उनका कहना था कि समाज में उत्पादित प्रत्येक वस्तु पूरे समाज द्वारा उत्पादित होती है। अगर कोई वस्तु बनाई जाती है तो उसको तत्काल बनानेवाले मजदूरों का श्रम ही नहीं बल्कि जिन चीजों से इस वस्तु को बनाया जाता है, उनको बनानेवाले मजदूरों का श्रम तथा ऐतिहासिक विकास के क्रम में प्राप्त युगों की बुद्धि और श्रम का भी उसमें हाथ होता है। अत: यह निश्चित कर सकना असम्भव है कि किसी खास मजदूर ने उस वस्तु में कितना मूल्य दिया है। इस आधार पर वह इस नतीजे पर पहुँचा कि बिना काम के चरित्र पर विचार किए प्रत्येक मनुष्य को किसी समाज में अपनी आवश्यकता की सामग्री पाने का अधिकार है।

क्रोपाटकिन का विचार था कि सहयोग की भावना समाज में सबसे बलवती है और अगर व्यक्तिगत सम्पत्ति और राज्य व्यवस्था को नष्ट कर दिया जाए तो

समाज की बुद्धिसंगत व्यवस्था मनुष्यों की आवश्यकताओं को देखते हुए स्वयं हो जाएगी। क्रोपाटकिन के विचार से आधुनिक राज्य व्यवस्था का विकास एक नई चीज है और 16वीं सदी के पहले मनुष्यों के ऊपर शक्ति के बल पर शासन करनेवाली कोई व्यवस्था नहीं थी। सहयोग के आधार पर समाज को संगठित करने के प्रयत्न में जो बाधाएँ उपस्थित होती हैं, क्रोपाटकिन के विचार से, क्रान्ति उन्हें ही खत्म करने के लिए होती है। इस दृष्टि से इतिहास के विशेष मोड़ पर लोग स्वयं क्रान्तिकारी उठाव करेंगे और शोषक संस्थाओं का नाश हो जाएगा।

अराजकवादी संगठन स्वयं तो बहुत व्यापक रूप नहीं ले सका, लेकिन यूरोप में सुधारवादी प्रवृत्तियों के खिलाफ हुई प्रतिक्रिया के फलस्वरूप 'सिंडिकलिज्म' और 'गिल्ड सोशलिज्म' का विकास वास्तव में अराजकवाद का ही एक परिवर्तित रूप में विकास था। संसदीय राजनीति में हिस्सा बँटाकर यूरोप के सोशलिस्ट धीरे-धीरे राजभक्त बनते जा रहे थे और इसी की जबर्दस्त अभिव्यक्ति यूरोप में संशोधनवाद और इंग्लैंड में फेबिआनेज्म के रूप में हो रही थी। इन लोगों ने समाजवादी क्रान्ति को बिलकुल तिलांजलि दे दी और सिर्फ सुधारों के पक्षपाती बन गए। इसी समय जबकि बर्नस्टीन के संशोधनवादी विचारों पर गर्मागर्म चर्चा चल रही थी, फ्रांस का समाजवादी नेता मिलरैं 1899 ई. में पूँजीवादी सरकार में शामिल हो गया। इसके साथ कई अन्य सोशलिस्ट सरकार में शामिल हुए और पूँजीवादी व्यवस्था के समर्थक बन गए। इससे राजनीतिक प्रोग्राम के सम्बन्ध में मजदूरों में घोर असन्तोष फैल गया। इसी समय फ्रांस में, जहाँ के मजदूर आन्दोलन की एक जबर्दस्त क्रान्तिकारी परम्परा थी, 'सिंडिकलिज्म' का जन्म हुआ।

'सिंडिकलिज्म' शब्द का जन्म 'सिडिक' से हुआ है जो फ्रांस में मजदूरों के ट्रेड यूनियन संगठन को कहा जाता है। फ्रांस में 'सिंडिकलिज्म' का संगठनात्मक आधार था 'कंफेडरेशियों जेनेराल दु त्रवेल' जिसे छोटे में सी.जी.टी. कहा जाता था। यह मजदूरों का औद्योगिक संगठन था। इसका जन्म 1895 ई. में हुआ था। इसके अलावा फ्रांस में स्थानीय चरित्र के मजदूर संगठन थे जिन्हें 'बूर्से दु त्रवेल' कहा जाता था। 1902 ई. में पेलूतिए के प्रयत्नों से ये दोनों संगठन एक में मिल गए और इस संगठन का दोहरा स्वरूप हो गया, एक औद्योगिक और दूसरा स्थानीय। इस तरह ये दोनों भाग एक-दूसरे के पूरक हो गए। पेलूतिए पहले सोशलिस्ट था जो बाद में अराजकवादी हो गया था। इसने इस संगठन पर जबर्दस्त प्रभाव डाला। इसने अपने अराजकतावादी विचारों को इस संगठन में इस हद तक लागू किया कि इस फेडरेशन में कोई अध्यक्ष तक नहीं होता था।

सिंडिकलिज्म के सिद्धान्तों का प्रतिपादन प्रमुख रूप से जॉर्ज सॉरेल (1847-1922 ई.) ने किया। वह खुद सिंडिकलिज्म के संगठन से कोई घनिष्ठ सम्बन्ध नहीं रखता था और वास्तव में उसके सिद्धान्त इसके संगठन बनने के बाद प्रतिपादित

हुए। उसका कहना था कि मजदूरों को उसे संगठन के सम्बन्ध में कुछ सिखाना नहीं है बल्कि उसे खुद मजदूरों के स्वाभाविक क्रान्तिकारिता से सबक लेना है। उसका सिद्धान्त था कि समाज में राज्य उत्पादकों का होना चाहिए और वस्तुत: आधुनिक समाज का गठन कारखाने के मॉडल पर हो गया है और राज्य का आधार भी वही होना चाहिए। सिंडिकलिस्ट पार्लियामेंट्री पद्धति को इस दृष्टि से निकम्मा समझते थे। उनका कहना था कि क्षेत्रीय प्रतिनिधित्व में किसी क्षेत्र के प्रतिनिधि को वहाँ के अलग-अलग व्यवसाय और स्वार्थवालों का प्रतिनिधित्व करना पड़ता है जो प्रतिनिधित्व का मखौल है क्योंकि कोई भी व्यक्ति इस तरह के विभिन्न स्वार्थोंवाले लोगों की न तो समस्याओं को समझ सकता है और न उनका प्रतिनिधित्व कर सकता है, लेकिन जब हम उद्योगों में आते हैं तो स्थिति बदल जाती है। वहाँ पर एक उद्योग में लगे मजदूर भलीभाँति अपने स्वार्थ को समझते हैं। अत: समाज व्यवस्था उद्योगों के प्रतिनिधियों के हाथ में होनी चाहिए।

वे वर्ग संघर्ष के कट्टर हिमायती थे और इसमें किसी तरह की ढिलाई बर्दाश्त करने के लिए तैयार नहीं थे। उनके राजनीतिक संगठनों के विरोध का कारण भी यही था। उनकी दृष्टि में राजनीतिक पार्टियाँ जिसमें मध्यमवर्ग तथा बुद्धिजीवी वर्गों के प्रतिनिधि भी शामिल रहते हैं, मजदूर संगठनों की क्रान्तिकारिता को कुंठित करती हैं। मजदूरों के औद्योगिक संगठन ही सिर्फ ऐसे संगठन हैं जो बिना समझौता के वर्ग संघर्ष को चला सकते हैं। समाज में क्रान्ति लाने का उनका रास्ता आम हड़ताल का है। उनका विश्वास था कि इस तरह के हड़ताल से समाज का सारा काम ठप्प हो जाएगा और समाज सत्ता खुद-ब-खुद मजदूर वर्ग के हाथों में आ जाएगी, लेकिन बाद में इस विचार में कुछ परिवर्तन हुए। उन्होंने यह महसूस किया कि आम हड़ताल होने पर शोषक वर्ग बैठा नहीं रहेगा बल्कि सैनिक आदि शासन के अस्त्रों का उपयोग आम हड़ताल को तोड़ने में करेगा। इसके लिए उन्होंने सैनिकों को जोकि मजदूरों के ही बन्धु-बान्धव हैं, मिलाने का ध्येय अपने सामने रखा। इस तरह आम हड़ताल और सैनिकों द्वारा अपने भाइयों के ऊपर दमन से इनकार, इन दोनों बातों के मिल जाने से उनका लक्ष्य प्राप्त हो जाएगा। सिंडिकलिस्ट संगठन का काम बीच के काल में इसी आखिरी संघर्ष की तैयारी करना है। इसके लिए उन्हें हमेशा छोटी-छोटी औद्योगिक इकाइयाँ चलाते रहना है, जिससे मजदूर वर्ग की वर्ग चेतना प्रबल हो और अपने युद्ध को चलाने के काम में वे निपुण हो जाएँ। हालाँकि सिंडिकलिस्ट संगठन इसी मान्यता के आधार पर कार्य करते रहे। सोरेल आम हड़ताल को सिर्फ एक प्रेरक कथा (मिथ) मानता था। इसको वह एक ऐसा आवश्यक विश्वास मानता था जो मजदूरों को अपने संघर्ष में रत रख सके।

यूरोप में यह संगठन प्रमुख रूप से फ्रांस और इटली में बढ़ सका। अमेरिका में 'इंडस्ट्रियल वर्कर्स ऑफ दी वर्ल्ड' नाम से यह आन्दोलन बहुत व्यापक बन

गया। यह संगठन यहाँ 1905 ई. में कुछ औद्योगिक यूनियनों, जिसमें 'वेस्टर्न फेडरेशन ऑफ माइंस' का प्रमुख स्थान था, द्वारा बनाया गया। इसका भी प्रमुख उद्देश्य मजदूर वर्ग की पूर्ण स्वतंत्रता था। इसके एक मंत्री ने यह घोषणा की थी कि यह संगठन मालिकों के साथ सिर्फ एक तरह का समझौता करेगा, वह होगा, उद्योगों के नियंत्रण का पूर्ण रूप से संगठित मजदूरों के हाथ समर्पित करने का। अमेरिका की स्थिति में जो मजदूरों की दृष्टि से बहुत ही खराब थी, इस आन्दोलन ने फ्रांस से ज्यादा ध्वंसात्मक स्वरूप धारण किया। कुछ दिनों तक अमेरिका के पूँजीवादी समाज को दहशत में डालकर यह संगठन घोर दमन के बल पर कुचल डाला गया।

इंग्लैंड की शान्तिवादी परम्परा में सुधारवाद और राज्यवाद के खिलाफ विद्रोह ने सिंडिकलिज्म को एक दूसरा स्वरूप दिया, जिसे 'गिल्ड सोशलिज्म' कहते हैं। इसके संस्थापक थे, ए.जे. पेंटी, ए.आर. ऑरेज और एस.जी. हॉब्सन। ये लोग पहले 'फेबिअन सोसाइटी' तथा 'इंडिपेंडेंट लेबर पार्टी' के सदस्य थे, पर इन संगठनों के सत्ता के केन्द्रीकरण के सिद्धान्त इन्हें पसन्द नहीं थे। इसमें पेंटी का विचार मध्यकालीन उत्पादन की तरफ जाने का था, पर बाद में इनका मुख्य ध्येय काम के आधार पर समाज के शासन व्यवस्था के संगठन का था। इसके नेताओं में जी.डी.एच. कोल का नाम विशेष विख्यात है।

गिल्ड सोशलिस्ट राज्य के उपयोग को बिलकुल नामंजूर नहीं करते, लेकिन वे राज्य को समाज में फैले हुए अन्य अनेक संस्थाओं में एक मानते हैं और इसे सार्वभौम अधिकार देने के लिए तैयार नहीं हैं। ये भी प्रमुखता का स्थान उत्पादकों की संस्थाओं को ही देना चाहते हैं। ये भी ट्रेड यूनियनों को इसके लिए तैयार करने के पक्षपाती हैं कि अन्ततोगत्वा वे उत्पादन के साधनों पर अपना सम्पूर्ण अधिकार कायम कर लें। वे समाज को दो भागों में बाँटना चाहते हैं—उत्पादकों तथा उपभोक्ताओं में। पार्लियामेंट को इनके विचार से उपभोक्ताओं का प्रतिनिधित्व करना चाहिए तथा उत्पादकों के स्वार्थों का प्रतिनिधित्व औद्योगिक मजदूरों के संगठनों को इन दोनों के प्रतिनिधियों की एक कमिटी होगी जो ऐसी बातों पर निर्णय करेगी, जिसका इन दोनों के स्वार्थों से सम्बन्ध हो। नेशनल गिल्ड लीग के सिद्धान्त निम्नांकित रखे गए थे—

"राज्य ट्रस्टी की हैसियत से उत्पादन के साधनों का स्वामी होगा। गिल्ड समाज के ट्रस्टी की हैसियत से उनकी व्यवस्था करेंगे और राज्य को एक ही टैक्स या रेंट देंगे। कोई गिल्ड जो अपने स्वार्थ को समाज से ऊपर रखता है, वह अपने ट्रस्ट की उपेक्षा करता है और उसे एक ऐसे ट्रिब्यूनल के सामने झुकना पड़ेगा जिसमें सभी उत्पादकों और सभी उपभोक्ताओं का बराबर प्रतिनिधित्व होगा। यह संयुक्त समिति आखिरी सार्वभौम शक्ति होगी और उद्योगों के अपील का सर्वोच्च न्यायालय होगी।

यह न सिर्फ गिल्ड का टैक्स तय करेगी बल्कि मूल्य भी और समय-समय पर यह उनके पारस्परिक सम्बन्ध को दुरुस्त करेगी।"

अपने लक्ष्य को प्राप्त करने के लिए गिल्ड सोशलिस्ट भी मजदूरों के वर्ग संघर्ष में जो प्रमुख रूप से ट्रेड यूनियनों के माध्यम से संचालित होगा, विश्वास करते हैं।

सुधारवादी विचार के विरुद्ध प्रतिक्रिया का असर मार्क्सवादी पार्टियों के भीतर के क्रान्तिकारी तत्त्वों के ऊपर भी गम्भीर रूप से पड़ा। रूस में 1905 ई. में क्रान्ति हो गई। उस समय लियोन ट्रॉटस्की, जो उस समय पीटरग्राड के मजदूरों का नेतृत्व कर रहा था, ने जो वक्तव्य अदालत में अपने मुकदमे के सिलसिले में दिया था, उसमें सिंडिकलिस्ट विचारों की स्पष्ट छाप दिखलाई पड़ती है। इस वक्तव्य में उसने सशस्त्र उठाव की व्याख्या की, जिसमें बतलाया कि सशस्त्र उठाव की शुरुआत आम हड़ताल से होती है। आम हड़ताल के बाद जनता सड़कों पर जब आ जाती है तब उन पर दमन करने के लिए भेजी गई फौज के सिपाहियों की वफादारी, जो उन्हीं के सगे-सम्बन्धी होते हैं, कमजोर हो जाती है और इस तरह राज्य सत्ता से अलग जनता की दूसरी शक्ति सत्ता का दावेदार बनकर खड़ी हो जाती है। इसके बाद जनता द्वारा अधिकारों का ग्रहण करना एक औपचारिक बात रह जाती है। इसी तरह रोजा लक्जमबर्ग ने भी आम हड़ताल को मजदूर क्रान्ति का सबसे महत्त्वपूर्ण अंग बतलाया। इस तरह सॉरेल ने जिस आम हड़ताल को एक 'मिथ' माना था, उसे क्रान्तिकारी मार्क्सवादियों ने क्रान्तिकारी आन्दोलन का एक आवश्यक अंग मान लिया। इसके बाद से सशस्त्र विद्रोह में विश्वास करनेवाले सभी मार्क्सवादियों ने आम हड़ताल और इसकी तैयारी के लिए छोटी-छोटी औद्योगिक हड़तालों को क्रान्तिकारी आन्दोलन का एक अविभाज्य भाग माना। बाद में बोल्शेविको और उनके नेतृत्व में चलनेवाले अन्य मजदूर आन्दोलनों ने भी आम हड़ताल के लिए यही दृष्टिकोण अपनाया, लेकिन उनके लिए आम हड़ताल क्रान्ति की आखिरी सीढ़ी न होकर पहली सीढ़ी होगी।

10

20वीं सदी के प्रारम्भ होते-होते सोशलिस्ट पार्टियाँ एक जबर्दस्त राजनीतिक शक्ति बन गई थीं, लेकिन जैसाकि पहले हम देख चुके हैं, उनकी अन्तरराष्ट्रीयता कमजोर होती जा रही थी। फिर भी वे अभी तक मजदूर वर्ग के भाईचारा का नारा देती थीं। उनके अन्तरराष्ट्रीय सम्मेलन होते थे और दुनिया के मजदूरों की एकता के गीत गाए जाते थे, लेकिन अभी भी यह समाजवादी दुनिया यूरोप के महादेश तक ही सीमित थी। अभी तक अन्य महादेशों की दलित जनता के लिए कोई प्रोग्राम इनके पास नहीं था।

1907 ई. में स्टुटगार्ट में अन्तरराष्ट्रीय सोशलिस्ट कांग्रेस हुई। इसमें औपचारिक रूप से लेनिन और रोजा लक्जमबर्ग ने मिलकर एक प्रस्ताव रखा, जिसमें दुनिया के मजदूरों से यह अपील की गई कि वे आगे होनेवाले युद्ध के मौके का उपयोग पूँजीवादी व्यवस्था को नष्ट करने के लिए करें। 1912 ई. में बाल के सम्मेलन में पुन: सोशलिस्टों ने इस प्रतिज्ञा को दुहराया कि वे भविष्य के किसी युद्ध में अपने यहाँ की पूँजीवादी सरकार का साथ न देकर अपने यहाँ की पूँजीवादी व्यवस्था को नष्ट करने का प्रयत्न करेंगे। इसके दो साल बाद 1914 ई. में यूरोप में युद्ध छिड़ गया, जिसने धीरे-धीरे सारी दुनिया को अपने घेरे में ले लिया, लेकिन युद्ध के छिड़ने पर अधिकांश सोशलिस्ट अपनी प्रतिज्ञा भूल गए और अपने यहाँ की पूँजीवादी सरकारों का 'पितृभूमि की रक्षा' के नाम पर समर्थन करने लगे। जिन लोगों ने युद्ध का समर्थन नहीं किया, उनमें भी अधिकांश लोग चुप्पी साधकर बैठे रहे और अपने यहाँ की पूँजीवादी सरकार के विरुद्ध कोई क्रान्तिकारी कदम नहीं उठाया।

सबसे बुरी दशा हुई जर्मनी की सोशलिस्ट पार्टी की। जर्मनी की सोशलिस्ट पार्टी उस समय यूरोप में सबसे अधिक संगठित थी। मार्क्स-एंगेल्स के साथ घनिष्ठ सम्बन्ध होने से इसकी प्रतिष्ठा भी सर्वाधिक थी। चूँकि यह औद्योगिक और आर्थिक दृष्टि से काफी आगे बढ़ गया था और मार्क्सवाद के सिद्धों पर चलनेवाली एक व्यापक पार्टी के हाथों में इसके मजदूर वर्ग का नेतृत्व था, सफल क्रान्ति के लिए अन्य देशों के सोशलिस्ट जर्मनी की सोशलिस्ट पार्टी की ओर नजर उठाए हुए थे। लेकिन जर्मनी के सोशलिस्ट नेताओं में रोजा लक्जमबर्ग और कार्ल लाइबनेख्त को छोड़कर अधिकांश युद्ध का या तो खुला समर्थन करने लगे या चुप्पी साधे रहे।

युद्ध के विरोध के कारण रोजा लक्जमबर्ग को युद्ध का अधिकांश समय जेल में ही काटना पड़ा, लेकिन युद्ध के समय मजदूर वर्ग में धीरे-धीरे युद्ध के प्रति विरोध की भावना बढ़ने लगी। रोजा लक्जमबर्ग ने जेल से ही अपने लेखों द्वारा जर्मन मजदूरों को क्रान्ति के लिए तैयार किया। जर्मनी के मजदूरों ने 1917 ई. में 'स्पार्टकस लीग' की स्थापना की। यह नाम रोम के गुलामों के विद्रोही नेता स्पार्टकस से लिया गया था जो एक ग्लैडिएटर था। इन 'ग्लैडिएटरों' को रोम के शासक वर्ग के मनोरंजन के लिए रंगभूमि में एक-दूसरे को लड़कर मारना पड़ता था। इस तरह 'स्पार्टकस लीग' उन मजदूरों का संगठन हुआ जो पूँजीपति वर्ग के स्वार्थ साधन के लिए अपने बन्धुओं, अन्य देश के मजदूरों, की युद्ध में हत्या करने के लिए तैयार नहीं थे। बाद में चलकर यही 'स्पार्टकस लीग' जर्मनी की कम्युनिस्ट पार्टी के रूप में विकसित हुई। 1918 ई. में जर्मनी के मजदूरों ने क्रान्ति कर दी लेकिन सोशलिस्ट नेताओं में क्रान्तिकारिता के अभाव से क्रान्ति को नेतृत्व नहीं मिल सका। रोजा लक्जमबर्ग और लाइबनेख्त, दोनों की हत्या कर दी गई।

इसी तरह यूरोप और अमेरिका के अन्य मजदूर तथा सोशलिस्ट संगठन युद्ध में पूँजीवादी सरकारों से सहयोग करने लगे। सिर्फ अमेरिका की सोशलिस्ट पार्टी, जिसका प्रभाव नगण्य था, इंग्लैंड में इंडिपेंडेंट लेबर पार्टी, फ्रांस की सोशलिस्ट पार्टी का अल्पमत और ऑस्ट्रिया के अल्पमतवाले सोशलिस्टों ने युद्ध का विरोध किया, लेकिन सिर्फ रूस में युद्ध ने क्रान्ति को जन्म दिया और इसके बाद से समाजवादी आन्दोलन ने पहले से भिन्न एक दूसरा ही स्वरूप ग्रहण किया।

ऐतिहासिक भौतिकवाद की मान्यताओं के अनुसार, समाजवादी क्रान्ति पूँजीवादी विकास की चरम सीमा पर शुरू होती है। अत: यह आशा की जाती थी कि समाजवादी क्रान्ति का सूत्रपात सबसे विकसित पूँजीवादी देशों में होगा। रूस आर्थिक दृष्टि से पिछड़ा देश था। वहाँ पर 20वीं सदी के प्रारम्भ तक सामन्तवादी व्यवस्था भी नष्ट नहीं होने पाई थी। प्रजातांत्रिक प्रणाली भी वहाँ 1917 ई. की क्रान्ति के बाद ही प्रस्थापित हो सकी थी। अत: रूस में सफल समाजवादी क्रान्ति की बात सोशलिस्ट पार्टी के नेताओं के दिमाग में नहीं थी। यहाँ तक कि खुद लेनिन ने 1905 ई. की क्रान्ति के समय अपनी पुस्तिका 'टू टैक्टिस ऑफ सोशल डेमोक्रेसी' में यही विचार रखा कि रूस में परिस्थिति सोशलिस्ट क्रान्ति के लिए अपरिपक्व है, लेकिन पूँजीवादी प्रजातांत्रिक क्रान्ति का नेतृत्व मजदूरों को किसान वर्ग के साथ मिलकर करना होगा। सिर्फ लियोन ट्रॉटस्की ने 1905 ई. की रूसी क्रान्ति के अनुभवों के आधार पर, जिसमें उसने एक प्रमुख हिस्सा लिया था, 'स्थायी क्रान्ति' का सिद्धान्त दिया जिसमें उसने रूस में समाजवादी क्रान्ति की सम्भावना बतलाई।

ट्रॉटस्की का 'स्थायी क्रान्ति' का सिद्धान्त उसके एक-दूसरे सिद्धान्त 'सम्मिलित विकास' के ऊपर आधारित था। इसके अनुसार रूस में औद्योगिक क्रान्ति बहुत देरी

से हुई। अतः जहाँ एक तरफ बहुत पिछड़ी अर्थव्यवस्था देश में फैली है वहीं दूसरी ओर अधिक-से-अधिक विकसित उद्योगों का विकास कुछ विशेष औद्योगिक मजदूरों का केन्द्रीकरण हो रहा है। इस तरह इतिहास के एक ही काल में जब पूँजीवादी वर्ग प्रजातांत्रिक क्रान्ति की माँगों को लेकर आगे आता है, उसी समय मजदूर वर्ग अपनी माँगों को लेकर संगठित शक्ति के रूप में सामने उपस्थित हो जाता है। मजदूर वर्ग की इस शक्ति के भय से पूँजीवादी वर्ग की क्रान्तिकारिता कमजोर पड़ जाती है और वह पुरानी सामन्तवादी व्यवस्था के साथ समझौता करने का प्रयास करता है। ऐसी स्थिति में प्रजातांत्रिक क्रान्ति का नेतृत्व करने की क्षमता भी मजदूर वर्ग में ही रह जाती है, लेकिन यहाँ ट्रॉटस्की एक कदम और आगे बढ़कर इस निष्कर्ष पर पहुँचा कि जब मजदूर वर्ग प्रजातांत्रिक क्रान्ति का नेतृत्व अपने हाथ में लेगा तब वह प्रजातांत्रिक क्रान्ति तक ही अपने को सीमित नहीं करके समाजवादी क्रान्ति की ओर बढ़ेगा क्योंकि प्रत्येक क्रान्ति का स्वरूप उसका नेतृत्व करनेवाले वर्ग के चरित्र पर निर्भर करता है, लेकिन एक पिछड़ी अर्थव्यवस्था में यह क्रान्ति पूर्ण रूप से तभी सफल होगी जब इस क्रान्ति से समाजवादी क्रान्तियों का एक सिलसिला शुरू होगा जो अधिक विकसित पूँजीवादी देशों में फैल जाएगा। इस तरह अधिक विकसित औद्योगिक देशों के सहयोग से रूस प्रजातांत्रिक क्रान्ति से लगातार समाजवादी क्रान्ति तक जा सकेगा। ट्रॉटस्की ने बतलाया कि वास्तव में यह सिद्धान्त बिलकुल नया नहीं है बल्कि मार्क्स ने खुद इस तरह की सम्भावना बतलाई थी। इस तरह अब ट्रॉटस्की ने पूँजीवादी व्यवस्था का अपनी सबसे कमजोर कड़ी पर टूटने की सम्भावना बतलाई।

युद्ध के बाद की घटनाओं ने इस दृष्टिकोण को सही बतलाया। जैसे-जैसे युद्ध का काल बीतता गया वैसे-वैसे रूस में अव्यवस्था बढ़ती गई। 1917 ई. के प्रारम्भ होते-होते वहाँ की समाज व्यवस्था बिलकुल छिन्न-भिन्न हो गई। 1917 ई. के मार्च महीने में वहाँ क्रान्ति हो गई। 15 मार्च को जार गद्दी से उतार दिया गया। उसके बाद वहाँ पर एक तत्कालीन सरकार कैडेट प्रधानमंत्री प्रिंस ल्वोव के नेतृत्व में बनी। बाद में केरेंस्की, जो एक सोशल रिवॉल्यूशनरी था, प्रधानमंत्री बना। इस क्रान्ति के समय लेनिन रूस के बाहर था। उसने शुरू से ही युद्ध का विरोध किया था। शुरू में मेंशेविक और बोल्शेविक, दोनों युद्ध के विरोधी थे, लेकिन केरेंस्की की सरकार ने युद्ध को जारी रखा। क्रान्ति के समय देश भर में किसानों तथा मजदूरों के सोवियत बन गए थे। ये मजदूरों और किसानों के स्वशासन के जबर्दस्त अंग बन गए थे। वास्तव में, तत्कालीन सरकार बहुत कुछ इनके निर्णयों पर निर्भर करती थी। इनके अलावा कारखानों में मजदूरों की कमेटियाँ बन गई थीं जो कारखानों के मामले में सभी बातों का निर्णय करती थीं। 22 अप्रैल 1917 ई. के एक कानून के अनुसार, इन्हें कारखानों के मालिकों के सामने मजदूरों के मामले

का प्रतिनिधित्व का अधिकार प्राप्त हो गया था। इस तरह रूस में दोहरा शासन कायम हो गया था। एक शासन का केन्द्र था केरेंस्की की सरकार, जो टूटी-फूटी पूँजीवादी व्यवस्था और उनके बिखरे हुए युद्ध प्रयत्नों को चला रही थी और दूसरा केन्द्र था, किसान और मजदूरों के सोवियतों का अखिल रूसी कांग्रेस। 15 मार्च, 1917 ई. से 7 नवम्बर, 1917 ई. तक रूस की राजनीति इन्हीं दो ध्रुवों के बीच झूलती रही।

केरेंस्की की सरकार जनता को जमीन नहीं दे सकी। मजदूर रोटी की कमी से जहाँ-तहाँ विद्रोह करने लगे और सैनिकों को शान्ति नहीं मिली और वे, जैसाकि लेनिन ने सुन्दर ढंग से बतलाया, 'अपने कदमों से युद्ध के खिलाफ वोट देने लगे' यानी बड़ी तादाद में सैनिक युद्ध क्षेत्र छोड़कर भागने लगे। इस तरह केरेंस्की की सरकार डाँवाँडोल हो रही थी। उस समय की स्थिति का ई.एच. कार ने अपनी पुस्तक 'बोल्शेविक रिवॉल्यूशन' में इन शब्दों में वर्णन किया है, "लेनिन और बोल्शेविकों का योग जारशाही का अन्त करने में नाम मात्र का था। एक बाहरी अर्थ में ही वे 'तत्कालीन सरकार' को निकाल बाहर करने के लिए जवाबदेह ठहराए जा सकते हैं। 1917 ई. के जुलाई से इसका पतन अवश्यम्भावी हो गया था। यह सिर्फ अपने उत्तराधिकारी की इन्तजार में थी। बोल्शेविज्म एक खाली सिंहासन पर चढ़ा।" मार्च की क्रान्ति के बाद क्रान्ति की अगली रूपरेखा को लेकर बोल्शेविक और मेंशेविक नेताओं में घोर अनिश्चितता थी। मेंशेविक और प्लेखनोव तथा बोल्शेविक पार्टी के नेतृत्व का एक बड़ा हिस्सा यह निश्चित रूप से मानते थे कि रूस की क्रान्ति का स्वरूप उस समय की स्थिति में पूँजीवादी प्रजातांत्रिक ही हो सकता था, अत: उनका काम सिर्फ एक विरोधी दल के रूप में पूँजीवादी प्रजातंत्र में रहकर काम करने का था। बहुत-से बोल्शेविक कुछ निर्णय नहीं कर पा रहे थे। ट्रॉटस्की जो इन दोनों दलों से अलग था, अपने सिद्धान्त के अनुसार मजदूर क्रान्ति की सिफारिश कर रहा था। इसी समय लेनिन ने अपना मशहूर 'अप्रैल थीसिस' पेश किया। इस थीसिस से पहले तो बोल्शेविक पार्टी के बहुत-से नेता स्तम्भित रह गए। इसमें न सिर्फ मजदूर क्रान्ति की सिफारिश की गई थी बल्कि जो राज्य के स्वरूप का वर्णन किया गया था, वह अराजकवादियों से अधिक मेल खाता था। उसने लिखा—"एक पार्लियामेंट्री रिपब्लिक नहीं—एक पार्लियामेंट्री रिपब्लिक की तरफ मजदूरों के प्रतिनिधियों के सोवियत से जाना पीछे की तरफ जाना होगा—बल्कि नीचे से ऊपर तक सारे देश में मजदूरों, खेतिहर मजदूरों तथा किसानों के प्रतिनिधियों के सोवियत का रिपब्लिक।

"पुलिस, सेना तथा नौकरशाही का उन्मूलन।

"अधिकारियों को, जिन्हें चुना जाएगा और जिन्हें वापस बुलाने का अधिकार मतदाताओं को होगा, उतना ही वेतन मिलेगा जितना एक साधारण कुशल मजदूर को।"

एक पुराने बोल्शेविक तथा उस समय प्लेखनोव के समर्थक गोल्डेनबर्ग ने यहाँ तक कह दिया कि लेनिन ने अपने को 30 साल से खाली बाकुनिन के यूरोपियन गद्दी के लिए तैयार किया है।

धीरे-धीरे अधिकांश बोल्शेविक, अराजकवादी और मेरिया स्पिरिदनोवा के नेतृत्व में वामपंथी सोशल रिवॉल्यूशनरी जो जमीन के तत्काल बँटवारे का समर्थन कर रहे थे, क्रान्ति के लिए तैयार हो गए। नवम्बर के प्रथम सप्ताह में अखिल रूसी सोवियतों की कांग्रेस हुई। उसी में लेनिन ने यह प्रस्ताव मंजूर करा लिया कि सभी सत्ता सोवियतों को दी जाए। इस तरह दोहरे शासन का अन्त हुआ और 7 नवम्बर, 1917 ई. की क्रान्ति से सोवियत शासन की शुरुआत हुई। केरेंस्की की सरकार को सत्ता से निकाल दिया गया, लेनिन नई सोवियत सरकार का राष्ट्रपति हुआ। जैसाकि बतलाया जा चुका है, लेकिन ने अपनी पुस्तक 'साम्राज्यवाद' में यूरोप के समाजवादियों की कमजोरियों की कटु आलोचना की थी। युद्ध के समय उनकी नीति ने यह स्पष्ट कर दिया था कि द्वितीय अन्तरराष्ट्रीय अब क्रान्ति का यंत्र नहीं रह गया था। अत: लेनिन और उनके साथियों ने एक नये अन्तरराष्ट्रीय सोशलिस्ट संगठन को जन्म देने का विचार किया।

1919 ई. में यूरोप के क्रान्तिकारी सोशलिस्ट, जिसमें जर्मनी के स्पार्टकसलीग के लोग, फ्रांस की सोशलिस्ट पार्टी का अल्पमत तथा अराजकवादी आदि शामिल थे, मॉस्को में एकत्र हुए और इन्होंने 'तृतीय अन्तरराष्ट्रीय' जिसे 'कॉमिन्टर्न' कहते थे, को जन्म दिया। इस अन्तरराष्ट्रीय में गुलाम मुल्कों के स्वतंत्रता आन्दोलन से सम्बद्ध लोग भी शामिल थे और पहली बार अन्तरराष्ट्रीय ने गुलाम मुल्कों और उपनिवेशों की आजादी की लड़ाई को आगे बढ़ाने का प्रोग्राम अपने सामने रखा। लेनिन का मत था कि इन गुलाम मुल्कों की आजादी से ही साम्राज्यवादी देशों के मजदूर आन्दोलन में क्रान्तिकारिता आ सकती है। यह नया अन्तरराष्ट्रीय कम्युनिस्ट अन्तरराष्ट्रीय कहा जाता था और इससे सम्बद्ध पार्टियाँ अपने को अब कम्युनिस्ट कहने लगीं क्योंकि इनकी दृष्टि में यूरोप की सोशलिस्ट पार्टियों ने सोशलिस्ट नाम को बदनाम कर दिया था। इन्होंने ट्रेड यूनियनों का भी एक नया अन्तरराष्ट्रीय उसी साल कायम किया जिसे 'प्रॉफिंटर्न' कहते थे।

इसी बीच कार्ल कॉट्स्की ने द्वितीय और तृतीय अन्तरराष्ट्रीय के बीच एक अलग अन्तरराष्ट्रीय विएना के सम्मेलन में स्थापित किया। बाद में उसने तीनों संगठनों को एक साथ लाने का प्रयास किया, लेकिन तृतीय अन्तरराष्ट्रीय किसी तरह का समझाता करने को तैयार नहीं था। इस तरह सिर्फ द्वितीय और इस नये बीच के अन्तरराष्ट्रीय, जिसे 'ढाई अन्तरराष्ट्रीय' भी कहते हैं, का मिलन हो सका। इस तरह अब दो अन्तरराष्ट्रीय, एक द्वितीय और एक तृतीय, समाजवादी आन्दोलन में हो गए।

11

रूस की क्रान्ति के समय अधिकांश बोल्शेविक नेताओं का यह विश्वास था कि इससे क्रान्ति का एक सिलसिला शुरू होगा जो पूरे पश्चिमी यूरोप में फैल जाएगा और पश्चिमी यूरोप और खासकर जर्मनी की क्रान्ति से रूस को अपना आर्थिक विकास करने में बड़ी सहायता प्राप्त होगी, लेकिन युद्ध के बाद यूरोप में क्रान्ति के बादल मँडराकर चले गए और नेताओं में क्रान्तिकारी निष्ठा और संगठन के अभाव से सफल क्रान्ति नहीं हो सकी। इसके विपरीत, क्रान्ति के तुरन्त बाद पश्चिमी यूरोप की साम्राज्यवादी शक्तियों ने एक साथ मिलकर रूस की प्रतिक्रान्तिकारी शक्तियों की आड़ से इस पर हमला बोल दिया। पश्चिमी यूरोप के मजदूरों के सक्रिय विरोध ने इस हस्तक्षेप को तो सफल नहीं होने दिया, लेकिन युद्ध और आर्थिक कठिनाइयों ने बोल्शेविक नेताओं की क्रान्तिकारी उदारता को हिला दिया। आत्मरक्षा की प्रेरणा ने निर्भय प्रयोगों के स्थान पर उन्हें संकुचित शक्तिवादी मार्ग पर चलने को विवश किया। इस प्रारम्भिक स्थिति ने अपनी स्थायी छाप इस नये समाज पर छोड़ दी।

क्रान्ति के तुरन्त बाद बोल्शेविक नेताओं ने राज्य के इस सिद्धान्त को लागू करने का प्रयत्न किया, जिसे लेनिन ने अपनी पुस्तक 'राज्य और क्रान्ति' में प्रस्तुत किया था और बाद में ज्यूरिश से लौटने पर अपनी अप्रैल थीसिस में पेश किया था। इस सिद्धान्त के अनुसार सोवियत राज्य उत्पादकों के प्रतिनिधित्व पर आधारित सशस्त्र जनता का राज्य होता। इन्होंने कारखानों पर मजदूरों की कमेटियों द्वारा मजदूरों के नियंत्रण की घोषणा कर दी। ई.एच. कार के अनुसार (बोल्शेविक रिवॉल्यूशन) 1918 ई. में कॉमिसारिएट ऑफ जस्टिस द्वारा प्रस्तावित एक विधान में एक ऐसे गणतंत्र का सुझाव दिया गया था, जिसके सदस्य मजदूरों के पाँच संघ—खेतिहर मजदूर, औद्योगिक मजदूर, व्यवसायिक संस्थाओं के मजदूर, राज्य के मुलाजिम और निजी क्षेत्र के मजदूर होते। ऑल रशियन (यूनियन) सेंट्रल एक्जीक्यूटिव कमेटी के सामने वामपंथी सोशल रिवॉल्यूशनरी सदस्य टुट्रोवस्की ने यह दलील पेश की कि "समाजवादी राज्य केवल एक ऐसा केन्द्र हो सकता है जो उत्पादक और आर्थिक सम्बन्धों को व्यवस्थित करे और संविधान के ड्राफ्टिंग कमीशन का काम

वास्तविक अर्थ में एक संविधान तैयार करना नहीं है बल्कि उन आपसी सम्बन्धों को निर्धारित करना है जो विभिन्न शक्तियों के बीच, अगर हम लोगों के ऊपर किसी शक्ति की बात कर सकें, है।" सिद्धान्तों के सम्बन्ध में एक्जीक्यूटिव कमिटी में मत नहीं लिया गया, लेकिन 1918 ई. के शुरू में ड्राफ्टिंग कमिटी के अधिकांश सदस्य मोटे तौर से इस संघीय सिद्धान्त को मानते रहे, लेकिन बिगड़ती हुई परिस्थिति में ड्राफ्टिंग कमिटी के उन सदस्यों की सहायता की जो केन्द्रीकरण के पक्षपाती थे। तैयार विधान की धारा 9 में कुछ प्रमुख बोल्शेविक नेताओं के प्रयत्न से, जिसमें स्टालिन का प्रमुख हाथ था, तात्कालिक रूप से मजबूत राज्य सत्ता की बात को घुसा दी गई थी। यह यों था—

"रशियन सोशलिस्ट फेडरल सोवियत रिपब्लिक (आर.एस.एफ.एस.आर.), जिसकी रूपरेखा वर्तमान संक्रमण काल के उपयुक्त तैयार की गई है, के संविधान का प्रमुख ध्येय शहर और देहात के मजदूरों और अति गरीब किसानों का अधिनायकवाद, एक मजबूत अखिल रूसी सोवियत शक्ति के रूप में कायम करना है जो पूर्ण रूप से पूँजीपति वर्ग को कुचल सके, मनुष्य द्वारा मनुष्य के शोषण का अन्त कर सके और समाजवाद की स्थापना कर सके जिसमें न तो वर्गों में विभाजन हो और न राज्य हो।" (बोल्शेविक रिवॉल्यूशन, ले. ई.एच. कार—से उद्धृत)

यह ध्यान देने की बात है कि सर्वहारा के अधिनायकवाद से शुरू में कोई भी असली अधिनायकवाद की बात नहीं सोचता था। हालाँकि बाद में बोल्शेविकों ने अपनी सहूलियत के अनुसार इसका अर्थ लगाना शुरू किया। बर्ट्रेंड रसेल ने, जो रूस की क्रान्ति के बाद रूस गए थे, अपनी पुस्तक 'प्रैक्टिस एंड थ्योरी ऑफ बोल्शेविज्म' में लिखा है कि जब पश्चिमी देशों के समाजवादी 'सर्वहारा के अधिनायकवाद' की बात करते हैं तो सर्वहारा से उनका अर्थ असली सर्वहारा वर्ग से होता है ओर अधिनायकवाद को वे केवल एक नाम की चीज समझते हैं। इसके विपरीत रूस में बोल्शेविक, 'अधिनाकयवाद' का अर्थ असली रूप में लेते हैं जबकि 'सर्वहारा' का अर्थ उनके लिए अपनी पार्टी से होता है। लेनिन के समर्थन से 'सर्वहारा के अधिनायकवाद' की प्रतिष्ठा बहुत बढ़ गई और इसके नाम पर आगे चलकर भयंकर तानाशाही को समर्थन प्राप्त होता रहा।

लेनिन तथा अन्य बोल्शेविक नेताओं के विचार में सत्ता हाथ में आने के बाद लगातार अनुदारता की ओर परिवर्तन होते रहे। बोल्शेविकों की जीत के दस दिन के बाद लेनिन ने कहा, "आतंक का उपयोग करने का अभियोग हमारे ऊपर लगाया जाता है, लेकिन वैसे आतंक का, जैसाकि फ्रांस के क्रान्तिकारियों ने उपयोग किया, जिन्होंने निरस्त लोगों को गिलोटिन पर चढ़ा था, हम लोग उपयोग नहीं करते हैं और आशा करते हैं कि हम लोग उपयोग नहीं करेंगे...जब हम लोग किसी को गिरफ्तार करते हैं तो उनसे कहते हैं कि हम उन्हें छोड़ देंगे अगर वे तोड़-फोड़ नहीं करने

के वादे पर हस्ताक्षर कर दें। और ऐसे हस्ताक्षर दे दिए जाते हैं।" (बोल्शेविक रिवॉल्यूशन से उद्धृत)।

पर दूसरी जगह लेनिन ने कहा, "अगर शान्ति काल में जनता की सरकार का गुण सदाचार है तो जनता की सरकार का गुण क्रान्ति काल में सदाचार और आतंक है। सदाचार जिसके बिना आतंक मारक है, आतंक, जिसके बिना सदाचार शौर्यहीन है। आतंक और कुछ नहीं बल्कि न्याय है, सामयिक, कठोर, अडिग, इस तरह यह सदाचार का ही अंग है।" (बोल्शेविक रिवॉल्यूशन से उद्धृत)।

इस दृष्टिकोण के विपरीत जर्मन कम्युनिस्ट पार्टी के प्रोग्राम में, जिसे 1918 ई. के दिसम्बर में रोजा लक्जमबर्ग ने तैयार किया था, स्पष्ट शब्दों में आतंक को अस्वीकार कर दिया गया था। उसमें कहा गया है : "पूँजीवादी क्रान्ति में खून-खराबा, आतंक और राजनीतिक हत्या उदीयमान वर्ग के अनिवार्य हथियार थे। सर्वहारा क्रान्ति को आतंक की आवश्यकता नहीं, यह हत्या को हेय और घृणित समझता है।" (बोल्शेविक रिवॉल्यूशन से उद्धृत)।

रूस में विरोधी दलों के कार्यकलाप ने भी बोल्शेविकों को आतंकवादी नीति अपनाने को विवश किया। सोशल रिवॉल्यूशनरी शुरू से आतंक में विश्वास करते थे और बोल्शेविकों से विरोध होने पर वे आतंक का पुराना हथियार अपनाने लगे। बोल्शेविक युद्ध को समाप्त करने के लिए जर्मनी से किसी शर्त पर समझौता करने के लिए तैयार थे। सोशल रिवॉल्यूशनरी युद्ध को जारी रखने के पक्षपाती थे। यों बोल्शेविक पार्टी के बहुत-से नेता भी समझौते के खिलाफ थे और खुद ट्रॉटस्की जिसने बोल्शेविकों की ओर से ब्रेस्ट-लिटोव्स्क में जर्मन सन्धि पर हस्ताक्षर किए, 'न युद्ध न शान्ति' की नीति का समर्थक था, पर सोशल रिवॉल्यूशनरी दूसरी ही तरह से इस वार्ता को भंग करना चाहते थे। उन्होंने जर्मनी के राजदूत मिरबाक की हत्या 6 जुलाई, 1918 ई. में कर दी। इसके बाद बोल्शेविकों ने उनका घोर दमन शुरू किया। वामपंथी सोशल रिवॉल्यूशनरी भी आतंक के द्वारा ही अपनी मंशा पूरा करना चाहते थे। इस तरह सही बात को लेकर किए विरोध का भी नतीजा उलटा ही होता था और बोल्शेविक सत्ता को अधिक केन्द्रीकरण की ओर ले गए। इसी के बाद बाहरी हस्तक्षेप और गृहयुद्ध शुरू हुआ। इसमें क्रान्ति विरोधियों ने 'सफेद आतंक' शुरू किया। इसके जवाब में 'लाल आतंक' की शुरुआत हुई।

सत्ता का अपना आन्तरिक तर्क होता है। विशेष परिस्थितियों में सम्पूर्ण सत्ता का स्वाद ले लेने के बाद सत्तारूढ़ दल आसानी से सत्ता में हिस्सा बँटाने के लिए तैयार नहीं होता। ऐसे सत्ताधारी दल अपने हित को समाज का हित समझने लगते हैं और उन तत्त्वों को जो इनके विरोधी होते हैं, ये समाज विरोधी समझने लगते हैं। और इस तरह वे समाज की रक्षा के नाम पर वैसे भी तत्त्वों को दबाना शुरू

करते हैं जो इनका विरोध करते हों। बोल्शेविकों का विश्वास तो इस बात में और भी अडिग था। उनकी सत्ता के साथ ही मानव समाज का भाग्य बँधा हुआ था। वे मार्क्सवादी थे और यह मानते थे कि उनकी क्रान्ति इतिहास के संघर्षों की आखिरी मंजिल है। उनके हाथों में मानव का भाग्य सुरक्षित था। उनकी एकमात्र जवाबदेही थी सत्ता को किसी भी कीमत पर अपने हाथों में रखने की।

इस सम्बन्ध में यह स्मरणीय है कि नवम्बर क्रान्ति के समय अराजकवादी तथा वामपंथी सोशल रिवॉल्यूशनरी, दोनों बोल्शेविकों के साथ थे। मेंशेविक इस क्रान्ति को प्रजातांत्रिक पूँजीवादी सीमा के भीतर रखना चाहते थे, फिर भी गृहयुद्ध शुरू होने के बाद उन्होंने प्रतिक्रान्तिकारी शक्तियों के खिलाफ बोल्शेविकों के साथ मिलकर युद्ध किया। 20 मेंशेविक, सैनिक व्यवस्था में गृहयुद्ध के समय सोवियत राज्य की ओर से काम कर रहे थे। मार्टोव, जो मेंशेविकों का नेता था, ने बोल्शेविकों के समर्थन में पोलैंड के युद्ध के समय भाषण दिया था, जिसे कॉमिन्टर्न ने कई भाषाओं में छापा था। अराजकवादियों ने नेस्टर माखनो के नेतृत्व में बोल्शेविकों के साथ मिलकर डेनिकिन और रैंगल की प्रतिक्रान्तिकारी सेना को हराने में महत्त्वपूर्ण भाग लिया था, लेकिन बोल्शेविक सत्ता के सुरक्षित होते ही इनके ऊपर दमन करने लगे। बोल्शेविकों की यह सफाई अर्थहीन हो जाती है कि ये प्रतिक्रान्तिकारी थे जब हम यह देखते हैं कि प्रतिक्रान्ति के खतरे के समय इन्हें छूट दी जाती है और इनकी मदद से प्रतिक्रान्ति को परास्त किया जाता है, लेकिन खतरे के टल जाने के बाद इनका दमन होता है।

क्रान्ति के बाद दिसम्बर, 1917 ई. में चेका (ऑल रशियन एक्स्ट्रा ऑर्डिनरी कमिटी) को जन्म दिया गया। इसका इस्तेमाल खुलेआम विरोधी दलों, जिसमें कैडेट से लेकर वामपंथी सोशल रिवॉल्यूशनरी तक थे, को दबाने में होता था, लेकिन 30 नवम्बर, 1918 ई. को जब गृहयुद्ध शुरू हो गया, ऑल रशियन सेंट्रल एक्जीक्यूटिव कमिटी ने मेंशेविकों के सोवियत राज्य के निष्कासन का कानून हटा दिया। 25 फरवरी, 1919 ई. में सोशल रिवॉल्यूशनरी पार्टी के विरोध में लगे प्रतिबन्ध भी हटा लिए गए। सत्ता के केन्द्रीकरण का दूसरा प्रयत्न 1920 ई. के बाद से हुआ जब गृहयुद्ध का अन्त हो गया और आर्थिक क्षेत्र में 'न्यू इकोनॉमिक पॉलिसी' का श्रीगणेश होनेवाला था जिसमें पूँजीवादी तत्त्वों को कुछ सहूलियतें दी गईं। विरोधी दलों को सबसे अधिक आजादी 1918 ई. और 1920 ई. के बीच रही जबकि गृहयुद्ध था और जिस काल को 'युद्ध साम्यवाद' (वार कम्युनिज्म) कहा जाता था। रोजा लक्जमबर्ग ने इस तानाशाही प्रवृत्ति के खतरे को समझा था और जेल से ही उसने लिखा था, "सिर्फ सरकार के समर्थकों के लिए स्वतंत्रता, सिर्फ एक पार्टी के सदस्यों के लिए स्वतंत्रता...कोई स्वतंत्रता नहीं है। स्वतंत्रता का वास्तविक अर्थ भिन्न तरह से सोचनेवालों की स्वतंत्रता है।"

गृहयुद्ध के खत्म होते ही चारों तरफ से प्रजातांत्रिक अधिकारों की माँग होने लगी। इस आन्दोलन का नेतृत्व किया क्रॉन्सटैड्ट नाविकों ने, जो नवम्बर क्रान्ति में अगुआ रहे थे और लेनिन का जिन पर अत्यधिक विश्वास था। उन्होंने एक प्रस्ताव द्वारा कई माँगें रखीं, जिसमें कुछ नीचे दी जाती हैं : "(1) यह देखते हुए कि वर्तमान सोवियत मजदूरों और किसानों की इच्छाओं को व्यक्त नहीं करते, सोवियतों का गुप्त मतदान पद्धति के द्वारा तत्काल चुनाव हो। चुनाव में सभी मजदूर और किसानों को स्वतंत्र प्रचार करने का मौका मिले, इस पर ध्यान दिया जाए। (2) भाषण और प्रेस की स्वतंत्रता मजदूर और किसानों तथा अराजकवादियों तथा अन्य वामपंथी सोशलिस्टों को मिले। (3) मजदूर यूनियनों और किसान संगठनों को सभा करने का अधिकार मिले। (4) सभी सोशलिस्ट पार्टियों के कार्यकर्ताओं तथा उन मजदूर, किसान, सैनिक तथा नाविकों को कारामुक्त किया जाए जो मजदूर, किसान आन्दोलन के सम्बन्ध में बन्दी बनाए गए हैं। (5) उन सभी लोगों को राशन बराबर दिया जाए जो काम करते हैं, उन लोगों को छोड़कर जो स्वास्थ्य के लिए हानिकर कार्य में लगे हैं। (6) किसानों को अपनी जमीन के सम्बन्ध में पूरी आजादी दी जाए और उन्हें इस शर्त पर मवेशी रखने का अधिकार दिया जाए कि वे बिना मजदूर लगाए खुद उसकी देखभाल करें।"

(क्रॉन्सटैड्ट रिवोल्ट—ऐंटन सिलिगा)

लेकिन गृहयुद्ध से निवृत्त होकर बोल्शेविक लोकतंत्र के विस्तार के लिए तैयार नहीं थे। लेनिन के निर्णय और ट्रॉटस्की के आदेश के अनुसार लालसेना ने क्रॉन्सटैड्ट के नाविकों को शस्त्र के बल पर कुचल दिया। रूस में जनता की ओर से संगठित रूप से प्रजातंत्र की यह आखिरी माँग थी।

बाहर के विरोध को दबाने के बाद पार्टी के अन्दर खुद ऐसे मत पैदा होने लगे जो लोकतांत्रिक अधिकारों की माँग करने लगे। मिआसनिकोव नाम के एक बोल्शेविक ने 1921 ई. के मई महीने में पार्टी के सेंट्रल कमिटी को एक स्मृति-पत्र भेजा जिसमें हर विचार के लोगों को प्रेस की स्वतंत्रता देने की माँग की गई थी। 1922 ई. के फरवरी में इसे पार्टी से निकाल दिया गया। बोल्शेविक पार्टी के दसवें कांग्रेस ने 1921 ई. के मार्च में लेनिन की सिफारिश पर 'फैक्शन' पर पाबन्दी लगा दी। इसका मुख्य उद्देश्य था 'वर्कर्स अपोजिशन' को दबाना, जिसने प्रजातांत्रिक अधिकारों की माँग शुरू कर दी थी।

जैसे-जैसे पार्टी के बाहर से विरोध की सम्भावना घटती गई वैसे-वैसे पार्टी के सेक्रेटारियट और खासकर इसके सेक्रेटरी स्टालिन की शक्ति बढ़ती गई। 1923 ई. के आते-आते स्टालिन ने अपने हाथ में इतनी शक्ति समेट ली थी कि लेनिन भी, जो अब अक्सर बीमार रहता था, उसके विरुद्ध कुछ करने में असमर्थ था। इधर

1923 ई. में रूस के संघीय संविधान को भी बदलकर यूनियन बना दिया गया। अब सोवियत रूस आर.एस.एफ.एस.आर. की जगह यू.एस.एस.आर. बन गया। इस तरह केन्द्रीय शासन और पार्टी की केन्द्रीय समिति के हाथ में अत्यधिक शक्ति सिमट गई। राष्ट्रों को यूनियन से बाहर जाने का अधिकार था पर जैसाकि लेनिन के बाद में अपने लेख में खुद बतलाया, यह केवल मौखिक अधिकार रह गया था। जब जॉर्जिया और कॉकेसस के स्थानीय स्वतंत्रता का दमन करके अन्त किया गया तब लेनिन की आँखें खुलीं। जिस केन्द्रीय शासन को उसने जन्म दिया था, उसका भयंकर रूप उसने देखा। अपने जीवन के अन्तिम लेख 'राष्ट्रीय सवाल पर' उसने लिखा : "मैं समझता हूँ कि मैंने रूस के मजदूरों के विरुद्ध एक बड़ा अपराध किया है क्योंकि मैंने काफी शक्ति और कड़ाई के साथ 'ऑटोनोमाइजेशन', जो ऐसा मालूम होता है कि सरकार के बदनाम सवाल में हस्तक्षेप नहीं किया...

"यह कहा जाता कि हमें एक सूत्रबद्ध यंत्र की आवश्यकता है, लेकिन यह बात कहाँ से शुरू होती है? क्या यह उसी यंत्र से नहीं आती है जो, जैसाकि मैंने अपनी डायरी के एक पहले अंक में कहा था, जारशाही से लिया गया है ओर जिस पर पवित्र सोवियत तेल की केवल पतली परत है।

"निश्चित रूप से हमें यह कदम उठाने के पहले तब तक प्रतीक्षा करनी चाहिए थी जब तक हम यह नहीं कह सकते कि यह मंत्र हमारा अपना हो चुका है। अभी ईमानदारी के साथ हम इसके ठीक उलटी बात कह सकते हैं। जिसे हम अपना कहते हैं, वह एक ऐसा यंत्र है जो पूरी तरह हमसे पराया है, जो जारशाही के यंत्र विधि का प्रतिनिधित्व करता है और जिसे हम पिछले पाँच वर्षों में बाहरी देशों (की क्रान्ति) की मदद के अभाव तथा युद्ध और अकाल के संघर्ष के न टाले जा सकनेवाले दबाव के कारण नहीं जीत पाए हैं।

"ऐसी स्थिति में यह स्पष्ट है कि 'यूनियन से बाहर जाने का अधिकार' जिसके बल पर हम अपने को सही बतलाते हैं, सिर्फ एक कागज का टुकड़ा साबित होगा और वह रूस के अल्पसंख्यकों को सौ प्रतिशत रूसियों से बचाने में असमर्थ होगा, उन महान रूसियों से, साम्राज्यवादियों (शॉविनिस्ट) से, जो वास्तव में लुटेरे और शैतान (स्काउंड्रल) रूसी नौकरशाह हैं। इसमें सन्देह की गुंजाइश नहीं कि रूस के नगण्य सोवियत और सोवियत से प्रभावित मजदूर महान-रूसी साम्राज्यवादी भीड़ (रिफ-रैफ) के समूह में दूध की मक्खी की तरह डूब जाएँगे।"

लेनिन अपनी अन्तिम साँसें गिन रहा था। उसने बड़े ही मार्मिक शब्दों में ट्रॉटस्की से इस लेख के विचार को पार्टी की सेंट्रल कमिटी के समक्ष रखने की अपील की थी। स्टालिन ने यह कहकर इस लेख को प्रकाशित नहीं होने दिया कि कॉमरेड लेनिन ने इसे सुधारकर प्रेस में जाने के योग्य नहीं तैयार किया था। लेनिन के मरने के बाद स्टालिन ने थोड़े ही दिनों के भीतर अन्य बोल्शेविक नेताओं को

पार्टी विरोधी कहकर कुचल डाला। पहले ट्रॉटस्की को 1927 ई. में पार्टी से और फिर देश से निकाल दिया गया। इसके बाद जिनोविव, कामेनेव लापता हो गए। इसके बाद बुखारिन और टाम्सकी की बारी आई। इस तरह लेनिन के नजदीकी सभी बोल्शेविक नेता या तो मरवा डाले गए या देश से निकाल दिए गए। इस तरह पार्टी के भीतर या बाहर, कहीं किसी तरह के विरोध का अवशेष नहीं रहा। प्रजातंत्र को संकुचित करने का अवश्यम्भावी नतीजा सामने आया। बाद में ट्रॉटस्की ने इस प्रक्रिया का खुद बहुत सुन्दर ढंग से विश्लेषण किया है। उसने लिखा है—

"विरोधी पार्टियों पर प्रतिबन्ध अपने पीछे पार्टी के भीतर गिरोहों (फैक्शन) पर प्रतिबन्ध से आया। गिरोहों पर प्रतिबन्ध कभी गलती न कर सकनेवाले नेताओं के भिन्न ढंग से सोचने पर प्रतिबन्ध में परिणत हुआ। पुलिस शक्ति पर आधारित एकरूपता उस नौकरशाही निरंकुशता में परिणत हुई जिससे तरह-तरह के मनमानापन और भ्रष्टाचार का जन्म हुआ।"

(रिवॉल्यूशन बिट्रेड-लियोन ट्रॉटस्की)

12

1917 ई. के नवम्बर में जमीन के बँटवारे के किसानों के आन्दोलन ने बोल्शेविकों को सत्ता पर अधिकार करने की प्रेरणा दी थी, लेकिन जब जमीन को किसानों ने टुकड़ा-टुकड़ा करके आपस में बाँटना शुरू किया तब बोल्शेविकों ने इसका विरोध नहीं किया, हालाँकि यह उनके विचारों के प्रतिकूल था। उन्होंने इस कार्य को कानूनी मान्यता दे दी। जब लेनिन का ध्यान उनके प्रोग्राम से इस कानून के विरोध की ओर आकृष्ट किया गया तब लेनिन ने जवाब दिया : "इससे क्या? यह निरर्थक है कि किसने इस प्रोग्राम को बनाया? एक प्रजातांत्रिक सरकार होने के नाते हम लोग साधारण लोगों के निर्णयों को नजरअन्दाज नहीं कर सकते, यद्यपि हम इससे सहमत नहीं भी हों।"

लेकिन यह दृष्टिकोण अधिक दिनों तक टिक नहीं पाया। तात्कालिक सरकार के समय से ही रूस की अर्थव्यवस्था छिन्न-भिन्न हो रही थी। औद्योगिक उत्पादन उत्तरोत्तर गिरता जा रहा था। मुद्रा प्रसार इतनी तेजी से हो रहा था कि वर्तमान मुद्रा से कुछ भी खरीदना मुश्किल था। किसान सरकार को अनाज नहीं बेचना चाहते थे। इसी स्थिति में बोल्शेविक सत्ता में आए। ग्रामीण क्षेत्रों में एक नया सम्पत्ति सम्बन्ध कायम हुआ। अनाज के बदले में, गिरती औद्योगिक उत्पादन की पृष्ठभूमि में शहरों के पास गाँवों को देने के लिए कुछ भी नहीं था। शहरों के अन्न-संकट को दूर करने के लिए जो नीति अपनाई गई, वह एक तरह से देहातों के खिलाफ शहरों का युद्ध था। शहरों से देहातों में सशस्त्र टुकड़ियों को अनाज इकट्ठा करने के लिए भेजा गया। इसके अलावा 'गरीबों की कमेटियाँ' गाँवों में बनीं, जिनका काम था, इन जत्थों की मदद करना। चूँकि बोल्शेविक कानून के अनुसार मजदूरों के आधार पर खेती और जमीन के स्वामित्व में असमानता करीब-करीब समाप्त कर दी गई थी, ये कमेटियाँ खासकर अधिक परिश्रमी और मितव्ययी किसानों से द्वेष रखनेवाले लोगों द्वारा बनाई गईं।

इस नीति का भयंकर परिणाम हुआ। शहरों में तात्कालिक रूप से कुछ लोगों की जानें बचीं, लेकिन एक तरफ बोल्शेविकों को किसानों की मित्रता से हाथ धोना पड़ा और दूसरी ओर इसका कृषि उत्पादन पर बुरा प्रभाव पड़ा। इसके जवाब में

किसानों ने खेती के क्षेत्र को घटाना शुरू किया। जहाँ 1916 ई. में 8.25 करोड़ डेस भूमि पर खेती होती थी, वहाँ 1921 ई. में सिर्फ 4.91 करोड़ डेस भूमि पर खेती होती थी। उत्पादन 395.5 करोड़ पूड से घटकर 161.7 करोड़ पूड हो गया। अमेरिकन हूवर रिलीफ कमिटी तथा अन्य तरह के बड़े पैमाने की मदद के बावजूद लाखों आदमी अकाल में मर गए। एक सरकारी अनुमान के अनुसार, 2 करोड़ 20 लाख लोगों को इस अकाल में सहायता की आवश्यकता थी। इसी पृष्ठभूमि में बोल्शेविकों ने 1921 ई. में 'न्यू इकोनॉमिक पॉलिसी' अपनाई, जिसमें आर्थिक क्षेत्र में नियंत्रण को ढीला किया गया ताकि स्वाभाविक रूप से उत्पादन का प्रसार हो सके। यह नीति एक तरह से समाज में अभी भी बचे हुए पूँजीवादी तत्त्वों को प्रोत्साहित करने की भी थी।

खरीद-बिक्री की स्वतंत्रता से फिर किसानों ने उत्पादन बढ़ाना शुरू किया। इधर उद्योगों की ओर से औद्योगिक कच्चे सामानों और अनाज खरीदने की कारखानों में होड़ लग गई। इसका नतीजा यह हुआ कि 1921 और 1922 ई. के बीच खेती से उत्पादित वस्तुओं के मूल्यों में काफी उठाव आया। उद्योगों को विनिमय में सहूलियत का स्थान देने के लिए 1922 ई. के बसन्त में 'कॉमर्शियल सिंडिकेट' औद्योगिक ट्रस्टों द्वारा बनाए गए। इधर सरकार ने टैक्स वसूली के पहले अनाज को सस्ते मूल्य पर खरीदकर गिरी कीमत पर बाजार में बेचना शुरू किया। इन दोनों नीतियों के फलस्वरूप कृषि उत्पादित वस्तुओं का मूल्य एकाएक बहुत गिर गया। इधर सिंडिकेट के बनने से होड़ के अभाव में औद्योगिक वस्तुओं का मूल्य बहुत बढ़ गया। अब उद्योगों के सामने 1923 ई. में बिक्री का संकट उपस्थित हुआ। अब उद्योग और कृषि की वस्तुओं के मूल्यों के ग्राफ दो विपरीत दिशाओं में बढ़ने लगे और इसे 'कैंची संकट' कहा गया।

इस संकट को हल करने के दो सुझाव प्रमुख रूप से दिए गए। उसमें एक विचार के अनुसार वास्तव में यह संकट उद्योगों के अपूर्ण विकास को प्रतिबिम्बित करता था। इस विचार के अनुसार, उद्योगों के क्षेत्र को अधिक मजबूत करने की आवश्यकता थी जिससे औद्योगिक वस्तुओं के उत्पादन में अधिक कुशलता आ सके और सस्ते दर पर औद्योगिक वस्तुओं का निर्माण हो सके। यह विचार एवं प्रिओब्रेजेंस्की आदि के द्वारा व्यक्त किया गया जो बाद में वामपंथी विरोध के नेता हुए। दूसरे विचार जिसका समर्थक बुखारिन था, के अनुसार इस संकट का कारण किसानों में खरीदने की क्षमता का अभाव था। उनका सुझाव औद्योगिक वस्तुओं के मूल्यों को कम करने का और किसानों को अधिक कर्ज देने की व्यवस्था करने का था जिससे वे औद्योगिक सामानों को खरीद सकें। पहला विचार इस अर्थ में कुछ सही था कि उस समय उद्योग अपनी पूर्ण क्षमता के अनुसार काम नहीं कर रहे थे, और कुछ तो अपनी क्षमता से आधे से भी कम काम करते थे, लेकिन इस

संकट का असली कारण यह था कि किसानों को अपने परिश्रम का बदला असली मूल्य के रूप में नहीं मिल रहा था, लेकिन पहले सुझाव देनेवाले लोगों की दृष्टि में उद्योगों और कृषि के बीच का यह असमानता का सम्बन्ध बिलकुल सही था, चूँकि उनकी दृष्टि में किसान वर्ग का शोषण 'प्राथमिक समाजवादी संचय' (प्रिमिटिव सोशलिस्ट ऐक्युमुलेशन) के लिए आवश्यक था। यह विचार उन्होंने मार्क्स के 'प्रिमिटिव ऐक्युमुलेशन' के समानान्तर, पिछड़ी अर्थव्यवस्था में समाजवादी विकास के लिए आवश्यक कदम के रूप में रखा।

लेकिन दोनों के बीच के आधारभूत फर्क पर उन्होंने ध्यान नहीं दिया। मार्क्स ने लिखा था : "व्यक्तिगत श्रम पर आधारित, बिखरी व्यक्तिगत सम्पत्ति का पूँजीवादी व्यक्तिगत सम्पत्ति में परिवर्तन, स्वाभाविक रूप से, अतुलनीय ढंग से लम्बी प्रक्रिया है जो कहीं अधिक हिंस्र और कठिन है, बनिस्बत पूँजीवादी व्यक्तिगत सम्पत्ति के, जिसकी उत्पादन क्रिया का समाजीकरण हो चुका है, सोशलिस्ट सम्पत्ति में परिवर्तन से। पहले मामले में हमारे सामने बहुसंख्य जनता का थोड़े लोगों द्वारा सम्पत्ति अपहरण है, दूसरे में बहुसंख्य जनता द्वारा थोड़े-से अपहरण करनेवालों की सम्पत्ति ले लेने की बात है।"

(हिस्टोरिकल टेंडेंसी ऑफ कैपिटल ऐक्युमुलेशन, कैपिटल प्र. भाग)

अगर मुट्ठी भर औद्योगिक मजदूरों पर अपने को आधारित कर सोशलिस्ट भी यही संचय की विधि अपनाते तो क्या यह भी भयंकर शोषण नहीं होगा? मार्क्स-एंगेल्स ने किसानों की समस्या पर विस्तार से कभी विचार नहीं किया क्योंकि उन्होंने विकसित देशों में समाजवादी आन्दोलन की कल्पना की थी जहाँ मजदूर बहुमत में होते। फिर भी फ्रेडरिक एंगेल्स ने 'प्रिपरेटरी नोट टू दि पेजेंट वार इन जर्मनी' में यह बतलाया कि सिर्फ मजदूर वर्ग फ्यूडल व्यवस्था के अन्दर किसानों को फ्यूडल बन्धन से मुक्त कर और उन किसानों को जो अपनी छोटी जमीन की टुकड़ी जोतते हैं, रेहन से मुक्त कर सच्ची स्वतंत्रता दिला सकता है। उसने सिर्फ बड़े फार्मों को, जिसमें एक मालिक और अनेक मजदूर काम करते हैं, उनमें काम करनेवाले मजदूरों को को-ऑपरेटिव में बदलने की बात की। शक्ति का प्रयोग कर किसानों के शोषण का कहीं भी इशारा नहीं किया गया था। फिर भी तत्काल इस संकट का मुकाबला औद्योगिक वस्तुओं के मूल्य को घटाकर किया गया।

इसके थोड़े ही दिन बाद कुलक (समृद्ध किसान जो अनाज वगैरह संग्रह कर अधिक मूल्य पर बेचने की कोशिश करते थे) के खतरे की बात चारों ओर होने लगी। क्रान्ति के बाद जमीन के स्वामित्व पर से गैर बराबरी तो मिटा दी गई थी, लेकिन खेती के औजारों की तथा मवेशियों की कमी उत्तरोत्तर बढ़ने लगी। प्रवदा में 1926 ई. के शुरू में प्रकाशित आँकड़े के अनुसार उक्रेन में 1921 ई. में

19 प्रतिशत किसानों के पास घोड़े नहीं थे। 1922 ई. में यह बढ़कर 34 प्रतिशत, 1923 ई. में 45 प्रतिशत और 1924 ई. में 46 प्रतिशत हो गया।...पूरे देश के लिए जैसाकि 1926 के प्रारम्भ में राइकॉव ने अनुमान लगाया था कि बिना घोड़े के फार्मों की संख्या 30 प्रतिशत थी। एक हिसाब के अनुसार, रूस के फार्मों में अभी उतने ही घोड़े हैं जितने 1880 ई. में थे।"

(बोल्शेविक रिशया—ऐंटन कार्लग्रेन, जून, 1927 ई.)

खेती के औजारों की इस कमी का यह नतीजा हुआ कि वे किसान जिनके पास ऐरो औजार थे, वे दूसरों को कड़े दर पर इन औजारों और मवेशियों को किराए पर लगाते थे। मॉरिस डॉब के अनुसार, गोसप्लान (रूस की नियोजन संस्था) के आँकड़ों से पता चलता था कि 1929 ई. में 10 प्रतिशत किसानों के पास 35 से 45 प्रतिशत तक खेती के औजार और 30 प्रतिशत खेती में काम आनेवाले मवेशी थे।

इस तरह 1925-26 ई. में जबकि खेती की पैदावार युद्ध के पहले से बढ़ गई थी, बाजार में लाया गया अतिरिक्त अनाज सिर्फ 70 प्रतिशत था। इसका एक ही उपाय था : किसानों को ऐसे औजारों और पूँजी से सहायता करना, जिससे वे खेती के मामले में आत्मनिर्भर बन सकते, लेकिन कृषि की ओर से उदासीनता ने कृषि से प्राप्त उन वस्तुओं की मात्रा घटाना शुरू कर दिया जिसका निर्यात कर विदेशों से मशीनें मँगाई जा सकती थीं। इस तरह कृषि की उपेक्षा से औद्योगिक विकास पर भी रुकावट आ रही थी।

1928 ई. तक चारों तरफ यह कहा जाने लगा कि कुलक बड़ी मात्रा में अनाज-संचय कर रहे हैं और उसे बेचने को तैयार नहीं।

'वामपंथी विरोध' बराबर से गाँवों में बढ़ती हुई पूँजीवादी शक्तियों के खतरे की चेतावनी देता रहा, लेकिन एक बड़ी हद तक यह अनाज संचय की बात कोरी कल्पना थी। बुखारिन ने 1928 ई. के अक्टूबर में प्रवदा में एक लेख 'नोट्स ऑफ ऐन इकोनॉमिस्ट (दि प्रॉब्लम ऑफ प्लानिंग)' में इस विश्वास का खंडन करने की कोशिश की। उसने लिखा : "आज प्रत्येक बच्चा जानता है कि विरोधियों (ट्रॉटस्कीवादी) की बहुत बड़े अन्ने के भंडार की परी की कहानी जिसे गाँवों ने रोक रखा है, 900 करोड़ पूड अनाज की बात जिसे छिपा रखा गया है, एक साबुन के बुलबुले की तरह फूट चुका है। कोई भी इस परी की कहानी पर अब विश्वास नहीं करता।"

उसने बाजार में अनाज की कमी का कारण यों बतलाया, "...इस तरह उद्योग के तूफानी विकास, आबादी में महत्त्वपूर्ण बाढ़ और आबादी की आवश्यकता के प्रसार के साथ देश में अनाज की मात्रा नहीं बढ़ी है। यह क्या साफ नहीं है कि अनाज की समस्या की तरफ एक उपेक्षापूर्ण दृष्टिकोण, इस तरह की परिस्थिति में

वास्तविक अपराध है? और क्या यह स्पष्ट नहीं है कि एक ट्रॉटस्कीवादी 'निराकरण' एक काल्पनिक नहीं वास्तविक सर्वनाश की तरफ ले जाएगा?"

(ख्रुश्चेव एंड स्टालिन्स घोष्ट—बरट्रॅम डी. वल्फ, के परिशिष्ट से)

अभी तक बुखारिन ट्रॉटस्की के विरुद्ध स्टालिन के साथ था और ट्रॉटस्की के निष्कासन पर बुखारिन और टॉम्सकी के साथ-साथ कहा था, "सर्वहारा के अधिनायकवाद में दो, तीन या चार पार्टियाँ रह सकती हैं, लेकिन एक ही शर्त पर कि उनमें एक सत्ता में रहे और बाकी जेल में।" (विक्टर सर्ज के 'रसिया ट्वेंटी ईयर्स ऑफ्टर' से)। लेकिन इसके साल भर के भीतर स्टालिन, 'वामपंथी विरोध' से एक कदम आगे बढ़कर जबर्दस्ती अनाज इकट्ठा करने के लिए गाँवों में अपने अनुयायियों को भेजने लगा। उसने टॉम्सकी और बुखारिन के खिलाफ उन्हीं दलीलों का उपयोग किया जो वामपंथी विरोधियों ने किया था। बाद में टॉम्सकी ने आत्महत्या कर ली और बुखारिन 1938 ई. में मौत के घाट उतार दिया गया।

1929 ई. के नवम्बर महीने में स्टालिन ने किसानों की सहूलियतों का और 'स्मित्चका' (किसान मजदूर एकता) के विचार को हवा में फेंककर, व्यक्तिगत खेती के अन्त की घोषणा कर दी। उसके बाद लाखों-लाख किसान परिवारों को न सिर्फ सामूहिक खेती के लिए मजबूर किया बल्कि लाखों परिवारों को उनक गाँवों से उजाड़कर दूरवर्ती प्रदेशों में निर्माण कार्य में गुलामों की तरह काम करने को मजबूर किया गया। स्टालिन के राज्य के प्रशंसक वेब्स ने अपनी पुस्तक 'सोवियत कम्युनिज्म : एक नई सभ्यता' में इस स्थिति का इन शब्दों में वर्णन किया है—"जहाँ तक हम लोग जानते हैं, सोवियत सरकार ने विशाल पैमाने पर की गई निर्दयता के अनेक दोषारोपण का कोई जवाब देना आवश्यक नहीं समझा है; न तो उन्होंने जल्दीबाजी में अपने नागरिकों के इतने बड़े अनुपात को खत्म (लिक्विडेशन) करने की क्रिया की कोई व्याख्या की है। वास्तव में खुले रूप से एक ही बात ज्ञात है कि यू.एस.एस.आर. के सारे दक्षिणी भाग में पर्यटकों ने पिछले कुछ वर्षों में बार-बार रेलवे स्टेशनों पर थके और निराश पुरुष, स्त्रियों और बच्चों को देखा है जिनके पास इतने ही सामान थे जिन्हें वे ढो सकें और जिन्हें सशस्त्र गार्ड भेड़ की तरह डिब्बों में अनजान स्थानों में ले जाने के लिए भर रहे थे।"

फिर आगे खेती की हड़ताल, अकाल और सोवियत सरकार द्वारा उसके निराकरण के उपाय के सम्बन्ध में उन्होंने लिखा है : "उन्हें (किसानों को) व्यक्तिगत रूप से, परिवार के साथ, या उत्तरी काकेसस में पूरे गाँवों को निष्कासित कर ऐसे स्थानों पर भेज दिया गया जहाँ उन्हें सिर्फ भोजन देकर 'रिलीफ के काम' में लगाया जा सके और भुखमरी से बचाया जा सके। व्हाइट सी कैनाल के निर्माण पर दसों हजार लोगों को लगाया गया। दूसरों को चेलियाबिन्स्क और मैग्निटोगॉस्क के नये शहरों के

निर्माण में लगी मजदूर सेना को फैलाने के लिए भेज दिया गया। 1930 और 1934 ई. के बीच कितने लाख परिवारों को उनकी जमीन से उखाड़ा गया जिसमें उन्होंने अपना सब कुछ खो दिया कि हम लोग उसका अन्दाजा लगाने में भी असमर्थ हैं।"

यह ध्यान देने की बात है कि पूरे गाँव के गाँव उजाड़ दिए गए। इससे यह नहीं कहा जा सकता कि यह व्यवस्था कुलकों या सम्पन्न किसानों के विरुद्ध की गई। इस खुली शक्ति प्रयोग से सामूहिकीकरण अत्यधिक तेजी से बढ़ा। 1929 ई. की जुलाई में सामूहिक खेती में लगे किसान कुल किसानों के 3.9 प्रतिशत और सामूहिक फार्म में खेत कुल आबाद जमीन की 4.9 प्रतिशत थी। 1935 ई. में यह अनुपात बढ़कर क्रमश: 83.2 और 94.1 प्रतिशत हो गया और 1938 ई. में 93.5 और 99.3 प्रतिशत। समाजवादी दृष्टि से, सबसे महत्त्वपूर्ण, मानव मूल्यों को हम छोड़ भी दें तब भी उत्पादन की दृष्टि से खेती की पैदावार और मवेशियों के विकास पर इसका बहुत ही बुरा असर पड़ा। 1928 ई. में खेती के अन्दर कुल 11.3 करोड़ हेक्टेयर जमीन थी। 1938 ई. में यह बढ़कर 13.69 करोड़ हेक्टेयर हो गई, लेकिन अनाज का उत्पादन इन वर्षों में क्रमश: 733.2 करोड़ सेंटनार्स से 854.9 करोड़ सेंटनार्स और मवेशियों की संख्या 7.05 करोड़ से 6.23 करोड़ हो गई। खेती के पैदावार में जो बढ़ोतरी हुई, वह वास्तव में अधिक क्षेत्र पर खेती से न कि खेती के ढंग के विकास से।

अब स्वतंत्र किसानों का अस्तित्व समाप्त हो गया। किसान अब सामूहिक खेतों पर मजदूर बन गए। अब सरकार के लिए इन खेतों के उत्पादन पर पूर्ण नियंत्रण रखना सम्भव हो गया। 'वामपंथी विरोध' की ओर से जिस 'उद्योगों के अधिनायकवाद' की सिफारिश की गई थी, वह पूर्ण रूप से कायम हो गया। इस तरह स्टालिन ने कषि के क्षेत्र में ट्रॉटस्की के निष्कासन के ठीक दो साल बाद उसी नीति को अपनी पराकाष्ठा पर पहुँचा दिया जिसकी सिफारिश ट्रॉटस्की ने की थी और स्टालिन ने उसे किसान मजदूर एकता के लिए घातक बतलाया था।

13

बोल्शेविक नेताओं ने क्रान्ति के प्रारम्भिक काल में मजदूरों की कमेटियों के गठन को उद्योगों में प्रोत्साहित किया और उद्योगों की व्यवस्था पर नियंत्रण रखने का आह्वान किया, लेकिन यह स्पष्ट था कि उद्योगों की व्यवस्था पर स्थानीय या औद्योगिक मजदूरों का नियंत्रण अराजकवादी और खासकर सिंडिकलिस्ट विचारों से मेल खाता था, बोल्शेविकों के विचारों से नहीं। शुरू में बोल्शेविकों का स्थान अराजकवादियों, जो मजदूर कमेटियों में भविष्य के औद्योगक व्यवस्था का अंकुर देखते थे, और मेंशेविकों, जो क्रान्ति के स्वरूप को पूँजीवादी प्रजातांत्रिक मानते थे और इस तरह मजदूरों के स्वायत्त शासन के इस यंत्र को शत्रुता की दृष्टि से देखते थे, के बीच में था। इसलिए शुरू में जहाँ उन्होंने मजदूरों की कमेटियों को प्रोत्साहित किया, वहाँ सत्ता के मजबूत होने के साथ-साथ वे इसकी शक्ति को नियंत्रित करते रहे। शुरू में ट्रेड यूनियनों पर मेंशेविकों का प्रभाव था और वे मजदूर कमेटियों को ट्रेड यूनियनों के अधीन करना चाहते थे। लेकिन 1918 ई. में स्थिति बदल गई और पीटरग्राड में होनेवाले अखिल रूसी ट्रेड यूनियनों के कांग्रेस में 416 प्रतिनिधियों में 273 प्रतिनिधि बोल्शेविक पार्टी के थे।

क्रान्ति के तत्काल बाद 14-27 नवम्बर, 1917 ई. को ऑल रशियन सेंट्रल एक्जीक्यूटिव कमिटी के सामने जो आदेश स्वीकृति के लिए आया, उसमें कहा गया था : "1. उत्पादन, गोदाम, सामानों तथा कच्चे माल की खरीद-बिक्री पर मजदूरों का नियंत्रण सभी ऐसे औद्योगिक, व्यापारिक, बैंकिंग तथा कृषि के संस्थानों पर लागू होगा जिसमें पाँच से कम मजदूर काम नहीं करते या जिनका उत्पादन 10,000 रूबल से कम नहीं है। 2. मजदूरों का नियंत्रण उद्योग में काम करनेवाले सभी मजदूर तथा कर्मचारियों द्वारा या तो सीधा अगर उद्योग छोटा है या उनके चुने हुए प्रतिनिधियों द्वारा होगा। 3. जब तक मजदूरों तथा कर्मचारियों के प्रतिनिधियों को आज्ञा न मिले कारखाने को बन्द करने या राज्य के महत्त्व के कामों को बन्द करने पर एकदम रोक है।"

इसके अतिरिक्त मजदूरों की कमेटियों को कारखाने के सभी बहीखातों का निरीक्षण करने का हक था, लेकिन ट्रेड यूनियनों के दबाव के अन्दर इस कानून

की धारा 6 में निम्नलिखित बात घुसा दी गई थी : “मजदूरों एवं कर्मचारियों के चुने हुए प्रतिनिधियों के फैसले उद्योगों के मालिकों पर अनिवार्य रूप से लागू होंगे और इन फैसलों को ट्रेड यूनियन और उनकी कांग्रेस ही रद्द कर सकती है।” इस तरह अन्तिम निर्णय ट्रेड यूनियनों के हाथ में छोड़ दिया गया, लेकिन इसके साथ-साथ यह भी निर्णय लिया गया कि ट्रेड यूनियनों के प्राथमिक संगठन ये मजदूर कमेटियाँ हों। इस तरह ट्रेड यूनियनों पर मजदूर कमेटियों के नियंत्रण की भी गुंजाइश कर दी गई।

लेकिन महीने भर के भीतर अन्य आर्थिक नियंत्रण के यंत्र स्थापित किए गए जिससे ‘वर्कर्स कमेटियों’ के अधिकार अर्थव्यवस्था में संकुचित होते-होते समाप्त हो गए। 5-17 दिसम्बर, 1917 ई. में सुप्रीम काउंसिल ऑफ नेशनल इकोनॉमी स्थापित हुई। इसके अन्दर ‘चीफ कमेटीज’ और ‘सेंटर्स’ बनाए गए, जिनका काम हुआ, नीचे से ऊपर तक अर्थव्यवस्था को नियंत्रित करना। वर्कर्स कमेटियों को यह मौका नहीं दिया गया कि वे एक-दूसरे से सम्बन्ध स्थापित कर अपना संगठन खुद इस काम के लिए कर सकें। इस नई व्यवस्था के पक्ष में यह दलील दी गई कि मजदूर कमेटियाँ स्वभाव से संकुचित स्वार्थ का प्रतिनिधित्व करती हैं और इस तरह पूरी अर्थव्यवस्था का नियंत्रण इनके हाथों में नहीं छोड़ा जा सकता। हालाँकि गृहयुद्ध के समाप्त होने पर जब उद्योगों को पुनर्विकसित करने का प्रश्न उठा, उद्योगों के समूहों को इस बात की स्वतंत्रता बहुत हद तक दी गई कि वे स्वयं अपने ट्रस्टों द्वारा (जिसमें इन्हें संगठित किया गया) अपनी समस्याओं का समाधान करें।

अब ट्रेड यूनियनों के अधिकार और कर्तव्यों के सम्बन्ध में विवाद शुरू हुआ। 1918 ई. के जनवरी में अखिल रूसी ट्रेड यूनियनों के कांग्रेस में स्पष्ट रूप से दो विरोधी विचार प्रकट किए गए। मेंशेविकों और बोल्शेविकों ने रिआजानोव और लोगोव्सकी ने ट्रेड यूनियनों के सरकारी नियंत्रण से स्वतंत्रता की सिफारिश की। अन्य बोल्शेविक नेता ट्रेड यूनियनों को राज्य के नियंत्रण में रखने के समर्थक थे। उनकी दृष्टि में चूँकि मजदूर सत्ता में आ गए थे, ट्रेड यूनियनों का संघर्ष उनके अपने राज्य के खिलाफ होता। अत: वे इस विचार के थे कि ट्रेड यूनियनों को काम अब सरकार को उत्पादन के संगठन और वृद्धि में मदद देने का था। इसके विपरीत मेंशेविक जो इस क्रान्ति को पूँजीवादी प्रजातांत्रिक मानते थे, राज्य से स्वतंत्र ट्रेड यूनियनों के अस्तित्व को उनकी हित रक्षा के लिए आवश्यक मानते थे।

लेकिन वस्तुस्थिति यह थी कि अर्थव्यवस्था पर मजदूरों या ट्रेड यूनियनों के नियंत्रण को बोल्शेविकों ने खुद सिंडिकलिस्ट विचार समझकर नामंजूर कर दिया था और व्यक्तिगत रूप से एक-दो ट्रेड यूनियन प्रतिनिधियों के सरकार में होने के अलावा अर्थव्यवस्था पर मजदूरों के अधिकार का कोई दूसरा चिह्न नहीं था। उस समय सोवियतों पर गैर मजदूर स्वार्थों का ही अधिकार था और मजदूर और इनके सोवियत दाल में नमक के बराबर थे। 1918 ई. में औद्योगिक मजदूरों की

कुल संख्या केवल 25,00,000 रह गई थी और 1920-21 में यह संख्या घटकर 14,80,000 और 1921-22 में 12,40,000 हो गई। ऐसी स्थिति में अर्थव्यवस्था या राज्य पर मजदूरों के नियंत्रण की बात वास्तव में कोरी कल्पना थी, लेकिन इस सम्मेलन में कोई निश्चित फैसला नहीं लिया जा सका। सिर्फ मोटे तौर से सरकार के समर्थन की नीति मंजूर की गई।

गृहयुद्ध के शुरू होने पर परिस्थिति ने एक निर्णायक मोड़ लिया। 1919 ई. के अप्रैल के आदेश से सरकार को यह अधिकार मिला कि वह किसी भी व्यक्ति को किसी खास काम में लगा सके। इसी समय मॉस्को और पीटरग्रेड में मजदूरों में लेबर बुक चालू किया गया। इसी समय कैदियों के मजदूरी की व्यवस्था हुई। लेबर कैम्प संगठित करने का काम चेका (जो बाद में ऑगपू तथा एन.के.वी.डी. आदि में परिवर्तित हुआ) को सुपुर्द किया गया। इसे किसी भी व्यक्ति को गिरफ्तार करने तथा गुप्त रूप से सजा देने का अधिकार था। लेबर कैम्पों में आदमी जमा करने के लिए यह आदर्श रूप से स्थित था। ट्रॉटस्की ने जिसके जिम्मे यातायात के संगठन का काम था, ट्रेड यूनियन के अधिकारियों की बर्खास्तगी से शुरू करके मजदूरों के सैनिकीकरण के द्वारा यातायात को चमत्कारिक ढंग से सुधार दिया। अब मजदूरों के सैनिकीकरण की चर्चा चारों ओर होने लगी।

जब ट्रेड यूनियनों का तृतीय कांग्रेस अप्रैल 1920 ई. में शुरू हुआ, चारों ओर बड़े पैमाने पर मजदूरों का सैनिकीकरण चल रहा था। मेंशेविकों ने काम के इस तरीके का विरोध किया। बोल्शेविकों के प्रवक्ता के रूप में ट्रॉटस्की ने स्वतंत्र मजदूरी के मेंशेविकों के सिद्धान्त का जिस रूप में खंडन किया, उसने पिछड़ी अर्थव्यवस्था में समाजवादी विकास के प्रयत्नों की एक दूसरी कठिनाई पर स्पष्ट प्रकाश डाला। यह बतलाते हुए कि दबाव के अन्दर लिया जानेवाला श्रम अनुत्पादक नहीं है, उसने आगे कहा, "मानव का पूरा इतिहास अधिक उत्पादन के लिए काम की शिक्षा का इतिहास है। यह कोई सहज काम नहीं है क्योंकि मनुष्य आलसी है और उसे ऐसा होने का अधिकार है...। स्वतंत्र मजदूरी भी शुरू में उत्पादक नहीं थी...यह एक सामाजिक शिक्षा की प्रक्रिया से उत्पादक हुई। हर तरह के उपाय इस शिक्षा के लिए व्यवहृत हुए। पूँजीपतियों ने पहले किसानों को सड़कों पर खदेड़ दिया और उनकी जमीन ले ली। जब किसानों ने कारखानों में काम करने से इनकार किया तब पूँजीपतियों ने उन्हें गर्म लोहों से दागा, उन्हें फाँसी पर लटकाया या गोली मार दी और इस तरह उन्हें कारखानों में उत्पादन के लिए तैयार किया। हम लोगों की समस्या है, मजदूरों को सोशलिस्ट सिद्धान्त के अनुसार शिक्षित करने की। इसके लिए हमारा क्या तरीका है? वे पूँजीपतियों के तरीकों से कम विभिन्न नहीं हैं लेकिन वे अधिक ईमानदारी के, अधिक सीधे और स्पष्ट हैं तथा छद्म और दगाबाजी से भ्रष्ट नहीं हैं।"

(सोवियत ट्रेड यूनियंस ले. आईजैक ड्योआयश्चर से उद्धृत)

इस तरह जहाँ पिछड़ी अर्थव्यवस्था में समाजवादी निर्माण के उत्साह ने किसानों के शोषण का मार्ग दिखलाया वहीं मजदूरों को समाजवादी उत्पादन की शिक्षा देने के लिए दमन की नीति आवश्यक समझी जाने लगी, लेकिन ये दमन करनेवाले कौन होते? स्पष्ट था, वे स्वयं मजदूर नहीं हो सकते थे चूँकि बोल्शेविक पार्टी अभी कुछ चुने हुए क्रान्तिकारियों की पार्टी थी जिसका नेतृत्व कुछ समाजवादी बुद्धिजीवियों के हाथ में था, लेनिन के सिद्धान्त के अनुसार, जिसका प्रतिपादन उसने अपनी पुस्तक 'व्हाट इज टू बी डन?' में किया था, सफल समाजवादी क्रान्ति के लिए ऐसे ही 'व्रैन्गार्ड' (मजदूरों में सबसे आगे बढ़े जागरूक लोग) की पार्टी को आवश्यकता थी। इसके अलावा स्वयं कोई वर्ग अपने ऊपर दमन करे, यह मनुष्य स्वभाव के प्रतिकूल है। बोल्शेविक ज्यादा-से-ज्यादा मजदूर वर्ग के भविष्य के लिए अपनी निष्ठा में विश्वास रखने की अपील मजदूर वर्ग से कर सकते थे, लेकिन यह वही दृष्टिकोण था जिसकी आलोचना मार्क्स-एंगेल्स ने 'यूटोपियन सोशलिस्टों' में की थी और यह ऐलान किया था कि मजदूर वर्ग स्वयं ही अपने को मुक्त कर सकता है। मनुष्य आदतों का दास है। जो लोग एक बार मजदूरों का दमन करने के आदी हो चुकते वे क्या एक निश्चित अवधि के बाद स्वत: इस नीति को बदल सकते? क्या यह दमन नीति ऐसे लोगों का एक समूह शासन में पैदा नहीं करती, जिसकी निष्ठा मजदूरों के भविष्य में नहीं हो और जिसके स्वार्थ मजदूरों के विपरीत पड़ते हों? क्या प्राचीन समय के वर्ग या जातियाँ कुछ ऐसी ही परिस्थितियों में नहीं पैदा हुईं? ये समस्याएँ अभी बोल्शेविकों के समक्ष नहीं थीं।

लेकिन 1921 ई. में 'न्यू इकोनॉमिक पॉलिसी' की शुरुआत होने से 'युद्ध-कम्युनिज्म' और इसके साथ ही मजदूरों के सैनिकीकरण का सवाल भी खत्म हो गया। 1921 ई. में 1928 ई. तक का काल चतुर्दिक आर्थिक विकास और मजदूरों की दशा में सुधार का काल रहा, लेकिन 1926 ई. से, जबकि पुराने उद्योग करीब-करीब युद्ध के पूर्व की स्थिति में आ गए, विकास की वास्तविक समस्या पैदा हुई। पुराने मशीनों को नहीं बदल पाने के कारण उत्पादन वास्तव में युद्ध के पहले का सिर्फ 75 प्रतिशत रह गया था। जब रूस के प्रथम पंचवर्षीय योजना की रूपरेखा के सम्बन्ध में चर्चा हो रही थी तो ट्रॉटस्की के राष्ट्रीय आय के 15 से 18 प्रतिशत के प्रतिवर्ष संचय के सुझाव को अति महत्त्वाकांक्षी तथा खतरनाक कहकर नामंजूर कर दिया गया। इसके विपरीत स्तालिन ने बुखारिन और टॉम्सकी के सुझाव पर शुरू में 1928 ई. तक 9 प्रतिशत संचय के सिद्धान्त को मंजूर किया। टॉम्सकी बोल्शेविकों में सबसे प्रमुख ट्रेड यूनियन नेता था और बोल्शेविक नेताओं में अकेला मजदूर वर्ग में पैदा हुआ था। वह अधिक तेज संचय के खतरे से अवगत था। इसका अर्थ होता, उत्पादक उद्योगों का अनुपातत: उपभोग उद्योग से अधिक विकास। उपभोग के वस्तुओं के अभाव से मुद्राप्रसार और मजदूरों के जीवन स्तर का गिराव। इसका अर्थ होता, काम में गति लाने के लिए मजदूरों का दमन।

जब योजना को लागू किया गया तब पूँजी संचय की गति कहीं अधिक तेज कर दी गई। बुखारिन और टॉम्सकी का राजनीति में पतन हो गया। मॉरिस डॉब के अनुसार, पूँजी संजय कुल राष्ट्रीय आय की अनुपात में 1928 ई. से 1932-33 तक निम्नलिखित ढंग से हुआ—

	1928-29	1929-30	1930-31	1931-32	1932-33	पाँच वर्षों के लिए
कुल संचय	22.6%	28.2%	32.1%	33.2%	33.6%	30.5%
अचल पूँजी का संचय	16.1%	20.9%	23.6%	24.3%	25.3%	20.9%

(सोवियत इकोनॉमिक डेवलपमेंट)

इस तरह जहाँ अचल पूँजी के संचय को योजना के आखिरी वर्ष में 25 प्रतिशत से ऊपर हो जाना था, वहीं इसमें तीन-चौथाई हिस्सा भारत उद्योगों पर खर्च होना था। इसका अर्थ हुआ कि नये उद्योग प्रमुख रूप से उत्पादकों के लिए सामान तैयार करते। द्वितीय योजना ने अचल पूँजी के संचय को 25 प्रतिशत से 19.5 प्रतिशत करने का विचार किया। इसके साथ-साथ उपभोग की चीजों का उत्पादन मूल्य के हिसाब से 1.5 गुना बढ़ा दिया जानेवाला था, लेकिन भयंकर मुद्रा प्रसाद के कारण यह परिवर्तन केवल नाम मात्र का रहा। उपभोग की चीजों के उत्पादन में कोई वास्तविक प्रसार नहीं हो पाया। जो लक्ष्य उपभोग की वस्तुओं के क्षेत्र में विभिन्न पंचवर्षीय योजनाओं के लिए रखे गए, उनसे स्पष्ट है कि उपभोग के वस्तुओं का उत्पादन बढ़ने के बजाय स्थायी रहा या संकुचित हुआ। लक्ष्यों के आँकड़े नीचे दिए जाते हैं—

पंचवर्षीय योजनाओं के अन्त में उत्पादन का लक्ष्य

उपभोग के कुछ वस्तु	प्रथम	द्वितीय	तृतीय	चतुर्थ
	1932	1937	1942	1950
कपास के सामान मिलियार्ड मीटर	4.7	5.1	4.9	4.7
ऊनी सामान (मिलियन मीटर)	270	220	177	159
लिनेन (मिलियन मीटर)	500	700	385	—
वनस्पति तेल (हजार टन)	1,100	850	850	880
चीनी (मिलियन टन)	2.6	2.5	3.5	2.4

(स्टालिन सैटेलाइट्स इन यूरोप—इगायल ग्लुक्सटाइन)

20वीं कांग्रेस के समय दिए गए ख्रुश्चेव के आँकड़ों से पता चलता है कि 1950 में लक्ष्य की पूर्ति नहीं हो सकी और 1932-33 के लिए रखा गया लक्ष्य 1955 में भी मुश्किल से पूरा हो सका। वे आँकड़े निम्नलिखित हैं—

	कपास का सामान (मिलियन मीटर)	ऊनी सामान (मिलियन मीटर)	वनस्पति तेल (हजार टन)	चीनी (मी. टन)
1950	3,899	155	800	2.5
1955	5,904	251	1,100	3.4

(फॉर ए लास्टिंग पीस फॉर ए पीपुल्स डेमोक्रेसी, 17 फरवरी, 1956)

इस तरह जहाँ सूती कपड़ा तथा चीनी के उत्पादन में 1932-33 ई. के लिए रखे गए लक्ष्य से कुछ बढ़ती 1955 ई. में हुई, वहाँ ऊनी सामान उस लक्ष्य से पीछे रहा और वनस्पति तेल का उत्पादन 1932-33 ई. के लक्ष्य के बराबर रहा। जहाँ आबादी बढ़ रही हो और लोगों की आवश्यकता की चीजों का उत्पादन घट रहा हो, यह स्वाभाविक था कि मजदूरों का जीवन स्तर नीचे आए। इस तरह 1928 ई. के बाद लगातार मजदूरों की वास्तविक आय घटती रही। वास्तव में प्रथम योजना की सफलता के बाद रूबल में मजदूरों की 1927-28 ई. के मुकाबले 106 प्रतिशत बढ़ गई, लेकिन रोजाना व्यवहार की चीजों की कीमत इसी अवधि में 150 से 200 प्रतिशत तक बढ़ गई (लेबर इन दी सोवियत यूनियन—सोलोमन. एम. सवाज)। द्वितीय पंचवर्षीय योजना के बाद पुन: चीजों की कीमतें 200 से 300 प्रतिशत बढ़ गईं। इस तरह मजदूरों की आय में कोई सुधार नहीं हो पाया। 1935 ई. में आवश्यकता की वस्तुओं पर से दोहरी कीमत हटा दी गई, जिसके अनुसार मजदूरों को कुछ सस्ती कीमत पर आवश्यकता की चीजें मिल जाया करती थीं। इस तरह उनके जीवन स्तर में और भी अधिक गिराव आया, लेकिन दो बातों से उनके जीवन स्तर का वास्तविक गिराव उतना आकि नहीं हो पाया जितना कि मजदूरी के गिराव से होना चाहिए था। जहाँ मजदूरों की वास्तविक मजदूरी घट रही थी वहाँ काम करनेवालों की संख्या में तेजी से वृद्धि हो रही थी। जहाँ 1928 ई. में कुल मजदूरी तथा वेतन पानेवाले लोगों की संख्या रूस में 1,15,99,000 थी, वहाँ 1940 ई. में यह संख्या 3,04,00,000 हो गई। इस तरह परिवार में एक की जगह दो या तीन आदमी काम में लग गए और एक आदमी की गिरी आय की पूर्ति दो आदमी की मिली-जुली आय से हो जाती थी। एक दूसरा कारण था, मजदूरों को छोटे-छोटे निजी फार्मों पर जो उनके घर से लगे होते, फसल उगाने और मुर्गी पालने का अधिकार। इससे वे अपनी आवश्यकता की कुछ चीजें खुद पैदा कर लेते थे।

खेतों के समूहीकरण से बहुत-से किसान औद्योगिक मजदूर बनकर कारखानों में काम करने को मजबूर हुए। अब ट्रॉटस्की ने जिस मजदूरी की शिक्षा की बात 10 साल पहले की थी, वह स्टालिन के हाथों बड़े पैमाने पर सम्पन्न होने लगी। खेतों के समूहीकरण से जहाँ एक तरफ देहातों से मजदूर औद्योगिक क्षेत्रों में काम की तलाश में पहुँचने लगे वहाँ समूहीकरण की बात सुनकर बहुत-से मजदूर भी जिनकी अपनी जमीन थी, जमीन बचाने के लिए कारखाना छोड़कर गाँवों में जाने लगे। इससे उद्योगों में घोर अव्यवस्था फैल गई। बहुत-से कारखाने कुशल मजदूर पाने के लिए अन्य कारखानों की अपेक्षा अधिक मजदूरी का प्रलोभन देने लगे। ट्रेड यूनियन जो अब पूर्ण रूप से सरकार के नियंत्रण में आ गए थे, सरकारी उद्योग की मदद में पूरी तरह से लग गए।

ए.यू.सी.टी.यू.सी. के विशेष अधिवेशन में जो 1933 ई. के जनवरी महीने में हुआ था, टी.यू.सी. के सचिव ग्रैविल डी. वाइनबर्ग ने यूनियन की नीति को निम्नलिखित शब्दों में व्यक्त किया : "हम लोगों को वैसे हर ट्रेड यूनियनिस्ट को सजा देनी चाहिए जो मजदूरी के प्रश्न पर पार्टी लाइन की वक्रता को बर्दाश्त करता है, उसी कड़ाई से पेश आना चाहिए, जिस कड़ाई से पार्टी अपने भीतर के अवसरवादियों के साथ, जो अनाज देने या अन्य कामों में समाजवादी निर्माण की अगली पंक्ति के काम में बाधा डालते हैं, पेश आती है। आप कभी-कभी ऐसी फुसफुसाहट सुनते हैं, क्या यह यूनियनों को शोभा देता है कि वे उन सहूलियतों का विरोध करें जिन्हें कारखानों के अधिकारी स्वयं देने को तैयार हैं? अगर हम वैसा करेंगे तो मजदूरों के सम्मुख कैसे जाएँगे। यह यूनियन के कर्तव्यों की सबसे शर्मनाक समझदारी है। यह सीधा-सादा ट्रेड यूनियनिज्म है। हमें सक्रिय रूप से ऐसे 'मजदूरों की हित रक्षा' के खिलाफ लड़ना चाहिए।"

(ट्रेड जनवरी 24, 1933, लेबर इन दी सोवियत यूनियन से उद्धृत)

इस तरह अब ट्रेड यूनियनों के लिए मजदूरों की हित रक्षा के लिए कुछ कहना अपराध बन गया। 1922 ई. के लेबर कोड के अनुसार किसी भी काम करनेवाले को एक कारखाने से दूसरे कारखाने में बिना उसकी इच्छा के नहीं बदला जा सकता था। अब इस कोड की खुलेआम अवहेलना शुरू हो गई। 1927 ई. में काम के घंटे 8 से घटाकर 7 कर दिए गए थे, लेकिन अब काम की गति बिना मशीन में सुधार किए बढ़ा दी गई। काम पर देरी से पहुँचना एक अपराध बना दिया गया, जिसके लिए 4 से 6 महीने तक जेल की सजा हो सकती थी। अक्सर बिना अतिरिक्त मजदूरी दिए मजदूरों से काम के घंटे से ज्यादा काम करवाया जाता था। 1940 ई. के एक आदेश के जरिए पियुल्स कॉमिसार को किसी भी काम करनेवाले को कारखाने से कारखाने या ऑफिस से ऑफिस में बदलने का अधिकार मिल गया। इस तरह

स्वतंत्र मजदूर का अस्तित्व बहुत हद तक समाप्त हो गया। मजदूरों की स्थिति बहुत कुछ राज्य के गुलामों की सी हो गई, जो ट्रेड यूनियन या अन्य संगठन के माध्यम से सर्वशक्तिवादी राज्य का विरोध करने में असमर्थ थे। आवश्यकता की चीजों के अभाव का एक परिणाम यह हुआ कि आमदनी का फर्क बहुत ज्यादा बढ़ गया। साधारण मजदूर और राज्य के ऊँचे ओहदे के अफसरों की आय में सैकड़ों गुणा का फर्क हो गया। राजनीतिक बन्दी, तथा मजदूरों एवं किसानों में उन लोगों को जो दमनकारी नियमों का विरोध करते, बड़ी तादाद मे गुलामों की तरह कठिन कामों में सिर्फ भोजन देकर लगाया जाने लगा। इस तरह मजदूरों के जितने तरह के शोषण के विरुद्ध मजदूरों ने सदियों से आवाज उठाई थी, उसमें करीब-करीब हर तरह का शोषण एक परिवर्तित नाम से रूस के 'मजदूर राज्य' में शुरू हो गया।

14

रूसी राज्य व्यवस्था के विकास का विश्व के समाजवादी चिन्तन पर बहुत गहरा असर पड़ा। यह प्रभाव कुछ हद तक तो प्रत्यक्ष रूप से तृतीय अन्तरराष्ट्रीय के माध्यम से पड़ा, लेकिन इससे भी अधिक प्रभाव इस विकास की प्रतिक्रिया के रूप में पड़ा। समाजवादी आन्दोलन उदारवादी परम्परा की अन्तिम सीमा पर पैदा हुआ था। पहले-पहल रूस की क्रान्ति ने इस परम्परा पर आघात किया। रूस के बोल्शेविक नेताओं ने उदारवादी नीति का परित्याग विशेष परिस्थितियों के दबाव के भीतर किया था, लेकिन उन्होंने अपने हर कदम को सैद्धान्तिक मान्यता प्रदान करना शुरू किया। राज्य व्यवस्था चलाने में विशेष परिस्थितियों में आगे बढ़े हुए कदम को पीछे हटाना या नीति में यत्र-तत्र परिवर्तन करना अनिवार्य हो सकता है, लेकिन ऐसे हर परिवर्तन को अटल सिद्धान्त बनाने के प्रयत्न से एक तरफ तो रूढ़िवादिता पैदा होती है और दूसरी तरफ सिद्धान्त के उलट-फेर से अवसरवादिता।

सोवियत रूस में यह प्रक्रिया विशाल पैमाने पर जारी रही। शुरू में बोल्शेविक नेता सोवियत रूस को क्रान्ति के प्रसार का एक प्लेटफॉर्म मानते थे और ऐसी अवसरवादी नीति को अपनाने के विरोधी थे जो विश्व क्रान्ति में बाधक हो। लेनिन ने स्पष्ट रूप से अपने अन्तिम लेख में इस बात पर घोर चिन्ता जतलाई थी कि पिछड़े और गुलाम मुल्कों पर रूस की केन्द्रीय सरकार द्वारा अपनाई गई साम्राज्यवादी नीति का बुरा प्रभाव पड़ेगा, लेकिन लेनिन के मरने के बाद और स्टालिन के हाथ में सम्पूर्ण सत्ता के आ जाने से परिस्थिति बिलकुल बदल गई। अब स्टालिन ने तृतीय अन्तरराष्ट्रीय और दुनिया की कम्युनिस्ट पार्टियों का उपयोग अपनी संकीर्ण राष्ट्रीयता के हित साधन के लिए करना शुरू किया। ट्रॉटस्की, जो विश्व का हिमायती था, ने इस नीति का विरोध किया, लेकिन वह खुद कम्युनिस्ट पार्टी और रूस से निष्कासित कर दिया गया।

इधर रूस के भीतर, जैसाकि हम देख चुके हैं, किसानों के अधिकारों, मजदूरों की स्वतंत्रता तथा जनसाधारण के नागरिक अधिकारों का, जो 1917 ई. की क्रान्ति में उन्हें प्राप्त हुए थे, अपहरण होता रहा। अब कम्युनिस्ट यह मानने लगे कि ये अधिकार पूँजीवादी परम्परा के अवशेष हैं और सर्वहारा के राज्य में इन पूँजीवादी

विचारों के लिए स्थान नहीं है। यही नहीं, प्रजातंत्र का अर्थ वे पूँजीवादी व्यवस्था लगाने लगे। चूँकि तृतीय अन्तरराष्ट्रीय सोवियत कम्युनिस्ट पार्टी के नेतृत्व में चलता था, इसलिए इस अन्तरराष्ट्रीय के भीतर की कम्युनिस्ट पार्टियाँ भी प्रजातांत्रिक और उदारवादी विचारों की कट्टर विरोधी बन गईं।

प्रथम विश्वयुद्ध और उससे पैदा हुई आर्थिक विपन्नता और अव्यवस्था ने इन अनुदारवादी विचारों को और भी बढ़ावा दिया। जैसाकि पहले बतलाया जा चुका है, सोशलिस्ट नेताओं की कमजोरी से युद्ध के बाद क्रान्ति नहीं हो पाई और वह आर्थिक अराजकता, जिसने युद्ध को जन्म दिया था, ज्यों की त्यों बनी रही। युद्ध के बाद जिन लोगों के हाथ सत्ता आई वे उदारवादी तो थे, पर उनकी दृष्टि इतनी सीमित थी कि वे यूरोप की आर्थिक समस्याओं का समाधान करने में असमर्थ थे। इधर आर्थिक संकट और बेकारी यूरोप की अर्थव्यवस्था को झकझोरते रहे। लोग किसी भी कीमत पर इस अव्यवस्था से निकलने के लिए तैयार थे। कम्युनिस्ट पार्टियों ने उदारवाद की जड़ें हिला ही दी थीं। इस परिस्थिति से एक-दूसरे अनुदारवादी आन्दोलन का जन्म हुआ। यूरोप पर 'फासिज्म' का भूत मँडराने लगा।

फासिज्म के अग्रदूत मुसोलिनी ने निम्नलिखित शब्दों में इस नई विचारधारा की व्याख्या की : "मनुष्य स्वतंत्रता से ऊब गए हैं। उन्होंने इसकी अति कर दी है। स्वतंत्रता अब वह पवित्र और कठोर कुमारी नहीं रही जिसके लिए पिछली शताब्दी के प्रथमार्द्ध की पीढ़ी ने युद्ध किया और मारे गए। अब आधुनिक इतिहास के ऊषाकाल में आनेवाले कर्तव्यशील, बेचैन, रूखे नौजवानों के सामने अन्य मूल्य हैं जिनमें अधिक जादू है : व्यवस्था, ऊँच-नीच की भावना, अनुशासन। यह हमेशा के लिए समझ लेना चाहिए कि फासिज्म कोई मूर्ति नहीं मानता है, किसी इष्ट (फेटिश) की पूजा नहीं करता। स्वतंत्रता की देवी की लगभग सड़ी हुई लाश को यह रौंद चुका है और अगर आवश्यकता हुई तो यह फिर पीछे लौटकर इसे रौंदेगा।...तथ्य पुस्तकों से तेज आवाज में बोलते हैं, अनुभव सिद्धान्त से ज्यादा सार्थक है। युद्ध के असर का महान अनुभव इसे उदारवाद के पतन के रूप में दिखलाता है। रूस और इटली में यह साबित हो चुका है कि सम्पूर्ण उदारवादी विचार को छोड़ इसके ऊपर और इसके विरुद्ध शासन किया जा सकता है। कम्युनिज्म और फासिज्म उदारवाद से बिलकुल अलग है।"

(रुडॉल्फ रॉकर की पुस्तक 'नेशनलिज्म एंड कल्चर' से उद्धृत)

हालाँकि कार्य प्रणाली और राज्य व्यवस्था में कम्युनिस्ट और फासिस्ट एक-दूसरे से बहुत समीप थे, फिर भी दोनों के बीच एक आधारभूत विभिन्नता थी। जहाँ कम्युनिस्ट पूँजीवाद अर्थव्यवस्था को नष्ट करने के पक्षपाती थे, वहाँ फासिज्म पूँजीवादी अर्थव्यवस्था को जिन्दा रखने का समर्थक था। पूँजीवाद

पर उन्होंने भी बहुत-सा नियंत्रण रखा था और नियोजित अर्थव्यवस्था के भी वे समर्थक थे, लेकिन वे पूँजीवाद पर नियंत्रण के समर्थक इसलिए थे क्योंकि स्वतंत्र पूँजीवादी व्यवस्था अब जीवित नहीं रखी जा सकती थी। वास्तव में यह पूँजीवाद का वह स्तर था जबकि मजदूर वर्ग की चेतना इतनी बढ़ गई थी कि पुरानी प्रजातांत्रिक राज्य व्यवस्था के भीतर मजदूर वर्ग का सत्ता पर प्रभुत्व अवश्यम्भावी था। वास्तव में प्रथम और द्वितीय महायुद्धों के बीच के काल में पश्चिमी यूरोप के देशों में सोशलिस्ट और कम्युनिस्ट बार-बार स्वतंत्र या सम्मिलित सरकारों में आते रहे। अब जैसे-जैसे प्रजातांत्रिक राज्य व्यवस्था पर कमजोर वर्ग का प्रभाव बढ़ने लगा वैसे-वैसे पूँजीपति वर्ग का विश्वास प्रजातांत्रिक व्यवस्था पर से घटने लगा। फासिज्म का विकास वास्तव में पूँजीवादी वर्ग के इस नये बोध का परिणाम था। अब यूरोप में ऐसी स्थिति पैदा हो गई थी कि उदारवादी प्रजातांत्रिक राज्य व्यवस्था केवल एक समाजवादी अर्थव्यवस्था के आधार पर ही कायम की जा सकती थी।

लेकिन कम्युनिस्ट रूस की अनुदारवादी विचार से बँधे हुए थे। वे सोशल डेमोक्रेसी की अपेक्षा फासिज्म से अधिक सामंजस्य पाते थे। इससे भी बढ़कर स्टालिन की नीति ने कम्युनिस्ट अन्तरराष्ट्रीय को रूस की विदेश नीति से बाँध दिया था। इस परिणाम यह हुआ कि जब कभी भी स्टालिन फासिस्ट देशों के साथ कोई समझौता करता, उन देशों की कम्युनिस्ट पार्टियाँ फासिज्म की समर्थक बन जातीं। कम्युनिस्ट यहाँ तक समझने लगे थे कि सोशल डेमोक्रेसी और उदारवादी परम्परा का नाश उनकी क्रान्ति का मार्ग प्रशस्त करेगा। इस तरह हर जगह उन्होंने मजदूर आन्दोलन को तोड़ने-फोड़ने का प्रयास किया।

जर्मनी में हिटलर के नेशनल सोशलिस्टों के सत्ता में आने पर रूस और जर्मनी के बीच दरार न होने पावे इसलिए जर्मनी की कम्युनिस्ट पार्टी ने जर्मन जनता से निम्नलिखित अपील की : "जर्मनी की कम्युनिस्ट पार्टी फासिज्म विरोधी और नेशनल सोशलिस्ट जनता के मनमुटाव को मिटाने की अपील करती है। जर्मन जनता के महत्त्वपूर्ण हित इस बात की माँग करते हैं कि नेशनल सोशलिस्ट, शान्ति, स्वतंत्रता और कल्याण के लिए गैर नेशनल सोशलिस्टों की तरफ बन्धुत्व का हाथ बढ़ाएँ।"

(इंटरनेशनल प्रेस कॉरेस्पॉन्डस खंड-16, नं. 48, फ्रेनर ब्रोकवे के वर्कर्स फ्रंट से)

इसी तरह जब स्टालिन ने मुसोलिनी के साथ साँठ-गाँठ करनी चाही तो कम्युनिस्ट पार्टी इटली में फासिज्म के साथ समझौता का प्रयत्न करने लगी। उन्होंने एक घोषणापत्र में कहा : "इटालियन राष्ट्र के बच्चो! फासिस्ट और कम्युनिस्ट कैथोलिक और सोशलिस्ट, हर विचार के लोग एक-दूसरे की ओर हाथ बढ़ाएँ

और कन्धे से कन्धा भिड़ाकर आगे बढ़कर एक सभ्य देश, जैसाकि इटली है, की मर्यादा के लायक अस्तित्व कायम करें। हम सबों का एक ही उद्‌देश्य है, इटली को मजबूत, स्वतंत्र और खुशहाल बनाना।"

(इंटरनेशनल प्रेस कॉरस्पॉन्डेंस, खंड-16, नं. 48)

कम्युनिस्ट अन्तरराष्ट्रीय की अवसरवादिता और पश्चिमी यूरोप के मजदूर आन्दोलन की साम्राज्यवादी परम्परा ने सम्मिलित रूप से इस अन्तरराष्ट्रीय में भी वही बीमारी पैदा कर दी जिसके विरुद्ध संघर्ष करने के लिए इसकी स्थापना हुई थी। अब यह क्रान्तिवादी संगठन की जगह संकीर्ण रूसी राष्ट्रवादी संगठन बन गया। यूरोप में सोशलिस्टों की तरह ये भी पूँजीवादी शक्तियों के साथ रूस की स्वार्थ रक्षा के लिए अवसरवादी गठबन्धन करने लगे। इस नीति से फ्रांस और स्पेन में लगभग हाथ में आई हुई सत्ता श्रमिक वर्ग के हाथ से निकल गई।

फ्रांस में 1934 ई. में फासिस्ट विद्रोह का खतरा अपनी चरम सीमा पर था। इसका मुकाबला करने के लिए सुधारवादी ट्रेड यूनियन फेडरेशन ने आम हड़ताल का ऐलान किया। कम्युनिस्ट शुरू में हिचकिचाते रहे, पर बाद में उनके मजदूर संगठन ने भी हड़ताल में शामिल होने का फैसला किया। अब जो संयुक्त मोर्चा बना, उसका क्रान्तिकारी समाजवादी प्रोग्राम था। सोशलिस्ट कम्युनिस्ट और दोनों ट्रेड यूनियन संगठनों की इस एकता से समाजवाद की स्थापना के लिए कदम बढ़ाना सम्भव हो गया, लेकिन इसी समय लवाल-स्टालिन संयुक्त घोषणा हुआ और कम्युनिस्टों ने समाजवादी क्रान्ति की बात छोड़ दी। इस संयुक्त मोर्चे में पूँजीवादी रैडिकल सोशलिस्टों को शामिल किया गया। बाद में फ्रांस में 'पॉपुलर फ्रंट' की सरकार बनी, जिसमें सोशलिस्ट और कम्युनिस्ट पूँजीवादी पार्टियों के साझेदार बने। पूँजीवादी व्यवस्था को समाप्त करना तो दूर रहा, यह सरकार पूँजीपतियों पर कोई नियंत्रण या भारी टैक्स लगाने में भी असमर्थ थी। जब सोशलिस्ट प्रधानमंत्री लियो ब्लुँ ने कड़े कदम उठाने का प्रस्ताव किया तो कम्युनिस्टों ने इसका भी शुरू में विरोध किया। कम्युनिस्ट साम्राज्यवाद के इस हद तक समर्थक बन गए कि पैडमोर तथा अन्य नीग्रो कम्युनिस्टों को फ्रेंच साम्राज्यवाद के खिलाफ आन्दोलन करने से रोका गया। कम्युनिस्टों ने एक फ्रेंच प्लेटफॉर्म का प्रस्ताव किया, जिसके प्रमुख उद्‌देश्य ये थे, (1) राष्ट्रीय अर्थव्यवस्था की रक्षा, (2) फ्रांस की सुरक्षा और स्वतंत्रता, (3) गणतंत्र के कानूनों के लिए इज्जत। यह सब नीति हिटलर की शक्ति को रोकने के लिए साँठ-गाँठ की और यह स्टालिन का फ्रेंच साम्राज्यवाद के साथ समझौते का परिणाम थी।

इसी तरह 1936 ई. में स्पेन में पॉपुलर फ्रंट की सरकार बनी। फ्रांस के विपरीत इस सरकार में सोशलिस्ट और कम्युनिस्ट बहुमत में नहीं थे, पर जनता

में क्रान्तिकारी उभार अपनी चरम सीमा पर था। परिस्थिति क्रान्तिकारी परिवर्तन के लिए परिपक्व थी। इसी समय इटली और जर्मनी की फासिस्ट सरकारों की मदद से जनरल फ्रैंको ने इस सरकार के खिलाफ विद्रोह कर दिया। फ्रांस की पॉपुलर फ्रंट की सरकार अंग्रेजी सरकार के दबाव के कारण इस सरकार को एक आन्तरिक विद्रोह के खिलाफ मदद देने में भी असमर्थ रही। मजदूर और किसानों ने सशस्त्र उठाव के द्वारा इस फासिस्ट विद्रोह का मुकाबला किया, लेकिन परिस्थिति की माँग के अनुरूप सरकार अर्थव्यवस्था में परिवर्तन नहीं ला सकी। उलटे, कम्युनिस्टों (जिन्हें रूसी सैन्य सहायता के बदलने में नगण्य शक्ति होने पर भी सरकारी मामले में काफी अधिकार दे दिया गया था) ने पी.ओ.यू.एम. का, जो मजदूरों का स्पेन में सबसे क्रान्तिकारी संगठन था तथा अराजकवादी ट्रेड यूनियन सी.एन.टी. का जिसका इस क्रान्ति में महत्त्वपूर्ण हिस्सा था, दमन करना शुरू किया। वहाँ के सबसे जनप्रिय नेता निन की हत्या कम्युनिस्टों ने उन्हें गिरफ्तार करवाकर करवा दी। भीतर-भीतर स्टालिन अब धुरी राष्ट्रों (जर्मनी, इटली, जापान) के साथ समझौते की तैयारी में था। इस तरह कम्युनिस्टों के इशारे पर स्पेन की सरकार ने फासिस्टों के बजाय देश के क्रान्तिकारी तत्त्वों पर धावा बोल दिया। उधर, मुसोलिनी और हिटलर ने स्वयं सेवक के नाम पर भरपूर सैनिक मदद फ्रैंको को भेजकर पॉपुलर फ्रंट सरकार को खत्म कर दिया। 1939 ई. के जनवरी में प्रजातांत्रिक सरकार पूर्ण रूप से कुचल दी गई। इसी साल के अगस्त महीने में हिटलर और स्टालिन के बीच अनाक्रामक सन्धि हुई।

इसी तरह की अवसरवादी नीति कम्युनिस्ट पार्टियों ने यूरोप के अन्य देशों तथा अमेरिका में अपनाई थी। 1939 ई. में स्टालिन ने हिटलर के साथ अनाक्रमक सन्धि कर ली। इस तरह वे दुश्मन जिसके खिलाफ अभी तक सभी जगह कम्युनिस्ट पूँजीवादी शक्तियों के साथ मिलकर 'पॉपुलर फ्रंट' बना रहे थे, अब मित्र बन गए। उसी साल सोवियत रूस की ओर से निश्चिन्त होकर हिटलर ने पोलैंड पर आक्रमण कर दिया। रूस ने भी पीछे से पोलैंड पर हमला करके इसके आधे हिस्से पर अपना कब्जा जमा लिया। इसके बाद सोवियत रूस ने फिनलैंड पर हमला कर अपना अधिकार इसके एक बड़े भू-भाग पर जमा लिया। अब सोवियत साम्राज्यवाद की शुरुआत हुई। लेनिन ने तृतीय अन्तरराष्ट्रीय के सामने साम्राज्यवाद के विरुद्ध संघर्ष को सबसे अधिक महत्त्व पूँजीवादी व्यवस्था को नष्ट करने के लिए दिया था। अब लेनिन के उत्तराधिकारियों ने खुद एक साम्राज्यवादी नीति को शुरू किया। पोलैंड पर आक्रमण एक विशेष महत्त्व इसलिए भी रखता है चूँकि जैसाकि हम पहले देख चुके हैं 1863 ई. में रूसी साम्राज्यवाद के विरुद्ध पोलैंड के स्वतंत्रता आन्दोलन के समर्थन की प्रक्रिया ने ही प्रथम मजदूर अन्तरराष्ट्रीय को जन्म दिया था।

जब हिटलर ने 1941 ई. में रूस पर आक्रमण कर दिया और रूस तथा अन्य 'मित्र राष्ट्रों' में सन्धि हो गई तो कम्युनिस्ट पार्टियों ने सर्वत्र इस युद्ध को 'लोक युद्ध' की उपाधि दे दी और पूरी शक्ति से अपने यहाँ की पूँजीवादी सरकारों के युद्ध प्रयास का समर्थन करने लगे। रूस में स्वयं इस युद्ध को 'राष्ट्रीय युद्ध' कहा गया। स्टालिन ने इंग्लैंड, अमेरिका आदि की सरकारों के सन्देह को दूर करने के लिए कम्युनिस्ट अन्तरराष्ट्रीय को भी विघटित कर दिया।

एशिया के तथा अन्य गुलाम और औपनिवेशिक देशों के सामने रूस की क्रान्ति ने स्वतंत्रता की एक नई आशा पैदा कर दी। चीन में डॉ. सनयात सेन ने सोवियत रूस के साथ गहरी मित्रता की नीति अपनाई। बोल्शेविक क्रान्ति के बाद चीन में कम्युनिस्ट पार्टी का तेजी से विकास हुआ। कम्युनिस्ट शुरू में हर जगह कुआमितांग (राष्ट्रीयतावादी दल) के साथ मिल-जुलकर काम करते रहे। बाद में सनयात सेन के बाद कम्युनिस्टों का सम्बन्ध च्यांग काइ शेक के साथ, जो राष्ट्रवादी दल का नया नेता हुआ, बिगड़ने लगा। च्यांग काइ शेक जो पूँजीवादी व्यवस्था का कट्टर समर्थक बन गया कम्युनिस्टों के खतरे से अवगत था। चीन के औद्योगिक केन्द्रों में हजारों मजदूर गोली से उड़ा दिए गए। चीन के औद्योगिक केन्द्रों से कम्युनिस्ट पार्टी का इस तरह सफाया हो गया। इसके फलस्वरूप अब कम्युनिस्ट पार्टी में ऐसे लोगों का नेतृत्व पैदा हुआ जो ग्रामीण क्षेत्रों के खेतिहर मजदूर तथा किसानों को जमीन के बँटवारे के सिद्धान्त के आधार पर संगठित कर एक तरह से ग्रामीण समाजवाद की स्थापना की दिशा में बढ़ने लगे। चीन की राजनीतिक स्थिति, जिसमें अभी तक कोई सशक्त केन्द्रीय शासन नहीं बन पाया था तथा आवागमन के साधनों के अभाव ने इसमें उनकी सहायता की और वर्षों तक राष्ट्रीय सरकार के समानान्तर कम्युनिस्ट शासन चीन के बड़े भू-भाग पर कायम रहा। इसी बीच 1931 ई. में जापान ने चीन हमला कर मंचूरिया को दखल कर लिया। इसके बाद चीन और जापान के युद्ध में कम्युनिस्ट महत्त्वपूर्ण हिस्सा लेते रहे और साथ-साथ अपनी सैनिक शक्ति भी बढ़ाते रहे। द्वितीय विश्वयुद्ध के समाप्त होते-होते कम्युनिस्ट एक जबर्दस्त सैनिक शक्ति बन गए और युद्ध के बाद खुली लड़ाई में च्यांग काइ शेक की सरकार को हराकर उन्होंने अपना शासन पूरे चीन पर कायम किया।

चीन की तरह अन्य अविकसित देशों में भी कम्युनिस्ट पार्टियाँ बनीं, लेकिन स्टालिन की नीति की वजह से वे कभी भी जबर्दस्त राष्ट्रीय संगठन नहीं बन पाईं। साम्राज्यवाद के साथ रूस के सम्बन्धों के परिवर्तन के साथ-साथ इनकी नीति में भी परिवर्तन होते रहे और इस तरह कम्युनिस्ट कार्यकर्ताओं के त्याग और नि:स्वार्थ कामों का संगठन की दृष्टि से उन्हें कोई फायदा नहीं हो पाया।

लियोन ट्रॉटस्की रूस से निष्कासित हो जाने के बाद भी बराबर इस प्रयत्न में रहा कि कम्युनिस्ट अन्तरराष्ट्रीय पुन: अन्तरराष्ट्रीय क्रान्ति की अपनी पुरानी नीति

को अपनाए। उसके समर्थक लगातार कम्युनिस्ट आन्दोलनों के साथ मिलकर इस नीति का प्रचार करते रहे। ट्रॉटस्की को यह आशा थी कि रूस में मजदूर वर्ग खुद इस नीति को ग्रहण करेगा और नेतृत्व में परिवर्तन होगा, लेकिन 1939 ई. के हिटलर-स्टालिन सन्धि के बाद वह इस निष्कर्ष पर पहुँचा कि तृतीय अन्तरराष्ट्रीय अब सर्वहारा क्रान्ति का यंत्र नहीं रह गया है। इसके बाद 1940 ई. में उसने उन कम्युनिस्टों को लेकर जो स्टालिनवादी नीति के विरुद्ध विश्व क्रान्ति के हिमायती थे, चतुर्थ अन्तरराष्ट्रीय की स्थापना की, लेकिन स्टालिन ने इसके थोड़े ही दिन के भीतर मैक्सिको में, जहाँ उसे रूस से निष्कासन पर पनाह मिली थी, उसकी हत्या करा दी।

चतुर्थ अन्तरराष्ट्रीय का विकास अधिक नहीं हो पाया। इसके कई कारण थे। एक तो इसकी नीति बुनियादी तौर पर वही थी जो तृतीय अन्तरराष्ट्रीय की थी। इससे साधारण लोगों के लिए दोनों में फर्क करना बड़ा कठिन था। साथ-साथ चूँकि तृतीय अन्तरराष्ट्रीय पीछे एक राज्य की शक्ति और आर्थिक सहयोग था, उसके लिए लोगों के पास पहुँचना आसान था, लेकिन इन दोनों कारणों से महत्त्वपूर्ण कारण यह था कि ट्रॉटस्की और उसके साथी अपने विचारों में बोल्शेविक क्रान्ति की पृष्ठभूमि से बिलकुल बँधे हुए थे। वे दुनिया के भविष्य की सभी क्रान्तियों को रूस की क्रान्ति की रूपरेखा में देखना चाहते थे। इस पृष्ठदृष्टि ने उन्हें नई परिस्थितियों के अनुरूप अपनी नीति निर्धारित करने में पंगु बना दिया। इस तरह आगे चलकर कुछ छिटपुट गिरोहों को छोड़कर अधिकांश लोग इस संगठन को छोड़कर सोशलिस्ट या कम्युनिस्ट पार्टियों में शामिल हो गए।

15

"पूँजीवादी समाज में जीवित श्रम केवल एक माध्यम है, संचित श्रम को बढ़ाने का। कम्युनिस्ट समाज में संचित श्रम सिर्फ एक माध्यम है, श्रमिकों के अस्तित्व को विस्तीर्ण तथा सम्पन्न करने और आगे बढ़ाने का।"

—कम्युनिस्ट मैनिफेस्टो

सोवियत संघ के विकास ने मार्क्सवादियों के सामने एक गम्भीर समस्या उपस्थित कर दी। मार्क्स-एंगेल्स के अनुमान के विपरीत 'राज्य' विघटित होने के बजाय 'मजदूर वर्ग' के सत्ता में आने के बाद और सशक्त और दमनकारी होता गया। पूँजी संचय की क्रिया को समाज में सर्वोपरि महत्त्व दिया जाने लगा और इसके लिए मजदूरों का हर तरह का दमन और शोषण अपरिहार्य समझा जाने लगा। आर्थिक विषमता घटने की बजाय बढ़ती गई। मजदूरों के अधिकार सिमटते गए। नौकरशाही का महत्त्व सब जगह बढ़ गया। मार्क्सवाद के विरोधियों ने इस समस्या को यह कहकर टाल दिया कि मार्क्स का पूरा सामाजिक निदान आधारभूत ढंग से गलत था। स्टालिन के नेतृत्व के अन्दर कम्युनिस्ट तोते की तरह ऊपर से बतलाई गई बातों को रटते-रटते स्वतंत्र ढंग से किसी समस्या पर विचार करने में असमर्थ थे। उन्होंने सोवियत रूस में किए गए दमन तथा स्टालिन के राज्य की निरंकुशता की बात को रूस विरोधी पूँजीवादी प्रचार कहकर टाल दिया या उसे मजदूर राज्य का आवश्यक स्वरूप, 'पूँजीवादी' विरोध को नष्ट करने के लिए मान लिया। बाद में जब ख्रुश्चेव ने स्टालिन के राज्य के अत्याचारों का वर्णन किया तो शुरू में तो पूरा कम्युनिस्ट संसार स्तब्ध रह गया, लेकिन फिर बाद में कुछ मुट्ठी भर ईमानदार कम्युनिस्टों को छोड़कर बाकी कम्युनिस्ट जो स्टालिनवादी परम्परा में लिप्त हो चुके थे, बिना किसी हीले हवाले के नया राग अलापने लगे।

लेकिन कम्युनिस्ट आन्दोलन से बाहर मार्क्सवादी, सोवियत रूस के विकास को चिन्तन का गम्भीर विषय समझते थे और इस विकास की उन्होंने कई तरह से व्याख्या की। लियोन ट्रॉटस्की ने जिसने इस क्रान्ति के स्वरूप को निर्धारित

करने में एक महत्त्वपूर्ण भाग लिया था इस राज्य को एक 'विकृत मजदूर राज्य' (डीजेनरेटेड वर्कर्स स्टेट) कहा। पूँजीवाद का उसने निम्नलिखित शब्दों में चरित्र चित्रण किया : "सोवियत संघ एक अन्तर्विरोधपूर्ण समाज है जो समाजवाद और पूँजीवाद के मध्य में है, जिसमें (क) उत्पादन की शक्तियाँ राज्य को एक समाजवादी चरित्र प्रदान करने के लिए अभी भी अपर्याप्त हैं, (ख) अभाव के कारण प्राथमिक संचय की आवश्यकताएँ नियोजित अर्थव्यवस्था के असंख्य छिद्रों से फूट पड़ती हैं, (ग) वितरण का आधार जो एक पूँजीवादी चरित्र को कायम रखे हुए हैं समाज के एक नये विभाजन की जड़ में है; (घ) आर्थिक विकास जहाँ श्रमिकों की स्थिति में सुधार लाता है वहीं एक सुविधा प्राप्त नये स्तर का तेजी से विकास कर रहा है; (ङ) सामाजिक संघर्ष का फायदा उठाकर नौकरशाही ने अपने को एक जाति में परिवर्तित कर लिया है जो नियंत्रित नहीं किया जा सकता और जिसका समाजवाद से कोई सम्बन्ध नहीं है; (च) सामाजिक क्रान्ति, जिसके साथ सत्तारूढ़ दल ने गद्दारी की है, सम्पत्ति सम्बन्ध और श्रमिक जनता के बोध में अभी भी कायम है; (छ) अन्तर्विरोधों के संचय का अधिक विकास समाजवाद की तरफ या पीछे पूँजीवाद की तरफ दोनों ही तरफ इसे ले जा सकता है; (ज) पूँजीवाद के पथ पर प्रतिक्रान्ति को मजदूर वर्ग के विरोध को तोड़ना होगा; (झ) समाजवाद के पथ पर मजदूर वर्ग को नौकरशाही को उखाड़ फेंकना होगा।"

(रिवॉल्यूशन बिट्रेड—लियोन ट्रॉटस्की)

लेकिन अन्य कुछ लोग सोवियत राज्य को विकृत या अविकृत किसी भी रूप में मजदूर राज्य कहने के लिए इसलिए तैयार नहीं थे क्योंकि मजदूरों का राज्य पर कोई नियंत्रण नहीं था और न लोकतंत्र के अभाव में कोई नियंत्रण कायम करना सम्भव था। उत्पादन के साधन राज्य के हाथ में हो इसी से कोई राज्य मजदूरों का राज्य नहीं हो जाता। वास्तविक महत्त्व इस बात का है कि संगठनों के माध्यम से मजदूर वर्ग अर्थव्यवस्था पर अपना पूर्ण नियंत्रण रख सकता है कि नहीं? इस दृष्टि से मजदूर कमेटियों का स्वतंत्र अस्तित्व खत्म हो चुका था। ट्रेड यूनियन राज्य के दास बन गए थे। कम्युनिस्ट पार्टी स्वयं सभी मजदूरों की पार्टी नहीं थी और इसमें सिर्फ वे ही लोग चुनकर लिये जाते थे जो कुछ विशेष नीतियों को लेकर चलने के लिए तैयार हों। मजदूरों को अलग कोई पार्टी बनाने का अधिकार नहीं था, न सभी प्रदर्शन आदि के द्वारा राज्य की नीति को किसी तरह प्रभावित करने का अधिकार उन्हें था। पार्टी के भीतर भी सर्वोच्च नेता के अतिरिक्त अलग मत रखने का किसी मजदूर या अन्य सदस्य को अधिकार नहीं था। ऐसी स्थिति में मजदूर अर्थव्यवस्था या राज्य-व्यवस्था पर अपने अधिकार का उपयोग कैसे कर पाते, यह कल्पना से परे है। कुछ अन्य मार्क्सवादियों ने, मार्क्स-एंगेल्स के पूँजीवाद के विकास के

सम्बन्ध में व्यक्त किए गए अपने विचारों के आधार पर, इस समाज को 'राज्य पूँजीवादी' कहा। इस सम्बन्ध में फ्रेडरिक एंगेल्स के निम्नलिखित विचार ध्यान देने योग्य हैं : "किसी भी हालत में ट्रस्ट हो या बिना ट्रस्टों के, पूँजीवादी समाज के पदस्थ प्रतिनिधि राज्य को अन्ततोगत्वा उत्पादन का निर्देशन अपने हाथ में लेना होगा। राज्य की सम्पत्ति में परिवर्तन की यह आवश्यकता पहले-पहल आपसी सम्बन्ध और संचार (कम्युनिकेशन) के महान संस्थाओं पोस्ट ऑफिस, टेलीग्राफ और रेलवे में महसूस की जाती है।

"लेकिन ज्वाइंट स्टॉक कम्पनी और ट्रस्ट या राज्य की सम्पत्ति में परिवर्तन उत्पादन की शक्तियों के पूँजीवादी स्वरूप को नहीं बदल देते। ज्वाइंट स्टॉक कम्पनियों और ट्रस्टों में यह बात स्पष्ट है। और फिर आधुनिक राज्य केवल वह संगठन है जो पूँजीवादी समाज, मजदूरों तथा व्यक्तिगत रूप से पूँजीपतियों के हमले से भी पूँजीवादी उत्पादन की बाहरी स्थिति को बचाए रखने के लिए अपनाता है।...श्रमिक मजदूरी के लिए काम करनेवाले मजदूर रह जाते हैं। पूँजीवादी सम्बन्ध समाप्त नहीं होते हैं।...उत्पादन की शक्तियों पर राज्य का स्वामित्व संघर्षों का हल नहीं है बल्कि इसके भीतर वे तकनीकी स्थितियाँ छिपी हैं जो उस हल के तत्त्व हैं।"

(सोशलिज्म यूटोपियन एंड साइंटिफिक—फ्रेडरिक एंगेल्स)

इसी पृष्ठ के नीचे, नोट में स्थिति को स्पष्ट करने के लिए एंगेल्स ने लिखा है—"लेकिन अभी हाल में, जबसे बिस्मार्क ने उद्योगों में राज्य के स्वामित्व की ओर कदम बढ़ाया है, एक तरह का नकली समाजवाद पैदा हो गया है...जो बिना किसी विचार के सभी तरह के राज्य के स्वामित्व को यहाँ तक कि बिस्मार्क तक के नमूने को सोशलिस्ट कह देता है।"

एंगेल्स के ऊपर के विचारों से स्पष्ट है कि जब तक मजदूरों की स्थिति उत्पादन के साधन के साथ उनके सम्बन्ध में नहीं बदल जाती, राज्य का चरित्र पूँजीवादी ही रह जाता है। सोवियत रूस के विकास में क्रान्ति काल में हासिल किए गए एक-एक अधिकार बाद में समाप्त कर दिए गए और अधिकांश मामलों में मजदूरों को वे अधिकार भी नहीं मिल पाए जो अन्यत्र पूँजीवादी व्यवस्था में भी उन्हें प्राप्त थे। 1922 ई. के लेबर कोड के अनुसार, काम का कोटा कारखाने के प्रबन्धक और यूनियन के प्रतिनिधि मिलकर तय कर सकते थे, लेकिन 1930 ई. से इसकी अवहेलना होने लगी और अन्त में 2 जनवरी 1933 ई. के आदेश के अनुसार ए.यू.टी.यू.सी. के प्रेसीडियम ने यह तय किया कि काम का कोटा और 'पीस रेट' तय करने का अधिकार कारखानों के प्रबन्धकों को होगा। मजदूरों के अधिकारों के सम्बन्ध में अन्यत्र विचार किया जा चुका है। इस तरह राज्य या अर्थव्यवस्था पर उनका अधिकार नहीं ही था, अपने काम के सम्बन्ध में व्यवस्था को परामर्श देने

का अधिकार भी खत्म कर दिया गया। इन पंक्तियों के प्रकाशित होते-होते पत्रों में सोवियत संघ की बेकारी की समस्या शुरू हो गई। अगर इस समाचार की पुष्टि हो गई तो पूँजीवाद की बेकारी के संकट से मुक्त होने का सोवियत संघ का दावा भी समाप्त हो जाएगा।

मार्क्स-एंगेल्स ने 'राज्य पूँजीवाद' को एक अल्पकालिक स्थिति के रूप में देखा था। उपरोक्त पुस्तक में ही आगे एंगेल्स ने लिखा था कि 'राज्य पूँजीवाद' में शोषण का रूप इतना भयंकर हो जाएगा कि समाज इसे बर्दाश्त नहीं कर सकता और समाज पूँजीवादी व्यवस्था को समाप्त कर समाजवादी व्यवस्था कायम करेगा, लेकिन रूस में यह व्यवस्था एक स्थायी स्वरूप ग्रहण करने लगी। यही नहीं, इससे मिलती-जुलती व्यवस्था फासिज्म के अन्दर यूरोप के अधिकांश देशों में फैलने लगी। खुद अमेरिका में प्रेसिडेंट रूजवेल्ट ने 1936 ई. में 'न्यू डील' की नीति अपनाई, जिसमें बृहत् पैमाने पर राज्य ने आर्थिक संकट का मुकाबला करने के लिए निर्माण कार्य करना शुरू किया। स्पेन में क्रान्ति की हार होने के बाद मजदूर क्रान्ति के उत्साह की जगह यूरोप के समाजवादी आन्दोलन के सामने फासिज्म का भय एक प्रेत की छाया की तरह छा गया। इसी पृष्ठभूमि में जेम्स बर्नहम ने यह सिद्धान्त प्रतिपादित किया कि वास्तव में आधुनिक उद्योगों का विकास मार्क्स की कल्पना के विपरीत एक मजदूर क्रान्ति के स्थान पर 'व्यवस्थावादी क्रान्ति' (मैनेजेरियल रिवॉल्यूशन) को जन्म दे रहा है।

उसने यह दलील दी कि आधुनिक उद्योगों में सबसे शक्तिशाली वर्ग के रूप में मजदूर नहीं बल्कि उद्योगों की व्यवस्था करनेवाले लोग आ रहे हैं। यह सही है कि उद्योगों के विकास से उद्योगों की व्यवस्था स्वामित्व से अलग होती जा रही है और व्यक्तिगत रूप से पूँजीपतियों का नियंत्रण उद्योगों पर से खत्म हो रहा है, लेकिन मजदूरों का नियंत्रण भी उद्योगों पर बढ़े इसकी सम्भावनाएँ खत्म हो रही हैं। इन दोनों के नियंत्रण से स्वतंत्र और इन वर्गों के स्वार्थों से विपरीत स्वार्थ वाला एक वर्ग व्यवस्थापकों का पैदा हो रहा है जो समाज के नये स्वामी होंगे। उसने यह भविष्यवाणी भी कर दी कि अन्त में यह नई व्यवस्था पूरे संसार पर छा जाएगी। यूरोप के प्राय: हर देश में द्वितीय विश्वयुद्ध के शुरू होते-होते ही जबर्दस्त फासिस्ट आन्दोलन के विकास ने तथा हिटलर-स्टालिन की मैत्री ने समाजवाद के भविष्य के सम्बन्ध में बहुत-से लोगों के दिल में आशंका पैदा कर दी थी। जेम्स बर्नहम जो पहला मार्क्सवादी था, इन घटनाओं से इतना प्रभावित था कि उसने समाजवादी आन्दोलन से अपना सम्बन्ध विच्छेद कर लिया।

इस विचार की तीव्र आलोचना खुद जॉर्ज ऑरवेल ने की, जिसने अपने उपन्यासों में अधिनायकवाद का इस युग में सबसे गम्भीर विश्लेषण किया था। वह सिर्फ उपन्यासकार ही नहीं बल्कि एक क्रान्तिकारी समाजवादी चिन्तक भी

था। उसने अपने एक लेख (न्यू थॉट्स ऑफ जेम्स बर्नहम) में यह बतलाया कि जेम्स बर्नहम के निष्कर्ष मध्यम वर्ग के उस चरित्र के परिचायक हैं जिसकी वजह से यह वर्ग हमेशा शक्ति की ओर झुकता है। स्टालिनवादी और फासिस्ट अधिनायकवाद की ओर दुनिया में हर जगह मध्यम वर्ग झुक रहा है। जॉर्ज ऑरवेल ने बर्नहम के इन अधिनायकवादी शक्तियों की अन्तिम विजय में विश्वास को सारे संसार में व्यक्त हो रहे, इसी मध्यवर्गी चरित्र का एक नमूना बतलाया। उसने स्पष्ट रूप से यह विश्वास व्यक्त किया कि मजदूर वर्ग एक ऐसा वर्ग है जिसका स्वार्थ अधिनायकवाद के विपरीत पड़ता है और यह निश्चित रूप से इन अधिनायकवादी राज्यों से संघर्ष करेगा।

मार्क्सवादी मान्यताओं के भीतर जेम्स बर्नहम के विचारों से मिलता-जुलता विचार मैक्स सैट्चमैन का था। इसने रूस की नौकरशाही को एक नया वर्ग कहा और रूस समाज व्यवस्था को 'नौकरशाही समूहवाद' (ब्यूरोक्रैटिक कलेक्टविज्म) का नाम दिया। उसने अपनी पुस्तक 'स्ट्रगल फॉर दी न्यू कोर्स' में यह बतलाया कि 1923 ई. के बाद से रूस में नौकरशाही के प्रतिक्रान्तिकारी प्रयत्न सफल होने लगे। उसके मत के अनुसार 1924 ई. में लियोन ट्रॉटस्की द्वारा पार्टी के आधार को प्रजातांत्रिक और विस्तृत करने का प्रयत्न, जिसे उसने 'न्यू कोर्स' का नाम दिया था, मजदूर वर्ग का राज्य व्यवस्था पर नियंत्रण रखने का अन्तिम प्रयास था। इस प्रयास को विफल कर और ट्रॉटस्कीवादी विरोधियों को पार्टी से निकाल बाहर कर प्रतिक्रान्तिकारी नौकरशाही ने राज्य व्यवस्था पर अपना पूर्ण अधिकार जमा लिया। इस तरह पूँजीवाद और समाजवाद, दोनों की विरोधी एक नई समाज व्यवस्था यहाँ कायम हुई। उसने बतलाया कि मार्क्स ने यह कहा था कि अगर पूँजीवादी व्यवस्था को नष्ट कर मजदूर वर्ग समाजवादी व्यवस्था कायम करने में असफल हुआ तो दुनिया में एक नई बर्बरता आ जाएगी। उसने सोवियत संघ की राज्य व्यवस्था को ऐसा ही एक बर्बर राज्य बतलाया।

हालाँकि इन विचारों से प्रत्येक से सोवियत संघ को विभिन्न नाम दिया गया था, लेकिन बुनियादी तौर पर सभी ठोस सम्बन्धों के मामले में समाजवादी समाज से सोवियत समाज के बुनियादी विभिन्नता के सम्बन्ध में एक मत थे। अलग-अलग नामकरण वस्तुत: उन्होंने सोवियत राज्य के प्रति अपनी नीति को सही बतलाने की दृष्टि से दिया था। ट्रॉटस्की ने इसे 'विकृत मजदूर राज्य' कहकर यह मान लिया कि चाहे इसमें जो बुराइयाँ हों, बुनियादी ढंग से यह एक मजदूर राज्य है और इस तरह उसने 'बिना शर्त सोवियत यूनियन की रक्षा की' अपनी नीति को सही बतलाया। हालाँकि इस नीति में और कम्युनिस्ट पार्टियों की नीति में एक महत्त्वपूर्ण फर्क था। जहाँ कम्युनिस्ट अन्य देशों की क्रान्तियों को रूस की रक्षा के लिए बलिदान करने के लिए तैयार थे, वहाँ ट्रॉटस्की की दृष्टि में अन्य

देशों में क्रान्ति की सफलता ही सोवियत रूस की रक्षा की सबसे जबर्दस्त गारंटी थी। जेम्स बर्नहम रूस की राज्य सत्ता का विरोधी था, लेकिन इसकी विजय को अवश्यम्भावी समझ वह एक तरफ से हताश निष्कर्मण्यता का समर्थक बन गया। जो लोग इसे 'राज्य पूँजीवाद' या 'नौकरशाही समूहवाद' मानते थे, वे क्रान्ति द्वारा इस राज्य व्यवस्था को बदल देने की नीति के वैसे ही समर्थक थे जैसे क्रान्ति द्वारा अन्यत्र पूँजीवादी व्यवस्था को बदलने के।

चाहे जिस किसी सिद्धान्त को भी सोवियत संघ के समाज के सम्बन्ध में मान लिया जाए, एक बात तो निश्चित रूप से स्पष्ट हो गई। अब यह मान लेना असम्भव हो गया कि पूँजीवादी अर्थव्यवस्था या उद्योग-धन्धों और उत्पादन के साधनों पर से व्यक्तिगत स्वामित्व को हटाने भर से समाजवादी व्यवस्था आपसे आप कायम हो जाएगी। द्वितीय विश्वयुद्ध के बाद से कम्युनिस्ट आन्दोलन के बाहर समाजवादी आन्दोलन के सामने सबसे बड़ा प्रश्न रहा : व्यक्तिगत स्वतंत्रता और उदारवादी परम्परा को जीवित रखते समाजवादी व्यवस्था कैसे प्रस्थापित हो?

16

प्रथम विश्वयुद्ध से लेकर द्वितीय विश्वयुद्ध तक पश्चिमी देशों में सोशलिस्ट पार्टियों का काम प्रमुख रूप से पूँजीपतियों को उनके संकटों से उबारने का रहा। इसके जवाब में उन्होंने प्रथम मौका मिलते ही उन्हें और इनके साथ-साथ प्रजातांत्रिक अधिकारों को खत्म कर अधिकांश देशों में पूँजीवादी अधिनायकवाद कायम किया।

पूँजीवाद के खिलाफ सबसे जबर्दस्त मजदूरों का विद्रोह पहले सोशल डेमोक्रेसी के गढ़ जर्मनी में हुआ। 1918 ई. के अक्टूबर महीने में जर्मनी के नाविकों ने विद्रोह शुरू किया और विद्रोह जर्मनी के तमाम मजदूरों तथा सैनिकों में फैल गया। इसके तत्काल बाद सोवियत की तरह क्रान्तिकारी मजदूर तथा सैनिकों और नाविकों ने 'राटे' संगठित किया। इस क्रान्ति ने युद्ध को समाप्त किया और जर्मनी से राजतंत्र का खात्मा हो गया। इस क्रान्ति की तरंग पर बेवेरिया में कुर्ट आइसनर के नेतृत्व में सोशलिस्ट गणतंत्र की स्थापना हुई। बर्लिन के विद्रोह में सिर्फ 15 आदमी मारे गए और बिना अधिक संघर्ष के राज्य सत्ता दक्षिणपंथी सोशलिस्ट नेता एबर्ट के हाथ में सौंप दी गई। अब सोशलिस्ट आन्दोलन के सामने दो रास्ते थे, (1) उस पुरानी आर्थिक व्यवस्था को एक पूँजीवादी प्रजातांत्रिक प्रणाली के आधार पर कायम रखने का, जो 1914 ई. के विश्वयुद्ध के लिए जवाबदेह थी या (2) जनता के नये स्वशासन के यंत्र 'राटे' के आधार पर राज्य व्यवस्था को संगठित करके मजदूर राज्य कायम करने का। एबर्ट ने टूटी हुई पूँजीवादी व्यवस्था को पुन: जोड़कर खड़ा करने का मार्ग चुना। रोजा लक्जमबर्ग, लाइबनेख्त और उनके 'स्पार्टकिस्ट' लोगों ने मजदूरों का दूसरी क्रान्ति के लिए आह्वान किया, लेकिन एबर्ट ने मजदूरों के 6 जनवरी 1919 ई. के आन्दोलन के खिलाफ साम्राज्यवादी फौज का खुलकर इस्तेमाल किया। मजदूरों को कुचल दिया गया। रोजा लक्जमबर्ग और लाइबनेख्त गिरफ्तार कर लिए गए और पुलिस ने दोनों की हत्या कर दी।

अब विधान सभा का चुनाव जर्मनी का नया विधान तैयार करने के लिए हुआ, लेकिन जर्मनी के मजदूर अभी पूरी तरह दबाए नहीं जा सके थे। जहाँ-तहाँ हड़ताल और विद्रोह होते रहे। इसी बीच कुर्ट आइसनर की हत्या कर दी गई। फिर क्या था? बेवेरिया में मजदूरों ने क्रान्ति कर दी और सोवियत गणराज्य की घोषणा

कर दी गई, लेकिन केन्द्रीय सरकार ने सैनिकों के बल पर इसे कुचल दिया। यह सब घटना 1919 ई. में हुई। अब जब मजदूरों की शक्ति को सोशलिस्ट सरकार करीब-करीब कुचल चुकी तो प्रतिक्रियावादी शक्तियों का मनसूबा बढ़ा। अब उन्होंने वाइमर विधान को, जो इन संघर्षों के बावजूद एक पूर्ण प्रजातांत्रिक स्वरूप ले सका था तथा एबर्ट की सरकार को समाप्त करने का निश्चय किया। 1920 ई. के मार्च में सैनिकवादियों ने बर्लिन पर कब्जा कर लिया और कैम्प को राष्ट्रपति घोषित किया, लेकिन मजदूरों की शक्ति अभी बिलकुल खत्म नहीं हुई थी। उन्होंने आम हड़ताल कर इसका मुकाबला किया और कैम्प और उसके सहयोगियों को जर्मनी छोड़कर भागना पड़ा।

पुन: सत्ता में आकर सोशलिस्ट सरकार उन प्रतिक्रान्तिकारी तत्त्वों की शक्ति तोड़ने की बजाय, जो सतत प्रजातंत्र और सोशलिस्ट सरकार के विरुद्ध षड्यंत्र करते रहते थे, उन्हें नए-नए अधिकार और आर्थिक सहायता प्रदान करती रही। यहाँ तक कि विधान के अन्दर इन तत्त्वों को निजी सैनिक संगठन रखने का भी अधिकार दे दिया गया। आए दिन जर्मनी में राजनीतिक हत्याएँ होती रहीं। 1923 ई. में हिटलर ने पहली बार मुट्ठी भर लोगों को लेकर बर्लिन पर कब्जा जमाने का अभियान किया, लेकिन म्यूनिख में ही पुलिस से मुठभेड़ में उसके साथी भाग चले और वह स्वयं गिरफ्तार हो गया।

इधर अपनी समझौतावादी नीति तथा युद्ध के बाद की जर्मनी की आर्थिक कठिनाइयों के कारण, जो युद्ध से विशृंखलित व्यवस्था पर मित्र राष्ट्रों के असह्य हर्जाने के बोझ से पैदा हो गई थी, सोशल डेमोक्रेटिक सरकार के लिए कोई क्रान्तिकारी कदम उठाना असम्भव था। इस तरह सोशलिस्ट पार्टी अपने शासनकाल में कोई सुधार तो नहीं कर सकी, पर असन्तोषों का अम्बार लगा दिया। अन्त में भौन पेपेन और हिटलर ने मिलकर वाइमर विधान और सोशल डेमोक्रेसी, दोनों का जनाजा निकाल दिया। 1933 ई. से जर्मनी में फासिस्ट तानाशाहीपूर्ण रूप से कायम हो गई।

युद्ध के बाद इटली में भी क्रान्तिकारी स्थिति पैदा हो गई थी। 1919 ई. में चारों ओर हड़तालें होती रहीं। 1920 ई. में मजदूरों की हड़ताल ने राष्ट्रव्यापी स्वरूप ग्रहण कर लिया। मजदूरों ने 600 ऐसे कारखानों पर कब्जा कर लिया, जिनमें लगभग 5 लाख मजदूर काम करते थे। मजदूरों ने अब सोवियत की स्थापना की, लेकिन नेतृत्व के अभाव और इटली की विशेष आर्थिक स्थिति ने, जिसमें कच्चे माल के लिए यहाँ के उद्योगों को पूर्णरूप से विदेशों पर निर्भर करना पड़ता था, मजदूरों को मालिकों से समझौता करने के लिए मजबूर किया और कारखाने फिर उनके पिछले मालिकों के हवाले कर दिए गए। नेतृत्व के प्रति असन्तोष के परिणामस्वरूप सोशलिस्ट पार्टी से कम्युनिस्ट 1921 ई. में बाहर निकल गए। तब सोशलिस्ट आन्दोलन के प्रति लोगों में निराशा पैदा होने लगी। उधर, पूँजीपति वर्ग मजदूरों के

आन्दोलन के स्वरूप को देख चुका था और किसी भी कीमत पर मजदूर आन्दोलन को कुचलने के लिए कटिबद्ध था। इसी समय मुसोलिनी ने अपना फासिस्ट दल संगठित किया और वह खुले रूप से साम्राज्य के विस्तार द्वारा इटली को प्राचीन रोमन साम्राज्य का गौरव और आर्थिक समृद्धि प्रदान करने का ऐलान करने लगा। समाज की सभी प्रतिक्रियावादी शक्तियाँ बोल्शेविज्म को समाप्त करने के उसके नारे के कारण उसके इर्द-गिर्द जमा हो गईं। सोशलिस्ट और कम्युनिस्ट संगठनों को तोड़ने के लिए चाबुक और जबर्दस्ती अंडी का तेल पिलाने का प्रोग्राम उसने अख्तियार किया। साथ ही, उसने फासिस्टों का जंगी दस्ता तैयार करना शुरू किया। सोशलिस्ट हिंसात्मक कार्रवाइयों से इतना घबड़ाते थे कि उनके पास मुसोलिनी का मुकाबला करने का कोई हथियार नहीं था।

27 अक्टूबर, 1922 ई. को फासिस्ट दल चारों ओर से रोम की सत्ता पर कब्जा करने के लिए आने लगे। राजा ने अन्त में फासिस्टों के हाथ सत्ता सौंप दी। मुसोलिनी 30 अक्टूबर को एक सिलपिंग कार में मिलान से रोम आया और इटली का प्रधानमंत्री बन गया। उस समय 50,000 से अधिक फासिस्ट सैनिक रोम में जमा नहीं हुए थे, पर सोशलिस्ट निरीह बनकर देखते रहे। 1924 ई. में मुसोलिनी ने पार्लियामेंट में विरोध करने के कारण सोशलिस्ट सदस्य मैट्टीओटी की हत्या करवा दी। अब प्रजातांत्रिक पार्टियों ने एक होकर फासिस्टों का विरोध करना चाहा, लेकिन स्थिति हाथ से बाहर निकल चुकी थी। इटली में मुसोलिनी की तानाशाही जम गई।

इंग्लैंड के सोशलिस्ट तो कभी भी क्रान्ति के समर्थक नहीं थे, लेकिन युद्ध के बाद के आर्थिक संकट ने उनके सामने भी समाज में परिवर्तन करने की सम्भावनाएँ पैदा कीं। 1924 ई. के चुनाव में कंजर्वेटिव पार्टी के 258 सदस्यों के विरुद्ध लेबर पार्टी के 191 तथा लिबरल पार्टी के 157 सदस्य जीतकर पार्लियामेंट में आए। चूँकि लिबरल और कंजर्वेटिव पार्टी में चुंगी (टैरिफ) के सवाल को लेकर गहरा मतभेद था। लिबरज पार्टी के समर्थन से रैम्से मैकडोनाल्ड इंग्लैंड के प्रथम लेबर प्रधानमंत्री बने। हालाँकि लेबर पार्टी का प्रोग्राम क्रान्तिकारी नहीं था और अधिक-से-अधिक ये रेलवे, खान आदि का राष्ट्रीयकरण तथा पूँजीकर लगाने के समर्थक थे, फिर भी लिबरल समर्थन से सत्ता हाथ में रखकर ये इतना भी नहीं कर सकते थे। ज्यादा-से-ज्यादा ये मजदूरों को कुछ सहूलियतें प्रदान कर सकते थे, पर इसके लिए आर्थिक संकट के काल में बिना आर्थिक व्यवस्था में आमूल परिवर्तन किए, साधन जुटाना असम्भव था। इसके लिए मैकडोनाल्ड ने एक ही रास्ता देखा, जर्मनी और रूस को आर्थिक सहायता देना, जिसमें वे इंग्लैंड का बना हुआ सामान खरीद सकें और इंग्लैंड में बेकारी की समस्या टले, लेकिन बोल्शेविको को कर्ज देने की बात से इंग्लैंड के अखबारों ने जनमत को इतना उभारा कि मैकडोनाल्ड को मध्यावधि चुनाव कराना पड़ा। मजदूरों ने तो लेबर पार्टी को वोट दिया और 151

लेबर सदस्य जीतकर आए, पर लेबर के साथ सहयोग ने लिबरल पार्टी के समर्थन को खत्म कर दिया और लिबरल मत कंजर्वेटिव को मिले और वे बड़े बहुमत के साथ सरकार में फिर आ गए।

इसके बाद 1926 ई. में असल क्रान्तिकारी स्थिति पैदा हुई। खान मजदूरों की वेतन की कटौती के विरुद्ध, हड़ताल की सहानुभूति में ट्रेड यूनियन कांग्रेस ने भी अन्य मजदूरों को हड़ताल पर जाने का आदेश दिया। 25 लाख से अधिक मजदूर हड़ताल पर चले गए। लन्दन शहर में टैंक भेज दिए गए। महत्त्वपूर्ण स्थानों पर सैनिक तैनात कर दिए गए। रेडियो और प्रेस मजदूरों के विरुद्ध एकतरफा जहर उगलते रहे। इधर मजदूर नेता अपनी परम्परा के अनुसार हाथ पर हाथ रखे बैठे रहे। अन्त में आगे कोई रासता नहीं देख ट्रेड यूनियन कांग्रेस के नेताओं ने अपनी हड़ताल वापस ले ली। सात महीने तक भुखमरी की स्थिति में अकेले अपनी हड़ताल चलाकर अन्त में खान मजदूरों को वेतन में कटौती कबूल कर काम पर वापस जाना पड़ा।

लेकिन कंजर्वेटिव सरकार फिर भी इंग्लैंड की आर्थिक समस्या का समाधान करने में असमर्थ रही। इसके फलस्वरूप 1929 ई. के चुनाव में लेबर पार्टी को 287, कंजर्वेटिव को 260 और लिबरल पार्टी को 59 जगहें मिलीं। अब मैकडोनाल्ड द्वितीय लेबर सरकार के प्रधानमंत्री बने, लेकिन इस बार भी इन्हें लिबरल मत पर निर्भर करना था। 1931 ई. के विश्वव्यापी संकट ने इंग्लैंड को भी अपनी चपेट में ले लिया। इंग्लैंड के लिए अपने यहाँ आर्थिक स्थिरता रखने के लिए बड़ी मात्रा में अमेरिका से उधार लेने की आवश्यकता हुई। अमेरिका ने यह शर्त लगा दी कि जब तक इंग्लैंड की सरकार अपने बजट को सन्तुलित नहीं करती तब तक उसे पैसे नहीं मिलेंगे। इसका अर्थ होता, मजदूरी और बेकारी भत्ता में कटौती। मैकडोनाल्ड जानता था कि लेबर पार्टी इस कटौती को मंजूर नहीं कर सकती। अत: उसने प्रधान मंत्रित्व से इस्तीफा दे दिया। इसके दो दिन के भीतर अब मैकडोनाल्ड ने अपने पुराने साथियों को छोड़कर संयुक्त मंत्रिमंडल का प्रधानमंत्रित्व स्वीकार कर लिया। लेबर पार्टी ने मैकडोनाल्ड तथा उनके साथ देनेवाले अन्य लेबर मंत्रियों को पार्टी से निकाल दिया, लेकिन इस अवसरवादिता से जो धक्का लेबर पार्टी को लगा उससे द्वितीय विश्वयुद्ध के बाद ही वे पूर्ण रूप से बाहर निकल सके। पूँजीवादी राजनीति का दाँव-पेच खेलने का अच्छा सबक इंग्लैंड के मजदूर आन्दोलन को मिला।

हम कम्युनिस्ट अन्तरराष्ट्रीय की नीति के अध्ययन के सिलसिले में देख चुके हैं कि किस तरह फासिस्ट विरोधी उभार के बल पर 1936 ई. में वामपंथी लोगों का फ्रांस में बहुमत हुआ और सोशलिस्ट लियो ब्लुँ प्रधानमंत्री बने। इस सरकार की कमजोरियों का भी वर्णन हो चुका है। इसने दो प्रमुख काम किए—प्रथम, इसने बैंक ऑफ फ्रांस की ऐसी व्यवस्था की जिससे सरकार का इस पर नियंत्रण रह सके। दूसरा महत्त्वपूर्ण काम हुआ, शस्त्र उद्योग का राष्ट्रीयकरण, लेकिन एक साल

के भीतर ब्लुँ को इस्तीफा देना पड़ा क्योंकि इसने, इस उम्मीद में कि इटली भी अपने वादे पर रहेगा, स्पेन के पॉपुलर फ्रंट सरकार को फ्रांस से जानेवाले हथियारों पर रोक लगा दी। यह उस समझौते की शर्त के अनुसार किया गया था जो इंग्लैंड, इटली और फ्रांस के बीच हुई थी, लेकिन इटली ने कभी इस शर्त को नहीं माना और जब इटली और जर्मनी को स्पेन के फ्रैंको ने अड्डा वगैरह बनाने की सहूलियत दी तो ब्लुँ को इसके लिए जवाबदेह ठहराया गया। इस तरह ब्लुँ ने इस्तीफा दे दिया। बाद में यह सरकार दिनोंदिन अधिक दक्षिणपंथी होती गई और 1938 ई. में दलादिये ने 40 घंटे के सप्ताह के कानून को भी जिसे ब्लुँ ने लागू किया था, समाप्त कर दिया। इस सरकार में और अन्य पूँजीवादी सरकारों में सिर्फ नाम का फर्क रहा।

जहाँ प्रमुख रूप से सोशल डेमोक्रेट असफल नीति लेकर चलते रहे वहीं एक सीमा के भीतर स्वीडन, न्यूजीलैंड और ऑस्ट्रिया की राजधानी वियना के सोशलिस्टों ने मजदूरों का जीवन स्तर उठाने की दिशा में महत्त्वपूर्ण काम किया। इसमें वियना के सोशलिस्ट तो फासिस्ट समुद्र में प्रजातांत्रिक समाजवाद के प्रकाश स्तम्भ की तरह थे। खुद ऑस्ट्रिया की दो-तिहाई जनता प्रतिक्रियावादी नीति का समर्थन करके देश में एक अर्ध फासिस्ट सरकार कायम किए हुए थी। इसके अलावा दक्षिण में फासिस्ट इटली और उत्तर में नात्सी जर्मनी इसे निगलने के लिए मुँह बाये खड़े थे। फिर भी वियना के सोशलिस्ट, जो वियना के मामले में वैधानिक ढंग से स्वतंत्र थे, यूरोप की टूटी-फूटी अर्थव्यवस्था के बीच मजदूरों के लिए स्वर्ग का निर्माण करने में लगे थे। उन्होंने धनी वर्गों पर टैक्स लगाकर नगर के निर्माण में हाथ लगाया। मजदूरों के पुराने खराब मकानों को ध्वस्त कर दिया गया और उसकी जगह उनके लिए आधुनिक आराम के साधनों से लैस फ्लैटों का निर्माण किया गया। मजदूरों क लिए पेंशन और बेकारी भत्ता की व्यवस्था हुई। मजदूरों के बच्चों के लिए गर्भ से, माता के भत्ता से लेकर किंडर गार्टेन और खेल के मैदान आदि सब चीजों की व्यवस्था हुई। वियना एक मॉडल शहर हो गया, लेकिन जिस शुतुरमुर्ग के दृष्टिकोण के शिकार अन्य सोशल डेमोक्रेट थे, वही दृष्टिकोण इनका भी था। यह इस चीज को समझ नहीं सकते थे कि पूँजीवादी शक्तियाँ उनके अस्तित्व को बर्दाश्त नहीं कर सकतीं। इस तरह खुद वियना और ऑस्ट्रिया की फासिस्ट शक्तियों को या यूरोप में उभरती शक्ति को तोड़ने के दिशा में उन्होंने कोई प्रयास नहीं किया। इधर खुद वियना में फासिस्ट अपनी निजी सेना संगठित कर रहे थे। 1934 ई. के फरवरी महीने में फासिस्टों ने ऑस्ट्रिया के चांसलर डॉल्फस से वियना के सोशलिस्टों को निरस्त्र करने की माँग की। सोशलिस्टों के हथियार देने से इनकार करने पर फासिस्ट सैनिकों और सरकारी सेना दोनों ने मिलकर उन पर भारी गोलीबारी की। चार दिन के युद्ध के बाद उन्होंने हथियार दे दिए और सोशलिस्ट नेता ऑस्ट्रिया से किसी तरह भाग सके। अब पूरे ऑस्ट्रिया पर प्रतिगामी शक्तियों की धाक जम गई।

1932 ई. में स्वीडन में एक अल्पमत की सोशल डेमोक्रेटिक सरकार सत्ता में आई। इन्होंने आर्थिक संकट और बेकारी से बचने का यह उपाय अख्तियार किया कि आर्थिक गिराव (स्लम्प) के काल में जनता से कर्ज लेकर निर्माण कार्य में बड़े पैमाने पर लगाया जाए और जब समृद्धि का काल (बूम) हो, तब टैक्स के द्वारा धन एकत्र कर कर्ज लौटा दिया जाए। चूँकि स्वीडन में बैंक पहले ही राज्य के नियंत्रण में लाए जा चुके थे, उन्हें आर्थिक नियोजन में काफी सुविधा हुई। जब पूरा यूरोप आर्थिक संकट से परेशान था तब अपनी नीति के कारण स्वीडन की समृद्धि ज्यों की त्यों बनी रही। इसका एक कारण यह भी था कि बहुत-से उद्योग स्वीडन में राज्य के मातहत या सहयोगी समितियों के हाथ में थे।

दूसरा राज्य जो अपने को आर्थिक संकट से बचाकर अपने देश को इस काल में सम्पन्न रख सका, वह न्यूजीलैंड है। यहाँ भी 1936 ई. के अन्त में लेबर पार्टी ने बहुमत की सरकार बनाई। यहाँ की सरकार ने इस सिद्धान्त पर अमल किया कि सरकारी 'ऋण का काम है, मजदूरी को कच्चे सामानों को उपभोग का सामान बनाने की क्षमता प्रदान करना।' जब श्रम सामान और वस्तुओं की माँग हो तो ऋण की व्यवस्था से केवल लाभ हो सकता है। इन्होंने डेयरी फार्म की तैयार चीजों का उचित दर तय करके निर्यात के लिए उसे स्वयं खरीदना शुरू किया और इस तरह किसानों को जो प्रमुख रूप से डेयरी उद्योग में लगे थे, कीमतों के उतार-चढ़ाव की क्षति से बचा लिया। इन्होंने अपने सुधार को सफल बनाने के लिए बैंकों के ऊपर नियंत्रण कायम किया और 'स्टेट ऐडवांसेज कॉरपोरेशन' कायम किया जो सरकारी एजेंसियों और व्यक्तियों को उद्योग-धन्धों आदि के लिए कर्ज देने का काम करता था। 1938 ई. में उन्होंने स्वास्थ्य बीमा योजना भी लागू की।

छिटपुट ढंग से अन्य जगह भी सोशलिस्टों के प्रयत्न से मजदूरों का जीवन स्तर ऊँचा उठा, लेकिन एक सामाजिक क्रान्ति की विशाल दृष्टि जिसको लेकर समाजवादी क्रान्ति का जन्म हुआ, वह प्राय: सोशलिस्ट आन्दोलन से लुप्त हो गई थी।

17

अविकसित, गुलाम, औपनिवेशिक, अर्द्ध-औपनिवेशिक अर्थव्यवस्थाओं में समाजवादी आन्दोलन के विकास की सम्भावनाएँ विकसित पूँजीवाद राष्ट्रों से बिलकुल भिन्न थीं। पश्चिम में समाजवादी आन्दोलन का जन्म उद्योगों के विकास और उसके साथ-साथ पैदा हुए मजदूर वर्ग के आन्दोलन के फलस्वरूप हुआ। समाजवादी विचार समाजवाद की ओर संक्रमण की सम्भावनाओं के पैदा होने के बाद आया। दुनिया के अविकसित देशों में समाजवाद की भावना का जन्म उद्योगों के विकास से न होकर औद्योगिक विकास की आवश्यकताओं के कारण हुआ। सच पूछा जाए तो अविकसित दुनिया के अनेक देशों में आधुनिक मजदूर वर्ग के पैदा होने के पहले मजदूर क्रान्ति और समाजवाद के विचार बुद्धिजीवी वर्ग को आन्दोलित करने लगे।

इसका कारण प्रमुख रूप से वही था जो रूस की क्रान्ति के पीछे था और जिस पर पहले विचार किया जा चुका है। अविकिसत राष्ट्रों में समाजवादी आन्दोलन का सूत्रपात प्रथम महायुद्ध से हुआ और यह एक व्यापक रूप द्वितीय महायुद्ध के बाद ही ले सका। प्रथम महायुद्ध ने जो उथल-पुथल पैदा की, उसने औपनिवेशिक और गुलाम मुल्मों में स्वतंत्रता आन्दोलन को तीव्र बना दिया। रूस की क्रान्ति ने इस आन्दोलन को और भी बढ़ावा दिया। अब प्रश्न था कि इस स्वतंत्रता आन्दोलन का नेतृत्व कौन करे और इसके पीछे किन वर्गों की शक्ति हो, यूरोप में राष्ट्रीयता की भावना के पीछे प्रमुख रूप से पूँजीवादी वर्ग था। राष्ट्रीयतावादी प्रजातांत्रिक क्रान्तियों का नेतृत्व इन्होंने ही किया था। इसके विपरीत अविकसित देशों में या तो आधुनिक पूँजीपति वर्ग पैदा ही नहीं हुआ था या बहुत कमजोर था, लेकिन पाश्चात्य देशों के सम्पर्क में यहाँ के बुद्धिजीवी वर्ग में और जहाँ उद्योग-धन्धों का कुछ विकास हो पाया था, मजदूर वर्ग में भी समाजवादी विचार फैलने लगा था।

जैसे-जैसे राष्ट्रीय आजादी की माँग इन देशों में जोर पकड़ने लगी वैसे-वैसे पूँजीवादी स्वार्थों की असमर्थता इस आन्दोलन को एक सीमा तक ले जाने में स्पष्ट होने लगी। इन अविकसित अर्थव्यवस्थाओं में न सिर्फ उद्योग-धन्धों पर साम्राज्यवादी देशों के पूँजीपतियों का बहुत बड़ा अधिकार था बल्कि अफ्रीका और केन्द्रीय तथा दक्षिणी अमेरिका के देशों में भूमि का स्वामित्व भी प्रधान रूप से इन्हीं के हाथों में

था। इन देशों के स्थानीय पूँजीपति मुख्य रूप से साम्राज्यवादी देशों के बड़े पूँजीपतियों के छोटे साझेदार बनकर अपनी सम्पत्ति बढ़ाने में लगे थे। पश्चिमी एशिया के देशों तथा अफ्रीका के अधिकांश देशों में तो किसी राष्ट्रीय पूँजीपति वर्ग का जन्म भी नहीं हो पाया था। यहाँ पर या तो तेल की रॉयल्टी पर मौज करनेवाले अमीर या सरदारों का बोलबाला था जिनके लिए राष्ट्रीय आजादी से साम्राज्यवादी शक्तियों की दोस्ती अधिक महत्त्वपूर्ण थी क्योंकि इनसे इनका आर्थिक स्वार्थ बँधा हुआ था। जहाँ-जहाँ साम्राज्यवादी शक्तियों के चरण पड़े वहाँ-वहाँ उन्होंने शोषकों का एक ऐसा वर्ग तैयार किया जो इनकी स्वार्थ रक्षा अपने शोषण को कायम रखने के लिए कर सके।

ऐसी स्थिति में स्वाभाविक था कि राष्ट्रीय आजादी के किसी भी आन्दोलन का स्वरूप आर्थिक क्रान्ति में बदल जाता क्योंकि इन देशों में राष्ट्रीय आजादी का मतलब होता, विदेशी पूँजीपतियों के स्वार्थ और विदेशी भू-स्वामियों के स्वार्थ पर चोट करना, लेकिन जनता को अनुभव से सबक सीखने में कुछ समय लगता है, अत: शुरू में राष्ट्रीय आन्दोलन का नेतृत्व ऊँचे वर्गों के हाथ में रहा। इसी के अनुरूप राष्ट्रीय आजादी का स्वरूप भी साम्राज्यवाद के साथ कुछ ऊँचे वर्गों के स्वार्थ को लेकर समझौते का रहा, लेकिन जैसे-जैसे गरीब जनता इन आन्दोलनों के पीछे आने लगी वैसे-वैसे आन्दोलनों का स्वरूप क्रान्तिकारी होने लगा और राष्ट्रीय निहित स्वार्थों ने इन आन्दोलनों में अपने स्वार्थों के मौत का पैगाम पाया। इस तरह राष्ट्रीय आन्दोलन के एक विशिष्ट स्तर पर हर देश में निहित स्वार्थ वालों ने साम्राज्यवादी शक्तियों से किसी भी शर्त पर समझौता करने का प्रयत्न किया और राष्ट्रीय आन्दोलन में क्रान्तिकारी तत्त्वों को विनष्ट करने का।

इस स्थिति से एक बात स्पष्ट है कि इन देशों की राष्ट्रीय क्रान्तियाँ आर्थिक और सामाजिक क्रान्तियों का स्वरूप ग्रहण किए बिना सफल नहीं हो सकतीं। इस तरह की क्रान्ति के साथ इन देशों के किसानों, मजदूरों तथा अन्य गरीब वर्गों का स्वार्थ जुड़ा हुआ है। इसमें किसान वर्ग चूँकि यह देश में बिखरा रहता है और ग्रामीण पिछड़ापन का शिकार है, क्रान्ति का नेतृत्व करने की क्षमता नहीं रखता है। यह ठीक है कि चौदहवीं और पन्द्रहवीं सदी में यूरोप में किसानों ने बड़े-बड़े विद्रोहों को जन्म दिया और स्विट्जरलैंड की आजादी किसानों की क्रान्ति का ही परिणाम था। फिर भी, आधुनिक युग में जब राज्य सत्ता का केन्द्रीकरण हो गया है और आर्थिक शक्ति औद्योगिक केन्द्रों में सिमट रही है, किसानों के लिए राष्ट्रीय क्रान्ति का नेतृत्व करना असम्भव है। अपनी संख्या तथा कठिनाइयों के साथ संघर्ष करने की अपनी क्षमता के कारण ये क्रान्ति को शक्ति और स्थायित्व प्रदान कर सकते हैं, पर नेतृत्व नहीं। अगर बड़े उद्योगों का एक हद तक विकास हो पाया है और अगर मजदूर संगठित हैं तो वे निश्चित रूप से एक ऐसी क्रान्ति को नेतृत्व प्रदान कर सकते हैं। संगठित मजदूर हड़ताल करके किसान तथा अन्य गरीब वर्गों के सहयोग

से किसी भी सरकार को तानाशाही और जनता के हितों के विरोधी प्रवृत्तियों से रोक सकते हैं। स्वाभाविक ही है कि ऐसी सरकार जो मजदूरों के नेतृत्व में चलती है, उद्योग-धन्धों पर से व्यक्तिगत स्वामित्व को खत्म करेगी और किसानों को जमीन देने और उनके आर्थिक स्तर को उठाने का प्रयास करेगी।

लेकिन अगर ऐसे संगठित मजदूर राष्ट्रीय आन्दोलन का नेतृत्व लेने को तैयार नहीं तो राष्ट्रीय स्वतंत्रता की लड़ाई का स्वरूप सैनिक युद्ध का हो जाएगा, जिसमें किसान तथा अन्य शोषित वर्गों के स्वार्थ का प्रतिनिधित्व करनेवाले सैनिक नेता इन वर्गों के समर्थन के आधार पर राष्ट्रीय आन्दोलन को सफल बनाएँगे। ये अपने देश में वही पार्ट अदा करेंगे जो नेपोलियन की विजयी सेना ने यूरोप के विभिन्न देशों में की थी यानी एक तरह की मुक्ति सेना का काम, लेकिन मुक्ति सेना भी एक सेना ही है इसलिए इस तरह की क्रान्ति के साथ सैनिकतंत्र के नियंत्रण के साथ अन्य बुराइयाँ भी आएँगी ही। इसके अलावा सैनिकतंत्र एक हद के बाद उस वर्ग के नियंत्रण से भी बाहर हो सकता है जिस पर इसकी शक्ति आधारित है क्योंकि जनता के नियंत्रण के अंग जो शासन पर अंकुश रख सकते हैं वे सैनिकतंत्र के स्थायी होने पर आपसे आप विनष्ट हो जाते हैं।

प्रथम विश्वयुद्ध के बाद पश्चिम एशिया के देशों में जो राष्ट्रीय उभार आया उसमें मजदूर वर्ग के नेतृत्व के अभाव में ऐसी ही क्रान्तियों का जन्म हुआ। इनमें सबसे उल्लेखनीय क्रान्ति तुर्की में हुई जहाँ मुस्तफा कमाल पाशा ने अपने सैनिक संगठन और जनता की आकांक्षाओं को एकसूत्र में लाकर तुर्की के स्वरूप को बदल दिया। 1923 ई. से लेकर जबकि तुर्की की स्वतंत्रता को मान्यता मिली, 1938 ई. के बीच कमाल पाशा ने तुर्की को परम्परावादी और काजी मुल्लाओं के इशारे पर चलनेवाले एक राष्ट्र से उठाकर एक आधुनिक राष्ट्र बना दिया। उसने इतने दिनों के भीतर देश के वेशभूषा, रस्म-रिवाज, लिपि, रहन-सहन सबको बदलकर यूरोपियन ढाँचे में ढाल दिया, लेकिन व्यक्तिगत सम्पत्ति का समर्थक होते हुए भी नए-नए उद्योगों के विकास के लिए सर्वाधिकार के आधार पर सभी प्रमुख उद्योगों का विकास करना पड़ा। यह स्वाभाविक था क्योंकि पिछड़ी अर्थव्यवस्था में जहाँ पूँजी का अभाव है, सीमित पूँजी का तेज प्रगति के लिए उपयोग तभी सम्भव है जबकि सभी प्रमुख आर्थिक क्षेत्रों पर राज्य का नियंत्रण हो, लेकिन मुस्तफा कमाल पाशा के सुधारों से स्वतंत्र समाजवादी आन्दोलन के विकास की सम्भावनाएँ तत्काल दूर चली गईं।

दक्षिणी और केन्द्रीय अमेरिका के देशों में एक दूसरी ही स्थिति थी। ये देश प्रमुख रूप से एक या दो निर्यात की वस्तुओं पर भी निर्भर करते थे, जैसे मैक्सिको चाँदी और तेल पर, ब्राजील कॉफी पर, वेनेजुएला तेल पर, बोलिविया टिन पर, चिली शोरा पर, अर्जेंटिना मांस पर। प्रथम विश्वयुद्ध के बाद से अमेरिका के बैंकरों और औद्योगिक स्वार्थों ने करीब-करीब इनके सभी उद्योग-धन्धों को अपने कब्जे में कर लिया था। इस तरह यहाँ राष्ट्रीय पूँजीवादी वर्ग का विकास प्राय: नहीं के बराबर

रहा। इस तरह इन देशों की सरकारों पर विदेशी, खासतौर से अमेरिका के पूँजीपतियों का नियंत्रण रहा। इन राज्यों के डिक्टेटरों को (एक राष्ट्रीय पूँजीपति वर्ग के अभाव में ये एक विस्तृत आधार का प्रजातंत्र बनाने में असमर्थ थे) अमेरिका के औद्योगिक स्वार्थ ऊपरी मुट्ठी में रखते थे। निर्यात के सिर्फ एक या दो वस्तुओं पर निर्भर होने के कारण यहाँ की अर्थव्यवस्था के लिए अपने पाँव पर खड़ा रहना और भी कठिन था।

ऐसी स्थिति में इन देशों में राष्ट्रीय आजादी का आन्दोलन (आर्थिक आजादी के अर्थ में) केवल एक समाजवादी आन्दोलन का ही स्वरूप ले सकता था। दूसरा रास्ता होता डिक्टेटरशिप और फासिज्म का, जिसमें नकेल होती बाहर की साम्राज्यवादी शक्तियों के हाथ में। मैक्सिको में यह स्थिति स्पष्ट हो गई। 1917 ई. के विधान में घोषणा की गई कि सरकार के हाथ में सभी जमीन का स्वामित्व हैं और मैक्सिको में जो अधिकार मैक्सिको के नागरिकों को नहीं है, वह अधिकार किसी को नहीं है, लेकिन यह घोषणा केवल कागजी रह गई क्योंकि राष्ट्रपति के हाथ में इन्हें लागू करने की शक्ति नहीं थी। जब राष्ट्रपति ओब्रेगॉन ने 1925 ई. में इस विधान को लागू करने का प्रयत्न किया तो तुरन्त अमेरिका की सरकार ने हस्तक्षेप किया। 1928 ई. में जो समझौता हुआ, उसके अनुसार मैक्सिको के सुप्रीम कोर्ट को अमेरिकी तेल की कम्पनियों पर अपने कानूनों को लागू करने का अधिकार तो प्राप्त हुआ, लेकिन मैक्सिको की सुप्रीम कोर्ट ने यह भी तुरन्त घोषणा कर दी कि अमेरिकी कम्पनियों का स्वामित्व कानूनी है। असली गतिरोध पैदा हुआ 1934 ई. के बाद, कार्डेनास के राष्ट्रपति होने पर। इस समय तक यहाँ ट्रेड यूनियन का विकास हो चुका था और 20,00,000 औद्योगिक मजदूरों में 1,75,000 मजदूर सी.टी.एम. नामक मार्क्सवादी यूनियन के सदस्य थे। इनकी शक्ति कार्डेनास के पीछे थी। कार्डेनास ने तेल मजदूरों की हड़ताल का समर्थन किया जो उनकी वेतन आदि के माँग से सम्बन्धित थी। विदेशी पूँजीपतियों ने, जिनका पूरा नियंत्रण तेल उद्योग पर था, फेडरल बोर्ड ऑफ आर्बिट्रेशन के फैसले की उपेक्षा कर दी। 1938 ई. में कार्डेनास ने जितनी तेल कम्पनियाँ थीं, सबों को अधिकार में ले लेने की घोषणा कर दी, लेकिन पूर्ण रूप से विदेशी पूँजी और कुछ खास वस्तुओं के निर्यात पर निर्भर रहने से अर्थव्यवस्था की बुनियादी कमजोरी के कारण विदेशी पूँजीपतियों के दबाव में मैक्सिको की क्रान्ति बहुत दूर तक नहीं बढ़ सकी।

द्वितीय महायुद्ध के बाद बोलिविया में भी मजदूर-क्रान्ति हो गई, लेकिन इसी आन्तरिक कमजोरी के कारण वह भी पूर्ण रूप से समाजवादी विकास की ओर नहीं बढ़ सकी और फिर पुरानी राजनीति अपना घर बनाने लगी। इस दृष्टि से सबसे महत्त्वपूर्ण क्रान्ति क्यूबा की हुई। क्यूबा भी एक वस्तु, चीनी, के निर्यात पर बहुत कुछ निर्भर करता था और सम्भव था कि इसे अन्ततोगत्वा अमेरिका के खिलाफ झुकना पड़ता, लेकिन इस बार रूस के हस्तक्षेप ने क्यूबा की जान बचा दी, लेकिन अमेरिकी दबाव और आर्थिक कठिनाई ने वहाँ की क्रान्ति को भी एक प्रजातांत्रिक

दिशा में नहीं बढ़ने दिया, लेकिन यह बात स्पष्ट हो गई कि दक्षिण और केन्द्रीय अमेरिका के देशों में समाज विरोधी आन्दोलन का स्वरूप समाजवादी ही हो सकता है।

चीन में राष्ट्रीय आन्दोलन, कौमितांग के भीतर से कम्युनिस्ट आन्दोलन का विकास और भारत में कांग्रेस के भीतर से सोशलिस्ट पार्टी का विकास भी पिछड़ी अर्थव्यवस्था में राष्ट्रीय आन्दोलन के इसी आवश्यकता के परिणाम थे। द्वितीय महायुद्ध के बाद तो एशिया और अफ्रीका के जितने देश स्वाधीन हुए हैं, उनमें कुछ को छोड़कर अधिकांश किसी-न-किसी अंश में उद्योग-धन्धों पर राज्य के नियंत्रण तथा नियोजित अर्थव्यवस्था के समर्थक हैं।

अब प्रश्न उठता है कि पिछड़ी अर्थव्यवस्थाओं के ऐसे सभी आन्दोलनों को समाजवादी कहा जा सकता है जो विदेशी पूँजी का राष्ट्रीयकरण तथा नियोजित अर्थव्यवस्था, जिसमें राज्य के क्षेत्र में भी उद्योगों का विकास होता है, को लेकर चलते हैं। जैसाकि ऊपर हम देख चुके हैं, ऐसी नीतियाँ तो पिछड़ी अर्थव्यवस्था में करीब-करीब अनिवार्य हैं अगर किसी हद तक राष्ट्रीय अर्थव्यवस्था को विदेशी नियंत्रण से स्वतंत्र रखना है। ये राज्य किसी हद तक सोशलिस्ट हैं, उसक कसौटी वही होगी जो विकसित देशों में समाजवाद के लिए है। इसके लिए देखना होगा कि इन राज्यों में मजदूर तथा अन्य गरीब वर्गों का जीवन स्तर किनता ऊपर उठता है, समाज से गैरबराबरी किस हद तक मिटती है, मजदूर तथा दलित वर्गों का अर्थव्यवस्था पर सीधा नियंत्रण कितना है और साधारण लोगों की आजादी किस हद तक सुरक्षित है? इस कसौटी पर इन राज्यों में किसी को समाजवादी नहीं कहा जा सकता। इन्हें उग्र राष्ट्रीयतावादी आन्दोलन कहा जा सकता है। इस तरह की अर्थव्यवस्था में न सिर्फ अरब गणराज्य अलजीरिया और श्रीलंका, बर्मा आदि शामिल हैं बल्कि कम्युनिस्ट चीन और उत्तर वियतनाम भी।

इस सिलसिले में पुन: एक बार मार्क्स के विचार की ओर ध्यान देना है कि "मजदूर वर्ग केवल स्वयं ही अपने को स्वतंत्र कर सकता है।" इस दृष्टि से इन देशों की सत्तारूढ़ पार्टियाँ कभी भी मजदूरों की पार्टियाँ नहीं हो पाई हैं, चाहे वह अपने को कम्युनिस्ट या सोशलिस्ट कहें। ये सोशलिस्ट और कम्युनिस्ट पार्टियाँ समाजवादी बुद्धिजीवियों की पार्टियाँ हैं जिनमें एक हद की आदर्शवादिता है, लेकिन समाज का निर्माण सिर्फ आदर्शों के बल पर नहीं चल सकता। वस्तुस्थिति के दबाव में चाहे तो ये पार्टियाँ पूँजीवाद से समझौते की दिशा में बढ़ेंगी या जनता की मर्जी के विपरीत आवश्यक वस्तुस्थिति के अभाव में समाज को एक पूर्वनिश्चित ढाँचे में ढालने का प्रयत्न करेंगी। इस तरह के दबाव में बड़े से बड़ा आदर्श निरंकुशता की भट्ठी में जलकर समाप्त हो सकता है। इसका अर्थ यह नहीं कि समाजवाद की दिशा में कोई प्रगति सम्भव नहीं बल्कि इससे यह निष्कर्ष निकलता है कि हर समाजवादी कदम इस ढंग से बढ़ना चाहिए कि जनता का स्वाभाविक समर्थन मिलता रहे। समाजवाद की तरफ संक्रमण के लिए यह सबसे महत्त्वपूर्ण आवश्यकता होगी।

18

1911 ई. की क्रान्ति ने मंचु राज्य को समाप्त कर दिया, लेकिन इस क्रान्ति के पीछे एक सीमित वर्ग का हाथ था और एक सीमित उद्देश्य था। कहने के लिए एक राष्ट्रीय गणतंत्र की स्थापना हो गई, लेकिन चीन न तो एक राष्ट्र हो सका था और न स्वतंत्र। वहाँ सत्ता के दो केन्द्र थे—एक उत्तरी राज्य की राजधानी पेकिंग में और दूसरा दक्षिण में कैंटन में। पहला शासन सामन्तवादी योद्धाओं के हाथ में था और दूसरा डॉक्टर सुन यात सेन के नेतृत्व में राष्ट्रीयवादियों के हाथ में, लेकिन इन राज्यों की शक्ति बहुत सीमित थी। न तो चीनियों के ऊपर ही पूरे देश में इनका नियंत्रण था और न विदेशियों पर, जिन्हें चीन के महत्त्वपूर्ण औद्योगिक केन्द्रों में अपनी स्वतंत्र सत्ता चलाने का अधिकार था। इस कमजोरी का प्रमुख कारण यह था कि राष्ट्रीयतावादी पार्टी कोमिंगतांग अभी तक एक ऐसी नीति नहीं अख्तियार कर सकी थी जो वहाँ के जन साधारण को जगा सके।

प्रथम विश्वयुद्ध और रूस की क्रान्ति के बाद स्थिति बदली। डॉ. सुन यात सेन चाहते थे कि चीन के स्वतंत्र विकास के लिए यहाँ पर सरकारी क्षेत्र में विदेशी कर्ज के आधार पर उद्योग-धन्धे का विकास हो।

लेकिन कोई भी पश्चिमी देश इसके लिए तैयार नहीं था। इसमें पाश्चात्य देशों के स्थित स्वार्थों को धक्का पहुँचता था। इधर रूस की नीति बोल्शेविक क्रान्ति के बाद सभी राष्ट्रीयतावादी शक्तियों को साम्राज्यवाद के खिलाफ मदद देने की थी। इस तरह रूस ही केवल एक ऐसा देश था जिससे सुन यात सेन को किसी तरह की मदद मिल सकती थी। डॉ. सुन यात सेन ने 1921 ई. में लेनिन के सेक्रेटरी माहलिन से कैंटन में बातचीत की। दो साल बाद सोवियत राजदूत ऐडॉल्फ जॉफे और डॉ. सुन यात सेन का सम्मिलित वक्तव्य प्रकाशित हुआ, जिसमें कहा गया था कि चीन के सामने तत्काल सोवियत राज्य बनाने या कम्युनिज्म स्थापित करने की स्थिति नहीं है बल्कि सूत्रबद्ध राज्य और पूर्ण स्वाधीनता प्राप्त करने का सवाल है, इस कार्य में चीन को सोवियत यूनियन की पूरी सहानुभूति प्राप्त है।

इधर 1921 ई. में चीन में कम्युनिस्ट पार्टी का संगठन हो गया था जो तृतीय अन्तरराष्ट्रीय से सम्बद्ध थी। रूस के सहयोग से अब कोमिंगतांग का नये ढंग से

संगठन होने लगा। कम्युनिस्ट भी कोमिंगतांग में शामिल हो गए और पार्टी में मजदूरों और किसानों का संगठन होने लगा। सोवियत एजेंट माइकेल बोरोडिन की सलाह के अनुसार पार्टी का संगठन भी कम्युनिस्ट पार्टी के मॉडेल पर होने लगा। बोरोडिन की देखरेख में वाम्पुआ सैनिक कॉलेज की स्थापना कैंटन में हुई। इसका प्राध्यापक च्यांग काई शेक था और ट्रेनिंग देनेवाले रूसी ऑफिसर थे। इससे निकले हुए अफसर सैनिकों को ट्रेनिंग देते थे और इस तरह इन सैनिकों की मदद से कोमिंगतांग ने व्यवस्था स्थापित करना शुरू किया।

लेकिन अब जैसे-जैसे राष्ट्रीय आन्दोलन एक ठोस स्वरूप ग्रहण करने लगा, आन्दोलन के भीतर विपरीत वर्गों का संघर्ष सतह पर आने लगा। राष्ट्रीय आन्दोलन के भीतर के पूँजीवादी तत्त्वों को सिर्फ बाहरी देशों के पूँजीपतियों के साथ बराबरी के स्तर पर व्यापारिक सम्बन्ध स्थापित करके उनके पूँजी पर मुनाफा कमाने में दिलचस्पी थी। वे उनसे कर्ज लेकर निजी क्षेत्र में उद्योग आदि का विकास करना पसन्द करते थे। इसके लिए वे आवश्यक सहूलियतें भी विदेशी पूँजीपतियों को देने के लिए तैयार थे। मजदूर और किसानों की स्वतंत्र शक्ति के विकास से उन्हें सबसे अधिक खतरा था। इधर दूसरी ओर मजदूर और किसान राष्ट्रीय स्वतंत्रता का अर्थ समझते थे, उनके जीवन स्तर में सुधार। इन दोनों धाराओं का साथ-साथ चलना असम्भव था। च्यांग काई शेक इसमें पहले वर्गों का समर्थक था।

1925 ई. में डॉ. सुन यात सेन की मृत्यु हो गई। अब एकमात्र व्यक्ति जो अपनी प्रतिष्ठा से इन विपरीत धाराओं को कुछ दूर तक साथ-साथ ले चल सकता था, स्टेज से हट गया। 1925 ई. में शंघाई में कुछ मजदूरों की छँटनी हुई। इसके विरोध में प्रदर्शन होने पर विदेशियों के अधिकार वाले क्षेत्र में इस पर गोली चलाई गई। अब देश भर में जबर्दस्त प्रदर्शन साम्राज्यवादी मुल्कों के खिलाफ हुए। इस राष्ट्रीयता की लहर पर 1926 ई. में च्यांग काई शेक ने चीन के सामन्ती राज्यों के खिलाफ कूच किया। इसने बिना किसी कठिनाई के हैंको पर कब्जा कर लिया और इसी को राष्ट्रीय चीन की नई राजधानी घोषित किया गया। च्यांग काई शेक आगे बढ़ा। हैंको की व्यवस्था बोरोडिन, युजेन चेन तथा श्रीमती सुन यात सेन के हाथ में थी। यहाँ मजदूर ट्रेड यूनियनों में संगठित हो गए थे। संघर्ष करके उन्होंने अपनी मजदूरी कुछ सप्ताह के भीतर ही दूनी कर ली थी। यहाँ की व्यवस्था वामपंथियों के हाथ में थी, लेकिन च्यांग काई शेक ने सैनिकों को अपने कब्जे में रखा था और 1927 ई. में नाककिंग में अपनी सरकार की स्थापना की और हैंको की सरकार को मान्यता देने से इनकार कर दिया। इसी बीच इस वामपंथी सरकार और मॉस्को के बीच नीति को लेकर मतभेद हो गया। च्यांग काई शेक ने मौके का फायदा उठाया। उसने हैंको पर हमला कर दिया। बोरोडिन, श्रीमती सुन यात सेन वगैरह मॉस्को भाग गए। दक्षिणपंथी लोग च्यांग काई शेक से मिल गए। इसके बाद च्यांग काई

शेक ने कम्युनिस्ट और उनके समर्थकों का कत्लेआम शुरू कर दिया। कैंटन में मजदूरों ने कम्यून की घोषणा कम्युनिस्टों के नेतृत्व में कर दी, लेकिन च्यांग काई शेक के सैनिकों ने उनका सफाया कर दिया।

च्यांग काई शेक के सफेद आतंक से जो कम्युनिस्ट बच सके, उन लोगों ने किआंगसी में कम्युनिस्ट सरकार की स्थापना की। च्यांग काई शेक ने उनके सफाए के अनेक प्रयत्न किए, लेकिन उनकी लोकप्रियता के कारण उन्हें समाप्त नहीं कर सका, लेकिन सात साल संघर्ष के बाद कम्युनिस्टों ने यह अनुभव किया कि वे च्यांग काई शेक की सेना का अधिक दिनों तक मुकाबला नहीं कर सकते। अतः 1934 ई. में उन्होंने अपना ऐतिहासिक अभियान शुरू किया। इस तरह अपने राज्य की पूरी आबादी को उनके बाल-बच्चे और असबाब के साथ लेकर 6,000 मील की दूरी तय कर एक साल के बाद शेंसी प्रान्त के यूनान पहुँचे और वहाँ उन्होंने अपनी सत्ता कायम की। इस प्रयाण में उन्हें च्यांग काई शेक के सैनिकों का सैकड़ों जगह मुकाबला करना पड़ा। वे लोग किआंगसी से 100,000 आदमी को लेकर चले थे, शेन्सी पहुँचते-पहुँचते उनके साथ मुश्किल से 50,000 आदमी रह गए थे। यहाँ पर कुछ अन्य कम्युनिस्ट होनान से आ गए थे। इस तरह मिल-जुलकर इन्होंने एक पिछड़ी ग्रामीण व्यवस्था में सोवियत राज्य की स्थापना की।

इस नई कम्युनिस्ट सरकार के नेता नये लोग थे जो 1927 ई. के पहले कम्युनिस्ट आन्दोलन में कोई महत्त्वपूर्ण स्थान नहीं रखते थे। इनमें प्रमुख थे माओ त्से तुंग, जो पार्टी के विचारक थे और दूसरा चू-तेह, जिन्होंने कम्युनिस्ट सेना का संचालन किया था। इसमें माओ त्से तुंग एक साधारण सम्पन्न किसान परिवार में पैदा हुआ था और चू-तेह एक अमीर घर में और इसने जर्मनी में शिक्षा पाई थी। 1927 ई. की क्रान्ति के समय से माओ त्से तुंग का क्रान्तिकारी जीवन प्रारम्भ हुआ और चू-तेह उसी समय मॉस्को कम्युनिज्म में दीक्षित होने गया। चू-तेह की गणना दुनिया के सबसे कुशल जनरलों में होती थी। बहुतों ने उसे रेड-नेपोलियन की उपाधि दी थी।

1931 ई. में जापान ने मंचूरिया पर हमला करके इसे अपने कब्जे में कर लिया था, लेकिन इसके विरुद्ध कोई युद्ध नहीं हो पाया। च्यांग काई शेक की सरकार में यह उत्साह नहीं था कि वह चीन के इस प्रान्त को स्वतंत्र करने का प्रयास करती। वास्तव में जापान के अधिकार होने के पहले भी वहाँ केन्द्रीय सरकार का शासन नहीं था। वहाँ पर पहले चांग-सु-लिन नामक एक आदमी का शासन था जो जापानियों के साथ मिल जुलकर चीन के लूट में हिस्सा बँटा रहा था, लेकिन 1937 ई. से जापानियों ने और बढ़कर आक्रमण करना शुरू किया और पेंकिंग और फिर नानकिंग पर कब्जा कर लिया। इस परिस्थिति में कम्युनिस्टों ने राष्ट्रीय स्वतंत्रता के लिए कोमिंगतांग के साथ संयुक्त मोर्चा बनाने की नीति अपनाई। उधर च्यांग काई शेक जापान से अधिक कम्युनिस्टों से युद्ध करने की तैयारी में लगा

था, लेकिन 1937 ई. में उसके सैनिकों ने उसकी इस नीति के विरुद्ध विद्रोह कर दिया और खुद च्यांग काई शेक गिरफ्तार कर लिया गया। इसके बाद कम्युनिस्टों ने बहुत होशियारी से वार्ता चलाकर च्यांग काई शेक को जापान के खिलाफ युद्ध को तीव्र रूप से चलाने पर मजबूर किया। इस बातचीत के सिलसिले में जो सन्धि हुई, उसके अनुसार कम्युनिस्ट सेना को भी च्यांग काई शेक की राष्ट्रीय सेना का एक अंग मान लिया गया, लेकिन कम्युनिस्टों ने अपना सबक सीख लिया था और वास्तव में उन्होंने कभी भी अपनी सैन्य शक्ति को च्यांग काई शेक के हवाले नहीं किया।

जापान के विरुद्ध युद्ध में कम्युनिस्टों ने बहुत महत्त्वपूर्ण ढंग से भाग लिया। जापान ने थोड़े ही दिनों में चीन का बहुत बड़ा भू-भाग अपने कब्जे में कर लिया था, लेकिन इससे उनकी युद्ध की पंक्ति हजारों मील में फैल गई थी। इस पंक्ति के पीछे गुरिल्ला युद्ध चलाने में कम्युनिस्टों ने बहुत महत्त्वपूर्ण भाग लिया। वे जहाँ भी जाते, वहाँ के निवासियों में राष्ट्रीयता की भावना भरकर उन्हें लड़ने के लिए तैयार कर लेते थे। इससे जापानियों के लाख प्रयत्न करने पर भी उनकी शक्ति बिलकुल टूट नहीं पाती थी। उनके पीछे जनता का समर्थन होने का एक बड़ा कारण यह भी था कि वे जहाँ भी गए, उन्होंने सामन्तवादी स्वार्थों को मिटा दिया, लेकिन युद्ध की समाप्ति तक जो सुधार वे कर रहे थे या जिन सुधारों के वे समर्थक थे, वे बहुत मामूली थे। 1941 ई. के जाड़े में पीपुल्स पॉलिटिकल काउंसिल के दूसरे कन्वेंशन के लिए कम्युनिस्ट पार्टी के उम्मीदवारों के लिए जो प्लेटफॉर्म (नीति घोषणा) रखा गया था, उसमें दसवाँ निम्नलिखित था : "कम्युनिस्ट अपना विश्वास घोषित करते हैं कि उन जिलों में, जहाँ जमीन बँट चुकी है, जमीन के व्यक्तिगत स्वामित्व का अधिकार उन सभी किसानों को होगा जिन्होंने जमीन ले ली। अन्य जिलों (जैसे स्वित्तेह, फुहसियेन तथा चिन्यांग) में जहाँ जमीन नहीं बँटी है, स्वामित्व के अधिकार की गारंटी मौजूदा जमींदारों को होनी चाहिए तथा कर्ज की अदायगी कराने का अधिकार महाजनों को होना चाहिए। पार्टी यह घोषणा करती है कि सूद और मालगुजारी का दर अवश्य कम होना चाहिए। पार्टी यह घोषणा करती है कि किसानों को एक विशिष्ट दर से मालगुजारी जमींदारों को, तथा कर्जदारों को एक विशिष्ट दर से सूद महाजनों को देना चाहिए। सरकार को जमींदार और किसान तथा कर्जदार और महाजन के बीच के सम्बन्ध को व्यवस्थित करना चाहिए।"

(हैरिसन फॉरमैन के 'रिपोर्ट फ्रॉम रेड चाइना से उद्धृत')

आगे इसी घोषणा में कहा गया था कि कम्युनिस्ट प्रतिनिधि ऐसे उपाय उपस्थित करेंगे जिससे औद्योगिक उत्पादन और व्यवसाय बढ़े, निजी उद्योग को प्रोत्साहन मिले और व्यक्तिगत सम्पत्ति की सुरक्षा हो।

इस तरह हम देखते हैं कि अभी तक कम्युनिस्ट कम-से-कम पूँजीवादी क्रान्ति की माँगों को ही अपने सामने रख रहे थे। सच तो यह था कि बड़े उद्योग-धन्धों से दूर और औद्योगिक मजदूरों के सम्पर्क से अलग वैसे माँगों या नीतियों को रखना जिनका सम्बन्ध औद्योगिक विकास की एक ऊपरी स्तर से है, निरर्थक होता। वास्तव में जो माँगें रखी गई थीं वे वैसी ही थीं जिससे तत्काल राष्ट्रीय आन्दोलन को ज्यादा-से-ज्यादा बल प्राप्त हो सकता। जो समाज का नक्शा अभी उनके सामने था, वह वैज्ञानिक समाजवाद का न होकर आत्मनिर्भर व्यक्तिवादी व्यवस्था पर आधारित ग्राम राज का था। युद्ध की आवश्यकताओं तथा गरीबी ने एक ऊँचे दर्जे की आदर्शवादिता, समता और बन्धुत्व की भावना लोगों में भर दी थी। जो छोटे-मोटे उद्योग थे उन्हें विकसित करने का ही प्रश्न था, इसलिए वर्ग संघर्ष के लिए बहुत सीमित क्षेत्र था। 1946 ई. में जापान के आत्मसमर्पण के बाद जो संघर्ष चीन में हुआ, वहाँ प्रमुखता हथियार के संघर्ष की रही। कम्युनिस्ट विचार के प्रसार के पहले कम्युनिस्ट शस्त्र कम्युनिस्ट राज्य का विस्तार करने लगे। 1949 ई. में च्यांग काई शेक को चीन छोड़कर फारमोसा भागना पड़ा। गृहयुद्ध के सिलसिले में बहुत-से ऐसे पूँजीपति जो च्यांग काई शेक के साथ थे, देश को छोड़कर भाग गए और उनके कारखाने कम्युनिस्ट सरकार के हाथ आ गए। हालाँकि अभी तक कम्युनिस्ट पार्टी ने राष्ट्रीयकरण की नीति नहीं अपनाई थी। वे अपनी सरकार को ऐसा पीपुल्स डेमोक्रेटिक राज्य कहते थे जो मजदूरों के नेतृत्व में चलता है। हालाँकि इस राज्य को मजदूरों का नेतृत्व कभी भी नहीं प्राप्त हो सका। इसी परिस्थिति के कारण उन्होंने पूँजीपतियों में विभेद करना शुरू किया। यह भेद था नौकरशाही पूँजीपति और राष्ट्रप्रेमी पूँजीपतियों में, लेकिन चूँकि वास्तव में एक वर्ग के रूप में दोनों में फर्क करना असम्भव था, कम्युनिस्ट राज्य को यह सहूलियत थी कि अपनी सुविधा के अनुसार किसी भी पूँजीपति को नौकरशाही पूँजीपति कहकर बिना पूरे पूँजीपति वर्ग को नाराज किए, वे समाप्त कर सकते थे। सैनिक शक्ति पर एकच्छत्र नियंत्रण रहने से उन्हें किसी तरह के विद्रोह का डर भी नहीं था। धीरे-धीरे उद्योग के क्षेत्र में सभी बड़े उद्योग राज्य के हाथ में चले आए और व्यक्तिगत सम्पत्ति प्राय: समाप्त कर दी गई।

शुरू से ही सैनिक शक्ति पर आधारित होने के कारण चीनी कम्युनिस्ट पार्टी को अपनी डिक्टेटरशिप कायम करने के लिए किसी संघर्ष की आवश्यकता नहीं हुई। स्टालिन विधान की तरह 1954 ई. में उन्होंने भी एक विधान चीनी जनता को दिया, लेकिन जैसे स्टालिन के विधान के दो साल के भीतर लाखों लोगों को कठिन यातना सरकारी दमन के कारण सहना पड़ा। चीन में भी सभी विरोधी तत्त्वों का दमन जोरों से शुरू हुआ। जहाँ रूस में शुरू अन्तरराष्ट्रीयवादी था वहाँ चीन में, एक राष्ट्रीय युद्ध के विजय से निकली हुई, सरकार शुरू से ही उग्र राष्ट्रीयता को अपनाकर चल रही है।

19

अन्य ग़ुलाम तथा औपनिवेशिक राष्ट्रों की तरह भारत के समाजवादी आन्दोलन का विकास भी राष्ट्रीय स्वतंत्रता के आन्दोलन के विकास से बँधा हुआ है। इस विकास को समझने के लिए विदेशी शासन के भीतर देश के आर्थिक शोषण के स्वरूप को समझना आवश्यक है। इस दृष्टि से अंग्रेजों ने भारत के शोषण की तीन प्रमुख विधियाँ अपनाई थीं। ये तीन विधियाँ भारत में अंग्रेजी सत्ता के तीन विभिन्न स्तर से सम्बद्ध थीं। पहला काल था ईस्ट इंडिया कम्पनी के प्रभुत्व का, जिसमें राजनीतिक दबाव और शक्ति के खुले प्रयोग के द्वारा भारत की सम्पत्ति लूटकर इंग्लैंड के व्यापारियों की तिजोरियाँ भरी गई। दूसरा काल था 1857 ई. के बाद का, जब शक्ति प्रयोग से अधिक महत्त्व इस लूट में व्यापार ने ले लिया। इस काल में नये आविष्कारों पर आधारित मशीन उद्योग से सस्ती कीमत पर तैयार की गई चीजों को भारत के बाजार पर लादकर यहाँ के घरेलू उद्योग-धन्धों को नष्ट कर दिया गया तथा अंग्रेजी व्यापार को विशेष सुविधा देकर व्यापार के जरिए देश को लूटा गया। तीसरा काल वह है जब खुद भारत तथा बाहर के देशों के उद्योगों से होड़ में अंग्रेजी आयात भारत में कम होने लगा और इस नई परिस्थिति का मुकाबला करने के लिए बड़ी मात्रा में अंग्रेजी पूँजी भारत में सरकारी कर्ज तथा उद्योगों में पूँजी के रूप में आने लगी। अब शोषण के प्रमुख आधार थे—सरकारी ऋण पर सूद तथा भारत में अंग्रेजी कम्पनियों में लगी पूँजी पर मुनाफ़ा तथा सरकारी व्यवस्था एवं इन कम्पनियों में काम करनेवाले अंग्रेज कर्मचारियों के भत्ते तथा वेतन। इस तरह 1920-21 से 1945 ई. के बीच दो-ढाई अरब रुपया सालाना भारत से इंग्लैंड जाता रहा।

राष्ट्रीय आन्दोलन का सबसे क्रान्तिकारी काल यह अन्तिम समय रहा और समाजवादी आन्दोलन का विकास इसी काल की समस्याओं से सम्बन्धित था। 1920 ई. के पहले राष्ट्रीय कांग्रेस सिर्फ कुछ धनी-मानी उच्च शिक्षा प्राप्त लोगों का संगठन था, लेकिन प्रथम विश्वयुद्ध के बाद स्थिति बदल गई। 1918 ई. में प्रथम ट्रेड यूनियन संगठन मद्रास में बना। भारत के विभिन्न भागों में अनेक मजदूर हड़ताल आर्थिक और राष्ट्रीय सवालों को लेकर होते रहे। 1919 ई. में रौलट ऐक्ट के खिलाफ हड़ताल में बम्बई के मजदूर शामिल हुए। 1918 ई. से 1921 ई. के

बीच भारत के सभी औद्योगिक केन्द्रों में जबर्दस्त हड़तालें होती रहीं। इसी जाग्रति के फलस्वरूप मजदूरों के संगठन सभी जगह खड़े होने लगे। इसी क्रान्तिकारी वातावरण में 1920 ई. के अक्टूबर महीने में लाला लाजपत राय के सभापतित्व में 'इंडियन ट्रेड यूनियन कांग्रेस' की स्थापना हुई, लेकिन इसके जन्म के काफी दिनों बाद तक यह आधुनिक अर्थ में ट्रेड यूनियन संगठन नहीं हो सका। इस संगठन के पीछे अभी वर्ग संघर्ष की भावना की जगह मजदूरों के जीवन और आदतों में सुधार की भावना अधिक थी। 1927 ई. तक इसके चरित्र में कोई व्यापक परिवर्तन नहीं हुआ, हालाँकि स्वतंत्र रूप से मजदूर जबर्दस्त संघर्ष इस बीच करते रहे और 1927 ई. तक हर साल लाखों मजदूर हड़ताल में भाग लेते रहे। 1927 ई. के बाद मजदूर आन्दोलन में क्रान्तिकारी तत्त्वों की बाढ़ होने लगी। संघर्षशील मजदूर समझौतावादी नेतृत्व से विमुख होने लगे। इसी समय कम्युनिस्ट विचार का प्रचार शुरू हो गया था और मजदूर उनके क्रान्तिकारी विचारों के प्रभाव में आने लगे।

1920 ई. के अन्त या 1921 ई. के प्रारम्भ में कुछ भारतीयों द्वारा रूस की नव गठित बोल्शेविक सरकार के प्रोत्साहन से ताशकन्द (एशियाई रूस का एक स्थान) में भारतीय कम्युनिस्ट पार्टी की स्थापना की गई। धीरे-धीरे इस संगठन के प्रभाव के नीचे भारत में भी भारतीय कम्युनिस्ट पार्टी की गुप्त रूप से स्थापना हुई। इसी के प्रयत्नों के फलस्वरूप सबसे पहले बंगाल में 1926 ई. में 'वर्करर्स एंड पेजेंट्स पार्टी' की स्थापना हुई। इसके बाद इसकी स्थापना बम्बई, उत्तर प्रदेश तथा पंजाब में हुई। इस संगठन से मुजफ्फर अहमद, श्रीपाद अमृत डांगे, पूरन चन्द जोशी आदि भविष्य के कई कम्युनिस्ट नेता सम्बद्ध थे। इस संगठन के पीछे रूस के प्रभाव ने बाद में इसका बड़ा अहित किया। प्रारम्भ में ही रूस के साथ सम्बन्ध को लेकर इसमें घोर विवाद शुरू हुआ, जिसके कारण 'भारतीय कम्युनिस्ट पार्टी' के जन्मदाताओं में दो-चार को छोड़ अधिकांश बाहर निकल गए। फिर भी तत्काल इस संगठन ने मजदूरों को एक संघर्षशील नेतृत्व प्रदान कर एक बड़ी आवश्यकता की पूर्ति की।

1928-29 ई. की हड़ताल आन्दोलन के बाद 1929 ई. के मार्च में अंग्रेजी सरकार ने मेरठ में 32 व्यक्तियों पर, जिनमें तीन अंग्रेज, कुछ कम्युनिस्ट नेता तथा अन्य मजदूर तथा राष्ट्रीय नेता थे, ब्रिटिश शासन को उलटने के षड्यंत्र का मुकदमा चलाया और इन्हें बड़ी सजा दी गई, लेकिन मजदूर आन्दोलन में जो उभार आया था, उसे दबाया नहीं जा सका।

इसी के बाद 1930 ई. और 1932 ई. में कांग्रेस ने गांधी जी के नेतृत्व में राष्ट्रव्यापी 'असयाहेग आन्दोलन' चलाया। इस आन्दोलन ने अहिंसात्मक प्रतिबन्धों के भीतर रहकर भी अप्रत्याशित रूप से जोर पकड़ा, लेकिन इस आन्दोलन के सामने कभी कोई निश्चित लक्ष्य नहीं रहा। सबसे बड़ी दिक्कत इस आन्दोलन के सामने यह रही कि यह मजदूरों और किसानों के संघर्षों से अपने को बिलकुल अलग रखने

का प्रयत्न करता था। इसके पीछे जमींदारों तथा पूँजीपतियों का आर्थिक स्वार्थ छिपा हुआ था जो अभी भी कांग्रेस के संगठन पर नियंत्रण बनाए हुए थे। इसी से व्यापक हड़तालों पर, जो राज्य व्यवस्था को पंगु बना सकते थे, या किसानों के टैक्स बन्द करने के आन्दोलन पर कांग्रेस ने हमेशा अंकुश रखा। चूँकि गांधी जी वर्ग विद्वेष के विरोधी थे, खुद ऐसे संघर्षों पर रोक लगाते रहते थे जिससे राष्ट्रीय पूँजीपति वर्ग तथा जमींदारों के आर्थिक स्वार्थों पर धक्का लगता। इसका अर्थ यह हुआ कि वे ही शक्तियाँ जो राष्ट्रीय आन्दोलन को वास्तविक बल प्रदान कर सकती थीं, एक सीमा के भीतर घेरकर छोड़ दी गईं और अशक्त हो गईं।

वास्तव में यह स्थिति राष्ट्रीय आन्दोलन के अन्तर्विरोध को व्यक्त कर रही थी। जैसे-जैसे मजदूर और किसान वर्ग एक नई शक्ति के रूप में राष्ट्रीय आन्दोलन में शामिल होने लगे वैसे-वैसे भारत के राष्ट्रीय पूँजीपति वर्ग तथा स्थित स्वार्थों की अपने भविष्य की चिन्ता बढ़ने लगी। एक बड़ी क्रान्ति के फलस्वरूप शोषित वर्ग का शक्तिशाली बनकर आगे आना अवश्यम्भावी था। इसका एक ही परिणाम होता साम्राज्यवादी शक्ति के साथ-साथ देश के भीतर शोषक शक्तियों का भी नाश। यही कारण था कि राष्ट्रीय आन्दोलन का उपयोग वास्तव में अंग्रेजी सत्ता के साथ समझौते में ज्यादा-से-ज्यादा रियायत प्राप्त करने की दृष्टि से होता था : संघर्ष को इसकी अन्तिम सीमा तक ले जाने की दृष्टि से नहीं।

इस स्थिति की प्रतिक्रिया के रूप में कांग्रेस के भीतर के उग्र विचार के लोगों ने कांग्रेस की नीति में आमूल परिवर्तन की माँग शुरू की। इन लोगों ने कांग्रेस के लक्ष्यों की स्पष्ट घोषणा की माँग की। इन लोगों के विचार पर पंडित जवाहरलाल नेहरू तथा सुभाषचन्द्र बोस के विचारों का काफी प्रभाव पड़ा। इसमें पंडित नेहरू गांधी जी से बहुत नजदीक रहे और हर मौके पर जहाँ गांधी जी से मतभेद हुआ, गांधी जी के सामने झुक गए। पर सुभाषचन्द्र बोस ने बाद में खुलकर समझौतावादी नीति की आलोचना शुरू की और मजदूर किसान संगठनों को सक्रिय रूप से प्रोत्साहन देना शुरू किया। इस नई विचारधारा के दबाव के कारण ही 1931 ई. में कराची के अपने अधिवेशन में कांग्रेस ने जनता के मूलभूत अधिकारों का प्रस्ताव पास किया। इसमें मजदूरों के अधिकारों, किसानों की स्थिति में सुधार और बुनियादी उद्योगों के राष्ट्रीयकरण करने का वादा किया गया था।

इसी असन्तोष के वातावरण में जब पटना में 1934 ई. में 'असहयोग आन्दोलन' को बिना शर्त समाप्त करने का फैसला लेने के लिए कांग्रेस का अधिवेशन बुलाया गया तब कुछ वामपंथी कांग्रेसियों ने कांग्रेस के भीतर एक सोशलिस्ट पार्टी की स्थापना का विचार किया। इनमें एक तरफ आचार्य नरेन्द्रदेव तथा जयप्रकाश नारायण जैसे मार्क्सवादी थे तो दूसरी ओर सम्पूर्णानन्द, प्रो. अब्दुल बारी जैसे लोग थे, जिनके समाजवाद तथा मजदूर संगठन आदि के सम्बन्ध में बिलकुल अलग तरह के विचार

थे। इन्हीं लोगों के विचार से पटना में ही 'कांग्रेस सोशलिस्ट पार्टी' की स्थापना हुई। 'कांग्रेस सोशलिस्ट पार्टी' के सदस्यों के लिए कांग्रेस की सदस्यता अनिवार्य रखी गई। इस तरह का नाम रखकर इस संगठन के जन्मदाता इसके दोहरे लक्ष्य को लोगों के सामने स्पष्ट करना चाहते थे। कांग्रेस को ये लोग एक साम्राज्यवाद विरोधी संयुक्त मोर्चा मानते थे, अत: अपने नाम में 'कांग्रेस' नाम जोड़कर ये लोग यह बतलाना चाहते थे कि ये लोग देश के स्वतंत्रता संग्राम में कांग्रेस के साथ हैं। दूसरी ओर 'सोशलिस्ट' शब्द से ये लोग यह घोषित करना चाहते थे कि इनके लिए स्वतंत्र भारत का स्वरूप मजदूर किसान राज्य का होगा।

इस स्पष्टीकरण के पीछे एक और कारण था। 1928 ई. के बाद से रूसी कम्युनिस्ट पार्टी तथा कम्युनिस्ट अन्तरराष्ट्रीय की नीति एकाएक अतिक्रान्तिवादी हो गई थी। चूँकि भारतीय कम्युनिस्ट पार्टी रूस की कम्युनिस्ट पार्टी के प्रभाव में चलती थी, इसकी नीति में भी यह परिवर्तन हुआ। इसके फलस्वरूप कम्युनिस्ट ट्रेड यूनियन कांग्रेस से जिससे 1929 ई. में ही एन.एम. जोशी, शिवा राव, वी.वी. गिरि आदि सुधारवादी नेता निकलकर अलग संगठन बना चुके थे, उसी साल अलग हो गए और रेड ट्रेड यूनियन कांग्रेस की स्थापना की। इसी नीति के फलस्वरूप इन्होंने खुलेआम कांग्रेस के ऊपर हमला करना शुरू कर दिया था। 1930 ई. के आसपास डॉ. अम्बेडकर ने बैकवर्ड क्लास संघ की स्थापना की थी और इनके इस काम में सरकार इनका समर्थन करती थी। ऐसी स्थिति में राष्ट्रीय स्वतंत्रता आन्दोलन के प्रति अपनी निष्ठा बतलाने के लिए यह आवश्यक था कि यह संगठन कांग्रेस के साथ अपने सम्बन्ध को स्पष्ट करता। इससे ये लोग राष्ट्रीय स्वतंत्रता आन्दोलन की एकता को अक्षुण्ण रखना चाहते थे। इसके पीछे एक और भी कारण था। अपने 50 साल के काम से भारतीय किसानों के समक्ष और एक बड़ी हद तक मजदूरों के समक्ष भी अपनी सारी कमियों के बावजूद कांग्रेस एकमात्र साम्राज्यवाद विरोधी शक्ति के रूप में प्रतिष्ठा प्राप्त कर चुकी थी। इससे बाहर इसके समानान्तर शक्तिशाली संगठन खड़ा करना सम्भव नहीं था। (यह बात बाद में सुभाष बाबू के फॉरवर्ड ब्लॉक के कांग्रेस से अलग होने के बाद की असफलता से बिलकुल साफ हो गई।) ऐसी स्थिति में एकमात्र उपाय कांग्रेस के भीतर इसके अनुशासन को मानते हुए इसकी नीति को परिवर्तित करने का था। कांग्रेस सोशलिस्ट पार्टी ने यही रास्ता अपने लिए चुना।

लेकिन कांग्रेस के भीतर रहने से लाभ के साथ-साथ हानि भी थी। जब तक यह सिर्फ एक वामपंथी राष्ट्रीयतावादी संगठन रहता (जैसाकि कांग्रेस के अनुशासन में रहने पर होना निश्चित था) तब तक इसके समाजवादी लक्ष्यों का स्पष्टीकरण असम्भव था। विभिन्न तरह के लोग इसमें बिना कठिनाई के रह सकते थे। अपने जन्म के समय की इस विशेष परिस्थिति की छाप इसके चरित्र पर चिरस्थायी रही

और भारतीय समाजवादी आन्दोलन की यह सबसे बड़ी कमजोरी रही कि वह कभी भी जनता के सामने एक निश्चित नीति के साथ एकाकार नहीं हो सका।

1935 ई. में कम्युनिस्ट अन्तरराष्ट्रीय की नीति में परिवर्तन हुआ और कम्युनिस्ट पार्टियों ने संयुक्त मोर्चे की नीति अपनाई। अब सोशलिस्टों और कम्युनिस्टों के बीच सहयोग सम्भव हो सका। चूँकि 1934 ई. में कम्युनिस्ट पार्टी को गैर कानूनी करार दिया गया था। अब कम्युनिस्ट पार्टी के सदस्य भी कांग्रेस सोशलिस्ट पार्टी के प्लेटफॉर्म से काम करने लगे। कम्युनिस्ट और सोशलिस्टों के सहयोग से मजदूर किसान कांग्रेस की एकता के लिए नया मार्ग खुला। 1936 ई. में स्वामी सहजानन्द के साथ इन सोशलिस्टों के सहयोग के आधार पर 'अखिल भारतीय किसान सभा' की स्थापना हुई और इसका प्रथम अधिवेशन फैजपुर में दिसम्बर महीने में उस समय हुआ जिस समय कांग्रेस का अधिवेशन हुआ। यह किसानों के वर्ग संगठन के राष्ट्रीय स्वतंत्रता आन्दोलन के साथ एकता का प्रतीक था। फैजपुर कांग्रेस अधिवेशन में जो चुनाव घोषणापत्र मंजूर किया गया, उस पर किसान और मजदूर राष्ट्रीय आन्दोलन में बढ़ रहे प्रभाव की गहरी छाप थी। इसमें कहा गया था कि छोटे किसानों पर लगान घटाया जाएगा, अनार्थिक जोतों पर से लगान उठा दिया जाएगा, किसानों पर से कर्ज का बोझ घटाया जाएगा तथा उन्हें सस्ते दर पर सरकार की ओर से कर्ज दिलाने की व्यवस्था होगी। साथ-साथ, मजदूरों को आर्थिक शक्ति के अनुरूप ऊँचा जीवन स्तर देने तथा उनके संगठन बनाने तथा हड़ताल के अधिकार को कानूनी मान्यता देने का वादा किया गया था। इन्होंने ट्रेड यूनियन संगठन में एकता लाने का भी प्रयास किया और 1938 ई. में पुन: अखिल भारतीय ट्रेड यूनियन कांग्रेस में सभी अन्य केन्द्रीय मजदूर संगठन मिल गए।

1937 ई. में कांग्रेस ने देश को यह आश्वासन देकर कि वह सरकार में 1935 के प्रतिक्रियावादी विधान को तोड़ने जा रही है, देश के कई प्रान्तों में सरकार कायम किया, लेकिन कांग्रेस के सत्ता में आते ही इसका आन्तरिक विरोध फिर स्पष्ट होने लगा। सोशलिस्ट मंत्रिमंडल स्वीकार करने के विरोधी थे, अत: मंत्रिमंडल में अधिकांश दक्षिणपंथी नेता ही शामिल हुए थे। वे नेता अपने चुनाव के वादों को भूलकर सामन्तवादी और पूँजीवादी तत्त्वों के साथ मिलकर चलने की ही नीति लेकर चले। फिर भी बिहार, उत्तर प्रदेश आदि में किसान मजदूर संगठनों के दबाव के अन्दर उन्हें बहुत-सा सुधार करना पड़ा, लेकिन इसके लिए किसानों को वैसे ही जन आन्दोलन का सहारा लेना पड़ा जैसाकि अंग्रेजों के खिलाफ लेना पड़ता था। यह भी स्पष्ट होने लगा कि विधान को तोड़ने के बजाय कांग्रेसी मंत्री बहुत सद्भावनापूर्वक साम्राज्यवादियों के साथ सहयोग कर रहे थे। जब 1939 ई. में अंग्रेजी साम्राज्यवाद ने इंग्लैंड के युद्ध में शामिल हो जाने पर बिना भारतीय जनता की राय जाने भारत की ओर से युद्ध की घोषणा कर दी तो मजबूरीवश कांग्रेस के

आदेश पर कांग्रेसी मंत्रिमंडल को त्यागपत्र देना पड़ा, लेकिन इधर इस समझौते की नीति से कांग्रेस के भीतर वामपंथ और दक्षिणपंथ का संघर्ष बहुत कड़वा हो गया था और इसकी परिणति सुभाष बाबू के कांग्रेस से निष्कासन में हुई।

इधर संगठन के सवाल पर कांग्रेस सोशलिस्ट पार्टी में भी संघर्ष शुरू हो गया। सहयोग की नीति के कारण बहुत-से कम्युनिस्ट पार्टी के सदस्यों को सोशलिस्ट पार्टी ने अपने संगठन में शामिल कर लिया था। बाद में ऐसे सबूत मिले जिनसे पता चला कि कम्युनिस्ट इस मौके का उपयोग कांग्रेस सोशलिस्ट पार्टी को तोड़कर कम्युनिस्ट पार्टी की शक्ति बढ़ाने के लिए कर रहे हैं। इसके बाद कांग्रेस सोशलिस्ट पार्टी ने कम्युनिस्टों को अपनी पार्टी से निष्कासित कर दिया। फिर भी उनका आपसी सम्बन्ध बहुत हद तक कायम रहा, लेकिन 1942 ई. की क्रान्ति के बाद वे एक-दूसरे के कट्टर विरोधी बन गए।

20

1939 ई. के बाद कांग्रेस के भीतर के वामपंथी निरन्तर ब्रिटिश साम्राज्यवाद से सीधे संघर्ष की माँग करते रहे, लेकिन दक्षिणपंथी नेतृत्व किसान और मजदूरों की बढ़ती शक्ति से घबरा गया था और साम्राज्यवाद के साथ 'सम्मानपूर्ण' समझौते का मार्ग ढूँढ़ रहा था। 1940 ई. में कांग्रेस ने फ्रांस के पतन के बाद पुन: सहयोग की इच्छा जतलाई बशर्ते केन्द्र में तत्काल सरकार इस तरह बने, जिसमें जनता का विश्वास इसे प्राप्त हो, पर साम्राज्यवादी अड़े रहे। इधर सोशलिस्ट, कम्युनिस्ट तथा सुभाष बाबू के समर्थक संघर्ष छेड़ने की माँग कर रहे थे। इस परिस्थिति में कांग्रेस ने व्यक्तिगत सत्याग्रह शुरू किया जो वास्तव में केवल विरोध का चिह्न भर था। अभी तक कम्युनिस्ट पार्टी के लोग संघर्ष की माँग में सबसे आगे रहे, लेकिन 1941 ई. में हिटलर ने रूस पर हमला कर दिया और इंग्लैंड और रूस में मैत्री हो गई। अब एकाएक कम्युनिस्ट साम्राज्यवादी इंग्लैंड के युद्ध के प्रयत्नों का समर्थक बन गए और युद्ध को 'जनयुद्ध' कहने लगे।

यह एक विचित्र और सिद्धान्तहीन नीति थी। रूस, फ्रांस तथा इंग्लैंड की जनता के लिए यह युद्ध जनयुद्ध हो सकता था क्योंकि वे अपनी आजादी के लिए युद्ध कर रहे थे, लेकिन भारत के लिए इस युद्ध का मतलब था, भविष्य के सम्बन्ध में बगैर किसी आश्वासन के अपने साम्राज्यवादी मालिकों की साम्राज्य रक्षा के लिए अपना रक्त बहाना। इस युद्ध की अवधि में बिना भारत की जनता की राय के सुरक्षा पर (अंग्रेजों की गुलामी की सुरक्षा) 17 अरब से अधिक खर्च किया गया तथा 21 अरब रुपया का कर्ज भी, जो बाद में हमारा पौंड पावना हुआ, हमारी बिना राय के ले लिया गया। इसी युद्धकाल में भारत के निर्यात से जो अमेरिकी डॉलर प्राप्त हुए, वह लगभग सवा अरब रुपए की रकम भी आवश्यक मशीने आदि खरीदने के लिए भारत को युद्ध के बाद तक नहीं दिया गया। भारत के अंग्रेज और भारतीय उद्योगपतियों ने अपनी लगी पूँजी का गई गुणा रुपया मुनाफे के रूप में कमाया। मजदूरों की आय ज्यों की त्यों रही जबकि चीजों की कीमतें तीन से चार गुणा तक बढ़ गईं। खुली लूट के फलस्वरूप अकेले बंगाल में लगभग 35 लाख व्यक्ति अकाल से मर गए और देश के अधिकांश लोग आधे पेट खाकर और चिथड़ों के सहारे अपना वक्त

गुजारते रहे। इसके ऊपर से दमन और आतंक का साम्राज्य छाया रहा। भारत के लिए जनयुद्ध का मतलब था, यहाँ की चालीस करोड़ जनता का इस भीषण शोषण और गुलामी के विरुद्ध युद्ध यह ध्यान देने की बात है कि भारत के उस कठिन काल में कमजोर च्यांग काई शेक ने भारत की स्वतंत्रता के लिए आवाज उठाई, पूँजीवादी रूजवेल्ट ने भारत के आत्मनिर्णय के अधिकार की सिफारिश की, लेकिन कामरेड स्टालिन ने युद्ध के खत्म होने तक भारत की स्वतंत्रता की कोई बात नहीं की। रूस के सर्वेसर्वा स्टालिन, जिनके ऊपर आक्रमण से कम्युनिस्ट पार्टी ने इस युद्ध को 'जनयुद्ध' कहना शुरू किया था। यह भी महत्त्व की बात है कि स्टालिन ने सदा इस युद्ध को स्वदेश रक्षा का युद्ध (पैट्रिऑटिक वार) कहा, जनयुद्ध नहीं। खुद चीन में जहाँ कम्युनिस्ट जापानियों के विरुद्ध संघर्ष कर रहे थे, च्यांग काई शेक के लाख प्रयत्न करने पर भी अपनी सरकार को स्वतंत्र अस्तित्व समाप्त कर च्यांग काई शेक को जापानियों के विरुद्ध मदद देने को तैयार नहीं थे जबकि च्यांग काई शेक की सरकार एक राष्ट्रीय सरकार थी। जनयुद्ध गुलाम जनता के लिए अपनी मुक्ति का ही युद्ध हो सकता है।

समझौते का कोई मार्ग नहीं देख कांग्रेस ने संघर्ष करने का निर्णय किया। संघर्ष के स्वरूप के विषय में कोई निर्णय लेने के पहले ही 1942 ई. के अगस्त महीने में कांग्रेस के सभी प्रमुख नेता और महात्मा गांधी गिरफ्तार कर लिए गए। 9 अगस्त को जनता ने देश का सबसे व्यापक आन्दोलन शुरू कर दिया। दक्षिणपंथी नेता बिना कोई रास्ता बतलाए जेलों में बैठ गए। इस परिस्थिति में सोशलिस्टों ने अपनी शक्ति भर जनता को नेतृत्व प्रदान करने की कोशिश की। उन्होंने जन आन्दोलन से सम्बद्ध गुरिल्ला दस्तों के संगठन का भी प्रयत्न किया। उनकी इस नीति से सोशलिस्टों की प्रतिष्ठा देश में बहुत बढ़ गई।

लेकिन सब मिला-जुलाकर कम्युनिस्टों की नीति से समाजवादी आन्दोलन को देश में भारी धक्का लगा। ट्रेड यूनियन आन्दोलन में उस समय तक कम्युनिस्टों का ही अधिक प्रभाव था। इससे एक संगठित शक्ति के रूप में मजदूर वर्ग इस साम्राज्यवाद विरोधी संघर्ष में शामिल नहीं हो सका, हालाँकि छिटपुट रूप से अनेक उद्योगों के मजदूर सामूहिक या व्यक्तिगत रूप से इस आन्दोलन में शामिल हुए। उनके प्रभाव से किसान सभा भी कोई निश्चित नीति नहीं अपना सकी, पर किसान पूरी तरह राष्ट्रीय क्रान्ति में शामिल हुए। इसके दो परिणाम हुए। एक तरफ तो 1945 ई. के बाद जो राष्ट्रीय चेतना देश में जगी, उससे बहुत हद तक मजदूर और किसान कम्युनिस्ट पार्टी के प्रभाव से बाहर निकल गए। दूसरी ओर देश के सबसे महत्त्वपूर्ण राजनीतिक आन्दोलन से अलग रह जाने के कारण मजदूर और किसानों के वर्ग संगठनों का प्रभाव राष्ट्र के राजनीतिक जीवन पर कम हो गया। इससे वामपंथ के विरुद्ध दक्षिणपंथ का हाथ अब कांग्रेस में अधिक मजबूत हो गया

और इन्हीं शक्तियों के सम्बन्ध की प्रतिच्छाया बाद के कांग्रेस के साम्राज्यवाद के साथ समझौते में हम पाते हैं।

1945 ई. के बाद कम्युनिस्ट पार्टी में आत्मविश्वास का इतना अभाव हो गया कि पूरन चन्द जोशी के नेतृत्व में ये लोग राजनीति में अपने को सुरक्षित रखने के लिए गांधी जी और पं. नेहरू का मुँह जोहने लगे। सबसे आश्चर्य की बात तो यह थी कि अब साम्राज्यवाद के साथ समझौते के ये सबसे कट्टर हिमायती बने रहे, हालाँकि अब जनयुद्ध का आधार भी खत्म हो चुका था। इन्होंने राष्ट्रों के आत्मनिर्णय के अधिकार के नाम पर पाकिस्तान के सम्प्रदायवादी माँग का समर्थन करना शुरू किया। यहाँ तक कि मुस्लिम लीग का विरोध करने के कारण ये सोशलिस्टों को 'हिन्दू सोशलिस्ट' की उपाधि देते थे।

अब कम्युनिस्ट और सोशलिस्ट करीब-करीब सभी मामलों में एक-दूसरे के ठीक विपरीत नीति अख्तियार कर रहे थे। सोशलिस्ट समझौते की नीति के खिलाफ थे और मुस्लिम लीग के पाकिस्तान की माँग को साम्राज्यवादियों की एक चाल समझते थे और साम्प्रदायिक आधार पर किसी समझौते के विरुद्ध थे। उनका विश्वास था कि साम्राज्यवाद से समझौते से अंग्रेजों के स्वार्थ देश में ज्यों के त्यों बने रह जाएँगे और ऐसी स्थिति में वास्तविक स्वतंत्रता भारत को नहीं प्राप्त होगी। इन्हीं विपरीत दृष्टिकोणों के कारण जब 1947 ई. में सत्ता हस्तान्तरण हुआ तब जहाँ कम्युनिस्टों ने जोर-शोर से खुशियाँ मनाईं, सोशलिस्ट मायूस रहे। वे देश के विभाजन, भीषण साम्प्रदायिक दंगे, अंग्रेजों के आर्थिक स्वार्थों के बने रहने तथा राष्ट्रमंडल में भारत के बने रहने के निर्णय को राजनीतिक स्वतंत्रता की बहुत बड़ी कीमत समझते थे, लेकिन इनमें यह शक्ति नहीं थी कि अपने बल पर कांग्रेस के दक्षिणपंथी नेताओं को उनकी समझौते की नीति से रोक पाते। जयप्रकाश नारायण ने उस समय स्थिति का बड़ा स्पष्ट विश्लेषण किया था। उन्होंने कहा था कि अगर भारत की आजादी एक क्रान्ति के द्वारा होगी तो समाजवादी संक्रमण के लिए फिर किसी क्रान्ति की आवश्यकता नहीं होगी क्योंकि इस क्रान्ति से पैदा हुई शक्तियाँ हमें स्वयं समाजवाद की दिशा में ले जाएँगी। दक्षिणपंथी नेता भी इस सत्य से परिचित थे, अत: उन्होंने सब कुछ देकर भी समझौता कर लिया।

अंग्रेजों के साथ समझौता करके, जिसके अनुसार अंग्रेजों के सभी आर्थिक स्वार्थ यानी उनके उद्योग, और देश में लगी पूँजी सुरक्षित छोड़ दी गई। कांग्रेस ने विभाजित देश की राजनीतिक सत्ता प्राप्त की। इसका अर्थ यह हुआ कि साम्राज्यवादी शोषण की ओर जो आखिरी विधि अंग्रेजों ने अपनाई थी, जिस पर पहले विचार किया गया है, वह ज्यों की त्यों छोड़ दी गई। यही नहीं, इस नई परिस्थिति से प्रोत्साहन पा विदेशी पूँजीपति अब भारतीय पूँजीपतियों के साथ साझीदारी में भारत में बड़े उद्योग खोलने लगे। सोशलिस्टों ने पौंड पावना के बदले

में भारत के अंग्रेजी उद्योगों के राष्ट्रीयकरण की माँग की लेकिन अब दक्षिणपंथी नेता सोशलिस्टों की उपेक्षा बिना किसी कठिनाई के कर सकते थे। उन्होंने अब खुलकर उन पर आक्रमण शुरू किया। अन्त में सोशलिस्टों को 1947 ई. में कांग्रेस से अलग होना पड़ा। इस विलगाव में बहुत-से पुराने सोशलिस्ट दक्षिणपंथियों के साथ मिल गए और कांग्रेस में ही रह गए।

कांग्रेस से बाहर आने पर मजदूर और किसानों के बीच सोशलिस्ट पार्टी के प्रभाव का बहुत तेजी से विस्तार हुआ। कांग्रेस के ट्रेड यूनियन कांग्रेस से अलग होकर राष्ट्रीय ट्रेड यूनियन कांग्रेस की स्थापना करने के बाद सोशलिस्ट भी ट्रेड यूनियन कांग्रेस से, जो अब पूरी तरह कम्युनिस्टों के हाथ में था, अलग हो गए और उन्होंने 'हिन्द मजदूर पंचायत' की स्थापना की जो बाद में 'हिन्द मजदूर सभा' बन गई। अखिल भारतीय किसान सभा पर भी कम्युनिस्टों का ही प्रभाव था, अत: सोशलिस्ट उससे भी अलग हो गए और उन्होंने 'हिन्द किसान पंचायत' की स्थापना की। अब 'कांग्रेस सोशलिस्ट पार्टी' की जगह इसका नाम 'सोशलिस्ट पार्टी' रखा गया।

पार्टी ने जो अपनी नीति अपनाई, उसमें प्रथम बार कम्युनिस्टों से अपने ध्येय को स्पष्ट करने का प्रयत्न किया गया। उन्होंने इस नीति में बतलाया कि वे 'अधिनायकवादी कम्युनिज्म' की जगह 'प्रजातांत्रिक समाजवाद' के लक्ष्य को मानते हैं, पर साथ ही इसमें यह भी घोषित किया गया कि वे जनक्रान्ति के विरोधी नहीं और जनक्रान्ति की नीति को छोड़ने से, जैसाकि पश्चिम के सोशल डेमोक्रेटों ने किया, वास्तव में फासिज्म का खतरा पैदा हो सकता है। रूस के अधिनायकवादी राज्य की स्थापना के बाद जो कुछ कम्युनिज्म के नाम पर हुआ, उससे यह स्पष्टीकरण आवश्यक था। अब हर स्तर पर, (मजदूर किसान संगठन और सिद्धान्त में) सोशलिस्ट और कम्युनिस्टों का विच्छेद सम्पूर्ण हो गया।

1948 ई. के अन्त तक सोशलिस्ट पार्टी की शक्ति हर क्षेत्र में आशा से अधिक बढ़ रही थी, लेकिन इसी समय इसके नेतृत्व ने अपनी नीति में एक बड़ा परिवर्तन किया। ये लोग अब संगठन और विचारों के लिए यूरोपीय सोशलिस्टों की ओर झुके, जिनकी नीति एक विकसित अर्थव्यवस्था में भी सफल नहीं हो सकी थी और पिछड़ी अर्थव्यवस्था में उनकी नीति असंगत थी। खुद सोशलिस्टों ने अपनी नीति घोषणा में सोशल डेमोक्रेसी की नीति को अस्वीकार किया था। सम्भवत: उनकी इस नीति परिवर्तन के पीछे ब्रिटिश लेबर पार्टी की युद्ध के बाद चुनाव में विजय थी। इस तरह इस नये दृष्टिकोण का पहला असर पार्टी के 1949 ई. के सम्मेलन में हुआ जब पार्टी की सदस्यता सभी लोगों के लिए खोल दी गई। साथ-साथ लेबर पार्टी की तरह मजदूर, किसानों के वर्ग संगठनों के सम्बद्धता की व्यवस्था भी विधान में की गई। वर्ग संगठनों का प्रभाव तो इससे पार्टी पर नहीं बढ़ा, लेकिन पार्टी संगठन की चुस्ती समाप्त हो गई और चोटी के नेताओं का व्यक्तिगत प्रभाव संगठन पर

पहले की अपेक्षा बढ़ा और पार्टी का आन्तरिक लोकतंत्र सिद्धान्तों से अपरिचित भीड़ के पार्टी में भर जाने से घटा।

इधर कम्युनिस्ट पार्टी ने, जो 1948 ई. तक हर सवाल पर दक्षिणपंथी नेतृत्व का साथ दे रही थी, 1949 ई. से अपनी नीति को बदल दिया। इसका कारण था अन्तरराष्ट्रीय कम्युनिस्ट संगठन, कॉमिनफॉर्म, जिसे युद्ध के बाद कॉनिंटर्न की जगह पर फिर कायम किया गया था, का अति क्रान्तिवादी नीति अख्तियार करना। अब नेतृत्व जोशी के हाथ से निकलकर बी.टी. रणदिवे के हाथ में गया। अब एकाएक गुरिल्ला युद्ध और बहुत हद तक निरर्थक हड़ताल की नीति अख्तियार की गई। उस समय की स्थिति में इस तरह की नीति का असफल होना अवश्यम्भावी था। सरकार ने बड़े पैमाने पर दमन करना शुरू कर दिया। कई प्रान्तों में कम्युनिस्ट पार्टी पर बन्दी लगा दिया गया और यह आन्दोलन कुचल दिया गया। फिर भी इस आन्दोलन ने, इसमें निहित अनेक असन्तुलनों के बावजूद, कम्युनिस्ट पार्टी की खोई हुई प्रतिष्ठा को बहुत हद तक लौटा दिया। 1952 ई. के प्रथम आम चुनाव में उन जगहों पर जहाँ कम्युनिस्टों ने सबसे अधिक आन्दोलन चलाया था, कम्युनिस्ट पार्टी के उम्मीदवार बड़ी संख्या में जीतकर आए। इसने भारत की परिस्थिति में एक क्रान्तिकारी नेतृत्व की आवश्यकता को बिलकुल स्पष्ट कर दिया।

इधर सोशलिस्ट पार्टी का नेतृत्व दिन पर दिन अवसरवादिता की ओर झुकता गया। 1952 ई. के आम चुनाव के बाद इन्होंने कांग्रेस से निकले हुए 'किसान मजदूर प्रजा पार्टी' के साथ, जिसकी स्पष्ट कोई नीति नहीं थी, विलयन का अवैधानिक रूप से फैसला कर लिया। पार्टी पर नेताओं का प्रभाव इतना बढ़ गया था कि कार्यकर्ताओं में उन्हें रोकने की क्षमता नहीं थी। मुट्ठी भर सोशलिस्ट जिनमें अधिकांश मजदूरों में काम करनेवाले कार्यकर्ता थे, पुरानी सोशलिस्ट पार्टी के नाम पर काम करते रहे, पर ये कोई प्रगति नहीं कर सके। इस तरह प्रजा सोशलिस्ट पार्टी की स्थापना हुई, लेकिन अब इस पार्टी में 'मुंडे-मुंडे मतिर्भिन्ना' वाली स्थिति पैदा हो गई। पार्टी के बनने के थोड़े ही दिनों के भीतर जयप्रकाश नारायण ने विनोबा भावे को जीवन दान देने का फैसला किया। बड़ी संख्या में सोशलिस्ट कार्यकर्ता पार्टी संगठन का काम छोड़ भूदान के काम में लग गए। इधर अशोक मेहता हमेशा कांग्रेस के साथ सहयोग की नीति का प्रतिपादन करते रहे। केरल में कांग्रेस के साथ मिलकर इन्होंने अल्पसंख्यक मंत्रिमंडल भी बना लिया और कांग्रेस की प्रतिक्रियावादी नीति को चलाते रहे। इसी समय केरल में पुलिस ने गोली चलाई और कई व्यक्ति मारे गए। पार्टी के प्रधानमंत्री डॉ. राममनोहर लोहिया ने मंत्रिमंडल के इस्तीफे की माँग की, जिसे पार्टी ने नामंजूर किया। इसके बाद डॉ. लोहिया के समर्थक प्रजा सोशलिस्ट पार्टी से बाहर निकल आए और उन्होंने 1955 ई. में पार्टी के पुराने झंडे और नाम को लेकर 'सोशलिस्ट पार्टी'

की स्थापना की। यह फैसला उन्होंने तब लिया जब उनके ऊपर पार्टी के नेतृत्व के विरुद्ध अपनी नीति का प्रचार करने पर प्रतिबन्ध लगाने का प्रयत्न हुआ और इसे नहीं मानने के लिए अनुशासन की कार्रवाई हुई।

यह विलगाव आन्तरिक लोकतंत्र के सवाल को लेकर हुआ, पर वास्तव में इसके पीछे कार्यकर्ताओं का सरकार के साथ सहयोग की नीति के विरुद्ध विद्रोह की भावना थी। कार्यक्रम को लेकर इस पार्टी का प्रजा सोशलिस्ट पार्टी से गहरा मतभेद था, लेकिन संगठन और सिद्धान्त के क्षेत्र में इनका कोई मूलभूत मतभेद उनसे नहीं रहता है।

1957 और 1962 ई. के आम चुनावों में सोशलिस्ट और प्रजा सोशलिस्ट पार्टियों की सम्मिलित शक्ति से ज्यादा कम्युनिस्ट पार्टी के उम्मीदवार जीतकर आए। 1957 ई. के बाद केरल में कम्युनिस्टों की बहुमत की सरकार भी बनी, लेकिन इन्होंने अपने को कांग्रेस की नीतियों को ही लागू करने तक सीमित किया। इसके इनाम में कांग्रेस की केन्द्रीय सरकार ने विधान के विरुद्ध बीच में ही सरकार को गवर्नर द्वारा खत्म करा दिया। फिर भी मध्यकालीन चुनाव में कम्युनिस्ट अपनी शक्ति बनाए रहे। केरल में प्रजा सोशलिस्टों का कांग्रेस के साथ सहयोग जारी रहा। स्टालिन की मृत्यु के बाद रूस की नीति में जो कुछ परिवर्तन हुए और जो रूस चीन का विवाद शुरू हुआ, उससे भारतीय कम्युनिस्ट पार्टी में भी रूस समर्थक और चीन समर्थक दो दल हो गए हैं। रूस समर्थक दल पूर्ण रूप से वर्तमान अंग्रेजी सरकार का हिमायती हो गया। उनके सामने रूस और नेहरूवाद के प्रचार के अलावा कोई विशेष कार्यक्रम नहीं रह गया है। इसके विपरीत दूसरा दल जनता के संघर्षों को बढ़ाने का समर्थक है। सब मिला-जुलाकर अभी देश में समाजवादी आन्दोलन आन्तरिक विभेद और ह्रास के काल से गुजर रहा है।

लेकिन 1962 के आम चुनाव के बाद सोशलिस्ट और प्रजा सोशलिस्ट, इन दोनों पार्टियों को पुन: एक में मिलाने का प्रयत्न जोरों से शुरू हुआ। इस प्रयत्न को विशेष बल मिला अशोक मेहता का अपने समर्थकों समेत कांग्रेस में सम्मिलित होने के निर्णय से। एस.एम. जोशी के नेतृत्व में प्रजा सोशलिस्ट पार्टी के बहुसंख्यक कार्यकर्ताओं ने अशोक मेहता के नेतृत्व को अस्वीकार कर दिया। इस घटना ने प्रजा समाजवादी कार्यकर्ताओं के सामने आधे मन से पूँजीवादी कांग्रेस के विरोध के खतरे को भी स्पष्ट कर दिया। अभी तक सोशलिस्ट और प्रजा सोशलिस्ट पार्टी के विलयन में प्रमुख बाधा थीं सोशलिस्ट पार्टी द्वारा लगाई गई शर्तें, जबकि प्रजा सोशलिस्ट पार्टी में गम्भीर विचार मंथन चल रहा था, उसी समय सोशलिस्ट पार्टी के नेताओं ने बड़ी सूझ की नीति अपनाई। उन्होंने प्रजा सोशलिस्ट पार्टी से बिना शर्त एकता करने की नीति का एक प्रस्ताव पास किया। इसके बाद दोनों पार्टियों के बीच मिलन एक औपचारिक प्रश्न रह गया।

दोनों पार्टियों के प्रतिनिधियों का संयुक्त सम्मेलन वाराणसी में 1965 के प्रारम्भ में हुआ। इस सम्मेलन में प्रजा सोशलिस्ट पार्टी के कुछ चोटी के नेता यह वक्तव्य देकर निकल गए कि सोशलिस्टों के साथ उनकी भावनात्मक एकता सम्भव नहीं, लेकिन अधिकांश प्रजा सोशलिस्ट कार्यकर्ताओं और स्वयं पार्टी के अध्यक्ष एस.एम. जोशी को वे अपने साथ नहीं ले सके। इस घटना ने समाजवादी एकता की सम्भावनाओं के प्रति कुछ उदासी अवश्य पैदा की, लेकिन फिर भी इस सम्मेलन से समाजवादी एकता की आशा कुछ बढ़ी। इस सम्मेलन ने स्वयं भारत की तमाम जनतांत्रिक और समाजवाद की शक्तियों को अपने अन्दर संगठित करने का संकल्प किया। अन्य तरह से निराश वातावरण में भारत के समाजवादी आन्दोलन में तत्काल यही एक आशा का चिह्न दिखाई देता है।

भारत में समाजवादी आन्दोलन के विकास में एक बड़ी रुकावट यही रही कि यहाँ के पूँजीपतियों की प्रमुख संस्था कांग्रेस हमेशा चालाकी से समाजवादी नारों की चोरी कर जनता को अपने वास्तविक चरित्र के सम्बन्ध में सन्देह में रखने में सफल हुई है। जब समाजवादियों के प्रभाव में मजदूर किसान राज्य की धारणा व्यापक होने लगी तो प्रथम पंचवर्षीय योजना के अन्तिम दिनों से कांग्रेस ने 'समाजवादी ढाँचे का समाज' बनाने की घोषणा कर दी। फिर बाद में समाजवादी समाज और प्रजातांत्रिक समाजवाद की बात इसने शुरू की। इस तरह इनकी घोषणा और समाजवादियों की नीति में फर्क करना कठिन होने लगा। इन घोषणाओं के बावजूद कांग्रेस की नीति में कोई वास्तविक परिवर्तन नहीं हुआ। समाजवादियों को परास्त करने का उनका यह दाँव बहुत कुछ हिटलर के तरीके से मेल खाता है। नाजियों की तरह ही उन्होंने भी मजदूरों में समाजवादियों के समानान्तर मजदूर संगठन खड़ा करना शुरू किया जो अक्सर मालिकों और सरकार से प्रोत्साहन पाते थे और मजदूरों की हड़ताल तोड़ने में इनका प्रमुख रूप से उपयोग होता था। सोशलिस्ट और कम्युनिस्ट मजदूर संगठनों के आपसी झगड़े के कारण इन्हें विशेष सफलता प्राप्त हुई और कानून और इन मजदूर संगठनों की सहायता से मजदूरों के हड़ताल के अधिकार को प्राय: समाप्त कर दिया गया। चूँकि समाजवादी पार्टियों ने भी वर्ग संघर्ष की नीति को प्राथमिकता देना छोड़ दिया, कांग्रेस की नीति को विशेष रूप से सफलता मिली।

समाजवाद का नारा लगाने से वास्तव में कांग्रेस की नीति में कोई आमूल परिवर्तन नहीं हुआ। गैर-बराबरी दिनोंदिन बढ़ती गई। पूँजीपतियों पर किसी तरह का प्रतिबन्ध होने के बजाय उन्हें हर तरह की सुविधा प्रदान की गई। कुछ महत्त्व के उद्योग जिनका विकास निजी क्षेत्र में करना कठिन था, राजकीय क्षेत्र में विकसित होने लगे पर पूँजीपतियों के उद्योग-धन्धों के राष्ट्रीयकरण की नीति का हमेशा जोरदार विरोध हुआ। बैंक, थोक व्यापार, आयात-निर्यात सभी निजी क्षेत्र में पूर्ववत रहे। पूँजीपतियों को कितनी छूट दी गई, इसका सबसे बड़ा नमूना है तीन पंचवर्षीय

योजनाओं में निजी क्षेत्र में पूँजी की लागत। प्रथम योजना में यह 18 अरब, द्वितीय में 31 अरब और तृतीय में 40 अरब थी। सरकारी क्षेत्र में पूँजी की लागत बढ़ी अवश्य, पर इनका फायदा भी मुख्य रूप से पूँजीपतियों को ही प्राप्त होता रहा। राजकीय क्षेत्र में निर्माण के जो भी बड़े कार्य हुए, उनमें बड़ा हिस्सा ठेकेदारों का रहा और इसमें मनमाने ढंग से रुपया कमाकर वे मालामाल हो गए। ग्रामीण क्षेत्रों के सबसे गरीब तबके खेतिहर मजदूरों की स्थिति में कोई सुधार नहीं हुआ। बेकारी की समस्या दिनोंदिन भयंकर रूप धारण करती रही। उद्योग और कृषि, दोनों ही क्षेत्रों में कीमतें अनियंत्रित रहीं और अब स्थिति इतनी खराब हो गई है कि सरकारी दल के नियंत्रण में चलनेवाले मजदूर संगठन तक इसके विरोध में आवाज उठाने लगे हैं। इधर जन सुरक्षा कानून और भारत सुरक्षा कानून के अन्तर्गत मजदूर किसान नेताओं की गिरफ्तारी और जन आन्दोलन का दमन होता रहा है। इस तरह कार्य में कांग्रेस लगातार अनुदारवादी और समाजवादी विरोधी रास्ते पर चलती रही है जबकि नारा समाजवाद का लगाती है, लेकिन इस नीति से समाजवादी आन्दोलन को कमजोर बनाने में इसे आशातीत सफलता प्राप्त हुई है।

21

महात्मा गांधी को वास्तव में समाजवादी चिन्तकों में इसके साधारण अर्थ में नहीं रखा जा सकता। फिर भी उनके विचारों में गॉडविन जैसे व्यक्तिवादी अराजकवादी से कुछ समानता हम पाते हैं। आत्मनिर्भर ग्राम गणतंत्रों का भारत, चरखे करघे की अर्थव्यवस्था, जिसमें हर व्यक्ति अपनी आवश्यकता की अधिकांश वस्तुओं का स्वयं निर्माण कर लेता है, वह हर केन्द्रित शासन के प्रति अविश्वास उन्हें कुछ हद तक अराजकवादी परम्परा से बाँध देते हैं, लेकिन इस विचार में वे अनीश्वरवादी की जगह (जो अराजकवादी थे) ईश्वरवादी और अध्यात्मवादी थे। उनके विचारों पर स्पष्ट रूप से टॉल्स्टॉय के विचारों की छाप पड़ी थी जो आधुनिकता के विरोधी और समता पर आधारित ग्रामीण समाज के समर्थक थे।

लेकिन आज के युग में कोई भी व्यक्ति अब आधुनिक उद्योग-धन्धों को समाप्त कर पुराने गृह उद्योगों को जीवित करने की बात नहीं सोच सकता। गांधी जी वास्तविकतावादी थे और उन्होंने इस परिस्थिति का सामना होने पर एक हद तक पूँजीवादी अर्थव्यवस्था को मान लिया, हालाँकि उनके विचारों के अनुसार पूँजीपतियों को अपनी सम्पत्ति को समाज की थाती समझना चाहिए था, लेकिन अगर पूँजीपति अपनी सम्पत्ति को समाज की थाती न समझें? इसका कोई स्पष्ट जवाब गांधी जी ने नहीं दिया, हालाँकि कहीं भी पूँजीपतियों ने अपनी पूँजी को समाज की थाती नहीं समझा है। सच तो यह है कि हर व्यक्ति का विचार वह जैसी समाज व्यवस्था में रहता है, उसके अनुरूप बनता है और जिस हद तक पूँजीपति एक पूँजीवादी अर्थव्यवस्था और समाज व्यवस्था में रहते हैं, उनका स्वाभाविक रूप से वही विचार होगा जो इस व्यवस्था के अनुरूप होगा। एक-दो अपवाद इसके हो सकते हैं, लेकिन एक वर्ग के रूप में पूँजीपति वर्ग पूँजीपति ही रहेगा, यह एक साधारण सत्य है। समाजवादी आन्दोलन के सामने इसका जवाब स्पष्ट था। अगर पूँजीपति समाज के हित के लिए अपनी पूँजी का उपयोग नहीं कर सकते तो समाज का कर्तव्य है कि वह उनकी पूँजी स्वयं अपने हाथ में लेकर समाज के लिए इसका उपयोग करे, लेकिन गांधी जी पूर्ण अहिंसावादी थे, अत: वे हर तरह के शक्ति प्रयोग के विरोधी थे, चाहे वह राज्य या समाज के नाम पर ही किया जाए। इस अर्थ में गांधी जी के विचार स्पष्टत: समाजवाद विरोधी थे।

लेकिन एक-दूसरे अर्थ में गांधी जी की विचारधारा का सम्बन्ध समाजवादी विचारधारा के साथ हो जाता है, वह उनके 'सविनय अवज्ञा' के हथियार का समाजवादी आदर्शों की प्राप्ति के लिए उपयोग। यह आन्दोलन का तरीका बिलकुल नया नहीं था। यह एक पुरानी परम्परा से सम्बन्धित था जो एथेंस में सुकरात ने शुरू किया था और आधुनिक युग में अमेरिका में थोरो ने सरकारी अन्याय के विरुद्ध इसका उपयोग किया था, लेकिन गांधी जी ने इसे एक नया रूप दिया। उन्होंने इसे व्यक्तिगत अवज्ञा के स्तर से उठाकर सामूहिक अवज्ञा के स्तर पर ला दिया। इसके इस रूप में समाजवादी आन्दोलन को, जो सिर्फ किसी एक वर्ग की मुक्ति का आन्दोलन नहीं बल्कि सारे मानव समाज की मुक्ति का आन्दोलन है, इसकी आवश्यकता न सिर्फ इसके प्रारम्भिक काल में बल्कि इसके हर स्तर पर होगी।

समाजवादी आन्दोलन उन समस्याओं का समाधान सशस्त्र जनविद्रोह या संसदीय पद्धति से कर सकता है जिसके पीछे जनता के बहुमत का समर्थन इसे प्राप्त है, लेकिन हमारा समाज अनेक तरह के तत्त्वों से बना हुआ है जिनमें बहुत-से अल्पसंख्यक स्वार्थ हैं। उन लोगों की मुक्ति के लिए कौन-सा मार्ग होगा? खासतौर से उस हालत में जब उनके स्वार्थ बहुमतवाले लोगों के निहित स्वार्थों से विपरीत पड़ते हों? एक अल्पमत न तो सत्तारूढ़ बहुमत के विरुद्ध शस्त्र लेने की क्षमता रखता है न संसदीय पद्धति से बहुमत को अपनी बातों को मानने के लिए मजबूर कर सकता है। ऐसी स्थिति में 'सविनय अवज्ञा' का ही एकमात्र उपयुक्त मार्ग रह जाता है, जिससे अल्पमत बहुमत पर ज्यादती से अपनी बात थोपने के खतरे के बिना अपनी न्यायसंगत बातों को उनसे मनवा सकता है। आज अमेरिका में समता के लिए नीग्रो लोगों का व्यापक सविनय अवज्ञा, यूरोप के देशों में आणविक शस्त्रों के विरुद्ध वहाँ के शान्तिवादी लोगों के संघर्ष का सविनय अवज्ञा का रूप लेना इस दिशा में इसकी सार्थकता के प्रबल प्रमाण हैं।

अगर धर्म और नस्लों के आधार पर समाज का विभाजन समाप्त भी हो जाए, तब भी अल्पसंख्यकों की समस्या समाज में हमेशा रहेगी। पेशे के आधार पर समाज का विभाजन दिनोंदिन बढ़ने की ही सम्भावना है। अलग-अलग पेशे में काम करनेवाले लोग पूरे समाज की दृष्टि से हमेशा अल्पसंख्या में होंगे। उनकी अपनी विशेष समस्याएँ होंगी और उनके न्यायपूर्ण समाधान के लिए अगर समाज के अन्य स्वार्थों से उनका स्वार्थ विपरीत पड़ता हो तो सविनय अवज्ञा का मार्ग ही उपयुक्त होगा, अगर आपसी बातचीत से मामला नहीं सुलझ जाता। राज्य के हाथ में आर्थिक शक्ति के पूर्ण रूप से आ जाने के बाद व्यक्ति तथा अनेक अल्पसंख्यक समूहों की हित रक्षा की समस्या सर्वाधिक महत्त्व की बन जाएगी। इस समस्या के सम्बन्ध में बर्ट्रेंड रसेल ने लिखा है, "यथेष्ट मात्रा में स्वतंत्रता को बचाने का एकमात्र उपाय (और यह भी बहुत छोटे अल्पसंख्यकों के लिए काफी नहीं होगा)

विशेष स्वार्थवाले नागरिकों का छोटे समूहों में संगठन होगा जो अपने आन्तरिक मामलों में अपनी स्वतंत्रता बनाए रखने के लिए कटिबद्ध होंगे, आवश्यकता होने पर हड़ताल के द्वारा हस्तक्षेप को रोकने के इच्छुक होंगे, और वैसी स्थिति में जब उनका उद्देश्य ऐसा है जिसे अधिकांश लोग उचित समझते हैं, सरकारी शक्ति का मुकाबला (स्वयं या जनता की सहानुभूति को अपील करने की अपनी शक्ति से) सफलता के साथ करने में समर्थ होंगे। अगर इस उपाय को सफल होना है तो हमें न सिर्फ आवश्यकता के अनुसार संगठन चाहिए बल्कि स्वतंत्रता के प्रति व्याप्त प्रतिष्ठा तथा सिद्धान्त और कर्तव्य में सरकार के सामने न झुकने की भावना चाहिए।"

(रोड्स टू फ्रीडम—बर्ट्रेंड रसेल)

सरकार के सामने न झुकने की भावना तथा स्वतंत्रता की भावना को समाज में आगे बढ़ाने में 'सविनय अवज्ञा' से अच्छा कोई दूसरा उपाय नहीं हो सकता। साधारणत: अल्पसंख्यकों का हिंसात्मक प्रतिरोध आतंक के रूप में व्यक्त होता है, लेकिन जहाँ इस तरह के आतंक से एक विशेष समूह की स्वार्थ रक्षा हो जाती है वहाँ इस बात की गारंटी नहीं रहती कि अल्पसंख्यकों के स्वार्थ न्यायेचित होंगे या दूसरे अल्पसंख्यकों या बहुसंख्यकों की स्वतंत्रता पर ये आघात नहीं पहुँचाएँगे। इसके विपरीत, 'सविनय अवज्ञा' का मुख्य आधार बहुमत की सहानुभूति से अपील करना है, स्वयं अपने विश्वास के लिए कष्ट उठाने की तैयारी से। ऐसी स्थिति में अगर माँग न्यायोचित न होगी ता सविनय अवज्ञा करनेवाले का कष्ट निरर्थक होगा, पर दूसरों पर किसी अल्पमत का विचार इस तरह नहीं लादा जा सकेगा।

इस तरह गांधी जी के विचारों का सम्बन्ध भविष्य के समाजवादी समाज रचना से तथा दुनिया भर के लोगों की (जिसमें अल्पमतों का सवाल प्रमुख है) बराबरी के समाजवादी लक्ष्य की पूर्ति के लिए भरपूर रूप से है, भले ही समाजवाद के मूल आर्थिक लक्ष्यों से उनका मेल न खाता हो।

गांधी जी के विचारों का असर भारतीय समाजवादी आन्दोलन पर बहुत अधिक पड़ा। कुछ लोगों पर तो चुनावों की हार के बाद की निराशा में गांधी जी के आध्यात्मिक विचारों में ही एकमात्र प्रकाश की रेखा दिखाई पड़ी और वे समाजवादी आन्दोलन और राजनीति से संन्यास लेकर अलग हो गए, लेकिन दूसरे लोगों ने, जिसमें डॉ. राममनोहर लोहिया प्रमुख हैं, 'सविनय अवज्ञा' को समाजवादी आन्दोलन का एक स्थायी हथियार बनाने का प्रयत्न किया। उन्होंने किसानों के कई महत्त्वपूर्ण सवालों पर, जैसे उत्तर प्रदेश में नहर रेट बढ़ती के विरुद्ध इसका सफल प्रयोग किया है। औद्योगिक क्षेत्रों में मजदूरों के परम्परागत हथियार हड़ताल का ही उपयोग उनकी माँगों के सम्बन्ध में होता आया है। फिर भी जहाँ सरकार हड़ताल के अधिकार पर कानूनी रोक लगाती रही है, वहाँ हड़ताल का स्वरूप

राजनीतिक बन जाता है। कहीं-कहीं इन क्षेत्रों में सरकारी हस्तक्षेप के मुकाबले में हड़तालों के साथ-साथ 'सविनय अवज्ञा' को भी जोड़कर इसे अधिक बल प्रदान करने का प्रयास हुआ है।

शुरू में यह विश्वास यहाँ के समाजवादियों में घर करने लगा था कि 'सविनय अवज्ञा' का सफल उपयोग हर तरह के राष्ट्रीय या अन्तरराष्ट्रीय संघर्षों में हो सकता है। अगर बहुसंख्य लोगों की कष्ट बर्दाश्त करने की शक्ति और साहस को असीम मान लिया जाए तो सैद्धान्तिक रूप में इसे सम्भव मान भी लिया जा सकता है, लेकिन वस्तुस्थिति कुछ इससे भिन्न है। समाज में आमूल परिवर्तन के लिए शक्ति प्रयोग के अलावा अभी कोई दूसरा उपाय सामने नहीं आया है। यह बात अलग है कि शक्ति प्रयोग सशस्त्र उठाव के रूप में न होकर राज्य शक्ति के प्रयोग के रूप में हो। यह बात और भी स्पष्ट हो गई जब चीनी आक्रमण के समय गांधी जी के सबसे नजदीक रहनेवाले लोगों ने भी सीमा रक्षा के लिए 'सविनय अवज्ञा' के हथियार का उपयोग करने की दिशा में कोई सक्रिय कदम नहीं उठाया बल्कि सबों से सैनिक तैयारी पर ही जोर दिया।

22

द्वितीय विश्वयुद्ध के बाद दुनिया का एक अलग नक्शा सामने आ गया। लगभग आधा यूरोप, जिसमें बर्लिन समेत जर्मनी का एक बड़ा हिस्सा, पोलैंड, युगोस्लाविया, चेकोस्लोवाकिया, हंगरी, रूमानिया, बुल्गेरिया, अल्बानिया आदि रूस के सैनिकों के अधिकार में चले गए। इन देशों में युगोस्लाविया को छोड़कर, जहाँ मार्शल टीटो के नेतृत्व में एक जबर्दस्त राष्ट्रीय मुक्तिसेना का संगठन जर्मनी के अधिकार के काल में ही हुआ था, अन्यत्र कोई स्वतंत्र राष्ट्रीय शक्ति नहीं रह गई थी। पोलैंड में वारसा में रूस की सेना के पास आ जाने पर बड़ा विद्रोह हो गया, लेकिन रूसी सेना तब आई जब जर्मनी ने इस आन्दोलन को बेरहमी से कुचल दिया। इस तरह रूस का पूर्ण नियंत्रण पूर्वी यूरोप के देशों पर हो गया। रूस की नीति रही इन देशों में स्वतंत्र सरकारों की जगह कठपुतली कम्युनिस्ट सरकारों को कायम करने की। चूँकि सार्वभौम सत्ता रूसी संगीनों की थी, इस तरह की सत्ता का कोई विरोध नहीं हो सका।

अपने अधिकार के प्रारम्भ के काल में रूस ने युद्ध के हर्जाने के नाम पर इन देशों को खूब लूटा, खासतौर से जर्मनी और चेकोस्लोवाकिया से, जो औद्योगिक दृष्टि से बहुत विकसित थे, अनेक कारखानों को वे उठाकर ले गए। बाद में इस लूट की जगह गैर-बराबरी के व्यापार ने ले लिया। रूस की नीति से इन देशों की आर्थिक प्रगति काफी दिनों तक रुकी रही। इसी नीति का फल था कि बाद में रूस और युगोस्लाविया में संघर्ष हुआ और युगोस्लाविया रूस के प्रभाव क्षेत्र से बाहर निकल गया। इस अलगाव का युगोस्लाविया की अर्थव्यवस्था पर गहरा प्रभाव पड़ा और युगोस्लाविया ने रूस के आर्थिक केन्द्रीकरण की जगह विकेन्द्रीकरण की नीति अख्तियार की। इस नई नीति के पीछे युगोस्लाविया के उस समय के उपराष्ट्रपति मिलोवन जिलास का बहुत बड़ा हाथ था। वे चाहते थे कि अर्थव्यवस्था के विकेन्द्रीकरण के साथ-साथ राजनीतिक प्रजातंत्र को भी विकसित किया जाए और नौकरशाही की शक्ति को सीमित किया जाए, लेकिन सत्तारूढ़ नौकरशाही और तानाशाह टीटो के लिए यह बहुत दूर जाने की बात थी। इस विरोध के कारण जिलास को सरकार से अलग होना पड़ा और अपनी नीति का प्रचार करने के कारण वे लगभग बराबर जेल में रहे हैं।

पूर्वी यूरोप के देशों में जहाँ कम्युनिस्ट बहुत छोटी संख्या में थे, कई जगह उन्होंने सोशलिस्टों के साथ एकता का नाटक किया, लेकिन जैसे-जैसे उनकी शक्ति बढ़ी वैसे-वैसे उन्होंने पुलिस शक्ति का सहारा लेकर सोशलिस्टों को खत्म कर दिया। इस नीति के फलस्वरूप नाजी अधिकार के काल में जो सोशलिस्ट-कम्युनिस्ट एकता का वातावरण पैदा हुआ था, वह समाप्त हो गया और सोशलिस्ट, कम्युनिस्ट सत्ता के प्रसार को एक दमनकारी साम्राज्यवादी सत्ता का प्रसार समझने लगे।

युद्ध के बाद इंग्लैंड में पहली बार लेबर पार्टी की बहुमत की सरकार बनी। इस सरकार ने रेलवे, कोयला उद्योग और बिजली उद्योग का राष्ट्रीयकरण किया, लेकिन सबसे महत्त्वपूर्ण स्टील, इंजीनियरिंग आदि उद्योगों का राष्ट्रीयकरण यह नहीं कर सकी। इनकी सबसे बड़ी कमी यह रही कि राष्ट्रीयकरण होने के बाद उद्योगों की व्यवस्था में इन्होंने कोई परिवर्तन नहीं किया। मजदूरों का व्यवस्था से कोई सम्बन्ध नहीं रहा जो अकेले उन उद्योगों को सोशलिस्ट चरित्र प्रदान कर सकता था। व्यवस्था का काम स्वतंत्र बोर्डों के जिम्मे कर दिया गया जिसने इन्हें एक सामूहिक नौकरशाही के स्वामित्व का रूप दे दिया। इस सरकार का एकमात्र महत्त्वपूर्ण कार्य रहा 'स्वास्थ्य बीमा योजना', जिसने चिकित्सा के क्षेत्र में धनी और गरीब का फर्क बिलकुल मिटा दिया और सभी नागरिकों की चिकित्सा सरकार की जवाबदेही हो गई। दो बार चुनकर सरकार में आने के बाद इंग्लैंड को और कुछ देने को इनके पास नहीं रहा और पुन: कंजर्वेटिव पार्टी सत्ता में आई, लेकिन चिकित्सा सम्बन्धी इनकी देन कायम रही और उसे कंजर्वेटिव भी हटाने की हिम्मत नहीं कर सके।

पश्चिम यूरोप के अन्य देशों में सोशल डेमोक्रेसी का पुन: विकास हुआ, लेकिन ये अब न तो शक्तिशाली रहे और न क्रान्तिकारी। फ्रांस और इटली में कम्युनिस्ट पार्टी शक्तिशाली होकर निकली, लेकिन पूर्वी यूरोप की घटनाओं के बाद सोशलिस्ट और कम्युनिस्टों का झगड़ा पूर्ववत जारी रहा। सोशलिस्ट अधिकांश पश्चिमी यूरोप के देशों में पूँजीवादी पार्टियों के साथ समय-समय पर सरकारों में उनकी शर्तों पर शामिल होते रहे। युद्ध के बाद यूरोप का जो, अटलांटिक गुट और वारसा सन्धि गुट में सैनिक विभाजन हुआ, उसमें पश्चिमी यूरोप के सोशलिस्ट सर्वत्र अटलांटिक गुट के समर्थक रहे। एशिया, अफ्रीका आदि के देशों में इस युद्ध के बाद स्वतंत्रता का संघर्ष विशाल पैमाने पर शुरू हुआ। पश्चिमी देशों के सोशलिस्ट अन्तिम समय तक साम्राज्यवादी सपनों से चिपके रहे। एक जर्मन सोशलिस्ट के शब्दों में, "सोशलिस्ट उन गन्दे कामों को करते हैं जिन्हें करने की हिम्मत पूँजीवादी पार्टियों में नहीं रहती।"

स्टालिन की मृत्यु के बाद कम्युनिस्ट राजनीति में कुछ परिवर्तन के चिह्न दिखलाई पड़ने लगे। सोवियत कम्युनिस्ट पार्टी के 20वें अधिवेशन में, जो 1956

ई. के फरवरी महीने में हुआ, पार्टी के प्रथम सेक्रेटरी ख्रुश्चेव ने स्टालिन के विरुद्ध जेहाद बोल दिया। उसने बतलाया कि स्टालिन का राज्य घोर दमन और आतंक पर आधारित था। उसने उसकी जगह सामूहिक नेतृत्व के आधार पर सोवियत राज्य को संगठित करने का कम्युनिस्ट पार्टी का निश्चय घोषित किया। उसने पूर्वी यूरोप के देशों के साथ समता का सम्बन्ध कायम करने का भी इशारा युगोस्लाविया के प्रति स्टालिन की नीति की आलोचना करके दिया। इसके बाद एकाएक रूस में नये तरह के साहित्य की बाढ़ आ गई। लोग बौद्धिक क्षेत्र में पूर्ण स्वतंत्रता हासिल करने के मंसूबे बाँधने लगे। पूर्वी यूरोप में राष्ट्रीयता की एक लहर दौड़ गई जिससे कम्युनिस्ट पार्टियाँ भी अछूती नहीं रह सकीं। इस भावना ने सबसे जबर्दस्त प्रभाव हंगरी और पोलैंड पर डाला। ये देश युगोस्लाविया की तरह स्वतंत्र कम्युनिस्ट राज्य बनने का स्वप्न देखने लगे।

लेकिन तुरन्त स्पष्ट हो गया कि ख्रुश्चेव का स्टालिन विरोध वास्तव में रूस में फैले हुए स्टालिन विरोधी भावना का उपयोग कर अपनी स्थिति को वहाँ की राजनीति में मजबूत करने का एक हथियार था। उनका इरादा रूसी जनता को वास्तविक लोकतांत्रिक अधिकार देने के निश्चय की अभिव्यक्ति नहीं था। यह बात स्पष्ट तब हुई जब हंगरी में एक कम्युनिस्ट प्रधानमंत्री नागी ने अपने को सोवियत संघ के नियंत्रण से बिलकुल स्वतंत्र करने का प्रयत्न किया। तुरन्त रूसी टैंकों की मदद से हंगरी की जनता को कुचल डाला गया। नागी को गिरफ्तार कर लिया गया और युगोस्लाविया को दिए गए आश्वासन के बावजूद चुपके-से उसकी हत्या करा दी गई। अन्दाजा लगाया जाता है कि हंगरी की इस निरस्त्र क्रान्ति में पच्चीस हजार से अधिक लोग मारे गए। पोलैंड के गोमुल्का ने आवश्यक पाठ सीखा। उसने रूसी प्रभाव से बाहर निकलने की बात छोड़ दी और जहाँ तक सम्भव था, अपने आन्तरिक मामलों में एक स्वतंत्र नीति चलाने की कोशिश की और साहित्य, कला आदि के क्षेत्र में वहाँ की जनता को अपनी भावना की अभिव्यक्ति की लगभग पूरी छूट दे दी गई। खुद रूस में ख्रुश्चेव की नई नीति घोषणा के थोड़े ही दिनों के बाद लेखकों और कलाकारों को यह बतला दिया गया कि वे अपनी स्वतंत्र नीति लेकर चलने में बिलकुल स्वतंत्र हैं बशर्ते वे ख्रुश्चेव द्वारा बतलाई गई लाइन पर चलें।

पश्चिमी यूरोप की कम्युनिस्ट पार्टियों पर, जहाँ लोकतांत्रिक व्यवस्था कायम है और लोकतंत्र की जड़ भी बहुत हद तक लोगों की भावना में जम गई है, ख्रुश्चेव की नई नीति का जोरदार समर्थन हुआ। युगोस्लाविया के साथ हंगरी की घटना के बाद के कुछ काल की कटुता के बाद रूस और युगोस्लाविया के सम्बन्ध सुधरने लगे। स्टालिन समय का टूटा हुआ दोनों देशों का सम्बन्ध अब बराबरी के नये आधार पर पुन: कायम हो गया। अब ख्रुश्चेव कुछ दिनों से

पश्चिमी यूरोप के सोशलिस्टों के साथ भी सम्बन्ध सुधारने का प्रयत्न करते रहे। यही नहीं, ख्रुश्चेव पश्चिमी यूरोप तथा अमेरिका की पूँजीवादी सरकारों के साथ भी मित्रतापूर्ण सम्बन्ध स्थापित करने के लिए सतत प्रयत्नशील रहे। यह रूस की क्रान्ति के बाद से रूस की वैदेशिक नीति में सबसे महत्त्वपूर्ण परिवर्तन था। इस नीति के पीछे सबसे प्रमुख कारण यह था कि स्टालिन की मृत्यु के बाद जो स्टालिन विरोधी प्रचार हुए, उससे जनता की यह आशा बढ़ी कि अब उनका जीवन स्तर पाश्चात्य देशों की तरह ऊपर उठेगा। ख्रुश्चेव को अपनी स्थिति मजबूत बनाने के लिए नागरिक स्वतंत्रता (जो वे अभी नहीं दे सकते) से भी अधिक आवश्यक था, जनता की इस आशा की पूर्ति करना। यह तभी सम्भव था जब रूस पाश्चात्य देशों के साथ इस तरह की मित्रता कर ले जिससे शस्त्रास्त्रों पर खर्चे में कटौती हो सके, लेकिन इसके लिए उन्हें स्पष्ट रूप से (गौण रूप से तो स्टालिन ने ही यह नीति शुरू की थी) विश्व क्रान्ति कराने की अन्तरराष्ट्रीय नीति का परित्याग करनी होती। इसके बदले में वह आश्वासन चाहता था कि पश्चिमी राष्ट्र रूस के अपने पूर्वी यूरोप के साम्राज्य में यथास्थिति को मान लें और इस तरह तनाव और सैन्य तैयारी की आवश्यकता दिनोदिन कम होती जाए। रूस की यह आवश्यकता इतनी आधारभूत थी कि ख्रुश्चेव के पतन के बाद कोसीजिन की सरकार भी लोगों की आशंकाओं के विपरीत यही नीति लेकर चल रही थी।

लेकिन दूसरे विश्वयुद्ध के बाद दुनिया में जो सबसे महत्त्वपूर्ण शक्ति पैदा हो गई, वह थी गुलाम और औपनिवेशिक देशों की स्वतंत्रता, और स्वतंत्रता के लिए आन्दोलन। यह एक ऐसी शक्ति थी जो अब दुनिया का प्रभाव क्षेत्रों में आसानी से बँटवारा नहीं होने दे सकती थी। रूस के लिए इन देशों की मैत्री उतनी ही आवश्यक थी जितनी पाश्चात्य देशों के लिए। चूँकि पाश्चात्य देश साम्राज्यवादी रहे हैं, अत: इन देशों में हर स्तर पर उनके स्वार्थों को लेकर संघर्ष शुरू हो जाता है। ईरान, इराक, मिस्र, क्यूबा, कांगो, श्रीलंका, अल्जीरिया आदि सभी देशों में ऐसे संघर्ष भयंकर रूप किसी-न-किसी काल में ले चुके हैं। रूस अपने को इन संघर्षों से अलग बिना अपनी शक्ति को कमजोर बनाए नहीं रख सकता था। साम्राज्यवाद के लिए, किसी समझौते के लिए रूस को इन क्षेत्रों में कम-से-कम हस्तक्षेप करने का आश्वासन आवश्यक होता। रूस चाहकर भी इस तरह का समझौता नहीं कर सकता था। इससे एक तरफ तो रूस के भविष्य के आर्थिक प्रसार का मार्ग दुनिया के एक बड़े भू-भाग के लिए अवरुद्ध हो जाता, लेकिन इससे भी महत्त्वपूर्ण यह बात थी कि उसे अपनी सत्ता बनाए रखने के लिए कम-से-कम अपने अधिकार के क्षेत्र में क्रान्तिकारी आन्दोलन, और खास करके कम्युनिस्ट आन्दोलन का नेता होने का विश्वास लोगों में पैदा करते रहना था।

यह काम बहुत सस्ते दर पर हो सकता था जैसाकि स्टालिन के काल में हुआ, जबकि वास्तव में अन्य देशों के क्रान्तिकारी आन्दोलनों को कमजोर बनाकर भी स्टालिन महान क्रान्तिकारी नेता की तरह पूजित हुआ। लेकिन अब कम्युनिस्ट दुनिया का नेतृत्व लेने के लिए एक दूसरा प्रतिद्वन्द्वी चीन पैदा हो गया, जिसका आर्थिक स्वार्थ विश्व के स्तर पर शान्ति कायम रहने से अधिक इस बात में है कि दुनिया के देशों में क्रान्तियाँ हों। एक नई क्रान्ति का प्रणेता होने के नाते चीन इन क्रान्तिकारी राष्ट्रों का नेता आसानी से हो सकता था और दुनिया के धरातल पर जो एकाकीपन का स्थान उसे आज मिला है, वह समाप्त हो जाता। चीन का यह भी विश्वास था कि इन क्रान्तिकारी आन्दोलनों से उलझकर साम्राज्यवाद में यह शक्ति नहीं होगी कि वह चीन पर कोई प्रत्यक्ष या परोक्ष आक्रमण करे। ऐसी स्थिति में चीन अपना विकास बिना किसी कठिनाई के कर सकेगा। साथ ही, चीन को इस बात से स्वाभाविक चिढ़ थी कि जो राष्ट्र उसे एक बहिष्कृत अपराधी की तरह बनाए हैं उन्हीं राष्ट्रों से रूस मित्रता का सम्बन्ध कायम करे। इन कारणों से चीन रूस के पाश्चात्य देशों के साथ मित्रता की नीति का कटु आलोचक बन गया। उसने खुलकर अन्तरराष्ट्रीय कम्युनिस्ट आन्दोलन में रूस और खासकर ख्रुश्चेव की नीति को चुनौती देना शुरू कर दिया। रूस के सामने अपने इरादों को हासिल करने में यह सबसे बड़ी बाधा थी।

कम्युनिस्ट आन्दोलन का विभाजन अभी खासतौर से देशों की आर्थिक विकास के आधार पर हो रहा था। अभी तक रूस के साथ उन देशों की कम्युनिस्ट पार्टियाँ थीं जहाँ आर्थिक विकास कुछ अधिक हुआ या कुछ हद तक प्रजातांत्रिक अधिकार लोगों को प्राप्त थे। ये प्रधान रूप से पश्चिमी यूरोप और रूस के अपने प्रभाव क्षेत्र की कम्युनिस्ट पार्टियाँ थीं। दूसरी ओर चीन के साथ अविकसित देशों, खासतौर से एशिया, की कम्युनिस्ट पार्टियाँ थीं। अब तो सारी स्थितियाँ बदल गई थीं।

कम्युनिस्ट और सोशलिस्ट पार्टियों के अलावा नये आजाद हुए मुल्कों में ऐसे विचार बहुत जोर पकड़ रहे थे कि आर्थिक प्रगति इन देशों में तब तक तेजी से नहीं हो सकती जब तक आर्थिक क्षेत्र पर सरकारी नियंत्रण तथा नियोजित अर्थव्यवस्था नहीं हो, जैसाकि पहले विचार हो चुका है। विदेशी पूँजी की प्रधानता, जो अब तक इन देशों की अर्थव्यवस्था में थी, उसका यह अवश्यम्भावी नतीजा है। स्वतंत्र राष्ट्र की तरह जीवित रहने की यह उनकी कम-से-कम आवश्यकता है।

23

समाजवादी आन्दोलन पर जो एक विहंगम दृष्टि डालने का प्रयास किया गया है, उससे जो तसवीर उभरती है, वह बहुत उत्साहवर्द्धक नहीं प्रतीत होती। विभाजन, आपसी विद्वेष और अवसरवादिता आदर्शों की अपेक्षा अधिक स्पष्ट रूप से दिखाई पड़ती है। इस दृष्टि से इस अध्ययन को समाजवाद के बढ़ते चरण की अपेक्षा 'समाजवाद के काँपते चरण' कहने को बहुत-से लोग आतुर हो उठेंगे, लेकिन यह एक बहुत ही छिछला दृष्टिकोण होगा।

स्वप्नवादी समाजवादियों ने एक सपना देखा था, एक दिव्य सपना एक ऐसे समाज का, जिसमें मानव-मानव के बीच गैरबराबरी की खाई न होगी; जहाँ मनुष्य का उसके समाज और वातावरण से विलगाव नहीं होगा; सभी मनुष्य भ्रातृभाव से एक परिवार के सदस्य की तरह रहेंगे और मानव से बढ़कर कोई ऐसी सत्ता न होगी, चाहे वह सत्ता राज्य की हो चाहे भगवान की, जिसके सामने मनुष्य अपना सिर झुकाए। उनके सामने यह चित्र इतना स्पष्ट और इतना न्यायपूर्ण था कि लक्ष्य की प्राप्ति की कठिनाइयों पर अधिक ध्यान देना उनके लिए सम्भव नहीं था। अभी-अभी फ्रांस की जनता ने एक स्वेच्छाचारी शासन का अन्त किया था। मनुष्य के ऊपर हर तरह के शासन का अन्त उनके लिए निकट भविष्य में इतिहास की मंजिल थी। उनकी स्थिति उन पर्वतारोहियों की थी जो दूर से हिमाच्छादित सुनहरे शिखरों से आकृष्ट होकर शिखरों पर पहुँचने के लिए कदम बढ़ा देते हैं, लेकिन जैसे-जैसे वे पर्वत के पास पहुँचते हैं, पथ दुरूह होता जाता है। जैसे-जैसे वे पर्वत के ऊपर चढ़ते हैं वैसे-वैसे शिखर आँखों से ओझल हो जाता है और सामने बच जाता है कंटकाकीर्ण मार्ग। अनेक रास्ते की कठिनाइयों में लक्ष्य भूलकर भटक जाते हैं, लेकिन जो साहस और विश्वास के साथ अपने उद्देश्य पर डटे रहते हैं, अन्त में शिखर पर पहुंच ही जाते हैं। यह सही है कि समाजवादी आन्दोलन अनेक बार अपने लक्ष्य से भ्रष्ट होता गया है और अभी तक कहीं भी इसे अपने प्रारम्भिक कल्पना के अनुरूप समाज व्यवस्था निर्मित करने का सौभाग्य नहीं प्राप्त हुआ है, लेकिन समाजवादियों ने समता की भावना की जो चिंगारी सुलगाई थी उसकी ज्वाला आज भी असंख्य मानव हृदय में जल रही है और उसका सबसे बड़ा प्रमाण है

समाजवाद के लक्ष्य को अनेक मार्गों से प्राप्त करने का प्रयास जो असफलताओं के बाद भी करोड़ों लोग दुनिया के विभिन्न भागों में कर रहे हैं। आज समाजवादी मुट्ठी भर आदर्शवादी विचारकों की थाती न रहकर करोड़ों साधारण लोगों की सम्पत्ति हो गया है।

आज समाजवादी आन्दोलन मुख्य तौर से तीन रूप से दुनिया के तीन विभिन्न तरह की आर्थिक स्थितियों के भीतर सामने आ रहा है। स्थिति, परम्परा और उद्देश्य तीनों में ये एक-दूसरे से भिन्न हैं। ये हैं रूस और उसके प्रभाव क्षेत्र में कम्युनिस्ट आन्दोलन, पाश्चात्य विकसित देशों में सोशल डेमोक्रेसी तथा अविकसित देशों की आर्थिक मुक्ति का आन्दोलन, जो आवश्यकता के दबाव में कुछ समाजवादी तत्वों को स्वीकार करने को बाध्य है।

इसमें कम्युनिस्ट और सोशल डेमोक्रेट, दोनों का आधार मार्क्स की विचारधारा थी, लेकिन विभिन्न परिस्थितियों में दोनों का विकास दो विपरीत दिशा में हुआ। जैसा कि साहसी कम्युनिस्ट विचारक मिलोवन जिलास ने विश्लेषण किया है : "जहाँ मजदूर वर्ग का संघर्ष तत्काल अधिक महत्त्वपूर्ण राजनीतिक या आर्थिक फल हासिल नहीं कर सकता था, दूसरे शब्दों में जहाँ समाज में मजदूर वर्ग का वास्तविक रोल छोटा था, मार्क्स के विचारों को एक रूढ़िवादी प्रणाली का स्वरूप देने की आवश्यकता बढ़ी। इसके अतिरिक्त जहाँ आर्थिक शक्तियाँ और सामाजिक सम्बन्ध परिवर्तन के लिए परिपक्व नहीं थे, जैसाकि रूस में, मार्क्स के विचारों के क्रान्तिकारी पहलुओं को एक रूढ़ि के रूप में निश्चित और कठोर स्वरूप दिया गया।"

"इसके विपरीत, जहाँ राजनीतिक तथा आर्थिक विकास ने समाज में क्रान्ति की आवश्यकता को खत्म कर दिया था, जैसाकि जर्मनी में, मार्क्स के सिद्धान्त के सुधारवादी तथा प्रजातांत्रिक पहलुओं पर इसके रूढ़िवादी विरोधी झुकावों के साथ जोर दिया गया।"

(मार्क्सिज्म इन ए चेंजिंग वर्ल्ड—मैनकाइंड भाग 1, नं. 2)

रूस की क्रान्ति के बाद जिन कठिनाइयों से बोल्शेविक नेतृत्व को गुजरना पड़ा था, उन कठिनाइयों पर विचार किया जा चुका है। उन कठिनाइयों के रहते वे जनता को भौतिक सुख-सुविधाएँ प्रदान करने में असमर्थ रहे। इस चुनौती का सामना उन्होंने अपने सिद्धान्त में और राजनीतिक व्यवस्था में परिवर्तन करके किया। सैद्धान्तिक क्षेत्र में उन्होंने पाश्चात्य देशों के भौतिकवादी मूल्यों के स्थान पर एक नई समाज व्यवस्था की आशा लोगों को दी। राजनीति में उन्होंने अपने समाज को हर बाहरी विचार के प्रभाव के क्षेत्र से, दूसरे विचारों के प्रचार पर रोक लगाकर, अलग कर लिया। मार्क्सवाद का स्वरूप उनके हाथों में एक धर्म का हो गया।

संशोधनवादी अपने विचारों में गलत हो सकते थे, और वास्तव में उन्होंने बहुत हद तक अपनी तात्कालिक परिस्थिति के प्रभाव में अपने विचारों को बदला था, लेकिन वस्तुस्थिति की रौशनी में मार्क्स के विचारों में संशोधन करने का सुझाव देकर उन्होंने इसके वैज्ञानिक चरित्र पर जोर दिया था। वैज्ञानिक दृष्टिकोण की सबसे महत्त्वपूर्ण मान्यता है, सर्वमान्य विचारों को भी अनुभवों की कसौटी पर कसना और उन सिद्धान्तों को जो किसी एक घटना की भी (अध्ययन के दायरे में) उचित व्याख्या करने में असमर्थ हों, नामंजूर कर देना। यह कुछ माने हुए विचारों की रौशनी में घटनाओं का मूल्यांकन करने के बजाय घटनाओं की रौशनी में विचारों की सच्चाई की जाँच करता है, लेकिन कोई भी वैज्ञानिक विचार लोगों को कुछ मूल्यों के आधार पर संघर्ष और बलिदान के लिए प्रोत्साहित नहीं कर सकता। समाजवादी आन्दोलन दो तत्त्वों से बना था। इसमें एक था, अन्याय के विरुद्ध विद्रोह की भावना और इस अर्थ में यह एक नैतिक विद्रोह था जो इसे इसके अच्छे अर्थों में धार्मिक परम्परा से बाँध देता था। दूसरा इसका विश्लेषणात्मक स्वरूप था, जिसमें समाज में फैले अन्याय के आधार को समझने का प्रयत्न किया गया था। इस दृष्टिकोण को मार्क्स ने विकसित करके एक वैज्ञानिक समाजशास्त्र को जन्म दिया। मार्क्स चिन्तक और मसीहा, दोनों का मिश्रण था, लेकिन वैज्ञानिक दृष्टिकोण की उसके चरित्र में प्रमुखता थी। पाश्चात्य मार्क्सवादियों ने, जैसे-जैसे वे क्रान्तिकारिता से विमुख होते गए, इसके वैज्ञानिक और विश्लेषणात्मक चरित्र पर अधिक जोर देना शुरू किया और इसके क्रियात्मक तथा समाज को नये मूल्यों के आधार पर संगठित करने के विचार को दुर्लक्ष्य कर दिया।

इसके फलस्वरूप समाज के नव निर्माण की कल्पना उनकी आँखों से ओझल होती गई और इसका स्थान ले लिया, वर्तमान समाज व्यवस्था में आर्थिक सुधार ने। चूँकि पश्चिमी यूरोप और अमेरिका की समृद्धि के कारण ऐसा सुधार एक बड़ी हद तक सम्भव था, ट्रेड यूनियन आन्दोलन तथा राजनीतिक दबाव के द्वारा उन्होंने मजदूरों के जीवन स्तर को बहुत ऊँचा उठा दिया। मार्क्स ने समाजवादी क्रान्ति के लिए यह आवश्यक समझा था कि मजदूरों का जीवन स्तर पूँजीवादी व्यवस्था में नीचे गिरता जाए। मार्क्स के पूँजीवाद के विश्लेषण के अनुसार ऐसा होना अवश्यम्भावी था। इसका कारण यह था कि मार्क्स ने उस समय मजदूरों की आर्थिक स्थिति में गिराव के विरुद्ध की शक्तियों पर आवश्यक ध्यान नहीं दिया था। ऐसा करना उस समय सम्भव भी नहीं था क्योंकि मजदूरों के ट्रेड यूनियन और राजनीतिक संगठन उसके समय इतने शक्तिशाली नहीं थे जितना कि बाद में हुए। पश्चिमी यूरोप तथा अमेरिका में 20वीं सदी के प्रारम्भ से आज तक कुछ विशेष परिस्थितियों को छोड़कर मजदूर संघर्ष कर लगातार अपनी आर्थिक हालत को सुधारते गए हैं।

मार्क्स ने पूँजीवाद के पतन की भविष्यवाणी दो अन्य कारणों से की थी। इसमें एक था, मुनाफे की दर में निश्चित रूप से गिराव और दूसरा, पूँजीवादी व्यवस्था का आवश्यक अंग आर्थिक संकट। अभी तक पूँजीपतियों के मुनाफे में गिराव का कोई स्पष्ट सबूत नहीं मिला है, हालाँकि अचल पूँजी की मात्रा, दिनोंदिन उत्पादन की विधि में हो रहे क्रान्तिकारी परिवर्तन के कारण, बढ़ती जा रही है। जहाँ तक आर्थिक संकट का सवाल है, द्वितीय विश्वयुद्ध के बाद यत्र-तत्र कुछ बेकारी अवश्य बढ़ी है लेकिन पूँजीवाद के आम संकट का कोई लक्षण नहीं दिखाई पड़ा है। इस तरह के संकट का लक्षण दिखाई पड़ते ही सरकार ऐसे कदम उठाती है जिससे इसे रोका जा सके। इसका कारण यह है कि आज का पूँजीवाद मार्क्स के समय क। पूँजीवाद नहीं है जबकि सभी पूँजीपति अनियंत्रित ढंग से अपना उद्योग चलाते थे। मार्क्स के आर्थिक संकट का सिद्धान्त पूँजीवाद की अव्यवस्था से सम्बन्धित था जिसमें उत्पादन की कोई योजना नहीं थी और इस तरह उत्पादन का साधन तैयार करनेवाले और उपभोग का सामान तैयार करनेवाले उद्योग एक-दूसरे की आवश्यकता के बजाय अधिक मुनाफे की दृष्टि से उत्पादन करते चले जो थे जब अन्त में उन्हें पता चलता था कि उनके सामानों की बिक्री का कोई उपाय नहीं है और इस तरह एक आर्थिक संकट का सिलसिला जारी होता था, लेकिन इस अर्थ में आज दुनिया के किसी भी देश में पूँजीवादी उत्पादन अनियंत्रित नहीं है। आज इन देशों की सरकारें बहुत हद तक उत्पादन को नियंत्रित करती हैं और संकट का चिह्न देखते ही सरकारी क्षेत्र में कार्य शुरू कर या कर्ज देने की व्यवस्था कर आर्थिक स्थायित्व कायम करती हैं। स्वयं सरकारें कल्याणकारी तथा सुरक्षा सम्बन्धी कार्यों पर खर्च करने के कारण एक बहुत बड़ा उपभोक्ता बन गई हैं और एक तरफ से टैक्स आदि के द्वारा अतिरिक्त खरीदगी की शक्ति को लेकर अन्यत्र लगाकर अर्थव्यवस्था के असन्तुलन को मिटाती रहती हैं।

अगर हम रोजा लक्जमबर्ग के अल्प उपभोग के आर्थिक संकट के सिद्धान्त को भी मान लें तब भी, जैसाकि हम देख चुके हैं, टैक्स वगैरह के जरिए उपभोग की शक्ति का बँटवारा कर सरकारें आर्थिक संकट के खतरे को मिटा सकती हैं। वास्तव में प्रख्यात अर्थशास्त्री कीन्स के बाद अधिकांश देश की पूँजीवादी सरकारें देश की अर्थव्यवस्था को सन्तुलित करने के इन उपायों को काम में ला रही हैं और आधे यूरोप, चीन तथा दुनिया की अनेक पिछड़ी अर्थव्यवस्थाओं के साम्राज्यवाद के आर्थिक दायरे से बाहर निकल जाने के बाद भी पश्चिमी यूरोप, अमेरिका, ऑस्ट्रेलिया, कनाडा आदि देशों की अबाध आर्थिक प्रगति पूँजीवादी सरकारों की इन संकटों को खत्म कर सकने की क्षमता के सुबूत हैं। यह सम्भव है कि पूँजीवाद के भीतर कुछ हद तक यह विकास सुरक्षा सम्बन्धी उत्पादन और इससे सम्बद्ध बृहत् स्तर पर सरकारी खर्चे के कारण हो, लेकिन यह समझने का

कोई कारण नहीं है कि सुरक्षा सम्बन्धी उत्पादनों के खत्म हो जाने पर अर्थव्यवस्था का स्थायित्व समाप्त हो जाएगा। जो पूँजीपतियों की सरकार, अपनी अर्थव्यवस्था को सुरक्षित रखने के लिए, व्यक्तिगत रूप से पूँजीपतियों पर नियंत्रण, युद्ध से सम्बन्धित उत्पादनों के लिए, रख सकती है वह इस व्यवस्था को, इसके संकट से बचाने के लिए, शान्ति काल में भी नियंत्रित रखेगी और सरकारी व्यय को युद्ध के स्थान पर कल्याणकारी उत्पादनों की दिशा में मोड़ देगी। इसके अलावा नये आविष्कारों के कारण न सिर्फ उत्पादन के साधनों का अभिनवीकरण दिनोंदिन हो रहा है बल्कि नये तरह के उत्पादन के क्षेत्र रोज खुल रहे हैं जिसमें पूँजी को लगाया जा सके। उदाहरण के लिए, हम अन्तरिक्ष सम्बन्धी खोजों को ही लें। इसने इतने उद्योगों के लिए मार्ग खोल दिया है कि अभी बहुत दिनों तक इसके लिए काफी पूँजी को पाने की ही समस्या लोगों के सामने रहेगी। यह सम्भव है कि इन सब उपायों को काम में लाने के बाद भी 5-10 प्रतिशत मजदूर बेकार रह जाएँ और मजदूरों का जीवन स्तर बहुत ऊँचा नहीं उठने पाए, लेकिन पूँजीवाद के आम संकट की सम्भावनाएँ बहुत क्षीण होती जा रही हैं। अमेरिका में आज लगभग ऐसी ही स्थिति है। 6 से 8 प्रतिशत मजदूर जिनमें नीग्रो और नौजवान, जिनमें दक्षता का भी अभाव है, बेकार हैं और लगभग एक-तिहाई लोग अमेरिका के हिसाब से गरीब हैं। उद्योग-धन्धे पूर्ण शक्ति से उत्पादन में नहीं लगे हैं, पर संकट का कोई लक्षण भी सामने नहीं है।

लेकिन जो पूँजीवादी व्यवस्था इन नई परिस्थितियों में रूप ले रही है वह पहले की व्यवस्था से बिलकुल भिन्न है। कॉरपोरेट सेक्टर के विकास और सरकारी नियंत्रण ने पूँजीवादी समाज में अभी ही लगभग स्वामित्व को नियंत्रण से बिलकुल अलग कर दिया है। अब नियंत्रण एक वेतनभोगी समुदाय के हाथ में चला गया है जो आर्थिक या तकनीकी मामले का विशेषज्ञ है। पूँजीपति अपनी पूँजी के भविष्य के लिए बिलकुल इनकी मर्जी पर निर्भर हैं। यह परिवर्तन इतना महत्त्वपूर्ण हो गया है कि बहुत-से लोग यह मानने लगे हैं कि अन्ततोगत्वा कम्युनिस्ट अर्थव्यवस्था जोकि इसी तरह वेतन भोगी व्यवस्थापकों के समुदाय के नियंत्रण में चल रहा है, वास्तव में एक समय इस नये ढंग के पूँजीवादी अर्थव्यवस्था से एकाकार हो जाएगा। अभी इस विचार के माननेवाले लोग नगण्य हैं और काफी शक्ति से इस विचार का प्रतिपादन नहीं हो सका है। अगर वास्तव में ऐसा हो सका तो बर्नहम की व्यवस्थापक क्रान्ति के सिद्धान्त को मान्यता देनी पड़ेगी।

लेकिन पश्चिमी यूरोप के समाजवादियों के सामने इन सम्भावनाओं ने जिनकी तरफ से वे आँख बन्द नहीं कर सकते, एक कठिन समस्या उपस्थित कर दी है। अगर पूँजीवाद आर्थिक संकटों से बचने की क्षमता रखता है और एक प्रचुरता की अर्थव्यवस्था, जिसमें मजदूरों का जीवन स्तर भी सन्तोषजनक ढंग से ऊपर उठ

रहा है, कायम कर सकता है तो समाजवादी आन्दोलन का भविष्य क्या होगा? इस नई सम्भावना ने पाश्चात्य समाजवादियों के सामने एक बड़ा संकट उपस्थित कर दिया है। समाजवाद का भविष्य क्या हो, इस सम्बन्ध में एक बड़ा विवाद पश्चिमी यूरोप, और खासकर इंग्लैंड में शुरू हो गया है। पश्चिमी यूरोप के महादेशीय देशों के समाजवादियों ने धीरे-धीरे यह मान लिया है कि व्यक्तिगत स्वामित्व को समाप्त करने के लिए उद्योगों का राष्ट्रीयकरण करना समाजवादी आन्दोलन का अविभाज्य अंग नहीं है। वे अब इस बात पर जोर देने लगे हैं कि पूँजी कहाँ लगे। इस पर और बाजार पर नियंत्रण रखकर लोगों के जीवन स्तर में अधिक-से-अधिक विकास करना, यही समाजवादी आन्दोलन का उद्देश्य हो सकता है। इस तरह इन देशों में समाजवाद का अर्थ कल्याणकारी राज्य की क्षमतापूर्ण व्यवस्था हो गया है। राष्ट्रीयकरण को वे एक सीमित हद तक इसी लक्ष्य की पूर्ति के लिए माध्यम मानते हैं। अगर यह सीमित लक्ष्य बिना राष्ट्रीयकरण के प्राप्त हो सके तो भविष्य में भी वे व्यक्तिगत स्वामित्व को उद्योगों से समाप्त करना अनावश्यक समझते हैं। इंग्लैंड में सी.ए. क्रॉसलैंड ने काफी जोर के साथ इस नीति का प्रतिपादन करना शुरू किया है, लेकिन इस नीति को अभी तक इंग्लैंड की लेबर पार्टी की मान्यता नहीं प्राप्त हो पाई है।

इस नीति की दो बड़ी कमजोरियाँ हैं। सबसे पहले इस नीति का समाजवाद के मूलभूत उद्देश्यों से, जिसमें मनुष्यों के बीच की गैरबरारी मिटाकर उन्हें एक सहयोगी परिवार के सदस्यों की तरह प्रस्थापित करने की कल्पना थी, कोई मेल नहीं है। इस नीति में मजदूर आधारभूत रूप से सर्वहारा ही रहेंगे और समाज में द्वैत नागरिकता कायम रहेगी जिसमें कुछ लोग मालिक या व्यवस्थापक तथा अन्य लोग उनकी मर्जी पर एक हद तक आश्रित श्रमिक रह जाएँगे, भले ही उनके जीवन स्तर का फर्क बहुत अधिक नहीं हो। दूसरे, इस तरह की अर्थव्यवस्था में, जहाँ आर्थिक नियंत्रण एक अल्पसंख्यक व्यवस्थापकों के हाथ में हो, पर मतदान के द्वारा बहुसंख्य मजदूर राजनीतिक सत्ता पर अधिकार रख सकते हों, व्यवस्थापकों और मजदूरों के बीच का संघर्ष व्यवस्थापकों को अधिनायकवाद की तरफ बढ़ने की प्रेरणा प्रदान करेगा जिसमें वे मजदूरों के राजनीतिक नियंत्रण से बिलकुल मुक्त हो सकें।

यह सिर्फ अनुमान की बात नहीं। वाल्टर लिप्पमैन ने अपने 'पब्लिक फिलॉसफी' में स्पष्ट रूप से इस विचार का प्रतिपादन किया है कि कार्यकारिणी को जनता के नियंत्रण से मुक्त किए बिना 'प्रजातंत्र' को जीवित नहीं रखा जा सकता। उनके तर्क का आधार यह विश्वास है कि जनता को बदली परिस्थिति का ज्ञान देरी से होता है और इस परिवर्तन के अनुकूल नीति परिवर्तन करने के कार्यकारिणी के प्रयत्नों पर जनता, दबाव डालनेवाले गिरोहों के प्रभाव के अन्दर, बाधा उपस्थित करती है। इस तरह कार्यकारिणी को सही निर्णय लेने में कठिनाई होती है, लेकिन लिप्पमैन

ने दबाव डालनेवाले गिरोहों के हाथ के प्रचार के आधुनिक साधनों की महत्ता पर तो जोर दिया, लेकिन आधुनिक कार्यकारिणी के हाथ में जनमत बनाने के लिए जो प्रचार के साधन हैं, उनको उन्होंने नजरअन्दाज कर दिया है। असलियत तो यह है कि शिक्षा और प्रचार के साधनों पर अपने नियंत्रण के कारण आज कार्यकारिणी जनमत बनाने की दृष्टि से बहुत ही मजबूत स्थिति में है और अमेरिका आदि कुछ अति विकसित देशों को छोड़ अधिकांश देशों में समस्या जनता को कार्यकारिणी के एकतरफा प्रचार से बचाने की है। आधुनिक कल्याणकारी राज्य, जिसमें आर्थिक नियंत्रण हर क्षेत्र में आवश्यक होगा, व्यवस्थापकों की शक्ति समाज में बहुत बढ़ा देगी। इस खतरे को मिटाने का एकमात्र उपाय है, व्यक्तिगत स्वामित्व को आर्थिक क्षेत्र से समाप्त कर मजदूरों के हाथ में उद्योगों का नियंत्रण देना। समाजवाद के उद्देश्यों की प्राप्ति के लिए वास्तविक समाजीकरण का यही मार्ग हो सकता है।

लेकिन यूरोप का खुशहाल मजदूर तत्काल समाजवाद के मानवतावादी महान उद्देश्यों को अपनाने के लिए तैयार नहीं है। यही कारण है कि आर्थिक संकट के अभाव में वे एक क्रान्तिकारी शक्ति नहीं पैदा कर सकते। पश्चिमी यूरोप के कम्युनिस्ट भी इसी कारण समाजवादी क्रान्ति की जगह विश्व शान्ति और युद्ध विरोधी प्रचार को अधिक महत्त्व दे रहे हैं। पाश्चात्य समाजवाद की सबसे बड़ी कठिनाई यही रही है कि विज्ञानवादी और एक संकीर्ण अर्थ में भौतिकवादी होने के कारण वह मनुष्य की उस आन्तरिक आवश्यकता की पूर्ति नहीं कर सकता, जिसकी पूर्ति प्राचीन समय में विभिन्न धर्मों ने की थी और जो स्वयं समाजवादी आन्दोलन का नैतिक और भावनात्मक आधार था। एरिक फ्रॉम ने मनुष्य की प्रकृति और वातावरण के साथ तादात्म्य की बुनियादी आवश्यकता के सम्बन्ध में लिखा है, "एक लक्ष्य या एक विचार या एक शक्ति जो मनुष्य से बड़ी है, जैसे कि ईश्वर के प्रति भक्ति भावना, उसके जीवन के लिए पूर्णता की उसकी आवश्यकता की अभिव्यक्ति है।" (मैन फॉर हिमसेल्फ—एरिक फ्रॉम)।

आधुनिक युग में इसकी पूर्ति या तो विश्वबन्धुत्व की भावना करेगी या राष्ट्रीयता या अन्य छोटे समूह के प्रति भक्ति मनुष्य के विकास पर रुकावट उसे क्षुद्र जमातों की भक्ति तथा फासिज्म की ओर ले जा चुके हैं। अब इस आवश्यकता की पूर्ति समाजवादी अन्तरराष्ट्रीयता ही कर सकती है। जब तक पाश्चात्य समाजवादियों में यह भावनात्मक परिवर्तन नहीं पैदा होता तब तक वे उस आशा और विश्वास का संचार नहीं कर सकते जिसे प्रारम्भ के समाजवादी आन्दोलन ने किया था।

बोल्शेविक क्रान्ति की भावनात्मक अपील पूरब और पश्चिम, दोनों ही तरफ की शोषित जनता पर जबर्दस्त थी, लेकिन परिस्थिति के प्रतिकूल पड़ने के कारण इसमें जो परिवर्तन हुए, उसने इसकी अपील को बहुत कमजोर बना दिया। इसकी अपील लोगों के न्याय की भावना से थी, लेकिन इस अपील के टिकाऊ होने के

लिए रूस की नवोदित संस्थाओं में इस भावना का प्रस्थापित होना आवश्यक था। अन्य धर्मों के विपरीत, जो एक अर्से तक लोगों में फैलने के बाद राज्य के सम्पर्क में आए, इसके विशेष चरित्र के कारण बोल्शेविज्म के राज्य सत्ता पर अधिकार से ही इसका प्रचार शुरू हुआ। इसके फलस्वरूप 'पृथ्वी पर स्वर्ग का राज्य' लोगों की कल्पना की चीज न रहकर बोल्शेविक रूस में लोगों के सामने उपस्थित था। चूँकि बोल्शेविक मार्क्सवादी, और इस तरह यथार्थवादी और विज्ञानवादी, विचार का प्रचार बराबर करते रहे थे, लोगों ने इस राज्य को भौतिकवादी कसौटी पर कसना शुरू किया। रूस की विशेष परिस्थिति में इस दृष्टि से रूस में देने के लिए कुछ नहीं था। इस तरह उन्होंने सत्य एवं वस्तुस्थिति का एक विशेष अर्थ लगाना शुरू किया। अब सत्य वह नहीं रहा जो साधारण वैज्ञानिक अर्थ में होता है बल्कि वह हुआ जो (बोल्शेविकों के अर्थ में) क्रान्ति की भावना को प्रोत्साहन दे। दुर्भाग्यवश, राज्य सत्ता पर अधिकार ने सत्य की इस नई नीति का एक विशाल पैमाने पर उपयोग सम्भव कर दिया, जिससे साधारण समाजवादी मान्यताओं का स्वरूप ही बदल गया। जैसे-जैसे मजदूर वर्ग का सक्रिय सहयोग कम होता गया वैसे-वैसे इस विश्वास को प्रतिष्ठा प्राप्त होने लगी कि समाजवादी क्रान्ति मजदूर वर्ग का काम नहीं बल्कि मजदूर वर्ग के अग्रगामी प्रतिनिधियों का काम होगा। ये चुने हुए क्रान्तिदूत केवल कम्युनिस्ट ही हो सकते थे, चाहे वे किसी वर्ग से आएँ। चूँकि वस्तुस्थिति समाजवाद की ओर संक्रमण को अति कठिन बना रही थी, क्रान्तिकारी विचारधारा का महत्त्व बहुत बढ़ गया और इसके साथ-साथ उन चुने हुए लोगों का प्रभुत्व भी बढ़ा जो इस नई विचारधारा का प्रतिपादन और इसकी व्याख्या कर सकते थे। अब मार्क्सवाद का चरित्र विज्ञान की जगह एक धर्म का हो गया। अब कम्युनिस्ट पार्टी पुरोहितों के एक समूह की तरह हो गई जो मार्क्स के शब्दों की व्याख्या कर उससे प्रत्येक परिस्थिति के भीतर मार्ग ढूँढ़ने का काम करते थे। विज्ञान तक को कम्युनिस्ट रूढ़ियों के भीतर चलना पड़ता था। जीव विज्ञान के क्षेत्र में राज्य दर्शन के विपरीत विचार रखने के लिए विख्यात वैज्ञानिक वैविलोव की दुर्दशा की कहानी इनक्विजिशन के अन्दर गैलीलियो की कहानी की याद दिलाती है।

भौतिक विज्ञान के सिद्धान्तों की व्याख्या पूँजीवाद के संकट के आधार पर होने लगी। साहित्य के क्षेत्र में भी नये धर्मशास्त्रों की अवहेलना करना घोर अपराध हो गया। आज भी कम्युनिस्ट आन्दोलन में किसी नीति के सम्बन्ध में विवाद इस आधार पर नहीं होता कि इस नीति से कुछ दिए हुए उद्देश्यों की पूर्ति होगी या नहीं बल्कि इस आधार पर होता है कि यह मार्क्स-लेनिन के बतलाए गए सिद्धान्तों के अनुकूल है या प्रतिकूल। कम्युनिस्ट अभी भी अपने को वैज्ञानिक समाजवादी कहते हैं। लेकिन उनका विज्ञानवान उसी तरह का है जैसाकि सेंट सिमाँ के अनुयायियों का था जो विज्ञान के आधार पर एक नया चर्च स्थापित करना चाहते थे।

कोई भी विचारधारा बौद्धिक स्तर पर तभी तक प्रभावोत्पादक रह सकती है जब तक इसका दुनिया के सम्बन्ध में लोगों के प्रचलित विश्वासों से मेल खाता हो। चूँकि पुराने धर्मों का दुनिया के सम्बन्ध में दृष्टिकोण विश्व सम्बन्धी लोगों के बढ़ते ज्ञान से मेल नहीं खा सका, इसलिए कुछ सीमित धार्मिक विधियों के बाहर धर्म का महत्त्व घट गया। इसी कारण अपने सीमित प्रभाव क्षेत्र (जहाँ राजनीतिक सत्ता का उपयोग कर दूसरे विचारों पर प्रतिबन्ध लगा दिया गया) के बाहर कम्युनिस्ट सिद्धान्तों को विशेष मान्यता नहीं प्राप्त हो सकी। लेकिन स्वयं रूस के भीतर क्रान्तिकारिता में उतार आने के बाद भी बाहरी दुनिया के शोषित लोग कल्पना के 'मजदूरों की पितृभूमि' के आदर्श से प्रेरणा पाते रहे। इसका सबसे बड़ा उदाहरण जाँ पाल सार्त्र तथा पश्चिमी यूरोप के अन्य अस्तित्ववादियों की कम्युनिज्म के प्रति आस्था है। ये लोग मार्क्सवादी दर्शन को नहीं मानते और इनकी विचारधारा के प्रचार पर सोवियत रूस में प्रतिबन्ध था। फिर भी ये लोग कम्युनिस्ट पार्टी में रहकर उत्साह से उनकी नीति चलाते रहे। यह बतलाता है कि पश्चिमी यूरोप के इन बुद्धिजीवियों को वैज्ञानिक सिद्धान्तों की आवश्यकता नहीं थी बल्कि एक ऐसे विश्वास की आवश्यकता थी जो इन्हें इनके क्रान्तिकारी कार्यों के लिए प्रेरणा दे सके। ये अस्तित्ववादी कुछ विलक्षण व्यक्ति थे, लेकिन अधिकांश लोग अपने बौद्धिक विश्वासों और कार्यक्षेत्र की भावनात्मक प्रेरणा के विलगाव को एक सीमा के बाहर नहीं ले जा सकते थे। इस तरह बहुत-से लोग जो शुरू में बोल्शेविक आन्दोलन से प्रभावित हुए, बाद में इससे विरक्त हो गए।

रूस के अनुभवों के बाद धार्मिक रूढ़िवाद के अन्य खतरे भी समाजवादी आन्दोलन के सामने आने लगे। कम्युनिज्म के राज्य धर्म हो जाने के बाद धर्म और तलवार के सम्मिश्रण के अन्य बुरे परिणाम स्पष्ट होने लगे, जैसे कि ईसाई धर्म के रोमन राज्य का धर्म बन जाने पर हुआ था। राज्य धर्म के आधार पर नहीं चलता था बल्कि धर्म स्वयं एक राज्य की शक्ति प्रसार का हथियार बन गया। समाजवाद के प्रारम्भिक उद्देश्यों को तोड़-मरोड़कर, बोल्शेविक राज्य की आवश्यकता की पूर्ति के लिए, एक-दूसरे ही रूप में लोगों के सामने उपस्थित किया गया। स्टालिन के प्रभाव में कम्युनिज्म का जो रूसीकरण हुआ, उसने इसे इसके अन्तरराष्ट्रीय उद्देश्यों से भी अलग कर दिया। यह नया विश्वास अब क्रान्ति की प्रेरणा की जगह शोषण का सहारा बन गया।

समाजवादी आन्दोलन के प्रसार का तीसरा क्षेत्र अविकसित राष्ट्र हैं। इन देशों को 'राष्ट्रों का सर्वहारा' कहा जा सकता है। सच पूछा जाए तो पिछले दो सदी में पूँजीवादी शोषण का सबसे बुरा शिकार इन्हीं देशों को रहना पड़ा है। विकसित पूँजीवादी देशों के मजदूर भी जीवन स्तर के मामले में इनकी तुलना में धनी सेठों की श्रेणी में रखे जाएँगे। इसका अर्थ यह नहीं कि इन देशों में वर्ग विभाजन और आन्तरिक शोषण

नहीं है। असल में, इन देशों के अन्दर लोगों का वर्गों में विभाजन और कहीं अधिक स्पष्ट है। रहन-सहन, वेश-भूषा और भोजन के मामले में इन देशों के गरीब और अमीरों का फर्क विकसित देशों के गरीब और अमीरों के फर्क से कहीं ज्यादा है। अत: वर्ग संघर्ष की कटुता भी इन देशों में कहीं अधिक है। इन्हीं कारणों से, जैसाकि हम पहले देख चुके हैं, आर्थिक स्वतंत्रता के आन्दोलन के एक विशिष्ट स्तर पर इन देशों ने राज्य के आर्थिक क्षेत्र पर नियंत्रण कर समाजवादी कदम उठाया।

लेकिन इन देशों का समाजवादी आन्दोलन अभी तक एक स्वतंत्र रूप नहीं ले सका है। अभी तक इनके ऊपर पश्चिमी देशों के समाजवादी आन्दोलन का असर बहुत गहरा है। इस आन्दोलन का एक हिस्सा सोशल डेमोक्रेसी के प्रभाव में और दूसरा कम्युनिस्ट प्रभाव में काम करता रहा है, लेकिन इन देशों की गिरी हुई आर्थिक स्थिति में सोशल डेमोक्रेसी इन्हें बहुत प्रेरणा नहीं प्रदान कर सकता। सोशल डेमोक्रेसी, जैसाकि हम देख चुके हैं, विकसित देशों में मार्क्सवादी विचार का विकास था। इनका प्रमुख उद्‌देश्य रहा है, मजदूरों के जीवन स्तर को उठाना, जिसके लिए यथेष्ठ आर्थिक आधार पर देशों में था। इन पिछड़ी अर्थव्यवस्थाओं में वास्तविक समस्या अर्थव्यवस्था को विकसित देशों की ऊँचाई तक उठाना है। इसके लिए आवश्यकता है आर्थिक संगठन में क्रान्तिकारी परिवर्तन करने की। सोशल डेमोक्रेसी के अनुभव इस दृष्टि से इनको कोई लाभ नहीं पहुँचा सकते। कम्युनिस्ट आन्दोलन की पितृभूमि रूस की आर्थिक दृष्टि से यूरोप में सबसे पिछड़ा हुआ था। अत: रूस के अनुभवों की ओर इन पिछड़े मुल्कों की जनता ज्यादा आशा से देखती है। आज पिछड़े मुल्कों में बढ़ रहा कम्युनिस्ट प्रभाव इनकी समस्याओं के सामीप्य का सबूत है, लेकिन इसका अर्थ यह भी हो सकता है कि रूस की नकल कर ये पिछड़े देश उन गलतियों को भी दुहराते जाएँ जिनसे वहाँ के लोग सचेत रहने पर बच सकते थे। चीन में जो कुछ आज हो रहा है, उससे इस भय की पुष्टि होती है। चीन भी आज लगभग उसी राह पर चल रहा है जिस पर रूस ने क्रान्ति के बाद तत्काल पाँव रखा था। वहीं रूढ़िवादिता, वैचारिक संकीर्णता और अधिनायकवादी प्रवृत्ति जिसका विकास रूस में हुआ, चीन में आज हो रहा है। चीन की आर्थिक कठिनाइयाँ तथा सांस्कृतिक पिछड़ापन इस संकीर्णता को और भी बढ़ा देगा, ऐसा ज्ञात होता है।

अगर पिछड़े देशों का समाजवादी आन्दोलन पश्चिम के आन्दोलन की नकल भर करता रह गया तो समाजवाद का भविष्य निश्चित रूप से कुछ दिनों के लिए अन्धकारपूर्ण रह जाएगा। जब तक इन देशों का समाजवादी आन्दोलन दोनों तरह के पाश्चात्य आन्दोलनों के अनुभवों के सबक लेने को तैयार नहीं होगा तब तक यह अपने यहाँ के समाजवादी आन्दोलन को एक नई प्रेरणा नहीं दे सकेगा। सच तो यह है कि पश्चिम के सोशलिस्ट तथा कम्युनिस्ट आन्दोलन जो एक तरह के गतिरोध की स्थिति में पहुँच गए हैं, उनसे वे तभी निकल पाएँगे जब एक बाहरी

स्थान से नई रौशनी उन्हें मिले। ये दोनों आन्दोलन अपने यहाँ की परिस्थितियों से बँधकर प्लेटो के गुफा में बन्द उस व्यक्ति की भाँति हो रहे हैं जो सिर्फ अपने सामने की दीवार पर उभरती छाया को देख सकता है, लेकिन सिर घुमाकर वास्तविक दुनिया को नहीं। अपने गहरे मतभेद के बावजूद भी सोशलिस्ट और कम्युनिस्ट, दोनों आन्दोलन मूल्यों में सर्वोपरि स्थान जिस मूल्य को देते हैं वह एक है और समाजवादी आन्दोलन के लिए एक बाह्य वस्तु। यह मूल्य है, एक के मामले में प्रति व्यक्ति इस्पात की पैदावार और दूसरे के लिए जनसंख्या के हिसाब से रेफ्रिजरेटर, या टेलीविजन सेट का उपयोग।

अविकसित देशों के समाजवादियों को इस पर भी विचार करना होगा कि क्या वे इस मूल्य को वही महत्त्व देंगे जो उन्हें अभी तक दिया जा रहा है? इन देशों के समाजवादी आन्दोलन के लिए यह एक आधारभूत प्रश्न है। अगर उन्होंने इस मूल्य को सर्वोपरि स्थान देना शुरू कर दिया तो इनके लिए कम्युनिस्ट राज्यों के रास्ते के अलावा कोई दूसरा रास्ता नहीं होगा। पिछड़ी अर्थव्यवस्था में भारी उद्योग-धन्धों का तेजी से विकास समाजवादी आन्दोलन के समतावादी और स्वतंत्रतावादी विचारों की बलि चढ़ाए बिना तब तक सम्भव नहीं जब तक विकसित देशों के समाजवादी बृहत् पैमाने पर उनकी आर्थिक मदद करने को तैयार नहीं, लेकिन उनके लिए ऐसा करना तब तक सम्भव नहीं जब तक वे स्वयं रेफ्रिजरेटरों की संख्या की गिनती न बन्द कर दें। इस तरह अन्ततोगत्वा समाजवादी आन्दोलन का भविष्य रेफ्रिजरेटरों की गिनती की जगह समाजवाद के नैतिक मूल्यों को प्रस्थापित करने के साथ बँधा हुआ है।

यह समस्या हमारे सामने पाश्चात्य सभ्यता के एक सबसे गम्भीर रोग को उपस्थित करती है, जिसका इलाज भी आज समाजवाद का एक लक्ष्य होगा। यह रोग है, पाश्चात्य दुनिया का कुछ भौतिक पदार्थों के पीछे (रेफ्रिजरेटर इसमें केवल एक है) पागल की तरह दौड़ना। गरीबी की स्थिति में उन चीजों की तरफ दौड़ना जिससे लोगों की साधारण आवश्यकताएँ पूरी हो सकें, समझ में आ सकती हैं, लेकिन एक खास ऊँचाई तक जीवन स्तर पा जाने के बाद वस्तुओं का संकलन केवल एक रुग्ण मस्तिष्क की पहचान है। स्पिनोजा ने समाज की इस बुराई के सम्बन्ध में लिखा है : "अगर लालची व्यक्ति केवल रुपए और सम्पत्ति की बात सोचता है, महत्त्वाकांक्षी केवल ख्याति की, तो लोग उन्हें पागल नहीं समझते बल्कि सिर्फ रंजिश पैदा करनेवाला समझते हैं; साधारणत: लोगों को उनके प्रति घृणा की भावना होती है, लेकिन वास्तव में लालच, महत्त्वाकांक्षा आदि पागलपन के स्वरूप हैं। हालाँकि साधारणत: लोग उन्हें बीमारी नहीं समझते हैं।"

आज के यूरोप में इनको चरित्र का दोष नहीं बल्कि गुण गिना जाने लगा है। यह यूरोपीय समाज में नैतिक मूल्यों के ह्रास का परिणाम है। यह स्वाभाविक है कि जिस समाज में सम्पत्ति तथा आराम के कुछ प्रसाधनों की प्राप्ति जीवन का लक्ष्य

बन जाए, लोग जीवन को निस्सार समझने लगें। आज अगर यूरोप का कोई कवि 'खोखले लोगों' की बात करता है तो यह सिर्फ पूँजीवाद के संकट का परिणाम नहीं बल्कि यह यूरोपीय सभ्यता में प्रेरक शक्ति के अभाव का प्रतीक है। यही कारण है कि आज ऊब और अनास्था के अस्तित्ववादी दर्शन की ओर यूरोप का अधिकांश संवेदनशील समाज अभिमुख है। आज वहाँ के कवि और लेखक सामाजिक मूल्यों के प्रति अनास्था से त्रस्त हैं और किसी भी ऐसे लंगर को पाने से निराश हैं जो उन्हें निश्चित सामाजिक मान्यताओं से बाँध सके। एक तरफ जहाँ यूरोपीय मानव का जीवन नीरस होता जा रहा है, वहीं जीवन में सुरक्षा की भावना और विश्वयुद्ध से संहार का भय उसको त्रसित कर रहे हैं। संक्षेप में कहा जा सकता है कि सभी भौतिक सुख के प्रसाधनों को जमा कर यूरोपीय समाज आज सभी आत्मिक आनन्द से वंचित है।

अविकसित देशों के सामने आज यूरोपीय समाज की समस्या नहीं है, लेकिन उस रास्ते पर चलकर उन्हें भी एक न एक दिन उसी समस्या से उलझना पड़ेगा। इसका अर्थ यह नहीं कि इन देशों के लोग भौतिक विकास की धारा से अपने को अलग रख सकते हैं। यह तो उन्हें प्रकृति की दासता और फिर यह मनुष्य को दासता में हमेशा बाँधे रखेगा, लेकिन इन देशों को औद्योगिक प्रगति की ओर बढ़ना होगा, अन्य मूल्यों को समुचित स्थान देकर। रूस जिस तरह आज लगभग आधी शताब्दी तक पूँजीवादी समाज के सम्पर्क से अपने को अलग रखकर पुन: पश्चिमी यूरोप के मूल्यों को स्वीकार करने लगा है और अपना लक्ष्य 'अमेरिका के समकक्ष पहुँचने' का रखने लगा है, उससे स्पष्ट है कि सिर्फ पूँजीवाद को विनष्ट कर देने से इस समस्या का समाधान नहीं होगा। अविकसित देशों ने अगर आज से ही अपने लक्ष्य का निर्धारण नहीं किया तो औद्योगिक प्रगति हो जाने के बाद वे इस समस्या का समाधान नहीं कर सकते। यूरोपीय समाज एक भावनात्मक कठिनाई में है, इसका अर्थ यह नहीं कि अविकसित देश उनसे नैतिकता की दृष्टि से आगे बढ़े हुए हैं। असल में नैतिकता के क्षेत्र में भी इनका पिछड़ापन अपनी चरम सीमा पर है, लेकिन अपनी पूरी परिस्थिति के खिलाफ विद्रोह की आवश्यकता ने इसे मौका दिया है कि यह समाज के परम्परागत उन सभी मान्यताओं को उखाड़ फेंकें जो इसके आर्थिक और सामाजिक शोषण के आधार रहे हैं। जो बात मार्क्स ने सर्वहारा के सम्बन्ध में कम्युनिस्ट मैनिफेस्टो में बतलाई थी, वह बात वास्तव में अविकसित देशों के शोषित जनता के सम्बन्ध में लागू है जिनके पास इनकी गुलामी और गरीबी के अलावा कोई दूसरी चीज नहीं है।

इतिहास में ऐसे अनेक उदाहरण हैं कि जब एक विकसित समाज स्वयं अपनी कठिनाइयों से नहीं निकल पाता तो एक बाहरी समाज के परिवर्तन से उसे आवश्यक प्रेरणा प्राप्त होती है। प्रजातंत्र की प्रस्थापना यूरोप के समाज में होने के पहले, यूरोपीय साम्राज्य के एक उपनिवेश, अमेरिका ने स्वतंत्रता की देवी को

प्रतिष्ठित किया। वैसे ही सर्वहारा क्रान्ति को सफल बनाने की जवाबदेही यूरोप के औद्योगिक समाज की अन्तिक सरहद पर एक पिछड़े औद्योगिक देश, अर्थ यूरोपीय अर्द्ध एशियाई, रूस के मजदूरों के कन्धों पर आई। यह सम्भव है कि यूरोप के विकसित देशों के समाजवादी आन्दोलन को नई वैचारिक क्रान्ति की प्रेरणा फिर इन शोषित देशों से प्राप्त हो।

विचार के आधारभूत विभिन्नता के बावजूद कार्ल मार्क्स और आर्नल्ड जे. टॉयनबी समाज को नई प्रेरणा कहाँ से मिले, इस सवाल पर लगभग एक जगह आ जाते हैं। वैसे मार्क्स ने किसी समाज के विकास का विश्लेषण उसकी आर्थिक शक्तियों के सम्बन्ध के आधार पर किया है जबकि टॉयनबी के अध्ययन का विषय विभिन्न सभ्यता रही है जिनका अलग व्यक्तित्व रहा है और जो एक विशेष नियम के अनुसार विकसित होते हैं और फिर पतन की ओर जाते हैं। जहाँ कार्ल मार्क्स के अनुसार शासक वर्ग के पतन के समय नई व्यवस्था और विचार की प्रेरणा पहले के शोषित वर्गों से प्राप्त होती है, वहाँ टॉयनबी के अनुसार पतनोन्मुख सभ्यता को नया प्रकाश साम्राज्य के 'बाहरी सर्वहारा' से प्राप्त होता है। इस तरह ईसाई धर्म, मार्क्सवादी विचार के अनुसार, जिसका प्रतिपादन कार्ल कॉट्स्की ने किया, गुलामों के विद्रोह का परिणाम था और गुलामों के स्वामियों का समाज में पतन का प्रतीक। टॉयनबी के अनुसार, यह पतनोन्मुख रोमन साम्राज्य के 'बाहरी सर्वहारा' का धर्म था जो साम्राज्य के क्षेत्र में नई एकता का प्रतीक था, लेकिन मार्क्सवादी विचार के अनुसार स्वयं रोमन साम्राज्य का पतन बहुत हद तक गुलामी की अर्थव्यवस्था के पतन का परिणाम था। दोनों ही विचार से बाहरी दलित वर्गों का महत्त्व नये धर्म का श्रीगणेश करने की दृष्टि से महत्त्वपूर्ण है। आज जबकि पाश्चात्य साम्राज्य एक ऐसी स्थिति में पहुँच चुका है कि नैतिक नेतृत्व प्रदान करने की इसकी क्षमता खत्म हो गई है, पिछड़े मुल्कों के 'बाहरी सर्वहारा' सम्भव है एक नया नैतिक प्रकाश, एक नया धर्म प्रदान करें।

स्वयं टॉयनबी ने अमेरिका के नीग्रो लोगों के सम्बन्ध में कहा है : "इस तरह वह अमेरिका में शारीरिक और आध्यात्मिक, दोनों ढंग से नंगा होकर आया और अपनी आवश्यकता की पूर्ति उसने गुलाम बनानेवालों के फेंके हुए कपड़े से अपने बदन को ढककर की।

"यह सम्भव है कि अमेरिका में लाए गए नीग्रो गुलाम जिन्होंने अमेरिका में ईसाई धर्म को पाया, मृतकों को जीवित करने का बड़ा चमत्कार करें। बच्चों की-सी उनकी आध्यात्मिक अन्तर बुद्धि और भावनात्मक तथा धार्मिक अनुभवों को बिना परिश्रम ललित अभिव्यक्ति प्रदान करने की प्रतिभा के बल पर सम्भवत: वे ईसाई मत की ठंडी राख को जो उन्हें हमसे प्राप्त हुई है, फिर प्रज्वलित कर सकेंगे उस समय तक, जब उनके हृदयों में दैवी अग्नि पुन: प्रज्वलित हो।"

(ए स्टडी ऑफ हिस्ट्री—टॉयनबी)

समता के अधिकार के लिए अहिंसात्मक संघर्ष को एक शानदार ढंग से चलाकर अमेरिकी नीग्रो अपनी आध्यात्मिक शक्ति का परिचय देने लगे हैं, लेकिन अमेरिका के निग्रो एक छोटा अंग हैं उस विशाल रंगीन जन समुदाय के, जो दुनिया के अविकसित देशों में फैले हैं और अपनी अधोगति से निकलने के लिए प्रकाश ढूँढ़ रहे हैं। इन देशों के समाजवादी अब एक नये विश्वास की खोज में लग गए हैं जो उन्हें सोशलिस्ट और कम्युनिस्ट आन्दोलन के विकल्प से मुक्त रखकर नये समाज के निर्माण की प्रेरणा दे। भारत में डॉ. ज्ञानचन्द जैसे मार्क्सवादी अर्थशास्त्री भी समाजवाद के लिए एक नये विश्वास की आवश्यकता महसूस करने लगे हैं। एक प्रश्नोत्तर के सिलसिले में उन्होंने कहा था, "यह विश्वास चाहे जो स्वरूप ले : भिन्नभाव, बन्धुत्व, सामुदायिक भावना, मानवतावाद आदि इसके सार होंगे। इसे नजरअन्दाज करने की कोई गुंजाइश नहीं। हमको उन्हें सिर्फ आवश्यक समझकर नहीं उन्हें अपने आप में इच्छित वस्तु समझकर अंगीकार करना होगा।"

(मराल, अक्टूबर 1960, खंड 3 नं. 1)

लेकिन किसी विश्वास या धर्म का जन्म तब तक नहीं होता जब तक वस्तुस्थिति उस विचार के अनुकूल न हो। आज की दुनिया में ऐसा आर्थिक आधार और ऐसे विचार की आवश्यकता पैदा हो गई है। पिछड़े मुल्कों का विकास समाजीकरण और विश्व-बन्धुत्व की भावना पर आधारित एक अन्तरराष्ट्रीय व्यवस्था पर निर्भर करता है। साथ ही, हम देख चुके हैं कि पश्चिमी समाजवादी आन्दोलन के मूल्यों को स्वीकार कर इस तरह की व्यवस्था असम्भव है। स्वयं यूरोप की सभ्यता अपने एकाकीपन के कारण अपने यहाँ लोगों को एक सन्तोषप्रद जीवन प्रदान करने में असमर्थ है। तकनीकी के क्षेत्र में अत्यधिक योग्यता और आर्थिक विकास, यही उनके देवता बन गए हैं। उनको, जैसाकि डॉ. राममनोहर लोहिया ने बतलाया है, 'अत्यधिक योग्यता' के मार्ग को छोड़कर 'चतुर्दिक योग्यता' का मार्ग अपनाना होगा (इतिहास चक्र)। अविकसित देशों के समाजवादी, जो अभी किसी रूढ़ि से बँधे नहीं हैं, वे ही इस बात की क्षमता रखते हैं कि नये मूल्यों के आधार पर एक सामाजिक क्रान्ति करके अपना विकास कर सकें तथा पश्चिम के अवरुद्ध समाजवादी आन्दोलन को नये मार्ग पर चलने की प्रेरणा दे सकें।

यह नया मानव धर्म अभी कोई स्पष्ट रूप नहीं ले पाया है, लेकिन एक नये समन्वय की भूमि विभिन्न रूप में तैयार हो रही है। सोशल डेमोक्रेसी का एक अंग बहुत देर से, यह देखने लगा है कि उनके अमन-चैन की दुनिया के बाहर गरीबी और बेकारी का एक बड़ा क्षेत्र उन्हें घेरे खड़ा है जिससे उदासीन रहकर अपनी सुरक्षा की कल्पना अब वे नहीं कर सकते। कम्युनिस्ट दुनिया के एक केन्द्र की जगह मॉस्को और पेइकिंग, दो केन्द्रों से संचालन अब इस सम्भावना को जन्म

दे रहा है कि दस साल के भीतर सभी देशों के कम्युनिस्ट स्थानीय समस्याओं के अनुरूप अपनी नीति बनाएँगे और एक देश की विशेष परिस्थिति से पैदा रूढ़ियों से प्रभावित नहीं होंगे। बाहरी प्रभावों से स्वतंत्र हो अविकसित देशों के सोशलिस्ट और कम्युनिस्ट समान दृष्टिकोण विकसित करेंगे। साम्राज्यवादी शोषण की आवश्यकता से मुक्त इन देशों की जनता ही एक सही अन्तरराष्ट्रीय दृष्टिकोण अपना सकेगी। अन्तरराष्ट्रीय स्तर पर पिछड़े, अविकसित, काले और पीले लोगों का बढ़ रहा प्रभाव विकसित देशों के शोषित वर्गों को इनके साथ बराबरी के आधार पर सम्बन्ध स्थापित करने को प्रोत्साहित करेगा।

गोरे लोगों के देश में काले लोगों का समता के लिए शान्तिमय संघर्ष, यूरोप के देशों में जनता का शान्ति के लिए संघर्ष तथा पिछड़ी अर्थव्यवस्थाओं का आर्थिक स्वतंत्रता का संघर्ष इन देशों के समाजवादी आन्दोलनों से मिलकर समता और विश्वबन्धुत्व की एक नई धारा को जन्म देगा जो समाजवाद के उद्देश्यों को एक नया प्रभावशाली स्वरूप प्रदान करेगी। यह सम्भवत: समाजवाद का अन्तिम चरण होगा जो अपने पग में सारे संसार को समेट लेगा।

24

इस पुस्तक के पीछे दो उद्देश्य थे : पहला, समाजवादी आन्दोलन को उन ऐहितहासिक घटनाओं के परिप्रेक्ष्य में प्रस्तुत करना, जिसमें इसका जन्म और विकास हुआ था और दूसरा, इसके पीछे के विचारों और प्रेरणाओं को समझ भविष्य में इसकी सम्भावनाओं की तलाश करना। पुस्तक पहली बार 1965 में प्रकाशित हुई थी। वह समय संसार की राजनीति में युगान्तकारी परिवर्तनों का और समाजवादी आन्दोलन में भी उथल-पुथल का था। पुरानी घटनाओं के विवरण से सम्बद्ध तथ्यों में कुछ परिवर्तन जरूरी हो सकता है, लेकिन यह काम मैं इतिहासज्ञों पर छोड़ता हूँ जिनका काम इतिहास की घटनाओं का अणुवीक्षण होता है। मेरा उद्देश्य सीमित था, समाजवादी आन्दोलन को समझने के लिए इसकी पृष्ठभूमि की उन घटनाओं को प्रस्तुत करना, जो मोटा-मोटी तौर से आम जानकारी की वस्तु हो गई है। वैसे आम जानकारी भी विवाद से परे नहीं होती क्योंकि घटनाओं का स्वरूप भी बहुत कुछ देखनेवाले की दृष्टि से निर्धारित होता है। इस नये अध्याय में समाजवादी आन्दोलन के प्रारम्भिक रुझानों का पुनर्मूल्यांकन और पुराने विवादों में उलझने की बजाय मूलत: साठ के दशक के बाद हुए परिवर्तनों को समझने का प्रयास किया गया है क्योंकि आज समाजवादी आन्दोलन के लिए वही विशेष रूप से प्रासंगिक है। यह घटनाओं पर एक सरसरी निगाह भर है।

साठ के दशक के मध्य में जब पुस्तक प्रकाशित हुई थी, समाजवादी प्रभाव तीन रूप में दिखाई देते थे जिसको पुस्तक में चिह्नित किया गया था—रूस और उसके प्रभाव क्षेत्र के कम्युनिस्ट आन्दोलन, जिसमें चीन को भी शामिल किया गया था, पाश्चात्य विकसित देशों की सोशल डेमोक्रेसी और अविकसित और पहले के गुलाम मुल्कों के मुक्ति आन्दोलन, जो आवश्यकता के दबाव में कुछ समाजवादी तत्त्वों (यथा कुछ उद्योगों तथा मूलभूत संरचनाओं का सार्वजनिक क्षेत्र में विकास) को अपनाने को बाध्य थे। एक महत्त्वपूर्ण परिवर्तन कम्युनिस्ट धारा में हो रहा था। 1954-55 तक दुनिया के कम्युनिस्ट आन्दोलन पर सोवियत संघ की कम्युनिस्ट पार्टी का एकच्छत्र वर्चस्व था, लेकिन इसके बाद से रूस और चीन के बीच कुछ विवाद उभरने लगे थे। चीन, रूस के वर्चस्व को मानने के लिए तैयार नहीं था

और जब उसने कुछ अति साहसिक नीतियाँ—जैसे महान छलाँग (ग्रेट लीप) तथा कम्यून व्यवस्था लागू करने की नीति अपनाई तो दोनों का विवाद काफी तीखा हो गया। बाद में ख्रुश्चेव के काम में रूस का पश्चिमी देशों के साथ अपने सम्बन्धों को सुधारकर सामान्य बनाने के प्रयास चीन को उसे दरकिनार करने की नीति लगी। इसके बाद से चीन ने रूस को संशोधनवादी कहना शुरू किया। इसके बाद संसार भर में कम्युनिस्ट आन्दोलन की वफादारी के लिए इन दोनों के बीच संघर्ष तेज हो गया। इसका थोड़ा जिक्र पहले भी हो चुका है। 1960 आते-आते यूरोप के कम्युनिस्टों में भी विवाद शुरू हो गया। 1968 में चेकोस्लोवाकिया में 'साम्यवाद को मानवीय चेहरा' प्रदान करने का प्रयास करनेवाले नेता दुबचेक को सोवियत संघ द्वारा सैनिक हस्तक्षेप से अपदस्थ कर वहाँ रूसी नियंत्रण या कायम कर दिया गया। इससे कम्युनिस्ट पार्टियों में एक गम्भीर विवाद शुरू हुआ। अब कम्युनिस्ट आन्दोलन के भीतर एक नई विचारधारा अस्तित्व में आई जो कम्युनिस्ट आन्दोलन को लोकतांत्रिक मूल्यों और लोकतांत्रिक व्यवस्था से जोड़ना चाहती थी। इस धारा को यूरो-कम्युनिज्म कहा जाने लगा। इस नई धारा की नीतियों और यूरोप की सोशल डेमोक्रेटिक पार्टियों की नीतियों के बीच कोई बड़ा विभाजन नहीं रह गया, हालाँकि कुछ सांगठनिक व्यवहारों के फर्क रह गए जो इनकी अलग परम्पराओं से आते थे। अब यूरोप में सोशलिस्ट और कम्युनिस्ट पार्टियों का मध्यमार्गी दक्षिणपंथी पार्टियों के साथ मिलकर सरकार बनाना आम बात हो गई, लेकिन यह सब सत्ता में साझीदारी के लिए होता था। मूलभूत सामाजिक बदलाव के लिए कहीं कोई बेचैनी नहीं रह गई थी।

इधर चीन में शुरू के दौर में नीतियाँ अधिक उग्र होने लगीं। 'कम्यून' का उद्देश्य एक पिछड़ी औद्योगिक व्यवस्था में साम्यवाद लाना था। किसानों की जमीन कम्यून द्वारा ले ली गई। रूस के समूहीकरण से इसकी भिन्नता यह थी कि कम्यून में केन्द्रीय सरकार की नौकरशाही और व्यवस्थापकों का रूस के सामूहिक फार्मों की तुलना में नियंत्रण कम था। उद्योग-धन्धे भी बहुत कुछ कम्यून की स्थानीय आवश्यकताओं को देखते हुए छोटे आकार के होते थे। इसी समय 'बैक यार्ड स्टील मिल' यानी गाँव के गलियारे का इस्पात कारखाना चर्चा का विषय बन गया। यह सब साम्यवाद के सम्बन्ध में पारम्परिक मार्क्सवादी चिन्तन के विपरीत था, जिसमें पूँजीवाद की सर्वाधिक विकसित तकनीक के आधार पर समाजवाद की स्थापना की कल्पना की गई थी। फिर भी, चीन के कम्युनिस्ट नेताओं का अन्तिम आदर्श रूस की तरह ही पूँजीवादी देशों से मुकाबला करनेवाले अधुनातन तकनीक को विकसित करना ही था। इन नई नीतियों को लेकर न सिर्फ रूस से विवाद बढ़ा बल्कि चीन की कम्युनिस्ट पार्टी के नेताओं के बीच भी विवाद और सत्ता के लिए संघर्ष शुरू हो गया। माओ त्से तुंग ने यह सिद्धान्त प्रतिपादित किया कि लोगों में सांस्कृतिक

बदलाव करके समाजवाद के लिए वस्तुस्थिति का अभाव—यानी तकनीक सम्बन्धी पिछड़ेपन—की भरपाई की जा सकती है। इस तरह उसने सांस्कृतिक क्रान्ति का आह्वान किया। पुराने नेताओं और पार्टी की नौकरशाही के विरोध का सामना करने के लिए उसने छात्रों और युवाओं का आह्वान किया। इससे चारों ओर उथल-पुथल हो गई और अव्यवस्था फैल गई। स्थिति काबू से बाहर होने लगी तो इसे नियंत्रित करने के लिए लाल सेना का सहारा लेना पड़ा। इसमें पार्टी के कुछ पुराने नेता, जैसे लाओ साओ ची और चाउ इन लाई दरकिनार कर दिए गए। लिन पिआओ जैसे सत्ता के अति महत्त्वाकांक्षी व्यक्ति उभरकर सत्ता संघर्ष में माओ के सहयोगी बने, लेकिन यह सहयोग भी अन्तिम समय तक कायम नहीं रहा और अन्ततः लिन पिआओ की माओ के खिलाफ षड्यंत्र करने के सिलसिले में दुर्घटनाग्रस्त हो मृत्यु हो गई। आधुनिक औद्योगिक और सैन्य शक्ति बनने की महत्त्वाकांक्षा का—जो कम्युनिस्टों की कल्पना से कभी गई नहीं थी—पहले की विकेन्द्रित और काफी कुछ समतामूलक अर्थव्यवस्था से मेल हो पाना असम्भव था। अतः माओ की मृत्यु के दस साल के भीतर अस्सी के दशक के मध्य आते-आते क्रान्ति के सभी आदर्श खत्म हो गए।

हालाँकि चीन की क्रान्ति की ग्रामीण पृष्ठभूमि के चलते उद्योगों का ढाँचा विकेन्द्रित और अर्थव्यवस्था प्रायः छोटे उद्योगों पर आधारित थी—चीन के कम्युनिस्ट नेताओं का भविष्य का सपना पश्चिमी ढंग के अत्यधुनिक उद्योगों के आधार पर ही समाज को विकसित करना था। दरअसल यह सोच रूस और चीन, दोनों के कम्युनिस्ट नेताओं में मार्क्स के उस विचार की धरोहर थी जिसके अनुसार समाजवाद का विकास उस बिन्दु पर होगा जहाँ पूँजीपति औद्योगिक तकनीक का अधिकतम विकास कर चुके होंगे। स्टालिन का लक्ष्य भी था कि सोवियत यूनियन औद्योगिक विकास में अमेरिका से आगे निकल जाएगा। इसके लिए बृहत् पैमाने की पूँजी संचय के लिए रूस के लोगों पर, विशेषकर किसानों पर अमानुषिक अत्याचार किए गए, जिसमें कुछ का वर्णन पहले हो चुका है। चीन के सामने यह समस्या कुछ ज्यादा ही विकट थी क्योंकि आधुनिक औद्योगिक विकास के हिसाब से चीन रूस से भी कहीं अधिक पिछड़ा था। महत्त्वपूर्ण उपलब्धियाँ, विशेषकर मूलभूत संरचनाओं के क्षेत्र में, उस काल की थीं जब कम्युनिस्टों ने अपने मानव श्रम और पारम्परिक कौशल के आधार पर अपने मातहत आनेवाले ग्रामीण इलाकों की व्यवस्था की थी। इससे विशाल पैमाने पर लोगों की स्वतःस्फूर्त ऊर्जा जुड़ी थी। बाद में जब चीन आधुनिक औद्योगीकरण की होड़ में लगा तो इसका सबसे मजबूत पक्ष वही मूलभूत संरचना थी जो स्थानीय रूप से उपलब्ध श्रम और कौशल पर आधारित थी। दरअसल आधुनिक उद्योगों के विकास के लिए भी यह मूलभूत संरचना सर्वाधिक महत्त्व की होती है।

1980 के दशक का अन्त होते-होते रूस और चीन, दोनों में अप्रत्याशित और अचरज में डालनेवाले नीतिगत परिवर्तन हुए। 1987 में रूस में कम्युनिस्ट पार्टी के महामंत्री गोर्बाचोव ने पार्टी और सरकार में खुलेपन की नीति अपनाने की घोषणा की, और वे सारे राजनीतिक और वैचारिक बन्धन, जिसे आधी शताब्दी से लागू किया गया था, अचानक खोल दिए गए। इससे सारी व्यवस्था चरमरा गई। इसके पहले कि लोग अचानक हुए इन परिवर्तनों के अनुरूप जीवन को ढालें, उन कम्युनिस्टों ने, जिन्हें हाथ से अनियंत्रित सत्ता खिसकती नजर आई, सत्ता पलटने की कोशिश की। यह विद्रोह तो असफल रहा, लेकिन इसको विफल करने के क्रम में येल्तसिन उभरकर सोवियत संघ के शासक बने। येल्तसिन ने सत्ता हाथ में लेते ही यकायक पूँजीवाद के लिए रूस का दरवाजा पूरी तरह खोल दिया। हठात् होनेवाले इन परिवर्तनों से सोवियत संघ का विघटन हो गया और इनके कई राज्य, जिन्हें अब तक सिर्फ कागज पर ही सोवियत संघ से बाहर जाने का अधिकार था, इस अधिकार का सचमुच प्रयोग कर सोवियत संघ से अलग हो गए। अर्थव्यवस्था पूरी तरह ध्वस्त हो गई। सोवियत संघ आर्थिक दृष्टि से तेजी से तीसरी दुनिया के आर्थिक पिछड़ेपन की ओर बढ़ने लगा।

चीन की कम्युनिस्ट पार्टी द्वारा पूँजीवादी मानकों को कबूल करने की नीति को अपनी राजनीतिक पकड़ को ढील दिए बगैर अपनाया गया। इसलिए वहाँ पूँजीवाद की ओर संक्रमण कम्युनिस्ट सत्ता के कड़े नियंत्रण के भीतर व्यवस्थित रूप से हो रहा है। अब दुनिया के पूँजीवादी प्रतिष्ठानों के लिए चीन निवेश का सबसे आकर्षक क्षेत्र बन गया है। एक तरफ उन्हें इसकी कम्युनिस्ट काल की बनी मूलभूत संरचना का लाभ मिला है, दूसरी ओर अत्यधिक अनुशासित श्रम शक्ति उपलब्ध है जो दूसरे देशों की तरह हड़ताल आदि से पूँजीवादी उत्पादन को पटरी से उतारने का काम नहीं करती; और तीसरा, सरकार पूँजीपतियों को उद्यम लगाने और इन्हें विकसित करने में हर तरह का सहयोग देने के लिए तैयार है।

अब चीन में विदेशी पूँजीवादी प्रतिष्ठानों को हिकारत के भाव से नहीं देखा जाता बल्कि सूचना पट्टियों से यह घोषित करने की कोशिश होती है कि किसी कारखाने को बनानेवाली कौन-सी प्रतिष्ठित विदेशी कम्पनी है। चीन के महानगरों में पश्चिमी जीवनशैली को अपनाने की भी भरपूर कोशिश होती है—बहुत कुछ वैसा ही, जैसा आज भारत में हो रहा है। इससे चीन का पश्चिमी ढंग का औद्योगिक विकास तेजी से होने लगा है, लेकिन पूँजीवादी व्यवस्था के दुष्परिणाम भी सामने आने लगे हैं। पारम्परिक खेती में लगे किसानों की हालत खराब होने लगी है और करोड़ों किसान खेती छोड़कर महानगरों में और विदेशों तक में काम की तलाश में पलायन कर रहे हैं। कारखानों और कार्यालयों में विशाल पैमाने पर छँटनी के कारण बेरोजगारी लगातार बढ़ रही है। पूँजीवाद की सारी बुराइयाँ चीन की नई

सम्पन्नता के साथ जीवन को ग्रसित करने लगी हैं, लेकिन 'कम्युनिस्ट' शासनतंत्र का शिकंजा समाज पर इतना जबर्दस्त है कि जहाँ-तहाँ होनेवाले छिटपुट प्रतिरोधों को छोड़ कोई बड़ा आन्दोलन व्यवस्था के विरुद्ध नहीं हो रहा है। इस तरह से आज चीन में 'कम्युनिस्टों' के शासन में यह विडम्बनापूर्ण स्थिति पैदा हो गई है जिसमें फासीवाद का मूलभूत चरित्र—यानी अर्थव्यवस्था पर निजी पूँजी का वर्चस्व और राजनीति में केन्द्रीकृत तानाशाही कायम है।

पश्चिमी यूरोप की सोशल डेमोक्रेटिक पार्टियाँ भी बीसवीं शताब्दी के अन्तिम चतुर्थ में अपने समाजवादी और कल्याणकारी उद्देश्यों से लगातार पीछे हटती गई हैं। हालाँकि इन पार्टियों ने बुनियादी अर्थ में समाजवादी परिवर्तन के लिए कभी कोई गम्भीर प्रयास नहीं किया था, पूँजीवादी सम्पत्ति सम्बन्धों के भीतर इन पार्टियों ने श्रमिकों के कल्याण के लिए महत्त्वपूर्ण काम किए थे। सभी देशों में सबों के लिए रोजगार या रोजगार नहीं दे पाने पर बेरोजगारी भत्ते की समुचित व्यवस्था की गई थी। शिक्षा की सुविधा निर्धन परिवारों तक फैलाने के प्रयास किए गए। स्वास्थ्य सेवा सभी लोगों के लिए उपलब्ध कराई गई, जिसके खर्च का वहन मूलत: राज्य करता था। काम के घंटों को घटाया गया आदि। यह सब सम्पन्न वर्गों पर टैक्स का बोझ बढ़ाकर किया जाता था, लेकिन बीसवीं शताब्दी का अन्त होते-होते इन पार्टियों की नीतियाँ पूँजीपति वर्ग के तुष्टीकरण की हो गईं और इनकी नीतियों में एवं पूँजीवाद की समर्थक पार्टियों की नीतियों में कोई विशेष फर्क नहीं रह गया है। ब्रिटेन की लेबर पार्टी वैसे सभी पूँजीपरस्त नीतियों को बेहिचक लागू करती रही है, खासकर टोनी ब्लेयर के प्रधानमंत्रित्व काल में, जिसे लागू करने में कंजर्वेटिव पार्टी को भी शर्मिन्दगी होती थी।

कम्युनिस्ट और सोशलिस्ट, सभी पार्टियों का बिना अपवाद समाजवादी लक्ष्यों से पलायन उनके बुनियादी मूल्य बोध के भटकाव का परिणाम था। बाद में, जैसे-जैसे समाजवादी नेता एवं कार्यकर्ता विषमतामूलक समाज में अपना स्थान बनाने लगे, इसके भीतर प्राप्त होनेवाली सुविधाओं से व्यवस्था से उनका निहित स्वार्थ जुड़ने लगा। मूल्यबोध का यह भटकाव नई औद्योगिक व्यवस्था के साथ आई सम्पन्नता और व्यवस्था को पोषित करनेवाले उपभोक्तावादी मूल्यों के साथ आया। पुस्तक के अन्तिम अध्याय में इस भटकाव को इन शब्दों में व्यक्त किया गया था—"सोशलिस्ट और कम्युनिस्ट आन्दोलन मूल्यों में सर्वोपरि स्थान जिन मूल्यों को देते रहे हैं वे एक हैं और समाजवादी आन्दोलन के लिए एक वाह्य वस्तु। यह मूल्य है एक के मामले में प्रति व्यक्ति इस्पात की पैदावार और दूसरे के लिए जनसंख्या के हिसाब से रेफ्रिजिरेटर या टेलीविजन सेट का उपयोग।" इस दृष्टि को पोषित करने में मार्क्स की उस दृष्टि का भी हाथ है जिसमें समाजवाद को औद्योगिक विकास के चरम बिन्दु से जोड़ा गया था। चूँकि बीसवीं सदी में तकनीक का विकास औद्योगिक

उत्पादनों को एक तिलिस्मी स्वरूप देने लगा था, इसका नशा या आकर्षण सबों पर छा गया। हवा में और इससे आगे बढ़ अन्तरिक्ष की उड़ान, घर बैठे संसार के किसी भी भाग में होनेवाले संगीत, नृत्य, नाटक एवं परिचर्चाओं से साक्षात्कार, और अब इंटरनेट से सारे संसार से जुड़ने का एहसास आदि का असर मन पर ऐसा छाया रहा है कि लोग भूल जाते हैं कि ये सब जिन्दगी को बाहरी रंग दे सकते हैं, लेकिन जो मन का भीतरी सौन्दर्य और उल्लास है वह मानसिक सन्तुलन और समुदाय के साथ गहरे भावनात्मक जुड़ाव से आता है। इसके बावजूद कि सम्पन्न देशों में सबसे अधिक मानसिक तनाव और मनोरोगों की व्याप्ति है, लोग इस सत्य को देखने से कतराते हैं। वे टी.वी. और ड्रग (मादक द्रव्यों) जिसमें इंटरनेट सर्फिंग भी शामिल किया जा सकता है, से भीतरी तनाव से उबरने के प्रयास में इसके भीतर और भी धँसते चले जाते हैं। चूँकि समाजवादी आन्दोलन भावनात्मक रूप से लोगों को समुदाय से जोड़ने से विमुख रहा था, इसमें अक्षम साबित हुआ। इस अभाव की पूर्ति का काम नस्लवाद, साम्प्रदायिकता, कबायली वफादारी, जातीय वफादारी आदि ने अपने हाथ में ले लिया है। इस तरह हम एक ऐसे समाज में रह रहे हैं जहाँ समाज की संरचना और प्रौद्योगिकी का आधार तो तर्क बुद्धि बनता जा रहा है—मैक्स वेबर का 'लीगल रेशनल सिस्टम'—लेकिन संसार के पिछड़े और अत्याधुनिक, सभी समाजों में संकीर्ण और विवेकहीन वफादारियों की अपील बढ़ रही है और सबसे सम्पन्न और विकसित औद्योगिक देशों में भी नस्लवाद उन्माद जब-तब सतह पर आ समाज के स्वरूप को विकृत करता रहता है।

समाजवादी आन्दोलन सबसे अधिक फँसा, तकनीक के सम्बन्ध में अपने विभ्रम के कारण। इस विभ्रम के पीछे यह मान्यता थी कि तकनीक का विकास एक स्वायत्त प्रक्रिया है और यह मूल्य निरपेक्ष होता है। मार्क्स की मूल स्थापना थी कि उत्पादन के साधन का विकास एक स्वायत्त ऐतिहासिक प्रक्रिया है, जिसमें इसकी हर प्रविधि के साथ एक खास तरह का उत्पादन सम्बन्ध—यानी उत्पादन के साधन और इससे काम करनेवाले का सम्बन्ध—बनता है जो समाज का ढाँचा या मूलाधार बनाता है। इसी से यह निष्कर्ष निकाला गया कि पूँजीवाद जिस तकनीक का विकास कर रहा है वह पूँजीवाद के मूल्यों से निरपेक्ष है और अपनी प्रगति के शिकार पर पहुँचने के बाद यही तकनीक समाजवादी व्यवस्था के लिए भी उपयुक्त हो सकेगी। यह दिलचस्प है कि मार्क्स ने स्वयं पूँजीवादी उत्पादन तकनीक के विकास का जो मॉडल प्रस्तुत किया, वह मूल्य निरपेक्ष नहीं है और पूँजीपतियों के प्रतिस्पर्धा में आगे निकलने की आकांक्षा को प्रतिबिम्बित करता है। पुस्तक के प्रारम्भ के ही अध्याय 'वैज्ञानिक समाजवाद—पूँजीवाद का विकास' में पूँजी की अवयवीय बनावट के सन्दर्भ में कहा गया है, "अब मार्क्स ने बतलाया कि सभी पूँजीपति इस बात का प्रयत्न करते हैं कि वे बाजार में स्पर्धा में आगे निकलने के

लिए अपने कारखाने की उत्पादन शक्ति बढ़ाएँ। इसके लिए मजबूरी में उन्हें अपनी मशीनों में नित नये सुधार के लिए अधिक पूँजी व्यय करना पड़ता है। इस तरह पूँजीवादी समाज की होड़ की न टाली जा सकनेवाली आवश्यकता के कारण पूँजीवादी समाज इस तरह के सुधार में अनवरत लगा रहता है, जिससे पूँजी की अवयवीय बनावट में अचल पूँजी की मात्रा बढ़ती जाती है...।" इसका सीधा असर यह होता है कि पूँजीवादी तकनीक की हर प्रगति के साथ मशीन उत्तरोत्तर वैसे काम अपने हाथ में लेते जाते हैं जो पहले आदमी करते थे। टेलर ने उन्नीसवीं सदी के अन्त में 'रेशनलाइजेशन' की जो प्रक्रिया शुरू की, वह अब 'ऑटोमेशन' रोबोटों द्वारा काम और कम्प्यूटरीकरण के जरिए हो रहा है। इनमें प्रत्येक का दबाव उद्योगों में श्रमिकों की संख्या घटाने की दिशा में बनता है। यह भी ध्यान में रखने की बात है कि उत्पादन सम्बन्ध उत्पादन की तकनीक से अभिन्न रूप से जुड़ा होता है। चरखे पर काम करनेवाले का सम्बन्ध चरखे के साथ वैसा ही नहीं होगा जैसा अधुनातन उद्योग में काम करनेवाले आदमी का उद्योग के जटिल मशीनों या इसके एसेम्बली लाइन से। आधुनिक उद्योगों में पुराने कारखानों की तरह एक ही तरह के काम पर आदमी गुच्छे की तरह नहीं लगे होते।

आधुनिक कारखानों में मशीनों का संयोजन या एसेम्बली लाइन का संयोजन एक पिरामिड की तरह होता है जिसमें अलग-अलग जगह काम करनेवाले लोगों के काम का संयोजन कारखाने में एक सोपानवत प्रक्रिया से होता है। अलग-अलग जगह तैयार हो रहे पुर्जे अनेक स्तरों से दूसरे पुर्जों के साथ संयोजित हो पूरी मशीन या गाड़ी, यथा मोटरगाड़ी का निर्माण करते हैं। इसमें श्रमिक न तो अपने काम में स्वायत्त हो सकता है और न उसका दूसरे श्रमिकों से ऐच्छिक सहयोग सम्भव है। उसे क्या और कैसे करना है, ये सारे निर्णय कारखाने के उत्पादन और कार्यविधि को नियोजित करनेवाले एक छोटे व्यवस्थापक मंडल के हाथ में होता है। आधुनिक स्वचालित मशीनों पर काम करनेवाला श्रमिक (कुछ सुपरवाइजरों को छोड़) स्वयं मशीनों के पुर्जे की भांति गतिशील किया जाता है। इसमें व्यवस्थापकों के हाथ में काम को नियोजित करने की पूरी शक्ति होती है और वे लगातार कार्यप्रणाली को ऐसा बनाने की कोशिश करते हैं जिससे खर्च, खासकर श्रमिकों पर खर्च यानी उनकी संख्या को घटाया जा सके। इसी से वे बाजार में अधिक प्रतिस्पर्धी बन सकते हैं। ये आधुनिक उद्योग इतनी जटिल तकनीक और विशेषज्ञता पर आधारित होते हैं कि इनकी व्यवस्था पर श्रमिकों का नियंत्रण नहीं हो सकता।

जब रूस में, और बाद में चीन में पश्चिमी पूँजीवादी देशों के औद्योगिक तकनीक को अपनाया जाने लगा तो उन्हें एक गहरे अन्तर्विरोध का सामना करना पड़ा। समाजवादी होने का दावा करने के कारण उनके सामने सभी काम करने योग्य व्यक्तियों को रोजगार देने की बाध्यता थी। पूँजीवाद की मूलभूत अक्षमता

लोगों को रोजगार नहीं दे पाना चिह्नित की जाती रही थी। जब वह तकनीक, जो पूँजीवाद की विशेष आवश्यकता के अनुसार विकसित की गई थी, इन समाजवादी कहे जानेवाले देशों द्वारा अपनाई गई तो एक समस्या सामने आ गई। ज्यादा-से-ज्यादा लोगों को रोजगार देने के चक्कर में इन उद्योगों में इनके चरित्र के अनुरूप जितने लोगों को रोजगार दिया जाना था, उससे अधिक लोग हर जगह काम पर लगाए जाते थे। राज्य के प्रारम्भिक समाजवादी मान्यताओं के चलते सिर्फ जरूरत भर लोगों को रखकर बाकी लोगों को काम से हटाया नहीं जा सकता था। इसका सीधा नतीजा यह हुआ कि ये उद्योग विश्व बाजार की स्पर्धा में टिक नहीं पाते थे। पूँजीवादी उद्योगपतियों की तरह काम में लोगों की संख्या कम करना भी इनकी तकनीकी शोध का मुख्य विषय नहीं बन सकता था, जैसा पश्चिमी देशों में था। समाजवादी उद्योगों की जिस अक्षमता का अलाप प्राय: होता था, वह दरअसल पूँजीवादी उद्योगों का समाजवादी मानकों के अनुरूप चलाने के प्रयास का परिणाम था। पूँजीवादी तकनीक को पूँजीवादी मानकों के आधार पर तो पूरी तरह सक्षम बनाया जा सकता था। जब रूस और चीन के उद्योग पूँजीवादी स्पर्धा में मात खाने लगे तो इन देशों के नये नेताओं ने हारकर पूँजीवादी व्यवस्था की सारी मान्यताओं को कबूल कर लिया। उनके ऊपर पश्चिमी उपभोक्तावादी संस्कृति की माया इस कदर छा गई थी कि वे अपनी जनता को इसका कोई विकल्प देने को तैयार नहीं थे। उनकी समाजवादी व्यवस्था का धराशायी होना पूँजीवादी तकनीक अपनाने की नीति में ही अन्तर्निहित था।

पूँजीवादी ढंग के तेज विकास का लक्ष्य स्वयं समता विरोधी था। मार्क्स की यह कल्पना कि पूँजीवादी प्रसार से सारी दुनिया में उद्योगों का पश्चिम यूरोप जैसा ही विकास हो जाएगा, यूरोपीय औद्योगिक क्रान्ति के एक महत्त्वपूर्ण कारक को नजरअन्दाज करने पर आधारित थी। अठारहवीं और उन्नीसवीं शताब्दी के यूरोप की औद्योगिक क्रान्ति के पीछे थी पन्द्रहवीं शताब्दी के आखिरी वर्षों से लेकर उन्नीसवीं शताब्दी तक चली गैर-यूरोपीय समाजों—जैसे अफ्रीका, एशिया, अमेरिकी महादेश एवं ऑस्ट्रेलिया की लूट से लाई गई सम्पदा। इसने व्यापार और पूँजी संचय को अत्यधिक तेज बना दिया और इस क्रम में उत्पादों की बढ़ती माँग ने ही कारखानों और फिर नई उत्पादन तकनीकों को जन्म दिया। आधुनिक उद्योगों के लिए जरूरी विशाल पूँजी सामान्य ढंग के व्यापार से उपलब्ध नहीं हो सकती। इसीलिए पिछड़ी अर्थव्यवस्थाओं में जहाँ कहीं भी उद्योगों के लिए तेज पूँजी संचय के प्रयास हुए हैं, आन्तरिक उपनिवेश कायम कर समाज के विशेष समूहों या अंचलों के घोर ओपनिवेशिक शोषण से ही हुए हैं। सोवियत संघ में पूँजी संचय का काम मूलत: वहाँ के किसानों के घोर शोषण से हुआ, जिसका थोड़ा विवरण पुस्तक में प्रारम्भ में दिया जा चुका है। इस संचय का कुछ हिस्सा रूस के पुराने साम्राज्य की गैर-

यूरोपीय राष्ट्रीयताओं के शोषण से हुआ—उनके तेल, एवं दूसरे खनिजों पर सोवियत राज्य का एकधिकार कायम करके। स्वयं भारत में कुछ तटीय प्रदेशों में आधुनिक ढंग के विकास के लिए देश के भीतरी और दूर-दराज जगहों के स्थानीय निवासियों के हितों की बलि दी गई। इस तरह के विकास में क्षेत्रों और मानव समूहों के बीच गम्भीर विषमताओं का बढ़ना अनिवार्य था। बीसवीं शताब्दी के उत्तरार्द्ध में ये विषमताएँ और इससे उपजे संकट समता के आदर्श एवं समाजवादी संक्रमण के प्रयासों के विपरीत पड़ने लगे। खनिज क्षेत्रों, जंगलों और नदी घाटियों में प्राकृतिक जीवन जीनेवाले समूहों को तो सारे संसार में उजाड़ दिया गया। ऐसे आधार पर किसी समतामूलक समाज का निर्माण असम्भव था। चूँकि पश्चिमी देशों की सारी सम्पन्नता संसार भर के संसाधनों के दोहन पर निर्भर थी, वहाँ की समाजवादी कही जानेवाली पार्टियाँ भी अपनी नीतियों में साम्राज्यवादी रहीं। सोवियत संघ क्रान्ति के बाद के प्रारम्भिक वर्षों में तो साम्राज्यवाद विरोधी आन्दोलनों का पश्चिम विरोधी रणनीति के तहत समर्थन करता रहा, लेकिन बाद में अपने आर्थिक विकास के हित में स्वयं भी ऐसी नीतियों का समर्थक बन गया।

बीसवीं शताब्दी के अन्तिम चरण में पूँजीवाद के अनुरूप में भी आमूलचूल परिवर्तन हुए। अपने प्रारम्भिक वर्षों में पश्चिमी देशों में राष्ट्रवाद और पूँजीवाद का विकास साथ-साथ और सहयोगी के रूप में हुआ। दो विश्वयुद्धों के पीछे राष्ट्रीय पूँजीपतियों के स्वार्थों की टकराहट की महत्त्वपूर्ण भूमिका थी। द्वितीय विश्वयुद्ध के बाद अमेरिका को छोड़ बाकी सभी प्रमुख पूँजीवादी देशों की अर्थव्यवस्थाएँ पूरी तरह ध्वस्त हो चुकी थीं। कुछ दिनों तक अमेरिका का झगड़ा कम्युनिस्ट सरकारों और आन्दोलनों से चला, लेकिन सोवियत संघ में 'समाजवादी व्यवस्था' के ध्वस्त होने और चीन का पूँजीवादी विकास के लिए दरवाजा खोलने के बाद विश्व एकध्रुवीय बन गया जिसमें एकमात्र आर्थिक और सामरिक महाशक्ति अमेरिका बच गया। चूँकि द्वितीय विश्वयुद्ध के बाद से अमेरिका ही दुनिया में सबसे विशाल औद्योगिक कम्पनियों का जन्मभूमि और कर्मभूमि बन गया था, इसने सारे संसार को इन कम्पनियों के विस्तार के लिए छल-बल से खोलना शुरू किया। इसी अभिप्राय से ब्रेटनवुड के एक सम्मेलन के निर्णय के अनुसार विश्व बैंक, अन्तरराष्ट्रीय मुद्रा कोष और सबसे आखिर में विश्व व्यापार संगठन अस्तित्व में आए।

द्वितीय विश्वयुद्ध के बाद के काल में बड़ी औद्योगिक कम्पनियों का चरित्र बहुराष्ट्रीय होने लगा—यानी इनका कारोबार एक से अधिक देशों में फैल गया। कुछ बहुराष्ट्रीय कम्पनियाँ पहले से ही अस्तित्व में थीं, लेकिन उनकी शक्ति और विस्तार सीमित था। अब ये दुनिया में राष्ट्रों के समानान्तर और उनकी प्रभुसत्ता को चुनौती देनेवाली एक बड़ी शक्ति के रूप में दुनिया की नीतियों को प्रभावित करने लगीं। चूँकि ये अमेरिका में सबसे अधिक शक्तिशाली और बहुसंख्यक थीं, अमेरिकी

रजानीति को प्रभावित करने में इनका बड़ा हाथ हो गया। चिली, निकारागुआ, क्यूबा एवं लातिनी अमेरिका और मध्य अमेरिका के अन्य देशों में अमेरिकी हस्तक्षेप इन्हीं कम्पनियों के हित में होने लगा। इन उद्योगों की आर्थिक शक्ति का विस्तार इतना हो गया कि राष्ट्रीय सरकारों की प्रभुसत्ता को इनसे बार-बार चुनौती मिलने लगी। विश्व व्यापार संगठन में शामिल हो राष्ट्रीय सरकारों ने अपने स्थानीय हित में इसके दबाव को नियंत्रित करने का अधिकार भी गँवा दिया। द्वितीय विश्वयुद्ध के बाद विशाल अमेरिकी उद्योगों और कृषि के उत्पादन का मुकाबला करने के लिए यूरोपीय साझा बाजार और फिर यूरोपीय संघ की स्थापना हुई। इसका एक संसद और यूरोपीय आयोग के नाम से एक कार्यकारी मंडल भी अस्तित्व में आया। चूँकि इसके सामने व्यापारिक प्रतिस्पर्धा ही सर्वोपरि थी। इसके सारे निर्णय यूरोप के बड़े औद्योगिक प्रतिष्ठानों के हित में होने लगे और छोटे स्थानीय हित तथा किसानों के हित जिनकी रक्षा पहले राष्ट्रीय सरकारों द्वारा होती थी, नजरअन्दाज किया जाने लगा। राष्ट्रीय सरकारें भी अब ऐसी ही नीतियाँ बनाती हैं जिनसे बड़े औद्योगिक प्रतिष्ठानों का विकास यूरोप में हो सके। इन सभी सरकारों की नीति उद्यमों को आकर्षित करने के लिए पूँजी को हर तरह की सुविधा मुहैया कराने की हो गई है। इसके लिए उन कल्याणकारी कार्यों में कटौती होने लगी है जिनके लिए यूरोप के देश विशेष तौर से जाने जाते थे। इन कल्याणकारी कार्यों पर खर्च के लिए सम्पन्न वर्गों पर लगाए जानेवाले टैक्सों में कटौती होने लगी है। इस तरह एकमात्र लक्ष्य पूँजी को आकर्षित करना रह गया हे। अब यूरोप की राष्ट्रीय सरकारें वे भी, जिन्हें 'सोशलिस्ट' कहा जाता है, बुनियादी तौर से बड़े औद्योगिक प्रतिष्ठानों के हित में ही काम करती हैं।

कुल मिलाकर फिलहाल संसार से सशक्त समाजवादी धारा विदाई ले चुकी है, लेकिन इससे आर्थिक मन्दी का संकट जो समय-समय पर पूँजीवादी व्यवस्था को आक्रान्त करता रहा है अब अधिक भीषण रूप ले सकता है। पिछले संकटों में एक समय के बाद स्थिति में सुधार होने लगता था क्योंकि संसार की अर्थव्यवस्था का एक बड़ा हिस्सा सदा इस मन्दी के दायरे से बचा रह जाता था जिनमें स्वायत्तता का अंश सदा शेष रहता था। अर्थव्यवस्था जितनी ही वैश्विक बनती जा रही है, संकट से सुरक्षित क्षेत्र उतना ही सिमटकर नगण्य होते जा रहे हैं। इसलिए भविष्य के संकट अब तक के संकटों से ज्यादा विकराल हो सकते हैं—शायद वैसे, जैसी कल्पना कार्ल मार्क्स या दूसरे समाजवादी अर्थशास्त्रियों ने कभी की थी।

लेकिन समय-समय पर आनेवाला पूँजीवाद का अल्पकालिक संकट संसार की एक अति छोटी आबादी का ही मसला रहा है—उस हिस्से का, जो पूँजीवादी व्यवस्था में पूरी तरह समेकित हो चुका है। वैश्विक व्यवस्था तो दरअसल संसार की तीन-चौथाई आबादी के लिए एक स्थायी संकट लेकर उपस्थित हुआ है। भूमंडलीकरण के दौर में संसार के गरीब मुल्कों की दरिद्रता बढ़ी है और इनमें

प्रत्येक देश में धनी और गरीब लोगों के बीच की खाई चौड़ी होती गई है। दुनिया के अनेक हिस्सों में स्थायी रूप से दरिद्रता की स्थिति में रहनेवाले लोगों की संख्या में इजाफा हुआ है और दुनिया के कई अंचल सदा आंशिक अकाल की स्थिति में रहते हैं। अब समाजवाद के नवोदय की सम्भावना इन देशों के लोगों की बेहतरी की आकांक्षा से पैदा होगी। समाजवाद की अपरिहार्यता का एक दूसरा कारण पर्यावरण का क्षय है। यह बात विवाद से परे है कि पर्यावरण का यह क्षय पूँजीवाद के विकास और मुनाफे के लिए संसार के संसाधनों के अतिदोहन और ऊर्जा की भूख से जीवास्मित ईंधन के बेहिसाब जलाने का परिणाम है। पूँजीवाद का स्वरूप ऐसा है कि यह जिन्दा ही उत्पादन के उत्तरोत्तर विस्तार करने की प्रक्रिया से रहता है। इसलिए पूँजीवादी व्यवस्था के साथ आज धरती पर जीवन का अस्तित्व कायम नहीं रह सकता। अपनी सीमित धरती से असीमित सम्पदा पैदा करने की महत्त्वाकांक्षा भौतिकी के सबसे बुनियादी सिद्धान्त का उल्लंघन करती है जिसके अनुसार पदार्थ और ऊर्जा की सम्पूर्ण मात्रा अपरिवर्तित रहती है।

समाजवाद या उसकी दिशा में होनेवाले सार्वजनिक नियंत्रण को भारत में प्राय: 'कोटा परमिट राज' कहकर हिकारत से खारिज किया जाता रहा है। दरअसल प्रकृति में जहाँ भी जीवन है वहाँ उसकी निरन्तरता 'कोटा' यानी किसी तरह के आत्मनियंत्रण पर ही निर्भर करती है। असीमित संसाधनों की उपलब्धि संसार में एक असम्भव स्थिति है। दुनिया की अनेक प्रजातियाँ विनष्ट इसीलिए हो गईं क्योंकि संसाधनों की उपलब्धि के हिसाब से उनके उपयोग पर नियंत्रण रखने की कोई प्रणाली उनकी आनुवंशिकी ने प्रदान नहीं की थी। मनुष्य की संस्कृति उसके सामने यह सम्भावना प्रस्तुत रहती है कि वह, अति व्यय के संकट को संसाधनों के समतामूलक बँटवारा, एवं उपभोग को आत्मनियंत्रण से सीमित कर अपने अस्तित्व को चिरकाल के लिए सुनिश्चित कर सके। संक्षेप में, समाजवाद की अनिवार्यता इसी स्थिति की माँग है। यह कोई अचरज नहीं कि समाजवादी आन्दोलन यूरोप में उसी काल में फैला जब उत्पादन और उपभोग में अचानक स्फीति की स्थिति पैदा हुई। इससे पैदा असन्तुलन असमानता और तनाव से निजात पाने का मार्ग सन्तुलित नियोजन में ढूँढ़ा जाने लगा। वे लोग जो अल्पकालिक सफलता से अचानक अप्रत्याशित सम्पन्नता हासिल करने लगे हैं, जीवन की इन मूलभूत सच्चाइयों को नजरअन्दाज करने लगे हैं, लेकिन सामने जो विनाश की खाई खुल रही है, उन्हें समय रहते सचेत होने की चेतावनी दे रही है ताकि वे फिर जीवन में सन्तुलन और सहयोग कायम करने की राह अपनाएँ। यह राह उन्हें किसी-न-किसी तरह के समाजवाद की तरफ ही ले जाएगी, जो मूलत: आदमी को समूह हित में अपनी महत्त्वाकांक्षाओं को एक हद तक नियंत्रित करने की पद्धति है।

प्राक्कथन

कार्ल मार्क्स की अति प्रशंसित और अल्प-पठित महान ग्रंथ 'पूँजी' पर आज लिखना काफी लोगों को अटपटा लग सकता है। इसका पहला खंड ही मार्क्स के जीवन-काल में प्रकाशित हो पाया था। दूसरा और तीसरा खंड मार्क्स के अभिन्न मित्र फ्रेडरिक एंगेल्स ने मार्क्स द्वारा विशाल मात्रा में तैयार किए गए नोट्स, स्थापनाओं और टिप्पणियों को सहेजकर आज से सौ साल से पहले प्रकाशित कराया था। प्रस्तावित चतुर्थ खंड मार्क्स के लिए अछूता ही रह गया। वैसे तो अपने को कम्युनिस्ट मार्क्सवादी कहनेवाले बौद्धिकों के लिए 'पूँजी' आदर और आतंक पैदा करनेवाला अनिवार्य पाठ था—कुछ बाइबिल, गीता या कुरान शरीफ की तरह—पर यह प्रासंगिक भी है, यह भाव धीरे-धीरे तिरोहित हो चला।

कोई भी वैज्ञानिक स्थापना अनुभवों के आलोक में बार-बार परीक्षण और परिष्कार की माँग करती है। बाद के दिनों में जब रूस में एक सर्वसत्तावादी राज्य स्थापित हुआ और मार्क्सवाद को 'राजधर्म' (स्टेट थियोलॉजी) का दर्जा दे दिया गया, तब ऐसे वैज्ञानिक विवेचन का रास्ता बन्द हो गया, लेकिन इसके पहले 'पूँजी' में व्यक्त मार्क्स के विचारों के निहितार्थ के आधार पर इसके विस्तार की विसंगतियों को उजागर करते हुए, प्रखर चिन्तक और महान क्रान्तिकारी नेता रोजा लक्जमबर्ग ने 1912 ई. में अपनी पुस्तक 'एक्युमुलेशन ऑफ कैपिटल' लिखा, जिसमें पूँजीवाद के स्वायत्त विकास की सम्भावना पर प्रश्नचिह्न लगाया गया था, लेकिन कम्युनिस्ट अन्तरराष्ट्रीय की स्थापना देने के बावजूद उन्हें 'ऑफिशियल' कम्युनिस्ट आन्दोलन ने 'हेरेटिक' (धर्मच्युत) घोषित कर दिया। इसका एक कारण यह भी था कि रोजा लक्जमबर्ग ने लेनिन के समय में ही रूस में बढ़ रही अधिनायकवादी प्रवृत्तियों की आलोचना की थी। इसलिए सोवियत संघ-नियंत्रित कम्युनिस्ट आन्दोलन रोजा लक्जमबर्ग के विचारों को आगे बढ़ाए, यह अकल्पनीय बात थी। रोजा लक्जमबर्ग की आलोचना पूँजीवाद के विकास के लिए बाहरी क्षेत्र, यानी उपनिवेशों की अनिवार्यता को रेखांकित करती थी। मार्क्स के विचार के अनुसार, आदमी की सोच को उसका आर्थिक हित बुनियादी तौर से प्रभावित करता है। शायद इसलिए भी पश्चिमी देशों के दिग्गज मार्क्सवादियों के लिए भी

रोजा लक्जमबर्ग के विचार ग्राह्य नहीं थे। पूँजीवाद का स्वायत्त विकास सम्भव है, मोटा-मोटी इन सबों की मान्यता रही। मेनार्ड कीन्स के 'जनरल थ्योरी' के प्रकाशन के पहले, माँग का अभाव पूँजीवाद के संकट का एक बुनियादी कारण हो सकता है, यह कम ही अर्थशास्त्री, जिनमें अनेक मार्क्सवादी भी थे, मानने को तैयार थे। वैसे भी अकादमिक अर्थशास्त्रियों को अपने विषय की प्रचलित मान्यताओं और शब्दावलियों के घेरे में ही रहना पड़ता है। अकादमिक मार्क्सवादी भी अपवाद नहीं होते। शायद इस दृष्टि से अकादमिक शब्दावलियों (जारगन) से अनभिज्ञता कुछ स्थितियों को समझने में सहायक ही होती है।

समाजवादी नेता डॉ. राममनोहर लोहिया ने 1943 ई. में अपनी असमाप्त पुस्तक 'इकोनॉमिक्स आफ्टर मार्क्स' में रोजा लक्जमबर्ग से कुछ मिलता-जुलता यह विचार रखा था कि साम्राज्यवाद पूँजीवाद के विकास के साथ अनिवार्य रूप से एक कारक के रूप में जुड़ा है, और यह पूँजीवाद का अन्तिम चरण नहीं है, जैसा लेनिन का सोचना था, लेकिन लोहिया ने 'पूँजी' के अध्ययन के परिप्रेक्ष्य में अपने विचार नहीं रखे थे। उनके सामने ज्यादा ठोस साक्ष्य थे, जो भारत जैसे गुलाम मुल्कों के अनुभव से निकले थे। दादा भाई नौरोजी जैसे राष्ट्रभक्तों ने यह स्पष्ट रूप से दिखलाया था कि कैसे भारत की सम्पदा के दोहन से ब्रिटेन मालामाल हुआ था।

इस सन्दर्भ में जो सबसे महत्त्वपूर्ण बात है, वह यह है कि मार्क्स के मूल्य के 'श्रम-सिद्धान्त' के आधार पर पूँजीवाद के विकास को उपनिवेशों की अनिवार्यता से जोड़ा जा सकता है। आज के भूमंडलीकृत पूँजीवाद में नये साक्ष्य उभर रहे हैं, जो मूल्य के श्रम-सिद्धान्त को फिर से अर्थशास्त्र के केन्द्र में स्थापित करने की माँग करते हैं। जो बातें वस्तुओं के विशाल मात्रा में होनेवाले विनिमय में खो जाती थीं और हमें यह देखने में असमर्थ बनाती थीं कि श्रम-विनिमय मूल्य का निर्धारण कैसे करता है, अब ऊर्जा-संकट के सन्दर्भ में, और विशाल मशीनीकृत उत्पादन के समानान्तर छोटे हस्त उद्योगों की उपस्थिति और जीवन्तता से फिर दिखाई देने लगी हैं। इसी आधार पर हम मानव-सम्बन्धों के बुनियादी ताने-बाने को समझ सकते हैं। 'मार्जिनलिस्ट सिद्धान्त' तो, जो आज के अर्थशास्त्र का आधार बना हुआ है, दरअसल महज बाजार-शास्त्र है। इस आधार पर अध्ययन से हम सिर्फ बाजार में नफा-नुकसान की सम्भावनाएँ देख सकते हैं जबकि अर्थशास्त्र का उद्देश्य होना चाहिए, मानव-सम्बन्धों के तमाम आयामों को समझने में मदद देना।

मार्क्स ने पूँजीवाद के वैश्विक विकास की जो कल्पना की थी, उससे आज की दुनिया बिलकुल अलग रूप से विकसित हुई है, लेकिन मनुष्य और मानव श्रम, जिसकी केन्द्रीयता को उन्होंने उजागर किया था, को अमान्य कर आज

मनुष्य का अस्तित्व भी कायम नहीं रह सकता। उद्योग-निर्मित वस्तुएँ और उनका जखीरा, जिसे धन-सम्पत्ति या पूँजी के रूप में चिह्नित किया जाता है, मनुष्य को नजरअन्दाज करने पर कबाड़ के ढेर से ज्यादा कुछ नहीं है क्योंकि उनकी गुणवत्ता, उपयोग और मोल मनुष्य के आकलन से ही अस्तित्व में आता है। अगर मार्क्स आज पूँजी का अन्तिम खंड या अध्याय लिखते तो उसकी दिशा क्या होती, उसका क़ुछ आभास पुस्तक के अन्तिम अध्याय में प्रस्तुत तथ्यों से मिल सकता है। इससे समाज के नव-निर्माण सम्बन्धी उनकी निष्पत्ति भी उनकी प्रारम्भिक कल्पना से अलग होती।

पुस्तक में अनेक जगह अंग्रेजी में प्रकाशित विचारों के उद्धरण दिए गए हैं, जिनका अनुवाद लेखक का अपना है। सिर्फ मूल ग्रंथ पूँजी के उद्धरण सोवियत संघ में प्रकाशित अनुवाद से लिये गए हैं, हालाँकि ये काफी जगह आसानी से बोधगम्य नहीं हैं। शायद यह समस्या हिन्दी में लिखनेवाले अधिकांश लेखकों के सामने उपस्थित होती है।

1

संसार में जन समुदायों को प्रेरित कर उनकी जीवनधारा को मोड़ने में कुछ समान सूत्र सदा काम करते रहे हैं, जिनकी ध्वनि कुछ इस तरह होती है—लोगों के जीवन में दु:ख है, इसके कारण हैं, इनका निवारण सम्भव है और इसके निवारण के सहज मार्ग का आश्वासन किसी 'धर्म' या 'विचारधारा' में बतलाया जाता है। धर्म या विचारधारा में त्राणदाता के रूप में किसी ईश्वर का होना जरूरी नहीं—यथा बौद्ध धर्म में जहाँ ईश्वर के अस्तित्व को नकारा गया है। हालाँकि कई दूसरे धर्मों में ईश्वर को ही उद्धार का आधार माना गया है, लेकिन जन-जीवन के सभी युगान्तकारी परिवर्तनों में ऐसे व्यक्तियों की विशेष भूमिका रही है, जो मसीहाई अन्दाज में मुक्तिकामी जन समुदाय में किसी विशेष मार्ग के प्रति अटल आस्था और उत्साह पैदा कर सकें। 'कम्युनिस्ट घोषणापत्र' के जरिए कार्ल मार्क्स दुनिया के शोषित, पीड़ित लोगों को कुछ ऐसे ही मसीहाई अन्दाज में डेढ़ शताब्दी से अधिक से प्रेरित करते रहे हैं। उपरोक्त सूत्रों की प्रस्तुति शुभ-अशुभ, अच्छाई-बुराई, ईश्वर-शैतान और अगर ठोस दुनियावी हकीकत को दर्शाने का मामला हो तो पीड़क-पीड़ित या शोषक-शोषित के सहज और द्वन्द्वात्मक वर्गीकरण और संघर्ष के रूप में की जाती है। इस तरह बुराई के विरुद्ध प्रतिकार की ऊर्जा जटिलताओं में उलझ बिखरने से बचती है। सम्भवत: बाइबिल के बाद कम्युनिस्ट घोषणापत्र दुनिया का सर्वाधिक पढ़ा गया ग्रंथ अथवा लघुग्रंथ है। इसकी भाषा इतनी सशक्त है और प्रत्यक्ष दिखनेवाले तथ्यों, इतिहास के सरलीकृत विवरणों और लोगों की आकांक्षाओं की मिलावट से एक ऐसा विस्फोटक बौद्धिक वातावरण तैयार करता है, जिसके प्रभाव से पाठकों के लिए बच पाना मुश्किल होता है।

यह घोषणापत्र 1948 ई. में जारी किया गया था, जब प्रथम औद्योगिक क्रान्ति से ब्रिटेन, जर्मनी, नीदरलैंड, फ्रांस और पश्चिमी यूरोप के दूसरे देशों का आर्थिक परिदृश्य तेजी से बदल रहा था। पश्चिमी यूरोप से सामन्ती अर्थव्यवस्था नष्ट हो रही थी और नगरों में औद्योगिक गिल्डों के मजदूरों की कार्य क्षमता की जगह कोयले से चलनेवाले नये उद्योग औद्योगिक उत्पादन के क्षेत्र में अपना प्रभुत्व स्थापित कर चुके थे। इस क्रम में बाजार और कच्चे माल के लिए संसार के दूर-दराज देशों

से व्यापारिक सम्बन्ध कायम हो चुका था। रेलवे के विस्तार से एशिया, अफ्रीका आदि के भीतरी क्षेत्र भी इस व्यापार के लिए खोले जा रहे थे और छिटपुट ढंग से नये उद्योगों की स्थापना भी इन महादेशों में हो रही थी, लेकिन मुख्य रूप से इन देशों के लिए कृषि-उत्पाद और खनिजों के क्षेत्र ही फैलाए जा रहे थे। फिर भी एक विहंगम दृष्टि डालने से ऐसा लगता था कि यूरोप की नई औद्योगिक क्रान्ति से पैदा व्यवस्था ही अब एशिया या दूसरे महादेशों का भविष्य है।

यूरोप के नये तरह के कारखानों में बड़ी संख्या में मजदूर मशीनों पर एक साथ लगाए जाते थे। उनके काम में विशेष कौशल की जरूरत नहीं होती थी बल्कि ये ज्यादातर एक ही प्रक्रिया को बार-बार दोहराने की होती थी। इस तरह के कौशलरहित सरल काम के लिए पुरुष मजदूरों की जगह औरतें और बच्चे भी लगाए जाते थे। चूँकि उत्पादन की मात्रा का सीधा सम्बन्ध उद्योगों में काम करनेवाले श्रमिकों की संख्या पर निर्भर करता था, ज्यादा-से-ज्यादा लोगों से ज्यादा-से-ज्यादा समय तक काम कराना उत्पादन फैलाने का सहज उपाय था। खर्च में कटौती के लिए श्रमिकों की मजदूरी कम-से-कम रखने की कोशिश होती थी और उनके काम के स्थान और आवासीय स्थिति को स्वास्थ्य की दृष्टि से मानवीय बनाए रखना जरूरी नहीं समझा जाता था। काम की स्थिति इतनी अमानवीय थी कि कभी-कभी मजदूर विद्रोह कर मशीनों को ही तोड़ने में लग जाते थे—यथा (ब्रिटेन में लुडाइट विद्रोह)। इस तरह पूँजीपति वर्ग की बढ़ती सम्पन्नता और मजदूर वर्ग की अमानवीय स्थिति और विपन्नता का विरोधाभास सभी तरफ साफ दिखाई देता था। मजदूरों की यह मजबूरी थी कि उनके लिए पहले की-सी कोई वैकल्पिक व्यवस्था अब उपलब्ध नहीं थी, जिसकी ओर वे लौट सकें। उनके पास इसी व्यवस्था के भीतर अपनी एकमात्र सम्पत्ति अपने श्रम को बेचने की मजबूरी थी। इस स्थिति में डाल गए मजदूरों को मार्क्स ने 'सर्वहारा' (प्रोलेतारियत) का नाम दिया।

अपने प्रारम्भिक दौर से ही पूँजीवादी व्यवस्था अनेक संकट भी झेल रही थी, जिसे बाद में 'ट्रेड साइकिल' का नाम दिया गया। पूँजीवादी उत्पादन को अन्धाधुन्ध बढ़ते बाजार और मुनाफे की आशा में फैलाया जाता था, लेकिन हकीकत में बार-बार बाजार में संकट पैदा होता था, जिसमें अचानक उत्पादित वस्तुओं का खरीदार नहीं मिलता था और इस तरह उत्पाद नष्ट हो जाते थे और कारखाने बन्द हो जाते थे। मजदूर और वस्तुओं के व्यापार से जुड़े लोग भारी संख्या में बेरोजगार हो जाते थे। यह एक ऐसा संकट था, जो अर्थशास्त्रियों की समझ के परे था और बार-बार नैसर्गिक आपदा की तरह पूँजीवादी दुनिया को आक्रान्त करता रहता था।

मार्क्स ने कम्युनिस्ट मैनिफेस्टो लिखने के ठीक पहले के 1844-47 ई. के अपने अध्ययन में, जिसे 'जर्मन आइडियोलॉजी' का नाम दिया था, इतिहास की भौतिकवादी व्याख्या की थी। हालाँकि उस समय तक यह विचार बिखरा हुआ था।

इसी को संक्षिप्त में एक व्यवस्थित रूप में लगभग एक दशक बाद 'क्रिटिक ऑफ पॉलिटिकल इकोनॉमी' की भूमिका में प्रस्तुत किया गया था। अब मार्क्स ने पूरे इतिहास को ध्रुवीकरण की प्रक्रिया के रूप में पेश किया। इसके मुताबिक मनुष्य अपने जीवन की आवश्यकताओं की पूर्ति के लिए उत्पादन के साधनों के अनुरूप कुछ उत्पादन सम्बन्ध यानी उत्पादन के साधनों के स्वामी और इन पर काम करनेवाले लोगों का सम्बन्ध कायम होता है। इस सिद्धान्त के अनुसार यही सम्बन्ध का आधार है, जिस पर समाज के मानवीय सम्बन्धों का ढाँचा और इससे जुड़े नियम-कानून, विचारधारा, धर्म आदि बनते हैं। आगे इस विकास-क्रम में उत्पादन के साधनों और इससे पैदा उत्पादन सम्बन्धों में संघर्ष पैदा होता है जिससे क्रान्तिकारी उथल-पुथल पैदा होती है और इन क्रान्तियों से पुराने उत्पादन-सम्बन्ध बदल जाते हैं और नये सम्बन्ध की शुरुआत होती है। मार्क्स की दृष्टि में पूँजीवादी व्यवस्था के चक्रीय संकट दरअसल दस्तक थे उस बड़ी क्रान्ति के, जो इस पूरी व्यवस्था को नष्ट कर देनेवाली थी।

घोषणापत्र में मार्क्स ने यह विचार भी व्यक्त किया कि पूँजीवादी व्यवस्था इसके नष्ट होने पर नई व्यवस्था की बागडोर सँभालने के लिए स्वयं एक नया वर्ग पैदा कर रही है—सर्वहारा वर्ग, जिसका जिक्र ऊपर किया गया है। मार्क्स ने इस वर्ग की उत्पत्ति और क्रान्ति को एक अटल नियति के रूप में प्रस्तुत किया।

मार्क्स पर उसके पूर्ववर्ती दार्शनिक हीगेल का गहरा प्रभाव था, जिसके दर्शन में एक ऐतिहासिक नियतिवाद था, लेकिन यह नियतिवादी भौतिक की जगह प्रत्ययवादी (आइडियालिस्ट) विकास की अवधारणा पर आधारित था और इसके अनुसार दुनिया का इतिहास विश्वात्मा (यूनिवर्सल स्पिरिट) के अपने को उद्घाटित करने की प्रक्रिया का परिणाम था। मार्क्स ने इसके विपरीत अपनी नियतिवाद के आधार में भौतिक यानी उत्पादन के साधनों और उत्पादन सम्बन्धों के विकास को रखा और वे इसी में इतिहास की घटनाओं की अनिवार्यता देखते थे। यह इतिहास-दृष्टि मार्क्स के विचार में सर्वाधिक महत्त्व की थी। आगे चलकर मार्क्सवादियों में ऐतिहासिक भौतिकवाद एक तरह की तकनीकी नियतिवाद में बदल गया और उसने दूसरे लोगों की सोच को भी प्रभावित किया।* इसके कारण उन्होंने फायरबाख की गैर-ऐतिहासिक दृष्टि की भी काफी आलोचना की थी। हालाँकि वे हीगेल के प्रत्ययवादी (आइडियालिस्ट) दृष्टि को छोड़ने में फायरबाख से अत्यधिक प्रभावित थे।

मार्क्स ने पूँजीपति वर्ग (बुर्जुआ) और सर्वहारा, दोनों ही के विकास को एक क्रमबद्ध और अनिवार्य विकास के रूप में प्रस्तुत किया। बुर्जुआ वर्ग सामन्ती व्यवस्था से शहरों में पलायन कर आए सर्फों (भूदासों) के विकास से पैदा हुआ था। पहले बुर्जुआ उत्पादक गिल्डों में जर्नीमेन (उत्पादक-श्रमिक) के रूप में आए, फिर गिल्ड मास्टर बने और ये ही कालान्तर में उत्पादन पद्धतियों के विकास के क्रम में बुर्जुआ या

* विशेष जानकारी के लिए देखिए परिशिष्ट।

पूँजीपति बन गए। मार्क्स के अनुसार, यह एक अनिवार्य विकास-पद्धति थी। इसी तरह पूँजीवादी विकास-प्रक्रिया के साथ पूँजीवादी उत्पादन में श्रमिक के रूप में आधुनिक सर्वहारा वर्ग का उदय हुआ। यह वह वर्ग था, जो समाज के विभिन्न तबकों से पूँजीवादी उद्योगों में काम करने आया था और इसके पास अपना श्रम बेचने के अलावा जीवन का कोई भी दूसरा आधार नहीं था। मार्क्स के अनुसार, मशीनीकरण एवं पूँजीवादी शोषण-प्रक्रिया से इसकी स्थिति दिनोंदिन बद से बदतर होती जाती है, जिससे अन्ततोगत्वा यह अपनी हित-रक्षा के लिए संगठित होता है—यूनियन बनाता है और इतिहास के एक दौर में पूँजीपति वर्ग से राजनीतिक सत्ता हाथ में लेकर समाजवादी समाज के निर्माण का आधार कायम करता है। उसके अनुसार, बाकी वर्ग निम्न मध्यवर्ग, किसान, छोटे व्यापारी आदि—इस पूँजीवादी प्रक्रिया में धीरे-धीरे विपन्न हो सर्वहारा वर्ग में शामिल हो जाते हैं और दुनिया में सिर्फ दो ही वर्ग आमने-सामने रह जाते हैं। एक तरफ थोड़े-से बड़े पूँजीपति—क्योंकि प्रतिस्पर्धा में ज्यादातर छोटे पूँजीपति भी नष्ट हो समाज के हाशिये पर सर्वहारा की श्रेणी में डाल दिए जाते हैं—और दूसरी ओर विशाल संख्या में सर्वहारा। इस तरह इतिहास की प्रक्रिया संसार को सरल रूप से विभाजित दो खेमों शोषक और शोषित, पूँजीपति और सर्वहारा में डाल देती है और इससे इतिहास का सबसे निर्णायक और अन्तिम संघर्ष होता है, जिससे शोषण का अन्त होता है और समतामूलक समाज की स्थापना होती है।

इसमें दिलचस्प बात यह है कि घोषणापत्र अपने दायरे में सिर्फ यूरोप के समाज को नहीं लेता बल्कि इसमें सारे संसार के मजदूरों को एक हो इस धर्मयुद्ध में शरीक होने का आह्वान करता है जबकि 1848 ई. में यूरोप में भी पूँजीवाद पूरी तरह स्थापित नहीं हो पाया था—लगभग पूरा पूर्वी यूरोप, रूस समेत पूँजीवादी विकास से वंचित था, रूस में सर्फों को आजादी 1862 ई. में जारशाही के फरमान से मिली और स्वयं अमेरिका में जहाँ पूँजीवाद का विकास तेजी से हो रहा था, गुलामी-प्रथा का अन्त कानूनी ढंग से 1861 ई. के गृहयुद्ध के बाद ही हुआ।

मार्क्स का ऐसा सोचना था कि पूँजीवादी व्यवस्था संसार-भर में राष्ट्रीय उत्पादों की जगह वैश्विक उत्पाद को एवं स्थानीय कच्चे मालों की जगह संसार-भर से आए विविध कच्चे मालों के उपभोग को प्रोत्साहित करेगा। इसी तरह उपभोग का चरित्र भी वैश्विक बनता जाएगा। स्थानीय आत्मनिर्भरता की जगह दुनिया के सभी देशों की एक-दूसरे पर निर्भरता बढ़ती जाएगी। इसी तरह बौद्धिक सम्पदा वैश्विक होती जाएगी और स्थानीय संकीर्णता से मुक्त करेगी। एक वैश्विक साहित्य पैदा होगा। पूँजीवादी उद्योग अपने सस्ते मालों के बल पर पिछड़े समूहों के लोगों की विदेशियों से नफरत की दीवार को तोड़ देगा। साथ ही उन्होंने यह भी कहा कि गाँवों की निर्भरता शहरों पर बढ़ेगी, बड़ी आबादीवाले महानगर बनेंगे और इस तरह गाँवों का गँवारपन (रूरल इडियॉसी) खत्म होगी। इसमें कुछ तो अति विकृत रूप में भविष्यवाणी सिद्ध हुए—जैसे

राष्ट्रों की आर्थिक आत्मनिर्भरता का नाश, नगरों पर गाँवों की निर्भरता आदि, लेकिन इसमें काफी कुछ जहाँ एक तरफ दूर भविष्य की झलक देनेवाला था, वहीं वह इस बात को भी अनदेखा करता था कि नई औद्योगिक क्रान्ति के पहले भी उच्च सभ्यताएँ अस्तित्व में थीं, हालाँकि मशीनी तकनीक का विकास नहीं हो पाया था। एक उदाहरण तो मैक्सिको की प्राचीन सभ्यता का ही था जिसकी सम्पदा की लूट ने गैर-यूरोपीय देशों की उस लूट-खसोट का सूत्रपात किया, जिसका यूरोपीय औद्योगिक क्रान्ति का आधार तैयार करने में खासा हाथ था। एक पुरातत्त्ववेत्ता डेविड ड्रयू ने अपनी पुस्तक 'द लॉस्ट क्रोनिकल्स ऑफ द किंग्स' में मैक्सिको के नगर टेनोच टिटलान का सोलहवीं सदी के प्रारम्भ का यह विवरण दिया है : "यह एक द्वीप पर स्थापित 200,000 लोगों का ऐसा नगर था, जहाँ सिर्फ टेक्साको झील के ऊपर बनी ऊँची सड़कों से पहुँचा जा सकता था। अपने समय में यह सचमुच संसार की एक अचरज की चीज थी। पुरानी दुनिया में सिर्फ कुस्तुनतुनिया या वेनिस की थोड़ी तुलना इससे हो सकती थी। उस समय लन्दन की आबादी लगभग 50,000 थी और सेविल की महज 30,000।

"इसके कपड़ों, चमड़े की वस्तुओं, रंगीन पत्थरों (टोइकाज), कसीदाकारी किए हुए मुखौटों और सुवर्ण के आभूषणों को ब्रूसेल्स की नुमाइश में देखकर विख्यात कलाकार आलेब्रेख्त/ड्यूरेर ने भूरि-भूरि प्रशंसा की थी और कहा था कि मेरी पूरी जिन्दगी में मैंने कुछ भी ऐसा नहीं देखा था, जिससे मुझे इतना आनन्द हुआ हो क्योंकि मैंने उनमें अद्भुत कलाकृतियों के नमूने देखे और अनजान मुल्कों के लोगों की सर्जनात्मकता देख अचम्भित हो गया।"[1]

भारत एवं चीन की सभ्यताएँ भी यूरोप की औद्योगिक क्रान्ति से निकली नई सभ्यता की तुलना में बर्बर नहीं थीं और नई यूरोपीय सभ्यता ने इनसे काफी कुछ उधार लिया था।

लेकिन मसीहाई आह्वान की शक्ति ऐसी ही सरलीकृत तसवीर से आती है। विस्तार से विश्लेषणों में पड़ने और विपरीत दिखनेवाले तथ्यों के साक्षात्कार से संशय पैदा होता है और इससे समाज के नवनिर्माण में सब कुछ न्यौछावर करने का संकल्प डगमगाने लगता है। इसलिए लगभग एक सदी तक प्रत्यक्ष अनुभवों के विपरीत मार्क्स से प्रेरित क्रान्तिकारियों को संसार की सरलीकृत तसवीर—जिसमें सारा संसार दो विपरीत खेमों में विभाजित है और क्रान्ति के उपयुक्त स्थिति मौजूद है—ठीक वैसी ही दिखती रही जैसी घोषणापत्र में वर्णित है। यूरोप में ही नहीं, सुदूर एशिया और अफ्रीका में भी मजदूरों के अन्तरराष्ट्रीय गाने की ये पंक्तियाँ दुहराई जाती रहीं—"देश-देश के मजदूरों ने झंडा लाल उठाया है, जो भूखा था, जो नंगा था, अब गुस्सा उसको आया है।"[2]

मनुष्य के मनोविज्ञान में सरलीकरण की प्रक्रिया बड़ी जबर्दस्त होती है और साफ-सुथरी व्यस्थित तसवीर को वक्र करनेवाले बिन्दुओं को नजरअन्दाज करने का जबर्दस्त रुझान होता है। इस तरह कम्युनिस्ट घोषणापत्र की मूल मान्यताओं के अनुसार, इतिहास की प्रक्रिया अनिवार्य रूप से द्वन्द्वात्मक है, जिसमें वर्गों के संघर्ष

की भूमिका केन्द्रीय है। इसमें कई पड़ाव हैं—जैसे गुलामों का संघर्ष, गुलामों के स्वामियों से सामन्ती व्यवस्था में भूदासों (सर्फों) का संघर्ष सामन्तों (फ्युडल लॉर्डों) से, लेकिन गुलामी व्यवस्था, यथा रोम की व्यवस्था में कई अन्य तरह के विभाजन भी थे, जैसे प्लेबियनो ओर पैट्रिशियनो के और सामन्ती व्यवस्था में तो सामन्तों के ही कई स्तर थे और तत्कालीन शहरों के औद्योगिक उत्पादन की गिल्ड व्यवस्था में गिल्ड मास्टर और जर्नीमेन आदि।

इनके विपरीत मार्क्स के अनुसार, पूँजीवादी व्यवस्था में विभाजन बिलकुल सीधा हो जाता है—पूँजीपतियों और सर्वहारा के बीच। साथ ही मार्क्स के अनुसार, जैसा ऊपर कहा गया है, बाकी जितने भी दूसरे वर्ग हैं, समाप्त होते जाते हैं और सबके सब सर्वहारा में शामिल हो जाते हैं। मशीनीकरण से सर्वहारा का काम सभी तरह के कौशल से पूरी तरह शून्य हो जाता है और इसकी कीमत लगातार गिरती जाती है क्योंकि इसके श्रम का खर्च उतना ही होता है, जितना कौशलहीन सर्वहारा को जिन्दा रखने भर के लिए जरूरी होता है। हालाँकि यह कहा नहीं गया था, फिर भी जो पूँजीवाद के वैश्विक विकास की तसवीर दी गई थी, उससे यह ज्ञात होता है कि सारे संसार में लगभग इसी ढाँचे पर पूँजीवाद का विकास होना था और सभी जगह सर्वहारा-क्रान्ति की एक ही राह थी। मार्क्स के समय यूरोपीय मानस में संसार का अर्थ यूरोप ही था, बाकी दुनिया एक परिशिष्ट (Appendex) की तरह थी और मार्क्स ने घोषणापत्र में सिर्फ जर्मनी की स्थिति को ही प्रथम सर्वहारा क्रान्ति के उपयुक्त माना था। इस विश्लेषण में यह भी निहित है कि पूँजीपति वर्ग स्वयं ही वह औद्योगिक और आर्थिक आधार तैयार कर रहा है, जिससे पूँजीवादी अर्थव्यवस्था का अन्तर्विरोध है, जो इसके संकटों से ज्ञात होता है और मजदूरों को इस आर्थिक आधार पर कब्जा-भर करना है। मार्क्स ने घोषणापत्र में सिर्फ यही नहीं कहा था कि बाकी वर्गों के अन्त से केवल पूँजीपति और सर्वहारा वर्ग अस्तित्व में रह जाएँगे बल्कि यह भी कहा था कि पूँजीवादी विकास-क्रम में राष्ट्रीयता, मूल आदि के विभाजन और इनसे जुड़ी भावनाओं का भी अन्त हो जाएगा और सर्वहारा में सिर्फ वर्ग-चेतना बच जाएगी।

कम्युनिस्ट घोषणापत्र की बातों का कुछ तफसील से जिक्र इसलिए किया गया क्योंकि मार्क्स की रचनाओं में यही है, जिसे उनके विचारों का सबसे अधिक प्रतिनिधि माना गया, या कम-से-कम अपनी मसीहाई अपील के कारण कम्युनिस्ट कार्यकर्ता के मन पर इसी की मर्मस्पर्शी छाप अंकित रहती है। इसीलिए अनेक विपरीत अनुभवों के बाद भी दुनिया-भर में पूँजीवाद के प्रसार और इसके बाद सर्वहारा क्रान्ति की अनिवार्यता मार्क्सवाद से प्रभावित लोगों के मन से गई नहीं है। सोवियत संघ के पतन और चीन द्वारा पूँजीवादी अर्थव्यवस्था को 'समाजवादी बाजार व्यवस्था' के नाम से अपना लिये जाने के बाद भी बड़ी संख्या में कम्युनिस्ट यह मानते हैं कि यह भी मार्क्स

द्वारा एक बार सारे संसार में पूँजीवाद के प्रसार की अनिवार्यता को ही बतलाता है और एक बार संसार-भर में जब पूँजीवाद फैल जाएगा तो फिर समाजवादी क्रान्ति का मार्ग आसान हो जाएगा। कुछ लोग शायद यह भी मान लेते हैं कि रूस और चीन की 'समाजवादी' व्यवस्था की विकृतियाँ ओर उनके पतन का कारण क्रान्ति की स्थितियों का वैसा परिपक्व न होना था, जो क्रान्ति के लिए जरूरी था क्योंकि रूस और चीन क्रान्ति के समय क्लासिकी ढंग के पूँजीवाद देश होने की बजाय अभी अर्ध-सामन्ती पूँजीवाद की दहलीज पर खड़े थे। स्वयं भारत में कुछ राज्यों, यथा पश्चिम बंगाल, त्रिपुरा और केरल में सत्ता में रहकर और वैश्विक पूँजीवादी व्यवस्था के अनुरूप नीतियाँ चलाते हुए भी भारतीय कम्युनिस्ट ऐसा नहीं मानते कि वे अपनी क्रान्ति-निष्ठा से विचलित हुए हैं। साम्यवाद की अन्तिम विजय का विश्वास अभी भी ईसाइयों के कयामत के दिन के विश्वास की तरह उनके मन में बैठा हुआ है। तब तक संसार के पूँजीवाद द्वारा बिछाए गए बिसात पर ही सभी को गोटियाँ बैठाते रहना है।

दुनिया के लाखों लोगों के लिए कम्युनिस्ट घोषणापत्र मार्क्स की विचारधारा का आधार है और संसार की जो सरलीकृत छवि इसमें प्रस्तुत की गई है, उसे ही मार्क्स का प्रतिनिधि विचार माना गया है। कुछ तथ्यपरक, कुछ दार्शनिक और काफी कुछ क्रान्तिकारी उत्साह के आह्वान के रूप में प्रस्तुत किया गया घोषणापत्र क्रान्तिकारियों के मनोनुकूल जरूर रहा, लेकिन इसके बाहर मार्क्स का सबसे महत्त्वपूर्ण वैज्ञानिक अध्ययन इसके दो दशक के बाद का है, जिसे 'पूँजी' नामक उसकी पुस्तक में प्रस्तुत किया गया।

'पूँजी' दरअसल 1857-58 में लिखे एक लम्बे लेख 'ग्रुंडरिस्से' में प्रस्तावित बृहत् अध्ययन का हिस्सा था। 'ग्रुंडरिस्से' में मार्क्स के अर्थशास्त्र के अध्ययन को छह भागों में बाँटने की योजना थी, जिसका पहला हिस्सा 'पूँजी' था, जिसे चार खंडों में प्रस्तुत किया गया था। इसमें सिर्फ पहला खंड मार्क्स के जीवन में 1867 ई. में प्रकाशित हुआ। दूसरे और तीसरे खंड 1883 ई. के बाद जब मार्क्स की मृत्यु हो गई, फ्रेडरिक एंगेल्स द्वारा उनकी पांडुलिपि के अनेक नोट्स के आधार पर तैयार किया गया था जिन्हें मार्क्स छोड़ गए थे। 'पूँजी' इस अर्थ में बहुत महत्त्वपूर्ण है कि यह पूरी तरह तथ्यपरक है और ब्रिटेन में उपलब्ध तथ्यगत रिपोर्टों पर आधारित है। इसमें उस समय की चर्चा में रहनेवाले अनेक अर्थशास्त्रियों के विचारों की भी विस्तृत समालोचना है। सम्भवत: दुनिया की नई व्यवस्था को, जिसे बुर्जुआ या फ्री मार्केट इकोनॉमी कहा जाता था, टाइपोलॉजी में डाल 'पूँजीवाद' के रूप में चिह्नित करने में इस पुस्तक का महत्त्वपूर्ण हाथ है। यह जानना दिलचस्प होगा और शायद दुनिया के भविष्य के लिए महत्त्वपूर्ण भी कि क्या दुनिया का विकास घोषणापत्र में उल्लिखित दिशा में ही हुआ है? 'पूँजी' के अध्ययन से भी विकास की कुछ वैसी ही क्रमबद्ध और अनिवार्य परिणति दिखाई देती है क्या? पूँजीवाद सचमुच

वैसी औद्योगिक अर्थव्यवस्था का आधार तैयार कर रहा है, जिसे अपने हाथ में ले 'सर्वहारा' साम्यवाद की ओर प्रस्थान के लिए पहल कर सके? क्या संसार का विभाजन वैसा ही सरलीकृत है, जिसमें दो ही वर्ग हैं—भारी संख्या में सभी मानवीय आधार से वंचित औद्योगिक मजदूर (सर्वहारा) और मुट्ठी-भर पूँजीपति?

मार्क्स के जीवन के अन्तिम वर्ष 1883 ई. तक पूँजीवाद के विकास के कुछ लक्षण तो गैर-यूरोपीय देशों में दिखाई दिए। जहाँ-तहाँ इसके पड़ाव भी अस्तित्व में आए, लेकिन अपनी पूर्णता में अर्थव्यवस्था और पूरे सामाजिक जीवन को समेट लेनेवाला पूँजीवाद का सर्वग्रासी विस्तार कहीं दिखाई नहीं दिया। इसके दो अपवाद थे। एक अमेरिका, जहाँ विशाल प्राकृतिक प्रचुरता के बीच ब्रिटेन द्वारा यूरोपीय जीवन-पद्धति को आरोपित किया गया था और यूरोपीय अतिक्रमण के प्रतिरोध से जापान, जहाँ इसके लिए विशेष स्थितियाँ थीं। हाँ, यह जरूर हुआ कि इन देशों के सम्पर्क और व्यापार से यूरोप की अर्थव्यवस्थाओं में भारी सम्पन्नता आई। स्वयं फ्रेडरिक एंगेल्स (जिनके विचार मार्क्स से अभिन्न रूप से जुड़े थे और जैसा ऊपर कहा गया है, जिन्हें 'पूँजी' के दूसरे और तीसरे खंड, जो मार्क्स के जीवनकाल में अप्रकाशित थे, को सम्पादित कर प्रकाशित करने का श्रेय प्राप्त था), ब्रिटेन में सर्वहारा क्रान्ति की सम्भावना के प्रति संशयग्रस्त होने लगे थे और उन्होंने इस बात पर खेद व्यक्त किया था कि ब्रिटेन का मजदूर वर्ग दूसरे देशों से लाई गई सम्पन्नता से खुशहाल हो रहा है और इसके नेतृत्व का स्वरूप क्रान्तिकारी और समाजवादी होने की बजाय बुर्जुआ उदारवादी का बन रहा है। एंगेल्स या दूसरे यूरोपीय समाजवादियों का ध्यान यह देखने की ओर कम ही गया कि गैर-यूरोपीय देशों में इस विकास का क्या असर हो रहा था, हालाँकि 'पूँजी' में प्रारम्भिक दिन में इस सम्पर्क के प्रभावों का कुछ वर्णन जरूर मिलता है, लेकिन जो तथ्य फ्रेडरिक एंगेल्स के लिए हैरत में डालनेवाले भटकाव थे, यूरोप के कुछ दूसरे मार्क्सवादियों के लिए विचार में आवश्यक परिवर्तन की माँग करते दिखाई देते थे। इन्हीं स्थितियों में स्वयं जर्मनी के मार्क्सवादी एडुआर्ड बर्नस्टीन ने स्टुट्गार्ट सम्मेलन में मार्क्स के विचारों में कुछ संशोधन करने का सुझाव दिया। उन्होंने यह प्रस्ताव रखा कि यूरोप में पूँजीवाद का जैसा स्वरूप विकसित हो रहा है—यानी सर्वहारा की दरिद्रता घट रही है और समाज का विभाजन पूँजीपति और सर्वहारा के दो ध्रुवों पर होने की बजाय बीच में अनेक मध्यवर्गीय समूह पैदा हो रहे हैं—उनमें सर्वहारा क्रान्ति की सम्भावना क्षीण होती जा रही है। अत: उन्होंने क्रान्ति की बजाय सुधारों के माध्यम से समाजवाद की ओर क्रमिक विकास की नीति को ही व्यावहारिक माना। उनके विचारों का, जिसे 'संशोधनवाद' कहा जाने लगा, उस समय की सोशल डेमोक्रेटिक पार्टी में तीव्र विरोध हुआ और उसके दिग्गज नेताओं, जैसे कार्ल काट्स्की और रोजा लक्जमबर्ग आदि के विरोध से उस समय इस संशोधन को पूरी तरह खारिज कर दिया गया।

लेकिन इतिहास की धारा बर्नस्टीन के पक्ष में ही जा रही थी। जर्मनी का सर्वहारा दरिद्र तो नहीं ही बना था, राष्ट्रीयता की भावना से भी मुक्त नहीं हुआ था और जब 1914 ई. में प्रथम विश्वयुद्ध हुआ तो हकीकत के इस दबाव से सोशल डेमोक्रेटिक पार्टी के ज्यादा नेता राष्ट्रवादी बन युद्ध प्रयासों के समर्थक बन गए। कॉट्स्की अलग-थलग बन क्रान्ति की जगह राष्ट्रों के बीच शान्तिवाद के समर्थक बने रहे और युद्ध के आखिरी समय जब जर्मनी की पराजय के क्षण में मजदूर रोजा लक्जमबर्ग की क्रान्ति के आह्वान की ओर आकर्षित हुए और स्पार्टिसिस्टों का विद्रोह हुआ तो उन्हें स्वयं अपने ही एबर्ट की सोशल डेमोक्रेटिक सरकार के दमन का मुकाबला करना पड़ा। इसकी पराजय के दौर में इस विद्रोह की नेता रोजा लक्जमबर्ग और लाइबनेख्त की हत्या कर दी गई।

इस सन्दर्भ में एक महत्त्वपूर्ण बात जो उभरी, वह यह है कि घोषणापत्र में व्यक्त आशा के अनुरूप पूँजीवाद का स्वायत्त विकास कहीं हुआ नहीं। पूँजीवाद का विकास यूरोप की विशेष परिस्थितियों और धन अर्जित करने के लिए असाधारण लूट-खसोट की प्रवृत्ति का परिणाम था। इसके लिए प्रारम्भिक प्रेरणा तो पन्द्रहवीं शताब्दी में कोलम्बस से शुरू जहाजियों का अमेरिका और एशिया के भू-भागों से सम्पर्क, लूट-खसोट और व्यापार से आनेवाले धन से मिली। धन कमाने की इस प्रवृत्ति ने ही नगरों के औद्योगिक गिल्डों की जगह, जो न्यूनाधिक इसमें काम करनेवालों के सहयोग पर आधारित थे, उत्पादन को कारखानों के मालिकों के नियंत्रण में ला दिया। अन्तरराष्ट्रीय व्यापार से अचानक आई सम्पन्नता और इससे फैली माँग के लिए गिल्डों का पुराना ढाँचा अपर्याप्त साबित होता था। इस तरह उत्पादन के साधनों के स्वाभाविक विकास से नहीं बल्कि यूरोप के सम्पन्न लोगों की लिप्सा के अस्वाभाविक विस्फोट से ही यूरोप में पूँजीवाद के विकास की नींव पड़ी। कुछ समाजशास्त्री धन-अर्जन की लिप्सा के इस अचानक विस्तार को प्रोटेस्टेंट मूल्यों की अभिव्यक्ति के रूप में देखते हैं, जिसमें ईश्वरीय अनुकम्पा का प्रमाण इहलौकिक सफलता यानी व्यापार और धन अर्जित करने में सफलता में देखने लगे थे। इसमें सन्देह नहीं कि व्यापारिक प्रसार से औद्योगिक विकास तक की यात्रा पूरी करने में उन देशों ने विशेष महारत हासिल की, जहाँ प्रोटेस्टेंट धर्म ने अपनी जड़ जमा ली थी और उत्तरी अमेरिका, जो बाद में आधुनिक अमेरिका बना, वह तो शुरू से ही इसके सबसे उग्र तत्त्व प्युरिटनो से पटा था, जो 'पिलग्रिम फादर्स' से शुरू कर लगातार उत्तरी अमेरिका में बस रहे थे और वहाँ के मूल निवासियों को मारकर या खदेड़कर उनके भू-भागों को दखल करने में ईश्वरीय अनुकम्पा का सबूत पेश कर रहे थे।

मार्क्स ने 1848 ई. में कम्युनिस्ट घोषणापत्र जाहिर करने के पहले मजदूरों के बेगानेपन (ऐलिनियेशन) पर विशद् चर्चा की थी। उनका मानना था कि श्रम-विभाजन से पूँजीपतियों के नियंत्रण में एक तरह का नीरस और उबाऊ काम करने

के क्रम में मजदूर अपने आप से बेगाना हो जाता है और मालिकों को दिया गया श्रम उसके स्वत्व के बेगानेपन की अभिव्यक्ति होती है। यही बेगाना श्रम संचित हो पूँजीपतियों के हाथ की पूँजी बन जाता है और इस तरह फिर भविष्य में मजदूरों के शोषण का औजार। अत: अगर पूँजी को बड़ी मात्रा में शोषण का औजार बनना है तो कहीं-न-कहीं प्रारम्भ में इसका संचय होना चाहिए। यह संचय विशेष रूप से एक यूरोपीय परिघटना थी। वैसे तो समाज और उत्पादन के साधनों का विकास दुनिया के अनेक देशों में हुआ तथा पुरानी और नई दुनिया में भी अनेक सभ्यताओं का विकास हुआ, लेकिन कहीं भी दूसरी जगह वह मानसिकता नहीं पैदा हुई और पूँजी संचय का वैसा विशाल आयोजन नहीं हो पाया, जो यूरोप में हुआ। इसी से यूरोप में ही पूँजीवाद का वैसा स्वत:स्फूर्त विकास देखने में आया, जैसा दुनिया में अन्यत्र कहीं भी नहीं हो सका। इसलिए यह सोचना भूल होगी कि पूँजीवाद का विकास उत्पादन के साधनों के विकास के क्रम में अनिवार्य रूप से होनेवाला एक पड़ाव है। दरअसल, यह यूरोप की एक विशेष परिस्थिति, एक खास मानसिकता और संसार-भर के और अपने देश के भीतर के धन को भी सभी हथकंडों से हासिल करने के संकल्प का ही परिणाम था और अपने विकास में भी यह स्वायत्त रूप से विकसित नहीं हो सकता, इसे सदा बाहर के संसाधनों का सहारा ढूँढ़ना पड़ता है।

यूरोप और विशेषकर ब्रिटेन में 'आदि पूँजी संचय' की प्रक्रिया का विस्तार से वर्णन मार्क्स की पुस्तक 'पूँजी' के प्रथम भाग के अन्तिम हिस्से में दिया गया है और इसके विविध स्वरूपों को समझने के लिए मार्क्स द्वारा प्रस्तुत किए गए विवरणों के उद्धरणों से बेहतर कोई माध्यम नहीं हो सकता। मार्क्स ने पूँजी खंड प्रथम में 'तथाकथित आदिम संचय' के विषय में निम्न प्रकार से लिखा है :

"...लेकिन पूँजी का संचय होने के लिए अतिरिक्त मूल्य (सरप्लस वैल्यू) का पैदा होना आवश्यक है। अतिरिक्त मूल्य पैदा होने के लिए पूँजीवादी उत्पादन होना जरूरी है और पूँजीवादी उत्पादन के अस्तित्व में आने के लिए आवश्यक है कि पण्यों के उत्पादकों के हाथों में पूँजी और श्रम-शक्ति की काफी बड़ी राशियाँ पहले से मौजूद हों। इसलिए ऐसा लगता है, जैसे यह पूरी प्रक्रिया एक अपचक्र के भीतर चलती रहती है, जिससे बाहर निकलने का यही रास्ता है कि हम यह मान लें कि पूँजीवादी संचय के पहले आदिम संचय (जिसे एडम स्मिथ ने 'पूर्वकालिक संचय' कहा था) हुआ था यानी कभी एक ऐसा संचय हुआ था, जो उत्पादन की पूँजीवादी प्रणाली का परिणाम नहीं था बल्कि उसका प्रस्थान बिन्दु था।"[3]

आगे वे लिखते हैं : "आदिम संचय के इतिहास में ऐसी तमाम क्रान्तियाँ युगान्तरकारी होती हैं, जो विकासमान पूँजीपति वर्ग के लिए लीवर का काम करती हैं। सबसे अधिक यह बात उन क्षणों के लिए सच है, जब बड़ी संख्या में यकायक और जबर्दस्ती उनके जीवन-निर्वाह के साधनों से अलग कर दिया जाता है और

स्वतंत्र एवं 'अनाश्रित' सर्वहारा के रूप में श्रम की मंडी में फेंक दिया जाता है। इस पूरी प्रक्रिया का आधार है, खेतिहर-उत्पादक-किसान की जमीन को उससे छीन लिया जाना। इस भूमि-हरण का इतिहास अलग-अलग देशों में अलग-अलग रूप धारण करता है और हर जगह एक भिन्न क्रम में तथा भिन्न कालों में अपनी अनेक अवस्थाओं में से गुजरता है, किन्तु उसका सबसे ठेठ रूप केवल इंग्लैंड में देखने को मिलता है, जिसको हम यहाँ मिसाल की तरह पाठकों के सामने पेश करेंगे।"[4]

आगे कुछ मिसालें यों प्रस्तुत की गई हैं : "जिस क्रान्ति ने उत्पादन की पूँजीवादी प्रणाली की नींव डाली, उसकी प्रस्तावना पन्द्रहवीं शताब्दी की आखिरी तिहाई में और सोलहवीं शताब्दी के पहले दशक में लिखी गई थी। इस काल में सामन्तों के भृत्यों और अनुगामियों के दल, जिनसे सर जेम्स स्टुअर्ट के न्यायोचित शब्दों में 'हर घर और किला व्यर्थ भरा रहता था' भंग कर दिए गए और इसके फलस्वरूप स्वतंत्र सर्वहारा मजदूरों की एक बहुत बड़ी संख्या श्रम की मंडी में झोंक दी गई।...इससे कहीं अधिक बड़ा सर्वहारा वर्ग बड़े-बड़े सामन्तों, राजा और संसद के विरुद्ध धृष्टतापूर्वक संघर्ष करते हुए किसानों को जबर्दस्ती उन जमीनों से खदेड़कर, जिन पर उनका भी खुद सामन्तों के समान ही सामन्ती अधिकार था और सामूहिक भूमि को छीनकर पैदा कर दिया। फ्लैंडर्स में उनके उद्योग का तेज विकास होने और उसके साथ-साथ इंग्लैंड में ऊन का भाव बढ़ जाने से इन बेदखलियों को प्रत्यक्ष रूप में बढ़ावा मिला। पुराना अभिजात वर्ग बड़े-बड़े सामन्ती युद्धों में मर-खप गया था। नया अभिजात वर्ग अपने युग की सन्तान था, जिसके लिए पैसा ही सबसे बड़ी ताकत थी। इसलिए उसका नारा था कि खेती की जमीनों को भेड़ों के बाड़ों में बदल डालो।"[5]

इस तरह सुधारों के कारण कैथोलिक चर्च की सम्पत्ति का अपहरण हुआ। मार्क्स लिखते हैं : "लोगों की सम्पत्ति का बलपूर्वक अपहरण कर लेने की प्रक्रिया के सोलहवीं शताब्दी में रोमन चर्च के सुधार से और उसके फलस्वरूप चर्च की सम्पत्ति की लूट से एक नया और जबर्दस्त बढ़ावा मिला। चर्च-सुधार के समय कैथोलिक चर्च इंग्लैंड की भूमि के एक बहुत बड़े हिस्से का सामन्ती स्वामी था। जब मठों आदि पर ताले डाल दिए गए तो उनमें रहनेवाले लोग सर्वहारा की पाँतों में भर्ती हो गए। चर्च की जागीरें अधिकतर राजा के लुटेरे कृपा-पात्रों को दे दी गईं या नाममात्र के दाम पर सट्टेबाज काश्तकारों और नागरिकों के हाथ बेच दी गईं, जिन्होंने सारे के सारे पुश्तैनी शिकमीदारों को जमीन से खदेड़ दिया और उनकी जोतों को मिलाकर एक कर लिया।...रानी एलिजाबेथ इंग्लैंड की यात्रा करने के बाद चिल्ला पड़ी थीं कि 'यहाँ तो सब ओर कंगाल ही कंगाल हैं' उनके राज्यकाल के तैंतालीसवें वर्ष में राष्ट्र को गरीबों की आर्थिक सहायता करने के लिए कर लगाकर सरकारी तौर पर यह मान लेना पड़ा कि देश में मुहताजी फैली हुई है।"[6]

'पूँजी' में किसानों की भूमि के ऐसे अपहरणों के अनेक उदाहरण मार्क्स ने प्रस्तुत किए हैं, जिससे स्पष्ट होता है कि आदिम संचय से सर्वहारा का जन्म कोई स्वाभाविक प्रक्रिया का परिणाम नहीं था, बल्कि व्यापारिक लाभ से उत्पन्न हुई लोलुपता से प्रभावित लोगों द्वारा जोर-जबर्दस्ती और अमानुषिक जुल्मों का परिणाम था। दूसरी ओर जमीन से विस्थापित लोगों को तरह-तरह के अमानुषिक कानूनों के जरिए इस बात के लिए मजबूर किया जाता था कि वे कठिन से कठिन काम करें। मार्क्स ने 'पूँजी' में ही ऐसे कानूनों के अनेक उदाहरण दिए हैं। उन्होंने लिखा है :

"हेनरी आठवें के राज्यकाल में 1530 ई. में एक कानून बनाया गया, जिसके अनुसार ऐसे भिखारियों को, जो बूढ़े हो गए थे और काम करने के लायक नहीं रह गए थे, भीख माँगने का लाइसेंस मिल जाता था। दूसरी ओर हट्टे-कट्टे आवारा लोगों को कोड़े लगाए जाते थे और जेलखानों में डाल दिया जाता था। कानून के अनुसार, इन लोगों को गाड़ी के पीछे बाँधकर उस वक्त तक कोड़े लगाए जाते थे, जब तक कि उनके बदन से खून नहीं बहने लगता था, और उसके बाद उनसे कसम खिलवाई जाती थी कि वे अपने जन्म-स्थान को लौट जाएँगे या उस जगह चले जाएँगे, जहाँ वे पिछले तीन साल से रहे थे और वहाँ श्रम करेंगे।"

फिर आगे : "एड्वर्ड छठे के राज्यकाल के प्रथम वर्ष 1547 ई. में एक कानून बनाया गया, जिसके अनुसार यदि कोई आदमी काम करने से इनकार करता था तो उसे उस व्यक्ति की गुलामी करनी पड़ती थी, जिसने उसके खिलाफ शिकायत की थी कि वह अपनी समय काहिली बिताता है। गुलाम के मालिक को उसे रोटी और पानी, पतला शोरबा और बचा-बचाया मांस ही खाने को देना होता था। वह उससे किसी भी तरह का काम ले सकता था, चाहे वह काम कितना भी घिनौना क्यों न हो और इसके लिए कोड़े और जंजीर का इस्तेमाल कर सकता था। अगर गुलाम काम से चौदह दिन गैर हाजिर रहता था, उसे जीवन-भर की गुलामी की सजा दी जाती थी और उसके माथे पर गाल पर गुलामी का 'S' निशान दाग दिया जाता था। अगर वह तीसरी बार काम से भाग जाता था तो उसको घोर अपराधी करार देकर फाँसी दे दी जाती थी। अपनी किसी भी अन्य व्यक्तिगत सम्पत्ति या पशु की तरह मालिक गुलाम को बेच सकता था और किराए पर उठा सकता था। यदि गुलाम अपने मालिकों के खिलाफ कुछ करने की कोशिश करते थे, तो उनको भी फाँसी दे दी जाती थी। स्थानीय मजिस्ट्रेट सूचना मिलते ही ऐसे बदमाशों को पकड़ मँगाते थे। यदि यह देखा जाता था कि कोई आवारा आदमी तीन दिन से कुछ नहीं कर रहा है तो उसे उसके जन्म-स्थान पर ले जाया जाता था और लोहा लाल करके उसकी छाती पर आवारागर्दी का 'V' चिह्न दाग दिया जाता था और फिर जंजीरों से जकड़कर उससे सड़क कुटवाई जाती थी या और कोई काम लिया जाता था। अगर आवारा आदमी अपने जन्म-स्थान का गलत पता बताता था तो उसे जीवन-भर

इस स्थान की, वहाँ के निवासियों की और वहाँ के कॉरपोरेशन की गुलामी करनी पड़ती थी और उसके माथे पर गुलामी का 'S' चिह्न दाग दिया जाता था। व्यक्तियों को आवारा आदमियों के बच्चों को उठा ले जाने और शागिर्द मजदूरों के रूप में उनसे काम लेने का अधिकार था, लड़कों से 24 वर्ष की आयु तक और लड़कियों से 20 वर्ष की आयु तक। यदि ये बच्चे भाग जाते थे तो उनको उपरोक्त आयु तक अपने मालिकों की गुलामी करनी पड़ती थी, जो इच्छा होने पर उनको जंजीरों से बाँधकर रख सकते थे, कोड़े लगा सकते थे आदि।"

मार्क्स के अनुसार, यूरोप के दूसरे देशों; यथा फ्रांस, हॉलैंड आदि में भी ऐसे ही कानून सोलहवीं शताब्दी से लेकर अठारहवीं शताब्दी तक लागू होते रहे। ऐसे अनेक विवरणों के बाद मार्क्स लिखते हैं : "इस प्रकार खेती करनेवाले लोगों की सबसे पहले जबर्दस्ती जमीनें छीनी गईं, फिर उनको उनके घरों से खदेड़ा गया, आवारा बनाया गया और उसके बाद उनको निर्मम और भयानक कानूनों का उपयोग करके कोड़े लगाए गए, दहकते लोहे से दागा गया, तरह-तरह की यातनाएँ दी गईं और इस प्रकार उनको मजदूरी की प्रणाली के लिए आवश्यक अनुशासन सिखाया गया।"[7]

मार्क्स के अनुसार, वर्तमान विकसित पूँजीवादी व्यवस्था में आर्थिक दबावों के कारण आज भी मजदूर वैसे ही काम करने के लिए मजबूर होता है, हालाँकि कुछ बल-प्रयोग अभी भी अपवाद के रूप में किया जाता है। इसीलिए अपनी स्थिति को सुधारने के मजदूरों के सामूहिक प्रयत्नों को सदा प्रतिबन्धित करने के प्रयास होते रहे, जैसे ब्रिटेन में ही कम्बिनेशन ऐक्ट से मजदूरों को संगठन बनाने के अधिकार से वंचित कर दिया गया था और बाद में काफी आन्दोलन करके ही मजदूर संगठन बनाने का अधिकार हासिल कर सके। आज भी भारत समेत अनेक देशों में मजदूरों की हड़ताल के अधिकार को बाधित करने के प्रयास सरकारों द्वारा होते हैं, लेकिन सबसे बढ़कर पूँजीवादी व्यवस्था से लगातार मजदूरों में बेरोजगारी बढ़ने से उनमें अपनी रोजी को बचाए रखने की चिन्ता इतनी अधिक होती है कि वे जल्दी ऐसे आन्दोलन में पड़ने से बचते हैं, जिससे उनकी रोजी चली जाए। अगर हम यूरोप के पूँजीवाद के उदय के पूर्व की स्थितियों से लेकर पूर्ण विकसित पूँजीवाद के आधुनिक काल तक की स्थिति पर विचार करें तो मजदूरों के प्रत्यक्ष या अप्रत्यक्ष दमन की एक निरन्तरता दिखाई देती है।

सर्वहारा के जन्म और विकास के साथ संकेन्द्रित पूँजी का विकास भी अभिन्न रूप से जुड़ा है और यह भी लूट-खसोट, दमन और धोखाधड़ी पर ही आधारित रहा है। इसमें जहाजियों द्वारा अमेरिका और ऑस्ट्रेलिया की खोज और अफ्रीका के दक्षिणी भाग की परिक्रमा करते हुए एशिया से नये व्यापारिक सम्बन्ध—जिसमें व्यापार और लूटपाट का मिश्रित धन्धा था—का महत्त्वपूर्ण योगदान था। मार्क्स

लिखते हैं : "अमेरिका में सोने और चाँदी की खोज, आदिवासी आबादी का समूल नष्ट कर दिया जाना, गुलाम बनाया जाना और खानों में जिन्दा दफना दिया जाना, ईस्ट इंडिया की विजय तथा लूट का श्रीगणेश, अफ्रीका का हब्शियों के व्यापारिक आखेट की भूमि बन जाना—इसी प्रकार की घटनाओं के द्वारा यह संकेत मिला था कि पूँजीवादी उत्पादन का अरुणोदय हो रहा है। इन सुखद क्रियाओं का आदिम संचय में मुख्य भाग रहा है। उसके बाद तुरन्त ही यूरोपीय राष्ट्रों का वाणिजय युद्ध आरम्भ हो गया, जिसका क्षेत्र पूरा भूगोल था। वह शुरू हुआ स्पेन के आधिपत्य के विरुद्ध नीदरलैंड के विद्रोह से इंग्लैंड के जैकोबिन विरोधी युद्ध में उसने भयानक विस्तार प्राप्त किया और चीन के खिलाफ अफीम युद्धों के रूप में आज भी जारी है इत्यादि।"[8]

एशिया में हॉलैंड और पुर्तगाल के लोगों द्वारा इंडोनेशियाई द्वीप समूह में लूटपाट एवं गुलाम बनाने और बेचने के निर्मम व्यापार के विवरण के बाद मार्क्स भारत के आदिम संचय की प्रक्रिया का विवरण इन शब्दों में करते हैं : "जैसा कि सुविदित है, अंग्रेजों की ईस्ट इंडिया कम्पनी का हिन्दुस्तान में राजनीतिक शासन तो था ही, इसके अलावा उसको चाय के व्यापार का, चीन के साथ सभी प्रकार के व्यापार करने का और यूरोप में माल लाने और यूरोप में माल ले जाने का एकाधिकार भी मिला हुआ था। परन्तु हिन्दुस्तान के समुद्री किनारे के व्यापार और पूरी द्वीपों के पारस्परिक व्यापार और साथ ही हिन्दुस्तान के अन्दरूनी व्यापार का भी कम्पनी के ऊँचे अधिकारियों का एकाधिकार था। नमक, अफीम, पान और अन्य मालों के व्यापार का एकाधिकार धन की अक्षय खान का काम करता था। इन चीजों के दाम खुद कम्पनी के कर्मचारी निश्चित करते थे और अभागे हिन्दुओं को इच्छानुसार लूटते थे। इस प्राइवेट व्यापार में गवर्नर जनरल भी भाग लेता था। उसके कृपापात्रों को इतनी अच्छी शर्तों पर ठेके मिल जाते थे कि वे कीमियागरों से अधिक होशियार होने के कारण मिट्टी से सोना बनाया करते थे। चौबीस घंटों के अन्दर कुकुरमुत्तों की तरह बटोर ली जाती थी; एक शिलिंग भी पेशगी के रूप में लगाना नहीं पड़ता था। वारेन हेस्टिंग्स के मुकदमे में इस तरह के अनेक मामले सामने आए थे।...संसद के सामने पेश की गई एक सूची के अनुसार 1757 से 1766 ई. तक कम्पनी और इसके कर्मचारियों को हिन्दुस्तानियों से 60,000,000 पाउंड उपहारों के रूप में प्राप्त हुए थे।"[9]

गैर-यूरोपीय देशों में अमेरिका पूँजीवादी विकास में अग्रणी था। अमेरिका का मतलब उन अमेरिकियों का देश, जो ज्यादातर ब्रिटेन से आकर ही शाही चार्टर के आधार पर अपना उपनिवेश कायम कर चुके थे और वहाँ के मूल निवासियों की भूमि और सम्पदा पर कब्जा जमा वहाँ के मालिक बन बैठे थे। उनके पूँजी संचय की प्रक्रिया की एक बानगी मार्क्स के अनुसार : "...लेकिन जिनको

सचमुच उपनिवेश कहा जा सकता था, उनमें भी आदिम संचय का ईसाई स्वरूप अक्षुण्ण था। प्रोटेस्टेंट मत के उन गम्भीर साधकों—न्यू इंग्लैंड के प्यूरिटनों—ने 1703 ई. में अपनी एसेम्बली के कुछ अध्यादेशों के द्वारा अमेरिकी आदिवासियों को मारकर उनकी खोपड़ी की चमड़ी लाने या उन्हें जिन्दा पकड़ लाने के लिए प्रति आदिवासी 40 पाउंड पुरस्कार की घोषणा की थी। 1720 ई. में प्रति त्वचा 100 पाउंड पुरस्कार का ऐलान किया गया था। 1744 ई. में जब मैसाचुसेट्स-बे ने एक खास कबीले को विद्रोही घोषित किया तो निम्नलिखित पुरस्कारों की घोषणा की गई : 12 वर्ष या उससे अधिक आयु के पुरुषों को मार डालने के लिए प्रति चमड़ी 100 पाउंड (नई मुद्रा में), पुरुषों को पकड़ लाने के लिए प्रति व्यक्ति 105 पाउंड, स्त्रियों और बच्चों को पकड़ लाने के लिए प्रति व्यक्ति 55 पाउंड, स्त्रियों और बच्चों को मार डालने के लिए प्रति चमड़ी 50 पाउंड...।"[10]

और अन्तत: इन लूट और हत्याओं के परिणामों का आदिम पूँजी संचय में भूमिका के बारे में मार्क्स लिखते हैं : "जिस तरह गरम नर्सरी में पौधे जल्दी-जल्दी बढ़कर तैयार हो जाते हैं, उसी तरह औपनिवेशिक व्यवस्था की छत्रच्छाया में व्यापार और नौ-परिवहन बहुत तेजी से विकास करने लगे। लूथर ने जिनको 'एकाधिकारी कम्पनियाँ' कहा था, उन्होंने पूँजी के संकेन्द्रण में शक्तिशाली साधनों का काम किया। उपनिवेशों में नवजात उद्योगों के लिए मंडियाँ तैयार हो गईं और मंडियों पर एकाधिकार होने के कारण और भी तेजी से संचय होने लगा। यूरोप के बाहर खुली लूटमार करके, लोगों को गुलाम बनाकर और हत्याएँ करके जिन खजानों पर कब्जा किया जाता था, वे सब मातृभूमि में पहुँचा दिए जाते थे और वहाँ वे पूँजी में बदल जाते थे। औपनिवेशिक व्यवस्था का पूर्ण विकास सबसे पहले हॉलैंड ने किया था। वह 1648 ई. में ही वाणिज्य के क्षेत्र में अपने चरमोत्कर्ष पर पहुँच गया था।"[11] इसका पूरक भाग यह था कि मार्क्स की टिप्पणी के ही अनुसार 1648 ई. के आते न आते हॉलैंड के लोगों से जितना ज्यादा काम लिया जाता था, वे जैसी गरीबी में रहते थे और उन पर जैसा पाशविक अत्याचार किया जाता था, बाकी सारा यूरोप मिलकर भी उसका मुकाबला नहीं कर सकता था।

ऊपर मार्क्स से जो उद्धरण लिए गए हैं, उससे एक बात तो स्पष्ट है कि पूँजी संचय और पूँजीवादी व्यवस्था का विकास मानव-विकास की कोई स्वाभाविक प्रक्रिया नहीं है। दुनिया के बहुत-से इतिहासकार और अर्थशास्त्री इस बात का कारण ढूँढ़ते रहे हैं कि चीन, भारत, मिस्र या मैक्सिको आदि में जहाँ ऊँचे दर्जे की सभ्यता विकसित हुई थी, पूँजीवाद का विकास क्यों नहीं हो पाया। कारण स्पष्ट है कि धन को ही सर्वोच्च देवता मानकर और इसकी उपलब्धि को दैवी-अनुकम्पा का प्रमाण मान इसके लिए सभी तरह का जुल्म क्रमबद्ध ढंग से करने का संकल्प संसार में और कहीं नहीं हो पाया। इसीलिए इन दूसरी सभ्यताओं

में आविष्कार बुनियादी जरूरतों के हिसाब से धीरे-धीरे हुए और फिर किसी नई उत्तेजना के अभाव में जहाँ के तहाँ रह गए। उत्पादन-सम्बन्धी भी कमोबेश स्थिर रहे। उदाहरण के लिए, पानी की ऊर्जा का प्रयोग तो एशिया में हजारों साल से चल रहा था, लेकिन उद्योगों के लिए बड़े पैमाने पर इसका प्रयोग यूरोप के वैश्विक व्यापार के फैलाव के बाद शुरू हुआ। भाप की शक्ति के खिलौने के रूप में प्रयोग पहले मिस्र में हुआ, लेकिन औद्योगिक प्रयोग वॉट के बाद शुरू हुआ। चीन ने छपाई, चुम्बक, बारूद, कागज आदि का आविष्कार किया, लेकिन इन आविष्कारों का उद्योगों के लिए बड़े पैमाने पर प्रयोग पूँजीवादी यूरोप में ही हो पाया। मनुष्य का स्वाभाविक रुझान बने-बनाए जीवन-वृत्त में चलने का ही होता है और आदमी इससे बाहर सदा किसी बाहरी दबाव या नई आवश्यकता के दबाव में ही काम करता है। पारम्परिक जीवन-पद्धति में सुरक्षा का भाव बना रहता है और आदमी को सदा अप्रत्याशित आपदाओं का डर नहीं रहता। यह वर्तमान पूँजीवादी औद्योगिक समाज में ही होता है कि आदमी सदा अप्रत्याशित सम्भावनाओं के मनोवैज्ञानिक घेरे में रहता है इससे कुछ आशाएँ भी बनी रहती हैं, लेकिन आशंकाएँ अधिक सशक्त रूप से घेरे रहती हैं।

यूरोप और इसके अमेरिकी उपनिवेशकों को छोड़ दें तो पूँजीवाद का तेज विकास सिर्फ एक देश में हुआ है, वह है जापान। जापान में भी पूँजीवाद के तेज विकास की कुछ स्थितियाँ तोकुगावा शोगुन (एक तरह का पारिवारिक सामन्ती शासन) में शुरू हो गई थीं। इस तरह की स्थिति सीमित ढंग से समुद्र से घिरे और समुद्री यातायात और व्यापार पर निर्भर दूसरी जगहों पर भी हुई है। जापान में सामन्ती व्यवस्था के बावजदू व्यापार काफी बढ़ा और एक व्यापारी वर्ग का विकास हुआ था। इन व्यापारियों ने काफी शक्ति हासिल कर ली थी। जापान में सामन्ती शोषण भयंकर था, लेकिन इस शोषण से प्राप्त धन से खेती की तरक्की भी होती रही थी, एक तरह की प्राथमिक संचय की स्थिति। सम्भवत: खेती लायक भूमि के अभाव में कृषि-सुधार यहाँ के शासक वर्ग के अस्तित्व के लिए आवश्यक था। पूँजीवाद के विकास के लिए स्थितियों के मौजूद होने के बावजूद जापान में पूँजीवाद का विकास पश्चिमी देशों से मिली चुनौती और उससे मुकाबला करने के संकल्प से हुआ और इसी क्रम में साम्राज्यवादी प्रसार भी हुआ, जो पूँजीवाद की स्थापना की सबसे महत्त्वपूर्ण शर्त को पूरा करता था। यूरोपीय सम्पर्क से एक मॉडल सामने होना और इसकी श्रेष्ठता का एहसास भी एक कारण था। शोगुन काल में जापान ने पश्चिमी देशों के साथ सम्बन्धों को लगभग बन्द ही कर दिया था, लेकिन 1854 ई. में एक अमेरिकी जहाजी ऑफिसर मैथ्यु सी. पेरी ने हमला कर जापान को इसके लिए मजबूर कर दिया कि वह पश्चिमी देशों के व्यापार के लिए अपना दरवाजा पूरी तरह खोल दे। उसके ऊपर कई गैर-बराबर समझौते

भी लाद दिए। इन्हीं दबावों में शोगुन-शासन का अन्त भी हुआ और 1868 ई. में मेजी राजा के वर्चस्व की स्थापना हुई।

1871 ई. में सामन्ती व्यवस्था को खत्म किया गया। हालाँकि बड़े भू-स्वामियों का वर्चस्व द्वितीय विश्वयुद्ध तक बना रहा। मेजी शासन के पक्ष में विद्रोह विदेशी आक्रमण से पराजय की प्रतिक्रिया में हुआ था, पर नये शासकों ने यह देखकर कि वे पुराने तरीकों से पश्चिमी शक्तियों का मुकाबला नहीं कर सके, अपनी व्यवस्था को पश्चिमी साँचे में ढालना शुरू किया। पश्चिम के फौजी ज्ञान, और औद्योगिक तकनीकों और इसके अनुरूप शासन-व्यवस्था को ढालना शुरू हुआ। सरकार और पहले से अस्तित्व में आए व्यापारी वर्ग के सहयोग से नये तरह के उद्योगों का विकास शुरू हुआ। शिक्षा और प्रशासन को पश्चिमी देशों, खासकर जर्मनी के साँचे में ढाला जाने लगा। जापान उन्नीसवीं शताब्दी के आखिर में स्वयं साम्राज्यवादी प्रसार की दौड़ में शामिल हो गया। इसमें इसका मनोबल बढ़ा, जब 1894-95 के चीन से युद्ध में इसने फारमोसा (वर्तमान ताइवान) और मंचूरिया के अन्तरीप पर अपना कब्जा जमा लिया।

1904-05 ई. में इसने युद्ध में रूस को शिकस्त देकर अपने को एक साम्राज्यवादी शक्ति के रूप में स्थापित कर लिया। 1910 ई. में इसने कोरिया पर कब्जा कर लिया। इसके बाद से जापान दुनिया की पूँजीवादी व्यवस्था में एक शक्तिशाली शागिर्द के रूप में शामिल हो गया। यहाँ भी यह दिखाई देता है कि पूँजीवाद का विकास तब तक नहीं आया, जब तक एक जबर्दस्त प्रेरणा और नमूना पश्चिमी देशों से नहीं मिला और भीतरी और बाहरी लोगों का निर्बाध शोषण करने का अधिकार प्राप्त नहीं हुआ।

पूँजीवाद के विकास का साम्राज्यवाद के साथ इसी अभिन्न रिश्ते को देखते हुए समाजवादी नेता डॉ. राममनोहर लोहिया ने अपनी पुस्तक 'इकोनॉमिक्स आफ्टर मार्क्स' में लिखा कि लेनिन की इस मान्यता के विपरीत कि साम्राज्यवाद पूँजीवाद का अन्तिम चरण है, यह कहा जा सकता है कि साम्राज्यवाद दरअसल पूँजीवाद के विकास की पूर्व शर्त रही है। यह बात जरूर है कि लेनिन ने जो कुछ कहा था, वह एक विशेष सन्दर्भ में, जब दुनिया की कुछ प्रमुख शक्तियाँ प्रथम विश्वयुद्ध के कगार पर थीं और इस युद्ध के पीछे मूलत: अपनी पूँजी के विस्तार के क्षेत्र की तलाश थी। हम आगे पूँजीवाद के मार्क्स के बुनियादी सिद्धान्त के विवेचन से देखेंगे कि कैसे पूँजीवाद का ढाँचा चरमराने लगता है, जब तक इसे विकास के अपने परिवेश और स्वायत्त ढाँचे के बाहर के किसी क्षेत्र का सहारा नहीं मिलता, लेकिन इस विवेचन के पहले हम मार्क्स के पूँजी के विकास के प्रतिमान पर नजर डालने की कोशिश करेंगे।

2

पीछे हमने देखा है कि मार्क्स द्वारा दिए गए विवरणों में से, जिन्हें उद्धृत किया गया है, यह जाहिर है कि पूंजीवाद का जन्म यूरोप की अपने ढंग की विलक्षण स्थिति से हुआ था और इसके पीछे वहाँ के एक वर्ग का धार्मिक अन्धविश्वास[1] एवं घोर लिप्सा थी, जिसकी पूर्ति के लिए अपने देशों में और उन देशों में, जिनके सम्पर्क में वह आया, अकल्पनीय क्रूरता और हिंसा का सहारा लिया गया। ईसाई धर्म-कथा में वर्णित आदि पाप की तरह इसका जन्मकाल और पहला चरण यातनाओं और हत्याओं से पटा है। पूँजी के प्रारम्भिक पाप की छाया पूँजीवाद के विकास के अगले चरणों पर भी पड़ती रही है और इसके विकास एवं प्रसार की कहानी कुछ छोटे अन्तराल को छोड़ दें तो मानव-त्रासदियों की लम्बी श्रृंखला रही है, लेकिन मार्क्स इस बात से आश्वस्त थे कि हिंसा, क्रूरता और संघर्षों के बीच से पूँजीवाद से उत्पादन की ऐसी स्थितियाँ पैदा हो रही हैं और एक ऐसा क्रान्तिकारी वर्ग उभर रहा है, जिसने अनिवार्य रूप से एक समाजवादी समाज निकलेगा, जिसमें समता का राज्य होगा और प्रत्येक व्यक्ति का उत्थान उसके पड़ोसी के उत्थान का पूरक होगा। कम्युनिस्ट एवं 1843 और 1847 ई. तक की रचनाओं से यही ध्वनि निकलती है। अगर यह कल्पना सही थी तो मार्क्स के सबसे महत्त्वपूर्ण वैज्ञानिक अध्ययन में, जिसमें पूँजी के जन्म, इसके विकास और विस्तार का विश्लेषण एवं वर्णन है, एक ऐसी ही तसवीर उभरती है। अगर ऐसा हो पाता तो अन्ततः हमें सुरंग के छोर पर रौशनी दिखाई देती और हम भविष्य के लिए आश्वस्त हो सकते। ऐसी सम्भावना के परीक्षण के लिए हमें पूँजी की मूल अवधारणाओं और वर्णित स्थितियों पर विचार करके देखना होगा कि पूँजीवाद किस हद तक युवा मार्क्स की क्रान्तिकारी आकांक्षाओं के अनुरूप स्थितियाँ पैदा करता रहा है।

एक वैज्ञानिक के रूप में मार्क्स ने पूँजीवाद का अध्ययन इसके सम्बन्ध में कुछ बुनियादी कल्पनाओं (हाइपोथेसिस) के आधार पर करने की कोशिश की। जैसे भौतिकशास्त्री पदार्थों की बनावट को समझने के लिए परमाणु की कल्पना से आगे बढ़े, वैसे ही मार्क्स ने मनुष्यों के आर्थिक सम्बन्धों को समझने के लिए

'पण्यों' का अध्ययन शुरू किया। पण्य वे सभी वस्तुएँ हैं, जो आदमी की किसी मूल आवश्यकता की पूर्ति करती हैं, पर साथ-साथ विनिमय की वस्तुएँ भी हैं। एक उदाहरण है—अनाज, जिससे आदमी को भोजन भी मिलता है ओर यह बाजार से या पड़ोसी से खरीदा भी जा सकता है—चाहे पैसा देकर या बदले में जरूरत की कोई दूसरी वस्तु देकर। इसलिए हवा 'पण्य' नहीं है क्योंकि यह आदमी के जीवन की आवश्यकता तो पूरा करती है, क्योंकि बिना हवा हम जी नहीं सकते, पर इसकी खरीद-बिक्री नहीं होती क्योंकि यह हमें प्रकृति से बिना प्रयास प्राप्त होती है। पानी भी पहले ऐसी ही वस्तु था, पर अब बोतल बन्द पानी के रूप में पण्य बन गया है।

इस तरह मार्क्स की कल्पना के अनुसार पण्यों में दो मूल्य निहित हैं : एक उपयोग मूल्य और दूसरा विनिमय मूल्य। उपयोगिता का होना तो किसी भी पण्य के लिए प्राथमिक जरूरत है, लेकिन विनिमय में ही इसके मूल्य का अर्थशास्त्र की दृष्टि से महत्त्व है क्योंकि वस्तुओं के समाज या बाजार में; परिचालन में इसका मान इसी से निर्धारित होता है। इसका मार्क्स के अर्थशास्त्र में कुछ वैसा ही स्थान है, जैसा भौतिकशास्त्र में भार (Mass) या ऊर्जा का। यह एक ऐसी कल्पना है, जिसके आधार पर मार्क्स न सिर्फ पण्यों के विनिमय का मानक स्थापित करते हैं बल्कि समाज में स्थित और उत्पादन एवं विनिमय की प्रक्रिया से जुड़े मनुष्यों के सम्बन्धों को भी इसी में प्रतिबिम्बित मानते हैं। यह कैसे होता है, यह मूल्य के आधार की उसकी स्थापना से जाहिर होता है। सबसे पहले मार्क्स यह सवाल करते हैं कि जब 10 गज कपड़े का विनिमय 20 किलो अनाज से होता है तो हम कैसे तय करते हैं कि दोनों समतुल्य हैं? दोनों की कीमत को 5 या 10 रुपए यानी मुद्रा में आँकने की बात तो बहुत बाद की है, पहले तो यही तय करना है कि दो अलग-अलग आवश्यकताओं को पूरा करनेवाली वस्तुओं—10 गज कपड़ा और 20 किलो अनाज में क्या ऐसा है, जिससे हम यह तय करते हैं कि दोनों का मूल्य बराबर है।

यहाँ मार्क्स पूर्ववर्ती ब्रिटिश अर्थशास्त्री एडम स्मिथ और रिकार्डो की स्थापनाओं से प्रारम्भ करते हैं। मार्क्स उनसे यह विचार लेते हैं कि इन वस्तुओं का मूल्य बराबर इसलिए है क्योंकि इन्हें तैयार करने में बराबर मानव-श्रम लगा हुआ है—यानी अगर 10 गज कपड़ा तैयार करने में 10 घंटा मानव-श्रम लगा है तो 20 किलो अनाज तैयार करने में भी उतना ही मानव श्रम लगा है। श्रम की प्रक्रियाएँ या स्थितियाँ भिन्न हो सकती हैं, लेकिन मोटा-मोटी श्रम की मात्रा दोनों जिंसों को तैयार करने में बराबर रही है, लेकिन यहाँ मार्क्स इस विचार को थोड़ा और परिष्कृत करते हैं। यह एक आम अनुभव है कि एक आदमी काम करने में तेज है और दूसरा सुस्त और इस तरह एक आदमी एक नियत समय में दूसरे

से अधिक माल तैयार कर लेता है। फिर दोनों के बीच काम के घंटे से किसी पण्य का मूल्य निर्धारण कैसे होगा? यहाँ मार्क्स उत्पादन-प्रक्रिया में लगे समाज के उत्पादन की स्थिति से पैदा मानक यानी अलग-अलग लोगों द्वारा एक नियत समय में तैयार की गई वस्तु की मात्रा के औसत को आधार बनाते हैं। यह औसत न सिर्फ काम करनेवाले लोगों की क्षमताओं का औसत होता है बल्कि समाज में व्यवहार में लाए जानेवाले तकनीक के आधार का भी आकलन करता है, यानी आमतौर से अपनाई गई तकनीक के आधार पर ही उत्पादन का औसत निर्धारित होता है। इसलिए किसी वस्तु की अधुनातन तकनीक पर आधारित उत्पादन में लगे समय और उसी वस्तु के उत्पादन में आदिम अवस्था में लगे समय का कोई औसत नहीं हो सकता। इस समय को मार्क्स 'सोशली नेसेसरी लेबर टाइम' यानी किसी समाज विशेष में निर्धारित श्रम का औसत समय कहते हैं।

इस तरह पण्य का मूल्य उसके उत्पादन में लगे श्रम से निर्धारित होता है। इसी आधार पर तय होता है कि किसी वस्तु—जैसे अनाज की कितनी मात्रा का विनिमय किसी दूसरी वस्तु कपड़ा की कितनी मात्रा से होगा? इस तरह संसार की भिन्न लगनेवाली सभी वस्तुओं का विनिमय-मूल्य निर्धारित हो जाता है। जैसे दस गज कपड़ा = बीस किलो अनाज = एक जोड़ा जूता = एक छाता आदि। इन सबकी समतुल्यता इनमें दिखाई नहीं देनेवाले श्रम की लागत से निर्धारित होती है। इस विनिमय की विशेषता यह है कि इसमें कितनी ही वस्तुओं का विनिमय क्यों न हो, विनिमय करनेवाले को सदा बराबर मूल्य ही उपलब्ध होता है। यह विनिमय चलता इसलिए रहता है कि समाज में अलग-अलग लोगों की जरूरतें अलग होती हैं। इस विनिमय से सब लोगों की जरूरतों की पूर्ति दूसरे लोगों द्वारा निर्मित वस्तुओं से होती हैं, जैसे अनाज पैदा करनेवालों को कपड़ा और कपड़ा बनानेवालों को अनाज और इन दोनों को छाता और जूता और इसी तरह छाता और जूता बनानेवाले को कपड़ा और अनाज विनिमय से प्राप्त हो जाता है। अगर पण्य के मूल्य को C से व्यक्त करें तो इन सभी विनिमयों में C = C = C = C होता है।

इसमें ध्यान देने की बात यह है कि किसी प्राथमिक समाज को छोड़ जहाँ पास-पड़ोस के लोग अपना सामान लेकर आते हैं और उनकी अदला-बदली कर लेते हैं, आमतौर से लोग किसी भी वस्तु को मुद्रा देकर खरीदते हैं, वर्तमान मुद्रा का जन्म भी विनिमय की लम्बी प्रक्रिया से हुआ है। पास-पड़ोस के लोगों को छोड़ दें तो दूर-दराज के लोगों से वस्तुओं की अदला-बदली यानी विनिमय काफी कठिन होता होगा। जरूरत की अनेक वस्तुओं को बिना यह जाने कि दूसरे स्थान पर किसको किस चीज की जरूरत होगी, ले जाना काफी मुश्किल काम रहा होगा। इसी समस्या का समाधान मुद्रा के ईजाद से हुआ।

सोना, चाँदी, काँसा या ताँबा आदि मुद्रा बनने के पहले उपयोग की दूसरी वस्तुओं की तरह पण्य ही थे, जिनका उपयोग आभूषण, बर्तन या हथियार बनाने में होता था, लेकिन इनकी विशिष्टता यह थी कि इन्हें विशेष मात्रा में काटा जा सकता था या फिर टुकड़ों को बड़ी मात्रा में ढाला जा सकता था। इस तरह विनिमय के समय आसानी से इनके टुकड़ों का वजन या इनके निश्चित वजन वाले टुकड़ों की गिनती हो सकती थी। इसी सुविधा के कारण सोना या चाँदी का मूल्य भी दूसरे पण्यों की तरह इसके उत्पादन में लगे श्रम के घंटों से निर्धारित होता था। कालान्तर में जब राजाओं के साम्राज्य बने तो उन्होंने मात्रा के हिसाब से इनके टुकड़ों पर मुहर लगा, इन्हें बाजाब्ता मुद्रा में परिवर्तित कर दिया। इस मुद्रा को M से व्यक्त किया जा सकता है। अब C का विनिमय दूसरे C से करने की बजाय इस विनिमय में मुद्रा यानी M की भूमिका आदमी की किसी जरूरत की पूर्ति की नहीं रहती। यह सिर्फ मूल्यों का माप-भर रह जाता है और लोग मुद्रा को इसलिए रखते हैं ताकि जब जरूरत हो, विनिमय के द्वारा इससे कोई भी आवश्यक पण्य खरीद लें यानी अब विनिमय का रूप हो जाता है M-C यानी मुद्रा से कोई पण्य या फिर पण्य उत्पादक के लिए C-M यानी पण्य बेचकर मुद्रा हासिल कर लेना। इस तरह M-C विनिमय और फिर C-M का रूप धारण कर लेता है। इस तरह सभी विकसित समाज में लोग, विशेषकर व्यापार में मुद्रा से पण्य खरीदते हैं और फिर पण्य बेचकर मुद्रा हासिल कर लेते हैं।

अब हम एक ऐसे व्यापारी की कल्पना करें, जो विनिमय में लाभ लेकर मुद्रा बढ़ाना चाहता है यानी विनिमय में लगी पूँजी बढ़ाना चाहता है। अगर विनिमय M-C-M मुद्रा से कोई पण्य खरीदकर फिर पण्य बेचकर मुद्रा हासिल करना हो तो इस विनिमय में अपना समय और अपनी शक्ति खर्च कर इस व्यापारी को तो कोई लाभ होगा नहीं। उसे तो ऐसा पण्य चाहिए, जिससे विनिमय के अन्त में मुद्रा की मात्रा बढ़ जाए यानी विनिमय M-C-M होने की बजाय M-C-M[1] हो जाए, जहाँ M[1]M+ कोई मात्रा M△ हो यानी M△ अतिरिक्त या अतिरिक्त मूल्य हो जाता है।

बाजार में श्रम का मूल्य निर्धारित होता है उस राशि से, जिससे श्रमिक जिन्दा रहकर काम कर सकता है और सन्तान-वृद्धि कर सकता है यानी उसके अपने और अपने परिवार को जिन्दा रखने के खर्च से। अब मान लीजिए कि कोई मजदूर पूँजीपति के लिए आठ घंटे काम करता है। अब इस आठ घंटे में जितना पण्य निर्माण करता है, उसमें मान लीजिए कि छह घंटे में वह अपने और परिवार के जीवन के लायक मूल्य पैदा कर लेता है। इस तरह जो दो घंटे में पैदा किया गया मूल्य (यानी 8-6 घंटे का मूल्य), वह अतिरिक्त मूल्य होगा, जो पूँजीपति का मुनाफा होगा।

मार्क्स की दृष्टि में यही अतिरिक्त या अतिरिक्त मूल्य पूँजीपति के मुनाफे का स्रोत है और इसी में निहित है, मजदूरों का शोषण। मजदूर के बेगानेपन का भाव भी

इसी शोषण से जुड़ा होता है क्योंकि उसका उद्यम अपने जीवन के परिष्कार के लिए अपनी भावना या आवश्यकता की अभिव्यक्ति नहीं होती बल्कि एक बाहरी शक्ति द्वारा निर्धारित होती है, जो उसके श्रम का उपयोग अपने मुनाफे के लिए करती है। इसी सम्बन्ध में निहित होता है, मजदूरों और पूँजीपतियों के बीच चलनेवाला सतत संघर्ष, जिसमें पूँजीपति की कोशिश होती है ज्यादा-से-ज्यादा अतिरिक्त मूल्य हासिल करने की औरर मजदूर उत्पादित मूल्य पर पूरा या अधिक-से-अधिक अधिकार चाहता है। यह संघर्ष मात्रात्मक भी है और एक गहरे धरातल पर भावनात्मक भी। मात्रात्मक इसलिए क्योंकि काम के समय के अधिक-से-अधिक भाग पर अधिकार का संघर्ष है, लेकिन इससे भी अधिक यह संघर्ष भावनात्मक इसलिए होता है क्योंकि श्रमिक का काम उसकी सर्जनात्मक चेतना की अभिव्यक्ति नहीं होता, जैसे किसी शिल्पी का होता है बल्कि पूँजीपति के मुनाफे के हिसाब से नियोजित होता है, यानी ऐसे पण्यों के उत्पादन के लिए जिससे बाजार में अधिक-से-अधिक मूल्य मिल सके।

पूँजीपतियों की ओर से इस दिशा में एक भोंडा प्रयास तो यह होता है कि मजदूर की उत्पादकता बढ़ाए बगैर वह काम के घंटों को बढ़ाता जाए—लिहाजा, काम के घंटे 8 की बजाय 10 या 12 किए जा सकते हैं। इस तरह अतिरिक्त मूल्य की मात्रा प्रति मजदूर 2 घंटे के उत्पाद के बदले 4 घंटे या 6 घंटे के उत्पाद के बराबर हो जाएगा। औद्योगीकरण के प्रारम्भिक वर्षों में काम के घंटे 16 या 18 घंटे तक हो सकते थे, लेकिन लम्बी अवधि के काम की असह्य स्थितियों के खिलाफ मजदूर लगातार संघर्ष करते रहे, विशेषकर काम के घंटे को घटाकर 8 घंटा करने का संघर्ष मजदूर-आन्दोलन के इतिहास में 'मई दिवस' के रूप में एक मील का पत्थर बन गया। दूसरी ओर औद्योगिक क्रान्ति के साथ लाई गई मशीनों पर काम करना शुरू में मजदूरों को अपने स्वभाव और जीवन के लय से इतना विपरीत जान पड़ता था कि उनका विद्रोह मशीनों के खिलाफ फूट पड़ा और मजदूर मशीनों को नष्ट करने लगे, जो ब्रिटेन में 'लुडाइट आन्दोलन' के नाम से जाना जाता है। दोनों ही तरह के आन्दोलनों को राज्य के नृशंस दमन और हिंसा से दबाया गया। यह दूसरे तरह का संघर्ष आधुनिक ढंग से किसी भी औद्योगिक उद्यम में निहित है क्योंकि वास्तविक काम में यह बात गौण हो जाती है कि मजदूर किसी पूँजीपति के लिए काम कर रहा है या किसी सार्वजनिक प्रतिष्ठान के लिए? दोनों ही में मजदूर के काम का नियोजन किसी बाहरी तत्त्व द्वारा किसी बाहरी लक्ष्य की पूर्ति के लिए होता है, भले ही यह लक्ष्य किसी सार्वजनिक हित में हो। हालाँकि मार्क्स ने अपने प्रारम्भिक अध्ययनों में बेगानेपन की इस स्थिति का अध्ययन किया था और यह उनके लिए इतना महत्त्वपूर्ण बन गया था कि श्रम-विभाजन को ही वह शोषण का आधार मानने लगे थे, लेकिन अतिरिक्त मूल्य के सन्दर्भ में उनके लिए यह चर्चा गौण हो गई थी। इसलिए पूँजी के अध्ययन में मार्क्स के विचार के इस पहलू पर

विचार करना बहुत प्रासंगिक नहीं होगा क्योंकि यहाँ मार्क्स ने इसमें इसके आर्थिक पक्ष और इसमें निहित शोषण का ही अध्ययन किया है।

मशीनों के विकास के साथ अतिरिक्त मूल्य पाने का एक दूसरा उपाय पूँजीपतियों को मिल गया। हमने देखा है कि पूँजीपति मजदूरों को उसके श्रम का उतना ही मूल्य देना चाहता है, जिससे वह अपना और अपने परिवार का भरण-पोषण कर सके। मशीनों के आने से उत्पादकता इतनी बढ़ गई कि मजदूरों के भरण-पोषण के लायक मूल्य एक अल्प अवधि के काम से ही सम्भव हो गया यानी अगर पहले मजदूर को अपने जीवन-यापन के लिए अपने श्रमकाल के 8 घंटे में 6 घंटे का श्रम देना होता था तो अब वह 4 या 2 घंटे के श्रम से ही इतना उत्पादन कर सकता था, जिससे उसकी मजदूरी के बराबर वस्तुएँ प्राप्त हो सकें। इस तरह अब अतिरिक्त मूल्य 8-6 = 2 घंटे की बजाय 8-4 = 4 या 8-2 = 6 घंटे हो जाएगा। इस तरह पूँजीपतियों के लिए सम्भव हो जाता है कि मजदूरों के काम के घंटे बढ़ाए बगैर ही वह ज्यादा अतिरिक्त या अतिरिक्त मूल्य हासिल कर सके। 'पूँजी' में मार्क्स ने मशीनों की संरचना, उसका उत्पादकता से सम्बन्ध और अतिरिक्त मूल्य के संचय तथा इसके हस्तान्तरण का अत्यन्त ही गहन अध्ययन किया और उसमें मशीनों के आज तक के विकास की प्रक्रिया की अच्छी झलक मिल जाती है जबकि यह अध्ययन आज से डेढ़ सौ साल पहले किया गया था।

मार्क्स ने मशीनों के अध्ययन में औजार और मशीन के चरित्र के बुनियादी भेद को उजागर किया था। इस भेद को समझ लेने के लिए हमारे लिए यह सम्भव हो सकता है कि हम इस पहेली का भी हल पा सकें कि क्यों मानव-श्रम को मूल्य का आधार मान लेने पर पारम्परिक उद्योगों में तैयार माल, जिस पर भारी मात्रा में श्रम खर्च हुआ है और आधुनिक उद्योगों में उत्पादित उतना ही माल, जिस पर बहुत कम श्रम खर्च हुआ है, समान दाम पर बेचे जाते हैं जबकि अत्यधिक श्रम पर आधारित होनेवाले पारम्परिक वस्तुओं का श्रम आधारित मूल्य कहीं अधिक होना चाहिए। यहाँ मार्क्स के विचार को उनके ही शब्दों में विस्तार से उद्धृत किया गया है क्योंकि उन्होंने उसे बहुत ही स्पष्ट ढंग से रखा है।

गणित और यांत्रिकी के विद्वान औजार को सरल मशीन और मशीन को जटिल औजार कहते हैं और इंग्लैंड में कुछ अर्थशास्त्री भी उन्हीं का अनुकरण करते हैं। वे उनमें कोई बुनियादी अन्तर नहीं देखते, और यहाँ तक कि उन्होंने सरल ढंग की यांत्रिक शक्तियों को, जैसे—लीवर, ढालु, समतल, पेंच, पच्चर आदि को भी मशीन का नाम दे दिया है। प्रत्येक मशीन असल में इन सरल शक्तियों का ही योग होता है, भले ही उन पर किसी भी प्रकार का आवरण डाल दिया गया हो। आर्थिक दृष्टिकोण से इस व्याख्या का कोई मूल्य नहीं है क्योंकि इसमें ऐतिहासिक तत्त्व का अभाव है। औजार और मशीन के अन्तर की एक व्याख्या यह है कि औजार की चालक-शक्ति

मनुष्य होता है जबकि मशीन की चालक-शक्ति मनुष्य से भिन्न कोई चीज होती है, जैसे मिसाल के लिए, कोई जानवर, पानी, हवा आदि। इस मत के अनुसार बैलों द्वारा खींचा जानेवाला हल, जो एक-दूसरे से अत्यन्त भिन्न युगों में समान रूप से पाया जाता है, मशीन है, मगर क्लोस्सेन का वृत्ताकार करघा, जिस पर केवल एक मजदूर काम करता है और जो एक मिनट में 96,000 फंदे बुनता है, महज औजार है। इतना ही नहीं, यही करघा जब हाथ से चलाया जाएगा, तो औजार माना जाएगा, मगर यदि उसे भाप से चलाया गया तो वह मशीन हो जाएगा और चूँकि पशु-शक्ति का प्रयोग मनुष्य के सबसे पहले आविष्कारों में से है, इसलिए मशीनों के द्वारा होनेवाला उत्पादन इस मत के अनुसार दस्तकारियों से होनेवाले उत्पादन से भी पहले शुरू हो गया था। 1735 ई. में जब जॉन बायट ने अपनी कातन की मशीन तैयार की थी और अठारहवीं शताब्दी की औद्योगिक क्रान्ति का श्रीगणेश किया था तो उन्होंने आदमी की बजाय गधे के द्वारा इसके चलाए जाने के बारे में एक शब्द भी नहीं कहा था, मगर फिर भी यह काम गधे के ही जिम्मे पड़ा। बायट ने इसका वर्णन इस तरह किया था कि, "यह बिना उँगलियों के कातने की मशीन है।"[2]

इसके आगे मार्क्स लिखते हैं : "पूरी तरह विकसित सभी मशीनें तीन बुनियादी तौर पर भिन्न भागों की बनी होती हैं : मोटर यंत्र, प्रेषण यंत्र और अन्त में औजार या कार्यकारी यंत्र। मोटर यंत्र वह होता है, जो पूरी मशीन को गति में लाता है। वह या तो खुद अपनी चालक-शक्ति पैदा करता है, जैसाकि भाप से चलनेवाला इंजन, गरम हवा से चलनेवाला ताप इंजन, विद्युत चुम्बकीय मशीन आदि करते हैं या उसे पहले से मौजूद किसी प्राकृतिक शक्ति से आवेग प्राप्त होता है, जैसे पनचक्की को ऊँचाई पर से नीचे गिरनेवाले पानी से और पवनचक्की को हवा से इत्यादि।"[3]

जो अतिरिक्त मूल्य मजदूरों के श्रम के शोषण से प्राप्त होता है, वही पूँजीपतियों के मुनाफे का स्रोत होता है और अनेक मजदूरों से शोषित यही अतिरिक्त मूल्य संचित हो पूँजीपतियों की पूँजी बन जाती है, जिसका निवेश कर पूँजीपति श्रम-शोषण के लिए उत्पादन का नया सिलसिला शुरू करता है। यहाँ यह बात स्पष्ट कर देना जरूरी है कि पूँजीपतियों का मुनाफा उसकी पूरी पूँजी पर निर्भर करता है। इस पूँजी के दो भाग होते हैं—एक भाग तो वह, जो श्रमिकों की मजदूरी खरीदने में लगा है, जो 'परिवर्ती पूँजी' कहा गया है और प्रतीक V से व्यक्त किया गया है। पूँजी का यही हिस्सा है जो अतिरिक्त मूल्य पैदा करता है जिसकी चर्चा ऊपर की गई है, लेकिन उत्पादन-प्रक्रिया में मजदूर हिस्सा ले सकें, इसके लिए यह जरूरी है कि उन्हें काम करने के आवश्यक औजार या मशीन मिलें और वह कच्चा माल, जिसके रूपान्तरण से पण्य प्राप्त होता है, मसलन कपड़े के निर्माण के लिए कपास या रेशम।

आधुनिक मशीनों पर काम करने के लिए गैर-मानव ऊर्जा का स्रोत यानी चालक-शक्ति भी जरूरी है, जैसाकि ऊपर मार्क्स के उद्धरण में बतलाया गया है—यानी भाप,

गरम हवा, विद्युत-चुम्बकीय मशीन आदि। मार्क्स के मुताबिक औजार, मशीन या कच्चे माल, जिनके रूपान्तरण से पण्य बनते हैं, इन पर लगी पूँजी से कोई अतिरिक्त मूल्य नहीं पैदा करते क्योंकि जैसा ऊपर बतलाया गया है, अतिरिक्त मूल्य का एकमात्र स्रोत श्रम है जो अपने उत्पादन पर खर्च से अधिक मूल्य पैदा कर सकता है, लेकिन मशीन या कच्चा माल स्वयं पूर्ववर्ती उत्पादक-श्रम द्वारा पैदा किए गए हैं और इसलिए इनके उत्पादन पर खर्च किया गया श्रम इनके मूल्य में निहित है, लेकिन यह मूल्य ज्यों का त्यों नये उत्पाद में स्थानान्तरित हो जाता है बिना कोई नया मूल्य जोड़े। कपास जैसा कच्चा माल एकबारगी अपना मूल्य उस कपड़े को दे देता है जो नई श्रम-प्रक्रिया से तैयार होता है और मशीन उस काल अवधि में थोड़ा-थोड़ा करके जितने में वह घिसकर कबाड़ बन जाती है। मार्क्स ने परिवर्ती पूँजी यानी श्रम-शक्ति को v से और अपरिवर्ती पूँजी यानी पूँजी का वह भाग, जो मशीन या कच्चे माल पर खर्च होता है, को c से व्यक्त किया है और सम्पूर्ण भाग को बड़े (कैपिटल) C से व्यक्त किया है यानी $c + v = C$। मार्क्स ने पूँजी के तीसरे खंड में पूँजी के दोनों भागों की पूँजीपति के पूरे मुनाफे में क्या भूमिका है, इसका विस्तार से विश्लेषण किया है और यह भी बतलाने की कोशिश की है कि पूरी पूँजी में अपरिवर्ती पूँजी का अनुपात लगातार बढ़ता जाता है। उन्होंने वहाँ यह भी बतलाया है कि ऐसा क्यों होता है और पूरी पूँजी में परिवर्ती पूँजी के कम होते जाने से पूँजीपतियों के मुनाफे की दर में किस तरह का फर्क आता है, इसकी चर्चा थोड़ा आगे।

लेकिन यहाँ एक बात का जिक्र कर देना जरूरी लगता है। मार्क्स ने कच्चे माल में कपास जैसी वस्तुओं, जो स्वयं रूपान्तरित होकर पण्य बन जाती हैं, और कोयले जैसे कच्चे माल में, जो उत्पादन-प्रक्रिया में ऊर्जा प्रदान कर स्वयं अपना अस्तित्व खो देता है, भेद कर मूल्य-उत्पादन करने में उनकी भूमिका का विश्लेषण नहीं किया है—हालाँकि उसका उपयोग कैसे होता है, इसका संक्षिप्त विवरण जरूर दिया है, जैसे एक जगह वह लिखते हैं : "...इसी तरह कोयला खान से कोयला निकालने के उद्योग का उत्पादन भी है और उसमें उत्पादन के साधन का काम करता है।"[4] फिर आगे एक जगह वह कोयले की तुलना मनुष्य को दिए जानेवाले भोजन से करते हैं। वह लिखते हैं—"वह भोजन के समय को लेकर हुज्जत करती है और जहाँ मुमकिन होता है, इस समय को भी उत्पादन की प्रक्रिया में शामिल कर लेता है, जिससे मजदूर के काम के दौरान उत्पादन के किसी साधन की तरह ही भोजन दिया जाता है, जैसे बायलर को कोयला और मशीन को ग्रीस और तेल दिया जाता है।"[5] यहाँ बायलर के कोयला और मशीन के ग्रीज और तेल के बुनियादी फर्क को नजरअन्दाज किया गया है, लेकिन बायलर के कोयले की भूमिका या इसी तरह के दूसरे ऊर्जा स्रोत, जैसे पेट्रोलियम या गैस की भूमिका को समझने की जरूरत है, जिससे पण्यों के विनिमय की कुछ खास स्थितियों को समझने में सहायता मिलेगी।

मार्क्स के मूल्य का श्रम-सिद्धान्त कुछ सरल स्थितियों—जैसे पारम्परिक कृषि-उत्पादन के क्षेत्र में अकाट्य दिखाई देता है क्योंकि उत्पादित मूल्य का सीधा सम्बन्ध किसी पण्य पर खर्च किए गए श्रम से देखा जा सकता है, लेकिन जहाँ उत्पादन भाप या बिजली या दूसरे ऊर्जा के साधनों पर आधारित जटिल मशीनों से होता है, यह सम्बन्ध इतना स्पष्ट नहीं दिखता। इसका विरोधाभास स्पष्ट रूप में तब दिखाई देता है जब हम एक ही तरह के पण्य, जैसे कपड़े की दो कीमतों यानी एक परम्परागत तकुए और करघे पर तैयार किए गए और दूसरा आधुनिक उद्योगों में तैयार किए गए कपड़े के मूल्यों की तुलना करते हैं। यहाँ हम पाते हैं कि आधुनिक मशीनों से दस मजदूर उतना कपड़ा तैयार कर लेते हैं, जिसे तैयार करने में पारम्परिक उद्योगों में हजारों मजदूरों को लगाया जाता था। इसमें कुछ उत्पादन-वृद्धि तो नई मशीनों की बनावट पर निर्भर करती है, जिसकी संरचना ऐसी होती है कि श्रमिक के दो हाथ और दो पैरों की जगह सहस्रबाहु की तरह अनेक मशीन हाथ साथ मिलकर काम कर सकते हैं, लेकिन एक सीमा के बाद ऐसे मशीनी हाथों या दूसरे अंगों को मनुष्य के सीमित बल से परिचालित नहीं किया जा सकता। औद्योगिक क्रान्ति के शुरू के दिनों में नई तरह की मशीनों को गधे या घोड़े से चलाने की कोशिश हुई और फिर अधिक बल की जरूरत होने पर पानी या हवा के वेग का प्रयोग हुआ, हालाँकि इससे विशेष स्थानों से बँधने की मजबूरी होती थी। भाप के इंजन के अस्तित्व में आ जाने के बाद स्थान से बँधे होने की बाध्यता समाप्त हो गई और इस तरह मशीनों की आवश्यकता के हिसाब से शक्ति की मात्रा मनमाने ढंग से बढ़ाई जा सकती थी। इस पर कोई सीमा तकनीकी कारणों से ही लग सकती थी।

मार्क्स ने स्वयं 'पूँजी' के प्रथम खंड में बहुत ही व्यवस्थित ढंग से और विस्तार से यह बतलाया है कि कैसे आधुनिक उद्योग उत्पादन के पारम्परिक सहयोग का कारखाने के भीतर या दूसरे तरह से आधुनिक औद्योगिक ढाँचे में कुछ परिवर्धित रूप में समावेश करता है। इस तरह वर्तमान कारखाने दरअसल हजारों श्रमिकों की ऊर्जा, उत्पादक-क्षमता या कुशलता का प्रतिनिधित्व करते हैं। यह बात अलग है कि वर्तमान कारखाने उस दर्जे का कौशल नहीं खोजते, जैसा हस्तकला उद्योगों में आवश्यक होता था, लेकिन यह भी इतना ही सच है कि वर्तमान उद्योग भी अगर ऊपरी स्तर के तकनीकी विशेषज्ञों और प्रबन्धकों के विशिष्ट शास्त्रीय ज्ञान को छोड़ दें तो बाकी श्रमिकों से किसी जटिल कौशल की अपेक्षा नहीं करते। इस स्थिति में वर्तमान कारखानों में काम करनेवाले मनुष्यों और इनमें उत्पादन करनेवाली मशीनों के बीच कार्य-क्षमता के स्तर पर भेद करना मुश्किल है और जहाँ तक श्रमिकों की मूल मनुष्यता का सवाल है, उसे तो पूँजीवादी व्यवस्था नजरअन्दाज करके ही चलती है क्योंकि इसका शुमार करने पर मुनाफे और प्रतिस्पर्धा का सारा गणित गड़बड़ हो जाता है। अब हम यह मानकर चल सकते हैं कि आधुनिक कारखाने हजारों

मनुष्यों की उत्पादक-ऊर्जा का स्थान ले लेते हैं। अगर अंग्रेजी का शब्द इस्तेमाल करें तो Surrogate Labour बन जाते हैं, और इस तरह परोक्ष रूप से उनके द्वारा जो मूल्य उत्पादित हो सकता, उसे बिना आदमी को लगाए हुए ही उपलब्ध करा देते हैं। यहीं पर कोयला जैसे ऊर्जा-स्रोतों का महत्त्व सामने आ जाता है। यहीं पर मार्क्स का ऊपर उद्धृत वह कथन सार्थक बनता है—"जिससे मजदूर को काम के दौरान उत्पादन के किसी साधन की तरह ही भोजन दिया जाता है, जैसे बायलर को कोयला और मशीन को ग्रीस और तेल दिया जाता है।"

यह तो सीधा देखा जा सकता है कि आधुनिक कारखाने में कोयले से ऊर्जा वैसे ही उपलब्ध होती है, जैसे पारम्परिक उद्योगों में मनुष्यों के श्रम से। थोड़े फर्क से दोनों ही समान उत्पादक प्रक्रियाएँ हैं। सिर्फ शिल्पकारों का शिल्प इससे भिन्न कोटि में आता है जहाँ मनुष्य की विशेष सर्जनात्मक क्षमता का उसके उत्पादन में समावेश होता है। इससे एक और नतीजा निकाला जा सकता है। कोयले या पेट्रोल मूल्य-वृद्धि इसीलिए कर सकते हैं क्योंकि वर्तमान स्थिति में उनके उत्पादन पर जितनी ऊर्जा खर्च होती है, उससे सैकड़ों या हजारों गुना ऊर्जा उनसे प्राप्त हो रही है। जैसे-जैसे ये ऊर्जा के स्रोत विरल होते जाएँगे, इनके उत्पादन पर लगी ऊर्जा की मात्रा इससे प्राप्त ऊर्जा के बराबर हो जाएगी और तब उद्योगों में इनका उपयोग इतना खर्चीला हो जाएगा कि उन चन्द उद्योगों को छोड़, जिनका रहना किसी भी कीमत पर अपरिहार्य है, इन ईंधनों का खर्च उद्योगों में बन्द हो जाएगा। पिछले दिनों परिवहन और उद्योगों द्वारा पैदा वस्तुओं की बढ़ती कीमत का कुछ सम्बन्ध पेट्रोलियम जैसे ईंधनों के उत्पादन पर बढ़ रहे खर्च का परिणाम हो सकता है। तब शायद सिर्फ पवन, पानी एवं सूरज से प्राप्त ऊर्जा ही आधुनिक उद्योगों के अधार रह जाएँगे। परमाणु ऊर्जा इसके उत्पादन से जुड़े तमाम जोखिमों के बावजूद इसी कारण पूँजीपतियों द्वारा विकसित किए जा रहे हैं।

ऊपर पूरी पूँजी में परिवर्ती और स्थिर पूँजी यानी v और c का जिक्र किया गया है। इस जिक्र को हम यहाँ थोड़ा बढ़ाएँगे क्योंकि पूँजी व्यवस्था में तकनीक क्यों और कैसे बढ़ती है और उत्पादन की शक्तियों के विकास का नियामक तत्त्व क्या है, इसे समझने में इससे थोड़ी मदद मिलेगी। जैसाकि पहले बतलाया गया है, मशीनों के आने से श्रमिक अपने पूरे काम के समय में पहले की अपेक्षा छोटे हिस्से से ही वह मूल्य पैदा कर लेता है, जिससे उसके जीवन-यापन के लिए उसे मजदूरी दी जाती है। इस तरह पूँजीपतियों के लिए उसके द्वारा उत्पादित पूरे मूल्य में अतिरिक्त का अनुपात बढ़ जाता है। साथ ही, वस्तुओं के उत्पादन की मात्रा पहले की अपेक्षा अधिक हो जाती है जबकि मजदूरी का खर्च ज्यों का त्यों रहता है। पूँजीवादी व्यवस्था में उत्पादन बाजार के लिए होता है, जिसमें अनेक पूँजीवादी उत्पादकों के बीच बाजार पर कब्जा जमाने के लिए प्रतिस्पर्धा रहती है। इसमें वह

पूँजीपति, जो कम खर्च में अधिक उत्पादन कर सकता है, बाजार से अपने प्रतिद्वन्द्वी दूसरे पूँजीपतियों को बाहर करने में सफल हो जाता है। इसका असर यह होता है कि दूसरे पूँजीपति भी अपनी मशीनों में वैसे ही सुधार करने लगते हैं। इस तरह मशीनीकरण की प्रक्रिया उत्तरोत्तर तेज होती है, जिसे वह $c + v$ से व्यक्त करता है यानी स्थिर पूँजी जोड़ परिवर्ती पूँजी से। मार्क्स के शब्दों में :

"...कुल पूँजी M स्थिर पूँजी c तथा परिवर्ती पूँजी v से संरचित है और अतिरिक्त मूल्य s उत्पन्न करती है। इस अतिरिक्त मूल्य का पेशगी परिवर्ती पूँजी से अनुपात, अथवा s/v अतिरिक्त मूल्य कहलाता है और उसे s^1 नाम दिया जाता है। अत: $s/v = s^1$, और फलत: $s=s^1v$। अगर यह अतिरिक्त मूल्य परिवर्ती पूँजी की बजाय कुल पूँजी से सम्बद्धता का लाभ P है तो S का कुल पूँजी C से अनुपात अथवा S/C लाभ-दर P^1 कहलाता है। तदनुसार $P^1 = \frac{S}{C} = \frac{S}{C+V}$

अबकी उसके समतुल्य से प्रतिस्थापन करने पर हम पाते हैं :

$P^1 P^1 : S^1 = V : C;$

लाभ-दर का अतिरिक्त मूल्य-दर से वही सम्बन्ध है, जो परिवर्ती पूँजी का कुल पूँजी से है।

इस अनुपात से यह परिणाम निकलता है कि लाभ-दर P^1, सदा अतिरिक्त मूल्य दर S^1 से छोटी होती है क्योंकि परिवर्ती पूँजी V सदा V + C अर्थात् परिवर्ती पूँजी जमा स्थिर पूँजी के योगफल, C से छोटी होती है, उस एकमात्र व्यवहारत: असम्भव प्रसंग को छोड़कर, जिसमें V = c अर्थात् कोई स्थिर पूँजी नहीं है। कोई उत्पादन साधन नहीं है लेकिन सिर्फ मजदूरी ही पूँजीपति द्वारा पेशगी दी जाती है।"[6]

हालाँकि अतिरिक्त मूल्य परिवर्ती पूँजी से ही प्राप्त होता है और पूरी पूँजी में परिवर्ती पूँजी के अनुपात के घटने से लाभ-दर घट सकता है, लेकिन मशीनीकरण से उत्पादकता अगर बहुत बढ़ गई तो मजदूरों की मजदूरी उसके कुल काम के एक अत्यन्त छोटे भाग के उत्पाद से दिया जा सकता है और इस तरह लाभ की दर को बढ़ाया भी जा सकता है। दरअसल, प्रतिस्पर्धा के कारण पूँजीपति अपनी मशीनों के परिष्कार में सदा लगा रहता है। यही कारण है कि मानव-सभ्यता के हजारों साल में जितना तकनीकी विकास हुआ है, उससे कहीं अधिक विकास पूँजीवादी व्यवस्था के आगमन के दो सौ वर्षों में हो गया है। इससे यह भी निष्कर्ष निकलता है कि जो तकनीकी विकास हो रहा है, विकास की किसी स्वत:स्फूर्त प्रक्रिया या प्रेरणा का परिणाम नहीं बल्कि पूँजीपतियों की मुनाफे की लिप्सा का परिणाम है और इसलिए मानव-समाज के कल्याण की सम्भावना इसमें निहित नहीं। इससे ऐतिहासिक भौतिकवाद में निहित यह विचार मानने का कोई कारण नहीं कि उत्पादन के साधनों का विकास एक स्वायत्त प्रक्रिया है, जो उत्पादन-सम्बन्ध और समाज का

आधारभूत ढाँचा तैयार करता है। इससे कम्युनिस्ट मैनिफेस्टो में व्यक्त यह आशा कि पूँजीवादी व्यवस्था द्वारा तैयार किया गया उत्पादन का आधार स्वाभाविक तौर से समाजवादी समाज के लिए उपयोगी होगा, सही नहीं लगता। चूँकि आधुनिक औद्योगिक व्यवस्था की संरचना में सब कुछ पूँजीपतियों और इसके प्रबन्धकों के मुनाफे और सुविधाओं को ध्यान में रखकर बनाए गए हैं, पहला विचार यही आता है कि यह संरचना एक ऐसी व्यवस्था के लिए अनुकूल नहीं होगी, जो मनुष्यों की सहकारिता और पारस्परिकता के भाव पर आधारित होगी।

ऊपर का संक्षिप्त विषयान्तर इस प्रश्न का उत्तर ढूँढ़ने के लिए किया गया है कि क्यों मूल्य का श्रम-सिद्धान्त, जो एडम स्मिथ और रिकार्डो से लेकर मार्क्स तक को स्वाभाविक लगता था, वर्तमान मशीनीकरण के युग में पारम्परिक और आधुनिक तकनीक से पैदा की गई वस्तुओं की कीमतों का कोई एक आधार निर्धारित करने में अक्षम साबित होता है और बाजार की तात्कालिक स्थितियों (जो मार्जिनलिस्ट सिद्धान्त का आधार है) के सहारे ही अर्थशास्त्री इसके पीछे कोई तार्किकता ढूँढ़ते हैं।

मार्क्स ने मशीनीकरण के प्रभाव से मुनाफे की दर में गिरावट के जिस रुझान का जिक्र किया था, वह पूँजीवाद में मशीनीकरण के आत्यंतिक विकास के काल में एक ऐसी स्थिति पैदा कर रहा है, जहाँ उत्पादन के अत्यधिक कौशल की माँग करनेवाले क्षेत्रों में बड़ा मशीनीकृत उत्पादन घाटे का धन्धा बन जाता है। यहाँ पर न्यूनतम मशीन के सहारे—जैसे सिलाई की मशीन—छोटे पैमाने पर मानव कौशल से चलनेवाली उत्पादन प्रक्रिया से ही अधिक मुनाफा अर्जित किया जा सकता है। इससे मार्क्स या उसके पहले के एडम स्थिम, सिसमंडी और रिकार्डो जैसे अर्थशास्त्रियों के विचार कि अन्तत: मानव-श्रम ही विनिमय-मूल्य का निर्धारक है, सच्चाई के अधिक करीब लगता है। यह मशीन के बरक्स मानव-श्रम की विलक्षणता और श्रेष्ठता को भी सिद्ध करता है। यह बात विविध डिजाइन और छापे वाले वस्त्रों, बुनाई से निर्मित अनेक सामान, विविधतापूर्ण सजावट वाले बर्तनों, चमड़े की थैलियों, जूते तथा आभूषणों के निर्माण के क्षेत्रों में साफ दिखाई देती है। ये क्षेत्र ऐसे हैं, जहाँ उपयोग की वस्तुएँ रुचिकर और उपयोग करनेवाले व्यक्तियों के निजी पसन्द के अनुरूप होती हैं। स्वचालन और कम्प्यूटरीकरण के सहारे कुछ निर्धारित डिजाइन की वस्तुओं का विशाल पैमाने पर उत्पादन तो हो सकता है, लेकिन ऐसी वस्तुओं का निर्माण, जिसमें पल-पल बदलती रुचि के अनुसार काट-छाँटकर या अदल-बदलकर डिजाइन तैयार किए जा सकें, सम्भव नहीं होता। अन्तत: कम्प्यूटर उन्हीं सूचनाओं के आधार पर काम कर सकता है, जिन्हें अपने संवेदन और चयन के आधार पर आदमी इसमें डालता है। कम्प्यूटरों अथवा रोबोटों की कोई स्वतंत्र संवेदनशीलता नहीं होती और थोड़े-थोड़े समय पर बदलनेवाले मानवीय पसन्द के हिसाब से इन मशीनों में या सॉफ्टवेयर में बदलाव इतना खर्चीला होता है और बेकार हो रही

मशीनों का कचड़ा इतना विशाल कि यह अत्यधिक घाटे का धन्धा होता है। यही कारण है आज सबसे विकसित औद्योगिक देश सिले वस्त्रों या निजी इस्तेमाल में आनेवाली दूसरी अनेक वस्तुओं के क्षेत्र में उन देशों से आयात पर निर्भर हैं, जहाँ इनका उत्पादन मानव-श्रम से कराया जाता है। माइक्रोचिप्स के निर्माण तो बड़े पैमाने पर औद्योगिक देश करते हैं, लेकिन इन्हें जोड़कर छोटे टीवी या रेडियो सेट बनाने में मानव-श्रम की बहुलता वाली पिछड़ी अर्थव्यवस्था वाले देश कम कीमत वाले सामान तैयार कर लेते हैं।

अपनी पुस्तक 'ग्लोबलाइजिंग पॉवर्टी' में माइकल चोस्सुदोस्की अन्तरराष्ट्रीय वस्त्र उद्योग के सम्बन्ध में कुछ दिलचस्प तथ्य प्रस्तुत करते हैं, जिससे ऊपर की बातों की पुष्टि होती है। वह लिखते हैं : "उदाहरण के लिए अन्तरराष्ट्रीय वस्त्र-व्यापार में कोई अन्तरराष्ट्रीय वस्त्र डिजाइनर पेरिस के डिजाइन का शर्ट 3 या 4 अमेरिकी डॉलर में बांग्लादेश, वियतनाम या थाईलैंड में खरीदेगा। यह उत्पाद यूरोप के बाजार में इसके पाँच या दस गुना मूल्य पर बेचा जाएगा : आयात करनेवाले देश की राष्ट्रीय आय इसी हिसाब से बढ़ जाएगी, बिना कोई उत्पाद किए।"[7]

वह आगे लिखते हैं : "फैक्ट्रियों के स्तर पर बांग्लादेश में एकत्र किए गए आँकड़ों से हम वस्त्र-डद्योग के खर्च के ब्योरे और आय के बँटवारे का आकलन कर सकते हैं : कारखाने के स्तर पर एक दर्जन शर्ट की कीमत 36 से 40 डॉलर। सभी यंत्र और कच्चे माल आयात किए जाते हैं, शर्ट को खुदरा में लगभग 22 डॉलर प्रति अदद या 266 डॉलर प्रति दर्जन के हिसाब से अमेरिका में बेचा जाता है। बांग्लादेश में महिला और शिशु श्रमिकों को 20 डॉलर महीना दिया जाता है, जो उत्तरी अमेरिका के वस्त्र-उद्योग में काम करनेवाले श्रमिकों के पचासवें भाग के बराबर है।"[8]

यह काम दूसरे देशों के मजदूरों से कराया जाता है, इसका सीधा अर्थ है कि इन्हें पूरी तरह मशीनों से नहीं कराया जा सकता या पसन्द के हिसाब से मशीनों में आवश्यक बदलाव अत्यधिक खर्चीला सिद्ध होगा, जो व्यापार के लिए उत्पादन के उपयुक्त नहीं होगा।

जो स्थिति वस्त्र-उद्योग की है, वह हस्त-शिल्प पर आधारित दूसरे उत्पादों की भी होगी। जो सुविधा बड़े आधुनिक उद्योगों की है, वह वहाँ है, जहाँ उत्पादन का चरित्र सपाट है, जहाँ बड़े पैमाने पर एकरसता वाले सामानों का उत्पादन होता है और उत्पादन का एक साँचा तैयार कर दिए जाने पर उत्पादन की मात्रा सीधे उत्पादन में लगी ऊर्जा से निर्धारित होती है। वहाँ फैक्ट्रियों के सपाट उत्पादन का मुकाबला अति अल्प कौशल वाले मानव-श्रम से उत्पादित वस्तुओं से होता है। यहाँ मानव-ऊर्जा और फैक्ट्रियों में लगी ऊर्जा तुलनीय हो जाती है। कोयला, तेल आदि गैर मानवीय ऊर्जा-स्रोतों के सस्ती और विशाल मात्रा में उपयोग में आनेवाली

ऊर्जा से निर्मित वस्तुएँ यहाँ सस्ती हो जाती हैं। अब कल्पना कीजिए कि ईंधन या ऊर्जा के गैर-मानवीय स्रोत विरल हो अत्यधिक महँगे हो जाएँ तो मानव या पशु-ऊर्जा से होनेवाले उद्यमों के मुकाबले मशीनों से कराए गए उद्यम अधिक महँगे होते जाएँगे। हाल के दिनों में पेट्रोलियम की कीमतों की बाढ़ से भारत में खेत की जुताई में ट्रैक्टर की खेती पारम्परिक हल-बैल की खेती से ज्यादा महँगी होती जा रही है। इस बात को ध्यान में रखने से हम यह समझ सकते हैं कि औद्योगीकरण के प्रारम्भिक दौर में फैक्ट्रियों के अति सस्ते उत्पाद क्यों हस्त-उद्योग से आगे निकल गए? बाकी क्षेत्रों में जिनकी ऊपर चर्चा है, हस्त-शिल्प अपनी श्रेष्ठता इसलिए बनाए रहते हैं क्योंकि इनके पीछे का कौशल मानवीय संवेदन से निर्धारित होता है और इसलिए 'मॉस प्रोडक्शन' (भारी मात्रा में एक ही तरह के उत्पादन) के उत्पादन कभी इसके मुकाबले खड़े नहीं हो सकते। हस्त कौशल से उत्पादित वस्तुओं का अपना अलग व्यक्तित्व होता है, जो इन्हें उपयोगी के अलावा एक कला-कर्म में परिणत कर देता है।

यहाँ अप्रत्याशित रूप से पूँजी, तृतीय खंड में मार्क्स द्वारा प्रतिपादित उस विचार की भी पुष्टि होती है जिसमें उन्होंने यह कहा है कि पूरी पूँजी में मशीनों पर लगी पूँजी का अनुपात उत्तरोत्तर बढ़ने से मुनाफे की दर जो श्रम पर खर्च होनेवाली पूँजी पर निर्भर करती है, गिरती जाएगी। सिले वस्त्रों या विशिष्ट शिल्पों पर आधारित हस्तकरघों से उत्पादित वस्त्रों में मशीनीकरण से परहेज सम्भवत: मुनाफे की दर के इस ह्रास को दर्शाता है। विकासशील देशों में जहाँ इस तरह के लघु उद्योग हैं, उत्पादकों को मुनाफा तो होता ही है और मुनाफे की यह मात्रा इतनी अधिक हो सकती है, जैसाकि ऊपर के उदाहरण में दिखलाया गया है, विकसित देश के व्यापारी इसकी कमाई से अपनी राष्ट्रीय आय में इजाफा करते रहते हैं। इस विषयान्तर के बाद हम मूल विषय यानी पूँजीवादी व्यवस्था की स्वायत्त विकास की सम्भावना और इस विकास के परिणामों पर फिर लौटेंगे।

3

पहले अध्यायों में हमने मार्क्स द्वारा प्रस्तुत पूँजी के स्वरूप और मूल्य के नियामक तत्त्वों पर संक्षिप्त में विचार किया। इसमें इसके विकास की प्रथम आवश्यकता पूँजी-संचय या मार्क्स द्वारा वर्णित 'आदिम पूँजी-संचय' की स्थितियों पर भी विचार किया। इससे कोई समस्या सामने नहीं आती। यह विचार जोर-जबर्दस्ती छीना-झपटी की इतनी सरल प्रक्रिया पर आधारित है कि इसकी सफलता के सम्बन्ध में किसी तरह की शंका पैदा नहीं होती। इसे हम मात्र मानव-स्वभाव में निहित लिप्सा, क्रूरता एवं हिंसा की प्रवृत्तियों के निचोड़ के रूप में देख सकते हैं, जो पूँजीवादी विकास की अनिवार्य शर्त है। यह समझना आसान है कि अनेक लोगों की सम्पत्ति को जबर्दस्ती छीनकर और लोगों को मजदूर बनाने को मजबूर कर पूँजीवादी उत्पादन-प्रक्रिया कैसे अस्तित्व में आती है। देखने को यही रह जाता है कि यह उत्पादन का ढाँचा इस बात में सक्षम है कि नहीं कि अपनी स्वायत्त उत्पादन-प्रक्रिया और उत्पादन के स्तर को उस चरम बिन्दु पर पहुँचा दे, जहाँ उत्पादन की इस अवस्था और इससे प्रकट उत्पादन-सम्बन्ध में वैसा अन्तर्विरोध पैदा होता है, जिससे क्रान्ति और समाजवादी संक्रमण का दौर शुरू होता है—यानी क्रान्तिकारी संक्रमण की वह स्थिति, जिसका विवरण कम्युनिस्ट घोषणापत्र में है। इसका आकलन तभी सम्भव होगा, जब हम स्थापित पूँजीवादी व्यवस्था में पूँजी के पुनरुत्पादन की स्थितियों और सम्भावनाओं पर विचार करेंगे। रोजा लक्जमबर्ग ने मार्क्स के मॉडल के तहत पूँजी के पुनरुत्पादन और इसकी सामाजिक पृष्ठभूमि का अध्ययन इसी दृष्टि से शुरू किया।

किसी भी महत्त्वपूर्ण विचार का प्रस्थान बिन्दु शून्य नहीं होता। नये विचारों की प्रेरणा या उत्तेजना किसी वस्तुस्थिति या इससे उपजे पहले के विचार होते हैं। रोजा लक्जमबर्ग के सामने इस उत्तेजना का स्रोत था उनके पूर्ववर्ती या समकालीन अर्थशास्त्रियों में यह विवाद कि पूँजीवाद का स्वायत्त विकास बिना बाहरी स्थितियों से समर्थन पाए किसी जगह हो सकता है क्या? खासकर यह विवाद रूस के सन्दर्भ में चल रहा था, जहाँ कुछ अर्थशास्त्री इसकी सम्भावना के प्रति आश्वस्त थे, तो कुछ यह सोचते थे कि रूस में आर्थिक विकास की दिशा कुछ भिन्न होगी—यानी कुछ हिस्सों में अब भी प्रचलित कम्यून (पारम्परिक ढंग से सामूहिक स्वामित्व के

तहत खेती-बाड़ी की व्यवस्था) के आधार पर रूस का विकास कुछ अलग तरह से होगा। रूस में पूँजीवाद के सम्बन्ध में यह विवाद मार्क्स के जीवन-काल में ही शुरू हो गया था। रूस के कम्यून व्यवस्था का समाजवादी व्यवस्था में संक्रमण की सम्भावना के इर्द-गिर्द प्रभावशाली 'पॉपुलिस्ट' विचारधारा रूस में विकसित हुई थी। इस विचार को प्रतिपादित करनेवाली एक नेता वेरा सासुलिच ने इस सवाल पर कार्ल मार्क्स की राय इस पृष्ठभूमि में माँगी थी कि रूस में मार्क्स के विचारों को माननेवाले लोग समाजवाद के लिए रूस के किसानों में प्रचलित कम्यून व्यवस्था का नाश और पूँजीवादी कृषि का विकास अनिवार्य मानते थे। अपनी मृत्यु के लगभग दो साल पहले 1881 ई. के फरवरी महीने में मार्क्स ने सासुलिच को यह लिखा था कि उनके विचार में एक बेहतर समाज व्यवस्था के विकास के लिए सामुदायिक कृषि का नाश जरूरी नहीं है और एक ऊँची व्यवस्था में संक्रमण, बिना सामूहिक खेती को नष्ट किए सम्भव हो, तो यह अच्छी बात होगी, लेकिन उसने इस बात की ओर भी ध्यान दिलाया कि रूस की सरकार किसानों पर तरह-तरह का आर्थिक बोझ डाल इन कम्यून (सामुदायिक कृषि व्यवस्था) के अस्तित्व को मुश्किल में डाल रही है और जो थोड़े-से पूँजीवादी उद्योग-धन्धे विकसित हुए हैं, उनके हित में भी यह बात है कि सामुदायिक खेती की जगह निजी स्वामित्व पर आधारित काश्तकार कृषि के क्षेत्र में विकसित हों। मार्क्स के अनुसार, इससे पैदा गैर-बराबरी से धीरे-धीरे स्वतंत्र किसानों का एक हिस्सा भूमिहीन मजदूर बन पूँजीवादी उद्योगों के लिए श्रमिक मुहैया कराएँगे। इस तरह पश्चिमी यूरोप में किसानों को जिस तरह जबर्दस्ती खेती से खदेड़ कारखानों में काम करने के लिए मजबूर किया गया, वैसा नहीं कर आर्थिक प्रक्रिया से ही किसान श्रमिक बन उद्योगों में काम ढूँढ़ने का मजबूर होंगे।

रूस में पॉपुलिस्ट अर्थशास्त्रियों में कई लोग थे, जो मार्क्स और पश्चिमी यूरोप के दूसरे अर्थशास्त्रियों, यथा एडम स्मिथ, रिकार्डो और सिस्मंडी आदि के विचारों से अवगत थे और इन सबका प्रस्थान बिन्दु मूल्य का श्रम-सिद्धान्त था। इनके विचारों पर सिस्मंडी के विचारों की भी गहरी छाप थी, जिसने उन्नीसवीं शताब्दी के प्रथम चतुर्थ की आर्थिक मन्दी—1815 एवं 1818-19 को वस्तुओं की माँग की सिकुड़न से जोड़ा था। उन्होंने श्रम-सिद्धान्त के आधार पर यह स्थापित किया था कि मजदूरों को चूँकि उनके द्वारा किया गया पूरा मूल्य मजदूरी में नहीं मिलता, उत्पादित वस्तुओं में निहित अतिरिक्त मूल्य का कोई खरीदार नहीं होता है और आर्थिक मन्दी का यही मूल कारण है। रूस के पॉपुलिस्ट विचारकों में कुछ का यह भी मानना था कि अतिरिक्त मूल्य को व्यक्त करनेवाली वस्तुओं को निर्यात के द्वारा दूसरे देशों में बेचकर इस संकट से छुटकारा पाया जा सकता है, लेकिन वे यह भी मानते थे कि चूँकि रूस पूँजीवादी विकास की दौड़ में देरी से आया है,

विदेशी व्यापार की प्रतिस्पर्धा मं इसके लिए टिक पाना सम्भव नहीं है और इसलिए पूँजीवाद का विकास रूस में एक सीमा के बाद नहीं हो सकता। इस तरह ये इस नतीजे पर पहुँचे थे कि रूस में समतावादी समाज की स्थापना के लिए क्रान्तिकारियों को पारम्परिक कम्यून (सामुदायिक कृषि) के साथ गैर-पूँजीवादी स्थानीय उद्योगों को जोड़कर ही समाज के विकास की बात सोचनी चाहिए।

इन पॉपुलिस्ट विचारकों में निकोलोयान मार्क्स के विचारों से पूरी तरह परिचित थे और वह मूल्य के श्रम-सिद्धान्त के आधार पर ही रूस की स्थिति में पॉपुलिस्ट विचारधारा की प्रासंगिकता को सिद्ध करने की कोशिश करते हैं। रोजा लक्जमबर्ग ने उनके विचारों को व्यवस्थित ढंग से अपनी पुस्तक 'एक्युमुलेशन ऑफ कैपिटल' में प्रस्तुत किया है। उसे यहाँ ज्यों का त्यों प्रस्तुत करने से पॉपुलिस्ट विचार के सार से परिचय हो जाएगा। रोजा लक्जमबर्ग ने इसे यों प्रस्तुत किया है :

"चूँकि पूँजीवादी व्यवस्था के लिए बाजार की निर्णायक भूमिका होती है, इसलिए सभी पूँजीवादी देश जितना सम्भव हो, उतने बड़े बाजार की उपलब्धि की कोशिश करते हैं। प्रथम तो वे अपने देश के बाजार पर भरोसा करते हैं, लेकिन विकास के खास स्तर के बाद घरेलू बाजार पूँजीवादी देश के लिए पर्याप्त नहीं होता, जिसके कारण ये हैं : सामाजिक श्रम साल भर में जो भी नया उत्पाद करता है, उसे दो भागों में बाँटा जा सकता है—मजदूरी के रूप में लिया गया मजदूरों का हिस्सा और वह, जो पूँजीपतियों द्वारा अधिगृहीत कर लिया जाता है। पहले भाग द्वारा संचालन से जीवन-निर्वाह के लिए उतनी ही वस्तु निकाली जा सकती है, जितने का मूल्य श्रमिकों को दी गई मजूदरी के बराबर हो, लेकिन पूँजीवादी व्यवस्था निश्चित रूप से इस हिस्से को लगातार घटाती रहती है। इसके उपाय हैं—कार्यकाल को बढ़ाना, श्रम की तीव्रता (Intensity) को बढ़ाना, प्रौद्योगिक सुधारों से जिसके तहत पुरुष श्रमिकों की जगह औरतों और किशोरों को लगाया जाता है और इस तरह वयस्क श्रम को बिलकुल खत्म कर दिया जाता है और उत्पादन की मात्रा बढ़ जाती है। हालाँकि अभी भी कार्यरत बच्चे श्रमिकों की मजदूरी बढ़ जाती है। इन परिवर्तनों से पूँजीपतियों की हुई बचत के मुकाबले वह आय कम ही होती है। इन सबका मिला-जुला असर यह होता है कि खरीदार के रूप में मजदूर वर्ग की भूमिका घरेलू बाजार में लगातार कम होती जाती है। इसके साथ-साथ एक और भी परिवर्तन होता है : पूँजीवादी उत्पादन उन धन्धों को भी हस्तगत करने लगता है, जिससे पहले कृषकों को रोजगार मिलता था। इस तरह क्रमश: वह किसानों के संसाधनों को उनसे छीनता जाता है। इस तरह ग्रामीण लोग उत्तरोत्तर औद्योगिक उत्पादों को खरीदने की क्षमता खोते जाते हैं। यह एक अतिरिक्त कारण है घरेलू बाजार के सिकुड़ने का। जहाँ तक पूँजीपति वर्ग का सवाल है, हम पाते हैं कि यह भी सम्पूर्ण नये उत्पाद को नहीं प्राप्त करता है, हालाँकि इसका कारण उलटा है। इसकी जरूरतें

चाहे जितनी अधिक हों, पूँजीपति व्यक्तिगत रूप से सम्पूर्ण अतिरिक्त उत्पाद का उपभोग नहीं कर सकता। पहला कारण तो यह है कि इसके एक हिस्से की जरूरत उत्पादन के प्रसार के लिए होती है, तकनीकी सुधार के लिए, जो एक प्रतिस्पर्धा आधारित समाज में उद्यमी के अस्तित्व के लिए जरूरी है। दूसरा, क्योंकि एक फैलते हुए पूँजी-उत्पादन के लिए उत्पादन की उन शाखाओं में फैलाव जरूरी होता है, जो उत्पादन के साधन का निर्माण करते हैं (जैसे : खनन उद्योग, मशीन उद्योग आदि), जिनके उपयोग का स्वरूप शुरू से ही ऐसा होता है कि उनका वैयक्तिक उपयोग नहीं हो पाए और इसलिए उसका इस्तेमाल पूँजी के रूप में ही हो सकता है। तीसरा और अन्तिम कारण यह है कि श्रम की बढ़ी हुई उत्पादकता और बड़े पैमाने के उत्पादन से सुलभ बचत और विशाल पैमाने पर सस्ती उपभोग की सामग्री के उत्पादन से वैसे पण्यों का भारी मात्रा में उत्पादन होता है, जिन सबका उपभोग मुट्ठी भर पूँजीपति नहीं कर सकते।"[1]

निकोलोयान के शब्दों में, "इस तरह हम पाते हैं कि किसी पूँजीवादी राष्ट्र का सम्पूर्ण उत्पादन पूरी औद्योगिक आबादी की रूरतों से अत्यधिक ज्यादा होता है, ठीक वैसे ही, जैसे प्रत्येक कारखाना अपने श्रमिकों और उद्यमी की जरूरतों से कहीं अधिक पैदा करता है और ऐसा इसीलिए होता है क्योंकि राष्ट्र एक पूँजीवादी राष्ट्र है और समाज के संसाधनों के वितरण का उद्देश्य आबादी की जरूरतों को पूरा करना नहीं होता बल्कि बाजार की माँग (Effective Demand) को पूरा करना होता है। ठीक वैसे ही जैसे कोई कारखानेदार एक दिन भी पूँजीपति के रूप में अस्तित्व में नहीं रह सकता, अगर उसका बाजार उसके श्रमिकों और उसकी जरूरतों तक सीमित रहे, इसी तरह एक विकसित पूँजीवादी राष्ट्र का घरेलू बाजार भी इसके लिए अपर्याप्त होगा।

"इन सबका परिणाम है, पूँजीवाद के अपने विकास से ही बढ़ती गरीबी एवं बड़ी संख्या में मजदूरों का बेरोजगार होना, जिनमें कोई क्रय-शक्ति नहीं होती। श्रम की बढ़ती उत्पादकता, जिससे बाजार की सभी आवश्यकताओं की पूर्ति हो सकती है, का सामना होता है विशाल संख्या में ऐसे लोगों से, जो अपनी बुनियादी जरूरतों की भी पूर्ति नहीं कर सकते। एक तरफ वस्तुओं का अम्बार, जिन्हें बेचा नहीं जा सकता और दूसरी ओर बड़ी संख्या में वैसे लोग, जो जीवन की आवश्यक वस्तु भी नहीं प्राप्त कर सकते।"[2]

और अन्त में वह लिखते हैं : "...सदियों से आ रही परम्परा को जीवित रखने की बजाय, जिसमें उत्पादन करनेवाले और उत्पादन के साधन का गहरा सम्बन्ध था पश्चिमी यूरोप के विज्ञान की उपलब्धियों को उत्पादन के उस सम्बन्ध में लगाने का, जिसमें किसानों का अपने उत्पादन के साधन पर स्वामित्व था...हमने उलटी दिशा अख्तियार की है। हम लोगों ने पूँजीवादी ढाँचे की उत्पादन-प्रणाली को बढ़ने

दिया है जबकि इसका आधार किसानों का सफाया है। हमने अपनी पूरी शक्ति लगाई है पारम्परिक जीवन-पद्धति को नष्ट करने की, जिसका नतीजा 1891 ई. का अकाल है।"[3]

दरअसल, निकोलोयान का यह अध्ययन 'हमारी अर्थव्यवस्था की रूपरेखा' 1891 ई. के अकाल के अध्ययन के सन्दर्भ में लिखा गया था। फ्रेडरिक एंगेल्स ने, जो अभी जिन्दा थे, निकोलोयान को अपने पत्र में यह बतलाने की कोशिश की थी कि रूस के पुराने ढंग के उद्योगों से रूस का काम नहीं चल सकता आदि। इस आलोचना के पीछे मार्क्स-एंगेल्स की यह मान्यता थी कि उद्योगों का ज्यादा-से-ज्यादा विकास अपरिहार्य है, जैसा पश्चिमी यूरोप में पूँजीवादी व्यवस्था के तहत हो रहा था। इस बिन्दु पर रोजा लक्जमबर्ग भी निकोलोयान से असहमत थीं क्योंकि उनके लिए भी उद्योगों का अत्यधिक विकास मानव-विकास का पर्याय था। यह आम मार्क्सवादी मान्यता थी। हालाँकि अब उभरते पर्यावरण के संकट के सन्दर्भ में उद्योगों के अन्तहीन विस्तार की बजाय जीवन और प्रकृति के साथ सन्तुलित विकास की बात को आसानी से खारिज करना मुश्किल है। इसलिए निकोलोयान की आलोचना दुनिया के गैर-औद्योगिक देशों के लिए, जो पूँजीवादी ढंग के विकास के पीछे दौड़ रहे हैं, नये तरह से प्रासंगिक बनती जा रही है।

इसके विपरीत, रूस के मार्क्सवादियों ने, जिनमें तुगान बैरोनावस्की प्रमुख थे, मार्क्स के पूँजी के विस्तारित संचय के समीकरण के आधार पर यह सम्भावना बतलाई कि अगर मार्क्स के विस्तारित पूँजी-संचय के मॉडल में स्थायी पूँजी वाले हिस्से में लगातार उपयुक्त बढ़ोतरी होती रहे तो पूँजी-संचय की प्रक्रिया निरन्तर जारी रह सकती है। रोजा लक्जमबर्ग, जिन्हें पूँजीवाद के विकास में क्रान्तिकारी सम्भावनाओं की तलाश थी, को तुगान बैरोनावस्की की यह स्थापना त्रुटिपूर्ण लगती थी, लेकिन इससे आगे बढ़ रोजा लक्जमबर्ग को लगता था कि मार्क्स ने विस्तारित पूँजी-संचय का जो मॉडल प्रस्तुत किया है, वह स्वयं एक सीमा के बाद टूटता दिखाई देता है। इसके साथ-साथ रोजा लक्जमबर्ग को यह भी लगता था कि मार्क्स ने स्वयं पूँजी के तीसरे खंड में पूँजीवाद के जिस बुनियादी चरित्र का विवरण दिया है, उससे भी इस अबाध विस्तर का मेल नहीं खाता। आगे हम मार्क्स द्वारा प्रस्तावित मॉडल को प्रस्तुत करेंगे, जो 'पूँजी' के दूसरे खंड में दिया गया है और जिसको केन्द्र में रखकर रोजा लक्जमबर्ग अपना विश्लेषण प्रस्तुत करती हैं।

मार्क्स के अनुसार, पूँजीवादी अर्थव्यवस्था उत्पादन के दो क्षेत्रों के आपसी विनिमय पर आधारित होती है। इसमें एक स्थायी पूँजी के निर्माण की होती है, जिसमें उत्पादन के साधन (मशीन आदि) एवं पहले से उत्पादित कच्चे माल और कारखाने के लिए जरूरी घर आदि आते हैं, और दूसरा क्षेत्र मजदूरों की जरूरत की वस्तुओं के निर्माण का होता है, जिसका उत्पादन परिवर्ती पूँजी के रूप में मजदूरों को दी

गई मजदूरी से खरीदा जाता है और जो उनके जीवन का आधार बनता है। मार्क्स के अनुसार, पूँजीवादी उत्पादन के ये दोनों क्षेत्र एक-दूसरे की आवश्यकताओं को पूरा करने के क्रम में इसकी समग्रता में पूँजीवादी व्यवस्था को कायम रखते हैं। अगर पूँजी-संचय का विस्तार नहीं होता तो साल-दर-साल ये दोनों क्षेत्र एक-दूसरे की जरूरतों को पूरा करते हुए साल के अन्त में अपने प्रस्थान बिन्दु की स्थिति में पहुँच जाते हैं। वैसे दरअसल पूँजीवादी उत्पादन का यह आवर्तन काल्पनिक ही होता है। वास्तविक दुनिया में बार-बार कभी मन्दी का ऐसा दौर आता है, जिसमें दोनों क्षेत्रों में उत्पादकता घटती है या दोनों का सन्तुलन बिगड़ जाता है, तो कभी उत्पादकता में उछाल आने से एक या दोनों क्षेत्रों में उत्पादन और मुनाफा अचानक औसत से अधिक होने लगता है। इससे भी बढ़कर पूँजीवादी उत्पादन का सदा विस्तार होता रहता है, लेकिन मूल बात यह है कि पूँजीवाद व्यवस्था का रुझान सदा अपने उत्पादन और विनिमय के आधार को फैलाते रहने का होता है। इसी से दो सौ साल में उत्पादन और उपभोग की विविधता से संसार का पूरा स्वरूप ही बदल गया है। रोजा लक्जमबर्ग ने मार्क्स के पूँजी-संचय के प्रसार के मॉडल पर विचार कर यह शंका जताई कि इस मॉडल में एक ऐसा अन्तर्विरोध है जिसके कारण यह मॉडल अनिवार्य रूप से टूट जाएगा, अगर इसको सहारा देने के लिए कोई बाहरी क्षेत्र न आ जाए। यहाँ यह बात ध्यान में रखने की है कि मार्क्स के अनुसार पूँजीवादी समाज में आय के दो ही स्रोत होते हैं : 1. पूँजीपतियों का मुनाफा और 2. मजदूरों को दी गई मजदूरी।

पूँजी, प्रथम खंड, अध्याय 24, पृष्ठ 613 की पाद टिप्पणी में मार्क्स लिखते हैं : "हम यहाँ पर निर्यात-व्यापार की ओर ध्यान नहीं देते, जिसके द्वारा कोई भी राष्ट्र विलासिता की वस्तुओं को उत्पादन के साधनों अथवा जीवन-निर्वाह के साधनों में या इन साधनों को विलासिता की वस्तुओं में बदल सकता है। हम जिस विषय की छानबीन कर रहे हैं, उसका उसकी समग्रता में तथा समस्त विघ्नकारी गौण परिस्थितियों से अलग करके अध्ययन करने के लिए हमें पूरी दुनिया को एक राष्ट्र समझना और एक मानकर चलना होगा कि हर जगह पूँजीवादी उत्पादन कायम हो गया है। उसने उद्योग की प्रत्येक शाखा पर अधिकार कर लिया है।"

फिर 'पूँजी', खंड दो में जहाँ पूँजी के संचय और उत्पादन के विस्तार की चर्चा है, मार्क्स लिखते हैं : "...अब केवल दो प्रस्थान बिन्दु हैं : पूँजीपति और श्रमिक। व्यक्तियों के अन्य सभी तीसरे सवर्गों को अपनी सेवाओं के लिए या तो इन दो वर्गों से धन प्राप्त करना होगा, या जहाँ तक वे उसे प्रतिपाद में सेवा बिना ही प्राप्त करते हैं, वे किराए, ब्याज आदि के रूप में अतिरिक्त मूल्य के सह-स्वामी होते हैं। अतिरिक्त मूल्य औद्योगिक पूँजीपति की जेब में पूर्णत: ठहर नहीं पाता, वरन् दूसरों

को उसका हिस्सा देना पड़त है, इसका प्रस्तुत समस्या से कुछ भी सम्बन्ध नहीं है। समस्या यह है कि वह अपने अतिरिक्त मूल्य को धन में कैसे बदलता है, यह नहीं कि जो कुछ मिला, उसका आगे चलकर बँटवारा कैसे होता है?..."[4]

ऊपर उद्धृत इस मूल स्थापना के सन्दर्भ में तुगान बैरोनावस्की की स्थापना, जिसे रोजा लक्जमबर्ग ने उद्धृत किया है, इस प्रकार है :

"मार्क्स बुनियादी तौर पर इस आम राय से सहमत हैं कि मजदूरों यानी गरीबों के भारी बहुमत की गरीबी माँग की सिकुड़न से यह असम्भव बना देती है कि पूँजीवादी उत्पादन के सतत फैलाव से उत्पादित वस्तुओं की पूरी मात्रा को खरीद सके। यह विचार निश्चित रूप से गलत है। हमने देखा है कि पूँजीवादी उत्पादन स्वयं अपना बाजार पैदा करत है—उपभोग पूँजीवादी उत्पादन का एक ही पहलू है। एक नियोजित सामाजिक उत्पादन में अगर उत्पादन करनेवाले नेताओं को माँग सम्बन्धी सभी जानकारियाँ उपलब्ध हों और अगर उन्हें यह भी अधिकार हो कि वे श्रम और पूँजी को उत्पादन की एक शाखा से दूसरी शाखा में स्थानान्तरित कर सकें, तब सामाजिक उपभोग का स्तर कितना ही नीचा क्यों न हो, वस्तुओं (पण्यों) की आपूर्ति माँग से अधिक नहीं होगी।"[5]

इस तरह तुगान बैरोनावस्की के अनुसार, "बाजार में वस्तुओं की बाढ़ आ जाने का कारण उत्पादन के प्रसार में अनुपात का अभाव होता है।" अत: तुगान बैरोनावस्की के अनुसार उत्पादन इस क्रम में होता है : अगर उत्पादन आनुपातिक आधार पर हो तो मजदूर क्या उत्पादित करेंगे? जाहिर है, अपनी आजीविका का साधन एवं उत्पादन का साधन। इसका उद्देश्य क्या होगा? अगले वर्ष उत्पादन को फैलाना। किन वस्तुओं के उत्पादन (का फैलाव)? फिर उत्पादन के साधनों और श्रमिकों की आजीविका के साधनों का उत्पादन और ऐसे ही आगे सदा के लिए।"[6]

दरअसल, तुगान बैरोनावस्की और रिकार्डो एक सदी से कायम भ्रान्ति के शिकार थे, जिसमें यह माना जाता रहा है कि उत्पादन स्वयं अपने लिए माँग पैदा करता है। इस भ्रान्ति के कायम रहने का असली कारण यह था कि अर्थशास्त्री उत्पादित वस्तुओं के सम्बन्ध के पीछे के मनुष्यों के सम्बन्ध को नहीं देख पाते थे। सभी उत्पादन-प्रक्रिया में वस्तुओं के उत्पादन के पार्श्व में मनुष्यों और परिवेश का सम्बन्ध भी स्थापित रहता है। चूँकि वे इस उत्पादन में लगे लोगों की इस प्रक्रिया से जुड़े आर्थिक सम्बन्ध को नजरअन्दाज करते थे, वे सिर्फ यह देखते थे कि अलग-अलग क्षेत्रों में अलग-अलग तरह की वस्तुओं का उत्पादन होता था, जो लोगों की विविध जरूरतों की पूर्ति के लिए उत्पादित होती थी। अगर स्थिति इतनी सरल हो तो यही दिखाई देता है कि विनिमय अलग-अलग जरूरतों को पूरा करनेवाली उन वस्तुओं के बीच में होता है, जिसमें मुद्रा सिर्फ बिचौलिए की भूमिका निभाती है। इसलिए अगर उत्पादन का सही नियोजन हो तो निर्मित वस्तुएँ उतनी

ही होंगी, जितनी कि समाज में माँग है। अचरज की बात यह है कि सिस्मंडी एवं मार्क्स आदि श्रमिकों के शोषण पर आधारित व्यवस्था से पैदा माँग के संकट के बावजूद कई मार्क्सवादी अर्थशास्त्र भी माँग के अभाव को नियोजनजन्य असन्तुलन का परिणाम मानते रहे जबकि हकीकत यह है कि अगर श्रमिकों को उसके द्वारा उत्पादित पूरा मूल्य नहीं दिया जाता तो उत्पादित वस्तुओं के बाजार का संकट तो पैदा होगा ही क्योंकि वस्तुओं का विनिमय वस्तुओं से नहीं होता बल्कि वस्तुओं की खरीदगी उपभोक्ताओं के द्वारा होती है, जिनकी आय इन्हें खरीदने के लिए यथेष्ट होनी चाहिए। पूँजीवादी व्यवस्था के भीतर आय का अभाव और इससे जुड़ा संकट किसी-न-किसी रूप में उपस्थित रहेगा ही।

हालाँकि तुगान बैरोनावस्की अपने सिद्धान्त के प्रतिपादन के लिए मार्क्स द्वारा 'पूँजी', खंड 2 में प्रस्तुत मॉडल को आधार बनाते हैं। यह विचार मार्क्स की इस मूल स्थापना के विपरीत जाता है, जिसके अनुसार पूँजीवादी व्यवस्था में उत्पादन और खपत में सदा असन्तुलन बना रहता है, जिसे 'पूँजी', खंड 3 में मार्क्स ने मुनाफे की गिरती दर के रुझान के सन्दर्भ में बहुत स्पष्ट रूप से उल्लिखित किया है। रोजा लक्जमबर्ग ने अपनी पुस्तक में इसे उद्धृत किया है, जो यहाँ दिया जा रहा है।

"आवश्यक उत्पादन-साधन अर्थात् पर्याप्त पूँजी-संचय होने पर अतिरिक्त मूल्य के सृजन को अगर अतिरिक्त मूल्य-दर अर्थात् शोषण की तीव्रता, नियत हो, तो केवल श्रमिक आबादी ही सीमित करती है; और अगर श्रमिक आबादी नियत हो, तो शोषण की तीव्रता के अलावा और कोई चीज सीमित नहीं करती और पूँजीवादी उत्पादन-प्रक्रिया तत्त्वत: अतिरिक्त उत्पाद अथवा उत्पादित जिंसों के श्रम को मूर्त करनेवाले अशेषभाजक अंश में व्यक्त अतिरिक्त मूल्य का उत्पादन और उसके एक अंश का उत्पादन ही है। इस बात को कभी भुलाया नहीं जाना चाहिए कि इस अतिरिक्त मूल्य का उत्पादन और उसके एक अंश का पूँजी में पुन: रूपान्तरण अथवा संचय, अतिरिक्त मूल्य के इस उत्पादन का एक अभिन्न अंग है ही, पूँजीवाद उत्पादन का प्रत्यक्ष लक्ष्य और अप्रतिरोध्य प्रेरक है। इसलिए पूँजीवादी उत्पादन को ऐसा दिखलाना, जैसाकि वह वस्तुत: है ही नहीं, बेकार होगा, अर्थात् ऐसा उत्पादन, जिसका प्रत्यक्ष लक्ष्य उपभोगा अथवा पूंजीपति वर्ग के लिए उपभोग साधनों को बनाना है। ऐसा करने का मतलब उसके विशिष्ट स्वरूप को अनदेखा करना होगा, जो अपने सम्पूर्ण सार तत्त्व के साथ प्रकट हो जाता है।

इस अतिरिक्त मूल्य का सृजन ही उत्पादन की प्रत्यक्ष प्रक्रिया को पूरा करता है, जिसकी—जैसाकि हमने कहा है—ऊपर बताई गई सीमाओं के अलावा और कोई सीमाएँ नहीं हैं। जैसे ही निचोड़े जा सकने योग्य सारे अतिरिक्त श्रम को जिंसों

में समाविष्ट किया जाता है कि अतिरिक्त मूल्य उत्पादित हो जाता है, लेकिन यह अतिरिक्त मूल्य-उत्पादन तो पूँजीवादी उत्पादन-प्रक्रिया के पहले अंक—प्रत्यक्ष उत्पादन प्रक्रिया—के पटाक्षेप को ही बताता है। पूँजी ने इतने-इतने अशोधित श्रम को अवशोषित कर लिया है। प्रक्रिया के विकास के साथ जो अपने को, लाभ-दर को ह्रास-दर में व्यक्त करती है, इस प्रकार उत्पादित अतिरिक्त मूल्य संहति फैलकर अपार आयाम प्राप्त कर लेती है। अब प्रक्रिया का दूसरा अंक शुरू होता है। सारी जिंस, संहति अर्थात् उस अंश का जो अतिरिक्त मूल्य को व्यक्त करता है, सहित कुल उत्पाद, जो स्थिर तथा परिवर्ती पूँजी को प्रतिस्थापित करता है, और उस अंश का, जो अतिरिक्त मूल्य को व्यक्त करता है, सहित कुल उत्पाद का बेचा जाना जरूरी है। अगर यह नहीं किया जाता या केवल अंशत: किया जाता है या उत्पादन दामों से कम दामों पर किया जाता है तो श्रमिक का, जो शोषण वास्तव में किया जा चुका है, वह शोषण पूँजीपति के लिए सिद्ध नहीं हो पाता, और इसे मजदूर से निचोड़े गए अतिरिक्त मूल्य को सिद्धिकृत करने की पूर्ण अथवा आंशिक असमर्थता के साथ, वस्तुत: पूँजी की आंशिक अथवा पूर्ण हानि तक के साथ जोड़ा जा सकता है। प्रत्यक्ष शोषण की, और उसके सिद्धीकरण की अवस्थाएँ एक समान नहीं होतीं। वे केवल स्थान और काल में ही नहीं बल्कि तार्किक दृष्टि से भी भिन्न होती हैं। प्रथमोक्त को केवल समाज की उत्पादक शक्तियों द्वारा सीमित किया जाता है जबकि अन्तोक्त को उत्पादन की विभिन्न शाखाओं के सापेक्ष सम्बन्ध और समाज की उपभोक्ता-शक्ति द्वारा।

लेकिन समाज की यह उपभोक्ता-शक्ति न तो निरपेक्ष उत्पादक-शक्ति द्वारा और न ही निरपेक्ष उपभोक्ता-शक्ति द्वारा बल्कि वितरण की विरोधी अवस्थाओं पर आधारित उपभोक्ता-शक्ति द्वारा निर्धारित की जाती है, जो समाज के अधिकांश के उपभोग को न्यूनतम स्तर पर ले आती है, जिसमें कमोबेश संकीर्ण सीमाओं के भीतर ही कुछ अन्तर होता है। इसके अलावा वह संचय करने की प्रवृत्ति, पूँजी का प्रसार करने और विस्तारित पैमाने पर अतिरिक्त मूल्य उत्पादित करने की ललक द्वारा भी सीमित की जाती है। यह स्वयं उत्पादन विधियों में अविराम क्रान्तियों द्वारा, उनके साथ सदी जुड़ी रहनेवाली विद्यमान पूँजी के ह्रास द्वारा, सार्विक प्रतिस्पर्धात्मक संघर्ष और महज आत्म-परीक्षण के साधन के रूप में तथा विनाश के खतरे के सामने उत्पादन को सुधारने और उसके पैमाने का प्रसार करने की आवश्यकता द्वारा थोपा गया पूँजीवादी उत्पादन का नियम है। इसलिए बाजार का निरन्तर प्रसार करना होता है, जिससे उसके अन्त:सम्बन्ध और उन्हें नियंत्रित करनेवाली अवस्थाएँ अधिकाधिक उत्पादक से स्वतंत्र रूप में कार्यशील नैसर्गिक नियम का रूप लेती जाती हैं और अधिकाधिक अनियंत्रित होती जाती हैं। यह आन्तरिक असंगति अपने को उत्पादन के बहिर्वर्ती क्षेत्र के प्रसार के जरिए हल करने की कोशिश करती है, लेकिन उत्पादनशीलता जितना

ही विकास करती है, उतना ही वह अपने को उस संकीर्ण आधार के विरोध में पाती है, जिस पर उपभोग की अवस्थाएँ आधारित होती हैं। इस स्वत: असंगत आधार पर यह किसी भी प्रकार कोई असंगति नहीं है कि बढ़ती हुई अतिरिक्त आबादी के साथ-साथ ही पूँजी का भी आधिक्य हो जाता है। कारण यह है कि जहाँ इन दोनों का संयोग सचमुच अतिरिक्त उत्पादित करता है और जिनके अन्तर्गत उसकी सिद्धि होती है, उनके बीच असंगतयों को भी तेज करता है।"[7]

जब मार्क्स विस्तारित पूँजी-संचय की प्रक्रया को 'पूँजी' खंड 2 में प्रस्तुत करते हैं[8], तब पूँजी-संचय की इस प्रक्रिया को पूँजीवादी व्यवस्था के उपरोक्त अन्तर्विरोध का सामना करना होता है। मार्क्स द्वारा प्रस्तुत पूँजीवादी उत्पादन-प्रक्रिया का प्रस्थान बिन्दु साधारण पुनरुत्पादन की यह सारणी है :

(I) 4000 स + 1000 प + 1000 अ + स्थायी पूँजी उत्पादक भाग

(II) 2000 स + 500 प + 500 अ = 9000 परिवर्ती पूँजी उत्पादक भाग

(जहाँ 'स' स्थायी पूँजी, 'प' परिवर्ती पूँजी और 'अ' अतिरिक्त मूल्य को दर्शाते हैं।)

उपरोक्त सारणी में निर्माण के दोनों भाग में स्थायी पूँजी परिवर्ती पूँजी के चार गुना है।

अब विस्तारित पैमाने पर पुनरुत्पादन की प्रारम्भिक सारणी :

(I) 4000 स + 1000 प + 1000 अ = 6000
(II) 1500 स + 750 प + 750 अ = 3000 } योग 9000 है[9]

मार्क्स के अनुसार, अब संचय के लिए क्रम व्यवस्था में किया गया परिवर्तन इस प्रकार है :

(I) 4400 स + 1100 प + 500 उपभोग-निधि = 6000 } पहले की तरह
(II) 1600 स + 800 प + 600 उपभोग निधि – 3000 } योग 9000 है[10]

इन राशियों में निम्नलिखित पूँजी है :

(I) 4400 स + 1100 प (द्रव्य) = 5500
(II) 1600 स + 800 प (द्रव्य) = 2400 } 7900[11]

जबकि उत्पादन की शुरुआत निम्न से हुई थी :

(I) 4000 स + 1000 प = 5000
(II) 1500 स + 750 प = 250 } 7250[12]

अब चूँकि वास्तविक संचय इस आधार पर होता है, यानी यदि उत्पादन वास्तव में इन परिवर्धित पूँजी से होता रहता है तो अगले वर्ष के अन्त में हमें यह प्राप्त होता है—

(I) 4,400 स + 1,100 प + 1100 अ = 6,600
(II) 1600 स + 800 प + 800 अ = 3,200 } 9800[13]

अब आगे मार्क्स लिखते हैं :

सब कुछ सामान्य गति से होता चले, इसके लिए आवश्यक है कि I की अपेक्षा II में संचय और तेजी से हो, वरना (I प + अ) अंश, जिसे (II स) मालों में परिवर्तित करना है, II स की अपेक्षा तेजी से बढ़ेगा जबकि उसका विनिमय उसी से हो सकता है।

यदि इस आधार पर पुनरुत्थान चालू रहे और परिस्थितियाँ अन्यथा अपरिवर्तित रहें तो अगला वर्ष समाप्त होने पर यह स्थिति होती है :

$$\left.\begin{array}{ll}(\text{I}) & 4{,}840\ \text{स} + 1{,}210\ \text{प} + 1210\ \text{अ} = 7{,}260\\(\text{II}) & 1{,}760\ \text{स} + 880\ \text{प} + 880\ \text{अ} = 3{,}520\end{array}\right\}10{,}780$$ [14]

इसी तरह अगले वर्षों की समाप्ति पर उत्पादन यह होता है :

$$\left.\begin{array}{ll}(\text{I}) & 5{,}324\ \text{स} + 1{,}331\ \text{प} + 1{,}331\ \text{अ} = 7986\\(\text{II}) & 1{,}936\ \text{स} + 868\ \text{प} + 968\ \text{अ} = 3{,}772\end{array}\right\}11{,}758$$ [15]

फिर

$$\left.\begin{array}{ll}(\text{I}) & 5{,}856\ \text{स} + 1{,}464\ \text{प} + 1{,}464\ \text{अ} = 8{,}784\\(\text{II}) & 2{,}129\ \text{स} + 1{,}065\ \text{प} + 1{,}065\ \text{अ} = 4{,}259\end{array}\right\}13{,}043$$ [16]

फिर अगले वर्ष की समाप्ति पर

$$\left.\begin{array}{ll}(\text{I}) & 6{,}442\ \text{स} + 1{,}610\ \text{प} + 1{,}610\ \text{अ} = 9{,}662\\(\text{II}) & 2{,}342\ \text{स} + 1{,}172\ \text{प} + 1{,}172\ \text{अ} = 4{,}686\end{array}\right\}14{,}348$$ [17]

इन सारणियों पर विचार करते हुए रोजा लक्जमबर्ग लिखती हैं :

"...उपरोक्त समीकरणों की श्रृंखला को हम अनन्त काल तक जारी रख सकते हैं अगर हम इस सरल नियम का पालन करें कि I के स्थायी पूँजी के बढ़ने से इस भाग के परिवर्ती पूँजी में भी कुछ बढ़त अवश्यम्भावी हो जाती, यह पहले ही तय कर देता है कि भाग II में परिवर्तन हो, जिसके साथ परिवर्ती पूँजी की बढ़त का एक तारतम्य स्थापित करना अनिवार्य हो जाता है? अन्ततः परिवर्ती पूँजी के दोनों उपभोग के लिए कुल कितना बचा रह जाता है। यह बढ़त ही बतलाएगा कि दोनों भागों ने पूँजीकरण के बाद दोनों में प्रत्येक भाग के पूँजीपतियों के निजी उपभोक्ता के लिए कितना अतिरिक्त मूल्य के बराबर उपभोग की वस्तुएँ बच जाती हैं।"[18]

इस बिन्दु पर रोजा लक्जमबर्ग यह शंका उपस्थित करती हैं कि यह सब तो गणित का खेल है, जो सहज रूप में चलता जाता है। देखना यह है कि इसका पूँजीवादी उत्पादन प्रक्रिया की हकीकत से कितना सम्बन्ध है? रोजा लक्जमबर्ग दरअसल यही शंका तुगान बैरोनावस्की द्वारा प्रस्तुत पूँजी संचय के मॉडल के सम्बन्ध में भी जाहिर करती हैं।

मार्क्स के पूँजी के विकास के मॉडल के अनुसार इस व्यवस्था का विकास एक ऐसी स्थिति के भीतर होता है, जैसाकि पहले मार्क्स के उद्धरणों से बतलाया

गया है—आय के दो ही स्रोत होते हैं—मजदूरों की मजदूरी और पूँजीपतियों का मुनाफा। इसमें मजदूरों को तो मजदूरी के रूप में आय हो जाती है, यह तो उसके काम करने के समय में ही उसे प्राप्त हो जाती है, लेकिन पूँजीपतियों की आय का स्रोत मजदूरों के श्रम से पाया गया अतिरिक्त मूल्य तो, जो पूँजीपतियों द्वारा उत्पादित वस्तुओं में ही उत्पादन के एक अंश के रूप में समाहित रहता है, पूँजीपतियों को तभी प्राप्त होगा, जब उत्पादित वस्तुएँ किसी के द्वारा खरीद ली जाती हैं। इन वस्तुओं के परिवर्ती पूँजी के रूप में समाहित मूल्य वाला हिस्सा तो मजदूर अपनी मजदूरी के रूप में प्राप्त आय से खरीदेगा (क्योंकि परिवर्ती पूँजी तो श्रमिकों को किए गए भुगतान के बराबर ही होती है), लेकिन अतिरिक्त मूल्य वाला भाग कौन खरीदेगा? इसको खरीदने के लिए आय का दूसरा स्रोत पूँजीपतियों का मुनाफा ही हो सकता है, लेकिन यह मुनाफा तो वस्तुओं की बिक्री के बाद ही आएगा। यहाँ एक गतिरोध है, जो पूँजीवादी उत्पादन-विपणन की उस स्वायत्त व्यवस्था के भीतर टूटता दिखाई देता है, जिसमें आय के दो ही स्रोत हैं और पूँजीपतियों की आय उसके द्वारा उत्पादित वस्तुओं की बिक्री से प्राप्त अतिरिक्त मूल्य ही हो सकता है। फिर भी यह एक ऐतिहासिक हकीकत है कि पूँजीवादी व्यवस्था का विकास लगातार होता रहा है? इसी तथ्य को ध्यान में रख रोजा लक्जमबर्ग ने यह स्थापना प्रस्तुत की कि पूँजीवादी व्यवस्था की स्वायत्त यानी किसी बाहरी गैर-पूँजीवादी व्यवस्था से समर्थन या आदान-प्रदान के बिना विकास सम्भव ही नहीं है। तो फिर भी अगर पूँजीवादी व्यवस्था विकसित हुई और फली-फूली है तो इसका कारण यह है कि यह सदा गैर-पूँजीवादी व्यवस्थाओं से अनिवार्य आदान-प्रदान पर आधारित रही है।

रोजा लक्जमबर्ग निचोड़ के रूप में अपना विचार यों रखती हैं। कोई भी समाज, जहाँ सिर्फ दो ही वर्ग, पूँजीपति और मजदूर हैं, अतिरिक्त मूल्य के उस हिस्से का सिद्धीकरण नहीं कर सकता, जो मजदूरों के द्वारा मजदूरी या पूँजीपतियों के द्वारा मुनाफे का उपभोग के रूप में खर्च नहीं कर दिया जाता। इसीलिए इस समस्या के समाधान के लिए तरह-तरह के कृत्रिम उपाय ढूँढ़े जाते रहे हैं—यथा माल्थस का सामन्त में, वोरोन्तसोव का सैन्यीकरण में, स्ट्रुव का वकील आदि पूँजीपतियों के आश्रित वर्गों में या विदेशी व्यापार जैसे उपायों में। रोजा लक्जमबर्ग के अनुसार, सिस्गंडी तथा निकोलायन आदि का पूँजीवादी व्यवस्था के लगातार चालू रहने की सम्भावना पर इसी कारण सन्देह हो रहा है। दरअसल यह समस्या मार्क्स के पूँजीवाद के चरित्र यानी मजदूरों के श्रम के शोषण के इसके आधार में ही निहित है। मार्क्स ने जो पूँजी के साधारण पुनरुत्पादन का सिद्धान्त प्रस्तुत किया था, उसी में प्रसारित पुनरुत्पादन के सामने आनेवाली समस्या भी निहित थी। यह बात साफ-साफ झलकती है। जब हम यह मानकर चलने लगते हैं कि सारे संसार में

पूँजीवादी व्यवस्था कायम हो चुकी है और आय के स्रोत वाले दो ही वर्ग पूँजीपति और मजदूर ही उत्पादन और विनिमय से जुड़े हैं।

अब रोजा लक्जमबर्ग ऐतिहासिक तथ्यों के आधार पर यह दिखलाती हैं कि दरअसल पूँजीवाद के विकास के क्रम में कभी भी यह व्यवस्था थी ही नहीं। पूँजीवाद अपने जन्म से ही एक गैर-पूँजीवादी दुनिया की कोख में पलता रहा है, जिस कोख को वह लगातार खोखला भी करता जा रहा है। जब वह इसे खोखला कर इसकी जगह स्वयं को स्थापित करता है तो ऐसा गतिरोध पैदा करता है, जो इसके अस्तित्व का संकट बन जाता है। पूँजीवाद को पोषित करनेवाली यह आवृत्ति अनेक तरह की सामाजिक-आर्थिक संरचनाओं की आवृत्ति है—आदिम कबीलाई समाज अनेक तरह के पूरक पेशे पर आधारित जाति व्यवस्थाएँ, विभिन्न स्तरों पर सोपानवत अनुबन्धों पर आधारित अनेक तरह की सामन्ती व्यवस्थाएँ आदि इन सभी समाजों का प्राकृतिक परिवेश के साथ एक अटूट रिश्ता होता है, जिसमें प्राकृतिक परिवेश उनको जीवन का आधार प्रदान करते हैं। इन व्यवस्थाओं में जीनेवाले अधिकांश लोग इस परिवेश से भावनात्मक रूप से जुड़कर किसी-न-किसी तरह परिवेश के जीवन और इसकी निरन्तरता को बनाए रखते हैं। जब परिवेश के साथ उनका सन्तुलन टूटता है या परिवेश का स्खलन होता है, ये मानव-समाज भी संकटग्रस्त हो या तो परिवेश छोड़कर विस्थापित हो जाते हैं या पूरी तरह नष्ट हो जाते हैं। प्रकृति के साथ अपने सम्बन्धों में निरन्तरता बनाए रखनेवाले ऐसे ही विविध समाजों से पोषण पाकर प्रारम्भिक पूँजीवादी समाज अस्तित्व में आया। पूँजीवाद विकसित होता रहा, उसके पीछे उसको पोषण देनेवाली ऐसी प्राक्-पूँजीवादी व्यवस्थाओं की निर्णायक भूमिका थी। रोजा लक्जमबर्ग ने इसी कल्पना से विस्तारित पूँजी-संचय की पहेली को समझने के लिए पूँजीवाद के विकास में गैर-पूँजीवादी समाजों की भूमिका को रेखांकित किया।

रोजा लक्जमबर्ग लिखती हैं : "पूँजीवादी संचय के लिए अतिरिक्त मूल्य का सिद्धीकरण एक केन्द्रीय मुद्दा है। इसकी एक अनिवार्य शर्त है...कि पूँजीवादी समाज के बाहर इसके खरीदारों का एक समूह हो। ध्यान में रखने की बात है कि खरीदार उपभोक्ता नहीं क्योंकि अतिरिक्त मूल्य का भौतिक रूप इस सिद्धीकरण की दृष्टि से अप्रासंगिक है। निर्णायक बात यह है कि अतिरिक्त मूल्य का सिद्धीकरण पूँजीपति या मजदूर द्वारा नहीं हो सकता बल्कि तभी हो सकता है, जब इसके खरीदार वैसे संगठन या वर्ग हों, जिनकी अपनी उत्पादन-प्रक्रिया पूँजीवादी नहीं है। यहाँ हम दो भिन्न स्थितियों पर विचार करेंगे।

(1) पूँजीवादी उत्पादन अपनी जरूरत की पूर्ति के ऊपर यानी अपने मजदूरों, पूँजीपतियों की माँग को पूरा कर अतिरिक्त उपभोग की वस्तुएँ उपलब्ध कराता है जिसे गैर-पूँजीवादी समूह और देश खरीदते हैं। उदाहरण के लिए, अंग्रेजी कपड़ा-

उद्योग उन्नीसवीं शताब्दी के प्रथम दो-तिहाई काल में और कुछ हद तक अब भी यूरोप के किसानों और शहरों के मध्यम वर्गों को कपड़ा मुहैया कराता रहा है। अंग्रेजी कपड़ा-उद्योग के बृहत् फैलाव का आधार इस तरह गैर-पूँजीवादी उद्योगों और उनके विविध स्तरों द्वारा इसके उपयोग पर आधारित रहा है, स्वयं इंग्लैंड में इसके कपास-उद्योग की जरूरत पूरा करने के लिए अनेक औद्योगिक मशीनों (बौबिन, करघे), इसके अलावा धातु और कोयले आदि का विकास हुआ। इस मामले में भाग-II (उपभोग उत्पादक उद्योग) के उत्पादों का सिद्धीकरण बढ़-चढ़कर गैर-पूँजीवादी हलकों द्वारा हुआ और अपने संचय के लिए इसे बढ़-चढ़कर अपने देश के भाग-I के लिए उत्पादन के लिए माँग पैदा की। इस तरह I के अतिरिक्त मूल्य के सिद्धीकरण का अवसर पैदा किया।

(2) इसके विपरीत, पूँजीवादी उत्पादन अपनी जरूरत से ज्यादा उत्पादन के साधन की आपूर्ति करता है और गैर-पूँजीवादी देशों में खरीदार पाता है। उदाहरण के लिए अंग्रेजी उद्योग ने उन्नीसवीं शताब्दी के पहले भाग में अमेरिका और ऑस्ट्रेलिया के राज्यों में रेल मार्गों के निर्माण के लिए आवश्यक वस्तुओं की आपूर्ति की। (रेलवे का निर्माण अपने आप में इस बात का सबूत नहीं है कि देश में पूँजीवादी उत्पादन की प्रधानता स्थापित हो गई है। वास्तव में इस मामले में रेलवे पूँजीवादी उत्पादन के उद्घाटन की एक ही प्राथमिक जरूरत की पूर्ति करता है।) दूसरा उदाहरण जर्मनी की रासायनिक उद्योग है, जो भारी मात्रा में रंग जैसा उत्पादन का साधन भारी मात्रा में एशियाई, अफ्रीकी और दूसरे उन देशों को मुहैया कराता है, जहाँ उत्पादन पूँजीवादी नहीं है। यहाँ महकमा I अपने उत्पादों का सिद्धीकरण गैर-पूँजीवादी हलकों में करता है। इसके परिणाम से महकमा I के उत्तरोत्तर फैलाव तत्सम्बन्धी महकमा II का उसी पूँजीवादी देश में प्रसार करता है, ताकि महकमा I में काम करनेवाले लोगों की फैलती फौज को जीवन-यापन की वस्तुएँ उपलब्ध हो सकें।

"इनमें प्रत्येक उदाहरण मार्क्स द्वारा प्रस्तुत ढाँचे से अलग दिखाई देता है।..."

आगे रोजा लक्जमबर्ग इस बात की ओर ध्यान खींचती हैं कि उत्पादन के फैलाव के साथ-साथ कच्चे माल की खपत भी इसी अनुपात में बढ़ती है और इसकी आपूर्ति पूँजीवादी उत्पादन-पद्धति से होना जरूरी नहीं है। खनिज या कृषि उत्पादों के लिए सिर्फ प्रकृति के साथ मानव-श्रम का योग जरूरी है। यह योग उत्पादन की किसी भी पद्धति, मसलन कबायली, गुलामी पर आधारित या सामन्ती व्यवस्था के तहत हो सकता है जैसाकि रोजा लक्जमबर्ग अनेक उदाहरणों से बतलाती हैं। दरअसल, पूँजीवादी उत्पादन के प्रसार के लिए कच्चे मालों की आपूर्ति मुख्य रूप से ऐसी गैर-पूँजीवादी उत्पादन-पद्धति से ही हुई है। इस तरह गैर-पूँजीवादी व्यवस्थाएँ पूँजीवाद के अस्तित्व और फैलाव की दो बुनियादी आवश्यकताओं की पूर्ति करती हैं। एक तो अतिरिक्त मूल्य के सिद्धीकरण की जरूरत की, जो जैसाकि ऊपर बतलाया गया

है, पूँजीवादी व्यवस्था में सम्भव नहीं है और दूसरा तकनीक के विकास से उत्पादन के अत्यधिक फैलाव के अनुपात में कच्चे मालों की आपूर्ति की जरूरत की। रोजा लक्जमबर्ग अनेक उदाहरणों से बतलाती हैं कि कैसे औद्योगिक क्रान्ति में अग्रणी ब्रिटेन स्वयं अपने औद्योगिक विकास के लिए गैर-पूँजीवादी उत्पादन पद्धति से उपलब्ध कच्चे मालों पर निर्भर रहा है। वह लिखती हैं :

"...उन्नीसवीं शताब्दी के प्रथम भाग में इंग्लैंड के अतिरिक्त मूल्य का बड़ा हिस्सा सूती वस्त्रों के रूप में उत्पादित होता था, लेकिन इसके अतिरिक्त मूल्य के पूँजीकरण का भौतिक, हालाँकि वे अतिरिक्त उत्पाद में व्यक्त होते थे, वे पूँजीवादी अतिरिक्त उत्पाद नहीं थे। उदाहरणस्वरूप कच्चा कपास, जो अमेरिका की गुलामी पर आधारित राज्यों से प्राप्त होता था या अनाज (अंग्रेज मजदूरों के पोषण के लिए जरूरी) रूस के सर्फों (भू-दासों) की कृषि-व्यवस्था से प्राप्त होता था। पूँजीवादी संचय उन उत्पादन के साधनों पर जो पूँजीवादी उत्पादन पद्धति द्वारा उपलब्ध नहीं होता—कितना निर्भर है, यह इंग्लैंड में कपास के उस संकट से जाहिर होता है, जो अमेरिका के कुछ राज्यों के अलग होने के निर्णय से उत्पन्न हुए युद्ध से पैदा हुआ, जब इस काल में कपास के प्लांटेशन में काम ठप्प हो गया या फिर यूरोप में लिलेन/कपड़ा उद्योग के उस संकट से जब पूरब के युद्ध से गुलामों पर आधारित रूस की व्यवस्था से फ्लैक्स (अलसी के रेशे) का आयात रुक गया। हमें यह भी याद रखना है कि किसानों द्वारा उत्पादित अनाज यानी गैर-पूँजीवादी उत्पादन का महत्त्वपूर्ण योगदान औद्योगिक मजदूरों को भोजन प्रदान करने में रहा है। यह भी पूँजी-संचय में गैर-पूँजीवादी भौतिक पदार्थों के महत्त्व को रेखांकित करता है।"[19]

और आगे लिखती हैं : "...प्रारम्भ से ही पूँजीवादी उत्पादन के तौर-तरीके और नियम सारे संसार की उत्पादन शक्तियों को एक खजाने के रूप में हस्तगत करना चाहते हैं। उत्पादन की शक्तियों को शोषण के लिए हस्तगत करने के अभियान में यह सारे संसार को उधेड़ डालता है। यह अपना उत्पादन का साधन संसार के सभी कोनों से प्राप्त करता है, आवश्यक हुआ तो शक्ति-प्रयोग से सभ्यता के सभी स्तर और सभी तरह की सामाजिक रचनाओं से।"[20]

आगे रोजा लक्जमबर्ग बतलाती हैं कि पूँजीवाद के विकास के लिए न सिर्फ गैर-पूँजीवादी ढंग से उत्पादित उत्पादन के साधनों की जरूरत होती है बल्कि भारी संख्या में गैर-पूँजीवादी उत्पादन में लगे श्रमिकों की भी जरूरत होती है। वह लिखती हैं : "...सही अर्थ में पहले पूर्ण रूप से पूँजीवादी अंग्रेजी कपास-उद्योग के लिए न सिर्फ अमेरिका के दक्षिणी राज्यों का कपास जरूरी था बल्कि दशों लाख के अफ्रीकी नीग्रो जरूरी थे, जिन्हें प्लांटेशनों के लिए श्रम-शक्ति प्रदान करने के लिए गुलाम बना जहाजों से ढोकर पहुँचाया गया था और बाद में जिन्हें पूँजीवादी व्यवस्था में सर्वहारा के रूप में काम पर लगाया गया।"[21]

अपनी टिप्पणी में रोजा लक्जमबर्ग ये तथ्य प्रस्तुत करती हैं :

"अमेरिका में अलगाववाद के विरुद्ध हुए युद्ध के थोड़े ही समय पहले प्रकाशित टेबुल में गुलामी वाले राज्यों में सालाना कपास-उत्पादन और इसमें लगाए गए गुलामों की संख्या सम्बन्धी ये आँकड़े दिए गए थे :

वर्ष	कपास की कीमत (डॉलरों में)	गुलामों की संख्या
1800	5,200,000	8,93,041
1810	15,000,000	1,191,364
1820	26,300,000	1,543,688
1830	34,100,000	2,009,053
1840	74,600,000	2,487,255
1850	101,800,000	3,197,509
1851	137,300,000	3,200,000

(सिमन्स के 'क्लास स्ट्रग्ल इन अमेरिकन हिस्ट्री से')[22]

रोजा लक्जमबर्ग अनेक अध्ययनों का हवाला दे यह भी बतलाती हैं कि किस तरह स्वयं अफ्रीका में हीरे की खदानों में विभिन्न मूलों के लोग अलग-अलग तरह के कबीलों से लाकर काम पर लगाए जाते हैं, जो कुछ समय काम के बाद फिर अपने परिवेश में लौट जाते हैं। यानी पूँजी-संचय के इस अभियान में हर तरह के गैर-पूँजीवादी समाजों के लोगों के श्रम का शोषण बिना भेदभाव के पूँजी-संचय के लिए किया जाता रहा है। आगे रोजा लक्जमबर्ग लिखती हैं : "...पूँजी को सारे संसार के उत्पादन के साधनों और श्रम-शक्ति की जरूरत निर्बाध संचय के लिए होती है। यह संसार के सभी भू-भागों के प्राकृतिक संसाधनों और श्रम-शक्ति के बिना अपना काम नहीं चला सकती। यह जानकर कि हकीकत में अभी भी दुनिया के संसाधन और श्रम-शक्ति प्राक्, पूँजीवादी उत्पादन के दायरे में है : पूँजी-संचय का यही ऐतिहासिक आधार भूमि है—पूँजी की यह मजबूरी है कि यह हर उपाय से इन अंचलों और सामाजिक संस्थाओं के ऊपर अपना प्रभुत्व कायम करने का प्रयास करे।"[23]

आज के परिदृश्य पर विचार करने पर ऐसा लगता है कि सौ साल पहले वर्णित इस रुझान की निरन्तरता आज भी विश्व व्यापार संगठन के प्रयासों में बनी हुई है।

रोजा लक्जमबर्ग ने पूँजीवादी व्यवस्था के प्रसार के चार औजारों को चिह्नित किया है, जिससे वह वैसी गैर-पूँजीवादी व्यवस्थाओं को, जो आपसी सम्बन्धों के

ताने-बाने के आधार पर आत्मनिर्भर होती हैं और जिनका बाहरी व्यवस्थाओं से नाममात्र का लेन-देन होता है, तोड़ती हैं और उन पर अपना वर्चस्व कायम करती हैं। ये हैं : (1) उत्पादन के महत्त्वपूर्ण स्रोतों पर अधिकार, जैसे जमीन-जंगलों में आखेट के लायक जीव, खनिज, कीमती पत्थर, अनुपम उद्भिज मसलन रबड़ आदि; (2) श्रम शक्ति को पुराने बन्धनों से मुक्त कर इसे उद्योगों में काम करने के लिए मजबूर करना; (3) पण्य (कमोडिटी) की अर्थव्यवस्था लागू करना; और (4) व्यापार को कृषि-व्यवस्था से अलग कर देना (यानी कृषि में विनिमय के व्यापारिक ढाँचे को, जिसमें वस्तुओं की अदला-बदली भी शामिल है, खत्म कर मुद्रा आधारित व्यापार को प्रोत्साहित करना।)

रोजा लक्जमबर्ग का मानना था कि पूँजी की ऊपर वर्णित रणनीति गैर-पूँजीवादी व्यवस्थाओं के स्वाभाविक रूप से विघटन के भरोसे नहीं हो सकती थी क्योंकि इन व्यवस्थाओं में एक तरह का स्थायित्व होता है, जो बदलाव को अवरोधित करता है। दूसरी ओर पूँजी में प्रसार का एक जर्बदस्त अन्तर्निहित दबाव होता है, जो दूसरी व्यवस्थाओं के स्वाभाविक विघटन के लिए इन्तजार नहीं कर सकता। इसलिए पूँजी शक्ति का सहारा ले इसकी पहुँच में आनेवाली सभी गैर-पूँजीवादी व्यवस्थाओं को नष्ट करती रही है। इसी कारण पूँजीवादी व्यवस्था के सम्पर्क में आनेवाली सभी व्यवस्थाओं ने इसकी घुसपैठ का प्रतिरोध किया और जवाब में उन्हें पूँजीवादी शक्तियों ने बल प्रयोग से नष्ट किया। भारत का उदाहरण देते हुए रोजा लक्जमबर्ग लिखती हैं :

"...भारतीयों का प्राचीन आर्थिक गठन—सामुदायिक ग्रामीण समाज[24] अनेक राजनीतिक उथल-पुथल के बावजूद अपने हजारों साल के इतिहास में संरक्षित रहा। छठी शताब्दी ईसा पूर्व में फारसवालों ने भारत के सिन्धु घाटी के कुछ इलाकों पर कब्जा किया। दो सदी बाद यूनानी आए और सिकन्दर ने एक बिलकुल पराई सभ्यता के आधार पर उपनिवेश कायम किया। इसके बाद बहशी सिथियाई आए और फिर भारत सदियों तक अरब अधिकार में रहा। फिर ईरान के पर्वतों से उतरकर अफगानों ने कब्जा किया, जिन्हें तातार आक्रमणकारियों ने खदेड़ा। मंगोलों के आक्रमण का पथ आतंक और बर्बादी से पटा था, जिसमें पूरे के पूरे गाँवों की आबादी का कत्लेआम हुआ, जिसमें धान के कोमल पौधे खून से लाल हो गए। इसके बावजूद ग्रामीण अर्थव्यवस्था जीवित रही क्योंकि किसी मुसलमान विजेता ने यहाँ के किसानों की जिन्दगी और उनकी पारम्परिक जीवन-पद्धति को नष्ट नहीं किया। उन्होंने प्रदेशों में अपनी सरकारें कायम कीं, जिनका काम सिर्फ सैनिक संगठन को बनाए रखना और लोगों से टैक्स वसूल करना भर था। मुगल सल्तनत में, किसानों को मुगल शासकों की वस्तुओं के रूप में सालाना कर चुका देना होता था, लेकिन वह बिना किसी हस्तक्षेप के अपनी जमीन पर वैसे ही धान उगा सकता था, जैसा

उसके पूर्वजों ने किया था। इसके बाद अंग्रेज आए और पूँजीवादी सभ्यता के रोग ने पूरी सामाजिक व्यवस्था को नष्ट कर दिया।...अंग्रेजी पूँजी का एकमात्र उद्देश्य भारतीय समुदाय के जीवन के आधार यानी उनकी भूमि पर कब्जा जमाना था।"[25]

रोजा लक्जमबर्ग विस्तार से बतलाती हैं कि कैसे चरणबद्ध ढंग से फ्रांसीसियों ने अल्जीरिया में वहाँ की सामुदायिक व्यवस्थाओं को नष्ट किया ताकि उनकी भूमि को निजी सम्पत्ति बना यानी उन्हें खरीद-फरोख्त की वस्तु बना उन पर अधिकार जमाया जा सके। वह लिखती हैं : "...1873 ई. में नेशनल एसेम्बली द्वारा एक कानून लाया गया, जिसका घोषित उद्देश्य तुरन्त सभी 700 अरब कुलों (क्लैन) की सम्मिलित पारम्परिक जागीरों को तोड़कर उनमें निजी स्वामित्व कायम करना था। उपनिवेश में फैली बदहाली, इसका बहाना बना। भारत के 1866 के भीषण अकाल में ब्रिटिश जनमानस को अंग्रेजों के द्वारा भारत में किए गए कमाल के प्रति सजग किया था और संसदीय जाँच बैठाई गई। इस तरह साठ के दशक के अन्त में यूरोप के लोगों की आँखें अल्जीरियाई हकीकत पर तब खुलीं, जब चालीस साल के फ्रांसीसी अधिकार का नतीजा चारों ओर अरबों में फैलनेवाले अकालों और बढ़ती हुई मृत्यु-दर के रूप में सामने आया। एक जाँच आयोग अरबों के उद्धार का मार्ग सुझाने के लिए गठित किया गया। एक मत से यह निर्णय हुआ कि उन्हें डूब मरने से बचाने का एक ही उपाय है—उनमें निजी सम्पत्ति कायम करना, सोचा गया कि इसी उपाय से अरब बर्बादी से बच सकेंगे यानी वे जरूरत पड़ने पर अपनी जमीन को गिरवी रख सकेंगे या बेच सकेंगे।"

रोजा लक्जमबर्ग ने आगे बतलाया है कि इस नीति का नतीजा यह हुआ कि अल्जीरिया में अरबों की पारम्परिक अर्थव्यवस्था नष्ट हो गई और बड़ी संख्या में अरब लोग अल्जीरिया छोड़ तुर्की और सीरिया आदि को पलायन करने लगे। उस समय से जो विघटन की प्रक्रिया शुरू हुई, आज तक समाप्त नहीं हुई है और एक शताब्दी बाद आज तक फ्रांस से राजनीतिक रूप से आजाद हो जाने के बाद भी अल्जीरिया राजनीतिक उथल-पुथल के दौर से ही गुजर रहा है। यह ध्यान में रखने की बात है कि पारम्परिक सामाजिक-आर्थिक ढाँचा तो टूट गया, लेकिन यूरोप के तर्ज पर कोई व्यवस्थित पूँजीवादी व्यवस्था का विकास वहाँ नहीं हो पाया। फ्रांस और दूसरी पूँजीवादी व्यवस्थाओं के अधिशेष के सिद्धीकरण का क्षेत्र-भर बनकर बाजार और संसाधन (कच्चे माल और मजदूर) उपलब्ध कराता रहा। इसी क्रम में अल्जीरिया से आजीविका की तलाश में भारी संख्या में अरब लोग फ्रांस में आकर बस गए और फ्रांस के श्रमिकों में उनकी खासी उपस्थिति है। इससे फ्रांस की राजनीति में मूल आधारित तनाव और विभाजन गहराया है।

4

पूँजीवाद के विकास के लिए या मार्क्स की शब्दावली में अतिरिक्त मूल्य की सिद्धि के लिए, जैसाकि रोजा लक्जमबर्ग ने अनेक उदाहरणों से साबित किया है, लगातार किसी बाहरी यानी गैर-पूँजीवादी क्षेत्र की तलाश रहती है। इसी कारण जब पूँजीवाद पहले के किसी औपनिवेशिक क्षेत्र में अपनी जड़ें जमाने लगता है तो वहाँ की सम्पूर्ण अर्थव्यवस्था का विकास एकल पूँजीवादी व्यवस्था के रूप में नहीं होता। वहाँ के नवजात पूँजीवादी केन्द्र अपने ही देश में एक बाहरी और बृहत् औपनिवेशिक क्षेत्र का विकास करता है, जिसके साथ विनिमय से केन्द्रीय पूँजीवादी व्यवस्था का विस्तार होता है। इस प्रक्रिया में सम्बद्ध क्षेत्र की पारम्परिक आत्मनिर्भर व्यवस्थाएँ नष्ट हो जाती हैं और इस क्षेत्र के लोगों का जीवन पूँजीवादी केन्द्र एवं इसके माध्यम से संसार की दूसरी पूँजीवादी अर्थव्यवस्थाओं से जुड़ता है। इस तरह एक आन्तरिक औपनिवेशिक क्षेत्र अस्तित्व में आता है। यह सम्बन्ध बराबरी का नहीं होता क्योंकि एक तरफ व्यवस्थित रूप से विकसित हो रहा नई तकनीक से सम्पन्न आक्रामक पूँजीवादी तंत्र होता है और दूसरी तरफ विशृंखलित अर्थव्यवस्था के बिखरे अवशेषों में आजीविका की तलाश करते लोग, जो खेत या खदानों में उन्हीं वस्तुओं के उत्पादन के लिए अभिशप्त हैं, जिनकी जरूरत पूँजीवादी केन्द्रों को होती है। या फिर अपने जीवन के पारम्परिक आधार के नष्ट हो जाने से इन्हें विकसित हो रहे पूँजीवादी केन्दों या नये तरह की कृषि यानी पूँजीवादी तरीके से विकसित प्लांटेशनों या फिर पूँजीपतियों द्वारा ही विकसित की जा रही खदानों में काम करने को विवश होना पड़ता है। भुखमरी से जूझ रहे ऐसे लोगों को पूँजीवादी प्रतिष्ठान अपनी सुविधा के अनुसार काम का आश्वासन दे दूर-दराज देशों में भी प्रतिस्थापित करते हैं। ऐसे मजदूरों की नई जिन्दगी बँधुआ या गिरमिटिया मजदूर के रूप में अनजान अपरिचित देशों में शुरू होती है।

भारत, जिसे कभी 'अंग्रेजी साम्राज्य का नायाब रत्न' कहा जाता था और आज जिसके तेज आर्थिक विकास का डंका दुनिया भर में पीटा जाता है, आन्तरिक औपनिवेशिक विकास का अच्छा-खासा नमूना पेश करता है। पन्द्रहवीं शताब्दी के अन्तिम वर्षों में वास्को डि गामा के आगमन के बाद से इसका व्यापारिक सम्पर्क

यूरोप के देशों के साथ हुआ। तब यह व्यापार लगभग एकतरफा था। भारत के मसाले और उत्कृष्ट किस्म के कपड़े, ढाका का मलमल, बिहार की छींट और केरल के कैलिको का आयात यूरोय देश मुख्य रूप से सोना-चाँदी देकर करते थे। नि:सन्देह यूरोपी नाविकों को इस व्यापार में भारी मुनाफा होता था, लेकिन यूरोप का खजाना दूसरे तरह से भी भर रहा था। यह थी जहाजियों की खुली लूट की कमाई, जिसका सबसे विशाल क्षेत्र था हाल में ढूँढ़ा गया अमेरिकी महादेश—यानी उत्तरी और दक्षिणी अमेरिका। खासतौर से दक्षिण और मध्य अमेरिका के माया, इंकातेक और इंका सभ्यताओं को नष्ट कर या उनके अवशेषों को लूटकर यूरोपीय जहाजियों ने अकूत सोना-चाँदी से यूरोप को भर दिया। इसी सम्पन्नता की पृष्ठभूमि में ब्रिटेन से शुरू हो नई औद्योगिक क्रान्ति ने पूरे यूरोप में अपनी जड़ें जमा लीं। औद्योगिक क्रान्ति ने धीरे-धीरे भारत के साथ होनेवाले औद्योगिक सम्बन्ध को भी उलट दिया। बाद में नये उद्योगों में सस्ते उत्पादित माल से बाजार में पारम्परिक वस्तुओं की अपेक्षा इन उद्योगों की वस्तुओं की प्रतिस्पर्धी क्षमता बढ़ गई। इसके साथ-साथ हाल में हासिल राजनीतिक वर्चस्व का इस्तेमाल कर पारम्परिक शिल्पकारों पर तरह-तरह के जुल्म ढाए गए और उनके लिए व्यापार की शर्तें मुश्किल बनाई जाने लगीं। इन सब कारणों से बीसवीं सदी के आते-आते भारत के पारम्परिक उद्योग नष्ट हो गए और नये उद्योग भारत के बाजार में छा गए। पारम्परिक उद्योगों के नष्ट हो जाने से नये उद्योगों में उत्पादित वस्तुओं का बाजार अचानक बहुत ही विशाल हो गया। इस तरह नये उद्योगों को फैलाने का दूसरा दौर शुरू हुआ।

यूरोपीय देशों का सम्पर्क और भारत में प्रवेश समुद्री रास्ते से हुआ था, इसलिए स्वाभाविक था कि उन्होंने अपने व्यापारिक अड्डे पहले भारत के तटीय प्रदेशों में बनाए। वैसे तो भारत में सबसे पहले पुर्तगाल के जहाजी और व्यापारी आए और फिर डच, फ्रांसीसी और अंग्रेज, लेकिन भारत में अंग्रेजों का ही वर्चस्व काय हुआ। फ्रांसीसी पांडिचेरी और एक-दो दूसरी छोटी जगहों में सिमट गए वैसे ही पुर्तगाली मूलत: गोवा में। भारत के देशी रजवाड़ों, बिखरते मुगल साम्राज्य और फिर यूरोप के प्रतिस्पर्धियों से गठजोड़ दाँव-पेच और युद्धों के लम्बे सिलसिले में अन्तत: अंग्रेजों ने भारत में अपना राजनीतिक वर्चस्व कायम कर लिया, लेकिन फैलाव की शुरुआत उन्होंने भी अपने तटीय अड्डों से ही की थी। इसमें खास महत्त्व के थे मद्रास (अब चेन्नई), बम्बई (अब मुम्बई), कलकत्ता (अब कोलकाता) और शुरू में मछलीपट्टम और सूरत। तट के ये स्थान जहाज से माल और सैनिकों के आने-जाने के दरवाजे तो थे ही, जरूरत पड़ने पर सुरक्षित बाहर निकल जाने का भी मौका प्रदान करते थे। यहीं ये अपनी फौजी छावनियाँ भी सुरक्षित रख सकते थे और बाहर से आनेवाले या बाहर ले जानेवाले माल का गोदाम भी स्थापित कर सकते थे। इसी क्रम में ऐसे तटीय अड्डे धीरे-धीरे अंग्रेजी व्यापार और अंग्रेजी वर्चस्व के केन्द्र बन गए।

प्रारम्भ में इन तटीय अड्डों की समृद्धि का आधार ईस्ट इंडिया कम्पनी (जिसके हाथ अंग्रेजों के भारतीय व्यापार की इजारेदारी थी) का अकूत व्यापारिक मुनाफा था, जो जैसाकि पहले बतलाया गया है, मूलत: भारत से मसालों और सूती वस्त्रों के निर्यात पर निर्भर था, लेकिन ब्रिटेन की औद्योगिक क्रान्ति के बाद छोटे पैमाने पर इन केन्द्रों पर विशेषकर मुम्बई, चेन्नई और कोलकाता में नये तरह का औद्योगिक उत्पादन भी शुरू हुआ। औद्योगिक क्रान्ति में वस्त्र उद्योगों की अग्रणी भूमिका थी, इसलिए इन स्थानों पर भी नई तकनीक पर आधारित वस्त्र-उद्योग ही पहले-पहल स्थापित हुए। भारत प्राचीन काल से ही कपास-उत्पादन का महत्त्वपूर्ण क्षेत्र था। सारे देश में कपड़े के लिए कपास की खेती होती थी, लेकिन पश्चिम भारत का पूरा क्षेत्र सिन्ध से गुजरात और महाराष्ट्र तक इसकी खेती के लिए विशेष तौर से उपयुक्त था। इसीलिए यहाँ की मिट्टी को अंग्रेज 'ब्लैक कॉटन स्वायल' कहा करते थे। उधर कलकत्ता की पार्श्वभूमि बंगाल में जूट के कपड़े के लिए, पटसन की खेती के लिए जमीन और जलवायु उपयुक्त थी। इसलिए मुम्बई, मद्रास, अहमदाबाद आदि में सूती वस्त्रों की मिलें बनाई गईं। ब्रिटेन का वस्त्र-उद्योग गुलामी पर आधारित अमेरिका के कपास उत्पादन पर लगभग पूरी तरह निर्भर था। इसलिए जब 1861 में अमेरिका में गृहयुद्ध शुरू हुआ, जिसमें गुलामी का अन्त एक प्रमुख मुद्दा था, तब अचानक अंग्रेजी वस्त्र-उद्योग में कपास का भारी अभाव हो गया। इस स्थिति से भारत के कपास उत्पादन और इस पर आधारित वस्त्र-उद्योग को तेजी से फैलने का मौका मिला। इसी क्रम में मुम्बई, अहमदाबाद आदि जो कपास-उत्पादन के प्रधान क्षेत्र में आते थे, नई तकनीक पर आधारित सूती वस्त्र-उद्योग के बड़े केन्द्र बन गए।

लेकिन किसी भी उद्योग की तरह कपड़ा-उद्योग के लिए भी कपास या पटसन तो मुख्य कच्चा माल होते हैं, लेकिन उद्योग के लिए दूसरे भी अनेक कारक महत्त्वपूर्ण होते हैं; यथा रँगाई आदि के लिए कई तरह के रसायन, तकुए और करघे के निर्माण के लिए लकड़ी और लोहे, ईंधन के लिए कोयला, तेल या बिजली और सबसे बढ़कर काम करने के लिए श्रमिक। और इन सबकी आपूर्ति के लिए ढुलाई के लिए यातायात। कोई अचरज नहीं कि उन्नीसवीं सदी के मध्य यानी 1853 ई. से मुम्बई से शुरू हो रेल यातायात देश के उन भागों में तेजी से फैला, जिन्हें इन नये औद्योगिक केन्द्रों से किसी-न-किसी तरह की वस्तु की आपूर्ति के लिए जोड़ा जाना था। लेकिन जब ढुलाई के लिए रेल जैसे यातायात के साधन विकसित होते हैं तो वे अपने प्राथमिक उद्देश्य तक सीमित नहीं रहते। इससे वैसी अनेक वस्तुओं की ढुलाई भी शुरू हो जाती है, जिसकी पहले कल्पना नहीं की गई हो। सबसे बढ़कर जहाँ भी नया यातायात गया, वहाँ पहले का आत्मनिर्भर उत्पादन और विपणन की व्यवस्थाएँ नष्ट होने लगीं। पहले भारत के सूती वस्त्र यूरोप के बाजार के लिए निर्यात किए जाते थे। अब ब्रिटेन से आनेवाले नये उद्योगों के वस्त्र के साथ-साथ

कोलकाता, मुम्बई और चेन्नई में नये तरह के मिलों में उत्पादित वस्त्र भारत के दूर-दराज गाँवों में जाने लगे। चूँकिये वस्त्र हाथ से बने वस्त्रों से सस्ते होते थे या सस्ता कर दिए जाते थे, देश के लाखों गाँवों में वस्त्र-उत्पादन का प्राचीन ढाँचा पूरी तरह टूटकर समाप्त हो गया। भारत लोहा और इस्पात बनानेवाले दुनिया के प्राचीनतम देशों में था और यहाँ का इस्पात गुणवत्ता में अपना सानी नहीं रखता था, लेकिन अब नई तकनीक से उत्पादित आयातित लोहा और इस्पात इतने सस्ते दाम पर और इतनी किस्मों में आने लगे कि भारत में इस्पात निर्माण की सारी पद्धति नष्ट हो गई और इसके उत्पादन में लगे लोहार बेरोजगार हो गए। जैसे-जैसे रेल परिवहन का विस्तार हुआ, यह प्रक्रिया गहराती गई और बाहर से आयातित होनेवाले सस्ते, मिल में उत्पादित जिंसों ने देश के अनेक तरह के उद्यमों को नष्ट कर इनमें लगे लोगों को बेरोजगार बना भूमिहीन खेतिहर मजदूरों में तब्दील कर दिया।

अठारहवीं सदी के उत्तरार्द्ध से अंग्रेजों का आधिपत्य देश के बड़े भू-भाग पर कायम हो गया। कलकत्ता से फैलकर बंगाल, बिहार और अवध के बड़े हिस्से में अंग्रेजों का प्रत्यक्ष या परोक्ष अधिकार कायम हो गया था। मुगल सल्तनत दिल्ली के आसपास के कुछ इलाकों में सिमट गई थी। बाकी हिस्सों में छोटे रजवाड़े स्वतंत्र या अंग्रेजों की कठपुतली के रूप में कायम थे। आधिपत्य के लिए इनमें आपस में या अंग्रेजों से लगातार संघर्ष होते रहे। इस क्रम में कृषि और सिंचाई और जल निकासी की पारम्परिक व्यवस्थाएँ, विशेषकर अवध से लेकर बंगाल तक के क्षेत्र में जहाँ अठारहवीं सदी के मध्य से अंग्रेजों का लगभग पूर्ण वर्चस्व था, पूरी तरह नष्ट हो गईं। इससे भी बड़ी आपदा इस क्षेत्र में अंग्रेजों की टैक्स उगाही की व्यवस्था थी। इसमें कृषि की क्षमता को नजरअन्दाज कर मनमाने रेट से भूमि-कर वसूल किया जाता था। बाद में इस व्यवस्था को स्थायी बनाने के लिए जमींदारी की व्यवस्था कायम की गई, जिसमें कुछ गिने-चुने स्थानीय सरदारों को किसानों से कर वसूलने का स्थायी अधिकार दे दिया गया और एवज में उन्हें जमीन पर, इससे भी बढ़कर किसानों के जीवन पर वैसे अनेक अधिकार दे दिए गए जैसे यूरोप में सामन्ती व्यवस्था के भीतर था—जैसे कौर्वे की तर्ज पर बेगार का अधिकार, जिसमें जमींदार किसान से मुफ्त में अपनी खेती का या दूसरे तरह का काम करा सकते थे। यह शोषण की व्यवस्था इतनी असह्य हो गई कि बहुत-से किसान खेती छोड़ भागने लगे और कृषि की उपज बहुत घट गई। इसी का नतीजा था कि गंगा, यमुना, गंडक, सरयू आदि अनेक नदियों से सिंचित पूर्वी उत्तर प्रदेश और बिहार के भू-भाग, जो कभी देश की सबसे समृद्ध कृषि-उत्पादन और संस्कृति के क्षेत्र थे, अकाल-क्षेत्र में तब्दील हो गए। इस तरह उन्नीसवीं सदी से जब यूरोपीय प्रभाव से देश के तटीय और इक्के-दुक्के गैर-तटीय प्रदेशों में नये तरह के उद्यम स्थापित होने लगे तो कृषि के नष्ट होने और बार-बार के

दुर्भिक्षों से कंगाल और बेरोजगार लोगों की बड़ी सेना इन उद्यमों में काम करने के लिए उपलब्ध हो गई। जैसाकि हमने पहले देखा है, ब्रिटेन में नये उद्योगों में श्रमिकों की आपूर्ति के लिए किसानों को अनेक तरह की ज्यादतियों के जरिए उनकी भूमि से बेदखल कर कारखानों में काम करने के लिए मजबूर किया गया था। इसके विपरीत, भारत में यह काम अंग्रेजों ने यहाँ के किसानों को कंगाल बनाए बिना किसी प्रत्यक्ष शक्ति-प्रयोग के सम्भव बनाया। जिन्दा रहने को किसी सम्भावना की तलाश में इस क्षेत्र के मेहनती किसान कोई भी काम करने को तैयार थे। बिहार और पूर्वी उत्तर प्रदेश के गरीब किसान और भूमिहीन मजदूर आज तक दरिद्रीकरण और प्रवास की उस प्रक्रिया से नहीं उबर पाए हैं, जिसकी शुरुआत अठारहवीं-उन्नीसवीं सदी में हुई।

यही काल था, जब अंग्रेज न सिर्फ नये तरह के उद्योग खड़ा कर रहे थे बल्कि भारत और दुनिया के दूसरे दूर-दराज के इलाकों में गन्ना, चाय, काफी, तम्बाकू आदि के औद्योगिक ढंग के बड़े फार्म बना रहे थे। कहीं-कहीं मॉरीशस जैसे स्थानों पर तो, जहाँ कोई स्थानीय आबादी नहीं थी, इन फार्मों पर काम करने के लिए बाहर से मजदूर लाने पड़ते थे। यही काल था, जब अंग्रेज बड़ी संख्या में गिरमिटिया या बँधुआ मजदूरों के रूप में इस क्षेत्र के श्रमिकों को दुनिया के दूर-दराज फार्मों में काम करने के लिए ले गए। इसी का नतीजा है कि आज भी मॉरीशस, फिजी, गयाना, सूरीनाम, ट्रिनिडाड आदि देशों में भारतीय मूल के लोग मुख्य रूप से भोजपुरी भाषा इलाके के हैं। भोजपुरी पूर्वी उत्तर प्रदेश और बिहार के पश्चिमी इलाके की भाषा है। इन्हीं लोगों ने इन देशों में हिन्दी भाषा की आधारशिला रखी है। इसी क्रम में उत्तर बंगाल और असम के हिमालय की पादभूमि में, जो चाय की खेती के लिए उपयुक्त थी, अंग्रेजों ने चाय के विशाल प्लांटेशन कायम किए। चूँकि इनमें काम करने के लिए स्थानीय लोग उपलब्ध नहीं थे, बड़ी संख्या में ठेकेदारों की मदद से छोटा नागपुर इलाके के आदिवासियों को इन प्लांटेशनों में स्थायी रूप से काम करने के लिए लाया गया। आज भी उन्हीं आदिवासियों के वंशज और कुछ नेपाली मजदूर इन प्लांटेशनों के श्रमिकों के मुख्य भाग हैं। चाय के व्यापार को सुगम बनाने के लिए इन दुर्गम जंगलों और पहाड़ों के क्षेत्र में अंग्रेजों ने रेल की पटरियाँ बिछाईं, जो असम के चाय बागानों और डिग्बोई के पेट्रोलियम के कुओं को दूर-दराज कलकत्ता और देश के दूसरे भागों से जोड़ती हैं।

हालाँकि प्रथम रेल सेवा मुम्बई से ठाणे तक 1853 ई. में शुरू हुई। कोलकाता के आसपास इसके ताने-बाने का सबसे तेज विकास हुआ। इसके दो कारण थे। एक तो कोलकाता के पास रिसरा में ही सबसे पहले 1859 ई. में आधुनिक ढंग की जूट मिल बनी और इसके बाद कोलकाता के आसपास का इलाका जूट उद्योग का प्रधान केन्द्र बन गया। हालाँकि बाद में मुम्बई कपास के कपड़ों का प्रमुख केन्द्र

बना। कोलकाता के पास फोर्ट ग्लोस्टर में सबसे पहली सूती कपड़ा उत्पादन की आधुनिक मिल स्थापित हुई।

कोलकाता न सिर्फ अब ईस्ट इंडिया कम्पनी का प्रशासनिक केन्द्र था बल्कि नये तरह के उद्योगों के केन्द्र के रूप में भी विकसित हो रहा था। इन मिलों के लिए इसके पड़ोस में ही शक्ति का स्रोत कोयला बड़ी मात्रा में उपलब्ध था। इस तरह कोलकाता को झारखंड के झरिया, धनबाद और पश्चिम बंगाल के रानीगंज के विशाल कोयला तथा दूसरे खनिज पदार्थों के उत्पादन के क्षेत्र से जोड़ दिया गया। फिर रेलमार्ग से इन स्थानों को चेन्नई और मुम्बई से जोड़ा गया, जो फिर उड़ीसा के खनिज क्षेत्र एवं छत्तीसगढ़, बिलासपुर के खनिज क्षेत्रों से होता हुआ नागपुर और मुम्बई को जोड़ता था। झारखंड और पश्चिम बंगाल के कोयला क्षेत्र में काम करने के लिए स्थानीय आदिवासियों के अलावा बिलासपुर, पूर्वी उत्तर प्रदेश और बिहार के अकाल क्षेत्र के मजदूर बड़ी संख्या में अब मजदूरी के लिए रेल मार्गों से आ जाते थे। इस तरह देश की आबादी को यातायात की जरूरतों को पूरा करने के लिए नहीं बल्कि चाय की जरूरत एवं बागानों, कोलकाता, चेन्नई, मुम्बई आदि नगरों के उद्योगों की जरूरत पूरा करने के लिए ईंधन और श्रमिकों की आपूर्ति को ध्यान में रखकर ही ये रेलमार्ग विकसित किए गए। घनी आबादी वाले बड़े हिस्से में रेलमार्गों का विस्तार काफी बाद में हुआ और मुख्य रूप से वहाँ के उपभोक्ता बाजार की जरूरत पूरा करने के लिए था एवं बढ़ती बेरोजगारी से काम की तलाश में महानगरों की ओर भागते हुए लोगों को नये उद्योगों तक पहुँचाने के लिए।

रेल यातायात से तटीय क्षेत्रों में विकसित हो रहे व्यापारिक, औद्योगिक केन्द्रों को कच्चे माल, ईंधन एवं श्रमिक आपूर्ति करनेवाले विशाल आन्तरिक क्षेत्रों से जोड़ देने के बाद से इन औद्योगिक केन्द्रों का आधुनिक औद्योगिक केन्द्रों के विकास के एक अन्तर्भूत नियम के तहत फैलाव शुरू हुआ। ये केन्द्र जब एक बार अस्तित्व में आ जाते हैं तो इनमें काम करनेवाले श्रमिकों और स्वयं कारखानों के उत्पादन की जरूरतों के लिए कुछ आवश्यक संरचनाओं का अस्तित्व में आ जाना अपरिहार्य हो जाता है। सबसे पहले तो काम में लगे लोगों के लिए जीवन के लिए मूलभूत आवश्यकताओं की पूर्ति के लिए बाजार का अस्तित्व में आना। इसके लिए आसपास या स्वयं अस्तित्व में आए औद्योगिक नगर में इनके लिए आवश्यक वस्तुओं की आपूर्ति करनेवाले उद्योग अस्तित्व में आ जाते हैं। फिर इस आबादी के लिए जल, सड़क, प्रकाश, कचरे की सफाई और उद्योगों के लिए आवश्यक प्रशिक्षण आदि के लिए आधारभूत संरचनाओं का निर्माण अपरिहार्य हो जाता है। उद्योगों में निर्मित वस्तुओं को दूर-दराज बाजारों में पहुँचाने के लिए अतिरिक्त परिवहन और संचार सेवाओं का विस्तार होता है। इस तरह की सुविधाओं के विकास के बाद ये क्षेत्र दूसरे उद्यमियों के लिए आकर्षण का केन्द्र बन जाते हैं। मूलत: कारण यह है कि

पूँजीवादी उत्पादन और विपणन की व्यवस्था लोकहित में तो होती नहीं, इसका एकमात्र उद्देश्य ज्यादा-से-ज्यादा मुनाफा कमा पूँजी का विस्तार करना होता है। इसलिए उन केन्द्रों के आस-पास जहाँ मूलभूत संरचनाओं का विस्तार हो चुका है, उद्योग लगाने के लिए इन सुविधाओं पर अतिरिक्त निवेश की जरूरत नहीं होती। इसलिए दीमकों या चींटियों की बाँबियों की तरह ये एक ही जगह फैलते जाते हैं, बाहर के संसाधनों को जज्ब करते हैं और चारों ओर कूड़े-कचरे का अम्बार लगाते जाते हैं। इनसे छुटकारा पाना एक अतिरिक्त सेवा बन जाती है और फिर इसके लिए लोगों को नये रोजगार मिल जाते हैं। इसी का नतीजा है कि एक जगह औद्योगिक विकास की प्रक्रिया शुरू होने पर कस्बे नगर में और नगर महानगर में लगातार फैलते चले जाते हैं। इसी प्रक्रिया का नतीजा है कि मुम्बई, कोलकाता आदि फैलते-फैलते करोड़ों की आबादी वाले नगर बन गए हैं और इनकी फैलती आबादी, कूड़े-कचरे और प्रदूषण का नियंत्रण नगरीय प्रशासन के बूते के बाहर हो गया है और अब यह प्रशासनिक व्यवस्था की जगह पुलिस, कानून और न्यायिक व्यवस्था का मामला बन गया है, लेकिन पूँजीवादी व्यवस्था में अधिक-से-अधिक मुनाफा और संचय ही सर्वोपरि जीवन-मूल्य है, सभी जगह औद्योगिक केन्द्रों का विकास इसी ढर्रे पर होता है, औद्योगिक मनुष्य कूड़ा-कचरा और प्रदूषण फैलाने का केन्द्र बन जाता है।

लेकिन इन औद्योगिक केन्द्रों के बाहर की दुनिया एक विपरीत प्रक्रिया से गुजरती रही है। जैसे-जैसे रेलवे और दूसरे यातायात का ताना-बाना फैला और नये उद्योगों के सस्ते उत्पादन इन औद्योगिक नगरों की पार्श्वभूमि (हिंटरलैंड) में फैलते गए, जीने के लिए आवश्यक वस्तुओं का उत्पादन करनेवाले उद्योग नष्ट हो गए। उद्योगों के नष्ट होने की प्रक्रिया इतनी तेजी से फैली कि उन्नीसवीं सदी के सौ साल में भारत के सारे पारम्परिक कारोबार—जिनसे हजारों बरस से लोग अपनी जरूरत पूरा करते आ रह थे, नष्ट हो गए और देश के आर्थिक जीवन में घोर रिक्तता पैदा हो गई। फिर से एवं रिकार्डो का यह सिद्धान्त कि उत्पादन स्वयं अपने लिए बाजार बनाता है, एक सीमित अवधि और स्थान के लिए सही साबित हो गया। देश के पारम्परिक उद्यमों के नष्ट हो जाने से नये उद्योगों के उत्पादों के लिए एक बड़ा बाजार पैदा हो गया—अतिरिक्त मूल्य के सिद्धीकरण का विशाल क्षेत्र, जिससे भारत में औद्योगीकरण के प्रारम्भिक दिनों में बाजार की समस्या नहीं रही। वह तीसरा क्षेत्र, जो रोजा लक्जमबर्ग जैसे मार्क्सवादी चिन्तकों के लिए अध्ययन का खास विषय था, अचानक अस्तित्व में आ गया। भारत के नये स्थापित औद्योगिक केन्द्रों को एक विशाल आन्तरिक उपनिवेश उपलब्ध हो गया, जहाँ से वे मनमाने ढंग से और अपनी शर्तों पर खनिज, वनोपज, खेती वाले कच्चे माल यथा कपास, जूट या तम्बाकू तथा नगरों की आबादी के भोजन की आपूर्ति के लिए

सस्ता अनाज पा सकते थे। यह प्रक्रिया शुरू में इतनी सफल रही कि अंग्रेजों के तटीय औद्योगिक केन्द्रों की तर्ज पर स्थानीय सुविधा के हिसाब से भारत के कुछ क्षेत्रों में भी इक्के-दुक्के केन्द्र तथा कानपुर, नागपुर, सोलापुर आदि और कालान्तर में देश का राजधानी क्षेत्र दिल्ली का तेज विकास इसी ढाँचे पर हुआ और इनके विकास की गति फिलहाल चरम बिन्दु पर है।

लोगों की दैनन्दिन की जरूरतों को पूरा करनेवाले अनेक उद्यमों के नष्ट हो जाने से इसमें लगे शिल्पी अचानक भूमिहीन मजदूर की श्रेणी में डाल दिए गए। पहले भी जमीन इनकी आजीविका का आधार नहीं थी। ये शिल्पी थे, जो अपने शिल्पों से समाज की जरूरतों को पूरा करते थे और बदले में आजीविका के लिए आवश्यक आय अर्जित करते थे। अब इनके शिल्प और कौशल की कोई उपयोगिता नहीं रह गई। अब ये अकुशल मजदूर बन गए, जिनके लिए खेतों में दिहाड़ी मजदूर के रूप में काम करने या घरेलू धन्धा करने को छोड़ कोई विकल्प नहीं था। अनेक शिल्पी जातियाँ, जैसे नुनिया, जो पहले नमक, शोरा, खाड़ी आदि बनाते थे। लोहार, ठठेरा, कुम्हार जैसी जातियाँ, जो पहले लोहे के औजार, हल, धातुओं के बर्तन, मिट्टी के घड़े या दूसरे बर्तन बनाते थे; बढ़ई, जो लकड़ी का सामान बनाते थे; तांती या तंतमा एवं बुनकर, जो कपड़े बुनने का काम करते थे; मोची, जो चमड़े का सामान बनाते थे; धोबी, जो पारम्परिक ढंग से रेह और राख आदि से कपड़े की धुलाई करते थे; सोनार, जो सोने-चाँदी के गहने बनाते थे और सिक्के की ढलाई करते थे, सभी अपना पारम्परिक रोजगार खोकर अकुशल मजदूर की श्रेणी में डाल दिए गए।

इसी तरह रोजगार की तलाश करनेवाले श्रमिकों की एक दूसरी पीढ़ी तैयार हुई। पहली पीढ़ी, जैसाकि हम देख चुके हैं, पारम्परिक कृषि-व्यवस्था के नष्ट होने से तैयार हुई थी। ये सभी बेरोजगार लोग नये औद्योगिक नगरों में रोजगार की तलाश में पहुँचने लगे। चूँकि पुराने उद्योगों के नष्ट होने से जिस बड़े पैमाने पर लोग बेरोजगार हुए थे, उसके हिसाब से नई तकनीक पर आधारित उद्योगों में बहुत थोड़े-से लोगों को रोजगार दिया जा सकता था। पुराने उद्योगों से विस्थापित लोगों के एक बहुत छोटे हिस्से को ही संगठित औद्योगिक क्षेत्रों में काम मिल सकता था। बाकी लोग बेरोजगारों की एक बड़ी घुमक्कड़ी भीड़ का हिस्सा बन गए जो भवन एवं सड़क आदि के निर्माण में या दूसरी तरह के दिहाड़ी कामों, यथा बोझ ढोने या नगर के सम्पन्न लोगों के घरों में चाकरी की तलाश में घूमते नजर आने लगे। यूरोप के औद्योगीकरण के काल में श्रमिकों के जिस अभाव का सामना वहाँ करना पड़ा था, जिसके चलते औरतों और बच्चों को अठारह-अठारह घंटे उद्योगों में काम करना पड़ता था, वह स्थिति यहाँ नहीं थी। लगातार काम की जरूरत से कई गुना लोग काम की तलाश में रहते थे।

बेरोजगारी की एक तीसरी तरंग तब शुरू हुई, जब कृषि का मशीनीकरण शुरू हुआ यानी जुताई के लिए ट्रैक्टर और फसल काटने के लिए हार्वेस्टर लाए गए। इसके अलावा फसलों से अनाज निकालने के लिए थ्रेशर और स्थानीय ढुलाई के लिए बैलगाड़ियों की जगह ट्रेलर लगे ट्रैक्टरों और छोटी ट्रकों का इस्तेमाल होने लगा। गाँवों में खेती के लिए स्थायी रूप से सबसे ज्यादा लोग हल-बैल की खेती और मवेशियों के रख-रखाव पर काम पाते थे। अब अचानक उनके स्थायी रोजगार का आधार खत्म हो गया। बीज, खाद आदि डालने या समय-समय पर निकौनी का काम मौसम के कुछ हिस्सों में ही होता है। इससे बाकी समय मजदूर बेकार रहते हैं। इस अनियंत्रित और अल्प आय की व्यवस्था से निजात पाने के लिए लोग गांव छोड़ शहरों की ओर पलायन करने लगे। इस तरह थोड़े-से आर्थिक विकास के केन्द्र विकसित हुए जहाँ नये तरह के उद्योगों का तेजी के साथ विकास हुआ और पारम्परिक उद्योग और कृषि-व्यवस्था नष्ट होने से बाकी स्थानों के लोग बेरोजगार हो इन औद्योगिक केन्द्रों की ओर आजीविका की तलाश में आने लगे। ब्रिटेन और पश्चिमी देशों के आदिम संचय की प्रक्रिया के विपरीत, जहाँ बल प्रयोग से पहले किसानों को इंक्लोजर के जरिए जमीन से निकाल फिर जोर-जबर्दस्ती और दबाव से नये उद्योगों में लगाया जाता था, अब आर्थिक कारणों से विस्थापन के एक के बाद एक कई तरंग आते गए और गाँव का स्वस्थ मानव संसाधन अभाव की मार से नगरों की गन्दी बस्तियों, झोंपड़-पट्टी और झुग्गियों की दुनिया आबाद करने लगा।

इस प्रक्रिया में जिन महानगरों का अत्यधिक विस्तार हुआ, उनमें है सबसे आगे कोलकाता, मुम्बई, चेन्नई, दिल्ली और बाद में बंगलौर, हैदराबाद आदि। इनमें दिल्ली इसलिए क्योंकि राजधानी होने के कारण आधारभूत संरचनाओं एवं यातायात का केन्द्र बन गया था और बंगलौर और हैदराबाद परवर्ती काल में सूचना उद्योगों के कारण आउटसोर्सिंग की सुविधा और इसमें रोजगार की सम्भावना से अचानक बहुत फैल गए। जैसाकि पहले बतलाया गया है, पूँजीवादी उद्योग प्राय: वहीं पसरते जाते हैं, जहाँ एक बार इनकी शुरुआत होती है और इससे आधारभूत संरचनाओं का विस्तार होता जाता है। लेकिन कुछ दूसरे ऐसे उद्योग, जिनमें ईंधन और अयस्कों के लिए भारी पैमाने पर ढुलाई आवश्यक बन जाती है—जैसे इस्पात, अल्युमिनियम, सीमेंट और अन्य धातुएँ—उन स्थानों पर स्थापित किए गए जहाँ कोयला, लौह अयस्क, बॉक्साइट तथा चूने के पत्थर आदि पाए जाते थे। फिर इनके इर्द-गिर्द नगरों का विस्तार हुआ—इसी क्रम में 1907 ई. में भारत का प्रथम आधुनिक इस्पात कारखाना वर्तमान झारखंड के जमेशदपुर में और फिर पश्चिम बंगाल के बर्नपुर में स्थापित हुआ। फिर इन्हीं के इर्द-गिर्द दूसरे सम्बद्ध उद्योग लगे, लेकिन ऐसे नगरों के फैलाव पर इनकी

भौगोलिक स्थिति से एक सीमा लग जाती है और इनका विस्तार मुम्बई, पुणे क्षेत्र या दिल्ली, गुरुग्राम, नोएडा या कोलकाता जैसा नहीं हो पाया।

कुल मिलाकर एक स्थायी आन्तरिक औपनिवेशिक ढाँचे की तसवीर उभरी, जहाँ एक तरफ कुछ नगरीय-उपनगरीय समृद्धि के क्षेत्र उभरे और देश के तमाम दूसरे हिस्से, जहाँ खनिज एवं जंगल के क्षेत्र या खेती की जमीन थी, वीरान और विपन्न होते गए। अंग्रेजी हुकूमत का पहला केन्द्र कोलकाता और इसके आसपास के कुछ भू-भाग में, जहाँ एक तरह की समृद्धि आई, वहीं बिहार और उड़ीसा, जो कभी बंगाल प्रेसिडेंसी के हिस्सा थे तथा उत्तर बंगाल के कृषि-क्षेत्र और झारखंड का सीमावर्ती क्षेत्र, जो आदिवासी बहुत वन्य प्रदेश था, घोर गरीबी की स्थिति में बने रहे। जहाँ महाराष्ट्र के मुम्बई-पुणे क्षेत्र में तेज औद्योगिक विकास हुआ, वहीं इसका विदर्भ का हिस्सा पिछड़ा और गरीब बना हुआ है और कर्ज के बोझ से किसानों की सर्वाधिक आत्महत्याएँ यहीं होती रही हैं। असम चाय और कीमती वनोपजों का निर्यातक बन आधुनिक दृष्ट से एक पिछड़ा राज्य बना हुआ है। कभी यह भी बृहत् बंगाल प्रान्त का हिस्सा बना हुआ था। आन्ध्र प्रदेश के तटीय हिस्से तो विकसित हुए, लेकिन तेलंगाना एक अत्यन्त पिछड़ा इलाका बना रहा। एक हद तक तो इसमें भौगोलिक बनावट और कृषि की उपज के फर्क का भी हाथ है, लेकिन मुख्य कारण यह रहा कि विकास का सारा ध्यान उस हिस्से पर केन्द्रित था, जो वाणिज्य की दृष्टि से सबसे लाभदायक कृषि-उत्पाद के लिए उपयुक्त थे—यानी कृष्णा, गोदावरी आदि से सिंचित हिस्से या तटीय प्रदेश, जिनमें विशाखापट्टनम जैसे जहाजरानी और उद्योग के केन्द्र थे। ज्ञातव्य है कि पश्चिमी देशों से व्यापार का सबसे पहला केन्द्र आन्ध्र का मछलीपट्टम का समुद्र तट था।

नई उभरती औद्योगिक व्यवस्था से जुड़ने से ग्रामीण समाज पर एक नया संकट आया। तमाम उपेक्षाओं के बावजूद ग्रामीण क्षेत्रों के किसान अपनी जरूरत की खाद्य सामग्रियों और कुछ दूसरी जरूरत की वस्तुएँ भी अपनी खेती से प्राप्त कर लेते थे। यह जरूर था कि भोजन के अलावा दूसरी आवश्यक वस्तुओं के लिए उन्हें थोड़ा-बहुत बाहरी बाजार पर निर्भर करना पड़ता था। अब औद्योगिक दुनिया, यानी संसार के बाजार से जुड़ने की चाहत या मजबूरी ने उनकी बची-खुची आत्मनिर्भरता को भी नष्ट कर दिया। वैसे तो वाणिज्य के लिए खेती औद्योगीकरण के प्रारम्भिक दौर में ही शुरू हो गई थीं; जैसे कपास, गन्ना, तम्बाकू आदि की खेती, लेकिन यह खेती मूलत: लोगों के भोजन या दूसरी जरूरत की वस्तुओं की आवश्यक उपज के बाद की जाती थी। अंग्रेजों ने भारत पर अपना वर्चस्व कायम करने के बाद खेती के प्रति परम्परा से चली आ रही इस दृष्टि को बदलना शुरू किया। चम्पारण में किसानों की बीघे में तीन कट्ठा जमीन पर नील की खेती करने को मजबूर किया

जाता था। यही एक मुद्दा था, जिसे महात्मा गांधी ने चम्पारण के अपने आन्दोलन में मुख्य रूप से उठाया था।

आत्मनिर्भर ग्रामीण व्यवस्था के टूटने और बाजार पर विविध वस्तुओं के लिए निर्भरता से पैसे का महत्त्व बढ़ा और इससे वाणिज्य के लिए खेती करने का रुझान भी बढ़ा। फिर भी बीसवीं शताब्दी के पूर्वार्द्ध तक खेती लोगों के लिए और कुछ दूसरी मूल आवश्यकताओं के लिए ही होती थी। बीसवीं शताब्दी के मध्य भाग में गहराते खाद्य संकट के कारण भी अन्न तथा भोजन की दूसरी सामग्रियों के उत्पादन पर जोर रहा, लेकिन बीसवीं सदी के अन्तिम चरण से जबसे तथाकथित उदारीकरण का दौर शुरू हुआ, खेती को वाणिज्य की दिशा में पूरी तरह मोड़ने की कोशिश हुई, लेकिन वाणिज्य के लिए कृषि-उत्पादन का एक नकारात्मक पक्ष जल्द ही उजागर होने लगा। जैसे-जैसे किसानों की खेती तिलहन, जिसमें सरसों, अलसी, सोयाबीन, मूँगफली, सूर्यमुखी, नारियल आदि आते थे और कपास आदि के उत्पादन पर निर्भर होने लगी, वाणिज्य आधारित खेती के खतरे भी सामने आने लगे। बीसवीं सदी के उत्तरार्द्ध में तथाकथित उदारीकरण की नीति के तहत भारत के बाजार को विदेशी वस्तुओं के लिए बड़े पैमाने पर खोला जाने लगा। इससे विदेशों से आयातित सस्ते पाम ऑयल तथा दूसरे तेलों के सामने जिनका बड़े पैमाने पर साबुन, वनस्पति तेल तथा दूसरे उत्पादों में प्रयोग होता था—घरेलू-तिलहन उत्पादकों की स्थिति डाँवाँडोल होने लगी। इसी तरह प्लांटेशन की अर्थव्यवस्था, जिसमें चाय, काफी, कोकोआ और रबर प्रमुख थे, विदेशी आयात से बुरी तरह प्रभावित होने लगे। खुली बाजार-व्यवस्था का एक आयाम यह भी था कि विदेशी बीज निर्माता कम्पनियों को भारतीय कृषि को प्रभावित करने की खुली छूट मिल गई और ऐसे बीज किसानों को दिए जाने लगे, जिन्हें किसान खुद अपने खेतों में नहीं उगा सकते थे। इससे वे विदेशी कम्पनियों पर पूरी तरह निर्भर हो इन बीजों के लिए भारी कीमत चुकाते थे। इनसे पैदा फसलों का दूसरी स्थानीय फसलों और पर्यावरण पर होनेवाले दुष्परिणाम बार-बार चर्चा में आने लगे। इनसे निपटने के लिए किसानों को अतिरिक्त बोझ उठाना पड़ता था।

ऐसा भी नहीं है कि वाणिज्य पर निर्भरता से कृषि पर क्या बुरा परिणाम हो सकता है और पूरी अर्थव्यवस्था और सामाजिक जीवन पर पड़नेवाले इसके दुष्परिणाम क्या हो सकते हैं, इसकी जानकारी बिलकुल नई है। जो कुछ भारत में हो हा है, वह दूसरी जगहों पर और विशेषकर अफ्रीका महादेश के देशों में पहले भी हो चुका है आर वहाँ के कुछ देशों की स्थायी आपदा का कारण बना हुआ है। वहाँ की बदहाली में हम भारत में उभरती हुई तसवीर का कुछ अनुमान लगा सकते हैं और देख सकते हैं कि वैश्विक व्यापारिक सम्बन्ध की परिणति गैर-औद्योगिक व्यवस्थाओं पर कैसी पड़ती है।

एक अमेरिकी पत्रकार और लेखक वैसिल डेविडसन ने 1964 ई. में, जब अफ्रीका महादेश अपनी औपनिवेशिक विरासत तोड़ने लगा था, अपनी पुस्तक 'व्हिच वे अफ्रीका' में यूरोप और अफ्रीका के बीच के औपनिवेशिक सम्बन्धों का यह सार प्रस्तुत किया : "यह वाणिज्यकीय सम्बन्ध एक या दूसरे रूप में लगभग चार शताब्दी तक कायम रहा। प्रारम्भ में अफ्रीकी सोना, हाथी दाँत एवं काली मिर्च और फिर बदले में यूरोपीय सूती वस्त्र और धातु के बर्तनों से शुरू हो यह व्यापार थोड़े ही दिनों में अफ्रीकी मूल के लोगों को थोक रूप में बन्दी बना निर्यात करने में संलग्न हो गया जिनसे ब्राजील, कैरेबियाई, केन्द्रीय और उत्तरी अमेरिकी खदानों और बागानों में गुलाम बना काम कराया जाने लगा।" (जैसाकि हम पहले चुके हैं, भारत में सीधे गुलाम बनाने की बजाय अर्धगुलाम की व्यवस्था गिरमिटिया मजदूर बनाने की प्रक्रिया से लोगों को बागानों अैर खदानों में काम करने के लिए ले जाया गया था—लेखक)

"अफ्रीका के लिए यह मानव-व्यापार घोर आपदा थी, लेकिन यूरोप के लिए यह धन का बहुत बड़ा स्रोत बन गया। अपने सम्पर्क के इस दूसरे चरणों में (और एक हद तक इसी के कारण) इंग्लैंड और फ्रांस में औद्योगिक क्रान्ति की शुरुआत हुई।"

"यूरोपीय सम्पर्क के तीसरे दौर में गुलामों के निर्यात के व्यापार पर रोक लगा दी गई, यूरोपीय साम्राज्यवाद और यूरोपीय देशों की आपसी प्रतिस्पर्धा की शुरुआत हुई...और इससे औपनिवेशिक आक्रमण और बँटवारे का सूत्रपात हुआ, जिसके अन्त में एक चौथा काल सत्तर और अस्सी साल पहले शुरू हुआ।"[1]

डेविडसन के अनुसार मनुष्यों से सूना करने की इस प्रक्रिया को भी अफ्रीका झेल लेता लेकिन जिस चीज ने जीवन को नष्ट किया, वह अफ्रीका में उनकी आर्थिक दखलन्दाजी थी। इसका मूल स्वरूप था, सफेद लोगों द्वारा अफ्रीका के विशाल भूखंडों को अधिगृहीत कर ऐसा रिजर्व (आरक्षित) क्षेत्र बना देना, जिन रिजर्व क्षेत्रों में अफ्रीकी मूल के लोग न तो खेती कर सकते थे और न रह सकते थे। रोडेशिया और दक्षिणी अफ्रीका इसके नमूना थे, लेकिन कुछ अंश में केन्या और अल्जीरिया का उल्लेख करना विशेष रूप से प्रासंगिक है क्योंकि बाद में भारत और दुनिया के दूसरे देशों में भी पारम्परिक कृषि के स्थान पर वाणिज्य के लिए खेती की तरफ संक्रमण के जो दुष्परिणाम दिखाई देते हैं, उसका पूर्वाभास अल्जीरिया में देखा जा सकता है। बेसिल डेविडसन लिखते हैं : "अफ्रीका के दूसरे छोर पर अल्जीरिया घेराबन्दी (इंक्लोजर) से बर्बादी का दूसरा नजरा पेश करता है। यहाँ भी बर्बादी का वास्तविक कारण व्यक्तियों के निजी लाभ की बजाय जो व्यवस्था बनाई गई थी, वही थी। फ्रांसीसियों द्वारा सघन रूप से अधिग्रहण के पहले अल्जीरिया की तटीय उच्च भूमि खाद्य सामग्रियों का लाभकारी उत्पादक थी—विशेषकर अन्न और मांस का उत्पादन, लेकिन यहाँ बसने आए फ्रांसीसियों की स्थानीय बाजार के लिए अन्न

पैदा करने में कोई दिलचस्पी नहीं थी। ये लगभग पूरी तरह से शुरू से ही निर्यात के लिए शराब-उत्पादन में लग गए। इसके लिए अंगूर की खेती 1830 ई. के 4,000 एकड़ से बढ़कर 1953 ई. में 750,000 एकड़ पर होने लगी।"[2]

अल्जीरियाइयों को नई भूख का सामना करना पड़ा। जहाँ खाद्यान्न की उपज 1880 ई. के बराबर बनी रही वहीं आबादी (आधुनिक दवा के प्रभाव से) इसी काल में लगभग तीन गुनी हो गई। यह अनुमान किया गया है कि औसत अल्जीरियाई को जहाँ 1871 ई. में सालाना 5 क्विंटल खाद्यान्न प्राप्त होता था, 1900 ई. में चार क्विंटल, वहीं 1940 ई. में मात्र 20 क्विंटल... ।[3]

आगे वाणिज्य के लिए खेती के प्रभावों के बारे में वह लिखते हैं : "...हम लोग देख चुके हैं कि अल्जीरिया में इसका क्या नतीजा हुआ है (इसके पहले अर्द्ध-औपनिवेशिक मिस्र में खाद्य-पदार्थ की जगह कपास की पैदावार ने इससे भी अधिक दिल दहलानेवाली ग्रामीण आपदा का चित्र प्रस्तुत किया था)। गोल्ड कोस्ट में कोकोआ के निर्यात से काफी धन अर्जित किया गया था, लेकिन कृषि के दूसरे क्षेत्रों में फसल की स्थिति खराब होती गई थी : 1961 ई. में ही घाना (गोल्ड कोस्ट समेत कुछ और भू-भागों को मिलाकर बना नया देश) को मूलत: कोकोआ के निर्यात से सिर्फ खाद्य-पदार्थ के आयात पर 2.6 करोड़ पाउंड खर्च करना पड़ा था। दूसरे देश, जिनके पास घाना जैसी सम्पदा नहीं थी लेकिन खाद्य-पदार्थ आयातित करने की जरूरत थी, इस स्थिति में नहीं थे कि आयात कर सकें। दक्षिण रोडेशिया में बड़ी मात्रा में अच्छी भूमि पर तम्बाकू उपजाया जाता था। एक ऐसी फसल, जिससे अफ्रीकी लोगों को दक्षिण अफ्रीका की मजदूरी की तुलना में अत्यधिक कम रेट पर मजदूरी करने को छोड़ कोई विकल्प नहीं था। बेल्जियन कांगो भी ऐसी ही मिसाल पेश करता था : खाद्यान्न पैदा करनेवाली अच्छी भूमि और श्रम को स्थानीय खाद्यान्न पैदा करने से हटाकर निर्यात किए जानेवाली फसलों में लगा दिया गया। पुर्तगाली औपनिवेशिक नीति ने अंगोला और मोजाम्बिक के बड़े हिस्से पर कपास की खेती लाद दी है।"[4] आगे वह एक बिशप के हवाले से बताता है कि कैसे इससे दुर्भिक्ष की स्थिति पैदा हो गई।

भारत में 1960 ई. के दशक में कृषि की कुछ ऐसी ही स्थिति के कारण अन्न आयात की मजबूरी पैदा हुई और पी.एल. 480 के तहत मदद के रूप में रियायती दर पर अन्न आयात की नौबत आ गई। इस सदमे के बाद तथाकथित हरित क्रान्ति के तहत अन्न उत्पादन के मामले में भारत एक हद तक आत्मनिर्भरता की ओर बढ़ा। लेकिन वाणिज्य के लिए खेती पर जोर ने अन्न उत्पादन की वृद्धि को बाधित किया है और 2006 ई. आते-आते फिर अन्न आयात करने की नौबत आ गई है इसके बावजूद हर दिन वाणिज्य की दृष्टि से फायदेमन्द होनेवाली खेती की बात होती है। इधर बायो-डीजल के लिए जठरोपा की खेती फैलाने और स्थानीय उत्पादन बढ़ाने

की चर्चा भी होती रहती है। यह ज्ञातव्य है कि भारत में कर्ज के बोझ से आत्महत्या करनेवाले किसानों की सबसे अधिक संख्या उन्हीं इलाकों में है, जहाँ नये किस्म के आयातित बीजों से कपास की खेती को प्रोत्साहित किया गया था। उदारीकृत नई व्यवस्था पुरानी आपदा की पुनरावृत्ति की जमीन तैयार करती है।

अफ्रीका में व्यापार आधारित कृषि खनन और उद्योगों के नये विस्तार का प्रभाव पुरानी कृषि-व्यवस्था को नष्ट करने की दिशा में पड़ा और इससे आबादियों के विस्थापन और प्रवासी मजदूरों की समस्या पैदा हुई। बेसिल डेविडसन लिखते हैं : "...साल-दर-साल, महादेश के एक छोर से दूसरे छोर तक अनगिनत सैकड़ों और हजारों लोग एक अंचल से दूसरे अंचल तक पाँव पैदल आते-जाते देखे ज़ा सकते हैं : अपवादस्वरूप भविष्य में काम देनेवाले कुछ ऐसे मालिक, जैसे दक्षिण अफ्रीका के सोने के खदानों के मालिकों, जिन्होंने प्रवासी मजदूरों की व्यवस्था को इतना दुरुस्त कर लिया है कि इसके लिए लॉरी, रेल और हवाई यातायात तक उपलब्ध है। सरहद और सीमाएँ, बन्द या खुली, मजदूरी की तलाश में भटकनेवाले इन लोगों के लिए कोई बाधा नहीं थी : सिर्फ पैसे कमाने की मजबूरी (प्रारम्भ में टैक्स भुगताने के लिए, बाद में परिवार को जिन्दा रखने के लिए) उन्हें सभी बाधाओं के पार ढकेलती रहती है। उदाहरणस्वरूप, एक औसत वर्ष में वसुतोलैंड की आधी स्वस्थ आबादी सदा दक्षिण अफ्रीका में कार्यरत रहती है। न्यासालैंड का अनुपात लगभग इतना ही ऊँचा है। तंजानिया हर साल रुआंडा, बुरुंडी और मोजाम्बिक से 40,000 प्रवासियों को आकर्षित करता है। पश्चिमी अफ्रीका में आइवेरी कोस्ट की प्लांटेशन अर्थव्यवस्था पड़ोस के अपर वोल्टा के श्रमिकों पर निर्भर है, इससे भी अधिक संख्या में, सालाना अपर वोल्टा से किसान घाना जाते हैं। अफ्रीका के नक्शे पर इस सालाना आवाजाही के पथ मकड़े के जाल का दृश्य उपस्थित करते हैं।

विविध दिशाओं में होनेवाली इस आवाजाही के दूरगामी सामाजिक परिणाग होते हैं, और इनमें किसी को भी शुभ नहीं कहा जा सकता। एक परिणाम तो वैसे ग्रामीण क्षेत्रों का ह्रास है जहाँ कभी संख्या का आधिक्य गरीबी का कारण नहीं था। उन्हीं लोगों की अनुपस्थिति से जो इस सब हालत को ठीक कर सकते थे, पारम्परिक अनुशासन का लोप हो गया है।"[5]

इन सारी प्रक्रियाओं में हम अतिरिक्त मूल्य के सिद्धीकरण का प्रयास देख सकते हैं। पहले चरण में उपनिवेशों की अर्थव्यवस्था में भारी निवेश से यह सिद्धीकरण होता है। एवज में काम करनेवाले स्वस्थ आदमी और कृषिजन्य वस्तुएँ, खनिज और वनोपज प्राप्त होते हैं। फिर दूसरे चरण में जब पूँजीवादी व्यवस्था इन उपनिवेशों में जड़ जमाती है तो अतिरिक्त मूल्य के सिद्धीकरण के लिए औपनिवेशिक केन्द्रों में आन्तरिक उपनिवेशों को फैलाने का एक नया सिलसिला शुरू होता है। भारत में यह सिलसिला कुछ तटीय स्थानों और देश की राजधानी क्षेत्र से फैला। अफ्रीका

में दक्षिण अफ्रीका जैसे स्थानों पर, जहाँ सफेद लोगों ने अपने वर्चस्व के अन्दर कुछ सम्पन्न औद्योगिक क्षेत्र विकसित किए, वहाँ से पास-पड़ोस के दूसरे देशों से ऐसे औपनिवेशिक सम्बन्ध कायम किए गए—जैसे इन स्थानों से श्रमिकों की आपूर्ति की व्यवस्था, पर एक बात इन सबमें दिखाई देती है। पूँजीवादी व्यवस्था अपने आप में विकसित उद्योग और कृषि को आत्मनिर्भर केन्द्र बना कोई सतत विकास नहीं कर सकती। रोजा लक्जमबर्ग ने पूँजीवाद के प्रसार में यानी पूँजी के विस्तारित पुनरुत्पादन की जिस समस्या की ओर ध्यान खींचा था, उसका समाधान कहीं दिखाई नहीं देता।

इसी से यह निष्कर्ष भी निकाला जा सकता है कि पूँजीवाद का सारे संसार में उस तरह का सम विकास असम्भव है, जिसमें सभी जगह एक स्तर की तकनीक के आधार पर समान जीवन स्तर उपलब्ध हो सके। यह व्यवस्था सदा सम्पन्नता की ऊँची चोटियों और विपन्नता की गहरी खाइयों के बीच बँटी रहेगी—दो वर्गों के ध्रुवों के बीच नहीं बल्कि विभिन्न स्तरों की आर्थिक व्यवस्थाओं के बीच। ये पुराने ढंग की समेकित व्यवस्थाएँ नहीं बल्कि विशृंखलित समाज के अवशेष होंगे जिनमें पारम्परिक समाजों की तरह बाँधनेवाला कोई केन्द्रीय मूल्यबोध नहीं होगा। इससे समाजवाद की ओर संक्रमण के लिए जिस तरह के सीधे विभाजन की कल्पना की गई थी, जिसमें सभी जगह कुछ बड़े पूँजीवादी प्रतिष्ठानों के मुट्ठी भर मालिक रह जाएँगे और दूसरी ओर विशाल संख्या में साधनहीन सर्वहारा, वह गलत साबित हो रही है। इसकी बजाय पूँजी के विस्तार के लिए शोषण के नये आयाम और शोषितों के नये समूह और बिचौलिए पूँजीवादी व्यवस्था को चालू रखने के लिए पैदा होते जा रहे हैं। इस प्रक्रिया में एक बात चारों ओर दिखाई देती है। प्राकृतिक स्थितियों के अनुरूप संसार के अनेक भागों में जो पारम्परिक व्यवस्थाएँ कायम थीं, वे नष्ट हो रही हैं और लगातार विस्थापन की प्रक्रिया चालू है, जिससे सभी तरफ प्रवासियों की भीड़ बढ़ती जा रही है और जो पुराने समृद्धि के केन्द्र विकसित हुए थे, वे प्रवासियों की उमड़ती भीड़ से घिरते जा रहे हैं।

इससे नये तरह के संकट और राजनीतिक समस्याएँ पैदा हो रही हैं। जो पिछड़ी अर्थव्यवस्थाएँ थीं, उनमें महानगरों के सम्पन्न और पॉश इलाकों के छोटे द्वीपों के चारों ओर झोंपड़-पट्टी, झुग्गियाँ और 'शैंटी टाउन' विकसित हो रहे हैं। इनमें किसी तरह जीवन का आधार तलाशनेवाले लोगों की एक निम्न स्तर की समानान्तर व्यवस्था कायम हो जाती है, जो नगर की मूल व्यवस्था और इसकी आबादी से कुछ हद तक जुड़ी होती है और निचले स्तर का अकुशल या अर्धकुशल श्रम मुहैया कराती है, लेकिन अपने भीतर के लोगों की मूल आवश्यकताओं की आपूर्ति का एक ताना-बाना भी बनाती है। मूल नगर से इस नीचा नगर का एक तनाव का रिश्ता भी बना रहता है क्योंकि महानगरों की मूल संरचना में इनका कोई मान्य स्थान नहीं

होता। दोनों नगरों यानी नगर के सम्पन्न और नियोजित हिस्से और कुकुरमुत्ते से उग आए इस नीचा नगर में से लगातार एक रस्साकशी चलती रहती है—व्यक्तियों के स्तर पर और व्यवस्था के स्तर पर भी। मार्क्स ने कम्युनिस्ट मैनिफेस्टो में पूँजीवाद में पूँजीपतियों और मजदूरों के बीच के जिस सरल विभाजन की कल्पना की थी, उससे यह तसवीर बिलकुल अलग है।

ऊपर पूँजीवाद के विकास और फैलाव के क्रम में जैसे विस्थापन और प्रवास के सिलसिला का विवरण है, उससे एक गम्भीर घालमेल की स्थिति उभरती है। पूँजीवादी उद्योगों के केन्द्र यानी महानगरों में इनके साथ-साथ नीचा नगरों का विकास होता है, जो कई अर्थों में महानगरों के लिए अपरिहार्य भी है, यहीं से इन नगरों को वह तरल मानव समूह मिलता है, जिससे निर्माण के लिए और अनेक तरह की कम आय वाली सेवाओं के लिए मजदूर मिलते हैं। अपने चरित्र से ही यह सम्बन्ध ऐसा अल्पकालिक होता है कि यह प्रक्रिया के रूप में तो रह सकता है, लेकिन पूर्णता नहीं प्राप्त कर सकता, लेकिन नगरों में जो यह तरल मानव समूह आता है, पूँजीवादी व्यवस्था के भीतर से प्राप्त नहीं हो सकता। इसके लिए सदा बाहर के प्रवासी मजदूरों की जरूरत होती है। ब्रिटेन आदि में औद्योगिक क्रान्ति के प्रारम्भिक दिनों में तो यह श्रम-शक्ति वहाँ के अपने ग्रामीणों के विस्थापन से प्राप्त होती थी, लेकिन अब मानव खजाना खाली हो चुका है। पश्चिमी देशों की जनसंख्या-वृद्धि में कमी या ऋणात्मक रुझान से यह सम्भावना भी नहीं कि वे अपने श्रम की जरूरत को अपने मानव-संसाधन से पूरा कर सकें। इसलिए उन्हें लगातार बाहर के श्रमिकों पर निर्भर रहना पड़ता है।

लेकिन पूँजीवाद की व्यवस्थागत मन्दी के समय जो एक के बाद एक तरंग की तरह आती रहती है और मशीनीकरण से उद्योगों में मजदूरों की संख्या में कटौती के रुझान के कारण जो बेरोजगारी की समस्या पैदा होती हैं, इससे स्थानीय और बाहरी श्रमिकों के बीच तनाव पैदा होता है। इस तनाव के पीछे एक बड़ा कारण यह भी है कि यूरोप या अमेरिका जैसे विकसित औद्योगिक देशों में रोजगार की तलाश में आनेवाले अप्रवासियों में ज्यादातर लोग अश्वेत मूल के लोग होते हैं। इससे एक दूसरा संघर्ष, जो अधिक-से-अधिक मूल आधारित होता है, अस्तित्व में आ जाता है। लिहाजा 2005-06 ई. में फ्रांस में जहाँ बेरोजगारी का स्तर 10 प्रतिशत हो गया था, अल्जीरियाई तथा दूसरे गैर-यूरोपीय मूल के लोगों के खिलाफ फ्रांसीसियों में आक्रोश था और अपनी बदहाली के खिलाफ दूसरे मूल के लोगों में फ्रांसीसियों के खिलाफ। इससे विस्फोटक स्थिति पैदा हो गई और दंगे और भीषण तोड़-फोड़ और आगजनी हुई। इसी से उस समय ल'पेन की फासीवादी और नस्लवादी राजनीति को काफी बल मिला—सर्वहारा की एकता और पूँजीवाद को खत्म करने के संकल्प को नहीं।

(1) इस औपनिवेशिकता को त्वरण और सीमाहीन विस्तार की आकांक्षा मिली मनुष्य की अपनी सीमाओं के अज्ञान से और (2) इस भ्रम मुक्ति से कि मनुष्य की उपभोग सम्बन्धी आवश्यकताएँ सीमित हैं। पन्द्रहवीं-सोलहवीं शताब्दी तक में, बड़े साम्राज्यों के चार हजार वर्षों के अस्तित्व के बावजूद, आदमी के अनुभव की दुनिया सीमित थी और उसे लगता था कि उसके क्षितिज के पार प्राकृतिक सम्पदाओं का विस्तार अपार है। इसी से यह आश्वस्ति आती थी कि मनुष्य को जीवित रखने के लिए जो जल, जंगल और जमीन उपलब्ध है, उसकी प्रचुरता सदा बनी रहेगी। कार्ल मार्क्स के काल तक इस विश्वास को कोई गम्भीर झटका नहीं लगा था। यह आशावाद कम्युनिस्ट मैनिफेस्टो के इस पैराग्राफ में स्पष्ट जाहिर होता है : "बूर्ज़ुआ वर्ग ने अपने प्रभुत्व के महज सौ साल में उससे अधिक उत्पादक शक्तियाँ पैदा कर दी हैं, जितनी इसके पहले की सभी पीढ़ियों ने सम्मिलित रूप से की थीं। प्रकृति की शक्तियों को मनुष्य एवं मशीन के मातहत करना कृषि एवं उद्योगों में रसायन शास्त्र के ज्ञान का उपयोग करना, भाप से जहाजरानी एवं रेलवे, बिजली से तार देने की व्यवस्था, पूरे के पूरे महादेशों को साफ कर खेती के लायक बनाना, नदियों का सिंचाई के लिए उपयोग के बड़ी आबादियों को अस्तित्व में लाना, जो जमीन में छिपी थी—पूर्व की किस सदी ने यह कल्पना भी की थी कि सामाजिक श्रम के गोद में ऐसी उत्पादक शक्ति छिपी है?"

ऊपर के उद्धरण में यह विश्वास जाहिर होता है कि मानव-श्रम की सर्जनात्मकता असीम है और इससे प्राप्त होनेवाली भौतिक उपलब्धियों पर प्राकृतिक संसाधनों की उपलब्धता से कोई सीमा नहीं लगती। विडम्बना यह है कि पन्द्रहवीं सदी से परवान चढ़ी यूरोप के जहाजियों की दुनिया की खोज के साथ अदृश्य रूप से संसाधनों की सीमा भी जुड़ी थी। इस समय तक यूरोप में ईंधन का मुख्य स्रोत लकड़ी थी और जहाज के निर्माण में भी लकड़ी की ही जरूरत होती थी। इससे वहाँ के प्राकृतिक जंगल कम पड़ने लगे थे। प्राकृतिक कोयला सतह के पास ही मिलता था और आसानी से उपलब्ध था, लेकिन इसका धुआँ दुर्गंध और गन्दगी फैलानेवाला होता था। इससे लोग इसके प्रयोग को सीमित रखते थे। स्वाभाविक था कि दुनिया की खोज और इस पर अधिकार के क्रम में पहला प्रयास लकड़ियों के स्रोतों पर अधिकार और इनके विकास का हुआ। इसी क्रम में उत्तमाशा अन्तरीय, सेंट विन्सेंट, सेंट हेलेना, मॉरीशस और कैरेबियाई भू-भाग पर आधिपत्य जमाया गया। लकड़ी की उपलब्धि की सीमा दिखे, इसके पहले ही ईंधन और निर्माण के नये स्रोत यथा कोयला और पेट्रोलियम मिल गया और दूसरी ओर भारी मात्रा में इस्पात का उत्पादन होने लगा। कोयला को कोक में परिवर्तित करके दुर्गंधयुक्त धुएँ से भी निजात मिल गई। साम्राज्य और उपनिवेशों के विस्तार के साथ ईंधनों और अयस्कों की उपलब्धि भी फैलती जाती थी। इसलिए यह वहम मार्क्स के ही समय तक नहीं बीसवीं शताब्दी

के मध्य तक व्याप्त रहा कि आधुनिक विकास के लिए उपलब्ध संसाधन सीमाहीन हैं और मनुष्य के वर्चस्व के विस्तार के साथ-साथ यह सीमा भी फैलती जाती है। साम्राज्यवाद और उपनिवेशवाद के खिलाफ उठे बवंडर से इस विस्तार पर सीमा लगती दिखी, लेकिन छल-बल-कौशल से सीमा को बढ़ाए रखना सम्भव लगता था। 1960 के दशक के बाद से पहली बार आदमी संसाधनों के व्यय या अपव्यय पर प्रकृति द्वारा लगाई गई उलंघ्य सीमा से रू-ब-रू है। अब हम जानते हैं कि हमारी ऊर्जा के तमाम स्रोत अन्ततः सूरज से आते हैं, चाहे वह आज वृक्षों में जमा हो रहे लकड़ियों और पत्तों का कार्बन हो या आज से दसों करोड़ वर्ष पहले के वृक्षों से प्राप्त जीवाश्म ऊर्जा का स्रोत, कोयला, पेट्रोलियम के पिघलते जल-स्रोत, समुद्र के उत्ताल तरंग और ज्वार अन्ततः सभी किसी-न-किसी रूप में सूरज से ऊर्जा प्राप्त करते हैं। और यह सब ऊर्जा हमें किस रूप में मिलेगी—व्यवस्थित रूप से सहयोगी की हैसियत से या सुनामी की उत्ताल तरंगों, पिघलते हिम-खंड से पैदा जल-प्लावन के रूप में, बाढ़ की विभीषिका के रूप में या जीवन को सँवारनेवाली नियंत्रित ऊर्जा और हरियाली के रूप में, यह हम पर निर्भर है।

दूसरी बात, जो अप्रत्याशित थी, वह थी मनुष्य की आवश्यकता की समझ। मार्क्स ने अपने प्रारम्भिक अध्ययनों में जहाँ कम्युनिज्म की व्यवस्था का विवरण दिया है, आदमी की जरूरतों को बुनियादी जरूरतों तक सीमित रखकर ही। इसी से वैसा समाज सम्भव लगता था, जहाँ लोगों की सभी जरूरतों को पूरा किया जा सके। हालाँकि कम्युनिस्ट मैनिफेस्टो में इसका जिक्र है कि लोगों के उपभोग में विभिन्न देशों से अपनाई गई वस्तुओं का समावेश किया जा रहा है। अपने देशों और परिवेश में वे वस्तुएँ पारम्परिक उपभोग की ही रही होंगी। यहाँ उपभोग की विविधता पहले की सभी कल्पनाओं से परे चली गई है। तब 'स्पेस टूरिज्म' की कल्पना कौन कर सकता था, जिसके लिए आज बुकिंग शुरू ही नहीं हो गई है बल्कि रूस में कई वर्षों के लिए इसकी बुकिंग समाप्त हो गई है। इसमें प्रति व्यक्ति कुछ करोड़ डॉलर का खर्च अनुमानित था। संसार के संसाधनों की सीमा देखते हुए ऐसा उपभोग तो इने-गिने लोगों के लिए सम्भव होगा—ऐसे लोगों के लिए, जिन्होंने अकूत सम्पत्ति पर कब्जा जमा रखा है। 'पूँजी' लिखते समय मार्क्स के सामने पूँजीवाद के विकास की ऐसी दिशा नहीं रही होगी। मार्क्स के समय का बुर्जुआ अपने रहन-सहन में मितव्ययिता का ही आदर्श प्रस्तुत करता था। मोटा-मोटी तौर से मार्क्स के पूँजी के अध्ययन के परिदृश्य से ऐसी भिन्नताएँ दिखाई देती हैं, लेकिन देखना है कि अपनी समग्रता में पूँजी के विकास की परिणति की जिस कल्पना पर कम्युनिस्ट क्रान्ति की सम्भावनाएँ देखी गई थीं, क्या आज दुनिया का परिदृश्य वैसा ही है?

5

मार्क्स की पुस्तक 'पूँजी', जैसा पहले बतलाया गया है, दरअसल उनके बृहत् अध्ययन का ही एक हिस्सा थी। उनकी पुस्तक ग्रुंडरिसे में, जिसे बहुत-से लोग उनका सबसे महत्त्वपूर्ण वैचारिक लेखन मानते हैं, समाज के सर्वांगीण अध्ययन के प्रथम भाग के रूप में चार खंडों में उनकी पुस्तक 'पूँजी' प्रस्तावित थी। उनके जीवन-काल में 'पूँजी' का सिर्फ प्रथम खंड ही प्रकाशित हो पाया और दूसरे एवं तीसरे खंड की अधूरी पांडुलिपियाँ और विशाल मात्रा में अध्ययन के नोट्स तैयार थे, जिनके आधार पर फ्रेडरिक एंगेल्स ने दोनों खंडों को प्रकाशन के लायक बनाया। ग्रुंडरिसे में मशीन के आधुनिक विकास और उससे उत्पादन प्रक्रिया पर पड़नेवाले प्रभाव का गहना अध्ययन है। इसमें बतलाया गया है कि कैसे आधुनिक मशीन के प्रयोग से मशीन और श्रमिक के बीच का पारम्परिक सम्बन्ध बिलकुल बदल गया है। अब श्रमिक अपनी जरूरत के हिसाब से मशीन का उपयोग नहीं करता बल्कि मशीन के द्वारा होनेवाले उत्पादन की नवीनतम प्रक्रिया में कार्य का सारा क्रम पूर्व निर्धारित होता है और श्रमिक सिर्फ उसमें निगरानी भर का काम करता है ताकि काम निर्धारित रूप से होता चले और बीच में आई बाधा या टूट-फूट की मरम्मत होती चले। मार्क्स के अनुसार, इस नई स्वचालित मशीन द्वारा उत्पादन से उत्पादन की मात्रा विशाल होती जाएगी, लेकिन पूरी पूँजी पर मुनाफे की दर गिरती जाएगी। यह नतीजा मार्क्स ने अपने उस सिद्धान्त से निकाला, जिसमें मुनाफे का आधार अतिरिक्त मूल्य है, जो श्रमिकों के श्रम के शोषण पर आधारित है। मार्क्स के इस निष्कर्ष की चर्चा दूसरे अध्याय के अन्त में की जा चुकी है। 'पूँजी' के तीसरे खंड में मुख्य रूप से पूँजी में होनेवाले इस आंगिक बनावट के फर्क का विवरण है और मुनाफे की दर पर होनेवाले इसके प्रभाव की चर्चा है। इन दोनों के सम्मिलित प्रभाव से एक गहरा संकट पैदा होता है, जिसका विवरण इस प्रकार है :

दूसरी ओर, कभी-कभी इतने ज्यादा श्रम-साधन और जीवनावश्यकताएँ उत्पादित हो जाती हैं कि वे एक नियत लाभ दर पर श्रमिकों के शोषण के साधन का काम नहीं दे सकतीं। इतनी ज्यादा जिंसें उत्पादित हो जाती हैं कि पूँजीवादी उत्पादन की विशिष्ट वितरण तथा उपभोग अवस्थाओं के अन्तर्गत उनमें समाविष्ट मूल्य और अतिरिक्त

मूल्य को सिद्धिकृत तथा नई पूँजी में परिवर्तन नहीं किया जा सकता, अर्थात् इतनी ज्यादा कि चिर-आवर्ती विस्फोट के बिना इस प्रक्रिया की निष्पत्ति नहीं हो सकती।

सम्पदा कोई बहुत ज्यादा नहीं उत्पादित होती है, किन्तु कभी-कभी अपने पूँजीवादी, अन्तर्विरोधी रूपों में ज्यादा ही सम्पदा उत्पादित हो जाती है।

पूँजीवादी उत्पादन-प्रणाली की सीमाएँ निम्न बातों में सतह पर आ जाती हैं : (1) श्रम उत्पादिता का विकास ह्रासमान लाभ-दर में से एक ऐसे नियम को जन्म देता है जो एक खास स्थल पर स्वयं इस विकास के साथ टकराव में आ जाता है और इसलिए जिसका संकटों के जरिए ही निराकरण करना होता है। (2) उत्पादन के प्रसार अथवा संकुचन का निर्धारण अशोधित श्रम के हस्तगतकरण और इस अशोधित श्रम के सामान्य रूप में मूर्त रूप के साथ अनुपात द्वारा, इस प्रकार एक निश्चित लाभ-दर द्वारा किया जाता है, न कि उत्पादन की सामाजिक आवश्यकताओं के साथ, अर्थात् सामाजिक रूप में विकसित मानवों की आवश्यकताओं के साथ सम्बन्ध द्वारा। यही कारण है कि उत्पादन की एक विशेष विस्तारित अवस्था में, जो दूसरी आधारिका से दृष्टिपात करने पर, उलटे सर्वथा अपर्याप्त ही सिद्ध होती पूँजीवादी उत्पादन प्रणाली के सामने अवरोध आ जाते हैं। आवश्यकताओं की तुष्टि द्वारा नहीं बल्कि उत्पादन और लाभ के सिद्धीकरण द्वारा निर्धारित एक स्थल पर आकर वह रुप हो जाती है।[1]

स्पष्ट तो नहीं लिखा गया है, लेकिन मार्क्स की पूँजीवाद का मूल संकट इसी स्थिति पर पहुँचने से पैदा होता दिखाई देता है।

लेकिन उपरोक्त प्रक्रिया अपनी पूर्णता की ओर बढ़े इसके पहले ही पूँजी के विस्तारित पुनरुत्पादन पर, जैसाकि पिछले अध्याय में रोजा लक्जमबर्ग के अध्ययन का हवाला देकर बतलाया गया है, ग्रहण लग जाता है। इससे संसार के सभी भागों में फैलते हुए पूँजी का सम विकास नहीं होता बल्कि इसका संकेन्द्रीकरण और ध्रुवीकरण होता चलता है, जिसमें कुछ ध्रुवों पर पूँजीवादी व्यवस्था का अत्यधिक विकास होता चलता है, जिसमें संसार के बाकी भागों के प्राकृतिक और मानव संसाधनों का दोहन होता चलता है और ये बाकी हिस्से औद्योगिक विकास और संसाधन, दोनों की दृष्टि से गरीब होते जाते हैं। पिछले अध्याय में इसके उदाहरणस्वरूप औपनिवेशिक और आन्तरिक औपनिवेशिक शोषण की प्रक्रिया पर थोड़ा-सा विचार किया गया है। अब हम थोड़ा देखेंगे कि इससे गरीबी और अमीरी का किस तरह ध्रुवीकरण संसार के पैमाने पर दिखाई देता है। बीसवीं शताब्दी के अन्तिम चरण से इस ध्रुवीकरण को मान्यता दिलाने के कई संस्थागत प्रयास अन्तरराष्ट्रीय स्तर पर किए गए हैं। इसमें सबसे महत्त्वपूर्ण भूमिका है विश्व व्यापार संगठन की, जो उन्मुक्त व्यापार के नाम पर विभिन्न देशों के बीच होनेवाले आयात और निर्यात के ऐसे नियम बनाता है कि जो गरीब और औद्योगिक दृष्टि से पिछड़े देश हैं, विकास

की दौड़ में और पिछड़ते जाते हैं और उन्हें वैसे संसाधन जुटाने का मौका ही नहीं मिलता कि अपना औद्योगिक विकास कर विकसित औद्योगिक देशों की श्रेणी में शामिल हो सकें। इससे गरीब और अमीर देशों के बीच, विभिन्न देशों के भीतर विभिन्न क्षेत्रों के बीच, हर देश में अमीर और गरीब लोगों के बीच गैर-बराबरी की खाई और भी चौड़ी होती चली जाती है।

संयुक्त राष्ट्र संघ के मानव विकास रपटों द्वारा प्रकाशित तथ्यों के रुझानों से यही दिखाई देता है कि जल के विपरीत अत्याधुनिक तकनीक वैसा सम-स्तर नहीं ढूँढ़ती, जिससे जो तकनीक और इससे जुड़े आय में पीछे हैं, आगे बढ़ विकसित देशों और क्षमतों में समानता हासिल कर लें बल्कि तकनीकों और इनसे जुड़ी आगों का निकास भी अधिक नहीं होता है, जहाँ पहले यह ऊँचा स्तर पा चुका होता है। बाकी क्षेत्र उत्तरोत्तर प्राकृतिक संसाधन, कृषि आधारित पारम्परिक उत्पाद और सस्ते मानव-श्रम के आपूर्तिकर्ता बने रहते हैं। इसके सहारे जो विकसित देश होते हैं, नवीनतम उत्पादों के बल अपनी आर्थिक वरीयता बढ़ाते चलते हैं। यह बात 2006 ई. के मानव विकास रपट में वर्णित इन तथ्यों से उजागर होती है। इसमें लिखा है :

"...इस बीच दुनिया के उत्तरी भाग की आबादी के 20 प्रतिशत लोगों की औसत आय नीचे की 20 प्रतिशत आबादी की औसत आय का पचास गुना है।

"वैश्विक आमदनी का बँटवारा शैम्पेन की बोतल के समदृश्य है। शीर्ष पर जहाँ बोतल सबसे चौड़ी है, आबादी का सबसे सम्पन्न 20 प्रतिशत दुनिया की आय के तीन-चौथाई का मालिक है। बोतल का सबसे निचला हिस्सा, जो सबसे पतला है, सबसे गरीब 40 प्रतिशत दुनिया की आय के 5 प्रतिशत का अधिकारी है और सबसे गरीब 20 प्रतिशत महज 1.5 प्रतिशत का अधिकारी। इन सबसे गरीब 40 प्रतिशत लोगों की संख्या मोटा-मोटी 2 अरब है, जो 2 डॉलर प्रतिदिन से कम पर गुजारा करते हैं।

"समय के साथ 20 प्रतिशत निचले हिस्से की क्षेत्रीय स्थिति में क्या बदलाव आया है? दक्षिण एशिया का हिस्सा तेजी से गिरकर 1980 ई. के आधा से एक-तिहाई पर आ गया है। यह दो दशक की औसत आमदनी की गिरावट को प्रतिबिम्बित करता है। सहारा के दक्षिणी भाग के लोगों में प्रत्येक दो में एक आदमी दुनिया के 20 प्रतिशत आय में सबसे गरीब लोगों में है। इसकी तुलना पूर्वी एशिया के पाँच में एक और दक्षिण एशिया के चार में एक से की जा सकती है।

"कोई अचरज की बात नहीं कि अमीर देशों की प्रधानता 20 प्रतिशत ऊपरी हिस्से में है। उनके 10 में 9 नागरिक 20 प्रतिशत सबसे धनी लोगों में हैं और ऑर्गेनाइजेशन फॉर इकोनॉमिक कोऑपरेशन एंड डेवलपमेंट (ओ.ई.सी.डी.) के देशों की आय दुनिया की आय का 85 प्रतिशत है।"[2]

"वैश्विक गैर-बराबरी की बहस में जो बात प्राय: ओझल रहती है, वह यह कि चाहे जो मापदंड अपनाए जाएँ और बिना इस बात का लिहाज किए कि आय बढ़ रही है या घट रही है, यह गैर-बराबरी अत्यधिक है। मोटा-मोटी अनुमान के अनुसार, 'फोर्ब्स' मैगजीन में शुमार किए गए सबसे धनी 500 लोगों की आमदनी, जो उनके पूरे धन के 5 प्रतिशत से ज्यादा नहीं होती, 41.6 करोड़ सबसे गरीब लोगों की आय से अधिक होती है।"

इस गैर-बराबरी का आधार विभिन्न देशों की औद्योगिक उत्पादन की क्षमता है। पिछले दिनों भूमंडलीकरण के काल में उद्योग-धन्धों के आधार के विस्तार की बात चर्चा में रही है। ऊपरी ढंग से देखने से यह जरूर लगता है कि विकासशील देशों में दुनिया की बड़ी बहुराष्ट्रीय कम्पनियाँ अपने उद्योग, विशेषकर अपने उत्पादों के हिस्से (कम्पोनेंट) एशिया के देशों में, विशेषकर पूर्वी एशिया और दक्षिण एशिया में उत्पादित करने लगे हैं, लेकिन सम्पूर्ण उत्पाद में इनका हिस्सा नगण्य है और भारत और चीन जैसे देशों की विशाल जनसंख्या को ध्यान में रखने पर वे और भी नगण्य लगते हैं। इससे यह अनुमान करना कि औद्योगिक उत्पादन का आधार विस्तृत और वैश्वीकृत हो रहा है, भारी भूल है। 2005 ई. के मानव विकास रपट में विकासशील देशों के निर्यात में भारी वृद्धि की ओर ध्यान दिलाने के बाद हकीकत की ओर ध्यान दिलाने के लिए यह भी कहा गया है :

"विश्व बाजार में निर्यात का हिस्सा निर्यात के फर्क की एक आंशिक तसवीर ही प्रस्तुत करता है। निर्यात में सफलता को आय में बढ़ोतरी और इससे जीवन-स्तर को ऊँचा रखने और गरीबी मिटाने का सम्बन्ध सिर्फ उत्पादन और निर्यात की मात्रा पर निर्भर नहीं करता बल्कि मूल्य उत्पादन (वैल्यू एडिशन) यानी सम्पत्ति-उत्पादन की मात्रा पर निर्भर करता है। औद्योगिक उत्पादन से मूल्य जोड़ना वैश्विक सम्पत्ति के वितरण में सबसे महत्त्वपूर्ण भूमिका निभा सकता है ओर विश्व व्यापार का लाभ दे सकता है। दुनिया में सम्पत्ति के बँटवारे की दृष्टि से बुरी खबर यह है कि 25 वर्ष के वैश्विक एकीकरण के बावजूद औद्योगिक उत्पादन के असन्तुलन में कोई खास फर्क नहीं हुआ है।"[3]

"1980-2000 ई. की अवधि में विकासशील देशों में औद्योगिक उत्पादन के मूल्य में सालाना 5 प्रतिशत से अधिक वृद्धि हुई है—औद्योगिक देशों की दर से दो गुना से अधिक, लेकिन लगभग सारा विकास पूर्वी एशिया में दर्ज किया गया और औद्योगिक देश अभी भी संसार भर में औद्योगिक उतपाद के मूल्य वृद्धि में 60 प्रतिशत से अधिक योगदान करते हैं।"[4]

ऊपर दिए गए उद्धरणों से स्पष्ट है कि औद्योगिक विकास प्राय: उन्हीं देशों में केन्द्रित है, जहाँ औद्योगीकरण शुरू हुआ। पूर्व एशिया में चीन में औद्योगिक विकास हाल के वर्षों में तेज हुआ है, लेकिन यह मूलत: केन्द्रित है पूरब के तटीय

भागों और राजधानी बीजिंग के इर्द-गिर्द। केन्द्र के या पश्चिम के बाकी भाग में तुलनात्मक दृष्टि से ह्रास ही हुआ है और आजीविका का आधार नष्ट होने से विशाल पैमाने पर विस्थापन हुआ है।

वैश्विक बाजार का एकीकरण, जिसे संसार में आर्थिक सम्पन्नता को बढ़ाने और सम-स्तर करने का मूल मंत्र बतलाया जा रहा है, दरअसल गैर-बराबरी और विशाल जनसंख्या और संसार के विशाल भू-भाग के लिए बदहाली का सबब ही बना हुआ है। मानव विकास-रपट 2005 के नीचे दिए गए उद्धरण से यह बात स्पष्ट रूप से जाहिर होती है। रपट का यह भाग कृषि उत्पादों के अन्तरराष्ट्रीय व्यापार की स्थिति पर केन्द्रित है। इसमें कहा गया है :

"कृषि विस्फोट का बिन्दु बन गई है...एक डॉलर से कम पर जीवन-निर्वाह करनेवाले दो-तिहाई से अधिक लोग ग्रामीण क्षेत्रों में या तो अति लघु जोतों के मालिक हैं या खेत मजदूर के रूप में काम करते हैं। अन्यायपूर्ण व्यापार सम्बन्ध व्यवस्थित रूप से इनकी आजीविका के आधार को नष्ट करता है, जिससे सहस्राब्दी के विकास के लक्ष्य को पूरा करने के प्रयास को बाधा पहुँचती है।"[5]

दुनिया के औद्योगिक विकास पर विचार करने पर मार्क्स की वह कल्पना तो खरा उतरती नहीं दिखाई देती कि धीरे-धीरे किसान एक वर्ग के रूप में खत्म हो जाएँगे और सारे संसार में एक तरफ अत्याधुनिक उद्योग-धन्धे और अत्याधुनिक मशीनों पर आधारित बड़े कृषि-फार्म रह जाएँगे। ऐसा होने की बजाय दुनिया भर के पारम्परिक उद्यमों के नष्ट होने और किसानों की खेती के घाटे में चलने से बेरोजगारी और इनमें काम करनेवाले लोगों के विस्थापन के बावजूद एक वर्ग के रूप में न तो किसान खत्म होते दिखाई देते हैं और न छोटे उद्यम खत्म हो रहे हैं, भले ही उनका क्षेत्र और स्वरूप बदल गया हो। इस पहलू पर हम बाद में विचार करेंगे, लेकिन जो दुनिया की हकीकत बनी है, वह यह है कि वैश्विक पूँजीवाद के विकास से किसान वर्ग नष्ट तो नहीं हुआ है, लेकिन एक बन्दी वर्ग के रूप में तब्दील हो गया है। जो पूँजीपतियों को स्वयं बदहाली में रहते हुए सस्ते कच्चे माल और खाद्यान्न उपलब्ध कराता है, जो बड़े कृषि-उद्योग (एग्रीफार्म) औद्योगिक देशों में मशीनीकृत उत्पादन में लगे हैं, इतने खर्चीले हैं कि उन्हें विशाल अनुदान (सब्सिडी) के बल पर ही जिन्दा रखा जा सकता है।

इस रपट में ही आगे कहा गया है :

"दोहा केन्द्रित वार्ताओं की समस्या के हृदयस्थली को तीन शब्दों में समेटा जा सकता है : सम्पन्न देशों का अनुदान (रिच कंट्री सब्सिडी) विश्व व्यापार सम्बन्धी वार्ताओं के अन्तिम दौर में कृषि अनुदान को खत्म करने की घोषणा—उरुग्वे राउंड के बाद सर्वाधिक सम्पन्न देशों ने कुल मिलाकर उत्पादक अनुदानों के स्तर को बढ़ा दिया है। दुनिया के कृषि-अनुदान में अग्रणी महाशक्तियों—यूरोपियन यूनियन

तथा अमेरिका की अगुवाई में विकसित देशों का कृषि-अनुदान साल में 350 अरब डॉलर तक पहुँच गया है। उत्पादकों को सीधा दिया जानेवाला अनुदान अलग-अलग खातों में नापा जा सकता है। आर्थिक सहयोग और विकास संगठन (ओ.ई.सी.डी.) अनुदान में उन तमाम नीतियों और तबादलों का शुमार करता है, जिनसे देश के भीतर कीमत वैश्विक स्तर से ऊँची रहती है। जिसका मान 279 अरब डॉलर है, जो उत्पादन के मूल्य के लगभग एक-तिहाई के बराबर है—जापान के मामले में यह आधे से ज्यादा हो जाता है।"[6] इन देशों के आँकड़े हैं—यूरोपियन संघ 133 अरब, अमेरिका 46 अरब, जापान 49 अरब और दूसरे 51 अरब डॉलर। सब मिलकर 279 अरब डॉलर। इनमें प्रतिशत के हिसाब से यूरोपियन संघ सम्पूर्ण उत्पादन के मूल्य का 33 प्रतिशत, अमेरिका 18 प्रतिशत और जापान 56 प्रतिशत अनुदान के रूप में देता है।

आगे रपट में कहा गया है : "अब समर्थन विभिन्न रूपों में आता है, जिनका परिणाम होता है, कीमतों में बढ़ोतरी तथा उत्पादन और निर्यात में इजाफा। कुछ वस्तुओं का आयात, जो कुछ वस्तुओं के मामले में शत-प्रतिशत से ज्यादा हो जाता है, जिसमें शामिल हैं चावल, चीनी, फल और बादाम—घरेलू कीमतों को अन्तरराष्ट्रीय कीमतों के स्तर से ऊँचा रखते हैं जबकि बजट के प्रावधानों से होनेवाले समर्थन से आय में इजाफा बना रहता है। अधिकांश विकसित देश विकासशील देशों द्वारा इस पैमाने पर डटकर तथा दूसरे अनुदान द्वारा समर्थन को आलोचना-भरी निगाह से देखते हैं, लेकिन जब कृषि का मामला होता है तो ये विकसित देश अपना अलग मापदंड स्थापित कर लेते हैं।"[7]

आगे : "विकसित देशों के कुछ राजनेता कृषि-अनुदान के समर्थन में यह तर्क देते हैं कि इससे ग्रामीण क्षेत्रों के विकास का लक्ष्य सधता है और कमजोर समुदायों के हितों की रक्षा होती है। इस दावे के समर्थन का कोई तथ्यगत आधार नहीं है। हकीकत की दुनिया में अरबों के अनुदान के इस चक्र में जीतनेवाले बड़े काश्तकार, कृषि-उद्योग से जुड़े कॉरपोरेट के स्वार्थ और भूमिपति होते हैं। इस रपट को तैयार करने के क्रम में किए गए अनुसंधान का यह निष्कर्ष है कि धनी देशों में अनुदानों का बँटवारा ब्राजील में आमदनियों के बँटवारे से अधिक विषमतापूर्ण है। इससे अधिक गैर-बराबरी फैलानेवाला और अकुशल वित्तीय बँटवारे की व्यवस्था ईजाद करना मुश्किल है, जैसा तत्काल कृषि-अनुदान के बँटवारे में है।"[8]

कृषि क्षेत्र में विपरीत ध्रुवों पर दो तरह की विकृतियाँ पैदा होती हैं। एक तरफ कुछ थोड़े-से एग्री बिजनेस (कृषि उद्योग) भारी अनुदान से विकसित होते हैं और दूसरे ध्रुव पर भारी संख्या में वे सीमान्त किसान, जो समय-समय पर सम्पन्न अर्थव्यवस्थाओं को कुछ वस्तुओं की आपूर्ति करते हैं, बर्बाद हो जाते हैं।

"कृषि के अनुदान के इस विकृत तर्क को यूरोपीय संघ की साझा कृषि नीति (सी.ए.पी.) अन्य चीजों से अधिक स्पष्ट ढंग से उजागर करती है। यह एक व्यवस्था

है, जिसके तहत उत्पादकों को 51 अरब डॉलर (43 अरब यूरो) समर्थन में दिया जाता है। यह सी.ए.पी. समर्थन एक ऐसे समूह को दिया जाता है जो कार्यरत लोगों के 2 प्रतिशत से कम का प्रतिनिधित्व करता है और यूरोपीय संघ के बजट का 40 प्रतिशत से अधिक हड़प जाता है। इस तर्कहीन नीति में चीनी बराबरों में सर्वश्रेष्ठता का स्थान ग्रहण करने का एक नमूना है। काश्तकारों और उत्पादकों को चीनी के वैश्विक मूल्य का चार गुना दाम दिया जाता है, जिसके फलस्वरूप 40 लाख टन जरूरत से अधिक चीनी का भंडार जमा हो जाता है। इस फाजिल चीनी को दुनिया के बाजार पर, एक अरब डॉलर से अधिक निर्यात अनुदान चीनी उत्पादकों को देकर, लाद दिया जाता है। नतीजा है कि यूरोप दुनिया में चीनी का दूसरा सबसे बड़ा निर्यातक है—एक ऐसी वस्तु का, जिसके उत्पादन में इसे कोई स्वाभाविक सुविधा नहीं है (यहाँ ध्यान में रखने की बात है कि उन्मुक्त बाजार के आदि सिद्धान्तकारों ने स्वाभाविक सुविधा यानी 'नेचुरल एडवांटेज' के उत्कर्ष को ही इसका आधार माना था—लेखक)। विकासशील देशों के उत्पादक इसकी कीमत चुकाते हैं। यूरोप का समर्थित निर्यात विश्व में चीनी की कीमत को एक-तिहाई कम कर देता है। इसके फलस्वरूप कहीं अधिक सक्षम विकासशील देशों के निर्यातकों को विदेशी मुद्रा का नुकसान उठाना पड़ता है : यह घाटा ब्राजील के मामले में 49.4 करोड़, दक्षिण अफ्रीका 15.1 करोड़ और थाईलैंड के मामले में 6 करोड़ डॉलर आता है। इन देशों में 6 करोड़ से अधिक लोग रोजाना 2 डॉलर से कम पर गुजारा करते हैं। दूसरी ओर मोजाम्बिक को, जो एक प्रतिस्पर्धी चीनी उद्योग विकसित कर रहा है और बड़ी संख्या में खेत मजदूरों को काम देता है, यूरोपीय संघ के बाजार से बाहर इसकी कोटा पद्धति के द्वारा रखा जाता है, जो इसके चार घंटे से भी कम के उपभोग के बराबर होता है। जहाँ तक कृषि का सवाल है, यूरोपीय संघ के खुलेपन की स्पष्ट सीमाएँ हैं।"[9]

फिर आगे इसी रपट में कहा गया है : "अमेरिका की कपास नीति अनुदान आधारित बाजार के भेदभाव का एक दूसरा नमूना पेश करता है, जिससे मानव-विकास बाधित होता है। यूरोपीय संघ की चीनी नीति की तरह ही अनुदान का पैमाना विश्वसनीयता की सीमा को पार कर जाता है। अमेरिका के डिपार्टमेंट ऑफ एग्रीकल्चर के अनुमान के अनुसार, देश के 20,000 कपास उत्पादक काश्तकारों को सरकार की ओर से 2005 ई. में 4.7 अरब डॉलर का अनुदान देय था, जो फसल के पूरे बाजार-भाव के बराबर होता है और सहारा के दक्षिणी भाग के अफ्रीकी देशों को दिए जानेवाले पूरे अनुदान से अधिक।...अधिक महत्त्वपूर्ण है, ऐसे अनुदान का गरीब मुल्कों के कपास-उत्पादक पर पड़नेवाला प्रभाव।

"अमेरिका में दिए गए अनुदानों का सीधा प्रभाव इन छोटी जोतवाले उत्पादकों पर पड़ता है। इन अनुदानों से दुनिया के बाजार में कीमतें 9 से 13 प्रतिशत तक

कम हो जाती हैं और इससे अमेरिकी उत्पाद दुनिया के बाजार में हावी हो जाते हैं, जिनका दुनिया के निर्यात में लगभग एक तिहाई हिस्सा है।...सरकारी अनुदान की भारी मात्रा दुनिया के बाजार से मिलनेवाले संकेतों के प्रति इनको संवेदनहीन बना देते हैं और अमेरिकी उत्पादक विश्व बाजार की स्थितियों को नजरअन्दाज कर अपना उत्पादन फैलाते जाते हैं। इससे यह विसंगतिपूर्ण स्थिति पैदा होती है कि यह प्रोत्साहन तब दिया जाता है जबकि चारों ओर कीमतें कम होती हैं। ऐसे समय में दूसरे देशों को समायोजन की कीमत चुकानी होती है। समायोजन का यह खर्च अत्यधिक ज्यादा हुआ, जब 2001 ई. में पचास सालों में कपास की कीमत में सर्वाधिक गिरावट आई। अमेरिकी नीति के कारण ऐसा अनुमान किया जाता है कि पश्चिम अफ्रीका के बुरकिनो फासो और माली जैसे देशों में जिनकी अर्थव्यवस्था पूरी तरह कपास आधारित थी, राष्ट्रीय आय में 1 प्रतिशत से 3 प्रतिशत तक की गिरावट आई। ये ऐसे क्षेत्र हैं, जिनमें लगभग बीस लाख छोटे किसान पूरी तरह या बहुत हद तक कपास-उत्पादन पर निर्भर करते हैं।...अकेले बेनीन में 2001-02 ई. की कपास की कीमत में गिरावट से वहाँ गरीबी में रहनेवालों का अनुपात 37 प्रतिशत से बढ़कर 59 प्रतिशत हो गया।"

"पूरी अर्थव्यस्थाएँ कपास के बाजार की उपरोक्त विकृतियों के कारण अस्थिर हो रही हैं। जिनका बोझ गरीब देशों को ढोना पड़ रहा है जबकि कपास का निर्यात अमेरिका के लिए अति लघु महत्त्व का है। उधर बरकिना फासो में इसके विपरीत कपास-निर्यात का 50 प्रतिशत है और राष्ट्रीय अर्थव्यवस्था का आधार है।"[10]

आगे रपट कहती है : "अमेरिकी नीति का दुष्प्रभाव सिर्फ निर्यात से सम्बद्ध छोटे उत्पादकों पर ही नहीं पड़ता है। अमेरिकी चावल नीति अनेक देशों के घरेलू उत्पादकों को नुकसान पहुँचाती है। 2002 और 2003 ई. के बीच अमेरिका में 415 डॉलर प्रति टन के हिसाब से उत्पादित चावल का निर्यात 264 डॉलर प्रति टन के हिसाब से किया गया। स्पर्धा में आनेवाले चावल के निर्यातक देश थाईलैंड और वियतनाम को इस अनुचित स्पर्धा से अपनी व्यवस्था को समायोजित करना पड़ता है। यही घरेलू बाजार के लिए उत्पादन करनेवाले दूसरे देशों के चावल उत्पादकों को करना होता है। इससे घाना और हैती जैसे देशों के चावल उत्पादक अमेरिकी आयात से बाजार से बाहर कर दिए गए हैं। इससे एक गतिशहील ग्रामीण अर्थव्यवस्था की सम्भावना खत्म हो गई है।

"...अन्तरराष्ट्रीय मुद्राकोष ने यह कर चुंगी का विरोध किया है कि कोई ऐसा सबूत नहीं मिलता कि अनुचित प्रतिस्पर्धा का सहारा लिया गया है। मुद्राकोष के इस निर्णय को तब गले से नीचे उतारना कठिन लगता है जबकि अमेरिकी बजट में 2003 ई. में 1.3 अरब डॉलर की सहायता का प्रावधान है, जो उत्पादन के कुल मूल्य का तीन-चौथाई है।"[11]

संयुक्त राष्ट्र के अध्ययन से ज्ञात उपरोक्त तथ्यों से स्पष्ट है कि जो देश औद्योगिक विकास की दौड़ में पिछड़ गए हैं, वे उस तरह का औद्योगिक विकास तो नहीं कर सकते, जैसा औद्योगिक देशों में हुआ है बल्कि सम्पन्न देशों द्वारा उनकी कृषि को दिए जानेवाले भारी अनुदानों के चलते वे अपने किसानों को भी जीवन-यापन के लिए कोई मानवीय आधार नहीं उपलब्ध करा पाते, लेकिन औद्योगिक देशों को विकासशील देशों के कच्चे मालों और कृषिजन्य उत्पादों की आपूर्ति भी चाहिए, इसलिए इन देशों के कृषि उत्पादकों को वे मिटा भी नहीं सकते। इस तरह दुनिया से किसान वर्ग का सफाया तो पूँजीवाद के विकास के साथ नहीं हुआ है लेकिन एक मजबूर और कैदी आपूर्तिकर्ता के रूप में वे अस्तित्व में बने रहते हैं, जिनकी स्थिति का निर्धारण औद्योगिक देशों की औद्योगिक और घरेलू अनुदान की नीतियों से होता है। औद्योगिक देशों के अन्दर जरूर छोटे उत्पादक किसान खत्म हो रहे हैं और उनका स्थान बड़ी एग्रो कम्पनियाँ ले रही हैं। कारण यह है कि औद्योगिक क्षेत्र से जुड़े लोगों की आय के मुकाबले छोटी कृषि से आजीविका पानेवाले किसानों की आय काफी कम होती है और किसान धीरे-धीरे खेती छोड़ उद्योग या सेवा क्षेत्रों में चले जाते हैं, जहाँ आय अधिक है। इसलिए खेती पर विशाल यंत्र आधारित फार्मों का नियंत्रण होता जाता है, लेकिन ये कृषि-उत्पादन अधिक खर्चीले सिद्ध हो रहे हैं और अपने घाटे को कृषि से सम्बद्ध दूसरे उद्योगों से पूरा करते हैं या जिन्दा रहने के लिए भारी सरकारी अनुदान का सहारा ढूँढ़ते हैं।

राष्ट्रों के बीच जैसी विषमता का विवरण ऊपर दिया गया है, पूँजीवाद के विकास के साथ राष्ट्रों के भीतर भी वैसी ही विषमता व्यापक हो जाती है जिसका एक स्वरूप आन्तरिक औपनिवेशिक शोषण के रूप में दिखाई देता है। इसी रपट में प्रारम्भ में भारत के सम्बन्ध में कहा गया है : आयों की उत्तरोत्तर बाढ़ से भारत गरीबी उन्मूलन के क्षेत्र में तेजी से क्यों नहीं बढ़ पाया है? अत्यधिक करीबी उत्तर के गरीब पट्टी के राज्यों में है, जिनमें बिहार, मध्य प्रदेश और पश्चिम बंगाल हैं जबकि आय का तेज विकास दूसरे राज्यों ओर नगरीय क्षेत्रों और सेवा क्षेत्रों में हुआ है। जहाँ कुछ राज्यों जैसे गुजरात और तमिलनाडु में ग्रामीण गरीबी तेजी से घटी है। उत्तरी राज्यों की कम ही प्रगति हुई है। राष्ट्रीय स्तर पर ग्रामीण बेरोजगारी बढ़ रही है और कृषि की उपज में 2 प्रतिशत सालाना की दर से भी कम बाढ़ हो रही है। कृषि मजदूरी घट रही है ओर विकास रोजगारहीन हो रहा है। राष्ट्रीय आय में 1 प्रतिशत बढ़ोतरी से 1980 के दशक में 1990 के दशक के मुकाबले तीन गुना अधिक रोजगार पैदा हुआ।

"राज्यों के बीच की गैर-बराबरी आय और यौन आधारित गैर-बराबरी में जाहिर होती है।"[12]

भारत के राज्यों के बीच गैर-बराबरी की तालिका

सूचक	भारत	केरल	बिहार	राजस्थान	उत्तर प्रदेश
आबादी में महिलाओं का (%)	48	52	49	48	48
5 वर्ष से कम आयु का शिशु मृत्यु दर (प्रति हजार में)	95	19	105	115	123
प्रति महिला प्रजनन का दर	25	2	3.5	3.4	4
जन्म के समय स्वास्थ्य सेवा की उपलब्धि (%)	42	94	23	36	32
शिशुओं की सभी टीकाकरण की उपलब्धि	42	80	11	17	21

ऊपर बतलाई गई स्थिति की पुष्टि कुछ हद तक दिल्ली के मानव विकास रिपोर्ट 2006 से भी होती है। वैसे तो यह नगरीय क्षेत्रों की स्थिति के अध्ययन पर आधारित है, फिर भी राज्यों की आर्थिक स्थिति का संकेत कुछ हद तक उनके नगरीय क्षेत्र की स्थिति से भी मिलता है।

नीचे दी गई तालिका में दिल्ली और देश के दूसरे राज्यों की आर्थिक स्थिति और इसकी विषमता का थोड़ा अन्दाजा होता है।

बड़े राज्यों में 1993-94 और 2001-02 के बीच प्रति व्यक्ति घरेलू आयों में वृद्धि

	राज्य	प्रति व्यक्ति राज्य में उत्पादन स्थायी मूल्य रुपए में 1993-94	2001-02	सालाना औसत बाढ़ की दर
1.	प. बंगाल	6756	10375	5.5
2.	कर्नाटक	7838	11516	4.9
3.	तमिलनाडु	8955	13018	4.9
4.	दिल्ली	18166	26306	4.7
5.	आन्ध्र प्रदेश	7416	10590	4.6
6.	राजस्थान	6182	8819	4.5
7.	गुजरात	9796	13684	4.3
8.	केरल	7938	11046	4.2

9.	हरियाणा	11079	14250	3.2
10.	उड़ीसा	4896	6105	2.8
11.	महाराष्ट्र	12183	14892	2.5
12.	पंजाब	12710	15255	2.3
13.	बिहार	3037	3554	2.0
14.	मध्य प्रदेश	6586	5699	2.0
15.	उत्तर प्रदेश	5066	5885	1.9

आधार : भारत सरकार एन.सी.टी. दिल्ली (2005)[15]

जिन राज्यों में तेज आर्थिक विकास दिखाई देता है वे मूलत: बड़े उद्योग-धन्धों के विकास से नहीं, जिसमें थोड़े-से बड़े पूँजीपति हों और बाकी बड़े उद्यमों में काम करनेवाले श्रमिक बल्कि एक बड़ा बिचौलिया मध्यम वर्ग विकसित हुआ है, जो मुख्यत: दुकानदारी, होटल, परिवहन जैसे क्षेत्रों में कार्यरत है। कर्नाटक जैसे राज्यों में तो विकास की तेज रफ्तार सूचना तकनीक पर आधारित बंगलौर की आउटसोर्सिंग सेवाओं से हुई है, जिसके माध्यम से अमेरिका जैसे सम्पन्न देश अपने कार्यालयों की सेवाओं को इंटरनेट के जरिए भारत के अपेक्षतया सस्ते श्रम के जरिए कराते हैं। यह नक्शा मार्क्स की उस कल्पना से बिलकुल अलग है, जिसमें समाज का बँटवारा मूलत: विशाल उद्योगों के मालिकों और बड़े उद्योगों के केन्द्रों में इकट्ठा मजदूरों के बीच होगा। इस तरह के विकास से तो सेवा क्षेत्र पर आधारित बंगलौर जैसे महानगरों की समृद्धि का उसके अपने परिवेश से कुछ लेना-देना नहीं है और न इस समृद्धि के प्रभाव से कर्नाटक के ही दूसरे हिस्से, खासकर यहाँ के अति गरीब उत्तरी हिस्से की अर्थव्यवस्था पर कोई प्रभाव पड़ता है। यह देश से असंयुक्त सेवा आधारित समृद्धि का द्वीप भर है, भले ही इसकी आय को कर्नाटक की आय से जोड़ दिया जाता हो। इसी तर्ज पर हैदराबाद, पुणे, दिल्ली आदि में भी इंटरनेट आधारित सेवा क्षेत्र का विस्तार हो रहा है। हमारे अध्ययन की दृष्टि से इसमें जो महत्त्व की बात है, वह यह कि हमारा विकास मार्क्स की कल्पना से भिन्न तरह का हो रहा है और अगर मार्क्स पूँजी का अन्तिम अध्याय लिखने बैठे होते तो उनके अध्ययन का परिदृश्य बिलकुल अलग ही होता।

इसमें सारे संसार और प्रत्येक देश में जो परिदृश्य उभरता है, वह यह कि जहाँ समृद्धि के द्वीप उभरते हैं, वहाँ उन इलाकों से जहाँ गरीबी गहरा रही है, लोग बड़ी संख्या में आजीविका के लिए आते हैं। अपनी तमाम कोशिशों के बावजूद विकसित देश या क्षेत्र ऐसे आव्रजन या प्रवासियों की भीड़ को रोकने या नियंत्रित करने में असमर्थ हो रहे हैं। इससे औद्योगिक नगरों और महानगरों में दूर-दराज से रोजगार

या जीवन का आधार ढूँढ़नेवाले आगन्तुकों का एक सैलाब सदा बना रहता है, इससे एक नये तरह का संघर्ष वर्ग संघर्ष से विपरीत मूल, नस्ल आदि के आधार पर पैदा होता है। अमेरिका में लगातार मैक्सिको जैसे पड़ोसी देशों से हिस्पानी मूल के लोगों की बाढ़ सरकार के तमाम प्रतिबन्धों के बावजूद बढ़ रही है। इससे वहाँ की राजनीति पर मूल आधारित भेदभाव बढ़ रहा है। पहले अफ्रीका से गुलाम बनाकर लाए गए लोगों के वंशजों के खिलाफ भेदभाव तमाम संघर्षों और प्रयासों से अभी भी खत्म नहीं हुआ है। अमेरिका की स्थापना ही इमीग्रैंट्स (बाहर से आनेवाले लोगों) से ही हुई है, फिर भी उन्हें जज्ब करने की प्रक्रिया अधूरी है, लेकिन यूरोप में तुर्की, अल्जीरिया और एशियाई तथा अफ्रीकी मूल के लोगों के विरुद्ध आधारित फासीवादी राजनीति बार-बार सिर उठाती है। इसमें सर्वहारा की एकता और संघर्ष हाशिये पर चला जाता है। भेदभाव के खिलाफ बाहर से आए लोगों का गुस्सा प्राय: उबाल पर आता है और इक्कीसवीं सदी में इसके विस्फोटक परिणाम नजर आने लगे हैं।

तीसरी दुनिया के देशों के महानगरों के आकार में बाहर से आनेवाले ऐसे लोगों से विस्फोटक विस्तार हुआ है। मैक्सिको नगर में तो मैक्सिको राष्ट्र की आबादी का एक बड़ा हिस्सा आ गया है। यही स्थिति ब्राजील जैसे देशों के महानगरों की भी है, लेकिन जो आबादी आती है, वह किसी बड़े औद्योगिक प्रतिष्ठान का हिस्सा नहीं बन पाती और असंगठित क्षेत्रों में काम कर गन्दी बस्तियों (शैंटी टाउन) का निर्माण करती है। भारत में दिल्ली और मुम्बई जैसे महानगरों की भी यही स्थिति है, जहाँ असंगठित क्षेत्रों में कार्यरत लोगों की झुग्गियों और झोंपड़पट्टियों का लगातार विस्तार होता रहता है। दिल्ली मानव विकास रिपोर्ट से भी स्थिति का थोड़ा अन्दाजा होता है।

रिपोर्ट कहती है : लगभग 22.2 लाख आव्रजन 1991 और 2001 के बीच आए जो 1981-91 के बीच आए 16.4 लाख से कहीं अधिक थे...तीसरा 1991-2001 के बीच 46 प्रतिशत आनेवाले लोग उत्तर प्रदेश और उत्तराखंड से थे। बिहार से इसी काल में 23 प्रतिशत लोग आए।[14]

"इस बात के काफी प्रमाण हैं कि दिल्ली की अर्थव्यवस्था अधिक असंगठित (इन्फॉर्मल) होती गई है। रोजी की तलाश में बाहर से आनेवाले लोग, विशेषकर बिहार से आनेवाले मुख्य रूप से अकुशल मजदूर होते हैं। 1990 में असंगठित क्षेत्र में रोजगार का अनुपात बढ़ता जा रहा है। 1993 में असंगठित क्षेत्र के मजदूरों का अनुपात 76 प्रतिशत था। 1999-2000 तक यह अनुमान 81 प्रतिशत हो गया है।"[15] इसके दो कारण हैं। एक तो उद्योगों के चरित्र में परिवर्तन। प्रारम्भ में जब ब्रिटेन और पश्चिमी देशों में औद्योगीकरण हुआ तो ग्रामीण क्षेत्रों से विस्थापित लोगों को काम मिलने में कोई कठिनाई नहीं होती थी क्योंकि उस समय के नये उद्योगों में भारी संख्या में श्रमिकों की जरूरत होती थी। इसी का नतीजा था कि स्त्रियों और बच्चों को भी अठारह-अठारह घंटे तक काम में लगाना पड़ता था। अब के उद्योगों

में उत्तरोत्तर नये तरह के स्वचालित यंत्रों के कारण मानव-श्रम, खासकर अकुशल श्रम की जरूरत बहुत कम हो गई है। करोड़ों के निवेश से खड़े किए गए उद्योगों में सौ सैकड़ा या दर्जनों में लोगों को काम मिलता है। दूसरी ओर कृषि के मशीनीकरण और पारम्परिक रोजगार के क्षय से ग्रामीण समाज से लोगों का विस्थापन बड़े पैमाने पर होता है। इसके अलावा खनिज क्षेत्रों और वन प्रदेशों के उद्योगों द्वारा अधिग्रहण या नदियों की बिजली परियोजनाओं से भी भारी संख्या में लोगों का विस्थापन होता है, जो रोजगार की तलाश में महानगरों की ओर पलायन करते हैं, लेकिन नये तरह के उद्योगों में उनके लिए जगह नहीं मिलती। इसलिए यंत्रहीन या बहुत ही आदिम ढंग के सहारे ही चलनेवाले उद्यमों या ढुलाई, सड़क और आवासीय निर्माण-कार्य या घरों अथवा दुकानों में चाकरी जैसे कामों हो से ऐसे लोग आजीविका पाते हैं। इस तरह उत्पादन के क्षेत्र में एक अति लघु अत्याधुनिक उद्योग-धन्धे विकसित होते हैं और चारों ओर तरह-तरह की सेवाओं और छोटे उद्यमों का विस्तार होता है।

यह विकास मार्क्स की प्रारम्भिक कल्पना से बिलकुल भिन्न है, जिसमें बड़े उद्योगों में विशाल संख्या में श्रमिकों को काम की सम्भावना और उनके संगठन की तसवीर दिखाई देती थी। दरअसल, तथाकथित विकासशील देशों के महानगरों में संगठित क्षेत्र के समानान्तर असंगठित क्षेत्र की एक दूसरी अर्थव्यवस्था कायम हो जाती है। इसमें कम आयवाले लोगों की जरूरतों को पूरा करनेवाले लघु-उद्योगों और सेवाओं का विस्तार होता है। इस तरह की लाखों औद्योगिक इकाइयाँ, जो पारिवारिक श्रम या दो-चार, कम मजदूरी पर काम करनेवाले, मजदूरों के सहारे चलाए जाते हैं, अस्तित्व में आ जाते हैं। इसमें सिलाई, बुनाई, मरम्मत और फर्नीचर आदि तैयार करने के काम होते हैं। बड़ी संख्या में छोटी ढुलाई और परिवहन का काम करनेवाले लोगों की एक अलग व्यवस्था कायम हो जाती है, जिसमें रिक्शे, रेहड़ी, ठेले आदि छोटी दूरी में मनुष्य और माल की ढुलाई करते हैं।

इनकी कोई स्थायी आवासीय व्यवस्था नहीं होती और प्राय: ये चींटियों की बाँबियों की तरह विकसित होते हैं और नगर की व्यवस्था इन्हें कूड़े-कचरे की तरह साफ करती रहती है। अकेले दिल्ली महानगर में कोर्ट के आदेश से ऐसे लाखों छोटे उद्यमों और घरों को अक्सर पुलिस और बुलडोजर के सहारे हटाया जाता रहा है, लेकिन गरीब लोगों की जिन्दा रहने की लालसा इतनी प्रबल होती है कि वे इन अमानवीय दबावों के बीच एक जगह से विस्थापित होकर दूसरी जगह स्थापित हो जाते हैं। स्वयं महानगरों की व्यवस्था भी अपनी जरूरत के लिए इनसे निजात नहीं पा सकती। डिपार्टमेंटल स्टोर और अब जहाँ-तहाँ स्थापित होते शॉपिंग मॉल भी एक छोटे-से सम्पन्न वर्गों की खुदरा वस्तुओं की जरूरत ही पूरा कर सकते हैं। इसके अलावा नगर के विस्तार और पॉश कॉलोनियों के निर्माण के लिए भी बड़ी संख्या में निर्माण मजदूरों की जरूरत होती है, जो प्राय: सबसे कम मजदूरी पर

काम करनेवाले गरीब लोग होते हैं। इनके काम के स्थल बदलते रहते हैं। इनके लिए कोई एक स्थान देना सम्भव नहीं होता और कंस्ट्रक्शन कम्पनियाँ मजदूरों की आवासीय व्यवस्था का अतिरिक्त आर्थिक बोझ उठाने को तैयार नहीं होतीं। इस तरह विकासशील देशों के महानगरों में पॉश कॉलोनियों के साथ-साथ झुग्गियों और स्लम का विकास अनिवार्य रूप से जुड़ा होता है। इसी के साथ इन महानगरों में सम्पन्न लोगों के घरों में घरेलू धन्धे में कम मजदूरी पर काम करनेवालों की भी एक बड़ी आबादी होती है और इनके परिवारों के लिए भी स्थान किसी झुग्गी में या ऐसे ही निचले स्तर के किसी दूसरे आवास में ही होता है। यही मजबूरी है, जिससे व्यवस्था अब उनके अस्तित्व को भी कबूल करने लगी है। दिल्ली मानव विकास रिपोर्ट 2006 में ही ऐसे चार तरह की आवासीय व्यवस्था का जिक्र किया गया है। ये हैं : (1) वॉल्ड सिटी यानी जो मुगलकालीन नगर के अवशेष से जुड़े हैं। (2) मान्यता प्राप्त अन-ऑथोराइज्ड कॉलोनी, जिनकी संख्या 567 बतलाई गई है। (3) झुग्गी-झोंपड़ी रिसेट्लमेंट (जे.जे. कॉलोनी), इसमें 3,570 कॉलोनियाँ हैं। इनमें कई किस्त में 240,000 परिवारों को स्थान देने का दावा किया गया है, ये प्राय: दो कमरों के छोटे आवास होते हैं। (4) झुग्गी-झोंपड़ियों के समूह। इनमें 2,59,000 परिवारों के रहने का अन्दाजा लगाया गया है। कुल मिलाकर झुग्गी-झोंपड़ी में रहनेवाले परिवारों की संख्या 6,00,000 आँकी गई है।

लेकिन गन्दी बस्तियों, झुग्गियों और फुटपाथ पर गुजारा करनेवालों की संख्या इससे कहीं अधिक हो सकती है। औद्योगिक विकास का सिलसिला ऐसा है कि गाँवों, जंगलों और पर्वतीय क्षेत्र, सभी जगह से विस्थापित किसान, आदिवासी और मजदूर जीवन की सम्भावना महानगरों में देखते हैं, जिनकी व्यवस्थित रोजगार और जीवन की न्यूनतम आवश्यकताओं की आपूर्ति की क्षमता अत्यधिक कम है।

इसे मार्क्स के वर्ग संघर्ष की कल्पना के विपरीत दूसरे तरह के साम्प्रदायिक, जातीय, क्षेत्रीय या मूल आधारित तनाव लोगों के मन और राजनीति पर हावी रहते हैं। इस व्यवस्था के भीतर लोगों के मानवीय जीवन की कोई सम्भावना दिखाई नहीं देती। इसलिए लगातार लोगों में एक असन्तोष का भाव बना रहता है—पर इसका निराकरण कहीं दिखाई नहीं देता। चीन में भी जहाँ के औद्योगिक विकास की चारों ओर प्रशंसा होती है, यह समस्या बनी हुई है। वहाँ की तानाशाही व्यवस्था नगरों में मानव सैलाब को अनियंत्रित ढंग से आने से रोकने में असफल रही है, लेकिन जहाँ पूरब के तटीय प्रदेशों में एक हद तक ही व्यवस्थित औद्योगिक विकास हुआ है, वहीं अनुमान किया जाता है कि पन्द्रह से बीस करोड़ तक किसान खेती छोड़ रोजगार की तलाश में भटक रहे हैं। अपने अत्यधिक तेज आर्थिक विकास के बावजूद उसके पास अतिरिक्त मानव-श्रम को सोखने की शक्ति नहीं है क्योंकि अत्याधुनिक तकनीक में आदमियों को जज्ब करने की क्षमता बहुत ही सीमित है।

लोगों की गहराती गरीबी और क्षेत्रीय विषमता से न सिर्फ मूल आधारित और धर्म आधारित तनाव बढ़ रहा है बल्कि पड़ोसी राष्ट्रों के साथ भी तनाव और संघर्ष बढ़ा है, जिससे हथियारों की होड़ बढ़ी है। इससे विकसित औद्योगिक देशों को हथियार उद्योगों में मुनाफा कमाने का बड़ा मौका मिलता है। जेम्स डिफेंस वीकली के अमेरिकी कांग्रेस के शोध आधारित आँकड़ों के अनुसार, 2005 ई. में पिछले आठ वर्षों में सर्वाधिक 44.8 अरब डॉलर्स के हथियार बेचे गए, जिसका 68.5 प्रतिशत विकासशील देशों को बेचा गया। भारत ने सबसे अधिक 5.4 अरब डॉलर्स के हथियार खरीदे। इस तरह के युद्ध और तनाव से विकासशील देशों की आर्थिक स्थिति और खराब होती जाती है और औद्योगिक देशों को अपने युद्ध उद्योगों के लिए एक बृहत् बाजार उपलब्ध होता है। इसी माहौल में जहाँ मार्क्स की कल्पना के अनुसार पूँजीपतियों के खिलाफ मजदूरों का अन्तिम संघर्ष होना चाहिए था, धर्म और मूल के आधार पर दुनिया के गरीब लोग आपस में संघर्ष कर रहे हैं और एक अमेरिकी इतिहासकार अट्टहास की मुद्रा में इस धर्मयुद्ध को सभ्यताओं के संघर्ष के रूप में पेश कर रहा है।[16]

एक और स्थिति जो मार्क्स की कल्पना से बाहर थी, वह मानव के औद्योगिक विकास से पर्यावरण पर पड़नेवाला प्रभाव है। मार्क्स के समय तक यह दिखाई नहीं देता था कि धरती एक सीमित नक्षत्र है, जिसके संसाधनों की एक सीमा के और उपभोग की वस्तुओं का असीमित विस्तार असम्भव है। दरअसल, मार्क्स और उनके बाद के ज्यादातर मार्क्सवादी मनुष्य के विकास के अभियान को प्रकृति पर विजय पाने के अभियान के रूप में देखते थे। अब स्पष्ट है कि प्रकृति की कोख से पैदा मनुष्य दूसरे सभी जीवों की तरह इसके संसाधनों की सीमा के अधीन है। इससे उत्पादन की मात्रा और दिशा, दोनों पर नियंत्रण लग जाता है। इससे विशालता की बजाय छोटी और मध्यम आकार की प्रौद्योगिकी और सीमित उपभोग पर आधारित विकास ही सम्भव लगता है। ऐसे विकास में मानव-श्रम और उद्यम का महत्त्व बढ़ जाता है। यह सब देख मार्क्स को कुछ निराशा जरूर होती, लेकिन उन्हें इस बात का सन्तोष भी होता कि उनका बुनियादी सिद्धान्त, जिसमें श्रम को सभी मूल्यों का, कम-से-कम सामाजिक विनिमय के मूल्यों का आधार माना था, वह और भी महत्त्व का सिद्ध होने जा रहा है। कहीं-न-कहीं मनुष्य अपने श्रम को केन्द्र में रखकर ही प्रकृति के साथ तादात्म्य स्थापित कर चिरस्थायी विकास की बात सोच सकता है। इसका विकल्प पर्यावरण का क्षय और धरती से जीवन का अन्त ही हो सकता है। अगर मार्क्स 'पूँजी' का अन्तिम अध्याय लिख पाते तो शायद उनकी ध्वनि कुछ ऐसे ही होती।

परिशिष्ट

नियतिवाद और मानव सवातंत्र्य

तकदीर और तदबीर, संयोग और अवश्यम्भाविता, स्वतंत्र और सुचिन्तित कार्य योजना के अनुसार भविष्य निर्माण और किसी बाह्य शक्ति द्वारा भविष्य का निर्धारण—ऐसे द्वैध अपने विविध रूपों में मानव-चिन्तन में सदा मौजूद रहे हैं। यह विश्वास कि मनुष्य के कार्यकलापों एवं उसके आसपास की घटनाओं का निर्धारण बाहरी शक्तियों द्वारा होता है, इतना गहरा रहा है कि जहाँ ऐसी शक्तियाँ प्रत्यक्ष अनुभव में नहीं आतीं, वहाँ आदमी अपनी कल्पना में उनकी ईजाद करता रहता है। मनुष्य की पसन्दगी और नापसन्दगी से अनासक्त प्रकृति की शक्तियों का एहसास तो आदमी को आदिकाल से रहा होगा। तूफान, अतिवृष्टि, बाढ़ आदि उसकी सुविधा-असुविधा का खयाल किए बगैर आते होंगे और कभी-कभी कहर ढा चले जाते होंगे। यह जरूर रहा होगा कि आदमी प्रकृति में भी अपनी तरह का भाव देखता होगा, जिसमें नाराजगी और मेहरबानी, दोनों की सम्भावना निहित है। शायद इसी से इन शक्तियों की पूजा-अर्चना का प्रारम्भ हुआ ताकि इनके कोप का निवारण हो। अनिश्चय से मुक्ति की तलाश भी आदमी को आदिम अभिलाषा रही है। वह सदा इस आश्वस्ति की तलाश में रहा है कि उसकी हर छलाँग अन्धकार में अनजान राहों की जगह ठोस धरातल पर हो।

विडम्बना ही है कि अन्धकार से प्रकाश की या अनिश्चय से निश्चय की तलाश उसे विविध तरह की शक्तियों और नियतिवाद से बाँधती रही है। चूँकि आदमी प्रकृति के मिजाज पर काबू पाने में असमर्थ था, उसकी कोशिश उन चिह्नों और सूचिकाओं को समझने की तरफ गई होगी, जिनसे प्राकृतिक आपदाओं के आगमन का कुछ पूर्वाभास मिल सके। इसमें निश्चित समय पर नियमपूर्वक आकाश में अपनी उपस्थिति दर्ज करानेवाले सूरज, चाँद, तारे और नक्षत्र रहे हैं। इसीलिए खगोलशास्त्र और इससे जुड़े गणित संसार भर में अध्ययन का प्राचीनतम शास्त्र बन गए। सूर्य, चाँद और नक्षत्रों को देख आदमी को ऋतुओं के परिवर्तन का पूर्वानुमान होता होगा और यह भी ज्ञात होता होगा कि नदियाँ कब उफान पर होंगी और कब अपने सर्पिल और

संकीर्ण तटों के भीतर। जैसे-जैसे खगोलशास्त्र के ज्ञान से नक्षत्रों के स्थान से धरती की घटनाओं को जोड़ा जाने लगा, लोगों में विचार पैदा हुआ कि नक्षत्र धरती की घटनाओं को प्रभावित करते हैं—न सिर्फ नदियों और ऋतुओं को बल्कि लोगों के जीवन को भी इस तरह ज्योतिष शास्त्र के विकास के साथ-साथ फलित ज्योतिष और सामुद्रिक का विकास हुआ, जिसमें नक्षत्रों के प्रभाव को जीवन के उतार-चढ़ाव में अटल कारक के रूप में चिह्नित किया जाने लगा। यह मान्यता बनने लगी कि प्रकृति, समाज और मनुष्य—सभी के जीवन की घटनाएँ पूर्व-निर्धारित होती हैं और एक अटल नियम के तहत घटित होती चलती हैं।

यहीं से यह सवाल भी उठा कि अगर सब कुछ पूर्व निर्धारित है तो उसमें मनुष्य के प्रयासों या उसके हस्तक्षेप की भूमिका क्या होगी? स्वयं प्रकृति की शक्तियों से बाहर या ऊपर खड़े ईश्वर की भूमिका इसमें क्या होगी? क्या इसमें कुछ बदला जा सकता है? फलित ज्योतिष का जवाब था, नहीं। ईसाई धर्म, जिसमें ईश्वरीय अनुकम्पा का काफी महत्त्व था, इससे असहमत था और इसीलिए इसने इस शास्त्र को प्रतिबन्धित करने की कोशिश की, लेकिन मामला खगोलशास्त्र तक सीमित नहीं रहा। मनुष्य जीवन के विभिन्न क्षेत्रों में अपनी जरूरतों को पूरा करने के लिए तरह-तरह के उद्यम में लगा रहता था, जैसे—शिकार, खेतीबाड़ी, यातायात आदि। इसमें उसे वस्तुओं के गुणों और व्यवहार को समझना होता था। इस तरह, खगोलशास्त्र के समानान्तर दूसरे शास्त्र, जैसे वनस्पतिशास्त्र, रसायनशास्त्र, भौतिकशास्त्र आदि विकसित होने लगे और इनका अध्ययन जितना ही गहन होता गया, उतना ही यह एहसास बढ़ा कि भौतिक पदार्थों के व्यवहार भी कुछ वैसे ही अटल नियमों में बँधे हैं, जैसे नक्षत्रों की गति। नतीजतन, सारे संसार की घटनाओं को कम-से-कम या एकल भौतिक नियम में बाँधने की कोशिश हुई। इन सबसे सारे संसार को अटल नियमों से बँधा देखने की प्रवृत्ति पैदा हुई। यह रुझान आगे चलकर मानव समाज को भी अपने दायरे में लाने लगा, लेकिन विज्ञान के विकास के पहले से ही सामाजिक घटनाओं को पूर्व निर्धारित नियति में बाँधने का रुझान इतना प्राचीन और इतना व्यापक है कि एक-दूसरे से बिलकुल अलग सभ्यताओं से लेकर आदिम समाजों की पुराकथाओं तक में इसे देखा जा सकता है।

घटनाओं की अनिवार्यता को व्यक्त करने के लिए यूनानी ट्रेजेडी से इसकी तुलना लगभग एक मुहावरे की तरह की जाती है। इसमें घटनाओं की एक अटलनीय प्रक्रिया किसी पूर्व-निर्धारित परिणति तक ले जाती है। दिलचस्प है कि हमारे 'रामायण' और 'महाभारत' जैसे महाकाव्यों में भी घटनाओं को पूर्वकाल या युग की किसी दूसरी घटना के परिणाम के रूप में ही देखा जाता है, मानो समय की बिसात पर सभी मोहरों के स्थान पूर्व-निर्धारित हों। कहीं-कहीं यह नियतिवाद जीवन को दिशा देने में एक अकाट्य तर्क बन गया। इसका सबसे बड़ा उदाहरण

'गीता' में अर्जुन को कृष्ण द्वारा दिया गया उपदेश है। जब कृष्ण अर्जुन को गुरु, पितामह आदि की हत्या के औचित्य का कोई तर्क नहीं दे पाए तो उन्होंने अपना विराट् रूप दिखला दिया, जिसमें इन सभी को अनिवार्य रूप से काल के मुँह में जाते दिखलाया गया। इससे सम्पत्ति के लिए परिजनों की हत्या जघन्य अपराध की जगह विधान-विहित कर्तव्य बन गई। इस तरह का नियतिवाद मनुष्य को अपने काम की सफलता की आश्वस्ति और अपने दुष्कर्मों के पश्चात्ताप से मुक्ति, दोनों ही दिलाने का काम करता है।

अब हम नियतिवाद के आधुनिक रूपों और परिणामों पर विचार करें और इस पर भी विचार करें कि क्या कुछ ऐसा भी है, जो आदमी को ऐसी नियतिवादी सोच से मुक्त कर अपने भविष्य का स्वतंत्र निर्माता बनने का अवसर देता है?

पश्चिमी दुनिया में सत्रहवीं और अठारहवीं शताब्दी से विज्ञान के क्षेत्र में होनेवाले तेज विकास ने संसार और समाज को समझने के प्रयास को नई दिशा दी और दर्शनशास्त्र में भी विज्ञान की कार्य-कारण प्रक्रिया की कसौटी पर संसार और समाज की घटनाओं को समझने का रुझान पैदा हुआ। इस दिशा में सबसे अधिक प्रभाव उन्नीसवीं शताब्दी के दार्शनिक हीगेल का पड़ा। हीगेल के अनुसार, प्रकृति की नियमबद्धता और अनिवार्यता की तर्ज पर ही मनुष्य ने समाज का निर्माण किया है, जिस पर अनिवार्यता का नियम लागू होता है और स्वतंत्रता स्वेच्छा से इन नियमों के आगे आत्मसमर्पण है। वह संसार को एक समग्र चैतन्य (एब्सोल्यूट स्पिरिट) की अभिव्यक्ति के रूप में देखता था। कुछ भी इसके बाहर नहीं था और इसे टुकड़ों में समझना असम्भव था। यह चैतन्य अपने आपको एक द्वन्द्वात्मक प्रक्रिया से उद्घाटित करता चलता था, जो प्रक्रिया है प्रमेय, प्रतिप्रमेय और इनका संश्लेषण। यह संश्लेषण स्वयं एक प्रमेय बन प्रतिप्रमेय और संश्लेषण की एक नई शृंखला शुरू करता है। यह द्वन्द्वात्मक तर्क-प्रणाली बाद में मार्क्सवादी चिन्तन के प्रसार से सुपरिचित हो चुकी है। हीगेल के दर्शन की विशिष्टता यह थी कि यह बाह्य या वस्तु जगत को इस चेतना के उद्घाटन के रूप में ही देखता था। वह अपने कानून का दर्शन (फिलॉसफी ऑफ लॉ) में कहता है :

"संसार में सर्वव्यापी न्याय की अभिव्यक्ति एक नैतिक व्यवस्था के रूप में होती है। इस तरह कर्तव्य, स्वतंत्रता को सीमित करना नहीं बल्कि व्यक्ति की काल्पनिक स्वतंत्रता को सीमित कर सर्वव्यापी स्वतंत्रता में शामिल होना है। कर्तव्य में हम अपनी आजादी का निचोड़ प्राप्त करते हैं, यानी सकारात्मक आजादी प्राप्त करते हैं...यह एक ऐसा आत्मबलिदान है, जिसमें असली आजादी अन्तर्निहित है—आदमी के व्यक्तित्व की सम्पूर्ण प्रतिष्ठा लेकिन एक समाहित करनेवाली बाहरी संरचना के पुर्जे के रूप में—पूर्ण आज्ञा पालन, निजी राय का परित्याग, मन (माइंड) का परित्याग, जो दरअसल बुद्धि या मन को इसकी सम्पूर्णता में लगाना है।"

यहाँ दो बातें ध्यान देने योग्य हैं। एक तो यह कि हीगेल की दृष्टि में प्रशा की राज्यव्यवस्था ही धरती पर विश्वात्मा (वर्ल्ड स्पिरिट) की अभिव्यक्ति का उत्कृष्ट रूप है। दूसरे, इसमें नवोदित मशीन युग की मनोवृत्ति की अभिव्यक्ति भी है, जहाँ सारी व्यवस्था मशीन के ढाँचे के तहत चलती है। इसमें व्यक्ति एक पुर्जे की तरह मशीन के पूर्वनिर्धारित उद्देश्यों से परिचालित होता है। राज्य की पूजा और व्यक्ति की इच्छा को राज्य की इच्छा में समाहित करने का यह रुझान बाद में एक हद तक फासीवाद में भी दिखाई देता है, हालाँकि बीच के लोकतांत्रिक अन्तराल और तकनीक के अत्यधिक विकास ने अधिनायकवाद के प्रति लोगों की स्वैच्छिक स्वीकृति के दायरे को न सिर्फ संकीर्ण बना दिया था बल्कि इसके छद्म का भी पर्दाफाश कर दिया।

यही वह बिन्दु है, जहाँ मार्क्स का द्वन्द्वात्मक भौतिकवाद इस मान्यता को उलट देता है कि भौतिक जगत चेतना की अभिव्यक्ति है और उसक जगह यह स्थापना देता है कि मनुष्य की चेतना भौतिक जगत की प्रतिछाया मात्र है, लेकिन यह हीगेल की द्वन्द्वात्मक प्रक्रिया और इसमें घटनाओं की अनिवार्यता को बनाए रखता है। यहाँ भी कार्य-कारण की शृंखला की अटलनीयता कायम है, लेकिन यह सब भौतिक संसार में भौतिक नियमों के तहत होता है।

मार्क्स की मूल दृष्टि 'क्रिटिक ऑफ पॉलिटिकल इकोनॉमी' की भूमिकाओं में इन विख्यात पंक्तियों में अभिव्यक्त होती है : "जीवन के लिए सामाजिक उत्पादन प्रक्रिया में मनुष्य कुछ निश्चिम सम्बन्ध स्थापित करते हैं जो उनकी इच्छा से स्वतंत्र होते हैं—यानी उत्पादन सम्बन्ध, जो उत्पादन की शक्तियों के विकास के एक निश्चित स्तर से सम्बद्ध होते हैं। इन उत्पादन सम्बन्धों का त्याग समाज की आर्थिक संरचना तैयार करता है—वह असली आर्थिक आधार, जिसके ऊपर राजनीतिक और कानूनी ढाँचा खड़ा होता है और जिससे विशेष तरह की सामाजिक चेतना बनती है। भौतिक जीवन के उत्पादन का आधार, मोटे तौर पर सामाजिक, राजनीतिक और बौद्धिक जीवन की प्रक्रिया को अनुकूलित करता है। यह मनुष्य की चेतना नहीं है, जो उसके सामाजिक अस्तित्व को निर्धारित करती है बल्कि यह मनुष्य का सामाजिक अस्तित्व है जो उसके बोध को निर्धारित करता है...उत्पादन की शक्तियों के विकास के रूपाकार की जगह ये सम्बन्ध उसकी बेड़ी बन जाते हैं। इसके बाद सामाजिक क्रान्तियों का एक सिलसिला शुरू होता है। आर्थिक आधार के बदलाव के साथ यह ऊपरी ढाँचा लगभग पूरी तरह बदल जाता है। इन परिवर्तनों का अध्ययन करते समय सदा एक फर्क ध्यान में रखना चाहिए यानी आर्थिक उत्पादन के भौतिक आधार में परिवर्तन—जिसे भौतिक विज्ञान की तर्ज पर सुनिश्चित किया जा सकता है—कानूनी, राजनीतिक, धार्मिक, सौन्दर्यशास्त्रीय और दार्शनिक, थोड़े में विचारधारात्मक आधार से फर्क, जिसमें लोग इस संघर्ष के प्रति संवेदनशील होते हैं और संघर्ष करते हैं।"

इस भौतिक आधार पर मार्क्स सामाजिक घटनाओं को एक ऐतिहासिक नियम में बँधा देखते हैं, जिसका मूल कारक उत्पादन की शक्तियों यानी उत्पादन की तकनीक का विकास है। यह विकास उनके अनुसार एक स्वायत्त प्रक्रिया है, जिससे उत्पादन सम्बन्ध और बाकी सामाजिक सम्बन्ध निर्धारित होते चलते हैं। वह इतिहास के विविध कालखंडों को तकनीक के विकास की इसी स्वायत्त प्रक्रिया से जोड़ते हैं। उनके मुताबिक, आदिम साम्यवाद के बाद से इस विकास-प्रक्रिया में क्रमशः गुलामी प्रथा, सामन्ती व्यवस्था और अन्त में पूँजीवादी व्यवस्था का उदय हुआ। उनके अनुसार पूँजीवादी व्यवस्था एक स्तर पर पहुँचकर तकनीक के फैलाव के रास्ते में अवरोध बन जाती है। इसलिए अनिवार्य रूप से एक सर्वहारा क्रान्ति इस व्यवस्था को ध्वस्त कर समाजवादी व्यवस्था की ओर संक्रमण शुरू करेगी।

इस विचार से हमारे समय में लोग पूरी तरह सुपरिचित हो चुके हैं। इसमें दो बातें अस्पष्ट हैं। एक तो मार्क्स ने पूँजीवादी व्यवस्था की तकनीक का तो विस्तार से वर्णन किया है, लेकिन कुछ धुँधले संकेतों को छोड़कर कहीं यह नहीं बतलाया कि गुलामी की व्यवस्था कैसी तकनीक का नतीजा थी और फिर इससे सामन्तवाद की ओर संक्रमण तकनीक के कैसे परिवर्तनों से हुआ। दूसरे, मार्क्स ने अपनी पुस्तक 'पूँजी' के तृतीय भाग में बतलाया है कि मशीनों में ऐसे सुधार, जिनसे मशीनों की उत्पादकता बढ़ाकर मजदूरों की संख्या घटाई जा सके, पूँजीपतियों की आपसी प्रतिस्पर्धा का नतीजा थे। तकनीक के इसी विकास को उन्होंने घटते अतिरिक्त मूल्य के रुझान से जोड़ा था। अगर ऐसा है तो तकनीक के विकास की प्रक्रिया स्वायत्त नहीं है बल्कि समाज की या वर्ग विशेष की सुविधा से निर्धारित होती है। इसके बावजूद यह विश्वास आधुनिक चेतना में व्याप्त है कि तकनीक का विकास एक स्वायत्त प्रक्रिया है और इसे बदला नहीं जा सकता। अगर यह मान लिया जाए तो सामाजिक जीवन को तकनीक के इस अपरिवर्तनीय विकास की दिशा के अनुसार ही ढालना पड़ेगा। इस पर हम आगे विचार करेंगे। यहाँ हम मार्क्सवादियों के नेतृत्व में चलनेवाले समाजवादी आन्दोलन पर इस सोच के प्रभाव पर विचार करेंगे।

मार्क्स ने किसी पूर्व-निर्धारित खाके के अनुसार समाज-रचना के प्रयोगों को यूटोपियन मानकर खारिज कर दिया था। उनके अनुसार, समाजवाद उत्पादन की शक्तियों और उनके सम्बन्धों से अनिवार्य रूप से पैदा होनेवाले वर्ग संघर्ष यानी पूँजीपति वर्ग और सर्वहारा वर्ग के संघर्ष से पैदा सामाजिक क्रान्ति का अनिवार्य परिणाम होगा। कम्युनिस्ट क्रान्तिकारियों का एकमात्र प्रयास होगा, ऐसी क्रान्ति को सफल बनाने का। दरअसल, ऐसी क्रान्ति और इसके बाद समाजवाद की ओर संक्रमण मार्क्स के ऐतिहासिक भौतिकवाद के सिद्धान्त के अनुसार अटल है। कम्युनिस्टों का काम सिर्फ कोई अवरोध न माननेवाली इस धारा के साथ अपने को जोड़ देना भर है। एक बार पूँजीपति वर्ग के हाथ से उत्पादन के साधनों को छीन

लेने पर अनिवार्य रूप से एक ऐसे समाज की स्थापना होगी, जिसमें किसी तरह की विषमता नहीं होगी और राज्यसत्ता, जो शासक वर्ग का आधिपत्य कायम रखने का हथियार है, स्वत: विघटित हो जाएगी।

यह क्रान्ति की एक अत्यन्त ही मोहक तसवीर थी, लेकिन इसमें सबसे सशक्त अपील उस आश्वस्ति की थी, जैसी आश्वस्ति धार्मिक समूहों के अनुयायियों में मोक्ष या बहिश्त का अटल विश्वास पैदा होने से आती है। इससे क्रान्ति में महान लक्ष्य की अनिवार्यता के मद्देनजर हर तरह के अमानवीय दमन की छूट क्रान्तिकारियों को मिल गई। रूस की 1917 ई. की क्रान्ति में स्वयं लेनिन के विचार और उसके व्यवहार के बीच की यह फाँक इस रुझान को उजागर करती है। क्रान्ति के पहले अपनी पुस्तक 'राज्य और क्रान्ति' में और क्रान्ति के चन्द महीने पहले की 'अप्रिल थीसिस' नाम से विख्यात अपनी प्रस्थापना में लेनिन ने संक्रमणकालीन मजदूर राज्य की एक ऐसी तसवीर पेश की थी, जिसमें किसी तरह की दमनकानी केन्द्रीय व्यवस्था की गुंजाइश नहीं थी। यह संक्रमणकालीन राज्य ऐसा होना था, जिसमें कोई स्थायी सेना या नौकरशाही की जगह नहीं थी—बहुत कुछ वामपंथियों में चर्चित 1871 ई. के पेरिस कम्यून के तर्ज पर। यह विचार उस समय दूसरे मार्क्सवादियों को पूरी तरह अराजकतावादी लगा था, लेकिन एक बार सत्ता हाथ में आ जाने पर किसी भी कीमत पर सत्ता को बचाए रखना इतना महत्त्वपूर्ण लगने लगा कि युद्धों में वर्जित और अति निन्दित उपायों का सहारा लिया जाने लगा। इसमें एक था प्रतिद्वन्द्वियों को बन्धक (हॉस्टेज) बनाने की नीति। यह अब तक की सभी लोकतांत्रिक और समाजवादी मान्यताओं के इतना विपरीत था कि रोजा लक्जमबर्ग ने, जो उस समय यूरोप के मार्क्सवादियों में लेनिन की सबसे करीबी थीं, इसका कड़ा विरोध किया था। रूस के बोल्शेविकों का तर्क था कि उनकी प्राथमिकता क्रान्ति को किसी भी कीमत पर बचाए रखने की है क्योंकि क्रान्ति की सफलता से इसमें आई विकृतियाँ स्वत: दूर हो जाएँगी।

परन्तु सामाजिक क्रान्ति कोई अचानक एक दिन होनेवाली घटना नहीं होती। यह तो वर्षों और दशकों में लक्ष्य तक पहुँचने की लम्बी प्रक्रिया होती है। अगर अन्तिम लक्ष्य की अवश्यम्भाविता की आश्वस्ति नहीं होती तो तात्कालिकता पर बल दिया जाता क्योंकि आज उठाए गए कदम उस शृंखला की कड़ी बनाते हैं, जिससे भविष्य की तसवीर उभरती है, पर भविष्य के प्रति आश्वस्त बोल्शेविक नेताओं को सिर्फ 'सोवियत सत्ता' को बनाने की धुन थी। सत्ता के साथ अनिवार्य रूप से कुछ सुविधाएँ और विशेषाधिकार भी जुड़ जाते हैं। इसलिए साम्यवाद के भविष्य को सुरक्षित रखने के लिए वर्तमान में एक-एक कर सभी लोकतांत्रिक और समतावादी अधिकार खत्म कर दिए गए और सोवियत संघ एक कठोर तानाशाही में बदल गया। बीसवीं शताब्दी का अन्तिम दशक आते-आते सोवियत संघ का तो विघटन हो गया,

लेकिन तकनीकी नियतिवाद पर आधारित एक नये अधिनायकवाद का श्रीगणेश हुआ, जिसकी जड़ें ज्यादा गहरी हैं क्योंकि यह तकनीकी नियतिवाद के मूल्यों को आत्मसात् करने से उपजा है। हर आधुनिक आदमी पहले मानसिक रूप से इसके प्रतिपादनों का गुलाम बनता है और फिर अपने आसपास इन मान्यताओं का ऐसा ताना-बाना बुनता है कि जीवन का कोई भी हिस्सा इसके वृत्त से बाहर नहीं होता।

यह विडम्बना ही है कि मार्क्स का यह कथन कि पूँजीवाद, जो तकनीकी आधार तैयार करता है, आगे चलकर यह व्यवस्था स्वयं उस तकनीक के विस्तार की सम्भावनाओं के लिए बाधा बन जाती है, पूरी तरह गलत साबित हुआ। उलटे, यह दिखाई देने लगा कि पूँजीवाद को नष्ट कर समाजवाद के नाम से जो व्यवस्था बनाई गई, दरअसल उसी व्यवस्था के मूल्य नई तकनीकी के प्रसार में बाधा बन रही है। नतीजा हुआ कि पूँजीवादी व्यवस्था से तकनीकी वरीयता की होड़ में समाजवादी कही जानेवाली व्यवस्था ही पिछड़ने लगी और एक बिन्दु पर पहुँचकर ध्वस्त हो गई।

इस प्रत्याशित विकास को समझने की जरूरत है। तकनीक का विकास प्राचीन प्रस्तर युग से लगातार होता रहा है। नई तकनीक का विकास सदा लोगों की नई आवश्यकताओं की पूर्ति के लिए होता था। अगर तकनीक किसी काल की आवश्यकताओं की पूर्ति कर देती थी तो फिर छोटे-मोटे सुधारों को छोड़ तकनीक बदलने या नई तकनीक विकसित करने की जरूरत नहीं महसूस की जाती थी। इसीलिए भारत जैसी प्राचीन सभ्यताओं में खेती या उद्योगों में व्यवहार में लाए जानेवाले औजारों या उत्पादन के तौर-तरीके में हजारों वर्ष में मूलभूत बदलाव नहीं आए। बाहर से आनेवाले नये मानव समूहों की जीवन-पद्धति और व्यवहारों के अनुरूप कुछ नई तकनीक या तो उनसे ग्रहण की गई या विकसित की गई। मसलन, सिले वस्त्रों का प्रचलन। इस तकनीकी स्थायित्व को प्राय: ठहराव (अंग्रेजी शब्द, स्टेगनेशन) कहा जाता है।

यह दृष्टि भी नई है। पहले हर नये बदलाव को सन्देह की दृष्टि से देखा जाता था। सत्रहवीं शताब्दी से लेकर उन्नीसवीं सदी के प्रारम्भ तक यूरोप के औद्योगिक और आर्थिक ढाँचे में जो बदलाव आए, उन्होंने आदमी की आवश्यकता और तकनीक, दोनों के सम्बन्ध में लोगों के विचारों को बिलकुल बदल दिया। अब उत्पादन जरूरत की पूर्ति के बजाय मूलत: व्यापारिक लाभ के लिए शुरू हुआ। बाजार पर कब्जा जमाने के लिए रोज नये उत्पाद और उत्पादन पद्धतियाँ विकसित की जाने लगीं। इसी मानसिकता की झलक हम मौजूदा वैश्वीकरण के दौर में उत्पादन और उत्पादन-पद्धति, दोनों पर पेटेंट कानूनों के तहत एकाधिकार के प्रयास में देखते हैं। बाजार पर आधिपत्य के लिए दोनों पर पकड़ जरूरी हो गई।

आदमी की जरूरतें सीमित होती हैं—राजा-महाराजाओं की भी। आभूषणों, कुछ रत्नजड़ित मुकुटों और सिंहासनों की प्राप्ति के बाद राजा और प्रजा की जरूरतों

में कोई बड़ा फर्क नहीं होता था। फर्क अभाव और अकाल की स्थितियों में ही दिखाई देता था, जब आम जन भूख और मौत के शिकार होते थे। इस अभाव की पूर्ति भी उत्पादन को बढ़ाकर की जा सकती थी, लेकिन अगर उत्पादन और विनिमय सिर्फ मुनाफे के लिए हो तो इसकी कोई सीमा नहीं हो सकती। मुनाफे की कोई ऐसी निर्धारित सीमा नहीं, जहाँ खरबपति कह दे कि अब मुनाफे की सीमा आ गई। इसी तरह अगर उत्पादन सिर्फ मुनाफे के लिए हो तो इस पर लोगों की आवश्यकताओं से कोई सीमा नहीं लग सकती क्योंकि नई औद्योगिक पद्धति हर रोज किसी-न-किसी अकल्पित उत्पाद का आविष्कार कर रही है और विज्ञापनों के जरिए लोगों में इनको पाने की चाहत पैदा करती है। इसके पहले कि कोई नया उत्पाद सभी लोगों को उपलब्ध हो सके, नये उत्पाद बाजार में आ जाते हैं और इन्हें पाने की आपाधापी शुरू हो जाती है।

समाजवादी व्यवस्था का लक्ष्य था, लोगों की जरूरतों की पूर्ति—इस हद तक कि सभी लोगों को उनकी जरूरतों के लायक वस्तुएँ उपलब्ध हो सकें, लेकिन अगर एक ऐसी दुनिया का निर्माण हो, जहाँ रोज नई जरूरतें पैदा होती हों—अन्तरिक्ष पर्यटन जैसी जरूरतें भी—तो कौन-सा समाज इनकी पूर्ति कर सकता है? पूँजीवादी समाज भी मुट्ठी भर लोगों के लिए ही ऐसी जरूरतों की पूर्ति कर सकता है, लेकिन पूँजीवादी समाज सभी लोगों की जरूरतों को पूरा करने के लिए बनाया भी नहीं गया है। इसका लक्ष्य है, मुनाफा और इसके लिए बाजार पैदा करना।

पूँजीवादी प्रतिस्पर्धा में तकनीक के विकास की दिशा होती है, श्रमिकों की संख्या कम कर श्रम पर होनेवाले खर्च को अपने प्रतिस्पर्धियों के मुकाबले कम करना। इसके विपरीत, समाजवादी लक्ष्य था श्रम करने लायक सभी व्यक्तियों को रोजगार देना। आदमी आदतों का गुलाम होता है। इस तरह सतही दृष्टि से देखने पर तकनीक की उत्कृष्टता भी इसी में दिखाई देने लगी कि ज्यादा-से-ज्यादा काम, जिसमें मानव-श्रम लगता हो, मशीन कर सके।

कुछ ऐसी स्थितियाँ जरूर हो सकती हैं, जहाँ मनुष्य का काम मशीन से कराना आवश्यक हो, जैसे कुछ खतरनाक कामों के लिए। अन्य स्थानों पर कहाँ मशीन लगे, कहाँ मनुष्य, यह सम्पूर्ण लागत और ऊर्जा जैसे संसाधनों की उपलब्धता या स्वास्थ्य पर होनेवाले परिणाम इन सबको ध्यान में रखकर ही हो सकता है और बहुत काम ऐसे भी हैं, जहाँ मानव-श्रम समग्रता में श्रेष्ठ साबित होता है, लेकिन प्रतिस्पर्धा और मुनाफे की दौड़ में लोगों को मशीनीकरण की पूँजीवादी प्रक्रिया अधिक लाभदायक लगी। इस तरह एक आम राय बनी कि तकनीकी विकास का अर्थ है, मानव की जगह अधिकतम कामों के लिए किसी गैर-मानवीय ऊर्जा पर आधारित मशीनों का उपयोग। सोवियत संघ दो विपरीत दबावों में फँसकर ध्वस्त हो गया यानी एक तरफ पूँजीवादी व्यवस्था से व्यापारिक प्रतिस्पर्धा के मानकों को

अपनाने के दबाव ओर दूसरी तरफ अपने प्रारम्भिक समाजवादी मानकों को ढोते चलने की मजबूरी, लेकिन कुल मिलाकर तकनीक के स्वायत्त विकास की एक ऐसी छवि बनी, जो मूलत: पूँजीवादी विकास का पर्याय बन गई।

मार्क्स ने ऐतिहासिक भौतिकवाद को जिस तरह परिभाषित किया था, उसके केन्द्र में तकनीक के स्वायत्त विकास की कल्पना थी। इससे ऐतिहासिक भौतिकवाद कुल मिलाकर तकनीकी नियतिवाद की ओर ले जाता है, लेकिन मनुष्य के सार्विक कल्याण की कल्पना, जो समाजवाद के मूल में थी, इसमें आड़े आती थी। इस तरह तकनीक के विकास को कसौटी मानकर चलनेवाली तथाकथित समाजवादी व्यवस्थाएँ एक-एक कर पूँजीवादी मूल्यों और व्यवस्था को पूरी तरह कबूल करने लगीं। इस अर्थ में इतिहास के अन्त के उद्घोष में एक तरह की सच्चाई है। पूँजीवादी व्यवस्था तकनीकी नियतिवाद की परिणति और आदर्श स्थिति है। इसमें बदलाव के कारक नदारद हैं। मार्क्सवादी दार्शनिक हर्बर्ट मार्क्यूज, जिन्होंने गहराई से फासिस्ट पूँजीवादी जर्मनी और लोकतांत्रिक पूँजीवादी अमेरिका, दोनों के तकनीकी दृष्टि से अत्यधिक विकसित समाजों को और उनके उत्प्रेरक तकनीकी रुझानों को समझा था, इस स्थिति को इन शब्दों में व्यक्त करते हैं :

"इस विश्व में तकनीक आदमी की दासता को असाधारण तार्किकता प्रदान करती है और यह प्रदर्शित करती है कि तकनीकी दृष्टि से मनुष्य का स्वायत्त होना या अपने जीवन का स्वयं निर्धारण करना कैसे असम्भव है क्योंकि यह परवशता न तो बुद्धि से असंगत लगती है और न राजनीतिक। बल्कि यह उस तकनीकी यंत्र विधान के सामने सिर झुकाने लगती है, जो जीवन की सुविधाओं और श्रम की उत्पादकता को बढ़ाता है। इस तरह तकनीकी तार्किकता लोगों पर वर्चस्व के औचित्य का विरोध करने के बजाय उसे बल देती है और बुद्धि का यांत्रिक क्षितिज उन्हें एक सर्वशक्तिवादी समाज की ओर ले जाता है।" (वन-डाइमेंशनल मैन)

अब तक मनुष्य इतिहास को जिस अर्थ में समझता रहा है, वह मनुष्य के सुख-दु:ख, उत्थान-पतन और आदमी के अपने उत्कर्ष के लिए नैसर्गिक और सामाजिक परिस्थितियों से लड़ने की कहानी थी। यह सब अब गौण हो गया है क्योंकि आदमी की गरिमा, उसका दु:ख-सुख और उसका जीवन इस व्यवस्था के लिए हाशिये की वस्तु बन गया है। आदमी अन्तरिक्ष यान से चन्द्रमा और ग्रहों पर पहुँचने के प्रयास में लगा है। ऐसे यानों की दुर्घटना और उनमें मरनेवाले लोग चर्चा और यादगारों के केन्द्र में हैं क्योंकि एक आर्मी में ये तकनीक की विकास-यात्रा के शहीद हैं। एक तरफ राजमार्गों की रेशमी सतहों पर रंग-बिरंगी चमचमाती मोटरगाड़ियाँ और आसमान में तरह-तरह के वायुयान एक तिलस्मी दुनिया की तसवीर उपस्थित करते हैं। दूसरी ओर कर्ज के बोझ से आत्महत्या करते किसान, भूख और कुपोषण से मरनेवाले करोड़ों लोग, महीने के कुछ दिन अन्न के अभाव में भूखे सो जानेवाले

दूसरे कुछ करोड़ लोग व्यवस्था चलानेवाले लोगों के लिए उनकी विकास-यात्रा में आनेवाले व्यवधान भर हैं, जिन्हें कुछ दान-दक्षिणा या राहत देकर टाल दिया जाता है। बड़े अखबारों के मुखपृष्ठों पर चमचमाते फिल्मी और क्रिकेट सितारों तथा पर्यटन केन्द्रों के रंगीन और रमणीय दृश्यों के बीच ऐसी खबरें दु:खदायी अन्तराल की तरह कभी-कभी हमें परेशान भर कर जाती हैं। ये मात्र दु:स्वप्न हैं, इस तकनीकी संसार के मूल प्रसंग नहीं। मार्क्स को हीगेल से विरासत में मिली द्वन्द्वात्मक इतिहास-दृष्टि में इतिहास की अबाध यात्रा के क्रम में नष्ट हो जानेवाले व्यक्तियों और समूहों के लिए आँसू बहाना निष्प्रयोजन है क्योंकि ये विकास के अटलनीय चरण हैं।

इस दृष्टि को काफी बल मिला, मार्क्स के समकालीन जीव विज्ञानिक डार्विन के विकासवाद से। डार्विन के सिद्धान्त के अनुसार, जीवों का विकास एक प्राकृतिक चयन-प्रक्रिया (नेचुरल सेलेक्शन) के तहत होता है। इस प्रक्रिया में जिन जीवों में कुछ जीवनोपयोगी नये गुण विकसित हो जाते हैं, वे विकास की दौड़ में आगे निकल जाते हैं और इन गुणों से वंचित जीव जीवन के संघर्ष में विनष्ट हो जाते हैं। इस विचार की एक विकृत समझदारी डार्विन के मत को प्रसारित करनेवाले वैज्ञानिक थॉमस हक्सले में मिली। उन्होंने प्राकृतिक चयन के बजाय उसके विचार को सक्षमतम के जीवित बचने (सर्वाइवल ऑफ द फिटेस्ट) के सिद्धान्त के रूप में पेश किया। इसी विचार को अर्थशास्त्रियों में लोकप्रिय हो रही उन्मुक्त व्यापारिक प्रतिस्पर्धा (लेसे फेअर) के सिद्धान्त के समर्थन में पेश किया गया। इस विचार के अनुसार, जिस तरह जीव-जगत में मात्र सक्षमतम को जीवित रहने का अधिकार है, अर्थ-जगत में सबसे सक्षम तकनीक और इस आधार पर आगे निकलनेवाले औद्योगिक उद्यमियों को अस्तित्व में रहने का अधिकार है; पिछड़ी तकनीक और पिछड़ते उद्यम और उद्यमियों का लोप प्राकृतिक नियम द्वारा निर्धारित एक अटल नियम है।

मनुष्य दूसरे जीवों की तरह अपने जैविक अतीत और इसके विकास की अनिवार्य प्रक्रिया से बँधा हुआ है, यह विचार भी बीसवीं शताब्दी के अन्तिम चरण में प्रतिपादित होने लगा। एड्वर्ड ओ' विल्सन ने 1972 ई. में अपनी पुस्तक 'सोशियो-बॉयोलॉजी' और बाद में 1988 ई. में अपनी पुस्तक 'ऑन ह्यूमन नेचर' में यह विचार प्रतिपादित किया कि कुल मिलाकर मनुष्य का सारा व्यवहार उसकी आनुवंशिकी से निर्धारित होता है और संस्कृति भी इसी से निर्धारित होती है। इस प्रतिपादन ने आर्थिक और सामाजिक क्षेत्र में विकसित हो रही तकनीकी और आर्थिक नियतिवाद को एक नया वैज्ञानिक तर्क दिया। पुस्तक के उपसंहार के रूप में उन्होंने जो विचार दिए हैं, वे वर्तमान औद्योगिक उपभोक्तवादी समाज में वैज्ञानिकों के एक हिस्से की मानसिकता को काफी कुछ उजागर करते हैं। वह लिखते हैं :

"जैसे-जैसे समाजशास्त्र भविष्यवाणी करने योग्य अनुशासन में तब्दील होता जाएगा, वैसे-वैसे मनुष्य के सम्भावित गन्तव्य का दायरा अधिक संकीर्ण होता

जाएगा, लेकिन हमारे वंशज इस पर ज्यादा दूर तक देख पाएँगे। समय के साथ सामाजिक व्यवहार के आनुवंशिक आधार को समझने की क्षमता संचित होती जाएगी और गुण-सूत्रों (जींस) के सम्बन्धों को आणविक तकनीक से बदलने की क्षमता और क्लोनिंग के जरिए प्राकृतिक चयन-प्रक्रिया को त्वरण प्रदान किया जा सकेगा। कम-से-कम युजेनिक्स (नस्लीय गुण बदलने की तकनीक) की पारम्परिक विधि से धीरे-धीरे विकास में परिवर्तन की प्रक्रिया तो चलाई ही जा सकती है, मानव प्रजाति स्वयं अपना स्वभाव बदल सकती है।"

तकनीकी नियतिवाद की यह आत्यंतिक अभिव्यक्ति है। इस दृष्टि को अपनाने से वर्तमान औद्योगिक सभ्यता को मानव से जो भी अवरोध होता है, उसे मिटाया जा सकता है। आल्डुअस हक्सले ने बीसवीं शताब्दी के प्रथम चरण में इसी दृष्टि पर व्यंग्य के रूप में अपनी पुस्तक 'द ब्रेव न्यू वर्ल्ड' लिखी थी, जिसमें जैविक तकनीक का प्रयोग कर विभिन्न कामों के अनुरूप मानव स्वभाव तैयार कर इसके आधार पर की गई समाज की संरचना का विवरण है। अगर जैविक तकनीक से इस तरह के मानव तैयार किए जा सकें तो औद्योगिक प्रतिष्ठानों के वर्चस्व को जिस तरह की चुनौतियाँ दुनिया के विभिन्न अंचलों में मिल रही हैं, वे स्वत: खत्म हो जाएँगी।

लेकिन तकनीकी नियतिवाद की जो आतंकित करनेवाली तसवीर ऊपर की बातों से उभरती है, उसमें मानव संस्कृति की भूमिका को या तो नजरअन्दाज कर दिया गया है, या जैसा विल्सन का सोचना है, वह चिम्पैंजी की तरह के कुछ व्यवहारों की भाँति अन्तत: आनुवंशिकी से निर्धारित होती है। यह संस्कृति की विलक्षणता को पूरी तरह नजरअन्दाज करना है। दरअसल, जिस तरह डी.एन.ए. में संचित सूचनाएँ जीवों के विकास और व्यवहारों को निर्धारित करती हैं, उसी तरह मानव-समाज में संस्कृति वैसी सूचनाओं का एक अतिरिक्त समुच्चय है, जो मनुष्य के व्यवहारों को दिशा देता है। मानव प्रजाति के विकास में संस्कृति का विकास एक विलक्षण परिघटना है। इस गुण के कारण वह अपने निकटतम चचेरे भाई चिम्पैंजी से भी बिलकुल अलग तरह की प्रजाति बन जाता है।

दरअसल, संस्कृति का विकास मनुष्य की आनुवंशिकी द्वारा ही प्रदत्त एक-दो क्षमताओं का परिणाम है। वह है, भाषा और इससे जुड़ी अवधारणा की क्षमता का विकास। यही आधार है मनुष्य के स्वातंत्र्य का। वस्तुओं की प्रत्यक्षानुभूति मनुष्य की तरह दूसरे जीवों में भी होती है, लेकिन वह अपनी अनुभूति की तात्कालिकता से बँधा होता है। वस्तु दृष्टि से ओझल होते ही उसकी चेतना से लुप्त हो जाती है या वह अपने जड़ रूप में जैसी देखी गई है, वैसी ही बनी रहती है, लेकिन मनुष्य में वस्तुओं की प्रत्यक्षानुभूति वस्तु की अवधारणा में बदल जाती है। यह एक बार में नहीं बल्कि किसी वस्तु के अलग-अलग सथान और काल में देखे गए रूपों से अमूर्तन की प्रक्रिया से बनती है। यह किसी वस्तु का एक बिन्दु से या काल

में देखा गया रूप नहीं होता है बल्कि सभी अनुभूत रूपों को समाहित करता है। अवधारणा की क्षमता भाषा में सबसे स्पष्ट रूप में व्यक्त होती है। जब हम शब्द 'वृक्ष' कहते हैं, तो यह संसार के सभी तरह के वृक्षों को उनकी विभिन्न स्थितियों में समाहित करता है। इस तरह, अनुभव में उपस्थित वस्तुओं के बन्धन से मुक्त हो आदमी कल्पना में नई स्थितियों का निर्माण कर सकता है। अगर वह किसी बन्धन में है, तो बन्धनमुक्त जीवन की कल्पना भी कर सकता है। मनुष्य की तकनीक और निर्माण पर भी उसकी उन्मुक्त कल्पना की छाप होती है। बया भी घोंसला बनाता है और मनुष्य भी अपने लिए घर बनाता है, लेकिन जहाँ घोंसला निर्माण की पूरी प्रक्रिया बया की आनुवंशिकी यानी इंस्टिंक्ट द्वारा निर्धारित होती है, वहाँ मनुष्य अपनी जरूरत के हिसाब से पहले अपनी कल्पना में और फिर कागज पर ब्लूप्रिंट बनाता है ओर अलग-अलग तरह से गृह-निर्माण करता है। आदमी अगर संसार के विभिन्न तरह की और कहीं-कहीं अति कठोर जैसे ध्रुव प्रदेशों की स्थितियों में जीवन के अनुकूल स्थितियाँ बनाकर जिन्दा रह सका है, तो अपनी कल्पनाशीलता के बल पर ही, भाषा तथा अन्य तरह के कौशलों को वह सांस्कृतिक परम्पराओं के माध्यम से नई पीढ़ियों को ठीक वैसे ही हस्तान्तरित करता रहा है, जैसे गुण-सूत्र जैविक स्तर पर हजारों पीढ़ियों तक जीवों के गुणों को हस्तान्तरित करते रहते हैं।

इस स्थिति को हम थोड़ा-बहुत कम्प्यूटरों से तुलना कर समझ सकते हैं—हमारी आनुवंशिकी कम्प्यूटर हार्डवेयर की तरह है, जिसमें जीवन की अनेक स्थितियों की समस्याओं के समाधान की क्षमता करोड़ों वर्ष के अनुभवों के आधार पर संचित है, लेकिन जीवन में अनेक स्थितियाँ आती हैं, जिनके समाधान के लिए उपयुक्त दिशा-निर्देश इसमें शामिल नहीं हैं क्योंकि पूर्व में ऐसे अनुभव प्रजाति के जीवन में नहीं आए थे। इस बिन्दु पर संस्कृति का विकास उसी रूप में हुआ, जिस रूप में नई समस्याओं के समाधान के लिए कम्प्यूटर हार्डवेयर में सॉफ्टवेयर को जोड़ दिया जाता है। संस्कृति जीवन की क्षमताओं का वैसा ही विस्तार है, जैसा सॉफ्टवेयर कम्प्यूटर की क्षमताओं का विस्तार, लेकिन आनुवंशिकी में वैसी लोच नहीं कि वह जीवन की हर नई स्थिति के अनुसार अपने को ढाल ले। इसलिए कभी-कभी सांस्कृतिक मूल्यों और आनुवंशिकी से प्राप्त रुझानों में संघर्ष भी होता रहता है। मोटा-मोटी मनुष्य की संस्कृति उसे यह क्षमता प्रदान करती है कि वह आनुवंशिकी के वैसे रुझानों को निरस्त करे, जो उन्मुक्त जीवन की सम्भावनाओं को बाधित करते हैं। इसके विपरीत, सांस्कृतिक परम्पराएँ भी अपने ढंग की रूढ़िवादिता पैदा करती हैं।

मनुष्य की उन्मुक्त चिन्तन की क्षमता विवाद और संवाद के जरिए रूढ़ हो गई परम्पराओं और नई सम्भावनाओं के बीच लोकतांत्रिक जीवन की सम्भावनाएँ पैदा करती है। इसी में नियतिवाद का निषेध भी है। जैसाकि हम देख चुके हैं, किसी भी तरह का नियतिवाद यांत्रिक तर्क-प्रणाली से परिचालित होता है, जिसमें पूर्ववर्ती

स्थितियाँ परवर्ती स्थितियों की जनक होती हैं। इसलिए तकनीकी नियतिवाद समाज को ढलान पर लुढ़कते हुए चट्टान की तरह परिचालित करता है, जिसमें गिरने की गति उत्तरोत्तर तेज होती जाती है। इसीलिए इसमें उत्पादन और उपभोग अनियंत्रित हो तब तक बढ़ता जाएगा, जब तक प्राकृतिक सीमाओं और पर्यावरण के क्षय से मानव-समाज का अन्त न हो जाए। इसके विपरीत, मनुष्य अपनी संस्कृति से मिली अवधारणा और कल्पना की शक्ति से वैकल्पिक गन्तव्यों का निर्माण कर सकता है। इसमें किसी तरह की नियतिवाद को कबूल करने के बजाय आदमी इसकी तर्क-प्रणाली को पलट सकता है। पूर्ववर्ती स्थितियों से परिचालित होने के बजाय वह अपनी कल्पना से जीवन के नये लक्ष्य निर्धारित कर इनके आकर्षण की शक्ति से परिचालित होता है। ऐसे लक्ष्य के हिसाब से वह जीवन को नियोजित कर सकता है और बार-बार जीवन के अनुभवों और संसाधनों की उपलब्धि के आधार पर इसमें उपयुक्त परिवर्तन करता चल सकता है। इसमें अनेक लोगों के अनुभव उन्मुक्त संवाद से अपना योगदान कर सकेंगे।

सभी तरह का नियतिवाद आदमी की स्वतंत्रता को सीमित करता है क्योंकि अगर सब कुछ पूर्व-निर्धारित है तो स्वनिर्णय की गुंजाइश कहाँ है? अतीत में नियतिवाद के पीछे धार्मिक विश्वास पर जाति, नस्ल, राष्ट्र की श्रेष्ठता की परम्पराएँ काम करती रही हैं, लेकिन विज्ञान, तथ्य और तर्क से इनके प्रभावों का छीजन होता चला गया। तकनीकी नियतिवाद, इसके विपरीत, वैज्ञानिकता का दावा कर कालातीत होने का वहम पैदा करता है। यह स्वतंत्र चिन्तन को नष्ट कर मनुष्य को एकायामी बना रहा है और मानव-जीवन के विनाश की ओर ले जा रहा है। इसके बावजूद मनुष्य की कल्पनाशीलता उसे यह शक्ति देती है कि वह एक वैकल्पिक दुनिया का सपना देखे और उसे साकार करे। इसलिए यह मानने का कोई कारण नहीं कि तकनीकी नियतिवाद से पैदा जड़ता और जीवन का अन्त हमारी एकमात्र नियति बन गई है।

सन्दर्भ और टिप्पणियाँ

1. पूँजी की वैचारिक पृष्ठभूमि

1. David Drew, Lost Chronicles of Maya Kings, University of California Press, Berkeley, Los Angeles, 1999, p. 22.
2. पृ. 25 लेखक द्वारा अनुवाद
3. पूँजी खंड I, कार्ल मार्क्स, प्रगति प्रकाशन, मॉस्को, तीसरा संशोधित संस्करण 1987, पृ. संख्या 749
4. वही, पृ. 751-2
5. वही, पृ. 754
6. वही, पृ. 757
7. वही,
8. वही, पृ. 790
9. वही
10. वही, पृ. 793

2. मूल्य का श्रम-सिद्धान्त

1. प्रोटेस्टेंट धर्म और विशेषकर इसके एक सम्प्रदाय काल्विन के अनुयायियों का यह विश्वास, जिसका जिक्र पहले हुआ है कि इस जीवन में उद्यमों की सफलता ईश्वर के अनुग्रह के प्रमाण है।
2. 'पूँजी', प्रथम खंड, पृ. 398 : मार्क्स का यह कथन उन मार्क्सवादियों के लिए ध्यान देने योग्य है, जो प्राय: पिछड़ापन को हल-बैल के युग में जाना कहते हैं। अगर गधे से औद्योगिक क्रान्ति की शुरुआत हो सकती है तो बैल से नई क्रान्ति की शुरुआत क्यों नहीं?
3. वही, पृ. 399
4. पूँजी, खंड I, पृ. 202
5. वही, पृ. 288
6. पूँजी, खंड-3, पृ. 52
7. Michel Chossudovsky, The Clobalisation of Poverty, New Delhi, pp. 87-88.
8. वही, पृ. 88

3. विस्तारित पूँजी-संचय का संकट

1. रोजा लक्जमबर्ग, एक्युमुलेशन ऑफ कैपिटल, अंग्रेजी अनुवाद, रूटलेज एंड केगन पाल लि., लन्दन, 1951, पृ. 284 से अनुवाद।
2. वही, रोजा लक्जमबर्ग द्वारा उद्धृत, पृ. 285
3. वही, पृ. 287
4. पूँजी, खंड 2, अध्याय 17, पृ. 297
5. रोजा लक्जमबर्ग द्वारा बैरोनावस्की की स्टडीज इन थ्योरी ऑफ हिस्ट्री से एक्युमुलेशन ऑफ कैपिटल से उद्धृत, पृ. 311
6. वही, पृ. 312-13
7. वही, पृ. 216
8. वही, पृ. 392
9. वही, पृ. 446
10. पृ. 447
11 वही
12. वही
13. वही
14. वही, पृ. 448
15. वही
16. वही
17. वही
18. रोजा लक्जमबर्ग, एक्युमुलेशन ऑफ कैपिटल, पृ. 118
19. रोजा लक्जमबर्ग, एक्युमुलेशन ऑफ कैपिटल, केगन पाल लि., लन्दन, 1951, पृ. 352-53
20. वही, पृ. 357
21. वही
22. वही, पृ. 358
23. वही, पृ. 362
24. यहाँ रोजा लक्जमबर्ग 'कम्युनिस्ट ग्रामीण समुदाय' पद का इस्तेमाल करती हैं, जो भारतीय समाज के गठन के सम्बन्ध में अधूरी जानकारी का परिणाम था। यह गलतफहमी इस बात से पैदा होती है क्योंकि भारत में भूमि उस अर्थ में निजी सम्पत्ति नहीं थी, जिस अर्थ में यह पूँजीवादी यूरोप में थी या सामन्ती व्यवस्था में भी सामन्त की मर्जी पर भू-दासों (सर्फों) में वितरित की जा सकती थी। यहाँ वर्ण-व्यवस्था और कामों के आधार पर जातीय विभाजन एक सम्पूर्ण आर्थिक-सामाजिक व्यवस्था थी। इसमें भूमि पर नाम लिहाजी अधिकार तो ऊपर के वर्णों के हाथ में था, जो इस पर खेती करने के लिए जवाबदेह था लेकिन इसकी उपज पर उसका उस अर्थ में एकाधिकार नहीं था, जिस अर्थ में पूँजीवादी व्यवस्था में जमीन के मालिकों का, पारम्परिक 'यजमानी व्यवस्था' के तहत जमीन की उपज में गाँव के लिए आवश्यक सेवा उपलब्ध करानेवाली जातियों का भी निश्चित हिस्सा होता था, जो वे फसल तैयार होने पर ले लेते थे। अपनी सेवाओं की एवज में पुरोहित, लोहार, बढ़ई, तेली, तमोली, नाई, कुम्हार आदि अधिकारपूर्वक पैदावार का परम्परा द्वारा निर्धारित हिस्सा लेते थे।
25. रोजा लक्जमबर्ग, वही, पृ. 371-72

4. पूँजी-संचय और आन्तरिक उपनिवेश

1. Basil Davidson, Which Way Africa?, Penguin Books, 2964, p. 36.
2. वही, पृ. 39
3. वही
4. वही, पृ. 84
5. वही, पृ. 85

5. सम्पन्नता और विपन्नता का वैश्विक ध्रुवीकरण

1. पूँजी, खंड 3, पृ. 228
2. Human Development Report 2005, p. 36.
3. वही, पृ. 118
4. वही
5. वही
6. Human Development Report 2005, p. 129.
7. वही
8. वही
9. वही, पृ. 130, 131
10. वही, पृ. 139
11. UNDP Report 2005, p. 132.
12. UNDP Report 2005, p. 132.
13. Delhi Human Development Report 2006, p. 51.
14. Delhi Human Development Report 2006, p. 3.
15. वही, पृ. 4
16. हंटिगटन, क्लैश ऑफ सिविलाइजेशंस।

सच्चिदानन्द सिन्हा रचनावली

खंड-7

उदारीकरण, भूमंडलीकरण और भविष्य

सच्चिदानन्द सिन्हा रचनावली

खंड-7

उदारीकरण, भूमंडलीकरण और भविष्य

सम्पादक

अरविन्द मोहन

राजकमल प्रकाशन

ISBN : 978-93-90971-52-7

मूल्य : ₹4000
(8 खंडों का सम्पूर्ण सेट)

पहला संस्करण : 2021

प्रकाशक : राजकमल प्रकाशन प्रा. लि.
1-बी, नेताजी सुभाष मार्ग, दरियागंज
नई दिल्ली-110 002
शाखाएँ : अशोक राजपथ, साइंस कॉलेज के सामने, पटना-800 006
पहली मंजिल, दरबारी बिल्डिंग, महात्मा गांधी मार्ग, प्रयागराज-211 001
36 ए, शेक्सपियर सरणी, कोलकाता-700 017
वेबसाइट : www.rajkamalprakashan.com
ई-मेल : info@rajkamalprakashan.com

मुद्रक : बी.के. ऑफसेट
नवीन शाहदरा, दिल्ली-110 032

SACHCHIDANAND SINHA RACHANAWALI : Vol. 7
Edited by Arvind Mohan

सम्पादक की ओर से

भूमंडलीकरण की मुहिम को विश्व व्यापार संगठन के गठन तक ले आने में सिर्फ सोवियत संघ के पतन और चीन के बदलने को जिम्मेवार मानना बहुत हल्की बात होगी। और इसे सिर्फ तात्कालिक 'अमेरिकी षड्यंत्र' मान लेना तो और भी बचकानापन होगा। इस मुहिम की तैयारी अमेरिका और उसके नीतिकार द्वितीय विश्वयुद्ध के बाद से ही कर रहे थे। और इसके सूत्रधार ब्रेटनवुड में स्थित वे कथित अंतरराष्ट्रीय वित्तीय संस्थान रहे हैं जिन्होंने दुनिया भर में मुल्कों को 'संकट से निकालने' के लिए कर्ज देने और 'विकसित होने' के लिए पूँजी उपलब्ध कराने का बहुत ही व्यवस्थित खेल खेला। फिर किस तरह एक फोरम के तौर पर अचानक 'गैट' का चुनाव हुआ, डंकेल प्रस्ताव आए और आधी दुनिया इन्हें समझे इससे पहले ही विश्व व्यापार संगठन बनाने का अभियान लगभग पूरा कर लिया गया। यह अलग बात है कि ठीक उस समय भी बात खुलते जाने से दुनिया भर में इन प्रस्तावों की अनेक धाराओं पर विरोध शुरू हुआ और संगठन बनने के बावजूद कई चीजें अधर में लटकी हुई हैं। इसी में अमेरिकी अर्थव्यवस्था सब-प्राइम कर्ज के घोटाले से इस तरह पस्त हुई कि उसके पास बाकी बातों का ध्यान रखने का होश न था। और जिन नीतियों को चलाने की वकालत की जा रही थी, उन्हीं के सहारे चीन ने उसकी नाक में दम किया हुआ है। खैर।

पर जैसा पहले कहा गया है यह सब सिर्फ सोवियत संघ के पतन या अमेरिकी षड्यंत्र भर से एक दिन में नहीं हुआ। इसके पहले बाजाब्ता विचारों और इतिहास के अंत की घोषणाएँ की गईं। हमारे यहाँ समेत सारी दुनिया से समाजवाद की ही नहीं पब्लिक सेक्टर की विदाई (उसे कंडम घोषित करके) की तैयारी की गई, आर्थिक और सामाजिक कार्यव्यापार से सरकार की विदाई की बौद्धिक तैयारी की गई। और अपने यहाँ भी पक्ष-विपक्ष सबमें एक किस्म की सहमति रही—आर्थिक नीतियों को लेकर। वीपी सिंह तब वित्त मंत्री थे जब गैट के उरुग्वे दौर की बातचीत शुरू हुई और उन्होंने वहाँ से लौटकर जिस 'न्यू फिस्कल पॉलिसी' (राजकोषीय नीति) की घोषणा की उसका काफी अंश सीधे-सीधे और शब्दश: विश्वबैंक के सुझाव से लिया गया था। फिर चाहे कमलनाथ वाणिज्य मंत्री हुए या मुरासोली मारन या फिर

अरुण जेटली सबने तलवारबाजी कुछ और तरह की और नीतिगत फैसले और तरह के। और अब तो मनमोहन सिंह और नरेन्द्र मोदी में बाजाब्ता होड़ शुरू हुई है कि उन्होंने भूमंडलीकरण-उदारीकरण में सबसे ज्यादा योगदान किया है। शुरू में वाम दलों और उससे जुड़े स्वयंसेवी संगठनों ने वैचारिक विरोध की अगुआई की लेकिन उनकी सरकार द्वारा किसी बहुराष्ट्रीय कम्पनी के लिए सिंगूर और नन्दीग्राम जैसे कांड कराने के बाद उन लोगों ने भी चुप्पी साध ली। संघ के लोगों ने देखादेखी स्वदेशी का शोर मचाना शुरू किया पर एक दिन में ही अटल बिहारी वाजपेयी ने पूरे स्वदेशी जागरण मंच का सारा सरंजाम सड़क पर फेंकवा दिया। मुलायम सिंह और एक हद तक लालू यादव भूमंडलीकरण और डंकेल के खिलाफ बोलते रहे लेकिन किया वही जो सब कर रहे थे। और तसागा, बीजू जनता दल, द्रमुक, अन्नाद्रमुक, अकाली, नेशनल कॉन्फ्रेंस और इस तरह की क्षेत्रीय पार्टियों को अपना पक्ष साफ करने की जरूरत भी महसूस नहीं हुई।

इस वैचारिक और राजनैतिक शून्यता की स्थिति में इन नीतियों और इस वैश्विक घेराबन्दी का विरोध समाजवादी जन परिषद, एनएपीएम और वाहिनी जैसे छोटे जमातों ने किया और इन्हें वैचारिक खुराक सच्चिदानन्द सिन्हा, किशन पटनायक, मेधा पाटेकर, सुनील जैसे लोगों ने उपलब्ध कराई। नर्मदा बाँध, एनरान, कोजेंट्रिक्स, नियामगिरी, गन्धमार्दन, प्लाचीमाडा जैसे जो भी आन्दोलन हुए वे इन्हीं छोटे संगठनों और जन आन्दोलनों ने किए। सिंगूर-नन्दीग्राम का मसला भी पहले छोटे जनसंगठनों ने उठाया। और चाहे छोटे परचे लिखने हों, अपनी सामयिक वार्ता जैसी छोटी पत्रिकाओं में लिखना हो, अखबारों में लिखने हों इन्हीं सबने हल्दी, नीम, बासमती जैसी चीजों के पेटेंट का मसला उठाया, खदान और नदियों तक को बेचने का सवाल उठाया, पानी और प्राकृतिक चीजों के सामुदायिक अधिकार का सवाल उठाया और सरकारों को भी अपना फैसला बदलने या कहीं सीधी लाइन लेने पर मजबूर किया। कमलनाथ और अरुण जेटली जैसे लोग अगर डब्लूटीओ की बैठकों में कुछ पोजिशन लेने लगे तो इन आन्दोलनों का दबाव भी बड़ा कारण था। इसकी वैचारिकी तैयार करने में जिन लोगों ने सबसे बड़ी भूमिका निभाई उनमें समाजवादी विचारक सच्चिदानन्द सिन्हा अग्रणी रहे हैं। और हैरान करनेवाली बात यह है कि इस मुहिम की शुरुआत में ही वे दिल्ली छोड़कर अपने गाँव चले गए और लगातार वहीं से लेखन और दूसरे किस्म की सक्रियता जारी रखे हुए थे। वे कहाँ से सूचनाएँ पाते थे और कहाँ से आलोचना का ईंधन जुटाते थे, यह हैरान करनेवाली चीज है।

जब डंकेल प्रस्ताव का सब कुछ उजागर होने लगा और उसके पीछे की सारी सोच और डरावनी मंशा दिखने लगी तब तो अमेरिका के अन्दर से कम यूरोप और सारी दुनिया से विरोध शुरू हुआ। और हालत यह हो गई कि सिएटल और

दोहा में बाहरी विरोध और समांतर वर्ल्ड सोशल फोरम बनाने तक का अभियान चला। जोजेफ स्टिग्लिट्ज जैसे अर्थशास्त्री अन्तरराष्ट्रीय मुद्रा कोष के सलाहकार की नौकरी छोड़कर विरोध में आए। विरोध में काफी लोग लिखने-बोलने लगे। पर असली दिक्कत आलोचना की नहीं विकल्प सुझाने की रही। और सच्चिदा जी उन अपवादों में रहे जिनके पास बहुत साफ विकल्प का मॉडल दिखा, भले उस पर दुनिया और हमारे यहाँ के शासक जमात के लोग चलने को तैयार हों न हों। अखबार भी मुश्किल से मिलनेवाले गाँव में नेट, मोबाइल और पुस्तकालयों से दूर बैठे इस लेखक की प्रतिभा का असली स्रोत वह ज्ञान रहा जो विश्वयुद्ध के बाद से ही अमेरिकी नीतियों (और सोवियत नीतियों) पर बारीकी से गौर करने से मिला था। इसलिए उनको डंकेल प्रस्ताव और उरुग्वे दौर से ही चीजें साफ समझने में दिक्कत नहीं रही। और एक हद तक अमेरिकी बाजारवाद का विरोधी रहने और सोवियत या पूरी कम्युनिस्ट नीतियों की बारीक समीक्षा के चलते उनको पश्चिमी मॉडल के विकास को लेकर कोई भ्रम न था। वे लेनिन और रोजा लक्जमबर्ग को मानने के चलते साम्राज्यवादी विस्तार और उसके बदलते स्वरूप को भी पहचानते थे। और गांधी, लोहिया, जेपी की शिक्षा से विकसित अपने देसी किस्म के समाजवाद और शासन ही नहीं उत्पादन के मॉडल की चर्चा भी वे करते रहे हैं। सो जब वर्ल्ड सोशल फोरम वगैरह के बाकी लोग भटकते-भटकते सस्टेनेबिलिटी, डायवर्सिटी और डिसेंट्रलाइजेशन की बात करने लगे तब तक सच्चिदा बाबू छोटे बाँध, छोटी कम्पनियों पर ग्राम समाज और बड़ी कम्पनियों पर कई गाँव या शहर के नियंत्रण समेत ऐसे कई व्यावहारिक सुझावों से लैस अपना विकल्प बार-बार सुझाने लगे।

पर वे जिस जगह रहे और बड़ी उम्र होने पर भी (अब वे 93 साल पूरे कर रहे हैं) इस दौर के आन्दोलनों में जिस किस्म से कई स्तर की भागीदारी करते रहे उसमें उनसे इस विषय में किताब की उम्मीद करना कुछ ज्यादती करना ही होता। लेकिन उनके कुल लेखन में इस दौर की लिखाई-पढ़ाई और उससे भी बढ़कर आन्दोलन को दी गई बौद्धिक खुराक का आकार-प्रकार ऐसा है कि एक क्या कई किताबों की सामग्री जमा हो सकती थी। इसीलिए रचनावली के इस खंड के इस दौर में उनकी लिखी सामग्री ही रखी गई है। समय और जगह का हिसाब न रखते हुए विषयवार समूह या उप-खंड बनाने की कोशिश जरूर की गई है लेकिन कहना न होगा कि अलग अवसर, अलग माध्यम और अलग मूड में लिखी गई चीजों में वह मेल तो नहीं ही दिखेगा जो एक सोची-समझी लिखी किताब में दिखता है। पर कई चीजें इस संयोजन को भी महत्त्वपूर्ण और दिलचस्प बनाती हैं। भूमंडलीकरण के इतिहास और पृष्ठभूमि से जुड़े कई लेख अगर आगे के लिए बहुत साफ आधार देते हैं तो सच्चिदा जी ने ऊर्जा, मशीन सूचना तकनीक, उपभोक्तावाद और पर्यावरण के सवाल को भी बहुत प्राथमिकता दी है। यह चीज गांधी, लोहिया, जेपी की धारा को आगे ले

जाती है और उसी सोच का आज का स्वरूप बताती है। सबसे महत्त्वपूर्ण सवाल अरबों उन लोगों की चिन्ता का है जो खेती-किसानी और पशुपालन पर जीवन बसर कर रहे थे और हजारों साल से पृथ्वी और पर्यावरण के अनुकूल जीवन विकसित करके हमें यहाँ तक ले आए हैं। आज वैश्वीकरण और इसके अगुआ लोग इसी जमात से मुँह मोड़ रहे हैं और इन्हें भुखमरी, महामारी और प्राकृतिक आपदाओं का शिकार होने के लिए छोड़ रहे हैं। आज कोई सबको भोजन, कपड़ा, मकान और स्वास्थ्य सुविधाएँ देने की बात नहीं करता।

और हम जिस विकल्प के लिए सच्चिदा जी के लेखन को महत्त्वपूर्ण मानते हैं, उससे जुड़ा लेखन भी महत्त्वपूर्ण है। और इस दौरान के उनके लेखन की सघन 'तलाशी' में पाँच-छह ऐसी बड़ी रचनाओं की उनकी समीक्षाएँ दिख गईं जो उनको ही नहीं दुनिया के लिए विकल्प ढूँढ़ने का आधार उपलब्ध कराती हैं। इनमें गांधी के 'हिन्द स्वराज' और क्रोपाटकिन के 'म्युचुअल ऐड' से लेकर आरवेल, डार्विन और स्टिग्लिट्ज तक की किताबों पर विस्तृत चर्चा है। फिर एकाधिक व्याख्यानों में बोलकर भी उन्होंने पूरे विकल्प का खाका पेश किया है। किसी भी एक किताब में इतनी सामग्री कहाँ मिलती है। हाँ एक निरन्तरता और मेल की कमी कोई पा सकता है। पर इसी उम्मीद से यह खंड तैयार किया गया है कि यह लेखक की रचनाओं के सबसे महत्त्वपूर्ण दौर का सबसे महत्त्व का भाग है। यह भले एक किताब की शक्ल में न आया हो लेकिन विचार, लेखन, भाषण और आन्दोलनात्मक सक्रियता मिलकर इसे किसी भी किताब लिखने से ज्यादा बड़ी चीज बना देते हैं।

—अरविन्द मोहन

30 जुलाई, 2021
दिल्ली

क्रम

भूमंडलीकरण और उसका बोझ

भूमिका

विज्ञापन के इस युग में शब्द प्राय: अर्थों को विस्थापित करने का काम करते हैं। आज सर्वाधिक चर्चित शब्द 'भूमंडलीकरण' यह भूमिका सफलतापूर्वक निभा रहा है। इस शब्द से यह भ्रम पैदा होता है कि यह ऐसी व्यवस्था है जिसमें अपने छोटे स्वार्थों से ऊपर उठ लोग सारे संसार के मंगल के लिए जुड़ जाएँगे, लेकिन भूमंडलीकरण के निहितार्थ इसके ठीक उलटा है। इससे निकलनेवाली 'सब जन हिताय सब जन सुखाय' की ध्वनि के विपरीत यह व्यवस्था सारे संसार को कुछ सशक्त पूँजीवादी प्रतिष्ठानों यानी बहुराष्ट्रीय कम्पनियों और उनके संकेन्द्रण के सबसे सबल केन्द्र अमेरिका के हितों की रक्षा का माध्यम बनी हुई है। संसार को एक करने की इसकी दृष्टि पूरी तरह एक आयामी है। यह सिर्फ व्यापार के लिए दुनिया को एक करना चाहती है—बाकी सारी बातें आनुषंगिक हैं। पूँजीवाद की मृत्यु कामना करते हुए कार्ल मार्क्स ने 1848 ईस्वी में ही कम्युनिस्ट घोषणापत्र में इसके गुणों का बखान यों किया था : "अपने उत्पादों के बाजार की तलाश बुर्जुआ को पूरे भूमंडल में दौड़ाती है। इसे अपना नीड़ सर्वत्र बनाना है, इसे हर जगह बसना है, इसे अपना सम्बन्ध सर्वत्र फैलाना है।" डेढ़ सौ साल के युगान्तरकारी उतार-चढ़ाव के बावजूद इसका यह मूल चरित्र यथावत है। आज जब स्वतंत्र व्यापार की बात होती है तो उसका एकमात्र अर्थ होता है सबसे सशक्त व्यापारिक प्रतिष्ठानों के लिए उन सारे क्षेत्रों को खोल देना जो अब तक इनकी पहुँच के बाहर रहे हैं। पूँजीवाद के विकास के काल में स्वतंत्र व्यापार का सिद्धान्त छोटे दायरों के लिए सीमित था—पश्चिम के नवोदित पूँजीवादी देशों के भीतर या उन्हीं देशों के बीच यह एक ऐतिहासिक प्रक्रिया के तहत ही वैश्विक बना है। इसके विकास के इतिहास पर नजर डालने से हम इसकी शक्ति के स्रोत को समझ पाएँगे और इस भ्रम से भी मुक्त हो जाएँगे कि 'उदारीकरण' शब्द के पीछे कोई उदार मन्तव्य है।

स्वतंत्र व्यापार के सिद्धान्त का प्रतिपादन अठारहवीं शताब्दी से होने लगा जब औद्योगिक क्रान्ति से ब्रिटेन और बाद में यूरोप के कुछ दूसरे देशों में नए तरह के उद्योगों पर आधारित पूँजीवाद का उदय हुआ। उस समय यूरोप के अधिकांश देशों में सामन्ती व्यवस्था कायम थी जिसके तहत व्यापारियों को तरह-तरह के आन्तरिक और बाहरी चुंगी और दूसरी बाधाओं का सामना करना पड़ता था। औद्योगिक क्रान्ति

से जब उत्पादन की मात्रा का तेजी से विस्तार हुआ तो अपने देश की सीमा से बाहर जा बड़े पैमाने पर व्यापार फैलाने की जरूरत महसूस की जाने लगी। इसके लिए व्यापार के सामने उपस्थित बाधाओं के विरुद्ध ही स्वतंत्र व्यापार (लेसे फेयर) का आर्थिक सिद्धान्त अर्थशास्त्रियों द्वारा प्रतिपादित होने लगा। उदारीकरण के नाम से आज इसी सिद्धान्त का गुणगान किया जा रहा है। एडम स्मिथ, जो इस सिद्धान्त का आदि प्रणेता था, स्वयं ब्रिटेन का निवासी था और चूँकि ब्रिटेन औद्योगिक क्षेत्र में अग्रणी था इसके लिए यह सिद्धान्त लाभकारी था।

इस सिद्धान्त के पक्ष में यह तर्क उपस्थित किया गया कि हर क्षेत्र को विशेष तरह के उत्पादन के लिए कुछ स्वाभाविक सुविधाएँ (नैचुरल एडवांटेज) होती हैं और खुले व्यापार और विनियम से सभी क्षेत्रों को अपने विशेष तरह के उत्पादन को विकसित करने का मौका मिलता है, लेकिन दूसरे देशों को यह साफ दिखाई देता था कि उस समय स्वाभाविक सुविधा सिर्फ ब्रिटेन को ही थी क्योंकि नए तरह के उद्योग-धन्धों के विकास में वह आगे निकल चुका था।[1] इसलिए उस समय तक इस दौड़ में पिछड़े जर्मनी जैसे देश 'उदारीकरण' के तर्क से कायल नहीं थे और उन्होंने अपने उद्योगों के विकास के लिए संरक्षण की नीति अपनाई। अमेरिका तो लगातार संरक्षण की नीति को लेकर चलता रहा। उसकी इस नीति में 1929 की विश्वव्यापी आर्थिक मन्दी के काल के बाद बदलाव आया, पर वह भी पूरी तरह नहीं।

लेकिन आज 'उदारीकरण' का अगुआ होने के बावजूद अमेरिका सदा अपने उद्योगों के हित में उन्मुक्त व्यापार की नीति का परित्याग करता रहा है। आज तक कोटा की व्यवस्था और 'मोस्ट फेवर्ड नेशन' के दर्जे में रखकर खास-खास देशों से विशेष व्यापारिक सम्बन्ध कायम रखने की इसकी नीति चालू है। जहाँ एक तरफ यह संसार में व्यापार की दृष्टि से 'समतल खेल के मैदान' की वकालत करता है वहीं अपने देश में कृषि उत्पादकों को विशाल पैमाने पर अनुदान (सब्सिडी) देता रहा है। मार्च 2002 में इसने इस्पात आयात पर 30 प्रतिशत चुंगी लगा समान प्रतियोगिता के सिद्धान्त की धज्जियाँ उड़ा दीं।[2] इससे यूरोप और जापान के साथ इसका गहरा मतभेद हो गया। यूरोपीय संघ ने अमेरिकी वस्तुओं पर इसी तरह की चुंगी लगाने की योजना बनाई। इससे पुराने तरह का व्यापारिक युद्ध फिर सामने आ गया जिसे समाप्त करना विश्व व्यापार संगठन का उद्देश्य बतलाया जाता रहा है।[3]

दरअसल उन्मुक्त व्यापार का सिद्धान्त सदा एक मिथक रहा है और अपने व्यापारिक हितों को सामने रख हर तरह के छल-बल का सहारा सक्षम औद्योगिक देश लेते रहे हैं। उन्मुक्त व्यापार का आदि ध्वजाधारक ब्रिटेन स्वयं शुरू से इस सिद्धान्त का अतिक्रमण करता रहा है। प्रारम्भिक दिनों में इसको अपने साम्राज्य के रूप में बन्धुआ बाजार प्राप्त था जिसमें वह अपनी सुविधा के अनुसार व्यापार का नियम बनाता रहा था। प्रथम विश्वयुद्ध के बाद इसने इस सम्बन्ध को 'इम्पीरियल प्रेफरेंस इन

ट्रेड रिलेशन्स' के नाम से सूत्रबद्ध किया। बाद में 1931 ईस्वी में इसने कॉमनवेल्थ ऑफ नेशन्स के नाम पर कनाडा एवं आस्ट्रेलिया के साथ विशेष तरह का व्यापारिक सम्बन्ध स्थापित किया। एक तरह से इस सिद्धान्त को मान्यता दे दी गई कि व्यापार के लिए सब कुछ करना जायज है। जब उन्नीसवीं शताब्दी में चीन की सरकार ने युवकों के स्वास्थ्य पर विपरीत प्रभाव को देख अफीम के व्यापार को प्रतिबन्धित किया तो ब्रिटेन ने उससे युद्ध छेड़ दिया जो वर्ष 1839 से 1841 तक चला और इसने चीन को न सिर्फ अफीम के व्यापार के लिए अपने देश को खुला छोड़ने को बाध्य किया बल्कि इसके कई महत्त्वपूर्ण व्यापारिक नगरों को अपने नियंत्रण में ले लिया, लेकिन मादक द्रव्यों के व्यापार को पश्चिमी देशों में खुला करने का यह तर्क स्वयं ब्रिटेन या अमेरिका अब कतई स्वीकार करने के लिए तैयार नहीं हैं। भारत के कपड़ा उद्योग को नष्ट करने के लिए तो अंग्रेजों ने जुलाहों के अँगूठे तक कटवा लिये थे।

भूमंडलीकरण नाम तो अब प्रचलित हुआ है, लेकिन पूँजीवाद के उदय से ही सभी पूँजीवादी प्रतिष्ठानों की महत्त्वाकांक्षा सारे संसार में अपना वर्चस्व फैलाने की रही है, लेकिन चूँकि कई देशों की सरकारें अपने यहाँ के पूँजीवादी प्रतिष्ठानों के हित साधन में लगी थीं राष्ट्रों के बीच संघर्ष पैदा होते थे। पहले ब्रिटेन का साम्राज्य दुनिया भर में फैला था इससे वहाँ एक तुष्टि का भाव था। जापान ने अपने पड़ोसी कोरिया पर और बाद में चीन के मंचूरिया पर अपना आधिपत्य कायम किया। 1940 ईस्वी में अपनी सेना को विजय अभियान में हिन्द चीन भेज जापान ने ब्रिटेन के कॉमनवेल्थ की तर्ज पर 'को-प्रोस्पेरिटी स्फेयर' (सह-सम्पन्नता का क्षेत्र) कायम करने की घोषणा कर दी। जर्मनी जो बीसवीं सदी में एक शक्तिशाली औद्योगिक देश बन चुका था, अन्य औद्योगिक देशों के साम्राज्य से घिरा महसूस करता था और इसी घेरे को तोड़ने के उसके प्रयास से दो विश्वयुद्ध हुए। दूसरे विश्वयुद्ध के पहले तो हिटलर ने यह घोषित भी कर दिया था कि जर्मनी 'रहने के ठाँव' (लीबेन्सरॉम) की तलाश में है। इस तरह पूँजीवाद के प्रारम्भ में राष्ट्रीय दायरों की प्रभुता के कारण वैश्विक बनने की तमन्ना पड़ोसी शक्तियों के प्रतिरोध से बाधित होती रही थी। वैश्वीकरण का अभियान पूँजीवाद को राष्ट्रीय दायरों से परे ले जाने की अभिलाषा की अभिव्यक्ति है।

द्वितीय विश्वयुद्ध ने दुनिया की स्थिति को बिलकुल बदल दिया। जापान और यूरोप के सभी औद्योगिक देश इस युद्ध में बुरी तरह ध्वस्त हो गए, लेकिन दो प्रतिरोधी राजनीतिक शक्तियों का उदय हो चुका था। एक तरफ अमेरिका न सिर्फ सैनिक दृष्टि से एक शक्तिशाली राष्ट्र के रूप में उभरा बल्कि औद्योगिक दृष्टि से भी एक मात्र अक्षत शक्ति बच गया था क्योंकि जापान और यूरोप के सभी औद्योगिक देश इस युद्ध में बुरी तरह ध्वस्त हो गए थे। रूस भी युद्ध से तहस-नहस हो चुका था, लेकिन एक सैनिक शक्ति के रूप में पश्चिमी यूरोप के देशों से ज्यादा शक्तिशाली होकर उभरा था। उधर 1948 ईस्वी से चीन में कम्युनिस्ट शासन स्थापित हुआ। ये समाजवादी

होने के दावे और अपने साम्राज्यवाद विरोधी नारों के कारण दुनिया भर में पूँजीवादी साम्राज्यवादी देशों के लिए चुनौती बन गए थे। अत: अब दुनिया मूलत: दो खेमों में बँट गई, जिसमें एक तरफ अमेरिका, पश्चिमी यूरोप और जापान थे और दूसरी तरफ रूस एवं चीन। बीच का एक तटस्थ पक्ष था जिस पर अपना प्रभाव जमाने के लिए दोनों खेमे लगे रहते थे। बीसवीं सदी का आखिरी दशक आते-आते सोवियत संघ के विघटन और चीन का पूँजीवादी बाजार व्यवस्था को मूल रूप से कबूल कर लेने के बाद अब एक ही खेमे का वर्चस्व दिखाई देता था जिसका नेतृत्व अमेरिका के हाथ में था। यह पूँजीवाद के लिए एक विश्व की स्थापना का सुनहरा अवसर था। 'भूमंडलीकरण' दरअसल पूँजीवाद की तात्कालिक एकछत्रता का उद्घोष है, लेकिन भूमंडलीकरण शब्द से जैसी एकता का भ्रम पैदा होता है हकीकत वैसी है नहीं। इसके भीतर अनेक तरह के अन्तर्विरोध हैं और कुछ तो आज भी मर्णांतक बने हुए हैं। पूँजीवाद की वर्तमान भूमंडलीकरण के स्तर तक पहुँचने की लम्बी प्रक्रिया रही है जिसमें भय और प्रलोभन दोनों की भूमिका थी। इस प्रक्रिया का संक्षिप्त विवरण प्रासंगिक है।

जब द्वितीय विश्वयुद्ध का अन्त करीब आया और धुरी राष्ट्रों (जर्मनी, इटली और जापान) की पराजय निश्चित लगने लगी तब युद्ध के बाद की अर्थव्यवस्था कैसी बने जिसमें पूँजीवाद सुरक्षित रह सके यह चिन्ता अमेरिका पर सवार हुई। इसी चिन्ता के मद्देनजर 1944 ईस्वी में अमेरिका के ब्रेटनवुड्स में एक सम्मेलन बुलाया गया जिसमें दुनिया की भावी अर्थव्यवस्था की रूपरेखा तय की गई। हालाँकि इसमें ब्रिटेन के सुप्रसिद्ध अर्थशास्त्री मेनार्ड कीन्स की भी भागीदारी थी, मूलत: यह अमेरिकी आयोजन था और उस समय की दुनिया की आर्थिक स्थिति को देखते हुए इस पर अमेरिकी प्रभाव होना स्वाभाविक था। ब्रिटेन, फ्रांस, जर्मनी एवं जापान के नगर, कल-कारखाने और कृषि व्यवस्थाएँ सब कुछ नष्ट हो चुकी थीं। करोड़ों की संख्या में लोग मारे जा चुके थे जिनमें बड़ी संख्या में जवान थे जो निर्माण कार्य के लिए जरूरी थे। सिर्फ अमेरिका बिलकुल निरापद था और युद्ध काल में औद्योगिक गतिविधियों के तेज होने से पहली बार पूर्ण रोजगार का अनुभव कर रहा था और सम्पन्नता के शिखर पर पहुँच गया था।

लेकिन पूँजीवादी व्यापारिक व्यवस्था की एक मजबूरी यह होती है कि यह अपने आप में पूर्ण नहीं हो सकता। इसके लिए यह अनिवार्य होता है कि इसे विनियम के लिए दूसरी आर्थिक इकाइयाँ उपलब्ध हों। अत: अमेरिका के लिए जरूरी था कि यूरोप और जापान की अर्थव्यवस्थाएँ फिर से खड़ी हो सकें। मूलत: इन्हें सहायता दे खड़ा करने के लिए ही अन्तरराष्ट्रीय मुद्रा कोष की कल्पना की गई थी। जो दो संस्थाएँ ब्रेटनवुड्स में खड़ी की गईं वे थीं विश्व बैंक (इंटरनेशनल बैंक फॉर रिकन्स्ट्रक्शन ऐंड डेवलपमेंट) और अन्तरराष्ट्रीय मुद्रा कोष। दोनों ही के मुख्य कार्यालय वाशिंगटन डी.सी. में थे। यह एक तरह से अमेरिकी वर्चस्व का पूर्वाभास था। इन संस्थाओं का घोषित उद्देश्य था दुनिया की ध्वस्त अर्थव्यवस्थाओं को फिर से खड़ा करना। इसी

के साथ एक ऐसे अन्तरराष्ट्रीय व्यापार संगठन को खड़ा करने का लक्ष्य रखा गया जो स्वतंत्र व्यापार के नियमों के पालन को दुनिया के व्यापारिक सम्बन्धों में सुनिश्चित कर सके, लेकिन कुछ अड़चनों के कारण उस समय अन्तरराष्ट्रीय व्यापार संगठन नहीं बनाया जा सका। इसकी जगह पर गैट (जेनरल एग्रीमेंट ऑन ट्रेड एंड टारिफ) कायम किया गया जिसका लक्ष्य व्यापार में संलग्न देशों की सहमति के आधार पर दुनिया के व्यापार को स्थिति के अनुसार नियमित करना था, लेकिन विश्व व्यापार संगठन बनाने का उद्देश्य सदा इसके सामने रहा। इस क्रम में आगे चल समझौते के 'उरुग्वे चक्र' के पूरा होने पर दुनिया के अधिकांश देशों का गैट समझौते पर हस्ताक्षर हुए जिससे विश्व व्यापार संगठन अस्तित्व में आया। इसकी पृष्ठभूमि में कुछ महत्त्वपूर्ण घटना क्रम था जिसकी छाया इस संगठन पर मँडराती रही।

अन्तरराष्ट्रीय व्यापार में विनियम का मौद्रिक आधार क्या हो इसको लेकर जो समस्या थी उसने द्वितीय विश्वयुद्ध के बाद एक ऐसा रूप लिया जिससे अमेरिका का आर्थिक वर्चस्व स्वतः संसार पर कायम हो गया। यों तो सोना इसका पारम्परिक माध्यम था, लेकिन बाद में किसी सर्वाधिक विश्वस्त मुद्रा में इसकी कीमत को आँक कर यह विनियम होता था। शुरू में यह मुद्रा पाउंड स्टर्लिंग थी। ब्रिटिश पाउंड की मान्यता ब्रिटिश साम्राज्य के पराभव के साथ ही खत्म हो चुकी थी। द्वितीय विश्व युद्ध के बाद अकेली अमेरिका की अर्थव्यवस्था थी जो अपनी मुद्रा डालर के एवज में सोना और उत्पाद दोनों प्रस्तुत कर सकती थी। इसलिए दुनिया के ज्यादातर देश अपने विनियम के लिए डालर का इस्तेमाल करने लगे। मेनार्ड कीन्स जैसे अर्थशास्त्री सदा यह चेतावनी देते रहे कि अन्तरराष्ट्रीय विनियम के लिए किसी एक देश की मुद्रा पर निर्भरता सदा आर्थिक असन्तुलन को जन्म देगी। फिर भी सभी देश चाहते थे कि उनके यहाँ डालर का पर्याप्त भंडार बना रहे।

यह स्थिति तब भी बनी रही जब जर्मनी और जापान की युद्ध के ध्वंस से निकली अर्थव्यवस्थाएँ अति सक्षम होकर उभरीं। इधर शीत युद्ध के कारण अमेरिका दुनिया की राजनीति में बुरी तरह उलझ गया। इससे उस पर संसार भर में सैनिक और असैनिक दोनों तरह के खर्च का बोझ बढ़ने लगा। 1965 ईस्वी के बाद, खासकर वियतनाम युद्ध में फँसने के बाद से यह बोझ इसकी आर्थिक क्षमता के हिसाब से असह्य होने लगा। अब अमेरिका विदेशी मुद्रा की आय से विदेशों में बढ़ते अपने खर्च का भार नहीं उठा सकता था। इसलिए इसने डालर की जमी धाक का नाजायज फायदा उठाना शुरू किया और विदेशों में अपने खर्च का भुगतान डालर छाप कर करने लगा।

लेकिन 1971 ईस्वी आते-आते विदेशी हाथों में डालर इतना अधिक हो गया कि अमेरिका उसके मूल्य के बराबर सोना एवज में नहीं दे सकता था। इस स्थिति से बचने के लिए 1971 ईस्वी में अमेरिका ने यह घोषणा कर दी कि अब वह डालर के बदले सोना नहीं देगा, लेकिन इसके बावजूद डालर के माध्यम से अन्तरराष्ट्रीय

व्यापार चलता रहा और पश्चिमी यूरोप के केन्द्रीय बैंकों में डालर के विशाल भंडार जमा हो गए जिन्हें 'यूरो-डालर' कहा जाने लगा। इन डालरों के एवज में अमेरिका के पास देने के लिए न पर्याप्त सोना था और न दूसरा उत्पाद। यह सब अमेरिका पर विदेशी कर्ज था जिससे वह अपनी व्यवस्था चला रहा था।

1972 ईस्वी में स्थिति इतनी खराब हो गई कि अन्तरराष्ट्रीय मुद्राकोष की कार्यकारिणी से यह सुझाव आने लगा कि डालर की जगह धीरे-धीरे रिजर्व मुद्रा के रूप में एस.डी.आर. (स्पेशल ड्रॉइंग राइट), जो एक वैश्विक विनियम का माध्यम था, ले ले। इस सुझाव के मुताबिक सभी विदेशी बैंक अपने यहाँ जमा डालर की राशि को अन्तरराष्ट्रीय मुद्रा कोष में जमा कर देते और उसके एवज में एस.डी.आर. ले लेते, लेकिन यह प्रस्ताव कई कारणों से लागू नहीं हो सका। मुख्य कारण तो अमेरिकी दबाव था। अमेरिका को यह नापसंद था क्योंकि एस.डी.आर. के प्रचलित हो जाने से इसकी यह सुविधा खत्म हो जाती कि अपना नोट छापकर यह दुनिया में कुछ भी खरीद लेता था। जर्मनी आदि इस परिवर्तन के लिए इसलिए उत्साहित नहीं थे क्योंकि उन्हें डर था कि इससे डालर का भारी अवमूल्यन होगा और अमेरिकी माल सस्ता होने से अन्तरराष्ट्रीय व्यापार में जर्मनी को घोर प्रतिस्पर्धा का सामना करना पड़ेगा। यह सुझाव अमली नहीं हो सका।

विभिन्न देशों के केन्द्रीय बैंकों ने जमा यूरोप डालर से मुनाफा कमाने की नई तरकीब निकाली। इन अनुपयोगी साबित हो रहे डालरों को बैंकों के माध्यम से उन्होंने तीसरी दुनिया को कर्ज के रूप में देना शुरू किया। सूद की दर काफी कम रखी गई जो बड़ा आकर्षण था। क्योंकि जहाँ मुद्रा स्फीति 4-5 प्रतिशत सालाना हो अगर सूद की दर 3 प्रतिशत हो तो कर्ज लगभग बिना सूद का साबित होगा और अगर मुद्रा स्फीति की दर काफी ऊँची हो तो कर्ज ऋणात्मक सूद पर उपलब्ध लगेगा। अगर तीसरी दुनिया में दिए गए कर्ज को 'सहायता' कहा जाता रहा है तो शायद इसके पीछे यही भावना काम करती रही हो। इस तरह तीसरी दुनिया और पूर्वी यूरोप के देशों पर भी यूरोप के लिए बेजरूरत डालरों से कर्ज का बोझ बढ़ने लगा। और इन देशों में कर्ज लेकर फिजूलखर्ची का मर्ज बढ़ने लगा, लेकिन 1979 ईस्वी में अमेरिका ने सूद की दर को बढ़ा कर 19 प्रतिशत कर दिया। अब तो तीसरी दुनिया के लिए कर्ज वापस करना असम्भव हो गया। अब नए कर्ज पुराने कर्ज की अदायगी के लिए ही लिये जाने लगे।

कर्ज लेने के पीछे बड़ा आकर्षण पश्चिमी ढंग का विकास करना था जिसके लिए पश्चिम से उद्योग और तकनीक का आयात और आधुनिक जीवन प्रदान करनेवाली उपभोग की वस्तुओं का आयात होना जरूरी था, लेकिन आधुनिक उद्योगों का स्वरूप ऐसा है कि संसार के ज्यादा-से-ज्यादा संसाधन का उपयोग कर एक छोटी आबादी को ऊँचा जीवन स्तर दिया जा सकता है। इसलिए ऐसा विकास तीसरी दुनिया की बड़ी आबादी के लिए मरीचिका ही बना रहा। उलटा इन देशों

के भीतर ही उन सुविधाओं के लिए, जो सीमित थीं, लोगों में आपसी संघर्ष होने लगे। वैश्वीकरण का एक आयाम यह भी है कि सामाजिक संघर्ष भी वैश्विक हो गए हैं। जो गरीब मुल्क हैं वहाँ तो ये संघर्ष खुले और हिंसक हैं ही, सम्पन्न देशों में भी नस्ल, मूल आदि के आधार पर प्रच्छन्न रूप से मौजूद हैं।

ऊपर की बातों से यह सहज ही देखा जा सकता है कि दो संगठनों, विश्व बैंक और अन्तरराष्ट्रीय मुद्रा कोष की स्थापना की स्थितियाँ ऐसी थीं कि इन पर अमेरिकी वर्चस्व को टाला नहीं जा सकता था, लेकिन शुरू में कम्युनिस्ट प्रभाव वाले देश इस व्यवस्था से बाहर थे और तीसरी दुनिया का अस्तित्व भविष्य में था, लेकिन एक नई व्यवस्था के लिए आधार तैयार हो गया था। भूमंडलीकरण उसी नींव पर खड़ी इमारत का नया विस्तार है। रूस और चीन में समाजवादी कही जानेवाली व्यवस्थाओं के ध्वस्त हो जाने के बाद दुनिया में आर्थिक एवं राजनीतिक प्रभुता का एक ही केन्द्र अमेरिका रह गया। नाटो के माध्यम से संसार में एकमात्र शक्तिशाली सैनिक शक्ति भी यही बच गया। इस तरह व्यावहारिक रूप में तो एक वैश्विक व्यवस्था कायम हो ही गई थी जिस पर अमेरिका का प्रभाव 'पैक्स अमेरिकाना' कायम हुआ। संयुक्त राष्ट्र संघ में रूस और चीन अब भी अपने 'वीटो' के साथ उपस्थित थे, लेकिन अब वे अमेरिका की मर्जी के खिलाफ वीटो का इस्तेमाल किसी महत्त्वपूर्ण मुद्दे पर नहीं कर सकते थे। अकेले अमेरिका ही अपनी सुविधा के अनुसार वीटो का इस्तेमाल करता रहा। इस तरह संयुक्त राष्ट्र संघ भी मूलत: अमेरिका के हित साधन का ही औजार बन गया है। इराक के मामले में हो, अरब-इज़रायल संघर्ष के मामले में हो, यूगोस्लाविया के मामले में या अफगानिस्तान के मामले में सभी जगह इसने या तो सीधा अमेरिकी नीति के अनुसार हस्तक्षेप किया है या अमेरिकी दबाव में मौन साध लिया है।

भूमंडलीकरण के नाम पर अब औद्योगिक पूँजीवादी व्यवस्था और इसकी उपभोक्तावादी संस्कृति को संसार के उन भागों पर लादने का प्रयास हो रहा है जहाँ अभी तक पारम्परिक या गैर-पूँजीवादी व्यवस्थाएँ थीं। अपनी हित रक्षा में अपने चरित्र के कारण पूँजीवाद कहीं भी अनियोजित विकास ही करता है। इससे क्षेत्रीय विषमताएँ उभरती हैं और जहाँ भी इसका पैर पड़ता है वहाँ सम्पन्नता और विपन्नता के ध्रुवों में अंचलों और समूहों का विभाजन होता है। इससे हर जगह आंचलिक या समूहों के बीच संघर्ष उभरते हैं। छोटी खेती और किसानों का अस्तित्व समाप्त होने लगता है और विशाल पैमाने पर बेरोजगारी फैलती है। यह प्रभाव चीन में विशेष तौर से देखा जा सकता है जहाँ पहले बेरोजगारी नहीं थी पर अब दसों करोड़ लोग बेरोजगार हो भटक रहे हैं। विशाल पूँजीवादी फार्मों का विकास होता है जिसमें नई जैविक तकनीकों का बड़े पैमाने पर प्रयोग होता है और इससे सम्बद्ध बीज और रसायन उत्पादन करनेवाली बहुराष्ट्रीय कम्पनियों का विस्तार होता है।

व्यापार के अन्तरराष्ट्रीय पैमाने के साथ-साथ विनियम की गति को तेज करना जरूरी होता है। इससे नए संचार माध्यमों का बड़े पैमाने पर विकास होता है। तत्काल इंटरनेट से ई-कॉमर्स की ओर संक्रमण इसी प्रक्रिया का परिणाम है। हालाँकि इससे यह भ्रम पैदा होता है कि संसार के लोग जुड़ रहे हैं और संसार एक 'वैश्विक गाँव' (ग्लोबल विलेज) बन गया है, दरअसल इससे सिर्फ संसार का एक सम्पन्न वर्ग ही अपने व्यापारिक या व्यावसायिक हितों के लिए एक-दूसरे से जुड़ता है। प्रत्येक क्षेत्र और देश में नए संचार माध्यमों से संसार से जुड़े समूह अपने ही आस-पास के बहुसंख्य वंचित समूहों से पूरी तरह कट जाते हैं। संसार का एक नया विभाजन सूचना समृद्ध और सूचना से वंचितों के बीच होता है।

इन सब कारणों से दुनिया भर में स्थानीय संघर्षों की बाढ़ आती है। चूँकि वर्तमान केन्द्रित राज्यों की शक्ति और हथियारों की क्षमता बहुत बढ़ गई है, इनके खिलाफ संघर्ष प्राय: आतंकवादी रूप ग्रहण करते हैं। इससे अराजक स्थितियाँ तो पैदा होती हैं, लेकिन कोई समाधान नहीं निकलता। हिंसक संघर्षों का सिलसिला अटूट बनता जाता है जिससे समाधान की बजाय सर्वनाश की सम्भावना बढ़ती है। दुनिया के गैर-औद्योगिक देशों को आधुनिक औद्योगिक व्यवस्था में तब्दील करने की प्रक्रिया में संसार के संसाधनों का तेजी से दोहन होता है तथा औद्योगिक उत्सर्जन से पर्यावरण का संकट पैदा होता है। अमेरिका के रुख से स्पष्ट है कि अपनी समृद्धि को कायम रखने के लिए यह दुनिया के नष्ट होने का जोखिम उठाने को तैयार है। इस विनाश से बचने के लिए वैकल्पिक औद्योगिक ढाँचा और वैकल्पिक ऊर्जा स्रोतों की जरूरत भी महसूस की जाने लगी है।

पुस्तक में प्रकाशित अधिकांश लेख भूमंडलीकरण की इस प्रक्रिया के दौर में पैदा विभिन्न सामयिक समस्याओं पर केन्द्रित हैं। नई सदी पर पड़ने वाली इसकी छाया का भी एक लेख में विवेचन है। कुल मिलाकर एक चिन्ताजनक छवि उभरती है। अगर भूमंडलीकरण इसके प्रचलित अर्थ में अमंगलकारी है तो विकल्प क्या हो सकता है? इसका विकल्प निश्चित ही स्थानीयता और विकेन्द्रीकरण पर आधारित होगा। किसी-न-किसी तरह की समुदायवादी और समाजवादी मूल्यों की ओर वापसी जरूरी होगी। समाजवादी कही जानेवाली व्यवस्थाओं के जो भयावह अधिनायकवादी रूप उभरे और जैसी आदर्शहीनता से वे ध्वस्त हुए उसको देखते हुए अब वैसी व्यवस्था की तरफ तो लौटा नहीं जा सकता। क्या समाजवादियों द्वारा कभी यूटोपिया कहकर खारिज की गई व्यवस्थाओं में हम अपने भविष्य के लिए कुछ तत्त्वों की तलाश कर सकते हैं? या फिर नए समाज के मूल्य क्या होंगे? आदि प्रश्नों से जुड़े कुछ लेख भी विचार के लिए प्रस्तुत किए गए हैं।

1

विकास की वर्तमान दिशा सिर्फ आर्थिक नीतियों का परिणाम नहीं बल्कि एक खास तरह की दृष्टि और आधुनिक औद्योगिक सभ्यता के केन्द्रीय मूल्यों का परिणाम है, जो आर्थिक नीतियों के पीछे भी हैं। यों तो ये मूल्य व्यापारिक हैं, लेकिन इनकी शक्ति का स्रोत एक व्यापक विश्वदृष्टि है। इस दृष्टि को बनाने में अनेक वैचारिक धाराओं का योगदान रहा है, लेकिन इसे साफ तौर से अभिव्यक्ति और आधार मिला मार्क्स और डार्विन के सिद्धान्तों से।

इस वैचारिक युग (मार्क्स-डार्विन युग) की शुरुआत 1948 में मार्क्स-एंगेल्स के 'कम्युनिस्ट घोषणापत्र' के प्रकाशन से मानी जा सकती है। इस घोषणापत्र में मानव समाज को अनिवार्य रूप से विकासशील माना गया है और यह कहा गया है कि उनकी परिणति 'कम्युनिज्म' की स्थापना में होगी। इस विचार के अनुसार कम्युनिज्म के पहले मानव समाज के विकास को वर्गों के द्वन्द्व से ऊर्जा मिलती आ रही है क्योंकि विकास द्वन्द्वात्मक होता है। कम्युनिज्म की स्थापना के बाद मानव समूहों का आपसी द्वन्द्व समाप्त हो जाएगा और विकास की ऊर्जा मनुष्य और प्रकृति के संघर्ष से मिलेगी। इस विकासवादी सिद्धान्त को 'कम्युनिस्ट घोषणापत्र' के प्रकाशन के एक दशक के भीतर ही प्रकाशित डार्विन के विकासवाद के सिद्धान्त से भारी बल मिला। इस सिद्धान्त के अनुसार प्रकृति की विभिन्न प्रजातियों में अपने को अस्तित्व में रखने के लिए अनवरत होड़ रही है और इसमें मनुष्य अन्य जीवों की अपेक्षा परिवेश के अनुकूल बनने को अपनी क्षमता के बल पर विकास की चोटी पर स्थापित हो गया है। कुछ विचारकों ने इस प्रक्रिया को 'अधिकतम सक्षम' के जीवित बचने के सिद्धान्त (सरवाइवल ऑफ द फिटेस्ट) के रूप में देखा।

इस तरह यूरोप के नवोदित पूँजीवादी समाज की औद्योगिक होड़ भी अस्तित्व की होड़ के पहलू के रूप में देखी जाने लगी। इस दृष्टि का एक अतिवादी रूप फासीवाद था, जो श्रेष्ठ मनुष्यों द्वारा निम्न कोटि के मनुष्यों पर शासन और उनका शोषण किया जाना आवश्यक मानता था। इसी दृष्टि की एक अभिव्यक्ति यह भी थी कि अपनी सक्षमता के कारण आधुनिक औद्योगिक अर्थव्यवस्था और पश्चिमी सभ्यता सभी परम्परागत सभ्यताओं और अर्थ व्यवस्थाओं को नष्ट कर देगी और उन्हें अपने साँचे में ढाल देगी।

मार्क्स ने बड़े स्पष्ट रूप से इस प्रक्रिया को बाकी समाजों के विकास के लिए अवश्यम्भावी माना था। इस विचारधारा से औपनिवेशिक शोषण को परोक्ष समर्थन भी मिलता रहा। प्रच्छन्न रूप से सभी पश्चिमी समाजों में यह दृष्टि रंगभेद की नीति के रूप में मौजूद है।

ऐसे में कुल मिलाकर जो युगदृष्टि बनी और जिसे आधुनिकता का आधार माना जाता रहा है, उसके अनुसार मनुष्य निरन्तर भौतिक रूप से आरोहण के पथ पर है और इस आरोहण में यह लगातार प्रकृति की शक्तियों पर विजय प्राप्त कर अपनी समृद्धि का विस्तार कर रहा है और समृद्धि का यह विस्तार सीमाहीन है। ठोस रूप से यह समृद्धि उपभोग की नई वस्तुओं का आविष्कार करने और उनका अम्बार लगाने में है। अर्थशास्त्री (जिन पर यह वैचारिक माहौल हावी था) उत्पादन पर सीमा के दो ही कारण मानते थे—पूँजी या श्रम का अभाव, लेकिन इन दोनों का विस्तार जरूरत के अनुसार हो सकता था। एक सीमा अगर लग सकती थी तो वह बाजार के अभाव से ही लग सकती थी।

लेकिन समाजवादी अर्थशास्त्रियों की दृष्टि में बाजार का अभाव पूँजीवादी आर्थिक प्रणाली का परिणाम है और उसे राष्ट्रीयकरण और नियोजन से दूर किया जा सकता है।

लगभग डेढ़ सौ साल से अर्थशास्त्री बाजार के सिकुड़न और फैलाव (ट्रेड साइकिल) के कारणों को लेकर विवाद करते रहे हैं, लेकिन प्राकृतिक संसाधनों का अभाव भी औद्योगिक विकास पर कोई सीमा लगा सकता है, यह अर्थशास्त्र का मुद्दा कभी नहीं बना। यह बात कुछ अचरज में डालनेवाली है क्योंकि यह सामान्य बुद्धि की बात है कि प्रकृति में उपलब्ध सीमित संसाधनों के बल पर असीमित मात्रा में उपभोग की वस्तुओं का उत्पादन असम्भव है, लेकिन पिछली दो सदियों में जिस पैमाने पर औद्योगिक विकास सम्भव हुआ था, उसको शाश्वत मान लेने का आग्रह इतना जबरदस्त था कि अर्थशास्त्रियों के लिए दूसरी सम्भावनाओं की कल्पना करना भी मुश्किल था।

हाँ, इस विकास की दिशा और गति पर प्रश्नचिह्न लगाना मुश्किल भी था क्योंकि इस विकास से समाज के शक्तिशाली वर्गों का स्वार्थ भी जुड़ा हुआ था। इन वर्गों का विकास सीधे आधुनिक उद्योगों के ढाँचे से जुड़ा हुआ है।

आधुनिक उद्योगों के ढाँचे में ही गैर-बराबरी और स्तरों में विभाजन (हायरार्की) निहित है। आधुनिक उद्योगों की उत्पादन पद्धति और प्रबन्धन का आकार एक पिरामिड की तरह होता है। इनमें निचले स्तरों पर श्रम ज्यादा होता है। उत्पादन प्रक्रिया जैसे-जैसे आगे बढ़ती है वैसे-वैसे शुरुआती अनगढ़ पुर्जे अधगढ़ होते जाते हैं और इनके संयोजन से जटिल मशीन या वस्तु की निर्मिति होती है। उत्पादन के अन्तिम चरण तक पहुँचते-पहुँचते हम अति जटिल और पूरी तरह तैयार मशीन या

वस्तु पाते हैं। उत्पादन के विभिन्न स्तरों पर नीचे से ऊपर की ओर बढ़ते हुए श्रम भी अधिक दक्ष और शीर्ष स्थानों पर दक्ष होकर तकनीकी विशेषता का रूप ग्रहण कर लेता है। इसी के समानान्तर प्रबन्धन भी जटिल होता जाता है।

चूँकि निचले स्तरों का श्रम किसी शारीरिक क्रिया को बार-बार दुहरानेवाला होता है, आवश्यकता के अनुसार इन स्तरों पर श्रमिकों का काम स्वचालित यंत्रों को लगाकर कराया जा सकता है। शीर्ष स्थानों पर ही तकनीकी विशेषज्ञों और प्रबन्धकों के सामने उत्पादन प्रक्रिया, बाजार की स्थिति, आपूर्ति और बिक्री की पूरी जानकारी होती है। इस तरह दक्ष श्रमिकों और तकनीक तथा प्रबन्धन विशेषज्ञों के काम की जानकारी उद्योगों के लिए अपरिहार्य होती है। इस कारण औद्योगिक व्यवस्था में असली शक्ति विशेषज्ञों के समूह के हाथ होती है। उनकी अनिवार्यता और शक्ति के अनुपात में ही औद्योगिक ढाँचे के अलग-अलग स्तरों पर काम करनेवाले लोगों को आय और सुविधाएँ भी होती हैं।

आधुनिक उद्योगों के ढाँचे में निहित विषमता की समझ के अभाव के कारण समाजवादियों में यह विचार फैला रहा कि आधुनिक औद्योगिक समाज की विषमता सिर्फ निजी स्वामित्व के कारण है। एक बार उद्योगों का स्वामित्व समाज के हाथ में आ जाएगा तो विषमता स्वयं मिट जाएगी, लेकिन हमारे अपने देश में सरकारी क्षेत्रों के उद्योगों में फैली घोर विषमता और स्वयं चीन, रूस जैसे देशों में, जो अपने को समाजवादी कहते रहे हैं, आय और सुविधाओं की गैर-बराबरी इस विचार को झुठला रही है। समाजवादी कहे जानेवाले देशों में विकास और औद्योगिक क्षमता के वे ही प्रतिमान अपनाए जा रहे हैं जो पूँजीवादी देशों के हैं। यह उद्योगों के चरित्र के अनुरूप व्यवहार की विवशता है। इसके बगैर आधुनिक उद्योग अपनी पूर्ण क्षमता में काम नहीं कर सकते।

इस सिलसिले में एक अन्य बात पर विचार करना जरूरी है, जिसे मार्क्स के बाद के समाजवादी विचारकों द्वारा नजरअन्दाज कर दिया गया था। मार्क्स ने वर्तमान औद्योगिक प्रक्रिया में निहित बेगानेपन (एलिअनेशन) की समस्या को अत्यधिक महत्त्व का बतलाया था। उसने बताया था कि इस बेगानेपन की समस्या का कारण श्रमिकों का उत्पादन प्रक्रिया के साथ कोई वैसा भावात्मक लगाव नहीं होना है, जैसा पहले के उद्योगों में उत्पादन प्रक्रिया के साथ होता था। इस तरह श्रमिक का श्रम उसकी अपनी सृजनशीलता से कटकर अलग हो जाता है और उसका काम (श्रम) बिलकुल उबाऊ हो जाता है, लेकिन मार्क्स ने यह नहीं बतलाया कि इस समस्या का समाधान कैसे होगा।

मार्क्स के बाद तो उद्योगों का ढाँचा उत्तरोत्तर ऐसा ही होता गया है, जहाँ श्रमिकों को अपने श्रम के प्रति कोई निजत्व का भाव नहीं होता। बल्कि अब तो यह हो रहा है कि औद्योगिक प्रक्रिया की बढ़ती जटिलता के कारण इसमें उपयोगी होने के लिए आवश्यक योग्यता हासिल करने की असमर्थता के कारण दिनोदिन वैसे

लोगों की संख्या बढ़ती जा रही है, जो न सिर्फ बेरोजगार हो रहे हैं बल्कि नए तरह के रोजगार के लिए स्थायी रूप से अयोग्य भी बनते जा रहे हैं। चूँकि तकनीक का आधुनिकीकरण जीवन के सभी क्षेत्रों में फैलता है। यंत्रीकरण की यह प्रक्रिया सिर्फ उद्योगों में ही नहीं सेवा के क्षेत्रों—जैसे बैंक, होटल, अस्पताल, यातायात आदि—में भी होती है। इससे यह अयोग्यता भी रोजगार के सभी क्षेत्रों के लिए होती है।

आधुनिक औद्योगिक समाज की जरूरतों को पूरा करने के लिए प्रशिक्षण एक आयामी होता है, जिसमें वर्षों तकनीकी ज्ञान के लिए घोर प्रतिस्पर्धा के वातावरण में दिगामी ड्रिल (कवायद) करवाई जाती है। इसमें जो थोड़े से लोग सफल हो पाते हैं, उनके लिए सन्तोषजनक काम और जीवन की सुविधाओं के रास्ते खुल जाते हैं। बाकी लोग सरकारी अनुदान पर जीवित रहने को विवश होते हैं। वे ऐसे महत्त्वहीन कामों में लगा दिए जाते हैं, जिनमें किसी कौशल या भावनात्मक तुष्टि की गुंजाइश नहीं होती।

इस तरह यंत्रीकरण और कम्प्यूटरों के बढ़ते प्रयोग के साथ-साथ न सिर्फ रोजगार की सम्भावना सीमित होती जा रही है बल्कि काम करने लायक श्रमिकों का एक बड़ा हिस्सा समाज के लिए फालतू और अप्रासंगिक बनता जा रहा है। जो लोग इस तरह समाज के लिए अप्रासंगिक हो रहे हैं, वे लोग सम्पत्ति के स्वर्ग अमेरिका में भी नारकीय जीवन बिताने को विवश हैं और वहाँ ऐसे लोगों की संख्या 10 से 15 प्रतिशत है।

पिछले दशक में तेज औद्योगिक विकास और शस्त्रास्त्र तथा उपभोग की वस्तुओं के विशाल पैमाने पर उत्पादन के बावजूद इंग्लैंड में 13-14 प्रतिशत, जर्मनी में 9 प्रतिशत, फ्रांस में 10-11 प्रतिशत, अमेरिका में 6-7 प्रतिशत और जापान में भी 5 प्रतिशत के आस-पास काम करने लायक लोग बेरोजगार हो रहे थे। इस दशक की मन्दी ने इस रफ्तार को और तेज किया है। अगर हम इस संख्या में फौज में भर्ती लोगों को जोड़ दें तो बेरोजगारी की स्थिति और भी विषम दिखाई देगी। पूर्व कम्युनिस्ट देशों का तो सारा कुछ चौपट हो गया है और वहाँ आज बेरोजगारी कितनी है, उसे मापने में कोई भी पैमाना कारगर नहीं हो सकता।

भारत समेत तीसरी दुनिया में इस औद्योगिक अर्थव्यवस्था के कारण मानव श्रम का तिरस्कार हो रहा है और कीमती आयातित मशीनों और तकनीकी ज्ञान पर बेशुमार खर्च हो रहा है। इसके कारण सम्पन्नता के कुछ द्वीप बन रहे हैं और देश के बाकी भूभागों का वैसा ही औपनिवेशिक शोषण हो रहा है, जैसा पश्चिमी पूँजीवादी देशों द्वारा दुनिया भर में फैले उनके उपनिवेशों का होता था।

इस प्रक्रिया से कच्चे माल और ऊर्जा के लिए देश के जंगल अन्धाधुंध कट रहे हैं और खनिज क्षेत्रों को खदानों का बीहड़ बनाया जा रहा है। इन क्षेत्रों में रहनेवाले लोग, जिनमें ज्यादा संख्या आदिवासियों की है, अपनी आँखों के सामने बेबसी से अपने पारम्परिक जीवन के आधार को नष्ट होते देख रहे हैं। इसी तरह जल-विद्युत

और सिंचाई के लिए विशाल बाँध बनाए जा रहे हैं, जिससे जंगल डूब रहे हैं और उनमें रहनेवाले मनुष्य और पशु विस्थापित हो रहे हैं।

उद्योगों को सस्ता कच्चा माल देने और मजदूरी कम रखने के लिए अनाज का भाव कम रखा जाता है। इनसे होनेवाले कृषि के शोषण के फलस्वरूप ग्रामीण अर्थव्यवस्था नष्ट हो रही है और लोग गाँव छोड़कर जीविका की तलाश में नगरों की गन्दी बस्तियों की आबादी बढ़ा रहे हैं।

औद्योगिक जरूरतों की पूर्ति के लिए तेजी से कृषि का व्यवसायीकरण हो रहा है। इससे आत्मनिर्भर गाँव कुछ खास तरह की कृषिजन्य वस्तुओं के विक्रेता बनकर उद्योगों पर निर्भर हो रहे हैं। इसके अलावा नई कृषि के चलते अब बीज, उर्वरक और कीटनाशक दवाओं के लिए वे देशी इजारेदारों और विदेशी बहुराष्ट्रीय कम्पनियों पर निर्भर होते जा रहे हैं। औद्योगिक वस्तुओं और कृषिजन्य वस्तुओं की कीमतों का ऐसा अनुपात बना रहता है कि नई कृषि की बढ़ती उत्पादकता के बावजूद उसका फायदा किसानों को नहीं मिलता और कृषि क्षेत्र की कर्जदारी दिनोदिन बढ़ती जा रही है। लेकिन तीसरी दुनिया के लोग यह भ्रम पाले हुए हैं कि इस विकास के माध्यम से वे भी एक दिन विकसित औद्योगिक देशों के समकक्ष हो जाएँगे। यह बात शायद ही किसी के दिमाग में आती है कि पश्चिमी देशों की वर्तमान समृद्धि को लाने में संसार के संसाधनों का शोषण हुआ था और समृद्धि को बनाए रखने के लिए आज भी परोक्ष रूप से सारे संसार के संसाधनों का बड़े पैमाने पर शोषण जारी है।

लोगों की समझ में यह बात क्यों नहीं आती, इसका एक बड़ा कारण यह भी है कि वह वर्ग, जो देश के लिए सोचता है और देश की मानसिकता बनाता है खुद सुविधाभोगी है। वह तो गरीब देशों के भीतर की सम्पन्नता के द्वीपों का हिस्सा है, और अपने देशों की बहुसंख्यक आबादी का शोषण कर आज भी वैसी सुविधाओं का हिस्सेदार है, जो सम्पन्न औद्योगिक देशों के मध्यम वर्ग को उपलब्ध हैं।

इस तरह हम देखते हैं कि गाँवों से, खनिज क्षेत्रों से और वन प्रान्तों से विपरीत दिशाओं में चलनेवाले विकास के दो रास्ते फूट रहे हैं। एक रास्ता इन क्षेत्रों की सम्पदा का अपहरण कर नगरों के सम्पन्न इलाके बना रहा है, जिनमें मुट्ठी-भर लोग मौजमस्ती की जिन्दगी बिताते हैं और दूसरा रास्ता इन क्षेत्रों के लोगों की जीविका के आधार को नष्ट कर उन्हें नगरों की धूल फाँकने के लिए ले जाता है। दोनों रास्ते एक-दूसरे से मिलते हैं और वे एक-दूसरे के पूरक हैं : बहुसंख्यक लोगों की विपन्नता से थोड़े से लोग सम्पन्न बन रहे हैं। इन क्षेत्रों के विस्थापित लोग सड़क बनाने, ईंट की भट्ठियों में मजदूरी करने, बोझा ढोने, रिक्शा चलाने, मकान बनाने की दिहाड़ी मजदूरी करने, घरों में झाड़ू-पोंछा का काम करने के लिए नगरों की गंदी बस्तियों में कीड़ों की जिन्दगी जीने को मजबूर होते हैं। आधुनिक औद्योगिक विकास का सब्जबाग देखने या दिखानेवाले लोग वे हैं जो विकास के पहले रास्ते

से सम्पन्नता के मजे ले चुके हैं। दूसरे रास्ते की जिन्दगी, जो भारी बहुसंख्यक की जिन्दगी है, उनके लिए एक बन्द दुनिया है, जिसका एहसास उन्हें भयानक त्रासदी का कोई झटका ही दिला सकता है।

पूरे देश को लें तो यह दिखाई देता है कि इस विकास से वह औद्योगिक देशों पर दिनोदिन अधिक निर्भर होकर घोर कर्जदारी में डूब रहा है। अब तक भारत पर विदेशी कर्ज लाखों करोड़ का हो गया है और यह स्थिति बन रही है कि नया मिलनेवाला कर्ज पुराने कर्जों की अदायगी की किस्तें देने के लिए भी काफी नहीं होगा।

अपनी निहित गैर-बराबरी, बेगानेपन और मनुष्यों के एक बड़े हिस्से को अप्रासंगिक बनाने की अमानुषिकता के बावजूद वर्तमान सभ्यता ने लोगों को उपभोक्तावादी होड़ की जंजीर में ऐसा जकड़ रखा है कि अगर वह एस्केलेटर, जिसकी चर्चा पहले की गई है, निरन्तर ऊपर की तरफ चलता रहे तो लोग ऊपर चढ़ने की सम्भावना की आशा में इस सभ्यता का मोह नहीं छोड़ेंगे, लेकिन इस एस्केलेटर के निरन्तर ऊपर बढ़ते या चढ़ते रहने के लिए यह जरूरी है कि वस्तुओं और सेवाओं का सीमाहीन विस्तार होता रहे। ऐसे सीमाहीन विस्तार का मिथक आधुनिक सभ्यता का आवश्यक अंग है। इस विचार पर सीमा की कल्पना तक नहीं हुई जब तक यह माना जाता रहा कि प्राकृतिक संसाधनों का अभाव उत्पादन पर कोई सीमा नहीं लगा पाएगा, लेकिन पिछले दो दशकों की कुछ घटनाओं से यह मोहभंग होने लगा है और इसी के साथ मार्क्स-डार्विन युग का सुखस्वप्न भी (जिस पर आधुनिक सभ्यता टिकी रही है) भंग होता दिखाई देता है।

साठ के दशक में 'लिमिट्स ऑफ ग्रोथ' नाम से प्रसारित एक रपट (जिसे 'क्लब ऑफ रोम' के नाम से विख्यात उद्योगपतियों और तकनीकी विशेषज्ञों के एक समूह ने तैयार किया था) और अब पृथ्वी सम्मेलन जैसे आयोजनों के मार्फत इस सम्भावना की ओर इशारा किया जाने लगा है कि ऊर्जा के पारम्परिक स्रोतों के सूखने, संसाधनों के अभाव तथा प्रदूषण आदि के कारण वर्तमान उत्पादन का सिलसिला सिर्फ 2020 ईस्वी तक ऊपर की ओर चलेगा और उसके बाद नीचे गिरेगा और जीवनस्तर वहीं पहुँच जाएगा जहाँ वह 1930 ईस्वी में था।

तमाम ऊपरी आशावादिता के बावजूद अब मौजूदा विकास की सम्भावनाओं के प्रति गहरा संशय छाने लगा है। आज दुनिया के अधिकांश चिन्तक और वैज्ञानिक इस बात की चेतावनी दे रहे हैं कि विकास का वर्तमान रास्ता विनाश की ओर ले जानेवाला है। मौजूदा औद्योगिक ढाँचे को चलानेवाले लोग भी प्राकृतिक परिवेश के संरक्षण और पर्यावरण के सन्तुलन की बात करने लगे हैं, भले ही उनके काम इस भावना के विपरीत पड़ते हों। विचारों में यह परिवर्तन एक नए युग के आगमन का सूचक है। इस तरह कम्युनिस्ट घोषणापत्र के प्रकाशन के डेढ़ सौ साल बाद हम एक नए युग का जन्म देख रहे हैं, जिसे हम सुविधा के लिए गांधी का युग कह सकते हैं।

इस युग (गांधी युग) के साथ अलग तरह की विश्वदृष्टि जुड़ी है। इसमें मनुष्य की नियति प्रकृति पर या वनस्पति जगत समेत अन्य प्राणियों पर विजय प्राप्त करना नहीं, उनके साथ एक नए तरह का तादात्म्य स्थापित करना है। आज पर्यावरण की सुरक्षा, जो अन्य जीवों और वनों की रक्षा से जुड़ी है, मानव प्रजाति के स्वयं जीवित रहने की अनिवार्य शर्त दिखाई देने लगी है। पर्यावरण के सन्तुलन को बनाए रखने के लिए विकास के लक्ष्य को बिलकुल बदल देना जरूरी दिखाई देता है।

इस दृष्टि में आदमी की जरूरतों को बढ़ाने और इसके लिए उपयोग की वस्तुओं के असीम विस्तार की जगह आत्म-नियंत्रण पर बल दिया जाता है, वस्तुओं का उत्पादन वहीं तक हो, जितना मनुष्य के शारीरिक और आध्यात्मिक विकास के लिए जरूरी है—उपभोग का ऐसा स्तर जो न इतना कम हो कि अभाव से आक्रान्त मनुष्य की सारी ऊर्जा आवश्यक उपभोग की वस्तुएँ जुटाने में ही लग जाए और ना ही इतना ज्यादा कि वस्तुओं का अम्बार लगाने में ही मनुष्य का सारा कार्यकाल और कल्पना खत्म हो जाए। यह दूसरी स्थिति वर्तमान उपभोक्तावादी संस्कृति की है, जहाँ फ्रिज, मोटरगाड़ी, वाशिंग मशीन, वैक्यूम क्लीनर और बीसियों अन्य उपकरण समय बचाने के लिए जुटाए जाते हैं पर जिन्हें जुटाने के लिए सारी जिन्दगी काम करने और धेला-धेला जोड़ने में लगा दी जाती है। और जो थोड़ा अवकाश काम के बाहर मिलता है वह इनके रखरखाव, मरम्मत और खरीदगी में चला जाता है। यह भी पशु की जिन्दगी है, जहाँ आदमी भौतिक जरूरत से ऊपर उठकर चेतना के जीवन में प्रवेश नहीं कर पाता।

इस नई दृष्टि के साथ समता का सिद्धान्त भी अभिन्न रूप से जुड़ा हुआ है। जैसा कि हमने ऊपर देखा, आधुनिक औद्योगिक अर्थव्यवस्था के लिए गैर-बराबरी और स्तरों में विभाजन जुड़े हैं। इसी से आर्थिक एस्केलेटर की निचली सीढ़ियों पर अवस्थित लोगों के लिए ऊपर की ओर आरोहण भी जरूरी हो जाता है। निचले वर्गों के लोगों को इसी आरोहण की आशा में अपनी स्थिति से सन्तुष्ट रखा जा सकता है, लेकिन उत्पादन के अनियंत्रित विस्तार के रुकने का मतलब है एस्केलेटर का बन्द हो जाना। इसमें असन्तोष और सामाजिक विस्फोट के बीज हैं। एक समता-मूलक समाज में ही यह सम्भव होगा कि लोग जरूरी वस्तुओं से ही सन्तुष्ट रह सकें, क्योंकि किसी के पास वैसी गैर-जरूरी वस्तुओं का अम्बार नहीं होगा, जिन्हें पाने के लिए लोग लालायित होकर होड़ में लग जाते हैं। इस तरह पर्यावरण सन्तुलन के लिए यानी औद्योगिक उत्पादन के विध्वंसकारी रूप को नियंत्रित करने के लिए भी समतामूलक समाज की स्थापना अनिवार्य है।

गांधी का नाम इस नई विश्वदृष्टि के साथ जोड़ा गया है क्योंकि गांधी ने इस सदी के प्रारम्भ में ही स्पष्ट शब्दों में 'शैतानी सभ्यता' कहकर भौतिक वस्तुओं को केन्द्र में रखनेवाली वर्तमान पश्चिमी सभ्यता का निषेध किया था, लेकिन गांधी के

पहले और बाद भी अनेक चिन्तक और आन्दोलन हुए हैं, जिन्होंने इस नई चेतना को जन्म देने में महत्त्वपूर्ण भूमिका अदा की है। इनमें स्वयं गांधी को प्रेरणा देनेवाले रस्किन, टालस्टाय, थोरो आदि हैं।

एक महत्त्वपूर्ण चिन्तक प्रिंस क्रोपाटकिन (जिनका नाम अराजकतावादियों के साथ जोड़ा जाता है) का विचार भी इस चेतना का महत्त्वपूर्ण अंग है। प्रिंस क्रोपाटकिन ने 'पारम्परिक सहायता' नामक अपनी पुस्तक में जीवों के और मानव समाज के विकास में भी संघर्ष के बजाय पारस्परिक सहयोग को अधिक महत्त्वपूर्ण माना। अब बहुत से वैज्ञानिक, जो जीवों के आचार-व्यवहार का अध्ययन करते हैं (एथोलॉजिस्ट), इस नतीजे पर पहुँचे हैं कि अनेक जीव स्वभाव से न सिर्फ अपनी प्रजाति के सदस्यों के साथ सहयोग करते हैं बल्कि दूसरी प्रजातियों के साथ भी इस तरह का सहयोग करते हैं, जो पारस्परिक रूप से उनके अस्तित्व के लिए अपरिहार्य होता है।

इसी तरह ई.एफ. शुमांखर ने श्रमबहुल तकनीकी पर जोर देकर अर्थशास्त्र के क्षेत्र में नई दिशा देने की कोशिश की और 1973 ईस्वी में (जो वैचारिक संक्रमणकाल भी था) 'स्मॉल इज ब्यूटीफुल' नामक पुस्तक में मध्यम ढंग की तकनीकी (यानी जो न तो बिलकुल मानव श्रम पर आधारित हो और न अति आधुनिक तकनीकी पर) के आधार पर पूरे समाज के गठन की बात की।

विचारों के स्तर पर बदलाव के साथ-साथ वर्तमान औद्योगिक समाज में निहित निर्मम प्रतिस्पर्धा के खिलाफ पश्चिमी दुनिया में भी समय-समय पर भावनात्मक विद्रोह होते रहे हैं। साठ और सत्तर के दशक में वर्तमान समाज के स्थापित मूल्यों के खिलाफ हिप्पी का आन्दोलन और छात्र आन्दोलन हुए। इसी तरह अन्धाधुंध विकास के विरोध के प्रतीक रूप में पुराने मुहल्लों (नेबरहुड) के जीर्णोद्धार के लिए आन्दोलन चलाए गए। इन आन्दोलनों में पुराने मुहल्लों को नष्ट कर आधुनिकीकरण के नाम पर निर्माण उद्योग को बढ़ावा दिए जाने का विरोध किया गया। इसी तरह पर्यावरण को केन्द्र में रखनेवाला ग्रीन (हरित) आन्दोलन जर्मनी तथा यूरोप के अन्य देशों में राजनैतिक दल का रूप ले चुका है।

नए मूल्यों की रोशनी में सम्पन्नता के अनेक मानक (जैसे राष्ट्रीय आय) हास्यास्पद दिखाई देने लगे हैं। सिगरेट, तम्बाकू तथा शराब आदि का उत्पादन भी आज राष्ट्रीय आय में जोड़ा जाता है जबकि असल में ये समाज के लिए नुकसानदेह और ऋणात्मक हैं। इनसे पैदा होनेवाले कैंसर या अन्य बीमारियाँ किसी भी कसौटी पर लोगों की सम्पन्नता या सुख बढ़ानेवाली नहीं कही जा सकतीं। वैसे ही कोई भी आदमी, जिसकी आँखों पर आधुनिक व्यापारी समाज का चश्मा नहीं चढ़ा है, प्रदूषण पैदा कर मानव जीवन को खतरे में डालनेवाले औद्योगिक उत्पादनों को राष्ट्रीय आय में शुद्ध जोड़ नहीं मानेगा। इसी तरह नरसंहार के लिए बनाए जानेवाले

विभिन्न अस्त्र-शस्त्र, जिनका उत्पादन भी राष्ट्रीय आय में गिना जाता है, असल में पूरी तरह ऋणात्मक है।

इससे भी बढ़कर आधुनिक औद्योगिक समाज की जीवन पद्धति ऐसी हो गई है कि आदमी के पास वस्तुओं का जखीरा लगता है और उसका सुख-चैन खत्म हो जाता है तथा मानसिक तनाव और स्वभाव की विकृतियाँ विक्षिप्तता का रूप ग्रहण कर लेती हैं। बड़ी संख्या में आत्महत्या, नशाखोरी और मानसिक चिकित्सा की जरूरत जीवन का अनिवार्य अंग बन जाती है।

जैसे-जैसे आधुनिक सभ्यता के ये पक्ष लोगों की निगाह के सामने आने लगे हैं, वस्तुओं को केन्द्र में रखनेवाले मूल्यों की जगह मनुष्य को केन्द्र में रखनेवाले मूल्यों पर आधारित नई सभ्यता की जरूरत महसूस होने लगी है, लेकिन नए मूल्यों का एहसास ही समाज को नई दिशा देने के लिए काफी नहीं। इसके लिए ठोस शुरुआत कैसे हो सकती है इस पर भी विचार करना जरूरी है।

चूँकि केन्द्रीय नियोजन से अनेक स्थापित स्वार्थ जुड़े हुए हैं, सबसे पहले केन्द्रित नियोजन को खत्म कर नियोजन को विकेन्द्रित कर देना जरूरी होगा। इससे नियोजन का आधार वर्तमान बड़े उद्योगों और सम्पन्न वर्गों की आवश्यकता के अनुसार कुछ भौतिकी लक्ष्यों की प्राप्ति के बजाय आम लोगों की बुनियादी जरूरतों की पूर्ति के लिए उत्पादन करना हो सकेगा। इसके हिसाब से सत्ता के विकेन्द्रीकरण को प्राथमिकता देनी होगी। वर्तमान नियोजन में चाहे वह केन्द्रीय सरकार की हों अथवा निजी क्षेत्र के विशाल प्रतिष्ठानों द्वारा नियोजन, इन दोनों ही में थोक उत्पादन के ही लक्ष्य निर्धारित होते हैं जैसे कुछ करोड़ टन इस्पात, कुछ करोड़ टन पेट्रोलियम, कुछ करोड़ टन कोयला, कुछ हजार अदद मोटरगाड़ियाँ, कुछ करोड़ मेगावाट बिजली की क्षमता आदि। इन लक्ष्यों के निर्धारण के पीछे बड़े औद्योगिक या अन्य प्रतिष्ठानों द्वारा प्रस्तुत माँग होती है या कपड़ा जैसी उपभोग की वस्तुओं के मामले में वर्तमान खपत के आधार पर अनुमानित अग्रिम उत्पादन के लक्ष्य। लेकिन वर्तमान खपत बाजार की माँग या क्रय शक्ति और इसकी सीमा के भीतर लोगों की पसन्द को प्रतिबिम्बित करती है, लोगों की वास्तविक आवश्यकता को नहीं। सोवियत संघ में भी काफी ऐसी वस्तुओं का उत्पादन होता रहता था जिनके लिए उपभोक्ता नहीं थे, जबकि लोगों को आवश्यक वस्तुओं का अभाव रहता था। दूसरी ओर गैर-जरूरी वस्तुओं के उत्पादन का लक्ष्य बना लिया जाता है और फिर सम्पन्न लोगों में विज्ञापन द्वारा उनके लिए बाजार पैदा किया जाता है। इसके विपरीत अगर नियोजन नीचे से हो यानी पंचायतों या प्रखंडों के स्तर पर हो तो नियोजन का आधार लोगों की जरूरतें होंगी।

गाँव के लोगों की बुनियादी आवश्यकताएँ अभी तक इतनी उपेक्षित रही हैं कि उनकी पूर्ति के लिए गाँवों में सब प्रकार के श्रम और कौशल को क्रियाशील करने

की जरूरत होगी। इससे बेरोजगारी स्वत: मिटेगी और रोजगार के बढ़ने से लोगों की क्रय शक्ति और आवश्यक वस्तुओं का बाजार भी फैलेगा। नीचे से नियोजन में काफी हद तक पारम्परिक कौशल, जो ऊपरी नियोजन से खत्म हो रहे हैं, नई आवश्यकताओं के अनुरूप बनाए जा सकेंगे और इसके आधार पर गाँव का निर्माण सम्भव होगा। काफी हद तक गाँवों में सड़क, अस्पताल, स्कूल, पुस्तकालय, भवन और लोगों के आवास निर्माण का काम स्थानीय श्रम, कौशल और संसाधनों के आधार पर हो सकता है। इनके लिए बड़े इस्पात कारखानों या सीमेंट कारखानों द्वारा निर्मित वस्तुओं की जरूरत नगण्य होगी। आवास के लिए जलवायु के उपयुक्त और स्थानीय रूप से उपलब्ध साधनों के आधार पर लगभग सभी जगह जरूरत के हिसाब से भवन निर्माण का कौशल परम्परागत रूप से उपलब्ध है। इस प्रकार के निर्माण में अक्सर स्थापत्य का ज्ञान रहता है और साथ ही कलात्मकता भी अद्‌भुत होती है।

खर, बाँस, लकड़ी, ताड़ और नारियल की लकड़ी या पत्ते से निर्मित घरों की एक विशेषता यह है कि इन्हें बनाने में, उपयोग में, आनेवाली वस्तुएँ घरों का जीवनकाल खत्म होने पर हवा, जल और कीटाणुओं की क्रिया से पुन: मिट्टी में बदल जाती हैं और खाद बनकर उत्पादन चक्र में शामिल हो जाती हैं। इनका स्थान लेने के लिए नई लकड़ियाँ, खर, बाँस आदि फिर तैयार हो जाते हैं। इनके विपरीत ईंट, खपरैल आदि बनाने में मिट्टी की ऊपरी उपजाऊ परत हमेशा के लिए खेती के लिए बेकार हो जाती है। हजारों साल तक इन्हें फिर वापस मिट्टी में नहीं मिलाया जा सकता। इसलिए ईंट, खपरैल आदि के आधार पर गाँवों में रहनेवाले करोड़ों लोगों को आवास नहीं दिया जा सकता। इसी तरह सीमेंट तैयार करने में लगातार चूना पत्थर की खुदाई में उनके भंडार का ह्रास हो रहा है और इसमें ऊर्जा की भारी खपत होती है। पारम्परिक आवास लगभग पूरी तरह स्थानीय रूप से उपलब्ध उद्‌भिज पदार्थों में प्राप्त वस्तुओं से तैयार होते हैं और उनके निर्माण से पर्यावरण सन्तुलन नहीं बिगड़ता। इन्हें आग आदि से बचाया जाए ऐसी समस्याएँ जरूर नए विज्ञान के लिए चुनौती रहेंगी।

विकेन्द्रित ढाँचे में ग्रामीण अर्थव्यवस्था यथासम्भव आत्मनिर्भर होगी और जहाँ तक हो सकेगा, स्थानीय संसाधनों के आधार पर लोगों की जरूरत के हिसाब से वस्तुओं के निर्माण की योजना बनाई जाएगी। इसमें कृषि तथा विभिन्न वस्तुओं का निर्माण करनेवाले स्थानीय उद्योग एक-दूसरे की आवश्यकताओं की पूर्ति करेंगे। विनियम इस अर्थव्यवस्था में भी होगा, लेकिन विनियम का स्वरूप अन्तरराष्ट्रीय न होकर, जैसा कि वह आज है, स्थानीय होगा, जिनमें विनियम का दायरा कुछ ऐसी वस्तुओं को छोड़कर, जो स्थानीय रूप से उपलब्ध नहीं है, प्रखंड या प्रमंडल के स्तर पर होगा। ऐसे क्षेत्रों में कृषि, उद्योग और स्वयं विभिन्न उद्योग भी एक-दूसरे के पूरक होंगे और शेष के भीतर के संसाधनों श्रम और कौशल का पूरा-पूरा

उपयोग करेंगे। इसमें एक उद्योग की आवश्यकताएँ अन्य उद्योगों के लिए बाजार उपलब्ध कराएँगी—जैसे कपड़ा उद्योग कपास, रंग, साबुन, कताई तथा बुनाई की मशीनों का बाजार बनाएँगे।

अभी भारत में जीवन की आवश्यक वस्तुओं का ऐसा घोर अभाव है कि लोगों की जरूरतों की पूर्ति के लिए नीचे से नियोजन करने में सभी लोगों के श्रम और कौशल का पूरा उपयोग करना जरूरी हो जाएगा। अदक्ष और दक्ष श्रमिक दोनों ही निर्माण कार्य और उद्योगों में लगेंगे। लोगों को शिक्षित करने में गाँव के शिक्षित लोगों को काम मिलेगा। इंजीनियरों को निर्माण और उद्योगों में काम मिलेगा, डॉक्टरों को लोगों के स्वास्थ्य की देखभाल में पूरा समय देना होगा। यह जरूर है कि डॉक्टरों और इंजीनियरों का प्रशिक्षण समाज की आवश्यकता के अनुसार ढालना होगा और उसमें व्यवसाय-बुद्धि के बजाय सही वैज्ञानिक दृष्टि और ज्ञान पर बल दिया जाएगा ताकि तकनीकी ज्ञान की आवश्यकता के अनुरूप ढालने लायक सोच हो सके, न कि भारतीय डॉक्टरों और इंजीनियरों की वर्तमान स्थिति बनी रहे, जहाँ वे बाहर से आयातित ज्ञान को बिना देश या बीमार व्यक्ति की जरूरत को समझे कठमुल्लों की तरह इस्तेमाल किया करते हैं।

ऐसे गाँवों और छोटे शहरों के लिए ऊर्जा की जरूरत मूलत: छोटी पनचक्कियों, छोटी पनबिजली योजनाओं, वायु-प्रवाह, सौर ऊर्जा उद्भिज व गोबर गैस और कुछ कामों के लिए बैल, घोड़े आदि से पूरी होगी। ऊर्जा के ये सभी स्रोत ऐसे हैं, जो करोड़ों वर्ष तक उपलब्ध होते रहेंगे। यहाँ एक बात की ओर ध्यान दिलाना जरूरी है। हम सब इस वैकल्पिक विकास की बात करते हैं तो हम यह भी मानकर चलते हैं कि यह एक ऐसा समाज होगा जिसमें केन्द्रीय स्थान होगा ग्रामीण व्यवस्थाओं का और उनकी कुछ विशेष आवश्यकताओं की पूर्ति के लिए बिखरे हुए छोटे-छोटे शहर होंगे, जो शिक्षा के केन्द्र, छोटे परिमाण में पर आवश्यक विनियम के केन्द्र और ऐसे उद्योगों के स्थान होंगे, जिन्हें गाँवों के स्तर पर नहीं लगाया जा सकता।

वर्तमान में ऊर्जा का बहुत अधिक खर्च विशेषकर तेज परिवहन पर होता है और वह इसलिए कि अर्थव्यवस्था का आधार बड़े उद्योग और अन्तरराष्ट्रीय विनियम है। बड़े उद्योगों के इर्द-गिर्द स्वत: बड़े नगर बस जाते हैं और फिर इन नगरों के लोगों की जरूरत की पूर्ति के लिए अन्य उद्योग और इनमें काम करनेवाले लोगों की भीड़ बढ़ती जाती है। इस तरह नगरों का लगातार विस्तार होता जाता है। लिहाजा नगर इतने विशाल हो जाते हैं कि उनमें काम पर पहुँचने या अन्य जरूरतों की पूर्ति के लिए लोगों को लम्बी दूरी तय करनी होती है। इस कारण नगरों की यह मजबूरी होती है कि तेज वाहनों की व्यवस्था करें। तेज वाहनों पर भारी मात्रा में ऊर्जा खर्च होती है और वह ऐसी होती है कि उसे केन्द्रित ऊर्जा उत्पादन या वितरण के जरिये ही प्राप्त किया जा सकता है। इसी तरह अन्तरराष्ट्रीय विनियम के लिए तेज

यातायात और संचार-व्यवस्था की जरूरत होती है। इससे बड़े और तेज वायुयान, पानी के विशाल जहाज, भारी मोटरगाड़ियों आदि के लिए ऊर्जा का इन्तजाम करना होता है। अन्तरराष्ट्रीय विनियम में औद्योगिक प्रतिस्पर्धा की खास भूमिका होती है। इससे बड़े और तेज वायुयान, पानी के विशाल जहाज, भारी मोटरगाड़ियों आदि के लिए ऊर्जा का इन्तजाम करना होता है। अन्तरराष्ट्रीय विनियम में औद्योगिक प्रतिस्पर्धा की खास भूमिका होती है। इससे अक्सर अमेरिका में तैयार मोटरगाड़ियाँ, कम्प्यूटर तथा अन्य वस्तुएँ भारी मात्रा में जापान और जर्मनी भेजी जाती हैं और जापान और जर्मनी में निर्मित ये ही वस्तुएँ अमेरिका भेजी जाती हैं। इसके विपरीत स्थानीय उद्योगों की जरूरत की पूर्ति करनेवाले उद्योगों के लिए ऐसे निरर्थक निर्यात और आयात पर कोई ऊर्जा खपत नहीं करनी होगी। इसी तरह गाँवों या छोटे शहरों में रहनेवाले लोगों का काम पर जाने या अन्य जरूरतों की पूर्ति के लिए परिवहन पर कोई खर्च नहीं करना होगा।

केन्द्रीय रूप से उत्पादित और वितरित ऊर्जा के सम्बन्ध में कुछ तथ्य विचारणीय हैं। एक ऊर्जा विशेषज्ञ ऐमौरी लोविंस के अनुसार इंग्लैंड में किए गए एक अध्ययन से यह नतीजा निकला था कि उपभोक्ता द्वारा ऊर्जा पर खर्च किए गए 100 सेंट में सिर्फ 29 सेंट ही ऊर्जा की कीमत थी और बाकी 71 सेंट तो ऊर्जा के वितरण के खर्च के लिए उसे चुकाने पड़े। इससे यह नतीजा निकलता है कि ऐसी ग्रामीण व्यवस्था में, जिसमें ऊर्जा के स्थानीय स्रोत ही होंगे, उपभोक्ताओं को एक-तिहाई खर्च से उतनी ही ऊर्जा उपलब्ध हो सकती है, जितनी उन जगहों में, जहाँ ऊर्जा का उत्पादन और वितरण केन्द्रित है। इंग्लैंड में कुल ऊर्जा का 26 प्रतिशत परिवहन पर 66 प्रतिशत घर आदि को गरम रखने में और सिर्फ 8 प्रतिशत ही बिजली के रूप में ऐसे कामों पर खर्च किया जाता है, जिनके लिए बिजली का उपयोग अनिवार्य है।[1] यही नहीं ऊर्जा का जो 66 प्रतिशत ताप पहुँचाने में काम आता है, उसे भी 55 प्रतिशत पानी के उबाल से कम तापमान का ताप पहुँचाने के लिए इस्तेमाल किया जाता है। इसका अर्थ यह है कि 55 प्रतिशत ऊर्जा सूरज की किरणों से बहुत कम खर्च पर सीधे उपयोग के लिए प्राप्त की जा सकती है, अगर ताप पहुँचाने की केन्द्रित व्यवस्था की जगह ऊर्जा का उपयोग वहीं हो, जहाँ उसे सूरज से लिया जाए। सौर ऊर्जा के लिए कीमती संयंत्रों की जरूरत तभी पड़ती है, जब उसे बिजली में बदला जाए। चूँकि ऐसे कामों के लिए ऊर्जा की खपत की आवश्यकता बहुत कम होती है, ऐसे संयंत्रों पर खर्च करना मुश्किल नहीं होगा और दीर्घकालीन परिप्रेक्ष्य में यह भी सस्ता पड़ेगा क्योंकि एक बार ऐसे संयंत्र लगा देने के बाद ईंधन पर कोई खर्च नहीं आएगा और जो भी खर्च आएगा, वह सिर्फ संयंत्रों के रखरखाव और उनकी मरम्मत पर ही आएगा।

चूँकि विकेन्द्रित अर्थव्यवस्था में परिवहन पर खर्च बहुत ही कम हो जाएगा, इसके लिए आवश्यक ऊर्जा सौर बैटरी (बैटरी पर चलनेवाली वाहनों के लिए)

से या जमीन से पैदा होनेवाले खर, घास-पात, भूसे की गैस या गन्ने से प्राप्त अल्कोहल से उपलब्ध हो सकेगी। भारत ऐसे देश में खासकर स्थानीय परिवहन और ढुलाई के लिए बैल, घोड़े, ऊँट, खच्चर आदि का प्रयोग होता रहेगा क्योंकि आज भी अधिकांश गाँवों में और कुछ हद तक नगरों में भी माल ढोने का ज्यादा काम इनसे ही लिया जाता है। इनकी उपयोगिता तभी खत्म होती है जब परिवहन की दूरी बहुत बढ़ जाती है और तेज रफ्तार आवश्यक हो जाती है। चूँकि ये पशु प्रकृति के जीवन चक्र के स्वाभाविक अंग होते हैं, वे कम-से-कम खर्च यानी चारे, भूसे से ये ज्यादा-से-ज्यादा ऊर्जा देते हैं। इनका मलमूत्र, खाद और गैस का स्रोत है और चमड़ा औद्योगिक वस्तुओं के लिए उपयोगी। गोबर गैस के घर-घर प्रसार से न सिर्फ खाना पकाने के लिए ईंधन और रोशनी की सस्ती व्यवस्था हो सकेगी बल्कि खेतों के लिए उम्दा किस्म की सस्ती खाद की भी उपलब्धता भारी मात्रा में हो सकेगी, जो आज ईंधन के लिए गोबर और घास-पात जला देने से नष्ट हो जाती है। खेती के लिए उर्वरकों की खपत घटाई जाएगी और जैविक (ऑरगैनिक) खाद उसका स्थान लेगी, जिसके लिए उत्पत्ति-विज्ञान (जेनेटिक्स) की नई उपलब्धियों का पूरा योगदान लिया जा सकेगा।

जैसाकि पहले कहा गया है, इस तरह की व्यवस्था समतामूलक समाज में ही सम्भव है। जहाँ लोगों की आय में घोर गैर-बराबरी हो, वहाँ इस तरह की व्यवस्था नहीं चल सकती। अगर देश में ऐसे प्रतिष्ठान बने रहें, जहाँ थोड़े से लोगों की आय सामान्य लोगों की आय से बहुत अधिक है या बड़ी जोतों में दूसरों के श्रम के शोषण के आधार पर कुछ लोगों की आमदनी बहुत अधिक है, तो यह व्यवस्था नहीं चल पाएगी। यह सम्भव नहीं होगा कि इंजीनियरों, डॉक्टरों या अन्य कौशल वाले लोगों को गाँवों में काम करने के लिए उनकी जरूरत की पूर्ति भर का वेतन दिया जाए जबकि अन्य जगह ऐसी ही योग्यता वाले लोगों की आमदनी कई गुना अधिक हो। गैर-बराबरी की अर्थव्यवस्था में निहित प्रतिस्पर्धा के कारण दुनिया के संसाधनों की रक्षा नहीं हो सकती और न ही इसमें बुनियादी जरूरतों पर आधारित नीचे से नियोजन की सफलता सम्भव है। इसलिए गैर-बराबरी के खिलाफ जेहाद नई विकास नीति का आवश्यक अंग होगा।

इस सारी प्रक्रिया की शुरुआत राजनीतिक सत्ता को विकेन्द्रित करने के संकल्प से ही शुरू हो सकती है क्योंकि केन्द्रित राजनीतिक सत्ता पर अनिवार्य रूप से बड़े लोगों का प्रभाव रहता है। केन्द्रीय नियोजन भी इनके लाभ को ध्यान में रखकर किया जाता है। इसका जवाब विकेन्द्रीकरण ही हो सकता है।

सन्दर्भ और टिप्पणियाँ

भूमिका

1. आज तो 'नैचुरल एडवांटेज' सिर्फ उन देशों की है जिन्होंने अधुनातन तकनीकी दक्षता हासिल कर ली है और सारे संसार के संसाधन औद्योगिक उत्पादों में तब्दील होने के लिए वहीं पहुँचते हैं; या उन स्थानों पर पहुँचते हैं जहाँ वहाँ की विशाल कम्पनियाँ उत्पादन करना चाहती हैं।
2. प्राय: अमेरिका की अपनी आंतरिक राजनीति इसकी अन्तरराष्ट्रीय नीतियों पर हावी रहती है। कुछ लोगों का मानना है कि राष्ट्रपति बुश के लिए ओहियो और पेंसिल्वानियाँ के मतदाता विशेष तरह से महत्त्वपूर्ण हैं और इस्पात उद्योग के बन्द होने से 1,90,000 मजदूर और 6,00,000 दूसरे सेवानिवृत्त पेंशनधारी लोग बुरी तरह प्रभावित होते हैं। इस दबाव ने इस नीति को प्रभावित किया होगा।
3. दरअसल यूरोपीय संघ मामले को विश्व व्यापार संगठन के सामने लाया और अमेरिका दोषी पाया गया और उस पर हर्जाना ठोका गया।

1. मौजूदा विकास की दिशा

1. ये आँकड़े कुछ पुराने हैं, लेकिन कमोबेश पैटर्न यही बना रहता है।

मूल्यबोध

1

पूँजीवाद और सोशलिज्म अब एक-दूसरे के विकल्प नहीं रह गए हैं। उनका रूप भले ही कुछ भी क्यों न हो, दोनों ही समाज को उन्हीं दबावों, निषेधों और मानदंडों के मुताबिक गढ़ना चाहते हैं, जो औद्योगिक व्यवस्था ने पिछली तीन शताब्दियों में अपने विकास के दौरान हमारी दुनिया पर थोपे हैं। इसके चलते पूँजीवाद और सोशलिज्म दोनों ही उत्पादन और वितरण की कमोबेश एक जैसी पद्धति अपनाने को बाध्य होते हैं। रिफार्मेशन या प्रोटेस्टेंट आन्दोलन के बाद यूरोपीय समाज पर जो मूल्य हावी रहे उन्हें इस औद्योगिक व्यवस्था ने आत्मसात कर लिया है। शुरुआती दौर में यूरोपीय समाज पर कालविनिस्ट नीतिशास्त्र हावी रहा। हम सब यह जानते हैं कि कालविनिस्ट नीतिशास्त्र ने सांसारिक सफलता (इसमें व्यापार और उद्योग में सफलता को अत्यधिक महत्त्व दिया गया), को दैवी-कृपा का प्रमाण बताकर उसे औदात्य प्रदान किया। कालविनिज्म ने किफायत, उद्यम, संयम और दायित्वबोध का गुणगान करते हुए पृथ्वी पर ईश्वर का राज्य कायम करने के लिए उन्हें आवश्यक बताया। इस नीतिशास्त्र के तहत सांसारिक सफलता दैवी आशीर्वाद और अनुकम्पा है और उसे प्राप्त करने के लिए प्रतियोगिता व प्रतिस्पर्धा जायज हैं। 19वीं सदी के उत्तरार्ध में इस कालविनिस्ट मूल्य व्यवस्था पर चार्ल्स डार्विन के विकासवादी विचारों से उद्भूत इहलौकिक (सेक्यूलर) मूल्यों की एक नई व्यवस्था का आरोपण हुआ। अपने चरम रूप में डार्विन के विचार सामाजिक डार्विनवाद के रूप में अभिव्यक्त हुए और यह माना गया कि योग्यतम ही जीवित रहता है या रह सकता है (सरवाइवल ऑफ द फिटेस्ट)। डार्विनवाद ने भी प्रतियोगिता और प्रतिस्पर्धा का ही गुणगान किया और यह माना गया कि जो प्रतियोगिता में सफल होते हैं वे ही मानव जाति के श्रेष्ठ व बेहतर लोग हैं। यह नीतिशास्त्र, 19वीं शताब्दी से पश्चिमी समाज पर जिस भौतिकवादी लोकाचार (एथोस) का अत्यधिक प्रभाव पड़ा था, उसके बहुत अनुकूल था। इसके आर्थिक और नृजातीय (नस्ली) निहितार्थ भी थे।

इस दृष्टिकोण के अनुसार सिर्फ समाज में ही निम्न वर्ग नहीं होते, प्रकृति में भी निम्न मनुष्य होते हैं। जिस तरह निम्न वर्ग का शोषण उचित है उसी तरह उच्च या श्रेष्ठ जातियों या नस्लों द्वारा निम्न जातियों या नस्लों को गुलाम बनाना और

उन पर आधिपत्य कायम करना उचित और प्राकृतिक है। यही सृष्टि का नियम है। इस दृष्टिकोण का नतीजा यह हुआ कि समाज में यह विचार गहरा पैठा दिया गया कि वनस्पति और प्राणि जगत के उच्चावच क्रम (हायरार्किक) के समानान्तर मानव जगत में भी सोपानवत क्रम होता है (और होना चाहिए)। इसका यह मतलब बना कि असमानता केवल एक अनिवार्य और अवश्यम्भावी वस्तु नहीं है वरन सामाजिक विकास की एक आवश्यक प्रेरक शक्ति है। इससे श्वेत लोगों द्वारा अश्वेत लोगों का विनाश व उन्मूलन करने और उन्हें गुलाम बनाने को जायज ठहराया जा सका। यहाँ यह याद रखना चाहिए कि कोलम्बस के अमेरिका की खोज करने के बाद से ही अश्वेतों को गुलाम बनाने और उन्हें विनष्ट करने का सिलसिला चल पड़ा और इसी के चलते यूरोप और अमेरिका में औद्योगिक क्रान्ति का आधार खड़ा हो पाया। हिटलर पश्चिमी समाज की इसी मूल्य व्यवस्था का स्वाभाविक वारिस था। उसने तो यहाँ तक कह डाला कि सभ्यता के विकास और निर्माण के लिए मनुष्य ने पहले चरण में पशुओं का इस्तेमाल करना सीखने के पूर्व हीन मनुष्यों को गुलामों के रूप में इस्तेमाल करना सीखा था। अभी यूरोप और अमेरिका में, काम करने के लिए आए हुए गैर-यूरोपीय लोगों के खिलाफ जो हिंसा बढ़ रही है वह इसी मनोवृत्ति और नस्लवादी मूल्यों की एक और अभिव्यक्ति है।

आधुनिक औद्योगिक व्यवस्था और उसके इर्द-गिर्द सभ्यता के जो आदर्श विकसित हुए हैं, वे इन मूल्यों की परम्परा से अलग और असम्पृक्त नहीं हैं। ये मूल्य पश्चिमी टेक्नोलॉजी और औद्योगिक प्रबन्धन (मैनेजमेंट) की संरचना में घुले-मिले हुए हैं। यह औद्योगिक व्यवस्था भी यह मानती है कि जो सफलता की नृशंस होड़ में पीछे रह जाते हैं उनकी ओर ध्यान देने की कोई जरूरत नहीं; वे त्याज्य माल हैं।

1880 के दशक में फ्रेडरिक विनस्लो टेलर के अध्ययन और सिद्धान्तों के चलते औद्योगिक प्रबन्धन और उद्योगों के संगठन में एक भारी बदलाव आया।

अमेरिका के गृहयुद्ध के बाद प्रतियोगिता और प्रतिस्पर्धा का बढ़ना इस बदलाव का एक बड़ा कारण था। विनस्लो टेलर ने अधिकाधिक उत्पादन करने के उद्देश्य से काम के दौरान मजदूरों के बीच-बीच में काम छोड़कर सुस्ताने और इधर-उधर टहलने की स्वाभाविक प्रवृत्तियों को समाप्त करने के लिए समय और गतिशक्ति (मोशन) का अध्ययन किया और इस अध्ययन के निष्कर्षों के मुताबिक कारखाने में काम करने की एक नई पद्धति इस्तेमाल की जाने लगी। इससे मजदूरों को उत्पादन का पुर्जा मात्र बना दिया गया। नई पद्धति यह थी कि मजदूरों के काम को इस तरह बाँटा या विभाजित कर दिया गया कि उसकी जटिलता समाप्त हो गई और वह टुकड़ों-टुकड़ों में एक अत्यन्त सरल काम बना दिया गया। इस तरह मजदूर अलग-अलग औजारों से एक सरल काम को बार-बार करनेवाले पुर्जे बन गए। निर्माण प्रक्रिया के अलग-अलग हिस्सों में बँट जाने के बाद उनके मेल (एसेम्बली)

से वस्तु का निर्माण किया जाने लगा। प्रक्रिया के सरल और आसान किए जाने का नतीजा यह हुआ कि जो काम मनुष्य करते आए थे वही काम मशीनों से लिया जाने लायक हो गया और इस तरह बड़ी तादाद में मजदूरों को हटाकर उनकी जगह मशीनें काम में लाई जाने लगीं। मजदूरों को हटाने की यह प्रक्रिया अब रोबोटों और कम्प्यूटरों के आविष्कार से अपनी परिणति पर पहुँच गई है।

सोवियत संघ में भी स्टालिन ने जब पंचवर्षीय योजनाओं के तहत बड़े पैमाने पर औद्योगीकरण शुरू किया तो उत्पादन में तेजी लाने के लिए इसी तरह की प्रक्रिया चलाई; यह प्रक्रिया स्टैखानोविज्म के नाम से जानी जाती है। पूँजीवादी व्यवस्था में आधुनिक औद्योगिक प्रबन्धन के माध्यम से बड़ी सूक्ष्मता से मशीनों को मजदूरों को हटाकर व्यवस्थित किया जाता है। लेकिन स्टालिन ने सीधे-सीधे बल-प्रयोग और जबरदस्ती का इस्तेमाल किया। इस तरह पूँजीवादी और सोशलिस्ट दोनों ही व्यवस्थाओं में औद्योगिक विकास की टेक्नोलॉजी और ऊर्जा (डायनेमिक्स) एक जैसी रही।

इस तरह उत्पादन बढ़ाने और कार्य की चुस्ती को अधिक करने के लिए इस्तेमाल की जानेवाली टेक्नोलॉजी की प्रक्रियाएँ क्रमश: अधिक जटिल होती गईं और जो काम पहले मनुष्य करते थे उन्हें विभिन्न मशीनों के तालमेल वाली पेचीदा व्यवस्था द्वारा किया जाने लगा। इसके परिणामस्वरूप विभिन्न स्तरों की दक्षता और तकनीकी ज्ञान वाले मजदूरों और टेकनीशियनों की नियुक्ति करना आवश्यक होता गया। इन मजदूरों और टेकनीशियनों का मुख्य काम मशीनों की देख-रेख और संचालन करना भर था। इस तरह उद्योगों के एक अत्यन्त सोपानवत (हायरार्की) संगठन का जन्म हुआ जिसमें उच्च श्रेणी और पद में प्रोन्नति और वेतन-स्तर में वृद्धि दीर्घकालीन तकनीकी शिक्षा और दूसरों से बेहतर काम कर दिखाने पर निर्भर होती गई। इससे मजदूरों में प्रतियोगिता का जो भाव बढ़ा, वह उस प्रतियोगितात्मक वातावरण का ही प्रतिबिम्ब था जिसके तहत उद्योगों को चलना पड़ता था। प्रत्येक उद्योग अपनी टेक्नोलॉजी को लगातार आधुनिक व ज्यादा उच्चस्तरीय बनाने में लग गया ताकि वह प्रतियोगिता में कामयाबी हासिल कर सके। किसी भी उद्योग की क्षमता या प्रतियोगिता करने की कूवत का अन्तत: यही मतलब होता गया कि उसका ज्यादा-से-ज्यादा मशीनीकरण हो जिससे मशीनें ज्यादा-से-ज्यादा आदमियों का स्थान ले सकें। इस तरह टेक्नोलॉजी के लगातार उच्चतर होने का अर्थ ही यह होता गया कि उससे ज्यादा-से-ज्यादा आदमियों को काम से हटाया (वंचित किया) जा सके। सेवा और संचार क्षेत्र के प्रसार से भी यह प्रक्रिया रुकती नहीं क्योंकि इन क्षेत्रों में भी नई टेक्नोलॉजी का अर्थ होता है ज्यादा-से-ज्यादा स्वचालन (ऑटोमेशन) और कम-से-कम मनुष्य-श्रम का इस्तेमाल यानी कम-से-कम मनुष्यों का काम।

इस प्रकार की टेक्नोलॉजी में मजदूरों का उपभोग स्तर बढ़ाकर ऑटोमेशन और मशीनीकरण से फालतू और बेरोजगार हुए मजदूरों को नए उद्योग खोलकर काम पर

लगाए रखने की जो बात यूरोपीय सोशलिस्टों ने पहले सोची थी, वह कारगर नहीं हो सकती। इसका बहुत ही सीधा-सादा कारण यह है कि बेरोजगार हुए मजदूरों को वह अतिरिक्त क्रय शक्ति प्रदान नहीं की जा सकती कि वे नए उद्योगों द्वारा निर्मित वस्तुओं को खरीद सकें—नए उद्योगों की वस्तुओं को खरीदना तो दूर रहा, पहले से चले आ रहे उद्योगों द्वारा निर्मित वस्तुओं तक को खरीदना उनके लिए सम्भव नहीं हो सकता। इसलिए फालतू या बेरोजगार हुए मजदूरों को रोजगार या काम उपलब्ध करवाने के लिए नए उद्योग विकसित करने की यह एक आवश्यक शर्त है कि बन्द अर्थव्यवस्था के बाहर बाजार प्राप्त करने की होड़ मचे, लेकिन जब अन्य औद्योगिक अर्थव्यवस्थाएँ भी इसी दिशा में (बेरोजगार मजदूरों को काम उपलब्ध करवाना) सचेष्ट हों तो गतिरोध का पैदा होना अवश्यम्भावी है। आज दुनिया में यही स्थिति है और अमेरिकी, यूरोपीय और जापानी अर्थव्यवस्थाएँ नए बाजार प्राप्त करने की होड़ कर रही हैं। जब कोई अर्थव्यवस्था जितना आयात करती है उससे ज्यादा निर्यात करने लगे तो वह अन्य अर्थव्यवस्थाओं को बेरोजगारी का भी निर्यात करती होती है। अभी हम ऐसी ही स्थिति का सामना कर रहे हैं जिसमें सारे औद्योगिक जगत में मन्दी आई हुई है और प्रमुख अर्थव्यवस्थाओं में से कोई भी जब इस मन्दी की गिरफ्त से बाहर निकलने की कोशिश करती है तो वह अन्य अर्थव्यवस्थाओं के लिए संकट पैदा कर देती है।

मन्दी दूर करने के लिए एक अस्थायी और तात्कालिक हल के रूप में ऐसे नए इलाकों की तलाश की जाती है, जहाँ मशीनों और औद्योगिक माल दोनों का ही निर्यात किया जा सके। इसमें परिवहन और संचार के क्षेत्रों में नई टेक्नोलॉजी का इस्तेमाल करनेवाली आधुनिक सेवाओं का निर्यात भी शामिल है। ये नए इलाके तथाकथित विकासशील अर्थव्यवस्थाओं वाले इलाके होते हैं। औद्योगिक अर्थव्यवस्थाएँ जिन-जिन वस्तुओं और मशीनों के लिए नए इलाकों में बाजार तलाशती हैं, वे उन इलाकों में तभी खप सकती हैं जबकि उनमें (इलाकों) उच्च आय वाला एक आधुनिक क्षेत्र विकसित किया जाए जिससे नई औद्योगिक वस्तुओं, मशीनों और आधुनिक सेवाओं की माँग बढ़ाई जा सके। लेकिन परम्परागत अर्थव्यवस्थाओं में एक आधुनिक क्षेत्र का विकास वहाँ के परम्परागत उद्योगों और जीवन पद्धति को नष्ट कर ही किया जा सकता है। परम्परागत अर्थव्यवस्थाओं पर नई टेक्नोलॉजी का प्रभाव भयंकर होता है। नई टेक्नोलॉजी जिन इलाकों से आती है उनमें उसका प्रभाव इतना भयंकर नहीं होता क्योंकि उनसे वह किसी रूप में जुड़ी होती है, लेकिन परम्परागत अर्थव्यवस्थाओं को तो वह छीज ही डालती है। इस प्रक्रिया में परम्परागत अर्थव्यवस्थाओं में बहुसंख्यक जनता का जीवन-क्रम और जीवन धारण करने की सारी व्यवस्था, जो बहुत सारी परम्परागत चीजों तथा प्रकृति व वनस्पति से जुड़ी रहती है, नष्ट होने लगती है और आधुनिक उत्पादन व्यवस्था के छोटे-छोटे द्वीप बनने लगते हैं। इस प्रकार आधुनिक टेक्नोलॉजी का प्रसार, औद्योगिक उत्पादन-व्यवस्थाओं को मन्दी

से उबरने का सिर्फ एक तात्कालिक और अस्थायी साधन ही प्रदान करता है; परम्परागत अर्थव्यवस्थाओं को तो भयंकर नुकसान पहुँचाता है, उनमें बेरोजगारी, तबाही और कंगाली बढ़ाता है। इसके अलावा इस प्रकार का विकास परम्परागत अर्थव्यवस्थाओं और तथाकथित विकासशील अर्थव्यवस्थाओं को पूँजी और माल के मामले में औद्योगिक अर्थव्यवस्थाओं पर पूरी तरह निर्भर बना डालता है।

सोशलिस्ट व्यवस्था का चरमरा कर ढह पड़ना उस द्वन्द्व और संघर्ष में अन्तर्निहित था जो औद्योगिक आचार-व्यवहार और सोशलिस्ट परम्परा की समतावादी और मानवीय आकांक्षाओं के बीच है। औद्योगिक आचार-व्यवहार और प्रकृति का सोशलिस्ट परम्परा की समतावादी और मानवीय आकांक्षाओं से मेल नहीं बैठाया जा सका। इस मेल के अभाव में सोशलिस्ट व्यवस्था कायम नहीं रह सकती थी। सोवियत संघ ने सोशलिस्ट परम्परा की समतावादी और मानवीय आकांक्षाओं को धता बताकर एक प्रतियोगितात्मक औद्योगिक संस्कृति को अपने यहाँ पनपाने की चेष्टा जरूर की पर वह औद्योगिक कार्य-कुशलता और क्षमता की माँगों के अनुरूप नहीं हो सकी; इन माँगों को पूरा करने के लिए जिस स्तर पर पहुँचना आवश्यक था, वह सोवियत संघ में सम्भव नहीं हो पाया।

यह दलील दी जा सकती है कि अगर विकासशील दुनिया को औद्योगिक विकास के लिए पर्याप्त समय मिले तो वह भी औद्योगिक अर्थव्यवस्थाओं के समकक्ष हो सकती है; उनके जैसा स्तर प्राप्त कर सकती है, लेकिन यह सम्भव नहीं, क्योंकि आधुनिकीकरण की प्रक्रिया की प्रवृत्ति और प्रकृति ही ऐसी है कि वह यह नहीं होने देगी। विकासशील दुनिया को औद्योगिक व्यवस्थाओं के समकक्ष होने के लिए बाजार और कच्चे माल के लिए और भी बड़े इलाकों में अपना जाल बिछाना होगा। लेकिन बाजार और माल कहाँ से आएँगे? हमारी इस पृथ्वी पर वे उपलब्ध ही नहीं हैं। इसके अलावा एक और भयंकर बाधा है जिससे पार पाया ही नहीं जा सकता। वह बाधा यह है कि इस तरह का विकास होने पर जो भारी उत्पादक-शक्ति उत्पन्न होगी उसकी माँग को पूरा करने के लिए उतने प्राकृतिक साधन होंगे ही नहीं। आज हमारी दुनिया की 30 प्रतिशत से भी कम आबादी विकसित औद्योगिक अर्थव्यवस्थाओं में रहती है और दुनिया के प्राय: सारे प्राकृतिक साधनों पर उसका आधिपत्य है। इससे अभी ही हमारी दुनिया के पेट्रोलियम संसाधन प्राय: चूक रहे हैं—वे इस शताब्दी में 25 वर्षों से आगे नहीं खिंच सकते—समाप्त हो जाएँगे। कोयले का भंडार शायद कुछ देर और बना रहे, लेकिन पेट्रोलियम के चुक जाने पर उसके भी समाप्त होने की रफ्तार बढ़ जाएगी। अन्य विरल संसाधन जिनमें जल भी शामिल है, बड़ी तेजी से चुक रहे हैं। इसके साथ औद्योगिक गैस और औद्योगिक कचरे ने पर्यावरण को इतना प्रदूषित कर डाला है कि जीव मंडल (बायोस्फेयर) का ही अस्तित्व विपन्न हो गया है। अब हम इस बात की सहज ही कल्पना कर सकते हैं कि अगर इस

प्रक्रिया की रफ्तार चौगुनी हो गई तो प्राकृतिक साधनों और पर्यावरण की क्या दशा होगी। अगर तीसरी दुनिया की आबादी मौजूदा विकास की पद्धति को अपनाने और उसके मार्ग पर चलने लगे तो क्या नतीजा होगा?

इन कारणों को यदि ध्यान में रखें तो भारत का विकसित औद्योगिक अर्थव्यवस्थाओं के अनुरूप विकास होने की कोई सम्भावना ही नजर नहीं आती। हम आज यह देख पा रहे हैं कि विकसित औद्योगिक अर्थव्यवस्थाओं के अनुरूप विकास करने के प्रयत्नों से समृद्धि के छोटे-छोटे टापू तो भले ही पैदा हो जाएँगे पर बहुसंख्यक जनता के जीवन-धारण की व्यवस्था तहस-नहस हो जाएगी, उसका अस्तित्व ही संकट में पड़ जाएगा। यह सब हम वनों, खदान के इलाकों और बड़े-बड़े बाँधों के निर्माण स्थलों में पश्चिमी मॉडल पर विकास परियोजनाओं के चलाने के परिणामस्वरूप आदिवासियों और अन्य लोगों के विस्थापन और कंगालीकरण के रूप में होता देख रहे हैं। इसके अलावा हम देहातों में सर्वत्र कंगालीकरण की प्रक्रिया को तेज होते देख रहे हैं क्योंकि उद्योगों को बढ़ाने के लिए किसानों के साथ अन्यायपूर्ण व्यवहार हो रहा है—उन्हें एक ऐसे व्यापार में जबरदस्ती भागीदार बनाया जा रहा है जिसमें उन्हें घाटा-ही-घाटा सहना पड़ता है। विकास चाहे सरकारी क्षेत्र के तहत हो या निजी क्षेत्र के तहत, स्थिति में कोई फर्क नहीं पड़ता। सरकारी क्षेत्र की विकास परियोजनाओं के क्या परिणाम होते हैं उसके गंधमार्दन की बाक्साइट खनन परियोजना और सरदार सरोवर परियोजना उदाहरण हैं। सोवियत संघ में बलात सामूहिकीकरण (कलेक्टिवाइजेशन) और राज्य द्वारा उत्प्रेरित औद्योगिक विकास की तेज रफ्तार के चलते 1930 के दशक में क्या हुआ था, यह हम जानते हैं। 1930 के दशक में सोवियत संघ में अकालों में प्राय: डेढ़ करोड़ लोग अकाल मृत्यु के शिकार हुए।

इस आधुनिक औद्योगिक विकास का एक अन्य पहलू अनदेखा कर दिया जाता है, पर वह ध्यान देने योग्य है। समृद्धि के आधार को संकुचित करने और व्यापक रूप से असमानताएँ और विषमता पैदा करने के कारण यह विकास अंचलों, जातियों और समुदाओं के बीच वैमनस्य और विरोध को बढ़ाता है। विकास के लाभ कुछ अंचल और मुट्ठी-भर लोग हथिया लेते हैं। इससे उन अंचलों और जातियों और समुदायों के लोगों में, जिन्हें समान अनुपात में विकास का लाभ नहीं मिलता असन्तोष और द्वेष पैदा होता है। ऐसे में व्यवस्था में अन्तर्निहित असमान और अन्यायपूर्ण वितरण की पद्धति को दोषी ठहराने की बजाय अंचलों, जातियों और समुदायों को अपराधी करार दिया जाने लगता है। वंचित अंचलों, जातियों और समुदायों का विशिष्ट वर्ग, जो लाभ के सुअवसर जुटाने की आकांक्षा पालता रहता है, अपने अंचल, जातियों और समुदायों को लाभ में ज्यादा हिस्सेदारी प्राप्त करने की माँग से प्रेरित कर एकजुट करता है। इस तरह एक विडम्बनापूर्ण स्थिति पैदा हो गई है जिसमें उद्योगों के अत्यधिक आधुनिक क्षेत्रों तक में जातीय और सामुदायिक

आधार पर ध्रुवीकरण हो रहा है, जबकि एक समय यह उम्मीद की जाती थी कि आधुनिकीकरण संकीर्णता भरी और भावनात्मक जातीय और सामुदायिक वफादारी को समाप्त कर वर्ग-चेतना और एकता लाएगा।

ऊपर हमने जो लिखा उसका उद्देश्य हमारी व्यवस्था के बुनियादी दोष और मूल रोग की ओर ध्यान दिलाना है। एक नए राजनीतिक आन्दोलन या पार्टी का निर्माण करने की इच्छा के पीछे जो सबसे महत्त्वपूर्ण बात है, वह यह है कि आज की सभी मुख्य पार्टियाँ एक प्रकार की ही टेक्नोलॉजी पर आधारित एक ही प्रकार के आर्थिक विकास की पक्षधर हैं। आज सबसे ज्यादा जरूरत इस बात की है कि विकास का एकदम नया मॉडल तलाशा जाए जो पूर्ण रूप से अलग किस्म के मूल्यों से पुष्ट हो और जिसे सुचारु रूप से अमल में लाया जा सके और कायम भी रखा जा सके। ये मूल्य एक नई सभ्यता का उन्मेष करें। विकास के ये नए मूल्य प्रतियोगिता के स्थान पर सहयोग को, सोपान क्रम (हायरार्किक) के स्थान पर समानता को स्थान दें, प्रकृति पर आधिपत्य कायम करने के बजाय उसके प्रति मैत्री और उसे सुरक्षा प्रदान करने के भाव को प्रधानता दें; अपने से अलग मत और अलग धर्म वाले लोगों और संस्थानों के प्रति सहिष्णुता विकसित करें ताकि सौहार्द, समझदारी और भाईचारे की आवश्यकता को देखते हुए लोगों के बीच आदान-प्रदान और सम्प्रेषण हो सके। इसके साथ ही हमें अति मानव शक्तियों की फॉस्टियन तलाश (जो आधुनिक सभ्यता का सबसे बड़ा आकर्षण है) को, जो तेज-से-तेज रफ्तार, ऊँची-से-ऊँची उड़ान और प्राकृतिक तत्त्वों को हमारी इच्छा के वशीभूत करने की ज्यादा-से-ज्यादा शक्ति अर्जित करने की इच्छाओं और तलाश के रूप में अभिव्यक्त होती है; त्यागना होगा। अन्त में ये इच्छाएँ और तलाश निरर्थक ही तो मालूम पड़ती हैं। ये मनुष्य की मानवीयता और श्रेष्ठता की अभिव्यक्ति तथा उसके दैहिक व आध्यात्मिक कल्याण के लिए सहायक नहीं हैं। चीता तेज-से-तेज धावक से ज्यादा रफ्तार से दौड़ सकता है, हाथी में मनुष्य से कहीं ज्यादा बल होता है और गिद्ध आकाश में बहुत ऊँचा उड़ सकता है, लेकिन उनके ये गुण उन्हें मनुष्य से श्रेष्ठ नहीं बनाते। मनुष्य को प्रकृति की जो सबसे बड़ी देन मिली है वह है उसकी चिन्तन-मनन की क्षमता जिससे वह दर्शन, विज्ञान और कलाओं के लोकोत्तर मूल्यों की तलाश में जीवन व्यतीत कर सके।

आधुनिक सभ्यता ने रफ्तार की तलाश और दिक् और काल पर विजय प्राप्त करने की कोशिश में मनुष्य के जीवन को हड़बड़ी और जल्दबाजी का शिकार बना दिया है। उसे तेज दौड़ना और दूर भागना पड़ता है ताकि वह अपनी जीविका चला सके और कारखाने या दफ्तर में जो काम का उच्चावच क्रम बना हुआ है उसमें अपने स्थान से च्युत न हो जाए। उसके पास चिन्तन-मनन करने के लिए अवकाश ही नहीं है। हड़बड़ी और जल्दबाजी की जिन्दगी में जो थोड़ा-बहुत समय यदि मिल भी जाता है तो वह चिन्ता और असुरक्षा की भावना से आक्रान्त समय होता है। शराब, नशीले

पदार्थ और तम्बाकू, यातनामय और कष्टप्रद जीवन में राहत हासिल करने के लिए आवश्यक हो गए हैं। ये पलटकर मनुष्य को तरह-तरह के रोगों के शिकंजे में कसते जाते हैं तो फिर रोग-मुक्ति की छटपटाहट शुरू हो जाती है। आधुनिक सभ्य मानव का यही तो जीवन है। यही तो उसके जीवन का चक्कर और क्रम है।

जीवन के इस चक्कर और क्रम की गुलामी से मुक्त होने के लिए हमें विकास का एक एकदम अलग मकसद मानना होगा—विकास की आज जो मान्यता है उससे बिलकुल भिन्न, लेकिन यह विकास कैसा होगा? वह सिर्फ एक आदर्श ही नहीं होगा बल्कि व्यवहार-योग्य भी होगा यानी जिसे हासिल करना हमारे बूते की बात हो, जिसे हम अपने साधनों के दायरे में ही हासिल कर पाएँ। वैकल्पिक राजनीति को अगर सार्थक होना है तो उसे इस मकसद की दिशा में उन्मुख होना होगा; अन्य चीजों की इस मकसद को पूरा करने के लिए सिर्फ सहायक भूमिका ही हो सकती है। ठोस और व्यावहारिक रूप में हम यह कह सकते हैं कि यह राजनीति विकास के एक वैकल्पिक मॉडल के लिए किया जानेवाला आन्दोलन होगा जिसमें उपयुक्त टेक्नोलॉजी की तलाश होगी। एक ऐसे विकास का मॉडल जिसका सिर्फ प्रकृति के साथ ही मेल नहीं होगा, वरन जो ऊर्जा और कच्चे माल के ऐसे संसाधनों के इस्तेमाल से, जो नष्ट या समाप्त नहीं होते, प्रगति करते रहने की एक सहज रफ्तार भी कायम रख सकेगा—यानी जिसमें प्रदूषण, संसाधनों के क्षय का संकट पैदा न हो और सधे ढंग से विकास होता रहे।

लेकिन असाधारण परिस्थितियों को छोड़कर लोग किसी नए आदर्श और उसे हासिल करने के लिए सचेष्ट संगठनों से इस तरह आकृष्ट नहीं होते कि उनको अपनाने को एकदम आतुर हो जाएँ। हालाँकि हम जिन परिस्थितियों और समय से गुजर रहे हैं वे सिर्फ हमारे अस्तित्व के लिए ही नहीं सारी सभ्यता के लिए असाधारण और भीषण हैं, पर लोगों को इसका बहुत हल्का ही आभास है। और किसी भी संगठन के लिए अन्तत: सबसे अहम प्रश्न तो लोगों की चेतना का है क्योंकि किसी भी संगठन के प्रसार और प्रचार के लिए अन्तत: लोगों की चेतना ही सबसे ज्यादा महत्त्व रखती है। अभी जो लोग जनमत तैयार करते हैं या जिनके कारण जनमत बनता है वे आधुनिकता की नकली सुनहली चमक-दमक से इतने ज्यादा मोहित हैं कि वे इससे बिना किसी ठोस आधार के भी चिपके रहना चाहते हैं। इसका एक कारण निश्चय ही यह है कि ऐसे लोग भयावह गरीबी के महासमुद्र में मौजूदा सभ्यता के फायदे उठाते हैं और वास्तविकता को न देखने में ही उनका हित है। ऐसी स्थिति में एक वैकल्पिक व्यवस्था के लिए संगठन करने के वास्ते बहुत धीरज रखना होगा—दीर्घकाल तक लोगों को समझा-बुझा कर ही स्थापित सत्ता के अभेद्य गढ़ में दरार डाली जा सकती है।

2

आधुनिक काल में संस्कृति, धर्म और राष्ट्र की अवधारणाएँ जिस तरह एक-दूसरे से उलझकर जटिल और त्रासद स्थितियाँ पैदा करती रही हैं उन्हें देखते हुए उनके पारस्परिक सम्बन्धों पर विचार करना काफी प्रासंगिक बन गया है। धर्म और राष्ट्र की अवधारणाओं के उलझ जाने से उत्पन्न स्थितियों के उदाहरण अनेक हैं—दो ऐसे उदाहरण उत्तरी आयरलैंड और बोस्निया-हर्जेगोविना के हैं। स्वयं भारत का विभाजन धर्म और राष्ट्र की अवधारणाओं के उलझ जाने का परिणाम था। संस्कृति की अवधारणा को भी राष्ट्रीय उन्माद का आधार बनाया जा सकता है, जैसा जर्मनी में हिटलर के समय में हुआ। वहाँ संस्कृति को नस्ल के साथ जोड़कर एक ऐसा उन्माद पैदा किया गया कि पचास लाख से अधिक यहूदियों को गैस चैम्बरों में बन्द कर या अन्य तरह से मार डाला गया। इस उन्माद के पीछे नस्ल और इतिहास के मिथकों का महत्त्वपूर्ण हाथ था। ऐसी स्थितियों से उबरने का एकमात्र उपाय मिथकों के विरुद्ध यथार्थ और भावावेश की जगह तर्कबुद्धि को खड़ा कर भ्रमों को दूर करने का प्रयास ही हो सकता है।

मनुष्य के सभी मानवीय क्रिया-कलापों और अवधारणाओं के पीछे उसकी संस्कृति होती है। धर्मबोध या राष्ट्रबोध दोनों ही अन्ततः उसकी संस्कृति के ही आयाम हैं। इसलिए मानव समाज में संस्कृति की भूमिका क्या है इसे समझना सर्वाधिक महत्त्व का है। मनुष्य को छोड़कर बाकी सभी जीवों के व्यवहार जन्मजात अन्तर्भूत दबावों (इंस्टिंक्ट) से निर्धारित होते हैं। चींटियों या मधुमक्खियों के अति जटिल समाजों के श्रम विभाजन भी ऐसे ही अन्तर्भूत दबावों द्वारा निर्धारित होते हैं। अक्सर एक मधुमक्खी दूसरे को मधु-संचय सम्बन्धी काफी जटिल संवाद प्रस्तुत करती है। फिर भी यह सब बिना सोचे-समझे आन्तरिक दबाव में होता है। मनुष्य से निकटतम जीव चिम्पांजी में भी विवेक का प्रयोग अत्यन्त ही प्राथमिक दर्जे का होता है। इसके विपरीत मनुष्य के व्यवहार एक अति प्राथमिक स्तर के बाद या तो सामाजिक प्रशिक्षण पर आधारित होते हैं या उसके विवेक पर। मनुष्य का सबसे प्रधान अन्तर्भूत या जन्मताज गुण समाज में ऐसे प्रशिक्षण का ताना-बाना बुनना और वातावरण तैयार करना होता है। इसी से विभिन्न क्रिया-कलापों के पीछे इंस्टिंक्ट

के अभाव की पूर्ति होती है। अपनी सर्वांगता में यही मानव समुदायों की संस्कृति होती है। चूँकि मनुष्य के व्यावहारिक गुण जन्मजात नहीं होते, हर व्यक्ति और हर पीढ़ी को अपने प्राकृतिक या सामाजिक परिवेश द्वारा प्रस्तुत स्थितियों का मुकाबला करने के लिए नए सिरे से प्रशिक्षण लेने की जरूरत होती है। ऐसा प्रशिक्षण इसलिए सम्भव होता है क्योंकि मनुष्य को उसकी संस्कृति से पूर्व में सीखे गए ज्ञान का संचित भंडार उपलब्ध होता है; जो समाज, परिवार या अन्य इकाइयों द्वारा सम्प्रेषित होता है। यह ज्ञान पीढ़ी-दर-पीढ़ी लगातार हस्तान्तरित इसलिए हो पाता है क्योंकि मनुष्य में अवधारणा ग्रहण की क्षमता होती है जिसे वह प्रतीकों के जरिये सम्प्रेषित कर सकता है। इसलिए संस्कृति प्रतीकधर्मी होती है।

अवधारणाओं और ठोस वस्तुओं को इनसे भिन्न और अमूर्त प्रतीकों द्वारा अभिव्यक्त करने की क्षमता मनुष्यों में अलौकिक शक्ति प्रदान करने का भ्रम पैदा करती है। लगभग पन्द्रह हजार वर्ष पूर्व के यूरोप के अल्तामीरा और लास्को की गुफाओं के भित्तिचित्र सम्भवत: शिकार को सफल बनाने के निमित्त बनाए गए थे। इसके अलावा आदिम जनजातियों से लेकर आधुनिक समाजों तक में नृत्य, मंत्र और विभिन्न अनुष्ठानों द्वारा प्रकृति और मानव समूहों पर नियंत्रण प्राप्त करने की अभिलाषा प्रतीकों की सामर्थ्य पर विश्वास ही व्यक्त करते हैं, लेकिन यह कोरा विश्वास ही नहीं है। एक दूसरे अर्थ में आधुनिक समाज में भी प्रतीक विशाल शक्ति के स्रोत बन गए हैं।

भाषा, जो प्रतीकों का समुच्चय होती है संस्कृतियों के संकलन और सम्प्रेषण का सबसे सबल माध्यम होती है। चूँकि सम्प्रेषण आम बोलचाल की भाषा के अलावा नृत्य, संगीत, ललित कला और काव्य की भाषाओं के माध्यम से भी होता है—बल्कि अधिक सशक्त रूप से—इसलिए अक्सर संस्कृति का अर्थ लोग साहित्य, ललित कला, नृत्य, संगीत आदि मान लेते हैं। दूसरी ओर जीवन की रक्षा के लिए उत्पादन के साधनों का सर्वाधिक महत्त्व होता है जिनका भी हस्तांतरण पीढ़ी-दर-पीढ़ी होता रहता है। इससे एक दूसरी अतिवादी दृष्टि इतिहासकारों द्वारा अपना ली जाती है जिसके अनुसार प्राचीन संस्कृतियों को उत्खनन से प्राप्त औजारों और बर्तनों के आधार पर वर्गीकृत किया जाता है—जैसे प्रस्तर युगीन संस्कृति, कांस्य संस्कृति, लौह संस्कृति आदि। इस दृष्टि को मार्क्सवादी इतिहास दृष्टि से भी बल मिला है जिसके मतानुसार उत्पादन के साधन संस्कृति के आधार और संस्कृति के बाकी आयाम महज ऊपरी आवरण (सुपर स्ट्रक्चर) होते हैं, लेकिन हकीकत में संस्कृति मनुष्य की उत्पादन प्रणाली, आचार, विचार, जीवन दृष्टि एवं मूल्यों को ग्रहण कर पीढ़ी-दर-पीढ़ी मानव समाज को अनुप्राणित करती रहती है। इसमें किसी एक तत्त्व की प्राथमिकता स्थापित करने का प्रयास मुर्गी एवं अंडे के बीच की प्राथमिकता तय करने जैसी पहेली में डालनेवाला सिद्ध होगा।

संस्कृति में धर्म का खास स्थान होता है क्योंकि यह मनुष्य के प्रकृति के साथ सम्बन्धों एवं आपसी सम्बन्धों को नियमित करने में सर्वाधिक महत्त्वपूर्ण होता है। एक सामाजिक जीव के लिए जो समाज के अन्य व्यक्तियों और प्रकृति के साथ असंख्य तन्तुओं से जुड़ा हुआ है, यह महत्त्व सहज ही समझा जा सकता है। अन्य पशुओं की तरह मनुष्य के स्वभाव में भी आक्रामकता उसका वंशानुगत गुण है, लेकिन अन्य पशुओं में, खासकर उनमें जिनके दाँत, नख, सींग आदि आपसी युद्ध में जानलेवा हो सकते हैं, इन्हें नियंत्रित करने का भी अन्तर्निहित दबाव होता है। लेकिन मनुष्य में, सम्भवत: इसलिए क्योंकि वह घातक प्राकृतिक हथियारों से लैस नहीं है, ऐसा कोई स्वत:स्फूर्त आन्तरिक दबाव नहीं है। दूसरी तरफ उसकी संस्कृति ने उसे भीषण नरसंहार के हथियारों से युक्त कर रखा है। इसलिए इस पर नियंत्रण भी संस्कृति से ही हो सकता है ताकि वह अपनी पूरी प्रजाति का संहार न कर दे। इस दिशा में जो कुछ भी हो सका है वह उन मूल्यों की देन है जो मनुष्य को विभिन्न धर्मों से प्राप्त हुए हैं। अन्य मनुष्यों पर आक्रमण और परपीड़न से परहेज, करुणा, क्षमा एवं परहित जैसे मूल्य हमें धर्मों से ही प्राप्त हुए हैं, लेकिन स्थान और काल की भिन्नता से इनके ठोस रूप क्या होंगे यह सदा स्पष्ट नहीं हो पाता। इसके अलावा मनुष्य अनेक समुदायों में बँटा होता है। इन समुदायों के सम्बन्ध भी अक्सर मधुर नहीं होते। ऐसी स्थिति में मनुष्य की वफादारियों में भी टकराहट पैदा होती है। धर्म जो अच्छे और बुरे एवं ईश्वर और शैतान के बीच का विभाजन लोगों को सही राह पर चलाने के लिए करता है, अक्सर मानव समुदायों के विभाजन में कटुता लाने का काम भी करता है। सहज ही अपने पक्ष को भला और दूसरे पक्ष को बुरा मान लिया जाता है। इससे भी बढ़कर अपने पक्ष को ईश्वर का पक्ष और दूसरे के पक्ष को शैतान का मान इसे निर्मूल कर देने का नैतिक अधिकार भी प्राप्त हो जाता है।

चूँकि वर्तमान समय में राष्ट्रीयता मानव समूहों के बीच संघर्ष का मुख्य मुद्दा बन गई है यहाँ इसके सम्बन्ध में भी कुछ शब्द कहना जरूरी लगता है। राष्ट्रीयता की भावना असल में कबाइली अस्मिता बोध से ही विकसित होती है। इसमें कबीले की भाषा, आचार संहिता, नृत्य-संगीत आदि सबका समावेश होता है जो कबीले को अन्य कबीलों से अलग एक विशिष्टता प्रदान करते हैं। आगे चलकर यह बोध अनेक स्थानों पर विशेष क्षेत्रों से जुड़ जाता है जिससे इस बोध से नदी, पर्वत और परिवेश की अन्य विशिष्टताएँ लगाव पैदा करती हैं। कहीं-कहीं जब एक क्षेत्र में एक से अधिक मानव समूहों के लोग आकर साथ-साथ रहने लगते हैं और किसी मिली-जुली संस्कृति का निर्माण करते हैं तो राष्ट्रीय बोध कबीलाई बोध से आगे बढ़कर पूरे क्षेत्र में व्याप्त सांस्कृतिक बोध बन जाता है, लेकिन यूरोप की विशेष स्थिति में पन्द्रहवीं से अठारहवीं शताब्दी के बीच राष्ट्रबोध विशेष कबीलाई क्षेत्रों के राज्यों के साथ एकाकार हो गया और इससे राष्ट्र-राज्य के अर्थ में इधर हाल

में राष्ट्रभाव को मूल से जोड़ने की प्रवृत्ति व्यापक हुई है और कहीं-कहीं धर्म को ही मूल का आधार बनाने की कोशिश हुई है। इससे राष्ट्रीयता का प्रश्न अधिक उलझनपूर्ण हो गया है। चूँकि राष्ट्र-राज्य का बोध सांस्कृतिक बोध से बढ़कर सीमा, फौज, कानून-व्यवस्था आदि पर आधारित है, अत: पड़ोस के ऐसे दूसरे राष्ट्र-राज्यों से टकराहट की स्थिति बनी रहती है। इस टकराहट में सांस्कृतिक सम्प्रेषणीयता के विविध तत्त्वों का विकृत रूप में इस्तेमाल होता है। इससे दो राष्ट्रों के बीच संवाद की सम्भावना क्षीण होती है। इसका विनाशकारी प्रभाव हम चारों तरफ देख रहे हैं।

इस सन्दर्भ में यह भी विचारणीय है कि सम्प्रेषण कैसे विकृत होता है। भाषा, जो सांस्कृतिक सम्प्रेषण का मुख्य स्रोत है, प्रकाश भी फैलाती है और भटकाती भी है। यह सम्भावना भाषा की संरचना में ही निहित है। एडवर्ड सैपीर और वी. ह्वोर्फ जैसे भाषाशास्त्रियों का तो यहाँ तक मानना है कि हम क्या देख पाते हैं वह काफी हद तक उस भाषाई समुदाय पर निर्भर करता है जिसमें हम रहते हैं, क्योंकि प्रत्येक भाषा विशेष भौगोलिक-वैचारिक परिवेश में उस भाषाई समूह के लोगों की आवश्यकता के अनुसार ही विकसित होती है। इससे जहाँ समूह के भीतर सम्प्रेषण सहज होता है वहाँ समूहों के बीच सम्प्रेषण में कठिनाई पैदा होती है। विभिन्न समूह अपने भाषाई खोलों से घिरे होते हैं। दूसरे समूह के लोग जो देखते हैं उन्हें दिखाई नहीं देता और इससे संवादहीनता की स्थिति पैदा होती है। संवादहीनता से दूसरों के प्रति संवेदनहीनता पैदा होती है। इससे तनाव और संघर्ष की भूमिका तैयार होती है।

एक अन्य भाषाशास्त्री अल्फ्रेड कौरजिन्स्की ने भाषा के कारण पैदा होनेवाली संवादहीनता और संघर्ष की सम्भावना से प्रथम विश्वयुद्ध के बाद के काल में ही आगाह किया था। उसने वस्तुओं और उनके लिए व्यवहार में लाए जानेवाले शब्दों में भेद करने की लोगों की असमर्थता की ओर ध्यान दिलाया, जिस असमर्थता के चलते लोगों की प्रतिक्रियाएँ लेबुल के प्रति होती हैं, वास्तविक व्यक्तियों के प्रति नहीं। ऐसे लेबुल होते हैं, हिन्दू, मुसलमान, हिन्दुस्तानी, पाकिस्तानी आदि। इससे लेबुल द्वारा इंगित पूरे समूह के सम्बन्ध में एक सामान्यीकरण पूर्वाग्रहग्रस्त धारणा बना ली जाती है और हमारे व्यवहार इसी धारणा से निर्धारित होते हैं, न कि व्यक्तियों में सम्पर्क के निजी अनुभवों से। सरलीकरण की यह प्रवृत्ति इतनी व्यापक होती है कि इतिहासकार भी इससे ऊपर नहीं उठ पाते। इसका एक उदाहरण है "भारत पर मुसलमान आक्रमण का जुमला।" अक्सर इतिहास की पुस्तकों में मुसलमान आक्रमण का जिक्र रहता है, लेकिन असलियत यह है कि भारत पर कभी मुसलमान या इस्लामी आक्रमण नहीं हुआ। इस देश पर आक्रमण हुए हैं अरबों के, तुर्कों के, अफगानों और मुगलों के; जैसे इसके पहले यूनानियों, शकों, हूणों आदि के आक्रमण हुए थे और अगर कुछ इतिहासकारों की बात मान लें तो जैसे सुदूर प्रागैतिहासिक काल में द्रविड़ों और आर्यों के आक्रमण हुए थे। यह जरूर हुआ कि तुर्क, अरब

या मुगल अपने आक्रमण के काल में इस्लाम कबूल कर चुके थे। इनके हमले अक्सर भारत के अन्य मुसलमान शासकों के विरुद्ध हुए, लिहाजा बाबर का हमला इब्राहिम लोदी के खिलाफ हुआ था। यह सब हमले साम्राज्य विस्तार की लालसा से विभिन्न देशों के शासकों द्वारा हुए थे या भौगोलिक कारणों से मानव समूहों के एक स्थान से विस्थापित हो अन्य स्थानों पर बसने की मजबूरी से, लेकिन जब इन हमलों को मुसलमान हमलों के रूप में देखा जाता है तो न सिर्फ इतिहास की ओर देखने का नजरिया बदल जाता है, बल्कि अपने पड़ोसी वैसे मुसलमानों की ओर देखने का भी, जिनके साथ रोज उठने-बैठने का सम्बन्ध होता है।

सुप्रसिद्ध दार्शनिक बर्ट्रेंड रसेल ने भ्रमित करनेवाले एक अन्य भाषाई गुण की ओर ध्यान दिलाया था। उसने बतलाया कि भाषा में व्याकरणीय सम्भावनाएँ भौतिक सम्भावनाओं से कहीं अधिक होती हैं। उदाहरण में उसने यह वाक्य "चाँद हरे पनीर का बना है" पेश किया। (इन्क्वायरी इंटू मीनिंग ऐंड ट्रुथ)। भाषा की दृष्टि से यह एक जायज वाक्य माना जाएगा। पर यह भौतिक सम्भावना से परे है। रसेल उस दार्शनिक समुदाय का था जिसे लॉजिकल पोजिटिविस्ट कहा जाता है और जिसने भाषाओं के विश्लेषण से यह सिद्ध किया था कि हमें भावनात्मक रूप से प्रभावित करनेवाली बातें यथार्थ की दृष्टि से अक्सर अर्थहीन होती हैं।

भाषाओं की भटकानेवाली यह क्षमता हमें मानव मस्तिष्क के उन विशेष गुणों—यानी अवधारणाओं और प्रतीकों के विषय—पर ले जाती है जो संस्कृतियों के निर्माण में कोशिकाओं का काम करते हैं। भाषा स्वयं प्रतीकों का समुच्चय है जिसमें भाषा के शब्द और वाक्य वस्तुओं और अवधारणाओं के प्रतीक होते हैं, लेकिन रंग, रूप, आकार, स्वर, पशु-पक्षी या कोई भी अन्य वस्तु ऐसे प्रतीक बन सकते हैं जो ठोस वस्तुओं, स्थितियों या भावनाओं का प्रतिनिधि बन जाते हैं। एक गायिका कोकिल बन जाती है और नेता शेर बन जाता है। शेयर बाजार में तेजी बुल (साँड़) बन जाती है और अपमानित व्यक्ति का 'मुँह काला' हो जाता है।

रसेल के ऊपर के उद्धरण में यह बतलाया गया था कि व्याकरणीय सम्भावना भौतिक सम्भावना का अतिक्रमण कर सकती है, लेकिन प्रतीकों के प्रयोग से भाषा की भावनात्मक सम्भावना सीमाहीन बन जाती है। यहाँ कोई ऐसा ठोस भौतिक मापदंड नहीं होता जिससे कहा जा सके कि व्याकरण द्वारा मान्य कोई वाक्य भावनात्मक रूप से असम्भव है। जब एक चाटुकार कवि एक राजनेता को हिमालय से अधिक महान बतलाता है या किसी प्रधानमंत्री को भारत माता कहता है तो किसी भौतिक मापदंड से उसे झुठलाया नहीं जा सकता, क्योंकि व्यक्ति की महानता की अनुभूति एक भावना है जिसे पहाड़ से मापा नहीं जा सकता और भारत माता की अवधारणा स्वयं एक भावना है जिसका देश की धरती या जनगण से कोई वस्तुनिष्ठ सम्बन्ध नहीं स्थापित किया जा सकता। इस तरह भाषा की भ्रमित करने की शक्ति अपार

बन जाती है। व्यावसायिक या राजनीतिक प्रचारक इस तथ्य का पूरा फायदा उठाते हैं चूँकि अवधारणा ठोस वस्तुओं का प्रतिनिधित्व तो कर सकती है, लेकिन उससे बँधी नहीं होती—(जैसे 'वृक्ष' शब्द से वृक्ष का बोध तो होता है, लेकिन यह किसी विशेष वृक्ष से बँधा नहीं होता—इससे किसी भी वृक्ष का चाहे, वह छोटा, बड़ा, टूटा, साबुत कैसा भी हो, बोध हो सकता है) इसलिए अवधारणाओं को मनमाने ढंग से तोड़ा जा सकता है, स्थानान्तरित किया जा सकता है। चूँकि ये सब प्रक्रियाएँ मानव मस्तिष्क में चलती हैं इसलिए ये मन की तरह ही निर्बाध रूप से गतिशील होती हैं। इस मानसिक प्रक्रिया से विद्या के देवता गणपति मानव शरीर और हाथी का सिरवाले गजानन बन जाते हैं, विष्णु चतुर्भुज बन जाते हैं और जन्म, जीवन एवं मृत्यु इन तीनों स्थितियों के प्रतीक तीन मुखों वाले देवता त्रिमूर्ति बन जाते हैं। अवधारणाएँ क्या रूप लेंगी यह मूलत: सामाजिक परिवेश से निर्धारित होता है।

प्रतीकों को आमतौर से दो भागों में बाँटा जाता है। एक तरह के प्रतीक अत्यधिक व्यापक होते हैं जो तर्कशास्त्रियों और गणितज्ञों के क्षेत्र में व्यवहार में आनेवाले चिह्नों, अंकों और अक्षरों से लेकर आम बोलचाल की भाषा में शब्दों के रूप में व्यवहार में आते हैं। इसी का एक रूप इहलौकिक दृश्य कला में दिखाई देता है जहाँ चित्र और मूर्तियों का अर्थ, दर्शक जो सामने दिखाई देता है उसी आधार पर निकालते हैं, लेकिन इनमें कुछ प्रतीक ऐसे होते हैं जिनके विशेष अर्थ धार्मिक समूहों द्वारा लगाए जाते हैं—जैसे ईसाई धर्म में मेमना प्रतीक बन जाता है ईसा मसीह का, या हाथी और गाय बौद्ध धर्म में विशेष रूप से पवित्र हैं क्योंकि इनका सम्बन्ध माया देवी के स्वप्न से है।

ऐसे ही प्रतीक राष्ट्र या किसी अन्य मानव समूह से जुड़े हो सकते हैं जिनकी भावनात्मक अपील समूह विशेष के लिए हो—जैसे राष्ट्रध्वज, राष्ट्रगान की धुन, लाल झंडा जो मजदूरों का प्रतीक रहा है आदि। जैसे भाषा की सम्प्रेषणीयता भाषाई समूह के भीतर होती है, वैसे ही इन प्रतीकों की भावनात्मक अपील उन विशेष समूहों में होती है जिनमें इनका विकास हुआ होता है। इस स्थिति से समूहों के बीच संवादहीनता पैदा होती है और इसमें संघर्ष के बीज होते हैं। इस तरह मानव समूहों के संघर्ष में उनकी संस्कृतियों के भेद से भी बल मिल सकता है।

आज के सांस्कृतिक परिदृश्य में दो बातें महत्त्व की हैं। एक तो यह कि विभिन्न संस्कृतियों के विकास में भिन्नता के कारण विभिन्न वस्तुओं के प्रति उनकी भावना में भिन्नता है। इनमें प्रतीकों के माध्यम से अभिव्यक्ति की सम्भावना के सीमाहीन होने के कारण, जिसका विवरण ऊपर दिया गया है, यह सम्भावना बनती है कि विवादों को अतिरंजित करके दिखलाया जाए और जिसमें दूसरे समूह या आराध्यदेव को अत्यधिक निकृष्ट बताया जाए और अपने समूह या राष्ट्र को सर्वश्रेष्ठ बताया जाए। दूसरी यह कि अभी हाल के वर्षों में सम्पन्न पश्चिमी देशों

की संस्कृति को, विशेषकर उपभोक्तावादी संस्कृति को, सर्वश्रेष्ठ मानकर बाकी दुनिया पर इसे आरोपित किया जा रहा है। इसमें सार्वजनीन संस्कृति के अभ्युदय का भ्रम पैदा होता है, लेकिन इस प्रक्रिया में दुनिया के तमाम देशों की राष्ट्रीय या इनके भीतर की आंचलिक संस्कृतियाँ या तो लुप्त होती जा रही हैं, या इस सम्पर्क में बाहरी तत्त्वों के घालमेल से भ्रष्ट हो रही हैं।

वैसे तो संस्कृतियों के बीच आदान-प्रदान पूरे इतिहास काल में होता रहा है और अन्य संस्कृतियों का तत्त्व ले संस्कृतियाँ समृद्ध हुई हैं। उदाहरण के लिए भारत का रंगमंच यूनानी सम्पर्क से विकसित हुआ और मूर्तिकला की एक उत्कृष्ट विधा गांधार कला का विकास हुआ, लेकिन नाटकों की विषय वस्तु एवं मूल्य और मूर्तिकला का आध्यात्मिक रुझान भारतीय परम्परा के अनुसार बना रहा। इसी तरह भारत का स्थापत्य और लघु चित्र कला तुर्क, अफगान और फारस की कलाओं के तत्त्व ले परिष्कृत हुई। फारसी प्रभाव की पृष्ठभूमि ले अमीर खुसरो ने न सिर्फ भाषा के विकास में अमूल्य योगदान दिया बल्कि संगीत के क्षेत्र में सितार और तबले का विकास और कई रागों का विकास किया जिससे पारम्परिक भारतीय संगीतशास्त्र तेजी से विकसित हुआ। इसके विपरीत पश्चिम की मौजूदा संस्कृति में साम्राज्यवादी तत्त्व है जो कला, साहित्य, संगीत और जीवन के अन्य क्षेत्रों से भारतीय परम्पराओं को निष्कासित कर उन पर हावी हो रही है। यह संस्कृति बाजार की जरूरतों के अनुसार विकसित हुई है और विज्ञापन और प्रतिस्पर्धा इसका मूलतत्त्व है। टी.वी., सिनेमा आदि विधाओं के माध्यम से, जिनका प्रारम्भिक परिवेश औद्योगिक राष्ट्र रहे हैं, वे दुनिया के सभी राष्ट्रों पर छा रहे हैं। यह सांस्कृतिक आक्रमण इतना महत्त्वपूर्ण हो गया है कि पिछले दिनों गैट समझौते की शर्तों में सिनेमा और टी.वी. के निर्बंध प्रवेश के खिलाफ स्वयं यूरोपीय समुदाय, विशेषकर फ्रांस का स्वर अत्यधिक मुखर था क्योंकि उसे अमेरिकी कला व्यापार की स्पर्धा से अपनी सांस्कृतिक अस्मिता के नष्ट होने का खतरा दिखाई देता था।

जीवन और कला के मूल्यबोध अलग-अलग परिवेश में पैदा होने के कारण अपनी उत्कृष्टता के आकलन का मानक स्वयं निर्माण करते हैं। इससे इन्हें विस्थापित कर कोई बाहरी वस्तु इनके अभाव की पूर्ति नहीं कर सकती, न तो इन्हें बाहरी मानकों से परीक्षित किया जा सकता है, लेकिन वैसी संस्कृतियाँ जो बाजार के मानक से परीक्षित हो सकती हैं, तुरन्त अन्य संस्कृतियों के आमने-सामने बाजार की प्रतिस्पर्धा में खड़ी हो जाती हैं। इनका केन्द्रीय मूल्यबोध बाजारू लोकप्रियता होता है। वही कला, साहित्य या संगीत प्रशंसित होता है जिसके ग्राहकों की संख्या और आमदनी अधिक हो। चूँकि ऐसी कला का बाजार अत्यधिक विस्तृत होता है यह विभिन्न मानव समूहों की अंतरंग भावनाओं, आकांक्षाओं और त्रासदियों की संवेदना से असंपृक्त रहती है। इसके विक्रेता अपने प्रयासों और विज्ञापनों से ऐसा

माहौल पैदा करते हैं जिसमें यह प्रशंसा अर्जित कर सके। ऐसी प्रशंसा का आधार सतही वासनाओं की पूर्ति या चटखारा प्रदान करना ही हो सकता है। इस तरह दुनिया की संस्कृतियों का रुझान बाजारूपन और अन्ततः अपसंस्कृति की तरफ होता है।

कुल मिलाकर वर्तमान समय में हम दुविधा की स्थिति में हैं। चूँकि अब संचार और यातायात के विकास से संसार की सभी संस्कृतियाँ एक-दूसरे के सम्पर्क में हैं, उनकी पारम्परिक आत्मनिष्ठ विविधताएँ उन्हें एक-दूसरे के आमने-सामने, खासकर उनके आमने-सामने जो उनके पड़ोसी हैं, खड़ा कर देती हैं। चूँकि संस्कृतियाँ राष्ट्रीय संस्कृतियों के रूप में विकसित हुई हैं और राष्ट्र-राज्य की हथियारी शक्ति का वाहक बन गई हैं, गम्भीर टकराहट की स्थिति पैदा होती रहती हैं। भाषा एवं कला विधाओं के माध्यम से उनके मतभेदों को हवा दे आक्रामक विद्वेष में बदला जा सकता है। इसके अलावा बाजारू संस्कृति के एकछत्र प्रसार से दुनिया के अधिकांश देशों में सार्थक सांस्कृतिक जीवन के लोप होने का भय है।

प्रश्न है कि इस दुविधा से मुक्ति कैसे मिले। स्पष्ट है कि बाजारू संस्कृति का निर्बंध फैलाव समस्या का समाधान नहीं हो सकता। तो समस्या का समाधान इसी में हो सकता है कि मूल्यों की विविधता के बीच कुछ ऐसे मूल्यों की तलाश हो जो विविधता के बावजूद विभिन्न मानव समूहों और उनकी संस्कृतियों के शान्तिपूर्ण सह-अस्तित्व को सम्भव बना सकें। क्या ऐसा कोई मूल्य हो सकता है जो निर्विवाद और सर्वमान्य हो? साहित्य-कला, सिनेमा आदि के माध्यम से, अवधारणाओं में अन्तर्निहित उन गुणों के कारण जिनका वर्णन ऊपर हो चुका है, बहुत कुछ जो स्वयं सिद्ध या सत्य दिखाई देता है, संदिग्ध या झूठा बतलाया जा सकता है। प्रथम विश्व युद्ध के बाद के काल में कला के क्षेत्र में सुर्रियलिस्ट कला ने बड़ी सफलता से यह काम किया था। राजनीति में यह कितनी सफलता से कितने भयानक परिणामों को जन्म दे सकती है उसकी एक झाँकी तीस और चालीस के यूरोपीय यथार्थ पर आधारित जॉर्ज आरवेल के उपन्यास 'उन्नीस सौ चौरासी' में देखी जा सकती है। संचार माध्यमों के विकास और प्रसार से यथार्थ को धुँधलाने या झुठलाने की यह शक्ति समाज में आज कहीं अधिक है।

संशय और सन्देह के इस वातावरण में हम फ्रांसीसी दार्शनिक देकार्त की तर्ज पर ही ऐसे सत्य पर पहुँच सकते हैं। सभी बातों पर सन्देह करते-करते वह इस नतीजे पर पहुँचा कि "वह सन्देह करता है इसलिए निःसन्देह है।" इसी तरह हम कह सकते हैं कि चूँकि दुनिया के सभी सामाजिक सम्बन्ध कला-साहित्य और संस्कृतियाँ मनुष्य के इर्द-गिर्द मनुष्य द्वारा सर्जित हैं, इनमें सब कुछ नकारने के बाद भी मनुष्य का अस्तित्व बचा रह जाता है। इसलिए कोई भी बात चाहे वह कितनी ही सुहानी या तार्किक लगे, अगर वह मनुष्य के अस्तित्व को खतरे में डालती है, उसे पीड़ा पहुँचाती है तो वह नकारने योग्य है। अपनी समझ के लिए और अनेक

आपसी सम्बन्धों के निर्धारण के लिए हम मानव समूहों और संस्थाओं (राष्ट्र भी इनमें एक है) के व्यक्तित्व को कबूल करते हैं, लेकिन अन्ततोगत्वा मृत्यु यातनाएँ और विभिन्न त्रासदियों की पीड़ा झेलनेवाला मानव व्यक्ति ही होता है। पीड़ा की अनुभूति व्यक्तिगत ही होती है, भले ही इसकी चेतना सामूहिक बन जाए। इसलिए संख्या से इसकी गहराई नहीं मापी जा सकती। कॉन्संट्रेशन कैम्पों में पहुँचाई गई हजारों लोगों की पीड़ा भी अन्तत: उसके एक-एक व्यक्ति की ही पीड़ा होती है। आतंकवादी गिरोहों द्वारा पहुँचाई गई अपहृत व्यक्तियों की पीड़ा और सुरक्षा सैनिकों द्वारा बन्दीगृहों में पहुँचाई गई पीड़ा में मानवीय स्तर पर कोई फर्क नहीं किया जा सकता। इस सबके पीछे समान त्रासदी यही है कि सभी पीड़ा पहुँचानेवाले और हत्या करनेवाले समूहों के लिए हत्या और उत्पीड़न उदात्त आदर्शों की पूर्ति के लिए साधन होते हैं। किसी की निगाह में यह समाज की बेहतरी या स्वाधीनता का मार्ग है और किसी के लिए राष्ट्र-राज्य और अमन-चैन की सुरक्षा के लिए जरूरी है। अन्तिम रूप से ऐसे सभी क्रियाकलापों में पीड़ा भोगनेवाला मनुष्य ही रह जाता है जो अपनी पीड़ा में नितान्त अकेला होता है। आदर्शों के आवरण में सामाजिक जीवन का यह कटु सत्य आँखों से ओझल हो जाता है और हम हत्या और उत्पीड़न को कबूल करने लगते हैं। विडम्बना यह है कि क्षणिक आवेश में की गई हत्याओं के लिए—जो स्वाभाविक पशु प्रवृत्ति की स्वत:स्फूर्त अभिव्यक्ति होती है—तो सजा दी जाती है, पर तर्क या सिद्धान्त द्वारा की गई सामूहिक या व्यक्तिगत हत्याओं पर कोई न्यायिक फैसला नहीं हो सकता।

जिन आदर्शों के लिए हत्याएँ होती हैं वे भविष्य की अनिश्चितता में डूबे होते हैं। तात्कालिक सत्य तो हिंसा और यातनाओं का होता है। रूस की 1917 की क्रान्ति और उससे उत्पन्न स्थितियों से जो असंख्य लोगों की मृत्यु और यातनाएँ मिलीं आज इतिहास उन पर क्या निर्णय देगा? जिन राष्ट्रों की स्थापना और अखंडता के लिए युद्ध और क्रान्तियाँ हुईं उनमें अनेक आज टूट रहे हैं और नए राष्ट्र बन रहे हैं। स्पष्ट है कि राष्ट्र कोई सार्वभौम सत्य नहीं जिसके लिए ठोस सत्य मानव जीवन की बलि चढ़ाई जाए। आदर्शों के लिए प्रतिबद्धता की एकमात्र कसौटी, इतिहास के अनुभवों के आधार पर, इसके लिए यातना देने की नहीं यातना झेलने की तैयारी ही हो सकती है, जान लेने की नहीं जान देने की ही तैयारी हो सकती है।

हालाँकि युद्धों और बन्दीगृहों की यातनाएँ साफ-साफ दिखाई देनेवाली होती हैं, समाज में यातनाओं के दूसरे आयाम भी हैं। भूखे-नंगे, सर्दी, धूप और बरसात में बेपनाह लोगों की यातनाएँ या चिकित्सा सुविधाओं से वंचित बीमार गरीब लोगों की यातनाएँ कम दु:खदायी नहीं होतीं। आज दुनिया के गरीब मुल्कों में ऐसी यातनाओं का दायरा बढ़ता जा रहा है। यह हमारी मौजूदा समाज व्यवस्था का नतीजा है। संस्कृति चूँकि समाज के सभी आयामों को छूती है, समाज व्यवस्था के इस पाप

की जवाबदेही से अपने को मुक्त नहीं कर सकती। निश्चित रूप से आज की स्थिति के पीछे बाजार व्यवस्था की संस्कृति का हाथ है जिसमें सफलता की होड़ लगी है। आज में कबूल करना होगा कि बाजार की सफलता चरम सत्य नहीं है। आदमी इसका साधन नहीं हो सकता। हर आदमी की अपने जीवन की सार्थकता की अनुभूति ही किसी आदर्श समाज का चरम लक्ष्य हो सकती है। अगर बाजार व्यवस्था इस सच्चाई से टकराती है तो सर्वथा त्याज्य है। उसके विकल्प की तलाश करनी है। आदमी की तलाश की क्षमता अपार है। इसी से वह आज तक जिन्दा रहा है। इसलिए यह तलाश जारी रखनी है। संस्कृति का यह सबसे प्रमुख आयाम होना चाहिए।

3

ठोस वित्तीय और औद्योगिक नीतियों के स्तर पर भारत सरकार द्वारा अपनाई गई विकास की वर्तमान दिशा और आजादी के बाद प्रारम्भिक तीन दशकों में अपनाई गई दिशा में बुनियादी फर्क दिखाई देता है। 1948 और 1956 में घोषित औद्योगिक नीति एवं द्वितीय पंचवर्षीय योजना से प्रारम्भ होकर अस्सी के दशक तक चली आ रही विकास की दिशा में और बाद में राजीव गांधी के वित्त मंत्री के रूप में विश्वनाथ प्रताप सिंह द्वारा शुरू की गई आर्थिक नीति में, जिसका पूर्ण प्रस्फुटन हम मनमोहन सिंह की नीतियों में देख रहे हैं, काफी भिन्नता है। पहली पंचवर्षीय योजना में प्रमुखता उत्तरोत्तर सार्वजनिक क्षेत्र के विस्तार की थी, तथा औद्योगिक घरानों एवं विदेशी कम्पनियों पर ऐसे नियंत्रणों की थी ताकि देश की अर्थव्यवस्था पर ये हावी न हो पाएँ। इस सम्बन्ध में 1949 में जवाहरलाल नेहरू ने स्पष्ट रूप से राष्ट्रीय आत्मनिर्भरता के लक्ष्य की घोषणा की थी। इसी क्रम में 1969 में एकाधिकार एवं प्रतिबन्धात्मक व्यापार कानून (एम.आर.टी.पी.) पारित किया गया। इसके बाद के काल में बड़े पैमाने पर बैंकों और कोयला उद्योगों का राष्ट्रीयकरण हुआ। विदेशी कम्पनियों की प्रतिस्पर्धा से बचाने के लिए, घरेलू उद्योगों को अनेक तरह के संरक्षण दिए गए।

अब इसके उलट सार्वजनिक क्षेत्र के निजीकरण की पहल शुरू हुई है। विदेशी कम्पनियों को न सिर्फ अति जटिल तकनीकी वाले उद्योगों में बल्कि अर्थहीन उपभोक्तावादी उद्योगों (पेप्सी, कोला जैसे) के लिए आमंत्रित किया गया है। देशी उद्योगों को संरक्षण देने की नीति का कार्य-कुशलता बढ़ाने के नाम पर परित्याग कर दिया गया है। आयात पर चुंगी की दर घटाई गई। उद्योगों में विदेशी कम्पनियों को आधे से अधिक शेयर रखने की छूट मिल गई है जबकि पहले अधिकतम सीमा 40 प्रतिशत थी। इस तरह नई औद्योगिक नीति में विदेशी कम्पनियों को यह पूरी आजादी दे दी गई है कि वे देश के सभी औद्योगिक क्षेत्रों पर हावी हो जाएँ।

अर्थनीति में आमूल-चूल परिवर्तन की सहमी-सी शुरुआत 1981 में हुई जब पहली बार अन्तरराष्ट्रीय मुद्रा कोष से भारी मात्रा में ऋण लिया गया। विदेशी ऋण इसके पहले भी लिए गए, लेकिन सहायता के रूप में कम सूद पर या उन देशों

से जिनसे खरीदी गई मशीनों या तकनीकी विशेषज्ञता का भुगतान करने के लिए उन देशों की मुद्रा की जरूरत हुई, जो उपलब्ध नहीं थी, लेकिन ऋण की शर्तों की आलोचना के फलस्वरूप इस ऋण की तीसरी किस्त नहीं ली गई और 1984 से ऋण को लौटाना भी शुरू हो गया, लेकिन घाटे का बजट और विदेशी मुद्रा के गहराते संकट के कारण ऋण लेने की शुरुआत हुई, लेकिन जब इससे समस्या का समाधान होता नहीं दिखाई दिया तब अन्तरराष्ट्रीय मुद्रा कोष का दरवाजा खटखटाना फिर जरूरी हो गया।

जब हम बाद के घटनाक्रम पर विचार करते हैं, जिससे विदेशी ऋण की बाध्यता बनी तो पाते हैं कि भले ही 1986 के बाद ही अर्थनीति में अचानक बदलाव दिखाई पड़ता है, लेकिन वास्तव में यह बाध्यता उस अर्थनीति की ही परिणति है, जिसकी शुरुआत जवाहरलाल नेहरू के समय में हुई। यह बात अलग है कि उस समय इस अर्थनीति के जन्मदाताओं को इस नीति की इस तरह की परिणति की कोई कल्पना भी न रही हो। सवाल है कि हमारी अर्थनीति में पराधीनता की ओर ले जानेवाला कौन-सा तत्त्व था? यह तत्त्व था नेहरू तथा देश के अन्य नेताओं की यह आकांक्षा कि भारत को पश्चिमी अर्थ में आधुनिक बनाया जाए। अकेले महात्मा गांधी इस तरह की आधुनिकता के विरोधी थे। 1945 में उन्होंने नेहरू को पत्र लिखकर इस विषय पर खुलकर चर्चा की माँग भी की थी, लेकिन आजादी के तुरन्त पहले और बाद के त्रासद घटनाक्रम में बात जहाँ की तहाँ रह गई। बहस आगे नहीं चली।

पश्चिमी ढंग के आर्थिक विकास का लक्ष्य रखनेवाले नेता यह भूल गए थे कि पश्चिमी औद्योगिक व्यवस्था के लिए जो पूँजी-संचय हुआ, उसके लिए तीन शताब्दी तक दुनिया के सभी भागों के प्राकृतिक और मानव संसाधनों का घोर दोहन हुआ। पश्चिमी औद्योगिक व्यवस्था के विकास और उसकी पूँजी के निर्माण में इस दोहन की प्रमुख भूमिका थी। एशिया, अमेरिकी महादेशों, आस्ट्रेलिया तथा अफ्रीका के औपनिवेशिक शोषण से ही यह सम्भव हुआ कि पश्चिमी यूरोप और बाद में अमेरिका और जापान में वह औद्योगिक व्यवस्था बनी, जिसमें उपभोग और विलासिता की अनेक वस्तुएँ इन देशों की आबादी के एक बड़े हिस्से को उपलब्ध हैं।

दुनिया के घोर शोषण के बावजूद यूरोप और अमेरिका के औद्योगिक के प्रथम चरण में वहाँ के लोगों का जीवन स्तर अत्यन्त निम्न था और बच्चों तक को वहाँ के उद्योगों में अत्यन्त कम मजदूरी पर अट्ठारह-अट्ठारह घंटे तक काम करना होता था। इस तरह के विकास के लिए भारत के पास न तो कोई उपनिवेश है और न आज श्रमिकों को यूरोप की दो शताब्दी पूर्व की स्थिति में श्रम करने को मजबूर किया जा सकता है।

आधुनिकता के लक्ष्य का स्वाभाविक नतीजा यह हुआ कि सबसे पहले देश के नेतृवर्ग और नौकरशाही ने अपने जीवन को पश्चिमी ढंग की जीवन पद्धति और

उपभोक्ता मूल्यों के अनुरूप ढालना शुरू किया। औद्योगिक विकास की दिशा भी इसी वर्ग की अभिजातीय आवश्यकताओं के अनुरूप निर्धारित हुई। प्राथमिकता उन क्षेत्रों को नहीं दी गई, जिनका आम आदमियों की बुनियादी जरूरतों से ताल्लुक था। मोटर गाड़ियों, फ्रिज, हवाई जहाज, वातानुकूलन, फैशनेबुल जूते व कपड़े, टी.वी. वीडियो, आलीशान और सज्जित महल, पाँच सितारा होटल आदि से सम्बद्ध उद्योगों का विकास प्राथमिकता पाने लगा। इस तरह न सिर्फ सरकारी और निजी संस्थाओं और प्रतिष्ठानों पर अनुत्पादक खर्च अत्यधिक बढ़ गया बल्कि नए तरह के उद्योगों के लिए विदेशी मशीनों, पेट्रोलियम पदार्थों तथा तकनीकी ज्ञान पर भी खर्च बढ़ गया।

इससे दो प्रक्रियाएँ चल पड़ीं। एक तो देश के भीतर के ही कुछ क्षेत्रों में बसनेवाली आबादी का औपनिवेशिक शोषण शुरू हुआ। वे आंतरिक उपनिवेश बना दिए गए। दूसरा, बजट में घाटे का विस्तार और विदेशी व्यापार में निर्यात से आयात के बढ़ते जाने के कारण विदेशी मुद्रा के कोष का तेजी से ह्रास हुआ। इन दोनों तरह के घाटे को कम करने के लिए विदेशी ऋण लेने का मार्ग सहज दिखाई देता था क्योंकि देश के नेतृवर्ग में न तो अपने तामझाम पर कटौती करने की संकल्प शक्ति थी और न विकास की दिशा बदलने की। शान-शौकत की जीवन पद्धति एक अनिवार्य प्रक्रिया के द्वारा वित्तीय संकट पैदा करती है। सामान्य स्थितियों में देश के विकास की योजना का खर्च कर-वसूली से प्राप्त राजस्व के प्रशासकीय खर्च से बचे अधिशेष से किया जाता है, लेकिन सरकारी तामझाम पर खर्च बढ़ जाए तो अधिशेष की बजाय कर-निधि प्रशासनिक खर्च के लिए ही पूरी नहीं पड़ती। इसको पूरा करने के लिए नए नोट छापे जाते हैं (जो एक तरह का सरकारी कर्ज ही है) और अगर यह भी पूरा नहीं पड़ा तो बाजार से कर्ज लिया जाता है। यह कर्ज देशी या विदेशी बैंकों या अन्य वित्तीय संस्थाओं से प्राप्त किया जा सकता है, लेकिन जो निधि कर्ज से ली जाती है, उसकी तो अदायगी करनी होती है और साथ ही उस पर सूद भी देना पड़ता है।

अगर कर्ज का धन ऐसे पूँजी-निवेश पर खर्च हो, जिससे उत्पादन बढ़ता हो तब तो कर्ज चुकाना मुश्किल नहीं होता, लेकिन अगर यह प्रशासनिक कामों पर खर्च हो जाए, जो अनुत्पादक है तो साल-दर-साल सूद के कारण देय राशि बढ़ती जाती है। हमारे देश में हुआ यह कि भारी राजस्व घाटा तो होता ही रहा है, बजट का जो भाग विकास के कामों के मद में खर्च होता है, उसका भी बड़ा भाग तामझाम की संस्कृति के कारण योजनाओं की व्यवस्था पर खर्च हो जाता है और वास्तविक विकास-व्यय बहुत ही कम होता है। उपभोक्तावादी मूल्यों के कारण प्रशासनिक भ्रष्टाचार भी व्यापक हो गया है, जिससे भी विकास के लिए आवंटित निधि का एक बहुत ही छोटा भाग विकास कार्य के लिए उपलब्ध हो पाता है।

आधुनिकीकरण का पश्चिमी नमूना अपनाने से जिस तरह के पूँजीनिवेश की जरूरत थी, उसमें विदेशी मुद्रा की जरूरत, मशीन या तकनीकी विशेषज्ञता के आयात के लिए बढ़ती गई। फिर विदेशी वस्तुओं की ललक से विदेशी उपभोक्ता सामग्री के आयात पर भी विदेशी मुद्रा खर्च करने की जरूरत बढ़ती गई। इस तरह न सिर्फ बजट का घाटा बढ़ता गया बल्कि विदेशी व्यापार का असंतुलन भी बढ़ता गया। बाहरी ऋण से बजट घाटे को कम किया जा सकता था। इस प्रक्रिया में विदेशी बैंकों द्वारा दिखलाए गए सब्जबाग की भी खास भूमिका थी। विदेशी बैंकों की ऋण देने की तत्परता के पीछे अत्यधिक यूरो डॉलर (यूरोपीय बैंकों में जमा डॉलर) का जमा हो जाना था जिसका सम्बन्ध अमेरिकी अर्थव्यवस्था के संकट से था। इस तरह देशी और विदेशी सारी स्थितियाँ हमें इस आर्थिक परवशता की ओर ढकेलती रही, जहाँ हम पहुँच गए हैं।

4

बाजार-व्यवस्था की यश-गाथा और विश्व-बाजार के प्रवाह में विभिन्न देशों की अर्थ-व्यवस्थाओं को निर्बाध छोड़ देने की वकालत, जो कभी के समाजवादी कहे जानेवाले देशों और तीसरी दुनिया के नेतृवर्ग द्वारा की जा रही है, वास्तव में बाजार की अर्थव्यवस्था में अचानक किसी चमत्कारी सकारात्मक पहलू के उभरने का परिणाम नहीं है। बाजार व्यवस्था का यह मूल सूत्र, 'सभी अपने-अपने लिए और जो पिछड़ा वह शैतान के पेट में', आज भी ज्यों-का-त्यों कायम है। नेतृवर्ग के दृष्टिकोण में बदलाव का असली कारण समाजवादी देशों का पतन और तीसरी दुनिया के नेतृवर्ग (इलीट) के अपने ही प्रेरक मूल्यों में बदलाव है। यह बदलाव एक बौद्धिक थकावट से आया है, जिसके कारण अलग-अलग हैं।

दूसरी दुनिया में यह थकावट क्यों आई यह समझना आसान है। दूसरी दुनिया यानी समाजवादी कही जानेवाली व्यवस्थाएँ, अनेक आदर्शवादी नेताओं और कार्यकर्ताओं के कठोर प्रयासों और अनगिनत कुर्बानियों के बल पर कायम हुई थीं। इन नेताओं ने यह सब प्रयास इस विश्वास से किया था कि इनके प्रयासों से एक ऐसी दुनिया का निर्माण होगा, जहाँ न तो किसी तरह का शोषण होगा और न गैर-बराबरी होगी, तथा एक ऐसी व्यवस्था बनेगी, जहाँ दमन का औजार राज्य भी अर्थहीन होकर विघटित हो जाएगा। उनकी यह भी मान्यता थी कि पूँजीवादी अर्थव्यवस्था उत्पादन की उन शक्तियों की क्षमता के पूर्ण विस्तार में बाधा बन रही है, जिनको इस व्यवस्था ने स्वयं विकसित किया है। इसलिए समाजवादी व्यवस्था (नए उत्पादन सम्बन्ध) में इस बाधा के खत्म होने से उत्पादन का अत्यधिक विकास होगा, लेकिन समाजवादी कही जानेवाली व्यवस्थाओं में न तो गैर-बराबरी मिटी और न लोकतंत्र की स्थापना हुई। प्रारम्भ में यह दलील दी गई कि ये क्रान्तियाँ अभाव की पिछड़ी पूँजीवादी या अर्द्धसामन्ती व्यवस्थाओं में हुईं, इसीलिए इनमें समता का अभाव है।

यह दिलासा भी दिलाई गई कि उत्पादन के तेज विकास से इस स्थिति में बदलाव आएगा। सोवियत संघ का तो आदर्श ही उत्पादन के क्षेत्र में अमेरिका से आगे निकल जाना बन गया। इसके लिए भारी कीमत चुकाकर तेज औद्योगीकरण की नीति अपनायी गई। रूस की विशाल प्राकृतिक सम्पदा के कारण कुछ वस्तुओं के थोक उत्पादन में भारी

वृद्धि, और इससे भी बढ़कर बढ़ी-चढ़ी सरकारी आँकड़ों के कारण लोगों में यह भ्रम भी फैल रहा था कि सोवियत संघ प्रचुरता की अर्थव्यवस्था की तरफ तेजी से बढ़ रहा है।

इसका एक परिणाम यह हुआ कि आम लोगों और कम्युनिस्ट पार्टी के नेताओं के भी आदर्श समता और स्वतंत्रता की जगह अधिक-से-अधिक उपभोग की वस्तुओं और विलासिता की सामग्रियों को उपलब्ध कराना बन गया, लेकिन उत्पादन क्षमता के विकास के क्षेत्र में पूँजीवादी देशों से आगे बढ़ने की जगह सोवियत संघ और अन्य समाजवादी देश पिछड़ते ही चले गए।

उनके विश्वासों की पृष्ठभूमि में उन्हें सबसे अधिक धक्का इस बात से लगा कि आधुनिक तकनीकी की उत्पादन क्षमता पर अवरोध पूँजीवादी व्यवस्था से नहीं बल्कि उनकी अपनी ही 'समाजवादी' व्यवस्था से पैदा हो रहा था, जिस व्यवस्था में बाजार की अनियंत्रित प्रतिस्पर्द्धा की जगह नियोजित वितरण व्यवस्था और पूर्ण रोजगार की गारंटी थी। इसी से यह निष्कर्ष निकाला जाने लगा कि उत्पादित वस्तुओं को बढ़िया बनाने और उत्पादन के पूर्ण विस्तार के लिए बाजार की अर्थव्यवस्था यानी अर्थतंत्र के हर क्षेत्र में पूरी प्रतिस्पर्द्धा का होना जरूरी है।

लेकिन 'समाजवादी' देशों में बाजार की व्यवस्था के पक्ष में जन-उभार का सबसे बड़ा कारण दूसरा है। रूस और चीन की क्रान्तियों का और फिर द्वितीय विश्वयुद्ध के बाद पूर्वी यूरोप में सोवियत दबाव में 'समाजवादी' परिवर्तन का एक परिणाम यह हुआ कि समाजवादी कही जानेवाली इन सभी व्यवस्थाओं में अत्यन्त ही कठोर तानाशाही कायम हो गई। इन देशों की दो से तीन पीढ़ियों ने कभी कोई दूसरी व्यवस्था देखी नहीं थी। स्वाभाविक था कि इस पीढ़ी के लोग अपने देश की तानाशाही व्यवस्था को 'समाजवादी', यानी नियोजित अर्थव्यवस्था के साथ जोड़ने लगे। वे बाजार-व्यवस्था की इस असलियत से भी अनभिज्ञ रहे होंगे कि इसमें विशाल औद्योगिक प्रतिष्ठान भी अपने क्षेत्र में नियोजित अर्थव्यवस्था ही चलाते हैं। इस तरह तानाशाही से त्रस्त इन देशों के लोगों को मुक्त 'अर्थव्यवस्था' तानाशाही से मुक्ति का ही एक पहलू दिखाई देता है।

कम्युनिस्ट शासकों ने अपनी जनता को दुनिया की असलियत से इतना अनभिज्ञ रखा था कि वे बाजार व्यवस्था की दुखदायी असलियतों से अनभिज्ञ रहे और इसके विज्ञापित गुणों से चमत्कृत हुए। अब भले ही मुक्त अर्थव्यवस्था की दिशा में परिवर्तनों से उनकी समस्याओं का हल नजर नहीं आता, फिर भी लोग पहले की खूँखार नौकरशाही की वापसी के डर से नियोजित अर्थव्यवस्था की ओर देखना नहीं चाहते थे। खुद कम्युनिस्ट शासकों की सोच में इस तरह का आमूल परिवर्तन होने के पीछे वर्तमान तकनीकी की कुछ विशिष्टताएँ भी हैं, जिन्हें समझने का प्रयास मार्क्सवादियों ने कभी नहीं किया, क्योंकि उनकी यह मान्यता थी कि इसी तकनीकी के चरम विकास के आधार पर समाजवादी समाज खड़ा होगा, लेकिन असल में

वर्तमान उद्योगों का तकनीकी आधार और बाजार की व्यवस्था का चरित्र ऐसा है कि इसके साथ किसी समतामूलक समाज का मेल नहीं बैठ सकता। आधुनिक उद्योग अपनी आन्तरिक संरचना और पारस्परिक सम्बन्ध दोनों में 'सर्वाधिक सक्षम के जीवित बचने' (सर्वाइवल ऑफ द फिटेस्ट) के सिद्धान्त पर आधारित है।

आधुनिक उद्योगों का आन्तरिक ढाँचा स्तरों में विभाजन पर आधारित है। इसमें निचले स्तरों में अकुशल या अर्द्धकुशल मजदूर काम करते हैं, और जैसे-जैसे हम ऊपर के स्तरों की ओर बढ़ते हैं वैसे-वैसे उत्तरोत्तर अधिक कुशल श्रमिकों और फिर विशेषज्ञों को काम करते पाते हैं। इनमें ऊपर के स्तरों के लिए बहाली और पदोन्नति दोनों ही अत्यधिक स्पर्द्धा वाली शिक्षण प्रणाली और कार्यकुशलता के आधार पर होती है।

एक तरह से इन स्थानों के लिए स्पर्द्धा बच्चों की शिक्षा के प्रारम्भ से ही शुरू हो जाती है। लाखों विद्यार्थियों में कुछ सौ या हजार इस प्रतिस्पर्द्धा में आगे निकलते हैं, और उन्हीं के लिए इन उद्योगों में ऊँची तकनीकी या व्यवस्था विशेषज्ञों के स्थान पर प्रवेश सम्भव होता है। फिर औद्योगिक प्रतिष्ठान के भीतर भी इन विशेषज्ञों में आगे बढ़ने की होड़ होती है, जिसमें थोड़े से लोग सर्वोच्च पदों पर पहुँचते हैं। जो लोग शिखर पर पहुँचते हैं, उन्हें अनेक सुविधाएँ और ऊँची तनख्वाहें मिलती हैं। उन्हीं लोगों के हाथों में उद्योग और अर्थव्यवस्था का वास्तविक नियंत्रण होता है।

इस प्रतिस्पर्द्धा में आगे निकलने के साथ ही रोजगार, शक्ति, मान, मर्यादा, ऊँची आय और सुविधाएँ जुड़ी होती हैं। यह होड़ बहुत कुछ प्राचीन चीन के उस मन्दारिन प्रथा की होड़ की तरह होती है, जिसमें उत्तीर्ण होनेवाले लोगों को अचानक सुविधाओं की एक नई दुनिया में प्रवेश मिल जाता था। औद्योगिक प्रतिष्ठानों में विभाजन के इतने स्तर होते हैं और इनमें काम करनेवालों में आगे बढ़ने की ऐसी होड़ लगी रहती है कि वर्गीय एकता और सहयोग का भाव छीजते-छीजते नगण्य हो जाता है। जिस तरह की प्रतिस्पर्द्धा औद्योगिक प्रतिष्ठानों के भीतर होती है, वैसी ही प्रतिस्पर्द्धा औद्योगिक प्रतिष्ठानों के बीच भी होती है। इसमें भी लगातार तकनीकी सुधार के ऐसे प्रयास होते रहते हैं ताकि प्रतिष्ठान अपने उत्पादन के क्षेत्र में औरों से आगे निकलकर बाजार पर छा जाए। इस प्रक्रिया में लगातार दौड़ में पीछे पड़ने वाले प्रतिष्ठानों की मौत होती रहती है।

चूँकि इस होड़ में प्रत्येक उद्योग अपनी उत्पादन प्रक्रिया में लगातार तकनीकी सुधार करने की कोशिश करता है, इसलिए हमेशा वैसे पुराने मजदूरों की छँटनी की सम्भावना बनी रहती है, जो नए परिवर्तनों के हिसाब से अपने को ट्रेनिंग नहीं दे पाते। इस व्यवस्था में वैसे उद्योगों की मौत से, जो तकनीकी के नवीकरण की होड़ में पिछड़ जाते हैं, लगातार कुछ लोग रोजगार खोते हैं।

तकनीकी सुधार का एक पक्ष यह भी है कि नई मशीनें ज्यादा स्वचालित होती हैं, और इसलिए कम लोगों को रोजगार देनेवाली, इससे बेरोजगारी का दबाव

व्यवस्था पर लगातार बना रहता है। इसी दबाव में लोग अधिक-से-अधिक जटिल ट्रेनिंग लेने को बाध्य होते हैं ताकि रोजगार मिल सके, लेकिन दिनोदिन यह ट्रेनिंग इतनी कठिन होती जाती है कि अनेक लोग इससे छँट जाते हैं। ऐसे लोग व्यवस्था के हाशिये पर चले जाते हैं, और चूँकि किसी सार्थक रोजगार के लायक नहीं रह जाने के कारण वे अत्यधिक दरिद्रता का जीवन बिताते हैं। उपभोक्तावादी संस्कृति के दबाव के बावजूद रोजगार की सिकुड़ती सम्भावना और सम्पत्ति के केन्द्रीकरण के कारण वस्तुओं का बाजार एक सीमा के बाद फैल नहीं पाता। अत: औद्योगिक देशों में और तथाकथित विकासशील देशों में भी राष्ट्रीय आय में सेवाओं का अनुपात दिनोदिन बढ़ता जा रहा है। औद्योगिक देशों में अग्रणी स्थान रखनेवाले देश अमेरिका में 1985 में कुल 10.5 करोड़ कार्यरत लोगों में 3 करोड़ लोग सेवाओं में और 1.5 करोड़ लोग सरकारी कामों में लगे थे। यह ध्यान में रखने की बात है कि 1950 में सेवा कार्यों में लगे लोगों का अनुपात 50 प्रतिशत से कम था और 1980 में यह 63 प्रतिशत हो गया था।

यह कहा जा सकता है कि सेवाओं की वृद्धि लोगों के जीवन की बढ़ती उत्कृष्टता का प्रमाण है—यानी इसका अर्थ अच्छी स्वास्थ्य सेवाएँ या कला जैसे सांस्कृतिक आयामों का विकास हो सकता है, लेकिन तथ्यों पर ध्यान देने से मालूम होता है कि इस तरह की सेवाओं का विकास अपेक्षाकृत नगण्य है। सेवाओं का ज्यादा भाग या तो उत्पादित वस्तुओं के वितरण में लगा होता है या केन्द्रित उत्पादन प्रक्रिया की वजह से जीवन में रोजमर्रा की जो जरूरतें बढ़ती जाती हैं, उनकी आपूर्ति में। केन्द्रित विशाल उद्योगों में उत्पादित वस्तुओं की बिक्री के लिए दूर-दराज फैले हुए राष्ट्रीय या अन्तरराष्ट्रीय बाजार होते हैं और वस्तुओं को एक जगह से दूसरी जगह पहुँचाने के लिए बृहत् और तेज यातायात सेवा की जरूरत होती है। मसलन अमेरिका अपने यहाँ उत्पादित मॉडलों की लाखों मोटरगाड़ियाँ जापान तथा यूरोप के बाजारों में पहुँचाता है और फिर इन देशों से उसी पैमाने पर इन देशों में बनी दूसरे मॉडलों की मोटरगाड़ियों का आयात करता है।

इस तरह की सेवाएँ वास्तव में जीवन की समृद्धि में कोई योगदान नहीं देतीं, सिर्फ बाजार व्यवस्था की विवशता के कारण अनिवार्य बन जाती हैं। अन्तरराष्ट्रीय विनियम की विशाल मात्रा और तीव्रता के हिसाब से तेज संचार—जैसे दूरभाष, टेलेक्स, बेतार और अब इंटरनेट सेवाएँ आवश्यक हो जाती हैं। पिछले कुछ दशकों में संचार सेवाओं के उत्तरोत्तर विकास पर अधिक-से-अधिक पूँजी लगाई जाती रही है।

केन्द्रित ढाँचे के कारण महानगरों का फैलाव होता है, और फिर लोगों को समय पर काम पर पहुँचाने के लिए तेज-से-तेज यातायात की व्यवस्था की जाती है। तीसरी दुनिया के महानगरों में तो आम तौर से एक आदमी, तेज वाहनों के बावजूद दो से चार घंटे तक हर दिन काम पर जाने-आने में लगाता है। औद्योगिक देशों

के महानगरों में भी वाहनों की भीड़ की वजह से नगर के मध्य भाग में लोगों की रफ्तार चींटी की हो जाती है। 100 मील से 500 मील की दूरी के लिए औद्योगिक देशों में हवाई सेवा का उत्तरोत्तर विस्तार होता रहा है, लेकिन अब उड़ान के मार्ग की भारी भीड़ से यह भी मुश्किल हो रहा है। नतीजा है कि जर्मनी और जापान चुम्बकीय प्रभाव से चलनेवाली ऐसी रेलगाड़ियों का विकास कर रहे हैं जो ढाई सौ मील प्रति घंटे की रफ्तार से पटरियों पर चले सकें।

सेवाओं पर यह सब खर्च केन्द्रित औद्योगिक ढाँचे से पैदा असुविधाओं से बचने के उपाय हैं, समृद्धि के विकास के लिए नहीं। अगर छोटे स्थानीय या घरेलू उद्योगों में काम करना होता तो लोग चन्द मिनटों में बिना भाग-दौड़ के और बिना रक्तचाप बढ़ाए पैदल काम पर पहुँच सकते हैं। इसी तरह बिजली उत्पादन से कहीं अधिक खर्च इसके वितरण पर करना पड़ता है। इस तरह सेवा उद्योगों में लगनेवाली विशाल पूंजी और उसमें लगी भारी श्रमशक्ति का कोई वास्तविक योगदान जीवन को सम्पन्न बनाने में नहीं होता।

भारत जैसे औद्योगिक दृष्टि से पिछड़े देशों में भी जहाँ आम आवश्यकता की वस्तुओं का भारी अभाव है, सेवा-उद्योगों का विकास कृषिजन्य वस्तुओं या औद्योगिक वस्तुएँ पैदा करनेवाले उद्योगों से अधिक तेज हैं। स्वयं भारत में खेत और खाद्यान्न से प्राप्त आय का अनुपात 1971-72 से 1984-85 के बीच 49.1 प्रतिशत से घटकर 39.0 प्रतिशत हो गया और उद्योगों का अनुपात मात्र 19.9 से 21 प्रतिशत बढ़ा, जबकि यातायात, संचार, व्यापार, बैंक सेवा तथा सरकारी सेवाओं का मिला-जुला अनुपात 31.0 से बढ़कर 40 प्रतिशत हो गया।

यह भी सोचना गलत है कि सेवाओं में जनशक्ति को लगा देने से बेरोजगारी की समस्या का हल निकल आता है। सच तो यह है कि जो बात अन्य उद्योगों में लागू है वही बात सेवा उद्योगों में भी लागू है। इसमें भी उत्तरोत्तर अधिक यांत्रीकरण की होड़ लगी है, क्योंकि इससे इसकी प्रतिस्पर्धा की क्षमता बढ़ती है। नतीजा यह होता है कि यहाँ भी लगातार आदमी की जगह मशीन लेने लगती है। इसलिए सेवा, उद्योगों में भी छँटनी का सिलसिला लगा रहता है।

इस दूसरे तरह की प्रतिस्पर्धा, यानी उद्योगों की आपसी होड़ और इसके परिणामों की चर्चा तो स्वयं कार्ल मार्क्स ने काफी विस्तार से की थी और इसमें निहित बेरोजगारी तथा औद्योगिक मजदूरों की अतिरिक्त फौज के कारण मजदूरों की आय पर प्रतिकूल दबाव की ओर ध्यान खींचा था। एक शताब्दी से अधिक पहले मार्क्स द्वारा वर्णित बाजार व्यवस्था के इस स्वरूप में आज भी कोई परिवर्तन नहीं हुआ है। सभी औद्योगिक देशों में बेरोजगारों की एक फौज बनी हुई है। वैसे देश जो आयात से अधिक निर्यात करने में सक्षम होते हैं, बेरोजगारी का कुछ बोझ अपने देश की बजाय अधिक आयात करनेवाले देशों पर डाल देते हैं।

पिछली शताब्दी से जो फर्क देखने में आता है, वह यह है कि आज की औद्योगिक व्यवस्थाएँ हजारों गुना अधिक सम्पन्न हैं और इसलिए बेरोजगारों के लिए बेरोगारी भत्ता और दरिद्रीकरण से पीड़ित समाज के निचले तबकों के लिए कुछ राहत की व्यवस्था सरकारें कर देती हैं, लेकिन ऐसे राहत कार्यों की आवश्यकता यह भी बतलाती है कि सभी सम्पन्न औद्योगिक व्यवस्थाओं में गरीबी रेखा से नीचे रहनेवाले दरिद्रों की उपस्थिति इस व्यवस्था का अभिन्न अंग है।

वर्तमान अनुभव से एक सीख हमें जरूर मिली है कि यह हाशिये पर डालने की प्रक्रिया पूँजीवादी व्यवस्था का ही अंग नहीं बल्कि आधुनिक औद्योगिक उत्पादन प्रणाली में ही निहित है। इसीलिए पूर्ण रोजगार की योजना इन उद्योगों की अधिकतम सक्षमता के आड़े आ रही है। समाजवादी कहलानेवाले देशों की औद्योगिक अक्षमता का यह भी एक राज है। मार्क्सवादी विचारों को लेकर चलनेवाले समाजवादियों के लिए नई औद्योगिक तकनीकी ने एक और चुनौती खड़ी कर दी है और बुद्धिजीवियों में समाजवाद से पलायन का एक कारण यह चुनौती भी है। मार्क्सवादी धारा के भीतर क्रान्ति के लिए समाजवादी बुद्धिजीवियों की भूमिका को बहुत महत्त्वपूर्ण माना गया था। मार्क्सवादियों की यह अवधारणा थी कि मध्यम वर्ग (पेटी-बुर्जुआ) पर निरन्तर यह दबाव बना रहेगा कि यह सर्वहारा की श्रेणी में गिर न जाए। चूँकि पूँजीवादी औद्योगिक व्यवस्था में इस वर्ग के अधिकांश लोगों के लिए ऊपर बढ़ने का मार्ग अवरुद्ध है, वह उत्तरोत्तर सर्वहारा की तरफदारी करने लगेगा और सर्वहारा क्रान्ति में नेता की भूमिका निभाएगा।

लेकिन उद्योगों का जो ढाँचा विकसित हो रहा है उसमें बुद्धिजीवियों की भूमिका तकनीकी और व्यवस्था-विशेषज्ञ के रूप में लगातार बढ़ती जा रही है। इतना ही नहीं, आधुनिक उद्योगों के प्रतिमान कला, विज्ञान आदि के क्षेत्र में भी स्थापित हो रहे हैं और इन विधाओं के विशिष्ट सांगठनिक ढाँचे के भीतर भी प्रतियोगिता के बल थोड़े से लोगों को शीर्ष स्थानों पर पहुँच सुविधाएँ हासिल करने को प्रोत्साहित किया जाता है। इससे विज्ञान और कला का दिशानिर्देश भी औद्योगिक व्यवस्था कर सकती है।

चूँकि वैज्ञानिक शोधों और कला प्रतिष्ठानों के लिए भी अनुदान के स्रोत उद्योग या आधुनिक औद्योगिक राज्य हैं, ऐसे अनुदान वैसे ही वैज्ञानिक शोधों या कला कार्यों को प्राप्त होंगे, जो उद्योगों की जरूरतों को पूरा करते हैं। विज्ञान के क्षेत्र में यह नियंत्रण आसान है क्योंकि वैज्ञानिक अनुसंधान अत्यधिक खर्चीले होते जा रहे हैं और व्यक्तिगत रूप से किसी वैज्ञानिक के वश के बाहर हैं। कला के क्षेत्र में भी काफी हद तक ऐसा नियंत्रण सम्भव है और ऐसा नियंत्रण करने के प्रयास होते रहे हैं। जर्मनी में 1919 में वाल्टर ग्रोपिअस के 'बाऊ हाउस' की स्थापना प्रत्यक्ष रूप से तो उद्योगों में उत्पादित वस्तुओं को कलात्मक रूप देने के लिए की थी, लेकिन वास्तव में यह कला को व्यावसायिक रूप से उपयोगी बनाने के रुझान का भी परिचायक

था। हालाँकि हिटलर ने बाऊ हाउस को बन्द कर दिया, लेकिन कला का औद्योगिक और व्यावसायिक उपयोग दिनोदिन बढ़ता गया है। सभी आधुनिक उद्योग डिजाइनिंग के लिए बढ़ी संख्या में कलाकारों का उपयोग करते हैं, और जापान, जो आधुनिक तकनीकी में अग्रणी है, कलात्मक डिजाइनों के क्षेत्र में भी आगे बढ़ रहा है। स्थापत्य कला तो अब पूरी तरह औद्योगिक व्यवस्था और अर्थतंत्र पर निर्भर हो रही है।

नृत्य, नाटक और संगीत पहले अपनी स्थानीय विशिष्टता कायम रखते हुए विभिन्न क्षेत्रों में विकसित होते थे। उनमें विविधता थी पर कोई छोटा-बड़ा नहीं होता था क्योंकि प्रतिस्पर्धा और तुलना का कोई मानक नहीं था। अब टी.वी. ने उनके बीच भी छोटे-बड़े का मानक स्थापित कर इन्हें प्रतिस्पर्धा में डाल दिया है। यह मानक प्रचलित फैशन के आधार पर तय होता है, और वह कलाकार या कलाकार समूह सबसे बड़ा होता है जो सबसे अधिक विज्ञापित होता हैऔर जिन्हें स्पांसर करनेवाले बड़े औद्योगिक प्रतिष्ठान होते हैं। यहाँ यह ध्यान में रखने योग्य है कि गैट सम्बन्धी डंकल प्रस्ताव पर अन्तिम समय फ्रांस में जो विरोध पैदा हुआ था वह इसी चिन्ता से था कि अमेरिकी सिनेमा और टी.वी. यूरोपीय देशों के कला उद्योग को नष्ट कर देंगे।

इस तरह अर्थतंत्र की प्रतिस्पर्धा संगीत, नाटक आदि पर भी हावी हो गई है। भिन्नता में बराबरी और कलाओं की विविधता सीमित होती जा रही है। इससे कलाकार की स्वायत्तता और आत्मसम्मान खत्म हो रहा है। इस वजह से नुक्कड़ कलाओं के बाहर कलाकारों का विद्रोही स्वर मुखर नहीं हो पाता। कुल मिलाकर यह वर्ग भी धीरे-धीरे बाजार की व्यवस्था का हामी बन इसके वरदान का आकांक्षी बन रहा है। इस तरह बुद्धिजीवी वर्ग का अधिकांश हिस्सा वर्तमान औद्योगिक व्यवस्था में बेगाना होने के बजाय इसका महत्त्वपूर्ण अंग बन गया है। इसलिए औद्योगिक देशों का मध्यम वर्ग अब ऐसा कोई कारण नहीं देखता जिससे वर्तमान औद्योगिक व्यवस्था का विरोध करे। समाजवादी बुद्धिजीवियों की सोच में यकायक आधुनिक उद्योगों के विषमतामूलक मूल्यों की तरफ रुझान का मुख्य कारण यही है। बुद्धिजीवियों के इस रुख में सामूहिक रूप से किसी बदलाव की गुंजाइश तब तक नहीं है, जब तक पर्यावरण के नाश की समस्या या धरती के संसाधनों का क्षय वर्तमान औद्योगिक सभ्यता की अलंघ्य सीमाओं को स्पष्ट रूप से उनके सामने पेश न कर दे।

वैसी स्थिति में दो सम्भावनाएँ हैं—(1) चाहे तो वे विकास के मार्ग को बदलने का जोखिम उठा अपने उपभोग पर नियंत्रण का मार्ग अपनाएँगे या (2) अपनी हासिल की हुई विशाल क्षमता का उपयोग कर दुनिया की विशाल जनसंख्या को समाप्त कर अथवा उन्हें और भी घोर दरिद्रता में डालकर जब तक सम्भव हो तब तक अपनी सुविधाओं को बनाए रखेंगे।

यह दूसरा मार्ग इसलिए सम्भव बनता जा रहा है क्योंकि पूँजीवाद के प्रारम्भिक काल के विपरीत, जिसमें ज्यादा-से-ज्यादा श्रमिकों का शोषण पूँजी के विस्तार के

लिए सर्वाधिक महत्त्व का था, अब आधुनिक उद्योगों में यांत्रीकरण और स्वचालन इस हद तक बढ़ चुका है कि दुनिया की आबादी का बड़ा हिस्सा औद्योगिक विकास के लिए अप्रासंगिक बन गया है और इसलिए नई विश्व व्यवस्था के विधाताओं के लिए प्राकृतिक संसाधनों पर बेकार का बोझ है। इस स्थिति में एक नए नस्लवादी फासीवाद के उभरने का अन्देशा भी कम नहीं हुआ है। हम यूरोप में, खासकर जर्मनी, फ्रांस और एक हद तक बर्तानियाँ में अफ्रीकी और एशियाई मूल के मेहमान श्रमिकों (गेस्ट-वर्कर्स) तथा आप्रवासियों के खिलाफ उभरते आक्रोश और हिंसा में इस भविष्य की एक झलक देख सकते हैं।

ऊपर वर्णित बौद्धिक और जज्बाती माहौल में कोई शक्तिशाली प्रेरक आदर्श ही समाजवादी नेतृवर्ग को औद्योगिक विकास की धारा के विपरीत चलने का साहस दे सकती थी, लेकिन सुविधाओं में पले कम्युनिस्ट पार्टी के नेतृवर्ग में ऐसी प्रेरणा का अभाव था। इसका एक कारण बौद्धिक थकान भी थी। पार्टी के सदस्यों की उम्र चाहे जो हो उनकी पीठ पर सौ साल बूढ़ी पार्टी की विरासत का बोझ था। उन्होंने बड़े कष्ट से उस बोझ से अपने को मुक्त किया था। वे पिछले अनुभवों से इतना थक चुके थे कि आदर्शों की तंग पगडंडी पर दूर और अदृश्य भविष्य की ओर फिर कदम बढ़ाना नहीं चाहते थे। उन्हें बाजार का अर्थतंत्र सहज और सम्भाव्य दिखाई देता था, और वे इसी में अपनी समस्याओं का समाधान ढूँढ़ रहे थे।

तीसरी दुनिया के नेतृवर्ग में विश्व अर्थव्यवस्था का अंग बनने के आग्रह का कारण थोड़ा अलग है। इन देशों के नेताओं में विदेशी शासन से मुक्ति का उद्देश्य धीरे-धीरे इस लक्ष्य से जुड़ गया कि वे भी साम्राज्यवादी देशों जैसा जीवन स्तर अपने देशों में उपलब्ध करा सकें। यह नेतृवर्ग मूलत: उच्च और मध्यम वर्ग से आता था। इसकी आकांक्षा विशेष तौर से अपने लिए उन उपभोग के साधनों को प्राप्त करने की थी जो साम्राज्यवादी औद्योगिक देशों के मध्यम वर्ग को उपलब्ध थे। लेकिन आजादी के संघर्ष के दौरान स्वतंत्रता का एक अर्थ आत्मनिर्भरता भी था, इसलिए शुरू में इन देशों के नेताओं ने—खासकर भारत में महात्मा गांधी के प्रभाव में—आर्थिक स्वावलम्बन और आम लोगों की खुशहाली की बात भी सामने रखी थी, लेकिन धीरे-धीरे यह साफ होने लगा कि आधुनिक उद्योगों के विकास के लिए पूँजी-संचय में देश के संसाधनों और इन पर आश्रित लोगों का शोषण वैसे ही करना होगा जैसा साम्राज्यवादियों ने किया था। इसलिए ऐसे उद्योगों के विकास का मतलब है कि भारी संख्या का दरिद्रीकरण।

ऐसी स्थिति में उन्हें आत्मनिर्भरता की कठिन वैकल्पिक अर्थव्यवस्था—जिसमें आम लोगों का जीवन सुधारा जा सके, और पश्चिमी ढंग के औद्योगिक विकास के बीच चुनाव करना था—जिसमें आम लोग तो दरिद्रता की हालत में रहें, लेकिन एक छोटे अभिजात वर्ग को आधुनिक सुख-सुविधाएँ मुहैया कराई जा सकें। तीसरी

दुनिया के नेतृवर्ग में आजादी मिलते-मिलते आम लोगों की चिन्ता समाप्त हो गई। अब वे धीरज के साथ आत्मनिर्भर अर्थव्यवस्था के विकास की जगह 'विकसित' देशों की जीवनपद्धति और उपभोक्तावादी संस्कृति के अंधानुकरण में लग गए। देरी से औद्योगिक विकास शुरू करनेवालों की एक सुविधा यह होती है कि वे औद्योगिक विकास की प्रारम्भिक और बीच की सीढ़ियों को छोड़ सीधा नवीनतम औद्योगिक तकनीकी या उपकणों को प्राप्त कर सकते हैं, लेकिन इस सुविधा की एक कीमत यह होती है कि देश में क्रमिक रूप से उस औद्योगिक संस्कृति का विकास नहीं हो पाता है, जिसका विकास औद्योगिक देशों में शताब्दियों में हुआ है। इससे तीसरी दुनिया के देश नवीनतम तकनीक को उधार तो ले सकते हैं, लेकिन उनका विकास नहीं कर सकते।

उनके पूरे समाज में औद्योगिक संस्कृति का अभाव होता है। फिर आधुनिक उद्योग पारस्परिक होड़ में लगातार अपनी तकनीकी को विकसित करने में लगे रहते हैं। यह होड़ अपने बाजार और फिर विश्व बाजार में समकक्ष औद्योगिक प्रतिष्ठानों की प्रतिस्पर्धा के कारण होता है।

तीसरी दुनिया में जब यह नवीनतम तकनीक आयातित होती है तो इनका अपना आधार इतना कमजोर होता है कि खुली अन्तरराष्ट्रीय प्रतिस्पर्धा में टिक नहीं सकते। इसलिए ऐसे उद्योग हमेशा एक सुरक्षित बाजार में विकसित होते हैं। इससे इनकी तकनीकी जैसी आती है, उसी स्थिति में रह जाती है। नवीनतम तकनीकी के लिए हमेशा विकसित औद्योगिक देशों पर निर्भरता इनकी नियति बन जाती है।

चूँकि बहुराष्ट्रीय कम्पनियों का मूल शोध-कार्य विकसित औद्योगिक राष्ट्रों में होता है, तीसरी दुनिया में आने पर मुकाबले के देशी उद्योगों से उनका हाथ हमेशा ऊपर रहता है। उनकी यही सुविधा है, जिसका फायदा उठाने के लालच से हमारे अबोध राजनेता इन कम्पनियों को देश में खुले रूप से पूँजी लगाने की छूट देना चाहते हैं। अगर ऐसा हुआ तो एक दशक के भीतर ही टाटा और बिड़ला जैसे बड़े औद्योगिक घराने भी या तो इन कम्पनियों की साझेदारी में, उनके नियंत्रण में, उद्योग लगाने को विवश होंगे या बीमारी और मौत की प्रतीक्षा करेंगे। आयातित नवीनतम तकनीकी पर आधारित उद्योगों की भारत जैसे देशों में दो ही नियति हैं—बाँझपन अथवा मौत।[1]

देश के उद्योगपति इस बात से अवगत हैं, और विश्व बाजार में शामिल होने की तमाम बातों के बावजूद, जब वास्तव में बाजार खोलने की बात आई है तो वे इसका विरोध करने लगे हैं, क्योंकि इसमें वे टिक नहीं सकते। अब शुरुआती हो-हल्ला खत्म हो चुका है और सारे बड़े उद्योगपतियों की 'बैठक' ने सरकार को चेतावनियाँ देनी और रियायतें माँगनी शुरू कर दी हैं।

चाहे जो हो, देश बहुराष्ट्रीय कम्पनियों के लिए खोल दिया जाए या देशी उद्योग विश्व प्रतिस्पर्धा और आधुनिक औद्योगिक उपभोक्तावादी संस्कृति में शामिल हों, कुल

मिलाकर स्थिति एक ही तरह की होनेवाली है। इसमें एक अत्यन्त छोटा-वर्ग—जिसमें पूँजीपति, तकनीकी विशेषज्ञ, शिक्षितों और नौकरशाही का ऊपरी तबका शामिल है—तो दुनिया की नई तकनीकी उपलब्धियों में साझीदार बन हवाई सैर करेगा तथा पाँच सितारा संस्कृति में मौज-मस्ती की जिन्दगी जिएगा और बाकी लोग अत्यन्त गरीबी में रहकर किसी तरह जीवन निर्वाह कर सकेंगे।

असल में विश्व अर्थव्यवस्था और निर्बाध प्रतिस्पर्धा की बात से समाजवादी कहे जानेवाले देशों से लेकर तीसरी दुनिया के देशों के नेतृवर्ग में एक खास तरह के अन्तरराष्ट्रीय वर्ग विभाजन के पक्ष में मन बन रहा है। द्वितीय विश्वयुद्ध के बाद के काल में राष्ट्रीय मुक्ति आन्दोलन की एक लहर आई थी और दुनिया के सभी औपनिवेशिक और गुलाम मुल्क साम्राज्यवाद और उपनिवेशवाद से छुटकारा पाने का प्रयास करने लगे थे। इस विभाजन में एक तरफ कुछ सम्पन्न पूँजीवादी औद्योगिक देश थे और दूसरी तरफ साम्राज्यवाद द्वारा गुलाम बनाए गए तमाम दूसरे देश। अपनी विशेष राजनीतिक स्थितियों के कारण सोवियत संघ, चीन, क्यूबा आदि इस दूसरे खेमे के हिमायती बने हुए थे। अधिकांश गुलाम देशों के आजाद होने और सोवियत संघ तथा पूर्वी यूरोप के परिवर्तनों के बाद राष्ट्रों के बीच का इस तरह का विभाजन या ऐसे विभाजन का एहसास खत्म हो गया है। अब समाजवादी कही जानेवाली दुनिया स्ययं पूँजीवादी औद्योगिक व्यवस्थाओं का आर्थिक राजनीतिक नेतृत्व स्वेच्छा से कबूल कर रही है और अपनी अर्थव्यवस्थाओं को विश्व पूँजीवादी व्यवस्था के साथ जोड़ने में व्यस्त है। सच तो यह है कि एक ही तरह की तकनीकी को अपना कर चलनेवाली पूँजीवादी और समाजवादी कही जानेवाली व्यवस्थाओं के बीच विभाजन बहुत ही सतही था और दोनों के मानकों और मूल्यों को एक होना ही था।

कल तक गुलाम रहे तीसरी दुनिया के देशों में भी इस पूँजीवादी विश्व बाजार में शामिल होने की अभिलाषा दिखाई देने लगी है। रूस और पूर्वी यूरोप के देश सांस्कृतिक दृष्टि से पश्चिम यूरोप और अमेरिका से काफी करीब हैं, और सिर्फ आर्थिक दृष्टि से ही पीछे हैं। बहुत सम्भव है कि वे जल्द ही उनकी अर्थव्यवस्था में शामिल हो उनसे घुल-मिल जाएँगे। इस एकीकरण से पूँजीवादी साम्राज्यवादी व्यवस्थाओं का शोषक स्वरूप और इसमें व्याप्त गैर-बराबरी मिटनेवाली नहीं है, लेकिन जिस गैर-बराबरी को राष्ट्रों की आय या विभिन्न राष्ट्रों की प्रति व्यक्ति आय की तुलना करके आँका जाता था, यह गौण हो जाएगा।

अब दुनिया भर में एक तरफ समान जीवन पद्धति और जीवन स्तर से लैस एक सुविधा प्राप्त वर्ग होगा, और दूसरी तरफ संसार भर में इस औद्योगिक सभ्यता से उच्छिष्ट एक दूसरा वर्ग होगा जो अपने-अपने देश के मानकों के हिसाब से भी गरीबी रेखा के नीचे होगा। देशों की सम्पन्नता या गरीबी प्रत्येक देश में इन दो हिस्सों की आबादी के अनुपातों से आँकी जाएगी। सम्पन्नों में भी स्तर होंगे क्योंकि वही

वर्तमान औद्योगिक समाज की मूल प्रेरक शक्ति है। नई विश्व व्यवस्था में विभिन्न श्रेणियों में विभाजित राष्ट्रों के लोगों की असली स्थिति का अंदाज भर लगाया जा सकता है। सम्पन्न देशों में गरीबी रेखा से नीचे रहनेवाले लोगों का अनुपात 10 से 15 प्रतिशत के भीतर रहेगा तो गरीब देशों में यह अनुपात 50 प्रतिशत के इर्द-गिर्द। इसी तरह मध्यम और उच्च आय वाले लोगों का अनुपात भी अनुमानित ही है। अमीर देशों में उच्च आय वालों का प्रतिशत अगर 20-25 फीसदी रहेगा तो गरीब देशों में डेढ़-दो फीसदी। यह अनुमान बिलकुल मनमाने ढंग से नहीं किया गया है। उदाहरण के लिए फिलहाल अमेरिका की 24 करोड़ के लगभग आबादी में 3.2 करोड़ लोग गरीबी की श्रेणी में आते हैं, जो 13 प्रतिशत से कुछ ऊपर हुआ। सम्पन्न देशों में गरीबों का अनुपात इसी से कुछ कम या अधिक होगा। दूसरी ओर भारत में गरीबी रेखा से नीचे रहनेवालों का अनुपात 50 प्रतिशत से थोड़ा कम है। भारत जैसे दुनिया के अति गरीब देशों में गरीबी रेखा से नीचे रहनेवालों का अनुपात इससे कुछ कम या अधिक होगा। मध्यम आय वाले देशों की स्थिति कुछ ऐसी ही है, और पूर्वी यूरोप आदि में, जो इस कोटि में आते हैं, परिवर्तन भी तेजी से हो रहे हैं। फिर भी इन देशों में ऊँची आय वालों का अनुपात कम है, यह अनुमान किया जा सकता है। जो नए तरह का विभाजन हो रहा है वह हर गरीब देश में एक सम्पन्न दलाल वर्ग को जन्म दे रहा है। यह वर्ग नई व्यवस्था का हिमायती बन इसे फैलाने की कोशिश कर रहा है। पहले जब औद्योगिक देशों का सीधा नियंत्रण गुलाम देशों और उपनिवेशों पर था तो राष्ट्रीय प्रतिरोध की एक शक्ति का निर्माण होता था। अब उपनिवेश गरीब देशों के अभिजात वर्गों के लिए अपने ही देश में हैं, इसलिए प्रतिरोध की कोई शक्ति नहीं पैदा हो रही है।

लेकिन शोषितों में शोषित होने की अनुभूति को खत्म नहीं किया जा सकता, इसलिए क्षेत्रीय, भाषायी, मूल या पृथकता का एहसास करानेवाली किसी दूसरी अनुभूति के इर्द-गिर्द विद्रोह खड़े हो रहे हैं। इस तरह के विद्रोह सभी देशों में देखे जा सकते हैं। इस तरह नई विश्व व्यवस्था एक तरह से सम्पन्नता, दरिद्रता और विघटनकारी विद्रोहों के सह-अस्तित्व की व्यवस्था है। इसमें पिछड़े मुल्क, जिनमें गरीबों का अनुपात अत्यधिक है, निरन्तर आतंकवादी विद्रोहों और फासीवादी दमन के बीच झूलते रहेंगे।

सन्दर्भ और टिप्पणियाँ

1. मुक्त बाजार व्यवस्था

1. देश की अनेक प्रतिष्ठित कम्पनियाँ साझेदारी अथवा विलय से अपना अस्तित्व खो रही हैं।

भूमंडलीकरण की पृष्ठभूमि

1

उन्नीसवीं शताब्दी के मध्य से लेकर बीसवीं शताब्दी के पूर्वार्द्ध तक समाज में जिन आदर्शों और मूल्यों की प्रमुखता थी उन पर अब बीसवीं शताब्दी के अन्तिम चरण में प्रश्न चिह्न लगने लगे हैं। ऐसा लगने लगा कि जीवन के जिन प्रतिमानों को लेकर लगभग डेढ़ शताब्दी से पश्चिमी समाज और उसके प्रभाव में बाकी समाज आगे बढ़ रहा था उनका आधार खिसकने लगा है। प्रस्तुत पुस्तक में उन प्रतिमानों के सांस्कृतिक एवं अन्य तत्त्वों पर विचार किया गया है जो मौजूदा सभ्यता का आधार हैं और इनकी विसंगतियों की ओर ध्यान खींचा गया है। पुस्तक में संकलित लेख अलग-अलग लिखे गए हैं, लेकिन सभी एक ही समस्या के विविध पहलुओं पर प्रकाश डालते हैं और एक-दूसरे के पूरक हैं। चूँकि लेख अलग-अलग समय में लिखे गए हैं और इनमें प्रत्येक अपने आप में पूर्ण हैं, कुछ बातों की पुनरावृत्ति सम्भव है।

एक बात स्पष्ट हो रही है। यह कि जो अनेक समस्याएँ आज उभरकर सामने आ रही हैं उनका उत्स मात्र व्यवस्थाओं के दोष में नहीं है। उनकी जड़ में वे मूल्य बोध हैं जो पिछली सभी सभ्यताओं के मूल्य बोध से भिन्न हैं और इनकी माया लोगों पर ऐसी छाई है कि लोग इन्हें शाश्वत मानने लगे हैं, और इसकी जकड़ से बाहर नहीं निकल पाते। फिर भी यह साफ होता जा रहा है कि उन मूल्यों को नकारे बगैर मानव अस्तित्व को सुरक्षित रखना कठिन है।

इन मूल्यों के आधार में विकास और प्रगति की एक खास अवधारणा है जिस पर डार्विन के विकास सिद्धान्त की गहरी छाप है। इस अवधारणा के निचोड़ रूप में दो सिद्धान्त अंग्रेज दार्शनिक हर्बर्ट स्पेंसर ने प्रतिपादित किए थे : पहला, योग्यतम के जीवित रहने का (सर्वाइवल ऑफ द फिटेस्ट), और दूसरा कि विकास लगातार सरलता से जटिलता की ओर बढ़ता है। पश्चिमी मनीषा में ये सिद्धान्त गहराई से बैठ गए हैं। पहले सिद्धान्त का प्रतिफल अन्ततोगत्वा औपनिवेशिक और नव-औपनिवेशिक शोषण को मान्यता प्रदान करना हुआ। इसी की एक अभिव्यक्ति नस्लवादी उन्माद था। हिटलर इस धारणा का चरमोत्कर्ष था। आज भी अमेरिका और यूरोप में जहाँ-तहाँ इसका विस्फोट अश्वेत लोगों के खिलाफ जब-तब उभरनेवाले हमलों में देखा जा सकता है, लेकिन दूसरे विश्वयुद्ध के बाद आई आजादी की लहर जिसमें एशिया

और अफ्रीका के तमाम अश्वेत लोग स्वतंत्र हो गए और दक्षिण अफ्रीका के हाल के परिवर्तनों से यह साफ है कि अश्वेत और गरीब बहुल दुनिया में बहुत दिनों तक थोड़े से लोगों के वर्चस्व का सिद्धान्त चल नहीं सकता।

इस सिद्धान्त की दूसरी तार्किक परिणति यह है कि आदमी के जीवन में प्रतियोगिता को आधारभूत मूल्य बना दिया गया है। इससे व्यापार को एक नया अर्थ प्राप्त हुआ है। जैसा पहले कभी नहीं था। पूर्ववर्ती समाजों में व्यापार विनियम का साधन था। अब व्यापार एक ऐसी प्रतिस्पर्धा है जिसमें प्रतिद्वन्द्वियों को न सिर्फ पराजित किया जाता है बल्कि उनका अस्तित्व मिटा दिया जाता है। इसमें प्रत्येक व्यक्ति और व्यावसायिक प्रतिष्ठान एक-दूसरे का विरोधी बन गया है।

दूसरा सिद्धान्त, 'जटिलता' को प्रगति का मानक मानकर ऐसी समस्याएँ पैदा कर रहा है जिससे बहुसंख्यक लोगों के लिए जीवन असह्य होता जा रहा है। आधुनिक औद्योगिक व्यवस्था जितनी ही जटिल होती जा रही है और जितना ही इसका दायरा बढ़ता जा रहा है उतना ही इसे चलाने के लिए अत्यधिक प्रशिक्षित लोगों की जरूरत बढ़ रही है। इससे तकनीकी शिक्षण संस्थानों में अतिशय प्रतियोगिता और मानसिक कवायद के द्वारा नए तरह के तकनीकी लोगों का निर्माण और चयन किया जाता है। इस प्रतियोगिता में थोड़े लोग ही सफल हो पाते हैं क्योंकि आदमी की मानसिक क्षमता और स्वभाव की सीमाएँ हैं। इससे भारी संख्या में असफल हुए लोग अपने को समाज के लिए अप्रासंगिक मानने लगते हैं और इस तरह विफलता का बोझ लिए हारे लोगों (ड्राप आउट्स) की संख्या औद्योगिक समाजों में बढ़ रही है। फिर अतिशय प्रतियोगिता के दबाव में उबाऊ कामों के बोझ से भारी संख्या में लोग मानसिक तनाव में रहते हैं और मनोविकार का शिकार होते हैं, नतीजतन मानसिक चिकित्सकों की सलाह ढूँढ़ने वाले लोगों और नशाखोरों की संख्या बढ़ती जा रही है।

दूसरी ओर, ऐसे जटिल समाज का विस्तार जितना ही होता है उतना ही अनुत्पादक व्यवस्थाओं के रखरखाव का बोझ बढ़ता है और इससे पैदा ऊर्जा का संकट व्यवस्था का संकट बन जाता है। सभ्यताओं के इतिहास के परिप्रेक्ष्य में इस समस्या पर भी विचार किया गया है।

ठोस रूप में वर्तमान औद्योगिक सभ्यता का आदर्श हैं अधिक-से-अधिक उपभोग की वस्तुओं की खपत और उनके उत्पादन के लिए उद्योगों का अधिक-से-अधिक विस्तार। इस आदर्श को जीवित रखने में उपभोक्तावादी संस्कृति और अन्तहीन औद्योगिक विकास के मिथक का खास हाथ रहा है। उपभोक्तावादी संस्कृति पर लम्बे लेख में वर्तमान औद्योगिक सभ्यता और इस संस्कृति के अन्योन्याश्रित सम्बन्धों पर विचार किया गया है। फिलहाल उपभोक्तावादी संस्कृति का उद्योग तो तेजी से फैल रहा है, लेकिन अन्तहीन औद्योगिक विकास का मिथक संकट में है। ई.एफ. शुमाखर ने साठ के दशक में जीवाश्म ईंधन पर आधारित औद्योगिक व्यवस्था की

क्षणभंगुरता की ओर इशारा किया था। उन्होंने इस तथ्य की ओर ध्यान दिलाया था कि वर्तमान औद्योगिक व्यवस्था के समर्थक अर्थशास्त्री पूँजी और आय का फर्क नजरअन्दाज कर रहे हैं और जीवाश्म ईंधन, जैसे कोयला और पेट्रोलियम को, जो कभी की एकत्र निधि है, और जिन्हें पूँजी की कोटि में रखना चाहिए, आय मानकर अंधाधुंध खर्च कर रहे हैं। यह अधिक दिन चल नहीं सकता। इसी दशक में क्लब ऑफ रोम के अध्ययन के नतीजों ने इस विचार की पुष्टि की। 1973 के अरब-इजराइल युद्ध के बाद पैदा पेट्रोलियम संकट और अनेक अध्ययनों में चिह्नित विकास के क्रम में पैदा पर्यावरण के संकट ने साफ तौर से इस विकास पद्धति पर प्रश्न चिह्न लगा दिया है। पृथ्वी पर रियो का शिखर सम्मेलन एक तरह से सारे संसार द्वारा इस आसन्न संकट की स्वीकृति थी। अलग-अलग लेखों में इस समस्या के विभिन्न पहलुओं पर विचार किया गया है।

जब हम आज के संकट को वर्तमान औद्योगिक सभ्यता के संकट के रूप में देखते हैं तो साफ हो जाता है कि पूँजीवाद और समाजवाद के पुराने विवाद के रूप में आज की समस्या का आकलन अपर्याप्त है। अब समाजवाद पर भी नए सिरे से विचार करना होगा, जिसमें समस्या सिर्फ आधुनिक औद्योगिक प्रणाली द्वारा अर्जित धन के वितरण की नहीं है, अब समाजवाद को नई तकनीकी की भी तलाश करनी होगी। वर्तमान तकनीकी को नकारने से अक्सर यह भ्रम होता है कि विज्ञान को नकारने की बात हो रही है। इसलिए विज्ञान और तकनीकी के सम्बन्धों पर भी विस्तार से विचार किया गया है। इसके अलावा उन स्थितियों पर भी विचार किया गया है जिसमें औद्योगिक क्रान्ति हुई है और वर्तमान औद्योगिक तकनीकी का विकास हुआ है।

पिछले दिनों पूर्वी यूरोप और रूस में समाजवादी व्यवस्थाओं का विघटन इतनी तेजी से हुआ कि पूँजीवादी दुनिया की समस्याओं की ओर किसी का ध्यान ही नहीं गया। अगर हम पूँजीवादी दुनिया की ओर निगाह डालें तो सलामती के आलम के बजाय वहाँ एक दूसरे तरह की बेचैनी दिखाई देती है। पूँजीवादी दुनिया के सबसे सम्पन्न देश अमेरिका, जापान और यूरोपीय साझा बाजार के देश बार-बार के प्रयासों के बावजूद आपसी व्यापार की शर्तों पर कोई समझौता नहीं कर पाए हैं। गैट का नौ वर्षों तक बार-बार टाला जाना इसका एक उदाहरण है। अब विश्व व्यापार संगठन की बातचीत ठप्प पड़ी है। इस गतिरोध के पीछे गहराती आर्थिक मन्दी की छाया है। जापान को छोड़ सभी समृद्ध पूँजीवादी देशों में बेरोजगारी खतरे के निशान के करीब पहुँच रही है। जापान आयात पर निर्यात की भारी बढ़त से अपने यहाँ की सम्भावित बेरोजगारी का संकट निर्यात कर टाल रहा है। डॉलर की गिरावट रोके नहीं रुक रही है।[1] अमेरिका में गरीबी रेखा से नीचे रहनेवालों की हालत यह हो गई है कि बड़ी संख्या में बेपनाह लोगों को एकमात्र पनाह कैदखाने दिखाई देते हैं और वे कैद की सुरक्षा पाने के लिए बार-बार अपराध करते हैं।

पश्चिमी यूरोप के कई देशों में फासिस्ट पार्टियों की ताकत अचानक बढ़ गई है। फ्रांस और जर्मनी में तो बाहर से राजनीतिक पनाह के लिए अथवा मजदूरी करने आए तुर्क, अल्जीरियाई तथा अन्य मूलों के लोगों के खिलाफ हिंसक प्रदर्शन हो रहे हैं। ऐसा करनेवाली पार्टियों में स्विट्जरलैंड, जर्मनी, आस्ट्रिया, स्वीडन तथा बेल्जियम में अपनी ताकत अप्रत्याशित रूप से बढ़ा ली है। यह याद रखने की बात है कि जर्मनी में फासीवाद का उदय 1930-31 की मन्दी का सीधा परिणाम था। यूरोप की घोर दक्षिणपंथी पार्टियों के समर्थन का आधार बेरोजगारी से भयभीत नौजवान ही हैं। जाहिर है कि जो पूँजीवादी व्यवस्था अपने सबसे सशक्त केन्द्रों में ही बेरोजगारी की समस्या हल करने में अक्षम साबित हो रही है वह बाकी दुनिया के बेरोजगारों की विशाल फौज को कोई सहायता नहीं दे सकती। सच तो यह है कि मुक्त बाजार व्यवस्था की अपील कम्युनिस्ट तानाशाही से मोहभंग से उपजे तात्कालिक छलावे से अधिक कुछ नहीं है।

अगर हम पिछले दो सौ साल के यूरोप-केन्द्रित इतिहास पर नजर डालें तो पाएँगे कि व्यवस्था परिवर्तनों से जन्मी आस्था और फिर निराशा का एक चक्र पूरा हो रहा है। अठारहवीं सदी के आखिर में यह विचार व्यापक था कि सामन्ती एवं अन्य अवरोधों से मुक्त स्वतंत्र बाजार व्यवस्था से सार्वजनीन सम्पन्नता बढ़ेगी। उन्नीसवीं सदी उन्मुक्त बाजार व्यवस्था की देन पूँजीवादी व्यवस्था से मोहभंग की थी और लोग विभिन्न तरह के समाजवादी प्रयोगों की ओर आकृष्ट हो रहे थे। बीसवीं शताब्दी का पूर्वार्द्ध समाजवाद के नाम पर होनेवाले कुछ ठोस प्रयोगों का काल था, जिसमें स्वीडन का सहयोगी और कल्याणकारी राज्य, सोवियत संघ का सर्वसत्तावादी राज्य, ब्रिटेन की लेबर पार्टी का आंशिक राष्ट्रीयकरण और कल्याणकारी राज्य और चीन की पिछड़ी औद्योगिक व्यवस्था में सामुदायिक स्वामित्व और उत्पादन का प्रयोग मुख्य है। बीसवीं शताब्दी का उत्तरार्द्ध इन प्रयोगों से मोहभंग का है और इस आघात से विचार का दोलक फिर एक ऐसी मुक्त बाजार व्यवस्था की ओर झुक रहा है जिसकी अक्षमताएँ भूतकाल में न सिर्फ जाहिर हो चुकी हैं बल्कि जिसकी सीमाएँ हम आज भी देख सकते हैं।

इन स्थितियों पर विचार करने से यह प्रतीत होता है कि हम जिस संकट से गुजर रहे हैं, वह व्यवस्थाओं का नहीं बल्कि पूरी सभ्यता और उसके नियामक मूल्यों का है। हालाँकि टॉयनवी तथा स्पेंगलर जैसे इतिहास के दार्शनिकों ने समाज की समस्याओं को सभ्यता के स्तर पर समझने की कोशिश की, लेकिन आजकल यह फैशन में नहीं है और लोग बार-बार समस्याओं की जड़ व्यवस्थाओं में ही ढूँढ़ने की कोशिश कर रहे हैं और एक दुष्चक्र में फँस रहे हैं। असल में समस्या के उत्स का हमारी सभ्यता के नियामक मूल्यों में ही ढूँढ़ना होगा।

अगर हम व्यवस्था की जगह वर्तमान औद्योगिक सभ्यता को दिशा देनेवाले मूल्यों की तलाश करें तो पाएँगे कि उन पर उस विज्ञान का, जो गैलीलियो और न्यूटन से शुरू हुआ और जो आधुनिक तकनीकी का आधार है, गहरा प्रभाव है। बल्कि उस विज्ञान का भी उतना हाथ नहीं, जितना उस विज्ञानवादी मानसिकता का जो विज्ञान के प्रयोगों और अमूर्तन प्रक्रिया को हर तरह के सोच का आधार बनाना चाहती है। विज्ञान के क्षेत्र में गैलीलियो और न्यूटन की सबसे महत्त्वपूर्ण देन यह थी कि उन्होंने सहज रूप से दिखाई देनेवाले जगत को प्रयोगों से खंडित और शोधित कर ऐसा अमूर्त रूप दिया, जिसे गणित के समीकरणों में बाँधा जा सके। यह महज संयोग नहीं था कि आधुनिक भौतिकी का आदिपुरुष न्यूटन गणित में कैल्कुलस का जन्मदाता बना, जिसमें किसी गति या चक्र के एक अंश को विश्लेषित कर सूक्ष्मातिसूक्ष्म खंड पर पहुँचा जाता है और फिर एक संयोजन प्रक्रिया से सम्पूर्ण धरातल या गति के आकार का निर्माण होता है। पर दृश्य दुनिया के कुछ खास गुणों को ही अमूर्तन की प्रक्रिया से ऐसे गणित में बाँधना सम्भव था। आगे चलकर यही विज्ञान का प्रतिमान बन गया।

लेकिन लोग अक्सर भूल जाते हैं कि विज्ञान द्वारा प्रस्तुत किया गया भौतिक जगत वही नहीं है, जिससे हमारे आम अनुभवों के दृश्यजगत और भाव जगत का निर्माण होता है। उन्नीसवीं शताब्दी के प्रारम्भ में सुप्रसिद्ध जर्मन साहित्यकार गेटे ने, जिसे वैज्ञानिक प्रयोगों में भी गहरी रुचि थी, रंगों पर किए गए अपने शोधों के आधार पर न्यूटन के रंग सम्बन्धी सिद्धान्त को चुनौती दी। अपने क्षेत्र में गेटे के प्रयोग भी सही थे। उसने अपने प्रयोगों के आधार पर रंग षष्टभुज एवं पूरक रंगों का सिद्धान्त दिया, जिसके अनुसार लाल तथा हरा एवं नीला और नारंगी पूरक रंग होते हैं। यह सिद्धान्त वस्तुगत और अनुभूत तथ्यों का अद्‌भुत अभिसार था। गेटे की यह खोज आज भी चित्रकारों के लिए अत्यधिक महत्त्व की है, लेकिन गेटे ने प्रयोग में यह कभी नहीं पाया कि सफेद रोशनी, जिसका साक्षात्कार हेतु रोज की जिन्दगी में होता है, सात रंगों में विभाजित हो जाती है।

सच्चाई यह थी कि न्यूटन ने जिस सफेद को सात रंगों में विश्लेषित किया था, वह विशेष तरह के पारदर्शकों द्वारा आम प्रकाश से शोधित रोशनी थी। इस भिन्नता के सम्बन्ध में गेटे ने जो बात कही, वह वर्तमान चर्चा की पृष्ठभूमि में बहुत ही महत्त्व की है। उसने कहा, "भौतिक वैज्ञानिक प्राकृतिक घटनाओं पर नियंत्रण भी हासिल करता है, वह अनुभवों को इकट्ठा करता है, उन्हें फिट करता है और जोड़ता है..., लेकिन जब वह यह दावा करता है कि यही प्रकृति है, तो हम सिर्फ विनोदपूर्वक मुस्करा सकते हैं।" कोई भी वास्तुकार यह दावा नहीं कर सकता कि उसके द्वारा निर्मित महल, वन और पर्वत असली हैं। नाभिकीय भौतिकी के हमारे युग के सबसे बड़े वैज्ञानिक वर्नर हाइसेनबर्ग ने इस विवाद पर अपनी टिप्पणी में

भौतिक विज्ञान के तरीके की अनिवार्यता को कबूल करने के बावजूद यह माना है कि गेटे का यह कथन सही है कि विज्ञान की दुनिया हमारे रोजाना की दुनिया से अलग है और हमारे आम अनुभवों की दुनिया अपने सर्वांग रूप में समान आदर की अधिकारी है।

लेकिन उन्नीसवीं शताब्दी से आम तौर पर इस सन्तुलित दृष्टि का अभाव रहा। भौतिक से उधार अमूर्तन की प्रक्रिया समाजशास्त्र, कला आदि सभी क्षेत्रों में व्याप्त हो गई। कला के क्षेत्र में इसकी परिणति घनवाद तथा भविष्यवाद में स्पष्ट रूप से देखी जा सकती है। एक हद तक अमूर्तन या प्रतीकात्मकता सभी सोच का आधार है, लेकिन बात यहीं तक सीमित नहीं रही। अध्ययन के सभी क्षेत्रों में किसी वस्तु के कुछ अमूर्त गुणों को उसका आदर्श रूप गया वास्तविक वस्तु को उसका अशोधित नमूना माना जाने लगा। इस तरह भौतिक विज्ञान का अमूर्तन सार्विक हो गया। शायद यह स्वाभाविक प्रक्रिया थी। हर युग में कुछ मूल मान्यताएँ तरंग वृत्त की तरह हर आयाम में साथ-साथ फैलती हैं। इसी प्रक्रिया में 'आदमी क्या है' की भी एक खास परिकल्पना व्यापक बनने लगी।

चूँकि उन्नीसवीं सदी का यूरोप उद्योग और व्यापार पर आधारित था और आर्थिक समृद्धि समाज का एकमात्र लक्ष्य बन गया था, आदर्श आदमी 'आर्थिक आदमी' माना जाने लगा। जीवन के बाकी आयाम गौण हो गए। इसी प्रभाव में जेरेमी बेन्थम के उपयोगवाद के सिद्धान्त का प्रसार हुआ, जिससे यह माना गया कि अगर समाज में सभी लोग अपनी स्वार्थ-सिद्धि में लग जाएँ तो आप-से-आप सबका भला हो जाएगा। लेकिन यह सिद्धान्त आम अनुभवों के इतना विपरीत था कि एक अंग्रेज लेखक ने व्यंग्य से 'फेबुल ऑफ बीज' में मधमुक्खियों की एक ऐसी दुनिया का वर्णन किया, जिसमें सभी भाग तो पाप से भरे हैं, लेकिन पूरा समाज स्वर्ग है। समाज शास्त्र के क्षेत्र में ही जॉन स्टुअर्ट मिल ने, जो बेन्थम के विचारों से प्रभावित था, बाद में इस विचार की सीमाओं को समझ लिया और अन्तिम समय में व्यक्तिगत स्वार्थ पर नियंत्रण और किसी तरह के समाजवाद की आवश्यकता पर जोर देने लगा।

समाजवाद के सबसे व्यापक सिद्धान्त के प्रतिपादक कार्ल मार्क्स के विचारों का आधार भी यही अमूर्तन की प्रक्रिया थी। उसका मनुष्य भी आर्थिक मनुष्य ही है। मनुष्य की यह परिकल्पना अमूर्तन की पराकाष्ठा है। उसका आदर्श मनुष्य सर्वहारा धन-सम्पत्ति, परिवार तथा धार्मिक एवं राष्ट्रीय सभी संस्कारों से मुक्त है। उसके श्रम के शोषण के अधिशेष से ही सारे संसार की सम्पत्ति का निर्माण होता है और इतिहास द्वारा उसकी यह नियति निर्धारित है कि वह अन्ततोगत्वा इस सारी सम्पत्ति का अधिकारी है। इस अधिकार के लिए क्रान्ति का जनक सर्वहारा वर्ग भी आर्थिक लाभ की भावना से ही प्रेरित हो संगठित होगा और क्रान्ति की अगुवाई करेगा।

मनुष्य की इस अमूर्त और एकायामी कल्पना ने निश्चित रूप से समाजवाद के कम्युनिस्ट प्रयोग की दिशा को निर्धारित किया। इसमें 'मनुष्य का कोई अपना गुण है' यह गौण हो गया और यह माना जाने लगा कि मनुष्य क्या बनेगा, यह इतिहास के उस कालखंड पर निर्भर करेगा जिसमें वह पैदा हुआ है और उस प्रतिष्ठान पर जिसका वह अंग है। आदर्श प्रतिष्ठान स्वयं आदर्श मनुष्य का निर्माण करेगा। यह आदर्श प्रतिष्ठान सामूहिक सम्पत्ति के आधार पर बनेगा। इस वैचारिक पृष्ठभूमि में एक सर्वसत्तावादी राज्य की अनिवार्यता मनुष्य को नए साँचे में ढालने के लिए अगर स्तालिन या अन्य कम्युनिस्ट नेताओं द्वारा मान ली गई तो कोई अचरज नहीं। संयोग से रूसी मनोवैज्ञानिक पावलोव इसी काल में मनोविज्ञान का वह सिद्धान्त प्रतिपादित कर रहा था जिसके मुताबिक आदमी के व्यवहारों को वातावरण को नियंत्रित कर जैसा चाहे बनाया जा सकता है। यह सिद्धान्त रूस में राज्य द्वारा प्रतिपादित सिद्धान्त बन गया।

लेकिन अन्ततोगत्वा मनुष्य को गीली मिट्टी की तरह मनमाने साँचे में ढालने का प्रयास सोवियत संघ में पूरी तरह विफल हो गया। उलटे इसी मनोवैज्ञानिक सिद्धान्त का अधिक सूक्ष्म प्रयोग कर विज्ञापनों द्वारा पूँजीवादी प्रतिष्ठान मनुष्य को उपभोक्तवादी रुझान देने में अधिक सफल हुआ है। इस तरह सोवियत संघ समाजवादी की जगह उपभोक्तावादी मनुष्यों का देश बन गया। रूस की इस विफलता से चीनी कम्युनिस्ट नेता माओ-त्से-तुंग नया मनुष्य बनाने की प्रक्रिया को अल्पकालिक न मानकर दीर्घकालिक मानते हुए एक ऐसी सांस्कृतिक क्रान्ति का सूत्रधार बना जिसे सदियों चलाने का संकल्प था, लेकिन माओ के मरने के एक दशक के भीतर ही यह क्रान्ति खत्म हो गई और उपभोक्तावाद चीन पर भी हावी हो गया। फिर दुनिया मुक्त बाजार की उस नीति पर उतर आई है जिसे वह सौ साल पहले विफल मान छोड़ चुकी थी।

अब अगर हम समान मूल्यधर्मी व्यवस्थाओं के चक्र के भीतर दुनिया की मूल समस्याओं का हल ढूँढ़ेंगे तो मनुष्य की नियति यूनानी मिथक के सिसिफस जैसी दिखाई देगी, जो एक ऐसी चट्टान को बार-बार पर्वत की चोटी पर चढ़ाने को अभिशप्त है, जो हर बार ऊपर पहुँच नीचे लुढ़क आती है। लेकिन मानव समाज का एक ऐसा आयाम भी है, जिसमें समय-समय पर फिसलने के बावजूद लगातार आरोहरण देखा जा सकता है। यह नैतिक मूल्यों का आयाम है। उपयोगवाद ने इस आयाम को नकार दिया था, लेकिन स्वयं यूरोपीय मनीषा में ईसाई धर्म के माध्यम से इसके अवशेष बचे हुए थे। समाजवादी आन्दोलन में समता और बन्धुत्व की कामना यहीं से आई थी। पर समाजवादी आन्दोलन ने विज्ञानवादी और भौतिकवादी अतिरेक में अपने को इन मूल्यों से काट लिया था और यही उसके वर्तमान संकट की जड़ में है।

अगर हम मनुष्य के स्वभाव के इस आयाम पर विचार करेंगे, तो पाएँगे कि आपसी घात-प्रतिघात, दमन, उत्पीड़न, हिंसा और युद्धों के बावजूद कुछ मानवीय मूल्य समाज में जीवित रहे हैं और लोग उनकी रोशनी में व्यवस्थाओं का परीक्षण करते रहे हैं। आज कम-से-कम संयुक्त राष्ट्र के स्तर पर कुछ मूलभूत मानव अधिकारों को मान्यता प्राप्त हो चुकी है और राष्ट्रीय तथा अन्तरराष्ट्रीय स्तर पर अनेक संस्थाएँ इन अधिकारों के अतिक्रमण के विरुद्ध प्रतिरोध पैदा करती रहती हैं, लेकिन समाज को गति देनेवाली बुनियादी ऊर्जा अभी भी उपयोगवादी या उपभोक्तावादी मूल्यों से ही प्राप्त होती है। असन्तोष के दोलक के एक व्यवस्था से दूसरे व्यवस्था के बीच लगातार डोलते रहने का यही कारण है।

उपभोग बढ़ाया जाए तो यह सीमाहीन हो सकता है। इसके लिए नित्य नए उपक्रम तैयार किए जा सकते हैं, लेकिन उपभोग की वस्तु का हर नया आविष्कार प्रारम्भ में एक छोटे समूह को ही उपलब्ध हो सकता है। बाकी लोग उसके लिए लालायित ही रहेंगे। उत्पादन के विस्तार से जब तक वह आम उपभोग के क्षेत्र में आएगी, उपभोग की कुछ नई वस्तुएँ आविष्कृत हो जाएँगी और यह सिलसिला जारी रहेगा। इस स्थिति में गैर-बराबरी और प्रतिद्वन्द्विता के बीज निहित हैं। इसलिए उपभोग की वस्तुओं के विस्तार पर आधारित सभ्यता, चाहे जैसी भी व्यवस्था हो, व्यापक असन्तोष पैदा करेगी। हमारी सभ्यता का यही रोग है। इस स्थिति से निकलने के लिए हमें एक नई समस्या की ओर बढ़ना होगा और इसके लिए उपयुक्त मूल्यों की तलाश करनी होगी। महात्मा गांधी ने हमें कुछ वैसे ही मूल्य देने का प्रयास किया था, लेकिन देश उन्हें भूलने की कोशिश कर रहा है। यह स्वयं हमारी सभ्यता के संकट का सूचक है।

2

प्रत्येक सभ्यता अपने चारों ओर एक आभामंडल का निर्माण करती है जिसमें उसके भीतर रहनेवाले लोग इस कदर घिरे रहते हैं कि उसके विषय में कोई वस्तुपरक दृष्टि नहीं अपना पाते। चूँकि उनका मूल्यबोध भी इसी सभ्यता में निर्धारित होता है, उनके लिए अपनी सभ्यता का सही मूल्यांकन तब तक सम्भव नहीं होता जब तक किसी दूसरी सभ्यता या दूसरी सभ्यता की अवधारणा से साक्षात्कार विचारों के पुराने आवरण में अचानक सुराख कर सभ्यता के दूसरे प्रतिमानों की झाँकी न उपस्थित कर दे। मध्ययुगीन यूरोप का रेनेसां (पुनर्जागरण) इस्लामी दुनिया से ऐसे ही साक्षात्कार का परिणाम था। उसके बाद यूरोप की सभ्यता ने बिलकुल अलग मोड़ ले लिया। कोलम्बस, जिसकी अमेरिका की खोज की पंचशताब्दी वर्षगाँठ अक्टूबर, 1992 में मनाई गई, रेनेसां की जन्मभूमि इटली में उसी काल में पैदा हुआ था, जब पुनर्जागरण का अभ्युदय हो रहा था। वर्तमान पश्चिमी सभ्यता के लिए कोलम्बस के असली महत्त्व को बिना इस परिप्रेक्ष्य को ध्यान में रखे नहीं समझा जा सकता।

पुनर्जागरण में बहुत से गुण थे और उसने मानवीय गरिमा को स्थापित करने में महत्त्वपूर्ण योगदान किया था। लेकिन उसका एक ऋणात्मक पहलू था यूरोपीय मनुष्य में आत्मकेन्द्रीयता का अतिरेक पैदा करना। इसके प्रभाव से पश्चिमी सभ्यता और इस सभ्यता के प्रभाव से सारा संसार घोर संकट के कगार पर पहुँच गया है। कोलम्बस का मूल्यांकन हमें इस पूरी सभ्यता के मूल्यांकन के लिए बाध्य करता है।

पिछले दिनों कोलम्बस के मूल्यांकन में जो दो विपरीत दृष्टियाँ अमेरिकी महादेशों में उभरकर सामने आई हैं, वे हमें वर्तमान सभ्यता के प्रति एकतरफा समादर भाव से हटकर तटस्थ मूल्यांकन का मौका देती हैं। एक दृष्टि यूरोपीय मूल के उन अमेरिकियों द्वारा अपनाई गई है जिनका उत्तर और दक्षिणी अमेरिका के विभिन्न देशों में वर्चस्व है। दूसरी दृष्टि वहाँ के पुराने बाशिन्दे इंडियनों के वंशजों तथा अफ्रीका से गुलाम बनाकर लाए गए अश्वेतों के वंशजों द्वारा अपनाई गई है। पहली दृष्टि के अनुसार कोलम्बस बहुत बड़ा खोजी और साहसी नाविक था, जिसने अमेरिका की खोज कर नई सभ्यता का दरवाजा खोल दिया।

इसके विपरीत रेड इंडियनों का कहना है कि कोलम्बस अपने साथ उनके लिए विनाश लाया। उनके अनुसार कोलम्बस के आने के काल में अमेरिका में रेड इंडियन मूल के लोगों की संख्या लगभग बीस करोड़ थी, जो घटकर आधी रह गई। इसके पहले अमेरिका में भय, एजटेक एवं इंका जैसी अतिविकसित सभ्यताएँ थीं, जिन्हें कोलम्बस के बाद आनेवाले यूरोपीय हमलावरों ने नष्ट कर दिया। उनके उपजाऊ तथा समृद्ध भूभागों पर कब्जा कर लिया गया और उन्हें कम उपजाऊ भूभागों और जंगलों में खदेड़ दिया गया। इस तरह कोलम्बस के बाद का इतिहास उनके लिए दमन, शोषण और पतन का इतिहास रहा है।

इसी तरह अफ्रीकी मूल के लोगों की दृष्टि में भी कोलम्बस अमेरिका की खोज उनके पूर्वजों के लिए अभिशाप था। उन्हें खेती के कठिन काम के लिए अमेरिका में गुलाम बनाकर लाया गया। आज तक वे उस अभिशाप से मुक्त नहीं हुए हैं और अभी भी उन्हें अमेरिका में समान नागरिकता प्राप्त नहीं हो सकी है।

यूरोपीय मूल के अमेरिकी कोलम्बस के पक्ष में यह तर्क देते हैं कि अमेरिका के मूल निवासियों और अफ्रीकी लोगों के साथ हुए अन्याय को कबूल करने के बावजूद इस बात से इनकार नहीं किया जा सकता कि कोलम्बस बहुत ही साहसी और विलक्षण नाविक था। अगर अन्य बातों के लिए नहीं तो उसकी यात्राओं और उनसे प्राप्त ज्ञान के लिए ही उसे याद किया जाना चाहिए।

अगर हम यूरोपीय लोगों के तर्क पर विचार करेंगे तो तुरन्त लगेगा कि कोलम्बस को गरिमामंडित करने का कारण इतना ही नहीं हो सकता। यही होता तो प्राचीन समय में देश-देशान्तर का भ्रमण कर लोगों का ज्ञानवर्द्धन करनेवाले अन्य यात्रियों को भी इतना ही महत्त्व दिया जाता। उदाहरण के लिए कोलम्बस से लगभग पाँच सौ वर्ष पहले स्कैंडिनेविया के वाइकिंग उत्तरी अमेरिका के तटवर्ती प्रदेशों में पहुँच चुके थे, लेकिन उनकी खोज को कोई विशेष महत्त्व नहीं दिया गया। अगर दूर-दराज इलाकों के यात्रा वृत्तान्त की दृष्टि से देखा जाए तो इटली के ही मार्को पोलो की यात्रा कम महत्त्वपूर्ण नहीं थी, हालाँकि उसका भ्रमण मुख्यत: स्थल मार्ग से हुआ था। कोलम्बस से दो शताब्दी से अधिक पहले वह मंगोल सम्राट कुबला खान की सुदूर पूर्ववर्ती राजधानी काइफेंग पहुँच गया था और उस सम्राट के राजनयिक मिशनों पर भारत समेत दूर के कई देशों में गया था। यूरोप को पूर्वी एशिया के सम्बन्ध में जानकारी देने में उसके यात्रा वृत्तान्तों का खास महत्त्व है, लेकिन सबसे अचरज-भरी यात्राएँ मोरक्को के अरब यात्री इब्न बतूता की थीं, जो चौदहवीं शताब्दी के प्रारम्भिक वर्षों में पैदा हुआ था। उसने न सिर्फ सुदूर दक्षिण-पूर्व एशिया से लेकर यूरोप तक का भ्रमण किया बल्कि सहारा रेगिस्तान पार कर, जो उस समय सागर की यात्राओं से कहीं अधिक जोखिम भरा था, अफ्रीका के मध्य और दक्षिणी भागों तक पहुँच सका। उसने

अपने यात्रा वृत्तान्तों में इन विभिन्न स्थानों की भौगोलिक एवं अन्य स्थितियों का विश्वसनीय विवरण दिया।

असल में पश्चिमी देशों के लिए कोलम्बस की यात्रा का महत्त्व पन्द्रहवीं एवं सोलहवीं शताब्दी से विकसित हो रही उस मानसिकता के कारण है जो वर्तमान यूरोपीय सभ्यता का आधार है। यह मानसिकता ही ज्ञान को प्रभुत्व का साधन मानती थी। अंग्रेज दार्शनिक फ्रांसिस बेकन (1561-1626) ने यह सिद्धान्त प्रतिपादित किया था कि 'ज्ञान प्रभुता है'। असल में यह उक्ति उसके समय यूरोप में व्याप्त मानसिकता की अभिव्यक्ति थी। यही रुझान डॉक्टर फॉस्ट के चरित्र के प्रति यूरोप के बौद्धिक आकर्षण में देखा जा सकता है। योहान्न फॉस्ट सोलहवीं शताब्दी में जर्मनी का एक विद्वान डॉक्टर था। उसके सम्बन्ध में यह किंवदन्ती थी कि इसने यौवन, ज्ञान और जादुई प्रभुत्व हासिल करने के लिए शैतान के साथ अनुबन्ध में अपनी आत्मा उसे सौंप दी थी। यह चरित्र यूरोप में कई शताब्दियों तक लोक कथाओं एवं साहित्य का नायक बना रहा। अंग्रेज साहित्यकार मार्लो से लेकर जर्मन साहित्यकार लेसिंग और गेटे तक ने उस पर महत्त्वपूर्ण साहित्य की रचना की। जर्मन साहित्यकारों ने तो फॉस्ट को मनुष्य के ज्ञान और सामर्थ्य की तलाश के प्रतीक के रूप में पेश किया।

अगर हम गहराई से विचार करेंगे तो पाएँगे कि चिर यौवन, ज्ञान और प्रभुता की तलाश का योग स्वयं 'शैतानी' वृत्ति है, इसके लिए शैतान से अलग से अनुबन्ध की जरूरत नहीं। चिर यौवन की तलाश असल में इन्द्रिय सुख की अतिशय अभिलाषा की अभिव्यक्ति भर है। प्रभुता इस अभिलाषा की पूर्ति का माध्यम है। जब ज्ञान को प्रभुता मान लिया जाता है तब ज्ञान का संसार पर प्रभुत्व का माध्यम बना दिया जाता है। आधुनिक सभ्यता के सन्दर्भ में अगर उसके ठोस रूप को देखा जाए तो वह है ज्ञान (जो एकायामी बन विज्ञान बन गया है) का प्रयोग उद्योगों के विकास और लोगों की उपभोग की वृत्ति को लगातार बढ़ा उसकी पूर्ति के लिए नित्य नए साधन उपलब्ध कराने के लिए करना है। इस तरह मनुष्य का सारा व्यक्तित्व उपभोक्तावादी आदमी में जज्ब हो जाता है।

बाइबिल के मिथक में शैतान आदम को जिस ज्ञान के फल को खाने को उकसाता है, वह असल में इसी ज्ञान का फल है। वह आध्यात्मिक या समग्र ज्ञान का फल नहीं। शैतान को अंग्रेजी में 'टेंप्टर' (ललचानेवाला) की उपाधि दी गई है। क्या हमें उपभोग की वस्तुओं के सारे विज्ञापनों के पीछे 'टेंप्टर' का हाथ नहीं दिखाई देता?

ज्ञान की इस यूरोपीय भूमिका के ठीक विपरीत भूमिका भारत समेत एशिया के अधिकांश दर्शनों में दिखलाई गई है। इन दर्शनों के अनुसार ज्ञान की भूमिका आदमी को सांसारिक सुखों में लिप्त होने के बजाय इनसे निवृत्ति की ओर ले जाना है। स्वयं यूरोप के महान दार्शनिक, वैज्ञानिक और साहित्यकार अपने जीवन में

शारीरिक सुखों के प्रति निवृत्ति के प्रतिमान रहे हैं। शारीरिक सुखों के प्रति अतिशय आसक्ति और ज्ञान में अन्तर्निहित विरोध है। फॉस्ट का पतन उसी बिन्दु पर होता है जहाँ वह ज्ञान से विरत हो चिरयौवन और सुखों की कामना करने लगता है। सम्भवत: महात्मा गांधी को पश्चिमी सभ्यता के इसी रुझान का आभास हुआ था जब उन्होंने इसे शैतानी सभ्यता कहा था।

कोलम्बस की यात्रा भौगोलिक खोजों के पीछे की इसी सर्वग्राही प्रवृत्ति का प्रतीक थी। उस काल में यूरोप से दुनिया की खोज में निकलनेवाला अकेला कोलम्बस ही नहीं था। इसी काल में वास्को डि गामा, फ्रांसिस्को पिजारो, कोर्टेस, मैजेलन आदि अनेक यात्री महासागरों पर लम्बी और दुरूह यात्राओं पर निकले थे, लेकिन उनकी मंशा दुनिया का पता लगाना और लोगों का भौगोलिक ज्ञानवर्द्धन नहीं थी। ये लोग अलग-अलग देशों के सम्राटों की सहायता से दुनिया पर उन देशों का आधिपत्य कायम करने चले थे। कोर्टेस और पिजारो ने तो छल-बल से क्रमश: एजतेक और इंका साम्राज्यों को नष्ट ही कर दिया। इनके लिए ज्ञान सचमुच में प्रभुता का माध्यम था। स्वयं कोलम्बस भी स्पेन के सम्राट के वर्चस्व के लिए पश्चिमी मार्ग से एशिया की खोज में निकला था, हालाँकि उसकी व्यक्तिगत लालसा अदन की खोज थी।

जब हम उस काल के जहाजियों के ऊपर बतलाए गए उद्देश्यों पर विचार करते हैं तो यह बात सहज ही समझ में आ जाती है कि पश्चिमी दुनिया कोलम्बस के प्रति इतनी कृतज्ञ क्यों है। इन्हीं जहाजियों के पथ पर संसार की लूट की जो प्रक्रिया तीन शताब्दी तक चली, उसी से यूरोप में वह सम्पन्नता आई जिससे औद्योगिक क्रान्ति के लिए आधार तैयार हुआ और आधुनिक औद्योगिक सभ्यता का जन्म हुआ। इस क्रम में पहले अफ्रीका, आस्ट्रेलिया और अमेरिका के महादेशों की खनिज सम्पदा की लूट हुई। फिर एशिया समेत इन महादेशों में यूरोपीय देशों के उपनिवेश बने।

जब उपनिवेशों की जलवायु में यूरोपीय मूल के लोग खेती-बाड़ी करने तथा खनिज निकालने में अक्षम साबित होने लगे तब बृहत् पैमाने पर अफ्रीका में मानव आखेट का आयोजन किया गया और वहाँ के निवासियों को पकड़कर गुलामों के रूप में विभिन्न उपनिवेशों में खनन और खेती में श्रम के लिए लाया गया। इस प्रक्रिया में दसों लाख अफ्रीकी मारे गए। विडम्बना यह है कि प्रभुता-विस्तार की इस दौड़ में लगे लोग ईसाई थे और इन कामों के पीछे चर्च का आशीर्वाद था, विशेषकर कैथोलिक चर्च का, जो जहाजरानी में अगुवा स्पेन और पुर्तगाल की सरकारों से गहरे रूप में जुड़ा हुआ था। उनका तर्क अकाट्य था। गुलाम बनाए गए लोगों की शारीरिक गुलामी एवं यातनाओं का मुआवजा ईसाइयत के माध्यम से उनकी आत्मा को मुक्ति थी। न्याय का पलड़ा बराबर था। यूरोपीय लोगों को भौतिक सुख साधन प्राप्त हो रहा था और बदले में अश्वेत लोगों को मरने पर स्वर्ग का सुख।

हालाँकि सीधा शक्ति प्रयोग अब यदा-कदा ही किया जाता है, किन्तु आधुनिक औद्योगिक सभ्यता ने प्रभुता-विस्तार का पुराना पथ छोड़ा नहीं है। असल में वर्चस्व की यह वृत्ति इस सभ्यता में ही निहित है। अब बल प्रयोग का स्थान व्यापारिक सम्बन्धों ने ले लिया है, पर अन्तिम नतीजे एक ही तरह के हैं। कुछ सम्पन्नता के केन्द्रों का विकास और उनके चारों ओर गरीबी और भुखमरी का विस्तार।

इस सभ्यता ने कुछ सम्पन्न देशों और बाकी गरीब देशों के बीच ही गरीबी-अमीरी का ध्रुवीकरण नहीं किया है। शैतान के हाथ लम्बे होते हैं। अब सभी गरीब देशों में भी ऐसा ध्रुवीकरण है। इस कारण सभी देशों में इस सभ्यता पर फिदा लोग देखे जा सकते हैं वे लोग—जो अपने देशवासियों के कंधों को अपने लिए आधुनिकता के स्वर्ग की सीढ़ी बनाने में लगे हैं। कोलम्बस की खोज से सीधे और सर्वाधिक पीड़ित समूहों ने फिलहाल जो बहस शुरू की है, वह शायद दुनिया के लोगों की आँखें खोल वर्तमान पश्चिमी सभ्यता के नए मूल्यांकन की प्रेरणा दे।

3

हमारा निजी रहन-सहन कैसा होता है, इसके सामाजिक प्रभाव के सम्बन्ध में बहुत विचार नहीं किया जाता, लेकिन हमारा रहन-सहन और उपभोग का स्तर वास्तव में एक नितान्त निजी मामला नहीं है। यह एक विशेष वातावरण की उपज है और स्वयं अपना वातावरण बनाता है। यह वातावरण बहुत हद तक समाज के विकास की दिशा को प्रभावित करता है और इस बात का भी निर्धारण करता है कि उपलब्ध साधनों का कैसे उपयोग होगा। अत: यह एक ऐसा विषय है जिस पर कुछ गहराई से विचार करने की जरूरत है।

निजी रहन-सहन के सम्बन्ध में इस लापरवाही को वामपंथी और मार्क्सवादी पार्टियों में एक तरह की सैद्धान्तिक मान्यता प्राप्त हो गई थी। भारत में भी जब किसी वामपंथी नेता के खर्चीले रहन-सहन की आलोचना की जाती है तो झट से वह जवाब मिलता है कि 'हमारा काम श्रमिकों का जीवन-स्तर ऊपर उठाना है, खुद अपने जीवन-स्तर को नीचे गिराना नहीं।' शुरू के दिनों में समाजवादियों और गांधीवादियों के बीच अक्सर यह एक विवाद का मुद्दा रहता था। यह बात अलग है कि आम तौर से समाजवादी कार्यकर्त्ताओं का जीवन बहुत ही सादगी और कभी-कभी तो अत्यन्त गरीबी का होता था।

इस समस्या को इस तरह नजरअन्दाज करने के पीछे एक कारण यह भी था कि आजादी के पहले तक शहरी संस्कृति के तामझाम का प्रभाव बहुत सीमित था और उपभोक्तावादी संस्कृति अपने आप में विचार का विषय नहीं थी, लेकिन पिछले कुछ वर्षों में यह संस्कृति जलकुम्भी की तरह समाज पर छा गई है। जो गरीब हैं वे तो गरीबी के कारण इससे अछूते रह जाते हैं या इसके प्रभाव से और गरीब होते चले जाते हैं, लेकिन मध्यमवर्ग में तो यह महामारी की तरह फैल गई है। एक कारण और था जिससे उपभोग की सीमा के सवाल पर कोई विचार नहीं होता था। यह मान लिया जाता था कि औद्योगिक उत्पादन की क्षमता सीमाहीन है और इसके अंधाधुंध प्रसार से कोई सामाजिक समस्या पैदा नहीं होगी। यह विचार भी पश्चिमी देशों से ही हमें मिला था, लेकिन अब पश्चिम के अधिकांश वैज्ञानिक और चिन्तक भी यह मानने लगे हैं कि इस उत्पादन की एक सीमा है और हम उस

सीमा के काफी करीब आ चुके हैं। मानव विकास की कल्पना प्रकृति द्वारा बाँधी गई सीमाओं के भीतर ही की जा सकती है। स्पष्ट है कि कोई भी दीर्घकालीन विकास प्राकृतिक साधनों के अपव्यय को रोककर ही सम्भव है। हमारा उपभोग कितना और किन वस्तुओं का हो वह इससे सीधा जुड़ा हुआ है। इस तरह उपभोक्तावादी संस्कृति एक तरह से समाज के विकास के लिए सबसे प्रमुख अवरोध बन गई है।

इस सवाल पर साफ दृष्टि की इसलिए भी जरूरत है क्योंकि उपभोक्तावाद का दबाव बहुत जबरदस्त होता है। किसी व्यक्ति के इर्द-गिर्द लोग कैसे रहते हैं, क्या पहनते हैं आदि की देखादेखी ही वह अपना रहन-सहन बनाने की कोशिश करता है। अगर बहुत समझदार आदमी किसी भी स्तर के उपभोग को सामान्य मान ले तो वह इस दबाव से नहीं बच सकता। इससे वह तभी बचेगा जब उसे यह पता हो कि कौन-सी सामाजिक शक्तियाँ इस दबाव के पीछे काम करती हैं और कैसे वे उसके बुनियादी मूल्यों के विपरीत प्रभाव डालती हैं या उन उद्देश्यों को नष्ट करनेवाली हैं जिनको लेकर वह चलता है। आज उपभोक्तावाद पूँजीवादी शोषण व्यवस्था का परिणाम भर नहीं है बल्कि उसे जिन्दा रखने का सबसे कारगर हथियार भी है।

जब हम उपभोक्तावादी संस्कृति की बात करते हैं तो उपभोग तथा उपभोक्तावाद में फर्क करते हैं। उपभोग जीवन की बुनियादी जरूरत है। इसके बगैर न जीवन सम्भव है और न वह सब जिससे हम जीवन में आनन्द का अनुभव करते हैं। इस तरह के उपभोग में हमारा जीवन शामिल है जिसके बिना हम जी नहीं सकते या कपड़े शामिल हैं जो शरीर ढँकने के लिए और हमें गर्मी, सर्दी और बरसात आदि से बचाने के लिए जरूरी हैं। इसी तरह जीवन की रक्षा करनेवाली या शरीर की तकलीफों को दूर करनेवाली दवाएँ, ऋतुओं के प्रकोप से बचाने के लिए घर, ये सब उपभोग की वस्तुएँ हैं। औरतों और मर्दों द्वारा एक-दूसरे को आकर्षित करने के श्रृंगार के कुछ साधन भी उपभोग की वस्तुओं में आते हैं। यह बिलकुल प्राकृतिक और स्वाभाविक जरूरत है। मनुष्य में ही नहीं, पशु-पक्षियों और पेड़-पौधों में नर और मादा के बीच आकर्षण पैदा करने के लिए सुन्दर रंगीन बाल, रोंये और पंख, भड़कीले रूप, मीठे संगीतमय स्वर तथा तरह-तरह की गंध प्रकृति की देन हैं। इन सब गुणों की उपयोगिता जीवों में विभिन्न मात्रा में रूप, रंग, गंध, स्वर आदि के प्रति स्वभाव से प्राप्त आकर्षण से आती है। यही स्वाभाविक आकर्षण एक ऊँचाई पर मनुष्यों में सौन्दर्य बोध को जन्म देता है। इसी बोध से मनुष्य विभिन्न कलाओं एवं विज्ञान को जन्म देता है।

इसके विपरीत ऐसी वस्तुएँ, जो वास्तव में मनुष्य की किसी मूल जरूरत या कला और ज्ञान की वृत्तियों की दृष्टि से उपयोगी नहीं हैं, लेकिन व्यावसायिक दृष्टि से प्रचार के द्वारा उसके लिए जरूरी बना दी गई हैं, उपभोक्तावादी संस्कृति की देन हैं। पुराने सामन्ती या अंधविश्वासी समाज में भी ऐसी वस्तुओं का उपभोग होता था जो उपयोगी नहीं थीं बल्कि कष्टदायक थीं, उदाहरण के लिए चीन में कुलीन

महिलाओं के लिए बचपन से पाँव को छोटे जूते में कसकर छोटा रखने का रिवाज, लेकिन यह प्रचलन औरतों की गुलामी और मर्दों की मूर्खता का परिणाम था। अत: शोषण की समाप्ति या चेतना बढ़ने के साथ इसका अन्त होना लाजिमी था, लेकिन उपभोक्तावादी संस्कृति ऐसी वस्तुओं को शुद्ध व्यावसायिकता के कारण योजनाबद्ध रूप से लोगों पर आरोपित करती है और मनोविज्ञान की आधुनिकतम खोजों का इसके लिए प्रयोग करती है कि इन वस्तुओं की माया लोगों पर इस हद तक छा जाए कि वे इनके लिए पागल बने रहें।

एक उदाहरण बालों को सघन और काला रखने की दवाओं तथा तेलों का है। सर्वविदित है कि अभी तक बालों को गिरने या सफेद होने से रोकने का कोई उपचार नहीं निकला है। यही हाल दाँत के सभी मंजनों का है। अभी तक कोई ऐसा मंजन नहीं निकला है, जो दाँतों की बीमारियों को दूर करे या उन्हें रोग लगने से बचाए। यह स्थिति बिलकुल अशिक्षित समाज में जादू-टोने के प्रति फैले अंधविश्वास से भिन्न नहीं है, लेकिन इस अंधविश्वास के शिकार मूल रूप से शिक्षित कहे जानेवाले लोग ही हैं।

भड़कीले इश्तहार एक ऐसा मानसिक माहौल तैयार करते हैं कि लोग मॉडलों (इश्तहार के सुन्दर स्त्री-पुरुष) की सुन्दरता का राज विभिन्न तरह के परिधानों और 'कोकाकोला' में देखने लगते हैं। बड़ी तोंदवाले लालाजी और दो क्विंटल वजनवाली सेठानी भी इन कम्पनियों का सूट या बाथिंग सूट पहने विज्ञापन के मॉडलों जैसे अपने रूप की कल्पना करने लगती है। फिर दुकानों में इन कम्पनियों के परिधानों और कोकाकोला की तलाश शुरू हो जाती है। इस तरह धीरे-धीरे सुन्दरता का अर्थ मनुष्य की स्वाभाविक सुन्दरता, जो उसके स्वास्थ्य और स्वभाव से आती है, नहीं रहकर खास-खास कम्पनियों के बने मोजे से लेकर टोपी तक में सजावट बन जाता है।

सुन्दर शब्द भी अब फैशन से बाहर होता जा रहा है, उसका स्थान 'स्मार्ट' ने ले लिया है। जिसका सीधा सम्बन्ध लिबास, सजधज और अप-टू-डेट अदा से है। प्रचलित फैशन से सुन्दरता की परिभाषा कैसे बदल सकती है उसका एक उदाहरण हम रंग की मैचिंग में देख सकते हैं। सौन्दर्य की दृष्टि से रंग की मैचिंग यानी एक ही रंग का सारा लिबास रखना, भोंड़ी चीज है। सौन्दर्य रंगों की विविधता और उनके उपयुक्त संयोजन से आता है। इसी कारण राजस्थान की सरल ग्रामीण महिलाएँ अपने सस्ते लिबास में भी रंगों के उचित संयोजन से जहाँ इकट्ठी होती हैं फूलों की क्यारियां-सी सज जाती हैं, लेकिन मैचिंग का पागलपन सवार हो जाने से जहाँ हैंडबैग, एक जोड़ा जूता या चप्पल तथा एक रंग की लिपस्टिक से काम चल सकता था वहाँ अब हर कपड़े के रंग के साथ सब कुछ उसी रंग का होना चाहिए। इस तरह अब एक की जगह आधे दर्जन सामान खरीदने की जरूरत हो जाती है। पर सबसे हास्यास्पद तो यह होता है कि काले या नीले कपड़ों से मैच करने के लिए लाल होंठोंवाली सुन्दरियाँ अपने होंठ काले या नीले रंग में रँगने लगती हैं।

यह सोचा जा सकता है कि अगर भिन्न रंग के कपड़े इकट्ठे हो गए तो वे ही कपड़े अदल-बदलकर ज्यादा दिन पहने जा सकते हैं, लेकिन ऐसा भी नहीं हो पाता, क्योंकि एक सुनियोजित ढंग से फैशन-प्रदर्शनों और प्रचार के द्वारा ऐसा मानसिक वातावरण तैयार कर दिया जाता है कि फैशन जल्दी-जल्दी बदलते जाएँ। इस साल का बनाया कपड़ा अगले साल तक फैशन से बाहर हो जाता है और लोग इसका साहस नहीं जुटा पाते कि 'सम्भ्रान्त' लोगों की मंडली या दफ्तर आदि में ऐसे 'आउट ऑफ डेट' लिबास में पहुँचें। पश्चिमी देशों में तो एक तरह की 'थ्रो अवे' संस्कृति (जिसकी छाया हमारे यहाँ भी पड़ रही है, फैल चुकी है) यानी ऐसी चीजों का उत्पादन और प्रयोग बढ़ रहा है जिन्हें कुछ समय या एक ही बार उपयोग में लाकर फेंक दिया जाए।

लेकिन इस संस्कृति को फैलाने के लिए की जानेवाली विज्ञापनबाजी का बोझ भी वे ही लोग ढोते हैं जिनके सिर पर यह संस्कृति लादी जाती है। सबसे पहले तो कम्पनियों द्वारा प्रचारित वस्तुओं की कीमत का एक बड़ा हिस्सा विज्ञापन पर खर्च होता है। कभी-कभी तो कम्पनियाँ उत्पादन से अधिक खर्च अपनी वस्तुओं को प्रचारित करने में करती हैं। इस विज्ञापनबाजी के लिए काफी खर्चीले शोध होते रहते हैं। पर परोक्ष रूप से विज्ञापन का बोझ फिर दुबारा उपभोक्ताओं पर ही पड़ता है। विज्ञापन पर किए गए खर्च को अपनी लागत में दिखलाकर कम्पनियाँ आय कर में काफी कटौती करा लेती हैं। कम्पनियों पर कर की कटौती से आम लोगों पर वित्तीय बोझ बढ़ता है। इस तरह विज्ञापनबाजी से लोगों पर दुहरी आर्थिक मार पड़ती है।

कृत्रिम शहरी वातावरण में, जो उपभोक्तावादी संस्कृति का परिवेश है, फूलों की गंध, हरियाली, सूरज, चाँद और खुला आकाश मनुष्य के अनुभव या सौन्दर्यबोध के दायरे से बाहर चले जाते हैं। इनकी जगह कृत्रिम रूप से प्रकाशित एवं सँवारा गया वातावरण, नकली घास और फूल तथा कृत्रिम सुगंधित द्रव्य लोगों का वातावरण बनाते हैं। कृत्रिम जरूरतों के दबाव में आदमी की स्वाभाविक शारीरिक और मानसिक भूख दब जाती है।

उपभोक्तावादी संस्कृति का यह गुण है कि वह अनावश्यक वस्तुओं को मनुष्य के लिए आवश्यक बना देती है और इस तरह मनुष्य की सीमित आवश्यकताओं को सीमाहीन। चूँकि आवश्यकताएँ सीमाहीन बन जाती हैं लोग दिन-रात, सारी जिन्दगी एक-न-एक वस्तु जुटाने में लगे रहते हैं। आदमी पर एक तरह से गुलामी हावी हो जाती है। परम्परागत शोषक समाजों में भी विशिष्टता जाहिर करने के लिए कुछ अनावश्यक वस्तुओं के उपभोग की ओर रुझान था, लेकिन लोगों की वस्तुपरक दृष्टि को नष्ट करने का आज जैसा विज्ञापन और प्रचार का कोई अभियान नहीं होने के कारण इसके प्रति एक आलोचनात्मक दृष्टि और निषेध भाव भी बना रहता था। अधिकांश परम्परागत धर्मों में अति ठाट-बाट या असन्तुलित उपभोगवृत्ति को

निन्दनीय माना जाता था। चूँकि उपभोक्तावादी संस्कृति का आधार व्यावसायिकता है, उसने उपभोग को ही धर्म के रूप में खड़ा कर दिया है और इस तरह उपभोग की वृत्ति बेरोकटोक आगे बढ़ती जाती है।

उपभोक्तावादी संस्कृति कैसे विकसित हुई? इस समस्या पर विचार करने पर हम पाएँगे कि यह मूल रूप में पूँजीवादी उत्पादन और वितरण प्रणाली की उपज है। समाज के हर क्षेत्र के व्यावसायीकरण की प्रक्रिया में पूँजीवादी समाज ने मनुष्य की सहज उपभोगवृत्ति का व्यावसायीकरण कर इस संस्कृति को जन्म दिया है। वैसे अंकुर रूप में, जैसा कि ऊपर बतलाया गया है, शोषण पर आधारित हर समाज में शोषकों में कुछ बे-जरूरत की वस्तुओं के उपभोग की ओर रुझान रहा, जिससे वे समाज पर अपनी विशिष्टता की धाक जमा सकते थे। इस प्रक्रिया की शुरुआत शासकों में धन की विपुलता से होती थी और फिर उन वस्तुओं की तलाश होती थी या उन्हें बनवाया जाता था जिनका उपभोग शासक वर्ग को गौरवान्वित कर सके।

पूँजीवादी व्यवस्था में प्रक्रिया बिलकुल उलट गई है। इसमें पहले खर्चीले शोध के जरिये हर रोज नए तरह के उपभोग के सामान ईजाद किए जाते हैं। इसके बाद इन्हें प्रचारित कर इनके लिए बाजार पैदा किया जाता है। फिर इस प्रचार से प्रभावित लोग इन्हें प्राप्त करने के लिए आर्थिक साधन की तलाश करते हैं। इसके लिए अक्सर वर्षों के लिए अपना श्रम बन्धक रखकर निम्न मध्यमवर्ग और निम्न वर्ग के लोग 'हायर परचेज' के आधार पर सामान खरीद लेते हैं और फिर अपनी आमदनी में से किस्तों में सूद के साथ पैसा भरते रहते हैं। इस तरह भविष्य की कमाई गिरवी रखकर भी वस्तुओं की भूख मिटाई जाती है। वास्तव में मनुष्य स्वयं इन वस्तुओं को लेकर खुद बन्धक बन जाता है। वह आजादी से अपने जीवन के विषय में कोई निर्णय नहीं ले सकता क्योंकि उसके सक्रिय जीवन का हर वर्ष पेशगी में उन कम्पनियों या बैंकों को दिया जा चुका होता है जिनकी सेवा कर वह खरीदी गई वस्तुओं का कर्ज चुकाएगा। इस तरह मनुष्य उपभोग की वस्तुओं का बन्धुआ मजदूर बन जाता है।

पूँजीवादी उत्पादन प्रणाली का एक दोष यह है कि वह उत्पादन की प्रक्रिया में उत्पादक मजदूर से सृजन का सुख छीन लेती है। यह दोष इसे शोषण आधारित सभी पिछली उत्पादन प्रणालियों से अलग कर देता है। गुलामी की व्यवस्था, सामन्ती या भारत की जाति व्यवस्था में भी असली उत्पादक शोषण के शिकार थे और समाज में वे निरादर के पात्र थे। फिर भी इन व्यवस्थाओं में शिल्पी मजदूर वस्तुओं के निर्माण की पूरी प्रक्रिया पर अधिकार रखते थे। इसी कारण यूनान, मध्य युगीन यूरोप या प्राचीन भारत की स्थापत्यकला, मूर्तिकला या रोजमर्रा के उपयोग की वस्तुओं में हम किसी-न-किसी स्तर की कलात्मकता पाते हैं। कहीं-कहीं तो यह कलात्मकता चरम बिन्दु को छू लेती है।

इसके विपरीत पूँजीवादी उत्पादन प्रणाली ने शुरू से ही जल्द और थोक उत्पादन की पद्धति को प्रोत्साहित करने के लिए वस्तुओं के खंडित उत्पादन की प्रक्रिया अपनाई। उत्पादन प्रक्रिया में अब श्रमिकों के निजी कौशल का स्थान एकरसता ने ले लिया। वस्तुओं की विविधता भी श्रमिकों की सर्जनात्मकता के साथ समाप्त हो गई। उत्पादित वस्तु और उत्पादक मजदूर दोनों से उनकी अपनी विशिष्टता छीन ली गई।

इस उत्पादन प्रणाली में मजदूरों को न तो साँस लेने की फुर्सत मिलती है और न ही सृजन का सुख क्योंकि उन्हें मशीन की गति से चलना होता है और दूसरे, उन्हें अपने काम की रूपरेखा की भी कोई जानकारी नहीं होती। थोक पूँजीवादी उत्पादन प्रणाली के विकास और पूँजीवादी व्यवस्था के वर्चस्व के साथ तेजी से यही दर्शन अब जीवन के हर क्षेत्र में प्रभावी बन गया है। एसेम्बली लाइन अब कारखाने की छत के नीचे ही सीमित नहीं रही 'सारी दुनिया' इसके दायरे में आने लगी।

अब शिक्षा और शोध संस्थान भी औद्योगिक प्रतिष्ठानों के ढाँचे पर एसेम्बली लाइन का रूप ग्रहण करने लगे हैं। शिक्षा का उद्देश्य जीवन और उसकी समस्याओं को समझना और उनके मानवीय दायित्वों के लिए शिक्षार्थियों को तैयार करने के बजाय औद्योगिक समाज की तकनीकी आवश्यकताओं की पूर्ति करना बन गया है। औद्योगिक उत्पादन की प्रक्रिया की तरह शिक्षा और शोध भी खंडित हो गए हैं जिसका उद्देश्य छोटे-छोटे क्षेत्रों के विशेषज्ञ पैदा करना भर हो गया है। ऐसे विशेषज्ञ अक्सर अपने विषय के पूर्ण स्वरूप और समस्याओं से अनभिज्ञ होते हैं। हजारों लोगों द्वारा अपने-अपने क्षेत्रों में किए जा रहे शोध कार्यों के उद्देश्य का ज्ञान सिर्फ उन वृहद प्रतिष्ठानों को होता है जो उनके शोध का उपयोग किसी खास उद्देश्य के लिए करते हैं।

एसेम्बली लाइन से जुड़े कलाकार, विचारक और साहित्यकार को बस उस चीज का अधिकार नहीं है जिसको पूर्ववर्ती समाज में उनकी सबसे बड़ी निधि माना जाता था—एक हद का एकान्त जीवन और चिन्तन, क्योंकि उन्हें सब कुछ औरों के साथ औरों के चिन्तन से जुड़कर करना है। पुस्तक की कल्पना या संयोजन अब लेखक का निजी मामला नहीं। इसके लिए उन्हें पहले प्रकाशकों की योजना को जानना-समझना होता है और फिर उनके अनुसार लिखना होता है। इसके बाद भी अगर प्रकाशकों के हिसाब से बात ठीक नहीं बन पाई तो आधे दर्जन सम्पादक उसे काट-छाँट और समन्वित कर उस रूप में ला देंगे जो बाजार की चाह के मुताबिक हैं। अगर लेखक को जीना है तो अपना नाम भर इस रचना को दे देना है जो वास्तव में उसकी नहीं रही।

ऐसे समाज में धीरे-धीरे आदमी की संवेदनशीलता और सृजनशीलता नष्ट होती चली जाती है। आदमी का जीवन यांत्रिक होता जाता है और इस तरह आध्यात्मिक रूप से आदमी खोखला हो जाता है। अगर आदमी का जीवन खोखला हो गया है और उसमें नीरसता और ऊब पैदा हो गई है तो फिर उसको भरने के लिए कुछ

चाहिए। उपभोक्तावादी संस्कृति आदमी की इस आध्यात्मिक भूख को कारखाने में निर्मित सामानों से भरकर मिटाने का उपाय है।

इसके अलावा सर्जनात्मकता के अभाव में आदमी का अस्मिता-बोध खत्म हो जाता है। इसके विपरीत जब आदमी अपनी भावनाओं के अनुरूप कुछ भी बनाता है तो उसमें उसके अपनेपन की अभिव्यक्ति होती है और इससे निजत्वबोध का जन्म होता है। ऐसा आदमी अपने को निजी मूल्यों की कसौटी पर कसना चाहता है, लेकिन सृजन-प्रक्रिया से रिक्त आदमी हमेशा अपने को दूसरों की निगाह से तौलता है। इससे नकलचीपन और फैशनपरस्ती आती है।

पहले उत्सवों में आनन्द के लिए शराब पी जाती थी। अब जीवन की नीरसता और ऊब से छूटकारे के लिए शराब पी जाती है। इस तरह उन समूहों में, जिनका काम सबसे नीरस है या जिन्दगी अर्थहीन बन गई है, शराबीपन सबसे अधिक फैल रहा है, लेकिन शराब, चाय, कॉफी या कोकाकोला का नशा थोड़ा सीमित है। जो सबसे बड़ी अफीम लोगों को अपनी स्थिति को भूलने के लिए इस संस्कृति ने दी है वह उपभोग की वस्तुओं को जमा करने की लत। यह अधिक-से-अधिक समय तक लोगों को व्यस्त रख सकती है। कुछ समय दुकानों की सजी खिड़कियों में झाँककर नई वस्तुओं के 'अन्वेषण' में लगता[1] है, फिर कुछ समय उन्हें उपलब्ध करने या उसके लिए साधन जुटाने की योजना में और अन्त में घर में लाने पर उनके रखरखाव में। आधुनिक युग की अफीम धर्म नहीं, जैसा मार्क्स ने कहा था, उपभोक्तावादी हविस है। इस हविस के अधीन होने पर वस्तुओं को पाने की कल्पना में मजदूर भी अपनी सामाजिक स्थिति भूल जाता है।

मजदूर वर्ग की क्रान्तिकारिता का क्षरण समता और बन्धुत्व के मूल्यों को त्यागकर उपभोक्तावादी मूल्य अपनाने से ही हुआ है। उपभोक्तावादी समाज ने दो मान्यताओं को जन्म दिया है। एक तो यह कि उपभोग की जो वस्तुएँ आज कुछ लोगों को उपलब्ध हैं वे धीरे-धीरे सबों को उपलब्ध हो सकती हैं, और दूसरा कि समता अपने-आप में कोई साध्य नहीं है। समता और सम्पन्नता को दो विसंगतियों के रूप में प्रस्तुत किया जाने लगा है। चूँकि इस मत के अनुसार पूँजीवादी समाज सम्पन्नता दे सकता है, अत: समता की बात अप्रासंगिक हो गई है। कोई आश्चर्य की बात नहीं कि मार्क्स की कल्पना के विपरीत पश्चिम के विकसित पूँजीवादी समाज में, जहाँ उपभोक्तावाद पूरी तरह हावी है, मजदूरों की वर्ग चेतना नष्ट हो गई और बड़ी तादाद में मजदूर अपने को भावना के स्तर पर मध्यमवर्ग में शामिल करने लगे हैं क्योंकि मालिक मजदूरों के भेद के बजाय उपभोक्तावादी मानक के हिसाब से, मजदूरों के आपसी भेद रोजमर्रा की जिन्दगी में ज्यादा उजागर होते रहते हैं।

मजदूरों की चेतना पर उपभोक्तावादी संस्कृति के प्रभाव का एक आँख खोलनेवाला परिणाम 1968 में फ्रांस में देखने को मिला। उस समय पश्चिमी देशों

के युवा वर्ग और खासकर छात्रों में पूँजीवाद और उससे जुड़े उपभोक्तावादी मूल्यों के विरुद्ध एक व्यापक विद्रोह की लहर दौड़ गई थी। इसका एक ऐसा विस्फोट 1968 के मई महीने में फ्रांस में हुआ कि वहाँ की हुकूमत गहरे संकट में पड़ गई थी। सौरबौन विश्वविद्यालय के छात्रों ने नगर में बैरिकेड (विद्रोह के समय ईंट पत्थर तथा अन्य सामानों का अवरोध खड़ा कर एक तरह की अस्थायी किलेबन्दी जिसकी यूरोप की क्रान्तियों में एक लम्बी परम्परा रही है) खड़ा करना शुरू किया। विद्रोह की शुरुआत उपभोक्तावादी मूल्यों की प्रतीक मोटरगाड़ियों को जलाने से हुई, लेकिन मजदूर वर्ग और स्वयं कम्युनिस्ट पार्टी उपभोक्तावादी समाज के दबावों से पक्षाघात का शिकार हो चुके थे और दोनों अनिर्णय की स्थिति में रहे या आन्दोलन के विरोध में रहे। इस तरह मजदूरों के समर्थन के अभाव में यह विद्रोह क्रान्ति का रूप ले सके इसके पहले ही समाप्त हो गया।

अगर हम अपने समाज पर ही नजर डालें तो पाएँगे कि कैसे उपभोक्तावादी संस्कृति के प्रभाव से लोगों का आपसी विभाजन गहरा हो रहा है। जाति-व्यवस्था के तमाम दोष अपनी जगह पर हैं, लेकिन कुछ दशक पहले तक कम-से-कम जाति-बिरादरी वालों में आपस में एक बराबरी का सम्बन्ध था जिसका प्रतीक साथ का हुक्का-पानी हुआ करता था, लेकिन जैसे-जैसे इस नई संस्कृति ने अपना प्रभाव बढ़ाया है गाँवों में भी कुछ सम्पन्न लोगों के घरों में सोफासेट, टी.वी., फ्रिज, ए.सी. आदि आने लगे हैं। अब एक ही बिरादरी के चटाई पर बैठनेवाले और सोफा पर बैठनेवाले लोगों के बीच एक बड़ी दीवार खड़ी हो रही है। यह कहना ज्यादा सही होगा कि बिरादरी के बाहर सोफासेट वालों की एक अलग बिरादरी खड़ी हो रही है। वस्तुओं की दीवारों से लोग एक-दूसरे से कटते जा रहे हैं।

आदमी के अस्तित्व की सबसे बड़ी असलियत संसार में उसका अकेलापन है। हमारा क्या होता है, हम जीते हैं या मरते हैं, खुशियाँ मनाते हैं या पीड़ा से कराहते हैं, इसका कोई प्रभाव सृष्टि पर नहीं पड़ता। सूरज, तारे, चाँद, धरती या हमारे आँगन में उगी घास या खिले फूल हमारी स्थिति से असम्पृक्त अपने निर्दिष्ट जीवन-पथ पर बढ़ते चले जाते हैं। इस बात के एहसास ने पश्चिमी अस्तित्ववादी दर्शन की ओर झुकाव पैदा किया, जिसमें ऊब और अनास्था का दारुण स्वर सुनाई पड़ता है। आदमी ने कला, विज्ञान आदि के जरिये इस दुनिया को अर्थवान बनाकर एक सीमा तक अपने जीवन को भी अर्थवान यानी एक बृहत् डिजाइन का हिस्सा बनाने की कोशिश की है, लेकिन आदमी चाहे जो कल्पना कर ले कभी भी प्रकृति के साथ सम्प्रेषण स्थापित नहीं कर सकता। उसके अकेलेपन को कोई सचमुच में अगर तोड़ सकता है तो दूसरा आदमी ही।

लेकिन एक सीमा के भीतर भावों से, शब्दों से, संगीत से, वह अपनी आंतरिक पीड़ा या खुशी दूसरे मनुष्यों तक पहुँचा सकता है। इस सम्प्रेषण से उसकी ऊब

और उसका अकेलापन टूटता है। स्वभाव से आदमी अपने सुख और अपनी पीड़ा में अधिक-से-अधिक लोगों को शामिल करने में गहरे सन्तोष का अनुभव करता है। इसीलिए उसे विस्तृत समुदाय की चाह होती है। कोई भी वस्तु जो उन्मुक्त सम्प्रेषण में रुकावट डालती है, वह आदमी के अकेलेपन को बढ़ाती है। उपभोक्तावादी संस्कृति वस्तुओं के आधार पर अलग-अलग घरों में आदमी को बाँटकर सम्प्रेषण की सम्भावना को खत्म करती है क्योंकि इससे उनके अनुभव के दायरे अलग हो जाते हैं जबकि सम्प्रेषण के लिए अनुभव के बीच सामंजस्य का होना आवश्यक है। इस तरह उपभोक्तावाद के कारण एक-दूसरे से कटे आदमी की ऊब और गहरी होती जाती है। इस ऊब से वस्तुओं की भूख और भी बढ़ती है। इस दुश्चक्र के कारण जीवन में सार्थकता की तलाश मृग-मरीचिका बन जाती है। इस दृष्टि से उपभोक्तावादी संस्कृति समतावादी संस्कृति के ठीक विपरीत स्थिति बनाती है।

यह कोई आकस्मिक बात नहीं कि उपभोक्तावादी समाज में मनोरंजन के साधन उत्तरोत्तर ऐसे बनते जा रहे हैं जिनमें सामूहिक आनन्द का स्थान एकाकी सुख ले रहा है। पहले सामूहिक नृत्य-गान आदि में एक मिली-जुली खुशी का अनुभव होता था। उपभोक्तावादी संस्कृति में मनोरंजन का प्रतीक और उसका सबसे विकसित साधन टेलीविजन है जिसमें कहीं किसी सामूहिक हिस्सेदारी की गुंजाइश नहीं होती। हर दर्शक अकेला, एक निर्जीव मशीन पर आँखें चिपकाए अपने तात्कालिक परिवेश से कटा बैठा रहता है। दर्शक टी.वी. पर विभिन्न भूमिकाओं में आनेवालों से बिलकुल कटा होता है। दर्शक की खुशी या दुख की अभिव्यक्ति उसी तक सीमित रहती है। उसका कोई समुदाय नहीं बन पाता। प्रत्यक्ष या परोक्ष रूप में देवताओं की आकाशवाणी की तरह इसमें द्रष्टा-श्रोता के लिए सिर्फ सन्देश-आदेश ही होते हैं। कोई आश्चर्य नहीं कि हिटलर ने लोगों को मानसिक रूप से बंदी बनाने के लिए रेडियो का उपयोग किया था।

पूँजीवादी उत्पादन प्रणाली से उपजी यह उपभोक्तावादी संस्कृति पूँजीवाद के संकट को टालने का भी सबसे कारगर औजार है। इसकी सबसे महत्त्वपूर्ण भूमिका पूँजीवादी उत्पादन को चालू रखने में है। वैज्ञानिक सूक्ष्मता के बिना भी मोटे तौर पर हम पूँजीवादी उत्पादन के आधार और उसकी समस्याओं को नीचे दिए गए ढंग से समझ सकते हैं जिसके पीछे मार्क्स तथा उसके समकालीन कुछ अन्य अर्थशास्त्रियों का चिन्तन है।

पूँजीवादी उत्पादन में पूँजीपतियों के मुनाफे का आधार मजदूरों के श्रम का शोषण होता है। उदाहरण के लिए अगर मजदूर किसी पूँजीपति के यहाँ आठ घंटे काम करता है तो उसके एवज में वह अपने पूरे श्रम का मूल्य नहीं पाता। श्रम का यही अतिरिक्त मूल्य जमा होकर उसकी पूँजी का स्रोत बनता है, लेकिन यहाँ उत्पादित माल की खपत के लिए बाजार की समस्या पैदा हो जाती है। मजदूर ने

तो आठ घंटे के काम के बराबर वस्तुओं का निर्माण किया है, लेकिन अगर उसे छह घंटे के काम की ही मजदूरी मिली तो वह छह घंटे के काम के बराबर की ही वस्तुएँ खरीद सकेगा। फिर सवाल उठता है कि जो बाकी दो घंटे की मजदूरी से उत्पादित वस्तुएँ होंगी उहें कौन खरीदेगा।

कुछ हद तक सरकार पूँजीपतियों को इस संकट से बचाती है। वह नोट छापकर पैसों का जुगाड़ कर देती है और इससे कुछ सेवा क्षेत्रों में खर्च करती है पर वह विशेषकर युद्ध के सामान कर खरीद करती है जिसकी उपयोगिता नहीं होती, लेकिन सुरक्षा के नाम पर जिसके उत्पादन की कोई सीमा भी नहीं है। इसके अलावा वस्तुओं को गैर-पूँजीवादी क्षेत्रों में बेचने का प्रयास होता है। फिर स्वयं पूँजीपतियों के यहाँ काम करनेवाले मजदूरों या सेवा कार्य में लगे मजदूरों के भविष्य की आय 'हायर परचेज' योजना के अन्दर वस्तुओं की बिक्री के लिए समेट ली जाती है, लेकिन चूँकि पूँजी के विकास के लिए यह दबाव निरन्तर बना रहता है कि उत्पादन का फैलाव होता रहे—क्योंकि उत्पादन और इससे प्राप्त मुनाफे के बिना पूँजीवाद का अस्तित्व ही खतरे में पड़ जाता है, अत: इस बात का निरन्तर प्रयास होता है कि लोगों में उपभोग की प्रवृत्ति को और तेज किया जाए जिससे ग्राहकों का अभाव न हो। इस तरह उपभोक्तावादी संस्कृति उपभोग वृत्ति को निरन्तर उकसाकर पूँजीवादी उत्पादन को जीवित रखती है।

इस उपभोक्तावादी दबाव ने मानव भविष्य की समाजवादी कल्पना की जड़ ही खत्म कर दी है। मार्क्स तथा कई अन्य समाजवादियों की यह अवधारणा थी कि भविष्य में समाज में उत्पादन का स्तर इतना ऊँचा उठ जाएगा कि मानव आवश्यकता की वस्तुएँ उसी तरह उपलब्ध हो सकेंगी जैसे आज हवा या पानी उपलब्ध है। इससे आवश्यक वस्तुओं के अभाव से होनेवाली छीना-झपटी खत्म हो जाएगी, और नया आदमी अपना अधिकांश समय मानवीय बोध के विशिष्ट क्षेत्रों, जैसे कला तथा दर्शन के विकास में लगाएगा। कई लोगों ने यह कल्पना की कि जैसे प्राचीन यूनान के कुछ नगर-राज्यों में गुलाम सारे शारीरिक श्रम का काम करते थे और नागरिक राजनीति, कला, दर्शन आदि विषयों में अपना समय लगाते थे उसी तरह भविष्य में मशीनें वैसे सारे काम, जो आदमी को अरुचिकर लगते हैं, करने लगेंगी और आदमी का सारा समय बौद्धिक विकास में लगेगा। यह बहुत ही मोहक कल्पना थी, लेकिन उपभोक्तावाद ने आदमी की जरूरतों को एक ऐसा मोड़ दिया है कि वे उत्तरोत्तर बढ़ती हुई असीमित होती जा रही हैं और बौद्धिक चिन्तन के बजाय मनुष्य की सारी चिन्ता, सारा श्रम और सारे साधन इन नई जरूरतों की पूर्ति के लिए अनन्तकाल तक लगे रहेंगे।

एक उपभोक्तावादी समाज हर वस्तु को उपभोग की कसौटी पर कसता है। ऐसा चिन्तन जो प्रयोग के दायरे में नहीं आता, कभी उपभोग के दायरे में भी नहीं

आ सकता, भले ही सम्प्रेषित होकर वह दूसरे मानव मस्तिष्क में एक नया बोध या सपनों का एक सिलसिला उत्प्रेरित करे, लेकिन उपभोक्तावादी समाज सपनों या कल्पना से बचना चाहता है, उसके लिए कल्पना की सीमा वे ठोस वस्तुएँ हैं जिन्हें वह छू सकता है, खरीद सकता है और जिनसे अपने घरों को सजा सकता है। इस तरह उपभोक्तावादी संस्कृति धीरे-धीरे मानवबोध की उस विशिष्टता को नष्ट कर देती है जो मनुष्यों को अन्य जीवों से अलग करती है, यानी ठोस वस्तुओं से ऊपर उठकर कल्पना, अनुमान, प्रतीक आदि के स्तरों पर जीने की विशिष्टता। इस तरह यह उपभोक्तावादी संस्कृति एक और थोक मशीनी उत्पादन के जरिये वस्तुओं से सृजन का तत्त्व निकाल देती है तो दूसरी ओर मानवबोध से कल्पना की सम्भावना को।

लेकिन कोई भी मानव-भविष्य की समाजवादी या गैर-समाजवादी यूटोपिया (कल्पना-आदर्श) का उद्देश्य मनुष्य को उस स्थिति से मुक्त करने का रहा है जिसमें उसके व्यक्तित्व का चतुर्दिक विकास अवरुद्ध होता है। यही कारण है कि समाजवादी आन्दोलन के पीछे वही मानवता काम करती रही है जो किसी बड़े धार्मिक उत्थान के पीछे होती है। इसी से हजारों लोगों को अपने उद्देश्यों के लिए अपने आपको बलि कर देने की प्रेरणा मिलती रही है। इसी कारण अपने शुद्ध अर्थ में समाजवाद की राजनीति अन्य तरह की राजनीति से अलग रही है। मोटे तौर से राजनीति का केन्द्र बिन्दु सम्पत्ति का एक या दूसरी तरह से बँटवारा रहा है। समाजवाद की कल्पना के पीछे असली भावना आदमी के जीवन को सम्पत्ति और उसके उन प्रतीकों से मुक्त करना था जो उसे गुलाम बनाते हैं तथा उसके समुदाय-भाव को नष्ट करते हैं। इससे एक पूर्ण उन्मुक्त मानव की कल्पना जुड़ी थी। उपभोक्तावाद असंख्य नई कड़ियाँ जोड़कर मनुष्य पर सम्पत्ति की जकड़न को मजबूत करता है और इसलिए हमारे युग में समाजवाद के सीधे प्रतिरोधी के रूप में उभरता है।

विकसित पूँजीवादी देशों में जैसाकि ऊपर कहा गया है, उपभोक्तावादी संस्कृति उत्पादन प्रक्रिया को बिना पूँजीवादी मूल्यों और ढाँचे को तोड़े चालू रखने और विकसित करने में सहायक होती है। लेकिन तीसरी दुनिया के देशों में इस संस्कृति का असर इसके ठीक विपरीत होता है। भारत जैसे तीसरी दुनिया के देशों में जहाँ साम्राज्यवादी सम्पर्क से परम्परागत उत्पादन का ढाँचा टूट गया है और लोगों की बुनियादी जरूरतों की पूर्ति के लिए उत्पादन के तेज विकास की जरूरत है, वहाँ उपभोक्तावाद के असर से विकास की सम्भावनाएँ कुंठित हो गई हैं। पश्चिमी देशों के सम्पर्क से इन देशों में एक नया अभिजातवर्ग पैदा हो गया है जिसने इस उपभोक्तावादी संस्कृति को अपना लिया है। इस वर्ग में भी उन वस्तुओं की भूख जग गई है जो पश्चिमी के विकसित समाज में मध्यवर्ग और कुशल मजदूरों के एक हिस्से को उपलब्ध होने लगी है। इन वस्तुओं की उपलब्धि से उनकी सामाजिक प्रतिष्ठा में भी बढ़ोतरी हो जाती है। अत: इस अभिजात वर्ग में और इसकी देखादेखी इससे नीचे के

मध्यम और निम्न मध्यम वर्ग में भी एसी, कार, स्कूटर, टी.वी., फ्रीज और विभिन्न तरह के सामान और प्रसाधनों को प्राप्त करने की उत्कट अभिलाषा जग गई है।

हमारे अपने देश में इसके दो सामाजिक परिणाम हुए हैं। पहला, चूँकि यही वर्ग देश की राजनीति में शीर्ष स्थानों पर है, देश के सीमित साधनों का उपयोग धड़ल्ले से लोगों की आम आवश्यकता की वस्तुओं का निर्माण करने के बजाय वैसे उद्योगों और सुविधाओं के विकास के लिए हो रहा है जिससे इस वर्ग की उपभोक्तावादी आकांक्षाओं की पूर्ति हो सके। चूँकि उत्पादन का यह क्षेत्र अतिविकसित तकनीकी का और पूँजी प्रधान है, इन उद्योगों के विकास में विदेशों पर निर्भरता बढ़ती है। मशीन, तकनीक और गैर-जरूरी वस्तुओं के आयात पर हमारे सीमित विदेशी मुद्रा कोष का क्षय होता है, और हमारा सबसे विशाल आर्थिक साधन जिसके उपयोग से देश का तेज विकास सम्भव था, यानी हमारी श्रमशक्ति बेकार पड़ी रह जाती है। जिन क्षेत्रों में देश का विशाल जन-समुदाय उत्पादन में योगदान दे सकता है उनकी अवहेलना के कारण आम लोगों के जीवनस्तर का या तो विकास नहीं हो पाता या वह नीचे गिरता है।

दूसरी, चूँकि उपभोक्तावाद व्यापक गरीबी के बीच खर्चीली वस्तुओं की भूख जगाता है, उससे भ्रष्टाचार को बढ़ावा मिला है। चूँकि अभिजातवर्ग में वस्तुओं का उपार्जन ही प्रतिष्ठा का आधार है, चाहे इन वस्तुओं को कैसे भी उपार्जित किया जाए, भ्रष्टाचार को खुली छूट मिल जाती है। कम आयवाले अधिकारी अपने अधिकारों का दुरुपयोग कर जल्दी धनी बन जाना चाहते हैं ताकि अनावश्यक सामान इकट्ठा कर सामाजिक प्रतिष्ठा प्राप्त कर सकें। इसी का एक बीभत्स परिणाम दहेज को लेकर हो रहा औरतों पर अत्याचार भी है। बड़ी संख्या में मध्यमवर्ग के नौजवान और उनके माता-पिता, जो अपनी आय के बल पर शान बढ़ानेवाली वस्तुओं को नहीं खरीद सकते, दहेज के माध्यम से इस लालसा को मिटाने का सुयोग देखते हैं। छीना-झपटी और डाके जैसे अपराधों के पीछे भी कुछ ऐसी ही भावना काम करती है। राजनीतिक भ्रष्टाचार का तो यह मूल कारण है। राजनीतिक लोगों के हाथ में अधिकार तो बहुत होते हैं, लेकिन जायज ढंग से धन उपार्जन करने की गुंजाइश कम होती है। लेकिन चूँकि उनकी प्रतिष्ठा उनके रहन-सहन के स्तर पर निर्भर करती है, उनके लिए अपने अधिकारों का दुरुपयोग कर धन इकट्ठा करने का लोभ संवरण करना मुश्किल हो जाता है।

इस तरह समाज में जिनके पास धन व पद है और भ्रष्टाचार के अवसर हैं, उनके और आम लोगों के जीवन स्तरों के बीच की खाई बढ़ती जाती है। इससे भी शासक और शासित के बीच का संवादसूत्र टूटता है। सत्ताधारी लोग आम लोगों की आवश्यकताओं के प्रति संवेदनहीन हो जाते हैं और उत्पादन की दिशा अधिकाधिक अभिजातवर्ग की आवश्यकताओं से निर्धारित होने लगती है।

भारत के गाँवों में जो थोड़ा-बहुत स्थानीय आर्थिक आधार था उसको भी इस संस्कृति ने नष्ट किया है। भारतीय गाँवों की परम्परागत अर्थव्यवस्था काफी हद तक स्वावलम्बी थी और गाँव की सामूहिक सेवाओं, जैसे सिंचाई के साधन, यातायात या जरूरतमन्दों की सहायता आदि की व्यवस्था गाँव के लोग खुद कर लेते थे। यह व्यवस्था जड़ और जर्जर जरूर हो गई थी और ग्रामीण समाज में काफी गैर-बराबरी भी थी, फिर भी सामूहिकता का एक भाव था। हाल तक गाँवों में पैसेवालों की प्रतिष्ठा इस बात से होती थी कि वे सार्वजनिक कामों जैसे कुआँ, तालाब आदि खुदवाने, सड़क मरम्मत करवाने, स्कूल और औषधालय आदि खुलवाने पर खर्च करें। इन पर काफी खर्च होता था और आजादी के पहले इस तरह की सेवा-व्यवस्था प्राय: ग्रामीण लोगों के ऐसे अनुदान से ही होती थी। यह सम्भव इसलिए होता था क्योंकि गाँवों के अन्दर धनी लोगों की भी निजी आवश्यकताएँ बहुत कम थीं और वे अपने धन का व्यय प्रतिष्ठा प्राप्त करने के लिए ऐसे कामों पर करते थे। इसी कारण पश्चिमी अर्थशास्त्रियों और समाजशास्त्रियों की हमेशा यह शिकायत रहती थी कि भारतीय गाँवों के उपभोग का स्तर बहुत नीचा है जो उद्योगों के विकास के लिए एक बड़ी बाधा है।

उपभोक्तावादी संस्कृति ने गाँवों की अर्थव्यवस्था के इस पहलू को समाप्त कर दिया है। अब गाँवों में भी सम्पन्न लोग उन वस्तुओं के पीछे पागल हो रहे हैं जो उपभोक्तावादी संस्कृति की देन है। चूँकि गाँव के सम्पन्न लोगों की सम्पन्नता भी सीमित ही होती है अब उनका सारा अतिरिक्त धन जो पहले सामाजिक कार्यों में खर्च होता था वह अब निजी तामझाम पर खर्च होने लगा है और लोग गाँव के छोटे-से-छोटे सामूहिक कार्य के लिए सरकारी सूत्रों पर आश्रित होने लगे हैं। इसके अलावा जो भी थोड़ा साधन गाँवों के भीतर से उनके विकास के लिए प्राप्त हो सकता था, अब उद्योगपतियों की तिजोरियों में जा रहा है। इससे गाँवों की गरीबी दरिद्रता में बदलती जा रही है।

उपभोक्तावादी संस्कृति का कुछ ऐसा ही प्रभाव कम्युनिस्ट देशों पर भी पड़ रहा है। बोल्शेविक क्रान्ति के प्रारम्भिक दिनों में जब गृहयुद्ध चल रहा था, रूस में समता की एक जबरदस्त धारा थी जिसे 'युद्ध साम्यवाद' के नाम से सम्बोधित किया जाता था। धीरे-धीरे परिस्थितियों के दबाव में समता की धारा दब गई। स्टालिन के वर्चस्व के बाद कम्युनिस्ट तानाशाही का जो रूप उभरा उसमें 'कम्युनिज्म' और 'फासिज्म' के बीच सामाजिक असलियत में कोई बुनियादी फर्क नहीं रहा, लेकिन कम्युनिस्ट व्यवस्था के भीतर बौद्धिक धरातल पर एक आलोचनात्मक दृष्टि जरूर थी जो इसे विरासत के रूप में मार्क्सवादी सिद्धान्त एवं क्रान्ति की घोषणाओं से मिली थी। जहाँ 'फासिज्म' में मूल्यों की कोई ऐसी मान्यता नहीं थी जिसके आधार पर उसकी सामाजिक असलियत को चुनौती दी जा सके, वहाँ रूस की सैद्धान्तिक

मान्यताएँ लोकतांत्रिक और समतावादी थीं। इसलिए रूस के शासकों को लगातार अपनी सामाजिक असलियत पर पर्दा डालना पड़ता था और यह कहना पड़ता था कि रूस की गैर-बराबरी या तानाशाही की बात विरोधियों का प्रचार है। इस अन्तर्विरोध के कारण बहुत-से लोगों के दिमाग में यह धारणा थी कि रूसी समाज की बौद्धिकता में व्याप्त यह क्रान्तिकारी तत्त्व अन्ततोगत्वा वहाँ की सत्ता के लिए चुनौती बन जाएगा। लेकिन बाद में जब वहाँ की सामाजिक असलियत को झुठलाना सम्भव नहीं हुआ तब रूस के शासकों ने बहुत ही चतुराई से समाजवादी सिद्धान्त को ही तोड़ना-मरोड़ना शुरू किया।

अन्ततोगत्वा पूँजीवादी समाज की तरह उपभोक्तावादी मूल्यों को अपनाकर रूस के शासक वर्ग ने भी अपनी व्यवस्था और सिद्धान्तों के अन्तर्विरोध से उबरना चाहा। रूस की जनता, खास तौर से मजदूर वर्ग के लोग, समता और बन्धुत्व की बात भूल गए। वहाँ भी पश्चिम के नए देवता की पूजा प्रारम्भ हो गई है और उन चीजों की एक जबरदस्त चाह पैदा हो गई है जो पश्चिमी उपभोक्तावादी संस्कृति का प्रतीक है। पिछले दशक के घटनाक्रम ने सोवियत संघ और पूर्वी यूरोप में इस प्रक्रिया को अपनी परिणति पर पहुँचा दिया है।

उपभोक्तावादी मूल्यों को अपनाकर कम्युनिस्ट व्यवस्थाएँ एक दूसरे तरह के संकट में फँस गईं। एक बार उपभोक्तावादी मूल्य कबूल करके जीवन की बहुत-सी अनुपयोगी वस्तुओं का अभ्यस्त होने के बाद उनसे छुटकारा पाना मुश्किल हो जाता है। यह एक ऐसा पेंच है कि इसमें एक बार फँस जाने पर कम्युनिस्ट देशों के नेताओं के लिए उबरने का एकमात्र रास्ता पूँजीवादी मूल्यों को अधिकाधिक कबूल करते जाना ही रह गया था। इससे निकलने का दूसरा तरीका था समता के मूल्यों को कबूल करना जो एक ही झटके में तामझाम की तमाम जरूरतों को निरर्थक बना देते हैं। लेकिन इसको कबूल करना उनके लिए सम्भव नहीं रह गया था। वे थक गए थे, हार गए थे, नया रास्ता ढूँढ़ने की हिम्मत उनमें नहीं थी। उन्होंने काफी सारे काम मनुष्य स्वभाव और प्रकृति के खिलाफ किए थे।

यह संकट न सिर्फ कम्युनिस्ट शासकों का है बल्कि पूँजीवाद और गैर-बराबरी पर टिकी हर व्यवस्था के शासकों का है। इसीलिए वे समता का सिद्धान्त नहीं कबूल कर सकते, यह जानते हुए भी कि इसका विकल्प वर्तमान उत्पादन पद्धति को और भी संवेदनशून्य बनाना है, और भी तेज रफ्तार से उसी दिशा में ले चलना है, जहाँ प्राकृतिक साधनों के क्षय, प्रदूषण या सीमित प्राकृतिक साधनों पर अधिकार के लिए छीना-झपटी में युद्ध से मानव समाज का विनाश अवश्यम्भावी दिखाई देता है।

4

रिओ द जानीरो नगर, जहाँ पृथ्वी की रक्षा के लिए विभिन्न राष्ट्रों का शिखर सम्मेलन हुआ था, इस वार्ता में भाग लेनेवाली दो विपरीत दुनिया का प्रतीक भी है। रिओ नगर को एक पर्वत शृंखला दो भागों, जोना नोर्त (उत्तरांचल) और जोना सुल (दक्षिणांचल) में बाँटती है। उत्तरांचल गरीब दुनिया की उन सभी स्थितियों का प्रतिनिधित्व करता है जो दयनीय, विकृत और बीभत्स हैं। इस दयनीयता का जनक दक्षिण भाग अपने आलीशान महलों, शान-शौकत, सुन्दर समुद्र तट एवं महोत्सवों के कारण सम्पन्न देशों के पर्यटकों का आकर्षण केन्द्र है। उत्तरांचल के लोग अपनी इस दरिद्रता का मुआवजा लोगों, खासकर सम्पन्न पर्यटकों, को लूटकर प्राप्त करने की कोशिश करते हैं। इस तरह नगर के दोनों भाग पारस्परिक दोहन के एक ऐसे अटूट बन्धन से बँधे हैं जिससे वर्तमान व्यवस्था में मुक्ति का कोई उपाय नहीं।

पृथ्वी सम्मेलन की नियति भी रिओ की ऊपर वर्णित नियति से भिन्न नहीं दिखाई देती। हालाँकि इस सम्मेलन में भाग लेनेवाले गरीब मुल्कों के प्रतिनिधि सम्पन्न मुल्कों के प्रतिनिधियों के साथ बैठ दुनिया की रक्षा का उपाय ढूँढ़ने आए थे, असल में दोनों के हित इतने विपरीत हैं कि वे धरती एवं मनुष्य प्रजाति को मृत्यु की राह पर चलने से रोक नहीं सकते। मिलजुल कर टिकाऊ सहजीवन की तलाश उनके बूते के बाहर लगता है। दोनों ही अलग-अलग तरह से वर्तमान सभ्यता की ग्रन्थियों से इस कदर ग्रस्त हैं कि वे जीवन देनेवाली विवेकपूर्ण राह नहीं अपना सकते।

जिन खतरों से धरती और मानव जीवन की रक्षा के लिए यह सम्मेलन हुआ, उनमें प्रमुख हैं : (1) खनिज ईंधन, जैसे पेट्रोलियम तथा कोयले, को भारी मात्रा में जलाने से वायुमंडल में कार्बन डाइ-आक्साइड की मात्रा का उत्तरोत्तर बढ़ना, जिससे ताप के बढ़ने से दक्षिणी ध्रुव का विशाल हिम खंड पिघल कर समुद्र का जलस्तर इतना बढ़ा देगा कि समुद्र तट के अनेक भूभाग चक्रवात एवं जलप्लावन से नष्ट हो जाएँगे, (2) सीएफसी जैसे रसायनों के बढ़ते प्रयोग से धरती की ओजोन परत का क्षय, जिससे धरती का जीवन कास्मिक विकिरण से खतरे में पड़ जाएगा, (3) ताप बिजलीघरों एवं मोटरवाहनों से निकलनेवाले सल्फर डाइआक्साइड के बढ़ने से तेजाबी वर्षा, जिससे वन नष्ट हो रहे हैं एवं वन तथा जल के जीव-जन्तु

मर रहे हैं, (4) उद्योगों के लिए कृषिजन्य वस्तुओं एवं वनोपजों की बढ़ती माँग के चलते जंगलों की कटाई से सालाना चार करोड़ एकड़ भूमि पर से जंगल नष्ट हो रहे हैं। दूसरी ओर खेती में उर्वरकों तथा विभिन्न कीटनाशकों के प्रयोग से भूमि की जैविक सम्पदा नष्ट हो रही है और अपनी उर्वरा शक्ति को पुनर्जीवित करने की इसकी क्षमता खत्म हो रही है। साथ ही नए तरह के बीजों के प्रसारण और नई खेती से वनस्पतियों की अनेक प्रजातियाँ लुप्त होती जा रही हैं, (5) रेडियोधर्मी विकिरण, कारखानों से निकलनेवाली विषाक्त गैसों तथा कचरों के जलस्रोतों तथा नदियों में फैलने और फिर समुद्र तक पहुँचने से मछलियाँ तथा अन्य जलचर नष्ट हो रहे हैं। इस तरह जीवन को आधार प्रदान करनेवाली अपनी संजीवनी शक्ति को खोकर धरती स्वयं मृत्यु की ओर बढ़ रही है। दूसरी ओर खनिज ईंधन का भंडार तेजी से खत्म होकर ऊर्जा का संकट पैदा हो रहा है।

सत्तर के दशक में प्रदूषण से पैदा कुछ दुर्घटनाओं के बाद 1972 के जून में पहली बार स्टॉकहोम में मानव पर्यावरण पर संयुक्त राष्ट्र की ओर से सम्मेलन हुआ। जिन समस्याओं को चिह्नित करने के लिए यह सम्मेलन हुआ था, वे पिछले दशकों में उत्तरोत्तर भयावह होती चली गई है। कुछ छोटी-मोटी व्यवस्था-विरोधी जमातों को छोड़ किसी भी समूह द्वारा इन समस्याओं को गम्भीरता से नहीं लिया गया है। यह अति-आशावादी होना ही होगा अगर हम रिओ के पृथ्वी सम्मेलन से कुछ नेक इरादों की घोषणाओं से ज्यादा की उम्मीद कर रहे हों। कारण यह है कि दुनिया को मृत्यु की ओर ढकेलने की विकास नीति के पीछे संसार के सभी शक्तिशाली प्रतिष्ठानों के निहित स्वार्थ हैं, और ये ही प्रतिष्ठान उन संचार माध्यमों को भी नियंत्रित करते हैं जो आम लोगों को समस्या की गम्भीरता से अवगत करा सरकारों पर इस आत्मघाती विकास नीति को बदलने का दबाव बना सकते हैं।

लेकिन प्रतिष्ठान भी शून्य में नहीं जीते। आधुनिक प्रतिष्ठानों के फैलने के पीछे हैं विकास की वर्तमान अवधारणा, जिसमें प्रगति का अर्थ है उत्तरोत्तर उपभोग की अधिक-से-अधिक वस्तुओं की खपत। ठोस परिणाम : अधिक-से-अधिक मात्रा में अयस्कों, वनोपजों, जल एवं ऊर्जा का उपयोग। ऊपर बतलाए गए धरती के संकट से इनका सीधा रिश्ता है।

रिओ सम्मेलन की तैयारी के क्रम में यह विवाद खड़ा हो गया था कि धरती पर आसन्न संकट के लिए जिम्मेदार कौन है, और इसकी रक्षा का विशेष भार किसे उठाना चाहिए। इस सवाल पर सम्पन्न औद्योगिक देशों और विकासशील कहे जानेवाले देशों की दृष्टि में बुनियादी फर्क था। विकसित देश अपने दायित्व से कतराना चाहते थे। वे चाहते थे कि विकासशील देश अपनी विकास प्रक्रिया में प्रदूषण कम करनेवाली वैसी नीतियों को अपनाएँ जैसीकि फिलहाल कुछ विकसित देश अपना रहे हैं। लेकिन वे इसके लिए आवश्यक आर्थिक योगदान के लिए तैयार

नहीं थे। इसके विपरीत विकासशील देशों के नेताओं के सम्मेलन में यह विचार प्रतिपादित किया गया था कि बिना सम्पन्न देशों की भारी सहायता के विकासशील देश वैसी विकास प्रक्रिया नहीं अपना सकते जो प्रदूषणमुक्त हो। इसलिए वे सम्पन्न देशों से इस मद में एक विशाल कोष स्थापित करने की माँग कर रहे थे जिससे विकासशील देशों की सहायता की जा सके। यह भी गतिरोध का एक मुद्दा था, लेकिन गरीब देशों के इस सम्मेलन में भी विकास के वर्तमान उद्देश्यों की निरर्थकता की बात कहीं से भी नहीं उठी।

विकासशील देशों के इस तर्क में दम है कि पर्यावरण की रक्षा की मूल जिम्मेदारी सम्पन्न देशों की है क्योंकि पर्यावरण को नष्ट करनेवाली गैसों को फैलाने के खास दोषी वे ही हैं। अकेले अमेरिकी कारखाने और बाहन दुनिया में फैलनेवाली कार्बन डाइ-आक्साइड के एक-चौथाई के लिए जिम्मेदार है। बाकी का बड़ा हिस्सा यूरोप और जापान से आता है। इसके आलवा ये ही देश तीसरी दुनिया के खनिजों, वनोपजों और वैसे कृषिजन्य व्यावसायिक कच्चे मालों के क्रेता हैं जिनके कारण विकासशील देशों के जंगल उजड़ रहे हैं, भू-सम्पदा नष्ट हो रही है और खेती में घातक रसायनों का भारी मात्रा में प्रयोग हो रहा है।

लेकिन इस बुनियादी बात की ओर विकासशील देशों के प्रतिनिधियों की भी निगाह नहीं जाती कि इस विकास प्रक्रिया के रहते प्रदूषण पर थोड़ी रोक भले ही लग जाए, संसाधनों के विशाल क्षय को रोकना तो दूर, कम भी नहीं किया जा सकता, क्योंकि विशाल मात्रा में विभिन्न कच्चे मालों और विशाल मात्रा में ऊर्जा की खपत रोकने से ही यह सम्भव है। इस विकास प्रक्रिया में प्रदूषण पैदा करनेवाली गैसों और कचरों का निर्माण भी अनिवार्य है। संसाधनों का क्षय विशेष तौर से विकासशील देशों में ही होता है जो अयस्कों और दूसरे कच्चे मालों का निर्यात करते हैं, लेकिन विकासशील देश उपभोक्तावादी अर्थनीति को अपनाने के कारण ही यह निर्यात करने को बाध्य है। विकासशील देशों की विशाल जनसंख्या के लिए सम्पन्न देशों के स्तर पर उपभोग की वस्तुओं का निर्माण करने के लिए तो धरती का कुल संसाधन भी नाकाफी है।

लेकिन विकासशील देशों के नेताओं के सामने पश्चिमी ढंग के विकास भी मृग-मरीचिका का आकर्षण इतना जबरदस्त है कि वे किसी वैकल्पिक विकास की बात नहीं सोच पाते, हालाँकि उनके सामने अभी भी इसका अवसर है कि वे एक ऐसी विकास नीति अपनाएँ जिसमें आदमी की आवश्यकताओं और पर्यावरण की सुरक्षा के बीच कोई स्थायी सन्तुलन कायम हो सके।

पिछले दिनों यूरोपीय समुदाय की ओर से यह सुझाव आया था कि कार्बन-डाइआक्साइड एवं अन्य हानिकर गैसों का स्तर इस शताब्दी के अन्तिम वर्ष में वहाँ ला दिया जाए, जहाँ वह 1990 में था, लेकिन अमेरिका इन गैसों की मात्रा पर

नियंत्रण की किसी नीति के खिलाफ था। कारण स्पष्ट है। वर्तमान समय में कनाडा और अमेरिका प्रति व्यक्ति ऊर्जा की खपत में, जो औद्योगिक प्रगति का सबसे महत्त्वपूर्ण मानक बन गया है, दुनिया में सबसे आगे है। भारत के प्रति व्यक्ति 195 किलोग्राम तेल की ऊर्जा की तुलना में अमेरिकी अर्थव्यवस्था प्रति व्यक्ति आठ से नौ हजार किलोग्राम तेल के बराबर ऊर्जा की खपत पर टिकी है। अमेरिका के कल-कारखाने, यातायात, निर्माण एवं कृषि उद्योग, सभी भारी परिमाण में ऊर्जा गटकने वाले हैं।

यूरोप तथा अमेरिका मन्दी की चपेट में हैं। ऊर्जा की कटौती का अर्थ है उनकी औद्योगिक व्यवस्था में एक चिरस्थायी मन्दी की व्याप्ति। यूरोपीय एवं अमेरकी समाज की स्थिति घोंघे की हो गई है जो अपने विकास में अपनी सुरक्षा के लिए एक खोल का फैलाव करता जाता है, ऐसा खोल जो धीरे-धीरे पथराता जाता है। बाद में घोंघा इस खोल के बोझ से मुक्ति नहीं पा सकता, क्योंकि वह इससे बाहर जीवित नहीं रह सकता। औद्योगिक समाज का विशाल ढाँचा भी ऊर्जा के अतिव्यय से इसी तरह फैलकर अकड़ गया है, जिसमें पारिस्थितिकीय लोच का अभाव है। अगर ऊर्जा की आपूर्ति कम हो गई तो यातायात के विशाल साधनों का क्या होगा? उन विशाल भवनों या आवासीय घरों का क्या होगा जिन्हें गर्म रखने के लिए विशाल ताप बिजलीघर ऊर्जा देते हैं? बहुमंजिली इमारतों का बिना लिफ्ट के कौन उपयोग करेगा? कृषि संयंत्रों का उपयोग बिना विपुल खनिज ईंधन की आपूर्ति के कैसे होगा? विशाल कारखाने कैसे चलेंगे? दुनिया भर के उन उत्पादों को इन देशों में कैसे लाया जा सकेगा जो इनके लिए कच्चा माल होते हैं? इन कारखानों में उत्पादित वस्तुओं को कहाँ और कैसे निर्यात किया जाएगा? ये सारे सवाल अनुत्तरित रह जाते हैं। इन पर विचार करने से धीरे-धीरे रेंगती और बढ़ती हुई एक प्रगाढ़ तन्द्रा या मौत का दु:स्वप्न उपस्थित हो जाता है।

लेकिन अकेला अमेरिका या सम्पन्न औद्योगिक देश ही इस दु:स्वप्न से त्रस्त नहीं है। तेल पैदा करनेवाले पश्चिम एशिया के देश तथा मैक्सिको, वेनेजुएला, इंडोनेशिया आदि कई अन्य देश भी इससे त्रस्त हैं, क्योंकि उन्होंने अपनी अर्थव्यवस्था को सम्पन्न औद्योगिक देशों को तेल बेचने से प्राप्त आय के आधार पर खड़ा किया है।

ई.एफ. शुमाखर जैसे अर्थशास्त्री ने इस सदी के मध्य में यह चेतावनी दी थी कि पेट्रोलियम, कोयला आदि ऊर्जा के साधन असीम नहीं हैं और औद्योगीकरण के लिए एक ऐसे वैकल्पिक ढाँचे की जरूरत है, जिसमें ऊर्जा की किफायत सम्भव हो। फिर साठ के दशक में 'लिमिट्स ऑफ ग्रोथ' नाम से प्रसारित एक रपट में, जिसे 'क्लब ऑफ रोम' के नाम से विख्यात उद्योगपतियों और तकनीकी विशेषज्ञों के एक समूह ने तैयार किया था, इस सम्भावना की ओर इशारा किया गया था कि ऊर्जा के पारम्परिक स्रोतों के सूखने, संसाधनों के अभाव तथा प्रदूषण आदि

के कारण वर्तमान उत्पादन का सिलसिला सिर्फ 2020 ईस्वी तक ऊपर की ओर चलेगा और उसके बाद नीचे गिरेगा और जीवनस्तर वहीं पहुँच जाएगा जहाँ वह 1900 ईस्वी में था, लेकिन इन चेतावनियों की ओर कम ही लोगों का ध्यान गया। अब इन सम्भावनाओं की ओर लोगों का ध्यान तब गया है जब औद्योगिक देशों को भावी संकट का ठोस रूप से पूर्वाभास हो रहा है।

द्वितीय विश्व युद्ध के बाद से औद्योगिक उत्पादन अप्रत्याशित रूप से फैलने लगा था। इसका आधार था पेट्रोलियम का ऊर्जा और तेजी से फैलते पेट्रोकैमिकल उद्योगों (वे उद्योग जो पेट्रोलियम से प्राप्त रसायनों पर आधारित होते हैं) के लिए उपयोग। औद्योगिक विकास की गति के साथ पेट्रोलियम के खर्च का कितना गहरा सम्बन्ध है, यह इस बात से जाहिर है कि 1945 में इस तेल का उत्पादन 25 करोड़ टन था, 1950 में 50 करोड़, 1960 में 100 करोड़, 1965 में 150 करोड़ और 1968 में 200 करोड़ टन। उस समय के अनुमान से 1980 आते-आते उत्पादन 300 करोड़ टन हो जाना चाहिए।

लेकिन इसी बीच 1973 में औद्योगक देशों को एक तेज झटका लगा। 1973 के अक्टूबर में चौथा अरब-इजराइल युद्ध शुरू हुआ। इस युद्ध में अरब देशों ने पश्चिमी देशों पर दबाव डालने के लिए पेट्रोलियम उत्पादन में कुछ कटौती शुरू की। इस छोटी कटौती का ही यह असर हुआ कि 1974 में पेट्रोलियम की कीमत चार गुनी हो गई।

इसका व्यापक असर सारी दुनिया की अर्थव्यवस्था पर पड़ा। सारी दुनिया घोर महँगाई की चपेट में आ गई और औद्योगिक गतिविधियाँ भी कुछ समय तक बंद रहीं। इसके बाद पहली दफा यह एहसास हुआ कि पेट्रोलियम, कोयला आदि ऊर्जा के सस्ते स्रोत अनन्त काल तक उपलब्ध नहीं होनेवाले। जहाँ तक पेट्रोलियम की बात है, 1984 में लगाए गए अनुमान के अनुसार संसार भर के तेल का भंडार 96.1 अरब टन है और उसी साल इसका उत्पादन 271.6 करोड़ टन था। इसका अर्थ यह होता है कि (उत्पादन की इस दर से) दुनिया के पेट्रोलियम का कुल भंडार जल्दी चुक जाएगा। इस एहसास से 1973 के बाद से औद्योगिक देशों में पेट्रोलियम के खर्च को घटाने और ऊर्जा के वैकल्पिक स्रोत ढूँढ़ने के प्रयास शुरू हो गए।

कोयले का भंडार पेट्रोलियम से बड़ा है, लेकिन यह बात ध्यान में रखने की है कि पेट्रोलियम के खत्म हो जाने पर उसकी जगह ऊर्जा के लिए कोयले का इस्तेमाल होने पर यह भी बहुत दिन नहीं चल सकता। और वाहनों के लिए इससे प्राप्त होनेवाला संश्लिष्ट गैस पेट्रोल और डीजल से कहीं अधिक महँगा पड़ेगा।

बहुत दिनों तक बिजली उत्पादन के वैकल्पिक स्रोत के लिए लोगों की निगाह परमाणु तापघरों पर लगी थी, लेकिन इनमें विकिरण और विस्फोटों से दुर्घटना

का खतरा बना रहता है और दशकों के प्रयास के बावजूद उससे बचने का कोई विश्वसनीय उपाय नहीं निकल पाया है। इसके अलावा परमाणु तापघरों में इस्तेमाल किए गए ईंधन के कचरे को हटाकर सुरक्षित रूप से फेंकने का भी कोई उपाय नहीं निकला है। इन जोखिमों के साथ परमाणु भट्ठियों से प्राप्त बिजली, कोयले, तेल आदि से प्राप्त बिजली से अधिक महँगी भी होती है। इसी कारण अमेरिका में जहाँ शुरू में परमाणु बिजली के उत्पादन पर सबसे अधिक जोर दिया गया था, 1974 से कोई नया परमाणु बिजली तापघर नहीं खोला गया है।

अनुमान है कि इस शताब्दी के अन्त तक वहाँ सभी परमाणु बिजलीघर बन्द हो जाएँगे। परमाणुओं के संश्लेषण यानी हाइड्रोजन के परमाणुओं के विलय से हीलियम बनाने की प्रक्रिया से प्राप्त ऊर्जा की तकनीकी, जो अब सस्ते ऊर्जा की अन्तिम आशा है, सुदूर भविष्य की (2025 के बाद की ही) सम्भावना भर है। और इनमें कौन-कौन-सी समस्याएँ पैदा होंगी कोई नहीं जानता।

संसाधनों में ऊर्जा के स्रोतों तेल और कोयले की चर्चा ऊपर भी की गई है, लेकिन इसका अर्थ यह नहीं कि अन्य संसाधन जैसे खनिज या कृषिजन्य वस्तुएँ अथवा वन सम्पदा की उपलब्धि सीमाहीन है। इन सभी संसाधनों की सीमाएँ हैं, जिनकी ओर हम लोग तेजी से बढ़ रहे हैं, लेकिन ऊर्जा का खास महत्त्व इसलिए है कि खनिजों को निकालने और उनसे विभिन्न तरह की उपयोगी धातु या वस्तु तैयार करने और कृषि की उत्पादकता में भी इसकी ऊर्जा की खपत का खास स्थान है। अगर सस्ती ऊर्जा की उपलब्धि सीमाहीन हो तो बहुत घटिया किस्म के खनिजों से भी (जैसे अति न्यून अनुपात में धातु वाले खनिजों से) धातु निकाली जा सकती है। इस धातु की कीमत भी कम आएगी, लेकिन अगर ऊर्जा महँगी है तो सिर्फ बहुत उम्दा किस्म के खनिजों से ही हम आवश्यक धातु या अन्य उपयोगी पदार्थ ऐसी कीमत पर प्राप्त कर सकते हैं जिससे वे सामान्य उपयोग की वस्तुओं के उत्पादन में काम आ सकें। सस्ती ऊर्जा के अभाव में वह धातु भी, जो आज सस्ती है, सोने की तरह महँगी हो जाएगी। आज सोना लोहे से हजारों गुना अधिक महँगा है क्योंकि जिन खनिजों में से इसे निकाला जाता है उनमें इसका अनुपात बहुत कम होता है। इसे शुद्ध रूप से खनिजों से अलग करने में बहुत अधिक ऊर्जा खर्च होती है बनिस्बत लोहा निकालने की प्रक्रिया के।

इसके अलावा पेट्रोलियम आज अनेक संश्लिष्ट धागों, उर्वरकों तथा अनेक वस्तुओं के उत्पादन का आधार है। ऊर्जा की प्रचुरता के अभाव में कृषि की उत्पादकता पर भी असर पड़ सकता है, अगर हम फिर मशीनों के स्थान पर मानव श्रम या पशुओं के श्रम के प्रयोग की ओर वापस न जाए या उर्वरकों के स्थान पर जैविक (ऑरगैनिक) खादों की तलाश न करें। इन सबसे यह खतरा सिर पर आ गया है कि एस्केलेटर वाला विकास अब अधिक दिनों तक नहीं चल सकता।

कुल मिलाकर 1973 के बाद से पहली बार तमाम ऊपरी आशावादिता के बावजूद मौजूदा विकास की सम्भावनाओं के प्रति संशय छाया हुआ है। दुनिया के अधिकांश चिन्तक और वैज्ञानिक इस बात की चेतावनी दे रहे हैं कि विकास का वर्तमान रास्ता विनाश की ओर ले जानेवाला है। मौजूदा औद्योगिक ढाँचे को चलाने वाले लोग भी प्राकृतिक परिवेश के संरक्षण और पर्यावरण के सन्तुलन की बात करने लगे हैं, भले ही उनके काम इस भावना के विपरीत पड़ते हों। लेकिन इस एहसास से जहाँ भविष्य के लिए कुछ उम्मीदें बँधी हैं, वहीं प्राकृतिक संसाधनों एवं ऊर्जा के साधनों पर अधिक-से-अधिक नियंत्रण बना लेने और अपने लिए प्रदूषण मुक्त वातावरण बनाए रखने की होड़ भी शुरू हुई है और कहना न होगा कि इस होड़ में किसका पलड़ा भारी रहेगा।

संसाधनों पर कब्जा करते समय या अपने विलासितापूर्ण जीवन शैली से पैदा होनेवाले कचरे और प्रदूषण का बोझ गरीब मुल्कों पर थोपने में इस जमात को कोई परेशानी नहीं होती। इसके लिए वे अपने (कु) तर्क ढूँढ़ लाते हैं, अपनी गिरोहबन्दी करते हैं और गरीब मुल्कों को दबाने के लिए किसी सीमा तक जा रहे हैं। हाल में सम्पन्न 'गैट' समझौते में यही चिन्ता और यही रणनीति दिखी। रियो में भी यही दिखा था। जहाँ इतने सशक्त निहित स्वार्थ विरोध में हों वहाँ धरती की रक्षा की किसी सार्थक नीति की सम्भावना क्षीण ही रहनी थी। दुनिया पर अमेरिका के नेतृत्व में सम्पन्न देशों का वर्चस्व कायम है। दूसरे देश चाहकर भी कोई नियंत्रण अमीर देशों पर लागू नहीं कर सकते। विकासशील देश आत्मनियंत्रण से अपने उत्पादन और खपत को पर्यावरण की सुरक्षा के अनुकूल रख सकते हैं। इससे सीधे तो पर्यावरण की सुरक्षा नहीं हो सकती क्योंकि इसे नष्ट करनेवाले तो मूलत: सम्पन्न देश हैं, फिर भी वन, वनस्पति प्रजातियों एवं कृषि भूमि की रक्षा सम्पन्न देशों से वाणिज्य आधारित सम्पर्क के परित्याग से सम्भव है। इससे कहीं-न-कहीं सम्पन्न देशों पर भी कुछ नियंत्रण लग सकता है।

5

प्रचलित मान्यता यही है कि विज्ञान का मौजूदा स्वरूप ही वह 'विज्ञान' है जिसके पास प्रकृति के रहस्यों की कुंजी है और आधुनिक तकनीक इसकी अनिवार्य परिणति है। इसी मान्यता के चलते आधुनिक तकनीक को विकास की श्रेष्ठ उपलब्धि मान लिया जाता है। और यह डर भी पैदा होता है कि इस तकनीक के अत्याधुनिक स्वरूप के साथ हमकदम न हुए तो विकास की दौड़ में पिछड़ जाएँगे और असभ्य कहलाएँगे, लेकिन गहरे विचार करने पर हम पाएँगे कि हर तकनीक विशेष सांस्कृतिक परिवेश की उपज होती है और अपने मूल परिवेश में ही मुकम्मल होती है। हम यह भी जान पाएँगे कि 'आधुनिक' तकनीक उस संस्कृति की देन है जिसने इसके सिर्फ एक पहलू के अतिवृद्धि का स्वाद चखा है।

दरअसल, मानव चेतना अनिवार्यत: दो ध्रुवीय होती है। किसी वस्तु तथा घटना के सीधे अवलोकन से व्यक्ति की बनी अवधारणा और उस वस्तु तथा घटना में तारतम्य बैठाती सम्पूर्ण विश्वदृष्टि के बीच लगातार टकराहट चलती रहती है। व्यक्ति की अपनी अवधारणा उसकी अपनी बोधगम्यता से बनती है मगर वस्तु या घटना की सार्थकता विश्वदृष्टि से बनती है। यह विश्वदृष्टि ऐसी वस्तुओं और घटनाओं से लगातार अवलोकन से उभरी अवधारणाओं से मिलकर बनती है। इस दृष्टि के विकास में हमारे अपने समाज और परिवार की संस्कृति का भी आंशिक योगदान होता है। इसी प्रक्रिया से कोई वस्तु हमारे लिए स्थायी और उपयोगी हो पाती है। मसलन, कोई व्यक्ति पहली बार कुर्सी देखता है। सम्भव है, वह कुर्सी के अनगिनत पहलुओं में किसी एक पहलू को ही देख पाए। अगर कुर्सी किसी धागे के सहारे उलटी लटक रही हो तो देखनेवाले के मन में उसका कोई विचित्र रूप उभरे। यानी एक बार कुर्सी को देखने से व्यक्ति के मन में उसके आकार और उपयोगिता के बारे में कोई निश्चित स्वरूप नहीं उभरेगा। अपने सही स्वरूप में कुर्सी को बार-बार देखने और बैठने के लिए उसके इस्तेमाल को परखने के बाद ही हमारे मन में कुर्सी के स्थायी स्वरूप और उसकी उपयोगिता के बारे में पक्की धारणा बनती है। अगर किसी वस्तु को पहली ही बार देखकर उसके सम्पूर्ण स्वरूप और महत्त्व को रेखांकित करने को मजबूर कर दिया जाए तो जीवन दुरूह हो जाएगा।

दरअसल हमारी रुचि की सभी वस्तुओं और घटनाओं के बार-बार अवलोकन से हमारे मन में उसके स्वरूप और महत्त्व के बारे में स्थायी और सुव्यवस्थित धारणा बनती है। सूर्य हर रोज सुबह पूरब में उगता और पश्चिम दिशा में अस्त होता लगता है। काफी दूर खड़ी कोई पहाड़ी या पड़ोस में खड़ा केले का वृक्ष हर रोज एक समान ही लगता है। इस तरह हम उनमें बारीक परिवर्तनों को नजरअन्दाज भी कर सकते हैं और अमूमन उनकी स्थायी और जानी-पहचानी छवि ही हमारे मन में बनी रहती है। स्थायित्व और व्यवस्था का यह बोध घटनाओं की व्याख्या करनेवाली अवधारणाओं से और मजबूत होता है और ये अवधारणाएँ हर समाज और संस्कृति में अलग-अलग हो सकती हैं। अक्सर संस्कृति से मिले विचार आस्था का रूप ले लेते हैं। मसलन, हम व्यक्तिगत तौर पर कभी इस धारणा की सचाई जानने को व्याकुल नहीं होते कि पृथ्वी गोल है जबकि हमारे दैनन्दिन अनुभव में यह धारणा फिट नहीं बैठती। किसी समाज या सभ्यता के लोगों ने अगर लम्बी दूरी की यात्राएँ न की हों, सम्भव है वहाँ माना जाए कि पृथ्वी चपटी है, आमतौर पर हम अपने अनुभव और अपनी संस्कृति में स्थापित दृष्टि से तय किसी वस्तु की सार्थकता और स्वरूप के प्रति संतुष्ट हो जाते हैं। लेकिन हमेशा एक शर्त भी जुड़ी रहती है। यानी किसी वस्तु या घटना के बारे में स्थापित दृष्टि उस वस्तु या घटना के अवलोकन से बननेवाली धारणा से बिलकुल विपरीत न हो। हालाँकि कई बार स्थापित दृष्टि के प्रभाव में व्यक्ति अपने अवलोकन से उभरनेवाले तथ्यों के प्रति असंवेदनशील बन जाता है।

मनुष्य के मस्तिष्क की बनावट ही ऐसी है कि वह दुनिया को टुकड़े-टुकड़े में बाँटकर नहीं देख सकता। वह हर टुकड़े को अपनी समग्र दृष्टि के अन्दर ही समेट कर देखता है। उसे वह दिक् और काल की अपनी अवधारणा और कार्य-कारण सम्बन्ध के तहत रखकर देखता है। हालाँकि दिक् और काल की अवधारणा तथा कार्य-कारण सिद्धान्त हर संस्कृति में काफी अलग-अलग हो सकते हैं। कार्य-कारण सिद्धान्त का असर तो व्यक्ति में इतना गहरा होता है कि प्राकृतिक आपदा, महामारी, बीमारी और मौत की कोई स्पष्ट वजह न दिखने पर उसे जादू-टोना या दैवीय कोप का असर मान लिया जाता है। दरअसल, जादू, कीमियागिरी और रसायन शास्त्र का विकास घटना के उचित कारण जानने के लिए हुआ है।

इन सभी विधाओं से एक तथ्य उभरकर आता है कि मनुष्य के अस्तित्व और तमाम व्यावहारिक गतिविधियों के लिए सीधे अनुभव से उभरे तथ्यों पर विश्वास रखना अनिवार्य होता है। मसलन, कोई आग में जलकर और गहरे पानी में डूबकर ही आग और पानी के इन गुणों से इनकार कर सकता है। दूसरी ओर विश्व दृष्टियों की अनिवार्यता इस कदर नहीं होती बशर्ते उन्हें व्यावहारिक गतिविधियों से सीधे न जोड़ लिया जाए।

हर समाज अपने अनुभव के दायरे और जिन्दगी के तौर-तरीकों की जरूरतों में तारतम्य स्थापित करते हुए अपनी विश्वदृष्टि बनाता है। पहले सामाजिक अस्तित्व की इस जरूरत को ब्रह्मांड की और मिथकों के सहारे पूरा किया जाता था। विज्ञान को आज हम जिस रूप में देखते हैं वह असल में इसी विशाल दृष्टि, अर्थात् वस्तुओं और घटनाओं को एक पक्के प्राकृतिक ढाँचे के अन्दर ही देखने के तरीके, को तैयार करने की विधि है। यह मिथकों और जादू-टोने से आगे का कदम है। और जब मनुष्य ने हर घटना के पीछे ईश्वर की इच्छा या किसी देवदूत का हाथ देखना बन्द किया उसी से इसकी शुरुआत हुई। पर निश्चित रूप से यह ईश्वर के अस्तित्व को नकारना ही नहीं है। पर प्रकृति के सामान्य गतिविधियों से उनको छुट्टी दे दी गई और वे इसके मूक गवाह भर रह गए। घटनाओं के पीछे काम करनेवाले नियमों को अनुभव के आधार पर की गई परिकल्पनाओं से निकाला गया। किसी ने आग से सारी शुरुआत मानी तो किसी ने पानी से, किसी ने पंचभूत को असली चीज माना तो पाइथागोरस ने अंकों को ही। परे ब्रह्मांड की उत्पत्ति और काम को बतलाने के लिए एक सिद्धान्त ढूँढ़ने की जगह लोगों के अपने सीमित सम्पर्कों के आधार पर भौतिक वस्तुओं के विज्ञान गणितीय मॉडलों से भरा पड़ा है। सभी कारणों और गणीतीय अभिधारणाओं के माध्यम से ही नए-नए निष्कर्ष निकाले गए हैं। शुरू में गणितीय अभिधारणाओं को कुछ प्रत्यक्ष अनुभवों के पास लाने की कोशिश की गई थी, पर उसे भी अब छोड़ दिया गया है। अपनी दुनिया के बारे में समझ बनानेवाली अवधारणा को सामने लाना ही वैज्ञानिक सिद्धान्त है, यह बुनियादी भावना ही अब गायब हो गई है, भौतिक विज्ञान की दुनिया अब गुह्य और अबोधशील होती जा रही है।

यह तर्क भी दिया जा सकता है कि आज की तकनीकी उपलब्धियाँ तो यही बताती है कि भले ही विज्ञान सामान्य लोगों के लिए अबूझ हो गया हो पर यह प्रकृति के रहस्यों को उजागर करने के ज्यादा पास आ गया है। पर बारीकी से देखने पर हम पाएँगे कि आधुनिक तकनीकी उपलब्धियों से ऐसा कुछ भी नहीं हुआ है। ये सिद्धान्त सिर्फ दिमागी उपज है और आगे के प्रयोगों का गला ही घोंट रहे हैं। हाँ, इन सिद्धान्तों ने निरन्तर अपने औचित्य की जाँच करते रहने का जो माहौल बनाया है और उत्कंठा जगाई है, उससे प्रयोग के काफी सारे रास्ते खुले हैं। इसने स्वाभाविक रूप से वस्तुओं और उनके गुणों के बारे में मनुष्य के ज्ञान को काफी बढ़ाया है। जहाँ तक सिद्धान्तों की बात है, इनको लेकर होनेवाले प्रयोगों ने अक्सर पुराने सिद्धान्त को खारिज करके नए के आने का रास्ता ही बनाया है, उनको स्थापित करने का काम नहीं किया है। ईथर होकर पृथ्वी की गति को मापने के प्रयोग ने ही ईथर की अवधारणा को तो खत्म किया ही, न्यूटन के गुरुत्वाकर्षण के सिद्धान्त को भी खारिज करा दिया। इसी प्रकार मशीनों में ऊर्जा-ह्रास की माप की कोशिश ने ही

ऊष्मागति के दूसरे सिद्धान्त को जन्म दिया, जिसने गति के पुराने सारे नियमों को ध्वस्त किया और समाज की गति को सीधे तीर से दिखाने की अवधारणा को तोड़ा। इस प्रयोग के नतीजे इतने बड़े थे कि महान वैज्ञानिक आइंस्टीन को भी इस धारणा को मन से कबूल करने में कठिनाई हुई, यद्यपि निरीक्षणों एवं अनुभवों से सम्पुष्ट किया जा चुका था। ये सिद्धान्त वस्तुत: दुनिया के दामन पर जहाँ-तहाँ गिल्टियों और धब्बों के रूप में उभरनेवाले तथ्यों को एक तरह का जामा पहनाने का काम करते हैं। एक अर्थ में इनकी कला वाली भूमिका भी है कि ये अनेक घटनाओं को सहेजकर एक तारतम्यता देते हैं।

गैलिलियो, देकार्त और न्यूटन के बाद का विज्ञान अपने पूर्ववर्ती रूप से एक अर्थ में एकदम अलग है। उनके समय तक गणित ने इसमें केन्द्रीय भूमिका ले ली थी। प्राचीन विश्व में भी गणित की अपनी भूमिका थी पर अलग किस्म की। ग्रह-नक्षत्रों की गतिविधियों एवं ग्रहणों की भविष्यवाणी करने के लिए मिस्त्र, बेबीलोन और भारत के ज्योतिषियों ने गणित का विकास और उपयोग किया था। मिस्त्र में इसी आधार पर नील नदी के बाढ़ का हिसाब-किताब भी रखा जाता था, जिससे सिंचाई करके यह सभ्यता टिकी थी। कहा जाता है कि ज्यामिति के अपने ज्ञान का उपयोग करके आर्कमिडीज ने सिराक्यूज शहर की रखवाली वाले हथियार बनाए थे। गणित ने दिक्-काल की दूरी को खत्म करते हुए सुदूर की वस्तुओं और घटनाओं को, जो प्रत्यक्ष माप-तौल-अध्ययन में न आ सकें, बहुत पास ला दिया और उनके बारे में भी भविष्यवावणी करना सम्भव हो गया। यही मुख्य कारण है कि शुरुआती वैज्ञानिक इसकी तरफ ज्यादा आकर्षित हुए। सत्रहवीं सदी से विज्ञान पर गणित ही सबसे ज्यादा हावी रहा है और सैद्धान्तिक भौतिक विज्ञान में तो गणित के मॉडल ही असली रह गए और रोज-ब-रोज की दुनिया और जिन घटनाओं से हमारा पाला पड़ता रहा उसका ज्यादा महत्त्व नहीं रहा। और विज्ञान का यह गणितीय संसार अनुभव जनित तथ्यों की जगह अपनी गणना पर ही ज्यादा आश्रित होता गया।

मानवीय दिलचस्पी के हर क्षेत्र में हुए ऐसे अध्ययनों के अनुरूप ही तकनीक और इस क्षेत्र में दिखाई नई बातों को बतानेवाले सिद्धान्त विकसित हुए। यह दूसरी चीज ही विज्ञान है और मुख्यत: यह मनुष्य की कलात्मक इच्छाओं को ही परिपूर्ण करती है। और यहाँ आकर वैज्ञानिक सिद्धान्त कुछ परिकल्पनाओं को जन्म देते हैं जो सामने दिखे तथ्यों से आगे चीजों के सम्भावित कारणों और परिणामों का सम्बन्ध बतलाते हैं। इसी तरह गुरुत्वाकर्षण के सिद्धान्त, ईथर, इलेक्ट्रान की या फिर आयुर्वेद में कफ, पित्त और वायु के सन्तुलन जैसी चीजों को स्थापित किया जा सका। ये परिकल्पनाएँ सीधे-सीधे घटित बातों पर आधारित नहीं होतीं। पर गुरुत्वाकर्षण के सिद्धान्त जैसी चीजों ने तो असल में उस पुरानी मान्यता की जगह ली जिसके अनुसार ईश्वर सभी चीजों को वापस अपने पास ऊपर बुला लेता है।

आज यह सिद्धान्त हो या ईथर वाला सिद्धान्त हो, भले ही इनको नकार दिया गया हो पर जिन अनुभवों से ये बने थे वे आज भी वैसे ही दिखते हैं, गिरने पर कोई वस्तु पृथ्वी की तरफ ही आती है या शून्य से होकर विद्युत चुम्बकीय तरंगें वैसे ही पार करती हैं। अब सिर्फ इन तथ्यों के पीछे के कारणों को बताने के लिए नए सिद्धान्त बताए गए हैं। चिकित्सा विज्ञान में भी हमारी बीमारियों का कारण बताने के लिए वैकल्पिक सिद्धान्त आ गए हैं, लेकिन इन सिद्धान्तों को भी अब कोई अन्तिम नहीं मानता। ज्यों ही इन सिद्धान्तों से व्याख्यायित न हो सकनेवाला कोई तथ्य सामने आएगा, ये बदल जाएँगे।

सो वैज्ञानिक सिद्धान्त अपने मूल स्वरूप में कलात्मक हैं जो दुनिया की हर चीज को एक ढाँचे में पिरोते हैं। इसने काल, ऊर्जा, दिक् सबकी पुरानी अवधारणा को उलट दिया। सो आज की भौतिकी दो परस्पर विरोधी सिद्धान्तों पर आधारित है। गति के सिद्धान्त और ऊष्मागति के सिद्धान्त पर। फिर प्लैंक द्वारा अन्ततः ऊर्जा राशिकरण की खोज से प्रकृति की निरन्तरता की अवधारणा भी ध्वस्त हुई और हाइजेनबर्ग का अनिश्चितता के सिद्धान्त का रास्ता खुला। इन खोजों के परिणामस्वरूप आज पूरा का पूरा परमाणु भौतिक विज्ञान अस्त-व्यस्त हालत में है। तरह-तरह के सिद्धान्त और बल काम कर रहे हैं। पर इनसे कोई एक व्यवस्थित ढाँचा नहीं उभरता। इनसे तकनीक के क्षेत्र में जो फायदे हुए हैं, उन पर असर डाले बिना ये बहसें नए सिद्धान्तों का रास्ता खोलेंगी। सो तकनीक न तो भौतिक सिद्धान्तों की पुष्टि करती है न उन्हें खारिज करती है।

वैज्ञानिक सिद्धान्तों के बारे में ये तथ्य बताते हैं कि किसी भी अन्य विश्वदृष्टि की तरह ये भी आंतरिक हैं और निश्चित रूप में इनसे प्रकृति को एक खास तरह से जीवन का प्रयास भी होता है। यह उम्मीद करनी चाहिए कि जब हम प्रकृति के काम-काज की और ज्यादा गहराई से जाँच करेंगे, हमें विज्ञान के अभी दीखनेवाले महत्त्व में ज्यादा दरारें दिखाई देंगी। कारण बहुत साफ है। हम अपनी मानवीय समझ के स्तर में एक किस्म की स्थिरता और दिशा बनाए रखते हैं। यह चीज हमारे जनमने और रहनेवाली दुनिया तथा हमारे बीच के सम्बन्धों वाले पैमाने में अन्तर्निहित है। इसी तरह हम जीवित रहते हैं। अगर हम इससे बहुत अलग हैरत वाली चीज देखते हैं तो हम अलग रूपकों की तलाश करते हैं और अपनी समझ के स्तर और दिशा में बदलाव के लिए अनेक मॉडल गढ़ते हैं जो अब आम तौर पर गणितीय ही होते हैं। गणित में अनेक तार्किक संरचनाएँ बनाने और फिर भौतिक आधार पर उनकी परीक्षा कर लेने की सहूलियत होती है। पिछली तीन शताब्दियों से हम निरन्तर अपनी अवधारणाओं को व्यापक करते जा रहे हैं, कुछ तो दूरबीन और एक्सरे जैसे उपकरणों की मदद से और साथ ही अणु जैसी चीजों के रहस्य को जानकर भी। सो, ऐसे में अगर हमारी सामान्य मानवीय समझ इतनी विस्तृत

अवधारणाओं को न खपा सक रही हो तो इसमें हैरानी की कोई बात नहीं है। फिर भी कोई मूर्त रूप और प्रकृति में एकता ढूँढ़ने की हमारी बुनियादी इच्छा हमें एक संरचना बनाने को मजबूर करती है, भले ही वह अब तक की हमारी सोच से कितनी भी अलग तरह की संरचना क्यों न हो। और यह उम्मीद करनी चाहिए कि नए अवलोकनों के साथ यह संरचना भी बदलती जाएगी, लेकिन यह वैज्ञानिक विश्व दृष्टि हमारे नित्य के अनुभव से बनी विश्व दृष्टि से अधिक विश्वसनीय है, यह मानना न्यायोचित नहीं है।

दरअसल, वैज्ञानिक विश्व दृष्टि को बेहतर मानने के पीछे तकनीक का चमत्कार है। चमत्कार मनुष्य की सामान्य कमजोरी है। पैगम्बरों को भी अपने लोगों पर पकड़ बनाए रखने के लिए इसकी जरूरत पड़ी थी। यहाँ हम इस बात पर जोर देना चाहते हैं कि चमत्कार निश्चित तौर पर विश्व के किसी वैज्ञानिक सिद्धान्त की पैदाइश नहीं बल्कि वस्तु के गुणों और व्यवहार के प्रति बढ़ते ज्ञान और इस ज्ञान को एक शिल्पकृति में उपयोग करना भर है। प्राचीन प्रस्तर युग से लेकर सोलहवीं, शताब्दी तक का तकनीक का इतिहास मानव के इसी प्रवणता का गवाह है। निश्चित रूप से पदार्थ का गुण पहचान कर ही आदि मानव ने फूलों की जगह पत्थर से अपने औजार बनाए होंगे। सत्रहवीं शताब्दी से इन खोजों ने एक नई दिशा और रफ्तार पकड़ी जो तब तक के इतिहास में नहीं दिखती। यह चीज मनुष्य के ज्ञान के विस्तार को नकारने के लिए नहीं कही जा रही है। बल्कि चीजों को सही परिप्रेक्ष्य में रखकर मनुष्य के उस घमंड को खत्म करने के लिए कही जा रही है जो उसमें इस नए ज्ञान से आया है।

कुछेक उदाहरणों से बताया जा सकता है कि तकनीक का रिश्ता असल में वैज्ञानिक सिद्धान्तों की जगह वस्तुओं, घटनाओं और उनके अन्तर्सम्बन्धों के सावधानीपूर्ण अवलोकन पर अधिक निर्भर है। इस मामले में सबसे अच्छा उदाहरण—न्यूटन के गति के नियम और पिछली शताब्दियों की तकनीकी क्रान्ति में उनका उपयोग है। हम जानते हैं कि आज न्यूटन के सिद्धान्त की जगह सापेक्षता के सिद्धान्त और क्वांटम सिद्धान्त ने ले ली हैं। पर आज भी मशीनों के स्तर पर दुनिया की अधिकांश मशीनें न्यूटन के पुराने सिद्धान्त के आधार पर ही चल रही है। इसका सीधा कारण यह है कि मशीनें अभी भी उन्हीं अवलोकनों-अनुभवों पर आधारित है जिनके आधार पर न्यूटन का सिद्धान्त बना था और मशीनों के स्तर पर वे अवलोकन आज भी खरे उतरते हैं। भौतिकी के नए सिद्धान्त आज सिर्फ उन्हीं क्षेत्रों में लागू हो रहे हैं जहाँ नए अवलोकनों से पुराने सिद्धान्त कटते हैं या जिनके आधार पर ये नए सिद्धान्त गढ़े गए हैं। पर इस दरम्यान विश्व के बारे में पुराना नजरिया जरूर बदल गया है। यह भी कहा जा सकता है कि न्यूटन के सिद्धान्त पर बनी मशीनों के बाद बनी विश्व दृष्टि भी इनके प्रति प्रबल आकर्षण भाव पर ही

आधारित थी। यूरोप में यह भाव सत्रहवीं सदी के बाद से लगातार बढ़ता गया है, न कि नई विश्व दृष्टि के चलते मशीनों का जोर।

बिजली के बारे में ही सन्तोषजनक ज्ञान या सिद्धान्त उन्नीसवीं सदी के अन्त या कहें बीसवीं सदी के शुरू में बन पाए, पर फैराडे के नियम के आधार पर इलेक्ट्रोलिसिस शुरू हो गया था। 1830 में टेलिग्राफ आ गया था और 1880 में बिजली का बल्ब भी जल उठा था। ये आविष्कार एडिसन के थे जिसे भौतिकी के सिद्धान्तों में कोई खास रुचि नहीं थी। तकनीक के लिए प्राकृतिक घटनाओं का सूक्ष्म अवलोकन और नए दिखे गुणों का तकनीक के लिए उपयोग कर लेने की इच्छा ही असली चीज थी। कैथोड किरणों और एक्सरे का आविष्कार भी किसी और प्रयोग के सिलसिले में अचानक ही हो गया था। इनकी व्याख्या करनेवाले सिद्धान्त आविष्कारों के कई-कई वर्ष बाद आए।

पेनिसिलीन का आविष्कार दवा के क्षेत्र में क्रान्तिकारी है। लेकिन यह भी संयोग से ही सामने आ गया जब कुछ खास किस्म के कनकों (कणों) के सम्पर्क में आने पर कुछ बैक्टीरिया मरते देखे गए। इस खोज के पीछे कोई सिद्धान्त नहीं था और इस प्रभाव को बतानेवाला आज तक कोई सिद्धान्त नहीं आया है।

भोजन पकाना शायद मनुष्य का सबसे बड़ा आविष्कार है जिसमें सीधे न पचनेवाले अनाजों, मूलों और कंदों से उनका पौष्टिक अंश पाना सम्भव हो सका। पर यह काम भी किसी वैज्ञानिक सिद्धान्त से नहीं मनुष्य द्वारा हर चीज पर बारीकी से गौर करने और फिर अपने निष्कर्षों को प्रयोग में लाने के गुण के चलते ही हुआ। अब जाकर रसायनशास्त्र यह बताने में सक्षम हुआ कि भोजन पकाने से उनमें क्या रासायनिक बदलाव होते हैं, जिसके चलते वह सुपाच्य हो जाता है।

हाँ, आधुनिक तकनीक जिस तेज गति से इन अवलोकनों को दोहराने, परीक्षण करने में अक्षम हुई है और औद्योगिक उपयोग में इन्हें लाती है, वह इसकी नई विशेषता है।

अगर हम यह मानें कि तकनीक सिर्फ ठोस अवलोकनों पर ही आधारित है और इनका वैज्ञानिक सिद्धान्तों या उनसे जुड़ी विश्व दृष्टि से कोई लेना-देना नहीं है तब हमें अठारहवीं सदी के बाद हुई तकनीकी क्रान्ति को समझने के लिए नई व्याख्या ढूँढ़नी पड़ेगी। आवश्यकता ही आविष्कार की जननी है, यह कहावत एकदम सही है और यह इस मामले में हमें दिशा निर्देश दे सकती है। इसी के अनुरूप हमें उस काल की संस्कृति का भी देखना होगा, जिसने हममें मिली तकनीक की जरूरत पैदा की।

जरूरतें दो तरह की होती हैं। जीवन के लिए आवश्यक जरूरतें जिनमें सुरक्षा, खाना, घर, कपड़ा, चिकित्सा वगैरह शामिल हैं। विलासिता की जरूरतें दूसरी श्रेणी में आती हैं, इनमें साज-शृंगार, शौक की चीजें, दिखावे की चीजें शामिल हैं। तकनीक दोनों श्रेणियों की आवश्यकताओं की पूर्ति का माध्यम है। भिन्न-भिन्न तरह के मानव

समाजों पर एक सरसरी नजर डालने और यह महसूस करने पर कि लोग एक से एक मुश्किल स्थितियों में जीते एवं बढ़ते हैं, यह साफ हो जाता है कि भाषा जैसी ही तकनीकें भी उन सामाजिक समूहों भर की जरूरत के लिए पर्याप्त हैं और उतने तक ही सीमित होती हैं। अधिकांश जीवित बचे समाजों में अपने माहौल के अनुरूप ही भोजन, पोशाक, मकान, हथियार और उपकरण विकसित कर लिए हैं। इस मामले में इस्कीमो समाज का उदाहरण सबसे अच्छा है। आर्कटिक प्रदेश की भयावह सर्दी में रहनेवाले इन लोगों का असली कौशल बर्फ से बने इनके गरम मकानों, जिन्हें 'इग्लू' कहा जाता है, में दिखता है। चमड़े का उपयोग वे सिर्फ अपना बदन ढकने में ही नहीं डोंगी बनाने में भी करते हैं और हड्डियों से हथियार बनाते हैं। ये वस्तुएँ उनकी जरूरत भर के लिए पर्याप्त तो होती ही हैं, उस संसाधनहीन बर्फीले प्रदेश में उपलब्ध एक मात्र वस्तुएँ हैं। अन्य समाजों पर भी यही बातें लागू होती हैं।

यह बात भी गौर करने की है कि अधिकांश समाजों ने भोजन के स्थानीय स्रोत तो ढूँढ़े ही हैं, जड़ी-बूटियाँ, नशीले पदार्थ और पेय भी ढूँढ़े हैं। जिन पेयों को आज सबसे आधुनिक माने जानेवाले समाजों में सबसे ज्यादा शान की चीज माना जाता है वे सभी पिछड़े और आदिम माने जानेवाले समाजों द्वारा ढूँढ़े-विकसित किए गए हैं। आधुनिक विश्व को चाय, कॉफी, कोकोआ, तम्बाकू, अफीम जैसी सारी चीजें गैर-यूरोपीय परम्परागत समाजों से ही मिली हैं। इसी प्रकार पश्चिमी जगत में उपयोग की जानेवाली अनेक दवाएँ प्राचीन समाजों द्वारा उपयोग में लाई जानेवाली जड़ी-बूटियों से विकसित की गई हैं। इन सबसे इसी निष्कर्ष की पुष्टि होती है कि लोगों में हर घटना और चीज पर बारीकी से गौर करने और अपने निष्कर्षों का उपयोग करने की क्षमता होती है।

मशीनों को बनाने में उपयुक्त हुए अनेक आविष्कारों का श्रेय वैज्ञानिकों को नहीं कारीगरों को जाता है। आर्कमिडीज के पहले ही यवन लोगों को पनचक्की, स्क्रू, प्रेस और गियर की जानकारी थी। प्राचीन चीन और फारस के लोगों को भी पवन चक्कियों के बारे में मालूम था। मध्य युगीन यूरोप में भी हवा और पानी की ऊर्जा का उपयोग होता था। यह सब कारीगरों की खोज थे। पर जहाँ यूरोप में, वाष्प इंजन या उष्मा इंजन के पूर्व मध्य युग में भी, हम लोगों को प्राकृतिक ऊर्जा का उपयोग उद्योग के लिए करने में दिलचस्पी लेते देखते हैं, ऐसी संस्कृतियाँ रही हैं, जिन्होंने अपने से ज्ञान का, जिसका औद्योगिक उपयोग के लिए बहुत महत्त्व था, इस दिशा में उपयोग ही नहीं किया। जैसे 62 ईस्वी में एलेक्जेंड्रिया के हीरो ने 'एओलिपाइल' नामक खिलौना वाष्प इंजन बनाया था। इसकी एक धुरी पर दोनों तरफ नोजल से निकलनेवाला वाष्प इसके पहिए को नचाता था। इस आविष्कार का औद्योगिक उपयोग करने की बात किसी को भी नहीं सूझी। इसी प्रकार यूरोप से हजारों साल पहले चीनी लोगों को चुम्बक दिक्‌सूचक का पता था। पर जहाजरानी में प्रयोग

करने की जगह इस उपकरण का उपयोग भविष्य-कथन या शकुन विचार में ही होता रहा। चीनी लोगों को बारूद के बारे में भी सदियों पहले से जानकारी थी पर वे इसका सैनिक उपयोग नहीं करते थे। यूनानी दार्शनिक थियोफ्रेटस ने चौथी सदी ईसा पूर्व में ही विद्युत की बात की है। पहली सदी में रोमनों को भी इसकी जानकारी थी, लेकिन यही चीज गैल्विनों से शुरू होकर वोल्टास और फैराडे तक के माध्यम से 19वीं सदी में औद्योगिक ऊर्जा के एक जबरदस्त स्रोत के रूप में सामने आई।

इस प्रकार हम पाते हैं कि (1) तकनीकों का विकास आग तौर पर वैज्ञानिक सिद्धान्तों के अनिवार्य आधार पर ही नहीं हुआ है, और (2) प्राचीन काल के अनेक महत्त्वपूर्ण आविष्कार औद्योगिक उपयोग में आए बिना खेलने या चमत्कार की चीजें भर बने रहे। अठारहवीं शताब्दी के आसमान ही यूरोप में तकनीकी क्रान्ति हुई जिसने हर छोटी-बड़ी वैज्ञानिक जानकारी का उपयोग ही नहीं किया बल्कि वैज्ञानिक अनुसंधान को बढ़ावा दिया, जिससे तकनीक में उत्तरोत्तर सुधार और विकास के लिए नई सूचनाएँ मिलती गईं।

हमने ऊपर कहा है कि तकनीक लोगों की आवश्यकता से ही उपजती है और स्थानीय स्थितियों और उपलब्ध साधनों के अनुरूप ही होती है। बाहर के लोगों के सम्पर्क से चीजों के आदान-प्रदान से स्थानीय स्तर पर अनुपलब्ध और अब तक प्रयोग न की जाती चीजों का उपयोग भी शुरू हो जाता है। दरअसल अधिकांश समाजों में ऐसी नई चीजों को लेकर शुरू में एक बहिष्कार का भाव भी रहता था। पर लोगों की जरूरतों का अपना महत्त्व है और संसाधनों की स्थिति के अनुरूप ही इनमें कुछ-कुछ बदलाव होता रहता था। इस प्रकार उपलब्धता और जरूरतों में एक सन्तुलन रहा करता था, लेकिन सोलहवीं सदी के यूरोप में प्रोटेस्टेंट मत और एक खास किस्म के विशिष्टतावाद के साथ ही मानवीय जरूरतें एक नया आयाग लेती दिखती हैं जिसमें कभी न मिटनेवाली एक भूख शामिल थी। व्यावसायिक सफलता को ईश्वर के आशीर्वाद के साथ जोड़ा जाने लगा। इसके बाद असीमित औद्योगिक उत्पादन करना यूरोपीय देशों का सबसे प्रभावी विचार या कहें जुनून बन गया। समुद्र मार्ग से दुनिया भर में व्यापार करने का रास्ता खुल जाने से इन नई फैक्टरियों का माल हर जगह पहुँचने लगा। चूँकि व्यावसायिक सफलता को अधिक मुनाफे तथा अधिक धन से ही मापा जा सकता है इसलिए अधिक-से-अधिक उत्पादन और जल्दी-से-जल्दी माल को खपाना पूरक ध्येय हो गया। उत्पादन का अर्थ मनुष्य की जरूरतों को पूरा करना है, यह बुनियादी उद्देश्य अब उद्योग और व्यवसाय जगत के अधिक-से-अधिक कारोबार और अधिक-से-अधिक मुनाफे के दर्शन से एकदम ढक गया। इसी मनोवैज्ञानिक माहौल के चलते हर नए आविष्कार को औद्योगिक काम में लाया गया और विज्ञान को भी यहीं से दिशा-निर्देश मिलना शुरू हुआ।

यूरोप में सदियों से औद्योगिक उत्पादन में वायु और जल ऊर्जा का प्रयोग होता था, लेकिन पवन चक्की को घुमानेवाली हवा की गति का कोई भरोसा नहीं था। नदियों और प्रवाहों के पानी की गति तो भरोसा करने योग्य थी, पर इनका उपयोग करने के लिए उद्योग का नदियों के किनारे बसना जरूरी था। इस पर भी पूरा काम नहीं चलता था। नदियाँ कभी सूख या जम भी सकती थीं, नए और फल-फूल रहे व्यापार की जरूरतों के लिए सामान तैयार करने के लिए ऊर्जा के भरोसेमन्द स्रोत की जरूरत थी। इसी बुनियादी चीज के चलते कोयला और वाष्प इंजनों में इतनी दिलचस्पी जगी। पूरी सत्रहवीं सदी में वाष्प से काम लेनेवाले प्रयोग होते रहे। सबसे पहले 1701 में न्यूकोमैन ने खदानों से पानी खींचनेवाला एक वाष्प इंजन बनाया। फिर एक पर एक इंजन विकसित होते रहे। फिर जाकर जेम्स वाट ने ऐसा कुशल वाष्प इंजन बनाया जिसने रेलगाड़ी खींचने से लेकर जहाज चलाने तक का काम किया। पर इसमें भी होनेवाली ऊष्मा की हानि ने व्यवसायी वर्ग को बेचैन रखा जिससे बाद में अन्तर्दहन इंजन बने और फिर पेट्रोलियम की विश्वव्यापी खोज शुरू हुई।

जेम्स वाट ने ही इंजन की ताकत को अश्वशक्ति में मापने की अवधारणा विकसित की और यह इस बात का संकेत था कि ऊर्जा का परम्परागत स्रोत, अश्व अब पीछे छोड़ा जाने लगा है। शुरू में खेती वगैरह के काम में घोड़े की जगह मशीनों का उपयोग आर्थिक रूप से लाभप्रद नहीं था। पर खदानों, बड़े कारखानों एवं जहाजों के लिए घोड़े या आदमी की ताकत कम पड़ने लगी। इसी आवश्यकता ने औद्योगिक क्रान्ति को जन्म दिया।

लेकिन औद्योगिक क्रान्ति ने आविष्कारों को भी एक नए उद्योग में बदल दिया। औद्योगिक प्रयोगशाला खोलने की शुरुआत करनेवालों में एडिसन भी एक थे। ऐसे प्रतिभावान लोग सामने आ गए थे जो पूरा समय नई तकनीक एवं नए उत्पादों की खोज में लगा सकते थे और इनकी बिक्री से खुद अमीर हो सकते थे।

औद्योगिक क्रान्ति के पहले चरण में उन्हीं वस्तुओं और सेवाओं पर जोर दिया गया जो आवश्यक जरूरतों वाली श्रेणी में आती थीं। नई जरूरतों के अनुरूप ही दूसरी औद्योगिक क्रान्ति हुई। उसी अनुसार उत्पादन हुआ, व्यवसायीकरण हुआ। वैज्ञानिक अनुसंधान उद्योगों का अनिवार्य अंग बना और आज दुनिया में हजारों ऐसे अनुसंधान संस्थान चल रहे हैं। और ये सब दुनिया के बारे में हमारी समझ बढ़ाने का काम नहीं औद्योगिक उत्पादन में बढ़ावा देने और आम आदमी को गैर-जरूरी चीजें भी खरीदने को मजबूर करने के तरीके और सूचनाएँ जुटाने में लगे हैं।

पर इस औद्योगिक क्रान्ति का कुल नतीजा यह निकल रहा है कि कुछ लोगों की जेबें भरती जा रही हैं और गरीबी का सागर बढ़ता जा रहा है। विश्व का पारिस्थितिक सन्तुलन बिगड़ रहा है। अधिकांश सोचने-समझनेवाले लोग, जिसमें खुद वैज्ञानिक भी हैं, अब मानने लगे हैं कि विकास की मौजूदा दिशा और गति

हमें एक पारिस्थितिक महानाश की तरफ ले जा रही है। इस विकास का एक और पहलू यह है कि अधिक-से-अधिक लोग शुद्ध हवा, पानी वाले माहौल को छोड़कर शहरों की तरफ भाग रहे हैं जहाँ खुली हवा और साँस लेने की जगह नहीं है और जहाँ का जीवन या तो एकदम कृत्रिम है या फिर मनुष्य के सामान्य ढंग से न रह पाने लायक। यह पूरा ढाँचा इतना बड़ा और दिमाग में न समा सकनेवाला है कि छटपटाहट के बावजूद आदमी खुद को असहाय पाता है और फिर हिंसक तथा आक्रामक बनता है।

इस समस्या पर विस्तार से बात करना यहाँ सम्भव नहीं है, पर तकनीक के दो नजरियों में तुलना करना जरूरी है। एक परम्परागत है और दूसरा आधुनिक। परम्परागत तकनीकें अपने आप में परिपूर्ण और पारिस्थितिकी से मेल खानेवाली थीं। इसी नजरिये के साथ मनुष्य 30 लाख वर्ष से, जब से वह वनमानुष से अलग हुआ, इस पृथ्वी पर रहा है। मनुष्य अपने मौजूद रूप-रंग में भी 30 हजार वर्ष से रहा है और शहरी जीवन शुरू हुए भी छह हजार वर्ष हो गए हैं। इन सबमें परम्परागत नजरिया ही रहा। पर आधुनिक औद्योगीकरण की दो शताब्दी ने ही परमाणु युद्ध या पारिस्थितिक महाविनाश से मनुष्य के अस्तित्व पर ही सवालिया निशान लगा दिए हैं। मौजूदा औद्योगिक संस्कृति के बारे में इससे ज्यादा निर्णायक बात और क्या होगी।

सच्चाई यही है कि आधुनिक पश्चिमी तकनीक शुरू से ही विनाशवादी, मानवीय मूल्यों को नष्ट करके व्यावसायिक सफलता को ऊपर करनेवाली रही है। यूरोप में पन्द्रहवीं सदी से जो व्यापार विकसित हुआ इसमें प्रतिद्वन्द्वी को खत्म करने या गुलाम बनाने की प्रवृत्ति रही थी। समुद्री दस्यु ड्रेक को इंग्लैंड की महारानी एलिजाबेथ द्वारा पुरस्कृत करना इस नए युग की शुरुआत का प्रतीक है। अगर हम उपनिवेशों या यूरोप में ही अठारहवीं सदी में हुई लड़ाइयों पर गौर करें तो हम बड़ी आसानी से उसके पीछे व्यावसायिक स्वार्थों को देख सकते हैं। आज बहुराष्ट्रीय कम्पनियाँ और अमीर देश जिस तरह से हथियारों से छोटे-कमजोर देशों की राजनीति में दखल देते हैं, उसमें भी यही गठजोड़ काम कर रहा है। सम्भव है कि यूरोप के मामले पर अभी भी उसका अतीत कुछ हद तक हावी हो।

औद्योगिक क्रान्ति के दौरान तकनीक का विकास न तो उतना स्वत:स्फूर्त ढंग से हुआ न तेजी से जैसाकि आम तौर पर मान लिया जाता है। औद्योगिक क्रान्ति की अगुवाई करनेवाला कपड़ा उद्योग ही इसका सबसे अच्छा उदाहरण है। इस उद्योग में बढ़ती माँग के चलते अधिक उत्पादक विधियों की खोज की जरूरत पड़ी और एक क्षेत्र में हुई नई खोज ने दूसरे में भी बदलाव के लिए दबाव डाला। पहले वहाँ 'पुटिंग आउट सिस्टम' चलता था जिसमें व्यवसायी पूँजीपति अपने फार्म के मजदूरों को कच्चे माल दे देता था जिससे उसके घर की औरतें-बच्चे कपड़ा तैयार करते थे। इनकी कीमत प्रति कपड़ा दी जाती थी। सो कताई-बुनाई का काम घरों

में ही होता था। फिर 1733 में फ्लाइंग शटल आया जिससे बुनाई तेज हो गई। पर अब सूत कम पड़ने लगा। 1764-69 में हारग्रीव्स स्पिनिंग जेनी बनी। 1769 में आर्कराइट ने अधिक ऐंठन वाले सूत के लिए वाटर फ्रेम विकसित किया। फिर कपास की सफाई पिछड़ने लगी। 1793 में काटन जिन बना जो बीज निकाल देता था। फिर अठारहवीं सदी के अन्त में जगह-जगह बिखरा काम सिमटा कर एक कारखाने में लाया जाने लगा। तब तक पानी से चलनेवाली मशीनें भी आ गई थीं। अब मजदूरों को मशीनों के अनुरूप ढलना था। उन्हें बहुत छोटे-छोटे कामों तक ही सीमित और उसका विशेषज्ञ बनना पड़ा। वाष्प इंजन वाली मशीनें आईं पर उत्पादन तकनीक नहीं बदली।

नई औद्योगिक तकनीक से होनेवाला उत्पादन बेहतर होता है और इससे उत्पादकों के जीवन में सुधार होता है, यह मान्यता एकदम गलत है। औद्योगिक क्रान्ति के शुरुआती दौर में मशीनों का माल एकदम खराब होता था और मजदूरों की स्थिति बदतर ही होती गई थी। उनकी बदहाली के विवरण इतिहास में भरे पड़े हैं।

1811 में लुडवादी दंगे के रूप में उनकी नाराजगी भड़की तो निशाना मशीनें ही बनीं। यह आग यार्कशायर, लंकाशायर, डर्बीशायर, लिसेस्टरशायर तक फैली। दंगाइयों को आम लोगों का समर्थन भी हासिल था। पर आन्दोलन को बड़ी बेरहमी से कुचला गया। इसके नेता समेत अनेक मजदूरों को फाँसी दी गई। 1816 में फिर से दंगों की शुरुआत हुई थी, पर इस बार इन्हें ज्यादा सख्ती से कुचल दिया गया। बाद में उपनिवेशों की लूट और वहाँ के बाजार ने इंग्लैंड के मजदूरों की स्थिति में भी कुछ सुधार किया और कारखाना व्यवस्था के खिलाफ नाराजगी थमी।

लादा गया कार्य-अनुशासन, अपने काम से परायापन, भेदभावपूर्ण वर्गीकरण और आक्रामकता इस आधुनिक उत्पादन प्रणाली में अन्तर्निहित हैं और यही चीजें आधुनिक सभ्यता में भी झलकती हैं जिसमें मनुष्य के खिलाफ तो मनुष्य खड़ा ही है यह प्रकृति के खिलाफ भी खड़ा हुआ है।

नई औद्योगिक तकनीक का एक पहलू यह भी है कि इसने कुछ पुरानी और अच्छी तकनीकों को, कच्चे माल को एवं उत्पादों को उनके गुण के आधार पर नहीं सिर्फ व्यावसायिक दृष्टि से ज्यादा लाभप्रद न रहने के आधार पर रद्दी की टोकरी में डाल दिया है। यह नई उत्पादन पद्धति भले ही सामाजिक या पारिस्थितिक हिसाब से उपयुक्त न भी हो तब भी उत्पादक को ज्यादा मुनाफा दे और बाजार की प्रतिद्वन्द्विता में आगे रखे तो वह इसे ही अपनाता है। पवनचक्कियों और पनघिरनी का उदाहरण ही बहुत उपयुक्त है जो 12वीं से 19वीं सदी तक यूरोप में रही है। पवनचक्कियाँ तो प्रथम विश्व युद्ध तक थीं, लेकिन अन्तर्दहन इंजनों, जिनमें पेट्रोलियम जलता है, और बिजली में उनका अन्त कर दिया। कोयले की सप्लाई अच्छी थी। और वाष्प इंजन ज्यादा तेज काम करते थे, सो पनघिरनी का उपयोग यूँ ही छोड़ दिया गया।

और हम जानते हैं कि इन दो बदलावों से पूँजीपतियों की जेबें चाहे जितनी भरी हों असल नुकसान मानवता का हुआ है। एक तो कोयला और पेट्रोलियम दोबारा उपयोग न आनेवाले ईंधन हैं तथा इनसे भारी प्रदूषण फैलता है। इस प्रकार पूँजीपति को जिस चीज से तात्कालिक लाभ हुआ उसके लिए पूरे मानव समुदाय को भारी कीमत चुकानी पड़ी है। यह बदलाव न हुआ होता तो अब तक वायु और पानी से ऊर्जा लेनेवाली तकनीकों में भी भारी सुधार हो गया होता। ये स्रोत कभी खत्म होनेवाले नहीं हैं और इनसे प्रदूषण भी नहीं होता। और सबसे बड़ी बात, आज जैसा ऊर्जा का संकट नहीं होता।

मौजूदा तकनीक के कई शिकार अपने यहाँ भी मिल जाएँगे। जैसे कृत्रिम धागों ने कपास और पटसन के धागों का काम चौपट कर दिया है। जहाँ तक पटसन और कपास के कपड़ों की बात है, उनकी उपयोगिता खत्म नहीं हुई है, लेकिन कृत्रिम धागा पेट्रोलियम पदार्थों का एक उप-उत्पाद है और पेट्रोरसायन उद्योगों को लाभ देने के लिए इनको ग्राहकों पर लादा जा रहा है। चमक या नमी से खराब न होने जैसे कुछ गुण उनमें हैं। पर सर्दी-गर्मी से बचाने का गुण हो या आराम का मामला, उनसे कहीं आगे होने के बावजूद बाजार में सूती कपड़े दरकिनार होते जा रहे हैं और सिंथेटिक कपड़े भरते जा रहे हैं। इसी प्रकार पटसन की बोरियों की जगह प्लास्टिक की बोरियों ने ले ली है। जिस तरह से कृत्रिम रंगों ने नील की खेती को चौपट कर दिया, उसी तरह सिंथेटिक कपड़े भी मौजूदा प्रवृत्ति के जारी रहने पर सूती कपड़ों को निगल जाएँगे। इस उद्योग में कच्चा माल सप्लाई करनेवाली विदेशी कम्पनियाँ ही मुख्य रूप से फायदे में रहेंगी जबकि करोड़ों किसान और लाखों कपड़ा-पटसन मिल मजदूर अपनी रोजी-रोटी से हाथ धो बैठेंगे। पर सबसे बड़ी बात यह है कि यह सिंथेटिक कपड़े का दौर भी स्थायी नहीं होने जा रहा है। पेट्रोल के कुओं के सूखते ही, जो अगली सदी के मध्य तक होने लगेगा, ये धागे ज्यादा महँगे और कम हो जाएँगे। तब तक जूट-कपास की खेती और बुनाई खत्म हो चुकी होगी और फिर कपड़े के मामले में क्या दृश्य उपस्थित होगा, इसकी अभी से कल्पना भी नहीं की जा सकती।

सीधे प्रयोगशालाओं से निकली 'वैज्ञानिक' दृष्टि का एकदम व्यावसायिक हो चुकी दुनिया में बहुत खतरनाक उपयोग भी हो सकता है। प्रयोगशाला में तो 'इनपुट-आउटपुट' के आधार पर सारा कुछ चलता है। यह नजरिया आधुनिक समाज के व्यावसायिक नियमों को मजबूत कर सकता है, जो खुद ऐसे ही फार्मूले से सोचता है और मानवीय जीवन के अन्य मूल्यों को दरकिनार करता जा रहा है।

उपरोक्त बातें तकनीक के बारे में मौजूदा नजरिया को बदलने के लिए ही की गई हैं। सबसे पहले तो हमें यह घमंड छोड़ना होगा कि पुरानी तकनीक पिछड़ी और अवैज्ञानिक है। ये ज्यादा सोच-समझ और लम्बे अनुभव के आधार पर पूरे

माहौल को देखते हुए बनी है और सदियों की परीक्षा में खरी उतरी है। आधुनिक तकनीक को विज्ञान से एक लाभ मिला है, नियंत्रित और प्रत्यक्ष अवलोकन से निकले परिणामों तक पहुँचने का, खासकर प्रयोगशालाओं के अवलोकनों से जिसने अवलोकन के क्षेत्र और गति में काफी विस्तार किया है। इस लाभ को समाहित करना होगा। पर पुरानी तकनीकें अधिक लम्बे काल का अनुभव समेटे हैं और पूरी पारिस्थितिकी के मेल से विकसित हुई है। प्रयोगशाला के परीक्षणों में यह सामान्य स्थिति रह ही नहीं पाती जिसमें किसी चीज को काम करना है। इसके निष्कर्षों की लम्बे प्रयोग के बाद ही सामाजिक उपयोगिता साबित हो सकती है। इसमें दशकों का समय लग सकता है और तभी मौसम, मिट्टी, पानी, हवा, जीव-जन्तु, पेड़-पौधों पर उसके असर को जाँचा जा सकता है। दुनिया में अनेक पारिस्थितिक आपदाएँ ऐसी ही प्रयोगशाला वाली तकनीक को सीधे प्रयोग में लाने से आई हैं।

ऐसा एक दुखद उदाहरण अफ्रीका के साहेल इलाके में दिखा था जो दक्षिणी सहारा से लगा है। यहाँ जबरन घुमन्तू कबीलों को बसाने का प्रयोग यह सोचकर किया गया कि इससे उनके और इस इलाके में समृद्धि आएगी। पर परिणाम निकला कि यह पूरा इलाका सहारा रेगिस्तान की गोद में ही चला गया।

लोगों के जीवन में सुधार के लिए समझदारीपूर्ण योजना तभी बन सकती है, जब (1) लोगों के अपने मूल्यों के प्रति आदर रखते हुए कोई भी परिवर्तन उन्हीं मूल्यों की धुरी पर किया जाए, (2) परम्परागत तकनीकों का इस लिहाज से समग्र अध्ययन किया जाए कि लोग जिस वातावरण में रहते हैं उसमें वैसी तकनीकों के तर्काधार को समझा जा सके, (3) ऐसी तकनीकी उद्भावनाओं को शुरू किया जाए तो दूसरी तकनीकों को आगे बढ़ाएँ, न कि उनका स्थान ले लें, (4) पूर्णत: नई तकनीकों को उन्हीं क्षेत्रों में शुरू किया जाए जहाँ पुरानी तकनीकी व्यवस्था नहीं पाई जाती और लोगों को मूलभूत जरूरतों से वंचित रहना पड़ता है और (5) मनुष्य और प्रकृति के बीच सामंजस्यपूर्ण रिश्ते को नष्ट करनेवाली सामाजिक प्रणालियों को खत्म किया जाना चाहिए। यह आम जानकारी की बात है कि असमानता में वृद्धि का नतीजा देखादेखी उपभोग और विशालकाय निर्माणों में निकलता है जिसका पर्यावरण पर अवांछित दबाव पड़ता है जैसेकि अंधे होकर शिकार करना, महँगे फर और फर्नीचर बनाने के लिए वनों की अंधाधुंध खुदाई करना। यह हमेशा ध्यान में रखना चाहिए कि असमानताओं द्वारा पोषित और आधुनिक तकनीकों द्वारा गुणित मनुष्य की उपभोग की भूख धरती के समस्त संसाधनों को खा जानेवाली है। इस सन्दर्भ में गांधी की यह हिदायत याद रखनी चाहिए कि "धरती के पास सभी की जरूरतों के लिए पर्याप्त सामग्री है, लेकिन सभी के लालच के लिए नहीं।"

6

बृहत् आकार की केन्द्रीकृत व्यवस्था की एक ऐसी सीमा है जिसके कारण कुछ ही सभ्यताएँ इस आधार पर चल सकी हैं और वह भी अल्पकाल के लिए ही। आधुनिक औद्योगिक सभ्यता, जिसकी विशिष्टता केन्द्रीकृत राज्य-राष्ट्र और राजनीतिक अथवा आर्थिक रूप से फैला हुआ विश्वव्यागी साम्राज्य है, ऐसी सभ्यताओं में एक है। यह सभ्यता मुश्किल से डेढ़ सौ साल पुरानी है, लेकिन संकेत मिलने लगे हैं कि यह अपने शिरोबिन्दु के करीब पहुँच चुकी है और जल्दी ही ढलान पर तीव्र गति से नीचे जानेवाली है। इसका एक संकेत क्लब ऑफ रोम द्वारा प्रकाशित लिमिट्स ऑफ ग्रोथ (विकास की सीमाएँ) नामक बहुचर्चित अध्ययन में मिलता है। इस पतन के कारणों में सबसे महत्त्वपूर्ण कारण भौतिक है। यह कारण है ऊर्जा के स्रोतों के सूखने की सम्भावना।

ऊर्जा का ऐसा निर्णायक रोल सभ्यताओं के उत्थान पतन में क्यों है यह आसानी से समझा जा सकता है। शुद्ध रूप से भौतिक आयामों पर विचार करने पर मानव संगठनों और मशीनों में काफी साम्य है। मशीन मूलत: उत्तोलकों, घिरनियों और ढालू सतहों वाले पदार्थों के संयोजन से विभिन्न तरह के कार्यों को सरलता से करने के लिए बनाए जाते हैं। इससे बहुत ऐसे काम, जिन्हें मशीन रहित भौतिक बल से करना असम्भव होता है, बहुत ही सरलता से कर लिए जाते हैं। मानव संगठन भी एक से अधिक मनुष्यों के बल-बुद्धि के संयोजन से वैसे कामों को करने के लिए विकसित होते हैं जो मनुष्य के अलग-अलग असंगठित प्रयासों से नहीं किए जा सकते। उदाहरण के लिए आदि मनुष्य जिसके पास नुकीले पत्थरों और हड्डियों को छोड़ हथियार के नाम पर और कुछ भी नहीं था, दन्तावर हाथियों और खूँखार शेरों और भालुओं को मारने में इसलिए सक्षम हुए क्योंकि उन्होंने शिकार में अनेक लोगों के प्रयासों को संयोजन अधिक-से-अधिक क्षमता दे सकने की दृष्टि से किया। मनुष्यों की अलग-अलग सीमित शक्ति के ऐसे ही संयोजन से पाँच हजार साल पहले मिस्र में नील नदी की सिंचाई व्यवस्था सम्भव हुई और विशाल पिरामिड अस्तित्व में आए।

मशीनों द्वारा उपलब्ध लाभ प्रयुक्त बल को वे कितना गुना बढ़ाते हैं, इससे नापा जाता है, लेकिन यह लाभ आदर्श से सदा कम होता है क्योंकि मशीन के पुर्जों के द्रव्यमान का जड़त्व और घर्षण वास्तविक लाभ को आदर्श लाभ से हमेशा

घटा देते हैं। चूँकि द्रव्यमान और घर्षण दोनों मशीन के आकार और जटिलता के साथ बढ़ते जाते हैं, मशीन का आकार जितना ही बड़ा होगा उसमें मशीनी लाभ का अनुपात उतना ही कम होगा। यानी जितनी ही बड़ी मशीन होगी उसे सिर्फ चालू रखने के लिए उतनी ही अधिक ऊर्जा की खपत होगी।

अगर मनुष्य के बौद्धिक आयाम को छोड़ दें, जो उसके भौतिक कार्यकलापों के क्षेत्र से बाहर आता है, तो मनुष्य भी मशीन की तरह ही अपने काम में ऊर्जा का उपयोग करते हैं। इसीलिए मनुष्य के भौतिक अस्तित्व के क्षेत्र में मनुष्य और मशीन के बीच पारस्परिक निर्भरता का रिश्ता सभ्यता के आदिकाल से बनता आया है। सरल उत्तोलक या घिरनी मानव बल के सहारे अपनी कार्यक्षमता पाते हैं तो मनुष्य उत्तोलकों और घिरनियों को निजी या समूह के अंग की तरह प्रयोग कर अपने बल से अनेक गुना बल प्राप्त कर पाता है। ऊर्जा मशीनों और मनुष्यों के संगठन दोनों को क्रियाशीलता देने के लिए जरूरी है और मनुष्य में भी अपने स्वभाव एवं भौतिक बनावट के कारण जड़त्व का वैसा ही गुण है जैसा भौतिक पदार्थों में उनके द्रव्यमान के कारण। इसीलिए मनुष्य कितना काम कर सकता है इस पर दो तरह की सीमाएँ लगती हैं, एक तो उसकी भौतिक बनावट की वजह से और दूसरा उसके स्वभाव के कारण। भौतिक क्षमता वाली सीमा तो मशीनों जैसी ही होती है। स्वभाव से सीमा इसलिए लगती है क्योंकि उसकी रुचि विविध आयामी होती है। वह अपना समय काम, खेल, आराम आदि में सहज भाव से बाँटता है। अपनी प्राकृतिक स्थिति में शिकार जैसे काम और खेल दोनों के बीच की विभाजन रेखा क्षीण थी। दोनों में उसकी स्वाभाविक रुचि थी, लेकिन जैसे-जैसे मानव संगठनों की जटिलता बढ़ती गई है वैसे-वैसे काम मनुष्य के चरित्र का एक स्वाभाविक आयाम की जगह संगठन द्वारा निर्धारित कार्यक्रम का अंग यानी 'कार्य' बन गया है। इसमें समय की बद्धता और एक हद तक उबाऊपन होता है। यह प्रक्रिया कृषि के विकास और खास तौर से शहरी संस्कृति के प्रादुर्भाव से तेज हुई है। इस तरह काम का उन्मुक्त होने की जगह बन्धनकारी बनने से मनुष्य स्वभाव से विरोध पैदा हुआ। इससे आधुनिक रूटीन से बँधा काम संगठन के लिए घर्षण पैदा करनेवाला हो गया है। बड़े औद्योगिक प्रतिष्ठानों के प्रबन्धक इस बात से परिचित हैं और इसलिए लगातार इसके प्रयास होते रहते हैं कि विभिन्न मनोवैज्ञानिक उपायों से मनुष्य में प्रतिष्ठानगत कामों के प्रति पैदा अरुचि को कम किया जाए। आधुनिक समाज के सभी औपचारिक संगठनों में जहाँ कामों को पूरा करने की निश्चितबद्धता होती है यह मनोवैज्ञानिक स्थिति पैदा होती है।

ऊपर की बातों पर विचार करने से यह स्पष्ट है कि मनुष्यों के औपचारिक संगठन जितने ही बड़े होंगे उन्हें कार्यरत करने के लिए उतनी ही अधिक ऊर्जा लगेगी और आन्तरिक घर्षण के कारण संगठन के लिए प्रयुक्त ऊर्जा का एक बड़ा हिस्सा बिना किसी लाभ के नष्ट हो जाएगा। चूँकि इस तरह के संगठन का

अधिकांश काम मानव रुचि के विपरीत पड़ता है, अक्सर लोगों का प्रतिरोध विद्रोह का रूप धारण कर लेता है। इसको निरस्त करने के लिए सभी बड़े मानव संगठनों में संगठन को बिखरने से रोकने के लिए दबावमूलक अतिरिक्त बल का प्रावधान करना पड़ता है। चाहे यह पुलिस बल के रूप में हो या किसी अन्य रूप में। जैसे गोथिक गिरजाघरों में दीवारों का अपने बोझ से भहराने से रोकने के लिए पुश्तों का सहारा लिया जाता था उसी तरह विस्तृत सामाजिक संगठनों में विशेष बल इसे अपने ही बोझ से बिखरने से बचाने के लिए गठित किए जाते हैं। फिर इन बलों के विस्तार से इन बलों के अपने बिखराव की समस्या पैदा हो जाती है, और लगातार सिर्फ बचाव के लिए ही संगठनों के ऊपर संगठनों का निर्माण होता चला जाता है। इस तरह एक सीमा के बाद संगठनों के विस्तार कोई उपयोगी कार्य नहीं करते उलटा बड़ी मात्रा में सामाजिक ऊर्जा को गटकनेवाले होते हैं।

राजनीतिशास्त्रियों में 'सिस्टम्स थ्योरी' में समाज को अपने परिवेश से सम्बद्ध ऐसी व्यवस्थाओं के रूप में अध्ययन करने की कोशिश की है जो परिवेश से प्राप्त समर्थन के आधार पर इससे अपेक्षित माँगों की पूर्ति करती हुई अपने आकार को बनाए रखती है, लेकिन इसमें जोर दिया गया है व्यवस्थागत सन्तुलन बनाए रखने के गुण पर। किसी एक काल में व्यवस्था के अध्ययन के लिए यह उपयोगी हो सकता है, लेकिन कालक्रम में परिवर्तित या विघटित होनेवाली व्यवस्थाओं को समझने के लिए यह अपर्याप्त होगा।

मानव संगठनों के दो प्रमुख उद्देश्य होते हैं। जीवन के लिए उपयोगी वस्तुओं का उत्पादन और प्राकृतिक आपदाओं या अन्य मानव समूहों द्वारा प्रस्तुत किए गए खतरों से सुरक्षा। जब मानव समूह छोटे होते हैं तो इन कामों के लिए बनाया गया संगठन अस्थायी होता है और कार्य के सम्पादन के बाद खत्म हो जाता है। काम के लिए लोगों के प्रयासों के समन्वय के लिए नेता (जो सरदार या अन्य कोई व्यक्ति हो सकता है) की जरूरत तो होती है, लेकिन इस संयोजन के लिए खास तौर से नियुक्त ऐसे व्यक्तियों का कोई 'समूह' नहीं होता जो स्थायी रूप से इसी काम में लगे हों, और कोई दूसरा उत्पादक कार्य नहीं करते हों, लेकिन जैसे-जैसे समूह और संगठन का आकार बड़ा होता जाता है एक ऐसे समूह का अभ्युदय होता है जो पूरा समय किसी-न-किसी तरह के कार्य के लिए साधन जुटाने या लोगों के समन्वय करने में लगाता है।

इस तरह एक अनुत्पादक समूह का जन्म होता है जो बृहत् आकार वाले संगठन में कहीं स्थायी नौकरशाही का रूप ले लेता है और कहीं स्थायी फौज का। चूँकि ऐसे लोग अनुत्पादक होते हैं इनकी आवश्यकताओं की पूर्ति के लिए समाज को अतिरिक्त साधन जुटाना पड़ता है। यह अतिरिक्त साधन किसी-न-किसी रूप में अतिरिक्त ऊर्जा के व्यय से जुटाया जा सकता है। कहीं यह अतिरिक्त ऊर्जा मानव

श्रम से उपलब्ध होती है, कहीं पशुओं और मनुष्यों के सम्मिलित रूप से कार्यशील होने से जिसमें ऊर्जा के स्रोत हवा, जलस्रोत, कोयला, पेट्रोलियम आदि होते हैं।

अब अगर हम सभ्यताओं के इतिहास पर दृष्टि डालेंगे तो पाएँगे कि जब भी किसी काल में बृहत् एवं सुगठित समाज या साम्राज्य बनाने में सफलता मिली है तो ऊपर बतलाए गए ऊर्जा-स्रोतों में कोई-न-कोई प्रचुरता से उपलब्ध रहा है। जहाँ ऐसे ऊर्जा-स्रोतों की उपलब्धि कम रही है या नहीं रही है वहाँ साम्राज्य छोटे-छोटे ऐसे समूहों में बँट गया है जिसके लिए ऊर्जा की आपूर्ति की आवश्यकता काफी कम हो जाती है।

सबसे प्राचीन सभ्यताओं में मिस्र के सम्बन्ध में कुछ जानकारी उपलब्ध है, जो ऊपर के विचारों को पुष्ट करती है। मिस्र की सभ्यता नील नदी के किनारे के भूभागों के नहर व्यवस्था के जरिये सिंचाई पर आधारित थी। इस सिंचाई व्यवस्था के निर्माण के लिए बृहत् पैमाने पर लोगों के संगठित प्रयास हुए थे और इस क्रम में एक विशाल नौकरशाही का विकास हुआ था। सिद्धान्त रूप में सभी भूमि वहाँ के सम्राट फिराऊन की थी और जमीन पर पैदावार किसानों से भारी कर वसूल कर विशाल नौकरशाही और फौज पर खर्च होता था। जमीन की पैमाइश की विधि अति विकसित थी और मिस्र की इसी व्यवस्था की देन हमारी त्रिकोणमिति है, लेकिन इस ज्ञान से किसानों को निचोड़ कर फिराऊन की कीर्ति गाथा में विशाल पिरामिड और राजाओं की विशाल मूर्तियों का निर्माण हुआ। इसके अलावा दसों हजार युद्धबन्दी गुलामों के रूप में निर्माण कार्यों और दूर-दराज के खदानों में लगाए जाते थे। यही वह ऊर्जा का स्रोत था जिससे मिस्र की विशाल केन्द्रित राज्य व्यवस्था चलती थी।

लेकिन लगभग तीन हजार वर्ष तक चलनेवाली यह व्यवस्था सदा एक तरह केन्द्रित नहीं रह सकती थी। स्वाभाविक रूप से बिखराव का दबाव बना रहता था और जब भी केन्द्रीकरण की शक्ति कमजोर होती स्थानीय अधिकारी खुद शासक बन जाते। मिस्र के शासन को पुराने, मध्य और नए राज्य के नाम से तीन काल खंडों में विभक्त किया गया है। पुराने साम्राज्य का विघटन 23वीं शताब्दी ईसापूर्व में थानीय शासकों के खुद शासक बन जाने पर हो गया। चूँकि स्थानीय शासकों द्वारा स्वायत्तता प्राप्त करने की प्रक्रिया लम्बे अर्से तक चली, केन्द्र के पास मानव श्रम से प्राप्त ऊर्जा सीमित हो गई और साम्राज्य को समेटने की इसकी क्षमता खत्म हो गई।

मध्यम राज्य के काल में फिराऊन स्पष्ट रूप से एक सर्वोच्च सामन्त बन गया और उसके नीचे के सामन्त स्वयं भूमि के मालिक बन गए। शिथिल होते केन्द्र की अलगाववादी शक्तियों पर काबू पाने को असमर्थता ने इस राज्य को इतना कमजोर बना दिया कि हाइक्सौस लोगों के आक्रमण से यह राज्य नष्ट हो गया।

सोलहवीं शताब्दी से ग्यारहवीं शताब्दी ईसापूर्व तक के नव स्थापित नए राज्य में फिर काफी तरक्की हुई, लेकिन इसके पीछे साम्राज्य विस्तार की नीति का बड़ा

हाथ था। इसने दक्षिण में नूबिया से लेकर उत्तर में सीरिया तक में अपने साम्राज्य का विस्तार किया। इस क्रम में वसूला गया धन और बन्दी बनाए गए जन के बल पर केन्द्रित राज्य की समृद्धि फिर कायम हुई, लेकिन बारहवीं शताब्दी ईस्वी पूर्व से यह साम्राज्य स्वयं बाहरी हमलों का शिकार होने लगा और इससे उस ऊर्जा का लोप हो गया जिसने साम्राज्य को शक्ति और समृद्धि दी थी। इसके बाद से मिस्र का साम्राज्य बाहरी हमलावरों से बार-बार पराजित हो नष्ट हो गया।

इसी तरह के केन्द्रित साम्राज्य की कहानी दक्षिण अमेरिका के पश्चिमी भाग में एंडीज पर्वत में फैले इंका शासन की है। यहाँ भी घर, कुछ घरेलू चल सम्पत्ति और थोड़ी निजी जमीन को छोड़ सभी सम्पत्ति सम्राट की थी। आम लोगों को सरकारी जमीन पर खेती करनी होती थी। आम लोगों को अनिवार्य रूप से सरकार के लिए खदानों में, लोक निर्माण के कामों में तथा फौज में काम करना होता था। इस तरह की अनिवार्य सेवा को 'मीता' कहा जाता था। राजा के वंश के थोड़े से लोगों का शासन करनेवाला अभिजात वर्ग था। इनकी संख्या बड़ी नहीं थी इसलिए फैले हुए साम्राज्य पर नियंत्रण रखने के लिए वैसे सभी लोगों को जो राजभाषा 'कैचुवा' बोल सकते थे, शासक वर्ग का दर्जा दे दिया गया था। इस तरह कई स्तरों में नीचे के गाँवों तक सरकारी नियंत्रण चलता था। यहाँ एक केन्द्रित व्यवस्था मूलत: मानव ऊर्जा के आधार पर चलती थी क्योंकि इनके साम्राज्य के पास घोड़े या बैल जैसा कोई पशु उपलब्ध नहीं था जिसका उपयोग उत्पादन या परिवहन के लिए किया जा सकता। यह साम्राज्य स्पेनी समुद्री लुटेरा फ्रांसिस्को पिजारो के छल और बल से 1532 ईस्वी में पराजित हो ध्वस्त हो गया।

ऊपर जिन दो सभ्यताओं की बात की गई है उसके सम्बन्ध में यह कहा जा सकता है कि मानव श्रम के जिस अधिशेष की बात की गई है वह तो मार्क्स के चिन्तन में भी पाई जाती है और यह नया कुछ नहीं है, लेकिन जो बुनियादी मतभेद है वह यह कि मार्क्स में शोषण का आधार व्यक्तिगत सम्पत्ति या स्वामित्व को माना गया है चाहे वह स्वामित्व गुलामों पर गुलाम मालिकों का हो, सामन्तों द्वारा भू-दासों का हो अथवा पूँजीपतियों द्वारा मजदूरों का हो, लेकिन ऊपर चर्चित दोनों सभ्यताओं की खास बात यह है कि कानूनी अर्थ में दोनों ही में समाज की मूल सम्पत्ति, भूमि, खदान आदि पर सम्पूर्ण स्वामित्व राज्य का है। हालाँकि राजा की महानता बताने पर अत्यधिक खर्च होता है, लेकिन विभिन्न श्रमिक समूहों से प्राप्त अधिशेष का बड़ा हिस्सा विशाल नौकरशाही के विभिन्न स्तरों पर अवस्थित लोगों पर खर्च होता है। इनकी सभ्यता में तो सरकारी खजाने से नौकरशाही के अतिरिक्त बीमार, बूढ़े और विधवाओं के पालन के कल्याणकारी कार्यों पर भी आधुनिक राज्यों की तरह खर्च होते थे। मूल बात यह थी कि इन व्यवस्थाओं में जिस विशाल स्तर पर केन्द्रीकृत निर्माण या प्रशासन की व्यवस्था थी उसके लिए विशाल नौकरशाही का

होना अनिवार्य था और इसके लिए ही श्रमिक वर्गों से प्राप्त अधिशेष का बड़ा हिस्सा खर्च होता था। इसलिए अधिशेष का भारी मात्रा में शोषण इस केन्द्रित व्यवस्था में ही निहित था। राज्य शोषण की व्यवस्था का रक्षक नहीं स्वयं ही मूल शोषक था।

जब तक हम केन्द्रित व्यवस्था के इस चरित्र को नहीं समझेंगे स्टालिन या रोमानिया के चाउशेस्क्यू की व्यवस्था को नहीं समझ सकते। माओ की व्यवस्था को इसमें शामिल नहीं किया गया है क्योंकि माओ के समय तक चीनी व्यवस्था स्थिर नहीं हो पाई थी। माओ स्वयं ही उस विशाल नौकरशाही व्यवस्था की व्यापकता से आतंकित हो रहा था जिसे उसने पैदा किया था और जिसने अब उसके नियंत्रण से बाहर एक स्वतंत्र हैसियत अख्तियार करना शुरू किया था। सांस्कृतिक क्रान्ति इस शेर पर सवारी का आखिरी प्रयास था। इस प्रयास की सफलता की कुछ सम्भावनाएँ इसलिए दिखाई देती थीं क्योंकि विकेन्द्रित गुरिल्ला युद्धों की याददाश्त अभी सामाजिक अवचेतन से मिटी नहीं थी।

मिस्त्री और इंका सभ्यताओं के उदाहरण तो ऐसे अतिकेन्द्रित व्यवस्थाओं के हैं जिनके विषय में हम बहुत विस्तार से नहीं जानते, लेकिन रोमन साम्राज्य के विषय में इतिहासकारों की जानकारी ज्यादा विस्तृत है, और उसका अध्ययन इस विषय पर काफी प्रकाश डाल सकता है। रोमन सभ्यता आधुनिक पाश्चात्य सभ्यता से इसलिए भी करीब है क्योंकि एक हद तक रोमन सभ्यता भी पश्चिम औद्योगिक सभ्यता की तरह व्यक्तियों के अभिक्रम और निजी सम्पत्ति के सिद्धान्त को कबूल करके चलनेवाला था। एक बुनियादी फर्क यह जरूर है कि जहाँ आधुनिक सभ्यता के ऊर्जा का मूल स्त्रोत भूगर्भ में दबे कोयला और तेल के विशाल भंडार हैं, रोमन साम्राज्य गुलाम बनाए गए मानवों के ऊर्जा पर आश्रित था।

प्रारम्भ में रोम का राज्य सीमित था और रोम के गणतंत्र के स्तम्भ वहाँ छोटे फार्मों पर काम करनेवाले किसान थे। गुलाम भी कृषि व्यवस्था के अंग थे पर उनकी संख्या बहुत अधिक नहीं थी। ये गुलाम मूलतः इटली के ही दूसरे इलाकों से युद्धबन्दी के रूप में लाए जाते थे, लेकिन कार्थेज के साथ तीसरी एवं दूसरी शताब्दी ईस्वी पूर्व में हुए तीन युद्धों ने रोम के चरित्र को बिलकुल बदल दिया। प्रारम्भ में यह युद्ध रक्षात्मक था, लेकिन बाद में रोमनों ने यह तय कर लिया कि कार्थेज को नष्ट किए बना उन्हें चैन नहीं होगा। इस तरह वे स्थल छोड़ भूमध्य सागर पार करने के लिए नौसेना का सहारा लेने लगे। इस क्रम में उनकी टकराहट मैसिडोनिया और फिर फारस के साथ हो गई। इन युद्धों में रोम को पूरी सफलता मिली। इस क्रम में रोम, जो एक छोटा-सा स्थलीय राज्य था, विस्तृत साम्राज्य में बदल गया। एशिया में कब्जा किए गए भूभागों से विशाल मात्रा में चाँदी-सोना प्राप्त हुआ, स्पेन में चाँदी के उन खदानों पर अधिकार हो गया जिस पर कार्थेज का अधिकार था, लेकिन सबसे बड़ी उपलब्धि थी विशाल संख्या में गुलामों की और रोम की आर्थिक और

सामाजिक व्यवस्था को चलाने के लिए इनका उपयोग। यह इसलिए भी जरूरी हो गया था क्योंकि कार्थेज के साथ युद्ध में भारी संख्या में किसान सैनिक मारे गए थे और खेतों में काम करनेवाले लोगों का अभाव हो गया था। इस तरह छोटे-छोटे फार्मों की जगह बड़े फार्म आ गए जिन पर गुलामों की सहायता से पशुपालन शुरू हुआ। इसने रोम के पूरे आर्थिक-सामाजिक ढाँचे को बदल दिया। गुलामों की संख्या बढ़कर रोम की पूरी आबादी की एक-तिहाई के करीब हो गई। गैर-बराबरी बहुत बढ़ गई। आबादी तो पुन: बढ़ी, लेकिन अब जमीन पर बड़े भूस्वामियों का कब्जा था जिससे भूमिहीनों की संख्या बढ़ गई। विभिन्न तरह के उद्यमों में गुलामों के आ जाने से रोमन नागरिक बेरोजगार हो गए। ये सारे के सारे लोग रोम नगर में आ बसे और इनके मतों को विभिन्न तरह के प्रलोभन दे अपने पक्ष में करना रोम की राजनीति का एक अंग बन गया। रोम के बेरोजगार गरीब लोगों को सस्ती कीमत पर सरकार की ओर से अनाज देने का प्रावधान करना पड़ा। इस तरह के अनाज पर आश्रितों की संख्या एक समय तीन लाख से अधिक हो गई जो रोम की पूरी आबादी की एक-तिहाई थी। रोम नगर की पूरी आबादी को खिलाने के लिए इस काल में एक लाख अस्सी से एक लाख नब्बे हजार टन तक अनाज सालाना की जरूरत होती थी। यह सब बाहर से लाना पड़ता था। उस समय जब जहाज बहुत छोटे आकार के होते थे और वाहन भी छोटे और धीमी गति से पशुओं के सहारे चलनेवाले, इस काम के लिए एक विशाल जनसमूह को कार्यरत करना पड़ता था। इसमें गुलाम, स्वतंत्र श्रमिक, सरकारी कर्मचारी और हजारों व्यापारियों के कामों का संयोजन होता था। इस सबका खर्च रोम के बाहरी उपनिवेशों से वसूल कर लाए गए धन से चलाया जाता था।

बाहरी साम्राज्य रो रोम की समृद्धि की कितनी बढ़त हुई थी इसका अन्दाज इसी से किया जा सकता है कि दूसरी शताब्दी ईसा पूर्व के प्रारम्भ की तुलना में पचास साल बाद 150 ई.पू. में रोम की सम्पत्ति तीन गुनी हो गई थी। इससे रोम के सम्पन्न लोगों में ऐयाशी चरम सीमा पर पहुँच गई और लूटकर लाया गया सोना-चाँदी शान-शौकत को बढ़ानेवाली वस्तुओं के आयात पर तेजी से व्यय होने लगा। इस व्यय को वहन करने के लिए आन्तरिक उत्पादन का कोई बड़ा स्रोत नहीं था। इसलिए जब गुलामी की व्यवस्था धराशायी होने लगी तो रोम की समृद्धि भी खत्म होने लगी।

आगस्टस सीजर के समय तक तो यह फैलाव और समृद्धि कायम रही, लेकिन उसके बाद से पतन भी तेज हो गया। रोम के गणतंत्र के अन्तिम दिनों से ही गुलामों के विद्रोहों का सिलसिला शुरू हो गया था और धीरे-धीरे यह व्यवस्था आर्थिक दृष्टि से कम लाभदायक होने लगी। सम्राट डायोक्लीसियन (284-305 ई.) का काल आते-आते नौकरशाही और फौज का बोझ इतना अधिक हो गया कि व्यवस्था का

भार कृषि उत्पादकों के लिए वहन करना मुश्किल होने लगा। जब गुलामी व्यवस्था असफल हो रही थी तो डायोक्लीसियन ने रोम-अधिकृत प्रदेशों में 'कौलोनस' नाम से एक नए तरह के बन्धुआ कृषकों का वर्ग पैदा किया। ये लोग गुलाम नहीं होते थे, लेकिन इन्हें अनिवार्य रूप से जमीन पर काम करके सरकार द्वारा निर्धारित भारी लगान चुकाना होता था। इन्हें खरीदा-बेचा नहीं जा सकता था, लेकिन जमीन की बिक्री होने पर ये भी उसी के साथ हस्तान्तरित हो जाते थे। अब साम्राज्य के फैलाव के काल की उन्मुक्त अर्थव्यवस्था खत्म हो रही थी और लोग विभिन्न तरह के व्यवसायों के साथ बँध रहे थे और जाति व्यवस्था जैसी स्थिति पैदा हो रही थी, जहाँ सोनार का बेटा सोनार और बुनकर का बेटा बुनकर ही हो सकता था। इस तरह पराभव का काल शुरू हुआ और एक शताब्दी के भीतर यह इतना कमजोर हो गया कि हूण और जर्मन कबीलों के हमलों से नष्ट हो गया।

रोम के उत्थान और पतन में हम साफ देख सकते हैं कि इसकी शान-शौकत, फैलाव, सड़क और जल निकास की बड़ी व्यवस्थाएँ, विभिन्न तरह की नागरिक सुविधाएँ और सर्कस ये सब तभी तक चले जब तक इनके लिए आवश्यक विशाल मानव संगठनों के व्यय को वहन करने के लिए गुलामों के श्रम से या उपनिवेशों से लूटे गए धन से प्रचुर साधन उपलब्ध थे। जैसे-जैसे विभिन्न कारणों से ये स्रोत सूखने लगे यह सभ्यता कमजोर हो अन्ततः समाप्त हो गई। रोम के पराभव के विख्यात इतिहासकार गिब्बन का यह निष्कर्ष कि रोमन साम्राज्य अपनी जटिल और भारी व्यवस्था के बोझ से ही ध्वस्त हो गया, शायद स्थिति का सबसे सही आकलन है। यह सभी तरह की विशाल और जटिल सभ्यताओं के स्थायित्व के सम्बन्ध में संशय पैदा करता है।

चूँकि बड़ी और जटिल व्यवस्थाओं को चलाने के लिए जीवन की आवश्यकता से अतिरिक्त भारी ऊर्जा की जरूरत होती है इसलिए ऐसी सभ्यताएँ इतिहास में कम और अल्पकालिक हुई हैं; जहाँ साम्राज्य विस्तार होते भी हैं उनमें यह दबाव बना रहता है कि टूटकर आंशिक रूप से या पूरी तरह वे छोटी-छोटी प्रशासनिक इकाइयों या स्वायत्तता प्राप्त राज्यों में बदल जाएँ।

चंगेज खाँ का साम्राज्य शायद दुनिया के सबसे बड़े साम्राज्यों में था, लेकिन मंगोलिया, जहाँ से इसकी शुरुआत हुई थी, एक कबायली समूह था जिसमें मानव श्रम का अधिशेष नगण्य था। इसलिए यह साम्राज्य चंगेज खाँ के बेटों के हिस्से में कई टुकड़े में बँट गया। इनमें बड़ी एवं जटिल राज्य व्यवस्थाएँ चीन या फारस में ही विकसित हो सकीं जहाँ पर प्राचीन सभ्यताएँ पहले की सम्पन्नता का आधार पैदा कर चुकी थीं। इसी कारण रोमन साम्राज्य के पतन के बाद यूरोप में फ्यूडल सिस्टम का विकास हुआ जिसमें केन्द्रीय शासन अपना अधिकार और व्यवस्था की सारी जिम्मेदारी निचले सामन्तों पर छोड़ देता था। शायद यही कारण है कि दुनिया के

विभिन्न भागों में और विभिन्न स्थितियों में सामन्ती ढंग की व्यवस्थाएँ आम तौर से पाई जाती हैं। इसका कारण है कि यह विकेन्द्रित व्यवस्था होती है और इसके लिए केन्द्रित नौकरशाही और फौज पर किसी तरह का अतिरिक्त खर्च नहीं करना पड़ता।

प्राचीन भारत में स्थायी बड़े साम्राज्य और केन्द्रित नौकरशाही की किसी परम्परा की जानकारी इतिहास से नहीं मिलती। मौर्य साम्राज्य विशाल था, लेकिन उसका भी कोई केन्द्रित शासन सारे देश में रहा हो ऐसा नहीं प्रतीत होता। चन्द्रगुप्त के समय शायद कुछ सीमित इलाकों में इसके प्रयास हुए हों, जैसाकि कौटिल्य के 'अर्थशास्त्र' से आभास मिलता है, लेकिन इसके बारे में बहुत निश्चित रूप से कुछ नहीं कहा जा सकता। इसका प्रमुख कारण भारत की जाति व्यवस्था थी जिसमें विभिन्न व्यवसाय में लगे लोगों के श्रम का अधिशेष इतना कम था कि इस पर किसी बड़ी नौकरशाही और फौज का बोझा नहीं उठाया जा सकता था। वर्ण व्यवस्था की चोटी पर स्थापित ब्राह्मण जो अन्य श्रमिक वर्णों के अधिशेष पर जीते थे, प्राय: अत्यन्त गरीब होते थे। वे जातियाँ जो जमीन की अधिकारी थीं और खेती करती थीं, उनकी उपज में भी कई जातियों का हिस्सा जजमानी व्यवस्था के तहत होता था। जो अधिशेष शासकों के हाथ जाता था वह बहुत नहीं होता था। तुर्क, अफगान और मुगल शासकों के समय केन्द्रीयकरण के जो प्रयास हुए, चल नहीं पाए और शाही सूबेदार अक्सर खुद शासक बन जाते थे और फौज का चरित्र बहुत कुछ सामन्ती ढंग का बन जाता था।

चीन में जरूर केन्द्रित शासन की परम्परा, विशेषकर मन्दारिन नौकरशाहों की एक परम्परा थी। इसका आधार किसानों का घोर शोषण था, लेकिन हम चीन के इतिहास में बार-बार सामन्ती व्यवस्था का उद्भव भी पाते हैं और बार-बार होनेवाले किसान विद्रोह भी, जो एक राज्य व्यवस्था को नष्ट कर फिर दूसरे वंश की राज्य व्यवस्था कायम कर देते थे। इसलिए हमारे अपने समय के पहले केन्द्रित विशाल अर्थव्यवस्था के स्थायित्व का कोई उदाहरण हमें नहीं मिलता।

मध्ययुगीन यूरोप में जब बाहरी साम्राज्य और गुलामों की फौज समाप्त हो चुकी थी तो फ्यूडल सिस्टम (सामन्ती व्यवस्था) सहज रूप से विकसित हुआ। यह एक विकेन्द्रित व्यवस्था थी और उत्पादन मूलत: स्थानीय उपभोग के लिए होते थे, लेकिन राजाओं से चार्टर प्राप्त नगरों के विकास के साथ फिर दूर-दराज स्थानों से व्यापार का सिलसिला और इसी के फलस्वरूप पन्द्रहवीं शताब्दी के आखिर में अमेरिका, अफ्रीका, एशिया आदि से समुद्री व्यापार का सिलसिला जारी हुआ। इस व्यापार का चरित्र मिश्रित था जिसमें व्यापार और लूट दोनों शामिल थे। एशिया में तो प्रारम्भ में व्यापार की प्रधानता थी, लेकिन अफ्रीका और अमेरिका में वहाँ के संसाधनों की लूट की ही प्रधानता थी। इस क्रम में यूरोप की कुछ सरकारों और समुद्री लुटेरे-व्यवसायियों के बीच गहरा रिश्ता बना और इससे वह व्यवस्था

बनी जिसे मर्केन्टाइलिज्म कहा जाता है। इसका मूल सूत्र था व्यापार के जरिये ज्यादा-से-ज्यादा सोना-चाँदी अपने देश में जमा करना। व्यापारियों और राजाओं के इसी मेल से केन्द्रित राष्ट्रीय सरकारों का विकास हुआ और यूरोप के राष्ट्र-राज्य अस्तित्व में आए।

इसी क्रम में यूरोप के साम्राज्य का विस्तार अमेरिका, एशिया, अफ्रीका तथा ऑस्ट्रेलिया के महादेशों पर हुआ और उनमें यूरोप के उपनिवेश कायम हुए। अन्य वस्तुओं के व्यापार के अलावा गुलामों का व्यापार भी बड़े पैमाने पर चला जिसमें अफ्रीका से पकड़कर लाखों अश्वेत लोग उत्तरी तथा दक्षिणी अमेरिका में कपास, गन्ने आदि की खेती तथा खदानों में गुलाम श्रमिक के रूप में काम पर लगाए गए। बाहर से लूटे गए और व्यापार से अर्जित धन से यूरोप मालामाल हो रहा था और इसी से प्राप्त संसाधनों से औद्योगिक क्रान्ति की बुनियाद पड़ी।

अगर इस स्थिति में कोई मूलभूत बदलाव नहीं होता तो शायद यूरोपीय सभ्यता भी उसी राह चलती जिस राह रोम की सभ्यता गई थी और शायद इसका भी पतन बाहरी दुनिया से लूटे जानेवाले धन और गुलामों के स्रोत के सूख जाने से हो जाता। लेकिन इन स्थितियों के बीच दो नए तत्त्वों के प्रवेश से इस सभ्यता को नई जिन्दगी और लम्बी मियाद मिल गई। एक, इस बीच विज्ञान और उद्योग के मिलन से नई तकनीक का विकास हुआ और दूसरा, अश्मीभूत ईंधन, जैसे कोयला तथा पेट्रोलियम, के विशाल भंडार की प्राप्ति से ऊर्जा का एक नया स्रोत प्राप्त हुआ, जिसके नए मशीनों में प्रयोग से उत्पादन, परिवहन तथा जीवन के अन्य क्षेत्रों में अकूत सम्भावनाएँ दिखाई देने लगीं। अब मानव ऊर्जा के स्थान पर या मानव ऊर्जा के सहयोगी के रूप में ऊर्जा का यह नया स्रोत सभ्यता का आधार बन गया।

लेकिन ऊर्जा के नए स्रोत की सम्भावनाओं ने इस बात को आँखों से ओझल कर दिया कि ये स्रोत भी क्षयशील, कभी के गड़े खजाने हैं, जो अनन्त काल तक नहीं चल सकते। दूसरा यह कि इस ऊर्जा से चलनेवाली मशीनों की चमत्कारी क्षमता ने लोगों की उत्पादन और उपभोग की भूख को इस कदर बढ़ा दिया है कि धरती के अन्य संसाधन जैसे जल, वन और न्यून उपलब्धि वाले खनिजों की खपत भी बहुत तेज हो गई है। इनकी उपलब्धि भी कुछ दिनों के बाद मुश्किल हो जाएगी, लेकिन सबसे बढ़कर स्वयं इन ऊर्जा स्रोतों के समाप्त होने का खतरा पैदा हो गया है।

तत्काल सम्पन्न देशों की औद्योगिक सभ्यताएँ सारे संसार के तेल के स्रोतों तथा अन्य खनिजों का बड़ा हिस्सा अपने लिए उपयोग कर रही हैं और इसी से उनकी तिलस्मी सभ्यता टिकी हुई है। इन विकसित औद्योगिक देशों की आबादी दुनिया की कुल आबादी का सातवाँ हिस्सा मात्र है। फिर भी वर्तमान खपत की दर से पेट्रोलियम के भंडार के खत्म होने की अवधि कुछ दशकों में कूती जा रही है। हमें ध्यान में रखना है कि मिस्र की सभ्यता सहस्राब्दियों तक कायम रही और रोम

की सभ्यता भी लगभग छह शताब्दी तक। इस तुलना में वर्तमान औद्योगिक सभ्यता की आयु तो बहुत ही सीमित मानी जाएगी। अगर हम यह बात ध्यान में रखें कि दुनिया के संसाधनों के क्षय की यह दर दुनिया की आबादी के बहुत छोटे हिस्से के द्वारा खपत का परिणाम है तो हम सहज ही अनुमान लगा सकते हैं कि अगर बाकी आबादी भी अपने उपभोग की रफ्तार वही कर ले जो विकसित औद्योगिक अर्थव्यवस्थाओं की है तो यह सभ्यता कितने दिनों तक चल पाएगी।

वर्तमान 'विश्व व्यवस्था' की खूबी यह है कि संसाधनों, विशेषकर ऊर्जा का अधिक उपयोग वस्तुओं के उत्पादन पर नहीं बल्कि सेवाओं, युद्ध संयंत्रों के निर्माण आदि पर होता है। सभी औद्योगिक देशों में वस्तुओं के निर्माण पर लगी सम्पत्ति का हिस्सा घटता जा रहा है। सेवाओं में सबसे प्रमुख हिस्सा व्यापार की सुविधाओं का है और केन्द्रित अर्थव्यवस्था के चलते बड़े नगरों के विकास से सम्बद्ध नागरिक सेवाओं तथा परिवहन एवं संचार व्यवस्था पर। और सभी उत्पादन और विनियम के साथ एक विशाल व्यवस्थापक वर्ग या नौकरशाही जुड़ी हुई है।

अब हम देख सकते हैं कि मानव समूहों के इस विशाल यंत्र में घर्षण की शक्तियाँ कितनी विशाल बनकर लाभदायक ऊर्जा नष्ट कर रही हैं। हम लोग इसे अनुभव नहीं करते क्योंकि संसार के क्षय होनेवाले सभी संसाधनों तथा उनके क्षय के दर की कोई साफ तसवीर हमारे सामने नहीं, लेकिन जो कुछ नियम प्रारम्भ में बताए गए हैं और सभ्यताओं के इतिहास से जो सबक हम पाते हैं, उनसे स्पष्ट है कि ऊर्जा के जो स्रोत वर्तमान सभ्यता के आधार हैं, वे सीमित हैं और उनके नष्ट होने से हमारी सभ्यता का भी वही हाल होगा जो प्राचीन सभ्यताओं का हुआ और यह जल्दी ही होगा।

प्रारम्भ की सभ्यताओं में मशीनें सरल थीं और मनुष्य की ऊर्जा मशीन के लाभ में सहायक थी। अब कम्प्यूटर और स्वचालित यंत्रों ने मानव ऊर्जा को निरर्थक बना दिया है। इसलिए अब जब ऊर्जा का स्रोत सूखेगा, मनुष्य अपने को अधिक असहाय अवस्था में पाएगा।

सन्दर्भ और टिप्पणियाँ

1. सभ्यतागत चुनौती

1. जिस समय ये पंक्तियाँ लिखी गईं उस समय से स्थिति ने पलटा खाया है। अब जापान में मन्दी है और अमेरिका में तेजी, लेकिन बुनियादी समस्या कायम है।

3. उपभोक्तावाद

1. इंटरनेट के आने के बाद अब घर बैठे आदमी वेबसाइट पर दिन भर यह धंधा करता रहता है।

भूमंडलीकरण की घेराबन्दी

नई अर्थनीति हमें कहाँ ले जाएगी

सत्ता में आते-जाते, या सच कहा जाए तो राष्ट्रपति से सत्ता ग्रहण करने का बुलावा मिलते-मिलते, जिस जल्दबाजी में नरसिम्हा राव सरकार ने देश की अर्थनीति को बदलना शुरू किया है, वह भारत के इतिहास में अभूतपूर्व है। कहा जा सकता है कि जिस तरह का विदेशी मुद्रा संकट इसे विरासत में मिला था (देश के विदेशी मुद्रा कोष में मुश्किल से इतनी रकम रह गई थी कि महीने भर का आयात किया जा सके और अन्तरराष्ट्रीय बाजार में उधार अदायगी की भारत की क्षमता पर भरोसा कम होने लगा था) कि तत्काल कुछ करना अपरिहार्य था। ऐसी ही स्थिति में चन्द्रशेखर सरकार ने 24 टन सोना स्विट्जरलैंड के बैंक में गिरवी रखा था। यह दलील दी जा सकती है कि नरसिम्हा राव सरकार ने अगर कुछ किस्तों में 46.1 टन सोना ढोकर लंदन पहुँचा दिया तो कुछ अनुचित नहीं किया। तात्कालिक संकट टालने के लिए अगर इतना ही किया गया होता तो बात समझ में आती, लेकिन सप्ताह भर के भीतर दो बार में रुपए का लगभग 20 प्रतिशत अवमूल्यन और खुली बाजार व्यवस्था की ओर संक्रमण के संकेत से विपक्ष के नेताओं को यह आरोप लगाने का मौका मिला कि सरकार अपनी अर्थनीतियाँ अन्तरराष्ट्रीय मुद्रा कोष के दबाव में बना रही है।

हालाँकि औपचारिक रूप से भारत सरकार और अन्तरराष्ट्रीय मुद्रा कोष के बीच ऐसा समझौता हुआ हो, ऐसा दिखाई नहीं देता, लेकिन 24 जुलाई को भारत सरकार द्वारा घोषित अर्थनीति और उसी दिन पेश किया गया 1991-92 का बजट, दोनों ही की मूल दिशा वही है, जिसका संकेत अन्तरराष्ट्रीय मुद्रा कोष की ओर से हो रहा था।

अन्तरराष्ट्रीय मुद्रा कोष के दबाव में हो रहा हो या स्वयं नरसिम्हा राव और वित्त मंत्री मनमोहन सिंह के विवेक से रुपए के अवमूल्यन और विश्व बाजार व्यवस्था की खुली स्पर्धा में जुड़ने से अगर भारत वास्तव में खुशहाली की दिशा में बढ़ सकता है तो हमें इन नीतियों को कबूल करने में कोई हिचक नहीं होनी चाहिए। अत: इन नीतियों के सम्भावित परिणामों पर विचार करना जरूरी है।

सबसे पहले हम रुपए के अवमूल्यन को लें। यह दावा किया गया है कि इससे भारत के निर्यात को तेजी से बढ़ाने का मौका मिलेगा, जिससे विदेशी मुद्रा के संकट से राहत मिलेगी और देशी उद्योगों का फैलाव होगा। यह भी दावा किया जा रहा है कि इससे देश के भीतर मुद्रास्फीति की अतिरिक्त समस्या नहीं पैदा होगी।

ऐसा लगता है कि हमारे वे अर्थशास्त्री, जो रुपए के अवमूल्यन से निर्यात के फैलाव की सम्भावना को जोड़ते हैं, भारत के आयात-निर्यात के फैलाव और संकोच को उसी ढंग से मुद्राओं के सापेक्ष्य मूल्यों से जोड़ते हैं, जैसाकि समस्तरीय औद्योगिक विकास वाले सम्पन्न औद्योगिक देशों के बीच होता है। चूँकि इन देशों के उद्योगों की तकनीकी और उत्पादन क्षमता लगभग समान होती है, कीमतों में थोड़ा भी फर्क होने से उत्पादित वस्तुओं की बिक्री में खास फर्क पड़ता है। इसलिए मुद्राओं का अवमूल्यन निर्यात बढ़ाने का एक जरिया हो सकता है।

इसके विपरीत भारत की औद्योगिक तकनीकी जापान तथा पश्चिमी देशों की तुलना में अभी इतनी पिछड़ी है कि उन औद्योगिक वस्तुओं के निर्यात की बात हम सोच ही नहीं सकते जिनकी स्पर्धा इन औद्योगिक देशों में बनी वस्तुओं से हो। हमारा निर्यात विशेषकर सिले वस्त्रों, हस्त-शिल्प एवं ग्रामोद्योग की वस्तुओं, चीनी, लौह अयस्क या अन्य खनिज तथा कृषि उत्पाद जैसे जूट, चाय आदि के क्षेत्र में है। ये वस्तुएँ या तो अपने शिल्प या कोटे के आधार पर खरीदी जाती हैं या फिर उन देशों की आर्थिक आवश्यकता के अनुसार। इनमें से किसी पर भी कीमतों का विशेष प्रभाव नहीं पड़ता। कोटे वाली वस्तुओं की बिक्री पर आयात करनेवाली सरकारों की नीतियों या उन देशों के लोगों की पसन्द का ही प्रभाव निर्णायक होता है।

इसी तरह खनिजों तथा कृषिजन्य कच्चे मालों का आयात औद्योगिक देश कितना करेंगे, यह इस पर निर्भर करेगा कि इन देशों की औद्योगिक गतिविधियों की स्थिति क्या है। अगर औद्योगिक उत्पादन घटा रहे हों, तो वैसे खनिजों या अन्य कच्चे मालों का आयात कम कर देंगे, जिन्हें वे अपने उद्योगों के लिए आयातित करते हैं। इसलिए हम इन वस्तुओं का निर्यात कितना कर सकेंगे, इस पर निर्भर करता है कि विकसित औद्योगिक देशों में अभी औद्योगिक प्रसार हो रहा है या मन्दी है। संयोग से जिस समय हमारे यहाँ रुपए का अवमूल्यन हुआ है, वह समय औद्योगिक देशों में साधारण मन्दी का है। यह हमारे निर्यात के लिए शुभ नहीं है।

अगर निर्यात काफी मात्रा में नहीं बढ़ा तो अवमूल्यन से हमारी निर्यात की नई वस्तुओं से प्राप्त विदेशी मुद्रा कम ही होगी और विदेशी मुद्रा में गए कर्ज का बोझ भी बढ़ जाएगा।

अवमूल्यन का जो प्रतिकूल प्रभाव पड़ेगा, वह तो जाहिर ही है। आयात की जानेवाली सभी वस्तुओं की कीमतें बढ़ेंगी। यह आशा करना कि मूल्य बढ़ने से आयातित वस्तुओं का आयात कम होगा, गलत होगा। हमारे आयात में पेट्रोलियम और इससे बनी वस्तुओं की प्रमुखता है, जिसे कम नहीं किया जा सकता। इसी तरह खाद्य तेज के आयात को कम नहीं किया जा सकता। इसके अलावा औद्योगिक आधुनिकीकरण और विकास के लिए जिन मशीनों या अर्थ तैयार वस्तुओं के आयात पर बल दिया जा रहा है, उन्हें मँगाना ही पड़ेगा और ये सब पहले से महँगे होंगे।

यह सम्भव है कि इन वस्तुओं पर आयात कर की छूट दे या उन्हें सरकारी अनुदान से पुरानी कीमतों पर बेच कर उपभोक्ताओं को राहत दी जाए। नए साल के बजट में खाद्य तेल पर आयात कर की छूट दी भी गई है, लेकिन अभी जो देश की आन्तरिक अर्थव्यवस्था है और घाटे के बजट का जो सिलसिला चल रहा है, उसमें इसकी गुंजाइश बहुत कम ही है। नए बजट में भी 7,719 करोड़ का घाटा दिखाया गया है। इस तरह सम्भावना यही है कि नई अर्थनीति से मूल्य वृद्धि का सिलसिला तेज होगा। इससे रुपए का मूल्य गिरेगा और अवमूल्यन की आवश्यकता फिर महसूस की जाएगी। यह एक चिन्ताजनक सिलसिला हो सकता है।

इस स्थिति से बचने के लिए बहुत ही कठोर आर्थिक अनुशासन की जरूरत है, जो वर्तमान नौकरशाही और प्रतिरक्षा सेवाओं के विस्तृत साम्राज्य के रहते सम्भव नहीं। नौकरशाही में अपनी संख्या और सुविधा बढ़ाने का अन्तर्निहित दबाव होता है, जिसे बेरोजगारी के मौजूदा माहौल में और भी प्रोत्साहन मिलता है। प्रतिरक्षा पर खर्च एक ऐसा मामला है, जिस पर उँगली उठाना कोई भी राजनीतिक नेता अपने भविष्य के लिए खतरनाक मानता है। इस तरह नए बजट में 600 करोड़ रुपए पिछले बजट से अधिक खर्च करने का प्रावधान है। इन दो विशाल क्षेत्रों में कोई वित्तीय अनुशासन सम्भव नहीं, तो फिर खर्च में कटौती का बोझ साधारण लोगों पर लादा जाए, यह अनिवार्य है।

अब हम नई अर्थनीति के दूसरे महत्त्वपूर्ण पक्ष पर विचार करें, जिसके द्वारा देश की अर्थव्यवस्था को विश्व अर्थव्यवस्था से जोड़कर विकसित देशों के समकक्ष लाने का उद्देश्य सामने रखा गया है। इसके लिए न सिर्फ प्रवासी भारतीयों को भारत में पूँजी लगाने को प्रोत्साहित करने का लक्ष्य है, बल्कि विदेशी कम्पनियों को उद्योगों में 40 प्रतिशत से बढ़कर 51 प्रतिशत तक पूँजी निवेश की छूट दी गई है। इससे देश के विकास के लिए विदेशी कर्ज लेने की आवश्यकता कम होने की सम्भावना दिखाई देती है।

प्रश्न है कि क्या इस नीति से देश के उद्योगों का सचमुच में आधुनिकीकरण सम्भव है? जो विकसित देश हैं और जहाँ उत्पादकता उद्योगों के हर क्षेत्र में बढ़ाई जाती है, वहाँ औद्योगिक विकास की प्रक्रिया दो चरणों में होती है। पहले चरण में जब नवीनतम तकनीकी का प्रवेश होता है तब पुराने उद्योग प्रतिस्पर्धा में टिक नहीं पाते और बन्द हो जाते हैं। जहाँ पूँजी की बहुलता है, वहाँ बन्द उद्योगों से बेकार हुए लोगों को तेजी से नए उद्योगों में जज्ब कर लिया जाता है। विकसित औद्योगिक देशों में यह एक लगातार चलनेवाली प्रक्रिया होते हैं। उन देशों में जहाँ पूँजी का अभाव होता है, आधुनिकीकरण के प्रभाव से पुराने उद्योग तो बन्द हो जाते हैं, लेकिन इससे बढ़ी बेकारी को खत्म करने के लिए नए उद्योगों को लगाने के लिए पूँजी नहीं होती। इससे कुछ उद्योगों का आधुनिकीकरण तो होता है, लेकिन बेरोजगारी से बाकी अर्थव्यवस्था संकट में पड़ जाती है।

फिलहाल पूर्व जर्मनी समेत पूर्वी यूरोप के तमाम देशों में यह स्थिति चल रही है। पश्चिमी देश, जो पूर्वी यूरोप के देशों को विश्व अर्थव्यवस्था से जोड़ने के लिए बड़ी संजीदगी से प्रोत्साहित कर रहे थे, अब उनकी अपेक्षाओं की पूर्ति में अपने को बिलकुल असमर्थ पाते हैं। पश्चिमी देशों के अर्थशास्त्री पूर्वी यूरोप के आधुनिकीकरण के लिए पूँजी की आवश्यकता का जो अनुमान बतला रहे हैं, उससे यह स्पष्ट हो जाता है कि यह काम कितना मुश्किल है। वाशिंगटन के एक अध्ययन संस्थान 'इंस्टीट्यूट फॉर इंटरनेशनल इकोनॉमिक्स' के अध्ययन के नतीजों के जो कुछ अंश पत्रों में प्रकाशित हुए हैं, वे चौंकानेवाले हैं। इसके अनुसार पूर्वी यूरोप और सोवियत संघ के मजदूरों की उत्पादकता को पश्चिमी देशों के समकक्ष लाने के लिए 1500 अरब डॉलर सालाना पूँजी निवेश दस वर्ष तक करना जरूरी होगा। इस आवश्यकता के मुकाबले अधिकतम पूँजी निवेश की सम्भावना 90 अरब डॉलर और असली सम्भावना सिर्फ 55 अरब डॉलर की है।

ये आँकड़े उन लोगों को ध्यान में रखने चाहिए, जो विदेशी पूँजी निवेश के सहारे भारतीय अर्थव्यवस्था के आधुनिकीकरण का सपना देखते हैं। पूर्वी यूरोप के देश औद्योगिक दृष्टि से भारत से काफी आगे हैं। रूस के पास बदले में देने के लिए विशाल प्राकृतिक सम्पदा है। भारत की जनसंख्या पूर्वी यूरोप की जनसंख्या से लगभग दूनी है। इसका अर्थ है कि हमारी अर्थव्यवस्था को उस स्तर पर पहुँचाने के लिए 3000 अरब डॉलर सालाना से भी अधिक पूँजी निवेश की आवश्यकता दस सालों तक होगी। हमें यह भी ध्यान में रखना है कि हम विदेशी पूँजी को एक ऐसे समय आकर्षित करने की कोशिश कर रहे हैं जबकि पूरा पूर्वी यूरोप भी इस पूँजी की याचना कर रहा है। यह निर्विवाद है कि पूर्वी यूरोप में पूँजी को आकर्षित करनेवाली सुविधाएँ हमसे अधिक हैं, इसलिए पूँजी निवेश के मामले में उन्हीं का पलड़ा भारी पड़ेगा। इसलिए अन्ततोगत्वा हमें उतनी ही विदेशी पूँजी उपलब्ध होगी, जो कुछ क्षेत्रों का आधुनिकीकरण कर बाकी उद्योगों को नष्ट कर दे।

इस नीति के फलस्वरूप एक छोटा-सा अतिविकसित आर्थिक क्षेत्र बनेगा, जिससे सम्बद्ध लोगों को ऊँचा जीवन स्तर प्राप्त होगा। दूसरी ओर एक विशाल असंगठित क्षेत्र रहेगा, जो किसी तरह दरिद्रता की स्थिति में अपने को जीवित रखेगा। यह कल्पना करना मुश्किल है कि हमारे अर्थशास्त्री इस स्थिति से बिलकुल अनभिज्ञ हों। अगर यह नीति अपनाई जा रही है तो इसलिए कि हमारा नेता वर्ग यह मान चुका है कि इस देश के आम लोगों की स्थिति नहीं सुधारी जा सकती और अब सारा सोच एक छोटे वर्ग की सुविधाओं तक सीमित हो गया है।

नवभारत टाइम्स, 3 अगस्त, 1991

डंकल से आगे

डंकल प्रस्ताव के खिलाफ देश में एक वातावरण बनने लगा है। अब कांग्रेस को छोड़ बाकी सभी दलों के नेता इसके खिलाफ आवाज उठा रहे हैं। जनता दल के कार्यकारी अध्यक्ष जॉर्ज फर्नांडिज ने तो इसके विरुद्ध संसद का घेराव करने और 'करो या मरो' की घोषणा भी कर दी है। वैसे अतिशयोक्ति जॉर्ज फर्नांडिज के व्यक्तित्व का प्रधान गुण है, फिर भी इससे इनकार करने का कोई कारण नहीं कि जनता दल के नेता, जिनमें अधिकांश महीने भर पहले यह भी नहीं जानते थे कि डंकल का मामला है क्या, अब इस सवाल पर सजग हो गए हैं, लेकिन इस आम सहमति में एक खतरा भी दिखाई देता है। सारा विरोध सिकुड़कर डंकल प्रस्ताव या इसके कुछ प्रावधानों पर केन्द्रित हो गया है। डंकल प्रस्ताव की पृष्ठभूमि में जो बुनियादी अर्थनीति है उस पर किसी का ध्यान नहीं है। इससे हमारा परम्परा के अनुसार थोड़े दिनों में 'इंकलाब जिन्दाबाद' की तरह 'डंकल प्रस्ताव मुर्दाबाद' भी एक लोकप्रिय नारा बनकर अपना अर्थ खो देगा और स्थितियाँ ज्यों-की-त्यों बनी रहेंगी।

इसके पीछे की अर्थनीति पर अधिकांश विरोधियों का ध्यान नहीं है। यह बात जॉर्ज फर्नांडिज द्वारा पटना में पत्रकारों के समक्ष दिए गए एक बयान से भी जाहिर है। उन्होंने कहा कि अब महाशक्तियों द्वारा गैट की जगह 'वर्ल्ड ट्रेड ऑर्गेनाइजेशन' बनाकर दुनिया की संसदों पर नियंत्रण रखा जाएगा। इस बयान से ऐसा लगता है कि यह संकट आज अचानक दुनिया के सिर पर लादने का विचार किसी षड्यंत्र के तहत किया जा रहा है, लेकिन हकीकत यह है कि गैट की स्थापना तात्कालिक रूप से 1948 में भी इसलिए की गई क्योंकि विश्व बैंक और अन्तरराष्ट्रीय मुद्रा कोष के साथ-साथ दुनिया के व्यापार को व्यवस्थित करने के लिए 'इंटरनेशल ट्रेड आर्गेनाइजेशन' नामक (नाम की समानता भी देखी जा सकती है) संस्था बनाने में सफलता नहीं मिल पाई थी, लेकिन द्वितीय विश्वयुद्ध के बाद से ही दुनिया के व्यापार के सन्तुलन को औद्योगिक देशों के हित में बनाए रखने के प्रयास जारी थे और विश्व बैंक, अन्तरराष्ट्रीय मुद्रा कोष एवं गैट तीनों ही उसी प्रयास के अंग थे। जो अभियान औद्योगिक व्यवस्था को चलाने के लिए दूसरे विश्वयुद्ध के बाद चलाया गया था वह दुनिया के एक ध्रुवीय हो जाने के बाद पूरा दिखाई देता है।

स्वतंत्र व्यापार के नाम पर व्यापार सम्बन्धी जैसे नियंत्रण दुनिया के विभिन्न देशों पर लादने में अब जो सफलता मिली है वह दरअसल वर्तमान औद्योगिक व्यवस्था की विशेष स्थिति का परिणाम है। बुनियादी तौर से भारत जैसे देशों की आम जनता की लड़ाई इस औद्योगिक व्यवस्था से है। डंकल प्रस्ताव इस लड़ाई के लिए महज एक प्रतीक या चिह्न भर है। इस वस्तुस्थिति को नजरअन्दाज करना लड़ाई के पहले ही अपनी पराजय सुनिश्चित करना है।

आखिर डंकल के विरुद्ध होनेवाले प्रदर्शनों का लक्ष्य क्या हो सकता है? अगर इन प्रदर्शनों से आगे कोई स्पष्ट लक्ष्य नहीं हो तो धीरे-धीरे प्रदर्शन करते-करते लोग ऊब जाएँगे और अन्त में विरोध प्रदर्शन का सिलसिला खत्म हो जाएगा। संसद भवन के घेराव का लक्ष्य भी क्या हो सकता है? एक तो यह हो सकता है कि खूनी क्रान्ति से एक निर्वाचित सरकार का तख्ता पलट दिया जाए। इसे कोई लोकतांत्रिक व्यक्ति कबूल नहीं करेगा। यह रास्ता तो फासिस्ट पार्टियों या तानाशाही में विश्वास करनेवाली कम्युनिस्ट पार्टियों का रहा है। अगर लक्ष्य यह नहीं है तो यह भी एक प्रदर्शन ही होगा जिसे एक भड़कीला नाम दिया जा रहा है। सरकार के अस्तित्व पर तत्काल इस बात से फर्क नहीं पड़ता कि प्रदर्शन दस हजार का हो कि दस लाख लोगों का। कुल मिलाकर ऐसे प्रदर्शनों का उद्देश्य सरकार के विरुद्ध जन-मानस बनाना होगा।

तत्काल सबसे अच्छा रास्ता यह हो सकता था कि डंकल प्रस्ताव पर भारत सरकार द्वारा सहमति देने के विरुद्ध संसद के अगले सत्र में अविश्वास प्रस्ताव लाया जाय। अगर डंकल प्रस्ताव से असहमति जाहिर करने में देश के विभिन्न दल ईमानदार हैं तो इस सवाल पर सरकार अकेली पड़ सकती है, और शायद गिर भी जाय, हालाँकि अजित सिंह गुट के कांग्रेस में शामिल हो जाने से यह सम्भावना कुछ क्षीण दिखती है। अगर सरकार तत्काल गिरती नहीं तो लम्बी अवधि की संसदीय राजनीति के जरिये ही नीति परिवर्तन सम्भव होगा।

लेकिन अगर सरकार गिरने की स्थिति में भी हो तो भी विरोधी दल इसे गिराएँगे ऐसा दिखाई नहीं देता। कारण साफ है। इस मुद्दे पर सरकार के गिरने का अर्थ है कि आगे आनेवाली गैर-कांग्रेसी सरकार गैट में देश को शामिल नहीं करेगी। गैट में शामिल नहीं होने के अत्यन्त ही दूरगामी नतीजे होंगे। इसका पहला असर तो वर्तमान निर्यात आधारित विकास के लक्ष्य का परित्याग कर देना होगा, क्योंकि गैट से बाहर गए बगैर भी हमारी निर्यात की क्षमता नगण्य है। अमेरिका तथा अन्य समृद्ध औद्योगिक देशों के विरोध में खड़ा होकर हमें विदेशी व्यापार में और भी हानि उठानी होगी।

हम अपनी तुलना चीन से नहीं कर सकते; क्योंकि पहला, चीन ने लगभग चौथाई शताब्दी तक अपना आर्थिक विकास पश्चिमी देशों के खेमे से अपने को

अलग-थलग रखकर किया था। दूसरा, पेट्रोलियम के मामले में वह भारत की तरह आयात पर निर्भर नहीं करता, बल्कि इसका निर्यात करता है। तीसरा, फिलहाल उसका आर्थिक विकास तेजी से हो रहा है और हमारे पिछले वर्ष के राष्ट्रीय आय के 9.2 प्रतिशत विकास की जगह उसकी विकास दर 93 प्रतिशत यानी दस गुना से अधिक थी। पश्चिमी देश जो अभी लगातार मन्दी से गुजर रहे हैं, तेजी से फैलनेवाले चीन के बाजार में निर्यात कर अपने संकट से उबरने का एक अवसर देखते हैं। इसीलिए मानव अधिकार सम्बन्धी अपनी चिन्ताओं को ताक पर रख रहे हैं। यहाँ यह जिक्र कर देना अप्रासंगिक नहीं होगा कि बाजार के इसी लोभ के कारण अमेरिका ने वियतनाम पर से भी व्यापारिक प्रतिबन्ध समाप्त कर दिया है।

स्पष्ट है कि भारत के गैट से बाहर आने के नतीजे दूरगामी होंगे। गैट से बाहर आने का अर्थ होगा देश की अर्थव्यवस्था को बिलकुल एक नई दिशा देना। अभी तक देश के प्रमुख दलों में किसी ने ऐसी वैकल्पिक व्यवस्था की ओर बढ़ने का इरादा नहीं दिखलाया है। यह बात दक्षिणपंथी साम्प्रदायिक भाजपा से लेकर वामपंथी पार्टियों तक लागू है। इस सवाल पर निर्णायक बदलाव तो संसद में एक या कई दलों द्वारा नई विकसित नीति चलाकर ही हो सकता है। इससे ऐसे दल के निर्माण की बात भी इस मुहिम से जुड़ी है।

सम्भव है कि कुछ मार्क्सवादी, लेनिनवादी नेताओं को चीन के विकास में यह सम्भावना दिखाई देती हो कि उसकी अर्थव्यवस्था की तर्ज पर भारत में भी कुछ हो सकता है, लेकिन यह सोचना विकास के तात्कालिक आँकड़ों से पैदा भुलावा ही होगा। अगर हम चीन में हो रहे विकास की तफसील में जाएँगे तो पाएँगे कि उस विकास में न तो कोई समाजवादी तत्त्व है और न कुछ वैसा जो भविष्य के लिए आश्वस्त कर सके। वहाँ कुछ अंचलों और वर्गों का तो तेज विकास हो रहा है, लेकिन बाकी की स्थिति दिनोदिन खराब होती जा रही है। हांगकांग के निकटवर्ती दक्षिण-पूर्वी गुआनडौंग प्रान्त में पिछले वर्ष विकास दर 19 प्रतिशत थी जबकि पूरे देश में 13 प्रतिशत। इसके विपरीत पश्चिमी, मध्यवर्ती और पश्चिमोत्तर के भूभाग पिछड़ते जा रहे हैं। किसानों की स्थिति दयनीय होती जा रही है, और फिलहाल शहरी क्षेत्र में लोगों की आय ग्रामीण क्षेत्र से चार गुनी अधिक है। देश को आठ हजार विकेन्द्रित विकास केन्द्रों में बाँट दिया गया है जो संसाधनों के लिए एक-दूसरे के खिलाफ स्पर्धा में लगे हैं।

इधर निजी क्षेत्र में तेजी से सफलता हासिल करनेवाले दस लाख करोड़पतियों की चर्चा अखबारी सुर्खियों में है। इससे किसानों में घोर असन्तोष है और मध्यवर्ती प्रान्त सिचुआन से जहाँ-तहाँ किसानों के विद्रोह की खबरें भी आती रही हैं। फिलहाल सरकारी आँकड़ों के अनुसार कीमतें साल भर में 20 प्रतिशत बढ़ी हैं जो भारत से लगभग ढाई गुनी हैं। इससे अल्प वेतन वाले मजदूरों में असन्तोष है। उधर लगभग

दस करोड़ लोग खेती छोड़ शहरों में काम की तलाश में आ गए हैं जिनकी स्थिति हमारे देश के नगरों के अस्थायी मजदूरों जैसी है। इससे 'कार्य इकाइयों' द्वारा पहले किया जानेवाला सरकारी नियंत्रण अस्त-व्यस्त हो गया है। उधर विदेशी पूँजी को अनेक छूटें देकर उनके लिए दरवाजा पूरी तरह खोल दिया गया है। सरकारी सूत्रों के अनुसार 1992 में चीन के कारखानों के लिए 58 अरब डॉलर विदेशी पूँजीनिवेश का प्रस्ताव आया जबकि 1991 में यह सिर्फ 12 अरब डॉलर था।

कुल मिलाकर आज चीन अन्तरराष्ट्रीय पूँजीवाद का बड़ा सहारा और स्वयं अपने देश में पूँजीवादी विकास का जबरदस्त पोषक बन गया है। वैसे यह एक विडम्बना ही लगेगी कि चीन में कम्युनिस्ट पार्टी द्वारा खड़े किए गए राजनीतिक ढाँचे के तहत एक ऐसी व्यवस्था चल रही है जिसका स्वरूप लगभग फासीवादी है। वहाँ एक ऐसी तानाशाही है जो पूँजीवाद को प्रोत्साहन और संरक्षण प्रदान करती है, किसानों, मजदूरों और छात्रों का दमन, और गैर-चीनी आबादियों—मसलन, तिब्बत की जनता—पर वैसा ही जुल्म करती है जैसा नस्लवादी फासीवादी सरकारें करती हैं।

लेकिन असल में यह कोई विडम्बना नहीं। मौजूदा विकास-पद्धति अपनानेवाले हर पिछड़े औद्योगिक देशों की यह अनिवार्य नियति है। आज पश्चिमी ढंग का तेज विकास कुछ अंचलों और व्यक्तियों में सम्पन्नता और बाकी समाज में बिना अपवाद के विपन्नता पैदा करता है। स्वाभाविक है कि बेपनाह होते जा रहे लोग व्यवस्था के लिए स्थायी खतरा बन जाएँ। उन्हें लगातार दबाए रखने का काम एक कठोर तानाशाही ही कर सकती है। सम्पन्न औद्योगिक देशों के नेता इस असलियत से अवगत हैं और इसीलिए मानव अधिकारों के हनन को अनदेखा कर देना राजनय का व्यावहारिक सिद्धान्त मान रहे हैं। अगर भारत में यह अर्थनीति चल गई तो यहाँ भी दरिद्र बनाए जा रहे अनगिनत किसानों, बेरोजगार बनाए जा रहे मजदूरों और व्यवस्था के लिए अप्रासंगिक बनाए जा रहे करोड़ों नौजवानों के आक्रोश और उससे पैदा अराजक स्थिति से निपटने का तानाशाही के अलावा कोई दूसरा नुस्खा देश के राजनेताओं के पास नहीं बचेगा।

आधुनिक औद्योगिक व्यवस्था अपने अन्तिम दिन गिन रही है। गैट के नए प्रावधान इसकी मौत को कुछ दिन और टालने का प्रयास भर हैं। इसके नाश के बीज इसके चरित्र में ही निहित हैं। पूँजीवाद के साथ पनपी प्रतिस्पर्धा भी इस व्यवस्था में ही आन्तरिक दबाव है : (1) अधिक-से-अधिक प्राकृतिक संसाधनों को चबाते जाने और (2) मशीनीकरण के जरिये अधिक-से-अधिक मनुष्यों को उच्छिष्ट और अप्रासंगिक बनाए जाने का। पहले से पर्यावरण का संकट पैदा हुआ है जिससे वनस्पति-जगत और जीव-जगत नाश के कगार पर पहुँच गए हैं। दूसरे से रोजगारहीन और बिना आदमनी लोगों की संख्या दिनोदिन बढ़ती जाती है, जिससे विशाल संसाधनों को चबाकर यह व्यवस्था जिन वस्तुओं का निर्माण करती है उनके

खरीदार घटते चले जाते हैं। इसलिए आर्थिक मन्दी और बेरोजगारी औद्योगिक देशों की स्थायी समस्या बन जाती है।

औद्योगीकरण के प्रारम्भिक दिनों में औद्योगिक व्यवस्थाओं के छोटे-छोटे संसार थे। जो आगे थे वे बाहर फैलने के लिए उन्मुक्त व्यापार की वकालत करते थे। जो बाद में आए उन्होंने अपने उद्योगों को संरक्षण देकर विकसित करने की नीति अपनाई। पहले का उदाहरण उन्नीसवीं सदी के जर्मनी और अमेरिका थे, लेकिन जैसे-जैसे औद्योगिक क्षेत्रों के संसार फैलने लगे बाजार के लिए लड़ाई शुरू हुई। द्वितीय विश्वयुद्ध के बाद कुछ समय तक कम्युनिस्ट दुनिया एक बन्द बाजार थी, लेकिन आधुनिक प्रौद्योगिकी की आत्मा पूँजीवाद है, और इसे लेकर चलने में कम्युनिस्ट व्यवस्थाएँ धराशायी हो गईं। यही मौका मिला है जब सम्पन्न औद्योगिक देशों ने मिलकर बाकी दुनिया की उन आर्थिक-राजनीतिक चारदीवारियों पर हमला शुरू किया है जिनकी सुरक्षा के तहत वे भी पश्चिमी ढंग का विकास चाहते थे, लेकिन पश्चिमी ढंग की 'लेटेस्ट' तकनीकी सम्पन्न औद्योगिक देशों से ही मिल सकती थी, और वहीं से वे सारे प्रसाधन और ठाट-बाट के सामान उपलब्ध हो सकते थे जिनके लिए पिछड़ी अर्थ-व्यवस्थाओं के अभिजात वर्गों में वैसी ही ललक है जैसी शिशुओं में नए खिलौनों के लिए होती है। इनको उपलब्ध करने की कीमत थी अपने सुरक्षात्मक घेरे को तोड़ना और अपनी आर्थिक स्वतंत्रता और सांस्कृतिक अस्मिता की बलि। डंकल प्रस्ताव पर सहमति महज प्रतीक है इस बलिदान पर्व का।

आज जरूरत है इस प्रतीक के विरुद्ध संघर्ष को बढ़ाकर एक नई अर्थव्यवस्था और नई संस्कृति की ओर बढ़ने की। इसी के इर्द-गिर्द कोई नया राजनीतिक दल बन सकता है—वैसा राजनीतिक दल जो नई अर्थनीति को लेकर अगर स्वयं सत्ता में नहीं भी आए तो भी अपनी उपस्थिति से ऐसा जन-गानरा बना पाए जिससे दूसरे दलों को अपनी दृष्टि को बदलने को बाध्य होना पड़े। आज डंकल विरोध का यही गंतव्य हो सकता है।

सामयिक वार्ता, मार्च 1994

भारत और मुक्त बाजार व्यवस्था

उदारीकरण की नीति को उसके विभिन्न पहलुओं पर विचार किए बिना जिस तरह हमारे देश में लागू किया जा रहा है, वह बिना पतवार और कम्पास के महासागर में नाव उतार देने जैसा है। अब तक देश और दुनिया से ऐसी नीतियों के नतीजे की जो सूचनाएँ मिलती रही हैं, उनकी पृष्ठभूमि में इन नीतियों का पुनर्मूल्यांकन जरूरी था, लेकिन ऐसा लगता है कि हमारे नीति निर्माताओं को सूझबूझ से अधिक साहसिकता पर भरोसा है। अंग्रेजी में एक कहावत है, 'जहाँ फरिश्ते पाँव बढ़ाने से डरते हों, बेवकूफ दौड़ पड़ते हैं।' उन्मुक्त व्यापार को लेकर स्वयं उसके प्रणेता विकसित औद्योगिक देशों में जिस तरह की अड़चनें उपस्थित हो रही हैं, उन्हें देखते हुए इस दिशा में भारत का बिना सोचे-समझे सरपट दौड़ पड़ना कुछ इसी कहावत को चरितार्थ करता है।

पहले हम कृषि क्षेत्र पर विचार करें। देश के भीतर उन्मुक्त व्यापार के नाम पर अन्तरराष्ट्रीय मुद्रा कोष के दबाव में जिस हद तक उर्वरकों पर से सब्सिडी (अनुदान) हटाई गई है और किसानों को खरीद का जो सरकारी मूल्य दिया गया है, वह इतना कम है कि किसानों को घाटे की खेती करनी पड़ रही है। पिछले वर्ष खाद्य निगम द्वारा गेहूँ उगाही का लक्ष्य पूरा नहीं कर पाने का मुख्य कारण यही था। अब सरकार द्वारा अमेरिका, कनाडा और आस्ट्रेलिया से तीस लाख टन गेहूँ आयात किया जा रहा है। यह जानकारी दिलचस्प होगी कि जिस अमेरिकी सरकार ने भारत में सभी तरह के सरकारी अनुदान खत्म करने का दबाव डाला था, उसी सरकार ने गेहूँ निर्यात पर अपने यहाँ के किसानों को भारी अनुदान दिया है। बिना इस अनुदान के अमेरिकी गेहूँ की कीमत भारतीय गेहूँ से लगभग दोगुनी होती।

अब अगर अमेरिकी सरकार से अनुदान प्राप्त गेहूँ को भारत सरकार रबी की अगली फसल के पहले बाजार में ला देती है तो गेहूँ की कीमत बिलकुल गिर जाएगी। उसका एक ही नतीजा होगा, भारतीय किसान गेहूँ की खेती बिलकुल कम कर देंगे। आज देश में अनाज की कमी बिना ही अन्न का आयात किया जा रहा है। इस नीति के फलस्वरूप अगले वर्षों में खाद्यान्न की कमी से अकाल की असली स्थिति में अन्न का आयात करना पड़ेगा और सम्भवत: बहुत ही विपरीत शर्तों पर।

यह नीति सिर्फ किसान विरोधी ही नहीं, अदूरदर्शी भी है जो देश को अकाल की ओर ले जाएगी। विडम्बना यह है कि नई कृषि नीति की घोषणा में बलराम जाखड़ किसानों को प्रोत्साहन देने की बात करते हैं और प्रधानमंत्री ने कृषि वैज्ञानिकों के सामने दशक के अन्त तक अन्न उत्पादन को तीन गुना बढ़ाने की बात की है।

हमारी सरकार ने कृषि अनुदान समाप्त करने की नीति इस तरह बेहिचक कबूल कर ली है मानो यह बिलकुल महत्त्वहीन मामला हो, लेकिन अत्यन्त विकसित औद्योगिक देशों के लिए भी, जहाँ पाँच प्रतिशत से कम आबादी खेती पर निर्भर करती है, कृषि अनुदान कितना महत्त्वपूर्ण है, यह इसी बात से जाहिर है कि गैट सन्धि (चुंगी एवं व्यापार की आम सन्धि) के वर्षों के गतिरोध के पीछे मुख्य मुद्दा कृषि पर दिया जानेवाला अनुदान ही है। पिछले दिनों यह मामला मुख्य रूप से दुनिया के प्रमुख कृषि उत्पादक अमेरिका और यूरोपीय समुदाय के बीच उलझ गया है। अमेरिका लगातार दबाव डालता रहा है कि यूरोपीय समुदाय कृषिजन्य वस्तुओं पर दी जानेवाली सब्सिडी को हटाए, लेकिन ये देश इसके लिए राजी नहीं हुए, फलस्वरूप टकराव के बीच चल रही वार्ता टूट गई। अमेरिका ने यह आरोप लगाया कि यूरोपीय समुदाय ने फ्रांसीसी नेता और यूरोपीय आयोग के वर्तमान अध्यक्ष देलोर के दबाव में यह हठी रुख अख्तियार किया, जिससे समझौता असम्भव हो गया। अमेरिका और यूरोपीय समुदाय इस गतिरोध का चाहे जो भी हल निकाले, इससे इन देशों की आर्थिक प्राथमिकताएँ क्या हैं, यह जाहिर हो जाता है।

यह घटनाक्रम भारत की अर्थनीति निर्धारित करनेवालों के लिए शिक्षाप्रद होना चाहिए। चूँकि आज भी भारत की 70 फीसदी आबादी कृषि पर निर्भर है और भारत की अर्थव्यवस्था में अन्तरराष्ट्रीय व्यापार का योगदान बहुत कम है, भारत के लिए विवेकपूर्ण प्राथमिकता अपनी कृषि व्यवस्था की रक्षा ही हो सकती है।

अब प्रश्न उठता है कि क्या भारत की कृषि व्यवस्था को मजबूत रखने के लिए भारी अनुदान जरूरी है? इसका जवाब बेहिचक 'हाँ' में दिया जा सकता है। किसी भी देश का कृषि उत्पादन बाजार की प्रतिस्पर्धा में कितना सक्षम होगा, यह तीन बातों पर निर्भर करता है : एक, उसमें लगे श्रमिकों की उत्पादकता पर, दो, जमीन की उत्पादकता पर और तीन, उन जोतों के आकार पर जिनकी पैदावार से किसान परिवार का जीवन निर्वाह होता है। श्रम और जमीन दोनों की उत्पादकता कृषि तकनीकी के स्तर पर निर्भर करती है। उदाहरण के लिए हल-बैल से जमीन जोतनेवाला किसान 10 से 15 एकड़ तक जमीन जोत पाएगा। विकसित तकनीकी से खेत की सिंचाई भी सुविधा से की जा सकती है और उन्नत बीज, खाद आदि के उपयोग से प्रति इकाई जमीन का उत्पादन बढ़ाया जा सकता है। इस तरह खेती पर निर्भर किसानों को अपने श्रम के अनुपात में अधिक उत्पादन मिलेगा और वह बाजार में अपने उत्पादों को कम कीमत पर बेचकर भी अच्छी आय पा सकता है।

इससे वह बाजार की प्रतिस्पर्धा में सक्षम सिद्ध होगा। विकसित औद्योगिक व्यवस्था में किसानों को एक और भी लाभ मिलता है। उनके यहाँ पूँजी और तकनीकी दोनों इसके लिए उपलब्ध होती हैं कि वे अपने प्राथमिक कृषि उत्पादों को औद्योगिक उत्पाद में बदल अतिरिक्त लाभ ले सकें। जैसे दूध से दूध का पाउडर, पनीर, मक्खन आदि उत्पादित कर इनकी डिब्बाबन्दी करना और शीतगृहों में रख बाजार में उपयुक्त समय पर बेचकर नफा कमाना। इसी तरह फलों से जैम, जेली, शराब आदि।

अमेरिका के भूतपूर्व राष्ट्रपति रेगन का उन्मुक्त पूँजीवाद का बनाना इत्यादि, लेकिन इन सुविधाओं के बावजूद अगर जोतों का आकार बहुत छोटा है, तो ऐसी जोत वाले उत्पादक बाजार की प्रतिस्पर्धा में अन्य सुविधाओं में समान रूप से सम्पन्न बड़ी जोत वाले उत्पादकों के सामने नहीं टिक सकते, क्योंकि प्रति व्यक्ति उत्पादन और जमीन का प्रति इकाई उत्पादन कितना ही अधिक क्यों न हो, एक बहुत छोटे आकार की जोत से इतनी आमदनी नहीं की जा सकती जिससे एक परिवार को एक अच्छा जीवन स्तर प्रदान किया जा सके। इस दृष्टि से अमेरिका और यूरोप में खेती पर आबादी का बोझ कम होने के कारण जोतें काफी बड़ी हैं। अमेरिका में जोतों का औसत आकार चार सौ एकड़ से अधिक है। भारत की तुलना में यह सौ गुने से अधिक बड़ा है।

भारत के तकनीकी विकास की स्थिति और जोतों के आकार को देखते हुए यहाँ के किसान विकसित औद्योगिक देशों जैसे—अमेरिका या यूरोप—के कृषकों के सामने खुली प्रतिस्पर्धा में टिक नहीं सकते। यूरोप और अमेरिका ही नहीं जापान के किसानों को भी अगर सब्सिडी की जरूरत होती है, भारत के किसानों को बिना किसी सरकारी सहयोग के ऐसी प्रतिस्पर्धा में खड़ा होने की सलाह देना किसानों और देश देनों के लिए आत्महत्या का आमंत्रण है। किसानों के हितों की उपेक्षा भारत में इसलिए विशेष तौर से आपराधिक दिखाई देती है कि वे देश का सबसे विशाल वर्ग हैं और देश को भोजन और अनेक अन्य आवश्यक वस्तुएँ उपलब्ध कराना उनकी जवाबदेही मानी जाती है। फिर भी अगर इतनी बड़ी कुर्बानी देने की बात देश के शासक सोच रहे हैं तो उन्हें इसके बदले में कुछ ठोस लाभ बतलाना चाहिए जो इनके एवज में प्राप्य हों, लेकिन ऐसा कुछ दिखाई नहीं देता।

कम्युनिस्ट व्यवस्थाओं के ध्वस्त होने के बाद जो उन्मुक्त बाजार व्यवस्था की प्रशस्ति का सिलसिला चला, लगता है हमारे नीति निर्माताओं ने उससे प्रभावित हो अपना विवेक इस्तेमाल करना बन्द कर दिया है, लेकिन कम्युनिस्ट तानाशाही के खिलाफ विद्रोह के उत्साह में जिस तरह बिना सोचे-समझे उन्मुक्त बाजार का दर्शन पूर्वी यूरोप में अपनाया गया था, उससे मोहभंग शुरू हो गया है। उन्मुक्त बाजार व्यवस्था ने हर जगह बेरोजगारी और गैर-बराबरी को बढ़ावा दिया है और उन देशों में बड़ी संख्या में लोग पहले से अधिक अभाव में जी रहे हैं। यह वैचारिक

पेंग अपनी चरम बिन्दु पर पहुँचकर वापसी पर है और हमें अपने सोच को बदले हालात की रोशनी में व्यवस्थित करना चाहिए। कम्युनिस्ट व्यवस्थाओं के ध्वस्त होने के तथाकथित रेगनॉमिक्स (अमेरिका के भूतपूर्व राष्ट्रपति रेगन का उन्मुक्त पूँजीवाद का अर्थशास्त्र) और थैचरिज्म (ब्रिटेन की भूतपूर्व प्रधानमंत्री मार्गरेट थैचर की पूँजीवादी राजनीति) को सार्वदेशिक स्वीकृति मिलने लगी थी। अब दोनों ही के विचार संकट में लगते हैं।

अमेरिका में अनियंत्रित पूँजीवाद के दर्शन से घोर गैर-बराबरी कुछ क्षेत्रों में अमानवीय दरिद्रता, असुरक्षा, आर्थिक मन्दी और बेरोजगारी इतनी असह्य होने लगीं कि लोगों ने बुश के खिलाफ डेमोक्रेटिक प्रत्याशी क्लिंटन को राष्ट्रपति चुना। ब्रिटेन में घटे बहुमत से कंजर्वेटिव फिर सत्ता में जरूर आ गए, लेकिन वहाँ भी अर्थव्यवस्था संकट में है। आर्थिक मन्दी और बेरोजगारी चरम सीमा पर है। इस क्रम में ब्रिटेन की आधी कोयला खदानों को बन्द करने के निर्णय का इतना विरोध हुआ कि जॉन मेजर की कंजर्वेटिव सरकार का अस्तित्व खतरे में पड़ गया था। जापान में दशकों में पहली बार कुछ बड़े औद्योगिक प्रतिष्ठान घाटे में चलने लगे हैं। यह सब बतलाता है कि उन्मुक्त बाजार व्यवस्था वैसी जादुई छड़ी नहीं है जिससे समाज की विभिन्न समस्याओं का समाधान हो सके। जो नीति दुनिया के सबसे समृद्ध औद्योगिक राष्ट्रों के लिए बनाई गई थी, वह उन्हीं के लिए बेअसर साबित हो रही है। उस नीति से भारत जैसे अविकसित औद्योगिक देशों की समस्याओं का समाधान ढूँढ़ना निरर्थक ही नहीं, खतरनाक भी है।

अब तक इस नीति से किसी समस्या का समाधान होता नहीं दिखाई देता। महँगाई अब फिर दहाई अंक पार कर चुकी है। कारखाने बन्द होने लगे हैं। विदेशी मुद्रा का संकट विदेशी कर्ज से ही हल करने की कोशिश हो रही है। बेरोजगारी को खत्म करने की अब कोई बात भी नहीं करता, जो देश की सबसे बड़ी समस्या है। इसकी जगह 'गोल्डन हैडशेक' की बात हो रही है। विकसित औद्योगिक देशों की बढ़ रही मन्दी के सन्दर्भ में इसकी आशा नहीं की जा सकती कि हमारे निर्यात और इससे सम्बद्ध उद्योगों का विकास हो पाएगा। यह साफ होने लगा है कि अभी देश की समस्याओं का समाधान अन्तरराष्ट्रीय व्यापार के उतार-चढ़ाव के साथ अपनी अर्थव्यवस्था को पूर्णरूपेण जोड़कर नहीं, उससे काफी अलग करके ही चला सकते हैं।

नवभारत टाइम्स, 24 नवम्बर 1992

अफीम नई है, युद्ध पुराना

हम नए वर्ष में एक नए अन्तरराष्ट्रीय वर्ल्ड ट्रेड ऑर्गेनाइजेशन (विश्व व्यापार संगठन) की छाया में प्रवेश कर रहे हैं, जो 1995 के जुलाई महीने से अस्तित्व में आ जाएगा। इसके अस्तित्व में आ जाने के बाद गैट सन्धि को मान्यता प्रदान करनेवाले सभी राष्ट्र इसकी शर्तों पर अपने उत्पादन, पेटेन्ट कानून एवं व्यापार को नियंत्रित करने को बाध्य होंगे। इसकी अपनी अदालत होगी, जिसमें इसके प्रावधानों से सम्बन्धित विवादों का निपटारा होगा और इसके निर्णय सभी देशों पर लागू होंगे। बीसवीं शताब्दी के प्रथम चरण तक के उपनिवेशों पर साम्राज्यवादी नियंत्रण और इस संगठन के नियंत्रण में एक बुनियादी फर्क यह होगा कि पहले के उपनिवेशों पर अलग-अलग साम्राज्यवादी देशों का प्रत्यक्ष नियंत्रण रहता था, जबकि नई व्यवस्था में सम्पन्न देशों का साझा एवं परोक्ष नियंत्रण बाकी दुनिया की अर्थव्यवस्थाओं पर होगा। उन्मुक्त व्यापार की बात पहले भी एक भ्रम थी और अब भी एक भ्रम ही है।

उन्नीसवीं शताब्दी में औद्योगिक दृष्टि से अग्रणी ब्रिटेन उन्मुक्त व्यापार का जबरदस्त हिमायती था, लेकिन इसी काल में अमेरिका और यूरोपी के वे देश, जो अभी-अभी अपने देशों का उद्योगीकरण कर रहे थे, अपने उद्योगों को संरक्षण देने की नीति लेकर चलते थे। स्वयं उन्मुक्त बाजार के मसीहा एडम स्मिथ ने कुछ नियंत्रणों की आवश्यकता स्वीकार की थी, जैसे ब्रिटेन का नेविगेशन एक्ट, जिसके अनुसार उपनिवेशों के सामान को ब्रिटेन के जहाजों से ही ढोया जा सकता था। यह प्रतिबन्धक अधिनियम राष्ट्रीय हित में स्वीकार किया गया था। गैर-यूरोपीय देशों, खासकर उनके प्रति जो कमजोर थे, स्वतंत्र व्यापार के हिमायती ब्रिटेन का रुख बिलकुल अलग था। भारत के उद्योगों को कितनी ज्यादाती के साथ नष्ट किया गया, यह सर्वविदित है, लेकिन विश्व व्यापार का जो प्रतिमान अब स्थापित किया जा रहा है, यानी व्यापार की अपनी शर्तों को कमजोर मुल्कों पर लादने का उसका पूर्वाभास चीन के साथ ब्रिटेन के अफीम व्यापार में देखने को मिलता है।

अंग्रेजों को चीन में अफीम के व्यापार से बहुत मुनाफा होता था, लेकिन इससे चीन के लोग अफीमची बनकर बर्बाद हो रहे थे। इसके विरोध में 1839 में चीन की सरकार ने अफीम की बिक्री पर प्रतिबंध लगाया। प्रतिबंध को लागू करने के

क्रम में कैंटन नगर में अंग्रेज व्यापारियों की अफीम को जब्त कर नष्ट कर दिया गया। इसे बहाना बना अंग्रेजों ने चीन के खिलाफ युद्ध शुरू कर दिया। 1942 में पराजित चीनियों पर यह शर्त लाद दी गई कि कैंटन समेत पाँच नगर अंग्रेजी व्यापार के लिए खुले रहेंगे। हांगकांग नगर तो अंग्रेजों के अधिकार में ही दे दिया गया। यह विडम्बना ही है कि अब अमेरिका और पश्चिमी देश तीसरी दुनिया पर ड्रग्स (मादक द्रव्यों) के व्यापार पर प्रतिबंध लगाने के लिए हरसम्भव दबाव डाल रहे हैं, क्योंकि इन देशों के अपने नौजवान मादक द्रव्यों के आदी होने लगे हैं।

असलियत यह है कि पश्चिमी औद्योगिक राष्ट्र हमेशा अन्तरराष्ट्रीय व्यापार के नियमों को अपनी सुविधा के अनुसार बदलते रहे हैं। बीसवीं शताब्दी आते-आते ब्रिटेन के अलावा अमेरिका, जर्मनी, जापान आदि दूसरे कई देश औद्योगिक राष्ट्रों की श्रेणी में आ गए और अंग्रेजी व्यापार को चुनौती देने लगे। इस चुनौती के मुकाबले ग्रेट ब्रिटेन, जो उन्नीसवीं शताब्दी में उन्मुक्त व्यापार की बात करता था, परोक्ष रूप से अपने उद्योगों को संरक्षण देने लगा। इस नीति को शुरू में 'इम्पीरियल प्रेफरेंस' और बाद में 'कॉमनवेल्थ प्रेफरेंस' की नीति का नाम दिया गया। इस नीति के तहत उसे अपने विशाल उपनिवेशों के आरक्षित बाजार प्राप्त हो गए। दूसरी ओर अमेरिका लगातार अपने उद्योगों को तट कर की भारी दीवार से उस समय भी संरक्षण देता रहा, जब वह एक अग्रणी औद्योगिक राष्ट्र बन चुका था। बीसवीं शताब्दी के '30 के दशक की मन्दी के काल में उसे यह नीति बदलने को बाध्य होना पड़ा।

1934 में राष्ट्रपति फ्रैंकलिन रूजवेल्ट को अन्य देशों के साथ पारस्परिकता के आधार पर व्यापारिक सन्धि करने का अधिकार दिया गया। इस पहल के परिणामस्वरूप अन्य देशों को 'मोस्ट फेवर्ड नेशन' का दर्जा देकर पारस्परिकता के आधार पर तट कर में छूट देने की नीति अपना ली गई। 'मोस्ट फेवर्ड नेशन' का दर्जा पानेवाले देशों को अमेरिका में उपलब्ध न्यूनतम तट कर के आधार पर अपने माल बेचने का अधिकार प्राप्त होता था। बाद में गैट की ताजा सन्धि में भी, जिसे आगे बढ़ाने में अमेरिका का विशेष हाथ रहा है, सदस्य देशों को ऐसी ही सुविधा देने का प्रावधान है।

चूँकि कच्चे माल के क्षेत्र और बाजार का विस्तार इस औद्योगिक व्यवस्था के फूलने-फलने के लिए जरूरी था, इसलिए जर्मनी सरीखे उदीयमान औद्योगिक देशों से आरक्षित बाजार वाले साम्राज्यवादी देशों का संघर्ष शुरू हुआ। ऐसे ही संघर्ष के कारण 1914-18 का प्रथम विश्व युद्ध हुआ। इस युद्ध में जर्मनी की पराजय हुई और हर्जाने के बोझ से उसकी अर्थव्यवस्था को नष्ट करने का प्रयास हुआ, लेकिन इससे घिरा होने के बोध से पैदा उसका असन्तोष और भी गहराया, जिससे हिटलर का उदय हुआ। इस तरह प्रथम विश्व युद्ध की समाप्ति के दो दशक बाद ही 1939 में फिर एक विश्वव्यापी युद्ध हुआ, जिससे जर्मनी, इटली और जापान बाकी औद्योगिक देशों के खिलाफ विनाशकारी युद्ध में उलझ गए।

इस युद्ध के अन्तिम चरण में विजय की ओर अग्रसर मित्र राष्ट्रों ने यह अनुभव किया कि औद्योगिक राष्ट्रों की अनियंत्रित आपसी प्रतिस्पर्धा अब उनके अस्तित्व के लिए ही खतरनाक बनने लगी है। इस एहसास के कारण 1944 में अमेरिका के ब्रेटनवुड्स में एक बैठक में, जिसमें 44 देशों के प्रतिनिधि शामिल थे, पर वर्चस्व ब्रिटेन और अमेरिका का था, विश्व बैंक, अन्तरराष्ट्रीय मुद्रा कोष और अन्तरराष्ट्रीय व्यापार संगठन खड़ा करने का निर्णय लिया गया। इसका उद्देश्य प्रतिस्पर्धी औद्योगिक राष्ट्रों को नष्ट करने की जगह आर्थिक रूप से व्यापार के योग्य बना खड़ा करना था। इस प्रक्रिया में ऊपर बतलाए गए संगठनों की सहायक भूमिका सुनिश्चित की गई। अन्तरराष्ट्रीय व्यापार में राष्ट्रों की सम्प्रभुता का मामला जुड़ा होने से अन्तरराष्ट्रीय व्यापार संगठन को बनाने के सवाल पर अवरोहगति हो गई और इसीलिए इसकी जगह गैट (व्यापार और तट कर पर आम सहमति) की स्थापना हुई, जिसका कोई विशेष नियंत्रण विभिन्न राष्ट्रों की आर्थिक नीति पर नहीं था।

ब्रेटनबुड्स संस्थाओं का घोषित लक्ष्य तो सारे संसार की अर्थव्यवस्थाओं को अपने पैर पर खड़ा कर बराबरी के व्यापार के लायक बनाना था, लेकिन उनके विचार के केन्द्र में यूरोप के औद्योगिक देश ही थे। 'अन्तरराष्ट्रीय मुद्रा कोष के लिए जो राशि उस समय प्राप्त हुई, वह इतनी कम थी कि उससे यह काम साधना असम्भव था। इसलिए वास्तविक सहायता एंग्लो-अमेरिकन फाइनेंशियल असिस्टेंस' के तहत (375 अरब डॉलर की) ब्रिटेन को और फिर मार्शल योजना के तहत 12.5 अरब डॉलर की सहायता जर्मनी, फ्रांस आदि को प्राप्त हुई। इस तरह द्वितीय विश्व युद्ध के बाद से सम्पन्न औद्योगिक देशों के बीच एक हद तक सहयोग की नीति चली और उनके आक्रामक व्यापार के फैलाव का मुख्य क्षेत्र बाकी दुनिया बनी।

फिर भी 1948 में मार्शल योजना के लागू होने से लेकर 1988 तक के चालीस वर्षों में सोवियत संघ तथा अन्य 'समाजवादी' सरकारों का संसार के बड़े भू-भाग पर नियंत्रण होने से इस व्यापारिक फैलाव के लिए एक बड़ी बाधा उपस्थित हो गई थी। 1989 में सोवियत संघ तथा अन्य समाजवादी व्यवस्थाओं के धराशायी हो जाने से और चीन द्वारा निजी क्षेत्र की प्राथमिकता कबूल कर लेने से यह बाधा खत्म हो गई। यही पृष्ठभूमि थी, जिसमें एक सार्वभौम व्यापारिक संस्था जिसका विचार लम्बित था, नई गैट सन्धि के तहत स्थापित की गई है। वर्ल्ड ट्रेड ऑर्गेनाइजेशन अथवा मल्टीलैटरल ट्रेड ऑर्गेनाइजेशन के नाम से 1995 में स्थापित होनेवाली यह संस्था, दरअसल, 1944 में ब्रेटनबुड्स में प्रस्तावित इंटरनेशनल ट्रेड ऑर्गेनाइजेशन का ही परिष्कृत संस्करण है। इसके दायरे में उद्योगों के अलावा कृषि, वन सम्पदा, सेवा एवं बौद्धिक सम्पदा अधिकार के तहत मनुष्य की मेधाशक्ति सब कुछ समाहित है।

लेकिन जीवित मनुष्यों का समग्र शोषण तब तक सम्भव नहीं जब तक उनकी बुद्धि पर भी नियंत्रण न हो। आज की दुनिया में यह विशेष तौर से महत्त्वपूर्ण हो

गया है, जब व्यापार जीवन की आवश्यक वस्तुओं से ज्यादा प्रसाधनों एवं अन्य गैर-जरूरी वस्तुओं का होता है। इसके लिए लोगों में ऐसी वस्तुओं की ललक पैदा करना और उनका आदी बनाना जरूरी होता है। यही प्रचार तंत्र की विविध विधाओं और संचार माध्यमों की भूमिका सर्वाधिक महत्त्व की बन जाती है। इसका सबसे सक्षम साधन टेलीविजन प्रसारण आज दुनिया के व्यापारिक प्रतिष्ठानों को उपलब्ध है। इसके द्वारा न सिर्फ विज्ञापनों को रंग-बिरंगी साज-सज्जा के साथ तिलस्मी रूप में प्रस्तुत किया जा सकता है, बल्कि नाटक, संगीत आदि कलाओं को भी शुद्ध व्यापारिक रूप देकर घर-घर पहुँचाया जा सकता है। आकाश मार्ग से होनेवाले इस आक्रमण से बचने के लिए दृढ़ इच्छा शक्ति या सशक्त देशज संस्कृति के उन्मेष के अलावा कोई दूसरा उपाय नहीं है। स्वयं साझा विरासत वाले फ्रांस ने अमेरिकी सांस्कृतिक हमले के खिलाफ जोरदार आवाज उठाई है। वैसा ही विरोध अब कनाडा में शुरू हुआ है।

भारत की सांस्कृतिक विरासत भिन्न है और इस नई संस्कृति को अफीम की लत की तरह यहाँ फैलाया जा रहा है। धीरे-धीरे इसके आदी भारतीय एक सतही या भोंडी व्यावसायिक संस्कृति को आत्मसात कर उससे जुड़ी उन तमाम वस्तुओं के लिए लालायित होंगे जो आज औद्योगिक समाजों के उत्पादन और निर्यात के प्रधान क्षेत्र हैं। यह अफीम व्यापार की पुनरावृत्ति जैसी ही चीज है।

कैसा होगा आर्थिक नीतियों का चेहरा

सोनिया गांधी ने प्रधानमंत्री के पद को ठुकरा कर राजनीति के लिए एक अद्‌भुत प्रतिमान उपस्थित किया है। यह इस प्रचलित धारणा को पूरी तरह नकारता है कि राजनीति में कुछ भी उदात्त नहीं हो सकता। दरअसल, जेपी ने आजादी मिलने के बाद, जब वे सोशलिस्ट पार्टी के महामंत्री थे, जवाहरलाल नेहरू को कुछ ऐसा ही सुझाव दिया था कि जब देश के नव निर्माण की जरूरत है तो कुछ नेताओं को सत्ता से बाहर रह देश की राजनीति को दिशा देने की कोशिश करनी चाहिए। जेपी ने कुछ ऐसा ही सोच कर स्वयं कभी संसद में जाने का प्रयास नहीं किया, लेकिन उस समय पंडित नेहरू ने यह कहकर इस सुझाव को मजाक में उड़ा दिया कि जयप्रकाश तो सत्ता से बाहर रहकर यह काम कर ही रहा है, लेकिन सत्ता के प्रति स्वयं नेहरू के इस मोह ने राजनेताओं में सत्ता को सर्वोपरि के रुझान को बढ़ावा दिया जिसने देश की राजनीति को गलत दिशा दी।

आज चारों तरफ परिवारवाद दिखाई दे रहा है। सभी महत्त्वपूर्ण नेताओं के रिश्तेदार ही सांसद और विधायिकाओं के लिए उपयुक्त माने जाने लगे हैं। नेहरू ने दबाव के रूप में एकाध बार जरूर सत्ता त्यागने का ड्रामा किया था। सत्ता के प्रति नेहरू के इस रुख को लक्ष्य करके ही लोहिया ने कभी व्यंग्य से कहा था कि 'अनासक्ति के इस देश में नेताओं की गद्‌दी मरने के बाद ही छूटती है।' जब सोनिया गांधी ने प्रधानमंत्री बनने से इनकार किया तो शुरू में ऐसा लगता था कि यह भी शायद कुछ ऐसा ही नाटक हो। सोनिया गांधी के जन्म-स्थान रोम में भी जूलियस सीजर ने मुकुट धारण करने के पहले तीन बार मना किया था।

नेहरू परिवार के दरबारी के रूप में काम करने के अभ्यस्त कांग्रेसियों ने जब सोनिया गांधी पर प्रधानमंत्री बनने का भीषण दबाव बनाना शुरू किया तब यह आशंका होने लगी थी कि अन्तत: सोनिया गांधी अपना विचार बदल देंगी, लेकिन सौभाग्य से यह साबित हुआ कि यह निर्णय वाकई एक दृढ़ संकल्प का परिणाम था। अब जो लोग इसमें कुछ छिपा मर्म देखते हैं अपनी कमजोरी की कसौटी पर एक बड़े मन को आँकने की कोशिश कर रहे हैं। हमें अब सहज भाव से इसे राजनीति के लिए एक शुभ संकेत मान लेना चाहिए और आशा करनी चाहिए कि दूसरे लोग भी राजनीति को सिर्फ पद पाने का माध्यम नहीं बनाएँगे।

संयोग से मनमोहन सिंह, जिनका चयन सोनिया गांधी ने प्रधानमंत्री पद के लिए किया, वे भी अपनी ईमानदारी और कर्तव्यनिष्ठा के लिए जाने जाते हैं। अगर इनके चरित्र का अनुकरण दूसरे सांसद और राजनेता करने लगें तो देश की राजनीति उस दलदल से निकलने लगेगी जिसमें नीतियों की बहस की बजाय नेताओं के भ्रष्ट आचरण की चर्चा में ही देश की राजनीतिक ऊर्जा नष्ट हो जाती है। सौ करोड़ के इस देश में जहाँ करोड़ों लोग भूखे पेट सोने को मजबूर होते हैं, जहाँ समुचित आवासीय सुविधा भी थोड़े ही लोगों को उपलब्ध है और शिक्षा और स्वास्थ्य सेवाएँ भी बस मुट्ठी-भर लोगों को मिलती हैं, पूरी निष्ठा और ईमानदारी से काम करने पर भी लोगों की जरूरतों को पूरा करना काफी समय ले सकता है। ऐसे में देश में राजनीति करनेवालों के सामने अपने और देश को बदलने की एक बड़ी चुनौती है। इस चुनौती को स्वीकार करने से नीतियों का मामला पहले से अधिक गम्भीर बन जाएगा क्योंकि तब समाज के स्वरूप निर्धारण में नीतियाँ ही निर्णायक कारक बन जाएँगी।

फिलहाल देश जैसी फासीवादी ताकतों के उभार से निकला है उसमें सभी चाहेंगे कि नई सरकार में स्थायित्व हो। इसके लिए सबसे पहले यह उम्मीद की जाती है कि नए मंत्रिपरिषद में कुशल और साफ छवि वाले लोग ही हों और कोई भी ऐसा व्यक्ति जिस पर भ्रष्टाचार के गम्भीर आरोप रहे हैं, इसमें शामिल नहीं किया जाए। इससे लोगों का भरोसा नई सरकार पर जमेगा। इसके लिए कांग्रेस संगठन के भीतरी और सहयोगी दलों के बाहरी दबावों को निरस्त करना जरूरी लगेगा। यह कठिन पर वर्तमान स्थिति में अनिवार्य कर्तव्य बनता है। अब तक इस दिशा में बहुत सफलता मिलती नहीं दिखाई देती। मंत्रिपरिषद में कुछ चेहरे ऐसे हैं जिनके खिलाफ आपराधिक मामले दर्ज हो चुके हैं। शायद यह गठजोड़ राजनीति की मजबूरी हो, लेकिन इससे भविष्य में शासन भ्रष्टाचार मुक्त और पारदर्शी बन पाएगा इस पर सन्देह होने लगता है। एक दृष्टि से यह स्थिति त्रासद होगी क्योंकि ईमानदारी ही मनमोहन सिंह सरकार की सबसे बड़ी या एकमात्र पूँजी मानी जाती रही है।

नीतियों के स्तर पर काफी संशय की गुंजाइश है। देश की आम जनता यानी गरीब वर्गों के हित में किसी मूलभूत बदलाव की सम्भावना में सबसे बड़ी बाधा तथाकथित सुधारों के प्रति मनमोहन सिंह की ख्यात प्रतिबद्धता की है। दरअसल, वे ही इस देश में 'उदारीकरण' की नीति के जनक माने जाते हैं। अर्थशास्त्र भी आज एक तकनीकी ज्ञान है यानी एक औजार है और किसी भी औजार की तरह इसका इस्तेमाल निर्दिष्ट लक्ष्यों के लिए होता है। जब तक यह स्पष्ट नहीं हो कि तकनीक की दिशा क्या है इसके नतीजों के बारे में कुछ भी नहीं कहा जा सकता। अब तक दुनिया के किसी भी देश में बहुसंख्य गरीब लोगों के हित में आर्थिक 'सुधारों' के परिणाम नहीं हुए हैं। इसलिए मनमोहन सिंह की निर्विवाद विद्वत्ता के बावजूद या

कहें तो इसी के कारण उनके द्वारा अपनाई गई नीति देश की गहराती विषमता को दूर करने की बजाय इसे और भी गहरा सकती है।

उदारीकरण को मानवीय चेहरा देने की बात की गई है जबकि दरअसल इसका कोई मानवीय चेहरा हो ही नहीं सकता क्योंकि अपने आदर्श रूप में उन्मुक्त प्रतिस्पर्धा (फ्री कम्पीटिशन) आर्थिक क्षेत्र को एक ऐसा युद्ध क्षेत्र बनाना चाहता है जिसमें पिछड़ने वालों को नष्ट होना ही है। उन्हें किसी तरह की सरकारी या गैर-सरकारी सहायता पहुँचाना इसके मूल नियमों की अवहेलना है। यह माना जाता है कि अक्षम और कमजोर उद्योग या निवेशकों के विनष्ट होने से समाज समग्र रूप में सम्पन्न होता है। अगर मजदूरों की छँटनी होती है तो यह औद्योगिक सक्षमता की अनिवार्य शर्त है।

सम्पन्न औद्योगिक देशों में भी इस नीति से करोड़ों लोग बेरोजगार हैं, लेकिन चूँकि वे सम्पन्न देश हैं, इन बेरोजगारों को कुछ भत्ता दे दिया जाता है। भारत जैसे देश में जहाँ करोड़ों लोग अदृश्य बेरोजगारी के शिकार हैं और सरकारों का वित्तीय आधार कमजोर होता है, नए बेरोजगार होनेवालों की सुध कौन लेगा, या लेता रहा है? फिलहाल कुछ क्षेत्रों में वामपंथी दलों के दबाव में विनिवेश पर रोक लगी है, लेकिन यह 'सुधारों' की नीति की मूल भावना के विपरीत जाता है और कब तक चलेगा कहना मुश्किल है।

स्वयं वामपंथी दलों की कोई स्पष्ट नीति इस सम्बन्ध में नहीं है और वे अभी तक सार्वजनिक क्षेत्र के उद्योगों के अपने ट्रेड यूनियनों के दबाव में निजीकरण के विरोधी बने रहे हैं। निजी क्षेत्र और विदेशी कम्पनियों के बारे में पश्चिम बंगाल और केरल की वामपंथी सरकारों ने कोई विरोधी रुख नहीं अख्तियार किया है। यहाँ तक कि जल और शीतल पेयों में जहर घोलनेवाली कोकाकोला जैसी कम्पनी को प्लाचीमाडा में ग्राम पंचायत के विरोध के बावजूद अपना संयंत्र लगाने की अनुमति केरल की वाम मोर्चा सरकार ने ही दी थी।

इससे यह संशय होता है कि वाम दलों को भी मुक्त बाजार व्यवस्था से, जिसे सुधार का लक्ष्य माना जाता है, कोई बुनियादी परहेज अब नहीं रह गया है। इसलिए कांग्रेस से उनका नीतिगत मतभेद दिखावटी ही है और वामपंथी कहलाने की लाज-हया को बचाए रखने का उपाय मात्र। इसके अलावा पश्चिम बंगाल और केरल में कांग्रेस ही वाम दलों का मुख्य प्रतिद्वन्द्वी है। इसलिए वामपंथ का मुखौटा एकबारगी हटा देने से समर्थन का आधार भी खिसक सकता है। ये सब व्यावहारिक राजनीति की मजबूरियाँ हैं।

मनमोहन सिंह की सरकार द्वारा किसानों के हित रक्षा की बात की गई है, लेकिन उदारीकरण की नीति और वामपंथी दलों की नीति में भी छोटे किसानों की हित रक्षा के लिए कोई गुंजाइश है क्या? केरल और पश्चिम बंगाल में वाम दलों

की भूमि सुधार नीति की काफी प्रशंसा हुई है, और एक हद तक यह प्रशंसा उचित भी है, लेकिन यह कृषि व्यवस्था का बुनियादी स्वरूप क्या हो इसको दर्शाने की बजाय इस चिरपरिचित कम्युनिस्ट नीति का नमूना है जिसमें किसानों का समर्थन हासिल करने के लिए उन्हें जमीन पर कब्जा करने के लिए कई देशों में प्रोत्साहित किया गया था—मसलन, रूस, चीन और वियतनाम आदि में, लेकिन बाद में रूस और चीन दोनों में क्रमशः सामूहीकरण या कम्यून की व्यवस्था के लिए फिर उनकी जमीन छीन ली गई।

राष्ट्रीय स्तर पर सम्पूर्ण सत्ता के अभाव में केरल या पश्चिम बंगाल में यह सम्भव नहीं था इसलिए प्रारम्भिक कदम के बाद कृषि सुधारों में एक ठहराव आ गया, लेकिन उनकी मूल दृष्टि इस बात में दिखाई देती है कि कम आय या घाटे वाली फसलों जैसे धान या गेहूँ—उपजानेवाली जमीन पर तो भू-हदबन्दी कानून लागू किया गया, लेकिन मुनाफा देनेवाले हजारों-हजार एकड़ के चाय, कॉफी, रबर आदि के प्लांटेशनों को बड़े औद्योगिक घरानों के हाथ छोड़ दिया गया। वहाँ भूमि सीमा बढ़ाने पर कोई पाबन्दी नहीं है। केरल में तो ग्रासिम कम्पनी को लाने का श्रेय वाम मोर्चा सरकार को ही था, जिसे प्रारम्भ में नाममात्र की लिहाजी कीमत पर हजारों हजार एकड़ पर जंगल में लगे बाँस उपलब्ध कराए गए जबकि बाँस से पारम्परिक उद्योग चलानेवाले छोटे उत्पादकों को भारी कीमत पर बाँस खरीदने होते थे।

चीन में जो कभी वामपंथियों का आदर्श था, आर्थिक 'सुधारों' के चलते लगभग पन्द्रह करोड़ किसान खेती छोड़ काम की तलाश में नगरों की ओर पलायन कर रहे हैं। इन प्रश्नों पर सरकार को अपनी दृष्टि साफ करनी होगी। नई सरकार को यह साफ करना होगा कि उदारीकरण का मानवीय चेहरा क्या होगा। यह इसलिए जरूरी है क्योंकि इन सवालों का सही उत्तर पाए बगैर अभी जो उत्साह दिखाई देता है कुछ ही दिनों में समाप्त हो जाएगा और ऐसे मोहभंग से फासीवादी शक्तियों को फिर पाँव फैलाने का मौका मिलेगा। नेकनीयती का सही नीतियों और व्यवहारों में ढलने से ही आम लोगों को वैसी राहत मिलेगी, जिसकी उन्हें तलाश है। नई सरकार को तत्काल आम लोगों का अभूतपूर्व समर्थन प्राप्त है। आर्थिक सुधार के सैद्धान्तिक पूर्वग्रह से इसके भ्रष्ट होने की काफी सम्भावना है।

कहाँ ले जाएँगी आर्थिक नीतियाँ

मध्य जुलाई में अपनी अमेरिका यात्रा के समय जर्मनी से प्रधानमंत्री मनमोहन सिंह का दिया गया यह बयान कि 'भारत बिक्री के लिए नहीं है' इस अर्थ में महत्त्वपूर्ण था कि यह कहीं-न-कहीं उनकी अपनी ही आर्थिक नीतियों के प्रति संशय व्यक्त करता था। इसका एक उद्देश्य तो उस सम्भावित अमेरिकी दबाव को निरस्त करना हो सकता था जिसकी आशंका राजकीय यात्रा पर अमेरिका जानेवाले सभी राजनेताओं में बनी रहती है। परमाणु ऊर्जा से सम्बद्ध जो समझौते हुए हैं या ईरान से गैस की पाइप लाइन सम्बन्धी जो बातें हुई हैं उसकी यूपीए में शरीक वामपंथी दलों द्वारा आलोचना से तो यही लगता है कि अगर उद्देश्य था तो, वह पूरी तरह सफल नहीं हुआ है। इसमें भारत अमेरिकी दबाव के सामने झुकता हुआ नजर आता है।

स्वयं अमेरिका में इस सन्दर्भ में जो चर्चाएँ हुईं उनमें इस बात को 'सराहा' गया कि भारत गुटनिरपेक्षता की अपनी नीति से, जो उनके अनुसार अमेरिका विरोधी थी, अब बाहर निकल आया है। इसमें भारत अमेरिका की ओर कुछ खिसकता हुआ तो जरूर नजर आता है, लेकिन इन समझौतों में देश बिका हो ऐसा दिखाई नहीं देता। मगर देश की स्वायत्तता और जीवन के आधार की बिक्री तो बड़े पैमाने पर पहले से ही हो चुकी है और इसके लिए किसी प्रधानमंत्री की अमेरिकी यात्रा आवश्यक नहीं थी। यह तो देश के भीतर देशी और विदेशी कम्पनियों के साथ होनेवाले छोटे-बड़े सौदों और सरकार की आर्थिक नीतियों के द्वारा बड़े पैमाने पर लगातार हो रहा है।

आम तौर पर ये सौदे इतने अव्यक्त रूप में होते हैं कि हमें इनका पता तब चलता है जब हम इस कदर बँध चुके होते हैं कि निकल पाना असम्भव होता है। एक उदाहरण खेती का है। तथाकथित हरित क्रान्ति के दौर में अपने परिचित पुराने बीजों की जगह छोटे पैमाने पर संकर और 'परिवर्धित' बीजों और इनके साथ-साथ रासायनिक उर्वरकों और कीटनाशकों का प्रयोग शुरू हुआ, लेकिन आज यह स्थिति हो गई है कि कुछ 'पिछड़े' इलाकों को छोड़ अब कहीं भी किसानों के पास पारम्परिक बीज नहीं बचे हैं और उन्हें साल-दर-साल खेती के लिए बीज-उत्पादक कम्पनियों पर निर्भर रहना पड़ता है। प्राय: इन कम्पनियों के तार विदेशी बीज निर्माताओं से जुड़े होते हैं जो किसानों को नए किस्म के बीज बेचते हैं।

किसानों को इनके गुण-दोषों का प्रभाव तब मालूम होता है जब उनकी फसल तैयार हो चुकी होती है। अगर इससे नुकसान होता है तो इसकी भरपाई का कोई उपाय नहीं होता। उनके पास ऐसा कोई माध्यम नहीं है जिससे यह सुनिश्चित किया जा सके कि नुकसान नए बीजों, कीटनाशकों या उर्वरकों से हुआ है या किसानों द्वारा खेती के सूत्रों का सही प्रयोग नहीं करने के कारण। नए उर्वरकों या कीटनाशकों के कारण जमीन की उर्वराशक्ति और बनावट में जो स्थायी और हानिकारक बदलाव आता है उसके सही आकलन और निराकरण का तो कभी कोई प्रयास ही नहीं होता।

उर्वरता अगर घटती है तो रासायनिक खादों और दवाओं का अधिक प्रयोग किया जाता है जिससे स्थिति और भी खराब होती जाती है। कृषि क्षेत्र में परनिर्भरता और भूमि के बंध्यापन का जो संक्रमण हुआ उसके सम्बन्ध में दलील दी जा सकती है कि बढ़ती आबादी के दबाव में भुखमरी से बचने का साठ के दशक में कोई दूसरा उपाय नजर नहीं आता था, लेकिन आर्थिक नीतियों में देश को विदेशी घुसपैठ के लिए खोलने की नीति की शुरुआत बीसवीं सदी के नब्बे के दशक में हुई, वह कोई मजबूरी नहीं थी और इस दिशा में कदम बढ़ाने का श्रेय बहुत कुछ मनमोहन सिंह को जाता है। 1991 के बाद से भारत को विदेशी कम्पनियों के लिए खोलने की जो नीति शुरू की गई वह सोता से बढ़कर सर्वनाशी बाढ़ में बदल गई।

धीरे-धीरे फॉरेन इन्वेस्टमेंट प्रोमोशन बोर्ड (एफआईपीबी) या सरकार से अनुमति के बिना ही एक सीमा के भीतर विदेशी हिस्सेदारी का दरवाजा खोला गया। बाद में सड़क निर्माण और मरम्मत, यातायात के लिए सुरंग, बन्दरगाह आदि बनाने में पन्द्रह करोड़ रुपए तक के शत-प्रतिशत निवेश को सभी तरह की सरकारी अनुमति से मुक्त किया गया। 2001-02 से विदेशी पूँजी निवेश को धीरे-धीरे सभी तरह की सीमाओं से मुक्त करने की कोशिश हुई है और अब यह नीति लोगों के जीवन के लिए आवश्यक संसाधनों को विदेशी नियंत्रण के लिए खोलकर ऐसी स्थिति पैदा कर रही है कि जिन्दगी पूरी तरह देशी और विदेशी कम्पनियों के हवाले हो जाए।

इसमें देश के राष्ट्रीय सम्मान और स्वायत्तता के प्रतीक अनेक क्षेत्रों का घोर संक्रमण हो रहा है। पेयजल के बढ़ते अभाव के परिप्रेक्ष्य में पेप्सी और कोका-कोला जैसी विदेशी कम्पनियों को अतिशय भूजल दोहन की जो छूट दी जा रही है वह किसी भी सरकार के लिए सीमा का उल्लंघन है। इसके विरोध में उठनेवाले लोगों की स्वत:स्फूर्त आवाज को दबाने के लिए सरकारी शक्ति का सहारा लिया जा रहा है। देश एक घोर दुश्चक्र में फँसा हुआ है क्योंकि इस नीति को लेकर राजग और यूपीए दोनों ही गठबन्धन लगभग पूरी तरह एक हैं।

एक तरफ कोला जैसा नुकसानदेह पेय बनाने के लिए भूजल दोहन की छूट दी जा रही है तो दूसरी ओर पानी को, जिसे अब तक जीवन के लिए प्रकृति का उन्मुक्त उपहार माना जाता था, निजी कम्पनियों के हवाले किया जा रहा है। फिलहाल

स्थिति यह हो गई है कि स्वयं रेलवे जैसे सरकारी उपक्रम भी इस कारोबार में शामिल हो गए हैं। अब रेल नीर के नाम से रेलवे द्वारा बोतलबन्द पानी मुसाफिरों को दस रुपये लीटर के हिसाब से बेचा जाता है। लगभग उसी दाम पर जिस पर गाँवों में दूध बिकता है। शायद इस व्यापार को सफल बनाने के लिए रेलवे स्टेशनों पर नलों में जल की उपलब्धि को नलों में ऐसे नियंत्रित किया जाता है कि सफर करनेवाले यात्रियों के लिए अल्पकाल में पानी ले पाना सम्भव नहीं हो। ऐसा किसी नीति के तहत होता है या व्यवस्था के लचर होने से, यह कहना किसी बाहरी आदमी के लिए सम्भव नहीं।

सवाल है कि आज ऐसी स्थिति क्यों पैदा हो रही है कि लोगों को दूध के भाव पानी खरीदना पड़ रहा है? इसका सीधा उत्तर यही दिखाई देता है कि यह पानी को बाजार के लिए एक पण्य बनाने की नीति का नतीजा है। थोड़ा गहराई में उतरने पर यह सारा मामला अन्तत: वर्तमान पूँजीवादी व्यवस्था की विकास नीति का परिणाम दिखाई देता है, जिसमें आबादियों का केन्द्रीकरण और प्रकृति के उन्मुक्त संसाधनों पर व्यापार के लिए बढ़ता निजी नियंत्रण अपरिहार्य बन जाता है।

पानी के बाजारीकरण की मजबूरी और नतीजे दोनों ही देश की राजधानी दिल्ली में देखे जा सकते हैं। आर्थिक केन्द्रीकरण की नीति के चलते दिल्ली और इसके आसपास आबादी का इतना अधिक और बेतरतीब विस्तार हुआ है कि पारम्परिक रूप से उपलब्ध पेयजल ही नहीं किसी भी तरह का पानी आम आदमी की पहुँच से बाहर हो रहा है। सरकार अपनी उदारीकरण नीति के तहत धीरे-धीरे लोगों को मुफ्त या सस्ता जल मुहैया कराने की जवाबदेही से मुकर चुकी है। पर जल बिना मीन तो क्या मनुष्य भी जिन्दा नहीं रह सकता। परिणामस्वरूप मनुष्य की इस बुनियादी आवश्यकता की पूर्ति जल के बाजारीकरण से हो रही है।

अब विश्व बैंक की सलाह पर दिल्ली जल बोर्ड ने जलापूर्ति के काम को निजी कम्पनियों के हवाले करने का निर्णय किया है। आशंका जताई जा रही है कि इससे उन लोगों को, जो मीटर से पानी का दाम देते हैं, चार गुना या और अधिक पैसा देना होगा। इसके अलावा झुग्गी-झोंपड़ियों और दूसरे गरीब इलाकों में रहनेवाले लोगों को, जिन्हें अब तक मुफ्त पानी प्राप्त होता था, पानी के लिए पैसा देना होगा। इसके लिए मजबूर करने के लिए खुली जगहों पर लगे नलों और टैंकरों से पानी देना बन्द कर दिया जाएगा। इस तरह 'रेल नीर' की तर्ज पर नगरवासियों को दूध के भाव निगम-नीर या दूसरी कम्पनियों का पानी खरीदना होगा।

इसी तरह देश की चट्टानों और खनिजों को बड़ी मात्रा में निर्यात करने की नीति चलाई जाती रही है। कर्नाटक के कुद्रमुख से लौह अयस्क के अलावा बड़ी मात्रा में ग्रेनाइट पत्थर का निर्यात पहले से ही होता रहा है। यह निर्यात कृषि या उद्योगों में उत्पादित वस्तुओं के निर्यात से बिलकुल भिन्न है और इसमें उस जमीन

का निर्यात होता है जिस पर जंगल, जीव या मनुष्य निर्भर हैं। इस दिशा में सबसे महत्त्वपूर्ण पहल हाल में दक्षिण कोरियाई कम्पनी पास्को की उड़ीसा में इक्यावन हजार करोड़ रुपये के निवेश की योजना है। वैसे तो यह योजना इस्पात निर्माण की है, लेकिन इस अनुबंध में बड़े पैमाने पर खदान पट्टे पर देने का प्रावधान है और पास्को इन खदानों से लौह अयस्कों का भी निर्यात करेगी। यह निर्यात इतने विशाल पैमाने पर होगा कि पारादीप के बन्दरगाह को विस्तृत करने से भी काम नहीं चलेगा और पास्को इसके लिए अलग से बन्दरगाह विकसित करेगा।

लेकिन देशी-विदेशी कम्पनियों के दबाव में आजादी के आन्दोलन के महत्त्वपूर्ण प्रतीक बन चुके नमक की कीमत बढ़ाने का जो प्रपंच रखा गया है वह तो स्तम्भित करनेवाला है। 1930 में महात्मा गांधी ने नमक पर लगाए गए टैक्स के खिलाफ दांडी मार्च किया था और दांडी के तट पर एक मुट्ठी कर-मुक्त नमक उठाकर नमक सत्याग्रह शुरू किया था। यह आन्दोलन सारे देश में स्वतःस्फूर्त रूप से फैल गया और आजादी की लड़ाई का प्रतीक बन गया। गांधीजी ने नमक को प्रतीक रूप में चुनने के पीछे यह तर्क दिया था कि नमक उपभोग की एकमात्र वस्तु है जिसका उपयोग अमीर से ज्यादा गरीब लोग करते हैं। यह गरीबों के अधिकतर व्यंजनों का आधार है।

अब यह बहाना बनाकर कि आयोडिन रहित नमक खाने से घेंघा होता है, नमक पर बड़ी कम्पनियों की इजारेदारी कायम की जा रही है। लिहाजा, अब आयोडीनयुक्त करने के नाम पर वे साधारण नमक से कई गुना कीमत पर लोगों को अपना नमक खरीदने को मजबूर करेंगी। आयोडीनयुक्त नमक को सभी लोगों पर थोपने का तर्क इतना विचित्र है कि सभी जानकार क्षेत्रों में इसकी खिल्ली उड़ाई जा रही है। गौरतलब है कि अगर सारे देश में लोगों के भोजन में आयोडीन का व्यापक अभाव होता तो चारों ओर सिर्फ घेंघा रोग से ग्रसित लोग ही दिखाई देते, लेकिन अर्थशास्त्री प्रधानमंत्री के लिए बाजार का तर्क सर्वोपरि है।

प्रधानमंत्री से लोग यह सीधा सवाल पूछ सकते हैं कि जब देश की जमीन बिक्री के लिए है, जल बिक्री के लिए है, जमीन को आधार देनेवाली चट्टान और खनिज बिक्री के लिए हैं और आम आदमी के व्यंजनों का स्वाद नमक भी बिक्री के लिए है तो फिर इससे अलग देश की बिक्री क्या होती है? शायद एकमात्र बाकी बीज राष्ट्रीय आत्मसम्मान है। पर इसे तो पश्चिमी जीवन पद्धति का अंधानुकरण करनेवाला देश का अभिजात वर्ग रोज बेच ही रहा है।

जनसत्ता, 4 अगस्त, 2005

कानकुन की बेगानी महफिल

भारत जैसे गरीब मुल्कों में वैश्विक अर्थव्यवस्था का नाकारापन कृषि क्षेत्र में साफ तौर से दिखाई देता है। औद्योगिक क्षेत्र में कुछ बहुराष्ट्रीय कम्पनियों के अपने या साझा उद्योगों के स्थापित हो जाने से हम कहाँ हैं यह हकीकत छिप जाती है। मारुति, हिन्दुस्तान लीवर, पेप्सी और कोका-कोला जैसी विदेशी कम्पनियों की नीति विज्ञापित उपस्थिति से यह भ्रम पैदा होता है कि औद्योगिक देशों की कतार में हम भी खड़े हैं भले ही हमारी जगह पायदान के पास ही हो। 'आउट सोर्सिंग' से जो बौद्धिक कुलियों की भरमार देश में हो रही है उससे भी भ्रम पैदा होता है कि हम सूचना तकनीक के क्षेत्र में अग्रणी हैं, लेकिन कृषि के क्षेत्र में, जिस पर आज भी देश की सत्तर फीसदी आबादी निर्भर है, दुनिया में हमारी कोई पूछ ही नहीं है। दोहा से प्रारम्भ वार्ताओं के चक्र में मैक्सिको के कानकुन की मंत्री स्तरीय बैठक के पूर्व जो पहल हुई है उसमें भारत अपनी भूमिका को भी निश्चित करने में असमर्थ है। दरअसल यह स्थिति विश्व व्यापार संगठन के मूल उद्‌देश्यों के हिसाब से भारत की अप्रासंगिकता दर्शाती है।

विश्व व्यापार संगठन का मूल उद्‌देश्य है सारी दुनिया को अबाध व्यापार के लिए खोलना। यह नीति सदा सशक्त व्यापारिक समूहों के हित में होती है। फिलहाल मामला इसलिए उलझा हुआ है क्योंकि कृषि क्षेत्र के तीन शक्तिशाली हितों के बीच विरोध पैदा हो गया है। अब तक अपनी स्थिति के हिसाब से सभी देश अपने यहाँ के कृषि उत्पादन को सहारा देते रहे हैं। इसमें दो तरह के लक्ष्य सभी देशों की सरकारों के सामने रहे हैं। पहला, अपने देश के कृषि उत्पादन को अनुदान से सहारा देना और दूसरा, विभिन्न देशों के बाजारों को अपने कृषि उत्पादों के लिए खोलना। बाजार बिना भेदभाव के काम करे इस उद्‌देश्य की पूर्ति के लिए विभिन्न देशों पर यह दबाव बनाए रखना है कि वे खेती से पैदा चीजों के आयात पर चुंगी बहुत कम रखें और निर्यात के लिए सरकारों द्वारा सहायता को नियंत्रित किया जाए। इसके अलावा खेती से उत्पन्न चीजों की कीमतों को अत्यधिक नीचे स्तर पर रखने के उद्‌देश्य से सरकारों द्वारा इसको दिए जानेवाले अनुदान की मात्रा सीमित की जाए।

भारत का स्थान कृषि उत्पादन और कृषिजन्य वस्तुओं के निर्यात में इतना नगण्य है कि यह विश्व व्यापार संगठन की इन चिन्ताओं को नजरअन्दाज कर अपनी अर्थव्यवस्था को बिना किसी कठिनाई के चला सकता है। इसकी कृषि की विविधता और आन्तरिक बाजार इतना व्यापक है कि भारत उत्पादन और विनियम के मामले में आत्मनिर्भर रह सकता है। दरअसल कृषि व्यापार के प्रमुख खिलाड़ी भारत की इस स्थिति को समझते हैं और इसलिए उनकी नीतियों में भारत जैसे देशों की चिन्ताओं का कोई ख्याल भी नहीं रखा गया है। भारत का विश्व व्यापार के व्यूह में घुसना बिलकुल अनावश्यक है। विशाल पैमाने के अनुदान (सब्सिडी) की होड़ में पड़ने की न तो भारत की क्षमता है और न इसे इसकी आवश्यकता है। संसार की कृषि व्यवस्था की स्थिति पर विचार करने से यह बात जाहिर हो जाएगी।

अभी इस मैदान के प्रमुख खिलाड़ियों को तीन हिस्सों में बाँटा जा सकता है। एक में वे औद्योगिक देश हैं जो भारी अनुदान से अपनी कृषि को दुनिया के बाजार की स्पर्धा में जिन्दा रखना चाहते हैं। इसमें यूरोपीय संघ, जापान, स्विट्जरलैंड और नार्वे जैसे देश हैं। दूसरी कोटि में अमेरिका जैसे कुछ अति विकसित देश भी हैं और कैर्न नाम से जाना जानेवाला सोलह राष्ट्रों का एक समूह है जिसमें कुछ अति विकसित और कुछ अविकसित औद्योगिक देश हैं जो संसार में अपनी कृषिजन्य वस्तुओं के निर्यात को बढ़ाना चाहते हैं, क्योंकि यह उनकी अर्थव्यवस्था का महत्त्वपूर्ण आधार है। इस समूह में कनाडा, आस्ट्रेलिया और न्यूजीलैंड काफी समृद्ध देश हैं। ये सभी अपनी कृषि को अनुदान देकर निर्यात बढ़ाने की कोशिश करते हैं। इनकी मुख्य चिन्ता आयात पर चुंगी कम करने की है ताकि इनके उत्पाद दूसरे देशों में सस्ती दर पर बेचे जा सकें।

फिलहाल मुख्य विवाद अमेरिका और यूरोपीय संघ के बीच अनुदान की मात्रा को लेकर है। दोनों ही अपनी कृषि को बृहत् पैमाने पर अनुदान देते हैं। कुछ अन्य सम्पन्न देशों के साथ इनका सालाना अनुदान 300 अरब डॉलर से अधिक होता है। यह करीब चौदह लाख करोड़ रुपया हुआ जो भारत की राष्ट्रीय आय से अधिक है। इसी से अन्दाज लगाया जा सकता है कि विकसित देशों में कृषि में अनुदान की मात्रा कितनी ज्यादा है।

इस पृष्ठभूमि में भारत में कृषि में अनुदान पर नियंत्रण रखने की चर्चा हास्यास्पद लगती है। इस सन्दर्भ में यह भी ध्यान में रखना है कि विकसित देशों में कृषि से जुड़े लोगों की संख्या बहुत छोटी है—पूरी जनसंख्या के पाँच प्रतिशत के आसपास जबकि भारत में यह सत्तर प्रतिशत के लगभग है। हमें यह भी ध्यान में रखना है कि भारत की आबादी सभी सम्पन्न औद्योगिक देशों की आबादी से कुछ अधिक ही होगी। इसका अर्थ यह है कि भारत के कुल किसानों की

संख्या के पाँच प्रतिशत लोग ही जो इन देशों में कृषि में लगे हैं इस विशाल मात्रा में अनुदान से लाभान्वित होते हैं। भारत की चिन्ता सिर्फ यह रही है कि निर्यात करनेवाले सम्पन्न देशों के दबाव में अगर कृषि उत्पादों के अपने आन्तरिक बाजार को खोल देना हुआ तो भारत में आयातित कृषि आधारित उत्पाद इतना सस्ता हो जाएगा कि अपने देश की खेती-बाड़ी चौपट हो जाएगी। भारत बड़ा निर्यातक नहीं है। अभी भी दुनिया के व्यापार में इसका हिस्सा एक प्रतिशत से कम है। ऐसे में विश्व व्यापार संगठन में बने रहकर इसकी शर्तों में बँधने की भारत की आतुरता समझ से परे है।

अन्तरराष्ट्रीय स्पर्धा की पृष्ठभूमि में कृषि का जो अर्थ औद्योगिक देशों में है वह हमारे यहाँ से बिलकुल भिन्न है। उनकी कृषि में लगे लोग सही अर्थ में किसान नहीं हैं बल्कि ऐसे उत्पादक हैं जो धरती के जीवन को नष्ट करके ही उत्पादन करते हैं। अनुदान की भारी मात्रा इसलिए उनके लिए आवश्यक हो जाती है। प्रति इकाई जमीन के हिसाब से उनका उत्पादन भी बहुत नहीं है। कृषि उत्पादकों की बड़ी आय या तो विशाल जोतों से आती है या अनुदान से। भारत के किसानों की औसत जोत दो से पाँच एकड़ तक की होती है। इसके विपरीत अमेरिका, ब्रिटेन आदि में जोतों का आकार सैकड़ों और हजारों एकड़ तक होता है।

अगर उत्पादन का स्तर समान हो तो सिर्फ जोतों के आकार के आधार पर एक अमेरिकी कृषि उत्पादक की आय भारतीय किसान से सैकड़ों या हजारों गुना अधिक होगी। पाँच एकड़ जोत वाला किसान अगर प्रति एकड़ हजार रुपए का लाभ पाता है तो उसकी कुल आय पाँच हजार रुपए होगी। इसके विपरीत इसी स्तर की उपज वाले अमेरिकी किसान की आय, जिसकी जोत 500 एकड़ की है, पाँच लाख रुपए होगी। ऐसी स्थिति में अमेरिकी उत्पादक के लिए अपने उत्पाद की कीमत को कम रखकर भी जिन्दा रहना सम्भव होगा जो भारतीय किसान के लिए सम्भव नहीं है।

जब हम इन तथ्यों पर विचार करते हैं तो इस बात से अचरज होने लगता है कि इतनी बड़ी जोतों वाले अमेरिकी उत्पादकों को भारी अनुदान की जरूरत क्यों होती है। इसका राज यह है कि अभी तक भारतीय किसान जो भी पैदा करता है वह धरती की उर्वरा शक्ति के आधार पर और इसमें अपने और बैल जैसे पशुओं की ऊर्जा का इस्तेमाल करके। यह बात अलग है कि नई उन्नत कृषि के आने से अब इसमें परिवर्तन हुआ है और ट्रैक्टर, उर्वरक और कीटनाशकों का प्रवेश बड़े पैमाने पर होने लगा है। अमेरिकी उत्पादक अपने विशाल फार्मों पर जितनी ऊर्जा खर्च करता है उससे कम ही मूल्य का उत्पाद हासिल कर पाता है क्योंकि धरती का योगदान उस उत्पादन प्रक्रिया में घटता जा रहा है या घटाया जा रहा है।

जेरेमी रिफ्किन ने अपनी बहुचर्चित पुस्तक 'इंट्रोपी' में दो तरह की खेती का नीचे उद्धृत तुलनात्मक विवरण दिया है।

एक साधारण किसान आम तौर से एक कैलोरी ऊर्जा खर्च कर दस कैलोरी के मूल्य की उपज प्राप्त करता है। अब यह एक आम जानकारी है कि आयोवा के एक काश्तकार मनुष्य की प्रति कैलोरी ऊर्जा के बदले 6000 कैलोरी ऊर्जा के बराबर का उत्पाद प्राप्त करता है, लेकिन उसकी सारी क्षमता एक भ्रम है जब हम उस सारी ऊर्जा पर विचार करते हैं जिसे इस उत्पादन प्रक्रिया में खर्च किया गया है। सिर्फ एक डब्बा अनाज पैदा करने में, जिसमें 270 कैलोरी ऊर्जा है, इस काश्तकार को 2,790 कैलोरी खर्च करनी पड़ती है जो मुख्य रूप से फार्म की मशीनों, रासायनिक उर्वरकों और कीटनाशकों के रूप में खर्च की जाती है। इस तरह अमेरिकी किसान प्रत्येक कैलोरी पैदा करने में 10 कैलोरी ऊर्जा की खपत करता है।

इस तरह की खेती के परिणामस्वरूप, रिफ्किन के अनुसार, "...जैसे-जैसे अमेरिका में खेती में ऊर्जा की कीमत आसमान छूने लगी है छोटे पारिवारिक काश्तकार शब्दश: खेती से बाहर धकेल दिए गए हैं और उनका स्थान खेती व्यवसाय में लगे कारपोरेशनों ने ले लिया है। आज उनतीस कारपोरेशनों का अमेरिका की 29 प्रतिशत खेती की जमीन पर अधिकार है। सिर्फ बड़े कारपोरेशन ही आज की मशीनीकृत ऊर्जा आधारित खेती के खर्च का बोझ उठा सकते हैं।"

जापान में, जहाँ खेती के योग्य भूमि कम है और किसानों को पाँच-छह एकड़ की छोटी जोतों पर खेती करनी होती है, किसानों को खेती में लगाए रखने के लिए न सिर्फ भारी अनुदान की जरूरत होती है बल्कि देश के भीतर अन्तरराष्ट्रीय कीमतों से कई गुना अधिक कीमत उन्हें उनकी उपज के लिए दी जाती है। जापान, अमेरिका के बाद दुनिया का सबसे सम्पन्न औद्योगिक देश है, उसके लिए अपने किसानों को भारी अनुदान देकर खेती में रखना सम्भव होता है, लेकिन यह प्रतिमान दुनिया की औद्योगिक दृष्टि से पिछड़ी अर्थव्यवस्थाएँ नहीं अपना सकतीं।

ऊपर की बातों पर विचार करने से यह बात आसानी से समझ में आती है कि भारत कृषि के अन्तरराष्ट्रीय व्यापार के चालू विवाद में क्यों अप्रासंगिक है, लेकिन इस स्थिति के और भी दूरगामी निहितार्थ हैं। भारत अपनी बहुसंख्यक आबादी को कंगाली की स्थिति में झोंके बिना आज की भूमंडलीकृत व्यवस्था में शामिल नहीं हो सकता। इस देश में भी पश्चिमी देशों की नकल में कृषि में औद्योगिक प्रतिष्ठानों के प्रवेश की वकालत की जा रही है। इसको सम्भव बनाने के लिए भू-हदबन्दी कानूनों को ढीला करने की भी वकालत की जा रही है, लेकिन जमीन से विस्थापित ऐसे दसों करोड़ किसानों का क्या होगा, यह कोई नहीं सोचता। वैज्ञानिक दृष्टि से, जैसाकि ऊपर के उदाहरण से स्पष्ट है, पारम्परिक खेती ही श्रेष्ठ है और लागत और आय के अनुपात को देखते हुए सबसे किफायती भी।

अब हम इस बात को नजरअन्दाज नहीं कर सकते कि जहाँ पारम्परिक खेती प्रकृति से साहचर्य पर आधारित है, नई औद्योगिक खेती पर्यावरण को नष्ट करनेवाली है। पश्चिमी देशों में नई खेती उनकी मजबूरी इसलिए बन गई है क्योंकि खेतिहरों को औद्योगिक और सेवा क्षेत्रों की ऊँचाई का जीवन स्तर प्रदान करने के लिए उन्हें खेती को बड़े औद्योगिक फार्म में तब्दील करना होता है। भारत अभी तक इस दुश्चक्र में नहीं फँसा है। यह अभी भी पारम्परिक जीवनशैली के तहत खेती और बाकी क्षेत्रों के बीच सन्तुलन बना सकता है, लेकिन इसके लिए विश्व बाजार में बँधने की बजाय हमें स्वायत्त अर्थव्यवस्था बनाने की दिशा में पहल करनी होगी।

जनसत्ता, 3 सितम्बर, 2004

सूचना और संसार

1

आदमी की तरह ही समाजों की भी आत्मसम्मोहन की क्षमता विलक्षण होती है। इससे अक्सर हम जैसा बनना चाहते हैं, अपनी निगाह में वैसा ही दिखाई पड़ने लगते हैं। देश का नेतृ-वर्ग चूँकि इक्कीसवीं सदी में अपने को वैसा ही देखना चाहता है जैसी सम्पन्न औद्योगिक दुनिया बनेगी, इसलिए इस वर्ग को विकास की प्राथमिकताएँ भी वही दिखाई देती हैं जो सम्पन्न औद्योगिक देशों की हैं। इसी का नतीजा है कि जब देश की लगभग आधी आबादी को यथेष्ट भोजन, कपड़ा और आवास उपलब्ध नहीं है गाँव-गाँव में दूरभाष की व्यवस्था पर अरबों रुपए खर्च किए जा रहे हैं। अभी टेलीकम्युनिकेशन विभाग की ओर से 'वायरलैस इन लोकल लूप' पर, जिसमें बेतार के दूरभाष घर के भीतर और एक्सचेंज से घर तक उपलब्ध कराए जाएँगे, चार अरब रुपए का ठेका कुछ देशी और विदेशी कम्पनियों को देने की योजना है, लेकिन यह तो मात्र शुरुआत है। आशा की जाती है कि ये कम्पनियाँ दूरभाष संयंत्रों की बिक्री से हजारों अरब डॉलर की कमाई कर सकेंगी। स्वयं दूरसंचार विभाग अगले दस वर्ष में इस सेवा से बाइस हजार करोड़ रुपए कमाने की आशा रखता है। यह सारा आर्थिक बोझ जो प्राय: अनुत्पादक होगा, देश को उठाना होगा।

ये सब योजनाएँ उस नई औद्योगिक क्रान्ति के अंग के रूप में देखी जा रही हैं जिसे भविष्य की सम्भावनाओं का अध्येता एल्विन टॉफर तीसरी तरंग (थर्ड वेव) कहता है। उसने औद्योगिक देशों के विकास की अब तक की प्रक्रिया को तीन कालखंडों में विभाजित किया है जिसमें पहले से वह औद्योगिक क्रान्ति शामिल है जो अठारहवीं और उन्नीसवीं शताब्दी में हुई। दूसरी तरंग बीसवीं शताब्दी की विशाल औद्योगिक प्रगति को कहा गया है और तीसरी तरंग में बीसवीं सदी का उत्तरार्द्ध और इक्कीसवीं सदी शामिल है। अन्य बातों के अलावा इस तरंग की विशिष्टता संचार व्यवस्था की क्रान्ति मानी जाती है जिससे सारे व्यावसायिक और व्यक्तिगत सम्बन्ध एवं मूल्य बदलने की सम्भावना है। यह आशा की जाती है कि द्वितीय तरंग के विशाल उत्पादन से जो समस्याएँ पैदा हुई हैं, उन सबका

समाधान इसमें होगा और मनुष्य बाजार की शक्तियों के दबाव से आजाद और स्वायत्ततायुक्त होगा।

विशाल उत्पादन और विनियम की समस्याओं से आक्रान्त औद्योगिक दुनिया के मनुष्यों के लिए यह तसवीर काफी आशावादी दिखाई देती है। लेकिन क्या भारत जैसे औद्योगिक दृष्टि से पिछड़े देशों के लिए भी भविष्य की इस कल्पना की कोई प्रासंगिकता है? हमारे परिवेश में विचार करने से तीसरी तरंग की कल्पना परी लोक की कथा जैसी ही लगेगी। हकीकत यह है कि औद्योगिक देशों में संचार क्रान्ति लोगों की मर्जी से अचानक पैदा नहीं हुई बल्कि टॉफलर ने जिसे दूसरी तरंग कहा है, उससे पैदा समस्याओं के दबाव में पैदा हुई। पिछली औद्योगिक क्रान्तियों ने पैदावार को इतना विशाल और विशिष्ट बना दिया था कि उत्पादन और बिक्री दोनों के लिए सारे संसार के स्तर पर विनियम जरूरी बन गया। इस अन्तरराष्ट्रीय विनियम के लिए परिवहन व्यवस्था को अत्यधिक व्यापक और द्रुत दोनों बनाना अपरिहार्य हो गया। इस विनियम की बढ़ती रफ्तार से कदम मिलाकर चलने की जरूरत ने सूचनाओं के आदान-प्रदान को भी अत्यधिक तेज बनाना लाजिमी कर दिया।

इस तरह शुरू होकर संचार व्यवस्था स्वयं एक स्वतंत्र और विशाल उद्योग बन गई। अन्य उद्योगों की तरह व्यावसायिक प्रतिस्पर्धा में इसे भी अधिक सक्षम, सस्ता और आकर्षक बनाने के प्रयास लगातार होते रहे हैं। इस प्रक्रिया से विकसित दूरसंचार से एक जगह टेलीफोन से बँधा होने की बजाय अब लोग घरों के भीतर चलते-फिरते या फिर तेज वाहनों से यात्रा करते हुए सारे संसार में अपने ग्राहकों और आपूर्तिकर्ताओं से सम्पर्क रख सकते हैं। हर क्षण बाजार की स्थिति पर इन संचार माध्यमों से नजर रख सकते हैं। यह सब विश्व-भर में फैली बाजार-व्यवस्था की विवशताएँ हैं। क्या हमारी भी ऐसी विवशता है जिससे हमें इतनी खर्चीली संचार व्यवस्था को विकसित करना पड़ रहा है? यह कहा जाता है कि आज जब दुनिया सिमटकर एक हो गई है, हम अपने को अलग-थलग नहीं रख सकते। सिद्धान्त रूप में बात ठीक है, लेकिन विश्व व्यापार में भारत की नगण्य साझीदारी को देखते हुए यह बात महज सिद्धान्त तक ही ठीक है। अमली तौर से हमारे लिए अपने गाँव-घर को दूरसंचार से जोड़ना बिलकुल गैर-जरूरी है। जब इस पर आनेवाला खर्च हम देश की बड़ी आबादी को रोटी से वंचित करके ही उठा सकते हैं, हमें यह तय करना होगा कि हमारी प्राथमिकताएँ क्या हैं। आम लोगों को रोटी, कपड़ा और आवास देना या घर-घर मोबाइल टेलीफोन और फैक्स मशीन देना।

विकास की प्रक्रिया में समग्रता का होना जरूरी है जिसके अभाव में नवीनतम की तलाश हास्यास्पद स्थिति पैदा करती है। एक उदाहरण रेल यातायात में तेज

वाहनों का विकास है। पिछले कुछ वर्षों के भीतर हमारे रेल यातायात में भाप से चलनेवाले इंजनों की जगह अत्यधिक तेज डीजल के आयातित इंजन लगा दिए गए हैं। अब बुलेट ट्रेन की तैयारी है, लेकिन सारे परिदृश्य पर नजर डालें तो गति से अधिक अव्यवस्था ही दिखाई देती है। सौ से डेढ़ सौ किलोमीटर की रफ्तार से चलनेवाले इंजनों को लगाने के बाद रेलगाड़ियाँ प्राय: दो-चार घंटे और कभी-कभी तो बारह-बारह घंटे देर से चलती हैं। पहले विशेषकर मुख्य लाइनों पर गाड़ियों का पाँच-दस मिनट भी समय से पीछे चलना असामान्य बात मानी जाती थी, जबकि गाड़ियों की रफ्तार आज की गाड़ियों के मुकाबले आधी या और भी कम थी। इसके विपरीत आजकल अगर कोई गाड़ी ठीक समय पर आ जाती है तो यात्री इसे एक सुखद आश्चर्य मानता है। अति तेज वाहनों से अत्यधिक देर से पहुँचना हमारी उधार आधुनिकता की नियति बनती जा रही है।

कोई भी व्यवस्था लोगों की आदतों और जीवन के लय को नजरअन्दाज कर पूरी क्षमता से काम नहीं कर सकती। आज भी हमारे जीवन में जेट-युग की गति समाज की ऊपरी सतह पर ही है। इसके नीचे हमारा समाज अपनी पारम्परिक मंथर गति से ही प्रवाहित हो रहा है। हमारे विनियम का विशाल हिस्सा आज भी अपने चरित्र में स्थानीय है, जिसमें बैलगाड़ियाँ, खच्चर, ऊँट, नौकाएँ या अपने माथों और कंधों या ठेलों पर बोरियाँ ढोते आदमी ही ढुलाई का काम करते हैं। गाँवों और शहरों में रहनेवाले साधारण लोगों के लिए आज भी सम्प्रेषण का बड़ा साधन डाक सेवा ही है। आज भी आम लोग रुपए-पैसे भी अपने स्वजनों या महाजनों को मनीऑर्डर या डाक के बीमा के माध्यम से ही भेजते हैं। कम्प्यूटर सेवा एवं इंटरनेट आदि तो देश की अभिसंख्य आबादी के लिए महज तिलस्म है जिसका सम्बन्ध उसकी निगाह में बड़े लोगों की अजनबी दुनिया से है। आम आदमी की परेशानी यह है कि इन विलक्षण सेवाओं की प्राथमिकता के चलते उसे उपलब्ध पारम्परिक डाक-सेवाओं का ह्रास हो रहा है।

हकीकत यह है कि पहली और दूसरी तरंग की तरह पश्चिमी दुनिया से आई यह तीसरी तरंग भी भारत के लिए वरदान की बजाय एक अभिशाप बनकर ही रह सकती है। पश्चिमी दुनिया के औद्योगिक विकास की उपब्धियों से प्रभावित लोग यह भूल जाते हैं कि भारत के लिए यह विकास कितना घातक सिद्ध हुआ है। दादा भाई नौरोजी सरीखे विद्वान देशभक्त ने उन्नीसवीं शताब्दी में ही इस बात की ओर इशारा किया था कि अंग्रेजों ने जो यातायात या व्यापार व्यवस्था इस देश में कायम की थी, उसने एक परनाले की भूमिका अदा की थी जिसके माध्यम से साल-दर-साल इस देश की सम्पदा अंग्रेजों की तिजोरी भरती रही।

यही विश्वास बाद में महात्मा गांधी के स्वदेशी आन्दोलन का आधार बना। भारत के सन्दर्भ में नोबेल पुरस्कार से सम्मानित अर्थशास्त्री गुन्नार मिर्डल ने भी, जो सिद्धान्त रूप से महात्मा गांधी का विचार माननेवाले नहीं थे, भारत के सन्दर्भ में पश्चिमी ढंग के विकास की नकारात्मक भूमिका को कबूल करते हैं। वे अपनी चर्चित पुस्तक 'एशियन ड्रामा' में लिखते हैं कि प्रारम्भिक काल में स्थानीय उद्योगों को दो चरणों में पश्चिमी होड़ की चुनौती का सामना करना पड़ा। पहले चरण में औद्योगिक देशों से मशीनों से निर्मित वस्तुओं को भारत में आयात की चुनौती का। इस चरण में श्रमशक्ति की माँग के फैलाव का फायदा सिर्फ निर्यात करनेवाले औद्योगिक देशों को हुआ। उपनिवेशों में इसका सिर्फ विनाशकारी प्रभाव पड़ा जिससे स्थानीय उद्योग बन्द हुए। बाद में स्थानीय उद्योगों को प्रतिस्पर्धा के खतरे का मुकाबला तब करना पड़ा जब पश्चिमी ढंग के कुछ उद्योग इस देश में ही लगाए गए। कुल मिलाकर इस औद्योगीकरण का परिणाम यह हुआ कि देश के तमाम पारम्परिक उद्योग धन्धे नष्ट हो गए। देश के ग्रामीण क्षेत्रों में फैली व्यापक बेरोजगारी की शुरुआत पारम्परिक उद्योगों के नष्ट होने की इसी प्रक्रिया से हुई।

पश्चिम के औद्योगीकरण के प्रथम और दूसरे चरण का भारत के आर्थिक विकास पर जो नकारात्मक प्रभाव पड़ा, उस पर विचार करने से यह निष्कर्ष निकलता है कि तीसरी तरंग में संचार माध्यमों के विकास से जिन सम्भावनाओं की कल्पना की जाती है वह आत्मप्रवंचना से अधिक कुछ नहीं है। समुद्र की लहर लेनेवालों के सिर पर जैसे तरंग बिना प्रभाव छोड़े गुजर जाती है वैसे ही यह तरंग भी हमारे जनजीवन को बिना छुए ही सिर पर से निकल जाएगी। न तो देश में आबादी के हिसाब से उत्पादन का विकास हो पाया है और न भारत ने अन्तरराष्ट्रीय बाजार में अपने आकार के हिसाब से कोई स्थान बनाया है जिससे तीसरी तरंग को आधार मिलता। उलटा हो यह रहा है कि नई संचार सेवाओं और कम्प्यूटरीकरण से देश की सीमित पूँजी का ह्रास हो रहा है। यह दो तरह से हो रहा है। पहला, नई तकनीकी और संयंत्रों के आयात से और दूसरा, देश के पूँजी के सबसे बड़े स्रोत श्रम की उपेक्षा से। करोड़ों हाथ जो सरल औजारों के बल, पूँजी पैदा कर सकते थे, बेकार हो रहे हैं, लेकिन सबसे महत्त्व की बात यह है कि समाज को ऊर्जा प्रदान करनेवाली जनशक्ति का इस विकास पद्धति से कोई भावनात्मक लगाव होना सम्भव नहीं है। कारण, राष्ट्र की जीवन धारा दो असम्बद्ध धरातलों पर एक-दूसरे को नजरअन्दाज करती चल रही है। एक धारा की कल्पना में भू-उपग्रह, कम्प्यूटर सेवाएँ, बहु-सितारे होटल, पिज्जा हट, हवाई यातायात और इनसे जुड़ी आकांक्षाएँ हैं। दूसरी धारा के सामने दो जून रोटी की समस्या, आजीविका के लिए किसी भी शर्त पर किसी भी काम,

चाहे वह बन्धुआ मजदूर का ही क्यों न हो, पाने और रैन बसेरा की तलाश है। एक धारा सम्पन्न देशों की ऊँचाई पाने की ललक में त्रिशंकु की तरह अधर में लटकी है, दूसरी धारा अकिंचन धरती से कीड़े की तरह रेंगते लोगों के लिए जीवन का न्यूनतम साधन माँग रही है। यह वह हकीकत है जिसकी चट्टान पर विकास की कोई भी तरंग चूर-चूर हो बिखर जाती है।

हिन्दुस्तान, 14 दिसम्बर, 1996

2

अभी बीस अक्टूबर को इंटरनेट की तीसवीं सालगिरह के दिन सूचना जगत से जुड़े लोगों ने धूमधाम से एक नए युग की शुरुआत का जश्न मनाया। इंटरनेट का ही चमत्कार था कि दुनिया के दूर-दराज हिस्सों में बैठे हुए इन लोगों ने एक-दूसरे को बधाइयाँ दीं और अगली सम्भावनाओं की अटकलों का आदान-प्रदान किया। इंटरनेट के आने से नए युग की शुरुआत की बात तो इधर हाल के वर्षों में आम रही है। यह कहा जाने लगा है कि दुनिया एक गाँव (ग्लोबल विलेज) बन गई है। ग्लोबल विलेज की बात तुरन्त आर्थिक जगत में 'ग्लोबलाइजेशन' (वैश्वीकरण) के पूरक के रूप में दिखाई देने लगती है। इस चर्चा में यह तथ्य भी सामने लाया गया कि दुनिया में जाने कितने करोड़ लोग इंटरनेट से जुड़ गए हैं। इस तरह की चर्चा का एक उद्देश्य तो यह बतलाना रहता है कि अब छोटे दायरे जैसे—देश और गाँव और बैलगाड़ी और लघु उद्योगों की पुरानी तकनीक अप्रासंगिक हो चुकी है। ये सब एक 'ब्रेव न्यू वर्ल्ड' के आगमन के सूचक लगते हैं, लेकिन एक बात ध्यान में रखने लायक है। इस जश्न के समय दूर-दराज से बधाइयाँ तो जरूर बँटी पर मिठाइयाँ नहीं। यह एक कमी रह गई जिसके कुछ महत्त्वपूर्ण निहितार्थ हैं।

यह विचारणीय है कि इस संचार क्रान्ति से क्या सचमुच दुनिया की मूल समस्याओं का निराकरण उसी गति से होने जा रहा है जिस गति से सूचना स्रोतों का विस्तार हो रहा है? जब भी ई-मेल की चर्चा होती है तो इसके साथ ई-कॉमर्स की भी चर्चा होती है। इसका मतलब यह है कि नए इलेक्ट्रॉनिक संचार माध्यमों के विस्तार से और सारी दुनिया के औद्योगिक और व्यापारिक प्रतिष्ठानों के इंटरनेट और 'वेब' से जुड़ जाने से खरीद-फरोख्त में सौदेबाजी आसान हो जाएगी। अब अपने कार्यालयों में बैठे हुए ही इन प्रतिष्ठानों के व्यवस्थापक कम्प्यूटरों से 'सिमुलेशन' के जरिये वस्तुओं का पूर्ण आकलन कर सकेंगे और मोल-तोल कर सौदा पटाएँगे। सम्पन्न उपभोक्ता भी घर बैठे ही इंटरनेट पर सामान का ऑर्डर देने और बैंकों के माध्यम से अदायगी का काम कर लेंगे, लेकिन इन वस्तुओं को इनके उपभोक्ताओं तक पहुँचाने का काम तो फिर भी यातायात के उपलब्ध साधनों पर ही निर्भर करेगा। और यह काम मिली-सैकेंड या सैकेंड में नहीं घंटों, दिनों और

महीनों में ही पूरा होगा। इसी सीमा के कारण इंटरनेट की वर्षगाँठ पर बधाइयाँ तो बँट सकती थीं, मिठाइयाँ नहीं।

दरअसल, नई संचार क्रान्ति से 'ग्लोबल विलेज' बनने की बजाय संसार एक ऐसा 'ग्लोबल सुपर मार्केट' बन रहा है जिसमें लोग हर तरह का सौदा तो पटा लेंगे, पर पहुँचाने के लिए पारम्परिक स्रोतों पर ही निर्भर करेंगे। अगर दूर-दराज जगहों से चीजों को लाना पड़ा तो सौदा चन्द मिनटों में पटाकर उपभोक्ता इसके पहुँचने के लिए हफ्तों इन्तजार करते रहेंगे। असल में इस संचार क्रान्ति का फायदा उन्हीं वस्तुओं को उपलब्ध कराने में होगा जो सूचना से सम्बद्ध हैं—मसलन अखबार, किताब, समाचार, संगीत आदि। ये जरूर चन्द सेकेंड में दुनिया के किसी कोने से किसी दूसरे कोने तक उपलब्ध हो सकेंगे। इसकी उपयोगिता से इनकार नहीं किया जा सकता, लेकिन भविष्य के समाज को बनाने में इसकी सीमा को भी समझना जरूरी है। ऐसा लगता है कि इस संचार क्रान्ति की विकेन्द्रित और आर्थिक दृष्टि से आत्मनिर्भर समाजों के साथ भी संगति बैठ सकती है, ऐसे समाजों के साथ जिनके लिए पारम्परिक तकनीक और जीवन पद्धति को छोड़ने की कोई बाध्यता न हो। यह दिलचस्प है कि एल्विन टॉफलर ने अपनी बहुचर्चित पुस्तक 'द थर्ड वेव' के एक अध्याय का शीर्षक रखा है : 'सैटेलाइट एंड गांधी'। इसका मूल स्वर आधुनिकतम संचार व्यवस्था से विकेन्द्रित अर्थव्यवस्था की सहज संगति की सम्भावनाओं को चिह्नित करना ही है। नई संचार व्यवस्था विकेन्द्रित ग्रामीण व्यवस्था के संसार भर से अलग-अलग पड़ने की अनिवार्यता को समाप्त कर सकती है। अब यह सम्भव है कि किसी गाँव में अपनी कुटिया में लंगोट धारण कर बैठा मनीषी संसार भर के ज्ञानियों और उनके विचारों से न सिर्फ अवगत हो सके, बल्कि उनसे संवाद भी स्थापित कर सके। महात्मा गांधी ने असंख्य ग्रामीण गणराज्यों के 'महासागरीय वृत्त' से जुड़े होने की जो कल्पना की थी वह इस संचार क्रान्ति से एक हकीकत बन सकती है।

महात्मा गांधी का नाम इंटरनेट के सन्दर्भ में लेना चौंकानेवाला और कुछ बेतुका लगता है। लेकिन यह इतना बेतुका नहीं लगेगा जब हम इस बात को याद करेंगे कि महात्मा गांधी अपनी बातों को लोगों तक पहुँचाने और संसार भर के लोगों से संवाद स्थापित करने के प्रति अत्यन्त सजग थे। यह उनके लिए सर्वाधिक महत्त्व का मामला इसलिए था कि सत्याग्रह का मार्ग हृदय परिवर्तन का है और इसका माध्यम सत्याग्रही की भावना को अधिक-से-अधिक लोगों तक सम्प्रेषित करना ही हो सकता है। इसके लिए अपने जीवन काल में भाषणों के अलावा उन्होंने उपलब्ध डाक, तार और अखबार सभी का भरपूर इस्तेमाल किया। उन्हें इंटरनेट संसार को भावनात्मक रूप से जोड़ने का एक महत्त्वपूर्ण माध्यम दिखाई देता। महात्मा गांधी को आधुनिक औद्योगिक व्यवस्था में जो दोष दिखाई देता था वह था कुछ लोगों

की लिप्सा के लिए प्राकृतिक संसाधनों का विशाल अपव्यय और उत्पादन प्रणाली में असंख्य लोगों का शोषण। संयोग से कम्प्यूटर और इंटरनेट के विकास की दिशा प्राकृतिक संसाधनों की उत्तरोत्तर मितव्ययिता और संरक्षण की ओर है।

प्रथम इलेक्ट्रॉनिक कम्प्यूटर 'एनियाक' (इलेक्ट्रॉनिक न्युमेरिकल इंटिग्रेटर और कैलकुलेटर) जो 1946 में बमों और गोलों के पथ का ठीक-ठीक निर्धारण करने के लिए बनाया गया था, विशाल आकार का था। इसके सर्किट में 18000 वाल्व लगे थे, और यह लगभगग 40 फुट लम्बा-चौड़ा और बीस फुट ऊँची जगह घेरता था। इसे कार्यरत रखने के लिए डेढ़ सौ किलोवाट बिजली की खपत होती थी जो सब ताप में तब्दील हो बेकार हो जाती थी। सिलिकन चिप्स में अत्यधिक लघु आकार के इलेक्ट्रॉनिक सर्किट के प्रयोग से नए कम्प्यूटरों का आकार बिलकुल सिकुड़ गया और क्षमता बढ़ गई। एनियाक से कहीं अधिक सक्षम कम्प्यूटर अब आदमी की जेब में रखे जा सकते हैं, और इन्हें कार्यरत रखने के लिए इतनी ही बिजली की जरूरत होती है जितनी एक साधारण बल्ब को जलाने के लिए। इतना ही नहीं, कम्प्यूटर में सूचना के संचरण के लिए आवश्यक ऊर्जा उत्तरोत्तर कम होती जा रही है। माइक्रोसाफ्ट के प्रतिभाशाली संस्थापक बिल गेट्स ने अपनी एक पुस्तक में कम्प्यूटरों के विकास की कुछ सम्भावनाओं की चर्चा करते हुए लिखा है, आनेवाले दिनों के लिए आदर्श ऐसे माइक्रोचिप्स के निर्माण का है जिनमें सूचनाओं के संचार के लिए एक इलेक्ट्रॉन काफी हो। यह आदर्श आधुनिकतम कम्प्यूटरों को ऊर्जा की मितव्ययिता में जैविक दुनिया के समीप ला देता है जहाँ जीवों के जटिल कार्यकलापों को नियंत्रित करने का सूचना तंत्र भी ऐसे ही सूक्ष्म ऊर्जा तलों-आयनों और अणुओं के पैमाने पर होता है। यहाँ ई.एफ. शुमाखर का आदर्श 'छोटा' सिर्फ सुन्दर ही नहीं है, अधिक सक्षम भी है।

इस मितव्ययिता पर ध्यान देने पर यह साफ दिखाई देता है कि कम्प्यूटरों के विकास की तर्ज पर उपभोग की दूसरी वस्तुओं और मशीनों के निर्माण में पदार्थ की खपत की मितव्ययिता की दिशा में ऐसे विकास की कल्पना हम नहीं कर सकते। इसका सीधा कारण यह है कि सूचना माध्यमों के विपरीत हमारे उपभोग की दूसरी वस्तुओं के आकार का पैमाना हमारा शरीर होता है। हमारे भोजन, वस्त्र, वाहन और घर सभी को इस स्थूल काया के हिसाब से ही बनाना होता है। इसलिए एक सीमा के आगे इन्हें छोटा नहीं किया जा सकता, सिर्फ आत्मनियंत्रण से इनके उपयोग को घटाया जा सकता है। इसीलिए यह हमारी मजबूरी है कि हम संसाधनों की दीर्घकालीन उपलब्धि के लिए पदार्थ और ऊर्जा की खपत न सिर्फ कम करें, बल्कि ऐसे स्रोतों से और इस तरह करें कि उनका नवीकरण और पुन:प्रयोग हो सके। हमारे जीवन और सुविधा के लिए जरूरी उत्पादों की यह सीमा हम सूचनातंत्रों और रोबोटों के विकास के तुलनात्मक अध्ययन से सहज ही देख सकते हैं। रोबोटों का विकास

भी लगभग कम्प्यूटरों के विकास का समकालीन है, लेकिन जहाँ सूचना के क्षेत्र में युगान्तकारी परिवर्तन हुए हैं, वहाँ रोबटों के क्षेत्र में कुतूहल पैदा करनेवाले कुत्ते या आदमी-सा व्यवहार करनेवाले रोबटों को छोड़ कोई खास प्रगति नहीं हुई है। कुछ ऐसे कामों को छोड़, जिनमें आदमी के लिए जोखिम है, दूसरी जगह रोबट आदमियों की जगह नहीं ले पाए हैं।

इसका कारण यह है कि अधिकतर कामों के लिए मनुष्य या पशु न सिर्फ ज्यादा सक्षम हैं बल्कि कम खर्चीले भी हैं। अब भी जीव जगत में स्थूल शरीर को संचालित करने में अति सूक्ष्म सूचना तंत्रों का अत्यधिक सक्षम उपयोग होता है, और सबसे बड़ी बात यह है कि जीवों की काया और उनके द्वारा प्रयोग में लाई जानेवाली ऊर्जा दोनों ही प्राकृतिक 'फूड चेन' (प्रकाश से वनस्पति, वनस्पति से शाकाहारी जीव और शाकाहारी जीवों से मांसभक्षी जीवों को पोषण और ऊर्जा देने की श्रृंखला) से आती है जिनका मिट्टी, हवा और सूरज के प्रकाश से नवीकरण होता रहता है। इसके विपरीत मानव-निर्मित सभी मशीनों और रोबटों में भी पदार्थ स्थूल रूप में रहते हैं और अधिकांश में ऊर्जा के स्रोत क्षरणशील होते हैं जिनका नवीकरण नहीं हो सकता। यही कारण है कि वर्तमान उपभोक्ता दौड़ में, जिसमें बड़े आकार के आवास, यातायात और व्यवहार की अन्य वस्तुओं के निर्माण का भारी विस्तार हो रहा है, संसाधनों के चुक जाने से वर्तमान सभ्यता के अस्तित्व पर प्रश्नचिह्न लग गया है। इस सन्दर्भ में स्थानीय स्तर पर छोटे पैमाने पर उत्पादन और वितरण की विकेन्द्रित व्यवस्था समाज की चिर आयु के लिए अधिक व्यावहारिक लगने लगी है। अब यह सम्भव हो गया है कि विकेन्द्रित व्यवस्था के गाँव संसार भर से जुड़े भी रहें।

एक अतिरिक्त उपलब्धि यह हो सकती है कि कम्प्यूटरों के माध्यम से हम न सिर्फ संसार के विभिन्न भागों में बसे लोगों से, बल्कि मानव अतीत से भी जुड़ें। आज जब हम अजन्ता की गुफाओं में प्रवेश करते हैं तो उसके भित्तिचित्रों की स्थिति देखकर गहरा अवसाद होता है। जहाँ-तहाँ इन चित्रों की पीठिका उजड़ गई है और रंग उड़ गए हैं। कुछ दिनों में शायद उनके अवशेष के रूप में बदरंग धब्बे ही बचे रहेंगे। अब यह सम्भव हो गया है कि इनके बचे हुए भागों के आधार पर कम्प्यूटर 'सिमुलेशन' से अजन्ता के भित्तिचित्र अपनी आदि गरिमा में फिर हमारे सामने उपस्थित हो जाएँ। यह बात लुप्त हो रही हमारी कलात्मक परम्परा के अनेक अवशेषों के साथ लागू है। प्रकृति के संरक्षण की दृष्टि से भी कम्प्यूटरों और इंटरनेट का महत्त्वपूर्ण योगदान हो सकता है। अखबार विज्ञापन आदि पर कागज का विशाल मात्रा में उपयोग आज जंगलों की कटाई का एक बड़ा कारण है। अखबारों का काम तो निश्चित रूप से इंटरनेट लेने लगेंगे। अवकाश के समय पुस्तकों का पढ़ना जारी रहेगा, लेकिन इनके संचय के लिए विशाल पुस्तकालयों का निर्माण अनावश्यक

हो जाएगा, और कम्प्यूटर में डाल देने के बाद पुस्तकें लुगदी बनकर पुन: कागज बनाने के काम आ जाएँगी। इसी तरह दस्तावेजों की खरबों फाइलें अनावश्यक हो जाएँगी और वे स्थान जिसे वे आज घेरे हैं दूसरे कामों के लिए उपलब्ध हो सकेंगे।

यह एक त्रासदी है कि वर्तमान व्यापारिक समाज एक ऐसे आविष्कार का उपभोग उपभोक्तावादी लिप्सा को बढ़ाकर अनावश्यक वस्तुओं की माँग और उत्पादन बढ़ाने के लिए कर रहा है जो प्राकृतिक सम्पदा के संरक्षण का महत्त्वपूर्ण साधन बन सकता था। वर्तमान दुनिया में, जहाँ अधिकतर लोग अभाव की जिन्दगी जी रहे हैं, इंटरनेट से उन्हें थोड़े से धनाढ्य लोगों के लिए ही उपलब्ध हो सकनेवाली उपभोग की वस्तुओं की लुभावनी तसवीर पेश कर हताशा, मनोरोग और आत्महत्या का शिकार बनाया जा रहा है। एक विषमतापूर्ण समाज में इंटरनेट संसार की विसंगतियों को गहरा बनाकर दुष्परिणाम ही पैदा करेगा। पारम्परिक मूल्यों के साथ ही इंटरनेट से उपलब्ध विशाल ज्ञान के भंडार को जोड़कर कुछ शुभ परिणाम निकल सकते हैं। मितव्ययिता के आदर्श को लेकर चलनेवाले पारम्परिक समाजों के आधारभूत मूल्यों के साथ इंटरनेट की स्वाभाविक संगति है। अगर हम नवीनता के उन्माद में बह न जाएँ तो भविष्य के समाज में इंटरनेट और बैलगाड़ी अपने क्षेत्र में साथ-साथ सक्षमता के प्रतीक बनकर चल सकते हैं।

जनसत्ता, 15 नवम्बर, 1999

3

सूचनाएँ जीवन और समाज दोनों को आकार और दिशा देती हैं। इसलिए मानव समाज के आरम्भ से ही सूचनाओं का सम्प्रेषण और संचार मानव विकास के साथ जुड़े रहे हैं। फिलहाल अतिचर्चित सूचना क्रान्ति के सन्दर्भ में सूचनाओं की विविधता और भारी मात्रा गें इनके संचार पर ही लोगों का ध्यान केन्द्रित है। आज लोग इस पर विचार नहीं करते कि सूचनाओं का अम्बार कितना सुविधाजनक और कितना असुविधाजनक हो सकता है, लेकिन अगर सूचनाएँ जीवन के लिए हैं तो इस प्रश्न पर गम्भीरता से विचार करना जरूरी है। सूचना की भूमिका दो बातों पर निर्भर करती है। उपयोग की दृष्टि से इसकी सम्प्रेषणीयता और इसका दायरा। पहले हम सम्प्रेषणीयता के आयामों पर विचार करें। इस धारणा के विपरीत की सूचनाओं की संख्या सम्प्रेषणीयता को प्रभावित नहीं करती। हकीकत यह है कि सूचनाओं को ग्रहण करने की आदमी की क्षमता सीमित होती है। इन्फार्मेशन के तकनीशियन, जो सूचनाओं के संचार से सम्बद्ध होते हैं संचार माध्यमों 'चैनल कैपेसिटी' यानी सूचनाओं को एक साथ किसी फाइबर ग्लास तारों और रेडियो तरंगों से एक साथ बड़ी संख्या में संवादों को संचारित करना अब सम्भव होने लगा है। शायद इसी सफलता से वे लोग, जो सूचनाओं के तकनीकी पक्ष से जुड़े हैं, आदमी की सूचनाओं की ग्रहणशीलता की सीमाओं पर विशेष ध्यान नहीं देते। यह वैसा ही है जैसा पाकशास्त्री का यह मानकर चलना कि व्यंजन की बहुलता का खानेवाले की पाचनशक्ति से कोई रिश्ता नहीं है और चाहे जितना भी व्यंजन दिया जाए भोजन करनेवाला सब तो पचा लेगा या सब उसके लिए सुखकर होगा। यह मान लिया जाता है कि विपुलता ही वैभव है।

सूचनाओं के संचारक यह भूल जाते हैं कि आदमी का मस्तिष्क भी उसकी ज्ञानेन्द्रियों के साथ अनेक स्नायुविक तन्तुओं से जुड़ा होता है और सूचनाओं को ग्रहण करने की उनकी सीमाएँ हैं—यानी, संचार तकनीकी की शताब्दी से इनकी चैनल कैपेसिटी सीमित है। मानव मस्तिष्क भी सीमित सूचनाओं का ही चयन कर उन्हें अर्थ दे सकता है। एक आम अनुभव पर विचार करने से बात स्पष्ट हो जाएगी। फर्ज कीजिए कि आप किसी ऐसे मजमे में शामिल हैं जहाँ कुछ परिचित और

अनेक अपरिचित लोग वैसे विषयों पर आपस में बात कर रहे हैं जिनमें कुछ से तो आप वाकिफ हैं, लेकिन दूसरों से नहीं। इतने लोगों की बातों को एक साथ ग्रहण करना आपको असम्भव लगेगा। पर आप पाएँगे कि बातचीत के इस कोलाहल में आपका ध्यान आपके एक-दो परिचितों की उन बातों पर ही केन्द्रित हो जाता है, जिनमें आपकी रुचि है। बाकी बातें सुनी होकर भी अनसुनी ही रह जाती हैं। यह मानव मस्तिष्क की स्वत:स्फूर्त चयन प्रक्रिया का नतीजा होता है जो मस्तिष्क को अनावश्यक और अपरिचित सूचनाओं के बोझ से मुक्त कर इसे पक्षाघात से बचाती है।

अपने जीवन में आदमी सूचनाओं की क्षुधा से पीड़ित नहीं होता (जेल में पड़े कैदियों की स्थिति छोड़), बल्कि अत्यधिक सूचनाओं के झंझावात में अपने को टिका पाने की समस्या का ही सामना करता रहता है। सूचनाओं की अनवरत बौछार से हमारी रक्षा के लिए हमारी ज्ञानेन्द्रियों की बनावट में भी छाँटने और चयन करने के गुण निहित हैं। इसी से इन इन्द्रियों पर होनेवाले संवेदनों के अनगिनत प्रहारों को सीमित करने के लिए प्रकाश की तरंगों में हमारी आँखें कुछ ही तरंगों को ग्रहण कर सकती हैं, हमारे कान आवाज की कुछ ही तरंगों को ग्रहण कर सकते हैं। रूप और आकार से संवेदना के बड़े हिस्से को, यह अन्तर्निहित प्रक्रिया, हमारे लिए फाजिल यानी रिडन्डेंट बना आँख और कान के बोझ को हल्का करती है। इस तरह ग्रहण किए गए व्यवस्थित आकार एवं लयबद्ध आवाज से हम कष्टदायी भार की बजाय आनन्द की अनुभूति पाते हैं। यहीं से कला और संगीत का प्रारम्भ होता है। अपने विशिष्ट क्षेत्रों के असंख्य अनुभवों को इसी तरह कला और विज्ञान क्रमश: आकार और वैज्ञानिक नियमों में बाँध सहज रूप से ग्राह्य बनाते हैं। मनुष्य के सम्प्रेषण के सबसे सशक्त माध्यम भाषा की बनावट में भी सूचना प्रदान करनेवाले शब्दों को एक ऐसे व्याकरणीय साँचे में डालने का गुण होता है कि आदमी के मस्तिष्क पर कम-से-कम बोझ पड़े। सूचनाएँ तो शब्दों की अर्थहीन शृंखला में भी उतनी ही होंगी जितनी शब्दों की अर्थपूर्ण शृंखला में, लेकिन हमारी भाषा की जानकारी विशेषकर इसके व्याकरण की जानकारी से हम सूचनाओं को अर्थ दे सहज रूप से ग्रहण कर लेते हैं। इस तरह शारीरिक बनावट से लेकर सामाजिक सम्प्रेषण तक हर स्तर पर सूचनाओं को उस सीमा के भीतर रखने की प्रक्रिया चलती है जितना आदमी की क्षमता के लिए सहज रूप से ग्राह्य हो। विविध इन्द्रियों से चयनित ऐसी सूचनाओं का जीवन के सभी क्षेत्रों के अनुभवों से तादात्म्य बैठाने की प्रक्रिया से ही समग्र ज्ञान का अनुभव होता है। बुद्धि विविध अनुभवों को एक जीवन दृष्टि में बाँधना होता है। ज्ञान चित्त की स्थिरता है जो वस्तुओं के आकर्षण की आपाधापी का सीधा उलटा है।

ऊपर की बातों पर विचार करने से यह समझने में देर नहीं लगेगी कि सूचना क्रान्ति के नाम पर जिस तरह की सूचनाओं का अम्बार लोगों के सामने लगाने की

कोशिश हो रही है उससे इसके चहेता लोगों में 'इन्फोर्मेशन ओवरलोड' (सूचनाओं के असह्य बोझ) से विक्षिप्तता की स्थिति ही पैदा होगी। यह प्राकृतिक स्रोतों से प्रकाश, आवाज आदि की सूचना नहीं होगी बल्कि मानव निर्मित विविध वस्तुओं के विक्रेताओं द्वारा नियुक्त प्रचारकों के विविध माध्यमों पर प्रसारित भाव-भंगिमा और आवाज होगी, और अगर प्रस्तावित अध्ययन उपकरणों के हों तो फ्रिज, मोटरगाड़ी के पेट्रोल टैंक और चूल्हे की आवाज होगी जो अपनी स्थिति और आवश्यकता का शोर अपने स्वामी को सुना रहे होंगे। पश्चिम के एक दार्शनिक विमर्श में एक गधे को घास के दो बिलकुल समान दूरी पर स्थित बोझों के बीच रखने की कल्पना की गई थी और यह अनुमान किया गया था कि बोझों की समान दूरी के कारण यह तय करने की असमर्थता में कि किस बोझे की घास खाए गधा भूख से मर जाएगा।

सूचना क्रान्ति के नए रुझान से उपभोक्तावादी आदमी दो की बजाय समान रूप से आकर्षित करनेवाली असंख्य वस्तुओं के बीच क्या ऐसे ही असमंजस का शिकार नहीं हो रहा है? उसके लिए तय करना मुश्किल हो रहा है कि वह क्या ले, क्या छोड़े या सब कुछ ले ले। विविध आकर्षणों के पीछे इस तरह दौड़ने वाले मनुष्य में सदा घोर असन्तोष बना रहता है। वर्तमान समाज में यह असन्तोष व्यापक है। जिस समाज में उपभोक्तावादी आकर्षण की जितनी ही बहुलता है वहाँ असन्तोष भी उतना ही गहरा है। इसी कारण सम्पन्न औद्योगिक व्यवस्थाओं में मानसिक तनाव अत्यधिक है, और बड़ी संख्या में लोग दिमागी बीमारी के शिकार होते हैं और आत्महत्या करते हैं। सूचना माध्यमों का इसी दिशा में विस्तार इन समस्याओं को और भी तेजी से बढ़ाएगा।

लेकिन सूचना तकनीकी में आई क्रान्ति के गलत प्रयोगों को देखकर इनकी सकारात्मक सम्भावनाओं की ओर से मुँह मोड़ना भी सही नहीं होगा। सूचनाओं का सम्प्रेषण जैसाकि शुरू में कहा गया है कि मनुष्य की आदिम आवश्यकता रही है, और भाषा कला आदि सभी का विकास आदमी की व्यावहारिक या भावनात्मक आवश्यकताओं की पूर्ति के लिए ही हुआ। पास-पड़ोस के लोगों के अलावा आदमी दूर-दराज के प्रियजनों से भी संवाद के लिए सदा लालायित रहा है। इसी कारण कहीं किसी कवि ने मेघदूत की कल्पना की, और लोककथाओं में तोते के द्वारा प्रेमियों को संवाद देने की अनेक घटनाओं के जिक्र होते रहे हैं। संजय की दिव्य दृष्टि की कल्पना भी दूर-दराज की घटनाओं को अविलम्ब जगाने की इच्छा की ही अभिव्यक्ति है।

आज इन सूचनाओं के संचार की जैसी क्रान्ति देख रहे हैं वह सदियों से मनुष्य विभिन्न आवश्यकताओं के दबाव में उपलब्ध साधनों के आधार पर इस दिशा में बढ़ता रहा है। प्रारम्भ में यह राजाओं और सामन्तों के लिए ही सम्भव था कि वे मनुष्यों के द्वारा या घोड़े अथवा अन्य पशुओं से अपने खत दूर भेज सकें। प्राचीन

फारस और रोमन साम्राज्य में सरकारी कामों के लिए हरकारा सेवा का उल्लेख मिलता है। बाद में इसका दायरा फैलने लगा। शेरशाह के सम्बन्ध में यह कहा जाता है कि सोलहवीं शताब्दी में उसने अपने राज्य में डाक व्यवस्था की शुरुआत की। घोड़े से भेजी जानेवाली ये डाक निश्चय ही कुछ विशिष्ट व्यक्तियों के लिए ही रही होगी। इंग्लैंड में सतरहवीं शताब्दी में हरकारा से डाक सेवा शुरू हुई। इसके बाद इंग्लैंड और अमेरिका में क्रमश: अट्ठारहवीं और उन्नीसवीं शताब्दी के प्रारम्भ में टिकट लगा डाक भेजने की व्यवस्था शुरू हुई। यह व्यवस्था संसार भर में फैली तो इसलिए क्योंकि यह लोगों की दूर-दराज तक सम्प्रेषण की जबरदस्त इच्छा को पूरा करती थी। अन्तत: 1974 में यूनिवर्सल पोस्टल यूनियन की स्थापना हुई और विभिन्न देशों में डाक सेवा चालू हुई।

लेकिन लोग इतने ही से सन्तुष्ट नहीं थे, वे सूचनाओं को अविलम्ब भेजना चाहते थे। प्राथमिक समाजों में इस तरह की सूचनाएँ खास तरह के सिगनलों से भेजी जाती रही हैं। जैसे किसी ऊँची जगह पर आग जला अपनी उपस्थिति जताने के लिए, पटाखों से या कुछ विशेष तरह की आवाज या इशारों से, लेकिन इनका दायरा छोटा था। उन्नीसवीं शताब्दी के उत्तरार्द्ध में मोर्स द्वारा आविष्कृत बिजली से भेजे गए कोड से टेलीग्राफ की शुरुआत हुई जिसे केबल के जरिये समुद्र पार के दूर के देशों से संवाद का माध्यम बनाया गया। आगे इसी के विस्तार से टेलीप्रिंटर ईजाद हुआ, और फिर टेलीफोन का ईजाद हुआ, लेकिन केबलों का बिछाया जाना एक बड़ी समस्या थी जिसका समाधान रेडियो ने कर दिया। फाइबर ग्लास तारों और रेडियो संचार ने किसी चैनल पर एक साथ अनेक संवाद का भेजा जाना सम्भव बना दिया। इंटरनेट जो आज संचार सेवा में सर्वाधिक चर्चित है, और कुछ नहीं कम्प्यूटरों को एक-से ही दूरसंचार के द्वारा एक-दूसरे से जोड़ा जाना है। दूर-संचार के अन्य उपकरणों से इसकी कई विशेषताएँ हैं। एक तो इसमें संवाद बहुतरफा हो सकता है और दूर-दराज रहनेवाले लोग बिना एक स्थान पर आए विस्तार से किसी प्रश्न पर संवाद कर सकते हैं, दूसरा इससे संक्षिप्त बातचीत ही नहीं बल्कि किसी प्रश्न पर जानकारियों का विस्तृत आदान-प्रदान हो सकता है। इसके अलावा आवश्यक पुस्तकें या दस्तावेज दुनिया के किसी भी कोने से इन पर शोध करनेवालों को घर बैठे उपलब्ध हो सकते हैं। इससे जीवन के विविध क्षेत्रों में शीर्ष स्थान पर बैठे व्यक्ति लोगों को अपना आदेश या प्रवचन सुनाने के अधिकारी ही नहीं रहेंगे, जैसा आज है, बल्कि आम लोग भी उलटकर उनसे प्रश्न पूछ सकते हैं या उन्हें सीधा सुना सकते हैं कि वे इन बड़ों के विषय में क्या सोचते हैं। इस अर्थ में यह आज तक उपलब्ध सभी संचार माध्यमों से अधिक लोकतांत्रिक है।

लेकिन भविष्य के लिए इसकी सबसे महत्त्वपूर्ण भूमिका स्वायत्त विकेन्द्रित व्यवस्थाओं को जोड़ने में। अगर विश्व का विनाश रोकना है तो आज के भारी

मात्रा में संसाधनों को निगलनेवाले और पर्यावरण को प्रदूषित करनेवाले केन्द्रित विशाल औद्योगिक और राजकीय ढाँचे की जगह, छोटी एवं स्वायत्त आर्थिक और राजनीतिक इकाइयों का अस्तित्व में लाया जाना अपरिहार्य है। फिलहाल हम पूँजीवादी-उपभोक्तावादी संस्कृति से इतना आवृत्त है कि सामने विनाश को देखते हुए भी राह बदलने में असमर्थ हैं, लेकिन जीवन की इच्छा हमें अन्ततः राह बदलने को मजबूर करेगी। इस शताब्दी में मनुष्य को अस्तित्व की इसी चुनौती से जूझना होगा। और, यह आवश्यकताओं को कम कर छोटे समुदायों में छोटी आर्थिक इकाइयों के विकास से ही सम्भव होगा। लेकिन अब तक जब भी छोटी आर्थिक राजकीय इकाइयों की बात होती थी तब यह सवाल किया जाता था कि आज की दुनिया में आदमी ऐसी छोटी इकाइयों में नहीं रह सकता जहाँ वह बाकी संसार से कटा रहे।

इंटरनेट के आने के बाद स्थिति कुछ बदल गई है। अब वैसे बहुत सारे काम जिनके लिए बड़े वाहनों का अस्तित्व अपरिहार्य बन गया था, या संसार भर में आबादियों का स्थानांतरण जरूरी हो गया था अप्रासंगिक बन गए हैं। छोटे समुदायों में रहनेवाले लोग बिना अपना स्थान छोड़े अब वह सब कर सकते हैं। मसलन, अब विश्वविद्यालयों का किसी एक बड़ी आबादी के बीच होना जरूरी नहीं और न वहाँ दूर-दूर से विद्यार्थियों का आना जरूरी होगा जैसे प्राचीन काल में नालन्दा जैसे विश्वविद्यालयों में होता था। न तो विशाल पुस्तकालयों की जरूरत होगी। दूर-दराज की बड़ी आबादियों को जोड़ने के लिए न बड़े एक्सप्रेस हाइवे की जरूरत होगी और न भारी वाहनों से भारी परिवहनों की। आत्मनिर्भर सामुदायिक व्यवस्थाओं में दूर-दराज फैले दूसरे समुदायों से आवश्यक पर सीमित संवाद इंटरनेट से सम्भव हो सकेगा। छोटे समुदायों में लोगों की पारस्परिकता बढ़ेगी। कला, साहित्य, नृत्य एवं नाट्य आदि में पूरे समुदाय की भागीदारी हो सकेगी। नृत्य एवं संगीत आदि पर आज की तरह डिस्क व्यापारियों की इजारेदारी नहीं रहेगी। कलाकार और समुदाय के दूसरे लोग घुले-मिले होंगे। एक कला का विक्रेता और दूसरा क्रेता नहीं होगा। साथ ही इंटरनेट से संसार भर की दूसरी सामुदायिक कला विधाओं से इनका आवश्यक सम्पर्क सम्भव होगा। यह समाज की त्रासदी है कि उपयोगी उपकरण का प्रयोग आज व्यापारिक लाभ के लिए होता है। यह हास्यास्पद है कि मनुष्य एक अत्यन्त ही उपयोगी माध्यम का उपयोग मनुष्य की लालसा बढ़ाने के लिए कर रहा है। इस नई शताब्दी में आदमी को निर्णय करना है कि ऐसे उपकरण का प्रयोग कल्याणकारी दिशा में करेगा या विनाश की ओर ले जानेवाली दौड़ को और तेज करने में।

प्रभात खबर, 9 फरवरी, 2000

4

एक विख्यात ब्रिटिश वैज्ञानिक ने एक जगह हास्य-भाव से लिखा था कि हमारा आदिपूर्वज कभी वृक्ष की एक डाली से दूसरी डाली पर छलाँग लगाते हुए दूसरी डाली पकड़ने में चूक गया और खाली मुट्ठी कसते हुए जमीन पर आ गिरा, और उसी क्षण उसे शून्य और पदार्थ के भेद का ज्ञान हुआ। इसके बाद से आदमी पदार्थ के अध्ययन के क्रम में विज्ञान की एक से एक बड़ी ऊँचाइयाँ छूता रहा है, लेकिन अर्थशास्त्र के पंडित, जिनका क्षेत्र व्यावहारिक ज्ञान का माना जाता है, अर्थजगत की उछाल के बाद बार-बार धराशायी होने पर भी असली और वायवीय सम्पदा का भेद नहीं कर पाए हैं। बार-बार कल्पित सम्भावनाओं को सत्य मान वे एक के बाद एक संकट में फँसते रहे हैं। उस प्रक्रिया के तहत जिसे अर्थशास्त्री 'व्यापार चक्र' कहते हैं, दुनिया लगभग दो सौ वर्ष से बार-बार मन्दी का संकट झेलती रही है, लेकिन पूँजीवादी प्रतिष्ठानों के व्यवस्थापकों और अर्थशास्त्रियों में एक ऐसा मोह व्याप्त है कि उन्हें हर बार आर्थिक संकट अतीत की चीज दिखती है और आनेवाले समय में फिर विकास की अटूट शृंखला दिखाई देती है।

उदारीकरण के दौर ने इन लोगों के सामने भविष्य की एक ऐसी ही नई सम्भावना उपस्थित की है। व्यापार के लिए इस अविभाजित दुनिया में उन्हें सम्पत्ति के सीमाहीन विस्तार का अवसर दिखाई देने लगा है। कुछ दशक पहले उदारीकरण की धारा में अपने को निर्बाध छोड़ने वाले पूर्वी एवं दक्षिण-पूर्वी एशिया की समृद्धि में उछाल आया। सारे संसार में 'पूर्वी एशियाई बाघ' उदारीकरण की सफलता के नमूनों की तरह पेश किए जाने लगे, लेकिन फिर अचानक ऐसी मन्दी आई कि हतप्रभ हो अर्थशास्त्री कहने लगे कि व्यवस्था के नीचे से आधार ही खिसक गया लगता है। हांगकांग और दक्षिण कोरिया के अनेक शक्तिशाली प्रतिष्ठानों का अस्तित्व मिट गया। जापान में पहली बार दशकों के बाद आर्थिक विकास दर ऋणात्मक हो गई। अनेक उद्यमियों ने कारोबार नष्ट होने के सदमे में आत्महत्या कर ली। इंडोनेशियाा में सरकार का तख्ता पलट गया। मलेशिया में उदारीकरण की नीति के प्रति गम्भीर शंका व्यक्त की जाने लगी और वहाँ पिछले दिनों की राजनीतिक उथल-पुथल के पीछे एक हद तक अर्थव्यवस्था को लगे झटके का भी हाथ देखा जाने लगा है। चीन

की अर्थव्यवस्था निरापद रही तो इसलिए कि अपनी अर्थव्यवस्था को विश्व बाजार से जोड़ने के बावजूद अभी तक यह मूल रूप से एक आत्मनिर्भर अर्थव्यवस्था है। इसलिए इस मन्दी के झंझावात का असर चीन पर नगण्य रहा। पूर्वी एशिया की अर्थव्यवस्था की सिकुड़न का कुछ असर यूरोपीय संघ की अर्थव्यवस्था पर भी पड़ा, लेकिन चूँकि अब भी उनका व्यापार पारस्परिक और अमेरिका के साथ अधिक है, वहाँ कोई बड़ी मन्दी नहीं आई। इस सन्दर्भ में गौर करने लायक बात यह रही है कि अमेरिका की अर्थव्यवस्था इस काल में लगातार उछाल पर रही और क्लिंटन के राष्ट्रपतित्व का काल अमेरिका के इतिहास में खुशहाली के वर्षों में गिना जाने लगा।

दरअसल दुनिया की मन्दी के बीच अमेरिका में यह उछाल सूचना और मीडिया के क्षेत्र में कुछ नए आविष्कारों और इन पर लगभग इजारेदारी पर निर्भर रहा है। कम्प्यूटर, इंटरनेट, सैटेलाइट प्रसारण और सिनेमा के क्षेत्र में दुनिया में अपने वर्चस्व के कारण सब मिलाकर यहाँ के उद्योगों के मुनाफे, लोगों के रोजगार और राष्ट्रीय आय में पिछले दशक में लगातार इजाफा होता रहा है। इसी काल में माइक्रोसॉफ्ट का अध्यक्ष बिल गेट्स एक दशक में नब्बे अरब डॉलर का स्वामी बन अमेरिका का सबसे धनी आदमी हो गया। हाल में 'अमेरिका ऑन लाइन' और 'टाइम वार्नर' के विलय से 360 अरब डॉलर की हैसियत का 'एओएल टाइम वार्नर कार्पोरेशन' दुनिया का सबसे बड़ा औद्योगिक प्रतिष्ठान बन गया है। इसमें पहला कम्प्यूटर एवं इंटरनेट से सम्बद्ध है तो दूसरा संचार के क्षेत्र में अग्रणी है। ये दोनों अमेरिका के इस क्षेत्र में सक्रिय सैकड़ों अन्य प्रतिष्ठानों में उल्लेखनीय हैं। इसी से यूरोप, विशेषकर फ्रांस में अमेरिका के सांस्कृतिक हमले के प्रति गहरी चिन्ता जताई जा रही थी क्योंकि सिनेमा और प्रसारण दोनों के क्षेत्र में अमेरिकी कम्पनियाँ यूरोप पर हावी होती जा रही थीं।

लेकिन अमेरिका की इस विलक्षण खुशहाली के पीछे जो कारक हैं उन पर विचार करने पर यह तुरन्त दिखाई देने लगता है कि सम्पन्नता का यह आधार स्थायी नहीं हो सकता। जैसाकि बार-बार होता रहा है यह उछाल अनिवार्य रूप से अमेरिकी अर्थव्यवस्था को और इसके साथ-साथ सारी दुनिया की अर्थव्यवस्था को आगे चलकर गहरे संकट की ओर ले जाएगा। सबसे प्रमुख कारण तो यह है कि वहाँ की पूँजीवादी व्यवस्था जुआरी वृत्ति से परिचालित होती है जिसमें अक्सर असिद्ध सम्भावनाओं पर सब कुछ दाँव पर लगा दिया जाता है। अमेरिका की जैसी प्रभुता आज दुनिया की अर्थव्यवस्था पर है उसे देखते हुए कहा जा सकता है कि अमेरिका का आर्थिक संकट घोर विश्वव्यापी संकट में बदलेगा। स्वयं अमेरिका में स्टॉक मार्केट में आए उछाल से आशंकाएँ व्यक्त की जा रही थीं। यह उछाल सूचना से सम्बन्धित शेयरों के उछाल का नतीजा है और वहाँ के सिलिकन वैली

के बाजार विशेषज्ञ थोड़े समय में आए इस उछाल को किसी वास्तविक आधार के बजाय लोगों की इसकी सम्भावनाओं की काल्पनिक आशा का परिणाम मानते हैं। एक विश्लेषक डैन बर्क के अनुसार, "1990 के आसपास कोई स्टॉक गर्म कहा जाता था जब एक दिन में इसमें दो अंकों की वृद्धि होती थी। अगर यह एक दिन में छह अंक ऊपर चढ़ता था तो कहा जाता था कि यह ज्वाला पर है, लेकिन आज यह एक दिन में सौ अंक तक चढ़ रहा है। यह समझ से परे है।"

हमारी पिछलग्गू अर्थव्यवस्था भी अमेरिकी जुकाम से छींकने लगी है और यहाँ भी सूचना व्यवस्था के शेयरों में सर्वाधिक उछाल आ रहा था। सूचना उद्योग के ऐसे ही विस्तार की आशा में भारत सरकार भी देश के सीमित संसाधनों का बड़ा हिस्सा सूचना सेवाओं के विस्तार पर लगा रहा है। आन्ध्र, कर्नाटक और गुजरात जैसे कुछ राज्य काफी समय तक इस पर भारी निवेश कर रहे थे। यहाँ यह बात भुलाई जा रही है कि हालाँकि सूचना जीवन को जबरदस्त रूप से प्रभावित करती है, यह जीवन को गति और दिशा देने का एक माध्यम भर है। जीवन का आधार तो जो सदा रहा है वही रहेगा—यानी मनुष्य की बुनियादी आवश्यकताएँ जैसे रोजी-रोटी, वस्त्र, आवास और आरोग्य की उपलब्धि। जहाँ इन बुनियादी आवश्यकताओं की पूर्ति नहीं हो पा रही है वहाँ सूचना क्षेत्र का विस्तार कुछ ही दिनों में एक अलंघ्य सीमा पर आकर अवरुद्ध हो जाएगा। फिर यहाँ से उलट गति शुरू होगी और इस क्षेत्र की मन्दी से बाकी आर्थिक जगत का संकट शुरू होगा।

अमेरिका की इस खुशहाली के दौर में किसी आनेवाले संकट की चेतावनी लोगों को प्रलाप ही लगेगी, लेकिन अमेरिका के इतिहास पर दृष्टि डालने पर वहाँ की पूँजीवादी व्यवस्था में आर्थिक उछाल में मन्दी और संकट का अनिवार्य सम्बन्ध दिखाई देता है। प्रख्यात अमेरिकी अर्थशास्त्री जे.के. गालब्रेथ के अनुसार अमेरिका में आर्थिक मन्दी और संकट 1819, 1837, 1857, 1873, 1893, 1907, 1921 और सबसे विकराल रूप में 1929 में आते रहे हैं। गालब्रेथ के अनुसार इसमें ध्यान देनेवाली बात यह है कि प्रत्येक आर्थिक संकट के पीछे किसी एक क्षेत्र में अत्यधिक मुनाफा कमाने की सम्भावना से अत्यधिक निवेश का हाथ था। और चूँकि इस आशा का असलियत से रिश्ता नहीं था, इसलिए मन्दी का दौर चला। गालब्रेथ के अनुसार 1819 और 1937 में सरकार द्वारा जमीन की बिक्री से निवेश का यह सिलसिला शुरू हुआ। यह काल नहर निर्माण का था। जो लोग सरकार से जमीन खरीदते थे वे दूसरों को अधिक कीमत पर बेच देते थे और फिर खरीदनेवाला आदमी किसी तीसरे के हाथ मुनाफा लेकर इसे बेचता था। सभी मुनाफे की आशा से जमीन खरीदते और जब यह चक्र खत्म हुआ और आगे कोई खरीदनेवाला नहीं रहा तब अन्तिम खरीदार दिवालिया हो गए। इससे मन्दी का दौर चला। 1857 में मुनाफे के लिए दाँव लगाने का सिलसिला रेल की पटरी बिछाने के धन्धे से जुड़ा। 1873 और

1893 के संकट भी रेल निर्माण पर निवेश से ही जुड़े थे। 1869 और 1907 के संकट क्रमश: सोने और ताँबे के क्षेत्रों पर एकाधिकार स्थापित कर मनमाना मुनाफा कमाने के प्रयास से जुड़े थे। बाद में ऐसा ही दाँव नई तकनीकी और वस्तुओं के स्टॉक पर लगाया जाने लगा जिसकी परिणति 1929 की विश्वव्यापी मन्दी में हुई। पूरा घटनाक्रम अधिक जटिल दिखेगा पर बुनियादी कारण यही थे।

इसी मानसिकता पर गालब्रेथ की टिप्पणी है : 'तत्काल हकीकत यह नहीं होती कि सम्बद्ध संसाधन—यानी जमीन, कोई वस्तु, स्टॉक या निवेश करनेवाली कम्पनी दरअसल आगे क्या कमाएगी, बल्कि हकीकत इतनी ही होती है कि काफी लोग भविष्य में कीमतों की ऐसी बाढ़ की आशा रखते हैं और इसी आशा के फलस्वरूप कीमतें बढ़ती जाती हैं। इस बाढ़ से और अधिक लोगों में कीमतें बढ़ने की आशा और इस धन्धे से जुड़ने की इच्छा जगती है।...इस प्रक्रिया में एक आदिम सरलता है : यह तभी तक चलेगी जब तक कीमतें विश्वसनीय ढंग से बढ़ती जाएँ।' गालब्रेथ के अनुसार जब कीमतों में बाढ़ का सिलसिला टूटता है, कीमतें अचानक गिरती हैं और संकट पैदा होता है।

फिलहाल अमेरिका की अर्थव्यवस्था का जो स्थायित्व और सम्पन्नता में जो इजाफा दिखाई दे रहा है उसका कारण यह है कि सूचना तकनीक से जुड़ी इस दौड़ में वह अगली कतार में है। इससे भविष्य में भी इस सिलसिले के टूटते-टूटते भी वहाँ बड़ी संख्या में लोग धनाढ्य हो जाएँगे। मुनाफा कमाने का सिलसिला टूटने का खमियाजा उन्हें उठाना पड़ेगा जो मुनाफा कमाने की इस आपाधापी में आखिरी कतारों में होंगे।

लेकिन वर्तमान विकास के साथ संसार की अर्थव्यवस्था का एक बुनियादी खोट जुड़ा हुआ है जो आनेवाले संकट को असाध्य बना देगा। पिछले दशकों के आर्थिक विकास में प्राथमिक क्षेत्र कृषि और द्वितीय क्षेत्र उद्योग दोनों का हिस्सा घटता जा रहा है और तृतीय क्षेत्र सेवा का हिस्सा लगातार बढ़ता गया है। सेवा क्षेत्र का अर्थ आज यह नहीं है कि शिक्षा, स्वास्थ्य या लोगों को जीवन की अन्य सुविधाएँ मुहैया कराने पर खर्च बढ़ रहा हो। वास्तव में यह बढ़ोतरी प्राथमिक उत्पादक और उत्पाद के उपभोक्ता के बीच अनेक स्तरीय बिचौलियों का निर्माण करने से है। इन बिचौलियों के योगदान को मूल्य के रूप में शुमार कर (वैल्यू ऐडिशन) इन पर होनेवाले खर्च को सेवा क्षेत्र की आय के रूप में गिना जाने लगा है। दुकानदारी से लेकर तरह-तरह के प्रचार सेवा क्षेत्र में शामिल हो अर्थव्यवस्था में इस क्षेत्र का अनुपात बढ़ा रहे हैं। यह सब केन्द्रित अर्थव्यवस्था का अनिवार्य परिणाम है।

इस सन्दर्भ में जेमेरी रिफ्किन ने अपनी बहुचर्चित पुस्तक 'इंट्रॉपी' में कुछ दिलचस्प तथ्य उपस्थित किए हैं। उनके अनुसार अमेरिका में खाद्य पदार्थों के पूरे खर्च में मात्र 20 प्रतिशत खाद्य पदार्थों को उपजाने पर खर्च होता है और 80 प्रतिशत

इसे तैयार करने, डिब्बाबन्द करने एवं वितरण पर खर्च होता है। 1963 से 1971 तक अमेरिका में लोगों के भोजन में 2.3 प्रतिशत की वृद्धि हुई जबकि डिब्बाबन्दी पर 33.3 प्रतिशत और डिब्बों की संख्या में 38.8 प्रतिशत की वृद्धि हुई। इसी के साथ घर में स्वयं भोजन तैयार करनेवालों का स्थान लेने के लिए भोजन तकनीक विशेषज्ञों की एक बड़ी फौज तैयार हो गई है।

सूचना उद्योग में जो अभी तेज हलचल है वह आवश्यक जानकारी या ज्ञान के प्रसार के क्षेत्र में नहीं, बल्कि ई-कॉमर्स के क्षेत्र में है जिसमें वैसे सामान जिन्हें उपभोक्ता हाथ-पाँव चलाकर दुकानों से पसन्द करके लाता था, घर ही पर उपलब्ध हो जाएँगे। 'वेव' पर उसे घर बैठे सभी वस्तुओं और उनकी प्राप्ति के स्थान की जानकारी हो जाएगी और इच्छा व्यक्त करते ही विक्रेता सभी वस्तु पहुँचा देंगे। अब इसी तरह के कामों को सेवा क्षेत्र में गिनकर राष्ट्रीय आय बढ़ाने का भ्रम पैदा किया जा रहा है। आजकल हमें यह बतलाया जा रहा है कि औद्योगिक क्रान्ति का नया दौर सूचना क्रान्ति है, लेकिन यह एक भ्रम मात्र ही है। दरअसल सूचना तकनीकी का इस्तेमाल कर एक 'बिचौलिया क्रान्ति' हो रही है जिसमें औद्योगिक क्षेत्र का अधिकतम विस्तार बिचौलिया कारोबार और एक बिचौलिया वर्ग के रूप में हो रहा है। इसमें संसार के एक अल्पसंख्यक अतिसम्पन्न समूह को बिस्तरे पर पड़े-पड़े आवश्यकता की सभी वस्तुएँ उपलब्ध होंगी बाकी लोगों का जीवन अत्यन्त कठिन हो जाएगा क्योंकि उनकी आवश्यकता की हर वस्तु—भोजन, वस्त्र आदि—बिचौलियों के कारण अत्यन्त महँगी होती जाएगी। इसके अलावा कम्प्यूटर से जुड़ी स्वचालित मशीनों के कारण आम लोगों के रोजगार का क्षेत्र सिमटता जाएगा और वे उच्छिष्ट मानव बन जाएँगे। वे आदिम मनुष्यों की तरह आसपास की भूमि से जीवन का सहारा बटोरते फिरेंगे। दूसरी ओर 'साइबर-होम' में निवास करनेवाले लोगों के लिए हाथ, पाँव, आँख, नाक सभी का प्रयोग करना अनावश्यक हो जाएगा और डार्विन के 'नैचुरल सेलेक्शन' (प्राकृतिक चयन) के हिसाब से ये सब अंग खत्म होते जाएँगे। इस साइबर होम के निवासी प्रोटोप्लाज्म का लोथड़ा रह जाएँगे जिनके मस्तिष्क में 'माइक्रो-प्रोसेसर' लगा होगा और सिर पर एंटेना। लेकिन यह तो अति दूर भविष्य की तसवीर है। निकट भविष्य में हमारे सामने आर्थिक संकट के नए दौर की सम्भावना ही दिखाई देती है जिससे आर्थिक जीवन को नई तरह से निर्मित करने की जरूरत महसूस होगी।

5

वर्तमान विकास की मृगमरीचिका में मोटरकार प्रतीक और उपकरण, दोनों बन गया है। यह समय और विस्तार पर अधिकार का भ्रम पैदा कर प्रकृति पर विजय का एहसास कराता है। चूँकि इस दौड़ में अमेरिका अगुआ है, आज उसी की नकल में सभी लगे हैं। अगर निर्बाध गति के लिए मोटरकार चाहिए तो उसके लिए उपयुक्त सड़कें भी चाहिए और इस दिशा में 'एक्सप्रेस हाइवे' का जाल बिछाना जरूरी लगता है। 14 दिसम्बर को 'एक्सप्रेस हाइवे' के एक सम्मेलन के उद्घाटन भाषण में अटल बिहारी वाजपेयी ने ऐसी सड़कों के निर्माण पर अलग बजट द्वारा अतिरिक्त सहायता का वादा करके उनकी प्राथमिकता क्या है उसका स्पष्ट संकेत दिया।

उक्त भाषण में विकास और व्यापार को आधुनिकतम गति देने के लिए एक्सप्रेस हाइवे का निर्माण जरूरी माना गया है, लेकिन अगर हम भारत की आबादी और विस्तार के हिसाब से इन्हें फैलाने के खर्च पर विचार करेंगे तो इसी नतीजे पर पहुँचेंगे कि हम एक ऐसी अंधी दौड़ में फँस गए हैं जिसके लक्ष्य अलभ्य और असम्भव हैं। हम अगर अमेरिका में मोटर आधारित यातायात पर होनेवाले खर्च पर विचार करें तो इस आनेवाले खर्च का थोड़ा अन्दाज हो सकेगा। आज से 30 साल पहले के एक अनुमान के अनुसार वहाँ सड़क निर्माण में प्रत्येक दस लाख डॉलर (आज की भारतीय मुद्रा में लगभग साढ़े चार करोड़ रुपए) के व्यय में 16800 बैरल सीमेंट, 694 टन अलकतरा, 485 टन कंक्रीट एवं मिट्टी के पाइप, 76000 टन बालू एवं पत्थर की मिट्टी, 24000 पाउंट विस्फोटक, 99000 फुट लकड़ी के तख्ते और 600 टन इस्पात का इस्तेमाल हुआ। इन वस्तुओं की पूरी खपत का अन्दाज इस बात से किया जा सकता है कि अमेरिका में सन 1956 से 1970 के चौदह वर्षों में हाइवे के निर्माण पर 196 अरब डॉलर (सभी वस्तुओं की ऊपर बतलाई गई लागत का लगभग दो लाख गुना) खर्च किया गया। यह भी अन्दाज किया गया था कि सन 1973 और 1985 के बीच 294 अरब डॉलर अतिरिक्त खर्च की जरूरत ऐसी सड़कों के निर्माण पर होगी।

ध्यान में रखने की बात है कि ये हाल के वर्ष हैं जबकि अमेरिका में पहले से ही सड़कों का जाल बिछा हुआ था। भारत में तो 'एक्सप्रेस हाइवे' की शुरुआत ही

हो रही है। अभी तक सिर्फ पूर्वी तटीय इलाकों में एक-दो छोटी सड़कों का निर्माण हुआ है। जब हम सड़क निर्माण पर सिर चकरानेवाले विशाल व्यय पर गौर करते हैं तो यह बात समझ में आने लगती है कि सड़क निर्माण जैसे कार्य में जो पारम्परिक रूप से मानव श्रम पर आधारित है, हम विदेशी सहायता के मुहताज क्यों हो रहे हैं।

अमेरिका में मोटरगाड़ी पर आधारित यातायात व्यवस्था का यह असर हुआ है कि 'रोड टू रूइन' पुस्तक के लेखक ए.क्यू. मोब्रे के अनुसार अमेरिका की कुल 36,00,000 वर्गमील भूमि पर 36,00,000 मील सड़कें बिछी हैं यानी प्रत्येक वर्गमील भूमि पर एक मील लम्बी सड़क। मोब्रे के ही अनुसार इन बड़े मार्गों के निर्माण के कारण हर वर्ष एक लाख लोग विस्थापित होते हैं। आधुनिक विकास प्रक्रिया में भारत में तो लोगों का उजाड़ा जाना आम बात है, लेकिन यह चौंकानेवाली बात लगेगी कि अमेरिका जैसे भूमि के अनुपात में कम जनसंख्या वाले देश में भी यह विकास प्रक्रिया लोगों के पारम्परिक आवास और जीवन पद्धति की लगातार बलि लेती रहती है। यह बात अलग है कि अमेरिका जैसे सम्पन्न देश में विस्थापितों के लिए उन्हें कबूल हो सके ऐसी वैकल्पिक व्यवस्था उपलब्ध हो जाती है।

मोटरगाड़ियों से सम्बद्ध अमेरिका के कुछ दिलचस्प आँकड़े हैं जिन्हें हमें अपने भविष्य पर विचार करते समय ध्यान में रखना चाहिए। मोटर वाहनों से ढुलाई खर्च वहाँ रेल के मुकाबले छह गुना अधिक पड़ता है। कार से काम पर जानेवाले अधिकांश अमेरिकियों को हर रोज एक से तीन घंटे तक काम पर आने-जाने में लगाना पड़ता है क्योंकि मोटरगाड़ियों की बाढ़ के साथ नगरों और इनके उपनगरों का सीमा विस्तार भी अत्यधिक हुआ है। इससे भी दिलचस्प बात यह है कि सबसे व्यस्त घड़ियों में, जब लोगों को काम पर पहुँचने की जल्दी होती है, नगरों में मोटरगाड़ियों की रफ्तार 5 से 6 मील प्रति घंटा हो जाती है। लगभग वही जो पैदल चलने की है। ये स्थितियाँ कुछ-कुछ हमारे अपने महानगरों में भी दस्तक देने लगी हैं और हमारी राजधानी दिल्ली दुनिया के सबसे प्रदूषित नगरों में एक बन गई है। ऐसा लगता है कि हम न तो दुनिया के अनुभवों से कुछ सीखना चाहते हैं और न भौतिक के कुछ बुनियादी सिद्धान्त पर विचार करने को तैयार हैं, जो हमारे जीवन को मूलभूत रूप से प्रभावित करते हैं।

इस लेख के शीर्षक में भविष्य की सवारी के रूप में बैलगाड़ी को एक प्रतीक के रूप में ही रखा गया है क्योंकि बैल की ऊर्जा का प्रयोग भौतिकी के एक मूलभूत एवं अलंघ्य नियम के हिसाब से अत्यधिक अनुकूल पड़ता है। यह नियम इंट्रोपी के बढ़ोतरी के नियम के नाम से जाना जाता है। इस नियम के अनुसार जिस तरह जल के प्रवाह की दिशा सदा जलस्तर को सम बनाने की तरफ होती है उसी तरह ऊर्जा की भी दिशा समस्तर की तरफ होती है। चूँकि सभी भौतिक प्रक्रियाएँ ऊर्जा के स्तरों की भिन्नता से ऊर्जा के संचरण से होती हैं, एक बार समस्तर होने के

बाद यह ऊर्जा किसी भी तरह के भौतिक उपयोग के लिए बेकार हो जाएगी। इस नियम के अनुसार सभी प्रकार की ऊर्जा अन्ततः ताप ऊर्जा में बदल जाएगी और सारे ब्रह्मांडों में समताप की स्थिति पैदा होगी जिस स्थिति को 'ताप मृत्यु' का नाम दिया गया है। इस तरह सारे ब्रह्मांड का विकास विशृंखलन और मृत्यु की तरफ है जिससे निजात का कोई उपाय नहीं है।

लेकिन जहाँ जीव और वनस्पति जगत है वहाँ एक प्राकृतिक चमत्कार दिखाई देता है। वहाँ विशृंखलन की जगह भौतिक और रासायनिक प्रक्रियाएँ लगातार जटिल संरचनाओं की तरफ बढ़ती हैं जिनमें जीव एवं वनस्पति जगत पड़ोस के बिखरे तत्त्वों को समेट शृंखलाबद्ध कर इन जटिल संरचनाओं को अस्तित्व में लाता है। इसमें पड़ोस के भौतिक तत्त्वों से और आपस की आदान-प्रदान की स्पन्दन प्रक्रिया से ऊर्जा और पदार्थ, दोनों ही समत्व की बजाय वैविध्य की स्थिति बनाए रखते हैं—यथा सर्दी या ताप के वातावरण में भी मानव शरीर का तापमान सदा लगभग 36 डिग्री सेल्सियस पर बना रहता है, शरीर की कोशिकाएँ एवं रक्त आदि में जल एवं विभिन्न लवणों एवं रासायनिक तत्त्वों का अनुपात विविध प्रक्रिया द्वारा निश्चित स्तर पर बना रहता है। इसे वैज्ञानिकों ने 'होमियो स्टैटिस' का नाम दिया है, लेकिन जीव जगत को निर्माण का यह वरदान बिना कीमत चुकाए नहीं प्राप्त होता। इसके बदले जीव जगत संयोजन के लिए वातावरण से प्राप्त ऊर्जा के बराबर ही विशृंखलन का अनुदान निसर्ग को करता रहता है यानी इंट्रोपी बढ़ाता जाता है। लेकिन इन मापकों के लिए सन्तोष की बात यह है कि जहाँ धरती का पर्यावरण हमारे क्रियाकलापों से बृहत् रूप से प्रभावित होता है वहीं पूरा ब्रह्मांड या सौर जगत की दृष्टि से भी हमारी धरती की उपस्थिति इतनी नगण्य है कि सुनियोजित और मितव्ययी जीवन से मनुष्य और जीव जगत को धरती पर दीर्घ आयु प्राप्त हो सकती है। इसके लिए हमें अपने जीवन को उस विशाल सर्जनात्मक ऊर्जा स्रोत से प्राप्त ऊर्जा की उपलब्धता के अनुसार ढालना होगा जो धरती पर सभी ऊर्जा का आधार है यानी सौर ऊर्जा के विविध स्वरूपों पर।

पारिस्थितिकी के अध्येता जिसे 'फूडचेन' (भोजन शृंखला) कहते हैं और जो धरती पर जीवन का आधार है, वह पूरी तरह सूरज से प्राप्त ऊर्जा पर आधारित है। इस भोजन शृंखला में सूरज के प्रकाश की ऊर्जा से वनस्पति जगत फोटो सिन्थेसिस की प्रक्रिया से अपना विकास करता है। इससे अनेक तरह के पतिंगें और पशु अपना भोजन पाते हैं। पतिंगों को मेढक, छिपकली आदि जीव खाकर अपना विकास करते हैं और मांसभक्षी बड़े जीव पशुओं को खाते हैं। छिपकलियों, मेढकों आदि को मछलियाँ या चिड़ियाँ खाती हैं। और आदमी वनस्पति, पशु-पक्षी और मछलियों से भोजन प्राप्त करता है। वनस्पति जगत के विशाल जंगलों और अनेक सूक्ष्म और बड़े जीवों के दबने और जैविक रासायनिक प्रक्रिया से कोयला, तेल और गैस का

विशाल भंडार आज हमें उपलब्ध है, जिसे हम बिना सोचे-समझे खाली करते चले जा रहे हैं। अन्ततः धरती पर जीवन का विकास और जीवनचक्र सूरज से प्राप्त ऊर्जा का ही फल है। सूरज के प्रकाश से ही हवा चलती है और समुद्र का जल भाप बन आसमान में उठता है और कहीं वर्षा और कहीं पहाड़ों के शिखरों पर बर्फ बन जलस्रोतों और नदियों को जन्म देता है। इस तरह पवनचक्की से प्राप्त ऊर्जा और जलधारा से प्राप्त बिजली या अन्य तरह की ऊर्जा सभी अन्ततः सौर ऊर्जा के ही रूप हैं। जीवाश्मित ईंधनों (कोयला, गैस जैसे) को छोड़ बाकी सभी तरह की ऊर्जा सूरज से निकले और्जिक प्रवाह के रूप में उपलब्ध है जो मानव जीवन के परिप्रेक्ष्य में अक्षय माने जा सकते हैं। यह सच है कि पूरे ब्रह्मांड के पैमाने पर सूरज की ऊर्जा भी इंट्रोपी के निगम के अनुसार कभी अलभ्य हो जाएगी, लेकिन ऐसा होने में अरबों बरस लगेंगे और हमारे जीव जगत के परिप्रेक्ष्य में उसे अनन्त काल माना जा सकता है।

मनुष्य द्वारा उपयोग में लाई जानेवाली ऊर्जा को हम दो भागों में बाँट सकते हैं जो जल आपूर्ति की एक उपमा से स्पष्ट हो जाएगा। हम जल दो तरह से प्राप्त करते हैं—एक बहती जलधारा से अंजलि या जलपात्र से सीधा निकालकर और दूसरा धरती खोद उसकी गहराई में एकत्र भंडार से, मानव श्रम या अन्य तरह की ऊर्जा की खपत से। पहले में बाहरी ऊर्जा की जरूरत नहीं हो तो प्रवाह में निहित ऊर्जा से ही हमारी जरूरतों की आपूर्ति हो जाती है। दूसरी विधि में हमें बाहर से ऊर्जा लगानी पड़ती है और जल का भंडार सीमित होने से समाप्त होता जाता है। सूरज की ऊर्जा का भी एक अपना प्रवाह है जो प्राणी जगत (फूडचेन) जलधाराओं, जलतरंगों और गतिशील हवा के रूप में प्रवाहित होता रहता है। दूसरा स्थिर और कभी का संचित जीवाश्मित ऊर्जा का भंडार (कोयला, पेट्रोलियम और गैस) है जो अल्पकालिक एवं क्षयशील है और जिसे प्राप्त करने के लिए भारी मात्रा में ऊर्जा और विशाल उपकरणों की जरूरत होती है। यह सहज ही देखा जा सकता है कि ऊर्जा का वही स्रोत दीर्घकाल के लिए जीवनदायी हो सकता है और सौर ऊर्जा के स्वाभाविक प्रवाह से सीधा प्राप्त किया जा सके। इसी अर्थ में प्रतीक के रूप में बैलगाड़ी को भविष्य की सवारी के रूप में चिह्नित किया गया है।

अब हम बैल के जीवनवृत्त पर विचार करें तो देखेंगे कि यह प्राकृतिक ऊर्जा प्रवाह का एक स्वाभाविक भाग है। यह भूमि पर उपजी वनस्पति से पोषण के रूप में ऊर्जा प्राप्त करता है जिसका प्रयोग हम गाड़ी या हल चलाने में करते हैं। इसके गोबर से प्राप्त गैस को प्रकाश या ईंधन के लिए उपयोग में लाया जा सकता है। उसी गोबर का उपयोग गैस निकल जाने के बाद सर्वोत्तम खाद के रूप में खेती में हो सकता है। बैल के मरने पर इसके चमड़े का इस्तेमाल जूते तथा अन्य वस्तुओं के निर्माण में हो सकता है और हड्डियाँ दुर्लभ फास्फेट की खाद का स्रोत बन

जाती हैं। इस तरह इससे संसाधन का अधिकतम संरक्षण होता है और ऊर्जा की 'री-साइक्लिंग' यानी उत्पादन चक्र में दुबारा प्रयोग हो जाता है। इनकी गाड़ियाँ और हल पेड़ों से प्राप्त लकड़ी और पेड़ों से ही प्राप्त रबर से व लोहा जैसी धातुओं के निम्नतर इस्तेमाल से बन जाते हैं जो पुन: प्रकृति के स्वाभाविक जीवनवृत्त में आ जानेवाले संसाधन हैं। इसके विपरीत आज की तकनीकी द्वारा प्रयोग में आनेवाले ट्रैक्टर या वाहन कोयला या तेल से चलते हैं जो क्षयशील जीवाश्मित ऊर्जा है और जिनके भारी मात्रा में प्रयोग से वातावरण में घोर प्रदूषण फैलता है जो अब धरती पर जीवन के अस्तित्व के लिए खतरा बन रहा है। इन वाहनों के निर्माण में विशाल मात्रा में खनिज धातुओं एवं अन्य संसाधनों का इस्तेमाल होता है जो अत्यधिक खर्चीली (ऊर्जा का खर्च) विधि से भी 30 प्रतिशत से अधिक फिर से उपलब्ध नहीं हो सकते।

लेकिन बैल को तो महज एक प्रतीक के रूप में पेश किया गया है। सौर ऊर्जा प्रवाह के ऐसे अनगिनत रूप हैं जिनका मानव जीवन के लिए उपयोग हो सकता है। जलधारा से छोटे पैमाने पर बिजली प्राप्त की ही जा रही है। हालाँकि विशालता की वर्तमान अर्थव्यवस्था में इसके निर्माण का भी पैमाना विशाल बनता गया है और धरती के क्षयशील सीमित साधनों का भारी मात्रा में अपव्यय होता है। इससे भी पारिस्थितिकीय असन्तुलन पैदा हो रहा है। इसी तरह सर्दियों में हवा से ऊर्जा प्राप्त की जाती है। छोटे पैमाने पर सूरज से सौर बैट्रियों द्वारा ऊर्जा प्राप्त की जाती है, लेकिन फिलहाल इसमें भारी मात्रा में प्रयोग में आनेवाले धातु और रासायनिक खनिज इस पर एक सीमा लगाते हैं जो तत्काल दिखाई नहीं देती। पर दीर्घकाल के लिए बड़े पैमाने पर इसके प्रयोग से इसकी सीमाएँ सामने आने लगेंगी।

असल में यहाँ भी हमें वनस्पति और प्राणी जगत से ही सबक सीखना होगा। यह अद्‌भुत क्षमता तो हमारे चारों ओर फैली हरियाली में ही दिखाई देती है जिस पर हम ध्यान नहीं देते। फोटो सिन्थेसिस के जरिये पत्तों के क्लोरोफिल (वह रासायनिक तत्त्व जो पत्ते की हरियाली में होता है) जिस गति से सूरज की ऊर्जा से रासायनिक परिवर्तन करते हैं वह अत्याधुनिक कारखानों की प्रयोगशालाओं के लिए दुर्लभ है। एक छोटा पौधा इस प्रक्रिया से उत्तरोत्तर अपनी बाढ़ के साथ-साथ इस प्रक्रिया का रासायनिक पैमाना भी दिन दूना रात चौगुना बढ़ाता जाता है और वातावरण से उत्सर्जित कार्बन डाईऑक्साइड एवं वाष्प से तत्त्व ग्रहण कर सूरज की ऊर्जा से एक इंच का नन्हा-सा पौधा छह वर्षों में विशाल वृक्ष बन जाता है। मछलियों की कुछ प्रजातियाँ ऐसी हैं जो अपने भीतर से शक्तिशाली बिजली प्रवाहित कर सकती हैं। जुगनू बिना बाहरी ईंधन जलाए प्रकाश फैला सकते हैं। ऊर्जा पैदा करने की यह क्षमता आश्चर्यचकित करनेवाली होती है। जैविक विधि से कम्पोस्ट तैयार करने और अनेक तरह के दलहनों के पौधों की जड़ों में हवा से नाइट्रोजन इकट्ठा करने

की विलक्षण क्षमता अनेक तरह के जीवाणुओं में होती है। इस सबमें प्राप्त ऊर्जा सौर ऊर्जा के स्वाभाविक प्रवाह के अंग हैं।

मानव अस्तित्व को दीर्घकालिक बनाने के लिए विज्ञान और तकनीकी को जीव-जगत की इन विस्मयकारी उपलब्धियों के रहस्य को समझ उनके सहयोग से सौर ऊर्जा के प्रवाह से आवश्यक ऊर्जा ग्रहण करने की दिशा में बढ़ना होगा। पारम्परिक समाजों में और प्राचीन भारतीय समाज में एक सीमा के भीतर प्रकृति की स्वाभाविक ऊर्जा प्रवाह के अनुरूप जीवन ढालने की प्रवृत्ति थी। यह अचरज की बात है कि भारतीयता और परम्परा की बात करनेवाले लोग जो आज सत्ता में हैं, जब विकास की बात सोचते हैं तब पश्चिमी देशों की उन्हीं तकनीकों की बात करते हैं जो इस सभ्यता को मृत्युपाश में उलझा रही हैं। देश को 'एक्सप्रेस हाइवे' से पाट देना एक पागलपन की बात है। इससे मुट्ठीभर अति सम्पन्न लोगों और व्यवसायियों को अपनी कल्पना की सुविधाएँ प्राप्त करने का चाहे जो अवसर मिले, देश के लिए यह बर्बादी का ही रास्ता है। इससे धीरे-धीरे ऊर्जा, सड़क परिवहन और जीवन की सारी आवश्यकताओं के लिए हम पश्चिमी देशों पर आश्रित होते जा रहे हैं। हमें एक्सप्रेस हाइवे की जरूरत नहीं आत्मनिर्भर, स्वस्थ और श्रेष्ठ जीवन की जरूरत है, जिसके लिए हम प्राचीन मानवीय परम्परा और जीव जगत से बहुत कुछ सीख सकते हैं।

आर्थिक मन्दी और स्वावलम्बन

1

बच्चे ईंटों से रेलगाड़ी बनाने का खेल खेलते हैं। वे ईंट को कतार में पास-पास खड़ा कर देते हैं और फिर किनारे की एक ईंट को हल्का-सा धक्का दे गिरा देते हैं। इसके गिरते ही एक के बाद एक सभी ईंटें धड़धड़ाते हुए एक छोर से दूसरे छोर तक धराशायी हो जाती हैं। अंग्रेजी में एक व्यवस्था के ध्वस्त हो जाने से सम्बद्ध व्यवस्थाओं के ध्वस्त होने की ऐसी ही प्रक्रिया को 'डोमिनो प्रभाव' कहा जाता है। अर्थशास्त्रियों के लिए दहशत पैदा करनेवाली ऐसी ही प्रक्रिया 'आर्थिक मन्दी' की होती है, जिसमें एक स्थान से बाजार की मन्दी के प्रभाव से अन्य स्थानों पर भी मन्दी फैलती है। कारखाने बन्द हो जाते हैं, लोग बेरोजगार हो जाते हैं और बैंक एवं कारोबारी लोग दीवालिया हो जाते हैं।

पिछले दिनों संसार पर एक ऐसी ही मन्दी की घटा मँडराने लगी। यह मन्दी पूर्वी और दक्षिण-पूर्वी एशिया से प्रारम्भ हुई। दुनिया की दूसरे नम्बर की सबसे समृद्ध जापान की अर्थव्यवस्था घोर संकट में पड़ी, कारखाने बन्द होने से भारी संख्या में लोग बेरोजगार हो गए, दीवालिया हुए अनेक व्यवसायियों ने आत्महत्या कर ली। बाद में इस मन्दी का प्रभाव यूरोप और स्वयं अमेरिका की अर्थव्यवस्था पर पड़ने लगा।

अमेरिकी राष्ट्रपति बिल क्लिंटन ने अपनी जापान यात्रा में जापानियों से विशेष रूप से आग्रह किया कि वे अपनी अर्थव्यवस्था को सँभालें क्योंकि उसकी गिरावट से सारे संसार पर आर्थिक संकट का खतरा है। भारत सरकार के इन दावों के बावजूद कि भारत पर पूर्वी एशिया के संकट का कोई असर नहीं होगा, हकीकत में कुछ दूसरी ही तसवीर उभरी थी। औद्योगिक उत्पादन और निर्यात दोनों में गिरावट आई। दूसरी ओर महँगाई आसमान छू रही थी। इसका अर्थ कि भारत की अर्थव्यवस्था उस दोहरे संकट का शिकार है जिसे अर्थशास्त्री अंग्रेजी में 'स्टैगफ्लेशन' कहते हैं, यानी आर्थिक ठहराव और महँगाई दोनों, यानी कोढ़ में खाज।

लेकिन यह संकट तो न अजनबी है, न दैवी प्रकोप। इस संकट का असली कारण आज की अर्थव्यवस्था में सारे संसार पर हावी हो जाने की बड़े उद्योगपतियों की महत्त्वाकांक्षा है। आज की दुनिया में यह भूमिका मूलत: विशाल बहुराष्ट्रीय

कम्पनियाँ निभा रही हैं, लेकिन औद्योगिक फैलाव के साथ कुछ समय के अन्तराल पर मन्दी का यह सिलसिला उन्नीसवीं शताब्दी से चला आ रहा है, जब से सारे संसार को एक व्यापारिक सम्बन्ध में बाँधा जाने लगा और दुनिया एक वैश्विक श्रम विभाजन की ओर बढ़ी।

औद्योगिक फैलाव और संकोच की यह प्रक्रिया 'ट्रेड साइकिल' के नाम से अर्थशास्त्रियों में डेढ़ शताब्दी से चर्चा का विषय रही है। 1929-35 की मन्दी तो इतनी भयावह थी कि सारे संसार की अर्थव्यवस्था की जड़ हिल गई थी, लेकिन वर्तमान वैश्विक व्यवस्था के समर्थक अर्थशास्त्रियों के पास अब तक इसका कोई इलाज नहीं है। कल तक सरकारों के पास इसका अचूक इलाज रहा है। समय-समय पर स्थानीय या अन्तरराष्ट्रीय युद्धों के आयोजन हुए। घोर विध्वंस से सभी तरह के उत्पादन की आवश्यकता इतनी बढ़ जाती है कि उद्योग-धन्धे तत्काल मन्दी से उबर जाते हैं। द्वितीय विश्वयुद्ध ऐसा सबसे बड़ा आयोजन था, जिसमें लगभग ढाई करोड़ मृत हुए और यूरोप, जापान तथा कई अन्य देशों के नगरों और उपनगरों के विध्वंस की वजह से औद्योगिक उत्पादन के लिए विशाल पैमाने पर आधार मिला।

लेकिन ऐसे विश्वयुद्ध तो स्थायी तौर से लड़े नहीं जा सकते इसलिए विश्व पूँजीवाद की इस विवेकपूर्ण व्यवस्था को सतत चालू रखने के लिए दुनिया के विभिन्न भागों में स्थानीय मुद्दों को उकसाने तथा युद्ध की स्थायी अर्थव्यवस्था कायम करने की कोशिश हुई। इस क्रम में मलाया, कोरिया, स्वेज, कांगो, वियतनाम, भारत, पाकिस्तान, अरब, इस्राइल, इराक, ईरान आदि अनेक युद्ध होते रहे जिससे हथियारों की होड़ और युद्ध आयुधों के उत्पादन से हाल तक उत्पादन का सिलसिला चारों ओर जारी रहा। पश्चिमी देश और सोवियत संघ दुनिया भर में हथियारों की आपूर्ति के लिए उत्पादन करते रहे। सोवियत संघ और अटलांटिक सन्धि के देशों के बीच शीतयुद्ध ने अमेरिका में युद्ध की स्थायी अर्थव्यवस्था को एक तार्किक आधार दिया। इस तरह द्वितीय विश्वयुद्ध के बाद से अस्सी के दशक तक कोई बड़ी मन्दी नहीं आई।

1973 के खाड़ी युद्ध के बाद पेट्रोलियम की आपूर्ति बाधित होने से तात्कालिक रूप से जरूर मन्दी का एक दौर शुरू हुआ, लेकिन इस संकट से पेट्रो डॉलर, अरब देशों के पास पेट्रोल की बिक्री से जमा विशाल डॉलर का भंडार, के बदले हथियारों की आपूर्ति से औद्योगिक दुनिया उबर गई। इससे यह खुशफहमी जन्मी कि विश्वव्यापी मन्दी अब अतीत की चीज बन गई है, लेकिन पूर्वी यूरोप एवं सोवियत संघ में कम्युनिस्ट व्यवस्था के विघटन के बाद शीतयुद्ध के अन्त और 'वैश्वीकरण' की सफलता से हाल तब दबा हुआ मन्दी का संकट फिर सामने आने लगा है।

यह एक विडम्बना ही है कि वर्तमान वैश्विक व्यवस्था की आधारशिला रखनेवाली संस्थाओं, विश्व बैंक, अन्तरराष्ट्रीय मुद्रा कोष एवं विश्व व्यापार संगठन

के निर्माण में विख्यात अर्थशास्त्री मेनार्ड कीन्स का वैचारिक और सक्रिय योगदान था। 1944 में जब अमेरिका के ब्रेटनवुड्स सम्मेलन में इन संस्थाओं के निर्माण की योजना बन रही थी, तब वे इसके प्रमुख आर्थिक नीति निर्धारक थे।

लेकिन युद्ध के अन्तिम काल में जब यह सम्मेलन हुआ, विश्व बाजार में विनियम का सन्तुलन बनाए रखने की चिन्ता सर्वोपरि थी क्योंकि अनेक औद्योगिक देशों की अर्थव्यवस्था ध्वस्त हो गई थी और विश्व व्यापार को जीवित रखना जरूरी लगता था। इसलिए इन संस्थाओं की नीतियाँ ऐसी बनीं, जो अपने व्यवहार में उन मूलभूत नीतियों के बिलकुल विपरीत हैं जिसका प्रतिपादन कीन्स ने मन्दी और बेरोजगारी से उबरने के लिए किया था।

इन संस्थाओं का उद्देश्य विदेशी मुद्रा के अभाव वाले देशों को एक सीमा के भीतर कर्ज उपलब्ध कराना था, जो ऐसी मुद्रा में हो जिसकी दुनिया में साख हो, जैसे डालर में। साथ ही सभी महाजनों की तरह कर्जदार देशों पर ऐसी शर्तें लादना था जिनसे कर्ज की अदायगी हो सके।

यह बात भी ध्यान में रखने की है कि विश्व युद्ध के बाद अमेरिकी बैंक ही कर्जदाता की भूमिका अदा करने में सक्षम थे और डॉलर ही सबसे साख वाली मुद्रा थी। इन संस्थाओं की सलाह मूलत: अधिक टैक्स लगाने, कम-से-कम सरकारी खर्च करने, खासकर विकास एवं कल्याणकारी कार्यों पर और बैंकों के सूद की दर को ऊँचा रखने की थी ताकि ये देश किफायतसारी से महाजनों का कर्ज चुका सकें।

इनके ठीक विपरीत कीन्स ने अपने मूल सिद्धान्त में निर्माण कार्यों में सरकारी खर्च के प्रसार को अर्थव्यवस्था को मन्दी से बचाने में सबसे अधिक महत्त्व दिया था, लेकिन आज दुनिया के विभिन्न देशों को उनकी आर्थिक मन्दी से बचाने के लिए अन्तरराष्ट्रीय मुद्रा कोष की ओर से सरकारी खर्चों की ऐसी कटौती पर जोर दिया जा रहा है, जिससे मन्दी और भी गहराएगी।

इसमें कोई अचरज की बात नहीं कि अन्तरराष्ट्रीय मुद्रा कोष द्वारा भारी कर्ज देने के बावजूद मन्दी से त्रस्त अधिकांश देशों की आर्थिक स्थिति सुधरने का नाम नहीं लेती।

पूँजीवादी व्यवस्था के भीतर नि:सन्देह ऐसे अन्तर्द्वन्द्व हैं, जिससे ट्रेड साइकिल इसका अनिवार्य अंग बनता जा रहा है। एक प्रमुख कारण क्रयशक्ति का उत्पादन के प्रसार के हिसाब से लगातार कम रहना है जिसकी ओर मार्क्सवादी अर्थशास्त्रियों ने ध्यान खींचा था, और जिसका उपचार कीन्स के सिद्धान्तों का उद्देश्य था।

लेकिन इससे भी बढ़कर विश्व-व्यवस्था की बनावट में एक बुनियादी दोष है जिससे अन्ततोगत्वा यह व्यवस्था अनिवार्य रूप से गतिरोध का शिकार होगी। यह दोष इसके विकास की प्रक्रिया से जुड़ा है।

अट्ठारहवीं शताब्दी से जैसे-जैसे अन्तरराष्ट्रीय व्यापार बढ़ा और अलग-अलग मुल्कों में फैली विविधतापूर्ण और स्वायत्त अर्थव्यवस्थाओं को नष्ट करने की प्रक्रिया चली और सारे संसार को एक ही अर्थव्यवस्था के साँचे में ढालने की कोशिश हुई वैसे-वैसे विभिन्न व्यवस्थाओं के सभी तत्त्व स्थानीय संरचना से टूट गए और अपनी विशिष्टता गँवा विश्व बाजार की आवश्यकता के अनुरूप ढलते रहे। इस विशाल बहुराष्ट्रीय औद्योगिक प्रतिष्ठानों को जो भी लाभ हुआ हो, स्थायी और सबके लिए लाभदायक व्यवस्था बनाने की सम्भावना बिलकुल खत्म हो गई। ऐसा ही निष्कर्ष नोबेल पुरस्कार विजेता हर्बर्ट साइमन के उस सिद्धान्त से निकलता है, जो जटिल संरचनाओं के लिए सोपानीय (हाइरार्की) बनावट की उपयुक्तता का प्रतिपादन करता है। अचरज की बात है कि दुनिया भर के वैज्ञानिकों, अर्थशास्त्रियों और तकनीकी विशेषज्ञों की सेवाओं से युक्त आज के बहुराष्ट्रीय प्रतिष्ठान इस सिद्धान्त को नजरअन्दाज कर विश्व बाजार का ढाँचा खड़ा करने में लगे हैं।

साइमन यह मानता है कि सूचनाओं को ग्रहण करने की क्षमता की अपनी सीमाओं के कारण मनुष्य सदा सीमित तार्किकता के आधार पर कामचलाऊ व्यवस्थाएँ बनाने में ही सक्षम है। इसलिए वह किसी भी जटिल संरचना के निर्माण में तभी सक्षम होगा, जब यह संरचना स्वयं अनेक स्तरों की, अपने-आपमें पूर्ण, छोटी संरचनाओं से बनी हो। उसने जैविक विकास में इसे एक सांख्यिकी अनिवार्यता माना, लेकिन इस सिद्धान्त की सत्यता दूसरे सांगठनिक ढाँचों के लिए भी मानी जाने लगी है। अपने सिद्धान्त के प्रतिपादन में वह होरा और टैम्पस नामक दो काल्पनिक घड़ीसाजों का उदाहरण पेश करता है। दोनों ही हजार पुर्जों की घड़ी बनाते हैं, लेकिन जहाँ टैम्पस एकबारगी हजार पुर्जों को जोड़कर घड़ी बनाता है, वहाँ होरा दस-दस पुर्जों के सौ पुर्जे बना, इन्हें जोड़ अपनी घड़ी बनाता है। इस तरह होरा की घड़ी में दस, फिर उसके ऊपर सौ और फिर दस-सौ पुर्जों के संयोजन से हजार पुर्जे निर्मित होते हैं। यह एक सोपानवत प्रक्रिया है।

इस तरह घड़ी बनाने की प्रक्रिया में जब भी रुकावट आती है, जब टैम्पस के सारे पुर्जे बिखर जाते हैं और उसे फिर सभी पुर्जों का संयोजन करना पड़ता है, जबकि होरा को सिर्फ दस पुर्जे को जोड़ने की जरूरत होती है। इस गणित से जहाँ टैम्पस एक घड़ी बनाता है, वहीं उसी काल में होरा चार हजार घड़ियाँ बना सकता है। इस तरह वह इस काल्पनिक प्रकरण से स्वायत्त उप-संरचनाओं के संयोजन को बड़ी संरचनाओं के लिए सक्षम विधि सिद्ध करता है। ऐसे ही आधार पर साइबर वैज्ञानिक डब्ल्यू. रौसे ऐशवे इस नतीजे पर पहुँचा कि कोई भी व्यवस्था अपने परिवेश के अनुकूल टिकाऊ सन्तुलन तब तक प्राप्त नहीं कर सकती, जब तक इसका विकास अलग-अलग ऐसे खंडों के संयोजन से नहीं हो जिसमें सभी खंड एक-दूसरे से काफी हद तक स्वतंत्र हों।

ऊपर चर्चित वैज्ञानिक सिद्धान्तों का अनुकरण आधुनिक उद्योगपति जाने-अनजाने स्वयं अपनी उत्पादन प्रणाली में और उत्पादों तक में कर रहे हैं। आधुनिक उद्योगों में अब रुझान विशाल केन्द्रित कारखानों में एक जगह बड़ी मशीनों का निर्माण करने की तरफ नहीं है। नवीनतम औद्योगिक प्रतिष्ठान अपने विशेष उत्पादों के विविध खंडों का निर्माण अनेक छोटे स्वतंत्र कारखानों में करवाते हैं और अपने कारखाने में मूलत: इन खंडों के संयोजन 'एसेम्बली' का काम करते हैं। बड़े मशीन भी अनेक पुर्जों के 'कम्पैक्ट किट' से बने होते हैं जैसे—कार का गीयर बाक्स, इग्निशन चैम्बर आदि।

यह भी एक विडम्बना है कि दुनिया भर के उद्योगों की विविधता और स्वायत्तता को नष्ट कर आधुनिक उद्योगपति विकेन्द्रित उत्पादन के महत्त्व को अब समझने लगे हैं, लेकिन आधुनिक उद्योगों के निर्माण की प्रक्रिया में इन्होंने पारम्परिक उद्योगों को उनके परिवेश से काट मनुष्य, प्रकृति और उद्योगों के पारस्परिक रिश्ते को तोड़ जो अपूरणीय क्षति पहुँचाई है, इस क्षति की पूर्ति आधुनिक उद्योगों की उत्पादन प्रक्रिया के विकेन्द्रीकरण से नहीं हो सकती। इससे वह सन्तुलन भी नष्ट हो गया है, जिसमें आदमी का श्रम और प्राकृतिक संसाधन दोनों ही जीवन के आवश्यक और पूरक तत्त्व थे। अब बड़ी संख्या में मनुष्य और अनेक तरह के प्राकृतिक संसाधन आधुनिक उत्पादन प्रक्रिया के लिए अप्रासंगिक बन रहे हैं। इसका भी प्रभाव क्रयशक्ति पर पड़ता है, क्योंकि ऐसे अप्रासंगिक लोगों की कोई आय और क्रय शक्ति नहीं होती।

ऊपर की बातों को ध्यान में रखने पर यह तुरन्त दिखाई देता है कि बहुराष्ट्रीय कम्पनियाँ और ब्रेटनवुड्स संस्थाओं द्वारा विश्व की विविधता को नष्ट कर सारे संसार को एक आर्थिक और सांस्कृतिक ढाँचे में बाँधने का प्रयास एक दुराग्रह है जिसका भयंकर परिणाम सारे संसार को और विशेषकर औद्योगिक दौड़ में पिछड़े देशों को भुगतना पड़ेगा। ये पिछड़े देश अपने जीवन का आधार खोकर विकसित औद्योगिक देशों के मोहताज बन अधर में लटके रहेंगे। टिकाऊ और भेदभाव रहित जागतिक व्यवस्था राष्ट्रीय या इससे भी छोटी स्वावलम्बी विनियम के आधार पर ही खड़ी हो सकती है। वर्तमान संकट का दौर एक चेतावनी है। डोमिनो प्रभाव से बचने का एकमात्र उपाय ऐसे व्यापार तंत्र के ताना-बाना से कटकर अलग रहना ही हो सकता है।

हिन्दुस्तान, 4 दिसम्बर, 1998

2

राजनीतिक प्रांगन में शब्दों के बहुतार्थ की भूमिका बालकथा एलिस इन द वंडरलैंड (अचरजपुरी में एलिस) के नीचे दिए गए प्रसंग से बहुत सटीक ढंग से व्यक्त होती है।

'हम्प्टी डम्प्टी ने हिकारत भरे शब्दों में कहा, 'जब मैं किसी शब्द का इस्तेमाल करता हूँ तो तब उसका वही अर्थ होता है जो मैं चाहता हूँ, न कम न ज्यादा।'

'एलिस बोली, 'सवाल है कि क्या तुम शब्द को तरह-तरह का अर्थ दे सकते हो!'

'हम्प्टी डम्प्टी ने कहा, 'महत्त्व की बात है प्रभुता सम्पन्न होना।'

सत्ता में आने के बाद से भाजपा सरकार ने बिलकुल हम्प्टी डम्प्टी के अन्दाज में शब्दों का अर्थ बदलना शुरू कर दिया है। भाजपा 'हिन्दुत्व' के नारे के बाहर जिस बात को सबसे अधिक उछालती थी वे थी राष्ट्रीयता और स्वदेशी की बातें, लेकिन सत्ता में आते ही इन मुद्दों पर इसका तेवर बिलकुल बदल गया है।

वैसे तो इसके स्वदेशी प्रेम पर लोगों को उसी समय से संशय होना शुरू हो गया था, जब तेरह दिन के लिए अटल बिहारी वाजपेयी भारत के प्रधानमंत्री बने। उसी समय जब लोकसभा में उनके विश्वास प्रस्ताव पर बहस चल रही थी और सरकार का गिरना लगभग तय था, तब भोजन के अवकाश के काल में जल्दबाजी में मंत्रिपरिषद की बैठक बुला एनरॉन कम्पनी की दाभोल विद्युत परियोजना के लिए केन्द्र सरकार की 'काउंटर गारंटी' देने का निर्णय लिया गया। यह निर्णय केन्द्र सरकार को, महाराष्ट्र सरकार से किए गए इस कम्पनी के अनुबन्ध के अनुसार आवश्यकता होने पर भरपाई करने के लिए जवाबदेह बनाता है। ज्ञातव्य है कि महाराष्ट्र में भाजपा-शिवसेना गठबन्धन की सरकार बनने के पहले, चुनाव के दौरान, भाजपा ने सत्ता में आने पर एनरॉन कम्पनी को अरब सागर में फेंक देने का वादा किया था, लेकिन सत्ता में आते ही इसका रुख इसके ठीक विपरीत हो गया। फिर भी उस समय लोगों ने ऐसा समझा कि यह काम शिवसेना के दबाव में किया गया था क्योंकि बाल ठाकरे ने नए सिरे से बातचीत कर एनरॉन के साथ यह करार दुबारा करवाया था।

लेकिन दोबारा सत्ता में आने पर इस तरह का कोई बहाना भाजपा के पास नहीं रहा। इसलिए अब जो नीतियाँ भाजपा द्वारा अपनाई जा रही थीं उसके लिए पूरी तरह वाजपेयी सरकार जवाबदेह थी। आर्थिक मामलों से सीधे रूप से जुड़े तीन

मंत्रालयों—वित्त, वाणिज्य और उद्योग के मंत्रियों के बयानों से हम बहुत कुछ जान सकते हैं कि स्वदेशी के सवाल पर यह सरकार किधर जा रही थी।

गठबन्धन सरकार के वित्त मंत्री यशवन्त सिन्हा भाजपा की स्वदेशी लॉबी के हामी माने जाते थे। जिस समय मंत्रिपरिषद का गठन हुआ था उस समय जसवन्त सिंह को मंत्रिपरिषद में नहीं लिए जाने का कारण यह माना गया था कि राष्ट्रीय स्वयंसेवक संघ की स्वदेशी लॉबी उनके खिलाफ है क्योंकि वे स्वदेशी के पक्षधर नहीं हैं। इस दृष्टि से यशवन्त सिन्हा के विचारों का विशेष महत्त्व है क्योंकि वे एक तरह से भाजपा में स्वदेशी के खास प्रवक्ता थे, लेकिन स्वदेशी के प्रवक्ता ये मंत्री महोदय जब अमेरिका गए तो इनका स्वदेशी बिलकुल विदेशी रंग में रंगा दिखा था। 17 अप्रैल को वाशिंगटन में अमेरिकी एवं भारतीय मूल के उद्यमियों की सभा को सम्बोधित करते हुए उन्होंने कहा था कि स्वदेशी का गलत अर्थ लगाया जा रहा है। 'हम पीछे ले जानेवाली इस तरह की कोई नीति नहीं अपनाएँगे जिससे देश के अक्षम उद्योगों को प्रोत्साहन मिले। इसका अर्थ देश के लोगों को सिर्फ देशहित में अधिक परिश्रम करने का आह्वान करना है।' वाशिंगटन में ही उन्होंने विदेशी निवेशकों को कहा था कि 'उन्हें खुशी होगी अगर 1998-99 में भारत में विदेशी निवेश की मात्रा दोगुनी हो जाए।' अगर यह स्वदेशी है तो मनमोहन सिंह या चिदम्बरम की नीति से यह भिन्न कैसे है?

इसके एक दिन पहले यानी 16 अप्रैल को दिल्ली में देश के उद्योगों के नेताओं को सम्बोधित करते हुए उद्योग मंत्री सिकन्दर बख्त ने इसी भावना को दुहराया। बल्कि लोगों की शंकाओं को दूर करते हुए कहा, 'न तो मैं स्वदेशी की वकालत कर रहा हूँ और न तो स्वदेशी विरोध की वकालत', यानी इस मुद्दे पर वे बिलकुल तटस्थ थे। इसी बैठक में विदेशी निवेशकों की ओर इशारा करते हुए उन्होंने कहा कि 'जो कुछ भी विकास, रोजगार और आय को बढ़ानेवाला है उसको सरकार का पूरा समर्थन मिलेगा।' यह भाजपा की वैचारिक धुंध को भी उजागर करता है जिसके लिए विकास और रोजगार के सवाल को स्वदेशी से कुछ लेना-देना नहीं है।

अंग्रेजी में एक कहावत है कि 'पुडिंग का सबूत खाने में है।' इस कथन के अनुसार अपनी स्वदेशी विरत नीति के सबूत में वाणिज्य मंत्री रामकृष्ण हेगड़े ने कलम की एक ही नोक में 340 वस्तुओं के आयात पर से प्रतिबन्ध हटा लिया और यह वादा किया कि 300 अन्य वस्तुओं के आयात पर से आंशिक रूप से प्रतिबन्ध खत्म किया जाएगा। लोगों को ऐसा लग सकता है कि ये आयात ऐसे आवश्यक वस्तुओं के हैं जिनसे विकास की गति में तेजी जाएगी, या लोगों की कुछ बुनियादी आवश्यकताओं की पूर्ति होगी। वास्तव में ऐसा कुछ नहीं है। इन आयातों में शामिल हैं समुद्र से प्राप्त भोजन की वस्तुएँ, डब्बाबन्द सब्जियाँ, चेरी एवं स्ट्राबेरी जैसे फल, इलेक्ट्रॉनिक सामान जैसे वीडियो कैमरा, प्रसाधन के सामान और खेल के सामान। इन आयातों का फायदा देश के कुछ अति सम्पन्न और साहब मिजाज लोगों को हुआ।

उन लोगों को जिन्हें देश में उपलब्ध साबुन, पाउडर या अन्य प्रसाधन निम्नकोटि के लगते हैं और देश में उपलब्ध ताजा फल, सब्जी और मछलियाँ रास नहीं आतीं। इन प्राथमिकताओं को देखते हुए स्वदेशी का स्वर बिलकुल विदेशी जैसा सुनाई पड़ता है।

स्वदेशी का अर्थ इस देश में बिलकुल अलग तरह से लगाया जाता रहा है। इसका उत्स राष्ट्रीय आजादी के आन्दोलन काल में है, विशेषकर उस काल में जब महात्मा गांधी देश का नेतृत्व कर रहे थे। उस समय 1920-21 में विदेशी कपड़ों की होली तक जलाई गई थी जिससे विश्व कवि रवीन्द्रनाथ ठाकुर, जो विश्व भारती की स्थापना में लगे थे, आहत भी हुए थे और महात्मा गांधी से इस मुद्दे पर उनका विवाद भी हुआ था। रवीन्द्रनाथ ठाकुर के प्रति अगाध श्रद्धा के बावजूद महात्मा गांधी अपने विचार से डिगे नहीं थे, क्योंकि आजादी के आन्दोलन के समय स्वदेशी का अर्थ था स्वावलम्बन, यानी देश के लाखों गाँवों को आत्मनिर्भर बनाना जिसके बिना देश के करोड़ों गरीब लोगों के लिए सम्मानपूर्ण जीवन की कोई कल्पना नहीं हो सकती। स्वदेशी का अर्थ विदेशी पूँजी पर निर्भरता और विदेशी उद्योगों के भरोसे देश का विकास नहीं हो सकता। असल में भाजपा के नेता आजादी के आन्दोलन की उस धारा से सदा अलग रहे या विपरीत दिशा में चलते रहे। इसलिए लोकप्रियता हासिल करने के ख्याल से स्वदेशी का नारा तो दे देते हैं, लेकिन इसकी भावना से सर्वथा अपरिचित हैं। इसलिए इस शब्द के असली अर्थ के साथ जब उनकी नीति के यथार्थ का साक्षात्कार होता है तब उनके नारे का खोखलापन बिलकुल उजागर हो सामने आ जाता है। भाजपा नेता इस सवाल पर कितनी बेशर्मी से बोल सकते हैं कि यह गांधीनगर के सम्मेलन में इसके प्रस्ताव से जाहिर होता है। जहाँ इसकी सरकार ठीक वही नीतियाँ चला रही थी जो विश्व व्यापार संगठन की हैं, प्रस्ताव में स्वदेशी और स्वावलम्बन की पुरानी बातें ही दुहराई गईं।

भाजपा का राष्ट्रभक्ति सम्बन्धी बड़बोलापन दरअसल इसकी किसी प्रतिबद्धता के अभाव को ही दर्शाता है। यह बात हाल की दो घटनाओं से सिद्ध होती है। सत्ता से बाहर रह भाजपा नेता एक से एक बढ़कर चीन से भारतीय भू-भाग को मुक्त करने और कश्मीर से घुसपैठियों को समाप्त करने की बात करते रहे हैं। वर्तमान भाजपा गठबन्धन सरकार के रक्षा मंत्री जॉर्ज फर्नांडीज तो 'हिमालय बचाओ मुहिम' की अगुवाई करते रहे थे, लेकिन जब चीन के सेनाध्यक्ष भारत आए तो ये सब नेता ऐसे पिद्दी बन गए कि अपनी आजादी के प्रश्न की ओर दुनिया का ध्यान खींचने के लिए अनशन पर बैठे तिब्बती नौजवानों को जबरन उठाकर अस्पताल ले जाया गया। इसी क्रम में एक तिब्बती नौजवान की आत्मदाह से मौत हो गई। चीन से भारतीय भू-भाग को या तिब्बत को सैन्य शक्ति से बल मुक्त कराने की बात करना मूर्खतापूर्ण है और इस तरह की बात करनेवाले भाजपा नेता या तो अज्ञानी हैं या गम्भीर नहीं हैं, लेकिन हमें इतना दब्बू भी नहीं होना चाहिए कि किसी चीनी अधिकारी की नाराजगी से बचने के लिए अपनी स्वायत्तता की जायज माँग करनेवाले हमारे पड़ोसी और अतिथि तिब्बतियों

के खिलाफ निरर्थक शक्ति प्रयोग करें। तारीफ की बात तो है कि चीनी सेनाध्यक्ष के जाते ही प्रतिरक्षा मंत्री ने यह बयान जारी कर दिया कि भारतीय सुरक्षा को मुख्य खतरा चीन से है। ऐसा लगता था कि कुछ कर सकने की अक्षमता को छिपाने के लिए युद्ध उन्माद पैदा करने की कोशिश की जा रही है।

ऐसी ही कमजोरी और अपनी अक्षमता को छिपानेवाला शक्ति प्रदर्शन मुम्बई में भाजपा के सहयोगी शिवसेना वालों ने विख्यात गजल गायक गुलाम अली के संगीत समारोह को भंग करके किया। गजल गायन की परम्परा मिनियेचर (लघु चित्र), कथक नृत्य और कव्वाली की तरह उन विधाओं में है जो इस्लाम के आने के बाद के भारत की सामाजिक संस्कृति को उजागर करती है तथा हमारे प्राचीन शास्त्रीय संगीत को एक नया आयाम प्रदान करती है। ये ही वे विधाएँ हैं जो वर्तमान सीमाओं के परे जा भारतीय उपमहाद्वीप में बसनेवाले सभी लोगों को एक भावनात्मक सूत्र में बाँधती हैं। इन्हीं सूत्रों से भविष्य में हम फिर एक हो सकते हैं। इस समारोह पर आघात कर शिव सैनिकों ने भारतीयता के मर्म पर आघात किया। यह भी एक विडम्बना ही है कि जहाँ भाजपा सरकार 'पाकिस्तान से आए घुसपैठियों' द्वारा की जानेवाली जघन्य हत्याओं को रोकने में अक्षम साबित हुई और भाजपा सरकार के बनने के बाद ऐसी वारदातें बढ़ीं, वहीं शान्ति और प्रेम का सन्देश लेकर आए पाकिस्तानी संगीतज्ञ को गाने से भाजपा के निकट सहयोगी शिव सैनिक रोकते थे।

भाजपा की आर्थिक नीति या चीन या पाकिस्तान सम्बन्धी इसके रुख सभी इसकी वैचारिक दरिद्रता को प्रतिबिम्बित करते हैं। दरअसल हिन्दुत्व के कुछ नारों के बाहर भाजपा की कोई अपनी नीति रही नहीं है। समय-समय पर यह वैसे सभी आकर्षक नारों को उधार लेती गई है जिन पर इसने कभी कोई गम्भीर चिन्तन नहीं किया है, लेकिन राष्ट्रीय पार्टियों के पिछले विघटन ने इसे अचानक सत्ता हथियाने का मौका दे दिया है। इससे इसमें नीति सम्बन्धी ऊहापोह की स्थिति है। जब किसी दल की अपनी कोई नीति नहीं होती तब वह देश और विदेश के शक्तिशाली समूहों के प्रभाव में काम करने लगता है। आज भाजपा की यही स्थिति है। देशी व्यापारी वर्ग से तो इसने पहले की रिश्ता कायम कर लिया था, इधर कुछ औद्योगिक समूह भी इसके करीब आने लगे हैं, लेकिन चूँकि आज हमारा व्यापारी वर्ग बहुराष्ट्रीय कम्पनियों और विश्व व्यापार संगठन के दबाव के अन्दर चल रहा है भाजपा पर भी यह दबाव बना हुआ है। अपने स्वदेशी के नारे के बावजूद आज भाजपा पूरी तरह विदेशी शक्तियों के प्रभाव में आकर उन्हीं के अनुकूल नीतियाँ बना रही है। ऐसी कमजोर सरकार न तो देश को कोई अपना आर्थिक आधार प्रदान कर सकती है और न ऐसी नैतिक शक्ति जिसके बल यह देशी या विदेशी शक्तियों के खिलाफ खड़ी हो सके।

हिन्दुस्तान, 24 जनवरी, 1998

3

हमारे देश की राजनीति आज एक विलक्षण स्थिति से गुजर रही है, जहाँ चुनावी रंगमंच पर उपस्थित अभिनेताओं के पास मतदाताओं को दिखलाने के लिए कोई मुखौटा भी नहीं बचा है, न अभिनय का कोई बहाना। यह स्थिति विलक्षण इसलिए है कि सभी अभिनेता राजनेता हैं और जैसाकि मैकियावेली ने राजनीति पर अपनी विख्यात पुस्तक 'प्रिन्स' में कहा है कि किसी राजनेता को अपनी किसी भी कृत्य के लिए बहाने की कमी नहीं होती। ऐसे में अगर हमारे राजनेताओं के पास लोगों को बताने के लिए कोई बहाना भी नहीं है तो यह घोर वैचारिक कंगाली की स्थिति है। यह विशेष तौर से अचरज की बात है क्योंकि देश आज ऐसी समस्याओं से घिरा है जो इसके स्वतंत्र अस्तित्व के लिए चुनौती बन रही हैं और इस स्थिति पर प्रतिक्रिया मात्र ही समृद्ध राजनीतिक विवादों की जननी बन सकती है, लेकिन इस दृष्टि से चारों ओर सन्नाटा है।

देश के शासन की दावेदार दो बड़ी पार्टियाँ कांग्रेस और भाजपा अपने-अपने पक्ष में स्थायी शासन देने का दावा पेश कर रही हैं। मानो काई की तरह समाज पर जम जाने की क्षमता ही बड़ा गुण हो। यह दावा भी कितने भरोसे का है। गुजरात में प्रचंड बहुमत वाली भाजपा सरकार का हश्र बहुत भरोसा पैदा नहीं करता। इस स्थायित्व का दूसरा नमूना उत्तर प्रदेश की कल्याण सिंह की जोड़तोड़ की सरकार थी, जिसमें प्रलोभन, दबाव और दलबदल के सारे अनैतिक हथकंडों का सहारा लिया गया, जो राजनीति के प्रति वितृष्णा पैदा करते हैं। जो लोग भाजपा के भारतीय संस्कृति के यशोगान से प्रभावित हैं उनके लिए भाजपाई भारतीयता की यह खासी बानगी थी।

वैसे भाजपा के सन्दर्भ में नैतिकता की बात करना बहुत प्रासंगिक नहीं है; क्योंकि इस मामले में यह अतिशय लचीली है। जयललिता के साथ साँठगाँठ कर एक साथ ही इसने अपने भ्रष्टाचार विरोध और हिन्दी प्रेम दोनों की पोल खोल दी है। दो जीभ से परस्पर विरोधी बातें करना भाजपा का स्थायी गुण बन गया है। वाजपेयी और आडवाणी ने कहना शुरू किया था कि भाजपा धर्म के बीच कोई भेदभाव नहीं करती, लेकिन दूसरी ओर एक ही समय राष्ट्रीय स्वयंसेवक संघ के

सरसंघचालक राजेन्द्र सिंह ने अजमेर की जनसभा में भैरोंसिंह शेखावत की मौजूदगी में काशी और मथुरा के मन्दिरों को हिन्दुओं के हवाले करने की माँग की।

कांग्रेसी नेताओं का अन्तर्विरोध भी कम नहीं है। उन्होंने स्थिर सरकार देने की बात ही शुरू की, बेवजह संयुक्त मोर्चे की सरकार को अस्थिर करके। देश के शासन को अस्थिर होने से बचाना तो दूर, इसे अपनी पार्टी को ही अस्थिर होने से बचाने में कठिनाई हो रही है। पश्चिम बंगाल, बिहार, तमिलनाडु, उड़ीसा, महाराष्ट्र और उत्तर प्रदेश सभी जगह इसमें टूट और भागदौड़ का माहौल है। अधिकांश स्थानों पर इसके नेता घोटालों और हवालों के आरोपी हैं। अरबों रुपए के चारा घोटाले के आरोपी बिहार के भूतपूर्व मुख्यमंत्री लालू प्रसाद यादव के राजद की सरकार को बेहिचक सहमति दे इसने साफ कर दिया कि भ्रष्टाचार इसके लिए कोई मुद्दा नहीं है।

जनता दल की वैचारिक स्थिति भी कुछ अच्छी नहीं थी। प्रधानमंत्री इन्द्र कुमार गुजराल, जो इसी पार्टी के थे, चारा घोटाले के आरोपी और उनकी अपनी ही पार्टी को तोड़कर राजद बनानेवाले लालू प्रसाद यादव को आमंत्रित कर उनका सत्कार करने में कोई दोष नहीं मानते। जहाँ जनता दल और संयुक्त मोर्चा साम्प्रदायिक भाजपा को सत्ता से बाहर रखना अपना मूल उद्देश्य मानते हैं, वहीं गुजराल भाजपा से संयुक्त मोर्चा बनानेवाले अकाली दल के समर्थन से जालंधर से लोकसभा का चुनाव लड़ने के लिए तैयार हो गए। लालू प्रेम की तरह यह भी सिर्फ संसद में पहुँचने की सीढ़ी भर थी। उड़ीसा में उसका एक बड़ा हिस्सा टूटकर भाजपा के साथ गठजोड़ करने में लगा था। इस प्रकार साम्प्रदायिकता-विरोध का सिद्धान्त कितना छिछला है उसका कुछ आभास इससे मिलता है।

संयुक्त मोर्चे में शामिल कम्युनिस्ट पार्टियाँ संगठन की दृष्टि से कुछ अधिक चुस्त थीं और इनके खिलाफ भ्रष्टाचार के भी बड़े आरोप लोगों के सामने नहीं आए। हालाँकि पश्चिम बंगाल में मुख्यमंत्री ज्योति बसु समेत इसके नेताओं के भ्रष्टाचार की चर्चा मार्क्सवादी कम्युनिस्ट पार्टी के भीतर और बाहर होती रही। इन पार्टियों की समस्या दूसरी है। उन्होंने उदारीकरण की नीति को कबूल कर अपने अस्तित्व के औचित्य को ही दाँव पर लगा दिया। उनकी स्थिति यूरोप के एक उपन्यास के एक कम्युनिस्ट पात्र की याद दिलाती है। वह अपना सिद्धान्त छोड़ अवसरवादी हो जाता है। जब इस बात पर उसकी आलोचना होती है तो वह अपनी सफाई में कहता है कि उसने तो सबसे बड़ा त्याग किया है, क्योंकि दूसरे लोग अपने सिद्धान्त के लिए धन और जान तक की कुर्बानी दे देते हैं, जबकि उसने सिद्धान्त की ही कुर्बानी दे दी है। इस अर्थ में कम्युनिस्ट पार्टियों की कुर्बानी निश्चित रूप से अद्वितीय है। यह बात अलग है कि इसमें भी वे सदा की तरह रूस और चीन की कम्युनिस्ट पार्टियों की अनुगामी बनी हुई हैं। रूस और चीन ने पूँजीवाद के लिए पहले से ही लाल कालीन डालना शुरू कर दिया था।

लोकसभा के भंग होने के बाद से जिस धड़ल्ले से दल-बदल होने लगे हैं, वह भी बतलाता है कि देश की मुख्य धारा की जो पार्टियाँ हैं, उनमें आर्थिक मुद्दों पर कोई मतभेद नहीं जिनके साथ देश के बहुसंख्यक लोगों की तकदीर जुड़ी है। चेन्नई में आर्थिक भागीदारी को लेकर जो शिखर सम्मेलन जनवरी के दूसरे सप्ताह में हुआ था, उसमें तत्कालीन प्रधानमंत्री इन्द्र कुमार गुजराल ने स्पष्ट रूप से कहा कि हालाँकि कुछ सावधानी की जरूरत है, 1991 से जो उदारीकरण की नीति अपनाई गई है, वह चलती रहेगी और इस देश के सभी दलों की सहमति है। प्रधानमंत्री का यह कथन कम-से-कम सत्ता के करीब की सभी पार्टियों पर तो लागू होता ही है, लेकिन यही स्थिति देश के सामने भीषण संकट का भी संकेत है, क्योंकि देश विकल्पहीन है। अचरज की बात यह है कि ऐसी घोषणा तब हो रही थी, जब इसी सम्मेलन में थाईलैंड के प्रतिनिधि अपने अनुभवों के आधार पर भारत को आगाह कर रहे थे कि अन्तरराष्ट्रीय मुद्रा कोष की नीतियों का आँख मूँदकर पालन घोर संकट पैदा कर सकता है। उदारीकरण की इस नीति के चलते जो संकट दिखाई दे रहा है, उस पर आत्ममन्थन और विकल्प की तलाश भी इसी क्षण सर्वाधिक महत्त्व की है। यह कोई काल्पनिक खतरा नहीं है। देश के भीतर और बाहर से जो भी संकेत मिल रहे हैं, वे हमें सचेत करने के लिए पर्याप्त हैं।

बीते साल देश के औद्योगिक क्षेत्र में मन्दी रही और औद्योगिक विकास की दर घटी है। निर्यात और आयात के बीच बढ़ते फाँक से 1996 के अप्रैल-नवम्बर के 2.82 अरब डॉलर के मुकाबले 1997 के अप्रैल-नवम्बर में विदेशी व्यापार का घाटा 3.36 अरब डॉलर हो गया। डॉलर के मुकाबले रुपए की कीमत गिरती गई है, इसके बावजूद कि रिजर्व बैंक इसकी कीमत बनाए रखने के लिए लगातार प्रयत्नशील रहा है। अगर ऐसी गिरावट सिर्फ भारत तक सीमित होती तो यह कहा जा सकता था कि यह हमारी नीति के कार्यान्वयन की त्रुटियों या जैसाकि अन्तरराष्ट्रीय मुद्रा कोष की ओर से हर मौके पर कहा जाता है, उदारीकरण की अपूर्णता का परिणाम है, लेकिन अगर ऐसा उन सभी विकासशील देशों में हो रहा है, जो उदारीकरण की नीति लेकर चल रहे हैं तो मानना होगा कि दोष इस नीति का ही है। जब हम उन विकासशील देशों की ओर नजर डालते हैं जो उदारीकरण में अगुवा थे, तो किसी भ्रम की गुंजाइश नहीं रह जाती।

मैक्सिको और ब्राजील जो इस दिशा में अग्रणी थे, आज गहरे आर्थिक संकट में हैं और अन्तरराष्ट्रीय मुद्रा कोष की भारी सहायता के बावजूद अपने संकट से नहीं उबर पाए हैं, लेकिन हमारे लिए अधिक प्रासंगिक पड़ोसी पूर्वी एशिया के देश—दक्षिण कोरिया, इंडोनेशिया, थाईलैंड, मलेशिया और फिलीपीन्स हैं। कुछ दिन पहले इन्हें एशियन टाइगर्स (एशियाई बाघ) कहा जाता था और हमारी मौजूदा

नीति के वकील इसे भारत के सामने नमूना के रूप में पेश करते थे। आज एक-एक कर इन सबकी अर्थव्यवस्थाएँ धराशायी हो चुकी हैं। दक्षिण कोरिया, जहाँ विदेशी पूँजी के सहारे सबसे अधिक विकास हुआ था और इसके बारे में कहा जाता था कि अब यह विकासशील देशों की श्रेणी से निकलकर विकसित की श्रेणी में आ गया है, सबसे गहरे संकट में है। यहाँ के हजारों कल-कारखाने और अनेक बड़े बैंक दिवालिया हो बन्द हो गए हैं। अन्तरराष्ट्रीय मुद्रा कोष और अन्य स्रोतों से इसके लिए 57 अरब डॉलर के ऋण की व्यवस्था की गई है, लेकिन इससे भी यह अपने संकट से निकल नहीं पा रहा है। इसका मुद्रा लोन जिसकी कीमत डॉलर के मुकाबले 50 प्रतिशत पहले ही गिर चुकी थी, और नीचे गिरी है। अभी दक्षिण कोरिया पर 200 अरब डॉलर (लगभग आठ लाख करोड़ रुपए) का विदेशी कर्ज लद चुका है। इस कर्ज के पैमाने का कुछ अनुमान हम इससे लगा सकते हैं कि दक्षिण कोरिया की आबादी 4 करोड़ के लगभग है। इंडोनेशिया के मुद्रा रुपया की कीमत डॉलर के मुकाबले एक बार छह महीने में एक-चौथाई हो गई। अभाव के भय से लोग जिस कीमत पर हो, विभिन्न वस्तुओं को खरीदकर जमा कर रहे थे। विद्रोह की आशंका पैदा हो गई। चारों ओर बेरोजगारी है और एक दूसरा खतरा पैदा हो गया। मलेशिया के मुद्रा संकट और मन्दी के कारण वहाँ भी बेरोजगारी बढ़ रही है। सरकार द्वारा वहाँ कार्यरत दस लाख इंडोनेशियाई नागरिकों को वापस इंडोनेशिया भेजने की योजना बनाई जा रही है। ऐसा ही संकट कुछ कम-ज्यादा फिलीपीन्स और थाईलैंड में भी है। थाईलैंड में पहले धान काटने के बाद किसान काम की तलाश में शहरों की ओर जाते थे। अब उद्योगों की बढ़ती बेरोजगारी से शहरों से गाँवों की ओर पलायन हो रहा है। अन्तरराष्ट्रीय मुद्रा कोष के कर्ज की शर्तों के कारण थाईलैंड की स्थिति और भी खराब हो रही है और थाईलैंड अन्तर्राष्टीय मुद्रा कोष पर अपनी शर्तों पर पुनर्विचार करने का दबाव डाल रहा है। सम्पूर्ण पूर्वी एशिया में जगतीकरण की नीति आर्थिक विध्वंस का नजारा पेश कर रही है। अगर भारत ने समय रहते अपना मार्ग नहीं बदला तो यह भी इस विध्वंस की चपेट में आएगा।

पश्चिमी देश अब इस संकट के लिए एशिया के देशों के भाई-भतीजावाद और भ्रष्टाचार अर्थात् 'क्रोनी कैपटलिज्म' को दोष दे रहे हैं, लेकिन जब ये इन देशों की सफलता का जयघोष कर रहे थे, यह बात नजरअन्दाज कर दी गई थी। कुछ लोग थोड़े दिन पहले के बीच के मुद्रा के अवमूल्यन को इसके लिए दोष दे रहे हैं। किन्तु जो बुनियादी तथ्य नजरअन्दाज किया जा रहा है, वह यह कि इन देशों का सारा विकास एक छोटे सम्पन्न समूह के आधार पर किया जा रहा था जो उत्पादन की इस स्फीति को सँभालने में असमर्थ था। इससे व्यापार, युद्ध मन्दी और आर्थिक संकट का जन्म लाजिमी था। उदारीकरण की नीति के साथ नौकरशाही में जिसका

नाम सबसे अधिक जुड़ा रहा है, वह मोंटेक सिंह हैं। वह भी यह मानते थे कि पूर्वी एशिया की घटनाओं का प्रतिकूल प्रभाव भारत के निर्यात पर पड़ेगा, लेकिन यह हकीकत को बहुत कम करके आँकना हुआ। दरअसल भारत भी जल्दी ही घोर आर्थिक संकट में फँसनेवाला है अगर आर्थिक आत्मनिर्भरता की दिशा में जल्दी कदम नहीं बढ़ाया जाता। यह एक दुर्भाग्यपूर्ण स्थिति है कि शुतुरमुर्ग की तरह देश के राजनीतिक दल इस समस्या को नजरअन्दाज कर रहे हैं। यह आम चुनाव की प्रासंगिकता को बिलकुल कम कर देता है। आज राजनीति में असली विकल्प राष्ट्रीय स्वायत्तता और स्वाभिमान के आधार पर ही पैदा हो सकता है।

हिन्दुस्तान, 28 जनवरी, 1998

4

दर्द का हद से बढ़ना, दवा बन जाना कहा जाता है। परमाणु परीक्षणों के बाद कई राष्ट्रों द्वारा भारत के विरुद्ध आर्थिक प्रतिबन्धों के निर्यात से जिस तरह के आर्थिक संकट की आशंकाएँ व्यक्त की जा रही हैं, अगर उन्हें देश एक चुनौती की तरह स्वीकार करे तो ये प्रतिबन्ध अभिशाप के बदले वरदान बन जाएँगे। सिर्फ मौखिक रूप से नहीं, सही मायने में हम स्वदेशी और आत्मनिर्भरता की अर्थनीति लेकर एक टिकाऊ आधार पर देश का नव-निर्माण कर सकेंगे।

दुर्भाग्यवश स्वदेशी की बात करनेवाली वर्तमान भाजपा सरकार का अपना स्वाभिमान जगा हुआ नहीं दिखाई देता। वाजपेयी सरकार ने मारुति उद्योग के मामले में जापानी बहुराष्ट्रीय कम्पनी सुजुकी के सामने अकारण जैसा आत्मसमर्पण किया, वह बतलाता है कि इस सरकार में स्वदेशी का संकल्प लेकर चलने का दम-खम नहीं। सुजुकी के साथ समझौता यह था कि मारुति उद्योग के अध्यक्ष और प्रबन्ध निदेशक में किसी एक पद पर ही सुजुकी का प्रतिनिधि होगा और दूसरे पद पर भारत सरकार का प्रतिनिधि। सुजुकी उद्योग के दबाव के आगे झुककर भारत सरकार ने दोनों ही पद सुजुकी के प्रतिनिधि के हाथ सौंपने का फैसला लिया। यह अनुमान किया जाता है कि इस निर्णय से दस हजार करोड़ की मारुति की सम्पत्ति पर सुजुकी का पूरा नियंत्रण हो गया, जबकि इसमें इसका अपना निवेश मात्र 103 करोड़ रुपए है और वह इससे 300 करोड़ रुपया मुनाफा ले चुका थी।

शायद भाजपा सरकार को यह भरोसा था कि सुजुकी को खुश रख यह जापान सरकार के रुख को नरम कर लेगी जिसने परमाणु परीक्षणों के तुरन्त बाद भारत के खिलाफ आर्थिक प्रतिबन्धों की घोषणा की थी। ऐसा सोचना खामखयाली ही है कि वहाँ के किसी एक औद्योगिक समूह को विशेष अधिकार दे देने से एक ऐसे मुद्दे पर जापानी सरकार का रुख बदला जा सकता है जिस पर जापान के आम लोगों में घोर निषेध भाव है। नागासाकी और हिरोशिमा में परमाणु बम विभीषिका झेल चुके जापानी इन विस्फोटों से भावनात्मक रूप से इतने उद्वेलित हैं कि यह उनके लिए महज आर्थिक लाभ का सौदा नहीं हो सकता। जहाँ तक सुजुकी उद्योग का सवाल है, जापान की वर्तमान मन्दी की स्थिति में वह भारत सरकार पर कोई

दबाव डाल सकने की भी स्थिति में नहीं था। जापान में लगातार आर्थिक गिरावट दर्ज की गई है और इससे पिछले साल इसके उत्पादन में 7 प्रतिशत गिरावट आई थी। जापान में 24 वर्ष के बाद ऐसी गिरावट देखने में आई। ऐसी स्थिति में मारुति उद्योग से हाथ खींच उत्पादन में और कटौती की बात सुजुकी नहीं सोच सकता, भले ही मारुति उद्योग के लिए उत्पादन की मात्रा सुजुकी के पूरे उद्योग के हिसाब से बहुत छोटी हो।

आज इस बात की निश्चित आशंका है कि विश्व बाजार से जुड़े रहने और विदेशी व्यापार एवं निवेश पर निर्भरता की अर्थनीति भारत को भी वैसे संकट में डाल सकती है, जैसा संकट आज पूरे पूर्वी एशिया पर मँडराता दिखाई देता है।

भाजपा सरकार की दिशाहीन नीतियों और इसके बजट का जो नकारात्मक प्रभाव देश की अर्थव्यवस्था पर पड़ा, उसका कुछ अन्दाज वित्त पर संसद की स्टैंडिंग कमेटी के अध्यक्ष मुरली देवड़ा द्वारा बजट पर बहस में संसद में दिए गए कुछ आँकड़ों से साफ स्पष्ट होता है। उनके अनुसार इसका बहुत ही नकारात्मक प्रभाव पूँजी बाजार पर पड़ा है। पाँच लाख दस हजार करोड़ रुपए के पूँजी बाजार में ग्यारह प्रतिशत गिरावट से निवेशकर्ताओं को पचपन हजार करोड़ रुपए का नुकसान हुआ है। डालर के मुकाबले रुपए के मूल्य में भारी गिरावट के चलते विदेशी निवेशकों का विश्वास डाँवाँडोल होने का भी जिक्र उन्होंने किया है क्योंकि इस गिरावट के कारण अब उन्हें लगाई गई पूँजी पर मुनाफा के बजाय घाटा हो सकता है। दिलचस्प बात यह है कि मुरली देवड़ा कांग्रेस के सांसद थे और उन्हीं की पार्टी ने वैश्वीकरण की नीति का सूत्रपात किया, जिसके कारण देश की अर्थव्यवस्था पूँजी बाजार पर पहले से अधिक निर्भर हो रही है। इससे विदेशी पूँजीनिवेशकों के मिजाज के हर चढ़ाव-उतार से पूँजी बाजार प्रभावित होता है। इसका प्रभाव फिर पूरी अर्थव्यवस्था पर पड़ता है।

पूर्वी एशिया का पूरा आर्थिक संकट पूँजी बाजार पर अत्यधिक निर्भरता और उसमें पैदा जलजले का परिणाम है। पूँजी बाजार के संकट का अर्थ होता है कि निवेशक अपनी पूँजी निकालने लगते हैं और इससे सम्बद्ध कल-कारखाने एवं योजनाएँ बन्द होने लगती हैं। बैंक एवं कारखानों के बन्द होने से बेरोजगारी पैदा होती है। इससे आय और क्रय शक्ति का ह्रास होता है और इसके प्रभाव से दूसरे कल-कारखाने बन्द होने लगते हैं। इस तरह यह संकट फैलता जाता है। ऐसा ही संकट पिछले वर्षों में दक्षिण कोरिया और हांगकांग से लेकर मलेशिया, सिंगापुर, थाईलैंड और इंडोनेशिया तक फैल गया था। इंडोनेशिया में तो इससे ऐसा उथल-पुथल आया कि अन्ततोगत्वा जनरल सुहार्तो को सत्ता छोड़नी पड़ी। इसके बावजूद कि अन्तरराष्ट्रीय मुद्रा कोष ने वहाँ की अर्थव्यवस्था को बचाने के लिए अपनी थैली खोल दी थी वहाँ की स्थिति में विशेष सुधार नहीं हुआ। अब इस संकट ने जापान

को अपनी चपेट में ले लिया जो अमेरिका के बाद दुनिया का नम्बर दो का सबसे सम्पन्न देश माना जाता है। जापान की मुद्रा येन के मूल्य के डॉलर के मुकाबले लगातार गिरने से अब चीन भी दबाव महसूस करने लगा है। चीन ने जापान से अपनी आर्थिक व्यवस्था को दुरुस्त करने की अपील की है। चीन के द्वारा यह सम्भावना व्यक्त की जा रही है कि अपने निर्यात को बचाने के लिए उसे भी अपनी मुद्रा का अवमूल्यन करना पड़ सकता है। अगर ऐसा हुआ तो पूर्वी एशिया का संकट और भी गहराएगा। इसलिए आज की दुनिया में विश्व बाजार के साथ अपनी अर्थव्यवस्था को जोड़ना एक बड़ा जोखिम का काम है।

अगर भारत और चीन एशिया के शेयर बाजार में झंझावात का शिकार अब तक नहीं हुए हैं तो उसका बहुत बड़ा कारण यह है कि व्यापक स्तर पर अभी भी इन देशों का आर्थिक जीवन अन्तर्मुखी है—यानी काफी हद तक लोगों का जीवन आत्मनिर्भर रहा है और आयात-निर्यात इनकी एक बहुत छोटी आबादी के जीवन को गहरे रूप से प्रभावित करता है। यह बात चीन के साथ विशेष तौर से लागू होती है। हालाँकि पिछले कुछ वर्षों से चीन ने विदेशी निवेश के लिए अपना दरवाजा बिलकुल खोल दिया है और इसे आकर्षित करने के लिए हर तरह की सुविधाएँ मुहैया कर रहा है। इसका कारण यह है कि अपने क्रान्तिकाल में और उसके बाद अर्थ-व्यवस्था के प्रसार के काल में चीन ने आत्मनिर्भर आर्थिक इकाइयों का एक व्यापक ताना-बाना तैयार कर लिया था। हालाँकि इसकी नई आर्थिक नीति के कारण वह व्यवस्था ढहने लगी है, फिर भी पूरब के तटीय एवं महानगरीय इलाकों के बाहर काफी लोग पिछली आर्थिक व्यवस्था से जीवन का आधार पाते हैं। अलबत्ता नए 'सुधारों' के कारण लगभग दस करोड़ चीनी ग्रामीण व्यवस्था से विस्थापित हो रोजगार की तलाश में भटकने लगे हैं। फिर भी सवा सौ करोड़ की आबादी में यह जनसंख्या दस प्रतिशत से भी कम है और अभी तक चीन की व्यवस्था किसी तरह इस विस्थापन को जज्ब कर रही है। सम्भवत: उसी तरह जैसे हमारे देश के ग्रामीण जीवन से उजड़े लोगों को हमारे नगरों की झुग्गी-झोपड़ियों की अर्थव्यवस्था अपने भीतर पचा रही है।

लेकिन अन्तरराष्ट्रीय थपेड़ों को बर्दाश्त करने की हमारी क्षमता आज दबाव में है। आज जब बाहरी मन्दी और प्रतिबन्धों से देश को बचाने की इस क्षमता का महत्त्व उजागर हुआ है तो हमें इस क्षमता का विकास कर इसका पूरा फायदा उठाना चाहिए। इसके लिए अपनी आर्थिक नीति को ऐसी दिशा देनी चाहिए कि यह धीरे-धीरे विदेशी व्यापार पर निर्भरता से पूरी तरह मुक्त हो जाए। हमारा निर्यात उतना भर होना चाहिए जिससे जीवन के लिए नितान्त आवश्यक वस्तुओं का आयात सम्भव हो सके। पेट्रोलियम पदार्थों का आयात तो बिलकुल ही बन्द कर देना चाहिए क्योंकि यह समाज के एक अत्यन्त छोटे हिस्से की विलासिता को छोड़ कोई महत्त्व नहीं

रखता और इस पर हमारे सीमित विदेशी मुद्रा का सबसे बड़ा हिस्सा खर्च होता है। पेट्रोलियम पदार्थों की आवश्यक आपूर्ति के लिए हमारा अपना भंडार काफी है। बचे एवं सीमित आयात के लिए विदेशी मुद्रा का अर्जन तो कृषिजन्य वस्तुओं और पारम्परिक घरेलू उद्योगों में तैयार वस्तुओं के निर्यात से भी सम्भव होगा। आज भी ये ही हमारे निर्यात के महत्त्वपूर्ण भाग हैं।

जिस तरह का झटका उदारीकरण की अर्थनीति से एशिया के 'बाघ' कहे जानेवाले देशों की अर्थव्यवस्था को लगा है, और जिस तरह के दबाव भारत पर पड़ रहे हैं, उसके सन्दर्भ में स्वदेशी सिर्फ एक आकर्षक नारा नहीं रह गया है। आज देश के आर्थिक विकास और इसके स्वाभिमान की रक्षा के लिए स्वदेशी का ही एकमात्र मार्ग रह गया है। यह आवश्यक नहीं कि सरकार प्रतिबन्धों और आयात पर ऊँची चुंगी के माध्यम से ही स्वदेशी को प्रोत्साहित करे—हालाँकि ऐसी नीति का भी एक महत्त्वपूर्ण हाथ स्वदेशी को प्रोत्साहित करने में रहेगा।

लेकिन विशेष महत्त्व की बात है लोगों में हर सरकारी और गैर-सरकारी माध्यमों से यह भाव भरना कि वह स्वदेशी वस्तुओं का ही इस्तेमाल करें। अगर देश की जनता संकल्प लेकर बहुराष्ट्रीय कम्पनियों द्वारा निर्मित वस्तुओं का इस्तेमाल करना बन्द कर दे तो बिना सरकारी पहल के भी इन विदेशी कम्पनियों को अपना बोरिया-बिस्तर समेट देश से बाहर जाना पड़ेगा। इस दिशा में हमें स्वयं जापान से शिक्षा लेनी चाहिए। जापान के साथ अपने व्यापार में अमेरिकी कम्पनियों की समस्या सदा यह रही है कि जापानी जहाँ भी सम्भव था, अपने देश की कम्पनियों का माल खरीदता था। अमेरिका के राष्ट्रपति रीगन के समय से ही जापान की सरकार पर यह दबाव रहा कि वह जापान में अमेरिकी वस्तुओं की खरीदगी को प्रोत्साहित कर जापान के साथ व्यापार में होनेवाले भारी अमेरिकी घाटे को कम करे। इस दृष्टि से राष्ट्रपति बुश ने जापान में अपनी यात्रा के दौरान काफी प्रयास किया, लेकिन जापानी जनता के स्वदेशी प्रेम के सामने यह सब नाकामयाब हुआ। आज भारत की जनता में भी वैसा ही राष्ट्रीय स्वाभिमान जगाना जरूरी है, ताकि वे स्वदेशी वस्तुओं का व्यवहार कर अन्तरराष्ट्रीय जगत के आर्थिक भूचाल से अपने देश को बचा सके।

हिन्दुस्तान, 2 जुलाई, 1998

5

तेल पूल घाटे को पाटने के उपायों में चिर प्रतीक्षित पेट्रोलियम पदार्थों में कुछ की कीमतें रामो-वामो सरकार द्वारा बढ़ाई गईं। डीजल पर सर्वाधिक 1.80 रुपए प्रति लीटर और पेट्रोल पर सबसे कम महज 2 रुपए प्रति लीटर। यह सहज ही देखा जा सकता था कि डीजल की कीमत की बाढ़ से यातायात एवं अन्य कई क्षेत्रों में कीमतें बढ़ेंगी। नई कीमतों की घोषणा होते ही थोक वस्तुओं के मूल्यों के सूचकांक में गिरावट का क्रम खत्म हो गया और बढ़ोतरी दर्ज की गई। आगे कीमतों के और भी बढ़ने का अन्देशा बना रहा। कांग्रेस, कम्युनिस्ट पार्टी और मार्क्सवादी कम्युनिस्ट पार्टी सभी ने इसका विरोध किया। हालाँकि सभी सरकार की मूल नीतियों के समर्थक हैं।

कम्युनिस्ट पार्टी ने तो कहीं-कहीं तत्कालीन प्रधानमंत्री इन्द्र कुमार गुजराल की प्रतिमा का भी दहन किया जबकि इस पार्टी के मंत्री सरकार में शामिल थे। जाहिर है कि यह सब दिखावा भर था। कीमतों की बाढ़ से पैदा जनता की नाराजगी से स्वयं को बचाने के लिए। यह दिलचस्प बात है कि कांग्रेस और कम्युनिस्ट पार्टी ने इसके बदले में क्या किया जा सकता है, इसका कोई सुझाव नहीं दिया।

उद्योगपतियों ने जरूर ईमानदारी बरती और मूल्य बढ़ाने का समर्थन किया। वे जानते हैं कि डीजल की कीमत की बाढ़ से जो उत्पादन खर्च बढ़ेगा, उसे वे बिना किसी कठिनाई के उपभोक्ताओं के मत्थे मढ़ देंगे। पेट्रोल की कीमत की बाढ़ बहुत मामूली थी और इससे निजी वाहनों या हवाई जहाज यातायात पर नगण्य प्रभाव पड़ेगा जो एक सम्पन्न वर्ग के लिए कोई महत्त्व नहीं रखता। मार्क्सवादी कम्युनिस्ट पार्टी की ओर से सीताराम येचुरी ने जरूर कुछ वैकल्पिक नीतियाँ सुझाईं।

लेकिन सीताराम येचुरी के सुझाव में भी ऐसा कुछ नहीं था, जिससे यह अनुमान हो कि देश के सामने जो असली ऊर्जा संकट है, उसका एहसास माकपा को है। उनके सुझाव के दो ही बिन्दु मुख्य हैं। एक तो यह कि पेट्रोलियम पदार्थों की कीमतों को बढ़ाने की बजाय तेल पूल घाटे की पूर्ति आम बजट से हो। मुद्रा प्रसार पर इसका प्रभाव कैसे नहीं होगा, यह इससे जाहिर नहीं होता। भविष्य के लिए उनका सुझाव यह है कि पेट्रोलियम के आयात को कम करने के लिए देश में उपलब्ध पेट्रोलियम निकालने का काम तेज किया जाए और इस दिशा में पूँजी निवेश बढ़ाया

जाए, लेकिन इस सुझाव में तटवर्ती छिछले समुद्र से तेल निकालने के लिए भारी खर्च की पूँजी कहाँ से आएगी, यह स्पष्ट नहीं किया गया, जो एक बड़ा प्रश्न है।

पर असली समस्या जिसे अनदेखा किया गया है, वह इस हकीकत से पैदा होती है कि हमारा पेट्रोलियम भंडार हमारी बढ़ती हुई खपत के हिसाब से नगण्य है। इस बात को हमें इस सन्दर्भ में भी देखना है कि दरअसल सारे संसार के पेट्रोलियम भंडार पेट्रोलियम की मौजूदा खपत को देखते हुए महज दो से तीन दशक तक चलनेवाला है। इस पृष्ठभूमि में हमें इस बुनियादी सवाल पर विचवार करना है कि पेट्रोलियम पदार्थों पर ऊर्जा के लिए निर्भरता को बढ़ाने की हमारी नीति क्या हमें अंधी गली में ले जानेवाली नहीं है। हमारा रेल परिवहन जो पहले कोयला और भाप के इंजनों पर आधारित था अब उत्तरोत्तर डीजल पर अधिक निर्भर हो रहा है। फिलहाल रेलों में काम आनेवाली ऊर्जा के खर्च का 40 प्रतिशत से अधिक डीजल पर होता है। खेती में दिनोदिन डीजल से चलनेवाले ट्रैक्टरों पर निर्भरता बढ़ती जा रही है। बिजली उत्पादन में एवं अन्य तरह के कारखानों में भी डीजल की भूमिका बढ़ाई जा रही है।

तात्कालिक रूप से यह सुझाव दिया जा सकता है कि जहाँ तक सम्भव हो ऊर्जा के लिए हम फिर कोयला की दिशा में बढ़ें जिसका भंडार देश के मध्यम दर्जे का है। कोयले से बिजली उत्पादन और फिर इससे रेल परिवहन के बिना गति घटाए चालू रखा जा सकता है। अभी तक ठीक उलटी प्रक्रिया चलाई जा रही है। ऊर्जा के क्षेत्र में भी बिजली के नए संयंत्रों को डीजल या आयातित प्राकृतिक गैस पर निर्भर बनाने की कोशिश हो रही है। लेकिन कोयला भी एक खत्म होनेवाला खनिज है जो ऊर्जा की बढ़ती खपत से जल्दी ही खत्म हो जाएगा। इसलिए हमें चिरकाल तक उपलब्ध रह सके, ऐसे ही ऊर्जा स्रोतों की तलाश करनी होगी।

इन स्रोतों की तलाश के सन्दर्भ में हमें अपनी पूरी आर्थिक सामाजिक संरचना को नए सिरे से ढालने पर भी विचार करना होगा। प्रधानमंत्री इन्द्रकुमार गुजराल के बयान से ऐसा लगा कि वे परमाणु ऊर्जा के विकास में इस समस्या का समाधान देखते थे, लेकिन वे इस बात को नजरअन्दाज कर देते कि इससे पैदा विकिरण के चेरनोबिल परमाणु संयंत्र की भीषण दुर्घटना के बाद समस्या के इस पहलू को नजरअन्दाज करना गम्भीर गैर-जवाबदेही है। रासायनिक प्रदूषण एवं नाभिकीय ऊर्जा से विकिरण से पैदा होनेवाली पर्यावरण की समस्या को ध्यान में रखकर ही अब हमें नए अपरम्परागत ऊर्जा स्रोतों की तलाश करनी होगी।

जीवाश्म ईंधन के स्रोत चूँकि तेजी से खत्म हो रहे हैं, हमारी मजबूरी है कि हम ऐसे ऊर्जा स्रोतों की ओर मुड़ें जो चिरकाल तक उपलब्ध हों और जिनका नवीकरण होता रहे। वैसे गैर-पारम्परिक ऊर्जा स्रोतों की चर्चा तो सरकारी क्षेत्रों में भी बराबर होती है, लेकिन इस पर जो निवेश की मात्रा होती है उस पर विचार करने

से लगता है कि यह सब नए विचारों को ध्यान में रखते हुए औपचारिकता भर ही है। जहाँ अकेले पेट्रोलियम पदार्थों के आयात पर सालाना लाखों करोड़ रुपए से अधिक खर्च होता है, वहाँ गैर-पारम्परिक ऊर्जा स्रोतों के विकास पर मात्र कुछ सौ करोड़ रुपए का निवेश होता है।

गैर-पारम्परिक ऊर्जा में सौर ऊर्जा, पवन ऊर्जा, उद्‌भिज ऊर्जा, जल स्रोतों की ऊर्जा आदि तुरन्त ध्यान में आती हैं। इन स्रोतों से ऊर्जा लगभग सदा उपलब्ध होनेवाली होती है, लेकिन इनका उपयोग हवाई जहाज जैसे वाहनों के लिए या तेज रफ्तार वाली मोटरगाड़ियों आदि के लिए उस क्षमता के साथ नहीं हो सकता, जैसा पेट्रोलियम पदार्थों से होता है। दूसरा ये स्रोत अधिकतम क्षमता हासिल करने के लिए विकेन्द्रित व्यवस्थाओं में अधिक उपयुक्त है। पवन चक्की या सूर्य के प्रकाश से विद्युत निर्माण करनेवाली सौर पट्टियाँ या सौर भट्‌ठी एवं चूल्हे स्थानीय तौर पर ही सबसे अधिक उपयोगी होंगे, लेकिन केन्द्रित रूप से इस ऊर्जा का उपयोग अत्यन्त ही खर्चीला पड़ेगा। इस कारण ये महानगरों को ऊर्जा उपलब्ध कराने या भारी कल-कारखानों को चलाने के लिए उपयुक्त नहीं होंगे।

लेकिन केन्द्रित ऊर्जा उपकरणों के विपरीत तर्क ऊर्जा विशेषज्ञों का यह तथ्य प्रस्तुत करना है कि विशाल ऊर्जा उत्पादित करनेवाले उपकरणों से प्राप्त ऊर्जा के वितरण पर ऊर्जा पर होनेवाले सम्पूर्ण खर्च का दो-तिहाई से अधिक खर्च होता है। इस दृष्टि से लघु एवं स्थानीय ऊर्जा स्रोत कम खर्चीले होंगे। इस तरह इन वैकल्पिक ऊर्जा स्रोतों का विकेन्द्रित होना कमजोरी तभी लगेगी जब हम यह मानकर चलें कि अति केन्द्रित औद्योगिक और नगरीय व्यवस्थाएँ मानव अस्तित्व की आदर्श स्थितियाँ हैं। ऐसा मानने का कोई कारण नहीं। असल में वर्तमान समाज में अति केन्द्रियता ही एक बड़ी समस्या बन गई है।

विकसित औद्योगिक देशों में भी प्रदूषण एवं ट्रैफिक जाम की समस्याएँ बढ़ती जा रही हैं। अमेरिका के विशाल नगरों के केन्द्रीय भागों की बदहाली हो रही है और वे अपराधों के केन्द्र बन गए हैं। सम्पन्न लोग शहर छोड़कर दूसरे उपगनरों में बसने लगे हैं। इस समस्या से निजात पाने के अनेक सुझाव सामने आ रहे हैं, लेकिन बड़े प्रतिष्ठानों के केन्द्रीय ताने-बाने में उत्पादन और वितरण की व्यवस्था में रोजगार भी बड़े नगरों में ही सिमट रहे हैं और लोग दूर-दराज गाँवों को छोड़ नगरों की ओर पलायन कर रहे हैं। विकेन्द्रित लघु ऊर्जा स्रोतों के प्रसार से गाँवों और छोटे शहरों में लघु उद्योगों का जाल बिछा लोगों को उनके गाँव और परिवार के पास रोजगार दिए जा सकते हैं। इससे एक साथ ऊर्जा के अभाव और महानगरों के नियंत्रित फलाव दोनों समस्याओं का हल निकाला जा सकता है।

सबसे आश्चर्य की बात तो यह है कि गाँवों के इस देश में गाँवों में फैले विशाल ऊर्जा के स्रोत पशुओं की ऊर्जा के विकास पर कोई ध्यान नहीं दिया जाता

जबकि स्वयं गाँवों में ईंधन की समस्या दिनोदिन विकराल होती जा रही है। एल.पी.जी. सिलिंडरों को लोगों तक पहुँचाने पर भारी खर्च हो रहा है। जबकि इसके लिए पेट्रोलियम पर निर्भरता बढ़ती है, लेकिन गोबर गैस प्लांट लगाने की ओर किसी का ध्यान नहीं जाता। बैल की एक जोड़ी और एक या दो गाय या भैंस से प्राप्त गोबर गैस से एक परिवार को ईंधन और प्रकाश दोनों उपलब्ध हो सकते हैं। हल की खेती को प्रोत्साहित कर छोटे, मझोले और बड़े सभी किसानों के लिए ईंधन और प्रकाश की व्यवस्था बिना अतिरिक्त खर्च के हो सकेगी। इसके लिए देशी नस्ल की गायों को फिर प्रोत्साहित करना होगा, जिसके बछड़े हल और गाड़ी खींचने के लिए अधिक उपयुक्त होते हैं। जर्सी या फ्रिजियन गायों को अतिरिक्त मवेशी के रूप में या सिर्फ दूध का कारोबार करनेवाले लोगों के लिए सीमित करना ही सार्थक होगा।

हमारे पास न तो अरब देशों की तरह पेट्रोलियम का विशाल भंडार है और न जी-5 के देशों की तरह संसार भर के संसाधनों को मनमाने ढंग से प्राप्त करने की आर्थिक क्षमता। इसलिए हम अपना विकास इन देशों की तर्ज पर नहीं कर सकते। हमें परम्परागत रूप से उपलब्ध अपने संसाधनों को ध्यान में रखकर संरचनात्मक पुनर्गठन की नीति बनानी होगी।

हिन्दुस्तान, 4 अक्टूबर, 1997

6

एक बार फिर पेट्रोलियम उत्पादों की कीमतें बढ़ने का कारण यह बताया गया है कि दुनिया के पेट्रोलियम बाजार में कीमतों की बेतहाशा वृद्धि हुई है। इधर कुछ वर्षों के भीतर कच्चे तेल की कीमत तीन गुनी हो गई है, इस तथ्य से इनकार नहीं किया जा सकता। लेकिन यह पूछा जाना चाहिए कि क्या पेट्रोलियम उत्पादों पर हमारी निर्भरता इतनी अनिवार्य है कि देश को कोई भी कीमत चुकाने के लिए तैयार रहना चाहिए। दरअसल भारत में पेट्रोलियम पर निर्भरता पश्चिमी देशों की देखादेखी ठाट-बाट की जिन्दगी को प्रोत्साहित करने का परिणाम है। यह जानते हुए भी कि हमारा अपना पेट्रोलियम भंडार अत्यन्त सीमित है, ऊर्जा के लिए पेट्रोलियम उत्पादों पर निर्भरता लगातार बढ़ाई गई है।

औद्योगिक संयंत्रों और यातायात में तो यह निर्भरता बिलकुल अकारण बढ़ाई गई। कोयले के इंजनों की जगह रेलगाड़ियों के लिए डीजल इंजनों का आयात या फिर निर्माण किया गया। ढुलाई के काम में भी रेलगाड़ियों की जगह मोटर वाहनों को बढ़ावा दिया गया जो अधिक खर्चीले होते हैं। मोटरकारों और भारी ट्रकों के लिए चारों ओर राजमार्गों के निर्माण पर बेतहाशा खर्च किया जा रहा है। इसी तरह, खेती में तरह-तरह की सुविधाएँ देकर किसानों को बैल या ऊँट की जगह ट्रैक्टर से जुताई और दँवरी करने को प्रोत्साहित किया गया। सबसे बढ़कर तो लोगों को मोटरकारों, मोटरसाइकिलों और स्कूटरों का आदी बनाया गया, जिन पर बेतहाशा पेट्रोल खर्च होता है। इतना ही नहीं, हवाई यातायात को अन्तरराष्ट्रीय और राष्ट्रीय स्तर पर फैलाने को प्राथमिकता दी गई। मोटरगाड़ियों के निर्माण को प्रोत्साहन देने के लिए उदारीकरण की नीति के तहत दुनिया भर के महत्त्वपूर्ण कार निर्माताओं के लिए दरवाजे खोल दिए गए जो आज बड़े पैमाने पर भारत में कार या दूसरे मोटर वाहन तैयार करने में लगे हैं। इससे भी बढ़कर विदेशी कारों पर फिदा सम्पन्न भारतीयों की सुविधा के लिए विदेशों से सेकेंड हैंड गाड़ियों के आयात पर भी कर की विशेष छूट दी गई।

यह सब तब किया गया जब देश के नीति निर्धारकों को इस बात का पता था कि हमारे अपने पेट्रोलियम के स्रोत सीमित हैं और घरेलू उत्पादन एक सीमा के

ऊपर बढ़ाया नहीं जा सकता। तेल तो कारखाने में निर्मित होनेवाली वस्तु है नहीं, जिसकी मात्रा जरूरत के अनुसार बढ़ाई जा सके। यह तो जमीन में गड़ा कभी का संचित खजाना है जिसे हम खर्च कर खाली करते जा रहे हैं। संयोग से यह गड़ा खजाना पश्चिम एशिया, रूस, वेनेजुएला, उत्तर सागर और अमेरिका में ही ज्यादा है। जब हम इस बुनियादी हकीकत को नजरअन्दाज कर पेट्रोलियम पर निर्भरता बढ़ाते हैं तो जानबूझकर अपने लिए मुसीबत खड़ी करते हैं। जब हम तेल या कोयले के उत्पादन की बढ़ोतरी पर हर्ष जाहिर करते हैं तो हमारा व्यवहार कुछ वैसा ही होता है जैसा पुरखों द्वारा संचित धन को कोई बिगड़ी हुई सन्तान गुलछर्रे उड़ाने में बर्बाद कर वाहवाही लूटती है।

इस हकीकत की रोशनी में ही यह बात समझ में आएगी कि जिस संकट का सामना हम आज कर रहे हैं वह सिर्फ हमारा संकट नहीं सारे संसार का संकट है। जी-7 के सम्पन्न देशों के वित्तमंत्रियों ने यह घोषणा की है कि वे 'ओपेक' (तेल उत्पादक देशों का समूह) पर दबाव डालेंगे कि वह उत्पादन बढ़ाकर तेल की कीमत को कम करे, लेकिन यह संकट दरअसल ओपेक का भी संकट है। अब ओपेक के सदस्य भी समझने लगे हैं कि उनका तेल का खजाना बड़ा जरूर है, लेकिन सीमित है और जब तक चल रहा है इसकी ज्यादा-से-ज्यादा कीमत वे उत्पादन को कम करके ही प्राप्त कर सकते हैं। एक बार खजाना खाली हो गया तो वे बिलकुल कंगाल हो जाएँगे क्योंकि पश्चिम एशिया के कुछ देशों में तो यह आय का एकमात्र स्रोत है। ओपेक की त्रासदी यह है कि तेल की जो कीमत होती है उसमें तेल से प्राप्त रॉयल्टी का अनुपात तेल की कीमत में काफी कम होता है और ज्यादा हिस्सा तेल उत्पादक और शोधक कम्पनियों को मिलता है जो ज्यादातर अमेरिकी, ब्रिटिश या नीदरलैंड की हैं। ये कम्पनियाँ दुनिया की सबसे सम्पन्न बहुराष्ट्रीय कम्पनियों में हैं। अमेरिका का अपना तेल का गड़ा खजाना भी बहुत बड़ा है, लेकिन फिलहाल वह अपने गड़े खजाने को तेजी से खाली करने की बजाय आयातित तेल का भारी भंडार जमा करके ही रखता है।

तेल की कीमतों की बाढ़ को हम बाजार के आपूर्ति और खपत के आम नियम की रोशनी में नहीं समझ सकते, हालाँकि कभी-कभी इस नियम से भी प्रभावित होता है। फिलहाल तेल उत्पादन को बढ़ाने का जो आग्रह ओपेक से किया जा रहा है उसके पीछे यही धारणा है कि आपूर्ति बढ़ाकर तेल का दाम घटाया जा सकता है, लेकिन एक बुनियादी कारण है जिससे तेल की कीमत दिनोदिन बढ़ती ही जाएगी और हम इसकी कीमत में तात्कालिक गिरावट से कोई स्थायी राहत नहीं महसूस कर सकेंगे। खनिज तेल या कोयला आदमी के लिए उपयोगी इसलिए होता है कि इसके खनन पर जितनी ऊर्जा की खपत होती है उससे कहीं अधिक ऊर्जा इससे प्राप्त होती है। खनन पर ऊर्जा की खपत और इससे प्राप्त

ऊर्जा का फर्क खनन का शुद्ध लाभ होता है। इससे यह निष्कर्ष भी निकलता है कि खनन पर आनुपातिक खर्च जितना बढ़े उससे लाभ भी उतना ही कम होगा।

यह एक आम अनुभव है कि पेट्रोलियम या कोयला प्राप्त करने में किसी दूसरे खनिज की तरह ही प्रारम्भिक स्थिति की तुलना में बाद में इन्हें प्राप्त करने में ऊर्जा और अन्य उपक्रमों पर खर्च बढ़ जाता है। इसका कारण आसानी से समझा जा सकता है और वह यह है कि प्रारम्भ में किसी भी खनिज को प्राप्त करने के लिए उन स्रोतों की तलाश होती है जिन पर लागत कम-से-कम हो। जब ये कम लागत वाले स्रोत खत्म हो जाते हैं तो ऐसे स्रोतों पर हाथ लगाया जाता है जहाँ अपेक्षतया अधिक लागत आती है। यह एक आम नियम-सा है। तेल उत्पादन पर भी यही बात लागू होती है। धीरे-धीरे नए स्रोतों पर लागत बढ़ती जाती है और शुद्ध रूप में तेल की कीमत बढ़ती है। यह बात दीगर है कि कहीं अचानक किसी नए स्रोत के मिल जाने पर इस पर लागत बहुत कम हो, लेकिन औसतन किसी भी समय पहले की अपेक्षा तेल के उत्पादन पर लागत अधिक आएगी। ऐसा अनुमान है कि अगले दो-तीन दशक के बाद संसार भर में तेल का खजाना लगभग खाली हो जाएगा।

इसलिए संसार के सभी देशों और विशेषकर भारत जैसे देश के लिए समझदारी का रास्ता यही है कि अपने विकास और रहन-सहन में तेल पर निर्भरता को घटाते-घटाते समाप्त कर दें ताकि भविष्य में घोर आर्थिक संकट का शिकार न होना पड़े। सवाल है कि पेट्रोलियम की ऊर्जा का विकल्प क्या है। कोयले को गैस में परिवर्तित कर एक हद तक तेल के अभाव की पूर्ति हो सकती है, पर कोयले का भंडार भी तेल की तरह ही सीमित है। तेल खत्म होने पर कोयले की खपत तेजी से बढ़ेगी और इसका भंडार भी जल्दी ही चुक जाएगा। जब हम भविष्य के लिए योजना बनाते हैं तो हमारी दृष्टि दशकों की नहीं, शताब्दियों और सहस्राब्दियों की होनी चाहिए। पचास के दशक के बाद से परमाणु ऊर्जा को एक विकल्प के रूप में पेश किया जा रहा था, लेकिन इसमें विकिरणयुक्त कचरों से सुरक्षित रूप से निपटने के खर्च पर विचार करने से यह अत्यधिक खर्चीला साबित होता है। इसके अलावा जैसा चेनसोबिल विस्फोट से जाहिर हो गया, सभी परमाणु बिजलीघर टिक-टिक करते परमाणु बम हैं जिन्हें दुर्घटनाओं की आशंकाओं से सदा बचाया नहीं जा सकता। इसलिए हमें ऊर्जा के पारम्परिक स्रोतों की तरफ मुड़ना होगा जिन्हें फिलहाल गैर-पारम्परिक स्रोत कहा जाता है। ये स्रोत हैं सूरज की रोशनी, हवा, जलस्रोत, पशुओं की ऊर्जा और गोबर और उद्भिजों से प्राप्त ऊर्जा।

इन पारम्परिक स्रोतों की विशेषता यह है कि व्यावहारिक अर्थ में ये कभी खत्म होनेवाले नहीं हैं और कुछ प्रारम्भिक उपक्रमों पर खर्च को छोड़ इनसे

ऊर्जा प्राप्त करने में किसी अतिरिक्त ऊर्जा को खत्म करने की जरूरत नहीं होती। दरअसल सूरज तो जीवाश्म ईंधन और दूसरी सभी तरह की ऊर्जा का स्रोत है और इसकी ऊर्जा अरबों वर्ष तक उपलब्ध होनेवाली है। इसी से जल वाष्प बनकर वर्षा देता है और पर्वतों पर बर्फ जमाता है जो झरनों और नदियों का स्रोत है। इनसे पनचक्की चलती है और पनबिजली प्राप्त होती है। सूरज के ताप से ही हवा चलती है जिससे पवन चक्की चलाई जाती है। सूरज का ताप ही धरती पर वनस्पतियों को उगाता है जिससे कीड़े से लेकर मांसाहारी जीवों तक को आहार-चक्र यानी फूड चेन से पोषण और ऊर्जा प्राप्त होती है। यानी पतिंगे घास खाते हैं, पतिंगों को मेढक, छिपकलियाँ आदि और फिर इन्हें पक्षी या साँप; फिर इसी तरह घास से गाय-घोड़े आदि भोजन पाते हैं और फिर इनसे मांसभक्षी जीव या मनुष्य भोजन और ऊर्जा ग्रहण करते हैं। पशुओं की ऊर्जा से हम अनेक उपयोगी काम लेते हैं। पशुओं की ऊर्जा का सबसे विलक्षण गुण यह है कि उनके जीवन के लिए आवश्यक ऊर्जा ही मनुष्यों के काम भी आती है। उनके जीवन वृत्त से ऊर्जा तो प्राप्त होती है, पदार्थों का भी संरक्षण होता है। बैल घास-भूसा खाता है और गोबर देता है जिससे ईंधन और पशुओं और प्रकाश के लिए गैस प्राप्त की जाती है और फिर इसे एक उत्तम खाद के रूप में प्रयोग कर धरती से प्राप्त तत्त्वों की काफी कुछ भरपाई हो जाती है।

यह सवाल उठ सकता है कि अगर ये पारम्परिक ऊर्जा स्रोत हर दृष्टि से इतने श्रेष्ठ हैं तो हमारे इंजीनियर, अर्थशास्त्री और राजनेता क्षरणशील और प्रदूषण फैलानेवाले खर्चीले ऊर्जा स्रोतों की ओर क्यों मुड़ते हैं। इसका सबसे बड़ा कारण यह है कि औद्योगीकरण की जिस पृष्ठभूमि में इन ऊर्जा स्रोतों की ओर आदमी मुड़ा उसमें त्वरण, तीव्रता, उत्तेजना और विशालता जीवन की सफलता के मानक बन गए थे। कोयला और पेट्रोलियम के प्रयोग से ये चीजें ज्यादा उपलब्ध हो जाती हैं। अब आदमी इन ऊर्जा स्रोतों पर आधारित मशीनों और वाहनों का इतना आदी हो गया है कि इनकी गिरफ्त से निकलना मुश्किल पाता है। इसके साथ यह भ्रम भी जुड़ा हुआ है कि मनुष्य प्रकृति की शक्तियों पर विजय पाकर उनकी सवारी कर रहा है। वह इतना आत्ममुग्ध हो गया है कि प्रकृति की विविध छवियों के बीच उनका आस्वाद करता धीरे-धीरे चलना नहीं चाहता। प्रयाग शुक्ल के अर्थ में वह कुछ 'देखता' नहीं।

मगर आज जो सीमाएँ इन ऊर्जा स्रोतों के प्रयोगों के सामने आ रही हैं उन्हें ध्यान में रख मनुष्य को अपनी जीवन दृष्टि में परिवर्तन करना ही होगा। यह मानवीय जीवन कायम रखने की नई मजबूरी बन रही है। यह मजबूरी सारी दुनिया की है और सारी दुनिया को जीवन की रफ्तार धीमी करनी होगी और जीवन के आदर्श बदलने होंगे, लेकिन भारत के सामने तो तत्काल यह जीवन-मरण की समस्या बन

गई है। तेल की हमारी खपत और विश्व बाजार में तेल की कीमत में बढ़ोतरी का सिलसिला अगर चलता रहा तो कुछ ही वर्ष में तेल आयात पर हमारा खर्च दस लाख करोड़ रुपए सालाना को पार कर जाएगा। इस भार को वहन करने की क्षमता हमारी अर्थव्यवस्था में नहीं है। इसलिए यह विवाद अर्थहीन है कि उपभोक्ताओं पर तेल की कीमत के बोझ को कैसे कम किया जाए। चाहे यह राज्य सरकार के टैक्स में कटौती हो, चाहे तेल के आयात पर कर कम करके, चाहे पेट्रोलियम बांड जारी करके—हर हालत में बोझ देश की अर्थव्यवस्था पर ही पड़ता है। आज कीमतों में उछाल एक चेतावनी है। भविष्य के संकट में फँसने की बजाय हमें आज ही अपनी रफ्तार को कम करना होगा और विश्व बाजार की बजाय स्थानीय व्यापारिक रिश्तों तक यथासम्भव सीमित रहने का आदी बनना पड़ेगा।

जनसत्ता, 6 अक्टूबर, 2000

7

आज से आधी शताब्दी पहले तक मजदूरों का एक अन्तरराष्ट्रीय गाना प्रचलन में था। इसकी कुछ पंक्तियाँ इस तरह थीं : 'तामीरे हैं खैरातें हैं और तीरथ-हज भी होते हैं/यों खून के धब्बे दामन से ये दौलत वाले धोते हैं/हम दान के टुकड़े खाएँ क्यों/सारा संसार हमारा है।' यह संसार की अति सरलीकृत, पर बुनियादी तौर से सही तसवीर प्रस्तुत करता था जिसमें दुनिया अल्पसंख्यक अमीरों और बहुसंख्य गरीबों में बँटी थी। इसमें अमीर शोषण के पाप से मुक्त होने के लिए गरीबों को खैरात या दान देते थे। दान के प्रति हिकारत जताते हुए इसमें मजदूरों का संसार पर अपना हक कायम करने का आह्वान था। आधी शताब्दी के बाद आज भी दुनिया पहले की तरह ही थोड़े से अमीरों और भारी संख्या में गरीबों के बीच बँटी हुई है। फर्क यह है कि अमीर कहीं अधिक अमीर हो गए हैं और गरीब कहीं अधिक गरीब।

इस तथ्य के गवाह स्वयं संयुक्त राष्ट्र संघ की विविध एजेंसियाँ और विश्व व्यापार संगठन के अध्ययन हैं, लेकिन नजरिये में एक बहुत बड़ा बदलाव दुनिया भर में आया है। अब भुखमरी से उबरने के लिए समाज व्यवस्था में बदलाव की बात नहीं सोची जाती, राहत कार्यों (रिलीफ) की बात ही सोची जाती है। प्राय: अर्थशास्त्री भी जिनमें नोबेल पुरस्कार विजेता भी हैं, इस व्यवस्था को कबूल कर राहत कार्यों में ही समस्या का समाधान ढूँढ़ते हैं। यह बात भी एक अटल सत्य-सी कबूल कर ली जाती है कि अच्छी-खासी संख्या में लोग बेरोजगार रहेंगे ही, लेकिन उनके लिए कुछ 'डोल' (यानी परवरिश) की व्यवस्था कर दी जाएगी। यानी जिस 'दान' के प्रति हिकारत थी, वह जीवन की सामान्य स्थिति मान ली गई है।

देश के विभिन्न हिस्सों से भूख से मौत की खबरों के बीच जब सर्चोच्च न्यायालय ने सरकार से इस सवाल पर रपट तलब की तो जो बातें चर्चा में आईं वे इस मानसिकता पर काफी प्रकाश डालती हैं। इस बात पर अचरज जाहिर किया जाने लगा कि जब सरकारी गोदामों में छह करोड़ टन अनाज उपलब्ध है तो लोग भूखों क्यों मर रहे हैं। ज्यादातर लोग इस बुनियादी तथ्य से अनभिज्ञ लगते हैं कि भूख से मौत का कारण प्राय: समाज या देश में अन्न की कमी नहीं होता, बल्कि रोजगार और आय का अभाव होता है। पैसा न होने पर कोई लुटेरा ही खाने के

लिए अनाज का गोदाम लूटने की कोशिश करेगा। हालाँकि कुछ लोगों का तर्क है भी कि भूखों मरने से अच्छा है कि अन्न लूटकर पेट भरा जाए, लेकिन व्यवस्थाएँ हर जगह अपने गोदामों की सुरक्षा के लिए पर्याप्त इंतजाम रखती हैं।

आम तौर पर जो उपाय सुझाया जा रहा है वह यह है कि सरकार या दूसरी देशी या विदेशी संस्थाएँ भूखे मरते लोगों को किसी तरह भोजन मुहैया कराएँ। ये सुझाव अत्यन्त हास्यास्पद हैं और वैसे सदाशयी लोगों द्वारा सुझाए जाते हैं जिन्हें इस देश के आम लोगों की स्थायी बदहाली की कोई जानकारी नहीं। ओडीशा में आम की जहरीली गुठली खा लेने से अचानक कई लोगों की एक साथ मौत हो जाने पर तत्काल बात सुर्खियों में आ गई और लोगों को यह जानने का मौका मिला कि अन्न का अभाव था। हकीकत यह है कि देश के ज्यादातर अंचलों में, विशेषकर बिहार, ओडीशा, झारखंड आदि में सभी जगह और विशेषकर ग्रामीण क्षेत्रों में आबादी का एक बड़ा हिस्सा लगातार आहार, अल्पाहार और निराहार की स्थितियों के बीच डोलता रहता है। इसका कारण यह नहीं है कि गाँवों में अन्न का अभाव है—कुछ दूर-दराज सूखा या बाढ़ग्रस्त क्षेत्रों में जहाँ फसलें मारी गई हों, तात्कालिक रूप से ऐसी स्थिति भी पैदा होती है—बल्कि कारण यह है कि लोगों को कोई रोजगार नहीं जिससे अपनी जरूरतों की पूर्ति के लिए आय हासिल करें।

आज बिहार, ओडीशा, पूर्वी उत्तर प्रदेश आदि से लोग झुंड-के-झुंड दिल्ली, पंजाब, हरियाणा, मुम्बई, गुजरात और मौतघर बने कश्मीर तक में जाते हैं तो सिर्फ इसलिए कि उनके पास-पड़ोस में काम का कोई जुगाड़ नहीं है। ये प्रवासी मजदूर किसी बड़ी आय की तलाश में नहीं जाते जिससे सम्पन्न बन जाएँ। सिर्फ किसी तरह अपने और अपने परिवार के लिए दो जून रोटी का जुगाड़ कर सकने के लिए जाते हैं। प्राय: बाहर भी काम की स्थिति अच्छी नहीं होती और इनमें काफी लोग बीमारी लेकर घर आते हैं और धीरे-धीरे असमय मर जाते हैं। बढ़ती आबादी और प्रदूषण से महानगरों को बचाने का प्रयास इन गरीब लोगों को नगर से निकालने की दिशा में होता है और लाखों लोगों को नगर से बाहर भूखों मरने के लिए ढकेल दिया जाता है। बिहार के गाँवों में अब चारों ओर टीबी की बीमारी तेजी से फैल रही है और इसका सीधा कारण कुपोषण है। ऐसे लोग जब मरते हैं तो विशेषज्ञों की निगाह में यह भुखमरी नहीं होती। इसलिए देश में दिखाई देनेवाली, और कहीं बड़ी संख्या में होनेवाली अदृश्य भुखमरी का एकमात्र इलाज है हर हाथ को काम देना। जिस देशों में सम्पन्नता है अगर उनमें अन्न की उपज नहीं होती तो दुनिया में जहाँ भी उपलब्ध हो वहाँ से अन्न मँगाकर लोगों को यथेष्ट भोजन दिया जाता है।

सभी लोगों को रोजगार देने के लिए रोजगार की व्यवस्था वहाँ होनी चाहिए जहाँ लोग रहते हैं। आज इसके ठीक उलट रोजगार के अवसर कुछ औद्योगिक

नगरों और महानगरों में पैदा किए जाते हैं और अपेक्षा की जाती है कि चारों ओर से लोग रोजगार के लिए इन केन्द्रों पर आएँ। एक बार ऐसे केन्द्रों के अस्तित्व में आ जाने के बाद इनमें एक अन्तर्निहित दबाव होता है फैलते जाने का। इससे यहीं रोजगार के नए अवसर पैदा होते हैं। जैसे-जैसे इन केन्द्रों की आबादी बढ़ती है, इनकी जरूरतों की पूर्ति के लिए नई सेवाओं और नए उद्योगों का विकास इसी के इर्द-गिर्द होता है। विस्तार की यह कुंडली (स्पाइरल) नियंत्रण से बाहर होकर लगातार फैलती जाती है। नतीजा हम दिल्ली जैसे महानगरों के अतिशय फैलाव में देखते हैं। इससे गन्दगी, प्रदूषण और बीमारियों से जीवन असह्य बन जाता है। दूसरी ओर, गाँवों से स्वस्थ लोगों को इन्हीं केन्द्रों की ओर काम की तलाश में भागना पड़ता है। यह पश्चिमी औद्योगीकरण की मान्य पद्धति रही है। इससे उद्योगपतियों को इकट्ठा इंफ्रास्ट्रक्चर, कुशल और अकुशल श्रमिक और एक हद तक बाजार सभी एक जगह उपलब्ध हो जाते हैं। उद्योगपतियों के खर्च की इस बचत का खमियाजा समाज को भुगतना पड़ता है। पश्चिमी देशों में इस विकास पद्धति से गाँव खाली जो गए हैं और आबादी छोटे शहरों, नगरों और महानगरों में सिमट गई है।

भारत की विशाल जनसंख्या और पूँजी के अभाव को देखते हुए इस तरह के विकास से करोड़ों बेरोजगार लोगों को काम देने की बात तो सोची भी नहीं जा सकती। लोगों को काम देने के लिए हमें उद्यम वहाँ शुरू करना होगा जहाँ लोग रहते हैं—यानी भारत के फैले लाखों गाँवों में। ये अनिवार्य रूप से छोटी पूँजी और मध्यम दर्जे की तकनीक पर आधारित होंगे जिन्हें स्थानीय रूप से विकसित किया जा सकता है। यहीं पर सरकारी गोदामों में पड़े करोड़ों टन अनाज की भूमिका महत्त्वपूर्ण हो जाती है। यह अनाज देश की अर्थव्यवस्था पर आज की तरह बोझ और सड़न से बर्बाद होनेवाली निधि की बजाय जीवन को संचालित करने का माध्यम बन सकता है, जो अन्न का असली मर्म और धर्म है। मोटा-मोटी तौर पर इस अनाज से छह करोड़ परिवारों में प्रत्येक से एक व्यक्ति को छह महीने के लिए छह किलो प्रतिदिन के हिसाब से अन्न देकर उत्पादन के विविध क्षेत्रों में काम पर लगाया जा सकता है। छह करोड़ परिवारों का अर्थ हुआ देश की लगभग एक-तिहाई आबादी, जो यहाँ की दरिद्रतम आबादी है और गरीबी रेखा के नीचे रहती है और भुखमरी और कुपोषण का शिकार होती है। छह महीने के काम का अर्थ हुआ लगभग ऐसे सभी गरीब लोगों को पूर्ण रोजगार, जो आज यदा-कदा अनियमित रूप से काम पाते हैं।

इस श्रम का इस्तेमाल बाँध और नहर निर्माण पर, पानी निकासी की योजनाओं पर, सड़क निर्माण, भूक्षरण से ऊपर होती भूमि के संरक्षण और गाँवों में स्कूल, अस्पताल या दूसरे सामूहिक उपयोग के भवनों के निर्माण पर हो सकता है। ऐसे

कामों पर लगने से इसका व्यापक असर (मल्टीप्लायर इफेक्ट) अन्य उद्यमों के विकास पर होगा। इन परिवारों की आय में नाटकीय इजाफे से लोग अब तक निलम्बित अनेक दूसरी आवश्यकताओं की पूर्ति के लिए भी खरीदारी करेंगे और इससे लोगों की आम आवश्यकता की पूर्ति करनेवाली वस्तुओं की माँग अचानक बेहद बढ़ जाएगी। विश्व बाजार से बँधने से पैदा आज की मन्दी का जैसा रुदन हमारे अर्थनीति निर्माताओं में दिखाई देता है, उसका मौका ही नहीं आएगा।

आज हम अपने हस्त-उद्योगों के उत्पादन के लिए विदेशी बाजार के मोहताज हैं। ऐसे उद्योगों की वस्तुओं के लिए देश के भीतर ही विशाल बाजार उपलब्ध होगा। हम जिन वस्तुओं को—मसलन, सिले कपड़ों को—विदेशी ग्राहकों की जरूरत और पसन्द के हिसाब से बनाते हैं उन्हें देश के भीतर के ग्राहकों के हिसाब से बनाना होगा। यह कहा जा सकता है कि इससे विदेशी मुद्रा नहीं प्राप्त होगी।

लेकिन विदेशी मुद्रा की हमारी आवश्यकता इसलिए ज्यादा है चूँकि आज हमारी पूरी जीवन पद्धति एक छोटे से समृद्ध वर्ग की जरूरतों के इर्द-गिर्द घूमती है। फिलहाल हम सालाना कई लाख करोड़ रुपए पेट्रोलियम और इससे निर्मित वस्तुओं के आयात पर खर्च करते हैं। इसका बड़ा हिस्सा हवाई यातायात और मोटर वाहनों पर खर्च होता है। इसका फायदा मूलत: ऊपर के एक छोटे वर्ग को ही होता है। इस पर भारी कटौती की गुंजाइश है। औद्योगिक विकेन्द्रीकरण से राष्ट्रव्यापी और नगरों के भीतर के परिवहन पर भी भारी कटौती सम्भव होगी। यह पूरी प्रक्रिया औद्योगिक केन्द्रीकरण की जगह औद्योगिक विकेन्द्रीकरण की होगी।

यह सवाल पूछा जा सकता है कि अगर इस समस्या का समाधान इतना सहज है तो इस दिशा में प्रयास क्यों नहीं किए जाते? इसका मुख्य कारण यह है कि हमारी सारी अर्थव्यवस्था सिर के बल खड़ी है। योजनाओं की पहल दिल्ली से, और थोड़ा-बहुत राज्यों की राजधानियों से की जाती है। योजनाकारों और केन्द्र और राज्य सरकारों पर वैसे लक्ष्यों को हासिल करने का दबाव बना रहता है जिससे बड़े प्रतिष्ठानों का हित जुड़ा होता है। इसमें कुछ सरकारी क्षेत्र में आते हैं। इससे भी बड़ा दबाव बड़े व्यापारी और औद्योगिक प्रतिष्ठानों का बनता है जो मीडिया पर भी छाए रहते हैं। इसमें प्राथमिकता रहती है हवाई सेवाओं, राष्ट्रीय राजमार्गों, अत्याधुनिक उद्योगों आदि के विकास की। लक्ष्य होता है बहुराष्ट्रीय कम्पनियों के स्तर की तकनीक हासिल करने का, जो सम्पन्न देशों की आवश्यकता के दबाव में विकसित हुई हैं। इसी से ऐसी तुगलकी योजनाएँ अस्तित्व में आती हैं जिनमें गाँव में भूखों मर रहे लोगों को रोटी दिलाने के बदले गाँव-गाँव में टेलीफोन और इंटरनेट लगाने को प्राथमिकता रहती है।

वैश्वीकरण के दबाव में वे ही तकनीक टिक पाती हैं जो अत्याधुनिक, कम्प्यूटरीकृत और स्वचालित हों और कम-से-कम लोगों को काम पर लगाएँ।

इस प्रक्रिया में पिछले दो-तीन साल में दुनिया की विशाल बहुराष्ट्रीय कम्पनियों के विलय होने और इकाइयों के बन्द होने से लाखों मजदूर बेरोजगार हो गए हैं। इस प्रतिस्पर्धा में भारतीय उद्योगों के टिक पाने का सवाल ही नहीं पैदा होता। यहाँ के उद्योगों को नष्ट करने के लिए सम्पन्न औद्योगिक देश विश्व व्यापार संगठन और अन्तरराष्ट्रीय मुद्रा कोष आदि के माध्यम से लगातार यह दबाव बनाए रखते हैं कि प्रतिस्पर्धा को पूरी तरह निर्बाध कर दिया जाए। जबकि दुनिया भर में औद्योगिक विकास का इतिहास बतलाता है कि उद्योग-धन्धों के क्षेत्र में प्रवेश ढूँढ़ने वाले देशों ने सदा अपने उद्योगों को संरक्षण देकर ही आगे बढ़ाया है। यह सीधी-सी बात भी हमारे अर्थशास्त्रियों और शासकों की समझ में नहीं आती। हाल के वर्षों की इस हकीकत से भी वे कुछ सीखना नहीं चाहते कि उदारीकरण के आने के बाद से गरीब और अमीर देशों के बीच की खाई चौड़ी हुई है और दरिद्रतर देशों की संख्या बढ़ती गई है। वे सिर्फ उन थोड़े से बड़े उद्योगपतियों के दबाव में नीतियाँ बनाते हैं जिन्हें उदारीकरण से अपने विशेष क्षेत्रों में दूसरे देशों में थोड़ा-बहुत प्रवेश मिल जाता है। पूरे देश के पैमाने पर यह बर्बादी का रास्ता है।

जनसत्ता, 6 दिसम्बर, 2001

8

पेट्रोलियम पदार्थों की कीमतों के सवाल पर यूपीए सरकार के घटक दल और विपक्ष सभी आत्मप्रवंचना में तात्कालिक सुकून ढूँढ़ रहे हैं जबकि यह हकीकत सबको मालूम है कि इस समस्या का समाधान जन जीवन को नए साँचे में ढालकर ही सम्भव है। वामपंथी दलों ने पेट्रोल और डीजल की कीमतों की बढ़ोतरी के खिलाफ पूरे देश में आम हड़ताल का ऐलान कर दिया। वे टैक्स के ढाँचे में कुछ फेरबदल के सुझाव में इस समस्या का हल देख रहे हैं या देखने का स्वाँग रच रहे हैं। जबकि यह बात किसी से भी छुपी नहीं है कि सत्तर फीसदी से अधिक आयातित तेल पर निर्भर भारत की अर्थव्यवस्था अन्तरराष्ट्रीय स्तर पर होनेवाली तेल की कीमत की बाढ़ के प्रभाव को बिना इस निर्भरता को समाप्त किए निरस्त नहीं कर सकती।

विरोधी राजग तो विपक्ष का धर्म निभाने के लिए इसका विरोध कर रहा है, पर वह भी जानता है कि वर्तमान आर्थिक ढाँचे में समय-समय पर कीमतों में होनेवाली यह बाढ़ अपरिहार्य है। अगर देश की राजनीति की मुख्यधारा मानी जानेवाली पार्टियाँ हकीकत को इस कदर नजरअन्दाज करती जाएँगी तो आनेवाले दशकों में देश भयंकर संकट में फँस जाएगा। यह सबको ज्ञात है कि संसार के पेट्रोलियम और गैस भंडार सीमित हैं और इनकी खपत उत्तरोत्तर बढ़ती जा रही है। इसलिए आनेवाले वर्षों में इनकी उपलब्धि उत्तरोत्तर घटती जाएगी और इसी अनुपात में इनकी कीमतों में भी बढ़ोतरी होगी। इस सवाल पर तुरन्त ऐसे कदम उठाने की जरूरत है जिससे भविष्य के संकट से बचा जा सके।

तत्काल तो पेट्रोलियम उत्पादों में कुछ की कीमतें बढ़ाना अपरिहार्य है। इसलिए यह इस तरह का होना चाहिए जिससे आम लोगों की जिन्दगी पर कम-से-कम बोझ पड़े। डीजल की कीमत बढ़ाने से इसका चौतरफा प्रभाव पड़ता है और खेती-बाड़ी से लेकर आम लोगों के परिवहन तक सभी ज्यादा महँगे हो जाते हैं। इसलिए, फिलहाल डीजल की कीमत में हुई बढ़ोतरी को वापस लेना चाहिए। बदले में पेट्रोल की कीमत को जरूरत के हिसाब से जितनी बढ़ोतरी हुई है उससे कई गुना अधिक बढ़ाया जा सकता है। यह एक प्रगतिशील मूल्य नीति होगी क्योंकि पेट्रोल की खपत मूलत: निजी चौपहिया या दुपहिया वाहनों के लिए या हवाई यातायात में होती है।

हवाई यातायात और चौपहिया मोटर गाड़ियों का इस्तेमाल देश का एक अति छोटा और सम्पन्न वर्ग ही करता है। यह उचित ही है कि वह अधिक आर्थिक बोझ उठाए दुपहिया वाहन निर्माताओं को अपने वाहनों में ऐसे सुधार कर दबाव बनेगा कि वे वैसे वाहन बनाए जो ऊर्जा की खपत के हिसाब से अधिक 'एफिशियंट' हो यानी प्रति इकाई पेट्रोल पर अधिक दूरी तय कर सकें।

पेट्रोल की कीमत बढ़ने से दो अतिरिक्त सकारात्मक नतीजे होंगे। चौपहिया वाहन वाले लोग अपनी यात्रा को सीमित करने की कोशिश करेंगे और अनेक लोग जिनका काम साइकिल से चल जाता है मोटरसाइकिल या स्कूटर लेने का विचार छोड़ देंगे। अगर इस तरह चौपहिया या दुपहिया वाहनों की संख्या या उनके द्वारा तय की जानेवाली दूरियाँ कम होती हैं तो पर्यावरण पर कार्बन डाईऑक्साइड का बोझ घटेगा जो एक सकारात्मक बदलाव होगा, लेकिन जो बातें ऊपर कही गई हैं वे तात्कालिक समाधान ही हैं। इससे यह भ्रम नहीं होना चाहिए कि भविष्य में हम ऊर्जा की समस्या का कोई समाधान उस रास्ते ढूँढ़ लेंगे जो औद्योगिक दृष्टि से विकसित देशों ने अपनाई है।

सच्चाई तो यह है कि अभी वे भी एक अंधी गली में ही हैं जो समस्याओं का तात्कालिक समाधान ही ढूँढ़ रहे हैं। और ऊपर से पर्यावरण का दुर्निवार संकट पैदा कर रहे हैं। अक्सर चर्चा होती है कि हमें अपने देश में तेल और गैस के नए स्रोतों की तलाश और विकास पर विशेष ध्यान देना चाहिए। हालाँकि कुछ नए स्रोतों को पाने की सम्भावना सदा बनी रहेगी, अब तक की जानकारी के आधार पर हम पारम्परिक ऊर्जा स्रोतों से बहुत कुछ हासिल कर सकेंगे, ऐसा नहीं दिखाई देता। अन्तत: हमें नए और गैर-पारम्परिक ऊर्जा स्रोतों पर ही ध्यान देना होगा।

ऐसे स्रोतों में पवन ऊर्जा, जल स्रोतों से प्राप्त ऊर्जा और सौर ऊर्जा सर्वाधिक महत्त्व के होंगे। ये बिलकुल अनजान स्रोत नहीं हैं और इनके विकास को प्राथमिकता देने की जरूरत है। इसमें हमें लघु जल विद्युत परियोजनाओं पर अधिक बल देना होगा क्योंकि बड़ी योजनाओं के दुष्परिणामों से हम अवगत हो चुके हैं। जैसे नर्मदा की सरदार सरोवर परियोजना या टिहरी परियोजना के दुष्परिणाम। इनसे मिलनेवाले लाभ की तुलना में पर्यावरण और पास-पड़ोस के जनजीवन पर पड़ने वाले प्रलयंकारी नतीजे कहीं अधिक होते हैं और इससे पैदा त्रासदी से लोग कितनी पीढ़ी में उबरेंगे कहना मुश्किल है।

सौर ऊर्जा के स्रोत वैसे तो मानव जीवन की आयु के हिसाब से अक्षय हैं, फिर भी जटिल तकनीक पर निर्भरता के कारण दूसरे संसाधनों पर भारी बोझ डालनेवाले होते हैं। मसलन, सोलर पैनल निर्माण करने या प्रकाश केन्द्रित कर विशाल मात्रा में ताप निर्माण करने की प्रक्रियाएँ। अमेरिका में जहाँ इस दिशा में कुछ प्रगति हुई है वहाँ कुछ दुर्लभ धातुओं और खनिजों की विशाल खपत होती है, लेकिन सरल

उपकरण जैसे सोलर कूकर का बड़े पैमाने पर उपयोग रसोई खर्च होनेवाले ईंधन का खर्च आधा कर सकता है। जंगलों की कटाई और गाँवों में जलावन की लकड़ियों के बढ़ते अभाव के परिप्रेक्ष्य में यह बड़ी राहत प्रदान कर सकता है। इसी तरह पानी गरम करने या घर गरम रखने में सूर्य के प्रकाश का सीधा उपयोग करनेवाले सरल उपकरण बनाए जा सकते हैं, जिनके लिए अभी दूसरे ईंधन या बिजली खर्च करना पड़ता है। लेकिन भारत में जहाँ की बड़ी आबादी अब भी लाखों गाँवों में बिखरी पड़ी है, पशुओं से प्राप्त ऊर्जा के अलावा सबसे बड़ा स्रोत मवेशी का गोबर और खरपतवार से प्राप्त मिथेन गैस होगा।

यह एक त्रासदी ही है कि अपने विशाल पशुधन के बावजूद हमने इस स्रोत के विकास पर कोई ध्यान नहीं दिया है। जहाँ-तहाँ गोबर गैस के कुछ संयंत्र नुमाइश के तौर पर जरूर लगाए गए हैं, लेकिन जहाँ तेल के कुओं की तलाश और विकास पर हजारों करोड़ रुपए खर्च किए जाते हैं वहाँ इस पर खर्च की गई राशि नगण्य है। गोरखपुर में हाल में गोशाला के गोबर से मिथेन गैस का बॉटलिंग प्लांट चर्चित रहा है। यह अपने आप में गैस की उपलब्धि का एक बड़ा स्रोत हो सकता है।

लेकिन इस पर विचार पारम्परिक गैस या पेट्रोल के सन्दर्भ में ही होता है क्योंकि इसका उपयोग कार चलाने में भी हो सकता है। यह एक आशाजनक विकास की दिशा है, लेकिन इस पर ध्यान मूलत: समाज के सम्पन्न वर्गों की जरूरत को ही नजर में रखकर दिया जा रहा है।

इसकी जगह गोबर गैस संयंत्र गाँवों में उन सभी घरों में लगाए जा सकते हैं जिनके पास गाय, बैल या भैंस हैं। इसकी सुविधा यह है कि ये संयंत्र बिना किसी बाहरी ऊर्जा की मदद के जीवाणुओं और प्रकृति में उपलब्ध साधारण ताप से काम करते हैं। इसमें रखरखाव के अलावा कोई ऐसी दूसरी जरूरत नहीं होती जिसे लाभान्वित होनेवाला व्यक्ति स्वयं पूरा न कर सके। जहाँ ऐसे संयंत्र लगाए गए हैं वहाँ ईंधन और प्रकाश दोनों जरूरतों की पूर्ति होती है। इसकी तुलना हम अब तक गाँवों के विद्युतीकरण के प्रयास से करें तो फर्क साफ दिखाई देता है।

कहने के लिए हजारों गाँवों का विद्युतीकरण हो गया है, लेकिन थोड़े से ही भाग्यशाली गाँव हैं जहाँ सभी घरों को लगातार बिजली मिलती है। अधिकतर जगह तो लोगों को सिर्फ इसी बात से सन्तोष करना पड़ता है कि सड़कों पर बिजली के तार और घरों में बिजली के बल्ब लटक रहे हैं। उधर बिजली की कीमत लगातार बढ़ती जा रही है क्योंकि यह कहीं-न-कहीं उत्पादन के लिए उपयोग में आनेवाले ईंधन से जुड़ी होती है जो लगातार महँगे होते जा रहे हैं।

यहाँ यह बात कबूल करना जरूरी लगता है कि ऊपर के सुझाव आर्थिक-सामाजिक जीवन के अलग तरह के प्रतिमान के मद्देनजर ही सम्भव हैं। यह कष्टदायक अहसास है, लेकिन हकीकत है कि हम अपने देश को अमेरिका, जर्मनी

या जापान की तर्ज पर नहीं ढाल सकते। अपने देश या दुनिया में संसाधनों की उपलब्धि इतनी नहीं कि भारत के एक अरब से अधिक लोगों को अत्यधिक ऊर्जा गटकनेवाली उनकी जैसी जीवन पद्धति प्रदान कर सकें। हमें किसी-न-किसी तरह की विकेन्द्रित अर्थव्यवस्था की ओर बढ़ना होगा जिसमें लम्बी दूरी की यातायात और कुछ केन्द्रों में बसनेवाली विशाल जनसंख्या के लिए महँगी नागरिक सुविधाएँ मुहैया करना अनिवार्य न बन जाए।

आज हमारे महानगरों का ऊर्जा और जल का संकट इसलिए बढ़ गया है कि वहाँ प्राकृतिक स्रोतों से इनकी उपलब्धि असम्भव बन गई है। गाँवों और छोटे कस्बों में थोड़े संयम और अनुशासन से पास-पड़ोस के जल स्रोतों से जीवन की आवश्यकताओं की पूर्ति हो सकती है। अभी देश को कुछ ऐसे ही परिप्रेक्ष्य को ध्यान में रख अपना विकास करना होगा। आज जो हंगामा हो रहा है वह दरअसल समस्या को टालकर अर्थव्यवस्था की भयावह स्थिति से रू-ब-रू होने से कतराना है। इसी से पेट्रोलियम पदार्थों की कीमतों के विरोध के सारे प्रयास किसी नाटक जैसे लगते हैं।

जनसत्ता, 4 जुलाई, 2005

9

दिसम्बर 2004 में दो मुद्दे देश और दुनिया पर छाए रहे। एक पेट्रोलियम पदार्थों की बढ़ती कीमतों का और दूसरा, पर्यावरण पर क्योटो समझौते का। क्योटो समझौते पर अर्जेंटीना की राजधानी ब्यूनस आयर्स में दो सप्ताह तक चर्चा चलती रही। यह चर्चा अनिर्णय की स्थिति में ही समाप्त हो गई। अलग दिखते हुए भी ये दोनों मुद्दे एक-दूसरे से अभिन्न रूप से जुड़े हैं और आनेवाले वर्षों में इनका दूरगामी प्रभाव दुनिया के भविष्य पर पड़ने वाला है। तेल की कीमतों का बढ़ना—इसके बावजूद कि इन्हें स्थिर रखने के लिए शोर-शराबा हुआ—एक ऐसी प्रक्रिया है जिसे अर्थशास्त्र के एक बुनियादी नियम के कारण स्थायी रूप से रोका नहीं जा सकता। दोनों मुद्दों का सम्बन्ध इस अर्थ में बनता है कि दुनिया का तापमान बढ़ाने में जिस कॉर्बन डाईऑक्साइड के उत्सर्जन का सबसे बड़ा हाथ है वह प्रमुख रूप से जीवाश्म ईंधनों जैसे कोयला, पेट्रोलियम पदार्थों और प्राकृतिक गैस जलाने से ही आता है। अमेरिका, जो इन ईंधनों को जलाने को सीमित करने पर राजी नहीं हो रहा है, फिलहाल अकेले दुनिया के एक-चौथाई कार्बन डाईऑक्साइड के उत्सर्जन के लिए जिम्मेदार है और यह उत्सर्जन अमेरिका में विशाल मात्रा में वाहनों और ऊर्जा के दूसरे संयंत्रों में पेट्रोलियम पदार्थों को जलाने से ही होता है।

अमेरिका दरअसल मोटर वाहनों, हवाई जहाजों के परिवहन और तेल उद्योग तीनों में ही दुनिया में अग्रणी रहा है। तम्बाकू की लत की तरह तेल से चलनेवाले वाहनों और बाकी उपक्रमों की लत भी दुनिया को अमेरिका से ही मिली है। कहना न होगा कि पर्यावरण के क्षय से दुनिया को मौत के कगार पर ला देनेवाले इन उद्योगों से अमेरिका अकूत धन अर्जित करता रहा है और इसीलिए आज, जब पर्यावरण के संकट से जीवन पर आया खतरा साफ दिखाई दे रहा है, तब भी अमेरिकी राष्ट्रपति बुश मौत के इस व्यवसाय को नियंत्रित करने के लिए तैयार नहीं हैं। समस्या यह है कि अगर दुनिया के दूसरे देश कॉर्बन डाईऑक्साइड के अपने उत्सर्जन को कम भी करते जाएँ तो भी अकेले अमेरिका अपने उत्सर्जन से सारे संसार को मौत के मुँह में डाल सकता है। यह त्रासदी यूनियन कार्बाइड के भोपाल के कारखाने से फैली गैस-त्रासदी से सिर्फ इसी अर्थ में भिन्न होगी कि लोग

कुछ घंटों में मरने की बजाय एकाध शताब्दी में मरेंगे। इस तरह अकेले अमेरिका की हठधर्मिता ही संसार को विनाश के मुँह में डाल सकती है।

अमेरिका की वर्तमान नीतियों के पीछे इसके तेल उद्योग के हित का बहुत बड़ा हाथ है। तेल के अन्तरराष्ट्रीय बाजार के उतार-चढ़ाव के पीछे इन कम्पनियों का वैश्विक राजनय से उलझना भी एक खास कारण रहा है। दुनिया के तेल उद्योग में अपनी हैसियत के कारण सात बड़ी कम्पनियों में, जिन्हें 'इंटरनेशनल मेजर' कहा जाता है, पाँच अमेरिका की हैं। यहाँ की प्रमुख तेल कम्पनियाँ रही हैं स्टैंडर्ड ऑयल ऑफ न्यू जर्सी, एक्सौन कॉरपोरेशन, स्टैंडर्ड कम्पनी ऑफ न्यूयॉर्क, स्टैंडर्ड ऑयल ऑफ कैलिफोर्निया, गल्फ ऑयल जिसका मुख्य कार्यालय अमेरिका के ही पिट्सबर्ग में था और टेक्साको, जो टेक्सास में आधारित था। वैसे तो ये कम्पनियाँ अमेरिका में आधारित थीं, लेकिन अमेरिका के अलावा ये दक्षिण अमेरिका, मध्य अमेरिका और खाड़ी क्षेत्रों के तेल पर भी अपना नियंत्रण रखती थीं।

पेट्रोलियम और प्राकृतिक गैस के क्षेत्र में पूर्व का सोवियत संघ भी बड़ा उत्पादक था। लेकिन अन्तरराष्ट्रीय तेल बाजार पर इसका प्रभाव परोक्ष ही था। पेट्रोलियम बाजार में दूसरी सबसे महत्त्वपूर्ण कम्पनियाँ थीं—रॉयल डच शेल ग्रुप और ब्रिटिश पेट्रोलियम। इनका अन्तरराष्ट्रीय तेल उत्पादन पर ऐसा नियंत्रण था कि जिन देशों में तेल का उत्पादन होता था वहाँ की सरकारें तेल की कीमत तय करने में असमर्थ थीं। उन्हें डर होता था कि अगर वे कच्चे तेल की कीमत बढ़ाएँगे तो ये कम्पनियाँ दूसरे देशों का कच्चा तेल रिफाइनरी के लिए लेना शुरू करेंगी और अपना कारोबार समेटकर दूसरे देशों में चली जाएँगी। इन कम्पनियों की नीति से अमेरिका के बाहर कच्चे तेल की कीमत इतनी कम थी कि अमेरिका के भीतर तेल शोधन के लिए तीन डॉलर प्रति बैरल के हिसाब से अपना कच्चा तेल होता था जबकि बाहर से आनेवाला तेल डेढ़ डॉलर प्रति बैरल के हिसाब से अमेरिकी बन्दरगाह तक पहुँचाया जा सकता था। आज आधी शताब्दी बाद कच्चे तेल का इतना सस्ता होना अविश्वसनीय लगता है जब यह पचास डॉलर प्रति बैरल तक पहुँच चुका है।

लेकिन तेल कम्पनियों की अन्तरराष्ट्रीय बाजार में इजारेदारी के कारण कच्चे तेल की कीमत मनमाने ढंग से कम रखी जा सकती थी। बीसवीं शताब्दी के मध्य तक तेल उद्योग दुनिया का सबसे महत्त्वपूर्ण उद्योग बनता जा रहा था और अमेरिका की सरकार दूसरे अमेरिकी उद्योगों की तरह अपनी तेल कम्पनियों की हित रक्षा के लिए सदा हस्तक्षेप करने को तैयार रहती थी। शीत युद्ध के दौर में ब्रिटिश और डच कम्पनियों का वर्चस्व वामपंथी प्रभाव से खतरे में था, अत: ईरान में शाह की रक्षा और संसदीय लोकतंत्र की हत्या सीआईए के हस्तक्षेप से ही सम्भव हुआ। यह बात अलग है कि इस्लामी कट्टरपंथी नेता खोमैनी के नेतृत्व में हुई दूसरी क्रान्ति से

अन्तत: शाह का शासन और पश्चिम वर्चस्व वहाँ खत्म हो गया, लेकिन अमेरिकी खुंदक अभी खत्म नहीं हुई है और परमाणु हथियारों पर प्रतिबन्ध का बहाना बनाकर अमेरिका वहाँ फिर हस्तक्षेप करने का मौका ढूँढ़ रहा है।

भारी मात्रा में पेट्रोलियम पैदा करनेवाले दक्षिण अमेरिका के एक दूसरे देश वेनेज़ुएला में भी अमेरिकी हस्तक्षेप की सम्भावना 1958 में बनी थी, लेकिन उसके पहले फिदेल कास्त्रो के नेतृत्व में क्यूबा की क्रान्ति ने अमेरिका को सीधे हस्तक्षेप से रोका। 1958 में एक्सिओ डेमोक्रेटिका नामक एक वामपंथी पार्टी सत्ता में आई। जिसकी नीति वेनेजुएला के तेल उद्योग के राष्ट्रीयकरण की थी। वहाँ की अमेरिकी तेल कम्पनियों की मंशा अमेरिकी सरकार की मदद से वहाँ सरकार का तख्ता पलटने की थी, लेकिन क्यूबा से सबक लेकर अमेरिकी सरकार ने एक समझौते का रास्ता निकाला।

सरकार को अपदस्थ करने की बजाय तय हुआ कि सरकार के साथ मिलकर काम किया जाए और वेनेजुएला की सरकार को सुझाव दिया गया कि तेल कम्पनियों की परिसम्पत्तियों को जब्त न करें। बदले में यह तय हुआ कि तेल कम्पनियाँ सरकार को तेल की आय की एक बड़ी मात्रा राजस्व के रूप में दें। हालाँकि एक्सिओं डेमोक्रेटिका सरकार की नीति तेल कम्पनियों से समझौते की रही। इसकी आय बहुत कुछ पेट्रोलियम की कीमत पर निर्भर करती थी। इसलिए ओपेक (ऑर्गेनाइज़ेशन ऑफ पेट्रोलियम एक्सपोर्टिंग कंट्रीज) के निर्माण में इसकी महत्त्वपूर्ण भूमिका रही जिसने बाद में पेट्रोलियम की कीमत को ऊँचा रखने में विशेष भूमिका निभाई।

वेनेजुएला की नीति के पीछे यह समझदारी थी कि तेल का भंडार सदा बना रहनेवाला नहीं है—एक सार्विक सत्य, जो तेल पैदा करनेवाले दूसरे देश प्रारम्भ में नहीं समझ पाते थे और आज भी दुनिया के आर्थिक नीति निर्माता नहीं समझ पा रहे हैं। हालाँकि यह एक महत्त्वपूर्ण सच्चाई है जिसे अपने तात्कालिक हित में नजरअन्दाज कर हम एक भयंकर आर्थिक और पर्यावरण सम्बन्धी संकट की ओर बढ़ रहे हैं। दरअसल, यह बात कोयला, प्राकृतिक गैस या दूसरे जीवाश्म ईंधनों के साथ भी लागू है जिनका दोहन उत्तरोत्तर बड़े पैमाने पर हो रहा है। इससे वेनेजुएला ने तेल उत्पादन को नियंत्रित कर तेल के लिए ऊँची कीमत वसूल करने की नीति अख्तियार की। 1950 के दशक से ही तेल निर्यात करनेवाले देश अनुभव कर रहे थे कि नए क्षेत्रों में तेल की खोज का फायदा उठाकर तेल कम्पनियाँ उन पर कच्चे तेल की कीमत कम करने का दबाव बनाए रखती हैं। इसी से तेल निर्यात करनेवाले देशों ने, जिनमें वेनेजुएला की विशेष भूमिका थी, 1960 में ओपेक यानी तेल निर्यात करनेवाले देशों का संगठन बनाया। इस संगठन ने समय-समय पर सामूहिक रूप से उत्पादन में कटौती पर पेट्रोल की कीमत को बढ़ाए रखा है। इस नीति का सफल प्रयोग 1970 से आरम्भ हुआ।

अरब-इजराइल संघर्ष के दौर में तेल पैदा करनेवाले अरब देशों ने इजराइल को समर्थन देनेवाले पश्चिमी देशों को तेल की आपूर्ति बन्द कर पहली दफा अपनी शक्ति का प्रदर्शन किया। चूँकि उस समय तेल उत्पादन का सबसे बड़ा क्षेत्र खाड़ी क्षेत्र बन चुका था। इसका प्रभाव अन्तरराष्ट्रीय हुआ और तेल की गम्भीर कमी महसूस की जाने लगी। इसी के बाद से तेल की कीमतों में भी भारी बढ़ोतरी होने लगी। चूँकि इस समय तक दुनिया के काफी देश ऊर्जा के लिए तेल और प्राकृतिक गैस पर निर्भर होने लगे थे और अमेरिका की अर्थव्यवस्था तो इस पर पूरी तरह आश्रित थी, इस अभाव से निजात पाने के उपाय भी सोचे जाने लगे। अमेरिका की नीति स्पष्ट थी, सभी सम्भव उपायों—सैनिक हस्तक्षेप समेत—से इन देशों के तेल उत्पादन और निर्यात को अमेरिका की जरूरत के हिसाब से ऊँचे स्तर पर रखना। इराक पर अमेरिका का सभी अन्तरराष्ट्रीय कानूनों और मानवाधिकारों का उल्लंघन कर हमला और नियंत्रण रखना इसी सन्दर्भ में समझा जा सकता है। अमेरिकी नियंत्रण में चुनाव का नाटक कर वहाँ एक कठपुतली सरकार बनाने की कोशिश भी इसी आर्थिक नीति का हिस्सा है।

अमेरिका की दिलचस्पी पश्चिम एशिया की राजनीति में दरअसल इसमें तेल पाने की सम्भावना के साथ ही बढ़ती गई है। प्रथम विश्वयुद्ध खत्म होने पर तुर्की के औटोमन साम्राज्य का वर्चस्व अरब देशों पर से खत्म हो गया। इसके स्थान को भरने के लिए ब्रिटेन और फ्रांस को इस पर अपना प्रभाव रखने का मौका मिला। इस भू-भाग को ब्रिटेन और फ्रांस ने अपने-अपने प्रभाव क्षेत्र में बाँट लिया। ईरान ब्रिटेन के प्रभाव क्षेत्र में था। इराक का क्षेत्र दोनों के प्रभाव क्षेत्र की सीमा पर पड़ता था। इस विभाजन में सीरिया समेत पश्चिमी भाग फ्रांस के हिस्से में था जहाँ तेल पाने की सम्भावना कम थी। फ्रांस की दिलचस्पी अल्जीरिया के तेल में थी। हालाँकि प्रारम्भ में इराक के तेल क्षेत्र के विकास के लिए दोनों में एक 'कंसोर्टियम' बनाया था। ब्रिटेन ने द्वितीय विश्वयुद्ध के पहले के वर्षों में कुवैत और आसपास के क्षेत्र में तेल पाया था, लेकिन दुनिया में तेल की माँग कम थी और इराक और ईरान के सीमित तेल उत्पादन से ही उसकी आपूर्ति हो जाती थी।

द्वितीय विश्वयुद्ध के बाद जब अमेरिका का वर्चस्व सारे संसार पर कायम होने लगा था उसी काल में पूरे अरब क्षेत्र पर इसका प्रभाव बढ़ना शुरू हुआ, लेकिन ईरान की क्रान्ति ने ईरान में और इराक में हुए उथल-पुथल ने इराक में भी तेल कम्पनियों को सरकार के नियंत्रण में ला दिया। सऊदी अरब और अरब अमीरात मुख्य रूप से अमेरिकी प्रभाव में अपने तेल उद्योग का विकास करते रहे। सऊदी अरब में इस क्षेत्र का और संसार का सबसे बड़ा तेल भंडार था। 1991 में इराक द्वारा कुवैत पर हमले का बहाना बनाकर अमेरिका ने कुवैत के तेल भंडारों पर भी अपना वर्चस्व कायम कर लिया। इस क्षेत्र में दो ही देश बचे रहे जिनका नियंत्रण

अपने तेल पर था—ईरान और इराक। इधर दुनिया में तेल की खपत लगातार बढ़ती जा रही थी और स्वयं अमेरिका की ऊर्जा की भूख असीम होती जा रही थी। जीवाश्म ऊर्जा पर आधारित अमेरिकी अर्थव्यवस्था को सस्ते तेल की जरूरत थी जो तभी सम्भव था जब अमेरिका का प्रभाव तेल उत्पादक देशों पर इतना अधिक हो कि वह उनसे मनमानी कीमत पर तेल खरीद सके।

यह भी अन्दाज लगाया जाता है कि इराक का तेल का भंडार सऊदी अरब के बाद दुनिया का सबसे बड़ा है। इसलिए अमेरिका की यह मजबूरी थी कि इस तेल के खजाने को अपने हाथ में ले। इसीलिए जनसंहार के हथियारों का बहाना बनाया गया, लेकिन जब साक्ष्यों के आधार पर संयुक्त राष्ट्र में इराक पर हमले का बहाना नहीं बनाया जा सका तो अमेरिका ने अपनी मर्जी से आक्रमण कर दिया। ब्रिटेन, जो दशकों से काफी कुछ अमेरिका का पिछलग्गू रहा है, इस झूठ और अनैतिकता में लोकतंत्र की दुहाई देकर शामिल हो गया, लेकिन तेल या ऊर्जा की यह भूख सिर्फ राष्ट्रों की आजादी को ही खत्म करनेवाली नहीं है। यह एक ऐसी सर्वग्रासी महत्त्वाकांक्षा को जन्म दे रही है जो पर्यावरण को नष्ट कर धरती पर जीवन को समाप्त करने की दिशा में बढ़ रही है।

अमेरिका की तेल क्षेत्रों की आक्रामक तलाश का राज जानना आसान हो जाता है जब हम ऊर्जा की उसकी दानवी भूख पर नजर डालते हैं। 1997 में दुनिया का तेल उत्पादन 7.22 करोड़ बैरल रोजाना था। इसमें अकेले अमेरिका 1.86 करोड़ बैरल रोजाना इस्तेमाल करता था जो सारे संसार की खपत का 26 प्रतिशत था। हालाँकि अमेरिका में कोयले की खपत चीन से कम थी क्योंकि चीन अपने ऊर्जा उत्पादन के लिए अभी भी कोयले पर ही अधिक निर्भर है, फिर भी यह दूसरे नम्बर पर था और चीन के 1.53 अरब टन के मुकाबले इसने 1.03 अरब टन कोयले की खपत की थी। अमेरिकी उपभोक्ता संस्कृति का एक प्रतिमान मोटर वाहन रहा है और आज संसार भर में इसे ही आर्थिक प्रगति का मापदंड बनाया जा रहा है। अमेरिका के मोटर वाहनों की संख्या पर विचार करने से सिर चकराने लगता है। 1996 में वहाँ के सभी मोटर वाहनों की संख्या 21.02 करोड़ थी और इसमें मोटर कारों की संख्या 12.17 करोड़ थी।

चौबीस करोड़ आबादी वाले देश में इतनी गाड़ियों के होने का मतलब है लगभग हर व्यक्ति के पास कोई मोटर वाहन होना—दस प्रतिशत से नीचे की आबादी के उस हिस्से को छोड़ जिसमें हजारों लोगों को सवेरे भोजन के लिए 'ब्रेड लाइन' में खड़ा होकर खैराती भोजन का इन्तजार करना होता है, लेकिन वैभव का प्रतीक बने मोटर वाहनों की इस प्रचुरता की कीमत अमेरिका सहित संसार के लोगों को पर्यावरण के संकट के रूप में चुकानी होती है। सरकारी आँकड़े बताते हैं कि इस साल इन वाहनों को चलाने में 146.676 अरब गैलन तेल खर्च किया गया। ऊर्जा

से चलनेवाले दूसरे संयंत्रों के अलावा इन वाहनों से उत्सर्जित होनेवाली गैसों की पर्यावरण को प्रदूषित करने में खास भूमिका है—खासकर ग्रीन हाउस गैसों कॉर्बन डाईऑक्साइड और मिथेन की।

1997 में अमेरिका में उत्सर्जित कार्बन डाईऑक्साइड की मात्रा 2.9 करोड़ टन थी। ये गैस धरती का ताप बढ़ाने में विशेष भूमिका निभाती हैं, लेकिन इनके अलावा वायुमंडल को जहरीला बनानेवाली दूसरी गैस जैसे कार्बन मोनोऑक्साइड, सल्फर डायोआक्साइड, नाइट्रोजन ऑक्साइड और सीसा आदि भी उत्सार्जित होते हैं और कैंसर और फेफड़े की कई बीमारियों को पैदा करते हैं। जब मोटर वाहनों से होनेवाले इन प्रदूषणों की चर्चा होती है तो इस परिवहन के हिमायती वैकल्पिक ऊर्जा जैसे बिजली या हाइड्रोजन से चलनेवाले वाहनों का सुझाव देते हैं। ये सुझाव भारी भ्रम पैदा करते हैं। लोग भूल जाते हैं कि बिजली पैदा करने के लिए भी तो ऊपर बताए गए प्रदूषण फैलानेवाले ईंधनों का ही प्रयोग किया जाता है या अपने कचरे से और भी खतरनाक विकिरण पैदा करनेवाले परमाणु बिजली संयंत्रों का। हाइड्रोजन से चलनेवाले वाहन निश्चित रूप से प्रदूषण रहित हो सकते हैं, लेकिन हाइड्रोजन के लिए पानी के अणुओं को तोड़ना होगा और उसके लिए ऊर्जा निर्माण के बड़े संयंत्र बनाने होंगे जो फिर प्रदूषण फैलानेवाले होंगे।

यानी फर्क सिर्फ इतना होगा कि प्रदूषण अब सड़कों पर फैलने के बदले ऊर्जा निर्माण करनेवाले संयंत्रों के आस-पास होगा। इससे पूरी धरती पर फैलनेवाले प्रदूषण में कोई कमी नहीं आएगी। एक बात और ध्यान में रखना जरूरी है जिसे लोग वाहनों या दूसरे कारखानों को चलाने में बिजली का इस्तेमाल का सुझाव देते समय भुला देते हैं। वह यह कि लकड़ी, कोयला या तेल जलाकर सीधे ताप का इस्तेमाल करने में ईंधन की भारी बचत होती है बनिस्बत बिजली पैदा कर फिर इसे ताप के लिए इस्तेमाल करने के। भौतिक शास्त्र के एक सबसे बुनियादी नियम 'इट्रोपी' के सिद्धान्त के अनुसार जब भी ऊर्जा का इस्तेमाल किसी मशीन को चलाने में होता है तो उससे अवश्यम्भावी रूप से कुछ ऊर्जा को ह्रास होता है। फिर जब बिजली को ताप में बदला जाता है तो बहुत बड़ी मात्रा में बिजली खर्च करने की जरूरत होती है। कुल मिलाकर बिजली के उपकरणों के इस्तेमाल को बढ़ाने से ऊर्जा संकट की बुनियादी समस्या से निजात नहीं मिलती।

अब वर्तमान ढंग के विकास के हिमायती विशेषकर तेल उद्योग से जुड़े लोगों द्वारा यह प्रचारित करने की कोशिश हो रही है कि पर्यावरण के संकट की बात एक बेकार का हौवा है। पर्यावरण आन्दोलन से जुड़े लोगों की शिकायत है कि औद्योगिक समूहों के द्वारा विज्ञापनों के जरिये एक जबरदस्त प्रचार चलाया जाता रहा है ताकि 1997 का क्योटो प्रोटोकॉल, जिसमें ग्रीन हाउस गैसों के उत्सर्जन को कम करने का प्रावधान है, लागू नहीं हो सकें। उनके अनुसार इस मद में अमेरिका

में 1.3 करोड़ डॉलर विज्ञापनों पर खर्च किया जा चुका है। या तो यह बताया जाता है कि यह कोई समस्या है ही नहीं या यह कि समस्या इतनी विकराल है कि इसके समाधान का कोई उपाय हो ही नहीं सकता।

लेकिन एक अमेरिकी प्रकाशन 'टाइम अल्मनाक 2000' में छपे एक लेख में कहा गया है : 'मई 1999 में ब्रिटिश और अमेरिकी वैज्ञानिकों ने विस्तृत शोध के आधार पर यह बताया है कि दुनिया का तापमान बढ़ रहा है। इन विशेषज्ञों के अनुसार संसार भर में सतह का तापमान पिछले 136 वर्षों से (1861-1997) में 0.57 डिग्री सेल्सियस बढ़ गया है और इससे यह पता चलता है कि बीसवीं सदी पिछले हजार वर्ष में सबसे गर्म सदी रही है। दरअसल, मैस्सेचुसेट्स अरिजोना विश्वविद्यालय, नासा और नेशनल ओसेनिक एंड एट्मोस्फेरिक एडमिनिस्ट्रेशन के शोधकर्ता इस निष्कर्ष पर पहुँचे हैं कि 1990 का दशक सहस्राब्दी का सबसे गर्म दशक और 1998 अब तक का सबसे गर्म वर्ष रहा है।'

समस्या बढ़ते तापमान की ही नहीं है। अगर पर्यावरण के क्षय से विनाश की बात को हम नजरअन्दाज कर दें तो भी जीवाश्म ईंधन जैसे ऊर्जा स्रोतों की उपलब्धता के उत्तरोत्तर कम होते जाने से भी हमारा जीवन कठिन हो जाएगा। अगर हम वैकल्पिक ऊर्जा स्रोतों की ओर आज से ही बढ़ने की कोशिश नहीं करेंगे। पेट्रोलियम की कीमत, जैसाकि हम देख चुके हैं आधी शताब्दी के भीतर एक डॉलर प्रति बैरल से बढ़कर पचास डॉलर प्रति बैरल तक पहुँच गई है। कीमतों की इस बढ़त के पीछे ओपेक जैसे संगठनों के प्रयास की भूमिका भी रही है, लेकिन एक अधिक बुनियादी नियम लगातार काम करता रहा है जिससे जीवाश्म ईंधन ही नहीं बल्कि बाकी सारे खनिज भी कुछ विशेष परिस्थितियों के उतार-चढ़ाव के बावजूद अन्तत: महँगे होते जाएँगे।

इसका कारण समझना आसान है। यह आम जानकारी की बात है कि तेल, कोयला या दूसरे किसी खनिज को निकालने के धन्धे में लगे लोग पहले उन्हीं स्रोतों से इन्हें निकालते हैं जिनमें इनकी उपलब्धता अधिक होती है और जहाँ से इन्हें निकालना आसान और कम खर्चीला होता है, लेकिन जब हम इन स्रोतों को खाली कर चुके होते हैं तब आवश्यकतावश उन स्रोतों की ओर मुड़ते हैं जहाँ से इन्हें निकालना अधिक कष्टसाध्य और खर्चीला होता है। इसके लिए जटिल और खर्चीली मशीनरी लगानी होती है और प्राय: अधिक ऊर्जा भी खर्च करनी होती है। यह एक ऐसी स्थिति है जिससे छुटकारा नहीं मिल सकता।

अमेरिका के एक शीर्षस्थ ऊर्जा विशेषज्ञ डॉ. बैरी कौमोनर के अनुसार ऊर्जा के हमारे मूल स्रोत इस संकट से ग्रस्त हैं। उनके अनुसार : 'चूँकि वे या तो नवीकृत नहीं हो सकते या उन पर नवीनतम भारी तकनीक के खर्च का बोझ होता है—या दोनों असुविधाएँ होती हैं—वे उत्तरोत्तर अधिक पूँजी निवेश की माँग करते हैं और

खुली बाजार व्यवस्था में उत्तरोत्तर महँगे होते जाते हैं।' कौमोनर के अनुसार 1960 में ऊर्जा उत्पादन पर खर्च किए गए प्रत्येक डॉलर से बाईस लाख पचास हजार बीटीयू ऊर्जा पैदा हुई। जबकि 1970 में एक डॉलर की लागत से सिर्फ 21 लाख 68 हजार बीटीयू ऊर्जा उत्पादित हुई। सिर्फ तीन वर्ष बाद 1973 में यह उत्पादन गिरकर प्रति डॉलर 18 लाख 45 हजार बीटीयू हो गया। यानी सिर्फ तेरह वर्ष में उत्पादन में अट्ठारह प्रतिशत की कमी हो गई। ये आँकड़े 1973 के डॉलर मूल्य को 1960 के समतुल्य करके दिए गए हैं।

अगर जीवाश्म ऊर्जा का लगातार अधिक महँगा होना एक अवश्यम्भावी हकीकत है तो दुनिया को, विशेषकर भारत जैसे देशों को जिनकी तेल, कोयला और प्राकृतिक गैस की अपनी उपलब्धता सीमित है, वैकल्पिक ऊर्जा स्रोतों और ऊर्जा के नियंत्रित खर्च पर आधारित अर्थव्यवस्था की ही बात सोचनी होगी। इस सम्बन्ध में तेल की कीमत बढ़ने से जो हाय-तौबा मचाई जाती है वह देश को स्वयं और जनता को धोखा देने के अलावा कुछ नहीं है। संयोग से ऐसे विकल्प से ही प्रकृति का संरक्षण भी सम्भव है जिसे लेकर भारत और संसार भर के पर्यावरणविद चिन्तित हैं।

गौरतलब है कि जहाँ ऊपर बताए गए कारणों से जीवाश्म ऊर्जा या कचरे से सुरक्षा की समस्या से परमाणु ऊर्जा, उत्तरोत्तर महँगे होते जाते हैं—तात्कालिक बाजार की स्थिति से इनकी कीमतों में चाहे जो उतार-चढ़ाव हो—सौर ऊर्जा और इस पर निर्भर पोषण चक्र (फूड चेन) में कोई परिवर्तन नहीं होता क्योंकि सूरज के ताप के खत्म होने में अरबों वर्ष लग जाएँगे। इसलिए जब तक सूरज से प्राप्त ऊर्जा कायम है वनस्पति दुनिया, जो प्रकाश संश्लेषण से पोषण पाती है और फिर, जिससे कीटाणुओं से लेकर दूसरे पशु-पक्षी अपना आहार पाते हैं, बिना अपना खर्च बढ़ाए अपना जीवन-चक्र कायम रख सकते हैं। इसे हानि पहुँचती है हमारी कृत्रिम जीवन पद्धति से उत्पन्न अवांछित हस्तक्षेप से जैसे जंगलों की कटाई या नदी-तालाबों आदि के जल के तरह-तरह के कचरे के प्रदूषण से।

इसीलिए मवेशियों और अन्य पशुओं के जीवन के लिए आवश्यक चारे आदि के खर्च में इजाफा नहीं होता। अगर आज से पचास साल पहले किसी नस्ल का बैल या गाय दस किलो भूसा एक दिन में खाते थे तो आज भी वही मात्रा कायम है। आज भी कोई बैल उतनी ही घास चरकर अपना पेट भर लेता है जितनी पचास साल पहले—यह बात अलग है कि हम चरागाहों को नष्ट करते जा रहे हैं। भोजन चक्र (फूड चेन) की अपरिवर्तनीयता और मनुष्य द्वारा उत्पादित ऊर्जा की बढ़ती कीमत से एक दिलचस्प आर्थिक स्थिति बन रही है। हमारे यहाँ उन गाँवों में—जहाँ ट्रैक्टरों के आने के बाद भी कुछ बैल पाए जा सकते हैं—पहले ट्रैक्टर, सस्ता होने के कारण, हल-बैल का स्थान लेने लगे थे। अब स्थिति उलटी हो गई है। अब तेल महँगा होने से ट्रैक्टर हल-बैल के मुकाबले महँगे होते जा रहे हैं।

पिछले दशक में ही डीजल की कीमत पाँच रुपए चौंतीस पैसे से बढ़कर अट्ठाइस रुपए प्रति लीटर से ऊपर हो गई है। नतीजा यह है कि जहाँ किराए के ट्रैक्टर से एक बार खेत जोतने में किसान को 400 रुपए प्रति बीघा देना पड़ता है वहीं हल-बैल का खर्च 280 रुपए प्रति बीघा आता है। इसमें कोई सन्देह नहीं कि यह फर्क उत्तरोत्तर बढ़ता जाएगा क्योंकि खनिज तेल या गैस के दाम बढ़ेंगे ही। इसके विपरीत कीटाणुओं की प्रक्रियाओं पर आधारित गोबर गैस की कीमत में किसी इजाफे का कारण नहीं दिखाई देता। इसलिए अगर आदमी अपने जीवन को ऊर्जा के विशाल अपव्यय की जगह मितव्ययिता पर आधारित करे तो न ऊर्जा का संकट पैदा होगा और न पर्यावरण के प्रदूषण का। अब कोई अर्थशास्त्रीय तर्क भी नहीं बनता जिससे सूर्य आधारित ऊर्जा स्रोतों के परित्याग की बात हो।

दुर्भाग्यवश पर्यावरणविद भी ऊर्जा के अतिव्यय पर आधारित औद्योगिक देशों की जीवन पद्धति के परिप्रेक्ष्य में ही इस समस्या का निदान ढूँढ़ रहे हैं, जो सम्भव नहीं है। इस समस्या का समाधान प्रकृति के साहचर्य पर आधारित विकेन्द्रित जीवन पद्धति से ही सम्भव है। अन्तत: यह एक राजनीतिक मामला बन जाता है और एक नई जीवन पद्धति के लिए सशक्त राजनीतिक हस्तक्षेप की जरूरत है। भारत जैसे देश में यह बहुसंख्यक लोगों के लिए मानवी जीवन की माँग भी है। इसलिए आज इसे एक व्यावहारिक राजनीति के रूप में अपनाना होगा। हमारे यहाँ संयोगवश महात्मा गांधी ने इसी दिशा में कुछ प्रतिमान दिए थे। गांधी को दरकिनार करने की बजाय, जैसा आज हम कर रहे हैं उनकी मूल वैज्ञानिकता को कबूल करते हुए हमें उन्हीं के विचारों का परिष्कार कर आगे बढ़ना होगा।

जनसत्ता, 10, 11 जनवरी, 2005

10

संयुक्त राष्ट्र संघ के तत्त्वावधान में दिल्ली में होनेवाले पर्यावरण सम्मेलन पर अमेरिकी नकार शुरू से ही मौत की छाया की तरह बना रहा। अमेरिकी प्रतिनिधि की यह घोषणा कि वह पर्यावरण की चिन्ता से अपने विकास को बाधित नहीं होने देगा, सम्मेलन में हिस्सा लेनेवाले बाकी देशों को उलझन में डाले रही। इस हकीकत की जानकारी की पृष्ठभूमि में कि कुछ अनुमानों के अनुसार, अमेरिका दुनिया के ग्रीन हाउस उत्सर्जन के छत्तीस प्रतिशत के लिए जवाबदेह है। सभी प्रतिनिधि अमेरिका के नकारात्मक रवैये के सामने असहाय महसूस करते थे। अनुनय-विनय से अमेरिका को मनाने के अलावा उनके सामने कोई दूसरा चारा दिखाई नहीं देता था। दरअसल, अमेरिका की दृष्टि प्रतीक रूप में पूँजीवाद की उस मूलदृष्टि की अभिव्यक्ति थी जिसमें मुनाफे की लिप्सा के आगे धरती का विनाश कोई मुद्दा नहीं।

कोई भी आदमी जो तथाकथित उदारीकरण के प्रचारात्मक धुंध से अंधा नहीं हो चुका है, इस पूँजीवादी हकीकत को देख सकता है। तेल लॉबी, तम्बाकू लॉबी, जीएम (जीन द्वारा परिवर्तित) फसल की लॉबी क्या मौत के प्रसार का निर्लज्ज प्रयास नहीं है? आज उद्योग के ये क्षेत्र पूँजी की दुनिया में महत्त्वपूर्ण स्थान रखते हैं। इनके उत्पाद निर्विवाद रूप से फेफड़े, हृदय के रोग तथा कैंसर के लिए जवाबदेह हैं और आनुवंशिकी को विकृत कर मनुष्य का संहार करनेवाले हैं।

विडम्बना है कि इन उद्योगों के व्यवस्थापक 'हीमोसाइडल मैनिक' को वैसा पागल नहीं माना जाता जिस पर नरहत्या का जुनून सवार हो, बल्कि उन्हें तो आधुनिक समाज का सबसे प्रतिष्ठित व्यक्ति माना जाता है। इनके जीवन की झाँकियों से फैशन पत्रिकाएँ रंगी रहती हैं। यह बात दीगर है कि इनसे सम्बद्ध व्यक्तियों को दोष देना गलत होगा क्योंकि वे तो इस व्यवस्था की विवशताओं के दास हैं। यह व्यवस्था आदमी को निजी उन्नयन के ऐसे ही रास्ते प्रदान करती हैं।

दरअसल आज के पर्यावरण का संकट पूँजीवाद के विकास का अनिवार्य परिणाम है। स्थिति को सही परिप्रेक्ष्य में रखने के लिए इस बात की ओर ध्यान दिलाना काफी है कि मानव सभ्यता यानी नागरी सभ्यता लगभग छह हजार वर्ष पुरानी है, लेकिन पर्यावरण के असन्तुलन से धरती के अस्तित्व का संकट पिछले

दो सौ वर्षों के पूँजीवाद के विकास से ही पैदा हुआ है। पूँजीवाद का लक्ष्य सदा पूँजी संचय और इसका प्रसार करना होता है। पूँजी का प्रसार उतनी ही तेजी से होगा जितनी तेजी से उत्पादन और विपणन बढ़ेगा। अन्तत: उत्पादन का लक्ष्य किसी के लिए उपभोग की वस्तु उपलब्ध कराना होता है। इसलिए पूँजीवाद के विकास के लिए उपभोग की वस्तुओं की विविधता और मात्रा को उत्तरोत्तर बढ़ाते जाना जरूरी है। उत्पादन की मात्रा के अनुपात में ही ऊर्जा और कच्चे माल की माँग बढ़ती है।

इसी बढ़ती माँग के कारण पिछले दो सौ वर्षों में दुनिया के अधिकांश वन कट गए। भूमि के विशाल क्षेत्र पर औद्योगिक कच्चे माल का उत्पादन कृषि का लक्ष्य बन गया। संसार भर के खनिजों के भंडार खत्म होते जा रहे हैं। ईंधन के लिए दुनिया भर के कोयले के खदान खाली होते जा रहे हैं। वर्तमान उद्योगों और परिवहन के लिए ऊर्जा का सबसे बड़ा स्रोत पेट्रोलियम का भंडार कम होते-होते ऐसी स्थिति में पहुँच गया है कि इसके सभी ज्ञात स्रोत मात्र पच्चीस-तीस वर्ष में समाप्त हो जाएँगे। इक्कीसवीं सदी के अन्त तक सम्भवत: कोयले के सभी स्रोत भी समाप्त हो जाएँगे। दूसरी ओर कोयले और तेल का विशाल मात्रा में जलाया जाना ही पर्यावरण के वर्तमान संकट यानी धरती के बढ़ते ताप का मूल कारण है। हालाँकि पर्यावरण को प्रदूषित करने में उद्योगों से होनेवाले दूसरे रासायनिक तत्त्वों के बढ़ते उत्सर्जन का भी हाथ है जिससे ओजोन परत में भेद बढ़ता जा रहा है और लोगों का स्वास्थ्य प्रभावित हो रहा है।

अट्ठारहवीं और उन्नीसवीं सदी से शुरू हुई औद्योगिक क्रान्ति का सबसे महत्त्वपूर्ण प्रभाव था उद्योगों का कुछ नगरों में केन्द्रित होते जाना। इससे संसार भर से कच्चे माल की आपूर्ति करनेवालों श्रमिकों और विपणन में लगे बिचौलियों की आबादी इन नगरों में बढ़ने लगी। जितना नगर बढ़ता उतना ही इसकी बढ़ती जरूरतों की पूर्ति के लिए नए उद्योगों और नए आदमी बढ़ते जाते। इन नगरों में फैलाव का एक अन्तर्निहित दबाव था। इस तरह नगर धीरे-धीरे महानगरों और महानतम नगरों (मेगापोलिस) में तब्दील होते गए। नगरों के आकार के इस फैलाव का अनुमान प्राचीन काल के कुछ प्रसिद्ध नगरों से तुलना कर लगाया जा सकता है। पश्चिमी सभ्यता का आदि स्रोत माना जानेवाला एथेंस नगर की आबादी पचास हजार थी। इसके पहले के सबसे विख्यात नगर बेबीलोन को इस बात का गौरव था कि उसकी आबादी एक लाख थी। पुनर्जागरण के प्रसिद्ध केन्द्र इटली के नगर-राज्यों की आबादी भी पचास हजार के करीब ही थी। फ्लोरेंस की आबादी पचास हजार और तत्कालीन रोम की आबादी पचपन हजार थी।

प्राचीन काल के नगरों में आकार के हिसाब से अपवाद रोम था जहाँ की आबादी दस लाख के पास तक पहुँच गई थी, लेकिन इस आबादी की जरूरत की पूर्ति और सन्तुष्टि के लिए बड़ी संख्या में गुलामों की जरूरत थी और नगर

की जरूरतों की आपूर्ति के लिए इसे लगातार सैनिक अभियान और साम्राज्य विस्तार में लगा रहना होता था। फिर भी नगर की अपनी व्यवस्था सदा अराजक रही जिसमें आन्तरिक कलह जीवन का अभिन्न अंग बन गया था। अनुमान है कि सोलहवीं शताब्दी के आखिर तक यूरोप के ज्यादातर नगरों की आबादी बीस हजार के आसपास थी। अमेरिका में अट्ठारहवीं शताब्दी के अन्तिम वर्षों में दो सबसे बड़े नगर फिलाडेल्फिया और बोस्टन की आबादी पचास हजार से अधिक नहीं थी और न्यूयॉर्क की आबादी इससे भी कम थी। इससे दो शताब्दी के भीतर लंदन की आबादी करोड़ पार कर गई। एशिया और लातिनी अमेरिका के अनेक महानगर इनसे भी कहीं विशाल बन गए। मैक्सिको नगर की आबादी दो करोड़ से अधिक है। इसी तरह चीन में शंघाई, जापान में टोक्यो और भारत में दिल्ली, मुम्बई, कोलकाता जैसे महानगरों की आबादी एक से दो करोड़ तक हो गई है।

महानगरों के विकास से ऊर्जा और संसार के सीमित पर अति महत्त्वपूर्ण संसाधनों जैसे जल, खाद्य पदार्थ आदि की आपूर्ति पर दबाव बहुत बढ़ जाता है। विभिन्न वस्तुओं को इन नगरों तक और फिर इन नगरों में उत्पादित वस्तुओं को संसार के सभी भागों तक पहुँचाने में यातायात पर ऊर्जा की खपत बड़ी मात्रा में होती है। नगर के फैलाव से नगर के भीतर भी यातायात पर ऊर्जा की भारी खपत होती है। ऊर्जा की यह खपत नगर के पर्यावरण के प्रदूषण का सबसे बड़ा स्रोत साबित होता है। एक पर्यावरणविद जेरेमी रिफ्किन के अनुसार अमेरिका की ऊर्जा पर होनेवाले खर्च का लगभग पच्चीस प्रतिशत सिर्फ परिवहन पर होता है। अगर इसमें वाहनों के निर्माण और रखरखाव आदि का खर्च जोड़ दिया जाए तो यह खर्च 41 प्रतिशत तक हो जाता है।

इन सब बातों पर ध्यान दिलाना इसलिए जरूरी है ताकि भारत और तीसरी दुनिया के दूसरे देश, जो अमेरिका की आलोचना ऊर्जा की खपत की कटौती नहीं करने के लिए कर रहे हैं, यह भूल जाते हैं कि वे स्वयं अपने विकास में वही रास्ता अपना रहे हैं जो अन्ततः वैसी ही स्थिति की ओर ले जानेवाला है जिस स्थिति में आज अमेरिका है। यह बात दीगर है कि वे वहाँ तक जा पाएँगे या नहीं। वर्तमान औद्योगिक उत्पादन पद्धति के भीतर ऊर्जा के उत्सर्जन एवं प्रदूषण को नियंत्रित करने के लिए जो तकनीक होंगी, वे उद्योगों पर अतिरिक्त बोझ डालेंगी। जिसको सम्पन्न औद्योगिक देशों द्वारा तो वहन किया जा सकता है, लेकिन गरीब देशों के लिए वह खर्च उनकी क्षमता से बाहर होगा। दिल्ली में सुप्रीम कोर्ट के आदेश से जो थोड़ा-सा प्रयास प्रदूषण नियंत्रण का हुआ उसी ने नगर के जीवन को अस्त-व्यस्त कर दिया और लाखों गरीब लोगों की रोजी छीन ली। इससे सबक सीखने की जरूरत है। हमें बिलकुल दूसरे तरह की तकनीक और सामाजिक ढाँचे का निर्माण इस समस्या से निपटने के लिए करना होगा। बिना ऐसे बुनियादी परिवर्तन की तैयारी के भारत में

पर्यावरण सुरक्षा की चर्चा एक छोटे और सम्पन्न समूह के बुद्धिविलास से ज्यादा कुछ नहीं हो सकता जो समस्या के समाधान की दृष्टि से निरर्थक है।

सौभाग्य से भारत में, जहाँ यह सम्मेलन हुआ है, हमें वैकल्पिक विकास की एक अवधारणा महात्मा गांधी से मिली है। चूँकि यह कल्पना आम भारतीय की मनीषा से अभी भी लुप्त नहीं हुई है, एक शहरी सम्पन्न वर्ग को छोड़ दूसरे लोगों को ऐसे परिवर्तन के लिए तैयार करना असम्भव नहीं होगा। दरअसल देश के लोगों के लिए इसके अनुसार जीवन को नए सिरे से ढालना ज्यादा आसान होगा क्योंकि अभी भी भारत के लोकजीवन में बहुत कुछ है जो इसे अपने ग्रामीण परिवेश और अतीत से जोड़ता है। इस अतीत के बीमार अंगों और कूड़े-कचरे को साफ कर हम फिर से एक विकेन्द्रित समाज का ढाँचा खड़ा कर सकते हैं जिसके केन्द्र में गाँव हों। ऐसे गाँव जिनकी अर्थव्यवस्था के केन्द्र में पारिवारिक श्रम पर आधारित छोटी खेती हो और जिसकी परिधि पर घरेलू, कुटीर एवं सहयोगी उद्योगों का तानाबाना हो। ये उद्योग एक-दूसरे की जरूरतों और कृषि में लगे लोगों की जरूरतों की पूर्ति करेंगे और किसान उद्योगों में लगे लोगों को भोजन और औद्योगिक कच्चे मालों की आपूर्ति करेंगे।

अगर कृषि और उद्योग दोनों ही श्रम प्रधान तकनीक पर आधारित होंगे तो दोनों के बीच का आपसी विनियम विषमतामूलक नहीं होगा। इसमें मानव श्रम और पशुओं की ऊर्जा को नए ऊर्जा स्रोतों द्वारा बेकार नहीं बनाया जाएगा बल्कि मानव श्रम को आसान और अधिक उत्पादक बनाया जाएगा। चूँकि अधिकांश वस्तुओं का उत्पादन और विनियम स्थानीय होगा, पशु आधारित पारम्परिक परिवहन इसके लिए पर्याप्त होंगे सिर्फ उन थोड़ी-सी वस्तुओं को दूर-दराज के स्थानों से लाने की जरूरत होगी जो स्थानीय रूप से उपलब्ध नहीं हैं। ऐसी ही ढुलाई के लिए रेलों या दूसरे आधुनिक परिवहन की जरूरत होगी। गाँवों और इनकी गतिविधियों से सम्बद्ध छोटे नगरों का आकार इतना छोटा होगा कि किसी आन्तरिक परिवहन व्यवस्था की जरूरत नहीं होगी। इस तरह ऊर्जा की खपत को बहुत घटाया जा सकता है। ऐसी ऊर्जा के लिए गैर-पारम्परिक ऊर्जा स्रोतों जैसे—सौर ऊर्जा, पवन ऊर्जा, जल विद्युत, गोबर गैस या अन्य तरह के उद्‌भिज-जन्य ऊर्जा का प्रयोग किया जाएगा।

अमेरिका जैसे आधुनिक औद्योगिक व्यवस्थाओं के सन्दर्भ में भी जेरेमी रिफ्किन, जिनका जिक्र ऊपर हो चुका है, अपनी पुस्तक 'ईंट्रोपी' में ऐसे परिवर्तन को अपरिहार्य मानते हैं और लिखते हैं, 'श्रम प्रधान खेती की यह माँग होगी कि आबादी पुन: नगर छोड़ गाँवों की ओर वापस हो...अन्तत: खेती पर काम करनेवाले लोगों का नगर में रहनेवाले लोगों से अपने वर्तमान अनुपात को उलट देना होगा। श्रम आधारित जैविक कृषि वर्तमान विशाल नगरों की केन्द्रित बड़ी आबादी की जरूरत की पूर्ति कर ही नहीं सकती। कृषि आधारित जीवन पद्धति आनेवाले 'सोलर एज'

(सौर युग) के केन्द्र में होगा जैसाकि यह वर्तमान समय को छोड़ पहले के सभी युगों में था। हालाँकि नागरी जीवन बिलकुल खत्म नहीं हो जाएगा। बड़े नगर फिर अपनी पारम्परिक पचास हजार के इर्द-गिर्द की आबादी पर आ जाएँगे। यही पड़ोस की कृषि और ऊर्जा स्रोतों के अनुकूल होगा। हाल के अध्ययनों से यह भी पता चलता है कि एक लाख से अधिक आबादी के बढ़ते ही अनेक तरह की नागरिक अव्यवस्था की शुरुआत हो जाती है।'

इस तरह के परिवर्तन की हमारी तैयारी ही अमेरिकी हठधर्मिता का भी जवाब होगा जो दुनिया के पर्यावरण को नष्ट कर इसे मौत की ओर ढकेल रही है। अगर दुनिया के बाकी देश इस तरह के आत्मनिर्भर विकेन्द्रित विकास की दिशा में कदम बढ़ाते हैं तो आप-से-आप अमेरिकी औद्योगिक प्रसार पर भी सीमा लग जाएगी। आज अमेरिकी उद्योग निरन्तर फैलने की जरूरत इसलिए महसूस करते हैं क्योंकि संसार के बाकी देश वहाँ से सामान खरीदने और वहाँ अपना सामान बेचने के लिए उतावले हैं। अगर दुनिया के बाकी देश एक अलग तरह की स्वायत्त अर्थव्यवस्था अपना लें तो अमेरिका को स्वत: कुछ वैसी व्यवस्था की ओर लौटना होगा जिसका जिक्र रिफ्किन ने किया है। पर्यावरण की समस्या का असली हल कुछ इसी तरह ढूँढ़ना होगा।

जनसत्ता, 8 मार्च, 2005

भूमंडलीकरण से पैदा विकृतियाँ

1

अभी तक हमारे विकास के सम्बन्ध में जो भी चर्चाएँ होती रही हैं, वे आर्थिक दृष्टि से इसकी सम्भावनाओं को लेकर ही। यानी चर्चा विभिन्न व्यवस्थाओं की उत्पादन की दृष्टि से उपयुक्तता को लेकर हुई है। विवाद रहा है समाजवादी, उन्मुक्त पूँजीवादी एवं मिश्रित व्यवस्थाओं के बीच चयन को लेकर, लेकिन जो विकास हो रहा है, उसके मानवीय पक्ष को सदा नजरअन्दाज किया जाता रहा है।

यह लगभग अटल सत्य की तरह मान लिया गया है कि विकास की एक ही सम्भव दिशा है—वह दिशा जो पश्चिमी औद्योगिकीकरण की रही है। किसी व्यवस्था की उपयुक्तता सिर्फ इस बात से आँकी जाती है कि वह व्यवस्था प्रचलित ढंग के औद्योगिक विकास को अधिकतम सक्षमता उपलब्ध करा सकती है या नहीं। इस सक्षमता के कुछ सर्वमान्य मानक मान लिए गए हैं। ये मानक हैं उत्तरोत्तर मानव श्रम और मस्तिष्क की जगह मशीनों और कम्प्यूटरों का प्रयोग तथा बाजार की प्रतिस्पर्धा में आगे निकलने की क्षमता। लक्ष्य है ज्यादा-से-ज्यादा उपभोग की वस्तुओं का ईजाद और उनका बृहद् पैमाने पर उत्पादन। स्वाभाविक है कि इसके लिए विशाल मात्रा में संसाधन के रूप में कच्चे माल और ऊर्जा की जरूरत हो। यहीं पर एक सीमा लगने लगती है।

एक बात जो हम अक्सर भूल जाते हैं, वह यह है कि मनुष्य भौतिक पदार्थों का जनक नहीं होता वह इनका रूपान्तरण भर कर सकता है, ठीक उसी तरह जैसे प्राणी जगत और वनस्पति जगत के जीवाणु, पशु या पेड़-पौधे करते हैं। पेड़-पौधे जमीन से रासायनिक तत्त्वों को ग्रहण कर इन्हें पत्ते, फूल और फल के रूप में बदल देते हैं। जमीन से कार्बन डाईऑक्साइड लेकर सेल्यूलोज और ऑक्सीजन में बदल देते हैं। मधुमक्खियाँ फूलों का रस ले शहद बनाती हैं और अत्यन्त ही जटिल छत्ते का निर्माण करती हैं जो ज्यामितीय और उपयोग की दृष्टि से मनुष्य की आधुनिकतम स्थापत्य के लिए चुनौती साबित होते हैं। मकड़े के जाल की खूबसूरती अपने-आप में विलक्षण है और इसकी बारीकी और मजबूती मनुष्य द्वारा निर्मित अब तक के बारीक से बारीक धागे से श्रेष्ठ साबित हुई है। इन जालों को मकड़े प्राप्त पोषक तत्त्वों को बदल अपने भीतर से पैदा करते हैं।

लेकिन पदार्थ के ऊपर बतलाए गए रूपान्तरण और मनुष्य के वर्तमान औद्योगिक विकास के क्रम में होनेवाले रूपान्तरण में एक बुनियादी फर्क है। अन्य प्राणियों या वनस्पतियों द्वारा किए जानेवाला रूपान्तरण का एक ऐसा चक्र होता है जिससे पारिस्थितिकीय सन्तुलन बना रहता है। जब भी किसी एक दिशा में रूपान्तरण की अति होती है और रूपान्तरण नियंत्रित हो जाता है और फिर सन्तुलन कायम हो जाता है। जहाँ ऐसा नहीं हो पाता, प्राणियों का जीवन संकटग्रस्त हो जाता है और उनका विनाश हो जाता है। हमारी त्रासदी यह है कि आधुनिक मनुष्य ने इस रूपान्तरण को ऐसी गति और दिशा दे दी है जिससे रूपान्तरित होनेवाले संसाधनों का त्वरित एवं अपूरणीय क्षय अनिवार्य होता है।

प्राचीन प्रस्तर युग तक जब मनुष्य का जीवन प्रकृति के समीप था और प्राकृतिक स्थितियों द्वारा नियंत्रित होता था, मनुष्य और प्रकृति के बीच बहुत कुछ अन्य जीवों जैसी ही पारस्परिकता रही और सन्तुलन कायम रहा, लेकिन फिर नव-प्रस्तर युग से यह सन्तुलन बिगड़ने लगा। फिर भी कुछ राजे-महाराजे और कुलीनों को छोड़ बाकी लोगों के उपभोग सीमित थे तथा परम्परा एवं धर्म की मान्यताएँ एक सीमा के बाद प्रकृति के खिलाफ अतिक्रमण पर रोक लगाती थीं, लेकिन पश्चिमी दुनिया में पन्द्रहवीं शताब्दी से अन्तरराष्ट्रीय व्यापार और लूट-खसोट का जो सिलसिला चला, और अट्ठारहवीं शताब्दी से जिसकी परिणति औद्योगिक क्रान्ति में हुई, उसने प्रकृति और इतर मनुष्यों के खिलाफ एक निर्बाध आक्रामकता को जन्म दिया है।

यही वह आधार है जिस पर इन औद्योगिक सभ्यता की चमत्कारी उपलब्धियाँ होती हैं। प्रशंसा भरे स्वर में कार्ल मार्क्स ने इन्हीं के विषय में लिखा कि इन उपलब्धियों के सामने चीन की दीवार या पिरामिड जैसी मानव की प्राचीन उपलब्धियाँ नगण्य लगती हैं।

उस समय औद्योगीकरण ने पश्चिमी दुनिया के जीवन को इतना गहरे रूप से प्रभावित किया था कि वहाँ के पूँजीवादी और समाजवादी दोनों ही तरह के विचारकों के लिए यह औद्योगिक विकास ही समाज का गन्तव्य निर्धारित करनेवाला दिखाई देता था। इस औद्योगिक सभ्यता का नशा इतना व्यापक था कि जब महात्मा गांधी ने इसको 'शैतानी सभ्यता' कहा तो उनके अत्यन्त नजदीकी प्रशंसक और अनुयायी भी सकते में आ गए, लेकिन गांधीजी अपनी गहन अनुभूति के आधार पर जिस नतीजे पर पहुँचे थे, उस नतीजे पर तथ्यों के आधार पर कोई भी पहुँच सकता है अगर वह 'आधुनिकता' का धंधा करनेवाला चश्मा उतारकर हकीकत को देखे।

यह हकीकत क्या है? औद्योगिक वस्तुओं के विशाल मात्रा में उत्पादन के लिए उसी अनुपात में विशाल मात्रा में संसाधन चाहिए और संसाधनों को रूपान्तरित करने के लिए मानव श्रम या अन्य तरह की ऊर्जा। संसाधनों में कृषिजन्य वस्तुएँ—खाद्य पदार्थों के अलावा गन्ना, कपास, पटसन, चाय, कहवा आदि जंगल की लकड़ियाँ,

विभिन्न तरह के खनिज और सबसे महत्त्वपूर्ण ऊर्जा के स्रोत कोयला, पेट्रोलियम आदि और फिर बड़ी संख्या में श्रमिक आते हैं। औद्योगीकरण का इतिहास इन वस्तुओं की उपलब्धि के लिए तमाम गैर-यूरोपीय लोगों की प्राकृतिक सम्पदा की लूट और उनके ऊपर अमानवीय जुल्मों का इतिहास रहा है।

अमेरिका, जिसके नाम से आधुनिकता की चाहत वाले लोगों की आँखों में चमक आ जाती है कैसे बना? यह बना है शुरू में अमेरिका के मूल निवासियों को उनकी पारम्परिक भूमि से वंचित कर, उनके संसाधनों पर गोरे लोगों के कब्जा करने की प्रक्रिया की परिणति से, जो आज से पाँच सौ साल पहले शुरू हुई। इस प्रक्रिया में यहाँ के मूल निवासी दूर-दराज जंगलों और पहाड़ों में खदेड़ दिए गए और उनकी उपजाऊ भूमि पर गोरे लोगों का कब्जा हुआ। भारी संख्या में अमेरिकी महादेशों के मूल निवासी यूरोपवासियों द्वारा लाई गई बीमारियों से मर गए। अनेक दूसरे लोग जीवन पर लदी नई कठिनाइयों के शिकार हुए।

यह अन्दाज लगाया जाता है कि यूरोपीय लोगों के आने के पहले उत्तरी और दक्षिणी अमेरिका के मूल निवासियों की संख्या बीस करोड़ थी जो अब घटकर दस करोड़ रह गई है। जब वहाँ के विशाल भू-भाग पर कपास और गन्ने की खेती के लिए मानव श्रम की जरूरत हुई और अमेरिकी मूल निवासी इसके लिए अनुपयुक्त साबित हुए तो अफ्रीका के रंगीन लोगों पर यूरोपीय लोगों का आक्रमण शुरू हुआ। दो सौ वर्षों में वहाँ से करोड़ों लोगों को जबरदस्ती बन्दी बना जहाज पर लादकर अमेरिका भेजा गया। इनमें आधे लोग बन्दी जीवन की यातनाओं से रास्ते में ही मर जाते थे। ये गुलाम बनाए गए रंगीन लोग अमेरिका के फार्मों पर सस्ता श्रम उपलब्ध कराते थे जिससे ब्रिटेन के सूती मिलों को कपास और पूरी पश्चिमी दुनिया को चीनी, तम्बाकू, कहवा आदि उपलब्ध होते थे।

इसी तरह की लूट-खसोट भारत, आस्ट्रेलिया, चीन, कोरिया, इंडोनेशिया, मलेशिया और पूरे अफ्रीका महादेश में पिछले चार सौ वर्षों से चालू रही है जिससे यूरोप, अमेरिका और कालान्तर में जापान की औद्योगिक समृद्धि बनी है। इस प्रक्रिया में इन देशों के निवासियों को अनेक यातनाएँ झेलनी पड़ीं। युद्ध, लूट-खसोट और अकालों का सामना करना पड़ा। आस्ट्रेलिया के मूल निवासी तो अब लुप्त होने की स्थिति में आ गए हैं।

हिटलर ने जब साठ लाख यूहदियों और अन्य 'निम्न कोटि' के मनुष्यों की हत्या कराई तो दुनिया स्तब्ध रह गई, लेकिन पश्चिमी औद्योगिक विकास की यात्रा का ऐसा प्रभाव है कि इस विकास की वेदी पर जो इससे अनेक गुना अधिक लोगों की बलि चढ़ाई गई, उससे हमारी अन्तरात्मा आहत नहीं होती, लेकिन थोड़ा विचार करने से हम पाएँगे कि हिटलर का 'लैबेन्सराऊम' (रहने की जगह), जिसकी तलाश में उसने द्वितीय विश्वयुद्ध दुनिया पर लाद दिया था और कुछ नहीं जर्मनी

के लिए यथेष्ट औद्योगिक क्षेत्र के विस्तार की ही माँग थी जो स्थापित औद्योगिक साम्राज्यवादी राष्ट्रों द्वारा बाधित हो रही थी।

चाहे उन्मुक्त बाजार के नाम पर हो चाहे गैट या विश्व व्यापार संगठन के नाम पर, आज औद्योगिक देशों का आपसी और बाकी दुनिया से सारा विवाद दुनिया के संसाधनों पर नियंत्रण के लिए ही है। और इस विस्तार में संलग्न शक्तियों के लिए वैसे समूहों की हस्ती के लिए कोई स्थान नहीं है, जो उनके विस्तार में बाधा बनते हों। वे जो 'विकास' की इस दौड़ में पिछड़ गए हैं या इससे बाहर रहे हैं सहज ही रौंद दिए जाते हैं। उनका गुनाह इतना ही है कि वे रौंदनेवाले नहीं हैं एवं अलग-थलग शान्तिपूर्ण जीवन बिताते चले आए हैं या बिताना चाहते हैं।

वर्तमान औद्योगिक विकास के चरित्र पर विचार करने के सन्दर्भ में हम स्वयं अपनी विकास नीति पर नजर दौड़ाए बगैर नहीं रह सकते। यह हमें अपने अन्दर ही झाँकने को विवश करता है। अभी देश के विभिन्न भागों में विशेषकर उन भागों में, जहाँ जनजातियाँ अपनी परम्परागत जीवन-पद्धति कायम रखे हुए हैं—उठ रहे विद्रोह के स्वर क्या हमने जो विकास पद्धति अपनायी है उसके प्रतिफल हैं? यह विचारणीय प्रश्न है। कारण कई हो सकते हैं, लेकिन यह निश्चित है कि वर्तमान औद्योगिक विकास ने अपने प्रसार में उनके जीवन के पारम्परिक आधार से उन्हें वंचित कर दिया है और इस तरह उनकी जीवन-पद्धति को नष्ट किया है।

जैसे चींटियों की बांबी को छेड़ने से उनमें बिखराव और आक्रामकता आती है वैसा ही मानव समूहों की जीवन-पद्धति को छेड़ने से भी पैदा होना अनिवार्य है। यहाँ यह राष्ट्रीय जमीर का सवाल बन जाता है। क्या हम विदेशी शक्तियों की तरह ऐसे समूहों के स्वाभाविक प्रतिरोध को कुचलकर औद्योगिक ढाँचा खड़ा करेंगे या औद्योगिक विकास की ऐसी नीति अपनाएँगे जो उनकी जीवन-पद्धति के साथ संगति बैठा सके? वे हमारे अपने राष्ट्र के नागरिक हैं। क्या उनकी भावना और सुरक्षा को नजरअन्दाज कर हम राष्ट्रीय गौरव को कायम रख सकेंगे? यहाँ हमें महात्मा गांधी ने जिसे शैतानी सभ्यता कहा था उस सभ्यता में और एक मानवीय सभ्यता के बीच चुनाव करना होगा।

कुछ ठोस उदाहरणों से स्थिति साफ होगी। फिलहाल बड़े बाँधों के निर्माण, खनिज निकालने, औद्योगिक प्रतिष्ठान बनाने या प्रूफ रेंज बनाने के क्रम में बड़ी संख्या में लोगों का विस्थापन हो रहा है। चूँकि वन प्रदेश और पर्वतीय प्रदेश में ही आदिवासियों का निवास स्थान होता है, इन विस्थापनों के शिकार प्राय: वे ही होते हैं। चूँकि वे समाज की तथाकथित मुख्यधारा से बाहर पड़ते हैं, उनकी बातें अक्सर सुनी नहीं जातीं। वे कूड़े के ढेर की तरह हटाकर एक जगह से दूसरी जगह डाल दिए जाते हैं। मध्य प्रदेश में जहाँ देश का सबसे बड़ा जनजातीय क्षेत्र आता है, ऐसे अनेक उदाहरण हैं और हर जगह आदिवासियों की व्यथा-कथा सुनाई पड़ती है।

देश इन लोगों के प्रति इतना संवेदनशून्य होता जा रहा है कि वन्य पशुओं की चिन्ता तो सरकारें दिखलाती हैं, लेकिन वनवासियों के जीवन की कोई चिन्ता दिखाई नहीं देती। बाघ तथा अन्य पशुओं के लिए देश में जगह-जगह अभ्यारण्य बनाए जा रहे हैं। कारण बतलाया जाता है कि इन पशुओं का अस्तित्व खतरे में है। इन पशुओं के लिए बड़े वन प्रदेशों को सुरक्षित छोड़ा जा रहा है ताकि वे निर्बाध और सुरक्षित रह शिकार कर अपनी संख्या बढ़ा सकें। दूसरी ओर देश के अनेक आदिवासी समूह हैं जो नष्ट होने के कगार पर हैं, कुछ उदाहरण बिहार के बीरहोर एवं पहाड़िया तथा तमिलनाडु के टोडा। इसके अलावा बड़ी संख्या में आदिवासी विस्थापित हो अपने परिवेश से पलायन कर महानगरों की मिश्रित और कंगाल भीड़ में विलीन हो रहे हैं। इनकी रक्षा के लिए इनके पारम्परिक परिवेश को बचाने का कोई भी प्रयास नहीं होता।

विडम्बना यह है कि जहाँ वन्य पशुओं और वन में निवास करनेवाले आदिवासियों के हितों में टकराहट होती है, पलड़ा वन पशुओं का ही भारी पड़ता है। ऐसा ही एक विवाद अभी हाल में सतपुड़ा राष्ट्रीय उद्यान और वन्य क्षेत्र के आदिवासियों के बीच शुरू हुआ है जो तवा जलाशय से मछली मार आजीविका प्राप्त करते हैं। हाल में उन्हें उनकी आजीविका से यह कहकर वंचित करने का प्रयास हो रहा है कि मत्स्य क्षेत्र राष्ट्रीय उद्यान के दायरे में आता है और इसलिए इसमें मछली नहीं मारी जा सकती, लेकिन असल में चिन्ता वन पशुओं की कम है। आधुनिक विकास का एक आयाम पर्यटक उद्योग है जिसके लिए अभ्यारण्य विदेशी पर्यटकों के आकर्षण का केन्द्र बन जाते हैं। इसलिए आदिवासियों की आजीविका पर प्रहार शुद्ध रूप से व्यापारिक हित में हो रहा है।

अंग्रेजी में एक कहावत है 'शैतान का नाम लो और वह सामने है'। हमने ऊपर चर्चा शैतानी सभ्यता की ही की और अन्दर झाँका तो यह सभ्यता हमारे अपने जंगलों और जमीन पर पसरती नजर आती है। क्या हम समय रहते सँभल पाएँगे?

हिन्दुस्तान, 26 नवम्बर, 1997

2

चीन को प्रतिक्रान्ति से जोड़ना चौंकानेवाला लगेगा। चीन की छवि भारत और सारे संसार में क्रान्ति के केन्द्र की रही है। जिसे लोग राष्ट्रीय क्रान्ति, किसान क्रान्ति, कम्युनिस्ट क्रान्ति और सांस्कृतिक क्रान्ति की भूमि के रूप में देखने के आदी हैं, लेकिन अविश्वसनीय लगनेवाली हकीकत यही है कि प्रतिक्रान्ति की बिना धुआँ ज्वाला ने बिना शोर-शराबा या विस्फोटक अवरोधों के चीन को अपनी लपटों में समेट लिया है। इस कायापलट की झलक चीनी कम्युनिस्ट पार्टी के उदीयमान नेता और उप-प्रधानमंत्री झू के हाल की कुछ घोषणाओं से मिलती है।

विश्व बैंक एवं अन्तरराष्ट्रीय मुद्रा कोष की हांगकांग में हुई बैठक को सम्बोधित करते हुए उन्होंने कहा कि पिछले बीस वर्ष की खुलेपन की नीति ने चीन को अत्यधिक लाभ पहुँचाया है, और इससे चीन को विश्व की आर्थिक व्यवस्था के साथ अपने को समेकित करने में काफी सहायता मिली है, ध्यान में रखने की बात है कि यह जागतिक व्यवस्था उन्मुक्त पूँजीवादी व्यवस्था ही है, जिसमें कुछ समृद्धि पूँजीवादी देशों की बहुराष्ट्रीय कम्पनियों का वर्चस्व है।

हांगकांग में ही झू ने यह दिलचस्प घोषणा की कि चीन एक राष्ट्र और दो अर्थव्यवस्थाओं (एक पूँजीवादी और दूसरी समाजवादी) को चलाने का अनोखा प्रयोग कर रहा है। उन्होंने यह जानकारी भी दी कि निवेश के वातावरण में सुधार से चीन में 280 अरब डॉलर (लगभग दस लाख करोड़ रुपए) का विदेशी पूँजी निवेश हुआ है, जिसमें लगभग दो-तिहाई प्रत्यक्ष विदेशी पूँजी निवेश है।

चीन के फैलते हुए निजी क्षेत्र में बड़ी मात्रा में अप्रवासी चीनियों का निवेश है। साथ-साथ बड़ी मात्रा में जापान, अमेरिका, जर्मनी आदि देशों की कम्पनियों का भी निवेश है। चीन से आनेवाले पर्यटक विस्मय से इस बात की जानकारी देते हैं कि चीनी अपने यहाँ स्थापित विदेशी प्रतिष्ठानों, बैंकों एवं होटलों आदि को बड़े उल्लास से विज्ञापित करते हैं। शंघाई, बीजिंग आदि महानगरों में ऐसे प्रतिष्ठानों की भरमार बतलाई जाती है। चारों ओर देशी और विदेशी निजी क्षेत्र का विस्तार हो रहा है। निजी क्षेत्र का यह विस्तार अद्यतन मशीनरी आदि के क्षेत्रों में आवश्यकता के दबाव में ही नहीं हो रहा है, बल्कि बड़े पैमाने पर उपभोग एवं विलासिला की

वस्तुओं के उत्पादन के क्षेत्र एवं सेवा क्षेत्र में हो रहा है। पिज्जा, पेप्सी, कोक इन सबका अनियंत्रित प्रसार हो रहा है।

सितम्बर के मध्य में सम्पन्न अपनी 15वीं कांग्रेस में चीनी कम्युनिस्ट पार्टी ने बिना लाग-लपेट के निजीकरण की तरफ उन्मुख अपनी नीति की घोषणा की। यह स्पष्ट रूप से कहा गया कि वैसे सरकारी प्रतिष्ठान जो घाटे में चल रहे हैं मरने के लिए छोड़ दिए जाएँगे। यह अनुमान किया जा रहा है कि सरकारी क्षेत्र के साढ़े तीन हजार बड़े प्रतिष्ठानों में लगभग एक हजार बन्द हो चुके हैं। इससे भारी मात्रा में बेरोजगारी की समस्या पैदा हो गई है। बी.बी.सी. के एक प्रसारण में बतलाया गया कि कम्युनिस्ट पार्टी की 15वीं कांग्रेस के काल तक एक अनुमान के अनुसार 13 करोड़ किसान खेती छोड़ रोजगार की तलाश में शहरों में आ चुके थे। इससे बेरोजगारी की समस्या और भी गहराएगी इसकी सम्भावना है।

चीन के विदेशी व्यापार मंत्री सु ची अमेरिका पर इस बात का जोर दे रही थीं कि वह चीन को सर्वाधिक सुविधा प्राप्त राष्ट्र की कोटि में स्थायी रूप से रखे। यह भी दबाव डाल रही थीं कि वह चीन को विश्व व्यापार संगठन में प्रवेश दिलाने की दिशा में प्रयास करे। विश्व व्यापार संगठन में शामिल होने की यह बेचैनी ही चीन की बदली मानसिकता का सबसे बड़ा प्रमाण है। जबकि दुनिया भर की प्रगतिशील शक्तियाँ गैट सन्धि की शर्तों का विरोध करती रही हैं और उससे निकले विश्व व्यापार संगठन को सम्पन्न पूँजीवादी देशों का हित साधक मानती रही हैं, चीन की इसमें शामिल होने की बेचैनी चीन की बदली स्थिति को भलीभाँति दर्शाती है।

चीनी राष्ट्रपति जियांग जेमिन की अमेरिका यात्रा का उद्देश्य भी इन बिन्दुओं पर अमेरिका और चीन के बीच उठे विवादों को समाप्त करना ही है। कुल मिलाकर चीन न सिर्फ अपना दरवाजा विदेशी पूँजी के लिए खोल रहा है बल्कि पूँजीवादी राष्ट्रों की विशिष्ट बिरादरी में शामिल होने की पूरी तैयारी कर चुका है। इसका अर्थ यह नहीं कि चीन का विवाद अमेरिका, जापान का दुनिया के अन्य समृद्ध पूँजीवादी देशों से खत्म हो गया है वह विवाद बना हुआ है और बना रहेगा।

लेकिन यह विवाद महाशक्तियों का अपना वर्चस्व बनाए रखने का विवाद है, कोई सैद्धान्तिक विवाद नहीं। अमेरिका और पश्चिमी यूरोप के देशों का रुख भी चीन की तरफ काफी सौहार्दपूर्ण हो गया है। इसका एक ही कारण है। तेजी से विकास कर रही चीन की अर्थव्यवस्था, जो लगभग नौ प्रतिशत सालाना दर से बढ़ रही है। अपने खुलेपन की नीति के कारण इन देशों के उद्योगों को एक विशाल बाजार प्रदान कर उन्हें आर्थिक मन्दी से उबार रही है। इसीलिए ये देश चीन के मानवाधिकार के उल्लंघन की नीतियों को नजरअन्दाज करते आए हैं।

चीन का क्रान्ति की दिशा में चढ़ाव और फिर प्रतिक्रान्ति उतार में अद्भुत सममिति है। 1930 से चढ़ाव और फिर 1975 से लगातार उतार। चीन में विदेशी

शक्तियों का पूरा वर्चस्व 1839-42 में ब्रिटेन के साथ हुए अफीम युद्ध के बाद कायम हुआ। इस युद्ध के बाद विजयी ब्रिटेन ने चीन के कई महत्त्वपूर्ण बन्दरगाहों और नगरों में अपना अधिकार जमा लिया और चीन को यह शर्त मानने को मजबूर किया कि इन नगरों में रहनेवाले ब्रिटिश नागरिकों पर मुकदमा अंग्रेजी अदालतों में ही चलाया जा सकता है। बाद में दूसरी साम्राज्यवादी शक्तियों ने भी यह दावा पेश किया और चीन को अलग-अलग देशों के प्रभाव क्षेत्र में बाँट दिया गया। 1894-95 के चीन-जापान युद्ध के बाद तो पूरे चीन पर विदेशी शक्तियों का नियंत्रण हो गया। 19वीं शताब्दी के अन्तिम वर्षों में हुए असफल बॉक्सर विद्रोह को छोड़ कोई बड़ी बगावत विदेशी शक्तियों के खिलाफ नहीं हुई। प्रथम विश्व युद्ध के खत्म होते-होते चीन पूरी तरह जापान समेत अन्य साम्राज्यवादी शक्तियों के हाथ में आ गया था। यह साम्राज्यवादी प्रभुत्व का चरम बिन्दु था। इसके बाद 1919 के 4 मई के छात्र विद्रोह से क्रान्तिकारी चढ़ाव का काल शुरू होता है। इसी के बाद सुन यात सेन की राष्ट्रवादी पार्टी कॉमिंगतांग अस्तित्व में आई। उनके नेतृत्व में चीन के एकीकरण का अभियान शुरू हुआ। इसी काल में कम्युनिस्ट पार्टी अस्तित्व में आई और प्रारम्भिक सहयोग के बाद च्यांग काई शेक का कॉमिंगतांग का नेता होने के बाद इससे संघर्ष शुरू हुआ।

क्रान्तिकारी आन्दोलन अपने निर्णायक दौर में 1930 में पहुँचा जब माओ के नेतृत्व में कियांगसी प्रान्त में कम्युनिस्टों ने अपनी हुकूमत कायम की। इसके बाद प्रारम्भ हुए लम्बे अभियान में, जो 1948 में सफल हुआ, न सिर्फ जापान से मुक्ति मिली बल्कि अमेरिका द्वारा समर्थित च्यांग काई शेक को भी पराजित हो चीन छोड़ना पड़ा और ताइवान में शरण लेनी पड़ी। लेकिन यह अभियान सिर्फ विदेशियों के राजनीतिक वर्चस्व के खिलाफ ही नहीं था। इस क्रान्तिकारी दौर में चीन की पूरी सामाजिक और आर्थिक-व्यवस्था बदल गई। किसानों ने भू-स्वामियों से जमीन ले आपस में बाँट ली। गाँव-गाँव में छोटे उद्योगों का जाल बिछ गया और आत्मनिर्भर ग्रामीण व्यवस्थाएँ अस्तित्व में आईं। शहरों के बड़े उद्योग-धन्धों पर सरकार ने नियंत्रण कायम कर लिया। विदेशी शक्तियों की पूरी तरह विदाई हो गई।

इसके बाद माओ ने गाँवों के बड़े समूहों को कम्यून व्यवस्था में शामिल करने की कोशिश की, जिसमें कृषि एवं उद्योग दोनों एक नियोजित एवं पारस्परिक समर्थन के आधार पर संगठित किए गए। एक बड़ी उपलब्धि थी बेरोजगारी का खात्मा, भले ही लोगों की आय ऊँची नहीं रही हो। यह सब परिवर्तन कम्युनिस्ट पार्टी और लाल सेना केन्द्रित नियंत्रण में हो रहे थे। इतने विशाल देश में ऐसी केन्द्रित व्यवस्था का अनिवार्य परिणाम हुआ पार्टी में एक विशाल सुविधा सम्पन्न नौकरशाही का अस्तित्व में आना। इस स्थिति से उबरने के लिए माओ ने अपना सांस्कृतिक क्रान्ति का अभियान शुरू किया। इस अभियान में खूनी संघर्ष और उथल-पुथल तो

बहुत हुआ, लेकिन सफलता संदिग्ध रही। यही क्रान्तिकारी उपलब्धियों का चरम बिन्दु था। माओ मृत्यु के थोड़े दिन बाद से ही कम्युनिस्ट पार्टी के झंडे तले ही नई आर्थिक नीति की शुरुआत हुई, जिसके तहत विदेशी पूँजी को आमंत्रित किया जाने लगा और निजी क्षेत्र को प्रोत्साहित। 20 वर्ष के भीतर इसने चीन की पूरी व्यवस्था को बदल दिया है।

अब चीन में वे सारी समस्याएँ दिखाई देने लगी हैं, जिनका सामना सभी पिछड़ी पूँजीवादी एवं मिश्रित व्यवस्थाओं को करना पड़ता है। सरकारी समर्थन बिना खुली प्रतियोगिता में नहीं टिक पाने से अनेक उद्योग बन्द होने लगे हैं। इससे नगरों में बेरोजगारी बढ़ने लगी है। दूसरी ओर पारम्परिक खेती में लगे किसानों में इस बात से असन्तोष है कि दूसरे लोगों की तुलना में उनकी स्थिति खराब हो रही है। कुछ फल-फूल आदि अधिक आय देनेवाली खेती की ओर मुड़ रहे हैं। इसमें निजी उद्यम को बढ़ावा देने की सरकारी नीति से बल मिल रहा है।

लेकिन बड़ी संख्या में किसान खेती छोड़ दूसरे रोजगार की तलाश में बड़े नगरों की ओर भाग रहे हैं, जिसका जिक्र शुरू में हो चुका है। गाँव से आई भीड़ के दबाव में नगर के असंगठित क्षेत्रों के लोगों की आय पर प्रतिकूल प्रभाव पड़ रहा है। इससे नगर की आबादी का एक हिस्सा विदेश की ओर पलायन कर रहा है।

बड़े नगरों में भारत के महानगरों की तरह ही 'डेवलपरों' के आ जाने से गरीब लोगों के पुराने मुहल्ले उजाड़े जा रहे हैं और उनकी जगह सम्पन्न लोगों की भव्य इमारतें लेने लगी हैं। इन मुहल्लों के लोग विस्थापित हो दूर-दराज जगहों में रहने को विवश होते हैं, जहाँ से काम की जगह पर पहुँचना कठिन और समय लेनेवाला होता है।

मार्क्स का मानना था कि कोई भी व्यवस्था तब तक खत्म नहीं होती, जब तक इसकी सारी सम्भावनाएँ न चुक जाएँ। फिर चीन की क्रान्ति के बारे में क्या कहा जाएगा, जो 'क्रान्ति' के बाद फिर प्रतिक्रान्ति में बदल रही है? यह भी एक मान्यता थी कि न तो क्रान्ति और न क्रान्ति के बाद प्रतिक्रान्ति बिना विस्फोटक संघर्षों के सम्भव है, लेकिन हम देख रहे हैं कि चीन ने बहुत ही शान्तिमय ढंग से 20 वर्ष में घोर हिंसात्मक संघर्षों से उपजी क्रान्ति की उपलब्धियों को समाप्त कर ऐसी व्यवस्था कायम कर दी है, जिसकी आत्मा पूँजीवादी है, भले ही व्यवस्था में 'समाजवादी' काल के अनेक अवशेष अब भी मौजूद हैं और सत्ता चीन की कम्युनिस्ट पार्टी के हाथ में है।

हिन्दुस्तान, 23 अक्टूबर, 1997

3

विशाल औद्योगिक-व्यापारी प्रतिष्ठानों और उनकी सेवा में समर्पित मीडिया द्वारा जतनपूर्वक चढ़ाया गया सुनहला तबक भूमंडलीकरण की छवि से उतरता जा रहा है। पिछले कुछ वर्षों की घटनाओं ने इस कपट मृग की असली काया उधेड़कर दुनिया के सामने रख दी है। इसके विश्व-कल्याणकारी होने का भ्रम तो पूर्व एशिया के आर्थिक संकट ने ही पूरी तरह मिटा दिया है। तीन वर्ष के बाद अभी तक पूर्व एशिया की आर्थिक और राजनीतिक व्यवस्था इस झटके से उबर नहीं पाई है। रूस समेत पूर्व यूरोप के सभी देशों में इसके विघटनकारी नतीजों के कारण अनियंत्रित वैश्विक व्यापार व्यवस्था के खिलाफ लोगों का मन बनने लगा है। इसके पहले भी ब्राजील और मैक्सिको आदि लातिन अमेरिकी देश इसके विघटनकारी नतीजों को झेल चुके हैं। इस व्यवस्था को पार्श्वभूमि से सहारा देने के लिए स्थापित अन्तरराष्ट्रीय मुद्रा कोष इस काम में पूरी तरह नकारा साबित हुआ है। हाल में माइकेल कैंडेसस द्वारा अन्तरराष्ट्रीय मुद्रा कोष के महामंत्री पद से आर्थिक समस्याओं को सुलझा पाने की अपनी अक्षमता स्वीकार करते हुए इस्तीफा देने से बढ़कर इसकी असफलता का और कौन-सा सबूत चाहिए? दरअसल यह अक्षमता एक व्यक्ति की नहीं, संसार को एक व्यापारिक समुदाय बनाने की सोच में ही निहित है।

व्यापारिक प्रतिस्पर्धा कभी भी संसार के लोगों को जोड़ने का काम नहीं कर सकती। इसका गन्तव्य ही कुछ प्रतिस्पर्धियों द्वारा दूसरों को स्पर्धा से निकालना या उन्हें निगलना होता है। इससे धीरे-धीरे कुछ व्यापारिक प्रतिष्ठान फैल कर विशाल होते जाते हैं और दूसरे नष्ट होते जाते हैं या निगल लिए जाते हैं। आज दुनिया की लगभग साठ हजार बहुराष्ट्रीय कम्पनियों ने संसार को अपने मकड़-जाल में बाँध रखा है। इनमें मात्र बीस विशालकाय कम्पनियों का इनकी छठे हिस्से से अधिक पूँजी पर अधिकार है। अधिकांश बहुराष्ट्रीय कम्पनियों और सभी विशालकाय कम्पनियों के मूल स्थान यूरोप, अमेरिका और जापान में हैं। इने-गिने सम्पन्न देश अधिक सम्पन्न और बाकी गरीब देश दिनोदिन अधिक विपन्न होते जाते हैं। गरीब देशों में भी एक अत्यन्त छोटा-सा समूह सम्पन्न देशों में उपलब्ध

सम्पन्नता हासिल कर लेता है जबकि विशाल जन समूह दरिद्रता, बेरोजगारी और महामारियों का शिकार बन यातनामय जीवन जीने को विवश होता है। इसका परिणाम अक्सर गृह कलह, जातीय, धार्मिक और कबायली संघर्षों और सामूहिक हत्याओं में दिखाई देता है। ये आज सभी पिछड़ी अर्थव्यवस्थाओं के जीवन के अभिन्न अंग बनते जा रहे हैं।

भौतिक जगत के इस नियम के विपरीत कि दो पात्रों के तरल पदार्थ के बीच, जिनके स्तर कायम हैं, अबाध प्रवाह होने पर दोनों में तरल के धरातल समस्तरीय हो जाते हैं, आर्थिक जगत में यह नियम दिखाई देता है कि जब दो अलग-अलग ऊँचाई की अर्थव्यवस्थाएँ अनियंत्रित व्यापारिक सम्बन्ध से जुड़ती हैं तो ऊँची यानी अधिक सम्पन्न अर्थव्यवस्थाएँ अधिक सम्पन्न और नीची या कम सम्पन्न अर्थव्यवस्थाएँ अपेक्षतया विपन्न होती चली जाती हैं। एक देश में ही इस प्रक्रिया की मिसाल एकीकृत जर्मनी है, जहाँ एकीकरण के बावजूद पूर्वी जर्मनी और पश्चिमी जर्मनी की स्थितियों में विषमता इतनी बढ़ गई है कि पूर्वी जर्मनी में बहुत सारे ऐसे लोग जो एकीकरण के उत्साही पक्षधर थे अब इस एकीकरण पर पश्चात्ताप कर रहे हैं।

भूमंडलीकरण के समर्थक व्यक्तियों और प्रतिष्ठानों की तरफ से यह झूठ एक स्वयंसिद्ध सत्य की तरह प्रचारित किया जा रहा है कि दूसरे विश्वयुद्ध के बाद से मुक्त बाजार व्यवस्था के कारण दुनिया के सभी देशों में उत्पादन और लोगों का जीवन स्तर उठा है। इसमें कोई सन्देह नहीं कि दूसरे विश्वयुद्ध के बाद कुछ विशेष क्षेत्रों में उत्पादन काफी बढ़ा है, खास कर नई उपभोक्ता वस्तुओं के क्षेत्र में—जैसे इलेक्ट्रॉनिक्स, प्लास्टिक और तेल से चलनेवाले वाहनों के क्षेत्र में। हालाँकि इससे आम लोगों के जीवन स्तर या इसकी गुणवत्ता में सुधार हुआ है, यह निश्चित रूप से नहीं कहा जा सकता। इसमें निहित झूठ यह है कि जो फर्क हुआ है उसका कारण मुक्त बाजार व्यवस्था है। हकीकत यह है कि द्वितीय विश्वयुद्ध के बाद के काल में दुनिया की सबसे बड़ी आबादी वाला देश चीन 1948 से पूँजीवादी बाजार व्यवस्था से पूरी तरह निकल गया था और इसकी आधारभूत संरचना में जो आश्चर्यजनक सुधार हुआ, वह इस आत्मनिर्भरता के काल में ही हुआ। इस काल में दुनिया के अधिकांश देश साम्राज्यवाद के चंगुल से मुक्त होकर स्वतंत्ररूप से अपना विकास करने लगे। रूस 1917 से 1991 तक विश्व बाजार से प्राय: बाहर रहा।

मुक्त बाजार व्यवस्था अपनाने के उसके अनुभव बहुत सकारात्मक नहीं कहे जा सकते। भारत अपनी शुरू की पंचवर्षीय योजनाओं में एक हद तक बाहरी स्पर्धा से मुक्त और अंशत: नियंत्रित अर्थव्यवस्था के मार्ग पर चला। इसी काल में भारी उद्योगों के क्षेत्र में जैसे इस्पात, तेल, शोध, बिजली और रसायन

आदि के उद्योगों का विकास हुआ। मशीनों और अनेक उपभोग की वस्तुओं के उद्योग भी अस्तित्व में आए। इसी दौर में बीमा क्षेत्र का अप्रत्याशित विकास हुआ। यह वह समय है जिसे अब कोटा-परमिट राज के नाम से बदनाम करने की कोशिश होती है। इसकी तुलना हम अंग्रेजी शासन के काल से कर सकते हैं। ब्रिटेन दुनिया भर में मुक्त बाजार का हिरावल था पर उसकी मुक्त बाजार व्यवस्था ने तो भारत को सभी उत्पादों के लिए परमुखी और दरिद्र ही बनाया।

लेकिन साम्राज्यवाद से मुक्त हुए देशों की त्रासदी यह थी कि उन्होंने अपने विकास का मानक वही रखा जो साम्राज्यवादी देशों का था और इस तरह उपभोक्तावादी संस्कृति की चपेट में आ गए। ऐसे देशों में जहाँ व्यापक गरीबी हो, थोड़े से लोगों के जीवन की नई चमक-दमक और आम लोगों में उकसाई गई उपभोक्तावादी ललक का सीधा परिणाम अफसरशाही का भ्रष्टाचार था। अपनी उपभोक्तावादी भूख को मिटाने के लिए छोटे-बड़े अफसर अपनी शक्ति का दुरुपयोग नाजायज ढंग से धन कमाने में करने लगे। लाइसेंस और कोटा देने में भ्रष्टाचार इसी का नतीजा था। हमें भूलना नहीं चाहिए कि विभिन्न तरह के लाइसेंस और कोटा विकसित औद्योगिक देशों में भी हैं। अमेरिका का तो सारा आयात कोटे पर आधारित है। जहाँ वस्तुओं की किल्लत होगी आवश्यकता के अनुसार उनके समुचित बँटवारे में कोटे की व्यवस्था होगी ही, लेकिन उपभोक्तावादी संस्कृति के दबाव ने इसे भ्रष्टाचार से जोड़कर एक दानव का रूप दे दिया। जो लोग मुक्त बाजार के पक्षधर हैं वे इस बात को नजरअन्दाज कर जाते हैं कि यह बाजार व्यवस्था उपभोक्तावादी सनक पैदा करके ही चलती है, चल सकती है। अभी किसी अरब देश में एक ऐसे होटल का निर्माण हो रहा है जिसमें एक दिन रहने का किराया पन्द्रह हजार डॉलर देना होगा। इसकी विभिन्न सुविधाओं का विज्ञापन जोर-शोर से हो रहा है। ऐसी कम्पनियाँ अस्तित्व में आ रही हैं जो अन्तरिक्ष की सैर के लिए स्थान आरक्षित कराने का इश्तिहार कर रही हैं। इसमें एक यात्री को दसियों लाख रुपए खर्च करने होंगे। इसकी लुभानेवाली सुविधाओं के अतिशयोक्तिपूर्ण विवरण मीडिया में आने लगे हैं। इस तरह की आकांक्षाओं के जाग्रत हो जाने पर कौन-सा मानवीय मूल्य बचा रहेगा।

दुनिया की अलग-अलग स्थितियों में रहनेवाले लोगों को निर्बन्ध व्यापारिक सम्बन्ध पर निर्भर बनाना स्थायी तनाव और शोषण की स्थिति ही पैदा करेगा। सिएटल में विश्व व्यापार संगठन में कृषि के सवाल पर मुक्त व्यापार का यह अन्तर्विरोध स्पष्ट रूप से उभरकर सतह पर आ गया। अमेरिका, जहाँ जोतों का आकार विशाल है, यह दबाव डाल रहा था कि अगर किसी देश की छोटी जोतें स्पर्धा में नहीं टिक पातीं तो उन्हें सब्सिडी से जिन्दा रखने के बजाय मर जाने देना चाहिए और थोड़ी-सी बड़ी जोतों को ही अस्तित्व में रहने देना चाहिए।

यूरोपीय कमीशन की ओर से फ्रांस और कुछ अन्य देशों की अपेक्षतया छोटी जोतों वाले किसानों को सब्सिडी से संरक्षण देने के पक्ष में यह बात कही जा रही थी कि कृषि सिर्फ एक उद्योग नहीं है बल्कि एक जीवन पद्धति है जिसका समुदाय और पर्यावरण की रक्षा से भी सम्बन्ध है। यही दृष्टि जापान की भी थी जहाँ जोतों के आकार अत्यन्त ही छोटे हैं। उनका तर्क बिलकुल सही था।

लेकिन जो बात कृषि के सम्बन्ध में कही गई वह औद्योगिक व्यवस्था के सम्बन्ध में भी कही जा सकती है। गाँवों के लघु और घरेलू उद्योग भी सिर्फ उद्योग नहीं एक जीवन पद्धति के आधार होते हैं और समुदाय को भी जोड़ते हैं, लेकिन यूरोप और जापान के लोगों को यह बात दिखाई नहीं देती क्योंकि उनके यहाँ छोटे और घरेलू उद्योगों की परम्परा कब की खत्म हो चुकी है। इन दोनों में अब बहुराष्ट्रीय कम्पनियों का सम्पूर्ण वर्चस्व है। अनेक बहुराष्ट्रीय कम्पनियाँ यहीं की हैं। लेकिन पूरी दुनिया पर नजर डालने से यह साफ दिखाई देता है कि यूरोप, जापान और अमेरिका का औद्योगिक सत्य बाकी दुनिया के जीवन का सत्य नहीं है। खुद इन औद्योगिक रूप से विकसित देशों के बीच औद्योगिक वस्तुओं का विनियम सहज और समरस नहीं है। इन सभी को अपनी प्रतिस्पर्धा की क्षमता बनाए रखने के लिए रक्षात्मक उपाय करते रहना होता है।

सिएटल सम्मेलन के ठीक पहले जर्मनी ने अपनी प्रतिस्पर्धात्मक क्षमता बनाए रखने के लिए पेंशन और बेरोजगारी भत्ते के कल्याणकारी फंड में सोलह अरब डॉलर की कटौती की है। इसी अवधि में मनीला में 'आसिआन' की एक बैठक में अपनी अर्थव्यवस्थाओं को संकट के समय समर्थन देने के लिए अन्तरराष्ट्रीय मुद्रा कोष से अलग एक बृहद् कोष बनाने का प्रस्ताव लाया गया जिसमें जापान से भारी सहयोग की अपेक्षा है। यह बाजार व्यवस्था हर तरफ से विशृंखलन और विखंडन की तसवीर पेश करती है। चूँकि यह व्यवस्था सम्पन्न औद्योगिक देशों के हित में है, जिन्हें संसार भर के प्राकृतिक संसाधनों की उपलब्धि चाहिए, विश्व व्यापार संगठन के जरिये प्राकृतिक सम्पदा के मूल स्रोत गरीब देशों में एक लुभावनी सम्भावना की आशा जगाने का प्रयास होता रहा है।

आज दुनिया जिस जगह पहुँच गई है, व्यापार के सम्बन्ध में हमारी सोच में बुनियादी बदलाव की जरूरत है। विश्व व्यापार की मात्रा को बढ़ाते जाना प्रगति का नहीं विध्वंस का मार्ग है। व्यापार के साथ पर्यावरण के मुद्दे को भी जोड़ने की बात सिएटल में हुई, लेकिन पर्यावरण का मामला अलग-अलग औद्योगिक इकाइयों का मामला नहीं है। मामला पर्यावरण पर इनके सामूहिक प्रभाव का है। इस दृष्टि से अमेरिका संसार के प्रदूषण के लगभग आधे के लिए जिम्मेदार है, लेकिन वर्तमान व्यवस्था में इस पर रोक लगाना अमेरिकी उद्योगपतियों के लिए मौत का वारंट लगता है। दरअसल प्रगति के नाम पर आज दुनिया एक भयंकर दुश्चक्र में

फँस गई है। सम्पन्न औद्योगिक देश स्वयं बुरी तरह अपने फैलाए जाल में फँस गए हैं। संसाधनों और पर्यावरण के नाश से वे संसार को संहार की दिशा में ढकेल रहे हैं। इससे अल्पकालिक मोहलत के लिए वे दुनिया के अविकसित भू-भागों में फैलना चाहते हैं, लेकिन यह राहत तात्कालिक है। सीमान्त दूर नहीं है। भारत जैसी पिछड़ी अर्थव्यवस्थाओं में ही यह सम्भावना है और उन्हीं की यह जवाबदेही भी है कि इस ताने-बाने से बाहर आकर स्वायत्त और विकेन्द्रित आर्थिक और राजनीतिक व्यवस्था की नींव डालें और इस दुश्चक्र को तोड़ें।

हिन्दुस्तान, 17 दिसम्बर, 1999

4

हमारे शासक वर्गों के छोटे दायरे के बाहर भूमंडलीकरण की यशगाथा उन देशों में भी धीमी पड़ने लगी है जहाँ से इसकी जय-यात्रा मीडिया के तुमुल उद्घोष के बीच शुरू हुई थी। अब सम्पन्नता और विपन्नता के दोनों छोरों पर इसकी उपलब्धियाँ नकारात्मक दिखाई देने लगी हैं। यह प्रश्न अब अन्तरराष्ट्रीय मुद्रा कोष के प्रबन्धकों के सामने भी उठाया जाने लगा है कि ऐसा क्यों हुआ कि उन्मुक्त बाजार व्यवस्था के दौर में गरीब और अमीर मुल्कों के बीच की खाई और भी चौड़ी होती जा रही है और अति गरीब देशों में गरीबी का पैमाना गहराया है। यह माँग जोर पकड़ती जा रही है कि गरीब मुल्कों की स्थिति तब तक सुधारी नहीं जा सकती जब तक उन पर लदे विदेशी कर्जे को समाप्त नहीं कर दिया जाता। यह पूँजी और महाजनी व्यवस्था की मूल स्थापनाओं पर ही आघात माना जा सकता है, लेकिन दूसरे छोर पर बहुराष्ट्रीय कम्पनियों की तरफ से भी यह तथ्य उजागर किया जा रहा है कि भूमंडलीकरण के साथ उनके आकार के विस्तार से उनके मुनाफे पर नकारात्मक प्रभाव पड़ रहा है और आकार को काटने-छाँटने का दबाव बढ़ रहा है।

अन्तरराष्ट्रीय स्तर पर विशालकाय कम्पनियों द्वारा बड़े पैमाने पर विलय और अधिग्रहण और इससे संसार भर में विख्यात अनेक कम्पनियों के सामने उनकी इकाइयों को बन्द करने की मजबूरी ऐसे ही दबाव के संकेत हैं। हर विलय के बाद भारी संख्या में मजदूरों की छँटनी की जाती है ताकि कम्पनियों के खर्चे में कटौती की जा सके। उत्पादक श्रमिकों की संख्या में लगातार कटौती करने का पूँजीवाद का अन्तर्निहित दबाव भूमंडलीकरण के दौर में उस छोर पर पहुँच रहा है जहाँ बेकार बनाए गए श्रमिकों के सामने रोजगार का दूसरा विकल्प नहीं बच जाता क्योंकि भूमंडलीकरण अपने दायरे में कोई स्पेस खुला नहीं छोड़ता। ऐसा उन देशों में ही हो रहा है जहाँ समृद्धि अपनी पराकाष्ठा पर है।

बड़ी कम्पनियों के बीच विलय और अधिग्रहण का यह खेल इतनी तेजी से चल रहा है कि इसे ध्यान में रखना मुश्किल है। कुछ दिनों पहले सूचना और मनोरंजन के क्षेत्र में कुछ विशाल कम्पनियों का विलय हुआ था जो सुर्खियों में रहा। इन्हें सूचना क्षेत्र की रफ्तार के साथ जोड़कर कुछ विलक्षण माना जाता था, लेकिन अब

पारम्परिक उद्योगों और वित्तीय संस्थाओं में भी विलय का यह सिलसिला तेजी से फैल रहा है। अभी हाल में फ्रांस की कम्पनी रेनोल की स्वीडन की कम्पनी एली वोल्वो के साथ ट्रक बनाने में साझीदारी बनी है जिससे इस क्षेत्र में ये दुनिया के नम्बर दो निर्माता बन गए हैं। छँटनी की आशंका इससे इतनी प्रबल हुई कि इस कम्पनी की ओर से यह बयान देना पड़ा कि उनका तत्काल छँटनी करने का कोई कार्यक्रम नहीं है। रेनोल ने कोरिया की कम्पनी सैमसंग के अधिग्रहण की भी पहल की है। जर्मनी की मोटर कम्पनी बीएमडब्ल्यू ब्रिटेन में अधिगृहीत रोवर का कारखाना बन्द कर रही है। कुछ कम्पनियाँ इसे खरीदने की पहल कर रही हैं। इसके बन्द होने से बेरोजगारी रोकने के लिए ब्रिटेन की सरकार भी इसकी खरीदारी में मदद करने के लिए तैयार होने लगी है।

इसी तरह वित्तीय क्षेत्र में स्टैंडर्ड चार्टर्ड कम्पनी ने ऑस्ट्रेलिया और न्यूजीलैंड के एएनजेड ग्रिंडलेज बैंक के एशियाई कारोबार का अधिग्रहण कर लिया है। ये सब बड़ी संख्या में हो रहे विलय और अधिग्रहण के इक्के-दुक्के उदाहरण भर हैं जो भूमंडलीकरण से आर्थिक जगत में होनेवाली भारी उथल-पुथल का संकेत देते हैं। इनमें से हम वैश्विक अर्थव्यवस्था किधर जा रही है, इसका कुछ अन्दाज लगा सकते हैं। सबसे महत्त्वपूर्ण प्रभाव तो रोजगार घटाने की दिशा में हो रहा है। शायद यही कारण है कि काफी वर्षों बाद यूरोप में वामपंथ और मजदूरों की ओर से मई दिवस पर पूँजीवाद के विरोध में उग्र प्रदर्शन हुए और वैसे नारे जो यूरोप में अब बीते दिनों की चीज माने जाने लगे थे, लगाए गए।

भूमंडलीकरण के जो नतीजे अब साफ दिखाई दे रहे हैं उनकी सम्भावना बाजार के बुनियादी नियमों के आलोक में प्रारम्भ में ही देखी जा सकती थी, लेकिन मनुष्य की समझ प्राय: उसकी इच्छाओं की दास हुआ करती है और अगर यह इच्छा समाज के प्रभुतासम्पन्न समूहों की हो जिनके हाथ में सारे संचार माध्यम हैं तो इन इच्छाओं को सार्वभौम सत्य के रूप में समाज से कबूल करवाया जा सकता है। भूमंडलीकरण और उन्मुक्त बाजार व्यवस्था में सारे संसार के कल्याण की कल्पना विशाल औद्योगिक प्रतिष्ठानों का अपने हित को संसार के हित के रूप में देखने के रुझान की ही अभिव्यक्ति है। इसलिए अवरोधहीन प्रतिस्पर्धा के तार्किक परिणामों की ओर किसी का ध्यान नहीं गया।

भूमंडलीकरण से पहले की आर्थिक व्यवस्था में यह सम्भावना थी कि अलग-अलग देशों और भूभागों में उत्पादन प्रक्रिया और तकनीक अपनी अलग-अलग क्षमताओं के साथ विभिन्न स्तरों पर अस्तित्व में रहें। स्थानीय सरकारों या लोगों की परम्परा से प्राप्त रक्षणशीलता स्थानीय उद्योगों के अस्तित्व को बचाने के लिए आवश्यक संरक्षण प्रदान करती थीं। सरकारें बाहरी वस्तुओं के आयात पर प्रतिबंध लगाकर स्थानीय उद्यमों को बचाती थीं। लोगों की पारम्परिक आदतें जैसे भोजन,

लिबास और मनोरंजनों को ही प्रश्रय देती थीं जो स्थानीय रूप से उपलब्ध थे। विश्व व्यापार संगठन के दबाव ने अब दोनों ही तरह की सुरक्षा को खत्म कर दिया है। सरकारें स्थानीय उद्यमों को संरक्षण देने के लिए एक सीमा के ऊपर सीमा शुल्क या कोई दूसरा अवरोध खड़ा नहीं कर सकतीं। अब चूँकि सभी देशों के लिए पूँजी बाजार को भी खोलना है, बाहर से आयातित गैर-पारम्परिक उद्योग देश के भीतर ही उत्पादन कर सकते हैं। ये अपनी बड़ी आर्थिक क्षमता और शक्तिशाली प्रचार के बल पर इस तरह उत्पादित नई वस्तुओं की बिक्री बढ़ा पारम्परिक उद्योगों के अस्तित्व को खतरे में डाल सकते हैं।

उदारीकृत समाज का आदर्श लक्ष्य है देश के भीतर और देश के बाहर के सभी उद्योगों के बीच प्रतिस्पर्धा के आड़े आनेवाले सभी अवरोधों को पूरी तरह समाप्त कर देना। फिलहाल अन्तरराष्ट्रीय मुद्रा कोष और औद्योगिक देशों की ओर से गैर-औद्योगिक देशों को उदारीकरण प्रक्रिया को और तेज करने का जो उपदेश रोज दिया जा रहा है, उसका असली उद्देश्य यही है। सूचना क्रान्ति ने औद्योगिक सम्बन्धों के ताने-बाने में होनेवाले बदलाव को और भी गति दे दी है। जिस तरह का मोलतोल पहले महीनों में हो पाता था, अब घंटों में हो जाता है। मनोरंजन उद्योग के क्षेत्र में तो इसका ऐसा प्रभाव पड़ा है कि स्वयं फ्रांस, जो एक विकसित यूरोपीय देश है और सांस्कृतिक दृष्टि से अग्रणी माना जाता रहा है, अमेरिका के सांस्कृतिक आक्रमण से अपनी संस्कृति के नष्ट होने का खतरा महसूस करने लगा है।

भारत में अगर अपनी सांस्कृतिक अस्मिता बचाने का जबरदस्त आग्रह नहीं है तो इसका कारण यह है कि यहाँ के सम्पन्न और अभिजात वर्ग ने पहले ही आत्मसमर्पण कर विजातीय पश्चिमी सभ्यता को पूरी तरह अपनाने का निर्णय कर लिया है। इस मानसिकता की झलक यहाँ की अंग्रेजी पत्र-पत्रिकाओं में स्पष्ट रूप से देखी जा सकती है। ये अमेरिका और यूरोप के वैसे सिनेमा स्टारों, मॉडलों, गायकों और मुक्केबाजों आदि के जीवन की छोटी-मोटी घटनाओं से भरे रहते हैं जिनका देश के कुछ हजार या लाख लोगों ने ही नाम सुना होगा। दूसरी ओर अपने देश के बड़े कलाकार, गायक, फिल्म स्टार आदि के विषय में कहीं कुछ देखने को तब मिलता है जब इनका नाम किसी सनसनीखेज अपराध के साथ जुड़ा होता है। इसका कारण है कि इन अखबारों के मालिक और इन्हें विज्ञापन देकर जिन्दा रखनेवाले समूह सम्पन्नता की एक ही पृष्ठभूमि से आते हैं। हिन्दी अखबार गँवई-गँवार लोगों के हिस्से में छोड़ दिए जाते हैं।

यह सब उन्मुक्त बाजार की तार्किक परिणति है। बाजार का तर्क सीधा है : अनियंत्रित स्पर्धा में वे ही खिलाड़ी टिक पाएँगे जो अपनी वस्तुओं और सेवाओं में कम-से-कम कीमत पर अधिक-से-अधिक गुणवत्ता प्रदान कर सकें। गुणवत्ता के मानक भी प्रचार द्वारा उत्पादक ही निर्धारित करते हैं। इस तरह आदर्श स्थिति

में इस खेल में अन्ततोगत्वा उत्पादन के प्रत्येक क्षेत्र में एक-एक ही खिलाड़ी बचा रहेगा।

इजारेदारी अवरोधहीन प्रतिस्पर्धा की स्वाभाविक परिणति है इसीलिए तमाम कानूनी बन्धनों के बावजूद संसार भर में इजारेदारियाँ बढ़ती जा रही हैं। जब तक राजकीय सीमाएँ और राष्ट्रीय संस्कार इन पर सीमा लगाते रहे, उद्योग जगत में एक हद तक विविधता बनी रही। अब जब विश्व बैंक, अन्तरराष्ट्रीय मुद्रा कोष और विश्व व्यापार संगठन के त्रिदेव सारे अवरोधों को तोड़कर संसार को एकीकृत बाजार में बदलने की कोशिश में लगे हैं, सुपर इजारेदारियों के करीब हम आने लगे हैं। अभी शेयर बाजार के एकीकरण की इसी दिशा में जर्मनी के फ्रैंकफुर्ट और लंदन के स्टॉक एक्सचेंज के एकीकरण की पहल चल रही है। अब न्यूयॉर्क, टोक्यो और लंदन-फ्रैंकफुर्ट जैसे तीन विशाल केन्द्र होंगे और फिर इंटरनेट के विस्तार के साथ शायद संसार भर के स्टॉक एक्सचेंजों को जोड़ने की कोशिश होगी। इससे सारे संसार के लोगों की बचत और निवेश के लिए उपलब्ध पैसे दुनिया के कुछ इने-गिने औद्योगिक प्रतिष्ठानों की गिरफ्त में आ जाएँगे।

इस प्रक्रिया के दो परिणाम होंगे : पहला यह कि औद्योगिक उत्पादन और विनियम में रोजगार की सम्भावना इन इजारेदारियों के इर्द-गिर्द सिमट जाएगी। इसका अर्थ होगा रोजगार में भारी कटौती। चूँकि इन प्रतिष्ठानों की आय विशाल होगी, इससे जुड़े लोगों की आय भी ऊँची होगी। दूसरा परिणाम यह होगा कि इस उत्पादन-वितरण के बाहर के क्षेत्र घोर दरिद्रता में रहेंगे। सम्पन्न और दरिद्र क्षेत्रों का बँटवारा बहुत कुछ वैसा ही होगा जैसा आज है, यानी उत्तर और दक्षिण का विभाजन। एक फर्क यह हो सकता है कि इने-गिने इजारेदारियों के कारोबार से जुड़े कुछ दरिद्र अंचलों में भी जहाँ-तहाँ सम्पन्नता के द्वीप उभर आएँ। इसके दो सामाजिक परिणाम हो सकते हैं। एक तो दुनिया भर में इस व्यवस्था को बदलने का आन्दोलन हो और संसार की अर्थव्यवस्था का नए ढंग से गठन हो। दूसरा यह हो सकता है कि गरीबी, बेरोजगारी और दृष्टिहीनता के माहौल में संसार भर में सामाजिक विघटन की प्रक्रिया बृहद पैमाने पर चलती रहे—वैसी प्रक्रिया जैसी आज छोटे पैमाने पर सोमालिया, रवांडा-बुरुंडी, इंडोनेशिया, श्रीलंका, कोलम्बिया और भारत के उत्तर-पूर्वी और उत्तर-पश्चिमी हिस्से में चल रही है। सूचना तकनीक के विस्तार के साथ ऊपर बतलाई गई स्थितियाँ अप्रत्याशित रूप से जल्दी हमारे सामने आनेवाली हैं।

जनसत्ता, 16 मई, 2000

5

भूमंडलीकरण के आर्थिक प्रभावों की चर्चा तो पिछले दिनों काफी होती रही है, लेकिन इसके राजनीतिक प्रभावों पर कम ही विचार हुआ है, हालाँकि यह उतना ही महत्त्वपूर्ण है। भूमंडलीकरण की राजनीति ने पिछले तीन सौ साल से विकसित हो रही लोकतंत्र की प्रक्रिया को पूरी तरह उलटने का काम किया है। राष्ट्रीय और अन्तरराष्ट्रीय दोनों ही स्तरों पर। जब हम राष्ट्रीय स्तर की बात करते हैं तो हमारा आशय यूरोप में सत्तरहवीं शताब्दी से विकसित हुई जनता की प्रभुसत्ता की उस अवधारणा से होता है जो आधुनिक लोकतांत्रिक व्यवस्था की जनक बनी। इसी का अन्तरराष्ट्रीय पक्ष था राष्ट्रीय आजादी के आन्दोलनों का जन्म और पश्चिमी देशों द्वारा गुलाम बनाए गए देशों में राष्ट्रीय प्रभुसत्ता की स्थापना। भूमंडलीकरण जनता की दोनों तरह की प्रभुसत्ता को अप्रासंगिक बनाता जा रहा है।

यूरोप में व्यापार और उद्योग-धन्धों में लगे लोगों ने, जिन्हें बुर्जुआ कहा जाता था, प्रारम्भ में लोकतांत्रिक सत्ता के विकास में प्रमुख योगदान किया। सत्तरहवीं शताब्दी के मध्य में इंग्लैंड में पार्लियामेंट के अधिकारों को लेकर जो आन्दोलन हुआ उसमें इसकी प्रमुख भूमिका थी। फिर 1789 की फ्रांस की क्रान्ति के पहले जब वहाँ के राजा ने 'स्टेट्स जनरल' बुलाया तो इसी वर्ग के प्रतिनिधियों ने राजा की अवज्ञा कर अपने को नेशनल एसेम्बली के रूप में घोषित किया और यहीं से फ्रांस की क्रान्ति की शुरुआत हुई। यह वर्ग लोकतंत्र का उग्र पक्षधर बनकर आगे आया। स्थानीय सामन्ती बन्धनों को तोड़ने का इसका आग्रह मूलत: व्यापार और उद्योग के निर्बाध विकास को सुनिश्चित करने के लिए था। इसी क्रम में कुछ मूल्यों के इर्द-गिर्द राष्ट्रीय अस्मिता-बोध और राष्ट्रीय सीमाओं के भीतर जनता की प्रभुसत्ता की अवधारणा पैदा हुई।

जब तक व्यापार और उद्यम को स्थानीय सामन्ती सीमाओं से मुक्त करने की बात थी तब तक तो इस प्रक्रिया में कोई अन्तर्विरोध नहीं दिखाई दिया। स्वतंत्र व्यापार एक सर्वमान्य सिद्धान्त के रूप में स्वीकृत रहा, लेकिन जब औद्योगिक और व्यापारिक प्रतिस्पर्धा राष्ट्रीय सीमाओं को पार कर फैलने लगी तो एक अन्तर्विरोध दिखाई देने लगा। ब्रिटेन, जहाँ औद्योगिक क्रान्ति शुरू हुई थी, व्यापारिक प्रतिस्पर्धा

में आगे होने के कारण स्वत्रंत व्यापार का लाभ उठा रहा था और इसलिए इसका पक्षधर था, लेकिन दूसरे देश जैसे जर्मनी और अमेरिका, जो इस होड़ के बाद में शामिल हुए, प्रतिस्पर्धा में पिछड़ जाते थे इसलिए राष्ट्रीय उद्यमों की संरक्षण की नीति को लेकर चले। इनमें राष्ट्रीय सरकारें अपने उद्यमों को संरक्षण देती थीं। अमेरिका में तो राष्ट्रीय उद्यमों को समर्थन देने की नीति 1930 तक चलती रही और परोक्ष रूप से (जैसे कोटा लागू कर) कुछ क्षेत्रों में आज भी चल रही है। द्वितीय विश्वयुद्ध के काल तक उन्मुक्त बाजार के सिद्धान्त के साथ-साथ राष्ट्रीय सरकारों की इस जवाबदेही को भी स्वीकार किया जाता था कि वे उद्यमों को बचाए रखने और इनमें लगे श्रमिकों की हित रक्षा की जवाबदेही लें।

उन्नीसवीं शताब्दी से राष्ट्रीय सरकारों के दायित्व में एक और आयाम जुड़ गया था। जैसे-जैसे औद्योगिक और व्यापारी वर्ग का प्रभुत्व समाज में बढ़ने लगा, यह महसूस किया गया कि इनमें लगे श्रमिकों और समाज के उपभोक्ताओं की हित रक्षा के लिए सरकारों का हस्तक्षेप जरूरी है। सत्ता पर जनता के प्रतिनिधियों के बढ़ते दबाव का यह सीधा परिणाम था। मजदूरों के आन्दोलन तो सभी उद्योग-धन्धों को जनता के नियंत्रण में लाने की माँग करने लगे। इसी के इर्द-गिर्द विभिन्न तरह के समाजवादी आन्दोलनों का विकास हुआ। उपभोक्ताओं को बचाने के लिए इजारेदारियों को नियंत्रित करने की नीतियाँ सरकारों द्वारा अपनाई गईं ताकि इजारेदारी का फायदा उठा उद्योगपति उपभोक्ताओं से मनमानी कीमत न वसूलें। इस तरह बीसवीं शताब्दी के मध्य तक यानी द्वितीय विश्व युद्ध के अन्त के कुछ साल बाद तक दो शक्तियों के बीच किसी तरह का सन्तुलन बनाने का प्रयास होता रहा—पहली, औद्योगिक-व्यापारिक शक्ति और दूसरी, जनता के पक्ष का विविध अनुपात में प्रतिनिधित्व करनेवाली प्रभुतासम्पन्न राष्ट्रीय सरकारों की शक्ति। फिर भी इस काल में अक्सर औद्योगिक शक्ति को राष्ट्रीय शक्ति का प्रतीक मानकर इनके हितों को सर्वोपरि राष्ट्रहित की तरह भी बढ़ाया जाता था। इन दोनों का सबसे सबल एकीकरण फासीवादी सरकारों की 'कॉरपोरेट स्टेट' की अवधारणा में हुआ। वे इनके हितों को बढ़ाने के मकसद से दूसरे देशों पर आधिपत्य के लिए युद्ध को एक जायज माध्यम मानते थे। इस काल में राष्ट्रहित को सर्वोपरि हित मानना कोई खास विवाद का विषय नहीं था।

द्वितीय विश्व युद्ध के बाद से स्थिति में एक गुणात्मक बदलाव आया है। 1944 में ब्रेटनवुड्स में विश्व बैंक, अन्तरराष्ट्रीय मुद्रा कोष और इसी प्रक्रिया के तहत बाद में विश्व व्यापार संगठन आदि के अस्तित्व में आने से उन्मुक्त बाजार व्यवस्था ने एक नया रूप लिया। हालाँकि द्वितीय विश्व युद्ध के बाद अमेरिका अपनी आर्थिक और सैन्य शक्ति के बल पर संसार के चौधरी के रूप में उभरा, पर अन्तरराष्ट्रीय स्तर पर असली ताकत बहुराष्ट्रीय कम्पनियों के हाथ में आई। यह बात अलग

है कि इनमें ज्यादा और शक्तिशाली कम्पनियाँ अमेरिका की ही थीं। इससे स्वत: बहुराष्ट्रीय कम्पनियों के हित और अमेरिका के हित प्राय: एक बन जाते हैं। इनमें कई कम्पनियों की आय तो दुनिया के अधिकांश देशों की राष्ट्रीय आय से अधिक है। इनके उत्पादन और व्यापार का क्षेत्र भी विश्वव्यापी है। अक्सर इनका निवेश राष्ट्रीय हितों को नजरअन्दाज कर होता है। ये प्राय: उन्हीं देशों में निवेश करती हैं जहाँ संसाधनों और सस्ते श्रम की बहुलता होती है, हालाँकि आधुनिकतम उद्योगों के लायक कुशल श्रम औद्योगिक देशों में ही उपलब्ध हो सकते हैं। राष्ट्रीय सरकारों को वे अपने व्यापारिक हितों के अनुकूल नीतियाँ बनाने के लिए प्रभावित कर सकती हैं। चूँकि राष्ट्रीय आय और रोजगार दोनों ही ऐसे उद्योगों के फैलाव पर निर्भर माने जाते हैं, इसलिए सरकारों की मजबूरी हो जाती है कि वे इन कम्पनियों को यथा सम्भव सहायता दें। अन्तरराष्ट्रीय स्तर पर स्पर्धा में समेकित हो ज्यादा प्रभावी रूप से काम करने के लिए ही अमेरिका और जापान के विशाल उत्पादन और आय के मुकाबले के लिए यूरोप के एकीकरण की पहल हुई।

लेकिन इस एकीकरण का प्रभाव यह हुआ है कि यूरोपीय यूनियन के भीतर के किसी भी राष्ट्र की जनता के हाथ में यह अधिकार नहीं रह गया है कि वे अपनी सरकार की आर्थिक नीतियों को बदल सकें। आर्थिक नीतियों को लागू करने की जिम्मेदारी यूरोपियन कमीशन की है जो काफी हद तक स्वायत्त है और अगर उस पर थोड़ा नियंत्रण है तो यूरोपीय संसद का है जो राष्ट्रीय प्रतिनिधि सभाओं की तरह प्रभुतासम्पन्न नहीं है। अत: अब नीतियाँ मूलत: यूरोप के औद्योगिक प्रतिष्ठानों और विश्व व्यापार संगठन के प्रावधानों को ध्यान में रखकर ही बनाई जाती हैं। इस तरह आम लोगों के हाथों से प्रभुसत्ता खिसकती जा रही है। हमारे अपने देश में भी भाजपा के तमाम स्वदेशी के नारों के बावजूद नीतियाँ विश्व व्यापार संगठन और अन्तरराष्ट्रीय मुद्रा कोष के निर्देशों के तहत बनाई जाती हैं। इस तरह दिल्ली के शासन में देशी से ज्यादा विदेशी हितों का प्रतिनिधित्व हो रहा है। आज दुनिया धनतंत्र की आदर्श स्थिति की ओर बढ़ रही है जिसमें अति धनाढ्य समूह अर्थव्यवस्था और राज्य व्यवस्था दोनों को चला रहे हैं।

विशाल कम्पनियों के उत्पादन और विनियम के अन्तरराष्ट्रीय हो जाने से अब दूसरे देशों पर प्रत्यक्ष सैनिक अधिकार की बात अप्रासंगिक बन गई है। अब उन पर निगंत्रण के माध्यम आर्थिक व्यापारिक हो गए हैं। इसके लिए ऊपर वर्णित तीन संस्थाएँ यानी विश्व बैंक, अन्तरराष्ट्रीय मुद्रा कोष और विश्व व्यागार संगठन कारगर औजार हैं। सीधा या परोक्ष सैनिक हस्तक्षेप कुछ बुनियादी महत्त्व के प्राकृतिक साधनों, जैसे पेट्रोलियम के स्रोतों पर नियंत्रण के लिए ही होता है, जैसा पश्चिम एशिया या अफ्रीका के कुछ देशों में हुआ है। शायद ऐसा हथियारी हस्तक्षेप उन देशों में भी हो सकता है जो वैश्विक अर्थव्यवस्था से अपने को काटकर आत्मनिर्भर

आर्थिक ढाँचा बनाएँ। हथियारों का विशाल मात्रा में उत्पादन और बिक्री अब मूलत: हथियार उद्योग से मिलनेवाले भारी मुनाफे के लिए ही होते हैं। इसीलिए हम यह विडम्बनापूर्ण स्थिति पाते हैं कि स्वीडन जैसा देश, जो युद्धों में प्राय: तटस्थ रहा है, एक महत्त्वपूर्ण हथियार निर्माता है। इसी से हथियार बनानेवाले देशों का इस बात में निहित स्वार्थ है कि पिछड़ी अर्थव्यवस्थाओं में हथियारी होड़ चलती रहे।

एक महत्त्वपूर्ण बदलाव मजदूर वर्ग की दृष्टि में आया है। बीसवीं शताब्दी के प्रारम्भ में जहाँ व्यापारी वर्ग अपने हितों को राष्ट्रीय सत्ता के साथ जोड़ रहा था वहाँ मजदूर वर्ग अपनी दृष्टि में अन्तरराष्ट्रीय था और सारी दुनिया के मजदूरों के हित के साथ अपना हित जोड़ रहा था। नई विश्व व्यवस्था के उदय के साथ पूँजी और मजदूरों की दृष्टि बिलकुल उलट गई है। पूँजी अब पूरी तरह अन्तरराष्ट्रीय हो गई है क्योंकि आज इसकी सत्ता सीमाहीन है। इसका असर यह हो रहा है कि मजदूरों की दृष्टि संकुचित होती जा रही है। वे भयभीत हैं कि पूँजी सस्ते श्रम की तलाश में पिछड़ी अर्थव्यवस्थाओं की ओर भागेगी। इससे उनकी रोजगार की सम्भावना घटेगी। इसी कारण सिएटल में विश्व व्यापार संगठन की बैठक के समय अमेरिका के मजदूर संगठनों ने पिछड़ी अर्थव्यवस्थाओं में श्रम मानकों को लागू करने का सवाल उग्र प्रदर्शन करके उठाया। इस तरह कुल मिलाकर भूमंडलीकरण की दिशा श्रमिकों की एकता के बिखराव, जनाधिकारों के क्षरण और लोक जीवन को विशाल बहुराष्ट्रीय कम्पनियों के नियंत्रण में लाने की है।

हिन्दुस्तान, 29 मई, 2000

6

संसद के पिछले अधिवेशन की पार्श्वभूमि में आर्थिक संकट की छाया मँडराती रही हालाँकि तहलका मुद्दे पर उठे शोर-शराबे के कारण देश की आर्थिक हकीकत पर से पर्दा उठने का मौका ही नहीं आया। बजट भी जैसे-तैसे विस्तार से बहस के बिना ही पारित हो गया। आक्रामक तेवर अख्तियार करने का नाटक करके सरकार को असली परेशानी पैदा करनेवाले प्रश्नों से एक तरह से उबार ही लिया गया। सरकार की नीतियों पर असली टिप्पणी संसद से बाहर जनाक्रोश में व्यक्त हो रही है। किसानों की आत्महत्या के सिलसिले और सभा-प्रदर्शनों से सरकार की नीतियों के खिलाफ माहौल बन ही रहा था, अब मजदूर भी मैदान में आ रहे हैं। महाराष्ट्र में ज्यादातर मजदूर संगठनों और शिवसेना के बन्द के आह्वान से सारे राज्य का जनजीवन पूरी तरह ठप हो गया था। बाल्को के मजदूर दो महीने तक विनिवेश के खिलाफ हड़ताल पर रहे। एनरॉन का मामला ऐसा उलझ गया है कि विदाई देने के अलावा इसके द्वारा डाले गए भारी आर्थिक बोझ से निकलने का कोई रास्ता नहीं दिखाई देता, लेकिन जाते-जाते भी यह महाराष्ट्र की अर्थव्यवस्था को दिवालिया कर जाएगा। 2002 आते-आते स्वयं एनरॉन एक दिवालिया प्रतिष्ठान घोषित हो गया है और इसके दिवाले से दुनिया के अनेक व्यावसायिक प्रतिष्ठान कंगाल हो गए हैं। सरकारी गोदामों में अनाज भरा पड़ा है, लेकिन क्रय शक्ति के अभाव में भूखे लोग अन्न खरीदने में असमर्थ हैं। देश की राजधानी 'रेशमी नगर' दिल्ली में लोग पानी और बिजली की किल्लत से तबाह हैं, जबकि सर्वोच्च न्यायालय के पर्यावरण रक्षा के आदेशों के तहत बड़ी संख्या में गरीब लोगों को नगर से खदेड़ दिया गया है। शेयर बाजार में सूचकांक लगातार लुढ़कते गए हैं। इसे शेयर दलालों की हेराफेरी का परिणाम बता असलियत को अनदेखा किया जा रहा है। तात्कालिक रूप से इसमें शेयर दलालों की भी कुछ भूमिका हो सकती है, लेकिन इसका बुनियादी कारण दुनिया भर में आर्थिक मन्दी की दस्तक है।

भारत के गहराते आर्थिक संकट को हम दुनिया में दिखाई देनेवाली मन्दी से अलग करके नहीं देख सकते जबकि हम पिछले कुछ वर्षों में पूरे यत्न से दुनिया के बाजार से जुड़ने में लगे हैं। दो वर्ष पहले सूचना तकनीक के क्षेत्र से ही शेयर

बाजार में उछाल आया था। अब अपनी जन्मभूमि अमेरिका में ही सूचना उद्योग पर संकट है। सूचना समेत तकनीकी उद्योगों पर आधारित अमेरिकी शेयर बाजार नैस्डैक का सूचकांक मार्च 2000 में 5000 से ऊपर था, पर अप्रैल 2001 में यह 1680 पर आ गया। दुनिया के दूसरे औद्योगिक देशों में भी सूचना तकनीक से जुड़े शेयरों में मन्दी आई। ब्रिटेन में ब्रिटिश टेलीफोन के भारी घाटे के कारण उसके अध्यक्ष को इस्तीफा देना पड़ा। टेलीफोन के क्षेत्र में ही अग्रणी स्वीडन की एरिक्सन कम्पनी और जापान की सोनी कम्पनी भारी घाटे से उबरने के लिए विलय की प्रक्रिया में थी और एरिक्सन कम्पनी अपने बाईस हजार कर्मचारियों को काम से निकालने की योजना बना रही थी। पिछले कुछ वर्षों से कम्पनियों के विलय और इस क्रम में मजदूरों की छँटनी औद्योगिक दुनिया में रुटीन जैसी बन गई है। इसी संकट का एक पहलू जापान में प्रधानमंत्री के पद के लिए जुनिचिरो कोइजुमी का लिबरल डेमोक्रेटिक पार्टी द्वारा चुना जाना भी था।

कोइजुमी प्रचलित अर्थ में आर्थिक सुधार के कट्टर समर्थक हैं। दुनिया का दूसरा सबसे सम्पन्न देश जापान पिछले दिनों भयंकर आर्थिक गिरावट से गुजर रहा था जिसका इलाज तेज आर्थिक सुधारों में देखा जा रहा है। आर्थिक सुधारों का लक्ष्य श्रमिकों की संख्या घटाकर खर्च में कटौती ही है। माना जाता है कि ऐसी कटौती से उद्योगों की प्रतिस्पर्धा की क्षमता बढ़ेगी और जापान दुनिया के बाजार में पहले की तरह वरीयता हासिल कर लेगा, लेकिन इससे उत्तरोत्तर बढ़ने वाली श्रमिकों की बेरोजगारी पर विचार करना उद्योगों के मालिकों और उनके समर्थन पर चलनेवाली सरकारों के लिए कोई महत्त्वपूर्ण बात नहीं है जबकि आर्थिक मन्दी का असली सूचकांक तो बेरोजगारी का पैमाना ही रहा है। बेरोजगारी और आर्थिक मन्दी का सदा एक दुष्चक्र बनता है। बेरोजगारी से क्रय शक्ति घटती है और इससे बाजार सिकुड़ता है। फिर इससे उद्योग बन्द होते हैं और बेरोजगारी बढ़ती है। अपने देश में अनाज की खरीदारी ही लें। अगर भूखे लोगों के बीच अनाज की बिक्री नहीं हो रही है तो इसका बड़ा कारण व्यापक बेरोजगारी है जिससे लोगों के पास अन्न खरीदने के लिए पैसा नहीं है। सरकार ने गेहूँ का समर्थन मूल्य तो बढ़ा दिया है, लेकिन पंजाब छोड़कर कहीं भी पर्याप्त मात्रा में गेहूँ की सरकारी खरीद नहीं चल रही है। नतीजतन, हर जगह तो किसानों को न्यूनतम समर्थन मूल्य से कम कीमत पर गेहूँ बेचना पड़ रहा है। अर्थव्यवस्था और प्रशासनिक व्यवस्था ध्वस्त होती दिखाई दे रही है, हालाँकि देश के वर्तमान शासक और उनके अर्थशास्त्री छह प्रतिशत और नौ प्रतिशत विकास दर के काल्पनिक विवाद में उलझे दिखाई देते हैं।

अमेरिका अपनी मन्दी से निकलने के लिए दुनिया में अपने व्यापार के लिए अधिक-से-अधिक दरवाजे खोलने की कोशिश कर रहा है। व्यापार का एक

बुनियादी नियम है कि इसमें वही टिक पाता है जो सबसे सशक्त हो। इस दृष्टि से अमेरिकी कम्पनियों और कृषि उत्पादों को खुली बाजार व्यवस्था में सबसे अधिक लाभ होता है। वैश्वीकरण की प्रक्रिया को और गहरा बनाने के लिए अभी अमेरिका उत्तरी और दक्षिण अमेरिका को एक खुले बाजार में बाँधने की कोशिश में लगा है जिसके लिए 'फ्री ट्रेड एरिया ऑफ द अमेरिकाज' के गठन की तैयारी चल रही है। इसकी बैठक कनाडा के क्यूबेक नगर में आयोजित थी जिसमें अमेरिकी राष्ट्रपति जॉर्ज बुश की भी भागीदारी थी, लेकिन खुद अमेरिकी महादेश के आम लोगों और पिछड़ी अर्थव्यवस्थाओं में इससे ऐसी आशंकाएँ थीं कि लगभग तीस हजार प्रदर्शनकारियों ने बैठक का तीव्र विरोध किया और दो दिन तक पुलिस और प्रदर्शनकारियों के बीच संघर्ष चलता रहा।

यह जानना दिलचस्प है कि उन्मुक्त बाजार की सिफारिश करनेवाला अमेरिका जब भी आवश्यक होता है अपने उत्पादों को आवश्यक संरक्षण या अनुदान देने से नहीं चूकता। इस सम्मेलन में भी अमेरिका के कृषि उत्पादकों को दिया जानेवाला भारी आर्थिक समर्थन विवाद का विषय बना रहा। ब्राजील जैसे देश, जो मूलतः कृषि उत्पादक हैं, अमेरिका से माँग कर रहे थे कि वह कृषि को दिया जानेवाला भारी आर्थिक समर्थन बन्द करे, लेकिन अमेरिका ऐसा कर नहीं सकता क्योंकि दुनिया के कृषि उत्पादों के बाजार में उसके हावी होने के पीछे ऐसे अनुदानों की महत्त्वपूर्ण भूमिका है। हीनभाव से ग्रस्त हमारे देश के शासक ही हैं जो हर बात में अमेरिकी दबाव के आगे झुककर देश की अर्थव्यवस्था को बचाने के बदले अमेरिकी नीतियों का बिना सोचे-समझे समर्थन करते रहते हैं और अपनी कृषि या छोटे उद्योगों को आवश्यक संरक्षण देने से कतराते हैं। यह भी एक विडम्बना ही है कि दुनिया का सबसे सम्पन्न और आर्थिक दृष्टि से सशक्त देश तो अपने सम्पन्न उत्पादों को समर्थन देता है, लेकिन भारत, जहाँ सबसे बड़ी संख्या में दुनिया के दरिद्र रहते हैं, अपने छोटे उत्पादकों और छोटे किसानों को बिना किसी सहारे के वैश्विक बाजार की निर्मम स्पर्धा में झोंक देने पर आमादा है।

इस बार की मन्दी पिछली मन्दियों से ज्यादा व्यापक और जीवन को पंगु बनानेवाली होगी क्योंकि दुनिया की ज्यादातर अर्थव्यवस्थाएँ वैश्वीकरण की प्रक्रिया में विशाल बहुराष्ट्रीय कम्पनियों के प्रभाव क्षेत्र में आ गई हैं। इसलिए जब मन्दी आएगी तो पूरी दुनिया पक्षाघात का शिकार होगी। यह पूछा जा सकता है कि अगर दुनिया ऐसी मन्दी की तरफ बढ़ रही है तो इसका असर साफ तौर से दिखाई क्यों नहीं देता। इसके कारण पश्चिम की सम्पन्न अर्थव्यवस्थाओं और बाकी दुनिया की पिछड़ी अर्थव्यवस्थाओं में अलग-अलग हैं। यूरोप में मन्दी का प्रभाव स्पष्ट रूप से दिखाई न पड़ने का एक कारण वहाँ आबादी में ठहराव या ऋणात्मक झुकाव है। इसकी वजह से श्रम बाजार में नए लोगों का प्रवेश बहुत कम होता है या उससे

ज्यादा नहीं होता जितना उम्र के कारण अवकाश ग्रहण करनेवालों का स्थान ग्रहण करने के लिए आवश्यक है। कुछ लोग बेरोजगार इसलिए रह जाते हैं कि नए उद्योगों की जटिलता के हिसाब से प्रशिक्षित नहीं होते। कुछ दूसरे, कम आय वाले अकुशल काम करने की अनिच्छा से बेरोजगार रह जाते हैं। इस तरह आम तौर से अगर नए उद्यम खुलें तो श्रमिकों का अभाव ही बना रहता है।

इसी अभाव की पूर्ति के लिए पिछले वर्षों में समय-समय पर पश्चिमी यूरोप में आगन्तुक श्रमिकों (इमिग्रैंट्स) को प्रोत्साहित किया गया। बदलती स्थिति का आभास इसमें देखा जा सकता है कि अब बाहर से आकर काम करनेवाले लोगों के खिलाफ आक्रामक रवैया अख्तियार किया जा रहा है। ब्रिटेन में तो आगामी आम चुनाव में नस्लवाद एक मुद्दा बन गया है क्योंकि कंजरवेटिव पार्टी के कुछ नेता गैर-यूरोपीय मूल के और बाहर से आकर ब्रिटेन में काम करनेवाले लोगों के खिलाफ नस्लवाद की भावना को उभारकर अपने पक्ष में समर्थन जुटाने में लगे हैं। इस तरह पश्चिमी यूरोप में एक दुष्चक्र बना हुआ है। जब आर्थिक गतिविधियाँ तेज होती हैं और श्रमिकों के अभाव का पूरा करने के लिए बाहर से श्रमिकों को लेना पड़ता है, लेकिन मन्दी के काल में जब ये श्रमिक स्थानीय लोगों का काम लेने लगते हैं, इन देशों के लोग आक्रामक बन जाते हैं। इस तरह यूरोप में अब स्थायी रूप से फासीवादी रुझान बना रहता है। आस्ट्रिया में तो बाजाब्ता एक नवनात्सीवादी पार्टी का सत्ता पर वर्चस्व है।

औद्योगिक दृष्टि से पिछड़े और गरीब देशों में मन्दी का प्रभाव स्पष्ट रूप से इसलिए दिखाई नहीं देता कि इन देशों में आधुनिक औद्योगिक व्यवस्था से सीधा जुड़ा हिस्सा पूरी अर्थव्यवस्था के हिसाब से बहुत छोटा है। यह आधुनिक हिस्सा विपन्नता के उस बड़े हौज से घिरा रहता है जिसमें गरीबी, रोजगार की अनिश्चितता या बेरोजगार स्थायी स्थिति बनी रहती है। संगठित क्षेत्र के चढ़ाव-उतार के प्रभाव को यह क्षेत्र जज्ब करता रहता है। इसीलिए इसका प्रभाव सीधा दिखाई नहीं पड़ता, लेकिन इन व्यवस्थाओं के दुर्दिन का दबाव परोक्ष रूप से बढ़ते अपराधीकरण और व्यक्तियों और समूहों के आपसी सम्बन्धों में बढ़ती हिंसा में दिखाई देता है। आज दुनिया के सभी गरीब मुल्कों में मूल, धर्म, नस्ल, जाति आदि के इर्द-गिर्द हत्याएँ, दंगे और गृहयुद्ध स्थायी स्थितियाँ बनी दिखाई देती हैं। अलगाववाद का दबाव भी इसी का एक पहलू है। इनके छोटे से आधुनिक और समृद्ध तबके के लिए यह स्थिति एक 'सेफ्टीवाल्व' का भी काम करती है। व्यवस्था परिवर्तन की बजाय लोगों का रुझान इन छोटे स्थानीय प्रतिद्वन्द्वियों से निपटने का होता है। इससे यथास्थिति कायम रहती है।

भारत और पूरी दुनिया जिस भीषण भविष्य की ओर अग्रसर है, उसका अहसास देश के शासकों और प्रमुख विरोधी दलों की नहीं है। कभी यह सपना

देखा गया था कि अपने विकास के चरम बिन्दु पर पूँजीवाद एक सुन्दर भविष्य के लिए जमीन तैयार करेगा जहाँ से एक शोषणविहीन समाजवादी समाज की ओर संक्रमण होगा। इसके विपरीत पूँजीवाद अपने सबसे विकसित वैश्विक रूप में एक ऐसा समाज विकसित कर रहा है जो अपने सम्पन्न ध्रुव पर फासीवादी ह्रास और विपन्नता के ध्रुव पर विच्छिन्नतावादी विघटन की प्रक्रिया से उन सारे मानवीय मूल्यों को लोप की ओर ले जा रहा है जिन्हें समाज की सर्वश्रेष्ठ उपलब्धियाँ माना जाता रहा है।

जनसत्ता, 11 मई, 2001

7

पोकरण के परमाणु बम परीक्षण के बाद—जिसे किसी विकृत दिमाग ने 'बुद्ध की मुस्कराहट' का नाम देकर करुणा के प्रतीक महात्मा बुद्ध को हिंसा के जघन्यतम रूप परमाणु बम के साथ जोड़ा था—देश में परमाणु बम के विकास और इसके परीक्षण के विरोध में जगह-जगह तेज प्रतिक्रियाएँ हुई थीं, लेकिन प्रचारतंत्र ने वर्तमान व्यवस्था की मौत के साथ साझेदारी की एक ऐसी सामान्य स्थिति बना दी है कि अमेरिका के साथ हुई परमाणु सहयोग सन्धि की चर्चा में पहले की मूल आलोचना गौण हो गई है। इस सन्धि से परमाणु बम के विकास की सम्भावित बाधाएँ ही आलोचना का मुद्दा बनी रहीं। शायद लाखों किसानों की आत्महत्या, भूख और बीमारी से लाखों दूसरे लोगों की मौत को सहज भाव से स्वीकारते रहने से परमाणु बम और परमाणु ऊर्जा के विकास से होनेवाली आशंकित मौतों को भी हम जीवन की अनिवार्य स्थिति मानने लगे हैं। देश का प्रबुद्ध वर्ग इस बात से खुश है कि परमाणु ऊर्जा संयंत्रों के लिए प्राप्त होनेवाले ईंधन के बदले परमाणु बम विकसित करते रहने की हमारी आजादी पर कोई प्रतिबन्ध नहीं लगा है।

अमेरिकी कांग्रेस की प्रतिनिधि सभा से करार को बिना किसी बड़े फेरबदल के मंजूर किया जाना भारत और अमेरिकी सरकार दोनों द्वारा एक महत्त्वपूर्ण उपलब्धि बताई गई है, लेकिन भारत सरकार की तरफ से इस मुद्दे पर जो दावे किए जा रहे हैं वे हकीकत को छिपानेवाले ही हैं। बुश सरकार की इस (एचआर 5682-यूनाइटेड स्टेट्स एंड इंडिया न्यूक्लियर कोऑपरेशन प्रोमोशन एक्ट ऑफ 2006) के सम्बन्ध में की गई घोषणा के विधेयक के कुछ प्रावधानों पर चिन्ता जताई गई है, जिस पर ध्यान देने की जरूरत है। इसमें कहा गया है कि विधेयक की धारा चार (डी) में यह प्रावधान है कि कुछ राजनीतिक दिशा-निर्देश परमाणु आपूर्ति करनेवाले समूह को आश्वस्त करने के लिए जरूरी होगा। इस प्रावधान के तहत भविष्य में भारत पर हर तरह का दबाव बनाया जा सकता है।

इस बयान से यह भी जाहिर होता है कि इस सुविधा को हासिल करने के लिए भारत को ईरान के साथ अपनी पारम्परिक मित्रता को दाँव पर चढ़ाना पड़ा है। बुश सरकार के इस बयान के अन्त में कहा गया है, 'भारत ईरान समेत किसी भी देश

को परमाणु तकनीक नहीं मुहैया कराने के लिए प्रतिबद्ध है। अन्तरराष्ट्रीय समुदाय के एक जिम्मेदार सदस्य की तरह भारत ने ईरान के आणविक कार्यक्रम सम्बन्धी हमारे प्रयासों का समर्थन किया है जिसके लिए इसने अन्तरराष्ट्रीय परमाणु ऊर्जा एजेंसी के बोर्ड ऑफ गवर्नर्स में ईरान को दोषी बताने के लिए दो बार मतदान किया। जिससे मामले को संयुक्त राष्ट्र की सुरक्षा परिषद के सामने लाया गया।' बुश सरकार के इस बयान के बाद यह दावा करना कि भारत अमेरिका परमाणु सन्धि बराबरी के आधार पर हुई है और इससे भारत पर किसी भी तरह का दबाव नहीं रहेगा; कितना खोखला है, यह आसानी से देखा जा सकता है। ईरान के मामले में भारत को शाबासी देकर अमेरिका ने भारत को उसकी हैसियत भी बता दी है।

लेकिन परमाणु बम का परमाणु ऊर्जा संयंत्रों का विस्तार महज राजनयिक मामला नहीं है। यह मामला बुनियादी तौर से हमारे अस्तित्व से जुड़ा है। असल सवाल यह है कि भारत या किसी भी देश के लिए परमाणु बम विकसित करने का औचित्य है क्या? दूसरा, परमाणु ऊर्जा संयंत्रों का विकास करना जीवन की सुरक्षा और आर्थिक दृष्टि से भी सही है क्या?

राजनयिक बारीकियों के साथ की गई बयानबाजी इस हकीकत को छिपा नहीं सकती कि भारत की सारी परमाणु बम नीति के पीछे पाकिस्तान के साथ तनाव और संघर्ष का दुखद इतिहास रहा है। परमाणु बम बनाने और इसके इस्तेमाल के लिए विकसित की जा रही मिसाइलों और दूसरी सुविधाओं के खर्च का असह्य बोझ भुखमरी और दरिद्रता से डूबी भारत की जनता इसीलिए बर्दाश्त करती रही है कि पाकिस्तानी आक्रमण का हौवा देश के सामने लगातार खड़ा किया जाता रहा है।

पाकिस्तान में हुकूमत के अनेक उतार-चढ़ाव के बीच इसी तर्ज पर भारत विरोध और भारत के आक्रमण का भय पाकिस्तानी मानस पर हावी रहा है। आधी शताब्दी के भीतर भारत-पाक के बीच हुए कई छोटे-बड़े युद्धों ने इस मानसिकता को बल दिया है कि स्थायी शान्ति के लिए भारत को पाकिस्तान के मुकाबले निर्णायक रूप से शक्तिशाली बना रहना है।

दक्षिण एशिया में चौधराहट का सपना देखनेवालों के लिए परमाणु बम का विकास इसका सबसे कारगर माध्यम था। इसी से इस खतरनाक हथियार का विकास किया गया। इसी तर्ज पर पाकिस्तान के शासकों ने भारत के मुकाबले के लिए परमाणु बम को ब्रह्मास्त्र के रूप में विकसित किया। भारत से कहीं छोटे पाकिस्तान के लिए परमाणु हथियारों का विकास और भी बड़ा बोझ था। इस तरह अब भारत और पाकिस्तान दोनों ही परमाणु आयुधों से लैस देश हैं। और दोनों ही गरीबी, जहालत और अशिक्षा के मामले में दुनिया की अगली कतारों में हैं।

लेकिन देश की अर्थव्यवस्था पर इतना भारी बोझ डालनेवाले नाभिकीय परमाणु हथियारों का इस्तेमाल पाकिस्तान के खिलाफ कोई पागल आदमी ही कर सकता है।

भारत और पाकिस्तान की भौगोलिक स्थितियाँ ऐसी हैं कि पाकिस्तान के खिलाफ इनका इस्तेमाल आत्मघाती होगा। नाभिकीय परमाणु बमों के विस्फोट से जिस तरह का विकिरण होता है, उसे नियंत्रित नहीं किया जा सकता और हवा, पानी और बादलों के साथ यह अनियंत्रित हो चारों ओर फैलता है। इससे भी बढ़कर विकिरण की अवधि इतनी लम्बी होती है कि वर्षों लोग इसके प्रभाव से कैंसर और दूसरी तरह की विकलांगता से त्रस्त होते रहेंगे।

दशकों पहले हुए चेर्नोबिल परमाणु बिजलीघर की दुर्घटना के असर से आज तक इसके आसपास के बड़े भूभाग के लोग विकिरण का दंश भुगत रहे हैं। अब अगर पाकिस्तान के लाहौर या इस्लामाबाद में ऐसा विस्फोट हुआ तो अमृतसर तो तबाह होगा ही दिल्ली तक इसके प्रभाव से सुरक्षित नहीं रहेगी। अगर भारत और पाकिस्तान के शासक नाभिकीय युद्ध के पागलपन पर उतर ही आए तो पाकिस्तान अधिक सुरक्षित स्थिति में रहेगा। वह दिल्ली की बजाय मुम्बई, चेन्नई और कोलकाता जैसे दूर-दराज महानगरों को परमाणु बमों का निशाना बनाएगा जो इतने दूर हैं कि वहाँ से पाकिस्तान पर पड़ने वाला प्रभाव काफी कम होगा।

दरअसल, भारत और पाकिस्तान सामरिक शक्ति और विशेषकर नाभिकीय हथियारों की शक्ति के हिसाब से अमेरिका, रूस और चीन आदि के मुकाबले इतने कमजोर हैं कि उन्हें नाराज नहीं कर सकते। दूसरी ओर नाभिकीय हथियारों का प्रभाव अनियंत्रित होने के कारण कई दूसरे देशों पर भी, जिनमें इन महाशक्तियों का हित उलझा हुआ है, पड़ेगा। इसलिए किसी ऐसे युद्ध की आशंका होते ही इनका हस्तक्षेप शुरू हो जाएगा। कुल मिलाकर भारत और पाकिस्तान का नाभिकीय हथियारों का प्रदर्शन एक-दूसरे पर रौब गालिब करने की पैंतरेबाजी से अधिक कुछ नहीं हो सकता। एक दृष्टि से यह भारतीय उपमहाद्वीप के लिए राहत देनेवाली बात है, लेकिन इस शक्ति पर होनेवाले खर्च का बोझ भारत की गरीब जनता के लिए असह्य हो जाता है।

अमेरिका के साथ सन्धि से अगर इस दिशा में होनेवाले प्रयासों पर कोई बाधा नहीं आती तो यह रक्षा मंत्रालय के वरीय अधिकारियों और कुछ खास तरह के तकनीकी विशेषज्ञों को छोड़ किसी के लिए राहत की बात नहीं है। वामपंथी दल भी बढ़ते अमेरिकी प्रभाव के प्रति चिन्ता तो जताते हैं, लेकिन जो मूल मुद्दा है, आणविक हथियारों के विकास का, उस सम्बन्ध में कुछ नहीं कहते। क्या वे चाहते हैं कि भारत एक परमाणु शक्ति बनकर उभरे?

यह महत्त्वपूर्ण इसलिए है कि देश के बहुसंख्यक गरीब लोगों के जीवन स्तर का सीधा सम्बन्ध हथियारों पर होनेवाले भारी खर्च से है। नाभिकीय हथियारों के विकास पर होनेवाला खर्च दूसरे मद में होनेवाले खर्च से कहीं अधिक होता है। परमाणु बिजली घरों से सम्बद्ध दुर्घटनाओं की आशंका और इनके कचरे को सुरक्षित रखने की समस्या पर विचार करने पर बिजली पैदा करने के लिए इन पर निर्भरता

बढ़ाना खर्चीला और खतरनाक दोनों है। इसके लिए अमेरिका से ईंधन प्राप्त होना इन समस्याओं के सन्दर्भ में कोई बड़ी उपलब्धि नहीं है।

अमेरिका की दृष्टि साफ है। अब तक उसने स्वयं परमाणु ऊर्जा संयंत्रों को विकसित नहीं किया है। दूसरे देशों में इनके विकास से उसे परमाणु ईंधन के लिए एक बड़ा बाजार भी मिलेगा और जीवाश्म ऊर्जा पर दुनिया के बाजार में दबाव भी घटेगा। इस तरह से उसे दुहरा लाभ होगा। अमेरिका की यह बड़ी सफलता मानी जाएगी कि वह एक व्यापारिक लाभ को अनुग्रह की तरह पेश कर रहा है।

परमाणु बिजलीघर का विस्तार करने के साथ दो तरह की समस्याएँ जुड़ी हैं। पहली समस्या तो ईंधन के लिए इस्तेमाल हो चुके विकिरणशील पदार्थों के कचरे को ठिकाने लगाने की है। अब तक दुनिया में कहीं भी इसे सुरक्षित रूप में रख पाने में सफलता नहीं मिली है। कोई भी पदार्थ सीमेंट, इस्पात आदि ऐसा नहीं है जिसमें बन्द कर रखने से इसके विकिरण के प्रभाव को निरस्त किया जा सके। इन बक्सों को नमक की बड़ी चट्टानों के बीच रखने के प्रयास हुए हैं, लेकिन कुछ समय बाद ये चट्टान भी पिघल सकती हैं और विकिरणशील पदार्थ भूतल में जाकर आसपास विकिरण फैला सकते हैं। चूँकि विकिरण की प्रक्रिया हजारों वर्षों तक जारी रहती है, भविष्य में अनेक पीढ़ियाँ विकिरण से होनेवाले प्रदूषण से अभिशप्त रहेंगी। अगर कचरे के रखरखाव के खर्च को ध्यान में रखा जाए तो अब तक परमाणु बिजलीघर ऊर्जा का सबसे खर्चीला स्रोत साबित हुए हैं।

कुछ लोग परमाणु को तोड़ने की प्रचलित तकनीक की बजाय जोड़ने (फ्यूजन) की तकनीक यानी हाइड्रोजन के परमाणु को जोड़ हिलियम के परमाणु में बदलने के क्रम में पैदा ऊर्जा (जैसा हाइड्रोजन बमों से प्राप्त होती है) विकसित करने की बात करते हैं, लेकिन अभी तक यह तकनीक कहीं भी विकसित नहीं हो पाई है और इस पर क्या खर्च आएगा, कोई नहीं जानता।

हमारे देश में असावधानी के कारण जैसी दुर्घटनाएँ होती हैं, उनको ध्यान में रखते हुए ऐसे संयंत्र विकसित करना, जो दुर्घटना होने पर लगभग परमाणु बम जैसे ही प्रलयकारी हो सकते हैं, नीति निर्माताओं में दूरदर्शिता का अभाव या लोगों की सुरक्षा के प्रति घोर लापरवाही जाहिर करता है। दरअसल, ऐसी खतरनाक तकनीक की तरफ भागने के पीछे वर्तमान औद्योगिक उपभोक्तावादी संस्कृति का वह दबाव है जिसमें हम जीवन को अधिकतम ऊर्जा के इस्तेमाल पर आधारित करते जा रहे हैं। इस दृष्टि को प्रोत्साहित करने के पीछे मुनाफे की भूख होती है जो कोई सीमा कबूल करने को तैयार नहीं।

कठिनाई यह है कि हम लगभग उस बिन्दु के पास पहुँच चुके हैं जहाँ दुनिया की विशाल जनसंख्या को अपनी कल्पना की तिलस्मी दुनिया प्रदान करने की कोशिश में प्रकृति की सीमाओं का अतिक्रमण करने को अभिशप्त है। ऐसा अतिक्रमण अनिवार्य मौत को निमंत्रण है। कोई भी राजनय हमें इस सत्य के परे नहीं ले जा सकता।

जनसत्ता, 19 अगस्त, 2006

8

आर्थिक और नैतिक दोनों दृष्टियों से राष्ट्रीय जनतांत्रिक गठबंधन सरकार अब सत्ता में बने रहने का अपना अधिकार खो चुकी है। देश की आर्थिक स्थिति चिन्ताजनक है। किसान और छोटे औद्योगिक उत्पादक बरबादी के कगार पर हैं, लेकिन देश के वित्तमंत्री को विदेशी वस्तुओं के लिए देश का दरवाजा खोलने का कोई दुष्परिणाम नहीं दिखाई देता। देश का भविष्य विदेशी कम्पनियों के हाथ गिरवी रखा जा रहा है। एनरॉन प्रकरण ने स्पष्ट कर दिया है कि विदेशी कम्पनियाँ देश को लूटने आती हैं, इसे सम्पन्न बनाने नहीं। इसके बावजूद विदेशी पूँजी को लुभाने के लिए हर तरह की राष्ट्र विरोधी शर्तें कबूल की जा रही हैं। अब स्थिति यहाँ तक बिगड़ गई है कि स्वयं भाजपा के मजदूर संगठन 'भारतीय मजदूर संघ' के नेता तक वित्तमंत्री को देशद्रोही करार दे रहे हैं। इस सरकार के घटकों की नैतिकता का स्तर क्या है, इसे 'तहलका' ने पूरी तरह उजागर कर दिया है।

विडम्बना यह है कि वर्तमान अध:पतन के बावजूद राजग की यह चौकड़ी न सिर्फ सत्ता में बनी हुई है, बल्कि फिलहाल विपक्ष में ऐसी शक्ति दिखाई नहीं देती जो इसका स्थान लेने का दावा पेश कर सके। विपक्ष में भी वैसा ही नैतिक और नीति सम्बन्धी शून्य है। जयललिता और लालू प्रसाद यादव ने चरित्र का कोई ऐसा नमूना नहीं पेश किया है जिससे लोग विपक्ष की नैतिकता पर भरोसा कर सकें। कांग्रेस से लेकर वामपंथी दलों तक ने लालू प्रसाद यादव और जयललिता को ही जब-तब अपना आसरा बनाया है। कांग्रेस आज भी बिहार में लालू प्रसाद यादव से गठजोड़ कर सत्ता में साझीदार है। स्वयं कांग्रेस के अतीत पर बोफोर्स सौदे में दलाली की काली छाया मँडरा रही है। जहाँ तक आर्थिक नीति का सवाल है, राजग ने घोषित रूप से मनमोहन सिंह की नीति को ही अपना आधार बनाया है, जो कांग्रेस की विरासत है। कोई अचरज नहीं कि देश के आम लोगों में विपक्ष की पार्टियों के लिए कोई उत्साह नहीं पैदा होता और जब वे इसे समर्थन देते हैं तो किसी दूसरे विकल्प की अनुपस्थिति की मजबूरी में ही।

काफी देर से अब वाम दलों ने कांग्रेस और राजग से अलग अपना तीसरा मोर्चा बनाने की दिशा में पहल शुरू की है। यह इस अर्थ में ज्यादा सकारात्मक लगता है

कि पुरानी 'धर्मनिरपेक्ष' दलों की एकता के बाँझ और नकारात्मक बन्धन से मुक्ति मिल गई है। लोगों के जीवन से जुड़ी असली समस्याओं पर जब आन्दोलन होंगे और जब इसके अनुभवों से जनमानस बनेगा तो साम्प्रदायिकता के पूर्वग्रह से भी लोगों को मुक्ति मिलेगी। स्थितियाँ खुद धार्मिक कठमुल्लेपन के आधार को तोड़ेंगी। आज भारतीय मजदूर संघ, जो संगठित क्षेत्र के मजदूरों का सबसे बड़ा संगठन बन चुका है, श्रमिकों के जीवन पर पड़ने वाले आर्थिक नीतियों के प्रभाव के दबाव में ही बाकी मजदूर संगठनों के साथ मिलकर संघर्ष करने को आगे आया है। जैसे-जैसे यह संघर्ष व्यापक होगा, आम आदमियों के हितों की एकता का भाव मजबूत होगा और लोग समझेंगे कि धर्मों के नाम पर आदमी-आदमी को बाँटना एक बड़ा फरेब है। अगर हम लोगों की मानसिकता में उभरते इस बदलाव पर विचार करें तो पाएँगे कि वैश्वीकरण के विरोध की यह अभिव्यक्ति मजदूर संगठनों के सामने आनेवाली समस्याओं का ही परिणाम है। मजदूर संगठनों की सदस्यता का बड़ा हिस्सा सार्वजनिक और सरकारी क्षेत्रों के मजदूरों से आता है। बैंक, बीमा आदि क्षेत्रों में विदेशी कम्पनियों के प्रवेश की छूट और सार्वजनिक क्षेत्र की कम्पनियों के विनिवेश ने इन क्षेत्रों के मजदूरों के सामने यह स्पष्ट कर दिया है कि नई आर्थिक नीति उनके रोजगार और जीवन, दोनों की सुरक्षा के लिए सीधा खतरा है। इस नीति से बड़े पैमाने पर छँटनी और रोजगार की कटौती अनिवार्य है।

भाकपा और माकपा की नीतियों में यह परिवर्तन सम्भवत: इनके मजदूर संगठनों के दबाव में ही हुआ है। बैंक और बीमा क्षेत्र के मजदूर संगठनों पर तो इन पार्टियों का वर्चस्व पूरा था और इस आधार को वे नजरअन्दाज नहीं कर सकती थीं। यह बात कुछ विश्वास के साथ इसलिए कही जा सकती है कि दोनों वामपंथी दल इन्द्र कुमार गुजराल और देवगौड़ा की गठबन्धन सरकारों के समर्थक थे। भाकपा तो बाजाब्ता सरकार में शामिल थी जबकि उन सरकारों ने भी मूलत: वही आर्थिक नीति अपनाई थी जो आज राजग की है—यानी विश्व व्यापार संगठन में बने रहना और वैश्वीकरण की नीति को लेकर चलना। ज्ञातव्य है कि माकपा के ज्योति बसु भी एक समय इस गठबन्धन सरकार के प्रधानमंत्री बनने के इच्छुक थे, हालाँकि उनकी अपनी ही पार्टी में उठे विवाद से उनकी यह आकांक्षा अधूरी रह गई।

अगर वाम दल वास्तव में वर्तमान नीतियों के विरोध में एक कारगर विकल्प बनाना चाहते हैं तो उन्हें पिछली फिसलन के कारणों की गहरी परीक्षा करनी होगी और अपनी दृष्टि में आमूल चूल परिवर्तन करना होगा। मार्क्सवादी पार्टियों के भटकाव का मूल कारण उनकी औद्योगीकरण और आधुनिकीकरण सम्बन्धी मूलबद्ध प्रतिबद्धताएँ हैं। वे मानकर चलते रहे हैं कि तकनीक के विकास की एक स्वायत्त प्रक्रिया होती है जिससे बाकी सामाजिक संरचनाएँ निर्धारित होती हैं। इसे सामाजिक विकास का दिशा निर्धारक भले ही न मानें, लेकिन पश्चिमी देशों के गैर-मार्क्सवादी

समाजवादियों और दूसरे अर्थशास्त्रियों में भी तकनीक को आधुनिकतम बनाने की गहरी लालसा रही है। इसे ही प्रगति का पर्याय माना जाता रहा है।

इसी दृष्टि के कारण सोवियत संघ का विघटन हुआ क्योंकि आधुनिकतम औद्योगिक प्रगति के लिए उन्हें धीरे-धीरे पूर्ण रोजगार और समता के सारे मूल्यों को तिलांजलि देनी पड़ी। जब वहाँ की तानाशाही टूट गई तो इसी दबाव में पूरी व्यवस्था ही ध्वस्त हो गई। चीन में तो कम्युनिस्ट शासन और उसकी अधिनायकशाही के तहत ही मुक्त पूँजीवादी व्यवस्था को देश में ला दिया गया। कम्यूनों के 'घर-पिछवाड़े के इस्पात कारखानों' की जगह अब पश्चिमी देशों, विशेषकर अमेरिका के विविध औद्योगिक प्रतिष्ठानों और भोजन गृहों की शृंखला चीन में फैल गई है। वहाँ के बीमा क्षेत्र में सत्ताइस विदेशी कम्पनियाँ हैं। चीन के उद्योगों का तेज आधुनिकीकरण पूँजीवादी मानकों के तहत हो रहा है, लेकिन इसकी कीमत वहाँ के लोगों को उसी तरह चुकानी पड़ रही है जिस तरह उन दूसरे देशों में, जिन्होंने पूँजीवादी मानकों को अपनाया था। यानी देश में बड़ी संख्या में मजदूरों की छँटनी हुई है और यह अनुमान किया जाता है कि लगभग दस करोड़ किसान खेती छोड़ दूसरे कामों की तलाश में भटक रहे हैं। देश में गैर-बराबरी बहुत ज्यादा बढ़ी है और भ्रष्टाचार चारों ओर फैला है जिसमें कम्युनिस्ट पार्टी के ऊँचे ओहदों पर स्थापित लोग भी संलग्न हैं।

पश्चिमी यूरोप की समाजवादी कही जानेवाली पार्टियों ने अगर पूँजीवादी नीतियों को आत्यंतिक रूप में अपनाया है तो इसके पीछे भी अपने उद्योगों को विश्व के स्तर पर आधुनिकतम और स्पर्धा में सर्वाधिक सक्षम बनाने की धुन ही है। पश्चिमी यूरोप के समाजवादियों की एक मजबूरी भी इसके पीछे है। यूरोप की सबसे विकसित अर्थव्यवस्थाएँ पूरी तरह निर्यात और आयात पर निर्भर हैं। आवश्यक मात्रा में निर्यात कर पाने के लिए उनके उद्योगों के लिए विश्व स्तर की स्पर्धा में टिक पाना जरूरी है। स्पर्धा में सक्षमता के लिए उद्योगों में खर्च की कटौती और परिणामस्वरूप रोजगार में कटौती अनिवार्य बन जाती है। इसी उद्‌देश्य से पूँजीपतियों को टैक्स में कटौती आदि की राहत दी जाती है ताकि वे अन्तरराष्ट्रीय बाजार में मजबूती से पैर जमा सकें।

यूरोप की सम्पन्न अर्थव्यवस्थाओं में बेकारी के दंश से लोगों को बेकारी भत्ता के प्रावधानों से बचा लिया जाता है क्योंकि उनके आर्थिक साधनों की पृष्ठभूमि में ऐसा भत्ता देना असह्य आर्थिक बोझ नहीं डालता, लेकिन भारत जैसे गरीब देश में जहाँ पहले से ही बेकारों की विशाल फौज किसी तरह का रोजगार पाने के लिए बेचैन है, इस समस्या को और विकराल बना अराजकता को आमंत्रित करना है। इसलिए वामपंथी दलों के लिए देश को विकल्प की सरकार दे पाने की विश्वसनीयता हासिल करने के लिए सिर्फ वर्तमान नीतियों की आलोचना करना

काफी नहीं होगा। उन्हें तफसील से एक वैकल्पिक अर्थनीति की रूपरेखा तैयार कर देश के सामने पेश करनी होगी और बतलाना होगा कि वे देश की कृषि और उद्योगों को कैसे चलाएँगे। यह भी कि लोगों की बेरोजगारी और गरीबी की समस्या से कैसे निपटेंगे।

इस बात को तो मानकर ही चलना होगा कि हम पश्चिमी देशों की आर्थिक नीतियों का अंधानुकरण कर कहीं नहीं पहुँचेंगे। हमारी समस्याएँ बुनियादी रूप से भिन्न हैं। हमारी अर्थव्यवस्था अन्तरराष्ट्रीय व्यापार पर निर्भर नहीं। इस निर्भरता को जानबूझकर बढ़ाना राष्ट्रीय आत्मघात है। फिलहाल हमारा अन्तरराष्ट्रीय व्यापार तमाम अन्तरराष्ट्रीय व्यापार का मुश्किल से एक प्रतिशत के लगभग होगा। मोटर वाहनों और वायुयान सेवा को लें। हमारे जीवन की रफ्तार के हिसाब से इनका विस्तार बिलकुल जरूरी नहीं, लेकिन हम पश्चिमी देशों की नकल में इन्हें बढ़ाए चले जा रहे हैं। नतीजा है कि हमारी पेट्रोलियम पदार्थों पर निर्भरता तेजी से बढ़ती जा रही है। अकेले इन पदार्थों के आयात पर हम सालाना कई लाख करोड़ खर्च करते हैं। स्वाभाविक है कि हमें अपने निर्यात को भी इसी पैमाने पर बढ़ाना होगा। इस तरह पश्चिमी देशों की तर्ज पर अपने जीवन को ढालना न तो हमारे लिए जरूरी है और न सम्भव। दुनिया का सबसे सम्पन्न देश अमेरिका स्वयं उपभोग के सीमाहीन विस्तार में ऐसा फँसा है कि उसके लिए इससे निकलना कठिन हो रहा है। भारत से प्रति व्यक्ति चालीस गुना अधिक ऊर्जा खपत करने के बावजूद यह ऊर्जा के अभाव से जूझ रहा है। इस दबाव में पुन: परमाणु ऊर्जा संयंत्र लगाने की योजना सुझाई जा रही है जिसे कभी खतरनाक समझ कर बन्द कर दिया गया था। 'क्योटो प्रोटोकॉल' के तहत पर्यावरण रक्षा के लिए ऊर्जा की खपत पर जो कटौती करना उसके लिए अनिवार्य माना गया था उससे भी वहाँ की सरकार पीछे हट रही है। यह बतलाता है कि अपने उपभोग को बेलगाम बना देने पर एक अत्यधिक सम्पन्न और शक्तिशाली देश भी अपनी राष्ट्रीय और अन्तरराष्ट्रीय जबावदेहियों को निभाने में असहाय बन जाता है। भारत के लिए तो वह जीवन-स्तर पाना वैसे ही अकल्पनीय है।

देश के मध्य वर्ग और इससे आए हमारे देश के दक्षिणपंथी और वामपंथी तमाम नेताओं में यह भ्रम फैला हुआ है कि अधिक वस्तुओं के उपयोग से जीवन की गुणवत्ता बढ़ती है। हकीकत इसके ठीक उलट है, जिसे हमारे मनीषियों ने ठीक-ठीक समझा था। अन्तरराष्ट्रीय व्यापार दरअसल बिचौलियों का विस्तार कर जीवन को खर्चीला जरूर बनाता है, सुखकर नहीं। पड़ोस के खेत से लिए गए फल या सब्जी की जगह दूर-दराज से आयातित डिब्बाबन्द साग या फल महँगे जरूर होते हैं, स्वास्थ्यवर्धक नहीं। न ठेलों पर के चाट से मैक्डोनल्ड के फ्रेंच फ्राई ज्यादा स्वादिष्ट—वे सौ गुना महँगे भले ही हों।

वामपंथ पर आधुनिकता का मोह कुछ ज्यादा ही गहरा है। इस भ्रम से मुक्त हुए बगैर वे भी सत्ता में आने पर बिलकुल वे ही नीतियाँ चलाएँगे जो कांग्रेसी या राजग की सरकारें चलाती रही हैं। सादगी पर आधारित आत्मनिर्भरता को छोड़ देश के सामने स्वस्थ जीवन का कोई विकल्प नहीं—व्यक्तिगत और सामाजिक दोनों ही अर्थ में। देश में एक कारगर राजनीतिक विकल्प के लिए यह बुनियादी समझ जरूरी है। वामपंथ की एकता का अगर यह आधार नहीं बनता तो फिर वह सत्ता में आने पर कुछ दिखावटी कलाबाजियाँ भले ही कर ले, नीतियों में परिवर्तन नहीं कर सकता। वामपंथ इस बुनियादी सवाल पर क्या सोचता है, इसे स्पष्ट रूप से घोषित करना चाहिए, तभी उसे टिकाऊ जनसमर्थन मिलेगा।

जनसत्ता, 8 जून, 2001

9

अभी हम एक विलक्षण आर्थिक स्थिति से गुजर रहे हैं। एक तरफ मुद्रास्फीति की दर, यानी समग्र रूप से वस्तुओं की कीमतों की सालाना बाढ़ की दर पिछले साल के तीन प्रतिशत के मुकाबले आठ प्रतिशत से अधिक हो गई है तो दूसरी तरफ कृषि उत्पादों की कीमत में भारी गिरावट आई है। खाद्यान्न के मामले में तो देश के कई भागों में किसानों को सरकार द्वारा निर्धारित खरीद मूल्य से भी आधी दर पर अन्न बेचना पड़ रहा है। यह स्थिति रूस के 1924 के उस विख्यात विवाद की याद दिलाती है जिसने नवजात कम्युनिस्ट अर्थव्यवस्था को एक निर्णायक दिशा दी। उस विवाद को 'कैंची के संकट' ने जन्म दिया था। कैंची का संकट नाम दिए जाने के पीछे स्थिति यह थी कि उस समय रूस में कृषिजन्य वस्तुओं की कीमतों का ग्राफ और औद्योगिक वस्तुओं की कीमतों का ग्राफ दो विपरीत दिशा में चल रहे थे। पहला नीचे की तरफ और दूसरा ऊपर की तरफ, जैसे कैंची के दो ब्लेड फैलकर अलग हो रहे हों। इससे यह आशंका पैदा हो गई थी कि किसान बाजार में अपनी पैदावार नहीं लाएँगे और अर्थव्यवस्था पर संकट आ जाएगा।

इस संकट से उबरने के दो विपरीत रास्ते बतलाए गए। एक बुखारिन (कम्युनिस्ट नेता और अर्थशास्त्री) द्वारा बतलाया गया जिसमें वे किसानों को अधिक कीमत देना चाहते थे ताकि उनमें खुशहाली आए। उनकी स्थापना थी कि चूँकि रूस में 'कमांडिंग हाइट' (यानी समाज की दिशा निर्धारक शक्ति) समाजवादी व्यवस्था के हाथ में है, खुशहाल किसान समाजवादी व्यवस्था के ताने-बाने में उलझकर इस व्यवस्था को ही सम्पन्न बनाएँगे। दूसरा रास्ता त्रात्स्कीवादी नेता प्रियो ब्रेजेंस्की द्वारा सुझाया गया। इसमें किसानों से सख्ती से निपटने की सलाह दी गई थी और आगाह किया गया था कि सम्पन्न किसान, जिन्हें वहाँ कुलक कहा जाता था, का विकास अन्तरराष्ट्रीय पूँजीवाद के समर्थन से प्रतिक्रान्ति का आधार बन सकता है। एक कटु अन्तर्द्वन्द्व के बाद अन्ततोगत्वा स्टालिन के नेतृत्व में कम्युनिस्ट व्यवस्था ने सामूहीकरण के द्वारा किसानों के अस्तित्व को मिटाने का निर्णय किया। किसान सामूहिक फार्मों पर मजदूर बना दिए गए। अब कृषि

उत्पादों पर सरकार का पूरा नियंत्रण हो गया और कृषि के दोहन के आधार पर तेज औद्योगिक विकास की शुरुआत हुई।

वैसे तो ऊपर दिया गया विवरण कम्युनिस्ट व्यवस्था के अतिवादी रुझान से पैदा विलक्षण स्थिति का मालूम पड़ता है, लेकिन दरअसल शहरी संस्कृति और साम्राज्यों का अब तक का पूरा इतिहास यह बतलाता है कि प्राचीन काल से अब तक नगर-केन्द्रित सभ्यताओं का आधार किसी-न-किसी तरह कृषि उत्पादकों के शोषण से प्राप्त अधिशेष ही रहा है। चाहे मिस्र के फेलाईन (राज्य के बँधुआ किसान) रहे हों, चाहे रोम के फार्मों (लातिफूंडिया) पर काम करनेवाले गुलाम, चाहे 1868 से 1911 तक के मेइजी काल के जापान के किसान, चाहे यूरोप के सामन्ती काल के सर्फ इनका ही शोषण इन सभ्यताओं का आधार रहा है। वर्तमान औद्योगिक व्यवस्था में प्राथमिक पूँजी संचय का मूल स्रोत तो प्रत्यक्ष या परोक्ष रूप से किसानों से प्राप्त अधिवेश ही रहा है।

रूस में किसानों का अस्तित्व बहुत नाटकीय ढंग से नृशंस राजशक्ति के प्रयोग के द्वारा मिटाया गया। यही काम वर्तमान पूँजीवादी औद्योगिक व्यवस्था ने राज्य की शक्ति की जगह बाजार की शक्ति का प्रयोग कर किया है। हमारे देश में जो संकट किसानों के सामने आते रहे हैं, उसका उत्स भी यही है और इसलिए इस पर थोड़ा विस्तार से विचार करना जरूरी है।

पूँजीवादी व्यवस्था में स्पर्धा में टिके रहने के लिए उत्पादित वस्तुओं की कीमतों को कम करके रखना जरूरी होता है। इसके लिए कृषि उत्पादों का सस्ता होना महत्त्वपूर्ण है। इसके लिए औद्योगिक कच्चे माल जैसे नारियल, सोयाबीन या दूसरे तिलहन, कपास, पटसन, बाँस, यूकेलिप्टस जैसी वनोपजों, गन्ना, चुकन्दर आदि का सस्ता होना जरूरी होता है। दूसरी ओर मजदूरों के जीवनयापन के खर्च को कम रखने के लिए अन्न का भाव भी कम रखना जरूरी है। अन्न का भाव बढ़ने से मजदूरी बढ़ाने की माँग शुरू हो जाती है। इसी से अन्न का भाव कम रखने के सवाल पर प्राय: मजदूर और मालिक एक हो जाते हैं। इसीलिए पिछले दशकों में भारत का वामपंथ भी अन्न के भाव को कम रखने पर जोर देता रहा है। उद्योगपतियों और श्रमिकों का यह संयुक्त मोर्चा काफी पुराना है। औद्योगिक प्रसार के प्रारम्भिक काल में स्वयं ब्रिटेन में उद्योगपति और मजदूर दोनों ही इस बात पर एक थे कि 'कॉर्न लॉ' जिसके तहत अन्न के आयात पर प्रतिबन्ध था, हटाया जाए और 1846 में इसे हटाना पड़ा। इस कानून के कारण ब्रिटेन में अन्न महँगा रहता था।

औद्योगिक दृष्टि से विकसित देशों में कृषिजन्य वस्तुओं की कीमतों को कम रखने का सीधा परिणाम हुआ किसानों के अस्तित्व का नाश। यहाँ किसानों से अर्थ उन छोटे किसानों से है जो अपनी छोटी जोतों पर मूलत: पारिवारिक श्रम और अपेक्षतया छोटे उपकरणों से काम करते हैं। यह जरूरी नहीं कि छोटी जोतों पर

प्रति इकाई उत्पादन कम हो। दरअसल छोटी जोतों पर पौधों की देखरेख, मौसम के अनुसार त्वरित उपचार आदि ज्यादा अच्छी तरह हो सकता है। इसके अलावा किसान खेती से भावनात्मक रूप से जुड़ा होता है और उस पर अत्यधिक ध्यान देता है। इसके विपरीत बड़े फार्मों पर श्रमिकों और व्यवस्थापकों पर निर्भरता होती है जिनका वैसा भावनात्मक जुड़ाव नहीं होता।

लेकिन विशाल आकार का लाभ दूसरी तरह से होता है। फर्ज कीजिए कि पैदावार की स्थिति छोटे और बड़े फार्मों में समान है और लागत काटकर प्रति एकड़ हजार रुपए की बचत होती है। अब इस बचत से पाँच एकड़ वाले किसान को पाँच हजार रुपए की बचत होगी जो जीवनयापन के लिए काफी कम पड़ेगी। दूसरी ओर हजार एकड़ वाले फार्मर को इसी दर से दस लाख रुपए की बचत होगी। वह चाहे तो अपनी उपज की कीमत को कम करके भी अपना और अपनी खेती का खर्च चला सकता है, लेकिन इस स्पर्धा में छोटा किसान अपना अस्तित्व नहीं बचा पाएगा।

इसी कारण औद्योगिक देशों में उन्मुक्त बाजार व्यवस्था के तहत छोटे किसान हाशिए पर जाते-जाते विलुप्त हो गए। सम्पन्न औद्योगिक देशों में यह नीति अपनाई गई कि छोटे किसानों को प्रोत्साहन दे वैकल्पिक कामों में लगाया जाए क्योंकि अपनी छोटी जोतों पर वे देश के लिए निर्धारित न्यूनतम जीवन स्तर पाने में अक्षम बन गए। इसी प्रक्रिया में अमेरिका में खेती में लगे लोगों की संख्या तीन प्रतिशत के लगभग रह गई और ब्रिटेन में भी पाँच प्रतिशत से कम ही।

इस संख्या में खेती में लगे भू-स्वामी और मजदूर सभी शामिल हैं। सिर्फ जापान में छोटी जोतें अब भी जीवित हैं क्योंकि राष्ट्रीय सुरक्षा को ध्यान में रखकर जापान ने अन्न के मामले में आत्मनिर्भरता की नीति अपनाई। अपने किसानों को विश्व बाजार में चालू अन्न की कीमतों से कई गुना कीमत देता रहा। यह ध्यान देने योग्य बात है कि जापान में कृषि योग्य भूमि बहुत कम है और द्वितीय विश्व युद्ध के बाद जनरल मैकआर्थर ने जापान पर अमेरिकी अधिकार के काल में सामन्ती प्रभाव को खत्म करने के लिए सात एकड़ की भूमि हदबन्दी लागू कर दी थी। हाल के दिनों में विश्व व्यापार संगठन के दबाव में जापान को भी अल्प मात्रा में खाद्यान्न आयात करने को मजबूर किया गया है। चूँकि जापान की अर्थव्यवस्था मूलत: निर्यात पर आधारित है, जिसका लाभ इसकी विशाल अर्थव्यवस्था को मिलता है, वह विश्व व्यापार संगठन के प्रावधानों का तिरस्कार नहीं कर सकता था।

लेकिन आधुनिक औद्योगिक व्यवस्था के आरोहण के हर पग पर किसानों के हित की बलि चढ़ाई जाती है। चाहे नर्मदा जैसे बड़े बाँधों से हो, राष्ट्रीय राजमार्गों के लिए भूमि अधिग्रहण से हो, औद्योगिक नगर बसाने के लिए हो या महानगरों या अभयारण्यों का प्रसार हो, सभी में किसानों का ही विस्थापन होता है। एक तरह

से वर्तमान सभ्यता में विस्थापन किसानों की नियति बन गई है। जो लोग कृषि को उद्योगों का दर्जा देने की वकालत करते हैं, वे या तो इसके निहितार्थ से अनभिज्ञ हैं या जानबूझकर बड़े उद्योगों और बड़े औद्योगिक फार्मों के विकास के लिए छोटे किसानों का अस्तित्व मिटाने का वातावरण बना रहे हैं। कृषि भूमि को हदबन्दी कानून से मुक्त करने और कृषि में देशी और विदेशी पूँजीनिवेश के लिए दरवाजा खोलने की पहल को इसी पृष्ठभूमि में देखा जाना चाहिए। एक बार यह शुरू हुआ तो धीरे-धीरे विपन्न होते छोटे किसान अपनी जमीन बड़े पूँजीवादी प्रतिष्ठानों के हाथ बेच देंगे और फिर आजीविका की तलाश में भटकेंगे।

कम्युनिस्ट विचारधारा में छोटे किसानों के प्रति उपेक्षा और बड़े फार्मों के प्रति आकर्षण का ही परिणाम है कि केरल और पश्चिम बंगाल जैसे राज्यों में, जहाँ वामपंथ लम्बी अवधि तक सत्ता में रहा है, औद्योगिक दृष्टि से महत्त्वपूर्ण चाय, कॉफी, रबर, इलायची, नारियल आदि के फार्मों पर कभी कोई भू-हदबन्दी नहीं लागू की गई और इन दोनों राज्यों में हजारों हजार एकड़ के औद्योगिक फार्म बड़े औद्योगिक घरानों के हाथ में हैं। धान, गेहूँ जैसे कम मुनाफे वाले क्षेत्रों में ही भू-हदबन्दी लागू की गई जिनमें बड़े पूँजीपतियों की दिलचस्पी नहीं थी। केरल में तो धान की खेती काफी दिनों से घाटे की ही रही है। इससे किसान इन्हें आवासीय प्लाटों, या जहाँ सम्भव है नारियल के फार्म में बदल रहे हैं, लेकिन छोटे किसानों के लिए अब नारियल की खेती भी घाटे की होने लगी है और सम्भव है कि बड़े प्रतिष्ठानों की इजारेदारी वहाँ भी कायम हो जाए। फिर किसान कहाँ जाएँगे?

हकीकत यह है कि छोटे किसान संरक्षित बाजार के भीतर ही अस्तित्व में रह सकते हैं जहाँ विशाल उत्पादकों की प्रतिस्पर्धा से उन्हें लागत से कम भाव पर अपना उत्पाद बेचने की मजबूरी न हो, लेकिन यह उन्मुक्त वैश्विक व्यवस्था के भीतर सम्भव भी नहीं। इसलिए छोटे किसानों के अस्तित्व—यानी इस देश की दो-तिहाई आबादी के अस्तित्व की रक्षा देश को वैश्विक बाजार की स्पर्धा से बचाने से ही सम्भव है, लेकिन यह तो हो नहीं सकता कि हम खेती को तो स्पर्धा से मुक्त रखें और उद्योगों को वैश्विक व्यवस्था से जोड़ें। इसके लिए हमें कृषि और उद्योग दोनों में निवेश को समस्तर बनाना होगा। यानी छोटी तकनीक अपनानी होगी। यह हमारी अर्थव्यवस्था और जीवन के प्रतिमानों को एक नई दिशा देने की माँग करती है। देश के बहुसंख्य लोगों की रक्षा के लिए हमें इस चुनौती को स्वीकार करना होगा।

जनसत्ता, 22 जनवरी, 2001

10

वर्तमान अर्थनीति की यह विडम्बना ही है कि जो स्थितियाँ लोगों की खुशहाली का आधार बन सकती थीं वे आज अनेक लोगों के लिए विपन्नता और हताशा से आत्महत्या तक की नौबत ला रही हैं। यह स्थिति आज चारों ओर हमारे किसानों के जीवन और कृषि उत्पादकता में देखी जा सकती है। सरकार इस बात की वाहवाही लूट रही थी कि देश में रिकॉर्ड अन्न उत्पादन हुआ है, लेकिन इस उपलब्धि का नतीजा रिकॉर्ड अन्न उपजानेवाले किसानों के जीवन पर क्या हो रहा है, इस ओर वर्तमान नीति निर्धारकों का ध्यान नहीं जाता। किसानों की यह दुर्दशा सरकारी नीतियों का ही परिणाम है। ऐसे समय जब कृषि उत्पादन 'रिकॉर्ड' था, सरकार ने अन्न समेत सैकड़ों वस्तुओं के निर्बाध आयात के लिए देश का दरवाजा खोल दिया। इससे अनेक उद्यमों में लगे लोगों के उद्योग-धन्धे बन्द हो रहे हैं, लेकिन सबसे बुरी स्थिति किसानों की हो रही है। सोयाबीन, तिलहन और नारियल उत्पादकों के उत्पादों के मूल्य गिर गए हैं। खरीदगी के अभाव में गेहूँ और धान आदि के सरकार द्वारा निर्धारित समर्थन मूल्य से आधी कीमत पर किसान मजबूरी में अपना अनाज बेच रहे हैं। दूसरी ओर बजट घाटा कम करने के नाम पर उर्वरकों का मूल्य बढ़ा दिया गया है। डीजल का दाम बढ़ा देने से ट्रैक्टर से जुताई, दँवरी और ढुलाई का खर्च बेतहाशा बढ़ गया है। निजी या उधार पूँजी लगा खेती करने के बाद अब बिक्री के समय लागत से कहीं कम कीमत पर गल्ला बेचने की मजबूरी से किसानों के सामने घोर अंधकार है। छोटे किसानों के लिए जीवनयापन या खेती के उद्देश्य से लिए गए कर्ज की अदायगी का एकमात्र उपाय खेत बेचना या गिरवी रखना रह गया है।

यह उन्मुक्त प्रतिस्पर्धा के दर्शन और वैश्वीकरण की अर्थनीति का कमाल है कि अन्न की प्रचुरता देश में वरदान के बदले अभिशाप बनी हुई है। पूँजीवादी व्यवस्था में, जहाँ उत्पादन आवश्यकता-पूर्ति के लिए नहीं मुनाफे के लिए होता है, यह नई बात नहीं है कि अन्न का अधिक उत्पादन आर्थिक संकट पैदा कर दे। बार-बार ऐसा हुआ है कि अमेरिका जैसे धनी और बाजार के लिए अन्न पैदा करनेवाले देशों में लाखों टन अनाज समुद्र में डुबा दिया गया ताकि अन्न की कीमत

ऊँची रखी जा सके। प्राय: उन देशों में जहाँ अन्न का अभाव होता है, खरीदने के लिए धन का भी अभाव होता है। इसलिए अन्न के खरीदार नहीं मिलते और इसका दाम गिरता है।

अगर बाजार का दायरा सीमित यानी राष्ट्रीय हो तो कृषि उत्पादों की कीमतों को एक हद तक बचाया जा सकता है—जापान अभी तक यह नीति अपनाता रहा है, लेकिन अब जब बाजार वैश्विक है, उन देशों के कृषि उत्पादों की तुलनात्मक कीमतें सदा नीची रहेंगी जहाँ उत्पादकों को सबसे अधिक प्राकृतिक सुविधा उपलब्ध है या भारी मात्रा में सरकारी अनुदान प्राप्त है। अनुदान की सुविधा सम्पन्न औद्योगिक देशों के कृषि उत्पादकों को आसानी से उपलब्ध हो जाती है क्योंकि इन देशों की पूरी आय के अनुपात में कृषि की आय काफी कम होती है और अनुदान का बोझ वहन करना आसान होता है, लेकिन भारत जैसे देश में जहाँ उद्योग या दूसरे क्षेत्रों में आय काफी कम है, उद्योग धन्धे कृषिजन्य वस्तुओं की कीमत कम रख अपना मुनाफा बढ़ाना चाहते हैं। इस तरह भारत के किसान आज सस्ते आयात और देश की पूँजीवादी व्यवस्था दोनों की मार से पीड़ित हैं। उन्मुक्त वैश्विक बाजार व्यवस्था के तहत इस संकट से किसानों को बचाया भी नहीं जा सकता।

कुछ समय पहले चार भूतपूर्व प्रधानमंत्रियों ने किसानों को वर्तमान संकट से बचाने की दिशा में कुछ पहल की थी। किसानों के संकट के प्रति उनकी संवेदनशीलता स्वागत के योग्य है, लेकिन इस पहल के लिए उन्हें कुछ पुरानी वैचारिक गठरियों को छोड़ना होगा। फिलहाल ऐसा नहीं लगा कि वे इस संकट के मूल कारणों को समझ रहे हैं या उन्हें मिटाने की बात सोच रहे हैं। विश्वनाथ प्रताप सिंह समस्या का समाधान विश्व व्यापार संगठन के प्रावधानों के भीतर ही देख रहे थे। उन्होंने भारत सरकार पर यह आरोप लगाया कि उसने अनावश्यक अपने बाजार को निर्धारित समय सीमा के पहले ही पूरी तरह खोल दिया है जबकि विश्व व्यापार संगठन के प्रावधानों के तहत यह अनिवार्य नहीं था। इससे ऐसी ध्वनि निकलती है कि विश्व व्यापार संगठन के प्रावधानों का लाभ उनका सही उपयोग करके उठाया जा सकता है। इस तरह के बयानों से देश में विश्व व्यापार संगठन और वैश्विक बाजार व्यवस्था ही किसानों के संकट का मूल कारण है। कृषि उत्पादों की प्रचुरता देश के आर्थिक विकास में सहायक तभी बन सकती है जब हम उन्मुक्त बाजार की नीति अपनाने की बजाय देश को बाजार व्यवस्था से उन्मुक्त रखें। स्वावलम्बी विकास के आदर्श को अपनाकर ही यह किया जा सकता है।

आज भारत सरकार विश्व बैंक और अन्तरराष्ट्रीय मुद्रा कोष के आदेशों का पालन आँख बन्द कर इसलिए कर रही है कि उसे यह मुगालता है कि इससे भारी मात्रा में देश में बाहरी पूँजी निवेश होगा। यह भ्रम देश के पूरे मध्यवर्ग में व्याप्त है जिससे सरकार की वर्तमान नीति को समर्थन मिलता है। हकीकत यह है कि

भारत में विदेशों से आनेवाली पूँजी की मात्रा बहुत कम रही है और आती भी है तो प्राय: शेयर बाजार के माध्यम से जो पलक मारते ही निकल जाती है। बाकी स्थापित उद्योगों को आंशिक रूप में या पूरी तरह खरीदने के लिए अगर विदेशी पूँजी बड़ी मात्रा में आए भी तो भारत दक्षिण कोरिया या सिंगापुर जैसा छोटा देश नहीं है जिसका बाहरी पूँजी से कायाकल्प हो जाएगा।

विदेशी पूँजी के लोभ में हम अपने देश के विशाल पूँजी-स्रोत यानी श्रमशक्ति को नजरअन्दाज कर रहे हैं या नष्ट कर रहे हैं। लोग भूल जाते हैं कि पूँजी का मूल स्रोत मानव श्रम ही है, विशेषकर उत्पादक पूँजी का। सड़क निर्माण, नहर निर्माण, कारखानों के लिए भवन का निर्माण या बिजली के लिए बिजलीघर बनाने से लेकर तार के खम्भे या तार बिछाने का काम सारा का सारा मानव श्रम से होता है या किया जा सकता है। अगर हम नवीनतम पश्चिमी तकनीक के आग्रही हैं तो भी मशीनों पर लगी पूँजी किसी उद्योग में लगी पूरी पूँजी का छोटा हिस्सा ही होगी। गृह निर्माण के लिए आवश्यक ईंट, पत्थर या लकड़ियाँ तो पूरी तरह मानव श्रम से ही उपलब्ध होती हैं। इस तरह औद्योगिक आधारभूत संरचना तो लगभग पूरी तरह मानव श्रम से ही उपलब्ध होती है। फिर हम इसका विकास क्यों नहीं कर पाते? इसका कारण यह है कि हम यह आधारभूत संरचना भी आयातित तकनीक और पूँजी के स्वरूप और उसकी आवश्यकता के अनुसार ही करते हैं। यह पूँजी या तो बहुत कम होती है या फिर अपने ढंग की आधारभूत संरचना की माँग करती है। प्रश्न उठता है कि इस उत्पादक श्रम को क्रियाशील करके पूँजी में कैसे बदला जाए। इस सवाल पर विचार करते हुए देश के अतिरिक्त अन्न भंडार की भूमिका तुरन्त नजर आने लगती है। तब यह दिखाई देने लगता है कि अन्न की प्रचुरता अभिशाप नहीं है जैसाकि आज दिखाई देता है, बल्कि वरदान है। इसी से जुड़ी होती है लघु और घरेलू उद्योगों पर आधारित स्वावलम्बी औद्योगिक व्यवस्था।

निर्माण कार्यों में विशाल मात्रा में श्रमिकों को लगाने में जो समस्या सामने आती है वह यह है कि इन श्रमिकों को निर्वाह के लिए आवश्यक सामग्री कहाँ से उपलब्ध कराई जाए। इसका जवाब है उस अतिरिक्त अन्न की उपलब्धता से, जो खाद्यान्न उत्पादन की निरन्तर वृद्धि से प्राप्त हो सकती है। इस अन्न को काम के एवज में दिया जा सकता है। एक अत्यन्त छोटे पैमाने पर आज भी 'फूड फॉर वर्क' योजनाओं के तहत ऐसा किया जाता है, लेकिन यह महज राहत कार्य होता है। उसके पीछे कोई बड़ा नियोजन नहीं होता। एक दूसरी तरह से, अगर देश में अन्न यथेष्ट मात्रा में उपलब्ध है तो सरकार बेहिचक नोट छापकर निर्माण कार्य में लगे मजदूरों को दे सकती है। इससे वैसी मुद्रास्फीति की सम्भावना नहीं होगी जैसी आवश्यक वस्तुओं के अभाव में मुद्रा की बहुलता से होती है, लेकिन जिन श्रमिकों की आय रोजगार पाने से बढ़ेगी वे सिर्फ अन्न पर ही खर्च नहीं करेंगे। वे

आवश्यकता की अन्य वस्तुओं जैसे कपड़े, जूते, तेल, साबुन आदि पर भी खर्च करेंगे। अगर इन वस्तुओं का उत्पादन करनेवाले घरेलू उद्योगों को देशी और विदेशी बड़े उद्योगों की प्रतिस्पर्धा से बचाया जा सके तो माँग बढ़ने से इन उद्योगों का भी तेजी से विकास होगा और बेकार पड़ी श्रमशक्ति इन उद्योगों में कार्यरत होगी। इसका अर्थ होगा खाद्यान्नों की ओर अधिक माँग। इस तरह अनाज के उत्पादन की वृद्धि के साथ-साथ उसकी माँग भी बढ़ती जाएगी और आज जैसी प्रचुरता के संकट का सामना नहीं करना पड़ेगा।

ऐसा नहीं है कि विकास की यह राह बिलकुल अजनबी हो। चीन में क्रान्ति-काल में और 1948 से क्रान्ति के बाद लगभग दो दशक तक विकास का यही मार्ग अपनाया गया था। चीन में आधारभूत संरचना का अत्यधिक प्रसार, जो आज बाहरी पूँजी को आकर्षित करता है, इसी नीति का परिणाम है। यह सच है कि यह नीति परिस्थितिवश अपनाई गई थी। चीन में जापान विरोधी अभियान और गृहयुद्ध के काल में कम्युनिस्ट शासन के क्षेत्र ग्रामीण इलाकों में थे जो दुनिया के औद्योगिक क्षेत्रों से पूरी तरह कटे हुए थे। इस मजबूरी में कम्युनिस्ट शासन को स्थानीय लघु उद्योगों के आधार पर ही अपनी आवश्यकताओं की पूर्ति करनी होती थी। इस नीति के दो परिणाम हुए : एक तो चीन अपनी विशाल श्रम शक्ति का पूरा उपयोग अपनी आर्थिक प्रगति के लिए कर सका; दूसरा वह कृषिजन्य वस्तुओं की बढ़ती माँग के अनुरूप कृषि उत्पादन को बढ़ाता रहा। इस तरह उसे बाजार के संकट का सामना कभी नहीं करना पड़ा क्योंकि उसके छोटे उद्योगों और उनमें कार्यरत लोगों की आवश्यकता लगातार फैल रही थी। इसी का परिणाम है कि भारत से कम खेती लायक जमीन होने के बावजूद चीन में कृषि की उपज भारत से कहीं अधिक है।

आज जब चीन ने अपने को विश्व बाजार से जोड़ लिया है, इसके दुष्परिणाम दिखाई देने लगे हैं। वहाँ के करोड़ों किसान खेती छोड़ रोजगार की तलाश में भटकने लगे हैं। भारत को दुनिया के अनुभवों से सबक लेना चाहिए और वैश्वीकरण की मृग मरीचिका के पीछे भागने की नीति का परित्याग करना चाहिए जोकि बरबादी का रास्ता है। निर्बाध प्रतिस्पर्धा की नीति के कारण अमेरिका, ब्रिटेन और कई दूसरे औद्योगिक देशों में छोटे किसानों का अस्तित्व खत्म हो चुका है। विश्व स्तर पर इस नीति को बेरोकटोक चलने देने का परिणाम होगा भारत जैसे देशों की बरबादी जिनमें कुछ प्लांटेशनों को छोड़कर बाकी सारे-के-सारे किसान छोटी जोतों पर निर्भर हैं। इसलिए यह मामला कुछ कम या ज्यादा, जल्दी या देरी से उदारीकरण का नहीं है, बिलकुल एक नई आर्थिक नीति लेकर चलने का है। इसमें कृषि और उद्योग दोनों में स्वायत्तता पर जोर होगा और छोटी खेती और छोटे उद्यमों को पूरा संरक्षण देना होगा।

अभी देश भर में किसानों में हाहाकार है। अन्न की खेती करनेवाले किसान अपनी खेती का रकबा घटाने की बात सोच रहे हैं। अनेक किसान यह कह रहे हैं कि अगली रबी की फसल वे उतनी ही उगाएँगे जितनी उनके अपने भोजन के लिए जरूरी होगी। विकल्प के बारे में उनके सामने अंधकार है। अगर यह हताशा कायम रही तो अगले साल-दो साल में देश रिकॉर्ड अन्न उत्पादन की जगह रिकॉर्ड अन्न के अभाव का सामना करेगा। अगर इससे अकाल पड़ा तो भारत की विशाल जनसंख्या को खिलाने के लिए दुनिया में कहीं अन्न उपलब्ध नहीं होगा। किसान अपनी संख्या के बल देश की आर्थिक नीति को बदल सकते हैं, लेकिन इसके लिए उन लोगों को अपना दिमाग साफ करना होगा जो किसान शक्ति का आह्वान कर रहे हैं।

जनसत्ता, 9 सितम्बर, 2000

11

पिछले दिनों समाचारों पर घोटाले छाए रहे। वैसे व्यावसायिक दृष्टि से मीडिया का घोटाले या दूसरे सनसनीखेज समाचारों की ओर विशेष रुझान रहता ही है, लेकिन हवाला कांड, उससे भी दस गुना बड़ी रकम वाला बिहार के पशुपालन विभाग का घोटाला, टूजी और कोलगेट घोटाला अपने चरित्र और मात्रा में वहाँ पहुँच गए हैं जहाँ पूरी लोकतांत्रिक व्यवस्था के अस्थिर हो जाने का खतरा पैदा हो जाए। जनता दल के वरिष्ठ नेता और उड़ीसा के भूतपूर्व मुख्यमंत्री बीजू पटनायक ने तो यहाँ तक कह दिया कि अब भारत में सत्ता सैनिक अफसरों के हवाले कर देनी चाहिए। जाहिर है कि बीजू पटनायक का बयान हताशा की अभिव्यक्ति थी, कोई सुविचारित सुझाव नहीं था। फौजी शासनों—स्वयं हमारे पड़ोसी देश के फौजी शासनों—के अनुभव यही बतलाते हैं कि जनप्रतिनिधियों के नियंत्रण से मुक्त और जनता की दृष्टि से ओझल, फौजी शासन कहीं अधिक भ्रष्ट होते हैं। यह भी नहीं कहा जा सकता जैसाकि कुछ लोग कहते हैं, कि यह आर्थिक खुलापन की नीति के अधूरापन से पैदा संक्रमणकालीन प्रसव पीड़ा है। यही कारण नहीं हो सकता क्योंकि कुछ पूरी तरह उन्मुक्त औद्योगिक व्यवस्था जैसे इटली और जापान में पिछले दशकों में भ्रष्टाचार के आरोपों के कारण बार-बार सरकारें गिरती रही हैं। इससे यह भी नतीजा निकालना गलत होगा कि जन्म तथा मृत्यु की तरह भ्रष्टाचार भी सरकारों के जीवन-वृत्त का अभिन्न अंग है। यह भी एक तरह का नियतिवाद होगा। इस निराशा के विपरीत हमें गहराई से इसके कारणों को समझना होगा ताकि निराकरण ढूँढ़ा जा सके।

वैसे एक तात्कालिक समस्या के निदान के लिए पूरे मानव समाज और मनुष्य के स्वभाव का विवेचन सवाल को भारी-भरकम दार्शनिकता में उलझाना-सा लग सकता है, लेकिन यह देखते हुए कि संसार भर के मीडिया का केन्द्र बनने एवं राजनीति एवं अर्थनीति के पंडितों की माथापच्ची के बावजूद यह समस्या जाने का नाम नहीं लेती, इसके तात्कालिक परिप्रेक्ष्य से पीछे जा मानव विकास के द्वन्द्व में इसे समझना जरूरी लगता है।

मनुष्य अपनी प्रारम्भिक अवस्था में पचास से सौ की संख्या के छोटे समूहों में विस्तृत क्षेत्रों में रहता था। इसी में उसकी मानसिकता का विकास हुआ और इस

छोटी संख्या के अनुरूप ही उसके समाज की संरचना हुई, लेकिन नए प्रस्तर युग से प्रारम्भ कृषि क्रान्ति ने यह सब बदल दिया, जबकि उसका स्वभाव पहले जैसा ही रहा। इसके बाद अचानक जनसंख्या में बाढ़ आई और दुनिया के अधिकांश सभ्यता केन्द्रों में लोग छोटे क्षेत्रों में भारी संख्या में रहने को विवश हुए। इसके बाद से मनुष्य लगातार संरचनात्मक समायोजन के जरिये नई स्थितियों में अपने समाज को सन्तोषजनक ढाँचा देने की कोशिश करता रहा है, लेकिन अभी तक उसे कोई बड़ी सफलता नहीं मिल पाई है। मुख्य कारण यह रहा है कि जहाँ विज्ञान और तकनीकी के क्षेत्र में आदमी चमत्कारी प्रगति करता रहा, वहाँ उसका भावनात्मक धरातल आदिम काल का बना रहा। इससे उसके समाज का कार्यकारी ढाँचा छोटे आकार का ही रहा। इससे जो भी ढाँचा बना, वैसे छोटे समूहों तक सीमित रहा जिनका समाज में वर्चस्व था। बाकी लोग इसी समूह की आवश्यकता पूर्ति के संसाधन भर बनकर रहे।

मिस्र के पुरोहित वर्ग के रूप में, प्राचीन ईरान और भारत के अलग-अलग तरह की वर्ण-व्यवस्थाओं के रूप में ढाँचे का निर्माण हुआ। यूनान ने छोटे नगर राज्यों का निर्माण कर इसके नागरिकों को राजनीतिक ढाँचे के तहत बाँधने की कोशिश की, लेकिन गुलाम बहिष्कृत रहे। रोम में प्रैट्रिशियनों ने व्यवस्था को अपने अनुकूल ढाँचा दिया, जिसमें प्लेबियन (गरीब लोग) और भारी संख्या में गुलाम बहिष्कृत रहे। दुनिया के ज्यादा देशों में बड़ी अवधि में सामन्ती व्यवस्था के जरिये आबादी को किसी ढाँचे में बाँधने की कोशिश हुई। इसमें सुविधा यह थी कि यह सीढ़ी-दर-सीढ़ी पिरामिड की शक्ल में आबादियों को जोड़ने की व्यवस्था थी। छोटे सामन्तों के ऊपर एक बड़ा सामन्त होता था और फिर बड़े सामन्तों के ऊपर उनसे भी बड़ा सामन्त। इस तरह कई दर्जे के सामन्त होते थे जिनमें प्रत्येक को एक छोटी संख्या वाले अपने से नीचे के सामन्तों से सरोकार रखना होता था। सबसे निचली सीढ़ी के सामन्तों को खेती या अन्य उत्पादनों में लगे नीचे के श्रमिकों से सम्पर्क रखना होता था। इससे हर स्तर पर एक छोटे समूह से ही सम्पर्क की अनिवार्यता होती थी। इन सभी व्यवस्थाओं में एक ढाँचा तो बन जाता था, पर ढाँचों का पूरा बोझ नीचे के लोगों को ढोना पड़ता था। इससे लगातार तनाव और संघर्ष रहता था। मार्क्स की यह अवधारणा कि मानव इतिहास वर्ग संघर्षों का इतिहास है, इसी स्थिति का एक स्थूल आकलन था।

पूँजीवादी औद्योगिक व्यवस्था में उद्योगों में तो एक व्यवस्थित ढाँचा बन जाता है, लेकिन लगातार इसके बाजार बड़ी संख्या में ऐसे लोगों की भीड़ बनी रहती है जिनका इस उत्पादन और वितरण प्रक्रिया में सीधा हाथ नहीं होता है और न ढाँचागत जुड़ाव। उत्पादन और उपभोग दोनों की मात्रा विशाल हो गई थी और उद्योगों के साथ विकसित नगरों में भारी संख्या में लोगों का जमाव होता जाता है। इसी से

'मास सोसाइटी' जिसे हिन्दी में एक 'झुंड समाज' कह सकते हैं, की अवधारणा उत्पन्न हुई। इस आकारहीन झुंड में किसी ढाँचागत नियंत्रण की प्रक्रिया नहीं है। प्रचार-तंत्र के दबाव में यह इधर से उधर डोलता रहता है। इस व्यवस्था के विकास के क्रम में कुछ मूल्य या विचारधाराएँ जरूर विकसित हुईं, जो एक हद तक लोगों के आचरण को प्रभावित करती हैं, लेकिन ये अपर्याप्त ही रहीं क्योंकि समाज में लोगों के व्यवहार पर सबसे बड़ा नियंत्रण इस बात का होता है कि लोग-बाग क्या कहेंगे। एक ऐसे समाज में जहाँ लोग अपने पारम्परिक परिवेश से टूटकर एक अपरिचित भीड़ का अंग बन गए हों, इस भाव का क्षय हो जाता है। पारम्परिक समाजों में इस तरह का नियंत्रण रीति-रिवाजों और धर्मों से आता था और अपने परिवेश में प्रभावी था क्योंकि समाज बिलकुल आकारहीन नहीं था।

औद्योगिक पूँजीवादी समाज मूल्यबोध की दृष्टि से दो दौर से होकर गुजरा है। एक प्रारम्भिक दौर जिसमें प्रोटेस्टेंट विशेषकर काल्विन के विचारों की प्रधानता रही। इसमें मितव्ययिता एवं श्रम के आदर आदि को प्रधान गुण माना गया और इन गुणों से प्राप्त इहलौकिक विशेषकर आर्थिक सफलता को ईश्वरीय अनुकम्पा का संकेत माना गया। इस दौर में पूँजी का प्रसार हुआ और पश्चिमी देशों में उद्योगों का अत्यधिक विकास हुआ, लेकिन इस काल में मजदूरों की स्थिति तो दयनीय थी ही, पूँजीपतियों में भी संचय-वृत्ति के कारण उपभोग पर नियंत्रण था। इसके अलावा पूँजीवाद के विकास के इसी काल में यूरोप के विभिन्न अंगों में विभाजन और परिसीमन हो रहा था। इसी से जुड़ा था दल, राज्य, सरकार आदि के अधिकार क्षेत्रों का परिसीमन और इसमें प्रत्येक का कानून के द्वारा निर्धारित कर्तव्य के प्रति दायित्व। इस तरह एक नया मूल्य बोध युक्तिसंगत एवं कानून का राज्य (लीगल रेशनल सिस्टम) प्रभावी हुआ। ऐसा नहीं था कि इस काल में भ्रष्टाचार नहीं था। खासकर अमेरिका में, जहाँ दलों से निष्पक्ष नौकरशाह की परम्परा नहीं थी, औद्योगिक प्रतिष्ठानों को गैरकानूनी ढंग से सुविधाएँ देने की अनेक घटनाएँ सामने आती रहीं, लेकिन ये सब सीमित थीं। इंगलैंड में जहाँ निष्पक्ष नौकरशाही की परम्परा बन चुकी थी, औद्योगिक गतिविधियों पर कुछ नियंत्रण भी था। यहाँ तक कि वहाँ के फैक्ट्री इंस्पेक्टरों की रपटों का महत्त्वपूर्ण हाथ था बाल श्रमिकों और महिला श्रमिकों के कामों की अमानवीय स्थितियों को सुधरवाने में।

द्वितीय विश्वयुद्ध के बाद पूरा औद्योगिक परिदृश्य बदल गया। इसके बाद से विशाल बहुराष्ट्रीय कम्पनियों का वर्चस्व कायम हुआ जिनके उत्पादन का ढाँचा विशाल था। इनके उद्योग दुनिया के विभिन्न देशों में फैले थे। इसी तरह इनके कच्चे मालों और बाजार के क्षेत्र भी अनेक देशों में फैले थे। इनका उत्पादन भी इतना बृहद् था कि इन्हें बाजार की शक्तियों के भरोसे नहीं छोड़ा जा सकता था। इसलिए इन उद्योगों को अक्सर सरकारी हस्तक्षेप का सहारा लेना पड़ता था—न सिर्फ

अपने देशों में उत्पादन की स्थितियों को अस्थिर करनेवाली शक्तियों पर काबू पाने के लिए बल्कि दूसरे देशों की राजनीति में भी हस्तक्षेप करने के लिए ताकि इनके उद्योग और संसाधन के स्रोत सुरक्षित रहें। इंटरनेशनल टेलीफोन कम्पनी के ताँबे के स्रोत को सुनिश्चित करने के लिए चिली की मार्क्सवादी सरकार को खत्म करने में अमेरिकी खुफिया एजेंसी सी.आई.ए. की भूमिका जग-जाहिर है। इस तरह बड़े औद्योगिक प्रतिष्ठानों और केन्द्रीयकृत राजकीय सत्ता के बीच एक गहरा पारस्परिकता का सम्बन्ध इस काल में विकसित हुआ। इसी से राजनेताओं और उनकी पार्टियों को प्रत्यक्ष या परोक्ष रूप से धन दे प्रभावित करने का सिलसिला भी खूब फैला।

इसके अलावा उत्पादन के विशाल पैमाने को कायम रखने के लिए उपभोक्ताओं की पसन्द को सर्वोपरि महत्त्व देकर भी जिसे कभी कंज्यूमर्स सोवेरेंटी कहा जाता था, काम नहीं चल सकता था। अब विशाल पैमाने पर विज्ञापनों के जरिये लोगों की उपभोग लिप्सा भी बढ़ाना जरूरी हो गया। इस प्रचार का इतना प्रभाव पड़ा है कि उन सारे लोगों में जो मीडिया से किसी भी रूप में प्रभावित होते हैं, अपनी हैसियत उपभोग की वस्तुओं की फेहरिस्त में वे कहाँ हैं, इससे मालूम होती है। इससे समाज में उपभोग की जाति व्यवस्था कायम हो गई है जिसमें स्वाभाविक ही सभी ब्राह्मण बनना चाहते हैं। नई औद्योगिक सभ्यता ने पुराने ध्वस्त ढाँचों की जगह यही नया ढाँचा समाज को दिया है।

लेकिन यहाँ एक गहरा अन्तर्विरोध पैदा हो गया है। लोकतांत्रिक व्यवस्थाओं में सरकारें अल्पकाल के लिए निर्वाचन के जरिये गठित होती हैं, और प्रशासन चलाने के लिए शक्तिशाली नौकरशाही की भरती किसी निष्पक्ष चयन प्रक्रिया से होती है। इनके कार्यकाल में इन्हें आवश्यक आय और सुविधाएँ तो प्राप्त होती हैं, लेकिन अपने लिए या बाल-बच्चों के लिए अकूत धन अर्जन की सुविधाएँ नहीं जैसी उद्योग-व्यापार के मालिकों को, जबकि उद्योगों की तकदीर बदलने का अधिकार इन्हें प्राप्त होता है। उधर विशाल औद्योगिक प्रतिष्ठन सत्ता का दुरुपयोग कर सुविधा पहुँचाने के एवज में इन्हें भारी रिश्वत देने को तैयार रहते हैं। अनेक दूसरे कारणों से जैसे संसाधनों का ह्रास, पर्यावरण प्रदूषण आदि से वर्तमान औद्योगिक व्यवस्था पर प्रश्नचिह्न लगने लगा है। ऊपर के विश्लेषण से यह लगता है कि भ्रष्टाचार को खत्म करने के लिए भी एकमात्र उपाय विकेन्द्रित उद्योग एवं राज्य व्यवस्था ही लगती है जिसमें मानव स्वभाव के अनुकूल सामाजिक ढाँचा बन सके। तब तक के लिए यत्र-तत्र अग्निशमन अभियान चलते रहेंगे और मीडिया को पर्याप्त मसाला मिलेगा।

हिन्दुस्तान, 23 फरवरी, 1996

12

तहलका डॉट कॉम से उठा शोर तत्काल शान्त हो गया है। इसके रहस्योद्घाटन की जाँच के लिए आयोग भी गठित हो गया है, लेकिन भ्रष्टाचार की समस्या अधिक गहरी छानबीन की माँग करती है। तहलका के रहस्योद्घाटन को सिर्फ वाजपेयी सरकार की विश्वसनीयता से जोड़कर देखने की कोशिश भले ही विपक्षी दलों के लिए राहत या राजनीतिक अवसर हो, दरअसल इसने उस पूरी आर्थिक-राजनीतिक व्यवस्था को कठघरे में खड़ा कर दिया है जिसमें हम रह रहे हैं। इस भ्रम का पर्दाफाश कर कि वाजपेयी सरकार पूर्व सरकारों से ज्यादा साफ-सुथरी है, तहलका ने यह सवाल उठाया है कि अब आगे हम कहाँ जाते हैं। वह सर्वग्रासी भ्रष्टाचार जिसके भीतर हमारे देशवासी जी रहे हैं, इस प्रकरण में नाटकीय ढंग से उजागर हुआ है और हमें अपनी स्थिति पर गम्भीरता से विचार करने को मजबूर करता है। मीडिया ने इस प्रकरण के जरिये इस निष्कर्ष को प्रसारित करने की कोशिश की है कि सभी दलों के नेता भ्रष्ट हैं। इससे लोगों में रूढ़ यह भावना और भी पुष्ट हुई है कि राजनीति करनेवाले सभी लोग भ्रष्ट होते हैं। लोगों की ऐसी ही मानसिकता से सैनिक शासन का आधार बनता है। हमारे पड़ोसी पाकिस्तान की तरह भारत में भी तहलका की पृष्ठभूमि में सैनिक शासन की जमीन तैयार हो सकती थी।

विपक्षी दलों ने जिस तरह यह जानते हुए भी कि आज की स्थिति में वे कोई वैकल्पिक सरकार नहीं बना सकते, संसद का कामकाज ठप कर दिया। उससे इस सोच के लिए पर्याप्त आधार हो सकता था कि सैनिक शासन ही एकमात्र विकल्प रह गया है। यह साफ दिखाई देता था कि जैसी अराजकता देश के सीमावर्ती भागों में फैली थी वैसी देश के केन्द्र में भी पैदा हो गई है। इससे अगला तर्क यह बनता है कि जैसे सीमावर्ती समस्याओं का एकमात्र समाधान फौज के वैसे ही केन्द्र की अराजकता का भी। सैनिक शासन की त्रासदी की तरफ जाने की बात किसी के दिमाग में नहीं उठी तो इसका एक बड़ा कारण यह भी था कि तहलका में सेना के बड़े अधिकारी भी भ्रष्टाचार में लिप्त दिखाए गए हैं। इससे यह आम भ्रम दूर हो गया है कि राजनेता तो भ्रष्ट होते हैं, लेकिन सैनिक

अधिकारी ईमानदार। दरअसल फौजी व्यवस्था में व्यापक भ्रष्टाचार है क्योंकि गोपनीयता सुरक्षा के लिए जरूरी बतलाई जाती है और इससे इसके कामों में सबसे कम पारदर्शिता होती है।

विडम्बना यह है कि मीडिया, जिसने इस प्रकरण में भ्रष्टाचार को उजागर करने में अहम भूमिका निभाई है, कानूनी रूप से मान्यता प्राप्त भ्रष्टाचार के प्रसारण का सबसे प्रमुख माध्यम है। यहाँ हम मीडिया से जुड़े लोगों के छोटे-मोटे भ्रष्टाचार की बात नहीं कर रहे हैं—जैसे वैसे प्रेस सम्मेलनों में भारी संख्या में पहुँचना और उनके समाचारों को विशेष प्रमुखता देना जहाँ नाश्ते-पानी का विशेष प्रबन्ध हो या कीमती शराब की व्यवस्था हो। इससे उन समूहों की बात लोगों की नजरों के सामने आ नहीं पाती जो साधनहीन हैं। प्राय: कम संगठित दबे-पिछड़े समूहों के आयोजनों में प्रेस वाले शिरकत करना जरूरी नहीं समझते जबकि देश की विशाल जनसंख्या ऐसे समूहों की ही बनी है। इसके विपरीत औद्योगिक प्रतिष्ठानों द्वारा आयोजित प्रेस सम्मेलन में तो प्रेस वालों की भीड़ लग जाती है क्योंकि वहाँ न सिर्फ उत्तम भोजन और पेय का प्रबन्ध होता है बल्कि प्राय: कुछ उपहार भी दिए जाते हैं। एक बार तो यह खबर काफी चर्चा में थी कि एक ऐसे प्रेस सम्मेलन में प्रतिनिधियों को बन्द लिफाफे में नोटों के पुलिन्दे भी दिए गए थे, लेकिन ये सब तो पत्रकारिता के खुदरा भ्रष्टाचार हैं।

दरअसल मीडिया का बड़ा भ्रष्टाचार तो विज्ञापनों से जुड़ा है। विज्ञापन का आधार ही झूठ और जहर के प्रचार का लाइसेंस है। इसमें कहीं कुछ छिपा नहीं होता। मोटी रकमों के एवज में सिर्फ अपनी अन्तरात्मा की आवाज को दबा आप निश्चिंत हो समाज के जीवन को नष्ट कर सकते हैं—देश की अर्थव्यवस्था और युवा पीढ़ी के शारीरिक और मानसिक स्वास्थ्य को सिगरेट, शराब या अन्य खाद्य और पेय पदार्थों का आदी बनाकर बरबादी की ओर ले जा सकते हैं। इसके लिए कोई भी उँगली उठाकर आपको भ्रष्टाचारी नहीं कह सकता क्योंकि यह वर्तमान समाज को संचालित करने का मान्यता प्राप्त आधार है। यह बात दीगर है कि यह समाज को ज्यादा बुनियादी ढंग से खोखला करता है, बनिस्पत किसी घटिया हथियार के सौदे के। फिलहाल अखबार से लेकर रेडियो और टीवी तक समस्त मीडिया विज्ञापनों के सहारे खड़ा है और कोई यह दावा नहीं कर सकता कि इन माध्यमों को मिलनेवाले विज्ञापनों का इनसे प्रसारित समाचारों और विचारों से कुछ लेना-देना नहीं होता। बड़े पत्रकारों की बड़ी तनख्वाहें और टीवी स्टारों को अनुबन्धों में मिलनेवाली भारी रकमें हवा हो जाएँ अगर लोगों को सपना बेचनेवाले प्रायोजक न रहें। ये बातें यह याद दिलाने के लिए कही गई हैं कि राजनेताओं और कुछ फौजी अफसरों को निशाना बनाकर हम इन घोटालों में अपनी संलग्नता से बरी नहीं हो सकते। एक टीवी चैनल पर तहलका प्रकरण पर सवाल-जवाब के क्रम में जब

उपस्थित लोगों से यह पूछा गया कि क्या आप में से कोई ऐसा है जिसने कभी घूस नहीं दी हो, तो एक भी हाथ नहीं उठा।

यह हमारी सामाजिक जिन्दगी की असली सच्चाई है। दरअसल आज सारा माहौल देश की राजनीतिक और राजनेताओं को बलि का बकरा बना अपने अपराध बोध से निजात पा लेने का बन रहा है जबकि जरूरत इसकी है कि हम सामूहिक रूप से अपने गुनाहों पर नजर डालें। इसका उत्स कहाँ है, यह पता लगाएँ और फिर स्वच्छ सामाजिक जीवन की ओर कैसे लौट सकते हैं, उस मार्ग की तलाश करें। मर्ज जितना दिखाई देता है उससे ज्यादा गहरा है, यह तो इसी से जाहिर है कि यह सिर्फ हमारे देश की राजनीति तक ही सीमित नहीं। जर्मनी के पूर्व चांसलर कोल, इटली के पूर्व प्रधानमंत्री और कई मंत्री, फ्रांस और ब्रिटेन के कई मंत्री और जापान के कई प्रधानमंत्री और मंत्री भ्रष्टाचार के आरोपों के दायरे में आते रहे हैं। अमेरिका की राजनीति का तो भ्रष्टाचार नियमित चटखारा है। वर्तमान आर्थिक-राजनीतिक व्यवस्था में इसे न टाला जा सकनेवाला 'ऑकुपेशनल हैजार्ड' (यानी पेशे से जुड़ा खतरा) मानकर ही चला जा सकता है। जब हम यह मानकर चलेंगे तो फिर कारण और उपचार की बात सोची जा सकती है।

छोटे पैमाने का पक्षपात और भ्रष्टाचार तो सदा सभ्यता का साथी रहा है। प्राचीन यूनान की तीन देवियों की सौन्दर्य प्रतियोगिता में पेरिस द्वारा सुन्दरी हेलेन को पाने के लोभ में ऐफ्रोडाइट के पक्ष में निर्णय देने की कहानी से तो एक महाकाव्य की कथावस्तु का ही प्रारम्भ होता है। यह फर्क जरूर है कि आधुनिक सौन्दर्य प्रतियोगिताओं में किसी व्यक्ति की बजाय बाजारतंत्र के हित में निर्णय लिए जाते हैं। कृष्ण का पांडवों के लिए पक्षपात और छल तो नीति प्रधान हमारे देश में आज भी आदर्श है। रोम में राजनीति का आधार ही भ्रष्टाचार बन गया था, जहाँ सत्ता के प्रत्याशी नागरिकों को मुफ्त रोटी और सर्कस का लोभ दिखा उनका समर्थन हासिल करते थे। सोलहवीं-सत्रहवीं सदी के ब्रिटेन में भी भ्रष्टाचार एक सम्मानित व्यवस्था थी। आधुनिक विज्ञान के दार्शनिक फ्रांसिस बेकन को रिश्वत लेकर निर्णय देने के लिए सजा दी गई थी। फिर भी पिछले युगों में भ्रष्टाचार के मौके विशेष स्थितियों में यदा-कदा ही आते थे।

वर्तमान पूँजीवादी व्यवस्था में भ्रष्टाचार के स्वरूप में अभूतपूर्व फैलाव आया है। पूँजीवादी व्यवस्था और व्यापार के विश्वव्यापी विस्तार के साथ व्यापार का पैमाना विशाल हो गया है और धीरे-धीरे छोटे व्यक्तिगत स्तर पर निवेश और उत्पादन करनेवाले उद्यमियों का स्थान विशाल औद्योगिक प्रतिष्ठानों ने ले लिया है। ये प्रतिष्ठान अनेक देशों की सरकारों के चरित्र और उनके मिजाज का ख्याल रखकर ही अपने व्यापारिक हितों की रक्षा कर सकते हैं। इसके अलावा दुनिया के बिखरे भूखंडों में फैले उत्पादकों को यह पता नहीं होता कि उनके उत्पादों के ग्राहक कौन हैं। दुनिया

में फैले ग्राहकों को पता नहीं होता है कि उनके लिए उपयुक्त वस्तएँ कहाँ उपलध होंगी। इतना ही नहीं, वर्तमान दुनिया में अनेक उद्योग ऐसी वस्तुओं के उत्पादन में लगे हैं जो आदमी की मूल आवश्यकताओं की पूर्ति नहीं करतीं और उन्हें पहले इन वस्तुओं का आदी बनाना पड़ता है, तब इनकी माँग बढ़ती है। मसलन, कोका कोला या सिगरेट। इस तरह व्यापार को प्रोत्साहित करने के लिए बिचौलियों और प्रचारकों की एक फौज तैयार करना जरूरी हो जाता है। ये बिचौलिए वस्तुओं के संभावित खरीदारों की तलाश कर उन्हें वस्तुओं की उपलब्धता की जानकारी देते हैं। इसी तरह विज्ञापनों की भरमार से लोगों पर वह सम्मोहन छाता है जिससे बिलकुल बेजरूरत और हानिकारक वस्तुएँ जीवन के लिए अपरिहार्य मालूम पड़ने लगती हैं। इन्हीं स्थितियों में दलाली और भ्रष्टाचार की शुरुआत होती है।

लेकिन वर्तमान राजनीतिक सम्बन्धों में भ्रष्टाचार का सबसे बड़ा और मूल कारण है एक तरफ बड़ी राष्ट्रीय और अन्तरराष्ट्रीय औद्योगिक इजारेदारियों का फैलाव और दूसरी तरफ संसार भर में राष्ट्रीय सरकारों के हाथों में अत्यधिक शक्ति का केन्द्रित होना। राष्ट्रों की केन्द्रीय सरकारें काफी हद तक औद्योगिक प्रतिष्ठानों के बाजार को नियंत्रित करती हैं। आयात-निर्यात पर नियंत्रण, देश के भीतर बहुराष्ट्रीय कम्पनियों को उद्योग लगाने या व्यापार करने की इजाजत इन्हीं के अधिकार क्षेत्र में है। विशाल निर्माण कार्य जैसे रेलवे, बाँध, सड़कें, अस्पताल आदि भी प्रत्यक्ष या अप्रत्यक्ष रूप से सरकारों द्वारा ही नियंत्रित होते हैं। इस तरह इनमें विशाल निवेश का रास्ता सरकार की मर्जी से ही खुल सकता है। सबसे बढ़कर रक्षा से सम्बद्ध विशाल खरीदारियाँ पूरी तरह सरकारों के हाथ में होती हैं।

जहाँ अरबों-खरबों की खरीदारी या मुनाफे का मामला होता है, वहाँ कम्पनियाँ कुछ लाख या करोड़ रुपए अपने सौदों की बिक्री सुनिश्चित करने के लिए देने से नहीं हिचकतीं। इसलिए राजनेताओं और प्रशासनिक अधिकारियों पर प्रलोभन का दबाव सदा बना रहता है। आधुनिक चुनाव भी अत्यधिक खर्चीले होते जा रहे हैं क्योंकि राजनीतिक पर सम्पन्न वर्गों की पकड़ है। इन चुनावों के खर्च के लिए पार्टियाँ व्यापारियों से चन्दा इकट्ठा करती हैं और एवज में उन्हें सुविधाएँ मुहैया कराती हैं। तहलका में इसी का एक पहलू उजागर हुआ है। निचले स्तरों पर यह रिश्ता छोटे अधिकारी और छोटे व्यापारी और अपने छोटे-मोटे कामों के लिए सरकारी मुलाजिमों पर आश्रित दूसरे लोगों के बीच कायम होता है। इस तरह देश में भ्रष्टाचार की एक सोपानवत व्यवस्था कायम हो गई है जिसमें सभी स्तर पर शासकों-प्रशासकों और इन पर आश्रितों के बीच लेन-देन का व्यवस्थित तानाबाना स्थापित हो गया है। इसमें वैसे आश्रित बाजी मार ले जाते हैं जो रिश्वत निवेश में माहिर हैं।

सम्पन्न औद्योगिक देशों और भारत में फर्क इतना है कि सम्पन्न देशों में निचले स्तरों का भ्रष्टाचार नगण्य है। इनके दो कारण हैं। एक तो लोगों की आय ज्यादा

होने से छोटी रकम लेने का प्रलोभन नहीं होता। दूसरा कारण यह है कि वर्तमान औद्योगिक व्यवस्थाओं में काम की एक ऐसी संस्कृति बन गई है कि किसी काम को निलम्बित कर रिश्वत देने का दबाव नहीं बनाया जा सकता। उन देशों में इससे सारी व्यवस्था ठप पड़ने लगेगी और हंगामा खड़ा हो जाएगा। अपने देश में कार्य निष्पादन में समय सम्बन्धी कोई ऐसा दबाव नहीं होता जिससे संस्तुतियाँ ऊपर बढ़ती जाएँ। दूसरा, सम्पन्न देशों में लोग शिक्षित हैं और प्रशासन में एक हद की पारदर्शिता विकसित हुई है। इससे भी आम लोगों के साथ अपने सम्बन्धों में प्रतिष्ठानों के कर्मचारी अनुचित दबाव नहीं बना सकते। लेकिन शीर्ष के स्थानों पर ऐसा दबाव होता है और इससे निपटने के लिए विस्तृत नियम बनाए जाते रहे हैं जिससे कामों के निष्पादन पर निगरानी रखी जा सके। इसके बावजूद उन देशों में भी विशाल पैमाने पर रिश्वतखोरी और घोटाले सामने आते रहते हैं। अत्यधिक सम्पन्नता के कारण इससे आम लोगों का जीवन प्रभावित नहीं होता। हमारे देश में तो भ्रष्टाचार गरीब से गरीब लोगों की रोटी और नमक को प्रभावित करता है। अपने देश के सीमित संसाधनों की पृष्ठभूमि में पश्चिमी ढंग के केन्द्रित आर्थिक-राजनीतिक ढाँचे के भीतर हम भ्रष्टाचार की समस्या से निजात नहीं पा सकते। भारत जैसे निर्धन देश में स्वच्छ सामाजिक जीवन के लिए भी विकेन्द्रित आर्थिक और राजनीतिक ढाँचे का ही सहारा ढूँढ़ना होगा।

13

प्रकृति द्वारा निर्धारित सीमाओं की अवहेलना करके भौतिक विकास के आत्यंतिक प्रयास मनुष्य की जीवन प्रक्रिया के लिए अब घोर समस्याएँ पैदा करने लगे हैं। एक भयावह समस्या तो पारम्परिक परिवार और समुदाय के टूटने से पैदा हो रही है। यह समस्या अपरिहार्य इसलिए बन रही है कि आधुनिक औद्योगिक-व्यापारिक व्यवस्था के लिए परिवार और समुदाय के भावनात्मक बन्धन और उनकी वफादारियाँ बाधक सिद्ध होती हैं। आधुनिक समाजशास्त्री इसे 'ऐफेक्टिविटी' यानी भावनात्मक लगाव की जगह 'ऐफेक्टिव न्यूट्रलिटी' यानी भावनात्मक तटस्थता की आवश्यकता के रूप में प्रस्तुत करते हैं। इस व्यवस्था के सुचारु रूप से चलने के लिए मानव रिश्तों का निजी (पर्सनल) की जगह कामकाजी (फंक्शनल) बन जाना जरूरी है। यह ध्यान दिलाना दिलचस्प होगा कि कार्ल मार्क्स ने आज से डेढ़ सौ वर्ष पहले कम्युनिस्ट मैनिफेस्टो में यह लिखा था कि पूँजीवादी व्यवस्था में 'कैश नेक्सस' यानी मुद्रा के लेन-देन के समीकरण बाकी सारे मानव सम्बन्धों का स्थान लेने लगते हैं। इस व्यवस्था की सफलता के लिए जरूरी है कि आदमी परिवार और परिवेश का मोह छोड़कर व्यावसायिक सफलता के लिए अपने प्रतिष्ठान के प्रति पूरी तरह समर्पित हो जाए। वह घर-बार छोड़ संसार के किसी भी कोने में जाकर किसी भी स्थिति में काम करने के लिए तैयार हो जाए। विनियम और निवेश के अन्तरराष्ट्रीय होते जाने के कारण अपनी क्षमता के उपयुक्त काम की तलाश में दूर-दराज जगहों पर जाना उसकी मजबूरी बन गई है।

प्राय: विभिन्न स्थानों के काम और उत्पादन की अपनी विशिष्टता होती है और शिक्षा संस्थाएँ भी इसी के अनुसार विशेषज्ञ पैदा कर रही हैं। अत: यह स्थिति अब अतीत की चीज बन रही है जिसमें जरूरत की अधिकांश वस्तुओं का उत्पादन स्थानीय था और लोगों के रोजगार भी स्थानीय थे। जरूरत होने पर लोग अपने व्यवसाय को बदल सकते थे। नतीजा यह है कि लोगों को घर-परिवार छोड़ दूर-दराज ऐसी जगहों पर जाना ही पड़ता है जहाँ उनके लायक काम मिल सके। चूँकि काम का आधार पारिवारिक नहीं है और लोगों का काम और उनकी आय प्रतिष्ठान द्वारा निर्धारित निजी योग्यता पर निर्भर करती है, एक ही परिवार के विभिन्न सदस्यों की आय में

बहुत ज्यादा फर्क हो जाता है। इससे सम्मिलित परिवार का ढाँचा टूट जाता है और परिवार के सदस्य एक-दूसरे से असंपृक्त, दूर-दराज अपनी अलग दुनिया बसाने का प्रयास करते हैं। कौटुम्बिक अपनत्व आर्थिक गैर-बराबरी के सामने धराशायी हो जाता है। पश्चिमी दुनिया में तो यह प्रक्रिया पूरी हो चुकी है। माँ-बाप, भाई-बहन और दूसरे सगे-सम्बन्धियों से अलग सिर्फ पत्नी-बच्चों के साथ दूर-दराज रहना आम बात बन गई है। औद्योगिक समाज के तनाव और वैयक्तिक महत्त्वाकांक्षाओं की टकराहट से पति-पत्नी का सम्बन्ध भी अस्थायी बनता जा रहा है। बच्चे किशोरावस्था आते-आते परिवार के बन्धन से मुक्त हो अपनी अलग दुनिया बनाने लगते हैं। आदमी का समुदाय तो अतीत की चीज बन ही चुका है। महानगरों में हमपेशा और इक्के-दुक्के मित्रों की मंडली के बाहर किसी समुदाय के बनने की सम्भावना ही नहीं होती। नगरों की भारी भीड़ के बीच अधिकतर लोग नितान्त अकेले होते हैं। एकमात्र साथी सिगरेट, शराब या अन्य नशीली वस्तुएँ होती हैं जिनकी लत खतरनाक बीमारियों की चेतावनियों के बावजूद बढ़ती जा रही है। यह आदमी के अचेतन में बैठी हताशा और असहाय भाव की अभिव्यक्ति भी है। इसीलिए आधुनिक वैभव के साथ एक ऐसा दुष्चक्र बन रहा है जिससे उबरने का कोई उपाय नहीं दिखाई देता है।

अभी हाल में सिंगापुर की घटती आबादी के परिप्रेक्ष्य में इस दुष्चक्र का कुछ आभास मिलता है। सिंगापुर तीसरी दुनिया के सामने आर्थिक तरक्की के नमूने की तरह पेश किया जाता रहा है, लेकिन इस तरक्की के साथ अनेक विकसित देशों की तरह घटती आबादी की समस्या उभरकर सामने आ गई है। यह अनुमान किया जा रहा है कि वहाँ की आबादी कुछ ही वर्षों में आधी हो जाएगी और इसमें ज्यादा संख्या उन लोगों की होगी जो बूढ़े हो चुके हैं। जब हम वहाँ आबादी बढ़ाने के प्रयासों के सामने आनेवाली बाधाओं पर विचार करते हैं तब आधुनिक जीवन का दुष्चक्र दिखाई देने लगता है। सरकार की ओर से वहाँ ऐसे दम्पतियों को उदारतापूर्ण आर्थिक सहायता देने का प्रावधान किया गया है जो दो या अधिक बच्चे पैदा करें, लेकिन वहाँ की सम्पन्नता की आधुनिक व्यवस्था ही इस अभियान के आड़े आ रही है। ज्यादातर दम्पति यह महसूस करते हैं कि अतिरिक्त सन्तान का बोझ उठाना उनके लिए दुष्कर है। वे कहते हैं कि एक बच्चे की देखरेख ही उनकी व्यावसायिक व्यस्तता के कारण मुश्किल है, एक से अधिक बच्चे की देखरेख वे कैसे करेंगे। यह समस्या अनसुलझी है।

पारम्परिक समाजों में, जहाँ परिवार बड़ा होता है। बच्चों और उनकी माताओं की देखभाल के लिए दादा-दादी, चाचा-चाची, नाना-नानी आदि का एक बड़ा समूह होता है। इसलिए परिवार का बड़ा होना कोई समस्या नहीं पैदा करता। चीन के कम्यून की सामूहिक खेती और उद्योगों की व्यवस्था और इजराइल में किबुत्स की सामूहिक खेती की व्यवस्था में काम करनेवाले दम्पतियों की यह समस्या सामने

आई थी। चीन के कम्यूनों में तो सामूहिक भोजनालयों और बच्चों की देखरेख की सामूहिक व्यवस्था करने की कोशिश की गई, लेकिन यह व्यवस्था लोगों को रास नहीं आई और अन्तत: पुराना परिवार वापस लौट आया। कृषि-आधारित ग्रामीण परिवेश में बड़े परिवारों का टूटना फिर भी उतना त्रासद नहीं होता, जितना औद्योगिक महानगरों में। गाँवों के पारम्परिक परिवेश में परिवार के अभाव की पूर्ति कुछ हद तक समुदाय करता है। चूँकि इसमें सभी पड़ोसी विविध तरह के सामाजिक सम्बन्धों से जुड़े होते हैं, आवश्यकता होने पर एक-दूसरे की मदद करना सामुदायिक दायित्व का अंग होता है। परिवार टूटने का सबसे त्रासद रूप औद्योगिक और व्यापारिक महानगरों में दिखाई देता है।

पश्चिमी देशों के सम्बन्ध में यह खबर बार-बार देखने में आती है कि वहाँ के शिशुओं को प्राय: माँ-बाप के क्रूर व्यवहार—जैसे निर्मम पिटाई या घरों में अकेले बन्द कर छोड़ देना—आदि का शिकार होना पड़ता है। इसका एक कारण तो माँ-बाप के व्यस्त जीवन में बच्चों से पैदा व्यवधान से चिड़चिड़ापन हो सकता है, लेकिन इससे भी महत्त्वपूर्ण कारण घर में दादा-दादी या नाना-नानी आदि का न होना है। जहाँ सम्मिलित परिवार होता है वहाँ एक स्वाभाविक 'पेकिंग ऑर्डर' यानी वरीयता का क्रम बन जाता है। ऐसे में जब माँ या बाप बच्चे को एक सीमा से अधिक दंडित करते हैं तो दादा या दादी तुरन्त हस्तक्षेप कर दंड को क्रूरता की सीमा तक जाने से रोक लेते हैं। इस अकेलेपन का एक दूसरा पहलू यह है कि जब माँ-बाप अपने बच्चे के लिए अपनी व्यस्तता के कारण आवश्यक समय नहीं दे पाते तो इससे उनमें अपराध-बोध पैदा होता है। एक जर्मन इतिहासकार के अनुसार इस अपराध-बोध से उबरने के लिए वे बच्चों को खिलौने से लादा करते हैं। इसका असर बच्चे पर यह होता है कि उसमें ज्यादा-से-ज्यादा वस्तुओं को पाने की लालसा पैदा होती है जिसका समाज पर नकारात्मक प्रभाव पड़ता है। इस तरह की समस्या अब हमारे देश के उन परिवारों में भी पैदा हो रही है जिन्हें आधुनिकता की दौड़ में सफल माना जाता है।

पर वर्तमान औद्योगिक व्यवस्था यौवन और बचपन पर ही अपनी डरावनी छाया नहीं डालती। इससे जीवन का दूसरा छोर बुढ़ावा भी त्रासद बन जाता है। व्यावसायिक मूल्यों के सभी सामाजिक सम्बन्धों पर हावी हो जाने से समाज और परिवार में वृद्ध व्यक्तियों का भी अवमूल्यन हो जाता है। पारम्परिक समाजों में महत्त्वपूर्ण मामलों में बड़े-बूढ़ों की राय का वजन सबसे ज्यादा होता था। अब चूँकि जीवन से सम्बन्धित सभी विषयों में निर्णायक भूमिका प्रतिष्ठानों की होती है, वृद्ध लोग जो प्रतिष्ठानों से बाहर होते हैं, इन निर्णयों में कोई भूमिका नहीं अदा करते। अब वे न धन अर्जित करने में कोई भूमिका निभाते हैं और न समाज को दिशा देने में। इस तरह वे उच्छिष्ट वस्तु बन जाते हैं। घर-परिवार और समाज से बहिष्कृत ये बूढ़े लोग अपमान और निराशा की जिन्दगी बिताते हैं। अपने परिवारों से कटे वृद्धों

का जीवन प्राय: इतना अर्थहीन और असुरक्षित हो जाता है कि वृद्धों को कष्टहीन मौत (यूथेनेसिया) प्रदान करने के धन्धे को मान्यता प्रदान करने की माँग विकसित औद्योगिक समाजों में चारों ओर उठने लगी है।

कोई अचरज नहीं कि भारत के सबसे शिक्षित और आधुनिक राज्य केरल में भी वृद्ध लोगों की स्थिति इतनी दयनीय हो गई है कि वहाँ के उच्च न्यायालय में उनके लिए कष्टहीन आत्महत्या को कानूनी मान्यता देने की अपील की गई। वैसे मौत तो मौत ही है, फिर भी जैसी मौत की तलाश फिलहाल आधुनिक मनुष्य कर रहा है उसमें और जो पारम्परिक समाजों में होती थी उसमें एक गुणात्मक भेद जरूर है। पारम्परिक समाजों में मृत्यु की प्रतीक्षा परिजनों के बीच दीर्घकालिक विदाई का एक पर्व बन जाता है, जिसमें बिछुड़ने की पीड़ा के साथ स्नेह की सांत्वना भी है। आधुनिक समाज में अधिकतर सफल लोगों के लिए मृत्यु एकाकीपन और सन्नाटे की एक दुनिया से सीमाहीन शून्य की ओर दूसरी एकाकी यात्रा है। एकाकीपन की इस स्थिति को पूर्णता प्रदान करने के लिए आधुनिक अस्पताल भी ऐसे बनाए जा रहे हैं जहाँ मानव स्पर्श और निगरानी का स्थान कम्प्यूटर और रोबोट ले लें और मरने के पहले ही आदमी का मन सभी मानव संसर्गों से रिक्त हो जाए : एक जीवित समाधि की स्थिति।

क्या अत्याधुनिक समाज बनाने की आकांक्षा का, जो हम पर एक हवस की तरह सवार होती जा रही है, जीवन की बुनियादी जरूरतों के लिहाज से कोई औचित्य है? जीवन की बुनियादी जरूरतों से मतलब है बचपन से लेकर मृत्यु तक जीवन को कष्टदायी शारीरिक और दिमागी श्रम और तनावों से मुक्त रखना और उस हद तक जीवन की आवश्यकताओं की पूर्ति करना जिससे आदमी जीवन से सन्तुष्ट हो। एक उक्ति है, परिणाम से ही माध्यम की सार्थकता सिद्ध होती है। इस दृष्टि से आधुनिकता के पीछे की दौड़ कहाँ तक खरी उतरती है?

उन असंख्य गरीबों की बात हम छोड़ दें जिनके हितों की बलि देकर आधुनिकता के लिए आवश्यक आधार जुटाए जाते हैं। ऊपर जो चर्चा है वह उन थोड़े से लोगों के जीवन से सम्बन्ध रखती है जो एक तरह से आधुनिकता की दौड़ में सफल माने जाते हैं जो प्रतिष्ठानों के मध्यम और ऊँचे पदों तक पहुँच गए हैं। यह विशेषकर उनकी और उनके बाल-बच्चों की स्थिति का ही विवरण है। इसमें बचपन में वर्जना और प्रताड़ना है, जवानी में स्पर्धा और असुरक्षा का तनाव और बुढ़ापे में अर्थहीनता का अवसाद है। इस तरह आधुनिक सभ्यता हासिल करने का अभियान हमें एक ऐसे मुकाम पर ला रहा है जहाँ हम संसार को जीत कर जीवन को हार रहे हैं।

जनसत्ता, 9 नवम्बर, 2000

गैर-बराबरी का सवाल

1

गैर-बराबरी के भावनात्मक मन्तव्य या इससे जुड़ी सामाजिक त्रासदी को हम तभी समझ सकते हैं जब हम इस पर गरीबी के परिप्रेक्ष्य में विचार करें। बिड़ला, अम्बानी बन्धुओं या मित्तल की परिसम्पत्तियों की तुलना करके हम मन बहलाव भर कर सकते हैं : ठीक वैसा ही जैसे ओलम्पिक खेलों में छलाँग लगाने या भारोत्तोलन आदि की प्रतिस्पर्धा देखकर करते हैं। गैर-बराबरी के पीछे के सामाजिक पतन और गहरे सामाजिक अर्थ को हम तभी समझ सकते हैं जब हम इसे गरीबी के एक कारक के रूप में चिह्नित करें। लेकिन मीडिया पर छाए आँकड़ों के खेल सदा गैर-बराबरी और इससे फैली गरीबी के निहितार्थ को ढकने का काम करते हैं। हर दूसरे-तीसरे दिन हम अखबारों में फोर्ब्स पत्रिका से उद्धृत संसार के अमीरों की तुलनात्मक हैसियत पर अचरज भरी निगाह डालते हैं और कभी-कभी गौरवान्वित भी होते हैं कि हमारे अमीर भी दुनिया में अपना रिकॉर्ड सचिन तेन्दुलकर के शतकों की तरह कायम करते जा रहे हैं।

अब धर्म से ज्यादा अम्बानी और सचिन ही वह अफीम हैं जिसमें हम अपने जीवन की हकीकत को भूलने की कोशिश करते हैं। प्राचीन रोम गणराज्य के निर्धन नागरिकों को मुफ्त रोटी और सर्कस से बहलाकर रखा जाता था। आज इसके दो हजार साल बाद हमारे दरिद्रों को भी वैसा ही लाल कार्ड पर सस्ते अनाज और क्रिकेट से बहलाए रखा जा रहा है। ईसा के दो हजार साल बाद की दुनिया में हमारे गरीबों के लिए हालात बहुत बदले नहीं लगते। और ऐश्वर्य लोक अमेरिका के महानगर न्यूयॉर्क में भी, बी.बी.सी. के एक समाचार के अनुसार, वर्ल्ड ट्रेड सेंटर के करीब ही सुबह नौ बजे के आस-पास मुफ्त रोटी के लिए फटेहालों की लम्बी कतार लग जाती है। अन्तरिक्ष यानों से सितारों की दुनिया में छलाँग लगाने की कोशिश में लगी दुनिया में इस जमीनी हकीकत को भी ध्यान में रखना जरूरी है। बल्कि ज्यादा लोगों के लिए यही जिन्दगी की हकीकत है।

जीवन में जिन आँकड़ों के आधार पर हम अपनी स्थिति का अन्दाज करते हैं उसकी प्रासंगिकता की भी जाँच होनी चाहिए। भूमंडलीकरण और उदारीकरण से होनेवाले विकास दर की बढ़ोतरी का एक सूचक राष्ट्रीय आय यानी सकल घरेलू

उत्पाद की वृद्धि दर को माना जाता है। पिछले दिनों इसमें भारी वृद्धि दर्ज होती रही है और सालाना आठ से दस प्रतिशत के बीच तक की वृद्धि दर हासिल करने का दावा रहा है जो यहाँ के विकास दर को दुनिया के सर्वाधिक तेज विकास दरों की श्रेणी में डाल देता है, लेकिन इस तेज विकास दर के काल में ही लाखों किसान कर्ज के बोझ से आत्महत्या करने को मजबूर हुए।

इस विडम्बना को समझने के लिए हमें यह देखना होगा कि दरअसल यह आय कहाँ और किसको हो रही है। अभी संसार भर में आयों का अनुपात तथाकथित सेवा क्षेत्र में लगातार बढ़ रहा है और भारत जैसे कृषि प्रधान देश में जहाँ 60 फीसदी से ज्यादा लोग खेती पर निर्भर हैं, खेती (जिसमें अन्न, गन्ना, कपास, फल, दूध उत्पादन, मछली पालन आदि सभी शामिल हैं) का अनुपात राष्ट्रीय आय में बीस प्रतिशत पर सिमट गया है। दूसरी ओर सेवा क्षेत्र में सेवा का अर्थ मूलत: व्यापार से सम्बद्ध होटल, बैंकिंग, सूचना, संचार और इससे जुड़े उद्योग जैसे कम्प्यूटर सॉफ्टवेयर, आउटसोर्सिंग आदि हैं—सबसे अधिक आय होती है। यह सहज ही समझा जा सकता है कि कम्प्यूटर सॉफ्टवेयर विंडो का निर्माता बिल गेट्स दुनिया के दो-तीन सबसे अमीर व्यक्तियों में है जिसकी सम्पत्ति खरबों रुपए है—आँकड़ों के बाहर जिसकी हम कल्पना भी नहीं कर सकते।

लेकिन आत्महत्या करनेवाले किसान दुनिया के सबसे गरीब लोग नहीं हैं। वे तो वैसे लोग हैं जिनके पास भले ही बहुत छोटी-काश्त की अपनी जमीन थी जिस पर वे बैंकों से ऋण ले सकते थे।

इसके बाहर भारी संख्या में ऐसे लोग हैं जिनके पास उस झोंपड़ी को छोड़ जिसमें वे गुजारा करते हैं बाकी कुछ भी नहीं है और कहीं-कहीं तो वह झोंपड़ी भी उनकी अपनी नहीं। उनके पास कोई स्थायी रोजगार भी नहीं होता। वे प्राय: रोजगार की तलाश में अकेले या झुंड में भटकते रहते हैं। यही उनके जीवन की त्रासदी है जिसे हम अप्रवासियों की समस्या के रूप में या घुसपैठियों के रूप में चिह्नित करते हैं। हम बांग्लादेशियों की घुसपैठ से परेशान हैं तो अमेरिका मैक्सिको के घुसपैठियों से, जिसे रोकने के लिए वह अब दीवार खड़ी करने की योजना चला रहा है। जब हम ऐसे करोड़ों लोगों के बारे में विचार करते हैं तो गैर-बराबरी से पैदा जिन्दगी की असली त्रासदी उजागर होती है।

इस दृष्टि से गरीबी का अर्थ है, वह आत्यन्तिक अभाव की स्थिति जिसमें न्यूनतम पोषक तत्त्वों के अभाव एवं सर्दी, गर्मी, बरसात आदि से बचाव के लिए न्यूनतम वस्त्र और उपयुक्त आवास के अभाव में शारीरिक क्षरण और इससे पैदा कमजोरी और बीमारी से आदमी की अकाल मृत्यु होती रहती है या—अगर जीवन रक्षक दवाइयों से मृत्यु को रोके भी रखा जाए तो—जीना जीवन को घसीटने की यातना भर बनकर रह जाती है जो मृत्यु से बदतर स्थिति होती है। इस स्थिति को

आँकड़ों से नहीं समझा जा सकता। इसे हम ठीक-ठीक तभी समझ सकते हैं जब हम बिहार जैसे राज्यों में वृद्धावस्था और कुपोषण के कारण तपेदिक और दूसरी बीमारियों से पीड़ित विभिन्न आयु के लोगों पर नजर डालें।

अक्सर अखबारों में डारफुर (सूडान) के पीड़ितों की तसवीर संयुक्त राष्ट्र संघ की ओर से, लोगों की संवेदना जगाने के लिए, प्रकाशित होती रहती है। वैसी तसवीर तो हम बिहार के गाँवों और कस्बों में अपने आस-पास रोज देख सकते हैं, लेकिन इसके लिए बिहार के गाँवों और कस्बों में जाने की भी जरूरत नहीं है। यहीं दिल्ली की झुग्गियों में भी हम यह तसवीर देख सकते हैं अगर हम आँखें खोलकर रखें। फर्क सिर्फ पैमाने का है। या फर्क इतना ही का है कि कहीं इस तरह की यातनाएँ मजहबी और कबायली दंगों के परिणाम हैं तो कहीं व्यवस्था द्वारा जीवन पर हो रही चौतरफा मार के परिणाम। और परोक्ष रूप से हम सभी वैसे लोग जो इस व्यवस्था से ऊँचा जीवन स्तर पाते हैं इस दर्दनाक स्थिति के लिए जिम्मेदार हैं।

ऊपर वर्णित कुछ रुझानों को हम सीधा भूमंडलीकरण से जोड़कर देख सकते हैं—जैसे सेवा क्षेत्र में आयों के भारी इजाफे या लोगों के विस्थापन को। विस्थापन के मर्म पर हम बाद में विचार करेंगे, लेकिन मोटा-मोटी यह तो दिखाई देता ही है कि लोग अपने गाँव और शहर से रोजगार की तलाश से तभी बाहर निकलते हैं जब उन्हें एक ऐसी खुली दुनिया की उपस्थिति का एहसास होता है जहाँ किसी तरह का रोजगार पाने और नई जिन्दगी शुरू करने की सम्भावना दिखाई देती है। ऐसा नहीं है कि श्रमिकों को अपनी धरती छोड़कर काम के लिए दूर-दराज देशों में पहली बार जाना पड़ रहा है। इसके पहले भी हमारे पूर्वजों को गरीबी और दुर्भिक्ष से बचने के लिए बन्धुआ मजदूर बनकर बाहर जाना पड़ा था। इसी क्रम में झारखंड के आदिवासी चाय बागानों में काम करने के लिए असम और बंगाल के पर्वतीय क्षेत्रों में ले जाए गए या फिर पूर्वी उत्तर प्रदेश और बिहार के लोगों को बन्धुआ मजदूर के रूप में मौरिसस, ट्रिनिडाड, फिजी, गुयाना आदि में विभिन्न तरह के कामों के लिए लगभग दो सौ साल पहले ले जाया गया। वहाँ आज वे आबादी के महत्त्वपूर्ण भाग बन गए हैं।

लेकिन इससे भी अधिक अमानवीय ढंग से अफ्रीकी मूल के लोगों को खेती के काम के लिए पकड़कर अमेरिका ले जाया गया। प्राय: उन्हें आखेट के जरिये बन्दी बना जहाजों में लादकर पहुँचाया जाता था। यह यात्रा इतनी दु:खदायी और जोखिम भरी होती थी कि प्राय: आधे बन्दी रास्ते में ही मर जाते थे। इस तरह करोड़ों की संख्या में अफ्रीकी लोगों को गुलाम बना उत्तरी और दक्षिणी अमेरिका में लाया गया। यही श्रमिक आधार थे वहाँ के गन्ना, कपास, तम्बाकू तथा दूसरी तरह की खेती और बागवानी के। यह पूँजीवाद का उषाकाल था और औद्योगिक

क्रान्ति की विलक्षण ऊर्जा का आधार यही गुलामी और अर्धगुलामी की अवस्था में किया गया मानव शोषण था। यह भूमंडलीकरण यानी अपनी जड़ों से काट वैश्विक नागरिक बनाने का प्रथम अध्याय था। इसी से पूँजी अपने शैशव से—जिसे मार्क्स ने पूँजी के आदि संचय का काल कहा था—निकलकर प्रौढ़ता की ओर बढ़ी थी।

ऊपर की बातों का जिक्र करना जरूरी लगता है क्योंकि भूमंडलीकरण की प्रक्रिया तो पूँजीवाद के प्रारम्भ से ही शुरू हो गई थी। आज सिर्फ पूँजी का वर्चस्व कुछ अधिक अनियंत्रित है और इससे वैश्विक संचरण और आदान-प्रदान उन्मुक्त दिखाई देता है, लेकिन भूमंडलीकरण के उद्घोष के पीछे एक आह्लाद का भाव भी है। क्योंकि बीसवीं सदी के प्रारम्भ से मजदूर आन्दोलन के विकास, समाजवाद की तरफ रुझान और रूस तथा चीन की क्रान्तियों ने पूँजीवाद के भविष्य पर एक प्रश्न चिह्न लगा दिया था। कार्ल मार्क्स का मसीहाई उद्घोष कि पूँजीवाद सर्वहारा के रूप में अनिवार्य रूप से अपनी कब्र खोदनेवाला वर्ग तैयार कर रहा है, से एक डरावनी छाया तो बन ही रही थी। सोवियत संघ के विघटन और चीन की उन्मुक्त बाजार व्यवस्था, यानी पूँजीवाद व्यवस्था का, ओजस्वी पक्षधर बन जाने के बाद से पूँजीवाद और इसका वैश्विक वर्चस्व इतिहास की नियति और मानव विकास की अन्तिम परिणति दिखाई देने लगी। इसलिए यह रेखांकित करना जरूरी लगता है कि वैश्वीकरण को पूँजीवाद के विकास की अनिवार्य प्रक्रिया के रूप में ही समझने की कोशिश करनी चाहिए।

आज दुनिया की बढ़ती गैर-बराबरी को बुनियादी तौर से पूँजीवाद की परिणति के रूप में ही समझा जा सकता है। वैश्वीकरण समाज का कोई नया रूपान्तरण नहीं जहाँ संसार के लोगों की नई साझीदारी या बिरादरी बन रही है। दरअसल यह प्रत्येक क्षेत्र में आबादियों के विभिन्न श्रेणियों के बीच और फिर देश-देश के बीच सम्पन्नता और विपन्नता की खाई गहरी करती जा रही है। संयुक्त राष्ट्र संघ के 2006 के मानव विकास रपट में वर्णित इन तथ्यों से यह बात साफ जाहिर होती है। इसमें लिखा है :

"...इस बीच दुनिया के उत्तरी भाग की आबादी के 20 प्रतिशत लोगों की औसत आय नीचे की 20 प्रतिशत आबादी की औसत आय का पचास गुना है।"

"वैश्विक आमदनी का बँटवारा शैम्पेन के गिलास के समदृश्य है। शीर्ष पर जहाँ गिलास सबसे चौड़ा है, आबादी का सबसे सम्पन्न 20 प्रतिशत दुनिया की आय के तीन-चौथाई का मालिक हैं। गिलास का सबसे निचला हिस्सा जो सबसे पतला है—सबसे गरीब 40 प्रतिशत दुनिया की आय के 5 प्रतिशत का अधिकारी है और सबसे गरीब 20 प्रतिशत महज 1.5 प्रतिशत का अधिकारी। इन सबसे गरीब 40 प्रतिशत लोगों की संख्या मोटा-मोटी 2 अरब है जो 2 डॉलर प्रतिदिन से कम पर गुजारा करते हैं।"

"समय के साथ 20 प्रतिशत निचले हिस्से की क्षेत्रीय स्थिति में क्या बदलाव आया है? दक्षिण एशिया का हिस्सा तेजी से गिरकर 1980 के आधे से एक-तिहाई पर आ गया है। यह दो दशक की औसत आमदनी की गिरावट को प्रतिबिम्बित करता है। सहारा के दक्षिणी भाग के लोगों में प्रत्येक दो में एक आदमी दुनिया के 20 प्रतिशत आय में सबसे गरीब लोगों में है। इसकी तुलना पूर्वी एशिया के पाँच में एक और दक्षिण एशिया के चार में एक से की जा सकती है। कोई अचरज की बात नहीं कि अमीर देशों की प्रधानता 20 प्रतिशत ऊपर हिस्से में हैं। उनके 10 में 9 नागरिक 20 प्रतिशत सबसे धनी लोगों में हैं और 'आर्गेनाइजेशन फॉर इकोनोमिक को-ऑपरेशन एंड डेवलपमेंट' (ओ.ई.सी.डी.) के देशों की आय दुनिया की आय का 85 प्रतिशत है।"

"वैश्विक गैर-बराबरी की बहस में जो बात प्राय: ओझल रहती है वह यह कि चाहे जो मापदंड अपनाए जाएँ और बिना इस बात का लिहाज किए कि आय बढ़ रही है या घट रही है, यह गैर-बराबरी अत्यधिक है। मोटा-मोटी अनुमान के अनुसार फोर्ब्स मैगजीन में शुमार किए गए सबसे धनी 500 लोगों की आमदनी, जो उनके पूरे धन के 5 प्रतिशत से ज्यादा नहीं होता, 41.6 करोड़ सबसे गरीब लोगों की आय से अधिक होती है।"

जिस तरह की गैर-बराबरी देशों और विभिन्न वर्गों के लोगों की आय और जीवन की सुविधाओं में हो रही है वैसी ही गैर-बराबरी देशों के भीतर भी विविध क्षेत्रों और राज्यों के बीच भी देखी जा सकती है। संयुक्त राष्ट्र संघ की इसी रपट में भारत के राज्यों के बीच की स्थिति की विषमता को दर्शानेवाली यह तालिका दी गई है।

भारत के राज्यों के बीच गैर-बराबरी की तालिका

सूचक	भारत	केरल	बिहार	राजस्थान	उत्तर प्रदेश
आबादी की महिलाओं का प्रतिशत	48	52	49	48	48
5 वर्ष से कम आयु का शिशु (मृत्यु दर प्रति हजार में)	95	19	105	115	123
प्रति महिला प्रजनन का दर	2.9	2	3.5	3.4	4
जन्म के समय स्वास्थ्य सेवा की उपलब्धि	42	94	23	36	3
शिशुओं के सभी टीकाकरण की उपलब्धि	42	80	11	16	29

ऊपर बतलाई गई स्थिति की पुष्टि दिल्ली के ह्यूमन डेवलपमेंट रिपोर्ट 2006 से भी होती है।

गार्जियन न्यूज पेपर्स के जेम्स रैंडर्सन के 'हिन्दू' के 6 दिसम्बर, 2006 में प्रकाशित एक लेख में कहा गया है कि "दुनिया के सबसे धनाढ्य एक प्रतिशत लोग

हमारे नक्षत्र का 40 प्रतिशत सम्पत्ति के मालिक हैं।" यह सम्पत्ति बँटवारे के सबसे व्यापक अध्ययन का नतीजा है। 'वर्ल्ड इंस्टीट्यूट फॉर डेवलपमेंट इकोनोमिक्स रिचर्स ऑफ दी यूनाइटेड नेशन्स' ने पहले-पहल आमदनी के विभाजन की बजाय संसार की सम्पत्ति के विभाजन का अध्ययन किया है जिसका यह निष्कर्ष है। लेख के मुताबिक यूरोप, अमेरिका और कुछ एशिया प्रशान्त के देश में सबसे धनाढ्य लोग रहते हैं। इसमें एक-तिहाई लोग अमेरिका में रहते हैं, जापान में 26 प्रतिशत, ब्रिटेन में छह प्रतिशत और फ्रांस में इसमें 5 प्रतिशत लोग रहते हैं। 2000 ईस्वी के आँकड़ों के अनुसार ब्रिटेन के नागरकों की औसत सम्पत्ति 126,000 डॉलर, जापान के नागरिकों की 181,000 डॉलर और अमेरिका की 144,000 डॉलर थी।

रिपोर्ट के अनुसार सबसे सम्पन्न 10 प्रतिशत वयस्क संसार के 85 प्रतिशत संसाधनों के मालिक हैं। दुनिया की आधी आबादी संसार के संसाधनों के महज एक प्रतिशत की मालिक है। सूची के निचले छोर के पास भारत 1100 डॉलर और इंडोनेशिया 1400 डॉलर के साथ स्थित है।"

गार्जियन न्यूज पेपर्स के ही 'हिन्दू' में प्रकाशित ट्रिस्ट्राम हंट के लेख (हिन्दू, 20 जुलाई, 2007) में यह कहा गया है कि वर्तमान ब्रिटेन के शहरी क्षेत्र में गैर-बराबरी का स्तर वही होता जा रहा है जो विक्टोरिया के काल में था। इस सन्दर्भ में वह फ्रेडरिक एंगेल्स द्वारा 1845 ईस्वी में लिखी पुस्तक 'कंडीशन ऑफ द वर्किंग क्लास इन इंगलैंड' का जिक्र करता है। गरीब और अमीर के रहन-सहन और आवासीय मुहल्लों के बीच वैसा ही विभाजन दिखाई देता है जैसा डेढ़ सौ साल पहले के विवरण से ज्ञात होता है। इस बात का जिक्र करना इसलिए जरूरी लगता है क्योंकि बीसवीं शताब्दी के पूर्वार्द्ध के मजदूर आन्दोलन और समाजवादी विचार के प्रभाव एवं द्वितीय विश्वयुद्ध के बाद की लेबर पार्टी की सरकारों द्वारा निचले वर्ग के जीवन की स्थितियों को सुधरने के प्रयासों ने इस फर्क पर खरोंच लगाना शुरू किया था, लेकिन मार्गरेट थैचर के सत्ता में आने और तथाकथित नवउदारवादी नीतियों की सफलता तथा टोनी ब्लेयर द्वारा मूलत: उसी नीति को लेकर चलने से स्थिति पूरी तरह बदल गई और गैर-बराबरी अपने चरम दौर में है। यही नवउदारवादी नीति आज की तथाकथित वैश्वीकरण का आधार है।

ध्यान में रखने की बात यह है कि सम्पन्नता के रिसाव या टपकन (ट्रिकल डॉउन थ्योरी) से निचले स्तरों पर सम्पन्नता के विस्तार का कोई चिह्न दिखाई नहीं देता। उल्टा दिनोदिन शैम्पेन के गिलास का ऊपरी भाग ही अधिक फैलता जा रहा है और निचला हिस्सा दिनोदिन संकीर्ण होता जा रहा है। यही कहा जा सकता है कि पूँजीवादी व्यवस्था में गुरुत्वाकर्षण का नियम उलट जाता है और टपकन नीचे से ऊपर की ओर ही होता है जिससे गरीब और गरीब और अमीर और अमीर होते जाते हैं।

सभी सामाजिक व्यवस्थाओं के कुछ निर्धारक मूल्य होते हैं जिससे इसके भीतर के मनुष्यों और समूहों के सम्बन्ध और उनकी गतिशीलता निर्धारित होती है। पूँजीवादी समाज को गतिशील करनेवाली ऊर्जा का स्रोत (सोशल डायनामिक्स) लोभ और ईर्ष्या होता है। ई.एफ. शुमाखर ने अपनी सुप्रसिद्ध पुस्तक 'स्मॉल इस ब्यूटीफुल' में इस बात का जिक्र किया है कि मेनार्ड कीन्स—जो उसका गुरु भी था—का मानना था कि समाज के विकास के लिए कम-से-कम सौ वर्ष के लिए लोभ और ईर्ष्या (ग्रीड एंड एन्वी) का बना रहना जरूरी है। निश्चित रूप से इस महान अर्थशास्त्री को अपने शास्त्र के केन्द्रीय मूल्य की पहचान थी। मोटा-मोटी इस व्यवस्था को परिचालित रखने के लिए हर आदमी को सामनेवाले से प्रतिस्पर्धा में आगे निकलना है—पूँजीपतियों को दूसरे पूँजीपतियों से, व्यवस्थापकों को दूसरे व्यवस्थापकों से और स्वयं मजदूरों को उद्योगों की उभरती सोपानवत व्यवस्था में दूसरे मजदूरों से आगे। इसीलिए मजदूरों की एकता का नारा जो कभी मजदूर आन्दोलन का आधार था, शिथिल पड़ गया है और अतिविकसित औद्योगिक देशों में स्वयं श्रमिक इतने स्तरों में विभाजित हैं कि एक-दूसरे से आगे बढ़ने की प्रतिस्पर्धा में वर्गीय चेतना शिथिल पड़ती गई है।

सबसे विकसित औद्योगिक देशों में समाजवादी आन्दोलन के ह्रास के पीछे इस नई चेतना की महत्त्वपूर्ण भूमिका है। इस तरह वैश्वीकरण के दौर में संसार के वे सारे हिस्से जो इस व्यवस्था से सम्बद्ध हैं एक 'एस्केलेटर' का अंग बन गए हैं। एक अर्थ में यह 'एस्केलेटर' ऊपर बढ़ रहा है—सभी लोग पहले से अधिक कपड़े पहनने लगे हैं, पौष्टिकता जो भी हो, पेयों और पकवानों की संख्या बढ़ने लगी है। काम के लिए या काम की तलाश में लोग लम्बी दूरियाँ तय करने लगे हैं। सब मिलकर संसाधनों और ऊर्जा की खपत बढ़ती जा रही है। ज्यादातर लोग वे भी जो 'एस्केलेटर' की निचली सीढ़ी पर हैं, आश्वस्त हैं कि वे ऊपरी जगह पर पहुँचेंगे क्योंकि 'एस्केलेटर' लगातार आगे बढ़ रहा है। जो बात प्राय: ओझल रहती है वह यह कि एस्केलेटर चालू रहे इसके लिए लगातार ऊर्जा और दूसरे तरह के संसाधनों की आपूर्ति अविच्छिन्न होनी चाहिए।

शायद यह सम्भव होता अगर लोगों की जरूरतें और इस हिसाब से उत्पादित वस्तुओं की संख्या सीमित होती। शायद इसी कल्पना से साम्यवाद को उस व्यवस्था के रूप में परिभाषित किया गया था जहाँ, "सभी व्यक्तियों से उनकी शक्ति के हिसाब से काम लिया जाएगा और सभी व्यक्तियों को उनकी आवश्यकता के हिसाब से पारिश्रमिक मुहैया कराया जाएगा।"

लेकिन पूँजीवादी व्यवस्था का विशिष्ट गुण यह है कि यह उत्पादन को आवश्यकता से मुक्त कर देती है। यह गुण इसे अपने सभी पूर्ववर्ती समाजों से भिन्न बना देता है। इतिहास में जितने भी पूर्ववर्ती समाज रहे हैं उन सबमें उत्पादन लोगों की जरूरत पूरा करने के लिए होता था। जरूरत में आम लोगों और अभिजन

दोनों की जरूरतें शामिल होती थीं—जैसे सामन्ती समाज में तख्त और ताज एवं सामन्तों को विशेष साज-सज्जा की सामग्रियों की, लेकिन इन जरूरतों की पूर्ति के बाद उत्पादन पर विराम लग जाता था। पूँजीवादी समाज सभी पूर्ववर्ती समाजों से इस अर्थ में भिन्न है कि इसमें उत्पादन का एकमात्र लक्ष्य मुनाफा कमाना होता है—बिना इसका लिहाज किए कि जो उत्पादन हो रहा है वह जरूरी है, बे-जरूरी है या जहरीला है। चूँकि उत्पादन का एक मात्र लक्ष्य बिक्री और मुनाफा है—चाहे जिस किसी वस्तु का भी उत्पादन हो—इसे फैलाते जाना है। एक मात्र समस्या बाजार की उपलब्धि की होती है। इसी से पूँजीवादी व्यवस्था का एक बड़ा उद्यम होता है आवश्यकताओं का आविष्कार।

पहले कहावत थी कि आवश्यकता आविष्कार की जननी है। पूँजीवादी व्यवस्था में स्वयं आवश्यकताओं का आविष्कार एक बड़ा उद्योग है और अनेक शोध संस्थाएँ और प्रयोगशालाएँ नई आवश्यकताओं का ईजाद करने में लगी रहती हैं। चूँकि उत्पादन का विस्तार व्यवस्था का एकमात्र लक्ष्य है, क्योंकि उत्पादित वस्तुओं की बिक्री से ही मुनाफा का लक्ष्य पूरा होता है, तम्बाकू जैसे सिद्ध जहर के उत्पादों को भी प्रतिबन्धित नहीं किया जा सकता। पूँजीवाद की इस विशेषता को ध्यान में रखकर ही हम इस विलक्षण स्थिति को समझ सकते हैं कि अफीम के व्यापार पर से रोक हटाने के लिए ब्रिटेन ने चीन के खिलाफ 1840-42 में युद्ध तक किया और वहाँ की सरकार को इस व्यापार को निर्बाध चलने देने के लिए मजबूर किया। यही कारण है कि यह सिद्ध होने के बावजूद कि कोलो-पेयों में कीटनाशक होते हैं, और इससे हमारा भूजल स्तर बुरी तरह प्रभावित होता है (मसलन केरल के प्लाचिमारा में) हमारी सरकार और संसद इन कम्पनियों के खिलाफ कुछ करने में पक्षाघात का शिकार बन जाती हैं।

भूमंडलीकरण के दौर में जबकि सारा संसार पूँजीवादी उत्पादन और विपणन के घेरे में आ गया है लोभ और प्रतिस्पर्धा को जीवन का नियामक मूल्य और मुनाफे के लिए उत्पादन विस्तार को एकमात्र लक्ष्य माननेवाली व्यवस्था जीवन के अस्तित्व को ही खतरे में डाल देती है। लोभ मनुष्य की इच्छाओं को सीमाहन बना सकता है। महात्मा गांधी की यह युक्ति काफी प्रसिद्ध है कि 'दुनिया में सबकी जरूरत के लिए काफी है, लेकिन एक आदमी के लालच के लिए काफी नहीं है'। इसकी सच्चाई तो इसी में देखी जा सकती है कि अरबों-खरबों की सम्पत्ति के मालिक भी रोज नए अधिग्रहण से अपनी सम्पत्ति का विस्तार करने की कोशिश करते हैं जबकि जीवन की आवश्यकताओं से इस विस्तार का कोई सम्बन्ध नहीं है।

असली खतरा यह है कि आवश्यक उपभोग से लगनेवाली सीमा से मुक्त, उत्पादन सीमाहीन होता जा रहा है, लेकिन उत्पादन शून्य से नहीं होता। इसके लिए पदार्थ और ऊर्जा की जरूरत होती है जिसे आधुनिक भाषा में संसाधन कहते हैं।

लेकिन मनुष्य संसाधनों का सर्जक नहीं होता। वह अपनी उत्पादन प्रक्रिया में सिर्फ इसका रूपान्तरण कर सकता है। इसी बिन्दु पर संकट की शुरुआत होती है। संसार में पदार्थ और ऊर्जा सीमित हैं और हमारी धरती एक सीमित नक्षत्र है। इस सीमित नक्षत्र के सीमित संसाधनों से उत्पादों के सीमाहीन विस्तार की महत्त्वाकांक्षा व्यवस्थाजन्य सामूहिक पागलपन है जिसका खामियाजा हम संसाधनों की लूट-खसोट, युद्धों और न पलटे जा सकनेवाले (इरिवर्सिबल) पर्यावरण के क्षय के रूप में देख रहे हैं।

चूँकि व्यवस्था वैश्विक बन गई है। संसार का कोई भी कोना इस लूट-खसोट के दायरे से अछूता नहीं। छत्तीसगढ़, उड़ीसा एवं झारखंड के आदिवासी जो सदियों से अपने पर्वतीय परिवेश में वनोपजों और पारम्परिक खेती-बारी से निर्विघ्न जीवनयापन करते थे, विकास के प्लेग से आक्रान्त हैं। आज खनिजों की तलाश में विशाल बहुराष्ट्रीय कम्पनियाँ उनकी भूमि पर कब्जा कर रही हैं। पर्वतों को तोड़ उनके निर्मल परिवेश को धुआँ और कचरे के अम्बार में तब्दील किया जा रहा है और वे आदिवासी स्वयं विस्थापित हो नगरों और महानगरों की गन्दी बस्तियों में कीड़े का जीवन जीने को अभिशप्त हो रहे हैं। नर्मदा नदी की घाटी के हरे-भरे अंचलों में हजारों साल से जीवनयापन करनेवाले किसान और आदिवासी ऊर्जा की भूखी व्यवस्था द्वारा निर्मित भीमकाय बाँधों से डूब क्षेत्र में आ गए हैं और उजड़कर दसों दिशाओं में बिखर गए हैं।

वैश्विक विकास के चकाचौंध की मारी हमारी लोकतांत्रिक और न्यायिक व्यवस्थाएँ सिर्फ मूक दर्शक ही नहीं हैं बल्कि विकास के इस महाभोज में उत्प्रेरक की भूमिका निभा रही हैं। जब अपनी हालत से बेहाल नौजवान व्यवस्था के खिलाफ हथियार उठा लेते हैं तो उन्हें आतंकवादी करार दिया जाता है। यह उस प्रक्रिया से बहुत भिन्न नहीं जिसमें इराक के तेल पर कब्जा के लिए अमेरिकी परमाणु बमों का बहाना बना आक्रमण कर उस पर कब्जा करते हैं। संयुक्त राष्ट्र संघ मूक दर्शक रहता है। अब तेल के दूसरे क्षेत्र ईरान पर शिकंजा कसने की तैयारी हो रही है। हजारों परमाणु और हाइड्रोजन बम के जखीरा पर बैठा अमेरिका ईरान को इस बात के लिए मुजरिम करार देने के उद्यम में लगा है कि वह परमाणु बम विकसित करने में प्रयासरत है। सारे संसार के संसाधनों पर सम्पन्न देशों और उनके निगमों की ललचाई आँखें लगी हैं। वेनेजुएला अपने तेल के कारण अमेरिका के निशाने पर है। म्यांमार की जुंटा के खिलाफ हम आवाज नहीं उठा सकते क्योंकि हमारे पड़ोस में वहाँ भी तेल और गैस की सम्भावना है। तिब्बत में दलाई लामा के इस आश्वासन के बावजूद कि वे फिलहाल तिब्बत की आजादी को व्यावहारिक नहीं मानते सिर्फ स्थानीय स्वायत्तता चाहते हैं—चीन की सरकार सन्तुष्ट नहीं है। क्योंकि उसकी निगाह तिब्बत के विशाल भूखंड में सम्भावित संसाधनों पर लगी है जिसके इस्तेमाल पर तिब्बत की स्वायत्तता बाधा उपस्थित कर सकती है। इसके लिए अपने

पारम्परिक जीवन से सन्तुष्ट इस शान्त समाज को भूमंडलीकरण की मुख्य धारा में लाने के लिए चीन ने अरबों डॉलर खर्च कर संसार की शायद सबसे ऊँची रेल यातायात कायम की है।

भविष्य में भूमंडलीकृत होते-होते हिमालय के ग्लेशियर पिघल चुके होंगे। इसके पड़ोस में फैला विशाल प्रदेश रेगिस्तान बन चुका होगा और लोग जीवन की तलाश में उत्तर ढलान से होते हुए टुंड्रा के प्रदेशों की ओर प्रस्थान करेंगे—शायद शिकार से पेट भरने की आशा से क्योंकि जलवायु गर्म होने से सम्भवत: वहाँ जंगलों और जंगली जीवों की भरमार होने लगेगी। सम्पन्नता के कुछ छोटे-मोटे द्वीप कायम रहेंगे, लेकिन विशाल संख्या में आम आदमी जलवायु परिवर्तन से आज से सैकड़ों या हजारों साल पहले की जीवन की स्थिति में पहुँच जाएँगे। यह गैर-बराबरी का एक नया अध्याय होगा जिसमें थोड़े-से लोग नवीनतम तकनीकी से जीवनयापन करेंगे और बाकी लोग आखेट से या कंदमूल, फल आदि जमा कर उसको ही अपनी आजीविका का आधार बनाएँगे। या मानववंश एच.जी. वेल्स की टाइम मशीन में कल्पित उस भविष्य की ओर जाएगा जहाँ दो प्रजातियों में विभाजित मनुष्यों की एक प्रजाति दूसरे को खाद्य सामग्री बनाने के लिए उनकी वैसी ही फार्मिंग करेगी जैसे आज चिकेन फार्मिंग होती है।

8 अप्रैल, 2008 को दिल्ली में दिया गया
राहुल सांस्कृत्यायन स्मारक व्याख्यान

2

वर्तमान समय में चीन दुनिया भर में वामपंथ के लिए दो विपरीत प्रेरणाओं का स्रोत बना हुआ है और ये प्रेरणाएँ अलग-अलग तरह से त्रासद नियति की ओर ले जानेवाली भी हैं। एक प्रेरणा के स्रोत हैं माओ, जिनके साथ न सिर्फ 1929 से 1949 तक का क्रान्तिकारी अभियान जुड़ा है, जिस क्रम में चीन जापानी साम्राज्यवाद और कौमिंगतांग और इसके पीछे के अमेरिकी प्रभाव से पूरी तरह मुक्त हुआ। इसके साथ ही चांग काई शेक का चीन छोड़ फारमोसा (वर्तमान ताइवान) के लिए पलायन हुआ और हांगकांग और मकाओ को छोड़ तिब्बत समेत पूरे चीन पर कम्युनिस्ट शासन कायम हुआ, लेकिन इससे आगे बढ़कर माओ का नाम 1960 और 1970 के दशक की 'सांस्कृतिक क्रान्ति' से जुड़ा है जिसने चीन की हजारों साल पुरानी परम्पराओं और स्वयं कम्युनिस्ट व्यवस्था से जुड़ी वरीयता और ओहदे की मर्यादा को झकझोर कर ध्वस्त कर दिया।

पहले अभियान ने चीन के करोड़ों किसानों को सत्ता-संघर्ष के केन्द्र में ला दिया। सांस्कृतिक क्रान्ति के अभियान ने चीन के छात्रों और नौजवानों को कन्फ्यूशियस के चीन में, जहाँ बुजुर्ग अत्यधिक महिमामंडित थे और परम्परा से मिली लीक पर चलना ही कर्तव्य पालन था—सभी परम्परागत ऊँच-नीच के भेदभाव और स्थापित मान्यताओं (पार्टी के भीतर वरीयता के भाव पर भी) प्रश्नचिह्न लगाने की सीख दी। परिवर्तन के पक्ष में स्वयं अपने संगठन के केन्द्रों पर हमले को प्रोत्साहित किया—'मुख्य कार्यालय पर बमबारी करो' जैसे उद्घोष से।

ऐतिहासिक महत्त्व की घटनाओं से जुड़ी किंवदन्तियाँ नई पीढ़ियों के लिए प्रेरक तथ्य बन जाती हैं। स्वयं मार्क्स ने अपने ऐतिहासिक भौतिकवाद की मान्यता से थोड़ा हटकर 'एटिंथ ब्रूमायर' में एक जगह लिखा कि 'मृत पीढ़ियों के प्रेत नई पीढ़ी के सिर पर लटकते रहते हैं' और आदमी इतिहास के पुराने नायकों की तर्ज पर अपनी भूमिका निर्धारित कर किरदार निभाने की कोशिश करता है। माओ के जीवन के दोनों पहलू न सिर्फ चीन में बल्कि संसार के दूसरे भागों में, विशेषकर एशिया के गरीब मुल्कों में, अपनी स्थिति बदलने के लिए आतुर नौजवानों का मार्गदर्शक बने रहे हैं। नेपाल से लेकर भारत तक में माओवादी संगठनों के नवोन्मेष

में स्पष्टत: माओ के जीवन की प्रेरणा देखी जा सकती है। स्वाभाविक है कि इस तरह की प्रेरणा में रूमानी भटकाव की सम्भावना भी बड़ी मात्रा में हो।

समय की धुंध में वस्तुएँ अपने आकार से बड़ी दिखाई देती हैं और कुछ कर गुजरने के उत्साह में पुरानी घटनाओं के खुरदुरे और दुखदायी तत्त्व नजरअन्दाज हो जाते हैं। सबसे बढ़कर इतिहास द्वारा बार-बार दर्शाई गई यह बात भुला दी जाती है कि इतिहास कभी भी पुरानी स्थितियों को ज्यों-का-त्यों नहीं दोहराता और नए समय में ऐसे नए पेंच उभरते रहते हैं जिनसे निकलने के लिए अपनी सोच को नया आयाम देना होता है, लेकिन जवानी के उत्साह में इस बुनियादी सच्चाई को भुलाकर प्राय: खतरनाक दुस्साहस के लिए नई पीढ़ी आगे आती है और परिदृश्य एक दुखान्त नाटक में बदल जाता है। सम्भवत: जे.पी. ने जब कहा कि क्रान्तियाँ अपनी किताब स्वयं लिखती हैं तो उनका आशय यही था कि कोई भी क्रान्ति किसी पिछली क्रान्ति के सूत्रों को अपना आधार नहीं बना सकती, उससे नए सूत्रों का निर्माण करना होता है।

माओ के उन विचारों का आधार जिनसे चीनी क्रान्ति को दिशा मिली वह रपट थी जिसे माओ ने 1927 में हुनान में स्वत:स्फूर्त रूप से उभरे किसान विद्रोह पर तैयार किया था। वहाँ किसानों ने भूस्वामियों पर हमला कर उन्हें मारना शुरू कर दिया था। इन हत्याओं को सभी तरफ भयावह माना जा रहा था। माओ ने अपनी रपट में इसके विपरीत इन घटनाओं को भयावह की जगह बहुत अच्छा कहा और यहाँ तक कह डाला कि ये उपलब्धियाँ ऐसी नायाब हैं जैसी हजारों वर्षों में नहीं हुईं। माओ की मूल स्थापना थी कि शोषित लोगों के विद्रोह का अधिकार विवाद से परे है।

यह एक तरह से मार्क्स के वर्ग-संघर्ष की अवधारणा का निचोड़ है जिसे मार्क्स ने इतिहास के विकास का मूल कारक माना था। इस मान्यता से आरम्भ कर माओ ने चीन के किसानों का संगठन करना शुरू किया और इससे तैयार आधार से फैलकर बीस वर्ष के कठोर संघर्ष के जरिये, किसी केन्द्रित राज्य-व्यवस्था के अभाव और जापान के खिलाफ संघर्ष में ध्वस्त व्यवस्था की स्थितियों का फायदा उठा, चीन में कम्युनिस्ट पार्टी की सत्ता कायम करने में सफल हुए।

जीवन में मिली किसी बड़ी सफलता के पीछे की नीतियाँ सार्विक महत्त्व की दिखें यह कोई अचरज की बात नहीं। अत: बाद के दिनों में सांस्कृतिक क्रान्ति में माओ ने वर्ग संघर्ष की इसी अवधारणा के आधार पर कम्युनिस्ट व्यवस्था में पैदा विकृतियों को मिटाने का भी प्रयास किया। 1949 के बाद जब सारे देश में कम्युनिस्ट पार्टी की सत्ता कायम हो गई तो चीन के हजारों गाँवों में फैली विकेन्द्रित और आर्थिक मामलों में भी बहुत कुछ आत्मनिर्भर व्यवस्थाओं को एक केन्द्रीय शासन में लाने का प्रयास किया गया। चीन जैसे विशाल देश में ऐसी केन्द्रित व्यवस्था

कायम करने में विशाल प्रशासकीय और स्वयं कम्युनिस्ट पार्टी के नौकरशाही ढाँचे का अस्तित्व में आना अपरिहार्य बन गया।

नौकरशाही के विकास का यह लगभग अटलनीय नियम है जो विचारधाराओं से निरपेक्ष होता है। इसी के साथ लोगों के रहन-सहन की स्थितियों में स्तरीय विभाजन शुरू हुआ। माओ के लिए कार्यस्थल और प्रशासकीय ढाँचे का यह सोपानवत विभाजन वर्ग-विभाजन की ही अभिव्यक्ति थी। स्वयं मार्क्स नौकरशाही के चरित्र की विशिष्टता और बड़ी व्यवस्थाओं में इसकी अनिवार्यता के पहलुओं को समझ नहीं पाए थे। माओ के लिए, जो बाहरी दुनिया के प्रशासनिक चरित्र अनभिज्ञ थे और जिनके सामने चीन के मन्दारिन प्रशासन का ही इतिहास था—जो प्राय: किसानों के शोषण का विशेष हथियार रहा था—यह भी वर्ग विभाजन का ही एक रूप था। अत: उन्होंने इस प्रशासकीय ढाँचे को तोड़ने का प्रयास वर्ग-संघर्ष की तर्ज पर ही किया। इसके लिए उन्होंने छात्रों और नौजवानों का कम्युनिस्ट पार्टी के ही स्थापित नेतृत्व के खिलाफ संघर्ष के लिए आगे आने का आह्वान किया।

लाखों छात्र और शिक्षक विश्वविद्यालय छोड़ गाँवों में किसानों के बीच काम करने के लिए भेज दिए गए। विश्वविद्यालय के शिक्षकों की तनख्वाह से अधिक तनख्वाह कारखानों में काम करनेवाले साधारण श्रमिकों को दी जाने लगी। इससे परम्परागत रूप से स्थापित वह मानसिक जड़ता तो कुछ समय के लिए टूटी जो आम आदमी से पढ़े-लिखे अभिजात वर्ग को अलग करती है, लेकिन प्रशासनिक व्यवस्था ध्वस्त होने लगी और स्वयं अपनी पार्टी की व्यवस्था से तीव्र संघर्ष शुरू हो गया। इससे गृहयुद्ध की स्थिति पैदा हो गई। जब स्थिति काबू से बाहर होने लगी तो लाल सेना को स्थिति को नियंत्रित करने के लिए लाया गया।

इस उथल-पुथल में पार्टी के अनेक नेताओं को हाशिए पर डाल दिया गया। बड़ी संख्या में लोग मारे गए। देंग श्याओ पिंग भी पार्टी के उन प्रमुख नेताओं में थे जिन्हें दरकिनार किया गया था और जो बाद में वर्तमान चीन की नीतियों के जनक बने। दुनिया भर के नौजवानों में माओ की अपील का बड़ा कारण यह विश्वास था कि क्रान्तिकारी उत्साह से परिस्थिति के सारे अवरोधों को तोड़कर एक समतामूलक समाज का निर्माण किया जा सकता है। यह सतत बगावत का आह्वान था जो युवजनों के अनुकूल था। इससे हर जुल्म के खिलाफ बगावत करने का औचित्य साबित होता था। भारत में भी नक्सली आन्दोलन, जिसका एक रूप आज का माओवादी उभार है, इसी मानसिकता की उपज है।

माओ के विचारों से उत्साहित युवजन अपने अति उत्साह में कुछ ऐतिहासिक तथ्यों को नजरअन्दाज करते हैं। शायद उन्हें उन तथ्यों से परिचित होने का मौका भी नहीं मिला होगा। पहला तो स्वयं चीन में सांस्कृतिक क्रान्ति के परिणाम, जिनसे गृहयुद्ध की स्थिति पैदा हुई और अन्तत: इस अभियान की पराजय हुई। शायद

चीन का वह नीति अपनाना, जिसके लिए माओ ने 'कैपिटलिस्ट रोडर्स' (पूँजीवादी रास्ता अपनानेवाले) पद का इस्तेमाल किया था, इस अतिवादी उभार की प्रतिक्रिया का ही परिणाम था।

कोई भी समाज सतत अस्थिरता की स्थिति में रहना कबूल नहीं कर सकता, विशेषकर तब जब इससे लगातार खून-खराबा होता रहे और अन्तिम परिणाम अनिर्णीत रहे या कोई अन्तिम मंजिल हो ही नहीं—एवं पक्ष और प्रतिपक्ष दोनों ही सतत बगावत के अधिकार को मानकर चलें। व्यवस्थाओं में विषमता के रूढ़ होने के रुझान के खिलाफ सतत बगावत, जो जरूरी लगती है, एक ही रूप में समाज व्यवस्था को छिन्न-भिन्न किए बगैर सम्भव है—यह रास्ता सविनय अवज्ञा का है। यह इस उद्घोष में जाहिर होता है कि किसी अन्याय को न तो मानेंगे और न ही अन्यायी को मारेंगे। यह अन्यायी को खत्म करने की बजाय अन्याय को मिटाने के लिए की जानेवाली बगावत होगी।

अन्ततः यह प्रतिकार की प्रतिबद्धता से किए गए आत्मबलिदान से समाज के सोच को बदलने की प्रक्रिया है जो किसी संवैधानिक या कानूनी बदलाव की पृष्ठभूमि होती है। हिंसक बगावतों का इसी सीमा को पहले के सभी क्रान्तिकारी प्रयासों के परिणामों की पृष्ठभूमि में रख आलबेर कामू ने अपनी प्रसिद्ध पुस्तक 'ल होमो लिवोल्ते' (बागी) में उजागर किया था। किसी भी क्रान्तिकारी के सामने यह प्रश्न खड़ा रहता है कि अगर भविष्य अनजान है तो आज की गई हिंसा का औचित्य सिद्ध करने का तरीका क्या है? कामू के बागी के लिए मृत्यु का वरण, लेकिन यह निष्कर्ष भी एक नकार ही है।

दूसरी भूल जो दूसरे देश के माओवादी करते रहे हैं वह इस हकीकत को नकारना है कि सभी समाजों की अपनी विशेष परम्पराएँ होती हैं जो क्रान्तियों के स्वरूप और सम्भावनाओं को निर्धारित करती हैं। चीन के किसानों की छिटपुट हिंसा के एक बड़े क्रान्तिकारी युद्ध का रूप लेने के पीछे चीन की विशेष स्थिति भी थी। चीन का हजारों वर्षों का इतिहास रहा है कि जब भी कोई शासक निरंकुश हो जनता पर अत्याचार करता था तो किसान बागी होकर जहाँ-तहाँ शासन के खिलाफ हिंसक कार्रवाई शुरू करते थे और अन्त में ऐसी छिटपुट बगावतें राष्ट्रीय आन्दोलन बन शासक को अपदस्थ कर देती थीं और नए राजवंश की शुरुआत होती थी। इस क्रम में सबसे अन्तिम ताइपिंग व्रिदोह 1857 में हुआ। माओ के सहयोगियों ने उनकी रणनीति से काफी कुछ सीखा था।

अपनी इसी विशिष्टता के कारण ही चीन का प्रयोग कहीं दूसरी जगह दोहराया नहीं जा सका है। कम्पूचिया में तो इस तरह का प्रयोग घोर मानवीय त्रासदी में बदल गया जिसमें इस छोटे देश में दसों लाख लोग घोर यातनाओं के बीच मारे गए। भारत में तो ऐसे विद्रोह पानी के बुलबुलों की तरह उठते और विलीन होते रहे हैं।

देश की लोकतांत्रिक व्यवस्था पर खतरा इस बात से पैदा होता है कि ऐसी हिंसा के खिलाफ विजिलान्ते समूह, मसलन, निजी सेनाएँ, अस्तित्व में आती हैं। इससे संवैधानिक और कानूनी व्यवस्था पर दोहरा दबाव पड़ता है, जिसमें जातपाँत और सम्प्रदाय में पारम्परिक रूप से बँटे समाज के ध्वस्त होने का बड़ा खतरा उपस्थित होता है। इससे भारत में माओवादी उभार क्रान्ति लाने की बजाय प्रतिक्रान्ति की जमीन ही तैयार करता दिखाई देता है।

माओ के नेतृत्व में चीन की 1949 में क्रान्ति की सफलता और फिर सांस्कृतिक क्रान्ति के साहसिक प्रयोग ने तीसरी दुनिया के नौजवानों के सामने क्रान्ति की एक रूमानी तसवीर पेश की। साथ ही माओ के इस कथन से कि 'एक चिंगारी से प्रेरी (घास के मैदान) में दावानल फैलता है' उन्हें अपने छिटपुट हिंसक प्रयासों से युगान्तकारी उथल-पुथल की आश्वस्ति मिलती रही है। इसके विपरीत देंग श्याओ पिंग के बाजारवादी समाजवाद (मार्केट सोशलिज्म) ने सत्ता की राजनीति में समाजवाद से विमुख हो चुके थके-माँदे कम्युनिस्टों को मनोनुकूल नकाब दिया है जिसके पीछे वे आक्रामक पूँजीवादी नीतियों को प्रोत्साहित करते हुए भी वामपंथी तेवर अपनाए रहें। स्वयं भारत की भाकपा और माकपा की वर्तमान नीतियों में यह रुझान देखा जा सकता है। पश्चिम बंगाल में माकपा ने तो विकास की दौड़ में न पिछड़ने के बहाने खुलकर यह नीति कबूल कर ली है।

कम्युनिस्ट आन्दोलन की यह परम्परा रही है कि वे तात्कालिक सुविधा के लिए अपनाई गई किसी भी नीति को सनातन कम्युनिस्ट सिद्धान्तों का जामा पहनाते रहे हैं। देंग श्याओ पिंग ने 'बाजारवादी समाजवाद' के समर्थन में भी मार्क्स की ही एक बुनियादी स्थापना का सहारा लिया। माओ ने जहाँ मार्क्स की इस स्थापना को अपनी नीतियों का आधार बनाया कि 'वर्ग संघर्ष ही इतिहास की प्रेरक शक्ति है' वहाँ देंग ने मार्क्स की ही इस स्थापना का सहारा लिया कि क्रान्तियों का मूल उद्देश्य रहा है पुराने उत्पादन सम्बन्धों से बाधित हो रही उत्पादन की शक्तियों को मुक्त करना और उत्पादन का विस्तार करना। उत्पादन-सम्बन्धों को इस कसौटी पर रख देंग ने माओ से विपरीत निष्कर्ष निकाला। उनका यह कथन मशहूर है कि 'बिल्ली सफेद है या काली यह महत्त्व का नहीं है जब तक वह चूहे पकड़ने में सक्षम है।'

यानी चीन में उत्पादन के विस्तार के लिए पूँजीवादी बाजार व्यवस्था सहायक हो तो उसका सहारा लेना गलत नहीं है। इसकी पृष्ठभूमि में इस तथ्य को सामने रखा गया कि 1956 से 1976 तक के काल में, जो माओ के 'महान छलाँग' और 'सांस्कृतिक क्रान्ति' की अवधि थी, चीन में आर्थिक प्रगति बहुत धीमी हुई। सांस्कृतिक क्रान्ति काल के माओ की आलोचना करते हुए 1994 में राज्य सांख्यिकी ब्यूरो के अध्ययन के आधार पर यह रेखांकित किया गया कि चीन के शहरी क्षेत्र में 1978 में औसत आय 1952 के 15.3 डॉलर से बढ़कर सिर्फ 36.7 डॉलर हो पाई

थी जो उसके हिसाब से काफी निराशाजनक थी। इसके लिए कम्यून की व्यवस्था और बाद की सामाजिक उथल-पुथल को जिम्मेदार बताया गया।

लेकिन इन आँकड़ों से बढ़कर महान छलाँग के काल में खाद्य पदार्थों के अभाव से पैदा अकाल ने लोगों के सोच को काफी कुछ झकझोर दिया था। अलग-अलग अनुमानों में इस अकाल से मरनेवालों की संख्या एक करोड़ से तीन करोड़ तक बताई गई। इसी अनुभव के दबाव में कम्यून की सामूहिक खेती और इसकी केन्द्रीकृत व्यवस्था की जगह किसानों की पारिवारिक जवाबदेही और छोटी इकाइयों की खेती की ओर लौटने का निर्णय किया गया। छोटी पारिवारिक खेती की ओर लौटने का कारण यह था कि विशाल सामूहिक खेती के लिए आवश्यक यंत्र और रासायनिक उर्वरक और कृषि के लिए आवश्यक दूसरे पदार्थों का भी अभाव था।

दूसरी ओर चीन में पारम्परिक रूप से खेती का उन्नत ज्ञान उपलब्ध था जिसका लाभ सरकारी नियंत्रण से मुक्त किसान उठा सकते थे। इस परिवर्तन से खेती की पैदावार में जल्दी से तरक्की हुई और किसनों की आय बढ़ी। साथ ही भूमि की स्थिति और पैदावार की सीमा और निजी उद्यम से होनेवाले लाभ के फर्क से किसानों के बीच कुछ गैर-बराबरी भी बढ़ी। इस तरह एक सम्पन्न किसान वर्ग पैदा होने लगा और गैर-कृषि उपभोग की वस्तुओं की माँग बढ़ी। इस माँग को पूरा करने के लिए निजी क्षेत्र में कुछ उपभोक्ता वस्तुओं के उत्पादन की छूट दी गई, विशेषकर उन लोगों को जो पहले से खुदरा व्यापार के काम में लगे थे। इस तरह ग्रामीण स्तर पर सम्पन्न मध्यवर्गीय उद्यमी वर्ग अस्तित्व में आया। ये बड़े पूँजीपति नहीं बने, यह सुनिश्चित करने के लिए पाबन्दी लगा दी गई थी कि यह सब पारिवारिक श्रम पर आधारित होगा। बाद में सात व्यक्तियों तक को काम पर लगाने की छूट दी गई।

एक बार अनियंत्रित हो जाने के बाद निजी व्यापार कोई सीमा कबूल नहीं करता और धीरे-धीरे उपभोग की वस्तुओं की किस्मों और मात्रा के विस्तार से काम में लगाए जानेवाले श्रमिकों की संख्या और उनके शोषण पर लगी सभी पाबन्दियाँ खत्म होने लगीं। अब बड़ी संख्या में सहयोगी उद्यम अस्तित्व में आ गए। 1991 में ऐसी सहयोगी फर्मों की संख्या चौबीस लाख हो गई जिनमें तीन करोड़ साठ लाख श्रमिक काम पर लगाए गए थे। यह संख्या सरकारी क्षेत्रों के उद्यमों में लगे श्रमिकों की संख्या की एक-तिहाई थी।

यह जरूर हुआ कि तात्कालिक रूप से निजी लाभ के जरिये मिले प्रोत्साहन से उत्पादन बढ़ा और लोगों के जीवन स्तर में सांस्कृतिक क्रान्ति के दौर की गिरावट की तुलना में काफी सुधार हुआ। अनुमान किया जाता है कि जहाँ 1978 में पच्चीस करोड़ किसान गरीबी में रहते थे, वहाँ 1994 में यह संख्या घटकर

सात करोड़ हो गई। लोगों की आवासीय स्थिति में सुधार हुआ और भोजन की मात्रा बढ़ी, लेकिन निजी उद्यम पर छूट से नगरों में एक सम्पन्न मध्य वर्ग का तेजी से विकास हुआ। यही मध्य वर्ग था जिसकी मुनाफा और उपभोग की भूख ने चीन की अर्थव्यवस्था को धीरे-धीरे पूरी तरह उन्मुक्त पूँजीवादी अर्थव्यवस्था की दिशा में धकेला।

निरसन्देह यह इसलिए सम्भव हुआ कि देंग के नेतृत्व में कम्युनिस्ट पार्टी ने आर्थिक विकास के लिए पूँजीवादी रास्ते पर चलने की अनुमति दे दी। देंग ने यह सिद्धान्त भी प्रतिपादित किया कि विकास के क्रम में कुछ लोग दूसरों से पहले धनी होंगे। एक तरह से यही पूँजीवादी विकास के मूल सूत्र—लोभ और ईर्ष्या—का आधार है। अपने से आगे निकले लोगों का पीछा कर उनके पास पहुँचने या उनसे आगे बढ़ने की तमन्ना ही पूँजीवादी समाज को विशाल चूहा-दौड़ में तब्दील कर देती है। इस तरह देंग के नेतृत्व में कुछ हद तक आर्थिक जमीन, साथ ही पूरे दम-खम के साथ वह भावनात्मक जमीन तैयार हो गई थी जिससे चीन पूँजीवादी राह पर चलकर हाल के वर्षों में आर्थिक विकास की नई ऊँचाइयाँ छूता रहा है।

अभी हाल में प्राप्त आँकड़ों के अनुसार चीन इटली को पीछे छोड़ दुनिया का छठा सबसे सम्पन्न देश बन गया है। इसकी विकास दर पिछले आठ वर्षों में लगातार आठ प्रतिशत से ऊपर रही है। इससे भारत में भी बहुतों को उदारीकरण के रास्ते दुनिया की आर्थिक महाशक्ति बनने की सम्भावना दिखाई देती है। चीन के आर्थिक महाशक्ति घोषित होने से यह भ्रम नहीं होना चाहिए कि वहाँ के लोगों का जीवन स्तर वास्तव में इटली से ऊपर हो गया है या दुनिया की दूसरी आर्थिक महाशक्तियों के नागरिकों के करीब है। यह तुलना राष्ट्रों के सकल घरेलू उत्पादों की होती है, जबकि लोगों का जीवन स्तर प्रति व्यक्ति आय से निर्धारित होता है।

इसलिए देशों की सम्पन्नता की तुलना उनकी आबादी को ध्यान में रखकर ही की जा सकती है। जब हम इस पर विचार करते हैं तो पाते हैं कि इटली की साढ़े पाँच करोड़ आबादी के मुकाबले चीन की आबादी सवा अरब से ऊपर है यानी लगभग तेईस गुना। इसलिए इटली के जीवन स्तर को हासिल करने के लिए चीन को अपना उत्पादन तेईस गुना बढ़ाना होगा। उदारीकरण के जरिये भारत को आर्थिक महाशक्ति बनाने का सपना बेचनेवाले लोगों को भी देश की आबादी को ध्यान में रखकर ही बात करनी चाहिए।

चीन ने उदारीकरण यानी पूँजीवादी विकास की नीति अख्तियार करने के क्रम में सरकारी क्षेत्र में चलनेवाले बड़े आर्थिक प्रतिष्ठानों का निजीकरण करने की बजाय बाहर से भारी मात्रा में पूँजी को आमंत्रित कर देशी-विदेशी सम्मिलित या पूरी तरह विदेशी कम्पनियों द्वारा स्थापित उद्यमों से घेर राजकीय क्षेत्र की इकाइयों के महत्त्व को बहुत कम कर दिया। एक अमेरिकी लेखक रॉबर्ट वाइल ने, जो वर्षों चीन के

मोटर वाहन उद्योग के केन्द्र चांगचुन में रहकर स्नातक छात्रों को तकनीकी शिक्षा देते रहे हैं, अपनी पुस्तक 'रेड कैट व्हाइट कैट' में विदेशी पूँजी पाने की आपाधापी का यों वर्णन किया है : ऐसी क्रियाशीलता का पैमाना स्तब्ध कर देनेवाला है और यह उत्तरोत्तर तेज होता जा रहा है।

'सन 1993 के पहले आठ महीने में चीन से विदेशी धन से स्थापित उद्यमों की संख्या चौवालीस हजार थी जो 1992 के पूरे साल के बराबर थी। इनमें अट्ठाइस हजार चीनी-विदेशी साझा उद्यम थे, पिछले साल से ढाई सौ प्रतिशत ज्यादा। छह हजार दूसरे सहयोगी उद्यम थे, प्राय: छोटे, जो इनमें काम करनेवाले लोगों द्वारा चलाए जाते थे। बाकी दस हजार उद्यम पूरी तरह से विदेशी निवेशकों के स्वामित्व में थे और यही हिस्सा है जो सबसे तेजी से विकसित हो रहा है, 1992 में 312 प्रतिशत। अप्रैल 1994 तक 1,86,000 विदेशी पूँजी आधारित उद्यमों को अनुमति मिल चुकी थी जिनमें बाहर से डेढ़ सौ अरब डॉलर के निवेश का वादा था और 1993 में ही तीस अरब डॉलर का निवेश हो चुका था। प्रत्येक निवेश का आकार भी 1991 से बढ़ता जा रहा है।'

बाहरी निवेश से उद्योगों और निर्माण का ऐसा बुखार चढ़ा कि सांस्कृतिक क्रान्ति के काल में केन्द्र में रहे श्रमिकों की सुरक्षा को पूरी तरह नजरअन्दाज किया जाने लगा। कार्यस्थल में दुर्घटनाओं से घायल होने और मरनेवालों की संख्या के मामले में शायद चीन आज दुनिया में अग्रणी है। रॉबर्ट वाइल के शब्दों में 'अकेले गुआंगदौरा' में (यह विकास के लिए चिह्नित विशेष क्षेत्रों में एक है) औद्योगिक दुर्घटनाओं में मृतकों की संख्या 836 हो गई। जबकि पूरे चीन में पन्द्रह हजार मजदूर मारे गए। 1933 में जनवरी और अक्टूबर के बीच साठ हजार लोग मरे। कोयला उद्योग के मंत्री के अनुसार इसकी जड़ में यह बात है कि कुछ अधिकारी सुरक्षा से अधिक महत्त्व मुनाफे को देते हैं।

लेकिन बाजार व्यवस्था में आगे निकलने की दौड़ में सबसे ज्यादा कुप्रभाव पड़ रहा है लोगों के रोजगार की सुरक्षा पर। रॉबर्ट वाइल के ही शब्दों में अधिकतर व्यवस्थापकों को श्रमिकों की संख्या घटाने का अधिकार दे दिया गया है। जिलिन प्रान्त में ही 1995 के मध्य तक बारह हजार मजदूरों को हटाया गया। चाइना नेशनल कोल कॉरपोरेशन (राज्य की कई कम्पनियों में से ही एक) ने अपने तीस लाख मजदूरों में से चार लाख मजदूरों को हटाने की योजना बनाई है। बुहान स्टील ने अपने एक लाख बीस हजार कार्यरत लोगों में साठ हजार को हटाने का निर्णय लिया है। यह वैश्विक प्रतिस्पर्धा से जुड़ने का अनिवार्य नतीजा है। यह प्रक्रिया हमारे देश में भी देखी जा सकती है।

छंटनी में निकाले गए कुछ मजदूरों को कुछ छोटे-मोटे धन्धों से जोड़ने की कोशिश होती है। लेकिन ये प्राय: अनिश्चित और अनुपलब्ध होते हैं। इसके साथ ही

अब अनुबन्धित मजदूरों की व्यवस्था बढ़ रही है—हमारे देश में कांट्रैक्ट कामों की तर्ज पर, जिसमें व्यवस्थापक अपनी मर्जी के हिसाब से काम और आय सम्बन्धी समझौता करते हैं और काम में लगाने और हटाने का अधिकार उन्हीं के हाथों में होता है। दूसरी ओर किसान भारी संख्या में खेती छोड़ काम की तलाश में नगरों की ओर पलायन कर रहे हैं। तीसरी दुनिया की एक अन्य बीमारी बाल श्रमिकों की तादाद बढ़ रही है जो नये तरह के व्यावसायिक प्रतिष्ठानों में कार्यरत हैं।

गरीबी और बेरोजगारी से भिक्षावृत्ति बढ़ रही है, विशेषकर दक्षिण के उन नगरों के आसपास जहाँ रोजगार की तलाश में भारी संख्या में बाहर से लोग आ रहे हैं। वाइल के अनुसार बाहर से आनेवालों में बड़ी संख्या लड़कियों की है जो नवधनाढ्यों के घरों में नौकरानी का काम करती हैं। अकेले बीजिंग में घरेलू काम करनेवाली लड़कियों में अस्सी प्रतिशत दूसरे प्रान्तों से आई हैं। यह स्थिति भारत के महानगरों से बहुत भिन्न नहीं है।

तेज औद्योगिक विकास का यह पहलू हमारे उन बौद्धिकों, (जिनमें मार्क्सवादी भी हैं) की नजरों से ओझल है जो चीन की नई उपलब्धियों पर फिदा हैं और भारत के वैश्विक बाजार से जोड़ने के लिए बेचैन। इनके लिए ऐसा सोचने की विशेष सुविधा इसलिए है क्योंकि चीन की कतार में होने से पूँजीवादी सुविधा और क्रान्तिकारी दोनों साथ-साथ मिलते हैं।

3

कभी-कभी किसी गम्भीर समस्या के समाधान के लिए रोशनी ऐसे अप्रत्याशित स्रोतों से मिलने लगती है जिसकी पहले कल्पना भी नहीं की गई हो। विकेन्द्रित अर्थव्यवस्था, छोटी और जैविक खेती और चिर-उपलब्धि वाले पारम्परिक ऊर्जा स्रोतों को प्राथमिकता के आधार पर वैकल्पिक समाज व्यवस्था बनाने के सुझाव को अब तक जानकार लोगों द्वारा ऐसे खारिज किया जाता रहा है मानो वह इतना दकियानूस और अव्यावहारिक है कि विचार करने के लायक भी नहीं है। प्रचलित व्यावहारिक बुद्धि बताती रही है कि हमारा एकमात्र भविष्य आधुनिक औद्योगिक पूँजीवादी सभ्यता की चूहा-दौड़ में शामिल होना है—बिना यह देखे कि आगे अलंघ्य दीवार है या गहरी खाई।

सोवियत संघ विशाल उद्योगों और सामूहिक फार्मों को स्थापित करने की अपनी तमाम उपलब्धियों के बावजूद जिस शक्ति के सामने धराशायी हो गया, चीन माओ की संस्कृति क्रान्ति की विरासत और उससे उभरी जन-चेतना के बावजूद जिस व्यवस्था को गलबाँही देने लगा है—जिसे उसने हिकारत से कागजी बाघ घोषित किया था—तो फिर दूसरे लोगों की औकात क्या कि इस वैश्विक पूँजीवाद के राजपथ को छोड़ अपनी अलग पगडंडी बनाएँ, लेकिन कभी-कभी व्यवहार की अपनी अलग यही कसौटी होती है। स्वयं मार्क्स ने फायरबाख पर अपनी अति संक्षिप्त थीसिस में लिखा था, 'सभी सामाजिक जीवन मूलत: व्यावहारिक हैं। सभी पहेलियाँ, जो सिद्धान्त को रहस्यवाद की ओर मोड़ती हैं, अपना तार्किक समाधान व्यवहार में और उस व्यवहार पर चिन्तन में पाती हैं।'

संक्षेप में, एक चालू मुहावरे की भाषा में कहें तो पुडिंग का सबूत इसके खाने में है। संयोग से अब दुनिया के एक अति छोटे देश में एक अनोखे पुडिंग का स्वाद मिलने लगा है जिसकी अनदेखी सामाजिक विकल्प की तलाश करनेवाला कोई भी व्यक्ति नहीं कर सकता। यह छोटा-सा देश है एक करोड़ से भी कम आबादी वाला क्यूबा। यहाँ समाजवाद की दिशा में एक अलग तरह का प्रयोग होने लगा है—एक ऐसा प्रयोग, जिसे अनेक लोग वर्तमान औद्योगिक विकास की दिशा को उलटने का प्रयास ही कहेंगे। अब वहाँ विशाल औद्योगिक मशीनीकृत फार्म की जगह जैविक

उत्पादन पद्धति को अपनानेवाली छोटी जोतें चारों तरफ अस्तित्व में आ गई हैं और विकास की दिशा भी इसी प्रणाली को प्रश्रय देने की है।

हमारे यहाँ जब मजबूरी में कोई व्यक्ति सादगी या सच्चाई की जिन्दगी जीने लगता है तो व्यंग्य में प्राय: कहा जाता है 'मजबूरी का नाम महात्मा गांधी'। दिलचस्प है कि क्यूबा मजबूरी में ही महात्मा गांधी द्वारा प्रस्तावित विकेन्द्रित और स्वायत्त अर्थव्यवस्था अपनाने लगा है। इसे पूरी तरह गांधीवादी प्रयोग तो नहीं कहा जा सकता क्योंकि अभी भी इसमें अधिनायकवादी व्यवस्था का हिंसक तत्त्व मौजूद है। यह क्रान्ति के प्रारम्भिक दौर की विरासत है जिससे रेजी द्रेबे जैसा इसका प्रशंसक—जिसने 'रिवोल्यूशन इन द रिवोल्यूशन' लिखकर इस क्रान्ति की विशिष्टता से दुनिया को परिचित कराया था—आहत हो आलोचक बन गया। फिर भी चालीस साल से अधिक सत्ता में रहने के बावजूद वहाँ के शासक आम आदमी की जिन्दगी और जरूरतों के प्रति दूसरी व्यवस्थाओं की अपेक्षा अधिक संवेदनशील हैं। इसी संवेदनशीलता ने उन्हें पूँजीवादी और कम्युनिस्ट दोनों ही व्यवस्था के आराध्य देव—विशालता की अर्थव्यवस्था को नकारकर लघुता की ओर कदम बढ़ाने का संकल्प दिया है।

इंस्टीच्यूट फॉर फूड एंड डेवलपमेंट पॉलिसी के पीटर एम. रौसेट ने क्यूबा की कृषि-व्यवस्था में आए परिवर्तनों पर एक गम्भीर लेख 1998 के जुलाई-अगस्त में 'मंथली रिव्यू' में लिखा था। मंथली रिव्यू प्रतिबद्ध मार्क्सवादियों की पत्रिका रही है जिससे विख्यात मार्क्सवादी अर्थशास्त्री पॉल स्वीजी अपने जीवन के अन्तिम समय तक जुड़े रहे। इस लेख में व्यक्त विचार उद्योग और कृषि के सम्बन्ध में अब तक के कम्युनिस्ट सोच पर गम्भीर प्रश्नचिह्न लगाता है।

पारम्परिक कम्युनिस्ट सोच विशाल अत्याधुनिक उद्योगों और विशाल कृषि फॉर्मों को कम्युनिस्ट व्यवस्था का आधार मानता था। इसके अलावा हर क्षेत्र में पशु और मनुष्य के हाथ से होनेवाले कामों में इनके एवज में मशीनों का लगाया जाना प्रगति का आधार मानता था। इसलिए बड़ी मशीनीकृत और रासायनिक प्रविधि पर आधारित कृषि की जगह पारम्परिक ढंग की छोटी खेती की ओर संक्रमण प्रतिगामी ही माना जाता। इस लेख में वैसी ही छोटी और जैविक कृषि की तरफ क्यूबा के संक्रमण का विवरण है और यह बतलाया गया है कि किन परिस्थितियों में यह संक्रमण हुआ, लेकिन अधिक महत्त्वपूर्ण बात है कि इन अनुभवों की रोशनी में यह भी संकेत दिया गया है कि संसार में रोटी की समस्या और पर्यावरण संकट दोनों से निजात दिलाने का यही रास्ता है।

अपनी विशेष स्थिति के कारण क्यूबा पारम्परिक और अत्याधुनिक कृषि प्रविधियों के तुलनात्मक प्रभाव के अध्ययन की अनूठी प्रयोगशाला साबित हुआ है। क्यूबा प्रारम्भ में स्पेन के अधिकार में था। स्पेन में अधिकार का प्रभाव ऐसा पड़ा कि धीरे-धीरे यहाँ के मूल निवासी खत्म हो गए। उनका स्थान समय-समय

पर आकर बसनेवाले स्पेनवासियों ने ले लिया और वहाँ पर मजदूरों की कमी पूरी करने के लिए अफ्रीकी मूल के गुलाम लोगों को लाया गया, लेकिन कुल मिलाकर स्पेनी मूल के लोगों की ही प्रमुखता आबादी में रही। बाद में ये लोग स्पेन से स्वतंत्र होने का आन्दोलन करने लगे और इसमें इन्हें अमेरिका का समर्थन मिला। इससे क्यूबा स्पेन से स्वतंत्र तो हो गया, लेकिन इसकी अर्थव्यवस्था और दूसरे देशों के साथ व्यापार आदि पर अमेरिकी नियंत्रण कायम हो गया। क्यूबा की कृषि का विकास मुख्य रूप से चीनी उद्योग और इसके लिए जरूरी गन्ने की खेती के लिए किया गया।

इसके अलावा, व्यापार की दृष्टि से ही, सिगरेट उद्योग के लिए तम्बाकू की खेती का विकास किया गया। इस तरह क्यूबा की लगभग दो-तिहाई खेती की जमीन पर गन्ना उगाया जाता था जिन पर चीनी के उद्योगपतियों के हजार-हजार हेक्टेयर के विशाल फॉर्म थे। इसके अतिरिक्त पशुपालन के विशाल रैंच थे। इन फॉर्मों और चीनी उद्योग पर मूलत: अमेरिकियों का नियंत्रण था। निर्यात की दृष्टि से एक या दो उत्पादकों पर निर्भर अत्याधुनिक पूँजीवादी व्यवस्था की कृषि का एक नमूना क्यूबा उपस्थित करता था। सिर्फ बीस प्रतिशत जमीन पर अनाज की खेती होती थी जिसमें किसानों की छोटी जोतें थीं। बड़े फार्मों की खेती अत्याधुनिक ट्रैक्टर, हार्वेस्टर और दूसरी मशीनों से होती थी और भारी मात्रा में रासायनिक उर्वरकों और दूसरे रसायनों का इस्तेमाल किया जाता था। पेट्रोलियम पदार्थों और उर्वरकों आदि के लिए क्यूबा आयात पर निर्भर था जिसकी कीमत मूलत: चीनी के निर्यात से प्राप्त मुद्रा से चुकाई जाती थी। चूँकि अधिक भूमि पर निर्यात की दृष्टि से गन्ना, तम्बाकू आदि उगाए जाते थे, अन्न और दूसरे खाद्य पदार्थों के लिए क्यूबा आयात पर निर्भर था। राजसत्ता पर बातिस्ता की तानाशाही व्यवस्था थी जिससे बड़े भूस्वामियों और उद्योगपतियों को संरक्षण मिलता था।

ऊपर वर्णित स्थितियों में ही 1959 में फिदेल कास्त्रो के नेतृत्व में क्यूबा में क्रान्ति हुई। प्रारम्भ में कास्त्रो मार्क्सवादी नहीं थे, लेकिन क्रान्ति के क्रम में वह कम्युनिस्ट बन गए। दरअसल, रूस और चीन के विपरीत क्यूबा क्लासिकी कम्युनिस्ट क्रान्ति की कल्पना के काफी अनुरूप था। यहाँ पर उनकी कल्पना की विशाल औद्योगिक कृषि अस्सी फीसदी भूमि पर कायम हो चुकी थी। इस तरह सत्ता में आने पर इन विशाल फॉर्मों को सरकारी फार्मों में तब्दील करने में कास्त्रो को किसानों के प्रतिरोध का सामना नहीं करना पड़ा क्योंकि इनका स्वामित्व तो किसानों के हाथ में था ही नहीं। इसके विपरीत रूस में सामूहीकरण के क्रम में स्टालिन को किसानों के घोर प्रतिरोध का सामना करना पड़ा, जिसे अत्यन्त क्रूरता के साथ दबाया गया। चीन में भी करोड़ों छोटे किसानों को कम्यून में शामिल करने में भारी प्रतिरोध का सामना करना पड़ा था। कास्त्रो तत्काल इस मामले में काफी सुविधाजनक स्थिति में थे,

लेकिन यह कदम सीधे उन अमेरिकी हितों पर आघात था जिनका अब तक क्यूबा की अर्थव्यवस्था पर नियंत्रण था।

क्यूबा की अर्थव्यवस्था अमेरिका को होनेवाले चीनी निर्यात की आय पर काफी निर्भर थी और वहीं से वह अपनी जरूरत के लिए बाकी अनेक वस्तुओं का आयात करती थी। अब अमेरिका ने क्यूबा के साथ सभी व्यापारिक सम्बन्धों को प्रतिबन्धित कर दिया। क्रान्ति को दूसरे लातिनी अमेरिकी देश में फैलाने की अपनी नीति के कारण उन देशों के साथ भी इसका व्यापारिक सम्बन्ध बाधित हो गया। इसके अलावा अमेरिका ने क्यूबा की घेराबन्दी शुरू की और वहाँ के भगोड़ों और अमेरिका में क्यूबा के अप्रवासियों को वहाँ सैनिक हस्तक्षेप के लिए सैनिक देने लगा।

लेकिन शीतयुद्ध से विभाजित विश्व में यह स्थिति क्यूबा के लिए वरदान साबित हुई। अब रूस ने क्यूबा से चीनी खरीदना शुरू किया, जिसके लिए 1980 के दशक में क्यूबा को चीनी की अन्तरराष्ट्रीय कीमत से 5.4 गुणा अधिक कीमत देता रहा। क्यूबा को सोवियत संघ से बड़ी मात्रा में पेट्रोलियम मिलने लगा जिसका एक भाग वह दूसरे देशों को बेचकर अपनी जरूरत के हिसाब से विदेशी मुद्रा हासिल करता था। सुविधाजनक शर्त पर चीनी से प्राप्त आय से क्यूबा अन्य वस्तुओं के अलावा अपनी जरूरत का लगभग 56 प्रतिशत खाद्य पदार्थ का आयात करने लगा। इस तरह क्यूबा की कृषि और औद्योगिक ढाँचे में क्रान्तिकाल के पहले की स्थिति से एक निरन्तरता बनी रही। साथ ही सोवियत संघ से सुविधाजनक व्यापारिक सम्बन्ध से इसकी आर्थिक स्थिति में सुधार होता रहा। कृषि के यंत्रीकरण और उद्योगों के आधुनिकीकरण का नतीजा हुआ आबादी का गाँवों से नगरों में स्थानान्तरण। 1980 के दशक के आखिर तक क्यूबा की 69 प्रतिशत आबादी शहरों में रहती थी।

इस तरह क्यूबा में वर्तमान औद्योगीकरण के गुण—कृषि और उद्योगों के विशिष्टीकरण (स्पेशलाइजेशन) और वैश्विक बाजार पर निर्भरता—पूरी तरह हावी होने लगे। संसार में कहीं भी—सबसे विकसित औद्योगिक देशों में भी—वैश्विक बाजार पर निर्भरता में एक तरह की अनिश्चितता और असुरक्षा निहित रहती है। दुनिया के बाजार की स्थिति में बदलाव से मन्दी और अनेक लोगों के लिए बर्बादी का दौर शुरू हो जाता है। पिछड़ी अर्थव्यवस्थाओं में, खासकर उनमें जो एक या दो उत्पादों पर निर्भर हैं, ऐसा बदलाव पूरी बर्बादी का पैगाम लाता है। क्यूबा पर कुछ ऐसा ही संकट 1989 के बाद सोवियत व्यवस्था के ध्वस्त होने के बाद आया।

रौसेट के अनुसार सोवियत व्यवस्था के ध्वस्त होने के बाद वे सारी सुविधाएँ खत्म हो गईं जो अब तक क्यूबा को मिलती रही थीं। यंत्रीकृत कृषि के लिए जरूरी आयातित रासायनिक उर्वरक और कीटनाशक तथा ऊर्जा के लिए पेट्रोलियम पदार्थ, जिनकी भारी खपत होती थी, अचानक क्यूबा के लिए अनुपलब्ध हो गए। नई स्थिति का मुकाबला करने के लिए 1991 में सरकार ने 'शान्ति के समय के विशेष

आह्वान' की घोषणा की जो युद्धकाल की स्थिति की तर्ज पर खर्च की कटौती की माँग करती है।

इस तंगी के काल में क्यूबा का विदेशी मुद्रा भंडार शून्य के बराबर हो गया। गेहूँ और दूसरे खाद्य पदार्थों का आयात पहले के आयात का आधा हो गया। क्यूबा की खेती के लिए रासायनिक पदार्थों होनेवाले ऊर्जा स्रोत पचास प्रतिशत कम हो गए। रौसेट के शब्दों में, एक कृषि-क्षेत्र जो तकनीकी के मामले में कैलिफोर्निया के समान था, अचानक रासायनिक वस्तुओं से पूरी तरह और ईंधन और सिंचाई सुविधाओं से बहुत हद तक वंचित हो गया। यहीं से क्यूबा के साहसिक नवनिर्माण की प्रक्रिया शुरू हुई जो प्रकृति और पर्यावरण को संरक्षित रखनेवाले वैकल्पिक विकास की तलाश करनेवालों के लिए विशेष रूप से ध्यान देने योग्य है।

ईंधन के लिए पेट्रोलियम और खेती के लिए रासायनिक पदार्थों के अभाव से पैदा मजबूरी में क्यूबा पारम्परिक कृषि प्रणाली और जैविक खेती की ओर बढ़ा। वैज्ञानिक शिक्षा पर विशेष ध्यान दिया गया था और जहाँ क्यूबा की कुल आबादी लातिन अमेरिका का दो प्रतिशत थी वहाँ वैज्ञानिकों की संख्या लातिन अमेरिका के कुल वैज्ञानिकों की ग्यारह प्रतिशत। इन वैज्ञानिकों ने तकनीक को नई दिशा देने में महत्त्वपूर्ण योगदान दिया। एक तरह से यह क्यूबा की युवा पीढ़ी की परिष्कृत मानसिकता का भी परिचय देता है। हमारे यहाँ के आईआईटी जैसे उच्च तकनीकी शिक्षा संस्थाओं के ज्यादातर स्नातक अपने ज्ञान में विकसित औद्योगिक देशों की जरूरतों से इतने बँधे होते हैं कि वैसे ही प्रतिष्ठानों में नौकरी के लिए देश या विदेश का चक्कर लगाते हैं जहाँ पश्चिमी ढंग के जीवन की जरूरत पूरा करनेवाले उपक्रम तैयार होते हैं, या जिन्दगी के लिए झखते रहते हैं।

इसके विपरीत क्यूबा के वैज्ञानिकों ने नई चुनौती को स्वीकार किया और नई जरूरतों के उपयुक्त तकनीक विकसित करने में सरकार की मदद में लग गए। इस तरह खेती में प्रयुक्त तकनीक की दिशा बदल गई। अब परम्परागत रासायनिक पदार्थों की जगह जैविक पदार्थों का इस्तेमाल होने लगा। कीटाणुओं के प्रकोप से पौधों को बचाने के लिए जैविक कीटाणुनाशक विकसित किए गए, पौधों की ऐसी किस्मों का प्रसार किया गया जिन पर कीटाणुओं का प्रभाव कम होता था। खेती के क्रम को इस तरह बदला गया कि कीटाणुओं का प्रभाव सीमित किया जा सके। खरपतवार को जमीन को ढककर नियंत्रित करने की कोशिश की गई। अब उर्वरकों की जगह जैविक खाद जैसे केंचुओं द्वारा तैयार की गई खाद, कम्पोस्ट, प्राकृतिक फॉस्फेरिक चट्टान, नाइट्रोजन देनेवाले पौधों को उगा उन्हें फिर जोतकर मिट्टी में दबाकर और फिर चरनेवाले मवेशियों को खेती के साथ जोड़कर—वैसा ही जैसा हमारे यहाँ भेड़ों को या दूसरे मवेशियों को समय-समय पर खेतों पर उनके मलमूत्र से प्राप्त खाद के लिए रखने की परिपाटी थी। ट्रैक्टर की जगह मवेशियों से जोतने,

ढोने आदि की परिपाटी को पुनर्जीवित किया गया। चारों ओर खेती के लिए बैलों का इस्तेमाल किया जाने लगा।

इस परिवर्तन के अनुभव दिलचस्प थे। क्यूबा की बीस प्रतिशत जमीन की खेती का उत्पादन, जिसमें छोटे किसान या उनकी सहयोगी संस्थाएँ खेती करती थीं, तेजी से बढ़ा और संकट के पहले की अपेक्षा कहीं अधिक पैदावार होने लगी। खाद्यान्न की खेती चूँकि छोटी जोतों पर ही होती थी इस क्षेत्र में पैदावार नाटकीय ढंग से बढ़ी। 1995 आते-आते क्यूबा में खाद्यान्न की कमी खत्म हो गई। 1996-97 की उत्पादन अवधि में खाद्य पदार्थों के तेरह में से दस पदार्थों में क्यूबा ने अब तक के उत्पादन की सर्वोच्च ऊँचाई हासिल की।

इस आशातीत सफलता के दो कारण थे : पहला यह कि जैविक खेती में उत्पादन की उत्तरोत्तर वृद्धि की सम्भावना रहती है जबकि रासायनिक खेती में उत्पादन का स्तर कायम रखने के लिए भी लगातार लागत बढ़ाते जाना पड़ता है जिसे 'डिमिनिसिंग रिटर्न' के सिद्धान्त से परिभाषित किया जाता है; दूसरा यह कि आधुनिक कारखानों की तरह पूर्व निर्धारित और नियंत्रित स्थितियाँ कृषि में नहीं रहतीं। यहाँ मौसम की स्थिति में या स्वयं जमीन की स्थिति में लगातार अप्रत्याशित छोटे-मोटे परिवर्तन होते रहते हैं। अपनी छोटी काश्त पर खेती करनेवाला किसान इन परिवर्तनों के हिसाब से तुरन्त आवश्यक परिवर्तन कर सम्भावित हानि को कम कर सकता है।

क्यूबा एक और बड़े भ्रम को तोड़ता है। आम तौर से यह माना जाता है कि बड़े मशीनीकृत फार्म में पैदावार की प्रति इकाई लागत कम होती है जिसे दूसरी तरह से 'इकोनोमी ऑफ स्केल' कहा जाता है। कृषि में तो इसका ठीक उल्टा होता है। अगर मशीनों, इन पर खर्च होनेवाले ईंधन और कृषि में लगनेवाले रासायनिक पदार्थों का पूरा खर्च जोड़ा जाए, तो ऐसी बड़ी खेती न सिर्फ अधिक खर्चीली होती है बल्कि ऋणात्मक भी होती है। यानी खेती में खर्च की गई सभी तरह की ऊर्जा से उपजों से प्राप्त ऊर्जा कम होती है।

अपनी चर्चित पुस्तक 'इट्रोपी' में जेरेमी रिफ्किन ने पारम्परिक ढंग से खेती करनेवाले किसी किसान और अत्यधिक मशीनीकृत अमेरिका के आयोबा की खेती की लागत और उपज का विवरण यों दिया है : 'एक साधारण किसान आम तौर पर एक कैलोरी ऊर्जा खर्च कर दस कैलोरी ऊर्जा प्राप्त करता है। अब यह भी एक हकीकत है कि आयोबा का काश्तकार प्रतिमानव द्वारा खर्च किए गए कैलोरी के बदले छह हजार कैलोरी प्राप्त करता है। उसकी दिखाई देनेवाली यह दक्षता वास्तव में एक भ्रम साबित होती है जब हम उसकी खेती में प्रयुक्त होनेवाले सभी उपक्रमों का खर्च जोड़ते हैं। दरअसल, वह 270 कैलोरी देनेवाले एक डब्बा अनाज उपजाने पर 2790 कैलोरी ऊर्जा खर्च करता है जिसका बड़ा हिस्सा फार्म

की मशीनों, उर्वरकों और कीटनाशकों आदि के उपयोग पर खर्च होता है। इस तरह हकीकत में वह अमेरिकी किसान एक कैलोरी ऊर्जा पैदा करने में दस कैलोरी ऊर्जा खर्च कर रहा है।'

संयोग से, यही राज है पश्चिमी देशों की अति विकसित कृषि की सीमाहीन सब्सिडी (अनुदान) की भूख का, जो विश्व बाजार संगठन का केन्द्रीय विवाद बन गया है। अब जैसे-जैसे पेट्रोलियम की कीमत बढ़ती जा रही है पारम्परिक खेती की श्रेष्ठता और भी उजागर होती जाती है। भारत में तो बैल की तुलना में ट्रैक्टर से खेत जोतना डेढ़ से पौने दो गुना खर्चीला बन गया है—ऊपर से यह छोटी जोतों के लिए अनुपयुक्त भी साबित होता है।

दरअसल, क्यूबा ने अपने नए प्रयोगों के नतीजों रो आँख से ओझल हो रहे कृषि के अर्थशास्त्र की हकीकत को फिर खोज निकाला है। नए कृषि सुधारों की दिशा में क्यूबा के सामने जो सबसे बड़ी बाधा उपस्थित हुई वह थी वहाँ की कृषि में विशाल सरकारी फार्मों की बहुलता, जो कुल खेती लायक जमीन की लगभग तीन-चौथाई पर काबिज थी। इन अत्यधिक मशीनीकृत फार्मों पर नए तरह की खेती लागू करना सम्भव नहीं था। इसलिए इन बड़े सरकारी फार्मों को तोड़ने की प्रक्रिया शुरू हुई। इन पर काम करनेवाले मजदूरों के समूहों में इन फार्मों की भूमि को बाँटने का सिलसिला शुरू हुआ। इन समूहों को बिना किसी लगान के अपने हिस्से की जमीन पीढ़ी-दर-पीढ़ी जोतने का अधिकार दे दिया गया। उन्हें सरकार को अपने उत्पादों का एक निश्चित कोटा देना होता था। उपज के बाकी हिस्से को वे खुले बाजार में बेचकर उसकी आय को आपस में बाँट सकते थे। इस तरह उन्हें अधिक पैदावार बढ़ाने का प्रोत्साहन मिलने लगा। यहाँ उस पारम्परिक सोच को बिलकुल उलट दिया गया जहाँ बड़े सामूहिक और सरकारी फार्मों को समाजवादी समाज-व्यवस्था की ओर संक्रमण का आधार माना जाता था। अब एक ऐसी व्यवस्था जन्म ले रही थी जिसमें व्यापक सामाजिक दायित्व के तहत ही किसानों के अपने हित और स्वायत्तता सुनिश्चित की जा रही थी।

क्यूबा की सफलता से समाजवादी व्यवस्था के उस वैकल्पिक सोच को आधार मिला है जो विकेन्द्रित और छोटी स्वायत्त आर्थिक-राजनीतिक व्यवस्था को समाजवाद का आधार बनाना चाहता है। रूस और चीन में केन्द्रीकृत विशाल औद्योगिक और कृषि प्रतिष्ठानों पर आधारित व्यवस्था का सबसे बड़ा दोष यह था कि, अगर तानाशाही राज्य व्यवस्था को इसके साथ जोड़ना अपरिहार्य नहीं लगे तब भी, नौकरशाही के विशाल ढाँचे में निहित जड़ता, फिजूलखर्ची और सुविधाओं और अधिकारों के सोपानवत विभाजन का होना तो अनिवार्य होता ही है। यह समस्या समाजवादी आन्दोलन में सदा विवाद का विषय रही, खासकर अराजकवादियों और मार्क्सवादियों के बीच।

पेरिस कम्यून की अल्पकालिक घटना, जिसमें कुछ समय के लिए केन्द्रित सत्ता और नौकरशाही को तिलांजलि दे दी गई थी, अराजकवादियों और लेनिन जैसे मार्क्सवादियों दोनों के लिए मोहक आदर्श बनी रही। लेकिन मार्क्सवादी, जो सत्ता की दौड़ में आगे निकल गए, विशाल उद्योगों और विशाल औद्योगिक कृषि को समाजवादी व्यवस्था के लिए अनिवार्य मानने के कारण कभी भी समस्या का निदान नहीं ढूँढ़ पाए। अन्तत: मार्क्सवादियों के दोनों धड़ों, लेनिनवादियों और सोशल डेमोक्रेटों ने विशालता के रास्ते को अपनाया। एक ही परिणति स्टालिन की घोर तानाशाही में हुई और दूसरे की पूँजीवादी व्यवस्था के मूल आर्थिक ढाँचे को कबूल कर उनके भीतर ही कल्याणकारी सम्भावनाओं की तलाश करने की : जो पूँजीवादी प्रतिस्पर्धा के भूमंडलीकृत तीव्रता के दौर में तिरोहित होती चली गई है।

अगर बड़ी व्यवस्थाओं में नौकरशाही और सुविधाभोगी अभिजात समूह का उदय अपरिहार्य है तो समतावादी समाज बनाने के लिए छोटी इकाइयों की तरफ लौटना होगा वैसे ही जैसे अपनी ऐतिहासिक स्थितियों के कारण क्यूबा को लौटना पड़ा। यहाँ गांधी के ग्रामीण गणराज्यों की कल्पना सहज ही ध्यान में आती है। इसके लिए समाज का आधार छोटी जोतों पर आधारित खेती की व्यवस्था होगी और किसानों की आवश्यकताओं को पूरा करनेवाली छोटी औद्योगिक इकाइयाँ। इन दोनों की पारस्परिकता यानी खेती उद्योगों की जरूरतों को पूरा करेगी और उद्योग खेती की आवश्यकताओं की—ही आधार होगी मूलभूत संरचनाओं, शिक्षा और तकनीक की दिशा निर्धारित करने में। छोटी खेती के साथ बड़े केन्द्रीकृत उद्योगों का सामंजस्य बन नहीं सकता। जैसाकि अब तक का अनुभव रहा है, बड़े उद्योगों में सदा इजारेदारी का दबाव बना रहता है और अपने व्यापारिक सम्बन्ध में छोटे बिखरे किसानों को उद्योगों की केन्द्रित इजारेदारियों के मुकाबले असहाय स्थिति में रहना पड़ता है और उन्हें अपनी उपज का उचित मूल्य कभी नहीं मिल पाता। प्राय: उन्हें न्यूनतम सुरक्षा प्रदान करने के लिए भी सरकारी हस्तक्षेप की जरूरत होती है। यह किसी न्यायपूर्ण व्यवस्था की स्वाभाविक स्थिति नहीं रह सकती।

इस नई विकेन्द्रित व्यवस्था की ओर संक्रमण का सबसे बड़ा लाभ यह होगा कि पर्यावरण का संकट स्वत: टल जाएगा। आज पर्यावरण के संकट का मूल कारण है विशाल पैमाने पर औद्योगिक उत्पादन और विपणन के लिए विशाल अन्तरराष्ट्रीय परिवहन व्यवस्था, बड़े नगरों का विकास और उनके लिए यातायात में प्रदूषण फैलाने वाले वाहनों की भरमार और आधुनिक खेती में होनेवाले रसायनों और मशीनों को चलानेवाले ईंधन से फैलनेवाला प्रदूषण आदि। इस व्यवस्था में आत्मनियंत्रण की कोई सम्भावना नहीं है। इसीलिए यह व्यवस्था संसार को धीरे-धीरे पारिस्थितिक प्रदूषण से मौत की ओर धकेल रही है।

दुनिया के अधिकतर गरीब या तथाकथित विकासशील देशों के लिए इस तरह का संक्रमण कोई समस्या उपस्थित नहीं करेगा। आज भी आधुनिकता के कुछ छोटे-मोटे टापुओं को छोड़ ये देश पारम्परिक जीवन-पद्धति पर आधारित मूलत: ग्रामीण क्षेत्र ही हैं। ग्रामीण क्षेत्रों के ऊपर वर्णित समता मूलक और उपयुक्त तकनीक पर आधारित विकास से ही कुपोषण और दूसरे संकटों से मुक्ति दिलाई जा सकती है। कुछ बड़ी योजनाएँ अपरिहार्य हो सकती हैं, लेकिन वे पूरी व्यवस्था का एक अत्यन्त छोटा हिस्सा होंगी और सामाजिक जीवन को विकृत नहीं करेंगी। कुछ अति विकसित औद्योगिक देशों में विकेन्द्रीकरण की दिशा में जाने में कुछ अधिक समय लगेगा।

अगर दुनिया के विकासशील देश पूँजीवादी व्यवस्था के दानवी आगोश से निकल पाएँगे तो ये सम्पन्न देश भी बाध्य हो अपनी व्यवस्था को बुद्धिसंगत रूप देने की दिशा में बढ़ेंगे। दूसरा, वह खतरनाक विकल्प भी हो सकता है जो सम्पन्न देशों का अब तक रहा है। सैनिक हस्तक्षेप से शान्तिपूर्ण परिवर्तन के प्रयासों को खत्म करने का प्रयास। लेकिन सम्पन्न देश भी सभ्यता पर आसन्न संकट को समझकर ऐसा कदम नहीं उठाएँगे इतनी आशावादिता रखी जा सकती है।

जनसत्ता, दिल्ली, 5 नवम्बर, 2005

4

देश के राजनेता, सैनिक अधिकारी और सुरक्षा विशेषज्ञ पिछले वर्षों में लगातार देश के विभिन्न भागों में होनेवाली अलगाववादी हिंसा को समाप्त करने के नुस्खे निकालते रहे हैं और सरकारें उनके अनुसार अमल करने की कोशिश करती रही हैं, लेकिन लगातार नई तरह के अलगाववाद उभर रहे हैं और इनका विस्तार ही हो रहा है। उनकी असफलता का मूल कारण समस्या को समझने की, उनकी अक्षमता ही है। यह साफ दिखाई दे रहा है कि देश छोटे-मोटे गृहयुद्धों और विघटन के कगार पर खड़ा है जिनमें विविध जाति, मूल, धर्म और क्षेत्रों के लोग एक-दूसरे के खिलाफ अन्तहीन हिंसा में उलझते रहेंगे। अगर हम दुनिया की तरफ निगाह दौड़ाएँ तो ऐसी अलगाववादी हिंसा सारे संसार में दिखाई देती है—चाहे यूगोस्लाविया हो, रूस हो, लातिन अमेरिका और अफ्रीका हो, चाहे आस्ट्रेलिया (जहाँ के मूल निवासी अब अपना अधिकार माँगने लगे हैं), इंडोनेशिया और फिलीपींस हो या पड़ोस का म्यांमार, श्रीलंका और पाकिस्तान। दरअसल यह वैश्विक समस्या बन गई है और वर्तमान विकास पद्धति और वैश्वीकरण का सीधा परिणाम है। जब हम इस स्थापना की पृष्ठभूमि में विचार करेंगे तो यह भी समझ पाएँगे कि ऐसी अलगाववादी हिंसा सम्पन्न पूँजीवादी अर्थव्यवस्थाओं में क्यों नियंत्रित है—कनाडा के क्यूबेक, आयरलैंड और स्पेन के वास्क का अलगाववाद थोड़ा भिन्न है। उनका उत्स उनके विशेष इतिहासों में है।

वैश्वीकरण के वर्तमान विस्तार की तुलना अगर हम प्राचीन काल के साम्राज्यों और राष्ट्रवाद के उदय के परिप्रेक्ष्य में यूरोपीय देशों के प्रारम्भिक साम्राज्य विस्तार से करें तो उनकी बुनियादी भिन्नता साफ दिखाई देगी और वैश्वीकरण से अलगाववाद को क्यों प्रोत्साहन मिलता है यह भी समझ में आएगा। प्राचीन काल के साम्राज्यों के विस्तार के क्रम में ज्यादतियाँ और लूटपाट काफी हुईं। लोगों को गुलाम बनाया गया और विभिन्न तरह के कर लगा अधीनस्थ इलाकों के लोगों का शोषण हुआ। गुलामी की अनिवार्यता, शासकों की विलासिता और फैलते प्रशासन के खर्च के अतिरिक्त बोझ को ढोने के लिए ही बनती थी। इन साम्राज्यों में अर्थव्यवस्था, सामाजिक संरचना और लोगों के धार्मिक विश्वासों के साथ छेड़छाड़ नगण्य रही।

रोम ने अपने पश्चिम एशिया के साम्राज्य में यहूदियों के धर्म से छेड़छाड़ नहीं की जबकि रोम के शासक मूर्तिपूजक थे और यहूदी मूर्तिपूजा को घोर अधर्म मानते थे। जूडिया में रोम के गवर्नर पिलात ने यहूदियों के दबाव में ईसा को क्रॉस पर लटकाने के बाद यह वाक्य कहा कि 'मैं इससे हाथ धोता हूँ।' यानी उसका इस निर्णय से कुछ भी लेना-देना नहीं था। बुनियादी तौर से उत्पादन के आधार शासकों के अपने देश और शासितों के देश में समान थे। वे एक-दूसरे से हुनर तो सीखते थे, लेकिन इससे समाज की आर्थिक संरचना पर कोई प्रभाव नहीं पड़ता था। नगर तो ग्रामीण उत्पादों पर काफी हद तक निर्भर थे, लेकिन गाँव अधिकांश मामलों में आत्मनिर्भर थे। केन्द्रीय राज्य तो थे, लेकिन राष्ट्र-राज्य की अवधारणा नहीं थी। दुनिया भर में छोटी स्वायत्त इकाइयाँ थीं जो आर्थिक दृष्टि से आत्मनिर्भर थीं। साम्राज्य ऊपरी छतरी थे जो कभी संरक्षण देते थे तो कभी ग्रामीण व्यवस्था के लिए आर्थिक बोझ बन जाते थे। साम्राज्य बनते थे, फैलते थे और बिखरते थे, नीचे की व्यवस्थाएँ पूर्ववत चलती रहती थीं। पन्द्रहवीं शताब्दी के अन्त से इस स्थिति में बदलाव आना शुरू हुआ जब से स्पेन, पुर्तगाल, इंगलैंड, फ्रांस, नीदरलैंड आदि देशों ने बड़े पैमाने पर अफ्रीका, एशिया, अमेरिका और आस्ट्रेलिया आदि महादेशों की खोज कर उनसे व्यापार और लूट का रिश्ता जोड़ा। इसमें व्यापार और लूट दोनों एक-दूसरे से जुड़े थे।

समुद्री लुटेरे-व्यापारियों को उनके यहाँ के सम्राटों की सहायता मिली। इससे प्राप्त सम्पन्नता से यूरोप के सम्राटों की शक्ति बढ़ी और इसी क्रम में विकेन्द्रित 'फ्यूडल' व्यवस्था की जगह विविध कबीलों के इर्द-गिर्द राष्ट्र-राज्य की केन्द्रित व्यवस्थाओं का विकास हुआ। इसी सम्पन्नता से अट्ठारहवीं और उन्नीसवीं सदी में यूरोप में औद्योगिक क्रान्ति हुई और आधुनिक अर्थ में औद्योगिक पूँजीवाद का विकास हुआ। धीरे-धीरे इसने यूरोप में व्यापार की स्वतंत्रता के लिए 'फ्यूडल' व्यवस्था द्वारा लगाए गए छोटे घेरों को तोड़ा और उन्मुक्त व्यापार के सिद्धान्त को प्रस्थापित किया। अब यूरोप के नए उद्योगों के लिए बाजार और कच्चे माल दोनों ही के लिए एशिया, अमेरिका और आस्ट्रेलिया के भूभागों पर सीधा अधिकार आवश्यक लगने लगा। इसी अधिकार के लिए स्थानीय शासकों के अलावा इंगलैंड, स्पेन, फ्रांस, पुर्तगाल और नीदरलैंड आदि जल और स्थल दोनों पर आपस में युद्ध करते रहे। अन्ततोगत्वा उन्नीसवीं शताब्दी तक दुनिया के सभी महादेश यूरोपीय शक्तियों के कब्जे या प्रभाव में आ गए। यूरोपीय शासकों ने अपनी प्रशासकीय सुविधा के अनुसार स्थानीय व्यवस्थाओं और कबीलाई या दूसरी भिन्नताओं को नजरअन्दाज कर इन क्षेत्रों को विशाल भौगोलिक इकाइयों या देशों में बाँट दिया।

बाद में पश्चिमी देशों के प्रभाव में और उनकी देखा-देखी जब राष्ट्रीय आजादी की भावना इन देशों में जगी तो पश्चिमी देशों द्वारा आरोपित भौगोलिक देश को ही

राष्ट्र मान लिया गया। धीरे-धीरे इन्हीं के साथ उनकी भावना जुड़ गई। पश्चिमी देशों की तर्ज पर ही राष्ट्र-राज्य स्थापित करने की लालसा से आजादी के आन्दोलन इन देशों में शुरू हुए। चूँकि यूरोपीय शासकों का हित इन देशों में पारम्परिक विभाजन को कायम रखने में था—विभाजित कर शासन करो की नीति के तहत—उन्होंने मूलों, क्षेत्रीय अस्मिताओं, जातियों आदि के भाव को लुप्त नहीं होने दिया। इस तरह राष्ट्रीयता की भावना सतही रही और इसके प्रभाव से पारम्परिक विभाजन समाप्त नहीं हुए, तात्कालिक रूप से गौण भले ही हो गए हों। अंग्रेज स्वयं भारत में दलित, हिन्दू, मुस्लिम, द्रविड़, नगा, सिख आदि समूहों की पृथकता की भावना को हवा देकर राज कायम रखने में सफल रहे। इसके विपरीत पश्चिमी यूरोप में औद्योगीकरण का प्रभाव इतना व्यापक था कि विभिन्न इकाइयाँ आर्थिक-प्रशासनिक व्यवस्था में समेकित हो गईं। चूँकि वहाँ के राष्ट्र-राज्यों का गठन भी मूलत: एक या दो कबीलाई समूह के इर्द-गिर्द हुआ था।

द्वितीय विश्वयुद्ध के बाद जब पश्चिमी साम्राज्य का अन्त हुआ तो आजाद हुए नए राष्ट्र-राज्यों में बिखराव की प्रक्रिया शुरू हुई। पारम्परिक स्वायत्त आर्थिक-राजनीतिक व्यवस्था के नष्ट होने से अपनी स्थिति को अपने प्रयासों से सुधारने और अपने साधनों के भीतर रहने की पुरानी प्रवृत्ति नष्ट हो चुकी थी। पश्चिमी औद्योगिक समाज से सम्पर्क ने अपनी स्थिति की दूसरों से तुलना करने का एक उपभोक्तावादी मानक भी प्रदान कर दिया था जिसके आलोक में लोग विविध मूलों, जातियों, धर्मों आदि की स्थिति से अपनी तुलना करते थे और अगर स्थिति कमजोर दिखी तो असन्तोष होता था। राष्ट्रीय सरकारें अगर सक्षम होतीं और देश के नियोजन पर उनका अधिकार होता तो वे नियोजन को ऐसी दिशा दे सकती थीं जिससे विभिन्न क्षेत्रों और समूहों के बीच विषमता मिटती। हालाँकि सीमित संसाधनों के कारण नए आजाद देशों में यह काम काफी मुश्किल था, फिर भी प्रारम्भिक दिनों में जब दुनिया भर में समाजवाद और नियोजन आदर की वस्तु थे, राष्ट्रीय सरकारों द्वारा आन्तरिक विषमताओं को मिटाने के कुछ प्रयास हुए, लेकिन पूँजीवादी वर्चस्व के कारण उनकी सफलता शुरू से ही संदिग्ध थी।

बीसवीं शताब्दी के आखिरी दिनों में स्थिति और गम्भीर हो गई, जब से वैश्वीकरण की लहर ने संसार को अपने भीतर समेटना शुरू किया। इसका नतीजा यह हुआ है कि जनप्रतिनिधियों और उनकी सरकारों पर से जनता का नियंत्रण घटता गया है। राष्ट्रीय सरकारों को सदा विश्व व्यापार संगठन, विश्व बैंक और अन्तरराष्ट्रीय मुद्रा कोष के आदेशों के अनुरूप अपनी नीतियाँ निर्धारित करनी होती हैं। अक्सर सुधारों (यानी 'उदारीकरण' की नीति) को लागू करने में 'दृढ़ इच्छाशक्ति' के अभाव की चर्चा होती है। यहाँ दृढ़ इच्छाशक्ति का अर्थ होता

है जन भावनाओं के विपरीत नीतियाँ लागू करने में दृढ़ता—कृषि पर सब्सिडी कम करना या भारत अल्यूमिनियम कम्पनी जैसे प्रतिष्ठानों का छत्तीसगढ़ की जनता की भावनाओं या राष्ट्र हित के विपरीत विनिवेश आदि ऐसी नीतियों में आते हैं। इस तरह दूर-दराज इलाके और पिछड़े समूह पूँजीनिवेश के लाभ से वंचित हो जाते हैं।

इससे उत्तरोत्तर देश की सामाजिक-आर्थिक और भौगोलिक परिधि पर स्थित लोगों में बेगानेपन और अलगाव का भाव बढ़ता है। स्वयं यूरोप के देशों में जहाँ लोकतंत्र जीवन्त था और लोक कल्याणकारी नीतियाँ काफी विकसित थीं, यह दबाव महसूस किया जा रहा है। नई वैश्विक व्यवस्था की दुर्दान्त प्रतिस्पर्धा में अमेरिका और जापान की विशाल आर्थिक शक्तियों के मुकाबले टिकने के लिए यूरोप का एकीकरण हुआ, लेकिन इससे जो कार्यकारी व्यवस्था यूरोपीय कमीशन बनी वह वहाँ के विभिन्न राष्ट्रों के लोगों के प्रभाव से काफी हद तक मुक्त हो गई है। लोग इसे उस तरह प्रभावित नहीं कर पाते जैसे राष्ट्रीय सरकारों को प्रभावित कर सकते थे, जबकि सभी महत्त्वपूर्ण आर्थिक निर्णय अब इस कमीशन द्वारा ही लिए जाते हैं। ये निर्णय यूरोप के औद्योगिक प्रतिष्ठानों के हित में ही किए जाते हैं। आम लोगों का हित दूसरे नम्बर पर होता है। इससे लोगों में जब-तब असन्तोष फूट पड़ता है।

वैश्वीकरण की नीति से सभी देशों में हाशिए पर स्थित लोगों का समेकन के बदले विलगाव हो रहा है। वर्तमान बहुराष्ट्रीय कम्पनियों का औद्योगिक-व्यापारिक तानाबाना रासायनिक प्रक्रिया में रवों (क्रिस्टल) की भाँति विशेष तरह से उपयोगी न्यूनतम मानव और गैर-मानव तत्त्वों को अपने भीतर समेकित करता है और बाकी वस्तुओं और मनुष्यों को उच्छिष्ट बना बाहर छोड़ देता है। दुनिया के विभिन्न हिस्सों में जो विघटनकारी स्थितियाँ दिखाई दे रही हैं, दरअसल इस आन्तरिक प्रक्रिया की अभिव्यक्तियाँ हैं और इसका अन्त इस व्यवस्था के अन्त से ही हो सकता है। व्यवस्था में बेगानापन महसूस करनेवाले हर समूह को आसपास के उन समूहों से शिकायत होती है जो अपेक्षतया बेहतर स्थिति में दिखाई देते हैं।

इससे यह भाव भी पैदा होता है कि ऐसे समूह सरकार की केन्द्रीय व्यवस्था के कृपा पात्र हैं या उस पर हावी हैं। चूँकि राष्ट्रों की लोकतांत्रिक व्यवस्थाएँ स्वयं ऐसी शिकायतों को दूर करने में लगातार असमर्थ बनती जा रही हैं, ऐसे समूह इस व्यवस्था से अलग हो अपने ढंग से रहने का संकल्प करते हैं। इन समूहों के कुलीन लोग इसी भावना के आधार पर अलग व्यवस्था में प्रभुता हासिल करना चाहते हैं। यह बात दीगर है कि वर्तमान केन्द्रीकृत ढाँचे में उनकी समस्या का समाधान अलगाव में भी नहीं है। जहाँ भी उपेक्षित महसूस

करनेवाले धार्मिक, कबीलाई या भाषाई समूह बहुलता में होते हैं, अलगाववादी गतिविधियाँ बढ़ने लगती हैं। वर्तमान व्यवस्था में लोगों के उपभोग में समता लाई भी नहीं जा सकती क्योंकि दुनिया भर की बहुराष्ट्रीय कम्पनियाँ नित्य नई आवश्यक-अनावश्यक और जहरीली वस्तुओं के ईजाद और उत्पादन में लगी हैं जो एकबारगी सबों की पहुँच में नहीं आतीं। राष्ट्रीय सरकारें पक्षाघात का शिकार बन जाती हैं और कुछ कर नहीं सकतीं। जब लोगों का असन्तोष अलगाववादी हिंसा में भड़कता है, तब वे पुलिस और फौज के बल पर आग बुझाने के काम में लगती हैं। जन उभार के सामने दमन अन्ततः विफल होते हैं। अलगाववाद वर्तमान वैश्वीकरण की नीति का अनिवार्य पहलू है। इस तरह हम एक अपरिहार्य दुष्चक्र में फँसे हैं।

5

जुलाई 2001 के चौथे सप्ताह में दो महत्त्वपूर्ण अन्तरराष्ट्रीय सम्मेलन हुए और उनके नतीजे संसार के भविष्य पर डरावनी छाया छोड़ गए। एक सम्मेलन इटली के जेनोआ नगर में हुआ और दूसरा जर्मनी के बॉन में। पहला दुनिया के सबसे सम्पन्न आठ देशों का शिखर सम्मेलन था। दूसरा सम्मेलन दुनिया के एक सौ अठहत्तर देशों के प्रतिनिधियों का था जिसका मुख्य मुद्दा था 1997 में क्योटो के पर्यावरण रक्षा समझौते को लागू करना ताकि दुनिया को धरती के बढ़ते तापमान से नष्ट होने से बचाया जा सके। जेनोआ के शिखर सम्मेलन के समय पचास हजार से अधिक प्रदर्शनकारी, जो विभिन्न देशों और संगठनों से आए थे, यह माँग करते रहे कि गरीब देशों की बढ़ती बदहाली को देखते हुए भूमंडलीकरण की प्रक्रिया समाप्त की जानी चाहिए और गरीब मुल्कों पर अमीर मुल्कों के पिछले कर्ज को खत्म करना चाहिए जिसकी अदायगी के बोझ से इन देशों की अर्थव्यवस्थाएँ उत्तरोत्तर कमजोर होती जा रही हैं।

प्रदर्शन का एक भाग अति उग्र था और इसके खिलाफ पुलिस द्वारा की गई हिंसक वारदातों में एक प्रदर्शनकारी की मृत्यु भी हो गई। इस शिखर वार्ता का एक मुद्दा यह भी था कि सम्बद्ध देश ताप बढ़ानेवाले औद्योगिक उत्सर्जन को 'क्योटो प्रोटोकॉल' के प्रावधानों के अनुसार घटाएँ। इस हकीकत के बावजूद कि भूमंडलीकरण के दौर में दरिद्रतम देशों की संख्या 25 से बढ़कर 49 हो गई है, यह निर्णय लिया गया कि भूमंडलीकरण प्रक्रिया को और प्रभावी बनाया जाए। कर्ज माफी की माँग खारिज की गई और इस बात के बावजूद कि आठ में से सात देशों के राज्याध्यक्ष 'क्योटो प्रोटोकॉल' को लागू करने के पक्षधर थे, अमेरिका ने इसे लागू करने से साफ मना कर दिया। यह ज्ञातव्य है कि दुनिया में ताप बढ़ानेवाली गैसों का सबसे अधिक उत्सर्जन—25 प्रतिशत से ज्यादा—अकेला अमेरिका करता है और दुनिया के दूसरे देशों में होनेवाले उत्सर्जन में भी अमेरिकी बहुराष्ट्रीय कम्पनियों का खासा हिस्सा है। इसलिए अगर दुनिया के दूसरे देश इन गैसों का उत्सर्जन कम भी कर दें तो भी अमेरिका अकेले ही दुनिया को ताप-मृत्यु की ओर ढकेलने के लिए काफी है।

बॉन में हुए 178 देशों के सम्मेलन में अमेरिका को छोड़ बाकी सभी देशों ने एक स्वर से क्योटो में अपनाए गए प्रावधानों को लागू करने का संकल्प दुहराया, लेकिन अमेरिकी प्रतिनिधि पॉला दोब्रियांस्की ने इसे अमेरिकी हितों के विपरीत बतलाकर इसको लागू करने से इनकार कर दिया।

इन सम्मेलनों में अपनाई गई नीतियों को युद्ध आयुधों के क्षेत्र में अमेरिका की दो दूसरी नीतियों के साथ जोड़कर देखने से अमेरिकी नीति के निहितार्थ को समझा जा सकता है। अमेरिका ने दुनिया के दूसरे देशों और स्वयं अपने नाटो सहयोगी देशों की भावनाओं की अनदेखी करके मिसाइल रक्षा प्रणाली विकसित करना शुरू कर दिया है जिससे परमाणु शस्त्रों को नियंत्रित करने का तीन दशक पहले का समझौता अर्थहीन बन जाता है। यह माना जाता था कि जब तक विभिन्न शक्तियों के बीच परमाणु युद्ध के आतंक का सन्तुलन रहेगा—यानी जब तक सभी देश यह महसूस करेंगे कि परमाणु युद्ध करनेवाले दोनों प्रतिद्वन्द्वियों का विनाश हो जाएगा, युद्ध पर रोक लगी रहेगी। अब अमेरिका ऐसी अवरोधक प्रणाली विकसित कर रहा है जिससे वह तो दुनिया के दूसरे देशों को नष्ट कर सकता है, लेकिन बाहर से होनेवाले प्रक्षेपास्त्रों के किसी हमले को वह आसमान में ही निरस्त कर देगा। इससे पुरानी सन्धियाँ अर्थहीन हो जाती हैं। इसी से मिलाजुला एक दूसरा अमेरिकी निर्णय है कि वह 1972 से चल रहे जैविक हथियारों के निर्माण और प्रयोग पर रोक लगाने सम्बन्धी प्रक्रियाओं से भी अलग रहेगा। उसका तर्क है कि इस रोक को लागू करने के लिए जो तहकीकात होगी उससे जैविक क्षेत्र में लगे उसके उद्योगों की गोपनीयता पर असर पड़ेगा। इस सन्दर्भ में यह गौरतलब है कि जैविक हथियारों को गोपनीय ढंग से निर्माण के सन्देह पर ही अमेरिका इराक के लोगों को तरह-तरह की यातनाएँ देता रहा है।

इन सब निर्णयों पर विचार करने से यह साफ है कि अब अमेरिका अपने पूँजीवादी प्रतिष्ठानों की हित-रक्षा में धरती का विनाश कबूल करने के लिए मानसिक रूप से तैयार हो गया है। परमाणु या जैविक युद्ध न हो तो भी अमेरिका अपने औद्योगिक प्रदूषण से ही संसार को नष्ट कर देगा। यह ठीक है कि स्वयं अमेरिका भी इससे प्रभावित होगा, लेकिन वह आश्वस्त है कि वह अपनी सम्पन्नता और भौगोलिक स्थिति के कारण इससे कुछ कम प्रभावित होगा। इस नीति को जॉर्ज डब्ल्यू. बुश के प्रशासन की विशिष्टता के रूप में नहीं, बल्कि पूरे अमेरिका की मनीषा में व्याप्त मृत्यु-कामना के रूप में ही देखा जा सकता है। अमेरिका की कांग्रेस में डेमोक्रेटिक और रिपब्लिकन पार्टी की शक्ति लगभग समान है और सीनेट में डेमोक्रेटों का ही हाथ ऊपर है। इसलिए ऐसी नीतियाँ तभी लागू की जा सकती हैं जब बुश आश्वस्त हों कि उन्हें इन मुद्दों पर कांग्रेस यानी अमेरिका की जनता का समर्थन मिलता रहेगा।

धरती का ताप बढ़ने से वे भूभाग जैसे बांग्लादेश, कोलकाता के आसपास के इलाके या कच्छ, जो समुद्र तल से थोड़े ही ऊँचे हैं, जलमग्न हो जाएँगे। इसके अलावा उष्ण कटिबन्ध में पड़ने वाले स्थानों पर अत्यधिक ताप और सूखे से रेगिस्तान की स्थिति हो जाएगी। भारत में हिमालय के ग्लेशियरों के पिघल जाने से शुरू में भयंकर जल प्लावन होगा और फिर बाद में उत्तर भारत और पाकिस्तान की नदियाँ सूख जाएँगी। इसका एक असर यह भी होगा कि शीत कटिबंध में पड़ने वाले क्षेत्रों की जलवायु समशीतोष्ण हो जाएगी और वहाँ जीवन आसान हो जाएगा, अगर इसके साथ दूसरी आपदाएँ न जुड़ें। चूँकि अमेरिका का बड़ा हिस्सा और दुनिया के दूसरे सम्पन्न देशों—जैसे आस्ट्रेलिया, यूरोपीय देश और जापान का बड़ा हिस्सा—या तो समशीतोष्ण कटिबंध में है या शीत कटिबंध में। इससे इन स्थानों पर जीवन वैसा विकराल नहीं होगा जैसा ग्रीष्म कटिबंध वाले हिस्सों में। शायद इसीलिए अमेरिका निश्चिंत है कि अन्ततोगत्वा वह यूरोप के अपने सम्पन्न सहयोगियों को सम्भावित प्रलय की स्थिति को कबूल कर लेने के लिए तैयार कर लेगा।

इस प्रलयंकारी स्थिति का खमियाजा मुख्य रूप से दुनिया के गरीब मुल्कों को ही भुगतना होगा जो प्राय: उष्ण कटिबंध में स्थित हैं। वे ही धीरे-धीरे रेगिस्तान में तब्दील हो जाएँगे। हालाँकि मनुष्य के प्रभाव में धरती का पर्यावरण पहली बार इतना बदला है, ऐसा पहली बार नहीं होगा कि धरती के अनेक भागों में अति ताप या अति शीत के प्रभाव में जीवन असम्भव बन गया हो। धरती पर बार-बार ऐसी स्थितियाँ मानव के अस्तित्व में आने के बाद से प्राकृतिक कारणों से आई हैं। हिमयुग (आइस एज) तो कई बार आए। कभी जंगल की आग के धुएँ से अनेक वर्ष तक सूरज के छिप जाने से भी जीवन समाप्त होने के कगार पर आ गया था, ऐसा अनुमान किया जाता है। ऐसी ही प्राकृतिक आपदाओं से छुटकारा पाने के लिए मनुष्य अफ्रीका की अपनी प्रारम्भिक भूमि से संक्रमण कर सुदूर उत्तरी यूरोप, भारत, चीन, जावा, अमेरिका और आस्ट्रेलिया तक कभी पाँव से चलकर तो कभी बेड़े बना सागर पार तक फैलता रहा। पर उन प्रारम्भिक युगों में पूरी धरती पर मनुष्यों की संख्या कुछ लाख से अधिक नहीं थी। ऐतिहासिक काल में भी बहुत से 'विदेशी' आक्रमण दरअसल किसी प्राकृतिक आपदा के दबाव में हुए ऐसे ही संक्रमण का परिणाम थे। इसमें सरदार या राजा की फौज के साथ पूरी आबादी कूच कर देती थी। आपदा न रहने पर भी लोग ऐसे स्थानों की ओर पलायन करते रहे हैं जहाँ भूमि अधिक उपजाऊ हो, आबोहवा अधिक माफिक या जीवनयापन के साधन अधिक आसान हों। आज भी दुनिया में लोगों का एक स्थान से दूसरे स्थान या एक देश से दूसरे देश में आना-जाना जारी है। हालाँकि अब राष्ट्रीय सीमा रेखाओं के कठोर हो जाने से यह एक मुश्किल काम हो गया है।

राष्ट्रीय सीमा रेखाओं के कठोर हो जाने के सन्दर्भ में तापमान के बढ़ने के परिणामों का थोड़ा अन्दाज हम कर सकते हैं। दुनिया की बड़ी संख्या फिलहाल उष्ण कटिबंधों के इर्दगिर्द ही निवास करती है। जब इन स्थानों पर रेगिस्तान की स्थिति होगी और ताप अत्यधिक हो जाएगा, तब लोग किसी भी हकीकत पर शीत कटिबंधों की ओर, जो अब समशीतोष्ण हो चुके होंगे, पलायन करेंगे, लेकिन इन भूभागों के लोग जिनके पास युद्ध-आयुध और सम्पत्ति दोनों की प्रचुरता होगी, पूरी शक्ति से बाहरी अतिक्रमण को रोकने की कोशिश करेंगे। इससे चारों ओर भीषण युद्धों का सिलसिला जारी होगा। और चूँकि जीवन की तलाश में बढ़ती हुई पूरी आबादियों को, जिनकी संख्या अरबों में होगी, पारम्परिक हथियारों से रोकना मुश्किल होगा, नाभिक और जैविक हथियारों का खुलकर इस्तेमाल होगा। शीत युद्ध की समाप्ति के बाद आज जब अमेरिका का कोई सामरिक प्रतिद्वन्द्वी नहीं बन गया है, उसकी अत्याधुनिक परमाणु और जैविक युद्ध की तैयारी के पीछे भविष्य की कुछ ऐसी ही अस्फुट आशंका देखी जा सकती है। ऐसी स्थिति पैदा न हो, इसका एकमात्र उपाय ऐसी औद्योगिक और जीवन की व्यवस्था विकसित करना है जिससे पर्यावरण के लिए संकट न हो, लेकिन अमेरिका किसी ऐसे विचार पर गौर करने को भी तैयार नहीं। दुनिया एक ऐसी स्थिति में आ गई है कि या तो वर्तमान अमेरिकी औद्योगिक व्यवस्था अस्तित्व में रहेगी या संसार अस्तित्व में रहेगा। अब दोनों का सह-अस्तित्व सम्भव नहीं लगता। इसलिए धरती की रक्षा के लिए अमेरिकी औद्योगिक व्यवस्था का नष्ट होना जरूरी है।

यह कैसे सम्भव होगा? एक तरीका तो ओसामा बिन लादेन की तर्ज पर आतंकवाद का हो सकता है जिसके जरिये अमेरिका के औद्योगिक और दूसरे प्रतिष्ठानों को नष्ट कर दिया जाए, लेकिन यह इसलिए सम्भव नहीं क्योंकि अमेरिका के विशाल औद्योगिक ढाँचे को इस तरह नष्ट करने के लिए स्वयं अमेरिका में लाखों ऐसे प्रतिबद्ध लोगों की जमात पैदा करनी होगी जो जान पर खेलकर बड़े पैमाने पर तोड़-फोड़ कर सकें। यह हो नहीं सकता। दूसरा रास्ता यह हो सकता है कि गरीब देश मिलकर अमेरिका पर हमला करके उसके औद्योगिक ढाँचे को नष्ट कर दें। अमेरिका की वर्तमान सामरिक शक्ति और गरीब मुल्कों की सामरिक स्थिति को देखते हुए ऐसा सोचना भी हास्यास्पद ही होगा।

दुनिया को बचाने का एकमात्र सम्भव और मानवीय रास्ता यह हो सकता है कि गरीब मुल्क, जिन्हें आज विकासशील देश कहा जाता है, अमेरिका से सभी व्यापारिक सम्बन्ध तोड़ लें। यह तभी सम्भव है जब वे पश्चिमी पूँजीवादी ढंग के विकास और भूमंडलीकरण से अपने को पूरी तरह से अलग कर लें और स्वावलम्बी अर्थव्यवस्था विकसित करें। कुछ वैसे निर्धन देशों को जो आज आर्थिक दृष्टि से अमेरिका पर पूरी तरह निर्भर हो गए हैं, प्रारम्भ में कुछ कठिनाइयों का सामना करना

पड़ सकता है, लेकिन जहाँ लोगों का अस्तित्व ही दाँव पर लग गया हो वहाँ कुछ कठिनाइयों को झेलने की तैयारी होनी चाहिए।

जहाँ तक भारत का सवाल है हम अमेरिका से अपने व्यापारिक सम्बन्ध बिना भारी कीमत चुकाए खत्म कर सकते हैं। अमेरिका से भारत का आयात दस प्रतिशत से ज्यादा नहीं होता और हमारा निर्यात भी अमेरिका को हमारे पूरे निर्यात के बीस प्रतिशत से ज्यादा नहीं है। भारत का आयात इसकी अपेक्षा कहीं अधिक यूरोपीय संघ, तेल उत्पादक देशों और दूसरे गरीब मुल्कों से है। यही स्थिति निर्यात की भी है। इसलिए एक अत्यन्त ही छोटे, अति सम्पन्न वर्ग को छोड़ इसका प्रभाव देश के बाकी लोगों के जीवन पर नगण्य होगा। बल्कि आर्थिक स्वायत्तता की दिशा में पहल से उनकी स्थिति में सुधार ही होगा। अगर अमेरिका की सीमा पर अनेक दबावों के बीच रहनेवाला छोटा-सा देश क्यूबा अमेरिका से सम्बन्ध विच्छेद के बावजूद अस्तित्व में रह सकता है तो भारत क्यों नहीं रह सकता? भारत को इस दिशा में दुनिया के बाकी गरीब देशों का नेतृत्व करना चाहिए और विश्व व्यापार संगठन से बाहर आकर अमेरिका के बहिष्कार की दिशा में पहल करनी चाहिए। आज यह आत्मरक्षा और राष्ट्रीय स्वाभिमान दोनों की माँग है।

6

सैम्युएल पी. हंटिंगटन की 'सभ्यताओं का संघर्ष' की स्थापना को लेकर काफी दिनों तक चर्चा होती रही थी। इसमें सभ्यताओं को मूलत: धार्मिक समूहों से जोड़ा गया था। हाल में न्यूयॉर्क के वर्ल्ड ट्रेड सेंटर और वाशिंगटन के पेंटागन पर हुए आतंकवादी हमलों के बाद ऐसी संघर्ष की एक छवि उभरती दिखाई देने लगी है। यह छवि मूलत: ईसाई-पश्चिमी दुनिया और इस्लामी दुनिया के संघर्ष की बन रही है। अमेरिकी राष्ट्रपति जॉर्ज डब्ल्यू. बुश ने आतंकवाद के खिलाफ अपने संघर्ष को 'क्रूसेड' (धर्मयुद्ध) का नाम देकर इस छवि को विश्वसनीय बना दिया है। क्रूसेड शब्द को लेकर अमेरिका के चोबदार ब्रिटेन में भी चिन्ता जताई जा रही है। क्रूसेड की शुरुआत यरुशलम को मुसलमानों से मुक्त कराने के लिए सन 1085 में पोप अर्बन द्वितीय के उत्तेजक भाषण और प्रतीक के रूप में क्रॉस बाँटने से हुई थी। यह धर्मयुद्ध लगभग तीन शताब्दी तक दक्षिणी यूरोप और पश्चिमी एशिया के बड़े भूभाग पर चलता रहा। क्रूसेड शब्द ईसाई अचेतन में दबे ऐतिहासिक बैर को फिर प्रज्वलित कर सकता है। इधर दुनिया के अनेक कट्टरपंथी और आतंकवादी इस्लामी समूहों ने आसन्न अमेरिकी हमले के खिलाफ जेहाद (धर्मयुद्ध) की घोषणा कर दी है। अमेरिकी राष्ट्रपति के उत्तेजक भाषण से पूरे अमेरिका में उन्माद छा गया। इस उन्माद की पहली बलि एक प्रवासी भारतीय बना।

अभी तो इस युद्ध की पैंतरेबाजियाँ ही शुरू हुई हैं इसलिए यह कहना कठिन है कि अपनी पूर्णता में यह कौन-सा रूप लेगा, लेकिन दोनों तरफ के योद्धाओं के चरित्र और उद्देश्यों को देखते हुए कहा जा सकता है कि यह सभ्यताओं का नहीं 'बर्बरताओं' का युद्ध होने जा रहा है। दरअसल आधुनिक हथियारों की पृष्ठभूमि में युद्ध या तो बर्बर होंगे या अधिक बर्बर। आतंकवादी हिंसा का स्वरूप और उसकी शक्ति की सीमाएँ ऐसी होती हैं कि किसी बड़े पैमाने की कार्रवाई में अनिवार्य रूप से निर्दोष लोग ही अधिक संख्या में मारे जाते हैं। वर्ल्ड ट्रेड सेंटर के हमले को ही लें। इसमें विमानों के यात्री और ट्रेड सेंटर में काम करनेवाले लोगों का अमेरिकी आक्रामक नीतियों में सीधा हाथ नहीं था। ट्रेड सेंटर जरूर अमेरिकी पूँजीवाद और इसके विश्व वर्चस्व का प्रतीक बन गया था, लेकिन इसमें काम करनेवाले लोग

आजीविका के लिए इसमें काम करते थे। उनके पीछे उनके परिवार के लोग और परिजन थे जिन्हें अमेरिकी विस्तारवाद से कुछ लेना-देना नहीं था, लेकिन ट्रेड सेंटर पर हमले से एक साथ हजारों परिवारों के जीवन के सपने बिखर गए। अनेक बच्चे मातृ-पितृहीन और बेपनाह हो गए। हर आतंकवादी हमले में ऐसी निर्ममता निहित होती है। हम अपने ही देश में रोज होनेवाली आतंकवादी हत्याओं का यह चरित्र देख सकते हैं चाहे वह जेहादी हिंसा हो, क्रान्तिकारी हिंसा या प्रतिक्रान्तिकारी हिंसा।

लेकिन आतंकवादी हिंसा आतंकवादी समूहों की उस विवशता को व्यक्त करती है जहाँ उनका मुकाबला ऐसी स्थापित शक्ति से होता है जिसकी वैचारिक पकड़ और आतंक लोगों पर इस कदर होता है कि बराबरी का राजनीतिक या सशस्त्र प्रतिरोध लगभग असम्भव होता है। एक स्थिति वह भी होती है जहाँ दबाया गया समूह अल्पसंख्यक होता है और बहुसंख्यक लोगों में अपनी बहुलता का उन्माद होता है। ऐसी ही स्थितियों में अलग-अलग काल में विभिन्न देशों में क्रान्तिकारी समूह आतंक का रास्ता अपनाते रहे हैं। ऐसी स्थितियों में प्रतिरोध का एक दूसरा रास्ता भी हो सकता है—अहिंसक प्रतिरोध का। लेकिन यह अवधारणा नई है और मनुष्य में निहित आक्रामकता की स्वाभाविक अभिव्यक्ति से इसका मेल न बैठने से स्वत:स्फूर्त रूप से लोग इसकी ओर मुखातिब नहीं होते। यह रास्ता लम्बी अवधि के निरन्तर प्रशिक्षण की माँग करता है। महात्मा गांधी के प्रभाव में अमेरिका में मार्टिन लूथर किंग द्वारा अश्वेतों के उत्पीड़न के खिलाफ इसका सफल प्रयोग अभी तक के कुछ अपवादों में ही गिना जाएगा।

आतंकवादी हिंसा को जो बात प्रभावी बनाती है वही इसे लोगों की निगाह में बर्बरतापूर्ण भी बनाती है। यह प्रभावी तभी हो पाती है जब इसमें अचम्भित (सरप्राइज) करने का गुण हो। यानी यह वहाँ और उस रूप में हो कि इसका होना अप्रत्याशित लगे—जैसा अभी न्यूयॉर्क के वर्ल्ड ट्रेड सेंटर में हुआ, लेकिन इसी से लोग इसे फेयर-प्ले (खेल के नियम) के विपरीत मानते हैं और इससे तिलमिला उठते हैं। इसके विपरीत नीति सम्मत युद्धों में नगरों या महानगरों पर होनेवाली बमबारी या फौजों की लड़ाई के क्रम में उजाड़े गए नगर और गाँव लोगों को मर्यादित हिंसा का परिणाम लगते हैं। जरा ट्रेड सेंटर के पाँच हजार के लगभग मृत या लापता लोगों की तुलना द्वितीय विश्वयुद्ध के मृतकों के आँकड़ों से करें तो चार करोड़ अनुमानित हैं जिनमें सैनिकों से अधिक असैनिक लोग थे, लेकिन चूँकि यह युद्ध की स्वाभाविक परिणति मानी जाती है, इस पर विचार करने में कोई उत्तेजना नहीं पैदा होती।

ट्रेड सेंटर के इस हमले को मानवता के खिलाफ सबसे जघन्य अपराध बतलाया जा रहा है। इसकी तुलना अमेरिकी राष्ट्रपति ट्रूमैन द्वारा जापान के हिरोशिमा और नागासाकी के नागरिकों पर गिरवाए गए परमाणु बमों की विभीषिका से करें जिसमें न सिर्फ लाखों लोग मारे गए, बल्कि अनेक अजन्मी पीढ़ियाँ विकलांग होने को

अभिशप्त हो गईं। राष्ट्रपति ट्रूमैन ने बिना किसी मजबूरी के व्हाइट हाउस की सुरक्षा में बैठे यह किया। न्यूयॉर्क हादसे के लिए जिम्मेदार आतंकवादियों ने कम से इन हत्याओं की कीमत खुद अपनी जिन्दगी देकर चुकाई। हमारे हिन्दुत्ववादी मानस में झट जवाब आएगा, 'समरथ को नहिं दोष गोसाईं।' लेकिन आज की दुनिया की जटिल स्थितियों में अच्छाई और बुराई का पक्ष निर्धारित करने में ऐसी जल्दबाजी की कोई गुंजाइश नहीं।

जॉर्ज डब्ल्यू. बुश द्वारा घोषित अन्तरराष्ट्रीय आतंकवाद के खिलाफ निर्णायक युद्ध का अर्थ भी बिलकुल साफ नहीं है। अभी तक जो कुछ सामने आया है उसका अर्थ सिर्फ इतना है कि अन्तरराष्ट्रीय आतंकवाद का अर्थ अमेरिका और इसके पश्चिमी मित्रों के हितों के खिलाफ होनेवाला आतंक भर है। न्यूयॉर्क हादसे के बाद लगातार कश्मीर में आतंकवादी हत्याएँ होती रही हैं, लेकिन अमेरिका के राष्ट्रपति या किसी अधिकारी की ओर से इनकी निन्दा में एक शब्द भी नहीं निकला। पश्चिमी मीडिया का रुख भी इससे भिन्न नहीं है। अपेक्षाकृत निष्पक्ष माना जानेवाला बीबीसी इसका सबसे अच्छा नमूना है। बीबीसी की हिन्दी सेवा के एक साक्षात्कार में जब पुष्पेश पन्त ने यह कहा कि अमेरिका के खिलाफ आतंक को मानवता के खिलाफ अपराध हम कैसे कह सकते हैं, जब भारत ऐसी आतंकवादी कार्रवाइयों को पिछले दस वर्ष से झेल रहा है, लेकिन इसे मानवता के खिलाफ अपराध नहीं बताया गया, तो बीबीसी ने बड़ी चालाकी से साक्षात्कार के बीच में कोई दूसरा कार्यक्रम देकर उसे अत्यन्त संक्षिप्त कर दिया। वैसे तो बिलकुल भोले-भाले लोग ही बीबीसी को निष्पक्षता का प्रमाणपत्र दे सकते हैं। उसका पक्षपात कोसोवो के मामले में यूगोस्लाविया पर नाटो की बममारी के समय बिलकुल खुलकर सामने आ गया था, लेकिन इसके लिए बीबीसी को दोष देना उचित नहीं है।

यह भी ब्रिटेन के पैसे से पोषित एक संचार माध्यम है जिसका मूल उद्देश्य पश्चिमी देशों का हित साधन है। इस बात की ओर इशारा करना इसलिए जरूरी लगता है कि हम भारतवासी, विशेषकर यहाँ का मध्य वर्ग, पश्चिमी प्रचार माध्यमों के प्रवाह में अक्सर बह जाता है। दरअसल अन्तरराष्ट्रीय आतंकवाद कोई एकात्मक चरित्र वाली चीज नहीं है जिसके खिलाफ युद्ध की बात की जा सके। विभिन्न देशों की विभिन्न स्थितियों में यह अलग-अलग रूप में उभरता है और प्रत्येक मामले में इसके विशेष चरित्र को ध्यान में रखकर ही इसके सम्बन्ध में निर्णय लिया जा सकता है। क्यूबा, निकारागुआ आदि में कम्युनिस्ट मानी जानेवाली व्यवस्थाओं के खिलाफ आतंकवादी कार्रवाइयों को सदा अमेरिकी समर्थन मिला। अमेरिकी राष्ट्रपति जब अन्तरराष्ट्रीय आतंकवाद की बात करते हैं तो उनके दिमाग में मोटा-मोटी पश्चिमी साम्राज्यवादी हितों के खिलाफ फिलहाल उभरा इस्लामी आतंकवाद ही है। इसे ही अलग-थलग करने के लिए मुस्लिम बहुल देशों की सरकार के साथ अमेरिका

साँठगाँठ की कोशिश कर रहा है, चाहे वह पाकिस्तान हो, सऊदी अरब हो या कोई अन्य देश। वजह यह है कि इन सभी देशों की जनता अमेरिकी विरोधी बन रही है।

इस सारे प्रसंग में हमारे प्रधानमंत्री और उनके परामर्शदाताओं ने अपने अति उत्साह में संसार भर में भारत को मजाक का विषय बना दिया है। अमेरिका ने भारत से किसी तरह की मदद की माँग नहीं की, लेकिन हमारे प्रधानमंत्री ने देशवासियों को सम्बोधित कर अन्तरराष्ट्रीय आतंकवाद के खिलाफ युद्ध में शामिल होने के संकल्प की घोषणा कर दी। सभी विपक्षी दलों को इस निर्णय में शामिल करने की कोशिश हुई मानो अमेरिकी हादसा भारत का राष्ट्रीय संकट हो।

जिस तरह की मानसिकता अमेरिका में है, उससे वहाँ अरबों और मुसलमानों के खिलाफ उन्माद फैलेगा। अमेरिका में ऐसे उन्माद अत्यन्त ही अमानवीय रूप ग्रहण करते रहे हैं। प्रारम्भ से अश्वेत लोगों के खिलाफ (कू-क्लक्स क्लान की हिंसा) और पचास-साठ के दशक के शीत युद्ध के काल में 'छिपे कम्युनिस्टों' के खिलाफ उनके उन्माद का घिनौना रूप हम अरसे से देखते रहे हैं। जिस तरह राष्ट्रपति बुश ने इसे क्रूसेड नाम दिया है, उससे अरब, मुसलमान और बाद में सभी गैर-यूरोपीय मूल के लोग उन्माद के शिकार होंगे। मानवता की दुहाई देने के बाद अमेरिका ने सीआईए पर से विभिन्न देशों के नेताओं और अन्य लोगों की गुप्त रूप से हत्या कराने की नीति पर कुछ वर्षों से लगा प्रतिबंध फिर हटा दिया है। ओसामा बिन लादेन पर अपने सन्देह को सबूत मान लेना और उसे जीवित या मृत हाजिर करने का आदेश और सीआईए को गैर-कानूनी हत्याओं की छूट, दोनों ही अमेरिकी सोच में निहित आतंकवादी स्वेच्छाचारिता की अभिव्यक्ति हैं।

दूसरी ओर इस्लामी कट्टरपंथी जेहाद के नाम पर सभी मुसलमानों को एकजुट करने का प्रयास करेंगे। जैसे-जैसे अमेरिकी आक्रामकता बढ़ेगी, मुसलमानों का बड़ा हिस्सा इस ध्रुवीकरण से प्रभावित होगा। भारत में नागरिकों का एक बड़ा और महत्त्वपूर्ण हिस्सा मुसलमानों का है, इसलिए हमें कुछ भी जल्दबाजी में नहीं करना चाहिए जिससे यह लगे कि हम इस धर्मयुद्ध में अमेरिका की तरफ से शामिल हो रहे हैं। भारत विभाजन के काल से ही इस देश के मुसलमानों में बेगानेपन का भाव रहा है जो बाबरी मस्जिद ध्वंस के बाद ज्यादा गहराया है। हमें ऐसा कुछ भी नहीं करना चाहिए जिससे यह भाव और गहरा हो। यहाँ हमारी साझी राष्ट्रीयता दाँव पर है।

अमेरिकी उन्माद और इस्लामी कट्टरपंथ दोनों का चरित्र ऐसा है कि इस संघर्ष में मानव अधिकारों की ही बलि चढ़ाई जाएगी। ग्यारहवीं सदी से शुरू हुए क्रूसेड और इस नए क्रूसेड में एक बुनियादी अन्तर होगा। पहले क्रूसेड के समय अरब और इस्लाम की दुनिया ज्ञान, विज्ञान और सहिष्णुता की दुनिया थी। जब यूरोप के बर्बर और धर्मान्ध योद्धा मुस्लिम इलाकों में गए तो वहाँ के सम्पर्क से नई रोशनी लेकर आए जिससे यूरोप का रेनासां (पुनर्जागरण) शुरू हुआ। वर्तमान

इस्लामी दुनिया रक्षणशील है और पश्चिमी प्रभाव से अपनी अस्मिता को बचाने के लिए अतीत की कुंठित करनेवाली परम्पराओं में पनाह ढूँढ़ रही है। इससे अब जो संघर्ष होगा यह शक्ति के मद में चूर पश्चिमी शक्तियों और अंधविश्वास में आधार ढूँढ़नेवाले इस्लामी समूहों के बीच होगा और इस संघर्ष में पश्चिमी देशों के वे लोकतांत्रिक मूल्य भी, जिन्हें उन्होंने पिछली दो शताब्दियों में अर्जित किया है, नष्ट हो सकते हैं। अमेरिका में फिलहाल जैसे हमले अरब या मुस्लिम दिखनेवाले लोगों पर हो रहे हैं, वे भयावह भविष्य के संकेत हैं। बाहरी सजधज से घिरे मानव में भी शैतानी आक्रामकता दूसरों जैसी ही होती है। इसी के निर्बाध खेल का रंगमंच तैयार हो रहा है।

जनसत्ता, 3 जनवरी, 2001

7

अमेरिका के आतंक-विरोधी अभियान से जुड़ी कुछ घटनाएँ दरअसल आतंकित करनेवाली हैं। अभी दुनिया भर के मानवाधिकार संगठनों के बीच क्यूबा के पास ग्वातनामो बे में अमेरिका द्वारा अल कायदा के बन्दियों के साथ किया जानेवाला व्यवहार चर्चा का विषय बना हुआ है। खबर थी कि इन बन्दियों को आठ फुट लम्बे और छह फुट चौड़े तारों के पिंजरों में खुले आसमान के नीचे बन्द कर रखा गया है। अब अमेरिकी सरकार द्वारा प्रसारित एक चित्र में इन बन्दियों को हथकड़ियों और बेड़ियों में घुटने के बल झुका दिखलाया गया है। इनकी आँखों पर पट्टियाँ लगी हैं, कानों को रुई से पूरी तरह सील कर दिया गया है, हाथों में ऐसे दस्ताने और पाँवों में मोजे डाल दिए गए हैं जिससे उन्हें कोई स्पर्श बोध न हो सके। मनोवैज्ञानिकों का मानना है कि सभी शारीरिक संवेदनों से वंचित रखे गए ऐसे लोग थोड़े ही समय में विक्षिप्तता की स्थिति में आ जाते हैं। पश्चिमी देशों के लोगों का कहना है कि पहले सिर्फ कम्युनिस्ट तानाशाही के सबसे भयावह दिनों में पूर्वी यूरोप के कुछ राजनीतिक बन्दियों के साथ ऐसा व्यवहार हुआ था। यह क्रूरता मध्ययुगीन बर्बरता को भी मात करती है जिसमें बन्दियों को शारीरिक यातनाएँ तो दी जाती थीं, फिर भी उन्हें मानसिक रूप से नष्ट करने की कोई सुनियोजित व्यवस्था नहीं होती थी। इस दृष्टि से विचार करने पर वर्तमान अमेरिकी शासक सम्भवत: दुनिया के सबसे क्रूर और बर्बर शासकों में गिने जाएँगे। इस लेखक ने इन्हीं स्तम्भों में 'बर्बरताओं का संघर्ष' यह आशंका व्यक्त की थी कि इस संघर्ष में पश्चिमी देशों द्वारा पिछले दो सौ वर्षों में अर्जित सभी मानवाधिकार नष्ट हो सकते हैं। बन्दियों के साथ ऐसे व्यवहार नई बर्बरता की ही दस्तक हैं।

आधुनिक दुनिया के सबसे पुराने प्रजातांत्रिक गणतंत्र की ऐसी बर्बरता पहली निगाह में हैरत में डालनेवाली लगती है, लेकिन अमेरिका की विरासत पर नजर डालने से इसमें कुछ भी अचरज का नहीं लगेगा। हमें यह नहीं भूलना चाहिए कि वर्तमान अमेरिकी राष्ट्र की नींव यूरोप, विशेषकर ब्रिटेन से आकर यहाँ अपना उपनिवेश कायम करनेवालों द्वारा पड़ी थी, जिन्होंने यहाँ के लगभग सम्पूर्ण मूल निवासियों (इंडियनों) की आबादी को नष्ट कर दिया और जो थोड़े से बचे उन्हें

खदेड़कर कुछ संरक्षित क्षेत्रों में रहने को विवश कर दिया। अपने फार्मों पर श्रमिकों के अभाव को पूरा करने के लिए दसियों लाख अफ्रीका के रंगीन मूल निवासियों को पकड़कर ग़ुलामों के रूप में लाया गया। इस प्रक्रिया में पकड़े गए लगभग आधे लोग यात्रा की यातनाओं में दम तोड़ देते थे। यहाँ लाए गए अफ्रीकी मूल के इन लोगों को पहले नागरिकता से वंचित रखा गया और उसके बाद हाल-हाल तक अनेक तरह के हमलों और भेदभाव का शिकार बनाया जाता रहा है। आम अमेरिकियों के चरित्र निर्माण में और उनकी मान्यताओं को बनाने में निश्चित रूप से इन अमानवीय परम्पराओं का हाथ है। मार-पछाड़ वाली प्रतिस्पर्धा के पूँजीवादी मूल्यों से मिलकर निर्मम जीवन का एक परिपाक आज अमेरिकी जीवन को पोषित करता है। सुप्रसिद्ध अमेरिकी उपन्यासकार जैक लंडन ने बीसवीं सदी के प्रारम्भिक वर्षों में अपने उपन्यास 'आयरन हील' में वहाँ के पूँजीवाद में निहित फासीवाद मनोवृत्तियों का डरावना चित्र प्रस्तुत किया था।

यह ध्यान में रखना जरूरी है कि लोकतंत्र में बहुमत के वर्चस्व की पूर्ण मान्यता से नागरिकों के मानवाधिकारों को भी सुरक्षा मिलेगी, यह जरूरी नहीं। विशेष स्थितियों में, खासकर तब जब किसी कारण से लोगों पर कोई उन्माद छाया हो तो बहुमत का शासन उतना ही अत्याचारी हो सकता है जितना कि किसी स्वेच्छाचारी राजा या तानाशाह का। एलेक्सी द तौक्वील ने उन्नीसवीं शताब्दी के पूर्वार्ध में अमेरिका के अपने अध्ययन 'डेमोक्रेसी इन अमेरिका' में यह आशंका व्यक्त की थी कि लोकतंत्र में भी लोगों की स्वतंत्रता घोर खतरे में पड़ सकती है। उसने यह विचार दिया था कि राजनीतिक क्षमता का विचार लोकतांत्रिक क्रान्ति के द्वारा एकाएक नहीं आया, बल्कि यह प्रक्रिया तो सदियों से राजतंत्र के विकास के साथ चल रही थी। स्वेच्छाचारी राजाओं ने बाकी प्रजा के अधिकारों को खत्म करके उन्हें अधिकारहीनता की समानता के एक ही साँचे में ढाल दिया था। जब स्वयं राजा की सत्ता समाप्त हुई तो सत्ता का सर्वाधिकार समान हैसियत वाली जनता के हाथ आ गया। इससे स्थिति में एक मौलिक बदलाव आया। राजा के शासन में लोग शारीरिक रूप से राजा के अधिकार को कबूल करने को बाध्य थे, लेकिन मानसिक रूप से इसे कबूल नहीं करते थे क्योंकि यह एक बाहरी आरोपित सत्ता थी।

लोकतंत्र में व्यक्तियों पर न सिर्फ बाहरी नियंत्रण रहता है बल्कि एक आन्तरिक नियंत्रण भी रहता है क्योंकि सत्ता स्वयं लोगों की अपनी सत्ता होती है। लोकतंत्र के सम्बन्ध में सम्पूर्ण सत्तावादी ऐसे रुझान को रूसो जैसे पूर्ववर्ती विचारकों से भी बल मिला था। रूसो ने 'जनरल विल' (आम इच्छा) के नाम से अलग व्यक्तियों की इच्छा से ऊपर एक ऐसी अमूर्त इच्छाशक्ति को सर्वोपरि मान लिया था जो अलग-अलग व्यक्तियों के अनुभूत विवेक से परे उनके असली विवेक का प्रतिनिधित्व करती है। इस तरह यह प्रत्येक व्यक्ति का कर्तव्य बन जाता है कि वह इस जन-

इच्छा के सामने सिर झुकाए। एक तरह से यह इस कथन को मान्यता प्रदान करता था कि 'जन-इच्छा भगवद्इच्छा है।' रूसो ने इस इच्छाशक्ति को जनता की किसी प्रतिनिधि सभा से भी ऊपर मान्यता दी थी। इस विचार में उन्माद और भीड़तंत्र के बीज मौजूद थे। इस मान्यता के कारण फ्रांस की क्रान्ति के एक दौर में, खासकर जैकोबिन शासन में असली सत्ता पेरिस की भीड़ के हाथ में चली गई थी।

लेकिन लोकतंत्रों के बाद के अनुभवों से इस अतिवादी विचार पर तो रोक लगी, क्योंकि इसके तहत किसी भी बड़े राज्य की व्यवस्था नहीं चलाई जा सकती थी, लेकिन जो बहुमत से सत्ता में चुनकर आ जाएँ उनके अनियंत्रित अधिकार की धारणा जनतांत्रिक सरकारों पर छाई रही है। इसके अधिनायकवादी परिणामों को देखते हुए ही लगातार मानवाधिकारों की अक्षुण्णता यानी नागरिकों के बुनियादी अधिकारों की सुरक्षा को बनाए रखने की भी एक मुहिम लोकतंत्रों में सदा चली, लेकिन प्राय: जनता द्वारा चुनी गई सरकारों ने इन अधिकारों को नजरअन्दाज करने की कोशिश की है, खासकर तब जब जनता में किसी मुद्दे को लेकर उन्माद छाया हो या पैदा किया गया हो। ऐसे में 'पॉपुलर मैंडेट' को सर्वोपरि मानने की मजबूरी एक अच्छा बहाना बन जाता है।

वर्तमान समय में ऐसा उन्माद प्राय: राष्ट्रीयता के सवाल से जुड़ा रहा है, खासकर तब जब राष्ट्रबोध किसी खास नस्ल, मूल, धर्म आदि के साथ जुड़ा हो। तौक्वील ने अपनी पुस्तक में अमेरिका में भीड़तंत्र के अन्तर्निहित दबावों का दहलानेवाला विवरण प्रस्तुत किया है। वे लिखते हैं, 'अमेरिका में बहुमत लोगों के विचारों की स्वतंत्रता पर भयंकर सीमाएँ लगाता है। इन सीमाओं के भीतर एक लेखक जो कुछ चाहे लिख सकता है, लेकिन उसे पछताना पड़ेगा अगर वह इन सीमाओं को तोड़े। ऐसा नहीं कि उसे जिन्दा जला दिए जाने का भय हो, लेकिन उसे रोजाना कटाक्षों और अपमानों को सहन करना पड़ेगा। उसका राजनीतिक भविष्य खत्म हो जाएगा क्योंकि उसने उस सत्ता का तिरस्कार किया है जो सत्ता ही अकेले उसकी सफलता सुनिश्चित कर सकती है।...अन्त में अपने रोजाना के निष्फल प्रयासों से थककर वह हार मान लेता है और सच्ची बात कहने के पश्चात्ताप के कारण मौन धारण कर लेता है।'

अमेरिकी उन्माद को उत्तेजित करने में एक नया तत्त्व जुड़ गया है। अब अमेरिका में जिसे 'अमेरिकन वे ऑफ लाइफ' यानी अमेरिकी जीवन पद्धति कहा जाता है, अमेरिकी स्वत्व का प्रतीक बन गया है। इसका आधार वहाँ की निर्मम पूँजीवादी व्यवस्था और उससे जुड़े विशाल औद्योगिक प्रतिष्ठान हैं, जिनमें कुछ दुनिया की सबसे बड़ी बहुराष्ट्रीय कम्पनियाँ हैं। अमेरिका में एक कथन प्रचलित है कि 'जो जेनरल मोटर्स के हित में है वही अमेरिकी हित में है'। यानी अमेरिका के हितों के प्रतीक वहाँ के सबसे बड़े औद्योगिक प्रतिष्ठान हैं। इस भावना से अमेरिकी जनमत

का समर्थन सरकार द्वारा विदेशों में किए जानेवाले उन अमानवीय हमलों और अतिक्रमणों को बेहिचक मिल जाता है जिनसे इन पूँजीवादी प्रतिष्ठानों की हित रक्षा हो। क्यूबा में अमेरिकी चीनी हितों की रक्षा के लिए हस्तक्षेप, चिली में अमेरिकी टेलीफोन कम्पनी की हित रक्षा में सी.आई.ए. द्वारा मार्क्सवादी सरकार का तख्ता पलट जाना, जिसमें हजारों चिली वासी मौत के घाट उतारे गए, इसकी मिसाल हैं। मध्य अमेरिका में आए दिन होनेवाले अमेरिकी हस्तक्षेप के खिलाफ कभी अमेरिकी जन भावना उत्तेजित नहीं होती। यह चुपचाप कबूल कर लिया जाता है कि यह सब दोषहीन है क्योंकि इससे अमेरिकी अर्थतंत्र मजबूत होता है। वियतनाम युद्ध के खिलाफ जन भावना तब उभरी जब पचास हजार से अधिक अमेरिकी वहाँ मारे गए। इसके विपरीत जब अफगानिस्तान में हजारों निर्दोष अफगान नागरिक मारे गए और कुछ लोग रोज मारे जा रहे हैं तो अमेरिका में कोई स्पन्दन नहीं होता क्योंकि ये हत्याएँ अमेरिकी हवाबाज कर रहे हैं। अमेरिकी क्रूरता के इतिहास में सबसे घिनौना कर्म अमेरिकी राष्ट्रपति ट्रूमैन द्वारा जापान के दो नगरों नागासाकी और हिरोशिमा के निर्दोष नागरिकों को परमाणु बमों से मरवाने की घटना थी। इससे भी अमेरिकी लोगों की संवेदना पर खरोंच नहीं आई। अमेरिका आज एक नई बर्बरता की ओर इतने सहज रूप से अग्रसर हो रहा है तो इसके पीछे उसके अतीत और उस व्यवस्था का बड़ा हाथ है जो उसके निर्णयों को निर्धारित करती है।

अफगानिस्तान में अमेरिकी अभियान के पीछे भी अमेरिकी पूँजी की अपनी छिपी कार्यसूची है। पूर्व सोवियत संघ के एशियाई भूभाग में, जहाँ पेट्रोलियम और गैस का प्रचुर भंडार है, अभी तक अमेरिकी प्रभाव नहीं था। शायद यह दुनिया का एकमात्र तेल क्षेत्र था जो पश्चिमी देशों की व्यापारिक पकड़ से बाहर था। अब अल कायदा के खिलाफ अभियान ने अमेरिका को अफगानिस्तान में नियंत्रण कायम करने का मौका दिया है। तुर्कमेनिस्तान, उजबेकिस्तान और ताजिकिस्तान आदि अफगानिस्तान के उत्तर में इससे सटे हैं। इन स्थानों पर पैर फैलाने का मौका पहली बार अमेरिका को मिल रहा है। इससे ईरान भी अमेरिकी प्रभाव क्षेत्र से घिर जाएगा। दबाव बढ़ाने के उद्देश्य से फिलहाल अमेरिका ने यह इल्जाम लगाना शुरू किया है कि ईरान छिपे रूप से अफगानिस्तान के कुछ कबायली समूहों को हथियार भेज रहा है। ईरान ने इस बात का पूरी तरह प्रतिवाद किया है। उसने साफ किया है कि तालिबान की पराजय के बाद से उसने जो भी सहायता दी है वह केन्द्र में स्थापित सर्वमान्य सरकार को दी है, लेकिन अमेरिका जो स्वयं अब भी बममारी में लिप्त है और अपनी पकड़ अफगानिस्तान में बढ़ा रहा है, यह इल्जाम लगाए चला जा रहा है जबकि कोफी अन्नान ने भी ईरान की बात की पुष्टि की है। दरअसल अपने दूरगामी व्यापारिक हितों के लिए अमेरिका किसी भी सीमा तक जा सकता है। इन घटनाओं से एक निष्कर्ष यह भी निकाला जा सकता है कि अपने विकास के चरम

बिन्दु पर पूँजीवाद, जिसका अगुआ आज अमेरिका है, बर्बर हिंसा के आधार पर ही फलफूल सकता है।

बर्बरता का यह नवोन्मेष हम भारतीयों के लिए भी चिन्ता का विषय है। भारत आज जिस तरह अपने को अमेरिका से जोड़ने की कोशिश कर रहा है और आतंकवाद से लड़ने के नाम पर अपनी खुफिया एजेंसियों को एफबीआई से जोड़ रहा है उससे वह दिन दूर नहीं जब हमारे जीवन पर अमेरिकी नियंत्रण पूरी तरह कायम होगा। चूँकि 'हिन्दुत्व' का दर्शन भी बुनियादी रूप से बर्बरता का ही दर्शन है, जो अपनी संकीर्ण मान्यताओं को दूसरे धार्मिक और सांस्कृतिक समूहों पर छलबल से लादना चाहता है, उसे अमेरिकी बर्बरता से कोई परहेज नहीं। जितनी तेजी से भाजपा सरकार देश की सार्वजनिक सम्पत्तियों को मिट्टी के मोल देशी-विदेशी पूँजीपतियों के हाथ सौंप रही है उससे स्पष्ट है कि उसे अमेरिकी पूँजीवाद के सर्वग्रासी अभियान से कोई परहेज नहीं है। इससे भारत में भी देशी-विदेशी बर्बरता को खुला मैदान मिलेगा। हमारी अपनी परम्परा में भी जातीय और धार्मिक असहिष्णुता का अभाव नहीं रहा है। देश के विभाजन के समय के दंगे, सिखों के खिलाफ 1984 के खूनी दंगे और बाबरी मस्जिद ध्वंस के बाद के देशव्यापी दंगे ऐसी बर्बरता की प्रच्छन्न उपस्थिति के प्रमाण हैं जिनका सहारा बर्बरता के इस नए उभार को मिल सकता है। अमेरिका से आधुनिकता के प्रमाणपत्र के साथ जो नई बर्बरता आ रही है वह हमें भी निगल लेगी, यह आशंका स्वाभाविक है क्योंकि आज के सत्ता प्रतिष्ठान उसे आत्मसात करने के लिए तैयार बैठे हैं।

8

मार्क्स के द्वन्द्वात्मक तर्क की एक स्थापना यह भी है कि एक सीमा के बाद मात्रा गुण में बदल जाती है। हिंसा और युद्ध आयुधों के क्षेत्र में अब यह स्थिति आ गई है कि हिंसात्मक संघर्ष का अगला कदम मानव वंश और मनुष्य की सारी उपलब्धियों को नष्ट कर देगा। 11 सितम्बर का अमेरिका के वर्ल्ड ट्रेड सेंटर का हादसा और उसके बाद से अमेरिका द्वारा अपनाई गई बदले की कार्रवाई स्पष्ट से बतलाती है कि अब हिंसा के आयोजन से न्यायपूर्ण लक्ष्यों की प्राप्ति या शान्ति और सुरक्षा की आशा करना व्यर्थ है। जहाँ एक ओर अमेरिका अफगानिस्तान के बच्चों, बूढ़ों और महिलाओं पर आसमान से मृत्यु और अपंगता बरसाकर उन्हें आतंक से घरबार छोड़कर पलायन के लिए बाध्य कर रहा है वहीं स्वयं भी आतंकवादी हमलों के भय से आतंकित है। फिलहाल वहाँ एंथ्रेक्स का आतंक छाया है। कल किसी दूसरे घातक हथियार का भय इस पर हावी होगा।

आज की दुनिया में जहाँ सभी सम्पन्न देश परमाणु बिजलीघरों के निर्माण में लगे हैं, देर-सवेर आतंकवादी गुटों के हाथ में परमाणु बम बनाने के लिए प्रचुर मात्रा में यूरेनियम और प्लूटोनियम का आना लगभग निश्चित है। अन्दाज लगाया जाता है कि अकेले जापान के परमाणु बिजली से सम्बद्ध संयंत्रों से इतना प्लूटोनियम उपलब्ध होता है कि चार से पाँच हजार परमाणु बम बनाए जा सकते हैं। यह बात दीगर है कि जापान परमाणु हथियारों का विरोधी है। फ्रांस, ब्रिटेन, भारत आदि में भी इसी तरह बम बनाने लायक बड़ी मात्रा में यूरेनियम या प्लूटोनियम रोज तैयार होते होंगे। इन सब पर दोषरहित चौकसी कठोरतम तानाशाही में ही रखी जा सकती है। और वह भी एक सीमा के भीतर ही, जब तक आतंकवादियों में आत्मघाती संकल्प का अभाव है। लेकिन हाल के वर्षों में आतंकवादी समूहों में आत्मघाती संकल्प व्यापक बनता जा रहा है।

यह भी दरअसल सिर्फ नजरिये का मामला है कि हम किसी समूह विशेष को आतंकवादी कहते हैं कि कर्तव्यनिष्ठ क्रान्तिकारी। जिन्हें हम आतंकवादी कहते हैं वे किन्हीं दूसरों की निगाह में और उससे भी बढ़ स्वयं अपनी निगाह में क्रान्तिकारी होते हैं। ऐसे प्रतिबद्ध लोगों में संशय सिर्फ हिंसा की नीति से मोहभंग या वितृष्णा से

ही सम्भव है। स्वयं हमारे क्रान्तिकारी खुदीराम बोस या भगत सिंह अंग्रेज शासकों की निगाह में आतंकवादी थे।

हमारे समय में आक्रामकता के सबसे महत्त्वपूर्ण अध्येता कोनराड लौरेंत्ज ने आदमी के मानसिक विकास की एक स्थिति को 'मिलिटेंट एंथ्युजिआज्म' कहा है। इस मानसिकता का विकास किशोरावस्था में होता है। इसकी तुलना उन्हें पशुओं में बाल, सींग आदि के विशेष उम्र में झड़ने और फिर उनके नवीकरण से की है। उनके अनुसार इसी काल में किशोरों में कुछ व्यक्तियों, वस्तुओं या विचार से गहरा लगाव पैदा होता है। इतना गहरा कि वे इसके लिए जीवन उत्सर्ग कर देने को तैयार हो जाते हैं। यह मानव जीवन की हकीकत है कि हम लोक गाथाओं, इतिहास लेखन और अनेक सामाजिक-राष्ट्रीय प्रतीकों से ऐसी भावनाओं को बालकों और किशोरों में भरते रहते हैं जो उन्हें अमूर्त चीजों, जैसे अपना धर्म, अपना राष्ट्र, अपना कबीला आदि के प्रति पूर्ण समर्पित होने की प्रेरणा देती है। आज दुनिया जैसी बनी है उसकी कठिनाई यह है कि ये अमूर्त अस्तित्व विविध देशों, क्षेत्रों और समूहों में परस्पर विरोधी भाव लोगों में भरते हैं। अपनों के प्रति प्रेम अनिवार्य रूप से दूसरों—जो प्राय: पड़ोसी होते हैं—के प्रति नफरत से जुड़ा होता है। इसमें प्राय: हिंसक वारदातों से जुड़ी आत्मबलिदान की कहानियों के आदर्श लोगों के मन में भरे जाते हैं। यूनान का थर्मोपिले, ब्रिटेन का चार्ज ऑफ द लाइट ब्रिगेड, राजपूतों के जौहर की कहानियाँ और मुसलमानों की कर्बला की आत्मबलिदानी वीरता आदि ऐसे ही प्रेरणा स्रोत बनते रहे हैं। इन सबमें आत्मबलिदान के ऊँचे आदर्श के साथ हिंसा भी अनिवार्य रूप से जुड़ी है। हकीकत में ये घटनाएँ क्या थीं, यह न हम जानते हैं न वे किशोर जिनके मन पर ये गाथाएँ अंकित होती हैं, लेकिन अपने समुदायों की कल्पना से स्फीत ये छवियाँ उदात्त रूप में युवा मन पर छाती हैं। इससे उन्हें अपने विशेष समूह के लिए आत्मन्योछावर की सीख मिलती है। दुर्भाग्य से वर्तमान समय में यह आत्मबलिदान का भाव प्रतिद्वन्द्वियों के प्रति नफरत से जुड़ा होता है।

दो सौ साल पहले तक की दुनिया ऐसी थी कि अपना पड़ोस अपना होता था, लोगों के लड़ाई-झगड़े स्थानीय होते थे और हिंसा-प्रतिहिंसा का चक्र एक छोटे दायरे में समाप्त हो जाता था। जो इससे प्रभावित होते थे उनकी त्रासदियाँ कम दुखदायी नहीं होती थीं, लेकिन काफी कुछ इस दायरे से बाहर रहकर अक्षुण्ण बच जाता था। अब मनुष्य ने पारस्परिक सम्बन्धों के ताने-बाने को सार्विक बना लिया है और हथियारों को इतना घातक कि सारे संसार को चंद घंटों में राख के ढेर में बदल डाले। इसलिए कोई भी युद्ध स्थानीय या ऐसा नहीं हो सकता जिसकी चपेट में सारा संसार न आ जाए। संघर्षों के बढ़ते दायरे को नियंत्रित करने के लिए उन्नीसवीं शताब्दी से स्थानीय सत्ता सन्तुलन की नीति नवोदित यूरोपीय शक्तियों द्वारा अपनाई गई। लेकिन राष्ट्रों पर हथियारी जखीरे का अपना मनोवैज्ञानिक दबाव होता है जो

आनुपातिक दबदबे की अपेक्षा रखता है। इस तरह सर्बिया की एक छोटी घटना प्रथम विश्वयुद्ध की जनक बनी। इस युद्ध के भयंकर नरसंहार से तात्कालिक रूप से भयभीत यूरोपीय शक्तियों ने लीग ऑफ नेशंस की स्थापना की ताकि आगे से राष्ट्रों के बीच के संघर्षों पर काबू पाया जा सके, लेकिन हथियारी ताकत पर नियंत्रण की कोशिश नहीं हुई और न बड़ी शक्तियों के शक्ति विस्तार पर।

इस तरह लीग ऑफ नेशंस अपने जन्म से ही पक्षाघात का शिकार बना। इसे धता बता जापान ने 1931 में मंचूरिया पर कब्जा कर लिया। 1922 से इटली में फासीवादी हुकूमत बनी। इसने फौजी ताकत और साम्राज्य विस्तार को अपना आदर्श बनाया। 1935 में इटली ने अबीसीनिया (वर्तमान इथियोपिया) पर कब्जा कर लिया। लीग ऑफ नेशंस हस्तक्षेप करने में असमर्थ रहा। इसी बीच 1933 में फौजी ताकत और सीमा विस्तार का दर्शन लेकर जर्मनी में हिटलर की नात्सी पार्टी सत्ता में आई। उसने पहले ऑस्ट्रिया को जर्मनी की एकता के नाम पर अपने अधीन किया। फिर सुडेटनलैंड की जर्मन आबादी का मामला उठाकर चेकोस्लोवाकिया पर कब्जा जमाया। अन्ततोगत्वा जर्मनी के विस्तार से आतंकित यूरोप की स्थापित साम्राज्यवादी शक्ति ब्रिटेन ने तब जर्मनी के खिलाफ युद्ध की घोषणा कर दी जब हिटलर ने पोलैंड में अपने पैर फैलाने शुरू किए। इस तरह दूसरे विश्व युद्ध का सूत्रपात हुआ। लीग ऑफ नेशंस को चुपचाप दफना दिया गया था। इस युद्ध के अन्तिम दौर में मित्र राष्ट्रों ने संयुक्त राष्ट्र संघ की स्थापना की पहल की और इसके मानव अधिकार और राष्ट्रों के अधिकार सम्बन्धी उद्देश्यों की घोषणा की, लेकिन सबसे बुनियादी बात यानी पूर्ण निरस्त्रीकरण पर किसी ने विचार करना भी जरूरी नहीं समझा जिसके बिना स्थायी शान्ति असम्भव है।

इसके दो कारण थे। एक तो यह कि दुनिया की बड़ी शक्तियाँ स्वयं अपने साम्राज्यों पर आधारित थीं जिन्हें नियंत्रण में रखने के लिए बड़ी फौजों का होना जरूरी था। दूसरा यह कि युद्ध आयुधों का निर्माण खुद सबसे लाभदायक व्यवसाय था। अमेरिका उत्तरी और दक्षिणी अमेरिका के विशाल भूखंड पर अप्रत्यक्ष आधिपत्य जमाए बैठा था। वह सारे संसार में युद्ध के विध्वंस से बची अकेली आर्थिक शक्ति था। उसे अपने भूमंडलीय हितों की रक्षा के लिए हथियारों की जरूरत थी। ब्रिटेन, फ्रांस आदि को अपने साम्राज्यों में उभर रहे मुक्ति आन्दोलनों से जूझना था। सोवियत संघ रूस के विशाल पुराने साम्राज्य के दायरे को फैलाकर पश्चिमी यूरोप में आधे जर्मनी तक में आधिपत्य कर चुका था। इन सबकी रक्षा के लिए उसे विशाल हथियारी शक्ति बनना था। चाहे-अनचाहे उसकी जवाबदेही और भी बढ़ गई क्योंकि पुराने साम्राज्यों से मुक्ति के प्रयास में लगे एशिया, अफ्रीका और दक्षिण अमेरिका के मुक्ति आन्दोलनों ने कम्युनिस्ट विचारों और संगठनों का सहारा लेना शुरू किया। इस तरह कुछ दिनों तक दुनिया कम्युनिज्म और कम्युनिज्म विरोध के छद्म संघर्ष

में फँसी रही और दोनों ओर हथियारों का विस्तार होता रहा। अब जो दुनिया बन रही थी वह मानव अधिकारों और लोकतंत्र के लिए सुरक्षित बनने की बजाय (जो संयुक्त राष्ट्र का घोषित उद्देश्य था) सर्वाधिक सम्पन्न आर्थिक और सामाजिक शक्तियों के लिए सुरक्षित बन रही थी। इस तरह द्वितीय विश्वयुद्ध के बाद से दुनिया में हथियारों का जितना निर्माण हुआ है वह उनके पहले के सारे इतिहास में निर्मित हथियारों से लाखों गुना अधिक मारक क्षमता वाला है।

दुनिया का अमेरिकी और सोवियत दो शक्तिशाली खेमों में बँटने का सीधा नतीजा यह हुआ कि लीग ऑफ नेशंस की तरह ही संयुक्त राष्ट्र संघ भी अपनी प्रासंगिकता खोता रहा। 1948 से आज तक दुनिया में जितने बड़े विवाद हुए हैं उनका हल इन बड़ी शक्तियों की सुविधा और सामर्थ्य से ही निर्धारित होता रहा है। सोवियत संघ अपनी मर्जी से अपनी फौज बेरोकटोक 1956 में हंगरी और 1968 में चेकोस्लोवाकिया में भेज सका। अमेरिका दस वर्ष से अधिक अपनी ताकत आजमा अपनी ही थकावट से वियतनाम से वापस आया। संयुक्त राष्ट्र संघ सिर्फ वाक्युद्ध का मंच बना रहा।

द्वितीय विश्व युद्ध के बाद केन्द्रित राष्ट्र-राज्य की भावना उन तमाम देशों में भी विकसित हुई जो पहले साम्राज्यवादी शक्तियों के अधीन थे। इसके अलावा वर्तमान भूमंडलीकरण के दौर में देशों के भीतर आदमी-आदमी के बीच ही नहीं, विभिन्न क्षेत्रों के बीच भी घोर विषमता बढ़ी है। इसका एक परिणाम हुआ है वंचित समूहों में बेगानेपन और अलगाव की भावना की बाढ़। इसी से हिंसात्मक संघर्ष की शुरुआत होती है। लेकिन बड़ी केन्द्रित शक्ति के खिलाफ सीधी हिंसात्मक लड़ाई कोई भी छोटा समूह नहीं लड़ सकता। इससे हिंसात्मक संघर्ष अनिवार्य रूप से 'आतंकवादी' गतिविधियों में बदल जाते हैं। ऐसी गतिविधियों का परिणाम यह होता है कि उत्तरोत्तर लोगों के अधिकारों को नियंत्रित करने का दबाव सरकारों पर बढ़ता है। यह छोटे समूहों के लिए लोकतांत्रिक ढंग से अपनी बातों को प्रभावी बनाने की सम्भावना को और भी सीमित करता जाता है। इस तरह एक दुश्चक्र बनता है जिसमें केन्द्रित स्थापित सत्ता और विद्रोही समूहों के हिंसक विरोध एक-दूसरे को लगातार निर्मम और अनियंत्रित हिंसा की ओर ढकेलते रहते हैं।

ओसामा बिन लादेन के अल कायदा और अमेरिका के बीच का संघर्ष इसका सबसे ताजा उदाहरण है। वर्ल्ड ट्रेड सेंटर पर हमला कर अल कायदा (अगर वह इसी का काम हो) अमेरिकी सत्ता के एक बड़े प्रतीक को ध्वस्त करने की कोशिश करता है, लेकिन इनमें हजारों निर्दोष लोग हर रोज मारे जा रहे हैं। इनमें निरपराध अफगान मर्द, औरतें, बूढ़े और बच्चे भी शामिल हैं। विडम्बना यह है कि अमेरिका बमबारी कर अफगान नागरिकों को देश छोड़ पलायन करने को मजबूर करता है और संयुक्त राष्ट्र संघ की एजेंसियाँ उन्हें राहत कैम्पों में भोजन और दवा देने की

कोशिश करती हैं। यह भी आशा नहीं है कि बिन लादेन और तालिबान के पराभव के बाद सब कुछ ठीक हो जाएगा। अफगानिस्तान इसके बाद फिर एक लम्बी लड़ाई या गृहयुद्धों का ही इन्तजार कर सकता है।

आज की दुनिया में हिंसक संघर्ष सिर्फ ऐसी त्रासदियों या संसार की मौत का पैगाम ही ले आ सकते हैं, किसी तरह की आजादी या मुक्ति का नहीं। लीग ऑफ नेशंस या संयुक्त राष्ट्र संघ की मौत या पक्षाघात का कारण यह था कि शक्तिशाली राष्ट्रों को नियंत्रित करने लायक किसी फौज का संयुक्त राष्ट्र के हाथ में होना असम्भव है। विभिन्न राष्ट्रों पर विश्व जन भावना का नियंत्रण तभी सम्भव है जब संसार में पूर्ण शस्त्र नियंत्रण हो और राष्ट्रों के भीतर के छोटे समूहों पर नाजायज दबाव बनाया जा सके। वैसे ही अगर छोटे समूह अपने हितों या अधिकारों के लिए बड़े समूहों के खिलाफ की राह अपनाएँगे तो राज सत्ता को भी अपने आतंक के पक्ष में दलील मिलती रहेगी। आज की दुनिया में हिंसक संघर्षों से किसी अच्छे लक्ष्य की प्राप्ति की कल्पना असम्भव लगती है। किसी सन्तोषप्रद सामाजिक जीवन के लिए अहिंसक समाज की स्थापना का प्रयत्न ही एकमात्र मार्ग दिखाई देता है। यह उम्मीद करना कि एकबारगी ऐसा कुछ हो जाएगा, एक यूटोपिया ही है, लेकिन आज आदमी के सारे प्रयास इसी दिशा में होने चाहिए।

9

इक्कीसवीं सदी के बीते हुए पहले वर्ष की कुछ घटनाओं ने मानव जीवन को एक ऐसे दोराहे पर खड़ा कर दिया है जहाँ उसे तय करना है कि नई सदी में उसका कोई मानवीय अस्तित्व रहेगा या यह अन्तहीन कलह से हॉब्स की कल्पना का वह आदिम रूप ग्रहण कर लेगा जिसमें प्रत्येक व्यक्ति दूसरे से संघर्षरत होकर दरिद्र, पशुवत और अल्पायु बन जाएगा। ग्यारह सितम्बर 2001 के बाद की घटनाएँ तो सभ्यता की हजारों वर्ष की हिंसात्मक विरासत का ही परिणाम थीं जिसकी पराकाष्ठा बीसवीं शताब्दी के युद्ध आयुधों का विस्तार रहा है। विडम्बना है कि बीसवीं शताब्दी ने ही महात्मा गांधी को भी पैदा किया जिन्होंने अन्याय के प्रतिकार के लिए मौलिक और मानवीय हथियार सत्याग्रह और असहयोग का आविष्कार किया। बीसवीं शताब्दी में अपनी मुक्ति के लिए जहाँ-तहाँ लोगों ने इस हथियार का आंशिक, पर सक्षम प्रयोग भी किया, लेकिन उस समय तक हिंसात्मक प्रतिरोध की राह बन्द नहीं लगती थी। अब अहिंसा को छोड़कर मानव मुक्ति के सारे दूसरे प्रयास अर्थहीन दुराग्रह लगते हैं। पिछले वर्ष की अन्तरराष्ट्रीय घटनाएँ बतलाती हैं कि मानव सभ्यता एक मरणांतक उलझन में फँसी हुई है जिससे निकलने में हिंसात्मक उपाय असहाय हैं।

न्यूयॉर्क के वर्ल्ड ट्रेड सेंटर पर हमले के बाद प्रारम्भ में अमेरिकी राष्ट्रपति बुश 'क्रूसेड' के योद्धा की भूमिका में दिखाई देते थे, अब वे उस भूमिका के हास्यास्पद विद्रूप दिखाई दे रहे हैं। उनका अफगान अभियान पूरा हो चुका है और वहाँ अब तालिबान की जगह कबीलाई युद्ध सरदारों की हुकूमत कायम हो चुकी है, लेकिन इस अभियान में हजारों निर्दोष लोगों की मौत और लाखों लोगों के विस्थापन से भी मुख्य लक्ष्य यानी ओसामा बिन लादेन की गिरफ्तारी नहीं हो पाई। यह भी कोई नहीं जानता कि ओसामा जीवित है या नहीं। अमेरिका के लिए यह जानकारी महत्त्वपूर्ण भी नहीं रह गई है। बिन लादेन अमेरिका के लिए उसके विशाल अहं को चोट पहुँचाने के दुस्साहस का एक प्रतीक है। उसे अहं को लगे इस आघात का प्रतिकार करना है जो आत्यंतिक विध्वंसक शक्ति प्रदर्शन से ही सम्भव है। अफगानिस्तान के बाद शायद उसका दूसरा निशाना इराक बनेगा, और उसके बाद कोई और।

लेकिन इससे उसे चैन नहीं मिलेगा क्योंकि उसे नई चुनौतियों के भूत घेरे रहेंगे। असली समस्या अमेरिका का यह बढ़ता हुआ अहसास है कि आज पश्चिमी यूरोप के गोरे लोगों को छोड़ दुनिया में सभी उसे ईर्ष्या और नफरत से देखते हैं। इस कारण वह चारों ओर दुश्मनों से घिरा महसूस करता है। वह काल्पनिक दुश्मनों के इस घेरे को तोड़ने के लिए अपनी विशाल आर्थिक और सामरिक शक्ति का प्रयोग करना चाहता है। इससे आक्रान्त लोगों की संख्या बढ़ती ही जाती है और उससे नफरत करनेवालों की भी। पश्चिमी दुनिया में मुसोलिनी, हिटलर और आज बुश का उदय कोई काल्पनिक गाथा नहीं, शक्ति उपासना से पैदा मनोवैज्ञानिक हकीकत है।

बुश अगर अन्तरराष्ट्रीय आतंकवाद को खत्म करने के संकल्प की घोषणा करते थे तो भारत के सत्तासीन लोग भी आतंकवाद से 'आर-पार की लड़ाई' की घोषणा करते हैं—चाहे इसका जो भी अर्थ हो। असल में ऐसी घोषणा मात्र किसी दबे अहं का विस्फोट होती है। अर्थ क्या दिया जाएगा, यह तो स्थितियाँ निर्धारित करेंगी। समस्या इससे पैदा होती है कि राजनेता अपने उन्माद से आम लोगों को संक्रमित करते हैं और इसके बाद नेता और जनता दोनों ही एक-दूसरे में यह उन्माद बढ़ाते चले जाते हैं—एक ऐसे बिन्दु तक, जहाँ राजनेता के लिए जनमत की तुष्टि के उद्देश्य से कुछ साहसिक कार्रवाई करने की मजबूरी बन जाती है। अगर प्रतिद्वन्द्वी बिलकुल काल्पनिक नहीं तो वहाँ से भी आवश्यक उत्तेजना प्राप्त होती रहती है क्योंकि यह मनोवैज्ञानिक प्रक्रिया प्रतिद्वन्द्वी मानव समूहों में भी सक्रिय रहती है।

एक विख्यात शान्तिवादी नार्मन एंजेल ने प्रथम विश्वयुद्ध के बाद तीस के दशक में अपनी चर्चित पुस्तक 'द ग्रेट इल्यूजन' में लिखा था कि 'नेता वह होता है जो साधारण भ्रमों से असाधारण रूप से ग्रसित होता है।' इसलिए ऐसे विस्फोटक मुकाम पर देश के स्थापित नेताओं से संघर्ष निवारण के किसी बुद्धिसंगत उपाय की कल्पना नहीं की जा सकती। चूँकि मीडिया मूलत: व्यवसाय-बुद्धि और मुनाफे की इच्छा से संचालित होता है, वह भी आग में घी डालने का ही काम करता है। इससे रसायन की 'आटो कैटेलिसस' जैसी प्रक्रिया जनमानस पर हावी होती है जिससे उत्तेजना उत्तरोत्तर बढ़ती चली जाती है। नतीजतन पूरा राष्ट्र एक उन्मादी भीड़तंत्र में बदल जाता है। इस स्थिति में युद्ध, गृहयुद्ध या व्यापक दंगे होते हैं। हमारे देश में तो स्थिति और भी खतरनाक है क्योंकि देश की सत्ता पर ऐसे लोगों का वर्चस्व है जिन्होंने प्रारम्भिक जीवन शाखा प्रचारकों के रूप में अंधविश्वासों के आधार पर जनमानस को उभारने में बिताया है, और बाहरी दुनिया की हकीकत से कभी रू-ब-रू नहीं हुए।

आज अमेरिका, यूरोप और जापान जैसे गिने-चुने अत्यंत सम्पन्न देशों को छोड़कर लगभग सारी दुनिया में किसी-न-किसी तरह के हिंसक विद्रोही आन्दोलन चल रहे हैं जिनके लिए आतंकवादी शब्द का इस्तेमाल होता है। ऐसे आन्दोलनों के

उदय के पीछे दुनिया का केन्द्र और परिधि के बीच कई स्तरों पर आर्थिक आधार पर विभाजन है। मूल केन्द्र सम्पन्न देशों का है और सारे संसार के गरीब देश इसकी परिधि पर हैं, लेकिन परिधि पर अवस्थित सभी देशों में अपेक्षतया सम्पन्न केन्द्र और विपन्न परिधि हैं। प्राय: केन्द्र और परिधि का फर्क मूल, नस्ल और भाषा के भेद से भी जुड़ा है। अगर परिधि पर अवस्थित विशेष मूल या भाषा वाले लोग विशेष क्षेत्रों में रहते हैं तो क्षेत्रीय तनाव पैदा होता है। राष्ट्रीय प्रभुसत्ता को लगभग देवत्व के रूप में स्वीकार करनेवाले समाज में केन्द्रीय राष्ट्र मानी जानेवाली राज्य सत्ताओं का परिधि पर उभरती स्वायत्तता की भावना से टकराहट होती है। केन्द्र के लिए राष्ट्रीग अखंडता को कायम रखना राष्ट्रीय आत्मसम्मान का मुद्दा बन जाता है। दूसरी ओर क्षेत्रों में उभरते आन्दोलनों के लिए अपनी अस्मिता की रक्षा जीवन-मरण का मसला बन जाता है। अपनी-अपनी जगह पर दोनों ही भावनाएँ अकाट्य तर्क पर आधारित होती हैं अत: अपने लक्ष्य की पूर्ति के लिए कोई भी कीमत चुकाना बड़ा नहीं लगता। इससे सर्वत्र एक गतिरोध की स्थिति बनी हुई है और आर्थिक दृष्टि से पिछड़े सभी देश अन्तहीन आन्तरिक संघर्षों में उलझे हुए हैं।

दरअसल आतंकवादी आन्दोलनों को लम्बी अवधि तक ऊर्जा इसी बात से मिलती है कि गलत या सही, ऐसी गतिविधियों में लगे लोगों को यह विश्वास होता है कि वे किसी उदात्त उद्देश्य की पूर्ति में लगे हैं। इनमें प्रत्येक की रणनीति के पीछे समान मान्यता है कि वे अपनी हिंसक गतिविधियों से प्रतिद्वन्द्वियों को इस बात के लिए मजबूर कर देंगे कि वे उनकी माँगों को मान लें या निर्णायक पराजय का सामना करें। आतंकवादी कार्रवाइयों को पीछे से ऐसे तत्त्व या सरकारें भी सहारा दे सकती हैं जिनका कोई अपना स्वार्थ इनसे सधता है। यह आतंकवादी शक्ति का एक अतिरिक्त स्रोत बन सकता है, लेकिन इसकी शक्ति का मूल आधार नहीं बन सकता। आतंकवादी समूह घोर दमन के बावजूद अगर अपना कार्यकलाप जारी रखते हैं तो इसलिए कि उसके पीछे एक अदम्य विश्वास होता है कि उनका लक्ष्य सही है और अन्ततोगत्वा उनकी सफलता निश्चित है। यह बात दीगर है कि ऐसे विश्वास अक्सर गलत साबित होते हैं, लेकिन अपने लक्ष्य के लिए स्वयं को बलिदान कर देनेवालों का उत्साह इससे ढीला नहीं पड़ता। हाल के दिनों में आत्मघाती हमलों की बढ़ती वारदातें इसका सबूत हैं। चूँकि मृत लोग अपने बलिदान का परिणाम देखने नहीं आते इसलिए मृत्यु का वरण आत्मबलिदानी के लिए इसकी सार्थकता का अन्तिम प्रमाण बन जाता है। कभी-कभी आत्म-बलिदान का यह संकल्प स्थापित सत्ता के द्वारा किए जा रहे घोर दमन का परिणाम भी होता है—ऐसा दमन, जिससे जीवन मृत्यु से अधिक दुखदायी लगे। अगर धार्मिक विश्वास से मृत्यु के बाद स्वर्ग या किसी विचारधारा से इतिहास में अन्तिम विजय की आश्वस्ति मिले तो इससे मर मिटने का संकल्प ज्यादा मजबूत बनता है।

लेकिन संघर्ष की इच्छाशक्ति को दृढ़ बनानेवाले इन तमाम तत्त्वों के बावजूद अगर विद्रोही समूह का मुकाबला प्रबल राज्य शक्ति से होता है, तब सफलता लगभग असम्भव बन जाती है। अपवाद वे होते हैं जहाँ गतिविधियाँ फैलकर व्यापक जन आन्दोलन का रूप ग्रहण कर लेती हैं। प्राय: ऐसा तब होता है जब मुकाबला किसी बाहरी शक्ति से हो या ऐसा विश्वास हो कि स्थापित शक्ति किसी बाहरी शक्ति की एजेंट है। यह आनुवंशिकी और परम्परा से पोषित क्षेत्रीय भाव (टेरिटोरियल सेंस) का परिणाम होता है। यह भाव अब तक कहीं पराजित हुआ नहीं दिखा है। वियतनाम में अमेरिका की पराजय और अफगानिस्तान में रूसियों की पराजय के पीछे इस भाव का प्रबल योगदान था। एथोलॉजिस्ट कहे जानेवाले जीववैज्ञानिकों ने अपने अध्ययनों से यह पाया है कि लगभग सभी पशु और पक्षियों में स्थानीयता का भाव होता है और वे अपने विशिष्ट क्षेत्र पर किसी दूसरे जीव का अतिक्रमण बर्दाश्त नहीं कर सकते। यह भाव मनुष्यों और मानव समूहों में भी होता है जिससे वे हर कीमत पर उस क्षेत्र पर अपना वर्चस्व बनाए रखना चाहते हैं जिसे वे अपना मानते हैं।

जमीन के अत्यन्त छोटे टुकड़ों के लिए अपने भाइयों और सगे-सम्बन्धियों के कत्ल की समय-समय पर होनेवाली घटनाओं को हम इसी रोशनी में समझ सकते हैं। जैसा ऊपर बतलाया गया है, वियतनाम और अफगानिस्तान के निवासियों में अपने से अत्यन्त शक्तिशाली शक्तियों से लोहा लेने की क्षमता ऐसी ही अदम्य स्थानीयता के भाव से आई। जहाँ क्षेत्रीय या राष्ट्रीय भाव दो संघर्षरत समूहों पर हावी हैं, वहाँ निर्णायक युद्ध असम्भव बन सकता है। पराजित समूह अपने उद्देश्य की पूर्ति के लिए प्रारम्भिक पराजय के बावजूद लगातार सक्रिय रहते हैं। इससे जीत के बावजूद विजयी लोगों का जीवन निरापद नहीं रहता।

इन विद्रोही समूहों के प्रयासों को विफल बनाने के लिए लोगों की गतिविधियों को नियंत्रित करनेवाले तरह-तरह के कायदे-कानून बनाने पड़ते हैं और लोगों के बुनियादी मानव अधिकारों का हनन होता है। अमेरिका में हाल में बने ऐसे कानूनों के तहत लगभग हजार लोग जेलों में बेमुद्दत नजरबन्द हैं और उन्हें अपने घर-परिवार से भी सम्पर्क रखने की आजादी नहीं। ब्रिटेन, जो सैकड़ों वर्षों से दुनिया की सरकारों द्वारा सताए जानेवाले लोगों की पनाहगार था, अब स्वयं लोगों को बिना निश्चित आरोप के नजरबन्द कर रहा है। इन देशों के सभी रंगीन लोग अब सन्देह की निगाह से देखे जा रहे हैं। अरब मूल के लोगों का तो अब अमेरिका में निरापद रहना मुश्किल है। भारत, जहाँ मानव अधिकार का रिकार्ड पहले भी बहुत अच्छा नहीं था, 'पोटा' जैसे कानून के तहत पुलिस राज में तब्दील हो रहा है। इस स्थिति में राज्य अधिक अधिनायकवादी और दमनकारी बनते जाएँगे। विद्रोही समूह अधिक गोपनीय, आम लोगों से अलग-थलग और सनसनीखेज हिंसात्मक कार्रवाइयों की ओर अग्रसर होंगे। इनसे निरपराध लोगों का जीवन ही खतरे में पड़ेगा। इस

तरह शासक और शासित दोनों ही आतंक में रहेंगे। और ज्यादातर राज्य कैदखानों में बदल जाएँगे। लोकतंत्र और तानाशाही का भेद महज औपचारिक रह जाएगा।

चूँकि राज्य का आधार ही मान्यता प्राप्त हिंसा (लेजिटिमेट वायलेंस) है, राज्य एकबारगी अहिंसक हो जाएँ, यह तो सम्भव नहीं लगता, लेकिन इसे ऐसे समूहों की वैधता कबूल करनी होगी जो अहिंसक तरीके से राष्ट्र से अलग होने का भी आन्दोलन चलाते हैं। उनके लिए अलगाव के मुद्दे पर भी निर्विघ्न चुनाव प्रचार करने और चुनाव लड़ने का अधिकार मान्य होना चाहिए। दूसरी ओर इन अलगाववादी समूहों को अपने संघर्षों को पूर्ण रूप से अहिंसक रखना चाहिए। हिंसक कार्यक्रमों में जो समूह आत्मोत्सर्ग का विलक्षण परिचय देते रहे हैं, अगर उसी बलिदान की भावना से अहिंसक संघर्ष करें तो न सिर्फ अपने लक्ष्य को आसानी से हासिल करेंगे, बल्कि बहुत सारी समस्याओं पर लोगों के नजरिये को भी बदल देंगे। हिंसक आन्दोलन, विशेषकर तब जब इससे निर्दोष लोग प्रभावित होते हैं, तीव्र प्रतिहिंसा की भावना पैदा करता है, और इस टकराहट से आहत और हताहत होनेवाले लोगों का चक्र फैलता जाता है। 11 सितम्बर का हादसा और इससे निकले आज तक के परिणाम से बढ़कर इस सच्चाई का प्रमाण क्या हो सकता है। ये घटनाएँ चीख-चीखकर माँग करती हैं कि हिंसा के रास्ते का परित्याग करो। इस रास्ते सारे संसार को मुर्दों से पाट देने से भी कोई नतीजा नहीं निकलेगा। ओसामा बिन लादेन का विकल्प बुश नहीं, महात्मा गांधी हैं।

10

युगोस्लाविया के भूतपूर्व राष्ट्रपति स्लोवोदान मिलोसेविच पर इंटरनेशनल ट्रिब्यूनल में मुकदमा चलाया जाना एक से अधिक अर्थों में ऐतिहासिक सिद्ध होगा। एक तो इस अर्थ में कि द्वितीय विश्वयुद्ध के बाद हिटलर के सहयोगियों पर न्युरेंबर्ग में चलाए गए मुकदमे के बाद पहली बार किसी राज्याध्यक्ष को मानवता के खिलाफ अपराध के लिए किसी अन्तरराष्ट्रीय अदालत में मुजरिम के रूप में पेश किया गया है। इस मुकदमे में मुख्य अभियोगकर्ता कार्ला देलपोंते ने अदालत के सामने अभियोगों को पेश करते हुए यह दावा किया कि यह मुकदमा इतिहास बनाएगा। कार्ला देलपोंते के अनुसार मिलोसेविच के कार्यकाल में एक आधुनिक राज्य का भयंकर स्खलन देखा गया जिसमें मध्ययुगीन क्रूरता सामने आई और जातीय उन्मूलन (एथनिक क्लिंजिग) नाम से एक नया पद प्रचलन में आया। इसमें सन्देह नहीं कि पूर्व युगोस्लाविया के विघटन के क्रम में, जिसमें क्रोएशिया, बोस्निया-हर्जेगोविना आदि अलग हुए और फिर कोसोवो का अलगाववादी संघर्ष शुरू हुआ, लोगों का निर्मम दमन किया गया। इस दमन में सर्बियाई मूल के लोग अपने को युगोस्लाव राष्ट्र के संरक्षक के रूप में पेश करते रहे, लेकिन इस मुकदमे में मिलोसेविच ने बिना वकील स्वयं अपना बचाव करना शुरू किया है और नाटो में सम्मिलित राष्ट्र और उनके शासक भी दुनिया की निगाह में अभियुक्त के रूप में सामने आएँगे, यह साफ हो गया है।

मिलोसेविच ने अदालत के सामने यह माँग रखी है कि वह बिल क्लिंटन, टोनी ब्लेयर आदि नाटो के वर्तमान या निवर्तमान राज्याध्यक्षों से अदालत में पूछताछ कर इन घटनाओं में उनकी भूमिका को उजागर करना चाहते हैं। ऐसा करने से यह हकीकत उजागर हो जाएगी कि यह अदालत दरअसल एक पक्ष (यानी नाटो) द्वारा स्थापित की गई है और इसलिए पक्षपातपूर्ण है। यह तो जगजाहिर है कि संयुक्त राष्ट्र की सुरक्षा परिषद्, जिसने इस अदालत को गठित किया है, फिलहाल पूरी तरह अमेरिका और उसके सहयोगी राष्ट्रों के नियंत्रण में है। अत: यह विडम्बनापूर्ण स्थिति बनी है कि अदालत उन्हीं की है जो इल्जाम लगानेवाले हैं। अभियोग पत्र के इनेगिने जिन गवाहों से मिलोसेविच ने जिरह की है उससे अभियोग पक्ष के दावे कमजोर पड़ते दिखाई देते हैं।

एक महत्त्वपूर्ण बात इस मुकदमे से यह उभरकर सामने आ रही है कि कोसोवो से लोगों का विस्थापन सर्बियाई सैनिकों द्वारा अलगाववादी अल्बानियाई मूल के लोगों के खिलाफ कार्रवाई से ही नहीं हुआ, बल्कि बड़ी संख्या में नाटो की बमबारी के कारण भी हुआ। बमबारी में मारे गए लोगों के जले-कटे शरीरों के फोटो प्रस्तुत कर मिलोसेविच ने दूसरे पक्ष के युद्ध अपराधों को भी उजागर कर दिया जो निरपराध नागरिकों को यातनाओं और मौत का शिकार बना रहे थे। संयुक्त राष्ट्र की फौजों की कोसोवो में तैनाती के बाद वहाँ के सर्बियाई लोगों पर अल्बानियाई मूल के लोगों द्वारा ठीक वैसे ही अत्याचार हुए, जैसे सर्बियाई लोगों ने अलगाववादी अल्बानियाई मूल के लोगों के खिलाफ किए थे। इस क्रम में कुछ ऐसे सबूत भी पेश किए गए हैं कि इन ज्यादतियों को रोकने का कोई प्रयास संयुक्त राष्ट्र के सैनिकों द्वारा नहीं किया गया। यह भी आरोप है कि संयुक्त राष्ट्र की फौज ने अपनी सहानुभूति सर्बियाई लोगों पर जुल्म करते अल्बानियाइयों के साथ जताई। इससे तो नाटो के नेता इनकार ही नहीं कर सकते कि उनके वायुयानों ने मनमाने ढंग से बमबारी की क्योंकि युगोस्लाविया की ओर से हवाई सुरक्षा का न कोई प्रयास हुआ और न उनके पास इसकी कोई सामरिक क्षमता थी। यह एक तरह से निहत्थे लोगों पर मौत और बर्बादी बरसाना था। ऐसी बमबारी कभी ठीक निशाने पर नहीं हो सकती। इसका सबूत इसी क्रम में चीनी दूतावास पर हुआ हवाई हमला था जिससे पैदा विवाद में नाटो को अन्ततः चीन से क्षमा याचना करनी पड़ी, लेकिन सर्बियाई लोग नाटो के सामने बिलकुल शक्तिहीन थे इसलिए वे अपने पर ढाए गए जुल्मों का कोई मुआवजा भी नहीं माँग सकते थे।

मिलोसेविच पर खुली अदालत में चल रहे मुकदमे का महत्त्वपूर्ण पहलू यह है कि शायद पहली बार किसी अन्तरराष्ट्रीय मामले में मुद्दई और मुद्दालह दोनों ही मुजरिम के रूप में खड़े दिखाई देते हैं। नाटो शक्तियों द्वारा अस्तित्व में लाई गई अदालत का फैसला क्या होगा, इसका अनुमान तो पहले ही लगाया जा सकता है। युगोस्लाविया की सरकार के अपराध न सिर्फ दुनिया की नजर के सामने रहे हैं, बल्कि उन्हें उजागर करने में दुनिया के सबसे शक्तिशाली राष्ट्र-समूह नाटो और पश्चिमी देशों का मीडिया प्रयासरत है। वर्षों से लोग युगोस्लाविया सरकार द्वारा बोस्निया और कोसोवो में किए जा रहे अत्याचारों के समाचारों से परिचित रहे हैं। अदालत में दिए गए मिलोसेविच के बयान से पहली बार यह बात सामने आई है कि नाटो की शक्तियाँ, जो इस सन्दर्भ में मानव अधिकारों के रक्षक के रोल में अपने को पेश करने की कोशिश कर रही थीं, स्वयं भी मानवता विरोधी वैसे ही अपराधों में संलग्न रही हैं जिनके लिए वे सर्बियाई शासकों को दोषी साबित करना चाहती हैं। उन पर लगाए जा रहे अभियोगों की विश्वसनीयता हाल में अफगानिस्तान में दिखलाई गई अमेरिकी क्रूरता की पृष्ठभूमि में असंदिग्ध बन जाती है। मजारे

शरीफ के एक किले में बन्द अल कायदा और तालिबान के लोगों को जिस तरह न सिर्फ गोलियों से भून दिया गया बल्कि कमरे में पनाह लेने की कोशिश करते लोगों को पेट्रोल छिड़क आग लगाकर भून दिया गया, वह नात्सियों की सर्वाधिक क्रूर कारगुजारियों से कम लोमहर्षक नहीं है। इसके अलावा अफगानिस्तान पर एक सुन्दर नाम से अलंकृत 'डेजी केटर्स' (डेजी एक खूबसूरत वन फूल है) बम गिराए गए जो तीन सौ से चार सौ गीटर की लम्बाई-चौड़ाई में सब कुछ जला डालता है। हाल के युद्धों और संघर्षों से निर्विवाद रूप से यही सिद्ध होता है कि आधुनिक युद्धों में कोई भी पक्ष मानवीय नहीं हो सकता। विजय अन्ततः मौत, यातना, उत्पीड़न और मानव जीवन के विस्थापन की ही होती है।

अन्तरराष्ट्रीय मंच पर वादी और प्रतिवादी दोनों ही तरह के राष्ट्रों के कामों का ऐसा लेखाजोखा करने का मौका शायद ही कभी मिलता है। समकालीन इतिहास की पुस्तकों से भी हम कोई तटस्थ विवरण राष्ट्रों की भूमिका का नहीं जान सकते क्योंकि ऐसे इतिहास सदा विजयी पक्ष के इतिहासकारों द्वारा तैयार किए जाते हैं जिससे सारे के सारे दोष विजित राष्ट्रों के मत्थे मढ़ दिए जाते हैं। द्वितीय विश्वयुद्ध के बाद एक अंग्रेज इतिहासकार ए.जे.पी. टेलर ने अपनी पुस्तक 'ओरिजिंस ऑफ द सैकेंड वर्ल्ड वार' में यह लिखकर एक खासा विवाद पैदा कर दिया कि द्वितीय विश्वयुद्ध के लिए सिर्फ हिटलर को दोषी मान लेना ऐतिहारिक सत्य नहीं है, ब्रिटेन-फ्रांस आदि मित्र राष्ट्रों की पूर्ववर्ती नीतियाँ भी इसके पीछे थीं। उस समय परम्परा का सीधा उल्लंघन था जिसमें विजयी लोग देवदूत और विजित सदा शैतान की औलाद के रूप में चिह्नित किए जाते रहे हैं।

अभी तक शक्तिशाली राष्ट्रों द्वारा लड़े गए युद्धों में उनके घोषित लक्ष्य उनके असली उद्देश्यों पर पर्दा डालने का ही काम करते रहे हैं। ताजा उदाहरण अमेरिका है। आतंकवाद विरोधी अमेरिकी अभियान के पीछे उसका सारे संसार पर अपना आधिपत्य कायम करने का इरादा साफ दिखाई देने लगा है। इससे अमेरिका के मित्र देशों में भी खासी परेशानी पैदा होने लगी है। ईरान, इराक और उत्तर कोरिया को बुराइयों की धुरी घोषित करके उसने ब्रिटेन, जर्मनी आदि के सामने बड़ी समस्या पैदा कर दी है जो ईरान के साथ अपना सम्बन्ध सुधारना चाहते हैं। ऐसी ही समस्या उसने दक्षिण कोरिया के सामने खड़ी कर दी है जो उत्तर कोरिया से अपना सम्बन्ध सुधारने और अन्ततः एकीकरण के प्रयास में लगा है। दक्षिण कोरिया के नागरिकों का गुस्सा अमेरिकी राष्ट्रपति बुश की दक्षिण कोरिया की यात्रा के समय लोगों के क्रुद्ध प्रदर्शनों से साफ जाहिर था।

दुनिया पर अपना आधिपत्य जमाने के लिए अमेरिका ने अपनी सामरिक शक्ति को अंधाधुंध बढ़ाना शुरू कर दिया है। अमेरिका के नए बजट में बीस हजार अरब डॉलर का प्रावधान है, जिसमें तीन हजार अरब डॉलर सिर्फ प्रतिरक्षा पर खर्च किया

जाना है। यह प्रतिरक्षा पर अब तक का सबसे बड़ा बजट प्रावधान है। यह तब हो रहा है जब फिलहाल दुनिया में अमेरिका को किसी देश से कोई सामरिक चुनौती नहीं है। शीतयुद्ध अब इतिहास बन चुका है। इसका एक पहलू यह हो सकता है कि अपनी अर्थव्यवस्था को वर्तमान आर्थिक मन्दी से बचाने के लिए युद्ध आयुधों पर खर्च कर उत्पादन और विपणन को प्रोत्साहित किया जा रहा हो। एक धुर पूँजीवादी व्यवस्था, जो जनकल्याण या सार्वजनिक योजनाओं पर सरकारी खर्च को कुफ्र मानती है, युद्ध और सैनिक तैयारियों के जरिये ही मन्दी से आक्रान्त अपनी अर्थव्यवस्था को गति देने को मजबूर लगती है। हिटलर ने जर्मनी को मन्दी और बेरोजगारी से उबारने का यही उपाय निकाला था। दुनिया पर नियंत्रण के लिए हथियारी युद्ध की तैयारी के साथ-साथ अमेरिका प्रचार युद्ध की तैयारी में भी लग गया है।

शीतयुद्ध के काल में सीआईए ने दुनिया के तमाम प्रसार माध्यमों को तरह-तरह से प्रभावित करने की कोशिश की थी। कभी-कभी तो वह यह सब इतना गुप्त और परोक्ष रूप से करता था कि इससे आर्थिक सहायता प्राप्त करनेवालों को यह पता भी नहीं चलता था कि सहायता का स्रोत कहाँ है। एक अत्यन्त प्रतिष्ठित पत्रिका 'एनकाउंटर' के सम्बन्ध में जब यह रहस्य सामने आया कि इसके पीछे भी सीआईए का अनुदान है तो स्टीफन स्पेंडर समेत कई लोगों ने इससे अपना सम्पादकीय सम्बन्ध तोड़ लिया। अब संसार के लोकमानस को गुमराह करने की मुहिम पेंटागन ने अपने हाथ में ली है। इसके लिए हॉलीवुड के कुछ प्रसिद्ध फिल्म निर्माताओं को तैयार किया गया है कि वे डॉकुमेंट्री के द्वारा दुनिया में यह प्रचारित करें कि अमेरिकी फौजियों ने कितना मानवीय और जोखिम भरा काम अफगानिस्तान में किया है। जॉर्ज आरवेल ने जिस 'मिनिस्ट्री ऑफ ट्रुथ' की कल्पना अपने उपन्यास 'उन्नीस सौ चौरासी' में की थी, उसे अमेरिकी सरकार साकार करने में लगी है।

यह विडम्बना ही है कि आज दुनिया का सबसे शक्तिशाली आतंकवादी राष्ट्र अमेरिका, जो सभी राजनयिक बारीकियों को दरकिनार कर खुलेआम उन सब देशों को धमकियाँ दे रहा है जिन्हें अपने वर्चस्व के लिए बाधक मानता है, दुनिया में आतंकवाद विरोधी मुहिम का अगुआ बना हुआ है, लेकिन इसके लिए अकेले अमेरिका को ही दोष देना अनुचित होगा। पश्चिमी देशों से आई राष्ट्र-राज्य की अविच्छिन्न सत्ता की अवधारणा और पूँजीवादी व्यवस्था के विकास के साथ इसका 'मिलिट्री-इंडस्ट्रियल काम्प्लेक्स' (यानी वह अर्थतंत्र जिसमें शक्तिशाली औद्योगिक कार्पोरेशन प्रतिरक्षा प्रतिष्ठानों से गुम्फित हो जाते हैं) से विवाह अनिवार्य रूप से वैश्विक वर्चस्व की कामना को जन्म देता है, लेकिन आज अकेले अमेरिका अपनी विशाल आर्थिक और सामरिक शक्ति से इस महत्त्वाकांक्षा को अंजाम देने की स्थिति में है। यूरोप के बाकी राष्ट्र इसके पीछे वैसे ही चलने को विवश हैं जैसे शेर के पीछे गीदड़ उसके द्वारा मारे गए शिकार के अवशेषों के लालच में चलते हैं।

इससे पीड़ित समूहों के लोग अपनी रक्षा में छोटे आतंकों का घेरा बनाते चलते हैं जो अशक्त होने के कारण अधिक निर्मम बन जाता है।

असल में राष्ट्र-राज्य की अवधारणा और इसके साथ विशेष मूल, नस्ल, धर्म, भाषा आदि की भावना का जुड़ना लोगों में एक ऐसा उन्माद पैदा करता है कि वह दूसरे समूहों की भावनाओं और जान को नजरअन्दाज करता है। निहित स्वार्थ वाली इस भावना को हवा देते रहते हैं। इसी के फलस्वरूप लोग राष्ट्र-राज्य की एक अमूर्त सत्ता के लिए हजारों वर्षों से अर्जित दया, सहिष्णुता आदि की मानवीय परम्पराओं के बन्धन से मुक्त महसूस करते हैं। चाहे वह युगोस्लाविया हो, चाहे अमेरिका, चाहे तुर्की, भारत या श्रीलंका—सभी जगह अपने-अपने लघु या बृहत् देवताओं की तुष्टि के लिए नरबलि को क्षम्य मान लिया जाता है। मिलोसेविच के मुकदमे के तथ्यों से दुनिया के तमाम लोगों को अपने भीतर झाँकने का सन्देश मिलता है। क्या हम सारे के सारे लोग राष्ट्र, धर्म, जाति जैसी अमूर्त हस्तियों के लिए असली मनुष्य को महज बाधा या माध्यम मानकर उसे और इस प्रक्रिया में अपने आपको नष्ट करने में नहीं लगे हैं?

11

हमारे देश में भ्रष्टाचार एक अन्तहीन रुदन का विषय बन गया है—इस हद तक कि इसकी चर्चा सिर्फ रस्मी रह जाए और इसके मिटने की सम्भावना असम्भव लगने लगे। यह बढ़ता हुआ विश्वास कि सभी भ्रष्ट हैं लोगों के मन में यह भाव भी पैदा करता है कि चूँकि सभी भ्रष्ट ही हैं ईमानदार रहना, जो कठिनाइयों से भरा है, जरूरी नहीं और भ्रष्ट आचरण ही व्यावहारिक आचरण है। इस तरह जो भ्रष्ट आचरण से घबराते हैं वे अव्यावहारिक या इससे भी बढ़कर निरे मूर्ख समझे जाते हैं। जब भ्रष्टाचार इतना व्यापक बन गया हो तो इससे लड़ने के लिए न सिर्फ मजबूत संकल्प की जरूरत है बल्कि भ्रष्ट आचरण के व्यापक बनने के कारणों की जानकारी की भी। अगर हम अपने देश के भ्रष्टाचार की सामाजिक जड़ों को पहचानने लगेंगे तो शायद यह विश्वास भी पैदा हो कि यह पुराण विहित कलिकाल की करामात नहीं, जिसके अनुसार हम भ्रष्ट युग या 'मठ युग' में प्रवेश कर गए हैं और इससे उबरने के लिए हमें किसी नए अवतार की प्रतीक्षा या तलाश करनी चाहिए। अगर हममें यह जानकारी बढ़ी कि भ्रष्टाचार के विशेष सामाजिक कारण हैं तो हम इसके निराकरण के भी सामाजिक उपाय ढूँढ़ेंगे। वी.पी. सिंह या किसी अन्य त्राता की ओर इस आशा भरी निगाह से देखना कि वे हमें इस राक्षस से मुक्त कर देंगे अपने यहाँ के भ्रष्टाचार के सामाजिक सन्दर्भों को नहीं समझने का ही परिणाम है।

इस सन्दर्भ में सबसे बुनियादी बात यह है कि किसी आचरण को भ्रष्ट मानना काफी हद तक इस पर निर्भर करता है कि सम्बद्ध व्यक्ति कैसे समाज में रहता है। कोई भी समाज कुछ केन्द्रीय मूल्यों के इर्दगिर्द गठित होता है। उन्हीं मूल्यों से यह निर्धारित होता है कि कोई आचरण भ्रष्ट है या नहीं। मैक्सवेबर के बाद के अधिकांश समाजशास्त्री मोटामोटी तौर से यह मानने लगे हैं कि किसी समाज के मूल्यों के आधार होते हैं परम्परा, करिश्मा वाला व्यक्तित्व या विवेक पर आधारित कानून नियम की व्यवस्था। इस विभाजन के अनुसार आधुनिक औद्योगिक समाज के मूल्यों के आधार होते हैं भौतिक लक्ष्यों की प्राप्ति के लिए बनाए गए नियम-कानून। यह माना जाता है कि ऐसे आधुनिक समाज में व्यवस्था वैयक्तिक या कौटुम्बिक सम्बन्धों या प्रभावों से असंपृक्त होती है। कानून नियम को लागू करने

की जवाबदेही एक वेतनभोगी समुदाय या नौकरशाही पर होती है जो शुद्ध रूप से नियमों पर चलते हैं। आदर्श रूप में आधुनिक औद्योगिक समाज और चुनाव पद्धति पर आधारित राजनीतिक व्यवस्थाओं के काम इसी पद्धति से चलते हैं। अगर व्यवहार में आचरण इससे अलग होता है तो इसे विकृति माना जाता है। इसके विपरीत परम्परा पर आधारित समाज में, और कुछ हद तक करिश्मा वाले व्यक्तित्व के प्रभाव में चलनेवाली व्यवस्थाओं में भी वैयक्तिक वफादारी और निष्ठा नियम कानून से ऊपर हो जाती है।

आधुनिक राजनीति में भ्रष्टाचार के कुछ आरोपों का कारण आचरण और इसके मूल्यांकन का दो भिन्न मूल्यों पर आधारित समाज व्यवस्थाओं से प्रभावित होना होता है। इसलिए आज का कोई भी समाज जिसने अपने आर्थिक और राजनीतिक ढाँचे में आधुनिक औद्योगिक समाज के मूल्यों को अपना लिया है, लेकिन जिसके आपसी मानवीय सम्बन्ध परम्परागत समाज के मूल्यों पर चलते हैं, एक खास तरह के भ्रष्टाचार के दबाव में रहता है। जैसाकि ऊपर कहा गया है परम्परागत समाज में व्यक्ति या परिवार के प्रति वफादारी सर्वोपरि महत्त्व की होती है। इस कारण समाज में किसी ऊँचे ओहदे पर पहुँचे हुए व्यक्ति से अपेक्षा होती है कि रिश्तेदारों को अपने पद से लाभ पहुँचाए। ठीक इसके विपरीत आधुनिक औद्योगिक समाज की यह अपेक्षा है कि इसके अधिकारी अपने पद का उपयोग कानूनी दायरे के बाहर किसी सम्बन्धी को लाभ पहुँचाने में न करें। इस तरह का व्यवहार समाज के मूल्यों के अनुसार भ्रष्ट आचरण है।

पदों के दुरुपयोग के अधिकांश मामले इसीलिए उठते हैं क्योंकि आधुनिक मानदंडों पर आधारित संसदीय लोकतंत्र और प्रशासन के ऊँचे पदों पर वे ही लोग हैं जिनके वैयक्तिक आचरण में परम्परागत वफादारी घुटघुटकर समाई हुई है। विडम्बना तो यह है कि जो लोग आधुनिकता की सबसे अधिक दुहाई देते हैं वे ही लोग अपने सगे-सम्बन्धियों को आगे बढ़ाने में सबसे अधिक रुचि भी दिखलाते हैं। महात्मा गांधी, जिन्हें आम तौर से परम्परावादी और घोर प्रतिक्रियावादी कहा जाता है, शायद देश के बड़े नेताओं में अकेले थे जिन्होंने अपने पुत्रों को वैसे ही जीवन के लिए प्रशिक्षित किया जो देश के श्रमिक वर्ग के बच्चों को उपलब्ध है। अपनी सन्तान के प्रति पक्षपात रहित व्यवहार का एक दु:खद परिणाम यह हुआ कि उनके बड़े पुत्र हरिलाल गांधी विद्रोही बन गए और वह सब किया जिनका विरोध गांधीजी करते थे। इसके विपरीत जवाहरलाल नेहरू, जिन्हें भारतीय आधुनिकता का प्रतीक माना जाता है, हर मौके पर अपने परिवार के लोगों को आगे बढ़ाने की कोशिश करते रहे जिसके परिणामस्वरूप देश पर तीन पीढ़ी से एक परिवार का शासन चल रहा है। इसी तरह कम्युनिस्ट पार्टी के नेताओं का सन्तान प्रेम भी आधुनिकता की मर्यादाओं को नहीं मानता। अगर भारतीय व्यवस्था में उनके लिए समुचित स्थान

नहीं बन पाया तो उनके लिए रूस या अन्य कम्युनिस्ट देशों के नामी प्रतिष्ठानों में पैठ मिल जाती थी जहाँ से वे पुन: अपने लिए एक विशिष्ट स्थान बना लेते थे।

इस अन्तर्विरोध को समझना जरूरी है।

आधुनिकतावादियों का संकट यह है कि वे पारिवारिक वफादारी से तो मुक्त नहीं हो पाते, लेकिन आधुनिकता के नाम पर अपने समाज के उन परम्परागत मूल्यों को नकार देते हैं जो हमारे समाज में कभी वैयक्तिक महत्त्वाकांक्षा पर अंकुश का काम करते थे। एक अंकुश तो था एक सीमा के बाद भौतिक वस्तुओं के प्रति उपेक्षा की दृष्टि। दूसरा अंकुश था व्यक्ति के जीवन का चार कालों में विभाजन का आश्रम जिसमें तीसरा वानप्रस्थ और चौथा संन्यास था। इसके अनुसार अधेड़ होने पर पारिवारिक जवाबदेही से निवृत्ति और बुढ़ापा आने पर सांसारिक मोहमाया से निवृत्ति जीवन का लक्ष्य था। ऐसा शायद कभी नहीं था कि आम लोगों की जिन्दगी इस आदर्श पर चलती थी, लेकिन चूँकि ये जीवन के आदर्श प्रतिमान थे। लोगों के जीवन पर परोक्ष रूप से इन आदर्शों का प्रभाव हमेशा बना रहता था। सर्वस्व दान यहाँ तक कि सन्तान दान तक के मिथक समाज में व्यापक थे और इनसे लोगों का जीवन प्रभावित हुए बिना नहीं रह सकता था।

इस तरह यहाँ के परम्परागत समाज में सम्पत्ति और सन्तान के प्रति पूर्ण समर्पण का भाव कभी भी प्रतिष्ठा नहीं प्राप्त कर सकता था। प्राचीन भारतीय समाज में शासक (राजा) स्वेच्छाचारी भी नहीं हो सकता था। उसे धर्मशास्त्रों और अनेक श्रेणियों के बन्धन में रहना पड़ता था। ये मूल्य सूफी सन्तों के माध्यम से इस्लाम के भारत में आने के बाद भी और मुगल सल्तनत तक में कायम रहे। औरंगजेब का अपने निजी खर्च के लिए सरकारी खजाने से कोई रकम लेने के बजाय टोपी सिलकर और कुरान के आयतों की नकल कर खर्च चलाना और अपने कब्र तक को बिना किसी तामझाम के फकीरों के कब्रों के बीच स्थापित करने की आज्ञा देना इसका प्रमाण है। इन सबके ऊपर असंग्रह या अपरिग्रह जीवन के उच्चतम आदर्शों में था। यह स्वाभाविक रूप से सम्पत्ति के प्रति उपेक्षा का भाव पैदा करता था। महात्मा गांधी अगर सम्पत्ति और सन्तान के संकीर्ण मोह से बचे रहे तो इसका खास कारण ऊपर बतलाए गए मूल्यों के प्रति उनकी गहरी आस्था ही थी।

इसके विपरीत भारत के आधुनिकतावादी जीवन का प्रधान लक्ष्य भौतिक या आर्थिक उपलब्धि मानते हैं, लेकिन इनके लिए खुली प्रतिस्पर्धा की जगह जो आधुनिकता की माँग है, पारिवारिक या जातीय खोल के भीतर से ही उपलब्धि के संघर्ष में जुटना चाहते हैं। यह दोष दिनोदिन और भी सघन होता गया है।

इसका एक खास सामाजिक कारण भी रहा है जिसे दूसरे समाजों में भी देखा जा सकता है। इसका सबसे प्रधान कारण है आधुनिक समाज में जीवन की उपलब्धि को एक ही आयाम यानी अर्थ उपार्जन में देखना। उपलब्धि का एक आयामी होने

से व्यक्तियों के कर्म चाहे वे जिस क्षेत्र में हों आर्थिक कसौटी पर कसे जाने लगते हैं। सभी तरह के सृजन, चाहे वे शिल्प में हों, अन्य कलाओं में हों या विज्ञान में, बाजार में विनियम की वस्तु बन जाते हैं। उनको आँकने का एक ही मापदंड है—यह देखना कि उससे कितना धन का उपार्जन होता है। इसमें सफलता के प्रतीक के रूप में होती हैं वे सारी सामग्रियाँ जिन्हें पैसे से खरीदा जा सकता है। यहीं से उपभोक्तावादी संस्कृति को ऊर्जा मिलती है और लोग अपनी उपलब्धि के पैमाने के रूप में उपभोग के विभिन्न उपकरणों का जखीरा लगाने लगते हैं। जैसे-जैसे उपभोग की वस्तुओं की किस्में बढ़ती जाती हैं वैसे-वैसे लोगों के जीने के ढंग और स्तरों का फर्क भी बढ़ने लगता है। इससे एक ओर सम्पन्नता के प्रतीक वस्तुओं की संख्या अनगिनत होती जाती है और दूसरी ओर इन्हें प्राप्त करने की स्पर्धा उत्तरोत्तर अधिक कठोर होती जाती है।

एक और चीज जो आधुनिक औद्योगिक समाज के विकास का अभिन्न अंग है वह है सुविधाओं का व्यवस्था में हासिल किए गए स्थानों पर निर्भर होना। जो व्यक्ति व्यावसायिक या राजनीतिक प्रतिष्ठानों में जितना ही ऊँचा स्थान हासिल करता है उसकी आय और सुविधाएँ उतनी ही अधिक होती हैं। इसे योग्यता के आधार पर समान अवसर के सिद्धान्त के रूप में गरिमामंडित किया जाता है। इसके कारण आधुनिक समाज में कोई भी अपनी सुविधा को कानून और नियम के तहत अपने वंशजों को उस तरह हस्तांतरित नहीं कर सकता जिस तरह वंश परम्परा वाले पारम्परिक समाज में सम्भव था, लेकिन चूँकि समाज के भीतर जीवन स्तरों का फर्क बहुत अधिक होता है इससे कोई भी आदमी यह नहीं चाहता कि उसकी सन्तान या अन्य नजदीकी रिश्तेदार समाज की निचली सीढ़ियों पर फेंक दिए जाएँ जहाँ उन्हें जीवन की वे सुविधाएँ उपलब्ध नहीं हो सकें जिनके वे अभ्यस्त हैं। यहीं से आधुनिक समाज में कुनबापरस्ती एवं भ्रष्टाचार की शुरुआत होती है। ऊँचे स्थानों पर जमे लोग अनेक तरह से समान अवसर के आधुनिक सिद्धान्त के प्रतिकूल ऐसे तरीकों की तलाश करते हैं, जिनसे समान प्रतिस्पर्धा के कठिन रास्ते से उनके वंशजों को निजात मिल जाए और वे चोर दरवाजे से ऊँचे स्थानों पर पहुँच जाएँ, या अपनी योग्यता के अनुपात से कहीं अधिक आर्थिक लाभ ले सकें। रूस में जहाँ उत्पादन के साधनों पर राज्य का अधिकार था और सुविधाएँ लोगों को राज्य या अर्थव्यवस्था में हासिल पद के आधार पर मिलता था अपने सगे-सम्बन्धियों को आगे बढ़ाने के लिए अपनाए जानेवाले भ्रष्ट आचरण काफी व्यापक थे।

आधुनिक केन्द्रित व्यवस्थाओं में ऊँचे ओहदे वाले लोग अपने फैसले से किसी भी व्यक्ति को विशाल धन राशि का लाभ या हानि पहुँचा सकते हैं, लेकिन इन लोगों की अपनी आय अपेक्षतया कम होती है। इस कारण एक ऐसे समाज में जहाँ धन सभी उपलब्धियों का मापदंड मान लिया जाता हो व्यवस्था के शीर्ष स्थानों

पर रहनेवाले लोगों पर इस बात का भारी दबाव बना रहता है कि वे अपने पद का उपयोग नियमों का उल्लंघन कर नाजायज ढंग से धन अर्जित करने के लिए करें और धन कमाकर समाज में प्रतिष्ठा प्राप्त करें। यहीं से राजनीति में भ्रष्टाचार शुरू होता है, लेकिन विकसित औद्योगिक समाजों में व्यवस्था की क्षमता को कायम रखने के लिए नियम-कानून पर चलने और बराबरी की प्रतिस्पर्धा के द्वारा सही लोगों के चयन का दबाव ऐसा होता है जो ऐसे भ्रष्टाचार के विपरीत काम करता है। ऐसे समाजों में लोग भ्रष्ट आचरण के खिलाफ सजग रहते हैं क्योंकि इसे कबूल करना व्यवस्था के लिए विघटनकारी हो सकता है। हमारे समाज में भ्रष्टाचार के खिलाफ ऐसे व्यवस्थागत मूल्यों का निर्माण नहीं हो पाया है। इसके विपरीत जहाँ हमारी परम्परा में सम्पत्ति और सामाजिक सम्मान को अलग-अलग रखा गया था वहीं आज के भारतीय समाज में सम्पत्ति ही सबसे बड़ा मूल्य बन गई है और लोग इस विवेक से शून्य हो रहे हैं कि सम्पत्ति कैसे अर्जित की गई है इसका भी लिहाज रखें। इस कारण कोई भी व्यक्ति जो चोरी, बेईमानी, घूसखोरी तथा हर दूसरी तरह के कुत्सित कर्मों से धन कमा लेता है वह सम्मान पाने लगता है। इस तरह कर्म से मर्यादा का लोप हो रहा है।

आधुनिकतावादियों पर, जो धर्म और पारम्परिक मूल्यों को नकारते हैं तथा आधुनिक उपकरणों से सज्जित ठाटबाट की जिन्दगी को अधिक महत्त्व देते हैं, भ्रष्ट आचरण का दबाव और अधिक होता है। इस तरह हमारे यहाँ भ्रष्टाचार सिर्फ वैयक्तिक रूप से लोगों की ईमानदारी के ह्रास का परिणाम नहीं है बल्कि उस सामाजिक मूल्यहीनता का परिणाम है जहाँ पारम्परिक मूल्यों का लोप हो चुका है पर पारम्परिक वफादारियाँ अपनी जगह पर जमी हुई हैं। इसी का नतीजा है कि आधुनिकता की दुहाई देनेवाले लोग बेटे-पोते को आगे बढ़ाने में किसी भी मर्यादा का उल्लंघन करने से बाज नहीं आते। चूँकि हमारे समाज में विस्तृत परिवार के प्रति वफादारी के मूल्य को सार्वजनिक रूप से सर्वोपरि माना जाता रहा है कुनबापरस्ती या खानदानशाही के खिलाफ सामाजिक स्तर पर कोई खास विरोध नहीं बन पाता। आम लोग इसे स्वाभाविक मानकर नजरअन्दाज कर देते हैं। ऐसी स्थिति में इनका विरोध प्रतिष्ठानों के नियम-कानून के आधार पर ही सम्भव हो पाता है।

ऊपर की बातों पर विचार करने से लगता है कि जब तक सम्पत्ति और सत्ता का ऐसा केन्द्रीयकरण रहेगा जहाँ थोड़े से लोग अपने फैसले से किसी को अमीर और किसी को गरीब बना सकें और समाज में घोर गैर-बराबरी बनी रहेगी तब तक भ्रष्टाचार के दबाव से समाज मुक्त नहीं हो सकता। यही कारण है कि दिग्गज स्वतंत्रता सेनानी और आदर्शवादी लोग सत्ता में जाते ही नैतिक फिसलन के शिकार बन जाते हैं। एक ऐसे समाज में ही जहाँ जीवन का प्रधान लक्ष्य सम्पत्ति और इसके प्रतीकों का अम्बार लगाकर कुछ लोगों को विशिष्टता प्रदान करने की

जगह लोगों की बुनियादी और वास्तविक जरूरतों की पूर्ति करना है भ्रष्ट आचरण नीरस बन सकता है।

भ्रष्टाचार का उन्मूलन एक समता मूलक समाज बनाने के आन्दोलन के क्रम में ही हो सकता है जहाँ समाज के ढाँचे को बदलने के राष्ट्रव्यापी आन्दोलन के सन्दर्भ में स्थानीय तौर से भ्रष्टाचार के संस्थागत बिन्दुओं पर भी हमला को सके। बिहार में चलनेवाले 1974 के छात्र आन्दोलन की कुछ घटनाएँ इसका उदाहरण हैं, जिसमें एक अमूर्त, लेकिन महान लक्ष्य 'सम्पूर्ण क्रान्ति' के सन्दर्भ में नौजवानों में एक ऐसी ऊर्जा पैदा हुई कि बिहार के किशोरावस्था के छात्रों ने प्रखंडों में और जिलाधीशों के बहुत सारे कार्यालयों में घूसखोरी आदि पर रोक लगा दी थी, लेकिन न तो सम्पूर्ण क्रान्ति का लक्ष्य स्पष्ट था और न उसके पीछे कोई अनुशासित संगठन ही था। इसलिए जनता पार्टी को सत्ता की राजनीति के दौर में वह सारी ऊर्जा प्राप्त हो गई।

अन्तत: हर बड़ी क्रान्ति कुछ बुनियादी मूल्यों के इर्दगिर्द होती है। इन्हीं मूल्यों से प्रेरित हो लोग समाज को बदलने की पहल करते हैं। हमारे देश में, जहाँ परम्परागत मूल्यों का ह्रास हो चुका है और आधुनिक औद्योगिक समाज की सम्भावना विवादास्पद है, भ्रष्टाचार पर रोक लगाना तभी सम्भव है जब देश को एक नई दिशा में विकसित करने का कोई व्यापक आन्दोलन चले। इसके बिना भ्रष्टाचार को रोकने के प्रयास विफलताओं और हताशा का चक्र बनाते रहेंगे।

12

समाज के सम्भ्रान्त लोगों में जिनके घरों में आँसुओं से गुँथी रोटियाँ खाने की मजबूरी नहीं होती, राजनीतिक भ्रष्टाचार की चर्चाएँ अति आवश्यक चटखारा होती हैं जिससे मध्यवर्गीय जीवन की एकरसता मिटाई जाती है। इस वर्ग के 'फील गुड' के लिए स्कैंडल उतना ही अपरिहार्य है जितना इसकी कारों के लिए चिकनी-चमचमाती सड़कें। वर्तमान व्यवस्था इन दोनों की आपूर्ति में जुटी है। चाहे जूदेव या तहलका का मामला हो चाहे प्रतिभूति घोटाला, इन घोटालों की आपूर्ति मीडिया में विज्ञापित दूसरी उपलब्धियों से अधिक भरोसेमन्द होती है। अमेरिका में गोरों के बढ़ते वर्चस्व के सन्दर्भ में कभी एक कहावत प्रचलित थी 'सिविलाइजेशन एंड सिफिलाइजेशन मूव टुगेदर'। इसका संकेत इस तथ्य की ओर था कि गोरों के आधिपत्य के साथ ही मूल निवासियों में सिफलिस की बीमारी भी, जिसे गोरों ने संक्रमित किया था, तेजी से फैलती गई थी।

कुछ ऐसा ही सम्बन्ध हमारे वर्तमान विकास और भ्रष्टाचार का भी है। भ्रष्टाचार से—जिसका पैमाना प्रकट से कहीं अधिक अप्रकट है—बड़ी संख्या में ऐसे लोगों को मोटर गाड़ियाँ उपलब्ध होने लगी हैं जिनकी अपनी ईमानदार कमाई से वे कभी कल्पना भी नहीं कर सकते थे। इस तरह टीवी चैनलों पर परोसे गए सपनों को हकीकत में जल्दी बदल देना सम्भव होता है। तात्कालिक रूप से इन वस्तुओं का उत्पादन करनेवाले उद्योगों को कुछ धंधा भी मिल जाता है। जिन्हें इन सबका खमियाजा भुगतना होता है उनके सम्बन्ध में तभी कोई बात मीडिया में आती है जब कुछ लोग भूख से मर जाते हैं (अपर्याप्त भोजन और कुपोषण से असमय तिल-तिलकर मरनेवाले असंख्य लोगों की बात तो कभी चर्चा में आती ही नहीं) या जीवन के असह्य हो जाने से लोग आत्महत्या कर लेते हैं। यह सब फील गुड फैक्टर का अनिवार्य दूसरा पहलू है जिसके सम्बन्ध में कुछ कहना मजा किरकिरा करना होता है।

यह अचरज में डालनेवाली बात है कि आम चुनाव के समय भी जिससे एक अरब भारतीयों के भविष्य का सीधा सम्बन्ध है, उन अनगिनत लोगों की कहानी अनकही ही रह जाती है जिन्हें सम्भ्रान्त समाज की सारी मौज-मस्ती का बोझ उठाना होता है। वर्तमान दलों में इनके पैरोकार नहीं हैं। समाज के हाशिए पर पड़े बहुसंख्यक लोगों के जीवन के हादसे राजनीति का मुद्दा क्यों नहीं बन पाते इसे गम्भीर विवेचन का विषय बनना चाहिए। वैसे तो हमारी अपनी स्थिति और इतिहास के अलावा

इसके अनेक कारण ढूँढ़े जा सकते हैं, लेकिन इसका एक वैश्विक आयाम भी है जो व्यवस्था की अमानवीयता और व्यापक भ्रष्टाचार का सबसे बुनियादी कारण है। यह है राजनीति का नीतियों से कट जाना।

इस नीतिहीनता के साथ अनैतिकता का स्वाभाविक सम्बन्ध बनता है। देश के प्रबुद्ध जनों का एक खासा हिस्सा पिछले दिनों हमें इस बात से कायल करने की कोशिश करता रहा है कि विचारधारा बेकार की बकवास है। हमें राजनीति को 'मोरेलिटी प्ले' यानी नीति निर्देशक खेल नहीं बनाना चाहिए। हमें 'प्रैगमेटिक' होना चाहिए—यानी स्थिति के अनुसार अपनी सुविधा सोचकर व्यवहार करना सीखना चाहिए। इस नसीहत की नींव को हमारी यह प्रचलित मान्यता भी मजबूत करती है कि पहले घर दीया जलाओ तब मस्जिद में—यानी संसार की चिन्ता करने की बजाय पहले अपना घर भरो। कुल मिलाकर यह बात गौण हो जाती है कि व्यक्ति का समाज के प्रति भी कोई दायित्व बनता है। इस दृष्टि से स्वार्थ के लिए कुछ भी करना जायज है।

राजनीति के लिए इसका निहितार्थ सीधा है। राजनीति शुद्ध रूप से वैयक्तिक सत्ता और सुविधा का खेल है। अगर समाज में ऐसी दृष्टि व्याप्त हो तो किसी भी व्यक्ति या दल पर नियंत्रण कैसे लगे? विचार गौण हैं, व्यक्तियों को पताका बनाकर ही सारा अभियान चलाया जा रहा है। अटल बिहारी वाजपेयी की अपील इसलिए है कि वे अच्छे सर्कस मास्टर हैं, जो वैयक्तिक महत्वाकांक्षा से परिचालित बाइस दलों के नेताओं को रिंग में इकट्ठा रख सकते हैं। अगर एकाध रिंग से बाहर निकलता है तो रिंग पर हसरत भरी निगाह लगाए खड़े किसी दूसरे को अन्दर लाकर वे सर्कस को जारी रखते हैं। सबसे बड़ी उपलब्धि यह गिनाई जाती है कि वे बिना टूट लगातार पाँच वर्ष सत्ता सुख भोगते रहे। निस्सन्देह ऐसी कवायदों के लिए उनमें पर्याप्त जज्बाती लचीलापन है। एक दिन वे गुजरात की वारदातों के लिए संसार के सामने अपनी शर्मिन्दगी का इजहार करते हैं और दूसरे ही दिन इन वारदातों के जनक नरेन्द्र मोदी की पीठ थपथपाते हैं।

इसके बरअक्स सोनिया गांधी और उनके बेटा-बेटी हैं। वे अच्छे इंसान हो सकते हैं। देश को उन्हें देखना-समझना है, लेकिन देश के लिए इन्होंने क्या किया है जिसके लिए उन्हें देश का नेता मानने को कहा जा रहा है? किसी को सिर्फ किसी पूर्व प्रधानमंत्री की पत्नी या पुत्र-पुत्री होने भर से देश के नेता के रूप में खड़ा करने में कांग्रेस के अनुभवी नेताओं को कोई शर्मिन्दगी महसूस नहीं होती। बात सीधी है, यह सब मात्र एक खेल बन गया है। अगर आप यथेष्ट साधन जुटा सकते हों और प्रचार की क्षमता रखते हों तो किसी को भी अपनी सत्ता की मुहिम में पताका बनाकर कामयाब हो सकते हैं। चुनावों में जीत हो या न हो क्या यह छोटी कामयाबी है कि किसी अपरिचित अनजान व्यक्ति को, जिसने देश के लिए कभी कुछ किया नहीं हो, देश के भावी कर्णधार के रूप में खड़ा कर दिया जाए और उसके लिए पर्याप्त समर्थन जुटा लिया जाए। यह प्रचारतंत्र की विजय और लोकतंत्र की शर्मनाक हार है।

इस प्रकार के घटाघोप में शब्द अपना अर्थ खोते जा रहे हैं। मुलायम सिंह यादव—जिन्हें कभी प्रधानमंत्री के पद के दावेदार के रूप में पेश किया जा रहा था और आज भी कम-से-कम उत्तर प्रदेश में अपनी हैसियत बनाए हुए हैं—कौन-सा आदर्श पेश करते हैं? वे जिस पार्टी के नेता हैं उसे समाजवादी पार्टी कहा जाता है, लेकिन इसके पीछे अमर सिंह, अम्बानी और देश के कई दूसरे व्यापारिक घरानों की छत्रछाया है। इसके अलावा संगठन से अनेक सामन्ती और आपराधिक छवि वाले लोगों के नाम जुड़े हैं। अगर यह पार्टी सत्ता में आती है तो कैसा समाजवाद लाएगी?

कम्युनिस्ट पार्टियाँ दिल्ली की सत्ता की दौड़ में नहीं हैं, लेकिन पीछे से इन्हीं जैसों को सहारा देने में लगी हैं, लेकिन स्वयं इनका भी नाम को छोड़ साम्यवाद से कितना रिश्ता रह गया है? केरल में बीच-बीच में लगभग आधी शताब्दी से और पश्चिम बंगाल में लगातार दो दशक से माकपा वामपंथी सहयोगियों के साथ सत्ता में बनी रही है, लेकिन समाज में समता की कोई छाप नहीं दिखाई देती जिससे इन राज्यों को दूसरों से अलग किया जा सके। और न विकास की कोई ऐसी दिशा दिखाई देती है जो वर्तमान भूमंडलीकृत व्यवस्था और बहुराष्ट्रीय कम्पनियों के शिकंजे को कमजोर करती दिखाई दे। पश्चिम बंगाल में इसकी जो सबसे बड़ी उपलब्धि है वह है शासनतंत्र पर ऐसा सांगठनिक शिकंजा जो इसका विरोध करनेवालों में आतंक पैदा करता है। हजारों वर्ष से चली आ रही विषमता की व्यवस्था को दस-बीस वर्ष में समाप्त कर देना सम्भव नहीं है, लेकिन समाजवाद या साम्यवाद जैसे नाम से एक आकर्षण जुड़ा था जो अनेक पीढ़ियों को समाज बदलने और इस बदलाव के लिए दिशा तलाशने की प्रेरणा देता था। अब ये शब्द घिसे सिक्के बन गए हैं जिससे मन में कोई छवि नहीं बनती। इन शब्दों की पवित्रता पूरी तरह नष्ट हो गई है।

जब आजादी के आन्दोलन में कभी अगुआ रही कांग्रेस और संसार को बदलने का सपना देनेवाले सोशलिस्ट और कम्युनिस्ट आदर्शों से भटक गए हैं तो राज्यों के छत्रपों से, जिनका वर्चस्व बिहार, ओडीसा, हरियाणा, आंध्र और तमिलनाडु में कायम है, किन आदर्शों की आशा की जा सकती है। इनके सामने तो सत्ता हासिल करने को छोड़ कभी कोई दूसरा आदर्श रहा ही नहीं। ये अपनी सुविधा के मुताबिक केन्द्रीय सत्ता से जोड़-तोड़ करना भर जानते हैं।

आदर्शों के विघटन का सारा फायदा केन्द्र में स्थापित फासीवाद शक्तियों को मिल रहा है। समाज के जितने ऊँचे आदर्श रहे हैं सत्ता में आने के बाद से ही भाजपा द्वारा उन्हें नष्ट करने की कोशिश की जा रही है। वैज्ञानिक शिक्षा के साथ तंत्र-मंत्र और अंधविश्वास का घालमेल कर वस्तुपरक सोच की क्षमता को नष्ट करने का प्रयास किया गया। इसने भारतीय राष्ट्रीयता और इसकी साझा विरासत को, इतिहास को तोड़-मरोड़कर नष्ट करने का प्रयास किया। संविधान समीक्षा के नाम पर संविधान के लोकतांत्रिक चरित्र को नष्ट करने की कोशिश की गई। चुनाव आयोग

की निष्पक्षता के खिलाफ मुहिम चलाई गई। अब चुनाव प्रचार के दौर में राज्य और पार्टी के फर्क को मिटाकर सरकारी संसाधनों का खुलकर दुरुपयोग किया जा रहा है।

चुनाव आयोग ने राजनीतिक दलों से अपील की थी कि वे चुनावों के मद्देनजर आचार संहिता का पालन करें। एक तरह से नया चुनाव कराने के लिए जब लोकसभा भंग की गई तो यह माना जाना चाहिए कि चुनाव प्रक्रिया शुरू हो गई, लेकिन कानूनी दृष्टि से चुनाव प्रक्रिया का चालू होना तभी माना जाता है जब चुनाव आयोग विधिवत चुनावों की तिथि तय कर इसे शुरू करता है। इस बात की आड़ लेकर बीच के समय में सभी सरकारी प्रचार माध्यमों और विभागीय विज्ञापनों का इस्तेमाल सरकार यानी सत्तारूढ़ दल की उपलब्धियों को बढ़ा-चढ़ाकर बतलाने का सिलसिला चलता रहा है। कोई दिन नहीं गया जब केन्द्रीय मंत्रियों की तसवीरों विशेषकर प्रधानमंत्री की फोटो के साथ पूरे-पूरे पृष्ठ के विज्ञापन न छपे हों। सबसे शर्मनाक बात तो यह है कि प्रधानमंत्री अटल बिहारी वाजपेयी ने यह तर्क देकर ऐसे विज्ञापनों के औचित्य का समर्थन किया कि सरकार की जवाबदेही बनती है कि वह जनता को बतलाए कि वह उसके लिए क्या कर रही है। यह एक दिलचस्प तर्क है। क्या लोगों को सरकारी नीतियों का आकलन अपने जीवन पर पड़ने वाले इनके प्रभाव की जगह सरकारी विज्ञापनों में क्या कहा जाता है इससे करना चाहिए!

अभी देश में राजनीतिक दलों की जो स्थिति है उसमें यह आशा तो नहीं की जा सकती कि आगामी चुनाव के बाद देश की हालत में कोई बुनियादी परिवर्तन होगा। मुख्य कारण यह है कि सत्ता के दावेदार सभी दलों की आर्थिक नीतियाँ समान हैं। ऐसे परिवर्तन के लिए तो देश के गरीब लोगों के जीवन को सुधारने के लिए प्रतिबद्ध कार्यकर्ताओं द्वारा नए तरह के दल के संगठन की चिरकालिक प्रक्रिया चलानी होगी, लेकिन ऐसा तभी सम्भव होगा जब लोकतांत्रिक व्यवस्था का मूलाधार सुरक्षित रहे। फिलहाल भाजपा और इसके सहयोगी दल इसी पर आघात कर रहे हैं। मध्यप्रदेश में सत्ता में आते-आते उमा भारती की सरकार ने साहित्यकारों का जैसा दमन शुरू किया है उससे साफ है कि इनके शासन में अभिव्यक्ति की आजादी सुरक्षित नहीं रहेगी।

सत्ता के बाहर से भी हिन्दुत्ववादियों के उत्पाती दस्ते विचार स्वातंत्र्य को अपना निशाना बनाते रहे हैं। हाल में महाराष्ट्र में भंडारकर पुस्तकालय में जो तोड़फोड़ हुई वह इस बात का संकेत है कि उनकी असहिष्णुता सभ्य व्यवहार की कोई सीमा कबूल नहीं करती। इससे देश के आम लोगों के सामने एक मुद्दा तो तत्काल उभरकर आ ही जाता है। उन्हें जागरूक रहना है कि देश की सर्वोच्च सत्ता ऐसे लोगों के हाथों में फिर नहीं आने पाए जो लोकतंत्र की जड़ को ही मिटाने पर आमादा हैं। अन्ततः अभिव्यक्ति की आजादी का सीधा सम्बन्ध रोटी के लिए संघर्ष से बनता है। आज गरीबों की रोटी और अभिव्यक्ति की आजादी दोनों ही दाँव पर हैं।

13

आज सारा देश विस्थापन की व्याधि और इसके खिलाफ उठे प्रतिरोध के तूफान से ग्रस्त लगता है। वैसे बड़े बाँधों के निर्माण और विविध खनिजों के लिए होनेवाले खनन के क्रम में विस्थापन की प्रक्रिया दशकों से चलती रही है। बाहर के लोगों की आँखों से ओझल दीमकों की तरह विस्थापन अनवरत अपना पैर पसारता रहा है, लेकिन टिहरी और सरदार सरोवर बाँध या फिर बाल्को के गंधमार्दन में बॉक्साइट के खनन को लेकर जब विस्थापित होनेवालों का प्रतिरोध तेज हुआ तो लोगों को लगा कि यह एक आधारभूत सामाजिक और आर्थिक समस्या है, जिससे निजात पाने की जरूरत है।

जब तक प्रभावित लोग दूर-दराज के जंगलों और पहाड़ों में फैले आदिवासी और वनवासी थे, मामला फौरी तौर पर जन-आन्दोलनों से जुड़े कुछ छोटे समूहों के प्रदर्शनों, फाइलों और न्यायपालिका की कानूनी बहसों में ही सीमित रहा, लेकिन पिछले दिनों जब से तेज और अत्याधुनिक औद्योगिक विकास का जुनून देश के सत्तासीन वर्गों पर सवार हुआ, विस्थापन ने रफ्तार पकड़ना शुरू किया है और यह भद्र लोगों की रिहाइश के आस-पास महानगर की पार्श्वभूमि में और सदियों से उत्तम खेती कर रहे किसानों की उपजाऊ भूमि से उन्हें विस्थापित करने के प्रयास के रूप में सामने आने लगा है।

इधर आदिवासी क्षेत्रों में खनिजों के लिए अचानक दुनिया के बड़े इस्पात और अल्यूमिनियम बनानेवाली कम्पनियों—पास्को, टाटा समूह, मित्तल इस्पात समूह ने ओड़ीशा और झारखंड के आदिवासियों के गाँवों पर अपनी नजर डाली और पाँव पसारना शुरू किया। इसके खिलाफ तेज प्रतिरोध हुआ और कलिंग नगर में तो प्रतिरोध को दबाने के लिए घोर दमन का सहारा लिया गया, जिसमें तेरह लोगों की जान गई। पूरे इलाके में आज भी किसी-न-किसी रूप में प्रतिरोध जारी है। अब 'सेज' (विशेष आर्थिक क्षेत्रों) के विकास के लिए जगह-जगह किसानों की उपजाऊ जमीन से उन्हें विस्थापित करने की बड़ी योजनाएँ लागू की जाने लगी हैं।

अब जब से सेज के लिए पश्चिम बंगाल के नन्दीग्राम और कोलकाता के पड़ोस में सिंगुर, जहाँ टाटा की मोटरगाड़ी के कारखाने के लिए भूमि अधिगृहीत

की गई है और उत्तर प्रदेश में दिल्ली के पास दादरी, जहाँ रिलायंस इंडस्ट्रीज के पॉवर प्रोजेक्ट के लिए किसानों का विस्थापन हो रहा है—तो महानगरों और देश के केन्द्रीय भाग में रहनेवाले अभिजनों की शान्त जिन्दगी भी इन कोलाहलों की जद में आ गई है। पश्चिम बंगाल और केन्द्र में सत्ता की सहायक भारतीय कम्यूनिस्ट पार्टी और पूर्व प्रधानमंत्री विश्वनाथ प्रताप सिंह समेत अनेक नेता अधिग्रहण विरोधी मुहिम में शिरकत करने लगे हैं। सवाल है कि क्या इन लोगों को इस समस्या की बुनियाद का कोई एहसास है, जिससे किसी विकल्प की तलाश हो? या वक्ती तौर पर लोकप्रियता और कुछ तात्कालिक लाभ देकर ये लोग फिर अपने कोटरों में सो जाएँगे?

हकीकत यह है कि आज के औद्योगीकरण के पीछे की शक्तियों और इसकी सीमाओं को पहचानने का कोई गम्भीर प्रयास नहीं हुआ है और इससे लोगों में यह वहम बना हुआ है कि ऐसे औद्योगीकरण से देश में तेज आर्थिक विकास होगा। कुछ अर्थशास्त्री और मीडिया के लोग तो यह सब्जबाग दिखाने में भी लगे हैं कि भारत और चीन इस सदी के मध्य तक संसार की सबसे बड़ी आर्थिक शक्तियों के रूप में उभरने जा रहे हैं। दुनिया के प्रबल आर्थिक समूह, जिनका दूरगामी हित ऐसी विकास प्रक्रिया से सधता है, ऐसी खामख्याली को यथासम्भव हवा दे रहे हैं। ये 'फोर्ब्स' जैसी पत्रिका में भारत के अरबपतियों की बढ़ती संख्या को इसके सबूत के रूप में पेश भी कर देते हैं। जाहिर है कि गाँवों में कंगालों की बढ़ती संख्या और रोज आत्महत्या करते किसान ऐसे आशावादी प्रेक्षकों की निगाह में नहीं आते। दरअसल, ऐसे विचारों का प्रसार भी अमेरिकी और अब यूरोप और भारत और चीन के औद्योगिक और व्यावसायिक कारपोरेशनों द्वारा कराया जा रहा है।

बहुत सारे क्षेत्र इसे औद्योगीकरण की दूसरी लहर की तरह देखते हैं, जिससे भारत जैसे देश भी उसी तरह तेज आर्थिक विकास करेंगे जैसाकि अठारहवीं और उन्नीसवीं सदी की औद्योगिक क्रान्ति से ब्रिटेन और बाद में यूरोप और अमेरिका जैसे देशों ने किया। वे इस विचार के समर्थन में यह तथ्य भी पेश कर देते हैं कि ब्रिटेन और पश्चिमी यूरोप में भी बड़ी संख्या में ग्रामीण क्षेत्रों से आबादियों का स्थानांतरण इस क्रम में हुआ था। वे इस बात की अनदेखी करते हैं कि तब के उद्योगों का चरित्र अब विकसित होनेवाले उद्योगों से बिलकुल भिन्न था। उदाहरण के लिए, अठारहवीं और उन्नीसवीं शताब्दी में स्थापित हो रहे उद्योगों में बड़े पैमाने पर भाप इंजनों के इस्तेमाल होने के बावजूद मानव श्रम की माँग भी अत्यधिक थी।

इसी का नतीजा था कि अनेक तरह की जोर-जबरदस्ती और कानूनी प्रावधानों से श्रमिकों को उद्योगों में काम करने को मजबूर किया जाता था। इसके बावजूद श्रमिकों की आपूर्ति नहीं हो पाती थी और उद्योगों में बालकों, किशोरों और औरतों को सोलह और अठारह घंटे तक काम करना होता था। नतीजतन, काम के घंटों

को कम करने और बाल मजदूरी को नियंत्रित करने के अनेक आन्दोलन चले और कानून बने। आज का परिदृश्य बिलकुल अलग है। पिछले सौ वर्षों में स्वचालन की प्रक्रिया के विकास से बहुत सारे वैसे काम मशीनों के सुपुर्द कर दिए गए हैं, जिनमें श्रमिक को एक ही प्रक्रिया को बार-बार दोहराना पड़ता था। कम्प्यूटरीकरण से अब बहुत सारे निगरानी के काम भी मशीनों से या बहुत छोटी संख्या में अति दक्ष लोगों द्वारा होने लगे हैं, जो पहले श्रमिकों को करने पड़ते थे।

फलस्वरूप, पहले जहाँ पारम्परिक उद्यमों में हजारों लोग काम में लगाए जाते थे, वहीं अब अरबों रुपए की पूँजी लगाकर खड़े किए गए उद्यमों में भी कुछ सौ लोगों की ही जरूरत होती है। इस तरह, पहले विस्थापितों के अनुपात में नए रोजगारों की संख्या कहीं अधिक होती थी, अब विस्थापन के अनुपात में नए रोजगारों का सृजन नगण्य होता है। गाँवों और कस्बों से लेकर महानगरों तक में काम की तलाश में भटकनेवाले लोगों का हुजूम इसी का नतीजा है। कुछ वैसे मौकों को छोड़कर, जब किसी अल्पकालिक कारण से व्यापार में उफान आता है, स्वयं विकसित औद्योगिक देशों में भी स्थायी रूप से बेरोजगारी फैली रहती है और काम करने के योग्य लोगों की खासी तादाद को बेरोजगारी भत्ते पर रखना पड़ता है।

यह स्थिति तब है, जब इन देशों की राष्ट्रीय आय का बड़ा भाग सेवा क्षेत्रों से आता है, जिसमें वास्तविक उत्पादन की जगह लोग व्यापार, बीमा आदि क्षेत्रों में आपसी लेन-देन में लगे रहते हैं। भारत जैसे विकासशील देशों में भी कुल राष्ट्रीय आय का सबसे बड़ा भाग इन्हीं सेवा क्षेत्रों से आता है, जिनमें भारी संख्या में लोग खुदरा व्यापार में लगे हैं और इन्हें भी हड़पने के लिए कारपोरेट दुनिया की निगाह इन पर लगी हुई है। दरअसल, खुदरा व्यापार में लगे लोगों की संख्या की बढ़ोतरी छिपी हुई बेरोजगारी की ही द्योतक है। जब किसी नौजवान को किसी संगठित क्षेत्र में कोई काम नहीं मिलता तो वह स्वयं की या उधार पूँजी से कुछ सामान खरीदकर उसे बेचने के लिए बैठ जाता है। इस तरह आधुनिक व्यवस्था स्थायी रूप से विशाल संख्या में बेरोजगारी को छिपाए बैठी है। यह इस व्यवस्था की ढाँचागत नियति बन गई है। यहाँ इस व्यवस्था का दूसरा अन्तर्विरोध उभरकर सामने आता है। जहाँ एक तरफ व्यवस्था की आदमियों को काम देने की क्षमता घट रही है, वहीं बढ़ते उपभोग और इसके लिए उत्पादन की खातिर कच्चे माल और ईंधन की माँग दिन दूनी रात चौगुनी बढ़ती जा रही है।

इसलिए तेल, गैस, कल-कारखाने, वाहन और युद्ध आयुधों के निर्माण के लिए धातुओं के खनिजों की तलाश में औद्योगिक देशों और कुछ मात्रा में विकासशील देशों के उदीयमान कारपोरेशनों के लिए भी अब बचे हुए अछूते प्रदेशों और भूखंडों में पैर पसारना जरूरी हो गया है। इसी से इनके निशाने पर अब तक अछूते कृषि खेत्र और आदिवासी बहुल पर्वतीय और वन प्रान्त हैं। ऊर्जा के लिए नदियों की धारा

को घेरकर विशाल बाँध बनाने की योजनाएँ अस्तित्व में आती हैं और इनके किनारे हजारों वर्षों से अपनी विशिष्ट जीवनशैलियों को लेकर चलनेवाली जनजातियों के परिवेश को नष्ट कर उन्हें विस्थापित करने का दबाव बनता जाता है।

दुनिया की सबसे बड़ी और आक्रामक औद्योगिक व्यवस्था ने तो संसार के संसाधनों पर नियंत्रण फैलाने का एक विशाल तंत्र बना रखा है। यह काम तीन स्तरों पर होता है। पहला स्तर अर्थशास्त्रियों और विशेषज्ञों के दलों का होता है जो विश्व बैंक या दूसरे बड़े कारपोरेशनों की लुभावनी योजनाओं से पिछड़ी अर्थव्यवस्था के शासकों और प्रशासकों को अपने जाल में फाँसते हैं और धीरे-धीरे ऐसी योजनाएँ लागू करते हैं, जिनसे इन देशों की अर्थव्यवस्थाएँ स्थायी रूप से इनके ताने-बाने में फँस जाती हैं। इससे कुछ लोग तो मालामाल हो जाते हैं और दुनिया के अमीरों की श्रेणी में पहुँच जाते हैं और बाकी लोग जीवन का आधार खोकर नगरों-महानगरों में आजीविका की तलाश करते फिरते हैं। जहाँ विशेषज्ञों की माया इच्छित लोगों को लुभाने में फेल हो जाते हैं, वहाँ षड्यंत्र, हत्या और हमला इनके उद्देश्य को पूरा करते हैं—जैसा इराक में हुआ।

उपर्युक्त प्रक्रिया का रामांचिक वर्णन जॉन पर्किंस ने अपनी अतिचर्चित पुस्तक 'कन्फेसंस ऑफ ऐन इकोनॉमिक हिटमैन' में की है। वह स्वयं एक 'इकोनॉमिक हिटमैन' था, जिन्हें 'ईएचएम' कहा जाता था, अपने काम से होनेवाले अनर्थ से पश्चात्ताप के कारण आपबीती से लोगों को अवगत कराना चाहता था। उसने आत्मस्वीकृति के रूप में यह पुस्तक लिखी। उसे जो पहला पाठ पढ़ाया गया, वह यह था '... मेरा काम दुनिया के नेताओं को इसके लिए प्रोत्साहित करना है कि वे अमेरिका के व्यापारिक हितों को बतानेवाले विश्वव्यापी ताने-बाने का हिस्सा बन जाएँ। अन्त में ये नेता कर्जों के ऐसे जाल में फँस जाते हैं कि उनहें हमारा वफादार बने रहना पड़ता है। हम जब चाहें तब अपने राजनीतिक, आर्थिक और फौजी हित में इनकी सहायता ले सकते हैं। बदले में वे अपनी राजनीतिक स्थिति मजबूत करने के लिए इंडस्ट्रियल पार्क, पॉवर प्लांट, एयरपोर्ट आदि अपने लोगों को देते हैं। अमेरिका के इंजीनियरिंग और निर्माण उद्योग में लगे लोग इससे अत्यधिक धनाढ्य हो जाते हैं।'

इक्वाडोर में काफी कुछ उस जैसे लोगों के प्रभाव से जो नतीजे सामने आए, उसका एक नमूना वह इन शब्दों में पेश करता है। यह विवरण एक आदिवासी बहुल क्षेत्र में आमेजन की एक सहायक नदी पर बने एक बाँध का है : 'एक विकराल दैत्य, नदी से उठा हुआ एक दैत्याकार धूसर दीवार। इससे लटकता हुआ कंक्रीट वहाँ के वातावरण से बिलकुल विपरीत था...वह बदसूरत बेमेल दीवार एक बाँध है जो पास्ताजा नदी की धारा को रोककर इसके जल की ऊर्जा को एक सुरंग के जरिये, जिसे पहाड़ में खोदा गया है, बिजली में परिवर्तित करता

है। यह 156 मेगावाट क्षमता की ऐगोयान हाइड्रोइलेक्ट्रिक परियोजना है। यह उन उद्योगों का पोषण करती है, जिनसे इक्वाडोर के मुट्ठी-भर परिवार धनाढ्य बन जाते हैं और जो नदी तट के किसानों और मूल निवासियों के लिए अपार दु:खों का कारण बनी है।'

नदी और स्थान का नाम बदल देने भर से यह कहानी नर्मदा और टिहरी की परियोजनाओं की भी हो सकती है। दरअसल, आज संसार भर में व्यावसायिक घरानों की, जो प्राय: अमेरिकी कारपोरेशनों के नक्शेकदम पर चलते हैं, लिप्सा के चलते संसाधनों के दोहन की यही कहानी दिखाई देती है। इसी का नतीजा है विस्थापन, भारी संख्या में होनेवाली आत्महत्याएँ और पर्यावरण का ऐसा क्षय, जिसे दुरुस्त नहीं किया जा सकता। निजी और सामाजिक जीवन की सुरक्षा के लिए आज विकास की नई अवधारणा की जरूरत है। विस्थापन के खिलाफ जहाँ-तहाँ उठ रही आवाज ऐसे सोच की माँग करती है।

जनसत्ता, 2 फरवरी, 2007

वैकल्पिक विचार के स्त्रोत

1

पीटर क्रोपोटकिन

सन् 1902 में प्रकाशित पीटर क्रोपोटकिन की पुस्तक 'म्यूचुअल एड' (परस्पर सहयोग) की लगभग एक सदी बाद समीक्षा चौंका सकती है। आखिर इस एक सदी में लोगों की जीवन-शैली और विचार लगभग पूरी तरह बदल चुके हैं। पुराने राजनैतिक साम्राज्य धराशायी हो चुके हैं, नए औद्योगिक और वित्तीय साम्राज्य का जाल समूची दुनिया में फैल चुका है और हर आदमी के जीवन में उसकी दखल हो गई है। समाजवाद और साम्यवाद, खुद क्रोपोटकिन के भी, अलग तरह के आदर्शों की मृत्यु की घोषणा हो चुकी है। अपने को समाजवादी कहनेवाले रूस और चीन जैसे विशाल देश भी समाजवादी आदर्शों को त्यागकर पूँजीवादी विजय के आगे घुटने टेक चुके हैं। और पूँजीवाद अब अपने झंडे पर ग्लोबीकरण का नारा बुलन्द कर रहा है। दिलचस्प यह है कि इस दौर में पूँजीवादी अन्तरराष्ट्रीयतावादी बन गए हैं जबकि मजदूर रोजगार असुरक्षा के भय से संकीर्ण दायरों में सिमटते जा रहे हैं।

पहली दफा मुक्त पूँजीवादी होड़ का सपना विश्व बैंक, अन्तरराष्ट्रीय मुद्रा कोष और विश्व व्यापार संगठन की तिकड़ी के सुरक्षात्मक साए में अपनी अहमियत स्थापित कर चुका है और इसकी पीठ पर खड़ी है अमेरिका की महाबली सैन्य मशीन, जो सर्व अमेरिकावाद यानी अमेरिकी प्रभुत्व वाली बहुराष्ट्रीय कम्पनियों की ताकत को चुनौती देने की हिमाकत करनेवाले किसी भी देश या आन्दोलन को कुचल डालने को तैयार है और निर्णायक एकाधिकारवादी सत्ता बन गई है। लेकिन यह नई व्यवस्था की तो अभी शुरुआत भर है क्योंकि इसका आधार ऐसी सामाजिक व्यवस्था की अवधारणा है जिसमें हर व्यक्ति अपनी स्वार्थ पूर्ति के लिए बाकी दूसरे मनुष्यों से अनवरत युद्धरत है। इस व्यवस्था की मूल प्रेरक शक्ति बेलगाम लालच और मुनाफा है। यह माना जाता है कि इस निर्मम संघर्ष में सक्षम ही बचा रहेगा और बाकी सभी काल के गाल में समा जाएँगे।

अब, लगता है, यह उद्देश्य काफी हद तक साकार कर लिया गया है क्योंकि कुछ मुट्ठी-भर लोग और देश उस हद तक सम्पदा बटोर चुके हैं जिसकी सौ साल पहले कल्पना की जा सकती है और एक विशाल बहुसंख्या ऐसी गरीबी और अपेक्षाकृत जहालत की ओर ढकेल दी गई है जिसकी अतीत में कल्पना भी नहीं की जा सकती। किसी भी समझदार व्यक्ति के लिए ऐसी स्थिति अस्वीकार्य लगती है। (1996 के मानव विकास रिपोर्ट के मुताबिक, पिछले 30 साल में दुनिया के 20 प्रतिशत सबसे गरीब लोगों की विश्व आमदनी में हिस्सा 2.3 प्रतिशत से घटकर 1.4 प्रतिशत पर पहुँच गया है जबकि 10 प्रतिशत सबसे सम्पन्न लोगों का हिस्सा 70 प्रतिशत से 85 प्रतिशत तक बढ़ गया। सबसे गरीब और सबसे धनी लोगों का अनुपात 30:1 से बढ़कर 60:1 का हो गया।)

तो, इसका विकल्प यहाँ-वहाँ छोटे-मोटे सुधारों से नहीं मिलेगा बल्कि मनुष्य की मौजूदा अवधारणा ही पूरी तरह बदलनी होगी। इस मौजूदा दृष्टि को ही बदलना होगा कि प्रकृति ने मनुष्य की नियति अपने पड़ोसी से झगड़ने, दुनिया में उपलब्ध संसाधनों को छीन लेने की तय की हुई है। एक खास व्यवस्था द्वारा पोषित यह मानव दृष्टि घातक है। इसीलिए आज क्रोपोटकिन सर्वाधिक प्रासंगिक हो उठते हैं क्योंकि उन्होंने किसी और से अधिक जोरदार ढंग से इस विचार का खंडन किया था और सिखाया था कि मनुष्य की मूल प्रवृत्ति दया और सहयोग की है। यह भी कि वह अपनी इसी और एकमात्र इसी प्रवृत्ति के कारण प्राकृतिक चयन की प्रक्रिया में बचा रह पाया है और कालक्रम में भव्य कलाकृतियों और जीवन-शैली की रचना कर पाया है।

इस किताब को लिखने के लिए क्रोपोटकिन को तात्कालिक प्रेरणा टी.एच. हक्सले के एक लेख 'द स्ट्रगल फॉर एविचरूटेंटा इन ह्यूमन सोसाइटी' (मानव समाज में अस्तित्व संघर्ष) से मिली थी। इस लेख में हक्सले ने डार्विन के प्राकृतिक चयन के सिद्धान्त की ऐसी व्याख्या की थी जो पूँजीवादी व्यवस्था की प्रभुत्वशाली धारा के माकूल थी। यह व्याख्या दुनिया में उपलब्ध संसाधनों के लिए मानव मात्र में उन्मुक्त होड़ के विचार पर आधारित थी, जिसमें ताकतवर कायम रहता है और कमजोर का अस्तित्व मिट जाता है। हालाँकि डार्विन ने अपने सिद्धान्त में सिर्फ यह इशारा किया था कि उन्हीं प्राणियों का अस्तित्व बचा रहा जो पर्यावरण के अनुकूल अपने को ढाल पाए, और इस प्रक्रिया में विभिन्न प्रजातियों के बीच संघर्ष और सहयोग दोनों तरह के कारकों का योगदान रहा है। हक्सले की व्याख्या डार्विन के सिद्धान्त का मिथ्या निरूपण थी और निस्सन्देह तत्कालीन ब्रिटिश उद्योगपतियों के स्वच्छन्द पूँजीवाद की अवधारणा से प्रेरित थी।

क्रोपोटकिन प्रतिष्ठित प्रकृतिवादी थे और रूस तथा साइबेरिया में प्रकृति के नियमों का बारीक अध्ययन कर चुके थे। इसके अलावा दूसरे जीवविज्ञानियों के अध्ययन

से भी उन्होंने काफी सामग्री जुटाई थी। अपने इसी अध्ययन के बूते क्रोपोटकिन को हक्सले के विचार प्रकृति के नियमों के विपरीत लगे। फिर, क्रोपोटकिन नृशास्त्र के भी अध्येता थे जिसमें हरेक का बाकी सभी से संघर्ष के होब्सियाई विचार के विपरीत लगभग बिना अपवाद के यह संकेत मिलता कि सामाजिक उत्थान के विभिन्न चरणों में स्थित मनुष्य का जीवन परस्पर सहयोग पर ही आधारित रहा है। उस समय के मान्य वर्गीकरण के ही अनुसार क्रोपोटकिन ने एक-एक कर असभ्य (सैवेज) समाजों यानी बुशमैन (दक्षिण अफ्रीका के दक्षिणी पश्चिमी रेगिस्तानी इलाकों में पाई जानेवाली घुमन्तू आदिवासी जाति), होटेंटोट (दक्षिण अफ्रीका के ही दक्षिण पश्चिम इलाके में बसनेवाली एक और घुमन्तू जाति जिसके नाक-नक्श और भाषा बुशमैन से मिलती-जुलती है), ऑस्ट्रेलिया के आदिवासी, पापुआन (पापुआ-न्यू गिनी के मूल वाशिन्दे), एस्कीमो वगैरह की सामाजिक प्रथाओं के जरिये से यह दिखाया कि उनके सामाजिक सम्बन्ध परस्पर सहयोग पर आधारित हैं और उनमें भाईचारे का गहरा भाव है। फिर, उन्होंने बर्बर कहे जानेवाले समाजों यानी बुरायेक्त, केबैल (उत्तरी-पूर्वी अल्जीरिया के पर्वतों पर रहनेवाले), काकेसियाई गिरीजनों वगैरह की चर्चा की। उन्होंने उनके ग्राम समुदाय, सामुदायिक कार्यों, न्यायिक प्रक्रिया की विस्तार से चर्चा की, इसके बाद उन्होंने यूरोप के मध्ययुगीन शहरों में परस्पर सहयोग की महती भूमिका की विस्तृत चर्चा की और यह दिखाया कि किले तथा गृह निर्माण के क्षेत्र में असाधारण उपलब्धियों, महान कलात्मक उपलब्धियों, शहर निर्माण की प्रक्रिया, व्यापार तथा नागर जीवन के विस्तार सभी में परस्पर सहयोग की भावना रची-बसी थी। अन्त में उन्होंने अपने समकालीन समाज में परस्पर सहयोग के विभिन्न परिणामों की चर्चा की जिसका एक स्वरूप तो मजदूर संघ बनाने की भावना में ही दिखता है। इस तरह क्रोपोटकिन को इसमें रत्ती भर सन्देह नहीं था कि मनुष्य को स्वतंत्र होकर काम करने दिया गया तो उसकी स्वाभाविक प्रवृत्ति सहयोग की भावना ही है।

इस पुस्तक के प्रकाशित होने के बाद की सदी में जीवविज्ञान के क्षेत्र में भारी प्रगति हुई है और सामाजिक संगठन में सम्पूर्ण परिवर्तन हो चुका है। इसलिए स्वाभाविक सवाल यह खड़ा होता है कि क्रोपोटकिन के विचार हमारे समय में कितने प्रासंगिक हैं? क्या जीवविज्ञान में भारी प्रगति के इस दौर में उनके ये विचार मौजूँ हैं कि परस्पर सहयोग की भावना जीव मात्र की मौलिक प्रवृत्ति है? क्या आदिम और मध्ययुगीन दुनिया की विभिन्न सामाजिक व्यवस्थाओं के अनुभव आधुनिक समय के सामाजिक संगठनों की समस्याओं के लिए आज भी प्रासंगिक हैं?

दिलचस्प तथ्य यह भी है कि टी.एच. हक्सले, जिनके लेख से क्रोपोटकिन यह पुस्तक लिखने को प्रेरित हुए थे, के भी मनुष्य के अस्तित्व के संघर्ष सम्बन्धी विचारों में काफी परिवर्तन आया। 1894 के अपने लेख 'विकासक्रम और नीतिशास्त्र'

में उन्होंने लिखा, “समाज में जिसे अस्तित्व का संघर्ष कहा जाता है (मैं खुद इस पद के हल्के तौर पर इस्तेमाल का दोषी हूँ), वह एक तरह की प्रतिस्पर्धा है जो अस्तित्व के लिए नहीं बल्कि आनन्द के लिए होती है...” और बाद में उनका सुझाव था, “उसे (बच्चे को) आत्मनियंत्रण और आत्मत्याग के सबक सीखने होंगे, लेकिन आत्मनियंत्रण और आत्मत्याग की साधना आनन्द नहीं देती, हालाँकि उससे आनन्द से भी बढ़कर कुछ हासिल होता है।”

बाद के अनेक जीवविज्ञानियों ने प्राणियों में सहयोग की भावना सम्बन्धी मूल प्रवृत्ति के होने की पुष्टि की जिसे वे परोपकारिता कहते हैं। एक प्रमुख जीवविज्ञानी डब्लू.सी. एली ने ‘साइंस’ पत्रिका में प्रकाशित 11 जून, 1943 के अपने लेख ‘जहाँ फरिश्ते भी परहेज करते हैं’ में लिखा, “सामाजिक जीवविज्ञान के अध्ययनों से जो तसवीर उभरती है, उसके अनुसार सहयोग और उसकी विपरीत भावना दोनों ही साथ-साथ होती हैं। प्रकृति में स्वार्थ और परोपकार दोनों प्रकार की भावनाएँ काम करती हैं और दोनों महत्त्वपूर्ण हैं। सवाल यह उठता है कि कौन-सी भावना अधिक मौलिक और ताकतवर है। ऐसे किसी भी आकलन में अल्पकालिक और दीर्घकालिक दोनों तरह के प्रभावों को ध्यान में रखना चाहिए। काफी अध्ययन और सोच-विचार के बाद हर्बर्ट स्पेंशर के उलट मेरा गम्भीर निष्कर्ष है कि सहयोग की भावना जीव-विज्ञान के सन्दर्भ में अधिक महत्त्वपूर्ण और ताकतवर है। सहयोग, परोपकार की प्रवृत्तियों और असहयोग में नाजुक सन्तुलन है। कई बार सहयोग की प्रवृत्ति हार जाती है, लेकिन लम्बे समय में परोपकार की भावना से प्रेरित ताकतें ही कुछ मजबूत दिखती हैं।”

लेकिन सन्तोषजनक व्याख्या के लिए यह दिखाना जरूरी है कि परोपकार की भावना आनुवंशिक गुण है। जे.बी.एस. हाल्डेन जैसे कुछ प्रमुख जीवविज्ञानी यह उलझन व्यक्त करते रहे हैं कि व्यक्तिगत फायदे के बदले दूसरों का पक्ष लेने की प्रेरणा देनेवाली परोपकार की भावना भला अस्तित्व रक्षा के लिए क्यों चुनी जा सकती है। सामान्य तौर पर स्वार्थ की भावना ही प्रबल होनी चाहिए, लेकिन तथ्यों की बारीक समीक्षा के बाद जीवविज्ञानी इस निष्कर्ष पर पहुँचे कि परोपकार की भावना फायदा दिलाती है। 1964 में जीवविज्ञानी डब्लू.डी. हैमिलटन ने गणितीय पद्धति से सजातीय प्राणियों में परोपकार के फायदों को साबित किया। उनके मॉडल को सजातीय चयन कहा जाता है। दूसरे जीवविज्ञानी रॉबर्ट एस. ट्रिवर्स ने इसका विस्तार किया और कहा कि न सिर्फ सजातीय में परोपकार की भावना काम करती है बल्कि विभिन्न प्रजातियों के बीच भी परस्पर सहयोग का व्यवहार होता है।

उन्होंने परोपकार की भावना की सक्रियता की विशेष स्थितियों और शर्तों का भी ब्यौरा दिया। उन्होंने मनुष्य में परोपकार की भावना सक्रिय होने की पाँच शर्तें

भी गिनाईं : 1. खतरे (यानी अचानक परपक्षी का आक्रमण, अन्तर्जातीय आक्रमण वगैरह) के समय मदद, 2. भोजन में साझा, 3. बीमार, घायल, वृद्ध और बच्चे की सहायता, 4. उपकरणों को साझा करना और 5. ज्ञान का साझा करना। ये अध्ययन आधुनिक आनुवंशिकी विज्ञान के आधार पर किए गए और इनमें गणतीय पद्धति से निकला निष्कर्ष यही बताता है कि क्रोपोटकिन के परस्पर सहयोग के विचार किसी आदर्शवादी की कपोल कल्पना नहीं थी बल्कि आधुनिक जीवविज्ञान की पुख्ता बुनियाद पर कही गई थी।

परोपकार के प्रति स्वाभाविक झुकाव के विरुद्ध एक और अन्तर्जात प्रवृत्ति अन्तर्जातीय आक्रमण की होती है। इसके अस्तित्व के बारे में कोनराड लोरेंज ने अपने अध्ययनों में सन्तोषजनक व्याख्या पेश की है। लोरेंज को आचार-शास्त्र का संस्थापक कहा जाता है। मानव स्वभाव में आक्रामकता और परोपकार के बीच निरन्तर युद्ध नहीं चलता है, बल्कि उनके क्षेत्र अलग-अलग हैं। वी.सी. वाइने-एडवार्डस ने प्राणियों, खासकर जो विकासक्रम में उच्चतर स्तर पर खड़े हैं, में अपनी संख्या नियंत्रित करने की एक प्रवृत्ति की ओर ध्यान खींचा। अन्तर्जातीय आक्रमण मूल रूप से वह प्रक्रिया है जिससे एक जगह जनसंख्या का घनत्व एक खास स्तर पर पहुँचने के बाद प्राणी दूर जाने लगते हैं, यह अस्तित्व रक्षा के लिए जरूरी जीन्सों की किल्लत से बचने की एक अनिवार्य शर्त हैं। चूँकि मनुष्य अपना जीवन मोटे तौर पर अपनी मूल प्रवृत्तियों से नहीं बल्कि संस्कृति के प्रभाव से संचालित करता है इसलिए अमूमन वह आक्रामकता जैसी कई अन्तर्निहित नुकसानदेह प्रवृत्तियों के खिलाफ अपने स्वभाव में अन्तर्निहित रक्षा कवचों को नजरअन्दाज कर जाता है। नतीजतन, दूसरे प्राणियों के विपरीत मनुष्य में आक्रामकता अपने स्वाभाविक रक्षा कवच को लाँघ जाती है और भयावह परिणाम लाती है। इसी वजह से मनुष्य में परोपकार की भावना पर बल देने के लिए सामाजिक प्रयासों की जरूरत पड़ती है।

यह कुछ हद तक विरोधाभासी लग सकता है, लेकिन नृतत्व विज्ञानी रॉबर्ट आर्डरे के मुताबिक मनुष्य में सहयोग सहित ऐसी कई भावनाएँ, जिन्हें हम उदात्त भावनाएँ कहते हैं, उस काल की देन हैं जब वह शिकार पर निर्भर था। करीब बीस लाख वर्ष पहले असुरक्षित जंगलों में उसे अपने भोजन की तलाश में भटकना पड़ता था और इस प्रक्रिया में वह दूसरे खूँखार जानवरों का भी शिकार बनता था। अपनी बहुचर्चित पुस्तक 'हंटिंग हाइपोथिसिस' (शिकार की अवधारणा) में आर्डरे लिखते हैं, "किसी बड़े उद्देश्य के लिए निजी हित का त्याग करने, यहाँ तक कि अपना बलिदान करने की इच्छा शायद घबराहट और उलझन के समय दब जाती हो, लेकिन यह इच्छा रहती है, वह मनुष्य की निधि है और खतरा छँटने के फौरन बाद उभर आ सकती है।" आगे वे लिखते हैं, "...ऐसे प्रलोभन से एकदम पीठ

फेरकर, ऐसे मानव अतीत की सच्चाई जानकर जिसकी छाया आज भी हम पर है, क्या हम साहस और सहयोग, प्रवीणता और कौशल, चतुराई और अनुकूलन, प्रेम और मानवीय सम्बन्ध जैसी भावनाओं, प्रवृत्तियों के मूलबिन्दु का पता लगा सकते हैं, जो हमारे आखेट के अतीत के बिना शायद असम्भव होती," 'हंटिंग हाइपोथिसिस' के मूल विचार से अब अधिकांश जीवविज्ञानी और नृतत्वशास्त्री सरोकार रखते हैं और मानते हैं कि सहयोग की भावना मनुष्य के मानस में जरूर गहरे पैठी हुई है, लेकिन उसी विरासत से हमारे अन्दर कुछ ऐसी प्रवृत्तियाँ भी पैठ गई हैं जो उस सम्भावना को रोक देती हैं जिससे किसी अचानक बदलाव और पुनर्व्यवस्था से सहकारी साझा तंत्र बनाना सरल हो।

आदिम युग के मनुष्य का जीवन आधार शिकार ही था और ज्यादातर कुछ सौ लोगों के छोटे-छोटे झुंड में शिकार करता था। उस समय समूची धरती पर मनुष्य की कुल आबादी करीब दस लाख होने का अनुमान है। ये झुंड एक-दूसरे से अलग-अलग ही रहते और शिकार करते थे। दूसरे झुंडों से उनका साबका गागे-बगाहे पड़ता था, खासकर जब औरतों के आदान-प्रदान के मौके आते थे। इससे कबीले में संख्या भी बढ़ती थी और दूसरे कबीलों से मित्रवत सम्बन्ध भी कायम होते थे। हालाँकि शिकार के इलाकों को लेकर संघर्ष भी हुए हो सकते हैं। मानव समूहों के लम्बे एकाकी अस्तित्व से उनमें अलग दिखने के लिए एक हिंसक प्रवृत्ति भी घर कर गई होगी, खासकर जब दूसरे समूह के सदस्यों की शारीरिक बनावट या व्यवहारगत विशेषताएँ कुछ अलग तरह की हों। लिहाजा, कई अरब की आबादी वाली दुनिया में, जिसमें विभिन्न शारीरिक बनावटों, आदतों तथा मान्यताओं के लोग कुछ नजदीक रहने को मजबूर हों, मनुष्य की आपसी सहयोग की प्रवृत्ति पर विरोधी हिंसक प्रवृत्तियों का दबाव भी भारी है। इस चुनौती की बातें आज अधिक हो रही हैं, क्रोपोटकिन ने जब परस्पर सहयोग पुस्तक लिखी तब इनकी चर्चा आज से कम थी।

यह स्थिति अचानक नहीं आई है। नव प्रस्तर युग और कृषि व्यवस्था की शुरुआत होने पर मनुष्य की आबादी में अचानक वृद्धि हुई, शहरों और साम्राज्यों का विकास हुआ और बार-बार लड़ाइयाँ भी हुईं। इसके साथ-साथ आबादी का बड़े पैमाने पर एक से दूसरी जगह आवागमन भी शुरू हुआ। आधुनिक युग में जीवन रक्षक दवाओं के विकास और उत्पादकता में भारी वृद्धि से एक जनसंख्या विस्फोट हुआ। आधुनिक औद्योगिक व्यवस्था की एक विचित्रता यह है कि कुछ खास शहरी इलाकों में जनसंख्या का जमाव बढ़ जाता है और ग्रामीण इलाके खाली हो जाते हैं। कृषि में मशीनीकरण से लोगों की एक छोटी संख्या बड़े इलाकों में खेती कर लेती है। आधुनिक उद्योगों को भी अपनी गतिविधियों के लिए बड़ी संख्या में लोगों की जरूरत होती है।

लेकिन उत्पादन की गतिविधियों का तंत्र विरासत पर आधारित है और इन गतिविधियों के लिए प्रेरक तत्त्व सहयोग नहीं बल्कि औद्योगिक-व्यावसायिक विरासत में साथी मजदूरों से आगे बढ़ने की इच्छा और लालच है। इस व्यवस्था में सहयोग और साथी भाव को दबाने की कोशिशें होती हैं जिसे क्रोपोटकिन ने मजदूर संघ बनाते समय अनुभव किया था। हर गतिविधि में योजना और अमल करने पर कुछ मुट्ठी-भर प्रबन्धकीय और तकनीकविद अभिजनों का नियंत्रण होता है, जिसमें सामान्य मजदूरों की भूमिका नहीं के बराबर होती है।

इन तथ्यों का जिक्र यह दर्शाने के लिए किया गया है कि मौजूदा औद्योगिक तंत्र के उत्पादन क्षेत्र में मनुष्य की सहयोग की स्वाभाविक प्रवृत्ति को पूरी तरह दबा दिया गया है।

क्रोपोटकिन कोई उदासीन अध्येता नहीं थे। उनके अध्ययन कुछ विशिष्ट सामाजिक उद्देश्यों से प्रेरित थे। अपने अध्ययनों से वे इस मान्यता पर पहुँचे थे कि केन्द्रीकृत अधिकारियों के नियंत्रण और हस्तक्षेप से मुक्त होने पर लोग स्वत: ही परस्पर सहयोग के आधार पर उत्पादन और सामाजिक जीवन को संगठित करने लगेंगे। इस नजरिये से मौजूदा विश्व में मानव सम्बन्धों को इस कदर विकृत कर दिया गया है कि मौजूदा उत्पादन व्यवस्था जब तक बनी रहती है तब तक मनुष्य में सहयोग की भावना को उन्मुक्त होकर फलने-फूलने का मौका नहीं मिल सकता। मौजूदा व्यवस्था की बुनियाद ही ऐसी है कि वह विशाल मानव समुदाय के लिए जो समस्याएँ पैदा कर रही है, उसका समाधान वह नहीं कर सकती।

आज की पूँजीवादी व्यवस्था की बुनियाद जिस टेक्नोक्रेटिक तंत्र पर आधारित है उसमें ऑटोमेशन, कम्प्यूटर और रोबोट के जरिये मनुष्य के बदले मशीन की प्रधानता होती जाती है। कृषि क्षेत्र में भी छोटी काश्त के बदले बड़े-बड़े फार्म और मशीनों के जरिये खेती पर जोर है। इसका भी मकसद कृषिकार्य में लगे अधिकांश लोगों को काम से वंचित कर देना है। स्वचालित कारखानों और मशीनी खेती के जरिये विश्व की कुल श्रम शक्ति के एक मामूली हिस्से की मदद से विश्व की समूची आबादी की जरूरतों को पूरा किया जा सकता है और बड़ी मात्रा में अतिरिक्त उत्पादन भी किया जा सकता है। यह व्यवस्था यह नहीं जानती, न जानने की परवाह करती है कि इस तरह विश्व के बेकार हुए अधिसंख्य लोगों को क्या हो। यह ऐसी विचित्र दुनिया है 'जहाँ धन बढ़ता है और आदमी घटता है।' विश्व के पैमाने पर एक छोटा समृद्ध, या अति समृद्ध, तबका संगठित उद्योग-व्यापार पर काबिज है और उनके इर्द-गिर्द निर्धन लोग बिना काम, बिना जीविका के साधन, बिना रोटी, कपड़ा, मकान के जीने को मजबूर है।

लेकिन संगठित क्षेत्र भी दूसरी तरह की दुश्चिंताओं से ग्रस्त है। उसे नहीं मालूम कि वह अपने अतिरिक्त उत्पादों का क्या करे क्योंकि गरीब होती दुनिया में

उसका बाजार भी सिकुड़ रहा है। (मार्क्स ने पूँजीवादी व्यवस्था के इस अनिवार्य रुझान को समझा था, लेकिन अब इसका असर खुलकर दिखने लगा है।) जब कोई नई उत्पादन विधि जन्म लेती है—मसलन, मौजूदा सूचना प्रौद्योगिकी और जीन इंजीनियरिंग की तकनीक—तो शुरुआती तेजी के कुछ ही समय बाद मन्दी और बंदी की शिकार हो उठती है। इसी को वे मन्दी की मार कहते हैं। मौजूदा सन्दर्भों में प्रासंगिक तथ्य यह है कि कृषि फार्म और कारखानों का नियंत्रण चाहे निजी हाथों में हो या सार्वजनिक क्षेत्र में, बेरोजगारी बेतहाशा बढ़ती जाएगी क्योंकि उत्पादन का सम्बन्ध उत्पादकों या सम्भावित उपभोक्ताओं की जरूरत से नहीं है। यह अत्यधिक मुनाफे की इच्छा से प्रेरित है और—जोर बिना खरीदारों की सोचे उत्पादन बढ़ाते जाने पर है। उसे खरीदारों की तलाश में विज्ञापन के जरिये कृत्रिम जरूरतें पैदा करनी होती हैं, लेकिन उत्पादन और वितरण के समूचे चक्र पर चूँकि दुनिया की आबादी के छोटे-से वर्ग का नियंत्रण है इसलिए ये कोशिशें भी अनिवार्य रूप से अंधी गली में ही पहुँचती हैं। इसके अलावा मजदूरों को भी काम में मामूली आनन्द ही आता है। उन्हें तो उत्पादन मशीन के एक असंवेदनशील हिस्से में तब्दील कर दिया गया है।

मौजूदा औद्योगिक पूँजीवादी व्यवस्था का सबसे अनोखा पहलू यह है कि इसने बेरोजगारी की समस्या का ईजाद किया है। अतीत में बन्धुआ मजदूरी और उत्पीड़न जैसे शोषण के विविध रूप तो रहे हैं मगर पूँजीवादी व्यवस्था में जबरन बेरोजगारी या निठल्लेपन की समस्या पैदा हुई है। समाजवादियों द्वारा सुझाए गए पुराने समाधान, यानी उत्पादन व्यवस्था का सामाजीकरण या सरकारीकरण से समस्या का निराकरण सम्भव नहीं हुआ क्योंकि नई औद्योगिक व्यवस्था की मूल प्रेरणा ही आदमी की जगह मशीन को स्थापित करना है।

यहाँ मध्ययुगीन यूरोप में श्रम के सहकारी स्वरूपों के बारे में समृद्ध जानकारियाँ, जिसकी ओर क्रोपोटकिन ध्यान खींचते हैं, उत्पादन की शोषणमुक्त नई व्यवस्था की स्थापना में काम की हो सकती है। मौजूदा औद्योगिक पूँजीवाद की पैदा की हुई समस्याओं में कुछ इस प्रकार हैं : 1. बहुराष्ट्रीय कम्पनियों की मिल्कियत वाले भारी पूँजी वाले बड़े उद्योगों और विशालकाय कृषि फार्मों में उत्पादन के केन्द्रीकरण से दुनिया के एक बड़े हिस्से को बेकार कर देना, यह बेकार हुआ हिस्सा इस व्यवस्था का बतौर खरीदार अभिन्न अंग भी नहीं है क्योंकि उसके पास क्रय-शक्ति नहीं है और क्रयशक्ति इसलिए नहीं है कि न तो वह उत्पादक है, न रोजगारशुदा है। परम्परागत सामान का इस अर्थव्यवस्था के बुनियादी तंत्र में आदान-प्रदान इतना गैर-फायदेमन्द है कि ये गैर-पूँजीवादी अर्थव्यवस्थाएँ जल्दी ही दिवालिया हो जाती हैं। 2. जैसाकि मार्क्स ने काफी पहले कहा था, मजदूर उत्पादन प्रक्रिया से अलग-थलग हो जाएँगे, अब यह अलगाव अधिक गम्भीर

हो गया है। 3. अधिकतम मुनाफे के लालच में पूँजीवादी मजदूरों की छँटनी और उत्पादन बढ़ाकर कीमतें घटाते जाते हैं। लिहाजा, उत्पादन बेहिसाब बढ़ जाता है और जमावड़ा शुरू होता है। नतीजतन, लगातार मन्दी बनी रहती है और उत्पादन ठप्प पड़ जाता है। यह नया संकट पहले के संकटों से ज्यादा गम्भीर होना तय है क्योंकि ग्लोबीकरण के चलते जोड़-तोड़ और व्यवस्था में नई जान फूँकने के अवसर सिकुड़ते जा रहे हैं। इसके मूल क्षेत्र से बाहर के इलाके लगातार उथल-पुथल और जन अशान्ति की स्थिति में रहते हैं क्योंकि जीवन की कठिनाइयाँ गहराने के साथ परम्परागत ईर्ष्या-द्वेष और दुश्मनियाँ उभर आती हैं। 4. एक आयामी संस्कृति और उत्पादन की विशिष्टता पर जोर के कारण व्यवस्था से पूरी तरह जुड़े इलाकों का भविष्य भी अनिश्चित लगने लगता है क्योंकि उत्पादन की लागत या माँग में मामूली हेरफेर से भी बड़ी संख्या में लोगों के उद्यम बेमानी हो जाते हैं। 5. काल्पनिक बाजार के मद्देनजर उत्पादन में बेपनाह वृद्धि से ऊर्जा और दूसरे संसाधनों का बेहिसाब खर्च किया जाता है जिससे धरती पर जीवन का सन्तुलन और पर्यावरण खतरे में आ गया है।

मौजूदा आर्थिक व्यवस्था और तकनीक की इन समस्याओं का कोई समाधान नहीं है। मध्ययुगीन व्यवस्थाओं में उत्पादन समाज की निश्चित जरूरतों को ध्यान में रखकर किया जाता था चाहे किसी किले का निर्माण हो या कैथेड्रल का अथवा लोगों की खपत के लिए सामान का उत्पादन। क्रोपोटकिन ने काउंसिल ऑफ फ्लोरसे के शब्दों को उद्धृत किया है कि, "कोई काम कम्यून शुरू न करें बल्कि वही काम करें जो कम्यून के महा हृदय में, जो सभी नागरिकों के हृदय का समुच्चय है, एक साझा इच्छा से प्रेरित हो।" और इस पर उनकी टिप्पणी है, "...और यह भावना सभी सामुदायिक उपयोगिता के काम में परिलक्षित होती है, चाहे नगरों का निर्माण हो, या टेरेस, अंगूर के बगीचे, फ्लोरेंस के आसपास बगीचों के फल के मामले में हो या लोंबार्डी के मैदानों के बीच सिंचाई के लिए बनाई गई नहरों या बन्दरगाहों या जेनेवा की वास्तुकला या किसी भी काम में जिसकी लगभग हर शहर में साझा जरूरत महसूस हो रही हो।"

काम के कलापक्ष पर वे लिखते हैं, "मध्ययुगीन वास्तुकला की भव्यता सिर्फ इसलिए नहीं थी कि वह हस्तकला का स्वाभाविक विकास थी, न इसलिए थी कि हर भवन हर मेहराब या पच्चीकारी उन लोगों ने की थी जिनके अनुभवी हाथ पत्थरों, लोहे, ताँबे या लकड़ी वगैरह को अपने ढाँचे में ढालने में सिद्धहस्त थे; न इसलिए थी कि हर स्मारक सामुदायिक अनुभव के संपुंजन से बना था—बल्कि भव्यता इसलिए थी कि उनका जन्म भव्य विचारों से हुआ था। यूनानी कला की तरह यह नगरों की भाईचारा और एकता की अवधारणा से निकली थी।" शायद पर्यावरण सन्तुलन, समता, उदारता और काम में रचनात्मक सुख, जो मौजूदा अर्थ

तंत्र से गायब हो गया है, को फिर से छोटे समुदायों में छोटे स्तर पर सहकारिता पर आधारित जीवन के पुनर्संगठन से ही पाया जा सकता है, जिसकी चर्चा, क्रोपोटकिन बड़े प्यार से करते हैं।

इन मध्ययुगीन समुदायों के संगठन के आधार पर हमारी कुछ अपनी औद्योगिक और पेशेवर जातियों के संगठन और स्थायित्व पर कुछ रोशनी पड़ सकती है। वर्णव्यवस्था तो वर्गीकरण, असमानता और पदानुक्रम पर आधारित रही है मगर औद्योगिक और पेशेवर जातियाँ अपने स्व-नियंत्रित, स्वचालित शिल्प संगठनों पर आधारित रही हैं और सभी के अपने रीति-रिवाज और पंचायतें रही हैं। ऐसी जातियों में कुम्हार, लोहार, बढ़ई, बुनकर, नाई वगैरह हैं। ये अपने परम्परागत शिल्प में इतने कुशल हैं कि पूरी तरह बदली हुई आधुनिक दुनिया में भी उनकी कला जीवित है। इन जातियों का कोई धार्मिक आधार नहीं है और इसीलिए हमारे यहाँ जुलाहा (बुनकर) जैसी जातियाँ भी हैं जो मुख्य रूप से मुसलमान हैं, मान्यता यह है कि अजन्ता-एलोरा जैसी कालजयी कलाकृतियाँ ऐसे कलाकारों के समूह का प्रयास हैं जो कई पीढ़ियों तक इसे अन्जाम देने में जुटे रहे हैं।

मध्ययुगीन नगर-समाजों का काम के साथ रचनात्मक सुख का रिश्ता-जोड़ने की महान उपलब्धि कई दूसरे चिन्तकों को भी प्रभावित करती रही है। जॉन रास्किन उनसे काफी प्रभावित थे और उनके अध्ययनों के कथित ब्रिटिश समाजवादी विलियम मोरिस भी प्रभावित हुए जो खुद एक प्रसिद्ध कवि और कलाकार थे। इस तरह वे इस निष्कर्ष पर पहुँचे कि कला काम में आनन्द की अनुभूति की अभिव्यक्ति है। रस्किन की पुस्तक 'ऑन टु दिस लास्ट' से ही महात्मा गांधी मानव श्रम की सुन्दरता से प्रभावित हुए थे। उनके लिए काम प्रार्थना का एक रूप बन गया और अपने इसी नए नजरिये के कारण वे वर्ण पदानुक्रम में सबसे नीचे के श्रमिकों को ईश्वर का सच्चा सपूत 'हरिजन' कह पाए।

यह साफ होता जा रहा है कि मौजूदा पूँजीवादी व्यवस्था प्राकृतिक संसाधनों के भारी उपयोग और दुरुपयोग से विश्व को मौत के मुँह में धकेल रही है। उत्पादन और वितरण के मौजूदा पैमाने में इस विनाश का कोई विकल्प नजर नहीं आता। क्रोपोटकिन की पुस्तक प्रकाशन के सौ साल बाद भी इसलिए प्रासंगिक हो उठी है क्योंकि वह इस तथ्य पर जोर देती है कि मनुष्य का मूल स्वभाव अनिवार्य रूप से सहयोग, सहकार का है जो फिलहाल प्रतिस्पर्धा और आत्मघाती हिंसक होड़ की संस्कृति से दबा हुआ है। इसका अर्थ है कि मनुष्य में अच्छाई का तत्त्व बढ़ाना सम्भव है। निर्भरता के इस दौर में, जब लोग प्रतिस्पर्धी विश्व व्यवस्था के प्रति घुटने टेक चुके हों, उन महान कृतियों की ओर ध्यान खींचने से नई आशा पैदा हो सकती है जिसे मनुष्य ने परस्पर सहयोग की भावना से बनाया था। जाहिर है, मौजूदा व्यवस्था की विशालकाय पेचीदगियों और केन्द्रीकरण के दौर

में, जब अमेरिका जैसे ताकतवर केन्दीकृत राज्यों के साए में ताकतवर बहुराष्ट्रीय कम्पनियों का दबदबा हो, परिवर्तन काफी कष्टदायी हो सकता है, लेकिन अजेय लगनेवाली कम्युनिस्ट व्यवस्थाओं के धराशायी होने से पता चलता है कि मौजूदा विश्वव्यवस्था भी अचानक एक दिन धराशायी हो सकती है क्योंकि इसके मर्म भाग में भयानक असमानता की सड़ाँध है। वैसे भी, इतिहास के कितने अंधियारे काल में मनुष्य बचा रहा है क्योंकि उसकी आशा जीवित रही है। यह पुस्तक ऐसी ही आशा का संचार का संसाधन बन सकती है।

2

जोजेफ स्टिग्लिट्ज

मीडिया और इसके बाहर बहुचर्चित वर्ल्ड सोशल फोरम का सोलह से इक्कीस जनवरी तक का कार्यक्रम बैठकों, चर्चाओं और प्रदर्शनों की गहमागहमी के बीच समाप्त हो गया। भूमंडलीकरण के विनाशक परिणामों के बीच इसकी यह घोषणा कि एक बेहतर दुनिया सम्भव है संसार के अनेक राजनीतिक और गैरराजनीतिक, सामाजिक समूहों के लिए काफी आकर्षक थी। यह समागम इस तरह के अनेक समूहों और व्यक्तियों का मिलन बिन्दु बना रहा जो बेहतर दुनिया चाहते हैं। नर्मदा बचाओ आन्दोलन की मेधा पाटकर और बुकर पुरस्कार विजेता अरुन्धति राय के अलावा शान्ति के नोबेल पुरस्कार से सम्मानित ईरान की शीरीं इबादी की इसमें शिरकत और अर्थशास्त्र के लिए नोबेल पुरस्कार से नवाजे गए जोसेफ ई. स्टिग्लिट्ज के नाम का इस आयोजन से जुड़ा होना इसे काफी गरिमामंडित करता रहा।

लेकिन पारस्परिक सदिच्छाओं के आदान-प्रदान और संसार के विविध समूहों से संवाद की सम्भावना जैसी अच्छी बातों के अलावा अपने घोषित उद्देश्य की दृष्टि से इस आयोजन की उपलब्धि कुछ विशेष नहीं दिखाई देती। इस फोरम के समापन के एक दिन बाद तेईस जनवरी से दावोस में वर्ल्ड इकॉनामिक फोरम की बैठक हुई जिसे भूमंडलीकरण के विरोधियों द्वारा बाधित करने की कोशिश होती रही है क्योंकि इस मंच का नाम भूमंडलीकरण की मौजूदा नीतियों को चलाने के साथ जुड़ा है। फिलहाल इन दोनों परस्पर विरोधी उद्देश्यों को लेकर चलनेवाले फोरमों का आयोजन और दूसरे फोरम का विरोध एक वैश्विक रुटीन में बदलता जा रहा है।

आज की स्थिति में भूमंडलीकरण के विकल्प पर कोई गम्भीर चर्चा हुई हो, ऐसा नहीं दिखाई देता। इसके समानान्तर इस मंच के विरोध में इसी के उद्देश्यों को लागू करने में अधिक सही नीति लेकर चलने का दावा करनेवाला एक दूसरा आयोजन मुम्बई में ही 'जन प्रतिरोध' के नाम से हो रहा था। मगर यहाँ से भी कोई स्पष्ट नीति निकलती नहीं दिखाई देती। जहाँ नरमपंथी से लेकर चरमपंथी तक

सभी तरह के वामपंथी इकट्ठा हों वहाँ शब्दों का बवंडर तेज हो यह अनिवार्य था। पर इस बवंडर के बाद सब कुछ के अपनी निर्धारित नीति पर ही चलने का अन्देशा बना रह जाता है।

इस आयोजन के दौरान ब्राजील के राष्ट्रपति लुला की नीतियों की भी आलोचना हुई जिनकी कुछ भूमिका शुरू में इस मंच के ब्राजील के पोर्ते एलेग्रे में आयोजन के पीछे थी। शायद यह आलोचना कुछ जल्दबाजी में की गई हो। क्योंकि कोई सरकार जो बगावत से सत्ता पलट कर नहीं बनी हो साल भर के भीतर संसार भर के वित्तीय संस्थानों से किए गए पुराने अनुबन्धों को खत्म कर एक नई शुरुआत नहीं कर सकती। इस सरकार की नीतियों की दिशा को समझने के लिए कुछ और समय देना जरूरी था, लेकिन प्रश्न है कि एक सामाजिक मंच जिसकी कोई अपनी बनी-बनाई नीति नहीं है और जो न तो ऐसी एकीकृत नीति बनाने को प्राथमिकता देता है क्या किसी सरकार की आलोचना करने का हकदार है? 'भूमंडलीकरण' अपने आप में बहुत कुछ नहीं कहता। एक बेहतर दुनिया बनाने की योजना भी तो किसी खास तरह के विश्व की कल्पना पर ही आधारित होगी। यानी एक योजना जिसके तहत दुनिया की व्यवस्था दूसरी तरह से चले। सिर्फ निषेध कोई नीति नहीं बना सकता। निषेध के आगे किसी विधायी तसवीर का होना भी जरूरी लगता है।

कहा जाता है कि प्रकृति शून्य से बचती है। यही बात समाज के साथ भी लागू है। कोई समाज अधिक दिनों तक बिना किसी व्यवस्था के नहीं चल सकता। समाज स्थायी अराजकता का महोत्सव बना नहीं रह सकता। अगर वर्ल्ड सोशल फोरम अपनी ओर से किसी वैकल्पिक दुनिया की रूपरेखा प्रस्तुत नहीं कर सकता तो दूसरे लोग यह काम करेंगे या किसी विकल्प के अभाव में लोग भूमंडलीकरण की वर्तमान स्थिति को ही कबूल कर लेंगे। फिलहाल दुनिया की अधिकांश सरकारें और ज्यादातर लोग तो भूमंडलीकरण को चाहे वह कितना ही डरावना क्यों न हो, तकदीर की लकीर की तरह कबूल कर लेंगे। जोसेफ स्टिग्लिट्ज का नाम भी इस आयोजन से जुड़ा है। स्टिग्लिट्ज दुनिया की अर्थनीति बनानेवाले सर्वाधिक महत्त्वपूर्ण प्रतिष्ठानों से जुड़े रहे हैं। सम्भव है किसी दूसरी दिशा सूचिका के अभाव में लोग उनके विचारों को ही एक विश्वसनीय विकल्प के रूप में देखें। इसलिए वर्तमान भूमंडलीकृत व्यवस्था के सन्दर्भ में उनकी दृष्टि पर विचार करना भी जरूरी लगता है। चूँकि 2002 में इसी विषय पर प्रकाशित उनकी पुस्तक व्यापक चर्चा का विषय बन गई है, इसलिए इसमें प्रस्तुत विचारों का आकलन जरूरी है।

उनकी पुस्तक 'ग्लोबलाइजेशन एंड इट्स डिस्कंटेंट्स' बीसवीं शताब्दी के पूर्वार्ध में सिग्मंड फ्रायड द्वारा लिखी गई पुस्तक 'सिविलाइजेशन एंड इट्स डिस्कंटेंट्स' की याद दिलाती है। फ्रायड ने सभ्यता के भीतर के व्यापक असन्तोष के लिए, जिससे संघर्ष और युद्ध पैदा होते हैं, मानव स्वभाव में निहित मृत्युकामना (थानाटोज)

को चिह्नित किया था जिसकी अभिव्यक्ति उसके अनुसार समूहों के बीच व्यापक आक्रामकता में होती है। स्टिग्लिट्ज ने वर्तमान भूमंडलीकरण व्यवस्था के संकटों के लिए अन्तरराष्ट्रीय मुद्रा कोष, विश्व बैंक और अमेरिकी सरकार की कुछ आर्थिक नीतियों को चिह्नित करने की कोशिश की है। उसके अनुसार संसार भर के लिए तीन अटल सिद्धान्त इनकी नीतियों के केन्द्र में हैं—खर्च में कटौती, निजीकरण और बाजार का खुलापन। इन संस्थाओं के शीर्ष पर बैठे लोग दुनिया के उन देशों की जमीनी हकीकत को देखे बगैर इन अटल मान्यताओं से नीतियों को इस तरह लागू करते रहे हैं जिससे नतीजे इच्छित उद्देश्य के ठीक उलटे हुए। पूर्वी एशिया के 1997 के आर्थिक संकट के सन्दर्भ में थाईलैंड, दक्षिण कोरिया, इंडोनेशिया और मलेशिया का उदाहरण देकर बताया गया है कि अन्तरराष्ट्रीय मुद्रा कोष की नीतियों को लेकर चलने से ही वहाँ की मन्दी घोर संकट में बदल गई। मन्दी का सबसे कम असर मलेशिया पर पड़ा जहाँ प्रधानमंत्री महातिर ने कोष की नीतियों की अनदेखी कर अपनी स्थानीय स्थिति के हिसाब से व्यवस्था को सँभालने की कोशिश की।

वैसे ही पूर्वी यूरोप के पहले के कम्युनिस्ट देशों के उदाहरण देकर बताया गया है कि इन देशों की अर्थव्यवस्था के थोड़े ही समय में ध्वस्त हो जाने के पीछे अन्तरराष्ट्रीय मुद्रा कोष द्वारा चलाई जानेवाली नीतियों का मुद्रा कोष के दबाव में पालन करना था। अफ्रीका के देशों में भी मुद्रा कोष की नीतियाँ स्थिति को सँभालने की बजाय बिगाड़ने की ही रहीं। रूस के मामले में तो स्टिग्लिट्ज के अनुसार वहाँ के सार्वजनिक क्षेत्र के निजीकरण का नतीजा उनकी विशाल निधि को ऐसे लोगों के हाथों में डाल देना हुआ जो उससे प्राप्त धन को सीधा विदेशी बैंकों में अपने निजी खातों में डालते रहे। यह वहाँ की सम्पदा की भयंकर लूट थी।

पूँजी की आवाजाही को अनियंत्रित करने के सुझाव पर स्टिग्लिट्ज एक अर्थशास्त्री की दृष्टि से यह टीका करते हैं, "आँकड़े बताते हैं कि पूँजी की आवाजाही व्यापार चक्र को गहराने का काम करती है यानी मन्दी के काल में पूँजी सम्बद्ध देश को छोड़कर बाहर निकल जाती है, ठीक उसी समय जब देश में उसकी सबसे अधिक जरूरत होती है, और अन्दर तब आती है जब अर्थव्यवस्था में उछाल रहता है जिससे मुद्रास्फीति बढ़ती है।" पूँजी की आवाजाही पर छूट और वित्तीय संस्थाओं में विदेशी कम्पनियों को आमंत्रित करने की वकालत करनेवाले हमारे अर्थशास्त्रियों को भी इससे नसीहत लेनी चाहिए। जिन लोगों को स्वतंत्र व्यापार और पश्चिम देशों की इसके प्रति प्रतिबद्धता में भरोसा है उन्हें अमेरिकी राष्ट्रपति के आर्थिक सलाहकार मंडल का अध्यक्ष रहे इस अर्थशास्त्री के इस निष्कर्ष पर ध्यान देना चाहिए, "...,लेकिन अमेरिका के अनुचित व्यापार कानून किसी आर्थिक सिद्धान्त के आधार पर नहीं लिखे जाते हैं। उनके अस्तित्व का एकमात्र मकसद होता है आयात से प्रभावित होनेवाले अमेरिकी उद्योगों को सुरक्षा प्रदान करना।"

अपने अनुभवों के बावजूद स्टिग्लिट्ज को ऐसा लगता है कि अगर अन्तरराष्ट्रीय मुद्रा कोष और विश्व बैंक की नीतियाँ कुछ भिन्न होतीं तो दुनिया को कई वित्तीय संकटों से उबारा जा सकता था और विकासशील अर्थव्यवस्थाओं का सही विकास हो सकता था। एक ऐसे अर्थशास्त्री के लिए, जो बुनियादी रूप से पूँजीवादी अर्थव्यवस्था को कबूल करता है, ऐसा आशावादी होना अचरज में डालनेवाला नहीं है, लेकिन अन्तरराष्ट्रीय मुद्रा कोष और विश्व बैंक की नियुक्तियों का जैसा विवरण वह स्वयं देता है वह इस सम्भावना को खारिज करनेवाला है कि ये संस्थाएँ कुछ भी ऐसा कर सकती हैं जो मूलत: पिछड़ी अर्थव्यवस्थाओं के हित को ध्यान में रखे। वह स्वयं लिखता है, "...जबकि विश्व बैंक और अन्तरराष्ट्रीय मुद्रा कोष के लगभग सभी कार्यक्रम वर्तमान समय में विकासशील देशों में चलाए जाते हैं (लगभग कर्ज देने के सभी कार्यक्रम) इनका नेतृत्व औद्योगिक देशों के प्रतिनिधियों के हाथ में होता है। परिपाटी के चलते या अलिखित सहमति से अन्तरराष्ट्रीय मुद्रा कोष का प्रमुख सदा कोई यूरोपीय होता है और विश्व बैंक का सर्वोच्च पदाधिकारी कोई अमेरिकी। उनका चयन बन्द दरवाजे के भीतर होता है और यह भी जरूरी नहीं माना जाता कि शीर्ष पद के व्यक्ति को विकासशील देशों में काम करने का कोई अनुभव हो।" प्राय: विशाल निजी कम्पनियों में कार्यकारी रह चुके लोग बेरोकटोक इन वित्तीय संस्थाओं में नियुक्तियाँ पाते रहते हैं या फिर यहाँ से वापस किसी बड़ी निजी कम्पनी में प्रवेश पा जाते हैं। यह सब बताता है कि अन्तरराष्ट्रीय अर्थव्यवस्था को नियंत्रित करनेवाली ये संस्थाएँ किस तरह अमेरिकी पूँजीवादी प्रतिष्ठान के साथ अन्तर-गुम्फित होती हैं। इनसे किसी निष्पक्ष नीति की उम्मीद करना असम्भव की चाहत है।

इस सन्दर्भ में दो बातें ध्यान में रखने की हैं। एक तो यह कि पूँजीवाद के समर्थक, समाजवादी कही जानेवाली व्यवस्थाओं की इस बात को लेकर विशेष रूप से आलोचना करते थे कि किसी एक केन्द्र से नियोजित व्यवस्थाएँ स्थानीय रूप से यानी निचले स्तरों पर उठनेवाली समस्याओं का सही आकलन कर उनके निराकरण में सदा अक्षम होंगी। यह बात सही लगती है, लेकिन यही बात दुनिया की अर्थव्यवस्था को निर्देशित करनेवाली किसी अन्तरराष्ट्रीय केन्द्र की उपयोगिता को भी खारिज करती है। स्टिग्लिट्ज ने अफ्रीका और एशिया के अपने प्रत्यक्ष अनुभवों से भी यही बताया है कि जनता के हितों को ध्यान में रखकर चलनेवाली स्थानीय सरकारें स्थिति का आकलन कर जरूरत के हिसाब से उचित नीतियाँ बनाने में अधिक कारगर साबित होती हैं। यह हकीकत अन्तरराष्ट्रीय स्तर पर काम करनेवाले सभी तरह के आर्थिक प्रतिष्ठानों की सक्षमता को सन्देह के घेरे में ला देती है। यह बात सिर्फ विश्व बैंक या अन्तरराष्ट्रीय मुद्रा कोष पर लागू नहीं होती बल्कि निजी क्षेत्र की विशाल कम्पनियों के साथ भी लागू होती है। एनरॉन, आर्थर एंडरसन और मेरिल लिंच जैसी कम्पनियों के घोटाले यही सिद्ध करते हैं।

दरअसल, विशाल बहुराष्ट्रीय कम्पनियों के भीतर लगातार भारी घोटाले होते रहते हैं, लेकिन पारदर्शिता के अभाव में उनकी जानकारी तभी हो पाती है जब किसी बड़ी कम्पनी के दिवालिया होने पर तथ्य सामने आते हैं। दरअसल बेहतर विश्व की कामना करनेवाले लोगों को इन तथ्यों पर ध्यान देना चाहिए। अगर वे ऐसा करेंगे तो अनिवार्य रूप से इस निष्कर्ष की ओर मुड़ेंगे कि बेहतर दुनिया बनाने के लिए निजी लाभ को सर्वोच्च देवता मानकर चलनेवाली पूँजीवादी व्यवस्था की जगह, सहयोग और स्वायत्तता पर आधारित छोटी आर्थिक-राजनीतिक इकाइयाँ ही, जिन पर जनगण का अपना नियंत्रण हो, एक खुशहाल दुनिया का आधार बन सकती हैं, लेकिन तब फिर एक नतीजा यह भी निकलता है कि यह काम प्रचार की धुंध का निर्माण करनेवाले दिशाहीन मंचों द्वारा नहीं होगा बल्कि स्थानीय स्तर पर लोगों से जुड़े जमीनी कार्यकर्ता और उनके संगठन ही यह कर सकते हैं।

3

सैमुअल हंटिंग्टन

उन्नीस सौ पचास के दशक के शुरुआती वर्षों में पंडित नेहरू के आमंत्रण पर लेबर पार्टी के नेता एन्योरिन बेवान, जो लेबर सरकार की स्वास्थ्य सुरक्षा योजना लागू करने के लिए विख्यात हो चुके थे, भारत आए थे। इस यात्रा के शुरुआती दौर में वे मुम्बई विश्वविद्यालय में व्याख्यान देने आए। हमारा बौद्धिक वर्ग अपने को आँकने के लिए सदा बाहरी प्रमाण-पत्र के लिए लालायित रहता है। सो, व्याख्यान के बाद प्रश्नोत्तर काल में किसी श्रोता ने पूछा कि वे भारत की उपलब्धियों के बारे में क्या सोचते हैं। बेवान ने कहा कि वे भारत में अभी आए ही हैं, और वे कोई अमेरिकी तो हैं नहीं। उनका कटाक्ष अमेरिकियों की उस आदत पर था कि वे बिना गम्भीरता से विचार किए किसी विषय पर अपनी राय या सिद्धान्त जाहिर करते रहते हैं।

इस छोटी-सी घटना का उल्लेख इसलिए किया गया ताकि हम अपने बौद्धिक वर्ग की पश्चिमपरस्ती और उन अमेरिकी सिद्धान्तकारों के छिछलेपन के प्रति सावधान रहें जो अमेरिका के तात्कालिक हित को सार्वजनीन सिद्धान्त के रूप में पेश करते रहते हैं। हाल के वर्षों में ऐसे सिद्धान्तों में एक उदाहरण फ्रांसिस फुकुयामा का 'एंड ऑफ हिस्ट्री' (इतिहास का अन्त) सिद्धान्त है जिसके मुताबिक वर्तमान संसार वहाँ है जहाँ अब इतिहास वैचारिक विकास की दृष्टि से अन्तिम पड़ाव पर पहुँच चुका है और पश्चिमी उदारवादी अर्थनीति और राजनीति का वर्चस्व संसार में स्थायी रूप से कायम हो जानेवाला है। उनकी पुस्तक 'एंड ऑफ हिस्ट्री' 1989 में प्रकाशित हुई जब सोवियत व्यवस्था के ध्वस्त होने से शीत युद्ध का अन्त हो गया और तत्काल यह दिखाई देता था कि अमेरिकी वर्चस्व संसार भर में स्थापित होनेवाला है।

उसके बाद से सारे संसार में इस सिद्धान्त की प्रशस्ति और प्रचार होता रहा। दरअसल, अमेरिकी मीडिया के प्रयास से ऐसे ही विचारों की महानता दुनिया में स्थापित होती है जो अमेरिकी हित को साधते हैं। ऐसा नहीं है कि अमेरिका में मौलिक और वस्तुपरक चिन्तकों का अभाव है, लेकिन ऐसे लोगों की बातें अकादमिक दायरों में सिमटकर रह जाती हैं। सी राइट मिल्स या नोम चोम्स्की जैसे लोगों के विचारों

को अकादिमक संस्थानों से बाहर कितने लोग जानते हैं जबकि इनकी सोच कहीं अधिक बुनियादी और महत्त्वपूर्ण है।

अमेरिकी नीति निर्माताओं को बदलती हुई राजनीतिक और राजनयिक स्थितियों के अनुरूप सदा नए सिद्धान्तों की जरूरत होती है इसलिए वहाँ पैदा होनेवाले 'शाश्वत' सिद्धान्त पुराने पड़ते जाते हैं और फिर नए शाश्वत सिद्धान्तों की जरूरत होती है। सोवियत व्यवस्था ढह जाने के बाद सलामती का जो भाव अमेरिकी राजनेताओं में पैदा हुआ था वह ज्यादा दिनों तक नहीं रह पाया। हकीकत यह थी कि अमेरिकी हित की टकराहट दरअसल सोवियत व्यवस्था से नहीं उन तमाम स्थितियों और शक्तियों से थी जो अमेरिकी अर्थतंत्र के विस्तार के रास्ते में आते हैं। इस विस्तार का वर्तमान काल में सबसे बड़ा वाहक पेट्रोलियम की तलाश है जिसकी ऊर्जा से अमेरिकी व्यवस्था परिचालित हो रही है। इसलिए 'इतिहास के अन्त' के बाद एक दशक भी नहीं बीता था कि 1991 में अमेरिका खाड़ी में इराक के साथ युद्ध में उलझ गया। इस युद्ध के पीछे तेल के स्रोत पर नियंत्रण की होड़ थी।

अपने पड़ोसी कुवैत के तेल भंडार पर इराक की निगाह थी, लेकिन इस क्षेत्र के तेल पर अमेरिकी कम्पनियों का नियंत्रण था। इसलिए इराक के हमले के जवाब में अमेरिका अपने नवीनतम युद्ध आयुधों के साथ सामने आ गया। वैसे इस युद्ध में जीत किसकी होगी इसमें किसी को सन्देह नहीं था, लेकिन जो बात सामने उभरकर आई वह यह कि सारे संसार में मुसलमानों में अमेरिका विरोधी भावना फैल गई। इसी के बाद अन्तरराष्ट्रीय स्तर पर इस्लामी कट्टरपंथ का उदय हुआ। वैसे स्वयं अमेरिका ने रूसी कब्जे के विरोध में कट्टरपंथ इस्लामी समूहों को अफगानिस्तान में बढ़ावा दिया था। अस्सी का दशक, जब अफगानिस्तान में रूसी आधिपत्य के खिलाफ संघर्ष चल रहा था, शीत युद्ध का काल था और अमेरिका को कम्युनिस्ट सत्ता के खिलाफ कोई भी हथियार जायज लगता था।

इस क्रम में तालिबान और स्वयं ओसामा बिन लादेन अमेरिका के सहयोगी थे, लेकिन खाड़ी युद्ध के समय तक सोवियत संघ का विघटन हो चुका था और इसके बाद इस्लामी कट्टरपंथ विश्व में अमेरिकी वर्चस्व के खिलाफ सबसे बड़ी चुनौती बनने लगा। 'इतिहास के अन्त' में जिस स्वर्ण युग के आगमन की कल्पना की गई थी वह 1990 के दशक के मध्य तक काफूर हो गई। एक नए तरह का युद्ध दस्तक देने लगा था। अमेरिका के लिए यह कबूल करना असम्भव था कि इस संघर्ष की बुनियाद में संसार पर अमेरिका के आर्थिक नियंत्रण का हाथ था। यही पृष्ठभूमि बनी उस सिद्धान्त की जिसे 'सभ्यताओं के संघर्ष' के रूप में सैम्युल हंटिंग्टन ने अपनी बहुचर्चित पुस्तक में प्रस्तावित किया।

किसी आर्थिक संघर्ष की बात करना हंटिंग्टन के लिए असुविधाजनक होता क्योंकि ऐसा करने पर अमेरिका की सारी आर्थिक नीतियाँ और इनका आधार

विश्लेषण की माँग करने लगते। और ऐसा करने पर पूँजीवादी व्यवस्था और इसके विकास के एक स्तर पर बहुराष्ट्रीय कम्पनियों का जन्म, इनका विस्तार और इससे जुड़े वैश्विक बाजार के विविध आयामों का विश्लेषण भी जरूरी हो जाता। यह पूरी पूँजीवादी व्यवस्था और अमेरिकी नीतियों को कठघरे में खड़ा कर देता। इस जोखिम से पूरी तरह निजात मिल जाती है अगर इन सारे संघर्षों को एक आधे-अधूरे ढंग से परिभाषित 'सभ्यताओं' के संघर्ष के रूप में प्रस्तुत किया जा सके।

हंटिंग्टन ने अपनी पुस्तक में यही कष्ट-साध्य काम करने की कोशिश की है। अमेरिकी मीडिया और इसके प्रभाव में सारे संसार के बौद्धिक वर्ग में इसकी व्यापक चर्चा ने वर्तमान संसार के संकटों के पीछे की अमेरिकी भूमिका पर पर्दा डालने में निश्चित रूप से सफलता पाई है। इसके साथ-साथ इस पुस्तक ने वर्तमान दुनिया के राष्ट्रों की राजनीति और राजनय को भी बिलकुल अलग तरह से प्रस्तुत करने की कोशिश की है। सभ्यताओं को सामूहिक संघर्षों का मूल कारक सिद्ध करने के लिए हंटिंग्टन ने सभ्यता को भी नई तरह से परिभाषित करने की कोशिश की है। इसी क्रम में संस्कृति और सभ्यता के फर्क को भी काफी कुछ मिटाने का प्रयास हुआ है। विकासवाद के सिद्धान्त के परिप्रेक्ष्य में आनुवंशिकी और जीन के सम्बन्धों को समझने के बाद मानव समाज में संस्कृति की क्या भूमिका है इसे बिना किसी संशय के समझा जा सकता है।

दूसरे जीवों की तरह मनुष्य की बनावट और व्यवहार दोनों उसकी आनुवंशिकी से निर्धारित होते हैं, लेकिन जीवित रह सके इसके लिए उसे सदा अपने को प्रकृति के अनुकूल बनाने की जरूरत होती है। जीन द्वारा प्रदत्त गुणों में उस लोच का अभाव होता है जिससे वह नई और बदली स्थितियों में छोटे काल खंडों में अपने को ढाल सके। मनुष्य की संस्कृति से उसमें यह क्षमता आई है जिससे वह या तो स्वयं को आनुवंशिक सीमाओं से परे जाकर स्थिति के अनुकूल बना ले या एक सीमा के भीतर परिवेश में ही ऐसे परिवर्तन कर ले जिनसे उसका जीना आसान हो जाए। कम्प्यूटर से तुलना करके इस बात को समझना आसान होगा।

मनुष्य की आनुवंशिकी कम्प्यूटर के हार्डवेयर की तरह है जिसके कार्य पूरी तरह निर्धारित होते हैं। अगर इसके दायरे से बाहर की किसी समस्या का समाधान करना होता है तो उपयुक्त सॉफ्टवेयर का विकास करना होता है। कम्प्यूटर हार्डवेयर में ही वैसी क्षमताएँ बनी होती हैं जिनके आधार पर सॉफ्टवेयर विकसित किया जा सके। जीन प्रदत्त आनुवंशिकी और संस्कृति का भी वैसा ही सम्बन्ध है। मनुष्य की शारीरिक और मानसिक बनावट में उन क्षमताओं का प्रावधान है जिनसे संस्कृति विकसित हो सके। उसकी भाषाई क्षमता, उँगलियों की बनावट जिसमें अँगूठा और बाकी उँगलियाँ एक-दूसरे के विपरीत अवस्थित हैं, पाँव पर खड़ा हो हाथों को दूसरे कामों के लिए स्वतंत्र छोड़ने की क्षमता और दूसरे अनेक गुण मानव

आनुवंशिकी से प्राप्त हुए हैं जिनसे वह संस्कृति का विकास करता है। सम्प्रेषण की क्षमता, अवधारणा की क्षमता, औजार बनाने की क्षमता ये सब इसी आधार पर विकसित होते हैं।

संस्कृति उन सारे गुणों का समुच्चय है जो मनुष्य को विविध परिवेशों में अपने सामूहिक प्रयासों से प्राप्त होते हैं। यह अनेक तरह के वैसे गुण विकसित कर सकती है जो परिवेश के आकार और विविधता से निर्धारित होते हैं। इसका समूह के आकार से कोई सम्बन्ध नहीं। इसके विपरीत, सभ्यता वैसे समाजों को कहा जाता रहा है जो इतने बड़े आकार के हो गए हों कि नगरों का विकास हो गया हो। किसी-न-किसी तरह की लिखावट भी इसके साथ जुड़ी होती है। प्राय: इसके केन्द्र में कोई शासक समूह होता है जो परिधि पर या स्वयं केन्द्र के भीतर भी कुछ लोगों को मातहत रख उनके श्रम का शोषण करता है। इसमें एकरूपता या समरसता नहीं होती। कोई ऐसी विचारधारा या धर्म की मान्यता जरूर होती है जो अधिकतर लोगों को भावनात्मक रूप से जोड़ती या बगावत से रोकती है।

लेकिन ऐसे वृहत् और विविधतापूर्ण समाज में भी ऐसी संस्कृति तो विकसित होगी ही जिससे जरूरत के हिसाब से आदमी के वैविध्यपूर्ण व्यवहार विकसित हों। संस्कृति अनिवार्य है, सभ्यता परिस्थिति की उपज। संस्कृति के विपरीत सभ्यता न तो मानव विकास की अनिवार्य नियति है और न इनके गुणों में कोई सामंजस्य होता है। सुविधा के अनुसार मनुष्यों के बड़े संकेन्द्रणों को लोगों ने सभ्यता के नाम से नवाज दिया है। इस वर्ग में यूनान, रोम, मिस्र और सुमेर से लेकर एजटेक, माया और हड़प्पा-मोहनजोदाड़ो और वर्तमान विशाल औद्योगिक जन जमावों, सभी को शामिल किया जा सकता है।

हंटिंग्टन सभ्यताओं को ऐसी समेकित इकाई सिद्ध करने में, जो सामूहिक रूप से गतिशील हो सके, इसकी अति सरलीकृत तस्वीर पेश करते हैं। फारस के खिलाफ युद्ध में एथेंस द्वारा स्पार्टा को दिए गए आश्वासन के उद्धरण मात्र से वे इस नतीजे पर पहुँचते हैं कि सभ्यता को मुख्य रूप से इसका धर्म परिभाषित करता है। वे लिखते हैं, 'रक्त, भाषा, धर्म और जीवन पद्धति ही यूनानियों को फारसियों और दूसरों से भिन्न बनाती है, लेकिन सबसे ठोस तत्त्व जो सभ्यता को परिभाषित करता है, वह जैसाकि एथेंसवासियों का मानना था, धर्म है।'

इस एक उद्धरण के आधार पर संसार की अनेक सभ्यताओं के संघर्ष में इस्लामी सभ्यता सबसे बड़ी समस्या बन जाती है। बाकी बड़ी सभ्यताएँ—सिनिक (चीन की) कंफ्यूशियन धर्म, भारतीय हिन्दू धर्म की, पश्चिमी यूरो-अमेरिकी सभ्यता ईसाई (रोमन कैथोलिक और प्रोटेस्टेंट) और रूसी सभ्यता ऑर्थोडॉक्स ईसाइयत (यानी ईसाइयत का वह भाग जो कुस्तुन्तुनिया से पूरब की ओर फैला) को केन्द्र में रखकर चलती हैं। इसी तर्ज पर वे श्रीलंका के तमिल और सिंहली लोगों के संघर्ष को हिन्दू

और बौद्ध सभ्यताओं के संघर्ष के रूप में चिह्नित करते हैं। इसमें भाषा और मूल के विवाद और नौकरियों और आजीविका सम्बन्धी विवाद सभी गौण हो जाते हैं।

इस दृष्टि से जॉर्ज बुश के इराक युद्ध को क्रुसेड (धर्मयुद्ध) कहना सहज ही समझ में आता है। वैसे हंटिंग्टन ने पश्चिमी सभ्यता के लिए चीन की बढ़ती सामरिक और आर्थिक शक्ति को भी चुनौती माना है, लेकिन तत्काल उन्हें इस्लाम ही सबसे बड़ा खतरा दिखाई देता है। कारण साफ है, फिलहाल अमेरिकी कम्पनियों को सबसे बड़ी चुनौती इस्लामी देशों से ही है जहाँ संसार के सबसे बड़े तेल क्षेत्र हैं। हंटिंग्टन बिना लाग-लपेट के पश्चिमी संस्कृति के विस्तार के लिए इसकी सैनिक शक्ति की श्रेष्ठता को जरूरी मानते हैं।

वे लिखते हैं, '...संस्कृति जैसी कि हमने दलील दी है, शक्ति के दम पर फैलती है। अगर गैर-पश्चिमी समाजों को फिर से पश्चिमी संस्कृति द्वारा निर्मित होना है तो ऐसा पश्चिमी शक्ति के फैलाव, इसके हस्तक्षेप और प्रभाव में ही हो पाएगा। साम्राज्यवाद सार्वजनीनता की तार्किक जननी है...।'

यह आसानी से देखा जा सकता है कि हंटिंग्टन की भाषा हिटलर की कुल्टुर (संस्कृति) विस्तार की भाषा से भिन्न नहीं है। बुश की नीतियों के सन्दर्भ में हावर्ड के इस प्रोफेसर की बात को हल्के-फुल्के रूप से नहीं लिया जा सकता। शक्ति विस्तार की घोषणा को फिलहाल अमेरिका में विज्ञान-विरोध, अतार्किकता और अंधविश्वासों के उभार के सन्दर्भ में भी देखा जाना चाहिए। अभी अमेरिका में एक मुहिम चलाई जा रही है कि डार्विन के विकासवाद के सिद्धान्त के साथ-साथ स्कूलों में यह विचार भी पढ़ाया जाए कि संसार की रचना नियंता द्वारा एक डिजाइन के अनुसार हुई है। यह बात भी सर्वविदित है कि तेल कम्पनियों की लॉबी की ओर से अनेक वैज्ञानिक इस बात को झुठलाने में लगे हैं कि ईंधनों को जलाने की प्रक्रिया में होनेवाले उत्सर्जन की कोई भूमिका संसार के तापमान को बढ़ाने में है। अमेरिका की आर्थिक और वैज्ञानिक उपलब्धियों और उसकी जीवन पद्धति पर फिदा हमारे बौद्धिकों के लिए हंटिंग्टन और वह बौद्धिक माहौल, जिसमें वैसे विद्वान फलते-फूलते हैं, बड़ी वैचारिक चुनौती है।

जनसत्ता, 6 सितम्बर, 2005

4

चार्ल्स डार्विन

चार्ल्स डार्विन की पुस्तक 'द ओरिजिन ऑफ स्पीसीज' सन् 1859 में प्रकाशित हुई थी, यानी आज इस पुस्तक के प्रकाशन का डेढ़ सौवाँ साल है। शायद ही किसी पुस्तक ने जीवन के विविध आयामों और संसार को देखने की दृष्टि को इतना प्रभावित किया हो जितना इस पुस्तक ने किया। जीव-विज्ञान के क्षेत्र में इसका सर्वाधिक महत्त्व तो है ही, इससे आगे बढ़ इसने मानव विज्ञान, जीवन की उत्पत्ति सम्बन्धी पश्चिमी दुनिया के धार्मिक चिन्तन और मनुष्य के दूसरे मनुष्यों से सम्बन्ध के प्रश्न पर भी प्रकाश डाला है। इसने एक विवाद को जन्म दिया है जो आज तक बना हुआ है। इस विवाद में डार्विन के विचारों की एक खास व्याख्या से कुछ खतरनाक रुझान पैदा हुए हैं। इसकी हमारे अस्तित्व के लिए विशेष प्रासंगिकता है, इसलिए इस पर थोड़ा तफसील से विचार करना जरूरी है।

यह दिलचस्प है कि अपने शोध के निष्कर्षों पर पहुँचने में डार्विन उस समय के काफी चर्चित अर्थशास्त्री माल्थस के विचारों से प्रभावित हुए थे। माल्थस का मानना है कि मनुष्य की प्रजनन की गति ज्यामितीय होती है यानी दिन दूनी रात चौगुनी, जबकि जीवन के संसाधनों का उत्पादन अंकगणितीय यानी मंथर गति से होता है। इससे पैदा असन्तुलन जीवन के उपलब्ध साधनों के अभाव, दुर्भिक्ष, महामारी जैसी आपदाओं से भारी संख्या में लोगों के मरने से खत्म होता है और फिर बची हुई आबादी और उपलब्ध संसाधनों के बीच एक सन्तुलन कायम हो जाता है।

इसके बाद फिर ऐसे दुष्चक्रों की पुनरावृत्ति होती रहती है। डार्विन के अनुसार, जीवन के लिए उपलब्ध सुविधाओं और संसाधनों के लिए विभिन्न प्रजातियों के असंख्य जीवों में होड़ रहती है और इसमें वे प्रजातियाँ जीवित बचती हैं और फलती-फूलती हैं जो अपने को उपलब्ध परिस्थितियों के अनुकूल बना पाती हैं। बाकी प्रजातियाँ नष्ट हो जाती हैं।

इस संघर्ष के क्रम में पैदा स्थितियों से अनुकूलन के लिए प्रजातियाँ विशेष गुण और व्यवहार विकसित करती हैं। इस अनुकूलन की सफलता पर ही यह

निर्भर करता है कि कोई प्रजाति अस्तित्व में रहेगी या विनष्ट हो जाएगी। डार्विन ने अनुकूलन की इस प्रक्रिया को अस्तित्व के लिए संघर्ष कहा था और प्रजातियों के बचे रहने की सम्भावना को एक समाजशास्त्री हरबर्ट स्पेंसर के पद को उधार लेकर 'सर्वाइवल ऑफ द फिटेस्ट' से अभिव्यक्त किया था यानी वे ही प्रजातियाँ बच पाती हैं जो परिस्थिति के हिसाब से सर्वाधिक 'फिट' यानी अनुकूल होती हैं। इन पदों से बाद में गम्भीर विवाद पैदा हुए, इसलिए इन पदों के उस मायने को समझना जरूरी है जिस मायने में डार्विन ने इनका प्रयोग किया था। 'द ओरिजिन ऑफ स्पीसीज' में स्वयं डार्विन ने इसकी व्याख्या में यह लिखा है :

'जैव पदार्थ (यानी जीव और वनस्पति) जिस तेज रफ्तार से अपनी संख्या बढ़ाते हैं, उससे अनिवार्य रूप से अस्तित्व के लिए संघर्ष पैदा होता है। प्रत्येक जीव या वनस्पति, जो अपने स्वाभाविक जीवन काल में कई अंडे या बीज पैदा करता है, अपने जीवन क्रम में अनिवार्य रूप से किसी मौसम या वर्ष में मृत्यु का शिकार बनता है। ऐसा न हो तो बीजगणितीय संख्या-बाढ़ से इसकी संख्या इतनी अधिक हो जाएगी कि कोई भी देश इनके बोझ को उठाने में अक्षम हो जाएगा।

बढ़ती संख्या के कारण सभी व्यक्ति जीवित नहीं रह सकते, इसलिए अस्तित्व के लिए संघर्ष अनिवार्य हो जाता है—एक ही प्रजाति के विभिन्न व्यक्तियों के बीच, या विभिन्न प्रजातियों के व्यक्तियों के बीच, या जीवन की स्थितियों से। यह माल्थस के सिद्धान्त को कई गुना शक्ति से सम्पूर्ण जीवन और वनस्पति जगत में लागू करता है। इसलिए भी क्योंकि इस मामले में बनावटी ढंग से खाद्य-पदार्थों के उत्पादन की बढ़ोतरी या विवादों पर बन्धन नहीं डाला जा सकता।'

'जीवन के लिए संघर्ष' जैसे पद को लेकर भ्रम की स्थिति न रहे यह सुनिश्चित करने के लिए डार्विन ने इससे सम्बद्ध अध्याय में पहले ही लिखा, 'शुरू में ही मेरे लिए यह बता देना जरूरी लगता है कि मैंने इस पद का प्रयोग विशेष अर्थ में किया है जिसमें एक जीव की दूसरे पर निर्भरता भी समाहित है और विशेषकर व्यक्ति की खुद के जीवन की रक्षा ही नहीं बल्कि सन्तान छोड़ पाने की सक्षमता भी शामिल है। और आगे, एक अमरबेल सेब और कुछ दूसरे वृक्षों पर निर्भर है, लेकिन शब्द के अर्थ को बहुत खींचकर ही यह कहा जा सकता है कि वे इन वृक्षों से संघर्षरत हैं।'

आगे डार्विन कहते हैं कि 'सुविधा के लिए इन अनेक स्थितियों को इकट्ठे रूप में मैंने अस्तित्व के लिए संघर्ष कहा है।'

आगे चलकर उन्नीसवीं सदी के अन्तिम वर्षों में इन पदों की कुछ ऐसी व्याख्या होने लगी जिनके खतरनाक निहितार्थ मनुष्य के भविष्य के लिए हो सकते थे। कुछ लोगों ने इससे यह निष्कर्ष निकाला कि मनुष्य एक-दूसरे से अन्तहीन संघर्ष में लगा हुआ है और मानव समाज का चित्र उन्हें हॉब्स की कल्पना के करीब दिखाई देता था जिसमें मानव जीवन अभावग्रस्त और पशुवत होना था।

उन्नीसवीं शताब्दी के अन्तिम वर्षों से पूँजीवादी प्रतिस्पर्धा परवान चढ़ने लगी थी और कुछ लोगों को डार्विन के सिद्धान्त में निर्बाध प्रतिस्पर्धा का समर्थन दिखाई पड़ने लगा। अर्थशास्त्र और समाजशास्त्र से प्रत्यावर्तित हो यह विवाद स्वयं जीवन विज्ञान के क्षेत्र में वापस आ गया। चूँकि यह विवाद अन्तत: मानव सोच को प्रभावित कर हमारे भविष्य को भी बुनियादी रूप से प्रभावित करनेवाला है, अत: इस पर गम्भीर विचार करना जरूरी लगता है।

हर्बर्ट स्पेंसर के पद 'सर्वाइवल ऑफ द फिटेस्ट' को उधार लेने के पहले डार्विन ने जीवों के गुणों के क्रमिक विकास को 'कुदरती चयन' कहा था यानी प्रकृति द्वारा चयन की प्रक्रिया। यह मनुष्यों के घोड़े, कुत्ते, कबूतर आदि की नस्ल सुधारने की प्रक्रिया से तुलना पर आधारित पद था।

आदमी इस प्रक्रिया में पशुओं या फल-फूल में इच्छित गुण वाले पशु या फल-फूल को बचाता और बढ़ाता है और बाकी को खत्म हो जाने देता है। इस तरह इच्छित गुण वाले पशु या फल-फूल ही जीवित रह विकसित होते हैं। डार्विन ने स्वयं इस तरह कबूतरों की नस्ल को सुधारने का प्रयोग किया था और ऐसे प्रयोगों के दूसरों के नतीजों का अध्ययन भी। उसने पाया था कि जीवों के कुछ गुण उनके वंशजों में आ जाते हैं। अगर ऐसे गुण वाले कबूतरों की वंश-वृद्धि की जाए तो इससे खास नस्ल के कबूतर तैयार हो जाते हैं।

यही बात दूसरे जीवों में भी विशेष नस्लों को फैलाने के साथ लागू है। डार्विन के समय तक इस बात की जानकारी जीव वैज्ञानिकों को नहीं थी कि जीवों में अचानक नए गुणों का आविर्भाव कैसे होता है, लेकिन यह दिखाई देता था कि एक बार आविर्भाव हो जाने पर ये नए गुण वंशजों में दिखाई देने लगते हैं। डार्विन ने यह विचार प्रतिपादित किया कि प्रकृति भी लगातार वृक्षों या पशु-पक्षियों में अचानक इस तरह होनेवाले परिवर्तनों को संरक्षित करती है अगर इससे इनके जीवन की सम्भावना बढ़ती है।

यह भी एक स्वत: होनेवाली प्रक्रिया है। जीवित बचने के लिए वनस्पति या जीव को स्वयं को प्राकृतिक स्थितियों के अनुकूल बनाना पड़ता है जिसे अंग्रेजी में 'एडेप्टेशन' कहा जाता है। अगर नए गुणों से जीव प्राकृतिक स्थितियों के अनुकूल बनता है तो उसके जीवन की सम्भावना बेहतर होती है और इन नए गुणों से युक्त उसके वंशजों की बाढ़ होती है। जिनमें ऐसे अनुकूल गुण वाले सदस्य ही रह जाते हैं। इस अध्ययन से यह बात भी सामने आई कि अनेक प्रजातियाँ जो आज एक-दूसरे से बिलकुल भिन्न हैं कभी अतीत में किसी एक प्रजाति से उत्पन्न हुई थीं।

इससे पश्चिमी धर्मों में फैले इस विश्वास को गहरा धक्का लगा कि जगत के नियंता ने दुनिया के विभिन्न प्राणियों और वनस्पतियों को अलग-अलग रूप में कभी गढ़ा था और वे सदा भिन्न थे। स्थितियों के अनुकूलन से किस तरह प्रजातियों के

अंग और व्यवहार बदलते हैं उसके सबसे दिलचस्प नमूने हैं कुछ स्तनपायी जीवों के रूप और गुणों की भिन्नताएँ।

यह बात आम जानकारी की है कि आज के चौपाया जीव जैसे गाय, कुत्ता और मनुष्य स्तनपायी थलवासी जीव हैं, लेकिन स्तनपायी जीवों में ही चमगादड़, ह्वेल और डॉलफिन भी हैं। चूँकि चमगादड़ उड़ने वाला जीव है, ह्वेल और डॉलफिन गहरे जल में निवास करनेवाले जीव, उन्होंने अनुकूलन की प्रक्रिया से क्रमश: पक्षियों और मछलियों के अनेक गुण विकसित कर लिए हैं। चमगादड़ों ने विशेष तरह के डैने विकसित कर लिए हैं और ह्वेल ने जल में रहने के लिए जरूरी मछलियों के कई गुण। इतना कि कभी-कभी लोगों को ऐसा लगने लगता है कि ह्वेल भी एक मछली ही है। यह बात कि कभी ये भिन्न दिखनेवाली प्रजातियाँ किसी एक ही प्रजाति से विकसित हुई होंगी वैसे जीवाश्मों के अनुक्रम से मालूम होता है जो अपनी विकास यात्रा में प्रजातियाँ छोड़ गई हैं। ये जीवाश्म एक तरह से प्रजातियों के क्रमिक विकास के अभिलेख हैं।

लेकिन एक पहेली फिर भी डार्विन के सामने थी। यह पहेली कि चींटियों और मधुमक्खियों में जिनमें कामों का व्यवस्थित बँटवारा होता है—मसलन, मधुमक्खियों के छत्तों में अंडे देनेवाली रानी मधुमक्खी, पराग संग्रह करनेवाले मजदूर और एक हद तक काहिल नर मधुमक्खियों के बीच—वहाँ सबके गुणों का अगली पीढ़ी में हस्तान्तरण कैसे होता है? विशेषकर पराग जमा करनेवाले नर मधुमक्खी तो सन्तान पैदा करने में कोई योगदान नहीं करते तो फिर ये परोपकारी मधुमक्खी छत्ते की अगली पीढ़ियों में अपने जैसे सदस्य कैसे छोड़ जाते हैं?

डार्विन का निष्कर्ष था कि चयन प्रक्रिया में वैसे ही मधुमक्खियों का समूह अस्तित्व में रह जाता है जिसमें ऐसे उद्यमी पराग जमा करनेवाले मधुमक्खी यथेष्ट मात्रा में रानी मधुमक्खी के अंडों से निकलते हैं। जिन छत्तों में ऐसे नर मधुमक्खी नहीं पैदा होंगे उन छत्तों का अस्तित्व खत्म हो जाएगा। इस तरह सामूहिक रूप में उपयुक्त प्रजाति के बचे रहने का सिद्धान्त—'सर्वाइवल ऑफ द फिटेस्ट'—प्रकृति द्वारा चयन प्रक्रिया को बनाए रखता है।

डार्विन का मानना था कि इस तरह के चयन में प्रकृति की क्षमता मनुष्य की क्षमता से काफी अधिक होती है इसलिए प्राय: यह आश्चर्यचकित करनेवाला लगता है। इन चींटियों और मधुमक्खियों में आश्चर्यजनक सहयोग और काम का बँटवारा स्वत: इस प्राकृतिक चयन प्रक्रिया से आ जाता है। इसमें सहयोग या परोपकारिता भाव की कोई भूमिका दिखाई नहीं देती। यह सारी प्रक्रिया यांत्रिक लगती है।

जनसत्ता, 23 जुलाई, 2009

5

महात्मा गांधी

गांधीजी की बहुचर्चित पुस्तक 'हिन्द स्वराज' का शताब्दी वर्ष चल रहा है। इसका विभिन्न तरह का मूल्यांकन हो रहा है। सवाल है हम इसका सही मूल्यांकन किस रूप में करें? दिलचस्प है कि इसके सम्बन्ध में दो दृष्टियाँ पूरी तरह परस्पर विरोधी हैं। एक विचार को तो खुद गांधीजी ने (सन्) 1938 में 'आर्यन पाथ' को भेजे एक सन्देश में यों प्रस्तुत किया है : 'पाठक इतना भी जान लें कि दक्षिण अफ्रीका के हिन्दुस्तानियों में जो सड़न दाखिल होनेवाली ही थी, उसे इस पुस्तक ने रोका था'। इसके विरुद्ध दूसरे पल्ले में रखने के लिए पाठक मेरे एक दिवंगत मित्र की यह राय भी जान लें कि 'यह एक मूर्ख आदमी की रचना है।' फिर भी काफी लोग जो मानते हैं कि यह भविष्य का भारतीय समाज क्या हो, उसकी गांधीजी की परिकल्पना है। पुस्तक के सम्बन्ध में इस तरह की परस्पर विरोधी और तीव्र अनुभूति यह जरूर बताती है कि कहीं यह हमारे जीवन के महत्त्वपूर्ण पहलू को छूनेवाली पुस्तक है।

एक बात तो निश्चित रूप से कही जा सकती है कि गांधीजी इस पुस्तक में, निकट भविष्य में भारत कैसा होगा, इसकी रूपरेखा तैयार नहीं कर रहे थे। यह बात सन् 1921 में 'यंग इंडिया' में इस पुस्तक के सम्बन्ध में गांधीजी के एक उद्गार से स्पष्ट है। उन्होंने लिखा :

'इस किताब में 'आधुनिक सभ्यता' की सख्त टीका की गई है। यह 1909 में लिखी गई थी। इसमें मेरी जो मान्यता प्रकट की गई है वह आज पहले से ज्यादा मजबूत बनी है। मुझे लगता है अगर हिन्दुस्तान 'आधुनिक सभ्यता' का त्याग करेगा, तो उससे लाभ ही होगा।'

'लेकिन मैं पाठकों को एक चेतावनी देना चाहता हूँ। वे ऐसा न मान लें कि इस किताब में जिस स्वराज की तसवीर मैंने खड़ी की है, वैसा स्वराज कायम करने के लिए आज मेरी कोशिश चल रही है। मैं जानता हूँ कि अभी हिन्दुस्तान उसके लिए तैयार नहीं है। ऐसा कहने में शायद ढिठाई का भास हो, लेकिन मुझे तो पक्का विश्वास है कि इसमें जिस स्वराज की तसवीर मैंने खींची है, वैसा स्वराज

पाने की मेरी निजी कोशिश जरूर चल रही है, लेकिन इसमें कोई शक नहीं कि आज मेरी सामूहिक प्रवृत्ति का ध्येय तो हिन्दुस्तान की प्रजा की इच्छा के मुताबिक पार्लियामेंटरी ढंग का स्वराज पाना है। रेलों या अस्पतालों का नाश करने का ध्येय मेरे मन में नहीं है, अगरचे उनका कुदरती नाश हो तो मैं जरूर उसका स्वागत करूँगा। रेल या अस्पताल दोनों में से एक भी ऊँची और बिलकुल शुद्ध संस्कृति की सूचक (चिह्न) नहीं है। ज्यादा-से-ज्यादा इतना ही कह सकते हैं कि यह एक ऐसी बुराई है जो टाली नहीं जा सकती...। इस पुस्तक में बताए कुछ कार्यक्रमों के एक ही हिस्से पर आज अमल हो रहा है, वह है अहिंसा...हिन्दुस्तान अगर प्रेम के सिद्धान्त को अपने धर्म के एक सक्रिय अंश के रूप में स्वीकार करे और उसे अपनी राजनीति में शामिल करे तो स्वराज स्वर्ग से हिन्दुस्तान की धरती पर उतरेगा, लेकिन मुझे दुख के साथ इस बात का भान है कि ऐसा होना बहुत दूर की बात है।'

ऊपर के उद्धरणों से यह बात तो साफ हो जाती है कि गांधीजी 'हिन्द स्वराज' में व्यक्त विचारों को प्रकाशस्तम्भ के रूप में प्रस्तुत करना चाहते थे, जो विकास की दिशा को आलोकित कर सके। वे इसकी वैसी ही भूमिका देखते थे जैसी पश्चिमी देशों की परम्परा में 'यूटोपिया' की थी। वैसे तो यूटोपिया शब्द थॉमस मूर ने अपनी कल्पना के आदर्श समाज को दिया था, लेकिन वहाँ यह नाम विभिन्न मनीषियों द्वारा कल्पित आदर्श समाजों को दिया जाने लगा—वैसे आदर्श समाजों को, जो कभी व्यावहारिक नहीं हो सकते थे। इनमें कुछ यूटोपिया तो पूर्ण रूप से काल्पनिक थे, लेकिन कुछ ऐसे भी थे जिनके सम्बन्ध में विश्वास था कि वे वास्तव में कहीं अस्तित्व में थे। यूनान में प्रचलित ऐसी ही परम्परा 'ऐटलांटिस' के सम्बन्ध में थी और यूरोप के अनेक मनीषी किसी नए ऐटलांटिस की स्थापना की कामना करते रहे।

महात्मा गांधी ने 'हिन्द स्वराज' में जैसे समाज की कल्पना की है वह भी प्राचीन भारत की उनकी कल्पना पर ही आधारित था, लेकिन ज्यादा सही यह कहना होगा कि गांधीजी ने इसमें भारत की खोज की जगह भारत का आविष्कार किया है। दरअसल, ऐसा आविष्कार करना गांधीजी के चरित्र का हिस्सा था। बुराई उनके स्वभाव के इतना विपरीत थी कि उन्हें प्राचीन संस्थाओं की बुराई उनकी विकृति लगती थी।

एक उदाहरण सनातन धर्म है। गांधीजी अपने को सनातनी हिन्दू कहते थे, लेकिन इसके सम्बन्ध में उनकी मान्यता ऐसी थी कि वह आम सनातनी का दम घोंट दे। उनका वर्ण-व्यवस्था सम्बन्धी विचार भी कुछ ऐसा ही था और वे मानते थे कि ऊँच-नीच सम्बन्धी विचार इसकी विकृति है। और आखिरकार उन्हें यह विभाजन इतना असह्य लगा कि उन्होंने वैसे विवाहों में शामिल होना छोड़ दिया जिनमें वर और वधु में एक सवर्ण और दूसरा अवर्ण न हो। अगर प्राचीन भारत को एक आदर्श बनना था तो इसे वैसा ही बनना था जो गांधीजी की कसौटी पर खरा उतरे।

भारत की सभ्यता के सम्बन्ध में वे लिखते हैं : 'सभ्यता वह आचरण है जिससे आदमी अपना फर्ज अदा करता है। फर्ज अदा करने का मानी है नीति का पालन करना। नीति के पालन का मतलब है अपने मन और इन्द्रियों को वश में रखना। ऐसा करते हुए हम अपने को (अपनी असलियत को) पहचानते हैं। यही सभ्यता है। इससे जो उलटा है वह बिगाड़ करनेवाला है...।'

और आगे लिखते हैं : 'हमने देखा है कि मनुष्य की वृत्तियाँ चंचल हैं। उसका मन बेकार की दौड़-धूप किया करता है। उसका शरीर जैसे-जैसे ज्यादा दिया जाए वैसे-वैसे ज्यादा माँगता है। ...इसलिए हमारे पुरखों ने भोग की हद बाँध दी। बहुत सोचकर उन्होंने देखा कि सुख-दुख तो मन के कारण है। ...अमीर अपनी अमीरी की वजह से सुखी नहीं है, गरीब अपनी गरीबी के कारण दुखी नहीं है। अमीर दुखी देखने में आता है और गरीब सुखी देखने में आता है। करोड़ों लोग तो गरीब ही रहेंगे। ऐसा देखकर उन्होंने भोग की वासना छुड़वाई। हजारों साल पहले जो हल काम में लिया जाता था, उससे हमने काम चलाया...हमने नाशकारक होड़ को समाज में जगह नहीं दी। सब अपना-अपना धंधा करते रहे...ऐसा नहीं था कि हमें यंत्र वगैरह की खोज करना ही नहीं आता था, लेकिन हमारे पूर्वजों ने देखा कि लोग अगर यंत्र वगैरह की झंझट में पड़ेंगे, तो गुलाम बनेंगे और अपनी नीति को छोड़ देंगे। उन्होंने सोच-समझ कर कहा कि हमें अपने हाथ-पैरों से जो काम हो सके वही करना चाहिए। हाथ-पैरों का इस्तेमाल करने में ही सच्चा सुख है, उसी में तन्दुरुस्ती है।'

'उन्होंने सोचा कि बड़े शहर खड़े करना बेकार की झंझट है। उनमें लोग सुखी नहीं होंगे। उनमें धूर्तों की टोलियाँ और वेश्याओं की गलियाँ पैदा होंगी, गरीब अमीरों से लूटे जाएँगे। इसलिए उन्होंने छोटे देहातों से सन्तोष माना।'

पहली नजर में कुल मिलाकर ये विचार प्रगति-विरोधी लगेंगे, सामाजिक प्रगति की जो प्रचलित अवधारणा है उसके हिसाब से। आज की दुनिया में प्रगति की यह धारणा इतनी व्यापक हो गई है कि खुद गांधीजी, जैसा ऊपर बताया गया है, तत्काल इसे खत्म करने की बात नहीं करते—मसलन, रेलों और अस्पतालों को। फिर भी एक दूरगामी लक्ष्य के रूप में सभ्यता की प्रचलित तसवीर को उन्होंने कभी कबूल नहीं किया। इसके पीछे मनुष्य को देखने की दो बुनियादी दृष्टियों का भेद था। प्रचलित विचार के अनुसार मनुष्य जीव-जगत् की एक प्रजाति है और विकास-क्रम में शीर्ष बिन्दु पर पहुँच गया है। पर आरोह से उसकी पशुवृत्ति खत्म नहीं होती। लगातार उसे हिंसक संघर्षों में दूसरे जीवों और खुद अपनी प्रजाति के दूसरे सदस्यों से अपनी रक्षा करनी होती है और उन पर नियंत्रण कायम करना पड़ता है। अपनी रक्षा करने और अपनी सुविधाएँ बढ़ाने के लिए यह अपरिहार्य है।

इसके विपरीत गांधीजी मनुष्य को एक आध्यात्मिक अस्तित्व मानते थे। इस अस्तित्व को प्राप्त करने के लिए उसे सतत प्रयत्नशील रहना होता है, लेकिन

बुनियादी तौर पर डार्विन के मनुष्य की हकीकत से इनकार नहीं किया जा सकता था। महात्मा गांधी को जीवन भर सामाजिक कार्यों में और भावना के स्तर पर इन विपरीत प्रवृत्तियों के संघर्ष को झेलना पड़ा। स्थितियों द्वारा प्रस्तुत उलझनों से वे अपनी 'अन्तरात्मा की आवाज' से—जो उन्होंने खुद अपने तप से अर्जित की थीं—निबटते थे। अपने प्रयासों में उन्हें सभी मनुष्यों को उसकी पशुता से उबारने की राह दिखाई देती थी। उनके संघर्षों की कठिनाइयों और कुछ दूसरी विफलताओं को देखते हुए यह आश्चर्यजनक आश्वस्ति मालूम होती है। यही वह चीज है जो गांधीजी को एक महान युगपुरुष के रूप में स्थापित करती है।

विख्यात एथोलोजिस्ट कॉनराड लौरेंत्ज ने, जिसने जीवों में अपनी प्रजाति के विरुद्ध आक्रामकता की उपस्थिति को अपने अध्ययनों से सिद्ध किया था—कभी विनोद से कहा था कि मनुष्य जिसे आज हम जानते हैं, वह वनमानुष और पूर्ण मानव (ह्यूमन बीइंग) के बीच की एक कड़ी भर है। गांधीजी का प्रयास इस आरोहण को एक हकीकत बनाने का कहा जा सकता है। खुद अपने को उन्होंने मनुष्य की अपनी परिकल्पना के अनुरूप उसी तरह गढ़ने का प्रयास किया था जिस तरह कलाकार अपनी कल्पना को आकृति प्रदान करता है, लेकिन इस प्रक्रिया में उन्होंने मनुष्यता का एक मॉडल भी प्रस्तुत किया जो दूसरों को भी ऐसा बनने की प्रेरणा देता रहे। अगर इससे कोई नई मानवीय संस्कृति बनती है तो मानव स्वभाव में ऐसा परिवर्तन सम्भव है जिसमें वह 'पूर्ण-मानव' बन सके। 'हिन्द स्वराज' दरअसल ऐसा ही मॉडल देने का प्रयास है।

इससे गांधीजी की महानता तो प्रकट होती है, लेकिन समाज के लिए इसकी प्रासंगिकता तुरन्त दिखाई नहीं देती। यह प्रासंगिकता हमें दिखेगी अगर हम मानव विकास के मौजूदा प्रतिमान के नतीजों पर नजर डालें। डार्विन ने जीव-जगत् में जैसे विकास को चित्रित किया है उससे पिछली सदी में यह विश्वास फैला कि इस विकास-प्रक्रिया की निरन्तरता समाज की विकास-प्रक्रिया में भी है और मानव समाज उसी तर्ज पर सतत अपना विकास तकनीकी के आधार पर करता जा रहा है।

यह विकास सीढ़ीनुमा है, इसमें सदा एक स्तर से दूसरे तक आरोह की कल्पना है। इसमें पिछड़ना या फिसल जाना प्रजाति का नाश कर देता है। सभ्यता में इसकी निरन्तरता की कल्पना की गई है। आज यांत्रिक उपलब्धियों की जो होड़ लगी है वह इसकी अनिवार्यता या मजबूरी मानी जाती है।

अब जब संसाधनों की समाप्ति और पर्यावरण के क्षय से इस पर विराम लगता है और मानव अस्तित्व की समाप्ति का खतरा पैदा हो गया है तो समाज के सामने एक असहायता की स्थिति पैदा हो गई है। सदियों से पोषित आकांक्षाओं को पूरा करने के लिए किए जा रहे प्रयासों से जब मृत्यु अवश्यम्भावी लगती है तो पर्यावरण की रक्षा के लिए एक के बाद एक वैश्विक शिखर-वार्ताएँ हो रही हैं,

लेकिन आकांक्षाओं पर नियंत्रण असम्भव लगता है और फिर विवादों में फँस सारे प्रयास विफल हो जाते हैं। वर्तमान औद्योगिक व्यवस्था ने जीवन को ऐसे पचड़ों में उलझा रखा है कि आदमी उनका कैदी बन गया है। नीति-अनीति का निर्धारण आखिरकार यांत्रिकी की अनिवार्यता से ही होता है, जीवन की सम्भावना पर आसन्न संकट के एहसास से नहीं।

हम गांधी के देश भारत को ही लें। यह गांधी से कितना दूर है! हिन्द स्वराज का भारत कहता, 'हमें इससे मतलब नहीं कि दूसरे देश दमघोंटू कार्बन में क्या कटौती करते हैं। हम अपनी जरूरतों को सीमित करेंगे और संसार को जीवन की सीख देंगे। जरूरत हुई तो मृत्युगामी उनकी अर्थव्यवस्था से पूर्ण असहयोग करेंगे। अगर इससे संघर्ष पैदा होगा तो सत्याग्रह और प्रेम की शक्ति का प्रयोग करेंगे।' रास्ता तो यही है। पर 'हिन्द' कितना तैयार है? स्वराज कितना दूर है?

जनसत्ता, 19 सितम्बर, 2009

6

जॉर्ज ऑरवेल

सूक्ष्म द्रष्टा साहित्यकारों की कृतियों के माध्यम से कभी-कभी काल्पनिक स्थितियाँ यथार्थ से अधिक ठोस रूप से हमारे मानस पर अंकित होती हैं और खास तरह की आशंकाएँ या अपेक्षाएँ पैदा करती हैं। 1984 साल अन्य वर्षों की तरह ही एक वर्ष है, लेकिन जॉर्ज ऑरवेल की विख्यात पुस्तक 'नाइंटीन एटी फोर' ने इस वर्ष को एक विशिष्टता प्रदान कर दी है। अनेक लोग इस वर्ष को उन सम्भावनाओं से जोड़ते रहे हैं, जहाँ आधुनिक विज्ञान और तकनीक से लैस अधिनायकवादी सत्ता मनुष्य को चिरकाल के लिए मानसिक रूप से गुलाम बनाने में सक्षम हो सकेगी। इससे भी बढ़कर आज के राजनेताओं के बयान अक्सर इस उपन्यास में वर्णित व्यवस्था के सूत्र वाक्यों जैसे 'युद्ध शान्ति है' अथवा 'आजादी गुलामी है' की याद दिला जाते हैं। अब हम 1984 में पदार्पण कर चुके हैं, तो इस बात पर विचार करना उचित लगता है कि ऑरवेल के उपन्यास में चर्चित दु:स्वप्न की दुनिया से हम कितनी दूर या करीब हैं।

चूँकि सम्प्रेषण और संचार ऑरवेल के उपन्यास का केन्द्रीय मुद्दा है, हमारा ध्यान 1984 के ठीक पहले (1983 दिसम्बर के दूसरे सप्ताह में) होनेवाले नामीडिया (निर्गुट देशों की समाचार व्यवस्था) के सम्मेलन की ओर चला जाता है। यह दिलचस्प बात है कि इस सम्मेलन के उद्घाटन समारोह में बोलते हुए इन्दिरा गांधी ने स्वयं ऑरवेल का हवाला देते हुए आसमान से हर बात की निगरानी करनेवाली आँखों से आगाह किया। लेकिन किसी भी भारतीय के लिए आसमान से निगरानी करनेवाली आँखों से अधिक भयावह जमीन पर अवस्थित वे आँखें हैं, जो स्वयं इन्दिरा गांधी के निरीक्षण में लोगों के निजी जीवन पर लगी रहती हैं और जिसका अनुभव आपातकाल में हर भारतीय को हो चुका है। जो तसवीर भारतीय टी.वी. पर (टी.वी. उस उपन्यास में वर्णित टेलीस्क्रीन का ही एक पक्ष है) हमें किसी दिन अकेला नहीं छोड़ती वह 'बिग ब्रदर' की नहीं स्वयं इन्दिरा गांधी की होती है।

आश्चर्य नहीं कि इन्दिरा गांधी टी.वी. को देश के 70 प्रतिशत घरों में फैलाने की बात सोचती हैं, लेकिन दूसरे देशों द्वारा आसमान से निगरानी की निन्दा और स्वयं अपने देश में लोगों को वैचारिक दृष्टि से नियंत्रित करना वास्तव में ऑरवेल द्वारा वर्णित उस मानसिक प्रक्रिया का अंग है, जिसे उसने 'डबल थिंक' का नाम दिया है। इसमें दो विपरीत मूल्यों को एक साथ ही कबूल कर लिया जाता है : एक अपने लिए और दूसरा अपने प्रतिपक्षियों के लिए।

नामीडिया में जिन देशों के संचार माध्यमों के लोग आए थे, उनमें से अधिकांश में समाचारों को इकट्ठा या प्रसारित करने का अधिकार अन्यत्र ही सीमित है। इसलिए समाचार सूत्रों की आजादी की बात इसके प्रचलित अर्थों में तो नहीं ही की जा सकती थी, अत: समाचार की आजादी के अर्थ को थोड़ा बदलने का प्रयास हुआ। 1984 की तरह 'आजादी गुलामी है' वाला सूत्र तो नहीं अपनाया गया, लेकिन आजादी का दायरा उसी तरह बदल दिया गया। सम्मेलन ने अपने मूल प्रस्ताव में यह कहा कि 'समाचार के सन्तुलित प्रवाह पर उतना ही ध्यान देना चाहिए जितना मुक्त प्रवाह पर।' लेकिन चूँकि इन देशों में मुक्त प्रवाह की सम्भावना प्राय: नगण्य है असली उद्देश्य सन्तुलित प्रवाह का रहेगा और यह सन्तुलन वर्तमान सत्ताओं द्वारा स्थापित किया जाएगा। पूरे सम्मेलन में उन देशों का बहिष्कार नहीं किया गया, जहाँ विचारों पर प्रतिबन्ध है। इस सम्मेलन में 'उन्नीस सौ चौरासी' में व्यक्त की गई आशंका की पूर्ति होती है।

'उन्नीस सौ चौरासी' में 'इंगसौक' के समाज यानी ब्रिटिश समाजवाद (इंगलिश सोशलिज्म) का वर्णन है। हालाँकि यह भी बताया गया है कि फर्क मात्र नामों का है, वास्तव में जो तीन बड़ी अधिनायकवादी व्यवस्थाएँ बनेंगी आधारभूत रूप से एक-सी होंगी और एक-दूसरे के साथ स्थायी तौर पर युद्धरत रहेंगी। यह भी कल्पना की गई है कि निरन्तर युद्ध के कारण लोगों के जीवन स्तर में बड़ी गिरावट आएगी। खासकर मजदूर वर्ग जिसे 'प्रोल' कहा गया है, भयंकर अभाव और आपसी छीना-झपटी की जिन्दगी बिताएगा। इस वर्ग में समाज परिवर्तन की इच्छा या क्रान्तिकारिता बिलकुल नहीं होगी। जीवन स्तर सम्बन्धी कही गई बातें 'इंगसौक' या अन्य विकसित पूँजीवादी देशों पर तो लागू नहीं होतीं। अगर आम लोगों की वैसी हालत कहीं है तो भारत ऐसे देशों में।

अब हम 'प्रोल जीवन' के इस वर्णन पर विचार करें : '...वे जन्म लेते थे, कूड़े में पलते थे, बारह वर्ष की उम्र से काम में लग जाते थे। प्रस्फुटन, सौन्दर्य और सेक्स की इच्छा की एक अल्पकालीन अवधि से गुजरते थे, बीस की उम्र में विवाहित हो जाते थे, तीस की उम्र में अधेड़ हो जाते थे और अधिकांश साठ वर्ष का होते-होते मर जाते थे। भारी शारीरिक श्रम, घर और बच्चे की देखभाल, पड़ोसियों से छोटे-मोटे झगड़े, सिनेमा, फुटबॉल और जुआ यही उनके जीवन की क्षितिज रेखा थी...यह उचित नहीं समझा जाता था कि 'प्रोलों' में कोई गहरी राजनीतिक

प्रतिबद्धता हो। सिर्फ यह जरूरी था कि उनमें एक तरह का आदिम राष्ट्रभाव हो, जिसके सहारे उनसे कम राशन पर अधिक काम कराया जा सके।'

भारतीय स्थिति में हम सिर्फ फुटबॉल की जगह क्रिकेट रख दें तो भारतीय जीवन पर यह बातें बिलकुल फिट बैठ जाती हैं। हाँ! जुआ में 'उन्नीस सौ चौरासी' में भी सरकारी लाटरियों का ही प्रमुख स्थान बतलाया गया।

हालाँकि ब्रिटेन या अन्य पश्चिमी देशों के मजदूर वर्ग की दशा सुधरती गई है और इनमें अस्सी फीसदी लोगों को एक हद तक आराम की जिन्दगी प्राप्त है, फिर भी जिस मानसिक गुलामी का चित्रण 'उन्नीस सौ चौरासी' में किया गया है, वह इन देशों में भी है। यह स्थिति प्रत्यक्ष देखने से नहीं पैदा हुई है, बल्कि सरकार एवं बड़े कॉरपोरेशनों के प्रचारतंत्र से। यह काम खास तौर से शब्दों के अर्थ को कुछ ठोस उपयोगी या उपभोग की वस्तुओं के सन्दर्भ तक सीमित करके किया गया है। ऑरवेल के उपन्यास में नई भाषा को 'न्यूस्पीक' कहा गया है और उसका उद्देश्य भाषा को उसके पुराने सन्दर्भों से बिलकुल काट देता है, जिसमें स्थितियों के आकलन का कोई परम्परागत मापदंड नहीं बचे। यह काम धड़ल्ले से आज उपभोक्तावादी समाज की बौद्धिक संस्कृति कर रही है। अब क्रान्तिकारिता का 'एबनॉर्मलिटी' या 'एनोमी' सादगी की जिन्दगी को 'शैबी' या प्रतिस्पर्धा से परहेज को 'मोटिवेशन का अभाव' जैसे शब्दों से परिभाषित किया जाने लगा है। इस नई शब्दावली के प्रचलन से सुकरात से लेकर जीसस क्राइस्ट, मार्क्स और गांधी तक सब एक वर्ग 'सोशल मिसफिट' में आ जाएँगे। फिर इस विषय में सोचने की कोई जरूरत नहीं रह जाएगी। अत: इन देशों में भी जीवन स्तर ऊँचा होने के बावजूद मनुष्य मानसिक रूप से गुलाम बनकर उपभोक्ता समाज द्वारा निर्धारित लीक पर चलने का आदी बनता जा रहा है।

एक मामले में ऑरवेल की कल्पना निश्चित ही अति निराशावादी और गलत साबित हो रही है। ऑरवेल ने यह मान लिया था कि दमन, नई भाषा और प्रचार से आदमी की आजादी की इच्छा को पूरी तरह दमित किया जा सकता है। लेकिन आदमी की आजादी की इच्छा अदम्य ही रही है और आदमी की जीभ पर भले ही ताला लग जाए या उसकी भाषा नष्ट कर दी जाए, उसके भीतर की आलोचनात्मक दृष्टि कभी नहीं मरती। उसे इसके लिए किसी बाहरी मापदंड या प्रचलित भाषा की तलाश नहीं रहती। मानव वंश कपिल से प्राप्त उसके जीवकोष्ठ में ही कहीं आकंठ तक भावना बैठी है जो लाख प्रतिबन्धों के बावजूद तब तक जीवित रहती है जब तक आदमी जिन्दगी की वह सुराग पाते ही प्रस्फुटित हो बाहर आ जाती है। इसका सबसे प्रत्यक्ष प्रमाण पोलैंड की पिछली घटनाएँ हैं।

रविवार, 1 जनवरी, 1984

7

अल्बेयर कामू

'न्यायी हत्यारे' अलबेयर कामू के 1949 में फ्रेंच में लिखे नाटक 'लेस जस्टेस' का इस लेखक द्वारा किया हिन्दी अनुवाद है। लेस जस्टेस का शाब्दिक अनुवाद 'सिर्फ न्यायी' होगा। यह नाटक हत्या और आतंक के साथ जुड़े नैतिक प्रश्नों को बड़ी मार्मिकता के साथ उपस्थित करता है।

कामू के इस नाटक में स्तेपान फेदोरोव को छोड़कर सभी पात्र 1905 में ग्रैंड ड्यूक सरजई रोमानोव की हत्या करनेवाले रूसी सोशलिस्ट क्रान्तिकारी ग्रुप के सदस्यों के वास्तविक चरित्रों पर आधारित है। अपनी भूमिका में कामू ने लिखा है कि कालियायेव तो एक क्रान्तिकारी का असली नाम है। स्तेपान के चरित्र की सृष्टि कामू ने कम्युनिस्ट पार्टी से अपने मतभेदों को उजागर करने के लिए की है। नाटक में पाँच दृश्य (या अंक) हैं। प्रथम तीन और अन्तिम पाँचवें दृश्य का स्थान क्रान्तिकारियों का ठिकाना है, चौथे दृश्य का स्थान जेल है।

पहले दृश्य में क्रान्तिकारी बम फेंककर ग्रैंड ड्यूक की हत्या करने की एक सांगोपांग योजना बनाते हैं और कालियायेव (यानेक) को बम फेंकने के लिए चुना जाता है।

दूसरे दृश्य में यानेक बम फेंक न पाने के बाद लौट आता है क्योंकि उस वक्त ग्रैंड ड्यूक की बग्घी में दो बच्चे भी सवार रहते हैं। स्तेपान इस पर क्षोभ प्रकट करता है, लेकिन अन्य साथी यानेक का पक्ष लेते हैं।

तीसरे दृश्य में यानेक दूसरी बार बम फेंकने की तैयारी करता है, अलेक्सिस वोइनोव हिंसक कार्रवाइयों में भाग ले पाने में अपनी असमर्थता पर लज्जित हो पार्टी के प्रचार विभाग में शामिल होने का निर्णय करता है।

चौथे दृश्य में स्थान जेल है, जहाँ यानेक बम फेंकने के बाद कैद है। खुफिया विभाग का अधिकारी स्कूरातोव यानेक से मिलता है और उसे अपराध कबूलने और अपने साथियों का नाम पता देने के लिए यह कहकर धमकाता है कि यदि उसने इनकार किया तो वह (स्कूरातोव) यह समाचार प्रकाशित करवा देगा कि

ग्रैंड ड्यूक की पत्नी से कालियायेव ने अपने किए पर पश्चाताप प्रकट किया है और इसका नतीजा यह होगा कि उसके साथी यह विश्वास कर लेंगे कि उसने (कालियायेव ने) उन्हें धोखा दिया है। इस धमकी के पहले ग्रैंड ड्यूक की पत्नी ग्रैंड डचेस कालियायेव की कोठरी में प्रवेश करती है और ग्रैंड ड्यूक की हत्या करने के अपराध के मानव-हत्या वाले पक्ष को उसे दर्शाती है और कहती है कि मृत्यु से बचने के लिए वह क्रान्तिकारी होने के बजाय हत्यारा होना मंजूर कर ले। कालियायेव ग्रैंड डचेस के अपने पति के संस्मरणों से द्रवित तो होता है, लेकिन उसकी बात मानने से दृढ़ता के साथ इनकार करता है।

पाँचवें और अन्तिम दृश्य में स्थान क्रान्तिकारियों का वही ठिकाना है। कालियायेव को फाँसी पर चढ़ाए जानेवाली रात है। अन्नेकोव, दोरा और स्तेपान कालियायेव का समाचार जानने की प्रतीक्षा कर रहे हैं। वोइनोव भी समाचार जानने की व्यग्रता में चला आता है। एक-दो साथी यह शक जाहिर करते हैं कि शायद कालियायेव ने अपनी जान बचाने के लिए भेद खोल दिया है, लेकिन दोरा यह जानती है कि ऐसा नहीं हो सकता। थोड़ी देर बाद कालियायेव को फाँसी पर चढ़ाए जाने का समाचार मिलता है। दोरा, स्तेपान जैसा रुख अख्तियार करती है और कालियायेव की फाँसी का बदला लेने के लिए अकेले जारशाही से लड़ने की प्रतिज्ञा करती है।

उन्नीसवीं शताब्दी के आखिरी वर्षों से लेकर बीसवीं शताब्दी के पूर्वार्ध तक में यूरोपीय समाज में सभी नैतिक बन्धनों को नकारने का रुझान 'निहिलिज्म' और 'अस्तित्ववाद' के दर्शन के रूप में काफी प्रबल था। दोस्तवस्की की यह शंका 'अगर ईश्वर नहीं है तो सब कुछ करना क्षम्य है' और नीत्से की घोषणा 'ईश्वर मर चुका है और आदमी को उसके खाली सिंहासन पर आसीन होकर अराजक हो चुके संसार को नए नियमों में बाँधना है', इनमें सभी पूर्ववर्ती समाजों से भिन्न, दुनिया को देखने का एक नया नजरिया प्रस्तुत होता था। हकीकत की दुनिया में इसके पूरक पक्ष के रूप में दुनिया को नए सिरे से गढ़ने का क्रान्तिकारी रुझान भी भिन्न-भिन्न रूपों में आया, हालाँकि उनके घोषित लक्ष्यों और भावनाओं में भिन्नता दिखती थी। रूस में जारशाही की अधिनायकवादी व्यवस्था के विरुद्ध एक आन्दोलन सोशलिस्ट रिवोल्यूशनरी पार्टी का था। लेनिन के बड़े भाई अलेग्जैंडर इसी पार्टी से जुड़े थे। जार की हत्या करने का षड्यंत्र करने के आरोप पर उन्हें फाँसी दी गई थी। इस पार्टी की क्रान्तिकारी आतंकवादी कार्रवाइयाँ—यानी उच्च स्थानों पर आसीन जार के पदाधिकारियों और स्वयं जार की हत्या से शासनतंत्र को इतना आतंकित करना चाहती थी कि व्यवस्था ध्वस्त हो जाए और जनता का शोषणविहीन राज्य कायम हो जाए। क्रान्तिकारियों की मूल चेतना समाज में 'न्याय' स्थापित करने की थी।

लेकिन यहीं एक शंका और विवाद का जन्म होता है। क्या ऐसी आतंकवादी कार्रवाइयों के दौरान ऐसी अनचाही घटनाएँ क्षम्य हैं जिनमें निर्दोष लोग मारे जाएँ? इस नाटक में कालियायेव, स्तेपान, दोरा दुलेबोव आदि पात्रों के माध्यम से इस विवाद का हल ढूँढ़ने की कोशिश की गई है। सर्वशक्तिमान ईश्वर संसार में अपनी व्यवस्था कायम करने के क्रम में बेहिचक विशाल पैमाने पर पूर्ववर्ती निर्मितियों का ध्वंस और जीवों का संहार करता चलता है। क्या न्याय का आग्रही मनुष्य भी ईश्वर की तरह ऐसी निर्ममता कबूल कर सकता है? अगर हम ईश भक्तों की बात मानें तो ईश्वर सर्वज्ञ और सर्वशक्तिमान है, और विध्वंस से जो नया निर्माण होगा उसके बारे में जानता है और आश्वस्त है, लेकिन क्रान्तिधर्मा मनुष्य जो नहीं जानता कि उसके कामों का अन्तिम अन्जाम क्या होगा, क्या इस तरह हत्या और विध्वंस के लिए स्वतंत्र है?

यह महज कोई काल्पनिक प्रश्न नहीं है। आज जो आतंकवादी हिंसा हो रही है—चाहे जिहाद के लिए हो, माओवादियों द्वारा नया समाज बनाने के लिए हो, या राष्ट्रीय या क्षेत्रीय स्वायत्तता के लिए संघर्ष करनेवालों के द्वारा हो—सभी में बड़े पैमाने पर निर्दोष व्यक्तियों की चाहे-अनचाहे हत्याएँ हो रही हैं। इतना ही नहीं, स्थापित व्यवस्थाओं के द्वारा भी चिह्नित दोषी लोगों को ही न्यायिक प्रक्रिया से दंड नहीं दिया जाता बल्कि पुलिस या फौजी कार्रवाइयों के दौरान अनेक ऐसे लोगों की मृत्यु होती है, जिन्हें व्यवस्था ने अपने ही कानूनों की दृष्टि से दोषी साबित नहीं किया होता है। अमेरिकी राष्ट्रपति जॉर्ज डब्ल्यू. बुश ने तो बड़े पैमाने पर हजारों की संख्या में मारे जानेवाले ऐसे लोगों की मृत्यु और विध्वंस का औचित्य ठहराते हुए एक पद, कोलेटेरल डैमेज (आनुषंगिक नुकसान) का आविष्कार किया है। आतंकवादी या क्रान्तिकारी हिंसा में भी 'आनुषंगिक नुकसान' का एक पहलू रहता है।

लेकिन यह सब मात्र संघर्ष की गहमागहमी में होनेवाली मौतों का मामला नहीं है। कामू के सामने क्रान्ति के गर्भ से पैदा सोवियत समाज का नक्शा भी था जो एक तरह की शोषण व्यवस्था की जगह एक दूसरी और अधिक भीषण तानाशाही व्यवस्था बन गई। यहाँ कुछ भी अप्रत्याशित नहीं था, सब कुछ पूर्व नियोजित था—न्याय की कामना से अपनाई गई अमर्यादित हिंसा का परिणाम। इन अनुभवों से न्याय के लिए हिंसा का मार्ग अपनानेवाले न्यायी का संकल्प संशयग्रस्त हो जाता है, अगर वह एक तरह की जालिम व्यवस्था के विकल्प में बनी दूसरी अन्यायी व्यवस्था को स्वीकार नहीं करता। जो लोग अपनी अविछन्न सत्ता कायम कर लेने भर से सन्तुष्ट हो जाते हैं उन लोगों के भीतर यह अन्तर्द्वन्द्व पैदा नहीं होता, लेकिन तब न्याय का अर्थ बदल जाता है, अन्याय के विरुद्ध प्रति-अन्याय एक नियति की तरह स्वीकार कर लिया जाता है।

नाटक का केन्द्रीय नायक कालियायेव काल्पनिक नहीं एक वास्तविक पात्र है, जो 1905 में जार के एक अधिकारी ग्रैंड ड्यूक सरजई की हत्या करता है और फिर फाँसी पर चढ़ता है। वह ऊपर वर्णित द्वन्द्व से निजात इस निर्णय से पाता है कि अगर हत्या के बदले स्वेच्छा से मौत स्वीकार की जाए तो हत्यारा होने के भाव से मुक्ति मिल सकती है। यह इस हिला देनेवाले द्वन्द्व से बचने का एक मार्ग हो सकता है। कामू ने उसी के चरित्र के माध्यम से इस बात की सीमा का निर्धारण किया है कि क्रान्तिकारी कहाँ तक जा सकता है। हम क्या कर सकते हैं, इसकी सीमा निर्धारित करने के विचार के कारण कामू का मतभेद ज्याँ पाल सार्त्र से होता है जो उसका समकालीन था और अस्तित्ववादी दर्शन का मुख्य प्रवक्ता था। सार्त्र किसी ऐसी सीमा को मनुष्य के नैतिक निर्णय की स्वतंत्रता पर बन्धन मानता था। उसके अनुसार मनुष्य अपने कर्मों की जवाबदेही स्वीकार कर स्वयं एक नैतिकता का निर्माण करता है और इसके लिए वह स्वतंत्र है। कोई अचरज नहीं कि सोवियत व्यवस्था की हकीकत को जानते हुए भी सार्त्र कम्युनिस्ट पार्टी का सदस्य था, लेकिन इस विचार से स्वनिर्मित कसौटी के आधार पर आत्मतुष्टि का मार्ग तो खुलता है, लेकिन न्याय का रास्ता क्या हो, यह नहीं दिखाई देता।

कामू के सामने सदा एक बुनियादी अन्तर्द्वन्द्व उपस्थित था जो कई दूसरे अस्तित्ववादियों के सामने भी था। उसके अन्तर्द्वन्द्व का उत्स था—मानव अस्तित्व को एक 'एब्सर्ड' (निरर्थकता) के रूप में देखना। कामू ने अपने एक लेख 'निरर्थकता और आत्महत्या' को इस रूप में पेश किया है कि आदमी संसार में क्यों है, इसका कोई तुक नहीं। इसलिए जीवन की अर्थहीन उलझनों से निकलने का रास्ता आत्महत्या में दिखाई देता है। संसार के अर्थहीन अस्तित्व से मुक्ति के लिए आत्महत्या और सामाजिक अन्याय से दुनिया को मुक्त करने के लिए हत्या, दोनों ही स्थितियों में मानव अस्तित्व में निहित किसी अटल त्रासदी का अहसास है। दूसरी स्थिति में समस्या के किसी हल के अभाव में हत्या की क्षतिपूर्ति आत्मबलिदान से होती है जो एक अर्थ में आत्महत्या ही है।

लेकिन गम्भीरता से विचार करने पर अस्तित्ववादियों की एब्सर्ड की कल्पना काल-विशेष में व्याप्त एक तरह का भावनात्मक रुझान भर व्यक्त करती है, कोई दार्शनिक और तार्किक दृष्टि नहीं। अधिक बुद्धिसंगत दृष्टि होगी—मानव जीवन को एक चमत्कार के रूप में देखना। असंख्य अणुओं एवं परमाणुओं के खिंचाव, विकर्षण संघात और संश्लेषण की सतत होनेवाली प्रक्रियाओं से संवेदनशील चेतना और जीवन का विकास मनुष्य के लिए अचरज और आनन्द का स्रोत है। इसके पीछे किसी अर्थ की तलाश बेकार है और अखिल ब्रह्मांड में तिनके से भी छोटी हैसियत रखनेवाले मनुष्य की बौद्धिक सीमा से परे भी, लेकिन जीवन जो सीमित सम्भावनाएँ मनुष्य के सामने प्रस्तुत करता है उन्हें ही वह मानवीय आनन्द का स्रोत

बना सकता है। बिना किसी दार्शनिक पचड़े में पड़े अपने विकास के क्रम में छोटे-छोटे दायरों में मनुष्य यही करता रहा है, लेकिन विकास-क्रम में ऐसी स्थितियाँ पैदा हुईं कि आदमी प्रेम, सहयोग, नृत्य, संगीत, कला, साहित्य आदि में ऐसे आनन्द की तलाश की जगह अपरिमेय आर्थिक और राजनीतिक शक्ति समेट दूसरे मनुष्यों और सारी प्रकृति पर वर्चस्व स्थापित करने की धुन में पागल हो दूसरे मनुष्यों के लिए उत्पीड़न का कारण बन गया। फिर इसके खिलाफ विद्रोह और न्यायपूर्ण समाज बनाने की प्रक्रिया शुरू हुई। हिंसक क्रान्तियाँ इसी का परिणाम रही हैं, लेकिन वे स्वयं मनुष्य को एक अन्तर्द्वन्द्व में डालती रही हैं क्योंकि उनकी परिणति नए तरह के उत्पीड़न के रूप में आई। कामू के इस नाटक में इसी उलझन के एक रूप से मुक्ति की तलाश है, लेकिन अन्ततः यह एक त्रासदी ही साबित होती है।

यह ध्यान में रखने की बात है कि बीसवीं शताब्दी के प्रारम्भिक वर्षों में रूस में ही टाल्सटाय ने उत्पीड़न से लड़ने के लिए प्रेम की शक्ति जागृत करने की कल्पना की थी, लेकिन उन्हें कोई रास्ता दिखाई नहीं दे रहा था। 1907 में जब महात्मा गांधी ने दक्षिण अफ्रीका में सत्याग्रह के अहिंसक मार्ग का सफल प्रयोग किया तो टाल्सटाय काफी उत्साहित हुए थे और उन्होंने अपनी मृत्यु के पूर्व एक पत्र भी महात्मा गांधी को लिखा था। इसी के आसपास ब्रिटेन में महिलाओं ने मतदान के अधिकार के लिए अहिंसक संघर्ष किया था। आश्चर्य है कि कामू के सामने ये उदाहरण नहीं थे, जो हत्या और फिर आत्मबलिदान के जरिये कीमत चुकाने के बजाय अहिंसक प्रतिरोध के माध्यम से इस गतिरोध से मुक्ति दिला सकें। दूसरी ओर महात्मा गांधी के शिष्यों में गांधी के आगे बढ़ व्यवस्थाजनित हत्या और उसके विविध आयामों के सन्दर्भ में क्या किया जा सकता है, इस पर कोई गम्भीर विचार मंथन नहीं हुआ है। शायद व्यक्ति के स्तर पर वे इसकी विविध भावनाओं के अन्तर्द्वन्द्व से अपरिचित हैं। इस नाटक से उन्हें भी उत्तेजना मिल सकती है। इसके अभाव में फिलहाल एक तरह का गतिरोध है।

बीसवीं सदी के एक महान लेखक और चिन्तक अल्बेयर कामू का जन्म 7 नवम्बर, 1913 को फ्रांस के तत्कालीन उपनिवेश अल्जीरिया के मोनडोवी में हुआ। उनका बचपन गरीबी में बीता। 1923 में वह माध्यमिक स्कूल में दाखिल हुए और वहाँ से परीक्षाएँ पास करते हुए अल्जीयर्स विश्वविद्यालय में। विश्वविद्यालय की फुटबाल टीम के वह गोलकीपर थे और उन्होंने एक जगह लिखा भी है कि उन्हें नैतिकता की शिक्षा फुटबाल के खेल से मिली। 1930 में तपेदिक हो जाने पर उन्हें फुटबाल और विश्वविद्यालय की पढ़ाई छोड़नी पड़ी। इसके बाद का समय स्वाध्याय और प्राइवेट ट्यूटर, मोटर पार्ट कम्पनी के किरानी और मौसम संस्थान का काम करते रहे। 1935 में उन्होंने बी.ए. और 1936 में एम.ए. पास किया। 1935 में उन्होंने मजदूरों के थिएटर की स्थापना की।

1935 में वह मार्क्सवादी-लेनिनवादी विचारधारा से आकृष्ट होने के बजाय स्पेन के गृहयुद्ध से ज्यादा चिन्तित होकर फ्रांसीसी कम्युनिस्ट पार्टी में शामिल हुए। 1936 में अल्जीरिया की आजादी की माँग करनेवाले अल्जीरियाई कम्युनिस्ट पार्टी में भाग लेने लगे जिससे कम्युनिस्ट पार्टी के कामरेडों से उनकी असहमति बढ़ती गई और उन्हें ट्राटस्काइट करार देकर 1937 में कम्युनिस्ट पार्टी से निष्कासित कर दिया गया।

तपेदिक के कारण 1940 में उन्हें फ्रांसीसी सेना में भर्ती नहीं किया गया। 1941 में उन्होंने अपनी दो प्रसिद्ध पुस्तकें अजनबी (द स्ट्रेंजनर) और 'मिथ ऑफ सिसिफस' लिखीं। द्वितीय विश्वयुद्ध के दौरान वह फ्रांसीसी प्रतिशोध (रेजिस्टेंस) संगठन 'कौम्बाट' में शामिल हुए और 1943 में संगठन के बैम्बाट नाम से ही प्रकाशित होनेवाले गुप्त पत्र के सम्पादक बने। मित्र राष्ट्र की सेना ने जब पेरिस को मुक्त किया तो कामू ने लड़ाई के अन्तिम दौर की स्पाट रिपोर्ट लिखी। जिन एकाध फ्रांसीसी सम्पादकों ने हिरोशिमा पर अणु बम फेंकने का विरोध किया, कामू उनमें एक थे। 1947 में उन्होंने 'कौम्बाट' से, जब वह व्यावसायिक पत्र बन गया, इस्तीफा दे दिया। इसी वक्त उनका प्रसिद्ध फ्रांसीसी चिन्तक ज्यां पाल सार्त्र से परिचय हुआ।

यद्यपि कामू का राजनैतिक रुझान वामपंथी रहा पर वह कम्युनिस्ट मतवाद की कड़ी आलोचना करते रहे और सार्त्र से उनकी दूरी बढ़ती गई। 1949 में उन्हें फिर से तपेदिक हो गया और वह दो वर्ष एकान्तवास में रहे। 1951 में विद्रोह और क्रान्ति का दार्शनिक विश्लेषण और विवेचन करनेवाली उनकी प्रसिद्ध पुस्तक विद्रोही (द रेबेल) का प्रकाश न हुआ। इसमें कम्युनिज्म को नकारने का उनका दृष्टिकोण इतना स्पष्ट था कि उनके बहुत-से साथी उनसे खिन्न होते गए और सार्त्र से उनका पूरी तरह विलगाव हो गया। 1953 में पूर्वी बर्लिन की मजदूर हड़ताल, 1956 में पोलैंड के मजदूर-विद्रोह और हंगरी की क्रान्ति का कामू ने समर्थन किया और सोवियत रूस द्वारा उनके दमन की भर्त्सना।

1954 में अल्जीरियाई युद्ध या मुक्ति संग्राम ने कामू के समक्ष धर्म संकट पैदा कर दिया। वह अल्जीरिया को पूर्ण स्वतंत्रता प्रदान करने के बजाय अधिक स्वायत्तता प्रदान करने और यहाँ तक कि फ्रांस के साथ महासंघ (फेडरेशन) बनाने के पक्षधर होने को तैयार थे। वह मानते थे कि अरब लोग और अल्जीरिया में बसाए गए गोरे फ्रांसीसी लोग एक साथ रह सकते हैं। स्टॉकहोम विश्वविद्यालय में अल्जीरिया के प्रश्न पर अपनी निष्क्रियता के बचाव में उन्होंने कहा कि वह अपनी माँ के बारे में, जो अल्जीरिया में रहती थीं, चिन्तित थे कि उनके साथ क्या गुजरेगी। इस कथन से वामपंथी फ्रांसीसी बुद्धिजीवियों के बीच वह और ज्यादा तिरस्कृत हो गए। अल्जीरियाई युद्ध या मुक्ति संग्राम के दौरान कामू ने एक ऐसे नागरिक युद्ध-विराम (सिविल ट्रूस) का प्रस्ताव रखा था जिसमें नागरिकों को अछूता रखने का सुझाव दिया गया था। इसको दोनों ही पक्षों ने मूर्खतापूर्ण करार देकर अस्वीकार कर दिया। अल्जीरिया

की फ्रांस से अलग होने की माँग का समर्थन न करने के बावजूद कामू छिपे तौर पर मृत्यु दंड प्राप्त करनेवाले अल्जीरियाई बन्दियों को बचाने की चेष्टा में लगे रहे।

यह एक दिलचस्प बात है कि 1957 में नोबेल कमेटी ने अधिकृत रूप से कामू को नोबेल पुरस्कार इसके पिछले साल प्रकाशित उनके उपन्यास 'पतन' (द फाल) पर न देकर मृत्युदंड के खिलाफ उनके लेखों की पुस्तक 'रिफ्लेक्शन्स सर ला गिलोटीन' पर दिया। उनसे कम उम्र में इसके पहले सिर्फ रुडयार्ड किपलिंग को ही नोबेल पुरस्कार प्राप्त हुआ था।

विचारों की दुनिया में कामू का महत्त्वपूर्ण योगदान उनका ऐबसर्ड (बेतुका, असंगत, निरर्थक) का विचार है। 'मिथ ऑफ सिसिफस', 'अजनबी' (स्ट्रेंजर-आउटसाइडर) और 'प्लेग' जैसे अपने उपन्यासों में उन्होंने अपने इस विचार को स्पष्ट किया है कि दुनिया और उसकी परिस्थितियों दोनों ही स्पष्टता और सार्थकता उपलब्ध नहीं करतीं, लेकिन वह निहिलिज्म (नकारवाद, 'कुछ भी नहीं वाद') के घनघोर विरोधी थे। उनके उपन्यास 'प्लेग' में डॉ. रिएडक्स, ओरान नगर के प्लेग पीड़ित नागरिकों की अनथक चिकित्सा और सेवा-सुश्रूषा करते हुए ऐबसर्ड और अन्यायपूर्ण दुनिया के प्रति विद्रोह करता है और कामू के कथन की पुष्टि करता है, 'हम मानवजाति से निराश और हताश होने से इनकार करते हैं। लोगों को बचाने की नाहक महत्त्वाकांक्षा न रखते हुए भी हम तब भी उनकी सेवा करना चाहते हैं।' एक नैतिक व्यवस्था की संयमित तलाश, कामू के लेखन को उदात्तता और अपार गाम्भीर्य प्रदान करती है।

नोबेल पुरस्कार प्राप्त करने के तीन वर्ष बाद 47 वर्ष की आयु में 4 जनवरी, 1960 को एक कार दुर्घटना में कामू की मृत्यु हो गई।

रोशनाई प्रकाशन, काँचरापाड़ा, पश्चिम बंगाल, 2008
से प्रकाशित अनुवाद की भूमिका और परिचय के अंश

वैकल्पिक विकास मॉडल

(महात्मा गांधी अन्तरराष्ट्रीय हिन्दी विश्वविद्यालय में
29 दिसम्बर, 2012 को दिया व्याख्यान)

1. वैकल्पिक विकास मॉडल

1

वैकल्पिक विकास के मॉडल की बात करना भूमंडलीकरण के आज के दौर में उसी तरह अर्थहीन है जैसे कभी यूटोपिया की बात करना समाजवादी आन्दोलन के प्रारम्भिक काल में था। कोई भी व्यवस्था सामने की हकीकत के सन्दर्भ में ही बनती है, बनी-बनाई कल्पना के अनुरूप नहीं। ऐसे किसी भी मनचाही ब्लूप्रिंट को लागू करने का प्रयास या तो धर्मांधता को जन्म देता है या तानाशाही को। आज चूँकि पर्यावरण का संकट विविध रूपों में हमारे अस्तित्व के लिए सर्वाधिक महत्त्व का बन गया है, इसलिए हमें समाज निर्माण की वैसी दिशा अपनानी होगी जो पर्यावरण के लिए कम-से-कम नुकसानदेह हो। अगर ऐसे परिवर्तन हमारे बूते के बाहर दिखें तो हम स्वयं सामाजिक जीवन को बदली स्थिति के अनुकूल ढालें। एक बुनियादी बात ध्यान में रखना जरूरी है। शोषणमुक्त समाज में पारिस्थितिक सन्तुलन बनाए रखने की क्षमता गैर-बराबर समाज से अधिक होती है, क्योंकि गैर-बराबरी से ही दिखावे के लिए बेजरूरत तामझाम पर खर्च जरूरी होता है, और बाजार आश्रित पूँजीवादी समाज में तो बेजरूरी वस्तुओं के उत्पादन व उपभोग की भूमिका इतनी महत्त्वपूर्ण है कि इसे नियंत्रित करने से पूँजीवादी व्यवस्था ध्वस्त हो सकती है। इससे यह तो जरूर कहा जा सकता है कि प्रकृति से तालमेल बिठाकर चलनेवाली कोई भी व्यवस्था समता के मूल्यों पर ही आधारित हो सकती है। इन बातों को ध्यान में रख एक सीमित सन्दर्भ में ही विकल्प की बात की गई है। कुछ सीमाओं व कुछ सम्भावनाओं का संकेत भर।

वैकल्पिक मॉडल की चर्चा करने से पहले वर्तमान में जो मॉडल चल रहा है, उसके मूल तत्त्व और उसकी दिशा को समझना जरूरी है और इसके उन परिणामों को भी, जिनसे विकल्प की तलाश जरूरी लगती है। विकल्प कैसा होगा, यह बहुत कुछ इन परिणामों की समझ पर ही निर्भर करेगा। आदमी विधाता की तरह मनमाने ढंग से सृष्टि कर नहीं सकता।

किसी भी समाज की मूल संरचना को समझने के लिए उसके आर्थिक पक्ष को यानी आदमी के भोजन, आवास, परिवहन, उनके आपसी आदान-प्रदान में सहयोग और तनाव के तत्त्व और इन्हें संचालित करनेवाले बलों की पहचान जरूरी है, लेकिन इसके आगे हर समाज का आदर्श लक्ष्य होता है, जो नियामक शक्ति

का काम करता है। यहाँ एक तरह का खिंचाव (टेलियोलॉजी) होता है। सब कुछ वर्तमान बलों के दबाव और सन्तुलन से निर्धारित नहीं होता बल्कि इन बलों के परिप्रेक्ष्य में एक काल्पनिक, पर अटल आकर्षक बिन्दु होता है जो लगातार समाज को अपनी ओर खींचता रहता है, यूनानी मिथक के 'सायरनों' की तरह।

मार्क्स ने उत्पादन के साधन और इनसे जुड़े उत्पादन सम्बन्धों को विकास की दिशा का नियामक बताकर एक तरह के तकनीकी नियतिवाद को जन्म दिया। उन्होंने यह भी मान लिया कि एक स्तर पर तकनीक और इससे जुड़े उत्पादन सम्बन्ध में विरोध पैदा होता है और इससे क्रान्तिकारी बदलाव की शुरुआत होती है। पूर्व काल में यानी पूँजीवादी व्यवस्था के पहले जैसा भी हुआ हो, लेकिन पूँजीवादी व्यवस्था में उत्पादन की तकनीक के उत्पादन सम्बन्ध यानी पूँजीपति और मजदूरों के सम्बन्ध, उनके बीच के तनाव पर हावी होते दिखते हैं। मजदूर पूँजीपतियों से कुछ बिन्दुओं पर तनाव के बावजूद समग्रता में व्यवस्था के मूल्यों को आत्मसात कर उसके विकास के साथ ही अपने हित को जोड़ने लगा है। प्रारम्भिक बागी तेवर को छोड़, जिसे समायोजन की पीड़ा कहा जा सकता है, मजदूरों में पूँजीवादी व्यवस्था को पूरी तरह खत्म करने का संकल्प नहीं दिखा। प्रतिस्पर्द्धा आधारित पूँजीवाद मजदूर समेत हर नागरिक को एस्केलेटर की एक सीढ़ी पर खड़ा कर देता है, इस आश्वस्ति के साथ कि वह ऊपर-ऊपर उठता जाएगा। व्यवस्था की सुविधा के हिसाब से तकनीक के नए आयाम विकसित होते रहते हैं।

रूस, चीन और वियतनाम, सभी जगह कम्युनिस्ट नेतृत्व में क्रान्तियाँ हुईं; वे तो पूँजीवादी विकास के प्रारम्भिक दौर में ही थे और अन्त में पूँजीवाद के विरोध की जगह फिर इसे पूर्णता में कबूल कर लिया गया। यह विडम्बना ही है कि रूस और चीन की क्रान्तियों से अति कठोर तानाशाही राज्य व्यवस्था और अतिउदार पूँजीवाद व्यवस्था पैदा हुई। इस सबसे यह जाहिर है कि बीसवीं सदी के शुरू में समतामूलक व्यवस्था की जो आशा जगी थी वह खत्म हो चुकी है। यही नहीं, तकनीकी स्वर्ग पर पहुँचने की राह पर नई बाधाएँ खड़ी हो गई हैं। चिन्ता की बात यह है कि पूँजीवाद के आगे किसी अच्छे भविष्य की कल्पना जो दुनिया को मार्क्सवाद में दिखी थी, संदिग्ध है। इक्कीसवीं सदी के प्रारम्भ में हम वैसे ही आश्वस्त नहीं हैं, जैसे एक सदी पहले थे।

हम कहाँ जा रहे हैं, इसके सही आकलन के लिए उस खिंचाव के उद्गम और उसे ऊर्जा देनेवाले तत्त्वों का, जिसका जिक्र पहले हुआ है, आकलन जरूरी है। हमें यह भी देखना है कि यह हमें किसी स्वर्णिम भविष्य की ओर ले जा रहा है या बर्बादी के गर्त में।

वर्तमान औद्योगिक समाज के नियामक तत्त्व अठारहवीं-उन्नीसवीं सदी से परवान चढ़ी औद्योगिक क्रान्ति और इसके वे आदर्श हैं जो इसकी गति और अतियों को औचित्य प्रदान करते हैं। इसमें, जैसाकि समाजशास्त्री मैक्स वेबर का मानना था, ईसाई धर्म की प्रोटेस्टेंट धारा की इस स्थापना की विशेष भूमिका थी जो व्यावसायिक सफलता को ईश्वरीय अनुकम्पा का प्रमाण मानती है। अपने विकास के क्रम में

पूँजीवादी व्यवस्था ने तकनीकी दक्षता और इससे जुड़ी व्यावसायिक सफलता को ईश्वरीय अनुकम्पा से आगे बढ़ मानव समाज का सर्वोच्च और सर्वजनीन आदर्श बना डाला। इस मान्यता के सार्वभौम होने से आर्थिक गतिविधियों का क्षेत्र एक वैश्विक अखाड़ा बन गया है, जहाँ सभी खिलाड़ी ऐसी मार-पछाड़ में लगे हैं जिसमें प्रतिस्पर्द्धा की मौत से ऊर्जा ग्रहण कर अधिक बलिष्ठ बना जाता है।

इस प्रक्रिया को अंग्रेजी से उधार शब्दों में 'कॉरपोरेट कैनिबलिज्म' कहा जा सकता है। फिर इससे प्राप्त बल से विजेता दूसरे प्रतिद्वन्द्वियों से भिड़ते रहते हैं। अनेक व्यावसायिक कम्पनियों के दिवालिया होते जाने और कुछ के बढ़ते जाने का सिलसिला जारी रहता है। शेयर बाजारों में हर रोज होनेवाले उतार-चढ़ाव का खेल इस प्रतिस्पर्द्धा का एक सौम्य प्रतिबिम्ब है। जीवन के मैदान में इसका दूसरा पहलू दिखाई देता है, जिसमें कारखानों, खदानों तथा खेत-खलिहानों में मजदूर मालिकों से वेतन-भत्ते के लिए या रोजगार की गारंटी के लिए युद्धरत हैं, किसान भुखमरी की कगार पर रहने को मजबूर हैं और समय-समय पर आत्महत्या कर अनवरत चलनेवाले जीवन संघर्ष से छुट्टी पा लेते हैं। समय-समय पर अन्न संकट और अकाल से असंख्य मौतें तब भी होती रहती हैं, जब गोदामों में अनाज इस इन्तजार में पड़ा रहता है कि अधिक मुनाफे पर उसे बेचा जा सके। इस समग्र प्रक्रिया को एक सुन्दर नाम 'उदारीकृत व्यवस्था' दिया गया है।

यह कहा जा सकता है कि व्यवस्था की ये कमजोरियाँ तो रही हैं और इनकी आलोचना भी होती रही है, लेकिन हमें रहना तो है इसी व्यवस्था से तालमेल या सन्तुलन बनाकर। कुछ सुधार के उपाय समझाए जा सकते हैं। कुछ समायोजन की तलाश हो सकती है। पर नई उत्पादन तकनीक से जो ऊँचा जीवन स्तर इस व्यवस्था ने दिया है वह तो पुराने समय की किसी कल्पना से परे है। यह ठीक है कि ये सुविधाएँ अभी थोड़े-से लोगों तक सीमित हैं, लेकिन आशा जगती है कि देर-सवेर ये सुविधाएँ सर्वजनीन हो जाएँगी। यही आशा है जो सारे संसार को एक तकनीकजनित स्वर्ग की आकांक्षा में मुग्ध रखती है और व्यवस्था को एक नियोजित पथ पर चलाती रहती है।

इस व्यवस्था के सुधार की दिशा में कुछ अलग उलझन है। इसके सुधार की तलाश व्यवस्था के उद्गम की ही ओर ले जाएगी और वहाँ बुनियादी सुधार का अर्थ होगा व्यवस्था की मौत। क्योंकि यह मनुष्य और प्रकृति दोनों के शोषण पर पूरी तरह आश्रित है। अर्थशास्त्र के क्षेत्र में कम्युनिस्ट विचारधारा के आदि स्रोत कार्ल मार्क्स ने पूँजी के विकास में (जो इस व्यवस्था का निर्धारक है) श्रम के शोषण की केन्द्रीय भूमिका को रेखांकित किया और आदिम संचय (प्रिमिटिव एक्युमुलेशन) की क्रूर प्रक्रिया से लेकर परिष्कृत रूप से स्थापित पूँजीवादी प्रतिष्ठानों में अदृश्य रूप से होनेवाले श्रमिकों के शोषण के विविध रूपों का विशद वर्णन किया। उन्होंने यह भी स्थापित किया कि उत्पादन प्रक्रिया में श्रमिकों के शोषण से प्राप्त श्रम का अधिशेष ही पूँजीपति के मुनाफे

का स्रोत है। उत्पादन एवं विपणन में मजदूरों से चुराए गए श्रम के अधिशेष के बराबर के उत्पाद की खरीदारी का टोटा बना रहता है। इसी से पूँजीवाद के अनिवार्य संकट की बात की गई। पर बार-बार मन्दी का संकट झेलकर भी पूँजीवादी व्यवस्था ध्वस्त नहीं हुई। यूरोप का 1968 का छात्र विद्रोह या 'ऑकुपाई वॉल स्ट्रीट' जैसे सांकेतिक विद्रोह, व्यवस्था के लिए महज सेफ्टीवॉल्व साबित हुए हैं। पूँजीवाद व्यवस्था अपने अन्तर्विरोध के साथ उदारीकरण के नाम से ज्यादा विस्तार पाती रही है। जैसाकि पहले कहा गया है, उलटे रूस, चीन आदि में क्रान्ति के बाद के काल में पूँजीवाद अधिक शक्तिशाली हो फिर स्थापित हो गया। क्यूबा एक अपवाद है और इसका कारण अपनी विशेष परिस्थितियों के अनुरूप विशालता को छोड़ लघुता की अर्थव्यवस्था की ओर मुड़ना था। पर यह प्रचलित औद्योगिक विकास की मुख्यधारा के विपरीत आचरण है।

श्रमिकों के शोषण और इससे उपजे बाजार के संकट एवं ट्रेड साइकिल यानी उत्पादन की स्फीति और संकुचन के चक्र की समझ मार्क्स के अर्थशास्त्र में दूसरे विचारों से अधिक विश्वसनीय लगती है, लेकिन अनवरत औद्योगिक विकास की जो सम्भावना पूँजीवादी तकनीक में दिखाई देती थी उसके प्रति मार्क्स में एक सम्मोहन भी था जो 'कम्युनिस्ट मेनिफेस्टो' में जाहिर होता है जहाँ पूँजीवाद की उपलब्धियों को इन शब्दों में गरिमा मंडित किया गया है : 'प्रकृति की शक्तियों को मनुष्य के मातहत करना, मशीन व रसायन शास्त्र को उद्योग और कृषि में लगाना, भाप से समुद्री जहाज, रेल और इलेक्ट्रिक टेलीग्राफ चलाना, पूरे महादेशों को खेती के लायक बनाना, नदियों से सिंचाई के लिए नहर, भूमि से हठात पूरी आबादी का उभर आना, किसी पूर्ववर्ती सदियों की कल्पना में भी सामाजिक श्रम की ऐसी उत्पादकता नहीं रही होगी।'

इस सोच में प्रकृति का निर्बाध दोहन दोषरहित दिखाई देता है और इसी से श्रम के मूल्य सिद्धान्त में एक बुनियादी बात नजरअन्दाज कर दी जाती है। पूँजी श्रम के दोहन से आती है, यह तो मूल्य के श्रम सिद्धान्त से स्पष्ट हो जाता है। यह भी दिखाई देता है कि अन्तत: संचित पूँजी मजदूरों के श्रम के अधिशेष (सरप्लस लेबर) का संचय है, लेकिन इस बात को नजरअन्दाज कर दिया गया है कि संचित श्रम सदा किसी उत्पाद का रूप लेता है और यह उत्पाद प्रकृति से प्राप्त कच्चे माल, खनिज आदि के रूपान्तरण से एवं ऊर्जा प्रदान करनेवाले कोयला, तेल आदि को जलाकर प्राप्त होता है। दरअसल, अत्याधुनिक उद्योगों में मानव श्रम—जो कि ऊर्जा का ही एक परिष्कृत और संचित रूप है—अपना महत्त्व खोता गया है और मशीन एवं रोबोट धीरे-धीरे इनका काम सँभालने लगे हैं। इस कोण से देखने पर यह तुरन्त जाहिर होता है कि चूँकि धरती के संसाधन—चाहे वे कच्चे उद्भिज पदार्थ हों, खनिज हों या ऊर्जा देनेवाले कोयला, पेट्रोलियम या प्राकृतिक गैस—इनके अतिदोहन से कुछ दिनों के बाद संकट पैदा होगा। एक तो इसलिए क्योंकि ये जीवाष्म ईंधन हैं और एक तरह से गड़े खजाने जो उतनी ही जल्दी खत्म हो जाएँगे जितनी अधिक मात्रा में

इनका दोहन होगा। आज का पर्यावरण संकट इन्हीं प्राकृतिक साधनों के अतिदोहन का परिणाम है और ज्यादा बुनियादी है। इसमें सबसे महत्त्वपूर्ण ऊर्जा का संकट है, जो ऊर्जा प्रदान करनेवाले साधनों के घटते जाने से और फिर इन्हें जलाने से पैदा कार्बन डाईऑक्साइड तथा अन्य गैसों के वायुमंडल में जमा होने से तथा कथित 'ग्रीन हाउस इफेक्ट' से, जिससे धरती का तापमान बढ़ता जा रहा है, पैदा हुआ है।

इसके परिणाम के बारे में इतना कुछ कहा जा रहा है कि यहाँ कुछ विस्तार से कहना जरूरी नहीं है, लेकिन प्रारम्भिक चिन्ता के बाद अचानक औद्योगिक रूप से समृद्ध देशों में, जो प्राय: समशीतोष्ण या शीत कटिबंधों में पड़ते हैं, अब इस समस्या को नजरअन्दाज किया जा रहा है। इससे यह आशंका पैदा होती है कि अब दो अलग-अलग दुनिया बनने जा रही हैं। एक सम्पन्न, प्राय: ऊँचे कटिबंध में पड़ने वाले देशों की और दूसरी गरीब व प्राय: विषुवत रेखा के पास के कटिबंधों में पड़ने वाले देशों की, जिनमें हमारा देश भारत भी शामिल है।

यों तो ऊर्जा संकट और प्रदूषण के प्रभाव पर ई.एफ. शुमाखर के 'स्मॉल इज ब्यूटीफुल', और 'क्लब ऑफ रोम' के अध्ययन 'द लिमिट्स ऑफ ग्रोथ' के प्रकाशन के बाद से ही पिछली शताब्दी के उत्तरार्द्ध से चर्चा होने लगी थी, लेकिन इस पर दुनिया के राष्ट्रों द्वारा सक्रिय पहल वर्ष 1992 में क्योटो प्रोटोकॉल नाम से एक समझौता हुआ और तय हुआ कि औद्योगिक देश ग्रीनहाउस गैसों का उत्सर्जन वर्ष 2012 तक सन् 1990 के स्तर से 5.2 प्रतिशत घटा देंगे। इस पर 1905 ई. में मान्यता की मुहर लगी, लेकिन दुनिया में सबसे बड़े औद्योगिक देश और प्रति व्यक्ति सबसे अधिक उत्सर्जन करनेवाले अमेरिका ने इस पर अपनी स्वीकृति नहीं दी। कार्बन डाईऑक्साइड का उत्सर्जन 1990 में 22.7 अरब टन था। क्योटो प्रोटोकॉल में इसे घटाकर 21.5 अरब टन करने का लक्ष्य था, लेकिन 2010 में यह बढ़कर 33 अरब टन हो गया। यानी घटने की बजाय डेढ़ गुना अधिक हो गया। दरअसल, औद्योगिक प्रगति के उन्माद में प्रदूषण फैलानेवाली गैसों के उत्सर्जन को कम करने के लक्ष्य को सदा नजरअन्दाज किया गया। अन्तत: यह सारा संकल्प गायब हो गया। चीन और भारत जैसे देश तेज विकास के लोभ में इसे नजरअन्दाज करते रहे और विकसित देशों को अपने विकास का एक वैकल्पिक क्षेत्र दिखने लगा, जहाँ धरती का बढ़ता ताप नए भूभागों में विकास का दरवाजा खोलता नजर आने लगा है। अमेरिका तो पहले ही क्योटो समझौते से बाहर था। 2011 ई. में कनाडा क्योटो समझौते से बाहर हो गया। सिर्फ यूरोप के देश कटौती करते रहे। कनाडा का बहाना था कि अमेरिका और चीन घटाने के बजाय उत्सर्जन बढ़ाते रहे हैं।

पर्यावरण की रक्षा से पश्चिमी देशों के पीछे हटने का असली कारण दूसरा लगता है। उत्तरी ध्रुव प्रदेश में विशाल पैमाने पर बर्फ के पिघलने से संसाधनों और यातायात का एक नया मार्ग खुल रहा है जो उनके लिए अधिक मुफीद है। अमेरिका और उत्तरी

शीत कटिबंध में पड़ने वाले यूरोप के कुछ दूसरे सम्पन्न देशों को ध्रुव प्रदेश में बर्फ के पिघलने से खनिजों और प्राकृतिक गैसों का नया खजाना हासिल होने की सम्भावना है और रूस और दूसरे देश इस क्षेत्र में अपनी सामरिक उपस्थिति बढ़ाने में लगे हैं।

सन् 2010 के अगस्त महीने में रूस की एक प्राकृतिक गैस कम्पनी 'नोवोटेक' ने एक लाख चौहत्तर हजार टन के एक टैंकर 'बाल्टिका' को उत्तरी ध्रुव प्रदेश के सागर के रास्ते चीन भेजा। उनका अनुमान है कि इस मार्ग के खुल जाने से यूरोपीय देशों के लिए एक छोटा और सस्ता व्यापारिक मार्ग खुलेगा जो प्राय: शीत कटिबंधों से होकर गुजरेगा। यह पथ मुरमास्क से शंघाई तक 10,600 किलोमीटर लम्बा है, जबकि स्वेज से होकर वहाँ पहुँचने का मार्ग 17,700 किलोमीटर है। उत्तरी मार्ग के खुल जाने से कनाडा, अमेरिका, यूरोप के सभी देश चीन, जापान आदि भी यानी वे सभी देश जो आधुनिक व्यापार की दृष्टि से महत्त्वपूर्ण हैं, तात्कालिक रूप से ग्लोबल वार्मिंग से लाभान्वित होंगे। आर्कटिक प्रदेश में खनिजों का विशाल भंडार होने का अन्दाज है और इसलिए आर्कटिक के पास के देशों यथा—रूस, नार्वे, डेनमार्क, कनाडा, अमेरिका आदि में अभी ही इन खनिजों पर अधिकार जमाने के लिए राजनयिक होड़ शुरू हो गई है।

उत्तर और दक्षिण का जो विभाजन पहले ही से उजागर होता आया है अब अधिक गहराएगा और उत्तर और दक्षिण के देश विकास की एक ही दिशा में आगे और पीछे, धीमे और तेज चलनेवाले नहीं रह पाएँगे। तथाकथित विकासशील देशों को बिलकुल अलग राह अपनाने की मजबूरी होगी। शीत और समशीतोष्ण कटिबंधों के देश नए संसाधनों के चुकने तक इस अंधी दौड़ में ही रहेंगे। एक अर्थ में फिलहाल ऊँचे अक्षांशों में बसे देश एक ही तरह की 'एस्कॉर्च्ड अर्थ पॉलिसी' में संलग्न हैं और बाकी दुनिया को जलता छोड़ शीतल प्रदेशों की ओर पलायन की मुद्रा में हैं जहाँ से वे अपनी जरूरत के हिसाब से बाकी जगहों पर पाँव पसारते रहेंगे। हम वैश्विक स्तर पर ग्रीनहाउस गैसों के उत्सर्जन और प्रदूषण पर कोई रोक नहीं लगा सकते और एक हद तक उससे प्रभावित होते रहेंगे।

लेकिन भारत और तथाकथित विकासशील देश अपने लिए एक अलग राह की तलाश तो कर ही सकते हैं जो प्रकृति पर विजय के बजाय प्राकृतिक शक्तियों और परिवेश से सहयोग और प्रकृतिप्रदत्त जीवन की लय से जोड़कर चलने के संकल्प पर आधारित हो।

जीवन का आधार पोषाहार है। प्रकृति में सहस्राब्दियों से एक 'फूड चेन' (भोजन शृंखला) रही है जिसमें एक स्वाभाविक प्रक्रिया से असंख्य वनस्पतियाँ और जीव जीवन ग्रहण करते रहे हैं। इस फूड चेन का आधार सूरज से प्राप्त होनेवाली ऊर्जा है जो अरबों वर्ष तक प्राप्त होती रहेगी, ऐसा वैज्ञानिकों का अनुमान है। शैवाल से लेकर, घास और विशाल वृक्षों के पत्तों तक सूरज की किरणों से प्रकाश-संश्लेषण की क्रिया होती है जिससे हवा के कार्बन डाईऑक्साइड से कार्बन ग्रहण कर वृक्षों

और पौधों की डालियाँ और तने कार्बन ग्रहण कर सेलुलोज बनाते हैं, जिससे पत्तों और तनों का निर्माण होता है और ऑक्सीजन का उत्सर्जन होता है। इसी प्रक्रिया से असंख्य वनस्पतियों का विकास होता रहा है और इनमें अन्न, फल, मूल लगते रहे हैं। इन्हीं से मनुष्य और अनेक दूसरे जीव पोषण पाते हैं। इन वृक्षों के फूल और पत्तों से अनेक कीट और पतंगे भोजन पाते हैं। फिर मेढक जैसे जीव भोजन पाते हैं और फिर इन जीवों से मछलियाँ आहार पाती हैं और स्वयं मनुष्य या दूसरे जीवों का आहार बनती हैं। वनस्पति से अनेक चौपाये खरगोश और भेड़-बकरियों से लेकर गाय, बैल और घोड़ा और ऊँट तक अपना आहार पाते हैं। फिर इनका शिकार कर शेर, भेड़िये आहार पाते हैं। जब से मनुष्य ने खेती और पशुपालन शुरू किया, कृषि कार्यों के अलावा ये पशु लम्बे समय तक उनके भोजन में मांस, दूध आदि प्रदान करते रहे हैं। कुछ सीमित स्थानों पर जलनिकासी और सिंचाई के लिए स्वाभाविक रूप से बहनेवाली जलधारा मसलन, झरनों या पवन चक्की का भी प्रयोग हुआ, जैसे हॉलैंड में जलनिकासी के लिए, लेकिन ये सब सूरज की ऊर्जा के स्वाभाविक प्रभाव के ही प्रतिफल थे। सहस्राब्दियों से धरती सूरज के ताप की ऊर्जा से लाभान्वित होती रही है।

फूलों के परागण की प्रक्रिया में सहयोग दे मधुमक्खियाँ शहद बनाती थीं और तितलियों में कुछ के प्रजनन चक्र द्वारा रेशमी धागों का प्रादुर्भाव हुआ। असंख्य पौधों और वृक्षों से सजावट के विविध रंग और स्वास्थ्य के लिए जरूरी औषध उपलब्ध होते थे। इन सबके पीछे सूरज की अक्षय ऊर्जा थी। इससे न सिर्फ (जैसा ऊपर कहा गया है) प्रकाश संश्लेषण के लिए ऊर्जा मिलती थी बल्कि समुद्र के वाष्पीकरण और हवा को गति देने के लिए ऊर्जा उपलब्ध होती थी।

यह सारी जीवन प्रक्रिया भौतिक शास्त्र के अटल माने गए 'इंट्रोपी' के सिद्धान्त को पलटने जैसा चमत्कार रही है। इंट्रोपी का नियम है कि संसार भर में ऊर्जा अबाध रूप से सम स्तर की ओर बढ़ रही है, जहाँ ऊर्जा के संचरण का अन्त हो जाएगा। इसे पूर्ण इंट्रोपी का नाम दिया गया है, लेकिन 'बायोस्फेयर' में यानी धरती पर व्याप्त जीव जगत में असंख्य जीवों और वनस्पतियों के जीवन चक्र में इसके उलट ऊर्जा विविध स्तरों पर उपस्थित है और उसमें नीचे से ऊपर और ऊपर से नीचे दोनों ही तरफ से ऊर्जा का संचरण जारी रहता है। यह सम्भव इसलिए हुआ क्योंकि करोड़ों वर्ष से अनेक उथल-पुथल के बावजूद जैव जगत के अस्तित्व में आने के बाद से आज तक इंट्रोपी के नियम का उल्लंघन यानी एक तरह की सविनय अवज्ञा जारी रही है। इंट्रोपी के नियम को अपने छोटे से दायरे में पलटने के लिए जीव जगत को सूरज से ऊर्जा प्राप्त होती है। यह सूरज की ऊर्जा जीव जगत की लघुता के हिसाब से असीम है। जब मनुष्य जीवाश्मों या किसी दूसरे स्रोत से आज मशीन चलाता है तो इंट्रोपी बढ़ाने लगता है। अगर जीवन का कोई रहस्य है तो यही है। उसके पीछे एक व्यापक संवेदनशीलता है जो फूल के एक दल से लेकर मनुष्य तक में मौजूद

है। आदमी फूल और तितलियों से लेकर पक्षियों तक पर काव्य की रचना कर सकता है तो इसलिए क्योंकि जीवन के इस रहस्य से सभी बँधे हैं। यह कहा जा सकता है कि मानव चेतना और संवेदना का सारा परिवेश इस फूड चेन पर आधारित है।

ऊपर वर्णित फूड चेन के ठीक उलटा एक दूसरा फूड चेन व्यापक होता जा रहा है। इस फूड चेन के प्रारम्भिक सिरे पर अनेक तरह के गोश्त का, जिन्हें विशाल स्लॉटर हाउसों में या पॉल्ट्री फार्मों में कैद गाय, बैल, सूअर एवं मुर्गों को मारकर तैयार किया गया होता है, आयात किया जाता है। फिर यहाँ से अनेक तरह के वसा में तैयार तले-भुने पकवान, बिस्कुट आदि जिन्हें चटपट खाया जा सकता है—लोहे, टिन, एल्युमिनियम एवं प्लास्टिक से तैयार डब्बों में भरा जाता है और खर्चीले वाहन से उपभोक्ताओं तक पहुँचाया जाता है। इस प्रक्रिया में व्यवहार में आनेवाले हर आइटम को बिजली या गैस की भट्ठियों से गुजारा गया होता है, या ऊर्जा गटकनेवाले फ्रिजों में रखा गया होता है। इस फूड चेन की शुरुआत खेत-खलिहान या बागानों से नहीं होती जहाँ पौधों में अन्न और वृक्षों में फल लगते हैं। बल्कि किसी ख्यात खाद्य व्यवसायी कम्पनी जैसे वॉल मार्ट से होती है, और खर्चीले विज्ञापनों एवं परिवहन के माध्यम से इन्हें संसार के हर कोने में फैले उपभोक्ताओं तक पहुँचाया जाता है। इसमें ऊर्जा के अति व्यय से एक तरफ वैश्विक ताप बढ़ता है और दूसरी ओर सम्पन्न लोगों में मोटापा और उससे जुड़ी बीमारियाँ, जिनके लिए खर्चीले अस्पतालों की व्यवस्था करनी होती है। विशाल पैमाने पर कोयला, तेल और गैस से बिजली तैयार होती है या फिर बड़ी पनबिजली योजनाओं से जिनमें जंगल और आदमियों के आवास डूबते जाते हैं। डूबते जंगल, जो कभी कार्बन डाईऑक्साइड की मात्रा को घटाते थे, अब ऐसे गैसों का उत्सर्जन करते हैं, जिनसे धरती का ताप बढ़ता है।

सबसे चिन्ता की बात यह है कि नई कृषि व्यवस्था में रोजगार देने की क्षमता नगण्य है। 1885 में अमेरिका की आधी से अधिक आबादी खेती में लगी थी। 1985 में यह संख्या पूरी आबादी के 3 प्रतिशत से कम है। यह भी दिलचस्प है कि जिस चमत्कार से यानी मशीनीकरण से आबादी का 3 प्रतिशत विशाल मात्रा में अन्न उत्पन्न करता है उसी का फल यह भी है कि वहाँ का काश्तकार विभिन्न यंत्रों पर खर्च किए गए 5 कैलोरी ऊर्जा से सिर्फ 1 कैलोरी देनेवाला अनाज पैदा करता है। यानी अपनी क्षमता में यह कृषि ऋणात्मक है। इससे हम समझ सकते हैं कि अमेरिकी कृषि काश्तकारों को भारी सब्सिडी दिए बगैर जिन्दा क्यों नहीं रह सकती। इस सब्सिडी को लेकर विश्व व्यापार संगठन में विकासशील देशों से वार्ता में गतिरोध बना हुआ है।

एक और बात ध्यान देने योग्य है। प्रारम्भिक कृषि एक प्राकृतिक चक्र से बँधी थी जिसमें घास, वृक्ष आदि का जो अवदान अन्न और मवेशियों को चारा देने में होता था वह काफी कुछ पत्तों, पुआल, भूसा आदि के सड़ने या पशुओं के मल-मूत्र से जमीन में लौट आता था और उत्पादन चक्र को बिना विशेष क्षति के जारी रखता था।

इसके उलट, आधुनिक खेती उर्वरकों विशेषकर नाइट्रोजन देनेवाले उर्वरकों पर निर्भरता एक दूसरा संकट करीब ला रही है। नाइट्रोजन प्रदान करनेवाले उर्वरक का मूल स्रोत प्राकृतिक गैस है जो परिवहन में खर्च होनेवाले ईंधन का भी सबसे आकर्षक स्रोत है क्योंकि यह कोयला या पेट्रोल से कम प्रदूषण फैलाता है। इस तरह हम मोमबत्ती को दोनों छोर पर जला रहे हैं। हमें उर्वरकों के लिए ज्यादा-से-ज्यादा प्राकृतिक गैस चाहिए और फिर परिवहन के लिए भी। हम कैसे एक संकट से उबरने के लिए दूसरे संकट में फँस रहे हैं, इसका एक उदाहरण पेट्रोलियम के घटते भंडार की आपूर्ति के लिए मक्का, ईख, जटरोपा आदि से एथानोल तैयार करने का प्रयास है। इन फसलों के लिए भी हमें प्राकृतिक गैस से नाइट्रोजन देनेवाले उर्वरक बनाने पड़ते हैं जो प्राकृतिक गैस की आपूर्ति पर नया बोझ डालता है। ये सब उपाय अन्तत: समस्याओं को अधिक मुश्किल बनाते हैं।

प्राकृतिक गैस के साथ-साथ दूसरे जीवाश्म ईंधन भी घटते जा रहे हैं। आज दुनिया भर की अनियंत्रित महँगाई के पीछे इन ईंधनों के भंडार का तेजी से घटते जाना है। 1960 के एक या दो डॉलर प्रति बैरल के मुकाबले आज कच्चे पेट्रोल (क्रूड) की कीमत सौ डॉलर के लगभग पहुँच गई है। इनके स्रोत जैसे-जैसे विरल होते जाएँगे ये अधिक महँगे होंगे और चूँकि ये परिवहन से लेकर सभी तरह के उद्योग-धन्धों और बिजली उत्पादन के लिए महत्त्वपूर्ण हैं ये महँगे होते-होते कृषि समेत अधिकांश गतिविधियों के लिए दुर्लभ हो जाएँगे। आज की अनियंत्रित महँगाई भविष्य के ऐसे ही संकट का संकेत हैं, जहाँ जीवन के सारे व्यापार ठप हो जाएँगे।

इस समस्या का एक राजनीतिक आयाम भी है जो पार्श्वभूमि से व्यवस्था को टिकाए रखता है और इसको विकराल बनाता है। यह है औद्योगिक क्रान्ति और पूँजीवाद के विकास के साथ राष्ट्र-राज्यों का आस्तित्व में आना और बृहत् आहार ग्रहण करते जाना। औद्योगिक क्रान्ति के पहले के दिनों में राज्य व्यवस्थाएँ या तो राजाओं की साम्राज्य विस्तार की लालसा का प्रतिफल होती थीं या कबीलाई अस्मिता और इसके दायरे की पहचान। सत्ताशीन कबीलाई शिखर पुरुष की शक्ति का प्रतीक इनका फैला हुआ राज्य या इनकी शानो-शौकत का इजहार करनेवाली सजावट की वस्तुएँ होती थीं, लेकिन राज्य के विस्तार का इनकी समृद्धि से सीधा लगाव नहीं होता था। यूरोप में वर्तमान राष्ट्र-राज्यों की पृष्ठभूमि दूसरी से छठी शताब्दी तक का वह कबीलाई संक्रमण काल है जिसे 'फॉल्केर वांडरूंग' का नाम दिया गया है। इसके क्रम में विभिन्न हिस्सों से और विशेष उत्तर-पूर्वी हिस्से से फैक, अलिमानी ग्रोथ, विसी ग्रोथ, वांडल, एंग्लोसैक्सन आदि कबीलाई समूह यूरोप के विभिन्न भागों में आकर बस गए और पहले के निवासियों को या तो विस्थापित किया या उन पर वर्चस्व कायम किया।

यूरोप के ज्यादातर राष्ट्र-राज्यों का विकास इन्हीं के इर्द-गिर्द हुआ। औद्योगिक क्रान्ति एवं पूँजीवाद के विकास के साथ इन राष्ट्र-राज्यों के दायरे को विस्तृत और सख्त

बनाया गया है, जिससे छोटे-छोटे दायरे को तथा पूँजी या दूसरे अवरोधों को निरस्त कर व्यापारिक गतिविधियाँ बड़े दायरे में हो सकें। नेपोलियन के सैनिक अभियानों के बाद पूरे यूरोप में राष्ट्रवादी उभार आया और राष्ट्र-राज्यों की शक्ति का संकेन्द्रीकरण हुआ। इस सम्पर्क से संसार भर में राष्ट्रीय भावना का उन्मेष हुआ। पूँजीवादी हित से इसका गहरा रिश्ता इस बात में दिखता है कि इधर, हाल के दिनों में राष्ट्र-राज्य के विखंडन की एक स्वाभाविक प्रक्रिया शुरू हुई है। यूरोपीय यूनियन के अस्तित्व में आने के बाद यूरोप के राष्ट्र-राज्यों का आर्थिक सामरिक महत्त्व नगण्य हो गया है। इससे इनमें कबीलाई आधार पर विखंडन की प्रक्रिया भी शुरू हुई है। सर्बिया के वर्चस्व के विरोध में युगोस्लाविया के क्रोट आदि अलग हो गए हैं। चेकोस्लोवाकिया में चेक और स्लोवाक अलग राष्ट्र बन गए, ब्रिटेन में स्कॉट अलग होने के कगार पर है।

राष्ट्र-राज्यों का सबसे महत्त्वपूर्ण और भयावह पक्ष रहा है मिलिट्री इंडस्ट्रियल कॉम्प्लेक्स का अस्तित्व में आना। इससे राज्यों के सैनिक तंत्रों और औद्योगिक प्रतिष्ठानों का एक जबरदस्त गठजोड़ हुआ। 19वीं शताब्दी के अन्त से लेकर आज तक राज्यों का स्वरूप चाहे जो रहा हो—राजशाही, तानाशाही या लोकशाही, फौज और इसकी जरूरतों को पूरा करनेवाले एक विशाल औद्योगिक तंत्र का गठजोड़ लगातार मजबूत हुआ है। फौज देश में व विदेश में जरूरत होने पर उद्योगों के हितों की रक्षा के लिए तत्पर रहती है और उद्योग उन्हें नवीनतम आयुध और दूसरी उपयोग की वस्तुएँ मुहैया कराते रहते हैं। फौज के आयुधों की माँग औद्योगिक व्यवस्था की मन्दी के संकट से उबारने में भी महत्त्वपूर्ण भूमिका निभाती है। अत्याधुनिक उपकरण पाने की होड़ में हर पाँच-दस साल में हथियार पुराने पड़ते जाते हैं और कबाड़ का ढेर बन जाते हैं। पर चूँकि इन्हें बाजार की जरूरत नहीं होती, इनके रहते हुए भी नित्य नए हथियारों का उत्पादन जारी रहता है। यह सुविधा उत्पादन के किसी दूसरे क्षेत्र में नहीं है क्योंकि स्टॉक का बिकना उत्पादन प्रक्रिया के चलते रहने के लिए जरूरी होता है।

आधुनिक औद्योगिक व्यवस्था में राष्ट्र-राज्य और फौज के इस गठजोड़ की चर्चाएँ इसलिए की गईं क्योंकि शुमाखर के 'स्मॉल इज ब्यूटीफुल' या गांधी के ग्राम गणराज्य की अवधारणा, जो किसी वैकल्पिक मॉडल की निर्देशिका होगी, वर्तमान फौजी राष्ट्र-राज्य के किसी मॉडल के साथ तालमेल नहीं बैठा सकती। अन्तरिक्ष यानों पर अनुसंधान या परमाणु हथियारों का विकास धरती के संसाधनों का सबसे खतरनाक और निरर्थक अपव्यय है। जरूरत वैसे विकास की है जहाँ प्रकृति के स्वाभाविक रुझान, प्राकृतिक ऊर्जा के प्रवाह और धरती की बनावट के साथ कम-से-कम छेड़छाड़ हो। यह बड़े राष्ट्रों के ढाँचों के साथ नहीं हो सकता। इनमें समय-समय पर होनेवाली चुनावी कवायद के बावजूद असली सत्ता एवं संसाधनों का नियंत्रण अपने को लगातार फैलानेवाली नौकरशाही के हाथ में होता है। इसका सहज रिश्ता औद्योगिक प्रतिष्ठानों के उस तंत्र से बैठता है, जिसे प्रख्यात अर्थशास्त्री गालब्रेथ ने टेक्नोस्ट्रक्चर का नाम

दिया था। ये राष्ट्र-राज्य कैसे टूटेंगे, यह अभी दिखाई नहीं देता, लेकिन इसके बगैर अतिलघु इकाइयों में जनता के स्वनिर्णय के अधिकार की बात करने का कोई अर्थ नहीं होता। अभी हम जरूरी कदमों की कल्पना ही कर सकते हैं।

सबसे पहले तो वन प्रदेशों या अन्य जगहों में रहनेवाले आदिवासियों के परम्परागत जीवन से कोई छेड़छाड़ नहीं होगी। इन्हें सैलानियों के हस्तक्षेप से भी मुक्त रखना होगा। वनप्रदेशों और आदिवासी-बहुल क्षेत्रों में परिवेश से छेड़छाड़ प्रतिबन्धित होगी। मसलन, वनों की कटाई, खनिजों के लिए खनन, उनके लिए असुविधाजनक रेल या रोड का विस्तार, क्षेत्र में बहनेवाली जलधारा, झरनों, नदियों आदि के प्रवाह को रोकना आदि। ये सब तो उन लागों की जीवन पद्धति को बचाने के लिए होंगे जो अब तक आधुनिक औद्योगिक सभ्यता की चपेट में नहीं आए हैं, लेकिन इससे आगे बाकी लोगों के जीवन में भी बड़े परिवर्तन की जरूरत होगी। शहरीकरण की प्रक्रिया को पलटना होगा और कृषि और दूसरे उद्यमों को इस तरह वितरित करना होगा कि कृषि और उद्योग एक-दूसरे से जुड़े और करीब हों। गाँव में ही, जहाँ खेती होती है, लोगों की जरूरतों को पूरा करने के लिए लघु और कुटीर उद्योग लगेंगे।

सम्पन्न देशों के ध्रुव प्रदेशों की ओर रुख करने और ऊर्जा स्रोतों पर उनकी कम्पनियों की लगभग पूरी इजारेदारी का असर कुछ वैसा ही हो सकता है जैसा सोवियत संघ के विघटन के बाद क्यूबा की अर्थव्यवस्था पर हुआ था। अचानक सोवियत संघ से प्राप्त होनेवाले सस्ते पेट्रोलियम पदार्थों का मिलना बन्द होने और क्यूबाई चीनी के लिए बाजार खत्म हो जाने से उसे अपनी अर्थव्यवस्था को बिलकुल अलग तरह की दिशा देनी पड़ी। वहाँ के विशाल कृषि फार्मों को तोड़ छोटे सहयोगी फार्मों में बदल दिया गया। नियोजित ढंग से ट्रैक्टरों एवं पेट्रोल से चलनेवाली खेती की दूसरी मशीनों की जगह बैलों से चलनेवाले उपक्रम विकसित हुए। इसके लिए बैलों की वंशवृद्धि नियोजित ढंग से की गई। शहरों के इर्दगिर्द एवं शहरों में छोटी क्यारियों में साग-सब्जियों की खेती शुरू हुई जिससे लोगों की फल-सब्जी आदि की जरूरतें पूरी की जा सकें। कृषि और उद्योगों के साथ-साथ और आत्मनिर्भर विकास से परिवर्तन का खर्च बिलकुल कम हो गया।

आज के उन्नत औद्योगिक देशों के ध्रुव प्रदेश की ओर पलायन एवं जीवाश्म ऊर्जा के स्रोतों के विरल होने एवं उन पर सम्पन्न देशों की इजारेदारी के कारण अनुपलब्ध होने से आज के तथाकथित विकासशील देशों की भी वैसी ही स्थिति बननेवाली है, जैसी सोवियत संघ के विघटन के बाद क्यूबा की बनी थी। क्यूबा की तरह ही इन गरीब मुल्कों को भी यह सुविधा है कि ये अपेक्षाकृत गर्म प्रदेशों में हैं। इनकी ऊर्जा की जरूरत विकसित देशों की तुलना में काफी कम है। इन्हें अपने घरों को गर्म रखने की जरूरत नहीं होती। इन गर्म प्रदेशों में मौसम के हिसाब से जीवन को गर्मी और सर्दी की अतियों से बचाने की पारम्परिक परिपाटी रही है, जिससे हजारों वर्ष से ये लोग जीवनयापन करते रहे हैं। अति ठंडे सम्पन्न देशों में भी आधुनिक ढंग

से सर्दी झेलने का प्रबन्ध आदर्श नहीं कहा जा सकता। आर्कटिक प्रदेश के एस्कीमो सैकड़ों या हजारों वर्ष से वहाँ की भीषण सर्दी में सुविधा से जीने की पद्धति विकसित करने में सफल हुए हैं। इसी से अब तक उनके नजदीक के नार्वे, स्वीडन आदि के आधुनिक लोग ग्रीनलैंड में आधुनिक उपक्रमों के आधार पर रिहाइश बना नहीं पाए हैं। आस्ट्रेलिया के मूल निवासी वहाँ के मुश्किल रेगिस्तानी इलाकों में अपने छोटे घुमन्तू गिरोहों में आखेट और कंद-मूल पर आधारित जीवन जी रहे हैं, जहाँ आधुनिक उपक्रमों से लैस यूरोप वासियों के लिए जीवन असम्भव बना हुआ है।

मनुष्य की स्वाभाविक प्रतिभा ऐसी है कि वह कठिन से कठिन परिवेश के अनुरूप जीवन पद्धति विकसित कर हजारों वर्षों से अपना अस्तित्व बचाए रहा है। प्रदूषण व ऊर्जा का नया संकट झेलने की नई प्रविधि वे इसी तर्ज पर विकसित कर लेंगे। मानवजनित पर्यावरण के संकट के पहले मानव के पूर्वज ऊष्मता, सूखा और हिमयुग के कई काल झेल चुके हैं। आज पर्यावरण का संकट प्रलय जैसा इसलिए दिखाई देता है क्योंकि अल्पकालिक तकनीकी सफलता ने यह भ्रम पैदा कर दिया था कि मनुष्य प्रकृति की शक्तियों पर विजय प्राप्त कर सकता है और इसे अपने जीवन को इसके अनुकूल ढालने की कोई विवशता इसके सामने नहीं है। इस अहं से मुक्त हो मनुष्य अपने वैज्ञानिक ज्ञान का इस्तेमाल प्रकृति से सहज साहचर्य स्थापित करने में कर सकता है। अगर कोई विकल्प का मॉडल बनेगा तो उसकी वैचारिकी का यही सार तत्त्व होगा।

एक बात साफ दिखाई देती है। धरती के संसाधनों का सन्तुलित व जीवन के लिए जरूरी उपयोग तभी सम्भव है, जब आदमियों के बीच गैर-बराबरी न हो और वे पारस्परिक सहयोग पर आधारित छोटी इकाइयों में रहें जैसे कृषि क्रान्ति के पहले के दिनों में रहते थे। तब जीवन का आधार फल-फूल जमा करना और आखेट था। आज हम उस अवस्था में नहीं जा सकते। उसका सबसे बड़ा कारण हमारी विशाल जनसंख्या है। इस भीड़ भरी दुनिया में खेती ही जीवन का आधार हो सकती है। कृषि छोटी व सहयोगी होगी। यह एक सोची-समझी बाध्यता होनी चाहिए, नहीं तो हम उन पुराने दिनों की तरफ लौट सकते हैं जब गुलामों व कृषकों का सहारा ले विशाल साम्राज्य कायम हुए। समाज में सब कुछ अनियंत्रित नहीं होता। काफी कुछ मूल्यों के आधार पर मनुष्यों की संस्कृति द्वारा निर्धारित होता है। दस हजार साल के इतिहास का सबक हमें ऐसे समाज के सांस्कृतिक निर्धारण में सहायक होगा और अन्तत: हममें यह विश्वास दृढ़ करेगा कि प्रकृति और समग्र जीव जगत की रक्षा के साथ ही हमारा अपना अस्तित्व भी जुड़ा है। 'स्काई इज द लिमिट' वाला विज्ञापन बकवास है। आदमी धरती से बँधा है और वह तभी तक जीवित रहेगा जब तक यह बन्धन कायम है।

महात्मा गांधी अन्तरराष्ट्रीय हिन्दी विश्वविद्यालय
में 29 दिसम्बर, 2012 को दिया व्याख्यान

सच्चिदानन्द सिन्हा रचनावली

खंड-8

आन्तरिक उपनिवेशीकरण और बिहार केन्द्रित शोषण

सच्चिदानन्द सिन्हा रचनावली

खंड-8

आन्तरिक उपनिवेशीकरण और बिहार केन्द्रित शोषण

सम्पादक

अरविन्द मोहन

राजकमल प्रकाशन

ISBN : 978-93-90971-52-7

मूल्य : ₹4000
(8 खंडों का सम्पूर्ण सेट)

पहला संस्करण : 2021

प्रकाशक : राजकमल प्रकाशन प्रा. लि.
1-बी, नेताजी सुभाष मार्ग, दरियागंज
नई दिल्ली-110 002
शाखाएँ : अशोक राजपथ, साइंस कॉलेज के सामने, पटना-800 006
पहली मंजिल, दरबारी बिल्डिंग, महात्मा गांधी मार्ग, प्रयागराज-211 001
36 ए, शेक्सपियर सरणी, कोलकाता-700 017
वेबसाइट : www.rajkamalprakashan.com
ई-मेल : info@rajkamalprakashan.com

मुद्रक : बी.के. ऑफसेट
नवीन शाहदरा, दिल्ली-110 032

SACHCHIDANAND SINHA RACHANAWALI : Vol. 8
Edited by Arvind Mohan

सम्पादक की ओर से

सच्चिदानन्द सिन्हा रचनावली का यह आठवाँ और आखिरी खंड उनके दिल के काफी करीब रहे विषयों पर उनके लेखन को लेकर बना है। आखिरी खंड होने के चलते इसमें विषयों की विविधता बाकी से ज्यादा है, लेकिन दिलचस्पी और सच्चिदा बाबू की प्रतिभा को बताने में भी यह अन्य खंडों से आगे है। इसमें उनके एक प्रमुख और काफी चर्चित तर्क—आन्तरिक उपनिवेश को आगे करनेवाली उनकी किताब 'इंटरनल कॉलोनी' तो है ही बिहार और हिन्दी पट्टी के पिछड़ेपन से जुड़ा काफी सारा लेखन भी आ गया है। 'इंटरनल कॉलोनी' सिर्फ बिहार के पिछड़ेपन की कहानी नहीं कहता तो ये अन्य लेख हिन्दी पट्टी पिछड़ेपन के दूसरे प्रबल कारणों की पड़ताल भी करते हैं। इसी खंड में देश की खेती-किसानी और किसान आन्दोलन से जुड़ा उनका लेखन है। फिर उनके कुछ चर्चित और महत्त्वपूर्ण इंटरव्यू तथा व्याख्यान भी दिए गए हैं। रचनावली में किए गए वर्गीकरण में न समानेवाले विविध विषयों से जुड़े उनके कुछ महत्त्वपूर्ण लेखों का भी एक उप-खंड बनाया गया है। और आखिर में उनके द्वारा लिखे गए आन्दोलन गीतों और बच्चों के लिए पक्षियों पर लिखी कविताएँ दी गई हैं। इनके साथ उन्होंने खुद ही रेखांकन भी किए थे, लेकिन प्रकाशन के इन्तजार और प्रकाशकों के यहाँ मैन्युस्क्रिप्ट के भटकने के दौर में वे गुम हो गए।

मार्क्सवाद की सैद्धान्तिकी में लेनिन और रोजा लक्जमबर्ग का महत्त्वपूर्ण योग पूँजीवाद को ताकत देने और पूँजीवादी समाजों को बदलने में साम्राज्यवाद के योगदान को रेखांकित करना है। रोजा लक्जमबर्ग ने पूँजीवादी व्यवस्था द्वारा निरन्तर बाहरी बाजार और प्राकृतिक संसाधन देनेवाले इलाके की तलाश करने की बात कही। खुद को मूलत: मार्क्सवादी ही माननेवाले सच्चिदा जी 'इंटरनल कॉलोनी' नामक अपनी किताब में इसी दिशा में एक कदम आगे बढ़े हैं कि दुनिया और उपनिवेश का ही मामला नहीं रहता, मुल्क भी अपने अन्दर ऐसे बाजार और प्राकृतिक संसाधन उपलब्ध कराते रहनेवाले इलाके तलाशते रहते है। सच्चिदा जी यह मानते हैं कि आधुनिक औद्योगिक व्यवस्था लगातार खेती-किसानी और किसानों के साथ विकास के नाम पर ऐसा छल करती है, लेकिन वह अपने ही पिछड़े

और खास इलाकों का भी शोषण करती है। वे बताते हैं कि विज्ञान के सिद्धान्त व्यवहार में आने पर वही आचरण करें, यह जरूरी नहीं है। अगर सम्पन्नता के दो स्तर वाले इलाके या मुल्क एक साथ जुड़ें तो विज्ञान के नियम से तो धीरे-धीरे दोनों समानता के स्तर पर आ जाने चाहिए, पर व्यवहार में होता यह है कि अमीर इलाका और मुल्क ज्यादा अमीर बन जाता है और गरीब ज्यादा गरीब। अपने यहाँ बिहार जैसे इलाकों के पिछड़ेपन में या मुल्क के आदिवासी बहुल क्षेत्रों के मामले में यह साफ दिख रहा है। वे दुनिया भर के उदाहरण देकर यह बात स्पष्ट करते हैं और खास तौर से उत्तर और दक्षिण इटली का उदाहरण देते हैं। अमेरिका और कनाडा के उदाहरण देते हैं और फिर यह निष्कर्ष निकालते हैं कि केन्द्रीकरण से असमानता दूर नहीं होती।

लेकिन इसी तर्क को आगे बढ़ाने के लिए जब वे बिहार को भारत का आन्तरिक उपनिवेश बतानेवाला उदाहरण दमदार ढंग से आगे बढ़ाते हैं तो यह चर्चित भी हुआ और विवादों में भी आया। कमल नयन काबरा जैसे अर्थशास्त्री इस तर्क को अधूरा और कमजोर बताते रहे, पर सच्चिदा जी ने बिहार के साथ अन्य पिछड़े इलाकों का भी जिक्र किया है। यह जरूर है कि आँकड़ों से जो बात साबित करने की कोशिश की गई है, वे मुख्यत: बिहार से जुड़े हैं। तब के बिहार में झारखंड भी शामिल था और इस हिसाब से बिहार में खनिजों के साथ ही श्रमिकों की भरमार थी और वह अपने इन दोनों प्राकृतिक संसाधनों का इस्तेमाल करने की स्थिति में न था। इसके कारण ऐतिहासिक हैं क्योंकि अंगरेजी हुकूमत कायम होने के पहले तक तो बिहार सरप्लस पैदा करनेवाला प्रदेश ही था। मेवा और नमक छोड़कर अपनी जरूरत की सारी चीजें पैदा करने के साथ वह मलमल, रेशम, शोरा और बन्दूक का बड़े पैमाने पर निर्यात करता था। सो, अंगरेजी हुकूमत की जीत से बने बेढंगे प्रदेश, उसकी नीतियाँ, उसके द्वारा उभारे गए आर्थिक और प्रशासनिक कामकाज के केन्द्रों का तेज विकास और बाद की सरकारों द्वारा भी उन्हीं नीतियों को जारी रखने से यह पिछड़ापन बढ़ता ही गया है और आज भी बिहार विकास के हर पैमाने पर मुल्क में सबसे नीचे है। खेती से अगुआ रहनेवाला बिहार पूरे आर्थिक कामकाज में खेती के दिन-ब-दिन गिरते महत्त्व से तो परेशान है ही, अपनी बड़ी आबादी को खेती या दूसरे रोजगार न दे पाने के चलते पस्त रहा है। दूसरी ओर उसके खनिज ही नहीं, बिहारियों के श्रम और बचत की राशि पर विकास की अट्टालिकाएँ खड़ी होती जा रही हैं। केन्द्रीकरण भी बढ़ा है। यह ब्रिटिश हुकूमत के समय भी था और आजादी के समय हुए विभाजन तथा दंगों ने संविधान निर्माताओं को विवश किया कि केन्द्र को और मजबूती दी जाए। केन्द्रीय बलों की मौजूदगी, राज्यपालों के माध्यम से ही नहीं, प्रान्तीय सरकारों को अस्थिर रखकर और सार्वजनिक क्षेत्र की इकाइयाँ लगाने के मामले में केन्द्र ने मनमानी

करके अमीर गरीब प्रान्तों की व्यवस्था को और अधिक भेदभावपूर्ण बना दिया है। नतीजा बिहार, ओडिशा, छत्तीसगढ़ जैसे प्रदेशों का ही नहीं, पूरी हिन्दी पट्टी का पिछड़ापन बढ़ता गया है।

और हिन्दी प्रदेशों के पिछड़ापन पर कई आलेखों और टिप्पणियों से चर्चा करते हुए वे यह भी बताते हैं कि यह शुद्ध सत्ता का खेल है कि हिन्दी पट्टी का एक बड़ा औद्योगिक केन्द्र कानपुर तो दिनोदिन पस्त होता गया है, लेकिन दिल्ली और उसके आसपास के इलाकों का आर्थिक विकास देश के कुल विकास दर से काफी अधिक तेज हुआ है। कथित राष्ट्रीय राजधानी क्षेत्र में न कोई खनिज उपलब्ध है, न खेती से सहयोग मिलने की स्थिति है और न सस्ते श्रमिक उपलब्ध हैं। फिर भी गुरुग्राम, नोएडा, गाजियाबाद, सूरजपुर, धारुहेड़ा समेत पूरा एनसीआर बेहिसाब बढ़ता और फैलता जा रहा है और बड़े पैमाने पर बेरोजगार ग्रामीण नौजवान वहाँ पहुँचते जा रहे हैं। यह असन्तुलित विकास को और भी बेढंगा बनाता जा रहा है। पिछड़ेपन की चर्चा का क्रम इलाकों के बाद खेती पर भी आता है, खासकर उदारीकरण के दौर में लाखों किसानों द्वारा आत्महत्या करने के प्रसंग में और जगह जगह उभरनेवाले किसान आन्दोलन के सन्दर्भ में। ज्यादातर ऐसे लेख राव और वाजपेयी राज के हैं तो आन्दोलन भी महेन्द्र सिन्ह टिकैत, नंजुदास्वामी वगैरह के नेतृत्व वाला ही है। यहाँ वे उदारीकरण की मुहिम और नई आर्थिक नीतियों को दोषी मानकर उनकी आलोचना करते हैं पर दुनिया भर के कम्युनिस्ट शासनों में किसानों की और खेती की जो दुर्गति हुई है उसे नहीं भूलते। असल में उस दौर में अपनी राजनीति को प्रासंगिक बनाए रखने की जुगत में लगे कम्युनिस्ट लोग भी किसान आन्दोलन में जगह बनाने की कोशिश कर रहे थे।

इसी खंड में आए इंटरव्यू सच्चिदा जी के व्यक्तित्व और सोच को बहुत बढ़िया ढंग से सामने लाते हैं और इनमें पहला तो चार-पाँच विद्वान लोगों द्वारा लगभग पूरे दिन की गई बातचीत पर आधारित है। इसमें उनके व्यक्तित्व, चिन्तन और लेखन का पूरा हिसाब सामने आता है, लेकिन एक असन्तुलन दिखता है—सवालों की घेराबन्दी ऐसी है कि सच्चिदा जी काफी कुच मार्क्सवादी लगत और दिखते हैं जो उनके समग्र लेखन और राजनैतिक कामों से पूरी तरह मेल नहीं खाता। पर उनके दो तीन भाषण आज समाजवाद की स्थिति, उसके संकट, उसके लिए आगे का रास्ता और उस आन्दोलन के बगैर दुनिया की स्थिति की इतनी साफ तस्वीर पेश करते हैं कि हैरानी होती है कि इस महान लेखक और विचारक की बातों को हम और खास तौर से खुद को वामपंथी और धर्मनिरपेक्ष माननेवाला जमात भी पर्याप्त गम्भीरता से क्यों नहीं लेता। छिटफुट लिखे लेखों में भी भविष्य के समाज के सपने-युटोपिया का जिक्र विस्तार से है, लेकिन जिस तरह से उन्होंने वरिष्ठ लेखक और अपने पुराने निर्मल वर्मा द्वारा अखबारों को दिए

इंटरव्यू में (बाद के दिनों में निर्मल जी की राय काफी बदली थी और वे मन्दिर आन्दोलन के समर्थक बन गए थे) उठाए मुद्दों का जबाब दिया है वह विलक्षण है। एक तो सच्चिदा जी ऐसी टीका-टिप्पणियाँ नहीं करते। इसका मतलब है कि वे निर्मल जी की कही बातों से ज्यादा दुखी हुए थे। दूसरे आम तौर पर वे इतने सटीक और मारक तर्क भी आम तौर पर नहीं देते।

सच्चिदा जी ने आन्दोलन के गीत भी लिखे हैं इसका एहसास इस सम्पादक को आखिर तक न था जबकि उसने यहाँ लिए गए कई गीत आन्दोलनों में सुने भी थे। इनका कथ्य, मात्रा का हिसाब और भाषा सब उत्तम कोटि का है और जिन्हें भोजपुरी और वज्जिका में थोडी दिक्कत होगी उन्हें भी ये गीत समझ में आएँगे और इनका सुर पसन्द आएगा। बच्चों वाली कविताएँ भी ऐसी ही हैं और वे जल्दी जुबान पर चढ़नेवाली हैं। ये दोनों चीजें सच्चिदा जी का नया रूप ही सामने लाती हैं।

इसके साथ ही यह उम्मीद इस सम्पादक को है कि उसके द्वारा बड़े जतन और श्रम से इस महान लेखक, विचारक और राजनीतिकर्मी का जो रूप इस रचनावली में पेश करने की कोशिश की गई है, वह पाठकों को पसन्द आएगी, उनको प्रेरित करेगी। समाजवादी धारा और गांधी-लोहिया-जेपी को मननेवाले लोगों के लिए तो यह एक धरोअहर होनी चाहिए क्योंकि इतने सारे विषयों पर इतना व्यापक और गम्भीर लेखन इन तीनों धाराओं के किसी और का नहीं है। कहना न होगा कि गलतियों और चूकों के लिए सारी जिम्मेवारी मेरी है।

31 जुलाई, 2021
दिल्ली

—अरविन्द मोहन

क्रम

आन्तरिक उपनिवेश

भूमिका

इधर कुछ दिनों से भारतीय राजनीति में दो परस्पर विरोधी मजबूत प्रवृत्तियाँ तेजी से उभरी हैं। एक तरफ नई दिल्ली के पास सत्ता का केन्द्रीकरण होता गया है। दूसरी तरफ केन्द्र द्वारा बढ़ाए जाते नियंत्रण के खिलाफ राज्यों में नाराजगी उभरती दिखती है। कुछ राज्यों ने हंगामा करने की कोशिश की भी, पर उन्हें जल्दी ही समझ आ गया कि केन्द्र पर उनकी जिस तरह की निर्भरता है, उसमें वे ज्यादा कुछ कर ही नहीं सकते। सो, वे थक-हारकर बैठ गए और केन्द्र-राज्य सम्बन्ध की यही सच्चाई है। और अगर कही अब भी शोर मचता है तो सबके दिमाग में यह स्पष्ट है कि इसका नतीजा क्या निकलनेवाला है।

जाहिर तौर पर यह कोई सुखद स्थिति नहीं है। अगर अर्थव्यवस्था के कामकाज को संकेत मानें तो मौजूदा व्यवस्था को कारगर नहीं मान सकते। मौजूदा व्यवस्था से पैदा जड़ता जैसी स्थिति को अच्छा नहीं कह सकते। और राज्यों तथा विभिन्न क्षेत्रों के बीच जो आर्थिक गैर-बराबरी बढ़ रही है, उसे भी अर्थव्यवस्था के लिए अच्छा नहीं मान सकते। इसलिए इन पूरे सम्बन्धों पर गम्भीर पुनर्विचार और जरूरी फेर-बदल करने की आवश्यकता है।

इस विषय में कई लोगों और कमेटियों ने महत्त्वपूर्ण अध्ययन किए हैं। पर इन अध्ययनों की एक सीमा केन्द्र राज्य सम्बन्ध के सवाल को सरकार द्वारा बनाए कानूनों या संविधान के प्रावधानों के आलोक में देखते हैं। शायद ही कभी वे इनसे अलग भी देखने की कोशिश करते हैं, पर हर बार झुकाव कानूनी-वैधानिक पक्ष की तरफ ही रहता है, लेकिन मौजूदा स्थितियों में न तो भारतीय संविधान और न ही बाहर कहीं की संवैधानिक व्यवस्थाओं से पर्याप्त मदद मिलनेवाली है। इस सवाल पर एक बने-बनाए वैधानिक-कानूनी दायरे से अलग होकर सोचने की जरूरत है। इसीलिए, मौजूदा अध्ययन में कुछ अन्य देशों के अविकसित क्षेत्रों की इसी तरह की समस्याओं के सन्दर्भ को सामने रखा गया है। इस सन्दर्भ में केन्द्रीय प्राधिकारों और कुछ राज्यों में उभरती राष्ट्रीयताओं के बीच बननेवाले सम्बन्धों की भी चर्चा की गई है, पर मुख्य कोशिश इस पूरे सवाल को आम आदमी के भले वाले नजरिये से देखने की कोशिश की गई है।

इस सवाल पर जब-जब विचार करने की कोशिश हुई है, उसमें भावनात्मक सवाल आकर घाल-मेल करते ही हैं। जब भी केन्द्र की सत्ता को कम करने की बात की जाती है, राष्ट्रवाद और राष्ट्रीय एकता की बात उठती ही है। विकास के सन्दर्भ में इस तरह के राष्ट्रवाद के अतार्किक सवाल को उठाने के पीछे क्या मंशा रहती है, उस पर भी हल्की चर्चा की गई है। चूँकि ये सम्बन्ध निरन्तर बदलाव के क्रम में हैं, सो, अन्य संघीय व्यवस्थाओं में क्या कुछ हो रहा है और भारत में कौन-सी शक्तियाँ संवैधानिक सम्बन्धों को गढने में प्रभावी हो रही हैं, उनकी भी चर्चा की गई है।

लेखक को लगता है कि बदहाल राज्यों से सम्बन्ध के मामले में भारत औपनिवेशिक शासन की ही विरासत को ढो रहा है। पूँजीवादी वर्ग ने नौकरशाही के साथ मिलकर पुरानी व्यवस्था को ही जारी रखा है और 'राष्ट्रवाद' के नाम पर इसे बचाने के साथ राज्यों से अधिकतम लाभ उठाने का काम भी किया है। और इस शोषण के स्वरूप और प्रभाव की सामान्य चर्चा की जगह बिहार के उदाहरण से चीजों को स्पष्ट करने की कोशिश की गई है। बिहार का अपना मामला कुछ अलग भी है, पर यही खास प्रवृत्ति ओडिशा, असम, मध्य प्रदेश और उत्तर प्रदेश के पूर्वी अंचल में भी दिखाई देगी। बिहार का अध्ययन इसलिए भी किया गया है कि बिहार का ही होने के चलते इस लेखक ने वहाँ के लोगों की भयावह दरिद्रता को प्रत्यक्ष देखा है। और उसने जो देखा है, आँकड़े उसकी पुष्टि भी करते हैं। इस अध्ययन का खास महत्त्व इस बात से भी है कि केन्द्र-राज्य सम्बन्धों के मौजूदा स्वरूप राज्यों द्वारा अपने हितों की रक्षा करने या उन्हें बढ़ाने का प्रयास में बाधक है। यह कैसे होता है, इस अध्ययन में यह भी दिखाने का प्रयास किया गया है।

मैं केन्द्र और राज्य सरकार के बजट और अन्य दस्तावेज उपलब्ध कराने के लिये सांसद श्री गोलप बड़बोरा और बिहार के पूर्व विधायक महन्त श्यामसुन्दर दास का आभारी हूँ और इनके आधार पर ही मैंने केन्द्र और राज्य की वित्तीय स्थिति का तुलनात्मक अध्ययन किया है। मैं अपने मामा चन्द्र प्रकाश नारायण सिन्हा का भी आभारी हूँ जिनके अंगरेजी राज में बिहार की आर्थिक स्थिति सम्बन्धी अध्ययन से मुझे काफी मदद मिली। इसी की पृष्ठभूमि में मौजूदा चीजों को रखने से तसवीर ज्यादा साफ हुई है। अध्ययन के दौरान और भी कई दोस्तों से भी मदद मिली। उन सबका आभार।

अप्रैल, 1973
नई दिल्ली

—सच्चिदानन्द सिन्हा

दूसरे संस्करण की भूमिका

1973 में जब यह किताब छपी थी तब इसकी काफी चर्चा हुई थी। और यह बात काफी सन्तोष देनेवाली है कि उस समय 'आन्तरिक उपनिवेश' की जिस अवधारणा की चर्चा इस किताब में की गई थी, उसका प्रयोग अब प्राकृतिक सम्पदा से धनी देश के कुछ इलाकों की बढ़ती गरीबी के सन्दर्भ में आज खूब किया जाने लगा है। और स्वाभाविक रूप से इस अवधारणा की आलोचना भी हुई। 'मेनस्ट्रीम' के 28 जनवरी के अंक में किताब की समीक्षा करते हुए कमल नयन काबरा ने लिखा, "विश्लेषण का सारा ढाँचा बिना किसी अन्तर-क्षेत्रीय वित्तीय आवाजाही के आँकड़ों के बिना साम्राज्यवादी सम्बन्धों के विश्लेषणात्मक और भावनात्मक आधार पर खड़ा किया गया है, सामाजिक-आर्थिक सम्बन्धों के जटिल सवालों को तो छुआ ही नहीं गया है। आर्थिक गैर-बराबरी के तथ्य को आम तौर पर औपनिवेशिक सम्बन्धों की मौजूदगी के रूप में देखा गया है।"

इस अन्तर-क्षेत्रीय वित्तीय आवाजाही की बात उठाकर काबरा शायद यही कहना चाहते हैं कि अगर किसी इलाके में गरीबी आई है तो कहीं समृद्धि भी आई है। काफी श्रम किया जाए तो इस आवाजाही को रेखांकित किया जा सकता है, पर असल में कितना समृद्धि इधर से उधर हुई है, इसका ठीक-ठीक मापन लगभग असम्भव है। इसकी वजह यह है कि जिस तरह से विदेश व्यापार के हर आँकड़े रखे जाते हैं, उस तरह गाँवों के आपसी लेन-देन से लेकर अन्तर-राज्य और अन्तर-क्षेत्र आवाजाही के आँकड़े नहीं रखे जाते। जैसे अगर कोई फैक्टरी किसी ऐसे पिछड़े इलाके में स्थित है जहाँ उसके कच्चे माल या खनिज या प्राकृतिक संसाधनों की कमी हो और वह सारे लोग बाहर से ही नियुक्त कर ले। उन्हें ऊँची तनख्वाह और सुविधाएँ भी दे, पर स्थानीय लोगों को भर्ती न करे। फैक्टरी के लिये जमीन तो स्थानीय होगी और उसके चलने से स्थानीय लोगों का जीवन प्रभावित भी होगा ही। ऊपर से देखने पर तो यहाँ न तो कोई शोषण हो रहा है न धन ले जाया जा रहा है, पर असल में हो यही रहा है कि फैक्टरी में बाहर से काम करने आए लोग उस आमदनी को सोख जा रहे हैं जो कायदे से स्थानीय लोगों के हाथ जानी चाहिए थी। ऐसे मामले में कोई स्पष्ट भेदभाव भी नहीं दिखता क्योंकि उस फैक्टरी के जिन

कामों के लिये बाहरी लोग रखे जाते हैं, वह योग्यता स्थानीय लोगों में नहीं थी। सो, अगर शैक्षिक रूप से पिछड़े या स्थानीय लोगों में तकनीकी ज्ञान और कौशल दिए बगैर किसी पिछड़े इलाके में अत्याधुनिक कारखाना खोलने का मतलब यही है। विदेशी कम्पनी द्वारा किसी अत्याधुनिक कारखाना लगाने के साथ उस तकनीक और कौशल के स्थानीयकरण का स्प्ष्ट कार्यक्रम हुए बगैर भी यही चीज होगी। गरीब और पिछड़े इलाकों में लगनेवाले उद्योग-धन्धों के साथ इस किस्म की कोई पूर्व-शर्त नहीं होती। फिर सारे रोजगार उस इलाके के लोगों के पास चले जाते हैं जहाँ पढ़ाई और कौशल विकास वाले संस्थान हों। कम्पनी का मुनाफा मालिकों या शेयरधारकों को जाता है जो आम तौर पर शहरों में और दूर-दराज में रहते हैं। स्थानीय लोग सिर्फ कच्चा माल देने या अकुशल मजदूर वाला काम ही पाते हैं। और इन दोनों से भी कम्पनियाँ ही ज्यादा लाभ कमाती हैं। इसके ऊपर यह भी होता है कि कम्पनी का मुखयालय बाहर किसी और राज्य में या बड़े शहर में होता है, और करों की आमदनी उस प्रदेश और शहर को जाती है।

जहाँ तक खनिजों का सवाल है तो इस मामले में केन्द्र सरकार ही मालिक है। और फिर राज्य को रॉयल्टी के रूप में क्या मिले, यह फैसला राज्य के लोग या सरकार नहीं करती, यह फैसला केन्द्र ही करता है। यहाँ भी अक्सर खनिजों के डिपो किसी और राज्य के बन्दरगाह शहर में स्थित होते हैं और उसकी आमदनी का राजस्व भी खनिज वाले इलाके और प्रदेश की जगह डिपो वाले इलाके और राज्य को जाता है। सो, सारे लाभ तो बाहर जाते हैं, पर जमीन उपलब्ध कराने और संरचनात्मक सुविधाएँ विकसित करने का बोझ स्थानीय अधिकारियों पर आ जाता है। फिर फ्राइट इक्वलाइजेशन के जरिये हर जगह खनिज को एक ही कीमत पर उपलब्ध कराने की नीति और मुश्किलें बढ़ाती है। इस्पात कहीं बने, कीमत एक ही होगी तो किसी की खनिज या इस्पात उत्पादन वाली जगह, बोकारो, भिलाई या राउरकेला के पास कारोबार करने की क्या जरूरत होगी? हर पूँजीपति मुनाफे के लिये काम करता है, इसलिए वह संरचनात्मक सुविधाओं वाली जगह छोड़कर नई और पिछड़ी जगह पर क्यों जाएगा? जहाँ बिजली, पानी, सड़क, कुशल कारीगर जैसी सुविधाएँ उपलब्ध हो वह उसी जगह जाता है। उसे अपने उत्पाद के लिये बाजार चाहिए, पिछड़े इलाके में माल बेचना भी मुश्किल होता है। चूँकि क्षेत्रीय प्राधिकारों के पास सीमित अधिकार होते हैं, सो वे बड़ी कम्पनियों के मुकाबले अपने इलाके की इकाइयों को ज्यादा मदद और संरक्षण देने की स्थिति में भी नहीं होते। क्या साम्राज्यवादी ताकतों की यही स्थिति अपने उपनिवेशों की तुलना में नहीं होती? क्या इससे यह नहीं साफ होता कि पूँजीपति और शासक जमात बिना साम्राज्यवादी जीत के ही वही सब लाभ ले रहा है? इनमें से कुछ मुद्दों की चर्चा किताब में हुई है, लेकिन जाने किस तरह कमल काबरा उन पर गौर नहीं कर पाए।

लेकिन किताब किसी इलाके के शोषण के लिये दूसरे इलाके के लोगों को दोषी नहीं बताती। पंजाब या महाराष्ट्र के लोगों ने बिहार या असम का शोषण नहीं किया है, लेकिन इस किताब में बताए गए सम्बन्ध पूँजीवादी विकास के मॉडल में और अधिकतम मुनाफा लेनेवाली व्यवस्था में बनते ही हैं। जो सरकारी कारखाने चल रहे हैं वे भी इसी सोच से चलाए जाते हैं। अगर वे अक्सर नुकसान की स्थिति में दिखते हैं तो इसका कारण सरकार और इन इकाइयों को चलानेवाली कुलीन मशीनरी की नालायकी है। पंजाब के अपेक्षित विकास की स्थिति ब्रिटिश शासन और बाद की देसी सरकारों द्वारा दिए विशेष ध्यान के चलते है। यह बात पंजाब के लोगों को दोषी बताने के लिये नहीं, यह तथ्य रेखांकित करने के लिये कही जा रही है कि सत्ता का केन्द्रीकरण किसी राज्य के पक्ष तो किसी के खिलाफ सन्तुलन बना सकता है। निश्चित रूप से इसका श्रेय पंजाब के मेहनती किसानों को भी जाता है जिन्होंने शासन से मिले शुरुआती अवसर और सहयोग का पूरा लाभ उठाया। हमारा तर्क यह है कि अगर राज्यों को ज्यादा अधिकार मिलें तो वे अपने यहाँ की व्यवस्था दुरुस्त करने में अधिक सक्षम होंगे और उन्हें इसका सीधा लाभ होगा। पर ब्रिटिश शासन व्यवस्था ही नहीं, आजादी के बाद की अपनी व्यवस्था में भी लोगों के पास अधिकार नहीं होते और ज्यादातर शक्तियाँ केन्द्र के हाथ में रही हैं। हमारा सुझाव तो विकेन्द्रीकरण के लिये है और इससे विकसित राज्यों को भी और विकास करने का अवसर मिलेगा क्योंकि वे अपनी सोच और पहल पर काम कर सकते हैं। किताब की एक और आलोचना हुई जो सिर्फ गलतफहमी के चलते हुई। कुछ आलोचकों ने इसे सिर्फ बिहार के पिछड़ेपन से सम्बन्धित किताब मानकर इसकी आलोचना की। उनका मानना था कि बिहार सामन्ती भूमि सम्बन्धों और कुशासन के चलते पिछड़ा है। जैसाकि पहले संस्करण की भूमिका में कहा गया है, बिहार को विभिन्न राज्यों पर असर डालनेवाले क्षेत्रीय असन्तुलन बनानेवाली नीतियों के असर को बताने के उदाहरण के लिये ही रखा गया है। और फिर इसके आधार पर विकेन्द्रीकरण की वकालत की गई है जिससे राज्य अधिकतम स्वायत्तता का अनुभव करते हुए अपना रास्ता चुन सकें।

जहाँ तक बिहार के सामन्ती चरित्र की बात है तो वह आलोचना वाजिब भी है, पर जब हम समस्या पर ज्यादा बारीकी से गौर करते हैं तो पाते हैं कि प्रदेश की यह स्थित बनाने में औपनिवेशिक शोषण और सामन्ती भूमि सम्बन्धों के बीच अजीब किस्म का करीबी रिश्ता बन गया है। इसे समझने के लिये हमें उस क्रान्ति की तरफ लौटना होगा जिसने यूरोप में सामन्तवाद का खात्मा कर दिया था। इसमें मुख्य भूमिका बर्गरों के प्रभुत्व वाले शहरों का उभरने की थी (बुर्जुआ शब्द इन्हीं बर्गरों से आया है)। जब ये शहर उद्योग-व्यापार के केन्द्रों के रूप में उभरे और समृद्ध हुए तब गाँवों में रहनेवाले गुलाम भी उनकी तरफ आकर्षित हुए। उन्हें वहाँ अच्छी कमाई वाले कामों का आकर्षण था। सामन्त भी इन जगहों से वे काफी कुछ पैसों के सहारे पा सकते

थे, जिसे अपने यहाँ लाख कोशिश करके भी पैदा कराना उनके वश में न था। वे भी नकदी लेन-देन के फायदे समझने लगे। वे अपने गुलामों को शहर जाकर कमाने और वापस उन्हें नकद भुगतान करने के लिये प्रोत्साहित करने लगे। अठारहवीं सदी में उद्योगों के तेज विकास के चलते बड़ी संख्या में गुलाम और किसान उसकी तरफ आकर्षित हुए और सामन्तवाद की जड़ें कमजोर हुईं। इससे ग्रामीण किसान भी मजबूत हुए और उनमें यह शक्ति आई कि शहरी बुर्जुआ वर्ग के समर्थन से सामन्तशाही को समाप्त कर डाला। बिहार में यह प्रक्रिया उलट गई। राज्य में उद्योग-धन्धों का विकास नहीं हुआ, जिसमें गाँव के अतिरिक्त लोगों को काम मिलता। परिणाम हुआ कि शहरीकरण की जगह ग्रामीण आबादी का प्रतिशत ही बढ़ता गया। फिर तो गाँव में खेतिहर मजदूरों या बटाईदारों की जमींदार से मोल-तोल करने की शक्ति भी गिरती गई। जमींदारों की ताकत बनी ही नहीं रही, बढ़ी। जहाँ-तहाँ काफी तीखी लड़ाई भी हुई, विरोध हुआ, पर गरीबों के पास और विकल्प न होने से उनकी हालत और खराब हुई। मजदूर सस्ते होने के चलते जमींदारों को भी कम श्रम से उन्नत खेती करने पर खर्च करने की जरूरत महसूस नहीं हुई। प्रति मजदूर प्रति एकड़ पैदावार कम ही बनी रही।

जो राज्य कर सकते हों, वे श्रमबहुल उद्योग और बड़े पैमाने पर निर्माण कार्य शुरू कराके स्थिति को बदलने में मदद कर सकते हैं। उत्तर बिहार के श्रमबहुल इलाकों के पलायन में यह प्रवृत्ति दिख रही है, पर जहाँ इतने सारे सरप्लस/ज्यादा मजदूर हों वहाँ हाल की इस पलायन वाली स्थिति से ज्यादा फर्क नहीं पड़नेवाला है। पर ये तथ्य बताते हैं कि सामन्ती व्यवस्था और क्षेत्रीय पिछड़ापन मिलकर स्थिति कितनी खराब कर सकते हैं और जब तक स्थिति न बदले न तो वर्ग संघर्ष के नारे न और तरह की जुमलेबाजी से स्थिति बदलेगी।

यहाँ हम याद कर सकते हैं कि यह सामन्ती व्यवस्था तथा लगातार बढ़ती दरिद्रता की यह परिघटना ब्रिटिश शासन के भारत पर नियंत्रण के साथ ही शुरू हुई है। उसने न सिर्फ जमींदारी व्यवस्था लागू की बल्कि उन असंख्य ग्रामीण उद्योगों और हस्तशिल्पों को नष्ट किया जो एक से एक बढ़िया चीजों का उत्पादन करते थे। यह काम ब्रिटिश सामान की खपत बढ़ाने के लिये किया गया, पर इससे हमारे यहाँ बेरोजगारी बढ़ती गई। इसी से बटाई और बाद में बँधुआ मजदूरी जैसी चीजें पैदा हुईं। एक अन्तर को छोड़कर मौजूदा औद्योगिक विकास पुरानी साम्राज्यवादी व्यवस्था की निरन्तरता में ही है—अन्तर मात्र यही आया है कि अब फैक्टरियाँ मैनचेस्टर या बर्मिंघम में नहीं लगकर देश के ही कुछ चुनिन्दा ठिकानों पर लग रही हैं। यहीं सारे संसाधन पहुँच रहे हैं, सारे श्रमिक आ रहे हैं और बाकी इलाकों में बदहाली आ रही है।

पर यह स्पष्ट करना जरूरी है कि यह अध्ययन अधूरा ही है क्योंकि यह क्षेत्रीय शोषण अर्थात आन्तरिक उपनिवेश के सिर्फ एक पक्ष पर प्रकाश डालता है। यह अध्ययन तो सिर्फ इसी पक्ष को ध्यान में रखकर किया गया है इस सम्बन्ध को पूरी

तरह समझने के लिये इसके दूसरे पक्षों पर भी गौर करना होगा। पूँजीवादी विकास के लिये सिर्फ कुछ इलाकों के शोषण भर की जरूरत नहीं होती। अधिक पूँजी से चलनेवाले उद्योगों के जरिये खेती और ग्रामीण क्षेत्र का शोषण भी इस व्यवस्था का एक चरित्र है। ऐसे उद्योगों को अपना अधिकतम मुनाफा कमाने के लिये सिर्फ सस्ता खनिज या कच्चा माल, वनोपज और कृषि उत्पाद ही नहीं, सस्ते श्रम की भी जरूरत होती है। यह करने के लिये उन्हें खेती के उत्पादों और हस्तशिल्प या छोटे उद्योगों की ग्रामीण आत्मनिर्भरता को भी समाप्त करना होता है। उन्हें अपनी जरूरत के लिये कुछ खास फसलों को बढ़ावा देना होता है। फिर वे येन-केन-प्रकारेण कृषि उत्पादों की कीमत कम बनाए रखना चाहते हैं। इस अध्ययन में इन पक्षों पर विचार नहीं हुआ है—यहाँ मात्र उल्लेख किया जा रहा है। 'बिटर हार्वेस्ट' नाम से छपी किताब में इन पक्षों पर गौर किया गया है। आन्तरिक औपनिवेशिक प्रणाली के दो रूपों की चर्चा बाद के एक आलेख में की गई थी जिसे इस संस्करण में शामिल कर लिया गया है।

किताब के प्रकाशन के बाद के एक दशक में क्षेत्रीय असन्तुलन के सवाल पर कुछ बदलाव आया होगा, यह कोई सोच सकता है, पर असल में ऐसा कुछ नहीं हुआ है। चार्ट 16अ, 16ब, 16स, और 16द में किए गए बदलाव यह बताते हैं कि मुख्य प्रवृत्ति में कोई बदलाव नहीं हुआ है।

इस किताब के प्रकाशन के बाद से भारत में और अन्तरराष्ट्रीय स्तर पर भी क्षेत्रीय स्वायत्तता और विकेन्द्रीकरण का सवाल ज्यादा तेज हुआ है। किताब में ग्रेट ब्रिटेन में वेल्स और स्कॉटलैंड द्वारा उठाई गई स्वायत्तता की माँग का जिक्र है। अब ब्रिटिश सरकार ने इन दोनों जगह एसेम्बलियाँ बनाने की माँग मान ली है। यह एक महत्त्वपूर्ण घटना है। भारत में ही आज विकेन्द्रीकरण की माँग अधिक लोग, राज्य और दल करने लगे हैं। मौजूदा रूप में राज्यपाल के पद की उपयोगिता पर सवाल उठने लगे हैं। असम और उत्तर बंगाल में बाहरी लोगों द्वारा स्थानीय संसाधनों का उपयोग कर लिए जाने का सवाल उठने लगा है। शुरू में असम का आन्दोलन असमिया को एकमात्र आधिकारिक भाषा घोषित करने का था, पर यह छुपा भाव भी था कि असम की सम्पदा को बाहरी लोग लिये जा रहे हैं और बदले में असमिया लोगों को कुछ भी हासिल नहीं हो रहा है। अब बांग्लादेशी घुसपैठ का सवाल सबसे ऊपर आ गया है, पर मूल सवाल औपनिवेशिक क्षेत्रीय शोषण का बना हुआ है। उत्तर बंगाल में तो उत्तर बंग तपसीली जाति ओ आदिवासी संगठन नामक संगठन ने अपने इलाके के लोगों के शोषण की समाप्ति के सवाल को ही सबसे ऊपर रखा है। ये आन्दोलन बताते हैं कि क्षेत्रीय शोषण कोई काल्पनिक चीज नहीं है, इन इलाकों के लोग भी अपने जीवन में इससे मुश्किलें झेलने लगे हैं।

सत्ता के विकेन्द्रीकरण की माँग के सिलसिले में 1973 में अकाली दल द्वारा आनन्दपुर साहिब प्रस्ताव महत्त्वपूर्ण है। यह प्रस्ताव दल की कार्यसमिति का था, पर

1978 में अकाली दल (लोंगोवाल) ने अपने सम्मेलन से इसका जो संशोधित रूप पास किया, उसमें केन्द्र के पास सिर्फ विदेश, रक्षा, मुद्रा और रेलवे जैसे काम ही रहने देने की बात कही गई है। यह माँग साम्प्रदायिक रंग में रँग गई, पर किसी प्रमुख पार्टी द्वारा विकेन्द्रीकरण और संघीय स्वरूप को लेकर की गई यह पहली माँग थी।

पर जब यह सवाल चर्चा में आ गया तो भारत सरकार को 9 जून, 1983 की अधिसूचना के जरिये केन्द्र राज्य सम्बन्धों पर विचार करने के लिये जस्टिस सरकारिया की अध्यक्षता में आयोग का गठन करना पड़ा। इसे अभी की स्थिति भर की समीक्षा करनी है, पर इसके गठन से मुद्दा एक कदम आगे, बढ़ा है। सम्भव है दबाव बने तो उसके विचार का दायरा भी बढ़ाया जाए। इस आयोग को आनन्दपुर साहब प्रस्ताव के सम्बद्ध हिस्से पर विचार करने का जिम्मा भी सौंपा गया है।

इस किताब के प्रकाशन के बाद से कई और बड़ी बातें हुई हैं जिनसे इसमें उठाए सवाल पर और जोर पड़ता है। यह कहा जाने लगा है कि सत्ता का विकेन्द्रीकरण सिर्फ केन्द्र और राज्य के स्तर पर होने की जगह गाँव के स्तर तक जाना चाहिए, पर निचले स्तर पर सत्ता देने की पूर्व शर्त के तौर पर पहले राज्यों को अधिक अधिकार सौंपने की बात उठ रही है, लेकिन हाल में अनेक राज्यों के आदिवासियों और पिछड़े क्षेत्रों के लोगों द्वारा अलग राज्य बनाने की माँग खूब जोर-शोर से उठने लगी है। सो, साफ है कि मौजूदा स्वरूप वाले बड़े राज्यों का विभाजन और उनके अधिकारों को कम करना भी समान रूप से महत्त्वपूर्ण है। अगर संविधान में बदलाव करके इन इलाके या जिलों के लोगों का उनके संसाधनों पर ज्यादा नियंत्रण बना दिया जाए तो ऐसे इलाकों के लोगों की शिकायतों का समाधान हो सकता है। साफ है कि शासन की निचली इकाइयों को ज्यादा सशक्त और स्वायत्त बनाने के लिये संवैधानिक बदलाव की जरूरत है। और इस दिशा में काम बढ़े तो फिर शासन की इन छोटी इकाइयों का चुनाव करने की व्यवस्था की बात भी उठेगी ही।

इन सबका मतलब यही है कि देश को वास्तविक रूप से संघीय स्वरूप देने और लोगों की आकांक्षाओं के अनुरूप बनाने के लिए संविधान में बड़े बदलाव की जरूरत है। वयस्क मताधिकार और इसी लोकतांत्रिक संविधान के जमीन पर उतरने के साथ लोगों की महत्त्वाकांक्षा का भी विस्तार हुआ है। संविधान का निर्माण करनेवाली संविधान सभा का चुनाव सीमित मताधिकार वाली व्यवस्था से हुआ था। सो, उसके बनाए संविधान से लागू पूर्ण लोकतंत्र के कारगर होने के बाद ये बदलाव जरूरी भी हैं। इन छोटे-मोटे बदलावों के अलावा किताब की मूल स्थापना इस लम्बी परीक्षा में खरी ही उतरी है।

1986

—सच्चिदानन्द सिन्हा

1

राष्ट्रों में होनेवाले राजनीतिक बदलावों में तीन महत्त्वपूर्ण प्रवृत्तियाँ समझने लायक हैं। वे हैं (1) हाल के वर्षों में राष्ट्रीय सीमाओं को पार करके एक सरकार से दूसरे सरकार के बीच आर्थिक सम्बन्ध कायम किया जाना। (2) संघीय या महासंघीय गठबन्धन और (3) राष्ट्रों के भीतर रहनेवाले छोटे राष्ट्रीय या क्षेत्रीय समूहों द्वारा बेहतर आर्थिक सौदेबाजी, स्वायत्तता और कभी-कभी पूर्ण स्वतंत्रता प्राप्त करने का निरन्तर प्रयास। हालाँकि अन्तरराष्ट्रीय स्तर पर चलनेवाले टकराव इतने बड़े और दंगल वाली नाटकीयता लिये होते हैं कि इस तरह के बदलाव उनकी छाया में ढक जाते हैं। इन तीनों बदलावों में सबसे कम ध्यान अगर किसी ओर गया है तो वह क्षेत्रीय स्वायत्तता के लिए होनेवाले आन्दोलन की ओर। चूँकि आर्थिक केन्द्रीयता या संघ और महासंघ अभी भी प्रत्यक्ष या परोक्ष तौर पर राष्ट्र राज्य को मदद करते हैं, इसलिए उनकी ही मदद की जाती है और उन्हें ही प्रचार मिलता है। दूसरी ओर चूँकि क्षेत्रीय स्वायत्तता या स्वतंत्रता की माँग अन्तरराष्ट्रीय दायरे में होड़ करनेवाले प्रतिस्पर्धी की ताकत को घटा देती है, इसलिए उसकी पूर्ण उपेक्षा की जाती है। इसके अलावा ऐसी दुनिया में जहाँ अन्तरराष्ट्रीय व्यवस्था और विश्व सरकार की लम्बी-चौड़ी बातें (हालाँकि वे बेअसर होती हैं) वैश्विक स्तर पर चलन में रहती हैं वहाँ दुनिया की व्यापक दृष्टि के बरक्स छोटे क्षेत्र या राष्ट्रीयता की चिन्ताएँ तुच्छ या विघटनकारी प्रतीत होती हैं।

इस आधार पर राष्ट्रीयताओं और क्षेत्रीय समूहों की दावेदारी को राष्ट्रों का अनुग्रह तब तक नहीं प्राप्त होता जब तक वे अन्तरराष्ट्रीय दायरे में किसी प्रतिद्वन्द्वी को कमजोर करने का दावा नहीं करते। उदाहरण के लिए, आत्मनिर्णय के अधिकार को यह समर्थन भारत और पाकिस्तान द्वारा मिलता रहा है। इसमें अगर भारत बांग्लादेश के अधिकारों का पैरोकार बना तो पाकिस्तान कश्मीर और नगालैंड के नागरिकों के अधिकार का समर्थक बना। जाहिर है कि इस तरह का समर्थन मामले के जायज या नाजायज होने पर आधारित नहीं है बल्कि वह इस बात पर आधारित है कि वे देश किस तरह से इस विवाद से फायदा उठा सकते हैं।

इसे देख पाना इतना आसान क्यों है? राष्ट्र राज्य के उद्भव का सारा सन्दर्भ इस प्रकार का है कि उसका सारा जोर आकार और सैन्य सम्भाव्यता पर निर्भर है।

आज के सारे राष्ट्र विजय और साम्राज्य के गर्भ से उत्पन्न हुए हैं। सारे राष्ट्रों के इतिहास के किताबों में गौरवशाली अध्याय उनके पुरखों के रक्तरंजित कारनामों या कुकृत्यों से भरे पड़े हैं। किसी सभ्य राष्ट्र का उच्च आदर्श अभी भी यही है कि वह कितनी तेजी से और कितनी प्रचुर मात्रा में हत्याएँ कर सकता है। उसी से उसे महानता का तमगा मिलता है। जिस राष्ट्र के पास सारी दुनिया को खत्म करने की क्षमता होती है, वह सुपर पॉवर यानी महाशक्ति हो जाता है। इसलिए यह स्वाभाविक है कि सभी बुद्धिमान और उद्यमशील राजनेता एक ऐसे आदर्श का गुणगान करें जो इतिहास और सभ्यता की भावना का प्रतिनिधित्व करे। कोई दूसरी बात जो इस आदर्श के विपरीत होती है, उसे इसी वजह से दबा दिया जाता है या कमतर करके देखा जाता है।

राष्ट्र के आह्वान में स्वार्थ और भावनाओं को इतने नजदीक से गूँथा गया है कि इसके बारे में एक तार्किक दृष्टिकोण के खड़े हो पाने की बहुत कम सम्भावना है। अभी तक इस बात का कोई स्पष्ट जवाब नहीं है कि राष्ट्रवाद की भावनाएँ लोगों को इतने जोर से पकड़ती क्यों हैं। कई मानव प्रकृति विज्ञानी जिन्होंने जानवरों के व्यवहार को नजदीक से देखा है, उनका कहना है कि इन जानवरों की प्रजातियों में एक प्रकार की प्रादेशिक भावना होती है। राष्ट्र के प्रति मनुष्य की वफादारी को वे इसी तरह की अन्तर्निहित प्रवृत्ति के रूप में देखते हैं। सम्भव है कि मनुष्य में भी इस तरह की कोई अस्पष्ट भावना होती हो, लेकिन किसी क्षेत्र के प्रति वफादारी की अभिव्यक्ति स्वाभाविक रूप से किसी व्यक्ति के पड़ोस में स्थित स्थान के लिए वफादारी के रूप में प्रकट हो सकती है।

इस वफादारी को एक राष्ट्र के स्तर तक उठाने के लिए (कई बार तो राष्ट्र इतना बड़ा होता है कि उसके नागरिक की उससे पहचान सिर्फ नक्शे के माध्यम से ही होती है) इतिहास की लम्बी परम्परा के माध्यम से काम करना होता है। इतिहास की वह लम्बी परम्परा असंख्य प्रतीकों जिनमें से कुछ स्वाभाविक होते हैं और कई जान-बूझकर बनाए जाते हैं, के सहारे निर्मित की जाती है।

लेकिन राष्ट्रीय एकता की जो भावना साझा इतिहास, परम्परा और व्यक्तियों के साझा अनुभव के माध्यम से पैदा की जाती है, वह अपने में बेहद अहानिकारक है। उसका लोहे का पैर तब बनता है जब वह राज्य के खांचे में बैठती है। हालाँकि आधुनिक राष्ट्र राज्य, जो कि अब्राहम के भगवान की तरह से है, दावा करता है कि उसकी सभी नागरिकों को प्रति अविभाजित वफादारी है। इसकी वफादारी न तो बहुत उन्नत होती है और न ही उसे सम्मानजनक प्राचीनता का आशीर्वाद प्राप्त होता है। इसकी उत्पत्ति यूरोपीय बादशाह की अधिग्रहणवादी क्षुधा और उनके व्यापारियों की लोभवृत्ति के संयोग से हुई है और वह पन्द्रहवीं सदी में भौगोलिक खोजों के बाद दिखाई पड़ती है। इस संयोग से आर्थिक राष्ट्रवाद और वाणिज्यवाद

की शुरुआत होती है। आधुनिक अर्थों में राष्ट्र राज्य का विकास इस बदलाव के बाद होता है। कुल मिलाकर यह भौगोलिक खोज और पुनर्जागरण व सुधारों के संयोग का प्रतिफल है, जिसने यूरोप को पहली बार अपनी राष्ट्रीय पहचान से परिचित कराया। इससे पहले वह सिर्फ रोम के सार्वभौमिक चर्च और सामन्ती व्यवस्था में अपनी स्थिति के बारे में जानता था।

इस तरह के राष्ट्रवाद को मुख्य रूप से उभरते पूँजीपति वर्ग से मदद मिली जिसे बाजार के लिए व्यापक निर्बाध क्षेत्र और अपने उद्योगों और व्यापार के लिए कच्चे माल की जरूरत थी। विस्तार पाती पूँजीवादी अर्थव्यवस्था की सम्भावना के सन्दर्भ में राष्ट्रवाद की परिकल्पना को किस तरह आकार मिला, इस बात को इटली के राष्ट्रवाद के पिता मैजिनी के निम्न अवलोकनों से समझा जा सकता है : "हम आठ राज्यों में बँटे हुए हैं...उनके उद्देश्य में किसी प्रकार की एकता नहीं है, उनके बीच में किसी प्रकार का व्यवस्थित सम्पर्क नहीं है। सीमा शुल्क भवनों की आठ कतारें हैं। हम हर राज्य के आन्तरिक प्रशासन में आनेवाली दिक्कतों की बात छोड़ दें तब भी यह स्थिति हमारे भौतिक हितों को बाँट देती है, हमारी तरक्की का निरोध करती है और हमें बड़ा उत्पादक बनने से रोकती है, बड़ी व्यावसायिक गतिविधि करने से बाधित करती है और यह हमारी क्षमताओं को उस तरह से प्रोत्साहित नहीं होने देती जिस तरह से आवेगों के एक केन्द्र से सम्भावना रहती है। पाबन्दियाँ और तमाम तरह के कर इटली के हर राज्य में जरूरी वस्तुओं के आयात और निर्यात को रोकते हैं। ऐसे प्रादेशिक और औद्योगिक उत्पाद जो दूसरे राज्यों में नहीं होते, एक जगह पड़े रह जाते हैं और हम आपस में न तो अधिक उत्पादन को बेच सकते हैं और न ही उनका विनिमय कर सकते हैं।"[1]

इन अवलोकनों से यह प्रतीत होता है कि उन्नीसवीं सदी तक राष्ट्र राज्य वृद्धिमान पूँजीवादी अर्थव्यवस्था के लिए गर्भगृह की तरह से थी, लेकिन पूँजीपति वर्ग के साथ नौकरशाही और सैनिक प्रतिष्ठानों का राष्ट्र राज्य में एक निहित स्वार्थ विकसित हो गया। एक विस्तारित राष्ट्र राज्य का मतलब एक व्यापक नौकरशाही और एक व्यापक सैन्य प्रतिष्ठान से है, जिसका राज्य के राजनीतिक कार्यों में असर बढ़ता जा रहा हो। वास्तव में सी राइट मिल ने अमेरिका में हो रहे परिवर्तनों के आधार पर देखा कि बड़ी कम्पनियों, राज्य की नौकरशाही और सैनिक प्रतिष्ठान के नजदीकी सहयोग के साथ एक नए किस्म का वर्ग पैदा होता है, जिसे हम 'ताकतवर अभिजात' कहते हैं। उनके दृष्टिकोण से इन हितों का जब स्थायी युद्ध की अर्थव्यवस्था के तहत मेल होता है तो वे अपनी सामूहिक शक्ति को मजबूती देने के लिए हर तरह के लोकतांत्रिक आदर्शों की तिलांजलि दे देते हैं।

अपने किसी समकालीन के मुकाबले राष्ट्र राज्य के बारे में कार्ल मार्क्स का परिप्रेक्ष्य ज्यादा स्पष्ट था। उन्होंने राजनीति में अपना हस्तक्षेप प्रशा के एकतंत्रीय

शासन की आलोचना के साथ आरम्भ किया। बिस्मार्क के नेतृत्व में प्रशा ने राष्ट्रीय विस्तार का महत्त्वाकांक्षी कार्यक्रम चला रखा था। उन्हें राष्ट्रवाद के कड़वे फल का स्वाद चखने के लिए ज्यादा इन्तजार नहीं करना पड़ा। उन्हें अपना पूरा जीवन निर्वासन में बिताना पड़ा और दूसरी ओर बिस्मार्क अपनी छल-कपटी और क्रूर शक्ति के हवाले से जर्मन राष्ट्र का विस्तार करता रहा।

कार्ल मार्क्स ने लिखा कि धर्म जनता की अफीम है। उनका धर्म से तात्पर्य उस पारम्परिक व्यवहार से था जो लोगों को अपने शोषण के प्रति उदासीन बना देता है और उन्हें दूसरे संसार में अच्छे जीवन की उम्मीद जगाता है। मार्क्स के अनुसार, यह धर्म दुनिया के बारे में एक उल्टी तसवीर प्रस्तुत करता है, लेकिन उनको यह अहसास नहीं था कि उनके विचार एक ज्यादा ताकतवर अफीम के नीचे दब जानेवाले हैं। वह अफीम थी, राष्ट्रवाद की अफीम। वास्तव में मार्क्स पहले चिन्तक थे जिन्होंने देखा था कि उनके समय में राष्ट्रवाद पूँजीपति वर्ग का छैल-छबीला आदर्श बन चुका है और उन्होंने जोर-शोर से दावा किया कि सर्वहारा वर्ग का अपना कोई देश नहीं है। इतिहास की अपनी भौतिकवादी व्याख्या में फँसे होने के कारण वे आसानी से इस झांसे में आ गए कि अपने भौतिक हितों को समझने के साथ ही सर्वहारा कोई चूक किए बिना इस अवधारणा के इर्द-गिर्द बुने गए मकड़जाल को आसानी से काट सकेगा।

हालाँकि वे साम्राज्यवादी राज्य द्वारा निर्मित राष्ट्रवाद और एक कमजोर और छोटे राष्ट्र की आजादी की लड़ाई का अन्तर करने का व्यावहारिक नजरिया रखते थे। उन्होंने उभरते राष्ट्रीय आन्दोलन को इस आधार पर समर्थन दिया कि उन्होंने राष्ट्र राज्य के उभार में सामन्ती ढाँचे के विरुद्ध स्थानीय पूँजीपति वर्ग के उभार को देखा। उनका मानना था कि यह समाजवाद के विकास के लिए अनिवार्य शर्त है। इसलिए उन्होंने 1864 में रूसी साम्राज्यवाद के विरुद्ध सम्पूर्ण यूरोपीय श्रमिक वर्ग के हितों को जोड़ दिया। संयोग से यह घटना यूरोप के श्रमिक वर्ग के संघनित होने का एक बिन्दु बन गई और उससे प्रथम इंटरनेशनल का गठन हुआ।

इस सम्बन्ध में कार्ल मार्क्स की सबसे बड़ी खासियत यह थी कि वे विचारों और विचारधाराओं के मनुष्यों के जीवन पर पड़नेवाले ठोस प्रभावों के माध्यम से देखते थे न कि भावनाओं को प्रेरित करनेवाले रहस्य के रूप में। प्रथम इंटरनेशनल बनने की एक चौथाई सदी बाद तक, जिस दौरान उग्र राष्ट्रवाद का उदय हुआ, इस साफ नजरिये के कारण मार्क्सवादियों को इस शोर के विरुद्ध अपने कान बन्द करने में तो सुविधा हुई, लेकिन वे इस ज्वार को रोकने में कामयाब नहीं हो सके बल्कि सदी के अन्त तक मार्क्सवादियों के एक तबके (संशोधनवादियों) ने समर्पण करना शुरू कर दिया और वे राष्ट्र राज्य को समायोजित करने के लिए तैयार हो गए।

जल्दी ही उन सबके लिए राष्ट्रवाद ऐसी भावना हो गई, जिसे रोका जा सकना सम्भव नहीं था। जैसे ही 1914 में प्रथम विश्व युद्ध शुरू हुआ, ज्यादातर मार्क्सवादी अपनी पितृभूमि की रक्षा के लिए हथियार उठाए खड़े थे। इसलिए बोल्शेविक क्रान्ति के आरम्भिक चरण में एक संक्षिप्त और सुन्दर अवकाश के अलावा राष्ट्रवाद ने हर तरह से समाजवादियों पर एक मजबूत पकड़ बनाए रखी।

राष्ट्रवाद की इस भावनात्मक पकड़ ने हर देश में पूँजीपतियों और सत्तारूढ़ नौकरशाही को राष्ट्रीय नीतियों में जोड़-तोड़ करके अपने निहित स्वार्थों को बढ़ावा देने में मदद की। अपने वाणिज्यिक चरण के दौरान व्यापारिक हितों ने राज्यों को अपने कामों से जोड़ लिया और यह जुड़ाव इस हद तक हुआ कि कुछ राज्य तो समुद्री क्षेत्र में डकैती डालने के काम में भी शामिल हो गए। उसके बाद जहाँ जरूरत पड़ी, वहाँ राज्यों की मदद से औपनिवेशिक काल शुरू हुआ। परिणामस्वरूप, इसके बाद के दौर में औपनिवेशिक युद्ध शुरू हुए। तीसरा दौर व्यापक साम्राज्यों का है जहाँ पर पूँजीपति वर्ग और राज्य एक-दूसरे के पूर्ण सहभागी हो गए। जब विभिन्न राज्य एक ही नीति का पालन कर रहे थे तो उनका टकराव होना तय था। जहाँ भी इस तरह के टकराव खड़े हुए वहाँ अपने व्यापक संसाधनों के साथ इस जोड़ी ने आक्रामक राष्ट्रवाद को उन्माद की स्थिति तक धधकाया। इसका परिणाम यह हुआ कि एक चौथाई सदी के दौरान ही दुनिया दो तरह के भयानक युद्धों के बीच फँस गई।

साम्राज्यवाद का इतिहास और उसकी भूमिका अब सामान्य जानकारी का विषय है। इसे समझने लायक बनाने का काफी कुछ श्रेय कार्ल मार्क्स और एंगेल्स के विश्लेषण को जाता है या बाद के उन मार्क्सवादियों को जाता है जिनके पास अपने विश्लेषण के लिए इस परिघटना की ज्यादा ठोस परिणतियाँ सामने थीं। उन मार्क्सवादियों में लेनिन का स्थान बहुत महत्त्वपूर्ण है क्योंकि उन्होंने साम्राज्यवाद के अपने विश्लेषण में एक दूरगामी क्रान्तिकारी निष्कर्ष निकाला। लेकिन साम्राज्यवाद के बारे में लेनिन के अपने विश्लेषण जिसने इतिहास के एक विशेष कालखंड का अध्ययन किया, उसने यह आभास देने का प्रयास किया कि साम्राज्यवाद दरअसल पूँजीवाद के विकास के एक खास चरण का परिणाम है। लेनिन के अनुसार, यह वित्तीय और औद्योगिक पूँजी के मिलन से उत्पन्न हुआ है जिसमें वित्तीय पूँजी की प्रधानता है। यहाँ यह कहा जाना आवश्यक है कि लेनिन इस बात से पूरी तरह सचेत थे कि साम्राज्यवादी शक्तियों के इतिहास में एक प्रकार की पूँजीवाद पूर्व की राष्ट्रीय आक्रामकता है, लेकिन इस आर्थिक विश्लेषण से यह विश्वास पैदा हुआ कि राष्ट्रीय दमन और साम्राज्यवाद सिर्फ पूँजीवाद के गुण हैं जबकि यह बात सही नहीं है। साम्राज्य और साम्राज्यवादी दमन तब से होता आ रहा है जब से ज्ञात इतिहास उपलब्ध है। अतीत में सभी युगों के मिस्र, यूनान, रोम, चीन और भारतीय साम्राज्य

सभी इस तथ्य की ओर संकेत करते हैं। आज नई बात यह है कि साम्राज्यवादी शोषण का रूप और दायरा बदल गया है।

इस सरलीकरण के कारण उस शोषण और दमन के प्रति एक प्रकार की खामोश लापरवाही पैदा हो गई विकास सम्बन्धी असमानता के कारण विभिन्न देशों या एक ही देश के विभिन्न क्षेत्रों के बीच होती है। इस तरह का शोषण तब भी रहता है जब लेनिन के साम्राज्यवाद के मॉडल में वर्णित सम्बन्ध हमेशा प्रकट नहीं होते। वास्तव में यह नजरिया स्पष्ट तौर पर दुनिया के उन लोगों को अपने विश्लेषण में शामिल न करके बहिष्कृत कर देता है जो पहले साम्राज्य में शामिल कर लिए गए और बाद में राष्ट्र के हिस्से बन गए क्योंकि साम्राज्य को राष्ट्र में परिवर्तित कर दिया गया। अगर आप लेनिन के सिद्धान्तों पर नियमित तरीके से चलते रहें तो ऐसे किसी क्षेत्र को बाहर नहीं करेंगे, लेकिन बाद में लेनिन के विचारों की जो व्याख्या लेनिनवादियों ने की, उसके कारण राष्ट्र के भीतर जो क्षेत्रीय विभिन्नताएँ और शोषण हैं, उनकी उपेक्षा हो जाती है। रूस में बोल्शेविक नेतृत्व ने जो दृष्टिकोण प्रकट किया उसने आरम्भिक दिनों में समस्या के प्रति एक स्पष्ट समझ थी जो बाद में अन्धभक्ति और वाग्जाल में खो गई। चूँकि रूस में बाद वाले दृष्टिकोण की ही विजय हुई इसलिए आरम्भिक नजरिये के चारों ओर इतने किन्तु-परन्तु की झाड़ियाँ खड़ी कर दी गईं कि उसका मतलब ही समाप्त हो गया। आंशिक रूप से यह मिथक भी कि साम्राज्यवाद सिर्फ पूँजीवाद के तहत पनप सकता है अपनी ही कमियों को ढकने के लिए तैयार किया गया। इस तरह बाद के दिनों में जब भी दमित राष्ट्रीयताओं ने अपने प्रश्न उठाने का प्रयास किया तो उन पर बुर्जुआ राष्ट्रवाद का ठप्पा लगाकर प्रतिक्रियावादी बता दिया गया और जहाँ भी मौका मिला, उन्हें दबा दिया गया।

सोवियत संघ और चीन जो कि बड़ी कम्युनिस्ट ताकत के रूप में उभरे, उन्होंने अपनी उन राष्ट्रीयताओं को कड़ाई से दबाने में कोई झिझक नहीं दिखाई जो स्वायत्तता के सिद्धान्त पर जोर दे रहे थे। रूस ने एक कदम और आगे बढ़कर उन इलाकों को अपने में मिलाने में कोई झिझक नहीं दिखाई जो कभी भी जार के साम्राज्य के हिस्से नहीं थे। इसका दूसरी जगहों पर एक ही असर हो सकता था। इस कदम से कम्युनिस्टों ने वह नैतिक साहस खो दिया जिसके तहत वे पूँजीवादी राज्यों के भीतर राष्ट्रीयताओं के सवालों के साहसिक अलम्बरदार हो सकते थे। आजकल वे राष्ट्रीयताओं के अधिकारों की बात करने की बजाय राष्ट्र की अखंडता की ज्यादा बात करते हैं। लेनिन ने यूरोप के जिन लोकतांत्रिक समाजवादियों को अन्धभक्ति के लिए पूरी ताकत के साथ खारिज किया था, अब इस सन्दर्भ में सिर्फ उन्हें ही अपराधी नहीं कहा जा सकता। जल्दी ही कम्युनिस्ट भी उनके नक्शेकदम पर चलने लगे।

विडम्बना देखिए कि बोल्शेविकों की ओर से राष्ट्र के प्रश्न पर बहुत स्पष्ट नजरिया जे.एस. स्टालिन ने प्रस्तुत किया था। स्टालिन ने लेनिन के निर्देशन में 'मार्क्सवाद और राष्ट्र व उपनिवेश के सवाल' नाम से जो प्रपत्र प्रस्तुत किया, उसे बाद में बहुत सराहा गया। राष्ट्रीयताओं पर समाजवादियों के नजरिये के बारे में उन्होंने लिखा : "इस प्रकार मजदूर राष्ट्रवादी दमन के हल्के या क्रूर किस्म समेत हर प्रकार के दमन से लड़ते रहेंगे और उसी प्रकार वे उस नीति से लड़ेंगे, जिसके तहत एक राष्ट्र को दूसरे राष्ट्र के विरुद्ध भड़काया जाता है। इसीलिए सभी देशों की लोकतांत्रिक समाजवादी पार्टियाँ राष्ट्रों के आत्मनिर्णय के अधिकार का समर्थन करती हैं।"[2]

उनके आत्मनिर्णय के अधिकार का अर्थ है कि अपने भविष्य के निर्धारण का अधिकार सिर्फ राष्ट्र को है और किसी और को भी राष्ट्र के जीवन में हस्तक्षेप का हक नहीं है। किसी और देश को यह अधिकार नहीं है कि वह स्कूलों और दूसरी संस्थाओं को नष्ट करे, उनकी आदतों और प्रथाओं को नष्ट करे, उनकी भाषा को नष्ट करे या उनके अधिकारों में कटौती करे। आत्मनिर्णय के अधिकार का मतलब है कि एक राष्ट्र अपने जीवन को अपनी इच्छा के मुताबिक व्यवस्थित कर सकता है। वह स्वायत्तता के आधार पर अपने जीवन को संगठित कर सकता है। उसे हक है कि वह दूसरे देशों के साथ संघीय सम्बन्ध कायम करे। उसे अधिकार है कि वह पूरी तरह से किसी से अलग हो जाए। राष्ट्र सम्प्रभु हैं और सभी राष्ट्र समान हैं।

आपको यह बात ध्यान में रखनी चाहिए कि पूरी नीतियाँ मुख्यत: रूस की उन तमाम राष्ट्रीयताओं के मद्देनजर बनाई गई थीं जो जार के साम्राज्यवाद के तहत दबा दी गई थीं। अक्तूबर क्रान्ति के छह माह पहले स्टालिन ने 29 अप्रैल, 1917 को रूस के समाजवादी लोकतांत्रिक लेबर पार्टी के अखिल रूस सम्मेलन में अपने नजरिये को दोहराया था : "पहला सवाल यह है कि हम दमित राष्ट्रों के राजनीतिक जीवन को किस प्रकार व्यवस्थित करें? इस सवाल के जवाब में यह कहा जाना चाहिए कि जो दमित राष्ट्र रूस के हिस्से हैं उन्हें अपने लिए निर्णय करने का मौका दिया जाना चाहिए कि वे रूसी राष्ट्र के हिस्से रहना चाहते हैं या अलग होकर एक स्वतंत्र राष्ट्र का निर्माण चाहते हैं।"[3]

जब बोल्शेविक सत्ता में आए तो उन्होंने राष्ट्रीयताओं से किए गए अपने वादे को याद रखा और कुछ राष्ट्रीयताएँ सोवियत संघ से अलग रहीं। लेकिन जल्दी ही वे सोवियत संघ का हिस्सा बन गईं क्योंकि क्रान्तिकारी लहर उन देशों तक पहुँच गई, लेकिन यह एक ऐच्छिक रिश्ता था और उनके पास अलग होने का अधिकार बना रहा। इस तरह जो नया सोवियत संघ बना, उसमें अर्द्धस्वायत्त राष्ट्र शामिल थे जो कि एक समान आदर्श और बोल्शेविक पार्टी के एकीकरण वाले प्रभाव से बँधे थे। उस समय बोल्शेविक पार्टी समर्पित क्रान्तिकारियों की सुगठित इकाई

थी। यह बात उल्लेखनीय है कि यह यह व्यवस्था गृहयुद्ध और विदेशी हस्तक्षेप के समय तक कायम रही। दरअसल, यह व्यवस्था बोल्शेविकों के पक्ष में सबसे मजबूत बिन्दु साबित हुई। सदियों बाद मुक्त हुई राष्ट्रीयताएँ किसी प्रभुत्व के समक्ष आसानी से समर्पण को तैयार नहीं थीं। इसलिए बोल्शेविकों का उद्देश्य उनका अपना मकसद बन गया।

लेकिन बोल्शेविक शासन के भीतर जल्दी ही एक प्रकार की केन्द्रीकरण की प्रवृत्ति हावी होने लगी। हालाँकि लेनिन अन्य चीजों के मामले में स्वयं केन्द्रीकरण के विरुद्ध नहीं थे, लेकिन वे आखिर तक राष्ट्रीयताओं की स्वायत्तता के पक्ष में रहे। लेकिन खराब स्वास्थ्य के कारण वे पार्टी और सरकार के कामों से कट गए थे। उनके दूसरे सहयोगी जिनमें सबसे ऊपर स्टालिन थे, वे एक केन्द्रीकृत प्रशासन में राष्ट्रीयताओं को जोड़ने के काम में लगे थे। इसलिए दिसम्बर 1922 के अन्त तक रूस के सोवियत गणराज्यों को समाजवादी सोवियत गणराज्य के संघ में जोड़ दिया गया। हालाँकि गणराज्यों के पास अलग होने का अधिकार बना रहा, लेकिन केन्द्र या संघ ने सभी महत्त्वपूर्ण कार्य और शक्तियाँ हड़प लीं। सोवियत संघ का अधिकार क्षेत्र सिर्फ विदेश और रक्षा मामलों तक ही नहीं रहा बल्कि सोवियत समाजवादी गणराज्य संघ के संयुक्त बजट की सम्पुष्टि, मौद्रिक, नकदी और ऋण प्रणाली की स्थापना और पूरे संघ के साथ गणराज्यों व स्थानीय क्षेत्रों के लिए कर प्रणाली की स्थापना तक उसका दायरा विस्तार पाता रहा। संघ पूरे क्षेत्र में भूमि नियमन और काश्तकारी के साथ खनिज सम्पदा, वन और जल के उपयोग की नीति भी बनाने का काम करता रहा।

यह भी तय किया गया कि संघ के हर गणराज्य का अपना बजट होगा और वह संघ के आम बजट का अविभाज्य हिस्सा होगा, जिसकी संघ की केन्द्रीय कार्यकारिणी समिति से मंजूरी करवानी होगी। किसी गणराज्य के बजट के राजस्व और व्यय को केन्द्रीय कार्यकारिणी समिति निर्धारित करेगी।

इस तरह गणराज्य व्यावहारिक रूप से संघ के प्रशासकीय विभागों जैसे बनकर रह गए और उनके पास किसी तरह के पहल की गुंजाइश नहीं बची। सत्ता के केन्द्रीकरण के साथ सोवियत संघ के गठन पर लेनिन ने कड़ी नाराजगी व्यक्त की। अपने तीन लेखों की शृंखला में, जो उनके आखिरी लेख कहे जा सकते हैं, लेनिन ने उस कदम के पक्ष में दिए गए तर्कों की धज्जियाँ उड़ा दीं। इन लेखों का विस्तृत उद्धरण देना यहाँ समीचीन होगा क्योंकि वे कुछ अर्थों में न सिर्फ मसीहाई हैं बल्कि कमजोर और दमित राष्ट्रीयताओं के बारे में लेनिन की चिन्ताओं को भी प्रकट करते हैं। वे लिखते है : "मैं समझता हूँ कि मैंने रूस के मजदूरों के साथ महाअपराध किया है क्योंकि मैंने पर्याप्त ऊर्जा और तीखेपन के साथ 'स्वायत्तीकरण' के खतरनाक सवाल में हस्तक्षेप नहीं किया जो कि सरकारी तौर पर सोवियत संघ द्वारा व्यक्त

किया जाना प्रत्यय है। कहा जाता है कि हमें एक एकल उपकरण चाहिए, लेकिन इस तरह की बातें कहाँ से प्रकट होती हैं? क्या यह वही रूसी उपकरण नहीं है, जिसकी चर्चा मैंने अपनी पिछली डायरियों में की थी और कहा था कि वह उपकरण जारशाही से लिया गया था और उसका सोवियत संघ के पवित्र तेल से हल्का-सा अभिषेक किया गया था।"[4]

इन परिस्थितियों में ऐसा लगता है कि संघ के अलग होने का अधिकार, जिसे हम सही मानते हैं, वह एक रद्दी के टुकड़े के अलावा कुछ और नहीं होगा। इन स्थितियों में हम अल्पसंख्यकों की सौ प्रतिशत रूसी लोगों के हमले से रक्षा करने में सक्षम नहीं होंगे। ये वही लोग हैं जो अपने को महान रूसी कहते हैं और अन्धभक्ति की भावना से ग्रसित होते हैं और वास्तव में रूसी नौकरशाहों की तरह से बदमाश और लुटेरे होते हैं। इसमें कोई सन्देह नहीं कि सोवियतों और उनकी चाल में ढल चुके मजदूरों का एक छोटा-सा हिस्सा इस अन्धभक्ति के महान रूसी समुद्र में उसी तरह डूब जाएँगे जिस तरह दूध में मक्खी।

चूँकि सोवियत संघ एक वास्तविकता बन चुका था, इसलिए लेनिन ने अपने लेख की तीसरी श्रृंखला में उत्पीड़न को न्यूनतम स्तर पर रखने के लिए कुछ सुझाव दिए।

चौथी बात यह है कि हमें उन दूसरे देशों में राष्ट्रीय भाषा को प्रयोग करने के कठोर नियम बनाने चाहिए जो हमारे संघ के हिस्से हैं। हमें उन नियमों के अच्छी तरह से पालन की गारंटी करनी चाहिए। इस बात में कोई सन्देह नहीं है कि वित्तीय एकता वगैरह के बहाने रूसी किस्म की तमाम ज्यादतियाँ होंगी। इन ज्यादतियों से लड़ने के लिए असाधारण किस्म की प्रेरणा चाहिए। इसी के साथ इस लड़ाई में जो लोग अपने को लगाएँगे, उनकी विशिष्ट साख भी होनी चाहिए। यहाँ हमें विस्तृत आचार संहिता की जरूरत है जिसे वे नागरिक ही तैयार करें जो उस गणराज्य में रह रहे हों। यह सब करते रहने का मतलब यह नहीं कि हम सोवियतों के अगले सम्मेलन में पुरानी स्थिति में लौटने के एजेंडे को भूल जाएँ। इसका मतलब यह है कि हम समाजवादी सोवियत गणराज्य के संघ को सिर्फ सेना और राजनय के क्षेत्र में रखेंगे, जबकि दूसरे मामलों में जनता के हर विभाग को पूर्ण स्वायत्तता हासिल होगी।[5]

स्पष्ट तौर पर इन आलेखों में लेनिन ने एक महात्मा की तरह से न सिर्फ सोवियत संघ की राष्ट्रीयताओं का भविष्य देखा था बल्कि हर जगह की राष्ट्रीयताओं की दशा का आकलन किया था। उन्होंने अनुमान लगा लिया था कि जब राष्ट्रीयताएँ अपनी राजनीतिक और आर्थिक शक्तियों को केन्द्रीय सत्ता के समक्ष समर्पित कर देती हैं तो वह सत्ता चाहे संघीय हो या एकात्मता वाली हो, उनका हश्र एक जैसा ही होता है। सारे संघ चाहे वे अपने को समाजवादी कहें या पूँजीवादी, उन्होंने केन्द्रीकरण की कठोर प्रवृत्ति प्रदर्शित की है। सिर्फ उन संघों में भागीदार घटकों के

लोग पर्याप्त सत्ता और स्वतंत्रता कायम रख सके हैं जहाँ पर तुलनात्मक रूप से आकार छोटा है या आबादी कम है।

इन लेखों को लिखने के बाद जल्दी ही लेनिन का निधन हो गया। उनके लेखों को दबा दिया गया और उनके विचारों को उस केन्द्रीय समिति के समक्ष नहीं रखा गया जहाँ वे उसे रखे जाने के इच्छुक थे। इससे पता चलता है कि सत्ता प्राप्त करनेवालों का वैचारिक रुझान चाहे जो हो, वे उससे बेहद मजबूती से चिपक जाते हैं। स्टालिन जो आरम्भ में राष्ट्रीयताओं के मकसद के अलम्बरदार थे, बाद में जबरदस्त केन्द्रीकरण के हिमायती और राष्ट्रीयताओं के अधिकार के विरोधी हो गए।

यह दिलचस्प रूप से उल्लेखनीय है कि सभी तरह के महासंघ जो अपने को स्वैच्छिक संघ बताते हैं, वे जब अस्तित्व में आ जाते हैं तो अपनी घटक इकाइयों को किसी-न-किसी बिना पर अलग होने का अधिकार देने से इनकार कर देते हैं। हम इस समस्या पर अगले अध्याय में विचार करेंगे, लेकिन हम यहाँ उस स्थिति की बड़ी विडम्बना की ओर संकेत करते हैं जो अपनी पृष्ठभूमि में राष्ट्रीयताओं के आत्मनिर्णय के अधिकार को स्वीकार करके चलती है। हालाँकि संयुक्त राष्ट्र में यह अधिकार दर्ज किया गया है और दुनिया के सभी देश उसके सदस्य हैं। संयुक्त राष्ट्र के यह सदस्य साम्राज्यवाद को तो खारिज करते हैं, लेकिन कोई भी इस बात को स्वीकार नहीं करता कि वही अधिकार उन लोगों के लिए भी वांछनीय है जो ऐतिहासिक कारणों से किसी देश के हिस्से हैं लेकिन दूसरे सन्दर्भों में वे अलग हैं और स्वतंत्र राष्ट्रीय अस्तित्व के निर्माण में सक्षम हैं। जब तक एक राष्ट्र के भीतर रहनेवाले विभिन्न लोगों की स्थितियों और भावनाओं की रौशनी में स्थिति का विश्लेषण नहीं किया जाता तब तक एक साम्राज्य और एक राष्ट्र में फर्क करना कठिन होगा।

चूँकि ऐसी घटक इकाइयों में अस्मिता और स्वतंत्रता की ललक काफी तीव्र होती है, लेकिन किसी भी दूसरे स्वतंत्र राष्ट्र से उन्हें अलग करने की शर्त निर्धारित करना कठिन है। उन्हें अलग रखने की सिर्फ यही शर्त हो सकती है और वह है इतिहास की घटना (दुर्घटना)।

चूँकि आधुनिक विश्व ने इतिहास की बहुत सारी विरासतों को पलट दिया है, इसलिए ऐसा कोई कारण नहीं है जो उसे इस समस्या की ओर ध्यान देने से रोके। इस सन्दर्भ में समता के उद्देश्य की बहुत आसान और तकलीफ से रहित पूर्ति हो सकती है, अगर एक बड़े देश के भीतर रहनेवाले लोगों को अलग होने का अधिकार दे दिया जाए। लेकिन अब तक लोग राष्ट्रीय एकता की अवधारणा से कट्टरता से बँधे हुए हैं, जिसका अलग-अलग लोगों के लिए अलग-अलग अर्थ है, इसलिए वे सामान्यतया वे इस बारे में सोचना भी नहीं चाहते।

लोग समस्या के प्रति तभी जागरूक होते हैं जब त्रासदियाँ होती हैं जैसेकि बांग्लादेश में हुईं या बियाफ्रा में हुईं, लेकिन शायद उसके बाद भी नहीं सोचते।

हालाँकि इन इलाकों में होनेवाली त्रासदी के बाद लोगों को सहानुभूति प्राप्त हुई लेकिन लोग जिन अधिकारों के लिए लड़े और तकलीफ उठाई, उसे शायद ही समर्थन मिला। इसलिए जहाँ बांग्लादेश को सफलता मिली, लेकिन स्वतंत्रता पाने की बियाफ्रा की कोशिश रक्तपात में डूब गई। बांग्लादेश भी इसलिए स्वतंत्र हो सका क्योंकि कुछ भौगोलिक और ऐतिहासिक कारक उसके पक्ष में थे। आबादी के मामले में वह पाकिस्तान के दूसरे हिस्से से बड़ा था। इसके अलावा वह दूसरे हिस्से से हजारों मील दूर था। उसके बावजूद अगर वह सफल हो सका तो उसके पीछे भारत तेजी से हुआ भारत का सैन्य हस्तक्षेप था। इसके विपरीत एक छोटा क्षेत्रीय समूह जहाँ भौगोलिक रूप से कम अनुकूल स्थितियाँ हों, किसी स्तर पर एक बड़े और मजबूत राष्ट्र की ताकत को चुनौती देने के बारे में सोच भी नहीं सकता, चाहे वह अपने भीतर कितनी असहनीय स्थितियाँ झेल रहा हो। क्या ऐसे लोगों को अलग होने का अधिकार देने से इनकार करना सामान्य तौर पर आत्मनिर्णय का अधिकार देने से इनकार करना नहीं है?

यह तो नहीं कहा जा सकता कि किसी तरह का कोई सिद्धान्त स्थापित है जिसके आधार पर यह स्पष्ट रूप से कहा जा सकता है कि कुछ विशिष्ट लोग राष्ट्र का अधिकार पाने के योग्य हैं। इस बारे में न तो आकार, न ही भौगोलिक स्थिति और न ही भाषा को इस सवाल के निश्चित जवाब का आधार बनाया जा सकता है। जैसे कि इजराइल के जन्म से पता चलता है कि एक विशिष्ट भूभाग पर कब्जे को भी निर्णायक कारक नहीं बनाया जा सकता है। इन स्थितियों में एक जनसमूह को राष्ट्रीय समूह के स्वायत्त अस्तित्व के रूप में मान्यता मिलने का एक ही तार्किक आधार हो सकता है और वो यह कि उनके भीतर इस अस्तित्व के लिए कितनी इच्छा है। यह प्रश्न कि ऐसा स्वतंत्र अस्तित्व उन लोगों के लिए लाभकारी होगा या कुछ और होगा, वह चीज है जो उन लोगों पर ही छोड़ी जा सकती है।

जो चीज इतनी सरल दिखती है, बेहद कठिन हो जाती है क्योंकि पिछली सदी में राष्ट्र एक और ईश्वर के रूप में उपस्थित हुआ है और ऐसा कुछ कहना या करना जो कि राष्ट्र को सैनिक रूप से कमजोर करे, एक खराब किस्म का धर्मत्याग या विश्वासघात माना जाएगा। अगले अध्याय में यह देखेंगे कि राष्ट्र के पीछे किस तरह के संस्था ढाँचे हैं और उनका जनता की भलाई से क्या वास्ता है? इससे हमें यह समझने में मदद मिलेगी कि लोगों द्वारा राष्ट्र के प्रति अन्धश्रद्धा रखना कितना उचित है?

2

हमने पहले महासंघों के भीतर केन्द्रीकरण की प्रवृत्तियों की बात की है। इस प्रवृत्ति में वृद्धि के कारण तलाशने के लिए ज्यादा दूर जाने की जरूरत नहीं है। अमेरिका, ऑस्ट्रेलिया, कनाडा और भारत जैसे तमाम महासंघ वहाँ पहले शासन करनेवाले साम्राज्यवादी शासकों के चले जाने के बाद ही अस्तित्व में आए। लेकिन अमेरिका के अलावा जहाँ पर आजादी लम्बी लड़ाई के बाद मिली, इन देशों में पुराने प्रशासन का ढाँचा लगभग वैसा ही कायम रहा। सीमाएँ प्रशासनिक प्रमंडल और सबसे महत्त्वपूर्ण केन्द्र और देश के हिस्सों के नियंत्रित करने के रिश्तों को खास तरह से परिवर्तित करने के लिए समय ही नहीं मिला। कुछ मामलों में पूर्व साम्राज्यवादी शासन के अवशेष बिना किसी बदलाव के बरकरार रखे गए। उदाहरण के लिए, कनाडा में प्रान्तों के लेफ्टीनेंट गवर्नर जो कि केन्द्र सरकार के प्रतिनिधि समझे जाते हैं, उनके पास अभी भी स्थानीय प्रशासन की गतिविधियों पर रोक लगाने का अधिकार है, जो कि इससे पहले राजा का विशेषाधिकार हुआ करता था। इसलिए नई सरकारें बिना किसी विजय के साम्राज्य पर कायम हो गईं। इसी के साथ यह अपरिहार्य था कि बुर्जुआ हित और नौकरशाही जिसे केन्द्र की शक्तियों को बरकरार रखने और ज्यादा मजबूती देने से लाभ होना था, वह अपनी शक्तियों को बढ़ाने के लिए हर अवसर का इस्तेमाल करती।

ज्यादा केन्द्रीकरण की दिशा में होनेवाला तीव्र परिवर्तन सर्वाधिक उल्लेखनीय अमेरिका में रहा। वहाँ स्वतंत्रता संग्राम के कारण प्रशासन की साम्राज्यवादी प्रणाली ध्वस्त हो गई थी। जो उपनिवेश साम्राज्य से एक ढीले-ढाले समीकरण में बँधे थे, वे लचीले संघ के ही पक्ष में थे। मार्च 1781 में महासंघ की संधि में संयुक्त राज्य अमेरिका को सीमित ताकत दी गई थी। अनुच्छेद II कहता है कि हर राज्य अपनी सम्प्रभुता, स्वतंत्रता और स्वायत्तता कायम रखेगा और उसके पास हर वह ताकत, क्षेत्राधिकार और अधिकार रहेगा जो इस महासंघ द्वारा स्पष्ट रूप से कांग्रेस की बैठक में संयुक्त राज्य को हस्तान्तरित नहीं कर दिया गया है। इस स्थिति में सिर्फ रक्षा और विदेशी मामले ही वे दायरे थे जो संयुक्त राज्य को आवंटित किए गए थे। हालाँकि इस प्रकार के प्रावधान थे, जिसमें विभिन्न राज्यों में व्यवसाय की स्वतंत्रता सुनिश्चित

की गई थी, बाद में यह पाया गया कि व्यवसायी वर्ग की आकांक्षाओं की पूर्ति के लिए वे उपयुक्त नहीं थे। इन्हीं आवश्यकताओं की पूर्ति और अन्तरराज्यीय व्यापार की दिक्कतों को दूर करने के लिए 1787 में फिलेडेल्फिया के सम्मेलन में अमेरिका का मौजूदा संविधान तैयार किया गया। उसके बाद अक्सर अन्तरराज्यीय वाणिज्य की स्वतंत्रता सुनिश्चित करने के बहाने राज्यों की शक्तियाँ खत्म की जाती रहीं।

गृहयुद्ध के बाद संघीय सरकार की पकड़ और मजबूत होती गई। अब्राहम लिंकन समेत अमेरिका के कई नेताओं का विचार था कि संघ का महत्त्व उन राज्यों से पहले है जिनको मिलाकर वे बनाए गए हैं। अविभाज्य सम्बन्ध का मिथक धीरे-धीरे न्यायाधीशों और आम आदमी के दिमाग पर हावी होता गया। इस प्रकार 1869 में टेक्सास बनाम व्हाइट के मामले में सुप्रीम कोर्ट ने एक फैसला दिया जिसमें राज्यों के अलग होने के अधिकार को खारिज कर दिया। अन्य बातों के अलावा सुप्रीम कोर्ट ने कहा कि : 'जब टेक्सास संयुक्त राज्य अमेरिका का हिस्सा बना तो वह एक अविभाज्य सम्बन्ध में बँध गया। इसी के साथ लगातार एकता कायम करने और केन्द्र में गणराज्य की सरकार सुनिश्चित रखने की सारी जिम्मेदारियाँ तुरन्त राज्य से जुड़ गईं। जिस क्रिया द्वारा राज्य का संघ में समागम हुआ, वह एक औपचारिक संविदा से ज्यादा बड़ी थी। वह राजनीतिक इकाई के भीतर एक नए सदस्य की भागीदारी थी। वह काम अन्तिम था। उसे सिर्फ क्रान्ति या राज्य की सहमति से ही पलटा जा सकता है और उसके अलावा कोई और गुंजाइश नहीं थी।'

अलग होने के प्रयास ऑस्ट्रेलिया और कनाडा जैसे दूसरे महासंघों में भी विफल कर दिए गए। ऑस्ट्रेलिया में मन्दी के दौरान 1933 में पश्चिमी ऑस्ट्रेलिया द्वारा अलग होने के प्रयास किए गए। उस निर्णय को एक जनमत संग्रह द्वारा मंजूर किया गया और उसे आगे के अनुमोदन के लिए यूनाइटेड किंगडम की संयुक्त समिति के पास भेजा गया। चयन समिति ने कहा कि यह याचिका स्वीकार्य करने योग्य नहीं है। इस तरह अलग होने का सवाल छोड़ दिया गया। इसी तरह की स्थिति कनाडा के फ्रांसीसी भाषा बोलनेवाले राज्य के साथ भी हुई।

स्विट्जरलैंड में स्थिति थोड़ी फर्क थी, लेकिन वहाँ अलग होने के अधिकार के परीक्षण का अभी तक मौका नहीं आया। कुछ हिस्सों में यह विश्वास है कि स्विस संघ 22 कैंटन का एक प्रकार का गठजोड़ है और इसका मतलब है कि उनके पास अलग होने का अधिकार है। दूसरे लोग हैं जो मानते हैं कि अलग होने का प्रश्न अब संघ के पास है, इस पर कैंटन अलग से निर्णय नहीं ले सकते। आखिरकार इस मुद्दे का फैसला, अन्य जगहों की तरह, बल से ही किया जाना है क्योंकि संघ को बनाए रखने में शक्ति की हिस्सेदारी है। कैंटन को जिस प्रकार की शक्तियाँ मिली हुई हैं और स्विट्जरलैंड के आकार के साथ प्रमुख मुद्दों पर जनमत संग्रह का दायरा और उसकी आवृत्ति की जो गुंजाइश मिली हुई है, उसमें

अलगाव की बात कभी जोर मारेगी ही नहीं। कुल मिलाकर स्विट्जरलैंड का पूरा इलाका भारत के एक बड़े जिले से ज्यादा नहीं है। उसके कुछ कैंटन की आबादी तो भारत के घनी आबादी वाले राज्य की ग्राम पंचायत जितनी है।

लेकिन अलग होने का विचार संघों के गठित होने के बाद क्या कितना सफल हुआ है, इस सवाल का उस विचार के सही होने से कोई सम्बन्ध नहीं है। संघ की कार्रवाई अकाट्य है, इस बारे में दिए जानेवाले तर्क, वर्चस्व वाले राष्ट्रवादी पूर्वग्रहों से मिलती अवचेतन इच्छाओं से निकली अव्यवस्थित सोच का अनूठा उदाहरण है। अमेरिकी सुप्रीम कोर्ट के निर्णय में आया यह वाक्य महत्त्वपूर्ण है कि—यहाँ क्रान्ति या राज्य की इच्छा के अलावा पुनर्विचार करने या पलटे जाने की कोई गुंजाइश नहीं है। हालाँकि क्रान्ति के माध्यम से अलग होने के अधिकार को स्वीकार किया गया है, लेकिन उसी अधिकार को किसी शान्तिपूर्ण उपकरण द्वारा चाहे राज्य के लोग अपनी इच्छा से ही उसे व्यक्त करें, स्वीकार्य नहीं किया जा सकता। इसका अर्थ यह है कि अगर राज्य के लोग अलग होने की इच्छा रखते हैं तो इसके लिए उन्हें अपनी कार्रवाई को उचित ठहराने हेतु रक्तपात के लिए तैयार रहना चाहिए। रक्तपात का यह पंथ विशेषकर एक लोकतांत्रिक प्रणाली के भीतर देखने पर अजीब लगता है क्योंकि लोकतंत्र की सारी अच्छाई इसी में है कि राजनीतिक परिवर्तन रक्तपात की आवश्यकता के बिना होगा, लेकिन यह नजरिया सिर्फ रक्तपात के आदिम पंथ के पुनरावर्तन का ही प्रतिनिधित्व नहीं करता। इसके पीछे ठोस आर्थिक हित हैं जिसके तहत यह राज्य के भूभाग को अपने कब्जे से अलग नहीं जाने देगा।

अमेरिकी संविधान के आरम्भिक दिनों से ही हैमिल्टन जैसे फेडरलिस्ट नेता, जो उभरते पूँजीपत वर्ग के हितों का प्रतिनिधित्व करते थे, मजबूत संघीय सरकार की वकालत करते थे। हालाँकि बाद के दिनों में भूमिकाएँ बदलने लगीं और जो रिपब्लिकन पार्टी जो पारम्परिक रूप से ताकतवर पूँजीपति वर्ग के हितों का प्रतिनिधित्व करती थी, वह हमेशा संघीय सरकार को ज्यादा ताकत देने के लिए खड़ी होने लगी और राज्यों की शक्तियों का कम करने और उनके अपने आप निर्णय लेने के विरुद्ध फैसला लेने लगी। इस सिलसिले में निम्न अवलोकन महत्त्वपूर्ण है : "धीरे-धीरे संघवादियों और संघ विरोधियों के तर्क उनकी उत्तराधिकारी बन रही रिपब्लिकन और डेमोक्रेटिक पार्टी ने सँभाल लिया। रिपब्लिकन पार्टी जिसका जन्म केन्द्र सरकार की ताकतों को बढ़ाने के लिए हुआ था, उसने राष्ट्रीय शक्ति को बढ़ाए जाने का पक्ष लिया और उसका तर्क था कि यह सम्पत्ति की रक्षा, व्यापार और व्यावसायिक उद्यमों को प्रोत्साहन और अनुदार हितों को की सामान्य रक्षा के लिए श्रेष्ठ उपकरण साबित होगा। दूसरी ओर राज्य की शक्ति पर रिपब्लिकन आमतौर पर अविश्वास करते थे क्योंकि उसकी ज्यादा उपयोगिता स्थानीय हितों के लिए होती थी, जिसका उद्देश्य रेडिकल होता था।[1]

इसके विपरीत डेमोक्रेटिक पार्टी राष्ट्रीय सत्ता पर अविश्वास करती थी क्योंकि यह सत्ता पारम्परिक तौर पर व्यावसायिक हितों की मदद करती थी। वह राज्य की सत्ता को ज्यादा अनुकूल मानती थी क्योंकि यह पार्टी जिन हितों का प्रतिनिधित्व करती थी, उसका ज्यादा प्रभाव राज्य के स्तर पर था। संघीय सरकार संघीय कानूनों को लागू करने के नाम पर निहित स्वार्थों का संरक्षण करने का प्रयास करती थी। इस तरह 1894 में रेलवे की हड़ताल के दौरान राष्ट्रपति ग्रोवर ने हड़ताल तोड़ने के लिए राज्य सरकार की अनुमति के बिना सेना की टुकड़ी शिकागो भेज दी। उनकी दलील थी कि डाक का आवागमन और अन्तरराज्यीय व्यापार को संरक्षित करने के लिए हस्तक्षेप जरूरी है।

संघीय सरकार एक तरफ से प्रतिक्रियावादी हितों के संरक्षण की सामान्य भूमिका निभा रही थी तो दूसरी ओर अपवाद स्वरूप नागरिक अधिकारों को लागू करने की कार्रवाई कर रही थी। लेकिन इन अपवादों से अमेरिका की संघीय सरकार की अनुदार और सैन्यवादी भूमिका शायद ही बदल जाती है। संयुक्त राज्य अमेरिका अपने पूँजीपति वर्ग के हाथ में उतना बड़ा साम्राज्य प्रस्तुत करता है जितना बड़ा अंग्रेजी साम्राज्य के पास उसके शीर्ष गौरव के दिनों में था। भले ही वह आबादी और क्षेत्र के लिहाज से उतना न हो, लेकिन संसाधनों के लिहाज से कम नहीं है। जब अमेरिकी अर्थव्यवस्था बड़े पैमाने पर हथियार बनाने लगी तब इस केन्द्रीकरण को सबसे ज्यादा बल मिला। हथियार बनाने और युद्ध प्रयासों को समर्थन देनेवाले अन्य उद्योगों को संघीय खजाने से ही धन मिलता था। यह सही है कि संघीय वित्त की बढ़ोत्तरी का एक हिस्सा समाज कल्याण के कामों पर खर्च के लिये हो सकता था, पर केन्द्र न भी खर्च करता तो प्रदेश यह खर्च उठा सकते थे। संघ द्वारा राज्यों के खर्च में भारी कटौती करने से उनके संसाधनों में कमी आई और फिर लगता था कि उनके लिए कल्याण कार्यक्रमों पर खर्च करना मुश्किल था। राज्यों और स्थानीय निकायों के खर्च के अनुपात में संघीय खर्च की तेज वृद्धि इस चार्ट से भी दिखती है :

1902 से 1962 के बीच के कुछ चुने वर्षों में संघीय, प्रान्तीय और स्थानीय खर्च [2]

(कुल का प्रतिशत)

वर्ष	संघ	प्रान्त	स्थानीय
1902	34.5	10.0	54.8
1922	40.5	13.6	46.0
1940	49.3	22.3	28.5
1952	71.7	13.4	15.0
1962	64.3	16.7	18.9

यह निष्कर्ष आसानी से निकाला जा सकता है कि 1902 से 1952 के बीच संघीय खर्च में भारी वृद्धि, करीब 22 फीसदी की हथियारों, सैन्य प्रतिष्ठानों और द्वितीय विश्व युद्ध के दौरान किए गए बाहरी करारों के चलते हुई। संघीय सरकार ने करों का बोझ बढ़ाना जारी रखा, इसलिए अपना राजस्व बढ़ाने की प्रान्तों की क्षमता कम होती गई और वे संघीय अनुदान पर ज्यादा निर्भर होते गए। संघीय शासन पर प्रान्तों की बढ़ती निर्भरता को हर किसी ने महसूस किया, पर किसी ने भी इस प्रवृत्ति को उलटने की गम्भीर कोशिश नहीं की क्योंकि संघ ने युद्ध के कारोबार के साथ अपनी सत्ता को जोड़ दिया था। पर संघीय मदद के साथ जो दया और कल्याण का दावा जोड़ा जाता था, उसे गले के नीचे उतारना सबके लिए सम्भव न था। जैसाकि एक लेखक ने लिखा है : “संघीय मदद के विरोधी अनुदान के इस तरीके को प्रान्तों को पटाने और उन्हें अपनी सत्ता छोड़ने के लिये राजी करने का एक गलत प्रयास मानते हैं। प्रान्त इसलिए संघीय कार्यक्रमों में भागीदार बनते हैं कि उन्हें लगता है कि संघ राजस्व तो हर जगह से जुटाता है और अगर उन्होंने हिस्सा नहीं लिया तो नुकसान उनका ही होगा। उनके लोग कर तो दे ही रहे हैं, अगर अनुदान नहीं लिया तो प्रान्त के लोगों का नुकसान हो जाएगा।”[3]

इसी किताब में लेखक इससे पहले इंडियाना जनरल एसेम्बली में पास निम्न प्रस्ताव को उद्धृत करते हैं : “इंडियाना को कोई गार्जियन नहीं चाहिए और न ही वह किसी को गार्जियन मानता है। हमें और साथी प्रान्तों के लोगों को इस झाँसे पर बेवकूफ बनाया गया है कि हमारी जेब से निकला डॉलर जब वाशिंगटन होकर वापस हमारे पास आएगा तो उसका आकार-प्रकार कुछ बड़ा हो जाता है। पर जब हमने इस डॉलर को बारीकी से जाँचा तो असल में वाशिंगटन आने-जाने में उसका वजन कुछ घटा हुआ ही मिला। नौकरशाहों की राजनीतिक दलाली वाला हिस्सा इसमें से काट लिया गया है। हमने तय किया है कि ‘फेडरल एड’ जैसा कुछ भी नहीं होता। हम जानते हैं कि किसी भी कर की सम्पत्ति 48 प्रान्तों की सीमा के अन्दर ही है।”[4]

कनाडा, ऑस्ट्रेलिया और यहाँ तक कि स्विट्जरलैंड जैसे संघों में भी यही प्रवृत्ति दिखी है। इन सभी संघीय संविधानों का एक केन्द्रीय बात यह रही है कि इनके बनने-मजबूत होने से प्रान्तों के बीच व्यापार सुगमता से होगा। ‘कोमिते पोर ला कांस्टीट्यूशन यूरोपियान’ द्वारा किए गए अध्ययन में इस बारे में यह टिप्पणी की गई है : “1948 के स्विस फेडरल कांस्टीट्यूशन का एक प्रमुख उद्देश्य विभिन्न कैंटोनों के बीच व्यापार सम्बन्धी बाधाओं को दूर करना था। जर्मन कस्टम यूनियनों का लम्बा इतिहास भी इसी उद्देश्य को दर्शाता है। कनाडा में भी डोमिनियन सरकार बनाने का उद्देश्य अन्तर-प्रान्त व्यापार के रास्ते की बाधाओं को हटाना था। ऑस्ट्रेलियाई संविधान में अनुच्छेद 92 भी प्रान्तीय संरक्षणवाद को खत्म करने और ‘व्यापार, वाणिज्य और अन्तर-प्रान्त मेल-जोल’ को बढ़ाने के लिये ही लाया गया

था। इससे माल की आवाजाही और ढुलाई को एकदम स्वतंत्र कर दिया गया था। ऑस्ट्रेलिया के सबसे अमीर और आबादी में नम्बर दो तथा एकमात्र फ्री ट्रेड प्रान्त न्यू साउथ वेल्स को पूरा मौका देने के लिये यह फैसला हुआ था।"[5]

एक बार में किसी भी देश के अन्दर मुक्त व्यापार की बात बहुत स्वाभाविक लगेगी, पर हम जब दो प्रान्तों को अलग-अलग स्तर पर विकसित देखेंगे तब स्थिति एकदम अलग नजर आएगी। यह साफ दिखेगा कि पिछड़े प्रदेश को अपने यहाँ उद्योग लगाने में विकसित प्रदेश की तुलना में ज्यादा मुश्किल आएगी। आज जिस तरह विकासशील देशों को विकसित देशों की तुलना में मुश्किल होती है, यह वही स्थिति है और ऐसे में गरीब देश या प्रदेश कुछ संरक्षणवादी कदम उठाएँ तो उसे अनुचित नहीं माना जा सकता।

जब ब्रिटेन नए आविष्कारों के चलते दुनिया में औद्योगिक उत्पादन का अगुआ था और उसकी औपनिवेशिक सत्ता चरम पर थी तब एडम स्मिथ और रिकार्डो ने फ्री ट्रेड का दर्शन पेश किया था। उसे तब और उसके काफी बाद तक किसी किस्म के संरक्षणवाद की जरूरत न थी। सो, स्वाभाविक था कि अपनी जन्मभूमि में यह विचार आसानी से जड़ें जमा लेता। पर उससे मुकाबला करने में जिन देशों को दिक्कत हो रही थी उन्होंने संरक्षणवादी नीतियाँ अपनाईं। अठारहवीं शताब्दी के उत्तरार्ध तक अमेरिका और जर्मनी यही करते रहे क्योंकि अपने उद्योगों को अनुदान देते रहे जिससे कि वे ब्रिटिश उद्योगों के मुकाबले खड़ा हो सकें।

बीसवीं सदी के शुरुआत तक ब्रिटेन भी कुछ मामलों में संरक्षणवाद अपनाने लगा। इसके उपनिवेशों का बाजार इसके लिए संरक्षित ही था। पहले विश्व युद्ध के बाद भारत जैसे उपनिवेश में बाहरी आयात पर काफी ऊँची दर से सीमा शुल्क लगाया गया। बाद में देसी उद्योगपतियों के विरोध के बावजूद ब्रिटिश निर्माताओं को विशेष लाभ दिए गए। आज कम्युनिस्ट देशों को छोड़कर सभी विकसित देश मुक्त बाजार का समर्थन करते हैं, पर सबने अपने उद्योगों को बचाने के लिये विनिमय दर जैसे कई ताकतवर हथियार रखे हुए हैं। यह कुछ खास चीजों के मामले में चुना नहीं जा सकता, पर इसके जरिये अपने उद्योग-धन्धों को लाभ दिया जाता है। चूँकि मुद्रा हर बार संघ के अधिकार-क्षेत्र में ही रहती है, इसलिए इस तरह के उपकरणों का प्रयोग राज्य कर ही नहीं सकते। इन तथ्यों पर गौर करने से साफ हो जाता है कि उद्योग-व्यापार से जुड़े लोग क्यों संघीय व्यवस्था के मजबूत होने और मुक्त बाजार बनने से खुश होते हैं। फिर कमजोर राज्य अपने यहाँ के उद्योगों को बाहरी मजबूत प्रतिद्वन्द्वियों की प्रतियोगिता से बचा पाने में एकदम असमर्थ हो जाते हैं।

पर आधुनिक पूँजीवादी अर्थव्यवस्था को बड़े राज्य चाहिए। आगे बढ़ने के साथ ही पूँजीवाद एकाधिकारवादी या अल्पाधिकारवादी कम्पनियों और इकाइयों को जन्म देता है। इनको अपने बाजार और कच्चे माल की आपूर्ति सुनिश्चित करने

के लिये अर्थव्यवस्था पर ज्यादा-से-ज्यादा नियंत्रण और लम्बी योजना की जरूरत होती है। इस मुद्दे पर अमेरिकी अर्थशास्त्री गालब्रेथ और मार्क्सवादी पाल स्वीजी[6] एक राय के हो जाते हैं। इस सोच के अनुसार, ऐसी बड़ी कम्पनियाँ चाहती हैं कि सरकारी नीतियों पर तो उनका नियंत्रण (इस मामले में रक्षा उद्योग सबसे निश्चित माँग और मुनाफे वाले होते हैं) हो ही, उत्पाद के बाजार और कच्चे माल की आपूर्ति वाले इलाकों की सरकारों को भी प्रभावित करने की स्थिति हो। चूँकि बाहर वालों को प्रभावित करना ज्यादा मुश्किल काम होता है, ऐसे में सबसे लाभकर स्थिति यही होती है कि जिस सरकार पर अपनी पकड़ हो, उसके प्रभाव और अधिकार का दायरा बढ़ाया जाए।

यहाँ यह बताना भी उपयुक्त है कि सार्वजनिक क्षेत्र की बड़ी इकाई हो, जिसका कारोबार बुर्जुआ व्यवस्था के लोग खुद चलाते हैं, मुनाफा कमाने और विस्तारवादी नजरिये में निजी कम्पनियों से अलग नहीं होती। दरअसल, गालब्रेथ तो निजी और सार्वजनिक सभी आधुनिक निगमों को 'टेक्नोस्ट्रक्चर' का नाम देकर एक ही श्रेणी में रखते हैं। सार्वजनिक क्षेत्र की कम्पनियों पर भी मुनाफा घोषित करने का वैसा ही दबाव होता है जैसाकि निजी मिल्कियत वाली कम्पनियों पर। भले ही उनके पास सरकारी खजाने का सहारा होता है, पर यह स्थिति आने तक उन पर औद्योगिक, सैनिक और राजनीतिक नौकरशाही का साझा नियंत्रण हो जाता है जो पूरी सार्वजनिक नीति को अपने प्रभाव में ले लेते हैं। और कम्पनियों पर किसकी मिल्कियत है, यह सवाल ज्यादा महत्त्व का नहीं रह जाता है।

वैसे तो सभी औद्योगिक समाजों, खासकर पूँजीवादी व्यवस्था के लिये यह प्रवृत्ति एक सी ही है, पर अधिक विकसित समाजों और विकासशील समाजों में अल्पाधिकार कम्पनियों के कामकाज के दायरे में अन्तर है। विकासशील देशों के अपनी पूँजीवादी जमात में अधिक विकसित देशों के ज्यादा बड़े पूँजीवादी समूहों के मुकाबले खड़ा होकर मुनाफा कमाने की गुंजाइश कम दिखती है, सो वे अपने समाजों का ही ज्यादा-से-ज्यादा शोषण करके अपना मुनाफा बढ़ाना चाहते हैं। भारत की पूँजीवादी जमात के अत्यधिक लोभ को इस चीज से भी समझा जा सकता है। स्थानीय लोगों को अपने दबाव और चंगुल में रखने के लिये भी वे अपने राजनीतिक सम्पर्कों का ज्यादा इस्तेमाल करते हैं। वही निरन्तर राष्ट्रभक्ति का शोर भी मचाए रखते हैं जिससे लोग बिना चूँ-चपड़ किए उनके खजाने में बढ़ोत्तरी करते रहें।

एक उदाहरण से साफ हो जाएगा कि किस तरह एक 'महत्त्वपूर्ण राष्ट्रीय उद्योग' का विकास आम आदमी के सिर्फ वर्तमान को ही नहीं, भविष्य को भी दांव पर लगा देता है। 1959 के अन्त में बिड़ला समूह की हिन्दुस्तान अल्युमिनियम फैक्टरी और उत्तर प्रदेश सरकार के बीच हुए इस फैक्टरी को अगले 25 वर्षों तक रियायती दर से नियमित बिजली की आपूर्ति की जानी है। और जिस बिजली को बनाने का

खर्च प्रति यूनिट 7.5 पैसे आता है वह इस फैक्टरी को 1.99 पैसे प्रति यूनिट की दर से दी जाएगी। अगर कीमत बढ़ाने की जरूरत लगी तो दस फीसदी की वृद्धि भी सोलह साल के बाद आपसी सहमति से की जाएगी। इस करार के चलते उत्तर प्रदेश विद्युत बोर्ड को हर साल ढाई करोड़ का घाटा हो रहा है और बिड़ला समूह ने एक करार से ही तीस करोड़ रुपये झटक लिये हैं। यह उस राज्य में हुआ है जो भारतीय पैमाने से भी पिछड़े राज्यों में एक है। समझौता पचीस साल के लिये है, सो इसे तत्काल खत्म भी नहीं किया जा सकता। चूँकि अल्युमिनियम केन्द्र का विषय है, इसलिए राज्य सरकार उसकी सहमति के बगैर इसे अपने हाथ में भी नहीं ले सकती। इस तरह के फायदे बताते हैं कि क्यों बड़ा पूँजीपति राष्ट्रवाद का नाम जपता है और इसका शोर मचाता रहता है।

केद्रीकरण की प्रवृत्ति के मजबूत होने का एक और कारण शक्तिशाली राष्ट्रीय पार्टियों की मौजूदगी है। जैसाकि हमने रूस के मामले में देखा है, वहाँ के संविधान में प्रान्तों को दिया अलग होने का अधिकार भी एकमात्र पार्टी के पक्के मत के आगे बेमानी हो चुका है। वहाँ की बोल्शेविक पार्टी घनघोर केन्द्रवादी है और पूरे रूसी शासन को एकदम केन्द्रीकृत रखना चाहती है।

अधिकांश संघीय व्यवस्थाओं में केन्द्र के मुकाबले प्रान्तों की शक्ति को बचाने के लिये उनके आकार-प्रकार की जगह उनकी गिनती के आधार पर वोट या वेटेज/महत्त्व दिया गया है। अमेरिकी संविधान में व्यवस्था है कि हर प्रान्त का दो प्रतिनिधि सिनेट में होगा। स्विस फेडरेशन में भी हर कैंटन का बराबर प्रतिनिधि होता है। ऑस्ट्रेलिया में भी ऊपरी सदन में हर प्रान्त से छह-छह प्रतिनिधि आते हैं, पर इन सावधानियों के बावजूद ताकतवर राष्ट्रीय पार्टियों के उभार के साथ ऊपरी सदनों में भी बात राज्यवार हितों की जगह पार्टियों के हिसाब से चलती है।

चूँकि राष्ट्रीय पार्टियाँ पूरे देश की नजर के सामने होती हैं, वे किसी इलाके की खास समस्या की जगह सामान्य राष्ट्रीय मसलों पर ही ध्यान केन्द्रित करती हैं, लेकिन ये कथित राष्ट्रीय मसले भी अक्सर उन्हीं जमातों के बनाए होते हैं जो राष्ट्रीय स्तर पर काम कर रहे होते हैं। मूलत: सारी मानवीय समस्याएँ स्थानीय ही होती हैं और खास इलाके तक सीमित होती हैं। राष्ट्रीय या अन्तरराष्ट्रीय मसला तभी बनता है जब उसमें अलग इलाकों और देशों के साझा मदद की जरूरत होती है, लेकिन राष्ट्रीय राजनीति के उभार से बुनियादी समस्याएँ पीछे हो जाती हैं और दोयम दर्जे के सवाल आगे हो जाते हैं। राष्ट्रीय स्तर पर जो दबाव समूह काम करते हैं, उनमें बड़े पूँजीवादी समूह सबसे ज्यादा प्रभावी और महत्त्वपूर्ण होते हैं। इसी प्रकार औद्योगिक मजदूर, जो राष्ट्रीय स्तर पर संगठित होते हैं, भी अपनी समस्याओं पर आसानी से सबका ध्यान खींच लेते हैं। मजदूरों के राष्ट्रीय संगठन अपना एक समान्तर संगठन और तंत्र भी बना लेते हैं। इसके चलते मजदूर संगठनों का व्यवहार

भी अपने-अपने जमात के हितों तक सिमट जाता है और वे अपनी मजबूत स्थिति और अन्य शक्तिशाली जमातों से सरकार से अपने हक में समझौते करते हैं तथा अपनी स्थिति मजबूत करते जाते हैं। पर इस प्रक्रिया में वे खुद भी बुर्जुआ-नौकरशाही वाले तंत्र का हिस्सा बनते जाते हैं और केन्द्रवादी शासन का एक स्तम्भ बनने की राह पर चल पड़ते हैं। फिर किसानों, शिल्पकारों, अल्पसंख्यकों जैसे छोटे समूहों की कोई नहीं सुनता और उनके हितों की अनदेखी होती है, पर दुनिया के अधिकांश हिस्सों में ऐसी ही जमातों के लोगों का बहुमत है। पर उन पर कोई गम्भीर मुश्किल आती है तब भी सम्भव है कि बड़ी पार्टियाँ या केन्द्र ध्यान न दे और उन्हें अपनी समस्याओं से खुद ही जूझना पड़े। ऐसी स्थिति में काम करनेवाली राष्ट्रीय पार्टी को राष्ट्रीय समूहों की माँग की तरफ ध्यान देना चाहिए।

एक अन्य कारण से राष्ट्रीय पार्टियों का नजरिया अनुदार या दकियानूसी का बना रहता है। पूरे देश भर में सक्रिय रहने के लिये उन्हें ज्यादा संसाधनों की जरूरत होती है। और अगर वे अमीरों तथा खाते-पीते लोगों के नजरिये के खिलाफ गईं तो उनको चन्दा पाने में मुश्किल होती है। अमेरिका में रिपब्लिकन ही नहीं, डेमोक्रेटिक पार्टी का कोई क्रान्तिकारी विकल्प न उभरने की वजह वित्तीय परेशानी भी हो सकती है। डेमोक्रेटिक पार्टी, जो कि किसी भी तरह पूँजीवादी व्यवस्था का विरोधी नहीं है लेकिन उदारवादी रुझान रखती है, को भी रिपब्लिकन के मुकाबले वित्तीय संसाधन जुटाने में मुश्किल होती है। पर अधिक विकसित देश में संगठित मजदूर भी इस स्थिति में आ जाते हैं कि वैकल्पिक सत्ता का उपकरण खड़ा कर लें। लेकिन एक बड़े अविकसित देश में जहाँ औद्योगिक मजदूर वर्ग काफी छोटा हो और पूँजीवादी हितों के बराबर अपनी राजनीतिक ताकत खड़ा करने की स्थिति में न हो वहाँ क्रान्तिकारी पार्टी बना पाना और भी मुश्किल काम है। बड़े चन्दे पर निर्भरता के चलते ही कनाडा और ऑस्ट्रेलिया की 'लेबर पार्टी' भी सत्ता में आकर भी वहाँ के आर्थिक ढाँचे में कोई बड़ा बदलाव नहीं कर पाती।

न्यस्त स्वार्थ तो परदे के पीछे से काम करते रहते हैं पर संघ की ताकत और केन्द्रीयकरण बढ़ाने में जो एक चीज सबसे बड़ी भूमिका निभाती है, वह है, रक्षा की चिन्ता। कई बार वास्तविक लेकिन अक्सर हमले का हौवा लोगों को एक केन्द्रीय सत्ता के पीछे खड़े होने और उसे मजबूत करने को प्रेरित करता है। शुरू-शुरू में आजाद हुए देशों को यह डर था कि अगर वे सैनिक रूप से कमजोर रह गए तो वे फिर से गुलाम न हो जाएँ या उन्हें कोई नया देश उपनिवेश बना लेगा। उस समय की यह चिन्ता कुछ वाजिब भी मानी जा सकती है जो बाद में यह पूरी तरह निराधार ही रही है। पुरानी साम्राज्यवादी ताकतों ने उन्हें आजाद छोड़ दिया था तो यह परिस्थितियों का भी कमाल था और फिर वे उन्हें गुलाम बनाएँ, यह मुश्किल था। और कई स्वतंत्र बहुत छोटे देशों की मौजूदगी आश्वस्त करनेवाली थी। अब

किसी देश के शोषण के लिये सीधे सैनिक कब्जे की जरूरत नहीं रह गई थी। और अप्रत्यक्ष तरीकों से आर्थिक शोषण में सैनिक ताकत बढ़ाने-घटाने से कोई फर्क नहीं पड़ता। इस सदी के पूर्वार्द्ध में घटी घटनाओं से अधिकांश देशों को जो मानसिक झटका लगा था, आज का सैनिक ताकत जुटाने का हौवा उसी से जुड़ा हुआ है। आज की महाशक्तियों को भी मालूम है कि वे पूरी दुनिया को बर्बाद किए बिना एक-दूसरे के खिलाफ बल प्रयोग नहीं कर सकतीं। छोटी और मझोली ताकतों को सुपर पॉवर देशों के सामने खड़ा होने की हैसियत ही नहीं है, पर इस स्थिति को समझकर हथियारों से दूर होने का प्रयास करने की जगह वे नित नए हथियारों का जखीरा जुटाने पर अपना कीमती संसाधन लुटा रहे हैं। न्यस्त स्वार्थ वाले पुराने खौफ को बनाए रखना चाहते हैं जिससे उनका हथियारों का कारोबार चलता रहे। राष्ट्रीय गौरव और राष्ट्रीय सुरक्षा के नाम पर यह पूरा खेल जारी है।

चूँकि हथियार खरीदने के लिये काफी बड़ी रकम चाहिए, इसलिए यह काम प्रान्त नहीं कर सकते। सो, जब हथियारों की होड़ शुरू होती है तो केन्द्र के हाथ ज्यादा-से-ज्यादा संसाधन सौंपे जाते हैं। और सैन्यवाद किसी भी छुतहा रोग से ज्यादा छुतहा चीज है। यह एक देश को लगा तो और ज्यादा तेजी से फैलता है। और फिर शायद ही कोई देश इसकी जद में आने से बच सकता है। दोनों विश्व युद्धों में अपने को अलग-थलग रखने में कामयाब रहा स्विट्जरलैंड भी आज काफी बड़ी मात्रा में हथियार जमा कर रहा है। शायद यह आज के जमाने में निरपेक्ष या निर्गुट रहने की कीमत है। पर इसके चलते उस संघ में भी केन्द्रीकरण की ताकत मजबूत हुई है। आन्द्रे सिग्फ्रायड ने लिखा है, "खास तौर से दो विश्व युद्धों ने पुराने तरह के संघीय स्वरूप को नष्ट किया है क्योंकि इन्होंने राष्ट्रीय सुरक्षा, व्यवस्था बनाए रखने और देश में खाद्य आपूर्ति सुनिश्चित करने की जिम्मेवारी केन्द्रीय शक्ति पर ला दी और राष्ट्रीय स्तर पर काम करने के लिये इसे भी जरूरी कदम उठाने पड़े। इनसे बढ़कर यह हुआ कि युद्धों ने संघीय नौकरशाही का आकार बहुत बड़ा कर दिया। यह 1939 के 10,842 से बढ़कर 1945 में 29,630 हो गया। यह सही है कि 1946 में यह कम होकर 29,131 हो गया और अब और 8,000 पद घटाने का प्रस्ताव है, पर केन्द्रीय सत्ता की ताकत का बढ़ना डरावना है।"[7]

हमने संघों का अध्ययन यह देखने के लिये किया कि माना जाता है कि विदेशी हमले के समय प्रान्तों को सुरक्षा देने के साथ काफी आजादी देता है, लेकिन हमने पाया कि संघों के अन्दर केन्द्रीकरण की ताकतें इतनी ताकतवर हो जाती हैं कि इकाइयों की स्वायत्तता खतरे में पड़ जाती है। हमने जिन उदाहरणों पर गौर किया, उनसे यह भी लगता है कि बड़े व्यावसायिक हित और केन्द्रीय नौकरशाही संघ को अपने साम्राज्य के रूप में जकड़ लेती है। अगर किसी संघीय देश में यह स्थिति आ जाती है तो जिन देशों में एकाधिकारवादी शासन व्यवस्था होती है, वहाँ क्या

हालत होती होगी, यह सहज समझा जा सकता है। और अगर वहाँ भारी क्षेत्रीय असन्तुलन है तो क्या होता होगा, इसकी कल्पना और कष्ट देती है। वहाँ तो लोगों के लिये अपनी स्थिति बदलने का संघर्ष करना भी मुश्किल होता है क्योंकि वहाँ उनका पाला न्यस्त स्वार्थों को बचाने में लगी निष्ठुर नौकरशाही से पड़ता है।

ऐसे निर्दयतापूर्ण व्यवहार का ताजा उदाहरण हमारे पड़ोस का ही है। पाकिस्तान से अलग होने के पूर्व बांग्लादेश की क्या बुरी हालत हुई थी, दुनिया ने देखा था। अंगरेजों के विदा होने के कुछ समय बाद ही पूर्वी पाकिस्तान (आज का बांग्लादेश) के लिये पश्चिम का उपनिवेश जैसा ही बनकर रह गया था। पूर्वी भाग की आबादी ज्यादा थी, वहाँ की बोली बांग्ला थी, पर उन पर उर्दू लादी गई। सारे महत्त्वपूर्ण प्रशासनिक पदों पर पश्चिम के लोग बैठा दिए जाते थे। धीरे-धीरे आर्थिक स्थिति में भी भारी फर्क आ गया और पूर्वी भाग एकदम खस्ताहाल बन गया।

1960-61 और 1968-69 के बीच के आठ वर्षों में, जब बांग्लादेश पाकिस्तान का ही हिस्सा था, बाहरी देशों के साथ ही पाकिस्तान से उसके व्यापार में घाटा बढ़ता ही गया था। 1960-61 में यह घाटा 21.7 करोड़ रुपये का था जो 1968-69 में बढ़कर 82.1 करोड़ रुपये हो गया। पश्चिमी पाकिस्तान से व्यापार में भी उसका घाटा 1961-62 के 46.2 करोड़ से बढ़कर 1968-69 में 51.4 करोड़ रुपये हो गया था। इस घाटे के साथ पश्चिमी पाकिस्तान ने वहाँ की काफी सारी सम्पत्तियों को अपने अधीन ले लिया। विभाजन के समय पूर्वी हिस्से में पश्चिमी पाकिस्तान का 11 करोड़ डालर का निवेश था। दरअसल, पश्चिमी पाकिस्तान ने धीरे-धीरे पूर्वी हिस्से के आर्थिक जीवन पर अपना प्रभुत्व बना लिया था।

जब तक पाकिस्तानी राष्ट्रवाद के नाम पर लोगों के दिमाग को धूमिल बनाए रखने में सफलता मिली, पूरब के लोगों ने भी इस शोषक रिश्ते के खिलाफ चूँ नहीं की, पर जब चक्रवाती तूफान में लाखों लोगों की जान गई और पश्चिम से पर्याप्त मदद नहीं आई तथा बंगाली सांस्कृतिक स्वायत्तता की बात उठने लगी और इस माँग को ठुकरा दिया गया तब राष्ट्र/कौम के इस परदे से बात आगे निकली और लोगों को असली स्थिति का भान हुआ। लोगों को लगा कि पाक राष्ट्रवाद कुछ और नहीं, शोषक संघ को चलाने का एक चालाक उपकरण था।

राष्ट्रीय एकता के नाम पर नागरिक और सैन्य प्रशासन के लोग किस तरह एक हो जाते हैं, यह चीज भी बांग्लादेश में बहुत साफ दिखी। जब बांग्लादेश के लोगों ने लगभग सर्वसम्मति से स्वायत्तता की माँग की तो पश्चिमी पाकिस्तान के शासकों (और तब पूरे पश्चिम पाकिस्तान के सारे राजनीतिक जमात अपने शासकों के साथ खड़े थे) ने इस माँग पर किसी भी तरह अमल करने की जगह सीधे सैनिक भेज दिये। एक लोकप्रिय माँग और आन्दोलन पर किस-किस तरह के जुल्म ढाए गए, यह आज जगजाहिर है।

पर इस तरह के व्यवहार के लिये अकेले पश्चिमी पाकिस्तान को जिम्मेवार ठहराना गलत होगा। ऐसी स्थिति में अधिकांश देश राष्ट्र को 'बचाने' के नाम पर ऐसा ही व्यवहार करते हैं। गलती उस सोच, परम्परा और व्यवस्था में है जो एक छोटी जमात के एक आदिम कबीलाई मानसिकता वाले भाव से जोड़ने के चलते उसके हितों को राष्ट्रवाद के नाम पर छुपाने में सफल होने देती है।

इस तरह के राष्ट्रवाद की एक और डरावनी पहचान है। यह राष्ट्र के प्रभुत्व वाले समूह के साथ ही जुड़ा दिखता है। इसका नतीजा अक्सर यह होता है कि जो अल्पसंखयक समूह खुद के हितों की रक्षा नहीं कर सकते, यह राष्ट्रवाद बार-बार उनको पूरी तरह दबाता जाता है। अमेरिका, कनाडा और ऑस्ट्रेलिया के मूलवासियों के साथ क्या हुआ, इसे याद करके हम समझ सकते हैं कि अन्य देशों में इसी भाव के प्रबल होने के क्या नतीजे होंगे। अब ये सारे समूह विलुप्त होने की कगार पर हैं। अपने पूर्वजों की जमीन पर ही वे राक्षस-दैत्य जैसी छवि के साथ जी रहे हैं। अब उन्हें बाहरी संस्कृति को अपनाकर ही जीवित बचना है या विलुप्त हो जाना है। अब काबिज लोग उनके गौरव और सत्ता को बर्दाश्त नहीं कर सकते। ये उदाहरण न तो अपवाद हैं न कुछ ज्यादा ही क्रूरता वाले हैं। दरअसल, हम अपने बीच भी कुछ छोटे अल्पसंख्यक समूहों को जीवन और खुली हवा के लिये संघर्ष करते देख सकते हैं, लेकिन पहले वाले उदाहरण बताते हैं कि राष्ट्रवाद लोगों को किस तरह प्रतिरक्षा की शक्तिविहीन लोगों को अपने दायरे में लाने के लिये क्या-क्या जुर्म करवा देता है?

उपरोक्त चर्चा से यह निष्कर्ष निकालना गलत होगा कि लोगों का किसी भी तरह का संघ बनाना एक बुराई ही है। आज दुनिया में विभिन्न देशों के बीच बन रहे आर्थिक संघ यह साबित करते हैं कि ऐसे संगठनों का आर्थिक लाभ है। आज जब दुनिया की अर्थव्यवस्था आपस में जुड़ती जा रही है तब हर देश को, चाहे वह छोटा हो या बड़ा, यह देखना पड़ता है कि अपनी सीमा से बाहर की वह कौन-सी चीज है जिसे अपने लोगों के लिये उपलब्ध कराने की जरूरत है और यह काम किस तरह हो पाएगा। हर चीज में हर देश, खासकर छोटा देश आत्मनिर्भर नहीं हो सकता। इनके साथ ही नदियों के पानी, रेल और सड़क मार्ग, हवाई यात्रा, डाक सेवा, जहाजरानी जैसे हर क्षेत्र में विभिन्न देश आपसी सहयोग करते हैं। राज्यों के बड़े समूह इस काम को आसान बना सकते हैं।

पर स्वेच्छा से किसी के साथ संघ बनाना एक बात है और बलपूर्वक किसी को एक डरानेवाली सत्ता के अधीन रखना एकदम दूसरी बात। कोई शासन कैसा है, इसे जांचने का यह भी एक अच्छा मानक है। जब भी बल प्रयोग से एकता हासिल करने की कोशिश की जाती है तो आप निश्चित मान सकते हैं कि परदे के पीछे कुछ न्यस्त स्वार्थ सक्रिय हैं। और ऐसे मामलों में अखंडता-एकता का राग सिर्फ ऐसे हितों को साधने के लिये ही अलापा जाता है।

राष्ट्रों के बीच का सहयोग अक्सर सभी पक्षों के लिये लाभकर हो जाता है, यह बात उस तर्क को मजबूत करती है कि संघ बनाना पूरी तरह स्वैच्छिक होना चाहिए। लेनिन ने भी यही बात की थी और उन्होंने इकाइयों के अलग होने के अधिकार का भी समर्थन किया था। यह खतरा बताया जाता है कि अगर इकाइयों को अलग होने का अधिकार दिया गया तो वे छोटी-छोटी बात पर अलग होकर संघ को बिखरा देंगी। यह भी कहा जाता है कि इस तरह अलग होने की धमकी देकर इस अधिकार का दुरुपयोग संघ के अन्दर अपने हितों को आगे बढ़ाने के लिये भी किया जा सकता है, पर संघ बनने से अगर काफी लाभ हों तो कोई छोटी-छोटी बात उठाकर क्यों अपना ज्यादा नुकसान करेगा? अगर लाभ ज्यादा हों तो जब तक बहुत बड़ी बात न हो, ज्यादा उकसावा न हो तो कोई अलग होने की बात क्यों करेगा? मान लीजिए कि किसी इकाई में रहनेवाले लोग अलग होने का फैसला लेते हैं तो उनको यह अन्दाजा भी रहेगा ही कि अलग होने के क्या नुकसान होंगे और वे इसे बर्दाश्त करेंगे।

अलग होने के अधिकार को किसी संघ में उस इकाई की मुश्किल स्थिति के सन्दर्भ में ही देखना होगा। संचार और परिवहन के माध्यमों के तेज होते जाने के साथ केन्द्र द्वारा घटनाओं को अपना रंग-रूप देने की गुंजाइश बढ़ती जा रही है। इसके चलते इकाइयों के आपसी और केन्द्र के साथ के सम्बन्ध भी ज्यादा जुड़े और उलझे होते गए हैं। इससे नाराज इकाइयों के बरक्स केन्द्र की ताकत स्वाभाविक रूप काफी बढ़ गई है। इकाइयों के पास केन्द्र को घेरने या उसकी ताकत पर अंकुश लगाने का इस तरह का कोई उपकरण नहीं है। ऐसे में संघ से अलग होने का अधिकार एकमात्र ऐसा उपकरण हो सकता है, जिससे इकाइयाँ केन्द्र पर दबाव बना सकें।

इस प्रकार अगर उनके अलग होने के अधिकार को स्वीकार कर लिया जाता है तो भौतिक रूप से कोई सीधा नुकसान नहीं होनेवाला है। पर इससे उन काफी सारी बुरी स्थितियों से बचा जा सकता है जो आज दुनिया भर में देखी जा रही हैं। बांग्लादेश की त्रासदी या बियाफ्रा में जो कुछ देखा गया, या फिर जिस तरह आठ साल से दक्षिणी सूडान का गृहयुद्ध अभी तक जारी है, वह सब टाला जा सकता था अगर लोगों को अलग होने का अधिकार दिया जाता। दुनिया भर में ऐसे और काफी सारे सुलगते मुद्दे हैं जो कभी भी ऐसा डरावना रूप ले सकते हैं। अलग होने का अधिकार ऐसे तनाव को कम करेगा। ऐसा होने से संघ का मामला राष्ट्रवाद जैसे भावनात्मक स्तर से उठकर तार्किकता के धरातल पर आएगा। इस धरातल पर आने के बाद सारी चीजें ठोस लाभ और घाटे के हिसाब से देखी-परखी जाएँगी। इससे न्यस्त स्वार्थ वाले तत्वों के हाथ से एक बड़ा हथियार छिन जाएगा, पर इन नुकसान के बावजूद लोग ज्यादा सुखी होंगे, ज्यादा खुश होंगे।

3

हम यह मान रहे हैं कि आज के ज्यादातर बड़े संघ मिश्रित प्रकृति के हैं, पर अपने भावनात्मक मोह के चलते हम भारत को अलग तरह से देखते हैं। हमारे अन्दर लम्बी सांस्कृतिक परम्परा ने यह बात गहराई से बैठा दी है कि भारत एक है और सदा से एक ही रहा है। नाम लेते ही हमारे मन में यह बात आती है कि यह वही आर्यावर्त है जिसे ऋषि-मुनियों ने अपने ज्ञान और तपस्या से समृद्ध किया है। इससे हमारी कल्पना का वह भारतवर्ष उभरता है जो 'रामायण' और 'महाभारत' का मंच रहा था। आज भी भारत के अनेक स्थलों का नाम हमारे ऋषि-मुनियों और इतिहास के नायकों के नाम पर है और उनकी याद दिलाता है। ऐतिहासिक दौर का हिन्दुस्तान भी पर्याप्त बड़े-बड़े राजाओं-महाराजाओं और दूर-दूर तक व्यापार के जरिये पहुँचे लोगों वाला रहा है। भारत को 'सोने की चिड़िया' कहा जाता था और यहाँ दूर-दराज से व्यापारी रेगिस्तान और समुद्र लाँघकर भी पहुँचते रहे थे।

अपने निवासियों के साथ ही विदेशियों के लिए भी भारत, हिन्दुस्तान या इंडिया एक स्वप्नलोक-सा रहा है। जब कभी भी कोई हिन्दू पूजा करने बैठता है तो इस जमीन को भारत और आर्यावर्त के नाम से ही याद करता है और निम्नलिखित श्लोक के माध्यम से याद करता है : ॐ तत्सत ब्रह्म[3] श्रीश्वेतवाराहकल्पे जम्बूद्वीपे भरतखंडे आर्यावर्तक देशांतरगते कलियुगे कलिप्रथम चरणे...तिथौ...वासरे...अहँ करिष्यते।

सांस्कृतिक रूप से प्रभावशाली समूह, जो शुरू से खुद को 'आर्य' कहता था, वह हिमालय से उत्तर और हिन्द महासागर के पूर्वी, दक्षिणी और पश्चिमी इलाके में बसा। शुरू में उसने सिर्फ सिन्ध-गंगा के बीच के इलाके को आबाद किया, लेकिन बाद में वे लोग विंध्य के दक्षिण भी गए और कन्याकुमारी जाकर ही रुके। उनका पुरोहित वर्ग, ब्राह्मण इस संस्कृति के प्रचारक बने और इस समूह की पहचान इस भौगोलिक क्षेत्र की जमीन के साथ करनी शुरू की और इस दायरे में आनेवाले लोगों के बीच सांस्कृतिक एकता बनाने की कोशिश की।

देश के चारों कोनों को एक साझे सांस्कृतिक धागे से बाँधने की इच्छा हर अपने मौके पर प्रबल होती दिखती है। जब कोई नया विचार और आन्दोलन जन्म लेता है तब यह संकल्प दोहराया जाता रहा है। इसी प्रेरणा से महान दार्शनिक शंकराचार्य

न सिर्फ पूरे देश की यात्रा करते हैं बल्कि देश के चारों कोनों—शृंगेरी, बद्रीनाथ, द्वारका और जगन्नाथ पीठ की स्थापना करते हैं। यही चार तीर्थ उस पूरी जमीन की सीमा-सी तय करते हैं जिसे 'भारतवर्ष' कहा जाता रहा है। इसी प्रकार हिन्दू तीर्थों में द्वारका, बद्रीनाथ, जगन्नाथ, पुरी और रामेश्वरम् का स्थान सबसे ऊँचा माना जाता है। ये सिर्फ चार कोनों पर ही स्थापित नहीं हैं, इनमें से तीन तो समुद्र के तट पर हैं और चौथा हिमालय की गोद में। इस तरह जो हिन्दू तीर्थ करने चलता है वह अनिवार्यत: अनेकता में एकता का प्रत्यक्ष अनुभव भी करता चलता है। यह एकता सिर्फ हिन्दुओं के धर्म और रीति-रिवाजों में ही नहीं है, इसे जीवन के अन्य क्षेत्रों में भी देखा जा सकता है। पर यह बात भी ध्यान में रखनी होगी कि हिन्दू धर्म ऐसा है जो पूरे निजी और सामाजिक जीवन को एक स्वरूप देता है। आगे चलकर वर्णाश्रम धर्म अर्थात जाति व्यवस्था हिन्दू धर्म का आधार बनती है। यह जटिल है तथा इसके अपने गुण-दोष हैं, पर हर व्यक्ति के जन्म से लेकर मरण तक की हर बात उसी के अनुरूप तय होती है। सदियों तक यह इतनी मजबूत और प्रभावी रही है कि जो लोग बाहर से आए, जीत हासिल करके यहाँ बस गए उन्होंने भी जाति व्यवस्था को अपना लिया या उनके यहाँ भी जाति व्यवस्था आ गई। बराबरी के बुनियादी दर्शन वाला इस्लाम भी भारत आकर इससे अछूता नहीं रहा। भारतीय मुसलमान समाज में भी जाति व्यवस्था है। अब अच्छा हो या बुरा, पर ब्राह्मणों को सर्वोच्च स्थान देनेवाली इस व्यवस्था ने भारत की भावनात्मक एकता बनाए रखने में सबसे बड़ी भूमिका निभाई है। संस्कृत भाषा और कुलीनों में प्रचलित रीति-रिवाजों और पंथों ने एकता के भाव को मजबूत किया है। इस विशाल भूमि के अलग-अलग हिस्सों में प्रभावी ये परम्पराएँ भी सदियों पुरानी हैं। और हैरानी नहीं कि जैसे ही ब्राह्मणवाद पर हमले से बात शुरू होती है, देश पर खतरे का शोर शुरू हो जाता है।

पर यह बात भी सही है कि अगर हमारी एकता सिर्फ परम्पराओं और जाति व्यवस्था पर आधारित होती तो आधुनिक दुनिया में छिन्न-भिन्न हो चुकी होती। पर इस संस्कृति के विशुद्ध धार्मिक पक्ष के अलावा अन्य पक्षों ने गैर-ब्राह्मण और गैर-हिन्दू परमराओं से भी काफी कुछ लेकर एक मजबूत राष्ट्रीय धागे को बुना है। हस्तशिल्पों, वास्तु, संगीत, चित्रकला और नृत्य जैसी विधाओं के विकास में यह मेल ज्यादा साफ दिखता है। इनमें स्थानीयता है, पर इनके अन्दर एकता के मजबूत सूत्र भी बने हुए हैं।

और एकता का यह भाव सांस्कृतिक रूप से जाहिर होने के साथ-साथ क्षेत्रीय रूप से भी जाहिर होता है। तीन तरफ से समुद्र और चौथे तरफ से हिमालय से घिरे इस भूभाग के निवासी बाहर से आनेवालों, जो हिमालय को लाँघकर आए या समुद्र पार करके आए थे, के बीच सांस्कृतिक फासला रहा। यही हाल इस भौगोलिक क्षेत्र के बीच रहनेवाले आदिवासी और अन्य लोगों के बीच भी रहा। उनकी जीवन-

पद्धतियाँ भी अलग-अलग रहीं। फिर भी किसी ने किसी को बाहरी या परदेसी नहीं माना। बाहर से आए लोगों और स्थानीय के बीच अन्तर जरूर रहा। बड़े-बड़े और डरावने आन्तरिक युद्ध भी होते रहे, पर एक-दूसरे को खत्म करनेवाली लड़ाइयों का जिक्र नहीं मिलता। आपस में काफी कुछ साझा भी था। और यह साझापन का भाव ही था जिसने प्राचीन भारत के युद्धों को लड़ने का भी एक सभ्य तरीका विकसित करने में मदद की। बाहर वालों ने इनका खयाल नहीं रखा, पर भारतीय सेनाएँ काफी मुश्किल उठाकर भी इनका पालन करती थीं।

भारतीयों में उनका भूगोल और संस्कृति एकता का भाव भरती रही, लेकिन किसी भी दौर में यहाँ का राष्ट्रवाद किसी एक राष्ट्र-राज्य की सीमा से बँधा दिखता है। भारत में भी बड़े बड़े साम्राज्य रहे हैं और कई बार इनका क्षेत्रफल भारत की अपनी भौगोलिक सीमा से बाहर तक का रहा है (जैसे अशोक का साम्राज्य), लेकिन अक्सर यह छोटे-छोटे राज्यों को लेकर बना होता था या रजवाड़े ही उसके अधीन हो जाते थे। फिर ये आजाद भी हो जाते थे, पर इनसे राष्ट्र की अवधारणा पर फर्क नहीं पड़ता था। विदेशी आक्रांताओं और कब्जा करनेवालों ने भी इस मामले में ज्यादा असर नहीं डाला।

राजनीतिक राष्ट्रवाद का जो रूप हम आज देख रहे हैं, वह हाल की यूरोपीय परिघटना है। उससे पहले हर कहीं राजाओं के बीच अपना साम्राज्य बढ़ाने या बचाने की लड़ाई होती थी, धन-दौलत-सोना कब्जाने की लड़ाई होती थी। अपनी शान बढ़ाने के लिये लड़ाई होती थी। सिकन्दर हों या डेन राजा, मंगोल हों या नार्मन, तुक-अफगान हों या मुगल—सबकी लडाइयाँ इन्हीं उद्देश्यों के लिये होती रही हैं। भारत में भी ऐसे राजा हुए हैं जिन्हें 'चक्रवर्ती सम्राट' कहा गया और जिन्होंने बाकी सभी राजाओं को अपने अधीन कर लिया। निश्चित रूप से उन्हें इसका यश मिलता था-भले ही वह कम समय के लिये ही हो। अक्सर जीत के बाद अश्वमेध यज्ञ होता था जिसमें सभी बुलाए जाते थे, भोज-भात, मान-सम्मान विदाई—सब होता था, पर इन सबका भारतीयों के मन पर कोई लम्बा असर नहीं रहा। अशोक का सम्मान उसकी जीतों के लिये नहीं हुआ, उसके त्याग के लिये हुआ। हरिश्चन्द्र, राम, कृष्ण, भीष्म, युधिष्ठिर जैसे हमारे पात्र क्षत्रिय थे, पर उन्हें उनकी सैनिक उपलब्धियों की जगह सच पर चलने, करुणा और त्याग के चलते याद किया जाता है।

एक सुरक्षित भौगोलिक क्षेत्र और जाति व्यवस्था के चलते सामाजिक स्थिरता के चलते भारतीय मानस राजनीतिक बदलावों जैसी छोटी और ऊपरी चीजों के प्रति एकदम बेपरवाह हो गया था।। फिर भारत में इतिहास बोध का भी अभाव रहा है। उनके दार्शनिक चिन्तन में काल का दायरा बहुत बड़ा रहा करत है। ब्रह्मा का एक दिन ही हजारों साल जितना माना जाता हो तो राजाओं की जीत-हार का हिसाब कौन रखे? इसलिए मानवीय व्यवहार में उनकी चिन्ता मर्यादाओं और नियमों की रही है।

यह भी हो सकता है कि वे 'मनुष्यों की भूलों और अपराधों के लेखा-जोखा' से काफी पहले ही मुँह मोड़ चुके हों। ऐसा नहीं लगता कि सुदूर इतिहास में कभी भी भारतीय लोग राजनीतिक राष्ट्रवाद को लेकर किसी तरह की चिन्ता करते थे। अब अगर हिन्दू, मराठा या मुगल जीत के अपने-अपने मतलब निकालने की कोशिश की जा रही है तो यह असल में पश्चिमी प्रभाव है और वहाँ की इतिहास और राजनीतिक सोच को अपने इतिहास पर लागू करने की कोशिश भर है।

अब इतिहास पर गौर करते हुए यह कहना आसान है कि इसी नजरिये के चलते हम विदेशी आक्रांताओं का शिकार बने। पर हमें यह याद रखना चाहिए कि हमारे वे पूर्वज अलग मूल्यों के साथ जिये। और अपने समय में वे सम्भवत; किसी से भी पिछड़े हुए नहीं थे। यूरोप के पिछले चार सौ साल का इतिहास सारी दुनिया या हमारे पूरे इतिहास के बारे में कोई फतवा देने का आधार नहीं बन सकता।

हमारी अन्य असफलताओं की जिम्मेवारी निश्चित रूप से राजनीतिक व्यवस्था पर नहीं थी। लोगों की मानसिक सुस्ती और आलस्य के लिये सम्भवत: जाति व्यवस्था सबसे ज्यादा जिम्मेवार थी। इसी ने उनको नई चुनौतियों और दैनन्दिन संघर्षों से मुँह मोड़ने की सीख दी, जिसके चलते वे नई खोजों और आविष्कारों से भी वंचित हुए। ज्यादा सम्भावना यही है कि इन्हीं दोनों चीजों ने एक-दूसरे को मजबूत किया और समाज तथा विचारों में ठहराव ला दिया। सम्भवत: हमारी संस्कृति की पुरानी चीजें भी एक बोझ बन गईं और हम आविष्कारों की तरफ नहीं मुड़ पाए। जीवन के हर क्षेत्र में इतनी तरक्की हुई कि वह हमारे मन पर बोझ बन गई और हर क्षेत्र में नए विचारों को लेकर कोई उत्साह नहीं बचा। पर हमारी प्रगति चाहे जिस वजह से रुकी हो, निश्चित रूप से इसमें एक राजनीतिक राष्ट्र राज्य की गैर मौजूदगी कोई वजह नहीं थी। सांस्कृतिक विकास का दायरा किसी राजनीतिक सत्ता से बाहर की चीज है। वह तो विचारों और कामों पर अंकुश लगाकर सिर्फ उसका विकास बाधित ही कर सकती है। याद रखने की बात है कि यूरोपीय पुनर्जागरण इटली के छोटे नगर राज्य में ही शुरू हुआ जो अन्तत: पूरे यूरोप में नए आविष्कारों की क्रान्ति करानेवाला साबित हुआ।

भारत की सांस्कृतिक एकता की धारणा को मजबूत करनेवाली इस चर्चा से अब कुछ और बातों पर गौर करें। पर यहाँ यह भी ध्यान रखना होगा कि यह एकता सब दिन एक जैसी न थी और न यह एक ही तरह की थी। शुरू से हर जगह का एक स्थानीय रंग जरूर रहा था या उप-संस्कृति दिखती है। आर्यों के आगमन के पूर्व की संस्कृतियाँ भी चलती रहीं और कई इलाकों में फलती-फूलती रहीं।

अन्य जगहों पर नई आर्य संस्कृति के साथ मेल से कुछ एकदम नई चीजों का विकास हुआ। इस प्रकार अलग-अलग क्षेत्रों में नई–नई सांस्कृतिक पहचानें विकसित हुईं। इनको राष्ट्रीयता कहना तो गलत होगा क्योंकि तब इस तरह की

कोई अवधारणा ही नहीं थी, पर इनमें वे तत्व जरूर दिखते हैं जिन्हें हम आज राष्ट्रीयताओं से जोड़कर देखते हैं। अलग-अलग कालखंडों में संस्कृत, पाली या फारसी कुलीनों की भाषा रही, लेकिन हर दौर में अलग-अलग बोलियों का दौर रहा और आम लोग उनका ही प्रयोग करते रहे। आगे चलकर यही बोलियाँ आज की प्रमुख भाषाओं के रूप में विकसित हुईं। इनके साथ ही इन स्थानीय संस्कृतियों ने अपनी-अपनी जीवन शैली, अपनी पोशाकें, अपनी नृत्य शैली, अपनी लोक-कथाएँ, अपने स्थानीय देवी-देवता और रीति-रिवाज भी विकसित किए।

मध्यकाल में कई क्षेत्रों में भक्त कवियों और दार्शनिकों का उभार हुआ। उन्होंने अपनी स्थानीय बोलियों में शास्त्रों के ज्ञान की व्याख्या की। उन्होंने स्थानीय तौर-तरीकों से अपनी बात रखी और उन इलाकों में आई बुराइयों के खिलाफ लोगों को जगाया। इनमें से कुछ समाज-सुधारक भी थे और उन्होंने पुराने रीति-रिवाजों और अन्धविश्वासों के खिलाफ भी मोर्चा खोला। इसलिए एक मोटे हिसाब से एक होते हुए भी हिन्दू धर्म ने अलग-अलग रूप लिया, इन सन्तों के प्रभाव और इलाकों से फर्क बना। इन सन्तों ने अपनी बात कहने में स्थानीय बोलियों का सहारा लिया और साथ ही साहित्य का विकास किया।

लेकिन देश के स्तर की बात करें तो शायद ही कभी ये उप-संस्कृतियाँ किसी खास राज्य के साथ जुड़ी दिखती हैं। वैसे समय-समय पर कुछ ऐसे रजवाड़े आए जिनके साथ एक तरह का सांस्कृतिक समूह जुड़ा दिखता है, लेकिन क्षेत्रीय स्तर पर आसपास होने के चलते उनमें एक क्षेत्रीय पहचान का भाव रहा है जो राष्ट्रीय पहचान से ज्यादा मजबूत रहा है। और सब दिन से ऐसा ही लगता है। और आज यह भाव इतना गहरा हो चुका है कि किसी नई जगह पाँच पीढ़ियों से रहनेवाला बंगाली अपने मूल बंगाली चरित्र को बचा कर रखता है। यही बात पंजाबी, तमिल, कन्नड़ या मलयाली पर भी लागू होती है। बिहार, उत्तर प्रदेश, मध्य प्रदेश और राजस्थान की हिन्दी पट्टी के लोगों को एक बड़े हिन्दी प्रदेश का मान लिया जाता है, पर इनके बीच भी ज्यादा मेल-जोल नहीं बन पाता और इनके बीच भी सांस्कृतिक भिन्नताएँ हैं। एक जगह रहकर भी वे पीढ़ियों तक अलग पहचान बनाए रखते हैं।

इन विभिन्न पहचानों को काफी देर से राजनीतिक स्वीकृति मिली है और अब भी ज्यादा महत्त्व नहीं दिया जाता। भारतीय राष्ट्रीय कांग्रेस ने आजादी के पहले ही ब्रिटिश शासन के क्षेत्रीय बँटवारे वाले तरीके को नकारते हुए भाषाओं के हिसाब से प्रदेश कांग्रेस कमेटियों का गठन किया था। पर आजादी के बाद उसी कांग्रेस को आन्ध्र प्रदेश, गुजरात और महाराष्ट्र वगैरह का गठन भाषायी आधार पर करने में दिक्कत महसूस होती रही और बड़े आन्दोलनों के बाद ही उसने ऐसा किया। अभी भी अन्तिम तसवीर बन गई हो, यह कहना मुश्किल है। सभी कमियों के बावजूद अब राज्यों का रंग-रूप काफी हद तक तार्किक बन गया है। उनकी बनावट में काफी

हद तक एकरूपता दिखती है, लेकिन इसके बावजूद हमारी राजनीतिक बिरादरी के मन में इसके मतलब साफ ढंग से नहीं बैठे हैं। ये राज्य किसी सांस्कृतिक-भाषायी आधार पर भी बँटे हैं, यह मानने की जगह वे इन्हे सिर्फ प्रशासनिक इकाई मानते रहे हैं। इसलिए हम पाते हैं कि अक्सर राजनीतिक हलके में राष्ट्रपति प्रणाली लाने की बात चलती है तो कई बार केन्द्र सरकार भी ऐसा व्यवहार करती है मानो राज्यों का कोई वजूद न हो और वह एकाधिकार वाली सरकार हो। सम्भवत: यह ब्रिटिश राज की विरासत हो, जिसने हमारे राजनीतिक नजरिये को निर्धारित किया है। भारत का पूरा इतिहास यह बताता है कि यहाँ कभी न तो एक तरह के राष्ट्रवाद की हवा रही है न किसी एक राजनीतिक सत्ता के प्रति सबकी निष्ठा रही है। आज राष्ट्रीय शासन व्यवस्था बनने के बावजूद इस तरफ की एकनिष्ठा नहीं बन पाई है। लोग अपने-अपने राज्यों के प्रति भी उतनी ही निष्ठा महसूस करते हैं जितनी देश के प्रति। राज्य उनके ज्यादा पास है तो सम्भव है, उसके प्रति निष्ठा ज्यादा गहरी होगी, लेकिन इससे राष्ट्रीयताओं का झगड़ा नहीं होता।

4

अंगरेजों के आने के पूर्व भारत कभी एक राष्ट्र-राज्य नहीं बन पाया था। निस्सन्देह यहाँ साम्राज्य थे, जो अलग-अलग वंशों के ताकतवर होने के साथ अलग-अलग हिस्सों में उभरते थे और उनके पतन के साथ ही बिला भी जाते थे। काफी बाद, अफगानों का शासन होने पर दिल्ली भारत का राजनीतिक केन्द्र बनकर उभरने लगी, हालाँकि तब भी दक्षिण के कई ताकतवर केन्द्र अपनी चलाते रहे। मुगलों का शासन होने के बाद दिल्ली की सत्ता में स्थिरता आई और इसका विस्तार भी हुआ। औरंगजेब के समय इसका आकार सबसे बड़ा था और लगभग पूरा हिन्दुस्तान इसके अधीन था। पर उसके राज में भी भारत एक राष्ट्र नहीं बना और इस दौर में भी उसकी सत्ता को चुनौतियाँ मिलती रहीं। औरंगजेब की मौत के साथ ही उसका साम्राज्य भी बिखर गया, लेकिन मुगल साम्राज्य की धौंस बनी रही और कहा जाता है कि जब उसकी सत्ता लाल किले की चारदीवारी तक सिमट गई तब भी उसके राजा अपने को 'हिन्दुस्तान का बादशाह' ही कहते रहे। यह स्थिति आज तक जारी है जब दिल्ली की सत्ता का मतलब देश की सत्ता हो गया है। अंगरेजों ने 1911 में सम्राट पंचम का राज्याभिषेक लाल किले में कराके इस धारणा को और मजबूती दी। इस आयोजन के साथ ही उन्होंने राजधानी को कलकत्ता से हटाकर दिल्ली कर दिया। अंगरेजों के लिए कलकत्ता से दिल्ली की यात्रा काफी लम्बी थी और इसी यात्रा के क्रम में उन्होंने भारत को एक राजनीतिक इकाई के रूप में एक भी किया।

अंगरेजों ने भारत को अपने साम्राज्य के अधीन व्यावसायिक मुनाफे के लिये किया। निश्चित रूप से भारत में उनकी मुख्य दिलचस्पी व्यापार थी और अगर उन्होंने राजनीति में दखल भी दिया तो अपना व्यापार और मुनाफा बढ़ाने के खयाल से ही। बाद में उन्होंने यहाँ की जमीन पर कब्जा किया, पर वह भी अपने मुनाफे को स्थायी और ज्यादा बनाने के लिये। और जब यही उद्देश्य रहा तब पूरा देश अपने कब्जे में आने के बाद उन्होंने इसे जमकर लूटा। पूरा देश पहले ईस्ट इंडिया कम्पनी के अधीन रहा और उसने एक केन्द्रीकृत प्रशासनिक व्यवस्था के साथ काम किया। और जब ब्रिटिश हुकूमत ने इसे अपने हाथ में लिया तब भी शासन का स्वरूप काफी समय तक वैसा ही बना रहा। भारत की बदलती स्थितियों के

साथ शासन भी अपना स्वरूप बदलता गया जिसके पीछे ब्रिटिश हितों को बचाना और बढ़ाने का खयाल रहता था। सबसे महत्त्वपूर्ण बदलाव भारत में उभरती राष्ट्रीय चेतना और आन्दोलन के हिसाब से खुद को ढालना था।

शुरुआती बदलाव तो सिर्फ प्रशासनिक जरूरतों के हिसाब से हुए थे। आर्थिक और राजनीतिक अधिकारों में बँटवारे के साथ शासन का अर्ध-संघीय स्वरूप तब की जरूरतों के हिसाब से किया गया था। पर प्रशासन करते हुए यह भी एहसास हुआ कि भारत जैसे विशाल और विविधताओं वाले मुल्क में एक केन्द्र से शासन चला पाना मुश्किल है। लोगों और मुल्क के करीब आने के साथ उनको यहाँ की विविधताओं का अन्दाजा भी हुआ। उन्हें लगा कि हर इलाके की खास समस्याओं से निपटने के लिए उसको ढंग से समझना और क्षेत्र के हिसाब से निपटाना होगा।

भारत में कभी भी मुख्यालय/राजधानी जैसी कोई चीज लम्बे समय तक नहीं रही थी, इसलिए ही एक केन्द्र से शासन चलाना मुश्किल था। दरअसल, मौर्य शासकों को छोड़कर और किसी ने भी जिला स्तर तक अपने शासन को सुव्यवस्थित करके की कोशिश नहीं की थी। अधिकांश दूसरे शासक खुद का काम राजस्व वसूलने और नहर या सड़क वगैरह बनवाने भर का मानते थे। अन्य सारे काम सामन्तों या स्थानीय प्रशासकों के जिम्मे रहते थे। इतना ही नहीं, शासक अपना क्षेत्र बढ़ाने की जगह अपने इलाके पर ज्यादा मजबूत पकड़ बनाने की जुगत में ही रहते थे। अगर कोई रजवाड़ा अधीनता मान लेता और चढ़ावा चढ़ा देता था तब उसे अपने इलाके में शासन करते रहने दिया जाता था। मुगल सूबेदार भी अपने-अपने इलाके के शासन में काफी हद तक स्वतंत्र ही थे। वे अपनी ही चलाते थे और कई बार सम्राट की भी परवाह नहीं करते थे। उनका विद्रोह करना और अपने हिस्से का राजस्व न देने की घटनाएँ भी काफी हुईं। सो, एक केन्द्र से शासन चलाने की कोशिश में नौकरशाही वाली गड़बड़ और कुप्रबन्धन का खतरा था ही।

ऐसे में स्वाभाविक था कि इस व्यवस्था का विरोध प्रान्तों के गवर्नरों की तरफ से हुआ, जिन्हें लगता था कि केन्द्र का दखल उनके काम में बाधक हो रहा है। 1858 के बाद विवाद खुलकर भी सामने आया। कलकत्ता बंगाल प्रॉविंस की नौकरशाही का केन्द्र होने के चलते सेंट्रल सेक्रेटेरियट का नियंत्रक भी बना। स्वाभाविक रूप से उसके लोगों को शिकायत करने की कोई जरूरत नहीं पड़ी, पर मद्रास के गवर्नर चार्ल्स ट्रेवेल्यान और बॉम्बे के गवर्नर बार्टल फ्रेरे ने शासन में कलकता की दखलन्दाजियों के खिलाफ तेज आवाज उठाई। उन्होंने बंगाल के प्राशासन तौर-तरीकों की नकल करने पर सवाल उठाए और स्थानीय अधिकारियों द्वारा बहुत मेहनत और सोच-समझ के साथ बनाई नीतियों को कलकता से पास कराने के चलते होनेवाली देरी को लेकर शिकायत की।

जब 1858 के भारत सरकार कानून पर विचार चल रहा था तो जॉन ब्राइट ने विकेन्द्रीकरण की वकालत की और केन्द्रीकरण की इन शब्दों में व्याख्या की, "अगर गवर्नर सिर्फ फीजी द्वीप की भाषा जानते हों और उन्हें पूरे यूरोप पर शासन करना हो तो कितनी मुश्किल होगी और अगर उनके नीचे के लोग फीजी के लोगों की तुलना में ज्यादा होशियार हों तो क्या होगा?"[1] केन्द्रीकृत शासन की बुराइयों का जिक्र 1867 में कौंसिल के सदस्य सर हेनरी मैने ने सबसे साफ ढंग से किया था। उन्होंने जो कुछ कहा, वह हर तरह के केन्द्रीकृत शासन के बारे में सही है, "मुझे लगता है कि भारत सरकार का पूरे देश के वित्तीय संसाधनों पर जो नियंत्रण जरूरी और अनिवार्य मानकर दिया गया है, वह फैसला जल्दबाजी का है। सच्चाई हमारे सामने है कि भारत सरकार दुनिया में सबसे अल्पकाल वाली है। पाँच साल या पन्द्रह साल में हमें एक ऐसा गवर्नर जनरल मिल सकता है जो शासकीय कशीदाकारी में खास हो-मान लें कि वह सैनिक अवसर का ही इस्तेमाल करे तब भी उसका खर्च सभी स्थानीय सरकारों के खूब धूमधाम से किए कुल खर्च से ऊपर ही होगा। और इसके लिए उसे कहीं कुछ बताने की जरूरत नहीं होगी...मुझे केन्द्र सरकार के हाथ खर्च के लिए रखी धनराशि के अनुपात में कटौती और इस धन को स्थानीय सरकारों के हिस्से में डालने में धनात्मक लाभ नजर आता है। मैं केन्द्र सरकार द्वारा भारत भर में कराए जा रहे सभी सार्वजनिक कामों को एकदम रोक देने और उधार या कराधान से सैनिक खर्चे देने के बारे में आक्सस या जैकसार्टेस में कोई अभियान उठते देख सकता हूँ।"[2]

उसी साल अर्थात 1867 में रिचर्ड स्ट्रेची ने सुझाव दिया था कि अमेरिका की तरह का संघीय प्रशासनिक ढाँचा हिन्दुस्तान के सबसे उपयुक्त है। पर जैसा साम्राज्यवादी शासन के लिये स्वाभाविक था, उन्होंने इसके साथ यह सुझाव भी दिया था कि स्थानीय शासन पर केन्द्र की निगरानी और नियंत्रण भी रहे, जिस चीज की कल्पना अमेरिका में नहीं की जा सकती।

लेकिन स्थिति का सबसे स्पष्ट और विनम्रतापूर्ण मूल्यांकन लॉर्ड नेपियर ने किया था। कार्यकुशलता और आर्थिक लाभ का ध्यान रखते हुए उन्होंने उन्होंने सत्ता के विकेन्द्रीकरण का सुझाव दिया था। शक्तियों के विकेन्द्रीकरण का उनका तर्क था कि :

(1) इससे प्रान्तीय सरकारें ज्यादा-से-ज्यादा राजस्व जुटाने में दिलचस्पी लेंगी जो देश के कल्याण पर खर्च हो सकनेवाले राजस्व का आकार बढ़ा देंगे :

(2) अगर बहुत दूर स्थित प्राधिकार से बार-बार आदेश लेने का चक्कर खत्म होगा तो प्रान्तीय सरकारें ज्यादा तेजी और कुशलता से जन कल्याण का अपना काम कर सकेंगी :

(3) उनके काम के वितीय परिणाम का लाभ प्रान्तों को मिलेगा :

(4) स्थानीय समस्याओं से अनजान केन्द्रीय सत्ता के पास जाने की मजबूरी न होने से प्रान्तीय सरकारों का राजस्व उसके दखल तथा देरी से बच जाएगा और इसका लाभ राज्यों को मिलेगा :

(5) जब लोगों को दिखेगा कि उनसे जमा राजस्व का ज्यादातर हिस्सा उनके कल्याण के कार्यक्रमों पर खर्च होगा तो वे कराधान का बोझ खुशी-खुशी उठाएँगे।

लेकिन ये लाभ गिनाने के बाद उन्होंने केन्द्रीकरण के लाभ भी गिनवा दिये थे। उनके अनुसार एक केन्द्रीय व्यवस्था होने से : (1) पूरे देश में एक जैसी व्यवस्था होने का लाभ रहता है : (2)शक्तिशाली केन्द्र सरकार सैनिक जरूरत के लिये लाभकर होती है क्योंकि वही सशस्त्र बलों के लिये देश भर से आदमी और संसाधन इकट्ठा करने में सक्षम होती है और : (3) केन्द्रीकृत सत्ता ही ब्रिटिश साम्राज्य का ढंग से प्रतिनिधित्व करती है और भारतीय कल्पना में मुगलों की जगह ले सकती है। विकेन्द्रीकरण के लाभ और घाटे के बारे में इतनी साफ चर्चा यह बताती है कि विकेन्द्रीकरण को कार्यकुशलता और न्याय के हिसाब से लाभकर माना जाता था तो केन्द्रीकरण को साम्राज्य के हितों और छवि की रक्षा के लिये लाभकर माना जाता था। लेकिन सारे विरोधों और चर्चाओं के बावजूद साम्राज्य के लाभ की बात ही ऊपर रही और प्रान्तों को उस सूची के अनुसार मिले अधिकारों से ही सन्तुष्ट रहना पड़ा जो 1870 के अन्त में स्वीकार किए गए थे।

पर राजस्व का वास्तविक बँटवारा 1882-83 से ही शुरू हुआ और गवर्नर जनरल की निगरानी में काम होने का प्रावधान भी बना रहा। नई योजना के अनुसार केन्द्र और प्रान्तों के राजस्व के मुख्य स्रोत निम्नलिखित रहे :

I. केन्द्र

1. सीमा शुल्क, बर्मा को छोड़कर
2. नमक पर कर, बर्मा को छोड़कर
3. अफीम
4. डाक विभाग
5. रेलवे
6. टेलिग्राफ
7. सैनिक सार्वजनिक कार्य
8. मुद्रा के विनिमय से होनेवाली कमाई

II. प्रान्तीय

1. प्रान्तीय दरेण
2. सामान्य सार्वजनिक निर्माण

3. कानून और न्याय से प्राप्त राजस्व अर्थात कोर्ट फीस
4. शिक्षा
5. स्टेशनरी और प्रिंटिंग
6. पुलिस
7. प्रान्तीय प्रतिभूतियों का सूद
8. प्रान्तीय रेल
9. स्वास्थ्य सेवा
10. अन्य विषय (मुद्रा के विनिमय की कमाई और बिलों पर प्रीमियम को छोड़कर)
11. छोटे विभाग

III. विभाजित (असमान बँटवारा)

1. भू-राजस्व (शुरू में राज्यों को कुछ तय प्रतिशत प्रान्तीय खर्चों के नाम पर दिया जाता था, पर बाद में इसे निश्चित अनुपात में बाँटकर दिया जाने लगा) (बराबर बँटवारा)
2. वन (बर्मा के अलावा)
3. उत्पाद शुल्क
4. स्टाम्प
5. रजिस्ट्री

इस स्तर पर कुछ सन्तुलन बनाने की कोशिश की गई थी, पर मुश्किल यह हुई कि यह योजना पंचवर्षीय थी। इसके चलते बहुत अनिश्चितता बन गई। इस अनिश्चितता के चलते जब फंड कम हों, पहले वर्ष अर्थव्यवस्था पर इस तरह के बोझ लाद दिये जाते थे जिनका प्रभाव पाँच साल के आखिरी वर्ष में दिखता था। फिर, अनेक योजनाओं में संशोधन के चलते जिनको लगातार चलना था, उनमें भी परेशानी पैदा हो जाती थी। इस चलते केन्द्र और प्रान्तों के बीच बहुत बक-झक चलती रहती थी। वित्तीय वर्ष की शुरुआत में धीमे खर्च और मार्च अन्त में सारे फंड खत्म करने का जो चलन आज तक दिखता है यह तभी से शुरू हुआ है। और फिर हर स्तर पर टोका-टोकी भी होती है।

लेकिन जब तक शासन का राजनीतिक स्वरूप नहीं बदला, केन्द्र और प्रान्तों के रिश्तों में सम्बन्ध वैसे ही रहे। और भारतीय लोगों के लिये भी जब तक अंगरेजी हुकूमत रही, उनका शासन इस गोरे के हाथ रहे या उस गोरे के, इससे कोई खास फर्क नहीं पड़ा। प्रथम विश्व युद्ध के बाद राष्ट्रीय आन्दोलन के दबाव के चलते उन्होंने हिन्दुस्तानियों को भी प्रशासन में कुछ-कुछ भूमिका देना शुरू किया। इसी चलते गवर्नमेंट ऑफ इंडिया एक्ट 1919 से अर्ध-लोकप्रिय सरकार, जिसे, 'डायार्की' कहा जाता था, बनाने की पहल हुई। पर जो अधिकार भारतीयों को देने का प्रस्ताव

था, वह उनकी उम्मीद से काफी कम था और गरम दल वाले राष्ट्रवादी नेताओं ने उसे अस्वीकार कर दिया। पर इस व्यवस्था से केन्द्र और प्रान्तों के राजस्व का स्पष्ट बँटवारा हो गया और कुछ मदों के राजस्व में दोनों का हिस्सा होनेवाली व्यवस्था भी खत्म हो गई।

नए कानून के अनुसार केन्द्र सरकार को सीमा शुल्क, आयकर, बिक्री कर, अफीम और रेलवे, पोस्ट और टेलिग्राम से हिस्सा मिलना था जबकि भू-राजस्व, शराब वगैरह की चुंगी, सिंचाई, वन और स्टाम्प (जनरल और न्यायिक) तथा रजिस्ट्री की आमदनी प्रान्तों के हिस्से आई। प्रान्तों को एक और बड़ी राहत मिली। अब वे भारत सरकार से या गवर्नर जनरल की अनुमति से बाहर से भी ऋण ले सकते थे।

प्रान्तों को और ज्यादा लाभ गवर्नमेंट ऑफ इंडिया एक्ट 1935 से मिला। इस कानून के आधार पर अनेक प्रान्तों में चुनी हुई सरकारें आईं। इसके बाद दूसरा विश्व युद्ध, 'सविनय अवज्ञा आन्दोलन', 'भारत छोड़ो आन्दोलन' और आखिर में 1947 में भारत को आजादी मिली। पर इस एक्ट के वित्तीय प्रावधान बहुत महत्त्वपूर्ण थे क्योंकि भारतीय संविधान के तहत भी जो वितीय बँटवारा केन्द्र और राज्यों के बीच हुआ, उन पर इसका गहरा प्रभाव रहा। और नए वित्तीय सम्बन्धों पर गौर करने से साफ लगता है कि राज्यों को अधिक राजस्व या स्वायत्तता देने के मामले में हमारी राष्ट्रीय सरकार ब्रिटिश शासन वाले प्रावधानों से एक इंच भी आगे-पीछे नहीं गई है। ज्यादा बारीकी से गौर करने पर दिखेगा कि जहाँ ब्रिटिश सरकार राजस्व में ज्यादा हिस्सा देने पर विचार करने को तैयार रहती थी, हमारी अपनी सरकार ने वह रास्ता भी बन्द कर दिया है।

गवर्नमेंट ऑफ इंडिया एक्ट 1935 के अनुसार प्रान्तों के राजस्व के स्रोत थे :

(1) लगान, कृषि आय पर कर, सिंचाई/पटवन, शराब और नशीले पदार्थों पर चुंगी, स्टाम्प, रजिस्ट्री वगैरह :

(2) आयकर, नमक कर, केन्द्रीय उत्पाद शुल्क और निर्यात कर में प्रान्तीय हिस्सा :

(3) स्टाम्प (व्यावसायिक), टर्मिनल टैक्स और अन्य ऐसे सभी कर, जिन्हें केन्द्र वसूलता था, पर पूरी रकम प्रान्तों को चली जाती थी। और;

(4) खास कामों के लिये केन्द्र से अनुदान और धन का विशेष आवंटन।

संघीय सरकार के संसाधन (नए कानून में 'इम्पीरियल' की जगह फेडरल सरकार शब्द आ गया) वही रहे और नया यह हुआ कि अब उसे नमक कर, आयकर और निर्यात कर जैसे मदों से होनेवाली आमदनी भी प्रान्तों के साथ बाँटनी होती थी। और इस नुकसान की भरपाई के लिये उसे आयकर, स्टाम्प ड्यूटी वगैरह पर सरचार्ज लगाने और कुछ नए कर लगाने का अधिकार मिल गया। इस प्रकार

हम फिर उसी त्रिस्तरीय व्यवस्था पर पहुँच गए जिसमें कुछ चीजें संघ के पास, कुछ प्रान्तों के पास और कुछ दोनों के हक वाली रहीं।

अगर हम आज के भारत की राजस्व व्यवस्था पर गौर करेंगे तो पाएँगे कि आज भी इसी चीज की नकल की जा रही है। धनवान और ऊँचे पेशे वाले लोग ही राज वाले दौर की तरह ही सत्ता के लिये चुने जाते हैं और अपनी कारोबार तथा सम्पदा बढ़ाते जाने की जुगत में ही लगे रहते हैं। बल्कि आजाद भारत में भी शुरुआत में बहुत सारे ऐसे ही लोग ऊपर पहुँचे जो 1935 के कानून से चुनाव जीतकर संसद और सरकारों में गए थे। उनके अनुभव ही नहीं, सोच और विचार में भी फर्क नहीं आया है। वे नई समस्याओं को अलग नजरिये से देख सकेंगे, यह उम्मीद नहीं की जा सकती।

आजाद भारत के लिये राजस्व व्यवस्था बनानेवाले लोगों में कल्पनाशीलता का कितना अभाव था, यह बात राजस्व के नए आवंटन के तरीके पर गौर करते ही साफ हो जाती है। जरा भी कल्पनाशील व्यक्ति इन्हें बनाता तो उसे मालूम होता कि किसी भी विकासशील समाज में शिक्षा, कृषि, उद्योग और कल्याण वगैरह के सारे कार्यक्रम चलाने का बोझ इकाइयों पर होता है, पर उसके राजस्व के स्रोतों को बढ़ाने की जगह उसमें कटौती कर दी गई, जैसे अब राज्यों को नमक कर और सीमा शुल्क में हिस्सा नहीं मिलता। अगर हम 1935 के पहले सीमा-शुल्क में केन्द्र और राज्य के बँटवारे को देखें तो एक अन्य महत्त्वपूर्ण तथ्य सामने आता है। नीचे दिये आँकड़े 1931 से 1935 के बीच औसत राजस्व को दिखाते हैं।

1931 से 1935 के बीच विभिन्न स्रोतों से औसत राजस्व

लगान	सीमा-शुल्क	आयकर	नमक	उत्पाद शुल्क	अफीम	रेलवे
28.4	49.5	17.0	8.1	13.0	0.7	0.0

(आँकड़े करोड़ रु. में)

ये आँकड़े चौंकानेवाले हैं। सबसे ज्यादा आय सीमा-शुल्क से थी और इस राजस्व में केन्द्र और प्रान्त, दोनों का हिस्सा था। इसके बाद नम्बर लगान का था जो पूरी तरह प्रान्तों के खजाने में ही जाता था। आज भी लगान राज्यों के हिस्से ही है, पर कुल राजस्व में उसका हिस्सा नगण्य-सा ही रह गया है। दूसरी ओर सीमा शुल्क में राज्यों का हिस्सा खत्म हो गया है। हम इन बातों पर आगे ज्यादा बारीकी से गौर करेंगे, पर भारतीय संघ में केन्द्र-राज्य सम्बन्धों के मूल चरित्र को इससे समझा जा सकता है। और हमारे अपने लोग राज्यों को उतना भी देने को तैयार नहीं हैं जितना अंगरेजी व्यवस्था में मिला हुआ था।

चूँकि अंगरेजों ने पूरे देश को (अपवाद स्वरूप कुछ छोटे रजवाड़े थे, लेकिन उन्हें भी काफी बेदम कर दिया गया था) प्रशासनिक रूप से एक कर दिया था सो, उसके खिलाफ चले आन्दोलन ने भी एक राष्ट्रीय चरित्र लिया। आज भारत का मतलब उस पूरे देश से है जिस पर अंगरेजों ने शासन किया। राष्ट्रवादियों की कल्पना के भारत में इसके अलावा फ्रांसीसी और पुर्तगाली कब्जे वाले हिस्से भी रहे। चूँकि अब राष्ट्र एक कल्पना की चीज ही न रहकर ब्रिटिश हुकूमत में एक प्रशासनिक इकाई का रूप ले चुका था, सो राष्ट्रवादी कल्पना का भारत भी एक मजबूत राष्ट्र बन गया था। पर आजादी की लड़ाई के शुरुआती दिनों में उसमें शामिल अधिकांश लोगों के मन में भी स्पष्ट न था कि अंगरेज जाएँगे तो क्या राजनीतिक व्यवस्था उनकी जगह लेगी। इससे ब्रिटिश शासकों के लिये अपने शासन का स्वरूप बदलना आसान हुआ। आजादी की लड़ाई वाले तो विदेशी शासन की जगह 'होम रूल' भर चाहते थे।

अब स्वदेशी नया पद था जो राजनीतिक आन्दोलनकारियों से लेकर भारत के उभरते औद्योगिक और व्यावसायिक समाज में समान रूप से लोकप्रिय था। उनके लिये आजाद भारत की तसवीर एकदम स्पष्ट थी। उनको लगता था कि आजादी का मतलब अंगरेजी शासन से मुक्ति और स्वतंत्र धन्धा करने तथा मुनाफा कमाने की आजादी होगी। व्यापारी समुदाय के लिये तो राष्ट्र का मतलब बड़ा बाजार था।

सत्ता के हस्तान्तरण के रूप में जो कुछ हुआ, वह आम लोगों के लिये सदमे से कम न था। आजादी के बाद उन्हें जो कुछ मिला, वह ब्रिटिश शासन के अधीन वाला पूरा भारत न था। उन्हें एक विभाजित देश मिला—हिन्दू और मुसलमान नाम से। इसका लोगों पर गहरा भावनात्मक असर पड़ा और जो लोग शासन को एकदम केन्द्रीकृत करना चाहते थे, उनका काम आसान हो गया। विभाजन को भी 'बाँटो और राज करो' के पुराने साम्राज्यवादी खेल का हिस्सा माना गया। तत्काल यह भाव जगाया गया कि अब इस खेल को और न चलने देना है। माहौल ऐसा हो गया था कि उसमें ढंग के तर्क देना और प्रान्तों को अधिक स्वायत्तता देने की बात करना मुश्किल था। वामपंथियों के एक हिस्से समेत राष्ट्रवादियों का बहुमत मन से विभाजन को स्वीकार करने को तैयार न था। उनका सपना अभी भी अविभाजित भारत का था, भले ही यह साफ न था कि यह कैसे हासिल होगा और इससे क्या हासिल होगा? ऐसे में अक्सर यह विचार एक विस्तारवादी रंग ले लेता था। चूँकि इस्लामी राष्ट्रवाद ने विभाजन कराया था, इसलिए नया राष्ट्रवादी स्वर अक्सर हिन्दू साम्प्रदायिकता का रूप लेता था। ऐसे ही साम्प्रदायिक तत्वों को समेटते हुए जन संघ की स्थापना हुई और राष्ट्रवादियों का कुछ बेचैन लोग भी इसमें गए। 'अखंड भारत' ही इसका नारा बना। यह एकदम सैन्यीकृत केन्द्रीय शासन का वकील बना। इसने बड़ी होशियारी से अखंड भारत की बात को एक सांस्कृतिक परम्परा और

आक्रामक राष्ट्र राज्य से जोड़ा। यह सूत्र काम कर गया और आज सभी राष्ट्रवादी इसकी तरफ मुखातिब हैं या इसके साथ हैं। आजाद भारत में राजनीति को नियंत्रित करनेवाला नौकरशाही-व्यापारी गठजोड़ भी स्वाभाविक रूप से इस लाइन का समर्थक हुआ। और जब जरूरत होती है, ये सब मिलकर किसी-न-किसी मुद्दे पर एक भावनात्मक उभार लाने की कोशिश करते हैं। केरल की कम्युनिस्ट सरकार की बर्खास्तगी और तमिलनाडु के द्रमुक आन्दोलन को दबाने का काम राष्ट्र उर संविधान के नाम पर खूब शोर मचाने के बाद ही किया गया।

भारत का संविधान बँटवारे के खौफ और कुंठा वाले माहौल में लिखा गया। सो, संघवाद का सिद्धान्त माना तो गया, लेकिन अंगरेजों के खिलाफ बनी राष्ट्रीय एकता की भावना और उस एकता के बिखरने का खतरा, फिर हुआ विभाजन हमारे संविधान निर्माताओं के दिमाग पर छाए रहे। फिर पुराने शासन द्वारा बनाई गई आदतें भी थीं। सो, कुल परिणाम यह हुआ कि राष्ट्र की विविधता की महान अवधारणा धरी रह गई और काफी सारे अधिकारों और जिम्मेवारियों से लैस केन्द्र की अवधारणा ही प्रभावी होकर सामने आई।

अपनी विविधता के मामले में भारतीय संघ अन्य संघों से अलग है। अमेरिका, ऑस्ट्रेलिया, कनाडा, जर्मनी और स्विट्जरलैंड जैसे संघों के आबादी काफी हद तक एक जैसी है—हालाँकि स्विट्जरलैंड में चार आधिकारिक भाषाएँ हैं और कनाडा के क्यूबेक में फ्रेंच बोलनेवाले लोग रहते हैं, लेकिन इन जगहों पर एक प्रान्त से दूसरे के बीच कोई ज्यादा बड़ा सांस्कृतिक अन्तर नहीं है। स्विट्जरलैंड में थोड़ी विविधता है, लेकिन छोटा देश होने के चलते यहाँ सबके बीच मेल-जोल के दौर चलते रहते हैं। दूसरी ओर भारत की विविधता की तुलना किसी एक मुल्क की जगह यूरोप से की जा सकती है, पर यूरोप के विपरीत यहाँ लोगों की मुल्क में आवाजाही एकदम शून्य-सी है। भारत के अधिकांश लोग जन्म लेते हैं, अपनी जगह पर जीवन जीते हैं और यह जाने बगैर स्वर्ग सिधार जाते हैं कि देश के और हिस्सों में कौन रहता है, कैसे रहता है? इसकी राजधानी दिल्ली तक में लोग सारे दक्षिण भारतीयों को 'मद्रासी' कहकर छुट्टी पा लेते हैं। वे तमिल, तेलुगू, मलयाली या कन्नड़ी लोगों का अन्तर नहीं जानते। यूरोप की भाषाओं की तरह भारत के प्रान्तों की भाषाएँ भी एक-दूसरे से एकदम अलग हैं। भारत की सांस्कृतिक एकता भी यूरोप की सांस्कृतिक एकता की तरह ही है। इनमें अन्तर भी है और एकता के धागे भी दिखते हैं।

अगर भारतीय संघ को तार्किक ढंग से गठित किया जाता तो यह 'यूनाइटेड स्टेट ऑफ यूरोप', जिसमें स्लाविक इलाके भी शामिल हों, जैसा कुछ बनता। भारत को सिर्फ एक चीज यूरोप से अलग करती है—इसका भूगोल। प्रतिरक्षा के मामले में तो यह भूगोल बहुत लाभकर है, पर जब इस विविधता के चलते उठनेवाली

प्रशासनिक समस्याओं की बात आती है तो इस चीज से कोई मदद नहीं मिलती। पर इन बातों पर गौर नहीं किया गया और मजबूत केन्द्र वाला संघ बनाया गया।

अन्य संघीय व्यवस्थाओं की तुलना में भारत की व्यवस्था राज्य सभा के गठन और काम भी उसे अलग स्वरूप देता है। जैसाकि हमने पहले ही देखा है, अन्य संघीय व्यवस्थाओं में ऊपरी सदन का काम प्रान्तों के हितों की रखवाली का है (यह अलग बात है कि उन्होंने यह काम किया है या नहीं)। इसके लिये हर इकाई को बराबर प्रतिनिधित्व दिया गया है। उनकी भूमिका के लिये भी उनको पर्याप्त अधिकार दिये गए गए हैं। इससे उलट, हमारे यहाँ राज्य सभा के सदस्यों की संख्या राज्य की आबादी और विधानसभाओं के आकार के आधार पर तय की गई है। इसके चलते राज्यों के बीच बहुत अन्तर आ गया है, जैसेकि हिमाचल से सिर्फ 3 सदस्य आते हैं तो उत्तर प्रदेश से 34। भारत जैसे देश में, जहाँ राज्यों के आकार बराबर नहीं हैं, छोटे राज्यों का प्रतिनिधित्व महत्त्वहीन हो जाता है। इस मामले में भारत का ऊपरी सदन काफी कुछ ब्रिटिश हाउस ऑफ लॉर्ड्स की नकल करता है जो सिर्फ दिखावे की व्यवस्था है। उसे कानून बनाने की प्रक्रिया में दखल नहीं दिया गया है, या है भी तो सिर्फ बहुत कम। कायदे से भारत की राज्य सभा में राज्यों को ज्यादा बराबरी और अधिकार दिये जाने की जरूरत थी क्योंकि यहाँ राज्यों के आकार-प्रकार में काफी अन्तर है। सो, साफ लगता है कि या तो राज्यों की समस्याओं पर ढंग से गौर नहीं किया गया या उनकी उपेक्षा की गई।

हमारी संघीय व्यवस्था में केन्द्रीय रिजर्व पुलिस बल के गठन और उपयोग का तरीका भी काफी उलझन भरा है। यह सदा राज्यों को कष्ट देता है। केन्द्रीय रिजर्व पुलिस बल कानून, 1949 के तहत गठित यह फौज लगातार बड़ी और मजबूत होती गई है, सारे काम सँभालती है, पर इसकी वैधता अभी भी सन्दिग्ध बनी हुई है। अंगरेजों के समय से कानून-व्यवस्था राज्यों का विषय रहा है। स्वाभाविक रूप से, फिर हर तरह की पुलिस उसके अधीन होती है। सातवीं अनुसूची, लिस्ट II स्पष्ट बताती है कि रेलवे और गाँव के चौकीदार से लेकर पूरी पुलिस फौज राज्यों के अधीन होगी। रेलवे पुलिस भी हर राज्य के अधीन रहेगी, यह बात साफ करती है कि इस मामले में केन्द्र की कोई भूमिका नहीं मानी गई है। जरूरी हुआ तो केन्द्र सातवीं अनुसूची (इंट्री-80) की लिस्ट I के अनुसार अपने अधिकार क्षेत्र को बढ़ाते हुए राज्य पुलिस के लोगों को किसी और क्षेत्र में लगा सकता है, लेकिन इन्हे प्रतिनियुक्त किए जानेवाले राज्य की अनुमति के बाद ही। यह प्रावधान कुछ इस तरह है : 80. किसी भी राज्य के बाहर के क्षेत्र में किसी भी राज्य पुलिस के लोगों का कार्यक्षेत्र और अधिकार क्षेत्र बढ़ सकता है, लेकिन इस तरह नहीं कि किसी दूसरे राज्य से पूछे और उसकी अनुमति के बगैर ही वहाँ बाहर के राज्य की पुलिस तैनात हो जाए।

पुलिस मामलों में संविधान केन्द्र को यही अधिकार देता है, लेकिन केन्द्रीय रिजर्व पुलिस का इस्तेमाल बिना राज्यों की अनुमति के बार-बार और तरह-तरह के कामों के लिये किया गया है। बंगाल में तो संयुक्त मोर्चे की सरकार के खुले विरोध के बावजूद वहाँ केन्द्रीय रिजर्व पुलिस बल की तैनाती हुई। सातवीं अनुसूची के लिस्ट I की पहली और दूसरी इंट्री को आधार बनाकर इस पुलिस बल के गठन और प्रयोग को जायज ठहराया जाता है। इसमें नौसेना, थलसेना और वायुसेना के साथ 'केन्द्र की कोई भी सशस्त्र बल' का जिक्र है।

इन तर्कों के पीछे जो भी वैधानिक बातें हों, यह बात स्पष्ट है कि इन बलों का इस्तेमाल राज्यों की सत्ता और अधिकार क्षेत्र में दखल देते हुए उन्हें नीचा दिखाने के लिये ही किया जाता रहा है। इनका गठन केन्द्र द्वारा राज्यों के बीच सहकारी संघवाद चलाने के लिये नही, अपनी सत्ता को स्थापित करने के लिये किया गया है। इस केन्द्रीय बल की कल्पना उस नेतृत्व के दिमाग की उपज है जिसका संघवाद में और राज्यों की सत्ता में कोई यकीन न था। अधिक सम्भावना इस बात की है कि इसकी स्थापना उन न्यस्त स्वार्थों के दबाव में हुई हो जिनको लगता था कि दूर-दराज के इलाकों का उनका व्यवसाय तब तक सुरक्षित नहीं हो सकता जब तक केन्द्र ऐसा कोई बल बनाकर न रखे। राज्यों में उठनेवाले अतिवादी आन्दोलनों से केन्द्र ही सुरक्षा दे सकता है, यह भरोसा पैसे वाले वर्ग का रहता है। और यह मात्र अटकल की चीज नहीं है। पर उनका डर चाहे जितना सही हो, वह एक अलग पुलिस बल बनाने, राज्यों के अधिकार क्षेत्र में दखल देने और संघवाद का नाश करने का आधार नहीं हो सकता।

यह स्थिति संघवाद के वास्तविक रूप से कितनी अलग है, यह बात हम स्विट्जरलैंड से इसकी तुलना करके समझ सकते हैं। वहाँ तो सशस्त्र सेना के मामले में भी काफी सारी सीमाएँ तय की गई हैं। वहाँ के संघीय संविधान के 13वें अनुच्छेद में तो सेना नहीं रखने की बात कही गई है, पर इस तरह की पाबन्दी सिर्फ संघ के लिये है। कैंटन अर्थात प्रदेश सेना बना और रख सकते हैं जिसका प्रावधान अनुच्छेद 21 में है। इसके अनुसार, सैन्य जरूरतें मजबूर न करें तो फौज का चुनाव उसी प्रदेश के लोगों के बीच से होगा। उनकी बेहतरी, उनके आकार का निर्धारण और उनकी देख-रेख, उनकी सेवा शर्तें, उनके प्रोन्नति का फैसला संघ द्वारा तय एक सामान्य नियम के अनुसार प्रान्तीय आधार पर ही होगा।

इन प्रावधानों के पीछे यही भाव है कि नौकरशाही के नियंत्रण वाली ऐसी फौज बनने से रोका जाए जो प्रान्तों के और अपने ही लोगों के खिलाफ काम न करने लगे। सैनिक और पुलिस नौकरशाही का यह व्यवहार स्विट्जरलैंड जैसे छोटे देशों की तुलना में बड़े देशों में ज्यादा सम्भव है, पर वे इतने सावधान लोग हैं कि कोई मौका देना नहीं चाहते। भारत में लिखित कानून का भी पालन न होने

की वजह निश्चित रूप से यहाँ के लोगों में अपने अधिकारों के बारे में चेतना न होना और सत्ता के शीर्ष पर बैठे मुट्ठी भर लोगों के खिलाफ चौकसी न होना है। स्विट्जरलैंड ने ऐसी केन्द्रीकृत बल को न बनने देने की व्यवस्था करके अपने यहाँ ऐसी महत्त्वाकांक्षा को फलने-फूलने देने की जगह ही नहीं छोड़ी है।

ब्रिटिश राज की एक और विरासत, राज्यपाल का पद भी इधर विवादों में रहा है और अपने मौजूदा स्वरूप में यह भी राज्यों की स्वायत्तता के रास्ते में एक रोड़ा है। हमारे संघ का काम इस महँगी व्यवस्था के बिना भी बहुत आसानी से चल सकता है। इस पद पर जिस तरह से नियुक्ति होती है और जिस तरह का आचरण राज्यपालों ने किया है, वह इसे और बेमानी साबित करता है। अमेरिका में प्रान्तों के गवर्नरों का चुनाव वहाँ के लोग करते हैं और वह उस प्रान्त का मुख्य कार्य अधिकारी होता है। इससे उलट, भारत में राज्यपालों की नियुक्ति किताबों के हिसाब से तो राष्ट्रपति करते हैं और उनकी इच्छा तक कोई व्यक्ति पद पर रह सकता है, पर असल में नियुक्ति केन्द्र सरकार करती है और केन्द्र के नालायक माने गए मंत्रियों या शासक दल के चुनाव हारे और रिटायर नेताओं को इस पद पर बैठा दिया जाता है। कागजी हिसाब से वह सिर्फ संवैधानिक प्रमुख होता है जिसके नाम से कानून बनते हैं और कार्यकारी फैसले लिए जाते हैं। और नियमों के अनुसार चुने हुए प्रतिनिधियों के बताए काम पर मोहर लगाने के अलावा उसकी और कोई सक्रिय भूमिका नहीं होती।

पर इधर यह देखने में आ रहा है कि राज्यपाल अपने 'विवेकाधिकार' के आधार पर काफी बड़े बड़े फैसले लेने लगे हैं जो असल में विवेकहीनता को ही दिखाता है। संविधान कहीं से भी उन्हें यह सब करने की इजाजत नहीं देता। इतना ही नहीं, उन्होंने बिना किसी झिझक के खुद को शासक दल का लठैत बन जाने दिया है और ऐसा करते हुए वे दिल्ली की शासक पार्टी के हक में राज्य की राजनीति में दखल देते हैं। 1969 से 1972 के बीच राज्यों की राजनीति के सभी बड़े नाटकीय बदलावों, जिनमें दल-बदल से सरकार गिरना-बनना, विधान सभा भंग होना या उसका निलम्बन, मंत्रिमंडलों में बदलाव, मंत्रियों का विभाग बदलना वगैरह में राज्यपालों ने खुलकर केन्द्र में शासन कर रही पार्टी के हक में दखल दिया और उसके एजेंट जैसी भूमिका निभाई। मामला चाहे पश्चिम बंगाल की त्रासदी जैसा हो या उत्तर प्रदेश की कॉमेडी जैसा, हरेक में राज्यपालों की भूमिका केन्द्रीय रही।

शुरू से ही राज्यपालों की भूमिका को लेकर अस्पष्टता रही। और अब तो इसके प्रति किसी एक मन में आदर नहीं रहा। शुरू में तो यह केन्द्र से अलग जाते दिखनेवाले राज्यों को हाँककर वापस 'सही' रास्ते पर लानेवाले की भूमिका में लगे। चूँकि इस पद पर रिटायर नेता और नौकरशाह ही बैठाए जाते हैं, इसलिए

उनको आसानी से केन्द्र की मर्जी के अनुसार काम करने को मजबूर किया जा सकता है। चूँकि मानवीय कमजोरियों को भुलाया नहीं जा सकता, इसलिए इस समस्या का एक ही समाधान है कि संवैधानिक बदलाव के जरिये राज्यपाल के पद को ही समाप्त कर दिया जाए।

असल में राज्यपाल का पद संविधान द्वारा राष्ट्रपति को आपातस्थिति में दिये गए अपार अधिकारों के उपयोग के समय राज्यों के सहायक के तौर पर बनाया गया है। इसके लिए धारा 356 के अधीन इतने भारी अधिकार दिये गए हैं कि राज्य केन्द्र की मर्जी के खिलाफ जा ही नहीं सकते। कुछेक अपवादों को छोड़कर राज्यपाल केन्द्र के पक्ष में और राज्यों के खिलाफ रिपोर्ट दे सकते हैं। अगर राज्यपाल न भी रिपोर्ट दें तो राष्ट्रपति अपने आप भी स्थिति का मूल्यांकन करके अपनी ओर से दखल दे सकते हैं। धारा 356(1) कहती है, अगर राष्ट्रपति को राज्यपाल की रिपोर्ट या वैसे भी लगे कि राज्य सरकार संविधान के अनुरूप काम करने में सक्षम नहीं है तो राष्ट्रपति घोषणा कर सकते हैं कि (अ) राज्य में राष्ट्रपति शासन लागू होगा जो राज्यपाल या चुनी हुई सरकार के अलावा राज्य के किसी और प्राधिकार या संस्था के माध्यम से चलेगा : (ब) घोषणा कर सकते हैं कि राज्य की विधायिका की शक्तियों का निर्वाह संसद करेगी या उसके अधीन होगा।

धारा 360 के तहत तो पूरा प्रशासन अपने हाथ में लेने की जरूरत नहीं है। अगर केन्द्र को राज्य की कोई वित्तीय नीति पसन्द नहीं आ रही है तो वह इस धारा का सहारा लेकर राज्य को अपनी मर्जी की नीति अपनाने को मजबूर कर सकती है। धारा कुछ इस प्रकार है : 360(1) अगर राष्ट्रपति को लगे कि भारत या इसके किसी हिस्से की वित्तीय स्थिरता या विश्वसनीयता खतरे में है तो वे राष्ट्रपति शासन घोषित कर सकते हैं। (3) क्लॉज 1 के तहत घोषित शासन के दौरान संघ की कार्यकारी शक्तियाँ उनके पास होंगी और अपनी तरफ से वे जरूरी समझनेवाली वित्तीय प्राथमिकताएँ राज्यों को दे सकते हैं।

आर्थिक आपातकाल के लिए परिस्थितियों का ब्यौरा इतना अस्पष्ट-सा है कि किसी भी नीति को मुल्क या किसी इलाके की स्थिरता और विश्वसनीयता के लिये खतरा बताया जा सकता है। अभी भी आर्थिक नीतियाँ काफी हद तक विचारों के हिसाब से तय होती हैं और जो चीज एक के लिए बहुत वांछनीय हो सकती है, दूसरा उसे खतरनाक मान सकता है। और फिर अलग-अलग प्राथमिकताओं के लिये अलग-अलग नीतियाँ बनाई जा सकती हैं। संविधान का यह प्रावधान राज्यों को न सिर्फ केन्द्र की नीतियों का अनुसरण करने को बाध्य करता है बल्कि उसकी प्राथमिकताओं को भी मानने को मजबूर करता है। एक ही पार्टी अलग-अलग क्षेत्रों की जरूरत के हिसाब से अलग नीतियों की सोच सकती है, पर यह प्रावधान ऐसा भी नहीं होने देता। आर्थिक नीतियों पर अलग नजरिया रखनेवाली जमातों के लिये

तो यह सम्भव ही नहीं है कि अगर केन्द्र में उनके विरोधी दर्शन वाली सरकार हो तो वे किसी प्रदेश में अपनी सरकार बनने पर वे अपने मन की नीतियों को लागू करें।

राज्यों को केन्द्र के अधीन करने में अगर पहले वाले प्रावधानों से कोई कमी रह गई हो तो धारा 365 उस गुंजाइश को भी समाप्त करती है। इसके अनुसार, "संविधान के किसी भी प्रावधान के तहत संघ की कार्यकारी शक्ति के आधार पर राज्य को दिये गए किसी निर्देश को न मानने या उसे लागू करने में असफल होने को राष्ट्रपति यह मान सकते हैं कि राज्य संवैधानिक ढंग से आचरण करने में असमर्थ है।"

अगर हम संविधान की धारा 31 के क्लॉज (3) में वर्णित धन विधेयकों पर गौर करें तो केन्द्र के हाथ में सारे अधिकार सौंपने की कोशिश के पीछे काम कर रहे न्यस्त स्वार्थ वाली शक्तियों को आसानी से पहचान सकते हैं। सम्पत्ति को मौलिक अधिकार बनाने के साथ ही यह प्रावधान राज्य सरकारों पर एक और बन्दिश लगाता है। यह कहता है : "क्लॉज (2) में वर्णित ऐसा कोई कानून राज्य की विधायिका नहीं बना सकती जिस पर पहले से राष्ट्रपति से अनुमति नहीं ली गई हो।"

इस प्रकार केन्द्र की अनुमति या सहमति के बगैर राज्य कोई आर्थिक काम नहीं कर सकते। पी.सी. राजामन्नार की अगुआई में केन्द्र-राज्य सम्बन्धों की विस्तार से जांच करनेवाली समिति ने गवर्नमेंट ऑफ इंडिया ऐक्ट 1935 के अनुच्छेद 299 में, जिसकी जगह संविधान की धारा 31 लेती है, भी गवर्नर जनरल के हाथ में ऐसे वीटो अधिकार नहीं थे। कमेटी बताती है कि पुराने कानून के इंस्ट्रूमेंट्स ऑफ इंस्ट्रक्शंस में जरूर कहा गया था कि अगर गवर्नर जनरल को किसी धन विधेयक पर शक हो तो ब्रिटिश कैबिनेट के विचारार्थ रिजर्व कर सकते थे। कमेटी ने यह भी बताया कि इस प्रावधान का स्रोत संयुक्त संसदीय समिति का वह सुझाव था कि निजी सम्पत्ति की सुरक्षा जरूरी है।

इसी चलते यह प्रावधान भारतीय संविधान में आया। यह साफ है कि बड़े व्यावसायिक घराने (देसी या विदेशी) जिनकी सम्पत्ति और व्यवसाय देश के अलग-अलग हिस्सों में फैला है, हर राज्य सरकार से निपटने की जगह अकेले केन्द्र से सम्बन्ध रखना ज्यादा सुविधाजनक मानते हैं। भारत जैसे देश में विविध पार्टियों, जिनमें कुछ बहुत ही अलग विचारों वाली हैं, और नेताओं के अलग-अलग डील करना आसान नहीं है। यह भी सम्भव है कि सिर्फ विचारधारा की जगह स्थानीय जरूरतों के चलते भी किसी प्रदेश में उनके व्यवसाय या कारखाने को सरकार अपने हाथ में ले ले। संविधान के इस प्रावधान से ऐसी सारी आशंकाएँ समाप्त हो जाती हैं।

दो अन्य कारणों से राज्यों की स्थिति और भी बेचारगी वाली बन गई है। पहला, सातवीं अनुसूची के 52वें प्रावधान के अनुसार केन्द्र संसद द्वारा किसी भी उद्योग को सार्वजनिक हित का घोषित करके अपने दायरे में ले सकता है। आज एक पर

एक सभी प्रमुख उद्योगों को ऐसी घोषणा के जरिये केन्द्र के अधीन लाया जा चुका है। ऐसे में वे भले ही निजी क्षेत्र में ही हों, राज्य सरकार केन्द्र की अनुमति के बिना उनका कुछ भी नहीं बना-बिगाड़ सकती है। सो, कोई उद्योग जब तक लाभ दिखा रहा हो उसे अपने नियंत्रण में लेना राज्य सरकारों के लिये लगभग असम्भव हो गया है। बीमार या घाटे में चलनेवाली इकाइयों को हाथ में लेना एक बोझ ही होगा। और अगर कोई राज्य यह करना चाहे तो केन्द्र बड़े मजे से इसकी इजाजत देता है।

दूसरा कारक इधर हाल का है और यह केन्द्र के अधीन चलनेवाली वित्तीय संस्थाओं के सहारे संयुक्त रूप से कम्पनी चलाने का है। 14 जुलाई, 1972 को भारतीय जीवन बीमा निगम, यूटीआई और जनरल इंश्योरेंस लिमिटेड द्वारा इस्को के 49.35 फीसदी शेयर खरीद लेने के बाद यह चीज सबके ध्यान में आई। सो, आज यह कम्पनी तो संयुक्त उपक्रम की हो गई है, पर प्रबन्धन निजी क्षेत्र के हाथ में है। देश में इस्पात की सबसे बड़ी कम्पनी टिस्को में भी सार्वजनिक क्षेत्र की वित्तीय संस्थाओं के 40 फीसदी शेयर हैं। सो, निजी और सार्वजनिक क्षेत्र का यह मेल आज बड़े पैमाने पर होने लगा है। और जहाँ ऐसी इकाइयाँ हैं, उस राज्य सरकार को इनके खिलाफ कदम उठाना मुश्किल हो गया है क्योंकि जैसे ही कुछ हुआ, केन्द्र के नौकरशाह दूसरे पक्ष से खड़े हो जाते हैं। यह केन्द्र के आर्थिक हित में भी होता है। जब तक केन्द्र का स्वार्थ किसी उद्यम से जुड़ा हो तो राज्य उसके खिलाफ कैसे कर्रवाई कर सकता है? और जो लक्षण लग रहे हैं, यह साझा उपक्रम वाला धन्धा बढ़ने ही जा रहा है।

उद्योग लगाने और भागीदारी करने में केन्द्र की बढ़ती भूमिका भी एक अन्य तथ्य की तरफ इशारा करती है। यह बात अब साफ हो गई है कि जब तक किसी राज्य में लगनेवाली सार्वजनिक क्षेत्र की या साझा क्षेत्र की इकाई की मिल्कियत और प्रबन्धन में उस राज्य या उसकी किसी संस्था को हिस्सा न दिया जाए, उसे इसके लगने से कोई बड़ा लाभ नहीं होता बल्कि किसी उद्योग के राष्ट्रीयकरण के बाद तो राज्य का उसके ऊपर से और भी नियंत्रण कम हो जाता है। तब तो वह इकाई पूरी तरह केन्द्र के हाथ में आ जाती है जिसके पास राज्य को उससे दूर रखने की और ज्यादा ताकत होती है। सो, ऐसी संस्थाओं में सबको बराबरी का हिस्सा देने का एकमात्र तरीका उन्हें रेलवे, डाक-तार विभाग और अन्य बड़े वित्तीय संस्थानों की तरह का प्रबन्धक मंडल बनाकर चलाना है, जिसमें राज्यों समेत सबको हिस्सेदारी मिले। जिस राज्य में ये उद्यम स्थित हैं, वहाँ के लोगों को तभी उसका लाभ मिल पाएगा, लेकिन अभी तक ऐसी व्यवस्था बनाने की कोशिश नहीं हुई है।

नए उद्योग लगाने के मामले में भी केन्द्र के हाथ में ही सब कुछ होता है। सभी महत्त्वपूर्ण उद्योगों के लिये यही लाइसेंस जारी करता है। जरूरी खनिज और अन्य अदानों के साथ ही विदेशी मुद्रा के लाइसेंस भी यही देता है। इसके अधीन ही सारे

वित्तीय संस्थान हैं और यह माल ढुलाई के परिवहन के साधनों का भी मालिक है। ऐसे में, अगर कोई राज्य चाहे भी तो केन्द्र की जरा सी नाराजगी उसके यहाँ उद्योग लगाने की पहल को समाप्त कर सकती है। ब्रिटिश हुकूमत की एक और विरासत राज्यों के मुकाबले केन्द्र के हाथ मजबूत करती है। उस दौर में प्रान्तों का गठन किसी तार्किक आधार पर नहीं हुआ था। वे तो ब्रिटिश सत्ता के प्रसार के साथ ही बनते गए और बॉम्बे, मद्रास और बंगाल प्रान्त जैसे नाम से बने प्रदेशों में तरह-तरह की भाषा और स्थिति वाले इलाके और लोग रहते थे। अपने शासन के आखिरी दिनों में उन्होंने इस तरह की विसंगतियों को कुछ ठीक करने की कोशिश की, लेकिन उससे ज्यादा फर्क नहीं पड़ा। कांग्रेसी शासन के शुरुआती दिनों तक यही अफरा-तफरी वाली व्यवस्था चलती रही। इसी के चलते राज्यों का पुनर्गठन हुआ और इस बदलाव से भी केन्द्र ज्यादा ताकतवर हुआ।

पिछड़े कुछ समय से कांग्रेस भी पूरा जोर लगाकर राज्यों की ताकत और कम करने की कोशिश कर रही है। राज्यों के बीच सीमा विवाद को लटके रहने दिया जाता है और इसे निपटाने के नाम पर राजनीतिक सौदेबाजी की जाती है। ऐसे विवाद का सबसे अच्छा उदाहरण मैसूर (अब का कर्नाटक) और महाराष्ट्र के बीच का सीमा विवाद है। कुछ इलाकों को अपना बताकर कभी इस राज्य में आन्दोलन होता है तो कभी दूसरे राज्य में। इसमें जान-माल का नुकसान होता रहता है, पर केन्द्र इस डर से कोई फैसला नहीं करता कि कहीं एक राज्य को खुश करने के चक्कर में दूसरा न नाराज हो जाए। इसके चलते राज्य सरकारें भी दब कर रहती हैं और केन्द्र के खिलाफ एक भी शब्द बोलने से बचती हैं। अपने लोग नाराज हों तब भी वह केन्द्र को दोषी नहीं बताते।

केन्द्रीय सेवाओं पर केन्द्र के नियंत्रण के चलते राज्य अपनी प्रशासनिक और वित्तीय जरूरतों के हिसाब से शासन की योजना नहीं बना सकते। चूँकि इन अखिल भारतीय सेवाओं के लोगों की प्रोन्नति, सेवा-शर्तें तय करने या दंड देने का अधिकार केन्द्र के पास होता है, इसलिए वे न तो राज्य के लोगों की ज्यादा परवाह करते हैं न राज्य सरकार की। इतना ही नहीं, ये राज्य सरकार के गले में फांस की तरह होते हैं कि राज्य से जरा भी चूक हुई नहीं कि केन्द्र इन अधिकारियों के मार्फत उसका गला दबा दे।

अमेरिका में अन्तर-प्रान्त व्यापार की शर्तें दिलचस्प और मजाकिया हैं और ये प्रान्तों के मुकाबले केन्द्र की ताकत काफी बढ़ा देती हैं। इन्हें 'ताश का जोकर' कहा जाता है, पर हमारे यहाँ तो जोकर ही जोकर भरे पड़े हैं। सो, किसी भी संघीय व्यवस्था की तुलना में भारत का केन्द्र अपने आपको ज्यादा ताकतवर पाता है। और केन्द्र का प्रभुत्व इतना ज्यादा है कि अक्सर लोग यहाँ के शासन को 'संघीय' की जगह 'एकात्मक' कहने लगते हैं।

संघवाद का एक प्रमुख सिद्धान्त यह माना जाता है कि हर राज्य के पास इतने आर्थिक संसाधन हों कि वह केन्द्र या किसी और पर निर्भर हुए बगैर अपना काम चला ले। जो इकाई आर्थिक रूप से केन्द्र पर निर्भर होगी, वह उसके दबाव में घुटने टेक ही देगी। इस सिद्धान्त को जब हम भारतीय राज्यों पर लागू करते हैं तो पाते हैं कि उनकी स्थिति बहुत ही असन्तोषजनक है। यह सही है कि अभी भी केन्द्र और राज्यों के बीच वित्तीय संसाधनों का बँटवारा मोटे तौर पर 1935 के गवर्नमेंट ऑफ इंडिया एक्ट के अनुसार ही होता है, पर यह बात राज्यों को मदद करती हो यह जरूरी नहीं है। उपरोक्त कानून ब्रिटेन के साम्राज्यवादी हितों को ध्यान में रखकर बनाया गया था और वह भी केन्द्र की तरफ झुका था। पर ज्यादा हैरानी की बात यह है कि इस कानून में जो भी बदलाव किए गए हैं, वे राज्यों की सत्ता को और कमजोर करनेवाले ही हैं। इनके अलावा राज्य सूची की कई चीजों का महत्त्व कम किए जाने से भी राज्यों की स्थिति पहले से कमजोर हुई है।

इस बदलाव पर राजामन्नार कमेटी का मानना है, "कराधान के वैधानिक अधिकारों के बँटवारे में हम पाते हैं कि अल्कोहल वाले मेडिकल सामानों और प्रसाधनों पर उत्पाद शुल्क, जो संघ की सूची में 84 वें नम्बर पर है, 1935 के कानून में राज्यों के अधीन था। इसी प्रकार शेयर बाजार के सौदों और वहाँ जारी विज्ञापनों पर कर लगाने तथा अन्तर-राज्य व्यापार या सामानों की खरीद-बिक्री पर कर लगाने का अधिकार पहले राज्यों का था जो अब संघ की सूची में 90, 92 और 92-ए नम्बर पर डाल दिये गए हैं।"[4]

कमेटी ने यह भी बताया है कि वित्तीय कानून 1959 से आयकर कानून में जो बदलाव हुए हैं, उनसे कम्पनियों द्वारा दिए जानेवाले आय कर को निगम कर बना दिया गया है। यह एक प्रमुख स्रोत होने के सात लगातार बढ़नेवाला ऐसा स्रोत भी है, जिसकी आमदनी केन्द्र और राज्य में बँटती रही है। इसी प्रकार अब सीमा शुल्क और निर्यात कर की सारी आमदनी केन्द्र के पास ही रह जाती है। इसी प्रकार केन्द्र सरकार के प्रतिष्ठान जो आयकर देते हैं, उसे बँटनेवाले खाते में न रखकर केन्द्र के खाते में ही डाल दिया जाता है। इससे भी राज्य बढ़नेवाली एक आमदनी से वंचित हो गए हैं। धारा 287 के अनुसार, केन्द्र सरकार के प्रतिष्ठानों द्वारा खपत की गई बिजली पर कोई राज्य सरकार कर नहीं लगा सकती। ऐसे में साफ लगता कि जिन मामलों में राज्यों को कर लगाने का अधिकार दिया भी गया है, उनमें उनके हाथ बाँध दिए गए हैं।

केन्द्र और राज्यों के बीच धन के बँटवारे में राज्यों के राजस्व में कमी आई है, पर लोगों के कल्याण और विकास के सारे कार्यक्रमों का बोझ उनके ऊपर आया और बढ़ा है। कानून-व्यवस्था, शिक्षा, कृषि, उद्योग, बिजली, सिंचाई, बाढ़ नियंत्रण, पशुपालन, सामुदायिक विकास जैसे सारे काम मुख्य रूप से राज्य सरकार

के जिम्मे हैं। इसलिए 'जस-जस मुर्गी मोटानी, तस-तस दुम सुटकानी' अर्थात राज्य का जिम्मा बढ़ता जा रहा है और केन्द्र राजस्व छीनता जा रहा है।

वित्त आयोग के पूर्व अध्यक्ष ए.के. चन्दा के अनुसार, "कारण चाहे जो हों, बँटवारे से केन्द्र को बढ़ने लायक और ऊर्जावान/सम्भावनाओं भरे राजस्व के स्रोत मिले हैं तो राज्यों के हाथ ठस और घटते जानेवाले स्रोत...। उपरोक्त कारणों के चलते राज्यों का राजस्व नहीं बढ़ा है, लेकिन कल्याणकारी राज्य की बाध्यताओं के चलते खर्चे कई गुना बढ़ गए हैं। इनके ऊपर योजना खर्चे को पूरा करने के साथ ही अपने कर्मचारियों को भी केन्द्र के बराबर महँगाई भत्ता देने का बढ़ता बोझ भी उठाना होता है। ऐसे में राज्य केन्द्र के अनुदानों और वित्तीय सहायता पर ज्यादा निर्भर होते जा रहे हैं।"[5]

राज्य इस स्थिति का नतीजा भी भुगतने लगे हैं। गरीब राज्यों पर ज्यादा असर पड़ा है। उनके संसाधन उनकी जरूरतों के हिसाब से एकदम कम पड़ जाते हैं। सो, जब तब वे केन्द्र के आगे हाथ पसारते रहते हैं। भारतीय शासन में यह माँग आम बन गई है और केन्द्र भी खूब मनमर्जी और मोल-तोल करते हुए थोड़ा-थोड़ा कुछ देता रहता है। करों में तो राज्यों का हिस्सा गिरता गया है, पर अनुदानों का अनुपात बढ़ता गया है। और अक्सर अनुदान भी तभी मिलता है जब राज्य केन्द्र की योजनाओं को लागू करने का भरोसा देते हैं। अनुदान देने के नियम भी ऐसे हैं जो केन्द्र की ताकत को बढ़ाते हैं। इस मामले में अमल राय की राय केन्द्र की सोच को जाहिर करती है, "अनेक योजनाएँ संविधान द्वारा राज्यों के दायरे में आ गए विषयों वाली होती हैं; ऐसे में केन्द्र के लिये यह सम्भव नहीं रह जाता कि वह उन्हें उस तरह लागू कराए जैसाकि देश के हित में हो। ऐसे में इन योजनाओं से जोड़कर अनुदान देना ही एकमात्र तरीका रह जाता है। इसीलिए कुल अनुदान में विवेकाधीन अनुदानों का हिस्सा काफी बढ़ जाता है। तीसरी पंचवर्षीय योजना में राज्यों को दिए कुल 7,314 करोड़ के अनुदान में धारा 275 के तहत दिए अनुदान सिर्फ 4.9 फीसदी थे जबकि विवेकाधीन अनुदानों का हिस्सा 13 फीसदी था।"[6]

राजामन्नार कमेटी ने भी विवेकाधीन अनुदानों का इस्तेमाल करके केन्द्र द्वारा राज्यों पर अपना नियंत्रण बढ़ाने की प्रवृत्ति को रेखांकित किया है, "यह एक परेशान करनेवाली प्रवृत्ति है कि विवेकाधीन अनुदान वैधानिक अनुदान से काफी आगे बढ़ गए हैं। तीसरी योजना अवधि में राज्यों को मिले कुल अनुदान में विवेकाधीन अनुदान का अनुपात 71.3 फीसदी था। तीसरी योजना अवधि में वित्त आयोग के माध्यम से जो धन राज्यों को दिया, उसमें विवेकाधीन अनुदान और कर्ज का हिस्सा करीब 70 फीसदी था और 5,600 करोड़ के कुल ट्रांसफर में इसका हिस्सा 1,488 करोड़ था। विवेकाधीन अनुदानों की प्रमुखता ने केन्द्र के हाथ में वह शक्ति दे दी है कि वह शिक्षा, स्वास्थ्य जैसे उन विषयों के कार्यक्रमों को भी प्रभावित करे जो राज्य के विषय हैं।"[7]

वित्तीय अनुशासन के नाम पर 1972 से राज्यों के ओवरड्राफ्ट पर अंकुश लगना शुरू हो गया है। यह तब किया जा रहा है जब (मुख्यत; केन्द्र की नीतियों के चलते) राज्यों का खर्च और वित्तीय देनदारियाँ काफी बढ़ गई हैं। इस प्रकार राज्यों पर सारे असम्भव और मुश्किल काम लादकर केन्द्र गैर-विकास वाले कामों पर भारी खर्च कर रहा है और दूसरी ओर राज्यों से गितव्ययिता बरतने को कह रहा है। उसके पास काफी फंड हैं। अगर वह मितव्ययी हो तो सचमुच काफी रकम बच सकती है। इस तथ्य को रेखांकित करने के लिये अमल राय का ही उद्धरण उपयुक्त होगा, "हाक की ऑडिट रिपोर्ट के अनुसार केन्द्र ने 2,494 करोड़ रुपये का अतिरिक्त कर राजस्व जुटाया है, लेकिन गैर-विकासात्मक कामों (प्रतिरक्षा छोड़कर) पर 1,075 करोड़ का खर्च भी बढ़ गया है जबकि अतिरिक्त विकास कार्यों पर मात्र 333 करोड़ रुपये खर्च हुए हैं। सो, प्रशासनिक आर्थिक मामलों में राज्यों से अपनी बात बेहतर ढंग से मनवाने के लिए यह जरूरी है कि केन्द्र खुद अपने कामकाज को सुधारे।"[8]

हर प्रशासनिक असफलता का दोष राज्यों के सिर मढ़ने की आदत इधर बढ़ गई है, पर जरा बारीकी से देखने पर साफ हो जाएगा कि असल दोषी वे नहीं केन्द्र ही है। जैसे, मान लीजिए कि कोई राज्य सरकार सौ करोड़ की लागत से पाँच साल में एक नहर बनवाने का काम शुरू करती है। इसी अवधि में केन्द्र की घाटे की वित्तनीति या कराधान नीति से लागत खर्च बढ़ जाता है। इस्पात, सीमेंट, बिजली के उपकरण और परिवहन का खर्च साल-दर-साल बढ़ता ही है। अन्य खर्च बढ़ते हैं तो मजदूर की मजदूरी भी बढ़ानी होती है। इसलिए मान लीजिए कि पाँचवें साल लागत खर्च पचास फीसदी बढ़ जाता है। अगर राज्य सरकार एकदम तय हिसाब से भी आगे बढ़े तो भी 25 से 50 फीसदी लागत खर्च बढ़ ही जाता है। अब नया लागत खर्च 125 करोड़ होगा तो पहला असर होगा कि फंड की कमी के चलते राज्य सरकार पाँच साल से ज्यादा समय में धन उपलब्ध करा पाएगी। समय ज्यादा लगने के साथ बाढ़ और बारिश जैसी प्राकृतिक आपदाओं से भी काम का कुछ नुकसान होता है। इसका मतलब खर्च का और बढ़ जाना होगा। सो, जो राज्य सरकार ऐसे कार्यक्रम शुरू करती है, वह बीच में ही फंड के लिये ज्यादा परेशान होती है। अगर केन्द्र समय से मदद कर दे तो वह काम बढ़ी लागत पर भी पूरा हो सकता है। अगर केन्द्र सख्त हुआ तो योजना और टलती जाती है और लागत बढ़ती जाती है। राज्यों के वित्त की यह कहानी पार न पानेवाली बाधाओं की है। सभी राज्य और खास तौर से गरीब और पिछड़े राज्य खुद को आज इसी हालत में पाते हैं।

योजना आयोग के कामकाज ने राज्यों की स्वायत्तता का और ज्यादा नाश किया है। पूरी पंचवर्षीय योजना के आयोजन खर्च के वित्तीय और भौतिक टारगेट योजना आयोग तय करता है और राज्यों को इसके अनुसार ही अपनी योजनाओं में

काट-छांट करनी होती है। आयोग के वैधानिक अधिकार नहीं हैं, पर यह वैधानिक संस्थाओं के ऊपर हुकुम चलाता है। इसी के अनुशंसा पर केन्द्र राज्यों को अनुदान देता है। चूँकि योजना आयोग राष्ट्रीय स्तर पर योजना बनाता है, इसलिए उसकी नजर में पिछड़े और दूर-दराज के इलाकों की समस्याएँ कम ही होती हैं। केन्द्र के खर्चों में यही पक्षपाती व्यवहार दिखता है। उसके खर्चे राज्यों के कुल खर्च से काफी अधिक होते हैं जबकि विकास और कल्याण के अधिकांश कामों का बोझ उनके कन्धों पर ही रहता है। सार्वजनिक क्षेत्र में खर्च की चौथी योजना के अनुमानों पर गौर करते ही यह बात और साफ हो जाती है। इसके लिये केन्द्र कुल 12,796 करोड़ रुपये खर्च करने जा रहा है जिसमें से 9,296 करोड़ तो उसकी अपनी योजनाओं पर खर्च होगा जबकि 3,500 करोड़ रुपये ही राज्यों के लिये रखे गए हैं। योजना में राज्यों से 3,106 करोड़ रुपये खुद से जमा करने की उम्मीद की गई है जिससे उनके योजना मद पर कुल 6,606 करोड़ रुपये खर्च हो सकें। इस प्रकार सारे राज्यों का योजना खर्च कुल खर्च के चालीस फीसदी को छू पाता है जबकि अकेले केन्द्र के हिस्से साठ फीसदी रकम आती है।

राज्यों के पास, खासकर गरीब राज्यों के लिये अपने प्रशासनिक खर्च चलाते हुए अपने वितीय संसाधन बढ़ाना असम्भव-सा है क्योंकि उनके राजस्व के स्रोत सीमित हैं। यह बात भी ध्यान में रखने लायक है कि अभी तक केन्द्र भी विकास का ज्यादातर खर्च विदेशी कर्ज, राजकोषीय घाटे और आन्तरिक उधार से ही जुटाता है। चूँकि ज्यादातर वितीय संस्थाएँ केन्द्र के नियंत्रण वाली हैं, इसलिए राज्यों के पास योजना आयोग से मिलनेवाले धन का मुँह देखने के अलावा कोई विकल्प नहीं है। खुद उनके राजस्व के स्रोत इतने नहीं हैं कि उनके आधार पर उधार भी लिया जा सके। विदेशी मदद तो केन्द्र के माध्यम से ही आ सकती है और इस मामले में राज्य अपनी पहल से कुछ पा सकें, इसकी गुंजाइश और कम है।

परिणाम यह है कि राज्यों के लिए जो सीमित फंड होता है, सारे राज्य उसमें ही ज्यादा-से-ज्यादा हिस्सा पाने की होड़ में लगे रहते हैं। पर केन्द्रीय मदद पाने की इस होड़ से न तो उनको कोई बड़ा धन ही मिलता है, न प्रतिष्ठा बचती है। वे मात्र दया के पात्र बन कर रह जाते हैं।

केन्द्रीकरण की इस प्रक्रिया को इस बात से भी बल मिला है कि कोई भी पार्टी कांग्रेस को चुनौती देने की स्थिति में नहीं आ पाई है जो आजादी के बाद से लगातार शासन कर रही है। चूँकि एक ही पार्टी का केन्द्र में भी शासन है और राज्यों में भी, इसलिए अभी तक की नीतियाँ किस तरह राज्यों को दबाती जा रही हैं, यह बात राजनीतिक रूप से उभर कर नहीं आई है। आजादी की लड़ाई में अपनी बड़ी भूमिका निभाने के चलते अभी भी इस पार्टी के हाई कमान के फैसलों की बहुत धाक है और उसके द्वारा तय नीतियों को चुनौती देने का साहस कोई

नहीं करता। सो, संविधान जितना संघीय शासन देता है, एक राजनीतिक केन्द्र उससे ज्यादा केन्द्रीकृत शासन चलाता है। सारे राज्यों की नीतियाँ एक ही केन्द्र से तय होती हैं। और जब तक दूसरे लोग कांग्रेस नेतृत्व को चुनौती देने की हालत में आएँ, केन्द्र राज्य सम्बन्धों का एक व्यावहारिक स्वरूप निर्धारित हो चुका था। केन्द्र ही सारे देश के विकास की अगुआई करेगा, यह बात सबके मन में इस तरह बैठ गई कि इसे चुनौती देने का मतलब राष्ट्र को चुनौती देना हो गया। तमिलनाडु, केरल और अन्य राज्यों की बाद की घटनाओं को इसी पृष्ठभूमि से ज्यादा अच्छी तरह समझा जा सकता है।

कांग्रेस के पुराने नेताओं की पीढ़ी के विदा या हाशिये पर होने के साथ वहाँ भी केन्द्र-राज्य सम्बन्धों के मौजूदा स्वरूप को लेकर नाराजगी दिख रही है। विभिन्न राज्यों में विपक्षी दलों के उभार के साथ भी इस प्रवृत्ति को बल मिल रहा है।

1967 के आम चुनाव के बाद अनेक राज्यों में विपक्षी दलों के कई गठबन्धनों की सरकारें बनी हैं। उसके बाद से ही केन्द्र राज्य सम्बन्धों में तनाव का अनुभव पहली बार होने लगा है। राज्यों में शासन में आई पार्टियों की नीतियों और कार्यक्रमों तथा केन्द्र की नीतियों में मेल हो, यह जरूरी नहीं है। अगर यह स्थिति कुछ समय और जारी रहती तो सम्भव है कि केन्द्र-राज्य सम्बन्धों का मुद्दा कुछ ठोस रूप लेकर सामने आता, पर अधिकांश राज्यों की गैर-कांग्रेसी सरकारों को कुछ समय में ही गिरा दिया गया। सो, केन्द्र की सम्पूर्ण श्रेष्ठता वाली अब तक की नीति को चुनौती देने का काम बीच में ही रह गया। केन्द्र की अपार शक्ति का अनुभव सबको हुआ और इसने न सिर्फ केन्द्र-राज्य सम्बन्धों के पुराने ढर्रे पर अपनी मोहर लगा दी बल्कि हल्के अन्तर के साथ आजादी एक बाद से चल रही एक दल वाली व्यवस्था को भी जमा दिया।

अब फिर वे वही कांग्रेस हाई कमान केन्द्र के साथ राज्यों की नीतियाँ भी तय करने लगा है। इस व्यवस्था के वापस कायम होने के बाद से अभी भी विपक्षी दलों की सरकार वाले कुछ राज्यों को छोड़कर बाकी राज्यों के लिये स्वायत्तता का मुद्दा समाप्त हो चुका है। इस प्रकार भले ही यह समस्या परदे के पीछे डाल दी गई हो लेकिन यह सुलझी नहीं है। जिस नीति को साम्राज्यवादी ब्रिटिश हुकूमत नहीं चला पाई, वह अब सफल नहीं हो सकती। पूरी अर्थव्यवस्था को ही बन्धक बनानेवाला इसका एक ही असर देश के आर्थिक भविष्य पर अपनी काली छाया डाल रहा है। इस दबाव को वे राज्य ज्यादा महसूस कर रहे हैं जिनके स्थिति अंगरेजों के विदा होते समय से ही खराब रही है। इतना ही नहीं, आजादी के बाद उन्होंने ज्यादा उपेक्षा और शोषण को झेला है जो औपनिवेशिक शोषण की तरह का ही है। इस प्रभाव को बताने के लिए आगे अहम बिहार का संक्षिप्त अध्ययन प्रस्तुत करेंगे जो विकास के पैमानों पर भारत में सबसे नीचे की पायदान पर मौजूद है।

5

बाहरी उपनिवेश बनाम आन्तरिक उपनिवेश

अंगरेजों के भारत आने और यहाँ व्यापार फैलाने से भारत के उद्योगों पर बहुत बुरा असर पड़ा। आधुनिक फैक्टरी उत्पादों से लैस अंगरेजों ने फौजी बल और फरेब का भी सहारा लेते हुए जिस तरह अपना व्यापार फैलाया, उससे भारत की पूरी अर्थव्यवस्था चौपट हो गई। सदियों से भारत में उद्योग, शिल्प और खेती के बीच एक टिकाऊ सन्तुलन पर अर्थव्यवस्था चल रही थी जो अंगरेजों ने खत्म कर दी। ब्रिटेन के बने सस्ते उत्पाद एक पर एक देसी उद्योग को चौपट करते गए। नतीजा यह हुआ कि उद्योगों पर निर्भर लोग बेकार होकर खेती पर बोझ बढ़ाते गए। यह क्रम करीब एक सदी तक चला (और किसी-न-किसी रूप में यह आज भी चल रहा है) और जिस दौर में देसी उद्योग भी अंगरेजी व्यापार के साथ बढ़े तब भी खेती पर लोगों की निर्भरता बढ़ती गई। मद्रास, बम्बई और बंगाल जैसे तटीय प्रान्तों को तो व्यापार बढ़ने के साथ औद्योगिक और व्यावसायिक गतिविधियाँ बढ़ने का कुछ लाभ भी हुआ, पर बिहार जैसे राज्य तो इस दौर में बर्बाद ही हुए।

ब्रिटेन के करखनिया माल से पट जाने के पहले बिहार का औद्योगिक उत्पादन काफी प्रभावशाली था। अपने सभी लोगों की जरूरत का कपड़ा बना लेने के साथ ही यहाँ तैयार रेशमी कपड़े और पटना छींट की विदेशी बाजारों में जबरदस्त माँग थी और इनका खूब निर्यात होता था। स्थानीय स्तर पर कपास खूब उपजता था और मिर्जापुर से भी आता था। शोरा, अफीम और खांड का उत्पादन भी बड़े पैमाने पर होता था और इनकी विदेशों में खूब माँग थी। बिहार के मुंगेर में बन्दूक की सबसे पुरानी फैक्टरी थी। इनके साथ ही खेती के सारे उपकरण और घरेलू उपयोग के बरतन समेत सभी चीजें स्थानीय स्तर पर ही तैयार होती थीं। आज बिहार में अपनी जरूरत का पाँच फीसदी भी कपड़ा तैयार नहीं होता और यह अपनी खपत का लगभग हर सामान बाहर से मंगाता है। परिणाम यह है कि बिहार के ज्यादातर उद्योग-धन्धे गायब होते जा रहे हैं और पहले से ही जरूरत से ज्यादा लोगों को सँभाल रही खेती पर बोझ बढ़ता ही जा रहा है।

बिहार की इस औद्योगिक गिरावट को न तो स्वदेशी आन्दोलन रोक पाया न आजादी। इस तथ्य को बिहार टेक्नो-इकोनॉमिक सर्वे बहुत अच्छी तरह बताता है, "बिहार में कृषि पर निर्भर लोगों की संख्या 1931 के 78.7 से बढ़कर 1951 में 87.3 फीसदी हो गई है जबकि उद्योगों पर कमाई के लिये निर्भर लोगों की संख्या 4.3 फीसदी से गिरकर 2.5 रह गई है और बिहार में शहरीकरण की जगह ग्रामीकरण बढ़ रहा है।"[1]

उसी सर्वेक्षण के अनुसार, बिहार की आबादी के 27 लाख अर्थात 6.7 फीसदी लोग ही शहरों में रहते हैं जबकि बंगाल में 24 फीसदी, उत्तर प्रदेश में 13.6 फीसदी और देश में औसतन 17.3 फीसदी लोग शहरी हैं। 1961 में भी हालत ज्यादा नहीं बदली थी और बिहार के 91.57 फीसदी लोग गाँवों में ही रहते थे।

यह बात ध्यान रखनी होगी कि 1931 और 1951 के बीच ही दूसरा विश्व युद्ध हुआ और इस दौरान भारत में औद्योगिक विकास जमकर हुआ। जो भी सामान बना, उसकी माँग बनी रही। युद्ध की माँगों के साथ ही अन्तरराष्ट्रीय स्तर पर जहाजरानी सेवाओं के प्रभावित होने के चलते आपूर्ति बाधित हुई थी। पर इस अवधि में भी जो अवसर बने, वे अपेक्षाकृत समृद्ध इलाकों को ही हासिल हुए। उसके बाद दो पंचवर्षीय योजनाओं के समाप्त होने के बावजूद स्थिति में ज्यादा बदलाव नहीं हुआ है जो ग्रामीण-शहरी अनुपात में बदलाव न होने से भी जाहिर होता है। फिर क्या 1962 के बाद से स्थिति एकदम बदल गई है जब चौथी पंचवर्षीय योजना खत्म होनेवाली है और देश में आशा का एक नया संचार दिखता है?

चार्ट-1 1961 से 1971 के बीच की बिहार की स्थिति अन्य राज्यों के बरक्स खड़ा करता है। इससे पता चलता है कि शहरीकरण के मामले में बिहार में बहुत मामूली बदलाव हुआ है। यह पूरे देश में हुई प्रगति से कुछ कम है और अभी भी बिहार में शहरीकरण का औसत मुल्क के आधे तक ही पहुँचा है। महाराष्ट्र और तमिलनाडु का औसत तो बिहार से तीन गुना है, पश्चिम बंगाल, पंजाब और गुजरात बिहार से ढाई गुना आगे हैं।

पर इससे ज्यादा परेशान करनेवाली बातें और भी हैं। वही सर्वेक्षण बताता है कि देश में खेती से इतर काम पर निर्भर लोगों का अनुपात 1961 के 30.51 से बढ़कर 1971 में 31.37 फीसदी हो गया जबकि बिहार में यह 23.16 फीसदी से गिरकर 19.60 फीसदी हो गया। इसका दूसरा खतरनाक असर यह हुआ है कि भूमिहीन खेतिहर मजदूरों का अनुपात इसी दर में 24.37 फीसदी से बढ़कर 40.48 फीसदी हो गया। चूँकि खेती में कोई बढ़ोत्तरी नहीं दिखी है, सो, इसका मतलब यह है कि ये सारे नए मजदूर उसी कम मज्दूरी और बदहाली में हिस्सेदारी करके पहले के खेतिहर मजदूरों के लिये ज्यादा परेशानी बढ़ा रहे हैं और खुद परेशान हो रहे हैं।

बिहार की इस गिरावट की वजह कोई अनजान नहीं है। देश से तो अंगरेजी राज 1947 में समाप्त हो गया, पर बिहार को न तो आजादी का एहसास हुआ न शोषण में कमी आने का। बिहार से ब्रिटिश पूँजी तो बाहर गई, पर उसकी जगह बाहरी राज्यों के लोगों की पूँजी आ गई और औपनिवेशिक लूट के तौर-तरीके तथा मात्रा में कोई कमी नहीं आई। अंगरेजों के विदा होने के पहले ही बड़ी संख्या में पारसी, मारवाड़ी और गुजराती व्यवसायी यहाँ के अकूत संसाधनों की लूट करने और मुनाफा कमाने पहुँच गए। इनके साथ ही पड़ोस के बंगाल और दूर-दराज के इलाकों से बड़ी संख्या में अंगरेजी में शिक्षित तकनीकी जानकारी वाले, शिक्षा वाले, मैनेजर जैसे पेशों वाले आ गए और इस पिछड़े इलाके के सारे लाभकारी पदों को हथियाकर बैठ गए। 1931 से 1951 के बीच प्रदेश के बाहर से आने और प्रदेश से बाहर जानेवालों की सख्या यह बताती है कि यह बदलाव कितना बड़ा था। वहीं टेक्नो-इकोनॉमिक सर्वे बताता है, "1931 से बाहर से आनेवालों की संख्या बढ़ी है और यह चार लाख से बढ़कर 1951 में छह लाख हो गई है। छोटानागपुर और दक्षिण बिहार की खदानों और उद्योगों के विकास के साथ यह वृद्धि हुई है। बाहर से आए लोगों में करीब चार लाख अर्थात 65 फीसदी लोग खेती से इतर कामों में लगे हैं।"[2]

सबसे पहले पश्चिमी रंग-ढंग और अंगरेजी पढ़ाई अपनानेवाले लोग अंगरेजों के साथ ही आए और शासन तथा पश्चिमी संस्कृति के प्रचार में अंगरेजों के सहयोगी बने। उनके मन में भी अंगरेजों की तरह स्थानीय लोगों से नफरत भरी थी और खुद के लिये एक श्रेष्ठता भाव था जो कि नई संस्कृति के हर रंगरूट समूहों में होता है। और जब अंगरेज विदा हुए तो यह समूह उनकी सारी विरासत को सँभालने के लिये तैयार बैठा था।

अगर बिहारियों का अंगरेजों और गैर-बिहारियों द्वारा किए शोषण की तुलना की जाए तो यह चीज ज्यादा साफ ढंग से दिखाई देगी। ब्रिटेन की मुख्य नीति थी, अपने उद्योगों के लिये बाजार बनाए रखने वास्ते भारत में उद्योगों को विकसित न होने देना और भारत को सिर्फ कच्चे माल की आपूर्ति करनेवाला और उस कमाई से ब्रिटिश माल खरीदनेवाला देश बनाए रखना। इसके अलावा उन्होंने अपने व्यापार को बढ़ाने के लिये सड़कों का निर्माण कराया और विश्व व्यापार में कुछ चीजों के निर्यात पर एकाधिकार बनाए रखने के लिए यहाँ बागान बनाए। चूँकि उद्योगों के लिए खनिज भी, खास तौर से ऊर्जा की जरूरतों के लिये कोयला, जरूरी थे इसलिए खनन का भी विकास हुआ। काफी बाद में जब विश्व बाजार में प्रतिद्वन्द्विता बढ़ी तब जाकर स्थानीय सस्ते श्रम और कच्चे माल का उपयोग करके यहीं उत्पादन करनेवाले कारखाने भी लगाए गए। हाँ, इस बात का भी खयाल रखा गया कि कहीं ये कारखाने ब्रिटिश उद्योगों के लिए ही मुसीबत न बन जाएँ।

उनकी नीति तो साफ थी कि देसी उद्योग का नाश करना हो या बढ़ावा देना, जिस चीज से ज्यादा धन इंग्लैंड जाए वही करना है। इसके लिए कई तरीके अपनाए गए जिसमें ब्रिटिश व्यापार कम्पनियों और उद्योगों की मदद के लिये अधिकारी तैनात करना भी शामिल था। इसके अलावा ऐसी राजनीतिक व्यवस्था की गई कि हिन्दुस्तानी लोग दबे रहें और लोगों को लूटकर ही उनमें से कुछ का मुँह बन्द रखा जाए। चार्ट 2 के आँकड़े इस चीज को ज्यादा स्पष्ट करते हैं।

चार्ट-2 भारत से ब्रिटेन और अन्य देशों में गई राशि (1921-22)

राजनीतिक फीस या होम चार्ज	50 करोड़ रु.
भारत में पंजीकृत विदेशी पूँजी पर सूद	60 करोड़
विदेशी कम्पनियों को दिया माल और यात्री भाड़ा	41.63 करोड़
बैंकिंग कमीशन	15 करोड़
विदेशी व्यापार और प्रोफेसनल लोगों का मुनाफा	53.25 करोड़

स्रोत : के.टी. शाह और के.जे. खम्बाटा, 'वेल्थ एंड टैक्सेशन कैपेसिटी', रजनी पाम दत्त द्वारा 'इंडिया टुडे' में उद्धृत, पीपीएच, बॉम्बे : पृ. 121

अगर हम आज की बिहार की अर्थव्यवस्था पर गौर करेंगे तो पाएँगे कि आज भी वह इन सब मदों पर बाहरी लोगों और संस्थाओं को धन चुका रहा है। यही नहीं, उसके व्यापार और परिवहन के बड़े हिस्से पर भी बाहरी लोगों का कब्जा है। टेक्नो-इकोनॉमिक सर्वे भी इस बात को रेखांकित करता है : "बिहार में पंजीकृत कम्पनियों में बिहारी लोगों के शेयर 8 फीसदी और बिहार में स्थित लेकिन पश्चिम बंगाल में पंजीकृत कम्पनियों में उनके शेयर 9 फीसदी हैं।" वही आगे लिखता है, "व्यापार पूँजी में बिहारियों की शेयर और पूँजी में हिस्सेदारी एकदम कम है और व्यापार में अधिकांश पूँजी बाहर वालों की है।"

बिहार के उद्योग-व्यापार पर बाहरी लोगों का कैसा कब्जा है, यह बात इस तथ्य से भी जाहिर होती है कि बिहार चेम्बर ऑफ कॉमर्स के भवन का, जिसका उद्घाटन 1946 में बिहार के अंगरेज गवर्नर ने किया था, साहू शान्ति प्रसाद जैन हॉल है। यह नाम राज्य में टाटा के बाद सबसे बड़े व्यावसायिक घराने साहू-जैन परिवार के मुखिया का है। ये व्यावसायिक घराने न सिर्फ दिल्ली की सत्ता पर अपने प्रभाव का इस्तेमाल करते हैं बल्कि चुनाव में सत्ताधारी मार्टी को प्रभावित करके राज्य के इसके नेता पर अपना प्रभाव बनाए रकते हैं।

कोई राज्य सरकार इतने ताकतवर अनौद्योगिक घरानों के खिलाफ कितनी लाचार हो जाती है, यह बात जमशेदपुर से टाटा की जमींदारी हटवाने की कोशिश

में बिहार सरकार की असफलता से जाहिर होती है। 1970 में बिहार विधान सभा ने टाटा की जमींदारी समाप्त करने का विधेयक पास करके राष्ट्रपति के पास उनके दस्तखत के लिये भेजा, लेकिन केन्द्र ने अक्तूबर 1971 में विधेयक विधान सभा को वापस कर दिया और जो बदलाव सुझाए, उससे इसकी आत्मा ही नहीं बचती थी। चूँकि उद्योग केन्द्र के अधीन आते हैं, इसलिए उसका वरदहस्त पाने के बाद उद्योगपतियों के लिये न तो राज्य सरकार की परवाह करने की जरूरत रहती है न राज्य की जनता की।

बिहार में लगे उद्योगों की मिल्कियत तो बाहरी लोगों के हाथ में है ही, यहाँ ऊँचे पदों पर बैठाए गए लोग भी बाहरी हैं। इसी प्रकार अधिकांश टेक्नीकल और अर्ध-कुशल कामों के लिए भी बाहरी लोग रखे गए हैं बल्कि इस मामले में तो बिहारियों की हालत अंगरेजी राज में भारतीयों की हालत से भी बदतर है। भौगोलिक दूरी के चलते अंगरेज अपने यहाँ से इतने सारे लोगों को यहाँ नहीं ला पाते थे कि प्रशासन और व्यवसाय के सारे महत्त्वपूर्ण पद उनसे ही भरें। पर बिहार में तो जब भी औद्योगिक प्रतिष्ठानों में रोजगार के नए अवसर बनते हैं तो मैनेजर और कुशल तकनीशियन कौन कहे, अर्ध कुशल और अकुशल कामों के लिये भी बड़ी संख्या में बाहरी लोग आते हैं और वही काम पाते हैं। चूँकि मिल्कियत बाहरी लोगों के हाथ में है इसलिए रोजगार देने के मामले में यह सोची-समझी नीति अपनाई जाती है।

और यह भेदभाव इतना स्पष्ट है कि राज्य के मंत्री तक इस चीज को खुलेआम स्वीकारते हैं और कुछ नहीं कर पाते। इन्दिरा कांग्रेस सरकार के मंत्री राधानन्दन झा ने पटना के प्रमुझ दैनिक 'इंडियन नेशन' से कहा, "जमशेदपुर में टाटा स्टील को काम करते पैंसठ साल हो गए, पर जनरल मैनेजर और जनरल सुप्रिंटेंडेंट की कौन कहे, असिस्टेंट जनरल सुप्रिंटेंडेंट के पद तक भी एक बिहारी नहीं पहुँच पाया है। पचास विभागों के सुप्रिंटेंडेट पदों में सिर्फ एक पर बिहारी पहुँच पाया है। टेल्को के ग्रेजुएट ट्रेनी का पद काफी बढ़िया माना जाता है, पर उसके प्रबन्धन को यह स्पष्ट करना चाहिए कि 45 मौजूदा जीटी में एक भी बिहारी को क्यों नहीं चुना गया है?"[5]

यह सिर्फ निजी क्षेत्र की कम्पनियों का हाल नहीं है। सार्वजनिक क्षेत्र के प्रतिष्ठानों में, जिनका रिमोट-कंट्रोल दिल्ली से चलता है, बिहारियों को शायद ही कभी ऊँचा पद या ढंग का प्रोमोशन मिल पाता है। अभी जो स्थिति है, उसमें बिहारियों की कभी निर्णायक स्थिति बनेगी, यह बात कल्पना में भी नहीं आती। सबसे साफ उदाहरण कोकिंग कोल के उत्पादन वाली खदानों के राष्ट्रीयकरण का है। 1971 के आखिर में राष्ट्रीयकृत हुई ये अधिकांश खदानें बिहार में स्थित हैं, पर इनके प्रबन्धन में बिहारियों को निर्णायक भूमिका दी जाए, इस माँग पर ध्यान ही

नहीं दिया गया। इस प्रकार ये राष्ट्रीकृत संस्थान भी बाहरी लोगों का अखाड़ा बने हुए हैं जहाँ वे खुद बड़े पद पाने के साथ अपने रिश्तेदारों और दोस्तों को अच्छे पद पर भर सकते हैं। स्थानीय लोगों के हाथ मुँह ताकना और अपने कीमती प्राकृतिक संसाधन गँवाना ही बदा है।

कहाँ तो सार्वजनिक क्षेत्र की बड़ी कम्पनियों के खुलने से स्थानीय लोगों की समृद्धि की उम्मीद की गई थी और कहाँ इन सबसे बिहार का दारिद्रीकरण ही बढ़ता दिख रहा है। छोटानागपुर के जिस आदिवासी इलाके में ये अधिकांश प्रतिष्ठान लगे हैं वहाँ से आदिवासियों को तो पर्याप्त मुआवजा दिए बिना ही विस्थापित करा दिया जाता है। जब बोकारो का इस्पात कारखाना लग रहा था तो कई सौ वर्ग किलोमीटर इलाके से सारे लोगों को उजाड़ दिया गया और उन्हें बहुत मामूली मुआवजा मिला। फिर बड़ा कारखाना लगने के नाम और जमीन के सौदागरों तथा उद्योगपतियों के सक्रिय होने से आसपास की जमीन भी काफी महँगी हो गई और आदिवासी उतने कम पैसों से नई जमीन भी नहीं ले सकते थे। वे दिहाड़ी मजदूर बनकर रह गए। बल्कि बोकारो कारखाने से विस्थापित हुए लोगों को इसमें दिहाड़ी मजदूर के तौर पर काम पाने के लिये भी लम्बा आन्दोलन करना पड़ा जबकि यह कारखाना उनको पुरखों की अस्थियों और उनके गाँवों के भग्नावशेष पर ही बना है।

बिहार की सबसे ज्यादा घनी आबादी और सबसे पिछड़े इलाके, उत्तर बिहार के विकास पर गौर करने से हमें स्पष्ट हो जाता है कि किस तरह एक रंग के औपनिवेशिक शोषक गए हैं तो दूसरे रंग वाले आ गए हैं। शुरुआती दिनों में अंगरेज इस इलाके में नील की खेती कराने में खास रुचि लेते थे क्योंकि उसमें सबसे ज्यादा मुनाफा था। इसके लिये उन्होंने खेती के विकास पर ध्यान नहीं दिया बल्कि सबसे उपजाऊ जमीन ही जोर-जबर्दस्ती से नील के लिए ली। इसका खेती और किसानों पर बहुत बुरा असर हुआ। इसी शोषण और जुल्म के खिलाफ महात्मा गांधी आए और चम्पारण सत्याग्रह हुआ।

पर तब तक केमिकल रंगों के आ जाने से नील की खेती में पहले जितना मुनाफा भी नहीं रह गया था, पर खेती में नील की जगह गन्ने ने ले ली। सारे इलाके में वही पुराना ढंग चीनी और गन्ने के साथ भी हो गया। किसान सिर्फ चीनी मिलों के लिए गन्ना उगाने लगे। सिंचाई बढ़ाकर या तकनीक सुधारकर खेती के विकास पर कोई ध्यान नहीं दिया गया। जब अंगरेज गए तो चीनी मिलों की मिल्कियत हिन्दुस्तानियों के हाथ आई, पर वे सब गैर-बिहारी हैं। इन लोगों ने भी खेती या उद्योग को आधुनिक और विकसित करने में कोई रुचि नहीं दिखाई है। उनकी रुचि मिलों की मिल्कियत में से मुनाफे की आखिरी बूँद निचोड़ लेने में है। अंगरेजों ने तो उद्योग विकसित किए और जब बाहर से प्रतिद्वन्द्विता बढ़ी तो किसानों को लगान

वगैरह में रियायत देकर गन्ना उगाने के लिये प्रोत्साहित किया। अब नए मालिक सिर्फ मुनाफा चाहते हैं और नया निवेश करने को तैयार नहीं हैं। नतीजा है कि महाराष्ट्र जैसे नए इलाके की चीनी मिलें आगे निकल रही हैं और बिहार की मिलें तेजी से बदहाल होती जा रही हैं। उपेक्षा का शिकार खेती भी पिछड़ती जा रही है और न सिर्फ प्रति एकड पैदावार गिरी है बल्कि गन्ने में चीनी की मात्रा/अनुपात भी गिरता गया है। सो, जिस बिहार में 1932-33 में देश की 44.10 फीसदी चीनी तैयार होती थी वहाँ 1962-63 में मात्र 8 फीसदी चीनी ही बनती है। उसके बाद से उत्पादन का यही स्तर बना हुआ है।

नया निवेश न करने की मंशा इससे जुड़े सहायक उद्योग विकसित करके इसके बाइ-प्रोडक्ट का इस्तेमाल न करने से भी जाहिर होती है। चीनी मिलों से निकलनेवाला गन्ने का खोड़ कागज बनाने का उपयोगी साधन है, पर उत्तर बिहार के मिलों में यह ईंधन के तौर पर झोंक दिया जाता है। कागज और कोयला, दोनों की कमी से जूझ रहे उत्तर बिहार के लिए यह एक कीमती संसाधन बर्बाद करना ही है। इसी प्रकार मिलों से निकलनेवाले छोआ (मोलासेज) से भी स्पिरिट तैयार हो सकता है, पर इस दिशा में भी कोई कदम नहीं उठाया गया है।

चीनी मिलों के आसपास के इलाकों के किसान धीरे-धीरे सिर्फ गन्ना उगाने लगते हैं और फिर मिलों की मर्जी तथा एकल फसल खेती के चलते नुकसान उठाते हैं। जिस साल चीनी के बाजार में माँग कम होती है, मिल गन्ना उठाते ही कम हैं और किसान की फसल खेत में लगे-लगे सूखती रहती है। उसे इसके एवज में कोई मुआवजा भी नहीं दिया जाता। जिस साल माँग ज्यादा होती और दाम तेज हों तो किसान खांडसारी और गुड़ बनाकर कुछ ज्यादा कमा लेना चाहता है तो मिल वाले सरकार पर दबाव बनाकर खांडसारी के लाइसेंस और उसकी आवाजाही को कम कराने का प्रयास करते हैं। उनकी बात सुनी भी जाती है। इतना ही नहीं, गन्ने को मिल पहुँचाकर भी किसान भुगतान के लिये महीनों इन्तजार करते हैं। भुगतान लेने के लिए उन्हें जाने कौन-कौन दरवाजे खटखटाने पड़ते हैं और कितना कष्ट झेलना होता है। और जो सरकार उद्योग को बचाने के लिये इतना चिन्तित दिखती है वही किसानों की मुश्किलों से आँख फेर लेती है।

सम्भावना और सम्भव प्रदर्शन

शोषण और राज्य की उपेक्षा की प्रकृति और मात्रा को देखने का एक ज्यादा उपयोगी तरीका राज्य की सम्भावनाओं/क्षमताओं और विकास के वास्तविक प्रदर्शन को देखना भी है। टेक्नो-इकोनॉमिक सर्वे ने बिहार के खनिज संसाधनों के बारे में यह लिखा है, "बिहार खनिज के मामले में देश का सबसे प्रमुख राज्य है और देश का 40.57 फीसदी खनिज यहाँ से निकलता है : कोयला, लौह अयस्क, अभ्रक,

चूना-मिट्टी, ताँबा, कायनाइट, चीनी मिट्टी, फायर-क्ले और बॉक्साइट उत्पादन में यह अगुआ है। इनमें पहले पाँच ज्यादा मूल्यवान हैं। कुछ खनिजों के मामले में तो बिहार ही सबसे आगे है। यहाँ देश का 100 फीसदी ताँबा और एपेटाइट, 95 फीसदी कायनाइट, 50 फीसदी से अधिक कोयला, अभ्रक, बॉक्साइट और चीनी मिट्टी, 40 फीसदी से अधिक लौह अयस्क पैदा होता है। देश में खनिज की सबसे समृद्ध पट्टी छोटानागपुर में कोयले का 80 फीसदी और कोकिंग कोल का 100 फीसदी ज्ञात भंडार है। 1956 में बिहार में प्रति व्यक्ति खनिज का उत्पादन 9.18 रुपये था जबकि पश्चिम बंगाल में 6.52 रु., मध्य प्रदेश में 4.60 रु., ओडिशा में 3,73 रु. और अन्य राज्यों में इससे भी काफी कम है।"[6]

उसी रिपोर्ट में आगे कहा गया है कि यहाँ यूरेनियम, यूराटाइट और पिचब्लेंड जैसे रेडियो सक्रिय खनिज भी काफी बड़ी मात्रा में हैं। साफ है कि बिहार में पेट्रोलियम छोड़कर सारे खनिज उपलब्ध हैं जो उद्योगों के लिए जरूरी हैं। खानों के अभी के उत्पादन से ही राज्य के खाते में सौ से एक सौ बीस करोड़ रुपये आते हैं।

बिहार का वनक्षेत्र तीस हजार वर्ग किलोमीटर का है, पर वन अब सघन नहीं रह गए हैं। इसके बावजूद बिहार अभी लाख के उत्पादन में देश में सबसे आगे है। 1967-68 में यहाँ 2,17,412 क्विंटल लाख का उत्पादन हुआ जो भारत के कुल उत्पादन का लगभग 60 फीसदी है।

जिस तरह दक्षिणी बिहार खनिज और वनोपज के मामले में समृद्ध है वैसे ही इसके मध्यवर्ती और उत्तरी भाग अपनी खेती की उर्वर जमीन और भरपूर पानी वाली नदियों के लिए जाने जाते हैं। पूरे गंगा क्षेत्र की नदियों में लगभग पूरे साल पानी रहता है। भूमि के नीचे का पानी भी भरपूर है और जरा सी खुदाई या पाइप से ही भूजल ऊपर आ जाता है। बिहार में भरपूर बरसात भी होती है। सो, जरा से प्रयास से बिहार की हरेक इंच जमीन में सिंचाई का स्थायी प्रबन्ध किया जा सकता है। इसकी अनेक नदियों के पानी से, खासकर दक्षिण बिहार की नदियों से बिजली भी बनाई जा सकती है।

बिहार पर प्रकृति तो भरपूर मेहरबान रही है, पर शासन की उपेक्षा और शोषण से इसके संसाधनों को उचित विकास नहीं हुआ है और इसके लोग सबसे गरीब हैं। चार्ट 3 पहली पंचवर्षीय योजना की शुरुआत के समय देश के औसत और कुछ प्रमुख राज्यों की तुलना में बिहार के लोगों की आर्थिक स्थिति को स्पष्ट करता है।

यह देखा जा सकता है कि 1953 में बिहार के लोगों की प्रति व्यक्ति आमदनी देश के औसत से 37 फीसदी कम थी। कोई कह सकता है कि 1953 में तो योजना की शुरुआत ही थी, बाद में स्थिति बेहतर हुई होगी, पर क्या बाद के वर्षों में स्थिति

बेहतर हुई? स्थिति ठीक उल्टी है। चार्ट 4 के आँकड़े बताते हैं कि तीसरी पंचवर्षीय योजना के अन्त तक बिहार की स्थित वैसी ही बदहाल बनी हुई है।

'इंडिया 1970' चालू मूल्य पर आँकड़े देता है जिसे चार्ट में अनुपलब्ध बताया गया है—यह 1965-66 के लिये 421.2 रु. (बिहार 328 रु.) और 1967-68 के लिए 551.4 रु. (बिहार 398.65 रु.)। अन्तिम बारीक गणना में हल्का अन्तर आ सकता है, पर देश के औसत और बिहार की स्थिति की जो तसवीर इससे दिखती है, वह एक ही बात की पुष्टि करती है। बिहार देश के दूसरे राज्यों से पिछड़ता ही जा रहा है। और यह चीज हैरान करनेवाली है कि तीन पंचवर्षीय योजनाओं के सफलतापूर्वक पूरा होने के अवसर पर 1967-68 में बिहार की प्रति व्यक्ति आय में 1960-61 की तुलना में कुछ कमी ही आ गई है जो 1964-65 में अपने सर्वोच्च पर थी। यह भी उल्लेखनीय है कि 1953 में अखिल भारतीय औसत बिहार से 37 फीसदी ज्यादा था जो अब करीब 40 फीसदी ऊपर हो चुका है।

बिहार जैसे राज्य के किसी एक साल के आँकड़े में हल्का सुधार उसकी कुल स्थिति, जो चार्ट 4 से साफ होती है, में स्थायी सुधार का संकेत नहीं दे सकता। यह स्थिति पिछड़ी खेती पर जरूरत से ज्यादा निर्भरता से बनी है। इसलिए हो सकता है कि किसी साल की फसल अच्छी होने से हल्का सुधार दिखे, पर जैसे ही इन्द्र देवता की भृकुटि तनी नहीं कि हालत फिर उसी तरह खराब नजर आने लगेगी। भूमि की उपलब्धता इतनी कम है कि खेती पर निर्भरता का मतलब ही चिर दरिद्रता है। बिहार में प्रति वर्ग किलोमीटर आबादी का घनत्व 267 है जो सिर्फ केरल (435 व्यक्ति प्रति किमी.) और पश्चिम बंगाल (399) से कम है। पर यह गुजरात और महाराष्ट्र के दोगुने से अधिक और पंजाब के दोगुने से थोड़ा कम है, पर जब हम इसकी बदहाल खेती पर गौर करते हैं तो स्थिति भयावह लगने लगती है। चार्ट 5 और 6 से जाहिर होता है कि बिहार की खेती पर निर्भरता न सिर्फ जरूरत से ज्यादा है बल्कि दिन-ब-दिन बढ़ती जा रही है।

चार्ट 5 के आँकड़ों पर भी एक टिप्पणी जरूरी है। बिहार में कुछ बुनियादी खनिजों की उपलब्धता के चलते कुछ बड़े उद्योग यहाँ लगे हैं और इस कारण उद्योगों के मामले में बिहार अखिल भारतीय औसत से ऊपर दिखता है, पर इन सारे उद्योगों की मिल्कियत और प्रबन्धन बाहरी लोगों के हाथ में है। इसलिए इनके बिहार में अवस्थित होने भर से बिहार को सिर्फ दिखाने भर के लाभ हैं, वास्तविक लाभ नहीं। छोटे उद्योगों के मामले में, जिनकी मिल्कियत और उनमें रोजगार, दोनों ही मामलों में स्थानीय लोगों की ज्यादा हिस्सेदारी हो सकती थी, बिहार का औसत अखिल भारतीय औसत के आधे से भी कम है। बिहार में मिल्कियत और रोजगार के खास ढर्रे के चलते बड़े उद्योग, व्यापार, परिवहन और खनन उद्योग राज्य की आमदनी तो बढ़ाते दिखते हैं, पर असल में बिहार को उनसे बहुत मामूली लाभ ही

होता है। मुनाफा, कर राजस्व और दूसरे ज्यादातर लाभ बाहरी राज्यों को ही जाते हैं। परिणाम यह है कि गणना में दिखती प्रति व्यक्ति आय भी बिहार के लोगों की वास्तविक स्थिति को नहीं दर्शाती—वह उससे भी कहीं खराब है।

अगर हम चार्ट 5 के आँकड़ों की तुलना चार्ट 6 के आँकड़ों से करें तो पाएँगे कि 1967-68 में बिहार के कुल उत्पादन में खेती का हिस्सा और बढ़ गया है। 1960-61 से 1967-68 के बीच राज्य के कुल उत्पादन में खेती का हिस्सा करीब दस फीसदी बढ़ गया है। कोई कह सकता है कि अन्य क्षेत्रों की तुलना में खेती का प्रदर्शन बेहतर होने से यह वृद्धि हुई है। बल्कि इस मामले में हरियाणा बिहार से आगे है, पर बिहार और हरियाणा का मामला अलग-अलग है। प्रति व्यक्ति जमीन की उपलब्धता कम होने और औद्योगिक विकास की अपार सम्भावनाओं के चलते बिहार की तुलना हरियाणा और अन्य राज्यों से नहीं हो सकती बल्कि इसकी तुलना केरल और पश्चिम बंगाल से हो सकती है जो आबादी के घनत्व में बिहार से आगे हैं या बराबर घनत्व वाले तमिलनाडु से की जा सकती है। हम पाते हैं कि आबादी के घनत्व के मामले में बराबर या ज्यादा रहनेवाले इन सभी राज्यों के उत्पादन में खेती का हिस्सा कम हुआ है। महाराष्ट्र में आबादी का घनत्व बिहार से आधा है और वह भी बड़े उद्योगों वाला प्रदेश है, लेकिन वहाँ भी कुल उत्पादन में खेती का योगदान कम हुआ है।

हरियाणा का मामला अलग है। उसने सिंचाई सुविधा बढ़ाकर और आधुनिक खेती के सहारे अपनी उपज बढ़ाई है। दूसरी ओर बिहार की खेती अभी भी काफी हद तक भगवान भरोसे चलती है। सिंचाई की अपर्याप्त सुविधा और रासायनिक खादों की कम खपत के चलते यहाँ की खेती की पैदावार अनिश्चित ही बनी हुई है।

केन्द्र क्षेत्रीय असन्तुलन दूर करने की कोशिश कर रहा है, इस बात का बहुत ढिंढोरा पीटा जा रहा है। ऐसे में यह देखना प्रासंगिक होगा कि उसकी कोशिशों से बिहार और अन्य राज्यों के बीच का अन्तर कम हो रहा है या नहीं? चार्ट 7 इस बारे में कुछ प्रकाश डालता है। अगर केन्द्र अपने दावे के अनुरूप भूमिका निभा रहा है तो वह चीज जमीन पर दिखती नहीं है। चार्ट के आँकड़े बताते हैं कि अपनी सारी प्राकृतिक सम्पदा के बावजूद बिहार चार्ट के निचले पायदान पर ही विराजमान है और सिर्फ जम्मू-कश्मीर तथा ओडिशा ही उससे नीचे हैं। अगर हम चार्ट 3 के आँकड़ों को आधार बनाकर बाद के आँकड़ों पर गौर करेंगे तो पाएँगे कि बिहार और अन्य राज्यों के बीच का फासला बढ़ता ही गया है, बल्कि कई मामलों में तो डरावनी रफ्तार से बढ़ा है।

अब हम बांग्लादेश और पाकिस्तान तथा बिहार और पंजाब के आँकड़ों की तुलना करके देखें। उप-महाद्वीप के पूर्वी हिस्से में बांग्लादेश की तरह ही

बिहार भी स्थित है और दोनों की जलवायु भी काफी कुछ एक जैसी है जबकि पाकिस्तान और पंजाब की भौगोलिक अवस्थिति और जलवायु में समानता है। उपरोक्त आँकड़े बताते हैं कि पाकिस्तान की तुलना में बांग्लादेश के आँकड़ों से भी ज्यादा खराब तसवीर पंजाब और बिहार के आँकड़ों की तुलना से निकलती है। और एक बड़ा अन्तर यह भी है कि बांग्लादेश प्राकृतिक संसाधनों के मामले में बिहार से काफी कमजोर है।

बिहार की प्रति व्यक्ति आय बहुत कम है, पर यह भी वहाँ के लोगों की असली बदहाली को सही-सही नहीं बताती। जैसाकि हमने पहले देखा है, बिहार की अर्थव्यवस्था का काफी बड़ा हिस्सा बाहरी लोगों के हाथ में है। अब अगर उनकी कमाई और लाभ उनके खाते में आकर राज्य की आय बढ़ाते भी हों तो उससे आम बिहारी को कोई लाभ नहीं होता। इसलिए, अगर हमें राज्य के लोगों की आय का सही अन्दाजा लगाना है तो अधिकांश लोगों की जीविका के साधन खेती में हो रहे निवेश, स्वास्थ्य सुविधाओं, भोजन की खपत, घरेलू बिजली की खपत, शिक्षा और रेडियो अर्थात एकमात्र लक्जरी आइटम की उपलब्धता जैसे दूसरे आँकड़ों पर गौर करना होगा।

बिहार की दरिद्रता का एक अन्दाजा अर्थशास्त्री एस.आर. बोस की किताब 'इकोनॉमी ऑफ बिहार' के इस उद्धरण से भी होता है, "जुलाई 1959 से जून 1960 के बीच बिहार के 227 गाँवों के 672 ग्रामीण परिवारों से लिये राष्ट्रीय सैम्पल सर्वे के अनुसार प्रतिमाह प्रति व्यक्ति औसत खर्च 17.31 रु. था जबकि आधे से ज्यादा लोगों का प्रतिमाह खर्च 15 रुपये से नीचे ही था।"

इसी सर्वेक्षण के अनुसार, 7.54 फीसदी लोग तो प्रतिमाह 8 रुपये से कम और 2 फीसदी 4 रुपये से भी कम खर्च कर रहे थे। और जब हम इस तथ्य पर गौर करते हैं कि इस खर्च का भी एक बड़ा हिस्सा कर्ज लेकर किया गया था तब हमें गरीबी/दरिद्रता का असली अन्दाजा होता है। यह अनुमान है कि 1951-52 में बिहार के 76 फीसदी ग्रामीण परिवार कर्ज लेते हैं और उन पर प्रति परिवार औसत 354 रुपये कर्ज था।

यह सब अविश्वसनीय लगता है, किन्तु सच है। ग्रामीण बिहार के सम्पर्क में आनेवाला कोई भी हैरान होगा कि जब गरीबों की आमदनी का कोई स्रोत दिखाई नहीं दे रहा है तो वे किस तरह गुजर करते हैं? दरअसल, वे उन चीजों पर बसर कर लेते हैं जिन्हें सामान्य ढंग से आर्थिक गिनती में सामान्य आय में गिना ही नहीं जाता। माँग-चुनकर, खाते-पीते परिवारों की जूठन या बासी लाकर, खेत-खलिहान में गिरे पड़े अनाज समेटकर, ईंधन के लिए लकडियाँ या गोबर जमाकर, गड्ढे-तालाब से मछली-घोंघा-सितुआ लाकर, चूहे और ऐसे ही छोटे-मोटे जानवरों का शिकार करके और बूढ़ा होने पर कभी-कभार भीख का सहारा भी लेकर ऐसे लोग अपना

जीवन बसर करते हैं। इन बातों में कोई अतिशयोक्ति नहीं है। और जो लोग भी इन बातों पर भरोसा न करें, उन्हें खुद से आँकड़े लाकर बताना होगा कि ग्रामीण बिहार के लोग इतनी क्षुद्र आमदनी पर आखिर किस तरह जीवन जीते हैं?

साक्षरता के मामले में बिहार एकदम निचली पायदान पर है। 1961 में बिहार में साक्षरता की दर 18.40 थी जबकि देश का औसत 24.08 फीसदी थी। 1971 के प्रारम्भिक आँकड़ों के अनुसार, देश का औसत तो 29.34 फीसदी हो गया है जबकि बिहार में साक्षरता का औसत 22.10 फीसदी ही है अर्थात मुल्क का औसत 22.10 फीसदी बढ़ा तो बिहार के औसत में 7.52 फीसदी ही बढ़ा। इसी अवधि में केरल 46.85 फीसदी से बढ़कर 60.16 फीसदी पर पहुँच गया है। पश्चिम बंगाल भी 29.28 फीसदी से 33.05 फीसदी, महाराष्ट्र 29.82 फीसदी से 39.08 फीसदी और तमिलनाडु 31.41 फीसदी से 39.39 फीसदी पर पहुँच गया है।

बिहार के प्राथमिक स्कूलों में 1965-66 में 31 लाख बच्चे थे तो मुल्क में 4.92 करोड़। बिहार में मुल्क की करीब 10 फीसदी आबादी रहती है। उस हिसाब से बिहार प्राथमिक शिक्षा के मामले में मुल्क के औसत से लगभग 58 फीसदी पीछे है। माध्यमिक शिक्षा के मामले में पिछड़ापन और ज्यादा है। 1965-66 में बिहार के माध्यमिक और उच्चतर माध्यमिक स्कूलों में कुल करीब 7 लाख बच्चे थे जबकि पूरे भारत में 3.09 करोड़ बच्चे। इस प्रकार देश का औसत बिहार से 330 फीसदी ज्यादा था। बिहार में प्राथमिक शिक्षा पूरी करनेवाले प्रत्येक 4.5 विद्यार्थी में मात्र एक माध्यमिक स्कूल में जा पाता है वहीं देश का औसत 1.6 का है। यह अखिल भारतीय औसत का अन्तर है। कई राज्य बिहार से कई-कई गुना आगे निकल चुके हैं। आज किसी भी कुशल और अर्ध-कुशल काम में माध्यमिक पास होना अनिवार्य है, सो, बिहार के लोग ऐसे काम में कहाँ रह जाते होंगे, आसानी से समझा जा सकता है।

उच्च शिक्षा के मामले में हालत और भी खराब है। वैसे भी विश्वविद्यालयी शिक्षा अच्छे घरों के बच्चों को ही मिल पाती है और पूरे भारत में ही इसका अनुपात काफी कम है, सो यहाँ ज्यादा अन्तर नहीं दिखता। चार्ट 10 देश के विभिन्न राज्यों में मौजूद उच्च शिक्षा संस्थानों की संख्या बताता है। आबादी के अनुमान के साथ इन आँकड़ों पर गौर करने से अन्दाजा लगता है कि बिहार महाराष्ट्र, पंजाब और पश्चिम बंगाल जैसे राज्यों की तुलना में कितना पिछड़ा है। पंजाब की आबादी बिहार की तुलना में एक चौथाई है जबकि बिहार के 144 कॉलेजों की तुलना में वहाँ 114 कॉलेज हैं। महाराष्ट्र और पश्चिम बंगाल की आबादी बिहार से काफी कम है जबकि वहाँ क्रमश: 248 और 244 कॉलेज हैं। बिहार प्राकृतिक संसाधनों में अव्वल है, आबादी में देश में दूसरे नम्बर पर है, लेकिन देश के राष्ट्रीय महत्त्व के नौ संस्थानों में एक भी बिहार में स्थित नहीं है।

लोगों के हिसाब से अगले महत्त्वपूर्ण मुद्दे स्वास्थ्य पर नजर डाली जाए। चार्ट 11 कुछ राज्यों में 1956 में पंजीकृत डॉक्टरों की संख्या दर्शाता है। चार्ट 12 बिहार और कुछ अन्य राज्यों में सभी स्वास्थ्य सेवाओं की स्थिति को दर्शाता है। चार्ट 11 और 12 से साफ होता है कि 1956 में प्रति लाख आबादी पर बिहार में बंगाल की तुलना में बीस फीसदी से भी कम डॉक्टर थे। इसी प्रकार 1963 में बंगाल में बिहार की तुलना में तीन गुने डॉक्टर थे जबकि बिहार की आबादी उससे काफी अधिक है। इसी प्रकार वहाँ अस्पताल के बिस्तरों की संख्या बंगाल के एक तिहाई ही थी जबकि नर्सों की संख्या एक तिहाई से भी कम। गुजरात और महाराष्ट्र की स्थिति तो और भी बेहतर थी। यह बात भी ध्यान रखनी चाहिए कि नम जलवायु, काफी इलाकों में जलभराव और गन्दगी के साम्राज्य के चलते बिहार में बीमारियों का अड्डा बना रहता है। इधर मलेरिया पर तो कुछ नियंत्रण हुआ है, पर उसकी जगह फैलेरिया ने ले ली है। इनके अलावा हैजा, चेचक और टीबी भी अड्डा जमाते रहते हैं। और जब हम बीमारियों और बीमारों की संख्या पर गौर करते हैं तो साफ लगता है कि राज्य उनसे लड़ने के लिये पर्याप्त साधन नहीं रखता।

जिस राज्य के ज्यादातर लोग शाकाहारी हों, उनकी खुराक के लिये दूध बहुत महत्त्वपूर्ण हो जाता है। इस मामले में भी बिहार सभी राज्यों की तुलना में सबसे नीचे है। बिहार में प्रति व्यक्ति प्रतिदिन मात्र 1.7 औंस दूध पाता है जबकि पंजाब में यह औसत 13.65 औंस, राजस्थान में 9.05 औंस और उत्तर प्रदेश में 6.97 औंस पाता है। पश्चिम बंगाल में मछली की भारी खपत के बावजूद प्रति व्यक्ति प्रतिदिन औसत 2.64 औंस दूध पाता है।

बिजली की खपत भी राज्य की प्रगति को मापने का अच्छा पैमाना है। सो, आइए, अब देखें कि देश के अन्य कुछ राज्यों की तुलना में बिहार कहाँ खड़ा है? इसके बारे में अर्थशास्त्री बी.एम. कपूर एक आलेख में लिखते हैं, "किसी भी इलाके में बिजली की खपत उसके आर्थिक विकास का एक पैमाना है। सो, किसी भी राज्य में अगर बिजली की खपत कम होती है तो यह उसके पिछड़ेपन का प्रमाण होगा। 1968-69 में बिहार में प्रति व्यक्ति बिजली की खपत मात्र 60.29 इकाई थी जबकि अखिल भारतीय औसत 80 इकाई का था। पश्चिम बंगाल और बॉम्बे जैसे उद्योग-धन्धे वाले प्रदेशों में यह औसत 250 इकाई से भी ज्यादा का था जबकि ये प्राकृतिक संसाधनों में बिहार के आधे भी नहीं हैं।"[8]

इस प्रकार हम पाते हैं कि विकास को मापने के इस महत्त्वपूर्ण पैमाने पर महाराष्ट्र और पश्चिम बंगाल बिहार से तीन सौ फीसदी से भी ज्यादा आगे हैं, पर यह तसवीर भी सही नहीं है। बिहार के हिस्से की ज्यादातर बिजली राज्य में स्थित थोड़े से बड़े उद्योग और रेलवे ही चट कर जाते हैं। घरेलू इस्तेमाल, सार्वजनिक जगहों पर रौशनी करने, छोटे उद्योगों और सिंचाई के लिये तो नगण्य-सा हिस्सा

ही बचता है। चार्ट 13 इस स्थिति को साफ करता है। करीब दो तिहाई बिजली तो औद्योगिक प्रतिष्ठान ही ले लेते हैं और एक चौथाई रेलवे के हिस्से जाता है। राज्य में बिजली की कुल खपत का मात्र दस फीसदी ही घरेलू इस्तेमाल, सिंचाई और सार्वजनिक जगहों पर रौशनी करने जैसे कामों में इस्तेमाल होता है। और जब हम देखते हैं कि इन उद्योगों की मिल्कियत और रोजगार बाहरी लोगों के हाथ है तो लगता है कि स्थानीय लोगों के काम दस से पाँच इकाई बिजली ही आती है। और बिजली के रेट में भी अजीब गड़बड़ी है। 1971 में बड़े उद्योगों को यह 11.44 पैसे प्रति इकाई, खेती-सिंचाई को 18 पैसे इकाई, छोटे उद्योगों को 20 पैसे और घरेलू इस्तेमाल के लिये 35 पैसे इकाई दी जाती है। इस प्रकार गरीब लोग, जो स्थानीय हैं ज्यादा पैसे देते हैं और बड़े पैसेवालों को रियायती बिजली दी जाता है।

चूँकि बिहार के नब्बे फीसदी से ज्यादा लोग खेती पर निर्भर हैं और जमीन की उपलब्धता कम है, इसलिए उनकी स्थिति पर गौर करने से ही बिहार के लोगों की स्थिति ज्यादा बढ़िया ढंग से समझ आएगी। चार्ट 14 राज्य में खेती की स्थिति पर प्रकाश डालता है। जैसाकि इस चार्ट से जाहिर होता है, बिहार में धान और गेहूँ जैसे अनाज की प्रति एकड़ पैदावार हिन्दुस्तान के औसत से काफी कम है और खेती में विकसित राज्यों से तो और भी पिछड़ गई है। तो क्या ये आँकड़े बताते हैं कि बिहारी किसान आलसी, मूर्ख और पिछड़े हैं जिससे उनकी खेती पिछड़ गई है? बाहर के काफी लोग ऐसा मानते होंगे क्योंकि इससे उनकी जिम्मेवारी खत्म हो जाती है। हाँ, अगर हम आँकड़ों पर बारीकी से गौर करें तो पाएँगे कि ज्वार, बाजरा और अरहर में वह बाकी सबसे आगे है। मक्का और रागी के मामले में भी वह देश के औसत के बराबर है। फिर वह धान और गेहूँ जैसे प्रमुख फसलों में क्यों पिछड़ा है? कारण बहुत साधारण है। अरहर, बाजरा और ज्वार की खेती बिना सिंचाई के होती है तथा रागी (कोदो) और मक्का बरसात में ही होते हैं। सूखा न पड़े तो उनके सिंचाई का इन्तजाम नहीं करना पड़ता। सो, इन फसलों में किसान को सिर्फ अपना श्रम लगाना होता है जबकि गेहूँ तो बिना बरसात वाले समय में होता है और धान की फसल का एक समय बिना बरसात वाला होता है। इन सबका काम बिना सिंचाई के नहीं चलता। उसे दो मोर्चों पर मुश्किल आती है। सिंचाई के साधन न होने से फसल मरती है और पैसा न होने से वह अपनी फसल में खरीदकर खाद नहीं डाल पाता। ऐसी स्थिति में उसके उन्नत किस्मों की खेती करने की गुंजाइश नहीं होती क्योंकि उनमें कई बार पानी और खाद देना पड़ता है। पर जिन कुछ इलाकों में सिंचाई की सुविधा हो गई है वहाँ इन फसलों की पैदावार भी देश के किसी भी हिस्से से कम नहीं होगी।

इस सन्दर्भ में जब हम मनोरंजन के एक स्रोत, बिहार में रेडियो की उपलब्धता के आँकड़ों की तुलना करेंगे तो वह अपमानजनक लगेगा। पर गरीब भी कई बार

कुछ खास चीज दिखाना चाहता है और हम भी वैसी कोशिश कर सकते हैं। 'इंडिया 1970' के अनुसार, भारत में 1969 में एक करोड़ से ज्यादा रेडियो सेटों का लाइसेंस जारी हुआ था (तब रेडियो रखने के लिये लाइसेंस रखना होता था)। आबादी में हिस्सेदारी के हिसाब से बिहार में दस लाख रेडियो सेट होने चाहिए थे, पर बिहार में तीन लाख से भी कम लाइसेंस दिए गए थे अर्थात राष्ट्रीय औसत के तीन गुना से भी कम। जाहिर है, यहाँ भी वही तसवीर दिखती है।

अगर हम बिजली या डीजल से चलनेवाले पम्पिंग सेटों और ट्रैक्टरों की संख्या को देखें तो समझ आ जाएगा कि बिहार के किसान कितनी मुश्किलों का सामना करते हैं। चार्ट 15 के आँकड़े स्थिति का अन्दाजा देते हैं।

अगर हम बाढ़ नियंत्रण और सिंचाई की उपेक्षा के साथ बिजलीकरण और धन की कमी के मिले-जुले प्रभाव को समझें तब कुल तसवीर समझ आती है। मुख्यत: खेती पर निर्भर बिहार में सिंचाई की उपेक्षा कितनी बड़ी है, यह इस बात से साफ है कि बिहार में 1968-69 तक मात्र 8,25,770 हेक्टेयर में सिंचाई की सुविधा उपलब्ध थी जबकि बिहार के एक तिहाई से भी कम क्षेत्रफल वाले पंजाब (इसमें हरियाणा के भी कुछ इलाके थे) में 26,12,000 हेक्टेयर में सिंचाई की सुविधा है। राज्य में हर साल बाढ़ आती है और काफी बड़े इलाके में तबाही लाती है, पर बाढ़ नियंत्रण के मामले में बिहार बदहाल ही है। 1971 की बाढ़ भी राज्य की 70 फीसदी फसल को चौपट कर गई और जान-माल, मकानों तथा सड़क वगैरह का नुकसान अलग है। पर चौथी पंचवर्षीय योजना में बिहार में बाढ़ नियंत्रण के लिये मात्र 10 करोड़ रुपये का प्रावधान है जबकि पंजाब के लिए 14 करोड़ और हरियाणा के लिए 9 करोड़ का प्रावधान है जिनके यहाँ बाढ़ की समस्या बिहार की तुलना में बच्चों का खेल ही है।

हमने बिजली के मामले में बिहार के सापेक्ष पिछड़ेपन को देखा है। पर जब हम पाते हैं कि जो राज्य बिजली के मामले में बिहार से काफी आगे हैं, नई बिजली परियोजनाओं के मामले में उन्हें ही बिहार से काफी ज्यादा धन दिया जा रहा है। चार्ट 16 इस भेदभाव को साफ दिखाता है। हम देख सकते हैं कि अन्य राज्यों में स्थापित क्षमता और विकास का लक्ष्य, दोनों ही बिहार से ज्यादा हैं। पर जैसे ही हम यह याद करते हैं कि बिहार की आबादी इन राज्यों से बहुत ज्यादा है वैसे ही यह भेदभाव और ज्यादा लगने लगता है। इसके बावजूद चौथी पंचवर्षीय योजना में बिहार में बिजली के लिए 63.25 करोड़ रु रखे गए हैं जबकि महाराष्ट्र के लिए 142 करोड़, तमिलनाडु के लिए 80 करोड़, पंजाब के लिए 111.57 करोड़ और पश्चिम बंगाल के लिए 41.92 करोड़। सिर्फ बंगाल की अभी बिहार से पीछे दिखता है, पर इसकी स्थापित क्षमता देश में सबसे अधिक और बिहार से दो गुनी है। पर बिहार में काम की रफ्तार ऐसी है कि पहले साल के आँकड़ों के

आधार पर कहा जा सकता है कि वह अपने लिए आवंटित राशि का पूरा इस्तेमाल भी नहीं कर पाएगा। बिहार से कैसा भेदभाव होता है, यह चीज इस तथ्य से भी जाहिर होती है कि संसद में 8 अगस्त, 1972 को बिजली मंत्री के.एल. राव ने माना कि बिहार में प्रति व्यक्ति बिजली की खपत मात्र 10 किलोवाट है जबकि देश का औसत 90 किलोवाट है। पर यह कहने के दो महीने बाद ही उन्होंने खुद बिहार के कटिहार में केन्द्र द्वारा लगवाए जानेवाले बिजलीघर का स्थान बदलकर पश्चिम बंगाल कर दिया।

इस प्रकार विद्युतीकरण और सिंचाई की कमी के साथ धन की कमी के चलते बिहार की खेती न सिर्फ जस की तस पड़ी है बल्कि उसमें गिरावट भी नजर आने लगी है। चौथी योजना की मध्यावधि समीक्षा के अनुसार 1970-71 में बिहार में अनाज की पैदावार 81.46 लाख टन थी जो 86.00 लाख टन के अनुमान से कम थी। इस प्रकार कहाँ तो खेती के हर साल 5.8 फीसदी बढ़ने की उम्मीद की जा रही थी, पर असल में इसमें 2.7 फीसदी की गिरावट ही देखने को मिली है। जूट में गिरावट 14.8 फीसदी और गन्ने में 3.0 फीसदी थी। खेती पर निर्भर राज्य के ये आँकड़े उसकी असलियत को अच्छी तरह सामने लाते हैं।

बदहाली बढ़ी

यह कल्पना की गई होगी कि पिछले दशक में स्थिति में सुधार होगा, पर पिछले दशक (1974-84) के विकास ने हमारी इस बात को सही ही साबित किया है कि क्षेत्रीय असमानता निरन्तर बढ़ते जानेवाली चीज है, खुद से कम होते जानेवाली नहीं। इस बात को बताने के लिये हम सिर्फ चार चीजों का सहारा ले रहे हैं। इनमें पहला है प्रति व्यक्ति आय, दूसरा साक्षरता का स्तर, तीसरा कृषि की पैदावार और चौथा बिहार जैसे ग्रामप्रधान राज्य में ग्रामीण विद्युतीकरण। नीचे कुछ राज्यों के प्रति व्यक्ति आय का चार्ट दिया गया है। फिर साक्षरता का चार्ट 16बी है। चार्ट 16सी में अनाज के उत्पादन के आँकड़े हैं और अन्तिम चार्ट (16डी) ग्रामीण विद्युतीकरण से सम्बन्धित है।

गले की फांस गरीबी

गरीबी के चलते की बचत करने की और इसके चलते पूँजी निर्माण करने की क्षमता भी काफी कम हो गई है। 1961 के निम्नलिखित आँकड़े ग्रामीण क्षेत्र की स्थिति का संकेत देते हैं चार्ट (17)।

इस पैमाने पर बंगाल भी काफी नीचे दिखेगा। लेकिन बंगाल में शहरीकरण काफी है जबकि बिहार के 90 फीसदी लोग गाँवों में रहते हैं। सबसे घनी आबादी वाले उत्तर बिहार में तो 93 फीसदी लोग गाँवों में रहते हैं, पर इस बात से इनकार

नहीं किया जा सकता कि बंगाल के ग्रामीण इलाकों का हाल भी काफी कुछ ग्रामीण बिहार जैसा ही है। औपनिवेशिक शासन में कलकत्ता और अन्य शहरी केन्द्रों को विकसित करने के लिये बिहार का जो इस्तेमाल हुआ, वही सब कुछ ग्रामीण बंगाल के साथ भी हुआ। ग्रामीण बिहार के लिये बचत न कर पाना एक और समस्या है। शहरों में रहनेवालों में भी जो लोग ज्यादा कमाते हैं और जिनकी बचत की क्षमता है उनमें से ज्यादातर बाहर वाले हैं, जो खाते तो यहाँ का हैं, पर यहाँ की समृद्धि में किसी तरह का योगदान नहीं करते। मौजूदा सीमाओं और बिहार से जुड़ाव महसूस न करने के चलते भी ऐसे लोगों ने राज्य को निराश किया है। इस मामले में वित्तीय संस्थान बड़ी भूमिका निभा सकते थे। आइए, उस स्थिति पर भी गौर करें। चार्ट 18 विभिन्न राज्यों में वित्तीय संस्थानों की सापेक्षिक भूमिका को दिखाता है।

जैसा हम देखते हैं, इतनी अधिक औद्योगिक सम्भावनाओं और देश की आबादी में दस फीसदी हिस्सा रखनेवाले बिहार को बैंकों से ऋण के मामले में नगण्य हिस्सा मिलता है। और इसमें भी यह बात ध्यान रखने लायक है कि बैंकों के जमा में तो बिहार का हिस्सा 3.1 फीसदी का है जबकि ऋण में 1.7 फीसदी का ही है। साफ मतलब है कि बैंक यहाँ उद्योगों या खेती में मददगार की भूमिका में न होकर यहाँ का धन जमा करने और उसका इस्तेमाल बाहर कराने के लिये हैं। और जो पैसा राज्य में लगता भी है, उसका ज्यादातर उन्हीं बाहरी लोगों के उद्योग-धन्धों में लगता है जो राज्य की अर्थव्यवस्था पर हावी हैं। यह बात चार्ट 19 पर गौर करते ही साफ हो जाती है। खेती में, जिस पर राज्य के सारे स्थानीय लोग निर्भर करते हैं, सिर्फ 4.68 करोड़ का कर्ज दिया गया है।

राज्य में खेती की जरूरतों को देखते हुए ऋण का प्रतिशत और कुल मात्रा, दोनों ही बहुत कम हैं। किसानों के लिये कर्ज का दूसरा स्रोत को-ऑपरेटिव बैंक हैं जिनसे 1967-68 में कुल 30 करोड़ रुपये का कर्ज बँटा था, पर इसका एक बड़ा हिस्सा उद्योग-व्यापार को भी जाता है। सो, खेती को 20 करोड़ से ज्यादा का ऋण नहीं मिला होगा जबकि अभी के स्तर का विकास करने के लिये उसे करीब 200 करोड़ रुपये के ऋण की जरूरत है।

चूँकि राष्ट्रीयकृत बैंकों के प्रबन्धन को दिल्ली से आदेश लेना होता है, इसलिए उनके लिए किसी राज्य के लोगों की जरूरतों पर गौर करना जरूरी नहीं रह जाता है। और फिर वे पुरानी ऋण नीति को लागू करते जाने के अलावा भी ज्यादा कुछ नहीं कर सकते। जब बैंकिंग व्यवस्था पर स्थानीय लोगों का प्रभावी नियंत्रण होगा तभी वे उस राज्य की जरूरतों के अनुसार काम करना शुरू करेंगे। जब किसी राज्य सरकार या क्षेत्रीय प्राधिकार के पास पर्याप्त शक्ति होगी, तभी सबसे उपेक्षित लोगों और अर्थव्यवस्था के हर क्षेत्र तक लाभ देनेवाली ऋण सुविधाओं के लिए जरूरी संस्थागत ढाँचा विकसित हो पाएगा। बैंक तो अपने बने-बनाए मौजूदा ढाँचे

और पुराने अनुभवों के आधार पर ही दुविधा के साथ आगे बढ़ सकते हैं, पर जिस राज्य को स्थायी रूप से भूखा रखा गया हो वह एक दिन उठ खड़ा होकर दौड़ने-भागने नहीं लगेगा।

बिहार में साझा उद्योगों/कम्पनियों के विकास पर गौर करने पर भी हमें यही तसवीर नजर आती है। चार्ट 20 के आँकड़ों पर नजर डालने से साफ हो जाता है कि बिहार सिर्फ उद्यमों के मामले में औद्योगीकृत राज्यों में काफी पिछड़ा है बल्कि नए पंजीकरण के मामले में भी पिछड़ा है। दरअसल, व्यावसायिक घराने तो बिहार को सिर्फ मुनाफा कमाने का मैदान मानते हैं और निवेश का वक्त आता है तो वे कोई और जगह तलाशते हैं। उनका पूरा कारखाना और कामकाज बिहार में है तब भी वे उसका मुखयालय बाहर रखकर बिहार को कर राजस्व से वंचित रखते हैं। इस मुद्दे पर टेक्नो-इकोनॉमिक सर्वे कहता है, "बिहार में पंजीकृत साझा कम्पनियों की पूँजी 1952 के 26.9 करोड़ रु. से बढ़कर 1956-57 में 28.8 करोड़ रु. हुई जो मात्र 7 फीसदी हुआ जबकि इस अवधि में देश में औसत वृद्धि 18 फीसदी हुई। बिहार में पंजीकृत कम्पनियों के अलावा काफी सारी ऐसी कम्पनियाँ भी काम कर रही हैं जिनका पूरा या मुख्य कारोबार तो बिहार में चलता है, लेकिन जिनका पंजीकरण बंगाल, बॉम्बे या उत्तर प्रदेश जैसे बाहरी राज्यों में है।"[9]

सिर्फ उद्योगों या व्यापार का मामला नहीं है। खनन वाली कम्पनियों ने भी अपना विपणन कार्यालय बिहार से बाहर रखा है। स्थानीय लोगों पर इन सबका क्या बुरा असर हो रहा है, इस बारे में वही सर्वे कहता है, "खनिजों के विपणन का ज्यादातर काम कलकत्ता, बॉम्बे या अन्य बन्दरगाह वाले शहरों में है। ऐसे विपणन केन्द्र बिहार में ही विकसित लिए जाने की जरूरत है जिससे कि इनका व्यावसायिक लाभ बिहार को मिले। इतना ही नहीं, अगर इन संस्थानों का मुखयालय बिहार में होगा तो खनिज व्यापार के कर का हिस्सा मिलने से बिहार के राजस्व में काफी वृद्धि होगी।"[10]

बिहार के बड़े उद्योगों का सालाना उत्पादन और खनन करीब छ सौ से सात सौ करोड़ रुपये का होगा और इसका दसवाँ हिस्सा निर्यात का होगा (करीब साठ करोड़)। यह कमाई विदेशी मुद्रा में आती है, लेकिन यह सब दूर-दराज के शहरी केन्द्रों को विकसित करने पर खर्च होते हैं क्योंकि ज्यादातर कम्पनियों ने अपना मुखयालय या बिक्री केन्द्र राज्य से बाहर रखा है। बिहार में जितना खनिज है और जमशेदपुर के प्लांट से जैसा इस्पात बनता है, इन दोनों चीजों के हिसाब से तो बिहार रसायन और इंजीनियरिंग उद्योग लगाने की आदर्श जगह है। पर पिछले वर्षों के आँकड़े बताते हैं कि बिहार को इस लाभ की स्थिति के बावजूद वंचित किया गया है। अर्थशास्त्री केदारनाथ प्रसाद लिखते हैं, "1948 में पश्चिम बंगाल (35.0 फीसदी) और बॉम्बे (26.6 फीसदी) में कुल 61.6 फीसदी इंजीनियरिंग फैक्टरियाँ

थीं। बाकी के 38.4 फीसदी में मद्रास (10.1 फीसदी), पंजाब (9.2), उत्तर प्रदेश (5.8), दिल्ली (5.4), बिहार (5.2) और अन्य राज्यों का 2.7 फीसदी हिस्सा था। 1957 में बिहार का हिस्सा 1.4 फीसदी गिर गया जबकि दिल्ली का हिस्सा 4.4 फीसदी और पंजाब का 2.6 फीसदी बढ़ गया।"[11]

आगे लेखक ने जनवरी 1962 और जनवरी 1964 तथा फरवरी 1964 और जनवरी 1965 के लाइसेंसिंग के आँकड़े दिये हैं जो इस बात की पुष्टि करते हैं कि सारी योग्यताओं के बावजूद बिहार की उपेक्षा बढ़ती जा रही है। वे लिखते हैं, "आयरन और इस्पात के फोर्जिंग और अन्य उत्पाद समेत कास्टिंग के काम के लिए 1962-64 के दौरान जारी लाइसेंस में बिहार के नाम 12, महाराष्ट्र को 56, पश्चिम बंगाल को 53, गुजरात को 19, मद्रास को 23, और पंजाब को 18 लाइसेंस मिले जबकि बाद वाले दौर में बिहार को सिर्फ 2, पश्चिम बंगाल को 6, महाराष्ट्र को 4, पंजाब को 4 और उत्तर प्रदेश को 3 लाइसेंस मिले। इलेक्ट्रिकल सामान के लाइसेंस के मामले में महाराष्ट्र को इन्हीं दोनों अवधियों में क्रमश: 48 और 8, पश्चिम बंगाल को क्रमश: 22 और 6 तथा बिहार को 6 और शून्य लाइसेंस मिले।"[12]

हर क्षेत्र में यही कहानी दोहराई जा रही है। खनन, कपड़ा, और कढ़ाई में बिहार को 4 लाइसेंस मिले हैं तो महाराष्ट्र को 52, पश्चिम बंगाल को 30, गुजरात को 19 और तमिलनाडु को 13। मशीन टूल्स बनाने के सिर्फ 2 लाइसेंस बिहार को मिले तो महाराष्ट्र को 25, पश्चिम बंगाल को 23 और तमिलनाडु को 31 रासायनिक पदार्थों के उत्पादन के 66 लाइसेंस महाराष्ट्र को, 23 लाइसेंस पश्चिम बंगाल को, 20 गुजरात को और 11 मद्रास को मिले जबकि बिहार को शून्य मिला।

ये सब सामान्य लाइसेंसिंग नीति के कुछ उदाहरण हैं। यह सिर्फ इस बात की पुष्टि करता है कि प्रमुख पूँजीवादी घराने अपने फायदे के लिए जिस तरह की लाइसेंसिंग नीति चाहते हैं केन्द्र वैसा ही करता है। जाहिर तौर पर वे वहीं नए उद्योग लगाना चाहते हैं जहाँ सुविधाएँ विकसित हैं, सहयोगी उद्योग लगे हुए हैं या बाजार बन चुका है। और जो चीज पूँजीपतियों को लाभ देती है वह अनिवार्यत: लोगों को भी लाभ दे, यह जरूरी नहीं है, लेकिन केन्द्र की सरकार पूँजीपतियों-नौकरशाहों के इतने प्रभाव में है कि वह आम लोगों, खास कर पिछड़े इलाके के लोगों की जरूरतों का खयाल नहीं करती। महाराष्ट्र में भी पूँजीपतियों के दबाव के चलते राज्य सरकार ने बॉम्बे से लगा ही एक और शहर विकसित कर दिया जबकि राज्य के पिछड़े इलाकों की आवाज अनसुनी कर दी। पिछड़े इलाके के लोग माँग कर रहे थे कि नए उद्योगों को उनके इलाके में लगाया जाए।

उद्योगों के विकास में मदद के लिए बनी वित्तीय एजेंसियाँ किस तरह बिहार से कैसा भेदभाव करती हैं, यह चीज केदार नाथ प्रसाद की किताब के एक अन्य उद्धरण से स्पष्ट हो जाएगी, "भारतीय औद्योगिक वित्त निगम राष्ट्रीय और रणनीतिक

महत्त्व के बड़े उद्योगों की जरूरतों का खास खयाल करता है। 30 जून 1965 तक इसने वनस्पति तेल निकालने के लिए 53 सहकारी इकाइयों को 40.45 करोड़ रुपये की धनराशि दी जिसमें बिहार के हिस्से 1.15 करोड़ रुपये ही आए।[13] और इस मामले में भी महाराष्ट्र को 14.17 करोड़, तमिलनाडु को 4.43 करोड़ और पंजाब को 4.21 करोड़ रुपये मिले।"

इस पूरी चर्चा का लब्बोलुबाब यही है कि 1. बिहार में काम करनेवाली बाहरी पूँजीवादी शक्तियों की भूमिका विशुद्ध रूप से शोषण की है और इसके चलते राज्य का विकास नहीं हुआ है और इन्होंने यहाँ के मुनाफे से राज्य के लोगों को कोई लाभ नहीं दिया है; 2. वित्तीय संस्थाओं ने भी बिहार की जरूरतों की उपेक्षा की है; और 3. केन्द्र की सरकार की नीतियाँ और फैसले आम तौर पर प्रमुख पूँजीवादी हितों की जरूरतों और माँगों के अनुरूप रहे हैं। ऐसी स्थिति में राज्य के विकास की जिम्मेवारी राज्य सरकार के कन्धों पर ही आ जाती है।

और यहाँ आकर हमारा तर्क एक दुश्चक्र में फँस जाता है। कोई राज्य पिछड़ा है तो वह किस तरह नए कराधान या उधार के जरिये अपने विकास के लिये संसाधन किस तरह जमा कर सकता है? कराधान से धन जुटाने के रास्ते में यह बाधा भी है कि जिन चीजों से ज्यादा राजस्व जुटाया जा सकता है, वे केन्द्र का विषय हैं। कर का सबसे बड़ा स्रोत उत्पाद कर है और उसे केन्द्र जमा करता है जिसमें राज्य को एक हिस्सा मिलता है। यह कितना हिस्सा होगा, यह भी केन्द्र ही तय करता है (अभी राज्यों को सिर्फ 20 फीसदी ही मिलता है)। पूरा का पूरा निगम कर केन्द्र वसूलता और अपने पास रखता है। सीमा शुल्क और निर्यात कर भी उसी की जेब में जाते हैं। जैसाकि चार्ट 21 से जाहिर होता है, राज्यों के पास बिक्री कर ही सबसे बड़ा स्रोत है और यह बढ़ भी रहा है। पर राज्य जिन चीजों पर बिक्री कर लगाते हैं, केन्द्र उन पर पहले ही उत्पाद शुल्क लगा चुका होता है। इसलिए राज्यों द्वारा लगाए जानेवाला बिक्री कर एक सीमा से ज्यादा नहीं हो सकता।

यह देखा जा सकता है कि राज्य के राजस्व में बिक्री कर का हिस्सा आधे से भी कम का रहता है। केन्द्र के करों में राज्यों का हिस्सा काफी कम होने के साथ ही खुद उसके हिस्से वाले करों से राजस्व बढ़ाने की गुंजाइश काफी कम है जबकि ये कर भी राज्यों के लोगों से ही वसूले जाते हैं। और इनसे मिला धन राज्यों के अपने राजस्व से ज्यादा होता है जैसाकि चार्ट 22 के आँकड़े बताते हैं।

जिस केन्द्रीय अनुदान का इतना शोर मचता है, वह इतना कम होता है कि उससे ज्यादा फर्क पड़ना सम्भव नहीं है। 1971-72 के बजट में यह 35.55 करोड़ रु. (अब तक का सर्वोच्च) का था जो राज्यों के समेकित निधि में जाना था। यह निधि 517.05 करोड़ रु. की थी। और यह राशि भी राज्य अपनी इच्छा से खर्च नहीं कर सकते। इस बार भी इस मद के 8.80 करोड़ रुपये केन्द्र द्वारा

ऐसे प्रायोजित कार्यक्रमों में जाना है जिसकी तरह की योजनाएँ राज्य खुद चला रहे हैं। और इनके जरिये वोट और दूसरे फायदे लेनेवाले कार्यक्रम चलाए जाते हैं। संस्कृत विद्वानों को छात्रवृत्ति, राजनीतिक कष्ट झेलनेवालों के बच्चों की पढ़ाई में मदद, कुछ खास कलाकारों को आर्थिक मदद और संस्कृत के छात्रों को मदद जैसे कार्यक्रम इसी तरह के हैं। इसमें जयप्रकाश नारायण के शेखोदेवरा आश्रम को 2.32 लाख का अनुदान भी शामिल है। यह अनुदान साल दर साल जारी है और सबसे ज्यादा 5.56 लाख का अनुदान 1970-71 में मिला था। 1971-72 में राज्य योजना का बजट 83.34 करोड़ रु. का था। केन्द्र द्वारा प्रायोजित योजनाओं पर ही 18.81 करोड़ रु. खर्च हो गए। तेनुघाटी योजना जैसी कुछ बड़ी परियोजनाओं को बोकारो स्टील परियोजना से जोड़ दिया गया जो केन्द्र की योजना है। केन्द्र के जोर देने से चलनेवाली सामुदायिक विकास जैसी कई विकास योजनाएँ तो एकदम धन की बर्बादी साबित हुई हैं जबकि इनमें राज्य के योजना खर्च की काफी धनराशि खर्च होती है।

अपने न बढ़ सकनेवाले संसाधन ही राज्यों की परेशानी के कारण नहीं हैं। उनके लिए अनेक दूसरी मुश्किलें भी साथ लगी होती हैं, जैसे यह केन्द्र की तरह घाटे से काम नहीं चला सकता। इसको केन्द्र से ओवरड्राफ्ट की सुविधा थी जो अब वापस ली जा रही है। कीमतें मुख्य रूप से केन्द्र की नीतियों से तय होती हैं, पर इसके चलते राज्यों को काफी सारे गैर-विकास वाले खर्चों का बोझ उठाना पड़ता है। और केन्द्र की निरंतर टोका-टोकी और निगरानी के चलते यह अपनी मर्जी से अपना धन अपनी योजना के अनुसार अपने लोगों पर खर्च भी नहीं कर सकते। केन्द्र और योजना आयोग धन से उनकी प्राथमिकताएँ तय करने बैठ जाते हैं। और इन सबकी सबसे बुरी मार राज्यों के योजना खर्च पर पड़ती है जो न सिर्फ अपर्याप्त होते हैं बल्कि जिनकी दिशा भी ठीक से तय नहीं होती। चार्ट 23 पहली तीन पंचवर्षीय योजनाओं में बिहार और केन्द्र के सार्वजनिक क्षेत्र के खर्च का हिसाब देता है। तीसरी योजना के दौरान राज्य का योजना खर्च 4,200 करोड़ रु. था। इस प्रकार अगर आबादी के अनुपात के हिसाब से देखें तो बिहार का योजना बजट मुल्क के औसत से 25 फीसदी कम था। जैसाकि हमने पहले चर्चा की है, निजी क्षेत्र में राज्य के लोगों की निवेश की क्षमता नगण्य है और जो बाहरी लोग यहाँ का उद्योग-व्यापार चलाते हैं, उनकी यहाँ निवेश करने में कोई रुचि नहीं है।

राज्य के संसाधनों से केन्द्र अपना खजाना भरता है, पर सिंचाई और विद्युतीकरण जैसे बुनियादी कामों में भी वह कर्ज के रूप में ही मदद करता है जिस पर 4 से 5.5 फीसदी सूद लिया जाता है। चार्ट 24 बताता है कि केन्द्र ने राज्य को कैसा और कितना ऋण दिया है?

अन्य चीजों के साथ इन कर्जों का बोझ राज्य पर इतना ज्यादा है कि अब तो सूद और कर्ज की अदायगी के लिए भी कर्ज लेना पड़ता है और उसका ज्यादातर हिस्सा इसी पर खर्च होता है। दूसरे कामों के लिए धन बचता ही नहीं। 1971-72 में केन्द्र ने राज्य को 61.49 करोड़ रु. का कर्ज दिया जबकि कर्ज और सूद की अदायगी के रूप में ही 66.72 करोड़ रुपये लौटाए गए। जब तक केन्द्र के कर्ज पर एकतरफा रोक या केन्द्र द्वारा अपने भुगतान माफ करने का फैसला न हो, राज्य अपने सीमित साधनों का प्रयोग भी अपने विकास में नहीं कर सकता। होना यह चाहिए था कि केन्द्र इन विभिन्न परियोजनाओं के सारे कर्ज को अनुदान के रूप में देता क्योंकि यह राज्य को अनुदान और कर्ज के रूप में जो कुछ दे रहा है, उससे ज्यादा राशि राज्य से हासिल कर रहा है। अगर केन्द्र उत्पाद शुल्क का बँटवारा राज्यों की आबादी के हिसाब से ही कर दे तो बिहार को हर साल 200 करोड़ रुपये अधिक मिलने लगेंगे। आज केन्द्र के सारे करों में बिहार का हिस्सा इस रकम के आधे से भी कम है।

6

बिहार और दूसरे राज्यों का नुकसान नई दिल्ली के लाभ के रूप में सामने आता है। बिहार अपनी बदहाली में डूबा है जबकि उसी के और अन्य राज्यों के राजस्व पर दिल्ली मुगल राजधानी में ब्रिटिश साम्राज्य वाली शानो-शौकत से राज चला रही है। इतने शानदार बागों, असंख्य फव्वारों, विशाल पार्कों, कई-कई हेक्टेयर में पसरे बंगलों (जिनकी कीमत करोड़ों में है) और नवीनतम सुविधाओं से लैस बहुमंजिला इमारतों वाले शहर को देखकर कौन कह सकता है कि यह बिहार में आधे-पेट पर बसर करनेवाले लोगों की राजधानी है। पर सच्चाई यही है कि देश भर के ऐसे ही भूखे-अधनंगे लोगों से जुटाए संसाधनों को दिल्ली और उसके आसपास खुले हाथों से खर्च किया जाता है जो विशाल कृत्रिम फूल की तरह दिखता है। यह चौंकानेवाली समृद्धि सिर्फ गरीब इलाकों की कमजोर अर्थव्यवस्था का दोहन ही नहीं करती, राष्ट्रीय विकास की पूरी दिशा को ही बिगाड़ रही है। गरीब इलाकों को लूटकर वैभव और शानो-शौकत से जीने और दिखानेवाली दिल्ली की बीमारी राज्यों की राजधानियों को भी लगी है और वहाँ के राज्यपाल, मंत्री और नौकरशाह इसी होड़ में लगे दिखते हैं।

केन्द्र के अनेक मंत्रालय राज्यों के अधिकार क्षेत्र वाले विभागों से सम्बन्धित हैं और सिर्फ खर्च का दोहराव करते हैं क्योंकि सारा काम राज्यों के जिम्मे है। शिक्षा, कृषि, सिंचाई और बिजली, सार्वजनिक निर्माण, खनिज, श्रम और गृह विभाग का लगभग सारा जिम्मा राज्यों के हिस्से का है। केन्द्र के ये मंत्रालय सिर्फ दिखावा करते हैं या अपना लाभ देकर राज्यों के काम में दखल देते हैं या उनका काम हड़पते हैं। ये अधिकारियों की पूरी फौज लेकर एक-दूसरे पर नजर रखते हैं या राज्य सरकारों के इन्हीं विभागों के ऊपर चढ़े रहते हैं और भारी फंड रहने से इनको तड़क-भड़क बनाए रखने में मदद मिलती है। सरकारी धन लुटाने की यह प्रवृत्ति कफी सारी नई-नई चीजों और सेवाओं का बाजार बनाती जा रही है। इनके अलावा दिल्ली और अन्य राजधानियों में अच्छी सड़कों, नालियों, जलापूर्ति, बिजली वगैरह जैसी सुविधाएँ भी काफी तेजी से जुटा दी जाती हैं। दिल्ली की जरूरतों को पूरा करने के लिये काफी सारे नए उद्योग-धन्धे उभर आए है जो दिल्ली के अलावा हरियाणा और उत्तर प्रदेश के सटे इलाकों में भी लगे हैं। चूँकि उद्योग लगाने का लाइसेंस पाना

काफी जुगाड़ और पैरवी का काम है, ऐसे में उद्योगपतियों के लिए भी दिल्ली के आसपास ठिकाना बनाना सुविधाजनक रहता है और उद्योग केन्द्र का विषय भी है। दिल्ली के आसपास जब किसी भी तरह का कच्चा माल उपलब्ध नहीं है तब उसके तेज औद्योगिक विकास को इन बातों के अलावा किसी और तरह से समझा नहीं जा सकता। बिहार में सारा खनिज और बुनियादी धातुएँ उपलब्ध होने के बावजूद कुछ भी नहीं बढ़ रहा है। दिल्ली को तो बॉम्बे, कलकत्ता और मद्रास की तरह का लाभ भी नहीं है जो बन्दरगाह वाले शहर हैं और जहाँ पहले से कई सुविधाएँ विकसित हैं। मुगल शासकों के कारखानों की तरह ही दिल्ली का सारा विकास आज के दरबार, दरबारियों और उनके अड्डों के आसपास ही विकसित हो रहा है।

दिल्ली में खपत का स्तर क्या है, यह संकेत बिक्रीकर के संग्रह से मिलता है। दिल्ली की आबादी बिहार से चौदह गुना कम है जबकि 1971-72 में बिहार में बिक्रीकर का संग्रह 42.02 करोड़ था जबकि दिल्ली में 27.50 करोड़। इससे लगता है कि दिल्ली में प्रति व्यक्ति खपत बिहार से दस गुना अधिक है। कोई कह सकता है कि यह फर्क इस चलते है कि दिल्ली मुख्यत: शहरी है जबकि बिहार ग्रामीण। पर यह तर्क ज्यादा दूर नहीं जाता क्योंकि बिहार की शहरी आबादी का आकार भी दिल्ली से ड्यौढ़ा है। यही नहीं, बिहार की आधी शहरी आबादी जमशेदपुर, झरिया-धनबाद, बोकारो, रांची-हटिया जैसे एकदम आधुनिक औद्योगिक शहरों में रहती है।

जब दिल्ली के हाथ एक बड़ा फंड आ जाता है तो यहाँ के नए शासकों को भी शाहजहाँ और लॉर्ड कर्जन बनने में कहाँ देर लगती है? आखिर वे भी तो इन्हीं के बनाए शहर में रहते हैं और खुद को उन्हीं की गद्दियों पर बैठा मानते हैं। ऐसे में अकेले राष्ट्रपति का बजट 1971-72 में 47.92 करोड़ का था। हर मंत्री और उनका स्टाफ कितना खर्च करता है, इसका तो हिसाब भी मुश्किल है क्योंकि यह राशि अलग-अलग मदों से आती है। पर वे जिस तरह का जीवन जीते हैं, उनका खर्च भी कम नहीं होगा। प्रधानमंत्री का खर्च तो मंत्रियों से काफी अधिक होगा। ऐसे में सांसद क्यों पीछे रहें? सो, वे सब एक–दूसरे को मदद करते हुए खर्च का बोझ बढ़ाते जा रहे हैं। 1971-72 के बजट में लोक सभा के सांसदों के वेतन-भत्ते के लिये 1.75 करोड़ रुपये का प्रावधान था जबकि राज्य सभा के सदस्यों के लिए 69.91 लाख का। इन दोनों का योग 2.66 करोड़ होता है जो बिहार को उसी साल उद्योग के लिए मिले बजट से ज्यादा है। सांसदों का प्रति वर्ष 33,000 रुपये का वेतन-भत्ता उस मुल्क के प्रतिनिधियों के हिसाब से ज्यादा है जिसके लोगों की औसत आमदनी 500 रुपये के करीब है। इसमें अगर मुफ्त यात्रा, एकदम कम भाड़े पर विशाल आवास, फोन, चाय-पानी के खर्च वगैरह को जोड़ लें तो साफ लगेगा कि सत्ता के गलियारे में पहुँच जानेवालों को दिल्ली क्या से क्या बना देती है? इस दिल्ली की हर चीज वैभव की दीवानगी वाली ही है। और फिर राज्यों के जो लोग

विधायी और प्रशासनिक पदों पर बैठते हैं वे भी दिल्ली की ही नकल करते हैं, भले ही उनके पास दिल्ली जैसे संसाधन न हों। फिर राज्यों में तैनात भारतीय प्रशासनिक सेवा के अधिकारी छोटी जगहों पर दिल्ली की संस्कृति को पहुँचानेवाले वाहक बन जाते हैं। और फिर देखा-देखी वही करने और उनसे आगे बढ़कर दिखावा करने की होड़ में लगे नेता और छोटे अधिकारी बाकी काम कर देते हैं। दिल्ली वित्तीय संसाधनों को चूसने और फालतू खर्च करने में जितना गुनाह करती है, इस फिजूलखर्ची और दिखावे की संस्कृति को फैलाकर उससे भी बड़ा गुनाह कर रही है।

कुछ उदाहरणों से साफ होगा कि केन्द्र सरकार किस तरह ऐसी योजनाओं पर भारी खर्च करती है जिनका सम्बन्धित मंत्रालयों और किसी खास समूहों के लाभ से कोई लेना-देना नहीं है (स्वाभाविक रूप से ऐसी अनेक योजनाओं का लाभ दिल्ली को मिलता है)। आवास और सार्वजनिक निर्माण विभाग का खर्च इस चीज को ज्यादा अच्छी तरह बताता है। 1971-72 के बजट में इस मंत्रालय को 84.38 करोड़ रुपये दिये गए थे। इस मंत्रालय की योजनाओं के लिए देश भर का योजना खर्च 12.71 करोड़ रखा गया था जबकि अकेले दिल्ली के योजना खर्च के लिए 6.90 करोड़। इन 12.71 करोड़ में से भी ज्यादातर पैसा बॉम्बे, कलकत्ता और मद्रास जैसे नगरों के लिए ही रखा गया है। दिल्ली को छोड़कर खर्च के कोई 3 सौ मद गिनवाए गए हैं। इनमें से महाराष्ट्र के लिए करीब 45 काम थे। 40 कामों के साथ पश्चिम बंगाल दूसरे और तीसेक कामों के साथ तमिलनाडु तीसरे स्थान पर था। ये राज्य तो अधिकांश काम ले गए, पर बिहार को सिर्फ तीन कामों के लिये फंड दिया गया—रांची में एजी दफ्तर और स्टाफ क्वार्टर के लिए 12 लाख, धनबाद में खनन विभाग का दफ्तर बनाने के लिए 2 लाख और धनबाद में एक प्लॉट लेने के लिए 50 हजार रुपये अर्थात 17 करोड़ से ज्यादा के योजना खर्च के लिए बिहार के हिस्से आए सिर्फ 15 लाख रुपये से कुछ कम ही।

केन्द्रीय रिजर्व पुलिस को बाकी के 1.75 करोड़ रु. में से ज्यादातर पैसे विभिन्न राज्यों में अपने लिए भवन बनाने के लिए मिले। केन्द्रीय बल के पास अभी 14.29 करोड़ रुपयों का निर्माण कार्य है। केन्द्रीय बल पर इतना खर्च बताता है कि सरकार खुद भी संवैधानिक प्रावधानों की परवाह नहीं कर रही है क्योंकि कानून-व्यवस्था का जिम्मा तो राज्यों का है।

दिल्ली के पूँजीगत खर्चों के कुछ प्रावधानों पर नजर डालने से सार्वजनिक धन की इस आपराधिक बर्बादी की तसवीर और साफ होकर सामने आती है। संसद भवन विशाल है, पर सरकार उससे सन्तुष्ट नहीं है और संसदीय सचिवालय की नई इमारत बनवा रही है, जिस पर इस साल 30 लाख का आवंटन किया गया है। वैसे इस पूरी इमारत पर 1.57 करोड़ रुपये खर्च होंगे। यह सरकार महात्मा गांधी का कितना और कैसा सम्मान करती है, यह किसी से छिपा नहीं है, पर 'राजघाट'

पर मौजूद स्मारकों के अलावा नया स्मारक बनवाने के लिये 1971-72 के बजट में 84.5 लाख रुपये खर्च करने का प्रावधान किया गया है लाल बहादुर शास्त्री के स्मारक 'विजय घाट' पर 32.61 लाख में बनाने का प्रावधान है। राष्ट्रीय प्रशासनिक भवन बनाने पर 1.80 करोड़ रुपये खर्च होंगे और यह काम चल रहा है। एक अन्य भवन बनाने पर काम चल रहा है और उस पर 1.94 करोड़ रुपये दिए गए हैं, पर इसका उद्देश्य अभी भी घोषित नहीं हुआ है। फिर, चाणक्यपुरी में बहुमंजिला फ्लैट बन रहे हैं जिन पर 2.38 करोड़ रुपये खर्च होने का अनुमान है। मोतीलाल नेहरू प्लेस में 60.94 लाख की लागत से छह फ्लैट बन रहे हैं अर्थात प्रति फ्लैट दस लाख से ज्यादा के। लेकिन मिंटो रोड पर 8.39 लाख रुपये की लागत से टाइप-III के 1320 और टाइप-IV के 240 फ्लैट बन रहे है। अर्थात प्रति फ्लैट खर्च मात्र 538 रुपये। इतनी कम रकम से कैसे मकान बनेंगे, यह सोचना मुश्किल है, लेकिन दिल्ली ऊँचा सुनती है और ऐसा ही न्यायपूर्ण राज चलाती है। एक तरफ दस लाख के फ्लैट और दूसरी ओर पाँच सौ के फ्लैट।

इसी मद के अन्य खर्चों में कृषि भवन की एअरकंडीशिनंग पर 31 लाख, राष्ट्रीय संग्रहालय की एअरकंडीशिनंग पर 18.1 लाख रुपये खर्च का प्रावधान है। धीरे-धीरे अधिकांश सरकारी इमारतें वातानुकूलित हो रही हैं। बहुमंजिला इमारतों का चलन बढ़ने से यह एक जरूरत भी बन गई है। इन बड़ी इमारतों के लिए तो फर्नीशिंग भी काफी खर्चीली होती जा रही है, जैसे अकेले दिल्ली स्थित प्रशासनिक अकादमी भवन की फर्नीशिंग पर 21.60 लाख रुपये खर्च होने का अनुमान है। इसी मद पर और फर्नीचर बदलने, मरम्मत कराने तथा रख-रखाव जैसे भारी खर्चों के चलते 1971-72 के सार्वजनिक निर्माण विभाग का योजना खर्च 45.49 करोड़ रुपये था जो बिहार की कुल कर वसूली की रकम के आधे से भी ज्यादा था। ये कुछ चीजें हैं जो दिल्ली के खर्चों का अन्दाजा भर देती हैं।

यह मान लेना गलत होगा कि बड़ी इमारतों के निर्माण, साज-सज्जा और रख-रखाव का सार्वजनिक निर्माण विभाग का बजट ही दिल्ली और कुछ बड़े शहरों में सार्वजनिक धन से निर्माण का पूरा स्वरूप बता देता है। असलियत यह है कि विभिन्न विभाग भी अपने-अपने बजट से राजधानी में बड़े पैमाने पर निर्माण करा रहे हैं। जैसे डाक-तार विभाग अशोक रोड पर 1.36 करोड़ की लागत से एक भवन समेत दिल्ली में ही करीब 5 करोड़ रुपये की लागत से कई जगह निर्माण करा रहा है।

विभिन्न मंत्रालयों द्वारा दिल्ली में अपने फंड खर्च करने के और भी तरीके हैं। जैसे कृषि मंत्रालय (जिसके जिम्मे कुछ अनुसन्धानों का खर्च उठाने के अलावा कोई काम नहीं है, और वह काम भी राज्यों को आसानी से सौंपा जा सकता है) समय-समय पर चीनी मिल मालिकों को अपना उत्पाद बाहर सस्ती कीमत पर बेचने (जबकि देश में चीनी महँगी ही बिकती है) के लिए सब्सिडी दिया करता है।

बजट 1971-72 में इस मद पर दस करोड़ रुपये खर्च हुए। मंत्रालय दिल्ली में एक जीवविज्ञान पार्क चलाता है जिस पर बजट अनुमान 16.50 करोड़ रुपये खर्च का है। यही मंत्रालय दिल्ली दुग्ध योजना भी चलाता है जिस पर 31 मार्च 1970 तक 4.95 करोड़ रुपये खर्च किए गए थे। 1971-72 के बजट में इस योजना के लिए 14.94 करोड़ रुपये का प्रावधान किया गया है।

केन्द्र दिल्ली परिवहन निगम को भी वर्ष 1971-72 में 21.94 करोड़ रुपये का ऋण दे रहा है। निगम 1964-65 से ही अपना कर्ज उतारने में हर साल असफल होता है, पर हर साल उसे नया कर्ज दे दिया जाता है। अगर केन्द्र कमजोर राज्यों की लूट नहीं कर रहा होता तो इस तरह पैसा बाँटने में कोई हर्ज न था। गृह मंत्रालय भी दिल्ली को काफी धन देता है। 1971-72 में उसका दिल्ली का बजट 69.57 करोड़ था जबकि दिल्ली से प्राप्तियाँ मात्र 51.36 करोड़ रुपये की थीं। इस 18.21 करोड़ के फासले को केन्द्र ऋण देकर भरता है। इसी बजट में प्राथमिक, माध्यमिक और तकनीकी शिक्षा का खर्च 20.05 करोड़ रुपये रखा गया है, जबकि अकेले दिल्ली का शिक्षा बजट 52.10 करोड़ रुपये का है जिसमें विश्वविद्यालय शिक्षा भी शामिल है।

गृह मंत्रालय के साथ ही शिक्षा मंत्रालय भी दिल्ली को काफी धन देने का एक प्रभावी माध्यम है और यह काम कुछ खास वर्गों के लोगों को मदद की तरह ही है। विश्वविद्यालय अनुदान आयोग द्वारा दिये जानेवाले के धन के बँटवारे पर नजर डालने से यह चीज साफ हो जाती है। 1969-70 का आयोग का गैर-योजना मद पर धन बँटवारा चार्ट 25 में दिया हुआ है।

चार्ट-25 1969-70 में यूजीसी की गैर-योजना परियोजनाएँ।

गैर-योजना परियोजनाएँ	(रुपये)
1. प्रशासनिक खर्चे	31,53,288
2. केन्द्रीय विश्वविद्यालयों को अनुदान	6,31,25,000
3. दिल्ली विवि. के आनुषंगिक/सम्बद्ध कॉलेजों को अनुदान	2,43,00,000
कुल गैर-योजना परियोजना	9,43,00,000

इस तरह हम देखते हैं कि केन्द्रीय विश्वविद्यालयों के अलावा किसी भी अन्य विश्वविद्यालय को गैर-योजना मद का एक भी पैसा नहीं मिलता जबकि दिल्ली विश्वविद्यालय को 2.43 करोड़ मिलते हैं। इसी रिपोर्ट के अनुसार, विकास अनुदान में से भी दिल्ली के आनुषंगिक/सम्बद्ध कॉलेजों को 42.20 लाख रुपये मिलते हैं। अन्य ब्यौरे नहीं दिये गए हैं, पर दिल्ली को उसके अनुपात से ज्यादा मिलता है, यह बात तो साफ हो ही जाती है। देश भर के विश्वविद्यालय के लिए योजना मद

पर मात्र 15.54 करोड़ रखे गए हैं और देश भर में फैले 89 विश्वविद्यालय और डीम्ड विश्वविद्यालय को इतने कम धन से कितना हिस्सा मिलता होगा और उससे वे क्या कर पाएँगे, यह सोचा जा सकता है।

1971-72 के बजट में दिल्ली, बम्बई, मद्रास, खड़गपुर और कानपुर आईआईटी के लिए 9.35 करोड़ रुपये का प्रावधान किया गया है। इसके अलावा केन्द्रीय विद्यालय संगठन के लिए 4.73 करोड़ का प्रावधान है जिसमें सिर्फ केन्द्र सरकार के कर्मचारियों के बच्चे पढ़ते हैं। 2.21 करोड़ का बजट नेशनल फिटनेस कॉर्प्स के नाम है, पर यह संस्था क्या काम करती है, स्पष्ट नहीं है। शिक्षा और समाज कल्याण मंत्रालय से योग, पर्वतारोहण, यूथ हॉस्टल जैसे न जाने कितने कामों से जुड़ी संस्थाओं को अच्छा-खासा अनुदान मिलता है। यह ज्यादातर पैसा मंत्रियों और अधिकारियों द्वारा अपने लोगो द्वारा बनाई संस्थाओं को उपकृत करने के लिए जाता है।

संस्कृति मंत्रालय एक और सफेद हाथी है। यह तो कुछ खास 'अपनी' संस्थाओं और समूहों को मदद देने के अलावा शायद ही कुछ और काम करता है। इस मंत्रालय से नेहरू स्मारक संग्रहालय को 37.85 करोड़ रु. का अनुदान दिया गया और 1.45 करोड़ रु. ऐसी अन्य संस्थाओं को बाँटे गए जिनकी उपयोगिता बहुत साफ नहीं है।

विभिन्न राज्यों, खासकर गरीब राज्यों से जुटाए गए धन का केन्द्र कैसे उपयोग करता है, ये उसके चन्द उदाहरण मात्र हैं। जो लोग आम जनों से दूर बैठकर राज करते हैं और धन लुटाते हैं, उनसे यही उम्मीद की जा सकती है क्योंकि गरीब करदाता उनसे हिसाब नहीं पूछ सकते। और इस स्थिति का दोष किसी एक व्यक्ति या समूह को देना भी बेमानी है। असली गलती केन्द्र में शासन करनेवालों के हाथ में इतनी जिम्मेवारियाँ और शक्ति सौंप देने की है। अगर इतना केन्द्रीकृत शासन होगा तो फिर बेपरवाह सरकार और लुटेरी नौकरशाही आनी ही है।

क्षेत्रीय आन्दोलनों का तर्क

चिरस्थायी असमानता

जैसाकि बिहार का अभी समाप्त हुआ अध्ययन बताता है कि अंगरेजों के विदा होने के बावजूद बिहार का औपनिवेशिक शोषण बन्द नहीं हुआ है—पहले यह अंगरेजों का उपनिवेश था तो अभी भी कुछ विकसित मेट्रोपॉलिटन केन्द्रों का चरागाह बना हुआ है। आज का संघीय शासन की राजनीतिक व्यवस्था ने इसे राष्ट्रीय अर्थव्यवस्था पर हावी पूँजीवादी और नौकरशाही गठजोड़ के हाथों में ज्यादा मजबूती से सौंप दिया है। बिहार की मौजूदा स्थिति को एक काल्पनिक स्थिति से ज्यादा अच्छी

तरह समझा जा सकता है। अभी मिस्र, सीरिया और लीबिया एक ढीले-ढाले अरब संघ के सदस्य हैं। इनमें लीबिया अपने तेल की कमाई के चलते काफी समृद्ध है जबकि बाकी दोनों उसके मुकाबले गरीब हैं, लेकिन लीबिया में और उद्योग-धन्धे नहीं हैं और उसके यहाँ कुशल कारीगरों और तकनीकी जानकारों की भारी कमी है। वहाँ के तकनीकी कामों में मिस्र के करीब एक लाख लोग लगे हैं। अब जरा यह कल्पना करके देखिए कि अगर सारे आर्थिक और राजनीतिक ताकत काहिरा केन्द्रित व्यवस्था के हाथ आ जाए तो क्या होगा? तब उसका लीबिया के तेल उत्पादन और बिक्री से जुड़े फैसलों पर भी नियंत्रण हो जाएगा। फिर यह निष्कर्ष निकालने में मुश्किल नहीं होगी कि जल्दी ही लीबिया सारे तेल के खजाने के बावजूद इन तीनों में सबसे दरिद्र बन जाएगा।

बिहार की असली स्थिति लीबिया की इस काल्पनिक स्थिति जैसी ही है। अन्तर सिर्फ यह है कि बिहार का खजाना कभी भी पूरी तरह उसका अपना नहीं रहा है। आबादी के हिसाब से बिहार के पास जमीन की उपलब्धता भी कम है। फिर जैसाकि पहले कहा गया है, सिंचाई और दूसरी सुविधाओं के अभाव में जमीन की उत्पादकता भी कम रही है। इसके पास खनिजों का भंडार जरूर है, पर जैसा हमने पहले कहा है, खानों पर केन्द्र सरकार का या बाहरी लोगों का कब्जा है।

कोई कह सकता है कि केन्द्र सरकार का जो कुछ भी है, वह पूरे देश का है और उसमें बिहार का भी हिस्सा है (पर यह तर्क देनेवाले बाहर के लोगों की मिल्कियत को लेकर इस तरह की बात नहीं करते)। कहने भर के लिये तो यह बात सही भी है। अगर चीजें न्यायपूर्ण ढंग से चलतीं तो बिहार की सम्पत्ति से दूसरों को लाभ होता तो उसी अनुपात में दूसरों की सम्पत्ति से बिहार को भी लाभ होता, पर सच्चाई यही है कि प्रत्यक्ष और परोक्ष, दोनों तरह से राष्ट्रीय अर्थव्यवस्था में बिहार से तो चाहे-अनचाहे सारी मदद ले ली जाती है, पर जैसाकि पिछले अध्ययन में बताया गया है, बिहार को जो कुछ वापस मिलता है वह नगण्य ही है। यह बड़ी विचित्र स्थिति है कि सारी जिम्मेवारियाँ तो राज्य के मत्थे और सारी सम्पत्तियाँ केन्द्र की या बाहर वालों की। और जो चीज स्थानीय लोगों के पास होनी चाहिए, उसकी माँग को 'क्षेत्रवाद' कहकर बदनाम किया जाता है। बिहारियों से सारी जिम्मेवारियाँ उठाने को कहना और वहाँ के संसाधनों की दूसरों के हाथ लूट होने देने पर भी बिहारियों को राष्ट्रभक्ति का पाठ पढ़ाना तो अजीब बात है। पर राष्ट्रनिर्माण में भागीदारी की माँग कुछ ऐसी ही बात है। बिहार से उम्मीद की जाती है कि वह अपनी ऐसी खेती से अपने लोगों का पेट भरे और अपने विकास के संसाधन भी जुटाए जो उसकी जरूरतों भर के लिए भी पर्याप्त नहीं है। दूसरी ओर, उसकी खदानें और कारखाने बाहर वालों की सेवा करने में लगे हैं, उनकी कमाई बाहरी लोगों की जेब में जाती है।

जब तक यह बुनियादी औपनिवेशिक सम्बन्ध नहीं टूटेंगे-बदलेंगे, बिहार के लोगों की बढ़ती दरिद्रता का क्रम नहीं थमेगा। लोगों से जिम्मेवारियाँ उठवाकर उनका विकास नहीं किया जा सकता, पर क्षेत्रीय विषमता का बिहार अकेला शिकार नहीं है। हिन्दुस्तान में उसकी तरह के और भी इलाके हैं। ओडिशा, असम और पूर्वी उत्तर प्रदेश जैसे और भी ऐसे इलाके हैं जो यही दर्द झेल रहे हैं।

इन इलाकों का औपनिवेशिक शोषण रुक भी जाए तो इनका विकास अपने बल पर नहीं हो सकता। क्षेत्रीय विषमता बढ़ती जानेवाली बीमारी है, खुद से दूर होनेवाला रोग नहीं। गिरावट उनकी गति का हिस्सा बन जाती है और इसे दूर करने के लिए बहुत सघन ढंग से विशेष प्रयास किए जाने की जरूरत होती है और सन्तुलन कायम करने के लिए ऐसे प्रयासों को लम्बे समय तक चलाना होता है। अगर पूरे देश के लिये विकास की कोई अच्छी रणनीति बने और न्यस्त स्वार्थ वाले उसे पंचर न करें तब भी उससे हर क्षेत्र का विकास हो जाना सम्भव नहीं है। योजना चाहे जैसी हो, उसका ज्यादातर लाभ पहले से विकसित इलाकों में जाएगा। और अगर न्यस्त स्वार्थी तत्वों को मजबूती से दूर नहीं रखा गया तो ऐसी राष्ट्रीय नीति का भी कोई ज्यादा लाभ नहीं बचेगा। बिहार की अर्थव्यवस्था की चर्चा पहले करते हुए हमने जिन कुछ तथ्यों को रेखांकित किया था, उनसे साफ हो जाता है कि भारत का अनुभव तो ऐसा ही है।

आर्थिक नीतियाँ बनाने में शीर्ष पर बैठे लोग अपनी नीतियाँ तय करते समय देश के कुछ इलाकों में अभी तक विद्यमान औपनिवेशिक चरित्र और पिछड़े इलाकों में जड़ जमानेवाली जड़ता, दोनों ही चीजों को भूल जाते हैं। इसकी एक वजह यह है कि समस्या समझकर निपटारे की तरफ बढ़ने का मतलब ऐसे राज्यों को ज्यादा स्वायत्तता देनी होगी और इसके लिए वे तैयार नहीं हैं। कुछ ताकतवर न्यस्त स्वार्थों को नुकसान पहुँचाए बगैर यह काम नहीं हो सकता।

केदारनाथ प्रसाद की जिस किताब का उद्धरण हमने पहले कई जगह देखा है, उसकी भूमिका में शीर्षस्थ अर्थशास्त्री वी.के.आर.वी. राव ने इस बात पर हैरानी जताई है कि बिहार की अर्थव्यवस्था ने अभी तक सुधार का कोई संकेत नहीं दिया है। वे लिखते हैं, "बिहार की अर्थव्यवस्था के बारे में यह सचमुच हैरान करनेवाली बात है कि यहाँ अभी तक भारी उद्योग में कोई बड़ा निवेश नहीं किया गया है जबकि इसी से बदलती तकनीक का असर होगा और आर्थिक जीवन पर प्रभाव पड़ेगा। एक को देखकर दूसरा आए या बढ़ता काम ही पूरी अर्थव्यवस्था को खुद से बढ़ाए, इस तरह की चीजें बिहार में देखने में नहीं आतीं। राज्य में जो बड़े उद्योग हैं, उनके लाभ का फैलाव और दूसरे काम शुरू कराने के रूप में विस्तार क्यों नहीं हुआ है इसका विस्तृत सामाजिक-आर्थिक विश्लेषण किया जाना चाहिए।"[1]

वी.के.आर.वी. राव और आर्थिक प्रशासन से जुड़े लोगों को जिस चीज पर हैरानी होती है, उसकी व्याख्या मुश्किल नहीं है। पूरी समस्या की जड़ है विकास के उस पश्चिमी मॉडल को ही शुरू से भारत में लागू करने का प्रयास, जिसकी अपनी समस्याएँ अलग तरह की हैं। केदारनाथ प्रसाद ने भी अपनी किताब में इस मॉडल का ब्यौरा कुछ इस तरह दिया है :

1. मेट्रोपॉलिटन रीजन : कई बार इसे 'कोर क्षेत्र' या 'ग्रोथ पोल' भी कहा जाता है। उद्योग, व्यापार और प्रशासन के ऐसे बड़े शहरी केन्द्र को यह नाम दिया गया है जो अपने आसपास के इलाकों प्रभावित करने के साथ ही विकास की बड़ी सम्भावनाओं से बढ़े होते हैं।
2. डेवलपमेंट एक्सेज : दो और ज्यादा मेट्रोपॉलिटन केन्द्रों को जोड़नेवाले कॉरिडोर। माना जाता है कि ये जितने बड़े केन्द्रों को जोड़ते हैं, इनके खुद के विकसित होने की सम्भावना उसी अनुपात की होती है। कुछ चीजों में यह दूरी उल्टा असर भी करती है।
3. फ्रंटियर क्षेत्र : कई बार नई तकनीक, आबादी के दबाव और नई राष्ट्रीय नीति के चलते नए इलाके में औद्योगिक विकास करना जरूरी हो जाता है।
4. पिछड़े क्षेत्र : देश के बाकी बचे इलाकों की अर्थव्यवस्था या तो गिरती जाती है या जड़ हो जाती है, उसका विकास बन्द हो जाता है।[2]

उपरोक्त मॉडल को प्रभावी होने के लिए दो जरूरी स्थितियाँ चाहिए। मेट्रोपॉलिटन केन्द्र का आकार इतना बड़ा होना चाहिए कि वह अपने आसपास की सारी आबादी और संसाधनों पर असर डाल सके। इसी अर्थ में विकास एक्सिस से जुड़े डेवलपमेंट पोलों की दूरी महत्त्वपूर्ण हो जाती है। जैसे न तो मॉस्को और व्लादिवोस्तक या बम्बई और कलकत्ता को जोड़नेवाली रेललाइन को विकास एक्सिल कह सकते हैं। ये बहुत बड़ी दूरियाँ हैं और इनके बीच के इलाकों पर इनका प्रभाव शून्य हो जाता है। अगर आसपास की आबादी और इलाका बहुत बड़ा हो तब मेट्रोपॉलिटन के आसपास ही सब लाभ सिमट जाता है। इस मॉडल की एक दिक्कत यह भी है कि यह मानकर चलता है कि हर जगह मुक्त व्यापार के सिद्धान्त लागू हैं। यह मानता है कि मुक्त बाजार होने के चलते जब मेट्रोपॉलिटन केन्द्र पर माँग बढ़ने के चलते मजदूर और कारीगर महँगे होने लगेंगे तो पूँजी स्वाभाविक रूप से उन इलाकों का रुख करेगी जहाँ मजदूरी सस्ती होगी। इस प्रकार अधिक आबादी वाले पिछड़े इलाकों में नए उद्योग विकसित होंगे। इसी प्रकार यह मानता है कि जिस इलाके में कच्चे माल की भरमार होगी वहाँ भी नए उद्योग लगेंगे क्योंकि इससे ढुलाई का खर्च बचेगा। यह पहला कारक तो भारत में कारगर नहीं है क्योंकि यहाँ इतने मेट्रोपॉलिटन केन्द्र नहीं हैं जो इस बड़े देश

की पूरी अर्थव्यवस्था और इलाकों को अपने साथ आगे बढ़ा सकें। ऐसा होने के लिये न सिर्फ आज से बीस गुना ज्यादा मेट्रोपॉलिटन केन्द्र होने चाहिए बल्कि बीस गुना बड़े केन्द्र भी चाहिए। पर अभी ही बम्बई और कलकत्ता में जिस तरह की सिविक दिक्कतें शुरू हो गई हैं, उनमें बीस गुना आकार वाली बात तो बेमानी है। बम्बई और कलकत्ता की तरह सौ-पचास और केन्द्र विकसित करना उससे भी ज्यादा मुश्किल काम लगता है। और फिर ऐसा करने का लाभ ही होगा, यह बात भी कोई भरोसे से नहीं कह सकता। इसलिए बातों के अलावा भी इस मॉडल का विकास अवास्तविक लगता है।

सस्ती मजदूरी और कच्चे माल की सुगम आपूर्ति के पूँजी खुद से अविकसित इलाकों की तरफ जाएगी, यह भी अभी तक देखने में नहीं आया है। भारत में ही नहीं, पश्चिमी जगत में भी उद्योगों में एक ही जगह जमते जाने की प्रवृत्ति देखी गई है। सस्ती मजदूरी के लिये पूँजीपति नए इलाके में जाए, यह बात शुरू में जितनी आकर्षक लगती थी, आज उतनी व्यावहारिक नहीं लगती। तकनीकी सुधार और उन्नति के बाद उद्योगों में कुशल और अति कुशल कामगारों की माँग ही बढ़ी है और पिछड़े इलाके में ऐसे कारीगर मिलते नहीं। चूँकि प्रशिक्षित मजदूर ही नहीं मजदूरों के प्रशिक्षण की सारी सुविधाएँ भी इन्हीं बड़े शहरों में हैं, इसलिए नए तरह के उद्योगों के लिए वही सबसे अच्छे मजदूर उपलब्ध कराते हैं। चूँकि ये सब चीजें बसे-बसाए औद्योगिक केन्द्रों को लाभकर बनाती हैं, इसलिए उद्योग लगानेवाले कच्चे माल की ढुलाई का खर्च भी खुशी-खुशी उठा लेते हैं। पर खनिज जैसे कच्चे माल में ही ढुलाई का खर्च ज्यादा रहता है। वह देखकर ही पहले एक केन्द्र विकसित हुए हैं पर ज्यादातर नए उद्योग तो धातुओं और अन्य तैयार सामान से ही नई चीजें बनाते हैं।

यह मॉडल भले ही भारत जैसे विशाल देश के पिछड़े इलाकों को विकसित करने के लिये मुश्किल लगता हो, पर न्यस्त स्वार्थ वालों के लिये यह बहुत उपयुक्त है। इस मॉडल से उनको अपनी गतिविधियाँ कुछ केन्द्रों पर सीमित करके अपनी लागत कम करने में मदद मिलती है, भले ही पूरे समाज को इसकी जितनी कीमत चुकानी पड़े। और अभी तक इस मॉडल को अपनाने की भारी कीमत भारत को और खास तौर से इसके पिछड़े इलाकों को चुकानी पड़ी है।

तुर्की के आर्थिक विकास पर खास अध्ययन करनेवाले मैल्काम डी. रिक्विन इस नतीजे पर पहुँचते हैं कि यह मॉडल अविकसित देशों के लिए अपर्याप्त है। उनका मानना है कि केन्द्रीकरण की प्रक्रिया शुरू होकर खुद ही आगे बढ़ती चली जाती है। वे लिखते हैं, "एक बार औद्योगिक केन्द्रीकरण शुरू हुआ तो यह खुद-ब-खुद मजबूत होता जाता है। अगर एक औद्योगिक निवेश लाभकर होता है तो अधिक औद्योगिक घराने उसी में निवेश करते जाते हैं...बाहरी अर्थव्यवस्था भी

इसी केन्द्रीकरण को बढ़ाती जाती है। बड़े केन्द्रों में सेवाओं और उपयोगिताओं की माँग सार्वजनिक निवेश को बढ़ाती है और ये केन्द्र औद्योगिक निवेश के लिए और आकर्षक बनते जाते हैं। विकास के शुरुआती धमाके के साथ ही श्रमिक बल प्रशिक्षित और उपलब्ध हो जाता है और यह नए लोगों को प्रशिक्षित करता जाता है। सम्भव है, यहाँ नई निवेश संस्थाएँ आ जाएँ और फिर यही नए उद्यमों को वित्त उपलब्ध कराने के केन्द्र के तौर पर विकसित हो जाए।"[3]

एक अन्य स्थान पर वे लिखते हैं, "पुराने अनुभव से साफ है कि केन्द्र अपना मजबूत औद्योगिक और व्यावसायिक आधार बनाकर ही पर्याप्त असर डालनेवाला विस्तार कर सकता है। अगर केन्द्र की अर्थव्यव्यवस्था आसपास के लोगों को भी मदद करने की स्थिति में नहीं होगी तो विकासशील देशों के लिये नए बाजार, संसाधन और श्रम वाले नए केन्द्र विकसित करना मुश्किल होगा जबकि पश्चिम में इन्हीं चीजों से विकास ने रफ्तार पकड़ी थी।"[4]

अब यह चीज साफ होती जा रही है कि एक केन्द्र से दूसरा बननेवाला वांछित परिणाम अब पश्चिम की विकसित अर्थव्यवस्थाओं में भी नहीं निकल पा रहा है। विकसित देशों में भी असल में जो कुछ विस्तार हो रहा है, उससे ज्यादा शोर मचाया जा रहा है। इसका सबसे अच्छा उदाहरण इटली है।

इटली का एकीकरण 1861 में हुआ। इसके उत्तरी और दक्षिणी हिस्से में गैर बराबरी एकीकरण के पहले से थी। उत्तर काफी विकसित और समृद्ध है तो दक्षिण पिछड़ा, पर एकीकरण से दक्षिण की मुश्किलें बढ़ती ही गई। उत्तर के उद्योगों को संरक्षण देने के लिये आयात पर भारी सीमा शुल्क लगाया गया। परिणाम हुआ कि दक्षिण को अपने ही देश के उत्तरी हिस्से में तैयार माल महँगी कीमत पर खरीदना पड़ा और उसके उद्योगों को इस व्यावसायिक नीति से फायदा नहीं हुआ और उनमें गिरावट ही आई। 1961 के बाद इसकी आबादी तो बढ़ी, लेकिन इसका औद्योगिक रोजगार गिरता गया। परिणाम हुआ कि उत्तरी और दक्षिणी इटली के बीच आर्थिक स्तर में भारी अन्तर पैदा हो गया। 'इकोनॉमिस्ट' लन्दन (अप्रैल 1972) के अनुसार, दक्षिण में इटली की 37 फीसदी आबादी रहती थी जबकि राष्ट्रीय आय में उसका हिस्सा 22 फीसदी का ही था।

फिर यह बात सबको समझ में आई कि संसाधन स्वाभाविक रूप से उत्तर से जाकर दक्षिण की स्थिति सुधारेंगे, यह बात नहीं होनेवाली है। फिर दक्षिण के विकास के लिए 'कासा पेर इल मेझोर्जिओर्नो' नामक एजेंसी बनाई गई। इस प्रयास के बावजूद दक्षिण में अधिक उद्योग लाकर वहाँ के पिछड़ेपन को दूर करने की कोशिश इस इलाके में पिछड़ेपन से बनी जड़ता के चलते बहुत सफल नहीं हो रही थी। अपने इसी अंक में 'इकोनॉमिस्ट' ने लिखा है, "उत्तर के उद्योग लम्बार्डी के मैदानी इलाके में जमे होकर बहुत खुश थे जबकि शुरू में दक्षिण में मजदूरी की

दर कम थी। इसके बावजूद मजदूरों को प्रशिक्षित करना या कुशल कामगार ढूँढ़ना मुश्किल काम था और अक्सर प्रबन्धन उत्तर से कुशल मजदूर भी ले आता था... मूल रूप से दक्षिण इतना पिछड़ा था कि वह समृद्ध उत्तर को आकर्षित कर ही नहीं पाता था। बाहर के लोग भी सड़क, बिजली और जलापूर्ति जैसी समस्याओं के चलते दक्षिण में फैक्टरी लगाने से झिझकते थे।"

उद्योगों द्वारा खुद से दक्षिण में जाने से बचने की प्रवृत्ति का मुकाबला करने के लिए अधिकारियों ने 1965 के बाद दक्षिण में 40 फीसदी निवेश का फैसला किया जबकि 1959 से 1963 तक यह अनुपात सिर्फ 25 फीसदी ही था। इटली के ये तथ्य इस मॉडल की बहुत स्पष्ट पुष्टि करते हैं जबकि हमारे यहाँ के आर्थिक चिन्तन में इसे ही आर्थिक असमानता मिटाने का रामबाण नुस्खा माना जाता है।

इसी प्रकार फ्रांस में भी असमानता थी, पर इतनी अधिक नहीं। पेरिस के इलाके और कोर्सिका इलाके के बीच आमदनी का अन्तर तो इटली जैसा था। इसे दूर करने के लिये मेन्दे सरकार ने 1959 में 'नेशनल फंड फॉर रीजनल इम्प्रूवमेंट' की स्थापना की। इसका काम सरकार द्वारा चुने गए पिछड़े इलाकों में फैक्टरी लगाने या अपने पुराने कारखाने के विस्तार में आर्थिक मदद करना था। सरकार ने उद्योग-धन्धे फैलाने का काम आसान करने के लिए अपने दफ्तरों को भी विकेन्द्रित करके उन इलाकों में पहुँचाया जिससे उद्यमियों को आसानी हो।

जब यूरोपीय साझा बाजार/इइसी-इइएम बना तब यह अनुभव हुआ कि बड़ा आर्थिक ब्लॉक बनने से पिछड़े इलाकों की स्थिति और बिगड़ सकती है। इतने बड़े आर्थिक समूह में प्रतिद्वन्द्विता बढ़ने से कम कुशलता वाले क्षेत्रों की अर्थव्यवस्था और पिछड़ सकती है। इससे पहले अपने-अपने प्रान्तों द्वारा उनको जो खास संरक्षण मिले थे वे भी खत्म हो जाएँगे। कमजोर जमातों की मुश्किल बढ़ने की चिन्ता में फ्रांस के विकसित इलाके के किसानों को पिछड़े इलाके के किसानों का नुकसान भी शामिल था। यूरोपीय साझा बाजार की बातचीत में ये चिन्ताएँ बड़ी हैं।

क्षेत्रीय समस्याओं के खयाल के चलते संघ में पिछड़े इलाकों के लिए वित्तीय व्यवस्था तैयार की गई। फिन जेंसन और इंगो वाल्टर के अनुसार, "क्षेत्रीय विकास के लिए बना मुख्य उपकरण 'अन्तर-क्षेत्रीय स्थानान्तरण' व्यवस्था है। पूरे समुदाय में कर से जुटाए गए कोष का उपयोग पिछड़े और गरीब इलाकों में आर्थिक और सामाजिक संरचना खड़ा करने के लिये किया जाता है। इस कोष में अमीर क्षेत्रों का योगदान जरूरी है। इस उद्देश्य के लिए यूरोपीय निवेश बैंक इस समुदाय का सबसे महत्त्वपूर्ण उपकरण है।"[5]

इसी विषय पर आई कौंसिल फॉर यूरोप की रिपोर्ट कहती है, "क्षेत्रीय योजना बनाते समय इस बात का जरूर खयाल रखा जाता है कि अन्य हिस्सों से निचले स्तर का जीवन-यापन करनेवाले क्षेत्र के विकास को प्राथमिकता मिलनी चाहिए

और इसके लिए प्राकृतिक, सामाजिक और सांस्कृतिक संरचनाओं के विस्तार की नीति अपनानी चाहिए। यह एहसास भी किया गया है कि आर्थिक मामलों में सब कुछ स्वाभाविक विकास के भरोसे नहीं छोड़ देना चाहिए क्योंकि उससे मौजूदा असमानताएँ बढ़ती ही जा रही हैं।

कम विकसित इलाकों में ही गम्भीर सांस्कृतिक पिछड़ापन भी देखने में आ रहा है। तकनीकी और विशेषज्ञता वाली शिक्षा देनेवाले संस्थानों की कमी खास तौर से दिखाई देती है। ऐसे में, इन क्षेत्रों में कोई कार्रवाई न होने से हैरानी होती है। सो, इन इलाकों में सोच-समझकर स्कूल, सांस्कृतिक प्रतिष्ठान और अनुसंधान वाली संस्थाएँ बनाकर पूरे देश में जीवन-स्तर ऊपर करने में महत्त्वपूर्ण योगदान किया जा सकता है।"[6]

दुनिया के एक सबसे विकसित हिस्से के ठोस अनुभवों पर आधारित यह राय हमारे यहाँ व्याप्त इस धारणा से उलट जाती है कि पिछड़े इलाके स्वत: विकसित होते जाएँगे। उसके लिए खास प्रयास करने की जरूरत नहीं है। 'मुक्त बाजार का स्वर्ग' माने जानेवाले अमेरिका में भी ऐसा नहीं होता। अमेरिका में लोगों की आवाजाही बहुत तेज है और अमेरिकी पूँजीपति दुनिया भर में मुनाफे के लिए कहीं भी निवेश किया करते हैं, पर उन्हें भी अपने देश के कुछ हिस्सों में निवेश करना आकर्षक नहीं लगता। इसके इलाज के लिए मई 1961 में राष्ट्रपति जॉन एफ. कैनेडी ने पिछड़े इलाकों में निवेश को बढ़ावा देने के लिए सहयोग और लाभ हेतु 'एरिया रिडेवलपमेंट प्लान' शुरू किया। स्वाभाविक रूप से मुक्त व्यापार के पैरोकारों की तरफ से इसका विरोध हुआ, लेकिन वे कोई और समाधान न सूझा पाए और यही कहते रहे कि रोक-टोक से लोगों को ही नुकसान होता है। मुक्त व्यापार के सबसे बड़े पैरोकारों में एक सीनेटर गोल्डवाटर पिछड़े इलाकों के लोगों से स्थिति का सामना मजबूत दिल और कन्धों से करने की अपील भर करते रहे। निश्चित रूप से यह निष्कर्ष निकालना गलत होगा कि हमारी समस्याएँ अमेरिका जैसी ही हैं। हाँ, वहाँ के उदाहरण से यह जरूर साफ हो जाता है कि कहीं भी मुक्त बाजार व्यवस्था इतनी सहजता और सुगमता से नहीं चलती कि पूँजी और श्रम अपने स्वाभाविक ढंग से हर जगह पहुँचकर सबका विकास कर दें—अमेरिका में भी नहीं। उपरोक्त उदाहरण इस बात पर जोर देने के लिए दिए गए हैं कि पिछड़े इलाके की अर्थव्यवस्थाओं को अपने हाल और बाजार की प्रतिद्वन्द्विता के भरोसे पर छोड़ देने से समस्या का समाधान नहीं होनेवाला है। हमने फ्रांस या अमेरिका की चर्चा की, लेकिन भारत की समस्या उससे काफी बड़ी और जटिल है। यूरोप के विपरीत हमारे यहाँ की और बड़ी समस्या है, फंड का अधिक विकसित इलाकों में ही लगाते चले जाना, जैसाकि हमने अध्याय 3 में देखा है। सिर्फ निजी क्षेत्र के मामले में ही नहीं, सरकारी संसाधनों में भी विकसित इलाकों को ही ज्यादा हिस्सा

मिलता जा रहा है। अगर केन्द्र असमानता दूर करने के लिए काम भी करता तब भी भारत जैसे विशाल और भारी असमानता वाले देश में उससे कितना फर्क पड़ता, यह कहना मुश्किल है। केन्द्रीकृत नौकरशाही के लिए भी एक केन्द्र से काम करके इस समस्या को निपटाना आसान न था। इसके अलावा हम जिन्हें विकसित कह रहे हैं, वे भी पिछड़े इलाकों की तुलना भर में विकसित हैं। आर्थिक रूप से केन्द्र ज्यादा कुछ कर भी नहीं सकता। हाँ, यह उन बाधाओं को जरूर दूर कर सकता है जिससे राज्य अपने विकास के रास्ते पर चल सकें।

इस समस्या से आर्थिक और प्रशासनिक मुश्किलें तो जुड़ी ही हैं, गम्भीर मनोवैज्ञानिक समस्या भी जुड़ी हुई है और इन सबके चलते केन्द्र इसका निपटारा नहीं कर सकता। इसके दो कारण हैं। एक तो प्राथमिकता तय करने का मसला है। उप-राष्ट्रीयता वाले समूहों को स्वायत्तता देकर सन्तुष्ट करना मुश्किल है। उनकी प्राथमिकताएँ और भावनाएँ अलग ही हैं। दिल्ली में बैठे नौकरशाहों के लिये किसी इलाके के ग्रामीण क्षेत्रों से आ रही किसी माँग पर ध्यान देना मुश्किल है क्योंकि उनकी प्राथमिकताएँ अलग ही हैं। जैसे अगर बिहार सरकार की चले तो वह सिंचाई, बाढ़ नियंत्रण और विद्युतीकरण जैसी चीजों को सबसे पहले हाथ में लेगी। राज्य की नब्बे फीसदी आबादी गाँवों में रहती है और खेती पर निर्भर है, इसलिए उसके भले के लिए सिंचाई, बिजली और छोटे उद्योग-धन्धे जरूरी हैं जो बिजली से ही चलेंगे। इसके बावजूद केन्द्रीय योजना में सिंचाई एक उपेक्षित विषय है।

अंगरेजों के जाने के बाद से अब तक पूरी हुई या काम चल रही सिंचाई परियोजनाओं में (जिसमें दामोदर घाटी योजना का बिहार वाला हिस्सा भी शामिल है) 300 करोड़ रु. से ज्यादा खर्च होने का अनुमान नहीं है। इसकी तुलना बोकारो इस्पात कारखाने की लागत से करें, जिसमें 17 लाख टन का उत्पादन होने तक 750 करोड़ रुपये लगने का अनुमान है। अब इसकी क्षमता 55 लाख टन करने की योजना है जिस पर 2,500 करोड़ रुपये खर्च होने का अनुमान है। इसका मतलब यह हुआ कि बिहार, उत्तर प्रदेश और नेपाल में 34 लाख एकड़ सिंचाई करने और बिजली बनानेवाली दो बड़ी परियोजनाओं—कोसी और गंडक पर जितना खर्च हो रहा है, अकेले एक इस्पात कारखाने पर उससे दस गुना से भी अधिक रकम खर्च होनेवाली है। फिर, सिंचाई परियोजना के लिए विदेशी मुद्रा की कोई जरूरत नहीं होगी जबकि इस्पात कारखाने की मशीनरी मँगाने में इसकी बहुत जरूरत होगी। और ज्यादा अच्छा होता कि बिहार चीन की तरह जरूरत भर के लिए छोटे इस्पात कारखाने लगाता, भले ही इनका इस्पात बहुत अच्छा न हो, पर खेती के उपकरण और दूसरी स्थानीय जरूरतें इससे पूरी हो जातीं। पर योजना में नजरिये का फर्क होता है। अगर स्थानीय स्तर पर योजना बनती तो स्थानीय जरूरतों का खयाल रखा जाता, पर केन्द्रीय योजना में 'ज्यादा उन्नत उत्पाद बनाना' प्राथमिकता बन गई।

चूँकि सारी योजना दिल्ली के वातानुकूलित कमरों में होती है, इसलिए योजनाकारों के दिमाग में लोगों की तात्कालिक जरूरतों की जगह बड़े-बड़े ख्वाब ही हावी रहते हैं और फिर वे बड़े आराम से समृद्ध जमात की तरफ ही मुड जाते हैं। उनके लिए कार, फ्रिज, एअरकंडीशनर और टीवी का उत्पादन आम लोगों की जरूरत की चीजों के उत्पादन से ज्यादा महत्त्वपूर्ण हो जाता है। परिणाम यह है कि आजादी के पच्चीस साल बाद भी भारी निवेश के बावजूद बिहार जैसे राज्य सूखा (पहला 1967 में और दूसरा 1972 में) और चौतरफा गिरावट झेल रहा है। अब बोकारो को हम ताजमहल और विक्टोरिया मेमोरियल जैसी शान और दिखाने की चीज मानें तो अलग बात है वरना उससे स्थानीय लोगों का क्या फायदा होगा, यह साफ नहीं है।

पूरी दुनिया में स्वायत्तता और विकेन्द्रीकरण की माँग बढ़ती जा रही है। योजना प्रक्रिया को नीचे तक ले आने का दबाव इतना है कि एकीकृत शासन वाली व्यवस्थाएँ भी निचले स्तर पर विभिन्न क्षेत्रों को अपनी विकास योजना तैयार करने का अधिकार सौंप रही हैं। स्कॉटिश और वेल्स राष्ट्रीयताओं की लड़ाई बता रही है कि छोटी-छोटी राष्ट्रीयताओं को भी दबा पाना मुश्किल है जबकि ये लम्बे समय से ग्रेट ब्रिटेन का हिस्सा रह चुके हैं।

कई बार विभिन्न राष्ट्रीयताओं का विशिष्टता बोध और पहचान का सवाल अचानक किसी बात से जाग उठता है। ऐसा किसी खास तरह की शिकायत या शासन की किसी नीति या आर्थिक भेदभाव से हो जाता है। 1820 में स्कॉटिश लोगों ने अपनी प्रादेशिक सरकार बनाने की कोशिश की और आम हड़ताल का आवाहन किया जिसे 60,000 लोगों का समर्थन मिला। इसके बाद दंगा भड़क गया जिसमें तीन बागी मारे गए, पर यह आखिरी हिंसक आन्दोलन रहा। इसके बाद आन्दोलन ने सुधारवादी रुख अपना लिया। 1886 में उदारवादियों के प्रयास से स्कॉटिश होम रूल एसोसिएशन बना। वे इस बात में सफल हुए कि 1894 में ब्रिटिश संसद ने ही स्कॉटिश लोगों की अपनी समस्याओं पर विचार करने के लिए ब्रिटिश संसद के अधीन ही अलग स्कॉटिश विधान मंडल बना दिया। 1913 और 1914 में इसे अलग बनाने के लिए विधेयक लाया भी गया, पर प्रथम विश्व युद्ध के चलते वह अटक गया। युद्ध के बाद स्कॉटलैंड की आर्थिक स्थिति और खराब हुई और इंगलैंड से उसके फर्क के सवाल पर स्कॉटिश लोग और आन्दोलित हुए। आर्थिक मन्दी वाले दौर में तो नाराजगी और बढ़ गई थी और एक बार तो स्कॉटलैंड को पूरी तरह अलग करने की माँग भी उठी।

अलग विधान मंडल बनाने में तो सफलता नहीं मिली, पर काफी सारी रियायतें जरूर मिल गईं। वहाँ के सांसदों को लेकर बनी स्कॉटिश कमेटी को 1948 से स्कॉटिश मामलों से जुड़े विधेयकों पर विचार करने का अधिकार मिला। 1939 में एडिनबर्ग में सेंट्रल एडमिनिस्ट्रेटिव अथॉरिटी बनाकर प्रशासनिक जबाबदेही भी

सौंप दी गई। अभी भी अनेक काम ग्रेट ब्रिटेन के पास ही हैं, पर शिक्षा, स्वास्थ्य और कृषि जैसे विषय स्कॉटिश ऑफिस को मिल गए हैं। अब अलग विधायिका का गठन ही रह गया है।

वेल्स में दो कारणों से राष्ट्रवादी भावना उभरी। इस इलाके का शैक्षिक और आर्थिक पिछड़ापन पहला कारण है तो इस इलाके के सारे जमींदार इंग्लिश होना भी वेल्स लोगों को अखरता था। जमीन मेहनतकशों की हो, यह माँग 1860 के दशक से उठी शुरुआत में ही यह आन्दोलन भी उदारवादियों के प्रभाव में आया। पर वेल्स में कोयला खान प्रमुख हैं, सो जल्दी ही कमान मजदूरों वाली लेबर पार्टी के हाथ आई, पर लेबर पार्टी के चलते वेल्स का जुड़ाव इंग्लैंड की राजनीति से भी हुआ। पर लिबरलों के किनारे होने से होमरूल का सवाल भी मद्धिम पड़ा। वैसे अभी भी संघीय सत्ता के नीचे तक आने का सवाल दबा नहीं है। स्कॉटलैंड की तरह यहाँ भी अलग विधानमंडल बनाने का मसला लटका ही हुआ है। पर यहाँ भी प्रशासनिक अधिकार नीचे तक आए हैं। 1964 से वेल्स एडमिनिस्ट्रेटिव ऑफिस कार्डिफ आ गया है। शुरू में इसके जिम्मे नगर प्रशासन, सड़क, नालियों जैसे विभाग थे, पर अब शिक्षा और स्वास्थ्य जैसे विषय भी आ गए हैं।

कम्युनिस्ट दुनिया में शीत युद्ध के चलते राष्ट्रवाद का मसला काफी दबा है, पर पूरी तरह खत्म नहीं हुआ है। रूस और अन्य जगहों पर भी राष्ट्रीय पहचान और स्वायत्तता का सवाल उठता रहता है। चेकोस्लोवाकिया में उदारवाद की माँग के पीछे भी यह विकेन्द्रीकरण की प्रेरणा थी। युगोस्लाविया में बहुत ही कठोर शासन के बावजूद क्रोएट राष्ट्रीयता का सवाल उठ ही रहा है। यह भावना कितनी प्रबल होती है, यह क्रोएट लोगों को देखकर समझ आती है जो गिनती में बहुत कम हैं और शक्तिशाली युगोस्लाविया शासन से लड़ नहीं सकते, पर मुट्ठी भर नौजवान ही मार्शल टीटो के आगे चुनौती पेश करते रहते हैं।

आज इस तरह के आन्दोलन दुनिया भर में उभर रहे हैं। स्कॉट और वेल्स आन्दोलन खास महत्त्व के हैं क्योंकि इंग्लिश संसद सबसे जवाबदेह संस्थाओं में है। इसका नागरिक प्रशासन भी सबसे चुस्त-दुरुस्त है। इसके बावजूद यह क्षेत्रीय आकांक्षाओं को पूरा करने में सफल नहीं हुआ है तो दूसरी जगह के शासन और विधानमंडलों से क्या उम्मीद की जा सकती है? यह बात भी ध्यान में रखने लायक है कि इंग्लैंड अपेक्षाकृत छोटा और सघन देश है। बड़े और विस्तृत देश के लिये समस्याएँ भी बहुत बड़ी हो जाती हैं।

कनाडा में क्षेत्रीय विषमताओं के चलते स्वायत्तता के दमदार आन्दोलन हुए हैं। 1963 के एक अध्ययन के अनुसार, कनाडा की प्रति व्यक्ति आय 1,532 डालर है, पर ओंटारियो की प्रति व्यक्ति आमदनी 2,025 डालर है जो न्यूफाउंडलैंड से दोगुनी है। और भी अन्तर इसी तरह के हैं। इसी अन्तर को लेकर क्युबेक के लोग,

जिनकी प्रति व्यक्ति आय 1,740 डालर है, स्वायत्तता की माँग कर रहे हैं। आर्थिक गैर बराबरी के साथ ही भाषायी अन्तर का सवाल भी जुड़ गया है क्योंकि यहाँ फ्रांसीसी बोलनेवालों का बहुमत है जबकि अधिकांश कनाडा अंगरेजी बोलनेवालों का है। गोर्डन मेरिल ने असमानताओं के बारे में कुछ यूँ लिखा है, "पिछले चालीस सालों से मेरीटाइम क्षेत्र ऊपर ही ऊपर रहे हैं। ओंटारियो और ब्रिटिश कोलम्बिया सदा ऊपर की जगह पर बने रहे हैं। 1930 के दशक की मन्दी में प्राइरी प्रान्त की हालत और खराब हुई, लेकिन 1940 के दशक में इसने तेज प्रगति की। चार दशकों में क्युबेक राष्ट्रीय औसत से थोड़ा नीचे ही रहा है। अटलांटिक प्रान्तों की स्थिति बदतर रहना एक सच्चाई है।"[7]

कनाडा में एक बार क्षेत्रीय विवाद मुल्क में अलगाव की स्थिति लाने तक पहुँच गए थे। अलगाववादी आन्दोलन तो सफल नहीं हुए, पर प्रान्तीय स्तर पर आर्थिक विकास के लिए ज्यादा आजादी की माँग मजबूत हुई है। केन्द्र से रिश्ता बराबरी का बना है और प्रान्तों के प्रतिनिधि केन्द्र के लोगों से उसी अन्दाज में मिलते हैं, जैसे किसी दूसरे देश का प्रतिनिधि पूरे लाव-लश्कर के साथ मिलता है। सबसे प्रबल क्युबेक नेता लेसाजे द्वारा चलाई नीति को पिछड़े इलाकों के लिये सबसे उपयोगी और अच्छा माना जाता है और इस बारे में इनके मंत्रिमंडल के एक सहयोगी रेने लेवेस्क्यु ने 'ली देव्यार' को दिए इंटरव्यू में कहा था, "हमारे लिये यह खास जरूरी है कि हम प्रान्तों के आर्थिक अधिकारों का प्रयोग करें क्योंकि कनाडा में कमजोर स्थिति वालों का ही बहुमत है। हमारे यहाँ निजी क्षेत्र इतना कमजोर है कि वह हमें एक झटके में गरीबी से बाहर ले जाने की स्थिति में नहीं है। ऐसे में हमारा मुख्य पूँजीपति सरकार ही है और भविष्य में भी वही रहनेवाली है। इसे क्युबेक के विकास और मुक्ति में एक सामान्य हिस्सेदार से भी ज्यादा बड़ी भूमिका निभानी होगी और एक रचनात्मक एजेंट का काम करना होगा। इसके बगैर हम अभी से ज्यादा कुछ नहीं कर सकते...। अपनी सरकार के साथ मिलकर ही हम अपने मकान का मालिक बन सकते हैं।"[8]

लसाजे की सरकार ने जोर-शोर से इसी नीति पर अमल किया। उसने निजी बिजली परियोजनाओं का राष्ट्रीयकरण किया और वित्तीय संस्थान बनाकर स्थानीय उद्योग-धन्धों को बढ़ावा दिया। इसने फेडरल सरकार पर दबाव बनाकर अपने प्रदेश की देनदारियाँ भी कम कराईं।

क्षेत्रीय विषमता और पिछड़े इलाकों की प्रवृत्तियों के बारे में हमने संक्षेप में दुनिया भर की जिस स्थिति को देखा, उससे यही लगता है कि इस तरह की असमानता का इलाज संसाधनों का केन्द्रीकरण करके नहीं किया जा सकता। इससे उलट, विकेन्द्रीकरण और स्वायत्तता ही इसका इलाज है। विकसित देशों में आबादी की आवाजाही खूब अधिक है और पूँजी भी काफी है, पर वहाँ भी सिर्फ आर्थिक

शक्तियों के भरोसे यह विषमता दूर नहीं होती। सो, कोई अविकसित देश इस तरीके से इस समस्या का समाधान कर ले, इसकी कोई सम्भावना नहीं है। और इसी रास्ते चलने की जिद का मतलब गरीब और पिछड़े इलाकों की परेशानियों को और लम्बा खींचना और गहराना है। यहाँ आर्थिक शक्ति के केन्द्रीकरण का मतलब भी पिछड़े इलाकों की और पूरे ही देश की ज्यादा परेशानी है क्योंकि अनुत्पादक नौकरशाही पर ज्यादा धन खर्च होता जाएगा।

विकास के लिए विकेन्द्रीकरण

चूँकि भारत की स्थितियाँ पश्चिम से अलग हैं, इसलिए समाधान भी अलग ढूँढ़ना होगा। वहाँ तो चौतरफा समृद्धि के बीच जहाँ-तहाँ गरीबी वाले कुछ छोटे हिस्से हैं। उनको अनुदानों और हल्की-फुल्की कोशिशों से वहाँ तो लाभ पहुँचाया जा सकता है, यहाँ नहीं। यह बात भी नहीं भूलनी चाहिए कि भारत के काफी सारे राज्य पश्चिम के कई देशों से भी बड़े हैं। यहाँ संसाधनों की भरमार हो और सिर्फ उनको नए तरह से बाँटने भर का काम नहीं करना है बल्कि यहाँ तो उन पिछड़े इलाकों को अपने संसाधन विकसित करने का पूरा अवसर और अधिकार देने की जरूरत है। हर इलाके को अपनी विशेष स्थिति में अपने लिए उपयोगी विकास नीति बनाने और चुनने की आजादी देकर ही यह काम किया जा सकता है। यहाँ जो योजना तमिलनाडु या केरल के लिए उपयुक्त होगी, वही बिहार या उत्तर प्रदेश के लिए भी हो, यह जरूरी नहीं है। उनकी जरूरतों के हिसाब से उनकी योजना बननी चाहिए और यह नई दिल्ली के ऊँचे भवनों के निर्देश से बने, यह जरूरी नहीं है। स्थानीय जरूरतों और स्थानीय प्रतिभा की उपयोगिता को वहीं मौजूद होकर समझनेवाले लोग यह काम बेहतर ढंग से कर सकते हैं। सारी योजना को केन्द्र से बनाकर लादना किसी को भी उपयुक्त नहीं बैठता। कुछ इलाकों की समस्याओं में औपनिवेशिक काल से बने सम्बन्ध भी जिम्मेवार हैं और वे स्थानीय लोगों की पहल को रोकते हैं। स्थानीय लोगों को ऐसी बाधाओं को आजादी देकर ही समस्या को बेहतर ढंग से निपटाया जा सकता है।

इस लक्ष्य को हासिल करने की तीन शर्तें हैं। राज्यों को अपने क्षेत्र के संसाधनों पर पूरा अधिकार देना—संसाधन मतलब प्राकृतिक, औद्योगिक और वित्तीय संसाधन। दूसरे, अपने इलाकी सारे प्रमुख उद्योगों, खदानों वगैरह पर राज्यों की मिल्कियत और नियंत्रण हो या ऐसा करने का अधिकार हो। फिर उसे अपने इलाके में व्यापार के नियमन का अधिकार हो जिससे उसके अपने उद्योग-धन्धों और नए उद्योगों को बाहर की प्रतिद्वन्द्विता से बचाया जा सके। राज्यों को अपने इलाके में लगनेवाले हर किस्म के उद्योग के लिए लाइसेंस जारी करने का अधिकार होना चाहिए। इसके अलावा राज्य सरकार को अपने इलाके के उद्योगों

के लिए तकनीकी जानकारी लेने और तकनीक सुधारने के लिए विदेशी सरकारों और कम्पनियों से बातचीत और समझौते करने का अधिकार होना चाहिए। केन्द्र हर राज्य की अलग-अलग किस्म की तकनीकी जरूरतों के लिए बातचीत और समझौते करने में सक्षम नहीं है, इसलिए उसके भरोसे रहने से काम नहीं चलेगा। और ऐसा करना केन्द्र के विदेशी मामलों वाले अधिकार क्षेत्र की कटौती भी नहीं है। अभी भी निजी क्षेत्र के लोग तो सीधी बातचीत करते ही हैं और सिर्फ केन्द्र की औपचारिक मंजूरी के बाद ऐसे समझौते करते हैं। राज्य सरकारें ऐसा करें, यह बात ज्यादा बेहतर है। यह वांछित है कि राज्य सरकारें अपनी जरूरत के लिए उतनी विदेशी मुद्रा पाएँ जितनी उनके यहाँ के उद्योग-धन्धों से कमाई या बचत हो रही हो। राज्यों की योजना को सार्थक और उपयोगी बनाने की ये न्यूनतम शर्तें हैं। इसके बिना केन्द्र सरकार राज्यों के योजनाकारों का जीना मुश्किल किए रहेंगे जैसाकि अभी तक होता रहा है।

यह समझना आसान है कि राज्यों की प्रभावी योजना के लिए पूर्वोक्त शर्तें जरूरी हैं। ऐसी कोई भी ढंग की योजना नहीं बनाई जा सकती जिसमें सारे या अधिकांश संसाधनों पर योजना बनानेवाले प्राधिकार का नियंत्रण ही न हो। आज राज्यों के लिए योजना बनानेवालों के सामने यही स्थिति होती है क्योंकि फैक्टरियों का उत्पादन, परिवहन व्यवस्था, खनिजों का उत्पादन और वित्तीय संसाधन उनके नियंत्रण से बाहर हैं। राज्यों की मौजूदा योजना ठीक इसी स्थिति में बनाई जाती है, अगर हम उन्हें योजना बनाना मान सकें तो। और अगर उनसे कोई अच्छा नतीजा नहीं निकलता तो इसका दोष भी उनको नहीं दिया जा सकता।

पिछड़े इलाकों में सार्वजनिक क्षेत्र की महत्त्वपूर्ण भूमिका दो कारणों से तय होती है। राज्यों की अविकसित स्थिति में औद्योगीकरण को महत्त्वपूर्ण भूमिका निभानी है। इन गरीब अर्थव्यवस्थाओं के पूँजीपति औद्योगिक विकास के लिए जरूरी संरचनात्मक ढाँचे का खर्च उठाने में असमर्थ हैं। ऐसे में स्वाभाविक है कि सार्वजनिक संस्थाएँ अगर विकास का ज्यादातर बोझ उठाने जाएँगी तो उनके लिए ही उत्पादन प्रक्रिया के लिए जरूरी इस निवेश में ज्यादा बड़ी भूमिका निभानी होगी। दूसरे, पिछड़े राज्यों में स्थानीय उद्यमियों के पास नई औद्योगिक गतिविधियों के लिए पूँजी न होने के चलते सार्वजनिक क्षेत्र की भूमिका और बड़ी हो जाती है। कम विकसित देशों में भी यह दुविधा रहती है, पर इतने विकट रूप में नहीं। स्थानीय 'पूँजीपति' बहुत छोटे उद्योग लगा सकते हैं या सार्वजनिक क्षेत्र के उद्यमों में या निजी क्षेत्र के बड़े उद्यमों में छोटे-छोटे काम का ठेका ले सकते हैं। और ऐसे में अगर सिर्फ बड़े निजी घरानों के भरोसे ही रहा जाए तो एक ऐसा समूह विकसित हो सकता है जो पूरे विकास की प्रक्रिया को ही अपनी जेब में डाल ले या राह से भटका दे। पर जिन क्षेत्रों में तकनीकी ज्ञान और कौशल स्थानीय

स्तर पर उपलब्ध न हो, उनमें किसी बड़ी देसी या विदेशी कम्पनी के साथ राज्य सरकार या स्थानीय निकायों का साझा उपक्रम लगाने की सम्भावना इससे बन्द नहीं होती। पर निजी क्षेत्र के हाथ में एक सीमा से ज्यादा चीजें न जाएँ, इसका ध्यान रखना होगा वरना बाहर से आनेवाली पूँजी ज्यादा बुरी तरह स्थानीय संसाधनों और श्रम का दोहन करना शुरू कर देगी, पर ये सब सिर्फ सम्भावित बातें हैं। जब स्वायत्त विकास की स्थितियाँ बनेंगी तब वास्तविक विकास के तरीकों पर बात की जा सकती है।

राज्य की जरूरतों के अनुसार बड़े उद्योग तो सार्वजनिक क्षेत्र में या उसके सहयोग से ही लगने चाहिए, लेकिन इन पिछड़े राज्यों का मुख्य जोर ग्रामीण इलाकों में छोटे और कुटीर उद्योगों के विकास पर होना चाहिए जिससे आम लोगों के जीवन स्तर में तेज विकास हो सके। इन उद्योगों के जरिये राज्य को अपनी जरूरत की अधिकांश चीजों का उत्पादन करने की कोशिश करनी चाहिए। इन्हें न सिर्फ सबसे ज्यादा बढ़ावा दिया जाना चाहिए बल्कि बाहरी उद्योगों से संरक्षण भी मिलना चाहिए। नए लघु और कुटीर उद्योग बाहर के बड़े उद्योगों का मुकाबला कर लेंगे, यह मान लेना गलत होगा। उनके पास इनसे लड़ने का न अनुभव होगा न संसाधन।

राज्यों द्वारा अपने यहाँ के उद्योगों को संरक्षण देना हमें उस सवाल पर लाता है जिसे गुन्नार मिरडल पारम्परिक और गृह उद्योगों पर आधुनिक उद्योगों का 'बैकवाटर इफेक्ट' कहते हैं। अगर कोई नया और आधुनिक उद्योग हस्तशिल्पों या कम कुशल उद्योग में लगे श्रमिकों को नया रोजगार दिए बगैर उन्हें नुकसान पहुँचाता है तो यह गरीब इलाकों की अर्थव्यवस्था के लिए कोई अच्छी बात नहीं है। हो सकता है कि इससे नए उद्योग का मुनाफा बढ़ जाए, पर उत्पादक मशीनों की बर्बादी और बेरोजगारी से होनेवाली मानवीय पीड़ा काफी अधिक हो जाती है। ऐसे में राज्य कुछ कम कुशल उद्योगों को भी संरक्षण दे तो इसमें कोई हर्ज नहीं है। इससे संसाधनों की बर्बादी रुकने के साथ ही रोजगार भी मिलता है। सभी अल्प-विकसित देश उद्योगों के बारे में ऐसी ही नीति चला रहे हैं। भारत जैसे देश में, जहाँ तकनीकी कौशल और उत्पादकता के मामले में क्षेत्रीय असमानता बहुत अधिक है, खुली प्रतिद्वन्द्विता की नीति पिछड़े इलाकों में कहर मचा देगी। क्या आज हस्तशिल्पों और करघों को संरक्षण देने की नीति इसी तरह की नीति नहीं है? असलियत तो यह है कि पिछड़े इलाके 'बैकवाटर इफेक्ट' से दोबारा परेशान हो रहे हैं। वे लिखते हैं : "शुरुआती दौर में देशज उद्यमियों के लिए प्रतिद्वन्द्वात्मक चुनौती दो दौर में आई। मेट्रोपॉलिटन देशों द्वारा तैयार मशीन निर्मित माल से पहली चुनौती आई। तब निर्यात करनेवाले देश में मजदूरों की माँग बढ़ी और उपनिवेशों पर उसका असर दिखा। दूसरे दौर में स्थानीय उद्योगों ने पारम्परिक उद्योगों के लिए संकट पैदा किया। इस बार उपनिवेशों को नुकसान के साथ कुछ नफा भी हुआ।"[9]

भारत जितना विशाल है, उसके चलते हुआ यह कि नुकसान तो पूरे मुल्क को भुगतना पड़ा, पर नफा सिर्फ कुछ दुलारे इलाकों को ही हुआ। और पिछड़े इलाकों पर कुल मिलाकर यह असर हुआ कि वे उपनिवेश के अधीन उपनिवेश बन गए। पिछड़े इलाकों और मेट्रोपॉलिटन केन्द्रों के बीच ध्रुवीकरण बढ़ता गया जिसमें पिछड़े इलाकों में बेकारी और दरिद्रता बढ़ती गई जबकि दूसरी ओर उद्योगों का संकेन्द्रण और रोजगार की भरमार होती रही। इस प्रकार बैकवाश प्रभाव सिर्फ उद्योग-धन्धों के विभिन्न क्षेत्रों में ही नहीं दिखा, इलाकाई पिछड़ेपन और विकास के रूप में भी नजर आया। यह प्रवृत्ति सबसे साफ ढंग से बिहार में दिखी है जिसकी चर्चा पहले की गई है—यहाँ ग्रामीणीकरण बढ़ा है, भूमिहीन मजदूरों की संख्या बढ़ती गई है और औद्योगिक गतिविधियाँ ठप्प पड़ गई हैं।

गिरडल का सुझाव है कि इस बैकवाटर प्रभाव से बचने के लिए पूर्व उपनिवेशों को सिर्फ उन चीजों का उत्पादन आधुनिक तकनीक से करना चाहिए जिसका वे आयात करते हैं या जिसको निर्यात करके कमाई की जा सके। जो सामान पुराने तरीके से तैयार न हो सकें, सिर्फ उन्हीं में आधुनिक मशीनों और कारखानों का इस्तेमाल होना चाहिए। चूँकि राज्यों पर ही लोगों को रोजगार उपलब्ध कराने और लोगों की बुनियादी जरूरतें पूरी करने का जिम्मा होता है, वह केन्द्र की तुलना में इन नीतियों को झट से लागू कर सकता है। केन्द्र के जिम्मे जो काम हैं, उनमें वह शहराती और समृद्ध लोगों की जरूरतों का ज्यादा ध्यान रखता है। अगर स्थानीय उद्योगों को संरक्षण दिया गया तो लोगों के उत्साह और पहल को काफी बढ़ावा मिलेगा और इसके सहारे देश की आर्थिक तसवीर को बदला जा सकता है।

औद्योगीकरण के मामले में चीन की सफलता का रहस्य यही हो सकता है। वैसे तो चीन में एक पार्टी का शासन और बहुत केन्द्रीकृत शासन व्यवस्था है, पर इसकी आर्थिक नीतियों में भारत की तुलना में स्थानीय पहल की काफी अधिक गुंजाइश है। वहाँ जो आधुनिक उद्योग लगे हैं उनमें बाहर से आनेवाले सामान को देसी ढंग से बनाने, निर्यात और रक्षा से सम्बन्धित सामान ही तैयार किए जाते हैं। फिर, चीन में पूरे देश के लिए नीति नहीं बनती। हाँ, कुछ लक्ष्य तय कर दिए जाते हैं और स्थानीय पहल से उन्हें हासिल करने को प्रोत्साहित किया जाता है। पूँजीपति वर्ग की अनुपस्थिति से भी उन्हें काफी लाभ मिलता है। इसके चलते न तो उन्हें प्रतिद्वन्द्विता झेलनी होती है न उनके लिए लागत खर्च ही सबसे ज्यादा चिन्ता का विषय बनता है और वे उपलब्ध उपकरणों से ही उत्पादन करते हैं।

प्रतिद्वन्द्विता न होने और सिर्फ उपलब्ध साधनों का इस्तेमाल करने से उन्हें जो लाभ है वह तो भारत में भी है ही—हमें भी चीन की तरह मानव संसाधनों की कमी नहीं है। चीनी व्यवस्था कोई काम करे या बेकार रहे, उसे भोजन मिलना ही है। दूसरी तरफ हमने भारत में कुछ बहुत कुशल इकाइयों में उत्पादन सीमित

करके बाकी सबके लिए 'बेकार रहो और भूखे मरो' की नीति अपनाई है। और प्रतिद्वन्द्विता पर कोई अंकुश न रहने से यह हो गया है कि जो भी थोड़ा पिछड़ा तो उसे मरना ही होता है जबकि वह जिस चीज का उत्पादन कर रहा होता है, मुल्क में उसकी कमी रहती है।

चीन कम कुशल उद्योगों में अपने लोगों को काम देने में इस चलते भी सफल रहा है क्योंकि उसने अपने घरेलू बाजार से गिनती के लोगों को छोड़कर बाकी सबके लिए चमक-दमक और दिखावे वाली चीजों को गायब कर दिया है। ऐसे में लोगों की बुनियादी जरूरतें पूरी हो जाएँ तब भी वह खुशी-खुशी काम करता है। उनमें दिखावे और फैशन की चाह भी कम हो गई है। ऐसी स्थिति में उसने स्थानीय प्रतिभा और पहल का इस्तेमाल करके शानदार नतीजे दिए हैं। एक विदेशी द्वारा की गई यह टिप्पणी वहाँ के विकास की प्रकृति को समझने में मददगार है : "उद्योगों को देहाती इलाकों में फैलाने के लिए चीन ने पाँच 'छोटे' का प्रयोग किया है—छोटे खदान; छोटे इस्पात कारखाने; सीमेंट कारखाने; छोटे खाद कारखाने और मशीनरी कारखाने। बल्कि इन पाँच से भी ज्यादा 'छोटे' का जोर है—छोटे पन-बिजलीघर, ईंट-भट्ठे वगैरह वगैरह। छोटे का मतलब सिर्फ आकार का छोटा होना नहीं है, इनका प्रबन्धन भी स्थानीय स्तर पर ही होता है। इनका उद्देश्य खेती का मशीनीकरण है।

परिणाम आश्चर्यजनक आए। 1970 में खेती के अस्सी फीसदी से ज्यादा उपकरण स्थानीय स्तर पर छोटी और मझोली फैक्टरियों में तैयार हुए। ट्रैक्टरों, इंटरनल कम्बस्टन इंजनों और कुछ खास तरह के उपकरणों का उत्पादन सांस्कृतिक क्रान्ति के बाद के पाँच वर्षों में पहले से काफी अधिक हो गया है। खेती के अधिकांश तरह के उपकरणों का उत्पादन दोगुने से ज्यादा हो गया है। धान के हार्वेस्टर का उत्पादन दस गुना हो गया है। देश का 60 फीसदी रासायनिक खाद और 40 फीसदी सीमेंट स्थानीय स्तर पर बनाया जा रहा है।

जिले की बेकार पड़ी फैक्टरियों की मशीनों का उपयोग करने तथा स्थानीय संसाधनों का इस्तेमाल करने के चलते इन स्थानीय फैक्टरियों की पूँजीगत लागत खर्च कम होता है। उपकरण और भवन साधारण ही होते हैं, पर स्थानीय जरूरतों के हिसाब से पर्याप्त होते हैं। खेती के मशीनीकरण से बेकार हो रहे खेत मजदूरों को यहाँ काम मिल जाता है और बाकी भी खाली बैठे या कम पानेवालों को रोजगार मिल जाता है।"[10]

यह दिलचस्प है कि चीन के कम्युनिस्ट शासक अपनी भारी आबादी को काम देने के लिए श्रम बहुल उद्योग लगाने की अर्द्ध गांधीवादी नीति का पालन कर रहे हैं जबकि मार्क्सवाद के हिसाब से सबसे उन्नत और आधुनिक उद्योग लगाए जाने चाहिए थे। इसी समस्या के चलते उन्होंने काफी हद तक विकेन्द्रित व्यवस्था भी

अपनाई है। इससे उलट भारत के नेता गांधी का नाम जपते रहते हैं, पर आर्थिक जरूरत के बावजूद उनके तरीकों को भुलाए रहते हैं। गुनार मिरडल भी इसी चलते पिछड़े देशों में छोटे और कुटीर उद्योगों को बढ़ावा देने का काफी हद तक गांधी का नजरिया मानते हैं।

दिल्ली की सरकार राष्ट्रीय स्तर पर अपनी नीतियों में बदलाव करेगी, यह उम्मीद करने के दिन अब बीत चुके हैं। योजना के पूरे स्वरूप और ढाँचे को न्यस्त स्वार्थ वाली ताकतें बदलने नहीं देंगी, पर सत्ता को राज्यों और उससे नीचे की इकाइयों तक विकेन्द्रित किया जाए तो सम्भव है कि समस्या के ज्यादा करीब बैठे नेता और लोग कुछ नया करने की कोशिश कर सकते हैं। अपनी नई मिली सत्ता का उपयोग करते हुए वे लोग अपने-अपने इलाके के उद्योग-धन्धों को बाहरी प्रतिद्वन्द्विता से बचाने का प्रयास भी कर सकते हैं। और यह नहीं मान लेना चाहिए कि ऐसा करने से तकली और चरखा युग आ जाएगा। जैसा चीन ने बता दिया है, यह उच्चतर तकनीक की दिशा में बढ़ने का एक चरण हो सकता है। साथ ही, सबसे बड़ी मानव सम्पदा का पूरा उपयोग भी किया जा सकता है।

यह आम धारणा है कि आधुनिक उद्योगों पर आधारित विकास का सम्बन्ध उस मुल्क के बड़े आकार से है। इस बात को दो सबसे बड़े औद्योगिक देशों, अमेरिका और सोवियत संघ के आकार से जोड़कर देखा जाता होगा। पर जो यह बात मानते हैं वे जापान और पश्चिमी जर्मनी को क्यों भूल जाते हैं? दरअसल, मुल्क का आकार उत्पादन की मात्रा भर के लिए महत्त्वपूर्ण है और इसका महत्त्व भी सैनिक मामले भर के लिए है। आम लोगों के हिसाब से तो उत्पादकता और किसी सामान की प्रति व्यक्ति उपलब्धता ही महत्त्वपूर्ण है। जहाँ तक विकास के स्तर की बात है तो स्विट्जरलैंड, स्वीडन और लक्जमबर्ग जैसे छोटे देश भी इन बड़े मुल्कों की बराबरी में बैठते हैं। उनके यहाँ का जीवन स्तर सोवियत संघ से काफी अच्छा और अमेरिका के काफी नजदीक है। अगर तकनीक के क्षेत्र में काफी प्रगति हो तब भी कच्चे माल की कमी का असर होता है, पर जापान अधिकांश कच्चा माल आयात करके, और कई चीजों में तो शत-प्रतिशत आयात करके उस अमेरिका की बराबरी की स्थिति में है जिसके पास लगभग सभी तरह का कच्चा माल अपने ही यहाँ उपलब्ध है। स्विट्जरलैंड का आकार बहुत छोटा है, इसके बावजूद वह घड़ियाँ और दवा बनाने में दुनिया का अगुआ बना हुआ है। इसलिए इस बात से चिन्तित होने की जरूरत नहीं है कि छोटे स्वायत्त इलाके की आर्थिक योजना में कोई मुश्किल होगी या विकास प्रभावित होगा।

एक बार सत्ता के विकेन्द्रीकरण का फैसला हो जाए तो अधिकांश आर्थिक और प्रशासनिक समस्याओं का निदान आसानी से हो सकता है। रेलवे, रेडियो, डाक सेवा वगैरह का कामकाज स्वायत्त बोर्डों या निगमों को सौंपा जा सकता है

और उनमें राज्य के प्रतिनिधि रहेंगे जो दिशा देने में अपनी जिम्मेवारी निभाएँगे। इसके अलावा इन संस्थाओं में सत्ता का कुछ अवमूल्यन भी किया जा सकता है और कुछ शक्तियाँ राज्य में काम कर रहे क्षेत्रीय दफ्तरों के हवाले किए का सकते हैं। ये क्षेत्रीय कार्यालय राज्य के प्रतिनिधि प्राधिकार के अधीन काम करेंगे। स्विट्जरलैंड की तरह सशस्त्र बलों का काम भी विकेन्द्रित किया जा सकता है जिसमें केन्द्र के जिम्मे भर्ती का काम हो और जरूरत के समय उनकी कमान केन्द्र को सौंपी जा सकती है।

निस्सन्देह ऐसा होने से भारत का पूरा राजनीतिक ढाँचा बदल जाएगा और केन्द्र के पास बहुत कम शक्तियाँ और काम रह जाएँगे। इसके लिए संविधान में काफी बदलाव करने पड़ेंगे, जिसमें मौलिक अधिकारों वाला हिस्सा भी होगा। ऐसा होना भी चाहिए। अगर कुछ लोगों ने सारे भारतवासियों की तरफ से कोई घोषणा की है तो हर हाल में उसे वैसे ही रखने का कोई मतलब नहीं है। हर पीढ़ी के लोगों की अपनी अलग समस्या होती है और वे उसका समाधान अपने तरीके से वे ही निकाल सकते हैं। एक अलग स्थिति में बने संविधान के छपे शब्दों के लिए भविष्य की पीढ़ी के हाथ-पाँव नहीं बाँधे जा सकते। संविधान को भी लोगों की नई जरूरतों और माँगों के अनुरूप बदलना चाहिए।

भारत में शक्ति का नया बँटवारा और शासन की निचली इकाइयों को सशक्त बनाने भर से कई सारी समस्याएँ सुलझ जाएँगी। इनमें भाषा की समस्या भी एक है। इस समस्या पर अभी तक जितने भी प्रयास हुए हैं, सबमें भावनात्मक उभार भड़का है, पर यह स्पष्ट है कि अंगरेजी आधिकारिक भाषा नहीं रह सकती। इसका सीधा सा कारण है कि यह लोगों की भाषा नहीं है। जो लोग कहते हैं कि पहले भी संस्कृत और फारसी लोगों की भाषा न होते हुए भी शासन की भाषाएँ थीं, वे तब और आज की स्थिति के अन्तर को भूल जाते हैं। पहले की आधिकारिक भाषाएँ सम्राटों और साम्राज्यों की भाषाएँ रही हैं। आज लोकतंत्र है अर्थात लोगों का शासन है। सो, लोगों की भाषा में ही सरकारी कामकाज भी होना चाहिए। पर जिन थोडे लोगों का स्वार्थ केन्द्रीकृत शासन और नौकरशाही पर आधारित शासन से जुड़ा है, उनका न्यस्त स्वार्थ अंगरेजी को चलाने में भी है। इससे वे लोगों से शासन की दूरी बनाए रखते हैं।

यह बात भी उतनी ही स्पष्ट है कि किसी भी एक भारतीय भाषा को दूसरी भाषा बोलनेवाले आधिकारिक भाषा नहीं मानेंगे। सो, एकमात्र समाधान आठवीं अनुसूची में दर्ज सभी भाषाओं को समान मानना है। अब अगर आज की ही तरह सारा कामकाज केन्द्र के हाथ में रहा तो एक भाषा से दूसरी में अनुवाद कराने का काम काफी भारी हो जाएगा। एक परिपत्र को कई-कई भाषाओं में तैयार कराना होगा। पर केन्द्र के ज्यादातर काम यदि राज्यों को सौंप दिये गए और केन्द्र सिर्फ

समन्वय का काम देखने लगेगा तो तो यह काम भी ज्यादा नहीं रह जाएगा। अंगरेजी से जुड़ी एक खास किस्म की कुलीनता या श्रेष्ठताबोध खत्म होगा तो आम लोग भी शासन से नजदीकी महसूस करेंगे। और इतनी न्यूनतम नजदीकी हो, तभी उनकी रचनात्मकता जगेगी औए वे बेहतर भूमिका निभा पाएँगे।

एक अन्य समस्या जिस पर बात तो बहुत हुई है, पर कुछ भी फलदायी काम नहीं हुआ है, वह है भारत-पाक महासंघ जिसमें अब तो बांग्लादेश को भी जोड़ना होगा। बल्कि भारत में कई बार यह बात इस अन्दाज में उठाई जाती है मानो उन दोनों देशों पर हमला करके उन्हें अपने में मिलाकर ही महासंघ बनेगा। 1971 में भारत-पाक युद्ध के बाद भी महासंघ की बात उठी थी और यह भारत का पलड़ा ऊपर रखने का एक अच्छा मौका था, पर जो लोग भी ऐसा कहते हैं कि वे भूल जाते हैं कि युद्ध के जरिये जीत अलग बात है और महासंघ बनाना एकदम अलग और यह काम सभी पक्षों के लोगों की सदिच्छाओं के बगैर नहीं हो सकता। और यह भरोसा तब बनेगा जब पड़ोसी यह देखेंगे कि भारत में राज्यों और निचली शासन इकाइयों को कितनी स्वायत्तता मिली है और केन्द्र उन पर अपनी मर्जी नहीं थोपता। अगर बांग्लादेश के लोगों को दिखेगा कि भारत भी अपने पिछड़े प्रदेशों से वैसा ही व्यवहार करता है जैसा इस्लामाबाद उसके साथ करता था तो वह क्यों ऐसे संघ में आना चाहेगा। पर भारत अगर राज्यों का संघ बनता है और उनको अपना काम करने की स्वायत्तता देता है तो सम्भव है कि उसे देखकर पड़ोसी भी ऐसे संघ में आना पसन्द करेंगे। ऐसा करके ही हम उस एकता को पाएँगे जिसकी लालसा अभी भी इस उपमहाद्वीप के काफी लोगों के मन में है, पर इसके लिए हिन्दुस्तानियों को यह भ्रम छोड़ना होगा कि वे बड़े भाई हैं और महासंघ में उनकी ही चलनी चाहिए। राष्ट्र एक सांस्कृतिक इकाई भर नहीं है यह एक शासकीय इकाई भी है और इसे उसी हिसाब से चलाना होता है।

हमने कुछ इलाकों और राज्यों की अभी भी बरकरार औपनिवेशिक स्थिति की चर्चा की है। इससे यह धारणा बन सकती है कि क्षेत्रीय माँगों को किसी अन्य क्षेत्र के खिलाफ ही होना चाहिए। इस धारणा को दूर करना होगा। जिस तरह के शोषण की चर्चा हमने की है, उसमें सिर्फ मुट्ठी भर लोगों का ही लाभ होता है। इनमें पूँजीपति, नौकरशाह और राजनेता होते हैं। यही तिकड़ी मिल-जुलकर काम करती है और ऐसे शोषणकारी नीतियों का अधिकांश लाभ बटोर ले जाती है।

इसे एक उदाहरण से ज्यादा अच्छी तरह समझा जा सकता है। मारवाड़ी व्यवसायियों ने देश में हर कहीं अपना औद्योगिक-व्यावसायिक कारोबार फैलाया है, पर इसका यह मतलब नहीं है कि इससे राजस्थान के सारे लोगों को काम मिलता है और लाभ उन सबकी झोली में जाता है। असलियत यह है कि राजस्थान भी बिहार की तरह मुल्क का एक पिछड़ा राज्य है जो अक्सर सूखा और अकाल झेलता है।

सच्चाई यह है कि पूँजीपति कहीं के नहीं होते। वे सिर्फ उन जगहों पर जाते हैं और अपना बनाते हैं जहाँ ज्यादा मुनाफा हो। और मारवाड़ी व्यवसायी भी राजस्थान में निवेश करने की जगह बम्बई, कलकत्ता या कानपुर में निवेश करना पसन्द करते हैं। उन्हें अपने लोगों का जीवन सुधारने की जगह मुनाफे की चिन्ता रहती है। दूसरे पैसे वालों की भी यही कहानी है और काफी हद तक यह व्यवस्था ही उनसे यह सब करवाती है। इस असमानता पैदा करनेवाले रिश्ते को समाप्त करने के लिए सत्ता को पुनर्गठित किए जाने की जरूरत है।

हमने राजनीतिक, प्रशासनिक और आर्थिक विकेन्द्रीकरण की चर्चा की है। जब तक राजनीतिक पार्टियों के अन्दर भी कुछ बदलाव न होंगे तब तक इस दिशा में किए जानेवाले संविधानिक बदलाव भी कानून की किताब के छपे अक्षर बनकर रह जाएँगे। हमने देखा है कि केन्द्रीकृत ढंग से चलनेवाली पार्टियाँ संविधान द्वारा दिए प्रावधानों को नहीं मानतीं या उन्हें बेमानी बना देती हैं। केन्द्रीय नेतृत्व के आगे राज्य की इकाइयाँ बिछ जाती हैं और उनकी राज्य सरकारें वही करती हैं जो उनका केन्द्रीय नेतृत्व कहता है। कानून से मृत्युदंड तो रोका जा सकता है, पर आत्महत्या को कैसे रोका जा सकता है? राष्ट्रीय पार्टियों में राज्यों के अधिकार को बचाने का इन्तजाम भी होना चाहिए। इसके लिए पार्टियों का गठन भी संघीय ढाँचे के अनुसार होना चाहिए और उन्हें भी सत्ता के विकेन्द्रीकरण को अपने संविधान का हिस्सा बनाना चाहिए।

यह बात भी स्पष्ट कर देनी चाहिए कि राज्यों को अधिकार देने का मतलब सत्ता के विकेन्द्रीकरण का अन्त नहीं है। भारत के अनेक राज्यों का आकार काफी बड़ा है। उनका विभाजन न भी हो तो उनको कई प्रशासनिक इकाइयों में बाँटकर अधिकारों को बाँटा जा सकता है। आज तो भारत के कई राज्य दुनिया के कई देशों से बड़े आकार के हैं। भारत को अपने पिछड़ेपन और प्रशासनिक खर्च उठाने की अक्षमता के चलते प्रशासनिक शक्तियों विकेन्द्रीकरण तब तक करना चाहिए जब तक लोगों के पास शासन चलाने का वास्तविक भाव न आ जाए। और यह कहाँ तक जाए, यह फैसला भी लोगों को उनके अनुभव के आधार पर ही करने देना चाहिए। इसके लिए कोई बना-बनाया नियम नहीं होना चाहिए, पर सबसे पहले सबसे पहला काम होना चाहिए—पहले राज्यों को स्वायत्तता देनी होगी जिससे प्रशिक्षित होकर लोग और निचली इकाइयों का काम सँभालेंगे। राज्यों के अधिकार सबसे पहले कायम हों क्योंकि उनकी जेब में कुछ होगा तभी वे उसे नीचे बाँट पाएँगे।

अमने-सामने मुल्क और मनुष्य

राष्ट्र राज्य की भक्ति दो कारणों से फलती-फूलती है। इसके पीछे पूँजीवादी वर्ग और नौकरशाही की ताकत लगी होती है जो राष्ट्र का दायरा और संसाधन बढ़ने से

लाभ पाते हैं। दूसरे भावनात्मक स्तर पर भी यही शासक वर्ग एक इलाके से, एक भूमि से निष्ठा का ढोल भी यही लोग पीटते हैं जो जनमत बनाते हैं कि महान देश में रहने का गौरव क्या होता है। और एक और कारण है, जिसके चलते लोग इस प्रचार के असर में आते हैं—अपने अन्दर की असुरक्षा भावना के कारण।

लोग इस अज्ञात दुनिया में अपने अस्तित्व के लिए बड़े राजनीतिक और आर्थिक साम्राज्य की इच्छा रखते हैं। उन्हें लगता है कि जितने बड़े इलाके की जलवायु और उसके संसाधनों पर उनका कब्जा होगा, वे उतने अधिक सुरक्षित होंगे। और यह सिर्फ जलवायु भर का मामला नहीं है, यह आर्थिक और सामाजिक भी है। इसलिए जब शासक और जनरल अपने साम्राज्य का विस्तार करते थे तो लोग मन से उनके लिए तालियाँ बजाते थे तो उसके पीछे यही भावना थी। छोटे आदमी के अन्दर भी यह बड़ी जीत कुछ चीज भरती थी। वह खुद को इस महान साम्राज्य का हिस्सा मानकर खुश होता है। अपने रोजाना के जीवन संघर्षों से ऊबे आदमी को ये जीतें निहाल करती हैं क्योंकि खुद उसके जीवन में इन चीजों की कमी रहती है।

पर विश्व इतिहास पर नजर डालने से साफ होता है कि जब बड़े-बड़े साम्राज्य बनाने का जुनून अपने चरम पर है, तभी इस राष्ट्रभक्ति का उतार भी शुरू हो गया है। दुनिया अब छोटी राजनीतिक इकाइयों की तरफ बढ़ सकती है। यह चीज स्वतंत्र बड़े मुल्कों के अन्दर से छोटे देशों के निर्माण से आए या फिर संघीय व्यवस्था के तहत, अधिकांश अधिकार राज्यों के पास आने से यह इस बात पर निर्भर करेगा कि केन्द्रीय सत्ता विकेन्द्रीकरण की बात के प्रति कैसा रुख अपनाती है। (इसका मतलब आर्थिक तानाशाही नहीं है। आर्थिक मामलों में ज्यादा सहकारिता चल सकती है)। यह सही है कि कुछ सबसे बड़े देशों में किसी तरह की आन्तरिक क्षेत्रीय सुगबुगाहट सुनाई नहीं देती। इसका कारण यह हो सकता है कि वहाँ के लोग अब भी उसके बड़ी शक्ति होने से खुद को गौरवान्वित महसूस कर रहे होंगे।

पर सैनिक खर्चों और शक्ति की प्रतिद्वन्द्विता ने अब इतना विकराल रूप ले लिया है कि अमेरिका और सोवियत संघ, दोनों ही हाथ खड़े करने की मुद्रा में आ गए हैं। और अभी यह कल्पना करना मुश्किल है कि सैनिक खर्चों में कटौती का यह प्रयास वहाँ के लोगों के भावनाओं पर क्या असर डालेगा? सबसे पहले तो यह एक-दूसरे का हौवा खड़ा करनेवाली चीज को खत्म करेगा। इससे लोगों के अन्दर सुरक्षा का कुछ भरोसा बढ़ेगा। इससे सेना और हथियारों की ताकत का गुणगान करते रहने का भाव भी विदा होगा।

जब एक बार सैनिक खतरे का भूत उतरेगा तो बड़े केन्द्रीकृत राष्ट्र की मौजूदगी को लेकर सवाल उठेंगे। अगर सैनिक ताकत वाले पक्ष को भुला दें तो बड़े देश होने भर से दूसरा कोई लाभ नहीं रहता। और आम आदमी के हिसाब से इसका घाटा बहुत सारा होता है। देश के ऊपर एक विशाल नौकरशाही का बोझ

डालने के संग ही बड़े देश अपने लोगों के व्यक्तित्व को बौना भी बनाते हैं। जो कुछ लोग सत्ता में होते हैं उनका कद तो बढ़ता है, पर बाकी सब बौने होते जाते हैं। राजनीतिक व्यवस्था लोकतांत्रिक है या तानाशाही की, सामाजिक बदलाव की आम आदमी की पहल समाप्त ही हो जाती है। जब तक आपके पीछे किसी बड़े संगठन की ताकत नहीं होगी, आप समाज पर कोई प्रभाव नहीं छोड़ पाएँगे। इन संस्थाओं से प्रभावित होने का मतलब भी अपनी बात आगे बढ़ाने के लिए काफी श्रम करना होगा। दूसरों की महत्त्वाकांक्षा को पीछे छोड़ते या पैरों से रौंदकर आगे निकलना सबके वश का है भी नहीं। और एक बर गिरने का मतलब और भी बुरा है। ऐसे में यह स्वाभाविक है कि इन बड़े मुल्कों की राजनीति में जो आगे बढ़ते हैं वे सत्ता के शीर्ष पर आते-आते निर्दय शैतान बन गए जाते हैं। ऐसा लगता है कि बड़े मुल्कों के साथ केन का श्राप जुड़ गया है। इन मुल्कों की राजनीतिक स्थिति की विडम्बना यह है कि जो शीर्ष पर पहुँचता है वह सर्वज्ञाता और भाग्यविधाता होने का दावा भी करता है और मौजूदा माहौल में मीडिया भी लोगों को उसके दावे पर भरोसा दिलाने में जुट जाता है।

अन्तरराष्ट्रीय तनातनी का कृत्रिम माहौल जैसे ही समाप्त होगा, लोग खुद से चीजों को समझ जाएँगे। आज न कल लोग यह भी जान जाएँगे कि राष्ट्रवाद के शोर के पीछे की क्या कलाकारी है। एक बार जब वे अपने अधिकारों के बारे में ज्यादा सचेत हो जाएँगे और अपने व्यक्तित्व के महत्त्व के बारे में सोचने लगेंगे तब वे यह सवाल भी पूछने लगेंगे जो बड़े राष्ट्र की वकालत करनेवालों को परेशान करेंगे। फिर वे राष्ट्र के प्रति अपने कर्तव्यों और अधिकारों की तुलना करना शुरू करेंगे। फिर उन्हें महसूस होगा कि शासन उनका संरक्षक होने से ज्यादा उनके अधिकारों को हड़पनेवाला है, वह जितना आजाद नहीं करता उतना गुलाम बनाता है। और सम्भव है फिर वे इस नतीजे पर पहुँचें कि शासन के आकार-प्रकार में कटौती करके ही उससे जुड़ी बुराइयों को दूर किया जा सकता है।

पश्चिम के विकसित और शक्तिशाली देशों के नागरिकों में ये बदलाव आने में शायद ज्यादा समय लगेगा क्योंकि अभी से सत्ता और शक्ति के गरूर में हैं और उनका जीवन स्तर भी ऊँचा है। पर अविकसित देशों में, जहाँ रोटी और बन्दूक के बीच चुनाव करना है, सत्ता की चकाचौंध जल्दी खत्म होगी। भारत जैसे गरीब मुल्क में मजबूत और बड़े शासन का मतलब शासक और शासित के बीच की खाई को और बढ़ाना है। दिल्ली से इतने बड़े देश का शासन चलाने के चलते यहाँ एक ऐसा वर्ग पैदा हो गया है जो सिर्फ राजनेताओं के प्रत्यक्ष या अप्रत्यक्ष जुड़ाव से ऊँची कुर्सी और सुविधाएँ पा रहा है जबकि कोई भी उत्पादक काम नहीं करता। यह जमात या तो खुद राजनीतिक पद लेती है या उनके लिए दलाली करती है। अपने राजनीतिक सम्बन्धों का इस्तेमाल करके यह वर्ग सम्पत्ति बनाता है और फिर पैसे वालों के

साथ सम्बन्ध विकसित करता है। दूसरी तरफ देश के विशाल आकार और अपार विविधता के बीच सामान्य भारतीय गुम-सा हो जाता है। फिर वह अपनी राजनीतिक और सामाजिक चिन्ताएँ भी छोड़ देता है और अपनी रोजी-रोटी में जुट जाता है।

यूनानी लोग अपने-आपमें डूबे रहनेवाले को मूर्ख कहते थे। आज बड़े मुल्क अपने अधिकांश लोगों को मूर्ख बना रहे हैं। ऐसी स्थिति में राजनीति आसानी से उचक्कों और बदमाशों के हाथ आ जाती है। भारत में भी नेता लोग अच्छे नारों और चालाकी भरे प्रचार से लोगों को बेवकूफ बनाए रखते हैं और वे अपनी समस्याओं को भूलकर ऐसे नेताओं के पीछे लगे रहते हैं। शासकों और शासितों के बीच गहरा अन्तर है। इसके ऊपर से अपने यहा जाति का खेल भी है। नई राजनीति ने भी कुछ उसी की तरह का भेद बना दिया है। रोनाल्ड सेगल ने भारत की स्थिति को लेकर कुछ इस तरह की टिप्पणी की है : "भारत में कुछ समय बिताते और घूमते ही किसी को भी शासकों और शासितों के बीच का अनतर समझ आ जाता है। ऐसा लगता है कि भारत बिल्कुल दो तरह के लोगों का है—एक तो सौ में एक से भी कम लोगों वाला समूह है जिसके पास सत्ता है, प्रेस है, मनोरंजन के साधन हैं और अलग तरह की महत्त्वाकांक्षाएँ हैं—दूसरी ओर आम लोग हैं जिनका अपना संचार का तरीका है, एकदम अलग ही जीवन है।"[11]

कोई भी राजनीतिक व्यवस्था तभी जीवन्त रहती है जब वहाँ के लोग और उनके चुने हुए प्रतिनिधियों की चिन्ता साझा होती है। यह एक जीवन्त रिश्ता होता है जिसमें सूचनाओं और भावनाओं का आदान-प्रदान चलता रहता है। पुराने लोग और बातें छँटती जाती हैं और नये लोग आते रहते हैं। भारत का आकार जैसा है, उसमें इस तरह की प्रक्रिया का चल पाना असम्भव है। इसलिए संचार एकतरफा होकर रह गया है। सारी सूचनाएँ और निर्देश ऊपर से ही आते हैं। लोग सिर्फ सुन सकते हैं, उनकी बात ऊपर जाने का कोई रास्ता नहीं है न इसके उपकरण हैं। कई बार कुंठा और निराशा के चलते वे आवाज उठाते हैं और इस विशाल भूमि पर इन बातों का असर भी गुम हो जाता है। इसलिए लोगों के पास बदलाव का इन्तजार हाथ पर हाथ धरे बैठे रहने के अलावा कुछ नहीं है। लोगों के इस दब्बू और अकर्मण्य रवैये के बीच शासक जमात चैन से अपनी दुनिया में मगन रहती है।

बड़े मुल्क के पक्ष में सुरक्षा और शान्ति वाला तर्क भी हमें ज्यादा दूर नहीं ले जाता। दुनिया में अगर शान्ति को खतरा है तो बड़े देशों की आपसी होड़ और खटास के चलते ही। दूसरे विश्व युद्ध के बाद तीसरी दुनिया के नाम से छोटे देशों का समूह उभारने का प्रयास तो होता रहा है, पर वे सब भी महाशक्तियों के साथ घुले-मिले रहे हैं या महाशक्तियाँ उनके अन्दरुनी मामलों पर को प्रभावित करती रही हैं। पर शायद ही किसी महाशक्ति ने अपने अधीन के अविकसित इलाके के लोगों या राष्ट्रीयताओं की माँगों पर ध्यान दिया है या खुद उनके यहाँ समस्याएँ न हों। और

यह भी नहीं है कि इनको निपटाए बगैर कोई बड़ी शान्ति कायम की जा सकती है। साम्राज्यवाद और उपनिवेशवाद से आजादी की लड़ाई तो किनारे लग रही है, पर क्षेत्रीय असमानता दूर करने और स्वायत्तता की लड़ाई शायद अभी-अभी शुरू हुई है।

छोटे स्वतंत्र राष्ट्र के विचार का समर्थन करना इन दिनों फैशन में नहीं है। अभी और बड़े और ताकतवर देश के पक्ष में माहौल है। पर शायद जल्दी ही एहसास होगा कि बड़े मुल्क का मतलब बड़ी फौज और विशाल नौकरशाही होगी जो न मानवीय आजादी के अनुकूल बैठती है न शान्ति के। चौबीसों घंटे, तीसों दिन की निगरानी, पहरेदारी, अन्तरराष्ट्रीय जासूसी और उलझाव बड़े मुल्कों से जुड़ी चीजें हैं और इस अनवरत की होड़ में कोई नहीं रुक सकता। असल में शान्ति तभी आएगी जब बड़े सशस्त्र देश न होंगे। पहले जब कभी बहुत छोटी फौजें ही लड़ा करती थीं तो यह सम्भव था कि छोटी ताकत भी विशाल इलाके को जीत ले। आज स्थिति बदल गई है। आज तो हर लड़ाई एक जन-युद्ध में बदल जाती है और हमला झेल रहे मुल्क के लगभग सभी लोग मुल्क बचाने की लड़ाई में शामिल हो जाते हैं। और फिर हमलावर को युद्ध जीतने के लिए इतने संसाधन झोंकने होते हैं कि अगर वह बहुत ताकतवर लेकिन छोटा मुल्क है तो उसके संसाधन जीत के लिए पूरे नहीं पड़ सकते। वियतनाम युद्ध की कीमत अमेरिका को कितनी चुकानी पड़ी, यह एक उदाहरण है। ऐसी स्थिति में अगर दुनिया में सिर्फ छोटे देश हों और बड़े देश न रहें तो युद्ध बेकार हो जाएँगे। किसी भी देश पर दूसरे द्वारा हमला करने का विरोध आसपास के सभी देश काफी जोर-शोर से करेंगे, जिनकी मिली-जुली ताकत हमलावर देश से ज्यादा होगी ही। यह स्थिति निरस्त्रीकरण को बढ़ावा देने के लिए पर्याप्त होगी। इसके विपरीत आज स्थिति यह है कि दोनों महाशक्तियों की मारक क्षमता सारी दुनिया के देशों की मारक क्षमता के कुल जोड़ से भी कई गुना ज्यादा है। ऐसे में सशस्त्र युद्ध विराम तो हो सकता है, स्थायी शान्ति कायम होना असम्भव है। यह सही है कि आज महाशक्तियों को अपनी सैन्य शक्ति को नीचे लाने के लिये समझाना असम्भव है। अभी तो वही सारी दुनिया को धमकाए रखने की स्थिति में हैं। यह काम तो उन देशों के लोगों पर छोड़ा जा सकता है पर बाकी देशों, खासकर अविकसित देश फौज और हथियारों पर देश का कीमती संसाधन बर्बाद करना बन्द कर सकते हैं। इससे उन्हें न सिर्फ आर्थिक मामलों में राहत मिलेगी बल्कि शक्ति को विकेन्द्रित करने में भी मदद मिलेगी जो उनके विकास के लिए जरूरी है।

परिशिष्ट

आन्तरिक उपनिवेश

राजनीतिक संकट की जड़

भारतीय राजनीतिक और आर्थिक व्यवस्था के बुनियादी चरित्र को हम औपनिवेशिक शासन से जुड़कर ही विकसित हुई आन्तरिक उपनिवेश प्रणाली से ही ठीक से समझ सकते हैं। औपनिवेशिक व्यवस्था ने औपनिवेशिक बाबू समाज बनाया और उसी दौर में उपभोक्तावादी संस्कृति फली-फूली। साम्राज्यवादी शासन की प्रशासनिक और प्रबन्धकीय जरूरतें उसके अपने लोगों से पूरी नहीं हो रही थीं, इसीलिए एक बाबू वर्ग तैयार किया गया। इसी प्रकार साम्राज्यवादी व्यावसायिक घरानों के पिछलग्गू के रूप में एक देसी पूँजीपति वर्ग भी पैदा हुआ। शुरू में तो यह उसकी सेवा में ही लगा रहा, पर बाद में खुद एक पूँजीपति वर्ग के रूप में विकसित हुआ। पर किसी सहारे की आदत से बढ़ा यह वर्ग स्वतंत्र रूप से काम करना नहीं जानता। सो, आज भी विदेशी पूँजीपति वर्ग ही भारतीय उत्पादन की दिशा तय करता है और भारतीय उद्यमी उसी दिशा में चलते हैं। भारतीय बाबू और शासक जमात अपनी औपनिवेशिक पैदाइश के चलते विदेशी मूल्यबोध वाली ही बनकर रह गई है और आजादी के बाद अब देश के राजनीतिक और सामाजिक जीवन में प्रमुखता बनाए रखने के बावजूद वही भारत बनाने की कोशिश में लगी रहती है जो पश्चिम के समृद्ध लोगों वाली चीजें और सेवाओं का भोग करे। अपनी आकांक्षाओं को पूरा करने के लिए देश का पूँजीपति वर्ग और शासक वर्ग पश्चिम के औद्योगिक विकास के मॉडल को ही अपने लिए उपयुक्त पाता है, पर एक मुश्किल है। पश्चिमी पूँजीवाद उस औपनिवेशिक साम्राज्य की गर्भ से पैदा हुआ है जिसके लिए सारी दुनिया के संसाधन और बाजार उपलब्ध थे और पूँजीवादी शोषण के खिलाफ तब कहीं से आवाज भी नहीं उठ रही थी। भारतीय पूँजीपति वर्ग को आज ऐसा औपनिवेशिक विस्तार मिलना सम्भव नहीं है और न ही यह उन्नीसवीं सदी के यूरोप जैसी स्थितियाँ पा सकता है कि मजदूर, औरतों और बच्चों से भी बहुत कम मजदूरी पर सोलह से अठारह घंटे काम लिया जा सके। इसके अलावा आज उत्पादन की प्राथमिकताएँ

तय करना भी अकेले पूँजीपति के हाथ में नहीं रह गया है। उसे सिर्फ कुलीनों के लिए उत्पादन करने के पहले बहुत सारी चीजों से मुँह मोड़ना होता है और बहुतों को जीवन की बुनियादी जरूरतों से वंचित करना होता है। सो, आजादी के बाद के विकास के साथ कई तरह के असन्तोष और विवाद जुड़े रहे हैं। चूँकि सभी राजनीतिक दलों का नेतृत्व उसी कुलीन जमात से आता है और वह एक तरह के मूल्यों से ही संचालित होता है, इसलिए पूरी व्यवस्था एक अन्धी गली में पहुँच गई लगती है और लोगों के लिए विभिन्न राजनीतिक दलों के बीच अन्तर करना मुश्किल हो गया है।

उपयुक्त स्थितियों में विकास की समस्या का निदान आन्तरिक औपनिवेशिक प्रणाली का विकास करके किया जा रहा है। आधुनिक पश्चिमी तरह के उद्योग स्थापित करने और पश्चिमी जीवन शैली की सेवाएँ हासिल करने के लिए बाहरी उपनिवेश स्थापित करने की जगह आन्तरिक उपनिवेश बनाए जा रहे हैं। इसके लिए देश के विशाल पिछड़े औपनिवेशिक इलाकों के संसाधनों से कुछ मेट्रोपॉलिटन केन्द्र और औद्योगिक केन्द्र विकसित कर रहे हैं। इस तरह के विकास में देश के कुछ इलाकों का तो तेज विकास होता है, लेकिन बाकी सभी हिस्सों का संसाधन छीना जाता है और उनको बदहाल रहने के लिए छोड़ दिया जाता है। इन चुने हुए इलाकों की समृद्धि ज्यादा-से-ज्यादा आसपास के इलाकों तक फैल पाती है और सम्भव है कि वहाँ कुछ खुशहाली आए पर बाकी इलाकों में बर्बादी ही आती है। आन्तरिक औपनिवेशिक शोषण के दो तरह के हैं : (1) क्षेत्रीय और (2) काम के हिसाब से। क्षेत्रीय औपनिवेशिक क्षेत्र हैं बिहार, ओडिशा, असम, मध्यप्रदेश, पूर्वी उत्तर प्रदेश, उत्तराखंड, उत्तर बंगाल जैसे इलाके। इनके भी वे इलाके सबसे ज्यादा शोषण का शिकार हैं जहाँ आदिवासी रहते हैं। वहाँ के खनिज और जंगल के उत्पात पर आधारित उद्योग खूब फल-फूल रहे हैं, पर आदिवासियों की स्थिति दिन-ब-दिन बिगड़ती जा रही है। ऐसे इलाके देश भर में हैं, पर सबसे बड़ा इलाका बिहार का छोटानागपुर क्षेत्र और ओडिशा, पूर्वोत्तर और मध्य प्रदेश के आदिवासी इलाके हैं। इन सभी इलाकों का खनिज, वनोपज और खेती की पैदाइश दूर-दराज के शहरी औद्योगिक क्षेत्र के काम आती है। इन्हीं इलाकों से विकसित इलाकों और कामों को कम मजदूरी वाले अकुशल मजदूर भी मिलते हैं।

कुछ कामों या धन्धों वाले औपनिवेशिक इलाकों में खेतिहर इलाके आते हैं। खेती में संरचनात्मक निवेश न होने से श्रम और जमीन, दोनों की उत्पादकता नहीं बढ़ पा रही है। फिर किसान और खेत मजदूर तो औद्योगिक उत्पादों के लिए ऊँची कीमत चुकाते हैं, पर खुद उनके उत्पाद की कीमत कम मिलती है। परिणाम है कि पूरा ग्रामीण समाज दिन-ब-दिन गरीब होता जा रहा है। ग्रामीण इलाकों से श्रमिकों का शहर और औद्योगिक केन्द्रों पर पलायन शोषण का एक और रूप है। इस

प्रक्रिया में खेती पर तो बच्चों को पालने और बूढ़ों की देख-रेख का बोझ बना रहता है, पर जवान लोगों के श्रम का लाभ शहरी और औद्योगिक क्षेत्र ले जाते हैं। पर जिन ग्रामीण इलाकों से सारे संसाधन छीने जा रहे हैं और रोजगार रह नहीं जाता है तब वहाँ के लोगों के पास पलायन के अलावा कोई विकल्प नहीं रहता। इससे शहरों में भी बहुत बड़ी आबादी पहुँची है और गन्दी बस्तियाँ उग आई हैं। शहर के भी अमीर और मध्य वर्गीय लोग इन झुग्गी और गन्दी बस्तियों में रहनेवालों को न्यूनतम मानवीय सुविधाएँ देने का खर्च उठाए बगैर उनकी सेवाओं का लाभ लेते हैं, पर विडम्बना यह है कि इतनी बड़ी संख्या में लोगों के गाँवों से निकल जाने के बावजूद वहाँ बेरोजगारों की फौज में कोई कमी नहीं दिखती और न जमीन पर आबादी का दबाव कम हो रहा है। इससे अर्द्ध रोजगारी और बेरोजगारी की स्थिति बनती है। वह अपने श्रम के बदले अच्छी मजदूरी माँगने की स्थिति में भी नहीं रहता। सो, गाँवों में भी जो सामन्ती और जमींदारी व्यवस्था रही है, उसके अवशेष अभी भी बने हुए हैं जबकि इसे खत्म करने के अनेक कानून आ चुके हैं।

अगर मौजूदा समाज बुनियादी तौर पर आन्तरिक औपनिवेशिक समाज है तो इस औपनिवेशिक शोषण से ही लड़ाई लड़नी होगी। मौजूदा पार्टियाँ अगर अधिकांश लोगों की बदहाली वाले इस कारण को नहीं पहचान सकतीं और इस मुद्दे को नहीं उठाती हैं तो वे बेमानी हो चुकी हैं। इस तरह के शोषण के शिकार लोग जब आवाज उठाते हैं तब राष्ट्रवाद के नाम पर मुल्क टूटने का नकली खतरा बताकर उन्हें दबा दिया जाता है। इस शोषक व्यवस्था से लाभ पानेवाले खुद को राष्ट्रवाद का झंडाबरदार बताते हैं और पूरे मुल्क पर अपना राष्ट्रवाद लादना चाहते हैं, पर इस व्यवस्था से शोषित लोगों को इसकी परवाह नहीं है। उन्हें तो अपनी बात उठानी ही है। चूँकि अधिकांश राजनीतिक पार्टियाँ उनकी नहीं सुनतीं तो उन्होंने भी इन पार्टियों से मुँह फेर लिया है।

आन्तरिक औपनिवेशिक शोषण से जूझ रहे लोगों के संघर्ष के तीन स्वरूप हाल में उभरकर सामने आए हैं। पहला असमी लोगों का संघर्ष है। अभी तो यह विदेशी घुसपैठ के सवाल को ऊपर रखे हुए है, पर असली समस्या स्थानीय संसाधनों और लोगों के शोषण तथा लोगों को अपने आर्थिक और सांस्कृतिक विकास का अवसर न देना ही है। असम आन्दोलन के हाल के कुछ प्रकाशनों में आन्तरिक औपनिवेशिक शोषण का सवाल भी उठाया गया है। इसी प्रकार का आन्दोलन बहिर्गतों के शोषण के खिलाफ उत्तर बंग तपसीली जाति और आदिवासी संगठन का रहा है। संघर्ष का दूसरा स्वरूप देश भर के आदिवासियों द्वारा अपने इलाके के घुसपैठियों के खिलाफ चल रहा है जो न सिर्फ उनसे जमीन छीन रहे हैं बल्कि उनके उस पर्यावरण को तहस-नहस कर दे रहे हैं जहाँ आदिवासी सैकड़ों सालों से रह रहे हैं। यह सब सिर्फ इसलिए हो रहा है क्योंकि वे जिस जमीन पर रहते आए

हैं उसके नीचे बेशकीमती खनिज भरे पड़े हैं जो विभिन्न उद्योगों के विकास के लिए जरूरी हैं, पर इन उद्योगों का लाभ आदिवासियों को न मिलकर दूसरे लोगों को जाता है। इधर ये आन्दोलन जोर पकड़ रहे हैं क्योंकि सभी आदिवासी अब यह समझकर साथ आने लगे हैं।

आन्दोलन/संघर्ष का तीसरा स्वरूप है किसान आन्दोलन का, जो महाराष्ट्र, तमिलनाडु और कर्नाटक में मजबूत हुआ है। उनके आन्दोलन में फसल के लाभकारी मूल्य, लगान पर रोक और शहर-गाँव के रिश्तों को नए सिरे से तय करने जैसी मुख्य माँगें उभर रही हैं, पर सबके लिए एक समान दुश्मन है, शहरी-औद्योगिक समाज का शोषण।

अगर समाज के इन शोषित समूहों की माँगों के आधार पर स्पष्ट राजनीतिक पहल करके पूरे समाज के आर्थिक-सामाजिक रिश्तों को नए सिरे से बनाने की कोशिश न हो तो यह खतरा बना रहेगा कि ये आन्दोलन विध्वंसकारी और नुकसानदेह स्वरूप ले सकते हैं, जैसे पंजाब का हाल का आन्दोलन भी सिख किसानों का था जो शहरी गैर-सिख व्यावसायिक हितों द्वारा अपने शोषण के खिलाफ उठे थे। अकाली पहले भी किसानों के मुद्दों को उठाते रहे थे। इसी प्रकार पानी के बँटवारे का मुद्दा भी खेती-किसानी का था, पर किसानी के इन सवालों को एक धार्मिक मंच से उठाने से अनेक तरह की जटिलताएँ और गड़बड़ियाँ जुड़ गईं। पर जब देश की सारी राजनीतिक पार्टियाँ किसानों की माँगों से लगातार आँखें फेरे रहती हैं तो अकालियों ने इन माँगों को उठाया। उसमें उनका दोष नहीं माना जा सकता। असम में भी अगर राजनीतिक व्यवस्था ने क्षेत्रीय शोषण के खिलाफ के आन्दोलन की माँगों पर ध्यान नहीं दिया तो यह खतरा बना हुआ है कि आन्दोलन गैर-असमिया लोगों के खिलाफ उग्र और अलगाववादी स्वरूप ले लेगा। इसी प्रकार आदिवासी आन्दोलनों पर ध्यान नहीं दिया गया तो वह अलगाववादी स्वरूप ले सकता है।

स्थापित राजनीतिक दल अभी भी इन आन्दोलनों के प्रति जो असंवेदनशीलता दिखा रहे हैं, वह इन आन्दोलनों को उत्पाती अतिवादी रूप देता जा रहा है।

उपरोक्त विश्लेषण के आधार पर हम भारतीय समाज में सामाजिक बदलाव के लिए जरूरी आन्दोलनकारी शक्तियों और उसके कार्यक्षेत्र के बारे में कुछ निष्कर्ष निकाल सकते हैं। इस विश्लेषण से साफ है कि भारत के संगठित क्षेत्र का औद्योगिक मजदूर यहाँ के विशेषाधिकार प्राप्त वर्ग का हिस्सा है और शहरी औद्योगिक अर्थव्यवस्था के लाभ का हिस्सेदार है, सो वह गाँवों की दुर्गति से बेपरवाह है। आन्तरिक उपनिवेश वाले अपने इलाकों से उसका सम्बन्ध भी साम्राज्यवादी देशों के मजदूरों के उपनिवेशों के लोगों से सम्बन्धों जैसा ही है। इस मजदूर वर्ग के अन्दर एक गहरा असुरक्षा बोध भी है क्योंकि उसे मालूम है कि उसकी सारी लाटसाहबी भारी कमाई करनेवाले औद्योगिक क्षेत्र में नौकरी पर ही निर्भर है और

जैसे ही नौकरी जाएगी, उसे शहरी गन्दी बस्तियों का जीवन जीने पर मजबूर हो जाना पड़ेगा। सो, न तो इसमें कोई क्रान्तिकारी चिंगारी होती है न जरा भी जोखिम लेने की क्षमता। शहरी इलाके में तो सिर्फ दिहाड़ी, अकुशल या अर्द्ध कुशल मजदूरों में ही क्रान्तिकारी सम्भावना रहती है जो गाँवों से निकल चुके होते हैं, पर जिनको शहरी व्यवस्था में कोई ढंग की जगह नहीं मिली होती है। वे लगातार गाँव और शहर के बीच, एक नौकरी से दूसरी नौकरी या बेरोजगारी और रोजगारी के बीच डोलते रहते हैं। नौकरी में और बाहर भी उनको अमानवीय व्यवहार झेलना पड़ता है। वे लोग व्यवस्था बदलने की लड़ाई का हिस्सा हो सकते हैं। पर भारत में बदलाव की किसी भी लड़ाई की फौज का मुख्य किसान, खेतिहर मजदूर और आन्तरिक उपनिवेश से सीधे प्रभावित अन्य पेशों के लोगों को लेकर ही बनेगा। शुरुआत में किसानों के और पिछड़े इलाकों के अपेक्षाकृत समृद्ध हिस्से भी बदलाव की प्रक्रिया में हिस्सेदार हो सकते हैं क्योंकि वे सब भी आन्तरिक उपनिवेश का शिकार हैं और इसके खत्म होने से उन्हें अपने कामकाज में सुधार की उम्मीद हो सकती है। जैसे एक बड़ा किसान भी देख रहा है कि जो अच्छी शिक्षा वह अपने बच्चों को नहीं दिला सकता, वह शहर का एक मध्यमवर्गी परिवार पा रहा है। इसी तरफ पिछड़े इलाके का छोटा व्यवसायी अपने उद्यम को बड़ी औद्योगिक इकाई की प्रतिद्वन्द्विता में टिकता न देख दुखी है। वह सिर्फ कुछ संरक्षण मिलने या कीमत में समर्थन की व्यवस्था होने से ही बाजार में टिक सकता है। सम्भव है कि पिछड़े इलाकों या कारोबारों के यही लोग ऐसी माँगे उठाने में आगे आएँ, पर व्यवस्था की असमानता की ज्यादा कीमत तो गरीबों को चुकानी होती है और जब वे समर्थन में आएँगे तभी वह व्यापक बन पाएगा।

आन्तरिक औपनिवेशिक प्रणाली के दुष्प्रभावों की चर्चा किए बगैर सिर्फ मजदूरों और पूँजीपतियों की नाराजगी, किसानों और खेतिहर मजदूरों के गुस्से की बात करना औपनिवेशिक दौर में साम्राज्यवादी प्रभुत्व को भुलाकर वर्ग संघर्ष की बात करने जैसा है।

व्यापक क्षेत्रीय स्वायत्तता का आन्दोलन, स्थानीय संसाधनों पर आदिवासियों का नियंत्रण और स्वायत्तता तथा शहरी क्षेत्र से आर्थिक सत्ता को ग्रामीण इलाके में लाने की माँग समता संगठन के आर्थिक और राजनीतिक विकेन्द्रीकरण के उद्देश्य से मेल खाती है। पूरे इतिहास में नगर विशाल इलाकों पर साम्राज्यवादी प्रभुत्व का केन्द्र रहे हैं। आधुनिक विश्व में भी वे विशाल औद्योगिक साम्राज्य के जनक और राष्ट्रीय तथा बहुराष्ट्रीय निगमों के वैश्विक प्रभुत्व का केन्द्र रहे हैं। ग्राम आधारित छोटी स्वायत्त अर्थव्यवस्थाओं के उदय से उद्योग भी अपना आकार छोटा करेंगे क्योंकि उन्हें छोटे स्थानीय बाजार मिलेंगे और उनको मुख्य रूप से स्थानीय उपलब्ध संसाधनों पर ही निर्भर रहना होगा। गाँवों की तरफ लौटना मुख्य बात है। इसके

बगैर तो छोटे इलाके से काम करके भी विशाल उद्योग सारी दुनिया में हाथ-पांव फैला सकते हैं जैसाकि यूरोप के कई छोटे देशों की बड़ी कम्पनियों का रिकार्ड है। राजनीतिक सत्ता का विकेन्द्रीकरण और पूर्ण लोकतंत्रीकरण इसी तरह के बदलाव के साथ सम्भव है। सम्भव है, इससे उपभोक्तावाद विरोधी और समुदाय केन्द्रित विकास की दिशा में पहल शुरू हो। जब उद्योग स्थानीय संसाधनों से स्थानीय जरूरत की चीजें बनाने पर मुड़ेंगे तो वे निश्चित रूप से श्रम बहुल तकनीक अपनाएँगे और रोजगार बढ़ाने में बड़ी भूमिका निभाएँगे।

उपरोक्त बातों को सामने रखते हुए हमें पिछले कुछ वर्षों के बड़े जनान्दोलनों के लक्ष्यों को अपने राजनीतिक एजेंडे में जोड़ना चाहिए और आन्तरिक उपनिवेशवाद के खिलाफ उसी अन्दाज में जिहाद छेड़ना चाहिए जैसाकि हमारे पूर्वजों ने विदेशी औपनिवेशिक व्यवस्था के खिलाफ छेडा था। बुनियादी नीति में यह बदलाव नजरिये और व्यवहार में भी बदलाव ला देगा जो इस आन्दोलन को मौजूदा राजनीतिक आन्दोलनों से अलग बना देगा।

समृद्धि के छोटे द्वीपों और अपार गरीबी झेलनेवाले विशाल इलाके तथा लोगों के बीच टकराव ने प्रकट-अप्रकट रूप लेना शुरू कर दिया है। इस स्थिति से निपटने के लिये सत्ता में बैठे लोगों ने अधिक अधिनायकवादी रवैया अपनाना शुरू किया है और लोकतंत्र की इस दुर्गति में सभी स्थापित दलों की अप्रत्यक्ष सहमति है। खुले तौर पर तो वे किसी एक इलाके या पूरे देश के लोगों के अधिकारों में कटौती के सरकार के प्रस्ताव का विरोध करते हैं, पर कुल मिलाकर वे संकट का शोर मचाकर ऐसा करने के पक्ष में भावनात्मक माहौल बनाते हैं। असम आन्दोलन हो या पंजाब का, कई राजनीतिक पार्टियाँ इनकी आलोचना करने में शासक कांग्रेस से भी आगे निकल गई थीं। और जब सरकार ऐसे माहौल में आपात कदम उठाती है तब विरोध जताना सिर्फ नाटकबाजी है।

पर लोगों की स्वतंत्रता पर रोक के लिए कांग्रेस को बहाना उपलब्ध कराने में विपक्ष की जो भी भूमिका हो, पर देश में तानाशाही लादने के सवाल पर जरूर वे कांग्रेस से अलग नजरिया रखते हैं। अभी कांग्रेस छोड़कर किसी भी पार्टी के लिए केन्द्र में सत्ता में आने की गुंजाइश नहीं लगती। वे गठबन्धन बनाकर सत्ता में आ सकती हैं, पर गठबन्धन की शर्तों में इस बात की सावधानी होगी कि कोई एक पार्टी सारी सत्ता हड़पने में न लग जाए। व्यवस्था को लोकतांत्रिक बनाने में कांग्रेस और विपक्षी दलों के अधिनायकवादी खतरे/क्षमता के अन्तर का इस्तेमाल किया जाना चाहिए।

आन्तरिक औपनिवेशिक प्रणाली एक खिलाफ उभर रहे आन्दोलनों के लिए भी पहली जरूरत लोकतांत्रिक व्यवस्था को बचाना है। बहुत कम ही मौकों पर तानाशाही की स्थिति में कोई जनान्दोलन खड़ा हो पाता है। हिटलर के जर्मनी या स्टालिन के रूस में यह बात बहुत साफ ढंग से दिख चुकी है। अगर कभी हल्की नरमी वाली

स्थिति में आन्दोलन खड़ा भी हो जाए, जैसाकि पोलैंड में हुआ था, तो भी लोकतांत्रिक व्यवस्था के विभिन्न अंगों के सक्रिय न रहने पर उसे बहुत आसानी से दबा दिया जा सकता है। इसलिए चुनाव चाहे 1984 के आखिर में हों या 1985 के शुरू में, कांग्रेस को हराने के लिए हर प्रयास किया जाना चाहिए। कांग्रेस विरोधी वोट न बँटें, इसके लिए विपक्षी दलों पर आपसी तालमेल के लिए दबाव बनाया जाना चाहिए।

लेकिन यह लोकतंत्र को बचाने के कार्यक्रम का ऋणात्मक पक्ष ही है। भारतीय समाज में जितनी विभिन्नता है और मौजूदा राजनीतिक दलों का जो चरित्र है, उसमें कांग्रेस हार भी जाए तब भी व्यवस्था पर अधिनायकवादी दबाव बना रहेगा। चूँकि सभी राजनीतिक पार्टियाँ आन्तरिक औपनिवेशिक व्यवस्था के लाभार्थियों से गहरी जुड़ी हैं, सो वे वंचित इलाकों या कामों के लोगों के आन्दोलनों पर अंकुश लगाने में एकमत रहेंगी। ऐसे में भारतीय लोकतंत्र को स्थायी आधार तभी दिया जा सकता है जब आन्तरिक उपनिवेश की पूरी स्थिति को समाप्त कर दिया जाए। यह काम मौजूदा राजनीतिक दल नहीं कर सकते। इसे पूरा करने के लिए एक नया राजनीतिक संगठन बनाना होगा। यह संगठन पिछले कुछ वर्षों के विभिन्न जन आन्दोलनों के समन्वय से बनाया जा सकता है और उनके सिद्धान्तों को साथ करके इसकी राजनीतिक नीति बनाई जा सकती है। पर भारतीय समाज के सभी वंचित और शोषित लोग इससे जुड़ें, इसके लिए नीतियों को अभी अन्तिम रूप देना जरूरी नहीं है।

हर बीतते दशक के साथ समृद्धि वाले इलाके और समृद्ध होते जा रहे हैं। साथ ही, वे बाकी इलाके के कमजोर और बदहाल लोगों की तरह से आँख भी फेरते जा रहे हैं। चूँकि उनका सत्ता और प्रशासन में बैठे लोगों पर नियंत्रण है, अर्थव्यवस्था की पूरी दिशा अब बाहरी इलाके के लोगों की जरूरतों को भुलाकर कुछ लोगों के लिए ही ऐशो-आराम की सारी व्यवस्था करने की हो गई है। साठ के दशक में लोगों का मोहभंग हुआ। इन्दिरा गांधी ने इसके जबाब में 'गरीबी हटाओ' का नारा उछलकर लोगों की आशा को नए सिरे से जगाया, पर सत्तर के मध्य में यह छल भी टूटा और बिहार में नौजवानों-छात्रों का आन्दोलन उभरा जो सबसे गरीब है। इस आन्दोलन ने जाहिर किया कि मौजूदा पार्टी व्यवस्था में कुछ बुनियादी खोट है। इसके जबाब में आया आपातकाल विरोध की आवाज को कुचलकर इस संकट को निपटाने का प्रयास था। जनता सरकार के प्रयोग ने साबित किया कि मौजूदा दलों से कोई बुनियादी बदलाव की उम्मीद नहीं की जा सकती। अस्सी के दशक में आन्तरिक उपनिवेश बने कई इलाकों के लोगों का पहला गुस्सा फूटा। इन आन्दोलनों से देश की भविष्य की राजनीति की दिशा का अन्दाजा होता है। इन जन आन्दोलनों की ऊर्जा एक ऐसे राजनीतिक आन्दोलन को खड़ा कर सकती है जो व्यवस्था के टकरावों को सुलझाएगी या फिर विनाशकारी दिशा लेगी, जिससे निपटने के लिए सैनिक-प्रशासनिक दखल की जरूरत होगी और यह स्थिति लोकतांत्रिक प्रणाली को ही खत्म कर जाएगी।

तालिकाएँ

चार्ट-3 : भारत और कुछ राज्य की प्रतिव्यक्ति आमदनी

राज्य	वर्ष	प्रति व्यक्ति आय	बिहार की आय में प्रतिशत ज्यादा
पं. बंगाल	1950	303	+48
उत्तर प्रदेश	1950	260	+26
मद्रास	1950	251	+22
बिहार	1953	207	
ऑल इंडिया	1953	284	+37

स्रोत : टेक्नो-इकोनॉमिक सर्वे, पृ. 75

चार्ट-4 : भारत और बिहार की प्रति व्यक्ति आय चालू और निकट मूल्यों या (रुपये में)

	भारत		बिहार	
वर्ष	चालू मूल्य दर	1948-49 मूल्य दर	चालू मूल्य दर	1948-49 मूल्य दर
1960-61	325.7	293.2	205.64	193.34
1961-62	333.6	294.3	212.42	201.41
1962-63	339.4	293.2	221.99	203.95
1963-64	370.9	301.1	244.71	205.65
1964-65	421.5	317.0	284.31	210.40
1965-66	—	—	324.31	201.95
1966-67	—	—	298.46	170.32
1967-68	—	—	398.68	195.32

स्रोत : बिहार भू-मिलान, 1968, सांख्यिकी निदेशालय, बिहार, चार्ट-26, पृ. 139

चार्ट-5 : सकल उत्पादन में बिहार और भारत की तुलना

	मूल्य (करोड़ रु. में)	प्रतिशत बिहार	प्रतिशत भारत
1. कृषि	408.0	48.0	
2. पशुपालन	63.4	7.5	
3. वनोप्रान्त	1.8	0.2	...
4. कुल कृषि आय	472.2	55.7	...
0. खनन	32.2	3.8	6.9
5. बड़े उद्योग	472.2	55.7	...
6. छोटे उद्योग	36.5	1.5	2.8
7. वाणिज्य, ब्याज और संचार	103.7	12.2	13.1
8. अन्य सेवाएँ	96.9	11.4	11.3
9. आवास सम्पत्ति	34.9	4.1	4.4
कुल गैर-कृषि आय	349.6	44.5	51.5

स्रोत : टेक्नो-इकोनॉमिक सर्वे ऑफ बिहार, पृ. 74

चार्ट-6 : 1960-61 और 1967-68 में कृषि और औद्योगिक क्षेत्रों की आय का प्रतिशत योगदान

राज्य	प्रतिशत योगदान			
	कृषि	क्षेत्र	औद्योगिक	क्षेत्र
	1960-61	1967-68	1960-61	1967-68
आन्ध्र प्रदेश	59.5	57.8	17.4	12.5
असम	63.0	60.0	19.7	15.8
बिहार	52.4	61.9	27.8	18.4
गुजरात	46.3	51.1	30.1	21.3
हरियाणा	62.3	72.5	19.6	12.4
जम्मू एवं कश्मीर	62.8	54.3	15.0	27.4
केरल	51.8	48.7	23.0	17.1
मध्य प्रदेश	61.5	62.5	21.6	16.8
महाराष्ट्र	42.7	37.6	31.8	28.9

ओड़िशा	59.1	65.1	16.4	11.6
मैसूर	54.2	57.5	21.7	14.8
पंजाब	58.3	63.9	20.8	13.1
राजस्थान	61.4	66.8	17.1	10.3
तमिलनाडु	48.1	42.4	23.2	19.7
उत्तर प्रदेश	61.3	66.3	16.6	10.5
वैस्ट बंगाल	41.7	39.0	33.2	30.8

स्रोत : के.वी. नाम्बियार का आलोक इकोनॉमिक श्रोत व मैज इकोनॉमिक इकाइयों इकोनॉमिक टाइम्स, 6 नवम्बर, 1971

चार्ट-7 : 1969-70 में कुछ राज्यों की प्रति व्यक्ति आय

राज्य	1969-70	बिहार से प्रतिशत ज्यादा
दिल्ली	1239	+ 208
आन्ध्र प्रदेश	513	
असम	499	
बिहार	402	
गुजरात	567	
हरियाणा	788	+ 96
जम्मू एवं कश्मीर	216	
केरल	505	
मध्य प्रदेश	569	
महाराष्ट्र	731	+ 81
मैसूर	515	
ओड़िशा	325	
पंजाब	881	+ 119
राजस्थान	480	
तमिलनाडु	616	+ 53
उत्तर प्रदेश	562	+ 40
वैस्ट बंगाल	562	+ 40

स्रोत : परिमल दास द्वारा दीनमन में दिए गए आँकड़े, 26 मार्च, 1972 को केन्द्रीय-सांख्यिकी संगठन के आंकड़ों के आधार पर।

चार्ट-8 : बांग्लादेश और पाकिस्तान की प्रति व्यक्ति आय

1 वर्ष	2 बांग्लादेश	3 वैस्ट पाकिस्तान	4 बांग्लादेश से प्रतिशत ज्यादा
1949-50	287	338	+ 17
1967-68	347	496	+ 43

स्रोत : बौधायन चट्टोपाध्याय 'आर्थिक आयामों' पर सेमिनार, फरवरी 1972

चार्ट-9 : बिहार और पंजाब की प्रति व्यक्ति आय

1 वर्ष	2 बिहार	3 पंजाब	4 बिहार से प्रतिशत ज्यादा
1960-61	216	383	+ 77
1969-70	402	881	+ 119

चार्ट-10 : उच्च शैक्षिक संस्थानों का राज्य क्षेत्रवार वितरण 1965-66 (संशोधित)

राज्य/ केन्द्र शासित	विश्वविद्यालय	जनसंख्या (करोड़ में)	राष्ट्रीय संस्थान	कला, विज्ञान एवं वाणिज्य कॉलेज
आन्ध्र प्रदेश	4	3.59	—	100
असम	2	1.22	—	85
बिहार	5	4.64	—	144
गुजरात	3	2.06	—	124
जम्मू एवं कश्मीर	1	0.35	—	18
केरल	1	1.69	—	100
मध्य प्रदेश	8	3.23	—	153
महाराष्ट्र	6	3.95	1	248
मैसूर	4	2.35	—	89
नगालैंड	—	0.03	—	2
ओड़िशा	2	1.75	—	62
पंजाब	4	1.11	1	111
राजस्थान	3	2.01	—	67
तमिलनाडु	3	3.36	1	23
उत्तर प्रदेश	9	7.37	2	186

वैस्ट बंगाल	7	3.49	2	244
अंडमान एवं निकाबार				
इग्लैंड	—	0.063	—	—
दादरा एवं नागर हवेली	—	0.0057	—	—
दिल्ली	1	0.26	2	35
गोवा, दमन द्वीप	—	0.06	—	6
हिमाचल प्रदेश	—	0.26	—	6
मणिपुर	—	0.078	—	11
नेफा	—	—	—	1
पुदुचेरी	—	0.036	—	4
त्रिपुरा	—	0.11	—	4

स्रोत : भारत 1970

चार्ट-11 : भारत के कुछ राज्यों में डॉक्टर, 1956

राज्यों	प्रति एक लाख आबादी पर डॉक्टर
बिहार	15
बंबई	33
वैस्ट बंगाल	78
पूरा भारत	19

स्रोत : केदारनाथ प्रसाद, द इकानॉमिक ऑफ बैकवर्ड रीजन, साइंटिफिक बुक एजेंसी, कलकत्ता, पृ. 88

चार्ट-12 : कुछ राज्यों में स्वास्थ्य सेवाएँ, 1963

राज्यों	दवाईखाने	पलंग	डॉक्टर्स	नर्सेस
बिहार	1,238	10,161	7,469	1,851
गुजरात	1,185	11,952	4,035	1,263
मद्रास (1962)	619	24,756	13,019	10,557
आन्ध्र प्रदेश	567	20,296	2,913	3,710
वैस्ट बंगाल	568	30,236	22,436	6,154

स्रोत : केदारनाथ प्रसाद, 'द इकोनॉमिक ऑफ बैकवर्ड रीजन', साइंटिफिक बुक एजेंसी, कलकत्ता, पृ. 88

चोर्ट-13 : बिजली की खपत की प्रवृत्ति 1967-68

सार्वजनिक खपत	(दस लाख किलोवाट में)
घरेलू खपत	70,390
लघु व्यावसायिक	59,250
औद्योगिक बिजली	1,529,340
सार्वजनिक प्रकाश	4,960
ट्रैक्शन	570,630
सिंचाई और कृषि विकास	62,190
सार्वजनिक जल उपक्रम और सीवेज पंपिंग	22,020

स्रोत : आँकड़ों के माध्यम से बिहार, 1968, पृ. 266

चार्ट-14 : चुनी हुई फसलों का भारत और बिहार की फसलों की प्रति एकड़ औसत उपज 1967-68

	बिहार	भारत
धान	9.26	11.2
गेहूं	9.39	
जौ	7.06	
मक्का (मकई)	10.77	12.2
राजी	9.24	9.3
ज्वार	6.26	5.8
बाजरा	7.56	4.5
तुऊर	2.15	7.0

स्रोत : बिहार थ्रू फिगर्स, 1968

चार्ट-15 : 1966 में भारत, बिहार और पंजाब में इलेक्ट्रिक पंप, तेल इंजन और ट्रैक्टरों की संख्या

	भारत	बिहार	पंजाब
डीजल इंजन	4,70,968	3,698	29,326
पंप	4,14,610	6,853	32,463
ट्रैक्टर	54,012	2,132	15,496

स्रोत : डीजल बैंक ऑफ इंडिया बुलेटिन, फसलों 1972, पृ. 242

चार्ट-16 : चयनित राज्यों में 1962-63 से 1966-67 के बीच स्थापित क्षमता का विकास (' 000 किलोवाट में)

राज्य	1962-63	1966-67	1966-67 की तुलना में वृद्धि 1962-63
बिहार	3,49	7,19	370
तमिलनाडु	5,57	13,98	841
महाराष्ट्र	10,15	14,34	419
पंजाब	6,80	10,68	385
वैस्ट बंगाल	7,52	15,52	800

स्रोत : बिहार पर आधारित आँकड़े, 1968

चार्ट-16ए : कुछ राज्यों की प्रति व्यक्ति आय (चालू की गई)

राज्य	प्रति व्यक्ति आय
आन्ध्र प्रदेश	1,536
असम	1,380
बिहार	985
गुजरात	2,211
हरियाणा	2,574
हिमाचल प्रदेश	1,659
जम्मू एवं कश्मीर	1,630
कर्नाटक	1,158
मध्य प्रदेश	1,217
महाराष्ट्र	2,519
मणिपुर	1,045
ओड़िशा	1,309
पंजाब	3,122
राजस्थान	1,417
तमिलनाडु	1,373
उत्तर प्रदेश	1,309
वैस्ट बंगाल	1,595
अधिक अग्रिम औसत	1,750

स्रोत : राज्य सभा में एम.बी. चव्हाण, द्वारा किया आंकड़ा, 15 दिसम्बर, 1983

चार्ट-16बी : कुछ राज्यों में साक्षरता दर

राज्य	साक्षरता दर
आन्ध्र प्रदेश	27.07
बिहार	26.67
हरियाणा	36.14
जम्मू एवं कश्मीर	26.67
केरल	70.42
मध्य प्रदेश	27.07
महाराष्ट्र	47.10
ओड़िशा	34.23
राजस्थान	24.38
सिक्किम	34.05
तमिलनाडु	46.76
उत्तर प्रदेश	27.16
राष्ट्रीय औसत	36.23

स्रोत : 1981 की जनगणना पर आधारित

चार्ट-16सी : वर्ष 1975-76 और 1983-84 में राज्यों का कुल खाद्यान्न उत्पादन

राज्य	1975-76	1983-84
आन्ध्र प्रदेश	9.4	11.5
असम	2.4	2.7
बिहार	9.2	9.6
गुजरात	4.5	5.7
हरियाणा	5.0	6.9
हिमाचल प्रदेश	1.1	1.0
जम्मू एवं कश्मीर	1.0	1.1
कर्नाटक	7.0	7.4

केरल	1.4	1.3
मध्य प्रदेश	12.0	15.2
महाराष्ट्र	9.1	10.9
मणिपुर	0.3	0.27
मेघालय	0.13	0.16
ओड़िशा	5.6	6.8
पंजाब	8.8	14.8
राजस्थान	7.7	10.0
तमिलनाडु	7.2	6.2
उत्तर प्रदेश	19.4	29.3
वैस्ट बंगाल	8.6	9.1

स्रोत : अग्रिम सवेक्षण भारत सरकार, 1984-85

चार्ट-16डी : गाँवों का विद्युतीकरण और पम्प सेट तथा सक्रिय कुएँ

राज्य	गाँवों की संख्या विद्युतीकृत (प्रतिशत)			आई पी सेट/ट्यूबवेल सक्रिय	
आन्ध्र प्रदेश	21,697	(79.7)	(च)	5,90365	(च)
असम	9,660	(43.9)	(च)	2,384	
बिहार	32,821	(48.6)		1,88,212	
गुजरात	15,054	(82.4)		2,75,553	
हरियाणा	6,731	(100.0)		2,64,266	(च)
हिमाचल प्रदेश	13,821	(81.7)	(च)	2,251	(च)
जम्मू एवं कश्मीर	5,469	(84.1)	(च)	1,262	
कर्नाटक	21,242	(79.2)	(अ)	4,01,228	(च)
केरल	1,268	(100.0)		1,18,642	(च)
मध्य प्रदेश	36,944	(52.1)		4,35,785	
महाराष्ट्र	31,927	(89.2)	(च)	8,66,187	

मणिपुर	537	(27.67)		30	
मेघालय	1,133	(24.8)	(च)	53	
नगालैंड	580	'60.4)		—	
ओड़िशा	22,541	(48.0)	(च)	26,889	(च)
पंजाब	12,126	(100.0)	(+)	3,81,962	
राजस्थान	18,591	(55.8)	(च)	2,570,83	(च)
सिक्किम	154	(38.0)		—	
तमिलनाडु	15,873	(99.6)	(च)	9,84,242	(च)
त्रिपुरा	1,705	(36.17)	(इ)	925	(इ)
उत्तर प्रदेश	58,485	(52.0)		4,85,576	
वैस्ट बंगाल	18,794	(49.9)	(च)	33,740	(च)
कुल राज्य	3,46,963	(60.7)		53,16,634	
कुल केन्द्र शासित प्रदेश	2,060	(44.0)		27,003	
कुल भारत	3,49,023	(60.6)		53,43,637	

(+) 62 गाँवों को बिल आबादी का बताया गया है।
(च) योजना आयोग की रिपोर्ट
(बी) 31 मार्च 1984 की रिपोर्ट
(डी) 30 अपैल 1984 की रिपोर्ट

चार्ट-17 : कुछ राज्यों में प्रति परिवार, ग्रामीण, पूँजी निर्माण (रुपये)

राज्य	सभी ग्रामीण परिवार	वितरित
बिहार	6	8
गुजरात	52	77
मैसूर	61	82
मद्रास	46	62
वैस्ट बंगाल	5	8
उत्तर प्रदेश	17	20

स्रोत : केदारनाथ प्रसाद, इकॉनॉमी ऑफ बैकवर्ड रीजन खंडन पृ. 180

चार्ट-18 : भारत में अनुसूचित व्यावसायिक बैंकों के दफ्तर जमा और बैंक ऋण का राज्यवार ब्यौरा, 1966

राज्य/केन्द्र शासित	आबादी (000)	कार्यरत बैंकों का संचालन	दफ्तर		जमा		प्रति व्यक्ति जमा	जमा		प्रति व्यक्ति बैंक जमा
			संख्या	प्रति दफ्तर आबादी	रकम (करोड़ में)	कुल का प्रतिशत		रकम (करोड़ में)	कुल का प्रतिशत	
आन्ध्र प्रदेश	39,876	21	461	86	132.93	3.7	33.3	81.08	3.3	20.3
असम	13,852	9	65	213	36.30	1.0	26.2	9.78	0.4	7.1
बिहार	52,485	15	226	232	111.70	3.1	21.3	40.39	1.7	7.8
गुजरात	23,835	19	554	44	295.78	8.2	124.1	145.66	6.0	61.1
हरियाणा	7,590	12	120	63	39.98	1.1	52.7	19.3	0.8	25.2
जम्मू एवं कश्मीर	3,833	7	15	265	19.59	0.5	51.1	1.42	0.1	3.7
केरल	19,298	23	400	48	111.48	3.1	57.8	66.26	2.7	34.3
मध्य प्रदेश	36,942	15	265	139	87.91	2.4	23.8	58.33	2.4	15.9
मद्रास	36,857	36	923	40	241.30	6.7	65.5	244.18	10.0	66.3
महाराष्ट्र	45,312	46	865	52	923.77	25.7	203.9	758.96	31.0	174.1
मैसूर	26,675	29	611	44	182.23	5.1	68.3	116.24	4.8	43.7
ओड़िशा	19,739	11	81	244	19.71	0.5	10.0	8.92	0.4	4.5
पंजाब	11,136	20	252	44	146.42	4.1	131.2	45.51	1.9	40.9
राजस्थान	23,479	13	259	91	61.65	1.7	26.3	28.75	1.2	12.2
उत्तर प्रदेश	82,995	22	575	144	267.98	7.5	32.3	113.12	4.6	13.6
वैस्ट बंगाल	40,311	34	237	106	516.74	14.4	128.2	575.49	23.6	142.8
दिल्ली	3,463	34	237	15	325.36	9.1	939.0	106.24	4.3	306.6

स्रोत : एस्टेटिमोटकल आउट लाइन : 1930 संशोधित, आश्रय फॉर्ड पब्लिशिंग कम्पनी, पृ. 9

चार्ट-19 : 1971 के अन्त तक सार्वजनिक क्षेत्र के बैंकों द्वारा कृषि को प्रत्यक्ष अग्रिमों का राज्यवार वितरण

राज्य	खातों की संख्या	बकाया रकम (करोड़ रु. में)	कुल बकाया का प्रतिशत
आन्ध्र प्रदेश	107,576	21.63	10.47
असम	1,589	0.65	0.31
बिहार	20,521	4.88	2.36
गुजरात	69,293	27.41	13.27
हरियाणा	7,552	3.14	13.27
हिमाचल प्रदेश	126	0.07	0.03
जम्मू एवं कश्मीर	94	0.11	0.05
केरल	46,591	9.21	4.46
मध्य प्रदेश	38,262	7.39	3.58
महाराष्ट्र	90,131	40.63	19.67
मैसूर	92,831	21.13	10.23
नगालैंड	7	—	—
ओड़िशा	5,054	0.73	0.35
पंजाब	14,389	7.37	3.57
राजस्थान	23,085	8.69	4.21
तमिलनाडु	189,648	23.43	11.35
उत्तर प्रदेश	65,030	17.79	8.62
वैस्ट बंगाल	23,086	8.08	3.92
यूनियन टैरीटरीज	11,286	4.18	2.02
टोटल	806,150	206.52	100.00

स्रोत : चौथी योजना माध्यमिक समीक्षा, 1971 खंड-ii, पृ. 80

चार्ट-20 : विभिन्न राज्यों में कम्पनियों की स्थिति

राज्य	31 मार्च, 1969 को कुल कम्पनियाँ	अप्रैल-दिसम्बर 1999 में पंजीकृत कम्पनियाँ	अधिकृत पूँजी (लाख रु. में)
असम	414	12	98
बिहार	383	12	62
ओड़िशा	207	10	134

वैस्ट बंगाल	9,085	115	1,002
हरियाणा	215	11	252
पंजाब	623	67	291
राजस्थान	396	16	728
उत्तर प्रदेश	1,090	69	1,070
दिल्ली	2,707	147	3,483
जम्मू एवं कश्मीर	107	8	23
हिमाचल प्रदेश	42	6	28
आन्ध्र प्रदेश	644	46	319
केरल	991	35	755
तमिलनाडु	2,856	75	5,910
मैसूर	794	60	683
गुजरात	1,101	99	1,684
मध्य प्रदेश	381	12	96
महाराष्ट्र	5,704	236	1,846

स्रोत : अग्रिम 1970, पृ. 201-2, वर्ष 89

चार्ट-21 : बिहार का राजस्व (लाख रु. में)

	खाता 1969-70	संशोधित 1970-71	बजट 1971-72
कृषि आय कर	25	34	47
लगान	1126	642	724
प्रान्त उत्पाद शुल्क	1140	1208	1218
वाहन का	333	334	335
बिक्री का	3570	3852	4202
अन्य कर एवं अधिभाग			
(अ) मनोरंजन कर	243	205	235
(ब) विघुत अधिकरण	414	467	557
(स) यात्री का भाड़ा	126	180	198
स्टाम्प	610	750	800
पंजीकरण	206	248	350
गन्ना उपकर	67	153	160
कुल	7860	8073	8826

चार्ट-22 : केन्द्रीय कर में बिहार कर हिस्सा (लाख रु. में)

कर	खाता 969-70	संशोधित 1970-71	बजट 1971-72
आयकर	2895	3522	4099
उत्पाद	3998	4828	5180
घुलक	78	75	75
सम्पत्ति का कुल	6971	8425	9354

चार्ट-23 : पहली तीन योजनाओं में योजना कार्य (करोड़ रु. में)

पहली	दूसरी	तीसरी	
भारत	1,960.00	4,672.00	8,606.00
बिहार	73.21	177.97	313.95

चोर्ट-24 : 1969-70 तक केन्द्रीय ऋण (करोड़ रु. में)

	पाया	लौटाया	बाकी
उत्पाद	3998	4828	5180
दामोदा घाटी निगम	49.36	—	49.36
कोसी	71.03	3.62	67.41
राहत एवं पुनर्वाक	3.74	052	3.21
सिंचाई ऋण	58.81	45.89	12.91
औद्योगिक आवास ऋण	3.31	1.04	2.27
विकास परियोजना ऋण	50.57	54.85	95.71
सामुदायिक सीमायोजना ऋण	16.19	8.27	7.92
अन्य, ऋण	463.13	134012	329.01
कुल	816.18	248.34	567.83

सन्दर्भ और टिप्पणियाँ

1. राष्ट्रवाद : नई अफीम

1. इ. लिप्सन द्वारा 'यूरोप इन द नाइंटींथ एंड ट्वेंटीएथ सेंचुरी, 1815-1939' में उद्धृत, इएलबीएस, लन्दन, 1963, पृ. 163
2. स्टालिन, मर्क्सिज्म एंड नेशनल एंड कॉलोनियल क्वेश्चंस, बी. बर्मन पब्लिशिंग हाउस। पृ. 16
3. पूर्वोक्त, पृ.55
4. 'ख्रुश्चेव एंड स्टालिन्स घोस्ट' से : बर्ट्राम डी. वुल्फ, पृ. 271
5. पूर्वोक्त, पृ. 275

2. बिना विजय के साम्राज्य

1. रॉबर्ट के कार, मर्वर एच. बर्नस्टीन, वाल्टर एफ. मरफी : अमेरिकन डेमोक्रेसी : ऑक्सफोर्ड एंड आईबीएच पब्लिशिंग कं., न्यू डेल्ही, कलकत्ता, बॉम्बे : 1970, पृ. 59
2. जी. थियोडोर हिटन की किताब, स्टेट्स एंड लोकल गवर्नमेंट, पॉलिटिक्स एंड प्रोसेसेज। से लिए आँकड़े, चार्ल्स स्क्राइबर्स एंड संस, न्यूयॉर्क, 1966, पृ. 581
3. पूर्वोक्त, पृ. 352
4. पूर्वोक्त, पृ. 353
5. स्टडीज इन फेडरलिज्म : निर्देश और सम्पादन इकोबर्ट आर. बोवी और कार्ल जे. फ्रेडरिख: लिटल ब्राउन एंड काम, न्यूयॉर्क, बोस्टन, टोरंटो, 1954 : पृ. 299
6. पाल एम. स्वीजी : 'ऑन थियरी ऑफ मोनोपाली कैपिटलिज्म' : मंथली रिव्यू, अप्रैल 1972
7. आन्द्रे सिग्फ्रायड : स्विट्जरलैंड : ए डेमोक्रेटिक वे ऑफ लाइफ, फ्रांसीसी से अनुवाद एड्वर्ड फिट्जेराल्द : लन्दन, 1950 : प्र. 162

4. राज की विरासत

1. पी.जे. थॉमस द्वारा 'द ग्रोथ ऑफ फेडरल फाइनेंस इन इंडिया' में उद्धृत। ऑक्सफोर्ड युनिवर्सिटी प्रेस, लन्दन : 1939 : पृ. 67
2. पूर्वोक्त, पृ. 139
3. रिपोर्ट ऑफ द सैंटर-स्टेट ईक्वायरी कमेटी : चेयरमैन पी.सी. राजामन्नार : तमिलनाडु सरकार, पृ. 49
4. पूर्वोक्त, पृ. 60
5. ए.के. चान्दला, 'फाइनेंशियल आस्पेक्ट्स ऑफ यूनियन-स्टेट रिलेशंस' : जर्नल ऑफ कांस्टीट्यूशनल एंड पार्लियामेंटरी स्टडीज, स्पेशल नम्बर 1969; पृ. 138

6. अमल राय, 'फेडरलिज्म एंड प्लानिंग इन इंडिया : देयर म्युचुअल इम्पैक्ट' : जर्नल ऑफ कांस्टीट्यूशनल एंड पार्लियामेंटरी स्टडीज : स्पेशल नम्बर; 1969 : पृ. 148
7. रिपोर्ट ऑफ द सेंटर-स्टेट रिलेशन इंक्वायरी कमेटी 1971 : पृ. 93
8. अमल राय, 'फेडरलिज्म एंड प्लानिंग इन इंडिया : देयर म्युचुअल इम्पैक्ट' : जर्नल ऑफ कांस्टीट्यूशनल एंड पार्लियामेंटरी स्टडीज : स्पेशल नम्बर; 1969 : पृ. 153

5. बिहार : शोषण की दास्तान

1. टेक्नो-इकोनॉमिक सर्वे ऑफ बिहार : नेशनल कौंसिल ऑफ अप्लायड इकोनॉमिक रिसर्च, नई दिल्ली, 1959, खंड 1, पृ. 14
2. पूर्वोक्त.
3. पूर्वोक्त, पृ. 79
4. पूर्वोक्त, पृ. 83
5. इंडियन नेशन की रिपोर्ट, 30 नवम्बर, 1971
6. टेक्नो-इकोनॉमिक सर्वे ऑफ बिहार
7. एस.आर. बोस, इकोनॉमी ऑफ बिहार : के.एल. टिन्ना पब्लिकेशंस, पृ. 105
8. बी.एम. कपूर, स्टेट्समैन, 25 जनवरी, 1972
9. टेक्नो-इकोनॉमिक सर्वे ऑफ बिहार, पृ. 79
10. टेक्नो-इकोनॉमिक सर्वे ऑफ बिहार, पृ. 52
11. केदारनाथ प्रसाद, इकोनॉमी ऑफ ए बैकवर्ड रीजन, खंड !!, पृ. 69
12. केदारनाथ प्रसाद, इकोनॉमी ऑफ ए बैकवर्ड रीजन, खंड !!, पृ. 30
13. केदारनाथ प्रसाद, इकोनॉमी ऑफ ए बैकवर्ड रीजन, खंड !!, पृ. 37

6. दिल्ली : तसवीर का दूसरा पहलू

1. वी.के.आर.वी. राव, भूमिका : केदारनाथ प्रसाद, इकोनॉमी ऑफ ए बैकवर्ड रीजन
2. केदारनाथ प्रसाद, इकोनॉमी ऑफ ए बैकवर्ड रीजन, खंड !!, पृ. 8
3. माल्कम डी. रिक्विन : डेवलपमेंट फॉर नेशनल ग्रोथ; द टर्किश प्रेसिडेंट (फ्रेडरिक ए. प्राएगर, 1965), पृ. 7
4. पूर्वोक्त, पृ. 14
5. फिन बी. जानसन और इंगो वाल्टर : द कामन मार्केट (जे.बी. लिप्पनकोल्ट कम्पनी, फिलाडेल्फिया, 1964), पृ. 88
6. रीजनल प्लानिंग ए यूरोपियन प्रॉब्लम : रिपोर्ट ऑफ कंसुलेशंस एसेम्बली, 1968, पृ. 210
7. गार्डन मेरिल : रीजनलीज्म एंड नेशनलिज्म इन कनाडा : ज्योग्राफिकल इंटर्पोलेशन, सम्पा. जान वार्केंटिन (मैथुएन, 1969), पृ. 562
8. डोनाल्ड वी. स्माइली द्वारा उद्धृत, द कैनेडियन पॉलिटिकल नेशनलिटी (मैथुएन, टोरंटो और लन्दन), पृ. 61
9. गुन्नार मिरडल, एशियन ड्रामा, खंड !! (एलन लेन द पेंग्विन प्रेस, लन्दन, 1968), पृ. 1175
10. रोनाल्ड बर्जर : मैकेनेजाइजेशन ऑफ चाइनीज एग्रीकल्चर : ईस्टर्न होरिजन, मंथली रिव्यू, खंड 11, अंक 3, 1972
11. रोनाल्ड सेगल : द क्राइसिस इन इंडिया (जैको पब्लिशिंग हाउस, 1969) पृ. 27

हिन्दी प्रदेश

हिन्दी प्रदेश : टूटा बिखरा देश

मनुष्य की निजी पीड़ा की अनुभूति समान व्याधि से ग्रसित दूसरों की पीड़ा से हमेशा अधिक गहरी होती है। दरअसल, आदमी का अहं की उसकी सामाजिक और सार्विक चेतना का प्रस्थान बिन्दु लेता है। इसलिए स्वाभाविक है कि हम हिन्दी भाषा-भाषी क्षेत्र के लोग इस क्षेत्र के बड़े भाग की दैन्य और अराजक स्थिति से आहत महसूस करें। इससे अपनी पीड़ा में अकेला होने का अहसास भी होता है, लेकिन यह भी एक आम अनुभव है कि किसी बीमारी का इलाज काफी आसान हो जाता है जब हम इसके चरित्र से परिचित हो जाते हैं। इससे हमें इलाज के दूसरों द्वारा अपनाए गए पिछले उपायों की जानकारी होती है जिसकी रौशनी में हम अपने इलाज की तरकीब ढूँढ़ते हैं। इससे कम-से-कम कुछ निदान तो दिखाई देता ही है। हम यहाँ छोटी बीमारी को एक व्यापक संक्रमण के नतीजे के रूप में समझने की कोशिश करेंगे। इसमें थोड़ी निराशा भी होगी क्योंकि अपनी बीमारी में विशिष्ट होने के बोध का लोप हो जाएगा और निदान में एलोपैथी की एकरसता का भय भी पैदा होगा।

सबसे पहले तो हम इस तथ्य की ओर ध्यान खींचना चाहेंगे कि 'हिन्दी प्रदेश' अपनी गरीबी और बिखराव में अकेला नहीं है और हिन्दीभाषी क्षेत्रों की स्थिति भी सभी जगह समान नहीं है। गरीबी और पिछड़ेपन में देश के कई गैर-हिन्दी क्षेत्र भी कमोबेश इसके बराबर हैं—जैसे असम, उत्तर बंगाल, महाराष्ट्र का विदर्भ, ओडिशा, आन्ध्र का तेलंगाना क्षेत्र आदि। विघटनकारी प्रवृत्ति इनमें कुछ अंचलों में हिन्दी क्षेत्र से ज्यादा ही प्रबल दिखाई देती है—जैसे असम में उल्फा और बोडो लिबरेशन फ्रंट जैसे आन्दोलन, उत्तर बंगाल में कामतापुरी लिबरेशन फ्रंट, तेलंगाना में कम्युनिस्ट पार्टी (माओवादी) की सशस्त्र बगावत आदि। दूसरी ओर, हिन्दी भाषी क्षेत्रों में भी आर्थिक दृष्टि से काफी भिन्नताएँ हैं। बिहार और पूर्वी उत्तर प्रदेश की तुलना में पश्चिमी उत्तर प्रदेश, जहाँ हरित प्रदेश बनाने की माँग हो रही है, कहीं सम्पन्न है। हिन्दी के आस-पास का राजधानी क्षेत्र जिसमें उत्तर प्रदेश का नोएडा और गाजियाबाद एवं हरियाणा का फरीदाबाद और गुरुग्राम शामिल है, देश के सबसे सम्पन्न शहरी क्षेत्रों के रूप में उभर रहे हैं, और ये भी हिन्दीभाषी ही हैं। स्वयं भोपाल जहाँ हम

बैठे हैं, और मध्यप्रदेश के ऐसे ही दूसरे नगर और कस्बों के बाहर इनको घेरे खड़े आदिवासी बहुत विशाल वन प्रदेश से इनका कितना तादात्म्य है।

ये आदिवासी भी तो इसी प्रदेश के अंग हैं जिन्हें बिना किसी हिचक या झेंप के, सुविधा के अनुसार हम विस्थापित करते रहते हैं—चाहे गोला बारूद की जाँच के लिए प्रूफ रेंज बनाना हो, चाहे कोई बड़ा बाँध बनाना हो, चाहे बाँधों के लिए अभयारण्य; इन्हें कूड़े की तरह अपने गाँवों और परिवेश से बुहारकर बाहर कर दिया जाता है। यहाँ ये सौ-डेढ़ सौ किलोमीटर की दूरी पर तवा बाँध से विस्थापित आदिवासियों को लम्बे संघर्ष के बाद तवा जलाशय में मछली मारकर किसी तरह आजीविका हासिल करने की अनुमति मिली। अभी वे नई जिन्दगी को जमा भी नहीं पाए थे कि उन्हें अपना धन्धा बन्द करने का नोटिस जारी कर दिया गया है क्योंकि इससे सैलानियों के प्यारे वन्य पशुओं के जीवन में खलल पहुँचेगा। सवाल है कि क्या हिन्दी प्रदेश इन मानव कूड़ों का भी अपना प्रदेश है? इन सब बातों पर विचार करने से लगता है कि हिन्दी प्रदेश की अवधारणा हकीकत की अति सरलीकृत तसवीर पेश करती है। ऐसी धुन्धली तसवीर लेकर हम इस टूटते बिखरते 'हिन्दी देश' की समस्याओं का समाधान ढूँढ़ सकते हैं क्या?

इसका अर्थ यह नहीं कि 'हिन्दी प्रदेश' से किसी तरह का यथार्थ बोध नहीं होता। हिन्दी भाषा देश के सबसे बड़े भू-खंड के लोगों को एक अतीत और इसकी ऐतिहासिक विरासत से जोड़ती है, जो विरासत संयोग से अत्यन्त ही समृद्ध है, लेकिन सुनहला अतीत सदा हमारा सुरक्षा कवच बनकर नहीं रह सकता। स्वयं पश्चिमी सभ्यता के सभी उदात्त पहलुओं का जनक यूनान आज यूरोपीय समाज के पायदान पर खड़ा है। संसार की सबसे प्राचीन सुमेर और बेबीलोन की सभ्यताओं की भूमि इराक का क्या हाल है? दोनों ही हमारी नई सभ्यता की दौड़ में पिछड़कर हाशिए पर डाल दिए गए हैं या रौंदे जा रहे हैं। जब हम कबीर, तुलसी, मीरा और बुद्ध की इस भूमि पर आँसू बहाते हैं तो हमें एक नजर इन दूसरी सभ्यताओं पर भी डालनी चाहिए। इससे थोड़ी राहत भी मिलती है और कुछ रौशनी भी यह समझने के लिए कि हम आज जहाँ आ गए हैं वह क्यों और कैसे?

हिन्दी प्रदेश की स्थिति को समझने के लिए जो नजरिया यहाँ पेश किया जा रहा है, वह बहुत लोगों को 'रिडक्सनिस्ट' यानी आर्थिक नियतिवाद जैसा लग सकता है, लेकिन एक ऐसे कालखंड में जहाँ सभी क्षेत्र—राजनीति, कला, विज्ञान तथा आध्यात्मिक उपदेश के केन्द्र तक विशाल औद्योगिक आर्थिक प्रतिष्ठानों द्वारा प्रायोजित हों और विज्ञापनों द्वारा हमें एक छाया संसार (वर्चुअल वर्ल्ड) में रहने को बाध्य कर रहे हों, इस अर्थतंत्र के प्रभाव से मुक्त किसी इतिहास की कल्पना नहीं की जा सकती—कम-से-कम तब से जब से पूँजीवादी विकास ने संसार को अपनी गिरफ्त में लेना शुरू किया है। इसलिए हमें हिन्दी प्रदेश की स्थिति का कारण पूँजीवाद,

साम्राज्यवाद और इससे अनिवार्य रूप से जुड़े आन्तरिक उपनिवेशवाद के प्रसार में ढूँढ़ना होगा। यहाँ हम संक्षिप्त में इस अवधारणा की पृष्ठभूमि पर दृष्टि डालेंगे।

समाजवादी नेता डॉक्टर राममनोहर लोहिया ने अपनी पुस्तक 'इकोनॉमिक्स ऑफ्टर मार्क्स' में लिखा है कि लेनिन की इस स्थापना के विपरीत कि साम्राज्यवाद पूँजीवाद का अन्तिम पड़ाव है, दरअसल पूँजीवाद अपने जन्मकाल से ही साम्राज्यवाद पर आधारित रहा है। लेनिन ने अपने विचार को उस सन्दर्भ में रखा था जब यूरोप प्रथम विश्वयुद्ध के कगार पर खड़ा था और वहाँ के पूँजीवादी देश, जैसे जर्मनी, फ्रांस, ब्रिटेन आदि दुनिया के साम्राज्य के बँटवारे के लिए युद्ध की तैयारी में थे। इसके विपरीत डॉ. राममनोहर लोहिया के सामने अंग्रेजी राज में भारत का ढाई सौ वर्षों के शोषण का इतिहास था और देश को इससे मुक्त करने के लिए महात्मा गांधी का स्वदेशी का आन्दोलन जोर पकड़ चुका था। इसके पहले दादा भाई नौरोजी जैसे मनीषियों ने अपने अध्ययन से यह सिद्ध कर दिया था कि ब्रिटेन की समृद्धि भारत जैसे देशों की सम्पदा के अनवरत लूट पर आधारित थी। स्वयं यूरोप में पूँजीवाद के विकास में साम्राज्यवादी शोषण की भूमिका पर महत्त्वपूर्ण अध्ययन हो चुके थे। भारत के भुक्तभोगी समाज की चेतना में रचे-बसे चिन्तक लोहिया के सामने पूँजीवाद का यह पहलू कहीं ज्यादा महत्त्वपूर्ण था।

स्वयं कार्ल मार्क्स ने अपने विख्यात ग्रंथ 'पूँजी' के प्रथम खंड में यह दिखलाया था कि पूँजी का आदिम संचय अकल्पनीय हिंसा, लूट और जोर-जुल्म पर आधारित था जिसकी चपेट में देश और विदेश, दोनों ही के आम आदमी आ गए थे। मार्क्स के 'पूँजी' के अध्ययन को आगे बढ़ाते हुए समाजवादी आन्दोलन की सबसे प्रबुद्ध और क्रान्तिकारी नेता रोजा लक्जमबर्ग ने अपनी बहुचर्चित पुस्तक 'एक्युमुलेशन ऑफ कैपिटल' में यह दिखलाया कि मार्क्स द्वारा 'पूँजी' द्वितीय खंड में प्रस्तावित पूँजी का विस्तारित पुनरुत्पादन का मॉडल बिना एक बाहरी क्षेत्र का आधार लिए टूट जाता है। रोजा लक्जमबर्ग ने अपनी आलोचना का आधार स्वयं मार्क्स के बेशी (अतिरिक्त) मूल्य के सिद्धान्त को बनाया। मार्क्स की स्थापना थी कि मजदूर जब किसी पूँजीपति के लिए काम करता है तो उसके द्वारा उत्पादित वस्तुओं के मूल्य का एक भाग तो उसे मजदूरी के रूप में मिल जाता है—मसलन, अगर उसने दस घंटे मजदूरी की तो आठ घंटे में किया गया उत्पाद। लेकिन दो घंटे का अतिरिक्त उत्पाद हुआ वही बेशी मूल्य होता है जो जमा होकर पूँजीपति की पूँजी बन जाता है। अगर हजार श्रमिक काम करते हैं तो इस दर से पूँजीपति को दो हजार घंटे का उत्पाद बेशी मूल्य यानी मुनाफे के रूप में मिलता है, जिससे उसकी पूँजी बढ़ती है।

मार्क्स की यह अवधारणा थी कि उस समाज में जहाँ पूँजीवाद स्थापित हो चुका है, आय के दो ही स्रोत हो सकते हैं। एक तो मजदूरी के रूप में मिलनेवाली श्रमिकों की आय और दूसरी पूँजीपतियों का मुनाफा जो उपरोक्त बेशी मूल्य से प्राप्त होता

है। इसके बाहर जो दूसरे वर्ग होते हैं यथा डॉक्टर, वकील, दुकानदार, संगीतकार या मनोरंजन प्रदान करनेवाले दूसरे पेशों के लोग, उनकी आय इन्हीं दो स्रोतों से प्राप्त होती है। इससे आगे वह लिखती हैं कि मार्क्स ने विस्तारित पुनरुत्पादन का जो मॉडल दिया था, उसमें यह दिखाया गया था कि उत्पादन प्रक्रिया उत्पादन के साधन था कच्चे माल, मशीन और उपभोग के सामान जैसे वस्त्र आदि का उत्पादन करनेवाली दो शाखाओं के बीच विनियम से जारी रहता है। अगर दोनों में सन्तुलन हो, पूँजीवादी व्यवस्था लगातार फैलती जाएगी।

रोजा लक्जमबर्ग ने यह दिखलाया कि बिना एक ऐसे बाहरी क्षेत्र के जो पूँजीपति के अतिरिक्त उत्पाद का बाजार बने इस मॉडेल में असन्तुलन पैदा होता है और इस आधार पर उत्पादन प्रक्रिया एक सीमा के बाद चल नहीं सकती। रोजा लक्जमबर्ग ने दिखलाया कि मार्क्स के सिद्धान्त के अनुसार किसी समय में होनेवाले उत्पादन में जो मूल्य निहित होते हैं—एक वह, जो मजदूरों को मजदूरी के एवज में किए गए कार्य से पैदा है और दूसरा वह, जो पूँजीपतियों के बेशी मूल्य के रूप में निहित होता है। रोजा लक्जमबर्ग ने यह सवाल उठाया कि उत्पादन के पहले हिस्से की खरीदगी तो श्रमिक को दी गई मजदूरी से हो जाएगी जो मजदूरों को उत्पादन प्रक्रिया शुरू करने में ही दे दी जाती है, लेकिन बेशी मूल्य का समावेश करनेवाले उत्पाद का खरीददार कौन होगा, तब जबकि मार्क्स के अनुसार सभी क्षेत्रों में व्याप्त पूँजीवाद व्यवस्था के भीतर आय के दो स्रोत यानी मजदूरी और पूँजीपतियों के मुनाफा हैं। पूँजीपतियों के हाथ में मुनाफे से खरीददारी की शक्ति तभी आएगी जब बेशी मूल्य धारण करनेवाले उत्पादों की बिक्री हो जाए। कठिनाई यहीं से पैदा होती है। स्वयं मार्क्स इस कठिनाई से परिचित था और रोजा लक्जमबर्ग ने मार्क्स द्वारा इस कठिनाई का हल निकालने के कुछ प्रयासों का जिक्र भी किया है यथा उत्पादन के एक तीसरे क्षेत्र, द्रव्य पैदा करनेवाले क्षेत्र की उपस्थिति। लेकिन स्वयं मार्क्स को यह पूरी तरह समाधानकारक नहीं लगा था।

यहीं पर रोजा लक्जमबर्ग ने यह स्थापना दी कि दरअसल पूँजीवाद का स्वायत्त विकास को ही नहीं सकता। पूँजीवाद का विकास इसीलिए सम्भव हुआ है क्योंकि इसे इसके प्रारम्भिक काल से ही अब तक सदा उन गैर-पूँजीवादी व्यवस्थाओं का सहारा मिलता रहा है जो इसे घेरे खड़े रहे हैं। इस गैर-पूँजीवादी व्यवस्था में अनेक तरह के उत्पादन और विनियम की पद्धतियाँ शामिल हैं—सामन्ती व्यवस्थाएँ भी और अनेक तरह की कबायली व्यवस्थाएँ भी। पूँजीवाद सदा अपने अतिरिक्त उत्पाद को उन व्यवस्थाओं के ऊपर कभी गुणवत्ता के आधार पर और कभी जोर-जबरदस्ती लादता रहा है। इस प्रक्रिया में ये बाहरी व्यवस्थाएँ नष्ट होती रहती हैं और उनकी जगह पर पूँजीवादी व्यवस्थाएँ कायम होती हैं, लेकिन उस अन्तरनिहित विरोधाभास के कारण जिसका जिक्र ऊपर हुआ है, पूँजीवाद के स्वायत्त विकास का कोई स्थायी रास्ता नहीं निकल पाता। इसे सदा बाहरी क्षेत्र की तलाश करनी होती है। इसी

तलाश का परिणाम है अमेरिकी महादेश, अफ्रीका भारत समेत एशिया के विभिन्न देश और ऑस्ट्रेलिया को उपनिवेश बनाने का अभियान। यह औपनिवेशीकरण की प्रक्रिया कई चरणों में बढ़ती है और इसके कई स्तर होते हैं। वृक्षों के गिरहों पर से निकली शाखाओं और उपशाखाओं की तरह ये एक के बाद एक विकसित होते जाते हैं जिससे फैलाव और शोषण के नए आयाम खुलते रहते हैं। पूँजीवाद के नए उपकेन्द्रों का विकास होता रहता है और विस्तृत होती हुई परिधि पर बिखराव और निर्धनता फैलती रहती है। रोजा लक्जमबर्ग के अपने शब्द :

> "तफसील में प्राकृतिक अर्थव्यस्थाओं से अपने संघर्ष में पूँजी निम्नलिखित उद्देश्यों को लेकर चलती है"
>
> 1. उत्पादन के महत्त्वपूर्ण साधनों, जैसे जमीन, आदिम वनों के आखेट स्थलों खनिजों, कीमती पत्थरों और अयस्कों, रबड़ जैसे अजूबा वनोपजों आदि पर तुरन्त अधिकार जमाना।
> 2. श्रमशक्ति को पारम्परिक बन्धनों से मुक्त कर अपने उद्यमों में काम करने को मजबूर करना।
> 3. पण्य की अर्थव्यवस्था चालू करना।
> 4. कृषि और व्यापार को पारस्परिक निर्भरता से मुक्त करना।

"आदिक पूँजी संचय के काल से लेकर यानी कि मध्य युग के अन्त से जब से यूरोप में पूँजीवाद का इतिहास शुरू होता है, उन्नीसवीं शताब्दी के मध्य भाग तक इंग्लैंड और यूरोपीय महादेश में किसानों से उनकी जमीन छीनना ही उत्पादन के साधनों के बड़े पैमाने पर रूपान्तरण और श्रमशक्ति का पूँजी में परिवर्तन का सबसे कारगर हथियार था। इतना ही नहीं, प्रभुता सम्पन्न पूँजी आज भी वही काम बड़े पैमाने पर वर्तमान औपनिवेशिक नीति के जरिये कर रही है। यह सोचना भ्रम है कि पूँजीवाद कभी भी पण्यों के विनिमय से उपलब्ध उत्पादन साधनों से सन्तुष्ट होगा।"

भारत के सम्बन्ध में वह आगे लिखती हैं कि यहाँ यूनानी आए, फिर सिथियन आए, फिर अरब और अफगान आए और फिर मुगल आए, जिस प्रक्रिया में बहुत ही खून-खराबा हुआ। "फिर भी भारतीय ग्रामीण सामुदायिक व्यवस्था जीवित रही क्योंकि एक के बाद एक आनेवाले किसी मुसलमान विजेता ने किसानों की आन्तरिक सामाजिक संरचना का अतिक्रमण नहीं किया...मुगल साम्राज्य में किसानों को वस्तुओं के रूप में सालाना लगान देना होता था, लेकिन अपने गाँव में वह बिना हस्तक्षेप के रह सकता था और अपने खेत पर चावल उपजा सकता था जैसे उसके पहले उसके पूर्वजों ने किया था। इसके बाद अंग्रेज आए—और पूँजीवादी सभ्यता के रोग ने पूरी समाज व्यवस्था को नष्ट करने में सफलता पाई..."

और आगे "1693 में ही बंगाल में अंग्रेजों ने जमींदारों (यानी टैक्स वसूल करनेवालों) या जिलों के बपौती बाजार निरीक्षकों को, किसानों के खिलाफ उनका

समर्थन लेने के लिए जमीन का मालिकाना हक दे दिया। इसके बाद उन्होंने अगले प्रान्त, अवध और मध्यप्रदेश के नए जीते हुए भूभागों में भी यही नीति अख्तियार की।"

और आगे लिखती हैं :

> "अन्त में, एक और बात पूँजीवादी औपनिवेशीकरण की विशिष्टता बलताती है। अंग्रेज भारत के प्रथम विजेता थे जिन्होंने लोक कल्याणकारी कार्यों के प्रति पूरी उपेक्षा दिखलाई। अरब, अफगान और मुगल ने अद्भुत सिंचाई व्यवस्था को बनाए रखा था, उन्होंने देश में सड़कों का जाल बिछाया था, नदियों पर पुलों का निर्माण कराया था और कुएँ खुदवाए थे। इसके विपरीत काउंट वारेन के शब्दों में ईस्ट इंडिया कम्पनी ने, जिसने 1858 तक भारत पर शासन किया, न तो लोगों की पहुँच के भीतर न एक झरना पहुँचाया, न एक कुआँ खुदवाया और न भारतीयों के फायदे के लिए एक पुल बनवाया।"

आधुनिक काल में यूरोप में उपलब्ध स्रोतों पर आधारित भारत सम्बन्धी तथ्यों से तफसील के सम्बन्ध में कुछ विवाद सम्भव हैं, लेकिन भारत के मध्य भाग की अर्थव्यवस्था एवं यहाँ की कृषि और उद्योगों को जिस तरह से अंग्रेजी हुकूमत ने नष्ट किया, इस पर मोटा-मोटी इतिहासकार अब सहमत हैं। यही हमारा प्रस्थान बिन्दु होगा उस आन्तरिक औपनिवेशिक व्यवस्था के विवेचन का, जिससे हिन्दी प्रदेश की बदहाली को समझा जा सकता है।

पन्द्रहवीं शताब्दी के अन्तिम वर्षों से यूरोप के कुछ देश, जैसे स्पेन, पुर्तगाल, हॉलैंड, ब्रिटेन आदि में जहाजरानी एवं समुद्री व्यापार में भारी उछाल आया। इसी क्रम में 1498 में पुर्तगाल का वास्को द गामा भारत के पश्चिमी तट पर कालीकट पहुँचा। इसके बाद से ही यूरोपीय जहाजियों का भारत के साथ व्यापार का सिलसिला चालू हुआ जिसमें पुर्तगाली, फ्रांसीसी और अंग्रेजों ने बड़े पैमाने पर व्यापार और बाद में अधिकार जमाना शुरू किया। इस प्रतिस्पर्धा में अंग्रेजी सबसे आगे निकल गए। पोर्तुगीज और फ्रांसीसी गोवा, पांडिचेरी और कुछ छोटे-मोटे तटीय इलाकों तक में सीमित रह गए जबकि अंग्रेजों ने पूरे भारत पर अपना वर्चस्व कायम कर लिया। लेकिन समुद्री व्यक्ति होने के कारण और व्यापार एवं यातायात के लिए जलमार्ग सस्ता और सुविधाजनक होने के कारण भी इन सभी यूरोपीय शक्तियों ने अपना आधार तटीय भागों को बनाया। अपने मूल देश से सम्पर्क रखने में और रक्षा की दृष्टि से भी ये मार्ग उपयुक्त थे। यहाँ से गोपनीय ढंग से अपनी सैन्य शक्ति भी बढ़ा सकते थे। इस तरह भारत में अंग्रेजों ने कलकत्ता, मद्रास (चेन्नई), बम्बई (मुम्बई) और सूरत जैसे तटीय इलाकों को अपनी गतिविधियों का प्रमुख केन्द्र बनाया।

यही भौगोलिक पृष्ठभूमि हमें भारत के आन्तरिक औपनिवेशिक विकास और संरचना को समझने में सहायक होगी। पश्चिमी देशों की व्यापारिक गतिविधियों का प्रारम्भिक चरित्र उससे लगभग उलटा था जो अठारहवीं शताब्दी के बाद विकसित

हुआ। प्रारम्भ में वे मूलत: भारत से यहाँ की उत्पादित वस्तुएँ, जिसमें मसाले एवं कपड़े का स्थान बहुत महत्त्वपूर्ण था, यूरोप के देशों में निर्यात करते थे। वस्त्रों में बंगाल का मलमल, बिहार की छींट और कालीकट के कैलिको निर्यात में अपना विशेष स्थान रखते थे। कम्पनी को अकूत नफा होता था, पर इंग्लैंड से चाँदी बड़े पैमाने पर खर्च हो रही थी, जिससे वहाँ चिन्ता भी जताई जा रही थी।

लेकिन अठारहवीं सदी से प्रारम्भ हुई औद्योगिक क्रान्ति ने, जिसमें ब्रिटेन अपने वस्त्र उद्योगों के विकास के साथ अग्रणी स्थान रखता था, व्यापार की दिशा को बिलकुल पलट दिया। अब नई तकनीक के आ जाने से ब्रिटेन में कपड़े का उत्पादन सस्ता और विशाल पैमाने पर होने लगा। ईस्ट इंडिया कम्पनी ने, जिसका व्यापार पर एकाधिकार कायम हो गया था और जिसने अठारहवीं शताब्दी के अन्त तक भारत के कपड़ा उत्पादकों पर अनेक तरह के जुल्म करके यहाँ के वस्त्र उद्योग को नष्ट कर दिया। इस तरह ब्रिटेन के नए तरह के कारखानों में तैयार सस्ते कपड़े भारतीय बाजार में छा गए और यहाँ का घरेलू कपड़ा उत्पादन नष्ट हो गया।

धीरे-धीरे यही स्थिति दूसरी औद्योगिक वस्तुओं के उत्पादन में भी हुई। लोहा इस्पात और धातुओं के दूसरे सामान, जिनका विकास भारत में अति प्राचीन काल में हुआ था, अब स्पर्धा में नए उद्योगों में उत्पादित वस्तुओं से पिछड़ने लगे। इस तरह देश की वह स्वायत्त अर्थव्यवस्था नष्ट हो गई, जिसमें कृषि और उद्योग एक-दूसरे की आवश्यकताओं की पूर्ति करते थे और बाहरी व्यापार पर निर्भरता नगण्य थी। अब देश की अर्थव्यवस्था पूरी तरह से पूँजीवादी व्यापार के लिए खुल गई। इसके लिए देश के दूर-दराज इलाकों को अंग्रेजों द्वारा स्थापित तटीय व्यापार के केन्द्रों से जोड़ दिया गया। उन्नीसवीं सदी के मध्य से रेलवे का विकास शुरू हुआ जिसका ताना-बाना तेजी से फैला। इसने दो उद्देश्य एक साथ हासिल किए। एक तरफ ब्रिटेन के लोहा उद्योग के अतिरिक्त उत्पादों को विशाल बाजार मिला और दूसरी ओर देश के दुर्गम और दूर-दराज स्थान व्यापार के लिए खोल दिए गए।

इस व्यापार ने उन्नीसवीं सदी से एक नया मोड़ ले लिया। प्रारम्भ में नए उद्योगों के उत्पाद मुख्य रूप से यूरोप, खास तौर से ब्रिटेन से आते थे। अब धीरे-धीरे अंग्रेजों ने भारत के तटीय प्रदेशों में ही, जहाँ उन्होंने अपना अड्डा बना लिया था, नए तरह का उद्योग लगाना शुरू किया। अनुकूल परिस्थिति के कारण पहले वस्त्र उद्योग के लिए कपास अमेरिका की गुलाम आधारित कृषि से प्राप्त होता था। जब गुलामी के प्रश्न पर 1860 के दशक में अमेरिका में गृह युद्ध हुआ तो ब्रिटेन में वस्त्र उद्योग में संकट पैदा हो गया था। भारत, जहाँ दुनिया में सबसे पहले कपास की खेती शुरू हुई थी, कपास उत्पादन का विशाल क्षेत्र था। इसलिए पश्चिमी के तटीय इलाके जहाँ कपास की खेती विशेष रूप से होती थी, सूती कपड़े के नए उद्योग के लिए सभी तरह से उपयुक्त थे। इस तरह मुम्बई और बाद में सूरत,

अहमदाबाद फिर मद्रास आदि में ही कपड़ा उत्पादन के लिए कारखाने लगाए जाने लगे। इसी तरह पटसन की विशाल उपलब्धि के कारण कलकत्ता के आस-पास के इलाकों में चटकलों का बड़े पैमाने पर विकास हुआ। जैसाकि ऊपर बतलाया गया है, कृषि की उपेक्षा के कारण बिहार, अवध आदि में किसानों की स्थिति दयनीय हो रही थी और बिहार तो अकाल क्षेत्र बन गया था। इस तरह गरीबी के मारे यहाँ के किसान और मजदूर कलकत्ता के चटकलों एवं दूसरे छोटे-मोटे कामों में सस्ते मजदूर के रूप में उपलब्ध होने लगे। पूर्वी उत्तर प्रदेश के मजदूर मुम्बई तक काम की तलाश में जाने लगे। यही नहीं, गरीबी के मारे भोजपुरी क्षेत्र के ही लोग सबसे अधिक तादाद में बँधुआ मजदूर के रूप में मॉरिशस, त्रिनिदाद, सूरिनाम, फिजी, गयाना आदि में ले जाए गए। यह महज संयोग नहीं है कि इन देशों में इनके वंशज आज हिन्दी भाषा को किसी रूप में जिलाए हुए हैं, लेकिन इस स्थिति में हिन्दी प्रदेश के आज की बदहाली के आदि पर्व का आभास भी देखा जा सकता है। यह बँधुआ मजदूरों के पूर्वजों की भाषा का भी प्रदेश है। देश के भीतर भी वे गाँव से विस्थापित 'विदेशिया' बन गए, जिनके जीवन की आपदाओं की गाथा भिखारी ठाकुर के नाटकों और गानों में सुनी जा सकती है।

इस तरह देश में ही दो ध्रुव विकसित हो रहे थे—एक कुछ तटीय प्रदेशों का, जहाँ अब नए उद्योगों का विकास होने लगा था और दूसरा उन बड़े भूभागों का, जहाँ की पारम्परिक कृषि और उद्योग पर आधारित आत्मनिर्भर अर्थव्यवस्थाएँ नष्ट हो गई थीं और पूरा समाज विशृंखलन के दौर से गुजर रहा था।

किसी भी सामाजिक दायित्वबोध से मुक्त सिर्फ मुनाफे के लिए विकसित पूँजीवादी व्यवस्था का यह गुण होता है कि इसके उद्योग कुछ विशेष स्थितियों को छोड़ उसी क्षेत्र में फैलते हैं जहाँ इनका विकास शुरू होना है। कारण यह है कि आधुनिक बड़े उद्योगों के लिए कुछ बुनियारी संरचना (इंफ्रास्ट्रक्चर) की जरूरत होती है—जैसे यातायात की सुविधा, ऊर्जा आपूर्ति के साधन, जल की आपूर्ति, नए उद्योगों के लिए प्रशिक्षित कुशल श्रमिकों की उपलब्धि आदि। चूँकि बुनियादी संरचना के निर्माण में विशाल साधन और समय लगाना होता है, इसलिए ज्यादा-से-ज्यादा मुनाफा सुनिश्चित करने के लिए पूँजीपतियों का रुझान उन क्षेत्रों में ही अपना उद्योग लगाने की तरफ होता है जहाँ संरचनात्मक सुविधाएँ उपलब्ध हैं। इन क्षेत्रों के उत्तरोत्तर विस्तार का एक और भी कारण होता है। जहाँ नए उद्योग और इससे जुड़े व्यापार का फैलाव होता है वहाँ की आबादी इनमें कार्यरत लोगों के कारण बढ़ती जाती है। फिर इनके जीवन की आवश्यकताओं के लिए जरूरी वस्तुओं और सेवाओं का बाजार फैलता है और इनकी जरूरतों को पूरा करने के लिए दूसरे उद्योग लगाए जाते हैं। साथ ही, शिक्षण और शोध के संस्थान अस्तित्व में आते हैं। इस तरह औद्योगिक विकास और आज के अर्थ में 'विकास' उन्हीं क्षेत्रों में होता है।

इसी तरह अंग्रेजी शासन की स्थापना के साथ देश में मुम्बई, कोलकाता, चेन्नई, अहमदाबाद एवं मराठा आक्रमण के छोटे अन्तराल के बाद सूरत जैसे नगरों का विकास हुआ। मुम्बई प्रारम्भिक काल में ईस्ट इंडिया कम्पनी का मुखयालय भी था। 1833 से 1912 तक यह गौरव कोलकाता को प्राप्त हुआ, जिस बीच यह कम्पनी की जगह ब्रिटिश हुकूमत की राजधानी बन गया। चेन्नई (पहले का मद्रास) मद्रास प्रेसिडेंसी का मुख्यलय था। इस तरह राजनीति का केन्द्र होना भी अनेक तरह की बुनियादी संरचनाओं की आपूर्ति में सहायक हुआ। इससे यातायात, जलापूर्ति और जरूरी ऊर्जा की आपूर्ति सुनिश्चित करना भी आवश्यक हो गया।

1912 के बाद जबसे भारत की राजधानी दिल्ली बन गई, दिल्ली स्वयं एक विकास का केन्द्र बन गया। आजादी के बाद जब सभी महत्त्वपूर्ण राजनीतिक और आर्थिक नीतियाँ दिल्ली से निर्धारित होने लगीं तो दिल्ली में भी यातायात, जलापूर्ति और ऊर्जा की आपूर्ति पर विशेष ध्यान दिया जाने लगा और राजधानी का छोटा नगर दिल्ली फैलकर विशाल राजधानी क्षेत्र बन गया। बुनियादी सुविधाओं की उपलब्धता और आवश्यक राजनीतिक निर्णयों को करवा पाने की सुविधा के कारण बड़ी संख्या में यहाँ उद्योग लगाए जाने लगे। ऊपर बतलाए गए कारणों से इस नगर की आबादी इतनी तेजी से फैली कि राजधानी क्षेत्र फैलकर अब उत्तर प्रदेश के गाजियाबाद और नोएडा और हरियाणा के फरीदाबाद और गुरुग्राम को अपने में समेट रहा है। देश के किसी दूसरे हिस्से के मुकाबले अब इसी क्षेत्र में ज्यादा-से-ज्यादा औद्योगिक, तकनीकी और शैक्षणिक संस्थाओं का विकास हो रहा है। यही कारण है कि इस विरोधाभास का जिसका जिक्र प्रारम्भ में किया गया है जिसमें हिन्दी प्रदेश यानी हरियाणा और उत्तर प्रदेश के ही कुछ भाग क्यों आधुनिक विकास की दृष्टि से देश के सबसे अग्रणी क्षेत्रों में हैं जबकि हिन्दी प्रदेश के बाकी हिस्से घोर पिछड़ेपन और गरीबी की स्थिति में हैं।

जैसाकि पहले कहा गया है कि आधुनिक पूँजीवादी व्यवस्था आत्मनिर्भर अस्तित्व कायम नहीं कर सकती। इसे सदा बाजार, कच्चे माल और मजूदरी के लिए बाहरी क्षेत्रों की तलाश रहती है। इस क्रम में इन क्षेत्रों को कोयला और दूसरे खनिजों से सम्पन्न तत्कालीन बिहार के छोटानागपुर (आज के झारखंड) से जोड़ा गया। इसी से यह स्थिति देखने में आती है कि जहाँ खनिज बहुत छोटानागपुर को कलकत्ता, मुम्बई और चेन्नई से तो रेल सेवाओं से जोड़ा गया, लेकिन उत्तर बिहार के साथ कोई सम्पर्क स्थापित नहीं हुआ जिससे इन खनिजों के आधार पर उत्तर बिहार में उद्योग लगाए जा सकें। आजादी के बाद सिर्फ एक लाइन गंगा पार कर बनी है और झारखंड से आज भी पूरे बिहार का यातायात मूलत: बस सेवाओं पर ही निर्भर है। आज तक उत्तर बंगाल और असम को जोड़नेवाली एक रेल लाइन है जो हिमालय के पादभूमि से होकर गुजरती है जहाँ अंग्रेजों ने विशाल पैमाने पर चाय बागानों का

विकास किया था और उनके उत्पादों के लिए यातायात की जरूरत थी। दूसरा, यहाँ के जंगलों की कीमती लकड़ियों की ढुलाई के लिए भी रेल सेवाओं की जरूरत थी। इन क्षेत्रों का कोई विकास नहीं किया गया। दिलचस्प है कि इन चाय बागानों में श्रमिक भी अधिकांश झारखंड के आदिवासी हैं जिन्हें ठेकेदारों द्वारा पहुँचाया गया। उत्तर प्रदेश का बड़ा हिस्सा अनाज उत्पादन करता रहा और मध्यप्रदेश कुछ कृषि उत्पाद, लेकिन मूलत: वनों की कीमती लकड़ियों का स्रोत बना रहा। बिहार, ओडिशा और असम ये सब कलकत्ता की पार्श्वभूमि बने रहे जिन्हें विकसित करना जरूरी नहीं समझा गया।

हिन्दी क्षेत्र का सांस्कृतिक ह्रास भी यहाँ के पारम्परिक समाज पर नई औद्योगिक व्यवस्था की छापामारी का ही परिणाम है। 'छापामारी' इसलिए कहा गया क्योंकि पूँजीवादी व्यवस्था द्वारा यत्र-तत्र आक्रमण या अतिक्रमण ही हुआ, इन्हें विकसित करने का कोई समन्वित प्रयास नहीं। ऐसा पूँजीवादी व्यवस्था पहले बतलाए गए कारणों से कर भी नहीं सकती थी। इससे समाज का जीवन खंडित होता गया। कृषि, जो आजीविका का प्रधान साधन था, बाहरी व्यापार की जरूरत के हिसाब से तेजी और मन्दी से प्रभावित होने लगी और इसका वैविध्य नष्ट होने लगा। वनोपजों पर निर्भर रहनेवाले लोग भी जो वनोपजों की विविधता से अपनी जीवन की राशि आवश्यकताएँ पूरी करते थे, औद्योगिक जरूरतों को पूरा करनेवाले एक या दो तरह के पेड़ों को लगाने की वानिकी की नीति से पारम्परिक जीवन का आधार खो बैठे। झरने और नदियाँ सतत् प्रवाहित जीवन रेखा की बजाय औद्योगिक आवश्यकताओं के लिए जलापूर्ति करनेवाली संसाधन बन गईं जिनकी धाराओं को नए नगरों और कारखानों की जरूरत के हिसाब से बदलने या बाँधने का धन्धा विशाल पैमाने पर बिना इस पर विचार किए होने लगा कि आदिम काल से इन पर आश्रित लोगों के जीवन पर इन परिवर्तनों का क्या प्रभाव पड़ेगा? तो बड़े पैमाने पर लोगों का विस्थापन शुरू हुआ और करोड़ों लोग अपने प्राकृतिक परिवेश से उजाड़ कर नगरों के फुटपाथ और झुग्गियों में डाल दिए गए। भारत पूँजीवादी औद्योगीकरण का दंश भोगने में अकेला नहीं है। प्रारम्भिक दिनों में कुछ ऐसा ही पूँजीवादी व्यवस्था के प्रणेता ब्रिटेन में हुआ।

संस्कृतियों का विकास समग्रता में होता है। तुलसी एवं सूरदास की कविताएँ अथवा साँची, अजन्ता-एलोरा का स्थापत्य और कलाकृतियाँ एक ऐसे परिवेश में पैदा हुई थीं जहाँ व्यक्ति समुदाय से टूटा नहीं था। कलाकार को पूरे समाज से आर्थिक और भावनात्मक सहारा मिलता था। सम्प्रेषण सदा समुदाय के भीतर सम्भव होता है। इस सम्प्रेषण से जीवन, साहित्य एवं कला के मानक स्थापित होते हैं। कलाओं की तरह लोकनीतियों का मूल्यांकन भी समुदाय द्वारा ही होता है। अगर समुदाय और समाज खंडित है, तो सब कुछ पतवारहीन हो जाता है। आज के टूटे-बिखरे

समाज में राम, कृष्ण, कबीर आदि सभी अपनी प्रासंगिकता या आदर खो चुके हैं। आज जीवन के मूल्य पूँजीवादी उपभोक्तावादी मानकों द्वारा स्थापित होते हैं।

स्वयं इस क्षेत्र की भाषा हिन्दी का क्या हाल है? या दूसरी क्षेत्रीय भाषाओं का भी क्या हाल है? एक व्यापारी समाज में भाषा की हैसियत भी बहुत कुछ व्यापार के लिए इसकी प्रासंगिकता पर निर्भर करती है। वैश्वीकरण में व्यापार भी वैश्विक हो गया है और इस वैश्विक व्यापार की भाषा भी अंग्रेजी ही बन गई है। स्वयं भारत में आउटसोर्सिंग से मिलनेवाले क्लर्की के कामों के लिए भी अंग्रेजी जानना जरूरी है। यही स्थिति नए तकनीकी या प्रबन्धन से जुड़े कामों और प्रशिक्षण की है। अगर अपनी भाषा घरेलू काम-काज के बाहर सिर्फ समय काटने के लिए मनोरंजन की कुछ समाग्री प्रदान कर सकती है तो कोई कामकाजी आदमी इसे सीखने के लिए क्यों समय गँवाए? यह स्थिति इस बात में प्रतिबिम्बित होती है कि देश के एक प्रतिशत लोगों को भी मुश्किल से समझ में आनेवाली अंग्रेजी में लिखनेवाले भारतीय साहित्यकारों की पुस्तकें लाखों में बिकती हैं जबकि हिन्दी लेखन में लगे लोगों की पुस्तकें अगर पाँच सौ से हजार तक बिक जाएँ, तो इसे सफल प्रकाशन माना जाता है।

स्वयं शिक्षा का स्वरूप बदल गया है। आज शिक्षित होने का अर्थ संसार और समाज को समझ उसमें अपने स्थान का आकलन करना और अपना दायित्व सुनिश्चित करना नहीं है। शिक्षा का अर्थ हो गया है तकनीकी शिक्षा, सबसे बढ़कर प्रबन्धन की शिक्षा, जो एक व्यापारी समाज की माँगों को पूरा कर सके। इसमें सफलता सिर्फ इस बात से आँकी जाती है कि आपकी आय कितने अंकों की है। यह पूरी व्यवस्था इस व्यापारिक सफलता के लिए लोगों को एक-दूसरे को धोखे में रखने के लिए प्रोत्साहित करती है। सारा विज्ञापन का धन्धा यही है। अगर यह अतिश्योक्ति लगे तो विचार कीजिए कि विश्व सुन्दरी का किसी साबुन या किसी क्रिकेट खिलाड़ी का कोका कोला जैसे पेय से क्या सम्बन्ध है? अपनी तसल्ली के लिए या स्वाभिमान कायम रखने के लिए हम शोर-शराबे के बीच किसी हर्षद मेहता को बलिदान का बकरा बना अपराध बोध से मुक्त होने का एहसास भले कर लें, लेकिन हमारी सारी व्यवस्था इसी धन्धे में लगी है। अगर आदर्श खुली प्रतिस्पर्धा ही है तो फिर इसका रोना क्या कि हिन्दी क्षेत्र पिछड़ गया है? नए आदर्शों के तहत जो पिछड़ गए हैं, उन्हें छोड़ या रौंदते हुए आगे निकलना ही प्रगति का प्रतिमान है। जो समस्या है वह इस पूरी व्यवस्था की है, सिर्फ हिन्दी क्षेत्र की नहीं और समाधान भी इस व्यवस्था से निजात पाने में ही है। यह रास्ता असम्भव-सा लगता है, लेकिन चुनौती भी यही है।

(पहल 60)

पिछड़ेपन का मूल कारण

बिहार के पिछड़ेपन की समस्या को पूँजीवाद में निहित क्षेत्रीय असन्तुलन की अन्तर्निहित प्रवृत्ति के सन्दर्भ में ही समझा जा सकता है। पूँजीवाद के विकास की दो बुनियादी शर्तें हैं : एक, उत्पादन के लिए आवश्यक कच्चे माल की उपलब्धि और दूसरा, उत्पादित माल के लिए बाजार की उपलब्धि। चूँकि बाजार और बिक्री के फैलाव के साथ पूँजीपति का मुनाफा जुड़ा है, इनके निरन्तर विस्तार का दबाव पूँजीवादी समाज में सदा बना रहता है। बाजार के फैलाव के लिए उपभोक्तावादी संस्कृति का निर्माण होता है और उत्पादन खर्च की कटौती के लिए ऐसी मशीनों के आविष्कार होते रहते हैं, जिनमें कम-से-कम आदमियों को लगाकर ज्यादा-से-ज्यादा उत्पादन हो सके। पूँजीवाद अपने विकास की हर ऊँचाई पर अपने समकालीन समाज पर उपभोग और उत्पादन तकनीक के अपने मानकों को आरोपित करता है। इससे उन समाजों पर भी, जो पूँजीवादी नहीं हैं, उपभोग और उत्पादन तकनीक के मानकों को अपनाने का दबाव बना रहता है। बिना इन मानकों और अपनाए वे बाजार की प्रतिस्पर्धा में टिक नहीं सकते और उपभोग के स्तर में बराबरी नहीं प्राप्त करने से पिछड़े माने जाते हैं। कारण यह है कि पूँजीवादी उपभोग के मानक प्रचार एवं मनुष्य की नकलची प्रवृत्ति की वजह से सार्वजनीन माने जाने लगते हैं। इसी प्रक्रिया से सोवियत व्यवस्था के समतावादी मूल्य खत्म हुए और व्यवस्था अन्तत: नष्ट हो गई। अब चीन में भी यही प्रक्रिया जारी है। विशाल पैमाने पर उत्पादन के क्रम में उत्पादित वस्तुएँ छोटे पैमाने पर मानव श्रम से उत्पादित वस्तुओं से सस्ती होती हैं और इससे ये वस्तुएँ बाजार की प्रतिस्पर्धा में टिक नहीं पातीं। इस कारण पारम्परिक उद्योग-धन्धे नष्ट होने लगते हैं और इसमें लगे लोग बेरोजगार और विपन्न होते जाते हैं।

पूँजीवाद के उद्‌गम और विस्तार के क्रम में गैर-पूँजीवादी दुनिया से पूँजीवादी समाजों के सम्बन्ध कई चरणों में विभिन्न स्तर के बने। प्रथम चरण में, मर्कैंटाइल युग (व्यापार द्वारा सोना-चाँदी जमा करने की प्रक्रिया) में यूरोप के कुछ देशों द्वारा गैर-यूरोपीय देशों की सम्पदा का व्यापार और लूट द्वारा दोहन हुआ। इससे उपलब्ध धन और व्यापार के फैलाव में औद्योगिक क्रान्ति हुई। दूसरे चरण में औद्योगिक

क्रान्ति से निकली तकनीक से बड़े पैमाने का उत्पादन शुरू हुआ। इससे ब्रिटेन में उत्पादित रास्ते मालों के भारत के बाजारों पर लादे जाने से भारत के पारम्परिक उद्योग-धन्धे नष्ट होने लगे। तीसरे चरण में भारत के ही कुछ स्थानों पर, जहाँ आधुनिक पूँजीवादी औद्योगिक व्यवस्था के लिए स्थितियाँ अधिक उपयुक्त थीं, यूरोप से आयातित तकनीकी आधार पर उद्योगों का विकास शुरू हुआ—प्रारम्भ में अंग्रेजों द्वारा और बाद में कुछ भारतीयों द्वारा। कलकत्ता, मुम्बई और मद्रास जैसे तटीय नगर तथा कुछ अन्य स्थान जहाँ बुनियादी संरचना अनुकूल हो सकती थी, नए औद्योगिक विकास के क्षेत्र बने। दूसरी तरह के क्षेत्रों में नागपुर, कानपुर आदि आते हैं। देश के दूसरे भाग जहाँ कच्चे माल जैसे खनिज एवं उद्योगों के लिए जरूरी कृषि उत्पादन जैसे कपास, जूट, चाय आदि पैसा हो सकते थे या तो कच्चे मालों की आपूर्ति के क्षेत्र बने या स्वयं बिखरे उद्योगों के क्षेत्र।

जिस तरह प्रारम्भिक काल में सारा भारत ब्रिटेन का उपनिवेश बना वैसे ही बाद में भारत के ही औद्योगिक दृष्टि से अल्पविकसित क्षेत्र भारतीय औद्योगिक व्यवस्था के आन्तरिक उपनिवेश बने। बिहार, असम, ओडिशा एवं बंगाल का उत्तरी भाग आदि, तथा देश के विशाल वन्य प्रदेश तथा आदिवासी एवं पारम्परिक कृषि पर आधारित क्षेत्र इसी प्रक्रिया में आन्तरिक उपनिवेश बने। चाय, गन्ना, रबर आदि के कुछ विशाल पूँजीवादी फार्मों को छोड़ बाकी खेती प्राय: अलाभकर बनती गई। उद्योगों और व्यापारियों द्वारा कृषिजन्य वस्तुओं के मूल्यों पर प्रतिकूल दबाव बनाए रखने के कारण, विशेषकर फसल तैयार होने के समय किसानों की खेती घाटे की होती रही। पारम्परिक उद्योगों के नष्ट हो जाने से कृषि से प्राप्त आय के अतिरिक्त किसानों की आय का जरिया भी खत्म हो गया। इस तरह पूँजी संचय का वह साधन भी खत्म हो गया जो कृषि पर निवेश के लिए किसानों को उपलब्ध होता था। इसी से उस प्रचलित कहावत की स्थिति पैदा हुई, "खेती खेत को खाती है" यानी किसान की आय जब कृषि-कार्य को निरन्तर जारी रखने लायक नहीं रहती तो खेत बेचकर गुजारा करने लगता है या भारी कर्ज के बोझ से दब जाता है। इस प्रक्रिया में मध्यम किसान छोटे किसान बन गए, छोटे सीमान्त और सीमान्त किसान भूमिहीन मजदूर बन गए। अधिकांश बड़े किसान भी कई पीढ़ियों में जमीन के बँटवारे से छोटे किसान होते गए। इनमें उनको छोड़ जिन्होंने नौकरी या किसी दूसरे आधुनिक उद्यम या व्यापार में धन अर्जित किया, प्राय: सभी की स्थिति दयनीय होती गई।

औपनिवेशीकरण और आन्तरिक औपनिवेशीकरण के प्रथम चरण में देश के पारम्परिक उद्योग-धन्धे नए उद्योगों की प्रतिस्पर्धा में खत्म हो गए और उनमें लगे लोग भूमिहीन मजदूर बन गए। कुछ भूमिहीन मजदूरों की जातियाँ तो पूरी की पूरी इसी प्रक्रिया में कृषि मजदूर बनीं उदाहरण के लिए, नोनिया जो नमक और

शोरा बनाने का काम करते थे, जुलाहे और तँतवा जो कपड़ा बनने के काम में थे, चर्मकार जो पहले चमड़ा उद्योग में लगे थे, धुनियाँ जो कपास धुनने का काम करते थे, तेली जो तेल पेरने का काम करते थे। इस चरण में लोहार, बढ़ई आदि आंशिक रूप से बेरोजगार हुए क्योंकि हलों एवं बैलगाड़ियों का अभी भी ग्रामीण जीवन में महत्त्व था, और घर बनाने के काम में लकड़ी के कामों के लिए अब भी लोहार एवं बढ़ई की जरूरत होती थी। चीनी मिलों के आने से गुड़ और शक्कर बनाने के पुराने उद्योग नष्ट हुए। इससे भी भारी संख्या में वे लोग जो इस उद्योग में लगे थे, बेरोजगार हुए। बिहार का स्थान चीनी उद्योग में देश में अग्रणी था। बिहार में जो चीनी मिलें स्थापित हुईं वे प्राय: अंग्रेजों की थीं, जिनका मुनाफा अंग्रेज पूँजीपतियों को मिलता था। बहुत थोड़े-से लोगों को ही काम मिलता था और वह भी साल के कुछ ही महीनों के लिए।

इस तरह औद्योगीकरण के प्रथम चरण में बेरोजगारी और भूमिहीन मजदूरों की संख्या में वृद्धि दो कारणों से हुई : पहला, पारम्परिक उद्योगों के नष्ट होने से और दूसरा, छोटी जोत वाले किसानों की विपन्नता से पैदा भूमिहीनता से। चूँकि नए तरह के उद्योग उत्तरोत्तर पूँजी प्रधान होते जाते हैं, इनमें रोजगार देने की क्षमता विस्थापित किए गए मजदूरों की संख्या के अनुपात में लगातार कम होती जाती है, इसलिए यह व्यवस्था समग्र रूप से बेरोजगारी फैलाती है, लेकिन आन्तरिक उपनिवेश के क्षेत्र में पड़नेवाले बिहार जैसे राज्यों में बेरोजगारी की मार दोहरी होती है। इसका कारण यह है कि औद्योगिक विकास के ऊपर वर्णित केन्द्र जो पहले विकसित हुए उनमें ही आधुनिक उद्योगों के विकास के लिए आवश्यक बुनियादी संरचना का भी अधिक विकास हुआ—जैसे यातायात की सुविधा, ऊर्जा के स्रोतों का विकास, तकनीक में प्रशिक्षित मानव संसाधन का विकास, औद्योगिक शोध संस्थान आदि और नगर क्षेत्र की तेजी से बढ़ती आबादी से एक हद तक सुनिश्चित बाजार का विस्तार। इसलिए बिहार जैसे आन्तरिक उपनिवेश के क्षेत्र मूलत: कच्चे माल और अकुशल मजदूरों की आपूर्ति करनेवाले क्षेत्र रह जाते हैं और तुलनात्मक दृष्टि से अधिक पिछड़े होते जाते हैं।

बिहार में घोर विपन्नता का दूसरा दौर सातवें दशक से शुरू हुआ जबसे तथाकथित हरित क्रान्ति की शुरुआत हुई और कृषि के आधुनिकीकरण का सिलसिला शुरू हुआ। इस दौर में बेरोजगारी के कारण ग्रामीण क्षेत्र से लोगों का विस्थापन इतने बड़े पैमाने पर हुआ कि बिहारी मजदूर पंजाब, हरियाणा, गुजरात, दिल्ली एवं मुम्बई आदि सभी जगहों में झुंड के झुंड काम की तलाश में भटकते पाए जाने लगे। इन स्थानों पर अमानवीय स्थितियों में रहकर ये लोग अकुशल मजदूरों की आपूर्ति कर रहे हैं। इनकी स्थिति का दहलानेवाला वर्णन अरविन्द मोहन की पुस्तक 'प्रवासी मजदूरों की पीड़ा' में देखा जा सकता है।

यह स्थिति कृषि प्रक्रिया एवं कृषि उत्पादों को खाद्य पदार्थों में बदलने की प्रक्रिया के मशीनीकरण से पैदा हुई है। इसमें सबसे प्रधान कारक बैलों की बजाय ट्रैक्टरों का जुताई, ढुलाई तथा दँवरी में लगाना हुआ है। इससे जो भूचाल लोगों के जीवन में आया है, वह किसी भी गाँव में स्पष्ट रूप से देखा जा सकता है। मैंने अपने ही गाँव में पिछले तीस वर्षों में सब कुछ तेजी से बदलते देखा है।

पहले यहाँ छोटे से बड़े, सभी किसानों के दरवाजों पर बैलों की जोड़ियाँ देखी जा सकती थीं। भूमिहीन भी, जिनकी अपनी जमीन नहीं थी, एक बैल या एक जोड़ा बैल रखते थे और भाड़े पर दूसरे के खेतों में हल जोतते थे। बहुत सारे लोग भाड़ा कमाने के लिए ही बैलगाड़ी रखते थे क्योंकि गाँव में माल ढुलाई का यही एकमात्र साधन था। छोटी दूरियों के लिए आदमियों की भी यही सवारी थी जिसमें लोग बाल-बच्चों और सामान के साथ एक जगह से दूसरी जगह जाते थे। यह धीमी गति की सवारी थी, लेकिन लोगों की जिन्दगी में भाग-दौड़ और हड़बड़ी भी नहीं थी। कृषि से लगा स्थायी रोजगार हल-बैल की खेती और बैलगाड़ियों से ही मिलता था। बैलों के दरवाजे पर होने का अर्थ था कि स्वयं बैलों के मालिक को इसकी देखभाल पर दिन के कई घंटे खच करने पड़ते थे या कोई स्थायी मजदूर इस काम के लिए रखना होता था। इसी तरह प्रत्येक हल के लिए एक हलवाहे की जरूरत होती थी। हल जोतने का काम वर्षा काल में जमीन गीली हो जाने के समय को छोड़ साल के अधिकांश समय चलता रहता था। धान की रोपाई के समय तो कदवा करने के लिए पानी में ही खेत की जुताई होती थी। फिर फसल काटने पर धान, गेहूँ, जौ का अनाज निकालने के लिए दँवरी भी बैल से ही होती थी यानी बैल लोगों के विविध कामों व गतिविधियों का केन्द्र-बिन्दु था।

मूलत: बैलों के लिए ही लोग गाय भी पालते थे और गाय के नर-बछड़ों को जतन से पाला जाता था जो बाद में बैल बनकर खेती के काम में आते थे। इन गायों के इर्द-गिर्द रोजगार का एक दूसरा ताना-बाना तैयार होता था। दूध से दही, मलाई,घी आदि तैयार करने और फिर उन्हें बेचने का एक व्यवसाय चक्र। बैलों के इर्द-गिर्द कृषि एवं घरेलू उद्योगों की एक सम्पूर्ण अर्थव्यवस्था अस्तित्व में थी। बैलों से ही तेल निकालने के लिए कोल्हू चलते थे और अनेक जगहों पर बैलों से ही पानी पटाने के लिए मोट एवं रहट। गाय एवं बैल का गोबर खेत के लिए सर्वोत्तम खाद प्रदान करता था, वहीं गोबर के उपले जलावन के काम आते थे।

बैल के जीवन और कृषि का एक ऐसा चक्र था जिससे जमीन की उर्वरा-शक्ति का नवीकरण होता रहता था और गाँव का धन काफी हद तक गाँव में ही संरक्षित रहता था। इस व्यवस्था का महत्त्वपूर्ण पहलू यह था कि गाँव का एक समुदाय बनता था। हलों एवं बैलगाड़ियों को बनाने एवं उनकी मरम्मत करने में बढ़ई एवं लोहारों की अनिवार्य भूमिका होती थी और किसानों से एक स्थायी लेन-देन का

रिश्ता बनता था। किसानों और उनके खेतों पर काम करनेवाले मजदूरों के आपसी रिश्तों के अलावा इनका सम्बन्ध गाँव के तेली, तमोली, धोबी, बढ़ई, लोहार तथा कई तरह के दूसरे आवश्यक कामों में लगे लोगों से होता था। इस तरह के समुदाय का गाँव के लोगों के व्यवहारों पर भी एक हद तक नियंत्रण होता था।

कृषि के आधुनिकीकरण का अर्थ यह हुआ कि सरकारी प्रोत्साहन पर रियायती दर पर ऋण पाकर बड़े पैमाने पर गाँव में ट्रैक्टर आ गए। गाँव में चार-पाँच ट्रैक्टर आ जाने से सैकड़ों लोग, जो बैल के रखरखाव हल जोतने या बहलवानी में लगे थे, एकाएक बेरोजगार हो गए। ट्रॉली लगे ट्रैक्टरों ने बैलगाड़ियों को हाशिए पर डाल दिया। अब सारे गाँव की जुताई और ढुलाई का काम यह चार-पाँच ट्रैक्टर वाले करने लगे। अब कुछ सम्पन्न लोग जो ट्रैक्टर खरीद सकते थे, सैकड़ों लोगों का रोजगार खाने लगे। उनकी आदमनी भी ट्रैक्टर वालों को मिलने लगी और अन्त में इनका फायदा ट्रैक्टर बनानेवाली कम्पनियों और डीजल तैयार करनेवाली कम्पनियों को मिलने लगा। पहले दँवरी का काम भी बैल से ही होता था। इसमें समय लगता था और खराब मौसम में कभी-कभी नुकसान भी होता था, लेकिन मजदूरों को रोजगार मिलता था और किसानों को बचत होती थी। अब ट्रैक्टर से लगे थ्रेशर से हफ्तों का काम एक दिन में हो जाता है, लेकिन किसानों को इसकी भारी कीमत चुकानी होती है। तीस से पचास रुपया क्विंटल तक दँवरी का खर्च लग जाता है। ट्रैक्टर के आने के दो घाटे तो बिलकुल साफ दिखाई देते हैं। इसने मजदूरों की मजदूरी छीन ली और अब गाँव की वह आय, जो गाँव में ही रह जाती थी, डीजल कम्पनियों एवं उर्वरक बनानेवाली कम्पनियों को चली जाती है। अब गोबर के अभाव में उर्वरकों पर निर्भरता के कारण जमीन ऊसर होती चली जा रही है। जलावन का अभाव भी गोबर की कमी से बढ़ रहा है।

दरअसल, ईंधन का घोर अभाव भी कृषि के चरित्र के बदलाव से पैदा हुआ है। संकर किस्म के मक्के की खेती का प्रचलन होने से लोगों ने भदई मक्के की खेती छोड़ दी है क्योंकि बरसात का मौसम इसके लिए अनुकूल नहीं होता। इससे अरहर की खेती नगण्य हो गई है। पहले लोग भदई मक्के के साथ अरहर बोते थे जिससे बिना किसी अतिरिक्त लागत के अरहर पैदा होती थी। चूँकि अरहर की खेती में साल का अधिक भाग चला जाता है, इससे अकेले इसकी खेती लोग नहीं करते। अब अरहर की जगह रबी फसल में गेहूँ लगाई जाती है। अरहर की खेती खत्म होने से जलावन का एक महत्त्वपूर्ण स्रोत सूख गया है। संकर मक्का बौने किस्म के होते हैं और इसमें दाना तो अधिक होता है, लेकिन पौधे इतने छोटे कि ईंधन के लिए कुछ नहीं बचता। गोबर का लोप होने से एवं कृषि-चक्र में इस परिवर्तन से ईंधन का भयंकर अभाव पैदा हुआ है। गाँव में औरतों एवं बच्चों के दिन के चार-पाँच घंटे जलावन के लिए सूखी टहनियाँ तथा पेड़ के पत्ते आदि जमा करने में चले

जाते हैं। यही वह समय होता है जिसे वे पहले दूसरे छोटे-मोटे काम, जैसे चटाई बनाने, चावल कूटने, आटा पीसने, दाल दलने आदि में लगाती थीं। ये रोजगार वैसे भी अब डीजल या बिजली से चलनेवाली आटा चक्की, चावल और चिउड़ा कूटने तथा दाल दलने की मशीनों के आ जाने से समाप्त हो गए हैं। बाग-बगीचों की भूमि का भी पत्ते बटोरकर जलावन में ले जाने से ह्रास होता है जब तक अतिरिक्त खाद की व्यवस्था नहीं की जाए।

पारम्परिक आय और रोजगार के स्रोतों के खत्म हो जाने से गाँवों के नौजवान या तो पास-पड़ोस के शहरों या कस्बों में दिहाड़ी मजदूर का काम करते हैं या दूर-दराज के स्थानों पर घर-परिवार छोड़कर काम की तलाश में भटकते रहते हैं। इस तरह पूँजी का सबसे बड़ा स्रोत श्रम, जो राज्य के आर्थिक विकास में योगदान करता, दूसरे राज्यों को कम कीमत पर उपलब्ध हो जाता है। इसका कारण यह है कि दूसरे राज्यों में भी काम खोजनेवालों के अनुपात में उपलब्ध रोजगार बहुत कम हैं।

सामाजिक दृष्टि से इस विकास के अत्यन्त ही विध्वंसकारी परिणाम हुए हैं। चूँकि अब गाँव के नौजवान आजीविका के लिए बाहरी क्षेत्रों पर निर्भर हैं और अपना अधिक समय बाहर ही बिताते हैं, ग्रामीण जीवन में पारस्परिकता और निर्भरता का आधार खत्म हो गया है। सभी व्यक्ति समुदाय से कटकर खुद-मुख्तार बन गए हैं। इसके साथ अगर हम विविध प्रलोभनों के बीच घोर अभाव जोड़ दें तो अपराध की प्रवृत्ति का बढ़ना तुरन्त समझ में आ जाता है। अब बचपन से किसी व्यक्ति पर कोई सामुदायिक नियंत्रण नहीं रहने से आपराधिक कार्यों पर कोई अंकुश नहीं रह पाता। धीरे-धीरे छोटे अपराधों की ओर बढ़ने का प्रोत्साहन मिलता है। इस तरह चारों ओर छीना-झपटी, लूटपाट एवं हत्या का माहौल व्याप्त है। यह प्रवृत्ति कभी-कभी उकसावे से जातीय या साम्प्रदायिक दंगे का रूप ले लेती है। अब यह उस राजनीति को ग्रसने लगी है जिस राजनीति ने लोगों की समस्याओं को नजरअन्दाज कर देशी-विदेशी पूँजी के अन्धाधुन्ध विस्तार को प्रोत्साहित किया था। अब बिहार आत्मघात की दौड़ में शामिल है। आपराधिक चरित्र के लोग विधायक और सांसद बनते हैं और राजनीति को और भी दिशाहीन बनाते हैं। वर्तमान बिहार की स्थिति को देखकर अब हम भूमंडलीकरण के दौर में रवांडा-बुरुंडी, नाइजीरिया आदि के खूनी कबायली संघर्षों को आसानी से समझ सकते हैं। बिहार भी एक आत्मघाती दौर में प्रवेश कर चुका है, जिसका उत्स पूँजीवाद और तथाकथित उदारीकृत अर्थव्यवस्था में है।

('बिहार की विरासत' से)

हिन्दी क्षेत्र पिछड़ा क्यों है

देर से ही सही, अब कम्युनिस्ट आन्दोलन को हिन्दी क्षेत्र की सुध तो आई है। इसके लिए शुरुआत हुई है, माकपा के महाविधवेशन की तैयारी के सिलसिले में दिल्ली में आयोजित सात दिवसीय संगोष्ठियों से। इस संगोष्ठी शृंखला का मूल विषय हिन्दी क्षेत्र के पिछड़ेपन की पड़ताल करना था। उद्देश्य यह समझना भी था कि इस क्षेत्र में कम्युनिस्ट आन्दोलन क्यों बढ़ नहीं पाया और क्यों जहाँ कुछ फैलाव हुआ भी तो कुछ ही दिनों में सिकुड़ गया। लेकिन हिन्दी भाषी क्षेत्र के रूप में विषय को चिह्नित करने में ही गम्भीर भटकाव था जिसके कारण समस्या के मूल तक पहुँचना मुश्किल है। जो बात हिन्दी क्षेत्र के बारे में कही गई है, वह देश के कई गैर-हिन्दी क्षेत्रों के बारे में भी कही जा सकती है। वैसा ही पिछड़ापन ओडिशा, असम, खुद उत्तर बंगाल, महाराष्ट्र के विदर्भ या आन्ध्र के तेलंगाना क्षेत्र में भी देखा जा सकता है। और इनमें तेलंगाना को छोड़ दें तो कहीं भी कम्युनिस्ट आन्दोलन का विकास नहीं हो पाया। तेलंगाना का मामला थोड़ा भिन्न प्रकार का है, इस पर हम बाद में विचार करेंगे।

थोड़ा गहराई से विचार करने पर हम पाएँगे कि इन क्षेत्रों के आर्थिक पिछड़ेपन और कम्युनिस्ट आन्दोलन की कमजोरी, दोनों ही के सूत्र देश की आन्तरिक औपनिवेशिक व्यवस्था से जुड़े हैं। आन्तरिक औपनिवेशिक व्यवस्था पूँजीवादी औद्योगिक विकास के साथ अनिवार्य रूप से जुड़ी है। ज्ञातव्य है कि समाजवादी नेता डॉ. राममनोहर लोहिया ने अपनी पुस्तक 'इकोनॉमिक्स ऑफ्टर मार्क्स' में लिखा था कि लेनिन की इस अवधारणा के विपरीत कि साम्राज्यवाद पूँजीवाद का अन्तिम चरण है, पूँजीवाद का विकास प्रारम्भ से ही साम्राज्यवाद के साथ जुड़ा हुआ है। हालाँकि दोनों स्थापनाओं के सन्दर्भ थोड़े भिन्न थे, लोहिया यह बतलाना चाहते थे कि पूँजीवाद के विकास के लिए इसके विकास के मूल क्षेत्र से बाहर शोषण की एक व्यापक उपत्यका की उपस्थिति अनिवार्य रही है। इस बात की सच्चाई तो बहुत कुछ मार्क्स की प्रसिद्ध पुस्तक 'पूँजी' के प्रथम खंड में ही देखी जा सकती है जहाँ मार्क्स ने 'आदिम पूँजी संचय' की प्रक्रिया का विस्तार से वर्णन किया है।

बाद में रोजा लक्जमबर्ग ने पूँजी के दूसरे खंड में मार्क्स द्वारा प्रतिपादित विस्तृत पुनरुत्पादन के ढाँचे की कमजोरी का अपनी विख्यात पुस्तक 'एक्युमुलेशन ऑफ कैपिटल' में विस्तार से विश्लेषण किया और यह दिखलाने की कोशिश की कि पूँजीवाद का अपने भीतर साधनों के आधार पर पुनरुत्पादन प्रक्रिया को बराबर रखने के लिए इसे सदा एक बाहरी क्षेत्र की आवश्यकता होती है। इस अध्ययन के क्रम में रोजा लक्जमबर्ग ने यूरोप में पूँजीवाद के विकास के लिए भारत, अफ्रीका और अमेरिका की अर्थव्यवस्थाओं की भूमिका और उसमें वहाँ के मूल निवासियों के शोषण और वहाँ लादी गई गुलामी की अर्थव्यवस्था पर निर्भरतर का विस्तृत विवरण दिया है। इन विश्लेषणों से गैर-पूँजीवादी समाजों में देर से शुरू पूँजीवाद के विकास के सम्बन्ध में कुछ नतीजे निकाले जा सकते हैं।

अगर किसी केन्द्र के पूँजीवादी विकास में शोषण और विपणन के लिए अनिवार्य रूप से एक बाहरी क्षेत्र का होना जरूरी है तो सवाल उठता है कि भारत जैसी पारम्परिक अर्थव्यवस्था के बीच पूँजीवाद के विकास की प्रक्रिया क्या होगी? किसी कल्पना की बजाय अगर यहाँ के विकास की असली स्थिति पर विचार किया जाए तो आन्तरिक औपनिवेशिक ढाँचे की पूरी संरचना अपनी प्रक्रियाओं के साथ जाहिर हो जाती है। भारत में पूँजीवाद और आधुनिक औद्योगीकरण का प्रभाव दो चरणों में आया। इसका उत्स यूरोपीय देशों का समुद्री मार्ग से भारत में प्रवेश था। यह सिलसिला पन्द्रहवीं शताब्दी के अन्त में शुरू हुआ जब से पुर्तगाल, अंग्रेज और फ्रांसीसी व्यापार के लिए समुद्री मार्ग से यहाँ आए। प्रारम्भिक व्यापार कृषिजन्य उत्पादों विशेषकर मसालों का था जिसके लिए यूरोप बड़ा बाजार था। बाद में भारत में बने वैविध्यपूर्ण कपड़ों का यूरोपीय देशों में निर्यात व्यापारिक लाभ का बड़ा स्रोत बन गया।

लेकिन अठारहवीं शताब्दी से प्रारम्भ औद्योगिक क्रान्ति ने, जिसमें ब्रिटेन में कपड़ा उद्योग का सर्वोपरि स्थान था, स्थिति को बिलकुल उलट दिया। चुँगी और भारत के इस उद्योग में लगे शिल्पियों पर अत्याचार के जरिये ब्रिटेन के कपड़ा उद्योग को प्रोत्साहित किया जाने लगा। अब विभिन्न गैर-बराबर व्यापारिक सम्बन्धों और नए कपड़ों उद्योगों में विशाल उत्पादन की क्षमता के योग से भारत ब्रिटेन में बने कपड़ों की विशाल मंडी बन गया और यहाँ का पारम्परिक कपड़ा उद्योग नष्ट हो गया। यह ज्ञातव्य है कि चूँकि अंग्रेज समुद्री मार्ग से भारत आए थे और एक समुद्री शक्ति बन चुके थे, उन्होंने सबसे पहले अपना पाँव कुछ चुने हुए तटीय प्रदेशों में जमाया। कोलकाता, मद्रास (आज का चेन्नई), मुम्बई और सूरत इनके प्रथम पड़ाव थे। चूँकि ये स्थान उनकी सुरक्षा की दृष्टि से और छिपे रूप से अपनी सैनिक शक्ति को बढ़ाते जाने के लिए भी विशेष तौर से उपयुक्त थे यहीं उन्होंने अपने व्यापारिक कार्यों के केन्द्र स्थापित किए।

धीरे-धीरे यहाँ की आपसी फूट का फायदा उठा उन्होंने अपना राजनीतिक प्रभुत्व बढ़ाना शुरू किया और बाद में पूरे भारत पर उनका अधिकार हो गया। यह एक सर्वविदित कहानी है। देश के विभिन्न भागों तक अपनी वस्तुओं के व्यापार को बढ़ाने के लिए उन्होंने सड़कों और उन्नीसवीं शताब्दी के मध्य से रेल के यातायात को फैलाना शुरू किया। जब उन्हें लगा कि बहुत सारे उद्योग भारत में ही लगाए जा सकते हैं और इससे ढुलाई का बहुत सारा खर्च बचाया जा सकता है तो उन्होंने भारत के इन तटीय प्रदेशों में औद्योगिक विकास के केन्द्र विकसित किए। इन औद्योगिक केन्द्रों की आवश्यकताओं की पूर्ति के लिए इन्हें देश के बाकी हिस्सों से—जहाँ से उद्योगों की आवश्यकता के लिए खनिज और कच्चे माल जैसे लोहा, कोयला, कपास, खाद्यान्न आदि प्राप्त हो सकें—यातायात से जोड़ा जाने लगा।

दरअसल, अभी की 'स्वर्ण चतुर्भुज' योजना भी इस प्रक्रिया की कड़ी है। प्लांटेशन के लिए, विशेषकर चाय उद्योग के लिए बंगाल से लेकर असम तक के हिमालय के पादस्थल और नीलगिरि का विकास किया गया। इनके उत्पादों को संसार भर में फैलाने के लिए तटीय नगरों में ही कार्यालयों का विकास हुआ। पारम्परिक उद्योग-धन्धों और जीवन पद्धति के नष्ट होने से दरिद्र हो रहे भीतरी इलाकों के लोगों को नए औद्योगिक नगरों और प्लांटेशनरों में मजदूर के रूप में लगाया जाने लगा। ये मजदूर प्राय: उन इलाकों से आते थे जहाँ अंग्रेजी हुकूमत की नीतियों और खासकर पारम्परिक उद्यमों और जीवन पद्धतियों के नष्ट होने और जमींदारी व्यवस्था लागू होने से लोगों को आजीविका के लिए किसी भी वैकल्पिक स्रोत की तलाश थी। आश्चर्य नहीं कि बंगाल से लेकर असम तक के सभी चाय बगानों में अधिकांश श्रमिक छोटानागरपुर (वर्तमान झारखंड) के इलाकों के हैं।

कोलकाता और बंगाल के दूसरे भागों में चटकलों के मजदूर बिहार के हैं। मुम्बई की मिलों में पूर्वी उत्तर प्रदेश से लेकर रत्नागिरि, सतारा आदि के मजदूर काम करने के लिए आए। ये सभी इलाके नए औद्योगिक विकास में पिछड़ते जा रहे थे और यहाँ के लोगों के पास आजीविका के लिए कोई वैकल्पिक रास्ता नहीं था। मोटा-मोटी यही वह आन्तरिक औपनिवेशिक ढाँचा था जिसमें पूँजीवादी औद्योगिक केन्द्रों के विकास के लिए देश के बाकी हिस्सों को कच्चे माल और मजदूरों की आपूर्ति का साधन बनाया गया। इस तरह प्रारम्भ हुई क्षेत्रीय विषमता गहराती गई है। यह ध्यान देने की बात है कि विशेष तौर से वे ही इलाके जैसे बिहार, पूर्वी उत्तर प्रदेश, महाराष्ट्र का सतारा इलाका, राष्ट्रीय आजादी के आन्दोलन में अग्रणी रहे जो इस नई औद्योगिक व्यवस्था में हाशिए पर डाल दिए गए थे। 1942 की क्रान्ति में पूर्वी उत्तर प्रदेश के बलिया और महाराष्ट्र के सतारा का विशेष योगदान था जहाँ समानान्तर सरकार लम्बी अवधि तक अंग्रेजी हुकूमत का सिरदर्द बनी

रही। इन हिन्दी भाषी इलाकों में कम्युनिस्ट आन्दोलन की कमजोरी का आंशिक कारण कम्युनिस्ट पार्टी द्वारा 1942 के 'भारत छोड़ो' आन्दोलन का विरोध भी था।

लेकिन मूल कारण यह था कि अपने मार्क्सवादी चिन्तन के यूरोपीय या सोवियत संस्करण से प्रभावित कम्युनिस्ट नेता यह विश्वास करते थे कि समाजवादी क्रान्ति का आधार औद्योगिक मजदूर होंगे। अत: उनकी सक्रियता के केन्द्र मुख्य रूप से मुम्बई, कोलकाता, चेन्नई आदि के औद्योगिक क्षेत्रों के मजदूर रहे, जिनके संगठन में उन्होंने अपनी पूरी शक्ति लगाई। इसी तरह छिटपुट रूप से कानपुर, नागपुर जैसे औद्योगिक क्षेत्रों में भी संगठन बनाने के प्रयास हुए। यह स्वाभाविक था कि कम्युनिस्ट आन्दोलन औद्योगिक विकास के कुछ केन्द्रों में अधिक फैले। जो आन्तरिक औपनिवेशिक भूभाग के विस्तृत क्षेत्र थे, जिनमें सबसे बड़ा हिन्दी भाषी क्षेत्र था, उपेक्षित रहे।

रूस की क्रान्ति में किसानों की भूमिका के मद्देनजर बाद में किसान संगठनों की तरफ भी कम्युनिस्टों का ध्यान गया, बीसवीं शताब्दी के बीस के दशक के मध्य में बिहार जैसे राज्य में स्वामी सहजानन्द के नेतृत्व में जब किसान आन्दोलन का गठन शुरू हुआ तो कम्युनिस्ट लोग कांग्रेस सोशलिस्टों के साथ-साथ इनमें सक्रिय हुए और कार्यानन्द शर्मा जैसे बड़े किसान नेता इनके साथ आए। यही कारण है कि तटीय भागों को छोड़ दें तो बिहार में एक समय कम्युनिस्ट पार्टी अन्य जगहों से अधिक शक्तिशाली होकर उभरी। आन्ध्र के तेलंगाना क्षेत्र में भी कम्युनिस्ट आन्दोलन का विकास वहाँ के किसान आन्दोलन के साथ हुआ। इस आन्दोलन के पीछे प्रेरणा थी, चीन की क्रान्ति में किसानों की अहम भूमिका। उसी तर्ज पर उन्होंने वहाँ के जमींदारों को भगाकर स्वशासी क्षेत्र कायम करने की कोशिश की।

वैसे इस संक्षिप्त विवरण में केवल मूल कारण चिह्नित हो पाया है। पूरी स्थिति को समझने के लिए तो हर अंचल के कम्युनिस्ट आन्दोलन को उसके परिप्रेक्ष्य से जोड़कर ही समझा जा सकता है। औद्योगिक मजदूरों के हितों के साथ पूरी तरह अपने को जोड़ने का एक नतीजा यह भी हुआ कि इनकी दृष्टि किसान विरोधी भी रही। कृषिजन्य वस्तुओं के मूल्यों के सवाल पर ये सदा पूँजीपतियों की तर्ज पर मूल्यवृद्धि के खिलाफ रहे और अधिक मूल्य की माँग का 'कुलक लॉबी' से जोड़ते रहे। खतरा यह है कि देश के आन्तरिक औपनिवेशिक चरित्र को नहीं समझ पाने से वे अन्तत: पूरी तरह पूँजीवादी व्यवस्था के हामी बन जाएँगे, जैसा चीन बन गया है। इस तरह विकसित औद्योगिक क्षेत्रों के बाहर क्या होता है, उनकी चिन्ता से बाहर हो जाएगा। आज दुनिया के लोग इस बात से बेपरवाह हैं कि चीन के चमत्कारी विकास का प्रभाव वहाँ के मध्यम भाग के अविकसित क्षेत्रों के लोगों पर कैसा पड़ रहा है?

(जनसत्ता, 3 अप्रैल, 2005)

बिहार में विकास का प्रश्न

बिहार विधानसभा के चुनावों में राष्ट्रीय जनता दल और उसके सहयोगी दलों की निर्णायक पराजय से राज्य की पन्द्रह वर्ष की राजनीति का पटाक्षेप हो गया है। कुछ लोगों के लिए यह जंगल राज का अन्त है जबकि लालू प्रसाद यादव के समर्थकों के लिए ये वर्ष पिछड़ों और दलितों के हितों और आत्मसम्मान के उत्कर्ष के वर्ष थे। वैसे लोग भी जो लालू प्रसाद यादव के आलोचक थे, यह बात कहने से नहीं चूकते थे कि लालू प्रसाद यादव ने ही पिछड़ों और दलितों को आत्मसम्मान दिया है। यहाँ तक कि अपनी वस्तुपरकता के लिए प्रशंसित बीबीसी ने भी मान लिया कि लालू प्रसाद के कारण ही बिहार में पिछड़ों को आत्मसम्मान मिला है। इन सभी आकलनों से यह ध्वनि भी निकलती थी कि देश के दूसरे हिस्सों के मुकाबले बिहार में पिछड़ों और दलितों की स्थिति कहीं अधिक खराब रही है। एक दूसरी महत्त्वपूर्ण बात यह रही कि पत्रकारों से लेकर चुनाव विश्लेषकों, राजनीतिक विश्लेषकों और समाजशास्त्रियों—सभी ने अपने विश्लेषणों का और बिहार की स्थिति के आकलन का आधार जातीय समीकरण को बनाया।

यह एकआयामी आकलन इन विशेषज्ञों की बिहार की समझ के बारे में भी कुछ सन्देह पैदा करता है। जात-पाँत के अलावा बिहार के लोगों की बुनियादी चिन्ता भी दूसरी जगहों की तरह भोजन प्राप्त करने और इसके लिए खेतीबाड़ी, रोजगार आदि का इन्तजाम करने की ही होती है। इन सबसे विमुक्त जाति आधारित राजनीतिक रुझान अगर दिखा तो इसमें काफी कुछ राजनीतिक प्रचारकों और विश्लेषकों की भूमिका रही है। इससे ही लोगों में यह धारणा मजबूत हुई कि यह चुनाव दरअसल जातीय या साम्प्रदायिक हितों की रक्षा के लिए है। देश के दूसरे हिस्सों की तरह बिहार में भी जाति व्यवस्था और जातीय विभाजन रहा है। अगर आप यहाँ की स्थिति को सिर्फ जातीय नजरिये से देखंगे तो आप जात-पाँत के अलावा दूसरा कुछ देख ही नहीं पाएँगे। प्राय: हम वही देखते हैं जो देखना चाहते हैं।

बार-बार इस बात की भी चर्चा होती रही है कि बिहार में दलितों का नरसंहार एक आम घटना है और दलितों को 'घेटो' की स्थिति में रहना पड़ता है, विशेषकर इस बात की चर्चा नक्सली आन्दोलन के सन्दर्भ में होती है। जो बात नजरअन्दाज

कर दी जाती है वह यह कि इधर हाल में जो नरसंहार हुए हैं उनके पीछे मूल कारण भूमि को लेकर संघर्ष है। देश के दूसरे हिस्सों की तरह बिहार में भी दलित पूरी तरह भूमिहीन हैं और स्वाभाविक है कि भूमि संघर्षों में वे ही आगे आते हैं और मारे जाते हैं। जमीन के मालिक प्राय: भूमिहार, राजपूत, कुर्मी, यादव आदि रहे हैं। अत: इन्हीं जातियों के लोग नक्सलियों के खिलाफ संघर्ष में रहे। उदाहरण के लिए, सबसे पहले बेलछी के नरसंहार में कुर्मी जाति के लोगों का हाथ था और उन्होंने नक्सलियों के विरोध में 'किसान सेना' बनाने की कोशिश की थी। इसी तरह 'लोरिक सेना', 'कुँवर सेना' आदि अस्तित्व में आए और फिलहाल 'रणवीर सेना' के नाम से भूमिहारों की सेना अधिक कुख्यात रही है। ये संघर्ष बुनियादी रूप से जातीय संघर्ष बिलकुल नहीं हैं लेकिन जब स्थिति हिंसक संघर्षों तक पहुँचती है तो पारम्परिक जातीय वफादारियाँ उभरकर सामने आ जाती हैं।

जहाँ तक दलितों के साथ जातीय आधार पर भेदभाव का सवाल है, बिहार में यह भेदभाव दूसरे राज्यों के मुकाबले कुछ कम ही रहा है। आज से लगभग तीस साल पहले जब मुझे हरियाणा के एक गाँव में रहने का मौका मिला तब पहले-पहल पता चला कि दलितों और बाकी लोगों के कुएँ अलग-अलग होते हैं, और आज भी हरियाणा में ऐसा ही है। शायद देश के कई दूसरे हिस्सों में भी यह भेदभाव है जिससे बिहार अछूता रहा है। जहाँ तक बेटी-रोटी के सम्बन्ध में वर्जना का मामला है, देश के दूसरे हिस्सों की तरह बिहार में भी रहा है और यह स्वयं दलितों की विभिन्न जातियों के बीच भी है, लेकिन जातीय पंचायत का दबदबा या फतवा बिहार में वैसा कभी नहीं चलता जैसा हरियाणा, राजस्थान या पश्चिम उत्तर प्रदेश में।

लालू प्रसाद यादव द्वारा पिछड़ों को पहले पहल आत्मसम्मान दिलानेवाली बात किसी को भी, जो बिहार के इतिहास से परिचित है, हास्यास्पद लगेगी। अगर यहाँ दलितों और पिछड़ों को आत्मसम्मान मिला है तो उसका कुछ कारण तो आजादी की लड़ाई में महात्मा गांधी के नेतृत्व में लोगों की व्यापक भागीदारी थी और बाद में कम्युनिस्टों और सोशलिस्टों के नेतृत्व में होनेवाले किसान आन्दोलन की भूमिका थी। बिना इस बात को ध्यान में रखे आप यह समझ नहीं सकते हैं कि जगजीवन बाबू जैसा राष्ट्रीय स्तर का सक्षम नेता बिहार ने कैसे पैदा किया। चार दशक से अधिक पहले कांग्रेस के भोला पासवान बिहार के मुख्यमंत्री हो चुके हैं, जिनकी ईमानदारी के लिए खास प्रतिष्ठा थी। तीन दशक पहले रामसुन्दर दास, जो समाजवादी आन्दोलन से आते थे, बिहार के मुख्यमंत्री बने। कर्पूरी ठाकुर जो एक छोटी संख्या वाले नाई समाज से आते थे, बिहार के अति सक्षम मुख्यमंत्री बने थे और विश्वनाथ प्रताप सिंह द्वारा केन्द्र में मंडल आयोग की आरक्षण की नीति लागू करने के पहले बिहार में इस नीति को उन्होंने लागू किया था, और इसमें पिछड़ों और अति पिछड़ों की अलग श्रेणियाँ तय कर इस मुद्दे पर बाद के विवाद को सुलझाने

की दिशा भी प्रदान की थी। उस समय आरक्षण के सवाल पर बिहार में भी काफी बवाल मचा था, लेकिन यह नीति लागू हो गई और फिर स्थिति सामान्य हो गई।

चूँकि कर्पूरी ठाकुर लम्बी अवधि तक समाजवादी आन्दोलन से जुड़े थे। उनके सामने आरक्षण से आगे भी समाज का एक बड़ा परिप्रेक्ष्य था। इसलिए उन्होंने जातीय विभाजन को विशेष तूल नहीं दिया। लालू प्रसाद यादव की विशेषता यह थी कि उन्होंने जातीय विभाजन को ही अपनी राजनीति का आधार बनाया और इसलिए यथासम्भव जातीय विद्वेष को जीवित रखने की कोशिश की। इस तरह वे जातीय युद्ध के अद्वितीय योद्धा के रूप में लोगों के सामने आए। इस प्रक्रिया में जातियों के बीच के सभी पारम्परिक विद्वेष उभरकर सतह पर आ गए हैं और इसी से आज बिहार जातीय युद्ध का एक ऐसा कुरुक्षेत्र दिखाई देता है जहाँ राजनीति के सारे दूसरे आयाम आँखों से ओझल हैं। आज जबकि जातीय दायरे को तोड़ते हुए संवैधानिक और आर्थिक सम्बन्धों के ताने-बाने लोगों के जीवन को अधिक प्रत्यक्ष रूप से प्रभावित कर रहे हैं, राजनीति में जातीय भावना को बरकरार रख हम अतीत के कंकालों से ही उलझते रहेंगे। बिहार में पिछले डेढ़ दशक का आर्थिक-सामाजिक गतिरोध उसी मानसिक जड़ता का परिणाम है।

चुनाव की एक विशेषता यह भी रही है कि अधिकतर नेता अपने चुनाव अभियान में हेलीकॉप्टर का इस्तेमाल करते रहे जो बिना सड़क या पगडंडियों का सहारा लिए एक पड़ाव से दूसरे पड़ाव या गन्तव्य तक पहुँच जाता है। अपने प्रचार के दौरान प्रमुख दलों के नेता इसी तर्ज पर सिर्फ यह वादा करते रहे कि बिहार का विकास कर देंगे, बिना तफसील से यह बताए कि विकास की राह यानी इसका 'रोड मैप' क्या होगा? वे यह भूल गए कि बिहार के आम लोग, जो हेलीकॉप्टर से यात्रा नहीं करते, यह जानना चाहते थे कि आखिर विकास की यात्रा उन्हें किन डगरों से होकर तय करनी होगी? अभी तक सब कुछ अन्धकार में है।

यह शुभ लक्षण है कि अपनी निर्णायक जाति के बाद दिए गए अपने वक्तव्य में नीतीश कुमार ने कहा है कि उन्हें सभी जातियों और सम्प्रदायों का सहयोग इस विजय को सम्भव बनाने में मिला है। इससे यह उम्मीद की जा सकती है कि अब हम साम्प्रदायिक और जातीय झगड़ों को पीछे छोड़ देंगे, लेकिन जब हम यह देखते हैं कि उनके पीठ पीछे आरएसएस के लाठीधारियों की कतारें भी सजी हैं तो भरोसा नहीं होता कि उनके शासन में बिहार के लिए अपरिहार्य सामाजिक सद्भाव बना रहेगा। आरएसएस वाले किस हद तक जा सकते हैं, इसका अन्दाजा जीवन भर संघ के वफादार स्वयंसेवक और भाजपा के राष्ट्रीय अध्यक्ष लालकृष्ण आडवाणी की जो फजीहत उन्होंने हाल में की है, उससे किया जा सकता है।

लेकिन ऐसे व्यवधानों की सम्भावना न हो तो भी बिहार की अगली तसवीर क्या बनेगी, इसका स्पष्ट संकेत नहीं मिलता। नीतीश कुमार जिस पार्टी या गठबन्धन

से जुड़े हैं, विकास की उसकी अवधारणा में बिहार के भरोसेमन्द भविष्य नहीं दिखाई देता। बिहार के लिए विकास की कोई अर्थपूर्ण नीति इसके आन्तरिक औपनिवेशिक चरित्र से निजात दिलाने की दिशा में ही बनाई जा सकती है। इस आन्तरिक औपनिवेशिक स्थिति में बिहार की एकमात्र भूमिका मानव संसाधन, खासकर अकुशल मजदूर मुहैया कराने की रही है। पुणे में कुछेक हजार बिहारी जो पढ़ाई कर रहे हैं (नीतीश कुमार ने इसकी खास तौर से चर्चा की है) वे शायद अकुशल मजदूरों के साथ कुछ कुशल और अर्धकुशल मजदूर जोड़ देंगे। इससे बिहार की स्थिति में कौन-सा बदलाव आ जाएगा? उच्च तकनीकी या दूसरी शिक्षा के लिए बिहार के लोगों को पुणे, चेन्नई या बंगलूर जाना पड़ता है यह स्वयं हमारी शिक्षा व्यवस्था की प्रासंगिकता पर प्रश्नचिह्न लगा देता है।

विकास की तरह पिछड़ापन भी आत्मस्फीत होता है। जहाँ आधुनिक औद्योगिक विकास हो चुका होता है वहीं इसके अनुरूप संरचनाएँ भी होती चलती हैं जिसमें आवश्यक तकनीकी प्रशिक्षण भी शामिल होता है। औद्योगिक प्रतिष्ठानों और शैक्षणिक संस्थानों के बीच एक अन्तर्सम्बन्ध बनता है जिसमें दोनों एक-दूसरे की जरूरतों को पूरा करते हैं। शैक्षिक संस्थान प्रशिक्षित श्रमिक और प्रबन्धक मुहैया कराते हैं और औद्योगिक प्रतिष्ठान आर्थिक अनुदान या दूसरे तरह का प्रोत्साहन। बिहार जैसे राज्य को विकास के नए प्रतिमान विकसित करने होंगे और शिक्षा का स्वरूप भी इसी से निर्धारित होगा। यह व्यवस्था दिल्ली या मुम्बई के औद्योगिक समाज की जरूरतों को पूरा करनेवाला पुछल्ला बनने की बजाय स्वायत्त होगी और इसकी दिशा अपने यहाँ के लोगों की बुनियादी आवश्यकता की पूर्ति होगी, दुनिया के बाजार की प्रतिस्पर्धा में जुड़ने की नहीं। आज फिर बिहार के सामने निर्णय का एक मौका है। शायद राजग से बँधे नीतीश कुमार से बहुत आशा करना बेकार है, लेकिन बिहार ओर बाकी देश के लोगों के सामने यहँ की मूल समस्या की तसवीर उपस्थित करने की जवाबदेही तो रह ही जाती है। आज नहीं तो कल, बिहार को अपनी आवश्यकता के अनुरूप राजनीति विकसित करनी ही होगी।

(जनसत्ता, 4 दिसम्बर, 2005)

बदहाली के बीच सत्ता का खेल

देश की राजनीति, विशेषकर राष्ट्रीय आन्दोलन में अग्रणी रहे बिहार और उत्तर प्रदेश की राजनीति, न सिर्फ दयनीय बल्कि हास्यास्पद बनती जा रही है। उत्तर प्रदेश में बसपा-भाजपा गठबन्धन सरकार को गिराने और बचाने की रस्साकशी में दबाव, विधायकों के अपहरण के आरोप और पुलिस हस्तक्षेप आदि को लेकर जो तमाशा हुआ, वह कॉमिक ऑपेरा का दृश्य उपस्थित करता है। अगर इस राजनीतिक खेल की पृष्ठभूमि में लोगों की बढ़ती बदहाली की त्रासद उस्थिति नहीं होती तो ऐसा लगता है कि ये सब किसी मसखरे द्वारा आयोजित हास्य नाटके के दृश्य हैं। राजद अध्यक्ष लालू प्रसाद की नाटकीय भंगिमाएँ और सभी बयानों में व्यंग्य का पुट देने की हाजिर जवाबी देश भर में उन्हें एक कुशल अभिनेता की ख्याति प्रदान कर रही है। इससे गम्भीर आशय और मजाक का फर्क प्राय: गायब हो जाता है। इन दोनों राज्यों में सब कुछ इतना अप्रत्याशित और अजूबा होता है कि नाट्य और जीवन का फर्क गायब होने लगता है और यह पूरा परिदृश्य उत्तर-आधुनिकतावादी विमर्श का सत्यापन-सा लगता है, लेकिन निरक्षरों और बेकारों की बढ़ती भीड़,अर्थाभाव में सरकारी और अर्ध-सरकारी कामों में लगे लोगों का महीनों और कहीं-कहीं वर्षों वेतन से वंचित रखा जाना, बीमारी, कुपोषण और भुखमरी आदि ऐसी हकीकतें हैं जिनसे जीवन आतंकित करनेवाला दु:स्वप्न बनकर रह जाता है। स्थिति इतनी भयावह बनती जा रही है कि रोग की पहचान कर इसके निराकरण को दिशा में संकल्प से कुछ करना समय की गुहार बन गई है।

इन राज्यों के आर्थिक पिछड़ापन के कारण तो स्पष्ट हैं। इन राज्यों में औपनिवेशक शासन का अन्त स्वायत्त विकास की दिशा में होने की बजाय आन्तरिक औपनिवेशीकरण की तरफ हुआ। अंग्रेजी हुकूमत की विरासत में जो आधुनिक औद्योगीकरण का आधार रखा गया वह तटीय केन्द्रों में—यथा कराची, मुम्बई, सूरत, चेन्नई, कोलकाता और इनके आसपास के इलाकों में। दिल्ली राजधानी बनने के बाद एक अपवाद बन गया क्योंकि सत्ता के केन्द्र होने से यह चुम्बक की तरह उद्यमियों को आकर्षित करने लगा। इन केन्द्रों के विकास के लिए संसाधनों की आपूर्ति देश के बाकी हिस्सों का वैसा ही शोषण कर रही है जैसी लंकाशायर और

लन्दन के लिए अंग्रेजी राज में होती थी। पूँजीवाद में औद्योगिक विकास का यह अन्तर्भूत दबाव होता है कि विकास के वे ही बिन्दु फैलते जाएँ जहाँ से उद्यम प्रारम्भ किए गए हैं। देश के दूर-दराज एवं उपेक्षित इलाकों में—यथा उत्तर-पूर्वी राज्यों, तेलंगाना के हिस्सों, मध्य प्रदेश और छत्तीसगढ़ के आदिवासी बहुत अंचलों में इस शोषण के खिलाफ हिंसक अलगाववादी आन्दोलन उभरे। प्रारम्भ में बिहार और उत्तर प्रदेश राष्ट्रीय आन्दोलन के केन्द्र भी सम्भवत: इसीलिए थे क्योंकि औपनिवेशिक शोषण का एहसास सबसे अधिक यहीं था। राष्ट्रीय चेतना की विरासत और अपनी भौगोलिक स्थिति के कारण ये अलगाववादी आन्दोलन का सहारा नहीं ले सकते थे, लेकिन देश की आबादी का बड़ा हिस्सा होने के कारण ये लोक प्रतिनिधित्व के माध्यम से देश की राजनीति को ऐसी दिशा दे सकते थे जिसमें देश के सभी भागों का समान विकास हो पाता। लेकिन इन राज्यों की राजनीतिक ऊर्जा अचानक चूक गई लगती है। यहाँ के राजनेता अपने बदहाल परिवेश को ही नोच-नोचकर खाने में लगे दिखाई देते हैं। राजनीति गतिहीन और दिशाहीन बन गई है।

दरअसल, इस गतिहीनता के पीछे समाज को गति और दिशा देनेवाली किसी नियामक विचारधारा का अभाव है। आजादी के आन्दोलन के समय स्वदेशी और स्वावलम्बन का जो भाव जगा था, वह पश्चिमी अन्धानुकरण और उपभोक्तावाद से समाप्त हो गया है। जहाँ पूँजीवादी उद्योगों का विकास काफी हो चुका है वहाँ तो इसमें अन्तर्निहित प्रसार की ऊर्जा समाज को उस समय तक गतिशील रखती है जब तक वह आन्तरिक संकट का शिकार नहीं हो जाता। इसके विपरीत पिछड़ी अर्थव्यवस्थाओं में विचारधाराओं द्वारा प्रस्तुत आदर्शों से ही विकास के लिए ऊर्जा मिलती है। द्वितीय विश्वयुद्ध के बाद चार दशकों तक साम्यवाद और समाजवाद की विचारधाराएँ किसी-न-किसी रूप में राजनीति को आदर्श एवं दिशा देती रहीं। सोवियत संघ के पतन और चीन का पूँजीवादी मानकों को शिरोधार्य कर लेने के बाद भारत की कम्युनिस्ट पार्टियाँ श्रीहीन हो गई हैं। जहाँ ये सत्ता में हैं, किसी तरह मात्र सत्ता बचाने के प्रयास में लगी हैं। अलबत्ता मार्क्सवादी कम्युनिस्ट पार्टी ने सत्ता में बने रहने की तकनीक में एक हद की महारत हासिल कर ली है, जिससे पश्चिमी बंगाल और त्रिपुरा में इनकी पकड़ बनी हुई है। पश्चिम बंगाल में यह काम आसान इसलिए भी है क्योंकि अंग्रेजों ने औद्योगिक विकास की जो आधारशिला रख दी थी, उसके भीतर ही काफी लोगों के गुजारे का इन्तजाम होता रहा है और भद्र लोग भी चाय की चुस्की और सिगरेट का कश लेते हुए दिन गुजार देते हैं।

बिहार और उत्तर प्रदेश में प्रभी समाजवादी आन्दोलन के सामने विचारधारा का यह संकट उतना विकराल नहीं था क्योंकि पचास के दशक से ही यह कम्युनिस्ट विचारधारा से हटकर समता का एक अलग दर्शन विकसित करने में लगा था, लेकिन यह राजनीति के एक दूसरे गतिरोध में फँस गया। इस गतिरोध के पीछे एक हद तक

आरक्षण की राजनीति थी। इस सन्दर्भ में राजनीति के मुख्य पात्र 'आरक्षण की नीति' और 'आरक्षण की राजनीति' के बीच फर्क नहीं कर पाए और इस तरह एक ऐसी स्थिति में फँसते गए हैं जिससे समाज परिवर्तन की राजनीति पक्षाघात का शिकार हो गई है।

आरक्षण की नीति के पीछे समाज के पिछड़े समूहों को नौकरियों और नेतागीरी में विशेष अवसर देने का लक्ष्य रखा गया था। समाजवादी आन्दोलन में इस नीति को महत्त्वपूर्ण स्थान देने में डॉ. राममनोहर लोहिया की खास भूमिका थी। उनका मानना था कि सैकड़ों वर्षों से जारी जातिगत संस्कारों के कारण पिछड़ी जातियों में नेतृत्व तथा अफसरी की आकांक्षा का ह्रास हुआ है और इन्हें पुनर्जीवित करने के लिए कुछ अवधि तक उन्हें आरक्षण दे आगे लाना जरूरी होगा। इस तरह महिलाओं समेत पिछड़ी जातियों को साठ प्रतिशत आरक्षण की नीति समाजवादी आन्दोलन ने अपनाई। इसके अलावा जाति व्यवस्था को तोड़ने के लिए उन्होंने सहभोज एवं अन्तर्जातीय विवाह के आन्दोलन को तेज करने की नीति अपनाने की सलाह दी। इसके पहले से भी कई पिछड़ी जातियों की ओर से आरक्षण की माँग हो रही थी। दक्षिण भारत में तो अंग्रेजी शासन में ही कुछ जातियों के लिए आरक्षण के प्रावधान थे। इसी सन्दर्भ में मंडल आयोग का गठन हुआ, जिसकी सिफारिशों को केन्द्र में विश्वनाथ प्रताप सिंह द्वारा लागू किया गया। तत्काल उत्तर भारत में इसके विरोध में भारी हंगामा हुआ।

चूँकि आरक्षण की नीति से कई जातीय समूह प्रभावित होते थे, इसमें हिस्सेदारी के लिए विविध जातीय समूह गोलबन्द होने लगे। सत्ता की राजनीति करनेवाले राजनेताओं को इससे अपना वोट बैंक बनाने का सुविधाजनक मौका मिला। आरक्षण की नीति को 'सामाजिक न्याय' की एकमात्र नीति के रूप में पेश किया जाने लगा। अब 'सामाजिक न्याय' की आग्रही जातियों से मतदान प्रक्रिया में एकजुट होने का आह्वान होने लगा। इसकी प्रतिक्रिया में द्विज जातियाँ भी गोलबन्द होने लगीं। दरअसल, इससे फायदा या नुकसान एक छोटी संख्या को होना था, लेकिन इसका प्रतीकात्मक महत्त्व पूरी जातीय समुदायों के लिए था। इस तरह उत्तर प्रदेश और बिहार में राजनीति का आधार पूरी तरह जातीय वफादारी बनने लगा। राजनेताओं को इसमें सुविधा थी।

चूँकि जातियों के साथ तादात्म्य बोध परम्परा से प्राप्त हो जाता है, उन्हें साथ करने के लिए कभी विशेष प्रयास की जरूरत महसूस नहीं होती। पिछले तीन दशक से सभी राजनीतिक दलों ने अपनी सुविधा के अनुसार इस जातीय विभाजन को जिन्दा रखने की कोशिश की है। अब वे इस विभाजन के ऐसे कैदी हैं कि इस घेरे को तोड़ नहीं सकते। वामपंथी कही जानेवाली पार्टियों ने भी यह सुविधा की नीति अख्तियार कर ली है। भाजपा ने इसके मुकाबले के लिए इससे व्यापाक एकता यानी सभी हिन्दुओं की एकता का ऐलान किया। इसका आधार मुस्लिम विरोध था और मुसलमानों के खिलाफ हिन्दुओं की भावना को उभारने के लिए हिन्दुओं के

धार्मिक प्रतीकों पर आए खतरों को ईजाद किया जाने लगा। इसके लिए भारत के मुस्लिम शासकों की सच्ची या मनगढ़ंत ज्यादतियों का एक पूरा शास्त्र विकसित करने की कोशिश चल रही है। इस क्रम में सबसे महत्त्वपूर्ण प्रतीक बाबरी मस्जिद को बनाया गया, जिसे आखिर में ध्वस्त कर दिया गया। फिर भी जातीय भेद की उपस्थिति इतन व्यापक है कि धर्म के नाम पर हिन्दुओं को एकजुट करने की मुहिम असफल रही। दूसरी ओर मुसलमानों में संघ परिवार और भाजपा का भय इतना गहरा हो गया है कि उनकी सारी राजनीति इस भय से निर्धारित होती है। इससे उत्तर प्रदेश में मुलायम सिंह यादव और बिहार में लालू प्रसाद यादव के लिए मुसलमानों का समर्थन सबसे अधिक भरोसे का आधार बन गया है।

दूसरी ओर आरक्षण विवाद, जो पहले अगड़े और पिछड़ों के बीच था, अब पिछड़ों के विभिन्न जातीय समूहों के बीच जड़ जमा चुका है। उत्तर प्रदेश और बिहार में भारतीय जनता पार्टी क्रमश: मुलायम सिंह यादव और लालू प्रसाद यादव की शक्ति का यही सबसे महत्त्वपूर्ण आधार है। जब तक इन राज्यों में भाजपा का सत्ता में आने का खौफ मुसलमानों पर बना रहेगा तब तक मुसलमान इससे अपने जीवन की सुरक्षा के लिए राष्ट्रीय जनता दल और समाजवादी पार्टी का साथ नहीं छोड़ सकते। कम-से-कम तब तक जब तक इनकी जगह कोई ऐसी शक्ति उभरकर सामने नहीं आती जो भाजपा को सत्ता से बाहर खने की सम्भावना दिखाए।

आरक्षण की नीति परम्परा के घेरों को तोड़ साझी नागरिकता की दिशा में महत्त्वपूर्ण कदम थी। अज्ञानवश या स्वार्थवश राजनेताओं ने 'आरक्षण की नीति' को 'आरक्षण की राजनीति' में बदल दिया, जिससे आरक्षण के नाम पर जातीय विभाजन और विद्वेष स्थायी रूप से कायम हो गया। इस तरह इसके प्रारम्भिक उद्‌देश्य के ठीक उलटा राजनीति बिलकुल जड़ हो गई है। कोई दूसरी नीति जातीय विभाजन के कारण अपील नहीं कर पाती। सच तो यह है कि किसी दूसरी नीति या किसी नीति पर विचार ही नहीं होता। यही कारण है कि पिछले वर्षों में नेताओं के सारे अपराधों से अवगत होने के बावजूद लोग उन्हें ही निर्वाचित करते रहे हैं। इन राज्यों में नेताओं के चरित्र और उनकी नीतियाँ चुनाव के मुद्‌दे नहीं रह गए हैं, भले ही लोगों की गप-शप पर वे छाए रहें। न तो चारों ओर फैली बदहाली को लोग चुनाव का मुद्‌दा बनाने को तैयार हैं। पिछड़ों के नेता प्राय: यह बतलाने की कोशिश करते हैं कि इस राजनीति ने पिछड़ों को आत्मसम्मान दिया है। अक्सर अकादमियों में बैठे अध्येता और मीडिया के लोग भी इस आकलन में हमारी भरते हैं। इधर, बिहार और उत्तर प्रदेश के गरीब लोग 'स्वाभिमान' के बोझ से दरिद्रता के दलदल में लगातार धँसते जा रहे हैं।

(हिन्दुस्तान, 26 नवम्बर, 2002)

भीड़तंत्र की उभरती चुनौती

बिहार में पशुपालन विभाग क साढ़े नौ सौ करोड़ रुपए की अवैध निकासी के मामले में मुजरिम बनाए जाने पर जिस तरह का रवैया मुख्यमंत्री लालू प्रसाद यादव ने अख्तियार किया, वह आनेवाले दिनों में भारतीय राजनीति के सामने उभरनेवाली स्थितियों का पूर्व संकेत भर है। जातीय, कबायली और क्षेत्रीय अस्मिताओं के उभार के साथ जिस तरह का राजनीतिक वर्ग पैदा हो रहा है, उससे हमारे लोकतांत्रिक-संवैधानिक ढाँचे पर काफी दबाव पड़ने की सम्भावना है।

इसका एक केन्द्रीय तत्त्व है, राजनीति में सीमित समुदायों की भावनाओं को उभार कर लोकतांत्रिक व्यवस्था के मूल सहमतिमूलक आधार को नकारना, जो अन्ततोगत्वा लोकतांत्रिक अधिकारों को नकारने में बदल जाता है। चाहे कांग्रेस नेता हों, समाजवादी पार्टी के नेता हों, मायावती हों, लालकृष्ण आडवाणी हों, इन सबों के लिए आम लोगों के जीवन को प्रभावित करनेवाली समस्याएँ सतह की चीजें हैं। लोगों के नागरिक अधिकारों का आदर करना या न करना सुविधा की वस्तु है। मूल बात है अपने सीमित वोट बैंक को आत्यंतिक नारों के आधार पर कब्जे में रखना ताकि सत्ता की राजनीति में इनका मनचाहे ढंग से इस्तेमाल हो सके।

भावावेश में लोग नेता के निजी स्वार्थ को सामूहिक स्वार्थ के रूप में देखने लगते हैं और कोई विवेकपूर्ण निर्णय लेने में असमर्थ हो जाते हैं। जब लालू प्रसाद यादव ने उनके मुख्यमंत्री और वित्त मंत्री होते हुए अरबों रुपए की अवैध निकासी का संविधान और कानून सम्मत ढंग से हिसाब माँगा जाता है तो वे इसे सामाजिक न्याय के खिलाफ षड्यंत्र घोषित कर अपने समर्थकों को सारी संवैधानिक मान्यताओं को चुनौती देने को ललकारते हैं। जातीय और साम्प्रदायिक भावना से प्रेरित एक बड़ा समूह समर्थन में खड़ा भी हो जाता है। इससे ऐसा लगने लगता है कि लोकराज और कानून का राज परस्पर विरोधी हैं, लेकिन हकीकत में यह अभिव्यक्ति लोकतंत्र की नहीं भीड़तंत्र की है।

हमारा लोकतंत्र स्थायी बन सके, इसके लिए लोकतंत्र और भीड़तंत्र के भेद से ज्यादा लोगों को अवगत कराना लोकतांत्रिक आस्था वाले सभी लोगों का कर्तव्य बन जाता है। लोकतंत्र में भीड़तंत्री दबाव उन सभी समाजों में रहा है जिनके इतिहास

से हम परिचित हैं। इसके पीछे यह मान्यता काम करती रही है कि बहुसंख्य लोग जो भी सोचते हैं वह सही होता है। इसी बात की अभिव्यक्ति ब्रिटिश मुहावरे 'बोस पापुली बोस डिउ'—जनता की आवाज ईश्वर की आवाज है, से होती है, लेकिन यह विश्वास भ्रामक है, यह इस बात से सिद्ध हो जाता है कि जनता एक नहीं, खंडित है—राष्ट्रों में, धार्मिक समुदायों में, जातियों में या कबीलों में। इनमें एक खंड की जनता का सत्य अक्सर दूसरे खंड की जनता के लिए घोर असत्य बन जाता है। इसी तरह हम देखते हैं कि एक ही खंड की जनता के विचार भी बदलते रहते हैं। एक कालखंड में कल्याणकारी समझा गया बहुमत का निर्णय परवर्ती कालखंड में उसी बहुमत को अनर्थकारी दिखाई देने लगता है।

इतिहास इस बात का साक्षी है कि बार-बार आज का विश्वास कल का अन्धविश्वास बन जाता है। धरती गोल है या सूरज की परिक्रमा करती है,इस सवाल पर आज से हजार वर्ष पहले बहुमत क्या होता, यह सहज ही अनुमान लगाया जा सकता है। सुकरात को मृत्युदंड दिया जाए, यह निर्णय एथेंस नगर के नागरिकों का था जबकि प्राचीन एथेंस नगर के नागरिकों का था जबकि प्राचीन एथेंस पश्चिमी दुनिया के लिए नगरीय लोकतंत्र का नमूना माना जाता रहा है। फ्रांस के क्रान्तिदल में जब जनशक्ति का उभार अपनी चरम बिन्दु पर था तब क्रान्ति विरोधी होने के सन्देह में हजारों निर्दोष लोगों को गिलोटिन पर मौत के घाट उतार दिया गया। इसी दौर में आधुनिक रसायन शास्त्र को एक व्यवस्थित रूप देनेवाले महान वैज्ञानिक लैबोजिये की भी मौत हुई। विडम्बना यह है कि उसकी हत्या करने के थोड़े ही दिनों के भीतर फ्रांसवासियों ने उसके सम्मान में उसकी मूर्तियाँ स्थापित करनी शुरू कीं।

इस सब अनुभवों से लोगों को लगा कि बहुमत अनिवार्य रूप से विवेक पर आधारित नहीं होता। फिर भी लोकतंत्र में व्यवस्था चले, इसका आधार तो बहुमत ही हो सकता था। इसीलिए यह सिद्धान्त विकसित हुआ कि कामकाज चलाने का अधिकार तो बहुमत को है, लेकिन अल्पमत वाले लोगों को भी अपने विचारों के प्रचार का अधिकार और बहुसंख्य लोगों के विचारों को बदलने का अवसर होना चाहिए।

इसी से विचार और प्रचार के नागरिक अधिकारों को धीरे-धीरे मान्यता मिली। फिर इस विचार का जन्म हुआ कि प्रत्येक नागरिक के कुछ मूलभूत अधिकार हैं। इस क्रम में संविधान के तहत कानून के राज्य की अवधारणा भी लोकतंत्र की बुनियादी आस्था बन गई। इसके पीछे यह सोच थी कि बहुमत क्षणिक आवेश में बहुत कुछ ऐसा कर सकता है जो नागरिकों के मूलभूत अधिकारों का अतिक्रमण हो। ऐसे आत्यधिक व्यवहारों पर नियंत्रण निश्चित संविधान कानून और उन्हें लागू करने की न्यायिक अवस्था से ही सम्भव है।

इसीलिए सभी लोकतंत्रों में लिखित या अलिखित कानून और उनसे सम्बद्ध परम्पराओं का पालन अपरिहार्य समझा जाने लगा। यह सब तर्क बुद्धि के जरिये

नहीं हुआ बल्कि पश्चिमी दुनिया के लोकतंत्र के विकास के क्रम में ठोस अनुभवों के आधार पर सैकड़ों वर्षों में विकसित हुआ।

हमारे लोकतंत्र की कठिनाई यह है कि हमने लोकतंत्र का बना बनाया ढाँचा बहुत कुछ ब्रिटेन और थोड़ा-बहुत अमेरिका से उधार लिया। इसमें कुछ गलत नहीं था। बिजली और भाप के इंजन की तरह लोकतंत्र भी मानवीय उपलब्धि है जिसे कबूल करना गलत नहीं, लेकिन जिन तनावों के दौर से यह व्यवस्था ब्रिटेन या अमेरिका में विकसित हुई, उनसे हम अपरिचित हैं और उन्हें झेलने के अभ्यस्त नहीं। इससे हमारे परिवेश के विशिष्ठ तनावों का सामना होने पर हमारी लोकतांत्रिक व्यवस्था चरमराने लगती है।

इस तनाव का मुख्य कारण जैसाकि शुरू में कहा गया है जाति, सम्प्रदाय, कबीले या अन्य मूल आधारित आस्थाओं का राजनीति के केन्द्र में आना है। ये आस्थाएँ प्राय: अन्धी होती हैं और इनमें लोकतांत्रिक मर्यादाओं के पालन की प्रवृत्ति नहीं होती। ब्रिटेन में भी, जहाँ के नागरिकों को सहिष्णुता का नमूना कहा जाता है, एशियाई अफ्रीकी या दूसरे मूलों के लोगों के प्रति घोर भेदभाव दिखाई देता है। और इनके खिलाफ हिंसा और अत्याचार लगातार होते रहते हैं, लेकिन चूँकि भिन्न मूलों के लोगों की संख्या पूरी आबादी के अनुपात में बहुत कम है, इसलिए व्यवस्था पर खतरा नहीं उपस्थित होता।

भारत की स्थिति इससे भिन्न है। यहाँ क्षेत्रीय, जातीय, कबायली और साम्प्रदायिक अलगाव का सांख्यिक आधार कहीं अधिक व्यापक है। इसलिए हमारे देश में लोकतंत्र के स्थायित्व के लिए विभिन्न अस्मिताओं के आत्मबोध के प्रति आदर भाव जरूरी है। इससे भी अधिक जरूरी है यथासम्भव राजनीति के मुद्दों को ऐसा बनाना ताकि वे इन भिन्नताओं से परे हों और इन्हें राजनीति के विवाद के दायरे में न लाया जाए। यह असम्भव माँग नहीं है। अपनी तमाम भिन्नताओं के बावजूद रोजगार, आय, शिक्षा, यातायात या स्वास्थ्य सम्बन्धी आवश्यकताएँ सभी मूलों के लोगों की समान हैं। इसलिए ऐसी व्यवस्था जो सबों के लिए इन आवश्यकताओं की पूर्ति करनेवाली हो, सहमति के आधार को मजबूत करनेवाली होगी।

आजादी के प्रारम्भिक वर्षों में विकास की सम्भावनाओं के प्रति लोग आश्वस्त थे और कुछ छोटे समूहों को छोड़ बाकी में राष्ट्रीयता का बोध व्यापक था। इसलिए प्रारम्भ में राजनीतिक विवाद के बड़े मुद्दे, जैसे समाजवाद, साम्यवाद, मिश्रित अर्थ-व्यवस्था गांधीवादी व्यवस्था के आसपास रहे। इसके अलावा विदेशी सत्ता में संघर्ष के काल में देश के विभिन्न समूहों के बीच जो भेद थे, वे गौण हो गए थे।

सभी समूह आजादी में अपनी इच्छाओं की पूर्ति का सपना देखते थे। आजादी के बाद वे इच्छाएँ पूरी होती नहीं दिखी तो अनेक समूहों में ठगा जाने का भाव पैदा हुआ और दूसरे समूहों के प्रति द्वेष भाव भी उभरा। इससे उन विवादों का सतह पर

आना अपरिहार्य था जो पहले दबे हुए थे। लोकतंत्र में यह शक्ति होती है कि सत्ता की परिधि पर पड़े समूहों को धीरे-धीरे केन्द्र में ला दे।

अगर विकास प्रक्रिया में समग्रता का समावेश होता तो प्रारम्भिक उभार के बाद विलगाव वाली अस्मिताओं की टकराहट स्वत: विलुप्त हो जाती। लेकिन विकास की जो दिशा अपनाई गई, उसमें विषमता बढ़ी है और अक्सर सम्पन्नता और अभाव का बँटवारा विभिन्न समूहों के बीच असमान रहा है। कुछ क्षेत्र और समूह लाभान्वित हुए हैं और बाकी की स्थिति बिगड़ती गई है। इससे वंचित समूहों में अन्य समूहों के प्रति आक्रोश पैदा हुआ है।

नया क्षेत्रीय, साम्प्रदायिक एवं जातीय नेतृवर्ग ऐसे ही आक्रोश को हवा दे उभरा है। तत्काल राजनीति की दिशा भी ऐसे ही विवादों को प्रमुखता देने की रही है। इसका सबसे बड़ा कारण है, अर्थनीति के सम्बन्ध में मुख्यधारा की प्राय: सभी राजनीतिक पार्टियों में सहमति। बुनियादी आर्थिक नीतियों के सम्बन्ध में वाम मोर्चे से लेकर भाजपा तक में कोई भेद नहीं है। यह पिछले आम चुनाव के बाद सरकार बनाने के जो प्राय: भाजपा और संयुक्त मोर्चे के द्वारा हुए, उनसे सिद्ध हो गया। सबों ने मोटा-मोटी तौर से बारी-बारी मनमोहन सिंह की अर्थनीति को मंजूरी दी।

फिर दलों के लिए अपने समर्थन का आधार बनाए रखने के लिए जातीय साम्प्रदायिक या अन्य संकीर्ण भावनाओं को उभारना एक मजबूरी बन गई है, क्योंकि बुनियादी आर्थिक मुद्दे पर कोई मतभेद नहीं है। यह एक गम्भीर गतिरोध है, जिससे वैकल्पिक आर्थिक नीतियों को विवाद के केन्द्र में लाकर ही उबरा जा सकता है।

(हिन्दुस्तान, 11 जुलाई, 1997)

बिखरते समाज का चुनाव

बिहार में चल रहे विधानसभा चुनाव उस समय हो रहे हैं जब व्यापक मूल्यहीनता से बिहार का समाज बिखराव के दौर में है। अंग्रेजी शासन के केन्द्र कलकत्ता से दूर होने और इसके प्रशासन के दूरस्थ सिरे पर होने से इस व्यवस्था के लाभों से तो बिहार वंचित रहा, पर औपनिवेशिक शोषण के सर्वाधिक भार से दबा रहा। कुपोषण, अकाल, अशिक्षा, विशेषकर नए उद्यमों के क्षेत्र में और पारम्परिक उद्योगों के नष्ट होने से बँधुआ मजदूर होने की मजबूरी और रोजगार के लिए पलायन आदि इसकी नियति बन गई। बीसवीं शताब्दी के प्रथम चरण में महात्मा गांधी का चम्पारण आना और किसानों को अपने अधिकारों के लिए जाग्रत करना इस स्थिति को बदलने की दिशा में एक बड़ा हस्तक्षेप था। अपनी हालत को बदलने के लिए संघर्ष की मजबूरी ने बिहार को एक जूझारू तेवर दिया। इससे आजादी के विभिन्न आन्दोलनों में 1920-21 का 'स्वदेशी आन्दोलन' और 1930-32 के सत्याग्रह आन्दोलनों में इसकी अग्रणी भूमिका रही। इसी क्रम में 'समाजवादी आन्दोलन' और स्वामी सहजानन्द के नेतृत्व में 'किसान आन्दोलन' का भी सबसे व्यापक क्षेत्र बिहार बना। 1942 के भारत छोड़ो आन्दोलन में तो इसने अंग्रेजी हूकूमत की चूलें हिला दी थीं। आजादी के तत्काल बाद के काल में भी न तो इसकी स्थिति में कोई बड़ा बदलाव आया और न इसका विद्रोही तेवर बदला। अगर विद्रोही तेवर कुछ निश्चित दिशा नहीं लें और लोगों के जीवन में कोई सकारात्मक बदलाव नहीं लाएँ, तो विघटन के तत्त्व अधिक प्रखर बन जाते हैं।

आजादी के आन्दोलन में प्रमुख भूमिका निभानेवाली कांग्रेस आजादी के बाद की चुनौतियों का मुकाबला करने में अक्षम साबित हुई। 1967 में गैर-कांग्रेसवाद के नारे ने इसको राजनीतिक हाशिए पर डाल दिया। पर गैर-कांग्रेसवाद का अवदान भी नकारात्मक ही रह गया। इससे किसी नए विधायक तत्त्व का विकास नहीं हो पाया और तमाम गलत नीतियों के बावजूद कांग्रेस की वापसी हुई। बांग्लादेश के स्वतंत्रता संग्राम की पृष्ठभूमि में पाकिस्तान के खिलाफ भारतीय सेना की निर्णायक जीत ने भी कांग्रेस की प्रतिष्ठा को तात्कालिक रूप से बहाल किया, लेकिन यहाँ बिहार में समस्याओं के निराकरण की अक्षमता से इसके खिलाफ असन्तोष चारों ओर फूट

पड़ा। इसी का नतीजा था 1974 का व्यापक छात्र आन्दोलन, जिसका नेतृत्व एक चरण में जयप्रकाश नारायण ने किया। यह महज संयोग नहीं है कि वर्तमान चुनावी दंगल में जितने मुखर नेता हैं किसी-न-किसी तरह उस छात्र आन्दोलन से जुड़े थे लालू प्रसाद यादव, नीतीश कुमार, शिवानन्द तिवारी, सुशील कुमार मोदी आदि।

उस आन्दोलन से बिहार की राजनीति में कभी महत्त्वपूर्ण भूमिका निभानेवाली भारतीय कम्युनिस्ट पार्टी हाशिए पर चली गई। मार्क्सवादी कम्युनिस्ट पार्टी कभी भी बिहार की राजनीति में महत्त्वपूर्ण नहीं रही। फिलहाल कम्युनिस्ट पार्टी (माले) कम्युनिस्ट पार्टियों में सबसे अधिक जनाधार वाली पार्टी बन गई है। यह नक्सली आन्दोलन से निकलनेवाले समूहों में सबसे अधिक जनाधार वाला समूह है। यह बिहार विधानसभा में आधे दर्जन तक सदस्य भेज चुका है। आज इन तीनों कम्युनिस्ट पार्टियों का गठबन्धन बना है, लेकिन कम्युनिस्ट पार्टी (माले) को छोड़कर बाकी दोनों कम्युनिस्ट पार्टियों के प्रत्याशियों की जीत या हार पूरी तरह जातीय या दूसरे समीकरणों पर निर्भर करेगी।

बिहार की वर्तमान राजनीति की नीतिहीनता इस बात में प्रतिबिम्बित होती है कि राज्य स्तर पर या स्थानीय रूप से सभी पार्टियाँ जातीय समीकरणों के भरोसे प्रत्याशियों का चयन कर रही हैं। कांग्रेस तो फिलहाल राज्य में कोई शक्ति नहीं लगती, लेकिन अपने विशाल संसाधनों और केन्द्रीय सत्ता के सहारे स्थानीय स्थितियों का फायदा इसे मिल सकता है। आज राजनीति तीन नेताओं के इर्दगिर्द सिमटी नजर आती है। ये हैं जनता दल (एकीकृत) के नीतीश कुमार, राष्ट्रीय जनता दल के लालू प्रसाद यादव और जनशक्ति पार्टी के रामबिलास पासवान। इसमें लालू प्रसाद यादव कभी पिछड़ों के नेता के रूप में उभरे थे और रामबिलास पासवान दलित नेता के रूप में। नीतीश कुमार ने इन दोनों खेमों में अति पिछड़ों और महादलितों का पैरोकार बनकर विभाजन पैदा कर दिया है। इसके अलावा लालू प्रसाद यादव ने अपने उत्कर्ष के दिनों में कुछ विवादास्पद बयानों से अगड़ी जातियों को अपना विरोधी बना लिया था। नीतीश कुमार को इसका लाभ मिला था। इस स्थिति में अभी भी कोई बड़ा अन्तर नहीं पड़ा है, लेकिन लालू यादव अब इस बात से इनकार करते हैं कि उन्होंने कभी अगड़ी जातियों के खिलाफ 'भूरा बाल साफ करो' जैसे नारे दिए थे। वैसे कई महत्त्वपूर्ण अगड़ी जातियों के नेता, जिनमें कुछ विधायक और सांसद भी हैं, नीतीश कुमार को छोड़ लालू यादव के खेमे में दाखिल हो गए हैं, लेकिन आम तौर पर अगड़ी जातियों के लालू विरोधी रुझान में कोई बड़ा परिवर्तन नहीं हुआ है।

बिहार की राजनीति में मुस्लिम मतदाताओं का भी काफी महत्त्व है। लालू प्रसाद यादव ने नीतीश कुमार के भाजपा के साथ गठबन्धन को मुद्दा बना मुस्लिम मतदाताओं में उनकी साख घटाने की कोशिश की है, लेकिन नीतीश कुमार ने अभी तक भाजपा को अपनी मुसलमान विरोधी नीतियों को आगे लाने का मौका नहीं दिया

है। इसके अलावा भागलपुर दंगे के दोषियों को सजा दिला मुसलमान मतदाताओं का समर्थन हासिल किया है, क्योंकि लालू प्रसाद के शासन काल में यह मामला दबा रहा। नीतीश कुमार भाजपा के तमाम दबाव के बावजूद अब तक नरेन्द्र मोदी का बिहार के प्रचार अभियान में शामिल होने का विरोध करते रहे हैं। अगर नरेन्द्र मोदी बिहार अभियान में आते हैं तो यह समीकरण बिगड़ सकता है।

नीतिहीनता का एक असर यह हुआ है कि प्रत्याशियों के स्तर पर पार्टियों की विभाजन रेखा ध्वस्त हो गई है। राष्ट्रीय जनता दल के प्रमुख नेता जगतानन्द सिंह का पुत्र भाजपा का प्रत्याशी बन रहा है तो लालू प्रसाद यादव के साले कांग्रेस में शामिल हो गए हैं। इसी तरह नीतीश कुमार के कई सिपहसालार कांग्रेस या दूसरी पार्टियों में शामिल हो गए हैं। अगर नीतियों का बन्धन नहीं हो तो व्यक्तिगत महत्त्वाकांक्षा राजनीति में सर्वोपरि बन जाती है। आज बिहार में यही हो रहा है। इससे भय पैदा होता है कि बिहार की राजनीति भी वहीं जा रही है जहाँ बिहार का हिस्सा रहे झारखंड की राजनीति पहुँच गई है—नीतिहीनता से दलविहीनता तक। निर्दलीय विधायकों के समर्थन से झारखंड का मुख्यमंत्री बन मधु कोडा ने संसदीय राजनीति में इतिहास ही रचा था, सम्पत्ति अर्जन का भी। वैसे फिलहाल पंचायत से लेकर पार्लियामेंट तक पैसे का पलड़ा भारी है। एक खतरा जरूर है कि अगर राजनीति लोकहित को नजरअन्दाज करके चलती है तो लोग अन्तत: लोकतंत्र से ही विमुख हो जाएँगे।

(हिन्दुस्तान, 26 अक्टूबर, 2010)

वे और नहीं होंगे जो मारे जाएँगे

पिछले महीने नई दिल्ली रेलवे स्टेशन पर मची भगदड़ में पाँच व्यक्तियों की मौत और अनेक के कुचलकर घायल होने की घटना ने भारतीय समाज के कई रोगों को एक साथ उजागर कर दिया है। एक, रेलवे और तमाम प्रशासनिक व्यवस्था की अक्षमता और लापरवाही। दो, क्षेत्रीय विषमता का गहराता नासूर और तीन, देश के अभिजात शासक वर्ग की आम लोगों के प्रति हिकारत और संवेदनहीनता। इसमें कोई सन्देह ही नहीं कि इस दर्दनाक घटना के पीछे तात्कालिक रूप से रेलवे प्रशासन की अक्षम्य लापरवाही थी। यह बात सभी को ज्ञात है कि छठ पर्व के अवसर पर बिहार और पूर्वी उत्तर प्रदेश के दसियों लाख लोग घर जाते हैं और रेल में यात्रियों की भारी भीड़ होती है।

वर्तमान रेल मंत्री लालू प्रसाद यादव स्वयं बिहार से आते हैं और उनकी पत्नी राबड़ी देवी की छठ पूजा का विवरण अखबारी सुखियों में रहता है, पर उन्होंने भी इस पर ध्यान नहीं दिया। भीड़ के हिसाब से अतिरिक्त गाड़ियाँ चलाने का कोई प्रबन्ध नहीं हुआ। आमतौर से गर्मियों और दुर्गा पूजा के आसपास अनेक विशेष गाड़ियाँ चलाई जाती हैं जबकि उन दिनों भीड़ का दबाव अपेक्षतया कम होता है, लेकिन जिस तरह समाज में गरीब लोग उपेक्षित होते हैं वैसे ही देश में गरीब राज्यों के लोग भी उपेक्षित होते हैं और बिहार के लोगों को खास तौर से राज्य की बदहाली का खमियाजा भुगतना पड़ता है। यह भेदभाव अन्तर्राष्ट्रीय स्तर पर अमीर और गरीब देशों के बीच के भेदभाव से भिन्न नहीं है।

बिहार की स्थिति पर विचार करने पर ध्यान तुरन्त देश में बढ़ती क्षेत्रीय विषमता की ओर जाता है। समय-समय पर पिछड़े राज्यों के लोगों के असन्तोष को देखते हुए पिछड़े राजयों को विशेष पैकेज मुहैया कराने की बात की जाती है, लेकिन इस विषमता के मूल कारणों की पड़ताल कर कोई कारगर नीति बनाने की कोशिश नहीं होती। नतीजतन, सारे विकास, उद्यम और रोजगार के अवसर कुछ विकसित क्षेत्रों में ही होते हैं जो दिनोंदिन फैलते जाते हैं। फिलहाल दिल्ली, फरीदाबाद, गुरुग्राम, नोएडा, गाजियाबाद आदि सब एक बृहत् विकास क्षेत्र बनाते हैं जिसके आकर्षण से सारे देश के लोग रोजगार की तलाश में यहाँ आते हैं। सारी मूलभूत संरचनाएँ यहीं विकसित हो रही हैं।

ऐसा ही दूसरा क्षेत्र मुम्बई-पूना-नवी मुम्बई का है। सूचना उद्योग के कारण कुछ ऐसे ही क्षेत्र दक्षिण में बंगलूर और हैदराबाद के आसपास विकसित हो रहे हैं। देश के बाकी हिस्से जरूरत के हिसाब से मूल संरचनाओं के अभाव में औद्योगिक विकास और रोजगार की सम्भावनाओं से वंचित रह जाते हैं। इसका एक परिणाम यह भी हुआ है कि पिछड़े इलाकों के सिर्फ गरीब लोग ही मजदूरी की तलाश में इन विकसित केन्द्रों की ओर नहीं आते हैं बल्कि सम्पन्न लोग भी अच्छी शिक्षा और अपनी सीमित पूँजी के निवेश का अवसर यहीं देखते हैं और इन विकसित क्षेत्रों की ओर पलायन कर रहे हैं।

उन्हें यहाँ कुशल श्रम, बिजली, पानी, यातायात की सुविधा के साथ-साथ बड़ा उपभोक्ता बाजार और निर्यात की सुविधाएँ भी प्राप्त हो जाती हैं। इस तरह उन स्थानों को छोड़कर जहाँ कुछ ऐसे खनिज उपलब्ध हैं, जिनसे स्थानीय भारी उद्योग, जैसे लोहा या एल्मूमिनियम उद्योग लगाए जा सकते हैं। शायद ही कोई दूसरा क्षेत्र हो जिसमें निवेश की सम्भावना बनती हो। इसी से दिनोंदिन क्षेत्रीय विषमता बढ़ती जा रही है। लोगों के बिहार या उत्तर प्रदेश से भारी संख्या में दिल्ली, मुम्बई या गुजरात की ओर पलायन के पीछे यही कारण है। बिहार से इन औद्योगिक केन्द्रों में आनेवाले लोग प्राय: उस वर्ग के होते हैं जो अपने लिए कोई मानवीय और स्थायी स्थान यहाँ नहीं बना पाते और उनका घर परिवार सब अपने 'देश' में ही रह जाता है। इसलिए विशेष अवसरों पर देश लौटना अनिवार्य हो जाता है।

तेरह नवम्बर के हादसे में कुचलकर मारे जाने और घायल हो जाने से तत्काल गाड़ियों में होनेवाली भीड़ पर तो लोगों का ध्यान गया है, लेकिन इसे आम तौर से एक तात्कालिक समस्या मान लिया गया है। हकीकत यह है कि दूसरे दर्जे में यात्रा करनेवाले साधारण यात्रियों को लगभग हमेशा ऐसी ही भीड़ की स्थिति में यात्रा करना पड़ता है, भले ही कुचल कर मरने की नौबत कभी-कभार आती हो। डिब्बे के भीतर की असह्य स्थिति से बचने के लिए बड़ी संख्या में यात्री गाड़ियों की छतों पर सवार होकर यात्रा करने को विवश होते हैं, जिसमें छतों से गिरकर मरने की घटनाएँ भी कभी-कभी होती रहती हैं, लेकिन चूँकि ये मौतें दूर-दराज स्थानों पर इक्का-दुक्का होती हैं, न तो अखबारी सुर्खियों में आती हैं न लोगों की चिन्ता का कारण बनती हैं।

मरनेवाले प्राय: इतने गरीब परिवारों के होते हैं कि साधन और जानकारी के अभाव में रेलवे से मुआवजा भी नहीं ले पाते। अगर मौत के बदले मुआवजा मिल भी जाए तो कितने लोगों को ऐसी मौत रास आएगी? लेकिन देश के आम नागरिकों को ऐसी स्थितियों में ही यात्रा करना पड़ता है। अगर देश के शासक अपनी अभिजातीय और समाजद्रोही मानसिकता को छोड़ सकें तो आम लोगों को ऐसी अमानवीय स्थिति में यात्रा करने से बचाया जा सकता है जब आम लोग यात्राओं में अमानुषिक

स्थितियों का सामना कर रहे हैं, रेलवे की वातानुकूलित 'राजधानी' गाड़ियाँ चलाई जा रही हैं जिनमें दूसरे लोगों के लिए कोई जगह नहीं होती। वातानुकूलित गाड़ियों या डिब्बों का होना अपने आप में इस देश के शासकों के हास्यास्पद अहम का एक अनूठा नमूना है।

शासन से जुड़े लोगों द्वारा जनता को यह सन्देश देने का माध्यम है कि देश में भले ही लोकतंत्र हो लेकिन जो अभिजात हैं, वे आम नागरिकों से भिन्न हैं—इतने भिन्न कि देश की उस आबोहवा में नहीं रह सकते जिसमें आम लोग रहते हैं, साँस लेते हैं और जिन्दा रहते हैं। उनके जीवन के लिए कृत्रिम तरह से तैयार किया गया वातानुकूलित यान चाहिए। देश के आम लोगों को अपनी हेकड़ी दिखाने का यह एक नायाब तरीका है। इसमें वे यह सन्देश भी देते हैं कि वे इस देश पर शासन करनेवाले अंग्रेजों से भी एक दर्जा ऊजा है।

अंग्रेजों का इस देश पर छिटपुट और सम्पूर्ण शासन लगभग दो सौ वर्ष रहा। इस काल में वे इस देश के दूर-दराज गाँवों में फैल कर खेतीबाड़ी करते रहे, उद्योग कायम करते रहे और व्यापार करते रहे। इसमें अन्तिम पचास वर्ष छोड़ दें तो न बिजली थी, न मोटरगाड़ी और न रेल सेवाएँ जो उन्नीसवीं सदी के मध्य से शुरू हुईं। लेकिन बिना इन सेवाओं की सुविधा के वे देश के सभी भागों में फैल कर अपना शासन और प्रशासन फैलाते रहे।

हालाँकि वे एक विदेशी प्रशासन के अंग थे, लेकिन इनमें से अनेक अंग्रेज प्रशासकों के प्रति आदरभाव पैदा होता है जब हम पाते हैं कि ग्रियर्सन, बुकानन, कनिंघम, रिसले, हटन आदि अंग्रेज अफसरों ने भारतीय भाषाओं की और यहाँ की अर्थव्यवस्था, समाज व्यवस्था, पुरातत्व आदि का इतना गहन अध्ययन किया कि आज तक वे इन क्षेत्रों में अध्ययन का आधार बने हुए हैं। वे यह सब कर सके क्योंकि विपरीत और गर्म आबोहवा में रह कर भी समाज के निचले स्तरों तक पहुँच कर उन्होंने जीवन का अध्ययन किया। इसी का परिणाम था कि एक शोषक साम्राज्यवादी व्यवस्था का अंग होते हुए भी अध्ययन के क्षेत्र में अपनी बहुमूल्य धरोहर छोड़ गए। इसके विपरीत अपने समाज के आम लोगों से कटे हमारे आज के शासक, प्रशासक और बुद्धिजीवी किसी भी क्षेत्र में कोई उल्लेखनीय काम नहीं कर पाते। देश की विशालता और प्राचीन भारत की विलक्षण बौद्धिक परम्परा के मद्देनजर बौद्धिक जगत में हमारा योगदान नगण्य है।

चन्द्रशेखर वेंकटरमन, जगदीशचन्द्र बोस या सत्येन बोस जैसे लोग अंग्रेजी शासन की परम्परा में पले लोग थे और आज भी जो एक-दो भारतीय विज्ञान के क्षेत्र में कुछ कर पाए हैं पश्चिमी देशों के शोध संस्थाओं की परम्परा में काम करके ही, जहाँ काम का महत्त्व अपने 'स्टेटस' से ज्यादा होता है। महात्मा गांधी को भारत के सम्भ्रान्त वर्ग ने आज लगभग पूरी तरह खारिज कर दिया है तो इसीलिए कि वे

देश के सबसे निचले समूहों से जुड़ने का आह्वान करते थे जहाँ से ही किसी तरह की सर्जनात्मक ऊर्जा प्राप्त होती है। वे स्वयं रेल के तीसरे दर्जे में यात्रा करते थे और रेलवे में सिर्फ एक वर्ग रखने के समर्थक थे।

बौद्धिक जगत की बात तो दूर, हम शारीरिक क्षमता के मामले में भी इतना अक्षम हो चुके हैं कि ओलम्पिक खेलों में हमारी उपलब्धि शून्य हो जाती है। यह सब नतीजा है इस देश के आम लोगों के प्रति हमारी संवेदनहीनता का। जो आम लोगों की मानवीय आवश्यकताओं के प्रति ही संवेदनहीन हैं वे उनकी प्रतिभाओं के उन्नयन के प्रति कौन-सी प्रतिबद्धता दिखाएँगे? फिर भी देश की इस दयनीय स्थिति में भी यह आत्ममुग्ध अभिजात वर्ग राज्य प्रायोजित मीडिया के जरिये एक-दूसरे की पीठ थपथपाता, वाहवाही देता रहता है।

रेलगाड़ियों की यात्राएँ एक तरह से इस समाज का प्रतिनिधित्व करती हैं। इक्का-दुक्का गाड़ियों जैसे 'जनसेवा' (यानी कुलियों की गाड़ी) को छोड़ दें तो लम्बी दूरी वाली एक्सप्रेस गाड़ियों में कुछ डिब्बे वातानुकूलित होते हैं, बाकी दस के आसपास शयनयान होते हैं जिनमें सीटें आरक्षित होती हैं और सिर्फ एक-दो डिब्बे साधारण द्वितीय श्रेणी के यात्रियों के लिए होते हैं जिसमें ज्यादा यात्रियों को सफर करना होता है। इन एक या दो डिब्बों के लिए टिकटों की संख्या पर कोई सीमा नहीं होती। हजारों टिकट काटे जा सकते हैं। जिन लोगों ने कभी इन डिब्बों में यात्रा नहीं की हो, वे कल्पना भी नहीं कर सकते कि कैसी नारकीय स्थितियों में लोगों को इन डिब्बों में सफर करना होता है। दबी-कुचली, गोद में बच्चे लिये महिलाएँ, भीड़ से बीमार हो गए उल्टी करते लोग इन्हीं स्थितियों के बीच बीस-बीस घंटे या और अधिक की यात्राएँ करते हैं।

जो देश की नीति-निर्धारित करनेवाले नेता हैं, वे सत्ता दल के हों या विपक्ष के, उनके लिए ऊपरी वातानुकूलित दर्जों में आरक्षण होता है। वे न तो आम यात्रियों की स्थिति से वाकिफ हैं न उन्हें इनकी चिन्ता है। संसद और विधायिकाओं में 'कम्युनिस्ट' या 'सोशलिस्ट' नाम से जानी जानेवाली पार्टियों के नेता और समाज के सबसे पिछड़े दलित समूह के प्रतिनिधि भी बैठते हैं और कानून बनाते हैं, लेकिन साफ दिखनेवाले समाज में फैले वर्गों के भेदभाव और रेलवे व्यवस्था के वर्गीकरण को मिटाने की कोई बात नहीं करता। एक तरह से यह इस बात को भी दर्शाता है कि हमारे देश का दक्षिण और वाम का विभाजन कितना नकली है। तेरह नवम्बर जैसी घटनाएँ इन सभी मुखौटों को उतार फेंकती हैं।

(जनसत्ता, 8 दिसम्बर, 2004)

राजनीति और बाढ़ का धन्धा

बाढ़ एक प्राकृतिक आपदा तो है ही, पर बिहार की हालत पर निचले स्तरों से निगाह डालने से यह साफ हो जाता है कि प्राकृतिक आपदा से ज्यादा यह मानवीय कुप्रबन्धन या किसी भी प्रबन्धन का अभाव का परिणाम है। शायद दूसरे राज्यों में भी स्थिति ऐसी ही हो, लेकिन उन्हें नजदीक से नहीं जानने से इस लेखक के लिए उनके सम्बन्ध में कुछ कहना सम्भव नहीं। बरसात हर साल आती है और कम या अधिक वर्षा के क्या परिणाम होंगे, यह भी कमोबेश प्रशासन को पता होता है। इसके बावजूद थोड़ी अधिक वर्षा होते ही जिस तरह नदियों के तटबंध, सड़क, पुल आदि ध्वस्त होने लगते हैं और सारे उत्तर बिहार में यातायात और जनजीवन अस्त-व्यस्त हो जाता है। इसका दोष प्रकृति के माथे मढ़ देना प्रशासनिक अक्षमता और अनियंत्रित भ्रष्टाचार पर पर्दा डालना होगा।

एक बात तो बाढ़ के समय बिहार में सभी प्रेक्षकों को दिखाई देती है—वह यह है कि आपदाग्रस्त स्थानों पर प्रशासन की उपस्थिति कहीं दिखाई नहीं देती। जब-तब, और इस बार विशेष तौर से, लोगों द्वारा समाहर्ताओं, दूसरे प्रशासनिक अधिकारियों और राज्य के मंत्रियों का घेराव या बन्धक बनाया जाना प्रशासन की लापरवाही के विरुद्ध लोगों के गुस्से का ही उबाल था। शायद किसी छोटे देश में ऐसी स्थिति में सत्ता का तख्ता पलट जाता, दूसरे राज्यों में चुनाव में सरकार बदल जाती, लेकिन बिहार में ऐसा कुछ नहीं होता। आपदा के समय अत्यधिक सक्रिय हो जाता है और जात-पाँत की पुलिया जोड़ संचार की ऐसी व्यवस्था बना लेता है कि शासन और शासक अजर रहें।

उत्तर बिहार में बाढ़ की विभीषिका के दो पहलू हैं : एक तो बाढ़ को नियंत्रित करने सम्बन्धी नियोजन की गलत दिशा; और दूसरा, बाढ़ क्षेत्र में तटबंध, सड़क, नाले आदि के प्रबन्धन में फैले भ्रष्टाचार और घोटाले। पहला इस व्यापक भ्रम का परिणाम है कि बाढ़ को नियंत्रित करने का सहज तरीका पानी के बहाव को घेर देने का है। जहाँ तक छोटे या बड़े तटबंधों के निर्माण के पीछे यह दृष्टि काम करती रही है, यह उपाय सहज लगता है, लेकिन अधिक समय तक कारगर नहीं रह सकता। सबसे बड़ा कारण तो यह है कि पानी के बहाव को बिलकुल बाधित

नहीं किया जा सकता और अगर आज बाधित हुआ तो जलस्तर बढ़ने से अधिक विध्वंसक रूप लेकर यह कल उपस्थित होगा।

जल स्तर का उत्तरोत्तर बढ़ते जाना भी वर्तमान स्थिति में अवश्यम्भावी है। कारण यह है कि नदियों के जलग्रहण क्षेत्र में जंगलों के काटे जाने और इससे मिट्टी के क्षरण की मात्रा बढ़ने से वे हर साल विशाल मात्रा में मिट्टी बहा कर लाती हैं और इसे अपने तल और किनारों पर फैला कर उन्हें ऊँचा करती जाती हैं। नतीजतन, पहले जितनी मात्रा होने पर भी जल का स्तर हर साल बढ़ता है। इसका स्थायी उपचार यही हो सकता है कि नदियों के जलग्रहण क्षेत्रों में जंगल लगाए जाएँ और उनके तल को समय-समय पर गहराया जाए। दूसरा विकल्प यह हो सकता है कि बाँधों को हर कुछ वर्ष पर ऊँचा किया जाए, लेकिन इससे बाढ़ में जलस्तर और अधिक ऊँचा होगा और बाँध पर दबाव भी बढ़ेगा।

हकीकत यह है कि एक दीर्घकालीन योजना के तहत अब तक कुछ भी नहीं किया गया है। वैसे नदियों को गहराना समस्या का सबसे स्थायी और लाभदायक निदान हो सकता है अगर नदियों को जोड़ा भी जाए। इससे जलमार्ग से आवागमन और माल ढुलाई का काम फैलाया जा सकता है जो सबसे सस्ता भी है और प्राचीनकाल में व्यापार का सबसे प्रमुख माध्यम भी था, जिसे यातायात के आधुनिक और प्रदूषण फैलानेवाले वाहनों की ललक के चलते छोड़ दिया गया। तात्कालिक रूप से नदियों के तल को गहराने का काम कुछ खर्चीला हो सकता है, पर इसके दो लाभ हैं : इससे स्थायी रूप से गाँवों के बेरोजगार लोगों को काम मिलेगा, और नदी से उपलब्ध मिट्टी को किनारे की जमीन पर फैलाकर नदी के पास के जल जमाव वाले क्षेत्रों को भर कर खेती के लायक बनाया जा सकेगा। इससे हर साल क्षरण से होनेवाली उपजाऊ भूमि की हानि की भी भरपाई की जा सकती है।

लेकिन ऐसी दीर्घकालिक योजनाएँ तो मौजूदा वैचारिक माहौल में किसी के दिमाग में आती भी नहीं। आज के राजनेताओं को तो सिर्फ तात्कालिक लाभ चाहिए, और इसी से बाढ़ बहुसंख्य लोगों के लिए भले ही आपदा हो, राजनेताओं और समाज के एक हिस्से के लिए भारी मुनाफे का धन्धा है। यह स्थिति अचानक नहीं बनी है कि साठ के दशक में प्रशासनिक दृष्टि से देश का अग्रणी राज्य बिहार आज ऐसी स्थिति में पहुँच गया है कि यहाँ प्रशासन के नाम पर कहीं कुछ दिखाई नहीं देता। एकाध अपवादों को छोड़कर सरकारी कर्मचारी उतना ही काम करते हैं जितने के लिए उनकी मुट्ठी गरम की जाती है। इसी स्थिति के कारण राम एकबाल बरसी, जिन्हें लोहिया 'पीरो का गांधी' कहते थे, यह सुझाव देने लगे थे कि, 'अब बिहार में सरकारी कर्मचारियों का तलब बन्द कर देना चाहिए और वकीलों की तरह उनकी फीस तय कर देनी चाहिए जो वे अपने काम के एवज में जनता से पाए—जैसा तनख्वाह के बावजूद वे आज करते ही हैं।'

इस बदलाव का एक महत्त्वपूर्ण कारण तो यह था कि साठ के दशक के प्रारम्भिक वर्षों तक राज्य का नेतृत्व मूलत: उनके हाथ में था जो आजादी की लड़ाई में अग्रणी थे और अनेक विचलनों के बावजूद उनमें देश और समाज के प्रति एक कर्तव्य बोध बना हुआ था। विपक्ष में भी प्राय: वामपंथ के लोग थे जो आजादी की लड़ाई के ही अन्तिम चरण से आए थे। आम लोगों के प्रति उनकी प्रतिबद्धता और अधिक गहरी थी। चूँकि इसी पीढ़ी के नेताओं ने संविधान का निर्माण किया था, इसके कानून-नियम के प्रति वे निष्ठावान भी थे। इसके बाद से राजनीति में क्रमश: ऐसे लोगों की भरमार होने लगी जिनके लिए राजनीति भी एक कॅरियर थी। इन्हें सत्ता के साथ सुविधाओं की सम्भावनाएँ सीमाहीन दिखाई देती थीं। इन्होंने प्रशासनिक बन्धनों और इसके नियमों की बारीकियों को नजरअन्दाज कर इस सेवा में लगे लोगों का मनमाने ढंग से इस्तेमाल करना शुरू कर दिया।

नौकरशाही में संवेदनहीनता तो होती है, लेकिन अगर प्रशासनिक नियमों का पालन हो और बाहरी हस्तक्षेप नहीं हो तो अपने दायरे में यह दक्षता के साथ काम का निष्पादन भी करती है। नियम विरुद्ध ऊपरी हस्तक्षेप से प्रशासन का पूरा ढाँचा चरमरा जाता है। सत्तर के दशक से ऐसा हस्तक्षेप उत्तरोत्तर बढ़ने लगा और इसी से भ्रष्टाचार सामाजिक जीवन में सर्वव्यापी हो गया। 1974 के छात्र आन्दोलन का सबसे बड़ा मुद्दा भ्रष्टाचार ही था। यह भी एक विडम्बना ही है कि बिहार में भ्रष्टाचार का सबसे शर्मनाक अध्याय आज 1974 के आन्दोलन से निकले नेताओं द्वारा ही लिखा जा रहा है। शायद इसका सबसे बड़ा कारण यह है कि उस आन्दोलन से जुड़े नेताओं ने भ्रष्टाचार के विरुद्ध संघर्ष को किसी उदात्त जीवन दृष्टि के साथ जोड़ कर नहीं देखा और उनके लिए यह आन्दोलन महज वक्ती मसले के सहारे सत्ता तक पहुँचने का एक जरिया बन गया।

सत्तर के दशक में ही आरक्षण विवाद को लेकर बिहार का समाज बुरी तरह ध्वस्त हो गया। अब सभी जातियों के अपने-अपने 'प्यारे भ्रष्ट' और 'प्यारे अपराधी' हो गए—यानी अपराध और भ्रष्टाचार को भी जाति के साथ जोड़ कर देखा जाने लगा और अपनी जाति के भ्रष्ट और अपराधी तत्त्वों को संरक्षण और मान-सम्मान देना किसी को शर्मनाक नहीं लगता था। इसी से समाज में बाहुबलियों का दबदबा और प्रभाव बढ़ा। समाज में जो थोड़ी-बहुत पारस्परिकता और सामुदायिक भाव (जातियों से ऊपर) बचा रह गया था, उसे पंचायत चुनावों के लगभग बाइस वर्ष के स्थगन ने समाप्त कर दिया।

अपने शुरुआती वर्षों में भी पंचायती राज कोई आदर्श व्यवस्था नहीं उपस्थित करता था, लेकिन गाँव की आपदा के समय लोग इससे बचने के लिए मिल-जुलकर काम करते थे। पंचायत से सम्बद्ध योजनाओं पर लोगों की राय और सहमति का महत्त्व था। चुने मुखिया गाँव के लोगों से सहयोग लेते थे और गाँव के सार्वजनिक

कार्यों में थोड़ा-बहुत लाभ कुछ लोग भले ही लेते हों, इस मद की रकम को बेशर्मी से हजम करने का साहस कोई मुखिया नहीं कर सकता था। गाँव में चुनाव के परे भी सभी तबकों के कुछ प्रतिष्ठित लोग होते थे जिनकी राय की कद्र की जाती थी। यह परम्परा चुनावों के स्थगन से समाप्त हो गई। अब असली अधिकार प्रखंड और जिले के अफसरों के हाथ में आ गया। गाँव से सम्बद्ध योजनाओं का क्रियान्वयन या किसी तरह की राहत का काम सब सरकारी अधिकारियों के हाथ आ गया।

अनिर्वाचित पंचायत मुखिया उच्च न्यायालय द्वारा हटाए जाने के पहले तक सरकारी अफसरों की मर्जी पर और उनके एजेंट की तरह ही काम करने लगे थे। पंचायत के कार्यों के निष्पादन से सम्बद्ध थोड़े-से लोगों के गुट मुखिया के इर्द-गिर्द बन गए, जो सरकारी अधिकारियों और गाँव के लोगों के बीच बिचौलियों का काम करते थे और विविध योजनाओं पर खर्च होनेवाली रकम का खासा हिस्सा चट कर जाते थे। इसका नतीजा यह हुआ कि गाँव के लिए होनेवाले छोटे-मोटे काम—जैसे सड़क निर्माण, पुलिया के काम या भवन निर्माण में भी मनमानी लूट होती रही है। अब पंचायतों का चुनाव तो फिर से होने लगा है, लेकिन बीच के वर्षों में जो रिश्ता अफसरशाही और पंचायत के अनिर्वाचित पदाधिकारियों के बीच बन गया था, वही अब भी कायम है।

पंचायती राज की सारी परम्पराएँ खत्म हो चुकी हैं। अब दबाव से कम, पर नई परम्परा और लाभ के लोग से ज्यादा, चुने हुए पंचायत प्रतिनिधि भी सरकार से मिलनेवाली निधि को सरकारी मुलाजिमों के साथ मिलकर लूटने में लगे हैं। गरीबी रेखा से नीचे रहनेवालों के लिए मिलनेवाली राहत का भी एक छोटा हिस्सा ही सम्बद्ध लोगों तक पहुँच पाता है। जिन्हें इनका लाभ मिलना चाहिए, उनकी सूची भी मनमाने ढंग से निजी लाभ के हिसाब से बनाई जाती है। इस तरह अपनी रक्षा के उपाय भी जो गाँव के लोग पहले आपसी सहयोग से कर लेते थे, अब उस प्रशासन के भरोसे छोड़ दिए जाते हैं जो मौके पर दिखाई नहीं देता। इसी का नतीजा है बाढ़ से आई अफरा-तफरी, हाहाकार और राहत सामग्रियों की लूटमार। गाँव के लोग आनेवाली राहत सामग्री का व्यवस्थित बँटवारा भी जरूरतमन्दों के बीच नहीं कर सकते।

पानी के हल्के दबाव से ही तटबंध, सड़क, पुलिया और पुलों के ध्वस्त होने के पीछे सबसे बड़ा कारण है, समाज और राजनीति का अपराधीकरण। यह कहना अतिशयोक्ति नहीं होगी कि बिहार में सभी तरह के बड़े निर्माण और मरम्मत के काम का ठेका अपराधियों के एजेंटों के हाथ में चला जाता है। दूसरे लोग इसे लेने का साहस नहीं कर सकते। प्राय: निविदा खुलने के समय अपराधी गिरोहों के बीच ठेका हथियाने के लिए गोलीबारी तक हो जाती है। जिन ठेकेदारों को काम मिलता है, उनसे ठीक से काम कराने की हिम्मत इंजीनियर नहीं जुटा सकते। कई इंजीनियरों

की ठेकेदारों पर लगाम कसने के प्रयास में हत्या कर दी गई है। इन अपराधी गिरोहों का सीधा सम्पर्क मंत्रियों और विधायकों से होता है। ये लोग चुनाव के समय उनके लिए वोट मैनेजमेंट का धन्धा करते हैं। बड़े पैमाने पर बूथ लूटने की घटनाएँ इसी का परिणमा होते हैं। इस तरह ये अपराधी एक तरफ सामाजिक सम्पत्ति को लूटते हैं और दूसरी तरफ लोगों के मतदान के अधिकार की धज्जियाँ उड़ाते हैं।

अब तो ये अपराधी स्वयं ही विधानसभा और संसद के सदस्य होने लगे हैं—जब बूथ मैनेजमेंट ही करना है तो दूसरों के लिए करने के बदले स्वयं अपने लिए करना ज्यादा तर्कसंगत है। तटबंधों की मरम्मत का काम—खासकर बाढ़ के समय उन्हें बचाने का ठेका—सबसे अधिक लाभदायक होता है क्योंकि लाखों बोरे, बालू, सीमेंट-गिट्टी सिर्फ कागज पर दिखला कर काम चल सकता है। सब बाढ़ की चपेट में बह गया, यह बतला देना विश्वसनीय होता है। बाढ़ से जितना ही विध्वंस होता है उतना ही अधिक काम मिलता है। मजबूत तटबंध बनाने से एक बार आय होती है। टूटते तटबंध सालाना आमदनी के स्रोत हैं।

(जनसत्ता, 3 अगस्त, 2004)

विघटनकारी शक्तियों की दस्तक

बिहार और असम में रेलवे की नौकरियों की प्रतियोगिता परीक्षा को लेकर जिस तरह के दंगे-फसाद उभरे हैं, वे देश में प्रच्छन्न विघटनकारी प्रवृत्तियों के स्पष्ट संकेत हैं। असम में उल्फा ने अन्य माँगों के अलावा रेल मंत्री नीतीश कुमार के इस्तीफे की भी माँग की है। इस माँग के परोक्ष रूप से वे यह आरोप लगा रहे हैं कि नीतीश कुमार विभिन्न राज्यों में होनेवाली परीक्षाओं के माध्यम से अपने लोगों को नौकरियों में घुसा रहे हैं। इस आरोप को खारिज भी कर दिया जाए तो भारत जैसे विशाल देश में हर आँचलिक केन्द्र पर सारे देश से परीक्षार्थियों को आमंत्रित करने का कोई तुक नहीं बैठता। प्रत्येक क्षेत्र के युवक-युवतियों को नौकरियों में प्रवेश मिलना ही चाहिए। सम्भव है, कुछ क्षेत्रों के प्रत्याशियों के लिए प्रतियोगिता में सफल होना मुश्किल लगे। कोई भी नहीं कह सकता कि जिस तरह की योग्यता ऐसी परीक्षाओं में अपेक्षित होती है वह सभी क्षेत्रों के प्रत्याशियों में समान हो। इन प्रतियोगिताओं में अति विशिष्ट ज्ञान या योग्यता की अपेक्षा तो होती नहीं, जिसके चयन के लिए राष्ट्रीय स्तर की प्रतियोगिता की जरूरत हो। दरअसल, ऐसी केन्द्रीकृत परीक्षा प्रणाली शीर्ष पर बैठे लोगों की देश के विभिन्न भागों के लोगों की भावनाओं के प्रति संवेदनहीनता ही बतलाती है।

फिर भी इन घटनाओं को तात्कालिक रूप से उभरा स्थानीय विवाद मान कर खारिज कर देना काफी खतरनाक हो सकता है। इस सारे विवाद के पीछे मूल कारण देश की खस्ताहाल आर्थिक स्थिति और बेरोजगारों की बढ़ रही अनियंत्रित भीड़ है। इससे पास-पड़ोस में काम के अभाव के लोग दूर-दराज जहाँ भी सम्भव हो, काम की तलाश में भागते हैं। चूँकि बेरोजगारी सभी अंचलों में है, बाहर से आनेवाले लोगों के खिलाफ आक्रोश उभरता है। बिहार की आर्थिक स्थिति देश में सबसे खराब है। यहाँ बेरोजगारी सबसे अधिक है और काम के स्थानीय अवसर नगण्य। यही कारण है कि बिहारी रोजगार की तलाश में देश के दूर-दराज स्थानों पर जाते हैं और वैसे सभी कामों को करने के लिए भी तैयार रहते हैं जिनमें आय कम होती है, खतरा भरा होता है और

अपमान ज्यादा मिलता है। बिहार और असम के लोगों के बीच ऐसा विवाद उठना थोड़ा विस्मित करता है क्योंकि असम भी आर्थिक रूप से गरीब राज्य है और बिहार के लोग वहाँ प्राय: मजदूर या छोटे व्यापारी के रूप में गए हैं, शोषक के रूप में नहीं। जैसाकि हाल की घटनाओं में हुआ है, झगड़ा मूलत: संगठित क्षेत्र में प्रवेश को लेकर है क्योंकि दोनों की राज्यों में स्थानीय रूप से उपलब्ध उद्यमों का अभाव है।

इस विवाद और देश में उभर रहे क्षेत्रीय विवादों को तभी समझा जा सकता है जब हम देश की आन्तरिक उपनिवेशवादी संरचना की पृष्ठभूमि को समझें। पूँजीवादी औद्योगिक विकास को ठीक से समझने का कभी प्रयास नहीं हुआ है, हालाँकि भारत के सन्दर्भ में दादाभाई नौरोजी सरीखे विद्वानों ने इस पर थोड़ा प्रकाश डाला था। दरअसल, पूँजीवादी औद्योगिक व्यवस्था का फैलाव कुछ-कुछ कैंसर की बीमारी की तर्ज पर होता है। इस बीमारी में कैंसरग्रस्त कोशिकाएँ आसपास की स्वस्थ कोशिकाओं को नष्ट कर सभी उपलब्ध पोषक तत्त्वों को जब्त कर ही फैलती हैं। जब कैंसर की कुछ कोशिकाएँ किसी तरह शरीर के दूसरे भाग में पहुँच जाती हैं तो फिर वहाँ भी आसपास की स्वस्थ कोशिकाओं को नष्ट कर फैलना शुरू करती हैं। पूँजीवाद का विकास भी कुछ इसी तरह हुआ।

कुछ वर्ष पहले इतिहासकारों में यह विवाद का विषय था कि भारत में यूरोप की तर्ज पर पूँजी संचय और पूँजीवाद विकास क्यों नहीं हुआ जबकि सोलहवीं-सत्रहवीं शताब्दी तक भारत में कृषि या उद्योग का विकास उस समय के यूरोपीय स्तर से कम नहीं था। दरअसल, यूरोप में पूँजीवाद के विकास को असली आधार मिला पन्द्रहवीं शताब्दी से शुरू होकर अठारहवीं शताब्दी तक के यूरोपीय जहाजियों द्वारा बाकी दुनिया की सम्पदा की लूट और इसी से जुड़े व्यापार के प्रसार से। इससे प्राप्त अकूत धन और उत्पादन के लिए आवश्यक कच्चे माल और व्यापार के नए क्षेत्रों के खुलने से ही औद्योगिक क्रान्ति और आधुनिक पूँजीवाद का विकास सम्भव हुआ।

जब भारत जैसे उपनिवेशों में यूरोपीय कम्पनियों ने कुछ गिने-चुने स्थानों पर अपना उद्यम लगाना शुरू किया तो कैंसर की कोशिकाओं की तरह ये विकास के नए केन्द्र अपना प्रसार आसपास के भू-भागों की आर्थिक-सामाकि संरचनाओं को नष्ट कर उनके संसाधनों के दोहन के आधार पर करने लगे। इस तरह भारत में शुरू में मुम्बई, चेन्नई, कोलकाता, सूरत जैसे तटीय प्रदेशों में, जो उनके प्रदेश द्वार थे, और संसाधनों की सुविधा से अमदाबाद, कानपुर और नागपुर जैसे देश के कुछ भीतरी स्थानों पर नए तरह के उद्यमों का विकास शुरू हुआ। देश के बाकी भाग इन विकास केन्द्रों की कच्चे माल, श्रमिक आदि की आपूर्ति के लिए

उपनिवेश की भूमिका अदा करते रहे। इन केन्द्रों में उत्पादित माल के लिए ये भाग बाजार भी बने और इससे इनके पारम्परिक उद्यम नष्ट हुए और बेरोजगारी बड़े पैमाने पर शुरू हुई।

इन आन्तरिक औपनिवेशिक भागों को दारिद्रीकरण के दो दौर से गुजरना पड़ा। पहला दौर तब शुरू हुआ जब विदेश के कारखानों में बने माल यहाँ की पारम्परिक अर्थव्यवस्था को नष्ट करने लगे, इसमें प्रतिस्पर्धा के साथ विदेशी शासकों की ज्यादतियाँ भी मिली रहती थीं। दूसरा दौर तब शुरू हुआ जब देश के नव-विकसित पूँजीवादी केन्द्रों के उत्पाद बड़े पैमाने पर देश के बाकी भागों पर लादे जाने लगे। इस क्रम में नए व्यापारिक हितों की आवश्यकता के हिसाब से खनिज क्षेत्रों का दोहन हुआ और कारखानों की जरूरतों की आपूर्ति के लिए गिनी-चुनी फसलें लगाई जाने लगीं। इसी क्रम में जूट, कपास, नील, तम्बाकू, गन्ना, अफीम आदि की खेती बड़े पैमाने पर शुरू हुई और वृक्षारोपण का विस्तार हुआ, जिसमें चाय, कॉफी आदि थे। इसके साथ-साथ विशेष तरह के पेड़ों के जंगल लगाए जाने लगे जिनकी जरूरत उद्योगों को होती थी। तथाकथित सामाजिक वानिकी जिसमें अब यूकलिप्टस लगाए जा रहे हैं, दरअसल अंग्रेजों के समय शुरू की गई वानिकी का ही नई आवश्यकता के अनुसार बदला रूप है।

इस प्रक्रिया को पूरा करने के लिए जंगलों को वहाँ के बाशिन्दों के अधिकार से लेकर सरकारों के अधिकार में ला दिया गया। इसने कृषि का पारम्परिक उत्पादन चक्र नष्ट कर दिया जो किसानों के जीवन का आधार था। इस तरह किसानों और वनों में रहनेवाले लोगों के जीवन को आधार देनेवाले वनोपजों और खेती को नष्ट कर दिया गया। इससे न सिर्फ आत्मनिर्भर कृषि व्यवस्था नष्ट हुई बल्कि कृषि और पारम्परिक वनोपजों पर आधारित उद्योग-धन्धे भी नष्ट हो गए। इससे इन आन्तरिक उपनिवेशों के लोगों में बेरोजगारी बड़े पैमाने पर फैली और इसी से लोगों का काम की तलाश में भटकने का सिलसिला शुरू हुआ। अब रोजगार के अवसर कोलकाता, चेन्नई, कोयम्बटूर, मुम्बई, सूरत, अमदाबाद आदि में रह गए और लोगों का गाँव छोड़ काम की तलाश में इन नगरों की ओर पलायन शुरू हुआ। देश की राजधानी बन जाने से दिल्ली के इर्द-गिर्द उद्योग तेजी से बढ़े। हाल के वर्षों में सूचना तकनीक पर आधारित उद्योगों का तेज विकास बंगलूर जैसे कुछ नगरों में हुआ। इससे काम तलाशती भीड़ यहाँ भी बढ़ने लगी।

चाय बागानों, विशेषकर असम और बंगाल में, जहाँ स्थानीय लोग काम करने के लिए उपलब्ध नहीं थे, बड़ी संख्या में झारखंड के आदिवासियों और नेपाल के लोगों को दलालों के माध्यम से प्रलोभन देकर लाया गया। यह वह काल था जब बड़े पैमाने पर लोग अपना पारम्परिक परिवेश छोड़ काम की तलाश में बाहर जाने लगे। इसी काल में गिरमिटिया मजदूरों के रूप में बिहार और पूर्वी

उत्तर प्रदेश के उन इलाकों से, जहाँ अत्यधिक गरीबी फैली, लोगों को संसार के दूर-दराज भागों में ले जाया गया। असम जैसे राज्यों में जब तक जीवन के पारम्परिक आधार कमोबेश उपलब्ध थे, बाहर से आकर चाय बागानों या धान के खेतों में काम करनेवाले लोगों के प्रति कोई विरोध नहीं था। लेकिन रोजगार का अभाव बढ़ने के कारण नई नौकरियों में बाहरी लोगों की प्रतिस्पर्धा से बाहरी लोगों से अब विद्वेष बढ़ता है।

यह स्थिति कुछ वैसी ही है जैसी बर्मा, केन्या, उगांडा, दक्षिण अफ्रीका आदि में विदेशी शासन खत्म होने के बाद हुई। इन सभी देशों में भारतीय प्राय: गिरमिटिया मजदूरों के रूप में गए थे। अंग्रेजी शासन के तहत इनमें बहुत सारे लोग मजदूर से अपनी स्थिति सुधार कर व्यापारी बन गए थे। लोग इन्हें अंग्रेजों द्वारा आरोपित बाहरी ही मानते रहे हालाँकि इनकी कई पीढ़ियाँ यहीं जन्मीं और फूली-फली थीं। जब अंग्रेजी शासन खत्म हुआ तो इनमें कई देशों में स्थानीय निवासियों ने भारतीयों के खिलाफ आक्रमण शुरू किया। उगांडा, केन्या और बर्मा (वर्तमान म्यांमार) से बड़ी संख्या में भारतीयों को भागना पड़ा। असम का मामला इससे कुछ मिलता-जुलता है और यह आन्तरिक उपनिवेश द्वारा पैदा विकृतियों का परिणाम है।

चूँकि 1912 तक भारत में अंग्रेजी शासन की राजधानी कोलकाता थी और दक्षिण बंगाल में नए तरह का औद्योगिक विकास तेजी से हुआ था, अंग्रेजी में प्रशिक्षित बंगाली लोगों का एक वर्ग पैदा हो गया था जो शिक्षक, डॉक्टर, वकील और प्रशासन आदि के रूप में असम, बिहार और ओडिशा आदि में छा गया था। बिहार और ओडिशा में तो यह वर्चस्व आजादी के कुछ ही वर्ष बाद समाप्त हो गया पर असम में इस वर्चस्व के खिलाफ, विशेषकर बांग्ला भाषा के वर्चस्व के खिलाफ संघर्ष काफी दिनों तक जारी रहा। चूँकि असम राज्य स्वयं भी कई जनजातीय समूहों में विभाजित रहा है, असमिया पहचान स्थापित करने का संघर्ष कठिन और कटुतापूर्ण भी बन गया है। पहला संघर्ष असमिया भाषा को राजकीय काम के लिए अनिवार्य करने के सवाल पर हुआ और इसका कड़ा विरोध वहाँ के बंगाली लोगों द्वारा हुआ। दूसरा संघर्ष मतदाता सूची से बांग्लादेश से आकर बसे लोगों के नाम निकालने के सवाल पर हुआ। इन सब संघर्षों से असम में एक तरह की 'जेनोफोबिक' (बाहरी लोगों के प्रति संशयी) मानसिकता बन गई है। नौकरियों में बिहारियों के दखल के खिलाफ इतना तीव्र विरोध इसी मानसिकता की पृष्ठभूमि में समझा जा सकता है।

बिहार की स्थिति भयावह है। आन्तरिक औपनिवेशिक शोषण ने इसकी अर्थव्यवस्था को जर्जर बना दिया था। यह कोई अचरज की बात नहीं कि देश की आजादी के सभी संघर्षों में बिहार अग्रणी रहा। इधर पिछले दो दशकों के कुशासन

ने जीवन की बची-खुची सम्भावनाओं को भी नष्ट कर दिया है। घनी आबादी, अशिक्षा और रोजगार के अवसरों के अभाव ने एक आक्रामक मानसिकता को जन्म दिया है जो प्राय: आपराधिक रूप धारण करती है। इसके फूट पड़ने के लिए कोई भी बहाना काफी है। देश की चालू राजनीति भी अब तक इस मानसिकता को ही एक या दूसरी दिशा में मोड़ने का काम करती रही है। पूर्वांचल के रेल यात्रियों पर किया गया वहशी हमला इसी पृष्ठभूमि में समझा जा सकता है, लेकिन यह मानसिकता किसी बड़े विस्फोट को भी जन्म दे सकती है।

(जनसत्ता, 2 दिसम्बर, 2003)

खेती-किसानी

किसान आन्दोलन का लक्ष्य

एक सवाल जो सभी किसान कार्यकर्ताओं के दिमाग में आता होगा वह यह कि जब देश में अनेक किसान और काश्तकार संगठन मौजूद हैं तो फिर अलग से किसानों का संगठन बनाने की जरूरत समता संगठन के लोग या इसके जैसा ही विचार रखनेवाले दूसरे लोग क्यों महसूस करते हैं? क्यों न दशकों से चले आ रहे किसी किसान संगठन में शामिल हो संगठन बनाने की ही बात करते हैं। इसका कारण समझने के लिए पहले के किसान संगठनों के उद्‌देश्य से नए किसान संगठन के उद्‌देश्य के बीच क्या फर्क है, इसको समझना जरूरी है। यह भी समझना जरूरी है कि हम जिस किसान संगठन की बात करते हैं, उसका मूल उद्‌देश्य क्या है। इसके दूरगामी उद्‌देश्यों की रौशनी में ही नए किसान संगठन की तात्कालिक नीतियाँ भी निर्धारित होंगी।

आजादी के आन्दोलन काल में भारत के किसान आन्दोलनों के पीछे दो तरह की विचारधाराएँ थीं। एक विचारधारा राष्ट्रीय आन्दोलन से जुड़ी थी जिसका मूल उद्‌देश्य था किसानों को उस शोषण से मुक्त करना जो प्रत्यक्ष या परोक्ष रूप से विदेशी शासन से जुड़ा था। दूसरी विचारधारा समाजवादी या कम्युनिस्ट आन्दोलन से जुड़ी थीं जो किसानों के आन्दोलन को समाजवादी क्रान्ति, जिसका ठेठ अर्थ मजदूर किसान राज्य बताया जाता था—को सफल बनाने के लिए उपयोग करना चाहती थी। पहली तरह का आन्दोलन गांधीजी के नेतृत्व में चम्पारण (बिहार) के निलहे साहबों के खिलाफ चला जिससे किसानों को वहाँ के गोरे भूमिपतियों की ज्यादतियों से मुक्ति मिली, या फिर 1928 में बारदोली (गुजरात) में अंग्रेजी हुकूमत द्वारा किसानों पर 22 प्रतिशत कर वृद्धि के विरोध से सफल सत्याग्रह आन्दोलन गांधीजी के ही नेतृत्व में सरदार पटेल द्वारा संचालित हुआ। लेकिन ये किसान आन्दोलन मूलत: किसी तात्कालिक अन्याय के विरुद्ध हुए और इनका सीधा सम्बन्ध किसी खास तरह के सामाजिक संरचना की दृष्टि से नहीं था। यह बात जरूर है कि महात्मा गांधी भारत को किसानों का देश मानते थे और उनकी हालत की बेहतरी को प्राथमिकता देते थे। उनके दिमाग में ग्रामीण समाज की एक तसवीर भी थी। कम्युनिस्ट एवं सोशलिस्ट पार्टियों के नेतृत्व में 1935 के बाद

जो किसान आन्दोलन हुए, उनका उद्‌देश्य एक खास तरह की समाज व्यवस्था कायम करना था। शुरू में इस किसान आन्दोलन के सामने 1917 की रूस की क्रान्ति का नमूना था।

1917 में रूस में बोल्शेविक पार्टी (बाद की कम्युनिस्ट पार्टी) के नेतृत्व में एक क्रान्ति हुई थी जिसमें मजदूरों और किसानों की खास भूमिका थी। उस क्रान्ति में मजदूरों और किसानों ने मिलकर वहाँ की जारशाही और फिर पूँजीवादी सत्ता को खत्म किया था। इसके फलस्वरूप मजदूरों और किसानों के सोवियतों (स्वशासी पंचायती इकाइयों) के हाथ राजनीतिक सत्ता आ गई। इस क्रान्ति को सफल बनाने में किसानों की महत्त्वपूर्ण भूमिका थी क्योंकि रूस में वे भारी बहुमत में थे और क्रान्ति की सफलता के लिए उनका सक्रिय सहयोग जरूरी था। इस स्थिति को समझते हुए बोल्शेविक पार्टी के नेता लेनिन ने क्रान्तिकाल में और उसके बाद भी मजदूर किसान एकता को कायम रखने की नीति अपनाई।

लेकिन तत्कालिक रूप से किसानों के अस्तित्व को कबूल करने और उनके साथ मैत्री का सम्बन्ध रखने के बावजूद कम्युनिस्ट आन्दोलन की यह मान्यता बनी रही कि किसान वर्ग एक प्रतिक्रियावादी और मरणासन्न वर्ग है और अन्ततोगत्वा इस वर्ग को विनष्ट होना है, लेकिन उस समय आम तौर से कम्युनिस्टों में यह मान्यता थी कि किसान वर्ग स्वेच्छा से अपने ही हित में सहयोगी कृषि और फिर सामूहिक कृषि की ओर बढ़ेगा और यह संक्रमण दबाव या यातना से रहित होगा। लेकिन हुआ यह कि सोवियत समाज के विकास के क्रम में शुरू में तो औद्योगिक मजदूरों की हित रक्षा के लिए किसानों की अवहेलना शुरू हुई और बाद में 1928 में जबरदस्ती सामूहिक खेती किसानों पर लाद दी गई, जिससे किसानों की हैसियत राज्य के बँधुआ मजदूरों की बन गई। उन्हें सामूहिक खेतों से बाँध दिया गया। सरकारी निर्देश पर सामूहिक खेतों के व्यवस्थापक जो कम्युनिस्ट पार्टी के लोग होते थे, किसानों के लिए खेतों पर काम का कोटा तय करते थे और उपज का क्या हिस्सा उन्हें मिलेगा, यह भी तय करते थे। इस तरह दिनोंदिन उन पर काम बढ़ाया जाने लगा और उपज का बड़ा हिस्सा राज्य द्वारा नगरों के लोगों को खिलाने या उद्योगों के विकास के लिए लिया जाने लगा। सोवियत औद्योगिक विकास का एक प्रमुख आधार खेतों पर काम करनेवाले किसानों के उत्पादन की लूट थी। नीचे दी गई तालिका से यह बात साफ हो जाती है।

सामूहिक खेती लागू करने के क्रम में दसों लाख किसानों को उनकी भूमि से विस्थापित कर सड़क, नहर तथा नए औद्योगिक नगरों के निर्माण में जबरदस्ती भेज दिया गया। इस प्रक्रिया में लाखों लोगों की मौत हो गई। इस तरह एक खास तरह का विकास शुरू हुआ। रूस के पास खनिजों का विशाल भंडार था। अतः किसानों से प्राप्त प्राथमिक पूँजी के आधार पर उद्योगों का तेज विकास शुरू हुआ।

अब किसानों का बड़ा हिस्सा धीरे-धीरे औद्योगिक मजदूरों में बदल गया। इससे अर्थव्यवस्था में खेती का महत्त्व घटता गया और किसान अल्पसंख्यक और उपेक्षित वर्ग के रूप में रह गए।

तालिका : रूसी सामूहिक खेतों में उत्पादित खाद्यान्नों का वितरण 1937-1939

ब्योरा	1937	1938	1939
सम्पूर्ण उत्पादन (करोड़ टन में)	8.702	6.709	6.735
राज्य द्वारा अधिग्रहित (करोड़ टन में)	2.510	2.270	2.440
राज्य द्वारा अधिग्रहित (सम्पूर्ण का प्रतिशत)	28.8	33.9	36.2
कृषि में लगे लोगों का पारिश्रमिक (करोड़ टन में)	3.220	1.860	1.600
कृषि में लगे लोगों का पारिश्रमक (सम्पूर्ण का प्रतिशत)	37.0	27.7	23.7
+ शुद्ध उत्पादन में राज्य के अधिग्रहण का प्रतिशत	41.4	51.5	56.2
शुद्ध उत्पादन में कृषि पर काम करनेवालों का प्रतिशत	53.2	42.1	37.2

* तालिका आरकेडियस खान के लेख 'कलेक्टिव फार्म सिस्टम इन रशिया' से ली गई है।

* शुद्ध उत्पादन पूर्ण उत्पादन घटाव बीज और मवेशी का भोजन।

चीन की क्रान्ति में किसानों की भूमिका और भी महत्त्वपूर्ण रही और क्रान्ति के बाद शुरू में वहाँ के सामन्तों और बड़े भू-स्वामियों की जमीन किसानों में बाँट दी गई, लेकिन कम्युनिस्ट शासन स्थायी होने पर वहाँ भी किसानों को इस बात के लिए मजबूर किया गया कि वे अपनी जमीन को सहयोगी कृषि में शामिल करें और बाद में कम्यून में। इस तरह किसान अपनी जमीन के स्वामी नहीं रहे। अब उनकी जमीन और वे स्वयं पूरी तरह राज्य के नियंत्रण में आ गए। जमीन की उपज का बड़ा हिस्सा कुछ लोगों के अनुसार 70 प्रतिशत तक सरकार लेने लगी और इस उपज का इस्तेमाल तेज औद्योगीकरण के लिए होने लगा। कम्यूनों में कृषि व्यवस्था पूरी तरह एक नौकरशाही के हाथ में केन्द्रित हो गई। 'महान छलाँग' काल में उत्पादन पर होनेवाले इसके घातक परिणाम के बाद उत्पादन प्रक्रिया का थोड़ा विकेन्द्रीकरण हुआ और छोटे कृषक समूहों (उत्पादक टोली) के हाथ उत्पादन की जवाबदेही दी गई, लेकिन किसान परिवारों और किसान वर्ग की स्वायत्तता नहीं लौटी।

कम्युनिस्ट आन्दोलन किसानों को उनकी बड़ी संख्या के कारण राजनीतिक सत्ता हासिल करने के लिए एक महत्त्वपूर्ण औजार भर मानता था। स्थायी रूप से उनके अस्तित्व या सत्ता को वह कभी भी कबूल नहीं करता था। मार्क्स की यह

मान्यता कि किसान एक अस्थायी समूह है जो पूँजीवाद के विकास के साथ विलीन हो जाएगा, उनकी सोच के आधार में सदा बना रहा। जिस समाज व्यवस्था की रूपरेखा उसके सामने थी, उसमें केन्द्रीय स्थान औद्योगिक मजदूरों का था और वे ऐसे समाज का गठन करना चाहते थे जिसमें प्रधानता बड़े उद्योगों और केन्द्रित अर्थव्यवस्था का हो। उनकी कृषि की कल्पना भी केन्द्र से नियोजित बृहत् फार्मों की थी। इसी उद्देश्य की पूर्ति के लिए रूस में खेती का समूहीकरण और भारी उद्योगों का तीव्रतम विकास किया गया। चीन के कम्युनिस्ट नेताओं की भी बुनियादी मान्यता ऐसी ही थी, लेकिन परिस्थितियों के दबाव में शुरू में वे छोटे एवं ग्रामीण उद्योगों को विकसित करने के लिए मजबूर थे। इसका कारण यह था कि उनके सत्ता में आने के कुछ समय पहले तक चीन के सभी प्रमुख नगर एवं औद्योगिक केन्द्र या तो कोमिंगतांग (चीन की राष्ट्रीय पार्टी जिससे कम्युनिस्टों ने सत्ता छीना) के कब्जे में थे या जापान के, और कम्युनिस्टों का आधिपत्य ग्रामीण इलाकों में था जो नगरों से सटा होने के कारण अपनी आवश्यकता के सभी सामान छोटे गृह उद्योगों में तैयार करने को मजबूर थे। इस कारण कम्यूनों के कायम होने के काफी दिनों बाद भी छोटे उद्योगों पर आधारित आत्मनिर्भर आर्थिक अंचल कायम रहे।

इस तरह रूस में भी किसानों को एक वर्ग के रूप में समाप्त कर दिया गया है और खेतों में काम करनेवाले लोग राज्य पर आश्रित मजदूर ही हैं। पूरी जनसंख्या में खेती में लगे लोगों का अनुपात भी काफी कम हो गया है। इसलिए राजनीतिक दृष्टि से खेतों पर काम करनेवाले लोगों का महत्व बिलकुल घट गया है। इस तरह आर्थिक और राजनीतिक, दोनों दृष्टि से उद्योगों से जुड़े लोगों का ही प्रभुत्व कायम हा गया है जो कम्युनिस्ट आन्दोलन का लक्ष्य रहा है। चीन में भी स्वतंत्र किसानों की हैसियत तो खत्म हो गई है, पर अभी भी जनसंख्या में खेती से जुड़े लोगों का बाहुल्य बना हुआ है, लेकिन जैसा कि स्पष्ट होता जा रहा है, कम्युनिस्ट चीन का भी लक्ष्य पश्चिमी ढाँचे का औद्योगीकरण करना है। अगर वह अपने चरम लक्ष्य तक पहुँच सका तो खेती में लगे लोगों का महत्त्व वहाँ भी नगण्य हो जाएगा। चीन की आबादी और संसाधनों को देखते हुए यह सम्भावना क्षीण दिखाई देती है कि चीन अपनी पूरी आबादी को पश्चिमी देशों जैसा जीवन स्तर प्रदान कर सकेगा। ऐसे प्रयास में वहाँ गैर-बराबरी बढ़ेगी और सिर्फ एक नए अभिजात वर्ग को वैसी सुविधाएँ प्रदान की जा सकेंगी जो पश्चिमी देशों के लोगों को उपलब्ध हैं। स्वयं चीन के सरकार द्वारा हाल में प्रकाशित आँकड़ों में यह कबूल किया गया है कि चीन के 10 करोड़ किसान गरीबी रेखा के नीचे रहे हैं। इसका सबसे बड़ा कारण यह है कि औद्योगिक विकास के दायरे में देर से आनेवाले दूसरे देशों की तरह चीन को भी सीमित साधनों के बल पूँजी संचय करना है। विकसित औद्योगिक देशों के विकास काल की स्थिति के विपरीत उन्हें दुनिया भर के संसाधनों की

औपनिवेशिक लूट के द्वारा ऐश्वर्य का आधार बनाने का मौका नहीं है। वह अगर नवीनतम तकनीकी के आधार पर औद्योगिक समाज का विकास करेगा तो इसका दायरा सीमित होगा और कृषि में काम करनेवाले लोगों के शोषण पर विशेष तौर से आधारित होगा।

कम्युनिस्ट आन्दोलन के इतिहास पर विचार करने से साफ हो जाता है कि इस आन्दोलन का उद्देश्य कभी भी एक वर्ग के रूप में किसानों को आगे बढ़ाना नहीं रहा है। इसका एकमात्र उद्देश्य उन देशों में जहाँ किसान बहुसंख्य हैं, किसानों को सत्ता पाने का हथियार बनाता रहा है। इसके लिए सत्ता से बाहर रहने पर ये गाँवों के भूमिहीन तथा छोटे किसानों की जमीन पाने की व्यवस्था को बढ़ावा देते हैं और प्रचार के जरिये अधिक जमीन वालों के प्रति ईर्ष्या और आक्रोश पैदा करते हैं। इस आधार पर जहाँ किसान संगठित हो पाते हैं वहाँ जमीन वालों की हत्या कर या भगाकर उनकी जमीन दखल कर ली जाती है, लेकिन ऐसे समर्थन से जब कम्युनिस्ट सत्ता में आ जाते हैं तो फिर किसानों का कब्जा जमीन पर नहीं रहने पाता। वे राज्य के बँधुआ मजदूर बना दिए जाते हैं और उनकी पैदावार का शोषण कर औद्योगिक क्षेत्रों का प्रसार व विकास होता है।

इसी तरह सभी देशों में पूँजीवादी औद्योगिक समाज का ढाँचा भी कृषि क्षेत्र के शोषण या उपनिवेशों के शोषण पर तैयार किया गया। जापान पहली श्रेणी में आता है और यूरोप या अमेरिका दूसरी श्रेणी में। यह जरूर है कि पश्चिमी देशों में औद्योगिक विकास के क्रम में पूरी आबादी के हिसाब से खेती में लगे लोगों की संख्या लगातार घटती गई है और लगभग सभी विकसित पूँजीवादी देशों में कृषि में लगी आबादी काम करनेवाले लोगों की कुल संख्या के ढाई से दस प्रतिशत के भीतर बच गई है। इन देशों में सम्पूर्ण उत्पादन में कृषि से प्राप्त आय इतनी कम हो गई है कि कृषि पर लगी छोटी आबादी को भी प्रति व्यक्ति औसत राष्ट्रीय आय के दायरे में लाने के लिए बढ़ी मात्रा में सरकारी अनुदान की जरूरत होती है या छोटी जोत वाले किसानों को कृषि छोड़ दूसरे धन्धों में लगने को प्रोत्साहित किया जाता है। इसलिए इन देशों के किसान अब सरकारी अनुदान पर आश्रित अल्पसंख्यक हैं जो अपने बूते पर आर्थिक ढाँचे में खड़े नहीं रह सकते।

भारत में जहाँ अभी भी भारी बहुमत जमीन पर निर्भर लोगों का है, यूरोप का आर्थिक ढाँचा प्रासंगिक नहीं है। पूँजीवादी व्यवस्था के रहते हुए किसानों का शोषण अनिवार्य है क्योंकि उद्योगों के मुनाफे के लिए कृषि यंत्र, सस्ते कच्चे माल (गन्ना, कपास, जूट आदि) तथा मजदूरी कम रखने के लिए सस्ते अनाजों की उपलब्धि का खास स्थान है। यूरोप के विपरीत भारत के लिए बाहरी उपनिवेश बनाने की सम्भावना बंद है। अत: पूँजीवादी विकास देश के भीतर ही कृषि, वन, खनिज आदि पर निर्भर लोगों के औपनिवेशिक शोषण से सम्भव है। इस तरह के विकास

का एक ही परिणाम हो सकता है—गाँव में दरिद्रता और बेराजगारी का विस्तार। कहीं-कहीं तो सीधा पूरी आबादी को उनकी जमीन से उजाड़ दिया जाता है जिसमें उद्योगों की किसी खास जरूरत की पूर्ति हो सके। ताजा उदाहरण है कोयल कारो योजना, जहाँ हजारों आदिवासियों को उनके पूर्वजों की भूमि से इसलिए विस्थापित किया जा रहा है ताकि बड़े उद्योगों को बिजली की आपूर्ति हो सके। इस नीति के चलते गाँव के लोग आजीविका की तलाश में शहरों की ओर भागते हैं और दर-दर की ठोकरें खाते हैं। पूँजी के अभाव में भारी उद्योगों का विकास भी उन्हें रोजगार देने के लिए तेजी से नहीं हो सकता क्योंकि विकसित पूँजीवादी देशों के स्पर्श में यहाँ के पूँजीपति दुनिया के बाजार में अपना औद्योगिक माल नहीं बेच पाते। उलटा, इन्हें दूसरे देशों से आयातित वस्तुओं और मशीनों के बदले कृषि जन्य वस्तुओं और खनिजों का ही निर्यात करना पड़ता है।

चूँकि देश की आबादी का तीन चौथाई भाग अभी भी खेती पर आश्रित है और साथ ही कृषि की शुद्ध आय गिरती जा रही है, गाँवों के लोगों में औद्योगिक माल खरीदने की क्षमता नहीं रहती। इस कारण उद्योगों को अपनी माल की खपत के लिए बाजार नहीं मिलता। यह उद्योगों के विस्तार पर भारी रोक है। सिर्फ उन्हीं उद्योगों का तेजी से विस्तार होता है जो मुट्ठी भर सम्पन्न लोगों के लिए विलासिता की वस्तुओं का उत्पादन करते हैं।

चूँकि उद्योगों का विकास तेजी से नहीं होता, नगरों की ओर भागनेवाले गाँव के लोगों को उद्योग में सन्तोषजनक आय देनेवाले रोजगार नहीं मिलते। वे प्राय: तरह-तरह के टटपूँजिया सेवा कार्यों में लग पाते हैं—जैसे रिक्शा चलाना, घर में झाड़ू देना, बर्तन माँजना, रसोइया या दरबान के काम, ईंट बनाना या घर तथा सड़क बनाने का काम, बोझा ढोने का काम और होटलों तथा दुकानों में छोटे-मोटे काम आदि। इन लोगों की आय इतनी कम होती है कि ये लोग ढंग के आवास की व्यवस्था नहीं कर सकते और गन्दी बस्तियों, झुग्गियों और सड़क किनारे फुटपाथ पर परिवार समेत सारी जिन्दगी काट देते हैं। तीसरी दुनिया में मौजूदा ढंग के औद्योगिक विकास की विवशताएँ ऐसी हैं कि ये परिणाम अनिवार्य हैं। स्वाभाविक है कि कम्युनिस्ट देशों में भी कृषि से पलायन का दबाव मौजूद हो। रूस में गाँवों से शहरों की ओर पलायन को रोकने के लिए आन्तरिक पासपोर्ट की व्यवस्था की गई है जिसके तहत कोई सोवियत नागरिक बिना पासपोर्ट के मॉस्को या लेनिनग्राड आदि अपने ही महानगरों में जाकर नहीं रुक सकता या आजीविका की तलाश नहीं कर सकता। कृषि उत्पादन की बुरी दशा देखते हुए गोर्बाचेव के सत्ता में आने के बाद खेती में लगे लोगों की हालत सुधारने की दिशा में कुछ कदम उठाए जा रहे हैं, लेकिन यह बहुत देर से हो रहा है जबकि एक वर्ग के रूप में किसानों का अस्तित्व मिट चुका है।

इन ऐतिहासिक तथ्यों का ध्यान दिलाना इसलिए आवश्यक हो गया है ताकि नया उदयीमान किसान आन्दोलन इनसे सबक ले और साफ तौर से यह तय करे कि वह कैसे समाज का लक्ष्य अपने सामने रखता है। अगर यह कम्युनिस्ट उद्देश्य को लेकर बढ़ेगा तो अन्ततोगत्वा किसानों के लिए राज्य के बँधुआ मजदूर बनने की स्थिति से गुजरना अनिवार्य हो जाएगा जैसा उन्हें कम्युनिस्ट देशों में गुजरना पड़ा है। भारत में उपलब्ध प्राकृतिक साधनों की स्थिति देखते हुए यह भी सम्भव नहीं दिखाई देता कि तीन या चार पीढ़ी को खाद बनाकर भी औद्योगीकरण का वैसा ढाँचा तैयार हो सकेगा जिसमें धीरे-धीरे जमीन से उजाड़े गए लोग औद्योगिक मजदूर के रूप में कोई सन्तोषजनक जीवन स्तर प्राप्त कर सकें। रूस में जनसंख्या कम थी और प्राकृतिक साधन अपार थे (रूस में पेट्रोलियम, गैस, कोयला, सोना; मैगनीज तथा अन्य महत्त्वपूर्ण औद्योगिक खनिज पदार्थों का भंडार किसी भी दूसरे देश से अधिक है)। इसके विपरीत भारत में जनसंख्या विशाल है और खनिजों की उपलब्धि काफी कम। इसलिए देश के काफी बड़े भूभाग और आबादी का औपनिवेशिक शोषण करके भी यहाँ आबादी के अनुपात में बड़े उद्योगों का वैसा ढाँचा नहीं तैयार किया जा सकता जैसा रूस में सम्भव हुआ। सीमित प्राकृतिक साधन और बड़ी आबादी की समस्या ऐसी है जो भारत जैसे पिछड़े औद्योगिक देशों में औद्योगीकरण के स्वरूप पर एक असंख्य सीमा लगा देती है जिसे न निजी पूँजी के आधार पर और न सरकारी स्वामित्व के आधार पर तोड़ा जा सकता है। इसलिए विकसित पश्चिम के देशों या रूस जैसे विकास का सपना भारत के लिए अर्थहीन है। जापान अगर सीमित प्राकृतिक साधनों के बावजूद औद्योगिक क्षेत्र में अग्रणी स्थान रखता है तो इसलिए कि वह तकनीकी के क्षेत्र में इतना बढ़ गया है कि प्रतिस्पर्धा में पश्चिमी देशों से आगे निकल कर अपना माल दुनिया भर में लाद रहा है। इस प्रक्रिया में दूसरे देशों का आर्थिक शोषण नीहित है।

जापान में कृषि लायक जमीन इतनी कम है (औसत जोत का आकार एक एकड़) कि किसानों को उनकी छोटी जोतों पर अन्तर्राष्ट्रीय भाव पर अनाज की कीमत देकर खेती पर नहीं रखा जा सकता। इसीलिए वहाँ चावल की कीमत अन्तर्राष्ट्रीय भाव से आठ गुना अधिक होती है। सरकारी सब्सिडी के बावजूद जापान के लोग चावल अन्तर्राष्ट्रीय भाव से छह गुना अधिक दाम देकर खरीदते हैं। इसलिए पश्चिमी देशों के अर्थशास्त्री जापान को यह सलाह दे रहे हैं कि वह अपने मुख्य खाद्यान्न चावल में आत्मनिर्भरता की नीति छोड़ दे और विदेशों से सस्ता अनाज आयातित कर छोटे जोतों की कृषि को स्वाभाविक रूप से मर जाने दे। भारतीय अर्थव्यवस्था को अन्तर्राष्ट्रीय बाजार से बाँधने पर भारत के किसानों के सामने भी यह समस्या आएगी। गल्ले या जूट का दाम कम रखने के पीछे अन्तर्राष्ट्रीय बाजार पर भारत की निर्भरता का भी हाथ है क्योंकि अन्तर्राष्ट्रीय बाजार

के हिसाब से कीमतों को तय करने पर पूँजीपतियों का मुनाफा तभी कायम रह सकता है जब कृषिजन्य वस्तुओं का भाव कम रहे। किसी भी तरह भारत जापान का अनुसरण करने की स्थिति में नहीं है क्योंकि जापान का औद्योगिक निर्यात इतना अधिक है कि अन्तर्राष्ट्रीय विनियम का मुनाफा ही उसके और दूसरे देशों के लिए सिरदर्द बना हुआ है।

खेती की पैदावार की कीमत कम रखकर लाभकर खेती तभी सम्भव है जब जोत का रकबा बड़ा हो और खेती का मशीनीकरण कर उस पर श्रमिक कम संख्या में लगाए जाएँ। इस तरह 500 एकड़ जोतनेवाला काश्तकार प्रति एकड़ कम मुनाफा लेकर भी खेती कर सकता है, पर 5 एकड़ की जोत वाला काश्तकार प्रति एकड़ उसी दर पर मुनाफा लेकर जीवन निर्वाह नहीं कर सकता क्योंकि जहाँ 500 एकड़ जोत वाले काश्तकार को प्रति एकड़ 100 रुपए मुनाफे से साल में रुपए 50,000 की आय होगी वहीं 100 रुपए प्रति एकड़ के मनाफे पर 5 एकड़ जोत वाले काश्तकार को साल में 500 रुपए की आय होगी जिस पर कोई परिवार अपना खर्च नहीं चला सकता। यह इस बात के लिए अकाट्य तर्क है कि भारत जैसे देश में, जहाँ छोटी जोतों की प्रधानता है, कृषिजन्य वस्तुओं की कीमत ऊँचा रखकर ही किसानों को जीवनयापन के लायक आय प्रदान की जा सकती है। इसका विकल्प असम्भव है यानी छोटे किसानों की जमीन छीनकर बड़े पूँजीवादी फार्मों की स्थापना।

इस देश में उद्योगों और कृषि में उत्पादित वस्तुओं की कीमत में समानता लाने का असली अर्थ खेती में पैदा वस्तुओं के लिए इतना मूल्य निर्धारित करना है जिससे यहाँ के औसत आकार का छोटी जोत पर निर्भर किसान खेती से पैदा वस्तुओं को बेचकर मानवीय जीवन बिता सकें। माँग और आपूर्ति के बाजार के नियम से किसानों को उचित मूल्य कभी भी नहीं मिल सकता क्योंकि छोटे किसानों में इतनी क्षमता नहीं होती कि वे अपने माल को तब-तक बेचने से रोके रखें जबकि उन्हें ऊँची कीमत नहीं मिलती। वे जरूरत से मजबूर होकर फसल तैयार होते ही जल्दी बेचने की मजबूरी और आपसी स्पर्धा से फसल की कीमतों को गिरा देते हैं।

यहीं यह समस्या उठती है कि उस समाज का आर्थिक ढाँचा कैसा हो जिसमें किसानों के साथ ऐसा न्याय हो सके।

थोड़ा भी विचार करने से यह बात तो मानना ही होगा कि छोटी जोतों में उत्पादित वस्तुओं को हमारा समाज इतनी ऊँची कीमत नहीं दे सकता जिससे वे आधुनिक ताम-झाम का जीवन बिता सकें, लेकिन लोगों को यह भी बर्दाश्त नहीं होगा कि थोड़े से लोग जो गैर-कृषि क्षेत्रों में काम करते हैं, ठाट-बाट की जिन्दगी बिताएँ और बाकी लोग जो गाँवों में रहते हैं, घोर गरीबी की। गाँवों से शहरों की

ओर पलायन इसी दबाव का नतीजा है। इस समस्या का समाधान निकल सकता है। अगर खेती और उद्योगों के तकनीकी आधार को एक धरातल पर लाया जा सके तो यह सम्भव है कि खेतों और उद्योगों में काम करनेवालों का जीवन-स्तर समान हो जाए। यह तब तक नहीं हो सकता जब तक उद्योगों का आधार तो पूँजी प्रधान स्वचालित विशाल कारखाने हों और कृषि छोटी जोतों पर आधारित हो, जिसके लिए श्रम प्रधान होना एक मजबूरी है।

इसलिए भारत जैसे देश में जहाँ जनसंख्या के हिसाब से पूँजी और खेती लायक जमीन, दोनों कम हैं, ग्रामीण लोगों के लिए उचित जीवन स्तर और सामाजिक प्रतिष्ठा तभी सम्भव होगा जब आर्थिक विकेन्द्रीकरण हो। गाँवों की अर्थव्यवस्था यथासम्भव आत्मनिर्भर हो जिसमें जमीन की उपज और घरेलू उद्योगों के उत्पादन एक-दूसरे के पूरक हों। गाँवों में ऐसे उद्योगों के अलावे जिसमें पूर्णकालिक श्रमिक लगे हों बाकी ऐसे घरेलू उद्योग हों जिनमें किसान उन दिनों काम कर सकें जब खेतीबाड़ी के काम से अवकाश हो। जहाँ तक सम्भव हो, ऐसे उद्योग वायु ऊर्जा, जल ऊर्जा, सौर ऊर्जा, गोबर या घास-पात से प्राप्त ऊर्जा आदि से या मानव श्रम से ही चलें। ऐसा समाज गाँवों में रहनेवाले लोगों की आवश्यकता पर केन्द्रित होगा, धन-सम्पत्ति अर्जित कर अम्बार लगाने की आकांक्षा पर नहीं।

जब हम ऐसे समाज का लक्ष्य सामने रखते हैं तो भूमि स्वामित्व का सवाल भी सामने उभर कर आता है। अगर भूमि का स्वामित्व मुट्ठी भर भू-स्वामियों के हाथ में होगा तो पूँजी प्रधान कृषि अनिवार्य हो जाएगी क्योंकि ऐसे भू-स्वामियों की खेती पारिवारिक श्रम पर आधारित नहीं होगी और मशीनीकरण करके कम श्रमिकों से खेती करवाएँगे। चूँकि उनकी जोत बड़ी होगी, वे मशीनों का उपयोग कर मशीनों से काम करनेवाले मजदूरों को अधिक मजदूरी भी दे सकेंगे, लेकिन इससे गाँव के श्रमिक बड़ी संख्या में बेरोजगार होंगे। कृषि के मशीनीकरण से खेती और उद्योग का एक नया समीकरण पैदा होगा जिसमें पूँजी प्रधान बड़े फार्मों और पूँजी प्रधान बड़े उद्योगों के विनियम का एक सन्तुलन बनेगा। इससे औद्योगिक क्षेत्र और ग्रामीण क्षेत्र, दोनों में अतिसम्पन्न अल्पसंख्यक वर्ग पैदा होंगे और बाकी लोग बेरोजगारी और दरिद्रता की स्थिति में रहेंगे। इस स्थिति से बचने के लिए जमीन का यथासम्भव समतामूलक बँटवारा जरूरी है और इसके लिए भूमि सीमा कानून को सख्ती से लागू करवाने का आन्दोलन किसान संगठन का आवश्यक अंग होगा। संक्रमण काल में खेती में मजदूरी दे श्रमिकों से काम कराना बिलकुल बन्द नहीं किया जा सकता।

लेकिन किसान आन्दोलन का लक्ष्य वैसी कृषि व्यवस्था की ओर बढ़ना ही हो सकता है जहाँ किसान अपनी जोत की जमीन पर पारिवारिक श्रम और समय-समय पर जरूरत के अनुसार दूसरे किसानों से पारस्परिक श्रम सहयोग के आधार पर

खेती करता है। गाँव के ऐसे लोगों को, जिन्हें जमीन नहीं दी जा सकती, तरह-तरह के ग्रामीण उद्योगों तथा गाँव के स्वास्थ्य, शिक्षा तथा सांस्कृतिक गतिविधियों की विकसित होती जरूरतों की पूर्ति में लगाया जाएगा, लेकिन गाँव में रहनेवाले प्रत्येक परिवार को आवास के लिए जमीन पाने का अधिकार होगा। यह ग्रामीण समाज की जवाबदेही होगी कि बढ़ती आबादी के हिसाब से सामूहिक तौर से लोगों के आवास की समुचित व्यवस्था करे। गाँवों में आवास सम्बन्धी नियोजन के अभाव से भी अनेक आपसी संघर्ष पैदा होते हैं और ग्रामीण समाज टूटता है।

ऊपर के मुद्दे कुछ ऐसे हैं जो स्वत: हमारे किसान संगठन को कम्युनिस्ट या पूँजीवादी प्रणाली को कबूल कर चलनेवाले किसान संगठनों से अलग करते हैं। असल में किसानों के स्थायी हित के लिए किसान संगठन के ऐसे ही लक्ष्य हो सकते हैं। बाकी संगतन या तो मात्र किसान ट्रेड यूनियन होंगे जिससे कुछ तात्कालिक राहत मिले या कुछ दलों के सत्ता हासिल करने के हथियार।

(1983 में समता प्रकाशन, पटना की पुस्तिका)

खेती-किसानी की नीति

किसान संसार का अन्नदाता है, लेकिन आज की व्यवस्था में वह स्वयं प्राय: दाने के लिए तरस जाता है। उसकी कमाई से कस्बों से लेकर नगरों तक में लोग फलते-फूलते हैं, पर उसके हिस्से आपदाएँ ही आती हैं। सूखे की मार से फसल सूख जाती है। बाढ़ से खेत डूब जाते हैं, लेकिन दोनों से बड़ी आपदा तब आती है जब साल भर की मेहनत से घर आई फसल की कीमत इतनी कम मिलती है कि लागत खर्च भी नहीं निकलता। गन्ना खेतों में सूखने के लिए छोड़ दिया जाता है, अनाज पड़ा-पड़ा घुन के हवाले हो जाता है या मिट्टी के मोल बेच दिया जाता है और आलू सड़ने के लिए खेतों में फेंक दिया जाता है क्योंकि कोई खरीददार नहीं मिलता। खरीदारी की यही स्थिति कपास की और नारियल, सोयाबीन एवं सरसों जैसी तिलहनों आदि की भी होती है। अच्छी फसल से खलिहानों में आई खुशी मंडियों में पहुँचते-पहुँचते घोर मायूसी में बदल जाती है, यहाँ तक की बैंकों और महाजनों का भुगतान नहीं कर पाने पर बेसहारा किसान आत्महत्या करने पर मजबूर हो जाता है। खेती से जुड़े पशुपालन जैसे उद्योगों की हालत भी बाहर से आयातित सस्ते दूध, डिब्बाबन्द फल, मांस एवं सब्जियों की प्रतिस्पर्धा में अलाभकारी हो जाते हैं और लोग ऐसे उद्यमों को छोड़ने पर मजबूर हो जाते हैं।

पुराने जमाने में अनावृष्टि और अकाल के लिए राजा की अनीति को जिम्मेदार ठहराया जाता था। यह बात आज दुनिया में और भी अधिक लागू होती है। आज ऐसी जानकारियाँ हैं कि सिंचाई और जल निकासी की समुचित व्यवस्था से किसानों को सूखे और बाढ़ से काफी हद तक बचाया जा सके और अगर कुछ क्षति होती भी है तो बीमा की व्यापक व्यवस्था और सरकारी राहत से उसकी पूर्ति आसानी से हो सके। इसके अलावा कीमतों को किसानों के लिए लाभकारी बना उन्हें खुशहाल बनाया जा सकता है, लेकिन यह सब तभी सम्भव है जब सरकारें ऐसी हों जो गाँव और किसानों के हित को प्राथमिकता देती हों। इसलिए अगर आज किसान बदहाल है तो इसके लिए पूरी तरह सरकारों की किसान विरोधी नतियाँ ही जिम्मेदार हैं जो गाँवों को उजाड़कर नगरों और महानगरों के एक हिस्से को अलकापुरी बनाने में लगी हैं। नगरों में भी शासकों की चिन्ता सम्पन्न इलाकों तक ही सीमित होती

है। बाकि हिस्से—गन्दी बस्तियाँ एवं झुग्गी-झोपड़ियाँ, जहाँ उजड़ते गाँवों के लोग आजीविका की तलाश में रिहाइश बनाते हैं—भगवान भरोसे छोड़ दिए जाते हैं। देश के पायदान पर गाँव हैं और नगरों के पायदान पर गाँव के उजाड़े गए लोगों का निवास होता है।

आज की स्थिति में सिर्फ वैसी ही सरकार जो गाँव के लोगों के प्रति संवेदनशील हो या उनकी भावनाओं का प्रतिनिधित्व करती हो, नगरों के गरीबों की समस्याओं के समाधान की ओर मुखातिब हो सकती है। घाटे की खेती और इससे जुड़े आय तथा रोजगारों के अभाव में ही गाँव छोड़ लोग शहरों की ओर भागते हैं और नगरों पर अपनी दरिद्रता की छाप छोड़ते हैं। अगर गाँवों में रोजगार के अवसर होंगे और खुशहाली होगी तो गाँव की खुली हवा छोड़ गाँव के लोग नगर के दमघोंटू माहौल में जाना कतई पसन्द नहीं करेंगे। लेकिन अब तब सरकारों की नीतियाँ ऐसी स्थिति को बरकरार रखना चाहती हैं जिसमें बेरोजगार लोगों की बड़ी संख्या नगरों में बनी रहे जिससे उद्योगपतियों और निर्माण के रूप में लगे बिल्डरों और ठेकेदारों को सस्ते नौकर-नौकरानियाँ और बाल मजदूर मिलते रहें। सच्चे अर्थ में एक समतामूलक और समाजवादी व्यवस्था ही लोगों को इस स्थिति से उबार सकती है। इसकी शुरुआत ग्रामीण समाज और इसके उत्पादक किसान और मजदूरों की स्थिति सुधारने से होगी। इससे नगर स्वयं अनेक तरह की समस्याओं से मुक्त हो जाएँगे—जैसे बढ़ती भीड़ और प्रदूषण की समस्या से।

अंग्रेजों के शासन से लेकर कांग्रेस और बाद की मिली-जुली सरकारें, जिसकी कड़ी के अन्त में भाजपा के नेतृत्व में चल रही केन्द्र की राजग सरकार रही है, एक ही तरह की बुनियादी नीति लेकर चलती रही हैं। अंग्रेज अपने उद्योगों और व्यापार के लिए सस्ता अनाज और कृषि उत्पादन चाहते थे। इसके लिए उन्होंने अलग-अलग इलाकों में एकल खेती को प्रोत्साहित किया और कृषि की विविधता को नष्ट कर किसानों को बाहरी व्यापार पर निर्भर बनाया। इस तरह देश के बड़े भू-भाग पर कहीं सिर्फ कपास, कहीं गन्ना, कहीं अफीम के लिए पोस्त की खेती को बढ़ाया गया। इसके अलावा देश के अनेक हिस्सों में हजारों एकड़ के चाय, कहवा आदि के बागान विकसित किए गए। इस तरह की खेती से इससे लगे लोगों का जीवन पूरी तरह दुनिया की बाजार व्यवस्था और इसके उतार-चढ़ाव पर निर्भर हो गया। नील की खेती तो रासायनिक संश्लेषण से नील के उत्पादन से एक ही झटके में खत्म ही हो गई। व्यापार पर एकल खेती की निर्भरता किसानों के जीवन को कैसे प्रभावित करती है, यह इसका ज्वलन्त उदाहरण है। कम नाटकीय ढंग से बाकी क्षेत्रों में भी किसानों का जीवन इसी तरह बाहरी व्यापार से प्रभावित होता रहता है। कभी बाहरी माँग बढ़ जाने से किसान मुनाफा देख किसी खास वस्तु के उत्पादन में अपने सारे संसाधन लगा देते हैं। चूँकि दुनिया की बाजार व्यवस्था में

उतार-चढ़ाव होता रहता है, एक समय के बाद अचानक माँग कम या खत्म हो जाती है और किसान कंगाल हो जाते हैं।

वैविध्यपूर्ण खेती में, जहाँ तरह-तरह के उत्पादन एक अंचल में किसानों और बाकी लोगों की पारस्परिक आवश्यकताओं की पूर्ति करते थे, इस तरह संकट की आशंका नहीं रहती थी। लेकिन अंग्रेज मूलत: व्यापारिक लोग थे और ईस्ट इंडिया कम्पनी से लेकर आखिर के काल तक उनके शासन का मूल उद्देश्य उद्योग-धन्धे और व्यापार से मुनाफा कमाना था, और इसी के लिए उन्होंने रेलों और सड़कों तथा दूसरे यातायात और आन्तरिक संरचना का विस्तार किया। अटल बिहारी वाजपेयी की स्वर्णिम चतुर्भुज सड़क योजना दरअसल उसी शृंखला की एक कड़ी है, जिसका उद्देश्य लाखों किसानों की जमीन छीन और इसके निर्माण पर देश के सीमित संसाधनों को पानी की तरह बहा कर व्यापारी और सम्पन्न वर्गों के लिए सुविधाएँ मुहैया कराना है। व्यापारियों के लिए दूर-दराज के संसाधनों के दोहन का रास्ता आसान बनाना है।

आजादी के बाद के दिनों में विकास के जो मॉडल अपनाए गए—चाहे उसमें सरकारी क्षेत्रों को महत्व दे नियोजित अर्थव्यवस्था की नीति अपनाई गई हो, चाहे मिश्रित अर्थव्यवस्था या उन्मुक्त व्यापार की—उन सब में बड़े उद्योगों, बड़ी मशीनों और औद्योगिक नगरों के विकास को केन्द्र में रखा गया। इस तरह देश के किसान सदा बाहरी आर्थिक शक्तियों यानी सरकार की आर्थिक नीतियों या बाजार की शक्तियों के दबाव में सदा असुरक्षित और असहाय जीवन जीते रहे हैं। जब तक नियोजित अर्थव्यवस्था को प्रधानता दी गई तब तक एक हद तक सरकार की जवाबदेही गाँव और किसानों के प्रति भी बनती थी, भले ही प्राथमिकता के हिसाब से ये निचली श्रेणी में आते हों। लेकिन तथाकथित उदारीकरण व्यवस्था, जिसे अब अपनाया गया है, किसी के जीवन की आवश्यकताओं की पूर्ति अपनी जवाबदेही नहीं मानती। शिक्षा, स्वास्थ्य एवं खेती—सबको निजी उद्यमों और बाजार की शक्तियों के भरोसे छोड़ दिया गया है जिसमें असंख्य गाँवों में बिखरे किसान उद्योग और व्यापार की संगठित शक्तियों के मुकाबले किसान खेत की पैदावार बढ़ाने में लगा रहता है क्योंकि अधिक उपज से उसकी खुशहाली जुड़ी है। इसके लिए वह तरह-तरह के उद्यम में लगा रहता है, लेकिन जब उसे अनाज या दूसरे पैदावार का उचित मूल्य नहीं मिलता और लागत भी नहीं निकलती तो आगे खेती करते रहना मुश्किल हो जाता है। खेती से पलायन या किसानों की आत्महत्याएँ इन्हीं स्थितियों में होती हैं।

बाजार की शक्तियों के सामने किसान अपने को असहाय क्यों पाता है, इसको समझना जरूरी है। व्यापार के सम्बन्धों के पीछे अर्थशास्त्र का जाना-माना यह सिद्धान्त काम करता है जिसे 'माँग और आपूर्ति' का सिद्धान्त कहा जाता है। इस

सिद्धान्त के अनुसार, अगर किसी वस्तु की आपूर्ति कम हो जाती है और माँग अधिक तो वह वस्तु महँगी हो जाती है और अगर इसका उल्टा आपूर्ति अधिक और माँग कम तो वस्तु सस्ती हो जाती है। दरअसल, आज के व्यापार की दुनिया में यह नियम अपने शुद्ध रूप में किसानों की अपनी फसल को बेचने पर ही लागू होता है। अनगिनत किसान देश और दुनिया के दूसरे भागों के किसानों के उत्पादन की स्थितियों से अनजान अपनी पैदावार ले बाजार में आते हैं।

उनके लिए फसल तैयार होने पर जल्दी अपना माल बाजार में लाना जरूरी हो जाता है। इसके दो कारण होते हैं। एक तो यह कि ज्यादा किसान छोटे उत्पादक होते हैं और उनके पास इतनी जमा पूँजी नहीं होती कि अपना खर्च तथा आगे की खेती का खर्च बिना अपनी फसल बेचे चला सकें। गाँवों में सस्ते सूद पर ऋण भी मिलना मुश्किल होता है। या तो गाँवों में बैंक की सुविधा कम होती है या उनसे ऋण लेने में इतनी शर्तें पूरी करनी होती हैं कि किसान उनकी सुविधाओं से वंचित रहता है। इस तरह फसल तैयार होते ही सारे किसान अपनी फसल बेचने बाजार में आ जाते हैं। अगर इस समय व्यापारी या सरकार बड़े पैमाने पर उचित दाम दे फसल खरीदने के लिए आगे नहीं आए तो आपूर्ति और माँग के ऊपर बतलाए गए नियम के हिसाब से खेती से पैदा वस्तुओं की कीमतें अचानक बहुत गिर जाती हैं, प्राय: लागत खर्च से भी नीचे।

यहीं से किसानों की दुर्दशा शुरू होती है। वह अपने पिछले ऋण का बकाया भी नहीं चुका सकता। नई खेती और खर्च के लिए नया ऋण लेना जरूरी हो जाता है। पारम्परिक स्रोतों से लिए गए कर्ज की दर इतनी अधिक होती है कि किसान स्थायी रूप से कर्ज के जाल में फँस जाता है जिससे कभी वह बाहर नहीं निकल पाता। वही माल जब व्यापारियों के हाथों में पहुँच जाता है तो कुछ समय बिक्री रोक—क्योंकि उनके पास पूँजी या पूँजी के स्रोत उपलब्ध होते हैं—इन्हीं वस्तुओं की कीमत बढ़ा देते हैं। स्वयं किसानों को जब जरूरत होती है, अपने ही द्वारा उत्पादित वस्तुओं को अधिक कीमत पर खरीदना पड़ता है।

अगर हम उद्योगों में उत्पादित वस्तुओं के बाजार पर नजर डालेंगे तो ठीक उलटी स्थिति पाएँगे। यहाँ किसानों की तरह बाजार की स्थिति पर निर्भर या अनजान विक्रेता बाजार में नहीं आते। प्राय: औद्योगिक उत्पादन में लगे उद्योगपति (छोटे घरेलू उद्योगों को छोड़ जिनकी स्थिति बिखरे कृषि उत्पादकों जैसी होती है) इजारेदार होते हैं यानी कुछ बड़े औद्योगिक घराने ही अलग-अलग वस्तुओं के एकमात्र उत्पादक होते हैं। कभी-कभी अगर एक से अधिक बड़े औद्योगिक उत्पादक एक क्षेत्र में हों भी तो उनमें एक तरह का आपसी समझौता होगा जिससे अपनी कीमतों को एक-दूसरे के समकक्ष रखेंगे। इस तरह अगर एक ब्रांड के साबुन का दाम बढ़ेगा तो बाकी ब्रांडों के साबुनों का दाम भी कमोबेश साथ ही बढ़ेगा। इस तरह वे उपभोक्ता के

सामने एक संयुक्त मोर्चा खड़ा करते रहते हैं। जब हम किसी दुकान में साबुन तेल या दवा खरीदने जाते हैं तो अनाज की मंडी की तरह मोल-भाव नहीं कर सकते। लागत, खर्च, मुनाफा और टैक्स—सबको जोड़कर एक निर्धारित कीमत, प्राय: लेबुल लगा, खरीददार के सामने हाजिर कर दी जाती हैं। हम इसमें कोई कटौती नहीं कर सकते। कई क्षेत्रों में, जैसे मिट्टी तेल, पेट्रोल, डीजल या बिजली में सरकारें ही कीमत निर्धारित कर देती हैं। इस तरह न तो बड़े पूँजीपति उत्पादक और न सरकारें बाजार की शक्तियों पर निर्भर करती हैं। असंख्य गाँवों में बिखरे किसान ही बाजार की शक्तियों के भरोसे तैरने या डूबने को छोड़ दिए जाते हैं।

अनगिनत गाँवों में बिखरे किसानों के हितों की रक्षा सरकार ही कर सकती है जिसे लोकतंत्र के भीतर किसानों के मत पर काफी हद तक निर्भर करना पड़ता है, लेकिन देश की सभी स्थापित पार्टियाँ, चाहे भाजपा हो या कांग्रेस और यहाँ तक कि वामपंथी कही जानेवाली पार्टियाँ भी औद्योगिक और शहरी क्षेत्रों की पक्षधर रहीं हैं और इसलिए किसानों के हित के विरोध में काम करती रही हैं। यह बात कृषिजन्य वस्तुओं के कीमत निर्धारण में साफ दिखाई देती है। जहाँ किसानों को खेती में लगनेवाली वस्तुओं जैसे खाद, बिजली की कीमत या डीजल पर लगातार बढ़ती कीमतों का सामना करना पड़ता है, जो कीमतें सरकार द्वारा ही निर्धारित होती हैं। कृषिजन्य वस्तुओं की कीमतें प्राय: इस पर लागत के हिसाब से कम होती हैं। इससे भी बुरी स्थिति यह होती है कि पंजाब जैसे एकाध राज्यों को छोड़, जहाँ के किसानों ने सरकार पर दबाव बनाए रखने में एक हद तक सफलता पाई है, बाकी जगह सरकारी खरीदारी की कोई ऐसी निश्चित व्यवस्था नहीं कि किसान आसानी से अपनी उपज को बेच सकें। प्राय: खरीदारी के केन्द्र गाँवों से दूर पड़ते हैं। जो बड़े किसान हैं और जिन्हें बड़ी मात्रा में अन्न या दूसरी फसल बेचना पड़ता है, वे तो वाहन का खर्च उठा सकते हैं या उनके पास खुद का वाहन होता है, लेकिन छोटे किसानों के लिए अपना माल लेकर इन केन्द्रों पर पहुँचना मुश्किल होता है। इस तरह वे अपना माल गाँव के बिचौलियों के हाथ सरकार द्वारा तय कीमतों से भी कम पर बेचने को मजबूर होते हैं।

सरकार द्वारा खेती में पैदा वस्तुओं की कीमतें किसी न्याय संगत सिद्धान्त के आधार पर नहीं तय की जातीं। जब खेती में पैदा वस्तुओं की कीमतें इतना नीचे गिर जाती हैं कि किसानों के लिए खेती करना मुश्किल होने लगता है और किसानों का विरोध बढ़ने लगता है तब मनमाने ढंग से कीमतें थोड़ा-बहुत बढ़ा दी जाती हैं। कीमत तय करने में किसानों के प्रतिनिधियों की कोई खास भूमिका नहीं होती। कीमत तय करने के पीछे एक ही दृष्टि रहती है कि पूँजीपतियों और शहर में रहनेवाले मुखर तबकों के विचार का ध्यान रखा जाए। अन्न की कीमत बढ़ने से पूँजीपतियों पर श्रमिकों का दबाव मजबूरी बढ़ाने के लिए बढ़ने लगता है। इससे पूँजीपति चाहते

हैं कि खाद्यान्नों पर उन्हें कम खर्च करना पड़े। हालाँकि शहरी मध्यमवर्ग के कुल खर्च में अनाज पर किए जानेवाले खर्च का अनुपात काफी कम होता है। फिर भी वे अपनी कमाई में किसानों को हिस्सा देने पर तैयार नहीं होते। टीवी या मोटर गाड़ियों की कीमतों के उतार-चढ़ाव को वे बिना किसी हीले-हवाले के बर्दाश्त कर लेते हैं, लेकिन खाद्य पदार्थों की कीमत में बढ़ोतरी पर चारों ओर शोर मचना शुरू हो जाता है। अभी तक पारम्परिक वामपंथ, जैसे कम्युनिस्ट पार्टियाँ भी इस सवाल पर किसान विरोधी रुख ही अपनाती हैं। दूसरी और कृषिजन्य वस्तुओं की कीमतें बढ़ने पर भी उद्योगपतियों का कड़ा विरोध होता है जो औद्योगिक कच्चे माल के रूप में इस्तेमाल होती हैं।

कम्युनिस्टों का किसान विरोध उनकी इस पारम्परिक मान्यता पर आधारित है कि किसान अन्तत: एक प्रतिगामी वर्ग है। अत: कम्युनिस्टों का मुख्य उद्देश्य औद्योगिक या ग्रामीण मजदूरों की हितरक्षा है। अन्न की कीमत बढ़ने से मजदूर वर्ग पर खर्च का बोझ बढ़ता है। दूसरा, उनकी यह मान्यता है कि मंडियों में अनाज सिर्फ गाँव के धनी किसान, जिन्हें कुलक कहते हैं, लाते हैं और अन्न की कीमत बढ़ने से उन्हीं को लाभ होता है। इसलिए वे कृषिजन्य वस्तुओं की कीमतों को नियंत्रित रखने के पक्षधर हैं। हकीकत यह है कि अपने उत्पादों को सबसे कम कीमत पर बेचने के लिए छोटे किसान ही मजबूर होते हैं क्योंकि उन्हें अपनी जरूरतों की पूर्ति के लिए फसल तैयार होने के तुरन्त बाद इसे बेच देना पड़ता है। जो बड़े किसान हैं वे अपनी पैदावार को जमा रख सकते हैं और उस समय बेचते हैं जब कीमत सबसे ऊँचे स्तर पर होती है। सरकारी संरक्षण की सबसे अधिक जरूरत छोटे किसानों को ही होती है। यही वह वर्ग है जो फसल तैयार होने पर खर्च के दबाव में सबसे कम कीमत पर इसे बेचता है और घट जाने पर फिर बाजार से इसे तब खरीदता है जब इसकी कीमत जमाखोरों द्वारा काफी बढ़ा दी गई होती है। इसके अलावा खेत मजदूरों की आय भी किसानों की आय से जुड़ी होती है। जब खेती में यथेष्ट मुनाफा नहीं मिलता, खेत मजदूरों की मजदूरी भी कम ही रहेगी।

लेकिन जो लोग खेती की पैदावार के लिए उचित मूल्य देने की वकालत करते हैं, उनकी सोच भी इस सवाल पर बिलकुल स्पष्ट नहीं कि उचित मूल्य तय करने का आधार क्या हो? इस पर भी एक निश्चित नीति की जरूरत है।

इक्के-दुक्के अपवादों को छोड़ किसान पूँजीपति नहीं होते, न वे खेती की कमाई से पूँजीपति बन सकते हैं। देश में भूमि की हदबन्दी से यह सम्भव भी नहीं है। जो किसान पूँजीपति बनना चाहेगा उसे खेती की बजाय अपनी पूँजी के विस्तार का दूसरा क्षेत्र ढूँढ़ना होगा। अगर इक्के-दुक्के ऐसे किसान काश्तकार हों भी तो किसान सम्बन्धी कोई नीति तय करने में उनको नजरअन्दाज करना होगा। किसान नीति के लिए आधार में होंगे, वे बहुसंख्य किसान जो पाँच एकड़ से कम और प्राय:

दो एकड़ से भी कम जमीन पर खेती करते हैं, जिनका भारत में खेती करनेवालों में विशाल बहुमत है।

खेती की उपज का मूल्य निर्धारित करने में खेती की लागत के साथ-साथ इस पर विचार करना होगा कि आम किसान जो औसतन दो-ढाई एकड़ जमीन पर खेती करता है अपनी जमीन की उपज से अपना और अपने परिवार का भरण-पोषण कर सके। छोटी जोत पर पैदा वस्तुओं की कीमत उस पर निर्भर किसानों की आजीविका की जरूरतों को देखते हुए बड़ी जोतों की तुलना में कई गुणा अधिक रखने की जरूरत हो सकती है। एक उदाहरण से बात साफ हो जाएगी। एक किसान जो दो एकड़ जमीन पर खेती करता है और 20 क्विंटल प्रति एकड़ के हिसाब से अनाज पैदा करता है, उसकी उपज 40 क्विंटल होगी। अगर प्रति एकड़ उपज बराबर हो तो दो सौ एकड़ जमीन पर खेती करनेवाले काश्तकार की उपज सौ गुणा अधिक यानी चार हजार क्विंटल होगी। यह सहज की देखा जा सकत है कि चार हजार क्विंटल पैदा करनेवाले काश्तकार को अगर अनाज की कीमत प्रति क्विंटल के हिसाब से बहुत कम भी दी जाए, तो खेती का खर्च निकालकर भी वह बड़े आराम की जिन्दगी बिता सकता है। इसके विपरीत दो एकड़ पर खेती करनेवाले किसान के लिए खर्च का बोझ उठाना सम्भव ही तब होगा जब उसे अनाज की काफी ऊँची कीमत मिले।

भारत और अमेरिका तथा यूरोप के कई देशों में खेती करनेवाले किसानों की जोत के आकार का अनुपात कुछ इसी तरह का है। उन देशों में औसत जोतों के आकार भारत से सौ गुना या और अधिक है क्योंकि उपलब्ध जमीन के हिसाब से बहुत थोड़े लोग प्राय: तीन से दस प्रतिशत के भीतर खेती में लगे हैं। सम्पन्न औद्योगिक देशों में जापान अकेला है, इसलिए जापान की सरकार अन्तर्राष्ट्रीय कीमत से प्रति इकाई कई गुणा अधिक कीमत चावल पैदा करनेवाले अपने किसानों को उपलब्ध कराती रही है। तर्क सीधा है—खाद्य में आत्मनिर्भरता के लिए किसानों को देश के जीवन स्तर के हिसाब से एक न्यूनतम आधार प्रदान करना जरूरी था। इसलिए जापान अपने देश के अन्न बाजार को अन्तर्राष्ट्रीय प्रतिस्पर्धा के लिए खोलने की नीति का यथासम्भव विरोध करता रहा है। अगर उसने पिछले दिनों इसमें थोड़ी ढील बरती है तो इसलिए कि इसकी औद्योगिक व्यवस्था पूरी तरह अन्तर्राष्ट्रीय व्यापार पर निर्भर है। इस व्यापार के लिए बाहारी दरवाजा खुला रखने के लिए कृषि उत्पादों के क्षेत्र में थोड़ी रियायत देना इसकी मजबूरी रही है। इसलिए भारत को भी अपने बहुसंख्य किसानों को मानवीय जीवन प्रदान करने के लिए कृषिजन्य वस्तुओं के क्षेत्र में 'आजीविका मूल्य' की नीति अपनानी होगी यानी मूल्य ऐसे हों कि छोटी जोत वाले किसान भी अपना जीवन बसर कर सकें। ऐसे मूल्य ऊँचे होंगे ही।

यह एक विडम्बनापूर्ण स्थिति है कि हमारे किसान अपनी भूमि से समग्रता में अधिक उपज लेते हैं बनिस्बत उन औद्योगिक देशों के, जिनकी खेती अधुनातन प्रविधियों से युक्त मानी जाती है। यह बात जो अन्तर्राष्ट्रीय व्यापार में कृषि उत्पादों की कीमतों पर सरसरी निगाह डालने से ही दिखाई दे जाती है। अगर ऐसा नहीं होता तो अमेरिका के बड़े फार्मों की उपज के हिसाब से हमारे किसानों की उपज की कीमत कई गुना अधिक होती क्योंकि उनके फार्मों का आकार हमारे किसानों की जोतों से सैकड़ों गुना अधिक होता है। उलटा अमेरिकी कृषि उत्पाद विश्व व्यापार में इसलिए टिक पाते हैं क्योंकि उन्हें अरबों डॉलर का अनुदान दिया जाता है। यह एक अचरज में डालनेवाली बात लगेगी, इसलिए इसके स्वरूप को समझने की जरूरत है।

अमेरिकी पर्यावरण अध्येता जेरेमी रिफ्किन ने अपनी बहुचर्चित पुस्तक 'इंट्रोपी' में एक छोटे पारम्परिक किसान और अधुनातन तकनीक पर आधारित बड़े फार्मों की लागत और उपज का ब्यौरा यों दिया है।

"एक साधारण किसान आम तौर से एक कैलोरी ऊर्जा खर्च कर दस कैलोरी ऊर्जा पाता है। अब यह भी सच्चाई है कि आयोवा का एक फार्मर एक कैलोरी मानव श्रम खर्च कर 6,000 कैलोरी पैदा कर सकता है, लेकिन ऊपर से दिखनेवाली यह कुशलता एक बड़ा भ्रम साबित होती है जब इस प्रक्रिया में खर्च किए गए बाकी सभी ऊर्जा का शुमार किया जाता है। एक डिब्बे के सिर्फ 270 कैलोरी वाले अनाज को पैदा करने में वह किसान 2,790 कैलोरी खर्च करता है जिसका बड़ा हिस्सा फार्म की मशीनरी को चालू रखने और संश्लिष्ट उर्वरकों और कीटनाशकों को बनाने में जाती है, जिसका प्रयोग फार्म में होता है। इस तरह अमेरिकी किसान एक कैलोरी ऊर्जा उत्पादित करने के लिए दस कैलोरी तक ऊर्जा खर्च करता है।"

अमेरिकी फार्मों के खर्चे और पैदावार का पूरा ब्यौरा यही बतलाता है कि तथाकथित अति आधुनिक फार्म कुल मिलाकर ऋणात्मक उपज देते हैं यानी उन पर जितनी लागत आती है उतनी उपज से वापस नहीं आती। जब हम इस हकीकत पर विचार करते हैं तो यह बात समझ में आती है कि फार्मों के बड़े आकार के लाभ से ही जहाँ अमेरिकी कृषि उत्पाद सस्ता उपज दे सकते थे, वे क्यों दुनिया के छोटे किसान उत्पादकों से भी खुली प्रतिस्पर्धा में मुकाबला नहीं कर पाते और उन्हें भारी सब्सिडी (अनुदान) की जरूरत होती है। इससे एक और बात निकलती है। यंत्रों और संश्लिष्ट रसायनों पर आधारित खेती में जमीन की अपनी उपज देने की क्षमता गौण हो जाती है या घटती है। इस तरह एक ऐसी स्थिति आ जाती है जहाँ किसी दूसरे कारखाने की तरह कृषि से उतना ही उत्पाद प्राप्त होता है जितना इसमें लगाया जाता है या जैसेकि ऊपर के उदाहरण से मालूम होता है, उतना भी नहीं प्राप्त होता जितना कि लगाया गया होता है, लेकिन अपने विशाल पैमाने के चलते

ये बड़े उत्पादक व्यापारिक प्रतिस्पर्धा में छोटे उत्पादकों को दबा देते हैं और इससे छोटे उत्पादक धीरे-धीरे मैदान से बाहर हो जाते हैं।

दरअसल, अमेरिकी खेती बड़े औद्योगिक फार्म का स्वरूप ले चुकी है और जेरेमी रिफ्किन के अनुसार, अमेरिका की खेती का बड़ा हिस्सा 'ऐग्रोबिजिनेस कॉरपोरेशनों' के हाथ आ गया है। इनमें 29 कॉरपोरेशनों का अमेरिका के 21 प्रतिशत भूमि पर नियंत्रण है। हमारे देश में भी आधुनिक कृषि तकनीक और उदारीकृत व्यवस्था के हिमायती कुछ उत्साही लोग इस बात की वकालत कर रहे हैं कि देश से भू-हदबन्दी कानूनों को खत्म कर देना चाहिए ताकि औद्योगिक प्रतिष्ठान के लोग कृषि क्षेत्र को आधुनिक बना सकें। ये लोग आधुनिकता की चकाचौंध में इतने अन्धे हो चुके हैं कि अमेरिका जैसे देशों की असलियत को देख नहीं पाते। इन्हें यह भी नहीं दिखाई देता कि इस तरह की नीति से धीरे-धीरे करोड़ों किसान खेती-बाड़ी छोड़ बेरोजगारों की फौज में दाखिल हो जाएँगे। अमेरिका जैसे देशों में बृहत् पैमाने के औद्योगिक प्रसार के काल में यह सम्भव था कि खेती छोड़कर आए करोड़ों लोगों को उद्योग, व्यापार या दूसरे सेवाओं में अँटाया जा सके, लेकिन भारत जैसे देश में जहाँ लोग पहले से ही बेरोजगारी से पामाल हैं, इस तरह की नीति के क्या अनर्थकारी प्रभाव हो सकते हैं, हम इसकी कल्पना भी नहीं कर सकते।

पश्चिमी देशों की अर्थव्यवस्था में कृषि उत्पादों की स्थिति कितनी बदल गई है, इसके प्रति लोगों के नजरिया के परिवर्तन में देखा जा सकता है। अठारहवीं शताब्दी के अर्थशास्त्रियों का एक समूह जिन्हें 'फिजियोक्रैट' कहा जाता था, कृषि को ही मूल्य पैदा करनेवाला एकमात्र क्षेत्र मानते थे जहाँ लागत से अधिक उत्पादन होता था। इसी कारण उनकी दृष्टि में यही एक क्षेत्र था जिस पर किसी कर का औचित्य था। यह सिद्धान्त अर्थशास्त्रियों के बीच विवाद का मुद्दा था और अधिकांश अर्थशास्त्रियों की इससे असहमति थी। लेकिन उस समय जो बात लोगों की निगाह में सहज ही आती थी, वह यह कि खेती में लगी पूँजी और श्रम से लागत से अधिक उत्पादन होता था। यही लोगों की दृष्टि में तथाकथित 'रेट' का आधार था। अब यह स्थिति बिलकुल बदल गई है जो ऊपर उद्धृत पंक्तियों से ज्ञात होती है। आज इन देशों में कृषि उत्पादों को कई चरणों में औद्योगिक उत्पादों में बदलकर ही सम्बन्धित मूल्य प्राप्त किया जा सकता है और शायद इसी आधार पर वहाँ की कृषि व्यवस्था खड़ी है। बाकी के लिए इसे अनुदान का सहारा ढूँढ़ना होता है। दरअसल, कृषि के सामने यह समस्या इसलिए खड़ी हुई है क्योंकि मानव समाज के सम्बन्धों को शुद्ध रूप से व्यापारिक सम्बन्धों में तब्दील कर दिया गया है। यह पूँजीवाद की देन है। इसलिए भारत के लाखों गाँवों और वहाँ खेती में लगे करोड़ों किसानों और मजदूरों को मानवीय जीवन प्रदान करने के लिए देश को अन्तर्राष्ट्रीय व्यापार के व्यूह से बाहर करना होगा।

इसके लिए न सिर्फ पूँजीवादी विकास के आदर्श का परित्याग करना पड़ेगा बल्कि समाजवादी आन्दोलन के एक हिस्से में प्रचलित इस विचार का भी परित्याग करना होगा कि समाजवाद का भविष्य केन्द्रीकृत औद्योगिक विकास के साथ जुड़ा है। मार्क्सवादी विचारधारा में यह मान्यता थी कि पूँजीवादी औद्योगीकरण की प्रक्रिया में अन्ततः दो ही वर्ग आमने-सामने रह जाएँगे—पूँजीपति और सर्वहारा। बाकी वर्ग धीरे-धीरे मिट जाएँगे। मार्क्स ने वैसे तो किसानों को 'प्रतिक्रियावादी वर्ग' नहीं कहा था, लेकिन इसकी स्थिति को 'विभाजित' और 'दुविधापूर्ण' कहा था। इस अर्थ में कि भूमि और काम के औजार का मालिक हेने से यह स्वामी की भूमिका भी निभाता है, लेकिन स्वयं ही श्रमिक भी है जो अपने औजारों से भूमि पर मजदूरी करता है। साथ ही, सीमित अर्थ में ही सही सम्पत्ति का अधिकारी होने के नाते निजी सम्पत्ति को समाप्त करने के प्रति इसमें कोई उत्साह नहीं होता जिसे समाजवादी समाज के लिए अनिवार्य माना गया था।

ज्ञातव्य है कि कम्युनिस्ट घोषणा पत्र में सर्वोच्च उद्देश्य निजी सम्पत्ति को समाप्त करना माना गया था। इसलिए न तो किसानों को क्रान्ति का अगुआ माना गया था और न भविष्य के समाज में एक वर्ग के रूप में इसकी स्थाई उपस्थिति को कबूल किया गया था। यह अलग बात है कि संक्रमण काल में किसानों को कई तरह के शोषण से राहत देने का वादा किया गया था, लेकिन मार्क्स के प्रभाव में चलनेवाले समाजवादी आन्दोलन में सैद्धान्तिक रूप में किसानों के प्रति नकारात्मक रुख अख्तियार करने का सबसे बड़ा कारण यह था कि मार्क्स की इतिहास दृष्टि में किसान एक मरणोन्मुख के क्रम में जब भी किसानों की शक्ति में उभार आता था, मार्क्सवादी इसे संशय की दृष्टि से देखते थे। उनके अनुसार, मरणासन्न वर्ग को जीवित रखना दरअसल, उसकी पीड़ाओं को बढ़ाना था।

जब मार्क्सवाद में आस्था रखनेवाले बोल्शेविक रूस की 1917 की क्रान्ति का नेतृत्व करने लगे तो वहाँ की विशेष स्थिति में, जहाँ किसान बहुसंख्यक थे, उन्होंने इसकी भूमिका के महत्त्व को कबूल किया और उनके समर्थन के बल पर क्रान्ति के बाद सत्ता को अपने हाथ में रख सके, लेकिन अपने किसान विरोधी सैद्धान्तिक पूर्वग्रह के कारण सत्ता में स्थायित्व आने पर 1928 के बाद से उन्होंने किसानों के खिलाफ अभियान शुरू किया। इस प्रक्रिया में करोड़ों किसान विस्थापन और अकाल से मारे गए। इसके बाद कृषि की पैदावार के बड़े हिस्से को बलपूर्वक नगरों की जरूरतों और औद्योगिक विकास के काम में लगाया गया। किसान एक तरह से राज्य के भूदास बन गए, जिन पर विशाल केन्द्रीकृत नौकरशाही हावी हो गई।

कुछ ऐसा ही चीन में भी हुआ। वहाँ तो कम्युनिस्ट पार्टी के नेतृत्व में जो क्रान्ति 1929-48 में चली, उसका आधार किसान ही थे, लेकिन सत्ता में आने के बाद कई चरणों में वहाँ भी किसानों को जमीन पर से अधिकार गँवाना पड़ा और सारी

जमीन को अलग-अलग क्षेत्रों के विशाल कम्यूनों के नियंत्रण में डाल दिया गया जिन पर केन्द्रीय कम्युनिस्ट शासन का नियंत्रण था। शासन की तेज विकास की नीतियों के चलते वहाँ भी करोड़ों लोगों को अकाल में जान गँवानी पड़ी। किसानों के उत्पीड़न से चीन में भी एक औद्योगिक समाज की नींव पड़ी।

अब रूस और चीन, दोनों में तथाकथित समाजवादी व्यवस्थाएँ ध्वस्त हो चुकी हैं और उन्मुक्त व्यापार के दर्शन के तले व्यवस्था चलाई जा रही है। चीन में तो विश्व पूँजीवाद से जुड़ने के बाद से संसार की बहुराष्ट्रीय कम्पनियों के भारी निवेश से उद्योगों का तेज विकास हुआ है और पूर्वी और दक्षिण तटीय प्रदेश, जहाँ साम्राज्यवादियों ने पहले से ही कुछ मूल संरचनाओं का आधार रखा था, विकसित औद्योगिक देश होने का भ्रम उपस्थित करते हैं, लेकिन भीतरी और ग्रामीण क्षेत्रों में भारी उथल-पुथल है और किसानों की स्थिति दयनीय होती जा रही है। अन्दाजा लगाया जाता है कि लगभग पन्द्रह करोड़ किसान खेती छोड़ काम की तलाश में नगरों में वैस ही पलायन कर रहे हैं जैसा हमारे देश में हो रहा है।

अगर हम किसानों की दशा पर विचार करेंगे तो पाएँगे कि नव प्रस्तर युग के बाद से, जब से संसार के बड़े भाग में कृषि को जीवन का आधार बनाया गया, उन थोड़े अंचलों को छोड़ जहाँ कबीलों की विकेन्द्रित सत्ता थी और लोग पारिवारिक श्रम से कबीलों द्वारा निर्धारित भूमि पर स्वतंत्र रूप से खेती-बाड़ी करते थे, उन्हें सदा केन्द्रित शासनों के चलते शोषण और प्रताड़ना का जीवन जीना पड़ा है। मिस्र में वहाँ के सम्राट (फारोहा) सारी जमीन के मालिक हुआ कते थे और एक विशाल नौकरशाही फसल लगी जमीन की पैमाइश कर किसानों के जीने लायक फसल छोड़ बाकी सब सरकारी कर के रूप में उठा ले जाती थी। चीन में भी कुछ इसी तरह की विशाल केन्द्रित व्यवस्था थी जिसमें सरकारी अफसर (मन्दारिनो) के अलावा बिचौलिए सामन्त किसानों पर अपनी शान-शौकत का बोझ डालते रहते थे। जब स्थिति असह्य हो जाती थी तो किसान जब-तब बगावत करते रहते थे, जिससे कभी-कभी शसन का तख्ता भी पलट जाता था और दूसरा शासक आ जाता था, लेकिन केन्द्रित शासन और किसानों के शोषण का अन्त नहीं हुआ। रोम के साम्राज्य में जैसे-जैसे केन्द्रीय शासन की ताकत बढ़ी और दुनिया में उनका वर्चस्व बढ़ा, स्वतंत्र खेती वाले किसानों की जगह बाहर से लाए गए गुलामों के बल पर विशाल फार्म (लातिफुंडिया) अस्तित्व में आ गए और स्वतंत्र किसान हाशिये पर डाल दिए गए। जब वहाँ गुलामी व्यवस्था खत्म हुई तो बाहरी आक्रमणों का सिलसिला जारी हुआ। साम्राज्य के खात्मा और अल्पकालिक फ्रांस राजाओं साम्राज्य के काल में कुछ समय के लिए किसानों को थोड़ी राहत मिली, लेकिन फिर उनके ऊपर सशस्त्र लुटेरे गिरोह ने जबरिया अपनी मातहती लाद दी जिससे यूरोप में सामन्ती व्यवस्था आई और इसके विरुद्ध किसानों का विद्रोह शुरू हुआ। इसी की कड़ी में फ्रांस की

क्रान्ति थी जब से नवोदित पूँजीपति वर्ग का वर्चस्व कायम होने लगा। इसने तरह-तरह के उपायों से किसानों को उनकी भूमि से विस्थापित कर उन्हें कारखानों में काम करने को मजबूर किया। खाली पड़ी भूमि को धीरे-धीरे बड़े पूँजीवादी फार्मों में तब्दील किया जाने लगा, जो प्रक्रिया अब भी जारी है। तमाम गैर पूँजीवादी देशों में भी जहाँ पूँजीवाद ने अपने पाँव फैलाना शुरू किया है, कभी प्रतिस्पर्धा के चलते और कभी सरकारी भेदभाव की नीतियों के चलते छोटे किसानों को पूँजीवादी व्यवस्था पर निर्भर बना उनका शोषण किया जा रहा है।

यह लगभग एक नियम है कि जहाँ जितना ही विशाल केन्द्रित शासन का ढाँचा होता है, किसानों का शोषण भी उतना ही अधिक होता है क्योंकि शासनतंत्र की तमाम नौकरशाही और फौज के खर्च का बोझ अन्तत: किसानों पर ही लादा जाता है। पारम्परिक समाज में चूँकि कृषि ही उत्पादन और लाभ का सबसे प्रधान स्रोत थी यह बोझ मुख्य रूप से इसी पर था। प्राचीन भारत में कुछ छोटे कालखंडों को छोड़ बाकी समय में केन्द्रित शासन नहीं रहा है, अत: कमोबेश किसान अधिक स्वतंत्र थे। मुगल शासन के समय जो सूबेदार थे उनकी स्थिति कुछ सामन्तों जैसी थी, लेकिन उनका नियंत्रण भी किसानों पर उस तरह का नहीं था जैसा यूरोपीय फ्यूडल लार्डों का सर्फों पर होता था। इसी से कृषि और ग्रामीण उद्यम अधिक स्वतंत्र रूप से विकसित हो सकते थे। अंग्रेजों के आने से यह स्थिति बदली। पहले तो उन्होंने लगान वसूली को अधिक शोषक और सख्त बनाया और देश के बड़े हिस्से पर जमींदारों का एक वर्ग खड़ा कर दिया जो किसानों के घोर शोषण का औजार बन गया। दूसरे चरण में पूँजीवादी उद्योगों के विकास के लिए किसानों का तरह-तरह से उत्पीड़न होने लगा। भूमंडलीकरण के दौर में हम उत्पीड़न के सबसे कठोर काल में प्रवेश कर रहे हैं, जिसके उत्पीड़न के स्वरूप का वर्णन प्रारम्भ में किया गया है।

किसानों की स्थायी खुशहाली के लिए एक विकेन्द्रित और समतामूलक समाज का निर्माण जरूरी है। यह एक ऐसा समाज होगा जहाँ छोटे जोतों पर आधारित पारिवारिक श्रम से चलनेवाली कृषि व्यवस्था होगी। गाँव सामाजिक संरचना का आधार होगा। छोटे उद्योगों का जाल होगा जो या तो पारिवारिक श्रम से या जहाँ आवश्यक हो इसमें काम करनेवाले लोगों के सहयोगी श्रम से चलाए जाएँगे सिर्फ उन क्षेत्रों में कुछ बड़े उद्योगो का अस्तित्व रहेगा जहाँ छोटे उद्योग कारगर नहीं हो सकते। ऐसे उद्योग थोड़े होंगे और इन पर सामाजिक स्वामित्व होगा और इसमें काम करनेवाले श्रमिकों का नियंत्रण होगा।

सिर्फ ऐसी ही व्यवस्था में यह मूलभूत नीति चलाई जा सकती है कि रोजगार के अवसर वहाँ पैदा किए जाएँ जहाँ लोग रहते हैं। आज चूँकि मूलभूत संरचनाओं और उद्योगों का विकास कुछ बड़े औद्योगिक और नगरीय क्षेत्रों में होता है, दूर-दराज से घनी आबादी वाले इलाकों से जहाँ बेरोजगारी होती है लोगों को रोजगार की तलाश

में इन केन्द्रों पर आना पड़ता है। इससे न सिर्फ यातायात पर भारी दबाव पड़ता है बल्कि नगरों और महानगरों में भी बढ़ती भीड़ से घोर आवासीय समस्याएँ पैदा होती हैं और पर्यावरण का संकट जैसे वायु प्रदूषण, पेय जल का अभाव और तरह-तरह की बीमारियों का प्रकोप होता है। गाँवों में छोटे उद्योगों के विकास से छोटी जोत वाले उन किसानों के लिए जिनकी जोतें इतनी छोटी हैं कि आजीविका के लिए अपर्याप्त हो यह सम्भव होगा कि खेती से अवकाश के समय घरेलू उद्योगों में काम कर अपनी आय का अतिरिक्त साधन पा लें। ऐसे छोटे उद्योग और कृषि के जरिये ही हम आज देश के उन दसों करोड़ लोगों को रोजगार और आजीविका का साधन प्रदान कर सकते हैं जो आज केन्द्रित उद्योगों के चलते सिकुड़ते रोजगार के अवसर से दर-दर मारे-मारे फिर रहे हैं। ऐसी ही विकेन्द्रित व्यवस्था में वैसी तानाशाही की सम्भावना को भी निरस्त किया जा सकता है जिसके कारण पिछले दिनों समाजवादी विचारधारा ही बदनाम हो गई थी। आज देश के सामने और देश के करोड़ों ग्रामीण मजदूरों और किसानों के सामने ऐसी ही व्यवस्था स्थापित करने की चुनौती है।

(अप्रैल, 2004)

नई व्यवस्था में किसान

1 जुलाई को साढ़े सैंतीस सौ करोड़ रुपए के भारी-भरकम पैकेज के साथ प्रधानमंत्री मनमोहन सिंह की विदर्भ यात्रा की सुर्खियों में होने से वर्तमान बाजार व्यवस्था से किसानों की स्थिति में जो त्रासद उलट-फेर आया है, वह आंखों से ओझल हो गया। मनमोहन सिंह के इस पैकेज में सात सौ बारह करोड़ रुपए की कर्ज माफी की रकम और बारह सौ पचहत्तर करोड़ रुपए के नए कर्ज का प्रावधान भी शामिल था। इस कवायद से किसानों की स्थिति में महज इतना फर्क आया है कि छोटे महाजनों के कर्ज के बोझ से आत्मह३.त्या कर रहे किसानों को ऊपर के सुपर-महाजन ने राहत के तौर पर कुछ अग्रिम नए कर्जों की व्यवस्था कर दी है। इसमें आत्महत्या कर चुके किसान परिवारों या आत्महत्या की कगार पर पहुँच चुके किसानों को सात सौ बारह करोड़ रुपए के सूद की छूट भी शामिल है।

इसमें जो असल त्रासदी है, वह यह कि जो किसान कभी समाज में दाता की भूमिका में थे, इस नई व्यवस्था में भिखारी बना दिए गए हैं। यह विडम्बना ही है कि इस व्यवस्था के प्रवक्ता अर्थशास्त्री मनमोहन सिंह प्रधानमंत्री के रूप में दुनिया के सामने इस त्रासदी को उजागर करते दिखे। विदर्भ और सबसे अधिक गरीब इसके छह जिलों पर ध्यान केन्द्रित होने से इस बात की ओर से लोगों का ध्यान हट गया कि किसानों की दुर्दशा सिर्फ विदर्भ के किसानों तक सीमित नहीं है, बल्कि अलग-अलग रूप में देश के सभी भागों में व्याप्त है।

उन्मुक्त बाजार व्यवस्था में सशक्त कॉरपोरेट जगत के मुकाबले बिखरे तमाम असंगठित क्षेत्रों के लोगों की स्थिति असहाय बनती जा रही है। सारे देश के किसान बदहाली में हैं। सिर्फ वहीं के नहीं, जहाँ वे आत्महत्या कर रहे हैं। प्राय: जब किसान खेती के खर्च का बोझ नहीं सँभाल सकते तो जमीन गिरवी रखते हैं या बेच कर खर्च चलाते हैं या खेती के खर्च के लिए लिये गए ऋण का भुगतान करते हैं। जब इसकी भी गुंजाइश नहीं होती तो आत्महत्या का आखिरी रास्ता अपनाते हैं। इस प्रक्रिया में बड़े या मध्यम किसान धीरे-धीरे सीमान्त किसान बन जाते हैं और फिर अन्त में भूमिहीन मजदूर। गाँवों में रोजगार की वैकल्पिक सम्भावना के अभाव में फिर ये नगरों की ओर पलायन करते हैं।

इस तरह नगरों-महानगरों के पायदान पर गाँव से आई गरीबी की एक दुनिया झोपड़पट्टियों और झुग्गियों में पसर जाती है। इस तरह गाँव में आत्महत्या के लिए मजदूर होनेवाले किसानों और नगरों में पसरती-उजड़ती झोपड़पट्टियों के बीच एक निरन्तरता है। आत्महत्या करनेवाले किसानों की अपनी जिन्दगी भले ही खत्म हो जाती हो, उनके परिवार वालों की जिन्दगी खत्म नहीं होती और नगरों के फुटपाथों पर उनके जीवन का नया अवतार होता है। दरअसल, भारी शोर-शराबे के बीच यह हकीकत छिप जाती है कि इस तरह की आत्महत्याएँ और इनके इर्द-गिर्द होनेवाले सरकारी कर्मकांड व्यवस्था को कायम रखने में 'सेफ्टी वॉल्व' का काम करते हैं।

वैसे तो उन्मुक्त बाजार व्यवस्था के पैरोकार देश के कॉरपोरेट सेक्टर और उसके नियंत्रण में चलनेवाले मीडिया और अर्थशास्त्री होते हैं, लेकिन जो एकमात्र क्षेत्र जहाँ व्यवहार में उन्मुक्त बाजार की पकड़ शत-प्रतिशत होती है, वह देश का कृषि क्षेत्र ही है। यही क्षेत्र है, जहाँ दूसरे उत्पादकों की स्थिति और राष्ट्रीय और अन्तर्राष्ट्रीय बाजार की स्थिति से अनभिज्ञ किसान अपना उत्पाद लेकर बाजार में उपस्थित होते हैं और बाजार के माँग और आपूर्ति के नियम के अनुसार अपने उत्पादों को बेचने को विवश होते हैं।

जब फसल तैयार होती है, उस समय खरीद को नियंत्रित कर व्यापारी किसानों को औने-पौने दाम पर अपने उत्पाद बेचने को मजबूर करते हैं। जब उत्पाद किसानों के हाथ से निकल व्यापारियों के हाथ में पहुँच जाता है, तब वे मनमानी कीमत पर इसे बेचते हैं। समाजवादी नेता राममनोहर लोहिया ने इस प्रक्रिया को 'दामों की लूट' का नाम दिया था। सरकार द्वारा जो तथाकथित समर्थन मूल्य निर्धारित किया जाता है, वह भी किसानों की कमजोर स्थिति को देखते हुए न्यूनतम होता है।

सच तो यह है कि पंजाब जैसे कुछ राज्यों को छोड़ इस मूल्य पर भी खरीद की कोई व्यवस्था नहीं होी, जिसमें दूर-दराज के गाँवों में फैले किसानों से फसल आने के तुरन्त बाद फसल खरीदी जाती हो। यहाँ गाँव के छोटे व्यापारी सरकार निर्धारित मूल्य से काफी कम कीमत पर किसानों की फसल खरीदते हैं। प्राय: किसानों को मिलनेवाला मूल्य इतना कम होता है कि खेती पर खर्च की गई रकम भी नहीं निकल पाती। यहीं से किसानों की कर्जदारी का सिलसिला शुरू होता है। यह विचारणीय है कि जहाँ सरकार द्वारा गेहूँ का समर्थन मूल्य साढ़े छह सौ रुपए के करीब घोषित था, विदेशों से सरकार ग्यारह सौ रुपए प्रति क्विंटल गेहूँ खरीद रही है। खेती में आवश्यक सुधार के लिए जैसी पूँजी लगाने की जरूरत होती है वह तो दूर, किसानों को तो आजीविका चलाने के लायक भी आमद नहीं होती।

गाँव के किसानों के प्रति बैंकों का रुख भी पारम्परिक ग्रामीण सूदखोरों से बहुत अलग नहीं होता। जो ऋण दिया जाता है, उसमें उन्हें बार-बार दौड़ा कर बैंक कर्मचारियों द्वारा कुछ निजी कमीशन काटकर ही भुगतान किया जाता है। यही कारण है कि किसान बैंकों की बजाय दस गुना ब्याज दर पर पारम्परिक महाजनों से ऋण लेना पसन्द करते हैं। साल-दर-साल तो घाटा ही होता है, फिर किसानों

को कर्ज के बोझ से निकलने का मौका ही कहाँ मिलता है? किसानों को सरकारी अनुदान या अनुकम्पा की जरूरत नहीं है। उन्हें ऐसी न्यायपूर्ण व्यवस्था की जरूरत है, जिसमें वे कर्ज से मुक्त रह सकें। इसके लिए उन्हें अपने उत्पाद का उचित मूल्य निर्धारित कर सकने की संस्थागत व्यवस्था की जरूरत है। अभी तो यह स्थिति है कि सरकार द्वारा 'समर्थन मूल्य' निर्धारण में न तो किसानों का कोई हाथ होता है, न वैसे अर्थशास्त्रियों का, जिनको किसानों के प्रति कोई सहानुभति हो। इनमें अधिकतर मनमोहन सिंह के उदारीकरण के स्कूल के ही स्नातक होते हैं।

इस स्थिति को समझने के लिए इसकी तुलना हम किसी भी दूसरे औद्योगिक उत्पादन के कीमत-निर्धारण से कर सकते हैं। अगर हम किसी दुकान में कपड़ा या साबुन खरीदने जाते हैं तो वहाँ बाजार के नियम के हिसाब से मोल-तोल नहीं करते। दुकानदार वस्तु की पूर्व-निर्धारित कीमत बताता है, जिसमें लागत, खर्च, मुनाफा और प्राय: उस पर लगा टैक्स आदि सब कुछ शामिल होता है। यह ठीक है कि बाजार का नियम वहाँ भी दूसरे स्तर पर उद्योगों के आपसी स्पर्धा से लागू होता है। दरअसल, यहाँ भी बाजार की स्पर्धा का नियम शुद्ध रूप से लागू नहीं होता। बड़े 'मोनोपॉली' या 'ओलीगोपॉली' (इजारेदारियों के विविध रूप) से ही कीमतें निर्धारित होती हैं।

जहाँ एडमिनिस्टर्ड कीमतें होती हैं, सरकार अपनी सुविधा या नीति के तहत कीमतें तय करती हैं। सिर्फ किसान, जो अपनी विशाल संख्या के हिसाब से लोकतांत्रिक व्यवस्था की नियामक शक्ति माने जाते हैं, अपने उत्पाद और अपने जीवन की सम्भावनाओं पर किसी भी तरह का नियंत्रण रखने का अधिकारी नहीं है। जिस समय मनमोहन सिंह मीडिया की सुर्खियों के बीच विदर्भ का भ्रमण कर रहे थे, लगभग उसी समय भारत के वाणिज्य मंत्री कमलनाथ मुँह फुलाए विश्व बाजार संगठन की बैठक छोड़कर घर लौट आए। काफी देर से उन्हें यह अनुभव हुआ कि विश्व व्यापार संगठन में सम्पन्न देशों को भारत के किसानों के हितों की चिन्ता नहीं है। क्या सचमुच यह एहसास कमलनाथ को अब हो रहा है?

यह आश्चर्य है कि हमारे राजनेताओं और अर्थशास्त्रियों को जानकारी नहीं है कि विश्व व्यापार संगठन दुनिया के गरीब मुल्कों और उनके आम लोगों की जिन्दगी सुधारने के लिए नहीं खड़ा किया गया है, बल्कि इसका मकसद दुनिया के दूर-दराज इलाकों के संसाधनों और बाजार को वैश्विक—मूलत: औद्योगिक दृष्टि से अधिक विकसित पूँजी की पहुँच में लाना है। इसकी रणनीति का सबसे महत्त्वपूर्ण पहलू है, पिछड़ी अर्थव्यवस्थाओं के नवोदित पूँजीपति वर्ग को सीमित रूप से अपने बाजार में प्रवेश देकर उनके देशों को अपने देश के विशाल पूँजीवादी प्रतिष्ठानों के लिए पूरी तरह खोल देना। चूँकि पूँजीवादी व्यवस्था में मुनाफे का सीधा सम्बन्ध उत्पादित वस्तुओं की मात्रा से है (जितनी ही अधिक वस्तुओं की बिक्री होगी उतना ही अधिक मुनाफा होगा), उत्पादों का ज्यादा-से-ज्यादा विस्तार जरूरी है।

पारम्परिक समाजों में उपभोग की वस्तुओं का दायरा सीमित था। मूलतः जीवन के लिए जरूरी आवश्यकताओं की पूर्ति तक। इसलिए औद्योगिक देशों के नए प्रतिष्ठान जब पारम्परिक समाजों में प्रवेश करते हैं तो पहले से उपलब्ध बाजार तक, यानी उपयोग में आनेवाली वस्तुओं के बाजार तक सीमित नहीं रहते, बल्कि हर रोज नए उपभोग की वस्तुएँ ईजाद कर इनका प्रसार करते हैं। इस तरह के नए उत्पादों का बाजार इच्छा के अनुसार फैलाया जा सकता है। ऐसे ही नए उत्पादों के लिए बाजार खोलने के लिए विश्व व्यापार संगठन के दबाव में भारत में एकमुश्त लगभग पन्द्रह सौ वस्तुओं के प्रवेश के लिए दरवाजा खोल दिया गया था—ऐसी वस्तुओं के आयात के लिए, जिनके प्रवेश पर पहले रोक थी। इनमें ज्यादातर ऐसी वस्तुएँ थीं जिनका आम भारतीय इस्तेमाल नहीं करते। उम्मीद की जाती है कि एक बार प्रवेश पा लेने पर इनका प्रचलन स्वयं हो जाएगा।

इसके अलावा भारी सब्सिडी पर आधारित औद्योगिक देशों के कृषि उत्पादों को पारम्परिक कृषि आधारित देशों पर थोपने की कोशिश होती है जिससे किसानों को अपनी उपज का उचित मूल्य नहीं मिल पाता। भारत का किसान सन्तोषप्रद जीवन अपनी उपज के आधार पर जी सकता है कि नहीं, यह उसके उत्पादों की कीमत से जुड़ा है, जो बाहरी आयात से प्रभावित होती है। भारत के कृषि उत्पादों का दूसरे देशों में निर्यात अन्तर्राष्ट्रीय कीमत पर निर्भर करता है जो सब्सिडी से निर्धारित नीची कीमत से गम्भीर रूप से प्रभावित होता है।

यह प्रश्न उठता है कि सम्पन्न औद्योगिक देश—जैसे अमेरिका और फ्रांस—कृषि पर से सब्सिडी हटाने को राजी क्यों नहीं होते? इस सब्सिडी को हटाने की एवज में तो उन्हें बाकी वस्तुओं के खुले बाजार से इतना मुनाफा होगा कि कृषि उत्पादों की बिक्री के मामूली मुनाफे को वे छोड़ भी सकते हैं, लेकिन हकीकत यह है कि अगर विकसित औद्योगिक देश अपने किसानों को उत्पादन के लिए भारी सब्सिडी न दें तो उनकी कृषि व्यवस्था ठप्प हो जाएगी।

दरअसल, ऊर्जा स्रोतों जैसे तेल की महँगाई से भारी मशीनों पर आधारित खेती दिनोंदिन इतनी महँगी होती जा रही है कि किसानों की पारम्परिक खेती के मुकाबले वह टिक नहीं सकती। यही कारण है कि सभी तथाकथित विकासशील देशों के दबाव के बावजूद वे उत्पादन में कृषि सब्सिडी खत्म करने के लिए तैयार नहीं हैं। ऐसा करने से उनके अधिकतर बड़े फार्म उत्पादन बन्द कर देंगे।

मनमोहन सिंह की कठिनाई यह है कि खेती के घाटे और कर्ज के बोझ से आत्महत्या कर रहे किसानों को वे राहत में आर्थिक पैकेज तो दे सकते हैं, लेकिन ऐसी अर्थव्यवस्था नहीं बनने दे सकते हैं, जिसमें खुशहाल किसान आत्मनिर्भर व्यवस्था की ओर बढ़ कर उदारीकृत वैश्विक व्यवस्था के लिए समस्या बन जाएँ।

(जनसत्ता, 20 जुलाई, 2006)

किसान आन्दोलन की चुनौती

सत्रहवीं-अठारहवीं सदी की ब्रिटेन की 'इंक्लोजर' (जमीन की घेराबन्दी) की प्रक्रिया जिसके तहत किसानों का बड़े पैमाने पर विस्थापन हुआ और आज के स्पेशल इकोनॉमिक जोन यानी विशेष आर्थिक क्षेत्र या विभिन्न योजनाओं से किसानों और आदिवासियों के हो रहे विस्थापन के बीच एक बुनियादी सम्बन्ध है। दोनों ही पूँजीवादी औद्योगीकरण के लिए धरती से जैविक रूप से जुड़े किसानों के जीवन को नष्ट कर पूँजीवादी जीवन पद्धति को आरोपित करने के निर्मम प्रयास हैं। भूमिपुत्रों के शोषण की प्रक्रिया तो सभ्यता की शुरुआत से ही चल रही है, लेकिन आधुनिक औद्योगीकरण के दौर में यह इतनी निर्मम होती जा रही है कि जीवन का आधार ही खतरे में पड़ गया है।

कृषि उत्पादन और पशुपालन, जिसमें लगे लोग मोटे तौर से 'किसान' कहलाते हैं, आखेट के जीवन के बाद जीवनोपयोगी वस्तुओं के स्थायी और मूल उत्पादक रहे हैं। सभ्यता के प्रारम्भ से, जब से नगरों और इसके साथ-साथ केन्द्रीय राजसत्ता का विकास हुआ, किसानों के उत्पादन के अधिशेष (ट्रिब्यूट) पर ही इन राज्यों और नगरों की समृद्धि टिकी रही। अधिशेष के शोषण की व्यवस्था का ही एक रूप सामन्ती व्यवस्था भी थी, जो सोपानवत विभिन्न स्तरों पर अवस्थित अनेक सामन्तों को सर्वोपरि सामन्त राजाओं से जोड़ती थी। बड़े साम्राज्यों, जैसे मिस्र या चीन की विशाल निर्मितियों के लिए किसानों पर शोषण का बोझ बढ़ जाता था। मिस्र में सिद्धान्त रूप में साम्राज्य की सारी भूमि का स्वामित्व सम्राट के पास था और वह मनमाने ढंग से कर का बोझ बढ़ा सकता था।

भोजन की सामग्रियों के उत्पादन के साथ-साथ जीवनोपयोगी दूसरी वस्तुओं का उत्पादन भी कृषि की तरह ही अनेक गाँवों में फैला हुआ था। व्यापार कुछ ऐसी महत्त्वपूर्ण वस्तुओं तक सीमित था, जिन्हें स्थानीय लोग भौगोलिक कारणों से उत्पादित नहीं कर सकते थे और इन्हें दूसरे स्थानों से मँगाने की मजबूरी थी। कुछ हद तक शासक समूहों—राजाओं, उनके दरबारियों और सामन्तों—के ताम-झाम की वस्तुओं तक ही यह व्यापार सीमित था।

सामन्तों और राजाओं द्वारा थोपे गए अमिक्रमणों को छोड़, मूलत: इन व्यवस्थाओं की प्रकृति के साथ साहचर्य की निरन्तरता थी और वे जैविक विकास

या प्रकृति के अवयवीय विकास का ही विस्तार थीं। भूमि कहीं भी खरीद-बिक्री के लिए उपलब्ध पण्य नहीं थी।

भारत की पारम्परिक जाति व्यवस्था के भीतर भी जमीन पर सम्पूर्ण वैयक्तिक अधिकार की अवधारणा नहीं थी। मोटा-मोटी खेती का अधिकार सवर्ण जातियों को था, लेकिन खेत की उपज पर गाँव की जरूरतों को पूरा करनेवाली सभी शिल्पकार और सेवा देनेवाली जातियों का हक था जो निर्धारित अनुपात में उपज का हिस्सा लेती थीं। दुनिया के विभिन्न कबीलाई समूहों में भी जमीन का स्वामित्व सामूहिक रूप से कबीले का होता था, जिसके सदस्य परिवारों को इस पर खेती करने का या इनका चरागाह के रूप में इस्तेमाल करने का अधिकार होता था।

यूरोप की औद्योगिक क्रान्ति से पहले चौदहवीं से अठारहवीं शताब्दी तक किसान विद्रोहों का लम्बा सिलसिला सामन्तशाही के खिलाफ चला। इसकी पृष्ठभूमि यह थी कि सामन्तशाही के तहत जो 'सर्फ' (भू-दास) थे, वे दरअसल पहले के स्वतंत्र किसान थे जो पहले किसी तरह की सामुदायिक कृषि व्यवस्था से जुड़े थे और जिन्हें सातवीं और आठवीं सदी से, जोर-जबरदस्ती उनकी भूमि पर कब्जा जमा, सशस्त्र गिरोहों ने अपनी मातहती कबूल करने को मजबूर किया था। मार्क्स के सहयोगी फ्रेडरिक एंगेल्स ने जर्मनी के 'मार्क' के अध्ययन में ऐसी सामुदायिक व्यवस्था का विस्तार से उल्लेख किया है। रूस में उन्नीसवीं शताब्दी तक सामुदायिक कृषि 'मीर' की उपस्थिति थी और वहाँ के 'पापुलिस्ट' कहे जानेवाले समूह में यह विश्वास कायम था कि रूस में वहाँ की पारम्परिक ग्रामीण व्यवस्था का पूँजीवादी विघटन से गुजरे बगैर ही समाजवाद की ओर संक्रमण सम्भव होगा।

लेकिन पूरे यूरोप में पूँजीवादी अर्थव्यवस्था के विकास के साथ बाकी परिसम्पत्तियों की तर्ज पर भूमि भी निजी सम्पत्ति मान ली गई। इसके साथ यह धारणा भी प्रबल हुई कि जमीन का स्वामित्व और कृषि व्यवस्था पूँजीवादी उद्योगों की तर्ज पर ही चलाई जानी चाहिए। यूरोप और संसार भर में मार्क्सवाद के प्रभाव से समाजवादी चिन्तन में यह बात पैठ गई कि छोटी, पारिवारिक खेती अब अतीत की चीज रह गई है और किसान एक वर्ग के रूप में खत्म होनेवाली है। इसी से यह नतीजा निकाला गया कि समाजवादी व्यवस्था में कृषि में सरकार द्वारा अधिग्रहीत जमीन पर विशाल सामूहिक फार्म वैसे ही चलाए जाएँगे, जैसे विशाल सरकारी उद्योग।

इस विचार को आधार मिला यूरोप, खासकर ब्रिटेन में औद्योगीकरण के क्रम में किसानों को जिस तरह नष्ट किया गया था। उसके उदाहरण से। हकीकत यह है कि वहाँ पूँजीवादी औद्योगीकरण के लिए पूँजी संचय की शुरुआत ही किसानों के विस्थापन से हुई। ब्रिटेन में भेड़ पालने की दृष्टि से 'इंक्लोजर' (घेराबन्दी) करके विशाल क्षेत्र से किसानों को निकाल बाहर किया गया। फिर इन विस्थापित किसानों

को जबरिया मजदूर बना कर कारखानों में लगाया गया। यह सोचना भूल है कि औद्योगिक क्रान्ति पूरी तरह स्वाभाविक और स्वायत्त प्रक्रिया थी। आज 'विशेष औद्योगिक क्षेत्र' और खनन आदि के लिए जिस तरह किसानों और आदिवासियों को जबरदस्ती उनकी पारम्परिक भूमि से विस्थापित किया जा रहा है, वह पुराने समय में पूँजी संचय के लिए जो कुछ किया गया, उसी की पुनरावृत्ति है।

कुछ विशेष स्थितियों में, औद्योगीकरण के लिए जोर-जबरदस्ती किसानों के अस्तित्व को मिटाने की प्रक्रिया को इतिहास का अटलनीय अभिलेख मानकर समाजवादी आन्दोलन ने बीसवीं सदी के प्रारम्भ से यह मानना शुरू कर दिया कि तत्काल किसानों की जमीन की भूख का फायदा उठा उन्हें समाजवादी क्रान्ति में सहयोगी भले ही बनाया जाए, पर एक विकसित समाजवादी व्यवस्था कायम करने के लिए, जो विकसित उद्योगों पर आधारित होगी, किसानों के अस्तित्व को मिटाना ही होगा। संयोगवश, मार्क्सवादी प्रेरणा से जिन देशों में 'समाजवादी' क्रान्ति हुई वहाँ—मसलन, रूस और चीन में—किसान भारी बहुमत में थे। इस सोच का नतीजा यह हुआ कि रूस में सामूहीकरण के लिए और चीन में कम्यूनों की स्थापना के लिए स्वतंत्र किसानों के अस्तित्व को घोर दमन के जरिये खत्म कर दिया गया। अब रूस की समाजवादी व्यवस्था ध्वस्त हो चुकी है और वहाँ पूँजीवादी व्यवस्था एक हद तक बिखराव के साथ कायम हो चुकी है। चीन भी वैश्विक पूँजीवाद का एक सशक्त स्तम्भ बन गया है—अब वहाँ के ग्रामीण कम्यून अतीत की सुरक्षा से भी वंचित हैं, लेकिन किसानों के सम्बन्ध में जो धारणा एक सदी पहले बना ली गई, उसने आज तक किसान आन्दोलनों की दिशा को प्रभावित किया है।

इसी प्रभाव के कारण भारत में जमींदारी व्यवस्था के दिनों में तो इसके खिलाफ जबरदस्त किसान आन्दोलन चले, लेकिन जमींदारी व्यवस्था खत्म हो जाने के बाद वामपंथ की ओर से ऐसा किसान आन्दोलन, जो किसानों को केन्द्र में रखकर चलाए जाए, कभी आगे नहीं बढ़ पाया। तमिलनाडु का 'किसान आन्दोलन', कर्नाटक में नजुदास्वामी के नेतृत्व में 'रैयत संघ', उत्तर प्रदेश में महेन्द्र सिंह टिकैत के नेतृत्व में 'भारतीय किसान यूनियन' और महाराष्ट्र में शरद जोशी की अगुवाई में 'शेतकारी संगठन' उभरे, लेकिन इन आन्दोलनों के पास कोई दूरगामी नीति नहीं थी और इसी से ये सभी गैर-राजनीतिक भी हो गए।

किसान आन्दोलन के लिए राजनीति की अनिवार्यता तो तभी दिखाई देती है, जब किसानों और गाँवों को केन्द्र में रखकर समाज के नव-निर्माण की कोई कल्पना हो, जिसे राजसत्ता का सहारा ले अमली जामा पहनाने का संकल्प हो। समस्या यह है कि वर्तमान पूँजीवादी व्यवस्था को बदले बगैर किसानों की स्थिति सुधारी नहीं जा सकती। अन्ततः किसानों का अस्तित्व हमारे राष्ट्रीय अस्तित्व का सवाल बन जाता है।

मार्क्सवादी प्रभाव में चलनेवाली कम्युनिस्ट पार्टियाँ आज भी किसान विरोधी पुराने पाठ तक सीमित हैं। हालाँकि 'किसान सभा' नाम से इनके बड़े संगठन हैं—इन संगठनों में ज्यादातर खेत मजदूर (जिन्हें ये परम्परा का पालन करते हुए भूमिहीन किसान कहते हैं) और सीमान्त किसान हैं। चूँकि परम्परा से ये मार्क्सवादी औद्योगिक मजदूरों की वरीयता कबूल करते थे और इन्हीं में इनका व्यापक, सांगठनिक आधार भी था, अतीत में ये प्राय: किसानों की उपज की कीमत के सवाल पर उद्योगपतियों और औद्योगिक मजदूरों के हित को ध्यान में रखकर अन्न या दूसरे कृषि उत्पादों की कीमत बढ़ाने का विरोध करते रहे और किसानों की ऐसी माँगों के समर्थकों को 'कुलक लॉबी' कह उनकी आलोचना करते रहे। इसी दृष्टि के कारण केरल और पश्चिम बंगाल में भूमि हदबन्दी लागू करते समय उन्होंने चाय, कॉफी या रबर के बागानों को हदबन्दी से बाहर रखा, जबकि सबसे अधिक आय इन्हीं विशाल फार्मों से होती थी। कारण, ये फार्म केन्द्रित व्यवस्था के ढाँचे में फिट बैठते थे।

दूसरी ओर वर्तमान वैश्विक बाजार व्यवस्था के सम्बन्ध में कोई स्पष्ट समझ नहीं होने के कारण किसान यूनियन या इस तरह के दूसरे संगठन किसानों की बुनियादी समस्याओं के हल की बजाय तात्कालिक रूप से आनेवाली आपदाओं से जूझने से ज्यादा कुछ कर भी नहीं सकते। आज किसानों की असली समस्या वाणिज्य आधारित एकल किस्म की खेती से पैदा हो रही है। पश्चिमी देशों के वर्चस्व का सबसे बड़ा अभिशाप उनके उपनिवेशों की व्यवस्था पर यह हुआ कि उन्होंने पारम्परिक कृषि व्यवस्था को, जिसमें किसान लोगों की आवश्यकता की अधिकतर फसलों को स्थानीय रूप से उगा लेते थे, नष्ट कर दिया और अपनी औद्योगिक जरूरतों या व्यापारिक मुनाफे के लिए कृषि को वाणिज्य की दिशा में मोड़ दिया।

अब वैश्वीकरण के दौर में खेती का यह रुझान परवान पर है। ऐसी खेती पूरी तरह बाजार की स्थिति पर निर्भर करती है। कुछ समय के लिए विश्व बाजार में निर्यात बढ़ जाने और अच्छी कीमत मिल जाने से अचानक कुछ विशेष लाभ हो जाता है। इससे उत्साहित हो किसान ऐसी ही फसलें उगाने लगते हैं और पारम्परिक खेती खत्म हो जाती है। इससे किसान की निर्भरता पूरी तरह दुनिया के बाजार पर हो जाती है, लेकिन दूसरे देशों के ऐसे उत्पादों से प्रतिस्पर्धा में प्राय: यह भी होता है कि आयात से स्थानीय उपज की कीमत इतनी गिर जाती है कि किसानों की खेती घाटे की हो जाती है और नतीजतन कर्जदारी अचानक बहुत बढ़ जाती है। यह ध्यान देने की बात है कि हाल के दिनों में किसानों की आत्महत्याएँ सबसे अधिक महाराष्ट्र, आन्ध्र और केरल में हुई हैं जहाँ अन्तर्राष्ट्रीय बाजार के उतार-चढ़ाव से किसानों की आय अधिक प्रभावित होती थी।

खेती के तथाकथित आधुनिकीकरण से खाद, बीज, मशीन आदि पर भी खर्च बढ़ता गया है। इससे पैदावार की बढ़त इतनी ज्यादा नहीं होती कि खेती लाभकर

हो पाए जब तक कृषि उत्पादों की कीमतें अप्रत्याशित रूप से बढ़ न जाएँ। यूरोपीय संघ, जापान, अमेरिका आदि अपने किसानों को भारी अनुदान देकर उनके उत्पादों की कीमतों को अन्तर्राष्ट्रीय बाजार में कम करके रखते हैं, लेकिन भारत के किसान—जिन्हें खेती के लिए प्राय: कोई अनुदान नहीं मिलता या मिलता भी है तो तुलनात्मक दृष्टि से नगण्य—वैश्विम प्रतिस्पर्धा में टिक नहीं पाते। खेती के घाटे का यह एक महत्त्वपूर्ण आयाम है। दरअसल, अमेरिका, फ्रांस आदि में किसानों को प्रति इकाई जिस मात्रा में अनुदान दिया जाता है, वह हमारे यहाँ के किसानों की पूरी आय से भी ज्यादा होता है। भारतीय किसान यूनियन जैसे संगठनों के लिए जरूरी है कि इस तरह की गैर-बराबर प्रतिस्पर्धा की स्थिति पैदा करनेवाले अनुदान और उनसे जुड़ी उन्मुक्त आयात व्यवस्था पर रोक लगाने की माँग को अपने आन्दोलन का केन्द्रीय मुद्दा बनाएँ।

मार्क्सवादी चिन्तन से प्रभावित वामपंथी दल किसान संगठन के नाम पर मूलत: खेत मजदूरों का संगठ बना उनकी मजदूरी बढ़वाने के प्रयास करते रहे हैं। अपने आप में दूसरे असंगठित क्षेत्रों के मजदूरों के साथ इनकी आय बढ़ाने की समस्या बहुत ही महत्त्वपूर्ण है क्योंकि ये सबसे उपेक्षित समूह हैं, लेकिन इनकी आय तभी बढ़ाई जा सकती है जब उन काश्तकारों की आय सन्तोषप्रद स्तर पर बढ़ाई जा सके, जिनके यहाँ ये मजदूर काम करते हैं। प्रसिद्ध अर्थशास्त्री जे.के. गालब्रेथ ने अपनी पुस्तक 'अमेरिकन कैपिटलिज्म : द कांसेप्ट ऑफ काउंटरवेलिंग पॉवर' में अमेरिका का उदाहरण देकर बताया है कि कृषि मजदूरों का संगठन वहीं बढ़ाना सम्भव हुआ है जहाँ उनको काम देनेवाले काश्तकारों के पास 'मार्केट पॉवर' यानी आर्थिक समृद्धि होती है।

अब तक देश में खेत मजदूरों की माँगों के साथ किसानों की आय की समस्या को नहीं जोड़ा गया है। दरअसल, भारत में प्रति व्यक्ति भूमि की उपलब्धता इतनी कम है कि खेती का आधार मूलत: पारिश्रमिक श्रम ही हो सकता है और ऐसे छोटे फार्मों को केन्द्र में रखकर ही संगठन की रणनीति बनाई जा सकती है। किसानों की समस्याओं के स्थायी हल के लिए वैश्वीकरण की जगह देश की अर्थव्यवस्था को लघु कृषि और लघु उद्योगों पर आधारित स्वायत्तता की दिशा में मोड़ना ही आज एकमात्र दिशा हो सकती है।

(जनसत्ता, 19 दिसम्बर, 2006)

नन्दीग्राम मेरा नाम

नन्दीग्राम के सम्बन्ध में काफी कुछ लिखा जा चुका है। इस लेखक ने भी पहले इसका उल्लेख किया है, इसके बावूजद फिर नन्दीग्राम पर लिखने की जरूरत महसूस हुई तो इसलिए कि तात्कालिक मुद्‌दा और भौगोलिक क्षेत्र से हटकर यहाँ की घटना दुनिया के वर्तमान परिदृश्य पर नए सिरे से विचार करने की माँग करती है। तृणमूल कांग्रेस, कांग्रेस और भाजपाइयों के लिए यह मुद्‌दा माकपा को परेशानी में डालने का एक मौका भर है, जिसका राजनीतिक लाभ उन्हें मिलेगा। लेकिन किसानों के भूमि अधिग्रहण के मामले में चाहे वह सेज (स्पेशल इकोनॉमिक जोन) के लिए हो या सड़कों के चौड़ीकरण की राष्ट्रीय परियोजना के लिए या वन प्रदेशों में टूरिस्टों को आकर्षित करने की खातिर अभयारण्य के लिए हो, किसानों की जमीन छीनने और उन्हें अपनी जमीन से विस्थापित करने के राष्ट्रव्यापी अभियान से इन दलों में किसी को गुरेज नहीं है।

देश की सभी तथाकथित मुख्यधारा की पार्टियाँ सेज के लिए नहीं तो किसी दूसरे औद्योगीकरण या विद्युतीकरण की योजना के लिए किसानों को उनके पूर्वजों की भूमि से विस्थापत कर रही हैं। नन्दीग्राम का प्रतीकात्मक महत्त्व इसलिए है कि एक लोकतंत्र के भीतर और संसार भर की मीडिया की निगाहों के सामने किसी कम्युनिस्ट कही जानेवाली सरकार ने एक ही समय सिंगुर में टाटा के लिए और नन्दीग्राम में किसी इंडोनेशियाई कम्पनी के लिए भूमि अधिग्रहण की योजना चलाई। इसके पहले चीन में सेज जैसी योजना बड़े पैमाने पर चलाई गई।

इसके बावजूद कि वह विश्व के पूँजीवादी प्रतिष्ठानों के लिए उन्मुक्त क्षेत्र है, वहाँ होनेवाली सामूहिक त्रासदियों की खबर शायद ही स्वतंत्र मीडिया की पहुँच के भीतर हो। यह तब जब एक विश्वस्त समाचार के मुताबिक एक साल में ही वहाँ छियासी हजार सरकार विरोधी आन्दोलन हुए, लेकिन आज भी संसार के लिए चीन में बहुत कुछ आवरण के भीतर अदृश्य बना हुआ है। हम भारतीयों के लिए पड़ोसी होने के बावजूद वह पूरी तरह अबूझ पहेली है, लेकिन पश्चिम बंगाल में माकपा द्वारा, जब सारे मीडिया का ध्यान वहाँ केन्द्रित था, भूमि अधिग्रहण के विरुद्ध होनेवाले आन्दोलन को जिस तरह दबाया गया, वह ज्यादातर भारतीयों के लिए अनपेक्षित घटना थी।

रूस में पूरी किसान आबादी को भूमिमुक्त किया गया था। फिर चीन में भी किसानों की सभी जोतों को कम्यून व्यवस्था के तहत सरकारी नियंत्रण में लाना उद्योगों के सम्बन्ध में पारम्परिक कम्युनिस्ट सोच को व्यक्त करता था जो उस समय दुनिया की बड़ी आबादी के सोच में भविष्य का आदर्श उपस्थित करता था। लेकिन जो पश्चिम बंगाल के सिंगुर और नन्दीग्राम में हुआ, वह चकित करनेवाला इसलिए लगता है क्योंकि यह जबरिया अधिग्रहण देशी और विदेशी बड़े पूँजीवादी प्रतिष्ठानों को भूमि सुलभ कराने के लिए किया गया है। यह चकित इसलिए करता है क्योंकि अब तक लोग यह नहीं सोचते थे कि औद्योगीकरण के नाम पर कम्युनिस्ट भी पूँजीवादी प्रतिष्ठानों के अति वफादार संरक्षक बन जाएँगे।

यह सब विस्मित करनेवाला इसलिए लगता है कि 'औद्योगीकरण' के व्यामोह में फँसा दुनिया भर का प्रबुद्ध वर्ग इस सवाल पर घोर विभ्रम की स्थिति में है। कुछ लोगों ने, जो भारत के आधुनिक ढंग के विकास के आलोचक थे, इस बात की ओर इशारा किया था कि आधुनिक उद्योगों का विकास या तो 'स्लम' के रास्ते या 'साइबेरिया' के रास्ते हुआ है। इसमें पहला पश्चिमी औद्योगीकरण के लिए हुए शोषण और उत्पीड़न से सम्बद्ध था और दूसरा रूस के औद्योगीकरण से, जिस क्रम में लाखों लोगों को निर्वासित कर साइबेरिया में दासता की स्थिति में काम में लगाया गया था। इन आलोचकों को भय था कि यहाँ भी औद्योगीकरण के क्रम में हमें वैतरणी पार करने की वैसी ही त्रासदी से गुजरना होगा।

दरअसल, आधुनिक औद्योगीकरण की पूरी प्रक्रिया इसके प्रारम्भ से ही विस्थापन, दासता और उत्पीड़न की रही है। औद्योगिक क्रान्ति के अग्रदूत ब्रिटेन में औद्योगीकरण की नींव पड़ी थी 'इंक्लोजर' की शुरुआत से, जब किसानों को उनकी जमीन से निकाल जमीन की बड़े पैमाने पर घेराबन्दी की गई थी और इन अहातों में खेती की जगह भेड़ पालने का धन्धा शुरू हुआ क्योंकि सोलहवीं-सत्रहवीं शताब्दी तक फ्लैंडर्स के ऊनी वस्त्रों के उद्योग उन के बड़े ग्राहक थे और ऊन बेचने से खेती की बनिस्बत काफी अधिक मुनाफा होता था। बाद में जब ब्रिटेन में सूती वस्त्र उद्योग विकसित हुआ और ऊन बेचना कम लाभदायक रहा तो इन घेरों को 'डीयर पार्क' में बदल दिया गया जहाँ हिरण का शिकार मुनाफे का धन्धा बन गया—वैसा ही जैसा हमारे यहाँ के अभयारण्य पर्यटन उद्योगों को प्रोत्साहित करते हैं।

इस बीच विस्थापित किसान उद्योगों के लिए आवश्यक विशाल श्रमशक्ति मुहैया कराने के लिए औद्योगिक नगरों की गन्दी बस्तियों को आबाद करने लगे। औद्योगिक क्रान्ति के दूसरे महानायक अमेरिका में विस्थापन की कहानी कुछ ज्यादा ही रोमांचक थी। उत्तरी अमेरिका में वहाँ के करोड़ों मूल निवासियों (इंडियनों) को खदेड़ कर दुर्गम स्थानों और कठिन प्राकृतिक स्थितियों में रहने को विवश किया गया। इनमें अधिकतर लोगों को तो जानलेवा संक्रामक रोग फैला कर या सीधा

आखेट कर मार डाला गया। जो अवशेष बचे, उन्हें 'सुरक्षित क्षेत्रों' में रहने के लिए विवश किया गया, जहाँ वे अब नुमाइश की तरह पर्यटकों के आकर्षण हैं—वैसे ही जैसे हमारे यहाँ ऊटी के पास का टेडामंड। जब अमेरिका के गोरे शासकों को कृषि के लिए बड़ी मात्रा में श्रमिकों की जरूरत हुई तो करोड़ों की संख्या में अफ्रीकी लोगों को आखेट के जरिये पकड़ कर अमेरिका में गुलाम बना खेती और दूसरे तरह के कामों में लगाया गया। आज भी अमेरिकी समाज उस त्रासदी से पैदा उत्पीड़न और रंगभेद से आक्रान्त है।

दरअसल, अठारहवीं और उन्नीसवीं शताब्दी से जो औद्योगिक क्रान्ति शुरू हुई, उसका आधार प्रकृति के साथ मनुष्य के स्वाभाविक रिश्ते को तोड़ना रहा है। इस प्रक्रिया का अतिरेक है, प्राकृति सम्पदा का अतिदोहन और मुनाफे के लिए आवश्यक-अनावश्यक और विषैली वस्तुओं का सीमाहीन उत्पादन। लेकिन इस सीमित नक्षत्र, हमारी धरती से असीमित वस्तुओं का उत्पादन—चाहे उन वस्तुओं का चरित्र कुछ भी हो—एक असम्भव आकांक्षा है।

इसी का नतीजा आज चारों तरफ दिखाई देनेवाला पर्यावरण का संकट है जो जैव सम्पदा से जीवन्त हमारी श्यामल धरती को प्राणहीन धूल का अम्बार बनाने में लगा है। इस आधार पर न तो उन्मुक्त बाजार का और न समाजवाद का स्वर्ग बनेगा। यह अटलनीय मृत्युपथ है। सवाल यह नहीं है कि औद्योगिक विकास होना चाहिए या नहीं। बाकी जीवों से भिन्न औजारों और उद्योगों के साथ मनुष्य का विकास अनिवार्य रूप से जुड़ा हुआ है। दसियों हजार वर्ष पहले से चकमक पत्थर के हस्तपरस से लेकर पशुपालन और कृषि सभी मनुष्य के उद्यम के विविध क्षेत्र रहे हैं। नृशास्त्री इसीलिए प्राय: पत्थर, काँसा और लोहे के औजार या विभिन्न तरह से निर्मित भाँड या आभूषणों के साथ उसकी संस्कृति को जोड़ते रहे हैं।

असली समस्या इन उद्यमों पर आधारित जीवन के प्रकृति के साथ तारतम्य की है। सवाल प्रकृति और उस जीव जगत से मनुष्य के सन्तुलन का है, जिसके बीच और जिसकी बदौलत उसका विकास हुआ है। समाजवाद के साथ एक शब्द 'नियोजन' अनिवार्य रूप से जुड़ा हुआ था। यह दरअसल सामाजिक सन्तुलन की आवश्यकता की ही अभिव्यक्ति थी। यों तो मनुष्य हजारों वर्ष से सामाजिक असन्तुलन और इसकी त्रासदियों के साथ जीता रहा है, लेकिन प्रकृति के असन्तुलन के साथ वह अधिक दिनों तक जिन्दा नहीं रह सकता—हालाँकि यह देखा जा सकता है कि सामाजिक असन्तुलन प्रकृति के साथ असन्तुलन का भी जनक है—जैसे पूँजीवाद का असन्तुलन।

आज का पूँजीवादी औद्योगीकरण मनुष्य के सभी दूसरे उद्योगों और उद्यमों से भिन्न है। सभी पूर्ववर्ती समाजों में उद्योग और दूसरे क्षेत्रों के उत्पादन आदमी की जरूरतों को पूरा करने के लिए विकसित हुए थे—कभी-कभी इसमें शासक समूहों

के ताम-झाम की जरूरतों को पूरा करने के लिए भी। लेकिन आदमी की जरूरतों की एक सीमा होती है और साथ ही मनुष्य सभ्यता के विभिन्न अंचलों में वहाँ की प्रकृति की आपूर्ति की क्षमता से भी बँधा हुआ था। कभी-कभी आदमी अपनी हवस में प्रकृति की क्षमताओं आ अतिक्रमण भी करता रहा है। मनुष्य समय-समय पर परिवेश की सीमाओं का अतिक्रमण भी करता था, लेकिन ऐसी अतियों का नतीजा तुरन्त सामने आ जाता था और प्राकृतिक सीमाओं के उल्लंघन से कई प्राचीन सभ्यताएँ आपूर्ति के संकट के कारण विनष्ट हो गईं। शायद एंडीज पर्वत की प्राचीन सभ्यताएँ या मैक्सिको की माया सभ्यता आपूर्ति के ऐसे ही संकट से समाप्त हो गई। लेकिन सारे संसार की विशालता के सामने ये सभ्यताएँ जहाँ-तहाँ उठनेवाले बुलबुले की तरह थीं, जो उठती और अपने परिवेश में कुछ अवशेष छोड़ विलीन हो जाती थीं।

पूँजीवादी औद्योगिक व्यवस्था की विशिष्टता यह है कि इसका विस्तार आदमी की वास्तविक जरूरत से बँधा नहीं है। इसकी नियति मुनाफे की हवस के साथ बँधी है और इस मुनाफे के लिए इसे नित्य नई जरूरतों और उन्हें पूरा करनेवाले उद्योगों का विस्तार करते जाना होता है। इसके लिए कोई क्षेत्रीय सीमा नहीं होती। दरअसल, इसका जन्म ही वैश्विक लूट-खसोट के तीन शताब्दी के इतिहास से जुड़ा है और अपने अभियान में यह अपना दायरा लगातार फैलाता रहा है। इसने सभी भौगोलिक बाधाओं और सीमाओं के अतिक्रमण को अपने विस्तार का आधार बनाया है। इसलिए इस सभ्यता का अन्त भी सीमित क्षेत्रों तक नहीं रहेगा। इसका सर्वनाश सार्विक होगा। धरती, पर्वत, जंगल, सागर, महासागर और धरती की अधिकतम गहराइयों में उपलब्ध खनिज सभी तक पहुँचना इसका लक्ष्य है।

कृषकों और सिमटते क्षेत्रों में बिखरे जनजातीय समूहों को नष्ट कर उनके संससाधनों पर अपना नियंत्रण करना इसकी दुर्निवार महत्त्वाकांक्षा का अन्तिम लक्ष्य है। फिर इन पर नियंत्रण करने के लिए विभिन्न औद्योगिक समूहों और देशों के बीच छीना-झपटी भी एक अनिवार्य परिणाम है। इसी का नतीजा पिछली दो शताब्दियों के स्थानीय और वैश्विक युद्धों का सिलसिला है। विशेष आर्थिक क्षेत्रों का विस्तार दरअसल इसी अभियान का एक पड़ाव है जो अपने इर्द-गिर्द के क्षेत्रों को निचोड़ कर सम्पन्नता के द्वीप स्थापित करता है।

यह पूँजीवादी प्रतिष्ठानों के विस्तार के लिए सारे पारम्परिक समाजों को ध्वस्त करने के अभियान का हिस्सा है। कार्ल मार्क्स ने सन 1848 में 'कम्युनिस्ट घोषणापत्र' में पूँजी के अभियान का विशद वर्णन किया था, लेकिन उसमें एक आशावादिता थी जो सुरंग के छोर पर एक स्वर्णिम भविष्य की आशा पैदा करती थी। पूँजीवाद का जो नया रूप उभर रहा है, वहाँ ऐसी आशवादिता की कोई गुंजाइश नहीं दिखाई देती। राख, धुआँ और विध्वंस ही इस अभियान का अन्तिम पड़ाव दिखाई देता है।

नन्दीग्राम का महत्त्व इसलिए है कि यहाँ किसानों के प्रतिरोध ने इस प्रक्रिया के भयावह रूप को उजागर किया है। एक समय अमेरिकी साम्राज्यवाद के विरुद्ध अपने गौरवपूर्ण संघर्ष के लिए वियतना म ने संसार भर में लोगों को मन भी जीता था। शायद ज्योति बाबू और बुद्धदेव भट्टाचार्य भी 'मेरा नाम तेरा नाम वियतनाम' की रपट लगाते रहे होंगे। आज नन्दीग्राम का भी वैसा ही प्रतीकात्गक गहत्त्व है। आज पूँजीवाद के सर्वग्रासी विस्तार के विरुद्ध एक समवेत स्वर उठने लगा है, 'मेरा नाम तेरा नाम नन्दीग्राम'।

(जनसत्ता, 15 मई, 2007)

किसान आन्दोलन के बुनियादी सिद्धान्त

अब तक किसान आन्दोलनों का उपयोग ऐसे राजनीतिक लक्ष्यों के लिए होता रहा है जिनके दूरगामी नतीजे किसानों के स्थायी हितों के खिलाफ रहे हैं। शुरू में पश्चिमी देशों में इनका इस्तेमाल उदीयमान पूँजीपति वर्ग के हितों को सुरक्षित रखने के लिए हुआ। बीसवीं शताब्दी में इनका इस्तेमाल समाजवाद के नाम पर ऐसी केन्द्रित अर्थव्यवस्थाओं की स्थापना के लिए हुआ, जिनमें किसानों की स्थिति पुन: बँधुआ मजदूरों की हो गई : वैसी स्थिति जिस तरह की स्थिति के विरोध में यूरोप में किसानों ने सामन्ती व्यवस्था के खिलाफ लगातार चौदहवीं से बीसवीं शताब्दी तक बगावतें की थीं। बदलाव का एक वृत्त पूरा हो चुका है : सामन्तवाद को खत्म कर पूँजीवाद, फिर पूँजीवाद को खत्म कर ऐसी केन्द्रित व्यवस्थाएँ जहाँ उत्पादन के सभी साधनों पर सरकारी आधिपत्य था, और अब इन व्यवस्थाओं को खत्म कर निजीकरण के प्रयास। आखिरी बदलाव से कुछ अदल-बदल के साथ वे सारी समस्याएँ किसानों के सामने बनी हुई हैं जो पुरानी पूँजीवादी व्यवस्थाओं के तहत थीं।

किसानों के हित में कोई सही नीति अपनाने की असमर्थता का कारण यह है कि पूँजीवादी और समाजवादी आन्दोलनों की किसानों की समस्याओं की ओर देखने के नजरिया के पीछे औद्योगिक सभ्यता और विकास के लक्ष्य एक ही तरह के रहते हैं। इसलिए इस गतिरोध को तोड़ने के लिए सभ्यता के विकास और विशेषकर औद्योगिक सभ्यता के लक्ष्यों का फिर से मूल्यांकन करना और यह पता लगाना जरूरी है कि असल में उनमें कृषि उत्पादकों की क्या स्थिति रही है?

इस दृष्टि से विचार करने पर हम पाते हैं कि सभ्यता के शुरुआत से ही—चाहे वह सभ्यता सुमेर और मिस्र की हो, मध्ययुगीन यूरोप की हो, जाति व्यवस्था पर टिकी भारत की हो या पूँजीवादी अथवा राज्यवादी आधुनिक उद्योगों की हो—सब के आधार या विकास में किसी-न-किसी रूप में खेतों और इस से सम्बद्ध घरेलू उद्योग-धन्धों में काम करनेवाले लोगों के उत्पादन के अधिशेष का शोषण रहा है जहाँ नौकरशाही पर आधारित जितना ही बड़ा केन्द्रित राज्य रहा है, वहाँ अधिशेष का यह शोषण उतना ही अधिक रहा है। चाहे व्यवस्था के शीर्ष पर एक शक्तिशाली राजा अपनी विस्तृत नौकरशाही के साथ रहा हो, चाहे छोटे सामन्त अपने दरबारियों

और सिपाहयों की टोलियों के साथ अधिकार में हों, चाहे आधुनिक पूँजीप्रधान उद्योगों के लिए पूँजी संचय होता हो, सभी में किसानों का दोहन अपरिहार्य रहा है। इसीलिए व्यवस्थाएँ बदलती है, लेकिन किसानों का शोषण बन्द नहीं हुआ है।

अतिविकसित पूँजीवादी देशों में जहाँ किसानों की संख्या आबादी के दस प्रतिशत से नीचे आ गई है, उनका जीवन स्तार जरूर ऊँचा हुआ है। इसका कारण यह है कि कृषि उत्पादन में प्राकृतिक ऊर्जा, मिट्टी, हवा, पानी और मौसम का भी महत्त्वपूर्ण योगदान होता है। इसलिए कृत्रिम ऊर्जा प्रदान कर के भी उत्पादन को उस हद तक नहीं बढ़ाया जा सकता जिस हद तक औद्योगिक उत्पादन को। परिणामस्वरूप, अति विकसित औद्योगिक देशों में उद्योगों की उत्पादकता के अत्यधिक विकास के साथ खेती में काम करनेवाले श्रमिकों की उत्पादकता से उद्योगों में काम करनेवाले श्रमिकों की उत्पादकता बहुत ही अधिक हो जाती है, लेकिन चूँकि कृषि उत्पादन कुछ बुनियादी आवश्यकताओं की पूर्ति के लिए अनिवार्य है, उद्योगों की ऊँची आय का एक भाग कृषकों को न्यूनतम जीवन स्तर प्रदान करने में लगा दिया जाता है। इसलिए इन देशों के कृषि उत्पादों की कीमतों में अनुदान (सब्सिडी) का एक खासा हिस्सा होता है। इससे वे अन्तर्राष्ट्रीय बाजार की प्रतिस्पर्धा में आगे रहते हैं। औद्योगिक दृष्टि से पिछड़े देशों की अपेक्षा कृषि में सस्ते कृत्रिम ऊर्जा का व्यवहार भी इन देशों में बहुत अधिक होता है। इसका असर भी कृषि उत्पाद की तुलनात्मक कीमतों पर पड़ता है।

इसलिए अति विकसित औद्योगिक देशों में किसानों का जीवन स्तर उद्योगों में लगे श्रमिकों से काफी नीचे होते हुए भी सन्तोषजनक दिखाई देता है। इस तरह के किसान दुनिया के कुल किसानों के एक बहुत ही छोटा हिस्सा हैं। दुनिया के बाकी हिस्से के किसान इनकी स्पर्धा में सस्ते दर पर अपने उत्पादों को बेचने को मजबूर होते हैं और इससे उनकी स्थिति और भी दयनीय होती जाती है। भारत या औद्योगिक दृष्टि रो अविकरित देशों गें जहाँ गश्चिमी ढंग के औद्योगीकरण का लक्ष्य रखा गया है, कृषि उत्पादन के शोषण से प्राप्त अधिशेष का खास रोल है, और इसीलिए किसानों का घोर शोषण ऐसी विकास नीति का आधार होता है। इन बातों पर ध्यान रखते हुए भारत में किसान आन्दोलन के लक्ष्य एक ऐसी वैकल्पिक विकास नीति के सन्दर्भ में ही निर्धारित हो सकते हैं, जिसमें ग्रामीण अर्थव्यवस्था अधिक-से-अधिक आत्मनिर्भर हो और अपने उत्पादन के अधिशेष के शोषण से मुक्त हो।

बड़े उद्योगों की प्राथमिकता को कबूल करने के कारण बीसवीं सदी में समाजवादियों, विशेषकर कम्युनिस्टों के नेतृत्व में चलनेवाले किसान आन्दोलनों का लक्ष्य कभी भी एक वर्ग के रूप में किसानों की हित रक्षा या उनके विकास का नहीं रहा। उनकी रणनीति किसानों को एक वर्ग के रूप में समाप्त करने के लक्ष्य के परिप्रेक्ष्य में तैयार की गई। इसलिए हमेशा खेती में लगे लोगों को विभिन्न

श्रेणियों—जैसे भूमिपति, बड़ किसान, मध्यम किसान, छोटे किसान, सीमान्त किसान और भूमिहीन किसान आदि—में बाँट कर उन्हें आपस में क्रमिक ढंग से लड़ाना रहा, ताकि अन्ततोगत्वा सभी जमीन को सरकारी नियंत्रण में ले कर किसानों को शुद्ध सर्वहारा वर्ग में बदल दिया जाए। इस रणनीति का सब से सफल प्रयोग सोवियत संघ में किया गया, जिसकी परिणति स्टालिन के सामूहीकरण में हुई, जिससे किसान राज्य के भू-दास बन गए। यही नीति कुछ बदले रूप में चीन में अपनाई गई।

यह विडम्बना ही है कि आज भी वैसे लोग जो स्टालिन की भूमि सम्बन्धी नीति को सिद्धान्ततः नामंजूर करते हैं, उत्पादक की हैसियत से कृषि उत्पादकों के हितों की एकता के बजाय वही विभाजनवाली शब्दावली तथा रणनीति अपनाते हैं—बिना यह सोचे कि इस रणनीति की परिणति क्या हो सकती है? इसके ठीक उलट, कुछ किसान आन्दोलन बुनियादी रूप से आधुनिक औद्योगिक पूँजीवादी व्यवस्था को पूरी तरह कबूल करते हैं, और अपनी नीति के केन्द्र में वैसे कृषि उत्पादकों को रखते हैं जो एक हद तक यंत्रीकरण को अपना चुके हैं और मूलतः बाजार के लिए अपेक्षाकृत बड़े फार्मों पर खेती करते हैं। यह नीति अन्ततः किसानों के हित के विपरीत है और देश के अधिकांश किसानों के लिए अप्रासंगिक भी। ऐसी कृषि व्यवस्था बाजार के लिए बड़े उद्योगों पर इस हद तक आश्रित होगी कि आखिर में बाजार के उतार-चढ़ाव से इस का स्थायीत्व प्रभावित होगा एवं इसका घोर शोषण अनिवार्य बन जाएगा।

लेकिन आत्मनिर्भर शोषण-मुक्त कृषि उत्पादकों के सामने भी उत्पादन में श्रम के सम्बन्ध की समस्या रह जाती है। इसमें एक सम्बन्ध तो पूँजीपति काश्तकार और श्रमिक का हो सकता है जैसाकि कुछ यंत्रीकृत बड़े फार्मों पर होता है। भारत में कृषि के लिए यह सम्बन्ध दो कारणों से या तो दोषपूर्ण है या अप्रासंगिक। दोषपूर्ण इसलिए है क्योंकि पूँजीपति उत्पादक श्रमिकों पर पूँजीनिवेश उसी हद तक करेगा जिस हद तक अतिरिक्त श्रम से प्राप्त उत्पादन इस श्रम पर खर्च किए गए पूँजी से अधिक हो। इसलिए एक सीमा के बाद पूँजीपति उत्पादक श्रम पर अतिरिक्त पूँजी खर्च नहीं करेगा। इससे उत्पादन का अधिक-से-अधिक विस्तार करने के उद्देश्य की पूर्ति नहीं होती। इसके विपरीत, पारिवारिक श्रम पर आधारित कृषि में उस सीमा तक श्रम लगाया जाता है जहाँ तक उत्पादन बढ़ सके। इस दृष्टि से किसान परिवार के पारिवारिक श्रम पर आधारित कृषि अधिकतम उत्पादन के लिए श्रेष्ठ है। चूँकि भारत में किसान परिवारों के सामने समस्या समय के अभाव की नहीं बल्कि भूमि तथा अन्य साधनों की उपलब्धि की है, यह श्रम सम्बन्ध उत्पादन बढ़ाने के लिए अधिक उपयुक्त है, लेकिन पूँजीवादी कृषि एक दूसरे कारण से भी भारत के कुछ छोटे हलकों को छोड़ बाकी जगह अप्रासंगिक है। यह कारण है भूमि पर आबादी का अत्यधिक भार, जिससे देश की तीन चौथाई

जोतें तीन हेक्टेयर से छोटी हैं बल्कि इनमें भी अधिकांश एक हेक्टेयर की या इससे भी छोटी हैं। बाकी एक चौथाई जोतों में भी अधिकांश भूमि हदबन्दी कानूनों के कारण इतनी बड़ी नहीं कि उन पर पूँजीवादी ढंग की खेती हो सके। इसलिए जब हम कृषि उत्पादकों की बात करते हैं तो मूलत: पारिवारिक श्रम पर आधारित खेती करनेवाले किसानों की ही बात कर सकते हैं।

लेकिन यहाँ भी उत्पादन प्रक्रिया शुद्ध रूप से पारिवारिक श्रम पर आधारित नहीं है। चूँकि भारतीय कृषि पूँजी प्रधान नहीं है और यंत्रीकरण नगण्य है, छोटी जोतों पर भी पूरी तरह पारिवारिक श्रम से खेती नहीं हो पाती। समय-समय पर इनमें श्रमिकों को लगाया जाता है। यह काम करनेवाले या तो भूमिहीन ग्रामीण मजदूर होते हैं या सीमान्त या छोटे किसान। आम तौर से यह सम्बन्ध पूँजीपति और मजदूरों की आर्थिक स्थिति लगभग एक जैसी होती है। असल में इस सम्बन्ध को एक विस्तृत पारिवारिक श्रम के सम्बन्ध के रूप में देखा जा सकता है, जिसमें उत्पादन में श्रमिकों की हिस्सेदारी होती है। फिर भी भारत की विशेष स्थिति के कारण यह सम्बन्ध अक्सर गैर-बराबरी का होता है। कारण यह है कि जाति-व्यवस्था-जनित कुसंस्कार के कारण द्विज या कुछ अद्विज सवर्ण जातियाँ आम तौर से अत्यधिक गरीबी की स्थिति में भी दूसरों की भूमि पर मजदूरी नहीं करते। बिहार जैसे राज्य में तो इन में कुछ स्वयं अपनी जमीन पर काम करना भी अपमानजनक मानते हैं। इस से दूसरों की जमीन पर काम करनेवाले मूलत: दलितों में से आते हैं अथवा कुछ अन्य अति पिछड़ी जाति के सवर्णों से। इस से किसानों और उनके खेतों में काम करनेवालों में स्पष्ट वर्ग विभेद दिखाई देता है।

छोटी जोतों पर श्रमिकों को काम पर लगाने के पीछे एक दूसरा कुसंस्कार भी है : पर्दे का कुसंस्कार। खासकर उत्तर प्रदेश और बिहार में पर्दे के रिवाज के कारण भी सवर्णों के परिवारों की औरतें आम तौर से खेतों में काम नहीं करतीं। इससे एक तरफ तो ऐसे परिवारों की आधी आबादी कृषि श्रम में योगदान से वंचित हो जाती है और दूसरी ओर इन किसानों को बाहर से श्रमिकों को रखना होता है हालाँकि यह उनकी सामर्थ्य से बाहर होता है। यह भी एक कारण होता है, जिससे खेत मजदूरों को उचित मजदूरी देना ऐसे किसानों के लिए कठिन हो जाता है।

किसानों और उनकी जमीन पर काम करनेवाले मजदूरों का आदर्श और आर्थिक दृष्टि से बुद्धिसंगत सम्बन्ध वही हो सकता है जहाँ किसान की जमीन पर काम करनेवाले मजदूर किसान के फैले हुए परिवार के सदस्य के रूप में काम करें और उत्पादन में समान रूप से हकदार माने जाएँ : इसका औपचारिक रूप चाहे जो हो। लेकिन यह सम्बन्ध बनना तब तक सम्भव नहीं होगा जब तक जाति व्यवस्था के सवर्ण-अवर्ण विभाजन और पर्दे के कुसंस्कार पर जोरदार हमला न हो। इलिए किसान आन्दोलन को जाति व्यवस्था और पर्दे एवं औरतों

के प्रति बरते गए भेदभाव के विरुद्ध भी जबरदस्त हमला करना जरूरी होगा। इसी परिप्रेक्ष्य में किसान और खेती में काम करनेवाले मजदूरों की एकता सुनिश्चित की जा सकती है।

शोषण मुक्त कृषि व्यवस्था के लिए यह भी जरूरी होगा कि गाँवों की जरूरत पूरी करनेवाली वस्तुओं का यथासम्भव उत्पादन गाँवों में लगे छोटे और घरेलू उद्योगों में हो ताकि खेतिहर बाजार व्यवस्था के शोषण से मुक्त हों और खेती के काम से अवकाश का समय इन उद्योगों में लगा सकें। इस तरह दुनिया के अनुभवों के सन्दर्भ में आज का किसान आन्दोलन एक नई समाज रचना के आदर्श को लेकर ही अपना सही रोल अदा कर सकता है। किसान और खेत मजदूर इस आन्दोलन के दो चक्के होंगे—बल्कि खेती से जुड़े लोगों का एक खेतिहर वर्ग होगा। इन उद्देश्यों की पूर्ति के लिए गाँव के किसान मजदूरों की राजनीतिक सत्ता स्थापित करना ध्येय होगा।

विकेन्द्रीकरण के सिद्धान्त के तहत हमारा संगठन स्थानीय होगा। लेकिन चूँकि हमारे लक्ष्य स्थानीय आधार पर पूरे नहीं हो सकते, हम सदा इसके लिए प्रयत्नशील रहेंगे कि देश के अन्य किसान-मजदूर तथा दूसरे सहमना संगठनों से सहयोग करें और उनसे वैचारिक आदान-प्रदान कर विभिन्न समस्याओं पर समदृष्टि पैदा करें। समान दृष्टि होने पर इन संगठनों के साथ संघ बनाना भी हमारा लक्ष्य होगा।

(मणिका के प्रशिक्षण शिविर में, 1995)

कुछ इंटरव्यू

मेरी प्रेरणा के स्रोत जे.पी. थे

विचारों की धुन्ध, समसामयिक सवाल और बौद्धिक नेतृत्व की त्रासदी

एक बड़े समाजवादी चिन्तक के रूप में आपकी पहचान रही है कुछ हद तक डॉ. लोहिया के विचारों के करीब। आप लोहियाजी के मुख पत्र 'मैनकाइंड' के सम्पादन से भी जुड़े रहे हैं। यह धारा आज इस देश में एक बड़ी राजनीतिक शक्ति बन चुकी है—सम्भवत: समाजवाद से पूर्णत: विमुख भी, जिसके आप आलोचक भी हैं। इस लम्बे दौर की अपनी विचार यात्रा को आज आप कैसे देखते हैं?

—समाजवादी विचारधारा के साथ निश्चित तौर पर मेरा जुड़ाव रहा है, लेकिन यह एक बड़ा भ्रम है कि मैं विचारों में डॉ. लोहिया के करीब था। हाँ, कुछ खास घटनाक्रम ऐसे एक दो बार बन गए जिससे इस कनफ्यूजन को और बल मिला।

मैं मूलत: समाजवाद की मार्क्सवादी स्थापनाओं के करीब रहा हूँ। 1948 में जब सोशलिस्ट पार्टी बनी तो उसके प्रस्ताव-पत्र में ही यह कहा गया था कि 'मार्क्सवाद' उसकी वैचारिक धुरी होगी, लेकिन यह मानते हुए कि 'बिना लोकतंत्र के' समाजवाद की प्राप्ति सम्भव नहीं है जबकि डॉ. लोहिया गांधीजी के ज्यादा करीब थे। वे तो मार्क्सवाद की मूल अवधारणाओं से ही असहमत थे।

लेकिन भारत के समाजवादी आन्दोलन में व्यक्तिगत प्रभाव की बात अगर आप पूछते हैं तो हकीकत यह है कि मेरी प्रेरणा के स्रोत जे.पी. थे। 1946 में जब मैं साइंस कॉलेज पटना का विद्यार्थी हुआ करता था, जे.पी. जेल से छूटकर आए। उस दौर के नेताओं में वे उन दिनों हीरो थे, खासकर छात्रों और नौजवानों के, उन दिनों उनके प्रभाव का जबरदस्त आकर्षण था। हम लोगों ने उनका एक प्रोट्रेट छपवाया था जिसकी बीस हजार रुपए की बिक्री तीन चार दिनों के भीतर ही हो गई थी। उन्हीं दिनों 'यंग-मेन्स इंस्टीच्यूट' में जे.पी. ने 5-6 क्लासेज भी लिए थे। एक तरह से मार्क्सवाद के गैर-राजनीतिक आयामों से मेरा साक्षात्कार उन्हीं दिनों हुआ, जिसका कहीं ज्यादा प्रभाव मेरी सोच-समझ पर पड़ा तथा उत्तरोत्तर बढ़ता गया।

लेकिन 'मैनकाइंड' के साथ आपका जुड़ाव...

—हाँ, इस भ्रम का एक कारण एकीकृत समाजवादी पार्टी में हम सबों का साथ होना है। समाजवादी पार्टी जब पहली बार विभाजित हुई तो मैं प्रजा सोशलिस्ट पार्टी के साथ था। फिर जब 1956 में पार्टी एकीकृत हुई तो हम सभी लोग साथ हो गए। एकीकृत पार्टी के ऑर्गनाइजिंग कमेटी के साथ बिहार में मैं बहुत सक्रिय था। इसमें लोहिया जी के साथ-साथ स्वयं मार्क्सवादी दायरे के भीतर भी विभिन्न धाराओं के लोग थे जिनके आपसी मतभेद भी काफी गहरे थे।

बिहार में बी.पी. सिन्हा, (बार-ऐट-लॉ) उन दिनों एक पत्रिका का सम्पादन करते थे—'जनक्रान्ति' जिसमें मेरा एक लेख 'मीनिंग ऑफ सोशलिस्ट इक्वालिटी' (समाजवादी बराबरी का अर्थ) लोहिया जी ने पढ़ा। उन्हें वह काफी पसन्द आया और उन्होंने मुझे 'मैनकाइंड' के सम्पादन से जुड़ने के लिए निमंत्रित किया। करीब 5-6 महीने हैदराबाद में मैं रहा भी, पर मेरा स्वास्थ्य उन दिनों ठीक नहीं रहता था। साथ ही कुछ-कुछ विवाद भी उठता रहता था। वैसे भी लोहिया जी के वैचारिक दृष्टिकोण से मेरा कभी इत्तफाक नहीं रहा।

एक अप्रिय प्रसंग भी है। वहाँ भी एक स्टडी सर्किल जैसा 'सार्ट सेशन' का हुआ करता था जिसमें वोरा, पद्मजा नायडू वगैरह हुआ करते थे। वहाँ पर एक चर्चा में 'वैज्ञानिक समाजवाद' पर भी बातचीत चलने लगी। इस पर लोहिया जी ने कहा कि किसी की भी सोच वैज्ञानिक नहीं है। इसे कैसे माना जा सकता है? इस पर मैंने चुटकी ली—कुछ लोग तो विमानों के बनने का फॉर्मूला भी वैदिक ग्रंथों में मानते हैं। तो क्या इसे स्वीकार कर लिया जाए? इस पर लोहिया जी ने कहा कि क्या तुम इस ग्रुप को उन्हीं लोगों की तरह मानते हो? लेकिन जब तक मैं कुछ बोलता कि एक दूसरे साथी सुधाकर राव ने तुरन्त अपनी टिप्पणी की—यू कैन नेवर भी श्योर एबाउट! तो ऐसी मत-भिन्नता तो बहुत गहरी थी।

कम्युनिस्ट पार्टियों के समाजवाद से भिन्न 'लोकतांत्रिक समाजवाद' को आप सभी लोग मानते रहे, पर डॉ. लोहिया से प्रकट भिन्नता कहाँ शुरू हुई?

—मैं कहा चुका हूँ कि वह गांधी के ज्यादा करीब थे। गांधी की तरह मशीनों का विरोध तो नहीं करते थे, चरखा और करघा पर भले उनका आग्रह न हो, वे मूलत: छोटी-मशीन की तकनीक के समर्थक थे। गांधीजी ने कहीं यह कहा था कि बिजली अगर छोटी मशीनों के चलाने में सहायक हो तो मैं उसका विरोधी नहीं हूँ—इसको भी लोहिया ने काफी उद्धृत किया, पर हम लोगों से दार्शनिक मतभेद बहुत गहरे थे।

शायद आप लोगों को पता हो—डॉ. लोहिया ने एक पुस्तक लिखनी शुरू की थी—'इकॉनामिक्स ऑफ्टर मार्क्स'। वह अधूरी ही रही, लेकिन फिर भी

उसका प्रकाशन हुआ है। उसमें ज्यादा प्रकट तरीके से मार्क्सवाद की कुछेक मूल अवधारणाओं से डॉ. लोहिया की असहमति साफ दिखाई पड़ती है। लेनिन की प्रसिद्ध अवधारणा है—साम्राज्यवाद पूँजीवाद की चरम परिणति है जबकि लोहिया पूँजीवाद के विकास का कारक ही साम्राज्यवादी शोषण से इकट्ठा किए गए धन को मानते थे। पूँजी को लेकर मार्क्स की मूल अवधारणा 'श्रम के अतिरिक्त मूल्य' को भी नहीं मानते थे। हालाँकि उन्होंने स्वयं तो जिक्र नहीं किया है, पर मेरी समझ से वह रोजा लक्जमबर्ग की अवधारणा 'एक्यूमिलेशन ऑफ कैपिटल' के ज्यादा करीब थे जो अतिरिक्त मूल्य के सिद्धान्त पर प्रश्न-चिह्न लगाता था। उनकी नजर में अर्थव्यवस्था के दोनों मूल सेक्टर 'उत्पादक' और 'उपभोक्ता' के अतिरिक्त तीसरा सेक्टर कहीं ज्यादा महत्त्वपूर्ण था जो ऊपरी तौर पर क्रयशक्ति प्रदान करनेवाला सेक्टर है। इस तीसरे सेक्टर को ही पूँजी के निर्माण का धारक समझते थे। इस मायने में साम्राज्यवादी शोषण को पूँजीवादी विकास से जोड़कर देखने में वे राष्ट्रीय परम्परा के इतिहासकार आर.सी. दत्त या दादाभाई नौरोजी के ज्यादा करीब थे, लेकिन इस तरह की अधूरी धारणाएँ वैज्ञानिक नहीं थीं—और सामाजिक विकास के खास ढाँचे की सम्पूर्ण व्याख्या करने में समर्थ नहीं थीं।

आपके बारे में एक धारणा यह भी है कि आप ट्राट्स्कीवादी रहे हैं—इसमें कितना तथ्य है? मुझे भय है कि एक पर एक कई तरह के भ्रम हम आपके ऊपर आरोपित करते जा रहे हैं?

—*(हँसते हुए)* निश्चित तौर पर यह भी भ्रम ही है—हालाँकि इसके भी कुछ खास कारण रहे हैं। और इसका भी सम्बन्ध 'मैनकाइंड' के सम्पादकीय के जुड़ाव से ही है। 'मैनकाइंड' के सम्पादन मंडल में जिनकी प्रमुख भूमिका थी—वे श्रीलंका के एक सोशलिस्ट मित्र थे—हेक्टर अभयवर्द्धन। वे इंग्लैंड में अपने छात्र-जीवन के दौर से ही ट्राट्स्कीवादी थे, शायद इस कारण यह भ्रम बना हो।

इंडियन सोशलिस्ट पार्टी के दौर में बम्बई में सक्रिय एक छोटी पार्टी का विलय भी इसका कारण हो सकता है—जिसका नाम 'बोल्शेविक लेनिनिस्ट पार्टी' था। इसके लोग भी ट्राट्स्कीवादी थे, जैसे केल्विन ए.डी. सिल्वा। जहाँ तक मेरा सवाल है मैं ट्राट्स्की के कई विचारों से पूर्णत: असहमत था। मसलन, उस दौर में किसानों के प्रति कम्युनिस्ट पार्टियों का क्या नजरिया हो—इस पर 'बुखारिन' और 'ट्राट्स्की' के दो मतवाद थे। ट्राट्स्की मानते थे कि किसानों का प्रभाव अगर पार्टी पर बढ़ा तो अन्तत: वहाँ एक कुलक-सेंटर बन जाएगा जो प्रति-क्रान्तिकारी होगा जबकि बुखारिन का मानना था कि किसान धीरे-धीरे मजदूरों के साथ समरस हो जाएँगे और उनके साथ एक क्रान्तिकारी शक्ति में तब्दील हो जाएँगे। कमोबेश मेरा भी यही मानना था।

हाँ, स्टालिन के दौर में ट्राट्स्की के साथ जो सलूक किया गया, उसके हम लोग तीव्र आलोचक थे, बहुत हद तक उनके प्रति सहानुभूति भी रखते थे। शुरुआती दौर में यह जे.पी. का प्रभाव भी हो सकता है। मैंने यंग मेन्स इंस्टीच्यूट में हुए जिस स्टडी सर्किल की बात कही है, जे.पी. ने जो पॉलिटिकल क्लास लिया था, उसमें ट्राट्स्की के कई सकारात्मक पक्षों को भी रखा था और तभी से उनके प्रति मेरा रवैया काफी सहानुभूतिपरक रहा। लेकिन ट्राट्स्कीवादी लोग भी काफी असहिष्णु थे जो बात मुझे कतई पसन्द नहीं थी। एक तरह से उस स्टडी-सर्किल का और भी बृहत् प्रभाव मेरे ऊपर हुआ। मेरी रुचि राजनीति के अतिरिक्त और सारे विषयों में भी रही। स्वयं मार्क्सवाद के दार्शनिक पक्ष पर अन्य क्षेत्रों से जो आलोचनाएँ उठती थीं, उन्हें 'बुर्जुआ प्रचार' कहकर खारिज करनेवाले लोग बड़ी संख्या में थे। जैसे फिजिक्स में उठ रहा एंट्रापी का सिद्धान्त या जेनेटिक्स के तथ्य जो मनुष्य के खास गुणों के निर्धारण को पूर्वजों के 'जीन' से आरोपित मानता है इत्यादि, इत्यादि। जेम्स बर्नहम की पुस्तक 'इन डिफेंस ऑफ मार्क्सिज्म' की उन दिनों काफी धूम थी—जिसमें इन सब बातों की काफी विवेचना थी। जे.पी. ने उन दिनों क्वांटम मैकेनिक्स के सिद्धान्तों से लेकर 'मार्क्सवाद के सौन्दर्यशास्त्र' तक कई विषयों से हम लोगों का साक्षात्कार कराया जिसका प्रभाव मेरे ऊपर आगे भी बना रहा।

अगर आप अनुमति दें तो हम लोग आपके राजनीतिक इवोल्यूशन के बारे में जानना चाहेंगे, विशेषकर आपके एक्टीविस्ट पक्ष के सम्बन्ध में। हमारी पीढ़ी की राजनीतिक चेतना 1970 के बाद की है। इसलिए हम लोग सत्तर के बाद के काल से ही ज्यादा परिचित हैं जो आपकी बौद्धिक गतिविधियों से ज्यादा भरा हुआ है।

—सच पूछिए तो मैं एक्टीविस्ट ही हूँ और आज भी मेरी सक्रियता उसी स्तर पर है, किन्तु 1967 के आसपास से आप मान सकते हैं लेखकीय सक्रियता ज्यादा हो गई। फिर भी मेरी सारी रचनाएँ अपने समय के राजनीतिक सवालों को लेकर ही हुई हैं।

आजादी मिलने के ठीक एक वर्ष बाद मैंने कॉलेज छोड़ दिया। पटना साइंस कॉलेज में तब बी.एस.सी. का छात्र था। यह घटना 1948 की है। यों आजादी मिल गई थी और देश में एक बड़ा उत्साह था, पर जन-संघर्षों को गति देना और राष्ट्र-निर्माण की दिशा को समाजवादी विचारों के अनुरूप मोड़ने के लिए पूर्णकालिक कार्यकर्ता बनने की तुरन्त जरूरत थी।

मजदूर आन्दोलन से जुड़ना मार्क्सवादी धारा की राजनीति के लिए एक तरह से प्रायोगिक कक्षा की तरह था। बम्बई का मजदूर आन्दोलन तथा अशोक मेहता का नेतृत्त्व किसी स्टूडेंट एक्टीविस्ट के लिए उस समय का एक बड़ा आकर्षण

था। अरगडा कोल-फील्ड और माटूंगा के पास वडाला वर्कशॉप—करीब 8 वर्षों तक मैंने यहीं काम किया।

1956 में मैं लौटा मुजफ्फरपुर के इस गाँव मणिका में, यह भी पार्टी द्वारा दी गई चुनाव जिम्मेदारी को लेकर। पैदल और साइकिल से चुनाव प्रचार हम लोगों ने संगठित किया। सोशलिस्ट उम्मीदवार 7,000 वोट से चुनाव जीत गया। बाद में मुझे पता चला कि मेरे परिवार की थोड़ी जमीन भी यहाँ थी। फिर मैंने यहीं रहकर काम करने का निर्णय लिया। तब से लेकर 1969 तक पार्टी के सांगठनिक कामों में ही सक्रिय रहा—कुछ-कुछ समय के लिए बम्बई, हैदराबाद, दिल्ली में भी रहा पर लौटकर यहीं आता रहा।

1969 कई मायनों में एक मोड़ है। समाजवादी धारा लगातार संकुचित होती जा रही थी। समाजवाद-विरोधी लोग ज्यादा मजबूत दिखने लगे। संसोपा जो थोड़ी मजबूत थी भी, लोहिया जी की मृत्यु के बाद बेहिचक प्रतिक्रियावाद रुझानों की ओर बढ़ने लगी। मुझे लगा कि समाजवाद की पूरी चिन्तनधारा पर पुनर्विचार की जरूरत है। एक तरह से अपनी वैचारिक स्पष्टता के लिए भी पढ़ने-लिखने लगा। फिर मुझे लगा कि जो मैं समझ रहा हूँ, उसे एक पुस्तक के रूप में लिख देना चाहिए। 'सोशलिज्म एंड पॉवर' मेरा अपने विचार मंथन के इसी दौर की रचना है। हालाँकि जब मैं इस किताब को लिख रहा था और उन दिनों दिल्ली के पुस्तकालयों में मैं लगा रहता था, फिर भी पार्टी के काम में सक्रिय रहता था। जॉर्ज फर्नांडीज उन दिनों महासचिव थे।

दरअसल, प्रजा सोशलिस्ट पार्टी (प्रसोपा), संयुक्त सोशलिस्ट पार्टी (संसोपा) और भारतीय सोशलिस्ट पार्टी में इनके विलय या विखंडन की प्रक्रियाओं से अलग हटकर 1980 में हम लोगों ने 'समता संगठन' बनाया और मैं आज भी इसकी सक्रियताओं से जुड़ा हूँ।

हमारी उत्सुकता आपकी अन्य रचनाओं की पृष्ठभूमि से भी है। शायद इस चर्चा को थोड़ा और विस्तार आप देना चाहे...

—1969 की ही घटना है। बिन्देश्वरी प्रसाद मंडल संयुक्त सोशलिस्ट पार्टी के एम.पी. थे। उस समय बिहार में विपक्षी दलों की संयुक्त सरकार थी और उसमें नेतृत्व परिवर्तन का मामला आया। मंडल जी डॉ. लोहिया के पास आए और लोकसभा से इस्तीफा देकर राज्य की राजनीति में जाने की अनुमति चाहते थे। उनका यह प्रस्ताव सुनते ही लोहिया जी को बड़ी खीझ हुई। उन्होंने तपाक से कह दिया, "अरे, दिल्ली छोड़कर म्यूनिसिपैलिटी के लिए क्यों जाना चाहते हो?" बाद में मंडल जी दल बदलकर कांग्रेस में मिल गए और मुख्यमंत्री बन गए। उस समय मेरे मन में दो बातें आईं—एक तो स्पष्ट था कि समाजवादी विचारों के लोग साफ

उल्टी दिशा की ओर जा रहे थे। दूसरी बात, जो लोहिया जी ने कही—सब कुछ दिल्ली में है, राज्य सरकार (म्यूनिसिपैलिटी) में जाकर क्या करोगे? सब कुछ—सारी सत्ता—दिल्ली में ही केन्द्रित है—दरअसल, यही पृष्ठभूमि थी जब मैंने बिहार की आर्थिक स्थिति के बारे में सोचना शुरू किया। 'सोशलिज्म एंड पॉवर' तो काफी चर्चित हुई थी, और इसके बाद एक लेखक के रूप में भी मुझसे अपेक्षा बन गई। अनेक मित्रों का सुझाव भी आने लगे कि लेखन कार्य को मैं आगे बढ़ाऊँ। 'इंटरनल कॉलोनी' इन्हीं परिस्थितियों की उपज थी—यह 1972 में आई।

और आपकी तीसरी किताब?

—अगर आप किताबों को क्रम देना चाहते हैं, तो मेरी पहली किताब तो हिन्दी में थी—'समाजवाद के बढ़ते चरण' जो 1965 में ही लिखी गई और काफी लोकप्रिय हुई थी। इस खयाल से शायद आप चौथी किताब के बारे में पूछ रहे हैं। यह थी 'बीट्टर हार्वेस्ट' जो 1975 में प्रकाशित हुई।

इमरजेंसी के दौर में यह पुस्तक छपी, इसलिए इसकी उतनी चर्चा नहीं हो सकी, लेकिन देश में विकास का मॉडेल क्या हो, विशेषकर 'पूँजी' के सवाल पर? आयातित पूँजी पर बल हो तो आन्तरिक पूँजी निर्माण पर? दरअसल, 1973-74 के दौरान एक बड़ी चर्चा भारत जैसे देशों को आर्थिक मदद देनेवाली एक बड़ी संस्था 'क्लब ऑफ रोम' द्वार संचालित बहस 'लिमिट्स ऑफ ग्रोथ' के परिप्रेक्ष्य में थी। इसकी एक बड़ी आलोचना थी कि इस तरह के विकास से मोटरगाड़ियों द्वारा छोड़े गए धुएँ के अतिरिक्त समाज को मिलता क्या है? उन दिनों जो लोग चीन के भ्रमण से लौटते थे, वे अक्सर चीन की सम्भावनाओं को लेकर अफसोस जाहिर करते थे—बहंगी में पानी ढोते हैं—यह समाज कितने दिनों में तरक्की करेगा? उसके मुकाबले भारत में उन दिनों 5 लाख मोटरगाड़ियाँ थीं जो मेरी समझ से एक अनावश्यक उत्पादन था।

वस्तुत: मेरी उस पुस्तक का केन्द्रीय विषय-वस्तु है, कृषि से पूँजी निर्माण। कुछ हद तक इस ऐतिहासिक धारणा के तहत लिखी गई कि औद्योगिक क्रान्ति किसी भी समाज में तब तक सम्भव नहीं है जब तक वह समाज कृषि-क्रान्ति से नहीं गुजरे। इंग्लैंड का 'टर्निप रिवॉल्यूशन', जापान का 'माइजी रेस्टोरेशन' इसके सबसे बड़े उदाहरण हैं—जिनके कारण इन समाजों में टिकाऊ औद्योगिक विकास हो सका। इस सम्बन्ध में राइनर नक्शे ने 40 के दशक में ही एक बहस छेड़ी थी। 70 के दशक के अफ्रीकी अर्थशास्त्री समीर अमीन भी इस स्थापना के आसपास थे। पूँजी का सबसे बड़ा स्रोत मानव-श्रम है—दरअसल उसी के परिप्रेक्ष्य में भारत में आयातित हरित-क्रान्ति किया जाए कि श्रम-साध्य कृषि से पूँजी-निर्माण, और तब औद्योगिक विकास किया जाए—इसी के वैचारिक आधार को रखने की मैंने कोशिश

की थी क्योंकि श्रम के बहुतायत के अतिरिक्त हमारे पास है क्या? अगर मजदूरों की मूलभूत आवश्यकता की चीजें ही मजदूरी के एवज में दी जाएँ—जैसे काम के बदले अनाज, तन ढँकने के लिए कपड़ा भी तब खेती से अतिरिक्त उत्पादन तथा पूँजी निर्माण शुरू हो जाता। लेकिन इस श्रम को बेकार रखना और आयातित पूँजी से विकास का एक आडम्बर खड़ा करना इनमें दो विरोधाभासी स्थितियों तक ही हमें पहुँचाएँगे—उसी को मैंने कहा है।

1974 का दौर तो एक व्यापक आन्दोलन का था, क्या उस परिप्रेक्ष्य में कोई विशेष बौद्धिक कार्य?

—आन्दोलन का जहाँ तक पार्टियों से सम्बन्ध था तो मैं कह चुका हूँ कि उसकी पूरी दिशा से मैं सन्तुष्ट नहीं था, लेकिन आन्दोलन में सन्दर्भ को व्यापक करने के लिए एक बुलेटिन निकालने का काम मैंने शुरू किया। इमरजेंसी में यह बुलेटिन भूमिगत होकर निकाला जाता रहा। वैसे पार्टियों के आन्दोलन में भागीदार होते ही मैं समझ गया था कि इससे बहुत दूरगामी परिणाम की अपेक्षा नहीं रख सकते। चूँकि इमरजेंसी में सतह पर कोई राजनीतिक काम नहीं हो सकता था, मैंने फिर बौद्धिक काम की तरफ ही दिमाग मोड़ा।

क्या 'इमरजेंसी इन पर्सपेक्टिव' पर काम करना शुरू किया?

—नहीं, वह तो कुछ बाद का काम है, लेकिन एक विशेष घटना ने मुझे 'कला' के सन्दर्भ की ओर मोड़ दिया। हुसैन (प्रसिद्ध रंगकर्मी) ने इमरजेंसी के दौरान इन्दिरा गांधी को दुर्गा के रूप में चित्रित किया—इससे सभी संवेदनशील लोग काफी दु:खी हुए। उन दिनों मैं एक फीचर एजेंसी के लिए लिखा करता था, क्रोध में मैंने हुसैन की सख्त आलोचना की। यहाँ तक कि उन्हें 'पिकासो का नकलची' भी कहा। वैसे मैं उन्हें भारत का सबसे सक्षम पेंटर भी मानता था। ललित कला अकादमी में उन दिनों में बैठता था जहाँ इमरजेंसी की खिलाफत करनेवाले कलाकारों की भी अच्छी-खासी जमात थी। इमरजेंसी के एक तीव्र आलोचक निर्मल वर्मा भी हुआ करते थे। उन लोगों से बातचीत करते एक बात मेरे दिमाग में उन दिनों उठी कि इतने सक्षम होते हुए भी ऐसे कलाकार की संवेदना इतनी संकुचित क्यों है? क्यों एक बड़ी आतंकवादी सत्ता उसकी दृष्टि से परे रह जाती है? मेरी अगली किताब 'केअस एंड क्रिएशन' इसी पृष्ठभूमि में लिखी गई।

'कला क्या है?' 'पर्सेप्शन' क्या है—जैसे मूलभूत सवालों को जाँचने की कोशिश मैंने की और मेरी यह समझदारी बनती गई कि मनुष्य के स्वभावगत गुण की तरह ही कलाकार की दृष्टि होती है। व्यापक परिदृश्य से तथ्यों के बीच सामंजस्य बैठाना और फिर उस सामंजस्य के आधार पर कोई व्यवस्था बनाना। वैज्ञानिक, गणितज्ञ

या दार्शनिक इस समझ को ऐब्स्ट्रैक्शन की ओर ले जाते हैं—गणित के सूत्रों तक भी। हालाँकि वह अन्तिम समझ फिर भी नहीं होता। कला-सृजन की प्रक्रिया भी ऐसी ही है। संसार को कोई कलाकार जैसा पाता है, उसका एक ऐब्स्ट्रैक्शन उसके मानसिक स्तर पर घनीभूत होता है। अलग-अलग कलाएँ इसे ही अवधारणात्मक ढाँचे में पुन: प्रस्तुत करती हैं। असल सवाल यह है कि तथ्यों को ग्रहण करने के लिए आपके संवेदन इन्द्रियों को क्या मिल रहा है? जैसे अगर एक्स-रे के माध्यम से आप किसी को देख रहे हों तो आपको केवल हड्डियाँ दिखाई पड़ेंगी, लेकिन जब प्रकाश की तरंगों से आप देखते हैं तो वही शरीर कुछ और दिखाई देता है। ठीक विज्ञान की ही तरह जैसे-जैसे आप 'उपकरण' बढ़ाते जाते हैं, आपका पर्सेप्शन भी बढ़ता जाता है।

दूसरा उदाहरण हो सकता है जादूगरों या 'मीस्टिक' रचनेवालों का। वे आपके सामने कुछ चीजों को प्रस्तुत करते हैं फिर उसमें से कुछ को गायब कर देते हैं। उसे फिर से वापस प्रत्यारोपित भी कर देते हैं। यहाँ चीजों की एक इंटर-सब्जेक्टिव रियालिटी है जो जादूगर हम तक कम्युनिकेट कर रहा है। इसी तरह कला का भी एक पर्सेप्शन है जो कलाकार के अनुभव के दायरे (एक्सपीरियंस फील्ड) पर आधारित होता है। उसी तरह देखनेवाले (दर्शक) के भी अनुभव का एक दायरा, उसके एक्सपीरियंस का भी एक फील्ड होता है। दरअसल, इन तीन किस्म के अनुमान-आधारों का ओवर लैपिंग हो जाना—एक-दूसरे से सटीक बैठ जाना—जितना ही होगा—वह कला उतनी ही उत्कृष्ट साबित होगी। उतनी ही सराही जाएगी।

कांट का कहना है कि एक नॉमीनल वर्ल्ड है, और एक फेनोमेनल वर्ल्ड है—कुछ इसी जैसा ही। हालाँकि कांट जैसा मैं यह नहीं मानता कि फेनोमेनोल वर्ल्ड के पार कुछ भी नहीं है। दरअसल चीजें जैसी हैं—(द थिंग इन इटसेल्फ) इसको हम अभिव्यक्त नहीं कर सकते।

ऐसे ही, कला के क्षेत्र में अनेक सम्भावनाएँ होती हैं जो अपना प्रभाव डालती हैं। मसलन, प्रतीकों द्वारा निरूपण को ही ले लीजिए, जैसे हंस। भारतीय जीवन-दृष्टि में श्वेत हंस को शुभ्रता का प्रतीक माना जाता है, पर ग्रीम मिथकों में वह जीयश (उनके कामदेव) कामुकता का प्रतीक माना जाता है। जाहिर है कि हंस पर आधारित पश्चिम की कला रचनाएँ हमें उतनी अपील नहीं करतीं। इस तरह 'केअस एंड क्रिएशन', कला को उसके परिप्रेक्ष्य में समझने की कोशिश थी।

एक तरह से थोड़े समय के लिए गहरे राजनीतिक सवालों से वह पटाक्षेप भी था और जल्दी ही मैं फिर इमरजेंसी के मूल कारणों की समीक्षा में जुट गया।

यों इमरजेंसी पर अनेक किताबें आईं—ज्यादातर पर्दे के पीछे की घटनाओं के विवरण लेकर। लेकिन मेरे सामने कुछ और ही सवाल थे, जिनकी पड़ताल जरूरी थी। इमरजेंसी लगने पर आम लोगों में तीखी प्रतिक्रिया क्यों नहीं हुई? स्वत:स्फूर्त

कोई विद्रोह जैसा क्यों नहीं हुआ? क्योंकि लोगों को फ्रीडम पहले से था ही नहीं। लोकतांत्रिक जीवन की संस्थाओं, संविधान की आन्तरिक कमजोरियों की मैंने विशेष रूप से पड़ताल की तो ऐसा लगा कि सूक्ष्म स्तर पर तो इमरजेंसी जैसी चीजें हमेशा जारी थीं, केवल उसका बाह्य स्वरूप प्रकट हो गया था उन दिनों, जिसके लपेटे में हमारे अभिजात वर्ग का एक हिस्सा भी आ गया था। इसीलिए मैंने इस किताब का नाम 'इमरजेंसी इन पर्सपेक्टिव' रखा है।

क्या हम यह मान लें कि सामयिक बहसों से क्लू लेकर आप कोई विषय चुनते हैं और फिर उसके व्यापकतम सन्दर्भ को लोगों तक पहुँचा देना चाहते हैं। आपकी अगली पुस्तक है 'कास्ट : मिथ, रियाल्टी एंड चैलेंज'—इसके पीछे आपकी केन्द्रीय चिन्ता क्या थी?

—जाति को लेकर जो वैमनस्य दिखता है, उसको एक बिलकुल सतही कारण दिए जाते रहे हैं। तथाकथित उच्च वर्ग और उसके लहू की शुद्धता जो ऐसी श्रेष्ठताओं को वैचारिक आधार देता है, वैज्ञानिक आधार पर ये बातें कितनी खोखली हैं—यही बताना अभीष्ट था।

इतिहास के तथ्य इतने ज्यादा भरे पड़े हैं इस बात के पक्ष में कि भारतीय समाज में बड़ी जातियों के नृवंशीय स्रोत भी वही हैं जो अन्यों के। दरअसल जब कोई जाति समूह आर्थिक और सामाजिक रूप से अपना वर्चस्व इतिहास के किसी खास कालखंड में, किसी खास क्षेत्र-विशेष में स्थापित कर देता था तो इस प्रभुसत्ता सम्पन्न जाति की सत्ता को स्थापित करने के लिए कुछ पीढ़ियों पहले से ही उसकी श्रेष्ठता के मिथक गढ़े जाते थे। प्राचीन इतिहास के तथ्य इससे बिलकुल अलग हैं।

आप बिहार के इस क्षेत्र को ही लीजिए जहाँ हम लोग पैदा हुए हैं और जहाँ जाति को लेकर अक्सर तनाव खड़े होते रहते हैं। यहाँ गुप्त वंश और पाल वंश उन दो का शासन रहा है, पर किसी ने भी अपने क्षत्रित्व का दावा नहीं किया। सबसे पहला साम्राज्य जिस नन्द वंश का था उस महापद्मनन्द को तो क्षत्रियों के हन्ता होने के कारण 'दूसरा परशुराम' भी कहा जाता था। दक्षिण का सातवाहन भी शुद्र ही थे। सच पूछिए तो इतिहास के किसी दौर में कोई बड़ा साम्राज्य भारत में रहा ही नहीं, फिर इस नकली क्षत्रित्व को लेकर सामाजिक स्तर पर आक्रामकता दिखाना और तनाव खड़े करते रहना कितना अनर्गल है?

'क्षत्री' से 'खत्री' और फिर राजपूत ये सभी शक-हुण-शीथियन जैसी अनेक जाति-समूहों से ही बने जो जैसे-जैसे प्रभुता सम्पन्न होते गए, ब्राह्मणों ने इनकी महिमा मंडित वंशावली तैयार कर दी। उत्तर बंगाल के 'राजवंशी' जो एक मछुआरों के जाति समूह हैं, राजारोहण होने पर उनको राजपूत बना दिया जाना यह तो हाल-

फिलहाल की घटना है। ठीक उसी तरह जैसे शिवाजी जो कुनबी जाति के थे उनको क्षत्रित्व दिया जाना, ये बातें सभी को ज्ञात हैं।

मैंने उस पुस्तक में केवल भारत में ही नहीं हिन्द-चीन के क्षेत्रों जहाँ हिन्दू संस्कृति का प्रभाव था—के कुछ राजवंशों को कैसे ब्राह्मणों ने क्षेत्रीय में तब्दील कर दिया—ऐसे भी कितने ही उदाहरण दिए हैं। दरअसल, भारत का समाज इतना घुला मिला है कि कम-से-कम यहाँ किसी के भी जातीय श्रेष्ठता का दावा तो कहीं टिकता ही नहीं है, यह हमें कबूल कर लेना चाहिए। इसको लेकर वैमनस्य या इसको लेकर प्रताड़ना खड़े करना तो बिलकुल ही एक झूठ को पार्श्व में लेकर लड़ने जैसा है।

हाँ ठीक है, आपकी इन चिन्ताओं को हम समझ सकते हैं, पर हमें सबसे ज्यादा उत्सुकता 'ऐडवेंयर्स ऑफ लिबर्टी' को लेकर है। इस किताब में स्वतंत्रता की आकांक्षा को ही इतिहास की चालक-शक्ति (मोटिव-फोर्स) के रूप में दिखाया गया है। यह किताब एक तरह से डार्विन की व्याख्या 'सर्वाइवल ऑफ द फिटेस्ट' या मार्क्स की स्थापना 'वर्ग-संघर्षों' का ही इतिहास के समानान्तर 'लिबर्टी' को केन्द्र में रखकर इतिहास को देखने, या यह कहा जाय कि इवोल्यूशन को देखने की कोशिश है—हम इससे बहुत ही अभिभूत रहे हैं, लेकिन इस दिशा में काम करने के तात्कालिक कारण क्या थे? स्पांटेनिटी क्या थी?

—सच पूछिये तो इसका भी कारण इमरजेंसी ही रहा है। तानाशाही अगर लम्बे समय तक हावी रहता है तो लोग उसे भाग्यवाद की तरह स्वीकार कर लेते हैं, अगर उनके भीतर विरोध की भावना न बचे। एक विचार भी आया था कि आदमी को खास परिस्थितियों में ट्रेन कर किसी व्यवस्था को स्वीकार करने के लायक बनाया जा सकता है। इमरजेंसी के दौरान भारतीय शासकों को भी ये बातें बताई जा रही थीं। स्वतंत्रता एक मूलभूत मानवीय भावना है—मैंने इसी को स्थापित करने के लिए यह लिखा। कुछ हद तक भारतीय समाज के लिए यह एक उद्‌बोधन था, विशेषकर बुद्धिजीवियों के लिए, जो तानाशाही को स्वीकारने लगे थे। मैंने यहूदियों का मिस्र में गुलाम बनाया जाना और मोजेज (मूसा) का नेतृत्व, रोम में ग्लैडियेटर्स से लेकर खुद हमारे समाज में मध्य युग के भक्ति आन्दोलन का जिक्र इस सन्दर्भ में किया है।

किताब लिखने के दौर में ही जो ऐतिहासिक विकास-क्रम के तथ्य देखने में आए—उससे मानवीय स्वातंत्र्य की अदम्य इच्छा को लेकर मेरे मन में एक दृढ़ निश्चय (कनविक्शन) खड़ा हुआ। मैंने तभी सोवियत संघ के निश्चित ध्वस्त होने की बात भी कह दी थी।

एक छोटा सवाल और है। मार्क्सवाद की स्थापना की मूलत: मानते हुए भी लोकतंत्र को अपने धुरी माना है। विचार के स्तर पर आपने काफी यात्रा की, लेकिन अगर किसी एक धारा में आपको रखना चाहें तो आप अपने को मार्क्सवादी कहना चाहेंगे या उदार लोकतंत्रवादी?

—मैं समझता हूँ कि ऐसी सम्बद्धता एक पिटे लीक की होगी। मैं इतना ही कहना चाहता हूँ कि हम लोग मार्क्स के कन्धे पर खड़े हैं, इसलिए कुछ और आगे देख पाने में सक्षम हैं, लेकिन जैसे ही आप अपने को घिसे-पिटे मुहावरों में मार्क्सवादी बना देते हैं—उस विशाल कन्धे पर खड़े होने के बावजूद आप अपनी आँखें बन्द कर लेते हैं। ज्यादातर मार्क्सवादी लोग इसीलिए आगे कुछ भी नहीं समझ पाए। मैं पूरे तौर पर यह मानता हूँ कि मार्क्स के बिना समझदारी हो ही नहीं सकती, लेकिन मैं गांधी के प्रभाव को आज की चुनौतियों के सापेक्ष कहीं ज्यादा स्वीकार करता हूँ। किन्तु गांधी के प्रभाव का आशय सर्वोदय के लोगों की तरह चरखा और कर्घा नहीं है। गांधीवाद का मूल मानव-सभ्यता के जीवित रहने के लिए एक औजार संस्कृति 'कल्चरल सर्वाइवल किट' है।

आनुवंशिकी के क्षेत्र में 'हाइपरट्रॉपी' की एक समझ है—यानी खास जीवों में जीवित रहने के लिए कुछ खास क्षमताओं का अधिक विकास। मनुष्य में आत्म-निमंत्रण का एक ऐसा ही गुण है—गांधीवाद दरअसल मनुष्य में निहित आत्म-निमंत्रण के गुणों को संवर्द्धित करता है, इसीलिए इसे मैं मानव-संस्कृति का सर्वाइवल किट कहता हूँ। क्योंकि औद्योगिक सभ्यता की भी एक हाइयरट्रॉपी है—अत्यधिक उपभोग के लिए अहर्निश तैयारी जो प्रकृति के बेहिसाब दोहन की ओर ले जाता है—यानी अन्तत: विनाश, लेकिन गांधी की समझ मनुष्य पर अपने नियंत्रण को बढ़ाकर सभ्यता के जीवित रहने का दर्शन है। इसी सन्दर्भ में मैं शूमाकर से भी प्रभावित रहा हूँ। हालाँकि अर्थशास्त्रियों ने उन्हें अपने बीच से खारिज कर दिया, पर उन्होंने प्रकृति के दोहन के खिलाफ सावधान किया था—यह कहते हुए कि प्रकृति के संसाधन भंडार को अपनी आय मत समझो। वह पूँजी है—उसको खत्म करोगे तो तुम्हारा महत्तम उत्पादन वाला यह उद्योग ही समाप्त हो जाएगा। इन संसाधनों में रिनीवेबुल क्या है, एक्जॉस्टेबुल क्या है—इन सभी में फर्क है—अर्थशास्त्री को मूलत: प्रेस्कृप्टिव होना चाहिए न कि उत्पादन का इकोनॉमेट्रिक प्रोजेक्टर। शूमाकर गांधी से इसीलिए उतने प्रभावित थे जो मानता है—पृथ्वी सबकी जरूरत पूरी कर सकती है, पर एक आदमी के लालच को नहीं।

उत्पादन प्रणाली, बेरोजगारी, केन्द्रीकरण, हिंसा यहाँ तक हिंसा के दायरे में पेड़-पौधों के विनाश तक को रोकने की चिन्ता जो गांधी में थी, वह पारीस्थितिक जीवन का ज्ञान है जो उत्पादन-प्रणाली की अगली निष्पत्तियों तक हमें ले जाता है।

हम लोग लगातार बात करते रहे—उधर सूरज डूबनेवाला है। अब एक आखिरी सवाल। आज दिन भर हम लोगों ने थकाया आपको। हमारी आजादी के अब 50 वर्ष हुए, एक पॉलिटिकल एक्टीविस्ट तथा समाजवादी दर्शन से जुड़े लम्बे दौर के बौद्धिक कार्यों में आपकी लगभग इतने ही वर्षों की सक्रियता भी रही है। आप इस आजादी का क्या मूल्यांकन करते हैं?

—बौद्धिक स्तर पर हम लोग आजाद महसूस करने लगे हैं। पहले पुलिस व्यवस्था का बड़ा आतंक था—लोग अब उससे बहुत नहीं डरते। समाज के निचले स्तर के लोग भी यह महसूस करते हैं कि वे बराबर के आदमी हैं। पहले यह ऐसा नहीं था। बम्बई में 1952 के चुनाव में मैंने डॉ. अम्बेडकर के लिए काम किया था—महारों के बीच ही जो अपेक्षाकृत दलितों के बीच सबसे सजग तबका था, लेकिन उनमें भी यह भावना उन दिनों नहीं थी। इसलिए बौद्धिक या आत्मिक स्तर की आजादी बढ़ी है।

एक दूसरे स्तर पर भी लोकतंत्र की उपलब्धि में समझता हूँ, काफी सकारात्मक है। लोकतंत्र के भीतर समाज की निचली सतह पर रह रहे लोगों को सत्ता के केन्द्र तक लाने की शक्ति होती है। उनके प्रभाव की सरकारें बन रही हैं। मतदान का महत्त्व बढ़ा है। दरअसल, यह प्रक्रिया समाज में जैसे ही शुरू हुई, प्रभुसत्ता सम्पन्न लोगों ने इसका विरोध करना शुरू किया था। बोगस वोट, बूथ-कब्जा, गुंडागर्दी इसी प्रतिक्रियात्मक सत्ता की उपज हैं, लेकिन वो लगातार हारते जा रहे हैं। यह एक बेहतर उपलब्धि है।

मेरा मानना है कि आजादी पहले आत्मिक स्तर पर दिखाई देती है, आर्थिक स्तर पर यह बाद में दिखाई देगी।

लेकिन अगर आप ऐसा मानते हैं कि यह आजादी बहुत गहरे लोगों को प्रभावित कर रही है, तो इसकी अर्द्धशती पर क्या हमें सेलिब्रेट नहीं करना चाहिए?

—देखिए, सकारात्मक पक्ष तो इसका जरूर है, लेकिन वह लोकतंत्र की अन्तर्निहित शक्ति है, इसमें स्वातंत्र्योत्तर भारत के नेतृत्व-शक्ति की भूमिका क्या है? उन्होंने तो धारा के विपरीत ही काम किया, लगातार रोड़े अटकाए हैं, लेकिन अगर इसे सेलिब्रेट करते हैं तो वह उनके नेतृत्व का अनुमोदन माना जाएगा। वैसे आर्थिक स्तर पर तो यह उपलब्धि और भी न्यून है।

50 साल बहुत लम्बी अवधि है, कम-से-कम भोजन और कपड़े जैसी बुनियादी आवश्यकता तो हर किसी के लिए हो ही जाना चाहिए था। सबसे भयावह स्थिति रोजगार को लेकर है। हमारी अर्थव्यवस्था में प्रतिवर्ष 20,000 करोड़ रुपए केवल पेट्रोलियम पदार्थों पर व्यय किए जाते हैं। अगर इस पूँजी का सन्तुलित उपयोग किया जाता तो प्रति वर्ष 20 लाख छोटे काम-धन्धों के यूनिट खड़े हो जाते और

करीब 1 करोड़ लोग सम्मानजनक जीवन के रोजगार पा सकते थे अगर 10 लाख रुपया भी प्रति यूनिट के पीछे लगाया जाता।

तो आपकी नजर में दोषी कौन दिखता है?

—प्रथमतया इस देश का अभिजात वर्ग, जिसकी शुरू से ही यही समझ थी कि इस देश को ऐसा बनाना है जैसा पुराने मालिक (अंग्रेज) चाहते थे। उनके लिए आम जनता का कोई मतलब नहीं था।

चीन को लीजिए। हमारी आजादी के 2 साल बाद कम्युनिस्ट वहाँ शासन में आए। मानव-श्रम को उन्होंने अधिकतम महत्त्व दिया। कृषि के क्षेत्र की मूलभूत सफलता हासिल कर ली। और आज उनके पास बड़ी राष्ट्रीय पूँजी है औद्योगिक निर्मण के लिए। चीन ने सभी नागरिकों को भोजन दे दिया, रोजगार दे दिया, कपड़े दे दिए। हमारे यहाँ लोग हँसते थे चीन पर कि पूरी आबाद लगता है, यूनिफॉर्म पहनी हुई है क्योंकि 3-4 किस्म के कपड़ों का ही उत्पादन वे करते थे। उनमें रंगों की बहुत विविधता नहीं थी। आज तो वे विविधता भी खड़ी कर रहे हैं। ठीक उल्टे, हमारे यहाँ कुछ लोगों के लिए काफी विविधता है, पर करोड़ों लोग अब भी आजीवन नए कपड़ों के मोहताज हैं।

लेकिन चीन को तो समाजवादियों द्वारा भी कम्युनिस्ट तानाशाही का देश माना जाता रहा है?

—नहीं। मैं नहीं मानता। कम-से-कम तब तक, जब तक वह जनता के समर्थन से लड़ रहे थे। और पार्टी का हर लड़ाकू यूनिट जनता की भागीदारी से ही अपना स्थानीय स्वशासन चलाया करता था—वह एक स्वत:स्फूर्त विकेन्द्रीकरण था, जिससे प्रारम्भिक दौर में ही चीन ने बेहिसाब तरक्की की।

एक आखिरी सवाल...

आपका प्रेस्क्रिप्शन क्या है? आगे आनेवाले 40-50 वर्षों में भारत का क्या होगा? कैसे इसे एक नया आकार दिया जा सकता है?

—यह कोई निर्गुण सवाल नहीं है मेरे लिए। मैं मूलत: अपने को एक पॉलिटिकल एक्टीविस्ट मानता हूँ और उस लिहाज से अपनी समझ के साथ सक्रिय भी रहता हूँ।

समाजवादी आन्दोलन में बड़े बिखराव के बाद 1980 में कुछ साथियों के साथ हम लोगों ने 'समाजवादी जन-परिषद' का गठन किया, जिसके मूल उद्देश्य हैं, जनान्दोलनों को देश की राजनति में एक केन्द्रीयकारी भूमिका में लाना।

शायद आप लोगों न गौर किया हो—1980 के बाद इस देश में काफी बड़े-बड़े जन आन्दोलन हुए हैं जो मूलत: विकास योजनाओं के खिलाफ हैं। यह भी

गौर करने की बात है कि ये सभी आन्दोलन राजनीतिक दलों के दायरे के बाहर हुए—जैसे टिकैत का आन्दोलन, नर्मदा आन्दोलन, चिपको आन्दोलन, आन्ध्र और तमिलनाडु के मछुआरों का आन्दोलन इत्यादि, इत्यादि...

दूसरी मुख्य बात यह है कि ये सभी आन्दोलन राजनीति के प्रति निषेध भाव रखते हैं जो कुछ हद तक इस अस्वीकृति के कारण हैं कि ये दलों की सिद्धान्तहीनता जो जनता के सवालों पर एक जैसे ही कटे हुए हैं। पिछली लोकसभा के दौरान जब भाजपा की सरकार 13 दिनों के लिए बनी थी तो स्वयं वाजपेयी ने कहा था कि मनमोहन सिंह की आर्थिक नीतियों से हमारा कोई विरोध नहीं है, लेकिन हम उन्हें, अपना वित्तमंत्री नहीं बना सकते।

मेरी राय में एक बिलकुल नए समान्तर राजनीति की जरूरत है जो इन तमाम आन्दोलनों को इकट्ठा कर एक दल के रूप में संगठित करने से ही हो सकता है। इस बात को समझने की जरूरत है कि इन तमाम लोगों के लिए भी कि हम आन्दोलन करते रहें और सत्ता में कोई और बैठता रहे। एन.ए.पी.एस. (नेशनल एलायंस फॉर पीपुल्स मूवमेंट) के रूप में एक ऐसा प्रयास हुआ भी है, पर वैसे कोई बहुत मजबूत धारा इसकी बनी नहीं है।

लेकिन ऐसे शाकाहारी प्रयासों से क्या फल निकलेगा? कोई करिश्माई नेतृत्व इसमें से निकलता दिखता है क्या? व्यापक जनता को जोड़नेवाला कोई नारा, कोई व्यक्ति—ये तो खड़े नहीं हो पा रहे हैं?

—ये सब बातें रणकौशल की हैं। नेतृत्व का चरित्र कैसा है, उसकी क्षमता क्या है—इसी पर निर्भर करता है। मुझे यकीन है इन आन्दोलनों से ही निकलेगा। यही एकमात्र रास्ता दिखता है जिसको व्यापक एलेक्टोरेट से जोड़ने की जरूरत है। मेरे विचार से वही राजनीति कारगर होगी जो हाशिये पर के लोगों को मुख्यधारा में ले आए नहीं तो भारत बुरूंडी या सोमालिया में भी तब्दील हो सकता है। आगे की सबसे बड़ी चुनौती एक ऐसे सक्षम राजनीतिक दल पैदा करने की है।

('संवेद' ने एक पूरी टीम के साथ (शशिभूषण, अरशद अजमल, शाहिद कमाल और किशन कालजयी) नवम्बर 97 में दिनभर की यह बातचीत मनिका (मुजफ्फरनगर) स्थित उनके निवास पर रिकॉर्ड की थी।)

संस्कृतिकर्मी अनीश अंकुर की बातचीत

सच्चिदा बाबू, आपके वक्तव्यों और आपके लेखन से यह जाहिर होता है कि आप औद्योगीकरण की परिकल्पना के ही खिलाफ हैं, इनलाइटेनमेंट (प्रबोधन) की जो परियोजना चली आ रही है, ऐसा लग रहा है, उसी पर सवाल खड़ा कर रहे हैं। मानवजाति की जो तरक्की हुई है, सुविधाएँ मिलीं, औद्योगीकरण से, उसे कैसे नकारा जा सकता है?

—एक धारा है अराजकतावादी आन्दोलन की! वह तो मानती है कि औद्योगीकरण क्या, कि कृषि-क्रान्ति के बाद से ह्रास शुरू हुआ है। अराजकतावादियों में एक ग्रुप है जो खुद को 'एनार्किस्ट प्रमिटिविस्ट' अर्थात आदिमवादी अराजक कहते हैं। उन लोगों ने काफी शोध किया है पुरातत्व वगैरह पर। और उनकी बुनियादी अवधारणा यह है कि प्रिमिटिव लोग आपस में बहुत ज्यादा लड़ते-झगड़ते रहते थे, जिन्दगी काफी कठिन थी। कैलिबा सिनचिंग करके एक अमेरिकी लेखक थे, उन्होंने अपने अध्ययन से यह बताया है कि जो आदिम लोग थे जो कि शिकार और फलसंग्राहक समाज में रहनेवाले लोग थे, वे वास्तव में खुशहाल इस अर्थ में थे कि उनको जो भोजन मिलता था, वह आज के भोजन से बेहतर था। अमेरिका में एक कथन है कि 'मिल्क मेक्स ए मैन'। उन्होंने शोध किया है उनकी हड्डियों वगैरह का। उसके आधार पर कहा गया कि उन लोगों का प्रोटीन वगैरह का जो इनटेक था, वह बेहतर था। आज एंटीबायोटिक वगैरह जो पम्प करते हैं, वह तब नहीं था। चार-पाँच घंटे दिन में काम करके वे दिन बिताते थे। तो 'एनार्किस्ट प्रमिटिविस्ट' लोग इसी थीम को लेकर काम कर रहे हैं।

ऐसे ही एक काफी चर्चित किताब है, डायमंड करके एक लेखक हैं, उनको 'पुलित्जर प्राइज' भी मिला है। उन्होंने आदिम समाज से अब तक के विकास और उसके नतीजे का अध्ययन किया है। सभ्यता की शुरुआत हुई, कृषि का प्रारम्भ हुआ, तभी से बहुत सारी समस्याएँ, दिक्कतें होनी शुरू हुईं। उन्होंने बताया कि बहुत सारी बीमारियाँ आदमियों में आईं, वहाँ से यूरोपियन जब अमेरिका गए तो उस आबादी ने ये बीमारी फैलाई। हंटिंग, गैदरिंग सोसायटी ग्यारह हजार साल पहले जब 'नियोलिथिक रिवॉल्यूशन' हुआ, उसके पहले वे दुनिया में फैले और

खुशहाल थे। पहले जानवरों को पालतू बनाया जाने लगा। ये सोचना गलत है कि जब आबादी बढ़ी तो कृषि की जरूरत हुई। कृषि आने से एक्सट्रा लोग उधर गए। काफी सामग्री के आधार पर उन लोगों ने बताया है कि ये लोग उर्वर जमीन पर जाकर बस गए।

अनार्किस्ट प्रिमिटिविस्ट जो हैं, इन लोगों से मेरी भेंट भी हुई है। नक्सलाइट मूवमेंट के एक समूह में कुछ लोग हैं बंगाल के अन्दर। बहुत फ्रस्ट्रेशन हुआ तो कई ग्रुप्स में बँट गए ये लोग। कुछ लोग इधर भी गए। उसमें एक जोगन करके एक आदमी हैं। काफी पढ़ने-लिखनेवाले। इन लोगों से सम्पर्क हुआ। जॉन जर्जन नाम के अमेरिका के एक काफी जाने-माने फिलॉसफर हैं, उनकी किताब है 'अगेंस्ट सिविलाइजेशन'। यह काफी महत्त्वपूर्ण लोगों के लेखों का संग्रह है, थोरो का है, इंडियन मॉरिस का है, जो कि समाजवादी परम्परा के हैं। बहुत सारी समस्याएँ उसकी वजह से आ जाती हैं।

पहले मार्क्स ने भी कल्पना की थी 'विदरिंग अवे अफ स्टेट' स्टेट नहीं होगा, भाइचारे के आधार पर सारे लोग रहेंगे। कल्पना तो यही थी, लेकिन औद्योगिक समाज के भीतर यह सम्भव है क्या? आधुनिक औद्योगीकरण के साथ नौकरशाहीकरण होता है। औद्योगिक ढाँचे में भी ब्यूरोक्रेसी बनती है और वही हावी हो रहा है, वही ऑल पॉवरफुल थे। उनको लगता था कि एक बार क्रान्ति हो जाएगी और उसके बाद सब कुछ ठीक-ठाक हो जाएगा। बाकुनिन वगैरह की मार्क्स से यही बहस थी। मार्क्स कहते थे कि एक बार कम्युनिज्म हो जाएगा तो स्टेट खुद विदर अवे हो जाएगा।

बाकुनिन का कहना था एक बार जब स्टेट मिल जाएगा तो फिर वही एक यंत्र हो जाएगा, उत्पीड़न का और हकीकत में तो यही हुआ। यहाँ तक कि लेनिन ने, जिन्होंने खुद क्रान्ति भी की, भी क्रान्ति के पहले एक किताब लिखी थी 'स्टेट और रिवॉल्यूशन'। हम लोग भी काफी प्रभावित थे। उसमें वह बतात हैं कि रूस में सोवियत के पास सारी ताकत होगी। विकेन्द्रित व्यवस्था होगी। यही थीम थी। इसी थीम को एक छोटे-से लेख में उन्होंने लिखा था। लेनिन तो एक्साइल में रहते थे, स्विट्जरलैंड से एक गाड़ी में छिप कर आए थे। वहाँ पर पार्टी की एक कमिटी की बैठक थी, 'अप्रैल थीसिस' में भी वही बहस थी विकेन्द्रीकरण वगैरह की। उस समय गोल्डनबर्ग नाम का बोल्शेविक लीडर था, उसने कहा कि लेनिन, बाकुनिन का जो सिंहासन 30 साल से खाली पड़ा है, उसे भरने आ गए। लेनिन का शुरू से ही यह मत था कि जो स्टेट बनेगा वह बिलकुल विकेन्द्रित होगा। शुरू में एक बड़ी पड़ताल हुई, सैनिक युद्धभूमि छोड़कर भागने लगे। उसके बाद 4 साल तक युद्ध का सिलसिला चला। 1917 से 1921 तक इसमें धीरे-धीरे केन्द्रीकरण होने लगा। होस्टेजेज वगैरह लेना शुरू किया इन लोगों ने, जिसकी

रोजा लक्जमबर्ग ने भी, जो लेनिन के साथ थीं, आलोचना की थी कि यह बहुत अमानवीय व्यवस्था है।

मेरा कहना है युद्ध की जो प्रक्रिया है, उसमें सफल होने के लिए सत्ता के केन्द्रीकरण की, सेंट्रलाइजेशन ऑफ पॉवर की जरूरत पड़ेगी। जहाँ ज्यादा केन्द्रीकरण होगा, वही लोग जीतेंगे जो ज्यादा इफीशिएंट (Efficient) होंगे, बाकी लोग असफल हो जाएँगे। जब भी युद्ध वगैरह होता है तो कमान केन्द्रीकृत (Centralised) होती है। इस पर मेरी एक किताब भी है 'सोशलिज्म एंड पॉवर', 1974 में छपी थी, इस सवाल को हमने उठाया था। कैसे केन्द्रीकरण होता है, रूसी क्रान्ति, चीनी क्रान्ति का उदाहरण मैंने दिया, थोड़ा-सा जिक्र कास्त्रो वगैरह का भी है। यूरोप वगैरह में ब्यूरोक्रेसी का जो विकास है, उन सब चीजों को उठाया गया है। यह एक अवश्यम्भावी प्रक्रिया है।

पहले हम लोगों का जो आकर्षण था मार्क्सवाद के प्रति या क्रान्ति के बारे में कि समाज में समता का प्रसार होगा, राज्य का विघटन हो जाएगा, एक फ्री सोसायटी होगी। लेकिन जहाँ कहीं भी क्रान्ति हुई, सबके नतीजे में केन्द्रीकरण हुआ, निरंकुशता आ गई। एक तरफ हिटलर की तानाशाही आई तो दूसरी तरफ स्टालिन की तानाशाही आ गई। स्टालिन की तानाशाही तो ज्यादा सख्त और सक्षम थी बनिस्बत हिटलर के। हम लोगों को ये लगा कि ये जो हिंसा की राजनीति है। उससे तो नहीं चलेगा। 'सोशलिज्म एंड पॉवर' का यही मुख्य तर्क था। अन्त में हमने दांते की दो पंक्ति उद्धृत की है जिसका मतलब है, "एक महिला है जो तकिया में तकलीफ से बचने के लिए करवट बदल लेती है।" समाज में भी यही होता रहा है कि एक तकलीफ से बचने के लिए दूसरी तरफ हो जाते हैं और अभी तक तो यही होता रहा है। इसी बात पर मैंने किताब को समाप्त किया था।

इसी में एनार्किस्ट ग्रुप के लोगों ने 'सोशलिज्म एंड पावर' के बारे में कहा था, ऑरिएट लांगमैन का है, हम नहीं देख पाएँगे। तो हमारे भाई प्रभाकर के यहाँ थी वो किताब, उसकी कई सौ कॉपियाँ मँगाकर उन लोगों ने बेचे थे। खासकर राज्य के बारे में उन लोगों को दिलचस्पी थी। जॉर्ज जर्जन हिन्दुस्तान आए थे तो जोगन जिनकी चर्चा हमने की थी, वह हमसे थोड़े निकट हो गए थे। उन्होंने हमसे कहा था कि वह कलकत्ता आनेवाले हैं, उनसे आकर मिलिए। मैं गया था। वहाँ मैं ठहरा था अशोक सेकसरिया के यहाँ, जो 'सामयिक वार्ता' निकाला करते थे। वहाँ उनसे बात हुई। हमने एक ही सवाल उनसे किया था कि आप जो 'एर्नाकिस्ट प्रिमिटिविज्म' की बात करते हैं अर्ली लाइफ के बारे में, वह मुझे पसन्द है। हम लोगों के विचार भी वही हैं। आप कृषि-क्रान्ति के ग्यारह हजार साल पहले की बात करते हैं, उस वक्त दुनिया की आबादी कुछ लाख थी,

आज दुनिया की आबादी 10 अरब के करीब है, इसको कैसे समाहित करेंगे? वह बोलते कम थे। मेरे सवाल का जवाब नहीं दिया। फिर मेरे दिमाग में यह बात रही है कि इतनी जनसंख्या है, जो हंटिंग गैदरिंग सोसायटी में कुछ मील के अन्दर परिवार होते थे, बहुत आसानी से शिकार करके रह सकते थे, आज उसकी सम्भावना कम है।

गांधीजी विशेष तौर पर ग्रामीण गणराज्य की बात करते थे। हकीकत में यही लगता है कि इसी तरह के छोटे-छोटे गाँवों के माध्यम से कुछ हो सकता है, एग्रीकल्चर को तो आप छोड़ नहीं सकते हैं। आज भी वह जरूरी है छोटे गाँवों के अन्दर ही, छोटे उद्योगों के साथ ही ऐसा सम्भव हो पाएगा। फिर आपने जो औद्योगिक समाज की बात उठाई कि कैसे होगा? उसकी समस्या का समाधान कैसे होगा? जो औद्योगिक समाज है, वह एक गतिरोध में पहुँच गया है। पर्यावरण का संकट है, संसाधनों के अतिदोहन का संकट है लेकिन प्रकृति की तो सीमा है, वह अन्तहीन तो है नहीं। हम लोग ये आकांक्षा रखते हैं कि हिन्दुस्तान विकास के मामले में कभी अमेरिका-इंग्लैंड की तरह हो जाए। आज अमेरिका का जो विकास हो रहा है, अमेरिका के पास खुद भी संसाधन बहुत हैं और दुनिया भर के जो संसाधन हैं, चाहे वो चिली का ताँबा हो या मिडिल ईस्ट का तेल हो, हर चीज के ऊपर उसका नियंत्रण है। बहुत बड़ा देश है अमेरिका। अभी उसकी आबादी 32 करोड़ के करीब है। उस स्तर तक पहुँचने के लिए हिन्दुस्तान या चीन को धरती जैसे कई और ग्रहों की जरूरत होगी। यह एक बड़ी समस्या है आज, जो संसाधनों का मामला हो गया है, उसमें पर्यावरण का मामला भी जुड़ा हुआ है। उसमें तो कहीं कोई गुंजाइश नहीं है। मुट्ठी भर लोगों के लिए सारी सुविधाएँ होंगी और बाकी लोग, आज भारत में, ऐसे ही रहेंगे। औद्योगीकरण के माध्यम से ये तो होगा नहीं।

इसमें एक और चीज है जो हम लोगों को ध्यान में रखना है। अभी जो बहुत ज्यादा महँगाई बढ़ रही है तेल वगैरह की, खनन वगैरह की स्थिति से जोड़ कर देख सकते हैं। उसकी वजह से ये महँगाई बढ़ेगी। होता यह है कि जब आप कोई मिनरल, कोयला वगैरह का खनन करते हैं तो पहले आसानी से उपलब्ध हो जानेवाला जो संसाधन है, उसका इस्तेमाल करते हैं। फिर जैसे-जैसे वह खत्म होने लगता है तो ज्यादा कठिनाई से मिलनेवाले संसाधन का इस्तेमाल करने लगते हैं। जैसे पहले जमीन से तेल निकालते थे और अब बॉम्बे हाई या समुद्र में या नॉर्थ सी से तेल निकालते हैं जो ज्यादा खर्चीला होता है। जैसे-जैसे ज्यादा खर्चीला होता है, उसकी कीमत बढ़ती जाती है। 1960-62 में कच्चे तेल की कीमत हुआ करती थी 2 डॉलर प्रति बैरल और आज वह बढ़कर 100 डॉलर के करीब हो चुकी है।

आज सारा उद्योग-धन्धा, खेती आदि सब मशीनरी पर निर्भर है जो तेल से चलता है। अगर तेल महँगा होगा तो खेती भी महँगी होगी। हम लोगों के यहाँ भी जब तेल सस्ता था तो लगता था कि खेती करना आसान है। ट्रैक्टर बड़ी संख्या में, हमारे गाँव में जहाँ हम रहते हैं, खरीदा गया। हल-बैल बहुत कम, इने-गिने दिखाई देते थे, लेकिन अब उलट गया है। हल-बैल से खेती करना कहीं ज्यादा सस्ता है। कुछ दिन पहले एसबेस्टस का एक कारखाना खुल रहा है, उसको लेकर मीटिंग थी। वहाँ मीटिंग में किसान लोग आए थे। हमने कहा था कि अभी खेती में हल-बैल और ट्रैक्टर का क्या हाल है? तो किसानों ने बताया कि हल-बैल से दोगुना ज्यादा खर्चा होता है ट्रैक्टर में। जोतने में हल-बैल के मुकाबले से एक एकड़ में दोगुना ज्यादा खर्च होता है। जुताई की क्वालिटी भी हल-बैल में ज्यादा बेहतर रहती है। यह बहुत बड़ी समस्या है कि जिस औद्योगीकरण की बात हम सोच रहे हैं, वह सम्भव नहीं है। आज वह सौ डॉलर प्रति बैरल हो गया है, दस-बीस साल के बाद वह 200 डॉलर प्रति बैरल हो जाएगा तो आप कहाँ से कर पाएँगे?

सच्चिदा बाबू, आपकी बात से लगता है कि आपको औद्योगीकरण की अवधारणा से ही दिक्कत है, लेकिन एक तर्क जो मार्क्सवादी लोग देते हैं कि औद्योगीकरण तो एक निरपेक्ष चीज है नहीं। मूल चीज तो सम्बन्ध है, पूँजी व मुनाफे पर आधारित पूँजीवादी या साम्राज्यवादी सम्बन्ध। अगर हम सम्बन्धों को बदल दें, मुनाफे की बजाय मनुष्य को केन्द्रित कर करें तो पर्यावरण के सवाल को भी हल कर पाएँगे। बुनियादी चीज है, उत्पादन सम्बन्ध और उसे बदलना।

—ये कैसे? उदाहरण के लिए टाटा का स्टील मिल है जमशेदपुर में, बोकारो का स्टील मिल पब्लिक सेक्टर है। वहाँ तो कोई उद्योगपति नहीं है, लेकिन सारा औद्योगिक ढाँचा तो वही है। सोवियत संघ में भी वही ढाँचा था, वही नौकरशाही थी। तो सब कुछ तो वही रहा। फिर संसाधनों का दोहन तो वैसे ही होता है चाहे वह बोकारो में हो या फिर जमशेदपुर या सोवियत संघ में। कोयला, लौह अयस्क आदि तो सबको चाहिए। ये दोहन तो सार्वजनिक या निजी क्षेत्र, दोनों में होगा। प्रकृति के साथ जो आदमी का रिश्ता है, वह तो वही रहता है। हालाँकि कि अब जो औद्योगिक ढाँचा बन रहा है, उसमें उस तरह का मानवीय रिश्ता नहीं रहेगा। पहले उद्योग-धन्धों में उतना मशीनीकरण नहीं था। उद्योग का मतलब था, एक-दो हजार लोग एक जगह काम कर रहे हैं, लेकिन अब औद्योगिक ढाँचा में पूरी असेम्बली लाइन है। अलग-अलग प्वाइंट पर मजदूर हैं और सब कुछ स्वचालित चल रहा है। मजदूर को सिर्फ असेम्बल करना है।

मार्क्स ने कल्पना की थी सौ आदमी काम कर रहे हैं और एक ओवरसियर है। वह हट जाएगा तो बाकी लोगों का समुदाय बन जाएगा। आज जो उद्योग का

ढाँचा है, उसमें आप कल्पना करिए टाटा के यहाँ, मान लीजिए टाटा को हटाकर मजदूरों के हाथ में प्रबन्धन आ जाता है, लेकिन वह जो काम का पूरा ढाँचा है उसमें तो कोई बदलाव नहीं होनेवाला है, बल्कि ऑटोमेशन वगैरह, कम्प्युटरीकरण के कारण और बढ़ता जाएगा, ज्यादा होगा। इसमें तो दृश्य से आदमी और ज्यादा गायब होता जा रहा है। सारी चीजें मशीन से होंगी। तो वह एक मानवीय सम्बन्ध की जो कल्पना मार्क्स और बाकुनिन ने की थी वह आज के फैक्ट्री सिस्टम में कहीं नहीं है। सारे निर्णय केन्द्रीकृत होते हैं। कुछ विशेषज्ञ हैं, वही सारे निर्णय लेते हैं। फ्लोर में काम करनेवाले मजदूरों की कोई भागीदारी नहीं है। ऊपर से निर्देश आता है कि अलग-अलग प्वाइंट पर रह कर काम दे दिया जाता है। जो सारा औद्योगिक ढाँचा है उसी में हाइरार्की निहित है। ऊँच-नीच का भेद-भाव रहेगा। उसमें कोई एक मालिक नहीं है। बोकारो स्टील का कोई मालिक नहीं है, लेकिन आम मजदूर और उसका जो मैनेजर है, उसके सम्बन्ध में कोई फर्क नहीं है, चाहे वह टाटा का हो या फिर स्टेट का।

ये तो सच्चिदा बाबू, पब्लिक और प्राइवेट सेक्टर की बात हुई। जैसे हिन्दुस्तान में ब्यूरोक्रेसी का स्ट्रक्चर है, इसमें आप इंडस्ट्री भी लगाएँगे तो उससे अलग कैसे होगा? इसमें एक उदाहरण की तरफ आपका ध्यान आकृष्ट करना चाहूँगा। आपने कहा कि रूस में लेनिन ने देश तो बनाया, पर स्ट्रक्चर उन्हें वही पुराना रखना पड़ा। लेनिन की ट्राट्स्की से एक बहस भी हुई थी। ट्राट्स्की कहा करते थे कि अन्तर्राष्ट्रीय सम्बन्ध अगर पूँजी पर आधारित हैं, आप अकेले एक देश में वैकल्पिक ढाँचा खड़ा नहीं कर पाएँगे। इसलिए वह स्थायी क्रान्ति की बात किया करते थे। तो क्या यह बात नहीं है? तमाम कमजोरियों के बाद भी वह कुछ तो बात रही होगी कि क्रान्ति के बाद वह एक ताकतवर देश बन जाता है। यही चीन का भी है कि वह इतना विकसित देश बनता जा रहा है। आखिर वो उत्पादक शक्तियों को तो मुक्त करता है।

—प्रोडक्टिव फोर्सेस तो लिबरेट हुआ, लेकिन जो आम आदमी है चीन में, रूस में, वह कैसा है? अगर आम आदमी की स्थिति ठीक रहती तो अचानक इतना बड़ा ढाँचा ध्वस्त कैसे हो गया? लोगों में काफी असन्तोष था। आम आदमी की स्थिति तो बहुत खराब थी। वहाँ वही हो गया था कि ब्यूरोक्रेसी के अन्दर या सरकार के अन्दर जो लोग थे, उनको काफी सुविधाएँ थीं और आम लोगों की स्थिति अच्छी नहीं थी। इसको लेकर एक मजाक भी चलने लगा था। अली अशरफ का नाम आपने शायद सुना होगा, कम्युनिस्ट पार्टी के बड़े लीडर थे। उन्होंने मुझे सुनाया था बहुत पहले। वह यह था कि रूसी मजदूरों का एक प्रतिनिधिमंडल अमेरिका गया और अमेरिकी मजदूरों का प्रतिनिधिमंडल रूस गया।

मोटरगाड़ी का कोई बड़ा कारखाना था, उसे देखने गए थे। रूसी मजदूरों ने देखा कि फोर्ड का कारखाना है, हजारों गाड़ियाँ हैं। उन लोगों ने वहाँ के मजदूर नेता से पूछा कि कारखाना किसका है? ये इतनी सारी मोटरगाड़ियाँ किसकी हैं? तो कहा गया कि फोर्ड का है। और ये गाड़ियाँ किसकी हैं? मजदूर नेता ने कहा, "हम लोगों की हैं, मजदूर लोग इन्हीं गाड़ी से आते हैं और काम करते हैं।" बाद में फिर अमेरिकी मजदूरों का प्रतिनिधिमंडल जब रूस गया तो वह भी मोटरगाड़ी के कारखाने गया। बाहर में कम संख्या में गाड़ियाँ थीं, सौ-पचास की संख्या में। ये कारखाना किसका है? कहा गया, हम मजदूरों का है। मोटरगाड़ियाँ किसकी हैं? तो कहा गया, ये मैनेजर और पार्टी के लीडर लोगों की हैं। तो देखिए, सम्बन्ध तो बदलता नहीं है।

चीन के अन्दर माओ त्से तुंग आदि ने सांस्कृतिक क्रान्ति कर कुछ अलग ढंग से विकास करने की कोशिश की, कम्युन वगैरह का सिस्टम शुरू किया लेकिन आज वह सब खत्म हो गया। आज सबसे सख्त केन्द्रीकृत व्यवस्था के तहत काम करता है चीन। अब वहाँ पर ऐसी गाड़ियाँ हैं जो 300-400 किलोमीटर की रफ्तार से चलती हैं जो अमेरिका, जापान आदि देशों की नकल कर रही हैं। समतामूलक समाज बनाने की तरफ तो कुछ हुआ नहीं। और वह निहित है जब एक बड़ा ढाँचा खड़ा करेंगे तो उसके अन्दर यह सम्भव नहीं कि जितने मजदूर हैं, सबको बराबरी का दर्जा दे सकें। जर्मनी में जहाँ सोशल डेमाक्रेट लोगों ने कुछ प्रयोग करने की कोशिश की थी। वे ज्यादा-से-ज्यादा यही कर सके थे कि वर्कर्स कमिटी वगैरह बना दी थी, जो दुर्घटना आदि होने की स्थिति में या इस तरह की चीजों के सम्बन्ध में थोड़ी-बहुत सुविधाएँ हासिल कर पाए।

यदि चारों ओर पूँजीवादी देशों का प्रभाव है तो अन्तर्राष्ट्रीय स्तर पर यह उम्मीद करना कि एक देश से आदर्श स्थिति देखने को मिलेगी, इसकी कल्पना क्या आपको यूटोपियन नहीं लगती?

—लेकिन हम लोगों को यह समझाना गया कि सोवियत संघ और चीन में तो कोई प्रतिक्रान्ति नहीं हुई, फिर वह क्यों पूँजीवाद की तरफ चला गया? यह जो पूरा औद्योगिक ढाँचा है, वहाँ नौकरशाहीकरण, ब्यूरोक्रेटिज्म अवश्यम्भावी है। आप सब मजदूरों को ऑटोनेमी दे दें कि सब मजदूर अपने ढंग से चलें, वह सम्भव ही नहीं है। उसका एक ब्लूप्रिंट होगा पूरे काम का, उसके हिसाब से सब मजदूरों को ढालना है। हमने एक जगह कहीं लिखा है कि "मार्क्स ने लिखा था—उत्पादन की शक्तियों के विकास में एक अवसर आता है जब उत्पादन की शक्तियों और उत्पादन सम्बन्धों के बीच संघर्ष होता है और उसके बाद व्यवस्था बदल जाती है, लेकिन दिलचस्प है कि जिस औद्योगीकरण का हम समर्थन करते हैं, उसमें उत्पादन की

ताकतें तो रूस और अमेरिका में एक समान हैं, लेकिन उनका उत्पादन के सम्बन्धों से टकराव सोवियत संघ में ज्यादा हुआ जिससे वह व्यवस्था टूटी।"

मेरा कहना है कि जो सारी व्यवस्था है उत्पादन की, वह समाजवादी समाज के अनुकूल नहीं है, इसीलिए इसका टकराव होता है और फिर वह पूँजीवाद की तरफ जाती है। इस पूरे औद्योगिक ढाँचे का जो विकास हुआ है वह पूँजीवाद के तहत हुआ है। उसकी आत्मा ही पूँजीवादी है। इस उत्पादन-पद्धति के तहत आप समाजवाद नहीं ला सकते। इसी उत्पादन-पद्धति और जैसा भी समाजवादी ढाँचा था, उनके बीच टकराव हुआ। समाजवादी ढाँचे का जो थोड़ा-बहुत असर था, वह समाप्त हो गया और फिर वह पूँजीवाद की तरफ लौट गया।

एक व्याख्यान में आपने एक बहुत अच्छा उदाहरण दिया था कि अमेरिका या इंग्लैंड का विकास इस कारण हो पाया कि उनके पास उपनिवेश थे, जिनका वे शोषण कर सके। यह तो माना भी जाता है कि इंग्लैंड की पूरी औद्योगिक क्रान्ति भारत के संसाधनों के दोहन पर आधारित थी। लेकिन चीन और सोवियत संघ ने तो कहीं उपनिवेश नहीं बनाया?

—जैसा हमने कहा, जिनके पास अपने उपनिवेश उपलब्ध हैं वहाँ तो विकास हुआ। जिनके पास बाहरी उपनिवेश नहीं थे, उन्होंने आन्तरिक उपनिवेश बनाए। मेरी किताब है 'इंटरनल कॉलोनी' उसमें हमने यही बताया है कि जब अंग्रेज आए तो वे मद्रास, बम्बई, कलकत्ता वगैरह कोस्टल एरिया में ही आए। ज्यादातर औद्योगिक विकास वहीं किया। यहाँ झरिया वगैरह के कोल माइंस हैं, चाय बागान में, यहाँ के मजदूरों को लेकर, खासकर बंगाल से लेकर आसाम तक के चाय बागान में झारखंड के आदिवासियों को ले जाकर काम कराते हैं। सस्ती मजदूरी भी तो एक चीज होती है। अब छत्तीसगढ़ में काफी कोयला, जंगल की लकड़ी है, खनिज है। उसी तरह ओडिशा में बहुत खनिज वगैरह है। सारी देशी-विदेशी कम्पनियाँ जसे पास्को, टाटा वगैरह आ रही हैं। ये क्या करती हैं? वहाँ के आदिवासियों को उजाड़कर विकास करना चाहती हैं। एक दिलचस्प अध्ययन अल्युमिनियम उद्योग को लेकर, फेलिक्स और समरेन्द्र, दो लोगों ने मिलकर किया है। फेलिक्स, चार्ल्स डार्विन के पड़पोते हैं। 27-28 साल से हिन्दुस्तान में रहकर अल्युमिनियम उद्योग वगैरह का अध्ययन किया है। इन लोगों ने इस पर एक महत्त्वपूर्ण किताब लिखी है 'आउट ऑफ दिस अर्थ' कितना उसकी वजह से शोषण हुआ, कितने लोग उजाड़े गए। जहाँ-जहाँ अल्युमिनियम का उद्योग लगा, उसके कारण मूलनिवासी उजाड़े गए। जहाँ भी डैम बना, वहाँ भी आदिवासी उजाड़ गए। इन लोगों ने बताया कि जितने भी बड़े-बड़े डैम बनाए गए हाइड्रो पावर, उसका मूल मकसद था अल्युमिनियम। उत्तर प्रदेश में बिड़ला समूह का हिंडाल्को है। इसके लिए डैम

बनाया गया बिड़ला के लिए। उसकी बिजली वगैरह बिड़ला को एकदम सस्ते दर पर दी गई। उसमें बहुत ज्यादा खपत होती है बिजली की। एक दिलचस्प चीज उन्होंने ये बताई कि बाकी जो खनिज होते हैं, उन्हें जमीन में गहराई के भीतर पाया जाता है, लेकिन अल्युमिनियम सतह के पास ही पाया जाता है। यह काम बड़े इलाके में जंगल को उजाड़कर करके किया गया। सबसे ज्यादा ओडिशा में बॉक्साइट पाया गया उसके खिलाफ सबसे ज्यादा आन्दोलन भी ओडिशा में ही हुआ। बाकी आबादी के लिए भी यदि आपको वैसा जीवनस्तर लाना है आपको अल्युमिनियम, लोहा, चाहिए। तो आप क्या करेंगे?

यहाँ के लोगों को उजाड़े बगैर काम नहीं चलेगा चाहे, वह पूँजीवादी व्यवस्था कहिए या समाजवादी। उस उद्योग के लिए तो उजाड़ना ही होगा। हमारे यहाँ विशेष आर्थिक क्षेत्र बन रहे हैं, उसका विरोध हो रहा है। चीन में सबसे ज्यादा विशेष आर्थिक क्षेत्र बने हैं। इससे बहुत अधिक संख्या में।

लेकिन जैसाकि हमने सुना है कि चीन में अभी भी 85 प्रतिशत उद्योग पब्लिक सेक्टर में हैं। वहाँ सेज भी मात्र 6 के आसपास ही हैं। हालाँकि वे काफी बड़े हैं, लेकिन स्टेट वहाँ रेगुलेटरी भूमिका में है।

—उससे क्या फर्क पड़ता है? वहाँ दुनिया भर के सब बड़े-बड़े कैपिटलिस्ट हैं, वहाँ सब मौजूद हैं। जहाँ तक स्टेट की बात है, दूसरी तो कोई पार्टी नहीं है। एक ही पार्टी है। पार्टी ही स्टेट है और स्टेट ही पार्टी है। शंघाई वगैरह में लाखों लोग बड़ी संख्या में गाँव से उजाड़ गए हैं, जैसे हमारे यहाँ है, वैसी ही दुर्गति है साधारण लोगों की चीन में। स्टेट की भूमिका बढ़ जाने से तो कोई फर्क नहीं होता है। नाम कम्युनिस्ट कर देने से तो कम्युनिस्ट व्यवस्था नहीं हो जाती है। चूँकि एक परम्परा रही है और सत्ता उसके पास है, इसलिए उस नाम को वे लोग ढो रहे हैं। यह वही पार्टी नहीं है जो शुरू में थी, जिसने विद्रोह किया था। ये लोग वे नहीं है। वहाँ तो सारा नियंत्रण टॉप में है। लोगों के हाथ में कुछ भ नहीं है।

लेकिन सच्चिदा बाबू, पूँजीवाद में तो हमेशा से एक असमान विकास की स्थिति रहती है। जैसे आपने 'इंटरनल कॉलोनी' में भी कहा है कि कुछ इलाका पिछड़ा रहता है और कुछ विकसित हो जाता है। चीन की कम्युनिस्ट पार्टी भी यह कह रही है चूँकि अभी उत्पादक शक्तियाँ विकास की स्थिति में हैं तो यह परिस्थिति कुछ समय तक रहेगी। लेकिन चीन में इसे लेकर कोई विद्रोह की स्थिति नहीं है। असन्तोष का स्तर भी वैसा नहीं नजर आता, जैसा दूसरी जगहों पर है।

—अभी तो कुछ इलाके में, मान लेते हैं, उच्च जीवन-स्तर है। इसके लिए जितने संसाधन हैं, उन सबका दोहन हो रहा है। अगर उसे दस गुणा फैलाएँगे दो आपको

दस गुणा संसाधन चाहिए। इसके लिए फिर वही विस्थापन वगैरह की तकलीफदेह प्रक्रिया से गुजरना पड़ेगा। उन लोगों ने झील और नदियों को जोड़कर जो बड़ा डैम बनाया, उसमें बड़े पैमाने पर विस्थापन हुआ है। लाखों लोग विस्थापित हुए हैं। और वह समस्या तो हमेशा रहेगी। जितना ही ज्यादा आप आधुनिक ढंग का औद्योगीकरण करेंगे, उसमें उतना ही ज्यादा आपको धातु, खनिज, पानी चाहिए। अब ये जो किताब हमने कहा 'आउट ऑफ दिस अर्थ', इसमें बताया है कि एक टन अल्युमिनियम पैदा करने के लिए 1,400 टन पानी की आवश्यकता होती है। अल्युमिनियम एक जरूरी चीज है युद्ध के लिए, हवाई जहाज बनाने के लिए। अगर आप इन चीजों का विकास करेंगे तो पानी की बहुत ज्यादा खपत होगी। एक बड़ा संकट जल को लेकर पैदा हो रहा है। इस औद्योगीकरण के कारण ऐसा हो रहा है। यहाँ तक कि कुछ लोग कहते हैं कि जो तीसरा युद्ध होगा, वह पानी के लिए लड़ा जाएगा। हमारे यहाँ भी देखा जा सकता है कि नदियों की स्थिति दिनोंदिन खराब हो रही है। पानी का उपयोग हाइड्रो प्रोजेक्ट के लिए या कुछ खास इलाके की सिंचाई के लिए हो रहा है। दुनिया भर के कचरे को आप नदियों में डाल रहे हैं। यमुना की स्थिति एक नाले की तरह हो गई है। यही हाल धीरे-धीरे गंगा का होता जा रहा है। ये सब औद्योगीकरण के ढाँचे में निहित है। आप व्यवस्था का नाम कुछ भी रख दें, पूँजीवाद या समाजवाद।

आप कह रहे थे कि राज्य की हस्तक्षेपकारी भूमिका हमेशा से रही है लोगों के जीवन को बेहतर बनाने के लिए। समाजवादी और वामपंथी, दोनों यह बात माना करते थे, लेकिन अब वैश्वीकरण ने इसे काफी कमजोर कर दिया है। राज्य ने लोगों के पक्ष में हस्तक्षेप करने की अपनी भूमिका को काफी कम कर लिया है। राज्य के बदले वैश्वीकरण बाजार को ही सर्वोपरि मानता है। कहीं वजह तो नहीं है इन समाजवादी और वामपंथी शक्तियों, इन दोनों विचारधाराओं के अप्रासंगिक होने का? यूरोप के जितने देशों में सोशल-डेमोक्रेटिक पार्टियाँ पावर में आईं ये बोल कर कि हम आम लोगों की भलाई के लिए आवश्यक कदम उठाएँगे लेकिन ज्योंहि वे कुछ करना चाहती थीं, वहाँ से पूँजी बाहर होने लगती थी, पूँजी बाहर जाने लगती थी और वे लोग कुछ नहीं कर पाते थे। मजबूर होकर उन्हें अपने हितकारी कदम पीछे हटाने पड़ते। राज्य एक समय हस्तक्षेप करता था, लेकिन अब नहीं। इस परिघटना को कैसे समझा जाए?

—राज्य की भूमिका महत्त्वपूर्ण इसीलिए हो जाती है कि आपने व्यवस्था को इतना खराब बना दिया है कि बिना हस्तक्षेप के वह अपने आप नहीं चल सकता। इस कारण पूँजीवादी व्यवस्था में मजदूर आन्दोलन आया तो पहली माँग थी कि राज्यव्यवस्था लोगों के जीवन स्तर को बेहतर बनाए, लेकिन

औद्योगिक ढाँचे की वजह से काफी तकलीफ हुई। दरिद्रता से भी नीचे के स्तर पर पहुँचाने के बाद अब राज्य कुछ राहत देने की बात करता है। अब भारत में केन्द्र सरकार की तरफ से 'मनरेगा' चलाया जाता है। पहले तो आपने ऐसी व्यवस्था कर दी जिसमें बेरोजगारी सब जगह है, खेती में ह्रास हो रहा है, गाँव के अन्दर बेरोजगारी फैल रही है जिस कारण लोग गाँव छोड़कर भाग रहे हैं। पहले आप यह स्थिति पैदा कर रहे हैं और जब यह स्थिति बनती है तो राहत देने के लिए योजना चलाते हैं ताकि उन लोगों को गाँव के भीतर ही रोक सकें। कुछ लोगों को रोजगार मिल सके। इस कारण कि दिल्ली-बम्बई जैसी जगहों में इतनी भीड़ इकट्ठी हो रही है बेरोजगार लोगों की कि अब बाकी लोगों को सँभालना मुश्किल होता जा रहा है।

यही नहीं, यूरोप के अन्दर भी बाहर से आनेवाले मजदूरों के लिए यही स्थिति है। अपने देश में अन्दर से ही मजदूर आते हैं। फ्रांस-इंग्लैड के अन्दर कृषि अर्थव्यवस्था से भागकर आते हैं। हर जगह आप अलग-अलग जीवन-स्तर पैदा कर रहे हैं। कहीं पर बहुत ऊँचा जीवनस्तर है, बहुत सुविधाएँ हैं। बाकी लोग उसकी वजह से बहुत दरिद्र होते जा रहे हैं। वे लोग शहर में आजीविका के लिए आते हैं। उनसे दबाव बनगा। हर जगह यह हो रहा है। मैक्सिको और अमेरिका के बॉर्डर पर मैक्सिको से अमेरिका के अन्दर घुसपैठ करनेवालों की संख्या इतनी बढ़ गई है कि अब अमेरिका वहाँ एक दीवार खड़ी करने की बात सोच रहा है, ताकि मैक्सिको से आनेवाले लोगों को रोका जा सके। पहले तो आप खाई पैदा कर रहे हैं लोगों के बीच, फिर उसे भरने की कोशिश करते हैं। बड़े अर्थव्यवस्थाओं के अन्दर ये निहित है। दुनिया के कई बड़े देशों—अमेरिका, चीन, भारत—सबके अन्दर तो यही हो रहा है। इन सबके कारण प्रकृति का इतना दोहन हो रहा हे कि पर्यावरण का संकट पैदा हो गया है। अब इस ग्लोबल वार्मिंग की बात हो रही है। एक तरफ आप समस्या पैदा कर रहे हैं, दूसरी ओर उस समस्या से निपटने की कोशिश करते हैं।

लेकिन यह तो मानवजाति का स्वभाव भी रहा है। विकास हुआ, समस्या पैदा हुई फिर उसका हल निकला। आपकी बातचीत से ऐसा लगता है कि गांधीवाद आएगा तो वह सभी समस्याओं से एक साथ निजात पाने की ओर ले जाएगा। कहीं आप भी हमेशा के लिए स्थायी समाधान की बात तो नहीं कर रहे हैं? क्या ऐसा हो पाता है?

—गांधीजी ने जो कहा है, उसे हम एक मध्यबिन्दु मानते हैं। एक ओर आधुनिक पूँजीवादी व्यवस्था है जिसके नतीजे सबके सामने हैं। यूरोप में संकट है, चीन में भी अब संकट शुरू हो गया है, रूस में संकट है। अमेरिका तो

आर्थिक संकट में बुरी तरफ फँस चुका है। दूसरी तरफ एक कल्पना है जैसाकि 'एनार्किस्ट प्रिमिटिविस्ट' लोगों की कल्पना है कि आप हंटिंग-गैदरिंग सोसायटी की ओर जाएँ, लेकिन उसकी भी अब सम्भावना नहीं है कि इतनी बड़ी आबादी को समाहित किया जा सके। ऐसे में गांधी मुझे बीच की जगह इस कारण दिखाई देते हैं कि उनके यहाँ मानवीय श्रम को बहुत प्रधानता दी जाती है। ये जो औद्योगीकरण हुआ तो उसकी शुरुआत में जैसाकि आप इंग्लैंड में देखेंगे कि जब कोयले से स्टीम इंजन की ओर गए तो परिणाम यह हुआ बहुत सारा काम जो हाथ से किया करते थे, उसके बदले मशीन हा गई। लेकिन उसके साथ यह बात भी जुड़ी हुई थी कि मशीन से आप काम करते हैं तो आपको मूव करने के लिए पावर चाहिए। इसके लिए पहले कोयले का इस्तेमाल किया गया, फिर तेल आया। मार्क्स ने भी 'कैपिटल' में एक फर्क बताने की कोशिश की है कि एक टूल है जैसेकि एक स्क्रूड्राइवर है, कोई चीज हाथ से आप इस्तेमाल करते हैं और दूसरी चीज है मशीन का इस्तेमाल जहाँ कोयले आदि इस्तेमाल होता है। शुरू के दिनों में भी कुछ इंस्ट्रूमेंट जैसेकि प्रिमिटिव लोग हाथ का इस्तेमाल किया करते थे। असली यही चीज हुई है कि आदमी या पशु का श्रम था, उसकी जगह आपने कोयले, तेल आदि का इस्तेमाल शुरू किया। इसी से इतने बड़े स्तर पर समृद्धि भी आई।

गांधीजी कभी भी, जिसे टूल कहते हैं, उसके खिलाफ नहीं थे कि ऐसी मशीनरी जो आदमी के श्रम को विस्थापित न करे, उसके श्रम से चले। ऐसे में मुझे एक बीच का रास्ता दिखाई देता है। ऐसा औद्योगीकरण हो जिसमें कोयला, तेल वगैरह का कम-से-कम इस्तेमाल हो सके। ऐसे स्रोतों का इस्तेमाल हो जो प्रदूषणरहित हों जैसे सूर्य की रौशनी है, हवा है। हवा का इस्तेमाल तो बहुत पहले से हो रहा है। पवन चक्की आदि का इस्तेमाल हॉलैंड वगैरह में औद्योगीकरण के पहले से हो रहा है। ज्यादा-से-ज्यादा इस तरह का उद्योग-धन्धा हो, जिसमें आदमी का श्रम और आसानी से उपलब्ध होनेवाले संसाधन जैसे सूर्य की रौशनी, हवा आदि आसानी से मिलनेवाली चीजों के आधार पर हो तो यह एक सम्भावना बनती है, एक विकेन्द्रित व्यवस्था की तरफ जाया जा सके। आज का जो औद्योगीकरण है वह तो संसाधनों के अभाव में ही समाप्त हो जाएगा। अब तो स्थिति यह है कि जल के लिए जंग की बात होने लगी है।

अभी मार्क्स पर हम लोग इतनी चर्चा करते हैं, उत्तर आधुनिक दार्शनिक लोग अब कहते हैं कि दर्शन और विचारधारा किसी जगह पहले जैसी नहीं रह जाएगी। 'विचारधारा के अन्त' की स्थिति आ गई है। साथ ही 'इतिहास के अन्त' की घोषणा होने लगी है। इन लोगों का कहना है कि मानवजाति

के इतिहास के चरण का अन्तिम पड़ाव आ चुका है। ये लोग कहते हैं तमाम बड़ी विचारधाराएँ, ग्रैंड नैरेटिव अन्तत: आतंकवाद में परिणत हो जाती हैं क्योंकि इस्लाम से लेकर मार्क्सवाद तक कहता है कि सत्य मेरे पास है। यह अन्तत: आतंकवाद की तरफ ले जाता है। आप क्या कहेंगे?

—अन्त तो नहीं है। वह तो समाज की एक पूरी दृष्टि को ही नकारते हैं। समाज का अध्ययन करके कोई नतीजा नहीं निकाल सकते। बदलाव जैसी कोई चीज नहीं कर सकते। पहले था कि आपने एक विचार रख दिया और उससे दुनिया संचालित होती है। एक तरफ से विचार के अन्त की बात करते हैं। इनलाइटेनमेंट की अवधारणा थी। वह क्या था? समाज को समझने का एक प्रयास था। समाज को समझने का प्रयास पहले भी था और आगे भी रहेगा क्योंकि आदमी बाकी पशु-जीवन से इस अर्थ में अलग है कि पशु रिफ्लेक्ट नहीं करता अपने सिचुएशन को, वह सिर्फ आवेग में काम करता है। आवेग हुआ और उसके अन्दर काम करता है। आदमी एक ऐसा जीव है जो न सिर्फ एक्ट करता है बल्कि हमेशा सोचता भी है कि क्यों एक्ट करना चाहिए। यह उसका बुनियादी गुण है। उत्तर आधुनिक लोग भी आखिर किसी नतीजे पर पहुँचते तो हैं। जो कुछ भी है उसके बारे में सोचते हैं। सब चीजों का अन्त हो जाए, ऐसा नहीं हो सकता। आदमी फिर आदमी नहीं रह जाएगा। आदमी ही है जो अपनी परिस्थितियों के बारे में सोचता है, कल्पना करता है, उसी से विज्ञान पैदा होता है, कला पैदा होती है। इसको छोड़कर नहीं जा सकते।

सच्चिदा बाबू, थोड़ी बातें बिहार के बारे में कर लें। बिहार में दो ताकतवर विचारधाराएँ थीं, राजनीतिक प्रवृत्तियाँ थीं। समाजवादी और वामपंथी लोग, इन दोनों की अपनी भूमिका रही है, लेकिन ऐसा लगता है कि ये दोनों दम तोड़ती जा रही हैं और अपनी प्रासंगिकता खोती जा रही हैं। फिर वही बात नहीं है कि राज्य के हस्तक्षेप करनेवाली दोनों विचारधाराएँ एक जैसी बुरी हालत में हैं।

—यह बिहार का मामला नहीं है, पूरे देश का मसला है। आज से दस-पन्द्रह साल पहले तक राष्ट्रीय आन्दोलन की जो परम्परा रही है वह बहुत मजबूत थी, वह एक आधार था। कांग्रेस पार्टी एक तरह से उस परम्परा के एक वाहक के बतौर थी। पिछले 10-20 साल में कांग्रेस की वह परम्परा तो समाप्त हो गई। बाकी परम्पराएँ थीं सोशलिस्ट हों, कम्युनिस्ट हों, इन सबकी शुरुआत तो एक ही परम्परा से हुई। कांग्रेस पार्टी एक राष्ट्रीय पार्टी के तौर पर करीब-करीब खत्म होती गई। कुछेक राज्यों को छोड़कर कांग्रेस कहीं नहीं है। वही स्थिति सोशलिस्ट और कम्युनिस्ट आन्दोलनों के बारे में भी हो गई। जिस परम्परा से ये लोग जुड़े थे, वह

परम्परा भी खत्म हो गई है, चाहे वह सोवियत रूस या चीन का समाजवादी राज्य हो, सबका ह्रास हो गया।

अपने देश में सबसे ताकतवर कम्युनिस्ट पार्टी, सीपीएम थी। बंगाल और केरल में उसका शासन था। अब दोनों जगह शासन समाप्त हो गया। तो एक विचार के इर्द-गिर्द राष्ट्रीय पार्टी के रूप में खत्म होती चली गई। अब मुझे ये दिखाई देता है कि राजनीति होगी क्षेत्रीय पार्टियों की। अलग-अलग राज्यों के लोगों की खास परिस्थिति के अनुसार अलग-अलग तरह की पार्टियों का विकास होगा। यह बात कम्युनिस्ट पार्टियों के लोगों को भी सोचने की जरूरत है। पहले तो बड़ी परम्परा दुनिया भर में थी कि "देश-देश के मजदूरों ने, झंडा लाल उठाया है...।" ये पुराना गाना है। आप लोगों ने भी सुना होगा, पुराना अन्तर्राष्ट्रीय गाना था। अपने देश में भी दो राज्यों में कम्युनिस्ट पार्टी का शासन था, वह खत्म हो गया।

अब हर राज्य की अपनी स्थिति के अनुसार सब लोगों को वहाँ की समस्याओं के हिसाब से सोचना होगा। किस तरह की राजनीति चलाने की जरूरत है? हो सकता है वे बड़े आदर्शों को लेकर न चलें, स्थानीय मुद्दों को लेकर ही राजनीति बनेगी। हो सकता है कि कम्युनिस्ट पार्टियों जैसी आदर्श आधारित पार्टियाँ रही हैं, वैसी न चलें। अभी जो राजनीति है वह आदर्शविहीन है चाहे वह बिहार में हो, उत्तरप्रदेश या मध्यप्रदेश में। अभी एक ही 'आदर्श' तो राष्ट्रीय स्तर दिख रहा है, वह है साम्प्रदायिकता। यह आदर्श भाजपा का है। हालाँकि इसमें भी क्षेत्रीय विशिष्टताएँ हैं। गुजरात की भाजपा वही नहीं है जो बिहार या उत्तरप्रदेश की है। वैसे दुनिया भर में साम्प्रदायिकता का दौर आता रहता है, लेकिन अब लगता है कि राजनीति स्थानीय मुद्दों को लेकर होंगी। कम्युनिस्ट पार्टियों के लोग बड़े परिप्रेक्ष्य में देखने के आदी रहे हैं, इसलिए उनकी एक भूमिका हो सकती है। यदि वे पुरानी सोच से आगे बढ़कर नई दृष्टि से, नए सिरे से सब चीजों के बारे में कुछ सोचें, लेकिन आपस में मिलजुल कर आगे बढ़ें। यह भी एक दिलचस्प चीज है कि कम्युनिस्ट व्यवस्थाएँ समाप्त हो गईं, लेकिन छोटी-छोटी बातों को लेकर कम्युनिस्ट पार्टियों में इतना विवाद है, नक्सलाइट लोगों में भी काफी मतभेद है। कम्युनिस्ट पार्टियाँ बिखर गईं। सीपीएम के अन्दर कई तरह के विचार हो गए हैं।

इस बात पर विचार हेतु कोई तैयार नहीं है कि इतना बड़ा आन्दोलन क्यों खत्म हो गया? यह झगड़ा बहुत है। और नए ढंग से नई चीजों पर सोचा जाए। लेकिन उनकी भूमिका हो सकती है क्योंकि देश में विचार आधारित सोशलिस्ट और कम्युनिस्ट लोग ही रहे हैं। सोशलिस्ट विचार का तो एक तरह से खत्म ही हो गया है। सोशलिस्ट के नाम पर मुलायम सिंह जैसे लोग हैं जिनको समाजवाद से या उस पर सोचने से मतलब नहीं है। कम्युनिस्टों की एक महत्त्वपूर्ण भूमिका हो सकती है, लेकिन उसको पुराना बैगेज छोड़कर आगे बढ़ना होगा।

आपने कहा राजनीति को स्थानीय परिस्थितियों के मुताबिक चलना होगा। बिहार की स्थिति पर विचार करें तो बिहार में वह क्या चीज रही है जो उसे राष्ट्रीय स्तर पर या खासकर हिन्दी इलाकोंमें इसे भिन्न बनाती है? वह क्या सबसे केन्द्रीय तत्त्व रहा है जिसे यहाँ की राजनीतिक पार्टियाँ आज तक सम्बोधित नहीं कर पाई हैं? अपने लम्बे अनुभव से आपको क्या लगता है? क्या रहा है जो इसे थोड़ा बाकी प्रदेशों के मुकाबले विशिष्ट बनाता है?

—बिहार दूसरे राज्यों से कुछ मामलों में फर्क है। सातवीं-आठवीं शताब्दी तक तो भारत का अर्थ बिहार ही होता था। नन्द, मौर्य या गुप्त काल के समय से। जो कुछ भी भारत का था, बिहार का ही होता था। हर्षवर्द्धन के समय से आकर थोड़ा बिहार के बाहर शुरुआत हुई। तुर्क-अफगान लोगों का आना शुरू हुआ तो दिल्ली का महत्त्व उसके बाद बढ़ा। उससे पहले दक्षिण में कुछ राज्य थे, सातवाहन वगैरह। बाकी सारे देश के अन्दर तो बिहार ही था। भारत का मतलब बिहार होता था। सांस्कृतिक परिवेश, बौद्ध धर्म यहाँ से फैला, स्मारक, आर्ट, अजन्ता-एलोरा सब पर बौध धर्म का असर रहा। शायद यह बात बिहार के लोगों के दिमाग में भी है, इसी वजह से वे बड़ी चीजों पर ज्यादा सोचते हैं। जितना बहस-मुबाहिसा बिहार में है, उतना आप उत्तर प्रदेश वगैरह जाकर लोगों से बात करेंगे या दिल्ली में जाएँ तो इतनी चिन्ता नहीं रहती है जबकि यहाँ छोटी जगहों पर भी बैठेंगे तो देश-विदेश सब पर बातें करेंगे। वह इसलिए कि हमारी परम्परा रही है कि हम ही राष्ट्र रहे हैं। बिहार का कुछ अलग है। यह एक मानसिकता भी है। बिहारी अपनी बात पर दिलचस्पी नहीं लेता।

पिछले सौ साल में बिहार क्यों इतने पीछे रह गया? क्या चीज थी, क्या दिक्कत थी कि इस भूभाग में इतने आन्दोलन हुए, हर तरह की धारा को स्पेस मिला। उसके बाद भी बिहार आगे नहीं बढ़ पाया। 1857 का संग्राम, स्वतंत्रता आन्दोलन, समाजवादी आन्दोलन, वामपंथी आन्दोलन, नक्सल आन्दोलन, जेपी आन्दोलन, सामाजिक न्याय आन्दोलन आदि। इसके बावजूद भी क्या कमी रह गई कि इतनी ऊर्जा रहते हुए भी हम खुद को आगे नहीं ले जा पाए?

—यह एक बड़ा शिफ्ट हुआ है कि जो पुरानी सभ्यताएँ थीं, वे पिछड़ीं और जो पश्चिम की सभ्यता है वह आगे आई। जहाँ भी पुरानी सभ्यता का बैकलॉग रहा है, उसको दिक्कत हो रही है। नई चीजों को कबूल करने में दिक्कत हुई है। चीन को भी काफी मुश्किलें हुईं और हो रही हैं। बिहार में भी नई चीजों को तुरन्त स्वीकार करने में परेशानी रही है। शायद इसीलिए बिहार में गांधीजी की अपील ज्यादा काम कर पाई। चम्पारण में आए तो काफी समर्थन मिला। नमक

सत्याग्रह भी गुजरात के बाद सबसे ज्यादा बिहार में ही सफल रहा। यह एक फैक्टर रहा है।

लेकिन सच्चिदा बाबू, बिहार को आगे ले जानेवाली ताकत का अभ्युदय क्यों नहीं हो पया?

—अब सब कुछ नए सिरे से ही सोचना होगा। पुरानी चीज थी, वह तो धीरे-धीरे खत्म हो गई। अब जो पश्चिमी सभ्यता आई है, बिलकुल एक नई दुनिया सामने लेकर आई है। अब उसके परिप्रेक्ष्य में ही बिहार को सोचना पड़ेगा।

अभी जो वर्तमान सरकार है नीतीश कुमार की, उसको लेकर लोगों में उत्साह की बात की जा रही है। कहा जा रहा है कि पिछले 20-25 साल का जो पिछड़ापन और अन्धकार था, वह अब खत्म हो गया है और अब बिहार नए रास्ते की तरफ चल पड़ा है जबकि हमने हाल ही में आपका इंटरव्यू कहीं पढ़ा है कि अभी बिहार में सबसे निचले स्तर का लूटतंत्र चल रहा है।

—मुझे नहीं लगता है नीतीश कुमार के पास कोई बुनियादी सोच है, बिहार के बारे में। सत्ता लेना है और सत्ता किसी तरह बचा कर चलना है और उसके लिए जो वोट की राजनीति होती है, उसके आगे तो हमको नहीं लगता कि नीतीश कुमार कुछ सोचते हैं। हाँ, उनको इसकी बहुत लालसा है कि दूसरे लोग, बड़े लोग आकर उनके बारे में अच्छी-अच्छी बातें करें। दस तरह के लोगों को बुलाते हैं, उनसे कुछ कहलवाते हैं, लेकिन यहाँ की समस्याओं को गहराई से समझकर उस हिसाब से कुछ करने का नहीं है। अब जैसे यहाँ ऊर्जा और बिजली की समस्या है, अब बिजली के लिए कोल लिंकेज नहीं मिल रहा है। कोयला कहाँ से मिलेगा, वह तो छत्तीसगढ़ या झारखंड से हमें मिलेगा। तो उस भरोसे कब तक रहेंगे? वैसे भी देश में कोयला हिन्दुस्तान में अब बहुत ज्यादा नहीं है, कोयला आयात करना पड़ रहा है। ऐसे में बिहार में जो उपलब्ध संसाधन हैं, उनके आधार पर आप क्या विकास कर सकते हैं? उस तरफ तो उनका ध्यान नहीं है।

कुछ विश्लेषक कहते हैं कि बिहार में काफी लम्बे समय तक, लालू के समय तक भी, फ्यूडल हैंगओवर रहा है। नीतीश कुमार उससे बाहर जाकर कम-से-कम पूँजीवादी विकास को दस्तक तो दे रहे हैं। तो यह तो एक आगे बढ़ी हुई प्रगतिशील चीज है।

—यह तो बहुत पुरानी अवधारणा है कि पूँजीवादी विकास हमेशा एक आगे ले जानेवाली चीज होती है, लेकिन पूँजीवादी विकास की बुनियाद में इतना घनघोर

शोषण होता है कि इसे देखने के लिए और कुछ नहीं मार्क्स के 'कैपिटल' को देखिए, जिसमें उसने पूँजी के आदिम संचय के बारे में लिखा है, जिसमें बताया गया है कि दुनिया में कोई भी जाति ऐसी नहीं है जो उस काल में नहीं रही है, इतनी ज्यादा हत्या की गई है, लाखों लोगों को मारा गया है।

यह जो मानवविरोधी विकास का मॉडल है, इसे सामाजिक आधार फिर कैसे मिल जाता है? जैसे नीतीश कुमार विकास भी कर रहे हैं और उसके लिए अपना सामाजिक आधार भी तैयार कर रहे हैं। 1991 में जब वैश्वीकरण की नीति लागू की गई तो उसे मंडल कमीशन की शक्तियों ने सामाजिक आधार मुहैया कराया। दोनों साथ-साथ चलते हैं। विकास का जो सबसे नृशंस मॉडल है, उसे पिछड़ी और दलित जातियों के हितों की बात करनेवाली पार्टियों ने समर्थन दिया। जैसे बिहार में नीतीश को विकास के पूँजीवादी मॉडल को पंचायत में आरक्षण दिया गया उसको वही ताकतें टिकाए हुए हैं। जनसमर्थन इतना कैसे मिल जाता है जनविरोधी विकास के मॉडल को?

—देखिए, एक डिमांस्ट्रेशन इफेक्ट (Demonstration effect) होता है। लोग जब विकास की बात सोचते हैं तो हवाई जहाज, मोटरगाड़ी की बात सोचते हैं। ललक तो सब में होती है। लोगों को यह भ्रम है कि औद्योगिक विकास, खास तरह का होगा तो हम सबको कार, स्कूटर आदि हो जाएगा। लोग ऐसी कल्पना करते हैं। हो या नहीं हो, लेकिन गाँव का जो गरीब से गरीब मजदूर है, वह भी उसकी कल्पना करता है। जैसे सबसे आसानी से उपलब्ध होनेवाली चीज है मोबाइल फोन, अब उपलब्ध है तो उसके पास भी फोन है। ये तो है कि नई चीज आती है तो लोग समझते हैं कि उनके पास भी हो। अभी तो जो कुछ भी दिखाई दे रहा है, उनको ऊँचा उठने के लिए चाहे वो मोबाइल फोन हो या टेलीविजन या इस तरह की चीजें, वह औद्योगिक समाज ही दे रहा है। तो लोगों को लगता है कि यही विकास है। जो सबसे गरीब तबके का आदमी होता है, उसकी कम समझदारी रहती है इन सब चीजों के बारे में। इससे क्या कि और भी चीजें होती हैं? इनके बारे में वह अनजान रहता है। वह आकर्षित हो जाते हैं इन चीजों से। अगर कोई उसे विश्वास दिला दे कुछ दिन के बाद तुम्हारे पास मोटरगाड़ी हो जाएगी, स्कूटर हो जाएगा तो उसी तरफ जाएगा। मेरा गाँव बहुत गरीब गाँव है। कार तो बहुत ज्यादा नहीं, 20-30 से ज्यादा नहीं हैं, लेकिन मोटरसाइकिल तो हर दूसरे घर में है। हम जिस मोहल्ले में रहते हैं, वह काफी गरीब है। उसमें कुछ यादव परिवार के लोग हैं। पाँच-छह परिवार हैं, उसमें एक को छोड़कर सबके घर में मोटरसाइकिल है। कहीं से हो, चोरी से हो, दहेज में हो। दहेज में भी आजकल लोग मोटरसाइकिल माँगते हैं। जब वे चीजों को देखते

हैं तो उनकी आकांक्षा बनती है। आकांक्षा तो वही है। जो सबसे निचला तबका है, उसमें आकांक्षा भी सबसे ज्यादा इन चीजों की तरफ रहती है।

तो इस 'डिमोंस्ट्रेटिव इफेक्ट' के कारण ये सामाजिक समर्थन मिल जाता है।

—ये तो इस 'डिमोंस्ट्रेटिव इफेक्ट' जो बहुत बड़ी चीज होती ही है। ये जितना विज्ञापन वगैरह रहता है। सब तो यही बतलाता है। कि यह हो जाएगा, वह हो जाएगा। आपकी कल्पना को उत्तेजित करता है फिर उन चीजों की ओर आप दौड़ते हैं। अगर पैसा है तो निजी स्तर पर दौड़ते हैं नहीं तो सामाजिक स्तर पर दौड़ते हैं।

सच्चिदा बाबू, अन्त में समाजवादी आन्दोलन के बारे में पूछना चाहता हूँ खासकर लालू यादव और नीतीश कुमार के सन्दर्भ में। एक बहस यह भी है इन दोनों को लेकर जैसे लालू प्रसाद के बारे में यह कहा जाता है कि सामन्ती शक्तियों के खिलाफ जिन सामाजिक ताकतों का अभ्युदय हुआ, पिछड़े-दलितों का उभार और सशक्तीकरण हुआ। नीतीश कुमार के बारे में यह बात कही जा रही है कि लालू प्रसाद ने सामाजिक न्याय की धारा ले जा सके थे, नीतीश कुमार ने उसका विस्तार किया जैसे पिछड़ों की धारा को अतिपिछड़ों तक, दलितों में महादलितों तक, मुसलमानों में पसमान्दा तबकों तक। जबकि दूसरी धारा यह कहती है कि नीतीश कुमार को पुरानी सवर्ण ताकतों ने आगे रखकर पिछड़ों की एकता को तोड़ दिया। तो एक तरह से यह प्रतिक्रान्ति है।

—यह तो एक हद तक सही है कि अपनी राजनीति को आगे बढ़ाने के लिए पिछड़ों की शक्ति को नीतीश कुमार ने कमजोर किया है। लालू प्रसाद के समय आक्रामकता थी। अगड़े-पिछड़े का विभाजन बहुत स्पष्ट था। नीतीश कुमार के समय वो आक्रामकता कम हुई है। इस कारण नीतीश कुमार के प्रति अगड़ी जाति के लोगों का रुझान हुआ है, लेकिन बुनियादी तौर पर इसमें कोई खास फर्क नहीं पड़ा है।

यह कहा जा रहा है कि गाँव के स्तर पर सामाजिक समरसता बढ़ी है। अब गाँवों में पहले जैसा तनाव नहीं रहता है। धीरे-धीरे लालू-नीतीश के राज में स्थिति बेहतर हो रही है।

—यह एक खास फेज था, जिसमें पहले-पहल पिछड़ी जातियों का सशक्तीकरण हुआ तो तनाव भी था, संघर्ष भी था। लेकिन धीरे-धीरे लोग कबूल करते जा रहे हैं। जैसे-जैसे पिछड़ों की और शक्ति बढ़ेगी, समाज में वे अपना स्थान पाएँगे तो

और भी समरसता बढ़ेगी। पहले जो अपने को ऊँचा समझते थे अब ये मान लेंगे कि हमको सबके साथ मिलकर रहना है तो चीजें बदलेंगी। इसमें समय लगेगा, लेकिन फिर वह सामान्य होगा।

तो जैसा आपने कहा सब चीजों का लब्बो-लुवाब ये है कि सभी महत्त्वपूर्ण मसलों पर नये सिरे से सोचना पड़ेगा? नये समय के अनुसार नया एजेंडा लाना पड़ेगा।

—नये सिरे से समस्याओं पर सोचना पड़ेगा। अब संसाधनों के सवाल को, पर्यावरण के मुद्दों को किनारे रखकर राजनीति नहीं कर सकते।

समाजवाद ही लोकतंत्र की बुनियाद

आज सामाजिक न्याय की राजनीति का दौर है। डॉ. लोहिया भी सामाजिक न्याय के पक्षधर थे। वह किस तरह के सामाजिक न्याय की बात कर रहे थे?

—असल में लोहिया ने 'सामाजिक न्याय' शब्द इस्तेमाल नहीं किया था, बल्कि 'जाति नीति' शब्द इस्तेमाल किया था और विशेष अवसर का सिद्धान्त जोड़ा था। इसीलिए सोशलिस्ट पार्टी के अन्दर भी जो पदाधिकारी होते थे, उसमें भी उन्होंने पिछड़े, दलितों और महिलाओं को अनिवार्य रूप से साठ प्रतिशत स्थान आरक्षित करने की बात कही थी। लोहिया की दो दृष्टि थी। एक तो यह कि जाति व्यवस्था को तोड़ना था। उन्होंने जाति व्यवस्था तोड़ने के लिए एक विशेष अवसर का सिद्धान्त दिया। उन्होंने बड़ी अफसरी, नेतागीरी में कम-से-कम साठ फीसदी पिछड़े दलित और महिलाओं को आरक्षण दिया जाए। उसके पीछे उनका एक सिद्धान्त था। वे मानते थे कि सैकड़ों वर्ष से हमारे यहाँ जाति व्यवस्था है, उसकी वजह से कुछ संस्कार बनते हैं और उच्च वर्ण में पैदा होनेवाला यदि गरीब भी है, तो उसका मनोबल ऊँचा होता है। वह समझता है कि वो ऊँची जगह पर पहुँच सकता है, उसके अन्दर एक आकांक्षा होती है। जो पिछड़े समाज हैं, उनके अन्दर वह आकांक्षा भी मर गई है। वह ऊँची जगह पहुँचने की कल्पना भी नहीं करते हैं। वे चाहते थे कि इससे उन्हें मुक्ति मिले और उनमें भी एक उत्साह जगे। दूसरी बात थी कि वह जाति व्यवस्था तोड़ने की बात करते थे। उस व्यवस्था को तोड़ने में एक अवरोध यह था कि अलग-अलग जातियों के लोग हैं, उनके सोचने-समझने में इतना फर्क है कि वो एक धरातल पर मिल नहीं पाते हैं, खासकर उच्च पदों पर और राजनीति में तो इसकी सम्भावना नहीं बनती है कि जातिगत भावनाओं से ऊपर उठ कर वह सोच सकें। इसलिए जरूरी है कि वह ऊँची जगह सहित हर जगह पहुँच सकें। फिर वह भी मानते थे कि जाति व्यवस्था को तोड़ने के लिए यह अपने आप में काफी नहीं है। इसे वह एक छोटा-सा कदम मानते थे। वह जाति व्यवस्था को तोड़ने के लिए निचले स्तर पर सहभोज का आयोजन करने पर बल देते थे। साथ ही यह भी कहा कि इसको अन्ततोगत्वा तभी तोड़ा जा सकता है, जबकि अन्तर्जातीय

विवाह हों। इसलिए इस पर उन्होंने ज्यादा-से-ज्यादा जोर दिया। विभिन्न जातियों के लड़के-लड़कियाँ आपस में मिलें। जब अन्तिम रूप से बड़े पैमाने पर विभिन्न जातियों में इनकी शादियाँ होने लगेंगी, तब स्वत: ही जाति व्यवस्था टूट जाएगी। ये तीन कार्यक्रम थे विशेष अवसर के सिद्धान्त के रूप में।

लेकिन पिछड़ों की शक्ति को द्रविड़ आन्दोलन ने पहले ही रेखांकित कर दिया था? द्रविड़ आन्दोलन से लोहिया कितने प्रभावित थे?

—उनकी जाति नीति का एक शुद्ध राजनीतिक पक्ष भी था। वो ये कि '50 के दशक में दक्षिण भारत में द्रविड़ आन्दोलन बहुत तेज हुआ था और उसकी वजह से पिछड़े समूहों में बड़ी शक्ति उभर आई थी। वहाँ पर उच्च वर्ण ब्राह्मण ही थे। बाकी सारे गैर-ब्राह्मण लोग थे, तो उनकी शक्ति का उभार हुआ। उसकी वजह से दक्षिण की राजनीत में प्राय: ब्राह्मणों का वर्चस्व खत्म हो गया। हालाँकि आजादी से पहले भी जस्टिस पार्टी के प्रयासों से आरक्षण का प्रावधान हो चुका था, लेकिन द्रविड़ आन्दोलन एक समय काफी उग्र था। राजनीतिक शक्ति का उभार हुआ और ब्राह्मणों का पराभव हुआ। इससे डॉ. लोहिया को लगा कि अगर पिछड़े समूहों में उस तरह का उत्साह जगे, तो एक बड़ी राजनीतिक शक्ति आ सकती है और अगर उस राजनीतिक शक्ति को जोड़ सकें, तो एक सामाजिक क्रान्ति हो जाएगी। उसका असर हुआ, जब 1967 में पिछड़ों की राजनीति हुई। उसके जनक डॉ. लोहिया ही थे। उत्तर भारत के कई राज्यों में कांग्रेस को पहली बार चुनौती मिली। कई राज्यों में पहली बार गैर कांग्रेसी सरकारें बनीं।

जब डॉ. लोहिया का विचार इतना परिपक्व था और सामाजिक क्रान्ति और परिवर्तन का आधार भी था, फिर समाजवादी आन्दोलन को गहरा आघात क्यों लगा और उनके अनुयायी जातिवादी और सम्प्रदायवादी राजनीति करने लगे?

—दुर्भाग्य से 1967 में ही डॉ. लोहिया का निधन हो गया। उसके बाद राजनीतिक हथियार ऐसे लोगों के हाथ लगा, जिन लोगों में देश के, समाज के बारे में उस दर्जे का आदर्शवाद नहीं था। मुझे ऐसा लगता है कि डॉ. लोहिया की मृत्यु के बाद वैचारिक आधार पर समाजवादी आन्दोलन में पराभव आया। चिन्तन-मनन और अध्ययन की परम्परा खत्म हो गई। समाजवादी आन्दोलन से शक्ति का एहसास लोगों को हुआ, पर धीरे-धीरे इस शक्ति का आधार क्या बना, जातीय समूहों का समर्थन! एक तरह से वैचारिक आधार का विस्थापन हो गया। समाजवादी आन्दोलन बड़े सन्दर्भों के लिए समर्पित होने के बजाय शुद्ध रूप से एक सत्तावादी राजनीति में तब्दील हो गया।

लोकनायक जयप्रकाश ने भी जाति नीति या सामाजिक न्याय के आन्दोलन को आगे बढ़ाने की कोशिश नहीं की?

जेपी ने इस तरह के सवालों पर कोई पहल नहीं की। समाजवादी आन्दोलन में जेपी का जो भी योगदान था, वह 1974 के छात्र आन्दोलन के बीच में है। वह सर्वोदय आन्दोलन और विनोबा के साथ जुड़ गए थे, लेकिन ये जो जाति नीति का मामला है, वह पूरी तरह से डॉ. लोहिया का ही था। उस काल में जेपी एक तरह से दलीय राजनीति के आलोचक भी हो गए थे। उनके इस दृष्टिकोणी से भी देश को काफी नुकसान हुआ था।

उन्होंने दलीय राजनीति को हेय बतलाना शुरू किया। इससे जो आदर्शवादी लोग थे, वे भी धीरे-धीरे राजनीति से ही अलग हो गए और राजनीति ऐसे लोगों के हाथ में आ गई जो सिर्फ सत्ता की राजनीति करते थे।

लोहिया के आदर्शों पर चलनेवाले समाजवादी कम क्यों रह गए? उनके विचारों को लेकर चलनेवाले समाजवादी नेताओं की कमी आज साफ झलकती है। ऐसा क्यों? कहाँ गलती हुई?

—राजनीति में दो तरह के लोग आते हैं। एक तो वे, जो बड़े आदर्शों को लेकर आते हैं, लेकिन मूलत: बड़ा सपना हो या न हो, राजनीति सत्ता की राजनीति होती है। राजनीति में बड़े आदर्शों को भी लेकर आते हैं, उनकी भी कल्पना भी होती है, सत्ता पर कब्जा करके अपने आदर्शों को समाज पर लागू करेंगे। लेकिन अगर आदर्श का छीजन हो जाता है और ऐसे लोग आते हैं, जो सत्ता की राजनीति करते हैं, तो फिर वे सारे आदर्श खत्म हो जाते हैं। 1970-71 के बीच से जब शुद्ध रूप से सत्ता की राजनीति चली, तब जो समाजवादी नेता थे, वो भी धीरे-धीरे सत्ता की राजनीति से जुड़ते चले गए। मधु लिमये, राजनारायण जैसे समाजवादी नेताओं की दृष्टि भी काफी हद तक सत्ता की राजनीति और जोड़-तोड़ आदि में केन्द्रित हो गई। उस समय उसका नतीजा हुआ कि नेताओं में भी गुटबाजी शुरू हो गई। सोशलिस्ट पार्टी में दो धड़े बन गए। कुछ लोग मधु लिमये और जॉर्ज के साथ चले गए, तो कुछ लोग राजनारायण जी के साथ। लेकिन कुछ थोड़े-से लोग थे, जो इन चीजों से अलग रहे और कुछ लोग डॉ. लोहिया से नजदीक थे। उसमें किशन पटनायक, इन्दुमति केलकर और राम इकबाल जैसे लोग थे। इन लोगों ने उस समय एक लोहिया विचार मंच बनाया था। समस्याओं पर पढ़ना-लिखना करते थे। फिर एक समय यह स्थिति हो गई कि पार्टी के अन्दर विचारों को नजरअन्दाज किया जाने लगा। हम लोग मजाक में कहते थे कि पढ़ना-लिखना पार्टी विरोधी गतिविधि है। समाज एक बहुत ही जटिल संरचना है। यदि इसमें कोई बड़ा बदलाव करना चाहते हैं तो बहुत ही गहराई से समझना होगा और अध्ययन करना होगा। समाज में

परिवर्तन करना चाहते हैं तो बहुत ही गहरी समझ होनी चाहिए। इस काल में एक तरफ सत्ता का आकर्षण था तो दूसरी तरफ समाज बदलने की जो आकांक्षा थी, इस अन्तर्विरोध की वजह से यह सारा हुआ।

जेपी की सम्पूर्ण क्रान्ति की आज क्या महत्ता है। गांधीजी के आदर्शों को उन्होंने किस तरह से जीवित रखा? उनके द्वारा दिया गया विकल्प क्यों धराशायी हो गया?

—जेपी ने बहुत ज्यादा उम्र में वह प्रयोग शुरू किया था। 1974 के आन्दोलन के समय वह 72 साल के थे। उस उम्र में इतने युवाओं को नेतृत्व देना बड़ी बात थी। मैं बहुत प्रभावित हुआ था। अहिंसक ढंग से भी आन्दोलन हो सकता था, यह उन्होंने दिखाया था। लोगों में संघर्ष के प्रति जुड़ने का जज्बा दिया। छात्र आन्दोलित पहले से थे। उन लोगों ने जेपी से नेतृत्व माँगा। जेपी ने अहिंसक होने की शर्त रखी। नौजवानों और छात्रों ने इस शर्त को माना। बहुत ज्यादा प्रोवोकेशन होने के बावजूद ये नौजवान अहिंसक संघर्ष करते रहे, लेकिन जेपी की उम्र का तकाजा भी था। उस उम्र में नए सिरे से सब कुछ शुरू करना इतना आसान नहीं था। उन्होंने छात्र युवा संघर्ष वाहिनी बनाई थी। राष्ट्रीय शिविर में लड़के-लड़कियाँ एक साथ रहते थे। हर चीज में बराबर की हिस्सेदारी होती थी। बिलकुल एक नया आदर्श था। 1977 के चुनाव के समय जेपी अस्वस्थ हो गए। उनको चुनाव की चुनौती स्वीकार करनी पड़ी और तब जो उन्होंने राजनीति से लोगों को विमुख किया था, उसकी सजा उन्हें भुगतनी पड़ी। अपनी कोई पार्टी नहीं थी। तब उनका प्रस्ताव आया कि कांग्रेस विरोध की जितनी पार्टियाँ हैं जनसंघ तक, सबको साथ लें। एक पार्टी बनाने की बात हुई। जनता पार्टी बनी। इस तरह से पार्टी शुरू से ही आदर्शविहीन थी। जहाँ मोरारजी देसाई, वाजपेयी और जॉर्ज भी हों, सब एक साथ तो उस पार्टी का वही अन्त होना था। आरएसएस से विवाद हुआ। अन्ततः सरकार चली गई। उसके बाद जेपी अस्वस्थ होते चले गए, उनके अन्दर इतनी ताकत नहीं बची कि वह उससे कुछ आगे निकाल पाते। डायलिसिस पर रहते थे।

लोहिया और जेपी की आज क्या महत्ता है? हमारे सामने आज रास्ता क्या है?

—आज एक विकल्प बनाने की जरूरत है। सशक्त आन्दोलन के लिए एक सशक्त जमीन तैयार है। सीधा हम कह सकते हैं कि यह दिखाई पड़ रहा है। आज कलिंगनगर हो या नर्मदा या सेज के नाम पर विस्थापन हो, हर जगह यह हो रहा है कि बड़ी कम्पनियों को खनिज और भू-सम्पदा देने के लिए आम आदमी को विस्थापित किया जा रहा है। धीरे-धीरे पूरा देश विस्थापितों का देश होता जा रहा है। जब वे महानगरों में आते हैं और यहाँ रह रहे सम्भ्रान्तों की सुविधाओं में खलल आती

है, तब वे लोग इन्हें फिर से उजाड़ना शुरू करते हैं। आम आदमी का कोई मूल्य नहीं रह गया है। जिन आदर्शों के लिए लोहिया और जेपी खड़े होते थे, उसके ठीक विपरीत साधारण आदमी जो निचले पायदान पर खड़ा है, उसको कोई नहीं पूछ रहा है।

समाजवादियों और मार्क्सवादियों के उद्देश्य काफी हद तक एक जैसे हैं, लेकिन उनके बीच मित्रता व एकता की बजाय विरोध काफी ज्यादा रहता है।

—साम्यवादियों से कोई चिढ़ नहीं है। जेपी समाजवादी थे, वो अमेरिका में कम्युनिस्ट पार्टी के सदस्य थे। उन्होंने सबसे पहली किताब 'ह्वाई सोशलिज्म' लिखी। वह मार्क्स, लेनिन का दर्शन था। हम लोग मार्क्स को ही पढ़कर व शिक्षित होकर समाजवादी आन्दोलन में आए। मार्क्स को हम लोग बहुत बड़ा मनीषी मानते हैं, लेकिन यह अन्धभक्ति ठीक नहीं है। मार्क्स का जो भी चिन्तन है, उसके बारे में हमेशा परीक्षण होते रहना चाहिए। कम्युनिस्ट पार्टियों के लोग मार्क्स, स्टालिन और लेनिन आदि की अन्धभक्ति करते हैं। मार्क्स ने जिन स्थितियों का वर्णन किया था, उससे भारत की स्थिति बिलकुल ही भिन्न थी। लेकिन कम्युनिस्ट हर चीज को उसी तरह से लागू करना चाहते थे, तो समाजवादी आन्दोलन ने समझ के स्तर पर विरोध किया। डॉ. लोहिया की एक महत्त्वपूर्ण पुस्तक है, संकलन है, 'मार्क्स, गांधी और सोशलिज्म'।

कम्युनिस्टों ने लोहियावादियों के बारे में जान-बूझकर फैलाया कि हम लोगों को मार्क्स से चिढ़ है। लोहिया ने अपनी कई किताबों में मार्क्स को आधार बनाकर चिन्तन किया है। मार्क्स को खारिज नहीं किया है। उनको विस्तार देने का काम किया। लोहिया और जेपी दोनों, की एक बहुत बड़ी विशेषता थी कि उन्होंने गांधी को समाजवादी आन्दोलन के केन्द्र में लाकर रख दिया। लोहिया और जेपी का योगदान यह था कि समाजवादी आन्दोलन से गांधी को भी जोड़ा था। भारत का समाजवादी आन्दोलन दुनिया में विलक्षण है। यही कारण है कि पूरी दुनिया में तानाशाही आ रही है, लेकिन भारत में लोकतंत्र अगर जिन्दा रहा, तो इसके पीछे कारण है कि यहाँ समाजवादी आन्दोलन सशक्त रहा है।

(बातचीत सुशील कुमार ने की थी)

कुछ भाषण

समाजवादी जन परिषद
10वाँ राष्ट्रीय सम्मेलन का उद्घाटन भाषण

समाजवादी जन परिषद का जन्म एक नई पहल की शुरुआत के साथ हुआ था। यह वह समय था जब समाज की विकास सम्बन्धी वे मान्यताएँ जो पारम्परिक समाजवादी आन्दोलन के पीछे थीं, धराशायी होने लगी थीं। अपने को समाजवादी कहनेवाली व्यवस्थाएँ भी, जो पुरानी मान्यताओं पर आधारित थीं, सांगठनिक और उससे भी बढ़कर उन मूल्यों के स्तर पर जिनको लेकर ये संगठन बने थे, विघटन के कगार पर थीं। 1990 आते-आते सोवियत संघ का विघटन हो गया और एक तथाकथित उन्मुक्त पूँजीवादी व्यवस्था ने इसका स्थान ले लिया। चीन में कम्युनिस्ट पार्टी के बैनर तले ही—जिसने 1856 से 1975 तक के काल में 'बड़ी छलाँग' एवं 'सांस्कृतिक क्रान्ति' जैसे साहसिक कदम उठाए थे—पूँजीवाद की धमाकेदार वापसी हुई और सभी मानवीय अवरोधों को रौंदते हुए अल्पकाल में ही चीन पूँजीवादी दुनिया की दूसरी सबसे बड़ी आर्थिक शक्ति बन गया। संशोधनवादी समाजवाद और फेबियन समाजवाद के दो सबसे बड़े प्रयोग स्थल जहाँ क्रमशः सोशल डेमोक्रेटिक और ब्रिटिश लेबर पार्टी ने बीसवीं शताब्दी के कुछ साहसिक सुधारवादी प्रयोग किए थे, दिवंगत मार्गरेट थैचर और एंजेला मार्केल के आक्रामक पूँजीवादी पहल के सामने आत्मसमर्पण की मुद्रा में हैं। सभी तरफ से यह आवाज आ रही थी कि पूँजीवाद का कोई विकल्प नहीं है।

अगर हम अपने इर्द-गिर्द नजर डालें तो तथाकथित उन्मुक्त व्यवस्था सर्वत्र नौकरशाही और व्यवस्थाओं के जटिल ताने-बाने से घिरी होती है। फर्क यही हुआ है कि व्यवस्था का जटिल ताना-बाना जो पहले ब्यूरोक्रेसी से संचालित होता था, अब अधिक सक्षम बनानेवाले नेटोक्रेसी यानी कम्प्यूटरों के संजाल से युक्त है। जिंसों की खरीद-फरोख्त का धन्धा तो पुराना ही है, पर अब दुकानदार काउंटर पर से गायब हो रहे हैं—घर बैठे सब कुछ 'ऑनलाइन' मुहैया होने लगा है। जैसे लोकतंत्र में लोक की उपस्थिति औपचारिक और पाँचसाला है वैसे ही निजी उद्यम में कारोबार खड़ा करनेवाला उद्यमी (इंटरप्रेन्योर) भी गायब हो रहे हैं। बँधे-बँधाए ढाँचे के भीतर ही उसे शेयर बाजार या किसी दूसरे ढाँचे के भीतर ही हाथ-पैर मारने

की आजादी है। किसी नई प्रविधि या वस्तु का निर्माण भी उसे इसी बने-बनाए खाँचे के हिसाब से करना होता है।

जैसे मकड़ी का सारा संसार जाल के भीतर ही और उसी के सहारे टिका होता है, आधुनिक औद्योगिक व्यवस्था भी एक बृहत् एसेम्बली लाइन में तब्दील हो गई है—जिसमें यातायात एवं संचार व्यवस्थाओं के सहारे वैश्विक पूँजीवादी प्रबन्धन—खुदती खदानों, कटते वनों, विस्थापित जनों एवं बाधित जल स्रोतों से जीवन के निचोड़, प्राकृति परिवेश का उपहास करते, बदसूरत गगनचुम्बी इमारतों, विष वमन करते वाहनों एवं फैक्ट्रियों के चिमनियों के संजाल का निर्माण करता है। इस व्यवस्था में समाहित वे असंख्य परिवार जो प्राकृतिक परिवेश से कट गए हैं, व्यवस्था द्वारा विज्ञापित और प्रायोजित वस्तुओं को अपनी अपनी हैसियत के हिसाब से बन्धन में पड़े पिंगरी के सूअरों की तरह गटकते रहते हैं।

मार्क्स ने जिस तकनीकी निर्यातवाद का प्रतिपादन यानी उत्पादन के साधन और उत्पादन सम्बन्ध से संसार के नियमन की बात की थी, वह एक अर्थ में फलीभूत हो रहा है और सब कुछ प्रौद्योगिकी के प्रतिमानों के हिसाब से घटित होता दिखाई दे रहा है, लेकिन मार्क्स ने इसमें उत्पादकों यानी मजदूर वर्ग की जिस प्रतिरोधक शक्ति के विकास और इससे व्यवस्था के शोषक आवरण के ध्वस्त होने की कल्पना की थी, वह साकार नहीं हो पाई। जो श्रमिक व्यवस्था से जुड़े हैं वे भावनात्मक रूप से इस का अंग हो गए हैं। वे न तो स्वयं व्यवस्था के संजाल से मुक्त होने का रुझान दिखाते हैं न इस ढाँचे को परिधि पर पड़े दूसरे मानवों और प्रकृति के खिलाफ इसके अतिक्रमणों और आक्रमणों का कोई विरोध करते हैं। इस व्यवस्था द्वारा प्रकृति और व्यवस्था के हाशिये पर पड़े मानवों के शोषण के लाभुक बन इस व्यवस्था के समर्थक बन गए हैं। टाटा स्टील या वेदान्त के इस्पात एवं अल्युमिनियम उत्पादन के कारखानों में लगे श्रमिकों में उन मानवों की चिन्ता नहीं है जो लौह अयस्क या बौक्साइट खनन की प्रक्रिया में जो क्रमश: इस्पात और अल्युमिनियम के उत्पादन के आधार हैं—विस्थापित होते हैं। कृषकों एवं आदिवासियों का क्या होता है, जिनके जीवन का आधार और प्राकृतिक परिवेश नष्ट हो रहे हैं, यह कारखानों में काम करनेवाले मजदूरों की दृष्टि से ओझल है या इसे नजरअन्दाज करना जरूरी बन गया है क्योंकि इनके नष्ट होने का इन उद्योगों के विकास के साथ अन्योन्याश्रय सम्बन्ध है।

अठारहवीं से बीसवीं सदी के प्रारम्भिक वर्षों तक इस सम्बन्ध का एक अन्तर्राष्ट्रीय आयाम था। उद्योगों का विकास पश्चिमी यूरोप और उत्तरी अमेरिका में हो रहा था और प्राकृतिक संसाधनों और गुलाम और अर्ध गुलाम एवं बँधुआ मजदूरों का शोषण उस समय तक गुलाम बनाए गए एशिया, अफ्रीका और ब्रिटिश समर्थन से फ्रैंकों की सत्ता बनी रही। द्वितीय विश्वयुद्ध में जर्मनी और इसके सहयोगी धुरी

राष्ट्रों की पराजय से फासीवाद का उभार तो रुका और अल्पकाल के लिए ब्रिटेन, जर्मनी आदि में सोशल डेमोक्रैटिक पार्टियाँ वर्चस्व में आईं और मजदूर वर्ग को कुछ राहत मिली, लेकिन यह वर्चस्व अल्पकालिक रहा। ब्रिटेन में मार्गरेट थैचर के आक्रामक हमले और जर्मनी में एंजेला मार्केल के प्रभाव में फिर दक्षिणपंथी पार्टियाँ हावी हो गईं। मजदूर बहुल इन देशों में दक्षिणपंथ की वापसी में मजदूर वर्गों की आस्था का संकट स्पष्ट है। वे भी दुनिया की पूँजीवादी लूट में अपने यहाँ के औद्योगिक प्रतिष्ठानों से अपने को जोड़ते दिखाई देते हैं। सोशल डेमोक्रैटिक पार्टियों की तरह ही कम्युनिस्ट पार्टियाँ भी अधिकांश देशों में हाशिए पर डाल दी गई हैं। स्वयं भारत में कम्युनिस्ट पार्टी, कम्युनिस्ट पार्टी मार्क्सवादी और नक्सली कही जानेवाली मार्क्सवादी-लेनिनवादी पार्टियाँ, सभी लगातार देश की राजनीति में अपनी हैसियत गँवा रही हैं।

नक्सलियों का एक समूह, जिसे 'माओवादी' कहा जाता है, हथियार के बल सत्ता पाने की नीति को लेकर चल रहा है और देश के कुछ हिस्सों में इसकी जड़ें हैं, लेकिन ये ऐसे प्रदेश हैं जो वनों से घिरे हैं और उन्हें उन जनजातीय समूहों का समर्थन मिलता है जिनके अस्तित्व पर वर्तमान औद्योगिक विकास से सीधा खतरा है, जिनके परिवेश जंगलों की कटाई और खनन उद्योगों से लगातार नष्ट किए जा रहे हैं। विडम्बना यह है कि अपने को माओवादी कहनेवाले ये समूह भी उन्हीं औद्योगिक नीतियों के पैरोकार हैं जिनसे जनजातीय लोगों के परिवेश उजड़ रहे हैं एवं कृषि क्षेत्र प्रतिकूल दबाव पर रहा है। नेपाल की माओवादी पार्टी, जिससे इस समूह का शुरू में गहरा रिश्ता था, औद्योगीकरण की उसी नीति का समर्थक है जिसे चीन समेत दुनिया की सभी पूँजीवादी व्यवस्थाएँ अपनाती रही हैं। ऐसी नीति के क्या नतीजे होंगे, उन्हें दुनिया के औद्योगिक विकास के परिणामों पर गौर करने पर आसानी से देखा जा सकता है। अगर परिस्थिति के किसी चमत्कार से अगर माओवादी सत्ता में आए तो अन्तत: वे वैसी ही पूँजीवादी व्यवस्था को जन्म देंगे जैसी माओ के अपने देश में कम्युनिस्ट पार्टी के अधिनायकत्व में विकसित हुई है।

इन अनुभवों से लगता है कि जल, जंगल और जमीन की रक्षा की सार्थक और स्थायी नीति वही हो सकती है जो विकास की ऐसी अवधारणा पर आधारित हो जो धरती और जीव जगत से मनुष्य के स्वाभाविक साहचर्य को रेखांकित करती है। आधुनिक औद्योगीकरण के पहले कुछ तात्कालिक विचलनों के बावजूद मानव जीवन प्रकृति के साथ ताल-मेल पर आधारित था। पेड़, पशु, पर्वत, नदियों और सागर की पूजा भले ही विज्ञान की दृष्टि से अन्धविश्वास लगे, एक गहरे अर्थ में धरती पर जीवन में व्याप्त अन्तरंग संगीत की ध्वनियाँ हैं। वही विकास शाश्वत और सार्थक हो सकता है जो जीवन के इस राग से बँधा हो।

समता संगठन ने—जिस उस पहल की शुरुआत की थी जिससे समाजवादी जनपरिषद अस्तित्व में आई—अपने नीति वक्तव्य में 1980 में ही इस तथ्य को रेखांकित किया था कि समान प्रौद्योगिकी पर आधारित पूँजीवादी और सोवियत व्यवस्थाएँ एक ही बिन्दु पर आ रही हैं। 1990 आते-आते सोवियत संघ का विघटन हो गया और रूस वैश्विक पूँजीवाद का अंग बन गया। चीनी साम्यवाद का भी वही हश्र हुआ। ये घटनाएँ हमें आश्वस्त करती हैं कि विकास सम्बन्धी हमारा आकलन सही साबित हुआ है। यह विडम्बना ही है कि मौजूदा तकनीकी के कुछ परिणामों के चकाचौंध से लोग अभी भी इस विकास के प्रलयंकारी पहलू को नजरअन्दाज कर रहे हैं, लेकिन जल्दी ही लोगों का मोहभंग होगा और गगनचुम्बी इमारतें जिनके जंगल चारों ओर उग रहे हैं, ऊर्जा संकट से खँडहरों में तब्दील हो जाएँगी। अनिवार्य बिजली संकट से लिफ्टों के बन्द होने पर इन बीस मंजिली या सौ मंजिली इमारतों में चमगादड़ों के सिवा किनका बसेरा होगा? ऊर्जा स्रोतों की उत्तरोत्तर बढ़ती महँगाई इस बात का संकेत है कि ये स्रोत तेजी से सूख रहे हैं। नई स्थितियों में वे ही समाज सकुशल रहेंगे जो वैकल्पिक विकास पद्धति को अपना इस संकट से अपने को बचाएँगे तथा तात्कालिक चकाचौंध की जगह संयमित जीवन की ओर जाएँगे।

समाजवादी जन परिषद लोगों का विकास सम्बन्धी प्रचलित भ्रम से आगाह करती रहेगी। आज हमारा दायित्व उन लोगों के संघर्षों में शामिल होना है जो विकास के इस दानवी दौड़ में रौंदे जा रहे हैं। हमारे साथी ओडिशा, मध्यप्रदेश आदि में उनके अहिंसक संघर्षों में अपनी सीमित शक्ति से शामिल हैं। हमें अपने ऐसे संघर्षों का दायरा बढ़ाते जाना है। आज लोग भले ही हमारी बात नहीं सुनें, आनेवाली संकट की घटी में उन्हें हमारी बातों पर ध्यान देना ही होगा, इसी विश्वास के साथ हमें आगे बढ़ते रहना है।

(वाराणसी, 11 जून, 2013)

युवा भारत के चौथे राष्ट्रीय सम्मेलन में उद्घाटन भाषण

जैसाकि 'युवा भारत' नाम से संकेत मिलता है, यह देश की युवा शक्ति का आह्वान है। युवा शक्ति अपने आप में एक अपरिभाषित शक्ति है। यह समाज को किस दिशा में ले जाएगी, यह अनिश्चित रहता है जब तक हम यह न जानें कि यह कैसे विचारों और आदर्शों से प्रेरित है? किशोरावस्था से मानव चेतना में तेजी से परिवर्तन होने लगता है। अगले कुछ वर्षों में ही मनुष्य संसार की समझ बनाता है और स्वयं अपने जीवन की दिशा तय करने लगता है। कुछ अपवादों को छोड़ अधिकांश लोग जीवन भर उन्हीं आदर्शों पर चलते हैं जिनमें वे इस काल में प्रेरित होते हैं। यही काल है जब प्राय: सबसे मौलिक चिन्तन का जन्म उनकी मनीषा में होता है। आइंसटीन ने पच्चीस वर्ष की आयु में सापेक्षतावाद का सिद्धान्त विकसित किया जो ब्रह्मांड को समझने की सभी पूर्ववर्ती कल्पनाओं से अलग एक नया आयाम देता था। महात्मा गांधी ने लगभग इसी आयु में अन्याय के प्रतिकार का एक अहिंसक मार्ग विकसित किया जो मानव समाज में हिंसा और प्रतिहिंसा के उत्तरोत्तर भीषण बनते जा रहे दु:श्चक्र को तोड़ने की एकमात्र आशा पैदा करता है। यह मनुष्य के जीवन मूल्यों को समझने में एक नया आयाम देता है जो समग्रता में मानव सम्बन्धों में निहित शक्तियों और उनके कारकों को समझ उन्हें नए ढंग से रचने की दिशा देता है।

यह ध्यान में रखने योग्य है कि 1848 में कम्युनिस्ट घोषणा-पत्र तैयार करने के समय कार्ल मार्क्स महज 30 वर्ष के और फ्रेडरिक एंगेल्स 28 वर्ष के थे। अगर हम मानव इतिहास पर नजर डालें तो बेहिचक कह सकते हैं कि युवजन ही मानव चेतना और समाज का निर्माता है। आप यहाँ बैठे अपने भीतर अनेक आइंसटीन, गांधी और मार्क्स की सम्भावनाओं को धारण किए बैठे हैं। आपको यह तय करना है कि इस शक्ति को क्या दिशा दे रहे हैं, यह निर्णय सर्वोपरि महत्त्व का है।

जहाँ हम युवाशक्ति की सम्भावनाओं से उत्साहित होते हैं वहीं इसके दूसरे पहलू पर नजर डालने पर भयभीत भी होते हैं। हिटलर की शैतानी कल्पनाओं का जन्म भी इसी उम्र में होता है जो करोड़ों जर्मन युवकों के 'हिटलर युजेंड' (हिटलर युवा) की विध्वंसक शक्ति को जन्म देता है जिससे पूरा यूरोप और संसार

का बड़ा भाग विश्वयुद्ध की हिंसा और 'होलोकास्ट' के रू-ब-रू होता है जिसमें साठ लाख यहूदियों की हत्या कर दी गई। यही शक्ति आज मकबूल फिदा हुसैन जैसे बड़े कलाकार को देश से निर्वासित होने को मजबूर करता है और कला के जीवन के लिए अनिवार्य इसकी स्वतंत्रता पर हमला करता है और पुस्तकालयों में आग लगाता है। विडम्बना है कि ऐसे युवा हिन्दुत्व की बात करते हैं जबकि यह ऐतिहासिक तथ्य है कि इनका प्रेरणास्रोत भी हिटलर ही है जिसने जर्मनी में पुस्तक और कलाओं की होली से ही अपनी वहशी मुहिम की शुरुआत की थी। यह आम जानकारी की बात है कि आर.एस.एस. के सबसे बड़े गुरु गोलवरकर ने हिटलर के युवा संगठन 'स्ट्राम ट्रूपर्स' को ही अपने संगठन का आधार बनाया था।

ऊपर की बातों पर विचार करने से जहाँ यह दिखाई देता है कि संसार के निर्माण में युवा शक्ति की निर्णायक भूमिका है, लेकिन यह परिवर्तन कल्याणकारी तभी होगा जब इसकी ऊर्जा सही दिशा में संचालित हो। मैं आशा करता हूँ कि आप युवजन कुछ ऐसे ही लक्ष्य से प्रेरित हो यहाँ इकट्ठे हुए हैं।

समाज निर्माण में जब हम युवा शक्ति की प्रेरणा की बात करते हैं तो यह बात ध्यान में रखनी चाहिए कि व्यक्ति का जीवन छोटा होता है और युवावस्था की अवधि और भी छोटी होती है, लेकिन समाज का जीवन लम्बा होता है। इसलिए युवा शक्ति अपनी विधायक भूमिका समाज निर्माण में तभी निभा सकती है जब यह ऐसे विचारों और संगठनों का निर्माण करे जो अगली पीढ़ियों और विशेषकर अगली पीढ़ियों के युवजनों को उत्प्रेरित कर और अपनी तात्कालिक शक्ति को दूरगामी लक्ष्यों की श्रृंखला में पिरो सके। हर नई युवा पीढ़ी के सामने अतीत और भविष्य को मानवीय आदर्शों से जोड़नेवाले पुल की भूमिका अदा करने की जवाबदेही होती है। विशेष कालखंडों में यह जवाबदेही ज्यादा गम्भीर बन जाती है। आज भारत और संसार भर के युवजनों के सामने मानव इतिहास की सबसे बड़ी चुनौती खड़ी है। पिछले दो सौ वर्षों में विज्ञान और तकनीक के विकास ने मनुष्य के हाथ में अपरिमेय शक्ति और समृद्धि दे दी है। आज मनुष्य ने गगनचुम्बी अट्टालिकाओं का जंगल खड़ा कर दिया है। धरती, जल और आसमान में सैकड़ों और हजारों किलोमीटर की रफ्तार से चलनेवाले वाहनों का ताना-बाना बना दिया है। जीवन में ऐसी सुविधाओं और उपभोग की वस्तुओं को आम आदमियों की पहुँच में लाना सम्भव कर दिया है, जिसकी कल्पना अतीत के राजा और शहंशाह भी नहीं कर सकते थे। लेकिन यह सब एक ऐसी आर्थिक और सामाजिक व्यवस्था के तहत हो रहा है जिसमें थोड़े-से लोगों की सुविधाएँ जुटाने के लिए संसार के अरबों लोग जीवन की न्यूनतम जरूरतों को पूरा करनेवाले साधनों से भी वंचित हो रहे हैं। आज संसार के बहुसंख्य लोग विशेषकर एशिया, अफ्रीका और लातिनी अमेरिका में बसनेवाले लोग घोर कुपोषण और इससे पैदा होनेवाली बीमारियों से ग्रसित हैं। इनमें

करोड़ों बच्चे कुपोषण से किशोरावस्था में पहुँचने से पहले ही मर जाते हैं। ऊपर वर्णित समृद्धि को जुटाने के लिए संसाधनों को जुटाने के मुहिम में पारम्परिक ढंग से जीवन बसर करनेवाले आदिवासी और किसान परिवारों को उनके पारम्परिक परिवेश से उजाड़ा जा रहा है। उनकी जमीन, जंगल और जल का अधिग्रहण बड़े व्यावसायिक प्रतिष्ठानों के लिए हो रहा है और उनके विस्थापन से संसार भर में आव्रजनों की भीड़ बढ़ रही है। महानगर फैल रहे हैं, लेकिन इनकी बड़ी आबादी विस्थापित हो किसी तरह जिन्दा रह पाने के लिए आनेवाले आव्रजनों की होती है जो महानगरों की झुग्गियों और गन्दी बस्तियों में कीड़ों की जिन्दगी जीने को मजबूर है।

इस विकास के लिए ऊर्जा स्रोतों और दूसरे खनिजों की भूख इस कदर बढ़ रही है कि पश्चिम एशिया में स्थाई रूप से अस्थिरता और युद्ध का माहौल बना रहता है। इराक पर संयुक्त राष्ट्र महासंघ को नजरअन्दाज कर अमेरिका द्वारा आक्रमण और अधिकार इसका मात्र एक पहलू है। वह पूरा भू-भाग प्रत्यक्ष या अप्रत्यक्ष आक्रमण और दबाव का शिकार है। इसी का दूसरा पहलू सी.आई.ए. द्वारा उन देशों में अस्थिरता फैलाने और हत्याओं का सिलसिला जारी रखने की मुहिम है जिसके शिकार विशेषकर लातिनी अमेरिका के देश हैं। क्यूबा के आधी शताब्दी से फिदेल कास्त्रो तो हाल के दिनों में वेनेजुएला के शावेज और बोलेविया के मोरोलेस आदि इस मुहिम के शिकार हैं। इसी वर्चस्व को कायम रखने के लिए तथाकथित बड़े राष्ट्र नाभिकीय हथियारों का जखीरा बढ़ाते गए हैं और अब उनके पास ऐसे हथियारों की इतनी बड़ी मारक शक्ति है कि संसार के अस्तित्व को कई बार मिटा सके। यह देखते हुए कि आज दुनिया की महाशक्तियों के शीर्ष पर बुश जैसे आधे पागल लोग हैं, दुनिया नाभिकीय युद्धों में कब खत्म हो जाएगी, कहना कठिन है।

लेकिन अगर ऐसा युद्ध नहीं भी हो तो भी औद्योगिक उत्पादनों की मात्रा और दिशा ऐसी है कि इससे होनेवाले प्रदूषण से पर्यावरण का क्षय अनिवार्य है। इससे धरती का तापमान लगातार बढ़ रहा है। यह बात अब विवाद से परे है और अगले कुछ वर्षों में इससे होनेवाले जलवायु परिवर्तन से उष्ण कटिबन्धों में रहनेवाले देश, जो प्राय: दुनिया के गरीब देश हैं, भयंकर प्राकृतिक आपदाओं से ग्रस्त होंगे। ग्लेशियरों के पिघलने और अनियमित वर्षा से पैदा जल संकट, अकाल, विस्थापन और सम्भवत: युद्धों का एक नया सिलसिला शुरू होगा। बिना युद्ध के भी इन देशों में लोगों का जीवन अन्त के अभाव और जल संकट से भयावह बनता जाएगा। यह दु:स्वप्न आज दुनिया के सामने तब उपस्थित है जब उपलब्ध विज्ञान और तकनीक के आधार पर अधिकांश आपदाओं से मुक्त बेहतर दुनिया बनाई जा सकती है अगर आदमी पूँजीवादी व्यवस्था की मुनाफे की चाहत से परिचालित होने की बजाय स्वाभाविक मानवीय संवेदना और सहयोग के आधार पर सामाजिक व्यवस्था का निर्माण करे।

यह बेहिचक कहा जा सकता है कि आज जो संकट दुनिया के सामने है, उसका मुख्य कारण पूँजीवादी व्यवस्था का वह विस्तार है जो आज 'भूमंडलीकरण' के नाम से जाना जाता है। इस व्यवस्था में अपने जाल को फैला कर सारे संसार के संसाधनों और जन-जीवन को ग्रसित करने का अन्तरनिहित दबाव बना रहता है। यह अपना फैलाव उपभोक्तावाद जनित ताम-झाम के सम्मोहन से शुरू कर सारे जीवन पर छा जाता है। मुनाफा और अपनी आर्थिक शक्ति का विस्तार इसका एकमात्र देवता है—जिस देवता की प्रवृत्ति आदमखोर है। उसके मुनाफा का स्रोत आदमी के श्रम का शोषण और सभी उपलब्ध प्राकृतिक संसाधनों का अतिदोहन है। इसलिए इस व्यवस्था को स्थायी रूप से कल्याणकारी या जीवन के लिए निरापद नहीं बनाया जा सकता।

इसी बिन्दु पर एक चुनौती आपके सामने आ जाती है। इस व्यवस्था को समाप्त कर एक मानवीय व्यवस्था आप किस तरह बनाएँगे? एक झटके में सब कुछ बदल देनेवाली क्रान्ति की सम्भावना पूर्व अनुभवों के आधार पर अब व्यावहारिक नहीं लगती।

पश्चिमी दुनिया में एक झटके में सारी व्यवस्था बदलने के प्रयास 1789 की फ्रांस की क्रान्ति से ही होते रहे हैं, लेकिन समाज का ताना-बाना राष्ट्रीय स्तर पर इतना फैला होता है कि शीर्ष पर कुछ चीजें बदलीं, कुछ मौतें हुईं, लेकिन इसके बाद सदा गृह-युद्धों और अन्तर्राष्ट्रीय युद्धों का एक सिलसिला चला, जिसमें क्रान्ति में भाग लेनेवाले के अपने अस्तित्व की लड़ाई में मूल उद्देश्य कहीं लुप्त हो गए और तत्काल किसी-न-किसी तरह की अधिनायकवादी व्यवस्था उन लोगों के द्वारा समाज पर लाद दी गई जो अधिक संगठित और प्रतिरोधियों के दमन में निर्मम थे। फ्रांस की क्रान्ति के ऊँचे आदर्शों के बावजूद इससे नेपोलियन का साम्राज्य पैदा हुआ। रूस की बोल्शेविक क्रान्ति से स्टालिन की तानाशाही। चीन की क्रान्ति से जिसके पीछे करोड़ों किसानों की शक्ति थी, कई उतार-चढ़ावों के बाद सत्ता के केन्द्रीकरण का यह नतीजा हुआ कि जिनके हाथ में सत्ता थी, उन्होंने ही क्रान्ति का एजेंडा तय किया और सांस्कृतिक क्रान्ति के महान प्रयास के दो दशक के भीतर एक महान किसान क्रान्ति के पेट से आक्रामक पूँजीवाद का प्रसार हुआ जिसने किसान क्रान्ति के लक्ष्यों को पूरी तरह नकार दिया।

क्रान्ति के इन प्रयासों की चर्चा करने का उद्देश्य इस तथ्य को चिह्नित करना है कि आधुनिक बड़े राज्यों में क्रान्तिकारी परिवर्तन एक झटके में बदलाव नहीं ला पाया है। फ्रांस में क्रान्तियों की परम्परा में बैरिकेड (रोड जाम या अवरोध) खड़ा करना एक झटके में सब कुछ बदल डालने की आशा की ही अभिव्यक्ति रहा है। यह कर्म-कांड आज भी फ्रांस और यूरोप के कई दूसरे देशों में आन्दोलनों के साथ जुड़ा है। इसका प्रभाव शीर्ष की राजनीति में यदा-कदा कुछ परिवर्तन करने

में होता है, लेकिन समाज परिवर्तन की दिशा इनके द्वारा निर्धारित नहीं होती। यह महज दबावमूलक प्रक्रिया होती है। औद्योगिक समाजों में सिंडिकलिस्ट प्रभाव में आम हड़ताल (जेनरल स्ट्राइक) के द्वारा समाज में आमूल-चूल परिवर्तन का मिथक या आशा भी थी जिसे रोजा लक्जमबर्ग, लियोन ट्राट्स्की आदि ने समाज परिवर्तन का प्रारम्भिक दौर माना था, लेकिन जर्मनी, रूस आदि में शीर्ष पर कुछ परिवर्तनों को सम्भव बनाना छोड़ लम्बे दौर में समाज परिवर्तन में इसकी भूमिका गौण हो जाती है।

ऊपर क्रान्तियों के अनुभवों का थोड़ा जिक्र करने का उद्देश्य इस बात को चिह्नित करना है कि समाज परिवर्तन की प्रक्रिया अल्पकारिक या एक झटके में खत्म हो जानेवाली चीज नहीं है। यह एक लम्बी प्रक्रिया होती है जिसमें अनेक पीढ़ियाँ और कभी-कभी सदियाँ लग सकती हैं। अगर ऐसा है तो युवजनों को तात्कालिक रूप से पैदा समस्याओं से जूझने से आगे बढ़ सामाजिक संरचना में इन समस्याओं की जड़ को तलाशना होगा और अगर समाज परिवर्तन की प्रक्रिया लम्बी है तो एक दीर्घकालिक कार्य-सूची के तहत इससे जूझने के लिए आवश्यक संगठन खड़ा करना होगा। आज राष्ट्रीय स्तर पर इन समस्याओं से अलग-अलग तरह से निपटने के लिए राजनीतिक दल अस्तित्व में आए हैं। कुछ खास तरह की समस्याओं से जूझने के लिए राष्ट्रीय या अन्तर्राष्ट्रीय स्तर पर रेड क्रॉस, आई.एल.ओ. जैसे संगठन भी हैं, लेकिन ये संगठन समस्याओं की सतह को ही छूते हैं और अन्ततः आज की दुनिया में इनकी गतिविधि की सीमाओं का निर्धारण राष्ट्रीय सरकारों द्वारा होता है जिसका नियंत्रण राज्य सत्ता के जरिये होता है जिसमें दलीय राजनीति की मुख्य भूमिका होती है।

राजनीति के साथ दो तत्त्व जुड़े होते हैं। एक तो सत्ता का तत्त्व होता है जिसके बल पर समाज में उपलब्ध साधनों और सुविधाओं का बँटवारा होता है। इस बँटवारे में वे समूह जिनके हाथ में राजनीतिक ताकत होती है, प्रायः स्वयं अपने या अपने सहयोगियों के लिए सुविधाएँ जुटाते हैं। यह समूह एक वर्ग, जाति या कोई अभिजात समूह भी हो सकता है। काफी लोगों के लिए राजनीतिक सत्ता का यह सबसे बड़ा आकर्षण होता है। दूसरा तत्त्व विचारधारा और इससे जुड़े आदर्शों का है जिसके बल कोई समूह सत्ता प्राप्ति के लिए जनसमर्थन जुटाता है। अक्सर ऐसा होता है कि सत्ता प्राप्त करने के बाद सत्ताधारी समूह के ऊपर उस विचारधारा की पकड़ कमजोर पड़ती जाती है, जिससे वह जनसमर्थन हासिल करता है। यहीं से सत्ता राजनीति या राजनीति का अन्तर्द्वन्द्व पैदा होता है। विचारधारा से ही समाज को वह आदर्श या ऊर्जा मिलती है जिससे तात्कालिक प्रलोभनों को नजरअन्दाज कर ऊँचे सामाजिक लक्ष्यों के लिए प्रयत्न किए जाते हैं। आदर्शों के प्रति जितनी ही अधिक प्रतिबद्धता होगी, प्रलोभनों के परे जो सामाजिक उत्थान की दिशा में उतनी

ही अधिक उपलब्धि भी होगी, लेकिन सत्ताधारी समूह में निजी सुविधाएँ जुटाने का प्रलोभन भी रहता है जिससे आदर्शों में गिरावट आती है और राजनीतिक सत्ता व्यक्तिगत स्वार्थ का जरिया बन जाती है।

सामाजिक बुराइयों के निराकरण के लिए प्राचीन समाजों में धर्म की वही भूमिका थी जो आज विचारधाराओं की है। धर्म भी, अपने समय में व्याप्त मूल्य बोध से हटकर, जो धर्म सुधारकों की दृष्टि में जीवन के कष्टों का कारण थे, नए मूल्य बोध और इससे जुड़ी समाज की एक पूरी अवधारणा प्रस्तुत करते थे। लेकिन नैतिक मान्यताओं को बदलने से आगे बढ़ सभी धर्म अपने विश्वास के अनुसार सामाजिक व्यवहारों को बदलने में सक्रिय थे और इसके लिए प्राय: इन्हें राजसत्ता का सहारा मिला। प्राय: वंचित या बहिष्कृत समूह की आस्था के रूप में शुरू हो उन्हें राज्याश्रय प्राप्त हुआ और फिर इन के क्षेत्र का विस्तार हुआ। बौद्ध धर्म, ईसाई धर्म या इस्लाम, सभी को एक अवधि के बाद इस तरह का राज्याश्रय प्राप्त हुआ और उसके बाद ही ये बड़े क्षेत्रों में स्थापित हुए। आधुनिक विचारधाराओं से पुराने धर्म इस अर्थ में भिन्न थे कि उनमें इहलोक से आगे बढ़ एक परलोक की कल्पना थी, जिसका महत्त्व उनके लिए इस दुनिया से अधिक था। आधुनिक विचारधाराओं में वैज्ञानिकता का दावा है और वे अपने विचारों की सत्यता को ऐसे तथ्यों और ज्ञान पर आधारित मानते हैं जिन्हें प्रत्यक्ष अनुभव और वैज्ञानिक सोच की कसौटी पर कसा जा सके। किसी भी विचारधारा की वैज्ञानिकता का दावा पूरी तरह से सही तो इसलिए नहीं हो सकता क्योंकि कहीं-न-कहीं यह एक समूह की आकांक्षा को व्यक्त करती है जबकि कोई भी वैज्ञानिक विचार विचारकों की आकांक्षाओं से मुक्त होता है और इसकी सत्यता की एकमात्र कसौटी तथ्य और तर्क होते हैं। फिर भी विचारधाराओं का आधुनिक रुझान हमें यह सुविधा प्रदान करता है कि हम इसके दावों का तथ्यों के आधार पर परीक्षण कर सकें। जो भी हो, विचारधाराएँ हमें संसार में अपना और अपने समूह की स्थिति का आकलन कर अपने कार्य सूची की दिशा निर्धारित करने में सहायक होती हैं।

विचारधारा के सम्बन्ध में इतना कुछ कहने का उद्देश्य यह है कि जब भी हम समाज परिवर्तन की बात करते हैं तो हमारे सामने एक वैकल्पिक समाज का परिप्रेक्ष्य होता है। इसके बिना कोई भी परिवर्तन दिशाहीन होगा। इस परिप्रेक्ष्य के बगैर ज्यादा-से-ज्यादा आहत करनेवाले किसी तात्कालिक मुद्दे पर आन्दोलन हो सकता है और इसके बाद हमारी कार्य सूची समाप्त हो जाती है, लेकिन ज्यादातर युवजन इस सीमित भूमिका से सन्तुष्ट नहीं होंगे क्योंकि किसी एक मुद्दे के निराकरण से सामाजिक समस्याओं का अन्त नहीं होता। ऊपर राजनीति के अन्तर्द्वन्द्व की बात की गई है, जिसमें राजनीतिक कार्यकर्ता वैचारिक आदर्शों और तात्कालिक रूप से उपलब्ध सत्ता की सुविधाओं के दो विपरीत दबावों के बीच

काम करता है। परिवेश के मूल्यबोध और सुविधा की उपलब्धि के दबाव में प्राय: वैचारिक आदर्शों की पकड़ ढीली पड़ती जाती है और सत्ता से जुड़ी फिसलन का वह नजारा सामने आता है जिससे हम आज पूरी तरह परिचित हैं, लेकिन सत्ता की राजनीति से पलायन इस समस्या का समाधान नहीं। यह देखते हुए कि किसी भी विचार या सामाजिक व्यवहारों को फैलाने में राजसत्ता की अहम भूमिका रही है, हमें राजनीतिक सत्ता के संघर्ष से जूझना ही होगा अगर हम समाज में आमूल-चूल परिवर्तन करना चाहते हैं।

आज सत्ता को नजरअन्दाज करना पूर्ववर्ती समाजों की तुलना में कहीं ज्यादा मुश्किल हो गया है। आज राज्य के हाथ में संसार के संसाधनों और लोगों के जीवन को नियंत्रित करने के इतने अधिकार हैं जिसकी कल्पना भी पूर्ववर्ती समाजों में नहीं की जा सकती थी। इसलिए दल के तथाकथित दलदल में जाना ही पड़ेगा, लेकिन इस संकल्प के साथ कि हम इस दलदली जमीन को आदर्शों की ठोस जमीन में बदलेंगे। समाजवादी नेता डॉ. राममनोहर लोहिया ने आज से आधी शताब्दी पहले भारतीय समाजवादियों के सामने की मुख्य चुनौती बताया था "Throwing firm stakes in the bog of Indian politics." (भारतीय राजनीति की दलदली जमीन में मजबूत खूँटा गाड़ना) यह सिर्फ हमारी नहीं, सभी समय में राजनीति की चुनौती होगी। इससे हम बच नहीं सकते। मार्क्स के समकालीन जर्मनी के मजदूर नेता फर्डिनैंड लसाल ने, जिसने जर्मनी की राजनीति में मजदूर वर्ग को भागीदारी बनाने में महत्त्वपूर्ण भूमिका निभाई थी, कहा था कि "राजसत्ता को चाहे तो हम एक हथियार के रूप में इस्तेमाल करेंगे या हमें इसका सामना एक अवरोध के रूप में करना पड़ेगा। इसलिए युवजनों को अगर वे समाज में आमूल परिवर्तन करना चाहते हैं, राजसत्ता पर नियंत्रण स्थापित करने का संकल्प लेना ही पड़ेगा।"

वे इसके लिए कौन-सा रास्ता अख्तियार करेंगे, यह उन्हें अब तक के इतिहास से सबक ले स्वयं तय करना पड़ेगा। पिछली क्रान्तियों के भटकावों के कारणों की तलाश करनी होगी। हमारे समय में राजनीति के व्यापक भटकाव से बचने के रास्ते ढूँढ़ने होंगे। इस चुनौती से वे बच नहीं सकते। जैसाकि प्रारम्भ में कहा गया है कि संसार को समझने और समाज को नई दिशा देने की सर्वाधिक क्षमता युवजनों में ही होती है। भ्रष्ट हो रहे सामाजिक-राजनीतिक मूल्यों के खिलाफ खड़ा होने की, इसके खिलाफ बगावत करने की, सत्ता में रहते हुए भी इसके प्रलोभनों से ऊपर उठने की क्षमता भी युवजनों में ही हो सकती है जिनमें आदर्शवादिता स्वाभाविक गुण होता है। यह दु:खद स्थिति है कि उपभोक्तावादी संस्कृति ने युवजनों में भी लीक पर चलने का रुझान पैदा किया है, लेकिन वे ही इस रुझान को तोड़ सकते हैं क्योंकि इस भेड़-चाल में आगे विनाश की खाई

में गिरना अपरिहार्य है। मौलिक ढंग से वस्तुओं को देखने-समझने की अपनी क्षमता के कारण युवजन ज्यादा स्पष्टता के साथ यह देख सकते हैं कि आज दाँव पर पूरा मानव अस्तित्व है जिसे बचाने की जिम्मेदारी कब्र में पैर डाले बैठी पुरानी पीढ़ी की नहीं, उनकी है।

1920 में महात्मा गांधी के आह्वान पर जब हजारों की संख्या में युवजनों ने अंग्रेजी शिक्षा का बहिष्कार किया था तो उन्होंने उस समय उपलब्ध जीवन की वैसी ही सम्भावनाओं को ठुकराया था जैसी सम्भावना वर्तमान तकनीकी शिक्षा और उपभोक्तावादी संस्कृति प्रस्तुत करती है। नई पीढ़ी भी संकल्प ले सकती है। आशा है, कुछ ऐसा ही संकल्प लेकर आप अपनी आगामी नीतियाँ तय करेंगे।

(युवा भारत के चौथे राष्ट्रीय सम्मेलन में उद्घाटन भाषण, 7-9 जून, 2007, पटना)

1997 के 'चम्पारण दिवस' पर भाषण

प्रकृति की निर्माण, क्षरण व विनाश की एक अपनी प्रक्रिया और गति है। इसमें निर्माण और विनाश की प्रक्रिया निरन्तर अरबों वर्षों से, और हमारे समय के सीमित हिसाब से अनन्त काल से चलती आई है। मनुष्य और उसका सीमित जैविक परिवेश बदलाव की इस अथाह धारा की सतह पर लघु लहरियाँ भर हैं। धरती की सतह पर फैले जैव जगत की यह विशिष्टता है कि इसकी असंख्य प्रजातियाँ (जीव-जन्तु व वनस्पति) अपने पड़ोस के संसाधनों का एक सीमा के भीतर उपयोग कर जिन्दा रह सकती हैं और मितव्ययिता से अपनी प्रजाति का भविष्य सुनिश्चित कर सकती हैं। मनुष्यों की भी, जिसे हम अहंकारवश दूसरी प्रजातियों से श्रेष्ठ मानते हैं, एक ही एक प्रजाति है। शायद मछलियाँ व मच्छर भी इस तरह अपने को श्रेष्ठ मानते हों, पर उनसे किसी संवाद चैनल के अभाव में हम इसके बारे में कुछ भी नहीं कह सकते हैं।

डार्विन के अध्ययनों से हम जानते हैं कि धरती पर विभिन्न प्रजातियों का अस्तित्व अनुकूलन प्रक्रिया से कायम रहा है। अधिकांश प्रजातियों में यह अनुकूलन उनके जीन (आनुवंशिकी) के स्तर पर होता रहा है। इस पर उनका वश नहीं चलता। या तो उनके शरीर या व्यवहार को निर्धारित करनेवाले जीन में परिवेश के अनुकूल बनानेवाले गुण का विकास होता है या उनका अस्तित्व मिट जाता है। मनुष्य में अनुकूलन की एक दूसरी क्षमता भी होती है। यह क्षमता उनकी संस्कृति से आती है। इसके जरिये वे अपनी बनावट और व्यवहार में वैसे बदलाव ला सकते हैं, जो आनुवंशिकी में उपलब्ध नहीं हैं, पर उनके जीवन के लिए आवश्यक है। मसलन, अत्यधिक शीत से बचने के लिए जैसे पक्षी के पंख या भेड़ जैसे पशु के घने बालों अथवा रूई की रजाइयों या चमड़े के कपड़ों या फिर आग जला कर खुद को बचा लेते हैं। इसी तरह वे प्रकृति से प्राप्त अनेक अखाद्य वस्तुओं को पाकशास्त्र से या कभी-कभी रासायनिक प्रक्रिया से खाद्य वस्तुओं में बदल डालते हैं, लेकिन यहाँ भी एक सीमा है। रसायनशास्त्र हमें बताता है कि हमारे भोजन का सबसे महत्त्वपूर्ण हिस्सा कार्बोहाइड्रेट, चाहे चीनी हो या चावल, मूलत: कोयला (कार्बन) और पानी का यौगिक है। धरती के नीचे अरबों टन कोयला पड़ा है और पानी भी निश्चित मात्रा में उपलब्ध है, लेकिन हम अपने सारे विज्ञान के बावजूद एक ग्राम कोयले

को भी किसी खाद्य पदार्थ (कार्बोहाइड्रेट) में नहीं बदल सकते। अन्तत: हमें अपना भोजन पेड़-पौधों, उनके द्वारा किए जानेवाले प्रकाश संश्लेषण और खाद्य शृंखला से ही प्राप्त होता है। इसी प्रक्रिया से हमें ऑक्सीजन या प्राण वायु भी प्राप्त होती है।

वैज्ञानिक हमें बताते हैं कि चार अरब साल पहले जब धरती पर जीवाणुओं का अस्तित्व नहीं था, धरती का ताप 290 डिग्री सेल्सियस था। वायु में कार्बन डाइऑक्साइड की मात्रा 98 फीसदी, नाइट्रोजन 1.9 फीसदी और ऑक्सीजन बस नाम मात्र की थी। अति सूक्ष्म प्राथमिक जीवाणुओं की बदौलत ही आज कार्बन डाइऑक्साइड 0.03 फीसदी, नाइट्रोजन 78 फीसदी व ऑक्सीजन 21 फीसदी हो गई है। आज भी प्रकाश संश्लेषण की क्रिया से धरती का हरा आवरण है। विशाल वृक्षों के जंगल हमें ऑक्सीजन देकर जिन्दा रखते हैं। इसका जिक्र इसलिए किया गया है ताकि हम जब विकास की बात करते हैं तो यह ध्यान में रखें कि इस जीवनदायी हरित आवरण पर इसका कैसा प्रभाव पड़ता है।

हम सभी भौतिक शास्त्र के एक नियम से बँधे हैं, जिसे भौतिक शास्त्री 'लॉ ऑफ कंजर्वेशन' (संरक्षण का नियम) कहते हैं यानी कि समग्र ऊर्जा और पदार्थ की मात्रा में हम कोई इजाफा नहीं कर सकते। मतलब, हम इसका रूपान्तरण तो कर सकते हैं, लेकिन अपनी ओर से रत्ती भर भी सृजन नहीं कर सकते हैं। मनुष्य की त्रासदी यही रही है कि कुछ सीमित सफलता से आशान्वित हो कर वह अपने को 'परिवर्तक' की जगह पर 'निर्माता' होने का दम्भ करने लगा है। सभ्यता के आरम्भ से आज तक मनुष्य इसी भ्रम से विकास और विनाश के चक्र में फँसता रहा है। सभ्यता का जितना ही उत्कर्ष होता है—यहाँ उत्कर्ष का अर्थ कुछ खास क्षमताओं में इजाफा है—यह भ्रम भी उतना ही व्यापक बनता जाता है और इससे हम विनाश की ओर बढ़ते हैं। हमारे मिथकों व महाकाव्यों में पराक्रमी असुरों की चमत्कारी उपलब्धियों की कथा हमारी अपनी कल्पना की ही अभिव्यक्ति है, लेकिन इन मिथकों में बार-बार असुरों का विनाश अपनी ही अत्यांतिक कल्पना से भयभीत मनुष्य के आन्तरिक निषेध की अभिव्यक्ति ही है। फिर भी हमने इनसे जीवन के लिए आवश्यक सबक लेना जरूरी नहीं समझा है।

सभ्यताओं का इतिहास अलग-अलग कालखंडों में शक्ति विस्तार, उत्पीड़न व विकास के इसी चक्र को दुहराता रहा है। सुमेर, मिस्र, यूनान, रोम आदि के उत्कर्ष और ह्रास से हम परिचित हैं। इन सबमें प्रभावशाली समूहों द्वारा आक्रमण कर दूसरे समूहों को गुलाम बना अपनी शान-शौकत में इजाफा किया गया, लेकिन वर्चस्व और संसाधन के ह्रास से ये शासक समूह और इनकी सभ्यता नष्ट हो गई। हम अक्सर गर्व से गाते हैं...

यूनान-ओ-मिस्र-ओ-रूमा सब मिट गये जहां से।
अब तक मगर है बाकी नाम-ओ-निशां हमारा॥
कुछ बात है कि हस्ती मिटती नहीं हमारी।
सदियों रहा है दुश्मन दौर-ए-जमां हमारा॥

शायद इस दावे में अतिशयोक्ति के साथ कुछ सच्चाई भी है, क्योंकि हमने सुमेर, मिस्र आदि की तर्ज पर बाहरी गुलामों के बूते अपनी समृद्धि बनाने की कोशिश नहीं की और इसलिए कुछ उदात्त मूल्यों का संरक्षण कर पाए हैं। बुद्ध और कबीर से लेकर गांधी तक में भौतिक ऐश्वर्य को जीवन का अत्यांतिक मूल्य मान कर चलने का निषेध हमारे यहाँ एक हद तक प्रेरक रहा है।

पश्चिम की आधुनिक औद्योगिक व्यवस्था ने—प्रथम दृष्टया मानव श्रम के शोषण (गुलागी की व्यवस्था) की जगह कोयले, पेट्रोल एवं प्राकृतिक गैस चालित मशीनों से अपनी माया नगरी का विस्तार किया है, लेकिन गहराई से देखने पर यह इतना शोषण मुक्त नहीं दिखाई देता। हम इंजनों और मशीन बनानेवाले अयस्कों (कच्चे माल) पर नजर डालते हैं तो दिल दहलानेवाला नजारा सामने आता है। तेल और कोयला उत्पादन क्षेत्रों की आबादी का बड़े पैमाने पर विस्थापन होता है। कोयला खदानों के इलाके में जहाँ कभी हरे-भरे वन प्रदेश और खेत-खलिहान थे, बंजर खड्ढों के बीहड़ बना दिए जाते हैं। वनवासी और आदिवासी जिनके यहाँ लौह अयस्क और बॉक्साइड (अल्युमिनियम का अयस्क) की खुदाई होती है, अपना घर-गाँव छोड़ बाहर जाने को विवश होते हैं। यूरेनियम की खुदाई के क्षेत्र में परमाणु विकिरण से क्षत-विक्षत और विकलांग लोग चारों ओर दिखाई देते हैं। अन्तत: इन क्षेत्रों के लोग पारम्परिक आजीविका की आधार भूमि से विस्थापित होकर नगर और कस्बों में ठेला लगानेवाले या रिक्शा चालक बनने को मजबूर होते हैं या कहीं ईंट भट्ठों में जाकर खटते हैं।

यातायात-व्यवस्था के विस्तार के लिए चौड़ी सड़कें और रेल मार्गों का बड़े पैमाने पर निर्माण होता है, जिसके लिए वनों और बगानों की कटाई तथा कृषि भूमि का बड़े पैमाने पर अधिग्रहण अनिवार्य हो जाता है। इसमें बड़े पैमाने पर वृक्षों की कटाई होती है। उद्योगों और औद्योगिक नगरों के लिए बिजली की आपूर्ति के लिए बड़ी जल विद्युत परियोजनाएँ बनाई जाती हैं। इसके लिए नदियों पर ऊँचे बाँध बनाए जाते हैं। मसलन—नर्मदा का सरदार सरोवर बाँध, इससे हजारों गाँवों, जहाँ खेत, जंगल और लोगों के आवास जलमग्न हो गए, के बाशिन्दे आजीविका के लिए दर-दर भटकते रहे हैं। चौड़ी सड़कों के निर्माण में कृषि भूमि और बाग-बगीचों की कैसी निर्मम बर्बादी होती है। इसका एक छोटा रूप हम मुजफ्फरपुर से पटना को जोड़नेवाले राजमार्ग पर आसानी से देख सकते हैं, क्योंकि ये हमारे पड़ोस में है।

वृक्षों की कटाई, कारों व कारखानों से होनेवाले उत्सर्जन से पर्यावरण के बढ़ते ताप की चर्चा तो हर दिन मीडिया में छाई रहती है। यह बात दीगर है कि हम विकास के नाम पर इसको नजरअन्दाज करते हैं, लेकिन इसके परिणाम को हम नजरअन्दाज नहीं कर सकते हैं। हम विकास जीवन में रफ्तार लाने के लिए करना चाहते हैं, लेकिन धुन्ध से हवाई सेवाएँ रद्द हो जाती है। कारों की रफ्तार

साइकिल से कम या पैदल चलनेवालों जैसी हो जाती है। रेलवे का टाइम टेबुल बेकार हो जाता है, क्योंकि धुन्ध के कारण गाड़ियाँ मौसम के मिजाज के हिसाब से बीस घंटे तक लेट होती हैं। यह हमारी नियति नहीं है। लन्दन का विख्यात हीथ्रो एयरपोर्ट भी फ्लाइट्स रद्द करता रहता है।

पर्यावरणविद् हमें कहीं अधिक भयंकर प्राकृतिक आपदा की चेतावनी देते रहे हैं। इनमें कुछ ध्रुव प्रदेशों के बर्फ के पिघलने से, जो धरती के बढ़ते ताप का परिणाम होगा—समुद्र तट के अनेक भू-भागों का जलमग्न होना, हिमालय के ग्लेशियरों के सिकुड़ जाने से जल में इजाफे के बाद हिमालय से निकलनेवाली नदियों का सूख जाना, अनेक जीवों और वनस्पतियों की प्रजातियों का लुप्त हो जाना, जो अब तक हमें अपना भोजन प्रदान करती रही हैं। ये ऐसे परिणाम हैं, जो तुरन्त हमारी नजर में नहीं आते और हम अब तक प्राप्त हो रही छोटी-मोटी सुविधाओं से सन्तुष्ट रहते हैं, लेकिन पिछले कुछ सालों में हमने हिमालय के क्षेत्र में जो पत्थरों की कटाई सड़क बनाने के लिए की या विद्युत परियोजनाओं के लिए पहाड़ खोद कर सुरंगें (टनल्स) बनाईं या पेड़ों की जो अन्धाधुन्ध कटाई हो रही है उनके परिणाम तो भयावह प्राकृतिक आपदा के रूप में पिछले ही साल हमारे सामने आ गए हैं।

14 जून से 19 जून 2013 के बीच भारी वर्षा से उत्तराखंड के सभी तीर्थ स्थान और उससे सम्बद्ध आवासीय स्थान नष्ट हो गए। कहा गया कि भारी वर्षा से पहले के सभी रिकार्ड टूट गए, लेकिन इन रिकार्डों से ही ज्ञात होता है कि भारी वर्षा पहले भी होती रही है, लेकिन इतना विनाश पहले कभी नहीं हुआ। तीर्थस्थलों के धर्मशाला, होटलों और मन्दिरों के अलावा सबसे अधिक नुकसान उन सिंचाई व विद्युत परियोजनाओं को हुआ है, जिनके निर्माण में इस इलाके में पर्यावरण के साथ ज्यादा-से-ज्यादा खिलवाड़ हुआ।

केदारनाथ का हजार साल से अधिक पुराना मन्दिर क्षतिग्रस्त हो गया। नष्ट हुई परियोजनाओं में सोवला (50 मेगावाट), धौलीगंगा (280 मेगावाट), उरेडा (800 किलोवाट), पैना गाड (5 मेगावाट) और ऐसी अनेक विद्युत परियोजनाएँ शामिल हैं। विडम्बना है कि हिमालय में जलधाराओं की स्वाभाविक दिशा बदल कर या सुरंग आदि बना कर उन्हें नई दिशा देने का काम पनबिजली विकास के लिए ही किया गया था। इन परियोजनाओं के विकास के क्रम में पहाड़ों को लगातार डाइनामाइट लगा कर तोड़ा गया था। यहाँ के विकास के प्रयासों का सीधा सम्बन्ध सामने आए विध्वंस से दिखाई देता है।

लाखों वर्ष में नदियों की धाराएँ और पर्वतों के ढलान एक ऐसा रूप ग्रहण कर लेती हैं, जिसमें हवा या पानी के स्वाभाविक प्रवाह से कोई अवरोध नहीं होता और उनमें ऐसे संरचनात्मक स्वरूप का भी विकास हो जाता है कि आकस्मिक

रूप से होनेवाले धारा परिवर्तन भी सहज रूप से हटाए जा सकते हैं। जब इनके साथ छेड़छाड़ होती है और अवरोध पैदा किया जाता है, तो विध्वंस की स्थितियाँ पैदा होती हैं। पर्वतों के स्वाभाविक ढलान या नदियों के अवरोध रहित बहाव के अलावा हिमालय के पर्वतीय क्षेत्र में सुरक्षा का एक बड़ा कारक वहाँ के वन भी हैं। संसार भर में वन न सिर्फ क्षरण को रोकते हैं, बल्कि पर्यावरण को भी ऐसा बनाते हैं, जिससे वर्षा के लिए अनुकूल स्थिति बनती है। ये बौछारों की सीधी मार से भी धरती को बचाते हैं। वृक्षों की बड़े पैमाने पर कटाई से (जिसके खिलाफ सुन्दरलाल बहुगुणा के नेतृत्व में दीर्घकाल तक 'चिपको आन्दोलन' चला था) जमीन को बाँध कर रखनेवाला एक बड़ा कारक चला गया। इससे प्रदूषण का नियंत्रण भी घट गया। विकास के वर्तमान स्वरूप में यह होना ही था। कहा जा सकता है कि पर्यावरण की समस्याएँ, जिनका ऊपर उल्लेख हुआ है, वे तो लोगों को ज्ञात हैं, लेकिन समस्या है क्या? आज की स्थिति में हम कोई दूसरी जीवन पद्धति का आधार क्या होगा?

दुनिया भर में अब तक जो भी हुआ है, उसे देखते हुए सरल और समतामूलक जीवन ही उन सारी समस्याओं से छुटकारा दिला सकता है, जो प्रचुरता के बावजूद समाज को आक्रान्त करती रही हैं। अन्तत: हमें सूर्यदेव की शरण में यानी सौर युग में जाना होगा। ऊर्जा संकट के सन्दर्भ में 'सौर ऊर्जा' और 'सोलर पैनल' जैसे शब्दों से हम परिचित हो गए हैं, लेकिन अक्सर यह बात भूल जाते हैं कि हमारे आसपास फैले वृक्ष हमारे प्रयास या रासायनिक और यांत्रिक हस्तक्षेप के सूर्योदय से सूर्यास्त तक सूरज की किरण से ऊर्जा ग्रहण कर प्रकाश संश्लेषण करते रहते हैं। इसके जरिये जल के शैवाल, धरती की घास से लेकर विशाल वट और साल वृक्ष तक अपने पत्ते और तनों को बढ़ाते रहते हैं। इनके पत्ते, फल, फूल से असंख्य कीट, पक्षी और घास एवं पत्ते खानेवाले पशु अपना आहार पाते हैं और फिर इनसे मेढक और मांसभक्षी पक्षी और दूसरे जीवों का आहार आता है। इस फूड चेन को 'आहार श्रृंखला' कहा जाता है। मनुष्य भी इस आहार श्रृंखला से आधुनिक औद्योगिक युग से पहले आखेट, कृषि या पशुपालन से अपनी परवरिश करता रहा है।

यह फूड चेन आज भी कायम है और भोजन का मूलाधार आज भी यही है, लेकिन आज हम मानव ने कच्चा या ताजा पकाये भोजन की जगह वालमार्ट या ऐसे किसी औद्योगिक प्रतिष्ठान द्वारा मशीनों से तैयार किए गए डिब्बाबन्द वस्तुओं को अपने भोजन का आधार बना लिया है। यह सारी प्रक्रिया व्यापारिक और औद्योगिक बन गई है और हर खानेवाला पराश्रित है। उसे खाना बाजार से लेना होता है और इसके लिए कहीं किसी के लिए श्रम करके पैसा अर्जित करना होता है। वह अब अपनी जरूरत का अन्न, कंद-मूल नहीं उपजा सकता, न अपनी गाय, भैंस से या

अपने पड़ोस से दूध पा सकता है। वह हर जगह मौद्रिक ताने-बाने में फँसा है। मुद्रा के स्रोत, भारी मात्रा में मुद्रा के स्रोत। वे औद्योगिक और व्यावसायिक प्रतिष्ठान हैं, जिन्हें खड़ा करने के लिए संसार भर में विस्थापन और विपन्नता फैलाना अनिवार्य हो जाता है। कुल मिला कर विकास का ढाँचा अभिशाप बन गया है।

जब महात्मा गांधी ने इस सभ्यता को 'शैतानी सभ्यता' कहा था, तो उनका तात्पर्य यही रहा होगा कि कैसे इस सभ्यता ने आदमी के सरल जीवन को पराश्रित बना उसके स्वावलम्बन और स्वाभिमान को नष्ट किया है। महात्मा गांधी की मुजफ्फरपुर से चम्पारण की यात्रा उनके उस दीर्घकालिक अभियान का हिस्सा थी, जिसका उद्देश्य मनुष्य की आत्मनिर्भरता को वापस लौटाना था। उनके अभियान को याद कर हम सभ्यता पर पुनर्विचार की प्रेरणा लें, तभी ऐसे समागम सार्थक हो सकते हैं। गांधी के चम्पारण आन्दोलन का एक प्रतीकात्मक महत्त्व भी है। नील की खेती लोगों को मूल आवश्यकताओं से अलग कर वैश्विक बाजार व्यवस्था से जोड़ने का प्रयास था। स्वाभाविक था कि इसे विदेशी शासन जोर-जबरदस्ती से किसानों पर लादना चाहता था। आज पहले जैसी व्यवस्था तो नहीं है, लेकिन नील की जगह चीनी उद्योग को प्रोत्साहित करने के लिए आज भी किसानों के चीनी मिल के खेत्र में अनेक जगह गुड़ बनाने पर रोक है, जो उनका पारम्परिक व्यवसाय था।

(गांधी के मुजफ्फरपुर आगमन (10 अप्रैल, 1917) की 97वीं वर्षगाँठ पर गांधी शान्ति प्रतिष्ठान, मुजफ्फरपुर में दिया व्याख्यान)

(प्रभात खबर, 17 अप्रैल, 2014)

जी.डी.एफ. मुजफ्फरपुर का भाषण

19वीं सदी के मध्य से समाजवादी क्रान्ति की जो कल्पना यूरोप में की गई थी और जिसमें संसार भर की क्रान्तियों का मॉडल या भविष्य देखा गया था, वह एक भ्रम साबित हो चुकी है। उल्टा, 20वीं सदी के उत्तरार्द्ध से पूँजीवादी प्रतिक्रान्ति का एक सिलसिला शुरू हुआ है, जिसमें 20वीं सदी के प्रथम चरण में सामाजिक एवं आर्थिक समता की दिशा में परिवर्तन के जो आधे-अधूरे प्रयास हुए थे, उन्हें समाप्त किया जा चुका है या किया जा रहा है। रूस की 1917 की बोल्शेविक क्रान्ति, चीन की 1923-48 की क्रान्ति—जिसमें 1960 के दशक से 1970 के दशक तक समाज को समता की दिशा में मोड़ने के कुछ साहसिक (हालाँकि क्रूर विचलन वाले) प्रयास हुए थे। 1940 से 1950 के दशक में ब्रिटिश लेबर पार्टी द्वारा कुछ अत्यन्त ही महत्त्वपूर्ण लोक कल्याणकारी योजनाएँ (यथा सर्वजनिक स्वास्थ्य सेवा) और यातायात एवं खनन जैसे क्षेत्र में सामाजिक स्वामित्व स्थापित करने के प्रयास हुए थे, लेकिन इन सभी देशों में 20वीं सदी के उत्तरार्द्ध से पूँजीवादी प्रभुत्व को पुनर्स्थापित करने के सफल प्रयास होते रहे हैं। समता की दिशा में किए गए प्रयास या तो अपनी फिसलन से दु:स्वप्न बन गए या प्रतिक्रान्ति के उन्मादी उभार से ध्वस्त हो गए। पहले का उदाहण सोवियत संघ और दूसरे का जर्मनी में हिटलर का नात्सीवाद है।

इससे संसार के बौद्धिकों में और बहुसंख्य नागरिकों में यह धारणा व्याप्त हुई है कि पूँजीवादी व्यवस्था का कोई विकल्प नहीं है और हमें यह व्यवस्था कबूल कर आगे बढ़ना है। पश्चिमी वर्चस्व से आजाद हुए एशिया, अफ्रीका एवं लैटिन अमेरिका के सभी देशों में (सम्भवत: क्यूबा अपवाद है) यूरोप, अमेरिका की तर्ज पर तेजी से औद्योगीकरण के प्रयास हो रहे हैं। इनमें विदेशी पूँजी यानी यूरोप और अमेरिका की पूँजी को अधिक-से-अधिक आकर्षित करने के प्रयास हो रहे हैं। इस क्रम में इन देशों के प्राकृतिक एवं मानव संसाधनों का साझा शोषण नए उद्योगों के विकास के लिए इस विश्वास से हो रहा है कि लोगों को एक खुशहाल जिन्दगी दी जा सकेगी। समग्रता में इससे अमीरों और गरीबों के बीच की खाई और चौड़ी होती जा रही है। नदियों पर बननेवाले विशाल बाँधों और खनन उद्योग के विस्तार

से लोगों का विस्थापन एक अन्तहीन प्रक्रिया बन गयी है। ऐसे विस्थापित लोग नगरों की गन्दी बस्तियों का विस्तार करते हैं, जहाँ लोग नारकीय जीवन व्यतीत करने को विवश हैं।

वामपंथ, जो 20वीं सदी के पूर्वार्द्ध में सभी जगह पर मुखर था, अब किंकर्तव्यविमूढ़ है और राजनीतिक जीवन में इसकी उपस्थिति काफी कमजोर हुई है। कुछ औद्योगिक और आर्थिक प्रतिष्ठानों के श्रमिकों और कर्मचारी यूनियनों के बाहर इनका प्रभाव नगण्य हो गया है। लोगों का असन्तोष आर्थिक व्यवस्था को बदलने के प्रयास की जगह मूल (ओरिजिन) एवं मजहब आधारित आस्थाओं के प्रभाव में मानव विरोधी आपसी संघर्षों का रूप ले रहा है। इससे मानव समाज, सांस्कृतिक उत्थान की जगह मूल और मजहब आधारित आततायी भ्रान्तियों की ओर अग्रसर हो रहा है। अफ्रीका समेत पश्चिम और दक्षिण एशिया का पूरा भू-भाग कट्टरपंथ और आतंकवाद का शिकार है।

19वीं सदी के मध्य से मार्क्स के विचार वामपंथ में सबसे अधिक प्रभावशाली थे। अत: वामपंथ की असफलता के कारणों को समझने के लिए मार्क्सवादी चिन्तन की कुछ मूल मान्यताओं का आकलन जरूरी है, जिसके प्रभाव में मार्क्सवादी आन्दोलन नई चुनौतियों के सामने पक्षाघात का शिकार हो गया। इस चिन्तन के मूल में यह विश्वास था कि आर्थिक विकास के क्रम में संसार का ध्रुवीकरण कुछ मुट्ठी भर पूँजीपतियों और विशाल संख्या में ऐसे श्रमिकों (सर्वहारा) के बीच हो रहा है, जिनके पास अपनी श्रमशक्ति को छोड़ (जिसे ये पूँजीपतियों को बेचते हैं) कुछ भी नहीं होता। इससे यह निष्कर्ष निकाला गया कि इस विकास के चरम बिन्दु पर सर्वहारा संगठित हो पूँजीपतियों से उत्पादन के साधनों को छीन लेंगे और समाज शोषणविहीन हो जाएगा। कृषक और कृषि हाशिये पर होंगे, जिनकी तरक्की के कुछ उपाय लगभग एक परिशिष्ट की तरह जोड़ दिए गए—मसलन, भूमि विकास के लिए भूमि सेना आदि का गठन।

मार्क्स का ऐतिहासिक ग्रंथ 'पूँजी', जिस पर लगभग उसकी पूरी जिन्दगी लगी, श्रम के शोषण के विविध आयामों और पूँजी की संरचना पर इसके परिणामों पर केन्द्रित रहा। इसी में चल और अचल पूँजी के बीच अचल पूँजी के बढ़ने से पैदा असन्तुलन और मुनाफे के संकट आदि की समस्या पर भी विशद चर्चा की गई। इस मार्क्सवादी विश्लेषण से, जो समाजवादी आन्दोलन में सर्वाधिक प्रभावशाली था, एक ऐसी धारणा बनती है कि प्राथमिक पूँजी संचय के बाद औद्योगिक क्षेत्र में एक स्वायत्त और पूरे समाज की निर्धारक आर्थिक सामाजिक इकाई बन गई है और इसके अपने संघर्ष या संकट के समाधान में समाज की सारी आर्थिक सामाजिक समस्याओं का समाधान हो जाएगा। स्वाभाविक था कि यह सोच मूलत: यूरोप और अमेरिका में नए उद्योगों की समस्या के इर्द-गिर्द केन्द्रित रही होगी। बाकी

दुनिया इस सोच के हाशिये पर थी या यह मान लिया गया था कि बाकी दुनिया से सम्बन्ध के बगैर ये औद्योगिक व्यवस्था चलती रहेगी। महान क्रान्तिकारी रोजा लक्जमबर्ग ने जरूर इस क्षेत्र के विकास के लिए एक बाहरी क्षेत्र की अनिवार्यता को रेखांकित किया था, पर इस पर ध्यान नहीं दिया गया, लेकिन यह हकीकत कि आधुनिक औद्योगिक व्यवस्था ऑक्टोपस की तरह सारे संसार के संसाधनों पर अपने पंजा फैलाए बगैर चल नहीं सकती, लगातार सामने आती रही है।

दरअसल, यह सारी सोच उत्पादन में नये उद्योगों पर इतना अधिक केन्द्रित थी कि विपणन और इससे जुड़े सांगठनिक ढाँचे में निरन्तर होते विशाल विस्तार पर भी ध्यान नहीं दिया गया। इसका नतीजा हुआ कि न सिर्फ क्रान्ति की मार्क्सवादी अवधारणा में औद्योगिक प्रतिष्ठान केन्द्र में रहे, बल्कि मार्क्सवाद से कुछ बिन्दुओं पर मतभेद रखनेवाले दूसरे परिवर्तनकारी आन्दोलन मसलन, सिंडिकलिज्म और गिल्ड सोशलिज्म को माननेवालों में भी सारे सामाजिक परिवर्तन का केन्द्र उत्पादक उद्योग ही थे। इसलिए सिंडिकलिस्टों की क्रान्ति का एक मात्र हथियार औद्योगिक मजदूरों की आम हड़ताल और औद्योगिक प्रतिष्ठानों पर कब्जा ही था। स्वाभाविक था कि यह औद्योगिक दृष्टि से अति विकसित देशों का क्रान्ति दर्शन बन कर रह गया। इसी का परिणाम था कि रूस के मार्क्सवादी क्रान्तिकारियों ने किसानों को केन्द्र में रख और उनकी स्वायत्त व्यवस्था मीर को पुनर्जीवित करने का विचार रखनेवालों से अपने को दूर रखा। उनका यह विश्वास अटल रहा कि अन्तत: विकास की प्रक्रिया में पूँजीवादी औद्योगीकरण से ये सभी विविधताएं नष्ट हो जाएँगी एवं उद्योग आधारित क्रान्ति की सर्वजनीनता अक्षुण्ण रहेगी, लेकिन पश्चिमी औद्योगिक देशों में भी पूँजीपति और मजदूर का ध्रुवीकरण बाकी मानव श्रेणियों को खत्म कर एकल नहीं रहा। इन देशों में भी विपणन और स्वयं उत्पादन के प्रबन्धन से जुड़ा एक बड़ा मध्यमवर्ग विकसित हो रहा था, लेकिन उनकी उपस्थिति नजरअन्दाज कर दो ध्रुवीय विभाजन का मिथक जारी रहा। एक मार्क्सवादी चिन्तक बर्नस्टाइन ने जब इस हकीकत की ओर ध्यान खीचने की कोशिश की, और विचारों में कुछ संशोधन की जरूरत पर बल दिया, तो उसका विचार संशोधनवाद के नाम से मार्क्सवादियों में एक निन्दासूचक विशेषण बन गया।

श्रम का शोषण पूँजीवादी व्यवस्था का एकमात्र खोट और इसका निवारण क्रान्ति का केन्द्रीय सूत्र बना रहा, लेकिन मनुष्य से इतर उसका सारा परिवेश इस व्यवस्था से अपना हिसाब माँगने लगा है। यह तथ्य कि वस्तुओं का विनिमय मूल्य (जिसे मूल्य माना जाता है और जो एडम स्मिथ और रिकार्डो से लेकर मार्क्स तक के सिद्धान्त का आधार है) निर्धारित करनेवाली श्रम शक्ति सदा किसी दूसरी वस्तु में रूपायित होती है, जैसे कपास या रेशम के माध्यम से कपड़े में, या इस्पात में लौह अयस्क और अल्युमिनियम में बॉक्साइट के रूपान्तरण में। इन वस्तुओं की

अनदेखी की गई, जबकि यह जगजाहिर हकीकत है कि बिना कपास, लौह अयस्क और बॉक्साइट के श्रम का इन उत्पादों में मूल्य के रूप में अवतरित होना सम्भव नहीं होता। इस तथ्य को मार्क्सवादी विश्लेषण में गौण रखा गया, क्योंकि इस चिन्तन का केन्द्र बिन्दु यह बतलाना था कि कैसे उत्पादन में श्रमशक्ति का केन्द्रीय स्थान है और श्रमशक्ति से प्राप्त अतिरिक्त मूल्य ही पूँजीपतियों के मुनाफे का स्रोत है। उत्पादन में श्रम और पूँजी की भूमिका को निरूपित करने की दृष्टि से यह सोच सही तो हो सकती थी और इसी से श्रमिकों के शोषण का मामला जुड़ा था।

इस पूरे विश्लेषण में कच्चे माल और उत्पादन प्रक्रिया को चालू रखने के लिए यातायात के लिए उपयोग में लाई जानेवाली भूमि या इससे नष्ट होनेवाले प्राकृतिक परिवेश आदि के मूल्यों का कोई आकलन नहीं किया जाना उत्पादन के उस आधार को ही नकारना था, जिस पर श्रम की प्रक्रिया टिकी थी। इसी तरह उत्पादन प्रक्रिया में उपयोग में लाई गई फसलों, काटे गए जंगलों या नष्ट हुई चट्टानों का न तो कोई मूल्यांकन हुआ और न इनके मूल्यांकन की कोई विश्वसनीय विधि विकसित की गई। इसलिए कारखानों या उत्पादन प्रक्रिया में लगे श्रमिकों के योगदान का मूल्यांकन तो हुआ और इसी से उत्पाद की कीमत और मुनाफे की मात्र का अनुपात निकाला गया, लेकिन इस प्रक्रिया में परोक्ष रूप से होनेवाले व्यय या क्षय का कभी कोई आकलन नहीं हुआ। एक सरल उदाहरण कोयले का लें, जिसके खनन क्षेत्रों के आवंटन की बड़े पैमाने पर बोली लगाई जाती है। आवंटित कोयले के खनन में प्रत्यक्ष श्रम और बिजली एवं माल ढुलाई पर होनेवाले खर्च का आकलन तो होता है, लेकिन इस क्रम में खनन क्षेत्र में नष्ट किए गए वन, कृषि भूमि या लोगों के विस्थापन से होनेवाली क्षति का कोई आकलन नहीं होता और न होना संभव है। विस्थापित लोगों की मानसिक और शारीरिक यातना के आकलन की कोई विधि अब तक विकसित नहीं हो पाई है और न विकसित हो पाएगी।

विकास की जो सुनहरी तसवीर लोगों के सामने प्रस्तुत की जाती है, उसके आकर्षण का राज यही है कि उसका कृष्णपक्ष अपरिमेय और ओझल बना रहता है। चूँकि ये अपरिमेय या ओझल बना रहता है, इसका यह अर्थ नहीं कि यह अपनी कीमत वसूल नहीं करता। इसकी कीमत प्रकृति दूसरी तरह से वसूल करती है। वन प्रदेश और कृषि क्षेत्र एवं पारम्परिक कृषि चक्र के नष्ट होने का सीधा असर पर्यावरण पर पड़ता है और आज संसार भर पर मँडराता पर्यावरण संकट और कुछ नहीं, बल्कि विकास के नाम पर जो विनाश लीला आदमी चला रहा है, उसी का परिणाम है। जब हम आज की विकास प्रक्रिया पर इसका समग्रता में विचार करेंगे, तो हमें समाजवादी आन्दोलन के पतन का कारण भी दिखाई पड़ेगा और हम किसी विकल्प की बात भी कर सकेंगे।

अगर हम अभिव्यक्ति के अलंकरण को नजरअन्दाज कर दें, तो औद्योगिक प्रक्रिया मूलत: किसी प्रकृतिजन्य वस्तु को मानव श्रम या इतर ऊर्जा के प्रयोग से किसी दूसरी उपयोगी या दर्शनीय वस्तु में रूपान्तरण है : चाहे यह रूपांतरण आदिम काल में चकमक पत्थर से हस्तपरस बनाना हो, चाहे विभिन्न अयस्कों का आधुनिक तकनीक और बिजली के प्रयोग से कोई अन्य यंत्र बनाना। आधुनिक तकनीक ने इसी प्रक्रिया को कल्पनातीत गति और विस्तर दिया है। इस क्रम में पदार्थों और ऊर्जा के स्रोतों का सीमाहीन रूपान्तरण किया जाता रहा है। पिछली शताब्दी की भारी सफलता ने वर्तमान विकास के मसीहाओं में यह भ्रम भी पैदा किया है कि धरती पर उपलब्ध सीमित पदार्थों से असीमित औद्योगिक वस्तुओं का निर्माण सम्भव है।

ऊपर की बातों पर विचार करने से समाजवादी आन्दोलन के संकट का कारण साफ दिखाई देता है। कच्चे माल की आपूर्ति से लेकर औद्योगिक वस्तुओं के लिए बाजार की उपलब्धि तक का दायरा उत्पादन में लगे औद्योगिक प्रतिष्ठान के सीमित कार्य क्षेत्र की तुलना में ज्यादा विशाल होता है। उद्योग पर श्रमिकों का अधिकार जो मार्क्सवादी, सिंडिकलिस्ट या गिल्ड सोशलिस्टों का (जो सभी विकसित औद्योगिक परिवेश की सामाजवादी धाराएँ थीं) मूल लक्ष्य था। औद्योगिक प्रतिष्ठान पर कब्जा, औद्योगिक उत्पादन के लिए संसाधन जुटाना संसार में अपने नियंत्रण के प्रसार पर निर्भर था। रूस में क्रान्ति के बाद इस जरूरत की पूर्ति के लिए इसका विशाल साम्राज्य उपलब्ध था और फिर कृषि का सामूहीकरण किया गया। औद्योगीकरण के प्रारम्भिक दौर में ब्रिटेन, फ्रांस, नीदरलैंड आदि ने अपनी जरूरतों की पूर्ति एशिया, अफ्रीका व अमेरिका में फैले उपनिवेशों या साम्राज्य से की। जर्मनी, इटली आदि की फासीवादी विचारधारा ने संसार भर पर नियंत्रण का खुला अभियान चलाया। द्वितीय विश्वयुद्ध के बाद के राष्ट्रवादी उभार से नये और पुराने, दोनों तरह के पश्चिमी साम्राज्यवाद का अन्त हुआ। इसके बाद पश्चिमी देशों की तर्ज पर औद्योगीकरण की राह पकड़ चीन, भारत व ब्राजील आदि ने अपने ही देशों के प्राकृतिक एवं मानव संसाधन का वैसा ही दोहन शुरू किया, जैसा पूर्ववर्ती साम्राज्यवाद में होता था। इन देशों के तेज औद्योगिक विकास का यही आाधार था, लेकिन अब इनके आन्तरिक संसाधनों की सीमा दिखाई देने लगी है और ये अपेक्षतया कम विकसित पर संसाधनों से भरपूर अफ्रीका या दूसरे भू-भागों में संसाधनों की तलाश में लग गए हैं।

कम आबादी और विशाल संसाधन वाला देश अमेरिका अभी वैसे संकट से नहीं जूझ रहा है जैसा यूरोप के पुराने साम्राज्यवादी देश। ऊर्जा के लिए पेट्रोलियम एवं प्राकृतिक गैस का महत्त्व बढ़ जाने से सारी दुनिया की निगाह पश्चिम एशिया के इस्लामी देशों पर लगी थी। इस भू-भाग में पिछली शताब्दी की लूट से ध्वस्त पारम्परिक समाज की पृष्ठभूमि में 'इस्लामिक स्टेट' (आईएसआईएस) जैसे उन्मादी

समूह अस्तित्व में आए हैं। स्वयं भारत में भूमि अधिग्रहण के कानून में ऐसे प्रावधान जोड़ने की कोशिश हो रही है, जिससे किसानों और आदिवासी बहुल वन प्रदेशों के लोगों की जमीन, जिसमें विपुल खनिज सम्पदा है, मनमाने ढंग से औद्योगिक और व्यवसायी प्रतिष्ठानों के हवाले किया जा सके। एक तरह से लोगों लोगों के जीवन में एक प्रलयकारी भूचाल आ रहा है।

कुल मिला कर, भारी उद्योग आधारित समाजवादी परिवर्तन का जो दृष्टिकोण 19वीं और 20वीं सदी में विकसित हुआ था, अब वह नकारा साबित हो रहा है। इससे एक ओर अधिनायकवाद और सामाजिक विश्रृंखलन का खतरा पैदा हुआ है, तो दूसरी ओर पर्यावरण का संकट- जो अन्तत: सभी तरह के जीवन पर खतरा है। अब यह खतरा सिर्फ कल्पना और किताबों की बात नहीं है। पिछले दिनों में हम लोग इसका प्रत्यक्ष दर्शन हफ्तों तक जारी धुन्ध, बेमौसमी बरसात और भारी हिमपात के रूप में कर रहे हैं। हमारे लिए समाजवाद अब सिर्फ जीवन को समता के आधार पर सँवारने का उद्देश्य नहीं रह गया है, बल्कि पर्यावरण के संकट से मानव जीवन और प्रकृति को बचाने की मुहिम भी बन गया है।

1. किसानों और जनजातीय समूहों की जमीन पर उनके हक की रक्षा।

2. पर्यावरण की रक्षा।

इसी दिशा में बढ़ते हुए जमीनी आधार पर प्रदूषण से मुक्त आजीविका के नये तरीकों का अन्वेषण और उनका विकास, जो धीरे-धीरे वर्तमान कॉरपोरेटी ढंग के विकास का स्थान ले ले और प्रकृति और मनुष्य के बीच की पारस्परिकता को पुनर्स्थापित कर एक नया समतामूलक समाज का निर्माण कर सके। इस दिशा में संक्रमण छोटे दायरे में आत्मनिर्भर ग्रामीण अर्थव्यवस्था को जीवित करने की पहल से शुरू हो सकती है। हमारी रणनीति का यह एक आधारभूत मुद्दा होगा।

इस दिशा में—1. उन संघर्षों को तेज करना होगा, जो किसानों और आदिवासियों की जमीन और जंगल पर अधिकार के लिए चल रहे हैं। 2. पर्यावरण की रक्षा के लिए वर्तमान औद्योगीकरण के विकल्प में पारम्परिक जैविक कृषि और कुटीर उद्योगों को विकसित और प्रोत्साहित करना होगा। इनसे न सिर्फ प्रदूषण से मुक्त जीवन की सम्भावना बढ़ेगी, बल्कि छोटे-छोटे मानव समुदायों की स्वायत्ता को भी बल मिलेगा। इसी आधार पर भविष्य का समतामूलक समाज यानी समाजवाद विकसित होगा।

(प्रभात खबर, 11 अप्रैल, 2015)

कैसा हो समाजवाद

सामाजिक घटनाएँ मनुष्य की ओर से निर्धारित युगों या सदियों के हिसाब से घटित नहीं होतीं। फिर भी हम अपनी सुविधा के हिसाब से सासमाजिक घटनाओं को सदियों या दूसरे कालखंडों में बाँटते रहते हैं, हालाँकि कुछ व्यातिक्रम इससे जुड़े रहते हैं। इक्कीसवीं सदी में समाजवाद की क्या रूपरेखा होगी या होनी चाहिए, इसका निर्धारण तो इस बात से होगा कि पूर्ववर्ती सदी से आ रही घटनाओं के दबावों का सामना हम कैसे करते हैं? यह प्रबल इच्छा-शक्ति और समझ की माँग करता है। अपने समय के प्रचलित दबावों के अनुरूप अपने को ढालने की सुविधाजनक अवसरवादिता तो घातक होगी। हालाँकि काफी लोग इस हकीकत को स्वीकार करने लगे हैं कि वर्तमान औद्योगिक सभ्यता मनुष्य और प्रकृति का विनाश करनेवाली है, लेकिन इस सम्बन्ध में लोगों में एक तरह का नियतिवाद व्याप्त है, जो इससे (वर्तमान औद्योगिक सभ्यता से) छुटकारा पाना असम्भव मानता है। अब हम समाजवादियों की स्थिति इस समस्या के सामने क्या है?

समाजवादी आन्दोलन की दृष्टि से 19वीं सदी उत्साह और सपनों की सदी थी। इस सदी में अनेक यूटोपियाई प्रयोग हुए, अराजकतावादी और मार्क्सवादी विचारों का प्रादुर्भाव हुआ। इसके अलावा ऐसे विचारक हुए, जो राज्य सत्ता का इस्तेमाल कर श्रमिकों की जीवन स्थिति को सुधारने के प्रयास कर रहे थे, जैसे जर्मनी में लासाल और ब्रिटेन में फेबियन समूह के लोग। इन सबकी आशा औद्योगिक क्रान्ति से पैदा नई सम्भावनाओं पर टिकी थी। प्राकृतिक शक्तियों एवं संसाधनों, जैसे जलधारा, पवन ऊर्जा और कोयले तथा बाद में पेट्रोलियम आदि से प्राप्त ऊर्जा के इस्तेमाल से औद्योगिक उत्पादन में चमत्कारी परिवर्तन हो रहे थे। रेलमार्गों और भाप से चलनेवाले जहाजों से जमीन पर और महासागरों में लम्बी यात्राएँ सम्भव हो रही थीं। इससे वैश्विक स्तर पर विशाल मात्रा में उत्पादन व विपणन सम्भव हो पाया था। ऐसे में इस आशा का जगना स्वाभाविक था कि समतामूलक वितरण से नई तकनीकों से होनेवाले उत्पादन की प्रचुरता के कारण सबके लिए थोड़े श्रम से आराम का जीवन उपलब्ध करना सम्भव हो पाएगा। क्रान्ति के लिए निर्धारित राह सुगम थी यानी औद्योगीकरण के शीर्ष बिन्दु पर दुनिया का ध्रुवीकरण एक अत्यन्त

छोटे पूँजीपति वर्ग और विशाल संख्या वाले ऐसे श्रमिकों के बीच होगा, जिनके पास गँवाने के लिए कुछ भी नहीं होगा, सिवाय उनको जकड़ कर रखनेवाली जंजीरों के। क्रान्ति से ये जंजीरें टूटेंगी और समाजवाद कायम होगा।

मार्क्सवादी दृष्टि यही थी, जिसे यूरोप के अधिकतर मजदूर आन्दोलनों ने अपना लिया था। इतना ही नहीं, दुनिया के अनेक गैर-औद्योगिक कृषि व्यवस्थाओं वाले समाज पर भी इस मार्क्सवादी दृष्टि का प्रभाव पड़ रहा था। क्रान्ति सम्बन्धी इस विचार में दो परिदृश्य कल्पित थे : एक, अत्यधिक विकसित औद्योगिक देशों में औद्योगिक मजदूर स्वयं क्रान्ति की कमान सँभालेंगे, दो, औद्योगिक दृष्टि से कम विकसित देशों में नेतृत्व औद्योगिक मजदूरों का होगा, लेकिन उसे बल मिलेगा जमीन के भूखे किसानों से, जो क्रान्ति के क्रम में भू-स्वामियों की जमीन आपस में बाँट लेंगे। पहले परिदृश्य में श्रमिक विकसित हो चुका अर्थव्यवस्था को अपने हाथों में ले लेंगे और विकसित उत्पादकता का लाभ स्वयं (श्रमिक) को और अब तक वंचित रहे समूहों को देंगे। दूसरे परिदृश्य में औद्योगिक श्रमिक बड़े भू-स्वामियों की जमीन पर कब्जा करने के लिए किसानों को प्रोत्साहित कर उनका समर्थन हासिल करेंगे।

विडम्बना यह है कि पहले परिदृश्य के हिसाब से क्रान्तियाँ शायद ही कहीं सफल हुई हों, लेकिन 20वीं सदी के पूर्वार्ध में विश्व के कई भागों में दूसरे परिदृश्य के हिसाब से क्रान्तियाँ हुईं। इस हिसाब से क्रान्ति के नाटक का सबसे सफल मंचन शुरू में हुआ, जहाँ 1917 में बोल्शेविकों ने सत्ता अपने हाथों में ले ली। इस समय रूस में औद्योगिक आधार काफी छोटा था, हालाँकि कुछ अतिविकसित उद्योग स्थापित हो चुके थे। इससे तीन साल बाद चीन के किसानों के भारी समर्थन के आधार पर कम्युनिस्टों ने शासन अपने हाथों में ले लिया। चीन की अर्थव्यवस्था में तो उद्योगों का आधार और भी छोटा था। वे (उद्योग) अत्यन्त पिछड़े हुए थे। इसके बाद क्रान्तियों का एक सिलसिला दक्षिण पूर्व एशिया में शुरू हुआ, जैसे वियतनाम और कम्बोडिया (कम्पूचिया) में। इन देशों में भी औद्योगिक व्यवस्था अति पिछड़ी थी और क्रान्ति का आधार काफी हद तक किसानों में फ्रांसीसी और अमेरिकी साम्राज्वाद के खिलाफ जनभावना का उभार था (क्यूबा की क्रान्ति की कहानी अलग और एक विशेष परिस्थिति की उपज है और उसकी चर्चा हम यहाँ नहीं करेंगे)।

जिन सब देशों में कम्युनिस्ट पार्टी के नेतृत्व में क्रान्तियाँ सफल हुईं, उन सबमें आधुनिक उद्योग का आधार अत्यन्त छोटा था और औद्योगिक मजदूरों की उपस्थिति नगण्य थी। इस तरह क्रान्तियों का वह परिदृश्य जो मार्क्सवादी चिन्तन में प्रस्तुत किया गया था, वह सिर के बल खड़ा दिखा यानी कम्युनिस्ट शासन (सत्ता) को ही वह आधार तैयार करना था, जिससे औद्योगिक मजदूर अस्तित्व में आएँ।

कुल मिला कर अब कम्युनिस्ट इलीट (समाजवादी हरावल) की यह जिम्मेवारी बन गई कि वह आधुनिक उद्योग और औद्योगिक सर्वहारा वर्ग को अस्तित्व में लाए। इस चुनौती का सामना होने पर कम्युनिस्ट नेतृत्व ने यह अनुभव किया कि आधुनिक उद्योगों का ढाँचा खड़ा करने और उसके कार्य-कलापों को गति और स्थायित्व प्रदान करने के लिए मनुष्यों और प्राकृतिक संसाधनों का वैसा ही दोहन अपरिहार्य है, जैसाकि औद्योगिक पूँजीवाद के विकास के आधार में था। आदिम पूँजी संचय के प्रारम्भिक पाप की छाया कम्युनिस्ट शासन (सत्ता) के तहत औद्योगिक विकास पर उसी तरह मँडराती रही, जिस तरह पूँजीवाद के प्रारम्भिक विकास पर मँडराती रही थी। तथाकथित समाजवादी समाज के उत्पादन लक्ष्यों को पूरा करने के लिए मजदूर वर्ग का पूँजीवाद के तहत उतना ही या उससे भी अधिक शोषण करना जरूरी था।

1920 के अप्रैल महीने में रूस में क्रान्ति के बाद कम्युनिस्टों बोल्शेविकों के शासन के स्थापित होने के बाद रूसी ट्रेड यूनियनों की तीसरी कांग्रेस में मजदूरों को कठोर अनुशासन के तहत लाने का मुद्दा उठा। यह वह समय था जब मजदूरों पर सैनिकों जैसा अनुशासन लागू करने की कोशिश चल रही थी। मेंशेविक इस तरह की कोशिश का विरोध कर रहे थे, लेकिन ट्राट्स्की, जो सरकार में युद्ध का मंत्री था, उद्योगों में श्रमिकों पर सख्ती बरतने का समर्थक था। उसने कांग्रेस में अपने भाषण में यह तर्क दिया था कि मानव समाज का पूरा इतिहास अधिक उत्पादन के लिए श्रमिकों के प्रशिक्षण का इतिहास है। यह कोई आसान काम नहीं है, क्योंकि मनुष्य आलसी होता है और ऐसा होने का उसका अधिकार है। स्वतंत्र मजदूर भी प्रारम्भ में उत्पादक नहीं था। वह सामाजिक प्रशिक्षण से उत्पादक हो पाया है। इस प्रशिक्षण के लिए सभी तरह के उपाय किए गए। शुरू में पूँजीपतियों ने किसानों को उनके खेतों से खदेड़कर स्वयं उनके खेतों पर कब्जा किया। जब किसानों ने कारखानों में काम करने में हिचकिचाहट दिखलाई तब पूँजीपतियों ने उन्हें जबरन मजदूर की तरह काम करने पर मजबूर किया। इस दिशा में हमारा तरीका क्या है? वह पूँजीपतियों से कम विविधतापूर्ण नहीं है, लेकिन ज्यादा ईमानदार और स्पष्ट है व छद्म से भ्रष्ट नहीं है।

ट्राट्स्की दरअसल, पूँजी संचय की उन प्रारम्भिक प्रक्रियाओं का जिक्र कर रहा था, जिसकी ओर मार्क्स ने पूँजी के प्रथम भाग के अन्तिम हिस्से में प्राथमिक संचय (प्रिमिटिव ऐक्युमुलेशन) शीर्षक के तहत ध्यान खींचा था, जो मार्क्स को एक बार का प्रारम्भिक पाप दिखा था, जिससे औद्योगिक उत्पादन की अन्तहीन प्रक्रिया शुरू होती है। दरअसल यह लगातार चलने रहनेवाली प्रक्रिया है। औद्योगिक उत्पादन की प्रक्रिया जहाँ भी शुरू होती है, उसका प्रारम्भ एक चक्रवात की तरह होता है। प्रत्येक चक्रवात का केन्द्र प्रकृति और मानव जीवन को नष्ट कर सकता है

और उनके अवशिष्ट (बचे हुए अंश) को मथ कर और सुड़क कर कारखाने तक लाता है, जिससे औद्योगिक वस्तुओं का निर्माण होता है। इस्पात की एक छोटी-सी चमकीली पिन (ऑलपिन) बनाने के लिए लौह अयस्क खोदा जाना जरूरी है। सम्भवत: किसी पर्वतीय अंचल से, जहाँ किसानों या आदिवासियों की बस्ती होती है, भट्ठी के लिए कोयला किसी दूसरे अंचल से सम्भवत: किसी वन भूमि से आता है, जिससे जंगल नष्ट होते हैं और लोगों का विस्थापन होता है।

जहाँ ऊर्जा का स्रोत पनबिजली है। वहाँ किसी नदी या जल धारा को बाँधों से रोका जाता है, जिससे विशाल भूखंड जलमग्न हो जाते हैं, वन नष्ट होते हैं और नदी के तट पर बसनेवाले लोगों का विस्थापन होता है। यह आधुनिक कारखानों में बनाई जानेवाली सभी वस्तुओं के पीछे की कहानी है—चाहे वह इस्पात से बनी हुई वस्तु हो, चाहे ताँबे से बनी हो या अल्युमीनियम से। अत: ऐसी सभी वस्तुएँ मानव रक्त से सनी होती हैं और प्राकृतिक परिवेश को वीरान बनाकर आती हैं। उत्पादन की मात्रा जितनी बड़ी होगी, मानव और प्रकृति का दायरा भी उतना बड़ा होगा। इस प्रक्रिया से बचा नहीं जा सकता, चाहे इसे मातृभूमि के गौरव के नाम पर किया जाए या समाजवाद के नाम पर। यह कोई अचरज की बात नहीं है कि वे दोनों व्यवस्थाएँ जिनमें एक अपने को समाजवादी कहती थी और दूसरी अपने को उन्मुक्त बाजार व्यवस्था या पूँजीवादी व्यवस्था, एक बिन्दु पर आ मिलीं और पिघल कर वे उत्पादन की एक ही तरह की औद्योगिक प्रणाली में परिणित हुईं, जिनमें गलाकाट प्रतिस्पर्धा और पिरामिडनुमा गैर-बराबरी अन्तर्निहित थी।

मजदूरों को अनुशासित कर कारखानों में बेरोक-टोक निर्बाध काम करवाना औद्योगिक उत्पादन बढ़ाने के प्रयासों का सिर्फ एक अंग है। तेज और अनवरत विकास के लिए मजदूरों की विशाल मात्रा में भरती के अलावा उनके (मजदूरों के) भोजन के लिए खाद्य की सप्लाई को सुनिश्चित करना और उद्योगों के लिए कृषिजन्य कच्चा माल उपलब्ध कराना जरूरी होता है। सोवियत संघ में इन जरूरतों को पूरा करने के लिए कृषि का सामूहिकीकरण (कलेक्टिवाइजेशन) किया गया। सामूहिकीकरण से विशाल मात्रा में विस्थापित और जीविका से वंचित हुए किसानों को दूर-दराज के इलाकों में जाने को बाध्य किया गया और वहाँ सड़कों, नहरों के निर्माण और अन्य निर्माण कार्यों में लगाया गया। दो दशकों के भीतर सोवियत संघ जो मूलत: एक ग्रामीण कृषि आधारित समाज था, एक शहरी औद्योगिक व्यवस्था में तब्दील हो गया।

एक विकसित औद्योगिक व्यवस्था को बनाए रखने के लिए इटली और जर्मनी ने फासीवाद के तहत सर्वसत्तावादी तथाकथित कॉरपोरेट राज्य की स्थापना की। इन दोनों देशों की सर्वसत्तावादी सरकारें सैन्य शक्ति को महिमामंडित करती थीं और आक्रमण कर अपने क्षेत्र का विस्तार करने में विश्वास करती थीं। विस्तारवाद

के पीछे संसाधनों की भूख भी थी। इधर पूरब में उदीयमान औद्योगिक देश जापान का भी जर्मनी और इटली जैसा ही मकसद था, जिसे वह सहभागी समृद्धि का क्षेत्र विस्तार कह कर महिमामंडित करता था। इन विस्तारवादी देशों को ब्रिटेन, फ्रांस और नीदरलैंड (हॉलैंड) के खिलाफ अपनी ताकत की आजमाइश करनी थी, क्योंकि इनके पहले से ही एशिया और अफ्रीका में विशाल उपनिवेश (साम्राज्य) थे। अपने देश के भीतर सख्ती से जीवन को नियंत्रण में रखना और कच्चे माल व बाजार के लिए बाहर शक्ति का विस्तार करना एक आधुनिक औद्योगिक व्यवस्था की जरूरतों को पूरा करने के लिए बिलकुल माकूल माना जाता था। संयुक्त राज्य अमेरिका को तो एक राष्ट्र के रूप में स्थापित होने के समय से ही वे सारे प्राकृतिक संसाधन उपलब्ध थे, जिनकी आवश्यकता एक औद्योगिक अर्थव्यवस्था को होती है। सस्ते मजदूरों की जरूरत उसने (अमेरिका ने) अफ्रीका से गुलाम बना कर लाए गए लोगों से पूरी की, उन्हें कपास और तम्बाकू के फार्मों में गुलाम मजदूरों के रूप में खटाया।

ब्रिक्स राष्ट्रों (ब्राजील, रूस, भारत, चीन और दक्षिण अफ्रीका) का हाल के वर्षों में तेज विकास इस हकीकत को फिर से बताता है कि अयस्क, ईंधन, कृषिजन्य सस्ते कच्चे माल और सस्ते श्रम का उपलब्ध होना तेज आर्थिक विकास के लिए कितना आवश्यक है। जैसे-जैसे साम्राज्य के सुनहरे दिन बीतते गए, पुराने साम्राज्यवादी औद्योगिक देश विकास की दौड़ में पिछड़ने लगे। उनमें औद्योगिक उत्पादन में ठहराव की स्थिति पैदा हो गई। इसके विपरीत ब्रिक्स देशों की राष्ट्रीय आय में तेज विकास हो रहा था। एक समय चीन की राष्ट्रीय आय में 12 प्रतिशत तक सालाना विकास हुआ। स्वयं हमारे देश में एक समय राष्ट्रीय आय की वृद्धि दर 9 प्रतिशत तक हो गई थी। सभी ब्रिक्स देशों में अपने आन्तरिक उपनिवेश हैं, जिनसे खनिज कृषि पदार्थ और सर्वोपरि प्रचुर सस्ता श्रम उपलब्ध है।

हाल के दिनों में ब्रिक्स देशों में राष्ट्रीय आय की वृद्धि दर में गिरावट आई है। यह गिरावट इस बात को दर्शाती है कि इनमें संसाधनों के आन्तरिक स्रोत घट रहे हैं या उन्हें प्राप्त करने में प्रतिरोध का सामना करना पड़ रहा है। भारत बेसब्री से खनिज और कोयले की तलाश दूसरे देशों में कर रहा है। तेल के लिए तो वह सदा ही बाहरी स्रोतों पर आश्रित था। उसकी सालाना आय की दर का भी अब घट कर 5 प्रतिशत (सरकार ने आँकड़ों में बाजीगरी करके इसे साढ़े सात फीसदी के आसपास दिखाने की कोशिश की है—सं.) हो जाना महत्त्वपूर्ण संसाधनों की उपलब्धि पर पड़नेवाले दबाव को प्रतिबिम्बित करता है। कोयले और अयस्क की फिलहाल ऑस्ट्रेलिया, अफ्रीका, इंडोनेशिया और दूसरे स्थानों में तलाश कर रहा है। ऊर्जा की उपलब्धता को बढ़ाने के लिए पर्यावरण पर पड़नेवाले घातक परिणाम की उपेक्षा कर वह खतरनाक नाभिकीय ऊर्जा संयंत्र

लगा रहा है। नर्मदा बाँध की ऊँचाई को पहले के विस्थापित लोगों के पुनर्वास की कोई व्यवस्था किए बिना बढ़ाना और अरुणाचल और हिमालय के दूसरे संवेदनशील इलाकों में बाँधों और सुरंगों (टनल्स) का जाल बिछाना इसी बेसब्री को दर्शाता है। हाल का उत्तराखंड का भयावह जल-प्रलय, वर्तमान विकास और विनाश की पारस्परिकता को साफ-साफ दर्शाता है। जंगलों की अन्धाधुन्ध कटाई और पर्वतीय क्षेत्र में सुरंगों (टनल्स) का ताना-बाना उत्तराखंड की भयावह जल प्रलय के लिए सीधे जिम्मेदार है।

जब हम अपने चारों ओर निगाह दौड़ाते हैं, तो कुल मिला कर यह दिखाई देता है कि वर्तमान आर्थिक विकास से गैर बराबरी, ऊर्जा और कच्चे माल की न मिटनेवाली भूख और पर्यावरण के क्षय का सीधा ताल्लुक है। ये उसके अभिन्न अंग बन गए हैं। इन सब बातों को ध्यान में लाने पर यह निष्कर्ष निकलता है कि इस तरह के आधुनिक विकास का एक समतामूलक लोकतांत्रिक समाज से मेल नहीं बैठता, बैठ ही नहीं सकता।

रूस की क्रान्ति के बाद वहाँ स्टालिन की तानाशाही का उदय होना, यूरोप में लोकतांत्रिक समाजवाद (सोशल डेमोक्रेसी) की असफलता और चीन में अधिनायकवादी पूँजीवाद का ऐसे समय में उदय होना, जब चीन के शासकों के पास इतनी अधिक और समग्र शक्ति थी कि वे एक समतावादी समाज गढ़ सकते थे—यह सब एक ऐसा प्रहसन है, जो हमें बताता है कि आधुनिक औद्योगिक व्यवस्था के ढाँचे में ही गैर बराबरी और तानाशाही के तत्त्व हैं। सही अर्थ में समाजवादी समाज बनाने के लिए, जिसमें समता और स्वाधीनता हो हमें नई तरह की अर्थव्यवस्था और नए मूल्यबोध विकसित करने की जरूरत है।

इस तरह की विकसित नई तरह की अर्थव्यस्था और नए मूल्यबोध के लिए हमें शायद जीवन के उन आयामों को पुनर्जीवित करना होगा जिनके कुछ तत्व आदिम जनजातियों में पाए जा सकते हैं, जिन पर आधुनिक सभ्यता के विनाशकारी तत्त्वों का कम-से-कम प्रभाव पड़ा है। इसके लिए नई सदी के समाजवादी आन्दोलन को धरती के पर्यावरण की रक्षा कर उसक मूल तत्त्वों को संजोना होगा। इसका यह भी अर्थ होगा कि उन आदिम और कृषि आधारित व्यवस्थाओं को बचाए रखा जाए, जो अब तक आधुनिक औद्योगिक प्रक्रियाओं से अपने को सुरक्षित रख पाए हैं। इसके लिए शायद वैसी कृषि को पुनर्जीवित करना होगा, जो पूरी तरह जैविक तत्त्वों पर आधारित उत्पादन चक्र अपनाती रही है। इस तरह प्रकृति से निकाले गए तत्त्वों की भरपाई हो सकेगी। इस संक्षिप्त आलेख का उद्‌देश्य यह एहसास करवाना है कि हम कितने भयंकर दुश्चक्र में घिर गए हैं। हमें उन परम्पराओं का पुनरावलोकन की भी जरूरत है, जिने आलोक में एक नई शुरुआत हो सकती है। औद्योगिक स्वप्नलोक की आकांक्षा एक भयावह मृगमरीचिका सिद्ध हुई है। यह तो

हमें ऐसे नतीजों पर पहुँचाती है, जो समाजवादी आन्दोलन के आदि प्रणेताओं के उद्देश्यों के बिलकुल विपरीत है।

हमें यह कबूल करना होगा कि हम धरती पर जी रही असंख्य प्रजातियों में एक हैं और एक प्रजाति के रूप में हमारा अस्तित्व तभी बचेगा, जब हम विकास की प्रक्रियाओं का पालन करें अर्थात अपने को प्राकृतिक चयन (नेचुरल सेलेक्शन) के अनुकूल बनाएँ। मानव-जगत से ही नहीं, पेड़-पौधों, पशु-पक्षी यहाँ तक कि जीवाणुओं से भी, जिनके साहचर्य के बिना हम जीवित नहीं रह सकते, समरसता, सामंजस्य और सहअस्तित्व का सम्बन्ध बनाएँ। यह साहचर्य के एक विशाल दायरे की माँग करता है यानी सभी जीवित वस्तुओं से साहचर्य। यह अनिवार्य रूप से दूसरे मनुष्यों के साथ हमारे सम्बन्धों को भी विशिष्ट मर्यादा प्रदान करेगा, जो समाजवाद का सारतत्त्व है।

(प्रभात खबर, 20 मार्च, 2015)

अब क्या करे वामपंथ

अभी वामपंथ के पराभव का समय सारे संसार में है। भारत में है, इसके लिए आत्ममंथन की जरूरत है। हम लोगों को सोचना है कहाँ गलती हुई है, क्या बुनियादी भूल रही है, जिसकी वजह से संसार भर में वामपंथ करीब-करीब खत्म होता चला जा रहा है। भारत में भी इसकी स्थिति काफी खराब है।

वामपंथ अपने आप में बहुत 'वेग' (अस्पष्ट) शब्द है। इसकी शुरुआत एक संयोग थी। फ्रांस की क्रान्ति के समय वहाँ की नेशनल एसेम्बली के वाम में जो लोग बैठे थे, वो ज्यादा क्रान्तिकारी थे। उसी समय से हो गया कि जो लोग ज्यादा क्रान्तिकारी होते हैं, वो वामपंथी होते हैं। बाद में मार्क्स जैसे लोग 19वीं शताब्दी के मध्य में राजनीति में उभरे, तो मुख्य रूप से ये लोग वामपंथ के साथ जुड़ गए। अब मोटा-मोटी कम्युनिस्ट व सोशलिस्ट ही वामपंथ के रूप में पहचाने जाते हैं। मैं इन्हीं पार्टियों के बारे में, खासकर कैसे इनके पराभव का सिलसिला शुरू हुआ, कैसे इनका उत्थान हुआ था, कैसे यह स्थिति बनी—आदि कुछ बातें रखूँगा। उसके बाद यह भी चर्चा करूँगा कि कैसे यह स्थिति बदल सकती है?

लगभग सौ साल पहले, 1912 में सोशलिस्टों का एक अन्तर्राष्ट्रीय सम्मेलन बेसल में हुआ था। उस समय यूरोप के अन्दर सम्भावना बन रही थी, युद्ध होगा। उसके खिलाफ वहाँ के समाजवादियों ने तय किया था, अब अगर युद्ध होगा तो हम अपने यहाँ के मजदूरों को उसमें उलझने नहीं देंगे। आन्दोलन करके क्रान्ति करके इसको खत्म कर देंगे। इसके बाद 1914 में जब युद्ध की शुरुआत हुई, तो बहुत कम सोशलिस्ट अपने वादे पर खरे उतरे। जर्मनी की रोजा लक्जमबर्ग व एक अन्य नेता ने इसका विरोध किया था। बाद में ये लोग इसी क्रम में मारे भी गए। रूस में लेनिन व वैश्विक लोगों ने युद्ध का विरोध किया था। कहा था, साम्राज्यवादियों के मंसूबों को हम कामयाब नहीं होने देंगे। 1917 में युद्ध में क्रान्ति हुई थी। इसके बाद ये लोग जब युद्ध से बाहर हुए थे, यही बहाना बना था। उस समय करीब चार साल युद्ध चला था। उस समय सिद्धान्त के प्रति एक लगाव था। कुछ लोग उस समय भी विचलित हुए, लेकिन कुछ लोग ऐसे थे, जो अपने सिद्धान्त पर संघर्ष करते रहे।

क्रान्ति के बाद रूस में कम्युनिस्ट शासन आया। फिर यूरोप के कई देशों में भी क्रान्ति हुई। उस समय यह उम्मीद थी कि जो जर्मनी जैसे विकसित देश हैं वहाँ क्रान्तिकारी उभार ज्यादा होगी, लेकिन वहाँ इसके बदले प्रतिक्रान्तिकारी उभार हुआ। 1922 में सबसे पहले मुसोलिनी ने कॉरपोरेट स्टेट की बात की। कहा, मजदूरों के हित को ध्यान में रखकर हम कॉरपोरेट स्टेट बनाएँगे। इसके दस साल बाद जर्मनी में हिटलर सत्ता में आया। ...तो ये जो उम्मीद की जाती थी कि जहाँ ज्यादा विकसित औद्योगिक समाज है, वहाँ पर क्रान्ति होगी और समाजवादी समाज बनेगा, लेकिन हुआ यह कि हर जगह फासिस्ट सरकारें बनीं। खुद इंग्लैंड में जो लोकतंत्र का बड़ा अखाड़ा माना जाता था, वहाँ पर मोस्ले नाम के एक व्यक्ति ने फासिस्ट पार्टी बनाई और चुनाव लड़ा। वह जीता भी।

इधर एशिया में, भारत में एक राष्ट्रीय उभार हुआ साम्राज्यवाद के खिलाफ। चीन के अन्दर 1919 के बाद एक सिलसिला शुरू हुआ और वहाँ पर राष्ट्रीयता की लड़ाई कम्युनिस्टों के नेतृत्व में सामाजिक क्रान्ति की दिशा में आगे बढ़ी और 1948 आते-आते वहाँ माओ त्से तुंग के नेतृत्व में कम्युनिस्ट सत्ता कायम हो गई। वियतनाम में कम्युनिस्टों के नेतृत्व में आन्दोलन हुआ। मलाया के अन्दर कम्युनिस्टों के नेतृत्व में गुरिल्ला युद्ध शुरू हुआ। बर्मा के अन्दर आन्दोलन हुआ। हम कह सकते हैं, अगर यूरोप में क्रान्ति नहीं हुई तो एशिया के देशों में जो राष्ट्रीय आन्दोलन चले, उसमें कम्युनिस्टों ने भागीदारी की। इंडोनेशिया के अन्दर सुकर्ण जब नेता के रूप में उभरे तो उस समय कम्युनिस्ट आन्दोलन काफी आगे बढ़ा। इसके बाद एक स्थिति आई। वहाँ के जनरल सुहार्तो ने कम्युनिस्टों का काफी दमन किया। हजारों कम्युनिस्टों को मौत के घाट उतार दिया गया।

हम देखते हैं 20वीं शताब्दी के शुरू से लेकर उसके मध्य तक वामपंथ का हर जगह कुछ-न-कुछ उभार दिखाई देता है, लेकिन इसके बाद से हम देखते हैं कि हर जगह पराभव का सिलसिला चला। रूस में स्थितियाँ ऐसी बनती गईं कि वहाँ पर लोकतांत्रिक समाजवाद की जगह पर तानाशाही आ गई। 20वीं शताब्दी का अन्त होते-होते रूस के अन्दर कम्युनिस्ट व्यवस्था ध्वस्त हो गई और पूँजीवाद की वापसी हो गई। चीन के अन्दर बिना किसी महत्त्वपूर्ण परिवर्तन के 1960-70 के दशक में माओ त्से तुंग ने कुछ कोशिश की, जिसे 'सांस्कृतिक उत्थान' के नाम से जाना जाता है। इस दौरान बड़ी छलाँग लगाने की कोशिश हुई। समाज के अन्दर गैर बराबरी को पटाने के लिए शहर के लोगों को गाँव की तरफ भेजा गया। कम्यून सिस्टम बनाया गया। इसके दस साल के अन्दर ही एक दूसरे तरह की धारा चली और चीजें बदल गईं। आज बिना पार्टी का नाम बदले चीन दुनिया के सबसे शक्तिशाली पूँजीवादी राष्ट्र के रूप में उभरा है।

दुनिया की दूसरी सबसे बड़ी आर्थिक शक्ति चीन है, लेकिन ये कम्युनिस्टों की शक्ति नहीं है, ये पूँजीवाद की शक्ति है। इंग्लैंड में दूसरे विश्व युद्ध के बाद पूँजीवाद के खिलाफ एक भावना उभरी थी। इसके बाद ही ब्रिटिश लेबर पार्टी सत्ता में आई थी। एनरल बेवान ने इंग्लैंड में स्वास्थ्य सेवाएँ लागू की थीं, जो उस समय दुनिया में एक नमूना थी। इससे समाज के हर तबके के व्यक्ति को स्वास्थ्य सेवाएँ मिलने लगी थीं। लोगों को मुफ्त में दाँत, आँख जैसे शरीर के अंग उपलब्ध कराए जाते थे, लेकिन कुछ दिनों के बाद लेबर पार्टी का पराभव आया। माग्रेट थैचर ने पूरी तरह से व्यवस्था को बदल दिया। थैचर के खिलाफ खदान में काम करनेवाले लोगों की बड़ी हड़ताल चली। लगभग एक साल तक खदान मजदूर आन्दोलन करते रहे, लेकिन थैचर ने उसे दबा दिया। एक तरह से लेबर आन्दोलन को थैचर ने खत्म कर दिया। कुछ समय के लिए टोनी ब्लेयर की सरकार बनी, लेकिन फिर अभी कंजर्वेटिव पार्टी सरकार में आ गई।

जर्मनी में द्वितीय विश्व युद्ध के बाद सोशल डेमोक्रेट आगे आए, लेकिन पिछले सालों में वो भी चले गए हैं। अब एंजेला मार्केल के नेतृत्व में वहाँ की सरकार चल रही है। यूरोपियन यूनियन में जर्मनी का बहुत महत्त्वपूर्ण रोल होता है। अभी वहाँ सोशल डेमोक्रेट के सहयोग से ही कंजरवेटिव एंजेला मार्केल की सरकार चल रही है। आप देखेंगे हर जगह, जहाँ कभी वामपंथी उभार था, वहाँ पर कंजरवेटिव व अन्य लोग आगे बढ़ते जा रहे हैं। इसके कुछ निहितार्थ हैं। मुझे लगता है, ये आकस्मिक नहीं है, सारे संसार में औद्योगीकरण के दौर में वामपंथ पीछे जा रहा है, जबकि कल्पना थी कि मजदूर वर्ग जहाँ सबसे ज्यादा शोषित होंगे, वहाँ पर वो सत्ता को बदल देंगे, लेकिन ऐसा हुआ नहीं। सब जगह पर कहीं फासिस्ट व कंजरवेटिव सत्ता में आ रहे हैं। यह बहुत चिन्ता की बात है। इस पर देश की सभी कम्युनिस्ट पार्टियों को सोचने की जरूरत है। मुझे लगता है कि आत्मतुष्ट होकर बैठना, जो कुछ चल रहा है, वह ठीक है, एक दिन हम जीतेंगे। वो कयामत का दिन आएगा और सब कुछ बदल जाएगा। हमें लगता है, ऐसा कुछ नहीं है। हम सबको बैठ कर सोचना चाहिए। आखिर ये क्यों हुआ? कहीं कुछ बुनियादी भूल है क्या? हमें यह सोचना चाहिए, आखिर क्या वजह है, सब जगह समाजवादी आन्दोलन पीछे चला जा रहा है?

इन सब चीजों को देख करके मैं इस नतीजे पर पहुँचा हूँ, जो आधुनिक औद्योगीकरण का ढाँचा है। इसके अन्दर किसी भी समतामूलक या न्यायमूलक समाज की स्थापना नहीं हो सकती है। मैं यह सोचता हूँ, तो इसके पीछे कुछ कारण हैं। हम समाजवादी अर्थशास्त्री इस चीज को पहले नहीं समझ सके। इसके पीछे मार्क्स के एक चिन्तन का भी प्रभाव है। मार्क्स ने दुनिया के इतिहास की कल्पना यूरोपीय इतिहास के आधार पर की थी—समाज में अलग-अलग तरह की आर्थिक

संरचनाएँ होती हैं। उसमें वर्ग विभाजन होता है। अन्तत: पूँजीवादी व्यवस्था में वर्ग विभाजन खत्म हो जाएगा। पहले कहा गया था कि यूरोप के अन्दर गुलामों की व्यवस्था थी। इसके बाद फ्यूडल सिस्टम (सामन्ती प्रणाली) आया। अन्त में पूँजीवादी व्यवस्था आई है। इसमें जो अन्तर्विरोध है, वह पूँजीपतियों व मजदूरों के बीच में है। मजदूरों को मार्क्स ने सर्वहारा (प्रोलेतारियत) कहा है, जिसके पास अपनी जंजीर को खोलने के अलावा कुछ भी खोने को नहीं है। ऐसा मजदूर क्रान्ति करेगा ही। इससे व्यवस्था बदल जाएगी। हमें मार्क्स की इस सोच में कुछ बुनियादी खोट दिखाई देता है। दरअसल, पूँजीवादी व्यवस्था में सर्वहारा सबसे गरीब और सबसे शोषित तबका है। आप अगर यूरोप के विकसित औद्योगिक समाजों को देखेंगे तो पाएँगे, वहाँ के मजदूरों के पास गँवाने के लिए जंजीर के अलावा और भी बहुत कुछ है। वहाँ के मजदूरों की आथिक स्थिति काफी सुधरी हुई है। अमेरिका में जहाँ सबसे कठिन पूँजीवादी व्यवस्था है, वहाँ भी मजदूरों की आमदनी काफी है। हम यह कह सकते हैं कि हमारे यहाँ जो सम्पन्न लोग हैं, उन लोगों से भी ज्यादा अमेरिका के मजदूरों की स्थिति सुदृढ़ है यानी हम कह सकते हैं कि पूँजीवादी व्यवस्था में मजदूर हमेशा गरीब होता जाएगा, यह थ्योरी गलत साबित हुई है।

बीच में सामाजिक नेता बर्नस्टाइन ने जब मध्यम वर्ग का उभार देखा, तब मार्क्स की थ्योरी से हट कर कहा था कि एक मध्यम वर्ग तैयार हो रहा है। उन्होंने मार्क्स के विचारों में संशोधन की बातें की थीं। उस समय के नेताओं को बर्नस्टाइन की बात गाली जैसी लगी। सब ने उनकी बात को बकवास कहा, लेकिन हकीकत यही है कि जो सर्वहारा है, वास्तव में वह वैसा दरिद्र नहीं हुआ है। यूरोप का जो मजदूर वर्ग है, वह काफी सम्पन्न है। इसके अलावा एक और बात है। समाज का वैसा विभाजन भी नहीं हुआ, जैसाकि मजदूर और पूँजीपति के बीच होता है। प्रबन्धन वर्ग का भी उदय यूरोप में हुआ है, जो बहुत शक्तिशाली है। अमेरिका के वामपंथी विचारक चार्ल्स राइट मिल्स ने 'द पॉवर एलीट' नाम की किताब लिखी है। उसने किताब में लिखा है कि कैसे अमेरिका के अन्दर जो शक्ति है, वह सेना के बड़े अधिकारियों, आर्थिक विशेषज्ञों, टेक्नोक्रैट के पास है। इनका एक अलग समाज विकसित हो रहा है। इनका अलग इलीट वर्ग है। मैक्स वेबर बहुत बड़े समाजशास्त्री थे। उन्होंने लिखा—ऐसा नहीं है कि पूँजीपति व मजदूर आमने-सामने खड़े हैं, बल्कि इनके बीच में अधिकारियों का एक सीढ़ीनुमा ढाँचा है, जिनके पास अपार शक्ति है, जो यूरोपियन समाज व्यवस्था को कानून के मुताबिक चला रहा है। ये सब चीजें हैं। मेरे खयाल से जो मार्क्सवादी चिन्तक थे, उन लोगों ने इसको खारिज कर दिया। कभी भी इन चीजों के बारे में विचार नहीं किया।

होता यह है कि जिन चीजों की आप बहुत अनदेखी करते हैं, कभी-कभी वे आप पर बहुत हावी हो जाती हैं। यह एक ट्रेंड की तरह है। सोवियत संघ के विघटन

के पीछे बहुत बड़ा कारण यह था कि उस व्यवस्था को चलाने के लिए बहुत बड़ा नौकरशाही समूह आगे आ गया। खुद कम्युनिस्ट पार्टी के अन्दर एक ऐसा समूह पैदा हो गया, जो जनता से बिलकुल अलग हो गया। अन्तत: यह हुआ कि जनता में इतना असन्तोष हुआ, दमन के बावजूद एक विद्रोह हुआ और व्यवस्था खत्म हो गई। इन चीजों को समझने की जरूरत है। मार्क्स के करीबी सहयोगी फ्रेडरिक एंगेल्स ने अपने जीवन के अन्तिम समय में एक पत्र लिखा था। वह भी यह देख रहे थे कि इंग्लैंड जैसे देशों में मजदूरों की स्थिति में काफी सुधार हो रहा है। वह यह देख रहे थे कि उपनिवेशों से जो लूट होती है, वहाँ से जो धन आ रहा है, उसकी वजह से यहाँ का मजदूर वर्ग सम्पन्न होता जा रहा है और जो समाजवादी हैं, वो उदारवादी बनते चले जा रहे हैं।

भारत व अफ्रीका जैसे उपनिवेशों से लूट का धन आता था। यूरोप का सर्वहारा (मजदूर वर्ग) भी उसमें हिस्सेदार था। इस हिस्सेदारी की वजह से जो क्रान्तिकारिता होनी चाहिए थी, जिसकी कल्पना मार्क्स ने की थी, वो उनमें नहीं आई। इस तरह से कम्युनिस्ट व सोशलिस्ट आन्दोलन का एक तरह से पराभव हुआ, लेकिन दूसरी शक्तियाँ उभर रही हैं। जो आजाद देश हैं। पूँजीवाद का सब जगह विकास हो रहा है। इन देशों में ऐसा क्यों हो रहा है और किस तरह के अन्तर्विरोध सामने आ रहे हैं? जो कुछ हो रहा है, उसका स्वरूप क्या है? मुझे लगता है कि मार्क्स ने जो पूँजी का अध्ययन किया था, वहीं से कुछ भूल थी, जिसे उस समय नजरअन्दाज किया गया। लेकिन हम लोगों को उसके ऊपर विचार करना चाहिए। जिन लोगों ने कम्युनिस्ट साहित्य का अध्ययन किया है, वे जानते होंगे कि मार्क्स का जो सबसे महत्त्वपूर्ण अध्ययन था, वह 'पूँजी' था। इसके अन्दर उन्होंने यह बतलाने की कोशिश की थी कि कैसे समाज के अन्दर उत्पादन पद्धति में मजदूर काम करता है। अगर वह आठ घंटे काम करता है, तो छह घंटे की कमाई आजीविका पर खर्च हो जाती है और जो दो घंटे की कमाई होती है, वो बेशी (सरप्लस) होता है। वही जमा होता है। उसी से पूँजीपतियों का मुनाफा होता है। तीन किस्तों में इससे सम्बन्धित किताब है, जिनमें बहुत गम्भीरता से उस समय यूरोप के अन्दर जिस तरह के बदलाव हो रहे थे, उनके बारे में लिखा गया है। मुझे लगता है कि इसमें एक बुनियादी भूल मार्क्स से हुई। उन्होंने कहा कि पूँजी का जो पूरा विकास होता है, वह मजदूरों के श्रम के शोषण का संचित बेशी मूल्य है। वही पूँजी का आधार है। उन्होंने इस बात को नजरअन्दाज कर दिया कि मजदूर जो श्रम लगाता है, वह शून्य में नहीं होता है। अगर वह कपड़ा बनाता है, तो उसके लिए कपास की जरूरत होती है। ऐसे ही अगर लकड़ी का कोई सामान बनाता है, तो उसके लिए लकड़ी की जरूरत होती है। मार्क्स ने इसमें यह किया कि अगर कपास से कपड़े तैयार होते हैं, तो

कपास तैयार करने में जो श्रम लगा वह और फिर कपड़ा तैयार करने में जो श्रम लगा वह, उसने इन दोनों को जोड़ दिया। इसे 'संचित मूल्य' कहा। लेकिन इसके बीच में खुद कपास का भी तो मूल्य होता है। इसके बारे में मार्क्स ने नहीं लिखा। अगर लोहा तैयार होता है, तो उसे तैयार करने में मजदूर ने श्रम किया, उसका मूल्य है, लेकिन खुद लौह अयस्क का मूल्य है या नहीं, इसे मार्क्स ने नजरअन्दाज कर दिया। मार्क्स ने अर्थशास्त्र के अन्दर इन सारी चीजों को रखने की कोशिश की थी। किसी भी अर्थशास्त्र के अन्दर यह होता है। डिमांड, सप्लाई व एक्सचेंज होता है। इसमें मार्क्स ने श्रम को जोड़ा। उसमें यह बताने की कोशिश की कि कैसे इसमें इजाफा होता है? कैसे शोषण होता है? कैसे जमा होते-होते पूँजी बनती है? लेकिन वह कच्चे माल का मूल्यांकन करना भूल गया। जब कच्चा कपास आता है, वह आपूर्ति का हिस्सा नहीं है, बल्कि कपास का एक पौधा होता है। इसके पीछे प्राकृतिक परिवेश होता है। इसी तरह लौह अयस्क भी है। ये सब कहाँ से आता है, इसका भी अध्ययन जरूरी है।

इसके बारे में मार्क्स ने कभी सोचा नहीं, लेकिन हकीकत यही है कि कपास का पौधा जमीन में पैदा होता है। उसे खास तरीके का वातावरण चाहिए। पानी और खाद चाहिए। जंगल की लकड़ी है, वह भी एक परिवेश का हिस्सा है। आप जंगल काटते हैं। आज की जो औद्योगिक व्यवस्था है, उसमें प्राकृतिक संसाधनों का क्या हो रहा है, इस पर सब आँख बन्द किए हुए हैं। इसका नतीजा यह हुआ है कि जितना ज्यादा औद्योगिक विकास होता गया है, परिवेश उसी के हिसाब से नष्ट होता चला गया है। इससे अलग-अलग मानव समूहों का आधार भी खत्म हो रहा है। जंगल में रहनेवाले आदिवासी हैं। खेती करनेवाले किसान हैं। इनका एक सामाजिक परिवेश होता है, आर्थिक ढाँचा होता है। अगर आप जंगलों को काटते हैं, एक्सप्रेस-वे बनाते हैं तो इससे लोगों का परिवेश नष्ट हो रहा है। जंगलों की कटाई होती है। बॉक्साइट की खुदाई होती है। इसमें लोगों के गाँव उजाड़े जाते हैं। जब एक जगह औद्योगिक विकास होता है तो उसके आसपास के जो गाँव होते हैं, उनका परिवेश नष्ट होगा। ये जो नष्ट होता हुआ परिवेश है, वह दूसरी तरह से अपना जमा खर्च माँग रहा है। आज पर्यावरण का संकट इसी का परिणाम है। डिमांड-सप्लाई के हिसाब से पूरा आर्थिक ढाँचा तैयार कर लिया गया है। इसमें छत्तीसगढ़ का कोयला और झारखंड के लौह अयस्क से स्टील बन रहा है, लेकिन वहाँ के परिवेश का क्या होता है? इस प्रक्रिया में यह हुआ है कि पुराना जितना सामाजिक ढाँचा था, वह टूट गया है।

ऐसे ही आप पश्चिम एशिया में देखिए। तेल की जरूरत है। अपनी जरूरत के लिए वहाँ की पारम्परिक व्यवस्था को नष्ट कर दिया। ईरान तो एक नमूना है। वहाँ पर कम्युनिस्ट आन्दोलन काफी प्रभावकारी था। 1950 के आसपास वहाँ तूदेह पार्टी

थी। मोसाद्दीक प्रधानमंत्री थे। शाह ईरान छोड़कर भाग गया था। बाद में अमेरिका ने सीआईए के प्रभाव से उसको खत्म किया। ऐसे में वहाँ की पारम्परिक व्यवस्था नष्ट हो गई। इसके बाद वहाँ इस्लामिक कट्टरपंथ हावी हो गया। कह सकते हैं, इस व्यवस्था के खिलाफ पहले कम्युनिस्ट थे, अब इस्लामिक कट्टरपंथ आया है। इसकी वजह है। वहाँ के लोगों को जब आगे की राह नहीं दिखाई दे रही थी तो उन्होंने पुरानी मान्यताओं को पनाह दी। ईरान में ही नहीं, पूरे पश्चिम एशिया में इस्लामिक चरमपंथ है। भारत में भी इस्लामिक चरमपंथ है। इसकी प्रतिक्रिया में हिन्दू चरमपंथ है।

तो जो एक सरल समाज था। सबसे शोषित वर्ग प्रोलेतारियत। इसी के आधार पर समाज के अन्य वर्ग थे। ऐसे में जब सामाजिक ढाँचा टूटा, तो समाजवादी व कम्युनिस्ट इसे समझ नहीं सके। बाद में डॉक्टर लोहिया ने इस पर काम किया है। जैसेकि जाति व्यवस्था, यह प्राचीन और शोषक व्यवस्था है। हालांकि कम्युनिस्ट पार्टी के लिए ये बहुत बड़ी समस्या नहीं थी। उस समय पूँजीपति व मजदूरों के बीच का वर्ग भेद था। ऐसा माना जाता था, जब यह खत्म हो जाएगा तो बाकी चीजें अपने आप बदल जाएँगी। लेकिन जो पुराना ढाँचा टूटा, इसके बाद उसके अन्तर्विरोध सामने आए। उस समय कबीर जैसे लोगों ने इस पर काफी कुछ किया। जाति समाज की एक समस्या थी। कबीर ने जब इस पर काम किया, तो काफी परिवर्तन भी हुए, लेकिन कम्युनिस्टों ने इसकी अनदेखी की। नतीजा यह हुआ कि जो लोग जातियों को तरजीह देते थे, वे आगे आ गए। समाजवादी पार्टी ही थी। डॉ. लोहिया ने उस समय दक्षिण में द्रमुक आन्दोलन चल रहा था, उसके साथ सम्बन्ध बनाने की कोशिश की थी। 1952 के चुनाव में बाबा आम्बेडकर के साथ सहयोग किया था। उस समय मैंने चुनाव में काम किया था। डॉ. लोहिया व आम्बेडकर सम्मिलित रूप से चुनाव लड़े थे, लेकिन जो मूल वामपंथ था, उसके लिए यह कोई समस्या तब भी नहीं थी।

मौजूदा अर्थव्यवस्था का पैर जहाँ भी पसरा है। उन जगहों की व्यवस्था नष्ट हुई है। आज अफ्रीका का समाज तो पूरी तरह से खात्मे की ओर है। इसी का नतीजा है कि वहाँ आदिवासियों के बीच लड़ाइयाँ हो रही हैं। हजारों साल पुरानी वहाँ की संस्कृति है। वहाँ कबीलों में लोग बँटे थे। वो आपस में सम्बन्ध बना कर रखते थे। लेकिन अब नाइजीरिया, दक्षिण सूडान जैसे देशों में युद्ध चल रहा है। बाहर की जो कम्पनियाँ हैं, उनको वहाँ के संसाधनों से मतलब है। दक्षिण सूडान में भारत की तेल कम्पनी काम कर रही थी। अभी जब वहाँ गृहयुद्ध शुरू हुआ, तो कम्पनी वहाँ से भाग कर आई है। केन्या के अन्दर हजारों एकड़ जमीन खरीद कर भारतीय कम्पनियाँ वहाँ खेती कर रही हैं। आपने जो वहाँ मानवीय सम्बन्ध थे, उनको नष्ट कर डाला। एक आयाम आपके साथ था। वहाँ के संसाधनों को लूट

करके औद्योगिक व्यवस्था को विकसित करना। इसका नतीजा हुआ है कि वहाँ जो संगठित रहे हैं, उससे आप बाहर होते जा रहे हैं।

अभी उत्तर प्रदेश में मुलायम सिंह यादव की पार्टी की जो सरकार आई है, उसकी एक बड़ी वजह रही है कि वहाँ अतीत में डॉ. लोहिया की विचारधारा रही है। जातीय उपद्रव के खिलाफ भी लोगों को मुलायम सिंह ने गोलबन्द किया। कम्युनिस्ट पार्टी के लोग पीछे रह गए। उन्होंने कुछ किया नहीं, जबकि वह एक बड़ी पार्टी थी। 1952 में कम्युनिस्ट पार्टी सोशलिस्टों के बीच एक बड़ी पार्टी के रूप में उभरी थी, लेकिन क्या हो गया? आज केरल में भी वह खत्म होती जा रही है। पश्चिम बंगाल में दशकों से चल रही सरकार खत्म हो गई।

बात यह है कि जिन समाजों ने औद्योगीकरण विकास किया है, उनका जो ढाँचा टूटा है, उससे जो गैप बन गया, उसके लिए कम्युनिस्टों के पास कोई रास्ता नहीं है। मेरी समझ से यह केवल भारत में नहीं, बल्कि सारे संसार में ऐसा ही हुआ है। एक अपवाद हम मानते हैं। अगर अभी वामपंथ कुछ जीवित है तो लैटिन अमेरिका में। हालाँकि आज वहाँ जो लोग सत्ता में हैं, वह स्पेनी और पुर्तगाली मूल के लोग हैं, लेकिन जिस तरह बाहरी शोषण का शिकार दूसरे समाज रहे हैं, उस तरह शिकार लैटिन अमेरिका नहीं हुआ है। हालाँकि शुरुआत वहीं से हुई थी। वहाँ से पहले राजाओं की सत्ता खत्म की गई थी। अगर हम औद्योगीकरण की बात करें तो ये देश अभी इसके पहले पायदान पर हैं। वेनेजुएला में ये बहुत है। अभी वहाँ पर जो वामपंथी सरकार है, उसका ही उस पर नियंत्रण है। क्यूबा में कुछ अलग तरह से 1954-55 में जो क्रान्ति हुई। इसके बाद वहाँ जो बाहरी लोग थे, वे चले गए। वहाँ की जमीनों पर वहीं के लोगों का अधिकार है। हम कह सकते हैं, वहाँ अलग तरह की व्यवस्था है। वहाँ के लोग प्रकृति की ओर जा रहे हैं। पहले जहाँ हजार-हजार एकड़ के बड़े फार्म थे। उनमें मशीनों से काम होता था। क्रान्ति के बाद वहाँ की खास परिस्थितियों की वजह से फिर हल-बैल का जमाना आ गया है। शहरी घरों में छोटे-छोटे किचन गार्डेन बने हैं। ये कुछ जगहों की बात है, लेकिन बाकी सारी दुनिया में औद्योगीकरण के नाम पर लूट हो रही है, कहीं पर बाहरी लोगों की ओर से, कहीं पर अपने ही लोगों द्वारा। भारत में तो अपने ही लोग लूट रहे हैं। प्राकृतिक सम्पदा लूट रहे हैं। सब चीजें खत्म कर रहे हैं। किसान आत्महत्या कर रहे हैं। तो ये जो एक बना बनाया ढाँचा था कि मूल लड़ाई पूँजीपति व मजदूरों की है। मजदूरों का संगठन बनाओ और समाज को बदल दो। वो सारी चीजें नकारा साबित हुई हैं। इसका नतीजा है कि वामपंथ सारी जगह खत्म हो रहा है।

दो साल पहले यहाँ एस्बेस्टस का आन्दोलन चल रहा था। अरुण बाबू कह सकते थे कि किसानों की जमीन पर उद्योग लग रहा है। इलाके का औद्योगीकरण हो रहा है। इसे होने देना चाहिए, लेकिन इसके बजाय उन्होंने देखा कि किसानों की

जिन्दगी पर इसका कैसे असर पड़ेगा? उसके खिलाफ इन्होंने एक आन्दोलन शुरू किया। अगर इस तरह के आन्दोलन हर जगह हुए होते, तो हमें लगता है कि बहुत तरह के नकारात्मक परिवर्तन जो समाज में हुए हैं वे नहीं हुए होते। अभी तक हम लोग आँख बन्द करके आधुनिक औद्योगीकरण के पीछे पड़े रहे हैं। हम समझते हैं वास्तव में यही तरक्की है, लेकिन जो यहाँ की मूल सम्पदा है, मूल जीवन है, यहाँ का जलस्रोत है, उन सबको नष्ट कर रहे हैं। प्रकृति का नियम है। आप शून्य से कुछ पैदा नहीं कर रहे हैं।

आप जीवित प्रकृति को नष्ट करके निजी इमारतें खड़ी कर रहे हैं। ऐसे में हमें विकास के बारे में सोचना होगा। आखिर विकास का क्या मतलब? विकास का मतलब अभी यही है कि आप जंगलों का सफाया कर दें। वहाँ के रहनेवालों का जीवन नष्ट कर दें। आखिर शहरों के अन्दर झुग्गी-बस्तियों में रहनेवाले कौन लोग हैं? चाहे तो किसान विस्थापित होकर शहरों के स्लम में जाते हैं या आदिवासी विस्थापित हो करके। कहीं-कहीं तो इन लोगों को प्लान करके हटाया जाता है। जब चाय की खेती शुरू हुई थी, तो झारखंड से ले जाकर आदिवासियों को बसाया गया था। आज बंगाल से लेकर असम तक के चाय बागान में वही लोग हैं। आज जो जीवित लोग हैं, उन्हें एक सामान की तरह इस्तेमाल किया जा रहा है। इससे निर्जीवपन स्थापित हो रहा है। ऐसे में आप किस तरह की सभ्यता बना रहे हैं? मुझे लगता है, ये जो जीवन की कुछ मूल समस्याएँ औद्योगीकरण से उभरी हैं। उनके बारे में हम सजग नहीं थे। उतनी समझदारी नहीं थी। इसी की वजह से सब जगह पर हम लोग नीचे जा रहे हैं। मैं समझता हूँ, समाजवादी आन्दोलन को इस भूल को सुधारने की जरूरत है। लोगों से जुड़ने की जरूरत है। इसी के जरिये हम लोग मानवीय समाज की स्थापना कर सकेंगे।

(बिहार विश्वविद्यालय, मुजफ्फरपुर में 5 जनवरी, 2014 को दिया भाषण)

किसान आन्दोलन की दिशा

एक समय ऐसा था, जब हर जगह किसान सभा बनी थी। बिहार में भी स्वामी सहजानन्द के नेतृत्व में किसान सभा बनी थी। दुनिया भर में कम्युनिस्ट पार्टियों ने भी किसान संगठन बनाई। लेकिन उनकी एक दृष्टि हमेशा किसान आन्दोलन के बारे में रही; 'किसान का अस्तित्व अपने-आप में महत्त्वपूर्ण है या समाज रचना में किसानों की केन्द्रीयता है', यह उनके ध्यान में नहीं रहा। हमेशा पूरक या सहयोगी की भूमिका के रूप में किसानों को रखने की कोशिश की।

मूलत: कम्युनिस्ट आन्दोलन कहिए या सोशलिस्ट आन्दोलन (दोनों में विभाजन बाद में हुआ), उसमें यह था कि दुनिया में क्रान्ति होगी, वो औद्योगिक मजदूरों (सर्वहारा) के नेतृत्व में होगी। क्रान्ति की मूल शक्ति वही होंगे, लेकिन एक समस्या बाकी देशों में सर्वहारा वर्ग की संख्या बहुत ज्यादा नहीं थी। खुद रूस में उद्योगों का विकास उतना नहीं हुआ था कि मजदूर बहुमत में हो सकें। अत: उन्होंने एक रणनीति के तहत किसान संगठन बनाने की बात की। रणनीति थी कि क्रान्ति का नेतृत्व मजदूरों के हाथ में होगा और किसान सहयोगी की भूमिका में होगा। फिर किसानों को आन्दोलन से जोड़ने के लिए उनमें जमीन की भूख जगाई गई। चूँकि किसानों का अस्तित्व जमीन से जुड़ा हुआ है, यदि जमीन नहीं होगी तो किसान नहीं होंगे, जैसे हमारे यहाँ या रूस में भूमिहीन लोग जो खेती में लगे हुए थे। उनकी इच्छा थी कि उन्हें जमीन मिले। रूस में बड़े-बड़े जमींदार थे, जबकि दूसरी ओर बड़ी संख्या में ऐसे किसान थे, जिनके पास जमीन की कमी थी। तो कम्युनिस्ट पार्टी के लोगों ने किसानों को कहा कि तुम हमारे साथ आओ, हम तुम्हें अधिकार देंगे कि जमींदारों से उनकी जमीनों को छीन लो। हुआ यही। 1917 में रूस में क्रान्ति हुई, तो इसकी अगुवाई की, जैसा वे मानते थे, मजदूरों ने, जबकि किसानों को कहा कि जो बड़े-बड़े भू-स्वामी हैं, उनकी तुम जमीन ले लो। इससे किसान उत्साही होकर क्रान्ति में आए और वह एक बहुत बड़ी शक्ति बने, जिसकी वजह से कम्युनिस्ट लोगों को सत्ता मिल सकी।

तो क्रान्ति हो गई और किसानों ने जमीन पर कब्जा कर लिया। उसके बाद 1917 से 1921 तक रूस में लगातार गृहयुद्ध होते रहे। उसका एक बड़ा कारण

यह भी रहा है कि 1914 में पहला विश्व युद्ध हुआ था, जिसमें रूस की सरकार भी शामिल थी। इस युद्ध में विश्व दो भागों में बँटा था। एक ओर जर्मनी वगैरह, तो दूसरी ओर ब्रिटेन व फ्रांस इत्यादि। रूस ने जर्मनी के खिलाफ वाले कैम्प को ज्वाइन किया था। रूस में लोग नहीं चाहते थे कि रूस युद्ध में फँसे। रूस की आर्थिक स्थिति खुद ही ठीक नहीं थी। उनका मानना था कि युद्ध हुआ तो भुखमरी इत्यादि की स्थिति पैदा होगी। इस कारण रूस में युद्ध के विरुद्ध भावना थी। इस भावना का फायदा कम्युनिस्ट लोगों को मिला बल्कि सैनिक युद्ध से भाग रहे थे तो लेनिन ने कहा था कि सैनिकों ने पैर से मतदान कर दिया है, युद्ध के खिलाफ। तो कुछ लोग कहते थे कि हमें युद्ध में शामिल नहीं होना है, तो कुछ लोग कहते थे हमें युद्ध में शामिल होना है। इन्हीं मुद्दों को लेकर रूस में चार साल गृहयुद्ध चला। 1921 में जाकर करीब-करीब गृहयुद्ध का पटाक्षेप हुआ। उस समय भोजन की समस्या हो गई थी और उद्योगों की स्थिति ठीक नहीं थी तो लेनिन ने एक नई नीति की घोषणा की, जिसे 'नेप' कहते हैं, जिसमें उसने कहा था कि किसानों को सुविधा मिलनी चाहिए, उनके फसलों की उचित कीमत उन्हें मिलनी चाहिए व उनको अपनी फसलों की कीमत निर्धारण का अधिकार मिलना चाहिए। उससे यह हुआ कि किसानों की स्थिति थोड़ी सुधरी और किसान सरकार के समर्थन में आ गए, लेकिन कम्युनिस्ट आन्दोलन ने यह कभी नहीं माना कि किसान स्वतंत्र रूप से जमीन के मालिक हों और खेती करें, बल्कि वे तो मानते थे कि तात्कालिक रूप से किसानों का सहयोग लेना है, लेकिन अन्ततोगत्वा जितनी भी जमीन है, वह सरकार के हाथ में रहेगी। जैसे कारखानों का स्वामित्व सरकार के पास है, वैसे ही जमीन का स्वामित्व भी सरकार के पास होगा और जैसे कारखानों में मजदूर काम करते हैं, वैसे ही किसान भी खेतों में मजदूरों के जैसा काम करेंगे।

तो शुरू में कुछ कंसेशन दिया गया, लेकिन 1924 से कम्युनिस्ट पार्टी के भीतर विवाद प्रारम्भ हुआ कि किसानों का क्या किया जाए? कम्युनिस्ट पार्टी के नेताओं में एक बहुत बड़ा नाम था—बुखारिन। वह तो इस पक्ष में था कि किसानों को हमें सुविधा देनी चाहिए क्योंकि जो पूरा आर्थिक ढाँचा बनेगा उसमें किसान खुद उलझ करके हमारे सहयोगी होंगे और हमारी सहायता करेंगे। उनको खत्म करने की जरूरत नहीं है, लेकिन दूसरा एक समूह था, जिसमें ट्राट्स्की वगैरह थे। उनका मानना था कि किसानों को जमीन देना तो सिर्फ व्यक्तिवादी रास्ता है, जिससे निजी स्वामित्व को बढ़ावा मिलेगा, जबकि कम्युनिस्ट इसे खत्म करके सामूहिक स्वामित्व चाहते हैं। तो इस प्रकार विवाद चलता रहा। 1928 में वहाँ की कम्युनिस्ट (बोल्शेविक) पार्टी ने फैसला किया कि कृषि का सामूहिकीकरण होना चाहिए। इस फैसले के बदौलत किसानों के पास जितनी जमीनें थीं, उनसे लेकर सामूहिक खेती की शुरुआत की गई, लेकिन इसके कारण किसानों में बेरोजगारी पैदा हुई, भुखमरी की स्थिति

उत्पन्न हुई। तो इन लोगों को वहाँ से हटाकर दूर-दराज के स्थानों पर भेजा गया। साइबेरिया में सम्पन्न हो रहे विकास के कार्य—सड़क, बाँध, नहरें इत्यादि बनाने के कामों में उन्हें लगाया गया। वहाँ भी किसानों के साथ बहुत ज्यादती हुई। रूस के प्रशंसक लन्दन की काफी मशहूर अर्थशास्त्री दम्पति वेब्स, जिन्होंने एक किताब लिखी थी 'सोवियत संघ : एक नई सभ्यता', प्रशंसक होने के बाद भी उन्होंने कुछ इस प्रकार विवरण दिया है; "हमने देखा कि रेलगाड़ियों में असहाय लोगों को बाल-बच्चों के साथ भरकर दूर-दराज भेजा जा रहा है, उनको पता नहीं कि कहाँ भेजा जा रहा है," उस पर काफी चिन्ता जताई कि ये क्या हो रहा है?

इस प्रकार बेरहमी के साथ किसानों का अस्तित्व खत्म किया गया। फलत: पैदावार तो काफी नीचे गिर गई। वस्तुत: नौकरशाही के आधार पर कृषि को बहुत आगे नहीं बढ़ा सकते हैं। इस प्रकार किसानों का अस्तित्व वहाँ पर खत्म हो गया। इस सिलसिले में एक और बात ध्यान देने की है कि रूस में किसानों का अस्तित्व खत्म हुआ, जहाँ किसानों के आधार पर एक क्रान्ति हुई और नई व्यवस्था बनी। जिस समय रूस में कम्युनिस्ट आन्दोलन चल रहा था, उस समय वहाँ नैरोड्निकी करके एक समूह था, जो कहता था कि किसान को आधार बनाकर समतामूलक समाज बनाना है। काफी विवाद उनके विचार के ऊपर चला था। खुद कार्ल मार्क्स के जीवन में ही एक सवाल उठा था, एक महिला जो इनकी नेत्री थीं, उन्होंने कार्ल मार्क्स को एक पत्र भी लिखा था। मार्क्स ने जवाब नहीं दिया था, लेकिन ऐसे देश में जहाँ किसानों की एक शक्ति पहले से थी, एक आन्दोलन भी था जिसको आधार मानकर समतामूलक समाज बनाने की बात चल रही थी, उस देश में किसानों के अस्तित्व को मिटा करके नौकरशाही के तहत व्यवस्था चली, जिसमें पैदावार में गिरावट तो हुई ही, नौकरशाही का जाल जैसे शहर में था, वैसे ही गाँव में भी फैल गया।

इसके बाद भी दुनिया भर में जहाँ कहीं किसान आन्दोलन खड़े किए गए, तहाँ भी उनकी रणनीति यही रही। भारत में भी ऐसा ही रहा। किसानों का संगठन इसलिए खड़ा करना है कि मजदूर क्रान्ति होगी, समाजवादी क्रान्ति होगी तो हमें इससे आधार मिलेगा। भारत में मुट्ठी भर औद्योगिक मजदूरों (कुछ शहरों में जैसे—जमशेदपुर, कानपुर, सूरत, मुम्बई इत्यादि में ही औद्योगीकरण है, अत: वहाँ के मजदूरों) को ले करके सर्वहारा वर्ग की राजनीति नहीं चलाई जा सकती है तो किसान संगठन यहाँ भी बनाने की बात हुई। अब थोड़ा रुख बदला है इनका मजबूरी में। हमें याद है कि सोशलिस्ट पार्टी के लोगों पर शुरू में समाजवादी आन्दोलन में मार्क्सवादी प्रभाव बहुत अधिक था, लेकिन डॉ. राममनोहर लोहिया ने किसानों की समस्या को लिया था और एक नारा दिया था, 'दाम बाँधो', उनका कहना था कि जिस समय फसल तैयार होती है, कीमतें गिरती हैं और जब व्यापारी किसानों से अन्न खरीद लेते हैं यानी किसानों के हाथ से अनाज व्यापारी के हाथ में चला

जाता है तो कीमत पुन: बढ़ जाती है। तो उन्होंने कहा था 'दाम बाँधो'। जिस समय पैदावार होती है और बाद में जो कीमत में फर्क होता है, उनके अन्तर को आप कम कीजिए। 1964 में एक बड़ा किसान आन्दोलन हुआ था। हम लोग भी उसमें शामिल हुए थे। सैकड़ों समाजवादी आन्दोलनकारियों को जेल में बन्द कर दिया गया था। किसानों को सही दाम मिले, यह भी इस आन्दोलन में शामिल था, लेकिन उस समय कम्युनिस्ट लोग यह कहते थे कि ये कुलक (रूस के अन्दर जो सम्पन्न किसान थे, उन्हें 'कुलक' कहा जाता था) लॉबी के समर्थक लोग हैं, जो सम्पन्न किसानों के समर्थन में आन्दोलन कर रहे हैं।

किसान आन्दोलन के सम्बन्ध में जो कम्युनिस्ट पार्टियाँ थीं, उनकी दृष्टि कभी साफ नहीं रही। उनके दिमाग में नहीं आया कि उनका क्या किया जाए। अन्तत: हर जगह किसानों के साथ ऐसा ही हुआ, जैसे चीन में। वहाँ एक पुरानी परम्परा रही है, जब कोई राजा या शासक ज्यादती करता था, तो किसानों का विद्रोह होता था। उस विद्रोह में ऐसा अक्सर होता था कि शासन पलट जाता था और कोई नया अधिकारी बन कर आता था। इस तरह चीन में बार-बार विद्रोह होते रहे हैं। सबसे अन्तिम किसान आन्दोलन हुआ, उसको 'ताईपिंग विद्रोह' कहा जाता है, 1857 के आसपास।

चीन में भी माओ त्से तुंग के नेतृत्व में 1949 में क्रान्ति हुई थी, जिसके फलस्वरूप माओ त्से तुंग के हाथ में सत्ता आई। उस समय चीन में तो और भी कम औद्योगीकरण हुआ था, छोटे-मोटे उद्योग थे। मूलत: किसानों के समर्थन से क्रान्ति सम्भव हुई थी क्योंकि सामन्ती समूह का चीन में बहुत अधिक प्रभाव था तो उसके खिलाफ किसानों का विद्रोह हुआ और उसी ताकत से माओ त्से तुंग ने वहाँ की सत्ता हासिल की थी। लेकिन सत्ता में आने के बाद से फिर प्रयास हुआ कि किसानों की स्वायत्ता को खत्म किया जाए और कम्यून वगैरह बनाने का प्रयास हुआ। गाँव के अन्दर काम करनेवाले मजदूरों और किसानों के परिवारों के लिए सामूहिक भोजन इत्यादि की व्यवस्था हुई। ऐसे कुछ प्रयोग चले और अन्तत: ऐसा हुआ कि माओ के जाते-जाते चीन पूरी तरह से पूँजीवादी व्यवस्था वाला देश हो गया और वहाँ किसानों की बहुत खराब स्थिति हो गई, जैसे नरेन्द्र मोदी यहाँ कर रहे हैं, किसानों की भूमि अधिग्रहण इत्यादि के सम्बन्ध में। फिर भी, यहाँ तो कानूनी बन्धन है। उनको कानून बनाना पड़ रहा है, लेकिन चीन में तो लोकतांत्रिक परम्परा रही नहीं है। वहाँ तो मनमाने ढंग से किसानों की जमीन ले ली जाती थी। जिस तरह चाहते थे, ढालते थे उनकी जिन्दगी को। उसका एक फायदा हुआ कि चीन में बहुत तेजी से औद्योगिक तरक्की हुई। अपने यहाँ तो मुआवजे को लेकर आन्दोलन इत्यादि होते हैं, उनके यहाँ आप ऐसा कुछ नहीं कर सकते हैं। परिणामत: वहाँ भी किसानों के साथ बड़ा अत्याचार हुआ।

जहाँ सबसे ज्यादा पूँजीवादी व्यवस्था है जैसे अमेरिका वगैरह में वहाँ, तो उन्होंने करीब-करीब किसानों को खत्म ही कर दिया है। 19वीं शताब्दी के मध्य में करीब-करीब 60-70 फीसदी अमेरिकी खेती में थे, लेकिन आज तो सिर्फ 4 प्रतिशत अमेरिकी खेती में हैं, वे भी किसान नहीं बल्कि फार्मर (हजारों एकड़ फार्म/खेती के मालिक) हैं। बाकी सारे के सारे उद्योग में हैं और दिलचस्प यह है कि इतने कम लोग अमेरिका की सारी खेती कैसे करते हैं, तो वहाँ मशीन से सारी खेती होती है। अभी की फाइंडिंग (खोज) है कि मशीनरी इत्यादि पर इतना खर्च होता है कि अगर वे 10 कैलोरी ऊर्जा खेती में लगाते हैं तो उसका रिटर्न 3-4 कैलोरी से ज्यादा नहीं होता है। नेगेटिव गेन (घाटा) उनका हो रहा है। इसलिए सब्सिडी के जरिये वहाँ की खेती चल रही है। यदि अमेरिका फार्मर को सब्सिडी देना बन्द कर दे, तो वहाँ खेती बन्द हो जाएगी। तो यह भी एक भ्रम है कि फर्टिलाइजर और मशीनरी की खेती ज्यादा सस्ती है। कभी हमारे यहाँ यह भ्रम ज्यादा हुआ था। पहले-पहले जब ट्रैक्टर आया था तो 4-5 रुपए में डीजल मिलता था। तब लोगों को लगा कि बड़ा सस्ता है।

पहले हर दरवाजे पर एक-दो जोड़ी बैल हुआ करता था, लेकिन भ्रमवश लोगों ने बैलों को हटाना शुरू किया और ट्रैक्टर खरीदने लगे, लेकिन अब जब 50-60 रुपए डीजल होने लगा है तो फिर अब मैं देखने लगा हूँ, बैलगाड़ियाँ सड़कों पर चलने लगी हैं। हल-बैल वापस आने लगे हैं। हमें लगता है कि कुछ दिनों में अपने आप यह प्रक्रिया होने लगेगी क्योंकि कोयला, तेल वगैरह तो जीवाश्म साधन है। वह तो जमीन के अन्दर गड़ा हुआ खजाना है। वह तो जैसे-जैसे आप प्रयोग करेंगे, खत्म होता जाएगा और इसकी कीमत बढ़ती जाएगी। 1960 के आस-पास करीब-करीब तेल की कीमत 2 डॉलर प्रति बैरल थी, अब 100 डॉलर प्रति बैरल के ऊपर हो गया है। अभी थोड़ा-सी कीमत कम हुई है, जो कि तात्कालिक है। अमेरिका के अन्दर सेल ऑयल जो कि कुछ खास तरीके का रॉक जमीन के अन्दर है, उसमें फ्रेकिंग की प्रक्रिया से उन्होंने तेल निकालना शुरू किया है। अमेरिका तो तेल के मामले में बहुत ज्यादा निर्भर था, खाड़ी देशों पर। अब जब अमेरिका ने तेल निकालना शुरू किया है तो तात्कालिक रूप से तेल का आयात करना बन्द कर दिया है, जिससे तेल की कीमत में थोड़ी-सी गिरावट आई है, लेकिन यह तात्कालिक है। आखिर यह जो तेल है, वह भी तो उसी तरह जमीन में गड़ा हुआ खजाना है। कल यह भी खत्म होनेवाला है। तो एक स्वाभाविक प्रक्रिया से इन चीजों (फर्टिलाइजर, कोयला-तेल पर चलनेवाली मशीनरी) पर आश्रित खेती खत्म होनेवाली है।

इस प्रकार पूँजीवादी और साम्यवादी, दोनों व्यवस्था में किसानों को समाप्त करके ही औद्योगिक सभ्यता का विकास/प्रसार हुआ। इस प्रकार हम देखते हैं कि औद्योगिक सभ्यता का विकास/प्रसार और किसान हित, दोनों एक साथ नहीं चल सकता है, बल्कि दोनों परस्पर विरोधी हैं, व्याघाती हैं।

तो अभी किसान आन्दोलन के सामने मुझे जो लगता है, सबसे बड़ी समस्या है कि इसके बारे में तय करना है कि किस तरह का विकास आप चाहते हैं। वर्तमान विकास के बारे में एक मजबूरी बन जाती है कि आपको बहुत तेजी से औद्योगीकरण करना है, तो बिना पूँजीपतियों को या सरकार को खुला हाथ दिए जैसे चाहे, जहाँ चाहे सड़क बना लें, कारखाना खड़े कर दें, यह सम्भव नहीं है। सबसे बढ़ कर कोयला, लौह-अयस्क या ताँबा निकालना हो तो उसकी खुदाई जमीन से होती है और जमीन के ऊपर कहीं-न-कहीं किसान बसा होता है या आदिवासी क्षेत्र में आदिवासी किसान होता है। आप जब उन चीजों पर अधिकार जमाना चाहेंगे तो उनका विस्थापन करना अनिवार्य हो जाता है। जैसेकि हाल की घटना है, नियमगीरी की। वेदान्त जो कि अल्युमिनियम बनाने की दुनिया की सबसे बड़ी बहुराष्ट्रीय कम्पनियों में से एक है। उसने नियमगीरी को अपने हाथ में लिया था। लेकिन उसके पहले सुप्रीम कोर्ट का फैसला हो गया कि इस तरह का अधिग्रहण तभी होगा जब पंचायतों की समितियों का बहुमत इसके समर्थन में हो। तो कुछ नौजवानों ने आन्दोलन किया, जिसमें हमारे भी एक-दो साथियों की भूमिका थी।

नियमगीरी के आस-पास के जितने भी लोग हैं, जो कि नियमगीरी को राजा मानते हैं और जो उनकी जीवन रेखा है, उन्होंने तय किया कि हम नियमगीरी को किसी भी हाल में नहीं देंगे। और अन्त में हुआ कि वेदान्त को वहाँ से हटना पड़ा। तो कहीं भी आप कारखाना लगाएँगे तो किसानों-आदिवासियों की जमीन लेनी पड़ेगी। आप देखते होंगे कि कोयले की नीलामी हो रही है। कागज पर कोयले की नीलामी होती है, लेकिन कोयला तो जमीन के अन्दर पड़ा हुआ है, वहाँ या तो किसानों-आदिवासियों की खेती होती है या उनके घर हैं, जंगल है। बिना उसको नष्ट किए कोयले का खनन कैसे करेंगे? तो जब हम किसान आन्दोलन की बात करते हैं, तो फिर एक सवाल उठता है कि विकास किस तरह का हो? इस तरह के विकास में, चाहे आप उपनिवेशवाद कहें या पूँजीवाद कहें, उसमें तो किसान को मारा जाना है और फिर इसके बाद यह भी होता है, उद्योग वगैरह लगते हैं तो सरकार का रुख होता है कि किसानों का शोषण हो। जैसे महाराष्ट्र में सबसे ज्यादा कपास उत्पादक किसान हैं और घाटे की वजह से, ऋण की वजह से किसान सबसे ज्यादा आत्महत्या कर रहे हैं।

अभी दो दिन पहले 'द हिन्दू' अखबार में यह खबर निकली थी कि उत्तर प्रदेश में कई सौ किसानों ने आत्महत्या की है, जिसका कारण बड़ी-बड़ी कम्पनियों के यहाँ किसानों का 6,000 करोड़ रुपया बकाया होना है। टॉप डिफॉल्टरों में बजाज ग्रुप रुपए 1,598 करोड़, मवाना ग्रुप रु. 524 करोड़, बिड़ला रु. 376 करोड़, मेहदीं ग्रुप रु. 506 करोड़ का बकाया है। किसान भुखमरी की कगार पर है, आत्महत्या

कर रहा है, लेकिन बड़ी-बड़ी कम्पनियाँ किसानों का पैसा दबा कर रखी हुई हैं। तो यह एक बुनियादी सवाल है, विकास के बारे में दृष्टि बदलने का।

किसान आन्दोलन से मेरी दिलचस्पी विशेष तौर पर इसीलिए हुई कि अब-तब जो पुराना वामपंथ आन्दोलन था, वो तो किसानों को केन्द्र में रखकर नहीं बल्कि किसानों को सहायक के रूप में रखकर क्रान्ति करना चाहता है। अन्तत: व्यक्तिगत सम्पत्ति खत्म करना है तो तात्कालिक रूप से किसानों की भूमिका होगी। इसके विपरीत किसानों को केन्द्र में रख करके अगर आप चाहते हैं कि किसान केन्द्रित आन्दोलन हो, तो पर्यावरण का मुद्दा भी इसी के साथ आ जाता है क्योंकि इसी तरह के आन्दोलन से पर्यावरण की रक्षा होगी। आज पर्यावरण पर संकट इसीलिए है कि कृषि खुद गिरफ्त में है, बड़े औद्योगिक घरानों के। किसानों को औद्योगिक उत्पादों के ऊपर आश्रित किया जा रहा है। खेती करनी है तो यूरिया लीजिए, फर्टिलाइजर का इस्तेमाल कीजिए, फिर कीटनाशक का इस्तेमाल कीजिए और दिनोंदिन आप इन चीजों पर निर्भर होते जा रहे हैं। नित्य किसानों की माँग क्या हो रही है, यूरिया जो मिल रही है, उसकी मात्रा कुछ ज्यादा मिले तथा कम दाम में भी मिले। इनके उपयोग की मात्रा तो बढ़ाते हैं, लेकिन जिस जमीन पर इस तरह से खेती आप करते हैं, अन्तत: उस पर क्या प्रभाव पड़ता है, उसके बारे में कोई नहीं सोचता है। तो आज सबसे बड़ी बात यह होगी कि किसानों को जो प्राकृतिक साधन आसपास उपलब्ध हों, उसी के आधार पर खेती करें, ताकि वास्तव में स्वायत्त और स्वस्थ जीवन किसानों का हो सके।

आप लोगों ने जो ये आन्दोलन शुरू किया है, तो मेरी दिलचस्पी इसीलिए है कि ये जो आप कर रहे हैं, वह सिर्फ किसानों की बात नहीं है बल्कि पूरे संसार के हित की बात है। आज पर्यावरण के संकट है, उसके पीछे आखिर कारण क्या है? आपके श्रम (मानव श्रम) को, पशु श्रम को दरकिनार कर दिया है और आप हर काम को मशीन से करना चाहते हैं, जबकि मशीन के लिए तेल चाहिए, कोयला चाहिए और इनका उपयोग आप जितना ही करेंगे उतना ही प्रदूषण होगा। आप उसको रोक नहीं सकते हैं। तो अगर धरती को बचाना है, प्रदूषण से बचना है तो इस तरह से खेती हो, जो बिलकुल स्वायत्त हो, जिसके अन्दर उपलब्ध जैविक पदार्थ हों।

ये जो पालेकर (सुभाष पालेकर) की या और दूसरे लोगों की खेती जो प्राकृतिक रूप से दुनिया भर में करते रहे हैं, कोई नई चीज नहीं है। यह पुनर्जीवित करने जैसा है। तो मुझे लगता है कि उसमें इस बात का बीज है कि पूरे समाज के विकास की दिशा में हो कि पर्यावरण को भी बचाया जा सके और फिर किसानों को भी एक सम्मानित जीवन मिल सके, लेकिन आज स्थिति उलटी है। इस गाँव को ही देखें। मेरा इस गाँव से पचास साल से सम्बन्ध रहा है। हालाँकि बीच में काफी दिनों बाहर भी रहा था। यहाँ के किसान बहुत मेहनती थे। सब लोग मेहनत करते थे और उनमें

आत्मसम्मान का बोध भी था, लेकिन आज इस गाँव का कोई भी नौजवान खेती की बात नहीं सोचता है। खेती के बजाय एक चपरासी की नौकरी कहीं मिल जाए तो वह उस ओर भागेगा। यहाँ पर नौजवान लड़के कॉलेज-स्कूल में पढ़नेवाले रोड पर दौड़ लगाकर अभ्यास करते हैं ताकि फौज में कोई नौकरी मिल जाए, लेकिन कोई भी नहीं सोचता है कि हम खेती करके जीवन निर्वाह करें।

जो यहाँ बड़े किसान हैं, अपना खेती दूसरों को सात-आठ हजार रुपया सालाना लीज पर देते हैं। उसके बाद उस खेत में इतना ज्यादा खाद, कीटनाशक डालते हैं कि चार-पाँच साल में पैसा तो कमा लेते हैं, लेकिन जमीन बंजर हेने लगती है। तो यह स्थिति हो गई है कि किसान तो खेती को उच्च दर्जे का पेशा समझता था, बड़ा सम्मानित पेशा समझता था, उसके प्रति उसका रुख बदल रहा है। वह छोटी-छोटी नौकरी बाहर मिल जाने को ही ठीक मानता है। आप लोगों ने भी सुना होगा, हम लोगों के समय बड़ा प्रचलित कथन था, "उत्तम खेती, मध्यम बान, निकृष्ट चाकरी, भीख निदान", इस प्रकार पेशा को चार भागों में बाँटा गया था, जिसमें सबसे उत्तम खेती को माना गया, दूसरा वाणिज्य, तीसरा सेवा और भीख को सबसे खराब माना जाता था। लेकिन आज हर नौजवान नौकरी यानी सेवा जो तीसरे स्थान पर आता था, करना चाहता है। एक स्वतंत्र और अपने बूते पर खेती करके इज्जत की जीवन जीने की नहीं सोचता है। वह किसी दफ्तर में जाएगा, चाकरी करेगा, साहेब के पीछे 'हुजूर-हुजूर' करता रहेगा। उसमें उसको कोई ग्लानि नहीं होती है। अपने बूते पर इज्जत के साथ खेती करे, ऐसी बात नहीं सोचता है। तो पूरी एक सभ्यता बदल गई है, पूरा संस्कार बदल रहा है। सबसे जरूरी चीज है, ये जो नई तरह की खेती की बात हो रही है, उसमें फायदा लोगों को लगने लगे तो फिर एक संस्कार बदलेगा और आदमी एक सम्मानित जीवन जीने के लिए तैयार होगा।

इसलिए किसान आन्दोलन की प्रासंगिकता पहले से ज्यादा बढ़ गई है। आज पर्यावरण के संकट की बात होती है। दो-तीन दिन पहले पर्यावरण दिवस था। दुनिया भर का ढोल बजाकर जहाँ-तहाँ बड़ी-बड़ी सभाएँ हुईं, लेकिन आप पर्यावरण की रक्षा कैसे करेंगे? दुनिया भर का फर्टिलाइजर इस्तेमाल करेंगे, दुनिया भर का पेस्टीसाइड का इस्तेमाल करेंगे, एयर-कंडीशन में रहेंगे, दिन-रात पर्यावरण को नष्ट करनेवाले उपकरणों का इस्तेमाल कर रहे हैं और उसके बाद आप पर्यावरण दिवस मना रहे हैं।

तो पर्यावरण की रक्षा के लिए भी जरूरी है कि किसान पारम्परिक खेती करें, जिसमें रसायन वगैरह की जरूरत नहीं होती है। पारम्परिक ढंग की ऐसी खेती विकसित की जाए, जिससे ज्यादा पैदावार भी बढ़ सके। एक और दिलचस्प चीज है कि आप में जिन लोगों ने पढ़ा हागा उनको पता होगा कि अर्थशास्त्र में एक नियम है, जिसे 'थ्योरी ऑफ डिमिनिशिंग रिटर्न' (घटती आय का सिद्धान्त) कहते हैं, जिसमें दिन-प्रतिदिन लागत तो बढ़ती है, लेकिन आमदनी कम होती जाती है।

इस सिद्धान्त को समझाने के लिए उदाहरण ही फर्टिलाइजर का दिया जाता है कि इस साल अगर 7 किलो फर्टिलाइजर डालते हैं, तो उतनी ही ऊपज होने के लिए अगले साल आपको 8 किलो फर्टिलाइर देना होगा। आप जो लागत लगाते हैं, दिन-प्रतिदिन उसका फायदा घटता चला जाता है। उसके बाद भी आप लोगों को कहते चले जा रहे हैं कि फर्टिलाइजर का इस्तेमाल कीजिए। तो पूरी व्यवस्था के ऊपर ये जो बड़े पूँजीपतियों व उनके जो समूह हैं, उनकी एक गिरफ्त है।

आगे हमें लगता है कि कृषि के लिए या समाज के लिए या पर्यावरण के लिए रास्ता तो यही है कि जो पारम्परिक या प्राकृतिक स्रोत हैं, उसी में शोध किया जाए कि कैसे प्रकृति को नुकसान पहुँचाए बिना उसका विकास करते हुए कृषि को लाभकारी बनाया जाए।

(चकगुलामुद्दीन, वैशाली के किसान समागम में 3 मई, 2015 को दिया गया भाषण)

मीडिया की भूमिका

मैं अनुमति चाहूँगा कि चर्चित विषय को थोड़ा भिन्न तरह से प्रस्तुत करूँ। विकास के सन्दर्भ में मीडिया की भूमिका की जगह विकास के निर्धारण में मीडिया की भूमिका पर विचार करना ज्यादा समीचीन लगता है। विकास का प्रारूप प्रस्तुत करनेवाले लोगों की कल्पना भिन्न-भिन्न हो सकती है। विश्व बैंक, हमारा योजना आयोग या विभिन्न राजनीतिक दलों की विकास सम्बन्धी धारणाएँ भिन्न-भिन्न हो सकती हैं। इसकी कल्पना सदा परिवर्तन की प्रक्रिया से गुजरती है, लेकिन एक आदर्श के रूप में इस सन्दर्भ में मीडिया की अपनी निर्धारित भूमिका है। आदर्श रूप में मीडिया की भूमिका लोगों को जानकारी प्रदान करना और उनके हितों की रक्षा करना है। इस दृष्टि से इसे विकास के किसी मॉडेल का प्रवर्तक या विस्तारक नहीं बनना है। एक स्वतंत्र दृष्टि के अभाव में मीडिया का सरकार का प्रकाशन विभाग बन जाने का खतरा है।

मीडिया की भूमिका सम्बन्धी दृष्टि में इस बदलाव का सुझाव इसलिए दिया है क्योंकि विकास की दिशा सदा सत्तारूढ़ राजनीतिक खिलाड़ियों द्वारा तय होती है और कभी-कभी उनके द्वारा निर्धारित दिशा के विनाशकारी परिणाम होते हैं। यहाँ हम सिर्फ दो उदाहरण देंगे।

नेहरू के समय दूसरी पंचवर्षीय योजना की शुरुआत 'समाजवादी ढाँचे के समाज' के नारे के साथ हुई थी, लेकिन इस योजना के फलस्वरूप देश में खाद्यान्न की घोर किल्लत हो गई और देश को बड़े पैमाने पर अमेरिका से पी.एल. 480 के तहत अन्न का आयात करना पड़ा। आज हम एक उदारीकृत अर्थव्यवस्था में रह रहे हैं और चालू खाते के गम्भीर घाटे का सामना कर रहे हैं, जिससे विदेशी मुद्रा का भारी संकट पैदा हो गया है। जहाँ विकास के ढाँचे पर इस तरह के विपरीत दबावों का प्रभाव पड़ता है वहाँ मीडिया विकास की नीतियों का बिना हीला-हवाला समर्थक नहीं बन सकता। इसकी भूमिका निश्चित रूप से आलोचक और सुधारक की होगी। दरअसल, इतिहास में इसकी यही मूल भूमिका रही है, जिसका निर्वाह इसने भारी जोखिम उठाकर किया है।

अच्छाई या बुराई की दिशा में सभी महत्त्वपूर्ण बदलावों में जनता की भागीदारी जरूरी होती है। जनता सदा भावनाओं को उद्वेलित करनेवाले नेताओं के प्रभाव से

गतिशील होती है। ये नेता उपलब्ध प्रचार माध्यमों का उपयोग करते हैं। छपाई के प्रारम्भ के बाद अखबार जनसंचार के सबसे प्रमुख साधन बन गए और आज भी इनका स्थान सबसे अधिक महत्त्वपूर्ण है—हालाँकि हाल के दिनों में टीवी और इंटरनेट कुछ खास मामलों में अधिक कारगर साबित हो रहे हैं।

महात्मा गांधी ने, जिन में लोगों में चेतना फैलाने की विलक्षण क्षमता थी, दक्षिण अफ्रीका में भारतीयों के अधिकारों और आत्मसम्मान की अपनी लड़ाई के क्रम में अंग्रेजी और गुजराती में 'इंडियन ओपिनियन' नामक पत्रिका निकाली ताकि ज्यादा-से-ज्यादा भारतीयों तक अपनी बात पहुँचा सकें। यह वहाँ के भारतीयों का आन्दोलन के संवाद को पहुँचाने और उन्हें प्रेरित करने का मुख्य माध्यम बन गया। इसके बाद जब वे भारत आए तब उन्होंने अंग्रेजी में 'यंग इंडिया' और गुजराती में 'नव जीवन' का प्रकाशन शुरू किया। इन पत्रिकाओं ने उनके संवाद को लोगों तक पहुँचाने में महत्त्वपूर्ण भूमिका निभाई। लेनिन ने अपनी पत्रिका 'इस्करा' (चिंगारी) का सहारा रूसी जनता में क्रान्तिकारी भावना प्रज्वलित करने के लिए किया।

स्वाभाविक था कि सत्ताधारी लोग सदा ऐसे प्रकाशनों से खौफ खाएँ और उन पर लगाम लगाने की कोशिश करें। नेपोलियन के इस कथन का उल्लेख है कि "चार अखबार मैदान में एक लाख सिपाहियों से ज्यादा नुकसान पहुँचा सकते हैं।" बीसवीं सदी के प्रारम्भ में 'युगान्तर' नामक एक बांग्ला पत्रिका को अंग्रेजी सरकार द्वारा प्रतिबन्धित किया गया था। इस दमन के समर्थन में उस समय के ब्रिटिश सेक्रेटरी ऑफ स्टेट फॉर इंडिया का बयान इसी भावना का एक दूसरा नमूना है। उनका बयान था, "एक आग सुलगानेवाला लेख खूनी वारदात का अभिन्न हिस्सा है। आप कलम और स्याही में वैसे ही पिकरिक एसिड भर सकते हैं जैसे किसी इस्पात के बम में। ऐसे मामलों में लोगों की बदअमनी की बात करना बात का बतंगड़ करना है।" अपनी इस धारणा के अनुरूप अंग्रेज शासक भारत के राष्ट्रवादी प्रेस पर लगातार धावा बोलते रहे। 1916 के प्रेस एक्ट के तहत भारत में निर्भीक पत्रकारिता के अग्रदूत गणेश शंकर विद्यार्थी के अखबार 'प्रताप' पर बार-बार जुर्माना लगाया जाता रहा। बाद में उन्हें कई बार जेल भी जाना पड़ा। 1975 में जब तत्कालीन प्रधानमंत्री इन्दिरा गांधी ने देश में आपातकाल की घोषणा कर दी तो पूरे प्रेस पर सेंसरशिप लागू कर दी गई।

लेकिन प्रेस पर इस तरह सीधा हमला करने से सरकारों को अक्सर शर्मसार होना पड़ता है। इसलिए हाल के दिनों में प्रेस को मारने की बजाय इसे खरीदने की कोशिश होती है। इसके फलस्वरूप प्रेस या इसके शक्तिशाली हिस्से की भूमिका संदिग्ध होती गई है। बहुत ही चालाकी से चुपचाप यह जनता के प्रहरी की भूमिका को तिलांजलि दे छल-छद्म के उस पवित्र ताने-बाने में, जो सभी

प्रभुता सम्पन्न संस्कृति का मूलाधार है, संलिप्त होती गई है। पेड न्यूज (पैसे देकर छपवाए समाचार) और भारी-भरकम विज्ञापनों ने जनता के पहरुओं की इसकी भूमिका को काफी संदिग्ध बना दिया है। स्थिति इतनी दूर तक चली गई है कि प्रेस कौंसिल के अध्यक्ष जस्टिस काटजू ने इसकी खुलकर आलोचना की है।

हमारे समय में विकास का अर्थ आधुनिक औद्योगिक सभ्यता बन गया है, जिसके चमकते आवरण के पीछे त्रासद पीड़ा तथा आमजनों और उनके परिवेश के नष्ट होने की कहानी छिपी है और यह अनवरत चलनेवाली प्रक्रिया बन गई है। अमेरिका समेत पश्चिमी देशों ने एशिया, अफ्रीका और लातीनी अमेरिका के लोगों पर वर्णनातीत जुल्म ढहाकर अपने यहाँ आधुनिक औद्योगीकरण का विस्तार किया। आज भी ये अपने उद्योगों के विस्तार के लिए दुनिया के भू-भागों में अपना दायरा फैलाने और उनके प्राकृतिक साधनों के दोहन में सक्रिय हैं। इसके लिए इन्हें अनवरत छोटे और बड़े युद्धों को जारी रखना होता है। यह सब काफी गन्दा काम है और इन्हें आँखों से ओझल रखने के लिए भारी प्रयास होते हैं।

माना जाता है कि अमेरिका में प्रेस स्वतंत्र है, लेकिन कुछ उदाहरण बतलाते हैं कि स्वतंत्रता का यह मुखौटा उसी क्षण उतर जाता है जब इसके असली चेहरे या इसके सामरिक हित को छूने के प्रयास होते हैं। फिर भी यह मानना होगा कि वहाँ ऐसे साहसी जीव हैं जो प्रेस की स्वतंत्रता का झंडा लहराने का प्रयास करते हैं।

रहस्य खोलनेवाली एक घटना वियतनाम युद्ध के बाद सामने आई, जिसमें अमेरिका फ्रांसीसी साम्राज्य की लड़खड़ाती शक्ति को बचाने के लिए युद्ध में शामिल हुआ। हालाँकि वियतनामी जनता ने अमेरिका को शिकस्त दी। अमेरिकी फौज ने वहाँ अकथ ज्यादतियाँ की थीं। पेंटागन (अमेरिकी सैन्य संस्थान) ने वहाँ जो भी घटित हुआ था, उस पर विस्तृत ब्योरा तैयार कराया था, लेकिन इसे पूरी तरह गोपनीय रखा गया था। जून 1971 से 'न्यूयॉर्क टाइम्स' ने किसी तरह इसे हासिल कर इसे प्रकाशित करना शुरू किया। अमेरिकी सरकार ने तुरन्त इसका प्रकाशन बन्द कराने के लिए इस पर मुकदमा ठोंक दिया। हालाँकि वहाँ के फेडरल कोर्ट ने इस रोक के प्रयास को निष्फल कर दिया।

बी.बी.सी. भी, जो कि अपने निष्पक्ष रिपोर्टिंग के लिए ख्यात है, टोनी ब्लेयर के इस बयान से उठे विवाद के बाद, जिसमें कहा गया था कि इराक पैंतालीस मिनट में पश्चिमी देशों पर हमला करने के लिए सक्षम है, काफी नियंत्रण झेलता रहा है। कारण यह था कि इराक पश्चिमी देशों को पेट्रोलियम उपलब्ध करानेवाले ताने-बाने का महत्त्वपूर्ण भाग था।

बड़ी शक्तियों की गोपनीय बातों को जनता के सामने लाने में निहित जोखिम का नवीनतम उदाहरण 'विकीलिक्स' के मुख्य सम्पादक जुलियन अंसाजे का है,

जिन्होंने संसार भर के बड़े अधिकारियों के गोपनीय संवादों का पर्दाफाश किया। वे महीनों से एक देश के दूतावास में शरण लेने को मजबूर हैं। हाल की दूसरी घटना स्नोडेन की है, जिन्होंने अमेरिकी सरकार द्वारा नागरिकों के जीवन में खुफियागीरी का पर्दाफाश किया। अभी वे रूस में पनाह लिये हुए हैं।

खदानों या विकास सम्बन्धी दूसरे कामों के लिए हमारे अपने देश में ही भारी संख्या में लोगों को उनके परिवेश से विस्थापित किया जा रहा है। इसमें सबसे ज्यादा बेबस जनजातीय लोग हैं जो दूर-दराज के पर्वतीय और जंगलों के इलाकों में रहते हैं। उनकी व्यथा के सम्बन्ध में कम ही जानकारी हो पाती है। शायद हमारी मीडिया ने इनके दमन को विकास का अपरिहार्य हिस्सा मान लिया है। अंशत: तो इसका कारण यह भी हो सकता है कि कुछ दूर-दराज इलाकों में पत्रकार दोहरे खतरे का निशाना बन जाते हैं। सरकारी तंत्र की निगाह में अगर उस भू-भाग में माओवादियों की उपस्थिति है, वे माओवादी समर्थक मान लिए जाते हैं और प्रताड़ित होते हैं। दूसरी ओर माओवादी उन्हें ख़ुफिया तंत्र का हिस्सा मान लेते हैं और हत्या भी कर सकते हैं।

सबसे बड़ी समस्या उस मूल्यबोध की है जिसे प्रेस को अपनाना है। प्रारम्भ में अन्य लोगों की तरह प्रेस का भी मूल सिद्धान्त था—सही या गलत देश के हित की रक्षा करना। यह देशभक्ति थी। राष्ट्र की सेवा में कुछ भी करना क्षम्य था, लेकिन वह सेवा क्या है, यह कभी स्पष्ट नहीं था। शायद अब आधुनिक विकास और नई प्रौद्योगिकी की चकाचौंध से इसका रूप साफ होता गया है। इसे चिह्नित किया गया है, देश के एक छोर से दूसरे छोर तक सड़कों का जाल—एक पूर्व प्रधानमंत्री ने इसे 'स्वर्ण चतुर्भुज योजना' कहा था—गगनचुम्बी इमारतें, मॉल और चमचमाती मोटरगाड़ियों की कतारें और (कहने की जरूरत नहीं) ट्रैफिक जाम।

कुल मिलाकर, आधुनिक विकास दो विपरीत पर अनिवार्य रूप से एक-दूसरे की पूरक स्थितियाँ पैदा करता है। यह ब्रिटिश साहित्यकार ऑस्कर वाइल्ड के विख्यात उपन्यास 'द पिक्चर ऑफ डोरियन ग्रे' की याद दिलाता है। इसका मुख्य पात्र युवक स्वयं अपनी नैतिक भ्रष्टता और चारित्रिक पतन के बावजूद शिष्ट और सुन्दर बना रहता है, लेकिन उसकी तसवीर उसके नैतिक पतन का बोझ ढोते हुए अत्यन्त ही बदसूरत बन जाती है। वर्तमान नगरों के चमकदार चेहरे के पूरक होते हैं आदिवासियों के वीरान होते घर और उजड़ते वन प्रदेश एवं नगरों की गन्दी बस्तियाँ, जहाँ इसका बोझ उठानेवाले गरीब रहते हैं। पेशे के प्रति प्रतिबद्धता की माँग होती है कि पत्रकार उन लोगों की व्यथा को उजागर करें जिनके खून और आँसू हमारे नगरों को रौशन करते हैं। क्या यह भूमिका विकास की सहायक मानी जा सकती है?

मीडिया विकास का एक वैकल्पिक रूप रेखा नहीं तैयार कर सकती, लेकिन यह उन अतियों को उजागर कर सकती है जिनसे आम लोगों की जिन्दगी तबाह होती है। वर्तमान विकास के बुनियादी दोष को रेखांकित करते हुए यह भी कबूल करना होगा कि इसके कुछ सकारात्मक पहलू भी हैं—जैसे बहुसंख्य लोगों को शिक्षित करने की सम्भावना, एक बड़ी संख्या के लिए चिकित्सा सेवा का खुलना और समानता की भूख जगाना—जिसमें नर-नारी समता भी शामिल है। इन प्रक्रियाओं को प्रोत्साहित करना और उनकी पूर्ति के लिए बौद्धिक वातावरण तैयार करने का काम मीडिया आज भी कर सकती है। यह मीडिया का विकास की प्रक्रिया में सार्थक सहयोग हो सकता है।

कुछ विविध विषयों पर लेख

आदमी विचारधारा में ही जीता है

'ज्ञानपीठ पुरस्कार' के लिए चुने जाने के बाद पत्रकारों और साहित्यकारों से एक भेंटवार्ता में निर्मल वर्मा ने साहित्य और राजनीति के सम्बन्धों पर कुछ महत्त्वपूर्ण विचार व्यक्त किए हैं। ये हैं : 1. सेकुलरवादी विचारधारा यूरोपीय विचारधारा है जहाँ धर्म और लौकिक जीवन अलग-अलग रहे हैं। यह भारत के लिए प्रासंगिक नहीं है, 2. हमारे यहाँ सेकुलरवादी भी छद्म सेकुलरवादी हैं; 3. वे समान नागरिक संहिता के बारे में भी सेकुलर नहीं हैं; और 4. लेखक को किसी विचारधारा का गुलाम नहीं होना चाहिए और अब समय आ गया है कि धर्म और विश्वास, परम्परा, समाज जैसे प्रश्नों को राजनीतिकों पर छोड़ देने की बजाय लेखक और बुद्धिजीवी उनका पार्टी की सभाओं से ऊपर उठकर अपने चिन्तन और विवेक से उत्तर दें। ये काफी दूरगामी स्थापनाएँ हैं और निर्मल जी जैसे प्रतिष्ठित साहित्यकार और विचारक जब इन्हें प्रस्तुत करते हैं तो इनका प्रभाव व्यापक हो सकता है। इसलिए इन विषयों की परीक्षा जरूरी लगती है।

अन्तिम बात से तो शायद किसी को ऐतराज नहीं होगा, हालाँकि बुद्धिजीवी और राजनेता का विभाजन थोड़ा कठिन है। मार्क्स, क्रोपाटकिन, वेबर और महात्मा गांधी को हम किस कोटि में रखेंगे?

अब पहली स्थापना को लें। क्या सेकुलरवादी विचारधारा सचमुच में यूरोपीय विचारधारा है और वहाँ धर्म और लौकिक जीवन अलग-अलग थे? इतिहास से यह दावा सिद्ध नहीं होता। लौकिक जीवन पर धर्म का नियंत्रण और आतंक यूरोप में भारत की तुलना में ज्यादा ही रहा है, कम नहीं।

सच पूछा जाए तो सेकुलर विचारधारा की मूल स्थापना न यूरोपीय है और न भारतीय। यह जीवन के दो आयामों, भौतिक आवश्यकताओं और आध्यात्मिक रुझानों के स्वाभाविक विभाजन का प्रतिफल है। इस विभाजन को सबसे स्पष्ट अभिव्यक्ति कहीं है तो यह बाइबल में जीसस क्राइस्ट के जीवन की एक घटना में। यह घटना मैथ्यु द्वारा यों वर्णित है : जीसस को परेशान करने के लिए फारसियों ने जीसस से यह सवाल पूछ दिया, "जीसस, सम्राट को टैक्स देना उचित है या नहीं?" इस पर जीसस ने उनसे कहा, "कर का सिक्का मुझे दिखाओ।" तब वे

एक दीनार (सिक्का) ले आए। फिर जीसस ने इसे दिखलाते हुए उनसे पूछा, "इस पर किस का चित्र और नाम है?" फिर फारसियों ने जवाब दिया, "सीजर (सम्राट) का।" तब जीसस ने कहा, "जो सीजर का है उसे सीजर को दो और जो परमेश्वर का है उसे परमेश्वर को।" यह घटना यूरोप की नहीं पश्चिम एशिया स्थित गैलिली की है जो जीसस का जन्म स्थान और कर्म स्थान, दोनों था। जब ईसाई धर्म रोम में आया और इसके प्रभाव में यूरोप के दूसरे भागों में फैला तब वहाँ की निरंकुश शासन प्रणाली के अनुसार धर्म सत्ता और राज्य सत्ता एक हो गईं। इसमें कभी राजा धर्म सत्ता पर हावी होने का दावा करता था तो कभी पोप राजाओं पर। इसी क्रम में पोपों और राजाओं के संघर्ष हुए, प्रोटेस्टेंट धर्म फैला और धर्मयुद्धों और 'इनाक्विजिशन' ने यूरोप के लोग सदियों 'त्राहि-त्राहि' करते रहे। राजनीतिक जीवन में धर्म संस्थाओं के इसी हस्तक्षेप के खिलाफ 'एनलाइटेनमेंट' के युग के बाद यूरोप में लोकजीवन को धार्मिक रूढ़ियों और कट्टरपन से मुक्त करने के प्रयास हुए और आधुनिक अर्थ में सेकुलरिज्म का जन्म हुआ।

व्यवस्थागत धर्म के बँधन से जितनी छूट पारम्परिक भारतीय समाज में रही है, शायद ही किसी दूसरे समाज में रही हो। इसका एक कारण तो यह भी था कि असंख्य कबीलों और काफी कुछ इन्हीं से निकली अनेक जातियों की अपनी धार्मिक मान्यताएँ थीं और उनके अपने सिविल कोड थे। शायद ही किसी निरंकुश शासक का लोगों की जीवन पद्धतियों में या धर्म के मामले में हस्तक्षेप रहा हो। महाकाव्य काल में, रामायण में एकमात्र घटना का यानी राम द्वारा तपस्या करने के लिए शूद्र शम्बूक के वध का उल्लेख आता है। ऐतिहासिक काल में अल्पकालिक सुंग वंश के ब्राह्मण राजाओं द्वारा, जो अशोक के कुछ काल बाद सत्ता में आए, बड़ी संख्या में बौद्धों और जैनियों के वध और उनके धर्मस्थलों को नष्ट करने का जिक्र प्राकृत विद्वानों के अनुसार जैन ग्रंथों में मिलता है, लेकिन इनको अपवाद ही माना जा सकता है।

एक उदाहरण हमारी जाति व्यवस्था का ही है। अपनी कठोरता व क्रूरता के साथ इसका सहअस्तित्व वेदान्त के साम्य के सिद्धान्त के साथ सदियों से रहा है। जब कबीर ने इस धर्म दर्शन के आधार पर ही वर्ण व्यवस्था को चुनौती दी तो उन्हें ही अवर्णों का सन्त बना दिया गया। धर्म का स्वायत्त अस्तित्व सदा और सिर्फ उन क्षेत्रों में रहा है, जहाँ मनुष्य कुछ चिरन्तन प्रश्नों का जवाब ढूँढ़ता है। जैसे, संसार क्या है, इसकी उत्पत्ति कैसे हुई, हम यहाँ क्यों हैं, जीवन का लक्ष्य क्या है, क्या संसार का कोई नियन्ता है, है तो वह कहाँ से आया, कैसे पैदा हुआ आदि। जहाँ भी अध्यात्म अपने वायवीय क्षेत्र से उतरकर संसार में मनुष्यों के आपसी रिश्तों और जरूरतों के क्षेत्र में दखल देता है, लौकिक और पारलौकिक मूल्यों का संघर्ष पैदा होता है। धर्मनिरपेक्षता दोनों लोकों की उनके अपने क्षेत्रों में स्वायत्तता कबूल

करना है। सेकुलर कसौटियाँ इस दुनिया के अनुभवों पर आधारित होती हैं। धार्मिक कसौटियाँ अज्ञात और गूढ़ हैं। इन्हें मानना, न मानना विश्वास का मामला है।

सेकुलरिज्म के साथ समान नागरिक संहिता को जोड़ने की बात पूरी तरह पश्चिमी दृष्टि को भारत में आरोपित करने का आग्रह है। यूरोपीय सभ्यता ने संसार की विविधता को नष्ट करने के पहले यूरोप में ही इसे नष्ट किया। भारत में तो लोगों के रहन-सहन की विविधता की तरह ही नागरिक संहिताएँ भी वैविध्यपूर्ण रही हैं। पूर्वांचल की जयन्तिया और खासी जनजातियों की मातृसत्तात्मक व्यवस्था की नागरिक संहिता को हम किस साँचे में ढालेंगे? या फिर, इसे ही हम सारे देश की नागरिक संहिता बनाएँगे? जिन्हें भारत के ग्रामीण समाजों का ज्ञान है, वे जानते हैं कि कानून की किताबें में जो भी संहिता हो, आज भी अलग-अलग क्षेत्रों में अलग-अलग जातीय और जनजातीय समाजों में पारम्परिक रीति-रिवाज और औरत-मर्दों के अधिकार इन दारों को प्राय: नजरअन्दाज कर चलते हैं। भारतीय परम्परा में तो विवाह को ही लगभग आधा दर्जन पद्धतियों की मान्यता रही है, जिनमें एक अपहरण तक को मान्यता देती है। विविध समूहों की नागरिक संहिताओं से उन दोषों को हटाना, जिनसे औरतों और अन्य लोगों के साथ अन्याय होता हो या उनके नागरिक अधिकारों का अतिक्रमण होता हो, सभी भारतीयों का नागरिक दायित्व बनता है, लेकिन किसी समूह विशेष की दृष्टि को शक्तिशाली होने के कारण देश के सभी समूहों पर आरोपित करने का आग्रह सर्वशक्तिवादी आग्रह है।

निर्मल जी कहते हैं कि लेखकों को विचारधारा का गुलाम नहीं होना चाहिए। मनुष्य को किसी भी विचार या भावना का गुलाम नहीं होना चाहिए, लेकिन इस सन्दर्भ में 'गुलामी' शब्द का प्रयोग भ्रम पैदा करनेवाला है। कोई भी व्यक्ति विचारधारा का गुलाम नहीं होता क्योंकि यह बाहरी वस्तु नहीं होती। आदमी विचारधारा से, जो व्यक्ति या समूह की विश्वदृष्टि का ही दूसरा नाम है, पूरी तरह आवृत्त होता है। तभी से जब से वह संसार को देखना और समझना शुरू करता है। अपनी इन्द्रियों से प्राप्त सूचनाओं के आधार पर वह अपने चारों ओर एक दृश्यलोक और भावलोक का निर्माण करता है और इसी के भीतर निवास करता है। जैसे हर आदमी का अपना स्वयं का इन्द्रधनुष होता है वैसा ही हर आदमी का यह दृश्य-भावलोक भी होता है। जिस तरह समूह में व्यक्ति जीता है, उसके अन्य व्यक्तियों के अनुभवों के साथ समानता के कारण इन दृश्यभाव लोकों में काफी कुछ समान होता है। यह उस पूरे समूह की विश्वदृष्टि या विचारधारा का आधार बन जाता है। आपसी संवाद से इस दृष्टि में स्थायित्व आता है और कभी-कभी कठोरता भी आती है।

परिवेश में परिवर्तन या किसी व्यक्ति की कोई विलक्षण अनुभूति इस भाव लोक में सूराख पैदा कर सकती है, और अगर यह नई अनुभूति समूह में सम्प्रेषित हो पाती है तो धीरे-धीरे एक नई विश्व-दृष्टि की ओर संक्रमण होने लगता है।

स्वयं धर्म ऐसी ही विचारधारा है : सबसे व्यापक, जो आदमी के लौकिक और आध्ययात्मिक सम्पूर्ण अस्तित्व को धारण करने का दावा करती है। अत: धर्म और विचारधारा को अलग-अलग और एक-दूसरे के विरोधी के रूप में नहीं देखा जा सकता। धर्मों से स्वतंत्र विचारधाराएँ अपेक्षाकृत नई हैं और इसीलिए इन्हें धर्मों से विपरीत उपस्थित करने का आग्रह रहता है, लेकिन दोनों ही मानव मन की समान प्रवृत्तियों से पैदा होती हैं।

कम्युनिस्ट विचारधारा में भी धीरे-धीरे धर्मों की तर्ज पर वैसी रूढ़िवादिता, कर्मकांड और जीवन के सारे आयामों को ग्रसित करने का आग्रह पैदा हो गया था। सम्भवत: जब निर्मल जी विचारधाराओं की गुलामी की बात करते हैं तो उनके मन में कम्युनिस्ट विचारधारा के अपने विशेष अनुभवों से पैदा वितृष्णा होती है। विचारधारा से बाहर जीवन सम्भव नहीं है। हम या तो इन्हें सोच-समझ कर चुनते हैं या अनजाने ही इन्हें आत्मसात कर लेते हैं।

निर्मल जी का यह कहना निर्विवाद रूप से सच है कि कला का सौन्दर्य सत्य को कई कोणों से देखने में है। हम इसी से अप्रत्याशित स्थितियों से साक्षात्कार के अनुभव से चमत्कृत होते हैं, लेकिन कई कोणों से देखने का अर्थ अनिवार्य रूप से विचारधारा से मुक्त होकर देखना नहीं है। कला में सौन्दर्य की अभिव्यक्ति की प्रक्रिया भी 'प्लेटोनिक डायलॉग' की तरह है, जिसमें सभी तरह की विरोधी स्थितियों में विरोधी तर्क विवाद से स्थान लेते हैं, फिर भी सारा विवाद अन्तत: एक निश्चित गंतव्य की ओर ले जाता है। यह बात नाटक में स्पष्ट रूप से दिखाई देती है। एक अच्छे नाटक में विपरीत होते हुए भी सभी पात्रों की दृष्टियों के विश्वसनीय तर्क होते हैं। फिर भी हम खास निष्कर्ष की तरह ही अग्रसर होते हैं। अगर हम खास नतीजे पर पहुँचते तो यह भी नाटककार का सोचा-समझा अभिप्राय हो सकता है और उसके पीछे भी एक विचारधारा हो सकती है।

विख्यात नाटककार जॉर्ज बर्नार्ड शॉ ने तो यहाँ तक कह दिया था कि सभी महान साहित्य प्रचार है। वे खुद भी प्रतिबद्ध फेबियन सोशलिस्ट थे। अगर हम निर्मल जी की इस बात को मान लें कि किसी विचारधारा को लेकर चलनेवाला साहित्य घटित होगा तो शॉ, गोर्की, बेर्टोल्ट ब्रेष्ट, पाब्लो नेरुदा और ऐसे अनेक विख्यात साहित्यकारों को श्रेष्ठ साहित्यकारों की सूची से निकाल देना होगा। स्वयं अपने देश में तुलसी और कबीर को घटिया साहित्यकार मानना होगा क्योंकि उनकी निश्चित विचारधाराएँ थीं। अपने काल में जैनेन्द्र कुमार, यशपाल, नागार्जुन, फणीश्वरनाथ रेणु और रामवृक्ष बेनीपुरी जैसे लोगों के साहित्य को भी खारिज करना होगा।

सबसे विस्मित करनेवाली बात यह है कि निर्मल जी के विमर्श की शब्दावली 'छद्म धर्मनिरपेक्षता', 'समान सिविल कोड' आदि उनकी अपनी नहीं है बल्कि संघ परिवार के तूणीर से उधार ली गई है। यह चिन्ता की बात है, क्योंकि शब्दों के

साथ स्मृतियाँ जुड़ी होती हैं और इन शब्दों के साथ बाबरी मस्जिद के ध्वंस और देश के साम्प्रदायिक माहौल की दारुण स्मृतियाँ जुड़ी हुई हैं। यह सोचना असम्भव है कि निर्मल जी इन स्मृतियों से अपरिचित हैं।

निर्मल जी के विचारों के वर्तमान रुझान को एक अतिरेक के रूप में ही समझा जा सकता है। पश्चिमी सभ्यता के मुकाबले भारतीयता या हिन्दुत्व की श्रेष्ठता को सिद्ध करने का 'ऑब्सेशन'। सभी संवेदनशील भारतीयों में, जो लम्बे समय तक पश्चिम में रहे हैं, अपमानित होने का गहरा भाव होता है। इसके साथ एक हीन भाव भी जुड़ा होता है जिससे उबरना एक अन्तर्भूत दबाव बन जाता है। इससे हर मौके पर पश्चिम के समक्ष अपनी सभ्यता की श्रेष्ठता का इजहार करना जरूरी लगता है। ऐसे लोगों के लिए संघ परिवार की छद्‌म भारतीयता (यह छद्‌म अब भारत सरकार की आर्थिक नीतियों में खुलकर सामने आ रहा है) की गहरी अपील होती है। इसके विपरीत एक आम भारतीय अपनी भारतीयता और उसकी श्रेष्ठता को सहज भाव से मानकर चलता है। वह सबूत नहीं खोजता चलता।

(जनसत्ता, दिल्ली, 15 अप्रैल, 2000)

प्रतिबद्धता का जोखिम

साहित्य, इतिहास और समाजशास्त्र जैसे बौद्धिक कार्यों के क्षेत्र, जिनसे समाज को दिशा मिलती है, भारत में स्वयं अपना स्वतंत्र और स्वायत्त चरित्र खोते दिखाई देते हैं। कुछ लोग यह सवाल भी करेंगे कि यह स्वायत्तता या इसकी चिन्ता हमारे बौद्धिकों में पहले भी रही है क्या? अभी साहित्य अकादमी के अध्यक्ष पद के चुनाव को लेकर जिस तरह के विवाद उठे, उससे स्पष्ट दिखाई दिया कि चुनाव प्रचार की तल्खी के पीछे वह मानसिकता काम कर रही थी जिसका शिकार देश का इतिहास लेखन और शिक्षा संस्थान पिछले दिनों होते रहे हैं। महाश्वेता देवी को तो शायद इसकी कल्पना भी नहीं रही होगी कि उनकी उम्मीदवारी को साहित्य अकादमी की पिछली अक्षमताओं और पक्षपात के आरोपों के साथ जोड़कर प्रस्तुत किया जाएगा। साहित्य अकादमी जैसी संस्थाओं की अध्यक्षता का पद मूलत: प्रतिष्ठा का होता है या होना चाहिए क्योंकि आम तौर से बड़ा साहित्यकार न तो संस्कारों से प्रशासक होता है और न ही उसके पास ऐसे कामों के लिए यथेष्ट अवकाश हो सकता है।

यह भी पूछा जा सकता है कि साहित्य-सृजन के लिए समुचित वातावरण तैयार करने में किसी स्थापित प्रशासनिक व्यवस्था की भूमिका हो सकती है क्या? दुनिया के साहित्यकार बड़े साहित्यकारों और कलाकारों ने व्यवस्था और स्वयं अपनी विधाओं में स्थापित मानकों को चुनौती देकर ही अपना सृजन-कर्म किया है। साहित्य और कलाओं के बड़े प्रतिष्ठानों की भूमिका नगण्य रही है या प्रत्यक्ष रूप से बाधक। इस तरह की संस्थाओं की स्थापना में यह खतरा निहित होता है कि आर्थिक या अन्य तरह के समर्थन की ख्वाहिश से ये संस्थाएँ स्थापित राज्यसत्ता या प्रभुतासम्पन्न वर्गों के प्रभाव में काम करने लगें। अपने क्षेत्र में किसी नई धारा या सोच को प्रसारित करने के लिए साहित्यकारों की अपनी संस्थाओं का होना अलग बात है। ऐसी संस्थाओं के बीच होनेवाली बहस और आपसी संवाद से सृजन की नई दिशाएँ निकलती हैं। राजाश्रय से चलनेवाली संस्थाओं में चापलूसी ही अधिक चलती है।

स्थापित संस्थाओं के प्रभाव से मौलिकता को बचाए रखने की चिन्ता बड़े विचारकों और दार्शनिकों के सामने सदा रही है। बट्रेंड रसेल ने यह सुझाव दिया

था कि मौलिक कार्य सम्भव हों, इसके लिए समाज को इस बात की गारंटी देनी चाहिए कि कोई भी आदमी न्यूनतम आवश्यक वस्तुओं यथा भोजन-वस्त्र आदि से वंचित नहीं हो, चाहे वह समाज द्वारा मान्यता प्राप्त उद्यम में लगा हो अथवा नहीं। लेकिन इससे अधिक वह समाज से तभी पाए जब वह समाज द्वारा मान्य कोई कार्य करे। अगर कोई रचनाकार अपने विशेष रुझानों के लिए सुविधाओं से वंचित रहने के लिए तैयार है तो उसे इसकी छूट होगी। ऐसे में कलाधर्मी या साहित्यकार अपनी रचना के प्रति विश्वास और उसके लिए वर्जनाओं को बर्दाश्त करने की शक्ति से ही सफलता की आशा कर सकता है। इसमें स्पष्टत: सफलता के मानक उसके अपने कलाधर्म में ही निहित होंगे, सफलता के बाहरी प्रतीक यानी धन, पद, यश आदि नहीं।

साहित्यकार या कलाकार की असली समस्या यह नहीं होती कि उसे किसी प्रतिष्ठान की सहायता मिलती है या नहीं बल्कि यह कि वह अपनी अनुभूतियों को ईमानदारी के साथ अभिव्यक्त कर सकता है या नहीं? बर्तोल्त ब्रेख्त ने, जिसकी पुस्तकों की होली सत्ता में आने के तुरन्त बाद 10 मई 1943 में नाजियों ने जलाई थी, रचनाकारों के लिए यह सूत्र दिया था : 'कोई भी व्यक्ति जो आज झूठ और अज्ञान से संघर्ष करना चाहता है और सच्ची बातें लिखना चाहता है, उसे पाँच नियमों का पालन करना होगा। उसमें इसका साहस होना चाहिए कि सच्ची बातें लिखे, भले ही इसे हर जगह दबाया जा रहा हो, यह कला आनी चाहिए कि इसकी पहचान कर सके, हालाँकि हर जगह इस पर पर्दा डाला जा रहा हो, यह कला आनी चाहिए कि इसे साफ औजार की तरह इस्तेमाल कर सके, उन लोगों को पहचानने का विवेक होना चाहिए जिनके हाथ में यह कारगर हो सके। यह कठिनाई उन लोगों के लिए बहुत अधिक है जो फासीवाद के तहत रह रहे हैं, लेकिन यह खतरा उन लोगों के लिए भी है जो वहाँ से निकल भागे हैं, उनके लिए भी जो नागरिक आजादी वाले देशों में लिख रहे हैं।'

इस सूत्र में यह बात निहित थी कि कम्युनिस्ट व्यवस्थाओं के भीतर भी लेखकों की नियति इससे भिन्न नहीं हो सकती। इससे असली निष्कर्ष यह निकलता है कि बिना भेदभाव के सभी तरह की व्यवस्थाओं के भीतर साहित्यकारों में अपनी लेखकीय स्वतंत्रता को अक्षुण्ण रखने की प्रतिबद्धता होनी चाहिए। साहित्य अकादमी जैसी संस्थाओं की भूमिका को इसी पृष्ठभूमि में आँकना चाहिए।

साहित्य अकादमी के चुनाव के पीछे घनीभूत होती आशंका का कारण यह है कि संघ परिवार और इसके साये में चलनेवाली सरकार निश्चित रूप से फासीवादी प्रवृत्तियों को बढ़ावा दे रही है। अभी तक पुस्तकों को जलाने का अभियान तो नहीं शुरू हुआ है, लेकिन जिस तरह वाराणसी में दीपा मेहता की 'वॉटर' फिल्म के निर्माण को हिंसक आक्रमण से रोक दिया गया और मुम्बई में शिव सैनिक

समय-समय पर फिल्मों के प्रदर्शन आदि को लेकर हंगामा करते रहे हैं, वह इसी मानसिकता का दूसरा रूप है। मुरली मनोहर जोशी पुस्तकों को जलाने के बदले उनके प्रकाशनों को नियंत्रित करके और एक खास कार्यसूची के तहत कुछ को प्रोत्साहित कर वही ध्येय हासिल करना चाहते हैं जिसे हिटलर ने पुस्तकों की होली जलाकर हासिल किया था, यानी विचारों की निर्बाध अभिव्यक्ति एवं सभी तरह के विचारों से अवगत होने के लोगों के अधिकार को नकारना। यह भी एक विडम्बना ही है कि यह सब तब किया जा रहा है जब सूचना के अधिकार का सबसे अधिक ढिंढोरा पीटा जा रहा है। लोगों में आशंका यह है कि अब साहित्य अकादमी भी वैसे ही नियंत्रण में जा रही है, जैसी अभी इतिहास, समाजशास्त्र आदि की संस्थाएँ चल रही हैं, लेकिन इस आशंका के पीछे शायद रचनाकारों में पर-निर्भरता और राज्याश्रय की तरफ निहारने की प्रवृत्ति भी काम कर रही है। अगर यह सोच नहीं तो रचनाकारों के लिए इस बात से क्या फर्क पड़ता है कि इस सरकारी साहित्यिक संस्था पर कौन लोग हावी हैं? अगर यह संस्था साहित्यकार की स्वायत्तता और साहित्य की गुणवत्ता का तिरस्कार करती है तो साहित्यकार भी इसे और इसके पुरस्कारों को अस्वीकार कर सकते हैं।

इन बातों पर विचार करने से लगता है कि विवाद के पीछे सृजन की आजादी के प्रति गहरी प्रतिबद्धता का अभाव है। यह कोई अचरज की बात भी नहीं है। भारतीय साहित्यकारों में इक्के-दुक्के अपवादों को छोड़ ज्यादातर लोग कभी भी अपने देश या दूसरे देशों में साहित्यकारों की आजादी पर हुए हमले के खिलाफ खड़ा होने का मन नहीं बना पाए हैं या साहस नहीं जुटा पाते हैं। 1975-77 के आपातकाल को ही लें। उस काल में दो-चार आदर योग्य अपवादों को छोड़ दें तो—जिनमें कुछ लोग इस पूरे काल में मीसा के तहत बन्द रहे—सभी साहित्यकार मौन रहे और उन्होंने कुछ भी ऐसा नहीं किया जिससे जोखिम उठाना पड़े। अभी सबसे अधिक चिन्तित दिखाई देनेवाले प्रगतिशील धारा से जुड़े साहित्यकारों का एक हिस्सा इस काल के दमन का समर्थक ही बना रहा। भारतीय साहित्य में प्रगतिशील या जनवादी कही जानेवाली साहित्यिक धारा में लेखन और चिन्तन की बिना शर्त आजादी को कभी बुनियादी मूल्य के रूप में स्वीकार नहीं किया गया। मनुष्य की आजादी भी इस धारा के लोगों के लिए ठीक वैसा ही है जैसा फासीवाद धारा के लिए अपने आप में निर्विवाद मूल्य नहीं। आजादी के अधिकारी वे ही हैं जो 'क्रान्ति' के हित में हैं या लिखते-बोलते हैं, बाकी लोगों का स्थान तो इतिहास के कूड़ेदान में है। और इसी तर्क से उनकी रचनाओं का स्थान भी वही होना चाहिए।

लेखकीय आजादी के प्रति इसी दृष्टि का नतीजा था कि सोवियत संघ के साहित्यकारों और कलाकारों के ऊपर होनेवाले निर्मम दमन के खिलाफ भारत के प्रगतिवादी एवं जनवादी लेखकों ने कभी आवाज नहीं उठाई। स्टालिन के मरने के

बाद ख्रुश्चेव द्वारा लाए गए परिवर्तनों के काल में भी जब सोवियत संघ के बाहर की कई कम्युनिस्ट पार्टियों और इस धारा से जुड़ी साहित्यिक संस्थाओं ने सोवियत संघ में लेखकों के खिलाफ होनेवाले दमन की आलोचना की, भारत की जनवादी धारा ने कभी भी ऐसे दमन के खिलाफ आवाज नहीं उठाई।

लेखकीय कार्य के लिए दमन का सबसे कुख्यात नमूना सोवियत संघ में 1966 में एंद्रे सिन्यावस्की और यूरी दैनियल का मुकदमा और उनकी सजा थी। यह मुकदमा उनके व्यंग्य लेखन को सोवियत संघ से बाहर छपवाने के सम्बन्ध में था और उन्हें इसके लिए क्रमश: सात वर्ष और पाँच वर्ष के सश्रम कारावास की सजा दी गई थी। इस मुकदमे के खिलाफ दुनिया भर के लेखकों और बुद्धिजीवियों ने आवाज उठाई। गुंटर ग्रास, ग्राहम ग्रीन, मौरिया, आर्थर मिलर और इग्नाजियो सिलोने ने उनके मामले को संसार भर के बुद्धिजीवियों के लिए गहरी चिन्ता का विषय बताया था। संसार भर के हजारों लेखकों और बुद्धिजीवियों ने सोवियत सरकार को लिखकर अपना विरोध प्रदर्शित किया था, 'पेन' की अनेक देशों की इकाइयों ने अपना विरोध जताया था। 'पेन' के अखिल भारतीय केन्द्र से सोफिया वाडिया ने विरोध प्रकट किया था। सम्भवत: दुनिया के कम ही बड़े लेखक और बुद्धिजीवी रहे हों, जिन्होंने अपना विरोध न प्रकट किया हो। यहाँ तक की ब्रिटेन की कम्युनिस्ट पार्टी के सेक्रेटरी जॉन गोलान ने भी 'डेली वर्कर' में इसकी आलोचना की। इसी तरह फिनलैंड, डेनमार्क और नार्वे की कम्युनिस्ट पार्टी के मुखपत्रों में भी इसकी आलोचना हुई। भारत में विजयलक्ष्मी पंडित, राममनोहर लोहिया, पी.एन. सप्रू आदि सांसदों के अलावा सौ से अधिक लेखकों और शिक्षाविदों ने इसके विरोध में सोवियत सरकार को तार भेजे, लेकिन इन नामों में कहीं किसी जनवादी बड़े साहित्यकार का नाम नहीं था। यह लेखकों के अधिकार के मामले में दिल दहलानेवाली तटस्थता थी। दरअसल, आज भारत में हम लेखकों की आजादी और स्वयं उनके अपने कर्तव्य के बारे में वही विरासत ढो रहे हैं।

वे साहित्यकार, जो अपनी प्रतिबद्धता के लिए कोई बड़ा जोखिम उठाना नहीं चाहते, साहित्येतर दुनिया के प्रतिष्ठानों और शासन का सहारा सहज भाव से ढूँढ़ते हैं। कोई जरूरी नहीं कि वह स्थापित सत्ता ही हो। यह सहारा भविष्य में सत्ता का कोई वैकल्पिक और विश्वसनीय दावेदार भी हो सकता है। इस दृष्टि के समर्थन में साहित्येतर कसौटियों जैसे प्रगतिशील, प्रतिगामी के आधार पर साहित्य को बाँटने की कोशिश होती है। साहित्य की ऐसी कसौटियाँ भी होती हैं, लेकिन इस कसौटी पर घटिया साहित्य को ऊँचा दर्जा नहीं दिया जा सकता। चूँकि जनवादी साहित्यकारों में अधिकांश मार्क्सवादी होने का दावा करते हैं, उन्हें याद दिलाना जरूरी है कि स्वयं मार्क्स ने साहित्य का आकलन अपने वैचारिक रुझान से नहीं किया। मार्क्स अपने काल का सबसे बड़ा साहित्यकार बालजाक को मानते थे जो उस समय

की उदीयमान पूँजीवादी संस्कृति का आलोचक था और उसकी अपनी सहानुभूति पुराने मरणासन्न समाज की मर्यादाओं से थी। हालाँकि गोर्की स्वयं सोवियत संघ में साहित्यकारों पर होनेवाले दमन के बारे में प्राय: मौन रहे, लेकिन एक बार उन्होंने किसी विदेशी को साक्षात्कार में 'सोशलिस्ट रियलिज्म' को 'गरीब लोगों के लिए गरीब कला' कहा था। प्रगतिशील लेखकों का साहित्य के सम्बन्ध में आकलन उनका निजी मामला है, लेकिन जब तब वे सिद्धान्तत: साहित्य के क्षेत्र में किसी भी राजकीय संस्था के हस्तक्षेप को अस्वीकार नहीं करते, लेखकीय आजादी को प्रत्यक्ष या परोक्ष रूप से नियंत्रित करने के प्रयासों का विश्सनीय रूप से विरोध नहीं कर सकते। यह चुनौती है, जिसे सभी साहितयकारों और कलाकर्मियों को स्वीकार करना चाहिए—यानी वे अपने समुदाय के बाहर के किसी सरकारी या गैर-सरकारी आकलन और उनके पुरस्कारों को अपने आकलन में नजरअन्दाज करते रहेंगे।

(सामयिक वार्ता, अप्रैल 2003)

साधन और साध्य की पारस्परिकता

साधन और साध्य के सम्बन्ध की बात मूलत: इस सन्दर्भ से जुड़ी है कि ऊँचे सामाजिक लक्ष्यों को हासिल करने के लिए हम अनैतिक माने जानेवाले तरीकों का इस्तेमाल कर सकते हैं क्या? ईसाई सम्प्रदाय के 'जेसुइट' कहे जानेवाले लोगों के बारे में यह कहा जाता है कि वे मानते थे कि 'एंड जस्टिफाइज द मींस' यानी अगर निर्दिष्ट लक्ष्य हासिल हो गया तो इससे अपनाए गए तरीकों का औचित्य स्वयं साबित हो जाता है। यही बात बाद में समाजवादी आन्दोलन के एक धड़े कम्युनिस्टों के बारे में भी कही जाती थी कि वे मानते थे कि समाजवाद का लक्ष्य हासिल करने के लिए हिंसा या यहाँ तक कि छल-प्रपंच का सहारा लेना उचित है। उदाहरण में सैनिक रणनीति की बात की जाती थी जिसमें विरोधियों को धोखे में रखना, उन्हें चकमा देना एक जायज बात मानी जाती थी। इसका समर्थन उस प्रचलित कहावत से भी मिलता था कि 'प्यार और युद्ध में सब कुछ उचित है'। इस मुद्दे के साथ तीन प्रश्न जुड़े हैं: पहला, लक्ष्य अपनाए गए माध्यम से पूरी तरह अप्रभावित रह सकता है क्या? दूसरा, क्या सामाजिक लक्ष्य वैसा ही ठोस और स्पष्ट होता है जैसा किसी भवन निर्माण के सामने आर्किटेक्ट द्वारा प्रस्तुत ब्लूप्रिंट में भवन की बनावट? और तीसरा, सामाजिक लक्ष्यों को हासिल करने के लिए अपनाए गए हिंसक और अनैतिक तरीकों से प्रारम्भ में कल्पित लक्ष्य तक परिवर्तनवादी पहुँच पाए हैं क्या?

सामाजिक लक्ष्य भी शुरू में कुछ परिवर्तनकामी मनीषियों की कल्पना में होते हैं, जैसे कोई चित्र-चित्रकार की कल्पना में। लेकिन चित्रकार द्वारा तैयार चित्र का स्वरूप बहुत कुछ उन माध्यमों द्वारा प्रभावित होता है जिनसे चित्र तैयार किया जाता है। जैसे कागज पर जलरंग से तैयार किया गया चित्र वही स्वरूप नहीं ले सकता, जो कैनवास पर तैयार किया गया तैल चित्र। इनमें माध्यमों की गहरी छाप अन्तिम रूप से तैयार चित्र पर होती है। कोई भी गम्भीर चित्रकार माध्यम से निरपेक्ष चित्र तैयार करने की बात नहीं सोच सकता है। लगभग वही बात समाज का कोई रूप गढ़ने के प्रयास पर भी लागू होती है। समाज में स्थित मनुष्य कुम्हार द्वारा रौंदे गए मिट्टी के लोंदे की तरह नहीं होते, जिन्हें जोड़कर या मोड़कर मनमाना आकार दिया जा सके। मनुष्य सदा किसी-न-किसी तरह के आपसी सामाजिक सम्बन्धों से बँधे

होते हैं। इससे सामाजिक सम्बन्धों का जो ताना-बाना बनता है, वह इन सम्बन्धों का स्वरूप बदलने के किसी प्रयास में अवरोध पैदा करता है, क्योंकि इनके साथ मनुष्य की भावनाएँ और परम्पराएँ जुड़ी होती हैं जिनका दबाव पुराने ढाँचे को एक हद तक स्थायित्व प्रदान करता है। जो भी नया परिवर्तन होता है, वह इस अवरोध को निरस्त करे। लेकिन इस अवरोध की छाप भी नई व्यवस्था पर पड़ती है। समाज की कोई भी स्थिति 'क्लीन स्लेट' यानी सपाट पाटी नहीं होती, जिस पर आप जैसी भी मर्जी हो, आकार खींच दें।

वर्तमान समाज में नौकरशाही और अभिजातीय समूह ऐसे मानव समूह हैं, जो पूर्व व्यवस्थाओं के द्वारा अस्तित्व में लाए गए हैं और जिनके वजूद को नजरअन्दाज कर समाज को मनचाहे साँचे में नहीं ढाला जा सकता। उन्नीसवीं शताब्दी के अन्तिम चतुर्थ से लेकर बीसवीं शताब्दी के प्रथम चतुर्थ तक, जबकि यूरोप की औद्योगिक और राजनीतिक व्यवस्थाएँ कुछ निश्चित चरित्र ग्रहण करने लगी थीं, जिनमें लोकतांत्रिक और अधिनायकवादी, दोनों तरह के तत्त्व विकसित हो रहे थे, कुछ समाजशास्त्रियों ने उनमें कुछ अनिवार्य तत्त्वों के अस्तित्व की ओर इशारा किया था। रॉबर्ट मिशेल ने अपने अध्ययनों से यह दिखलाने की कोशिश की कि किसी भी तरह की संस्था के आकार के बड़ा होने पर सूचनाओं के स्रोतों पर नियंत्रण के कारण सबमें एक छोटे अभिजात समूह का नियंत्रण कायम हो जाता है। दिलचस्प बात यह है कि स्वयं मजदूरों के ट्रेड यूनियन संगठनों में जो मजदूर वर्ग के अधिकारों के लिए संघर्षशील थे, हाथ में सत्ता और सुविधा समेटने का यह रुझान दिखाई देता था।

इसके बाद मोस्का और पैरेटो जैसे समाजशास्त्रियों ने यह दिखलाया कि समाज के नवगठन की सारी प्रक्रियाएँ अन्ततः एक शासक समूह या अभिजात वर्ग (इलीट) की शक्ति और सुविधाओं को ही सुनिश्चित करती है। इसी काल में महत्त्वपूर्ण अध्ययनों के बल मैक्स वेबर ने नवोदित औद्योगिक समाज की विशिष्टताओं का इसके पूरे ऐतिहासिक परिप्रेक्ष्य में अध्ययन किया और वह इस निराशाजनक निष्कर्ष पर पहुँचा कि आधुनिक औद्योगिक समाज के विकास के साथ एक संवेदनहीन नौकरशाही व्यवस्था की स्थापना अनिवार्य है। ये सब अध्ययन बीसवीं शताब्दी में विकसित हो रही औद्योगिक व्यवस्था और उसमें गतिशील सभी तरह के राजनीतिक, वर्गीय और सामाजिक आन्दोलनों के लक्ष्यों की उदात्तता पर प्रश्नचिह्न लगाने लगे थे।

इन स्थितियों की तुलना हम प्रारम्भ में कलाकार के चित्र के लिए चयनित सतह यथा कागज या कैनवास से कर सकते हैं जो कलाकृति क्या बनेगी, उस पर अपनी छाप छोड़ जाते हैं। जैसे मानव समूहों की संरचना उभर रही थी, उसमें किसी इच्छित समाज-व्यवस्था के निर्माण के प्रयास में इन्हें नजरअन्दाज नहीं किया

जा सकता था। शुद्ध रूप से शक्ति प्रयोग के सहारे पार्श्व में सक्रिय संरचनाओं के प्रभाव को निरस्त नहीं किया जा सकता था, उल्टा कुछ नई विकृतियाँ अपनी ओर से तोड़ी जा सकती थीं। यूरोप के दो विश्वयुद्धों के उथल-पुथल के बाद जो अन्तिम नतीजा आया, उसमें पुराने अभिजात वर्ग या फौजी या दूसरी नौकरीशाही व्यवस्थाएँ तो चली गईं, लेकिन उनका स्थान फिर नई नौकरशाही व्यवस्थाओं ने ही लिया। कोई बुनियादी नवनिर्माण नहीं हुआ।

दूसरी समस्या यह है कि भावी समाज की कोई ठोस तसवीर परिवर्तनकामियों के सामने हो ही नहीं सकती। यह आदमी की कल्पना में ही होती है। ऐसे आदर्शों को जो नाम दिया जाता है, उसी से अनेक लोगों की कल्पनाएँ किसी अस्पष्ट भविष्य की आशा बाँधती है। मसलन रामराज, लोकतंत्र या समाजवाद आदि किसी अव्यक्त कल्पना से ज्यादा क्या हैं? वैसे कल्पनाएँ जो आदमी की किसी अभिलाषा को व्यक्त करती हैं, लेकिन इन आदर्शों को लेकर चलनेवाले अनेक लोगों में प्रत्येक की कल्पना दूसरों से भिन्न होती है। चूँकि सभी आदर्श भविष्य में है, कोई उपाय नहीं कि इन विभिन्न कल्पनाओं की तुलना हो सके और उसके आधार पर उनकी गुणवत्ता की परीक्षा और परिष्कार हो। इसलिए अन्तत: संघर्ष किसी आदर्श की गुणवत्ता के आधार पर नहीं होता, बल्कि आदर्शों को लेकर चलनेवाले विभिन्न समूहों के तात्कालिक हितों के आधार पर होता है। मार्क्स की विचारधारा में आज स्थिति विभिन्न वर्गों के हितों की टकराहट भविष्य की सम्भावनाओं को व्यक्त करती है, लेकिन यह भविष्य क्या होगा, इसका अन्दाजा भी मार्क्स की इतिहास-दृष्टि से लगाया जा सकता है। यह इतिहास-दृष्टि कहती है कि वर्तमान समय का निर्णायक संघर्ष सर्वहारा और पूँजीपति वर्ग के बीच होना है और इसी से एक समाजवादी समाज अस्तित्व में आएगा।

आज यह इतिहास-दृष्टि भी गलत साबित हो या आंशिक रूप से ही सही, तो फिर संघर्ष की परिणति संदिग्ध ही रह जाती है। फिर ऐसे अनिश्चित भविष्य के लिए किसी भी तरह के अनैतिक उपायों का सहारा लेने का क्या औचित्य है, जबकि इस प्रक्रिया में अनेक निर्दोष लोगों की बलि चढ़ाई जा सकती है? लेकिन अब तक बड़े आदर्शों को हासिल करने के लिए किए गए संघर्षों में ऐसे संशयों को कभी स्थान नहीं दिया गया। ऐसे संशयों से, संकल्प से विचलित होने का भय बना रहता है। नतीजा यह है कि पिछली तीन शताब्दियों से विभिन्न तरह के क्रान्तिकारी अपने उद्देश्य और मार्ग के प्रति आश्वस्त हो एक-दूसरे से लड़ते रहे हैं। सभी अपनी कल्पना के 'लोकतंत्र' या 'समाजवाद' के लिए मरने-मारने के लिए तत्पर रहे हैं। चूँकि नतीजे भविष्य में होते हैं, कोई ऐसा मापदंड नहीं, जिससे प्रभावित कर संघर्ष को नियंत्रित करना सम्भव रहा हो। इसलिए सभी रोना-धोना अन्तत: इतिहास के खँडहर पर ही होता रहा है।

सिद्धान्त रूप में जिन परिस्थितियों की कल्पना ऊपर की गई है, उन पर वास्तविक घटना के रूप में दृष्टि डालने से साधन के साध्य पर पड़नेवाले प्रभाव का थोड़ा अन्दाजा हो सकता है। लोकतंत्र के विकास और वर्तमान समाज के निर्माण में तीन क्रान्तियों से जुड़ी घटनाओं और उनकी निष्पत्तियों पर गौर करने से बात साफ होगी। पहली बड़ी क्रान्ति ब्रिटेन की 1641 से 1650 के बीच राजा और पार्लियामेंट के अधिकारों को लेकर चलनेवाली थी। दूसरी बड़ी क्रान्ति 1789 से 1797 के बीच लोकतंत्र स्थापना को लेकर चलनेवाली फ्रांस की क्रान्ति और इससे जुड़ी प्रतिक्रान्ति का सिलसिला था। और तीसरी संसार को हिलानेवाली क्रान्तियों का सिलसिला 1917 की रूस की क्रान्ति से शुरू हुआ और इसके प्रभाव में चीन, वियतनाम, कम्पूचिया में भीषण उथल-पुथल हुई, जिसमें न सिर्फ पश्चिमी साम्राज्यवाद को गम्भीर चुनौती मिली, बल्कि उस समय के पूँजीवादी एवं सामन्ती शासन का भी अन्त हुआ। मूल उद्देश्य सभी में समाजवादी गणतंत्र की स्थापना थी। जहाँ तक पुरानी व्यवस्था और साम्राज्यवादी शासन को नष्ट करने की बात है, इन कार्यक्रमों ने पूरी सफलता हासिल की, लेकिन मूल उद्देश्य लोकतांत्रिक समाजवाद की स्थापना सपना ही बना रहा।

ब्रिटेन में सत्रहवीं शताब्दी की क्रान्ति यों तो चार्ल्स प्रथम की निरंकुश राजशाही के खिलाफ थी, लेकिन इस क्रान्ति में कई तरह के नरमपंथी और उग्र तत्त्व जुड़े थे। एक तरफ सम्पत्तिवान लोग थे, जो राजा के मनमाने ढंग से टैक्स लगाने का विरोध कर रहे थे तो दूसरी ओर गाँवों से विस्थापित होकर नगरों में आ रहे गरीब लोग थे, साथ ही धार्मिक विश्वासों की आजादी को लेकर चलनेवाले लोगों में प्रेसबिटेरियन से लेकर प्युरिटन और इंडिपेंडेंट कहे जानेवाले लोग थे, जो विश्वास और पूजनविधि में पूर्ण स्वतंत्रता चाहते थे। राजा के साथ युद्धों में और आपसी हिंसक संघर्षों में असली शक्ति सैनिक नेता क्रॉमवेल की उभरी। उसने बाकी सारे लोगों का दमन कर अपनी 'डिक्टेटरशिप' कायम की। लोग जिन अधिकारों के लिए लड़ रहे थे, वे कम-से-कम तीन दशकों के लिए गौण हो गए। क्रान्ति का घोषित लक्ष्य एक होने के बावजूद इसके भीतर अनेक परस्पर विरोधी तत्त्व शामिल थे और जहाँ निर्णय शक्ति के बल होना था, असली शक्ति फौज के हाथ आ गई।

फ्रांस की क्रान्ति में भी कुछ ऐसा ही हुआ। 1789 में फ्रांस की सारी जनता 'लिबर्टी', 'इक्वैलिटी', 'फ्रैटरनिटी' के नारे के तहत इकट्ठी हुई, लेकिन इसमें हिस्सा लेनेवाले विभिन्न वर्गों के लोगों के लिए इन घोषित लक्ष्यों के अर्थ भिन्न-भिन्न थे। इसमें नवोदित बुर्जुआ वर्ग के लोग भी शामिल थे, किसान भी थे, निम्न मध्यम वर्ग के लोग भी और पेरिस के सबसे गरीब तबके के लोग भी जो जैकोबिन क्लबों के तहत संगठित थे। जब सत्ता का असली स्वरूप-निर्धारण का समय आया तो सभी समूह अपने ढंग से व्यवस्था बनाने की बात करने लगे। इस टकराहट में

रास्ता नग्न हिंसा का अपनाया गया। जिस गिलोटिन के नीचे लुई सोलह और रानी एंतोनेत की बलि दी गई, उसके नीचे अपने विवादों के चलते विभिन्न समूहों के अनगिनत लोग बलि दिए जाने लगे और इन हिंसक टकराहटों के बीच से हिंसा की सबसे संगठित शक्ति सेना के सफल अफसर के रूप में नेपोलियन बोनापार्ट निर्णायक भूमिका में आया। और अन्तिम फैसला उसके तोपखाने की क्षमता ने किया और लोकतंत्र की जगह नेपोलियन का साम्राज्य स्थापित हुआ और यूरोपीय युद्ध का लम्बा सिलसिला शुरू हुआ।

1917 की नवम्बर में शुरू होनेवाली बोल्शेविक क्रान्ति अपने उद्देश्यों में अब तक की सभी क्रान्तियों से मूलभूत बदलाव की दिशा में अधिक दूरगामी लक्ष्यों को लेकर शुरू हुई। पूँजीवाद का अन्त, सोवियतों के स्वायत्त जनतंत्र को सर्वोपरि महत्त्व, साम्राज्यवादी युद्धों का अन्त, ये सब इसके घोषित उद्देश्य थे। लेकिन इस क्रान्ति में शरीक लोगों में भी लक्ष्यों को लेकर मतभेद थे। वामपंथी सोशल रिवोल्यूशनरी, अराजकवादी आदि के लक्ष्य बोल्शेविकों से भिन्न थे। वैसे ही भिन्न था बहुसंख्य किसानों का लक्ष्य, जो बड़ी भू-सम्पत्तियों को आपस में बाँट रहे थे। अन्तत: अपनी सत्ता को स्थापित करने में और फिर अपने सामूहिकीकरण के प्रयासों में बोल्शेविकों ने निर्मम हिंसा का सहारा लिया और सारे लोकतांत्रिक मूल्य, जिनके लिए क्रान्ति हुई थी, लुप्त होते गए। क्रान्ति बुनियादी थी, इसलिए अवरोध भी सशक्त था और फिर इन्हें समाप्त करने के लिए निर्मम हिंसा जरूरी लगने लगी। इन सबकी परिणति हुई, स्टालिन और कम्युनिस्ट पार्टी की घोर तानाशाही में। कुछ इन्हीं आदर्शों को लेकर चीन, वियतनाम आदि में क्रान्तियाँ हुईं। यहाँ स्थितियाँ और भी विपरीत थीं, क्योंकि एक विकसित औद्योगिक समाज में अपेक्षित परिवर्तनों को अत्यंत पिछड़ी ग्रामीण व्यवस्थाओं में शक्ति के बल अल्पकाल में लागू करने के प्रयास हुए। इसमें कम्पूचिया में पोलपोट के तहत रोंगटे खड़े कर देनेवाली ज्यादतियाँ हुईं और छोटे-से देश में दसों लाख लोग बलि बने। इस हिंसा प्रतिहिंसा और व्यवस्था के बीच से समाजवाद नहीं निकल पाया, उल्टा धीरे-धीरे रूस, चीन, वियतनाम आदि सभी पूँजीवादी व्यवस्था की ओर लौट आए, जिसे नष्ट करने के संकल्प के साथ ये आगे बढ़े थे।

इन अनुभवों से ऐसा तो जरूर दिखाई देता है कि साधन साध्य को प्रभावित किए बिना नहीं रह सकता। यह साधन के सम्बन्ध में गहरी गवेषणा की माँग करता है।

(प्रभात खबर, दीपावली विशेषांक, 2005)

स्वर्ण जयन्ती वर्ष की अपेक्षाएँ

आजादी की स्वर्ण जयन्ती का जश्न लगभग पूरा हो रहा है, लेकिन कुछ महानगरों और विशेषकर दिल्ली को छोड़ बाकी जगह इस स्वर्ण जयन्ती का एहसास लोगों को टी.वी. पर हुए शोर-शराबों से ही हुआ। टी.वी. की दुनिया से दूर रहनेवाले लोगों को, जो आबादी का अस्सी फीसदी से अधिक ही होगी, यह स्वर्ण जयन्ती बिना अपनी उपस्थिति दर्ज कराए दबे पाँव बाजू में छोड़ निकल गई। उनके लिए पन्द्रह अगस्त का दिन किसी भी दूसरे दिन जैसा ही था, और साल 1997 किसी दूसरे साल की तरह। रेल की पटरियों पर धमाके और जहाँ-तहाँ होनेवाली हिंसा की खबरें भी सामान्य ही रहीं। आम लोगों के लिए इसमें कुछ भी नया या चौंकानेवाला नहीं था।

आम लोगों की यह उदासीनता समझ में आती है। लोग अब आजाद भारत से कोई बड़ी उम्मीद नहीं रखते, आनेवाले दिनों के लिए आशंकित जरूर रहते हैं। महानगरों के कुछ सम्पन्न इलाकों और देश के केन्द्रीय संस्थानों को छोड़ दें तो यह आशंका चारों ओर व्याप्त है। हम कश्मीर को लें, पंजाब को लें या नगालैंड, मणिपुर, त्रिपुरा या असम को लें, इनमें कहीं भी कल क्या होगा, यह कोई नहीं जानता। सभी जगह तनाव और आपसी अविश्वास की गहरी छाया है।

आजादी का स्वर्ण जयन्ती वर्ष असम में देश के नेताओं से माँग करता है कि सारे परिदृश्य पर विचार कर देखें कि हमसे कोई ऐसी चूक तो नहीं हो गई जिसका खामियाजा देश भुगत रहा है। क्या अब भी कुछ हो सकता है जिससे आशंकाओं का वातावरण खत्म हो और लोगों की उदासीनता टूटे?

समस्याएँ बहुत तरह की हैं, लेकिन सबसे महत्त्वपूर्ण सवाल राष्ट्र के अस्मिताबोध का है। जो विभिन्न तरह की विभाजन करनेवाली भावनाएँ—सम्प्रदाय, जाति मूल आदि की उभर रही है। उनसे ही राष्ट्र विघटन का खतरा पैदा होता है। थोड़ा गहराई से विचार करने पर इसकी जड़ में हमारा दो राष्ट्र के सिद्धान्त को कबूल करना ही दिखाई देता है।

यहाँ हमारा तात्पर्य देश के राजकीय विभाजन से नहीं है जिससे भारत और पाकिस्तान, दो राजकीय इकाइयाँ बनी। इस राजनीतिक बँटवारे में भारत राष्ट्र का

विभाजन नहीं हो सकता था क्योंकि हमारा राष्ट्रीय अस्मिता बोध सांस्कृतिक या राजनीतिक नहीं। हमारी परम्परागत मान्यता से राष्ट्र-राज्य की कोई अवधारणा नहीं थी। कम-से-कम डेढ़ हजार वर्ष से और सम्भवत: सैकड़ों वर्ष और भी पहले से भारत एक राष्ट्र है, यह मान्यता स्थापित थी। लेकिन इससे धर्म, भाषा और राजकीय इकाइयों की विविधता पर कोई प्रभाव नहीं पड़ता था। यह मान्यता पश्चिम से आई आधुनिक राष्ट्र-राज्य की अवधारणा से बिलकुल भिन्न थी जहाँ एक भाषा और धर्म को राज्य के साथ जोड़ दिया गया।

इसीलिए हमारा असली संकट राजकीय विभाजन से नहीं, कल की अखंड राष्ट्रीयता बोध को नकारते रहने से पैदा हुआ। इससे हमारी तमाम भिन्नताओं के बावजूद जो एक सूत्र हमें बाँधता था, वह टूट गया। इसी से भारत और पाकिस्तान, दोनों में विभाजन और विघटन के तत्त्व इनके अस्तित्व में आने के बाद से ही लगातार सक्रिय रहे हैं।

विडम्बना यह है कि महात्मा गांधी ही नहीं, मुहम्मद अली जिन्ना भी इस बोध से मुक्त नहीं हो सके कि धर्म के आधार पर भारत का विभाजन नहीं हो सकता। यह बात अलग है कि कांग्रेसी नेताओं से द्वन्द्व, चिढ़ और घटनाओं से पैदा दबाव और आवेश में जिन्ना धीरे-धीरे धार्मिक विभाजन को अनिवार्य मानने लगे।

जब सत्ता हस्तान्तरण की प्रक्रिया अन्तिम दौर में थी और भारत विभाजन को कबूल किया जाने लगा था, तो बातचीत के सिलसिले से माउंटबेटन ने जिन्ना से कहा कि अगर धर्म के आधार पर भारत का विभाजन होगा तो फिर इसी आधार पर बंगाल और पंजाब का भी विभाजन करना होगा। इस पर जिन्ना चौंक कर बोल उठे, "यह कैसे हो सकता है? वहाँ के लोग तो सदा साथ रहते आए हैं।" तब माउंटबेटन ने जिन्ना को याद दिलाया कि इस तर्क पर तो फिर भारत का विभाजन भी नहीं हो सकता। इस पर जिन्ना निरुत्तर तो हो गए, लेकिन भारत विभाजन की बात नहीं छोड़ी।

फिर भी जिन्ना के लिए यह एक बार के लिए उठाया गया कदम था और वह सोचते थे कि बाद में फिर सब कुछ पहले जैसा हो जाएगा। इसीलिए पाकिस्तान की संविधान सभा के अपने भाषण में जिन्ना ने इस बात पर बार-बार बल दिया कि अब जब पाकिस्तान बन गया है तो उसमें रहनेवाले सभी धर्म और मूल के लोग पाकिस्तान के समान नागरिक हैं और अब नए राज्य में उनके बीच कोई भी भेदभाव नहीं होगा।

यह कहना आसान था, लेकिन लोगों के मन को जोड़नेवाली जो साझा राष्ट्रीयता की भावना थी, उसके टूट जाने के बाद इस भावना पर अमल करना असम्भव हो गया। फिर तो पखतून, बलूची, सिन्धी, पंजाबी और बंगाली—सबको जोड़नेवाला आधार सिर्फ राज्य सत्ता ही बच गया। दिल से सभी पृथक बने रहे। मजहब तो यह

कड़ी बन नहीं सकता था। ईसाई धर्म और इस्लाम को माननेवाले तो अनेक राष्ट्र हैं—अक्सर एक-दूसरे के विरोधी।

भारत की स्थिति भी भिन्न नहीं रही। नाम के लिए तो हम भारत रहे, लेकिन हमने भी आदर्श के तौर पर एकात्मवादी पश्चिमी राष्ट्र-राज्य की अवधारणा को ही कबूल किया। विडम्बना यह है कि राष्ट्र की अखंडता का जाप करनेवाले संघ परिवार और भाजपा के नेता सबसे अधिक एकात्मक राष्ट्र की बात करते हैं। हमारी विविधता की पृष्ठभूमि में ऐसा राष्ट्र तो एक बहुसंख्य और शक्तिशाली समूह का दूसरे समूहों पर शक्ति के बल तानाशाही शासन ही हो सकता है। कोई अचरज नहीं कि ऐसे विचार वाले लोगों को चाहे कश्मीर हो, चाहे उत्तर-पूर्व सीमा के क्षेत्र, सभी जगह सैनिक कार्रवाई ही वहाँ उठनेवाली समस्याओं का एकमात्र समाधान दिखाई देता है। राष्ट्रीय स्वयंसेवक संघ का हिटलर के उत्कर्ष काल में जर्मनी की तरफ झुकाव इस दृष्टि का अनिवार्य परिणाम है।

हमारी विशिष्ट परम्परा एक राष्ट्र और अनेक राज्यों की रही है। जब तक हम अपनी इस विशिष्टता को नहीं पहचानते, भावनात्मक एकता की कामना पृथकतावादी तनावों और राजकीय दमन के पाटों के बीच पिसती रहेगी।

हकीकत यह है कि चूँकि हमारा राष्ट्रबोध सांस्कृतिक था, इसका कोई राजकीय विभाजन नहीं हो सकता था। हमने इस राष्ट्र को तभी तोड़ दिया जब इसे भावना के स्तर पर खंडित कर दिया। महात्मा गांधी का अपने जीवन के शेष दिन पाकिस्तान में बिताने का संकल्प जिसे गोडसे की गोली ने बीच ही में समाप्त कर दिया, इसी भावनात्मक अखंडता को रेखांकित करने की अनिवार्यता की अभिव्यक्ति था।

इस पूरे भूखंड में पृथकतावाद को बढ़ानेवाली एक और भी शक्ति सक्रिय है, जो वर्तमान विकास पद्धति का अनिवार्य अंग बन गई है। यह है, वर्तमान औद्योगिक-उपभोक्तावादी-केन्द्रित अर्थव्यवस्था। अंग्रजों के आने के पहले तक देश की अर्थव्यवस्था मूलत: स्थानीय थी और लोगों की बुनियादी आवश्यकताओं की पूर्ति के लिए थी। व्यापार की भूमिका सीमित थी। इसके जरिये वस्तुएँ लोगों को उपलब्ध कराई जाती थीं जो स्थानीय स्तर पर उत्पादित नहीं होती थीं। कौशल और संसाधनों की उपलब्धि के अनुसार विभिन्न क्षेत्रों के जीवन स्तर भी अलग-अलग थे। जीवन स्तरों की तुलना के लिए कोई मापदंड नहीं था। इसलिए घोर अभाव के काल को छोड़ बाकी समय लोग अपनी स्थिति से सन्तुष्ट रहते थे।

वर्तमान औद्योगिक व्यवस्था ने यह सब बदल दिया। इसने वस्तुओं की उपलब्धि का एक ऐसा मापदंड दे दिया है जिससे व्यक्ति और समूह हमेशा अपनी हस्ती का आकलन करते रहते हैं। इसका स्वरूप अति केन्द्रित है जिसमें सम्पन्नता के कुछ द्वीप विकसित होते हैं और बाकी स्थानों के संसाधनों का शोषण होता है।

इसके अलावा उपभोग की वस्तुओं की भरमार से सम्पन्न और विपन्न का फर्क साफ-साफ दिखाई देने लगता है।

चूँकि यह फर्क वैयक्तिक के साथ-साथ सामूहिक और आँचलिक भी होता है, वैसे समूहों से क्षोभ पैदा होता है जो उपभोग की दुनिया में पिछड़ गए हैं। धीरे-धीरे यह क्षोभ उन समूहों के खिलाफ विद्वेष में बदलाव है जो इस उपभोक्तावादी दौड़ में आगे निकल गए हैं। इसके अलावा आधुनिक औद्योगिक विकास के क्रम में बड़ी संख्या में लोग अपने परिवेश से अलग भिन्न परिवेश में बस जाते हैं। प्राय: ऐसे लोगों का जीवन-स्तर उद्योग और व्यापार आदि में महत्त्वपूर्ण स्थान होने के कारण स्थानीय लोगों में ऊँचा होता है। इससे अलगाव की भावना और मजबूत होती है। यह एक बड़ा कारण है जिससे 'राष्ट्र के सभी नागरिक समान हैं' की भावना को ठेस लगती है।

ऊपर की स्थिति प्राचीन काल की स्थितियें से ठीक विपरीत है। पहले लोग दूर-दराज स्थानों पर धर्म प्रचार, तीर्थ यात्रा या संगीत आदि की साधना में निकलते थे जो सभी लोगों को भावनात्मक रूप से जोड़नेवाले थे। देश में कहाँ किसका शासन है, इससे कबीर, गुरुनानक, ज्ञानेश्वर, मीरा या तुलसीदास को कोई वास्ता नहीं था, न तो अजन्ता और एलोरा के कलाकारों को उनके सृजन के सैकड़ों वर्षों में शासकीय परिवर्तनों का लिहाज था। राजकीय सीमाओं के पार ये सभी भारतीयों के धरोहर बन गए। पूरा भारतीय भूखंड ऐसे सांस्कृतिक प्रसार का विशाल परिसर था। इन्हीं प्रयासों से हमारा राष्ट्रीय बोध जन्मा और सुदृढ़ हुआ था। इसके विपरीत अब लोगों का दूर-दराज स्थानों पर जाना और बस जाना विग्रह का जन्म देता है।

आजादी का स्वर्ण जयन्ती वर्ष गहरे आत्मविश्लेषण का मौका है जिसमें हम अपने अतीत और वर्तमान की विसंगतियों को समझने का प्रयास करते। सम्भव है इस विश्लेषण से हम कोई ऐसी राह निकाल पाते जो हमें वर्तमान विघटनकारी प्रवृत्तियों से निजात पाने में सहायक सिद्ध होती। भारत, पाकिस्तान और बांग्लादेश का राजकीय एकीकरण न तो अब सम्भव है न वांछित। ऐसी बातों से उलटा पाकिस्तान में हिटलर की ऑस्ट्रिया को जर्मनी में मिलाने की 'आशलुस' (एकीकरण) जैसी नीति की गूँज सुनाई देगी जो लादा गया था।

लेकिन हम हमें एक करनेवाले सांस्कृतिक सूत्रों को फिर जीवित कर सकते हैं। ये सूत्र हैं : उर्दू, बांग्ला, पंजाबी, सिन्धी भाषाएँ, जो तीनों देशों की साझी विरासत हैं, हमारा संगीत, जो दोनों देशों में अभिन्न है, इस्लाम, जो सूफी सन्तों के प्रभाव में भारतीय रूप में विकसित हुआ और जिसने काफी हद तक हिन्दू-मुस्लिम भेद को मिटा दिया, दोनों देशों में करोड़ों लोगों का धर्म है और बड़ी संख्या में बँटे परिवार जिनका एक हिस्सा भारत में है और दूसरा बांग्लादेश एवं पाकिस्तान में। इन सूत्रों को पुनर्जीवित कर हम भारतीय राष्ट्र की भावना को फिर से अंकुरित कर सकते हैं।

इसके साथ ही कुछ ठोस राजनीतिक कदम उठाए जा सकते हैं। हम भारत, पाकिस्तान और बांग्लादेश के बीच पासपोर्ट, वीजा की आवश्यकता वैसे ही समाप्त कर सकते हैं जैसा भारत और नेपाल के बीच है, जहाँ हम समान वस्तुओं का उत्पादन करते हैं, जैसे जूट, कपास, चाय आदि। प्रतिद्वन्द्वी बनने की बजाय विश्व बाजार में साझीदारी में उतर परस्पर लाभ पहुँचा सकते हैं। ऐसे और भी अनेक क्षेत्र हो सकते हैं जिन्हें तलाशना है। शुरुआती दौर में यह प्रतीकात्मक ही होगा, लेकिन विवाद और वैमनस्य के वातावरण से मुक्त होने की प्रक्रिया से पूरे भू-भाग में भावनात्मक एकता की लहर आ सकती है। स्वर्ण जयन्ती का कुछ ऐसा ही प्रयोग सार्थक होगा जो सन्नाटा और उदासीनता को तोड़ सके।

(हिन्दुस्तान, 3 सितम्बर, 1997)

साझा सरकारें ही उपयुक्त

इतिहास की अदृश्य शक्तियाँ अक्सर अनजान मोहरों से समाज और राजनीति में अप्रत्याशित बदलाव ला देती हैं। कर्नाटक और आन्ध्र प्रदेश में हुए चुनाव के नतीजों से देश की राजनीति में कुछ ऐसा ही उलट-फेर होने की सम्भावना पैदा हो गई है। तत्काल जो नतीजा नजर आता है, वह यह है कि खानदानशाही का सपना अगर पूरी तरह ध्वस्त नहीं, तो बुरी तरह आहत जरूर हो गया है। राजतंत्र की प्राचीन परम्परा के बावजूद (वैसे यह परम्परा कहाँ नहीं थी) ऐसा लगता है कि वर्तमान भारत के आम लोगों के दिल में अदृश्य रूप से खानदानशाही के खिलाफ एक गहरा निषेध-भाव जमा हुआ है। आपातकाल के साथ जब भारतीय राजनीति पर संजय गांधी का उदय आसन्न था, तो 1977 में इस देश की जनता ने इन्दिरा गांधी समेत सारे कुनबे को ही राजनीति के बियाबान में भटकने के लिए भेज दिया। पुन: जब राजीव गांधी को अत्यन्त भद्दे ढंग से देश की राजनीति पर थोपने का प्रयास किया जा रहा था, तो दक्षिण भारत के उन राज्यों की जनता ने ही, जिन्हें अब तक इन्दिरा गांधी अपना बँधुआ क्षेत्र मानती रही थीं, इंका की सत्ता की जड़ काट दी।

लोगों में इन्दिरा कांग्रेस के विरुद्ध नाराजगी के अनेक कारण थे। एक विशेष कारण जो दक्षिण के चुनावों में निर्णायक रहा, वह था, लोगों के आत्मसम्मान को ठेस। विशेषकर आन्ध्र में तो तेलुगू लोगों में आत्मसम्मान की तलाश चुनाव का खास मुद्दा बन गया। जिस तरह राज्यों पर बार-बार मुख्यमंत्रियों को दिल्ली से थोपा जा रहा था, उससे लोगों को ऐसा लग रहा था कि उनकी और उनके प्रतिनिधियों की, चाहे वे इंका के ही हों, राज्य चलाने में कोई हैसियत नहीं रह गई है। राजीव गांधी जिस तरह जन-प्रतिनिधियों, राज्य के मंत्रियों और मुख्यमंत्रियों के साथ नौकरों जैसा व्यवहार करते थे, इससे लोगों के आत्मसम्मान को और भी धक्का लगता था। इंका के विधायकों और मंत्रियों के व्यवहार से लोगों को लग रहा था कि सत्ता के लोभ में इन्होंने सारा आत्मसम्मान बेच दिया है और अपमान पीने के आदी हो गए हैं। उनके सामने आत्मसम्मान बचाए रखने का एकमात्र उपाय इंका को ही सत्ता से बाहर करना था।

चुनाव परिणामों को देखने से ऐसा लगता है कि यह मतों के तात्कालिक या छोटे-मोटे बिखराव के बजाय एक महत्त्वपूर्ण भू-स्खलन है। ये नतीजे स्थायी महत्त्व के इसलिए माने जा सकते हैं। क्योंकि 1977 के मतदान की तरह यह किसी बुनियादी मुद्दे पर अचानक उठे विद्रोह का परिणाम नहीं, बल्कि वर्षों के धीरे-धीरे संचित अविश्वास के परिणाम हैं। इसके अलावा आन्ध्र में स्पष्ट रूप से और कर्नाटक में परोक्ष रूप से एक स्थानीयता का आग्रह भी दिखाई देता है। केरल और तमिलनाडु में राजनीति ने पहले ही एक स्थानीय चरित्र ग्रहण कर लिया था। इन चुनाव परिणामों का इशारा है कि अब कर्नाटक और आन्ध्र की राजनीति भी नई दिल्ली की राजनीति की छाया बन कर नहीं रहेगी। यह एक सबक है, जो सिर्फ इन्दिरा गांधी को ही नहीं, बल्कि देश के अन्य राजनीतिक दलों को भी ध्यान में रखना है, जो बिना किसी वास्तविक आधार के राष्ट्रीय दल होने की आत्मप्रवंचना में देश की असलियत को देख पाने में असमर्थ हैं।

अभी के चुनावों का ऋणात्मक पहलू यह है कि जो पार्टियाँ सत्ता में आई हैं, उनकी कोई स्पष्ट और अलग दृष्टि देश की समस्याओं को हल करने की नहीं है। तेलुगू देशम ने स्वच्छ शासन और सादगी पर बल देकर एक अच्छी शुरुआत की है, लेकिन अपने आप में यह काफी नहीं है अगर अन्य आर्थिक नीतियाँ, जिनसे भ्रष्टाचार को बल मिलता है, अपनी जगह पर ज्यों की त्यों बनी रहीं। इसके अलावा बिलकुल वैयक्तिक प्रभाव के आधार पर मात्र चुनाव के लिए गठित इस दल में वैसे समर्पित कार्यकर्ताओं का अभाव होगा, जो विरासत में मिली नौकरशाही के भ्रष्ट आचरण को रोकने के लिए आम लोगों का प्रतिरोध, स्वच्छ शासन की नीति के अनुरूप संगठित कर सकें। आप लोगों की जगी आशाएँ झूठी साबित हुईं, तो फिर से गहरी निराशा का दौर चलेगा। कर्नाटक में शुरू से ही नेतृत्व के प्रश्न को लेकर बंगारप्पा ने जनता-रंगा सरकार के स्थायित्व पर एक प्रश्न चिह्न लगा दिया है। इस सरकार पर जनता-राजनीति की छाया, हल्की ही सही, लोगों में चिन्ता का कारण बन रही है।

लेकिन इन तमाम हालात के बावजूद यह भी दिखाई दे रहा है कि इन्दिरा गांधी के व्यक्तित्व का जादू जो टूट चुका है, वह फिर लोगों पर हावी नहीं होगा क्योंकि इसका कोई ठोस आधार नहीं था। यह विशेष परिस्थितियों में फैलाई गई एक माया थी, जो एक बार टूट गई तो टूट गई। इस चुनाव के दौरान यह बात बिलकुल साफ हो गई है कि इन्दिरा गांधी की कोई विशेष वैयक्तिक अपील अब नहीं बची है। इन राज्यों के अपने चुनाव दौरे में इन्दिरा गांधी ने कोई भी क्षेत्र अछूता नहीं छोड़ा था और इसे एक तरह से व्यक्तिगत प्रतिष्ठा का प्रश्न बना लिया था। इसके बावजूद मतदाताओं पर कोई असर नहीं हुआ। इस एहसास का एक नतीजा यह होगा कि इंका में बिखराव आएगा। अभी तक ज्यादातर लोग इन्दिरा गांधी के वोट हासिल करने के चमत्कार के कारण इंका से चिपके हुए थे। अब ऐसे लोग इंका के बाहर भी सुयोग की तलाश में

रहेंगे। ऐसी हालत में आन्ध्र और कर्नाटक में इन्दिरा गांधी इंका की धराशायी इमारत को फिर जोड़ पाएगी, ऐसी सम्भावना नहीं लगती। अत: इन राज्यों में बनी गैर इंकाई सरकारों से निराश होकर भी लोग अब स्थानीय दलों में ही विकल्प की तलाश करेंगे, भले ही इनका नामलेवा सम्बन्ध दिल्ली के दलों से हो, जैसे केरल में।

इन चुनावों में नतीजों का प्रभाव सिर्फ कर्नाटक और आन्ध्र की राजनीति तक ही सीमित नहीं रहेगा, बल्कि केन्द्र और राज्य के सम्बन्ध और फिर केन्द्र की सरकार के गठन पर भी भविष्य में पड़ेगा। केन्द्र और राज्य के सम्बन्ध हमारे संघीय संविधान में क्या हों, यह मामला अभी तक अनिश्चय की स्थिति में पड़ा हुआ है। वैसे हमारा संविधान संघीय है, लेकिन कुछ ऐसे प्रावधान हैं और देश में कुछ ऐसी स्थितियाँ संविधान लागू होने के बाद से बनती गई हैं कि असल में सभी सत्ता दिल्ली में केन्द्रित हो गई है।

केन्द्रीय सरकार को संघीय चरित्र प्रदान करने की दृष्टि से अन्य बातों के अलावा अमेरिका के सिनेट की तरह हमारे देश में भी राज्यों के प्रतिनिधित्व के लिए संसद में लोकसभा के साथ-साथ राज्यसभा का प्रावधान किया गया, लेकिन जहाँ अमेरिका की सिनेट में सभी राज्यों को समान प्रतिनिधित्व है, हमारे यहाँ यह प्रतिनिधित्व जनसंख्या के हिसाब से है। इससे जिन राज्यों के अधिक प्रतिनिधि लोकसभा में होते हैं, उन्हीं राज्यों की आबादी के अनुपात में ही अधिक प्रतिनिध राज्यसभा में होते हैं। इस तरह राज्यों को समान स्थान देना, जो राज्यसभा के गठन का मूल उद्देश्य होना चाहिए, खत्म हो गया है। इससे हिन्दी भाषी क्षेत्रों का प्रबल बाहुल्य हमेशा केन्द्र में बना रहा है जिसमें उत्तर प्रदेश, बिहार, मध्यप्रदेश, राजस्थान जैसे बड़ी आबादी वाले राज्य पड़ते हैं। इससे एक मानसिकता यह बनती गई है कि भारत की राजनीतिक का अर्थ इस हिन्दी भाषी मध्य क्षेत्र की राजनीतिक है। जिसका इस क्षेत्र में प्रचंड बहुमत होगा, वह देश की राजनीति को जिधर चाहे ले जा सकता है। इसके साथ ही संविधान में केन्द्र को इतने अधिक अधिकार आर्थिक मामलों में हैं कि जिसका शासन केन्द्र में होगा, वह बाकी राज्यों पर काफी नियंत्रण रख सकता है। इस तरह संविधान में दिए गए स्वायत्तता के अधिकार नाम लेने भर को रह जाते हैं।

यही नहीं, संविधान की त्रुटियों के अलावा ऐतिहासिक कारणों से देश की राजनीति का जो स्वरूप विकसित हुआ, उससे भी संघीय विधान कभी अमली नहीं बन पाया। आजादी के बाद कांग्रेस ही एकमात्र ऐसी पार्टी थी, जो सत्ता हाथ में लेने की स्थिति में थी और यह पार्टी राष्ट्रव्यापी थी, भले ही सभी राज्यों में इसका प्रभाव समान नहीं रहा हो। इसके राष्ट्रीय स्तर के नेता राष्ट्रीय आन्दोलन के भी नेता थे, जिनके प्रति राज्यों के कांग्रेसी नेताओं की एक तरह की अन्धभक्ति थी। कांग्रेस आलाकमान का चरित्र बहुत ही केन्द्रित था। मूल नीति निर्धारण का काम कांग्रेस कार्य समितियाँ ज्यादा-से-ज्यादा अखिल भारतीय कांग्रेस कमेटी द्वारा होता था,

जिससे विवाद तभी उठता था, जब शीर्षस्थ नेताओं में आपसी मतभेद होता था। 1935 के विधान के तहत जब कांग्रेस ने कई प्रान्तों में सरकार का गठन किया, तब भी सारी नीतियों का निर्धारण कांग्रेस द्वारा होता था। आजादी के बाद भी यही परम्परा कायम रही।

पंडित नेहरू के समय से ही एक परम्परा रही कि सभी महत्त्वपूर्ण मामलों में और खासकर नीतियों के मामले में पंडित नेहरू की बातें अन्तिम रूप में मान ली जाती थीं। फिर भी, चूँकि उनके समय राज्यों के कांग्रेसी नेता भी राष्ट्रीय आन्दोलन के जननेता होने के कारण एक हैसियत रखते थे, उनकी इच्छाओं को पूरी तरह नजरअन्दाज नहीं किया जा सकता था, लेकिन इन्दिरा गांधी के सत्ता में आने के बाद और खास कर 1969 के कांग्रेस के विभाजन के बाद से कांग्रेस संगठन में सिर्फ इंदिरा गांधी ही थीं, जिनकी कोई हैसियत थी। बाकी सब उनके कृपा आकांक्षी थे। अब राज्य सरकार की नीतियों के अलावा यह निर्णय भी कि कौन व्यक्ति दल का नेता बनेगा, दिल्ली में इन्दिरा गांधी द्वारा ही होने लगा। ऐसी स्थिति में राज्यों की स्वायत्ता, अगर उन्हें सारे संवैधानिक संरक्षण मिलते, तब भी अर्थहीन बन जाती। इस तरह राज्यों की सरकारें जहाँ भी कांग्रेस का शासन था, केन्द्र की कठपुतलियाँ बन गईं, जिनको नचाने का सूत्र एक व्यक्ति के हाथ दिल्ली में होता था।

सत्ता के केन्द्रीकरण का परिणाम यह हुआ कि भौगोलिक या सत्ता की दृष्टि से केन्द्र से दूर, परिधि के पासवाले क्षेत्रों में, धीरे-धीरे यह भाव होता गया कि देश की राजनीति में उनकी कोई असली हिस्सेदारी नहीं है और यह भाव बिलकुल अकारण नहीं रहा है। जैसे पिछले कुछ वर्षों में तमिलनाडु, केरल, पश्चिम बंगाल, कश्मीर, पंजाब एवं उत्तर-पूर्वी राज्यों के काफी हिस्से केन्द्र की नीतियों पर काफी हद तक निर्भर करते हैं। भारत इतना विशाल और विविधता से भरा देश है कि केन्द्र के प्रतिनिधित्व मिलने के बाद भी एक केन्द्र से उनकी विशेष समस्याओं के निदान के लिए उपयुक्त नीतियाँ निर्धारित करना लगभग असम्भव है। जहाँ इस प्रतिनिधित्व का सर्वथा अभाव हो, वहाँ उनकी भावनाओं का तिरस्कार स्वाभाविक था। सत्ता से जुड़े राजनेताओं और नौकरशाही के अहंकार ने बहिष्कृत होने के इस भाव को कुछ दूर-दराज हिस्सों में पृथकतावादी आन्दोलन में बदलना शुरू कर दिया।

इस खतरनाक बहाव को रोकने का एकमात्र उपाय भारतीय राष्ट्र को एक सही अर्थ में संघीय स्वरूप दे कर सत्ता का विकेन्द्रीकरण ही हो सकता है ताकि देश के दूर से दूर हिस्से के लोगों को लगे कि वे भारत की राजनीतिक व्यवस्था में बराबर के हिस्सेदार हैं। कर्नाटक और आन्ध्र के चुनावों के नतीजों के परिणाम देश के राजनेताओं को केन्द्र और राज्य के सम्बन्धों के पुनर्परीक्षण के लिए बाध्य कर सकते हैं। संयोग से ये चुनाव के नतीजे एक ऐसे समय में आए हैं, जब पंजाब में अकाली दल राज्यों के स्वायत्ता के सवाल पर एक बड़े आन्दोलन का सूत्रपात

कर रहा था। इसमें जो विकृतियाँ आ रही थीं, वह काफी हद तक केन्द्र सरकार की संवेदनहीनता से पैदा आक्रोश का परिणाम था। अब अगर यह एक राष्ट्रीय मुद्दा बन जाता है, तो अकालियों में इस प्रश्न पर अकेला होने का भाव खत्म होगा और एक राष्ट्रीय परिप्रेक्ष्य में बिना कटुता के इस सवाल को समझदारी के साथ हल करने का रास्ता निकल आएगा।

विभिन्न राज्यों के विभिन्न दलों के शासन से एक संघीय व्यवस्था का सही रूप में विकास सम्भव हो सकेगा, जो पिछले दशकों में केन्द्र के साथ-साथ अधिकांश राज्यों के शासन में कांग्रेस के एकाधिकार से प्राय: समाप्त हो गई थी। यह ठीक है कि इससे केन्द्र और राज्यों में एक तरह की नीति या पूरे देश में एक तरह की नीति चलाने से कुछ कठिनाई होगी। राज्यों के साथ नए तरह के रिश्ते कायम करने पर केन्द्र की नीति निर्धारित करते समय राज्यों की आवश्यकताओं और वहाँ के प्रमुख दलों की नीतियों को ध्यान में रखना होगा, पर स्वायत्तता तथा यथेष्ट आर्थिक अधिकारों से लैस राज्य इस बात में स्वयं भी सक्षम होंगे कि वे अपने राज्यों के साधन के अनुरूप योजना तैयार कर तथा इन साधनों का सही उपयोग कर आज की अपेक्षा अधिक तेज विकास कर पाएँ।

जिस नई राजनीति की ओर हम प्रस्थान कर रहे हैं, उसका एक और पहलू है, जो ध्यान में रखना जरूरी है और उसके उपयुक्त राजनीति के लिए हमें अपने को मानसिक रूप से तैयार करना है। कांग्रेस का सत्ता एकाधिकार की समाप्ति और उसका स्थान लेनेवाले उतने ही व्यापक किसी अन्य दल के अभाव में बहुत लोग यह समझ नहीं पाते कि केन्द्र का शासन कैसे चलेगा, लेकिन असल में यह कोई समस्या नहीं है। इसका सरल जवाब है कि जो दल इंका को अपदस्थ करेंगे, वे ही केन्द्र में शासन चलाएँगे, यानी केन्द्र में भी जैसाकि कई राज्यों में पहले से होता आया है, मिली-जुली सरकारें होंगी। इस बात से लोगों को आज परेशानी इसलिए होती है, क्योंकि शुरू से केन्द्र में एक दल का शासन रहने के कारण हम लोग मानसिक रूप से एक दलीय शासन के इतने अभ्यस्त हो गए हैं कि किसी और तरह के शासन की बात सोच ही नहीं पाते। इसी से लोगों को इसमें लोकतंत्र पर खतरा या राष्ट्रीय बिखराव का खतरा नजर आता है, लेकिन अगर हम दुनिया भर की राजनीति पर निगाह डालें और भारत की विशेष स्थिति पर विचार करें तो पाएँगे कि लोकतंत्र और भारत की अखंडता दोनों को बनाए रखने की दृष्टि से मिली-जुली सरकारें ही भारत के लिए उपयुक्त हो सकती हैं।

शुरू से ही ब्रिटेन, अमेरिका तथा कुछ अंग्रेजी भाषी देशों के अनुभव के आधार पर भारत के नेताओं ने दो दलीय लोकतंत्र पर बहुत बल दिया। उनकी कुछ ऐसी धारणा बन गई थी कि दो दलीय लोकतंत्र कुछ अधिक स्थायी होता है, लेकिन उनका यह आग्रह बिलकुल अव्यावहारिक था। इसमें उन विशेष परिस्थितियों को

नजरअन्दाज कर दिया गया था, जिनमें ब्रिटेन या अमेरिका में दो दलीय राजनीति का विकास हुआ था। ब्रिटेन और अमेरिका की आज की दो प्रधान पार्टियाँ वही नहीं हैं, जो शुरू के दिनों में थीं। अमेरिका की वर्तमान रिपब्लिकन और डेमोक्रेटिक पार्टियों का स्वरूप इससे काफी भिन्न था। ब्रिटेन में तो पिछले पचास साल के भीतर ही वर्तमान लेबर पार्टी प्रमुखता में आई है। इसके पहले वहाँ राजनीति में ध्रुवीकरण अनुदार और उदार दलों के बीच था। लेकिन समाज के भीतर जो आर्थिक या वैचारिक बदलाव आए, उसके मुताबिक उदार दल का पतन हुआ और लेबर पार्टी प्रमुखता में आई। अब फिर लेबर पार्टी में टूट से दो दलीय राजनीति का आधार खत्म हो रहा है।

दो दल होंगे या अधिक दल, यह हम क्या करते हैं, इस पर निर्भर नहीं करता बल्कि सामाजिक शक्तियाँ क्या रूप लेती हैं, इस पर निर्भर करता है। राजनीति और खास कर लोकतांत्रिक राजनीति हमेशा आदर्श और असलियत के तालमेल से बनती है। हम आदर्श रूप में क्या चाहते हैं, यही निर्णायक नहीं होता। लोकतंत्र में आस्था रखते हुए हम लोगों को उनकी भावनाओं के अनुरूप दलों में गठित होने से कैसे रोक सकते हैं? हमारे देश में क्षेत्रीय विशिष्टताएँ हैं कि दो दलों के दायरे में सब को नहीं समेटा जा सकता और हमें काफी हद तक चाहे-अनचाहे लोगों की भावनाओं को मान्यता प्रदान करनी ही होगा।

लेकिन दो दल वाले पूर्वग्रह से ऊपर उठने पर हम पाएँगे कि दुनिया के अधिकांश लोकतांत्रिक देशों में बहुदलीय लोकतंत्र है, जिनमें मिली-जुली सरकारें काम करती हैं। स्विट्जरलैंड तथा बेल्जियम ऐसे छोटे देशों में भी कई दलों की मिली-जुली सरकारें हैं और वहाँ की व्यवस्थाएँ न सिर्फ स्थायी हैं, बल्कि बहुत ही दक्षता के साथ काम करती हैं। भारत को भी लोकतांत्रिक राजनीति का कुछ ऐसा ही स्वरूप अपनाना होगा। अगर केन्द्र में विभिन्न क्षेत्रीय दलों का सरकारी स्तर पर समुचित प्रतिनिधित्व होने लगेगा, तो बिखराव की ताकतें स्वत: शामिल हो जाएँगी। जहाँ लोगों में यह भाव बनने लगा है कि दिल्ली परदेश है, वे जब देखेंगे कि दिल्ली के शासन में उनके प्रतिनिधियों की समान साझीदारी है, तो धीरे-धीरे उनसे यह भाव अलग होगा। स्वायत्तता मिलने से वे वैसी आरोपित नीतियों और बाहरी नौकरशाही के साहबी अन्दाज से भी फुरसत पा जाएँगे, जो बार-बार उनमें परदेशीपन का भाव जगाता है। भारत की अखंडता की यही शह हो सकती है और दक्षिण के चुनावों के नतीजों से इस दिशा में कदम उठाने का एक बड़ा अवसर देश के सामने आया है।

(रविवार, 30 जनवरी-5 फरवरी, 1983)

धर्मनिरपेक्षता

धर्मनिरपेक्षता का सिद्धान्त जो हमारे संविधान के आधार में है और हाल-हाल तक सहज रूप से स्वीकृत था, अचानक संशय के दायरे में आ गया है। इधर कुछ दिनों से लेखों और व्याख्यानों आदि के द्वारा एक शक्तिशाली मुहिम इसके विरोध में चलाई जा रही है। कुछ लोग तो 'धर्मनिरपेक्षता' शब्द पर एतराज करते हैं और इसकी जगह 'पंथनिरपेक्षता' शब्द को रखना चाहते हैं, जो उनकी दृष्टि में अंग्रेजी शब्द 'सेक्युलर' का सही अर्थ हुआ। धर्म उनकी दृष्टि में मनुष्य के कर्तव्य का आधार होता है, इसलिए कोई भी राजनीति इससे निरपेक्ष नहीं हो सकती। हम यहाँ इस विवाद में नहीं पड़ेंगे। यह मामला तो भाषाविद् लोग ही तय कर सकते हैं। जो धर्मनिरपेक्षता का विरोध कर रहे हैं, वे राजनीति का 'सेक्युलर' होने के ही विरोधी हैं, हिन्दी में हम इसे चाहे जो नाम दें। जहाँ तक अर्थ का सवाल है, चूँकि तत्काल धर्मनिरपेक्षता सेक्युलर के ही अर्थ में आम तौर से व्यवहार में लाया जाता है, इसलिए यहाँ हम धर्मनिरपेक्षता का प्रयोग करेंगे अंग्रेजी शब्द 'सेक्युलर' के ही अर्थ में।

चूँकि धर्मनिरपेक्षता के खिलाफ मुहिम की अगुवाई भाजपा तथा राष्ट्रीय स्वयंसेवक संघ परिवार के लोग कर रहे हैं, इसलिए इसके पीछे के असली उद्देश्य को थोड़ा-बहुत समझा जा सकता है। इधर भाजपा नेता लालकृष्ण आडवाणी धर्मनिरपेक्षता पर एक राष्ट्रव्यापी बहस चलाने की बात भी कर रहे हैं, लेकिन इस माँग से आगे बढ़ कर संघ परिवार के लोग इस सवाल पर वे क्या सोचते हैं, इसे कभी लोगों के सामने साफ-साफ नहीं रखते। बहस की शुरुआत तो किसी मसले पर स्पष्ट प्रतिवेदन से हुआ करती है। जो बहस की शुरुआत करना चाहते हैं, यह उनकी जवाबदेही है कि ऐसा प्रतिवेदन प्रस्तुत करें, लेकिन ऐसा इस परिवार के लोग नहीं करते और जब तब धर्मनिरपेक्षता और 'तथाकथित धर्मनिरपेक्षता' के विरुद्ध दिल की भड़ास निकालते रहते हैं। इससे इस सवाल पर कोई सफाई तो नहीं होती, उलटा पूरे भाजपाई हुजूम द्वारा मन के मैल को इस पर लगातार थोपते रहने से यह विचार लोगों के सामने धूमिल जरूर होने लगा है।

गोएबल्स का यह विचार कि किसी झूठ को सौ बार दुहराने से वह सत्य बन जाता है, निश्चय ही गहरे मनोवैज्ञानिक अनुभवों पर आधारित था और संघ परिवार

जो हिटलर-गोएबल्स का प्रारम्भ से ही अनुगामी रहा है, इस प्रयास में वे किसी हद तक सफल हुए हैं यह इसी से जाहिर होता है कि बड़ी संख्या में सदाशय पत्रकार और बुद्धिजीवी भी इस प्रश्न पर शंकाग्रस्त हो गए हैं।

अगर हम भाजपाई नेताओं के क्रियाकलापों पर विचार करेंगे तो साफ हो जाएगा कि वास्तव में धर्मनिरपेक्षता का सवाल भाजपा ने ईमानदारी से शंका समाधान के लिए नहीं बल्कि लोगों को गुमराह कर किसी तरह सत्ता हथियाने के उद्देश्य से उठाया है। यह ध्यान में रखने की बात है कि 1977 में जब जनता पार्टी की सरकार में आडवाणी और अटलबिहारी वाजपेयी आदि केन्द्रीय मंत्रिपरिषद में वरिष्ठ मंत्री थे, उनके दिमाग में यह सवाल नहीं पैदा हुआ। भारत के संविधान में धर्मनिरपेक्षता का प्रावधान तब भी था, और इससे भी बढ़कर 76 कि संवैधानिक संशोधन के जरिये भारत को बाजाप्ता धर्मनिरपेक्ष लोकतंत्र घोषित किया जा चुका था। उस समय आडवाणी और उनके सहयोगी पूर्व जनसंघी मंत्रियों ने बिना किसी हिचक के इस संविधान के प्रति निष्ठा की शपथ ली थी।

अब सवाल उठता है कि अचानक उनमें धर्मनिरपेक्षता के प्रति यह चिढ़ कैसे पैदा हो गई? अगर हम इस सवाल पर गौर करेंगे तो पाएँगे कि संघ परिवार के लिए यह किसी विचार के प्रति निष्ठा का प्रश्न नहीं है बल्कि सत्ता पर कब्जा करने की आतुरता का परिणाम है। असल में राष्ट्रीय स्वयंसेवक संघ ने, जिसकी राजनीतिक बाँह भाजपा है, कभी भी धर्मनिरपेक्ष भारत के सिद्धान्त को कबूल नहीं किया। 1977 में उन्होंने इस सिद्धान्त को महज इसलिए कबूल किया ताकि राजनीतिक सत्ता में हिस्सा मिल सके। यह शुद्ध रूप से अवसरवादिता थी। इधर उनके प्रयासों से साम्प्रदायिकता का जो उभार आया है, उससे उनके दिमाग में यह बात घर कर गई है कि अब वे इस उन्माद को बढ़ा कर सहज में सत्ता में आ सकते हैं। इसलिए उनके लिए जरूरी है कि वे धर्मनिरपेक्षता के विरुद्ध चलाए जा रहे अभियान के इस परिप्रेक्ष्य को ध्यान में रखना जरूरी है, लेकिन चूँकि धर्मनिरपेक्षता के प्रति एक संशय पैदा कर दिया गया है, इस सवाल पर थोड़ा विस्तार से विचार करना भी जरूरी है।

असल में राजनीति की एक खास पृष्ठभूमि में धर्मनिरपेक्षता सहिष्णु संस्कृति की अभिव्यक्ति के रूप में विकसित हुई। जब भी समाज में एक से अधिक मूल, धर्म आदि वाले लोगों को एक राजनीतिक सत्ता के अन्दर रहने की आवश्यकता आई है तब दो में एक नीति अख्तियार करना अनिवार्य हो गया है : (1) चाहे तो शक्तिशाली समूह बाकी समूहों पर अपनी इच्छा लादता है और कभी-कभी उनका अस्तित्व तक मिटा देता है; (2) एक ऐसी नीति चलाई जाती है जिसमें राजनीति—जो किसी क्षेत्र में रहनेवाले सभी निवासियों के जीवन को प्रभावित करती है—ऐसी हो जो किसी समूह विशेष की विशिष्टताओं को दूसरों पर नहीं लादती और अपने निजी विश्वास और जीवन में सभी समूहों को उस हद तक स्वतंत्र छोड़ देती है जिस हद

तक वह दूसरे समूहों के जीवन और विश्वासों पर प्रतिकूल दबाव नहीं डाले। दुनिया के विभिन्न मानव समूहों द्वारा उनके स्वभाव एवं स्थिति के अनुसार इन दोनों तरह की व्यवस्थाएँ चलाई गई हैं, लेकिन आम तौर से विकासशील और उदार समाजों द्वारा इनमें दूसरे तरह की नीति यानी सहिष्णुता की ही अपनाई गई है। लोकतंत्र के लिए तो यह अपरिहार्य रहा है।

वैसे धर्म और राजनीति को अलग रखने के दबाव का एक उदाहरण बाइबल में उल्लिखित एक घटना में ही देखा जा सकता है। जीसस क्राइस्ट जिस समय अपने विचारों को प्रचार कर रहे थे, उस समय उनका क्षेत्र जूडीया रोमन साम्राज्य का हिस्सा था। रोम के राज धर्म में अनेक देवी-देवताओं की पूजा होती थी। वहीं जूडीया में रोमनों की प्रजा में भारी संख्या में यहूदी थे। इसलिए एक ही राज्य व्यवस्था के तहत कई धर्मों के लोगों को अपने विश्वासों के साथ रहना पड़ता था। इसलिए सहज ही यह सवाल पैदा होता था, ईसाइयों की दृष्टि राज्य के प्रति क्या हो? इसका जवाब एक छोटी-सी घटना में मिलता है। कुछ लोग जीसस के पास आते हैं और रोमन सिक्का दिखला कर पूछते हैं कि इसका क्या किया जाए। जीसस उनसे पूछते हैं, "सिक्के पर किसकी तसवीर है?" वे जवाब देते हैं, "सीजर (सम्राट) की।" जीसस का जवाब होता है, "जो सम्राट की वस्तु है उसे सम्राट को दो और जो भगवान की वस्तु है उसे भगवान को दो।" इस जवाब में स्पष्ट है कि राजनीति और धर्म के क्षेत्र अलग-अलग हैं और दोनों का मनुष्य के जीवन के बिलकुल भिन्न पहलुओं पर अधिकार है।

बाइबल की उपरोक्त घटना तो राज्य और धार्मिक विश्वासों के पारस्परिक रिश्ते को बतलाने का एक प्रतीकात्मक उदाहरण भर है, लेकिन असली जीवन में भी यह स्थिति हजारों वर्ष से आती रही है जब एक राज्य के भीतर एक से अधिक धार्मिक विश्वासों वाले लोगों को या भिन्न मूल के लोगों को रहना पड़ा है और राज्य को उनके सम्बन्धों का नियमन करना पड़ा है। जैसाकि पहले कहा गया है, इस समस्या का समाधान दो विपरीत ढंग से किया गया है। जहाँ राज्य का स्वरूप बर्बर और निरंकुश रहा है वहाँ यह कोशिश हुई है कि राजधर्म या शासन करनेवाले मूलों की मान्यताओं को बाकी लोगों पर आरोपित किया जाए और उन्हें सतत गुलामी की स्थिति में रखा जाए। लेकिन ऐसे राज्यों में स्थायित्व नहीं रह पाया है और लगातार विद्रोह और गृहयुद्ध होते रहे हैं। इसके विपरीत अपेक्षतया सभ्य तथा लोकतांत्रिक समाजों में राज्य की ओर से ऐसे समायोजन के प्रयास हुए हैं जिसमें राज्य व्यवस्था अपने को राजनीतिक और आर्थिक मामलों तक सीमित रखती रही है और राज्य के तहत आनेवाले विभिन्न मूल या धर्म के लोगों को निजी जीवन अपने विश्वासों के अनुसार चलाने की छूट रही है।

असल में यह फर्क अन्ततोगत्वा हमेशा सहिष्णु और असहिष्णु समाजों के बीच का फर्क रहा है और आज भी मूलत: धर्मनिरपेक्षता (सेक्युलरिज्म) का आदर्श एक

सहिष्णु समाज बनाने का ही है क्योंकि एक राज्य के तहत रहनेवाले अनेक समूह सिर्फ धर्म के आधार पर ही नहीं बल्कि मूल, भाषा, जाति आदि कई आधार पर विभाजित हो सकते हैं और उनके शान्तिपूर्ण सहअस्तित्व का आधार बहुसंख्यक समूहों की व्यापक सहिष्णुता ही हो सकती है। ऐसे सहिष्णु समाज का आदर्श धर्मनिरपेक्षता के रूप में अपनाया जाने के पीछे यूरोपीय समाज की खास स्थितियाँ थीं, जहाँ से यह विचार अन्यत्र अपनाया गया।

ईसाई धर्म के फैलने के बाद यूरोप में इस धर्म की कौन-सी मान्यताएँ कबूल की जाएँ, इस बात पर लगातार विवाद बना रहा। अक्सर ऐसा होता था कि आधिकारिक रूप से मान्य विश्वासों से अलग विश्वासों को 'हेरेसी' यानी विकृति करार दिया जाता था और आधिकारिक ईसाई मत को लेकर चलनेवाले राजाओं से यह अपेक्षा की जाती थी कि धर्म के 'विकृत' रूप को लेकर चलनेवाले लोगों के खिलाफ युद्ध कर वे उन्हें नष्ट कर दें। प्रारम्भिक कुछ सदियों तक 'ऐरियनिज्म' नाम से पुकारी जानेवाली 'विकृति' के खिलाफ अनेक युद्ध होते रहे। लेकिन चूँकि विश्वासों और पूजन विधियों को लेकर जब तक नए विचार पैदा होते रहते थे, लगातार नई विकृतियों की घोषणा कर इनके खिलाफ जेहाद की घोषणा होती रहती थी।

सोलहवीं शताब्दी में तो एक ऐसी दरार ईसाई धर्म में पैदा हुई जो कभी पाटी नहीं जा सकी। यह दरार प्रोटेस्टेंट आन्दोलन के जन्म से पड़ी। इसके बाद यूरोप में रोम से संचालित पारम्परिक कैथोलिक धर्म और नवोदित प्रोटेस्टेंट धर्म के अनुयायियों के बीच लगातार युद्ध होते रहे। दूसरे विचार वालों को यातनाएँ देना या जिन्दा जला देने जैसी घटनाओं से यूरोपीय समाज घोर आतंक के बीच से गुजरता रहा।

लेकिन ईसाई धर्माचार्यों का हस्तक्षेप सिर्फ धार्मिक विवादों तक ही सीमित नहीं रहता था। उनका नियंत्रण विचारों के हर क्षेत्र पर रहता था। इसी क्रम में एक महत्त्वपूर्ण दार्शनिक ब्रूनो को उसके दार्शनिक विचारों के लिए 'हेरेटिक' घोषित कर 1591 में उस पर मुकदमा चलाया गया और उसे जिन्दा जला दिया गया। धार्मिक विश्वासों को लोगों की सोच पर लादने के प्रयास का दूसरा हास्यास्पद नमूना गैलिलियो पर उसके वैज्ञानिक विचारों के लिए चलाया गया मुकदमा था। उसके इस विचार के लिए कि सूर्य केन्द्र में है और पृथ्वी समेत अन्य ग्रह इसके चारों ओर घूमते हैं, 1533 ई. में जब वह 69 वर्ष का हो चुका था इंक्वीजिशन (धार्मिक अदालत) द्वारा मुकदमा चलाया गया और आखिर में अनेक यातनाएँ देने के बाद उसे अपने विचार को नकारने को मजबूर किया गया। इसके बाद भी उसे काफी दिनों तक एक स्थान पर बन्दी बनाकर रखा गया। यह मुकदमा ऐतिहासिक महत्त्व का है और 'सेक्युलर' शब्द के असली तात्पर्य को समझने में बहुत ही सहायक है।

'सेक्युलर' शब्द का अर्थ है इन्द्रियगम्य, इहलौकिक ज्ञान और कर्म से सम्बद्ध उन चीजों का क्षेत्र, जिनका सम्बन्ध आम लोगों के दैनन्दिन की जिन्दगी से होता

है। इससे भिन्न होती है वह दुनिया जो ईश्वर, इतरलोक या अन्य धार्मिक विश्वासों से सम्बद्ध है। सेक्युलरिज्म का अर्थ है, इन्द्रियगम्य साक्ष्यों पर आधारित संसार की अवधारणा को कबूल कर विभिन्न सांसारिक कार्यकलापों में पारलौकिक या दूसरी ऐसी भावनाओं का हस्तक्षेप रोकना जिनके आधार में कोई ऐन्द्रिक साक्ष्य या तर्कविधि नहीं है। गैलिलियो शायद पहला वैज्ञानिक था जिसने भौतिक जगत को समझने के लिए पूरी तरह प्रयोगों को अपने सिद्धान्तों का आधार बनाया था। उसके सारे नतीजे ऐसे प्रयोगों पर ही आधारित थे। इसका विरोध इंक्रीजिशन (वर्तमान भारतीय सन्दर्भ में जिसे धर्म संसद कहा जा सकता है) के द्वारा हुआ जिसने गैलिलियो के वैज्ञानिक सिद्धान्तों को ईसाई धर्म की मान्य आस्थाओं के विपरीत करार दिया। उस समय के ईसाई धर्माचायों के सिद्धान्तों के अनुसार पृथ्वी ही केन्द्र में है और सूर्य एवं अन्य नक्षत्र इसके चारों ओर चक्कर लगाते हैं। इन धर्माचार्यों को अपने सिद्धान्तों की सत्यता पर रत्ती भर भी सन्देह नहीं था क्योंकि यह करोड़ों ईसाइयों की आस्था का सवाल था और वैज्ञानिक प्रयोग उनके अनुसार आस्थाओं को नहीं झुठला सकते।

हाल के एक उदाहरण से बात स्पष्ट हो जाएगी। बाबरी मस्जिद के विषय में विश्व हिन्दू परिषद और इससे सम्बद्ध साधु-सन्तों ने यह कहा कि यह मस्जिद ठीक उसी जगह एक मन्दिर को तोड़ कर बनाई गई थी जहाँ श्री राम पैदा हुए थे। देश के जाने-माने इतिहासकारों ने, जिन्होंने पुरातत्व आदि का एक वैज्ञानिक अनुशासन के रूप में अध्ययन किया था और इतिहास को विज्ञान मानते हैं, कहा कि विश्व हिन्दू परिषद के दावे का साक्ष्यों के आधार पर परीक्षण होना चाहिए। लेकिन विश्व हिन्दू परिषद और इसके इर्द-गिर्द जमा धर्म संसद ने ठीक इंक्रीजीशन की तर्ज पर यह कहना शुरू किया कि यह मामला साक्ष्यों पर तय नहीं किया जा सकता क्योंकि यह करोड़ों हिन्दुओं की आस्था का प्रशन है। यह एक दूसरा उदाहरण है कि आस्थाएँ कितना अनर्थ कर सकती हैं? फर्क इतना ही है कि गैलिलियो के साथ यह व्यवहार यूरोप में मध्ययुगीन विश्वासों के काल में हुआ था जबकि बाबरी मस्जिद को बीसवीं शताब्दी के आखिरी वर्षों में तोड़ा गया।

अब इतिहास को एक विज्ञान के रूप में लेकर चलनेवाले लोगों के लिए यह बात बिलकुल अर्थहीन हो चुकी है कि बाबरी मस्जिद को फिर से बनाया जाय या नहीं। उसे फिर से बनाना असम्भव है और इस तरह एक महत्त्वपूर्ण ऐतिहासिक साक्ष्य को सदा के लिए खत्म कर दिया गया है। बाबरी मस्जिद का इतिहास के लिए महत्त्व इसलिए था कि—अगर हम यह मान लें कि वह 1528 ई. में बनाया गया था। वह भारत में मुगलों के आने के बाद बनी पहली इमारत थी। इसके पहले तुर्क, अफगान काल की अनेक इमारतें उपलब्ध हैं, और फिर बाद के मुगल काल के अनेक इमारत। इस तरह एक खास तरह की वास्तुकला के विकास को समझने में यह एक महत्त्वपूर्ण कड़ी थी जिसे अन्ध आस्थाओं ने नष्ट कर दिया।

भाजपाई नेता आडवाणी ने यह भी कहा कि यह मस्जिद तो जीर्ण-शीर्ण हो चुकी थी। बात ठीक है, लेकिन यह बात धार्मिक आस्थाओं पर आधारित सोच की संकीर्णता को जाहिर करती है। यह बात आम तौर से चिन्ता की मानी जाती है कि अजन्ता के भित्ति चित्र जीर्ण-शीर्ण हो जहाँ-तहाँ उखड़ रहे हैं। वैसे सभी लोग जिन्हें मानव सभ्यता से प्रेम है, चाहते हैं कि कोई विधि मानव कला की इन अनुपम अभिव्यक्तियों को सुरक्षित करने की निकाली जा सके। लेकिन भाजपाई आस्थावान लोगों के लिए यह महत्त्वहीन बात होगी अगर कोई सिरफिरा आदमी किसी दिन अजन्ता भित्ति चित्रों को खरोंच कर नष्ट कर दे क्योंकि वे जीर्ण-शीर्ण हो चुके हैं।

ऊपर के उदाहरण बतलाते हैं कि धार्मिक आस्थाओं का हस्तक्षेप मनुष्य के दैनन्दिन के जीवन को किस हद तक बर्बरता की दिशा में मोड़ सकता है।

यूरोप में जहाँ एक तरफ धर्माचार्यों द्वारा आस्था के नाम पर अन्धविश्वास फैलाया जा रहा था वहीं दूसरी तरफ सत्रहवीं एवं अठारहवीं शताब्दी से विभिन्न क्षेत्रों में विज्ञान और दर्शन का तेजी से विकास हो रहा था जो तथ्य और विवेक पर जोर देते थे। इनहीं सब विचारों के सम्मिलित प्रभाव को 'विवेक का युग' (एज ऑफ इनलाइटेनमेंट) के नाम से जाना जाता है। यही काल था जब न्यूटन, देकार्त, कांट, डेविड ह्यूम, लौक, रूसो, वॉल्टेयर आदि अनेक वैज्ञानिक और दार्शनिक विभिन्न बिन्दुओं से तथ्यों और विवेक को लोगों के दैनन्दिन के कार्यकलापों में अन्ध धार्मिक आस्थाओं की जगह प्रतिष्ठित कर रहे थे।

इस नई सोच को योजनाबद्ध ढंग से एकत्र कर लोगों के ज्ञान का दायरा बढ़ाने में सबसे महत्त्वपूर्ण रोल अदा किया अठारहवीं शताब्दी के फ्रांस के 'इन्साइक्लोपेडिस्ट' नाम से प्रसिद्ध बौद्धिकों के समूह ने। इन लोगों ने कई खंडों की एक बृहत् पुस्तक (इन्साक्लोपेदी) में उस समय उपलब्ध विज्ञान, समाजशास्त्र तथा तकनीकी सम्बन्धी विविध जानकारियों को एकत्र किया। चूँकि इसमें उल्लिखित अनेक बातों का धार्मिक आस्थाओं से प्राप्त 'प्रभु प्रदत्त सच्चाइयों' से मेल नहीं बैठता था। इनके कामों में अनेक बाधाएँ उपस्थित की गईं और इस ग्रंथ के संकलन का काफी बड़ा काम गोपनीय ढंग से करना पड़ा।

इसका श्रेय खासकर फ्रांसीसी दार्शनिक दीदरो को जाता है कि उसने इन तमाम कठिनाइयों के बावजूद इस काम को सम्पन्न किया। इन लोगों के प्रयास का यह असर हुआ कि यूरोप के विभिन्न देशों में और खास कर फ्रांस में शिक्षा को धर्माचायों के प्रभाव से मुक्त करने का विचार व्यापक हो गया। इसी से यह विचार भी लोगों में फैलने लगा कि राज्य को धार्मिक मामलों से अलग रखना चाहिए, लेकिन यूरोप के जीवन में उन्नीसवीं शताब्दी के अन्त तक चर्च का प्रभाव इतना अधिक था और राज्य के साथ राजाओं के माध्यम से किसी-न-किसी चर्च का सम्बन्ध इतना पुराना था कि इस विचार को आसानी से लागू नहीं किया जा सकता था।

फिर भी इस नए विचार की तार्किक शक्ति इतनी जबरदस्त थी कि इसे रोका भी नहीं जा सकता था। इसलिए औपचारिक ढंग से तो सिर्फ फ्रांस में 1905 ई. में चर्च को राज्य से बिलकुल अलग किया गया, लेकिन व्यवहार में यूरोप के अधिकांश राज्यों, विशेषकर लोकतंत्र में राजनीति से चर्च की घुसपैठ समाप्त कर दी गई।

एक उदाहरण ब्रिटेन का है। वहाँ आज भी औपचारिक रूप से ऐंग्लिकन चर्च राजधर्म है और इसके शीर्ष पर ब्रिटेन का सम्राट होता है, लेकिन असल में इस चर्च का कोई भी प्रभाव वहाँ की राजनीति में नहीं है। यहाँ तक कि ब्रिटेन में दस प्रतिशत लोग भी इस धर्म में आस्था नहीं रखते और न इस चर्च की प्रार्थनाओं में शामिल होते हैं।

आधुनिक जीवन की आवश्यकताओं के दबाव में राज्य और धार्मिक संस्थाओं का जो ऊपर वर्णित नया सम्बन्ध विकसित हुआ, और जिस सम्बन्ध के तहत राज-काज के मामले में चर्च की भूमिका गौण हो गई, इसी सम्बन्ध को 'सेक्युलरिज्म' नाम से पुकारा जाता है। इसमें राजनीतिक जीवन में ईश प्रदत्त सत्य की जगह प्रत्यक्ष अनुभव और तर्क पर आधारित सत्य को, भावना की जगह विवेक को और व्यक्तिगत या जातीय पूर्वग्रहों की जगह सहिष्णुता को आधार बनाया जाता है।

अब अगर हम थोड़ा विचार करेंगे तो पाएँगे कि ये मान्यताएँ लोकतंत्र का भी आधार हैं। लोकतंत्र में शासन बहुमत के द्वारा चलाया जाता है, लेकिन इसमें हमेशा यह विचार निहित होता है कि अल्पमत वाले लोग अपनी बातों का प्रचार कर बहुमत प्राप्त करने को स्वतंत्र होंगे। यह सम्भावना दो स्थितियों पर निर्भर करती है; (1) कि जो बहुमत में हैं, अल्पमत के लोगों को अपने विचारों के प्रचार का पूरा अवसर दें; और (2) लोगों का निर्णय दो प्रतिद्वन्द्वियों के बीच चुनाव में रोजमर्रा के जीवन के अनुभवों पर आधारित हो। अगर निर्णय धर्म, जाति, मूल आदि के आधार पर होने लगे तो न सिर्फ अल्पमत का बल्कि बहुमत का भी विभिन्न विकल्पों में तथ्यों के आधार पर चुनाव करने का अधिकार खत्म हो जाएगा क्योंकि धर्म, जाति, मूल आदि पर आधारित बहुमत भावना पर टिका होता है जो विवेक से स्थितियों के निरूपण की सम्भावना के सारे दरवाजे बन्द कर देता है। इसीलिए जिन आधुनिक राज्यों ने सेक्युलरिज्म को तिलांजलि दे दी है, वहाँ से लोकतंत्र भी खत्म हो गया है।

लेकिन 'विवेक के युग' के आगमन और लोकतांत्रिक मान्यताओं के स्थापित होने के पहले से ही राजकाज सुचारू रूप से चलाने की आवश्यकता के दबाव के कारण राज्य को धार्मिक संस्थाओं के बन्धन से मुक्त करने के प्रयास पूर्ववर्ती काल में भी अनेक जगह होते रहे। स्वयं फ्रांस में पोप बोनिफेस और फ्रांस के राजा फिलिप के बीच इस मुद्दे पर संघर्ष 'विवेक के युग' के लगभग पाँच शताब्दी पहले शुरू हो गया था, जिसमें अन्ततोगत्वा फ्रांस के कैथोलिक चर्च को पूरी तरह राजा के मातहत चलने के लिए मजबूर किया गया। इसी तरह के संघर्ष बार-बार

इंग्लैंड में भी होते रहे। इसी क्रम में बिशप बेकेट की हत्या राजा द्वारा कराई गई जो काफी चर्चित घटना रही है। इन संघर्षों का कारण यह था कि राज्य को अपनी व्यवस्था चलाने के लिए अनेक तरह के आर्थिक एवं सामाजिक दबावों के बीच किसी तरह का समायोजन करना जरूरी हो जाता था।

धर्म संस्थाओं के हस्तक्षेप से राज्य द्वारा सन्तुलन बिगड़ते रहते थे। यह कोई जरूरी नहीं कि राज्य का पक्ष सदा सही होता था और धर्म संस्थाओं का गलत। लेकिन राज्य चलाने की विवशताएँ कुछ ऐसी थीं कि धर्माचार्यों के आदेशों को नजरअन्दाज करना जरूरी होता था। यहीं से राज्य और धर्म संस्थाओं का विरोध पैदा होता था और अक्सर राज्य को या तो धर्म संस्थाओं को नजरअन्दाज करना होता था या उनके विरोध में कठोर कदम उठाने पड़ते थे। यह अनुभव कमोबेश अधिकांश बड़े राज्यों का था, विशेषकर उनका जिनमें एक से अधिक धार्मिक विश्वासों वाली प्रजा निवास करती थी।

इस्लाम की धार्मिक कट्टरता की बात अक्सर की जाती है, लेकिन सच्चाई यह है कि मुसलमान शासकों का साम्राज्य जैसे-जैसे गैर-इस्लामी लोगों के ऊपर फैला वैसे-वैसे गैर-मुस्लिम आबादियों पर मुस्लिम रीति-रिवाजों या कानूनों को लादने का आग्रह छोड़ दिया गया। इसके अनेक उदाहरण हैं। जब 661 से 750 ई. तक उम्मैद खलीफों का राज्य दमिश्क में रहा, उस समय नागरिक व्यवस्था मुख्य रूप से यूनानी ईसाइयों के हाथ में थी और नतीजा यह हुआ कि इस काल में चतुर्दिक तरक्की हुई। इस तरह बगदाद में आठवीं शताब्दी के आखिरी वर्षों से नवीं शताब्दी के प्रारम्भिक वर्षों तक में साहित्य एवं ज्ञान-विज्ञान की तलाश में मुस्लिम शासकों ने बिना भेद-भाव के दुनिया के सभी स्थानों से लोगों को आमंत्रित किया। बगदाद के शासक मामुन के समय में विज्ञान की जानकारी के लिए इतना जबरदस्त आग्रह था कि यह शासक बैजंतियन के यूनानी ईसाई वैज्ञानिकों को अपने यहाँ बुलाने के लिए बड़ी-से-बड़ी कीमत चुकाने के लिए तैयार रहता था। इस तरह की नीति बिना ऊँचे दर्जे की सहिष्णुता के असम्भव थी।

स्पेन के अरब और बर्बर मुस्लिम शासकों ने बारहवीं शताब्दी में कार्डोवा में एक ऐसी सभ्यता का केन्द्र बनाया था जो यूरोप में बेमिसाल था। यहाँ यहूदी और ईसाई बिना किसी तरह के दबाव के यहाँ के ज्ञान विज्ञान और शिल्प के प्रसार में लगे रहे। बाद में चौदहवीं और पन्द्रहवीं शताब्दी से ओटोमन तुर्कों के साम्राज्य का अफ्रीका के उत्तरी तट से लेकर यूरोप के विशाल भू-भाग पर फैलने का दबाव ऐसा बना कि मुस्लिम और गैर-मुस्लिम प्रजा के बीच भेदभाव करने की नीति का एक सीमा के बाद चलना असम्भव था। धार्मिक अन्ध-विश्वासों और बर्बरता से मुक्ति का अन्तिम चरण तुर्की में मुस्तफा कमाल के अतिवादी सुधारों से 1926 में पूरा हुआ जब यूरोपीय समाज से रू-ब-रू तुर्की को आधुनिक बनाने के क्रम

में काजी मुल्लाओं के कायदे-कानून की जगह उसने स्विट्जरलैंड के नमूने का दीवानी कानून, इटली के नमूने का फौजदारी कानून और जर्मनी के नमूने का व्यापार सम्बन्धी कानून तुर्की पर लाद दिया।

विभिन्न मूल और विचारों के लोगों पर शासन करने और सभ्य समाज का विकास करने की आकांक्षा राज व्यवस्था पर ऐसा दबाव बनाए रखती थी कि धार्मिक कट्टरता को लेकर चलना असम्भव बन जाता था। जहाँ-जहाँ ऐसी कट्टरता की नीति अपनाई गई वहाँ सभ्यता और राज व्यवस्था, दोनों का पतन शुरू हो गया। आम तौर से हजरत मुहम्मद की किसी तसवीर को लेकर आज भयंकर उथल-पुथल मच जाती है।

लेकिन स्वयं ईरान में जो अभी पुनरुत्थानवादी (फंडामेंटलिस्ट) कट्टरपंथियों का गढ़ है, कभी ऐसी कट्टरता नहीं थी। यह जानना दिलचस्प होगा कि इसी ईरान में शाम तहमस्प के लिए 1539 से 1543 ई. के बीच एक सुन्दर लघुचित्र (मिनिचेयर) बनाया गया जिसे फरिश्तों से घिरे घोड़े पर सवार पैगम्बर मुहम्मद का स्वर्गारोहण दिखलाया गया है। इसी ईरान में उमर खैयाम की रूबाइयाँ लिखी गईं जिसका स्वर धार्मिक विश्वासों के प्रति गहरे संशय और अवसाद का है और पनाह सुरा-सुन्दरी में बतलाया गया है कि जिनका मेल किसी भी कट्टर धार्मिक विचार से नहीं बैठ सकता। सीधी-सी बात यह है कि धार्मिक कट्टरता और सभ्य नागरिक व्यवस्था साथ-साथ नहीं चल सकती। इसलिए पोप-पादरियों, पोंगा पंडितों और मुल्लाओं द्वारा लगाए गए अड़ंगों को पार कर मानव सभ्यता हमेशा आगे बढ़ने को प्रयासरत रही है। जहाँ अड़ंगे कारगर हुए, सभ्यता धराशायी हुई है।

अब हम अपने देश की स्थिति पर विचार करें। यह कहा जाता है कि धर्मनिरपेक्षता एक पश्चिमी अवधारणा है जिसे भारत पर आरोपित करने से देश में अलगाववाद की भावना फैली है। इसके आधुनिक लोकतांत्रिक अर्थ में जिसमें सहिष्णुता और सभी नागरिकों की समानता को बिना धर्म, मूल आदि का भेद किए पूर्ण रूप से प्रतिष्ठित करने का आग्रह है, यह अवधारणा निश्चित रूप से पश्चिम से आई है, लेकिन क्या पश्चिम से आने भर से ही कोई विचार हमारे लिए अप्रासंगिक बन जाता है? अगर ऐसा है तो हमें आधुनिक भौतिक विज्ञान के सिद्धान्तों और तमाम आधुनिक तकनीकी का परित्याग करने को भी तैयार रहना चाहिए और पद्मासन की मुद्रा में बैठे उस काल तक इन्तजार करना चाहिए जब तक भाजपाई वैज्ञानिक वैदिक सूत्रों से पुष्पक विमान और अमरत्व प्रदान करनेवाले औषधों का आविष्कार न कर लें। भाजपा अध्यक्ष मुरली मनोहर जोशी स्वयं भौतिकी के शिक्षक हैं, लेकिन उन्होंने भौतिकी के क्षेत्र में पश्चिमी शास्त्र का परित्याग कर वैकल्पिक भारतीय भौतिकी का विकास करने की तो कोशिश नहीं की, लेकिन राजनीति शास्त्र के क्षेत्र में, जिसमें उनका शास्त्रीय ज्ञान नगण्य है, अचानक भारतीय अवधारणाओं के नाम पर हमारे संविधान की धज्जियाँ उड़ाने में लग गए हैं।

अगर हम पूर्वग्रहों से मुक्त हो विचार करेंगे तो पाएँगे कि राज-काज चलाने की विवशता के कारण राजनीति को धर्म से अलग रखने का जैसा दबाव अन्य देशों में रहा है वैसा भारत में भी रहा है। हालाँकि यहाँ भी स्थितियों की भिन्नता की वजह से ठीक वैसी धर्मनिरपेक्षता पहले नहीं थी जैसी आधुनिक लोकतंत्र की स्थापना के साथ अपनाई गई है। यह बात कुछ चौंकानेवाली लगती है कि 'कौटिल्य अर्थशास्त्र', जो शास्त्रीय ढंग से राजनीति के सिद्धान्तों का प्रतिपादन करनेवाला एक मात्र प्राचीन भारतीय ग्रंथ है, कहीं भी राजनीति में धार्मिक सिद्धान्तों का घालमेल नहीं होने देता। साधु, देवता, मंत्र-तंत्र आदि जहाँ-तहाँ षड्यंत्रों में अपनी भूमिका के लिए जरूर उल्लिखित हैं, लेकिन इसमें कहीं भी राजाओं को साधु-सन्तों या पूजन-पठन के सम्बन्ध में कोई नीति अख्तियार करने को नहीं कहा गया है। यह सन्देह होना लाजिमी है कि भाजपा भी राम का नाम और साधु-सन्तों का इस्तेमाल कौटिल्य के इसी कुटिल सिद्धान्त के तहत कर रही है और धर्मनिरपेक्षता पर आक्रमण भी इसी राजनीतिक षड्यंत्र का अंग है। कौटिल्य का 'अर्थशास्त्र' प्राचीन भारत की असलियत को अभिव्यक्त करता है, जिसमें राज्य का धार्मिक विवादों से कोई मतलब नहीं होता था और विभिन्न मतावलम्बी साथ-साथ रहते थे।

इस बात की पुष्टि पाँचवीं शताब्दी के प्रारम्भ के चीनी यात्री फाहियान और सातवीं शताब्दी [628-664] के चीनी यात्री ह्वेनसांग के यात्रा वर्णनों से भी होती है। फाहियान चन्द्रगुप्त द्वितीय के समय भारत आया था, और उसने लिखा है कि हालाँकि चन्द्रगुप्त द्वितीय स्वयं बौद्ध नहीं था, उसके समय में बौद्ध धर्म का चारों तरफ विकास हो रहा था। यह बात गुप्तकालीन कलाकृतियों से भी जाहिर है जब बौद्ध और हिन्दू, दोनों तरह की कलाकृतियाँ अपनी उच्चतम अभिव्यक्ति प्राप्त कर रही थीं। ह्वेनसांग ने पश्चिम में महाराष्ट्र, गुजरात और सिन्ध से लेकर पूरब में कामरूप (असम) तक के विभिन्न नगरों और स्थानों का भ्रमण किया था। उसके यात्रा वर्णन में अजन्ता, मालवा, भावनगर, सूरत, उज्जैन, कन्नौज, चित्तौड़, सिन्ध, नालन्दा, कामरूप आदि सभी स्थानों के सम्बन्ध में लिखा गया है। इस विवरण के अनुसार, कुछ जगहों के शासक बौद्ध हैं और कुछ जगहों के हिन्दू। लेकिन उसने सभी जगह देव मन्दिरों और बौद्ध विहारों के साथ-साथ आस-पास होने का वर्णन दिया है। उसने बाजाप्ता इनमें प्रत्येक की संख्या भी दी है। कामरूप के सम्बन्ध में उसने लिखा है कि वहाँ बौद्धों का कोई उपासना स्थल नहीं था, लेकिन वहाँ का शासक जो ब्राह्मण था, विद्वानों की कद्र करता था और विद्वान बौद्ध श्रमणों का आदर करता था। वह हर्षवर्द्धन के समय में भारत आया था और हर्षवर्द्धन के सम्बन्ध में जो तथ्य ज्ञात हैं, उसका इस धार्मिक सहिष्णुता के वर्णन से पूरी तरह मेल खाता है। हर्षवर्द्धन पाँच वर्ष में एक बड़ा आयोजन करता था जिसमें बौद्ध

श्रमणों के साथ-साथ ब्राह्मणों और अन्य गरीबों में अपने कोष का सारा धन बाँट देता था, हालाँकि उसने स्वयं बौद्ध धर्म कबूल कर लिया था।

मुसलमानों की कट्टरता की बात सबसे अधिक की जाती है, लेकिन इस्लाम धर्म कबूल करने के बाद भारत में आनेवाले अरब, तुर्क, अफगान और मुगल शासकों में, कुछ अपवादों को छोड़, ऐसी कट्टरता देखने में नहीं आती बल्कि इन शासकों के समय में भारत में पूरी तरह एक मिली-जुली संस्कृति का विकास हुआ जो आज की हमारी भारतीय संस्कृति है। अंग्रेजों की नीति के चलते और फिर हाल की धर्मान्धिता के नवोन्मेष से इसमें टूट जरूर आई है, फिर भी कुछ अमानत है। विशेषकर ध्यान देनेवाली बात यह है कि भारत के मुस्लिम शासकों ने उनके शासन के तहत रहनेवाली गैर-मुस्लिम प्रजा पर शरीयत कानून लागू नहीं किया। अगर उन्होंने ऐसा किया होता तो देश भर में एक समान सिविल कोड लागू हो गया होता। यह काफी महत्त्वपूर्ण बात है कि बारहवीं से अठारहवीं शताब्दी तक के लगभग छह शताब्दी के शासनकाल में, जिसमें अनेक मूलों के मुस्लिम शासकों का शासन इस देश में रहा, गैर-मुस्लिम प्रजा पर शरिया के अनुसार सिविल कोड नहीं लादा गया और हिन्दुओं के विभिन्न सम्प्रदाय और सैकड़ों जनजातीय समूह जो अपने अलग-अलग नियम कानूनों का पालन करते थे, बिना छेड़छाड़ के अपनी परम्पराओं का पालन करते रहे। इससे बढ़ कर सहिष्णुता का क्या नमूना हो सकता है?

यह जरूर हुआ कि सैकड़ों वर्षों के सह-अस्तित्व के रीति-रिवाजों पर व्यापक पारस्परिक प्रभाव पड़ा। नए वाद्ययंत्रों और संगीत विद्याओं का विकास हुआ, जिसमें प्राय: मुस्लिम संगीतज्ञों के प्रयासों से, प्राचीन शास्त्रीय संगीत का परिष्कार हुआ। सूक्ष्म रेखाओं और विलक्षण नए रंगों से मोहक लघु चित्रकला (मिनियेचर) का विकास हुआ। सूफी-सन्तों और भक्ति आन्दोलन के प्रभाव में तो लगभग एक ही तरह की धार्मिक मान्यताओं और मूल्यों का प्रसार देश भर में हुआ। यह क्या अचरज की बात नहीं लगती कि रसखान, रहीम, तानसेन और दूसरे अनेक मुस्लिम कवि और सन्त हिन्दू देवी-देवताओं की स्तुति में कविताएँ लिखते हैं और राजसत्ता कहीं से इस्लाम की रक्षा के नाम पर इन्हें प्रतिबन्धित और दंडित करने का प्रयास नहीं करती। मुगल काल में रामायण, महाभारत आदि के फारसी अनुवाद चित्रित पुस्तकों के रूप में तैयार हुए थे जो बिना शाही प्रोत्साहन के सम्भव नहीं था।

पहला ही मुगल शासक बाबर इस देश की विविधता से इतना प्रभावित था कि उसने अपने वसीयतनामे में पुत्र हुमायूँ को यह सीख दी थी कि वह इस देश के लोगों के धार्मिक विश्वासों की विविधता का आदर करे, और उनकी भावना आहत न हो, इसलिए गोमांस कभी न खाए। अकबर ने तो धार्मिक झगड़ों को समाप्त करने की दृष्टि से सभी धर्मों की सीखों के सारे को ले एक नया धर्म 'दीने इलाही' बनाने का भी प्रयास किया। यह सम्भव नहीं था कि छह शताब्दी के शासन काल

में कुछ मुस्लिम शासकों में धार्मिक कट्टरता नहीं रही हो, लेकिन इसके बाजवूद ऊपर बतलाई गई स्थितियों का अक्षुण्ण रहना यह बतलाता है कि वस्तुस्थिति के धर्मनिरपेक्षतावादी दबाव के प्रभाव के आगे उनकी कट्टरता निजी पसन्द-नापसन्द के दायरे से बाहर जा विकसित हो रहे मिले-जुले सामाजिक और सांस्कृतिक सम्बन्धों को नहीं बदल सके। औरंगजेब, जिसे कट्टर और धर्मान्ध बताया जाता है, स्वयं अपने शाही खजाने से अनेक हिन्दू, बौद्ध और जैन मन्दिरों को नियमित अनुदान देता था।

इसी पृष्ठभूमि में हिन्दू और मुसलमानों का वह समान राष्ट्रबोध विकसित हो रहा था जो 1857 ई. में अंग्रेजों के खिलाफ राष्ट्रव्यापी विद्रोह में दिखाई देता है। इस विद्रोह का प्रतीक मुगल बादशाह बहादुर शाह जफर बनता है और देश भर में हिन्दू और मुसलमान साथ-साथ अंग्रेजों के खिलाफ युद्ध में अपने को बलिदान करते हैं, लेकिन इसी अनुभव से अंग्रेज देश में 'विभाजित करो और राज्य करो' की नीति शुरू करते हैं जिससे एक तरफ मुस्लिम लीग जैसी संस्थाओं का जन्म और दूसरी ओर हिन्दू महासभा, राष्ट्रीय स्वयंसेवक संघ जैसी संस्थाओं का जन्म होता है जो हजारों वर्ष की सहिष्णु भारतीय परम्परा को नष्ट कर अन्ततः ऐसी स्थिति पैदा करते हैं जिससे न सिर्फ देश का भौगोलिक बँटवारा होता है बल्कि देश का भावनात्मक विभाजन भी होता है—जो बढ़कर अब राष्ट्र के अस्तित्व को ही खत्म करने में लगा है।

चूँकि संघ परिवार आजादी के राष्ट्रीय आन्दोलन का कभी अंग नहीं रहा और असल में विभाजन के अंग्रेजी षड्यंत्र की उपज था, इसके नेताओं में भारतीय राष्ट्र भाव कभी विकसित नहीं हो पाया। चूँकि वे राष्ट्र भाव से क्षीण हैं, उनकी दृष्टि धार्मिक संकीर्णता से ऊपर नहीं उठ पाती। यह उनकी विवशता है।

महात्मा गांधी के नेतृत्व में कांग्रेस ने अंग्रेजों के विभाजन की नीति के विरोध में धार्मिक सहिष्णुता की प्राचीन भारतीय परम्परा को पुनर्जीवित करने की नीति अपनाई। इसमें गांधीवादी के व्यक्तित्व का एक आयाम उन्हें भक्ति आन्दोलन की परम्परा से जोड़ता है। इस सन्दर्भ में कांग्रेस द्वारा खिलाफत के समर्थन की काफी लोगों ने आलोचना की है। शुद्ध रूप से धर्मनिरपेक्ष राजनीति की दृष्टि से यह सचमुच दोषपूर्ण दिखाई देता है, लेकिन यह नीति धार्मिक समीकरण के बजाय देश के हिन्दू और मुसलमानों के पारस्परिक बन्धन की बानगी के रूप में अपनाई गई थी। यह बात इसी से सिद्ध होती है कि इस नीति के साथ सर्व धर्म समभाव को लेकर चलनेवाले गांधी जी ही नहीं, सनातनी हिन्दू पं. मदनमोहन मालवीय भी थे तो उस प्रतिनिधि मंडल में भी शामिल थे जिसने 'असहयोग आन्दोलन' के पहले इस मुद्दे को अंग्रेज वायसरॉय के सामने पेश किया था।

यह राष्ट्रीय आन्दोलन की विफलता और अंग्रेज शासकों की सफलता थी कि सहिष्णुता की भारतीय परम्परा को फिर से जीवित करने के प्रयास असफल हुए

और पारस्परिक संशय और दंगों के वातावरण में देश विभाजित हुआ। आजादी के बाद भारत के संविधान के मूल में धर्मनिरपेक्षता को रखने के पीछे यही संकल्प था कि भौगोलिक रूप से देश का विभाजन जरूर हो गया है, लेकिन भारत की जनता भारत राष्ट्र को विभाजित नहीं होने देगी और इस राष्ट्र की आत्मा इसकी सम्मिलित राष्ट्रीयता और सहिष्णु परम्परा को जीवित रखेगी।

संविधान में धर्मनिरपेक्षता की जो नीति अपनाई गई है, वह बिलकुल साफ है और इसमें राष्ट्रीय आन्दोलन की विरासत के अलावा पिछले सदियों के फ्रांस, अमेरिका तथा अन्य देशों के लोकतांत्रिक प्रक्रियाओं के अनुभवों को भी समाहित किया गया है। इसमें कहीं कुछ पक्षपातपूर्ण नहीं है। अनुच्छेद 15 में कहा गया है कि राज्य धर्म, नस्ल, जाति, यौन, जन्म स्थान आदि के आधार पर किसी नागरिक के साथ भेदभाव नहीं करेगा और न दुकान, सार्वजनिक भोजनालय, मनोरंजन स्थल आदि में प्रवेश पर कोई प्रतिबन्ध, शर्त या बन्धन इस आधार पर डालेगा। न तो सरकारी खर्च पर बनाए गए कुँओं, तालाबों आदि के इस्तेमाल पर उपरोक्त कारणों से कोई प्रतिबन्ध होगा। इसी तरह अनुच्छेद 25 से 28 तक में विश्वासों की आजादी, धार्मिक आचरण और धर्म-प्रचार की आजादी दी गई है। अनुच्छेद 29 में राज्य द्वारा किसी समुदाय की अपनी संस्कृति की जगह दूसरी संस्कृति लादा जाना वर्जित है। इसमें यह भी कहा गया है कि किसी समुदाय द्वारा चलाई जा रही शैक्षणिक संस्थाओं के सम्बन्ध में राज्य कोई भेद-भाव नहीं बरतेगा। इस तरह भारत के संविधान में उल्लिखित धर्मनिरपेक्षता में कहीं कुछ अस्पष्ट या तथाकथित नहीं है। अगर संघ परिवार इसमें परिवर्तन चाहता था तो वर्षों संसद में रहने के बावजूद इसके सांसदों ने इसमें संशोधन क्यों नहीं पेश किया? साफ है कि भाजपाई ईमानदारी से लोगों को वे क्या सोचते हैं, बतलाना नहीं चाहते और जान-बूझकर भ्रम पैदा करके रखना चाहते हैं। इस तरह इसके नेता अलग-अलग जबान में बोलते रहते हैं।

धर्मनिरपेक्षता से ही जुड़ा एक दूसरा मुद्दा ऐसा है जिस पर भाजपाई नेता लोगों के मन में संशय पैदा करते रहे हैं। वह है, पूरे देश भर के लिए एक सिविल कोड (समान दीवानी निजी कानून) लागू करने की माँग। सवाल है कि यह सामान्य सिविल कोड क्या होगा? जैसाकि ऊपर बतलाया गया है, मुस्लिम शासन में यह शरीयत पर आधारित हो सकता था, लेकिन मुस्लिम शासकों ने गैर-मुस्लिम प्रजा पर यह लागू नहीं किया। एक सामान्य सिविल कोड का होना वांछनीय है, लेकिन लोगों की इच्छा के विरुद्ध मुस्तफा कमाल की तरह कोई तानाशाह ही इसे लागू कर सकता है। पश्चिम में चूँकि सभी जगह ईसाई शासक थे, एक सिविल कोड लागू किया जाना आसान था, लेकिन इसमें विभिन्न आन्दोलनों के दबाव में लगातार सेक्युलर विचारों के अनुकूल परिवर्तन होते रहे हैं। अभी भी उनमें अनेक त्रुटियाँ हैं। अमेरिका के नए राष्ट्रपति क्लिंटन का गर्भपात को वैध करार देने के फैसले का

आज भी अमेरिका में काफी विरोध हो रहा है जबकि महिला संगठनों की ओर से उसका जोरदार समर्थन हो रहा है।

जब भारत में 1949 में हिन्दू कोड बिल लाया गया तो परम्परा की रक्षा के नाम पर धर्माचार्यों और राष्ट्रीय स्वयंसेवक संघ ने इसका घोर विरोध किया और राष्ट्रीय स्वयंसेवक संघ के महिला मोर्चे ने इसके विरोध में संसद का घेराव करने का भी प्रयास किया। अभी भी यह कोड महिलाओं के अधिकारों के हिसाब से काफी कम है और परिवर्तन की माँग करता है, इसके बावजूद इस कोड का उल्लंघन बड़े पैमाने पर होता है। देश द्वारा ऐसे परिवर्तनों को स्वीकृत कराने के लिए आन्दोलनों के द्वारा जनमानस बनाने की जरूरत है। मुसलमानों के लिए समान सिविल कोड बनाने के रास्ते में इसी तरह की भावनात्मक बाधाएँ हैं और इसके लिए ऊर्जा मुस्लिम सुधारवादी संगठनों से आना चाहिए। यह इसलिए भी जरूरी है क्योंकि मुसलमानों में ऐसी माँग के अभाव में ऐसा कोड लागू करना उन्हें बहुसंख्यक सम्प्रदाय द्वारा लादा गया दिखाई देगा। फिर भी, उनके कोड में ऐसे प्रावधानों को तो होना ही चाहिए जो दुनिया भर में मान्य मानव अधिकारों के अनुरूप हों।

धर्मान्धता और अविवेक की इजारेदारी हिन्दुओं के शंकराचार्यों की ही नहीं है। मुसलमानों के मुल्ला और इमाम भी मुस्लिम जनता में वैसे ही विवेकशून्य परम्पराओं को जिन्दा रखते हैं जैसे हिन्दू धर्माचार्य। शाहबानो के मामले में उनकी भूमिका इसका उदाहरण है। यह एक दु:खद सत्य है कि अल्पसंख्यकों की स्वाभाविक रक्षणशीलता के कारण गलत परम्पराओं के खिलाफ मुस्लिम समाज में सुधारवादी आन्दोलन हिन्दू समाज की तुलना में काफी कमजोर है। उन्हें अपनी परम्पराओं से कटना अस्तित्व पर खतरा मालूम पड़ता है। दरअसल, सारी इस्लामी दुनिया में कट्टरपंथ का उदय पश्चिमी सभ्यता द्वारा लील लिए जाने के भय का ही परिणाम है। इस स्थिति को समझ कर बहुसंख्यक हिन्दुओं को धीरज के साथ मुस्लिम समाज में सुधार आन्दोलनों की प्रतीक्षा करनी चाहिए। ऐसे सुधारों को बल देने का सबसे अच्छा उपाय भारत को एक ऐसा राष्ट्र बनाना है, जिसमें हर धर्म और मूल का आदमी निर्भय होकर अपनी बात कह सके। जिस दिन भारत का हर मुसलमान अल्पसंख्यक होने के भाव से मुक्त हो स्वतंत्र चिन्तक बन जाएगा, उस दिन स्वयं मुसलमानों में आधुनिक जीवन की आवश्यकताओं के अनुरूप निजी मूल्यों को बदलने का सशक्त आन्दोलन शुरू होगा। इसी प्रक्रिया में एक ऐसा सर्वमान्य विवेकशील सिविल कोर्ड विकसित होगा जो समुदाय विशेष के पूर्वग्रहों से पूरी तरह मुक्त होगा।

(सामयिक वार्ता, फरवरी 1993)

समाजवाद से जुड़ी स्थापनाएँ और मूल्यबोध

समाजवादी आन्दोलन बुनियादी तौर से मानव समाज को न्यायपूर्ण और बुद्धिसंगत ढंग से व्यवस्थित करने का अत्यन्त ही कष्टसाध्य प्रयासों का सिलसिला है। यह एक गहन बौद्धिक और नैतिक चेतना के आधार पर समाज के नवनिर्माण का प्रयास है। इस प्रयास की कठिनाई इस बात से शुरू होती है कि इसके लिए कोई भी पहले से बना-बनाया साँचा या स्वत:स्फूर्त ऊर्जा का स्रोत उपलब्ध नहीं है। सभी पारम्परिक समाज कौटुम्बिक, कबाइली, जातीय या सामन्ती रीति-रिवाजों अथवा परम्पराओं से संचालित होती रही हैं। इनमें निहित अन्याय जब असहनीय होते थे तो छोटे-मोटे सुधारों या विद्रोहों से लोगों को कुछ निजात मिलती थी और सम्बन्धों के नवस्थापित मानक फिर परम्परा का हिस्सा बन जाते थे।

यूरोप में पूँजीवाद के विकास ने इसकी पहुँच के भीतर की इन सारी परम्पराओं को ध्वस्त करना शुरू किया। पूँजीवादी समाज ने सारे पारम्परिक सम्बन्धों को ध्वस्त कर व्यक्तियों को आर्थिक ताने-बाने में बाँधने का काम किया। इसमें आदमी हर तरह की पारम्परिक सुरक्षा खो बैठा। हालाँकि परम्पराओं के टूटने से इसमें बन्धन मुक्त होने का भी भ्रम पैदा हुआ। अब बेरोजगारी, भूख, दरिद्रता आदि से संरक्षण देने के लिए आम आदमियों के लिए कोई संस्थागत सहारा नहीं था।

इन्हीं स्थितियों में समाजवाद के नाम से विभिन्न तरह की व्यवस्थाओं की कल्पना और कहीं-कहीं छोटे पैमाने पर लोगों के जीवन को गठित करने के प्रयास होने लगे। सबके पीछे मूल आदर्श था, समतामूलक और सहयोगी आधार पर समाज का नया ताना-बाना खड़ा करना। यह आसानी से देखा जा सकता है कि ऐसा प्रयास समाज के नए और पुराने, सभी सम्बन्धों और आदमी के स्वभाव के तत्त्वों को गहराई से समझने की माँग करता था जिनसे चुने हुए तारों को जोड़ कर नए समाज की रचना की जा सके। यूटोपिआई, अराजकवादी, मार्क्सवादी, सिंडिकलिस्ट, गिल्ड सोशलिस्ट आदि समाजवादी आन्दोलन की विभिन्न धाराएँ इसी प्रयास का परिणाम थीं। यह प्रयास अत्यधिक कठोर बौद्धिक और सांगठनिक अनुशासन की माँग करता था।

मानव स्वभाव का यह बुनियादी गुण है कि वह किसी घटना या वस्तु को इसके एकाकीपन में नहीं देखता वह इन्हें दूसरी घटनाओं या वस्तुओं के परिप्रेक्ष्यों

के किसी क्रम से बाँधने की कोशिश करता है और इसी से किसी घटना या वस्तु की विशिष्टता या महत्त्व को निरोपित करता है। इसीलिए विचारधारा या वैज्ञानिक सिद्धान्त मानव सोच के अनिवार्य अंग बन जो हैं—हालाँकि हाल-फिलहाल कुछ हलकों में विचारधारा के महत्त्व को या उपादेयता नकारने की कोशिश भी होती रही है। मानव स्वभाव के इसी गुण की अभिव्यक्ति, कहानी या उपन्यास जैसी विधाओं में भी होती है जहाँ अनुभव में आई घटनाओं को किसी बड़े कथ्य के हिस्से के रूप में प्रस्तुत किया जाता है। मानव मन की ऐसी प्रस्तुतियों के रूप बिलकुल भिन्न हो सकते हैं और प्रभाव भी अलग-अलग कहानी, विचारधारा और विज्ञान आदि सभी की प्रस्तुतियाँ भिन्न होती हैं और इनमें से प्रत्येक मनुष्य की अलग-अलग जरूरतों को पूरा करती हैं। इन सभी में अनुभूत यथार्थ के साथ मिथक का भी अनिवार्य रूप से घालमेल होता है।

विज्ञान की प्रस्तुतियाँ भी इससे परे नहीं है। यही कारण है कि अनुभूत तथ्यों की अविचलता या एकरूपता के बावजूद इनको परिभाषित करने के सिद्धान्त बदलते रहते हैं। ये विज्ञान के अवलोकन या प्रयोग द्वारा प्रस्तुत तथ्यों को वैसा आवश्यक ताना-बाना या परिधान देते हैं, जिनके भीतर ही अवलोकित तथ्य या अर्थ निकाला जा सकें। उदाहरण में भौतिकशास्त्र, जिसे विज्ञान में सबसे बुनियादी माना जाता है, के परमाणु की विविध अवधाराणाएँ या गुरुत्त्वाकर्षण की अवधारणा के परिवर्तित रूप लिये जा सकते हैं। विज्ञान के मिथक की विशेषता यह है कि इसमें समग्रता होती है और यह अपनी विषय-वस्तु से सम्बद्ध सभी अनुभवों को एक समग्र दृष्टि में समायोजित करती हैं। इस के कथानक में अपवाद की गुंजाइश नहीं होती। अपवाद नए सिद्धान्त का प्रस्थान बिन्दु होता है जिसमें अब तक के सारे अनुभूत तथ्य समाहित हो जाते हैं।

पूँजीवाद के प्रभाव में जब समाज का परम्परागत ढाँचा और इससे प्राप्त सुरक्षा या निश्चितता का बोध नष्ट होने लगा तो पूँजीवादी व्यवस्था के विकल्प में समाजवाद की रूपरेखा में घटनाओं और स्थितियों में आश्वस्ति प्रदान कर सके, ऐसे तारतम्य की तलाश किसी विचारधारा, विश्वदृष्टि या इतिहास दृष्टि में होने लगी। इस दृष्टि से अपने समकालीन विचारधाराओं में मार्क्सवाद सब से शक्तिशाली सिद्ध हुआ। इसने इतिहास की घटनाओं को भी एक अटलनीय कार्यकारण सम्बन्धों की शृंखला में बाँधने का प्रयास किया और यह दावा किया कि जैसे विज्ञान के कार्यकारण सम्बन्ध में निश्चित नतीजे निकाले जा सकते हैं वैसा ही इतिहास में भी हो सकता है। इसी से उसका ऐतिहासिक भौतिकवाद का सिद्धान्त निकला। इसके अनुसार, अपने जीवनयापन के क्रम में आदमी काम के तकनीक (उत्पादन के साधनों) का विकास करता है। इन तकनीकों के इर्द-गिर्द मनुष्यों के सम्बन्ध स्थापित होते हैं जिससे समाज का आधार तैयार होता है—यानी किसी समय की विचारधारा और मानव सम्बन्ध और सोच।

एक समय के बाद चूँकि तकनीक स्वत:स्फूर्त ढंग से विकसित होती रहती है, इससे नए मानव सम्बन्धों की जरूरत महसूस होती है, लेकिन समाज का जो ढाँचा या आवरण पिछले उत्पादन सम्बन्धों पर आधारित होता है, अब नए उत्पादन सम्बन्धों और उत्पादन की शक्तियों के लिए अवरोध बन जाता है। इसी अवरोध को मिटाने के लिए क्रान्तियाँ होती हैं, जिसमें पुराने उत्पादन सम्बन्ध नष्ट हो जाते हैं और सारे समाज का निर्माण नए आधार पर होता है। मार्क्स के अनुसार समाज के विकास में विभिन्न पड़ाव आए—उसके अनुसार गुलामी व्यवस्था, सामन्ती व्यवस्था और पूँजीवादी व्यवस्था—ये उस अन्तिम लक्ष्य यानी समाजवादी व्यवस्था की ओर संक्रमण के विविध पड़ाव थे। ये मनुष्य के प्राक्-इतिहास के हिस्सा थे। अब मनुष्य का अपना इतिहास शुरू होता है, जिसमें मनुष्य स्वयं अपने भविष्य का निर्धारण करेगा। यही स्थिति समाजवाद की होगी।

संक्षेप में यही मार्क्स की विचारधारा है। सभी विचारधाराओं (मसलन धार्मिक मान्यताओं आदि) की तरह इसमें एक हिस्सा वस्तुपरक विवरण (वैज्ञानिकता) का है जिसके बिना लोगों को इसकी सत्यता में विश्वास नहीं हो सकता, लेकिन दूसरा हिस्सा इच्छा की अभिव्यक्ति और इसकी अनिवार्यता पर आस्था है। इसी से लोगों में यह भावनात्मक ऊर्जा पैदा होती है जिससे लोग इसके उद्देश्यों की पूर्ति के लिए मरने-मारने या शहादत के लिए तैयार हो जाते हैं। मार्क्स की दृष्टि के पीछे भी अन्तत: एक महान स्वप्न ही था जो बाद की घटनाओं से जाहिर होता है। दिलचस्प है कि मार्क्स ने रॉबर्ट ओवेन को भी, जिसने अपने प्रयास से उद्योगों को स्थापित कर इसमें काम करनेवाले श्रमिकों की जिन्दगी को मानवीय बनाने का एक सीमा के भीतर सफल प्रयास किया था, और बाद में ट्रेड यूनियन आन्दोलन तथा सहयोगी संस्थाओं की स्थापना में भी हरावल रहा—एक स्वप्नवादी समाजवादी कहा।

जो भी हो, आदमी जो कुछ भी समाज की बेहतरी के लिए करता है, उसके पीछे कोई सुन्दर सपना होता है। ऐसे सपनों से शून्य समाज अन्त: प्रेरणाहीन मृत समाज होता है। मसलन, आज का उपभोक्तावादी समाज। इससे प्रभावित मनुष्य सूअर की तरह जो भी भक्ष्य या अभक्ष्य फैशन के रूप में परोस दिया जाता है, उसे ही निगलने में लगा रहता है—उदाहरण के लिए कोका कोला, कोकीन, सिगरेट और मोटरगाड़ियाँ, जो निजी या समूहिक जीवन में जहर घोलते रहते हैं, आज फैशन हैं और लोग इसे पाने के लिए पागल हैं। सूअर इस अर्थ में बेहतर है कि वे गन्दगी को निगल पर्यावरण को साफ करते हैं। उपभोक्तावादी आदमी पर्यावरण के प्रदूषण से धरती को जीवन के लिए असुरक्षित बनाता जा रहा है।

मार्क्स ने अपनी कम्युनिस्ट घोषणापत्र में धार्मिक आख्यानों की तर्ज पर जीवन की एक सम्पूर्ण रूपरेखा प्रस्तुत की। जेनेसिस की तर्ज पर सामाजिक सम्बन्धों के जन्म, फिर इसके विकास और फिर अनिवार्य कयामत की तसवीर, जहाँ बहिश्त

की स्थापना होती है। एक मात्र जरूरत इस विश्वास के साथ मजलूमों को परिवर्तन के लिए एकजुट हो जाने भर की थी। उन्हें अपनी जंजीर छोड़ गँवाने के लिए कुछ नहीं था और विजय के लिए सारा संसार सामने था। स्वयं मार्क्स ने धर्म की मूल भूमिका के बारे में जो कुछ कहा था—यानी संसार की एक उल्टी तसवीर पेश करना, जिसमें जो आज नीचे और सताए गए हैं वे धरती के सिरमौर होंगे—मैनिफेस्टो में प्रस्तुत सर्वहारा क्रान्ति के बारे में चरितार्थ होता है।

मार्क्स के समय तक यूरोपीय समाज में उपलब्ध इतिहास के ज्ञान और पूँजीवाद की संसार व्यापी विजय अभियान के विश्वसनीय विवरण से जो कुछ भविष्य के बारे में कहा गया था वह भी उतना ही अपरिहार्य लगने लगा जैसाकि अतीत और वर्तमान के विवरण लगते थे। 1848 के यूरोप में जहाँ सामन्तवाद के सारे स्थापित बन्धन और परिवर्तनहीन जीवन क्रम टूटने लगे थे और औद्योगीकरण के क्रम में लोगों के जीवन में बड़े पैमाने पर विस्थापन और नए उद्योगों में बच्चों और औरतों समेत लोगों का घोर शोषण हो रहा था और राजनीति में लोकतंत्र की माँग करते नया मध्यम वर्ग जर्मनी, फ्रांस आदि यूरोपीय देशों में क्रान्ति के जरिये व्यवस्था बदलने में लगा था—इस नई क्रान्ति की तसवीर ने लोगों को बड़े पैमाने पर आकर्षित करना शुरू किया, सच कहा जाय तो आज कई क्रान्तियों से मोहभंग के बाद भी मैनिफेस्टो की अपील खत्म नहीं हुई है।

अगर मार्क्स का महत्त्व सिर्फ कम्युनिस्ट घोषणापत्र पर ही आधारित रहता तो उसका प्रभाव व्यापक पर अस्थाई होता जैसाकि उसके कई समकालीन क्रान्तिकारी नेताओं का हुआ। 1848-50 के क्रान्तिकाल में मार्क्स के समकालीन अराजकवादी नेता बाकुनिन का प्रभाव कहीं अधिक था और यूरोप के कई देशों की सरकारें उसके नाम से घबराती थीं और उसे निर्वासित करती रहती थीं। अराजकवाद के प्रणेता प्रूधा का प्रभाव भी काफी था। फ्रांस में लूई ब्लां का तो 1848-50 की क्रान्ति में सक्रिय योगदान था और इस काल में स्थापित तत्कालीन सरकार में भी उसकी भागीदारी थी, लेकिन मार्क्स के दीर्घकालीन प्रभाव के पीछे था पूँजी का उसका वैज्ञानिक अध्ययन। दरअसल नवोदित औद्योगिक व्यवस्था को पूँजीवाद का नाम दिए जाने के पीछे भी उसके अध्ययन का विशेष स्थान था। उसके समय तक लोग नवोदित व्यापारी वर्ग को बुर्जुआ के रूप में ही जानते थे। मार्क्स ने प्राथमिक पूँजी के संचय से लेकर पूँजी की बनावट, रुझान और विस्तार एवं लोगों के जीवन पर इसके प्रभाव का इतना गहन विश्लेषण किया कि लोग इससे जुड़ी सारी व्यवस्था को पूँजीवादी व्यवस्था के रूप में चिह्नित करने लगे।

मार्क्स के पूँजीवाद के अध्ययन के केन्द्र में था, उसका मूल्य का श्रम सिद्धान्त। मूल्य का श्रम सिद्धान्त मोटा-मोटी रूप में यह विचार प्रतिपादित करता है कि दो वस्तुओं के विनियम में समान श्रम की लागत से ही यह सुनिश्चित होता है कि

विनियम में समान मूल्यों का विनियम हुआ है यानी किसी वस्तु के मूल्य का निर्धारण उसमें लगे श्रम से ही होता है। वैसे इस सिद्धान्त को एक स्थूल रूप में पहले-पहल प्रतिपादित करनेवालों में ऐडम स्मिथ का नाम आता है, जिसको लोग विशेष तौर से उन्मुक्त व्यापार की वकालत करनेवाले के रूप में जानते हैं। मार्क्स के जन्म के पहले ज्यादातर अर्थशास्त्री, जैसे ब्रिटेन में ही रिकार्डो भी, यह मानकर चलते थे कि मानव श्रम ही मूल्य का उत्पादक है। मूल्य अर्थात विनियम मूल्य क्योंकि उपयोगिता मूल्य को तो वैसी सभी वस्तुओं में निहित माना जाता था जिसका विनियम होता है। वैसी वस्तुओं को कोई क्यों खरीदेगा जिसका कोई उपयोग नहीं या जो प्रकृति से बिना प्रयास मिलता हो, जैसे हवा या जल। इस दूसरे मामले में स्थिति तब जरूर बदल जाती है जब इन्हें प्राप्त करने के लिए भी मानव प्रयास आवश्यक बन जाता है। शहरी आबादी की बाढ़ और आधुनिक औद्योगीकरण के दौर में जरूर अब हवा और पानी, दोनों ही मानव श्रम से निर्मित वस्तु या पण्य (कॉमोडिटी) बनते जा रहे हैं। जो भी हो उन्नीसवीं सदी के प्रारम्भ तक ज्यादातर अर्थशास्त्री श्रम को मूल्य का आधार मानते थे और सभी अर्जित सम्पत्ति को V+S से व्यक्त करते थे, जिसमें V उत्पादन में लगे श्रम को अभिव्यक्त करता था और S श्रम द्वारा पैदा किए गए अतिरिक्त ज्यादा मूल्य को।

मार्क्स ने इस सम्बन्ध को इसकी समग्रता में विकसित करने की कोशिश की और इसी के आधार पर पूँजीवादी व्यवस्था के साथ जुड़ी तमाम विकृतियों, जैसे आर्थिक मन्दी, श्रमिकों और पूँजीपतियों के बीच चलनेवाले अनवरत संघर्ष, प्राथमिक पूँजी संचय की प्रक्रिया आदि का विवरण दिया। मार्क्स ने अचल पूँजी का विशेष तौर से विश्लेषण किया जो उसके पूर्व के अर्थशास्त्रियों में गौण था। अचल पूँजी (कौंसटेंट कैपिटल) को भी उसने दो भागों में बाँटा। एक वह भाग जिसमें कच्चे माल आदि शामिल हैं और दूसरा स्थिर पूँजी (फिक्सड कैपिटल) जिसमें मुख्य रूप से प्रयोग में आनेवाली मशीनों (यंत्रों) को रखा। फिर इन मशीनों की न सिर्फ भूमिका का विस्तार से ब्यौरा दिया बल्कि यह भी बतलाया कि कैसे पूँजीवाद प्रतिस्पर्धा से इनमें उत्तरोत्तर ऐसे सुधार होते रहते हैं ताकि कम श्रम की लागत से उत्पादन किया जा सके।

इस स्थापना से मार्क्स द्वारा प्रतिपादित ऐतिहासिक भौतिकवाद की उस स्थापना पर प्रश्न चिह्न लग जाता है जिसमें यह माना गया था कि तकनीक या उत्पादन के साधनों का विकास एक स्वायत्त प्रक्रिया है, जिससे समाज का उत्पादन सम्बन्ध और फिर पूरा ढाँचा बदलता रहता है। अगर यह स्वायत्त प्रक्रिया नहीं है तो पूँजीवादी मुनाफे के लिए तैयार किया गया उत्पादक यंत्र एक दूसरे तरह के मानव सम्बन्ध के लिए प्रासंगिक नहीं होगा। फिर इस से यह तर्क निकलता है कि एक सहयोगी आधार पर समाज रचना के लिए, जिसमें जीवन की सम्भावना निरापद रह के नियोजित ढंग से अलग तरह के यंत्र या तकनीक विकसित करना होगा। मार्क्स ने श्रम सिद्धान्त

के पूर्ववर्ती समीकरण, जिसमें सम्पूर्ण उत्पाद V+S को C+V+S कर दिया यानी इसमें उत्पादन की लागत सिर्फ श्रमिकों को दिया गया पारिश्रमिक ही नहीं है बल्कि उसमें लगी अचल पूँजी भी है। पहले समीकरण में मुनाफा (S/V) यानी अतिरिक्त मूल्य श्रम पर खर्च किए गए पूँजी के अनुपात में होगा। अब अगर पूँजी में श्रम के साथ-साथ अचल पूँजी भी शामिल हो तो मुनाफे का अनुपात पूरी पूँजी से निर्धारित होगा। मार्क्स की यह भी अवधारणा थी कि मुनाफा श्रमिकों द्वारा उत्पादित अतिरिक्त मूल्य पर ही निर्भर है। इसलिए पूरी पूँजी में जैसे-जैसे यंत्रों पर होनेवाले खर्च का अनुपात बढ़ेगा वैसे-वैसे पूरी पूँजी पर मुनाफे का अनुपात (S/C+V) घटेगा। यही मार्क्स का घटते मुनाफे के रुझान का सिद्धान्त था जिसे मार्क्स ने 'पूँजी' के तीसरे खंड में प्रतिपादित किया था। मार्क्स ने श्रम सिद्धान्त से यह भी सिद्ध किया कि मन्दी का संकट पूँजीवादी व्यवस्था का एक अनिवार्य हिस्सा है क्योंकि मजदूरों को उसके द्वारा उत्पादित मूल्य से कम मूल्य पारिश्रमिक के रूप में दिया जाता है। इससे उत्पादित सम्पूर्ण पण्य को खरीदने के लिए समाज में आय नहीं होती।

दरअसल पूँजीवादी अर्थव्यवस्था की पहली बड़ी मन्दी 1818 में आई जो मार्क्स के जन्म का वर्ष भी था। उस समय स्विट्जरलैंड के एक अर्थशास्त्री सिसमंडी ने इस मन्दी के पीछे के आर्थिक कारण को समझने की कोशिश की। उसने भी मूल्य उत्पादन के V+S वाले सूत्र को ही अपना कर यह स्थापना दी कि चूँकि श्रमिकों के उत्पादन का 'S' यानी अतिरिक्त उत्पाद उसे नहीं दिया जाता, इस से क्रय शक्ति का अभाव हो जाता है और मन्दी का मूल कारण यही है। इसके विपरीत फ्रांस के एक अर्थशास्त्री जे.बी. से का मानना था कि आपूर्ति और माँग स्वत: एक-दूसरे को सन्तुलित करते हैं यानी उत्पादन स्वयं अपने लिए बाजार पैदा करता है। इस विचार में ब्रिटेन के विख्यात अर्थशास्त्री रिकार्डो भी सहमत थे। इस सवार पर सिसमंडी और रिकार्डो—से के बीच एक बड़ा विवाद खड़ा हो गया। सिसमंडी ने रिकार्डो के साथ इस सवाल पर लम्बी चर्चा भी की, लेकिन रिकार्डो के विचार में बदलाव नहीं आया। से का यह विचार कि उत्पादन स्वयं अपने लिए माँग पैदा करता है बीसवीं सदी तक समर्थन पाता रहा और 1929-30 की विश्वव्यापी मन्दी के बाद ही अर्थशास्त्रियों ने बाजार में माँग की कमी को मन्दी का एक मुख्य कारण मानना शुरू किया जब तीस के दशक में ही मेनार्ड कीन्स ने सिद्धान्त रूप में अपना विख्यात 'जेनरल थ्योरी' में माँग की कमी को मन्दी के साथ जोड़ माँग को प्रोत्साहित करने वली नीतियाँ अपनाने की वकालत की। अमेरिका में प्रेसिडेंट रूजवेल्ट ने 'न्यू डील' में और इसके पहले ब्रिटेन में लिबरल प्रधानमंत्री लॉयड जॉर्ज ने (1929 के पहले ही) सरकारी खर्च बढ़ा मन्दी से उबरने की नीतियाँ अपनाईं।

इस विवाद की चर्चा करने का एक उद्देश्य मार्क्स के मूल्य के श्रम सिद्धान्त की प्रासंगिकता को रेखांकित करना भी है। वर्तमान समय में अधिकांश अकादमिक

अर्थशास्त्री इस सिद्धान्त को कोई महत्त्व नहीं देते क्योंकि रोजमर्रा के आर्थिक सम्बन्धों में श्रम आधारित मूल्य कहीं भी विनियम में दिखाई नहीं देता। लेकिन नेपथ्य में इसकी उपस्थिति बनी रहती है, यह बात उत्पादित वस्तुओं की माँग के अभाव से उद्घाटित हो जाती है। रिकार्डो और से की उत्पादन और माँग के सन्तुलन सम्बन्धी भ्रान्ति एक सदी से अधिक समय तक बनी रही। इसका कारण यही था कि अर्थशास्त्री उत्पादित वस्तुओं के सम्बन्ध के पीछे के मनुष्यों के सम्बन्ध को नहीं देख पाते थे। इस बात को नजरअन्दाज कर वे सीधा देखते थे कि अलग-अलग क्षेत्रों में अलग-अलग जरूरतों को पूरा करनेवाली वस्तुओं का उत्पादन होता है तो ये वस्तुएँ आपसी विनियम में स्वत: एक सन्तुलन पैदा कर देंगी। मसलन, कपड़ा के उत्पादन से अन्न और इस्पात पैदा करनेवालों की जरूरत पूरी हो जाएगी और अन्न और इस्पात पैदा करनेवालों के उत्पादन से कपड़ा पैदा करनेवालों की जरूरतें। इस तरह अगर विविध क्षेत्रों में समुचित उत्पादन होता चले तो माँग की कमी होगी ही नहीं। अब अगर हम इन सारे सम्बन्धों को इन वस्तुओं को पैदा करनेवाले आदमियों के साथ जोड़ देते हैं तब स्थिति दूसरी हो जाती है। इन वस्तुओं को बनानेवाले लोग अलग-अलग मात्रा में मजदूरी पाते हैं और इससे होनेवाली आय से ही कोई वस्तु खरीद सकते हैं। अगर अगर पैदा की गई वस्तुओं की कीमत से खरीदनेवालों की आय कम हो जाए तो फिर बाजार का संकट पैदा हो ही जाएगा।

यहीं पर अदृश्य रूप से मूल्य का श्रम सिद्धान्त विनियम के सारे सम्बन्धों पर अपनी छाया बनाए रखता है। दरअसल, श्रम सिद्धान्त अन्तत: किसी समाज में विभिन्न वर्गों में विभाजित आदमियों की स्थितियों और सम्भावनाओं के ताने-बाने के पीछे सक्रिय रहता है। अगर ऐसा नहीं हो तो किसी भी उपक्रम में श्रमिकों की संख्या पर कोई सीमा लगना जरूरी नहीं होगा। न तो इस बात को लेकर प्रबन्धकों और उपक्रम में काम करनेवाले मजदूरों में विवाद होगा कि काम का समय कितना हो। लेकिन संसार भर में अमेरिका, जर्मनी और ब्रिटेन जैसे देशों में भी जहाँ अत्यधिक मशीनीकरण हो चुका है, मजदूर संगठनों और औद्योगिक या दूसरे प्रतिष्ठानों के प्रबन्धकों के बीच काम की समय सीमा को लेकर कोई-न-कोई विवाद होता रहता है। जब अर्थव्यवस्था वस्तुओं के सम्बन्ध की जगह मनुष्यों के सम्बन्ध के रूप में देखा जाने लगा है तो फिर इसके साथ न्याय-अन्याय जैसे नैतिक प्रश्न जुड़ जाते हैं और व्यवस्था में आलोचनात्मक स्वर उभरने लगते हैं।

यही कारण है कि अधिकांश अर्थशास्त्री जो व्यवस्था से जुड़े हैं और व्यवस्था को चलाना चाहते हैं, वैसे सिद्धान्तों से बचना चाहते हैं जो उन्हें नैतिक उलझन में डाल दे। इसी में 'मार्जिनलिस्ट' सिद्धान्त अर्थशास्त्रियों के लिए अधिक उपयुक्त है क्योंकि इसमें किसी वस्तु में अन्तर्निहित मूल्य को नकारा गया है और वस्तुओं का मूल्य निर्धारण बस इस बात से होता है कि वह किसी जरूरत को पूरा करती

है और उसकी उपलब्धता का अभाव है या प्रचुरता? विनियम के खेल में लगे लोग इस सिद्धान्त को लेकर चलते हैं कि जहाँ कोई वस्तु सस्ती मिले, उसे खरीदें और जहाँ चीजें महँगी बिकें, वहाँ बेचें। इसी से आयात शुल्क की कमी, बेशी या डम्पिंग जैसी स्थितियाँ नीति निर्धारकों का माथा खराब करती रहती हैं। अर्थशास्त्र की सारी कवायद का एक ही मकसद है, मौके का फायदा उठा ज्यादा-से-ज्यादा मुनाफा कमाने की युक्ति बताना। इसलिए तात्कालिक रूप से दिखनेवाले रुझानों के आधार पर दीर्घकालिक सम्भावनाओं को तलाशने के लिए जटिल गणितीय नियमों को विकसित किया जाता है जिससे 'इकोनॉमेट्रिक्स' का एक पूरा शास्त्र विकसित हो गया है। आज इसकी क्षमता कम्प्यूटर के आ जाने से और बढ़ गई है, लेकिन इसमें कहीं इस बात की चिन्ता नहीं है कि पूरे मानव समाज पर कुछ लोगों के बढ़ते लाभ का क्या असर होगा? इस स्थिति का आकलन रस्किन ने अपनी पुस्तक 'अनटू द लास्ट' में—जो गांधी को प्रभावित करनेवाला सबसे महत्त्वपूर्ण ग्रंथ था, इन शब्दों में किया है—

"Therefore, the idea that directions can be given for gaining of wealth irrepective of the consideration of it moral sources is perhaps the most-insolently futile of all that ever beguiled men through their vices. Sor far as I know, there is not in history record of anything so disgraceful to the human intellect as the modern idea that the commercial text 'Buy in the chepaest marked and sell in the dearest' represents an available principle of natural economy. But in the cheapest market?-yes; but what made your market cheap? charcoal may be cheap among your roof timbers after a fire and bricks may be cheap after an earthquake; but fire and earthquake may not therefore be national benefit. Sell in the dearest?-yes truly, but what made your market dear? you sold your bread well to-day, was it to a dying man who gave his last coin for it and will never need bread more; or to a rich man who tomorrow buy your farm over your head, or to a soldier on his way to pillage the bank in which you have put your fortune?"

मूल्य के श्रम सिद्धान्त का दैनन्दिन के विनियम में अव्यावहारिक बनते जाने का एक और भी कारण था। अठारहवीं सदी के प्रारम्भिक वर्षों में जब कृषि और विभिन्न तरह के श्रम सिद्धान्त की सत्यता सीधी दिखाई देती थी और इतनी पृष्ठभूमि में यह सिद्धान्त अस्तित्व में आया। लेकिन बाद के दिनों में जब औद्योगिक क्रान्ति के बाद कोयला या दूसरे ऊर्जा स्रोतों का महत्त्व बढ़ गया कि यह सुनिश्चित करना असम्भव हो गया कि किसी वस्तु के निर्माण में मशीन और बाहरी ऊर्जा स्रोतों और मानव श्रम की अलग-अलग कितनी भूमिका है? पूरी पूँजी में इनका क्या अनुपात है

यह सुनिश्चित करने का प्रयास तो मार्क्स ने पूँजी की अवयवीय बनावट (organic composition of capital) के सूत्र में देने की कोशिश की। लेकिन इससे पूँजी और उत्पादन के आन्तरिक रुझानों को ही समझा जा सकता था। उत्पादित वस्तुओं के बाजार के मूल्यों में इसे आँकना असम्भव था। लेकिन उपलब्धता के आधार पर बाजार में वस्तुओं का मूल्य स्वत: ऊपर-नीचे होता रहता था। इसलिए विनियम में लोग इसी हकीकत के आधार पर वस्तुओं की कीमत सुनिश्चित करते थे और अन्तर्निहित मूल्य की बात गौण होती गई।

उत्पादन में मानव श्रम की भूमिका प्रत्यक्ष रूप से तेजी से घटने का एक कारण नए तरह के उद्योगों में एक हद तक यंत्रों के द्वारा ऊर्जा स्रोतों से वैसे ही काम कराया जाना था जो पारम्परिक उद्योगों में सिर्फ मानव श्रम से ही होते थे। जहाँ ऐसे उत्पादन में अति जटिल और खर्चीले यंत्रों का प्रयोग होता है वहाँ मानव श्रम से उत्पादित वस्तु आज अपेक्षाकृत अभी भी कम खर्चीला होता है, लेकिन बाकी क्षेत्रों में यंत्रों द्वारा विशाल और सस्ती उत्पादकता सम्भव हो गई है। इसी से सिले वस्त्र जैसे उद्योगों में जहाँ हाथ से होनेवाले काम को कराने के लिए अत्यन्त ही जटिल और खर्चीली मशीनें लगानी होंगी, आज भी तीसरी दुनिया का स्थान अधिक महत्त्वपूर्ण है। मार्क्स ने जहाँ यंत्रों का अध्ययन किया है वहीं यंत्रों की बनावट से होनेवाले फायदे, जिसे 'मेकैनिकल एडवांटेज' कहा जाता है, उसका तो विशद वर्णन है, लेकिन उन ऊर्जा स्रोतों से इनके सम्बन्ध पर विचार नहीं है जिससे यंत्रों का परिचालन होता है, लेकिन लीवर, पुली, ढलान, गियर, बीअरिंग आदि से कामों को सरल तो बनाया जा सकता है, कम-से-कम शक्ति से बड़े बोझ को उठाया जा सकता है, लेकिन समग्र काम में इससे रंचमात्र भी ऊर्जा नहीं बढ़ती। कुल मिलाकर उतनी ही ऊर्जा कार्यरत होती है जितनी लगाई गई होती है। ऊर्जा में इजाफा बाहर से कोयला जलाकर, बिजली से, तेल जलाकर या जलधारा, पवन आदि से ही सम्भव है।

इसलिए औद्योगिक क्रान्ति के बाद उत्पादन में अचानक आए विस्तार के पीछे मनुष्य या पशुओं की सीमित ऊर्जा की जगह विशाल पैमाने पर इन ऊर्जा स्रोतों का इस्तेमाल था। अब यह दिखाई देने लगा है और अध्ययन का विषय हो सकता है कि तेल जैसे ऊर्जा स्रोत जैसे-जैसे विरल और महँगे होते जा रहे हैं, मानव और पशुओं की ऊर्जा से उनके लाभ का अनुपात घटता जा रहा है और लोग परमाणु ऊर्जा जैसे खतरनाक विकल्प की ओर भाग रहे हैं। आज जिस ऊँचाई पर पूँजीवादी उत्पादन पहुँच चुका है, उससे बाजार के संकट के साथ-साथ ऊर्जा स्रोतों का अभाव और जीवाश्म एवं परमाणु ऊर्जा स्रोतों से पैदा पर्यावरण संकट भी पैदा हो गया है जो जीवन रक्षा के लिए उत्पादन और उपभोग के नए स्रोतों और मानकों की माँग करता है।

लेकिन खरीदारी का संकट पूँजीवादी विकास की प्रक्रिया में प्रारम्भ से ही था जिसे बाहरी फैलाव के जरिये अब तक टाला जाता रहा है। रोजा लक्जमबर्ग ने 'पूँजी' के द्वितीय खंड में मार्क्स द्वारा प्रस्तावित पूँजी के प्रसार सम्बन्धी सूत्रों और समीकरणों का अध्ययन कर यह नतीजा निकाला कि किसी भी स्वायत्त पूँजीवादी व्यवस्था में पूँजी संचय का विस्तार एक अभेद्य गतिरोध का शिकार हो जाता है। उसने अपनी पुस्तक 'एक्युमुलेशन ऑफ कैपिटल' में बाजार और 'पूँजी के विस्तृत संचय' सम्बन्धी मार्क्सवाद और गैर-मार्क्सवाद अधिकांश अर्थशास्त्रियों के विचारों की समीक्षा की है और अन्ततः इस नतीजे पर पहुँची कि बिना बाहरी क्षेत्र की उपलब्धि के पूँजी का विस्तारित संचय असम्भव हो जाता है। मूल्य के श्रम सिद्धान्त पर आधारित मार्क्स की यह अवधारणा उसका प्रस्थान बिन्दु है कि एक स्वायत्त या पूरी तरह पूँजीवादी व्यवस्था में आय के दो ही स्रोत हैं (1) मजदूरों की मजदूरी से प्राप्त आय और पूँजीपतियों का मुनाफा। समाज के बाकी लोग—वकील,जमीन के मालिक, दुकानदार, क्लर्क वगैरह—इन्हीं दोनों स्रोतों से अपनी आय पाते हैं। अब मार्क्सवादी अवधारणा के मुताबिक पूँजीवादी उत्पादन पद्धति में उत्पादित वस्तुओं का सकल मूल्य स्थायी पूँजी, श्रमिकों पर खर्च की गई परिवर्तनशील पूँजी और श्रमिकों द्वारा उपलब्ध कराया गया बेशी मूल्य के बराबर होता है (C+V+S)। इसमें स्थायी पूँजी से कोई नया मूल्य नहीं पैदा होता और पहले का अर्जित मूल्य उत्पादित वस्तुओं में समाहित हो जाता है। नया मूल्य परिवर्तनीय पूँजी यानी श्रमिकों पर खर्च की गई मजदूरी का होता है, लेकिन एक हिस्से जिसे 'S' से व्यक्त किया जाता है, मजदूरों द्वारा उत्पादित बेशी मूल्य होता है जो पूँजीपतियों का मुनाफा होता है।

रोजा लक्जमबर्ग ने यह सवाल उठाया कि कुल उत्पादित मूल्य (V+S) में 'S' वाला हिस्सा तो मजदूर मजदूरी से प्राप्त आय से खरीद लेगा लेकिन 'S' के मूल्य वाले हिस्से की वस्तुओं का खरीदार कौन होगा स्वाभाविक उत्तर होगा—पूँजीपति अपने मुनाफे से। यहीं पर पेंच पैदा होता है। पूँजीपति को मुनाफा तो तभी मिलेगा जब कोई 'S' वाले हिस्से की वस्तुओं को खरीदता है। अगर पूँजीवादी व्यवस्था में आय के स्रोत दो ही हैं—मजदूरों की मजदूरी और पूँजीपतियों का मुनाफा तो ये दूसरे कौन हैं जिन्हें अपनी वस्तुएँ बेचकर पूँजीपति मुनाफा हासिल करता है? रोजा लक्जमबर्ग की मान्यता है कि यह तीसरा क्षेत्र सदा पूँजीवादी व्यवस्था से बाहर का क्षेत्र होता है जिसमें कबाइली संस्था, सामन्ती व्यवस्था या और दूसरी तरह की पूँजीवाद से इतर व्यवस्थाएँ आ सकती हैं। रोजा लक्जमबर्ग ने अमेरिका की गुलामी पर आधारित व्यवस्था और भारत आदि की पारम्परिक व्यवस्था से पूँजीवादी व्यवस्था के सम्बन्धों का विस्तृत तथ्यपूर्ण विवरण देकर यह बतलाने की कोशिश की कि यह बाहरी या तीसरा क्षेत्र ही है जो पूँजीवाद के विस्तार को सम्भव बनाता है।

बाद में अपनी असमाप्त पुस्तक 'इकोनॉमिक्स ऑफ्टर मार्क्स' में लोहिया ने भी यही विचार व्यक्त किया था कि पूँजीवाद और साम्राज्यवाद का जुड़वा विकास हुआ है। साम्राज्यवाद के बगैर पूँजीवाद का विकास सम्भव ही नहीं था। प्रख्यात ब्रिटिश अर्थशास्त्री जोन रॉबिंसन ने रोजा लक्जमबर्ग की पुस्तक 'एक्युमुलेशन ऑफ कैपिटल' की एक लम्बी भूमिका लिखी थी। उसमें कई बिन्दुओं पर अपनी असहमति के बावजूद वह यह निष्कर्ष देती है, "All the same, few would deny that the extension of capitalism into new territories was the mainspring of what an academic economist has called the 'vast secular boom' of the last two hundred years, and many academic economist account for the uneasy condition of capitalism in the twenthieth century largely by the closing of the frontier[1] all over the world[2] But the academic economists are wise after the event."

इसमें समस्या यह आ जाती है कि जब पूँजीवाद फैलकर एक नए गैर पूँजीवादी व्यवस्था को अपने गिरफ्त में लेता है तब वहाँ भी व्यवस्था पूँजी के विस्तार के बाद बन्द हो जाती है और फिर इसे नए क्षेत्रों की तलाश हो जाती है। दुनिया के गैर-पूँजीवादी क्षेत्र चूँकि तुलनात्मक दृष्टि से अभी भी विशाल हैं, उनके पूँजी के लिए बन्द और अछूते क्षेत्रों पर अधिकार जमाने का क्रम जारी रहता है। उनके खनिज, वन और कृषि—सभी को पूँजीवादी व्यवस्था के दायरे में लाने की कोशिश होती है। विश्व व्यापार संगठन कोई आकस्मिक परिघटना नहीं है। यह पूँजीवाद का नए क्षेत्रों में प्रवेश के विश्वव्यापी अभियान का महत्त्वपूर्ण हिस्सा है ताकि कहीं कोई हिस्सा स्वायत्त विकास के लिए बचा नहीं रह पाए। आज आदिवासी जीवन, खनिज क्षेत्रों, वनों, नदियों और विभिन्न देशों के तटीय प्रदेशों पर मछलियों आदि के स्रोत पर कब्जे का प्रयास इसी अभियान के नतीजे हैं। यह प्रक्रिया तब तक जारी रहेगी जब तक धरती वीरान नहीं हो जाए और मानव जीवन लगभग असम्भव। समाजवादी आन्दोलन के सामने यही मूल चुनौती है।

1. Hicks, value and capital, P. 302
2. A survey of contemporary economics (ed-Ellis) P. 63

सभ्यता का संकट

किसी समाज की नई पीढ़ी समाज के मूल्यों को आत्मसात कर उन्हें मूल्यों के आधार पर अपने को गढ़ती है। सब कुछ सुचारू रूप से चले, इसके लिए प्रचलित मूल्यों के प्रति आदर और आस्था जरूरी होता है। इन मूल्यों के प्रति संशय से प्रतिरोध की भावना और नए मूल्यों की तलाश शुरू होती है। भारत में अंग्रेजी शासन ने युवाओं के आत्मसम्मान को आहत किया था और इसी से राष्ट्रीय मुक्ति का आन्दोलन शुरू हुआ। स्वाभाविक था कि अंग्रेजी शासन द्वारा स्थापित मूल्यों के विकल्प में ही वैसे सम्मानजनक मूल्यों की तलाश हो जिनके आधार पर राष्ट्र का पुनर्निर्माण हो सके, लेकिन नए भारत का निर्माण किस आधार पर हो, इसको लेकर दो विपरीत धाराएँ दिखाई देती हैं। एक धारा थी जो पूरी तरह परम्पराओं को, इनके कूड़े-कचरे समेत कबूल कर नव निर्माण की बात सोचती थी, मुसलमान तथा कथित हिन्दुत्ववादी धारा। दूसरी धारा थी जो पश्चिमी देशों की सफलता की चकाचौंध से प्रभावित हो वहाँ पर विकसित हो रही औद्योगिक और सामाजिक व्यवस्था की वर्ग पर नए भारत को गढ़ना चाहती थी। इसमें एक आत्महीनता का बोध भी था। इसे भारत की दुर्दशा का कारण पुराने मूल्य बोध और जीवन पद्धति से चिपके रहना दिखाई देता था। अपने आत्यंतिक रूप में यह दृष्टि मैकाले की उस शिक्षा नीति की सफलता को दर्शाती थी जिसमें भारत के सब पढ़े-लिखे आदमी शरीर से भारतीय, पर मन विलायती हों।

इस दूसरी सोच को काफी बल मिला है उस औद्योगिक उपभोक्तवादी वैश्विक व्यवस्था से, जिसका आज संसार भर में बोलबाला है। जीवन के हर क्षेत्र में आकर्षक, हालांकि काफी कुछ नई समस्याओं को जन्म देनेवाली इस व्यवस्था में अपने अन्तर्विरोधों को काफी समय तक ढँके रहने की क्षमता है। उदाहरण के लिए, एक नव धनाढ्य अपने वातानुकूलित कमरे में बाहर की गर्मी से महफूज है, लेकिन इस बात से अनभिज्ञ कि इस वातानुकूलन के लिए उपयोग में लाई जानेवाली ऊर्जा का उत्पादन ग्लोबल वार्मिंग का एक स्रोत भी है। हम मोटर कारों में आराम से यात्राएँ करते होते हैं, जीवाश्म आधारित बिजलीघरों से स्वच्छ और प्रचुर मात्रा में ऊर्जा का उपयोग करते हैं, लेकिन इस क्रम में वातावरण में वायुमंडलीय धूल कणों (पी.एम.) की मात्रा इस हद तक बढ़ा देते हैं कि बिना मास्क के खुले में

साँस लेना मुश्किल बन जाता है और धुन्ध के मारे सभी यातायात व्यवस्थाएँ ध्वस्त हो जाती हैं यानी सुविधा के लिए उठाया गया हर कदम नई समस्याएँ पैदा कर देता है। और इनसे पर्यावरण सम्बन्धी कुछ ऐसी समस्याएँ पैदा हो जाती हैं, जिनका कोई हल नजर नहीं आता। कुल मिलाकर तात्कालिक सुविधाएँ स्थायी विकास की ओर ले जाती हैं।

इस औद्योगिक व्यवस्था के तेज विकास के लिए उत्पादकों के बीच के स्पर्धा एक अनिवार्य कारक रहा है। उत्पादक प्रतिष्ठानों के भीतर भी उत्पादकता बढ़ाने के लिए कार्मिकों के बीच स्पर्धा बनी रहती है। इस तरह यह व्यवस्था हर स्वर पर तनावग्रस्त रहती है। इस तनाव में थोड़ी शिथिलता तभी आती है जब औद्योगिक मन्दी का दौर आता है और उत्पादन और विपणन की प्रक्रिया अचानक पक्षाघात का शिकार हो जाती है, लेकिन यह विराम वरदान की जगह अभिशाप बनकर आता है। इससे बेरोजगारी भुखमरी और आत्महत्या का दौर शुरू होता है। रोजगार और व्यवसाय के लिए बनाई गई तमाम प्रशिक्षण संस्थाओं में भी प्रशिक्षुओं में सहयोगी मानव की जगह 'प्रतिस्पर्धी मानव' बनने का हौसला भरा जाता है। इसका नमूना हम तकनीकी प्रशिक्षण देनेवाली कोचिंग संस्थाओं के विज्ञापनों में देख सकते हैं जो छोटी-बड़ी पत्र-पत्रिकाओं की आय के प्रधान स्रोत बनते जा रहे हैं। इस प्रतिस्पर्धा के घातक परिणामों का अन्दाजा समय-समय पर प्रशिक्षुओं की आत्महत्याओं की खबरों से लगाया जा सकता है, लेकिन ये आत्महत्याएँ तो हिमशिला का ऊपरी शिखर भर हैं। ऐसी महत्वाकांक्षा से परिसरों में अनेक तरह की तबाही और तनाव व्याप्त रहता है। दरअसल, यह आदमी को एक आयामी बनाने की प्रक्रिया है जो उसकी अन्तर्निहित मनुष्यता को नष्ट करती है। यह बाइबल की इस सीख को कि 'आदमी सिर्फ रोटी के लिए नहीं जीता', झुठलाने का प्रयास है। इस प्रशिक्षण का आदर्श है : जीवन की एकमात्र सार्थकता व्यापारिक प्रतिस्पर्धा में अपनी जगह बनाना है, यानी रोटी के लिए जीना है।

ऊपर जिन त्रासदियों की ओर इशारा किया गया है, वे संसार भर में औद्योगिक व्यवस्था के साथ जुड़ी हैं। यह व्यवस्था लोगों की बुनियादी जरूरतों यानी स्वास्थ्यप्रद भोजन और शीत, ताप आदि की अति से बचाने लायक आवास उपलब्ध कराने के लायक नहीं बनी है। ये जरूरतें तो सीमित होती हैं और लोगों ने हजारों वर्ष तक स्थानीय संसाधनों से इन्हें पूरा किया है। एस्कीमो ध्रुव प्रदेश के ठंड में इग्लु (बर्फ का घर) में मजे में जी लेते हैं। वैसे ही दूसरे तरह का आवास बना लोग भविष्य विविध प्राकृतिक स्थितियों में गुजारा करते रहे हैं—कहीं गुफाओं में, तो कहीं पेड़ों की डालियों में मचान डाल पक्षियों की तरह घोंसले बना। अपनी आजीविका के लिए शिकार छोटी-मोटी खेती या पशुपालन पर निर्भर रहा है। आज भी साहेल के घुमन्तू चरवाहों से लेकर कश्मीर के पहाड़ों में गड़रिये अपने घुमन्तरी जीवन का

लुत्फ उठाते रहे हैं। वे भेड़, बकरियों या दूसरे मवेशियों के बीच जिन्दगी बिताते हुए प्रतिस्पर्धा की जरूरत महसूस नहीं करते। यही स्थिति उन बिखरे किसानों की है जो उत्पादन करते हैं, अपनी या पास-पड़ोस के लोगों की जरूरत के हिसाब से किसी पर वैश्विक बाजार के लिए नहीं। इनकी जिन्दगी में वे चीजें नहीं हैं जिन्हें हम लक्जरी यानी ताम-झाम की वस्तुएँ कहते हैं, लेकिन उन्हें उन वस्तुओं की जरूरत भी नहीं होती। उन्हें उतना उपलब्ध हो जाता है जितना जरूरी है। उन्हें अभाव का अहसास तभी होता है जब वे आधुनिक व्यावसायिक मनुष्यों के सम्पर्क में आते हैं और अभाव क्या है, सीखते हैं।

दुर्भाग्यवश आज लगभग संसार भर में जमीन से जुड़ी ये व्यवस्थाएँ आधुनिक औद्योगिक व्यवस्था से घिर गई हैं और उनकी गिरफ्त में हैं। इस सर्वग्रासी वैश्विक व्यवस्था के सामने उनकी प्रतिरोध की क्षमता नगण्य है। प्राय: अपने ढंग से जीने का उनका प्रयास सभ्यता के खिलाफ बगावत यानी राजद्रोह माना जाता है। जरूरत पड़ने पर यह औद्योगिक व्यवस्था राष्ट्रीयता के नाम पर हथियारों के बल उनकी स्वायत्तता को नष्ट करती है। प्राय: इसके लिए वैसे अन्तरराष्ट्रीय समझौतों का हवाला दिया जाता है जिन्हें बनाने में इन आत्मनिर्मय इकाइयों की कोई भूमिका नहीं होती।

हाशिये पर डाल दिए गए लोगों की समस्या 'मुख्यधारा' की नई पीढ़ी की मूल चिन्ता नहीं बन पाती। वे एक कोकून में बन्द हैं, एक सुरक्षित आत्ममुग्ध दुनिया में। एक स्वचालित व्यवस्था के तहत भोजन और कृषिजन्य कच्चे माल एक रूटीन के तहत उपलब्ध होते रहते हैं। किसानों की उपस्थिति का पता उन्हें तभी चलता है जब वे आत्महत्या कर अखबारी सुर्खियों में आते हैं। आमतौर से इसी तरह खनन उद्योगों और जंगलों की कटाई से विस्थापित लोग विस्मृति के गर्भ में रहते हैं।

लेकिन मुख्यधारा की अपनी समस्याएँ हैं। यह इसकी बनावट और मूल्यबोध में निहित है। यह है प्रतिस्पर्धा और हाइरार्की (सीढ़ीनुमा अनुक्रम) जो व्यवस्था को परिचालित करती है। इसमें हर व्यक्ति अपने ऊपर के दर्जे को हासिल कर अपने पास-पड़ोस के लोगों से आगे निकलना चाहता है। मूलत: यह प्रत्येक व्यक्ति का अपने पड़ोसी से युद्ध की स्थिति है : कर्मचारियों का अपने सहकर्मियों से, व्यापारियों का दूसरे व्यापारियों से, उत्पादकों का दूसरे उत्पादों से और इन हितों में उलझे राष्ट्रों का दूसरे राष्ट्रों से। व्यवस्था के मूल्यों को लेकर चलनेवाली दलीय राजनीति इसीलिए बाँझ साबित होती है क्योंकि वह इस खेल के नियमों को बदल नहीं सकती। यह औद्योगिक उपभोक्तावादी व्यवस्था ही है जो तय करती है कि ये पार्टियाँ क्या और किस हद तक कुछ कर सकती हैं? देशों के संविधान इस लक्षणरेखा का निर्धारण करते हैं। सम्प्रभुता का अलंकरण इन संविधानों के पीछे की असली ताकत और इनकी नीयत को ढँकने का काम करता है। इसके द्वारा स्थापित मानकों का निषेध

राजद्रोह बन जाता है। इस ढांचे की ताकत इतनी जबर्दस्त है कि रूस और चीन में इसके तहत समाजवाद लाने के प्रयास विद्रूप बन ध्वस्त हो गए। अन्ततः पूँजीवाद हावी हुआ। 1960 के दशक में अमेरिका में और अधिक व्यापक पैमाने पर फ्रांस में छात्रों का विद्रोह इस ढाँचे को तोड़ने के प्रयास थे, लेकिन कोई स्थायी नतीजा नहीं निकला। फ्रांस में तो मजदूरों के संगठनों ने ही, जिन पर बदलाव के लिए भरोसा किया जाता है, छात्रों का साथ नहीं दिया। व्यवस्था के संस्कार मजदूरों द्वारा भी आत्मसात कर लिए गए हैं।

हाल के वर्षों में अमेरिका को युवाओं का 'ऑकुपाई वॉल स्ट्रीट' आन्दोलन कुछ ऊर्जा बिखेर शान्त हो गया। असफलता अवश्यम्भावी थी क्योंकि वॉल स्ट्रीट लोहे और कंक्रीट का वह ढाँचा भर नहीं है जहाँ बैंकर और उद्यमी बैठते हैं। यह प्रतीक है उस वैश्विक आर्थिक मशीन का, जो दुनिया को मथ रही है। दरअसल वर्तमान औद्योगिक सभ्यता ही असली संकट है और निदान इसी का ढूँढ़ना है।

महात्मा गांधी इंग्लैंड में पढ़ाई के क्रम में, फिर दक्षिण अफ्रीका के अपने ऐतिहासिक अहिंसक संघर्ष और स्वयं भारत के अपने अनुभवों के आधार पर कुछ चौंकानेवाले नतीजों पर पहुँचे थे। उन्होंने अपनी ऐतिहासिक पुस्तक 'हिन्दू स्वराज' में इनके आधार पर उन सभी प्रतीकों को नकार दिया था जो वर्तमान सभ्यता का आधार माने जाते हैं, मसलन रेलगाड़ी, डॉक्टर और वकील।

तेज रफ्तार आधुनिक सभ्यता का प्रतीक बन गया है और रेल यातायात, 1908 में जब गांधीजी ने 'हिन्द स्वराज' लिखा था, रफ्तार का प्रतीक था। गांधीजी ने उस समय इसके नकारात्मक प्रभावों—जैसे विदेशी सत्ता और प्लेग आदि फैलाने में इसकी भूमिका का जिक्र किया था। आज के वाहनों की रफ्तार ने सत्ता के आतंक के दायरे और त्वरण को इतना बढ़ा दिया है कि गांधीजी 1905 में इसकी कल्पना भी नहीं कर सकते थे। हालाँकि उन्होंने अपने जीवन काल में ही हिरोशिमा और नागासाकी में विमानों द्वारा ढाए गए विप्लव का दृश्य देखा था। इससे उनकी यह आशंका पुष्ट ही हुई थी कि वाहनों की गति का बढ़ना अपने-आपमें सकारात्मक चीज नहीं है। अब तो वायुयान से बढ़कर तेज रफ्तार से परमाणु या हाइड्रोजन बमों को हजारों किलोमीटर दूर तक पहुँचाने की क्षमता विकसित की गई है। तेज गति के बचाव में इतना ही कहा जा सकता है कि जब बम वर्षा से नगर तबाह हो जाते हैं तो घायल मर्द, औरत और बच्चों को तेजी से उपचार के लिए अस्पतालों में पहुंचाया जा सकता है अगर ये ध्वस्त नहीं हुए तो।

तेज रफ्तार जो तेज औद्योगिक विकास का एक अनिवार्य सहचर है, विनाश की दिशा में परमाणु बमों से अधिक बड़ा, पर अदृश्य खतरा उपस्थित करती है। रेल, मोटर वाहन, जहाज, पनडुब्बी और वायुयान—ये सब अपनी गति के अनुपात में ही ऊर्जा के लिए ईंधन गटकनेवाले हैं और ये ईंधन हैं कोयला, पेट्रोल, प्राकृतिक

गैस, डीजल आदि। ये सब जीवाश्म ईंधन हैं यानी आज से करोड़ों वर्ष पूर्व जो जैव पदार्थ यानी पेड़-पौधे, जीव आदि जमीन में दब कर कोयला अथवा तेल में परिवर्तित हो गए। ये गड़े खजाने हैं और इनकी मात्रा सीमित है और आज न कल ये शेष हो जाएँगे। इनका इस्तेमाल जिस तेजी से होगा, उसी अनुपात में यह खजाना भी खाली होता जाएगा। फिलहाल नए-नए खदानों का पता लगने से इनकी सीमा इनका इस्तेमाल करनेवाले लोगों की आँखों से ओझल है, लेकिन साधारण तर्क वुद्धि का इस्तेमाल करके यह समझा जा सकता है कि सभी गड़े खजानों की तरह इन्हें आज व कल खत्म होना ही है। वे उतनी ही तेजी से खत्म होंगे जिस तेजी से हम इनका इस्तेमाल करेंगे। हमारी औद्योगिक सभ्यता, विशेषकर पूँजीवादी सभ्यता का चरित्र ऐसा है कि हर क्षेत्र में उत्पादन की गति बढ़ाई जाती है और इसी अनुपात में ऊर्जा स्रोतों का दोहन बढ़ता जाता है।

दूसरी ओर ईंधनों को विशाल मात्रा में जलाने से वायुमंडल में प्रदूषण का अनुपात बढ़ता जाता है। धरती के कलेवर के साथ छेड़छाड़ सिर्फ कोयला और तेल के लिए होनेवाले खनन में ही नहीं होता है। दरअसल, अन्य मशीनों और निर्माण कार्य यथा घर, पुल, तरह-तरह की गाड़ियाँ आदि के निर्माण में अनेक धातुओं मसलन लोहा, ताँबा, अल्युमिनियम आदि के लिए भी विशाल मात्रा में खुदाई होती है। इस सब प्रक्रिया में धरती की ऊपरी संरचना के साथ इतनी छेड़छाड़ हुई है कि बहुत-से विद्वान जो धरती की संरचना का अध्ययन कर इसके जियोलॉजिकल युगों का नामकरण करते हैं, हमारे समय को ऐंथ्रोपोसीन (यानी नवीय सर्वेक्षण से निर्मित) कहने लगे हैं।

दूसरी ओर जीवाश्म ईंधन की खपत को उत्तरोत्तर बढ़ाने से हम धरती का ताप बढ़ाए चले जा रहे हैं। अगर इस पर नियंत्रण नहीं हुआ तो जीवन को सुरक्षित रखने की धरती की क्षमता नगण्य हो जाएगी। अचरज की बात यह है कि सभी तथ्यों को सामने आने और वैज्ञानिकों की इस चेतावनी के बावजूद कि हम विनाश की दिशा में बढ़ रहे हैं, औद्योगिक दुनिया अपनी दशा या गति बदलने के लिए तैयार नहीं। नई पीढ़ी के सामने सबसे बड़ी चुनौती सभ्यता को इस मृत्यु कामना से मुक्त करने की है।

'हिन्द स्वराज' में महात्मा गांधी ने देश की दुर्दशा के लिए डॉक्टरों को भी जिम्मेदार माना था। आज जब हमारे यहाँ आधुनिक आरोग्य सेवा की तरफ लोगों का आकर्षण बढ़ रहा है, यह बात कुछ बेतुकी लग सकती है, लेकिन पश्चिमी देशों की स्वास्थ्य सेवाओं के अध्ययन से भी यह बात सामने आने लगी है कि मुनाफा कमाने की धुन में वहाँ भी डॉक्टर प्राय: बेजरूरत इलाज के क्रम में नई बीमारियों का उपहार अपने मरीजों को देते रहते हैं। एक अमेरिका अध्येता स्टेन कॉक्स ने अपनी चर्चित पुस्तक 'सिक प्लैनेट' में लिखा है :

"...नेशनल एकेडेमी ऑफ साइंसेज ने 2000 ई. में यह अनुमान लगाया था कि डॉक्टरी गलती के कारण इतने लोग बीमार एवं घायल हो जाते हैं कि हर साल 44,000 से लेकर 98,000 तक मरीज अपनी जान गँवा बैठते हैं। इसके अलावा अस्पतालों में भरती होनेवाले मरीजों में 4 प्रतिशत गलत दबावों के प्रभाव से बीमार होनेवाले होते हैं।"

हमारे देश में डॉक्टरों की लापरवाही या तथाकथित झोला छाप डॉक्टरों द्वारा दी गई बेमतलब दबावों से कितने लोग मरते हैं, इसका तो अन्दाजा भी नहीं लगाया जा सकता। इस सब के पीछे है वह व्यावसायिक बुद्धि जो आधुनिक औद्योगिक सभ्यता का आधार है।

आज की सभ्यता के विकल्प में जो सभ्यता बनेगी, वह प्रकृति के प्रति संरक्षण और सहयोग की भावना के आधार पर बनेगी। गांधीजी के लिए अहिंसा का जो व्यापक अर्थ था, उसमें प्रकृति के साथ अनावश्यक छेड़छाड़ और संसाधनों के अतिदोहन का भी निषेध निहित था।

स्वास्थ्य सम्बन्धी एक दूसरी समस्या, जिससे अमीर देशों के लोग परेशान हैं वह है, मोटापे की समस्या। हमारी सभ्यता किस तरह यह समस्या पैदा करती हैं और फिर इसका इलाज करती है, इसके सम्बन्ध में कॉक्स लिखते हैं :

"जहाँ तक मोटापे की समस्या का सवाल है, पूँजीवादी व्यवस्था वैसी वस्तुओं से परिपूर्ण है जो यह समस्या पैदा करे—मसलन यथेष्ट मात्रा में वसा भरा भोजन, मोटर परिवहन, टी.वी., कम्प्यूटर, वीडियो खेल आदि और फिर इस मोटापे को कम करनेवाले साधन भी—मसलन डायटिंग की पुस्तकें, व्यायाम शाला और दवाएँ। यह बात दीगर है कि ये उन्हीं को उपलब्ध हैं जो साधन सम्पन्न हैं, जबकि भारत के बहुसंख्य गरीब अपने जिस्म की ठठरियों से निहाल हैं।"

इन सभी समस्याओं का एकमात्र समाधान मनुष्य का वैसी लघु इकाइयों की ओर बढ़ना हो सकता है जिनमें मनुष्य का विकास हुआ है। भारत में भी, पश्चिमी देशों के प्रभाव के हावी होने के पहले, लोगों के जीवन का निर्धारण लघु ग्रामीण इकाइयों में ही होता था। महात्मा गांधी के चिन्तन में भारतीय जीवन की धुरी निचली ग्रामीण इकाइयाँ ही थीं और इसी से ग्राम गणराज्य की कल्पना जुड़ी थी।

देश की नई पीढ़ी को आज जीवन की दो पद्धतियों के बीच एक को चुनना है। एक जीवन पद्धति वह है जो अठारहवीं सदी की औद्योगिक क्रान्ति के बाद से यूरोप में विकसित हुई हैं और आज दुनिया भर में अपने चरम पर है। इसमें उत्तरोत्तर तेज गति से धरती के सभी संसाधनों को औद्योगिक कच्चे माल की तरह इस्तेमाल कर उपभोक्तावादी संस्कृति का विकास करता है। इसमें जंगल, पर्वत और जलधाराएँ—सभी कच्चे माल की तरह जज्ब किए जा रहे हैं। इनकी उत्पादन प्रक्रिया के घातक अवशेषों से संसार पटा जा रहा है। इससे प्रदूषित हो वायु उस

स्थिति में पहुँच रही है, जहाँ हमारी साँस से जज्ब हो शरीर को विषाक्त कर रही है। दूसरी ओर धरती का ताप इस कदर बढ़ रहा है कि जल प्लावन या दूसरे तरह की प्रलय का खतरा पैदा हो गया है। इससे भी बढ़ कर संसाधनों की छीना-झपटी में हथियारों की होड़ उस बिन्दु पर पहुँच गई है जहाँ परमाणु युद्धों में सारे सार के ध्वंस होने का खतरा पैदा हो गया है।

अन्तरिक्ष में कुछ यानों के प्रक्षेपण की सफलता से हम धरती पर के जीवन की सीमाओं से परे नहीं पहुँच सकते। अन्ततः हमें धरती के सीमित संसाधनों के ही भरोसे जीना है। यह जीवन सतत कायम रह सके, इसके लिए अपने उपभोग को सीमित करना जरूरी है। गांधी का महत्व इसलिए भी है क्योंकि उन्होंने अपने विचारों और स्वयं अपने जीवन से एक आदर्श प्रस्तुत किया है जो हमारे लिए मार्गदर्शक रहेगा। अगर नई पीढ़ी इस आदर्श को अपनाए तो उसे यह तय करने में देर नहीं होगी कि हमारी आकांक्षाओं की सीमा क्या है? गांधी जी की वह प्रसिद्ध उक्ति कि "संसार में सभी लोगों की आवश्यकता के लिए यथेष्ट साधन है, लेकिन एक आदमी की लोलुपता के लिए भी यथेष्ट नहीं" सारे मानव समुदाय पर भी लागू होती है। धरती सादगी भरे जीवन के लिए मानवों को यथेष्ट संसाधन दे सकती है, लेकिन थोड़े लोगों की भी सीमाहीन उपभोग की व्यवस्था को पूरा नहीं कर सकती। नई पीढ़ी को अपनी आकांक्षाओं पर विचार करते समय इस बात पर ध्यान देने की जरूरत है।

महात्मा गांधी ने स्वतंत्रता आन्दोलन के क्रम में जब देश आजादी की लड़ाई के अन्तिम दौर में था, यानी 1945 में, रचनात्मक कार्यक्रम का एक खाका तैयार किया था। उसे ज्यों का त्यों तो आज नहीं अपनाया जा सकता, लेकिन उससे भविष्य में जीवन के नियोजन के लिए एक दृष्टि जरूर मिलती है।

यों तो इसमें अट्ठारह मुद्दे हैं। अपने समय में और कुछ हद तक आज भी ये सभी महत्व के हैं, लेकिन कुछ मुद्दे ऐसे हैं जिन्हें उन लोगों को ध्यान में रखना होगा जो संकट से घिरे आज के समाज का नव निर्माण करना चाहते हैं। इसमें पहला मुद्दा साम्प्रदायिक सद्भाव का है। यह एक ऐसा मुद्दा है जो मानव के रूप में हमारे अस्तित्व से जुड़ा है और कोई भावी समाज जो इसे या इससे मिलते-जुलते नस्ल के भेदभाव को पूरी तरह खत्म नहीं करता, अन्ततः बर्बर हो जाएगा। आज हम पश्चिम एशिया में 'इस्लामिक स्टेट' के रूप में जो देख रहे हैं वह इसी का एक उन्मादी तेवर है। दूसरा मुद्दा अस्पृश्यता का है। इसे मिटाए बगैर हम कोई मानवीय समाज नहीं बना सकते। एक और मुद्दा शराबखोरी या नशाखोरी का है, जिसका निषेध है। शराबखोरी या नशाखोरी शायद संसार का सबसे व्यापक सामाजिक रोग है। आज दुनिया का कोई भी समाज शायद इससे पूरी तरह मुक्त नहीं है। इसके प्रभाव में मनुष्य अर्द्धविक्षिप्तता की स्थिति में रहता है और परिवार से लेकर समाज तक सभी इसका खामियाजा भुगतते हैं।

लेकिन इन सब के ऊपर और समाज की संरचना के लिए नींव का पत्थर खादी और ग्रामोद्योग है।

महात्मा गांधी ने यह रचनात्मक कार्यक्रम तत्कालीन विदेशी उद्योगों के वर्चस्व को खत्म करने और आत्मनिर्भर समाज बनाने की पूर्व शर्त की तरह प्रस्तुत किया था। आजादी मिलने के बाद जब से 'आधुनिक' ढंग के औद्योगीकरण की नीति अपनाई गई तब से खादी और ग्रामोद्योग हाशिये पर चले गए। अब जब हम पर्यावरण के भयंकर संकट से घिरते जा रहे हैं तो खादी और ग्रामोद्योग पहले से कहीं अधिक प्रासंगिक बनते जा रहे हैं। यह बात अलग है कि इसका परिप्रेक्ष्य बदल रहा है और हमें इन्हें पर्यावरण संकट के परिप्रेक्ष्य में रखकर इस पर विचार करने की जरूरत है। कहने की जरूरत नहीं कि इससे इसका फलक कहीं अधिक व्यापक और डरावना लगता है।

भविष्य का जो भयावह चेहरा हमारे सामने उभर रहा है, उसको चुनौती मूलतः उस पीढ़ी के सामने है जिसे कल इससे टकराना है। गांधीजी ने कभी देश की युवा गाँप को दीवानगी की सीमा तक आन्दोलित किया था। आज जब संसार भर में युवाओं में व्यवस्था के विरोध में आक्रोशित है, पर विकल्प की कोई तसवीर नहीं, गांधी विकल्प की समग्र दृष्टि के साथ उसे फिर अपनी राह पर बगावत के लिए बुला रहे हैं।

लोकतंत्र का संकट

जब बहुसंख्यक लोगों के जीवन की अवधारणाओं और आकांक्षाओं का अल्पसंख्यक शासक वर्ग या समूह की अवधारणाओं और आकांक्षाओं से बुनियादी विरोध होने लगता है और बहुसंख्यक लोग लोकतांत्रिक पद्धति के तहत अपनी अवधारणाओं के अनुरूप समाज के ढाँचे को बदलने में सक्षम दिखाई देने लगते हैं, वैसी स्थिति में श्रेष्ठता के पूर्वग्रह का कैदी शासक समूह लोकतांत्रिक पद्धति को सीमित या समाप्त कर अपना वर्चस्व कायम रखने की कोशिश करता है। आम तौर से लोकतंत्र का संकट इसी स्थिति से पैदा होता है। इस सन्दर्भ में बहुसंख्यक लोगों में अपनी स्थिति और नियति के सम्बन्ध में व्याप्त अवधारणा का केन्द्रीय रोल होता है। उदाहरण के लिए, प्रथम विश्व युद्ध के बाद खासकर रूस की क्रान्ति के बाद यूरोप के श्रमिक वर्गों में जो बहुसंख्यक भी थे, क्रान्तिकारी परिवर्तन की आकांक्षा तेज हुई थी और वे लोकतांत्रिक संस्थाओं पर कब्जा करने में सक्षम थे। इसी सम्भावना की प्रतिक्रिया में श्रमिकों की शक्ति को तोड़ने के लिए फासीवाद का उदय हुआ और लोकतांत्रिक संस्थाओं को नष्ट कर दिया गया।

लोकतंत्र पर इसी तरह का खतरा वामपंथी समूहों से भी आता है जब वे परिवर्तन के उतावलेपन में यह भूल जाते हैं कि बहुसंख्य जनता अन्ततोगत्वा अपने ही प्रयासों से अपनी भावना के अनुकूल समाज का निर्माण कर सकती है। इसी कारण रूस में वे अधिनायकवादी प्रवृत्तियाँ जो 1917-21 के गृहयुद्ध काल की विशेष परिस्थितियों में उभरी थीं, स्टालिन की बर्बर तानाशाही में तब बदल गईं जब बहुसंख्यक किसानों की मर्जी के खिलाफ कृषि का समूहीकरण कर दिया गया।

भारत में मौजूदा स्थिति में कमोबेश ऊपर बतलाए गए दोनों ही तरह के दबाव मौजूद हैं जिससे लोकतंत्र का संकट पैदा होता है। शासक अभिजात वर्ग और आम लोगों के बीच जितनी गहरी खाई भारत में है वैसी दुनिया के कम देशों में है। यहाँ का अभिजात वर्ग और पूँजीवाद, दोनों ही अंग्रेजी हुकूमत की विरासत है। मैकाले की शिक्षा पद्धति ने इस देश में एक ऐसा शिक्षित समूह पैदा किया जिसके सदस्य शरीर से भारतीय हैं, लेकिन बुद्धि और आकांक्षा से विलायती। भाषा, भूषा और जीवन की आकांक्षाओं में वे वही बनना चाहते हैं जो कभी यहाँ अंग्रेज शासक चाहते

थे। इनका एकमात्र अरमान होता है उन उपभोग की वस्तुओं को प्राप्त करना, जो विलायती समाज के सम्पन्न घरों में उपलब्ध हैं।

आजादी के आन्दोलन काल में स्वदेशी की भावना वे इस मानसिकता को थोड़ा झकझोरा था। लेकिन आजादी के बाद के बाद सत्ता में आने पर जब इसके उद्देश्य पूर्ति के लिए आम जनता के सक्रिय हिस्सेदारी की जरूरत खत्म हुई तो यह समूह पहले से अधिक विलायती और आधुनिक ढंग की विलासिता का आग्रही बन गया। अब विदेशी वस्तुओं की ललक देश में मूर्खता और किसी-किसी मामले में पागलपन की हद तक पहुँच गई है। भारतीय पूँजीपति वर्ग भी प्रारम्भिक काल के साम्राज्यवादी सम्बन्धों और अपने कमजोर आधार के कारण देश के विस्तृत बाजार के लिए आवश्यक वस्तुओं के उत्पादन की बड़ी चुनौती को स्वीकार करने के बदले विदेशी उत्पादन के ढाँचे पर एक सीमित पर सुरक्षित बाजार के लिए उत्पादन और विनियम के काम में लग गया। यह सुरक्षित बाजार संश्लिष्ट कपड़े, मोटर गाड़ियों, फ्रिज, टी.वी. या अन्य सज-धज के सामानों का है, जिनका व्यवहार यहाँ का छोटा, पर सम्पन्न अभिजात वर्ग करता है। इन वस्तुओं के उत्पादन में काफी हद तक या तो विदेशी कम्पनियों की शाखाओं का हाथ होता है या देशी कम्पनियों के साथ विदेशी कम्पनियों के तकनीकी सहयोग का हाथ। चूँकि राज्य सत्ता भी देश के अभिजात वर्ग के ही हाथ में हैं, इसलिए राज्य की अर्थनीति और राजकीय क्षेत्र के उद्योग भी उत्पादन के इसी ढाँचे को अपनाते हैं।

बाजार के लिए प्रतिस्पर्द्धा पर आधारित भारतीय पूँजीवाद की एक और विशेषता है जो इतिहास के रंगमंच पर देर से आनेवाले सभी पूँजीवादी उत्पादनों की विवशता है। यह बात आम जानकारी की है कि पश्चिमी देशों और बाद में जापान में भी पूँजीवादी उद्योगों में तेज पूँजी संचय और उनके विकास का आधार कुछ हद तक तो अपने देश के कृषि जैसे गैर-पूँजीवादी क्षेत्रों का शोषण था, पर ज्यादा हद तक बृहत् पैमाने पर उपनिवेशों का शोषण था। भारत, चीन, कोरिया, ऑस्ट्रेलिया, अमेरिका महादेश, अफ्रीका एवं दक्षिण पूर्व एशिया के विभिन्न देशों की प्राकृतिक सम्पदा और मानव श्रम (स्थानीय खनन, कृषि आदि में लगे सस्ते मानव श्रम के अलावा बड़ी संख्या में गुलाम बनाए गए नीग्रो एवं भारत के अप्रवासी गिरमिटिया मजदूर) के शोषण से तेजी से एक पूँजी प्रधान औद्योगिक ढाँचे का निर्माण हुआ। जब भारत में अभिजात वर्गों के लिए आधुनिक उपभोग की वस्तुआं के उत्पादन के लिए निजी या सहकारी क्षेत्र में पूँजी प्रधान उद्योगों के विकास की नीति अपनाई जाती है तो इसके लिए पूँजी संचय का स्रोत क्या हो सकता है?

भारत के लिए तो यह सम्भव नहीं कि दुनिया के विकसित औद्योगिक देशों की प्रतिस्पर्धा में दुनिया के विभिन्न देशों के संसाधनों पर अपना नियंत्रण स्थापित कर सके। इसलिए यहाँ देश के ही क्षेत्र कृषि तथा खनिज एवं वन प्रदेशों के प्राकृतिक

संसाधन और उनमें बसनेवाले कृषकों और जनजातियों के शोषण के आधार पर सम्पन्नता के कुछ द्वीप बनाए जा रहे हैं। इस तरह एक आन्तरिक उपनिवेश कायम किया जा रहा है। इस प्रक्रिया में वन प्रदेश उजड़ रहे हैं, खनिज क्षेत्रों के लोग या बड़ी सिंचाई या विद्युत परियोजनाओं के चलते उद्गम स्थान के पास नदी घाटियों में बसनेवाले लाखों लोग विस्थापित हो अपने जीवन का आधार खो रहे हैं।

ये लोग बिहारी मजदूर बन नगरों की झुग्गी-झोपड़ियों और फुटपाथों पर जिन्दगी बिताने पर मजबूर होते हैं। ये लोग आजीविका की तलाश में अपने को ठेकेदारों के हवाले करते हैं और अर्द्ध गुलामी की अवस्था में नगरों के विभिन्न व्यवसायों में रोजगार पाते हैं। औद्योगिक मुनाफे का अनुपात ऊँचा रखने के लिए कृषि जन्य वस्तुओं की कीमत नीची रखी जाती है। इससे गाँव दिन-पर-दिन दरिद्र हो रहे हैं। दूसरी ओर आधुनिक उद्योगों की प्रतिस्पर्धा से गाँवों के पारम्परिक उद्योग नष्ट होते गए हैं और गाँवों में दिनोंदिन बेरोजगारी और दरिद्रता फैल रही है। रोजगार की तलाश में यह सब आबादी शहरों की गन्दी बस्तियों का विस्तार कर रही है।

इस तरह एक ही देश में दो देशों और दो संस्कृतियों का सह-अस्तित्व चल रहा है—एक आन्तरिक औपनिवेशिक शोषण पर आधारित सम्पन्नों का देश और उनकी पश्चिम से आयातित संकर संस्कृति और दूसरा, औपनिवेशिक शोषण के शिकार प्रचंड बहुमत वाले आम लोगों का देश और उनकी देशज संस्कृति जो बाहरी दबावों से अपसंस्कृति बनती जा रही है। इन देशों में रहनेवाले लोगों की जरूरतें, मूल्यबोध तथा सोच-विचार की भाषा (देश के अभिजात वर्ग की भाषा अंग्रेजी ही है) और पदावलि इतने भिन्न है कि दोनों के बीच गम्भीर सम्प्रेषण स्थापित नहीं हो पाता। इससे दोनों में एक सम्प्रदाय के होने के बोध का अभाव है। चूँकि देश की राजनीति का नेतृत्व भी अभिजात वर्ग के हाथ ही है, इसलिए आम लोगों की बुनियादी जरूरतों की ओर राजनीति का ध्यान ही नहीं जाता। लोकतंत्र के संकट का मूल कारण यही है।

समाजवाद, लोकतंत्र और धर्मनिरपेक्षता जैसे निर्गुण नारों से आम लोगों की भावना में कोई स्पन्दन नहीं हो पाता क्योंकि इन सारे पदों के परिप्रेक्ष्य बाहरी हैं और आम लोगों के ठोस अनुभवों से इन्हें कभी जोड़ा नहीं गया। समाजवाद संविधान विहित है, प्रमुख राष्ट्रीय दलों ने इसे सिद्धान्ततः अपना लिया है, लेकिन संवैधानिक और नीति के तौर पर इन मान्यताओं के बावजूद करोड़ों लोग कंगाल हैं और नेतागण 'समाजवादी' नेतागण भी सज-धज की जिन्दगी जीते हैं। चूँकि देश का शासक अभिजात वर्ग एक अत्यन्त ही छोटा समूह है, इसलिए जीवन्त लोकतांत्रिक पद्धति से उसके स्वार्थ और सुविधाओं को सदा खतरा है। इसलिए नौकरशाही और पुलिस व्यवस्थाओं को औपनिवेश काल के ढाँचे में ही रखा गया है ताकि समय पड़ने पर इनका इस्तेमाल आम लोगों के खिलाफ हो सके। इसके अलावा संविधान

और कानून में ऐसे प्रावधान लाए जाते रहे हैं जिससे लोगों की स्वतंत्र अभिव्यक्ति और अपने को संगठित करने के अधिकार को सीमित किया जा सके। आपातकाल जैसी स्थितियाँ ऐसे ही अन्तर्द्वन्द्व का परिणाम होती हैं।

दूसरी तरह का खतरा भी राजनीतिक नेतृवर्ग के औपनिवेशिक चरित्र से ही पैदा होता है। इस वर्ग का जो हिस्सा क्रान्तिकारी परिवर्तनों का आकांक्षी है, वह भी अपने चरित्र के कारण 'विदेशी' वस्तुओं का दीवाना है। उसके लिए क्रान्ति का मॉडेल भी 'विदेशी' होना चाहिए। रूसी मॉडेल हो, क्यूबाई मॉडेल हो, चीनी मॉडेल हो, या यूरोपीय सोशल डेमोक्रेसी का मॉडेल हो...इस वर्ग के लिए परिवर्तन के किसी भारतीय मॉडेल की सम्भावना गौण रहती है। भारतीय समाज को समझने के लिए जिन पदों का प्रयोग होता है वे भी वही होते हैं जो पश्चिमी देशों के समाज को समझने के लिए पश्चिमी समाजशास्त्रियों ने गढ़े थे। इसलिए परिवेश की भिन्नता को समझे बगैर 'सामन्ती', 'कुलक', 'सर्वहारा', 'लुम्पेन' आदि पदों के दायरे में भारत के सामाजिक सम्बन्धों को ठूँस-ठूँसकर कसने का प्रयास होता है। इन्हीं पदों के प्रभामंडल से निर्मित काल्पनिक समाज को असली भारतीय समाज मानकर सामूहिक परिवर्तनों की रणनीति बनाई जाती है।

इस कल्पनाशील समूह के लिए अपनी मान्यताओं को जनता की मान्यता समझ लेने का भ्रम स्वाभाविक बन जाती है। छोटे समूहों के साहसिक और नाटकीय प्रयासों में 'लाल सेना', 'लोक युद्ध', 'जन अदालत', 'लॉन्ग मार्च' आदि की छवियाँ साकार होती दिखाई देती हैं। अपनी श्रेष्ठता के प्रति आश्वस्त और आम लोगों के विचारों से कटे इन छोटे समूहों पर अपने ऐतिहासिक मिशन का उन्माद इतना गहरा हो जाता है कि वे अपने गिरोहों के निर्णयों को 'जन अदालत' का निर्णय मान वैयक्तिक हत्या तक कर देते हैं। ऐसे कामों से भी कानून के राज्य और लोकतंत्र के प्रति उस आस्था को आघात पहुँचता है जो व्यक्तियों और समूहों की विशिष्टता की जगह समान नागरिकता के आधार पर कायम होती है। साथ ही, यह औपनिवेशिक नौकरशाही और पुलिस तंत्र को अपनी कानून विरोधी दमनकारी हरकतों को तेज करने का बहाना प्रदान करता है। इस तरह वर्तमान भारत में लोकतंत्र के संकट का सबसे बड़ा स्रोत है, हमारी औपनिवेशिक अतीत से प्राप्त अभिजात वर्ग, इसकी सुविधाएँ और इसकी विशेष मानसिकता।

(दस्तक, जु8लाई-अगस्त, 1982)

विकल्प की दिशा

आदमी का अहम् अजेय है। इसीलिए वह अपनी मर्जी से संसार पर काल-खंडों को निरूपित करता चलता है—राजवंशों, धर्मगुरुओं या मसीहाओं के नाम पर, जबकि संसार की घटनाएँ हमारी सदियों और सहस्राब्दियों से निर्लिप्त घटती चली जाती हैं। इन घटनाओं की अपनी समय सारणी होती है जो उनके अपने कार्य-कारण प्रवाह से निर्धारित होती है। इसलिए बहुत मोटा-मोटी तौर से ही हम नई सदी की घटनाओं को बीती सदी की घटनाओं से अलग कर देख सकते हैं। फिर भी वर्तमान मानसिकता को देखते हुए इसकी अटकलें जरूर लगाई जा सकती हैं कि नई सदी में आदमी समाज को क्या दिशा दे सकता है? लेकिन ये अटकलें ही होंगी क्योंकि आदमी अपनी सोच में स्वतंत्र है। उसकी सोच कब क्या मोड़ लेगी और फिर इससे घटनाएँ कौन-सी दिशा लेंगी, यह कोई भी विश्वास के साथ नहीं बतला सकता। अटकलों की विश्वसनीयता के साथ एक और समस्या जुड़ी है। मानव सम्बन्धों में भविष्यवाणियाँ घटनाओं को या तो स्वयं को सिद्ध करने की दिशा में या झुठलाने की दिशा में प्रभावित करती हैं। उन्नीसवीं शताब्दी के आखिर में यूरोप के राजनेताओं ने सत्ता सन्तुलन से जिस शान्ति की स्थापना की खुशफहमी कायम की थी, उसमें बीसवीं सदी की कल्पना किसे थी? 1917 की रूसी क्रान्ति की सफलता और सोवियत राज्य की स्थापना के बाद 1987 के आते-आते इसके सम्पूर्ण बिखराव की कल्पना भला कौन कर सकता था? अन्ततोगत्वा आदमी ही इतिहास का निर्माण करता है और उसकी मानसिकता बदलती है। इसलिए वर्तमान समय में दिखनेवाली उसकी मानसिकता के सन्दर्भ में प्रकृति द्वारा प्रस्तुत सीमाओं के भीतर कुछ इशारा करने से ज्यादा कुछ भी नहीं कहा जा सकता।

बीसवीं शताब्दी को आम तौर से 'विज्ञान का युग' कहा जाता है। इससे उम्मीद की जाती है कि नई सदी में लोग वैज्ञानिक दृष्टि से अपनी समस्याओं का समाधान करेंगे। थोड़ा विचार करने पर यह भी जन-मानस में गहराई से बैठा एक भ्रम ही लगता है। दरअसल, वैज्ञानिक उपलब्धियों के हिसाब से कुछ अपवादों को छोड़कर बीसवीं सदी लगभग पूरी तरह सपाट रही है। विज्ञान से हमारा मतलब वैसे ज्ञान से है जो हमारी चेतना को ब्रह्मांड की बाहरी सीमाओं और पदार्थों तथा जीवन

की भीतरी सीमाओं तक पहुँचाकर इसके रहस्यों को हमारी अवधारणाओं के भीतर ला सके। बीसवीं सदी को विज्ञान की दृष्टि से सपाट कहना कुछ चौंकानेवाला लगेगा, लेकिन नजर डालने पर हम पाएँगे कि हमारे समय की लगभग सभी मौलिक वैज्ञानिक खोज या तो उन्नीसवीं शताब्दी की है या बीसवीं शताब्दी के प्रारम्भिक वर्षों की, जिनकी आभा से बीसवीं सदी का वैज्ञानिक जीवन आलोकित रहा है। इन्हें एक-एक कर गिनाया जा सकता है। ऊर्जा के क्षेत्र में जेम्स क्लार्क मैक्सवेल की इलेक्ट्रोमैग्नेटिक थ्योरी 1873 की है। इसी से जुड़े हट्र्स के प्रयोगों के आधार पर मारकोनी ने 1895 में वायरलेस टेलीग्राफी यानी रेडियो का आविष्कार किया। 1895 में ही रोयंटजन ने एक्स-रे की खोज की। पियरे एवं मैरी क्यूरी ने 1898 में रेडियम शोधित किया और नाभिकीय भौतिकी से सम्बद्ध रसायनशास्त्र की नींव डाली। मैक्स प्लैंक ने 1890 में ब्लैक बॉडी रेडिएशन के अपने प्रयोगों से क्वांटम भौतिकी की शुरुआत की। आइंसटाइन ने स्पेशल थ्योरी ऑफ रिलेटिविटी तथा फोटो-इलेक्ट्रिक इफेक्ट के सिद्धान्तों को 1905 और 1909 के बीच प्रतिपादित किया। जनरल थ्योरी ऑफ रिलेटिविटी 1916 तक विकसित की जा चुकी थी। यही सब आधार बने नोयल बोर, श्रोडिंगर, डिराक और हाइजेनबर्ग के सिद्धान्तों के, जो सब बीसवीं सदी के तीन प्रारम्भिक दशकों में विकसित हुए। ऊर्जा और समय के सम्बन्ध में हमारी अवधारणा को बुनियादी तौर से बदलनेवाली 'इंट्रोपी' का सिद्धान्त तो कारनोट ने ताप इंजन के अपने प्रयोगों से 1824 में ही विकसित कर लिया था। हमारे समय की सबसे बड़ी तकनीकी उपलब्धि कम्प्यूटर मानी जाती है, लेकिन इसके भी बुनियादी सिद्धान्त चार्ल्स बैबाज (1792-1871) द्वारा विकसित किए गए और इसके लिए आवश्यक तार्किक प्रणाली जॉर्ज बूल (1815-1864) ने अपने बीजगणित में विकसित की थी। जीवविज्ञान में हमारे समय की सबसे महत्त्वपूर्ण खोज जेनेटिक्स के क्षेत्र में हो रही है, लेकिन आनुवंशिकी सम्बन्धी इसकी बुनियादी खोज ग्रेगोर जोहान्न मेंडेल ने 1866 में की थी। फिर थॉमस हंट मौर्गन ने इसी आधार पर शोध कर क्रोमोसोम पर जीन की श्रृंखला का नक्शा तैयार करने में 1919-23 में सफलता प्राप्त की। वर्तमान ह्यूमन जेनोम प्रोजेक्ट इसी प्रयोग का विस्तार कहा जा सकता है, जिसे आज कहीं अधिक विकसित प्रौद्योगिकी का आधार प्राप्त है।

जो चमत्कार हमें बीसवीं सदी में दिखाई दिया और जिससे हम बीसवीं सदी को विज्ञान की सदी मानने लगे थे, वह दरअसल तकनीक के क्षेत्र में महत्त्वपूर्ण प्रगति का नतीजा था। टी.वी. लेजर, माइक्रोचिप्स, ऑप्टिकल फाइबर, इंटरनेट, जेनेटिकली मॉडिफायड फूड, भू-उपग्रहों का प्रक्षेपण आदि, आदमी का पदार्थों के गुणों का ज्यादा-से-ज्यादा अध्ययन और फिर इनसे प्राप्त जानकारी का अपनी स्फीत आवश्यकताओं की पूर्ति के लिए प्रयोग करने की इच्छा का

परिणाम है, यह किसी बुनियादी वैज्ञानिक खोज का परिणाम नहीं। प्रचलित कहावत है भी कि आवश्यकता आविष्कार की जननी है, और अगर आदमी की आवश्यकताओं का विस्फोट हो जाए तो आविष्कृत वस्तुओं का अम्बार लगना भी स्वाभाविक हो जाएगा। इसलिए बीसवीं सदी, जिसे हम विज्ञान की सदी कहते हैं, दरअसल उपभोक्तावादी विक्षिप्तता की सदी है। इसी से चमत्कृत करनेवाली इसकी चकाचौंध दिखाई देती है जो वर्तमान समाज के अस्तित्व के लिए संकट का भी कारण है।

विज्ञान की दिशा में जो परिवर्तन आया है, उसके दो कारण लगते हैं। पहला तो यह है कि प्रारम्भ में विज्ञान दर्शन के क्षेत्र का विस्तार था जिसमें अपने आपको, संसार को और इनके बीच के रिश्तों को समझने की गहरी अभिलाषा थी—यानी द्रष्टा और दृश्य के सम्बन्धों को समझने की अभिलाषा। आधुनिक औद्योगिक विकास की आवश्यकताओं के दबाव में अमेरिका में प्रैग्मेटिज्म के उस प्रयोगवादी रूप का विकास हुआ, जिसके जनक जॉन डिवी थे। इसके अनुसार वस्तुओं को समझना, उनके साथ छेड़छाड़ करना एवं उन्हें तोड़-मरोड़ कर उनके विविध गुणों का आकलन करना है। ज्ञातव्य है कि दर्शन के सम्बन्ध में यही दृष्टि कार्ल मार्क्स की भी थी जो उसने डेढ़ सौ साल पहले फायरखाब पर अपनी थीसिस में व्यक्त की थी। उसने अन्त में निष्कर्ष के रूप में लिखा था : 'दार्शनिकों ने अभी तक संसार की विविध व्याख्याएँ देने की कोशिश की है, लेकिन समस्या इसे बदलने की है।' इस तरह हमारे समय के विज्ञान का ध्यान विश्व दृष्टि के निर्माण की जगह विखंडन पर केन्द्रित है। आज वैज्ञानिकों का ध्यान अणुओं, परमाणुओं, कोशिकाओं, डी.एन.ए. आदि को खंडित कर इनके सूक्ष्म से सूक्ष्म खंडों के गुणों के अध्ययन पर केन्द्रित है। स्वाभाविक है कि इस प्रक्रिया में पदार्थों के ऐसे पहलू हर रोज सामने आने लगे हैं, जिनकी कभी कल्पना भी नहीं की जा सकती थी। जब हम वस्तुओं के विविध गुणों को जानते हैं तो उनकी क्या उपयोगिता हो सकती है, यह भी जान लेते हैं। इससे नित्य नए आविष्कार के मार्ग खुलते हैं।

इस तरह वर्तमान समाज के उपभोक्तावादी मूल्य का विज्ञान के प्रयोगवादी रुझान के साथ स्वाभाविक रिश्ता बन गया है। ज्यादातर वैज्ञानिक इसी दिशा में मुखातिब हैं। वैज्ञानिक शोध प्राय: औद्योगिक या सुरक्षा प्रतिष्ठानों द्वारा प्रायोजित होते हैं, जिनका लक्ष्य सीमित होता है। इस स्थिति का एक और भी कारण दिखाई देता है। सम्भवत: आदमी, जिसकी ज्ञानेन्द्रियाँ प्रकृति का ही अंग हैं, अवलोकन की उस सीमा पर पहुँच गया है जिसमें आगे विश्व की वैसी अवधारणा की गुंजाइश नहीं जिसे प्रयोग से सही या गलत साबित किया जा सके—जो अब तक किसी भी वैज्ञानिक सिद्धान्त की कसौटी मानी जाती थी। इस तरह विज्ञान

का इस दिशा में बढ़ना इसे दार्शनिक अनुमान की कोटि में डाल देगा जहाँ से विज्ञान ने प्रयोगात्मक कसौटी अपनाने की दिशा में छलांग लगाई थी। आज बहुत थोड़े-से वैज्ञानिक ऐसे अनुभवों की तरफ आकर्षित होते हैं—क्योंकि प्रतिष्ठानों को दार्शनिक कल्पनाशीलता की जरूरत नहीं, व्यावहारिक लाभ की जरूरत है और किसी भी शोध के लिए आवश्यक थैली उन्हीं के पास है।

किसी भी काल में ज्ञान का विस्तार तरंग की परिधि के फैलाव की तरह होता है—यानी हर क्षेत्र में ज्ञान कमोबेश कदम से कदम मिलाकर चलता है। इससे समाजशास्त्र, अर्थशास्त्र आदि क्षेत्रों में भी उन व्यापक समस्याओं से जूझने का रुझान नहीं है जिनके परिप्रेक्ष्य में इन शाखाओं का जन्म हुआ था। अर्थशास्त्र तो अब सिमट कर बाजार की रोजाना की स्थिति में हानि-लाभ की सम्भावना को मुहैया कराने भर का माध्यम रह गया है—जिसके लिए वह जटिल गणितीय समीकरणों की ईजाद में लगा है। समाजशास्त्री भी आज के समाज और प्रतिष्ठानों में रोजाना होनेवाले छोटे संघर्षों के अध्ययन और उनके निराकरण के उपाय ढूँढ़ने में लगे हैं। दरअसल, बृहत् समाज की समस्याओं के सार्विक हल की चिन्ता अब इन क्षेत्रों में उपहार का विषय है। वे कहेंगे कि बृहत् समाज में परिवर्तियों की इतनी बहुलता है कि इन्हें किसी अर्थपूर्ण समीकरण में नहीं बाँधा जा सकता। विचारधारा का अन्त, इतिहास का अन्त आदि की बातें पूरे समाज की समस्याओं से जूझने की इच्छा शक्ति के अभाव एवं भविष्य के प्रति निराशा की अभिव्यक्ति ही लगती है। सम्पूर्ण समाज का इसकी विविधता में अध्ययन औद्योगिक प्रतिष्ठानों के मुनाफे का स्रोत नहीं हो सकता, फिर इसका प्रायोजक कौन बनेगा?

इस तरह हम देखते हैं कि बीसवीं शताब्दी के प्रारम्भिक दिनों में ब्रह्मांड और समाज की सारी गुत्थियों को समझने और इस ज्ञान से समाज की समस्याओं का निराकरण ढूँढ़ने का जो आत्म-विश्वास और संकल्प था, वह इक्कीसवीं शताब्दी के शुरू में नहीं दिखाई देता। इसी आत्म-विश्वास का परिणाम था कि सौ-डेढ़ सौ साल पहले समाजवाद, विश्वबन्धुत्व, संसार भर के गरीबों की एकता आदि का सपना सारे संसार में लोगों को अनुप्राणित करने लगा था। इसके विपरीत आज बौद्धिक संसार में अवधारणात्मक संकीर्णता आई है, जिससे लोग स्वयं की या अपने छोटे समूह की तात्कालिक जरूरतों से आगे नहीं सोचते।

दूसरा महत्त्वपूर्ण संकोच मनुष्य के भौतिक संसार और जीवन के लिए आवश्यक संसाधनों की सम्भावित उपलब्धि के क्षेत्र में आया है। बीसवीं शताब्दी के प्रारम्भ की दुनिया मानव चेतना में खुली सीमा की दुनिया थी। उसे यह विश्वास था कि वह अपनी जरूरतों को चाहे जितना बढ़ाए, चाहे कितनी भी वस्तुओं का उत्पादन करे, प्रकृति उस पर आपूर्ति की कोई सीमा नहीं लगाती। हवा और पानी

ही नहीं कृषि के लिए भूमि, ऊर्जा के स्रोत और आवश्यक औद्योगिक वस्तुओं की उपलब्धि सीमाहीन लगती थी। वैसे तो यह कभी भी देखा जा सकता था कि सीमित ग्रह धरती पर असीमित संसाधनों की कल्पना करना मूर्खतापूर्ण था, लेकिन कहीं कोई कमी नहीं दिखाई देती थी, किसी ने इस हकीकत पर विचार करना जरूरी नहीं समझा।

आज हम इस हकीकत से रू-ब-रू हैं जहाँ हमारी उत्पादन क्षमता पर अलंघ्य सीमा लगी दिखाई देती है। आज जमीन और खनिजों पर ही नहीं, जल और वायु तक की उपलब्धि पर प्रश्नचिह्न लग गया है। यह बात दीगर है कि औद्योगिक उत्सर्जन से तेजाबी वर्षा, ओजोन परत में छेद, धरती के बढ़ते ताप आदि के निश्चित प्रमाण के बावजूद दुनिया के विशालतम औद्योगिक प्रतिष्ठानों के ज्ञानी व्यवस्थापक, जिनमें बड़ी संख्या में कम्प्यूटरों और सूचना क्रान्ति के देश अमेरिका में हैं, जीवन के अस्तित्व पर पैदा हुए खतरे की सूचना को ग्रहण करने से इनकार करते हैं। मुनाफे की निरन्तरता को बनाए रखने के लिए उन्होंने बुरा नहीं देखने, बुरा नहीं सुनने और बुरा नहीं बोलने के आदर्श को पूरी तरह आत्मसात कर लिया है। इसलिए पर्यावरण विशेषज्ञों की चेतावनियाँ उनकी चेतना तक नहीं पहुँचतीं। यह विलक्षण स्थिति है कि अमेरिका के राष्ट्रपति बुश ने क्योटो प्रोटोकॉल को, जिसमें औद्योगिक उत्सर्जन पर निश्चित सीमा लगाने की बाध्यता थी और जिस निर्णय में स्वयं अमेरिका शामिल था, लागू करने से साफ इनकार कर दिया है। इस तरह विनाश की ओर अन्धी दौड़ में दुनिया निश्चिन्तता से आगे बढ़ रही है। अशुभ का संकेत देती घटनाएँ सब तरफ घटित हो रही हैं—तूफान, जल प्लावन, बर्फ के विशाल भंडार का क्षय आदि।

नई शताब्दी के पहले ही महीने में एक तेल वाहक जहाज गालापागोस द्वीप समूह के पास दुर्घटनाग्रस्त हो गया और उसके तेल से वहाँ के अनेक दुर्लभ जीवों के अस्तित्व पर खतरा पैदा हो गया है। अनेक प्रयासों के बावजूद उन्हें बचा पाने की सम्भावना क्षीण है। गालापागोस द्वीप समूह का विशेष प्रतीकात्मक महत्त्व है। यहाँ की अनेक प्रजातियाँ बाहरी सम्पर्क से बचकर लाखों वर्ष से स्वतंत्र रूप से विकसित होती रही थीं। डार्विन ने अपनी प्रसिद्ध पुस्तक 'द ओरिजिन ऑफ स्पीशीज' में इस द्वीप समूह का विशेष रूप से उल्लेख किया है क्योंकि इसने उसके शोधों के लिए प्रकृति द्वारा संरक्षित जैविक प्रयोगशाला की भूमिका निभाई थी। अब सम्भवत: यह प्रयोगशाला सदा के लिए नष्ट हो जाएगी। यह दुर्घटना व्यापार केन्द्रित वैश्विक व्यवस्था से नई सदी में सम्भावित विनाश का प्रतीक मानी जा सकती है। वर्तमान विकास से संसार के अनेक भागों में किसी तरह अपना स्वायत्त अस्तित्व बचाकर चलनेवाली मानव संस्कृतियों पर आसन्न संकट का भी यह दुर्घटना पूर्वाभास है। अपने स्वार्थवश मनुष्य जीन बैंकों में जैविक सम्पदा

के संरक्षण की कोशिश तो कर रहा है, लेकिन संस्कृतियों की विशिष्टताओं को बचाए रखने के लिए उसने अभी तक कोई भी वैज्ञानिक विधि नहीं ईजाद की है। यह ध्यान में रखने की बात है कि भौतिक जगत में मनुष्य द्वारा निर्मित संस्कृतियाँ ही हैं जिनका अस्तित्व अनिवार्य रूप से मानव समूहों के अस्तित्व पर निर्भर है। मानव समूहों के बाहर निसर्ग में उसे कहीं भी नहीं पाया जा सकता। संस्कृतियों के वैसे स्मृति-चिह्न तो देखे जा सकते हैं जिन्हें पत्थर, कागज आदि पर उकेरा जा सके, लेकिन अपनी समग्रता में वे संस्कृतियाँ जो इन स्मृति-चिह्नों को छोड़ गईं, चेतना से सदा बाहर रहेंगी।

नई सदी एक विचारधारा के रूप में संस्कृतियों के वैविध्य को मिटाने और सांस्कृतिक एकरूपता लाने के संकल्प के साथ उपस्थित हुई है। यह कहा जा सकता है कि संस्कृतियों का विकास और फिर उनका नष्ट हो जाना तो एक स्वाभाविक प्रक्रिया है। यह बात ठीक है। ठीक वैसा ही जैसाकि मनुष्य का जन्म लेना और मर जाना। क्या इससे यह निष्कर्ष निकाला जा सकता है कि हिटलर का 'हॉलोकास्ट', जिसमें लगभग साठ लाख यहूदियों की हत्या कर दी गई, स्वीकार्य है?

वैश्वीकरण जिसका पैगाम लेकर नई सदी आई है, एक अर्थ में संस्कृतियों का हॉलीकास्ट है। इस प्रक्रिया से पोषित एकमात्र संस्कृति 'वैश्विक' संस्कृति, नाभिकीय शास्त्रास्त्रों से लैस और प्रतिस्पर्धा के मानकों से निर्मित मानव सम्बन्धों पर आधारित होगी। फिर इसे आत्महत्या करने से कौन रोक पाएगा? इसकी आत्महत्या के बाद कोई भी क्षेत्र नहीं बच पाएगा जहाँ बचा-खुचा जीवित मनुष्य पुनः एक संस्कृति का निर्माण करे।

हमारी चर्चा का विषय है इक्कीसवीं सदी और अब तक हम चर्चा करते आए हैं विदाई लेती सदी के मूल्यों, संस्थाओं और प्रवृत्तियों की। जैसाकि प्रारम्भ में ही कहा गया है सदियों जैसे कालखंड तो आदमी द्वारा आरोपित होते हैं, घटनाओं की निरन्तरता तो बनती है, हम जो सोचते हैं, जो हासिल करना चाहते हैं और जो करते हैं, उनसे। और सबसे अधिक यह निर्धारित होता है, हमारे समाज में व्याप्त मूल्य-बोध से।

बीसवीं सदी की तरह इक्कीसवीं सदी में दुनिया का सबसे बड़ा अनिस्ट जिस शास्त्र से होने की सम्भावना है, वह है अर्थशास्त्र जो दरअसल शास्त्रों की बुनियादी मान्यता के हिसाब से कोई शास्त्र है ही नहीं। इस बात को थोड़ा स्पष्ट करना जरूरी है। विज्ञान का आधार होता है संसार का वस्तुपरक अवलोकन, अध्ययन के विषय का विवरण और उसके विविध परिवर्तियों के सम्बन्धों को नियमबद्ध करना। विषय-वस्तु के गुणों की विशिष्टता को आधार बना प्रस्तावित नियम के तहत होनेवाले सम्भावित परिणामों की भविष्यवाणी की जाती है। ये गुण विषय-वस्तु के होते हैं—उदाहरण के लिए पदार्थ में जड़ता (inertia) का गुण—बाहर

से आरोपित नहीं किया जाता। इसके विपरीत अर्थशास्त्र बिना इसकी सत्यता की परीक्षा किए यह आधार अपनाता है कि आदमी के कार्यकलाप लोभ एवं ईर्ष्या से परिचालित होते हैं। इतना ही नहीं, आदमी को आर्थिक आदमी मान लिया जाता है जिसके ये आदर्श गुण माने जाते हैं। यह अपेक्षा की जाती है कि हर व्यक्ति इन्हीं आदर्श गुणों—यानी लोभ एवं ईर्ष्या—के अनुरूप व्यवहार करेगा।

इसके विपरीत हकीकत यह है कि आदमी दया, प्रेम, परोपकार आदि के भाव से भी परिचालित होता है। अनेक कबायली समाजों में प्रतिष्ठा; शौर्य एवं बलिदान में या सम्पत्ति को लोगों को खिलाने-पिलाने में खर्च करने या बाँटने में होती है। अर्थशास्त्री यहाँ एक खास समाज यानी पूँजीवादी समाज द्वारा अपनाए गए या आरोपित आदर्श को मनुष्य का स्वभाव मान लेते हैं और उसी आधार पर समाज का ढाँचा खड़ा करना चाहते हैं। वैसे जनजातीय समाजों में, जहाँ लोभ और ईर्ष्या आपसी सम्बन्धों के आधार नहीं हैं, यह प्रयास किया जाता है कि वहाँ के लोग भी अपने आचरण को इन्हीं आदर्शों के अनुरूप ढालें।

फिलहाल समाजशास्त्री समाज को (समुदाय भाव आधारित) गेमाइनशाफ्ट और (व्यक्तिनिष्ठ, सामाजिक) गेजेलशाफ्ट की श्रेणियों में विभाजित करते हैं और यह मानते हैं कि विकास के लिए दूसरी श्रेणी में संक्रमण जरूरी है—यानी वैसे समाज की तरफ, जहाँ सगे-सम्बन्धी समुदाय आदि की भावना से मुक्त आदमी शुद्ध रूप से अपना हित साधता है। इस तरह अर्थशास्त्र विवरणात्मक (Descriptive) की जगह आदेशात्मक (Prescriptive) अनुशासन बन जाता है। इन्हीं औद्योगिक पूँजीवादी मान्यताओं को मानव स्वभाव का आधारभूत गुण मान कर अर्थशास्त्र के पूरे ढाँचे का निर्माण होता है।

इस सन्दर्भ में ई.एफ. शुमाकर द्वारा अपनी प्रसिद्ध पुस्तक 'स्मॉल इज ब्यूटीफुल' में वर्णित मेनार्ड कीन्स के विचार गौरतलब हैं। मेनार्ड कीन्स ने यह तो माना कि लोभ और ईर्ष्या को खत्म होना चाहिए, लेकिन यह भी कहा कि कम-से-कम अगले सौ वर्ष तक मानव विकास के लिए इसका बना रहना जरूरी है। इसके बाद फिर जीवन में ऊँचे आदर्शों की वापसी होगी। जब ये बातें कही गई थीं तब से दो तिहाई सदी निकल चुकी है, पर लोभ और ईर्ष्या की पकड़ लोगों के जीवन पर बढ़ती ही जा रही है। इसी बीच लोभ और प्रतिस्पर्धा के कारण एक भीषण विश्वयुद्ध हो चुका है और छोटे-मोटे स्थानीय युद्धों से पूरी दुनिया झुलसती रही है, चाहे ये युद्ध कांगो के हीरों के लिए हों, खाड़ी देशों के तेल के लिए या फिर कोलम्बिया के मादक पदार्थों की लुभावनी तस्करी के लिए। इनसे पैदा विषमता से ईर्ष्या और लोभ उत्तरोत्तर बढ़ते ही जाएँगे, घटने का तो सवाल ही नहीं उठता।

फिलहाल इसी स्वार्थ को केन्द्र में रखकर वस्तुओं का उत्पादन और विनियम होता है। वस्तुओं की खपत को बढ़ाने के लिए तरह-तरह के लुभावने विज्ञापन

रेडियो, टेलीविजन और पत्र-पत्रिकाओं द्वारा प्रसारित होते हैं। अंग्रेजी में शैतान के लिए एक शब्द 'टेम्प्टर' है जिसका अर्थ होता है, लुभानेवाला। क्या विज्ञापनों के पीछे इस 'लुभानेवाले' (शैतान) का हाथ स्पष्ट रूप से दिखाई नहीं देता? ध्यान में रखने की बात है कि विज्ञापन में शराब, सिगरेट और अनेक दूसरी आदत डाल आदमी की स्वायत्तता और विवेक को नष्ट करनेवाली वस्तुओं का बाहुल्य है—ज्यादातर विज्ञापन झूठ पर आधारित होते हैं। अगर हम अपने चारों ओर निगाह डालें तो ये ही लुभावने विज्ञापन पूरी सभ्यता का आधार दिखाई देते हैं। संसार के सारे संचार माध्यम विज्ञापनों को हमारे दरवाजे और बिस्तर तक पहुँचाने का काम करते हैं : ई-कॉमर्स आखिर यही तो करता है।

महात्मा गांधी ने अगर आधुनिक पश्चिमी सभ्यता को 'शैतानी सभ्यता' कहा तो निश्चित रूप से इस सभ्यता का यही स्वरूप उनके सामने रहा होगा। गांधी जी ने कहा था कि संसार में सभी लोगों की जरूरतों को पूरा करने के लिए तो काफी वस्तुएँ हैं, लेकिन एक आदमी की लिप्सा के लिए भी यथेष्ट नहीं। इस बात की सच्चाई वैश्वीकरण के युग में साफ-साफ दिखाई देती है। औद्योगिक जगत में जो बात हर रोज सुर्खियों में रहती है, वह है बहुराष्ट्रीय कम्पनियों द्वारा एक-दूसरे के अधिग्रहण की कोशिश। इनमें अनेक कम्पनियों की हैसियत अरबों-खरबों डॉलर की है—अनेक देशों की राष्ट्रीय आय से ज्यादा फिर भी वे सन्तुष्ट नहीं हैं और दूसरी कम्पनियों को निगलने की लिप्सा छोड़ नहीं सकतीं। अगर इनमें कोई एक बाकी सारी कम्पनियों को निगल ले तो भी और अधिक फैलने का इनका लोभ खत्म नहीं होगा। यह सहज ही देखा जा सकता है कि नई सदी आनेवाले दिनों में ऊपर वर्णित आकांक्षाओं की पृष्ठभूमि में ही आकार ग्रहण करेगी। नई सदी की चुनौती होगी ऊपर वर्णित शक्तियों के विरोध में उस जनगण को जाग्रत करना जो सम्पत्ति के इस अकल्पित केन्द्रीकरण से निर्धन हो न्यूनतम मानवीय जीवन से भी वंचित हो रहा है। उस आधार पर नए मूल्यों की स्थापना का प्रयास करना, जिससे समाज पुन: एक सम्यक् धरातल ग्रहण करे।

आर्थिक केन्द्रीकरण की जो प्रक्रिया चल रही है उसके परिणाम सम्पन्न औद्योगिक देशों और दुनिया के बाकी देशों में अलग-अलग होंगे जिसकी कुछ झलक हम आज पाते हैं। विशाल कम्पनियों की प्रतिस्पर्धा उत्तरोत्तर तेज होती जाएगी क्योंकि पूँजीवादी प्रसार का यह अन्तर्निहित नियम है। इसके फलस्वरूप सभी प्रतिष्ठान श्रमिकों पर खर्च घटाने के लिए स्वचालित यंत्रों एवं कम्प्यूटरीकरण के जरिये मजदूरों की संख्या में कटौती करेंगे। ऊपर वर्णित औद्योगिक अधिग्रहणों का एक उद्देश्य श्रम-शक्ति में कटौती भी है। जो उद्योग प्रतिस्पर्धा में नहीं टिक पाने से बन्द हो रहे हैं, उनके मजदूर तो बेरोजगार होते ही हैं। यूरोप के लगभग सभी देशों में श्रम-शक्ति का एक हिस्सा लगातार बेरोजगार रहता है। जापान, जिसमें

पहले बेरोजगारी नहीं थी, अब मन्दी और बेरोजगारी की चपेट में है। इस समस्या की ओर इशारा किया गया कि इससे समय के साथ यह संकट और गहराएगा। इस तरह उत्तरोत्तर बेरोजगार लोगों की फौज का बोझ उठाने का दबाव वहाँ की अर्थव्यवस्थाओं पर बढ़ेगा।

औद्योगिक विकास का एक आयाम आबादी कम होते जाना भी है। इससे सम्पन्न औद्योगिक देशों में पूरी आबादी में वृद्धों की संख्या बढ़ती जाएगी और काम करने लायक युवा श्रमिकों का अभाव होगा। अत: बाहर से श्रमिकों को लाया जाएगा, जो मूलत: रंगीन और गैर-यूरोपीय समाजों से ही आ सकते हैं। इससे बाहरी लोगों के खिलाफ रंगभेद पर आधारित फासीवादी हिंसा बढ़ेगी। यह स्थिति प्रत्यक्ष या प्रच्छन्न रूप से पश्चिमी यूरोप के अधिकांश देशों में मौजूद है। फिर भी चूँकि ये देश एक अत्यन्त ही ऊँचे स्तर की सम्पन्नता हासिल कर चुके हैं, इन दबावों को तब तक झेलते जाएँगे जब तक दुनिया के गैर-औद्योगिक देशों से उनका व्यापारिक रिश्ता कायम है और उन्हें अपने कच्चे माल का क्षेत्र और एक हद तक वहाँ का बाजार उपलब्ध है, लेकिन यह तभी सम्भव होगा जब इस व्यापारिक सम्बन्ध से पिछड़ी अर्थव्यवस्थाओं को भी मानवीय जीवन उपलब्ध हो सके।

लेकिन पिछड़ी और सम्पन्न व्यवस्थाओं का व्यापारिक रिश्ता ऐसा होता है कि यह होना असम्भव है। ऐसे रिश्ते में यह अन्तर्निहित है कि धनी देश और अधिक धनी होगा और गरीब देश अधिक गरीब, दिवालियापन की सीमा तक। इससे टकराहट की सम्भावना बढ़ेगी और पश्चिमी देशों की सामरिक शक्ति, जिसे लगातार अधिक प्रभावी बनाया जा रहा है, हरकत में आ जाएगी—अमेरिका ने 'मिसाइल डिफेंस शील्ड' को विकसित करने का फैसला कर लिया है। इससे 'बैलेंस ऑफ टेरर'—यानी पारस्परिक आतंक से नाभिकीय युद्ध की जो सम्भावना टली थी, अब फिर सामने है जिसमें एकल योद्धा अमेरिका होगा। यह सामरिक शक्ति कितने त्वरित रूप से कार्यरत हो जाती है, यह इराक के कुवैत पर हमला से तेल की आपूर्ति पर खतरा आते ही दिखाई दिया था। अब ऐसा हस्तक्षेप वियतनाम में अमेरिकी हस्तक्षेप जैसा नहीं होगा जिसमें जमीनी फौज को उलझाया जाए। यह कैसा होगा, इसका कुछ अनुमान युगोस्लाविया में नाटो शक्तियों के हस्तक्षेप से किया जा सकता है। इसमें आसमान से ही जीवन के सभी साधनों को नष्ट कर किसी देश को घुटने टेकने के लिए मजबूर किया जा सकता है, लेकिन चूँकि प्राकृतिक संसाधन सीमित होते हैं, अत: बल प्रयोग से प्राप्त आपूर्ति भी अन्तत: समाप्त हो जाएगी।

लेकिन औद्योगिक देशों के सामने एक दूसरी राह पकड़ने की सम्भावना भी हो सकती है। यह जीवन की सीमान्त स्थितियों के साक्षात्कार से पैदा होगी।

एक ऊँची वैज्ञानिक एवं तकनीकी दक्षता विकसित करने की प्रक्रिया में पश्चिमी देशों ने एक बौद्धिक लोच भी हासिल कर ली है जो इसे अपने व्यापारिक अन्धेपन से उबार कर अस्तित्व रक्षा के कर्तव्य भाव से अनुप्राणित कर सकती है। समय के साथ जैसे-जैसे औद्योगिक विकास होगा, पर्यावरण का क्षय होगा और प्राकृतिक संसाधनों की सीमा स्पष्ट रूप से दिखाई देने लगेगी। अभी पश्चिम के पर्यावरणविद अन्दाजा लगा रहे हैं कि इक्कीसवीं शताब्दी के अन्त तक दुनिया का ताप 2 से 6 सेल्सियस तक बढ़ जाएगा। इससे अनेक तरह की प्राकृतिक आपदाएँ आएँगी जो पश्चिमी देशों पर भी कहर ढाएँगी। प्रदूषण का स्तर बढ़ने से जीवन कठिन होने लगेगा। आधी शताब्दी पार करते-करते संसाधनों के अभाव से ऊँचा जीवन कायम रखना असम्भव हो जाएगा। इससे ग्रीन पीस जैसे आन्दोलनों की अपील बढ़ेगी।

इसके अलावा वर्तमान औद्योगिक-व्यापारिक व्यवस्था में बढ़ती प्रतिस्पर्धा के कारण जीवन का तनाव बढ़ेगा, क्योंकि यह प्रतिस्पर्धा सिर्फ व्यापार में ही नहीं, प्रत्येक प्रतिष्ठान में काम के दाखिले और फिर प्रोन्नति को लेकर श्रमिकों और व्यवस्थापकों में भी होती है। जीवन की स्थितियों से पारिवारिक जीवन नष्ट हो जाएगा। यूरोप के कई देशों में अब नर-नारी सम्बन्ध अस्थाई करार बनते जा रहे हैं। एक सर्वेक्षण के अनुसार, अमेरिका के एक तिहाई बच्चे वैवाहिक सम्बन्ध से बाहर पैदा होते हैं। इसका एक परिणाम यह होगा कि धन-सम्पत्ति और स्वयं जीवन अर्थहीन दिखाई देने लगेगा। उन्नीसवीं शताब्दी के अन्त एवं बीसवीं शताब्दी के पूर्वार्ध में पश्चिम में अस्तित्ववादी दर्शन का उदय औद्योगिक समाज के कुछ ऐसे ही दबाव में हुआ था जिसमें जीवन और मूल्यों की अर्थहीनता से 'आंग्स्ट' यानी स्थायी दुश्चिन्ता जीवन की अनिवार्य स्थिति की तरह दिखाई देने लगी थी। उस समय यह भाव अति संवेदनशील दार्शनिक और कलाकारों तक सीमित था। अब वर्तमान स्थिति में पैदा 'निहिलिज्म' (सभी मूल्यों की अस्वीकृति) ज्यादा व्यापक होगा। इसकी अभिव्यक्ति फासीवादी हिंसा और युद्ध में भी हो सकती है, लेकिन फासीवाद के पिछले अनुभवों के सन्दर्भ में यह मार्ग अधिकांश लोगों को रास नहीं आएगा।

इससे निकलने का दूसरा रास्ता, जैसा कभी एक अस्तित्वादी चिन्तक कार्ल यास्पर्स ने बतलाया था, समुदाय, मित्रता, विवाह जैसे बन्धनों के द्वारा अन्य व्यक्तियों से जुड़े 'ट्रासेंडेस' यानी स्थिति से परागमन हो सकता है। कुल मिलाकर यह समुदाय की तरफ लौटने का रास्ता है, जिससे पिछली सदियों में आदमी दूर होता गया है। यह एक तरह से वर्तमान जीवन के सन्दर्भ में समाजवाद के किसी रूप की तरफ लौटना हो सकता है, लेकिन यह सब बाकी दुनिया से सम्बन्धों के नव-नियमन के बिना नहीं हो सकता। उन्हें अपने को बाकी दुनिया से व्यापारिक

की बजाय मानवीय बन्धनों से जोड़ना होगा, वही उनके अपने और संसार के हित में होगा।

गैर-औद्योगिक दुनिया में पश्चिमी विकास प्रक्रिया का परिणाम अब तक विघटनकारी रहा है और आनेवाले दिनों में उत्तरोत्तर अधिक विघटनकारी होने की सम्भावना है। पश्चिमी देशों के सम्पर्क से इन देशों का पारम्परिक उत्पादन और विनियम का ढाँचा तथा पारस्परिकता पर आधारित जीवन पद्धतियाँ एवं संस्कृतियाँ नष्ट हो गई हैं। उनका जीवन पूरी तरह पश्चिमी देशों पर आश्रित हो गया है। पश्चिम से आयातित उद्योगों के केन्द्र इन देशों में भी खुले हैं जो वैसी अनेक वस्तुओं का उत्पादन करते हैं जो पहले घरेलू उद्योगों में उत्पादित होती थीं। नए उद्योगों की विशाल विज्ञापन क्षमता के कारण घरेलू उद्योगों का अस्तित्व खतरे में पड़ गया है जो गुणवत्ता के हिसाब से कहीं अच्छे हैं।

इस प्रक्रिया से पारम्परिक उद्योग और छोटी खेती नष्ट हो रही है। काम की तलाश में लोग नगरों की ओर पलायन कर रहे हैं। इससे कस्बे नगरों में और नगर महानगरों में तब्दील हो रहे हैं। मैक्सिको नगर, शंघाई, दिल्ली, मुम्बई आदि दुनिया के सबसे बड़े नगरों की श्रेणी में थोड़ी ही अवधि में आ गए हैं। इन नगरों में उद्योगों और व्यवस्था का छोटा-सा नाभिक क्षेत्र होता है, जिसमें संरचनात्मक संयोजन होता है। इसकी परिधि पर एक विशाल क्षेत्र होता है, जिसमें रहनेवाले लोग आजीविका के किसी स्थायी स्रोत से वंचित होते हैं या नाभिक क्षेत्र की अस्थायी आवश्यकताओं की पूर्ति के लिए अकुशल कार्यों में यदा-कदा लाए जाते हैं। इन कार्यों में लगे लोगों की बुनियादी मानवीय आवश्यकताओं की पूर्ति करना व्यवस्था की कार्य सूची में नहीं होता। जिन्दा रहने की अपनी व्यवस्था इन्हें स्वयं किसी तरह करनी होती है। इसलिए ये लोग जहाँ जगह मिली, झुग्गियाँ खड़ी कर लेते हैं या गन्दी बस्तियों में उपलब्ध स्थानों एवं फुटपाथों पर गुजारा करते हैं। नगर के सम्पन्न लोग इनकी अनिवार्य सेवाओं के आग्रही हैं, लेकिन इनकी उपस्थिति से आहत और आतंकित। क्योंकि गरीबों की जिन्दगी के साथ गन्दगी अनिवार्य रूप से जुड़ी होती है, खास कर तब जब नगरों के अभिभावक इनके लिए न्यूनतम जल, शौचालय आदि की व्यवस्था भी करना जरूरी नहीं समझते। इसी से नगरों की व्यवस्था का एक विशेष अंग बुलडोजर युक्त विस्थापन वाहिनी होती है, जिसका काम झुग्गियों को तोड़ उच्छिष्ट वस्तुओं की तरह लोगों को शहर से बाहर निकालते रहना होता है।

यह विसंगति दिनोंदिन बढ़ेगी। इसी कारण क्षेत्रीय विषमता और अलगाववाद भी बढ़ता रहा है। ऐसी शक्तियों का विस्तार आज दुनिया की सभी पिछड़ी अर्थव्यवस्थाओं में दिखाई दे रहा है। इससे जो विघटन की स्थिति पैदा हो रही है, उसे प्रचलित मूल्यबोध से खत्म नहीं किया जा सकता। दुनिया अपने संकटों

से सदा नए मूल्यों के उन्मेष से राहत पाती रही है—चाहे वह बौद्ध धर्म, ईसाई, चाहे इस्लाम जैसे धर्मों से हुआ हो। लेकिन आदमी का मूल्य-बोध कभी भी अपने आन्तरिक द्वन्द्व से मुक्त नहीं होता। यह उन जीव वैज्ञानिकों द्वारा, जो जीवों के व्यवहारों का अध्ययन करते हैं, लगभग सिद्ध किया जा चुका है कि आदमी के भीतर परमार्थ और आक्रामकता की दो विपरीत प्रवृत्तियाँ सदा कार्यरत रहती हैं, जिनमें आक्रामकता ज्यादा स्वत:स्फूर्त और त्वरित रूप से कार्यशील होती है। यही अन्तर्विरोध धार्मिक चिन्तकों द्वारा भगवान और शैतान, दैविक एवं पाशविक शक्तियों के रूप में प्रस्तुत किया जाता रहा है। महात्मा गांधी ने इसी अर्थ में 'गीता' के कृष्ण-अर्जुन संवाद को ऐतिहासिक घटना की बजाय मानव मन में उपस्थित विपरीत रुझानों के द्वन्द्व के रूप में प्रस्तुत करने की कोशिश की थी। आदमी के स्वभाव का यह गुण सदियों और सहस्राब्दियों में नहीं बदला है। संस्कृतियाँ अपने मूल्यों के अनुसार इससे एक दूसरे को प्रोत्साहित करती रही हैं, लेकिन यह द्वन्द्व सदा बना रहा है।

अंग्रेजी के एक महान कवि टी.एस. इलियट ने इस सच्चाई को इन शब्दों में व्यक्त किया है :

The world turns and world changes,
But ont thing does not change
In all my years, one thing does not change
However you, disguise it this thing does not change
The perpetual struggle of Good and Evil.

(दुनिया घूमती है और दुनिया बदलती है,
लेकिन एक चीज नहीं बदलती।
जीवन के अनुभवों के अनेक
वर्षों में एक चीज नहीं बदलती।
चाहे इसे कितना ही छिपाओ, यह चीज नहीं बदली
अच्छाई और बुराई का अन्तहीन संघर्ष।)

कल का समाज क्या होगा, इसकी अटकलबाजी का कोई अर्थ नहीं। यह जो अच्छाई और बुराई का संघर्ष है, इसमें अपना पक्ष चुन कर पूरी इच्छा शक्ति से जुट कर ही विनाश के कगार पर खड़ी दुनिया को बचाया जा सकता है। इसमें शैतान का पक्ष कौन है, यह समझना कठिन नहीं। वह पूरी आर्थिक व्यवस्था जो लोभ और ईर्ष्या में विकास का मर्म देखती है, शैतान का करिश्मा है। विडम्बना यह है कि इतिहास के पिछले काल-खंडों की तरह हमारे समय में भी इसके विरोध में द्वेष और हिंसा को ही हथियार बनाया गया है और स्वाभाविक नतीजा होता रहा है, शैतान की अन्तिम विजय।

'बीसवीं सदी' में महात्मा गांधी ने इसके खिलाफ एक हथियार हैंसा और विरोध से भी प्रेम का दिया। यह हथियार अन्ततः शैतान की शक्ति को निरस्त कर सकता है। लोभी पूँजीपतियों या सामन्तों के विरोध में दलित एवं मजदूर वर्ग की लिप्सा को बढ़ाकर बेहतर समाज नहीं बनाया जा सकता। बट्रेंड रसेल ने 1918 में रूस की यात्रा के बाद अपनी पुस्तक 'प्रैक्टिस एंड थ्योरी ऑफ बॉल्शेवनिज्म' में लेनिन से अपने साक्षात्कार के विवरण में लिखा है कि लेनिन ने उससे कहा था कि उसके लिए किसानों को सिर्फ जमीन प्राप्त करने का लोभ पैदा करना जरूरी था। इसके बाद किसान स्वयं पास के पेड़ से लटकाकर भू-स्वामियों को मार देते थे। यही नफरत और लोभ अन्ततः सोवियत राज्य की कठोर तानाशाही में व्यक्त हुआ। आज के शोषित वर्गों को समता और बन्धुत्व की भावना में पुनः प्रशिक्षित करना होगा, नहीं तो शोषण के नए केन्द्र विकसित होंगे। नई सदी का समाज क्या होगा, यह हम इस चुनौती को कितनी संजीदगी से ग्रहण करते हैं, इसी से निर्धारित होगा।

यूटोपिया की चुनौती

उन्नीसवीं शताब्दी के मध्य से, जब से मार्क्सवादी चिन्तन समाजवादी आन्दोलन पर हावी हुआ 'यूटोपिया'[1] एक उपहास का विषय बन गया और यह माना जाने लगा कि ऐसी आदर्श दुनिया की तलाश महज स्वप्निल है, जिसे सामाजिक जीवन में कभी उतारा नहीं जा सकता। लेकिन डेढ़ सौ साल के अनुभव चाहे समाजवादी आन्दोलन के हों, चाहे तकनीकी उपलब्धियों के, मानव अस्तित्व के लिए यूटोपिया के महत्त्व को फिर रेखांकित कर रहे हैं। यह प्रश्न विचारणीय है कि समाजवादी आन्दोलन कहीं इसलिए तो विफल नहीं हुआ क्योंकि यह व्यावहारिकता के नाम पर इसको प्रेरित करनेवाली कल्पनाओं से कट गया—उन कल्पनाओं से, जो हकीकत के दबावों के विपरीत समाजवादियों को भावनात्मक डोरी से बाँध उस नैतिक तनाव की स्थिति में रखती थीं जो उन्हें यथास्थिति के दबाव में बहने से बचाता था। इससे भी आगे यह साफ दिखाई दे रहा है कि यूटोपियायी चिन्तन का लोप एक हद तक मानव अस्तित्व के संकट के लिए भी जिम्मेदार है। वर्तमान विकास की अन्धी दौड़ किसी आदर्श या समग्र समाज के बारे में चिन्तन के अभाव में मानव अस्तित्व के प्राकृतिक आधार को ही नष्ट कर रही है।

तकनीकी के क्षेत्र में तो यह साफ दिखाई दे जाता है कि मनुष्य की बहुत सारी उपलब्धियाँ उसकी कमी की कल्पना के परिणाम हैं। उड़ने की कल्पना, चाहे वह हमारे मिथकों के पुष्पक विमान की हो, चाहे यूनानियों के मिथक में इकारस की सूरज की ओर पंख बना उड़ान भरने की हो, चाहे धर्म ग्रंथों में पंख युक्त देवदूतों की हो, अवश्य ही वायुयान के निर्माण के प्रयासों के पीछे रही है। सहज ही अनुमान किया जा सकता है कि आदर्श समाज की कल्पना का जीवित रहना भी एक सुन्दर समाज के निर्माण के लिए इसी तरह जरूरी है। आज भी नियोजन और नगर निर्माण के ब्लूप्रिंट बनते हैं, लेकिन उनके पीछे समष्टि की कोई मंगलकारी कल्पना नहीं बाजार की आवश्यकता के मानक होते हैं। इसके पीछे कोई सर्जनात्मक दृष्टि नहीं होती। सभी अर्थपूर्ण निर्माण के लिए एक सूचनातंत्र (इंफॉर्मेशन सिस्टम) जरूरी होता है। जीव जगत और वनस्पति जगत में यह सूचनातंत्र उनकी आनुवंशिकी से प्राप्त होता है। मानव द्वारा निर्मित वस्तुओं और

प्रतिष्ठानों में उसकी सर्जनात्मक अवधारणा से। इस अवधारणा के पीछे उसके सपनों का बड़ा हाथ होता है। हमारी अपनी शताब्दी के साहित्य में प्रति-यूटोपिया, यानी यूटोपिया के विद्रूप की भरमार शायद इस बात का संकेत है कि हम अपने भविष्य के प्रति निराश हो विनाश की ओर ले जानेवाली धारा में अपने को छोड़ रहे हैं। जब किसी अच्छे भविष्य की कल्पना मर चुकी हो तो साहित्य खीझ और हताशा को ही अभिव्यक्त कर सकता है। कभी-कभी ऐसे साहित्य हमें झटका देकर अपनी स्थिति का एहसास जरूर करा देते हैं और हम सँभलने की कोशिश करते हैं, लेकिन इससे दिशा बदलकर चलने की पर्याप्त ऊर्जा नहीं मिल पाती। आदमी में सर्वाधिक ऊर्जा और साहस का संचार भी तब होता है जब वह अपने दैनन्दिन की समस्याओं से आगे जा किसी बड़े सपने को ले आगे बढ़ता है। आदमी रोटी-दाल की समस्या के हल के लिए भी बड़ी कुर्बानियों के लिए तभी तैयार होता है जब 'रोटी' की लड़ाई एक प्रतीक बन जाती है कि किसी बेहतर समाज के निर्माण के संघर्ष की। ठेठ अर्थ में भूख मिटानेवाली 'रोटी' के लिए आदमी मेहनत कर सकता है, चोरी कर सकता है, छीना-झपटी कर सकता है, लेकिन समाज को बदलने की शिरकत नहीं कर सकता।

अचरज की बात है कि आज के मूलत: तर्क आधारित दुनिया में यह कुतर्क समाज पर हावी है कि हर आदमी को अपनी स्वार्थ सिद्धि की अन्धी दौड़ में शामिल हो जाना चाहिए और इसी से समाज की सारी समस्याओं का समाधान हो जाएगा। जब सब कुछ धराशायी होता दिखाई देता है तो कहा जाता है कि इस दौड़ को और तेज करने की जरूरत है। इस दृष्टि का इसके उत्कर्ष काल में ही अठारहवीं शताब्दी के विचारक बर्नार्ड मैंडेविले ने अपनी कविता 'फेवुल ऑफ बीज' (मधुमक्खी गाथा) में मखौल उड़ाया था, मधमुक्खियों के एक ऐसे समाज के रूप को चित्रित करके, जिसका हर हिस्सा तो पाप से भरा हो लेकिन सम्पूर्ण पूरा स्वर्ग हो।

विडम्बना यह है कि पश्चिमी देशों की एक समय की यूटोपिया की तलाश ने भी संसार में प्रकृति के साथ मनुष्य के सरल स्वाभाविक सह-अस्तित्व को समाप्त करने की भूमिका निभाई थी। पन्द्रहवीं शताब्दी से ही, जो यूरोप में पुनर्जागरण का काल था, यूरोप में अदन के बाग की तलाश शुरू हुई। यह रोम के साम्राज्य के अन्त के बाद से वहाँ नगरीय सभ्यता के नवोदय का काल था। इसी समय इटली के नगर राज्य अपनी सांस्कृतिक विकास के चरम बिन्दु पर पहुँच रहे थे। पेरिस और लन्दन जैसे नगर विकसित हो रहे थे। मूर शासन से मुक्त स्पेन में समृद्धि की तलाश जोरों पर थी। शायद इस उत्कर्ष ने शहरी संस्कृति से मोहभंग की भी स्थिति पैदा कर दी थी और संवेदनशील लोग यूरोप के सभ्य शहरी जीवन से अलग प्राकृतिक परिवेश में सहज सरल जीवन की कामना करने लगे थे। आदमी अपने विकास काल में

प्राकृतिक परिवेश में छोटे समुदायों में विकसित हुआ था और ऐसे समुदाय और उस प्राकृतिक परिवेश की कामना को सम्भवत: उसको आनुवंशिकी ने या परम्परा द्वारा पोषित अनुश्रुतियों और लोक कथाओं ने जीवित रखी है। इसलिए अक्सर जब आदमी सभ्यता की जटिलता और दबाव से त्रस्त होता है तब सहज सरल जीवन की तलाश में व्यग्र हो जाता है।

तथ्यों से भरी अपनी महत्त्वपूर्ण पुस्तक 'ग्रीन इम्पेरियलिज्म' में रिचर्ड एच. ग्रुव ने अनेक उदाहरण से बताया है कि पुनर्जागरण के बाद के काल में सदन और आरकेडिया[2] को पाने की आकांक्षा यूरोप के पढ़े-लिखे लोगों में काफी प्रबल थी। उसने लिखा है कि इस बात के सबूत हैं कि यात्रा के संकटों से घबड़ाए अपने सहयोगियों के विरोध के बावजूद कोलम्बस सिर्फ इसीलिए अदम्य उत्साह से अपनी यात्रा को जारी रख सका क्योंकि उसको दृढ़ विश्वास था कि आगे बढ़कर वह 'भारतीय अदन' में पहुँच जाएगा। यह बात अलग है कि वह भारतीय अदन की बजाय 1492 में अमेरिका के तट पर पहुँचा। इस तट के पीछे भारत से अनेक गुना बड़ा एक विशाल क्षेत्र था, जिसमें वहाँ के निवासी अनेक अदनों में फैले हुए शान्तिपूर्ण जीवन व्यतीत कर रहे थे।

कोलम्बस को शायद ही इसकी कल्पना रही हो कि उसकी यात्रा का परिणाम इन अदनों और अमेरिका की कई प्राचीन सभ्यताओं को नष्ट करनेवाली उपनिवेशवादी अभियान की शुरुआत होगी, लेकिन हुआ यही। इस यात्रा से यूरोपीय विस्तार का एक सिलसिला शुरू हुआ और यूरोप की नवोदित सर्वग्रासी संस्कृति ने संसार भर की संस्कृतियों की विविधता को नष्ट कर वहाँ के जीवन और संसाधनों को एक व्यापारी उपभोक्तावादी सभ्यता का ग्रास बना दिया। अठारहवीं शताब्दी का अन्त होते-होते संसार के अधिकांश भाग पर यूरोपीय आक्रमणकारियों के पाँव पहुँच चुके थे।

सिर्फ सुदूर दक्षिण प्रशांत के ताहिती द्वीप समूह में प्राकृतिक लोक जीवन अब भी बचा था। अब अदन की तलाश बाहर सम्भव नहीं थी। गोगाँ जैसे इक्के-दुक्के कलाकारों के लिए ताहितियों के बीच जाकर बस बहुसंख्य लोगों के लिए वैसे जीवन की तलाश अपने ही भीतर सम्भव थी। अब वे रूसो जैसे सामाजिक चिन्तकों के आदर्श 'नोबुल सैवेज' के रूप में जीवित रह सामाजिक परिवर्तन के प्रेरणा स्रोत बन सकते थे। इसके बाद प्रारम्भिक समाजवादी चिन्तन में समता और सादगी के ऐसे ही आदर्शों की ध्वनि सुनाई देती है। इस चिन्तनधारा के ह्रास के साथ ही उपभोक्तावादी संस्कृति के विकल्प की तलाश भी तिरोहित हो चली।

इस पश्चिमी विकास की धारा को किसी सम्भव मानवीय समाज की स्थापना के लिए उलटना क्यों जरूरी है, यह हम इस सभ्यता के फैलाव और इससे

ढहाई गई बर्बादी पर विचार करने से तुरन्त समझ जाएँगे। हमारे आधुनिक जीवन से जो अपूरणीय क्षति प्रकृति प्रदत्त संसाधनों की होती है, उसका अन्दाजा एक विशाल क्षेत्र के भीतर नहीं हो पाता। हमें सदा एहसास होता है कि क्षितिज के पार धरती और इस पर उपलब्ध संसाधनों का सीमाहीन विस्तार है, लेकिन एक छोटे द्वीप पर प्रकृति के साथ की गई ज्यादती का असर तुरन्त दिखाई दे जाता है। कुछ ऐसे ही द्वीपों के इतिहास में आधुनिक मनुष्य की विनाशकारी यात्रा के स्मृति चिह्न अंकित हैं।

पश्चिमी यूरोप के देशों में अदन की तलाश और समुद्री राह से दूर-दराज देशों के साथ व्यापार से दौलत बटोरने की भूख साथ-साथ जगी। इस क्रम में दो स्थितियों का योग संसाधनों की माँग पूरा करने की प्रकृति की सीमाओं को रेखांकित करने लगा। अपनी लम्बी समुद्री यात्राओं में जहाजियों ने विश्राम और रास्ते के लिए आवश्यक वस्तुओं की आपूर्ति के लिए कुछ द्वीपों और तटीय प्रदेशों का चुनाव किया था—जैसे सेंट हेलेना, मॉरिसस, सेंट विंसेंट द्वीप और उत्तमाशा अन्तरीप। अदन की तलाश करनेवाले लोगों को ऐसे ही कुछ द्वीपों में—उनकी हरियाली एवं फल-फूलों की प्रचुरता में अदन की छवि दिखाई देने लगी थी। दूसरी ओर जहाजरानी के तेज विस्तार के कारण जहाज बनाने के लिए लकड़ियों की माँग अचानक बहुत बढ़ गई। यह पाया गया कि इससे यूरोप के जंगल इतनी तेजी से कट रहे हैं कि उनसे लकड़ियों की आपूर्ति नहीं हो सकती थी। इसके अलावा नगरों के तेज विस्तार के कारण ईंधन के लिए भी लकड़ी का अभाव होने लगा और प्रारम्भ में ब्रिटेन में कोयला जलाना भी इसी दबाव में शुरू हुआ, लेकिन उन दिनों कोयला जलाना हेय दृष्टि से देखा जाता था क्योंकि यह गन्दगी और विषाक्त धुआँ फैलाता था।

अब लकड़ी की आपूर्ति के लिए इन जंगलों की कटाई शुरू हुई। चूँकि द्वीपों के क्षेत्र सीमित थे, जंगलों की कटाई का असर थोड़े ही वर्षों में स्पष्ट दिखाई देने लगा। इसके कारण एक तरफ तो वर्षा कम होने लगी और दूसरी तरफ जंगलों के कटने से भूमि का क्षरण तेजी से होने लगा, जिससे उपजाऊ भूमि रेत में बदलने लगी। द्वीपों के पर्यावरण के इस क्षय से उन लोगों में, जिन्हें इन द्वीपों में अदन का एक रूप दिखाई देता था, घोर चिन्ता पैदा हुई और कुछ वनस्पति शास्त्रियों ने जिन्हें उनके देश की सरकारों ने इन द्वीपों में विशेष तौर से भौगोलिक एवं वानस्पतिक स्थितियों पर निगरानी के लिए भेजा था, इस पर अपनी गहरी चिन्ता इन द्वीपों के व्यवस्थापकों को जताई थी। दुनिया के पर्यावरण की चिनता इसी समय शुरू हुई थी। हालाँकि यह चिन्ता इतने थोड़े लोगों तक सीमित थी और पर्यावरण पर प्रभाव का क्षेत्र इसका लाभ उठानेवाले लोगों के अपने घर से इतना दूर था कि इसे अनदेखा कर दिया गया। प्रारम्भ में तो कटते जंगलों का

स्थान लेने के लिए कुछ जंगल लगाए गए, लेकिन कटाई की गति के हिसाब से ये काफी कम पड़ते थे। लेकिन एक बड़ी आपदा थी औपनिवेशिक शासकों द्वारा इन नए भू-भागों में जंगल की जगह गन्ना एवं तम्बाकू जैसी फसलों को बढ़ाने का फैसला।

मॉरिशस में तो यूरोपियनों के आने के पहले कोई मूल निवासी नहीं थे, लेकिन कैरिबियन के द्वीपों यथा सेंट विंसेंट में पहले से लोग बसे हुए थे। वे लोग बिलकुल प्राकृतिक अवस्था में रहते थे और जंगलों को काटे बगैर बनोपजों एवं शिकार से जीवन बसर करते थे। उन लोगों ने यूरोपियों द्वारा जंगल काटे जाने और जंगल काट कर गन्ने आदि का फार्म बनाने का डट कर विरोध किया। यहाँ यूरोपीय लोगों की दो दृष्टियों का अन्तर्विरोध स्पष्ट रूप से सामने उभर कर आया : मंगलकारी जीवन की कल्पना और हर कीमत पर मुनाफा और सम्पदा बढ़ाने की अमिट भूख का अन्तर्विरोध। कहाँ तो ये लोग प्राकृतिक जीवन में अदन या यूटोपिया की तलाश में नए द्वीपों और महाद्वीपों की ओर निकले थे और कहाँ वहाँ पहुँच वहाँ के प्राकृतिक जीवन और जंगल को नष्ट करने में लग गए जो वहाँ के मूल निवासियों को उपलब्ध था।

यूरोपीय लोग अपनी आवश्यकता के अनुसार तर्क गढ़ने में माहिर थे। उन्होंने जबरदस्ती विभिन्न स्थानों के मूल निवासियों की भूमि को दखल करने के पक्ष में यह सिद्धान्त निकाला कि जमीन पर प्रभुसत्ता का आधार जंगलों को काट खेती के लायक बनाना है। एमरिस द बाट्टेल नामक एक सज्जन ने 'राष्ट्रों का कानून' नामक एक पुस्तक लिखकर इसे बाजाप्ता एक अन्तर्राष्ट्रीय कानून के रूप में पेश किया। आज हमारे अपने देश में भी मूल निवासियों के जंगल पर सरकारें इसी तरह के बहाने बना अधिकार करती रही हैं—इनके अनुरूप जंगलों और जमीन के नीचे गड़े खजानों पर 'राष्ट्र हित' में काटने या खोदनेवालों को अधिकार सरकारें दे सकती हैं। चूँकि गोरे ही इस सिद्धान्त के प्रणेता और लागू करनेवाले, दोनों ही थे, उनकी मनमानी पर कोई नियंत्रण नहीं था। सेंट विंसेंट के कारिब लोगों ने प्रारम्भ के दिनों में अपने भू-भाग पर अतिक्रमण का विरोध किया, लेकिन यूरोपीय बर्बरता के बढ़ते सैलाब के सामने यूरोप के मुट्ठी भर पर्यावरणविद और आग्नेयास्त्रों से अनभिज्ञ मूल निवासी टिक नहीं पाए।

यहाँ विशेष महत्त्व की बात यह है कि प्राकृतिक परिवेश की सरल जीवन-प्रणालियों को नष्ट कर पश्चिमी सभ्यता उस प्रतिमान को भी नष्ट करने में जुटी थी जो प्रतिमान ही इसे आगे चलकर अपने अस्तित्व के संकट से उबरने में सक्षम बना सकता था।

जीवन के प्राकृतिक आधार जंगल को नष्ट करने का यह पहला दौर था, लेकिन प्राकृतिक सम्पदा को निगलने की जो भूख जगी थी, यहीं समाप्त होनेवाली

नहीं थी। सत्रहवीं शताब्दी आते-आते जहाजों तथा दूसरे निर्माण कार्यों के लिए लोहे और इस्पात की माँग तेजी से बढ़ने लगी। प्रारम्भ में इस काम में लकड़ी के कोयले का इस्तेमाल होता था, लेकिन लकड़ी की खपत जहाज बनाने से लेकर ईंधन तथा लोहा तैयार करने में इतनी ज्यादा होने लगी कि इसकी आपूर्ति एक समस्या बन गई। नए भू-भागों के जंगलों की कटाई भी सभी माँगों की पूर्ति के लिए अपर्याप्त सिद्ध होने लगी। अगर यह स्थिति रहती तो पश्चिमी सभ्यता पर एक विराम लग जाता, लेकिन इसी समय इस सभ्यता को कुछ समय के लिए मोहलत मिल गई। अंग्रेजों ने कोयले का इस्तेमाल ईंधन के रूप में और इस्पात बनाने में करना शुरू किया क्योंकि कम गहराई पर ही ब्रिटेन में यह प्रचुरता से उपलब्ध था। इस तरह एक गड़ा खजाना मिल गया जिसने इस सभ्यता को दो शताब्दी का जीवनदान दे दिया।

अब इसके बाद से रसोई बनाने तथा घर गर्म रखने से लेकर इस्पात बनाने और जहाज रेल एवं कल-कारखाने—सभी को चलाने के लिए कोयले का इस्तेमाल होने लगा। लोगों ने इस पर कोई ध्यान नहीं दिया कि जंगलों की तरह ही इस गड़े खजाने की भी एक सीमा है, जो उतनी ही तेजी से समाप्त होगी जितनी तेजी से इसका उपयोग किया जाएगा। जंगल तो फिर उगाए भी जा सकते थे, लेकिन कोयले का खजाना तो बिलकुल खाली हो जानेवाला था। लेकिन इस बीच गड़े खजाने के रूप में एक और वस्तु पेट्रोलियम और प्राकृतिक गैस पश्चिमी दुनिया के हाथ लग गई। यह कोयले से भी अधिक ज्वलनशील और ऊर्जा देनेवाला साबित हुआ।

इसलिए बीसवीं शताब्दी के प्रारम्भ से अब सारा ध्यान पेट्रोलियम और इससे उपलब्ध विविध पदार्थों की खपत की ओर गया। उन क्षेत्रों को छोड़ जहाँ कोयले का प्रयोग अनिवार्य था, बाकी जगह तेल की ही खपत होने लगी। पश्चिमी देशों की देखा-देखी सारे संसार ने और उन लोगों ने भी, जिनके पूर्वज तीन शताब्दी पहले तक प्राकृतिक जीवन जीते थे, पेट्रोलियम आधारित जीवन अपना लिया। यह दौड़ इस कदर चली कि अब अनुमान किया जाता है कि इक्कीसवीं शताब्दी के द्वितीय चतुर्थ आते-आते हम पेट्रोलियम के भंडार को समाप्त कर चुके होंगे। इतना ही नहीं, इस दौड़ में ईंधन के साथ-साथ हमने धरती के दूसरे जैविक तथा रासायनिक तत्त्वों का अति दोहन किया है जिसमें अधिकांश इक्कीसवीं शताब्दी के मध्य भाग तक समाप्त होने की स्थिति में होंगे या इतनी कम मात्रा में उपलब्ध होगे कि उन्हें पाने की प्रक्रिया मनुष्य की आर्थिक क्षमता के परे होगी।

सोवियत संघ के 1989 के एक प्रकाशन[3] में आनेवाले निकट भविष्य में कुछ महत्त्वपूर्ण खनिजों के खर्च और आपूर्ति की स्थितियों पर कुछ प्रकाश

डाला गया है। तत्कालीन सोवियत संघ के आशावादी रुझानों के अनुरूप ही इस सवाल को प्रस्तुत किया गया है। फिर भी स्थितियाँ इतनी गम्भीर हैं कि प्रस्तुति में चिन्ता का स्वर उभर कर आ ही जाता है। नीचे दिए गए आँकड़े खुद बोलते हैं।

खनिज	1985 तक कच्चे माल के अन्वेषित भंडारों और उसके खनन का अनुपात	1976 तक कच्चे माल के अन्वेषित भंडारों और 1976 से 2010 तक की अवधि में उसकी माँग का अनुपात
लौह अयस्क	200	5.1
ताँबा	61	1.4
एल्युमिनियम	300	6.2
टिन	46	1.5
जिंक	31	0.9
मैंगनीज	250	4.6
सीसा	34	1.2
टाइटेनियम	320	1.3
कोबाल्ट	18	1.3
मालिव्देनम	125	2.2
टैंटेलम	73	1.8
बुलफैम	64	1.4
बैनेडियथ	315	8.2
विस्मय	38	0.8
पारा	34	0.9
चाँदी	18	0.6
प्लैटिनम	116	3.1
ऐस्बेस्टस	2.8	0.5

स्रोत : इंटर फ्युचर्स, फाइनल रिपोर्ट ओ.ई.सी.डी. पेरिस, 1980

लेखकों का कहना है कि उपरोक्त तालिकाओं से यह देखा जा सकता है कि कुछ सामग्रियों के मामले में स्थिति चिन्ताजनक है। उनके भंडारों का कुल उपयोगों की प्राप्ति का अनुपात 2 से कम है, अर्थात उनके उपभोग में किंचित वृद्धि को ध्यान में रखते हुए वे पचास साल से भी कम अवधि के लिए पर्याप्त होंगे। ये हैं ताँबा, सोना, सीसा, चाँदी, गंधक, टिन, बुलफैम, जिंक तथा इन तालिकाओं में नहीं आया तेल भी, जिसके प्रामाणिक भंडार 1985 के उपभोग के स्तर पर 37 वर्ष के लिए पर्याप्त होंगे।

लेखकों ने यह आशा व्यक्त की है कि इनमें से कई के विशाल भंडार लौह मैंगनीज संग्रथनों में निहित हैं। इसी तरह हाइड्रोकार्बनों का भंडार बिटुमन पहाड़ियों के पत्थरों और तैलीय बालू में निहित है, लेकिन इन स्रोतों से इन्हें पाने में ऊर्जा की खपत क्या होगी, यह नहीं बतलाया गया है। हालाँकि यह इनकी वास्तविक प्राप्ति पर एक सीमा लगा सकती है, लेकिन जीवन के लिए महत्त्वपूर्ण कुछ तत्त्वों के सम्बन्ध में लेखकों ने अपनी चिन्ता इन शब्दों में व्यक्त की है—"उल्लेखनीय है कि आज जिन खनिजों को लेकर संकट की आशंका है उनमें एक भी जीवन्त महत्त्व का तत्त्व नहीं है।..." फॉस्फोरस, पोटैशियम, नाइट्रोजन, सोडियम तथा कुछ अन्य तत्त्व जीवन्त महत्त्व के हैं। जिस कच्चे माल में वे पाए जाते हैं वह बहुमूल्य नहीं माना जाता और पहली नजर में उनकी प्राप्यता चिन्ता का कारण नहीं मानी जाती, परन्तु इस प्रकार के खनिजों के उपलब्ध नहीं होने पर उनका मूल्य बड़ी तेजी से बढ़ सकता है। यही नहीं, मानव जाति को इनके लिए ऊँची-से-ऊँची कीमत अदा करनी होगी, क्योंकि इनके बिना उनका अस्तित्व बना नहीं रह सकता। इस दृष्टि से पृथ्वी पर विद्यमान फॉस्फोरस ऐसा ही तत्त्व है और उसकी उपलब्धता इतनी अधिक नहीं है। (अनुपात 2.6 है) इसका अर्थ यह हुआ कि इक्कीसवीं शताब्दी के अन्त तक इसके सभी स्रोत समाप्त हो जाएँगे। यहाँ ज्ञातव्य है कि छह हजार वर्ष की मानव सभ्यता के अस्तित्व की सम्भावना को हम एक सदी के भीतर ही आँक रहे हैं।

पेट्रोलियम के खत्म होने पर ऊर्जा के लिए ज्यादा बोझ कोयले पर पड़ेगा और इक्कीसवीं शताब्दी के अन्त तक हम ऊर्जा का यह स्रोत भी समाप्त कर देंगे। परमाणु ऊर्जा जैसा विकल्प, जो वर्तमान पैमाने पर ऊर्जा की खपत को जारी रख सकता है, अत्यधिक खतरनाक साबित हो रहा है क्योंकि इसके कूड़े के विकिरण से निसर्ग को बचाने की कोई तरकीब अभी निकलती नहीं दिखाई देती और दरअसल परमाणु भट्ठियाँ तो टिकटिक करते परमाणु बम ही हैं, जिनकी भारी संख्या होने पर शुद्ध सांख्यिकी के हिसाब से कहीं-न-कहीं विस्फोट होगा और इससे शुरू हुए विस्फोट की शृंखला सारे संसार का विध्वंस कर सकती है। इतना ही नहीं, जंगल की कटाई से मौसम पर प्रतिकूल प्रभाव का जो खतरा प्रारम्भिक दिनों में पश्चिम के पर्यावरणवादियों को दिखाई देता था वह तो नगण्य है, उस खतरे के सामने जो आज दिखाई दे रहा है। कोयला, पेट्रोलियम आदि ईंधनों की भारी मात्रा में जलाने से तथा उद्योगों में अनेक तरह के रसायनों के प्रयोग से उत्सर्जित जिस तरह के जहरीले गैसों से हमारा वातावरण भर रहा है, उसके खतरे से आज सारा संसार अवगत है। उससे बचने के लिए ब्राजील के रियो डि जेनेरियो तथा जापान के क्योटो में दो पृथ्वी शिखर सम्मेलन हो चुके हैं, लेकिन स्पर्धा आधारित जिस विकास प्रक्रिया को अस्तित्व में ला दिया गया है, उस पर नियंत्रण पाने में सभी अपने को असमर्थ पा रहे हैं। अन्ततः मामला सामाजिक व्यवस्था का है। अब वह व्यवस्था जिसे मनुष्य

ने बनाया है, उसके बूते के बाहर हो गई है और वह यह निर्धारित करती है कि मनुष्य अपने जीवन को किस दिशा में ले जाएगा? इस तरह यह जानते हुए भी कि यह दिशा विनाश की ओर ले जा रही है कि आदमी भँवर में पड़े नाविक की तरह विवश हो लगातार मृत्यु की दिशा में बहता जा रहा है।

इस तरह हम एक ऐसी दीवार से रू-ब-रू हो गए हैं जो हमारे जीवन के विकास पर पूरी तरह रोक लगा देगी और जीवन को नष्ट कर देगी। ऊर्जा की मितव्ययिता से हम निरापद एवं नवीकृत होनेवाले ऊर्जा स्रोतों, जैसे—पवन ऊर्जा, सौर ऊर्जा, जल ऊर्जा आदि से जीवन को चला सकते हैं, लेकिन इसके लिए हमें वर्तमान काल में हम पर हावी जीवन के ताम-झाम और तौर-तरीकों से फुर्सत लेनी होगी। एक खास तरह के जीवन के आदी लोगों के लिए यह काफी कठिन चुनाव होगा। लेकिन इसको छोड़ मानव अस्तित्व को कायम रखने का कोई उपाय भी नहीं है।

यहीं यूटोपियाई चिन्तन के नवोन्मेष की जरूरत दिखाई देती है क्योंकि आज के विषमता मूलक समाज के मूलभूत दबावों में जहाँ सभी ज्यादा-से-ज्यादा उपभोग की वस्तुओं को उपलब्ध कर दूसरों से बड़ा दिखने की कोशिश करते हैं, आवश्यक परिवर्तन हो नहीं सकता। सादगी का जीवन वहीं सम्भव है जहाँ समता का मूल्य हावी हो। विषमता में प्रतिस्पर्धा और फिर वस्तुओं का अम्बार लगाने का दबाव जो विशिष्टता का प्रतीक बन गया है, सदा बना रहेगा।

इसलिए मानव अस्तित्व की रक्षा के लिए आज हमें पुन: यूटोपियाई चिन्तन को जगा कर लोगों को वैसे सरल और भाईचारे के आधार पर गठित जीवन की ओर आने का आह्वान करना होगा जो पूर्व के यूटोपियाई या आर्केडियन चिन्ता का आधार था। लेकिन जब दिशा बदलने की बात होती है तब एक बड़ी समस्या सामने आती है। वह समस्या जो आम तौर से इस रूप में प्रस्तुत की जाती है कि हम अतीत की तरफ लौट कर नहीं जा सकते।

भारत के सन्दर्भ में अक्सर कहा जाता है कि हम फिर करघे या आखेट के युग में वापस नहीं जा सकते। इस बात के पीछे एक अकाट्य वैज्ञानिक तथ्य भी है जिसे भौतिक शास्त्री समय का तीर (ऐरो ऑफ टाइम) कहते हैं जो सदा एक ही दिशा यानी भविष्य की ओर ही बढ़ता होता है। यह जीव जगत अस्तित्व में है और हम अस्तित्व में हैं, उसके पीछे भी समय के तीर की दिशा की अपरिवर्तनशीलता है। यह सम्भव नहीं कि मनुष्य या दूसरे जीव या वृक्ष का विकास उलटी दिशा में हो और वे क्रमश: अपनी पूर्व स्थितियों को पार करते हुए पुन: शुक्र, क्रोमोसोम और डी.एन.ए. होते हुए भौतिक तत्त्वों में विलीन हो जाय। भूतों में विलीन होने की प्रक्रिया भी समय के तीर के साथ ही मौत के बाद आती है।

लेकिन विकास की एक दूसरी सम्भावना भी हो सकती है। भौतिक वैज्ञानिक इस प्रश्न पर इक्युलिब्रियम (सन्तुलन) और होमियोस्टैटिस (जिसे हम 'समत्व भाव

की स्थिति' कह सकते हैं जिसमें बाहरी विषमताओं को आत्मसात करते हुए एक आन्तरिक सन्तुलन कायम रहता है, जैसे बाहरी ताप के परिवर्तनों या रासायनिक परिवेश के परिवर्तनों के बीच या रासायनिक भिन्नता के बीच शरीर का ताप या रासायनिक बनावट का अपना सन्तुलन कायम रहता है) का फर्क करते हैं। परन्तु सन्तुलन मृत्यु है, भौतिक समत्व भाव जीवन का आधार है।

नोबल पुरस्कार से सम्मानित दार्शनिक भौतिक शास्त्री इलिया प्रिगोजिन ने इसाबेल स्टेंगर्स की साझीदारी में लिखी गई अपनी पुस्तक 'ऑर्डर आउट ऑफ केओस' में कीड़ों, दीमकों और स्वयं मनुष्यों के सामाजिक निर्माण के उदाहरण से बतलाया है कि सन्तुलन से काफी दूर एक बिन्दु पर पहुँचकर, जिसे वे बाइफर्केशन प्वाइंट कहते हैं, बिखराव की स्थिति से अनायास एक तरह की संरचना शुरू होती जाती है जिसे वे 'डिसीपेटिव स्ट्रक्चर' का नाम देते हैं और जो अधिक जटिल और सघन होती चली जाती है। आधुनिक नगरों का विकास भी एक उदाहरण की तरह पेश किया गया है जो छोटे केन्द्रों के जमघट से शुरू होकर लगातार विस्तृत होता जाता है और फिर यह प्रक्रिया अनियंत्रित हो लगातार विस्तार और बृहतता की ओर ले जाती है। इस पुस्तक की प्रस्तावना में चर्चित पुस्तक 'द थर्ड वेव' के लेखक एल्विन टॉफलर वर्तमान औद्योगिक समाज को ऐसी ही बिखराव की स्थिति मानते हैं और एक नए बाइफर्केशन प्वाइंट (विभाजन बिन्दु) से नई सभ्यता की शुरुआत की सम्भावना देखते हैं।[4] मनुष्य के आधुनिक नगरों, राष्ट्रों एवं साम्राज्यों का विस्तार कुछ ऐसी ही प्रक्रियाओं से हुआ होगा।

यह प्रक्रिया सम्भवत: सभी विकासशील संरचनाओं के साथ जुड़ी है। इसलिए हम जीव जगत के ऐसे विकास के इतिहास से भी कुछ सबक सीख सकते हैं। जीव जगत के विकास में एक से अधिक बार ऐसा हुआ है कि एक खास परिवार के जीवों के शरीर या कुछ विशेष अंगों के आकार का अचानक अत्यधिक विस्तार हुआ और वे धरती पर छा गए और इसके बाद वे जीव अचानक जीवाश्मों में अपनी उपस्थिति चिह्न छोड़ सदा के लिए विलुप्त हो गए। जीव जगत की ऐसी घटनाएँ प्राणीशास्त्र के विद्वानों के लिए विस्मय की बात रही हैं। अल्फ्रेड रसेल वैलेस ने, जिनका नाम डार्विन के विकासवाद के सिद्धान्त के साथ जुड़ा है और जिन्होंने स्वतंत्र रूप से इस सिद्धान्त के अनेक पहलुओं पर प्रकाश डाला था, अपनी पुस्तक 'द वर्ल्ड ऑफ लाइफ' में ऐसी जैविक घटनाओं का विस्तृत और रोचक वर्णन दिया है। इसमें एक नलीनुमा जीव एमोनाइट का भी वर्णन है। प्रारम्भ में इसका आकार सीधी नली का होता है, लेकिन बाद के काल में विस्तार के साथ यह कुंडलीकार बन जाता है। आगे चलकर इसकी कुछ प्रजातियाँ इतनी बड़ी होने लगी हैं कि इनकी कुंडली का व्यास छह फीट आठ इंच तक हो जाता है। इस तरह विविध और विशाल आकार धारण करते-करते ये क्रेटेटस काल

(लगभग 13 करोड़ से 6 करोड़ वर्ष पूर्व) में विलुप्त हो जाते हैं, लेकिन सबसे विलक्षण जीवों का विकास कारबोनी फेरस युग (34 करोड़ से 28 करोड़ वर्ष पहले) के बाद हुआ। ये जीव रेप्टाइल (छिपकली एवं साँप आदि) के परिवार के थे। कार्बोनीफेरस युग में सारा संसार विशाल फर्नों शैवालों तथा इनसे मिलते-जुलते फल-फूल रहित वृक्षों से भरा था। इस समय उनके अनुकूल दलदली जमीन थी एवं हवा आज से लगभग 8 डिग्री सेल्सियस अधिक उष्ण थी और कार्बन डाईऑक्साइड तथा अन्य कार्बन युक्त रसायनों से भरपूर जलवायु उपलब्ध थी। इस वातावरण में उनका अत्यधिक विकास हुआ। फिर इस हरियाली के आधार पर हरियाली पर आधारित विशाल आकार के जीवों का विकास हुआ जो रेप्टाइल परिवार के थे। ये जीव उस समय जल, थल और नभ—तीनों में छाए हुए थे। हरियाली पर आधारित जीवों को खानेवाले फिर इसी परिवार के विशाल मांसभक्षी जीवों का विकास हुआ। इसमें एक प्रजाति के डायनोसौर की अस्थि से पता चलता है कि वह 80 फीट लम्बा था। इनमें 50-60 फीट की लम्बाई और 16-17 फीट की ऊँचाई आम बात थी। उड़नेवाली छिपकलियों के अवशेषों से पता चलता है कि इनके डैने फैलाने पर 20 से 25 फीट तक लम्बे हो जाते थे। उस समय स्तनपायी जीव भी थे, लेकिन इनके अवशेषों से पता चलता है कि इनका आकार चूहे से बड़ा नहीं था। इसी काल में कीट-पतिंगे जैसे छोटे जीव भी अस्तित्व में आए। लेकिन क्रेटेसस काल में जल, थल और आसमान में फैले ये रेप्टाइल टर्सियरी काल (आज से 6.5 करोड़ वर्ष पूर्व) आते-आते विलुप्त हो गए और उस काल के बाद के पत्थरों में उनका कोई अवशेष नहीं मिलता। वैलेस ने बाद में स्तनपायियों में विशाल आकार के जीवों के विलुप्त होने की चर्चा की है जिनमें विशाल शरीर और दाँतों वाला सैवर टूथ्ड टाइगर (विशाल बाघ), विशाल डील-डौल वाले हाथी मैमथ आदि का उल्लेख है।

इन शक्तिशाली छिपकलियों और विशाल एमोनाइटों का अचानक विलुप्त हो जाना जीव वैज्ञानिकों के लिए एक पहेली बना रही है, लेकिन सहज की समझ में आनेवाली बात यह है कि इनके लुप्त हो जाने का कारण इनके आकार की विशालता ही थी। विशाल शरीर के पोषण के लिए विशाल मात्रा में पोषक तत्त्व एवं खाद्य पदार्थ का होना जरूरी है और वे धरती पर कभी भी एक सीमा से अधिक उपलब्ध नहीं हो सकते थे। विशालता के साथ बेतरतीव शारीरिक विकास भी अक्सर जुड़ जाता था, जैसा ऊपर बतलायी गई कुछ स्तनपापियों की प्रजातियों में। वे कैसे विलुप्त हुईं, यह तो आसानी से दिख जाता है। इन विशाल जीवों की प्रजातियों के पीछे उस हरियाली की विपुलता थी जो कार्बोनीफेरस काल से उपलब्ध हो गई थी। जैसा बतलाया गया है, यह विपुलता हवा में कार्बन गैसों की बहुलता, गर्म वातावरण और दलदली जमीन की उपज थी, लेकिन बढ़ती

हरियाली स्वयं अपनी बाढ़ के आधार को नियंत्रित कर रही थी। हरियाली से कार्बन डाईऑक्साइड स्वयं सूरज के प्रकाश के प्रभाव में ऑक्सीजन उत्सर्जित कर पेड़-पत्ते को बढ़ाती है। इस प्रक्रिया से हवा से कार्बन डाईऑक्साइड गैस की मात्रा कम होने लगी और ऑक्सीजन की मात्रा बढ़ने लगी। इसी काल में फूल-फल वाले वृक्षों का विकास हुआ जो कार्बन डाइऑक्साइड की कम मात्रा में भी जीवित रह सकते थे। कीट-पतिंगों और तितलियों ने इनकी प्रजनन प्रक्रिया को काफी तेज कर दिया। इस तरह फर्न के जंगल अचानक लुप्त हो गए ओर चारों ओर फल-फूल के जंगल अस्तित्व में आ गए, जो कार्बोनीफेरस काल के जंगलों की तुलना में अत्यधिक विरल थे और कार्बन डाइऑक्साइड की सीमित मात्रा से अपना विकास कर सकते थे।

फर्नों के विशाल जंगलों के लोप से उन पर भोजन के लिए निर्भर विशाल छिपकलियों का लोप भी अपरिहार्य बन गया। रेप्टाइल समूह में अब सिर्फ घर की छिपकलियाँ, साँप, कछुए और घड़ियाल जैसे कुछ जीव जो आकार में काफी छोटे थे, जीवन संघर्ष में बचकर अभी तक धरती पर उपलब्ध हैं। ऐसे विकास से एक महत्त्वपूर्ण बात यह भी हुई कि इन विशाल रेप्टाइलों के लोप से अनुकूल परिस्थितियों में स्तनपायी जीवों का विकास हुआ और उसके ताज के रूप में मनुष्यों का विकास हुआ : या मानें तो अभिशाप के रूप में।

यह उदाहरण हमारे लिए विशेष तरह से विचारणीय है। शायद कार्बोनीफेरस युग के जंगलों के बाद अब एक ऐसी प्रजाति (मनुष्यों की) धरती पर आई है जो अल्पकाल में ही धरती के वायुमंडल को बहुत बड़े पैमाने पर प्रभावित कर रही है। एक तरह से इसने उस प्रक्रिया को जिसे कार्बोनीफरेस जंगलों ने चलाई थी, बिलकुल उलट दिया है। अब उस काल के जंगलों और जीवों के दबने से बने जीवाश्मित ईंधनों को बड़ी मात्रा में जलाने से फिर कार्बन डाइऑक्साइड की मात्रा तेजी से बढ़ रही है और धरती का ताप बढ़ रहा है। इस तरह लोग नए जल प्लावन तथा वायुमंडल का विषाक्त वन जीवन के लिए अनुपयुक्त होने की आशंका से त्रस्त हैं। यह सब संसार में मनुष्यों की एक विशेष तरह की संस्कृति और उससे उपजी सभ्यता के विकास का परिणाम है जो, जैसाकि शुरू में बतलाया गया है, सोलहवीं शताब्दी से प्रारम्भ हो दुनिया भर में फैल गई है और संसार के सभी उपलब्ध संसाधनों का तेजी से दोहन कर रही है। इस सभ्यता का मूल मंत्र बृहत्तता है। इससे पर्यावरण का संकट इस हद तक गहराया है कि इस संस्कृति के साधक स्वयं भी चिन्तित हैं और बार-बार पृथ्वी शिखर सम्मेलन बुलाने और इससे बचने का उपाय ढूँढ़ने में लगे हैं, लेकिन संस्कृतियों की अपनी अन्तर प्रेरणा होती है जो इसे अपनानेवाले लोगों पर इस कदर हावी होती है कि या तो वे इससे निकलना नहीं चाहते या अगर निकलना चाहते हैं तो निकलने में अपने को असमर्थ पाते

हैं। आज ऐसी ही उलझन में पश्चिमी संस्कृति और सभ्यता फँसी है जिससे अपने अस्तित्व पर खतरा देखते हुए भी कुछ कर सकने में असमर्थ हैं।

तो क्या मानव प्रजाति के अन्त का समय आ गया है? इस सवाल का जवाब इस पर निर्भर करता है कि मानव प्रजाति में एक वैकल्पिक संस्कृति विकसित करने की क्षमता है कि नहीं। डायनोसौरों के लुप्त होने के बाद छोटे स्तनपायियों ने एक नई प्रजाति के विकास का विकल्प खोल दिया था। आज मानव प्रजाति के अस्तित्व का मामला इसी तरह वैकल्पिक मानव संस्कृति और सभ्यता के भविष्य के साथ जुड़ गया है क्योंकि इस पर खतरा भी इसकी वर्तमान संस्कृति से ही पैदा हुआ है। जब हम इस नजरिये से इस समस्या पर विचार करेंगे तो पाएँगे कि यह पहला मौका नहीं है कि कोई संस्कृति या सभ्यता मौत के कगार पर आ गई है। अतीत में संसार में अनेक सभ्यताएँ विकसित हुईं और विनष्ट हो गईं, जैसे मिस्र, सुमेर, रोम और यूनान की सभ्यताएँ या फिर भारत की सिन्धु घाटी की सभ्यता। संस्कृतियाँ जब-जब साम्राज्य के विस्तार या नगरों के विकास के साथ बाहरी तत्त्वों मो समाहित कर उनसे प्राप्त संसाधनों के आधार पर तेजी से विस्तार पाती हैं तब-तब बृहत् क्षेत्र में सभ्यता का विकास होता है। इनमें भी सदा स्वाभाविक विकास के क्षेत्र के अतिक्रमण से तथा अतिरिक्त ऊर्जा दोहन से अचानक अतिशय विस्तार दिखाई पड़ता है, लेकिन पोषण या ऊर्जा के आधार—जैसे मिस्र में साम्राज्य गँवाने से, रोम में गुलामों के विद्रोह से या आन्तरिक अर्थव्यवस्था के नष्ट होने से फिर ये सभ्यताएँ नष्ट भी हो गईं। लेकिन संसार के विभिन्न क्षेत्रों में इनके विशाल काल में भी अनेक संस्कृतियाँ जीवन्त थीं। इसलिए किसी एक सभ्यता का नाश मानव जाति के अस्तित्व के लिए खतरा नहीं बन पाया। रोम नष्ट हो रहा था तो इसी के साम्राज्य के एक एशियाई भाग से ईसाई धर्म एक नई संस्कृति के विकास की प्रेरणा दे रहा था। जब ईसाई धर्म धर्मान्ध कलहों में यूरोप की ऊर्जा को नष्ट कर रहा था तब पश्चिम एशिया में इस्लाम नई प्रेरणा का स्रोत बना, जिसके प्रभाव से फिर यूरोप में पुनर्जागरण हुआ और विकास की एक नई परम्परा प्रारम्भ हुई। इस तरह अतीत में जब एक स्थान पर किसी सभ्यता या संस्कृति पर विराक लग जाता था तो किसी दूसरे बिन्दु पर किसी दूसरी संस्कृति से नव जीवन का संचार हो जाता था। भारत में मूलत: संस्कृति का उत्सबिन्दु और विस्तार क्षेत्र ग्रामीण समाज रहा। इस कारण सिन्धुघाटी सभ्यता के नष्ट होने के बाद इसमें एक तरह की निरन्तरता रही है। भले ही चकाचौंध करनेवाली घटनाएँ कम रही हों। इसकी मर्यादा ही इसे दीर्घायु बनाए रही—दीर्घायु के अपने दोष होते हैं, वह अलग बात है।

वर्तमान स्थिति का चिन्तनीय पहलू यह है कि भूमंडलीकरण की दौड़ ने इस औद्योगिक उपभोक्तावादी संस्कृति ने अपनी गिरफ्त में सारे संसार को ले लिया है और जो स्वतंत्र संस्कृतियाँ अब तक जीवित हैं, तेजी से इसके प्रभाव में इसके मूल्यों

को कबूल कर रही हैं, या मरणासन्न हैं इसलिए यह सम्भावना दिखाई नहीं देती कि इस सभ्यता की मौत से फिर कहीं से अचानक एक नई सभ्यता का विकास स्वत: हो जाएगा। हकीकत तो यह है कि प्रदूषण और संसाधनों के लोप से अपनी मौत के साथ यह सभी जीवन को मौत के मुँह में धकेल देगी। इसलिए एकमात्र उपाय विकास की इस दिशा को बदलना ही हो सकता है। इसी प्रतिमान के लिए हमें व्यंग्य और उपेक्षाओं की परवाह किए बगैर यूटोपियाई आदर्शों की ओर लौटना होगा। एक ऐसे मंगलकारी समाज का प्रतिमान उपस्थित करना होगा जो मात्र आदर्श की अभिव्यक्ति नहीं हो बल्कि आधुनिक ज्ञान और विज्ञान के आलोक में सर्वाधिक व्यावहारिक भी, जो यह होगा ही। भारत की अपनी ग्रामीण संस्कृतियों की परम्परा और महात्मा गांधी की प्रेरणा से सम्भव है, हम इस प्रयास में अग्रणी हों।

सन्दर्भ

1. सोलहवीं सदी के पूर्वार्ध में ब्रिटेन के विद्वान एवं धार्मिक चिन्तक थॉमस मूर द्वारा रचित ग्रंथ, जिसमें एक ऐसे आदर्श समाज की कल्पना थी जो पूरी तरह न्याय और विवेक पर आधारित हो। इसके बाद से ही सभी आदर्श समाज की कल्पना को 'यूटोपिया' का नाम दिया जाने लगा।
2. प्राचीन यूनान का एक अंचल जहाँ के लोग शहरी तामझाम से दूर सरल ग्रामीण जीवन शान्तिपूर्ण ढंग से बिताते थे। उनका संघर्ष-मुक्त शान्तिमय जीवन यूनान की शहरी संस्कृति के लोगों में चर्चा का विषय बन गया था।
3. भविष्य पर वाद-विवाद, ए. आर्वातोब, आई. आमीरोव एवं ए शकाई, अनुवाद : योगेन्द्र नागपाल, प्रगति प्रकाशन, 1989, पृ. 58
4. यहाँ यह उल्लेख करना रोचक होगा कि भू-उपग्रहों से आज के महानगरों के विस्तार के चित्रों के अध्ययन से कुछ समाजशास्त्री इस नतीजे पर पहुँच रहे हैं कि असल में ये नगर धरती के कैंसर हैं। इस विचार के प्रणेता वैरेन हर्न एक डॉक्टर हैं, जिन्होंने कैंसर और नगरों में साम्य पाया।

आन्दोलन गीत

1

नई सभ्यता का विहान ले जागे देश हमारा। जागे...
राग-द्वेष से भटके जग का बन जाए ध्रुवतारा॥ जागे...
जंगल नहीं चिमनियों के हो हरियाली लहराए
सृजनशील शिल्पी के श्रम से शाश्वत मंगल छाए
हो न प्रदूषित गैसों से निर्मल परिवेश हमारा। जागे...
शत-शत निर्झर से सिंचित हो तरुवर जशन मनाएँ
लघु जल-स्रोतों से आवृत्त हो खेत हो मन भाएँ
नहीं दानवी बाँधों से अब बाधित हो जल धारा॥ जागे...
हथियारों की होड़ छोड़ निर्माण कार्य में लागें
भाईचारे के हित में उन्माद शक्ति को त्यागें
गांधी के आदर्श अहिंसा का ले चलें सहारा॥ जागे...

2

हम सपूत राष्ट्र के राष्ट्र को बनाएँगे
आपसी जो भेद हो हम उसे मिटाएँगे

जो गिरे हुए उन्हें उठाएँगे
हर तरह के जुल्म को मिटाएँगे
जो अभी पिछड़ रहे समाज में
प्राण फूँक कर उन्हें बढ़ाएँगे

राष्ट्र ना जगीर ना पठार है
राष्ट्र ना नदी नहीं पहाड़ है
दर्द एक दूसरे का बाँटता
राष्ट्र एक दूसरे का प्यार है

राष्ट्र हिन्दू है न मुसलमान है
सिख नाहीं नाहीं किरिस्तान है
एक राग में सभी को बाँध ले
राष्ट्र वही एकता की तान है

इसकी शान के लिए जियेंगे हम
इसकी आन के लिए मिटेंगे हम
दूसरों के सामने न यह झुके
ऐसी अर्थ नीतियाँ चलाएँगे

हम सपूत राष्ट्र के राष्ट्र को बनाएँगे
आपसी जो भेद हो हम उसे मिटाएँगे

3

शहरन में उड़त बाटे नित गुलछरवा
बनवारी हो गऊँआ काहे भइल बा उदास।
खेतवा में खटे-मरे जनवाँ किसनवाँ
बनवारी हो काहे पड़े तबहूँ उपास॥ बनवारी....
डिजिल महँग होला महँग होला खदवा
बीओ बोयेला महँग कीन के किसनवा
बनवारी हो कैसे होई खेती के विकास॥ बनवारी...
चीनी महँग होला कपड़ा महँग होला
साबुन तेल और रेलो महँग होला
बनवारी हो सस्ता अन्न ऊँखवा कपास॥ बनवारी...
गऊँआ के लूटी-लूटी कल-कारखाना चले
गऊँए के चूसी-चूसी सेठ के महल बने
बनवारी हो होत बाटे गाँव के विनाश
बनवारी हो एही से बा गऊँआ उदास॥ बनवारी...

4

ना लागे ना लागे ना लागेला
हमरा खेती में अब मनवाँ ना लागेला

धूप शीत सही सही अन्नवाँ उपजाई
महँग बिजुलिया ले पानी पटाई
महँग डीजिल ले के पानी पटाई
चून बिछ मेहनत से फसल घर लाई
दमवाँ पर लेकिन बजर पड़े ला। हमरा खेती...
खाद खरी कर के महाजन लगाई
दस बेर खेतवा के करी जोताई
उपजा से घर भरी असरा लगाई
खरचे में खेतबा बिकाय लागे ला। हमरा खेती...
अइसन जुलूम अब सहलो ना जाता
लड़े के सिवाय कौनो राह ना बुझाता
एकता के ताकत गजब करे ला
अब मिलके किसनवा लड़ेला चले आ॥ हमरा खेती...

5

ठिठुरत बित गेलै जाड़ गरमी बरसात हूँ हो
ललना रे ना अइलै घर के सवाँग गुजर कइसे चलतई हो
घर छोड़ी गेलई कमाय गेलई कलकत्ता गेलई पंजाब की हो
उनकर ना मिलल कौनो समाद कबन विपत पड़ गेलन हो
छोड़ गेलथिन घरवा उदास करव कौन आस कैसे मन बुझाएव हो
ललना खरचीला गवाँ के सवाँग कवन सुख पायब हो
बुड़ गेलै गाँव के समाज मिलै न गैउआ में कारज हो
ललना रे कर देहूँ अइसन उपाय पलटे गउआँ के किसमत हो।

6

ओला बरसे चाहे अधर आए
ये सब से किसनवाँ ना हटेला
आठ पहर खेतवा में कमाय
खुशहाली कभी घर आए ना।
खुशहाली कभी घर आए ना
कपड़ा फाटल छप्पर चूए
ये सब के जोगरवा ना जुटेला

सब कमाई डॉक्टर में लगाए
घर में से बीमारी जाए ना॥
खुशहाली कभी घर आए ना
अफसर आवे मिनिस्टर आवे
बात बहुत फरमा देवे ला
जे कैले गउआँ सुधरी
ई बात कभी मुँह लावे ना।
खुशहाली कभी घर आए ना
मान-मनौता देवता के करे
अफसर के खुशामद ना छोड़ेला
हक हासिल लड़का से होला
इहो बात समझ में आवे ना॥
खुशहाली कभी घर आए ना

7

गाँव-गाँव बिजली बा घर-घर अन्हार
देख देशवासी साहेबन के कैसन सरकार
कभी ट्रांसफार्मर जरे कभी गायब तार
बिजली के बिलवा बढ़ेला लगातार। देख देशवासी...
पानी ना बरसल त हो गेल सुखाड़
देलन पानी के बदला भाषण धुँआधार॥ देख देशवासी...
कैलन एहसान खाद देलन उधार
तनी चुक में देखा देलन जेल के दुआर।
गउआँ के लोग के समझ के गँवार
हो गैले गरदन पर अफसर सवार॥ देख देशवासी...
देशवा के बेच के रचेला शृंगार।
आन्हर ई राज ना सुनेला फरियाद
मिल-जुल के हो जा लड़ेला तैयार॥ देख देशवासी...

8

नींद में बा देश के जवानी
लदाय लागल फिर से गुलामी

उठ जाग भैया देख विश्व बैंक आयल
होश कर माई बहिनी करजा लदायल
छोड़ अब पिछला नादानी
लदाय लागल फिर से गुलामी

छोड़ द विदेशी जिनीस देशी अपनाव
पेप्सी, लीवर, बाटा-लिप्टन देश से भगाव
माल कीना अपन हिन्दुस्तानी
लदाय लागल फिर से गुलामी

देश के इज्जत नाहीं फैशन में भुलइह
सजधज विदेशी पर धन ना गँवइह
बानी हम ना जर्मन ना जापानी
लदाय लागल फिर से गुलामी

9

बिकाता बिकाता बिकाय लागल बा
अब करजा में देशवा बिकाय लागल बा।
पिछला करज अब देलो ना जाता
ऊपर से रोज नया करजा लिआता
देश-देश भिक्षा मँगाय लागब बा॥ अब करजा में...
अरब-खरब कर्जा विदेशवा से आयल
अफसर, पूँजीपति मिनिस्टर मोटायल
आमद समझ के बँटाय लागल बा। अब कर्जा में...
कागज पर लम्बा-चौड़ा योजना रचाला
मंत्री बेपारी पैसा मिल-जुल के खाला
जनता पर कर्जा लदाय लागल बा॥ अब कर्जा में...
अमुको के एजेंट अब दिल्ली में आवे
देश कैसे चली रोज रस्ता बतावे
जनता ह मालिक भुलाय लागल बा। अब कर्जा में...
अपना बूता देश चले बात ई भुलायल
सादगी सोदेशी के ना कोई कायल
गांधी जी के नउआँ बुताय लागत बा॥ अब कर्जा में...

10

भैया किसनवाँ हो
भैया मजूरवा हो हरदम रखिए एकता अपन बचाई
जेही राम सेही अल्ला बाड़न
कह गए संत अनेक
मन्दिर-मसजिद के झगड़ा कैसन चुगला ठाने लड़ाई॥ भैया...
जाँत-पाँत पूछे ना कोई
हरि के भलै से हरि के होई
घट-घट में जे एक ब्रह्म तो जाति के कौन लड़ाई॥ भैया...
जात-धरम के भेद बढ़ाक दुश्मन हमें लड़ाए,
गाँव-गाँव में दंगा रच के दौलत लेत उड़ाई॥ भैया...

11

चलो भाई चली जाई गाँवे के ओर
नगरी में नरके बसेरा गरीबन के
भूलिद जन देखी ईंजोर॥ चल भाई चली जाई...
गाँवे के लूटि-लूटि उठता अटारी
खेतीहर के चूस-चूस चले हवागाड़ी
झुग्गिये में जीवन कटेला शहरवा में
ऐलन जिन गउँआ के छोड़॥ चल भाई चली जाई...
मौत घन बन गइले शहरी कारखाना
छीन लेलक रोजी और मुँहवाँ के दाना
गउवें में छोट-छोट धन्धा लगावे जे
हरदम चले अपन जोर॥ चल भाई चली जाई...
खेती-कारखाना सब मिलके चलाई जाँ
गउँआ शहरबा के फरक मिटाई जाँ
जीवन बहुत दिल बितौल अन्धरिया में
अब हूँ दँ आए एँजोर॥ चल भाई चली जाई...

12

घूस दे के होइ छै बहाली। अब बनजा नौकर सरकारी
उठ जतौ कोठा अटारी। अब बनजा नौकर सरकारी

खेती में नाहक जवानी गवैवा
रौदा में कंचन बदनवाँ जरैवा
खेती के खरचे में धरती बिकैतो
करजा के बोझ बढ़तौ भारी। अब बनजा नौकर सरकारी
खेत बारी बेच-बेच पैसा जुटावा
अफसर के घूस दे के सौदा पटाव
नजर कर ऽऽऽ मछरी तरकारी। अब बनजा नौकर सरकारी
जे घड़ी मन होतौ ड्यूटी पर जैबा
काम बिना कैले महीना उठैबा
घूस के कमाई होतौ भारी॥ अब बन जा नौकर सरकारी
और कुछौ न भेला त बन जा चपरासी
मेंट जतौ कुछ दिन में घर के उदासी
घूस बिना एको ना कागज बढ़ैह
देखिए जन अनकर लाचारी। अब बन जा नौकर सरकारी

13

देश के भार बहुत दिन उठा के किसान चलल
मगर ए भार से किसान बा खुद बैल बनल।
इ भार अब अधिक दिन न सहल जाई
जमाना बदली अब किसान लेलक अगराई॥
किसान भाई अब आई तोहरे जमाना
नया युग के अब गाई गाँव गाँव गाना॥ किसान...
तमिलनाडु घटा उठा कर्नाटक आयल
महाराष्ट्र से चल के मेरठ पर मँडरायल
ठनका के धुन पर किसान के तराना॥ किसान...
लाठी, गोली, जेल से किसान ना डेरैलन
गोली खा के मर गैलन पीठ ना देखैलन
खून से लिखाता नया अफसाना॥ किसान...
दिल्ली से सत्ता अब गाँव-गाँव आई
(पटना से सत्ता अब गाँव-गाँव आई)
गाँवे में दवा-दारू गाँवे पढ़ाई
गाँवे में घरे-घरे छोट कारखाना॥ किसान...

अब पूँजी पतियन के चली ना चौधराई
ये लोग के मर्जी पर देश ना बिकाई
शासक ना होई है औद्योगिक घराना॥ किसान...

14

मिलके चलो ... ... मिलके चलो
मिलके चलो मिलके चलो मिलके चलो॥ किसान मिलके चलो
यह गाँव की आवाज है मिलके चलो
पेड़-पत्तियों की साज पर मिलके चलो॥ मिलके चलो...
गाँवों पर उमड़ पड़ी है टिड्डियाँ
नोच-नोच कर रही विरान
अन्धकार-सी उमड़ पड़ी हैं वे
दिख नहीं रहा है आसमान
वक्त है नहीं बहुत कमर कसो कोटि-कोटि हाथ में मशाल लो॥...
शासकों प्रशासकों की टोलियाँ
लूट-लूट भर रही हैं झोलियाँ
गाँवों-जंगलों के कर विरान
महल उठ रहे हैं आलिशान
अब जुलूम अधिक नहीं सहेंगे हम आज से ये बात मन में ठान लो॥

बाल कविताएँ

बच्चो! इनसे सीखो हरदम

बच्चो! इनसे सीखो हरदम

बुलबुल

कालापन ले गहरा भूरा पर का होता रंग,
बुलबुल के गाने में रहती हरदम भरी उमंग।
है सफेद पूँछ के पीछे, लाल पेट के नीचे,
सिर पर छोटा ताज जिसे रहता आगे को खींचे।
नहीं चाहती केवल रहना हरियाली के पास,
काँटों भरी झाड़ियों में भी बुलबुल करती वास।
दिन के ढल जाने पर भी हो मस्त सुनाती गाना,
जीवन की सन्ध्या में भी है कहती खुशी मनाना॥

• प्रचलित नाम : बुलबुल, गुलदुम • जैविकी नाम : Pycnonotus Jocosus
• हल्की झाड़ियों वाले जंगलों में तथा मनुष्यों की बस्तियों के आस-पास भी पाई जाती है।

चील

वायुयान-सा आसमान में चक्कर सदा लगाए,
ऊपर-ऊपर उठता जाता डैने बिना हिलाए।
छोटी चोंच सफेद, पंख काला और भूरा,
क्षण में गया शिकार पड़ा चंगुल में पूरा।
कभी-कभी घोड़े-सा यह चिल्लाता शोर मचाता,
जोर-जोर से बोल और चीलों को पास बुलाता।
अथक उड़ान दिखाकर अपनी चील हमें बतलाता,
सतत यत्न में ही कोई जीवन का रहस्य है पाता॥

• प्रचलित नाम : चील • जैविकी नाम : Haliastur Indus • नदियों, तालाबों, खेतों के आस-पास पाई जाती है।

भुजंगा

काजल-सा है रंग, पूँछ मछली-सा पाया,
देख! भुजंगा ने छोटा हो कैसा रंग जमाया।
कौआ, चील और बाज सरीखे चिड़ियों के सरदार,
भागे दुम दबाए कोई सहे न इसकी मार।
वायुयान बमबाज सरीखे है पैंतरे बताता,
क्षण में जाता आसमान में क्षण में भू पर आता।
सफल साहसी सदा भुजंगा का है ऐसा कहना,
हिम्मत कर ऑफत से लड़ना, बच्चो कभी न डरना॥

• प्रचलित नाम : भुजंगा, कोतवाल • जैविकी नाम : Dicurus Adsimilis • खम्भों, खेतों, झाड़ियों की फुनगियों, टेलीफोन के तारों पर बैठे रहते हैं।

गिद्ध

तेज चोंच पतली गरदन बदसूरत काले,
नील गगन में उड़ते रहते नजर भूमि पर डाले।
आसमान में दूर-दूर तक हैं आजाद विचरते,
मुर्दे अगर दिखें धरती पर दल-बल लिए उतरते।
लोग गिद्ध को अशुभ मानते गिद्ध दृष्टि बदनाम,
सबक मिलेगा इससे बच्चो कारण लेना जान।
ऊँचा जो उठना हरदम आदर्श उच्चतर रखना,
नहीं व्योम में पहुँच गिद्ध-सा हेय लक्ष्य पर फँसना॥

• प्रचलित नाम : गिद्ध • जैविकी नाम : Gyps Bengalensis • जानवरों की लाशों के आस-पास झुंड में, गाँव या सड़क किनारे ऊँचे पेड़ों पर रहते हैं।

गौरैया

कत्थई रंग की रेखाएँ पाँखों पर, उजला पेट,
इसे अन्न से प्रेम, नहीं आता इसको आखेट।
निडर बड़ी है, आ जाती अक्सर मनुष्य के पास,
रहती वही, किया करते हैं जहाँ आदमी वास।

गौरैया की भी होती है बड़ी विचित्र उड़ान,
मानो उछले आसमान में, रुक-रुक कर आराम।
परख बड़ी है तेज अलग करती भूसे से दाना,
सीखो वैसे ही प्रलाप से तथ्य सदा छिटकाना॥

• प्रचलित नाम : गौरैया, चिड़ी • जैविकी नाम : Ploceidae • घरों, खेतों, गाँवों, शहरों में कहीं भी रह सकती है।

हुदहुद

हुदहुद के पंखों पर होती उजली काली धारी,
मुकुट बादामी से लगती है इसकी सूरत प्यारी।
चोंच नहरनी-सी पाई, मिट्टी में जिसे घुसाता,
कीड़ों के मिलने पर उनको मार तुरन्त खा जाता।
मुकुट रंज होने पर है यह पंखे-सा फैलाता,
निडर बड़ा है बहुत पास तक है मनुष्य के आता।
है कृषकों का मित्र हानिकारक कीड़ों को खाता,
एक-दूसरे पर निर्भरता, जीवों की बतलाता॥

• प्रचलित नाम : हुदहुद • जैविकी नाम : Upupa Epopus • गाँव-शहर के आस-पास खुले इलाकों, घास के मैदानों, बगीचों आदि में रहना पसन्द करता है।

कबूतर

काले स्याह और सफेद, होते चितकबरे,
कुछ के हल्के रंग तथा औरों के गहरे।
उड़ते खूब और दूर-दूर तक चुगने को ये जाते,
कलाबाजियाँ आसमान में इनमें कुछ दिखलाते।
घुटरूँ-घुटरूँ कर सकते बस, नहीं जानते गाना,
घूम-घूम खेतों-खलिहानों में चुगते हैं दाना।
जन्मजात गुण निज संख्या औरों को मिला बढ़ाना,
लेना सीख कबूतर से बच्चो तुम मित्र बनाना॥

• प्रचलित नाम : कबूतर • जैविकी नाम : Columba Livia • खाली इमारतों, गोदामों, फैक्ट्रियों के शेड्स, रेलगोदाम आदि जगहों पर पाए जाते हैं। खेतों में भी भोजन की तलाश में जाते हैं।

कौआ

है मनुष्य का निकट पड़ोसी कौआ इसका नाम,
सुबह-सबेरे आता है सबसे इसकी पहचान।
बच्चे तेरी नींद नहीं जब उशा काल में जाती,
काँव-काँव कौए की बोली ही है तुम्हें जगाती।
हम आलस में खाना खाकर जूठन देते फेंक,
दाना-दाना करके कौआ लेता उसे समेट।
कौआ यह बतलाता कर आँगन की सदा सफाई
छोटा काम नहीं कोई जिससे हो कहीं भलाई॥

- प्रचलित नाम : काग, कौआ, काक आदि • जैविकी नाम : Corvus Splendens
- शहर-गाँव सर्वत्र पाया जाता है।

कठफोड़वा

सुन्दर-सा सुकुमार जानकर मत कमजोर बताना,
कठफोड़वा का हाल नहीं बच्चो तुमने है जाना।
सुन्दरता-कर्मठता दोनों साथ-साथ भी जाते,
लोहे से मजबूत चोंच है इसकी यही बताते।
लोगों से रह दूर काम में व्यस्त सदा है रहता,
खोद तने भारी पेड़ों के कीट पकड़ जी भरता।
घंटों लड़ता कड़े काठ से शक्ति लगाता सारी,
अध्यवसाय अगर हो, कोई काम नहीं है भारी॥

• प्रचलित नाम : कठफोड़वा, खातीचिड़ा • जैविकी नाम : Picoides Mahrattensis • पतझड़ वाले जंगलों, आमों के बागों तथा पेड़दार अर्द्ध-रेगिस्तानी इलाकों में पाया जाता है।

खंजन

चमकदार उजले पाँखों पर काली धारी,
खंजन की सूरत सबको लगती है प्यारी।
छोटा बदन, पूँछ लम्बी है जिसको सदा हिलाता,
चाल बहुत सुन्दर है चलने में कमाल दिखलाता।

गर्मी के आते ही खंजन उड़ पहाड़ पर जाता,
घटा हस्त की आती तो समतल भूमि पर आता।
कुछ दिन का मेहमान इसी से बढ़ती है मर्यादा,
घटता है सम्मान निकटता हो जाने से ज्यादा॥

• प्रचलित नाम : धोबन, खंजन • जैविकी नाम : Motacilla Alba • पत्तीदार पेड़ों पर घर बनाता है तथा नदियों, नालों, सड़कों तथा जंगली रास्तों के आस-पास रहता है।

कोयल

कोयल का भी रंग काग-सा होता काला,
आँखें लाल, बदन कुछ मोटा, जान निराला।
कौए के खोते में कोयल अंडा है दे देती,
और फोड़ कौए के अंडे को है वह पी लेती।
कौआ नहीं समझ पाता है कोयल की यह चाल,
बच्चा बड़ा हुआ तो कोयल लेती उसे निकाल।
एक पाठ कोयल की जनप्रियता से बच्चो ले लो,
तीखापन मन से निकाल कर मीठी बोली बोलो॥

• प्रचलित नाम : कोयल, कोकिला • जैविकी नाग : Eudynamys Scolopacea
• आम तौर पर बाग-बगीचों में पाई जाती है। पेड़ों पर ही रहती है।

मछलीमार

राजा मछलीमार टिटिहरी का है होता भाई,
नदी किनारे जाकर इसकी देखो हाथ सफाई।
आसमान का जीव मगर पानी का गोतामार,
मछली देख लगाता गोते खाली जाए न वार।
आसमान का रंग चुराकर नीले पंख बनाया,
पा भारत की सुन्दर वायु नीलम-सा चमकाया।
लम्बी चोंच इसे कर देती है थोड़ा बेडौल,
लेकिन उपयोगिता बना देती सबको सुडौल॥

• प्रचलित नाम : मछलीमार, शरीफन या छोटा किलकिला • जैविकी नाम : Alcedo Atthis • प्राय: किसी तालाब या सोते के ऊपर झुकी डाल पर अकेला बैठा रहता है। पानी के ऊपर नजदीक से उड़ता रहता है।

महलाठ

सिर काला, गरदन काली, पर का बादामी रंग,
करता है सब चिड़ियों को महलाठ हमेशा तंग।
धारीदार पूँछ लम्बी पा लगता बड़ा सुहाना,
लेकिन इसका काम चुरा औरों के लंडे खाना।
छिपकलियों को खाने पर यह छप्पर तक में घुस आता,
कभी 'काकुली' बोल-बोल कर हल्ला खूब मचाता।
चोरी में संलग्न सदा पर सुन्दर रूप अनोखा
तड़क-भड़क पर जो भूलें, खाते हैं जग में धोखा॥

• प्रचलित नाम : महलाठ, महालत • जैविकी नाम : Dicruridae Vagabunda
• जंगली इलाकों में पाया जाता है।

महोख

काला रंग बदन का सारे कत्थी रंग के पाँख,
पूँछ जरा लम्बी-चौड़ी है लाल रंग की आँख।
कोयल की जो जाति, उसी में है महोख भी आता,
बोली तो है तेज, मगर यह गाना नहीं सुनाता।
पेड़ और पत्तों के कीड़े चुन-चुन कर यह खाता,
देख आदमी को झाड़ी झुरमुट में झट छिप जाता।
खूब सबेरे मुर्गे जैसा है यह हमें जगाता,
भली भलाई है परोक्ष की ओझल रह बतलाता॥

• प्रचलित नाम : महोख, महोका, कूका • जैविकी नाम : Centropus Sinensis
• मनुष्य के निवास स्थानों के पास, बागों में प्राय: जमीन पर ही विचरण करता रहता है।

मोर

सुन्दरता में मोर कहाता चिड़ियों का सरताज,
पीले, नीले, हरे रंग के इसके पर के साज।
होता सिर पर मुकुट रंगीला शान बढ़ानेवाला,
पंखे-सा फैला सकता है सुन्दर पूँछ निराला।

पाया सुन्दर रंग, नहीं पर पाया गला सुरीला,
साँप-बिच्छुओं तक को खाता भोजन है जहरीला।
मस्त बना देता मोरों को घोर घटा का आना,
इनसे बच्चो सीखो हरदम ऑफत में मुस्काना॥

• प्रचलित नाम : मोर, मयूर • जैविकी नाम : Pavo Cristatus • जंगलों में, गाँवों में तथा खेतों व मैदानों में रहते हैं। रात को पेड़ों पर ऊँचे बैठकर सोते हैं।

मुर्गा

लाल चाम चोंच पर रहता गहने-सा लटकाए,
रंग-बिरंगे पर पा मुर्गा सबके मन को भाए।
पंख बहुत छोटे होने से नहीं कभी उड़ पाता,
इन्हें फड़फड़ा उछल भूमि से अपनी जान बचाता।
लोग पालते मुर्गे को और उसे खिलाते दाना,
अंडे देकर के मुर्गी देती है पौष्टिक खाना।
प्रात:काल बाँग दे मुर्गे हमको याद दिलाते,
उठो समय है बीत रहा रह जाओगे पछताते॥

• प्रचलित नाम : मुर्गा • जैविकी नाम : Gallus Sonneratii • छोटी झाड़ियों, झुरमुटों व उजड़े बागानों में रहना पसन्द करता है।

मैना

कत्थी और कालापल ले होता मैना का रंग,
भारत भर में होता है लोगों को इसका संग।
पीली चोंच, पीली रेखा आँखों के चारों ओर,
पंखों के नीचे सफेद चाँदी-सी चौड़ी डोर।
छोटी होकर भी होती चिड़ियों की पहरेदार,
शोर मचाती खतरे में, सब होते हैं होशियार।
मैना यह दुनिया भर को देती अपना पैगाम,
छोटा होकर भी आना हरदम औरों के काम॥

• प्रचलित नाम : मैना, गुरसली • जैविकी नाम : Acridotheres Tristis • मिलनसार और खुशमिजाज यह पक्षी घरों, बाजारों, सड़कों के किनारे, गाय, कबूतर, गौरैया आदि के साथ पाया जाता है।

नीलकंठ

बादामी गरदन के ऊपर, नीला चारों ओर,
खूब मचाते रहते हरदम आसमान में शोर।
तरह-तरह के नील रंग में डैने बड़े छबीले,
मारपीट में तेज, और हैं चिड़ियों में रोबीले।
नीलकंठ शंकर कहलाते किया हलाहल पान,
नीलकंठ पा नील कंठ भी पाता है सम्मान।
नीलकंठ की बढ़ी प्रतिष्ठा से लो बच्चो जान,
महापुरुष का कोई भी गुण पाने में है मान॥

• प्रचलित नाम : नीलकंठ, सब्जाक • जैविकी नाम : Coracias • खेतीहर इलाकों में तथा खम्भों या किसी ठूँठ पर बैठा पाया जाता है।

पंडुक

रंग राख-सा होता इसका उस पर हल्का लाल,
सभी शिकारी जीव हुआ करते पंडुक के काल।
घुँटरू-घूँ सबकी परिचित होती इसकी आवाज,
छोटी होती चोंच कि जिससे चुगता सदा अनाज।
उड़ने में है तेज मगर है मार-पीट से डरता,
रक्षा में असमर्थ इसी से सबके हाथों मरता।
रक्तिम प्रकृति के प्रांगण में निर्बल का है नाश,
विजयी वही हुआ करता है छल-बल जिसके पास॥

• प्रचलित नाम : पंडुक, फाख्ता, मोडी • जैविकी नाम : Streptopelia Tranquebarica
• छोटे झुंडों में खेतीहर जमीन अथवा अर्द्ध-रेगिस्तानी इलाकों में पाई जाती है।

पनमुर्गी

मुर्गी जैसी ही पनमुर्गी को भी मिली बनावट,
झाड़ी-झुरमुट में रहती है देख जलाशय का तट।
हरे, जरा पीलापन लेकर चोंच और हैं पैर,
जल-थल दोनों पर कर सकती खूब मजे में सैर।

छाती पेट सफेद, पंख है काला पाया,
छिप जाती झाड़ी में कोई पास जो आया।
जल-थल दोनों से रखती है अपना सहज लगाव,
जीवन में रखना सिखलाती है सबको समभाव॥

• प्रचलित नाम : जलमुर्गी, पनमुर्गी, डौक • जैविकी नाम : Amaurornis Phoenicurus • हमेशा पानी के आस-पास, झील तथा तालाबों के किनारे रहती है।

पपीहा

काले होते पंख और सिर पर है इसके चोटी,
बाज सरीखी चीतल भी इसकी जाती है होती।
पैजामे से रोयें रहते हैं पाँवों को घेरे,
भोजन में इसको मिल जाते हैं कीड़े बहुतेरे।
शुरू वसन्त हुआ जबसे जब तक बीते बरसात,
पपीहा के पी-पी रट से उठता गूँज प्रभात।
बूँदें खोजता स्वाति की सब कहते यही कहानी,
निज भावों में लोग रँगा करते जग को मनमानी॥

• प्रचलित नाम : पपीहा • जैविकी नाम : Hierococcyx Varius • जंगलों इलाकों में पाया जाता है।

फूलसूँघा

चमकीला गहरा नीला है फूलसूँघा का रंग,
इसका सुन्दर रूप देख सब रह जाते हैं दंग।
होता छोटा बहुत और है बोली बड़ी सुरीली,
सदा फुदकता फूलों पर जैसे तितली गर्वीली।
भौंरे-सा यह फूल-फूल में अपनी चोंच घुसाता,
लेकिन रस प्रिय नहीं इसे, यह कीट पकड़ कर खाता।
फूलों के संग रहने भर से फूलसूँघा है नाम,
कर्म बिना इज्जत मिलना है संगति का परिणाम॥

• प्रचलित नाम : फूलसूँघा, शकरखोरा • जैविकी नाम : Nectarinia Asiatica • जहाँ फूल मिलें, किसी भी स्थिति में चिपके रहते हैं। अक्सर जाड़ों में एक फूल से दूसरे फूल पर भागते रहते हैं।

सतभइया

मटमैला है रंग, चोंच पीली बादामी,
सतभइयों का साथ आपसी होता नामी।
जहाँ कहीं भी जाना होता एक साथ ही जाते,
थुथने चला-चला सूअर-सा अपना भोजन पाते।
व्यस्त काम में रहने पर भी है यह शोर मचाता,
बोली मधुर मिली है इससे गाना मन को भाता।
याद हमेशा रखना यह है सतभइयों का कहना,
उनके जैसा ही बच्चो आपस में मिलकर रहना॥

• प्रचलित नाम : सतभैया, सातभाई, घोंघई • जैविकी नाम : Turdoides Striatus • झुंड में जंगली बागों, अहातों और पेड़ों के कुंजों में रहते हैं।

तीतर

चीतल होता रंग, गले पर कत्थी रंग की धारी,
पंख बहुत छोटे होते हैं, देह मगर है भारी।
उड़ने में जल्दी थकता पर दौड़ लगाता तेज,
जंगल-झाड़ी छोड़ निकलने से रखता परहेज।
बड़ी दूर तक सुन सकते हैं हम इसकी आवाज,
पेट भरा करता है खाकर कीड़े और अनाज।
करता घोर युद्ध आपस में लोग देखते खेल,
तीतर की यह दशा देख कर सीखो रखना मेल॥

• प्रचलित नाम : तीतर • जैविकी नाम : Francolinus Pondicerianus • गाँवों और खेतों के आस-पास पाया जाता है।

टिटिहरी

गहरा सलेटी रंग पाँख का, गले में धारी काली,
लम्बे होते पैर, चोंच नारंगी लेकर लाली।
टी-टी है आवाज, टिटिहरी है इससे कहलाता,
पास जलाशय के रहना है इसके मन को भाता।

सदा हवा में पानी के ऊपर रहता मँडराता,
जल के कीड़े छोटी मछली पकड़-पकड़ कर खाता।
खेतों में अंडे इसका देना हमको सिखलाता,
कहीं रहो पर अपनी धरती से मत तोड़ो नाता॥

• प्रचलित नाम : टिटिहरी • जैविकी नाम : Vanellus Indicus • प्राय: नमी वाले इलाकों—ताल-तलैया, पोखर के आस-पास दिखाई देती है। खेत व चरागाह भी इसके वास-स्थल हैं।

उल्लू

मटमैला है रंग और कुछ हल्का पीला,
आँखें बड़ी गोल होती हैं, पंजा बड़ा नुकीला।
दिन भर पत्तों की छाया में लेता है विश्राम,
अंधियारा होने पर करता है शिकार का काम।
अंधकार अज्ञान, ज्ञान ज्योतिर्मय है कहलाता,
अंधकार में रहने से उल्लू मूरख कहलाता।
इसीलिए उल्लू कहने से होता है अपमान,
अगर प्रतिष्ठा पाना चाहो हासिल कर लो ज्ञान॥

• प्रचलित नाम : उल्लू, खुसटिया, चुगद • जैविकी नाम : Athene brama • पुराने आम, बरगद जिनमें छेद या कोटर हो, घुसा रहता है। मकानों में भी अकसर पाया जाता है।

तोता

हरे रंग और लाल चोंच में तोता बड़ा सुहाना,
रंग-बिरंगे फूल-फलहरी होते इसके दाना।
चुगने को जो कभी निकलता भारी झुंड बनाता,
खेतों में आगमन हुआ तो अन्न नष्ट हो जाता।
लोग पालते तोते को कहवाते इससे राम,
मगर कहाँ उड़नेवाले को पिंजड़े में आराम।
सीख आदमी की बोली यों होता यह हैरान,
पराधीनता नकल-नवीसी का होता परिणाम॥

• प्रचलित नाम : तोता • जैविकी नाम : Psittacula Krameri • विशेष रूप से खेतों में, गाँवों में या जहाँ खाना अधिक मिलता हो, वहीं पाए जाते हैं।

बगुला

रंग उजला, लम्बी गरदन, लम्बे होते हैं पैर,
छोटी मछली से होता है इसका भारी वैर।
काले या पीले रंग की होती है इसकी चोंच,
मछली पास अगर आई तो लेते उन्हें दबोच।
सदा घूमते रहते हैं छिछले पानी के पास,
पेड़ सूख जाता है जिस पर होता इनका वास।
घंटों पानी में रहता है धर मछली पर ध्यान,
बगुला से तुम करना सीखो एक चित्त हो काम॥

• प्रचलित नाम : बगुला • जैविकी नाम : Bublcus Ibis • कहीं भी पाया जा सकता है। पानी के नजदीक झुंड या अकेले में पाया जाता है।

✪✪✪

आभार

अशोक सेकसरिया

इमरजेंसी इन पर्सपेक्टिव

परमानेंट क्राइसिस ऑफ इंडिया

नवल किशोर

कोलिशन इन पॉलिटिक्स

रामजय प्रताप

केअस एंड क्रिएशन

सोशलिज्म एंड पावर

बिटर हार्वेस्ट

ऐन अनआर्म्ड प्रोफेट

एडवेंचर्स ऑफ लिबर्टी

उपरोक्त किताबों के अनुवाद में आवश्यकतानुसार छोटे बदलाव और संशोधन भी किए गए हैं।

—**सम्पादक**